D1718734

Tonner/Willingmann/Tamm

Vertragsrecht

Kommentar

Tonner/Willingmann/Tamm

Vertragsrecht
Kommentar

Herausgegeben von

Prof. Dr. Klaus Tonner
Professor an der Universität Rostock
Richter am Oberlandesgericht Rostock

Prof. Dr. Armin Willingmann
Rektor der Hochschule Harz (FH), Wernigerode

Dr. Marina Tamm
Rechtsanwältin
Wissenschaftliche Assistentin an der Universität Rostock

Luchterhand 2010

Bibliografische Information der Deutschen Nationalbibliothek

Die Deutsche Bibliothek verzeichnet diese Publikation in der Deutschen Nationalbibliografie; detaillierte bibliografische Daten sind im Internet über http://dnb.d-nb.de abrufbar.

ISBN 978-3-472-07569-1

Zitiervorschlag:
TWT/Bearbeiter, Kap. … Rdn. …

www.wolterskluwer.de
www.luchterhand-fachverlag.de

Umschlaggestaltung: Martina Busch, Grafikdesign, Fürstenfeldbruck
Satz: TypoScript GmbH, München
Druck und Weiterverarbeitung: L.E.G.O. Spa Lavis, Italy

♾ Gedruckt auf säurefreiem und alterungsbeständigem Papier

Vorwort

Vertragsrecht ist eine Kernmaterie des Zivilrechts. Es geht den Spezialisten wie den Generalisten gleichermaßen an. Doch wird man sich weder als Anwalt noch als Richter oder sonst an der Materie Interessierter für jede vertragsrechtliche Frage, zu der ein Kurzkommentar die Antwort schuldig bleibt, gleich ein mehrbändiges Werk anschaffen wollen. Denn dieser umfasst häufig auch solche Materien, die für die tägliche Arbeit ohne besondere Relevanz sind. Adressat dieses Kommentars ist daher, wer sich immer wieder mit unterschiedlichen Vertragstypen beschäftigen muss und dafür gründlichere Informationen benötigt, als sie ein Kurzkommentar liefern kann.

Der Kommentar erläutert aus den ersten beiden Büchern des BGB alle Vorschriften, die für das Vertragsrecht von Bedeutung sind. Er beginnt mit den Vorschriften zum Verbraucher- und Unternehmerbegriff, führt über die Rechtsgeschäftslehre das Verjährungsrecht in das allgemeine Schuldrecht und bespricht im Anschluss daran vertieft alle vertragsrechtsrelevanten Paragrafen. In diesem Zusammenhang geht er auch auf Vertragstypen ein, die im BGB nicht gesondert geregelt sind und infolgedessen herkömmlicherweise nur am Rande behandelt werden. Als Spezialmaterien werden ausführlich als Anhang zu §§ 611 ff der Anwaltsvertrag und der Arztvertrag, als Anhang zu §§ 631 ff der Beförderungsvertrag und als Anhang zu §§ 535 der Leasingvertrag dargestellt. Eine übersichtliche Erläuterung des Bauvertrags und des Arbeitsvertrags ist in die §§ 631, 611 ff integriert.

Den Abschnitten über die einzelnen Vertragstypen werden jeweils Checklisten vorangestellt, die den Benutzer auf alle Punkte aufmerksam machen, die bei der Abfassung eines Vertrages oder seiner nachträglichen Überprüfung Bedeutung erlangen können und daher nicht vergessen werden dürfen. Zudem bilden die Checklisten ein besonderes Navigationsinstrument zur systematischen Durchdringung der kommentierten (Vertragsrechts-)Abschnitte. Mit ihnen soll die Benutzung des Werkes unter Verzicht auf sonstige Gliederungsübersichten erleichtert werden, ohne dass die dem deutschen Juristen vertraute Form der paragrafenweisen Kommentierung aufgegeben wird.

Für die Unterstützung bei der Erstellung der Literaturverzeichnisse und beim Redigieren der Texte danken die Herausgeber herzlich Herrn Stephan Wehlte LL.M (wissenschaftlicher Mitarbeiter an der Universität Rostock), Frau Kathleen Fangerow und Herrn Stefan Koch (beide studentische Hilfskräfte an der Universität Rostock), ganz besonders aber Frau Hiltrud Bahlo, die als Sekretärin des Lehrstuhls für Bürgerliches Recht und Europäisches Recht an der Juristischen Fakultät der Universität Rostock unermüdlich Schreib- und Formatierungsfehler aus den eingegangenen Manuskripten entfernt und das Gesamtwerk am PC zusammengestellt hat. Schließlich danken wir auch Frau Sindy Hoppe (studentische Hilfskraft an der Hochschule Harz in Wernigerode), die das Stichwortverzeichnis erstellt hat.

Verlag, Herausgeber und Autoren hoffen, der zivilrechtlichen Praxis mit diesem Werk ein instruktives, den praktischen Bedürfnissen entgegenkommendes Hilfsmittel an die Hand geben zu können. Für Kritik und Anregungen sind wir jederzeit dankbar. Das Werk befindet sich auf dem Stand vom Mai 2009.

Rostock und Wernigerode im Oktober 2009

Klaus Tonner
Armin Willingmann
Marina Tamm

Herausgeber und Autoren

Herausgeber

Professor Dr. Klaus Tonner	Universität Rostock, Richter am Oberlandesgericht Rostock	Einleitung; §§ 249–255[1]; § 307; § 309 Nr. 2; § 309 Nr. 8, 9; § 310; §§ 433–436; §§ 442–477; § 480
Professor Dr. Armin Willingmann	Rektor der Hochschule Harz (FH), Wernigerode	§§ 186–193; §§ 194–218; § 535;[2] §§ 542–545; §§ 556–556b[3]
Dr. Marina Tamm	Rechtsanwältin, Wissenschaftliche Assistentin an der Universität Rostock	§§ 13, 14; §§ 164–185; §§ 241–242; §§ 249–255[4]; §§ 293–304; §§ 336–345; §§ 398–413; §§ 611–630; Anh I: Anwaltsvertrag; Anh. II: Arztvertrag; §§ 657–661; §§ 662–674

Autoren

Privatdozent Dr. Jörg Benedict	Humboldt-Universität zu Berlin	AGG
Professorin Dr. Dörte Busch	Hochschule für Wirtschaft und Recht Berlin	§§ 549–555; §§ 562–562d; §§ 581–597
Dr. Michael Bütter, M. St. (Oxford)	(Rechtsanwalt/Generalbevollmächtigter und General Counsel Deutsche Annington Immobilien GmbH)	§§ 481–487; §§ 488–498 und §§ 607–609[5]
Dr. Mario Cebulla	Richter am Landgericht Stralsund	§§ 631–651
Professor Dr. Olaf Deinert	Universität Göttingen	§§ 116–157
Franziska Fleischer	Wissenschaftliche Mitarbeiterin Universität Rostock	§§ 104–113
Enrico Gaedtke, LL.M.	Rechtsreferendar, Kiel	§§ 652–655;[6] §§ 655a–655e; § 656;[7] § 661a
Dr. Mathias Hansen, LL.M. (Stockholm)	Rechtsanwalt, Latham & Watkins, Hamburg	§§ 652–655;[8] § 656[9]
Dr. Thomas Hirse	Rechtsanwalt, CMS Hasche Sigle, Düsseldorf	§§ 275–292; §§ 311, 311a; §§ 313, 314; §§ 320–326
Christin Horlach	Wissenschaftliche Mitarbeiterin Universität Rostock	§§ 765–778; §§ 779–792
Birke Jodexnus-Dixen	Assessorin, Wernigerode	§§ 158–163;[10] §§ 328–335;[11] §§ 688–700[12]
Dr. Alfred Kattenbeck	Rechtsanwalt, Jena	§§ 563–567b
Professorin Dr. Eva Kocher	Europa-Universität Frankfurt (Oder)	§§ 499–507; §§ 675–676h; §§ 793–808

1 zusammen mit Dr. Marina Tamm
2 zusammen mit Sebastian Mohr
3 zusammen mit Sebastian Szawalla
4 zusammen mit Prof. Dr. Klaus Tonner
5 zusammen mit Dr. Thomas Krüger
6 zusammen mit Dr. M. Hansen
7 zusammen mit Dr. M. Hansen
8 zusammen mit E. Gaedtke
9 zusammen mit E. Gaedtke
10 zusammen mit Dr. Maximilian Zimmer
11 zusammen mit Dr. Maximilian Zimmer
12 zusammen mit Dr. Maximilian Zimmer

Dr. Thomas Krüger	Richter am Amtsgericht Zeven	§§ 488–498 und §§ 607–609[1]
Professor Dr. Klaus Lammich	Hochschule Harz (FH) Wernigerode	§§ 701–704; Anh.: Beförderungsvertrag
Dr. Beatrix Lindner	Oberregierungsrätin im Bundesministerium für Ernährung, Landwirtschaft und Verbraucherschutz, Berlin	§§ 651f–651m
Dr. Erik Marschner, LL.M.	Rechtsanwalt in Stavenhagen	§§ 308–309 Nr. 1; § 309 Nr. 3–7; § 309 Nr. 10–13
Sebastian Mohr	Rechtsanwalt, CMS Hasche Sigle, Düsseldorf	§ 535;[2] §§ 536–541; §§ 573–574c; §§ 576–577a
Mathias Pajunk	Referendar am Kammergericht Berlin	§§ 762, 763; Anh: Leasing
Privatdozent Dr. Klaus Richter	Humboldt-Universität zu Berlin	§§ 305–306a; §§ 437–441; §§ 478, 479
Professor Dr. Peter Rott	Juniorprofessor an der Universität Bremen	§§ 312–312f; §§ 346–359
Dr. Michael Schlemmer	Regierungsrat in der Wehrbereichsverwaltung West, Düsseldorf	§§ 243–248
Dr. Alexander Schreiber	Wissenschaftlicher Mitarbeiter an der Humboldt-Universität zu Berlin	§§ 598–606
Dr. Daniela Schulz, LL.M.	Rechtsreferendarin, Hamburg	§§ 651a–651e
Dr. Uta Stenzel	Rechtsanwältin, Wissenschaftliche Mitarbeiterin an der Universität Rostock	§§ 516–534; §§ 809–811
Sebastian Szawalla	Assessor, Wernigerode	§§ 546–548; §§ 557–561; §§ 556–556b;[3] §§ 568–572; §§ 575, 575a; §§ 578–580
Professor Dr. Thomas Zerres	Fachhochschule Erfurt	§§ 315–319; §§ 362–397; §§ 414–418; §§ 420–432
Dr. Maximilian Zimmer	Notar, Wernigerode	§§ 158–163; §§ 256–274; §§ 311b, 311c; §§ 328–335

1 zusammen mit Michael Bütter
2 zusammen mit Prof. Dr. Armin Willingmann
3 zusammen mit Prof. Dr. Armin Willingmann

Inhaltsübersicht

Buch 2

Checklistenübersicht

Abkürzungsverzeichnis und Literaturangaben

aA	anderer Ansicht
aaO	am angegebenen Ort
ABB	Allgemeine Beförderungsbedingungen
ABG	Allgemeines Berggesetz für die Preußischen Staaten
ABRV	Allgemeine Bedingungen für Rechtsschutzversicherung
Abk	Abkommen
abl	ablehnend
ABl	Amtsblatt
ABl EG	Amtsblatt der Europäischen Gemeinschaften
Abs	Absatz
abw	abweichend
AbzG	Gesetz betreffend die Abzahlungsgeschäfte
AcP	Archiv für die zivilistische Praxis (Band, Seite)
ADSp	Allgemeine Deutsche Spediteurbedingungen
AdVermiG	Gesetz über die Vermittlung der Annahme als Kind und über das Verbot der Vermittlung von Ersatzmüttern – Adoptionsvermittlungsgesetz
aE	am Ende
ähnl	ähnlich
ÄndG	Änderungsgesetz
aF	alte Fassung
AG	Amtsgericht/Aktiengesellschaft
AGB	Allgemeine Geschäftsbedingungen
AGBG	Gesetz zur Regelung des Rechts der Allgemeinen Geschäftsbedingungen
AGBGB	Ausführungsgesetz zum BGB
AGBE	Bunte (Hrsg), Entscheidungssammlung zum AGB-Gesetz
AGG	Allgemeines Gleichstellungsgesetz
AiB	Arbeitsrecht im Betrieb
AK/Bearb	Kommentar zum Bürgerlichen Gesetzbuch (Reihe Alternativkommentare)
AkfDR	Akademie für Deutsches Recht
AktG	Aktiengesetz
allg	allgemein/e/er/es
aM	anderer Meinung
AMG	Gesetz über den Verkehr mit Arzneimitteln (ArzneimittelG)
AmtlBegr	amtliche Begründung
AnfG	Gesetz betreffend die Anfechtung von Rechtshandlungen eines Schuldners außerhalb des Insolvenzverfahrens (Anfechtungsgesetz)
AngKSchG	Gesetz über die Fristen für die Kündigung von Angestellten
Anh	Anhang
Anl	Anlage
Anm	Anmerkung
AnO	Anordnung
AnwBl	Anwaltsblatt
AnwK/Bearb	Anwaltkommentar (Dauer-Lieb/Heidel/Ring)/Bearbeiter
AO	Abgabenordnung
AP	Arbeitsrechtliche Praxis
ARB	Allgemeine Reisebedingungen
ArbG	Arbeitsgericht
ArbGG	Arbeitsgerichtsgesetz
ArbPlSchG	Arbeitsplatzschutzgesetz
ArbSchG	Arbeitsschutzgesetz
ArbSiG	Arbeitssicherheitsgesetz
ArbZG	Arbeitszeitgesetz

arg	argumentum (aus)
Art	Artikel
Ast	Antragsteller
AÜG	Gesetz zur Regelung der gewerbsmäßigen Arbeitnehmerüberlassung (Arbeitnehmerüberlassungsgesetz)
Aufl	Auflage
AuR	Arbeit und Recht (Jahr, Seite)
ausf	ausführlich
AusfG	Ausführungsgesetz
AuslInvestmG	Auslandsinvestmentgesetz
Ausn	Ausnahme(n)
ausnahmsw	ausnahmsweise
ausschl	ausschließlich
AV	Allgemeine Verfügung, auch: Arbeitsvermittlung, auch: Arbeitslosenversicherung
AVB	Allgemeine Versicherungsbedingungen
AVO	Ausführungsverordnung
Az	Aktenzeichen
BAG	Bundesarbeitsgericht
BAGE	Bundesarbeitsgerichtsentscheidungen
BArbBl	Bundesarbeitsblatt
BÄO	Bundesärzteordnung
BAföG	Bundesgesetz über individuelle Förderung der Ausbildung (Ausbildungsförderungsgesetz)
BAKred	Bundesaufsichtsamt für das Kreditwesen
BAnz	Bundesanzeiger
BaRoth/Bearb	Bamberger/Roth (Hrsg): BGB Kommentar/Bearbeiter
BAT	Bundesangestelltentarifvertrag
BauFdgG	Gesetz über die Sicherung der Bauforderungen
BauGB	Baugesetzbuch
BauNVO	VO über die bauliche Nutzung der Grundstücke idF v 15.09.1977 (BGBl I 1763)
BauR	Baurecht
BauSparkG	Gesetz über Bausparkassen
BaWü	Baden-Württemberg
Bay	Bayern
BayerGVBl	Bayerisches Gesetz- und Verordnungsblatt
BayJMBl	Bayerisches Justizministerialblatt
BayOBLG	Bayerisches Oberstes Landesgericht
BayOLGZ	Entscheidungen des Bayerischen Obersten Landesgerichts in Zivilsachen
BayVBL	Bayerische Verwaltungsblätter
BayVerfGH	Bayerischer Verfassungsgerichtshof
BB	Der Betriebsberater
BBauBl	Bundesbaublatt (Jahr, Seite)
BBergG	Bundesberggesetz
BBesG	Bundesbesoldungsgesetz
BBG	Bundesbeamtengesetz
BBiG	Berufsbildungsgesetz
Bd	Band
BDSG	Gesetz zum Schutz vor Missbrauch personenbezogener Daten bei der Datenverarbeitung (Bundesdatenschutzgesetz)
BeamtVG	Gesetz über die Versorgung der Beamten, Richter in Bund und Ländern (Beamtenversorgungsgesetz)
Bearb	Bearbeiter
BerHG	Beratungshilfegesetz
BerlGVBl	Berliner Gesetz- und Verordnungsblatt

BErzGG	Gesetz über die Gewährung von Erziehungsgeld und Erziehungsurlaub (Bundeserziehungsgeldgesetz)
BeschFG	Beschäftigungsförderungsgesetz
Beschl	Beschluss
BeschV	Beschäftigungsverordnung (BGBl I 2004 S. 2973)
bestr	bestritten
betr	betreffend
BetrR	Betriebsrat
BetrVG	Betriebsverfassungsgesetz
BeurkG	Beurkundungsgesetz
BewG	Bewertungsgesetz
BFG	Bundesfinanzgericht
BFH	Bundesfinanzhof
BFHE	Sammlung der Entscheidungen und Gutachten des BFH
BG	Bundesgesetz
BGB	Bürgerliches Gesetzbuch
BGB-InfoV	BGB-Informationspflichten-Verordnung
BGBl	Bundesgesetzblatt
BGH	Bundesgerichtshof
BGHReport	Schnelldienst zur Zivilrechtsprechung des Bundesgerichtshofs
BGHST	Entscheidungen des BGH in Strafsachen
BGHZ	Entscheidungen des BGH in Zivilsachen
BImSchG	Bundes-Immissionsschutzgesetz
BinnenSchG	Gesetz betreffend die privatrechtlichen Verhältnisse der Binnenschifffahrt (Binnenschifffahrtsgesetz)
BJagdG	Bundesjagdgesetz
BJagdO	Bundesjagdgesetz
BKartA	Bundeskartellamt
BKR	Zeitschrift für Bank- und Kapitalmarktrecht
Bl	Blatt
BLG	Bundesleistungsgesetz
BlGWB	Blätter für Grundstücks-, Bau- und Wohnungsrecht (Jahr, Seite)
BMA	Bundesminister(ium) für Arbeit und Sozialordnung
BMBau	Bundesminister(ium) für Raumordnung, Bauwesen und Städtebau
BMF	Bundesminister(ium) der Finanzen
BMG	Gesetz(e) über Maßnahmen auf dem Gebiete des Mietpreisrechts
BMI	Bundesminister(ium) des Innern
BMinBlF	Bundesministerialblatt für Finanzen
BMJ	Bundesminister(ium) der Justiz
BML	Bundesminister(ium) für Ernährung, Landwirtschaft und Forsten
BMWi	Bundesminister(ium) für Wirtschaft
BNatSchG	Bundesnaturschutzgesetz
BNotA	Bundesnotarordnung
BNV	Bundesnebentätigkeitsverordnung
BO	Berufsordnung für Rechtsanwälte
BodSchG	Gesetz zum Schutz vor schädlichen Bodenveränderungen und zur Sanierung von Altlasten (Bundes-Bodenschutzgesetz)
BPatG	Bundespatentgericht
BPersVG	Bundespersonalvertretungsgesetz
BR	Bundesrat
BRAGO	Bundesgebührenordnung für Rechtsanwälte
BRAK	Bundesrechtsanwaltskammer
BRAK-Mitt	BRAK-Mitteilungen
BRAO	Bundesrechtsanwaltsordnung
BRDrs	Bundesratsdrucksache

BReg	Bundesregierung
Breith	Sammlung von Entscheidungen aus dem Sozialrecht
Brox	– Allg SchuldR Brox Allgemeines Schuldrecht – AT Brox Allgemeiner Teil des Bürgerlichen Gesetzbuches – BesSchR Brox Besonderes Schuldrecht
BRRG	Rahmengesetz zur Vereinheitlichung des Beamtenrechts (Beamtenrechts-Rahmengesetz)
BRVO	Bundesratsverordnung
BSH	Bundessozialgericht
BSHG	Bundessozialhilfegesetz
BSG	Bundessozialgericht
Bsp	Beispiel(e)
bspw	beispielsweise
BstBl	Bundessteuerblatt
BT	Bundestag
BTDrs	Bundestagsdrucksache
BtE	Betreuungsrechtliche Entscheidungen, Seitz-v. Gaessler (Hrsg.) (Jahrgang, Seite)
BUrlG	Bundesurlaubsgesetz
BuW	Betrieb und Wirtschaft
BV, II.	Verordnung über wohnungswirtschaftliche Berechnungen – Zweite BerechnungsVO
BVBl	Bundesversorgungsblatt, Entscheidungssammlung
BVerfG	Bundesverfassungsgericht
BVerfGE	Entscheidungen des Bundesverfassungsgerichts (Band, Seite)
BVerfGG	Gesetz über das Bundesverfassungsgericht
BVerwG	Bundesverwaltungsgericht
BVS	Bundesanstalt für vereinigungsbedingte Sonderaufgaben (früher: Treuhandanstalt)
bzgl	bezüglich
bzw	beziehungsweise
Cc	Code civil, Codice civile, Código civil
Celle	OLG Celle
cic	culpa in contrahendo
CISG	UN-Kaufrecht (= UN-Convention on contracts on the international sale of goods)
CIV	Convention internationale concernant le transport des voyageures par chemin de fer (Einheitliche Rechtsvorschriften für den Vertrag über die internationale Eisenbahnbeförderung von Personen und Gepäck)
CMR	Übereinkommen über den Beförderungsvertrag im internationalen Straßengüterverkehr
COTIF	Convention relative aux transports internationaux ferroviaires (Übereinkommen über den internationalen Eisenbahnverkehr)
CR	Computer und Recht
CRS	Computer-Reservation-System
DAG	Deutsche Angestelltengewerkschaft
DAR	Deutsches Autorecht
DAV	Deutscher Anwaltverein
DB	Der Betrieb
DBest	Durchführungsbestimmung
DepotG	Gesetz über die Verwaltung und Anschaffung von Wertpapieren (Depotgesetz)
ders	derselbe
DFG	Deutsche Freiwillige Gerichtsbarkeit (Jahr, Seite)
DGB	Deutscher Gewerkschaftsbund
dgl	dergleichen
dh	das heißt
Diss	Dissertation

DJT	Deutscher Juristentag
DMR	Deutsches Mietrecht
DNotZ	Deutsche Notarzeitung
DRiG	Deutsches Richtergesetz
DRV	Deutscher Reiseverband e.V.
DSB	Datenschutzberater
DStR	Deutsche Steuer-Rundschau/Deutsches Steuerrecht
DVBl	Deutsches Verwaltungsblatt (Jahr, Seite)
DVO	Durchführungsverordnung
DZWiR	Deutsche Zeitschrift für Wirtschaftsrecht
EA	Einstweilige Anordnung
EFG	Entscheidungen der Finanzgerichte
EFZG	Entgeltfortzahlungsgesetz
EG	Einführungsgesetz
EGBGB	Einführungsgesetz zum Bürgerlichen Gesetzbuch
EGGVG	Einführungsgesetz zum Gerichtsverfassungsgesetz
EGHGB	Einführungsgesetz zum Handelsgesetzbuch
EGV	EG-Vertrag
EheG	Ehegesetz
EigenheimVO	Eigenheimverordnung (DDR-Gesetz)
Einf	Einführung
Einl	Einleitung
einschl	einschließlich/einschlägig
EMRK	(Europäische) Konvention zum Schutz der Menschenrechte und Grundfreiheiten
entspr	entsprechend
EnWG	Energiewirtschaftsgesetz
ErbbauR	Erbbaurecht
ErbbauV	Verordnung über das Erbbaurecht
ErbStG	Erbschaftssteuer- und Schenkungssteuergesetz
ERCL	European Review of Contract Law
ErfK/Bearb	Erfurter Kommentar zum Arbeitsrecht
erg	ergänzend
Erg	Ergebnis
Erman/Bearb	Erman: BGB Kommentar/Bearb
ESTG	Einkommensteuergesetz
EU	Europäische Union
EuGH	Gerichtshof der Europäischen Gemeinschaften
EuGVÜ	(Europäisches) Übereinkommen über die gerichtliche Zuständigkeit und die Vollstreckung gerichtlicher Entscheidungen in Zivil- und Handelssachen
EuGVVO	Verordnung des Rates über die Zuständigkeit und die Anerkennung und Vollstreckung von Entscheidungen in Zivil- und Handelssachen
EuR	Europarecht (Jahr, Seite)
EuZW	Europäische Zeitschrift für Wirtschaftsrecht (Jahr, Seite)
eV	einstweilige Verfügung, auch: eingetragener Verein
EV	Eigentumsvorbehalt, Einwilligungsvorbehalt
EVO	Eisenbahnverkehrsordnung
evtl	eventuell
EWiR	Entscheidungen zum Wirtschaftsrecht
EWIV	Europäische Wirtschaftliche Interessenvereinigung
EWR	Europäischer Wirtschaftsraum
EWS	Europäisches Wirtschafts- und Steuerrecht (Jahr, Seite)
f	folgende
FAG	Gesetz über Fernmeldeanlagen

FamRZ	Zeitschrift für das gesamte Familienrecht
FAZ	Frankfurter Allgemeine Zeitung
FernabsatzG	Fernabsatzgesetz
FDL	Finanzdienstleistungen
FernUSG	Gesetz zum Schutz der Teilnehmer an Fernunterricht (Fernunterrichtsschutzgesetz)
ff	fortfolgende
FG	Finanzgericht
FGG	Gesetz über die freiwillige Gerichtsbarkeit
FGO	Finanzgerichtsordnung
FoSiG	Forderungssicherungsgesetz
FS	Festschrift für
FuR	Familie und Recht
FZulV	Verordnung über die Zulassung von Fernmeldeeinrichtungen (Fernmeldeeinrichtungsverordnung)
G	Gesetz
GasGVV	Verordnung über Allgemeine Bedingungen für die Grundversorgung von Haushaltskunden und die Ersatzversorgung mit Gas aus dem Niederdrucknetz
GBA	Grundbuchamt
GBAVO	Verordnung zur Ausführung der Grundbuchordnung
GBBerG	Grundbuchbereinigungsgesetz
GBl	Gesetzblatt
GBO	Grundbuchordnung
GbR	Gesellschaft bürgerlichen Rechts
GDS	Global-Distribution-System
Geb	Gebühr
GebrMG	Gebrauchsmustergesetz
gem	gemäß
GenG	Genossenschaftsgesetz
GeschmMG	Gesetz betreffend das Urheberrecht an Mustern und Modellen
GewO	Gewerbeordnung
GfG	Geschäftsgebräuche für IVD-Makler über Gemeinschaftsgeschäfte
GG	Grundgesetz
gg	gegen
ggf	gegebenenfalls
ggü	gegenüber
GKG	Gerichtskostengesetz
GMBl	Gemeinsames Ministerialblatt
GOA	Gebührenordnung für Architekten
GOÄ	Gebührenordnung für Ärzte
GOZÄ	Gebührenordnung für Zahnärzte
GPR	Zeitschrift für Gemeinschaftsprivatrecht
grds	grundsätzlich
GrdstVG	Grundstücksverkehrsgesetz
GrS	Großer Senat
GrSZ	Großer Senat in Zivilsachen
GE	Grundeigentum
GRUR	Gewerblicher Rechtsschutz und Urheberrecht, Auslandsteil
GüKG	Güterkraftverkehrsgesetz
GVBl	Gesetz- und Verordnungsblatt (Jahr, Seite)
GVG	Gerichtsverfassungsgesetz
GVKostG	Gesetz über Kosten der Gerichtsvollzieher
GWB	Gesetz gegen Wettbewerbsbeschränkungen

Haas ua/Bearb	Haas/Medicus/Rolland/Schäfer/Wendtland/Bearbeiter, Das neue Schuldrecht
HAG	Heimarbeitergesetz v 14.03.1951 (BGBl I 191)
HansOLG	Hanseatisches Oberlandesgericht
HausTWG	Gesetz über den Widerruf von Haustürgeschäften und ähnlichen Geschäften
HeizkostenV	Verordnung über die verbrauchsabhängige Abrechnung der Heiz- und Warmwasserkosten
HEZ	Höchstrichterliche Entscheidungen, Sammlung von Entscheidungen der Oberlandesgerichte und der obersten Gerichte in Zivilsachen (Band, Seite)
HGB	Handelsgesetzbuch
HintO	Hinterlegungsordnung
Hk-BGB/Bearb	Handkommentar zum BGB
hL	herrschende Lehre
hM	herrschende Meinung
HMR	Handbuch des gesamten Miet- und Raumrechts
HOAI	Verordnung über die Honorare der Architekten und der Ingenieure (Honorarordnung für Architekten und Ingenieure)
HöfeO	Höfeordnung
HöfeVO	Verfahrensordnung für Höfesachen
HpflG	Haftpflichtgesetz
HRR	Höchstrichterliche Rechtsprechung im Strafrecht
Hrsg	Herausgeber
Hs	Halbsatz
HV	s HausratsV
HwO	Handwerksordnung
HypBG	Hypothekenbankgesetz
iA	im Allgemeinen
idF	in der Fassung
idR	in der Regel
idS	in dem (diesem) Sinne
iE	im Einzelnen
iErg	im Ergebnis
ieS	im engeren/eigentlichen Sinne
IHK	Industrie- und Handelskammer
IHR	Internationales Handelsrecht, Zeitschrift für das Recht des internationalen Warenkaufs und -vertriebs
iHv	in Höhe von
insbes	insbesondere
insg	insgesamt
IPR	Internationales Privatrecht
IPRax	Praxis des Internationalen Privat- und Verfahrensrechts
IRG	Gesetz über die internationale Rechtshilfe in Strafsachen
iSd	im Sinne des (der)
iSe	im Sinne eines/einer
iSv	im Sinne von
iÜ	im Übrigen
IVD	Immobilienverband Deutschland IVD Bundesverband der Immobilienberater, Makler, Verwalter und Sachverständigen e.V.
iVm	in Verbindung mit
iwS	im weiteren Sinne
JA	Juristische Arbeitsblätter (Jahrgang, Seite), auch: Jugendamt
JArbSchG	Gesetz zum Schutz der arbeitenden Jugend (Jugendarbeitsschutzgesetz)
Jauernig/Bearb	Jauernig: BGB Kommentar/Bearbeiter
JBeitrO	Justizbeitreibungsordnung

JBl	Justizblatt
JG	Jugendgericht
JGG	Jugendgerichtsgesetz
JherJb	Jherings Jahrbücher für die Dogmatik des bürgerlichen Rechts (Band, Seite)
JMBl	Justizministerialblatt
JMBlNRW	Justizministerialblatt für Nordrhein-Westfalen
jmd	jemand
JR	Juristische Rundschau
Jura	Juristische Ausbildung (Jahrgang, Seite)
jurisPK/Bearb	jurisPraxiskommentarBGB/Bearbeiter
jurisPR-BGHZivilR	juris PraxisReport BGH Zivilrecht
JuS	Juristische Schulung (Jahr, Seite)
Justiz	Die Justiz, Amtsblatt des Justizministeriums Baden-Württemberg
JVBl	Justizverwaltungsblatt
JW	Juristische Wochenschrift
JWG	Gesetz für Jugendwohlfahrt (Jugendwohlfahrtgesetz)
JZ	Juristenzeitung
KAGG	Gesetz über die Kapitalanlagegesellschaften
KG	Kammergericht/Kommanditgesellschaft
KG-Rspr	Rechtsprechung Kammergericht
KGaA	Kommanditgesellschaft auf Aktien
KGBl	Blätter für Rechtspflege im Bezirk des Kammergerichts
KJ	Kritische Justiz
KJHG	Kinder- und Jugendhilfegesetz
KK	Karlsruher Kommentar zur
KO	Konkursordnung
Köhler AT	Köhler BGB Allgemeiner Teil
KOM	Kommission
Komm	Kommentar
krit	kritisch
KSchG	Kündigungsschutzgesetz
KStG	Körperschaftssteuergesetz
KTS	Zeitschrift für Konkurs-, Treuhand- und Schiedsgerichtswesen
KündFG	Kündigungsfristengesetz
KWG	Gesetz über das Kreditwesen
LAG	Landesarbeitsgericht
LAGE	Entscheidungssammlung Landesarbeitsgerichte
Larenz/Wolf AT	Larenz/Wolf Allgemeiner Teil des deutschen bürgerlichen Rechts
LBesG	Landesbesoldungsgesetz
LBG	Landesbeamtengesetz
LG	Landgericht
Lit	Literatur
LMK	Kommentierte BGH-Rechtsprechung Lindenmaier-Möhring
LPachtG	Gesetz über das landwirtschaftliche Pachtwesen (Landpachtgesetz)
LPachtVG	Landpachtverkehrsgesetz
LS	Leitsatz
LSG	Landessozialgericht
LuftfzRG	Gesetz über Rechte an Luftfahrzeugen
LuftVG	Luftverkehrsgesetz
LVerwG	Landesverwaltungsgericht
LwAnpG	Landwirtschaftsanpassungsgesetz
LwVG	Gesetz über das gerichtliche Verfahren in Landwirtschaftssachen

mA	meiner Ansicht
MaBV	Verordnung über die Pflichten der Makler, Darlehens- und Anlagenvermittler, Bauträger und Baubetreuer (Makler- und Bauträgerverordnung)
MÄG	Gesetz zur Änderung mietrechtlicher Vorschriften
MarkenG	Gesetz über den Schutz von Marken und sonstigen Kennzeichen (Markengesetz)
MDR	Monatsschrift für Deutsches Recht
Medicus	– AT Medicus Allgemeiner Teil des BGB – BürgR Medicus Bürgerliches Recht – SchuldR I Medicus Schuldrecht I Allgemeiner Teil – SchuldR II Medicus Schuldrecht II Besonderer Teil
MedR	Medizinrecht
mH	mit Hinweisen
MHG	Gesetz zur Regelung der Miethöhe
MittBayNot	Mitteilungen des Bayerischen Notarvereins
MMR	MultiMedia und Recht (Jahr, Seite)
MMV	Mustermietvertrag, herausgegeben vom Bundesministerium der Justiz
mN	mit Nachweisen
ModEnG	Modernisierungs- und Energieeinsparungsgesetz
MRK	Menschenrechtskonvention
MRVerbG	Mietrechtsverbesserungsgesetz
MschG	Mieterschutzgesetz
MÜ	Montrealer Übereinkommen (zur Vereinheitlichung bestimmter Vorschriften über die Beförderung im internationalen Luftverkehr)
MÜG	Mietrechtsüberleitungsgesetz
MüKo/Bearb	Münchener Kommentar zum Bürgerlichen Gesetzbuch/Bearbeiter
Münch-ArbG/Bearb	Münchener Handbuch zum Arbeitsrecht/Bearbeiter
MuSchG	Gesetz zum Schutze der erwerbstätigen Mutter (Mutterschutzgesetz)
mwN	mit weiteren Nachweisen
Nachw	Nachweise
nF	neue Fassung
NGO	Niedersächsische Gemeindeordnung
NJ	Neue Justiz
NJW	Neue Juristische Wochenschrift
NJW-RR	Neue Juristische Wochenschrift Rechtsprechungsreport
NMV	Verordnung über die Ermittlung der zulässigen Miete für preisgebundene Wohnungen – Neubaumietenverordnung
NotBZ	Zeitschrift für die notarielle Beratungs- und Beurkundungspraxis
Nr(n)	Nummer(n)
NRW	Nordrhein-Westfalen
NVersZ	Neue Zeitschrift für Versicherung und Recht
NVwZ	Neue Zeitschrift für Verwaltungsrecht
NW	s NRW
NZA	Neue Zeitschrift für Arbeitsrecht
NZA-RR	Neue Zeitschrift für Arbeitsrecht Rechtsprechungsreport
NZBau	Neue Zeitschrift für Baurecht
NZG	Neue Zeitschrift für Gesellschaftsrecht (Jahr, Seite)
NZI	Neue Zeitschrift für Insolvenz und Sanierung
NZM	Neue Zeitschrift für Mietrecht (Jahr, Seite)
NZS	Neue Zeitschrift für Sozialrecht
NZV	Neue Zeitschrift für Verkehrsrecht
OHG, oHG	Offene Handelsgesellschaft
Oldbg	OLG Oldenburg

OLG	Entscheidungen der Oberlandesgerichte in Zivilsachen einschließlich der freiwilligen Gerichtsbarkeit (Gerichtsangaben in Form von bloßen Ortsangaben sind stets OLG Entscheidungen)
OLG-NL	OLG-Rechtsprechung Neue Länder
OLG-Rspr	OLG-Rechtsprechung (Gericht)
OLGR	Die Rechtsprechung der Oberlandesgerichte (Entscheidungssammlung)
OLGZ	Entscheidungen der Oberlandesgerichte in Zivilsachen
OVG	Oberverwaltungsgericht
OVGE	Entscheidungen der Oberverwaltungsgerichte (Band, Seite)
OWiG	Gesetz über Ordnungswidrigkeiten
Oxf J Leg Stud	Oxford journal of legal studies
PachtKG	Pachtkreditgesetz
Palandt/Bearb	Palandt: Kurzkommentar zum BGB/Bearbeiter
PAngV	Preisangabenverordnung
PatG	Patentgesetz
PBefG	Personenbeförderungsgesetz
PersR	Der Personalrat
PersV	Die Personalvertretung (Jahr, Seite)
PersVG	Personalvertretungsgesetz
pFV	positive Forderungsverletzung
phG	persönlich haftender Gesellschafter
ProdHaftG	Produkthaftungsgesetz
Prot Bd II	Protokolle zum Bürgerlichen Gesetzbuch Band II
pVV	positive Vertragsverletzung
PWW	Prütting/Wegen/Weinreich: BGB Kommentar
RA	Rechtsanwalt
RabelsZ	Zeitschrift für ausländisches und internationales Privatrecht, begründet von Ernst Rabel
RAG	Reichsarbeitsgericht, Entscheidungen des Reichsarbeitsgerichts (Band, Seite)
RAGebO	alte Gebührenordnung für Rechtsanwälte
RAK	Rechtsanwaltskammer
RAO	Rechtsanwaltsordnung
RdA	Recht der Arbeit (Jahr, Seite)
RdErL	Runderlass
RDG	Rechtsdienstleistungsgesetz
RegBl	Regierungsblatt
RegE	Regierungsentwurf
regelm	regelmäßig
ReiseRÄndG	Reiserechtsänderungsgesetz
RG	Reichsgericht; mit Fundstelle: amtliche Sammlung der RG-Rechtsprechung in Zivilsachen
RGBl	Reichsgesetzblatt
RGRK/Bearb	Das BGB Kommentar, herausgegeben von Reichsgerichtsräten und Richtern am BGH (Reichsgerichtsrätekommentar/Bearbeiter)
RGZ	Reichsgericht, Entscheidungen in Zivilsachen
RhPf	Rheinland-Pfalz
Richtl	Richtlinie
RIW	Recht der internationalen Wirtschaft (Jahrgang, Seite)
RJM	Reichsministerium der Justiz
RJWG	Reichsgesetz für Jugendwohlfahrt
Rn	Randnummer
RNotZ	Rheinische Notar-Zeitschrift

ROHG	Reichsoberhandelsgericht; mit Fundstelle: amtliche Entscheidungssammlung (Band, Seite)
Rpfleger	Der deutsche Rechtspfleger
RpflG/RpflegerG	Rechtspflegergesetz
RRa	ReiseRecht aktuell, Zeitschrift für das Tourismusrecht
Rspr	Rechtsprechung
Rspr	(mit Zahl) Rechtsprechung der Oberlandesgerichte
RstBl	Reichssteuerblatt (Jahr, Seite)
RV	Reiseveranstalter
RVG	Rechtsanwaltsvergütungsgesetz
RVO	Reichsversicherungsordnung
Rz	Randzahl (Verweisung innerhalb des Kommentars)
s, S	siehe, Seite/Satz
sa	siehe auch
Saarbr	Oberlandesgericht Saarbrücken
SaBl	Sammelblatt
SachenRÄndG	Gesetz zur Änderung sachenrechtlicher Bestimmungen im Beitrittsgebiet
SachenRBerG	Sachenrechtsbereinigungsgesetz (= Art 1 SachenRÄndG)
SAE	Sammlung arbeitsrechtlicher Entscheidungen (Jahr, Seite)
ScheckG	Scheckgesetz
SchiedsG	Schiedsgericht
SchlH	Schleswig-Holstein
SchlHA	Justizministerialblatt für Schleswig-Holstein, Schlewig-Holsteinische Anzeigen
SchReg	Schiffsregister
SchRModG	Gesetz zur Modernisierung des Schuldrechts
SchuldRÄndG	Gesetz zur Änderung schuldrechtlicher Bestimmungen im Beitrittsgebiet – Schuldrechtsänderungsgesetz
SchuldRAnpG	Schuldrechtanpassungsgesetz (= Art 1 SchuldRÄndG)
SchwArbG	Gesetz zur Bekämpfung der Schwarzarbeit
Sen	Senat
SeuffA	Seufferts Archiv
sf	siehe ferner
SG	Sozialgericht
SGB I – XI	Sozialgesetzbuch – I Allgemeiner Teil, III Arbeitsförderung, IV Gemeinsame Vorschriften für die Sozialversicherung, V Gesetzliche Krankenversicherung, VI Gesetzliche Rentenversicherung, VII Gesetzliche Unfallversicherung, VIII Kinder- und Jugendhilfe, X Verwaltungsverfahren, XI Soziale Pflegeversicherung
SGG	Sozialgerichtsgesetz
SMG	Schuldrechtsmodernisierungsgesetz (BGBl I 2001, 3138)
s.o.	siehe oben
sog	so genannte/r/s
Soerg/Bearb	Soergel BGB Kommentar/Bearbeiter
SorgeRG	Gesetz zur Neuregelung der elterlichen Sorge
SprAG	Sprecherausschussgesetz
StAG	Staatsangehörigkeitsgesetz
StAnz	Staatsanzeiger
Staud/Bearb	Staudinger BGB-Kommentar/Bearbeiter
StbG	Steuerberatungsgesetz
StBGebV	Gebührenverordnung für Steuerberater, Steuerbevollmächtigte und Steuerberatungsgesellschaften (Steuerberatergebührenverordnung)
StGB	Strafgesetzbuch
StPO	Strafprozessordnung
str	streitig
StrEG	Gesetz über die Entschädigung für Strafverfolgungsmaßnahmen

StromGVV	Verordnung über Allgemeine Bedingungen für die Grundversorgung von Haushaltskunden und die Ersatzversorgung mit Elektrizität aus dem Niederspannungsnetz
stRspr	ständige Rechtsprechung
StVG	Straßenverkehrsgesetz
StVollzG	Strafvollzugsgesetz
su	siehe unten
TDG	Teledienstgesetz
teilw	teilweise
Thür	Thüringen
TKG	Telekommunikationsgesetz
TVG	Tarifvertragsgesetz
TzBfG	Teilzeitbefristungsgesetz
u	und
ua	unter anderem
uÄ	und Ähnliches
uam	und andere(s) mehr
UN, UNO	United Nations (Vereinte Nationen)
unstr	unstreitig
UrhG	Gesetz über Urheberrecht und verwandte Schutzrechte (Urheberrechtsgesetz)
USt	Umsatzsteuer
UStG	Umsatzsteuergesetz
Urt	Urteil
uU	unter Umständen
UWG	Gesetz gegen den unlauteren Wettbewerb
v	vom
VerbrKrG	Verbraucherkreditgesetz
VereinsG	Gesetz zur Regelung des öffentlichen Vereinsrechts
Verf	Verfahren
VerglO	Vergleichsordnung
VerlG	Gesetz über das Verlagsrecht
VermVergVO	Verordnung über die Zulässigkeit der Vereinbarung von Vergütungen von privaten Vermittlern mit Angehörigen bestimmter Berufe und Personengruppen (BGBl I 2002, 2439)
VersR	Versicherungsrecht
VersVermG	Versicherungsvermittlungsgesetz
VersVermV	Versicherungsvermittlungsverordnung (BGBl I 2007, 733, ber. 1967)
VG	Verwaltungsgericht
VGH	Verwaltungsgerichtshof
vgl	vergleiche
VO	Verordnung
VOB	Verdingungsordnung für Bauleistungen
VOBl	Verordnungsblatt
Vorbem	Vorbemerkung
VRR	Verkehrsverbund Rhein-Ruhr
VuR	Verbraucher und Recht
VVG	Versicherungsvertragsgesetz
VV RVG	Vergütungsverzeichnis zum RVG
VwGO	Verwaltungsgerichtsordnung
VwVfG	Verwaltungsverfahrensgesetz
VwVG	Verwaltungs-Vollstreckungsgesetz
VwZG	Verwaltungs-Zustellungsgesetz
VZOG	Vermögenszuordnungsgesetz

WA	Warschauer Abkommen (zur Vereinheitlichung von Regeln über die Beförderung im internationalen Luftverkehr)
Warn	Warneyer (Hrsg), Die Rechtsprechung des Reichsgerichts
WBewB	Wohnraumbewirtschaftungsrecht
WEG	Gesetz über das Wohnungseigentum und das Dauerwohnrecht
WertVO	Wertermittlungsverordnung
WF	Wertermittlungsforum
WG	Wechselgesetz
wg	wegen
wistra	Zeitschrift für Wirtschaft, Steuer, Strafrecht
WM	Wertpapiermitteilungen (Jahr, Seite)
WoBauÄndG	Gesetz zur Änderung des Wohnungsbindungsgesetzes und des Zweiten Wohnungsbaugesetzes (Wohnungsbauänderungsgesetz)
WoBauG II	2. Wohnungsbaugesetz (Wohnungsbau- und Familienheimgesetz)
WoBindG	Gesetz zur Sicherung der Zweckbestimmung von Sozialwohnungen (Wohnungsbindungsgesetz)
WoGeldG (WoGG)	Wohnungsgeldgesetz
WoGenVermG	Wohnungsgenossenschaftsvermögensgesetz
WoGV	Wohngeldverordnung
WohnRBewG	Wohnraumbewirtschaftungsgesetz
WOModG	Gesetz zur Förderung der Modernisierung von Wohnungen (Wohnungsmodernisierungsgesetz), jetzt: Modernisierungs- und Energieeinsparungsgesetz
WP/Bearb	Werner/Pastor/Bearbeiter, Der Bauprozess 12. Aufl 2008, Rn
WRP	Wettbewerb in Recht und Praxis (Jahr, Seite)
WRV	Weimarer Reichsverfassung
WuB	Wirtschafts- und Bankrecht
WuM	Wohnungswirtschaft und Mietrecht
WZG	Warenzeichengesetz
ZAkDR	Zeitschrift der Akademie für Deutsches Recht
zB	zum Beispiel
ZBB	Zeitschrift für Bankrecht und Bankwirtschaft
ZDG	Gesetz über den Zivildienst der Kriegsdienstverweigerer
ZEuP	Zeitschrift für Europäisches Privatrecht (Jahr, Seite)
ZEV	Zeitschrift für Erbrecht und Vermögensnachfolge
ZfA	Zeitschrift für Arbeitsrecht (Jahr, Seite)
ZfIR	Zeitschrift für Immobilienrecht
ZfRV	Zeitschrift für Rechtsvergleichung
ZG	Zollgesetz
ZGR	Zeitschrift für Unternehmens- und Gesellschaftsrecht (Jahr, Seite)
ZGS	Zeitschrift für das gesamte Schuldrecht
ZHR	Zeitschrift für das gesamte Handels- und Wirtschaftsrecht; bis 1933: Zentralblatt für Handelsrecht
ZInsO	Zeitschrift für das gesamte Insolvenzrecht
ZIP	Zeitschrift für die gesamte Insolvenzpraxis
ZMR	Zeitschrift für Miet- und Raumrecht
ZNER	Zeitschrift für neues Energierecht
ZPO	Zivilprozessordnung
ZRP	Zeitschrift für Rechtspolitik
ZS	Zivilsenat
zT	zum Teil
ZTR	Zeitschrift für Tarifrecht
zust	zustimmend
zutr	zutreffend
ZVG	Gesetz über die Zwangsversteigerung und Zwangsverwaltung

ZVglRWiss	Zeitschrift für vergleichende Rechtswissenschaft
ZVP	Zeitschrift für Verbraucherpolitik
zzt	zurzeit
ZZP	Zeitschrift für Zivilprozess

Allgemeine Literatur

Alternativkommentar	Kommentar zum Bürgerlichen Gesetzbuch, Wassermann (Hrsg), Band 1: §§ 1–240, Neuwied (1987) [zit: AK/*Bearbeiter*]
Anwaltkommentar	Bürgerliches Gesetzbuch, Dauner-Lieb/Heidel/Ring (Gesamthrsg), Band 2: Schuldrecht, Teilband 1: §§ 241–610, Baden-Baden (2008) [zit: AnwK/*Bearbeiter*]
Anwaltkommentar	Bürgerliches Gesetzbuch, Dauner-Lieb/Heidel/Ring (Gesamthrsg), Band 2: Schuldrecht, Teilband 2: §§ 611–853, Baden-Baden (2008) [zit: AnwK/*Bearbeiter*]
Bamberger/Roth (Hrsg)	Kommentar zum Bürgerlichen Gesetzbuch, Band 1: §§ 1–610, CISG, 2. Aufl, München (2007), Band 2: §§ 611–1296, AGG, ErbbauVO, WEG, 2. Aufl, München (2008) [zit: BaRoth/*Bearbeiter*]
Baumbach/Hopt (Hrsg)	Handelsgesetzbuch, mit GmbH & Co, Handelsklauseln, Bank- und Börsenrecht Transportrecht (ohne Seerecht), 33. Aufl, München (2008) [zit: Baumbach/Hopt/*Bearbeiter*]
Baumgärtel/Laumen/Prütting (Hrsg)	Handbuch der Beweislast im Privatrecht, Band 1: Allgemeiner Teil und Schuldrecht BGB mit VOB, HOAI, KSchG und ProdHaftG, 2. Aufl, Köln (1991) [zit: Baumgärtel/Laumen/Prütting/*Bearbeiter*]
Bundesministerium der Justiz (Hrsg)	Gutachten und Vorschläge zur Überarbeitung des Schuldrechts, Band 1, Köln (1981)
Canaris	Schuldrechtsmodernisierung 2002, München (2002)
Eckert/Maifeld/Matthiessen	Handbuch des Kaufrechts, Der Kaufvertrag nach Bürgerlichem Recht, Handelsrecht und UN-Kaufrecht, München (2007)
Ehmann/Sutschet	Modernisiertes Schuldrecht, Lehrbuch der Grundsätze des neuen Rechts und seiner Besonderheiten, München (2002)
Emmerich/Sonnenschein	Miete, Handkommentar, 9. Aufl, Berlin (2007)
Erfurter Kommentar	Erfurter Kommentar zum Arbeitsrecht, Müller-Glöge/Preis/Schmidt (Hrsg), 9. Aufl, München (2009) [zit: ErfK/*Bearbeiter*]
Erman (Begr)	Bürgerliches Gesetzbuch, Handkommentar mit AGG, EGBGB (Auszug), ErbbauRG, HausratsVO, LPartG, ProdHaftG, UKlaG, VAHRG und WEG, Band 1, 12. Aufl, Köln (2008) [zit: Erman/*Bearbeiter*]
Erman (Begr)	Bürgerliches Gesetzbuch, Handkommentar mit AGG, EGBGB (Auszug), ErbbauRG, HausratsVO, LPartG, ProdHaftG, UKlaG, VAHRG und WEG, Band 2, 12. Aufl, Köln (2008) [zit: Erman/*Bearbeiter*]
Ernst/Zimmermann (Hrsg)	Zivilrechtswissenschaft und Schuldrechtsreform, Tübingen (2001) [zit: Ernst/Zimmermann/*Bearbeiter*]
Esser/Weyer	Schuldrecht Besonderer Teil, Band 1, 8. Aufl, Heidelberg (2000)
Flume	Allgemeiner Teil des Bürgerlichen Rechts, Band 2: Das Rechtsgeschäft, 4. Aufl, Berlin (1992)
Gebauer/Wiedmann (Hrsg)	Zivilrecht unter europäischem Einfluss, Die richtlinienkonforme Auslegung des BGB und anderer Gesetze – Erläuterung der wichtigsten EG-Verordnungen, Stuttgart (2005) [zit: Gebauer/Wiedmann/*Bearbeiter*]
Gernhuber (Hrsg)	Handbuch des Schuldrechts, Band 8: Das Schuldverhältnis, Begründung und Änderung, Pflichten und Strukturen, Drittwirkungen, Tübingen (1989), Band 9,1: Leistungsstörungen, Die allgemeinen Grundlagen, der Tatbestand des Schuldnerverzugs, die vom Schuldner zu vertretenden Umstände, Tübingen (1999), Band 9,2: Leistungsstörungen, Die Folgen des Schuldnerverzugs, die Erfüllungsverweigerung und die vom Schuldner zu vertretende Unmöglichkeit, Tübingen (1999) [zit: Gernhuber/*Bearbeiter*]
Grundmann/Bianca (Hrsg)	EU-Kaufrechts-Richtlinie, Köln (2002) [zit: Grundmann/Bianca/*Bearbeiter*]
Haas/Medicus/Rolland/Schäfer/Wendtland	Das neue Schuldrecht, München (2002)
Henssler/v Westphalen (Hrsg)	Praxis der Schuldrechtsreform, 2. Aufl, Recklinghausen (2003)
Hoeren/Martinek (Hrsg)	Systematischer Kommentar zum Kaufrecht, Recklinghausen (2002) [zit: Hoeren/Martinek/*Bearbeiter*]
Huber/Faust	Schuldrechtsmodernisierungsgesetz, Einführung in das neue Recht, München (2002)
Jauernig (Hrsg)	Bürgerliches Gesetzbuch, mit Allgemeinem Gleichbehandlungsgesetz (Auszug), 12. Aufl, München (2007) [zit: Jauernig/*Bearbeiter*]
juris Praxiskommentar	juris Praxiskommentar BGB, Herberger/Martinek/Rüßmann/Weth (Gesamthrsg), Band 1: Allgemeiner Teil, 3. Aufl., Saarbrücken (2007) Band 2.1: Schuldrecht, §§ 241 bis 432, 3. Aufl. Saarbrücken (2006) Band 2.2: Schuldrecht, §§ 433 bis 630, 3. Aufl. Saarbrücken (2006) Band 2.3: Schuldrecht, §§ 631 bis 853, 3. Aufl. Saarbrücken (2006) [zit: jurisPK/*Bearbeiter*]

Kirchhof/Lwowski/Stürner (Hrsg)	Münchener Kommentar zur Insolvenzordnung, Band 1: §§ 1–102, Insolvenzrechtliche Vergütungsverordnung (InsVV), 2. Aufl, München (2007) [zit: Kirchhof/Lwowski/Stürner/*Bearbeiter*]
Kittner	Schuldrecht, Rechtliche Grundlagen – wirtschaftliche Zusammenhänge, 3. Aufl, München (2003)
Kümpel	Bank- und Kapitalmarktrecht, 3. Aufl, Köln (2004)
Larenz (Begr)	Lehrbuch des Schuldrechts, Band 1: Allgemeiner Teil, 14. Aufl, München (1987)
Larenz	Methodenlehre der Rechtswissenschaft, 6. Aufl, Berlin (1991)
Larenz/Canaris	Methodenlehre der Rechtswissenschaft, 3. Aufl, Berlin (1995)
Larenz/Wolf	Allgemeiner Teil des Bürgerlichen Rechts, Ein Lehrbuch, 9. Aufl, München (2004)
Lorenz/Riehm	Lehrbuch zum neuen Schuldrecht, München (2002)
Medicus	Schuldrecht, Ein Studienbuch, Band 1: Allgemeiner Teil, 17. Aufl, München (2006)
Münchener Kommentar	Münchener Kommentar zum Bürgerlichen Gesetzbuch, Säcker/Rixecker (Gesamthrsg), Band 1: Allgemeiner Teil, 1. Halbband: §§ 1–240, ProstG, 5. Aufl., München (2006) Band 2: Schuldrecht – Allgemeiner Teil: §§ 241–432, 5. Aufl., München (2007) Band 3: Schuldrecht – Besonderer Teil I: §§ 433–610, CISG, 5. Aufl., München (2008) Band 4: Schuldrecht – Besonderer Teil II: §§ 611–704, EFZG, TzBfG, KSchG, 5. Aufl., München (2009) Band 5: Schuldrecht – Besonderer Teil III: §§ 705–853, PartGG, ProdHaftG, 4. Aufl., München (2004) Band 10: Einführungsgesetz zum Bürgerlichen Gesetzbuch (Art 1–46), Internationales Privatrecht, 4. Aufl., München (2006) [zit: MüKo/*Bearbeiter*]
Oertmann	Die Geschäftsgrundlage, Ein neuer Rechtsbegriff, Leipzig (1921)
Palandt (Begr)	Bürgerliches Gesetzbuch, mit Nebengesetzen, 68. Aufl, München (2009) [zit: Palandt/*Bearbeiter*]
Prütting/Wegen/Weinreich (Hrsg)	BGB, Kommentar, 3. Aufl, Köln (2008) [zit: PWW/*Bearbeiter*]
Reinicke/Tiedtke	Kaufrecht, 8. Aufl, Köln (2008)
Reinking/Eggert	Der Autokauf, Rechtsfragen beim Kauf neuer und gebrauchter Kraftfahrzeuge sowie beim Leasing, 10. Aufl, Köln (2009)
Reithmann/Martiny (Hrsg)	Internationales Vertragsrecht, Das Internationale Privatrecht der Schuldverträge, 6. Aufl, Köln (2004)
RGRK	Das Bürgerliche Gesetzbuch mit besonderer Berücksichtigung der Rechtsprechung des Reichsgerichts und des Bundesgerichtshofs, Mitglieder des Bundesgerichtshofs (Hrsg), Kommentar, 12. Aufl, Berlin (1974–2000) [zit: RGRK/*Bearbeiter*]
Schlechtriem/Schmidt-Kessel	Schuldrecht, Allgemeiner Teil, 6. Aufl, Tübingen (2005)
Schmid (Hrsg)	Kompaktkommentar Mietrecht, Kommentar mit Erläuterungen, Beispielen und Anwendungshinweisen, 2. Aufl, München (2009) [zit: Schmid/*Bearbeiter*]
Schmidt-Futterer (Begr)	Mietrecht, Großkommentar des Wohn- und Gewerberaummietrechts, 9. Aufl, München (2007) [zit: Schmidt-Futterer/*Bearbeiter*]
Schulze (Hrsg)	Auslegung europäischen Privatrechts und angeglichenen Rechts, Baden-Baden (1999)
Schulze/Dörner/Ebert/Eckert/Hoeren/Kemper/Saenger/Schulte-Nölke/Staudinger	Bürgerliches Gesetzbuch, Handkommentar, 5. Aufl, Baden-Baden (2007) [zit: Hk-BGB/*Bearbeiter*]
Schulze/Schulte-Nölte (Hrsg)	Die Schuldrechtsreform vor dem Hintergrund des Gemeinschaftsrechts, Tübingen (2001)
Soergel (Begr)	Bürgerliches Gesetzbuch, mit Einführungsgesetz und Nebengesetzen, Band 2: Allgemeiner Teil 2 (§§ 104–240), 13. Aufl, Stuttgart (1999) Band 2a: Allgemeiner Teil 3 (§§ 13, 14, 126a – 127, 194–218), 13. Aufl, Stuttgart (2002) Band 2: Schuldrecht I (§§ 241–432), 12. Aufl, Stuttgart (1999) Band 4/1: Schuldrecht III/1 (§§ 516–651), 12. Aufl, Stuttgart (1997) Band 4/2: Schuldrecht III/2 (§§ 651a – 704), 12. Aufl, Stuttgart (1999) Band 5/1: Schuldrecht IV/1 (§§ 705–822), 12. Aufl, Stuttgart (2007) Band 8: Schuldrecht 6 (§§ 535–610), 13. Aufl, Stuttgart (2007) [zit: Soergel/*Bearbeiter*]

Staudinger (Begr)	Kommentar zum Bürgerlichen Gesetzbuch, mit Einführungsgesetz und Nebengesetzen, Buch 1: Allgemeiner Teil, §§ 90–133, §§ 1–54, 63 Beurkundungsgesetz (Allgemeiner Teil 3 und Beurkundungsverfahren), Berlin (2004) [zit: Staud/*Bearbeiter*] Kommentar zum Bürgerlichen Gesetzbuch, mit Einführungsgesetz und Nebengesetzen, Buch 2: Recht der Schuldverhältnisse, §§ 315–326 (Leistungsstörungsrecht II), Berlin (2004) Buch 2: Recht der Schuldverhältnisse, §§ 397–432 (Erlass, Abtretung, Schuldübernahme, Mehrheit von Schuldnern und Gläubigern), Berlin (2005) Buch 2: Recht der Schuldverhältnisse, §§ 433–487, Leasing (Kaufrecht und Leasingrecht), Berlin (2004) Buch 2: Recht der Schuldverhältnisse, Wiener UN-Kaufrecht (CISG), Berlin (2005) Buch 2: Recht der Schuldverhältnisse, §§ 563–580a (Mietrecht 2), Berlin (2006) Buch 2: Recht der Schuldverhältnisse, §§ 652–656 (Maklerrecht), Berlin (2003) Buch 2: Recht der Schuldverhältnisse, §§ 657–704 (Geschäftsbesorgung), Berlin (2006) Buch 2: Recht der Schuldverhältnisse, §§ 779–811 (Vergleich, Schuldversprechen, Anweisung, Schuldverschreibung), Berlin (2002) [zit: Staud/*Bearbeiter*]
Sternel	Mietrecht, 3. Aufl, Köln (1988)
Thomas/Putzo (Begr)	Zivilprozessordnung, mit Gerichtsverfassungsgesetz, den Einführungsgesetzen und europarechtlichen Vorschriften, 29. Aufl, München (2008) [zit: Thomas/Putzo/*Bearbeiter*]
Ulmer/Brandner/Hensen (Hrsg)	AGB-Recht, Kommentar zu den §§ 305–310 BGB und zum Unterlassungsklagengesetz, 10. Aufl, Köln (2006) [zit: Ulmer/Brandner/Hensen/*Bearbeiter*]
Zimmermann	The New German Law Of Obligations, Historical And Comparative Perspectives, Oxford (2005)
Zöller (Begr)	Zivilprozessordnung, mit Gerichtsverfassungsgesetz und den Einführungsgesetzen, mit Internationalem Zivilprozessrecht, EG-Verordnungen, Kostenanmerkungen, 27. Auflage, Köln 2009 [zit: Zöller/*Bearbeiter*]

Einleitung

Literatur *Bachmann* Kontrahierungspflichten im privaten Bankrecht ZBB 2006, 257; *Benedict* Consideration – Formalismus und Realismus im Common Law of Contract RabelsZ 2005, 1; *ders* Überrumpelung beim Realkredit – Ideologie und Wirklichkeit im deutsch-europäischen Privatrecht AcP 206 (2006) 56; *Bohle/Micklitz* Erfahrungen mit dem AGB-Gesetz im nichtkaufmännischen Bereich – Eine Zwischenbilanz nach sechs Jahren BB 1983, Beilage 11; *Canaris* Wandlungen des Schuldvertragsrechts – Tendenzen zu seiner »Materialisierung« AcP 200 (2000), 273; *Däubler* Kommentar zum Tarifvertragsgesetz, 2. Aufl, Baden-Baden (2006); *Gaedtke* Die Reform der Timesharing-Richtlinie – Lösung aller Probleme? VuR 2008, 130; *Grundmann* The Structure of the DCFR – Which Approach for Today's Contract Law? ERCL 2008, 225, 225; *Hansen* Die außervertragliche Haftung von Zertifizierungsdiensteanbietern, Diss Rostock (2007); *Hönn* Kompensation gestörter Vertragsparität – ein Beitrag zum inneren System des Vertragsrechts, München (1982); *Jansen/Zimmermann* Grundregeln des bestehenden Gemeinschaftsprivatrechts? JZ 2007, 1113; *Kempen/Zachert* Kommentar zum Tarifvertragsgesetz, 4. Aufl Frankfurt/M (2006); *Koch* Kollektiver Rechtsschutz im Zivilprozess, Frankfurt aM (1976); *Krüger* Rechtseinheit von unten?, Baden-Baden (2005); *Markert* Zur Kontrolle von Strom- und Gaspreiserhöhungen nach § 307 und § 315 BGB ZNER 2008, 44; *Micklitz/Reich* Europäisches Verbraucherrecht – quo vadis? VuR 2007, 121; *Rabel* Das Recht des Warenkaufs – Eine rechtsvergleichende Darstellung, 2 Bände, Tübingen/Berlin Bd I (1936) Bd II (1958); *Raiser* Vertragsfreiheit heute JZ 1958, 1; *ders* Das Recht der allgemeinen Geschäftsbedingungen (1935), Bad Homburg (Nachdruck 1961); *Rehse* Der Vertragsschluss auf elektronischem Wege in Deutschland und England, Berlin (2005); *Reich/Tonner* Rechtstheoretische und rechtspolitische Überlegungen zum Problem der Allgemeinen Geschäftsbedingungen – Hamburger Jahrbuch für Wirtschafts- und Gesellschaftstheorie, 1973, 213; *Rösler* Europäisches Konsumentenvertragsrecht, München (2004); *Rott* Die neue Verbraucherkredit-Richtlinie 2008/48/EG und ihre Auswirkungen auf das deutsche Recht WM 2008, 1104; *Schmidt-Rimpler* Grundfragen einer Erneuerung des Vertragsrechts AcP 147 (1941), 130; *Schulz* E-Commerce im Tourismus, Diss Rostock (2009); *Schulze/Wilhelmsson* From the Draft Common Frame of Reference towards European Contract Law Rules ERCL 2008, 154; *Stillner* Praktische Erfahrungen mit dem AGB-Gesetz ZVP 1980, 142; *Tamm* Binnenmarkt contra Rechtsvielfalt? KJ 2007, 391; *dies* Die Bestrebungen der EU-Kommission im Hinblick auf den Ausbau des kollektiven Rechtsschutzes für Verbraucher EuZW 2009 (demnächst); *dies* Ein Gespenst geht um in Europa – das Gespenst der Sammelklage, NJW Editorial 2009/10, S. 3; *dies* Das Grünbuch der Kommission zum Verbraucheracquis und das Modell der Vollharmonisierung – eine kritische Analyse EuZW 2007, 756; *Tonner* Verbraucherrecht und Selbstregulierungskonzepte KJ 1985, 107; *Tonner/Tamm* Der Vorschlag einer Richtlinie über Rechte der Verbraucher und seine Auswirkungen auf das nationale Recht JZ 2009, 277 ff; *Vogenauer/Weatherill* Eine empirische Untersuchung zur Angleichung des Vertragsrechts in der EG JZ 2005, 870; *von Bar/Clive/Schulte-Nocke* Principles, Definitions and Model Rules of European Private Law: Draft Common Frame of Reference, interim outline 2008 (nunmehr outline 2009); *von Hippel* Verbraucherschutz, 3. Aufl Tübingen (1986); *Wagner* Die soziale Frage und der Gemeinsame Referenzrahmen ZEuP 2007, 180; *Willingmann* Die Mietrechtsreform 2001 NJ 2001, 449; *Wolter* Mietrechtlicher Bestandsschutz, Frankfurt/M (1984); *Zerres* Die Bedeutung der Verbrauchsgüterkaufrichtlinie für die Europäisierung des Vertragsrechts, München (2007).

A. Vertragsrecht in der Praxis. In der gerichtlichen und anwaltlichen Praxis des Zivilrechts spielt das Vertragsrecht eine herausragende Rolle. Es gibt keinen Richter und keinen Anwalt – sei er forensisch, sei er außerforensisch tätig –, der sich nicht alltäglich mit Fragen des Vertragsrechts befassen muss. Vertragsrecht geht den Spezialisten wie den Nichtspezialisten gleichermaßen an; Vertragsrecht ist eine **Kernmaterie des Zivilrechts.** Es ist nach wie vor weitgehend im BGB angelegt. Wichtige Teile, die sich im Laufe des 20. Jahrhunderts neben dem BGB entwickelt haben, wurden durch die Schuldrechtsreform und die Mietrechtsreform ins BGB zurückgeholt. 1

Dieser Kommentar erläutert ausf alle Vorschriften des BGB, die sich mit Vertragsrecht befassen, in einem Bande. Damit folgt er nicht der Einteilung üblicher Erläuterungswerke, die das BGB streng in der Reihenfolge seiner Bücher kommentieren, verlässt aber auch nicht die dem deutschen Juristen vertraute Form des Kommentars. Vielmehr konzentriert er sich auf die ersten zwei Bücher des BGB und erfasst aus diesen die meisten Vorschriften aus dem Allg Teil. Dies ist nötig, da der **Allg Teil** vom Gesetzgeber ganz wesentlich auf das Vertragsrecht hin konzipiert wurde, auch wenn dieser Begriff nicht an der Spitze der Begriffspyramide des BGB steht. Weitere wichtige Vorschriften, die sich mit dem Allg Teil des Vertragsrechts befassen, finden sich im **Allg Teil des Schuldrechts.** Dessen Vorschriften sind in dieser Kommentierung vollständig erfasst. Dies ist deshalb notwenig, weil die Regelungen des bes Schuldrechts (also das Vertragsrecht im engeren Sinne) häufig, gerade im Bereich der Mängelrechte, hieran »andocken« und das Werk so eine gewisse Komprimierung erreicht. Freilich stehen aber in der vertragrechtlichen Praxis insbes die gesetzlichen Regelungen im **Schuldrecht Bes Teil** betreffend Kauf, Miete, Werkvertrag usw im Mittelpunkt. Der Kommentar zieht daraus die Konsequenz, dass diese Teile **bes ausf** erläutert werden, die Vorschriften im Allg Teil und im Allg Teil des Schuldrechts aber knapper, da sich bei ihnen gelegentlich dogmatischer Ballast ansammelt, der hier nicht reproduziert werden soll. 2

3 Vertragsrecht findet sich nicht nur innerhalb, sondern auch außerhalb des BGB. Die Schuldrechtsreform hat zwar einige der seit Inkrafttreten des BGB stattfindenden Sonderentwicklungen außerhalb des BGB mit dem Focus auf das Verbraucherrecht und die Mietrechtsreform wieder rückgängig gemacht. Erfasst wurden aber nicht alle Bereiche, die Sonderrechtstendenzen aufweisen. Das gilt bes für das **Arbeitsrecht** und das **Baurecht**, aber auch für das **Beförderungsrecht**. Der vorliegende Kommentar will kein Handbuch für das Arbeitsrecht oder das Baurecht ersetzen, aber er behandelt auch die Grundzüge der »ausgewanderten« Materien, indem er im Anschluss an das Dienstvertragsrecht und das Werkvertragsrecht bes wichtige Vertragstypen erläutert, die im Kern zwar auf das Dienst- und Werkvertragsrecht zurückgehen, sich inzwischen aber so ausdifferenziert haben, dass sie einer eigenen geschlossenen Darstellung bedürfen. Diese erfolgt hier für das **Arzthaftungsrecht**, den **Anwaltsvertrag** und den Beförderungsvertrag. Gleiches gilt für das **Leasing**, das im Anhang an das Mietrecht als gesonderter Vertrag besprochen wird. Die Grundzüge des **Arbeitsvertragsrechts** sind in die Darstellung des Dienstvertragsrechts integriert. Auch im Kaufrecht werden bes kaufrechtliche Vertragstypen geschlossen dargestellt, nämlich der **Immobilienkauf**, der **Autokauf**, der **Unternehmenskauf** und der **Forderungskauf**. Das **Factoring** wird dem Abschnitt zum Forderungskauf zugeordnet und der **Reisevermittlungsvertrag** innerhalb des Pauschalreiserechts dargestellt. Die Aktualität des Werkes zeigt sich bei der Einarbeitung der neuen EuGH-Rechtsprechung und der daraus folgenden gesetzlichen Neuregelung zum **Nutzungsersatz bei mangelhaften Kaufsachen**. Wichtig für die Praxis ist auch die Einarbeitung des **Forderungssicherungsgesetzes** im Werkvertragsrecht, wo eine Alternativkommentierung für Alt- und Neufälle erfolgt. Eine kritische Einarbeitung hat im Bereich der Abtretungsregelungen und der Kommentierung zum Darlehensrecht iÜ das **Risikobegrenzungsgesetz** erfahren. Im Mietrecht werden die zahlreichen neuen höchstrichterlichen Entscheidungen zu den **Schönheitsreparaturen** berücksichtigt. Der Bedeutung des **Allg Gleichstellungsgesetzes** entsprechend, das bei jedem Vertragstyp Beachtung finden muss, wurde auch dieses mitkommentiert und wegen seiner allg Bedeutung an die Spitze der Darstellung gestellt.

4 Der Kommentar wendet sich an den Generalisten und an den Spezialisten. Adressat des Werkes ist, wer sich heute mit diesem, morgen mit jenem Vertragstyp zu befassen hat und etwas gründlichere Informationen benötigt, als sie ein Kurzkommentar liefern kann. Um die Einarbeitung in eine (noch nicht bekannte) Vertragsmaterie zu ermöglichen, werden den kommentierten Vertragsabschnitten **Checklisten** vorangestellt. Diese dienen dazu, dass alle wichtigen Punkte für die Erstellung oder die spätere Evaluierung eines Vertrages dem Benutzer vor Augen geführt werden und er damit keines der für seinen Fall relevanten Problemfelder übersieht. Die Checklisten dienen als **Navigationsinstrument** durch den Kommentar. Der Nutzer kann auf diese Weise von »seiner« Fragestellung ausgehen und findet auf einer Seite den Schlüssel zu den relevanten Passagen, auch wenn diese wegen der Systematik des BGB auf zahlreiche Paragrafen oder auf den Allg und den Bes Teil des Schuldrechts verstreut sind.

5 Der Kommentar versteht sich als Ergänzung des im selben Verlag erschienenen **PWW**. Der PWW enthält die **Basisinformationen**, der hier vorgelegte **TWT Vertiefungen**, die sich in erster Linie auf die Breite des präsentierten Materials beziehen, darüber hinaus aber auch Entwicklungslinien im Vertragsrecht iA sowie in den einzelnen Vertragstypen nachzeichnen und auf Perspektiven hinweisen, was so in einem Kurzkommentar nicht möglich ist. Der Vorteil der Beschränkung auf das Vertragsrecht besteht darin, dass nicht einfach eine (weitere) Vollkommentierung der ersten zwei Bücher des BGB vorgelegt wird, sondern dass durch das Weglassen der für das Vertragsrecht weniger relevanten Vorschriften der Raum geschaffen wird, innerhalb eines Bandes Informationen unterzubringen, die über einen Kurzkommentar hinausgehen, ohne den Nutzer zu zwingen, sich eine aufwendige, mehrbändige Kommentierung anschaffen zu müssen einschließlich vieler Teile, die er nicht benötigt.

6 **B. Vertragsrecht in der Systematik des BGB.** Trotz der großen praktischen Relevanz des Vertragsrechts enthält das BGB nicht etwa eine Gegenüberstellung von Vertragsrecht und Deliktsrecht als Oberbegriffe, sondern ist wesentlich komplizierter aufgebaut. Das Vertragsrecht erschließt sich auch nicht etwa allein aus den im Abschnitt 8 des Schuldrechts geregelten »Einzelnen Schuldverhältnissen«, zu denen – auch, aber nicht nur – die **vertraglichen Schuldverhältnisse** gehören. Vielmehr müssen der Allg Teil und der Bes Teil des Schuldrechts in die Betrachtung einbezogen werden. Das liegt einmal an der Technik des BGB, Allgemeines »vor die Klammer zu ziehen«, und dies bei den für das Vertragsrecht relevanten Materien gleich in doppelter Weise, nämlich in Form des dem gesamten BGB vorangestellten Allg Teils, und zum zweiten dadurch, dass das Schuldrecht nochmals einen Allg Teil enthält. Diese Vorliebe für allg Teile ist ein Spezifikum des deutschen Zivilrechts, das durch starke **Systematisierungstendenzen** hervorsticht, durch die dadurch erreichte kompakte (dh gedrängte) Darstellung aber nicht nur dem ausländischen Juristen oft schwer zugänglich ist. Im Vergleich zum BGB enthält etwa der französische Code civil keinen Allg Teil, vom common law, das keine Kodifikation des Zivilrechts kennt, sondern auf Fällen aufbaut, ganz zu schweigen.

7 **I. Allgemeiner Teil.** Darüber hinaus steht der Vertragsbegriff auch im Allg Teil nicht etwa an der Spitze der Begriffshierarchie. Vielmehr verwendet das BGB den Begriff des »Rechtsgeschäfts«, so die Überschrift vor § 104. Dementsprechend hat die deutsche Doktrin keine allg Vertragsrechtslehre, sondern eine **Rechtsgeschäftslehre** entwickelt. Wer ein Rechtsgeschäft tätigen will, muss geschäftsfähig sein, §§ 104–113, und eine

Willenserklärung abgeben, §§ 116–144. Erst danach regelt das BGB den Vertrag, nämlich gewissermaßen als Unterfall des Rechts der Willenserklärungen für die »besondere« Situation zweier übereinstimmender Willenserklärungen, §§ 145–157. Diese Abstraktion führt innerhalb der Vorschriften des Allg Teils zu Differenzierungen, indem das BGB getrennte Auslegungsregeln für Willenserklärungen, § 133, und für Verträge, § 157, statuiert. Praktisch werden diese beiden Vorschriften aber fast immer in einem Atemzug genannt.

Ein Vertrag setzt stets zwei übereinstimmende Willenserklärungen voraus und ist sicherlich der Normalfall, **8** wenn eine Person etwas erklären will, an das sie sich gebunden fühlt. Gerade eine komplexe arbeitsteilige Wirtschaft verlangt jedoch, dass auch **einseitige Versprechen** ohne Gegenleistung bindend gemacht werden können. Es gibt zwar einseitige Leistungsversprechen, die innerhalb eines Vertrages abgegeben werden. Man spricht dann von einem zweiseitigen Rechtsgeschäft, das nur eine Partei verpflichtet. Beispiele sind die Bürgschaft oder die Schenkung. Damit verlässt man aber noch nicht die Vertragskategorie – anders als im common law, das das Versprechen einer Gegenleistung für beide Teile zu einem konstitutiven Merkmal des Vertragsschlusses erklärt (vgl auch *Benedict* RabelsZ 2005, 1). Es gibt aber auch einseitige Rechtsgeschäfte von wirtschaftlicher Bedeutung, wie etwa die Kündigung, die Anfechtung, den Widerruf oder die Aufrechnung. Mit diesen Rechtsgeschäften wird zwar keine Verpflichtung eingegangen, vielmehr ein **Gestaltungsrecht** ausgeübt, dem aber regelm ein Vertrag zugrunde liegt. Letztlich ist also die gesamte Rechtsgeschäftslehre so sehr Bestandteil des Vertragsrechts, dass es nicht als zwingend betrachtet werden kann, das Rechtsgeschäft und nicht den Vertrag an die Spitze der Begriffspyramide des BGB zu stellen. Angesichts der Vergemeinschaftung des Vertragsrechts muss der Ansatz des BGB sich wohl einer Änderung unterziehen und das Gewicht des Vertragsrechts stärker betonen, denn bei der Vergemeinschaftung ist schon jetzt vom Vertragsrecht, nicht abstrakt vom bloßen Rechtsgeschäft die Rede.

II. Allgemeiner Teil des Schuldrechts. Die genannten Fragen wiederholen sich im Allg Teil des Schuldrechts. **9** Auch hier wird der Vertragsbegriff nicht an die Spitze gestellt, obwohl sich der größte Teil der Regelungen auf Verträge bezieht. Am Anfang steht vielmehr die **Verpflichtung zur Leistung**, § 241. Diese kann, muss aber nicht aus einer vertraglichen Verpflichtung folgen. Auch bei Gestaltungsrechten liegt regelm ein Vertrag zugrunde, so dass für nicht vertragliche Pflichten kaum Raum bleibt. Viel relevanter ist die Frage, wieweit vorvertragliche Pflichten einbezogen werden (*Tamm* § 241 Rz 5 ff). Es ist wenig überzeugend und eher auf pragmatische Entscheidungen des modernen Gesetzgebers zurückzuführen, dass ein Teil der Gestaltungsrechte (Anfechtung) seinen Platz im Allg Teil, ein anderer (Widerrufs-, Kündigungsrechte) dagegen im Allg Teil des Schuldrechts gefunden hat. Bezeichnenderweise wurden die Widerrufsrechte vor ihrer Verankerung im Schuldrecht des BGB (§ 355) regelm in den Lehrbüchern zum Allg Teil des BGB behandelt (etwa Larenz/*Wolf* AT des BGB 9. Aufl 2004 § 39, im Anschluss an die Anfechtbarkeit).

Der Allg Teil des Schuldrechts bezieht sich darüber hinaus nicht nur auf die vertraglichen, sondern auch auf **10** die **gesetzlichen Schuldverhältnisse**, also auf die Geschäftsführung ohne Auftrag, das Bereicherungsrecht und das Deliktsrecht. Es ist für jeden Zivilrechtler selbstverständlich, dass die vertraglichen und die gesetzlichen Schuldverhältnisse unter dem Begriff »Schuldrecht Bes Teil« zusammengefasst werden. Aber weder dieser Begriff noch die Termini »vertragliche« und »gesetzliche Schuldverhältnisse« tauchen im BGB selbst auf.

Wie der Allg Teil, so enthält auch der Allg Teil des Schuldrechts spezielle vertragsrechtliche Vorschriften, die **11** jedoch erst im Verlauf des Gesetzestextes, sozusagen als Konkretisierung der allg Regelungen für zweiseitige Leistungsbeziehungen, in den §§ 320–326 auftauchen. Die Überschrift für diese Paragrafen, die unter der Rubrik »**Gegenseitiger Vertrag**« eingestellt wurden, ist jedoch missverständlich, wenn man sie so auffassen würde, als wäre nur dort im Allg Teil des Schuldrechts Vertragsrecht geregelt. Das Gegenteil ist der Fall. Vertragsrecht konstituiert sich »en detail« erst in den folgenden bes Bestimmungen. Alle anderen Titel des Allg Teils des Schuldrechts gewinnen Leben erst dadurch, dass man sie im Zusammenhang mit einer explizit ausgeformten vertraglichen Leistungsverpflichtung sieht. Das gilt für das Leistungsstörungsrecht, das AGB-Kontrollrecht, das Widerrufsrecht, das Rücktrittsrecht oder das Abtretungsrecht gleichermaßen.

Das Verhältnis von Allg und Bes Teil im Schuldrecht ist nicht immer leicht zu bestimmen. Der Blick des **12** Gesetzesanwenders wird zuerst über die Vorschriften der **vertraglichen Schuldverhältnisse**, also die §§ 433 ff, hinwegstreifen. Diese haben nach dem lex-specialis-Grundsatz **Vorrang** vor den allg Bestimmungen. Erst wenn sich aus dem Schuldrecht BT keine Lösung ergibt, gelangt das Schuldrecht AT zur Anwendung. Der Gesetzgeber der Schuldrechtsreform hat es dem Gesetzesanwender insoweit leicht gemacht, als das Kauf- und das Werkvertragsrecht in §§ 437 bzw 634 konkrete **Verweisungen** auf Vorschriften des Allg Teils des Schuldrechts enthalten. Bei diesen beiden Vertragstypen ist die Anwendung des Allg Teils des Schuldrechts auch am wichtigsten, jedenfalls soweit Leistungsstörungen betroffen sind. Die anderen Vertragstypen enthalten wesentlich stärker in sich abgeschlossene Regelungen, insbes das Mietrecht, aber auch das Reiserecht, die den Rückgriff auf Rechtsbehelfe des Allg Teils des Schuldrechts seltener erforderlich machen bzw erlauben. So wird zB in diesen Vertragstypen ebenso wie im Dienstvertragsrecht das Rücktrittsrecht durch ein Kündigungsrecht verdrängt. In der Mitte steht das Dienstvertragsrecht, das keine speziellen Mängelrechte kennt, so dass dem allg Leistungsstörungsrecht erhebliche Bedeutung zukommt. Andere, insbes modernere Regelungsbereiche aus dem AT des Schuldrechts sind aber bei allen Vertragstypen von gleichermaßen praktischer Bedeutung, so etwa die AGB-Kontrolle, §§ 305 ff, oder die Widerrufsrechte bei bes Vertriebsformen, §§ 312 ff.

13 **III. Vertragstypen außerhalb des BGB.** Die Vielfalt der Vertragstypen in der Wirklichkeit wird vom BGB nicht annähernd aufgefangen. Angesichts des Prinzips der Vertragsfreiheit ist dies aber auch kein Problem, da die Parteien nicht nur nicht gehindert sind, innerhalb der geregelten Vertragstypen in Grenzen abweichende Regeln zu vereinbaren (dazu sogleich), sondern auch »neue« Vertragstypen kreieren können. Der Gesetzgeber selbst hat nur wenige Vertragstypen nachträglich ins BGB eingeschoben, so im Jahre 1979 – damals noch ohne gemeinschaftsrechtlichen »Zwang« – den **Reisevertrag**, §§ 651a ff, später den **Teilzeit-Wohnrechte-Vertrag**, §§ 481 ff, den Darlehensvermittlungsvertrag, §§ 655a ff, und den Überweisungs-, Zahlungs- und Girovertrag, §§ 676a ff. IÜ sind eher vorhandene Vertragstypen überarbeitet worden, teils ohne, teils mit gemeinschaftsrechtlichem Hintergrund, so das Kaufrecht, das Darlehensrecht und das Mietrecht.

14 Einige der Vertragstypen des BGB sind so allg angelegt, dass sie wiederum gewissermaßen als der Allg Teil einer Vielzahl von Vertragstypen angesehen werden können, die ihrerseits nicht im BGB geregelt sind, sondern teils durch AGB, teils durch Spezialgesetze ausgefüllt werden. Das gilt insbes für das Werkvertragsrecht, in zweiter Linie auch für das Dienstvertragsrecht und schließlich für das Kaufrecht. Das **Werkvertragsrecht** ist der »AT« des Baurechts und des Beförderungsrechts – Rechtsgebiete, auf die in diesem Kommentar näher eingegangen wird. Dies gilt aber auch für viele weitere Dienstleistungsverträge, etwa für das gesamte Reparaturgewerbe. Aus dem **Dienstvertragsrecht** hat sich das Arbeitsvertragsrecht entwickelt, ohne bis heute seine Wurzeln im BGB zu verleugnen. Ferner bietet es den Anknüpfungspunkt für Dienstleistungen »höherer Art«, so etwa für das Arzt- und Anwaltsrecht, auf die hier eingegangen wird (vgl die Kommentierung von *Tamm* Anhang I und II zu §§ 611). Aufgrund der Vielfalt von Dingen (und Rechten!), die man kaufen kann, ist auch das **Kaufrecht** Grundlage vieler spezieller Gestaltungen, etwa beim Kauf von (neuen oder gebrauchten) Autos, von Immobilien oder von Unternehmen. Dass auch bei der speziellen Ausgestaltung derartiger Vertragstypen durch AGB der Bezug auf die Vertragtypen des BGB erhalten bleibt, hat einen großen Vorteil: Die im BGB enthaltenen Gerechtigkeitsvorstellungen sind auf die von der Vertragspraxis geschaffenen Verträge in Gänze zu übertragen. § 307 Abs 2 S 1, der dies ermöglicht, gilt nicht nur für Verbraucherverträge.

15 **C. Von der formalen zur materialen Vertragsfreiheit. I. Formale Vertragsfreiheit.** Ausgangspunkt des Vertragsrechts des BGB ist die Vertragsfreiheit. Das war dem Gesetzgeber des BGB so selbstverständlich, dass er sie nicht selbst regelte, sondern einfach voraussetzte – anders als etwa der französische Code civil. Nach der gesetzgeberischen Vorstellung wissen die Parteien selbst im Grundsatz am besten, wie sie ihre vertraglichen Beziehungen regeln sollten. Der Gesetzgeber hat sich herauszuhalten; ein iustum pretium, einen gerechten Preis, den der Staat vorgeben könnte, gibt es nicht. Aufgabe des Staates ist infolge seines Gewaltmonopols allein, die wirksam zustande gekommenen Vereinbarungen der Parteien durchzusetzen, wenn die Betroffenen ihnen nicht freiwillig nachkommen. Er hat dafür Verfahren einzurichten, die zu vollstreckbaren Titeln führen, und ein Vollstreckungssystem zur Verfügung zu stellen. Schon die Regelungen der Voraussetzungen des wirksamen Zustandekommens der Rechtsgeschäfte enthalten allerdings (vgl etwa §§ 104, 134, 138) eine gewisse, wenn auch ursprünglich noch sehr zurückhaltend gesetzte Inhaltsschranke (und damit -kontrolle).

16 Der **Staat** kann sich nach dieser Vorstellung eine weitgehende **Zurückhaltung** erlauben, weil die Parteien nur freiwillig bindende Vereinbarungen abschließen. Ein Kontrahierungszwang ist dem System des BGB grds ebenso fremd wie eine vollumfängliche Inhaltskontrolle. Die Parteien werden Verträge daher nur dann abschließen, wenn sie sich einen individuellen Nutzen davon versprechen. Die Vertragsfreiheit ist gewissermaßen die juristische Seite der Medaille, deren andere Seite der **Markt** ist. So wie der Wettbewerb für gerechte Ergebnisse sorgt, ohne dass irgendeine Instanz vorzuschreiben hat, was gerecht ist, wenn denn nur Wettbewerb herrscht, so bietet die Vertragsfreiheit nach einem berühmten Wort *Schmidt-Rimplers* eine **Richtigkeitsgewähr** (AcP 147 (1941), 130, 149). Wettbewerb und Vertragsverhandlungen führen deshalb zu gesellschaftlich akzeptablen Ergebnissen, weil jeder die Chance hat, sich zu beteiligen, aber zu nichts gezwungen werden kann und somit ein Ausgleich gegenläufiger Interessen der Individuen stattfindet.

17 Vertragsrecht kann nach dieser Vorstellung nur **dispositiv** sein. Eigentlich ist es gar nicht erforderlich, denn es gilt vorrangig, was die Parteien vereinbart haben. Zwingend und vom Gesetzgeber vorgegeben sein müssen nur die Regeln, wie der Vertrag zustande kommt, also die Rechtsgeschäftslehre iSd §§ 104 ff, denn die Vertragsfreiheit bezieht sich auf den Inhalt des Vertrags (Inhaltsfreiheit) und darauf, dass der Einzelne einen Vertrag abschließen kann, aber nicht muss (Abschlussfreiheit).

18 Für das dispositive Vertragsrecht bleibt damit nur die Funktion der **Lückenfüllung**. Es greift ein, wenn die Parteien nichts anderes vereinbart haben, sei es, weil sie die Notwendigkeit der Regelung eines bestimmten Punktes übersehen haben, sei es, weil sie wegen der wirtschaftlichen Geringfügigkeit eines Geschäftes eine Regelung für überflüssig gehalten haben. Das Vertragsrecht des BGB bietet nach seiner Ausgangsvorstellung lediglich ein **Modell** an, wie man bestimmte Vertragstypen regeln könnte. Es ist aber mehr als optionales Recht, denn es gilt, wenn die Parteien nichts anders vereinbart haben.

19 **II. Kritik der formalen Vertragsfreiheit.** Dieses Modell hat zu keiner Zeit der Wirklichkeit entsprochen. Es scheitert daran, dass der Mensch keineswegs so frei ist, Verträge zu schließen oder dies zu unterlassen, wie das Modell unterstellt. Der Mensch muss essen und sich bekleiden, und er benötigt ein Dach über dem Kopf. In einer arbeitsteiligen Wirtschaft beschafft er sich die Nahrungsmittel und die Bekleidung über Kaufver-

träge, und er mietet eine Wohnung, wenn er nicht Eigentümer eines Eigenheims ist. Die hierfür notwendigen Geldmittel erhält er idR über abhängige Beschäftigung; dazu muss er einen Arbeitsvertrag abschließen. Die Befriedigung **menschlicher Grundbedürfnisse** erfolgt also ganz wesentlich über Verträge. Während der Anbieter von Waren oder Dienstleistungen oder von Wohnraum ebenso wie der Arbeitgeber sein Kapital in anderen Bereichen anlegen kann, wenn er merkt, dass es sich nicht optimal verwerten lässt, steht dem Verbraucher und Arbeitnehmer diese Möglichkeit nicht zur Verfügung. Er ist darauf angewiesen, seine Grundbedürfnisse über den Einsatz seiner Arbeitskraft zu befriedigen. Zwar kann auch er von günstigen Marktbedingungen profitieren, doch ist dies nicht notwendigerweise die Regel – bei vermachteten Märkten ist ein Ausweichen nicht möglich. Zudem unterliegen viele Faktoren, zB AGB, ohnehin nicht einer Kontrolle durch den Wettbewerb. Es kommt also vielfach – nicht zwangsläufig stets – zu einer Asymmetrie zwischen Anbietern und Arbeitgebern einerseits und Verbrauchern und Arbeitnehmern andererseits, die nicht allein durch die Gewährung einer formalen Vertragsfreiheit aufgelöst wird.

Dies gilt zwar in erster Linie für Verbraucher, Mieter und Arbeitnehmer. Aber auch innerhalb der Wirtschaft bilden sich erhebliche Ungleichgewichtslagen. Man denke nur an das Verhältnis von Zulieferern zu einem großen Industriebetrieb oder im Bereich der gewerblichen Miete von Einzelhändlern zu einem Einkaufszentrum. Aber zwischen Verbrauchern, Mietern und Arbeitnehmern einerseits und kleinen und mittelständischen Unternehmen besteht ein Unterschied: Die erstgenannte Gruppe befindet sich in einer **strukturellen Ungleichgewichtslage** (*Hönn* Kompensation gestörter Vertragsparität – Ein Beitrag zum inneren System des Vertragsrechts, 1982), während die KMU sich im Einzelfall zwar Bedingungen ausgesetzt sehen, die keinem Verbraucher zugemutet werden, im Gegensatz zu diesem aber letztlich ausweichen können, indem sie ihre Aktivitäten verlagern. Es ist also richtig, wenn die Materialisierung des Vertragsrechts sich auf die genannten Gruppen konzentriert und sich nicht mit allg Mitteln der Beseitigung von Ungleichgewichtslagen schlechthin widmet. Dagegen leugnet zwar ein großer Teil der Zivilrechtswissenschaft die Notwendigkeit des Schutzes der schwächeren Vertragspartei nicht, will dies aber im Einzelfall mit allg Mitteln erreichen und bestreitet eine »strukturelle« Ungleichgewichtslage (repräsentativ *Canaris* AcP 200 (2000), 273 ff; vgl auch *Benedict* AcP 206, 56). 20

III. Die Entwicklung zur materialen Vertragsfreiheit. Die Rechtsordnung hat sich niemals der Aufgabe verschlossen, in das Vertragsrecht zugunsten der **schwächeren Vertragspartei** einzugreifen. Allenfalls im ersten Jahrzehnt nach Inkrafttreten des BGB wurde die formale Vertragsfreiheit uneingeschränkt praktiziert. Häufig hat zunächst die Rspr Probleme aufgegriffen. Sie konnte sich dabei der Generalklauseln des BGB bedienen. Dies ist vor allem im (späteren) Verbraucherrecht geschehen. Anders verlief dagegen die Entwicklung im Arbeits- und im Wohnungsmietrecht. Für das Arbeitsrecht war die Novemberrevolution von 1918 mit der Anerkennung der Tarifautonomie ein wesentlicher Meilenstein (unten Rz 35), während der Schutz des Wohnungsmieters fast nur durch Eingriffe des einfachen Gesetzgebers erfolgte. Diese begannen bereits während des 1. Weltkrieges, während das Verbraucherrecht erst seit den 1970er Jahren einen gesetzlichen Niederschlag erfuhr. Der Ausgleich von Asymmetrien erfolgte also mit höchst unterschiedlichen Mitteln. 21

1. Generalklauseln. Die Generalklauseln des BGB in den §§ 138 und 242 haben erhebliche praktische Bedeutung. Die Rspr hat sie zu vielfachen **Interventionen ins Vertragsrecht** benutzt. Das war nicht ihre ursprüngliche Aufgabe. Vom Standpunkt der formalen Vertragsfreiheit sind sie eigentlich überflüssig; sie sind vom Gesetzgeber des BGB nur für extreme Ausnahmesituationen geschaffen worden, aber nicht zur systematischen Korrektur von Ungleichgewichtslagen (*L Raiser* JZ 58, 1 ff). Jedoch wendete bereits das RG den § 138 zur AGB-Kontrolle an. Die diesbezügliche Rspr geht sogar auf die Zeit vor Inkrafttreten des BGB zurück. Das RG reduzierte über § 138 seiner Ansicht nach zu weitgehende Haftungsfreizeichnungen, vornehmlich für Transporte (*Reich/Tonner* Hbger Jb für Wirtschafts- und Gesellschaftstheorie 18 (1973) 213 ff). Als *Ludwig Raiser* im Jahre 1935 seine bahnbrechende Monografie über AGB veröffentlichte (*L Raiser* Das Recht der allg Geschäftsbedingungen 1935), konnte er also auf bereits bestehende Rspr zurückgreifen. Nach dem 2. Weltkrieg stellte der BGH die AGB-Kontrolle auf § 242 um. Dies erlaubt eine größere Flexibilität, weil ein »nur« gegen § 242 verstoßender Vertrag erhalten bleiben kann, während eine Verletzung von § 138 zur Unwirksamkeit führt. Bahnbrechend ist dabei ein Urteil aus dem Jahre 1956, wonach die gesetzlichen Gewährleistungsrechte wieder aufleben, wenn ein Nachbesserungsrecht, das sich der Verkäufer ausbedungen hat, fehlschlägt (BGHZ 22, 90). In der Folgezeit entfaltete der BGH eine umfangreiche Rspr auf der Grundlage von § 242, die bereits zahlreiche Grundsätze des 1976 verabschiedeten AGBG, heute §§ 305 ff, enthielt. 22

§ 138 behielt aber eine gewisse Bedeutung. Wichtig ist seine Anwendung im Kreditrecht (*Deinert* § 138 Rz 39). Hier entwickelte die Rspr die Figur des **wucherähnlichen Rechtsgeschäfts**, eine Mischung aus den beiden Absätzen der Vorschrift. Die Rspr sieht eine Zinsvereinbarung als sittenwidrig an, die den marktüblichen Zins um mehr als das Doppelte oder um 12 Prozentpunkte übersteigt (BGH NJW-RR 1989, 1068; BGH NJW 1992, 899). Damit wurde ein genereller Grundsatz für eine Preiskontrolle geschaffen: Immer dann, wenn sich ein marktüblicher Preis finden lässt, fallen extreme Abweichungen von diesem Preis unter das Verdikt der Sittenwidrigkeit. Dies bedeutet aber nicht, dass eine Preiskontrolle iSe zwangsweisen Durchsetzung eines iustum pretium durchgeführt wird. Vielmehr ist die Basis der Berechnung ein Marktpreis. Es werden nur extreme Abweichungen von Marktpreisen unterbunden, so dass eine grds Marktorientierung dieser Rspr 23 bleibt. Der Gedanke des sittenwidrigen Preises spielt auch in anderen Bereichen eine Rolle, so zB beim Grundstückskauf (*Tonner* § 433 Rz 66) und beim Lohnwucher (*Deinert* § 138 Rz 38; *Tamm* § 611 Rz 26).

24 IÜ ist es Aufgabe des Rechts gegen Wettbewerbsbeschränkungen, gegen Preise vorzugehen, die sich nur infolge von Marktmacht durchsetzen lassen. Das **Energierecht** liefert dafür in den letzten Jahren zahlreiche Beispiele (*Markert* ZNER 2008, 44); dabei wird die verbraucherschützende Funktion des GWB immer deutlicher. Die Kartellbehörden müssen dabei den schwierigen Begriff des Missbrauchs einer marktbeherrschenden Stellung iSd § 19 GWB handhaben.

25 **2. Verbraucherrecht.** Das Verbraucherrecht hat sich aus der Auslegung der Generalklauseln des BGB heraus entwickelt. Angestoßen durch die internationale Entwicklung, vor allem durch die **Botschaft Präsident Kennedys** (Special Message to the Congress on Protecting the Consumer Interest of 15.03.1962, abgedruckt bei *v Hippel* Verbraucherschutz 3. Aufl 1986 S 281 ff), sah sich der deutsche Gesetzgeber in den 1970er Jahren veranlasst, eine legislative Verbraucherschutzpolitik zu konzipieren (Erster Bericht der Bundesregierung zur Verbraucherpolitik vom 18.10.1971, BTDrs 7/2724), deren wesentliche Ergebnisse die Einfügung eines Widerrufsrechts in das damalige **AbzG**, das **AGBG** und das **VerbrKrG** waren. Dabei war allerdings heftig umstritten, ob diese Vorschriften generell den Schutz der schwächeren Vertragspartei oder spezifisch des Verbrauchers bezwecken sollten (Diskussionen auf dem 50. DJT, Verh 50. DJT Bd II: Verhandlungen). Das AGBG ging über einen reinen Verbraucherschutz hinaus, die beiden anderen Gesetze schützen dagegen nur den Verbraucher. Während die materiell-rechtlichen Vorschriften des AGBG die zuvor ergangene Rspr kodifizierten, gleichzeitig aber durch die Verwendung einer Generalklausel, § 9 AGBG, eine weitere Entwicklung durch Rspr ermöglichten, setzten die beiden anderen Gesetze Standards, die nicht durch Rspr vorgegeben waren, sondern sich aus der aktuellen rechtspolitischen Diskussion ergaben, vor allem im VerbrKrG, das zB ein Widerrufsrecht (heute § 495) und eine Regelung über die sog Schuldturmproblematik (heute § 497) enthielt. Andererseits kodifizierte dieses Gesetz aber auch Rspr, zB hinsichtlich der verbundenen Geschäfte, § 9 VerbrKrG, heute § 358.

26 Während die genannten Gesetze noch Ausdruck einer autonomen deutschen Gesetzgebung waren, beschränkte sich die Tätigkeit des deutschen Gesetzgebers in den 1990er Jahren auf die Umsetzung von **Richtlinien des Gemeinschaftsgesetzgebers** (unten Rz 43). Dieser übernahm die Steuerung der weiteren Entwicklung des Verbraucherrechts, zB durch so wichtige Richtlinien wie die über missbräuchliche Vertragsklauseln von 1993 oder über den Verbrauchsgüterkauf von 1999. Der deutsche Gesetzgeber setzte die bis 1998 umzusetzenden Richtlinien in Nebengesetzen zum BGB um und versuchte, über den Mindeststandard möglichst nicht hinauszugehen.

27 Erst durch die Schuldrechtsreform von 2001 übernahm der deutsche Gesetzgeber wieder eine aktive Rolle im Verbraucherrecht. Mit den §§ 13 und 14, die bereits ein Jahr zuvor eingeführt wurden, definierte er den Anwendungsbereich von Verbraucherrecht. Das AGBG, das HWiG, das FernabsG, das TzWrG und das VerbrKrG wurden in das BGB integriert und dadurch aufgewertet. Um eine systematische Stimmigkeit herbeizuführen, mussten die Mindeststandards der Richtlinien gelegentlich nach oben aufgerundet werden, so zB mit der Festlegung einer einheitlichen Widerrufsfrist von 14 Tagen, § 355. Andererseits wurden auch Regelungen für andere als Verbraucherverträge an die durch die verbraucherrechtlichen Richtlinien gesetzten Standards angepasst, um eine Spaltung in verbraucherrechtliche und nicht-verbraucherrechtliche Vertragstypen zu verhindern. Das gilt insbes für das Kaufrecht.

28 Die Gesetzgebung der Jahre von 1970 bis 2001 bedeutet vor allem die Schaffung zwingenden verbraucherrechtlichen Vertragsrechts, also eine **Materialisierung des Vertragsrechts** zugunsten von Verbrauchern (vgl *Tamm* § 242 Rz 3 ff). Daneben ist aber auch eine **Prozeduralisierung** von nicht zu unterschätzender Bedeutung, womit nicht nur ieS prozessrechtliche Normen gemeint sind (dazu schon sehr früh *H Koch* Kollektiver Rechtsschutz im Zivilprozess 1976), sondern auch offene Normen, die den Betroffenen selbst über Verfahren eine Feinsteuerung überlassen (vgl *Tonner* KJ 1985, 107 ff; *Tamm* Editorial NJW 10/2009, III; *dies* EuZW 2009, demnächst). Mit dem AGBG wurde eine Verbandsklagebefugnis zugunsten von Verbraucherverbänden eingeführt, damals § 13 AGBG, heute § 1 UKlaG, die es den klagebefugten Verbänden ermöglicht, eine abstrakte Klauselkontrolle durch die Gerichte herbeizuführen. In Verbindung mit dem offenen Wortlaut der Generalklausel des § 9 AGBG, heute § 307, hat dies zu einer erheblichen Weiterentwicklung von verbraucherschützenden Standards durch die Rspr geführt, die so durch Gesetzgebung allein niemals hätte erreicht werden können. Die Verbandsklagebefugnis wurde schon bald nach Inkrafttreten der Vorschriften positiv eingeschätzt (*Stillner* ZVP 1980, 142, 149; *Bohle/Micklitz* BB 1983, Beil 11 S 9). Durch die Prozeduralisierung ist eine Erstarrung der Materialisierung auf einem einmal erreichten Standard verhindert worden; das Verbandsklageverfahrens erlaubt eine schnelle Reaktion der Rspr auf neue technisch-wirtschaftliche Herausforderungen, während für den Gesetzgeber die Aufgabe einer Konsolidierung der durch Rspr erreichten Standards bleibt. Neben der Klagemöglichkeit nach dem UKlaG hat der Gesetzgeber den Verbraucherverbänden noch weitere Rechtsinstrumente an die Hand gegeben. Nach § 8 Abs 1 Nr 4 RDG (urspr Art 1 § 3 Nr 8 RBerG) können sie für Verbraucher auch in Individualverfahren auftreten. Damit sind in gewissem Maße Musterverfahren möglich (zu den Voraussetzungen BGHZ 170, 18 = NJW 2007, 593).

3. Wohnungsmietrecht. Das Wohnungsmietrecht ist im Gegensatz zum Verbraucherrecht stets eine Domäne des **Gesetzgebers** gewesen. Natürlich gibt es auch hier eine Fülle von Rspr, doch eher zu Einzelfragen, wenn der Gesetzgeber unklar bleibt, etwa zum Begriff der Eigenbedarfskündigung oder – derzeit sehr aktuell – zu den **Schönheitsreparaturen** (zuletzt BGH NJW-RR 2009, 656 und NJW 2009, 1408). Die Rspr hat hier aber weniger Steuerungsfunktion ausgeübt als vielmehr Leitentscheidungen des Gesetzgebers durch »Feinschliff« ausgefüllt. 29

Die Tätigkeit des Gesetzgebers begann mit Verordnungen mitten im 1. Weltkrieg (umfassend zur Geschichte des mietrechtlichen Kündigungsschutzes *Wolter* Mietrechtlicher Bestandsschutz 1984). Dem folgte in der Weimarer Republik das MieterschutzG. Themen dieser Gesetzgebung sind – wie auch aller nachfolgenden Regelungen – der **Kündigungsschutz** und die **Begrenzung von Mieterhöhungen**. Beides hängt miteinander zusammen, denn ein wirtschaftlich denkender Vermieter wird nur kündigen, wenn der Mieter entweder die Miete nicht zahlt oder zahlen kann, oder eine Änderungskündigung aussprechen, wenn er die Miete erhöhen will. Eine Kündigung muss daher an Fristen und an Gründe gebunden werden, die das **Bestandsschutzinteresse des Mieters** am Erhalt der Wohnung mit dem Interesse des Vermieters, frei über sein Eigentum zu verfügen, abwägt. Beide Interessen sind heute verfassungsrechtlich verbürgt. 30

Schon in der Weimarer Republik erkannte man, dass bei Miethöheregelungen die Gefahr besteht, dass zu viel Mieterschutz notwendige **Investitionen in den Mietwohnungsbereich** behindern kann. Das MieterschutzG schrieb daher Mieten nur für Altbauten fest (»Friedensmiete« von 1914), während man für den Neubau vermieterfreundlicher war. Diese Differenzierung findet sich in der Gesetzgebung nach dem 2. Weltkrieg wieder, zB in dem Gesetz zur Erhöhung des Angebots an Mietwohnungen von 1982 (BGBl I S 1912), das einen leichten Abbau von Mieterschutzstandards damit begründete, die Investitionsbereitschaft zu verbessern. 31

Die Gesetzgebung der Nachkriegszeit ist gekennzeichnet durch eine Begrenzung der Miete für mit öffentlichen Mitteln geförderte Wohnungen auf die **Kostenmiete** und einer langsamen Freigabe der Mieten iÜ, bis mit dem sog Lücke-Plan, benannt nach dem damaligen Bundeswohnungsbauministers, zu Beginn der 1960er Jahre eine vollständige Deregulierung erfolgte. Doch bald setzte eine Gegenbewegung ein, die zum 1. und 2. WoKSchG von 1971 bzw 1975 führte. Diese Gesetze brachten einen relativ starken Kündigungsschutz und außerdem eine Regulierung des Mieterhöhungsverfahrens: Bestandsmieten dürfen nur bis zur **ortsüblichen Vergleichsmiete** erhöht werden. 32

Die Mieterschutzgesetzgebung fand lange Zeit außerhalb des BGB statt. Das Mietrecht des BGB war abstraktes, keineswegs nur auf die Wohnungsmiete bezogenes, dispositives Recht; die entscheidenden Bestimmungen fanden sich in den mietrechtlichen Nebengesetzen, die wiederum in den Lehrbuchdarstellungen ein Fußnotendasein führten. Dies änderte sich erst mit dem 2. WoKSchG, das die Kündigungsschutzvorschriften ins BGB einstellte, die Vorschriften über das Mieterhöhungsverfahren dagegen in ein bes Gesetz, das MHG. Erst der Gesetzgeber der **Mietrechtsreform von 2001** war so konsequent, das gesamte Wohnungsmietrecht ins BGB aufzunehmen (*Willingmann* NJ 2001, 449). Dort befindet sich nunmehr ein Untertitel 2, der die Vorschriften über Mietverhältnisse über Wohnraum zusammenhängend enthält und zwingend regelt. Die Materialisierung des Wohnungsmietrechts im BGB fand dadurch ihren Abschluss. 33

4. Arbeitsvertragsrecht. Einen gänzlich anderen Weg ist die Materialisierung im Arbeitsrecht gegangen. Zwar hat auch hier der Gesetzgeber in nicht unerheblichem Umfang zwingende vertragsrechtliche Vorschriften erlassen. Ganz im Mittelpunkt steht dabei der **Kündigungsschutz**, der teils außerhalb (vgl das KSchG), teils innerhalb des BGB und dort im Dienstvertragsrecht (§§ 622 ff) geregelt ist. Auch einige Splitter der Vergemeinschaftung des Arbeitsrechts haben ihren Weg ins BGB gefunden, wobei jetzt allerdings die Vorschriften über die Gleichbehandlung von Männern und Frauen vom BGB (§§ 611a f aF) ins **AGG** ausgewandert sind. Im BGB verblieben ist aber § 613a, der Arbeitnehmer beim Betriebsübergang schützt. 34

Entscheidend ist aber etwas anderes: Durch die verfassungsrechtliche Absicherung der **Tarifautonomie** wird die Vertragsfreiheit gleichsam auf kollektiver Ebene wieder hergestellt. Zwischen dem einzelnen Arbeitnehmer und Arbeitgeber besteht eine Asymmetrie zulasten des Arbeitnehmers, weil er nicht ausweichen kann, denn er ist darauf angewiesen, zur Befriedigung seiner Grundbedürfnisse einen Arbeitsvertrag abzuschließen. Was dem Einzelnen nicht möglich ist, von seinem Recht auf Vertragsfreiheit material Gebrauch zu machen, gelingt, wenn sich die Einzelnen zusammenschließen und gemeinsam Verträge mit der Gegenseite aushandeln können. Dann ist die Richtigkeitsgewähr des Vertrags iSv *Schmidt-Rimpler* wieder gegeben. Voraussetzung ist allerdings eine funktionsfähige Tarifautonomie. Diese wurde von den Gewerkschaften erkämpft und seit der Novemberrevolution von 1918 schließlich anerkannt (sog Zentralarbeitsgemeinschaftsabkommen vom 15.11.1918, vgl *Däubler* in: Däubler (Hrsg) Kommentar zum TVG 2. Aufl 2006 Einl Rn 22; *Kempen* in: Kempen/Zachert TVG 4. Aufl 2006 Einl Rn 25). Heute ist sie durch Art 9 GG verfassungsrechtlich abgesichert. Dazu gehört vor allem die **Waffengleichheit** von Arbeitnehmern und Arbeitgebern. Nicht umsonst hat die Rspr lange Zeit um die Ausbalancierung von Streik und Aussperrung gerungen. Dies hat Bedeutung nicht nur für die nähere Ausgestaltung der verfassungsrechtlichen Gewährleistung der Tarifautonomie – bekanntlich ist der Streik über Art 9 GG grundrechtlich anerkannt, obwohl Art 9 den Begriff selbst nicht nennt –, sondern auch für die Vertragsfreiheit. Der verfassungsrechtliche Begriff der (materialen) Vertragsfreiheit, den das BVerfG aus den Bürgschaftsfällen abgeleitet hat (unten Rz 39), wird im Arbeitsrecht über die Tarifautonomie hergestellt. 35

Damit sind die Vorschriften, die die Ausgestaltung der Tarifautonomie regeln, insbes das TVG, ein Stück prozedurales Recht, das letztlich zu Vertragsgerechtigkeit führt, ohne dass der Gesetzgeber bestimmt, was inhaltlich Vertragsgerechtigkeit sein soll. Dies bleibt allein den Tarifvertragsparteien überlassen.

36 **IV. Der verfassungsrechtliche Begriff der Vertragsfreiheit.** Die Rspr des BVerfG spiegelt die Materialisierung des Vertragsrechts wider und drückt sie adäquat aus. Die Vertragsfreiheit ist ein **Grundrecht**, das zwar nicht selbst im GG benannt wird, aber anerkanntermaßen aus der allg Handlungsfreiheit des Art 2 Abs 1 GG folgt (BVerfGE 8, 328; 70, 123; 72, 170). Geschützt sind die beiden Varianten der Abschluss- und der Inhaltsfreiheit, also das negative Recht, Verträge nicht abzuschließen, und das positive Recht, Verträge mit einem beliebigen Inhalt abzuschließen. Auf den ersten Blick scheinen der Kontrahierungszwang mit der Abschlussfreiheit und das zwingende Vertragsrecht mit der Inhaltsfreiheit zu kollidieren. Das ist indes nicht der Fall.

37 **1. Kontrahierungszwang und Abschlussfreiheit.** Einen gesetzlichen Kontrahierungszwang kannte man früher in Bereichen, in denen ein Anbieter ein gesetzlich abgesichertes **Gebietsmonopol** besaß. Dies galt vor allem im Bereich der Energieversorgung, der Wasserversorgung und im Verkehrsbereich. Wettbewerbsrechtlich wurde der Kontrahierungszwang als Ausgleich für das eingeräumte Monopol angesehen: Da der Nachfrager nicht ausweichen kann, soll er wenigstens einen Anspruch auf Versorgung zu angemessenen Bedingungen haben. Dazu kam der öffentlich-rechtliche Gedanke der Daseinsvorsorge: Niemand sollte von der Versorgung mit Strom und Wasser oder der Benutzung von Post und Eisenbahn ausgeschlossen werden. Mit der Liberalisierung der Märkte für die genannten Dienstleistungen verschwanden die gesetzlichen Kontrahierungszwänge allerdings weitgehend.

38 Damit kann aber nicht die Tatsache negiert werden, dass die betreffenden Dienstleistungen Grundbedürfnisse der Menschen erfüllen. Es hat sich daher eine neue Debatte herausgebildet, die allerdings auf einem Gebiet geführt wird, das noch niemals einem Kontrahierungszwang unterlag, nämlich dem **Recht auf ein eigenes Bankkonto** (*Bachmann* ZBB 2006, 266). Der Besitz eines eigenen Bankkontos ist für jedermann zur Entfaltung seiner Persönlichkeit, etwa in der Arbeitswelt und für die Teilnahme am Gesellschafts- und Wirtschaftsleben unerlässlich. Es handelt sich dabei um ein Grundbedürfnis in der modernen Wirtschaftswelt. Früher wurde das Recht auf ein eigenes Bankkonto durch den – zumindest faktischen – Kontrahierungszwang für öffentlich-rechtliche Kreditinstitute sichergestellt, die einem Nachfrager nicht unberechtigterweise im Hinblick auf den Gleichbehandlungsgrundsatz des Art 3 GG die Kontoeinrichtung verweigern durften. Heute kann das Recht auf ein eigenes Bankkonto nur noch so verstanden werden, dass aufgrund des AGG jede Bank verpflichtet ist, bei einer entspr Anfrage keine diskriminierenden Differenzierungen vorzunehmen und den Kontoanwärter deshalb abzulehnen. Ablehnungen sind nur bei sachlicher Rechtfertigung möglich, wobei es die Bank durch Einräumung bzw Nichteinräumung eines entspr Kreditrahmens selbst in der Hand hat, etwaige sachliche Ablehnungsgründe wie eine Überschuldungsgefahr gar nicht erst virulent werden zu lassen.

39 **2. Zwingendes Vertragsrecht und Inhaltsfreiheit.** Bzgl der Inhaltsfreiheit hat sich das BVerfG von einem formalen Verständnis von Vertragsfreiheit gelöst und vertritt einen von ihm sog **materialen Begriff** von Vertragsfreiheit. Dieser wurde maßgeblich in zwei Entscheidungen zur Ehegatten- und Angehörigen-Bürgschaft entwickelt, bei der deren Sittenwidrigkeit gem § 138 in Rede stand (BVerfGE 89, 214, 232). Die Vertragsfreiheit sei Ausdruck der Selbstbestimmung. Wenn durch ein »**strukturelles Ungleichgewicht**« für eine Vertragspartei das Ergebnis des Vertrags Fremdbestimmung sei, müsse die Rechtsordnung eingreifen; es dürfe nicht nur das Recht des Stärkeren gelten. In dem ihm vorgelegten Fall einer Angehörigen-Bürgschaft sah es ein derartiges Ungleichgewicht, in dem Fall der Ehegatten-Bürgschaft dagegen nicht. Das BVerfG folgerte aus seinem materialen Verständnis von Vertragsfreiheit, dass die Zivilgerichte aufgerufen sind, die Generalklauseln des BGB anzuwenden, um zu Ergebnissen zu gelangen, die diesem Verständnis entsprechen.

40 Das materiale Verständnis von Vertragsfreiheit wird allerdings nicht bei der Anwendung der Generalklauseln der §§ 138 und 242 stehen bleiben können. Es bedarf weiterer Ausdifferenzierungen schon aus Gründen der Rechtsklarheit und -sicherheit. Das **zwingende Vertragsrecht des BGB**, das sich aus § 242 herausentwickelt hat, ist vielmehr differenzierter Ausdruck dieses materialen Verständnisses. Wie die Entwicklung jedenfalls des Verbraucherrechts zeigt, handelt es sich dabei um eine Entwicklung, die ihren Ausgangspunkt bei der Anwendung von § 242 nahm, so dass sich zwingendes Vertragsrecht als Ausfluss von Treu und Glauben, als das, auf das sich redliche Vertragsparteien eingelassen hätten, anzusehen ist (*Tamm* § 242 Rz 23 ff). Der Begriff der materialen Vertragsfreiheit muss sich aber auch auf die prozeduralen Elemente des modernen Vertragsrechts beziehen, etwa die Verbandsklagebefugnis gem dem UKlaG oder die Tarifautonomie, denn diese Instrumente sind in bes Weise geeignet, die Einflussnahme auch der schwächeren Vertragspartei auf den Vertragsinhalt sicherzustellen.

41 **D. Vertragsrecht an der Schwelle der Vergemeinschaftung.** Die Zeit einer Vergemeinschaftung des Vertragsrechts ist gekommen. Man sollte nicht von Europäisierung sprechen, denn es gibt zahlreiche Staaten in Europa außerhalb der EU. Die Weiterentwicklung der nationalen Kodifikationen kann nur aus einer Wechselwirkung zwischen nationalem Zivilrecht und Bestrebungen auf Gemeinschaftsebene begriffen werden. Rechtshistoriker weisen immer wieder darauf hin, dass es sich eigentlich um eine Re-Europäisierung handelt, denn aufgrund der Rezeption des römischen Rechts im ausgehenden Mittelalter galt in großen Teilen Euro-

pas nicht nur ein einheitliches Recht, sondern auch eine einheitliche Rechtskultur mit einer einheitlichen Sprache, nämlich dem Lateinischen, bis im Zeitalter der Nationalstaaten das Recht durch die großen Kodifikationen, angefangen mit Code civil und ABGB, auseinander trat (*Zimmermann* The Law of Obligations – Roman Foundations of the Civilian Tradition, 2005). Aber die künftige Entwicklung kann kein »back to the roots« sein, denn dem späten Mittelalter und der frühen Neuzeit war von E-Mails, elektronischen Signaturen (*M Hansen* Die außervertragliche Haftung von Zertifizierungsdiensteanbietern 2007) oder Online-Buchungen (*S Rehse* Der Vertragsschluss auf elektronischem Wege in Deutschland und England 2005; *D Schulz* E-Commerce im Tourismus – Diss Rostock 2009) noch nichts bekannt – abgesehen davon, dass das common law nicht aus der Tradition des römischen Rechts erwachsen ist.

Das Europäische Parlament hat immer wieder ein **Europäisches Zivilgesetzbuch** gefordert (zuletzt in einer Entschließung vom 06.09.2007, A6-0281/2007) und steht daher den aktuellen Bestrebungen, über einen Gemeinsamen Referenzrahmen erste Schritte zu einem europäischen Zivilrecht zu machen, aufgeschlossen ggü. Es handelt sich aber nicht um einen völlig neu einzuschlagenden Weg. Vielmehr hat die Gemeinschaft seit den 1980er Jahren zahlreiche Rechtsakte im Bereich des Vertragsrechts erlassen, beschränkt allerdings auf das Verbrauchervertragsrecht und als Ausfluss einer auf die Verwirklichung des Binnenmarktes bezogenen Verbraucherpolitik. Diese Rechtsakte können und sollen bei der Entwicklung eines Gemeinschaftsvertragsrechts nicht ignoriert werden, vielmehr ist von einer wechselseitigen Verschränkung der weiteren Entwicklung des Verbrauchervertragsrechts und der angedachten Instrumente des Gemeinsamen Referenzrahmens auszugehen. 42

I. Verbrauchervertragsrecht der Gemeinschaft. Eine Verbraucherpolitik der Gemeinschaft wurde auf dem Pariser Gipfel im Jahre **1972** beschlossen, damals ohne Grundlage im Vertrag (vgl generell *Rösler* Europäisches Konsumentenvertragsrecht 2004). Sie lief jedoch nur sehr schwerfällig an (Erstes Programm von 1975, ABl EG Nr C 92 vom 25.04.1975; Zweites Programm von 1981, ABl EG Nr C 133 vom 03.06.1981), bis durch die Einfügung der Vorschriften über den Binnenmarkt durch die **Einheitliche Europäische Akte** im Jahre 1986 einschlägige Richtlinien nicht mehr einstimmig verabschiedet werden mussten. Nunmehr gab es verbraucherrechtliche Richtlinien in schneller Folge, angefangen mit der Haustürwiderrufs-RL von 1985, der Verbraucherkredit-RL von 1987 und der Pauschalreise-RL von 1990. Hatten die Mitgliedstaaten in den 1970er Jahren noch eigene Vorschriften im Verbrauchervertragsrecht erlassen (oben Rz 25), so übernahm jetzt die Gemeinschaft die Führung, obwohl das in allen Richtlinien enthaltene **Mindeststandard-Prinzip** den Mitgliedstaaten noch einen eigenen Spielraum eröffnete. Der **Vertrag von Maastricht** verankerte die Verbraucherpolitik im EGV. Mit der RL über missbräuchliche Klauseln von 1993 wurde erstmals ein Kernbereich des Vertragsrechts der Mitgliedstaaten betreten. Die Fernabsatz-RL von 1997 erwies modernen Kommunikationsmedien ihre Referenz, und mit der Verbrauchsgüterkauf-RL von 1999 wurde ein gewisser Höhepunkt erreicht, indem der in allen Vertragsrechtsordnungen wichtigste Vertragstyp, der Kaufvertrag, geregelt wurde (*Zerres* Die Bedeutung der Verbrauchsgüterkaufrichtlinie für die Europäisierung des Vertragsrechts 2007 S 48 ff). 43

Alle diese Richtlinien schufen zwingendes Vertragsrecht für die Rechtsbeziehung zwischen Verbraucher und Unternehmer. Damit wurde die oben diskutierte Materialisierungstendenz durch die Gemeinschaftsebene erheblich verstärkt und angetrieben. Es kam aber auch zu **prozeduralen Rechtsinstrumenten**. Bereits die RL über missbräuchliche Vertragsklauseln enthielt – in abgeschwächter Form – eine dem damaligen § 13 AGBG entspr Verbandsklagebefugnis. Die Klagebefugnisse der Verbraucherverbände wurden durch die Unterlassungsklagen-RL erheblich ausgeweitet. Inzwischen widmet sich die Gemeinschaft erneut kollektiven Rechtsdurchsetzungsverfahren und will Sammelklagen einführen (Grünbuch vom 27.11.2008, KOM (2008) 794; dazu *Tamm* NJW 2009 Editorial Heft 10, III). 44

In den 2000er Jahren schwächte sich die Aktivität der Gemeinschaft ab. Sie verlagerte sich in Nebengebiete wie das Versicherungsrecht, den Anlegerschutz oder Passagierrechte. Geschützt werden sollte nicht »der Verbraucher«, sondern der Versicherungsnehmer, der Anleger, der Passagier. In diesen Bereichen, die auch aus der Sicht des BGB Nebengebiete und nicht im BGB selbst geregelt sind, ist noch mit weiterer Gesetzgebungstätigkeit zu rechnen. 45

Dagegen ist in den in den 1980er und 1990er Jahren geschaffenen Kernmaterien des Verbrauchervertragrechts eine **Konsolidierung** eingeleitet worden. Mit einem Grünbuch von 2007 kündigte die Kommission eine Überarbeitung von acht Richtlinien an, darunter allen oben genannten, die untereinander kohärenter gestaltet werden sollen (KOM (2006) 774; dazu *Micklitz/Reich* VuR 2007, 121; *Tamm* EuZW 2007, 756). Gedacht ist an ein sog horizontales Instrument, das allg Regeln in sich aufnehmen soll wie etwa eine einheitliche Begriffsbestimmung von Verbraucher und Unternehmer oder einheitliche Widerrufsfristen, und vertikale Instrumente, die mit den bisherigen, an das horizontale Instrument anzupassenden Richtlinien gleichzusetzen sind, die sich auf einzelne Sektoren beziehen. 46

Des Weiteren möchte die Kommission das Mindeststandardprinzip aufgeben und zu einer sog **Vollharmonisierung** übergehen. Damit würde den Mitgliedstaaten die Möglichkeit einer eigenen Verbraucherpolitik mit legislativen Mitteln abgeschnitten (sehr krit deshalb *Tamm* KJ 2007, 391 ff). Die Gemeinschaftsorgane befürworten aber die Vollharmonisierung, sofern sie nicht zu einem Abbau von Schutzstandards in einzelnen Mitgliedstaaten führt (Entschließung des Europäischen Parlaments v 06.09.2007, A6-0261/2007). Inzwischen hat die Gemeinschaft eine neue Verbraucherkredit-RL (RL 2008/48/EG, dazu *Rott* WM 2008, 1104) und eine 47 neue Timesharing-RL (RL 2008/122/EG, zum Vorschlag *Gaedtke* VuR 2008, 130) mit einem leicht verwässerten Vollharmonisierungskonzept verabschiedet. Ein Vorschlag der Kommission einer RL über Verbraucherrechte will die Haustürwiderrufs-RL, die Fernabsatz-RL, die RL über missbräuchliche Vertragsklauseln und die Verbrauchsgüterkauf-RL zusammenfassen und das Vollharmonisierungskonzept auf voller Breite durchsetzen (KOM (2008) 614). Ob es dazu kommt, bleibt abzuwarten (krit *Tonner/Tamm* JZ 2009, 277 ff). Jedenfalls werden die Mitgliedstaaten ihr Vertragsrecht erneut anpassen müssen.

48 **II. Allgemeines Vertragsrecht: Der Gemeinsame Referenzrahmen.** Trotz der wiederholten Aufforderungen des Europäischen Parlaments, ein Europäisches Zivilgesetzbuch, zumindest ein europäisches Vertragsrecht, zu schaffen, ergriff die Kommission zunächst keine entspr Aktivitäten. Vielfach wurde bezweifelt, ob der EGV für ein derartiges Projekt überhaupt eine Ermächtigungsgrundlage enthält (*Wagner* ZEuP 2007, 180, 183; *Vogenauer/Weatherill* JZ 2005, 870, 873). Statt dessen beschäftigte sich eine Reihe von Forschergruppen mit der Herausarbeitung allg Prinzipien des europäischen Vertragsrechts, die nach Art der US-amerikanischen Restatements als Leitbild für die Praxis dienen könnten, ohne formell Gesetze zu sein (krit zur Vorbild-Funktion der Restatements für die Gemeinschaft *Heiko Krüger* Rechtseinheit von unten? 2005). Die bekannteste dieser Gruppen war die sog Lando-Kommission. Sie arbeitete seit den 1980er Jahren und entwickelte Prinzipien, die das gemeinsame europäische Vertragsrecht abbilden, also das dem Recht der Mitgliedstaaten gemeinsame Recht, aber nicht das Gemeinschaftsprivatrecht, das zu jener Zeit noch gar nicht vorhanden war (die deutschen Texte sind abgedruckt in ZEuP 2000, 675 und 2003, 895 ff).

49 Im Jahre 2003 aber trat die Kommission mit einem Aktionsplan an (KOM (2003) 68). Sie schlug darin einen sog **Gemeinsamen Referenzrahmen** vor, wonach für zentrale Instrumente des Vertragsrechts wie etwa »Vertrag« oder »Schaden« einheitliche Begriffsbestimmungen gefunden werden sollten. Es wurde auch von einer tool box gesprochen. Der Referenzrahmen soll nicht zu einer verbindlichen Regelung führen, sondern ein »optionales Instrument« sein, dessen sich die Parteien bedienen können, aber nicht müssen. Für seine Geltung wäre daher ein opt-in erforderlich. In welchem Verfahren ein derartiges Instrument zu beschließen ist, ist bis heute unklar.

50 Die Kommission initiierte ein umfangreiches Netzwerk von Forschern, das den Hintergrund für diesen Gemeinsamen Referenzrahmen ausleuchten soll (zuletzt Zweiter Fortschrittsbericht, KOM (2007) 447). Nachdem die sog Acquis-Gruppe im Jahre 2007 Grundregeln des Gemeinschaftsprivatrechts vorgelegt hat (die Vorschläge sind ohne die Begründung in deutscher Sprache abgedruckt in ZEuP 2007, 896 ff und 1152 ff), folgte der Draft Common Frame of Reference (*v Bar/Clive/Schulte-Nölke* (Hrsg) Draft Common Frame of Reference – interim outline 2008, nunmehr outline 2009). Die Grundregeln beziehen sich im Gegensatz zu den Prinzipien der Lando-Kommission auf das Gemeinschaftsprivatrecht, nicht auf das gemeinsame Privatrecht der Mitgliedstaaten, und füllen lediglich Lücken mit Regeln aus dem Werk der Lando-Kommission aus. Obwohl das Gemeinschaftsprivatrecht, wie oben dargestellt, iW nur aus Verbraucherrecht besteht, nennen sich die Arbeitsergebnisse doch Grundregeln des Gemeinschaftsprivatrechts und nicht des Gemeinschaftsverbraucherprivatrechts (krit insbes *Jansen/Zimmermann* JZ 2007, 1113). Der Draft Common Frame of Reference ist dagegen umfassender angelegt. Er geht über die Definition von Grundbegriffen weit hinaus und enthält eine Kodifikation des Vertragsrechts, die in ihrer systematischen Struktur dem BGB nicht unähnlich ist (vgl auch *Grundmann* ECLR 2008, 225). Das weitere Schicksal des Gemeinsamen Referenzrahmens bleibt abzuwarten (zu den Perspektiven *Schulze/Wilhelmsson* ECLR 2008, 154).

51 **III. Im Hintergrund: das UN-Kaufrecht.** Im Jahre 1980 wurde das UN-Kaufrecht, auch Wiener Kaufrecht oder CISG genannt, das auf lange Vorarbeiten zurückgeht, die bis zu *E Rabels* berühmten »Warenkauf« (Bd I: 1936, Bd II: 1958) zurückgehen, gezeichnet. Es trat für Deutschland im Jahre 1991 in Kraft. Sein Geltungsbereich erstreckt sich auf Verträge zwischen Kaufleuten; es ist also das genaue Gegenstück zum Verbrauchervertragsrecht. Es umfasst nicht nur das, was im BGB im Abschnitt »Vertragliche Schuldverhältnisse« zum Kaufrecht zu finden ist, sondern auch die bei einem Kaufvertrag zu berücksichtigenden Materien aus dem Allg Teil und dem Allg Teil des Schuldrechts, was dem Zuschnitt dieses Kommentars entspricht.

52 Beim Vertragsschluss steht es dem BGB nahe, lässt aber viele Lücken, die durch nationales Recht aufgefüllt werden müssen. Insoweit unterschiedet es sich grundlegend vom common law, das für den Vertragsschluss eine Gegenleistung (consideration) verlangt, und wurde deshalb vom Vereinigten Königreich als einzigem größeren Industriestaat nicht übernommen. Dagegen sind die Rechtsfolgen bei Vertragsverletzungen eher an das common law angelehnt. Es geht nämlich von einem **einheitlichen Begriff der Vertragsverletzung** aus, an das als Rechtsfolge zunächst eine Nachbesserungspflicht knüpft. Damit steht es im Gegensatz zum ursprünglichen BGB mit seinen auf die ädilischen Rechtsbehelfe des römischen Rechts zurückgehenden Rechtsfolgen, die eine Nachbesserungspflicht nicht kannten – ein für eine industrialisierte Wirtschaft empfindlicher Mangel, der durch die Kautelarjurisprudenz unter Kontrolle der Rspr geschlossen wurde.

53 Die 1984 eingesetzte **Schuldrechtsreformkommission** schlug im Jahre 1991 ein völlig neues System im Leistungsstörungsrecht vor, das auf die Prinzipien des UN-Kaufrechts rekurrierte und einen Vertragsverletzungstatbestand in den Mittelpunkt rückte. Die Vorschläge der Kommission wurden auf dem Deutschen Juristentag 1994 gebilligt, vom Gesetzgeber aber erst im Zuge der Schuldrechtsreform von 2001 herangezogen. Nunmehr findet sich im BGB der Begriff der **Pflichtverletzung in § 280.**

Der Weg vom UN-Kaufrecht zur Schuldrechtsreform enthält aber noch eine weitere Station, nämlich die Verbrauchsgüterkauf-RL, denn auch der Gemeinschaftsgesetzgeber orientierte sich am UN-Kaufrecht. Zwischen UN-Kaufrecht und der Verbrauchsgüterkauf-RL gibt es daher einen gewissen Gleichlauf, wobei die RL allerdings einen weit weniger ambitionierten Umfang hat. Sie befasst sich im Gegensatz zum UN-Kaufrecht weder mit dem Vertragsschluss noch mit Schadensersatz, sondern überlässt dies den Mitgliedstaaten. Bemerkenswert an diesem Gleichlauf ist, dass offenbar dieselben oder zumindest verwandte Regeln sowohl für den Vertrag zwischen Unternehmern wie zwischen Unternehmern und Verbrauchern passen (zum Verhältnis von UN-Kaufrecht und der RL und verbleibenden geringen Überschneidungen *Zerres* S 75 ff). Dem deutschen Gesetzgeber wurde es jedenfalls dadurch leicht gemacht, eine »große Lösung« unter Rückgriff auf die vom UN-Kaufrecht motivierten Vorschläge der Schuldrechtsreform-Kommission vorzunehmen und damit gleichzeitig die Verbrauchsgüterkauf-RL umzusetzen. 54

IV. Perspektiven. Das Vertragsrecht des 20. Jahrhunderts ist charakterisiert durch den Weg von der formalen zur materialen Vertragsfreiheit. Dieser Weg ist unumkehrbar – abgeschlossen insoweit, als die Durchdringung bestehenden dispositiven Rechts mit Elementen zwingenden Vertragsrechts wohl eher in eine Konsolidierungsphase gekommen ist, offen aber insoweit, als die wirtschaftlich-technische Entwicklung immer wieder neue Vertragstypen oder Varianten bestehender Vertragstypen hervorbringt, die jeweils erneut die Frage aufwerfen, inwieweit der Schutz der schwächeren Vertragspartei herausgefordert ist. Genannt seien nur Stichworte wie Anlegerschutz oder Passagierrechte. Eine ganz große Herausforderung ist natürlich der E-Commerce, der nicht nur Fragen des elektronischen Geschäftsverkehrs aufwirft, auf die die E-Commerce-RL bereits erste Antworten gegeben hat, sondern auch durch die zunehmende Bedeutung grenzüberschreitender Vertragsabschlüsse über Alltagsgeschäfte Fragen des Internationalen **Vertrags- und Verfahrensrechts** in neuem Lichte erscheinen lässt. Auch hier hat die Gemeinschaft mit den Brüssel-I- und Rom-I-Verordnungen erste Antworten geben. Damit wird der Verbraucher vor beliebigen Gerichtsstands- und Rechtswahlvereinbarungen geschützt. Unabhängig von der Vergemeinschaftung des Vertragsrechts wird auch im 21. Jahrhundert eine ständige Weiterentwicklung des Vertragsrechts erfolgen. 55

Entscheidend sind aber die Herausforderungen durch die Vergemeinschaftung des Vertragsrechts. Es kann dabei nicht darum gehen, die mitgliedstaatlichen Regeln – über welche Zwischenschritte auch immer – in eine einheitliche Gemeinschaftsregelung zu überführen. Vielmehr gilt es, ein angemessenes **dauerhaftes Miteinander mitgliedstaatlicher und europäischer Regelungen** auszuloten. Mit der angekündigten Konsolidierung des Verbrauchervertragsrechts und dem Gemeinsamen Referenzrahmen sind zwar aufmerksam zu verfolgende Schritte unternommen worden; ihre tatsächliche Relevanz liegt einstweilen aber noch im Dunkeln. So durchläuft zwar offensichtlich das Gemeinschaftsvertragsrecht eine »nachholende Entwicklung« im Vergleich zu dem schon bestehenden Gemeinschaftsverbrauchervertragsrecht, es ist aber nicht klar, ob es letztlich mit diesem verschmelzen oder selbständig neben ihm stehen wird. Unklar ist auch, welche Spielräume den Mitgliedstaaten im Vertragsrecht und im Verbrauchervertragsrecht bleiben. Die bisherigen Schritte können noch nicht als endgültige Weichenstellungen begriffen werden. Klar ist allein, dass es eine Vergemeinschaftung des Vertragsrechts geben wird, unklar sind aber das Wie und die Geschwindigkeit. 56

Die Offenheit der gegenwärtigen Lage sollte als Chance begriffen werden. Noch können alle Akteure das Vertragsrecht des 21. Jahrhunderts mitgestalten. Dabei sollten zwei Leitlinien nicht außer Acht gelassen werden: Die **Vielfalt der (Rechts-)Kulturen in Europa** sollte nicht auf dem Altar der Vereinheitlichung geopfert werden. Sie ist immer noch identitätsstiftend und ein wesentliches Element der Demokratie in Europa (*Tamm* KJ 2007, 391 ff). Die Aufgabe des Minimalstandardprinzips bei der geplanten Überarbeitung des Verbraucherrechts der Gemeinschaft ist deshalb ein Irrweg. Er sollte nicht nur nicht beschritten werden (auch nicht in der abgespeckten Variante der »targeted harmonisation«), es sollte vielmehr sichergestellt werden, dass sowohl die neuen verbraucherrechtlichen Richtlinien als auch der Gemeinsame Referenzrahmen den Mitgliedstaaten genügend Spielräume für die Weiterentwicklung ihres eigenen Vertragsrechts belässt. Die Unterschiede zwischen common law und kontinentaleuropäischen Rechtsordnungen können nicht durch einen Gemeinsamen Referenzrahmen über Nacht überbrückt werden, und die zahlreichen neuen Zivilrechtskodifikationen in den neuen Mitgliedstaaten sind ein Ausdruck der seit 1990 gewonnenen Freiheit, der nicht gleich wieder in einer höheren Einheit aufgehen darf. 57

Überdies sollte das Erbe des 20. Jahrhunderts, die Materialisierung des Vertragsrechts, im 21. Jahrhundert bewahrt werden. Die Gemeinschaft hat auf dem Weg der Materialisierung einen bedeutenden Beitrag geleistet; sie wird es auch weiterhin tun. Dabei muss die Frage gestellt werden, ob dies innerhalb oder neben dem allg Vertragsrecht geschieht, maW ob es eine Verschmelzung zwischen Vertragsrecht und Verbrauchervertragsrecht geben wird. Die Frage ist noch lange nicht entschieden; mE spricht alles für einen getrennten, aber koordinierten Weg. 58

Allgemeines Gleichbehandlungsgesetz

Abschnitt 1 Allgemeiner Teil

§ 1 AGG Ziel des Gesetzes. Ziel des Gesetzes ist, Benachteiligungen aus Gründen der Rasse oder wegen der ethnischen Herkunft, des Geschlechts, der Religion oder Weltanschauung, einer Behinderung, des Alters oder der sexuellen Identität zu verhindern oder zu beseitigen.

A. Allgemeines. I. AGG und allg Vertragsrecht. Das AGG greift in die Privatautonomie ein (ausf. *Adomeit* NJW 2002, 1622; *Picker* JZ 2003, 540). Der Einzelne ist nicht mehr frei in seiner Entscheidung, ob und mit wem er einen Vertrag überhaupt und zu welchen Bedingungen schließen möchte. Der zentrale Prinzipienkonflikt zwischen Freiheit und Gleichheit manifestiert sich in den juristischen Grundkonzeptionen von BGB und AGG. Man könnte freilich auch euphemistischer so formulieren: Das AGG präzisiert die Privatautonomie auf eine nichtdiskriminierende Privatrechtsgestaltung; es setzt Grenzen bei der Ausübung rechtsgeschäftlicher Gestaltungsmacht unter dem Gesichtspunkt der Abschluss- und Inhaltskontrolle. Die Weite dieser Kontrolle mag beklagt werden, doch ist das AGG in seinem Regelungsgehalt also nicht nur vom dominierenden Prinzip her (Gleichheit), sondern – soweit die Abschlusskontrolle betroffen ist – auch systematisch den allg Regelungen über das Rechtsgeschäft (§§ 104 ff) voran gestellt. 1

Sachlich zielt das AGG primär auf die **Sanktionierung vorvertraglichen Verhaltens** (vgl § 2 Abs 1 Nr 1, 3, 8: »Zugang zu …«). Der Schwerpunkt liegt historisch bedingt im Bereich des Arbeitsrechts. Die früheren Regelungen des arbeitsrechtlichen Diskriminierungsschutzes (§§ 611a, 611b, 612 Abs 3 aF) sind in den erweiterten Schutzregelungen des AGG aufgegangen (§§ 6 ff). Mit der **Ausdehnung der Abschlusskontrolle auf alle Rechtsgeschäfte** (§§ 19 ff) hat der privatrechtliche Diskriminierungsschutz das besondere Schuldrecht (nämlich seine Exklusivität im Dienstvertragsrecht) verlassen und betrifft nunmehr den gesamten Bereich des allg Zivilrechts. Dogmatisch lässt sich daher die vom AGG postulierte Pflicht zur Gleichbehandlung auch als Schutzpflicht iSd § 241 Abs 2 begreifen: Die Diskriminierung bei (Nicht)Vornahme eines Rechtsgeschäftes wäre in dieser Kategorie eine ***culpa in contrahendo***, die zum Schadensersatz verpflichtete (§§ 280, 241 Abs 2, 311 Abs 2, 3). Ein solcher Schadensersatzanspruch kann nach allg Auffassung über den Gedanken der Naturalrestitution (§ 249) nahezu jede Rechtsfolge annehmen. Das AGG spricht in § 7 Abs 3 allerdings von einer »Verletzung *vertraglicher* Pflichten« und vollzieht damit die ganze Dogmengeschichte um »vorvertragliche« Pflichten nicht mit; die Ablehnung eines Vertragschlusses gilt hier wenig glücklich als Verletzung des nicht geschlossenen Vertrages. 2

Der Anwendungsbereich des AGG geht allerdings über die Vertragsanbahnung (*Schutz des Abschlussinteresses*) hinaus und erfasst bei Dauerschuldverhältnissen grds auch die **Bedingungen und die Auflösungstatbestände eines Vertrages** (*Schutz des Bestandsinteresses*). Bedeutsam ist dies insbes für Regelungen des Arbeitsrechts (§ 7 Abs 2 entspricht einer speziellen Regelung des § 134 und § 7 Abs 3 behauptet generell eine positive Vertragsverletzung iSd §§ 280, 241 Abs 2) und (trotz der expliziten Ausnahme in § 2 Abs 4) vor allem für die erweiternde Interpretation des KSchG im Lichte diskriminierender Kündigungsmotive (hierzu schon BAG AP BGB § 242 Nr 9 – Kündigung wegen Homosexualität). 3

II. Juristische Struktur des Diskriminierungsschutzes. Für die Rechtsfolgen einer Diskriminierung nach dem AGG ist zwischen einer arbeitsrechtlichen und einer allg zivilrechtlichen Diskriminierung zu unterscheiden: **1. Unmittelbarer Diskriminierungsschutz (Abschlusszwang).** Im AGG ist der Grundkonflikt zwischen Privatautonomie und Diskriminierungsschutz grds durch einen Schadensersatzanspruch sanktioniert (Arbeitsrecht: § 15 Abs 1, 2; allg Zivilrecht: § 21 Abs 2). Einen unmittelbaren Diskriminierungsschutz durch **Kontrahierungszwang** kennt das deutsche Privatrecht nur in drei Fallgruppen von Verträgen: 1. mit Monopolisten im Bereich der Daseinsvorsorge (s § 10 Allg Eisenbahngesetz; ÖPNV: § 22 PBefG; Energieversorgung: § 10 Energiewirtschaftsgesetz); 2. mit Grundrechtsbezug (vgl etwa Köln NJW-RR 2001, 1051 – Hausverbot für krit Sportjournalisten, anders noch RGZ 133, 388 – Hausverbot für Theaterkritiker; BGHZ 154, 146; BGH, NJW 2004, 1031: Girokonten für NPD); 3. bei faktischer Notwendigkeit (KfZ-Haftpflicht: § 5 Abs 2 PflVersG;). Im Übrigen gilt der Grundsatz der Privatautonomie (exemplarisch BGH ZIP 1994, 1274: Die Kläger hatten 18 Jahre lang unbeanstandet in der Spielbank der Beklagten gespielt und wurden ohne Angabe von Gründen plötzlich ausgeschlossen). Die Frage, ob unter diesen Prämissen eine Verletzung des allg Gleichheitssatzes (Art 3 Abs 1 GG) in Abwägung mit der Privatautonomie (Art 2 Abs 1 GG) bereits zu einem Kontrahierungszwang führen kann, bedarf im Lichte des AGG keiner weiteren Erörterung, weil nunmehr **im Bereich des allg zivilrechtlichen Diskriminierungsschutzes** zu allererst ein **Anspruch auf Beseitigung und Unterlassung der Diskriminierung** besteht (§ 21 Abs 1). Das bedeutet in der Sache einen unmittelbaren Kontrahierungszwang (vgl Fall *Achu Yangu* – Besuch einer Diskothek, Urt des AG Oldenburg v 23. 7. 2008 nv; aA *Armbrüster* NJW 2007, 1494). 4

5 **2. Mittelbarer Diskriminierungsschutz (pönalisiertes Diskriminierungsverbot).** Der arbeitsrechtliche Diskriminierungsschutz des AGG wirkt demgegenüber grds nur mittelbar. Jeder ist im Anwendungsbereich des AGG also formal gesehen weiterhin frei, Rechtsgeschäfte vorzunehmen oder abzulehnen – doch nur um den Preis und das Risiko einer entspr Entschädigung. Ein **Kontrahierungszwang ist für den Bereich des Arbeitsrechts explizit ausgeschlossen** (§ 15 Abs 6; auch schon § 611a Abs 2, 2. Hs aF). Die **Entschädigungslösung** hat den Vorteil, dass sie nicht Parteien aneinander bindet, die bereits im Ansatz nicht miteinander gebunden sein wollen; birgt aber zugleich die **Gefahr des Missbrauches** durch nur scheinbar Diskriminierte, denen es um die Entschädigung und nicht um das Rechtsgeschäft zu tun ist. Die Rspr tendiert hier dazu, Vertragsofferten von Scheinopfern unter dem Gesichtspunkt der Scherzerklärung (§ 118) die Wirksamkeit abzusprechen (BAG NZA 1999, 371: männlicher Bewerber als »Gleichstellungsbeauftragte«; LAG Hamm BB 1997, 525; LAG Berlin NZA-RR 2006, 51: männlicher Bewerber als »Sekretärin«; LAG Hamm, Urt v 26.06.2008, 15 Sa 63/08, LAGE § 15 AGG Nr 5: mehrere Bewerbungen auf altersdiskriminierende Stellenausschreibungen). Zur Bezeichnung des Phänomens hat sich bereits der Begriff des **AGG-Hopping**s etabliert (zum Problem: www.agg-hopping.de; *Diller* BB 2006, 1969). Betrifft die Diskriminierung, wozu auch die Belästigung (auch und insbes die sexuelle) gezählt wird (§ 3 Abs 3 u 4), ein **bestehendes Arbeitsverhältnis**, haben betroffene Arbeitnehmer neben dem Anspruch auf Entschädigung auch ein Beschwerderecht (§ 13) und ein Leistungsverweigerungsrecht (§ 14). Die Problematik des Diskriminierungsschutzes, der Grundsatz der Verhältnismäßigkeit und die Systematik des Gesetzes legen eine **Reihenfolge der Rechtsbehelfe** nahe. Die Reihung ist auch aus prozessualen Gesichtspunkten sinnvoll: Der Schadensersatzanspruch knüpft an ein Verschulden des Arbeitgebers an (§ 15 Abs 1 S 2); erst eine Beschwerde mag so die notwendige Kenntnis vom beanstandeten Diskriminierungstatbestand sicher belegen, eine etwaige Exkulpation abschneiden und die Untätigkeit als hinreichendes Indiz für eine diskriminierende Motivation darstellen (§ 22).

6 **III. Europarechtliche Grundlagen.** Das AGG dient der **Umsetzung europäischer Richtlinien**. Zur Umsetzung standen insbes die *Antirassismus-RL 2000/43/EG v 29. Juni 2000* (RL zur Anwendung des Gleichbehandlungsgrundsatzes ohne Unterschied der Rasse oder der ethnischen Herkunft); die *Rahmen-RL 2000/78/EG* v 27. November 2000 (RL zur Festlegung eines allg Rahmens für die Verwirklichung der Gleichbehandlung in Beschäftigung und Beruf) sowie die beiden *Gender-RL 2002/73/EG* v 23. September 2002 (zur Änderung der Richtlinie 76/207/EWG des Rates zur Verwirklichung des Grundsatzes der Gleichbehandlung von Männern und Frauen hinsichtlich des Zugangs zur Beschäftigung, zur Berufsbildung und zum beruflichen Aufstieg sowie in Bezug auf die Arbeitsbedingungen) und *RL 2004/113/EG* v 13. Dezember 2004 (zur Verwirklichung des Grundsatzes der Gleichbehandlung von Frauen und Männern beim Zugang zu und bei der Versorgung mit Gütern und Dienstleistungen). Für die Interpretation und Anwendung des AGG gelten daher die **Grundsätze richtlinienkonformer Auslegung**. Zweifelsfragen mögen sich insbes dort ergeben, wo die Vorgaben der Richtlinien *nicht*, *überschießend* oder *verspätet* umgesetzt worden sind (hierzu etwa *Thüsing* NJW 2003, 3441; *Klumpp* NZA 2005, 848).

7 **1. Verspätete Umsetzung.** Das AGG ist zum 18. August 2006 in Kraft getreten. Die RL 2000/43/EG war zum 19. Juli 2003 (wegen des Kriteriums »Alter« zum 2. Dezember 2006) und die RL 2004/113/EG zum 21. Dezember 2007 umzusetzen. Für diskriminierende **Sachverhalte** nach Ablauf der Umsetzungsfrist und **vor Inkrafttreten des AGG** stellt sich die Frage nach den Rechtsfolgen und einer eventuellen unmittelbaren Wirkung der Richtlinien. Nach Art 249 III EG-Vertrag entfalten Richtlinien grds erst mit ihrer Umsetzung unmittelbare Wirkung in den Mitgliedstaaten. Nach ständiger Rspr des EuGH kann sich aber der Bürger nach Ablauf der Umsetzungsfrist dann auf eine RL berufen, wenn diese so genau formuliert ist, dass daraus unmittelbar Rechte abgeleitet werden können (etwa EuGH Urt v 19.11.1991 – C-6/90 – Frankovich, Slg 1991, I-5357 = NJW 1992, 165; Urt v 20.03.1997 – C-96/95 – Kommission/Deutschland, Slg 1997, I-1653 = EuZW 1997, 348). Jedoch ist lediglich eine *vertikale*, aber **grds keine horizontale Drittwirkung** anerkannt. Der Anwendung von noch nicht wirksam umgesetzten Richtlinien hat der EuGH bei Rechtsstreitigkeiten unter Privaten bisher widerstanden (etwa EuGH Urt v 05.10.2004 – C-397/01-Pfeiffer, Slg 2004, I-8835 = NJW 2004, 2353; Urt v 23.09.2008 – C-427/06-Bartsch/BSH GmbH, NJW 2008, 3417). Anders wird der Fall im Verhältnis Bürger – Staat betrachtet (EuGH Urt v 19.01.1982 – C-8/81-Kreditvermittler, Slg 1982, 53 = NJW 1982, 499). Erfasst sind damit alle Sachverhalte, in denen der Staat als Vertragspartei auftritt. So hat etwa das VG Frankfurt (Urt v 08.02.2007 – 9 E 3882/06) der Klage eines Polizeibeamten gegen eine Versetzungsentscheidung unter unmittelbarer Berufung auf die RL 2000/78/EG entsprochen: »Die Vorgaben der RL kann der Kläger für sich unmittelbar unter Berufung auf die einzelnen Bestimmungen der RL in Anspruch nehmen, weil die Frist zur Umsetzung der RL bereits am 3. Dezember 2003 abgelaufen war (Art 18 Abs 1 S 1 RL 2000/78/EG). Die verspätete Teilumsetzung der RL 2000/78/EG durch das AGG und sein Inkrafttreten erst im August 2006 ändern daran nichts«; und das ArbG Berlin (NZA-RR 2005, 608) hat einer behinderten Bewerberin einen Schadensersatzanspruch unmittelbar »aus der RL 2000/78/EG … wegen gemeinschaftsrechtswidriger Diskriminierung bei der Einstellung« zugestanden (vgl auch BAG Urt v 03.04.2007 – 9 AZR 823/06: Anwendung der Richtlinie 2000/78/EG schon vor Umsetzung durch richtlinienkonforme Auslegung des § 81 Abs 2 S 1 SGB IX bei Behinderung von 40 %).

2. Überschießende Umsetzung. Das allg Diskriminierungsverbot des AGG geht über die gemeinschaftsrechtlichen Vorgaben hinaus. RL 2000/43/EG (Art 3) gebietet einen Schutz vor Diskriminierung wegen der Rasse und der ethnischen Herkunft und RL 2004/113/EG (Art 3) sucht die Gleichbehandlung der Geschlechter zu realisieren. Die Merkmale *Religion, Behinderung, Alter und sexuelle Identität* sind gemeinschaftsrechtlich nur für den Bereich des Arbeitsrechts relevant (RL 2000/78/EG). Der **allg zivilrechtliche Diskriminierungsschutz** (§ 19) hat insoweit keine gemeinschaftsrechtliche Entsprechung. Darüber hinaus wurde ein im Gemeinschaftsrecht nicht vorgesehener Unterlassungsanspruch von Betriebsrat und Gewerkschaft vorgesehen (§ 17 Abs 2). 8

3. Hinkende Umsetzung. In anderen Bereichen ist der deutsche Gesetzgeber hinter den europäischen Vorgaben zurückgeblieben. So sind die Kündigung und die betriebliche Altersvorsorge vom Anwendungsbereich explizit ausgenommen (§ 2 Abs 2, 4), der Schadensersatzanspruch ist verschuldensabhängig ausgestaltet (§§ 15 Abs 1 S 2; 21 Abs 2 S 2) und die Beweislast (§ 22) ggü den gemeinschaftsrechtlichen Vorgaben modifiziert. In diesen Fällen stellt sich die Frage, inwieweit eine **europarechtskonforme Auslegung** zu anderen Ergebnissen führen kann (ausf MüKo/*Thüsing* Einl AGG Rn 38 ff). 9

Wer die selbstbewusste Rspr des EuGH kennt, wird kaum Zweifel daran hegen, dass sich der Gerichtshof auch bei bewusst abweichend umgesetztem Gemeinschaftsrecht die **Letztentscheidungskompetenz** über die Wirksamkeit oder Unwirksamkeit des nationalen Rechts vorbehält. Der Gerichtshof tendiert gelegentlich dazu, in Umgehung des Art 249 III EG von den nationalen Gerichten zu verlangen, eigenwillige mitgliedstaatliche Regelungen bewusst nicht anzuwenden und dies im Zweifel mit **Rekurs auf ein primärrechtliches Prinzip** (von dem die Richtlinien dann ohnehin nur eine spezielle Ausprägung sind) zu begründen. Das ist gerade beim Prinzip der Gleichheit und Gleichbehandlung in der viel besprochenen und durchaus kritisierten *Mangold-Entscheidung* (EuGH Urt v 22.11.2005 – C-144/04, Slg 2005, I-9981 = NJW 2005, 3695) geschehen: Mit dem Hinweis, die RL 2000/78/EG würde ohnehin nur den unmittelbar geltenden gemeinschaftsrechtlichen Grundsatz der Gleichbehandlung wiedergeben, kam das Gericht indirekt doch zu einer **unmittelbaren horizontalen Drittwirkung:** Es obliege den nationalen Gerichten, »die volle Wirksamkeit des Gemeinschaftsrechts zu garantieren, indem es jede möglicherweise entgegenstehende Bestimmung des nationalen Rechts unangewendet lässt.« Wie weit das Gemeinschaftsrecht allerdings tatsächlich reicht, ist freilich häufig solange unklar, bis der EuGH die genaue Reichweite in jedem Einzelfall definiert hat (vgl zuletzt die kryptische Zurückhaltung bzgl der Anerkennung eines primärrechtlichen Diskriminierungsverbots: EuGH Urt v 23.09.2008 – C-427/06-Bartsch/BSH GmbH, NJW 2008, 3417: »Das Gemeinschaftsrecht enthält kein Verbot der Diskriminierung aus Gründen des Alters, dessen Schutz die Gerichte der Mitgliedstaaten zu gewährleisten haben, wenn die möglicherweise diskriminierende Behandlung keinen gemeinschaftsrechtlichen Bezug aufweist. Ein solcher gemeinschaftsrechtlicher Bezug wird weder durch Art 13 EG hergestellt noch [...] durch die Richtlinie 2000/78/EG vor Ablauf der dem betreffenden Mitgliedstaat für die Umsetzung dieser Richtlinie gesetzten Frist.« Die Reichweite eines etwaigen primärrechtlichen Diskriminierungsverbots bleibt vorerst weiter spannend (erneuter Versuch einer Klärung: BAG Vorlage v 16.10.2008, 7 AZR 253/07 – Altersgrenze für Flugbegleiter). 10

B. Ziel und Struktur des Gesetzes. I. Ziel: Verhinderung und Beseitigung von Diskriminierungen. Der **allg Gleichheitsgrundsatz** besagt, dass Gleiches nicht willkürlich ungleich und Ungleiches nicht willkürlich gleich behandelt werden darf. Die Schwierigkeit besteht in der Bestimmung des jeweiligen Vergleichspaares, dh der Bestimmung dessen, was gleich und was ungleich ist. Sachurteil und Werturteil sind streng getrennt: Jede *normative* Differenzierung muss *sachlich* begründet sein. Anders liegt der Fall bei einem **Schutz vor Diskriminierung.** Der Begriff der Diskriminierung beinhaltet die rechtsethische Forderung, Ungleiches doch gleich behandelt zu sehen (zutr *Bauer/Göpfert/Krieger* AGG Einl Rn 10). Der Streit, ob eine sachliche Differenzierung geboten ist, wird normativ entschieden. Man kann auch so formulieren: Die Schwierigkeit der faktischen Frage nach der Begründetheit von Differenzierungskriterien bei der Frage der Gleich- oder Ungleichbehandlung wird durch die gesetzliche Vorgabe normativ abgeschnitten. Der Schutz vor Diskriminierung betrifft somit nur den Bereich der Ungleichbehandlung. Der Begriff »Allgemeines Gleichbehandlungsgesetz« rekurriert demgegenüber positiv auf die rechtsethische Forderung, über sachlich vielleicht bestehende Ungleichheiten im Namen der Toleranz und Humanitas hinwegzusehen und **Ungleiches doch gleich zu behandeln.** Oder: Wird die Ungleichheit in den Vergleichsgruppen auch sachlich geleugnet (etwa die Ablehnung einer an die Abstammung oder das Geschlecht anknüpfenden Differenzierung von Verhaltensmustern), dann geht es um die normativ bestimmte **Überwindung von Vorurteilen.** Das normative Gebot der Gleichbehandlung wird dann mit der Behauptung oder Leugnung von Tatsachenurteilen begründet (etwa: es gebe keine Ungleichbehandlungen rechtfertigenden Rassen oder Ethnien, keinen sachlichen Unterschied zwischen Mann und Frau, keine vorzugswürdige Religion oder Weltanschauung usw). 11

§ 1 AGG formuliert als *Programmsatz* das Ziel des Gesetzes (**1. Verhinderung oder Beseitigung von Benachteiligungen**) und zugleich als *Bereichsnorm* die Reichweite des Gleichbehandlungsgebotes (**2. Bestimmung der verpönten Differenzierungsgründe**). Die Regelung enthält als Programmsatz keine eigene Rechtsfolge. Die Rechtsfolgen ergeben sich in Zusammenschau mit anderen Normen, die auf § 1 verweisen (so § 2 Abs 1, 12

§ 3 Abs 1-3 u 5, §§ 4, 5, 7 Abs 1, § 8 Abs 1, 2, § 12 Abs 1, § 13 Abs 1, § 17 Abs 1, §§ 22, 23 Abs 1, § 25 Abs 1, § 27 Abs 1, 3-5, §§ 29, 30 Abs 1). § 1 enthält so den allgemeingültigen Kern des ganzen AGG. Leitbild des europäischen Richtliniengebers ist das Ideal eines diskriminierungsfreien Umfeldes. Mit dem in § 1 formulierten Programmspruch, Diskriminierungen *zu verhindern* oder *zu beseitigen*, wird abstrakt das juristische Regulatorium angesprochen, ohne dass es bereits konkret benannt ist. Im Vordergrund der »Verhinderung« steht die **generalpräventive Wirkung von Schadensersatzansprüchen** im Falle einer diskriminierenden Benachteiligung (vgl §§ 15, 21 Abs 2). Über die Geeignetheit dieser Sanktion mag man zweifeln, weil es durchaus Unehrlichkeit und Vermeidungsstrategien provoziert. *Beseitigt* werden Diskriminierungen durch Kontrahierungszwang im allg Zivilrechtsverkehr (vgl § 21 Abs 1; nicht im Arbeitsrecht: § 15 Abs 6; s oben Rz 4 f) und – nach der Konzeption des Gesetzes – ggf durch positiv diskriminierende, aber gerechtfertigte Maßnahmen der *Gleichstellung* (vgl § 5). Anders ausgedrückt: **§ 1 enthält das allg Prinzip**, die folgenden Regelungen das Bemühen, dem Prinzip eine juristisch handhabbare Form zu verleihen.

13 **II. Struktur des AGG.** Die Struktur des Gesetzes ist trotz der relativ wenigen Paragrafen auf den ersten Blick recht unübersichtlich. Das liegt zum einen daran, dass das AGG entgegen seinem Namen nicht wirklich ein *Allgemeines* Gebot der Gleichbehandlung beinhaltet. Der **Anwendungsbereich** ist ebenso stark ausdifferenziert (sachlich: §§ 2, 19 Abs 4-5; persönlich: §§ 6, 18, 24; zeitlich: § 33) wie die einzelnen **Diskriminierungstatbestände** (§§ 1, 3, 7, 11, 12, 16, 19 Abs 1-2, 21) und entspr umfangreiche **Rechtfertigungsgründe** (§§ 3 Abs 2, 4, 5, 8, 9, 10, 19 Abs 3, 20). Daneben finden sich flankierende Regelungen zur Durchsetzung oder Unterstützung der allg Zielbestimmung (§§ 17, 23, 25 ff). Die **zentralen Anspruchsgrundlagen** zur Sanktionierung von Diskriminierungen finden sich **für den Bereich des Arbeitsrechts** in § 15 (iVm §§ 7, 1) und **für den Bereich des allg Zivilrechts** in § 21 (iVm §§ 19, 1). In systematischer Hinsicht geht es bei der Prüfung eines entspr Anspruchs weniger um den bekannten zivilrechtlichen Anspruchsaufbau (Suchen und Prüfen der einzelnen Tatbestandsvoraussetzungen, Prüfen von Einwendungen/Einreden), sondern systematisch näher liegt die Struktur der Grundrechtsdogmatik (Definition des Schutzbereiches, Prüfen eines Eingriffs, Prüfen einer Rechtfertigung des Eingriffs). Der Schutzbereich ist definiert durch die verpönten Differenzierungsgründe (§§ 1, 7, 19); der Eingriff durch den Begriff der Benachteiligung (§ 3) und das Spektrum der Rechtfertigung durch die entspr Rechtfertigungsgründe. Dass jeder Eingriff gesondert auf seine Rechtfertigung hin zu überprüfen ist, bedarf an sich keiner besonderen Erwähnung, stellt § 4 aber ausdrücklich fest.

14 Die **zentralen Rechtfertigungsgründe** sind für das Arbeitsrecht in den § 8 (zulässige unterschiedliche Behandlung wegen beruflicher Anforderungen), § 9 (zulässige unterschiedliche Behandlung wegen der Religion oder Weltanschauung), § 10 (zulässige unterschiedliche Behandlung wegen des Alters) und für das allg Zivilrecht in § 20 (zulässige unterschiedliche Behandlung) genannt. Bei aller Ausdifferenziertheit im Einzelnen geht es im Kern um den **Nachweis eines »sachlichen Grundes«** (so explizit § 20 Abs 1; vgl auch § 3 Abs 2: »sachlich gerechtfertigt«), der als Motiv für eine Ungleichbehandlung akzeptiert werden kann. Der »sachliche Grund« ist im Rahmen des § 8 durch die »wesentliche und entscheidende berufliche Anforderung«, im Rahmen des § 9 durch das religiöse und weltanschauliche »Selbstbestimmungsrecht« des Arbeitgebers präzisiert und in § 10 durch den Topos des »legitimen Ziels« ersetzt. So hat sich etwa auch das BAG dahingehend allg geäußert, dass der Grundsatz der Gleichbehandlung dann verletzt werde, »wenn sich für eine unterschiedliche Behandlung kein vernünftiger, aus der Natur der Sache ergebender oder in sonstiger Weise sachlich einleuchtender Grund finden lässt« (BAG Urt v 18.09.2007 – 9 AZR 788/06, EzA § 242 BGB 2002 Gleichbehandlung Nr 15).

15 Die **Freiheit der individuellen Entscheidung** soll demgegenüber gerade nicht als **Aspekt der Rechtfertigung** genügen. Das mag allerdings mit Blick vor allem auf die grundrechtlich geschützten Freiheitsrechte oder Institutsgarantien einzuschränken sein. Der Gebrauch der Freiheit ist schon allein auf Grund seiner verfassungsrechtlichen Dignität ein ernst zu nehmender **Gesichtspunkt der juristischen Gesamtwertung.** Ob und inwieweit das AGG seinerseits in diesem Kontext eine akzeptable Schranke der Freiheitsrechte darstellt, ist noch eine offene Frage, die auf Verfassungsebene den og grds Konflikt neu juristisch relevant abbildet (oben Rz 1). Das Verbot zu diskriminieren (dh Sachverhalte *zu unterscheiden*), widerspricht zu eklatant dem Anspruch auf Freiheit (dh Sachverhalte autonom *zu entscheiden*). Ein erster handgreiflicher Disput zwischen BVerfG und EuGH deutet sich etwa aktuell bei der Frage an, ob die immer noch nicht vollständig vollzogene Gleichstellung von homosexueller Lebenspartnerschaft und Ehe (dh: eine zumindest mittelbare Diskriminierung wegen der »sexuellen Identität«) im Lichte des Art 6 Abs 1 GG gerechtfertigt ist (hierzu unten Rz 45). Weitere Problemfelder dieser Art zeichnen sich bereits ab: etwa, ob ebenso wie Art 6 Abs 1 auch die Deutschenrechte (Art 9 GG: Versammlungsfreiheit; Art 11 GG: Freizügigkeit; Art 12 GG: Berufsfreiheit) im Lichte europäischen Diskriminierungsschutzes fragwürdig geworden sind, oder umgekehrt die generelle Frage, ob der vom AGG ausgehende Zwang im rechtsgeschäftlichen Verkehr eine angemessene Schranke der Handlungs- und Meinungsfreiheit darstellt (Art 2, 5 GG) oder die Regelung des § 9 AGG (Ausklammerung einer Berücksichtigung der Religions- und Bekenntnisfreiheit *privater* Arbeitgeber) im Lichte des Art 4 GG akzeptabel sein kann (unten Rz 35). Kurz: Im Grunde läuft die **Prüfung der Rechtfertigung** auf eine **Prüfung der Verhältnismäßigkeit,** dh die Realisierung einer praktischen Konkordanz von Freiheit und Gleichheit im Einzelfall hinaus. Ob dabei letztlich der Freiheits- oder der Gleichheitsschutz zum Ausgangspunkt genommen,

also die Freiheit im Interesse der Gleichheit oder die Gleichheit im Interesse der Freiheit eingeschränkt wird, sollte für das möglichst ausgewogene Ergebnis keine maßgebliche Rolle spielen. In jedem Fall ist also ein Eingriff in den jeweiligen Schutzbereich mit Blick auf die andere geschützte Position am Grundsatz der Verhältnismäßigkeit auszurichten: 1. Geeignetheit, 2. Erforderlichkeit, 3. Zumutbarkeit der diskriminierenden bzw freiheitsbeschränkenden Maßnahme (ausdrücklich zur Prüfung der Verhältnismäßigkeit bei nur mittelbarer Benachteiligung, § 3 Abs 2, und Differenzierung wegen des Alters, § 10 Abs 1).

Bei der **Frage der Zumutbarkeit (Verhältnismäßigkeit ieS)** wird man als ein wichtiges Kriterium für die Abwägung den Grad der Höchstpersönlichkeit, dh der Nähe zur Privatsphäre, der fraglichen Entscheidung zu berücksichtigen haben: Je stärker ein Rechtsgeschäft die Individualität, Nähe und den Kern der Persönlichkeit des Entscheidenden betrifft, desto stärker wirkt der Schutz der Autonomie als unmittelbare Ausprägung der individuellen Würde und umso eher sollte die Entscheidung daher auch aus dem Gesichtspunkt personaler Autonomie als gerechtfertigt anzusehen sein. Dies entspricht grds auch der **Wertung des AGG**, nach welcher etwa Rechtsgeschäfte des Erb- und Familienrechts nicht einer Diskriminierungskontrolle unterfallen, sondern ausdrücklich vom Anwendungsbereich des AGG ausgenommen sind (vgl § 19 Abs 4), während der allg Diskriminierungsschutz ausdrücklich an das im Grunde anonyme »Massengeschäft« gekoppelt ist (§ 19 Abs 1), bei dem der Schutz der Autonomie weitgehend zurücktreten kann (vgl auch § 2 Abs 1 Nr 8). Diese Wertung wird auch im Bereich des Arbeitsrechts zu berücksichtigen sein: Personalentscheidungen in einem Konzern besitzen keine oder doch jedenfalls eine andere Individualität als Personalentscheidungen in einem Familienbetrieb. Die Wertung des § 23 KSchG (Geltungsbereich ab 10 Arbeitnehmer) kann hier einen Anhaltspunkt dafür geben, ab wann der Diskriminierungsschutz weitgehend hinter die autonome Unternehmerentscheidung zurücktreten sollte (vgl auch EuGH Urt v 30.11.1993 – C-189/91, Slg 1993, I-6185 = DB 1994, 50: Keine Diskriminierung wegen des Geschlechts im Anwendungsbereich des § 23 KSchG). 16

C. Der Tatbestand der Diskriminierung. I. Benachteiligung. Anders als die europäischen Richtlinien spricht das Gesetz von Benachteiligung und nicht von Diskriminierung, weil der Begriff der Diskriminierung bereits ethisch aufgeladen ist und ein herabwürdigendes Verhalten des Diskriminierenden impliziert, während der Ausdruck der »Benachteiligung« einen rein faktischen Bezug aufweist. Ob jmd benachteiligt worden ist, lässt sich empirisch belegen. Tatsächlich kennzeichnet der Begriff der Benachteiligung zunächst nur den **objektiven Tatbestand der Diskriminierung**. Der *subjektive Tatbestand* findet sich in dem Motiv der Benachteiligung, den verpönten Differenzierungs- »*Gründen*«. Und eben hier liegt dann auch der eigentliche Kern der von RL und Gesetz sanktionierten Diskriminierung (vgl lat *discriminatio* = Unterscheidung). Für die arbeitsrechtliche Diskriminierung stellt § 7 Abs 1 insoweit sogar klar, dass allein die diskriminierende Gesinnung ausschlaggebend sein soll. Zwei Dinge machen so im Kern den **Tatbestand einer Diskriminierung** aus: 1. Objektiver Tatbestand: das Vorliegen einer Benachteiligung (§ 3), 2. Subjektiver Tatbestand: diskriminierende Motivation beim Benachteiligenden (Benachteiligung *wegen* eines verpönten Differenzierungsgrundes: §§ 1, 7, 19). Da der Kern des Diskriminierungstatbestandes sohin im Subjektiven, der diskriminierenden Gesinnung, liegt, konzentriert sich die Frage, ob eine Diskriminierung letztlich vorliegt, in *materiell-rechtlicher Perspektive* ganz wesentlich auf das Fehlen einer sachlichen Rechtfertigung für die beanstandete Benachteiligung (§§ 3 Abs 2, 4, 5, 8, 9, 10, 19 Abs 3, 20; oben Rz 13 f) und in *prozessrechtlicher Perspektive* auf die Ausdeutung der Gesinnung durch Indizien (§§ 11, 22 Rn 1-8). Bei der Feststellung der »Benachteiligung« geht es **in objektiver Hinsicht** im Grunde um einen **Vergleich** von mindestens zwei Personen in Bezug auf die Zuweisung eines Gutes. Der Begriff ist in § 3 genauer, aber auch weiter definiert. Das Gesetz kennt demnach vier Kategorien von Benachteiligungen: *unmittelbare* (§ 3 Abs 1), *mittelbare* (§ 3 Abs 2), *Belästigungen* (§ 3 Abs 3, 4 spezieller Fall der *sexuellen Belästigung*) und *Anweisungen zur Benachteiligung* (§ 3 Abs 5), wobei die letzte eher eine Zurechnungs- denn eine Definitionsnorm ist. Die Definitionen entstammen nahezu wörtlich den Art 2 Abs 2-4 RL 2000/43/EG; 2000/78/EG und schon 76/207/EWG und Art 2 lit a-d RL 2004/113/EG, können also als gefestigte gemeinschaftsrechtliche Vorgabe angesehen werden. 17

II. Verpönte Differenzierungsgründe. 1. Kein allg Gleichbehandlungsgebot. Entgegen dem Titel des Gesetzes enthält das AGG auch im Hinblick auf das Spektrum der verpönten Differenzierungsgründe bisher noch kein *allgemeines* Gleichbehandlungsgebot. Der Schutzbereich des AGG ist auf Personengruppen zugeschnitten, die nach vorherrschender Auffassung besonders schutzbedürftig erscheinen. Die in § 1 erwähnten Merkmale finden sich in Art 13 des EG-Vertrages genannt. Der Gesetzgeber nimmt in seiner Begründung zum AGG ausdrücklich auf diese Kompetenznorm Bezug. Dass der Diskriminierungsschutz sich bald darüber hinaus entwickeln, sich der Kanon der verpönten Differenzierungsgründe noch erweitern wird, erscheint nahe liegend. Man denke nur an die Implikationen eines allg gemeinschaftsrechtlichen Prinzips der Gleichbehandlung im Fall *Mangold* (EuGH, Slg 2005, I-9981; oben Rz 10). So ist etwa auch die Liste der geschützten Merkmale im französischen Diskriminierungsschutz schon heute deutlich länger und der portugiesische Gesetzgeber hat bereits ein allg Verbot der Diskriminierung wegen genetischer Merkmale geschaffen (Lei n° 12/2005 v 26.01.2005). Ergänzte man dieses um ein Verbot wegen sozialer Merkmale, so wäre das Prinzip zum Äußersten getrieben und tatsächlich *allgemein*. In dieser Tendenz ist insbes der Diskriminierungsschutz in Art II-81 Abs 1 des gescheiterten Verfassungsvertrages geradezu redundant umfassend: »Diskriminierun- 18 gen insbes wegen des Geschlechts, der Rasse, der Hautfarbe, der ethnischen oder sozialen Herkunft, der genetischen Merkmale, der Sprache, der Religion oder der Weltanschauung, der politischen oder sonstigen Anschauung, der Zugehörigkeit zu einer nationalen Minderheit, des Vermögens, der Geburt, einer Behinderung, des Alters oder der sexuellen Ausrichtung sind verboten.« Das AGG ist so gesehen vielleicht **nur ein erster Schritt**, das große Prinzip allumfassender Menschenliebe justiziabel machen zu wollen.

19 **2. Rasse oder ethnische Herkunft. a) Diskriminierungstatbestand.** Der **Begriff der »Rasse«** bringt Gesetzgeber und Rechtsanwender in Verlegenheit, weil hier nach einem Kriterium differenziert wird, dem an sich eine Rassentheorie zugrunde liegt, eine solche aber gar nicht akzeptiert wird (vgl Gesetzesbegründung in Übereinstimmung mit Erwägungsgrund 6 der Antirassissmus-RL 2000/43/EG: Die Verwendung des Begriffs »Rasse« bedeutet keinesfalls eine Akzeptanz entspr Vorstellungen). Der Begriff der »Rasse« hat für das Antidiskriminierungsrecht vor allem eine **historische Konnotation**, weil Diskriminierung und eine mit Höher- und Minderwertigkeit verknüpfte Rassentheorie geschichtlich auf das Engste verbunden gewesen sind und zuletzt in Gestalt eines völkischen Sozialdarwinismus verheerende Folgen über Europa gebracht haben. Mit einer näheren Begriffsbestimmung muss sich der Rechtsanwender ebenso wenig wie der Gesetzgeber befassen; denn der Begriff »Rasse« geht in dem allgemeineren Begriff der »ethnischen Herkunft« auf.

20 Das **Merkmal der »ethnischen Herkunft«** ist nach dem Willen des Gesetzgebers weit zu verstehen und umfasst entspr dem *Internationalen Übereinkommen zur Beseitigung jeder Form von Rassendiskriminierung* (CERD v 7. März 1966, BGBl. 1969 II S 961) auch Kriterien wie »Rasse«; »Hautfarbe«, »Abstammung«, »nationaler Ursprung«, »Volkstum«. Für den Tatbestand der Diskriminierung ist es also egal, ob jmd als »Neger«, »Schwarzer«, »Afrikaner« oder »Angolaner« nicht in ein Lokal eingelassen wird oder der Vertrag mit einem »Slawen«, »Kosovo-Albaner« oder »Russen« abgelehnt wird. Der **Begriff Ethnie** kommt vom griechischen *Ethnos*, das »Volk« ist also vom Ursprung her identisch mit dem lateinisch-stammigen Begriff der *Nation* (*natio*, Geburt, Volksstamm). Der **Begriff der Nation** hat kulturgeschichtlich eine spezielle Konnotation erhalten und ist insoweit heute weiter als der weiterhin archaisch verstandene Begriff der Ethnie. Dic Nation ist daher nicht die kleinste Einheit, wenn von »ethnischer Herkunft« die Rede ist.

21 Vermutlich um einer Uferlosigkeit des Herkunftskriteriums zu wehren, wollen manche gleichwohl die **Herkunft aus einem bestimmten Bundesland oder einer bestimmten Region** nicht als »ethnische Herkunft« iSd § 1 gewertet wissen (etwa: MüKo/*Thüsing* § 1 AGG Rn 55: »Wir sind ein Volk – auch diskriminierungsrechtlich«; einschränkend *Bauer/Göpfert/Krieger* AGG § 1 Rn 22). Diese Auffassung entspricht der Philosophie *Nietzsches*, die uns die Fernstenliebe an die Stelle der Nächstenliebe setzt und dürfte dem Grundgedanken des AGG zuwiderlaufen. Diskriminierung beginnt zu Hause und, wer den Schwaben oder Sachsen als Vertragspartner ablehnen darf, wird kaum verstehen, warum er jedoch den Schotten oder Hottentotten akzeptieren muss. Die Ausschreibung einer Regensburger Anwaltskanzlei, sie suche einen »Junganwalt mit Lokalkolorit« ist unter Geltung des AGG (§§ 11, 22) daher in mehrfacher Hinsicht gefährlich: Sie bietet Vermutung für eine Diskriminierung 1. wegen des Alters, 2. wegen des Geschlechts, 3. wegen der Hautfarbe und 4. wegen der Herkunft (aA *Bauer/Göpfert/Krieger* aaO).

22 Demgegenüber fallen rein **juristische oder soziologische Anknüpfungspunkte** nicht per se unter den Begriff der »ethnischen Herkunft«. Eine Differenzierung auf Grund der Staatsbürgerschaft ist eine Diskriminierung nach § 1 AGG streng genommen nur dort, wo der Anknüpfungspunkt für den Erwerb der Staatsbürgerschaft die Abstammung (*ius sanguinis*) und nicht das Geburtsortprinzip (*ius soli*) ist. Die Anknüpfung an eines dieser Prinzipien mag seinerseits diskriminieren, doch ist die Regelung der Staatsangehörigkeit vom AGG nicht erfasst (VG Köln Urt v 14.03.2007 – 10 K 4864/06). Wer einen »Ossi« oder einen »Wessi« auf Grund dieser Eigenschaft (vormalige Staatsbürgerschaft) benachteiligt, der knüpft im Grunde an die jeweilige Sozialisation, nicht aber an die *ethnische* Herkunft an; die **Diskriminierung wegen der *sozialen* Herkunft** ist aber offenbar bisher nicht verpönt. Dass diese Diskriminierung durch den Gesetzgeber auf einem sachlichen Grund basiert, mag bezweifelt und ihr ggf mittels Analogie abgeholfen werden. Freilich bleibt zu bedenken, dass mit einer generellen Anerkennung der »sozialen Herkunft« als verpöntem Diskriminierungstatbestand der Diskriminierungsschutz uferlos würde, weil jeder Mensch seine ganz eigene Sozialisation besitzt. Man müsste dann im Grunde nur noch und generell nach der Rechtfertigung von Differenzierungen fragen. Der ganze Diskriminierungsschutz, der in seinem Beginnen und seinem Kern immer ein Opferschutz gewesen ist, würde seine Dignität verlieren, weil nunmehr jeder potenziell und faktisch diskriminiert würde.

23 **b) Rechtfertigungsgründe.** Basis für die Rechtfertigung einer Ungleichbehandlung wegen der ethnischen Herkunft ist **lediglich im Arbeitsrecht** § 8 Abs 1. Für eine ethnisch motivierte Ungleichbehandlung im allg Zivilrechtsverkehr konnte der Gesetzgeber demgegenüber ganz offenbar keine »sachlichen Gründe« erkennen; die Merkmale »Rasse« und »ethnische Herkunft« fehlen in § 20. Anders als beim ebenfalls fehlenden Merkmal der »Weltanschauung« wird man insoweit nicht von einem Redaktionsversehen ausgehen können. So bleibt allenfalls der Gesichtspunkt der »Verhältnismäßigkeit« bei lediglich mittelbaren Benachteiligungen (§ 3 Abs 2).

24 Bei **Arbeits- und Dienstverhältnissen** liegt die Möglichkeit einer Rechtfertigung in der Tat näher als bei anderen schuldrechtlichen Beziehungen: Die Herkunft und die damit verbundenen geographischen und kul-

turellen Hintergründe können hier sogar ganz essentiell für die Auswahl sein (Bsp. Auslandskorrespondent, Reiseleiter, Muttersprachler als Dolmetscher, bayrisch sprechende Bedienung im Hofbräuhaus). Umgekehrt kann aber auch die Voraussetzung »**muttersprachliche Deutschkenntnisse**« sachlich gerechtfertigt sein, wenn die Notwendigkeit einer Kommunikation in Deutsch besteht (ArbG Berlin Urt v 26.09.2007, Ca 10346/07, AuR 2008, 112). Ob auch »**Landeskinder-Regelungen**« **im öffentlichen Dienst** oder »Hausberufungen« im Lichte des § 8 akzeptabel sind, mag bezweifelt werden. Akzeptiert man allerdings, dass der Gesichtspunkt der besonderen Loyalität zu einem Land oder einer Korporation (vgl auch Art 33 Abs 4 GG) für die Motivation über einen Dienst nach Vorschrift hinaus einen legitimen Aspekt bei der Auswahlentscheidung darstellt, dann lässt sich einer entspr Vorzugspraxis nicht generell jede Rechtfertigung absprechen.

3. Religion oder Weltanschauung. a) Diskriminierungstatbestand. Religion und Weltanschauung sind gem. Art 4 GG besonders geschützt; die grundgesetzlich geschützten Merkmale entsprechen denen des § 1 AGG. Die begriffsklärenden Entscheidungen zu Art 4 GG wird man unter dem Gesichtspunkt der »Einheit der Rechtsordnung« daher auch hier zur Anwendung bringen können. Religion und Weltanschauung sind **erkenntnistheoretische Gesamtkonzeptionen der Welterklärung** zum Zwecke der individuellen Daseins- und Sinnbestimmung, die in jenem Fall nicht, in diesem Fall ohne transzendentalen Dreh- und Angelpunkt auskommen. Religion kennzeichnet eine bestimmte Vorstellung von umfassender und sinnhafter Welterklärung mit transzendentalem Bezug. Die Weltanschauung kommt ohne Transzendenz, dh eine das Weltliche übersteigende (von lat *transcendere*) Erklärungsmetapher, aus. Die Transzendenz, dh eine das Weltliche, dh das Sinnliche, das empirisch Erfahr- und Verifizierbare übersteigende Entität, macht sohin den maßgeblichen und einzigen Unterschied zwischen Religion und Weltanschauung. 25

Da bei einer weiten Auffassung im Grunde jeder Mensch über eine mehr oder weniger tief reflektierte Religion und/oder Weltanschauung verfügt, liegt das Problem seit jeher in dem **Bemühen, diesen Begriffen eine enge Kontur zu verleihen.** Die weltanschauliche Wertung des Interpreten hat dabei häufig die Interpretation dessen, was nicht mehr als anerkennenswerte Religion oder Weltanschauung anzusehen ist, geleitet. Das ist unter dem Gesichtspunkt der Gleichbehandlung und des Diskriminierungsschutzes nicht unproblematisch. Der strenggläubige Katholik, der den Protestantismus als Häresie und die entspr Kirche als Sekte bezeichnet, unterscheidet sich vom Standpunkt der Gleichbehandlung religiöser und weltanschaulicher Standpunkte schwerlich vom säkularisierten Protestanten, der Scientology als bekämpfenswerte Psychosekte betrachtet, die im Grunde nur wirtschaftliche Zwecke verfolgt (zum Problem Scientology BAGE 79, 319: keine Religions- oder Weltanschauungsgemeinschaft; Einordnung offen gelassen: BVerfG, NJW 2002, 2227 – Parteiausschluss; NJW 2002, 3458 – Jazzpianist). Für die Anwendung des AGG wird man vermutlich in jedem Zweifelsfall auf eine Entscheidung des EuGH zu warten haben. 26

Das Gemeinsame von Religion und Weltanschauung betrifft die Deutung der Welt, um die Rolle des Einzelnen in ihr und der Gesellschaft näher zu präzisieren, der eigenen Existenz einen Halt und Sinn zu- oder auch abzusprechen (Nihilismus). Nicht einfach ist es insoweit, **politische Überzeugungen** von Weltanschauung trennen zu wollen (so aber der Gesetzgeber in seiner Definition von Weltanschauung, »die allg politische Gesinnung gerade nicht erfasst« BTDrs 16/2022 S 28; *Bauer/Göpfert/Krieger* AGG § 1 Rn 30). Es erscheint freilich wie ein ergebnisorientiertes Spiel mit Begriffen, zu behaupten, der Kommunismus sei eine politische Überzeugung, der Marxismus-Leninismus oder der historische Materialismus hingegen seien Weltanschauungen. Politische Haltung und Weltanschauung sind ebenso wenig voneinander zu trennen, wie es verfehlt wäre anzunehmen, Religiosität sei zwingend apolitisch (Das »C« im Namen einer großen Volks- und ihrer Schwesterpartei offenbart Gegenteiliges). Wegen der eindeutigen Aussage des Gesetzgebers wird die Frage, wo genau die Grenze zwischen Weltanschauung und politischer Überzeugung zu ziehen sein soll, letztlich vom EuGH in jedem strittigen Einzelfall zu ziehen sein. Bis dahin wird voraussichtlich das, was als schützenswert erscheint, vorsorglich als »Weltanschauung«, das, was dem Schutz hingegen nicht unterfallen soll, als »politische Gesinnung« bezeichnet werden. Ein nahe liegendes Kriterium, das eine vom anderen zu unterscheiden, wäre allenfalls die Einbindung des weltanschaulichen Bekenntnisses in das Programm einer politischen Partei. Dass aber mit Blick auf das Parteienprivileg ausgerechnet politisch organisiert auftretende Weltanschauung soll diskriminiert werden dürfen, ist nicht leicht und allenfalls aktuell mit Blick auf die NPD zu erklären, die unter allen Umständen vom Diskriminierungsschutz ausgenommen werden soll. 27

Eine Benachteiligung wegen der Religion oder Weltanschauung nach § 1 AGG liegt regelm in einer diskriminierenden **Beeinträchtigung der grundrechtlich geschützten Glaubens- und Bekenntnisfreiheit.** Freiheits- und Gleichheitsschutz gehen hier also weitgehend Hand in Hand. Doch muss das, was bisher als unzulässiger Eingriff in Art 4 GG gewertet worden ist, nicht zugleich auch schon den Tatbestand einer **unmittelbaren Benachteiligung** erfüllen. So mag das Verbot des Tragens religiöser Symbole ein unzulässiger Eingriff in die Glaubens- und Bekenntnisfreiheit darstellen (vgl zum Kopftuch: BAGE 103, 111; BVerfGE 108, 282), nicht aber den Tatbestand der Diskriminierung erfüllen, weil schon eine Benachteiligung zweifelhaft oder doch jedenfalls gerechtfertigt sein kann (vgl VG Gelsenkirchen Urt v 27.02.2008 – 1 K 1466/07: besonderes weltanschauliches Neutralitätsgebot bei Lehrern). 28

Doch wird wegen der Verschiedenheit der jeweiligen religiösen und weltanschaulichen Handlungen in einer allg erscheinenden Verfügung regelm eine jedenfalls **mittelbare Benachteiligung** (§ 3 Abs 2) einer konkreten 29

Religionsausübung liegen können. So wird ein Kopftuchverbot in der Praxis ganz überwiegend weibliche Angehörige des Islam aus dem jeweiligen Bereich ausschließen, die Anwesenheitspflicht am Arbeitsplatz vor allem muslimische Gebetspraktiken einschränken (LAG Hamm NZA 2002, 1090) und der Auftrag zum Druck kriegsverherrlichender Bücher vor allem Arbeitnehmer mit pazifistischer Weltanschauung treffen (BAG v 07.12.2000, NZA 2001, 780; vgl auch Urt v 24.05.1989, BAGE 62, 59 – Pharma-Entscheidung).

30 **b) Rechtfertigungsgründe.** Benachteiligungen sind im Bereich des Arbeitsrechts am Maßstab des § 8 Abs 1 (»wesentliche berufliche Anforderung«) sowie insbes des § 9 (anschaulich gebundene Tätigkeit) und im Bereich des Zivilrechts am Maßstab des § 20 Abs 1 S 1 (»sachlicher Grund«), insbes § 20 Abs 1 S 2 Nr 4 (Selbstverständnis der eigenen Religion), zu messen.

31 **Nach § 8 Abs 1** ist eine unterschiedliche Behandlung, welche die Religion oder Weltanschauung berührt, zulässig, wenn sie wegen der Art der auszuübenden Tätigkeit oder der Bedingungen ihrer Ausübung eine wesentliche und entscheidende berufliche Anforderung darstellt, sofern der Zweck rechtmäßig und die Anforderung angemessen ist. Es kommt also entscheidend auf den ausgeübten Beruf und nicht auf eine einheitliche Behandlung eines religiösen oder weltanschaulichen Bekenntnisses an. Das wird deutlich am **Beispiel des Kopftuchverbotes.** Nach dem Urteil des BVerfG v 24.09.2003 muss der Konflikt zwischen positiver Glaubensfreiheit einer **Lehrerin** und negativer Glaubensfreiheit der Schüler vom Gesetzgeber entschieden werden. Das Verbot des Tragens von Kopftüchern ohne hinreichend bestimmte gesetzliche Grundlage verletzt demnach das Grundrecht auf gleichen Zugang zu jedem öffentlichen Amt aus Art 33 Abs 2 iVm dem Grundrecht der Glaubensfreiheit (BVerfGE 108, 282). Auf der Basis eines parlamentarisch abgesicherten Verbotes (etwa § 57 Abs 4 S 1 SchulG NRW) gereicht die Neutralitätspflicht im Schuldienst als Rechtfertigung iSd § 8 AGG (vgl VG Gelsenkirchen Urt v 27.02.2008 – 1 K 1466/07; VG Düsseldorf Urt v 14.08.2007 – 2 K 1752/07; VG Aachen Urt v 09.11.2007 – 1 K 323/07: Die **religiöse und weltanschauliche Neutralität** sei ein wesentliches und entscheidendes berufliches Kriterium, ohne welches die Tätigkeit als Lehrer nicht ausgeübt werden kann). Anders haben das BAG im Fall einer muslimischen **Verkäuferin** in einer Parfümabteilung (NJW 2003, 1685: der Arbeitgeber dürfe eine betriebliche Störung oder wirtschaftliche Einbuße nicht lediglich behaupten, sondern müsse sie im konkreten Fall nachweisen) und das BVerwG mit Blick auf Art 12 GG für die Position einer **Lehramtsanwärterin** (Urt v 26.06.2008, NJW 2008, 3654) entschieden.

32 Hinsichtlich der **Weltanschauung im Beruf** wird man vor allem an die Problematik des »Radikalenerlasses« im öffentlichen Dienst (vgl § 24) und den Aspekt »wehrhafter Demokratie« zu denken haben (hierzu nur BVerfG Urt v 22.05.1975, BVerfGE 39, 334 = NJW 1975, 1641; *v Münch* NJW 2001, 728). Um freilich nicht über diesen Gedanken letztlich eine schleichende Abschaffung der Demokratie zu bewirken, wird man sich hier allerdings streng an die verfassungsrechtlich vorgegebenen Routinen zu halten haben (Feststellung der Verfassungswidrigkeit durch das BVerfG). Ob allerdings das AGG das geeignete juristische Instrumentarium bietet, einen parteipolitischen Nepotismus ernsthaft einzuschränken, mag bezweifelt werden, wird doch aus einsichtigen Gründen in der Regierungsbegründung bereits vorsorglich behauptet, die politische Orientierung sei vom Begriff der Weltanschauung nicht erfasst. Dass jedenfalls Private in dieser Hinsicht freier sind, Vertragspartner wegen ihrer Anschauung abzulehnen oder zu protegieren, wird man nach der jüngsten Rspr des BGH auch für das Arbeitsrecht anzunehmen haben (BGHZ 154, 146; BGH NJW 2004, 1031: Girokonten für NPD; Kontrahierungszwang nur für grundrechtlich stärker gebundene Sparkassen). Es gibt keinen einsichtigen Grund, ausgerechnet die besondere arbeitsrechtliche Nähebeziehung strenger als die deutlich flüchtigeren allg zivilrechtlichen Verhältnisse zu behandeln (vgl auch die besondere Bereichsausnahme für familienrechtliche Nähebeziehungen in § 19 Abs 4). **Im allg Zivilrechtsverkehr** ist die Ungleichbehandlung wegen der Weltanschauung nicht einmal verpönt (vgl § 19). Dass § 20 Abs 1 gleichwohl die Weltanschauung im Zuge der Rechtfertigungsgründe erwähnt, ist offenbar ein Redaktionsversehen.

33 Das **religiöse oder weltanschauliche Bekenntnis selbst** kann eine »wesentliche berufliche Anforderung« iSd **§ 8 Abs 1 iVm § 9** darstellen. Das gilt insbes für die Beschäftigung in einer weltanschaulich oder konfessionell gebundenen Einrichtung. Das gilt auch mit Blick auf die Reinheitsgebote bei der Speisenzubereitung in einem jüdischen Restaurant bei einem jüdischen Koch oder Schlachter. Gleichwohl scheint die weltanschauliche oder religiöse Ausrichtung des Arbeitgebers nicht jede dementspr Ungleichbehandlung zu rechtfertigen. So hat etwa das ArbG Hamburg (Urt v 04.12.2007 – 20 Ca 105/07) dem Entschädigungsanspruch einer muslimischen Bewerberin wegen religionsbedingter Benachteiligung bei der Stellenbesetzung in einer Einrichtung des Diakonischen Werkes der Evangelischen Kirche in Deutschland stattgegeben, weil die ausgeschriebene Stelle einer Sozialpädagogin aus Mitteln des Europäischen Sozialfonds sowie des Bundes finanziert wurde. Das ArbG Hamburg meinte, die Voraussetzungen für eine zulässige unterschiedliche Behandlung wegen der Religion im Hinblick auf das der evangelischen Kirche oder auf eine nach der Art der Tätigkeit gerechtfertigte berufliche Anforderung iSv § 9 AGG sei in einem solchen Fall nicht gegeben. Das erscheint zweifelhaft, weil und soweit die Finanzierung das entspr Projekt und nicht die Einstellung von muslimischen Sozialpädagoginnen fördern sollte.

34 Ebenso schwierig wie eine wertungsgeleitete Interpretation und Einschränkung dessen, was als Religion oder Weltanschauung schützenswert ist, ist auch die Forderung nach Gleichbehandlung im Privatrechtsverkehr. Es liegt im Wesen dieser Kriterien, dass Menschen mit Überzeugungen auch danach handeln. Die **Einheit von**

Glaube und Handlung nennt man umgangssprachlich Charakter; im grundrechtlichen Kontext ist sie Ausdruck der **Bekenntnisfreiheit.** Von jemandem nun gleichwohl zu verlangen, andere Anschauungen in ihrem Verhalten nicht zu diskriminieren, erscheint keine einfache Sache und bedenklich im Lichte der Art 4, 5 GG (zum Problem etwa BVerfG Beschl v 08.10.2007 – 1BvR 292/02). Diesem prinzipiellen **Konflikt zwischen Bekenntnisfreiheit und Diskriminierungsschutz** suchen die speziellen Rechtfertigungsgründe der §§ 9 und 20 Abs 1 Nr 4 Rechnung zu tragen.

Der Rechtfertigungsgrund des § 9 realisiert die **konkurrierende Glaubens- und Bekenntnisfreiheit des Arbeitgebers.** Die Norm des § 9 spricht vom »Selbstbestimmungsrecht« der »Religionsgemeinschaften« und »Vereinigungen, die sich die gemeinschaftliche Pflege einer Religion oder Weltanschauung zur Aufgabe machen«. Ausgeschlossen ist damit ua, dass sich auch ein nicht in diesem Sinne organisierter privater Arbeitgeber auf seine Glaubens- und Bekenntnisfreiheit bei der Gestaltung seiner Personalpolitik berufen kann. Ob diese Einschränkung des § 9 einer krit Überprüfung im Lichte des **Art 4 GG** standhält bzw § 9 in seinem Anwendungsbereich durch verfassungskonforme Extension auch auf Private auszudehnen wäre, berührt die prinzipielle Frage einer praktischen Konkordanz der Freiheitsrechte mit dem Diskriminierungsverbot. Arbeitgeber, die hier in ihrer Bekenntnisfreiheit sicher gehen wollen, müssten bis zur Klärung der Frage jedenfalls zunächst einen Verein gründen. 35

§ 21 Abs 1 S 2 Nr 4 erfasst unter Ausschluss der Weltanschauung, aber iÜ identischer Formulierung zu § 9, nur die »Pflege einer Religion« als spezielle Rechtfertigung im allg Zivilrechtsverkehr. In der Konsequenz könnte etwa die Konfession eines Bewerbers um Förderung durch eine konfessionell getragene Stiftung legitimes Auswahlkriterium sein, nicht aber das weltanschauliche Bekenntnis bei einer weltlichen Stiftung. Die Weltanschauung wird nur in § 21 Abs 1 S 1 (sachlicher Grund) erwähnt. Dabei handelt es sich nach allg Ansicht aber um ein Redaktionsversehen, weil wegen der Weltanschauung im Zivilrechtsverkehr ganz generell diskriminiert werden darf (vgl § 19). 36

4. Geschlecht. a) Diskriminierungstatbestand. Beim Begriff »Geschlecht« handelt es sich nach Auffassung des Gesetzgebers um ein nicht der näheren Erläuterung bedürftiges Merkmal (BTDrs 16/1780, S 30 f). Es geht um die **objektive Geschlechtlichkeit**; ein Mensch ist entweder männlich oder weiblich, alles was dazwischen liegt, unterfällt dem Gesichtspunkt der *sexuellen Identität.* Allerdings rechnet der EuGH die unterschiedliche Behandlung von Transsexuellen dem Merkmal des Geschlechts und nicht dem der sexuellen Identität zu, sodass sich für die Benachteiligung Transsexueller die gemeinschaftsrechtlichen Maßstäbe aus den spezifischen Bestimmungen über die Gleichbehandlung von Mann und Frau ergeben, soweit diese einen besonderen Schutz entfalten (etwa RL 76/207/EWG; RL 2006/54/EG). 37

Für die **Zuordnung von Transsexuellen** wird man wohl nach den für die formal-juristische Änderung des Geschlechts einschlägigen Kriterien des Transsexuellengesetzes (§ 8 TSG) zu entscheiden haben: Ist demnach die Geschlechtsumwandlung nicht nur subjektiv, sondern auch objektiv vollzogen und festgestellt, handelt es sich bei einer Benachteiligung um die Diskriminierung wegen des Geschlechts; betrifft demgegenüber die Benachteiligung nur die subjektive Seite der Transsexualität (das Empfinden der Zugehörigkeit zum anderen Geschlecht), dann geht es um die »sexuelle Identität«. 38

Fälle der **unmittelbaren Benachteiligung**: Ein spezieller und klassischer Fall unmittelbarer Benachteiligung wegen des Geschlechts ist die Frage der **Vergütung** (vgl Art 119 EWG, jetzt: Art 141 EG). Diskriminierend ist insoweit auch die Differenzierung bei der Auszahlung einer vorgezogenen Altersrente (EuGH Urt v 17.05.1990 C-262/88 – Barber, Slg 1990 I-1889 = NJW 1991, 2204), die Festsetzung eines unterschiedlichen Rentenalters in betrieblichen Systemen der Altersversorgung (hierzu BAG Urt v 07.09.2004, BAGE 112, 1 = NZA 2005, 1239), die Differenzierung bei beamtenähnlichen Leistungen wie Versorgungs- und Beihilfeleistungen, Reise- und Umzugskostenerstattung, wenn sie in einem Betrieb nur den männlichen Kollegen gewährt werden (BAG Urt v 14.08.2007 – 9 AZR 943/06, NZA 2008, 99); die Differenzierung bei den Voraussetzungen einer Witwerrente ggü einer Witwenrente (BAG Urt v 11.12.2007 – 3 AZR 249/06, NZA 2008, 532). Im Anschluss an EuGH (Urt v 08.11.1990 C-177/88 – Fall Dekker, Slg 1990 I-3941 = NJW 1991, 628) gilt die Benachteiligung wegen **Schwangerschaft oder Mutterschaft** als unmittelbare Benachteiligung wegen des Geschlechts und zwar selbst dann, wenn gar nicht wegen des Geschlechts diskriminiert wird, weil gar kein männlicher Bewerber in Betracht gezogen wurde. Schwangerschaft und Mutterschaft bilden daher an sich einen eigenständigen verpönten Differenzierungsgrund (§ 3 Abs 1 S 2; RL 92/85/EWG; dazu EuGH, Urt v 04.10.2001 C-438/99, Slg 2001, I-6915 = NJW 2002, 125: Nichtverlängerung befristeter Arbeitsverträge wegen Schwangerschaft; EuGH Urt v 27.02.2003 C-320/01, Slg 2003, I-2041 = NJW 2003, 1107: Keine Pflicht zur Mitteilung einer Schwangerschaft). 39

Praktisch sind vor allem Fragen der **mittelbaren Benachteiligung**. Überhaupt hat sich die Figur einer mittelbaren Benachteiligung in der Rspr des EuGH zur Benachteiligung von **Teilzeitbeschäftigten** als mittelbare Diskriminierung von Frauen entwickelt (EuGH Urt v 13.05.1986 – C 170/84, Slg 1986, 1607 = NJW 1986, 3020, Nichtberücksichtigung von Teilzeitbeschäftigten bei betrieblicher Altersversorgung). Regelungen zur Teilzeitbeschäftigung betreffen vornehmlich Frauen; soweit demnach Regelungen der Teilzeitbeschäftigung hinter denen von Vollzeitbeschäftigten zurück bleiben, werden Frauen mittelbar benachteiligt (vgl in dieser Linie auch: BAG Urt v 12.03.1996, NZA 1996, 939: Zusatzversorgung der DP; EuGH Urt v 12.10.2004 C-313/02, – Wippel Slg 2004, I-9483 = NZA 2004, 1325; EuGH Urt v 06.12.2007 C-300/06 – Voß NJW 2008, 499: Differenzierung bei 40

Überstundenvergütung; anders aber BAG Urt v 18.02.2003, BAGE 105, 123 (Zwangsteilzeit für Frauen: Keine Pflicht, Stellen als Vollzeitstellen auszuschreiben). Daneben besteht eine mittelbare Benachteiligung etwa auch bei der **Nichtberücksichtigung der Elternzeit** als Berufsjahre; denn auch eine solche Regelung betrifft insbes Frauen, weil es empirisch außer Zweifel steht, dass weitaus mehr Mütter die Möglichkeit der Elternzeit in Anspruch nehmen als Väter (ArbG Heilbronn Urt v 03.04.2007 – 5 Ca 12/07).

41 **b) Rechtfertigungsgründe.** Eine Ungleichbehandlung ist gem **§ 8 Abs 1** gerechtfertigt, wenn sich die Differenzierung nach dem Geschlecht aus wesentlichen beruflichen Anforderungen ergibt. Mit dem AGG vom 14.08.2006 sollte die frühere Rechtsposition infolge Geschlechtsdiskriminierung benachteiligter Beschäftigter nicht verschlechtert werden. Die in § 611a Abs 1 S 2 aF enthaltene Formulierung, ob ein bestimmtes Geschlecht »**unverzichtbare Voraussetzungen für die Tätigkeit**« sei, ist weiterhin als Prüfungsmaßstab zugrunde zu legen. Die von der Rspr des BAG bislang hierzu aufgestellten Anforderungen sind also nach wie vor heranzuziehen. Danach geht das Merkmal über einen bloßen sachlichen Grund hinaus, der die Ungleichbehandlung rechtfertigt. Bei Unverzichtbarkeit im engeren Sinne ist an Fälle zu denken, in denen einem Arbeitnehmer die Erfüllung der geschlechtsneutral formulierten Arbeitsaufgabe tatsächlich oder rechtlich unmöglich ist. Als Musterbeispiel für **tatsächliche Unmöglichkeit** gilt der Beruf der Amme; **rechtliche Unmöglichkeit** besteht nur dort, wo eine Exklusivität höchstrichterlich akzeptiert ist (etwa Spezialeinheiten bei der Polizei: EuGH Urt v 15.05.1986, Slg 1986, 1651; oder Armee: EuGH Urt v 26.10.1999, NJW 2000, 499). Unverzichtbarkeit im weiteren Sinne ist in Konstellationen zu bejahen, in denen Beschäftigte eines bestimmten Geschlechtes die Arbeitsleistung zwar erbringen können, jedoch schlechter als Beschäftigte des anderen Geschlechts und dieser Qualifikationsnachteil auf biologischen und sozialpädagogischen Gründen beruht (klassisch Aufseher in Gefängnissen: EuGH Urt v 30.06.1988, Slg 1988, 3559; auch BAG, Urt v 14.08.2007, NZA 2008, 99 ff: Sonderpädagogische Schule mit 90 % Jungen; LAG Rheinland-Pfalz, Urt v 20.03.2008 – 2 Sa 51/08: männlicher Bewerber als Erzieherin in Mädcheninternat). Eine »Unverzichtbarkeit« ist demnach insbes immer dann gegeben, wenn Personen, die mit der Arbeitsleistung in Verbindung kommen, zur Wahrung ihrer Intimsphäre das andere Geschlecht zurückweisen. Dann ist eine Differenzierung zwischen den Geschlechtern zulässig wie vernünftig, wie verbreitet und sozial determiniert das Schamgefühl auch immer sei.

42 Schwieriger sind Fälle von »**Kundenerwartungen**« (sog. *costumer preferences*) zu beurteilen. Hierbei geht es regelm um soziale und kulturelle Determiniertheiten. Als klassische Beispielsfälle gelten: Verkäuferin für Damenunterwäsche und der Mann für eine männliche Schauspielrolle (BTDrs 8/3317; LAG Köln NZA-RR 1997, 84: »Für den Verkauf von Damenoberbekleidung einschließlich Badebekleidung in einem Einzelhandelsgeschäft mit Anprobemöglichkeit ist das weibliche Geschlecht ‚unverzichtbare Voraussetzung' «). Praktisch geworden und bejaht ist die Rechtfertigung einer Differenzierung im Fall eines Transsexuellen auf der Stelle einer Arzthelferin in Praxis mit muslimischen Patienten (BAG NJW 1991, 2723) und einer Frauenreferentin in einer politischen Partei (LAG Berlin NJW 1998, 1429). Demgegenüber erachtet es das BAG nicht für gerechtfertigt, die Stelle einer Gleichstellungsbeauftragten auch ausschließlich mit einer Frau besetzen zu wollen (BAG NZA 99, 371). Als Daumenregel wird man annehmen: Je näher die fragliche Person dem Intim- oder gar Schambereich anderer Personen ausgesetzt ist, desto eher mag die Rolle des Geschlechts relevant werden. Doch verschwimmt mit zunehmender sexueller Liberalisierung auch dieses Kriterium. Letztlich stellt sich daher die Frage, ob es bei alledem wirklich verhältnismäßig ist, die unternehmerische Entscheidungsfreiheit dergestalt kontrollieren zu wollen; jedenfalls sollte gelten: *in dubio pro libertate.*

43 Geht es nicht um den Ausschluss bei einer Bewerbung, sondern eine **andere benachteiligende Behandlung**, dann ist für die Frage nach der Rechtmäßigkeit auf den Zweck der vermeintlich diskriminierenden Regelung abzustellen. So kann ein Entgeltsystem, das an die **Berufserfahrung** anknüpft und Elternzeit unberücksichtigt lässt, gerechtfertigt sein, weil die Berufserfahrung honoriert werden soll. Der EuGH hat das Modell der Gehaltssteigerung nach Berufsjahren auch mit Blick auf Art 141 EG (Grundsatz des gleichen Entgelts für Männer und Frauen) als ein legitimes Ziel der Entgeltpolitik des Arbeitgebers akzeptiert (Urt v 03.10.2006 C-17/05 – Cadman, Slg 2006 I 9583 = NJW 2007, 47). Verwendet der Arbeitgeber ein Entgeltsystem, in welchem er die Berufserfahrung gehaltssteigernd berücksichtigt, so muss er nicht besonders darlegen, dass der Rückgriff auf das Kriterium der Berufserfahrung für den konkreten Arbeitsplatz geeignet ist; eine mittelbare Ungleichbehandlung von Männern und Frauen wegen Mutterschaft und Elternzeit ist insoweit gerechtfertigt (ArbG Heilbronn Urt v 03.04.2007 – 5 Ca 12/07). Akzeptiert hat der EuGH auch die **Berücksichtigung des Wehr- oder Wehrersatzdienstes** als Kriterium für den Zugang zum juristischen Vorbereitungsdienst (EuGH Urt v 07.12.2000 C-79/99, Slg 2000 I-10997 = NJW 2001, 1045: die Zugangsregelung benachteilige zwar Bewerberinnen mittelbar, doch soll dadurch »der Verzögerung in der Ausbildung von Bewerbern Rechnung getragen werden, die einer Wehr- oder Ersatzdienstpflicht unterliegen«), nicht aber **Haushaltserwägungen** (EuGH Urt v 20.03.2003 C-187/00, Slg 2003 I-2741 = NZA 2003, 506).

44 **5. Sexuelle Identität. a) Diskriminierungstatbestand.** »Sexuelle Identität« meint nicht sexuelle Orientierung oder gar sexuelle Vorlieben (aA *Annuß* BB 2006, 1630). Der Begriff der »Identität« knüpft an das »Geschlecht« und die **Hinneigung zum einen oder anderen Geschlecht**, nicht aber an sexuelle Praktiken an.

Erfasst werden demnach Homo-, Bi- und Transsexualität (vgl bereits § 75 BetrVG). Masochismus oder Pädophilie werden ebensowenig vom AGG geschützt, wie der Besuch von einschlägigen Internetseiten (ArbG Düsseldorf Urt v 29.10.2007 – 3 Ca 1455/07).

Praktische Bedeutung hat die »sexuelle Identität« vor allem im Bereich mittelbarer Diskriminierung. Dieses Problem betrifft vor allem das Verhältnis und die rechtliche Anerkennung unterschiedlicher an die sexuelle Identität anknüpfender Lebensformen. Hauptkonflikt ist hier seit längerem die Frage der **Diskriminierung homosexueller Lebenspartnerschaften ggü der Ehe.** Die Verwaltungsgerichte sehen hier nicht einmal einen Fall mittelbarer Diskriminierung. Vgl etwa: VG Koblenz Urt v 11.10.2007 – 2 K 256/07.KO (kein **Beihilfeanspruch** für gleichgeschlechtlichen Lebenspartner): Die begehrte Gleichstellung sei nicht vom Gesetzesziel umfasst. Die im Beihilferecht erfolgte Differenzierung zwischen Eheleuten und Lebenspartnern knüpfe an keinen der in § 1 AGG genannten Punkte, insbes nicht am Geschlecht oder der sexuellen Identität an. Differenzierungskriterium ist allein der Familienstand (vgl auch schon BVerwG Urteile v 25. 7. 2007 und 26. 1. 2006); BVerwG Urt v 15.11.2007 – 2 C 33/06 (kein **Familienzuschlag** für gleichgeschlechtlichen Lebenspartner): eine analoge Anwendung des § 40 Abs 1 Nr 1 BBesG komme nicht in Betracht, weil keine planwidrige Gesetzeslücke anzunehmen sei. Der Gesetzgeber habe die vollständige Gleichstellung von Ehe und eingetragener Lebenspartnerschaft nicht vollzogen. Im Anschluss an das Urteil des BVerfG vom 17. 7. 2002 sei lediglich die weitgehende Gleichstellung beider familienrechtlicher Institute beabsichtigt gewesen (vgl BTDrs 15/3445 S 14). Dieses Normverständnis stehe auch nicht in Widerspruch zu §§ 1 und 2 Abs 1 Nr 2 iVm § 24 des AGG; denn die Vorschrift des § 40 Abs 1 Nr 1 BBesG knüpfe nicht an das Geschlecht oder die sexuelle Identität, sondern den Familienstand des Beamten an und gehe als spezielle Regelung den »ranggleichen Bestimmungen des Allgemeinen Gleichbehandlungsgesetzes« vor. Dem gleichgeschlechtlichen Lebenspartner eines Beamten steht **kein Anspruch auf Hinterbliebenenversorgung** zu (VG Koblenz Urt v 22. 1. 2008–2 K 1190/07: Das Beamtenversorgungsgesetz begünstige ausschließlich Witwen, Witwer und frühere bzw geschiedene Ehefrauen und Ehemänner von Beamten und Beamtinnen. Dagegen seien Lebenspartner von diesen Regelungen nicht erfasst. Es liege kein Verstoß gegen das Gleichbehandlungsgebot des Grundgesetzes, das Allgemeine Gleichbehandlungsgesetz oder das Europäische Gemeinschaftsrecht vor. 45

Das BVerfG hat diese Rechtsprechungslinie zuletzt mit Beschl v 06.05.2008 bestätigt (BVerfG NJW 2008, 2325).

Mit Blick auf die Erwägungsgründe der Rahmenrichtlinie 2000/78/EG ist man bisher davon ausgegangen, dass diese Ansicht auch aus **gemeinschaftsrechtlicher Perspektive** Bestand habe (Erwägungsgrund Nr 22: »Diese Richtlinie lässt die einzelstaatlichen Rechtsvorschriften über den Familienstand und davon abhängige Leistungen unberührt«). Jedoch hat der EuGH diese Sichtweise sehr deutlich relativiert (EuGH Urt v 01.04.2008, C-267/06 – Tadao Maruko NJW 2008, 1649). Nach seiner Ansicht stellt ein Sachverhalt, der nach nationalem Recht Personen gleichen Geschlechts in eine Situation versetzt, die in Bezug auf die Hinterbliebenenversorgung mit der Situation von Ehegatten vergleichbar sei, und gleichwohl die Versorgung nur überlebenden Ehegatten gewähre, eine **unmittelbare Diskriminierung** (sic!) wegen der sexuellen Ausrichtung iSd Richtlinie dar. Das BVerfG hat gleichwohl klargestellt, dass die Auslegung des EuGH an der verfassungsrechtlichen Beurteilung der Sachverhalte nichts ändere. Das letzte Wort scheint hier noch nicht gesprochen zu sein, und man wird mit weiteren Vorlageverfahren zu rechnen haben (zum Problem generell: *Kumm* Who is the final arbiter, Common Market Law Review 36 [1999], 351 ff). 46

b) Rechtfertigungsgründe. Für die Rechtfertigung einer Differenzierung nach der »sexuellen Identität« gilt im Ausgangspunkt das bereits zum »Geschlecht« Gesagte. Jedoch lassen sich besondere »berufliche Anforderungen« (§ 8), die mit der Sexualität verknüpft sind, bereits gedanklich nur für den Bereich »sexueller Dienstleistungen« vorstellen. Wenn man daher mit dem EuGH die unterschiedliche Behandlung von Ehe und homosexueller Partnerschaft als unmittelbare Diskriminierung deuten will, wird sich hierfür schwerlich eine Rechtfertigung iSd §§ 8, 20 finden lassen. Die **Rechtfertigung einer unmittelbaren Diskriminierung** wird auch in anderen Bereichen kaum in Betracht kommen. Wenn und soweit man anerkennt, dass die allg sexuelle Orientierung bereits nicht vom Diskriminierungstatbestand erfasst ist, dann bedarf es auch keiner speziellen Rechtfertigung, etwa einen pädophilen Klavierlehrer in einer Knabenschule oder einen nekrophilen Nachtwächter im Universitätsklinikum abzulehnen. Problematisch ist demgegenüber die Frage der **Rechtfertigung einer mittelbaren Ungleichbehandlung.** Dogmatischer Anknüpfungspunkt wäre insoweit die Überlegung, dass eine nur mittelbare Benachteiligung mit einem sachlich akzeptablen Ziel für die inkriminierte Regelung gerechtfertigt werden kann (§ 3 Abs 2; vgl VG Frankfurt Urt v 03.12.2007 – 9 E 5697/06: Ablehnung eines Transsexuellen in den Polizeidienst auf Grund lebenslanger Angewiesenheit auf eine medikamentöse Hormonversorgung als mittelbare, aber insoweit gem § 3 Abs 2 gerechtfertigte Diskriminierung). Die generelle Akzeptanz einer unterschiedlichen Behandlung insbes bei der Zuwendung öffentlicher Vergünstigungen für die heterosexuelle Lebensform der Ehe (oben Rz 45 f) hat notwendig auch Konsequenzen für die Akzeptanz einer ggf gerechtfertigten **Differenzierung im Bereich privatrechtlicher Rechtsverhältnisse.** Das aus Art 6 Abs 1 GG folgende Fördergebot für die Lebensform Ehe mag in Verbindung mit der einschlägigen Rspr des BVerfG (jedenfalls noch) einen hinreichend starken normativen Grund für eine Rechtfertigung zu liefern (vgl auch BGH Urt v 14.02.2007, NJW-RR 2007, 1442; anders BAG Urt v 29.04.2004, BAGE 110, 277 = NZA 2005, 57: angleichende »Lückenschließung« bei Ortszuschlag nach § 29 BAT). 47

48 **6. Behinderung. a) Diskriminierungstatbestand.** Für den Begriff der »Behinderung« ist auf bereits vorhandene **gesetzliche Definitionen** zurückzugreifen (vgl § 2 Abs 1 S 1 SGB IX und § 3 BGG). Demnach sind Menschen behindert, »wenn ihre körperliche Funktion, geistige Fähigkeit oder seelische Gesundheit mit hoher Wahrscheinlichkeit länger als sechs Monate von dem für das Lebensalter typischen Zustand abweichen und daher ihre Teilhabe am Leben in der Gesellschaft beeinträchtigt ist.« Damit hat der nationale Gesetzgeber den Begriff der Behinderung europarechtskonform definiert. Der EuGH legt den Begriff der Behinderung iSd Richtlinie 2000/78/EG dahingehend aus, dass er eine Einschränkung erfasst, die insbes auf physische, geistige oder psychische Beeinträchtigungen zurückzuführen ist und die ein Hindernis für die Teilhabe des Betroffenen am Berufsleben bildet (EuGH 11. 7. 2006 – C-13/05 – Chacon Navas, NZA 2006, 839). Der EuGH hebt hervor, dass die Begriffe **»Behinderung« und »Krankheit«** nicht gleichzusetzen seien. Zur Abgrenzung kommt es also entscheidend auf die prospektive Dauer der Beeinträchtigung an; diese festzustellen kann daher nicht bereits eine Diskriminierung iSd AGG darstellen (vgl aber VG Stuttgart 6. Kammer, Urt v 25.09.2007 – 6 K 1534/06: Von einem Bewerber für den Polizeivollzugsdienst, der wegen eines malignen Hodentumors operiert worden war und dem anschließend Lymphknoten entfernt sowie eine Chemotherapie durchgeführt wurde, wurde eine Heilungsbewährung von fünf Jahren verlangt.)

49 Das deutsche Recht kannte bisher vor allem den Schutz von Schwerbehinderten. Die Intention war hier vor allem das Bemühen um Integration und weniger ein Diskriminierungsschutz. Hier gilt es von nun an umzudenken, vor allem weil der Begriff der »Behinderung« iSd AGG jede Art und **jeden Grad von Behinderung** erfassen soll (vgl VG Frankfurt, Urt v 08.02.2007 – 9 E 3882/06 – Ermessensfehler bei Versetzung eines Polizeibeamten mit Behinderung von 20 %: »Die Art der Ermessensausübung benachteiligt den Kläger wegen einer Behinderung. Zwar liegt keine Schwerbehinderung vor, noch ist der Kläger einem schwer behinderten Menschen gleichgestellt (§ 2 Abs 2, 3 SGB IX). Das ist jedoch für das Verbot einer Benachteiligung wegen einer Behinderung nach Maßgabe der RL 2000/78/EG nicht erforderlich. Der Schutzbereich dieser RL erfasst jede Behinderung und beschränkt sich nicht auf Schwerbehinderte oder ihnen Gleichgestellte.«)

50 Bereits die **dauerhafte Angewiesenheit auf eine medikamentöse Versorgung** stellt nach Ansicht mancher, »eine nicht nur unerhebliche Abweichung der körperlichen Verfassung von der anderer Personen« und auch unabhängig von der Feststellung eines bestimmten Grades eine Behinderung iSd § 1 AGG, Art 1 RL 2000/78/EG dar (VG Frankfurt (Urt v 03.12.2007 – 9 E 5697/06 – Hormonpräparate, man). Demgegenüber soll **Fettleibigkeit** nicht schon als Behinderung gelten, vgl VG Gelsenkirchen Urt v 25.06.2008 – 1 K 3143/06: Es ging um eine Lehrerin, deren Verbeamtung mangels gesundheitlicher Eignung abgelehnt wurde, da bei der vorherigen Untersuchung, eine Fettsucht, ein Body-Maß-Index von 35 sowie ein erhöhter Cholesterinwert festgestellt wurde. Das Gericht sah im Übergewicht mit einem BMI von über 30 jedoch keine Behinderung. Es steht zu erwarten, dass sich eine reichhaltige Kasuistik dazu entwickeln wird, was als Behinderung zu gelten hat und was nicht.

51 Das Verbot der Diskriminierung wegen Behinderung stellt, wie die ersten Entscheidungen zu diesem Bereich verdeutlichen, vor allem ein Problem für die bisherige Praxis der **Einstellung in den öffentlichen Dienst**, insbes die Verbeamtung dar. Dort, wo eine lebenslange Fürsorgepflicht die Konsequenz ist, wurde bisher sehr genau hingesehen. Vor der Einstellung stand die amtsärztliche Untersuchung. Unter Geltung des AGG (vgl § 24) kommt es zunehmend auf die genaue Rechtfertigung einer Abweisung aus gesundheitlichen Gründen an.

52 **b) Rechtfertigungsgründe.** Die unmittelbare Diskriminierung wegen einer Behinderung kann im Arbeitsrecht nur allg mit dem Hinweis auf wesentliche berufliche Anforderungen gerechtfertigt sein (**§ 8 Abs 1**; iVm Art 4 Abs 1 RL 2000/78/EG). Dabei ist für die Abwägung freilich zu berücksichtigen, dass **Art 5 RL 2000/78/EG** dem Arbeitgeber durchaus zumutet, »angemessene Vorkehrungen« zu treffen, »um den Menschen mit Behinderung den Zugang zur Beschäftigung, die Ausübung eines Berufes, den beruflichen Aufstieg und die Teilnahme an Aus- und Weiterbildungsmaßnahmen zu ermöglichen.« Maßgebliches Kriterium für die Beurteilung einer gerechtfertigten Benachteiligung von Behinderten im Arbeitsverhältnis erscheint so die Verhältnismäßigkeit, dh, ob und inwieweit dem Arbeitgeber entspr »Vorkehrungen« zugemutet werden können. Die Rechtfertigung einer Ungleichbehandlung wegen Behinderung wird nach den Vorgaben der Richtlinie daher immer einer besonderen Begründung bedürfen.

53 In Parallele zur Rechtfertigung einer Differenzierung wegen des Geschlechts wird daher entspr der Anforderungen des Berufes essentiell auf das Kriterium der »**Unverzichtbarkeit**« (hier: einer körperlichen oder geistigen Fähigkeit) abzustellen sein. So wird man den Parteien in einem Rechtsstreit mit Hinweis auf das Sinnbild der Justitia einen blinden Richter derzeit eher vermitteln können, als den urlaubs- und lebenswilligen Passagieren einen blinden Piloten oder Busfahrer.

54 Doch praktische Probleme werden nicht die evidenten, sondern diejenigen Fälle bereiten, bei denen Zweifel an der für die Ausübung des Berufes prospektiv erforderlichen – vor allem dauerhaften – Leistungsfähigkeit auftauchen. Etwa: BAG Urt v 03.04.2007 – 9 AZR 823/06: Erfolgreicher Schadensersatzanspruch einer Klägerin, deren Bewerbung bei der Polizei des beklagten Landes als Angestellte für den Bereich der Parkraumbewirtschaftung nach polizeiärztlicher Untersuchung wegen des Befundes ihrer **Neurodermitis** (GdB 40 %) abgelehnt wurde; andererseits VG Frankfurt Urt v 03.12.2007 – 9 E 5697/06: Gerechtfertigte Versagung der Einstellung als Anwärter in den Polizeivollzugsdienst wegen dauerhafter Abhängigkeit von **Hormonsubstitu-**

tion; oder VG Stuttgart Urt v 25.09.2007 – 6 K 1534/06: Von einem Bewerber für den Polizeivollzugsdienst, der wegen eines malignen Hodentumors operiert worden war und dem anschließend Lymphknoten entfernt sowie eine **Chemotherapie** durchgeführt wurde, wurde eine Heilungsbewährung von fünf Jahren verlangt.

Außerhalb des Arbeitsrechts ist auf **§ 20** abzustellen. Grundsätzlich genügt für die Rechtfertigung einer unterschiedlichen Behandlung im allg Zivilrechtsverkehr ein »sachlicher Grund«. Eine Ungleichbehandlung im **Versicherungsrecht** muss »versicherungsmathematisch« begründet werden (§ 20 Abs 2 S 2). Allerdings hat das OLG Karlsruhe (Urt v 18.12.2007 – 12 U 117/07) mit Rücksicht auf Vorgaben des Rückversicherers und darauf, die Risiken für die Versichertengemeinschaft berechenbar zu halten, einen Versicherer nicht für verpflichtet gehalten, den Antrag auf Abschluss einer privaten Berufsunfähigkeitsversicherung wegen einer Behinderung zu akzeptieren oder Versicherungsschutz auch zu einer erhöhten Prämie oder mit einer Ausschlussklausel anzubieten. 55

7. Alter. a) Diskriminierungstatbestand. »Alter« meint ganz generell **Lebensalter**. Auch wenn der Schutz älterer Menschen das vornehmliche Ziel des Diskriminierungsschutzes darstellt, kann sich also auch ein Jugendlicher darauf berufen, im Verhältnis zu Älteren diskriminiert zu werden (vgl etwa AG Mannheim v 06.06.2008 – 10 C 34/08: Klage einer Schülerin wegen Diskriminierung, weil das von den Verkehrsbetrieben angebotene Seniorenticket günstiger als das Schülerticket war). Insoweit besteht ein Alten- und ein Jungenschutz. 56

Als Diskriminierungstatbestand kommt jede Maßnahme in Betracht, die in irgend einer Form an das Alter anknüpft; so liegt etwa eine **unmittelbare Benachteiligung** wegen des Alters dann vor, wenn eine Abfindung an die Vollendung eines Lebensjahres anknüpft (BAG Urt v 18.09.2007 – 9 AZR 788/06, EzA § 242 BGB 2002 Gleichbehandlung Nr 15: Verdoppelung der Abfindung bei einem Beginn der Altersteilzeit mit 56 Jahren ggü einem Beginn mit 55 Jahren) 57

b) Rechtfertigungsgründe. Eine unterschiedliche Behandlung wegen des Alters ist zulässig, wenn das Alter in der Art der auszuübenden Tätigkeit oder der Bedingungen ihrer Ausübung eine wesentliche und entscheidende berufliche Anforderung darstellt, sofern der Zweck rechtmäßig und die Anforderung angemessen ist (**§ 8**) bzw eine unterschiedliche Behandlung wegen des Alters objektiv und angemessen und durch ein legitimes Ziel gerechtfertigt ist (**§ 10**). Wegen der Unausweichlichkeit des Alters wird freilich dieser Bereich noch **viel Mühe in jedem Einzelfall** machen. 58

Viele **gesetzliche Altersgrenzen** berücksichtigen die mit dem Alter erfolgende nachlassende Leistungsfähigkeit. Dies allein kann im Lichte des AGG nicht mehr genügen; denn diesem allg Vorurteil soll ja mit dem Diskriminierungsverbot gewehrt werden. Entscheidend ist die Frage, ob mit **Blick auf ein wichtiges Schutzgut**, die Leistungsfähigkeit ein legitimer Anknüpfungspunkt sein kann. Das wird man etwa bei **Piloten** und **Ärzten** (LSG Bremen, Beschl v 09.11.2007 – L 3 KA 69/07 ER – Altersgrenzen bei Vertragszahnärzten) zu akzeptieren haben, weil der Lebens- und Gesundheitsschutz ein besonders wichtiges Gemeinschaftsgut und als solches einen rechtmäßigen Zweck iSd genannten Vorschriften des AGG darstellt. 59

Zweifelhafter sind die Bereiche, in denen es um rein fiskalische Überlegungen, etwa **Altersgrenzen bei Übernahme in ein Beamtenverhältnis** geht (OVG NRW Urt v 23.05.2007 – 6 A 371/04: Das OVG entschied, dass die Normen zur Höchstaltersgrenze dem Anwendungsbereich des AGG unterfallen, jedoch durch sachliche Gründe gerechtfertigt seien), oder lediglich den **Vermögensschutz** betreffen. Insbesondere der Hinweis darauf, dass die Altersgrenzen für alle Bewerber gleichermaßen gelten (so Frankfurt Beschl v 28.11.2006 – 2 Not 13/06: **Altersgrenzen bei Notaren**) kann schwerlich überzeugen, weil so ein ‚Rechtfertigungsgrund' bei jeder Diskriminierung, die auf Prinzip basiert, greifen müsste und insbes die unterschiedlichen Biografien von Bewerbern nur unzureichend würdigt. 60

§ 2 AGG Anwendungsbereich.

[1] Benachteiligungen aus einem in § 1 genannten Grund sind nach Maßgabe dieses Gesetzes unzulässig in Bezug auf:

1. **die Bedingungen, einschließlich Auswahlkriterien und Einstellungsbedingungen, für den Zugang zu unselbstständiger und selbstständiger Erwerbstätigkeit, unabhängig von Tätigkeitsfeld und beruflicher Position, sowie für den beruflichen Aufstieg,**
2. **die Beschäftigungs- und Arbeitsbedingungen einschließlich Arbeitsentgelt und Entlassungsbedingungen, insbesondere in individual- und kollektivrechtlichen Vereinbarungen und Maßnahmen bei der Durchführung und Beendigung eines Beschäftigungsverhältnisses sowie beim beruflichen Aufstieg,**
3. **den Zugang zu allen Formen und allen Ebenen der Berufsberatung, der Berufsbildung einschließlich der Berufsausbildung, der beruflichen Weiterbildung und der Umschulung sowie der praktischen Berufserfahrung,**
4. **die Mitgliedschaft und Mitwirkung in einer Beschäftigten- oder Arbeitgebervereinigung oder einer Vereinigung, deren Mitglieder einer bestimmten Berufsgruppe angehören, einschließlich der Inanspruchnahme der Leistungen solcher Vereinigungen,**
5. **den Sozialschutz, einschließlich der sozialen Sicherheit und der Gesundheitsdienste,**
6. **die sozialen Vergünstigungen,**

7. die Bildung,
8. den Zugang zu und die Versorgung mit Gütern und Dienstleistungen, die der Öffentlichkeit zur Verfügung stehen, einschließlich von Wohnraum.

[2] Für Leistungen nach dem Sozialgesetzbuch gelten § 33c des Ersten Buches Sozialgesetzbuch und § 19a des Vierten Buches Sozialgesetzbuch. Für die betriebliche Altersvorsorge gilt das Betriebsrentengesetz.

[3] Die Geltung sonstiger Benachteiligungsverbote oder Gebote der Gleichbehandlung wird durch dieses Gesetz nicht berührt. Dies gilt auch für öffentlich-rechtliche Vorschriften, die dem Schutz bestimmter Personengruppen dienen.

[4] Für Kündigungen gelten ausschließlich die Bestimmungen zum allgemeinen und besonderen Kündigungsschutz.

§ 3 AGG Begriffsbestimmungen. [1] Eine unmittelbare Benachteiligung liegt vor, wenn eine Person wegen eines in § 1 genannten Grundes eine weniger günstige Behandlung erfährt, als eine andere Person in einer vergleichbaren Situation erfährt, erfahren hat oder erfahren würde. Eine unmittelbare Benachteiligung wegen des Geschlechts liegt in Bezug auf § 2 Absatz 1 Nummer 1 bis 4 auch im Falle einer ungünstigeren Behandlung einer Frau wegen Schwangerschaft oder Mutterschaft vor.

[2] Eine mittelbare Benachteiligung liegt vor, wenn dem Anschein nach neutrale Vorschriften, Kriterien oder Verfahren Personen wegen eines in § 1 genannten Grundes gegenüber anderen Personen in besonderer Weise benachteiligen können, es sei denn, die betreffenden Vorschriften, Kriterien oder Verfahren sind durch ein rechtmäßiges Ziel sachlich gerechtfertigt und die Mittel sind zur Errechnung dieses Zieles angemessen und erforderlich.

[3] Eine Belästigung ist eine Benachteiligung, wenn unerwünschte Verhaltensweisen, die mit einem in § 1 genannten Grund in Zusammenhang stehen, bezwecken oder bewirken, dass die Würde der betreffenden Person verletzt und ein von Einschüchterungen, Anfeindungen, Erniedrigungen, Entwürdigungen oder Beleidigungen gekennzeichnetes Umfeld geschaffen wird.

[4] Eine sexuelle Belästigung ist eine Benachteiligung in Bezug auf § 2 Absatz 1 Nummer 1 bis 4, wenn ein unerwünschtes, sexuell bestimmtes Verhalten, wozu auch unerwünschte sexuelle Handlungen und Aufforderungen zu diesen, sexuell bestimmte körperliche Berührungen, Bemerkungen sexuellen Inhalts sowie unerwünschtes Zeigen und sichtbares Anbringen von pornographischen Darstellungen gehören, bezweckt oder bewirkt, dass die Würde der betreffenden Person verletzt wird, insbesondere wenn ein von Einschüchterungen, Anfeindungen, Erniedrigungen, Entwürdigungen oder Beleidigungen gekennzeichnetes Umfeld geschaffen wird.

[5] Die Anweisung zur Benachteiligung einer Person aus einem in § 1 genannten Grund gilt als Benachteiligung. Eine solche Anweisung liegt in Bezug auf § 2 Absatz 1 Nummer 1 bis 4 insbesondere vor, wenn jemand eine Person zu einem Verhalten bestimmt, das einen Beschäftigten oder eine Beschäftigte wegen eines in § 1 genannten Grundes benachteiligt oder benachteiligen kann.

§ 4 AGG Unterschiedliche Behandlung wegen mehrerer Gründe. Erfolgt eine unterschiedliche Behandlung wegen mehrerer der in § 1 genannten Gründe, so kann diese unterschiedliche Behandlung nach den §§ 8 bis 10 und 20 nur gerechtfertigt werden, wenn sich die Rechtfertigung auf alle diese Gründe erstreckt, derentwegen die unterschiedliche Behandlung erfolgt.

§ 5 AGG Positive Maßnahmen. Ungeachtet der in den §§ 8 bis 10 sowie in § 20 benannten Gründe ist eine unterschiedliche Behandlung auch zulässig, wenn durch geeignete und angemessene Maßnahmen bestehende Nachteile wegen eines in § 1 genannten Grundes verhindert oder ausgeglichen werden sollen.

Abschnitt 2 Schutz der Beschäftigten vor Benachteiligung

Unterabschnitt 1 Verbot der Benachteiligung

§ 6 AGG Persönlicher Anwendungsbereich. [1] Beschäftigte im Sinne dieses Gesetzes sind
1. Arbeitnehmerinnen und Arbeitnehmer
2. die zu ihrer Berufsbildung Beschäftigten,
3. Personen, die wegen wirtschaftlichen Unselbständigkeit als arbeitnehmerähnliche Personen anzusehen sind; zu diesen gehören auch die in Heimarbeit Beschäftigten und die ihnen Gleichgestellten.

Als Beschäftigte gelten auch die Bewerberinnen und Bewerber für ein Beschäftigungsverhältnis sowie die Personen, deren Beschäftigungsverhältnis beendet ist.

[2] Arbeitgeber (Arbeitgeber und Arbeitgeberinnen) im Sinne dieses Abschnitts sind natürliche und juristische Personen sowie rechtsfähige Personengesellschaften, die Personen nach Absatz 1 beschäftigen.

Werden Beschäftigte einem Dritten zur Arbeitsleistung überlassen, so gilt auch dieser als Arbeitgeber im Sinne dieses Abschnitts. Für die in Heimarbeit Beschäftigten und die ihnen Gleichgestellten tritt an die Stelle des Arbeitgebers der Auftraggeber oder Zwischenmeister.

[3] Soweit es die Bedingungen für den Zugang zur Erwerbstätigkeit sowie den beruflichen Aufstieg betrifft, gelten die Vorschriften dieses Abschnitts für Selbstständige und Organmitglieder, insbesondere Geschäftsführer oder Geschäftsführerinnen und Vorstände, entsprechend.

§ 7 AGG Benachteiligungsverbot. [1] Beschäftigte dürfen nicht wegen eines in § 1 genannten Grundes benachteiligt werden; dies gilt auch, wenn die Person, die die Benachteiligung begeht, das Vorliegen eines in § 1 genannten Grundes bei der Benachteiligung nur annimmt.

[2] Bestimmungen in Vereinbarungen, die gegen das Benachteiligungsverbot des Absatz 1 verstoßen, sind unwirksam.

[3] Eine Benachteiligung nach Absatz 1 durch Arbeitgeber oder Beschäftigte ist eine Verletzung vertraglicher Pflichten.

§ 8 AGG Zulässige unterschiedliche Behandlung wegen beruflicher Anforderungen. [1] Eine unterschiedliche Behandlung wegen eines in § 1 genannten Grundes ist zulässig, wenn dieser Grund wegen der Art der auszuübenden Tätigkeit oder Bedingungen ihrer Ausübung eine wesentliche und entscheidende berufliche Anforderung darstellt, sofern der Zweck rechtmäßig und die Anforderung angemessen sind.

[2] Die Vereinbarung einer geringeren Vergütung für gleiche oder gleichwertige Arbeit wegen eines in § 1 genannten Grundes wird nicht dadurch gerechtfertigt, dass wegen eines in § 1 genannten Grundes besondere Schutzvorschriften gelten.

§ 9 AGG Zulässige unterschiedliche Behandlung wegen der Religion oder Weltanschauung. [1] Ungeachtet des § 8 ist eine unterschiedliche Behandlung wegen der Religion oder der Weltanschauung bei der Beschäftigung durch Religionsgemeinschaften, die ihnen zugeordneten Einrichtungen ohne Rücksicht auf ihre Rechtsform oder durch Vereinigungen, die sich die gemeinschaftliche Pflege einer Religion oder Weltanschauung zur Aufgabe machen, auch zulässig, wenn eine bestimmte Religion oder Weltanschauung unter Beachtung des Selbstverständnisses der jeweiligen Religionsgemeinschaft oder Vereinigung im Hinblick auf ihr Selbstbestimmungsrecht oder nach der Art der Tätigkeit eine gerechtfertigte berufliche Anforderung darstellt.

[2] Das Verbot unterschiedlicher Behandlung wegen der Religion oder der Weltanschauung berührt nicht das Recht der in Absatz 1 genannten Religionsgemeinschaften, der ihnen zugeordneten Einrichtungen ohne Rücksicht auf ihre Rechtsform oder der Vereinigungen, die sich die gemeinschaftliche Pflege einer Religion oder Weltanschauung zur Aufgabe machen, von ihren Beschäftigten ein loyales und aufrichtiges Verhalten im Sinne ihres jeweiligen Selbstverständnisses verlangen zu können.

§ 10 AGG Zulässige unterschiedliche Behandlung wegen des Alters. Ungeachtet des § 8 ist eine unterschiedliche Behandlung wegen des Alters auch zulässig, wenn sie objektiv und angemessen und durch ein legitimes Ziel gerechtfertigt ist. Die Mittel zur Erreichung dieses Ziels müssen angemessen und erforderlich sein. Derartige unterschiedliche Behandlungen können insbesondere Folgendes einschließen:

1. **die Festlegung besonderer Bedingungen für den Zugang zur Beschäftigung und zur beruflichen Bildung sowie besonderer Beschäftigungs- und Arbeitsbedingungen, einschließlich der Bedingungen für Entlohnung und Beendigung des Beschäftigungsverhältnisses, um die berufliche Eingliederung von Jugendlichen, älteren Beschäftigten und Personen mit Fürsorgepflichten zu fördern oder ihren Schutz sicherzustellen,**
2. **die Festlegung von Mindestanforderungen an das Alter, die Berufserfahrung oder das Dienstalter für den Zugang zur Beschäftigung oder für bestimmte mit der Beschäftigung verbundene Vorteile,**
3. **die Festsetzung eines Höchstalters für die Einstellung auf Grund der spezifischen Ausbildungsanforderungen eines bestimmten Arbeitsplatzes oder auf Grund der Notwendigkeit einer angemessenen Beschäftigungszeit vor dem Eintritt in den Ruhestand,**
4. **die Festsetzung von Altersgrenzen bei den betrieblichen Systemen der sozialen Sicherheit als Voraussetzung für die Mitgliedschaft oder den Bezug von Altersrente oder von Leistungen bei Invalidität einschließlich der Festsetzung unterschiedlicher Altersgrenzen im Rahmen dieser Systeme für bestimmte Beschäftigte oder Gruppen von Beschäftigten und die Verwendung von Alterskriterien im Rahmen dieser Systeme für versicherungs-mathematische Berechnungen,**
5. **eine Vereinbarung, die die Beendigung des Beschäftigungsverhältnisses ohne Kündigung zu einem Zeitpunkt vorsieht, zu dem der oder die Beschäftigte eine Rente wegen Alters beantragen kann; § 41 des Sechsten Buches Sozialgesetzbuch bleibt unberührt,**

6. Differenzierungen von Leistungen in Sozialplänen im Sinne des Betriebsverfassungsgesetzes, wenn die Parteien eine nach Alter oder Betriebszugehörigkeit gestaffelte Abfindungsregelung geschaffen haben, in der die wesentlich vom Alter abhängenden Chancen auf dem Arbeitsmarkt durch eine verhältnismäßig starke Betonung des Lebensalters erkennbar berücksichtigt worden sind, oder Beschäftigte von den Leistungen des Sozialplans ausgeschlossen haben, die wirtschaftlich abgesichert sind, weil sie, gegebenenfalls nach Bezug von Arbeitslosengeld, rentenberechtigt sind.

Unterabschnitt 2 Organisationspflichten des Arbeitgebers

§ 11 AGG Ausschreibung. Ein Arbeitsplatz darf nicht unter Verstoß gegen § 7 Absatz 1 ausgeschrieben werden.

§ 12 AGG Maßnahmen und Pflichten des Arbeitgebers. [1] Der Arbeitgeber ist verpflichtet, die erforderlichen Maßnahmen zum Schutz vor Benachteiligungen wegen eines in § 1 genannten Grundes zu treffen. Dieser Schutz umfasst auch vorbeugende Maßnahmen.
[2] Der Arbeitgeber soll in geeigneter Art und Weise, insbesondere im Rahmen der beruflichen Aus- und Fortbildung, auf die Unzulässigkeit solcher Benachteiligungen hinweisen und darauf hinwirken, dass diese unterbleiben. Hat der Arbeitgeber seine Beschäftigten in geeigneter Weise zum Zwecke der Verhinderung von Benachteiligung geschult, gilt dies als Erfüllung seiner Pflichten nach Absatz 1.
[3] Verstoßen Beschäftigte gegen das Benachteiligungsverbot des § 7 Absatz 1, so hat der Arbeitgeber die im Einzelfall geeigneten, erforderlichen und angemessenen Maßnahmen zur Unterbindung der Benachteiligung wie Abmahnung, Umsetzung, Versetzung oder Kündigung zu ergreifen.
[4] Werden Beschäftigte bei der Ausübung ihrer Tätigkeit durch Dritte nach § 7 Absatz 1 benachteiligt, so hat der Arbeitgeber die im Einzelfall geeigneten, erforderlichen und angemessenen Maßnahmen zum Schutz der Beschäftigten zu ergreifen.
[5] Dieses Gesetz und § 61b des Arbeitsgerichtsgesetzes sowie Informationen über die für die Behandlung von Beschwerden nach § 13 zuständigen Stellen sind im Betrieb oder in der Dienststelle bekannt zu machen. Die Bekanntmachung kann durch Aushang oder Auslegung an geeigneter Stelle oder den Einsatz der im Betrieb oder der Dienststelle üblichen Informations- und Kommunikationstechnik erfolgen.

Unterabschnitt 3 Rechte der Beschäftigten

§ 13 AGG Beschwerderecht. [1] Die Beschäftigten haben das Recht, sich bei den zuständigen Stellen des Betriebs, des Unternehmens oder der Dienststelle zu beschweren, wenn sie sich im Zusammenhang mit ihrem Beschäftigungsverhältnis vom Arbeitgeber, von Vorgesetzen, anderen Beschäftigten oder Dritten wegen eines in § 1 genannten Grundes benachteiligt führen. Die Beschwerde ist zu prüfen und das Ergebnis der oder dem beschwerdeführenden Beschäftigten mitzuteilen.
[2] Die Rechte der Arbeitnehmervertretungen bleiben unberührt.

§ 14 AGG Leistungsverweigerungsrecht. Ergreift der Arbeitnehmer keine oder offensichtlich ungeeignete Maßnahmen zur Unterbindung einer Belästigung oder sexuellen Belästigung am Arbeitsplatz, sind die betroffenen Beschäftigten berechtigt, ihre Tätigkeit ohne Verlust des Arbeitsentgelts einzustellen, soweit dies zu ihrem Schutz erforderlich ist. § 273 des Bürgerlichen Gesetzbuchs bleibt unberührt.

§ 15 AGG Entschädigung und Schadensersatz. [1] Bei einem Verstoß gegen das Benachteiligungsverbot ist der Arbeitgeber verpflichtet, den hierdurch entstandenen Schaden zu ersetzen. Dies gilt nicht, wenn der Arbeitgeber die Pflichtverletzung nicht zu vertreten hat.
[2] Wegen eines Schadens, der nicht Vermögensschaden ist, kann der oder die Beschäftigte eine angemessene Entschädigung in Geld verlangen. Die Entschädigung darf bei einer Nichteinstellung drei Monatsgehälter nicht übersteigen, wenn der oder die Beschäftigte auch bei benachteiligungsfreier Auswahl nicht eingestellt worden wäre.
[3] Der Arbeitgeber ist bei der Anwendung kollektivrechtlicher Vereinbarungen nur dann zur Entschädigung verpflichtet, wenn er vorsätzlich oder grob fahrlässig handelt.
[4] Ein Anspruch nach Absatz 2 oder 2 muss innerhalb einer Frist von zwei Monaten schriftlich geltend gemacht werden, es sei denn, die Tarifvertragsparteien haben etwas anderes vereinbart. Die Frist beginnt im Falle einer Bewerbung oder eines beruflichen Aufstiegs mit dem Zugang der Ablehnung und in den sonstigen Fällen einer Benachteiligung zu dem Zeitpunkt, in dem der oder die Beschäftigte von der Benachteiligung Kenntnis erlangt.

[5] Im Übrigen bleiben Ansprüche gegen den Arbeitgeber, die sich aus anderen Rechtsvorschriften ergeben, unberührt.
[6] Ein Verstoß des Arbeitgebers gegen das Benachteiligungsverbot des § 7 Absatz 1 begründet keinen Anspruch auf Begründung eines Beschäftigungsverhältnisses, Berufsausbildungsverhältnisses oder einen beruflichen Aufstieg, es sei denn, ein solcher ergibt sich aus einem anderen Rechtsgrund.

§ 16 AGG Maßregelungsverbot. [1] Der Arbeitgeber darf Beschäftigte nicht wegen der Inanspruchnahme von Rechten nach diesem Abschnitt oder wegen der Weigerung, eine gegen diesen Abschnitt verstoßende Anweisung auszuführen, benachteiligen. Gleiches gilt für Personen, die den Beschäftigten hierbei unterstützen oder als Zeuginnen oder Zeugen aussagen.
[2] Die Zurückweisung oder Duldung benachteiligender Verhaltensweisen durch betroffene Beschäftigte darf nicht als Grundlage für eine Entscheidung herangezogen werden, die diese Beschäftigten berührt. Absatz 1 Satz 2 gilt entsprechend.
[3] § 22 gilt entsprechend.

Unterabschnitt 4 Ergänzende Vorschriften

§ 17 AGG Soziale Verantwortung der Beteiligten. [1] Tarifvertragsparteien, Arbeitgeber, Beschäftigte und deren Vertretungen sind aufgefordert, im Rahmen ihrer Aufgaben und Handlungsmöglichkeiten an der Verwirklichung des in § 1 genannten Ziels mitzuwirken.
[2] In Betrieben, in denen die Voraussetzungen des § 1 Absatz 1 Satz 1 des Betriebsverfassungsgesetzes vorliegen, können bei einem groben Verstoß des Arbeitgebers gegen Vorschriften aus diesem Abschnitt der Betriebsrat oder eine im Betrieb vertretene Gewerkschaft unter der Voraussetzung des § 23 Absatz 3 Satz 1 des Betriebsverfassungsgesetzes die dort genannten Rechte gerichtlich geltend machen; § 23 Absatz 3 Satz 2 bis 5 des Betriebsverfassungsgesetzes gilt entsprechend. Mit dem Antrag dürfen nicht Ansprüche des Benachteiligten geltend gemacht werden.

§ 18 AGG Mitgliedschaft in Vereinigung. [1] Die Vorschriften dieses Abschnitts gelten entsprechend für die Mitgliedschaft oder die Mitwirkung in einer
1. Tarifvertragspartei,
2. Vereinigung, deren Mitglieder einer bestimmten Berufsgruppe angehören oder die eine überragende Machtstellung im wirtschaftlichen oder sozialen Bereich innehat, wenn ein grundlegendes Interesse am Erwerb der Mitgliedschaft besteht,

sowie deren jeweiligen Zusammenschlüssen.
[2] Wenn die Ablehnung einen Verstoß gegen das Benachteiligungsverbot des § 7 Absatz 1 darstellt, besteht ein Anspruch auf Mitgliedschaft oder Mitwirkung in den in Absatz 1 genannten Vereinigungen.

Abschnitt 3 Schutz vor Benachteiligung im Zivilrechtsverkehr

§ 19 AGG Zivilrechtliches Benachteiligungsverbot. [1] Eine Benachteiligung aus Gründen der Rasse oder wegen der ethnischen Herkunft, wegen des Geschlechts, der Religion, einer Behinderung, des Alters oder der sexuellen Identität bei der Begründung, Durchführung und Beendigung zivilrechtlicher Schuldverhältnisse, die
1. typischerweise ohne Ansehen der Person zu vergleichbaren Bedingungen in einer Vielzahl von Fällen zustande kommen (Massengeschäfte) oder bei denen das Ansehen der Person nach der Art des Schuldverhältnisses eine nachrangige Bedeutung hat und die zu vergleichbaren Bedingungen in einer Vielzahl von Fällen zustande kommen oder
2. eine privatrechtliche Versicherung zum Gegenstand haben, ist unzulässig.

[2] Eine Benachteiligung aus Gründen der Rasse oder wegen der ethnischen Herkunft ist darüber hinaus auch bei der Begründung, Durchführung und Beendigung sonstiger zivil- rechtlicher Schuldverhältnisse im Sinne des § 2 Absatz 1 Nummer 5 bis 8 unzulässig.
[3] Bei der Vermietung von Wohnraum ist eine unterschiedliche Behandlung im Hinblick auf die Schaffung und Erhaltung sozial stabiler Bewohnerstrukturen und ausgewogener Siedlungsstrukturen sowie ausgeglichener wirtschaftlicher, sozialer und kultureller Verhältnisse zulässig.
[4] Die Vorschriften dieses Abschnitts finden keine Anwendung auf familien- und erbrechtliche Schuldverhältnisse.
[5] Die Vorschriften dieses Abschnitts finden keine Anwendung auf zivilrechtliche Schuldverhältnisse, bei denen ein besonderes Nähe- oder Vertrauensverhältnis der Parteien oder ihrer Angehörigen begründet wird. Bei Mietverhältnissen kann dies insbesondere der Fall sein, wenn die Parteien oder ihre Ange-

hörigen Wohnraum auf demselben Grundstück nutzen. Die Vermietung von Wohnraum zum nicht nur vorübergehenden Gebrauch ist in der Regel kein Geschäft im Sinne des Absatz 1 Nummer 1, wenn der Vermieter insgesamt nicht mehr als 50 Wohnungen vermietet.

§ 20 AGG Zulässige unterschiedliche Behandlung. **[1] Eine Verletzung des Benachteiligungsverbots ist nicht gegeben, wenn für eine unterschiedliche Behandlung wegen der Religion oder der Weltanschauung, einer Behinderung, des Alters, der sexuellen Identität oder des Geschlechts ein sachlicher Grund vorliegt. Das kann insbesondere der Fall sein, wenn die unterschiedliche Behandlung 1. der Vermeidung von Gefahren, der Verhütung von Schäden oder anderen Zwecken vergleichbarer Art dient, 2. dem Bedürfnis nach Schutz der Intimsphäre oder der persönlichen Sicherheit Rechnung trägt, 3. besondere Vorteile gewährt und ein Interesse an der Durchsetzung der Gleichbehandlung fehlt, 4. an die Religion eines Menschen anknüpft und im Hinblick auf die Ausübung der Religionsfreiheit oder auf das Selbstbestimmungsrecht der Religionsgemeinschaften, der ihnen zugeordneten Einrichtungen ohne Rücksicht auf ihre Rechtsform sowie der Vereinigungen, die sich die gemeinschaftliche Pflege einer Religion zur Aufgabe machen, unter Beachtung des jeweiligen Selbstverständnisses gerechtfertigt ist.**
[2] Eine unterschiedliche Behandlung wegen des Geschlechts ist im Falle des § 19 Absatz 1 Nummer 2 bei den Prämien oder Leistungen nur zulässig, wenn dessen Berücksichtigung bei einer auf relevanten und genauen versicherungsmathematischen und statistischen Daten beruhenden Risikobewertung ein bestimmender Faktor ist. Kosten im Zusammenhang mit Schwangerschaft und Mutterschaft dürfen auf keinen Fall zu unterschiedlichen Prämien oder Leistungen führen. Eine unterschiedliche Behandlung wegen der Religion oder Weltanschauung, einer Behinderung, des Alters oder der sexuellen Identität ist im Falle des § 19 Absatz 1 Nummer 2 nur zulässig, wenn diese auf anerkannten Prinzipien risikoadäquater Kalkulation beruht, insbesondere auf einer versicherungsmathematisch ermittelten Risikobewertung unter Heranziehung statistischer Erhebungen.

§ 21 AGG Ansprüche. **[1] Der Benachteiligte kann bei einem Verstoß gegen das Benachteiligungsverbot unbeschadet weiterer Ansprüche die Beseitigung der Beeinträchtigung verlangen. Sind weitere Beeinträchtigungen zu besorgen, so kann er auf Unterlassung klagen.**
[2] Bei einer Verletzung des Benachteiligungsverbots ist der Benachteiligende verpflichtet, den hierdurch entstandenen Schaden zu ersetzen. Dies gilt nicht, wenn der Benachteiligende die Pflichtverletzung nicht zu vertreten hat. Wegen eines Schadens, der nicht Vermögensschaden ist, kann der Benachteiligte eine angemessene Entschädigung in Geld verlangen.
[3] Ansprüche aus unerlaubter Handlung bleiben unberührt.
[4] Auf eine Vereinbarung, die von dem Benachteiligungsverbot abweicht, kann sich der Benachteiligende nicht berufen.
[5] Ein Anspruch nach den Absätzen 1 und 2 muss innerhalb einer Frist von zwei Monaten geltend gemacht werden. Nach Ablauf der Frist kann der Anspruch nur geltend gemacht werden, wenn der Benachteiligte ohne Verschulden an der Einhaltung der Frist verhindert war.

Abschnitt 4 Rechtsschutz

§ 22 AGG Beweislast. **Wenn im Streitfall die eine Partei Indizien beweist, die eine Benachteiligung wegen eines in § 1 genannten Grundes vermuten lassen, trägt die andere Partei die Beweislast dafür, dass kein Verstoß gegen die Bestimmungen zum Schutz vor Benachteiligung vorgelegen hat.**

1 **A. Beweis diskriminierender Gesinnung.** Das zentrale Tatbestandsmerkmal der Diskriminierung ist ein subjektives (oben § 1 Rz 17). Die Benachteiligung muss »aus Gründen« oder »wegen« eines der in den § 1 verpönten Diskriminierungsgründe erfolgt sein. Damit kommt es auf den Nachweis einer diskriminierenden Motivation, dh eines inneren Tatbestandes an. Nach den allg Regeln der Beweisverteilung hat diejenige Partei, die sich auf einen Tatbestand beruft (regelm die für ihr Klagebegehren günstigen Tatsachen) darzulegen und zu beweisen. Da der Nachweis einer Gesinnung ganz allg und einer diskriminierenden im Besonderen nicht leicht zu führen ist, enthält § 22 eine **Senkung des Beweismaßes** mit anschließender **Verlagerung der Beweislast**. Verlangt wird von der klägerischen Partei zunächst der Beweis von Indizien, die eine Diskriminierung vermuten lassen. Indizien lassen eine verbotswidrige Benachteiligung iSd §§ 1, 7, 19 vermuten, wenn sie nach der Lebensanschauung wahrscheinlich erscheint. Trotz eines unterschiedlichen Wortlauts gilt für § 22 AGG nichts anderes als das, was schon für § 611a Abs 1 S 3 aF und entspr für § 81 Abs 2 S 2 Nr 1 S 3 SGB IX aF galt (zu § 611a aF: BAG v 05.02.2004 – 8 AZR 112/03, NZA 2004, 540; zu § 81 SGB IX aF: BAG v 12.09.2006 – 9 AZR 807/05, NZA 2007, 507). Sind Tatsachen wahrscheinlich gemacht, die eine Diskriminierung indizieren, obliegt es der anderen Seite, Tatsachen darzutun, die 1. entweder die Indizien entkräften oder 2. einen einschlägigen Rechtfertigungsgrund ausfüllen. Kann eine überwiegende Wahrscheinlichkeit

streitiger Indizien nicht bewiesen werden, geht dieses ***non liquet*** auch nach § 22 zu Lasten der klagenden Partei. Aus § 22 ergibt sich weder ein **Anspruch auf Amtsermittlung** noch ein **Auskunftsanspruch auf Offenlegung** aller Motive oder von Tatsachen, die auf eine Motivlage schließen lassen (zutr LAG Hamburg Urt v 09.11.2007 – H 3 Sa 102/07, LAGE § 15 AGG Nr 2; aA aber ArbG Stuttgart Urt v 26.04.2007 – 15 Ca 11133/06: Das ArbG Stuttgart stellte fest, dass die Indizwirkung des § 22 AGG, hinsichtlich einer mittelbaren Benachteiligung wegen des Geschlechts bei einer größeren Anzahl neu zu besetzender Arbeitsplätze dann eintrete, wenn der statistische Nachweis ergebe, dass der Anteil der eingestellten Männer signifikant geringer ist als der der männlichen Bewerber. Da im vorliegenden Fall die Beklagte der Aufforderung des Gerichts, die Anzahl der eingestellten Männer und Frauen sowie die Kriterien ihrer Auswahlentscheidung offen zu legen, nicht nachkam, wurde zu ihren Lasten eine Benachteiligung unterstellt). Die klagende Partei hat die Indizien vorzutragen und zu beweisen; § 22 begründet keine Ausnahme von dem Grundsatz, dass keine Partei gehalten ist, dem Gegner das Material für dessen Prozesssieg zu verschaffen (BAG vom 01.12.2004 – 5 AZR 664/03 – AP Nr 38 zu § 242 Auskunftspflicht mwN) und begründet mithin **keinen Anspruch auf Ausforschung**.

B. Nachweis von Indizien. Das Hauptaugenmerk liegt seit längerem im **Bewerbungsverfahren** um eine Arbeitsstelle oder Position (§ 2 Abs 1 Nr 1; hierzu *Kania/Merten* ZIP 2007, 13). Doch stellt sich das gleiche Problem zusehends bei Ausschreibungen im allg Zivilrechtsverkehr. Arbeitgeber, die für Einstellung zuständigen Personalstellen bzw die für die Vergabe eines Auftrags zuständigen Stellen bei Behörden oder Unternehmen werden von Anfang an darauf zu achten haben, dass keine Äußerung im Vorfeld (Ausschreibungsverfahren) und während des laufenden Bieter- oder Bewerbungsverfahrens auf eine nach §§ 1, 7, 19 verpönte Diskriminierung schließen lässt. Eine jede idS verfängliche Erklärung bereits im Vorfeld eines Vertragsschlusses genügt als Indiz für eine Diskriminierung. Zu beachten ist insoweit auch, dass eine Nichteinstellung »wegen« eines der in §§ 1, 7 genannten Gründe bereits dann indiziert ist, wenn für die Nichteinstellung zugleich andere Gründe entscheidend waren. Der Anspruchssteller muss nicht vortragen, dass eine bestimmte Behandlung ausschließlich auf einem Merkmal nach § 1 AGG beruhte. Ausreichend ist, wenn in einem »**Motivbündel**« das verpönte Merkmal enthalten war. Die bessere Eignung eines anderen Bewerbers schließt daher eine Benachteiligung nicht aus (vgl BAG v 05.02.2004 – 8 AZR 112/03 = NZA 2004, 540; BAG v 12.09.2006 – 9 AZR 807/05 = NZA 2007, 507). 2

Auch die **Übertragung der vorvertraglichen Maßnahmen auf externe Stellen** bewahrt nicht vor einer Haftung, weil die Erklärungen Dritter im Rahmen der Vertragsanbahnung dem Auftraggeber zugerechnet werden. Praktisch geworden ist dies bei Ausschreibungen durch die Agentur für Arbeit (vgl BVerfG Beschl v 21.09.2006, NJW 2007, 137; BAG Urt v 05.02.2004 – 8 AZR 112/03, BAGE 109, 265 = NJW 2004, 2112). 3

Im Rahmen der Ausschreibung ist bei der **Formulierung der Stellenanzeige** darauf zu achten, dass die Beschreibung des Bewerberprofils mit Blick auf die in § 1 genannten Diskriminierungsmerkmale **in jeder Hinsicht neutral formuliert** wird. Bereits vor Inkrafttreten des AGG war in der Rspr anerkannt, dass in einer nicht geschlechtsneutralen Stellenanzeige ein starkes Indiz für eine unzulässige Benachteiligung zu sehen ist (BAG NJW 1990, 67; BVerfG NJW 1994, 647). **§ 11** stellt diese Anforderung nun unmissverständlich für alle in § 1 genannten Kriterien klar. Es ist insoweit evident, dass ein Ausschreibungstext keinen konkreten und eindeutigen Hinweis auf Rasse und ethnische Herkunft (etwa: »Suchen Deutsche«; »Bewerbungen von Ausländern sind nicht erwünscht«), das Geschlecht (»Suchen Volljuristin«; vgl BAG Urt v 05.02.2004 – 8 AZR 112/03, BAGE 109, 265 = NJW 2004, 2112; »Suchen Industriekauffrau [...] männliche Bewerber werden bevorzugt«, vgl BVerfG NJW 2007, 137), die Religion oder Weltanschauung (»Suchen neoliberalen Moslem«; »Bewerbungen von Juden und Kommunisten erwünscht«), den Gesundheitszustand und das Alter (»Suchen alten Fuchs«; »Suchen junge, gesunde und dynamische Nachwuchskräfte«;) sowie die sexuelle Identität (»Suchen monogam lebenden, ungeschiedenen Ehemann«) enthalten darf. Derartige Formulierungen dürften heute als *faux pas* kaum mehr vorkommen. Selbst wenn jmd in der Tat nur eine junge, gesunde, dh gut aussehende, griechische und zugleich lesbische Anhängerin von Scientology sucht, so wird dies unter Geltung des AGG in naher Zukunft auf andere Weise als durch Ausschreibung kommuniziert werden. 4

Schwieriger ist daher die **Vermeidung eher versteckter Anhaltspunkte** in Ausschreibungen und der gesamten geschäftlichen und privaten Korrespondenz, die auf eine Diskriminierung iSd § 1 AGG schließen lassen. So bietet die Anforderung von Lichtbildern oder Deutschkenntnissen ebenso Angriffspunkte, wie die Suche nach »Berufserfahrung« oder einen »verständigen Leser Ron Hubbards« durchaus Anhaltspunkte, um über eine diskriminierende Gesinnung nachzudenken. Wer derartige Hinweise mit Blick auf die spätere Beschäftigung für unentbehrlich hält, sollte die Reichweite der Rechtfertigungsgründe (§§ 8, 9, 10) eingehend studiert haben. 5

In den persönlichen **Bewerbungsgesprächen** sind Fragen und Äußerungen, die auf eine Diskriminierung schließen könnten, tunlichst zu vermeiden. Bisher besteht noch keine generelle Verpflichtung, im Wirtschafts- und Rechtsverkehr durchgehend geschlechtsneutral zu formulieren. Der renitente Gebrauch geschlechtsspezifischer Formen mag von mancher Bewerberin leicht als Indiz gewertet werden (»Meine Herren« bei Anwesenheit auch von Damen sowieso). Das Gespräch sollte sachlich auf die konkrete Tätigkeit ausgerichtet sein und zeitnah protokolliert werden. Einige gehen sogar soweit zu empfehlen, bestimmte Fragen (etwa nach dem Alter) erst nach Beginn des Arbeitsverhältnisses zu stellen (PWW/Lingemann § 2 AGG 6

Rn 6). Unvorbereitet und spontan Gespräche mit Bewerbern und/oder Bewerberinnen zu führen, sollte ohnehin vermieden werden. Es gilt, was *Jhering* bereits vor 150 Jahren für die Gefahren einer außervertraglichen Haftung für *culpa* formulierte: Alle Leichtigkeit des Verkehrs ist dahin.

7 Alle innerbetrieblichen Quellen sollten auf Anhaltspunkte durchgesehen werden, die Anreize für Diskriminierungsklagen enthalten könnten. Neutral formuliert müssen daher auch **Personalfragebögen** (§ 94 BetrVG), **Auswahlrichtlinien** (§ 95 BetrVG) und schließlich sollten auch **Arbeitsverträge** einheitlich formuliert sein: Sind etwa Verträge für Angestellte geschlechtsneutral formuliert, nicht aber die für Führungskräfte, so wird hier leicht ein Ansatz für Diskriminierung zu finden sein. Selbst mehrdeutige und **Erklärungen benachteiligenden Inhalts an symbolträchtigen Tagen** sollten vermieden werden, weil die Kombination Anlass für Klagen sein könnte (vgl ArbG Hamburg Urt v 28.08.2007 – 21 Ca 125/07: Kündigung am Weltfrauentag).

8 **C. Mangelnde Indizwirkung und Entkräftung. Keine hinreichende Indizwirkung** ergibt sich allein aus einer erfolglosen Bewerbung. Aus einer **Ablehnung** ergibt sich allenfalls der Anhaltspunkt für eine Benachteiligung, die Ablehnung selbst ist aber noch kein hinreichendes Indiz für eine diskriminierende Gesinnung, dh den maßgeblichen subjektiven Diskriminierungstatbestand (vgl LAG Hamburg Urt v 09.11.2007 – H 3 Sa 102/07: Eine Bewerberin hatte geklagt, weil sie in der Formulierung des Ablehnungsschreibens, in welchem für die »weitere berufliche Neuorientierung« alles Gute gewünscht wurde, sowie der Nichteinladung zum Vorstellungsgespräch eine unzulässige Diskriminierung sah. Das ArbG Hamburg stellte zunächst fest, dass § 22 AGG keine vollständige Beweislastumkehr, sondern lediglich eine Beweiserleichterung enthalte. Es sah weder darin, dass für eine berufliche »Neuorientierung« alles Gute gewünscht wurde, noch in der Nichteinladung der über 45 Jahre alten Frau nichtdeutscher Herkunft zum Vorstellungsgespräch ein Indiz für eine Diskriminierung). Auch die **Einstellung eines Konkurrenten** mit einem gegenläufigen Merkmal genügt für sich allein noch nicht (LAG München Urt v 16.08.2006 – 4 Sa 338/06: Einstellung einer ähnlich qualifizierten, aber jüngeren Bewerberin sei kein hinreichendes Indiz gem § 22; auch ArbG Lübeck Urt v 29.05.2007 – 6 Ca 642/07: Die Einstellung einer 50jährigen an Stelle der 57jährigen gekündigten Klägerin ist kein hinreichendes Indiz für eine Altersdiskriminierung). Durch den **Nachweis von gegenläufigen Indizien** kann die Indizwirkung pönalisierender Erklärungen entkräftet werden. Paradigmatisch hierzu die Entscheidung des ArbG Stuttgart (Urt v 05.09.2007 – 29 Ca 2793/07): Durch den Hinweis in einer Anzeige, dass Bewerber »idealerweise nicht älter als 45« sein sollten, wurde die Indizwirkung für eine unzulässige Diskriminierung ausgelöst. Durch die verwendete Wortwahl erschien es nahe liegend, dass älteren Bewerbern damit signalisiert wird, sich nicht zu bewerben oder dass deren Bewerbungen eine geringere Chance hätten. Der beklagte Arbeitgeber konnte die Vermutung einer altersdiskriminierenden Haltung jedoch durch die unbestrittene Einstellung von drei über 45-jährigen Bewerbern in den letzten zwei Jahren und die Auswahl des tatsächlich entspr dem Inserat eingestellten Bewerbers der ebenfalls über 45 Jahre alt war entkräften.

9 Wenn ein eine Diskriminierung nahe legendes Indiz dargetan und nicht durch gegenläufige Indizien entkräftet ist, kann sich die beklagte Seite schließlich nur noch durch den Nachweis eines »sachlichen Grundes«, dh den Nachweis eines Rechtfertigungsgrundes exkulpieren. Besteht für die Benachteiligung bereits eine **Rechtfertigung auf Grund einer allg Regelung**, bedarf es keiner erneuten Beweisführung im Einzelfall, dass die Voraussetzungen des allg Rechtfertigungsgrundes auch in der konkreten Person erfüllt sind (Hessisches LAG Urt v 15.10.2007 – 17 Sa 809/07 – Nachweis der Berechtigung tariflicher Altersgrenzen bei Lufthansa-Piloten).

§ 23 AGG Unterstützung durch Antidiskriminierungsverbände. **[1] Antidiskriminierungsverbände sind Personenzusammenschlüsse, die nicht gewerbsmäßig und nicht nur vorübergehend entsprechend ihrer Satzung die besonderen Interessen von benachteiligten Personen oder Personengruppen nach Maßgabe von § 1 wahrnehmen. Die Befugnisse nach den Absätzen 2 bis 4 stehen ihnen zu, wenn sie mindestens 75 Mitglieder haben oder einen Zusammenschluss aus mindestens sieben Verbänden bilden.**

[2] Antidiskriminierungsverbände sind befugt, im Rahmen ihres Satzungszwecks in gerichtlichen Verfahren, in denen eine Vertretung durch Anwälte und Anwältinnen nicht gesetzlich vorgeschrieben ist, als Beistände Benachteiligter in der Verhandlung aufzutreten. Im Übrigen bleiben die Vorschriften der Verfahrensordnungen, insbesondere diejenigen, nach denen Beiständen weiterer Vortrag untersagt werden kann, unberührt.

[3] Antidiskriminierungsverbänden ist im Rahmen ihres Satzungszwecks die Besorgung von Rechtsangelegenheiten Benachteiligter gestattet.

[4] Besondere Klagerechte und Vertretungsbefugnisse von Verbänden zu Gunsten von behinderten Menschen bleiben unberührt.

Abschnitt 5 Sonderregelungen für öffentlich-rechtliche Dienstverhältnisse

§ 24 AGG Sonderregelung für öffentlich-rechtliche Dienstverhältnisse. Die Vorschriften dieses Gesetzes gelten unter Berücksichtigung ihrer besonderen Rechtsstellung entsprechend für

1. Beamtinnen und Beamte des Bundes, der Länder, der Gemeinden, der Gemeindeverbände sowie der sonstigen der Aufsicht des Bundes oder eines Landes unterstehenden Körperschaften, Anstalten und Stiftungen des öffentlichen Rechts,
2. Richterinnen und Richter des Bundes und der Länder,
3. Zivildienstleistende sowie anerkannte Kriegsdienstverweigerer, soweit ihre Heranziehung zum Zivildienst betroffen ist.

Abschnitt 6 Antidiskriminierungsstelle

§ 25 AGG Antidiskriminierungsstelle des Bundes. [1] Beim Bundesministerium für Familie, Senioren, Frauen und Jugend wird unbeschadet der Zuständigkeit der Beauftragten des Deutschen Bundestages oder der Bundesregierung die Stelle des Bundes zum Schutz vor Benachteiligungen wegen eines in § 1 genannten Grundes (Antidiskriminierungsstelle des Bundes) errichtet.
[2] Der Antidiskriminierungsstelle des Bundes ist die für die Erfüllung ihrer Aufgaben notwendige Personal- und Sachausstattung zur Verfügung zu stellen. Sie ist im Einzelplan des Bundesministeriums für Familie, Senioren, Frauen und Jugend in einem eigenen Kapitel auszuweisen.

§ 26 AGG Rechtsstellung der Leitung der Antidiskriminierungsstelle des Bundes.
[1] Die Bundesministerin oder der Bundesminister für Familie, Senioren, Frauen und Jugend ernennt auf Vorschlag der Bundesregierung eine Person zur Leitung der Antidiskriminierungsstelle des Bundes. Sie steht nach Maßgabe dieses Gesetzes in einem öffentlich-rechtlichen Amtsverhältnis zum Bund. Sie ist in Ausübung ihres Amtes unabhängig und nur dem Gesetz unterworfen.
[2] Das Amtsverhältnis beginnt mit der Aushändigung der Urkunde über die Ernennung durch die Bundesministerin oder den Bundesminister für Familie, Senioren, Frauen und Jugend.
[3] Das Amtsverhältnis endet außer durch Tod

1. mit dem Zusammentreten eines neuen Bundestages,
2. durch Ablauf der Amtszeit mit Erreichen der Altersgrenze nach § 41 Absatz 1 des Bundesbeamtengesetzes,
3. mit der Entlassung.

Die Bundesministerin oder der Bundesminister für Familie, Senioren, Frauen und Jugend entlässt die Leiterin oder den Leiter der Antidiskriminierungsstelle des Bundes auf deren Verlangen oder wenn Gründe vorliegen, die bei einer Richterin oder einem Richter auf Lebenszeit die Entlassung aus dem Dienst rechtfertigen. Im Falle der Beendigung des Amtsverhältnisses erhält die Leiterin oder der Leiter der Antidiskriminierungsstelle des Bundes eine von der Bundesministerin oder dem Bundesminister für Familie, Senioren, Frauen und Jugend vollzogene Urkunde. Die Entlassung wird mit der Aushändigung der Urkunde wirksam.
[4] Das Rechtsverhältnis der Leitung der Antidiskriminierungsstelle des Bundes gegenüber dem Bund wird durch Vertrag mit dem Bundesministerium für Familie, Senioren, Frauen und Jugend geregelt. Der Vertrag bedarf der Zustimmung der Bundesregierung.
[5] Wird eine Bundesbeamtin oder ein Bundesbeamter zur Leitung der Antidiskriminierungsstelle des Bundes bestellt, scheidet er oder sie mit Beginn des Amtsverhältnisses aus dem bisherigen Amt aus. Für die Dauer des Amtsverhältnisses ruhen die aus dem Beamtenverhältnis begründeten Rechte und Pflichten mit Ausnahme der Pflicht zur Amtsverschwiegenheit und des Verbots der Annahme von Belohnungen oder Geschenken. Bei unfallverletzten Beamtinnen oder Beamten bleiben die gesetzlichen Ansprüche auf das Heilverfahren und einen Unfallausgleich unberührt.

§ 27 AGG Aufgaben. [1] Wer der Ansicht ist, wegen eines in § 1 genannten Grundes benachteiligt worden zu sein, kann sich an die Antidiskriminierungsstelle des Bundes wenden.
[2] Die Antidiskriminierungsstelle des Bundes unterstützt auf unabhängige Weise Personen, die sich nach Absatz 1 an sie wenden, bei der Durchsetzung ihrer Rechte zum Schutz vor Benachteiligungen. Hierbei kann sie insbesondere

1. über Ansprüche und die Möglichkeiten des rechtlichen Vorgehens im Rahmen gesetzlicher Regelungen zum Schutz vor Benachteiligungen informieren,
2. Beratung durch andere Stellen vermitteln,
3. eine gütliche Beilegung zwischen den Beteiligten anstreben.

Soweit Beauftragte des Deutschen Bundestages oder der Bundesregierung zuständig sind, leitet die Antidiskriminierungsstelle des Bundes die Anliegen der in Absatz 1 genannten Personen mit deren Einverständnis unverzüglich an diese weiter.

[3] Die Antidiskriminierungsstelle des Bundes nimmt auf unabhängige Weise folgende Aufgaben wahr, soweit nicht die Zuständigkeit der Beauftragten der Bundesregierung oder des Deutschen Bundestages berührt ist:

1. Öffentlichkeitsarbeit,
2. Maßnahmen zur Verhinderung von Benachteiligungen aus den in § 1 genannten Gründen,
3. Durchführung wissenschaftlicher Untersuchungen zu diesen Benachteiligungen.

[4] Die Antidiskriminierungsstelle des Bundes und die in ihrem Zuständigkeitsbereich betroffenen Beauftragten der Bundesregierung und des Deutschen Bundestages legen gemeinsam dem Deutschen Bundestag alle vier Jahre Berichte über Benachteiligungen aus den in § 1 genannten Gründen vor und geben Empfehlungen zur Beseitigung und Vermeidung dieser Benachteiligungen. Sie können gemeinsam wissenschaftliche Untersuchungen zu Benachteiligungen durchführen.

[5] Die Antidiskriminierungsstelle des Bundes und die in ihrem Zuständigkeitsbereich betroffenen Beauftragten der Bundesregierung und des Deutschen Bundestages sollen bei Benachteiligungen aus mehreren der in § 1 genannten Gründe zusammenarbeiten.

§ 28 AGG Befugnisse. [1] Die Antidiskriminierungsstelle des Bundes kann in Fällen des § 27 Absatz 2 Satz 2 Nummer 3 Beteiligte um Stellungnahmen ersuchen, soweit die Person, die sich nach § 27 Absatz 1 an sie gewandt hat, hierzu ihr Einverständnis erklärt.

[2] Alle Bundesbehörden und sonstigen öffentlichen Stellen im Bereich des Bundes sind verpflichtet, die Antidiskriminierungsstelle des Bundes bei der Erfüllung ihrer Aufgaben zu unterstützen, insbesondere die erforderlichen Auskünfte zu erteilen. Die Bestimmungen zum Schutz personenbezogener Daten bleiben unberührt.

§ 29 AGG Zusammenarbeit mit Nichtregierungsorganisationen und anderen Einrichtungen. Die Antidiskriminierungsstelle des Bundes soll bei ihrer Tätigkeit Nichtregierungsorganisationen sowie Einrichtungen, die auf europäischer, Bundes-, Landes- oder regionaler Ebene zum Schutz vor Benachteiligungen wegen eines in § 1 genannten Grundes tätig sind, in geeigneter Form einbeziehen.

§ 30 AGG Beirat. [1] Zur Förderung des Dialogs mit gesellschaftlichen Gruppen und Organisationen, die sich den Schutz vor Benachteiligungen wegen eines in § 1 genannten Grundes zum Ziel gesetzt haben, wird der Antidiskriminierungsstelle des Bundes ein Beirat beigeordnet. Der Beirat berät die Antidiskriminierungsstelle des Bundes bei der Vorlage von Berichten und Empfehlungen an den Deutschen Bundestag nach § 27 Absatz 4 und kann hierzu sowie zu wissenschaftlichen Untersuchungen nach § 27 Absatz 3 Nummer 3 eigene Vorschläge unterbreiten.

[2] Das Bundesministerium für Familie, Senioren, Frauen und Jugend beruft im Einvernehmen mit der Leitung der Antidiskriminierungsstelle des Bundes sowie den entsprechend zuständigen Beauftragten der Bundesregierung oder des Deutschen Bundestages die Mitglieder dieses Beirats und für jedes Mitglied eine Stellvertretung. In den Beirat sollen Vertreterinnen und Vertreter gesellschaftlicher Gruppen und Organisationen sowie Expertinnen und Experten in Benachteiligungsfragen berufen werden. Die Gesamtzahl der Mitglieder des Beirats soll 16 Personen nicht überschreiten. Der Beirat soll zu gleichen Teilen mit Frauen und Männern besetzt sein.

[3] Der Beirat gibt sich eine Geschäftsordnung, die der Zustimmung des Bundesministeriums für Familie, Senioren, Frauen und Jugend bedarf.

[4] Die Mitglieder des Beirats üben die Tätigkeit nach diesem Gesetz ehrenamtlich aus. Sie haben Anspruch auf Aufwandsentschädigung sowie Reisekostenvergütung, Tagegelder und Übernachtungsgelder. Näheres regelt die Geschäftsordnung.

Abschnitt 7 Schlussvorschriften

§ 31 AGG Unabdingbarkeit. Von den Vorschriften dieses Gesetzes kann nicht zu Ungunsten der geschützten Personen abgewichen werden.

§ 32 AGG Schlussbestimmungen. Soweit in diesem Gesetz nicht abweichendes bestimmt ist, gelten die allgemeinen Bestimmungen.

§ 33 AGG Übergangsbestimmungen. [1] Bei Benachteiligungen nach den §§ 611a, 611b und 612 Absatz 3 des Bürgerlichen Gesetzbuchs oder sexuellen Belästigungen nach dem Beschäftigungsgesetz ist das vor dem 18. August 2006 maßgebliche Recht anzuwenden.
[2] Bei Benachteiligungen aus Gründen der Rasse oder wegen der ethnischen Herkunft sind die §§ 19 bis 21 nicht auf Schuldverhältnisse anzuwenden, die vor dem 18. August 2006 begründet worden sind. Satz 1 gilt nicht für spätere Änderungen von Dauerschuldverhältnissen.
[3] Bei Benachteiligungen wegen des Geschlechts, der Religion, einer Behinderung, des Alters oder der sexuellen Identität sind die §§ 19 bis 21 nicht auf Schuldverhältnisse anzuwenden, die vor dem 1. Dezember 2006 begründet worden sind. Satz 1 gilt nicht für spätere Änderungen von Dauerschuldverhältnissen.
[4] Auf Schuldverhältnisse, die eine privatrechtliche Versicherung zum Gegenstand haben, ist § 19 Absatz 1 nicht anzuwenden, wenn diese vor dem 22. Dezember 2007 begründet worden sind. Satz 1 gilt nicht für spätere Änderungen solcher Schuldverhältnisse.

Bürgerliches Gesetzbuch

Buch 1 Allgemeiner Teil

Abschnitt 1 Personen

Titel 1 Natürliche Personen, Verbraucher, Unternehmer

§ 13 Verbraucher. Verbraucher ist jede natürliche Person, die ein Rechtsgeschäft zu einem Zwecke abschließt, der weder ihrer gewerblichen noch ihrer selbständigen beruflichen Tätigkeit zugerechnet werden kann.

Literatur *Annuß* Der Arbeitnehmer als solcher ist kein Verbraucher NJW 2002, 2844; *Bärenz* Die Auslegung der überschießenden Umsetzung von Richtlinien am Beispiel des Gesetzes zur Modernisierung des Schuldrechts DB 2003, 375; *Bauer/Kock* Arbeitsrechtliche Auswirkungen des neuen Verbraucherschutzrechts DB 2002, 42; *Blaurock* Verbraucherkredit und Verbraucherleitbild in der Europäischen Union JZ 1999, 801; *Boemke* Die Höhe der Verzugszinsen für Entgeltforderungen des Arbeitnehmers BB 2002, 96; *Bülow/Artz* Fernabsatzverträge und Strukturen eines Verbraucherprivatrechts im BGB NJW 2000, 2049; *Bydlinski, Franz* Die Suche nach der Mitte als Daueraufgabe der Privatrechtswissenschaft AcP 200 (2000) 273; *ders* System und Prinzipien des Privatrechts, Wien ua (1996); *Canaris* Wandlungen des Schuldvertragsrechts – Tendenzen zu seiner »Materialisierung« AcP 200 (2000) 273; *Damm* Privatautonomie und Verbraucherschutz VersR 1999, 129; *Däubler* Die Auswirkungen der Schuldrechtsmodernisierung auf das Arbeitsrecht NZA 2001, 1329; *Dauner-Lieb* Verbraucherschutz durch Ausbildung eines Sonderprivatrechts für Verbraucher, Berlin (1983); *Dick* Das Verbraucherleitbild der Rechtsprechung, Berlin (1995); *Dreher* Der Verbraucher – Das Phantom in der opera des europäischen und deutschen Rechts? JZ 1997, 167; *Eidenmüller* Der homo oeconomicus und das Schuldrecht: Herausforderung durch Behavioral Law und Economics JZ 2005, 216; *Faber* Elemente verschiedener Verbraucherbegriffe in EG-Richtlinien, zwischenstaatlichen Übereinkommen und nationalem Zivil- und Kollisionsrecht ZEuP 1998, 854; *Fezer* Aspekte einer Rechtskritik an der oeconomic analysis of law und am property rights approach JZ 1986, 817; *Flume* Vom Beruf unserer Zeit für die Gesetzgebung ZIP 2000, 1427; *Gotthardt* Der Arbeitsvertrag auf dem AGB-rechtlichen Prüfstand ZIP 2002, 277; *Habermas* Faktizität und Geltung, Frankfurt/M. (1997); *Hart/Köck* Zum Stand der Verbraucherrechtsentwicklung ZRP 1991, 61; *Heiderhoff* Zum Verbraucherbegriff der EuGVVO und des LugÜ IPrax 2005, 230; *Heinrichs* Das Gesetz zur Änderung des AGB-Gesetzes NJW 1996, 2190; *Henssler* Gewerbe, Kaufmann und Unternehmen ZHR 161 (1997) 13; *Herbert/Oberrath* Arbeitsrecht nach der Schuldrechtsreform – eine Zwischenbilanz NJW 2005, 3745; *Hommelhoff/Wiedenmann* Allgemeine Geschäftsbedingungen gegenüber Kaufleuten und ausgehandelte Klauseln in Verbraucherverträgen ZIP 1993, 562; *Herresthal* Scheinunternehmer und Scheinverbraucher im BGB JZ 2006, 695; *Hoffmann, Jochen* Widerrufsrecht des Verbrauchers bei Auktionen im Internet ZIP 2004, 2337; *Hönn* Der Schutz des Schwächeren in der Krise, FS Alfons Kraft, Neuwied (1998), S 251; *Hümmerich* Ablösung des Gesamtversorgungssystems im öffentlichen Dienst durch die Altersvorsorgetarifverträge vom 01.03.2002 NZA 2004, 818; *Hümmerich/Holthausen* Der Arbeitnehmer als Verbraucher NZA 2002, 173; *Kind* Die Grenzen des Verbraucherschutzes durch Information, Berlin (1998); *Kirchgässner* Homo Oconomicus, 2. Aufl Tübingen (2000); *Knops* Verbraucherleitbild und situationsbezogene Unterlegenheit VuR 1998, 363; *Lieb* Sonderprivatrecht für Ungleichgewichtslagen? AcP 178 (1978) 196; *Lingemann* Allgemeine Geschäftsbedingungen und Arbeitsvertrag NZA 2002, 181; *Lorenz* Der Schutz vor dem unerwünschten Vertrag, München (1997); *ders* Im BGB viel Neues – Die Umsetzung der Fernabsatzrichtlinie JuS 2000, 833; *ders* Richtlinienkonforme Auslegung, Mindestharmonisierung und der »Krieg der Senate« NJW 1998, 2937; *Martis* Die Anwendbarkeit des Verbraucherkreditgesetzes MDR 1998, 1189; *Mayer/Stürnbrand* Einheitlich oder gespalten? – Zur Auslegung nationalen Rechts bei überschießender Umsetzung von Richtlinien JZ 2004, 545; *Mülbert* Außengesellschaften – manchmal ein Verbraucher? WM 2004, 905; *Pfeiffer* Vom kaufmännischen Verkehr zum Unternehmensverkehr NJW 1999, 169; *Prasse* Existenzgründer als Unternehmer oder Verbraucher? – Die neue Rechtsprechung des BGH MDR 2005, 961; *Preis* Der persönliche Anwendungsbereich der Sonderprivatrechte ZHR 158 (1994) 567; *Pützhoven* Europäischer Verbraucherschutz im Fernabsatz, München (2001); *Raiser* Der Begriff der juristischen Person. Eine Neubesinnung AcP 199 (1999) 104; *Reich* Markt und Recht, Darmstadt (1977); *ders* Zivilechtstheorie, Sozialwissenschaft und Verbraucherschutz ZRP 1974, 187; *Reich/Micklitz* Verbraucherschutzrecht in der Bundesrepublik Deutschland, New York ua (1980); *Riesenhuber* System und Prinzipien des Europäischen Vertragsrechts, Berlin (2003); *Rösler* Europäisches Konsumentenvertragsrecht, München (2004); *Schmidt, Karsten* Verbraucherbegriff und Verbrauchervertrag – Grundfragen des § 13 BGB JuS 2006, 1; *Schulze/Schulte-Nölke* (Hrsg) Europäische Rechtsangleichung und nationale

Privatrechte, Baden-Baden (1999); *Schulze, Reiner* Die Auslegung des europäischen Privatrechts und des angeglichenen Rechts, Baden-Baden (1999); *Schwerdtfeger* Änderungen des AGB-Gesetzes durch Umsetzung der Verbrauchervertragsrichtlinie DStR 1997, 499; *Singer* Selbstbestimmung im Recht der Willenserklärungen, München (1995); *Tamm* Das Verbraucherprivatrecht im deutschen Recht: Regelungstypus und Sonderprivatrecht? Beitrag zur 19. Jahrestagung der Gesellschaft Junger Zivilrechtswissenschaftler (2009) 339; *Tonner* 10 Jahre EG-Pauschalreiserichtlinie – eine Bilanz EWS 2000, 473; *ders* Das neue Fernabsatzgesetz – oder – System statt Flickenteppich BB 2000, 1413; *von Vogel* Verbraucherschutz und allgemeines Vertragsrecht, Berlin (2006); *von Westphalen* Die Novelle zum AGB-Gesetz BB 1996, 2101; *Wendehorst* Das neue Gesetz über Fernabsatzverträge und andere Fragen des Verbraucherrechts DStR 2000, 1311; *Westermann* Sonderprivatrechtliche Sozialmodelle und das allgemeine Privatrecht AcP 178 (1978) 150; *Wolf, Manfred* Rechtsgeschäftliche Entscheidungsfreiheit und vertraglicher Interessenausgleich, Tübingen (1970); *Zöllner* Aufrechterhaltung von Verträgen und Vertragsklauseln AcP 194 (1994) 1.

1 **A. Gesetzesgeschichte und normative Grundlagen.** Die Einführung der §§ 13, 14 durch Art 2 Nr 1 des am 27.6.00 verkündeten Gesetzes über »Fernabsatzverträge und andere Fragen des Verbraucherrechts sowie zur Umstellung von Vorschriften auf den Euro« (BGBl 2000 I 897) verzahnt in bes Weise das allg Zivilrecht mit dem Verbraucherschutzrecht. Denn über den nunmehr vereinheitlichten Verbraucher- und Unternehmerbegriff werden die situativen und vertragsspezifischen Sonderregelungen zum Schutze des Verbrauchers einem einheitlichen personellen Anwendungsbereich zugeführt. Durch die Einführung der §§ 13, 14 hat der Gesetzgeber im Interesse der Einheit des Privatrechts einen bedeutenden Schritt zur Integration des bisherigen Verbraucherprivatrechts ins BGB vollzogen, der sich mit dem SchRMoG fortgesetzt hat. Damit wurde das gesamte deutsche Verbraucherschutzrecht aufgewertet (Soerg/*Pfeiffer* Rn 19; AnwK/*Ring* § 14 Rn 5; *Tonner* BB 2000, 1413 f). Der seit langem geführte Streit (*Lieb* AcP 178, 196, 213; *Zöllner* AcP 194, 1, 15; *Westermann* AcP 178, 151 ff) um die Einheit des Privatrechts und die Legitimation von verbraucherschützenden Regelungen wird nun auf einer neuen Ebene fortzuführen sein. In der Auseinandersetzung um den Stellenwert des Verbraucherschutzrechtes fällt einer Frage ein ganz bes Gewicht zu. Die Frage lautet, ob es sich bei den zahlreichen verbraucherschützenden Bestimmungen, die das deutsche Recht kennt, nur um lose nebeneinander stehende, partielle Abweichungen von allg zivilrechtlichen Vorgaben handelt (*Dauner-Lieb* Verbraucherschutz durch Ausbildung eines Sonderprivatrechts für Verbraucher 1983, S 17) oder um weit mehr; etwa um einen Regelungscluster, der durch ein einheitliches Rechtsprinzip getragen wird und unter dessen Oberfläche bereits Anfänge einer kohärenten Rechtsdogmatik durchscheinen, welche sich zu einem Sonderprivatrecht entwickeln (MüKo/*Micklitz* Vor §§ 13, 14 Rn 1; *Rösler* Europäisches Konsumentenvertragsrecht 2004, S 268 ff; *Tamm* Jb Junger Zivilrechtswissenschaftler 2008, S 339 ff).

2 **I. Gesetzesgeschichte.** Der Gesetzesentwurf der BReg über »Fernabsatzverträge und andere Fragen des Verbraucherrechtes sowie zur Umstellung von Vorschriften auf den Euro« vom 9.2.00 (BTDrs 14/2658) sah ursprünglich vor, den »Verbraucher« und »Unternehmer« in einem neu einzufügenden § 361a Abs 3 zu definieren. Hinsichtlich der Begrifflichkeiten nahm der RegE Anleihe an §§ 24, 24a AGBG (*K Schmidt* JuS 2006, 2). Der BR ist in seiner Stellungnahme vom 25.2.00 (BRDrs 25/00) nicht näher auf die vorgesehene Regelung in § 361a Abs 3 eingegangen. Deshalb musste die BReg in ihrer Gegenäußerung ihren Vorschlag auch nicht verteidigen. Die entscheidende Weichenstellung für die Einführung der §§ 13, 14 erfolgte sodann in der Beschlussempfehlung und dem Bericht des Rechtsausschusses vom 12.4.00 (BTDrs 14/3195). In der Anhörung des Rechtsausschusses haben es die Sachverständigen zunächst einmal ausdrücklich begrüßt, dass die zentralen Begriffe »Verbraucher« und »Unternehmer« in das BGB überführt und dort einheitlich geregelt werden sollten. Sie haben sich dann jedoch gegen den von der BReg bevorzugten Standort in § 361a Abs 3 ausgesprochen. Man empfahl vielmehr die Einführung von zwei neuen Paragraphen (§§ 13, 14). Diese Beschlussempfehlung passierte im Folgenden unbeanstandet das Vermittlungsverfahren (BTDrs 14/3452 v 25.5.00). (Ausf zur Genese der Normen MüKo/*Micklitz* Vor §§ 13, 14 Rn 2.)

3 **II. Normative Grundlagen.** Der Begriff des Verbrauchers und der ihm zur Seite gestellte Komplementärbegriff des Unternehmers dienen der Festlegung der Regelungsadressaten. In normpraktischer Hinsicht geht es um die Eingrenzung des persönlichen Anwendungsbereiches der sonderprivatrechtlichen Regelungen zum Schutz des Verbrauchers. Die Wertentscheidung des GG und das Recht der EU, das ein hohes Niveau des Verbraucherschutzes anstrebt (Art 95 Abs 3, 153 EGV), verpflichten die Legislative für Verbraucherverträge, dh für Verträge zwischen Unternehmern (§ 14) und Verbrauchern (§ 13), ausreichende Schutzvorschriften zugunsten des typischerweise ggü dem Unternehmer strukturell unterlegenen Verbrauchers zu schaffen (BVerfG NJW 1994, 38 f; PWW/*Prütting* Rn 6). Vor diesem Hintergrund ist der Gedanke des Verbraucherschutzes inzwischen zu einer wichtigen Zielsetzung des Zivilrechts geworden (Palandt/*Heinrichs* Einf § 145 Rn 14; PWW/*Prütting* Rn 1). **1. Verbraucherleitbild.** Ein Verbraucherleitbild hat der Gesetzgeber nicht kodifiziert. Insofern ist die in § 13 rein technisch ausgestaltete Verbraucherdefinition von der ihr zu Grunde liegenden Regelungsintention abzugrenzen. Andererseits kommt gerade dem Verbraucherleitbild als normativtypisierende **Modell-** bzw **Zielgröße** (MüKo/*Micklitz* Vor §§ 13, 14 Rn 6; *Damm* VersR 1999, 129, 133; *Dreher*

JZ 97, 167, 170) bei Erlass von verbraucherschützenden Bestimmungen und ihrer Anwendung eine bes Funktion zu: Dem Gesetzgeber dient das Verbraucherleitbild als Motiv beim Erlass verbraucherschützender Maßnahmen. Der Rspr ist es bei der Anwendung und Auslegung des geltenden Rechts dienlich (*v Vogel* Verbrauchervertragsrecht und allg Vertragsrecht 2006, S 32; *Dick* Das Verbraucherleitbild der Rspr 1995, S 24; *Blaurock* JZ 1999, 801, 802). Angesichts der unterschiedlichen Interessenlagen im Verbraucher-/Unternehmerlager spricht man im Zusammenhang mit der Diskussion um das richtige Leitbild zT von einem »Glaubenskrieg« (*Knops* VuR 1998, 363 f). Im Zentrum der Auseinandersetzung steht dabei die Frage, ob der jeweiligen Verbraucherschutzkonzeption das Leitbild des mündigen, durchschnittlich informierten, aufmerksamen und verständigen Verbrauchers zu Grunde zu legen ist oder ob als Modellannahme auf den uninformierten schutzbedürftigen Verbraucher abzustellen sei. Die erstgenannte Grundannahme basiert auf der klassischen Vorstellung des **homo oeconomicus**, der nach dem Prinzip der Nutzenmaximierung jeweils die für ihn optimale Marktentscheidung trifft. Nach dem zweiten Leitbild wird dem Verbraucher diese Fähigkeit unter Hinweis auf seine unterlegene Marktstellung abstrakt abgesprochen. **a) Leitbild des mündigen Verbrauchers.** Das Verbraucherleitbild des **altliberalen Verbraucherschutzkonzeptes** beruht auf der Idee des selbstverantwortlichen Marktteilnehmers, dem zugemutet wird, seine Interessen eigenständig wahrzunehmen und entspr Risiken selbst zu tragen. Hierin kommt die klassische Sichtweise der Markttheorie zum Ausdruck, die auf das Menschenleitbild des **homo oeconomicus** (grundlegend: *Kirchgässner* Homo Oeconomicus 2. Aufl 2000; *Eidenmüller* JZ 2005, 216) bzw des **REMM** (resourceful, evaluating, maximizing man) basiert. Der homo oeconomicus hat unabhängig von seinen sozialen Lebensumständen, Einkommen, beruflichen und ökonomischen Kenntnissen die Fähigkeit, seine wirtschaftlichen Belange frei und selbstverantwortlich zu gestalten; dh im Rahmen seiner finanziellen Möglichkeiten für die Befriedigung seiner Lebensbedürfnisse zu sorgen. Er maximiert als souverän handelndes Marktsubjekt seinen Nutzen, wozu rationales Handeln notwendig und als Grundannahme vorauszusetzen ist. Die Nutzenmaximierung bedingt allerdings zweierlei: Zum einen muss der Verbraucher über seine Bedürfnisse und über alle Güter einschließlich ihrer Angebotsvielfalt genügend informiert sein. (Informations- und Rationalitätsaxiom). Zum anderen bedarf es eines funktionierenden Marktes (Marktaxiom). Heute ist jedoch weitgehend anerkannt, dass sich ein »vollkommener Wettbewerb« nicht von alleine einstellt, sondern dass es hierzu eine staatliche Ordnungspolitik (bes in der Form der Wettbewerbspolitik) und einer ausreichenden Verbraucherinformation (Staud/*Weick* Rn 6; *Dick* Das Verbraucherleitbild der Rechtsprechung 1995, S 14 ff; *Kroeber-Riel* Verbraucherverhalten 1993, S 676; *Blaurock* JZ 1999, 801 f; *Dreher* JZ 1997, 167 ff; *Knops* VuR 1998, 363 ff) bedarf. Vor dem Hintergrund dieser Erkenntnisse findet das altliberale Verbraucherschutzmodell heute kaum noch Anhänger. Es wird mehr und mehr durch das **Informationsmodell** verdrängt. Nach dessen Konzeption funktioniert der Markt nur dann richtig, wenn der Verbraucher als Marktteilnehmer über seine Marktchancen ausreichend informiert ist, so dass er richtige Entscheidungen treffen kann und der Staat durch das Setzen der notwendigen Rahmenbedingungen einen ausreichenden Wettbewerb ermöglicht. (*Dauner-Lieb* Verbraucherschutz durch Ausbildung eines Sonderprivatrechts für Verbraucher 1983, S 52 ff; *Bülow/Artz* NJW 2000, 2049; *Bydlinski* AcP 204, 309, 368 ff; *Canaris* AcP 200, 320, 343 ff; *Lieb* AcP 178, 198 ff; *Preis* ZHR 158, 567 ff) Das Informationsmodell erhebt deshalb den informierten (besser: informationsbedürftigen und informierbaren) Verbraucher (Staud/*Weick* Rn 6) zum Leitbild einer Verbraucherschutzpolitik und –gesetzgebung und setzt auf eine aktive, staatlich mitgelenkte Wettbewerbsregulierung und -förderung. Das Leitbild des aufgeklärten, mündigen Verbrauchers kommt sehr deutlich in der **Rspr des EuGH** zum Ausdruck (EuGH C 220/98, Slg 2000, I-117; C 303/97 Slg 1999, I-513 Rn 36; C 210/96, Slg 1998, I-4657; C 470/93, Slg 1995, I-1923; C 362/88, Slg 1990, I-667; dazu *Dauses/Sturm* ZfRV 1996, 133, 141). Ihr unterlegt ist die Wertung, dass der herzustellende europäische Binnenmarkt nur funktionieren kann, wenn auch den um Wahlmöglichkeiten bereicherten Verbrauchern Informationslasten zugemutet werden.

b) Leitbild des schutzbedürftigen Verbrauchers. Das **soziale Verbraucherschutzmodell** rekurriert demggü 4
auf das Leitbild des schutzbedürftigen Verbrauchers (*Fezer* JZ 1986, 817, 822; *Hommelhoff/Wiedenmann* ZIP 1993, 562, 567; *Kind* Die Grenzen des Verbraucherschutzes durch Information 1998, S 501, 503). Nach seiner Grundannahme handelt es sich beim Verbraucher um einen Marktteilnehmer, der dem Unternehmer **strukturell** (insbes psychologisch und wirtschaftlich) unterlegen ist, so dass es im Verbraucher-Unternehmer-Verhältnis nicht nur eine Informationsasymmetrie zu beheben gilt (BVerfG NJW 1994, 38 f; *Reich/Micklitz* Verbraucherschutzrecht in der Bundesrepublik Deutschland 1980, S 4). Entspr den **zwei Unterformen** des Modells ist der Verbraucher entweder umfassend schutzbedürftig, weil er der Anbieterseite generell und zwar aus rollensoziologischen Gründen nicht gewachsen ist (*Reich* ZRP 1974, 187, 190 f). Oder seine Schutzbedürftigkeit bestimmt sich vor dem Hintergrund eines speziellen Anlasses, dh »situativ« bzw in Hinblick auf eine bes Vertragsform, dh »vertragsspezifisch« (Schulte-Nölke/Schulze/*Pfeiffer*, Europäische Rechtsangleichung und nationale Privatrechte 1999, S 30; MüKo/*Micklitz* Vor §§ 13, 14 Rn 65 f).

2. Verbraucherschutzkonzeptionen. Die unterschiedlichen Verbraucherschutzkonzeptionen spiegeln diese 5
Leitbilder in der Wahl der von ihnen präferierten Mittel wieder: In einem Marktmodell, in dem der Verbraucherschutz bereits durch das freie Spiel der Kräfte als sichergestellt gilt, erübrigt sich jede eigenständige Protektion von Verbraucherinteressen durch den Staat, da der Verbraucher als »souveräner Marktteilneh-

mer« für sich selbst sorgen kann. Infolgedessen gilt hier der laissez-faire-Grundsatz. Indem man die Schutzbedürftigkeit des Verbrauchers aus fehlendem Wettbewerb oder einem Mangel an Markttransparenz sowie einem typischen Erfahrungs- und Informationsdefizit ggü der Unternehmerseite ableitet, kommen der Verbraucherschutzpolitik ganz bestimmte, zumindest im Ansatz klar begrenzte Funktionen zu (*Dauner-Lieb* Verbraucherschutz durch Ausbildung eines Sonderprivatrechts für Verbraucher 1983, S 66). Sie hat einerseits Marktstrukturschwächen und Wettbewerbsverzerrungen zu bekämpfen oder, wenn dies nicht möglich ist, zu kompensieren (MüKo/*Micklitz* Vor §§ 13, 14 Rn 17). Führt man die fehlende Parität zwischen Verbraucher und Unternehmer dagegen auf ein umfassendes rollensoziologisches Ungleichgewicht zurück, bedarf es neben einer Marktordnungspolitik und der Verbraucherinformation auch einer umfassenden Inhaltskontrolle der Rechtsbeziehungen zwischen dem Verbraucher und dem Unternehmer. **a) Marktkomplementärer Verbraucherschutz.** Auf der Grundlage des Menschenbildes des homo oeconomicus besteht die Aufgabe der Rspr und des Gesetzgebers vornehmlich darin, den Wettbewerb aufrecht zu erhalten und dafür Sorge zu tragen, dass sich der Verbraucher selbstbestimmt und ökonomisch rational verhalten kann. Übermachtkontrolle durch Regulierung von Kartellen, das Zurückdrängen unlauteren Wettbewerbs und Verbraucherinformation sowie -bildung sind deshalb die bevorzugten Instrumente des neuen, liberalen Verbraucherschutzkonzepts (*Dauner-Lieb* Verbraucherschutz durch Ausbildung eines Sonderprivatrechts für Verbraucher 1983, S 69; *Hart/Köck* ZRP 1991, 61 f). Diese Mittel sind in ihrem Ursprung als **marktkomplementär** zu kennzeichnen, da in das freie Spiel der Kräfte nicht bzw nur behutsam – über Marktflankierungen – eingegriffen wird. Über die Verbraucherbildung und -information hinausgehender Mittel zum Schutz des Verbrauchers bedarf es nicht, so dass interventionistische Eingriffe des Gesetzgebers bzgl des Zustandekommens und der Abwicklung von Verträgen von diesem **Informationsmodell** im Grundsatz abgelehnt werden.

6 **b) Marktkompensatorischer Verbraucherschutz.** Stellt man hingegen in Abrede, dass sich jeder Marktteilnehmer wie ein homo oeconomicus verhält (*Reich* Markt und Recht 1977, S 183 f; *Fezer* JZ 1986, 817; *Rösler* Europäisches Konsumentenvertragsrecht 2004, S. 16, 22), weil man davon ausgeht, dass sich am Markt auch durch noch so viel Wettbewerb und Information keine wirkliche Verbrauchersouveränität einstellt, dann muss die Verbraucherschutzpolitik die Grenzen des Informationsmodells überschreiten (*Hart/Köck* ZRP 1991, 61 f), wodurch neben marktkomplementären Maßnahmen auch **marktkompensatorische**, dh interventionistische Mittel zum Einsatz zu bringen sind (Soerg/*Pfeiffer* Rn 18). Mit ihrer Hilfe kann in verstärktem Maße auch das Zustandekommen und der Inhalt von Verträgen einer Kontrolle zugeführt werden.

7 **c) Niederschlag der unterschiedlichen Konzepte im geltenden Recht.** Im geltenden Recht ist eine starke Hinwendung zu marktkompensatorischen Elementen feststellbar, auch und gerade weil der Gesetzgeber und die Rspr die Verfahrens- und Inhaltskontrolle im Verbraucherrecht – aber nicht nur hier – in zunehmendem Maße ausbauen. Das deutsche Zivilrecht geht zwar grds vom Gedanken der formalen Gleichheit der Rechtssubjekte und insofern von einem marktliberalen Grundverständnis aus (*F. Bydlinski* System und Prinzipien des Privatrechts 1996; *Canaris* AcP 200, 273, 278 ff), erkennt mittlerweile aber bestehende Defekte, Fehlfunktionalitäten die bei der Wahrnehmung von Markt- und Verhandlungsmacht faktisch zu Tage treten, umfangreich an. Eine Materialisierungstendenz ist deutlich erkennbar (BVerfG NJW 1994, 38 f; *Wolf* Rechtsgeschäftliche Entscheidungsfreiheit und vertraglicher Interessenausgleich 1970; *Hönn* in FS Kraft, S 251ff; *Lorenz* Der Schutz vor dem unerwünschten Vertrag 1997; *Singer* Selbstbestimmung und Verkehrsschutz im Recht der Willenserklärungen 1995; *Habermas* Faktizität und Geltung 1997). Für den Bereich des Verbraucherschutzes tritt sie darin zu Tage, dass marktkomplementäre Instrumente in zunehmendem Maße durch marktkompensatorische Regelungen ergänzt werden (Reich/*Micklitz* Verbraucherschutz in der Bundesrepublik Deutschland 1980, S 10). Insofern ist das deutsche Verbraucherschutzrecht durch einen Mix unterschiedlicher Ansätze gekennzeichnet (PWW/*Prütting* Rn 6). **aa) Zwingendes Recht.** Dem marktkompensatorischen Ansatz entspricht es, dass der Gesetzgeber im Bereich des Verbraucherschutzrechtes eine Vielzahl von **zwingenden oder halbzwingenden Regelungen** erlassen hat. Bsp sind etwa §§ 475, 651 a ff, 655e, 676c Abs 3, das FernUSG und das HeimG. In der fehlenden Abdingbarkeit von Schutzbestimmungen manifestiert sich in bes Maße die vom Gesetzgeber vorgegebene Inhaltskontrolle und die damit verbundene Zurückdrängung der formellen Vertragsfreiheit.

8 **bb) Inhaltskontrolle.** Ein weiterer Ausdruck der Inhaltskontrolle ist die vom Gesetz in §§ 305 ff vorgesehene Prüfung für **AGB**, die in vielen weiteren Vorschriften – unabhängig von der Einschlägigkeit der §§ 305 ff – durch explizite gesetzgeberische Vorgaben aus Anlass einer **situativen bzw vertragsspezifischen Sondersituation** (PWW/*Prütting* Rn 6; Schulte-Nölke/Schulze/*Pfeiffer* Die Schuldrechtsreform vor dem Hintergrund des Gemeinschaftsrechts 2001, S 139 f) zu Gunsten des Verbrauchers ergänzt wird.

9 **cc) Informationspflichten.** Die an vielen Stellen im Gesetz verankerten (vorvertraglichen) Informationspflichten (§§ 312c, 312e, 482, 651l, 675a; BGB-InfoV) sind im Gegensatz zur Inhaltskontrolle Ausdruck des marktkomplementären Verbraucherschutzes. Soweit Informationspflichten nicht vom Gesetzgeber kodifiziert worden sind, ist auf der Grundlage des § 242 durch Auslegung und Abwägung der Willenserklärungen und der unterschiedlichen Interessen der Parteien zu ermitteln, worüber iE aufzuklären ist. Die Rspr hat auf der Grundlage des § 242 hierzu eine umfangreiche Kasuistik entwickelt (BGHZ 64, 49 ff; BGH NJW 1983, 2697; 89, 763; BGH WM 2006, 352; BAG NZA 2005, 1298; München NJW-RR 1991, 421). Wichtig ist insoweit,

dass im Fall der Verletzung einer vorvertraglichen Aufklärungspflicht Schadensersatzansprüche nach den Grundsätzen der cic (§ 311 Abs 2, 241 Abs 2), andernfalls nach denen der pVV (§ 280 Abs 1) drohen.

dd) Widerrufsrechte. Das im Vollzug von EG-Richtlinien eingeführte Widerrufsrecht, das bei bestimmten situativen bzw vertragsspezifischen Gefährdungslagen (§§ 312, 312d, 485, 495; § 8 Abs 4 VVG, § 4 FernUSG, § 11 AuslInvestmG) den Schutz des Verbrauchers vor Überrumpelung und Übervorteilung (PWW/*Medicus* § 355 Rn 2) bietet, ist Ausdruck des marktkompensatorischen Verbraucherschutzmodells. Es räumt dem Verbraucher zum Schutz der freien Willensbestimmung innerhalb der Frist von zwei Wochen (§ 355 Abs 1 S 2) eine Option zur Vertragsauflösung ein. Der Widerruf beinhaltet ähnl der Rücktrittserklärung (§ 349) ein Gestaltungsrecht, das die Wirksamkeit der Erklärung des Verbrauchers (und damit idR des durch diese begründeten Vertrages) beendet. Damit setzt es die grds bestehende Vertragsbindung (pacta sunt servanda) zwischen den Parteien zu Gunsten des Verbrauchers partiell außer Kraft. 10

B. Europarechtliche Dimension des Verbraucherbegriffs und ihre Bedeutung für die nationale Rechtsanwendung. Die Gesetz gewordenen Komplementärbegriffe »Verbraucher« und »Unternehmer« sind zum großen Teil europarechtlich determiniert. Sie entsprechen in weitem Ausmaß europäischen Vorgaben, wie sie sich etwa in der HaustürwiderrufsRL (RL 85/577/EWG), der VerbraucherkreditRL (RL 87/102/EWG; zuletzt geändert durch RL 98/7/EWG), der FernabsatzRL (RL 97/7/EG), der RL gegen missbräuchliche Vertragsklauseln (RL 93/13/EWG) und der VerbrauchsgüterkaufRL (RL 1999/44/EG) wiederfinden. (Kritisch zum europäischen Verbraucherbegriff: *Heiderhoff* IPRax 2005, 230 ff.) Auf dem Gebiet des Verbrauchervertragsrechts findet sich eine abw Begriffsbestimmung lediglich in den beiden Richtlinien mit touristischem Hintergrund, der PauschalreiseRL (RL 90/314/EWG) und TimesharingRL (RL 94/47/EG), vgl dazu *Tonner* EWS 2000, 473 f. 11

I. Europäischer Verbraucherbegriff. Nach den europäischen Richtlinienvorgaben ist eine natürliche Person schutzbedürftig, die bei den von der Richtlinie erfassten Geschäften zu einem Zweck handelt, der nicht ihrer beruflichen oder gewerblichen Tätigkeit zugerechnet werden kann (*v Vogel* Verbrauchervertragsrecht und allg Vertragsrecht 2006, S 11; PWW/*Prütting* Rn 3). Ob der gemeinschaftsrechtliche Verbraucherbegriff auf einer rollensoziologischen Typisierung des privaten Endkonsumenten basiert oder lediglich aus einer Ansammlung bereichsspezifischer, nicht allg Regelungen hervorgeht, ist umstritten (dafür *v Vogel* Verbrauchervertragsrecht und allg Vertragsrecht 2006, S 12; dagegen PWW/*Prütting* Rn 3 f). Der EuGH legt die in den Richtlinien definierten persönlichen Anwendungsbereiche der Schutzvorschriften jedenfalls einschränkend aus (MüKo/*Micklitz* Rn 33). So soll bspw der Käufer kein Widerrufsrecht nach der HaustürwiderrufsRL haben, wenn ein **Gewerbegebiet an der Haustür verkauft** wird (EuGH, C 361/89, Slg 1991, I-1206). Auch der gewerbsmäßig handelnde **Zessionar einer Privatforderung** gilt nach der Rspr des EuGH nicht mehr als Verbraucher (EuGH NJW 1993, 1251). Das enge Konzept des EuGH führt zu einer sachwidrigen Schutzdifferenzierung, die die Mitgliedstaaten ausgleichen können und/oder müssen, sofern sachliche Gründe für eine abw Behandlung sprechen. Hier ermöglicht die Mindestharmonisierung eine sinnvolle und sachgerechte Aufgabenteilung zwischen dem Gemeinschaftsrecht und dem nationalen Privatrecht (MüKo/*Micklitz* Rn 33). 12

II. Abweichung zum deutschen Verbraucherbegriff. Die von § 13 gewählte Definition ist nur in ihrem Kern deckungsgleich mit dem europäischen Verbraucherbegriff, an den Rändern sind jedoch Verschiebungen auszumachen. Denn auf der Grundlage der europäischen Richtlinien hindert jegliche berufliche Zweckbestimmung, nicht nur die selbständig-berufliche (wie nach § 13), den persönlichen Anwendungsbereich (PWW/*Prütting* Rn 6; *Bülow/Artz* NJW 2000, 2050). Infolgedessen ist der **Arbeitnehmer**, der zu abhängig-beruflichen (nicht zu selbständigen-beruflichen) Zwecken Güter und Dienstleistungen erwirbt – indem er etwa Arbeitsbekleidung oder einen Pkw für die Fahrt zur Arbeit kauft – nach deutschem Recht Verbraucher, nicht jedoch nach dem europäischem Sekundärrecht (*Däubler* NZA 2001, 1329, 1333 f; ErfK/*Preis* § 611 Rn 208; *Bülow/Artz* NJW 2000, 2050; Hk-BGB/*Dörner* § 14 Rn 2; Palandt/*Heinrichs* Rn 3; AnwK/*Ring* § 14 Rn 21). Der Verbraucherbegriff nach deutschem Recht ist damit weiter gefasst als der europäische (AnwK/*Ring* § 14 Rn 22). 13

III. Legitimation der Abweichung. Trotz der Abweichung zum Richtlinienrecht ist die in § 13 festgeschriebene (weite) Verbraucherdefinition statthaft. Denn die Richtlinienvorgaben nach Art 15 der VerbraucherkreditRichtl, Art 8 HaustürwiderrufsRL und Art 8 der RL gegen missbräuchliche Vertragsklauseln billigen dem nationalen Gesetzgeber im Rahmen der Umsetzung der europäischen Vorgaben die Vornahme weitergehender verbraucherschützender Maßnahmen ausdrücklich zu. Sie beinhalten insofern eine Option für eine Ausdehnung des Verbraucherschutzes (PWW/*Prütting* Rn 6; AnwK/*Ring* § 14 Rn 22; *Bülow/Artz* NJW 2000, 2050; *Lorenz* NJW 1998, 2939). Primärrechtlich wird sie durch den **Grundsatz der Mindestharmonisierung** (Gebauer/Wiedmann/*Haubold* Zivilrecht unter europäischem Einfluss 2005, S 290 Rn 21; PWW/*Prütting* Rn 6) verbürgt. Freilich gilt dieser Grundsatz nicht schrankenlos. So dürfen die nationalen Vorschriften nicht die Grundfreiheiten (insbes die Warenverkehrsfreiheit, Art 28 EGV, und die Dienstleistungsfreiheit, Art 49 EGV) verletzen. Auch hat der Mitgliedstaat das Verhältnismäßigkeitsprinzip zu beachten (MüKo/*Micklitz* Rn 35). Eine Ausn hinsichtlich des Grundsatzes der Mindestharmonisierung besteht in Hinblick auf die E-Commerce-Richtlinie. Sie geht in weiten Teilen über eine bloße Mindestharmonisierung hinaus. Abgesehen vom Inhalt der Informationspflichten in Art 5, 6 und 10 sowie von der Regelung zur Werbung (Art 7) 14 bilden die Vorschriften der Richtlinie innerhalb ihres Anwendungsbereichs einen abschließenden Rahmen für die Rechtssetzung der Mitgliedstaaten.

15 **IV. Bedeutung des europäischen Verbraucherbegriffes.** Der europäische Verbraucherbegriff spielt bei der Anwendung und Auslegung nationaler Umsetzungsakte europäischer Richtlinien eine nicht unerhebliche Rolle. **1. Grundsatz der europarechtskonformen Auslegung.** Denn hier gilt der Grundsatz, dass das nationale Recht *europarechtskonform*, dh im Geiste der Richtlinie anzuwenden und auszulegen ist (jüngst EuGH, Rs C-404/06 = NJW 2008, 1433; *Schulze* Die Auslegung des europäischen Privatrechts und des angeglichenen Rechts 1999, S 14 ff; Hk-BGB/*Schulze* Vor §§ 241–853 Rn 5). Im Ergebnis macht das fortschreitende Zusammenwirken von deutscher und europäischer Normsetzung eine Fortentwicklung der Rechtssystematik und Dogmatik des Schuldrechts notwendig, die sich auch am Gemeinschaftsrecht orientiert und die herkömmlichen deutschen Rechtsanschauungen darauf abstimmt. Soweit Vorschriften des deutschen Rechts die Vorgaben einer Richtlinie über deren gemeinschaftsrechtlich vorgeschriebenen Anwendungsbereich hinaus übernommen haben (sog überobligatorische bzw überschießende oder **erweiternde Umsetzung**) – zB im Kaufgewährleistungsrecht – besteht demggü kein gemeinschaftsrechtlicher Zwang zur richtlinienkonformen Auslegung (str *Bärenz* DB 2003, 375; *Mayer/Stürnbrand* JZ 2004, 545 mwN). Aus dem innerstaatlichen Recht, insbes aus dem Rechtsstaatsprinzip und dem Gleichheitsgrundsatz kann sich jedoch ergeben, dass die mitgliedstaatlichen Gerichte zu einer einheitlichen Auslegung verpflichtet sind (so BGH NJW 2002, 1884 zum Realkredit als Haustürgeschäft).

16 **2. Grundsatz der autonomen Auslegung internationalen Einheitsrechts.** Über das Recht der EU hinaus hat internationales Einheitsrecht in wichtige Gebiete des deutschen Schuldrechts seit langem Eingang gefunden. Seine Bedeutung ist in neuerer Zeit insb durch die Geltung des Übereinkommens über den internationalen Warenkauf (sog Wiener oder UN-Kaufrecht, **CISG**) noch erheblich gewachsen. Für die Auslegung von Normen des Einheitsrechts sind nicht primär der systematische Zusammenhang und die spezifischen Zwecke der betr Materie im deutschen Schuldrecht maßgeblich, vielmehr ist eine autonome Auslegung unter Berücksichtigung des internationalen Charakters anzustreben (BGHZ 84, 343; Hk-BGB/*Schulze* Vor §§ 241–853 Rn 5).

17 **C. Konstitutive Elemente des deutschen Verbraucherbegriffs. I. Personenkreis.** Der »Verbraucher« ist nach § 13 eine natürliche Person, die ein Rechtsgeschäft zum Zwecke des privaten Konsums und nicht zu solchen Zwecken abschließt oder beabsichtigt abzuschließen (vgl zB §§ 241a, 312c Abs 2), die zu ihrer gewerblichen oder selbständigen beruflichen Tätigkeit gehören. Das Merkmal der natürlichen Person soll von der juristischen Person sowie von den ihr weitgehend angenäherten Gesellschaftsformen – etwa der OHG und KG – abgrenzen. Letztere fallen mit Geschäftsbeginn, spätestens jedoch mit Eintragung (*Martins* MDR 1998, 1189, 1190) nicht mehr in diese Kategorie. Dies soll selbst dann gelten, wenn Personenzusammenschlüsse – etwa in Form eines Idealvereins – keine gewerblichen Zwecke verfolgen (EuGH NJW 2002, 205; Palandt/*Heinrichs* Rn 2). Umgekehrt sind alle natürlichen Personen ohne Rücksicht auf ihren intellektuellen oder ökonomischen Status als Verbraucher anzusehen, sofern sie mit ihrem Geschäft einen privaten Zweck verfolgen (PWW/*Prütting* Rn 8; Palandt/*Heinrichs* Rn 2). Die Ausklammerung der juristischen Personen aus dem Schutzbereich des Verbraucherrechts wird von einem Teil der Lit mit dem Argument kritisiert, dass es nicht einleuchtet, dass ein kleiner Idealverein über größere Geschäftskompetenz verfügen soll als die hinter ihm stehenden Einzelpersonen, welche unstreitig als Verbraucher anzusehen sind (*Faber* ZEuP 1998, 854, 860, 684; Schulte-Nölke/Schulze/*Pfeiffer* Europäische Rechtsangleichung und nationale Privatrechte 1999, S 21, 39; *Riemen* ZEuP 1994, 34, 42). Die Typisierung des Regelungssubjekts dient jedoch letztlich der Rechtssicherheit. Schon die Wahl einer Organisationsform signalisiert nämlich dem Rechtsverkehr, dass die handelnde Person mit einer gewissen Professionalität agiert (*Riesenhuber* System und Prinzipien des Europäischen Vertragsrechts 2003, Rn 198). Verglichen mit dem *»know-how«* eines wirtschaftskräftigen Unternehmers mag die Professionalität, die zur Führung eines kleinen Idealvereins erforderlich ist, vernachlässigenswert erscheinen. Sie ist jedoch ausreichend, um die für die Organisation agierenden Personen – gerade in ihrem Zusammenschluss – vom privaten Endverbraucher abzuheben.

18 **II. Zweckrichtung des Verhaltens.** Der Gesetzgeber gibt einen bereichsspezifischen Verbraucherbegriff vor. Verbraucher ist also auch eine Person, die einer gewerblichen oder selbständigen beruflichen Tätigkeit nachgeht, solange nicht das konkret in Rede stehende Rechtsgeschäft dieser Tätigkeit zuzurechnen ist (AnwK/*Ring* § 14 Rn 20; *Lorenz* JuS 2000, 833, 839; *Flume* ZIP 2000, 1427, 1428). **1. Abgrenzung zur gewerblichen und selbständigen beruflichen Tätigkeit.** Der Begriff des Gewerbes ist nicht gleichbedeutend mit dem der GewO oder dem Begriff des Handelsgewerbes. Darunter ist jede auf Dauer angelegte und auf Gewinnerzielung gerichtete legale Tätigkeit zu verstehen. Der bürgerlich-rechtliche Gewerbebegriff geht weiter. Hier ist als Gewerbe jedes **planmäßige Angebot von Waren und Dienstleistungen gegen Entgelt** aufzufassen (BaRoth/*Schmidt-Räntsch* Rn 5; AnwK/*Ring* § 14 Rn 17). Auf die Eintragung in das Handelsregister kommt es ebenso wenig an, wie auf den Umfang des Geschäfts. Es ist auch gleichgültig, ob das Gewerbe den **Haupt- oder Nebenberuf** darstellt. Handeln von Angehörigen der freien Berufe stellt kein gewerbliches Handeln dar. Das bedeutet aber nicht, dass diese bei ihrer beruflichen Tätigkeit als Verbraucher fungieren. Sie sind als Ausübende selbständiger Berufe vielmehr Unternehmer. Gleichgültig ist auch, wie und was für ein Vertrag

zustande kommt. Deshalb sind auch **Prostituierte** Unternehmer, wenn sie in Ausübung ihres »Gewerbes« tätig werden (§ 1 Prostitutionsgesetz vom 20.12.01, BGBl I S 3983). **Selbständige berufliche Tätigkeit** ist im Gegensatz zur gewerblichen Tätigkeit jedes sonstige berufliche Handeln, das nicht in einem Abhängigkeitsverhältnis erfolgt. Hierunter fällt insb das Handeln der Angehörigen freier Berufe (Ärzte, Rechtsanwälte, Wirtschaftsprüfer, Steuerberater, Notare).

2. Divergenz zum europarechtlichen Verbraucherbegriff. Während nach dem Recht der EU jeder Bezug zu einer beruflichen Tätigkeit die Verbrauchereigenschaft aufhebt, sind nach § 13 nur Rechtsgeschäfte für selbständige berufliche Zwecke vom Schutzbereich ausgenommen. Eine Folge dieser Divergenz ist, dass der Arbeitnehmer nach deutschem Recht beim Erwerb von Gütern und Dienstleistungen als Verbraucher anzusehen ist, selbst wenn er sie für seine berufliche Tätigkeit erwirbt. 19

3. Handeln zu einem privaten Zweck. Das Handeln muss privaten Zwecken dienen. Auch Selbständige und Gewerbetreibende können demnach als Verbraucher zu behandeln sein, sofern sie sich hinsichtlich des konkret zu bewertenden Geschäfts außerhalb ihres gewerblichen oder selbständigen beruflichen Tätigkeitsfeldes bewegen. Ob die Zweifelsregelung des § 344 HGB im Verbraucher-Unternehmer-Verhältnis Anwendung finden kann, ist str. Teilw soll der Rechtsgedanke des § 344 HGB Anwendung finden können, um in Zweifelsfällen die Zuordnung des Rechtsgeschäfts zur unternehmerischen Tätigkeit des Handelnden zu erlauben (AnwK/*Ring* § 14 Rn 40; *Faber* ZEuP 1998, 866; Palandt/*Heinrichs* Rn 3). Die Anwendbarkeit der Vermutungsregelung ist jedoch abzulehnen, da diese zu einer unzumutbaren Verschlechterung der Beweislastverteilung zu Lasten des Verbrauchers führen würde (MüKo/*Micklitz* § 14 Rn 27), die iÜ auch europarechtswidrig ist (PWW/*Prütting* Rn 7; *Pfeiffer* NJW 1999, 173 f). 20

4. Beispiele. Zu der den Verbraucherbegriff prägenden privaten Sphäre gehören etwa Rechtsgeschäfte, die für den Urlaub, im Bereich der Freizeit, des Haushalts, des Sports, der Gesundheitsvorsorge, aber auch für die Verwaltung und die Anlage von eigenem Vermögen (zB Geldanlage in Mietshäusern oder Wertpapieren) vorgenommen werden (Palandt/*Heinrichs* Rn 2; AnwK/*Ring* § 14 Rn 27). Bei der Verwaltung eigenen Vermögens wird der Verbraucher nicht zum Unternehmer (BGH NJW 2002, 368), soweit er Leistungen nachfragt. Tritt der Verbraucher hingegen als gewerbsmäßiger Anbieter – etwa als Vermieter von Wohnungen – in den Wettbewerb ein, avanciert er zum Unternehmer (AnwK/*Ring* § 14 Rn 27). 21

5. Beurteilungsmaßstab. Hinsichtlich der Zuordnung zum privaten oder unternehmerischen Bereich entscheidet nicht der innere Wille des Handelnden. Aus Verkehrsschutzgründen (§§ 133, 157) ist vielmehr auf **objektive Kriterien** (BGH NJW 2006, 2250, 2251; BaRoth/*Roth* Rn 10), dh auf den Inhalt des Rechtsgeschäfts abzustellen, wobei dieser ggf durch eine Auslegung der das Rechtsgeschäft begleitenden objektiven Umstände zu ermitteln ist. Gelegentlich ergibt sich aus der Erteilung einer Rechnung ein Aufschluss über die Zweckrichtung des Verhaltens, wenn dies nicht aus dem Auftrag/dem Geschäft selbst hervorgeht. Eine wertende Betrachtung in Hinblick auf die Konsequenzen ist nicht möglich. So kann sich auch derjenige, der bei einem Geschäft wahrheitswidrig als Unternehmer auftritt, nicht auf den Schutz des § 13 berufen (BGH NJW 2005, 1045). Hier gelten die **Grundsätze der Rechtsscheinshaftung**. Zeitlicher Anknüpfungspunkt für die Feststellung der Verbraucher- oder Unternehmereigenschaft ist der Geschäftsabschluss. Es findet insofern stets eine **ex-ante Betrachtung** statt (AnwK/*Ring* § 14 Rn 31; *Heinrichs* NJW 1996, 2190 f). 22

III. Grenzfälle. 1. Behandlung von Nichtverbrauchern als Verbraucher durch gesetzliche Anordnung. 23
Das Gesetz selbst ordnet in einigen Fällen auch für den geschäftlich Tätigen das Eingreifen von Verbraucherschutzvorschriften an. **a) Existenzgründer.** Verbraucherschützende Regelungen gelten gem **§ 507** beim Abschluss von Darlehensverträgen (§§ 491 ff) und sonstigen Finanzierungshilfen (§§ 499 ff) auch für solche natürlichen Personen, die ein Unternehmen gründen und damit im Begriff sind »Unternehmer« zu werden (**Existenzgründer**). Schon aus dem Vorhandensein der Sonderbestimmung lässt sich im Umkehrschluss herleiten, dass in den nicht bes geregelten Fällen, die unternehmerische Existenzgründung im übrigen dem Bereich der geschäftlichen Tätigkeit zuzurechnen ist (EuGH C 269/95, Slg 1997, I-3767; BGH NJW 2005, 1275; Oldenburg NJW-RR 2002, 641 f; Düsseldorf NJW 2004, 3192; Soerg/*Pfeiffer* Rn 55; Erman/*Saenger* Rn 16; AnwK/*Ring* § 14 Rn 25; aA München NJW-RR 2004, 913; Palandt/*Heinrichs* Rn 3; Müko/*Micklitz* Rn 38, 41; *Prasse* MDR 2005, 961). Nicht unter § 507 fällt die Situation, in der ein Unternehmer sein bestehendes Unternehmen nur erweitert oder ein weiteres Unternehmen gründen will (Palandt/*Heinrichs* Rn 3; AnwK/*Ring* § 14 Rn 26).

b) Verbraucherinsolvenz für kleine Unternehmen. Über **§ 304 Abs 1 S 2 InsO** hat der Gesetzgeber auch Unternehmen die Einleitung einer **Verbraucherinsolvenz** gestattet, wenn und soweit es sich um »überschaubare Vermögen« handelt und »nicht der innerste Kern unternehmerischen Handelns« betroffen ist. 24

c) Reisender/Teilnehmer nach §§ 651a ff und dem FernUSG. Im Übrigen nehmen das Pauschalreiserecht (§§ 651a ff) und das FernUSG den Reisenden und den Teilnehmer ganz pauschal in Bezug, so begrenzt für diese Sachmaterien auch der Unternehmer, d.h. der zu geschäftlichen Zwecken Handelnde, ausnahmsw mitgeschützt ist (BaRoth/*Schmidt-Räntsch* Rn 14). 25

2. Nicht gesetzlich geregelte Problemfälle. Problematisch im Zusammenhang mit der Bestimmung der Verbrauchereigenschaft sind neben den gesetzlich intendierten Ausn all diejenigen Fälle, die teleologische Zuord- 26 nungsfragen aufwerfen, zu denen sich der Gesetzgeber nicht explizit geäußert hat. **a) GbR.** Bezogen auf die GbR ist die Verbrauchereigenschaft nach wie vor heftig umstritten. Dass § 13 davon spricht, dass nur eine natürliche Person Verbraucher sein kann, zwingt nämlich nicht zu der Annahme, dass mehrere natürliche Personen in einem eventuellen Zusammenschluss nicht auch als Verbraucher zu bewerten sind. Handelt es sich um eine Verbindung mehrerer natürlicher Personen, ohne dass eine gesetzlich intendierte rechtliche Verselbständigung derselben eingetreten ist (wie es typischerweise bei der OHG oder KG gem §§ 124, 123, 161 HGB der Fall wäre), kommt es nach richtiger Auffassung für die Beurteilung der Verbrauchereigenschaft des Zusammenschlusses allein auf den konkret verfolgten Geschäftszweck der Gemeinschaft an. Die GbR ist demnach als Verbraucher anzusehen, wenn dass zu bewertende Geschäft rein privaten Zwecken dient (BGHZ 149, 80 ff; Erman/*Saenger* Rn 6; PWW/*Prütting* Rn 8; *Martis* MDR 1998, 1190 f; aA Jauernig/*Jauernig* Rn 2; *Dauner-Lieb/Dötsch* DB 2003, 1666; *Mülbert* WM 2004, 905 ff).

27 **b) GmbH-Geschäftsführer.** Ein GmbH-Geschäftsführer kann Verbraucher sein, auch wenn er den Schuldbeitritt zum Kredit seiner GmbH erklärt (BGHZ 133, 76 ff; NJW 2000, 3133; PWW/*Prütting* Rn 9; aA *Dauner-Lieb/Dötsch* DB 2003, 1667).

28 **c) Arbeitnehmer.** Der Arbeitnehmer ist Verbraucher iSd Norm. Das gilt unstr, wenn er Dienstleistungen oder Güter zur Ausübung seiner unselbständigen beruflichen Tätigkeit erwirbt, so oben Rz 16. Nach der Rspr des BAG und Teilen der Lit soll dies aber auch dann gelten, wenn er innerhalb des Arbeitsverhältnisses ggü seinem Arbeitgeber rechtsgeschäftlich tätig wird (BAG NJW 2005, 3305, 3308; BaRoth/*Schmidt-Räntsch* Rn 6; *Herbert/Oberrath* NJW 2005, 3745 mwN; für Aufhebungsvertrag vgl *Hümmerich* NZA 2004, 818 mwN; aA AnwK/*Ring* § 14 Rn 13; Soerg/*Pfeiffer* Rn 44; *Bauer/Kock* DB 2002, 42 f; *Lingemann* NZA 2002, 181, 184; offengelassen noch BAG NZA 2004, 600; zweifelnd *K Schmidt* JuS 2006, 5). **aa) Praktische Bedeutung** des Streits. Relevant wird die Anwendbarkeit der Verbraucherrechte auf den Arbeitnehmer bes in drei Fallkonstellationen: Zum einen ist bei Rechtsgeschäften gem § 288 Abs 2, an denen ein Verbraucher nicht beteiligt ist, ein höherer Verzugszins zu zahlen. Zum anderen gewinnt diese Problematik Bedeutung bei der Frage, ob Änderungs- und Aufhebungsverträge, die dem Arbeitnehmer am Arbeitsplatz »aufgeschwatzt« werden, nach § 312 widerrufen werden können. Im Rahmen der Anwendbarkeit des AGB-Rechts ist zudem die Regelung des § 310 Abs 3 zu beachten. Insbes gelten dann die Arbeitsbedingungen gem § 310 Abs 3 Nr 1 als vom Unternehmer gestellt.

29 **bb) Argumente.** Für die Gleichsetzung der Begriffe Arbeitnehmer/Verbraucher kann immerhin auf den Wortlaut des § 13 abgestellt werden. Denn in der vom Gesetzgeber gewählten Umschreibung ist prinzipiell auch der unselbständig tätige Arbeitnehmer mit eingeschlossen (*Bauer/Martin* DB 2002, 42 f; *Bülow/Artz* NJW 2000, 2049 f; *Wendehorst* DStR 2000, 1311). Es ist insofern nicht richtig, die Verbrauchereigenschaft des Arbeitnehmers bei Arbeits-, Aufhebungs- oder Abwicklungsverträgen innerhalb des Arbeitsverhältnisses mit dem Argument zu verneinen, dass diese Verträge nicht dem Vertrieb von Gütern oder Dienstleistungen zum Inhalt haben (aA *Bauer/Kock* DB 2002, 42 f). Auch das Argument, dass der Arbeitnehmer durch die Sondermaterie des Arbeitsrechts geschützt werde (so aber *Bauer/Kock* DB 2002, 42 f), überzeugt im Regelungszusammenhang mit § 13 nicht. Denn § 13 ist nicht vertragstypenbezogen ausgestaltet. Er gilt als abstrakte, vor die Klammer gezogene Definitionsvorschrift für jedes Rechtsgeschäft (BaRoth/*Schmidt-Räntsch* Rn 6). Auch eine teleologische Eingrenzung seines Anwendungsbereiches macht keinen Sinn. Denn gerade der Arbeitnehmer befindet sich ggü dem Arbeitgeber in einer vertragstypischen »rollenspezifischen« Unterlegenheit (*Boemke* BB 2002, 96 f; *Gotthardt* ZIP 2002, 277 f; *Hümmerich/Holthausen* NZA 2002, 173, 176). IÜ hat der Gesetzgeber den Arbeitnehmer auch schon vor Einführung des § 13 als Verbraucher betrachtet. Neu ist nur, dass er den Verbraucherbegriff jetzt, zB in § 288 Abs 1, Abs 2, auch in Materien fruchtbar gemacht hat, die kein spezifisches Verbraucherrecht darstellen (*Annuß* NJW 2002, 2844 f; BaRoth/*Schmidt-Räntsch* Rn 6). Das bedeutet aber nicht, dass der Gesetzgeber jede Vorschrift des Verbraucherrechts auf alle Arten von Rechtsgeschäften des Arbeitnehmers hat anwenden wollen. Die Möglichkeit einer Einschränkung des Schutzes des Arbeitnehmers besteht somit auf der Ebene der spezifischen Schutzrechte (BAG NJW 2005, 3310; vgl zu § 312 BAG NJW 2004, 2401; SAE 2005, 63 m Anm *Mankowski*; PWW/*Prütting* Rn 10; AnwK/*Ring* § 14 Rn 24). Eine Eingrenzung erfahren zB die §§ 305 ff durch § 310 Abs 4. Auch die Haustürwiderrufsregeln sollten nicht auf Arbeitsverträge erstreckt werden, da keine Überrumpelungssituation vorliegt, wenn am Arbeitsplatz arbeitsvertragsspezifische Abreden geschlossen werden (BaRoth/*Schmidt-Räntsch* Rn 6; AnwK/*Ring* § 14 Rn 24). Solche Ausn sind jeweils für die betreffende Art von Geschäften aus ausdrücklichen Regelungen oder der Natur des Geschäftes zu begründen. Insgesamt wirkt die – nicht neue – Einbeziehung des Arbeitnehmers in den Verbraucherbegriff weiter als sie ist (BaRoth/*Schmidt-Räntsch* Rn 6).

30 **d) Dual use.** Der Wortlaut des § 13 enthält keinen Anhaltspunkt für die Behandlung von Fällen der gemischten Zweckbestimmung. Das bereitet gerade in den Situationen Schwierigkeiten, in denen das Handeln der natürlichen Person nicht eindeutig dem privaten oder gewerblichen Bereich zugeordnet werden kann. **aa) Probleme bei der Zuordnung des Handelns einer Person.** Bsp: Ein Rechtsanwalt kauft einen PC, um damit einerseits seinen beruflichen Aufgaben, aber auch privaten Zwecken nachzugehen. Denkbar ist es, die Verbrauchereigenschaft in diesen sog *»dual use«*-Fällen zu verneinen, da das Geschäft hinsichtlich der Schutzbedürftigkeit nicht teilbar ist und die fehlende Schutzbedürftigkeit hinsichtlich des einen Teils

auf den anderen ausstrahlt (*v Vogel* Verbrauchervertragsrecht und allg Vertragsrecht 2006, S 569, 575; *Faber* ZEuP 1998, 854 ff; BaRoth/*Schmidt-Räntsch* Rn 7; Ulmer/Brandner/Hensen/*Ulmer* § 24a AGBG Rn 26, 9. Aufl 2001, anders noch die Vorauflage). Nach der Gegenauffassung soll in den beschriebenen Fällen stets von einem Handeln zu privaten Zwecken auszugehen sein, weil der verbraucherschützende Zweckbereich mit tangiert ist (Oldenburg WM 1997, 813 f; Palandt/*Heinrichs* Rn 4; *v. Westphalen* BB 1996, 2101; *Schwerdtfeger* DStR 1997, 499 f). Die hM stellt demggü darauf ab, ob das Handeln zu privaten oder zu selbständigen beruflichen Zwecken dominiert (BGH NJW 2005, 1273; Celle 7 U 193/06 vom 04.04.2007; Soerg/*Pfeiffer* Rn 38; *Pützhoven* Europäischer Verbraucherschutz im Fernabsatz 2001, S 42; *Wendehorst*, DStR 2000, 1311). Dem ist zuzustimmen.

bb) Probleme bei der Zuordnung des Handelns mehrerer Personen. Eine andere Art von Mischfällen entsteht, wenn mehrere Personen handeln, aber nur ein Teil von ihnen Verbraucher ist. Bsp: Ein Ehepaar kauft gemeinsam ein Auto. Von ihnen ist aber nur ein Teil selbständig berufstätig und agiert beim Autokauf zu eben diesem Zweck. Hier zwingt § 13 zur Anwendung des Verbraucherrechts auf den Teil der Handelnden, für den die Voraussetzungen vorliegen. Für den anderen Teil gilt das Verbraucherrecht hingegen nicht (BGH NJW 1996, 2156; 1997, 654; WM 2000, 1632, 1635). Zu welchen Rechtsfolgen diese unterschiedliche Behandlung der Beteiligten führt, hängt von der Fallsituation ab. So kommt es etwa bei der Kündigung eines Finanzierungsleasingvertrages dazu, dass der Vertrag insges nicht gekündigt werden kann, wenn einer der Beteiligten Verbraucher ist und ihm ggü die Voraussetzungen für die Kündigung nicht vorliegen (BGH WM 2000, 1632, 1635; BaRoth/*Schmidt-Räntsch* Rn 8). 31

e) Einschaltung Dritter. Der Dritte, der für ein Nicht-Verbrauchergeschäft eine Sicherheit leistet, kann Verbraucher sein (BGH NJW 1996, 2156; Soerg/*Pfeiffer* Rn 50; aA noch EuGH NJW 1998, 1295). Eine andere Frage ist es jedoch, ob das vom Dritten getätigte Sicherungsgeschäft dem Schutzzweck einer bestimmten verbraucherschützenden Vorschrift unterfällt (PWW/*Prütting* Rn 11). Der EuGH verneint diese Voraussetzung für die VerbraucherkreditRichtl und nimmt die Abgrenzung in zutr Weise nicht mehr bei der Frage der Verbrauchereigenschaft vor (EuGH NJW 2000, 1323). Bei der Stellvertretung ist zwischen dem Vertretergeschäft und der Bevollmächtigung zu unterscheiden: Ob es beim Vertretergeschäft auf den Vertreter oder den Vertretenen hinsichtlich der Anwendbarkeit der verbraucherschützenden Vorschriften ankommt, ergibt sich nicht aus § 13, sondern aus dem Schutzzweck der jeweils einschl Vorschrift. Sofern diese situativ angelegt ist, wie etwa § 312, so kommt es auf den Vertreter an. IÜ ist die Einordnung des Vertretenen maßgeblich (LG Berlin IPRax 2005, 261; Soerg/*Pfeiffer* Rn 51; PWW/*Prütting* Rn 11). 32

IV. Rechtsgeschäftsähnliches und vorvertragliches Handeln. Verbraucher ist nach § 13 eine natürliche Person, die außerhalb ihres Gewerbes oder ihrer selbständigen beruflichen Tätigkeit »Rechtsgeschäfte abschließt«. Damit ist zunächst die Vornahme von Rechtsgeschäften aller Art angesprochen. Das Wichtigste davon ist der Vertragsschluss. Darauf begrenzt sich die Anwendbarkeit des § 13 jedoch nicht. Der Verbraucher wird nach § 13 auch dann zu schützen sein, wenn er selbst nicht rechtsgeschäftlich handelt, sondern ihm eine unbestellte Sache zugesandt wird (§ 241a), ihm ggü der Eindruck einer Gewinnzusage erweckt wird (§ 661a) oder er auf Informationen des Unternehmers wie nach §§ 312c, 482 angewiesen ist (Palandt/*Heinrichs* Rn 6). Dabei ist es nur eine Frage der Konstruktion, ob man für rechtsgeschäftsähnl und vorvertragliches Verhalten des Verbrauchers § 13 analog anwendet (Soerg/*Pfeiffer* Rn 26; PWW/*Prütting* Rn 12) oder aber, ob man darauf insistiert, dass § 13 vom »Abschluss« des Rechtsgeschäftes spricht. Darin unterscheidet sich diese Vorschrift zwar sehr fein, aber dennoch entscheidend von der üblichen Terminologie des BGB. Im BGB werden nämlich Rechtsgeschäfte vorgenommen und Verträge geschlossen, aber nicht abgeschlossen. Durch die Verwendung dieses aus dem FernabsatzG entlehnten Begriffes will § 13 andeuten, dass nicht nur die technische Vornahme des Rechtsgeschäfts oder der technische Abschluss eines Vertrages erfasst sein soll, sondern auch das Vorfeld von Rechtsgeschäften, insbes ihre Anbahnung (BaRoth/*Schmidt-Räntsch* Rn 11). Ohne die Anwendbarkeit des § 13 hätten § 241a und § 661a jedenfalls keinen sinnvollen Anwendungsbereich (AnwK/*Ring* § 14 Rn 35). 33

D. Beweislast. Die Frage der Verbrauchereigenschaft wird dann relevant, wenn es um die Anwendbarkeit von Verbraucherschutzvorschriften geht. Hier greift die Grundregel, dass im Streitfall die Darlegungs- und Beweislast derjenige trägt, der aus den darzulegenden und zu beweisenden Umständen Rechte herleiten will. Daraus folgt, dass der Verbraucher grds die Beweislast dafür trägt, dass auch hinsichtlich des Vorliegens der Voraussetzungen des § 13 eine Verbraucherschutzvorschrift eingreift (Palandt/*Heinrichs* Rn 4; PWW/*Prütting* Rn 13; BaRoth/*Schmidt-Räntsch* Rn 10). Eine Beweislastumkehr zu Gunsten der natürlichen Person ist, anders als noch in § 1 Abs 1 S 1 VerbKrG aF, nicht vorgesehen (Erman/*Saenger* Rn 20; Soerg/*Pfeiffer* Rn 53 ff). 34

E. Sachlicher Anwendungsbereich. Von der Verbrauchereigenschaft hängt die Anwendbarkeit zahlreicher verbraucherrechtlicher Normen ab. Die Definition des § 13 gilt innerhalb des BGB etwa für den Verbraucherbegriff in §§ 241a, 310 Abs 3, 312, 312d, 355, 474, 485, 495, 655a, 661a. Außerhalb des BGB ist er bei der Anwendung von § 2 Abs 2 UWG, § 4 FernUSG, §§ 449 Abs 1 S 1, 451a Abs 2, 451b Abs 2, Abs 3, 451g Abs 1, 451h Abs 1, 455 Abs 3, 466 Abs 1, 468 Abs 2 S 1, 472 Abs 1 S 2, 475 HGB, § 17 Abs 2 BeurkG, § 2 UKlG, § 1031 Abs 5 ZPO heranzuziehen. Auch bei § 1 Abs 1 S 2 ProdHaftG können für die Abgrenzung von 35 privatem und beruflichem Bereich die § 13 fruchtbar gemacht werden (Palandt/*Heinrichs* Rn 7; aA MüKo/*Micklitz* Rn 44; PWW/*Prütting* Rn 7). Für das internationale Einheitsrecht ist hingegen ein eigenständiger (autonomer) Verbraucherbegriff maßgebend (vgl Rz 16). In einigen Fällen gelten Besonderheiten: Im Bereich des Verbraucherdarlehensvertrages ist nach § 507 auch der Existenzgründer als Verbraucher zu behandeln. Im Reiserecht (§§ 651a ff) ist statt vom Verbraucher vom »Reisenden« die Rede. Dieser handelt zwar typischerweise zu privaten Zwecken, wenn er eine Reise bucht. Die Regelungen des Pauschalreiserechts (§§ 651a ff) finden aber auch Anwendung, wenn ausnahmsw ein Unternehmer auf Geschäftsreise geht (BGH NJW 2002, 2238; BaRoth/*Schmidt-Räntsch* Rn 14). Etwas Vergleichbares gilt auch für den »Teilnehmer« nach dem FernUSG. Dieser ist zwar häufig zugleich ein Verbraucher iSd § 13, kann aber durchaus auch ein Unternehmer iSd § 14 sein. Im letzteren Fall gilt für ihn nicht das gesamte Schutzprogramm des FernUSG.

§ 14 Unternehmer.

[1] Unternehmer ist eine natürliche oder juristische Person oder eine rechtsfähige Personengesellschaft, die bei Abschluss eines Rechtsgeschäfts in Ausübung ihrer gewerblichen oder selbständigen beruflichen Tätigkeit handelt.

[2] Eine rechtsfähige Personengesellschaft ist eine Personengesellschaft, die mit der Fähigkeit ausgestattet ist, Rechte zu erwerben und Verbindlichkeiten einzugehen.

1 **A. Gesetzesgeschichte und normative Grundlagen.** Ebenso wie § 13 verzahnt der durch Art 2 Nr 1 des am 27.06.2000 verkündeten »Gesetzes über Fernabsatzverträge und andere Fragen des Verbraucherrechts sowie zur Umstellung der Vorschriften auf den Euro« (BGBl 2000 I S 897) eingeführte § 14 in bes Weise das allg Zivilrecht mit den Vorschriften des Verbraucherrechts. In den Verbraucherschutzvorschriften markiert der Begriff des Unternehmers gewissermaßen das Gegenstück zum Verbraucher.

2 **I. Gesetzesgeschichte.** Die Vorschrift war im RegierungsE zum »Gesetz über Fernabsatzverträge und andere Fragen des Verbraucherrechts sowie zur Umstellung auf den Euro« in dieser Form nicht enthalten. Dort war der Begriff des Unternehmers vielmehr in § 361a Abs 3 kodifiziert gewesen. Erst in der Sachverständigenanhörung des Deutschen Bundestages ist der Unternehmerbegriff ebenso wie der Verbraucherbegriff aus § 361a herausgelöst und als selbständiger § 14 in den AT des BGB überführt worden.

3 **II. Normative Grundlagen. 1. Unternehmerleitbild.** Leitbild des europäisch geprägten Verbraucherbegriffes ist der aktiv an der Vollendung des Binnenmarktes mitwirkende Unternehmer, der sich die neuen Spielräume multi-lingual und dynamisch aneignet (MüKo/*Micklitz* Rn 2). Auf seiner Grundlage wird nicht mehr zwischen den verschiedenen Betätigungsformen beruflichen Handelns unterschieden. Dies erklärt sich aus der stark **wettbewerbsorientierten Sicht** des europäischen Unternehmerbegriffs, wonach sich auf dem freien Binnenmarkt jedes berufsbezogene Handeln entfalten können soll (PWW/*Prütting* Rn 3).

4 **2. Nationale Vorläufer.** Der Unternehmer ist seit der Handelsrechtsreform vom 22.07.1998 (BGBl I S 1474) auch ein Begriff des Handelsrechtes, der seinen textlichen Niederschlag insbes auch in § 24 S 1 Nr 1 AGBG (in der vor dem 30.07.2000 geltenden Fassung) gefunden hatte. Inhaltlich entspricht die europarechtlich geprägte Definition des Unternehmers den Vorgaben dieser Norm. Hinsichtlich der im früheren Verbraucherrecht gebräuchlichen Unterscheidung zwischen dem Konsumenten und dem Kaufmann ersetzt der weite Unternehmerbegriff nach § 14 den zuvor verwendeten Kaufmannsbegriff und zugleich den Begriff des Gewerbebetriebes, an den das BGB in anderen Vorschriften, etwa in § 269 Abs 2 noch festhält (AnwK/*Ring* § 14 Rn 39; Palandt/*Heinrichs* § 14 Rn 1). Mit § 14 praktisch deckungsgleich sind der Begriff des Erwerbsgeschäftes iSd § 1822 Nr 3 und der Unternehmerbegriff des HGB. Unternehmer iSd Werkvertragsrechts (§§ 631 ff) ist dagegen der Hersteller (Auftragnehmer), der hinsichtlich der §§ 13, 14 auch Verbraucher sein kann (Palandt/*Heinrichs* Rn 1). Im Zusammenhang mit dem SchRModG ist erwogen worden, den Begriff Unternehmer im Werkvertragsrecht entfallen zu lassen. Davon ist jedoch Abstand genommen worden, weil er eingängig und nicht leicht durch einen besseren Begriff zu ersetzen ist (BaRoth/*Schmidt-Räntsch* Rn 12). Die Besonderheit der von § 14 in Bezug genommenen rechtsfähigen Personengesellschaft beruht auf dem Gesetz vom 07.07.1996 (BGBl S 990), das diese in § 1059a Abs 2 aF definiert hatte. Diese Definition geht jetzt in § 14 Abs 2 auf.

5 **B. Europarechtliche Dimension des Unternehmerbegriffs und ihre Bedeutung für die nationale Rechtsanwendung. I. Europäischer Unternehmerbegriff.** Ebenso wie der Verbraucherbegriff geht auch der Unternehmerbegriff auf EU-Richtlinien zurück. Von zentraler Bedeutung ist insoweit Art 2 der **HaustürwiderrufsRL**, (RL 85/577/EWG), der den Unternehmer als jede natürliche oder juristische Person definiert, die beim Abschluss des betreffenden Geschäfts iR ihrer gewerblichen oder beruflichen Tätigkeit handelt. Die **VerbrauchsgüterkaufRL** (RL 1999/44/EG) und die **RL über missbräuchliche Vertragsklauseln** (RL 93/13/EWG) entsprechen diesen Vorgaben (PWW/*Prütting* Rn 1). Eine Ausn bildet lediglich die **FernabsatzRL** (RL 97/7/EG), die neben dem Unternehmer noch den »Betreiber« kennt. Abweichungen finden sich aber auch im Reiserecht. Denn die **PauschalreiseRL** (RL 90/314/EWG) greift den Begriff des Unternehmers nicht explizit auf. Sie unterscheidet stattdessen zwischen dem Reisenden und dem »Reiseveranstalter«/»Reisevermittler«.

Unabhängig von diesen bereichsspezifischen Ausdifferenzierungen des gewerblichen Anbieters kann aus dem europäischen Sekundärrecht ein einheitlicher Begriffskern des Unternehmers exzerpiert werden.

II. Abweichungen zum deutschen Unternehmerbegriff. Ähnl wie der europäische Unternehmerbegriff erfasst § 14 neben dem gewerblich Tätigen auch den sonst beruflich Tätigen, allerdings nur, sofern er Selbständiger ist (PWW/*Prütting* Rn 4). Durch die explizite Inbezugnahme des Selbständigen neben dem gewerblich Tätigen, verengt die deutsche Begriffsbestimmung den Personenkreis der auf Unternehmerseite in Bezug genommenen Agierenden. Hierauf ist der in § 13 enthaltene Komplementärbegriff des Verbrauchers abgestimmt (vgl dazu PWW/*Prütting* § 13 Rn 6; *Bülow/Artz* NJW 2000, 2050). 6

III. Legitimation der Abweichung. Legitimatorische Grundlage für die Abweichung von den europäischen Vorgaben bildet der Grundsatz der Mindestharmonisierung (Gebauer/Wiedmann/*Haubold* Zivilrecht unter europäischem Einfluss 2005, S 290 Rn 21; PWW/*Prütting* § 13 Rn 6). 7

IV. Bedeutung des europäischen Unternehmerbegriffs. Soweit nationale Vorschriften europäische Richtlinienvorgaben umsetzen, ist bei der Auslegung und Anwendung des innerstaatlichen Rechts auf Europarechtskonformität zu achten (*Schulze* Die Auslegung des europäischen Privatrechts und des angeglichenen Rechts 1999, S 14 ff; Hk-BGB/*Schulze* Vor §§ 241–853 Rn 4). 8

C. Konstitutive Elemente des deutschen Unternehmerbegriffs. I. Personenkreis. Unternehmer kann sowohl eine natürliche als auch eine juristische Person sowie eine rechtsfähige Personengesellschaft sein. **1. Natürliche Person.** Als natürliche Person ist der Mensch als Rechtsträger angesprochen, dem mit der Geburt (§ 1 Abs 1) Rechtsfähigkeit verliehen wird. 9

2. Juristische Person. Neben der natürlichen Person können auch juristische Personen Unternehmer iSd § 14 sein. Die juristische Person ist eine Zweckschöpfung des Gesetzgebers. Darunter versteht man die Zusammenfassung von Personen oder Sachen zu einer rechtlich geregelten Organisationseinheit, der die Rechtsordnung Rechtsfähigkeit verliehen und danach als Träger eigener Rechte und Pflichten verselbständigt hat (*Raiser* AcP 199, 104 ff). Das deutsche Recht kennt juristische Personen des **öffentlichen** und des **privaten Rechts.** Juristische Personen des öffentlichen Rechts sind vor allem der **Staat** (Bund und Länder), die in ihn eingegliederten **Gebietskörperschaften** (Gemeinden, Kreise), **Körperschaften**, als solche auch Kirchen und Religionsgesellschaften, außerdem rechtsfähige **Anstalten** und **Stiftungen** des öffentlichen Rechts. Juristische Personen des öffentlichen Rechts beruhen auf einem hoheitlichen Gründungsakt, idR einem Gesetz, das Organisation und Aufgabe des Rechtsträgers festlegt. Juristische Personen des privaten Rechts beruhen regelm auf einem privatrechtlichen Gründungsakt. Sie sind vom Gesetz abschließend geregelt. Zu ihnen zählen etwa die **GmbH**, die **GmbH & Co KG**, die **AG,** der **Verein** sowie die privatrechtliche **Stiftung**. 10

3. Rechtsfähige Personengesellschaft. Rechtsfähige Personengesellschaften sind den natürlichen und juristischen Personen in § 14 Abs 1 gleichgestellt. In den rechtsfähigen Personengesellschaften kommt eine Besonderheit des deutschen zivilrechtlichen Personenrechts zum Ausdruck. Sie schlägt sich darin nieder, dass das deutsche Recht neben den natürlichen Personen auf der einen und den juristischen Personen auf der anderen Seite auch noch eine Zwischenform, die rechtsfähige Personengesellschaft, kennt. Die rechtsfähige Personengesellschaft ist in § 14 Abs 2 legaldefiniert (krit dazu *Flume* ZIP 2000, 1428). Es handelt sich hierbei um eine Gesellschaft, die mit der Fähigkeit ausgestattet ist, Rechte zu erwerben und Verbindlichkeiten einzugehen. Erfasst sind damit vor allem die **OHG**, die **KG**, die **Partnerschaftsgesellschaft,** der **EWIV** und die teilrechtsfähige und zu einem geschäftlichen Zweck agierende GbR-Außengesellschaft (zur Teilrechtsfähigkeit der GbR vgl BGH NJW 2001, 1056). Die in einem **Mitgliedstaat der EU nach dortigem Recht wirksam gegründete Gesellschaft** existiert nach einer Sitzverlegung in einen anderen Mitgliedstaat kraft Gemeinschaftsrecht als juristische Person ausländischen Rechts weiter (EuGH NJW 2002, 3614; BGH NJW 2003, 1461; Hk-BGB/*Dörner* Rn 4; anders noch BGH NJW 2002, 3539, der die Gesellschaft gem § 14 als rechtsfähige Gesellschaft deutschen Rechts einordnete). 11

II. Rechtsgeschäftliches Handeln zu einem gewerblichen/selbständigen beruflichen Zweck. Die Unternehmereigenschaft ergibt sich entscheidend aus der Zweckrichtung des Handelns. Der Unternehmer agiert nach § 14 Abs 1 zur Ausübung seiner gewerblichen oder selbständigen beruflichen Tätigkeit. Er ist danach eine Person, die, bezogen auf das konkret einzuordnende Geschäft, am Markt planmäßig und dauerhaft gegen Entgelt tätig wird – unabhängig davon, ob eine Gewinnabzielungsabsicht besteht oder nicht (Frankfurt aM NJW 2004, 3433; Soerg/*Pfeiffer* Rn 13; AnwK/*Ring* § 14 Rn 36; Palandt/*Heinrichs* Rn 1; *Faber* ZEuP 1998, 854, 869). Auf den **Umfang** der Tätigkeit in Ausübung des gewerblichen bzw selbständigen beruflichen Zwecks kommt es ebenso wenig an, wie auf eine eventuelle Eintragung des Unternehmers ins Handelsregister (BaRoth/*Schmidt-Räntsch* Rn 6). Zudem ist es gleichgültig, ob das fragliche Handeln zum Kernbereich des eigentlichen Unternehmens gehört oder ob es sich um einen **Nebenzweck** handelt (Ulmer/Brandner/Hensen/*Brandner* AGBG, 2000, § 24 AGBG Rn 15; Palandt/*Heinrichs* Rn 2; BaRoth/*Schmidt-Räntsch* Rn 6). Ebenso unbedeutend ist die **Organisationsform**, dh, ob es sich um ein privates oder öffentliches Unternehmen handelt. So sind auch gemeinnützige Vereine und Einrichtungen des öffentlichen Rechts (etwa gemeindliche Eigenbetriebe, Schwimmbäder) als Unternehmer zu behandeln. Etwas anderes gilt nur, wenn die Leistungs- 12 beziehung ausschließlich öffentlich-rechtlich organisiert ist (Palandt/*Heinrichs* Rn 2). **1. Gewerbebegriff.** Der Begriff der gewerblichen Tätigkeit ist zwar unter Berücksichtigung der im Handels- und Gewerberecht entwickelten Grundsätze zu definieren, so dass man darunter jede auf Dauer angelegte, nach außen erkennbare, entgeltliche Tätigkeit – mit Ausn der freien Berufe – versteht (*Henssler* ZHR 161, 20 ff; Palandt/*Heinrichs* Rn 2). Der definitorische Bezugspunkt des § 14 ist jedoch weiter gefasst. Denn auf eine Gewinnerzielungsabsicht soll es bei § 14 nicht ankommen (Soerg/*Pfeiffer* Rn 13; Palandt/*Heinrichs* Rn 2; *Faber* ZEuP 1998, 854, 869). Unerheblich ist darüber hinaus die Wirksamkeit des getätigten Rechtsgeschäfts (MüKo/*Micklitz* Rn 12).

13 **2. Selbständige berufliche Tätigkeit.** § 14 Abs 1 unterscheidet zwischen dem Betrieb eines Gewerbes und selbständiger beruflicher Tätigkeit. Diese Gegenüberstellung wirkt sich jedoch nicht aus, da auch freiberufliches Handeln unternehmerische Tätigkeit beinhaltet. Unter einem **Beruf** versteht man jede erlaubte, sinnvolle auf Dauer angelegte Tätigkeit, die der Schaffung und Erhaltung der Lebensgrundlage dient (BVerfGE 50, 362 ff). **Selbständig** ist die Berufsausübung dann, wenn der Handelnde in eigener Verantwortung und auf eigene Rechnung und Gefahr tätig wird. Selbständiges berufliches Handeln liegt vor allem bei den Angehörigen der **freien Berufe** vor, die man traditionell nicht als Gewerbe einordnet. Hierzu zählen etwa **Rechtsanwälte**, **Wirtschaftsprüfer**, **Steuerberater**, **Notare**, **Ärzte**, **Vermessungsingenieure** (BaRoth/*Schmidt-Räntsch* Rn 9), aber auch der **berufsmäßige Betreuer** (BFH NJW 2005, 1006). Darüber hinaus gilt § 14 Abs 1 für **gesetzliche Vermögensverwalter** (Insolvenz-, Zwangsvollstreckungs-, Nachlassverwalter, Testamentsvollstrecker), die ein Unternehmen verwalten (AnwK/*Ring* Rn 36; PWW/*Prütting* Rn 9).

14 **3. Beurteilungsmaßstab.** Wie die Einordnung des Verbraucherhandelns hängt auch die Qualifikation eines Verhaltens als Unternehmerverhalten von der Zweckrichtung ab. Bei der Beurteilung des Agierens kommt es nicht auf den inneren Willen, sondern auf die objektiv zu beurteilende Qualität des Handelns an (BGH NJW 2006, 2250, 2251). Es ist also auf der Grundlage **objektiver Gesichtspunkte** zu bestimmen, ob ein Verhalten unternehmerisch iSd § 14 ist oder nicht (Hk-BGB/*Dörner* Rn 2). Maßgeblicher Zeitpunkt der Bestimmung der Zweckrichtung ist der der Vornahme des Rechtsgeschäftes (Hk-BGB/*Dörner* Rn 2; AnwK/*Ring* Rn 31; *Heinrichs* NJW 1996, 2190 f). Eine wertende Betrachtung im Hinblick auf die Konsequenzen ist nicht möglich. Nach dem Rechtsgedanken des **§ 344 HGB** sind Rechtsgeschäfte eines Unternehmers im Zweifel dem unternehmerischen Bereich zuzuordnen. Ob diese Vermutungsregelung im Verbraucher-Unternehmer-Verhältnis Anwendung finden kann, ist jedoch str (dafür: AnwK/*Ring* Rn 40; Palandt/*Heinrichs* Rn 2; *Faber* ZEuP 1998, 866). Die Anwendbarkeit der Vermutungsregel ist im Ergebnis abzulehnen, da diese zu einer unzumutbaren Verschlechterung der Beweislastverteilung zu Lasten des Verbrauchers führen würde (MüKo/*Micklitz* Rn 27), die europarechtswidrig ist (PWW/*Prütting* Rn 7; *Pfeiffer* NJW 1999, 173 f; zur Problematik des **Scheinunternehmers**, dessen Handeln auf der Grundlage der §§ 133, 157 als unternehmerisch einzustufen ist, obwohl mit dem Geschäft in Wirklichkeit eine private Zweckrichtung verfolgt wird, vgl *Herresthal* JZ 2006, 695, 703, der bei der Zurechnung des Rechtsscheins der Unternehmereigenschaft und der dadurch verursachten fehlenden Anwendbarkeit des Verbraucherschutzrechtes zwischen dispositiven und nicht dispositiven Normen unterscheiden will).

15 **III. Grenzfälle.** Im Sinne des effektiven Verbraucherschutzes ist der Unternehmerbegriff im Zusammenhang mit Verbraucherfragen weit auszulegen (BGH NJW 2006, 2250, 2251). Unternehmer und nicht Verbraucher ist der auf Grund einer wirksamen Abrede für einen Unternehmer handelnde **Strohmann** (BGH NJW 2002, 2030). Zur unternehmerischen Tätigkeit gehören uU auch **branchenfremde Nebengeschäfte** (MüKo/*Micklitz* § 13 Rn 44; aA AG Bad Hersfeld NJW-RR 2004, 435) und die nebenberufliche Tätigkeit, etwa die als **eBay-Verkäufer** iSd »power-sellers« (Frankfurt aM NJW 2005, 1438; AG Radolfzell NJW 2004, 3342; AG Bad Kissingen NJW 2005, 2463; *Hoffmann* ZIP 2004, 2337). Voraussetzung dafür ist jedoch, dass hinsichtlich des Umfangs des Betreibens von eBay-Verkäufen eine gewisse Mindestschwelle überschritten wird (LG Mainz NJW 2006, 738; Frankfurt aM GRUR 2004, 1042). Entscheidend ist, wie der Verkäufer nach außen auftritt (LG Mainz NJW 2006, 783). Indizien bieten: die Art der Präsentation der Ware (etwa Unterhaltung eines eigenen e-Bay-Shops [Frankfurt aM GRUR 2004, 1043, 1044]), das Handelsvolumen (Frankfurt aM NJW 2005, 1438 f) und die ggf vorhandene Registrierung als »Powerseller« (Frankfurt aM NJW 2005, 1438; Koblenz NJW 2006, 1438). Die **Verwaltung und Anlage eigenen Vermögens** (Anlage von Geld in Mietshäusern, Kauf von Wertpapieren) erfüllt dagegen regelm nicht die Merkmale unternehmerischer Tätigkeit (BGH NJW 2002, 368; *Pfeiffer* NJW 1999, 169, 172). Das gilt aber nur, soweit der Eigentümer Leistungen nachfragt. Bietet er (zB als Vermieter) im Wettbewerb mit anderen planmäßig Leistungen gegen Entgelt an, ist er Unternehmer (Düsseldorf NJW-RR 2005, 13, 17; Palandt/*Heinrichs* Rn 2). Bei gemischt vertraglichen Festsetzungen (»**dual use**«) gilt das zu § 13 Gesagte.

16 **IV. Rechtsgeschäftsähnliches und vorvertragliches Handeln.** Wie beim Verbraucherbegriff stellt auch § 14 auf den »Abschluss von Rechtsgeschäften« ab. Damit ist die Vornahme von Rechtsgeschäften, insbes der Vertragsschluss gemeint. Der Anwendungsbereich der Norm soll jedoch weiter gesteckt sein. Einbezogen ist auch das Vorfeld des Vertrages und seine eventuelle Rückabwicklung sowie einseitiges rechtsgeschäftsähnl Handeln (BaRoth/*Schmidt-Räntsch* Rn 12; PWW/*Prütting* Rn 10).

D. Beweislast. Die Frage der Unternehmereigenschaft wird dann relevant, wenn das Gesetz ein Unternehmerverhalten in Bezug nimmt. Beruft sich ein Verbraucher ggü einem Unternehmer auf ihn privilegierende Verbraucherschutzvorschriften, so muss der Verbraucher darlegen und beweisen, dass ein Verbraucher-Unternehmer-Verhältnis vorliegt (Palandt/*Heinrich* § 13 Rn 4; PWW/*Prütting* § 13 Rn 13; BaRoth/*Schmidt-Räntsch* § 13 Rn 10). 17

E. Sachlicher Anwendungsbereich. Durch die Negativformulierung des § 13 kommt § 14 eine Komplementärfunktion zu, die sich am Gegensatzpaar der Begriffe Unternehmer und Verbraucher zeigt. § 13 gilt daher für alle Normen, die das Verbraucher-Unternehmerverhältnis in Bezug nehmen. Die Definition des § 14 wird bspw bedeutsam bei Anwendung der §§ 241a Abs 1, 305 Abs 1, Abs 3, 312 Abs 1, 312b Abs 1, Abs 2, 312c Abs 1, 312e Abs 1, 355, 474 ff, 481 ff, 491 ff, 499 ff, 661a. Manche Unternehmer werden durch gesetzliche Anordnung partiell als Verbraucher behandelt, vgl. § 507. Teilw heißt der Unternehmer anders, zB im FernUSG »Anbieter« und im Reiserecht »Reiseveranstalter«. 18

Abschnitt 3 Rechtsgeschäfte

Titel 1 Geschäftsfähigkeit

§ 104 Geschäftsunfähigkeit. Geschäftsunfähig ist:

1. wer nicht das siebente Lebensjahr vollendet hat

2. wer sich in einem die freie Willensbestimmung ausschließenden Zustand krankhafter Störung der Geistestätigkeit befindet, sofern nicht der Zustand seiner Natur nach ein vorübergehender ist.

Literatur *Casper* Geschäfte des täglichen Lebens – kritische Anmerkungen zum neuen § 105a BGB NJW 2002, 3425; *Joussen* Die Rechtsgeschäfte des Geschäftsunfähigen – der neue § 105a BGB ZGS 2003, 101; *Löhnig/Schärtl* Zur Dogmatik des § 105a BGB AcP 204 (2004) 25; *Safferling* Zur Auslegung des sogen. Taschengeldparagraphen RPfleger 1972, 124; *Stürner* Der lediglich rechtliche Vorteil AcP 173 (1973) 402; *Wilhelm* Aufforderung zur Erklärung über die Genehmigung eines schwebend unwirksamen Geschäfts und Widerrufs des Geschäfts NJW 1992, 1666.

A. Allgemeines. Die Geschäftsfähigkeit ist die Fähigkeit, Rechtsgeschäfte selbst vollwirksam vorzunehmen. In ihrer Reichweite ist sie abzugrenzen von der in § 1 geregelten Rechtsfähigkeit, dh der Fähigkeit, Träger von Rechten und Pflichten zu sein. Auch Geschäftsunfähige sind rechtsfähig (vgl § 1). Das prozessuale Gegenstück zur Geschäftsfähigkeit findet sich in der Prozessfähigkeit, der Fähigkeit, Prozesshandlungen selbst oder durch selbst bestellte Vertreter vor- oder entgegenzunehmen. (MüKo/*Schmitt* Rn 6; Palandt/*Heinrichs*, Einf v § 104 Rn 1 f). Ausgehend vom Grundsatz der vollen Geschäftsfähigkeit aller natürlichen Personen regeln die §§ 104 ff einige Ausn von diesem. § 104 ist dabei eine abschließende und zwingende Regelung der Geschäftsunfähigkeit (Staud/*Knothe* Rn 1), wobei § 104 Nr 1 die altersbedingte Geschäftsunfähigkeit und Nr 2 die Geschäftsunfähigkeit wegen krankhafter Störung der Geistestätigkeit regelt. 1

B. Altersbedingte Geschäftsunfähigkeit. Altersbedingt geschäftsunfähig ist, wer das siebente Lebensjahr noch nicht vollendet hat (Nr 1). Das Ende dieser Frist bestimmt sich nach §§ 187 Abs 2 S 1, 188 Abs 2 Alt 2. Ein Kind wird also, sofern nicht ein Fall der Geschäftsunfähigkeit nach § 104 Nr 2 vorliegt, mit Ablauf des letzten Tages des siebenten Lebensjahres, mithin um 24 Uhr, beschränkt geschäftsfähig. 2

C. Krankheitsbedingte Geschäftsunfähigkeit. I. Voraussetzungen. Krankheitsbedingt geschäftsunfähig nach § 104 Nr 2 ist, wer sich in einem derartigen Zustand krankhafter Störung der Geistestätigkeit befindet, dass die freie Willensbestimmung ausgeschlossen ist. **1. Krankhafte Störung der Geistestätigkeit.** Erforderlich ist das Vorliegen einer krankhaften Störung der Geistestätigkeit. Störung ist jedwede Abweichung von der »normalen« psychischen Beschaffenheit, worunter jedoch nicht nur Beeinträchtigungen von sonst seelisch gesunden Individuen fallen, sondern auch angeborene Abnormitäten (vgl Staud/*Knothe* Rn 7). Problematisch ist der Begriff des Krankhaften, da er nach seinem historischen Verständnis lediglich Störungen mit organischer Ursache umfasst. Mittlerweile hat sich jedoch ein weiteres Krankheitsverständnis durchsetzen können, welches auch nicht organisch bedingte seelische Störungen umfasst (vgl dazu BGHSt 14, 30, 32). 3

2. Dauerhaftigkeit der Störung. Weiter muss es sich um einen dauerhaften Zustand handeln. Vorübergehende Störungen der Geistestätigkeit führen also nicht zur Geschäftsunfähigkeit. Auf sie ist § 105 anzuwenden, wonach gem Abs 2 nur die zum Zeitpunkt der Störung abgegebene konkrete Willenserklärung nichtig ist (vgl § 105). Bedeutung erlangt diese Unterscheidung für den Zugang von Willenserklärungen. Während es bei Geschäftsunfähigen nach § 131 Abs 1 auf den Zugang beim gesetzlichen Vertreter ankommt, können Erklärungen ggü einer Person, die lediglich einer vorübergehenden Störung nach § 105 unterliegt, dieser uneingeschränkt zugehen und damit auch dieser ggü wirksam werden. 4

5 **3. Ausschluss der freien Willensbestimmung. a) Begriff.** Die Störung muss einen Ausschluss der freien Willensbestimmung zur Folge haben. Dies ist dann der Fall, wenn der Betroffene nicht mehr fähig ist, Entscheidungen unabhängig von der Störung, basierend auf vernünftigen Erwägungen zu treffen (BGH NJW 1970, 1680; 1996, 919). Bloße Willensschwäche und leichte Beeinflussbarkeit genügen also nicht. Bei übermäßiger Beherrschung durch den Willen anderer kann jedoch die Anwendbarkeit von Nr 2 gegeben sein (BGH NJW 1996, 919). Bei intellektueller Unfähigkeit, die Tragweite der eigenen Entscheidungen zu erfassen, ist ebenfalls nicht grds von einem Ausschluss der freien Willensbestimmung auszugehen; idR liegt ein solcher allenfalls bei einem IQ von unter 60 vor, die Abgrenzung kann jedoch im Einzelfall schwierig sein (Düsseldorf VersR 96, 918). Auch im Falle des Alkohol- oder Drogenmissbrauchs kann von einem Ausschluss der freien Willensbestimmung nur dann ausgegangen werden, wenn auf Grund des suchtbedingten Persönlichkeitsabbaus derartige psychopathologische Störungen vorliegen, dass eine freie Willensentscheidung nicht mehr möglich ist (Bay ObLG 2003, 216; Naumburg NJW 2005, 2017).

6 **b) Sog »lichte Momente«.** Die Formulierung »befindet« in § 104 Nr 2 ist so auszulegen, dass es sich um einen zum Zeitpunkt der Abgabe der Willenserklärung aktuellen Zustand handeln muss (MüKo/*Schmitt* Rn 13). In Fällen sog lichter Momente, in denen der sonst die Voraussetzungen von § 104 Nr 2 Erfüllende in der Lage zur freien Willensbestimmung ist, ist daher die Geschäftsfähigkeit gegeben.

7 **D. Rechtsfolgen.** Willenserklärungen des Geschäftsunfähigen sind nach § 105 nichtig (iE vgl § 105). Willenserklärungen, die dem Geschäftsunfähigen ggü abgegeben werden, werden nach § 131 Abs 1 erst wirksam, wenn sie dessen gesetzlichem Vertreter zugehen (vgl § 131).

8 **E. Beweislast.** Da das BGB vom Regelfall der Geschäftsfähigkeit ausgeht, hat, wer sich auf die Geschäftsunfähigkeit beruft, diesen Umstand zu beweisen (BayObLG MDR 1968, 149). In Fällen der altersbedingten Geschäftsunfähigkeit nach Nr 1 ist dieser Beweis im Normalfall ohne größere Probleme möglich. In Fällen der krankheitsbedingten Geschäftsunfähigkeit nach Nr 2 hat derjenige, der sich darauf beruft, die die freie Willensbestimmung ausschließende krankhafte Störung der Geistestätigkeit zu beweisen. Die Gegenseite ist dann im Hinblick auf ggf behauptete lichte Momente beweispflichtig (BGH NJW 1988, 3011).

§ 105 Nichtigkeit der Willenserklärung. **[1] Die Willenserklärung eines Geschäftsunfähigen ist nichtig.**

[2] Nichtig ist auch eine Willenserklärung, die im Zustand der Bewusstlosigkeit oder vorübergehender Störung der Geistestätigkeit abgegeben wird.

1 **A. Allgemeines.** § 105 dient dem Schutz der Geschäftsunfähigen, Bewusstlosen und vorübergehend Geistesgestörten vor den Folgen in diesem Zustand abgegebener Willenserklärungen. Die Rechtsfolge der Nichtigkeit dieser Erklärungen ergibt sich daher unabhängig von der Kenntnis des Geschäftspartners von der Geschäftsunfähigkeit oder den Umständen nach § 105 Abs 2 (BGH NJW 1977, 623; ZIP 1988, 831). Der gute Glaube an die Geschäftsfähigkeit ist also nicht geschützt.

2 **B. Willenserklärungen.** Der Anwendungsbereich von § 105 ist dem Wortlaut nach auf Willenserklärungen begrenzt. Auf Rechtshandlungen, dh Handlungen, die weder ein Rechtsgeschäft noch eine rechtswidrige Handlung darstellen, bei denen aber dennoch eine Rechtsfolge maßgeblich an den Willen des Betroffenen anknüpft, ist § 105 jedoch entspr anwendbar, ebenso auf geschäftsähnliche Handlungen, dh Erklärungen, die nicht auf den Eintritt einer Rechtsfolge, sondern auf das Erreichen eines tatsächlichen Erfolges gerichtet sind, aber dennoch Folgen für die Rechtsverhältnisse des Betroffenen haben, zB die Fristsetzung nach § 281 Abs 1 S 1 oder die Mahnung nach § 286 (MüKo/*Schmitt* Rn 10 ff; Palandt/*Heinrichs*, Überbl v § 104 Rn 4 ff). Auf Realakte, dh Handlungen, welche keinen rechtlichen Erfolg zum Ziel haben, zB den Erwerb oder die Aufgabe des Besitzes, die Verbindung, Vermischung oder Verarbeitung nach §§ 946 ff oder den Schatzfund nach § 984, ist § 105 hingegen nicht anwendbar (MüKo/*Schmitt* Rn 14; Palandt/*Heinrichs*, Überbl v § 104 Rn 9 f).

3 **C. Geschäftsunfähigkeit, Abs 1.** Im Interesse eines umfassenden Schutzes des Geschäftsunfähigen ordnet § 105 Abs 1 die Nichtigkeit aller Willenserklärungen eines nach § 104 Geschäftsunfähigen (dazu vgl § 104), unabhängig von deren rechtlicher oder wirtschaftlicher Vorteilhaftigkeit oder auch der objektiven Vernünftigkeit, an. Eine Einschränkung erfährt diese Regelung allerdings durch § 105a, wonach für Geschäfte des täglichen Lebens, welche ein volljähriger Geschäftsunfähiger mit geringwertigen Mitteln bewirkt hat, eine Wirksamkeitsfiktion gilt (dazu vgl § 105a).

4 **D. Beeinträchtigungen nach Abs 2.** Gem § 105 Abs 2 sind auch die im Zustand der Bewusstlosigkeit oder der vorübergehenden Störung der Geistestätigkeit abgegebenen Willenserklärungen nichtig. Für diese Einschränkungen der freien Willensbestimmung trifft § 105a keine Sonderregelung für Alltagsgeschäfte. **I. Bewusstlosigkeit.** Der Begriff der Bewusstlosigkeit ist nicht iSd völligen Fehlens des Bewusstseins zu verstehen, da in einem derartigen Fall schon der für die Abgabe einer Willenserklärung erforderliche Handlungswille fehlte; Bewusstlosigkeit iSv § 105 Abs 2 Alt 1 ist vielmehr als umfassende Bewusstseinstrübung, welche dazu führt, dass dem Betroffenen keine Erkenntnis über Umfang und Wesen der abgegebenen Willenserklä-

rung mehr möglich ist, zu begreifen (BGH WM 1972, 972; Staud/*Knothe* Rn 12). Denkbar ist dies zB in Fällen hochgradiger Trunkenheit, idR erst ab einem Blutalkoholgehalt von mehr als 3 Promille (BGH NJW 91, 852), erheblichen Drogenkonsums, des Fieberwahns, Nachtwandelns, im Falle eines epileptischen Anfalls oder unter Hypnose (PWW/*Völzmann-Stickelbrock* Rn 4).

II. Vorübergehende Störung der Geistestätigkeit. Eine vorübergehende Störung der Geistestätigkeit iSd § 105 Abs 2 Alt 2 setzt wie § 104 Nr 2 eine geistige Störung, durch welche die freie Willensbildung ausgeschlossen wird, voraus, nur mit dem Unterschied, dass die Störung hier lediglich vorübergehender Natur ist. Auch wenn § 105 Abs 2 Alt 2 dies nicht ausdrücklich erwähnt, ist wie auch bei § 104 Nr 2 eine krankhafte Störung, welche den Ausschluss der freien Willensbestimmung zur Folge hat, erforderlich (RGZ 74, 110ff; 162, 228; Staud/*Knothe* Rn 13). 5

E. Rechtsfolgen/Beweislast. Rechtsfolge der gem § 105 Abs 1 durch Geschäftsunfähige oder gem § 105 Abs 2 sich im Zustand der Bewusstlosigkeit oder vorübergehenden Störung der Geistestätigkeit Befindenden abgegebenen Willenserklärungen ist die Nichtigkeit der betreffenden Erklärungen. Falls zwecks Erfüllung des nichtigen Vertrages bereits Leistungen ausgetauscht wurden, erfolgt die Rückabwicklung nach §§ 812 ff. Wurde zwecks Erfüllung des nichtigen Vertrages eine Arbeitsleistung erbracht, ist nach den Regeln über das faktische Arbeitsverhältnis das vereinbarte Arbeitsentgelt für diese geschuldet. Wer sich auf die Nichtigkeit beruft, hat das Vorliegen der Voraussetzungen von § 105 Abs 1 oder 2 zu beweisen. 6

§ 105a Geschäfte des täglichen Lebens.

Tätigt ein volljähriger Geschäftsunfähiger ein Geschäft des täglichen Lebens, das mit geringwertigen Mitteln bewirkt werden kann, so gilt der von ihm geschlossene Vertrag in Ansehung von Leistung und, soweit vereinbart, Gegenleistung als wirksam, sobald Leistung und Gegenleistung bewirkt sind. Satz 1 gilt nicht bei einer erheblichen Gefahr für die Person oder das Vermögen des Geschäftsunfähigen.

A. Allgemeines. § 105a eröffnet volljährigen Geschäftsunfähigen die Möglichkeit, selbstständig einige Geschäfte des täglichen Lebens zu tätigen. Zweck der Vorschrift ist die Förderung der sozialen Emanzipation und Eigenverantwortlichkeit geistig Behinderter und Beseitigung der Beschränkungen, die über das notwendige Maß hinausgehen (Palandt/*Heinrichs* Rn 1; Staud/*Knothe* Rn 1 f). 1

B. Volljähriger Geschäftsunfähiger. Der Anwendungsbereich des § 105a erstreckt sich ausschließlich auf volljährige Geschäftsunfähige. Aufgrund des eindeutigen Wortlautes verbietet sich eine Auslegung der Norm, welche den Anwendungsbereich auf minderjährige Geschäftsunfähige nach § 104 Nr 1 sowie auf Personen, welche gem § 105 Abs 2 bewusstlos sind oder einer vorübergehenden Störung der Geistestätigkeit unterliegen, erweitert (so auch *Joussen* ZGS 2003, 101 ff; Staud/*Knothe* Rn 4). 2

C. Geschäfte des täglichen Lebens. Der sachliche Anwendungsbereich von § 105a umfasst Geschäfte des täglichen Lebens. Was darunter zu verstehen ist, erklärt sich aus dem Normzweck, geistig Behinderten, soweit dies möglich ist, ein eigenverantwortliches Alltagsleben zu ermöglichen. Es sind daher typische Alltagsgeschäfte umfasst, wobei nicht erforderlich ist, dass das Geschäft täglich geschlossen wird (Staud/*Knothe* Rn 5). Alltagsgeschäfte sind sowohl Erwerbsgeschäfte über Gegenstände des täglichen Bedarfs, zB Lebensmittel, Kosmetika, Presseerzeugnisse, Textilien, als auch Geschäfte über einfache Dienst- oder Werkleistungen, zB solche des Friseurs oder Fahrten im Personennahverkehr. Auch die sog Anstandsschenkung geringwertiger Sachen ist noch als Alltagsgeschäft einzustufen (Palandt/*Heinrichs* Rn 3). Nicht umfasst sind Haustürgeschäfte nach § 312 Abs 1 und Fernabsatzgeschäfte nach § 312b sowie Mietverträge (vgl dazu PWW/*Völzmann-Stickelbrock* Rn 3). 3

D. Bewirkung mit geringwertigen Mitteln. Das Geschäft muss mit geringfügigen Mitteln bewirkbar sein. Bei der Auslegung dieses sehr unbestimmten Merkmals ist im Interesse der Rechtssicherheit hinsichtlich der Geringfügigkeit nicht auf die individuelle Vermögenssituation des Geschäftsunfähigen, sondern auf einen durchschnittlichen Preis- und Einkommensmaßstab abzustellen (BTDrs 14/9266 S 43; Staud/*Knothe* Rn 7). Bei Verträgen, die mehrere Leistungen umfassen, ist auf den Gesamtwert abzustellen. Fraglich ist, ob der Begriff der »Mittel« nur Sachleistungen umfasst oder zB auch die Arbeitskraft bei Vornahme geringfügiger Arbeitsleistungen darunter fällt. Der Ausschluss der Rückforderung geleisteten Arbeitsentgelts ergibt sich jedoch zumindest aus den Grundsätzen des faktischen Arbeitsverhältnisses (Staud/*Knothe* Rn 7). 4

E. Bewirkung von Leistung und Gegenleistung. Die Wirksamkeitsfiktion von § 105a S 1 tritt dem Wortlaut nach erst ein, wenn Leistung und Gegenleistung bewirkt sind. Das Geschäft muss also grds von beiden Seiten bewirkt worden sein. Unter der »Bewirkung« ist dabei die Herbeiführung des Leistungserfolges gem § 362 zu verstehen. Ist für die diesbezüglich erforderliche Leistung die Vornahme eines Rechtsgeschäfts notwendig, zB für die Übereignung nach § 929 S 1 die Abgabe einer Einigungserklärung, ist auch dieses als wirksam zu fingieren, da sonst in diesen Fällen immer das Bewirken der Leistung scheiterte, die Vorschrift des § 105a also weitestgehend leer liefe (*Casper* NJW 2002, 3427 f; *Joussen* ZGS 2003, 104 f; Staud/*Knothe* Rn 8 f; aA *Löhnig/Schärtl* AcP 204, 38 ff). Bei mangelhafter oder unvollständiger Leistung tritt keine Erfüllung ein. 5

6 **F. Keine erhebliche Gefährdung.** Nach S 2 ergibt sich ein Ausschluss, wenn das Geschäft eine erhebliche Gefährdung für Vermögen oder Person des Geschäftsunfähigen mit sich bringt. Der Begriff der Person umfasst die Rechtsgüter Leben, Körper und Gesundheit sowie Freiheit. Eine Vermögensgefährdung kommt bei verschwenderischen oder in hohem Maße wirtschaftlich nachteiligen Geschäften in Betracht. Eine Erheblichkeit der Gefahr iSd S 2 setzt zum einen eine gewisse Wahrscheinlichkeit der Verwirklichung des mit ihr verbundenen Risikos voraus, zum anderen muss im Fall ihrer Verwirklichung das Wohl des Geschäftsunfähigen in erheblicher Weise beeinträchtigt werden (PWW/*Völzmann-Stickelbrock* Rn 6). Maßstab dafür ist die individuelle persönliche Situation bzw. Vermögenslage des Geschäftsunfähigen. Es ist also immer eine Einzelfallbetrachtung und -abwägung unter Berücksichtigung aller Umstände vorzunehmen. Auf die Erkennbarkeit der Gefährdung für den Vertragspartner kommt es nicht an (PWW/*Völzmann-Stickelbrock* Rn 6).

7 **G. Rechtsfolgen/Beweislast.** Rechtsfolge von § 105a S 1 ist eine ex nunc eintretende Wirksamkeitsfiktion, deren Reichweite jedoch umstritten ist. Einigkeit besteht dahingehend, dass die Wirksamkeitsfiktion sowohl einen Rechtsgrund zum Behaltendürfen gem § 812 Abs 1 S 1 Alt 1 darstellt als auch ein Recht zum Besitz gem § 986 beinhaltet. Umstritten ist, wie sich § 105a im Hinblick auf sonstige, normalerweise bei Wirksamkeit des Vertrages gegebene Rechte und Pflichten auswirkt, ob also der Geschäftsunfähige oder der andere Teil zB auch Leistungsstörungsrechte geltend machen kann. Ein Teil der Lit sieht es als für den Geschäftsunfähigen nicht hinnehmbar an, wenn er auf Rechte verzichten soll, die er als Geschäftsfähiger hätte und nimmt daher an, dass dem Geschäftsunfähigen sämtliche Rechte aus dem Vertrag zustehen, er seinerseits jedoch keinen Ansprüchen ausgesetzt sei (*Casper* NJW 2002, 3427; Palandt/*Heinrichs* Rn 6; PWW/*Völzmann-Stickelbrock* Rn 8). Dies ist jedoch abzulehnen, da § 105a den Vertrag »nur in Ansehung von Leistung und … Gegenleistung« als wirksam fingiert, weitergehende Ansprüche somit schon nicht mehr vom Wortlaut gedeckt sind. Da zudem bei mangelhafter Leistung auch kein Bewirken iSd § 105a vorliegt (vgl Rz 6), besteht für eine derartige Auslegung auch kein Anwendungsspielraum (vgl *Joussen* ZGS 2003, 104; *Löhnig/Schärtl* AcP 204, 44 ff; Staud/*Knothe* Rn 11 f). Da § 105a S 1 eine Ausn vom Grundsatz der Unwirksamkeit des Geschäfts eines Geschäftsunfähigen darstellt, muss derjenige das Vorliegen der Voraussetzungen beweisen, der sich auf die Wirksamkeitsfiktion beruft. Wer sich dann trotz des Vorliegens der Voraussetzungen von S 1 darauf beruft, dass das Geschäft nach S 2 unwirksam sei, hat wiederum das Vorliegen der Voraussetzungen dieser Ausn von S 1 zu beweisen.

§ 106 Beschränkte Geschäftsfähigkeit. **Ein Minderjähriger, der das siebente Lebensjahr vollendet hat, ist nach Maßgabe der §§ 107 bis 113 in der Geschäftsfähigkeit beschränkt.**

1 **A. Allgemeines.** Neben der Geschäftsunfähigkeit ist die beschränkte Geschäftsfähigkeit die zweite Art der Abweichung vom Grundsatz der unbeschränkten Geschäftsfähigkeit. Zweck des Instituts der beschränkten Geschäftsfähigkeit ist zum einen, wie bei der Geschäftsunfähigkeit, der Schutz des Minderjährigen vor den Risiken von Rechtsgeschäften, deren Tragweite er noch nicht voll erfassen kann. Zum anderen steht hinter diesem Institut jedoch auch eine Erziehungsfunktion: der Minderjährige soll langsam an die mit der Erlangung der vollen Geschäftsfähigkeit erforderliche selbstständige Vornahme von Rechtsgeschäften herangeführt werden. Und nicht zuletzt soll natürlich auch dem Interesse des Geschäftspartners nach Rechtssicherheit genügt werden (Staud/*Knothe* Rn 2 ff). § 106 regelt allein den Anwendungsbereich der §§ 107 bis 113. Inhalt und Umfang der beschränkten Geschäftsfähigkeit ist dann in den §§ 107 bis 113 geregelt; § 106 trifft darüber noch keine Aussagen.

2 **B. Minderjährige über sieben Jahre.** § 106 regelt den Personenkreis, auf den die Regelungen über die beschränkte Geschäftsfähigkeit Anwendung finden sollen, abschließend. Die beschränkte Geschäftsfähigkeit erlangen Minderjährige mit Vollendung des siebenten Lebensjahres, also gem §§ 187 Abs 2 S 1, 188 Abs 2 Alt 2 um 24 Uhr am Vortag des siebenten Geburtstages. Die beschränkte Geschäftsfähigkeit endet wiederum mit Eintritt in die Volljährigkeit, also nach §§ 187 Abs 2 S 1, 188 Abs 2 Alt 2 am Tag vor dem 18. Geburtstag um 24 Uhr.

3 **C. Weitere Sondervorschriften.** Weitere Sondervorschriften für beschränkt Geschäftsfähige enthalten die §§ 165, 179 Abs 3 S 2 für das Handeln als Vertreter, § 131 Abs 2 für den Zugang von Willenserklärungen sowie die §§ 210, 1411, 1516, 1596, 1600a Abs 2, 1626c Abs 2, 1746, 2229 Abs 2, 2275 Abs 2, 2296, 2347 Abs 2 und 2351. Für Minderjährige enthalten darüber hinaus noch die §§ 1303, 2229 Abs 1, 2233 Abs 1 und 2247 Abs 4 Sonderregelungen.

4 **D. Beweislast.** Die Beweislast für das Vorliegen der beschränkten Geschäftsfähigkeit zum Zeitpunkt der Abgabe einer Willenserklärung trägt derjenige, der sich darauf beruft. Da die beschränkte Geschäftsfähigkeit jedoch allein an das Alter anknüpft, sind Beweisschwierigkeiten nur in seltenen Fällen, zB bei Unklarheit über das genaue Datum des Geburtstages, denkbar.

§ 107 Einwilligung des gesetzlichen Vertreters. Der Minderjährige bedarf zu einer Willenserklärung, durch die er nicht lediglich einen rechtlichen Vorteil erlangt, der Einwilligung seines gesetzlichen Vertreters.

A. Allgemeines. § 107 regelt nicht nur den Grundsatz, dass für Geschäfte von beschränkt Geschäftsfähigen die Einwilligung des gesetzlichen Vertreters notwendig ist. Die Norm enthält zugleich auch die Ausn, dass lediglich rechtlich vorteilhafte Geschäfte davon nicht erfasst sind. Zweck der Regelung ist es auf der einen Seite, dem beschränkt Geschäftsfähigen die selbstständige Vornahme von Rechtsgeschäften zu ermöglichen, diesen jedoch andererseits auch vor Risiken, die die Eingehung von Verbindlichkeiten mit sich bringt, zu schützen. Zudem soll auch dem Interesse des Geschäftspartners und des Rechtsverkehrs nach Rechtssicherheit Rechnung getragen werden, indem nicht an die wirtschaftliche Vorteilhaftigkeit des Geschäfts, sondern an die erheblich leichter bestimmbare rechtliche Vorteilhaftigkeit angeknüpft wird (vgl Staud/*Knothe* Rn 4 f). 1

B. Einwilligung des gesetzlichen Vertreters. Grds ist gem § 107 für die Abgabe von Willenserklärungen durch beschränkt Geschäftsfähige die Einwilligung des gesetzlichen Vertreters nötig. Der persönliche Anwendungsbereich des § 107 ergibt sich aus § 106. Sachlich ist § 107 nicht nur auf Willenserklärungen, sondern auch auf Rechtshandlungen und geschäftsähnliche Handlungen, nicht aber auf Realakte anzuwenden (vgl § 105 Rn 2). **I. Gesetzlicher Vertreter.** Gesetzlicher Vertreter iSd § 107 sind grds die Eltern, da die elterliche Sorge gem §§ 1626, 1629 auch die Vertretung umfasst. Soweit ein Elternteil die elterliche Sorge allein ausüben darf oder ihm die Entscheidung nach § 1628 Abs 1 übertragen wurde, vertritt dieser Elternteil allein das Kind. Falls das Kind nicht unter elterlicher Sorge steht oder die Eltern in der betreffenden Angelegenheit nicht zur Vertretung berechtigt sind, ist gem §§ 1773 ff der bestellte oder zu bestellende Vormund zuständig; bei Verhinderung der Eltern bzw des Vormundes übernimmt ein zu bestellender Vertreter gem § 1909 ff die Vertretung. 2

II. Einwilligung. Die Einwilligung iSd § 107 ist eine einseitige Willenserklärung des gesetzlichen Vertreters mit dem Inhalt der vorherigen Zustimmung (§ 183) zu einer Willenserklärung des beschränkt Geschäftsfähigen. Die Einwilligung kann formfrei, also auch konkludent, ggü dem Minderjährigen oder dessen Geschäftspartner erklärt werden. Es kann sowohl eine Spezialeinwilligung, welche nur ein bestimmtes Rechtsgeschäft umfasst, als auch eine Generaleinwilligung, welche einen bestimmten Kreis im Vorfeld noch nicht genau bestimmter Rechtsgeschäfte umfasst (BGH NJW 77, 622), erteilt werden. Letztere ist jedoch im Zweifel eng auszulegen und darf sich nicht auf sämtliche Rechtsgeschäfte des beschränkt Geschäftsfähigen beziehen, da sonst kein effektiver Schutz seiner Rechtsgüter und Interessen mehr gewährleistet wäre (BGHZ 47, 359; Palandt/*Heinrichs* Rn 9; PWW/*Völzmann-Stickelbrock* Rn 3). Ein Anspruch des beschränkt Geschäftsfähigen auf Erteilung einer Einwilligung ist grds abzulehnen (Palandt/*Heinrichs* Rn 11). Bei Gefährdung des körperlichen, geistigen oder seelischen Wohls kann das Familiengericht gem § 1666 die erforderlichen Maßnahmen treffen und nach Abs 2 auch die Einwilligung der Eltern ersetzen. 3

C. Lediglich rechtlicher Vorteil. Vom Grundsatz des Erfordernisses der Einwilligung weicht § 107 in den Fällen ab, in denen die Willenserklärung lediglich rechtlich vorteilhaft ist. In diesen Fällen entfällt das Schutzbedürfnis des Minderjährigen, dem sonst mit dem Einwilligungserfordernis Genüge getan werden soll. **I. Begriff.** Bei der Frage des lediglich rechtlichen Vorteils ist allein auf die rechtlichen Folgen der Willenserklärung abzustellen, nicht auf die wirtschaftliche Vorteilhaftigkeit für den Minderjährigen; die Rechtsstellung des Minderjährigen muss durch die Abgabe der Willenserklärung ausschließlich verbessert werden (BGH NJW 05, 415; BGHZ 161 170; aA *Stürner* AcP 173, 402). Typischer Fall eines lediglich rechtlich vorteilhaften gegenseitigen Vertrages ist die Schenkung, wenn der Minderjährige der Empfänger derselben ist. Durch die Annahme einer Schenkung werden grds keine rechtlichen Pflichten des Minderjährigen begründet. Auch die Annahme der Schenkung eines voll eingezahlten Kommanditanteils ist lediglich rechtlich vorteilhaft, sofern der Minderjährige nicht persönlich verpflichtet wird (Bremen NZG 2008, 750 f). Alle weiteren gegenseitigen Verträge sind grds nicht lediglich rechtlich vorteilhaft, da sie auch Verpflichtungen begründen, zB die Rückgabe- und Erhaltungspflichten bei der Leihe (§§ 604, 601) oder die Verpflichtung zum Aufwendungsersatz bei der Verwahrung (§ 693) oder dem Auftrag (§ 670). 4

Auch bei einseitigen Rechtsgeschäften ist ausschlaggebend, ob der Minderjährige lediglich einen rechtlichen Vorteil erlangt, was zB bei Kündigung eines zinslosen Darlehens der Fall ist, wenn der Minderjährige Darlehensgeber ist, oder ob er eine Rechtsposition einbüßt, zB bei Ausschlagung einer Erbschaft. Unerheblich ist, ob die Rechtsfolgen durch Gesetz oder auf Grund eines Rechtsgeschäfts eintreten (BGHZ 53, 173, 178). Für die Frage der lediglich rechtlichen Vorteilhaftigkeit bleiben eventuell daraus resultierende Ansprüche aus ungerechtfertigter Bereicherung oder Delikt außer Betracht (MüKo/*Schmitt* Rn 32; PWW/*Völzmann-Stickelbrock* Rn 6). 5

II. Neutrale Geschäfte. Da der Minderjährige nur im Hinblick auf rechtliche Nachteile schutzbedürftig ist, sind rechtlich neutrale Geschäfte, auch wenn der Wortlaut von § 107 diese nicht erfasst, ebenfalls nicht zustimmungspflichtig (MüKo/*Schmitt* Rn 33 ff; Palandt/*Heinrichs* Rn 7). Dafür spricht auch, dass ein typischer Fall des neutralen Geschäfts eine gesetzliche Regelung erfahren hat, welche vom Einwilligungserforder- 6 nis absieht, nämlich der der Stellvertretung durch den Minderjährigen gem § 165. Weitere Beispiele für rechtlich neutrale Geschäfte sind die Übereignung fremder Sachen mit Ermächtigung durch den Eigentümer gem § 185 Abs 1 oder als Nichtberechtigter gem §§ 932 ff sowie die Leistungsbestimmung durch den Minderjährigen als Dritten gem § 317.

7 **III. Öffentliche Lasten/Dingliche Lasten.** Grds ist ein rechtlicher Nachteil iSd § 107 nur dann anzunehmen, wenn den Minderjährigen privatrechtliche Pflichten treffen (BayObLG NJW 1967, 1912; NJW 1968, 941; MüKo/*Schmitt* Rn 39; Palandt/*Heinrichs* Rn 3). Öffentliche Lasten wie Steuern, Abgaben und Gebühren sind daher normalerweise nicht als rechtliche Nachteile anzusehen (BGH NJW 2005, 417). Die Zuwendung einer dinglich belasteten Sache ist grds nicht rechtlich nachteilhaft, da dem Minderjährigen schlimmstenfalls lediglich die Zwangsvollstreckung in das Grundstück droht, er jedoch nicht persönlich verpflichtet wird (BGH NJW 2005, 415 ff). Als lediglich rechtlich vorteilhaft ist zudem auch die Schenkung unter dem Vorbehalt der zeitgleich mit der Übereignung erfolgenden dinglichen Belastung anzusehen, denn auch hier verliert der Minderjährige keine Rechtspositionen, die er zuvor innehatte (mwN MüKo/*Schmitt* Rn 41; PWW/*Völzmann-Stickelbrock* Rn 10). Anders verhält es sich hingegen bei der dinglichen Belastung eines Grundstücks mit einer Reallast oder im Falle eines bestehenden Miet- oder Pachtverhältnisses. Dies ist als rechtlich nachteilhaft anzusehen, da hier den Erwerber persönliche Leistungspflichten treffen (BGH NJW 2005, 1430 f; MüKo/*Schmitt* Rn 40).

8 **D. Beweislast.** Die Beweislast für das Vorliegen der Einwilligung des gesetzlichen Vertreters bzw. die lediglich rechtliche Vorteilhaftigkeit trägt die Partei, die sich auf die Wirksamkeit des Vertrages beruft.

§ 108 Vertragsschluss ohne Einwilligung.

[1] Schließt der Minderjährige einen Vertrag ohne die erforderliche Einwilligung des gesetzlichen Vertreters, so hängt die Wirksamkeit des Vertrags von der Genehmigung des Vertreters ab.

[2] Fordert der andere Teil den Vertreter zur Erklärung über die Genehmigung auf, so kann die Erklärung nur ihm gegenüber erfolgen; eine vor der Aufforderung dem Minderjährigen gegenüber erklärte Genehmigung oder Verweigerung der Genehmigung wird unwirksam. Die Genehmigung kann nur bis zum Ablauf von zwei Wochen nach dem Empfang der Aufforderung erklärt werden; wird sie nicht erklärt, so gilt sie als verweigert.

[3] Ist der Minderjährige unbeschränkt geschäftsfähig geworden, so tritt seine Genehmigung an die Stelle der Genehmigung des Vertreters.

1 **A. Allgemeines.** § 108 regelt den Fall, dass ein beschränkt Geschäftsfähiger ohne die erforderliche Einwilligung seines gesetzlichen Vertreters einen Vertrag schließt. Der Vertrag ist in diesem Fall zunächst schwebend unwirksam, dh es lassen sich noch keine Rechtsfolgen aus ihm ableiten, er kann jedoch mit Erteilung der Genehmigung noch wirksam werden.

2 **B. Genehmigung.** Die Genehmigung iSd § 108 Abs 1 ist eine einseitige empfangsbedürftige Willenserklärung, die keinem Formerfordernis unterliegt. Die Genehmigung kann also auch konkludent erklärt werden. Da sie jedoch der Auslegung nach §§ 133, 157 unterliegt, ist, wie bei anderen Erklärungen auch, der objektive Empfängerhorizont maßgeblich. Es ist daher zunächst erforderlich, dass es für den Vertragspartner des beschränkt Geschäftsfähigen überhaupt erkennbar ist, dass eine Genehmigung konkludent erteilt wird. Dies kann nur dann bejaht werden, wenn der Vertragspartner sich der schwebenden Unwirksamkeit des Vertrages bewusst ist oder er diese zumindest für möglich hält (BGH NJW 1988, 1200). Eine konkludente Genehmigung liegt zB vor, wenn die Eltern eines beschränkt Geschäftsfähigen einen von diesem gekauften Flugschein nicht unmittelbar nach dessen Ankunft zurückgeben, sondern diesen zum vorgesehenen Zeitpunkt für den Rückflug nutzen (LG Düsseldorf RRa 2003, 173). Die Genehmigung des gesetzlichen Vertreters hat gem § 108 Abs 1 S 1 die Wirksamkeit des Vertrages ex tunc zur Folge. Grds kann die Genehmigung ggü dem Minderjährigen oder dessen Vertragspartner erklärt werden.
Verweigert der gesetzliche Vertreter die Genehmigung, wird der Vertrag ex tunc unwiderruflich unwirksam (BGHZ 13, 179, 187). Die Verweigerung der Genehmigung ist, ebenso wie die Genehmigung selbst, eine einseitige empfangsbedürftige nicht formgebundene Willenserklärung (Palandt/*Heinrichs* Rn 3).

3 **C. Aufforderung zur Genehmigung.** Gem § 108 Abs 2 kann der Vertragspartner des beschränkt Geschäftsfähigen den gesetzlichen Vertreter zur Genehmigung auffordern. Die Aufforderung zur Genehmigung ist eine einseitige geschäftsähnliche Handlung, die keinem Formerfordernis unterliegt (MüKo/*Schmitt* Rn 26). Sie ist ausschließlich an den gesetzlichen Vertreter zu richten, falls nicht der beschränkt Geschäftsfähige mittlerweile unbeschränkt geschäftsfähig geworden ist und damit nach § 108 Abs 3 selbst über die Erteilung der Genehmigung zu entscheiden hat. Bei Verweigerung der Genehmigung erfolgt die Rückabwicklung der bereits erfolgten Leistungen bei Vorliegen einer Vindikationslage nach § 985, sonst nach Bereicherungsrecht.

4 **D. Eintritt der vollen Geschäftsfähigkeit.** Mit Erreichen des 18. Lebensjahres und dem damit verbundenen Eintritt in die volle Geschäftsfähigkeit tritt gem Abs 3 die Genehmigung des ehemals beschränkt Geschäftsfähigen an Stelle der des gesetzlichen Vertreters. Für seine Genehmigung gelten dieselben Voraussetzungen wie

für die des gesetzlichen Vertreters. Setzt der nun Volljährige den Vertrag fort, erbringt er also zB die vertraglich geschuldete Leistung, ist darin eine konkludente Genehmigung des Vertrages zu sehen (LG Regensburg VersR 2004, 722 f).

E. Beweislast. Die Beweislast für das Vorliegen der Genehmigung und für ihre Rechtzeitigkeit trägt derjenige, der sich auf die Wirksamkeit des Vertrages beruft. Für die Aufforderung nach § 108 Abs 2 ist jedoch der Vertragspartner beweispflichtig. Hat ein mittlerweile Volljähriger nach § 108 Abs 3 die Genehmigung erteilt, beruft sich dann aber darauf, dass zuvor schon die Genehmigung durch seinen gesetzlichen Vertreter verweigert worden war, ist er für diesen Umstand beweispflichtig (BGH NJW 1989, 1728). 5

§ 109 Widerrufsrecht des anderen Teils.

[1] Bis zur Genehmigung des Vertrags ist der andere Teil zum Widerruf berechtigt. Der Widerruf kann auch dem Minderjährigen gegenüber erklärt werden. [2] Hat der andere Teil die Minderjährigkeit gekannt, so kann er nur widerrufen, wenn der Minderjährige der Wahrheit zuwider die Einwilligung des Vertreters behauptet hat; er kann auch in diesem Falle nicht widerrufen, wenn ihm das Fehlen der Einwilligung bei dem Abschluss des Vertrags bekannt war.

A. Allgemeines. Die schwebende Unwirksamkeit des ohne Einwilligung mit einem beschränkt Geschäftsfähigen geschlossenen Geschäfts kann mit dem Interesse des Vertragspartners nach Rechts- und auch Planungssicherheit in Widerspruch stehen. § 109 Abs 1 erlaubt dem Vertragspartner, der die Minderjährigkeit nicht kannte, sich durch Widerruf während der Schwebezeit vom Vertrag zu lösen. 1

B. Voraussetzungen des Widerrufs. Der Widerruf nach § 109 Abs 1 ist nur zulässig, solange die Genehmigung noch aussteht, der Vertrag also noch schwebend unwirksam ist. Mit Erklärung der Genehmigung, auch wenn diese nur dem Minderjährigen ggü erklärt wird, erlischt das Widerrufsrecht. Anderes gilt jedoch, wenn der gesetzliche Vertreter nach Erklärung der Genehmigung ggü dem Minderjährigen nach § 108 Abs 2 noch von dessen Vertragspartner zur Erklärung der Genehmigung aufgefordert wird; dann lebt der zuvor beendete Schwebezustand und damit auch das Widerrufsrecht wieder auf. Der andere Teil kann dann den Vertrag widerrufen, er hat jedoch zuvor dem gesetzlichen Vertreter eine angemessene Zeit zur Genehmigung zu gewähren, da die Aufforderung zur Genehmigung nur zum Zwecke des Widerrufs rechtsmissbräuchlich wäre (MüKo/*Schmitt* Rn 9; PWW/*Völzmann-Stickelbrock* Rn 2; aA mwN Staud/*Knothe* Rn 4; *Wilhelm*, NJW 1992, 1666 f). 2

C. Ausschluss des Widerrufs. Der Widerruf ist gem Abs 2 ausgeschlossen, wenn der Vertragspartner die Minderjährigkeit kannte. Fahrlässige Unkenntnis schadet hingegen nicht; den Vertragspartner treffen keine Nachforschungspflichten (PWW/*Völzmann-Stickelbrock* Rn 3; Staud/*Knothe* Rn 4). Eine Ausn vom Ausschluss des Widerrufsrechts besteht gem Abs 2 Hs 1 nur dann, wenn der Minderjährige wahrheitswidrig das Vorliegen einer Einwilligung seines gesetzlichen Vertreters behauptet hat. Von diesem Ausschluss macht Abs 2 Hs 2 wiederum eine Ausn in dem Fall, dass das Fehlen der Einwilligung dem Vertragspartner ebenfalls bekannt war. Es ist positive Kenntnis des Nichtvorhandenseins der Einwilligung erforderlich; bloße Zweifel hinsichtlich ihres Vorliegens reichen also nicht (MüKo/*Schmitt* Rn 14; PWW/*Völzmann-Stickelbrock*; Staud/*Knothe* Rn 4). 3

D. Beweislast. Die Beweislast für die Kenntnis des anderen Teils von der Minderjährigkeit oder der fehlenden Einwilligung trägt der Minderjährige. Der andere Teil hingegen trägt die Beweislast für eine wahrheitswidrige Behauptung der Einwilligung des gesetzlichen Vertreters. Dies ergibt sich aus der Formulierung von § 109 Abs 2. 4

§ 110 Bewirken der Leistung mit eigenen Mitteln.

Ein von dem Minderjährigen ohne Zustimmung des gesetzlichen Vertreters geschlossener Vertag gilt als von Anfang an wirksam, wenn der Minderjährige die vertragsgemäße Leistung mit Mitteln bewirkt, die ihm zu diesem Zweck oder zu freier Verfügung von dem Vertreter oder mit dessen Zustimmung von einem Dritten überlassen worden sind.

A. Allgemeines. Nach den §§ 107, 108 hat der gesetzliche Vertreter eines beschränkt Geschäftsfähigen nur die Möglichkeit, entweder jedem einzelnen Geschäft zuzustimmen oder, mit entspr weit reichenden Folgen, einen beschränkten Generalkonsens zu erteilen. Eine Beschränkung auf diese Möglichkeiten liefe jedoch dem Erfordernis, einen Minderjährigen allmählich auf die Erlangung der vollen Geschäftsfähigkeit vorzubereiten, zuwider. Im Hinblick auf diese Problematik soll § 110 Abhilfe schaffen, indem er ermöglicht, dass Verträge, bei denen ein Minderjähriger die von ihm nach dem Vertrag zu erbringende Leistung mit Mitteln bewirkt, die ihm zumindest mit Zustimmung des gesetzlichen Vertreters zur freien Verfügung überlassen wurden, wirksam sind. § 110 spiegelt damit auch die gängige Praxis wider, dass Eltern ihren Kindern ein Taschengeld überlassen und wird daher häufig, wenn auch nicht ganz treffend, als »Taschengeldparagraph« bezeichnet (Staud/*Knothe* Rn 1). 1

Umstritten ist die dogmatische Einordnung von § 110. Die hM ordnet § 110 als geregelten Fall der konkludenten Einwilligung ein (RG 74, 234 f; MüKo/*Schmitt* Rn 4; Palandt/*Heinrichs* Rn 1; PWW/*Völzmann-Stickel-* 2 *brock* Rn 1), nach aA enthält § 110 einen ggü §§ 107, 108 eigenständigen Wirksamkeitsgrund. Es müsse nur das Erfüllungsgeschäft mit Zustimmung nach §§ 107, 108 erfolgen; das Verpflichtungsgeschäft werde dann kraft Gesetzes wirksam (Staud/*Knothe* Rn 2 ff). Teilw wird § 110 als Regelung einer partiellen Geschäftsfähigkeit wie in §§ 112, 113 verstanden (*Safferling* RPfleger 1972, 124, 125 f). Dagegen spricht, dass im Gegensatz zu §§ 112, 113 in § 110 keine Erlangung der unbeschränkten Geschäftsfähigkeit ausdrücklich erwähnt wird. Mit der hM ist das Merkmal »ohne Zustimmung« als ohne ausdrückliche Zustimmung zu verstehen und § 110 iSd Erziehungsfunktion als Regelung eines Falles der konkludenten Zustimmung einzuordnen (BaRoth/*Wendtland* Rn 4; MüKo/*Schmidt* Rn 5).

3 **B. Überlassung von Mitteln.** Als Mittel kommen sämtliche Vermögensgegenstände in Betracht, wobei jedoch Geld in Form von Taschengeld oder dem Minderjährigen belassenem Arbeitsentgelt das am häufigsten überlassene Mittel ist. Das Überlassen kann ausdrücklich oder konkludent erfolgen, zB indem dem Minderjährigen sein Arbeitsentgelt belassen wird (BGH NJW 1977, 622 f). Auch die Arbeitskraft kann ein Mittel iSd § 110 sein, wenn eine vorübergehende, nicht § 113 unterfallende Tätigkeit vorliegt (Larenz/*Wolf* § 25 Rn 43; Palandt/*Heinrichs* Rn 3).

4 **C. Zu diesem Zweck oder zur freien Verfügung.** Ob ein Zweck bestimmt ist oder eine Überlassung zur freien Verfügung vorliegt, ist durch Auslegung zu ermitteln. Auch die Überlassung zur freien Verfügung deckt nicht jeden Verwendungszweck, sondern nur solche Zwecke, die sich noch im Rahmen des Vernünftigen halten (RG 74, 235). Dies gilt gleichermaßen für die Zweckbestimmung; auch diese ist im Zweifel so auszulegen, dass sich der Zweck im Rahmen des Vernünftigen hält; so kann auf Grund der Überlassung eines Prepaid-Handys an einen Minderjährigen nicht ohne Weiteres von einer Zweckbestimmung, die auch den Abschluss von Verträgen über die Inanspruchnahme von Klingeltönen umfasst, ausgegangen werden (AG Düsseldorf VuR 2008, 119). Auch bei von Dritten überlassenen Mitteln ist für die Zweckbestimmung der Wille des gesetzlichen Vertreters maßgeblich (Palandt/*Heinrichs* Rn 2). Bei Surrogaten, die der Minderjährige für die überlassenen Mittel erhält, ist durch Auslegung zu ermitteln, ob diese nach dem Willen des gesetzlichen Vertreters ebenfalls als zur freien Verfügung überlassen gelten können. Bei Spielgewinnen ist dabei die Höhe maßgeblich (RG 74, 234 f).

5 **D. Bewirken der vertragsgem Leistung.** Erst wenn die vertraglich vorgesehene Leistung vollständig bewirkt ist, wird zeitgleich mit dem Erfüllungsgeschäft das Verpflichtungsgeschäft wirksam. Bewirken ist die Erbringung der zur Erfüllung gem § 362 erforderlichen Leistung. Ratenzahlungsgeschäfte werden grds erst mit Zahlung der letzten Rate wirksam. Teilerfüllung führt nur dann zur Teilwirksamkeit, wenn sowohl Leistung als auch Gegenleistung teilbar sind, dh bei Miet- oder Versicherungsverträgen tritt die Wirksamkeit für den Zeitraum ein, für den bezahlt wurde (MüKo/*Schmitt* Rn 14; Palandt/*Heinrichs* Rn 4).

6 **E. Rechtsfolgen/Beweislast.** Hat ein beschränkt Geschäftsfähiger den Vertrag mit iSd § 110 überlassenen Mitteln vollständig bewirkt, wird dieser von Anfang an wirksam. Wurden hingegen die Mittel in nicht vom Zweck der Überlassung gedeckter Weise eingesetzt, ist der Vertrag, da dann die Einwilligung fehlt, gem § 108 Abs 1 schwebend unwirksam und von der Genehmigung des gesetzlichen Vertreters bzw des dann Volljährigen abhängig. Die Beweislast für das Vorliegen der Voraussetzungen des § 110 trägt derjenige, der sich auf die Wirksamkeit des Vertrags beruft.

§ 111 Einseitige Rechtsgeschäfte.

Ein einseitiges Rechtsgeschäft, das der Minderjährige ohne die erforderliche Einwilligung des gesetzlichen Vertreters vornimmt, ist unwirksam. Nimmt der Minderjährige mit dieser Einwilligung ein solches Rechtsgeschäft einem anderen gegenüber vor, so ist das Rechtsgeschäft unwirksam, wenn der Minderjährige die Einwilligung nicht in schriftlicher Form vorlegt und der andere das Rechtsgeschäft aus diesem Grund unverzüglich zurückweist. Die Zurückweisung ist ausgeschlossen, wenn der Vertreter den anderen von der Einwilligung in Kenntnis gesetzt hatte.

1 **A. Allgemeines.** § 111 trägt dem Umstand Rechnung, dass, anders als beim Vertrag, der Erklärungsempfänger beim einseitigen Rechtsgeschäft nicht dessen Wirksamwerden durch Unterlassen einer eigenen Erklärung verhindern kann. Der Erklärungsempfänger ist also in einer besonders schutzbedürftigen Position, in welcher vor allem ein Schwebezustand unzumutbar sein kann, zB hinsichtlich der Ausübung von Gestaltungsrechten (Staud/*Knothe*, Rn 1). § 111 gilt für alle Willenserklärungen, für die keine Sonderregelungen existieren, und ist auf geschäftsähnliche Handlungen entspr anzuwenden (Palandt/*Heinrichs* Rn 1; PWW/*Völzmann-Stickelbrock* Rn 1). Für den Minderjährigen lediglich rechtlich vorteilhafte einseitige Rechtsgeschäfte, zB die Kündigung eines zinslosen Darlehens, bei dem der Minderjährige Darlehensgeber ist, sind gem § 107 ohne Einwilligung wirksam (vgl § 107).

2 **B. Einseitige Rechtsgeschäfte.** Bei den einseitigen Rechtsgeschäften ist zwischen empfangsbedürftigen und nicht empfangsbedürftigen Willenserklärungen zu unterscheiden. Nicht empfangsbedürftige einseitige Willenserklärungen sind mit Einwilligung wirksam und ohne Einwilligung unwirksam; es kann keine Genehmigung erfolgen. Das Geschäft muss, um wirksam zu werden, mit Einwilligung des gesetzlichen Vertreters erneut vorgenommen

werden. Bei empfangsbedürftigen einseitigen Willenserklärungen sind die §§ 108, 109 ausnahmsw entspr anwendbar, wenn der Erklärungsempfänger mit der Vornahme ohne Einwilligung einverstanden ist (RGZ 76, 91; BGH NJW 1990, 1721; Palandt/*Heinrichs* Rn 3). Das Rechtsgeschäft ist dann genehmigungsfähig.

C. Zurückweisung. Die Zurückweisung, welche die Unwirksamkeit des Rechtsgeschäfts ex tunc zur Folge hat, ist eine einseitige empfangsbedürftige Willenserklärung, welche in entspr Anwendung von § 109 Abs 1 S 1 auch dem beschränkt Geschäftsfähigen ggü erklärt werden kann (Palandt/*Heinrichs* Rn 5; PWW/*Völzmann-Stickelbrock* Rn 3). Die Zurückweisung muss unverzüglich, also gem § 121 Abs 1 ohne schuldhaftes Zögern, erfolgen (vgl § 121). Als Zurückweisungsgrund kommt ausschließlich die nicht in Schriftform vorgelegte Einwilligung in Betracht (BAG NJW 1981, 2374). Ausgeschlossen ist die Zurückweisung gem S 3 dann, wenn der gesetzliche Vertreter den Vertragspartner in irgendeiner Form von der Einwilligung in Kenntnis gesetzt hat. Hierbei kommt es auf den Zugang dieser Mitteilung beim Vertragspartner an, nicht auf die tatsächliche Kenntnisnahme, da sich diese der Einflussnahme des gesetzlichen Vertreters verschließt (MüKo/*Schmitt* Rn 23). 3

D. Beweislast. Die Beweislast für die Einwilligung, ihre Vorlegung oder die Mitteilung der Einwilligung vor Zurückweisung trägt, wer die Wirksamkeit des Rechtsgeschäfts geltend macht. Für die Zurückweisung und deren Rechtzeitigkeit ist sie hingegen von demjenigen zu tragen, der sich auf die Unwirksamkeit beruft (Palandt/*Heinrichs* Rn 6; PWW/*Völzmann-Stickelbrock* Rn 4). 4

§ 112 Selbständiger Betrieb eines Erwerbsgeschäfts.

[1] Ermächtigt der gesetzliche Vertreter mit Genehmigung des Vormundschaftsgerichts den Minderjährigen zum selbständigen Betrieb eines Erwerbsgeschäfts, so ist der Minderjährige für solche Rechtsgeschäfte unbeschränkt geschäftsfähig, welche der Geschäftsbetrieb mit sich bringt. Ausgenommen sind Rechtsgeschäfte, zu denen der Vertreter der Genehmigung des Vormundschaftsgerichts bedarf.

[2] Die Ermächtigung kann von dem Vertreter nur mit Genehmigung des Vormundschaftsgerichts zurückgenommen werden.

A. Allgemeines. § 112 trägt dem Umstand Rechnung, dass die Beschränkungen der §§ 107 ff es einem Minderjährigen in hohem Maße erschweren, ein Erwerbsgeschäft zu betreiben, indem er die Möglichkeit eröffnet, einen beschränkt Geschäftsfähigen dergestalt zum selbstständigen Betrieb eines Erwerbsgeschäfts zu ermächtigen, dass dieser partiell, im Hinblick auf diesen Teilbereich des Geschäftslebens, die volle Geschäftsfähigkeit erlangt. Im Gegensatz zum beschränkten Generalkonsens (vgl dazu § 107 Rn 5) findet also eine echte Statusveränderung statt (MüKo/*Schmitt* Rn 1). 1

B. Ermächtigung. Die nach Abs 1 S 1 für die Erlangung der partiellen Geschäftsfähigkeit erforderliche Ermächtigung des gesetzlichen Vertreters ist eine formfreie, einseitige Willenserklärung, die ggü dem Minderjährigen zu erklären ist. Sie bedarf nach Abs 1 S 1 der Genehmigung des Vormundschaftsgerichts. Die Genehmigung kann vor oder nach der Erklärung erteilt werden. Liegt sie zum Zeitpunkt des Zugangs der Ermächtigung beim Minderjährigen noch nicht vor, steht die Ermächtigung unter der aufschiebenden Bedingung der Genehmigung des Vormundschaftsgerichts (MüKo/*Schmitt*, Rn 11). Die Erteilung der Genehmigung steht dabei im pflichtgemäßen Ermessen des Vormundschaftsgerichts. Entscheidendes Kriterium ist dabei, ob der Minderjährige über die erforderlichen Kenntnisse und Fähigkeiten verfügt, sich im Geschäftsleben wie ein Volljähriger zu bewegen (Köln NJW-RR 1994, 1450 f). 2

C. Zum selbstständigen Betrieb eines Erwerbsgeschäfts. Die Ermächtigung muss sich auf den selbstständigen Betrieb eines Erwerbsgeschäfts beziehen. Erwerbsgeschäft iSv § 113 ist jede erlaubte selbstständige Tätigkeit, die berufsmäßig ausgeübt wird und auf Gewinnerzielung ausgerichtet ist (PWW/*Völzmann-Stickelbrock* Rn 3). Selbstständigkeit des Betriebes ist nur dann gegeben, wenn der Minderjährige das Geschäft nicht nur vorübergehend selbst führt und auch nicht den Weisungen eines anderen unterworfen ist (MüKo/*Schmitt* Rn 8; Staud/*Knothe* Rn 5). Von § 112 erfasst wird zB die Tätigkeit als selbstständiger Handelsvertreter (BAG NJW 1964, 1641) oder die Stellung als persönlich haftender Gesellschafter in einer Personenhandelsgesellschaft (Staud/*Knothe* Rn 4). 3

D. Rechtsfolgen. Mit der wirksamen Ermächtigung erlangt der Minderjährige für alle Geschäfte, die der Betrieb des Erwerbsgeschäfts mit sich bringt, die volle Geschäftsfähigkeit. Die zuvor gegebene Vertretungsbefugnis des gesetzlichen Vertreters ruht, solange nicht die Ermächtigung wirksam zurückgenommen wird. Die Wirkung der Ermächtigung setzt zu dem Zeitpunkt ein, in dem sowohl die Ermächtigung als auch die Genehmigung des Vormundschaftsgerichts vorliegen. In analoger Anwendung von § 108 Abs 3 hat der Minderjährige jedoch die Möglichkeit, Verträge zu genehmigen, die er vor Wirksamwerden der Ermächtigung abgeschlossen hat (München HRR 40, Nr 486; MüKo/*Schmitt* Rn 16). Die Reichweite der Geschäftsfähigkeit umfasst die Geschäfte, die der Betrieb des Erwerbsgeschäfts mit sich bringt. Die Abgrenzung ist dabei nach dem Zuschnitt des Betriebs im Einzelfall vorzunehmen (PWW/*Völzmann-Stickelbrock* Rn 4; Soerg/*Hefermehl* Rn 4). Ausgenommen sind nach Abs 1 S 2 lediglich die Rechtsgeschäfte, für die eine Genehmigung des Vormundschaftsgerichts erforderlich ist. 4

5 **E. Beweislast.** Das Vorliegen der Ermächtigung bzw ihre Rücknahme sowie die Genehmigung des Vormundschaftsgerichts hat derjenige zu beweisen, der sich darauf beruft.

§ 113 Dienst- oder Arbeitsverhältnis. **[1] Ermächtigt der gesetzliche Vertreter den Minderjährigen, in Dienst oder Arbeit zu treten, so ist der Minderjährige für solche Rechtsgeschäfte unbeschränkt geschäftsfähig, welche die Eingehung oder Aufhebung eines Dienst- oder Arbeitsverhältnisses der gestatteten Art oder die Erfüllung der sich aus einem solchen Verhältnis ergebenden Verpflichtungen betreffen. Ausgenommen sind Verträge, zu denen der Vertreter der Genehmigung des Vormundschaftsgerichts bedarf.**
[2] Die Ermächtigung kann von dem Vertreter zurückgenommen oder eingeschränkt werden.
[3] Ist der gesetzliche Vertreter ein Vormund, so kann die Ermächtigung, wenn sie von ihm verweigert wird, auf Antrag des Minderjährigen durch das Vormundschaftsgericht ersetzt werden. Das Vormundschaftsgericht hat die Ermächtigung zu ersetzen, wenn sie im Interesse des Mündels liegt.
[4] Die für einen einzelnen Fall erteilte Ermächtigung gilt im Zweifel als allgemeine Ermächtigung zur Eingehung von Verhältnissen derselben Art.

1 **A. Allgemeines.** Die Eingehung eines Dienst- oder Arbeitsverhältnisses macht üblicherweise die Vornahme weiterer Rechtsgeschäfte erforderlich. Diesem Erfordernis trägt § 113 Rechnung, indem er die Möglichkeit eröffnet, einem Minderjährigen für diesen Bereich die volle Geschäftsfähigkeit zu verleihen. Der Anwendungsbereich umfasst alle Dienst- und Arbeitsverträge sowie Werkverträge, dh auch solche, die eine selbstständige Tätigkeit zum Inhalt haben, nicht jedoch Ausbildungsverhältnisse, da bei diesen der Ausbildungszweck das Hauptmotiv darstellt. Auf öffentlich-rechtliche Dienstverhältnisse findet § 113 entspr Anwendung (BVerwGE 34, 168; OVG Münster NJW 62, 758).

2 **B. Ermächtigung.** Die Ermächtigung nach § 113 ist eine nicht formgebundene einseitige empfangsbedürftige Willenserklärung und bedarf insbes, anders als die Ermächtigung nach § 112, nicht der Genehmigung des Vormundschaftsgerichts. Die Ermächtigung kann konkludent, zB durch bloßes Billigen oder Dulden erklärt werden. Bloße Resignation, dh die Aufgabe der Bemühungen, den Minderjährigen von der Erwerbstätigkeit abzubringen, reicht jedoch nicht aus (BAG AP Nr 7). Nach Abs 2 kann die Ermächtigung zurückgenommen werden. Auch eine Einschränkung zB durch Widerspruch hinsichtlich eines bestimmten Rechtsgeschäfts ist möglich. Die Rücknahme oder Einschränkung ist ggü dem Minderjährigen zu erklären.

3 **C. Rechtsfolge.** Rechtsfolge der Ermächtigung nach § 113 ist die unbeschränkte Geschäftsfähigkeit für alle Rechtsgeschäfte, welche die Eingehung, Aufhebung oder Erfüllung des Dienst- oder Arbeitsverhältnisses betreffen. Dies sind zum einen die Rechtsgeschäfte, welche unmittelbar mit diesem in Zusammenhang stehen, wie zB der Abschluss eines Dienst- oder Arbeitsvertrags der gestatteten Art oder dessen Kündigung. Die Geschäftsfähigkeit erstreckt aber sich auch auf solche Geschäfte, welche nur einen mittelbaren Zusammenhang zum Dienst- oder Arbeitsverhältnis aufweisen, zB die Einrichtung eines Girokontos oder den Beitritt zu einer Gewerkschaft (Palandt/*Heinrichs* Rn 4; PWW/*Völzmann-Stickelbrock* Rn 3). Ebenfalls umfasst ist gem der in Abs 4 enthaltenen Auslegungsregel im Zweifel auch die Eingehung eines gleichartigen Beschäftigungsverhältnisses, wobei die Gleichartigkeit nach der Verkehrsanschauung zu beurteilen ist (Staud/*Knothe* Rn 24).

4 **D. Beweislast.** Die Beweislast für das Vorliegen der Ermächtigung trägt derjenige, der sich auf die Wirksamkeit des Rechtsgeschäfts beruft. Aufgrund der in Abs 4 enthaltenen Auslegungsregel, wonach sich die Ermächtigung im Zweifel auch auf die Eingehung von Verhältnissen derselben Art bezieht, ist derjenige, der die Beschränkung der Ermächtigung auf einen Einzelfall behauptet, für diesen Umstand beweispflichtig.

Titel 2 Willenserklärung

§ 116 Geheimer Vorbehalt. **Eine Willenserklärung ist nicht allein deshalb nichtig, weil sich der Erklärende insgeheim vorbehält, das Erklärte nicht zu wollen. Die Erklärung ist nichtig, wenn sie einem anderen gegenüber abzugeben war und dieser den Vorbehalt kennt.**

Literatur *Brox/Walker* Allgemeiner Teil des BGB, 32. Aufl Köln (2008); *dies* Erbrecht, 22. Aufl Köln ua (2007); *Canaris* Gesetzliches Verbot und Rechtsgeschäft, Heidelberg (1983); *Deinert* Zwingendes Recht, Köln ua (2002); *Kittner/Zwanziger* Arbeitsrechtshandbuch, 4. Aufl Frankfurt/M (2007); *Larenz/Canaris* Methodenlehre der Rechtswissenschaft, 3. Aufl Berlin ua (1995); *Medicus* Allgemeiner Teil des BGB, 9. Aufl Heidelberg (2006); *Metzger* Nichtigkeit und Wirksamkeit von Geschäften der Schattenwirtschaft, Köln (1996) (zugl Erlangen, Nürnberg, Univ, Diss 1996); *Riedl* Die Rechtsfolgen des Verstoßes gegen Verbotsgesetze, bei denen der Gesetzeszweck nicht die Nichtigkeit des Rechtsgeschäftes nach § 134 BGB erfordert, Aachen (2002) (zugl Hamburg, Univ, Diss 2001); *Teichmann* Die Gesetzesumgehung, Göttingen (1962).

A. Normzweck. Die Willenserklärung ist Grundlage jeder rechtsgeschäftlichen Bindung. Deshalb kann der Erklärungsempfänger nicht mit der Ungewissheit eines vom Erklärten abweichenden geheimen Willen (**Mentalreservation**) belastet werden. S 1 dient daher dem **Vertrauensschutz** des Erklärungsempfängers. Anderes gilt allerdings, wenn der Empfänger den Vorbehalt kennt. Er ist dann nicht schutzbedürftig, die Erklärung ist dann nichtig. Der Wille genießt hier Vorrang (AK-*Hart* Rn 1). Letzteres ist rechtspolitisch umstr (*Coester-Waltjen* Jura 1991, 362, 363; dagegen *Medicus* AT Rn 592). 1

B. Tatbestand. I. Willenserklärung. Die Bestimmung gilt grds für alle Arten von Willenserklärungen (zum Begriff s § 130 Rz 3 ff). Auf rechtsgeschäftsähnliche Handlungen (§ 130 Rz 8) ist sie entspr anwendbar (PWW/*Ahrens* Rn 2). § 116 ist Ausdruck eines allg Grundsatzes und wird daher auch im öffentlichen Recht angewendet (RGZ 147, 36 40; Palandt/*Heinrichs* Rn 3). 2

II. Geheimer Vorbehalt. Der Vorbehalt, das Erklärte nicht zu wollen, muss »insgeheim« bestehen. Daran fehlt es oftmals im Falle sozialtypischen Verhaltens (zum Einsteigen in öffentliche Verkehrsmittel ohne Fahrscheinkontrolle s HansOLG NStZ 1991, 587, 588). Unschädlich ist, wenn Dritte diesen Vorbehalt kennen. Erforderlich ist nur, dass der Vorbehalt demjenigen ggü geheim gehalten wird, für den er bestimmt ist (Palandt/*Heinrichs* Rn 2). Bei der Innenvollmacht ist dies nicht der Erklärungsgegner, sondern der Geschäftsgegner (BGH NJW 1966, 1915, 1916). Auch wenn der Erklärende seine Erklärung bewusst undeutlich gestaltet, um den Erklärungsgegner in einem Missverständnis zu lassen und sich alsbald auf das richtige Verständnis der Erklärung zu berufen, muss § 116 S 1 in dem Sinne angewendet werden, dass die Erklärung mit dem Inhalt zu gelten hat, den der Erklärende verschleiern wollte (AK/*Hart* Rn 2; *Medicus* AT Rn 592). 3

Nicht anwendbar ist § 116 auf den sog Erfüllungsvorbehalt, bei dem der Erklärende den Eintritt der Rechtswirkungen seiner Erklärung durchaus will; lediglich will er die aus dem Geschäft erwachsende Verpflichtung nicht erfüllen (*Larenz/Wolf* § 35 Rn 10). Ebenfalls keine Anwendung findet § 116 im Fall eines Versteigerungsgebotes unterhalb des Mindestgebotes zur Erreichung eines neuen Termins (BGH NJW 2006, 1355; dazu *Hasselblatt* NJW 2006, 1320 ff). Gibt bei der **Stellvertretung** der Vertreter die Erklärung unter dem geheimen Vorbehalt, das Erklärte nicht zu wollen, ab, so ist diese Vertretererklärung gem. §§ 166 Abs 1, 116 S 1 nichtig. Davon zu unterscheiden ist ein Vorbehalt des Vertreters hinsichtlich der Person, die aus dem Geschäft berechtigt und verpflichtet werden soll. Gibt er die Erklärung in fremdem Namen unter dem Vorbehalt ab, in eigenem Namen handeln zu wollen, ist dies unbeachtlich mit der Folge, dass der Vertretene berechtigt und verpflichtet wird. Handelt er im eigenen Namen unter dem geheimen Vorbehalt, einen anderen zu vertreten, wird er selbst nach S 1 berechtigt und verpflichtet (BaRoth/*Wendtland* Rn 4). 4

Von der Mentalreservation zu unterscheiden ist die Scherzerklärung (§ 118), die in der Erwartung abgegeben wird, dass der Mangel an Ernstlichkeit erkannt wird. Handelt es sich hingegen um einen sog bösen Scherz, bei dem die Erklärung vom Erklärungsgegner ernst genommen werden soll, handelt es sich um einen Fall von § 116 S 1 (Hk-BGB/*Dörner* Rn 3; Palandt/*Heinrichs* Rn 6; *Preuß* Jura 2002, 815, 817). Sind sich umgekehrt sogar beide darüber einig, dass das Erklärte nicht gewollt ist, hat man es mit einem Scheingeschäft (§ 117) zu tun. Im Falle einer durch Drohung abgenötigten Willenserklärung wird in aller Regel ein (unbeachtlicher) geheimer Vorbehalt gegeben sein. Die Erklärung ist dann nach § 123 anfechtbar. Wird der Vorbehalt hingegen erkannt, ist das Geschäft nach überwiegender Ansicht schon nichtig, ohne dass es noch einer Anfechtung bedarf (Hk-BGB/*Dörner* Rn 4; Palandt/*Heinrichs* Rn 6; MüKo/*Kramer* Rn 15). Dagegen wird aber zu Recht eingewendet, dass dem Erklärenden nach § 123 das Recht belassen sein muss, die Erklärung gelten zu lassen (AK/*Hart* Rn 4; RGRK/*Krüger-Nieland* Rn 5; Staud/*Singer* Rn 12). 5

Wenn der Empfänger den **Vorbehalt erkannt** hat, ist die Erklärung nach S 2 nichtig. Das gilt dem Wortlaut nach nur für **empfangsbedürftige** Willenserklärungen. Allerdings wird eine analoge Anwendung auf nicht empfangsbedürftige Willenserklärungen für möglich gehalten (RGRK/*Krüger-Nieland* Rn 4; PWW/*Ahrens* Rn 4; krit AnwK/*Hart* Rn 3; abl zumindest für das Testament Frankfurt/M FamRZ 1993, 858, 860; LG Köln DtZ 1993, 215). Das wird etwa für die Auslobung überwiegend bejaht (PWW/*Ahrens* Rn 4; Palandt/*Heinrichs* Rn 5; *Petersen* Jura 2006, 426, 427; aA MüKo/*Kramer* Rn 12). Zur Anwendung des S 2 ist erforderlich, dass der Erklärungsempfänger im Zeitpunkt des Zugangs der Erklärung den Vorbehalt erkennt oder doch durchschaut. Die bloße Möglichkeit der Kenntnisnahme oder grob fahrlässige Unkenntnis genügt – anders als bei § 122 Abs 2 – hingegen nicht (Hk-BGB/*Dörner* Rn 4; Soerg/*Hefermehl* Rn 7). Anderes soll allerdings bei einem sog offenen Vorbehalt gelten, der nicht erkannt wird, obwohl er bereits in der Willenserklärung deutlich zum Ausdruck kommt (RGZ 78, 372, 376). Dem wird aber zu Recht entgegengehalten, dass es sich insoweit um einen Fall des Dissenses handelt (MüKo/*Kramer* Rn 13; Staud/*Singer* Rn 8). 6

Bei einem Vertreter kommt es auf dessen Kenntnis, nicht hingegen auf die Kenntnis des Vertretenen an (BGH NJW 1966, 1916; BaRoth/*Wendtland* Rn 6; *Larenz/Wolf* § 35 Rn 7). Umgekehrt kommt es bei einem Vorbehalt des Vollmachtgebers nicht auf die Kenntnis des Bevollmächtigten, sondern auf die des Geschäftsgegners an (PWW/*Ahrens* Rn 4). 7

C. Rechtsfolgen/Internationales Privatrecht/Prozessuales. Der geheime Vorbehalt bleibt ohne Wirkungen, die Willenserklärung ist wirksam (S 1). Der erkannte Vorbehalt hat hingegen die Nichtigkeit der Willenserklärung zur Folge (S 2). Die Mentalreservation betrifft eine Frage des Willensmangels. Sie wird von der hM 8 dem sog. Geschäftsstatut unterstellt (MüKo/*Spellenberg* Vor Art 11 Rn 64). Es kommt mithin darauf an, welches Recht auf das Geschäft anwendbar ist, das durch die Willenserklärung zustande kommen soll. Für Verträge ist dies ausdrücklich in Art 10 Abs 1 Rom I-VO geregelt. Die Wirksamkeit einer Willenserklärung wird iA inzidenter im Prozess festgestellt, wenn es darauf ankommt. Die Frage, ob sie ein Rechtsverhältnis begründet, verändert oder beendet hat, kann auch durch Feststellungsklage oder Zwischenfeststellungsklage (§ 256 ZPO) in Bezug auf dieses Rechtsverhältnis einer unmittelbaren Klärung zugeführt werden. Wer sich auf das Vorliegen einer Willenserklärung beruft, hat deren Voraussetzungen darzulegen und im Streitfall zu beweisen. § 116 S 1 ändert insofern nichts. Die Abwesenheit eines Nichtigkeitsgrundes nach S 2 muss indes nicht derjenige beweisen, der sich auf die Wirksamkeit einer Willenserklärung beruft. Vielmehr trifft nach allgM die Beweislast denjenigen, der sich auf S 2 beruft. Die Beweislast umfasst sowohl den Vorbehalt als auch die Kenntnis des Empfängers hiervon (RGRK/*Krüger-Nieland* Rn 6).

§ 117 Scheingeschäft. **[1] Wird eine Willenserklärung, die einem anderen gegenüber abzugeben ist, mit dessen Einverständnis nur zum Schein abgegeben, so ist sie nichtig.**

[2] Wird durch ein Scheingeschäft ein anderes Rechtsgeschäft verdeckt, so finden die für das verdeckte Rechtsgeschäft geltenden Vorschriften Anwendung.

1 **A. Normzweck.** Anders als beim geheimen Vorbehalt (§ 116) betrifft § 117 einen gemeinsamen Vorbehalt beider Seiten. Dabei ist allerdings umstr, ob überhaupt eine Willenserklärung vorliegen kann, wenn nur der Schein eines Rechtsgeschäfts hervorgerufen werden soll (bejahend BaRoth/*Wendtland* Rn 1; verneinend: Soerg/*Hefermehl* Rn 1; ähnl BGHZ 45, 376, 379). Die Bestimmung ist Ausdruck der Privatautonomie (BGHZ 144, 331, 333 f; Staud/*Singer* Rn 1), indem der gemeinsame Wille, das Erklärte nicht zu wollen, zum Durchbruch kommt (*Larenz/Wolf* § 35 Rn 21; *Michaelis* FS Wieacker 1978, S 444, 447). Fortsetzung dessen ist, dass beim verdeckten Rechtsgeschäft ebenfalls das übereinstimmend wirklich Gewollte gelten soll und nicht das lediglich dem äußeren Anschein nach Gewollte (*Larenz/Wolf* § 35 Rn 21; Staud/*Singer* Rn 1).

2 **B. Scheingeschäft (Abs 1). I. Tatbestand. 1. Empfangsbedürftige Willenserklärung.** § 117 ist nur auf empfangsbedürftige Willenserklärungen (§ 130 Rz 3 ff) anwendbar (RGZ 104, 320, 322). Für nicht empfangsbedürftige Willenserklärungen fehlt es hingegen schon an einem anderen Teil, dessen Einverständnis erforderlich wäre. Auch eine analoge Anwendung auf nicht empfangsbedürftige Willenserklärungen muss deshalb ausscheiden. Eine nicht empfangsbedürftige Willenserklärung, die lediglich zum Schein abgegeben wird, ist daher wirksam. Eine entspr Anwendung auf Prozesshandlungen scheidet aus. Eine Klage, mit der ein Scheinprozess geführt werden soll, ist aber mangels Rechtschutzbedürfnisses unzulässig (BaRoth/*Wendtland* Rn 6). Ein gleichwohl ergangenes Sachurteil wäre indes wirksam.

3 **2. Scheingeschäft.** Kennzeichnend für das Scheingeschäft sind zwei Elemente, nämlich das Hervorrufen des äußeren Anscheins eines Rechtsgeschäfts und das Einverständnis, die damit verbundenen Rechtsfolgen nicht eintreten lassen zu wollen (BGH NJW 1980, 1572, 1573). Eine Täuschungsabsicht ist aber nicht erforderlich (PWW/*Ahrens* Rn 3). Das Einverständnis ist der fehlende **Rechtsbindungswille** (BGHZ 36, 84, 87 f). Fehlt es am Einverständnis, greift statt § 117 der § 116, bei erkanntem Vorbehalt dessen S 2 (Hk-BGB/*Dörner* Rn 5). Bestand Einverständnis nur mit dem Verhandlungsbevollmächtigten, greift § 117 nicht (BGH NJW 2000, 3127). Bei dem Einverständnis ist es im Falle einer Gesamtvertretung auf einer Vertragsseite ausreichend, wenn nur einer der Vertreter seine Erklärung nur zum Schein abgeben wollte (BGH NJW 1996, 663, 664; 1999, 2882). Ansonsten bedarf es bei einer Personenmehrheit immer der Übereinstimmung aller (Celle NJW 1965, 399, 400). Streng vom Scheingeschäft zu trennen ist ein Geschäft, das durchaus gewollt ist, bei dem die Parteien ein ernst gemeintes Rechtsgeschäft als für den erstrebten Zweck notwendig erachten (BGHZ 21, 378, 382; *Coester-Waltjen* Jura 1990, 362, 365; *Heuermann* DB 2007, 416 ff; vgl BGHZ 67, 334, 338; Schleswig NJW 1988, 2247), mögen sie dann auch im Kontext des Geschäftes unwahre Angaben, etwa ggü dem Finanzamt oder einer Aufsichtsbehörde machen (BGHZ 36, 84, 88 f). Wer beispielsweise einen Kaufvertrag abschließt und dabei falsche Angaben über die Verwendungsabsicht hinsichtlich des Kaufgegenstandes macht, hat eine wirksame Willenserklärung abgegeben, keine Scheinerklärung. Dasselbe gilt bezüglich eines Vertrages über eine Konzessionsträgerschaft (BGH NJW 1994, 2973 f).

4 Die bloße **Falschbezeichnung** ist kein Scheingeschäft (*Larenz/Wolf* § 35 Rn 223 f; Staud/*Singer* Rn 12). Wollten die Vertragsparteien einen Arbeitsvertrag abschließen, haben sie in aller Regel durchaus eine diesbezügliche Willenserklärung abgegeben. Sie sind aber an das typenentsprechende Recht (Arbeitsrecht) gebunden und können dieses nicht abbedingen. Die Falschbezeichnung als freies Mitarbeiterverhältnis ändert daran nichts (BAG NZA 1999, 205, 206 f; BAG AP Nr 134 zu § 1 Betriebsbedingte Kündigung; *Kittner/Deinert* in: Kittner/Zwanziger (Hrsg) Arbeitsrecht, 4. Aufl 2007, § 4 Rn 5 ff). Es handelt sich auch nicht etwa um ein verdecktes Geschäft iSd Abs 2, das notwendig zunächst ein Scheingeschäft voraussetzt, sondern um ein »verkleidetes Geschäft« (*Michaelis* FS Wieacker, 1978, S 444, 458 ff). Ebenso ist das Vortäuschen eines gerichtlichen Vergleichs, ohne dass die Voraussetzungen des § 779 vorliegen, kein Scheingeschäft, wenn die durch die Erklärungen herbeizuführenden Rechtsfolgen gewollt sind (BAG AP Nr 1 zu § 14 TzBfG Vergleich). Dasselbe

gilt für eine zuvor verabredete Kündigung des Arbeitsvertrages durch den Arbeitgeber (BAG BB 2006, 1059). Hingegen ist das Vortäuschen eines Arbeitsverhältnisses statt eines Unterhaltsanspruchs unter Ehegatten ein Scheingeschäft (BGH NJW 1984, 2350).

Das **Treuhandgeschäft** ist kein Scheingeschäft (Hk-BGB/*Dörner* Rn 4). Kennzeichnend für fiduziarische Geschäfte ist, dass die Parteien die Rechtsfolgen des Rechtsgeschäfts durchaus wollen, die dadurch eingeräumte – reale und gewollte – Rechtsmacht des Treuhänders aber wirtschaftlich für den Treugeber ausgeübt werden soll (*Larenz/Wolf* § 35 Rn 25). Davon unterscheidet sich das **Strohmanngeschäft** im Prinzip nicht. Auch dieses ist grds kein Scheingeschäft (BGHZ 21, 378, 381; NJW-RR 2007, 1209 f; AK/*Hart* Rn 6). Wesentlicher Unterschied ist, dass beim Strohmann Existenz und Identität des Hintermannes unbekannt bleiben sollen. Gleichgültig, ob der Geschäftsgegner dies durchschaut, ist das Strohmanngeschäft regelm wirksam (BGH NJW 1982, 1361; *Larenz/Wolf* § 35 Rn 25). Entscheidend ist, dass der Strohmann aus dem Geschäft berechtigt und verpflichtet werden soll (Naumburg MDR 2005, 741). Allerdings kann das Strohmanngeschäft zur Umgehung ungenehmer Vorschriften geschlossen und als solches Umgehungsgeschäft unwirksam sein (vgl Staud/*Singer* Rn 18; *Kramer* JuS 1983, 423, 424) bzw zur Anwendung der ungenehmen Vorschriften führen (für Fall der Verschleierung eines Verbraucherkaufs BGH NJW 2007, 759 m Anm *P Bruns*; vgl dazu auch *Looschelders* JR 2008, 45 ff). Ein Scheingeschäft liegt hingegen vor, wenn ein Strohmann nur zum Schein vorgeschoben ist. Sind sich die Geschäftspartner einig, dass in Wirklichkeit der vermeintliche Hintermann Geschäftspartner sein soll, liegt ein Scheingeschäft vor (BGH NJW-RR 2007, 1209 f; 1997, 238; NJW 1982, 569; BAG NJW 1993, 2767; MüKo/*Kramer* Rn 15). IÜ ist das Strohmanngeschäft auch dann als Scheingeschäft nichtig, wenn der Strohmann das Geschäft nicht ernstlich will (BGHZ 21, 378, 283). 5

Das Umgehungsgeschäft ist ebenfalls kein Scheingeschäft iSd § 117. Die Parteien, die eine gesetzliche Regelung umgehen wollen, erstreben gerade die an die Willenserklärung geknüpften unmittelbaren Rechtsfolgen (AK/*Hart* Rn 7; RGRK/*Krüger-Nieland* Rn 8). Allerdings kann das Umgehungsgeschäft aus anderen Gründen unwirksam sein (§ 134 Rz 9). 6

II. Rechtsfolgen. Das Scheingeschäft ist ex tunc nichtig. Diese Rechtsfolge tritt ggü jedermann ein (Palandt/*Heinrichs/Ellenberger* Rn 7). Diese Rechtsfolge tritt auch ggü gutgläubigen Dritten ein. Sie werden durch Schadensersatzansprüche nach §§ 280, 311 Abs 2, 823 Abs 1, Abs 2 iVm Schutzgesetz, 826 geschützt. Sachenrechtlich ist ein gutgläubiger Erwerb (§§ 932 ff) möglich. Im Falle der Scheinabtretung muss sich der vermeintliche Zedent an der Anzeige nach § 409 festhalten lassen, ein Schuldschein über eine zum Schein begründete Forderung wirkt zugunsten des gutgläubigen Neugläubigers nach § 405. Ein zum Schein abgeschlossener Gesellschaftsvertrag ist allerdings im Interesse des Verkehrsschutzes nach außen hin nicht nach § 117 unwirksam (BGHZ 21, 379, 381 f; Staud/*Singer* Rn 6), während die Gesellschafter im Innenverhältnis sich nicht auf die Grundsätze zur fehlerhaften Gesellschaft berufen können (BGH NJW 1953, 1220). 7

C. Verdecktes Rechtsgeschäft (Abs 2). Wie nach Abs 1 (Rz 2) ist eine empfangsbedürftige Willenserklärung Voraussetzung. Der Wille der Parteien ist hier nicht nur darauf gerichtet, das Erklärte nicht zu wollen, sondern darüber hinaus etwas anderes (verdecktes Geschäft, dissimuliertes Geschäft) zu wollen. Klassisches Beispiel ist der Grundstückskaufvertrag, bei dem zum Zwecke der Steuerverkürzung ein geringerer Kaufpreis in die Erklärungen aufgenommen wird (sog Schwarzkauf). Der Kaufvertrag ist so, wie er geschlossen wurde, nichtig. Es gilt aber der Vertrag mit dem wirklich vereinbarten, aber verdeckten Kaufpreis. Dieser ist allerdings regelm formnichtig nach §§ 311b Abs 1 S 1, 125, wird indes mit Auflassung und Eintragung nach § 311b Abs 1 S 2 ex nunc (BGHZ 54, 56, 63) geheilt. Das von den Parteien in Wirklichkeit gewollte Geschäft ist wirksam. Voraussetzung ist allerdings, dass dessen Gültigkeitsvoraussetzungen gegeben sind (Staud/*Singer* Rn 25). Aus dem Umstand der Verdeckung folgt noch nicht die Verwerflichkeit des Geschäfts (BGH NJW 1983, 1843 f; Palandt/*Heinrichs/Ellenberger* Rn 8). Haben Vertreter und Vertragspartner allerdings kollusiv zusammengewirkt, muss sich der Vertragspartner an der Erklärung festhalten lassen (BGH NJW 1999, 2882 f). 8

D. Internationales Privatrecht/Prozessuales. Wie beim geheimen Vorbehalt (§ 116 Rz 8) richten sich Beachtlichkeit wie Rechtsfolgen des Umstandes eines Scheingeschäfts nach dem Recht des intendierten Geschäfts (Geschäftsstatut, MüKo/*Spellenberg* Vor Art 11 Rn 64, 66). Für Verträge folgt dies aus Art 10 Abs 1 Rom I-VO. Bei einem Scheinkaufvertrag ist die Beurteilung der Wirksamkeit der Willenserklärungen also nach dem Recht vorzunehmen, das nach Art 3 ff Rom I-VO auf den nach den Scheinerklärungen beabsichtigten Kaufvertrag anwendbar wäre. Die Wirksamkeit des Scheingeschäfts kann inzidenter im Prozess geltend gemacht werden (vgl § 116 Rz 8). Das Bestehen bzw Nichtbestehen des durch die Willenserklärung (vermeintlich) begründeten Rechtsverhältnisses kann im Rahmen einer (Zwischen-)Feststellungsklage nach § 256 ZPO geltend gemacht werden. Die Darlegungs- und Beweislast für das Vorliegen eines Scheingeschäfts trägt die Partei, die sich auf die daraus folgende Nichtigkeit der Willenserklärung beruft (BGH NJW 1980, 1572 f; 1999, 3481; BAG NJW 2003, 2930; RGRK/*Krüger-Nieland* Rn 24). Die Darlegungs- und Beweislast für das Vorliegen eines verdeckten Rechtsgeschäfts trägt, wer Rechte aus diesem Geschäft für sich herleitet. Das umfasst den auf Geltung des anderen Geschäftes gerichteten Willen (BGH JZ 1977, 341 f; Palandt/*Heinrichs* Rn 9). 9

§ 118 Mangel der Ernstlichkeit. Eine nicht ernstlich gemeinte Willenserklärung, die in der Erwartung abgegeben wird, der Mangel der Ernstlichkeit werde nicht verkannt werden, ist nichtig.

1 **A. Normzweck.** Wenn eine Erklärung ersichtlich nicht ernst gemeint ist (sog **Scherzerklärung**, der Begriff ist aber missverständlich, da zu eng, vgl Rz 4), fehlt es schon tatbestandlich an einer Willenserklärung. Tritt diese mangelnde Ernstlichkeit jedoch nicht ohne weiteres nach außen hervor, handelt es sich um eine Willenserklärung. Der fehlende Geschäftswille wird allerdings insoweit berücksichtig, als der Erklärende damit gerechnet hat, dass dies erkannt werde. Die Erklärung ist dann nichtig. Es handelt sich insoweit um eine ungewöhnliche Bestimmung, als der Empfängerhorizont ausnahmsweise ausgeblendet bleibt (*Petersen* Jura 2006, 426, 427; zurückhaltender Staud/*Singer* Rn 5). Allerdings wird über den Vertrauensschadensersatz nach § 122 ein Ausgleich geschaffen.

2 **B. Anwendungsbereich.** § 118 gilt für sämtliche Willenserklärungen (zum Begriff s § 130 Rz 3 ff). Auf die Empfangsbedürftigkeit der Erklärung kommt es nicht an. Nicht anwendbar ist die Bestimmung allerdings bei Eingreifen von Sondervorschriften (MüKo/*Kramer* Rn 3). Grundsätzlich ist § 118 auch auf beurkundete Erklärungen anwendbar (BGHZ 144, 331).

3 **C. Tatbestand.** Erforderlich ist zunächst das Vorliegen einer Willenserklärung dem äußeren Anschein nach. Daran fehlt es, wenn ganz ersichtlich keine Willenserklärung abgegeben wird, etwa beim Schauspiel auf der Bühne (*Larenz/Wolf* § 35 Rn 15; *Medicus* Rn 596). Die Erklärung darf subjektiv ernstlich nicht gewollt sein. Dabei kann sich die mangelnde Ernstlichkeit nicht nur als Scherz darstellen, in Betracht kommen Ironie, Prahlerei, Höflichkeit, Theatralik etc. Ob die mangelnde Ernstlichkeit objektiv erkennbar ist, spielt keine Rolle. Als subjektives Element bedarf es der Erwartung des Erklärenden, die mangelnde Ernstlichkeit werde vom Erklärungsgegner erkannt.

4 Keine Scherzerklärung iSd § 118 ist der sog böse Scherz, bei dem es dem Erklärenden darauf ankommt, dass die Erklärung ernst genommen wird. Dieser ist ein Fall des geheimen Vorbehalts (vgl § 116 Rz 5). Nach § 118 privilegiert ist ansonsten nur der **gute Scherz**, der vom Erklärungsgegner erkannt werden soll. Erkennt der Erklärende allerdings den Irrtum des Gegenüber, ist er im Rahmen von Treu und Glauben zur sofortigen Aufklärung verpflichtet, weil sein Verhalten anderenfalls so zu deuten ist, dass er die Erklärung nunmehr als ernstlich gelten lassen will (*Larenz/Wolf* § 35 Rn 17; MüKo/*Kramer* Rn 8; aA Staud/*Singer* Rn 8). Ebenfalls unter § 118 fällt das **misslungene Scheingeschäft** (BGHZ 144, 331, 334; RGZ 168, 204 f; Palandt/*Heinrichs* Rn 2; Soerg/*Hefermehl* Rn 8). Bei diesem will der Erklärende ein Scheingeschäft (§ 117) eingehen, das aber vom Erklärungsgegner nicht erkannt wird. Hier zeigt sich, dass die verkürzte Bezeichnung als »Scherzerklärung« (vgl Rz 1) nicht glücklich ist. Ebenfalls kann die sog **Schmerzerklärung** unter § 118 fallen. Sie ist gekennzeichnet dadurch, dass der Erklärende seinem Gegenüber Wut, Trauer, Enttäuschung, Hilflosigkeit etc ausdrücken möchte, verklausuliert durch eine Willenserklärung. Zu denken ist an den Arbeitnehmer, der aus Enttäuschung über die Übergehung seiner Person bei der Beförderung die Kündigung erklärt. Sofern in diesem Fall tatsächlich darauf vertraut wurde, dass der andere Teil erkennt, dass das Rechtsgeschäft nicht ernstlich vorgenommen werden sollte, ist die Erklärung nichtig (*Tscherwinka* NJW 1995, 308 f; Palandt/*Heinrichs* Rn 2; Staud/*Singer* Rn 1). Häufig wird es allerdings nicht an Ernst mangeln, sondern in der konkreten Situation durchaus das Erklärte gewollt sein (*Weiler* NJW 1995, 2608 f). Allerdings verbietet sich hier jede Laienpsychologie, gegebenenfalls ist Beweis zu erheben.

5 **D. Rechtsfolgen.** Die Willenserklärung, die nicht ernstlich gewollt ist und in der Annahme, dies werde nicht verkannt, abgegeben wurde, ist nichtig, und zwar ex tunc. Im Einzelfall kann die Berufung hierauf allerdings gegen Treu und Glauben (§ 242) verstoßen (BGHZ 144, 331, 334; RGZ 168, 204, 205 f). Zum Ausgleich trifft den Erklärenden die Vertrauenshaftung nach § 122 unter den dortigen Voraussetzungen (s dort).

6 **E. Internationales Privatrecht/Prozessuales.** Die Scherzerklärung betrifft einen Willensmangel. Sie ist kollisionsrechtlich dem Geschäftsstatut zu unterstellen (MüKo/*Spellenberg* Vor Art 11 Rn 64). Das bedeutet, dass das Recht anwendbar ist, das auf das Rechtsverhältnis im Falle der Wirksamkeit der Erklärung anwendbar wäre. Nach diesem Recht bestimmen sich auch die Rechtsfolgen (MüKo/*Spellenberg* Vor Art 11 Rn 66). Spezialgesetzlich ist dasselbe für Verträge in Art 10 Abs 1 Rom I-VO vorgesehen. Hinsichtlich der prozessualen Berufung auf die Nichtigkeit einer Scherzerklärung gelten die Ausführungen zu § 116 entspr (§ 116 Rz 8). Die Darlegungs- und Beweislast trifft denjenigen, der sich auf die Unwirksamkeit der Scherzerklärung beruft (MüKo/*Kramer* Rn 11). Das umfasst auch die mangelnde Ernstlichkeit der Erklärung und die Erwartung, dass dies erkannt werde (PWW/*Ahrens* Rn 5). Typische Geschehensabläufe, bei denen dem Erklärenden nach den Grundsätzen des prima-facie-Beweises geholfen werden könnte, dürften eher selten vorkommen (*Weiler* NJW 1995, 2608 f). Er wird sich nur mit Indizien helfen können.

§ 119 Anfechtbarkeit wegen Irrtums. [1] **Wer bei der Abgabe einer Willenserklärung über deren Inhalt im Irrtum war oder eine Erklärung dieses Inhalts überhaupt nicht abgeben wollte, kann die Erklärung anfechten, wenn anzunehmen ist, dass er sie bei Kenntnis der Sachlage und bei verständiger Würdigung des Falles nicht abgegeben haben würde.**
[2] **Als Irrtum über den Inhalt der Erklärung gilt auch der Irrtum über solche Eigenschaften der Person oder der Sache, die im Verkehr als wesentlich angesehen werden.**

A. Normzweck. Grundsätzlich verlangt das Prinzip der Rechtssicherheit, dass der Erklärungsgegner sich darauf verlassen können muss, dass die Erklärung so gilt, wie er sie nach Treu und Glauben mit Rücksicht auf die Verkehrssitte verstehen musste. Davon macht das Gesetz aus Billigkeitsgründen eine Ausn und gestattet dem Erklärenden in bestimmten Fällen, sich von der Erklärung wieder zu lösen, wenn das objektiv Erklärte gar nicht seinem Willen entspricht (BaRoth/*Wendtland* Rn 1). Auf ein Verschulden hinsichtlich des Irrtums kommt es nicht an (RGZ 62, 201, 205; RGRK/*Krüger-Nieland* Rn 11; *Larenz/Wolf* § 36 Rn 8). Die Anfechtbarkeit entspricht dem privatautonomen Grundsatz, dass nur die vom Willen des Privatrechtssubjekts getragene Gestaltung wahrhaft autonom ist. Das Gesetz sucht zwischen beiden Gegensätzen einen Ausgleich (vgl *Medicus* Rn 737). Allerdings bleibt es im Grundsatz bei einer Bindung des Erklärenden, er muss diese durch Anfechtung beseitigen. Er hat ein Wahlrecht (Staud/*Singer* Rn 2). Außerdem trifft ihn eine Vertrauenshaftung nach § 122 (s dort). 1

§ 119 und § 120 regeln Irrtümer bei Willenserklärungen. Wille und Erklärung fallen auseinander. Abs 1 regelt den Inhaltsirrtum, bei dem der Erklärende die rechtliche Bedeutung des Erklärten nicht richtig erfasst hat, und den Erklärungsirrtum, bei dem er etwas anderes erklären wollte. In beiden Fällen entspricht das Erklärte nicht seinem Willen. Die Abgrenzung ist nicht immer einfach, wegen der identischen Rechtsfolgen allerdings auch nicht nötig (Palandt/*Heinrichs* Rn 10). Ergänzt werden die Anfechtungsrechte noch durch den in § 120 geregelten Übermittlungsirrtum. Davon zu unterscheiden ist der **Motivirrtum**, bei dem das Erklärte zwar dem Willen entspricht. Dort liegt aber ein Fehler in der vorgelagerten Willensbildung, etwa wenn das Auto in der sicheren, später sich als falsch herausstellenden Annahme des Führerscheinerwerbs gekauft wurde. Ein solcher ist grds **unbeachtlich** (vgl Rz 10). Das Gesetz macht davon allerdings zahlreiche Ausn (vgl *Wieling* Jura 2001, 577 ff), bes bei § 123 (Anfechtung wegen Drohung oder Täuschung), ferner in §§ 2078 Abs 2 (Testamentsanfechtung wegen Motivirrtums), 2079 (Übergehung eines Pflichtteilsberechtigten) und 2308 Abs 1 (Anfechtung der Erbschaftsausschlagung durch einen Pflichtteilsberechtigten). Eine weitere Ausn schließlich ist in Abs 2 mit dem Eigenschaftsirrtum geregelt (Staud/*Singer* § 119 Rn 2), der gesetzlich dem Erklärungsirrtum gleichgestellt wird. 2

B. Anwendungsbereich. §§ 119 ff gelten für sämtliche Arten von Willenserklärungen (zum Begriff s § 130 Rz 3 ff), auch konkludente (RGZ 134, 195, 197) und nicht nur für empfangsbedürftige (BGHZ 11, 1, 5; Palandt/*Heinrichs* Rn 4). Auf rechtsgeschäftsähnliche Handlungen (§ 130 Rz 8) sind §§ 119 ff entspr anwendbar (BGHZ 106, 163, 166; Hk-BGB/*Dörner* Rn 3; PWW/*Ahrens* Rn 19). Nicht anwendbar sind sie hingegen auf Realakte (PWW/*Ahrens* Rn 20). Ebenso wenig sind §§ 119 ff auf Prozesshandlungen anwendbar (BGHZ 80, 389, 392; NJW 1990, 1118), da Prozesshandlungen keine Willenserklärungen sind. Anfechtbar ist aber ein Prozessvergleich (BGH NJW 1999, 2804). Beim Vergleich ist § 779 Abs 1 vorrangig (PWW/*Ahrens* Rn 6). Diverse Sonderregeln gelten im Familien- und Erbrecht. Darüber hinaus enthalten §§ 16 ff VVG Sonderregeln für den Versicherer (BGH NJW-RR 1995, 725 f). Grundsätzlich gilt die Anfechtungsmöglichkeit auch im Arbeitsrecht. Der Rückwirkung sind allerdings Grenzen gesetzt, wenn die tatsächliche Durchführung des Arbeitsvertrages und damit die Rückabwicklungsschwierigkeiten ihr entgegenstehen. In diesem Falle kommt eine Anfechtungswirkung nur ex nunc in Betracht (BAG NJW 1984, 446; NZA 1999, 584, 585 f). Im Gesellschaftsrecht scheidet die Anfechtung aus, wenn der Gesellschaftsvertrag in Funktion gesetzt wurde (BGHZ 13, 323 f; NJW 2007, 1127 f). Eine vergleichbare Lehre vom fehlerhaften Mietverhältnis hat sich bislang nicht durchzusetzen vermocht (vgl ausführl mwN *N Fischer* WuM 2006, 3, 4 ff). Grundsätzlich ist auch die Willenserklärung nach §§ 119 f anfechtbar, die ausnahmsweise durch Schweigen zustande kommt. Das gilt hingegen nicht für das kaufmännische Bestätigungsschreiben, weil es insoweit nicht um eine Bindung kraft Willenserklärung geht (BGHZ 11, 1, 5; 20, 149, 154). Dieses soll einen unbeachtlichen Rechtsfolgenirrtum beinhalten (vgl *Medicus* Rn 751). Das Anfechtungsrecht nach § 119 ist abdingbar, nicht allerdings durch AGB (vgl § 307 Abs 2 Nr 1, BGH NJW 1983, 1671). Eine Verdrängung kann durch das Sachmängelgewährleistungsrecht erfolgen, weil sich der Verkäufer der Mängelhaftung nicht durch Anfechtung entziehen können soll (vgl ausf § 433 Rz 26). 3

Die **Auslegung geht** der Anfechtung **vor** (PWW/*Ahrens* Rn 12; Staud/*Singer* Rn 7). Wo ein (vermeintlicher) Willensmangel bereits nach den allg Auslegungsgrundsätzen (vgl § 133 Rz 4) beseitigt werden kann, indem dem Gewollten im Rahmen des Erklärten zum Durchbruch verholfen wird, besteht für die Anfechtung weder Bedarf noch Raum. Das gilt auch im Falle der falsa demonstratio non nocet (AnwK/*Hart* Rn 10; RGRK/*Krüger-Nieland* Rn 20; zu Letzterer s § 133 Rz 9). Wenn das wirklich Gewollte bei einer Falschbezeichnung erkannt wird, gilt das Gewollte, so dass es einer Anfechtung nicht bedarf (BGH NJW-RR 1995, 859). Kein Bedarf besteht auch für die Anfechtung im Falle eines Dissenses. Wo das Gewollte und Erklärte nicht mit dem Gewollten des Erklärungsgegners übereinstimmt, ist die Erklärung in den Grenzen der §§ 153, 154 4 unwirksam, ansonsten wirksam. Auf den **Empfängerirrtum** ist § 119 nicht anzuwenden. Die Erklärung gilt so wie sie objektiv zu verstehen ist (*Medicus* Rn 749). Wenn der Empfänger sich irrt, spielt dies nur eine Rolle, wenn dies auf seine eigene Erklärung durchschlägt; so ist etwa die Annahmeerklärung mit einem Inhaltsirrtum behaftet, wenn der Erklärende schon über den Inhalt des Angebots geirrt hatte.

5 **C. Tatbestand. I. Irrtum. 1. Inhaltsirrtum.** Beim Inhaltsirrtum liegt der Fehler außerhalb der eigentlichen Erklärungshandlung. Der Erklärende erklärt das, was er tatsächlich von sich geben wollte, irrt aber darüber, welche Bedeutung dieser Erklärung im Rechtsverkehr beigemessen wird. Daran fehlt es, wenn der Erklärende gar keine Kenntnis vom Inhalt der Erklärung hat, etwa wenn er eine Urkunde ungelesen unterschreibt (RGZ 88, 278, 282; BGH NJW 1968, 2102; Hk-BGB/*Dörner* Rn 5; Staud/*Singer* Rn 11). Anders liegt es hingegen, wenn jmd eine Urkunde ungelesen unterschreibt in der Annahme, sie gebe das Ergebnis der vorausgegangenen Vertragsverhandlungen wieder (RGZ 88, 278, 282 f).

6 Der Inhaltsirrtum kann beispielsweise als sog **Verlautbarungsirrtum** vorliegen, wenn der Erklärende über den objektiven Sinn der von ihm verwendeten Erklärungsmittel irrt, etwa indem er einem Wort oder einem Zeichen eine falsche Bedeutung beimisst (Soerg/*Hefermehl* Rn 22). Lehrbuchbeispiel ist die Bestellung von 25 Gros (25x12x12) Rollen Toilettenpapier in der Annahme, es würden große Rollen geliefert (LG Hanau NJW 1979, 721).

7 Beim sog **Rechtsfolgenirrtum** ist zu unterscheiden. Irrt der Erklärende über die unmittelbare Rechtsfolge seiner Willenserklärung (wenn er beispielsweise annimmt, er miete eine Sache statt diese zu kaufen), so handelt es sich um einen Inhaltsirrtum, der zur Anfechtung berechtigt (RGZ 88, 278, 284 f). Handelt es sich hingegen um eine mittelbare Rechtsfolge (etwa über die Steuerpflichtigkeit eines Erwerbsgeschäfts), handelt es sich um keinen Inhaltsirrtum, denn der Erklärende wusste ja, welche Bedeutung seiner Erklärung im Rechtsverkehr beigemessen wird (BGHZ 134, 152, 156; *Larenz/Wolf* § 36 Rn 73). Vielmehr handelt es sich dann um einen unbeachtlichen (Rz 10) Motivirrtum. Beispiele: Unkenntnis des ins Handelsgeschäft Eintretenden von der daran gesetzlich geknüpften Haftung (RGZ 76, 439 f); Irrtum des Vertragsübernehmers über einzelne Bedingungen des übernommenen Vertrages (BGH NJW 1999, 2664 f); Irrtum des Bieters in der Zwangsversteigerung über bestehen bleibende Rechte (BGH NJW 2008, 2442). Man kann insoweit auch unterscheiden zwischen dem Irrtum über die Rechtsfolgen autonomer (rechtsgeschäftlicher) und heteronomer (gesetzlicher) Rechtsetzung (Staud/*Singer* Rn 67).

8 Auch für den sog **Kalkulations- oder Berechnungsirrtum** gibt es keine allgemeingültige Aussage. Er liegt vor, wenn sich der Erklärende bei der Ermittlung der Summe geirrt hat, sei es hinsichtlich der Berechnung, sei es hinsichtlich eines Berechnungsfaktors. Beim sog **verdeckten** Kalkulationsirrtum teilt der Erklärende nur das Ergebnis seiner Berechnungen als Willenserklärung mit. Die zu Grunde liegende Berechnung ist lediglich Motiv und als solches unbeachtlich. Die Erklärung ist nicht einmal anfechtbar, wenn der Erklärungsgegner dies erkannt hat (BGHZ 139, 177). Anderes gilt, wenn der Erklärungsgegner rechtsmissbräuchlich (§ 242) gehandelt hat, weil sich ihm die Unzumutbarkeit der Vertragsdurchführung für den Erklärenden angesichts des von Anfang an erkannten Irrtums aufdrängen musste bzw er sich dieser Erkenntnis treuwidrig verschlossen hat (BGHZ 139, 177, 184 ff).

9 Beim **offenen** Kalkulationsirrtum ist die Berechnung mit verlautbart und mit Gegenstand der Erklärung. Dies hat die Rspr früher veranlasst, den offenen Kalkulationsirrtum wie den Fall des Versprechens oder Verschreibens als Inhaltsirrtum zu behandeln (RGZ 64, 266, 268; 162, 198, 201; vgl auch RGZ 105, 406 f). Die neuere Rspr (BGHZ 139, 177; dazu *Singer* JZ 1999, 342 ff) ist dem mit der hL (vgl mwN *Medicus* Rn 758) entgegen getreten (vgl zum Ganzen *Pawlowski* JZ 1997, 741 ff). Auch hier ist Inhalt der Willenserklärung letztlich nur das mitgeteilte Ergebnis, der Rest ist ein – wenn auch verlautbartes – bloßes Motiv. Der Fehler lässt sich allerdings häufig anderweitig korrigieren, und zwar besser als beim verdeckten Kalkulationsirrtum. So kann die Auslegung der Willenserklärung ergeben, dass nicht das mitgeteilte Ergebnis, sondern bspw die im Ergebnis falsch addierten Einzelpositionen Inhalt der Willenserklärung sein sollten. Wenn hingegen beides (Einzelpositionen und Ergebnis) nach der Auslegung der Erklärung gleichermaßen beachtlich sein sollte, handelt es sich um eine widersprüchliche und deshalb unbeachtliche Erklärung (Palandt/*Heinrichs* Rn 21). UU kann auch die Geschäftsgrundlage fehlen (s § 313). Schließlich kann der Erklärungsgegner unter denselben Voraussetzungen wie beim verdeckten Kalkulationsirrtum (vgl Rz 8) rechtsmissbräuchlich handeln, wenn er trotz sich von Anfang an aufdrängender Unzumutbarkeit auf Vertragserfüllung beharrt. Beachtlich ist der Irrtum des Erklärenden über die Identität des Geschäftspartners, -gegenstands oder -typs. Er berechtigt als sog **Identitätsirrtum** zur Anfechtung (BaRoth/*Wendtland* Rn 35).

10 Abgesehen von Spezialfällen (Rz 2) sowie dem Sonderfall des Eigenschaftsirrtums (Rz 12) sind sämtliche der Willensbildung zu Grunde liegenden und damit der Erklärung vorausgehenden Irrtümer hinsichtlich Erwartungen und Hoffnungen oder Vorstellungen über bestimmte Umstände als **Motivirrtümer** unbeachtlich (BGHZ 139, 177, 180 f; NJW 2008, 2443 f; RGRK/*Krüger-Nieland* Rn 68 ff; Staud/*Singer* Rn 2; *Medicus* Rn 744), weil subjektiver Wille und objektive Erklärung im Zeitpunkt der Abgabe der Erklärung übereinstimmten. Handelt es sich allerdings um einen gemeinschaftlichen Irrtum beider Parteien, können die Grundsätze über das Fehlen bzw den Wegfall der Geschäftsgrundlage (§ 313) zur Anwendung kommen. Auch der Fall des fehlenden Erklärungsbewusstseins, der dem Tatbestand einer Willenserklärung nicht entgegensteht (§ 130 Rz 3), ist ein zur Anfechtung berechtigender Inhaltsirrtum (*Larenz/Wolf* § 36 Rn 25; vgl BGHZ 91, 324, 327 ff). Wer bei der Auktion die Hand hebt, um jemanden zu grüßen, und den Zuschlag erhält, kann nach § 119 anfechten.

2. Erklärungsirrtum (Abs 1 Var 2). Dem Erklärenden misslingt die Umsetzung des Willens. Er äußert objektiv etwas anderes als er subjektiv möchte. Das kann etwa geschehen, indem er sich verschreibt (Oldenburg NJW 2004, 168) oder verspricht (Palandt/*Heinrichs* Rn 10). Bei der elektronischen Datenübermittlung gilt grds nichts anderes. Wer sich etwa beim Schreiben einer E-Mail vertippt, kann daher wegen Erklärungsirrtums anfechten (vgl auch Hamm CR 1993, 688: Vertippen bei Datenfeldeingabe in Großrechenanlage). Dasselbe gilt für das Anklicken des falschen Icons im Internet (PWW/*Ahrens* Rn 22). Nichts anderes gilt, wenn die ursprünglich mit dem Willen übereinstimmende Erklärung durch die Datenverarbeitungssoftware verändert wird (BGH NJW 2005, 976 f; dazu *Kocher* JA 2006, 144). Wird allerdings die Erklärung durch die Software des Internet-Providers verändert, liegt ein Fall des Übermittlungsfehlers iSd § 120 vor (Frankfurt aM MDR 2003, 677). Auch die Blanketterklärung unterliegt einem Erklärungsirrtum, wenn das Blankett abredewidrig ausgefüllt wird. Allerdings ist ggü gutgläubigen Dritten analog § 172 Abs 2 die Anfechtung ausgeschlossen (BGHZ 40, 65; Staud/*Singer* Rn 32). 11

3. Eigenschaftsirrtum (Abs 2). Erklärungswille und Inhalt stimmen überein, wenn der Erklärende sich über die maßgeblichen Eigenschaften der Person des Vertragspartners oder der Sache des Vertragsgegenstandes irrt. Der Fehler liegt im vorgelagerten Beweggrund, so dass man es mit einem an sich unbeachtlichen (vgl Rz 10) Motivirrtum zu tun hat. Wenn das Gesetz den Eigenschaftsirrtum gleichwohl als zur Anfechtung berechtigenden Inhaltsirrtum behandelt, handelt es sich um die Regelung der ausnahmsweisen Beachtlichkeit eines Motivirrtums (*Larenz/Wolf* § 36 Rn 37). Beachtlich sind solche Eigenschaften allerdings nur, wenn sie verkehrswesentlich sind. Dafür kommt es auf den typischen wirtschaftlichen Zweck eines solchen Geschäfts an (*Larenz/Wolf* § 36 Rn 43). 12

Eigenschaften einer Person oder Sache sind zunächst die auf der **natürlichen Beschaffenheit beruhenden Merkmale.** Zu den Eigenschaften zählen darüber hinaus auch die rechtlichen und tatsächlichen Beziehungen zur Umwelt, soweit sie infolge ihrer Beschaffenheit und Dauer auf die Brauchbarkeit oder den Wert bzw die Wertschätzung einer Person von Einfluss sind (BGHZ 34, 32, 41; 88, 240, 245). Sie müssen aber von der Sache oder Person ausgehen oder sie unmittelbar kennzeichnen (RGZ 149, 235, 238; BGHZ 70, 47, 48). Die verkehrswesentliche Eigenschaft einer Person ist zumeist relevant in Bezug auf den Vertragspartner, zB dessen Qualifikation in Bezug auf die vertraglichen Pflichten. In Betracht kommen können aber auch Eigenschaften des Erklärenden selbst (etwa hinsichtlich der Tauglichkeit als Objekt der Bemühungen des Vertragspartners, zB als Organspender) oder dritter Personen (etwa Musiker bei einer Konzertvermittlungsagentur). 13

Als Eigenschaften einer Person kommen in Betracht: Geschlecht (BAG NJW 1991, 2723, 2725 f), Mitgliedschaft in der Scientology-Sekte (LG Darmstadt NJW 1999, 365 f), Alter, Qualifikation, Zuverlässigkeit, Penibilität, Vertrauenswürdigkeit (BGH WM 1970, 906), Wertschätzung durch Dritte. Die Schwangerschaft darf unter Rückgriff auf die RL 2006/54/EG nicht als verkehrswesentliche Eigenschaft zur Anfechtung berechtigen (EuGH NJW 1994, 2077 – Habermann-Beltermann; NZA 1994, 783 – Webb; BAG NJW 1989, 929; NJW 1992, 2173). IÜ müssen sämtliche Eigenschaften, hinsichtlich derer der Arbeitgeber nach Abwägung der beiderseitigen Interessen kein Fragerecht hat (dazu § 123 Rz 5; § 611 Rz 15) als verkehrswesentliche Eigenschaften, wegen derer ein Irrtum zur Anfechtung berechtigen würde, ausscheiden (*Preis* in: Müller-Glöge/Preis/Schmidt [Hrsg] Erfurter Kommentar zum Arbeitsrecht, 9. Aufl 2009, § 611 Rn 288). Krankheiten und Leiden eines Arbeitnehmers sind nur dann verkehrswesentlich, wenn sie dauerhaft Einfluss auf die Leistungsfähigkeit haben (BAG AP Nr 3 zu § 119). 14

Die verkehrswesentliche Eigenschaft einer Sache betrifft immer den Vertragsgegenstand. Eine Sache muss nicht unbedingt eine solche iSd § 90, also ein körperlicher Gegenstand sein, ein Eigenschaftsirrtum kann sich beispielsweise auch auf eine Grundschuld beziehen (RGZ 149, 235, 238). Verkehrswesentliche Eigenschaften sind sog wertbildende Faktoren, die die Sache unmittelbar kennzeichnen. Als Eigenschaften kommen dabei in Betracht: Bestand, Größe, verwendetes Material, Herkunft, Bebaubarkeit (RGZ 61, 84, 86) und Lage eines Grundstücks, Sachverständigenbegutachtung eines Kunstwerks (BGH NJW 1972, 1658), Alter (BGH NJW 1979, 160 f) oder Fahrleistung (München DB 1974, 1059 f) eines Kraftfahrzeugs. Der Wert der Sache an sich bzw ihr Marktpreis sind selbst keine wertbildenden Faktoren und als solche keine verkehrswesentlichen Eigenschaften (BGHZ 16, 54, 57). Ebenso wenig ist das Eigentum eine Eigenschaft der Sache (BGHZ 34, 32, 41). 15

II. Kausalität. Der Irrtum muss für die Abgabe der Willenserklärung ursächlich gewesen sein. Das ist dann der Fall, wenn der Erklärende in Kenntnis der wahren Lage die Erklärung bei verständiger Würdigung nicht oder nicht so abgegeben hätte (BaRoth/*Wendtland* Rn 45). An Letzterem fehlt es, wenn nur aus »Eigensinn, subjektiven Launen« oder »törichten Anschauungen« nicht auf die Abgabe der Erklärung verzichtet worden wäre (RGZ 62, 201, 206). Es kommt auf die Perspektive eines verständigen Dritten an (*Larenz/Wolf* § 36 Rn 32). 16

17 **D. Rechtsfolge.** Der Erklärende kann die Willenserklärung anfechten (s § 143). Ohne Anfechtungserklärung bleibt die Willenserklärung wirksam. Die Anfechtung beseitigt die Willenserklärung rückwirkend (§ 142 Abs 1). Der Erklärende ist gegebenenfalls schadensersatzpflichtig nach § 122 (s dort). Hat der Erklärungsempfänger den Irrtum schuldhaft verursacht, haftet er dem zur Anfechtung berechtigten Erklärenden gem §§ 280, 282, 311 Abs 2, 241 Abs 2.

18 **E. Internationales Privatrecht/Prozessuales.** Die Anfechtbarkeit ebenso wie die Folgen der Anfechtung wegen der von § 119 behandelten Irrtümer beurteilen sich nach dem sog Geschäftsstatut, dh nach dem Recht, das auf die wirksame Willenserklärung anwendbar ist bzw wäre (vgl MüKo/*Spellenberg* Vor Art 11 Rn 64, 66). Dasselbe ist für Verträge ausdrücklich in Art 10 Abs 1 Rom I-VO normiert. Die Wirksamkeit der Willenserklärung im Falle einer Anfechtung kann inzidenter im Rahmen eines Prozesses um Ansprüche aus dem betreffenden Geschäft geklärt werden. In diesem Rahmen sind Anfechtbarkeit und Anfechtungserklärung zu prüfen. Auch kann das durch die Willenserklärung begründete Rechtsverhältnis zum Gegenstand einer (Zwischen-)Feststellungsklage (§ 256 ZPO) gemacht werden. Die Darlegungs- und Beweislast für die Anfechtungsberechtigung trägt der Erklärende. Das umfasst das Vorliegen eines rechtserheblichen Irrtums (Rz 5 ff) und die Kausalität (Rz 16) einschließlich des Umstandes, dass die Erklärung bei verständiger Würdigung nicht abgegeben worden wäre (Palandt/*Heinrichs* Rn 32).

§ 120 Anfechtbarkeit wegen falscher Übermittlung.

Eine Willenserklärung, welche durch die zur Übermittlung verwendete Person oder Einrichtung unrichtig übermittelt worden ist, kann unter der gleichen Voraussetzung angefochten werden wie nach § 119 eine irrtümlich abgegebene Willenserklärung.

1 **A. Normzweck/Anwendungsbereich.** Grundsätzlich wird die Erklärung mit dem Inhalt wirksam, den sie im Zeitpunkt ihres Zugangs beim Empfänger hat. Im Ausgangspunkt ist der Empfänger im Vertrauen auf die Richtigkeit und Wirksamkeit der Erklärung geschützt. Der Erklärende trägt das Risiko des Übermittlungsfehlers (Palandt/*Heinrichs* Rn 1). Dabei werden ihm technische Übermittlungsfehler ebenso zugerechnet wie Fehler von eingeschalteten Personen. Es handelt sich um einen gesetzlich gesondert geregelten Fall des Erklärungsirrtums (BGH NJW 2005, 976 f). Allerdings kann der Erklärende seine Erklärung, die mit dem Willen nicht übereinstimmt, anfechten. Dafür trifft ihn dann die Vertrauenshaftung nach § 122. § 120 ist auf sämtliche Willenserklärungen (§ 130 Rz 3 ff) anwendbar. Es gilt mutatis mutandis das zu § 119 Gesagte (s dort Rz 3).

2 **B. Tatbestand.** Die Willenserklärung muss unter Verwendung einer Person oder Einrichtung übermittelt worden sein. Als Personen kommen Boten oder Dolmetscher in Betracht. Allerdings geht nur die Falschübermittlung durch den Erklärungsboten zu Lasten des Erklärenden. Demgegenüber trägt der Empfänger das Risiko des Übermittlungsfehlers bei Einsatz eines Empfangsboten (RGRK/*Krüger-Nieland* Rn 3; *Larenz/Wolf* § 36 Rn 16; *Joussen* Jura 2003, 577, 580). Dies rechnet man seiner Risikosphäre zu. Denn der Erklärende muss sich der Person oder Einrichtung iSd § 120 bedient haben (Palandt/*Heinrichs* Rn 2). Der Einsatz eines Stellvertreters wird von § 120 nicht erfasst, weil der Stellvertreter eine eigene Erklärung abgibt und daher nicht bloß zur Übermittlung einer Erklärung eingesetzt wird (BaRoth/*Wendtland* Rn 3). Als Übermittlungseinrichtungen kommen in Betracht Post- und Telegrafendienste, ferner Internetdienste (Frankfurt aM MDR 2003, 677; Hamm NJW 2004, 2601). Die bloße Telefonnutzung genügt idR nicht, sondern unterfällt der Anwendung von § 119 (Palandt/*Heinrichs* Rn 2; Staud/*Singer* Rn 5). Etwas anderes könnte aber denkbar sein, wenn das Erklärte infolge einer Verzerrung oder kurzzeitigen Leitungsausfalls beim Empfänger mit einem anderen Inhalt ankommt als es ausgesprochen wurde.

3 Die Erklärung muss unrichtig übermittelt worden sein. Das ist der Fall, wenn sie nicht mit dem **Inhalt** ankommt, mit dem sie abgeschickt wurde, etwa wenn der Bote sich verhört hat, der Telegramminhalt verwechselt wurde oder Erklärungen miteinander vermengt wurden. Kommt hingegen eine völlig unverständliche Erklärung beim Empfänger an, fehlt es schon am Tatbestand einer Willenserklärung (BaRoth/*Wendtland* Rn 6), so dass es für eine Anfechtung überhaupt keinen Bedarf gibt. Der Fehler muss bei der Übermittlung erfolgt sein. Im Falle der E-Mail-Versendung muss dies vor Eingang in der Mailbox des Empfängers geschehen sein (*Ultsch* NJW 1997, 3007, 3009; PWW/*Ahrens* Rn 3). Unrichtig ist auch die Erklärung, die **beim falschen Adressaten** ankommt. Ergibt sich allerdings schon aus dem Inhalt der Erklärung, dass der Empfänger nicht Erklärungsgegner sein soll (zB falsche Anschrift oder Personenbezeichnung), fehlt es dem Empfänger an schutzwürdigem Vertrauen, so dass der Erklärende bereits ohne Anfechtung nicht an die Erklärung gebunden ist (RGRK/*Krüger-Nieland* Rn 7; Staud/*Singer* Rn 4; BaRoth/*Wendtland* Rn 6).

4 Der Tatbestand ist nach hM dahin einzuschränken, dass bei Einschaltung eines Boten oder Dolmetschers nur der Fall der **unbewussten Falschübermittlung** erfasst wird (BGH BB 1963, 204; aA Staud/*Singer* Rn 3; MüKo/*Kramer* Rn 4). Demgegenüber sind bei bewusst falscher Übermittlung §§ 177 ff analog anzuwenden (Oldenburg NJW 1978, 951; Hk-BGB/*Dörner* Rn 4; Palandt/*Heinrichs* Rn 3; *Schwung* JA 1983, 12, 15; aA AnwK/*Hart* Rn 3). Nur ausnahmsweise kommt eine Haftung des Erklärenden aus vorvertraglicher Pflichtverletzung nach §§ 280, 282, 311 Abs 2, 241 Abs 2 in Betracht, wenn er schuldhaft einen fragwürdigen Boten eingesetzt hat.

Erforderlich ist weiterhin, dass der Empfänger **keine Kenntnis** von dem Übermittlungsfehler hatte. Ist der wahre Wille hingegen bekannt, gilt die Erklärung mit diesem Inhalt als zugegangen (Erman/*Palm* Rn 4; PWW/*Ahrens* Rn 5; falsa demonstratio non nocet, vgl § 133 Rz 9). Hatte der Empfänger hingegen keine Kenntnis vom wirklichen Willen, bleibt die Erklärung selbst im Falle grob fahrlässiger Unkenntnis wirksam, aber anfechtbar. Der Empfänger kann dann allerdings nach § 122 Abs 2 keinen Schadensersatz verlangen. 5

C. Rechtsfolgen. Die Erklärung ist grds wirksam, aber anfechtbar. Die Anfechtung (s § 143) bewirkt die Unwirksamkeit der Willenserklärung ex tunc (§ 142 Abs 1). Der Erklärende kann gem § 122 zum Schadensersatz verpflichtet sein (s dort). Die Haftung des Übermittlers ggü dem Erklärenden folgt aus dem zwischen diesen bestehenden Rechtsverhältnis. Eine Haftung des Übermittlers ggü dem Erklärungsempfänger kommt regelm nur aus unerlaubter Handlung in Betracht. 6

E. Internationales Privatrecht/Prozessuales. Anfechtbarkeit wie Folgen der Anfechtung richten sich nach dem Geschäftsstatut, dh nach dem auf das Geschäft im Falle wirksamer Erklärung anwendbaren Recht (vgl MüKo/*Spellenberg* Vor Art 11 Rn 64, 66). Für Verträge ergibt sich dies aus Art 10 Abs 1 Rom I-VO. Die Wirksamkeit der Erklärung kann inzidenter im Rahmen einer Leistungsklage aus dem betreffenden Rechtverhältnis geltend gemacht werden. Eine (Zwischen-)Feststellungsklage (§ 256 ZPO) hinsichtlich des Bestehens bzw Nichtbestehens eines durch die fragliche Erklärung zustande gekommenen Rechtsverhältnisses ist möglich. Die Darlegungs- und Beweislast hinsichtlich sämtlicher tatbestandlicher Voraussetzungen der Anfechtbarkeit der Erklärung (Rz 2 ff) trägt der Erklärende (BaRoth/*Wendtland* Rn 9). 7

§ 121 Anfechtungsfrist.

[1] Die Anfechtung muss in den Fällen der §§ 119, 120 ohne schuldhaftes Zögern (unverzüglich) erfolgen, nachdem der Anfechtungsberechtigte von dem Anfechtungsgrund Kenntnis erlangt hat. Die einem Abwesenden gegenüber erfolgte Anfechtung gilt als rechtzeitig erfolgt, wenn die Anfechtungserklärung unverzüglich abgesendet worden ist.
[2] Die Anfechtung ist ausgeschlossen, wenn seit der Abgabe der Willenserklärung zehn Jahre verstrichen sind.

A. Normzweck. Nach dieser Bestimmung präkludiert der Erklärende mit seinem Anfechtungsrecht, wenn er es nicht unverzüglich ausübt. Die Frist dient dem Interesse der Rechtssicherheit. Ohne sie bliebe der Anfechtungsgegner auf unabsehbare Zeit über die Gültigkeit des Geschäfts im Ungewissen. 1

B. Unverzügliche Anfechtung (Abs 1). Die Anfechtungsfrist gilt nur für die Irrtumsanfechtung nach § 119 und die Anfechtung wegen Übermittlungsfehlers nach § 120. Die Frist beginnt mit positiver Kenntnis des Anfechtungsgrundes. Dies bezieht sich allein auf die tatsächlichen Grundlagen des Anfechtungsrechts. Die rechtliche Kenntnis von der daraus folgenden Anfechtungsberechtigung ist unerheblich (RGZ 134, 25, 32). Grob fahrlässige Unkenntnis des Anfechtungsgrundes genügt nicht (BGH WM 1973, 750 f; BAG NJW 1984, 446). Eine völlige Überzeugung von der Wahrheit der Anfechtungsgründe soll andererseits auch nicht erforderlich sein (BayObLG NJW-RR 1998, 797 f). Richtigerweise wird man darauf abstellen müssen, ob sich der Anfechtungsberechtigte treuwidrig einer sich aufdrängenden Erkenntnis verschlossen hat (Staud/*Singer* Rn 5). Eine zuverlässige Mitteilung genügt, wenn kein vernünftiger Anlass zu Zweifeln besteht. 2

Sofern ein Vertreter auch zur Anfechtung vertretungsberechtigt ist, genügt dessen Kenntnis, um den Fristlauf in Gang zu setzen (BGH MDR 1965, 646). Sind mehrere zur Anfechtung berechtigt, läuft für jeden von ihnen die Frist selbständig, so dass Kenntnis des einen die Frist für die anderen nicht in Gang setzen kann (BaRoth/*Wendtland* Rn 3). Kommen mehrere Anfechtungsgründe in Betracht, läuft die Frist für jeden Grund gesondert ab Kenntnis davon (BGH NJW 1966, 39). Ein **Nachschieben von Anfechtungsgründen** (§ 143 Rz 5) ist daher nur begrenzt möglich. Eine feste Anfechtungsfrist gibt es nicht. Vielmehr muss die Anfechtung unverzüglich erklärt werden, dh **ohne schuldhaftes** (vorsätzliches oder fahrlässiges) **Zögern**. Zur Bestimmung, wie viel Zeit der Anfechtungsberechtigte sich nehmen durfte, kommt es auf die Würdigung aller Umstände des konkreten Einzelfalls an (vgl – in anderem Zusammenhang – BGH NJW 2005, 1869). 3

Nicht erforderlich ist, dass der Anfechtungsberechtigte sofort handelt. Die berechtigten Belange der Beteiligten sind angemessen zu berücksichtigen (RGZ 124, 115, 118; Soerg/*Hefermehl* Rn 7). Der Anfechtende kann eine angemessene Überlegungsfrist in Anspruch nehmen (Palandt/*Heinrichs* Rn 3; RGRK/*Krüger-Nieland* Rn 6). Dabei kommt es maßgeblich auf die Bedeutung des Geschäfts und die Tragweite der Gültigkeit bzw Ungültigkeit des Geschäfts an. Er muss ggf Rechtsberatung in Anspruch nehmen können (Oldenburg NJW 2004, 168). Allerdings darf der Anfechtende keinen umständlichen Weg der Erklärung wählen, weshalb insbes die Anfechtung im Rahmen einer Klageschrift zu spät kommt (BGH JR 1975, 152). Eine Obergrenze des Zuwartens wird bisweilen mit 2 Wochen veranschlagt (zB ThürOLG, OLG-NL 2000, 37, 39). Das scheint indes zu pauschal. Allerdings wird man diese Höchstfrist unter Heranziehung der Wertung des § 626 Abs 2 im Arbeitsrecht annehmen müssen (vgl BAG NJW 1980, 1302). 4

Zur Fristwahrung genügt die rechtzeitige Absendung der Anfechtungserklärung. Wann die Erklärung zugeht, ist unerheblich. Allerdings trägt der Anfechtungsgegner nur das Verspätungsrisiko, nicht indes das Untergangsrisiko. Geht eine rechtzeitig abgesendete Anfechtungserklärung überhaupt nicht zu, fehlt es an einer 5

Anfechtung (BGHZ 101, 49, 52; Hk-BGB/*Dörner* Rn 3). Eine später nachgeholte Anfechtung käme wiederum zu spät, auch wenn sie unverzüglich nachgeholt wird (aA wohl Soerg/*Hefermehl* Rn 10; wie hier PWW/*Ahrens* Rn 5).

6 **C. Ausschlussfrist (Abs 2).** Unabhängig von der Kenntnis erlischt das Anfechtungsrecht 10 Jahre nach Abgabe der anfechtbaren Willenserklärung. Eine Hemmung oder Unterbrechung der Frist ist nicht vorgesehen (MüKo/*Kramer* Rn 10). Die Zehn-Jahres-Frist ist nur gewahrt, wenn die Anfechtungserklärung innerhalb der Frist dem Anfechtungsgegner zugeht (arg ex Abs 1 S 2).

7 **D. Rechtsfolgen.** Versäumt der Anfechtungsberechtigte die unverzügliche Anfechtung (Abs 1) oder geht eine Anfechtung erst 10 Jahre nach Abgabe der Willenserklärung zu (Abs 2), präkludiert der Erklärende mit seinem Anfechtungsrecht. Eine gleichwohl erklärte Anfechtung ist unwirksam, die (zunächst) anfechtbare Willenserklärung bleibt wirksam. Die Einhaltung der Frist ist im Prozess vAw zu beachten.

8 **E. Internationales Privatrecht/Beweislast.** Die Anfechtungsfrist betrifft das Anfechtungsrecht und unterliegt dem Recht, nach dem sich das Vorliegen eines Anfechtungsrechts bestimmt. Das ist das Geschäftsstatut (vgl § 119 Rz 18 und § 120 Rz 7). Die Darlegungs- und Beweislast hinsichtlich der für den Fristbeginn maßgeblichen Kenntniserlangung trifft den Anfechtungsgegner, der sich auf die verspätete Anfechtung beruft (BAG NJW 1980, 1302 f). Die Darlegungs- und Beweislast hinsichtlich der Umstände, die die Erklärung noch als unverzüglich erscheinen lassen, trifft hingegen den Anfechtenden (Brandenburg NJW-RR 2002, 578, 580). Diesen trifft im Falle des Abs 1 S 2 auch die Darlegungs- und Beweislast für die rechtzeitige Absendung und im Falle des Abs 2 für den Zugang der Anfechtungserklärung (BaRoth/*Wendtland* Rn 12).

§ 122 Schadensersatzpflicht des Anfechtenden.

[1] Ist eine Willenserklärung nach § 118 nichtig oder auf Grund der §§ 119, 120 angefochten, so hat der Erklärende, wenn die Erklärung einem anderen gegenüber abzugeben war, diesem, anderenfalls jedem Dritten den Schaden zu ersetzen, den der andere oder der Dritte dadurch erleidet, dass er auf die Gültigkeit der Erklärung vertraut, jedoch nicht über den Betrag des Interesses hinaus, welches der andere oder der Dritte an der Gültigkeit der Erklärung hat.

[2] Die Schadensersatzpflicht tritt nicht ein, wenn der Beschädigte den Grund der Nichtigkeit oder der Anfechtbarkeit kannte oder infolge von Fahrlässigkeit nicht kannte (kennen musste).

1 **A. Normzweck.** Die Bestimmung trägt dem Umstand Rechnung, dass in den Fällen der §§ 118–120 die Verkehrsinteressen im Interesse der (negativen) Privatautonomie zurückstehen müssen. Dafür gewährt § 122 einen Ausgleich. Es handelt sich um eine verschuldensunabhängige Veranlasserhaftung für das Risiko der Mangelhaftigkeit seiner Erklärung (BGH NJW 1969, 1380). Den Erklärenden trifft im Falle der Nichtigkeit oder Anfechtung eine Vertrauenshaftung (RGRK/*Krüger-Nieland* Rn 1; vgl ausführl *Singer* JZ 1989, 1030 ff).

2 **B. Anwendungsbereich.** Die Bestimmung setzt eine nach § 118 nichtige oder nach §§ 119, 120 angefochtene Willenserklärung (§ 130 Rz 3 ff) voraus. Besteht daneben ein anderer Nichtigkeitsgrund oder wurde auch aus anderem Grunde angefochten, soll die Bestimmung keine Anwendung finden (PWW/*Ahrens* Rn 2). Analoge Anwendung findet § 122 nach hM beim Anschein einer Willenserklärung, die wegen fehlenden Handlungswillens tatsächlich nicht existent ist (BaRoth/*Wendtland* Rn 3). § 122 ist dispositiv (RGRK/*Krüger-Nieland* Rn 5). Hingegen dürfte ein Ausschluss in AGB nach § 307 Abs 2 Nr 1 unwirksam sein.

3 **C. Tatbestand.** Eine Willenserklärung muss nach § 118 oder infolge Anfechtung nach §§ 119, 120 nichtig sein. Ferner muss ein Schaden eingetreten sein. Dieser muss kausal (BaRoth/*Wendtland* Rn 5) auf schutzwürdiges Vertrauen in den Bestand der Willenserklärung zurückzuführen sein. Ausgeschlossen ist ein Ersatzanspruch, wenn der Geschädigte den Anfechtbarkeits- bzw Nichtigkeitsgrund kannte bzw kennen musste. Es genügt jede Fahrlässigkeit in Bezug auf die Kenntnis. In diesen Fällen ist das Vertrauen des Geschädigten in den Bestand der Willenserklärung nicht schutzwürdig.

4 **D. Rechtsfolge.** Ersatzberechtigter ist bei empfangsbedürftigen Willenserklärungen allein der Erklärungsempfänger. Das gilt auch bei Verträgen zu Gunsten Dritter. Bei nicht empfangsbedürftigen Willenserklärungen ist jeder ersatzberechtigt, der einen Vertrauensschaden erlitten hat. Hat der Geschädigte den Anfechtbarkeits- oder Nichtigkeitsgrund selbst schuldhaft herbeigeführt, scheiden Ersatzansprüche aus, während der Erklärende uU Ansprüche aus §§ 280, 282, 311 Abs 2, 241 Abs 2 haben kann (BaRoth/*Wendtland* Rn 4). Ersatzfähig ist nur das negative Interesse. Dies umfasst zunächst die Vertragskosten (AnwK/*Hart* Rn 3). UU sind entgegen der Rspr, die in nicht nachzuvollziehender Weise die Prozesskostenregeln der ZPO als sachlich vorrangig betrachtet (BGH NJW 1962, 1670, 1671), auch die Prozesskosten ersatzfähig (PWW/*Ahrens* Rn 5; Palandt/*Heinrichs* Rn 4; Staud/*Singer* Rn 13), wenn die Anfechtung erst während eines Prozesses erfolgte und er den Anfechtungsgrund bis dahin weder kannte noch kennen musste. Wurde der Prozess erst danach geführt, scheidet ein Anspruch nach § 122 allerdings aus. Auch aus dem Ausbleiben eines alternativen Geschäfts entstandene Nachteile sind als Vertrauensschaden ersatzfähig (BGH NJW 1984, 1950 f; dazu *Leßmann* JuS 1986, 112 ff).

Der Ersatzanspruch ist durch das Erfüllungsinteresse gedeckelt. Trifft den Erklärenden allerdings ein Verschulden, bleibt dem Geschädigten daneben ein Anspruch aus cic, der nicht auf das Erfüllungsinteresse begrenzt ist (Palandt/*Heinrichs* Rn 6). Im Fall einer schuldlosen (bei Verschulden s Rz 5) Mitverursachung ist entspr § 254 Abs 1 eine Schadensteilung vorzunehmen (BGH NJW 1969, 1380). IÜ kann die Geltendmachung des Schadensersatzanspruchs (wie jedes anderen Anspruchs auch) rechtsmissbräuchlich sein (München NJW 2003, 367). 5

E. Internationales Privatrecht/Beweislast. Als Frage der Folge des Willensmangels ist die Beurteilung, ob der Vertrauensschaden zu ersetzen ist, wie der Willensmangel selbst nach dem Geschäftsstatut zu beurteilen (vgl § 118 Rz 6, § 119 Rz 18 und § 120 Rz 7). Die Voraussetzungen eines Anspruchs nach § 122 Abs 1 sind vom Geschädigten darzulegen und im Streitfall zu beweisen. Das umfasst Nichtigkeit bzw Anfechtung der Erklärung, Aktivlegitimation, Kausalität sowie Eintritt und Höhe des Vertrauensschadens (Palandt/*Heinrichs* Rn 7). Die Voraussetzungen des Abs 2 (Kenntnis/Kennenmüssen) sowie Übersteigung des Erfüllungsinteresses durch das Vertrauensinteresse muss der Erklärende darlegen und beweisen, desgleichen die Voraussetzungen von § 254 (BaRoth/*Wendtland* Rn 13). 6

§ 123 Anfechtbarkeit wegen Täuschung oder Drohung.

[1] Wer zur Abgabe einer Willenserklärung durch arglistige Täuschung oder widerrechtlich durch Drohung bestimmt worden ist, kann die Erklärung anfechten.

[2] Hat ein Dritter die Täuschung verübt, so ist eine Erklärung, die einem anderen gegenüber abzugeben war, nur dann anfechtbar, wenn dieser die Täuschung kannte oder kennen musste. Soweit ein anderer als derjenige, welchem gegenüber die Erklärung abzugeben war, aus der Erklärung unmittelbar ein Recht erworben hat, ist die Erklärung ihm gegenüber anfechtbar, wenn er die Täuschung kannte oder kennen musste.

A. Normzweck. Anders als in den Fällen der §§ 119, 120 stimmen im Falle von Täuschung oder Drohung Wille und Erklärung überein. Der Fehler liegt in der Willensbildung, im Motiv. Im Falle von Täuschung und Drohung ist die rechtsgeschäftliche Entschließungsfreiheit beeinträchtigt. Sie zu schützen ist mithin Zweck des § 123 (BGHZ 51, 141, 147; Staud/*Singer/v Finckenstein* Rn 1). Dabei überlässt das Gesetz dem in seiner Entschließungsfreiheit beeinträchtigten Opfer die Entscheidung darüber, ob das auf fehlerhafter Willensbildung beruhende Rechtsgeschäft Gültigkeit haben soll oder nicht (BGH NJW 2008, 982 f: sog Lockvogelangebot nicht sittenwidrig, aber uU anfechtbar; AnwK/*Hart* Rn 1). Das Geschäft ist nicht etwa ohne weiteres nichtig, sondern nur dann, wenn der Erklärende sich zur Anfechtung entschließt. 1

B. Anwendungsbereich. Die Bestimmung gilt für sämtliche Willenserklärungen (zum Begriff s § 130 Rz 3 ff), für konkludente und ausdrückliche, empfangsbedürftige und nicht empfangsbedürftige (Palandt/*Heinrichs* Rn 1). Zahlreiche Sonderregeln gelten im Familienrecht. Im vertragsrechtlichen Bereich greifen keine Sonderregeln, sieht man von den bei § 119 Rz 14 genannten Modifikationen im Arbeitsrecht und im Gesellschaftsrecht ab. Nicht anwendbar ist § 123 auf Realakte (BGH NJW 1952, 417). Ansprüche aus cic konkurrieren mit der Möglichkeit der Anfechtung (BGH NJW 2002, 2774 f). Neben der Anfechtung nach § 123 bleibt die Möglichkeit der Irrtumsanfechtung nach § 119 bestehen (Palandt/*Heinrichs* Rn 28). Die Anfechtungsmöglichkeit wegen arglistiger Täuschung ist zwingendes Recht und nicht dispositiv (BGH DB 2007, 457). 2

C. Arglistige Täuschung. I. Täuschung. Der Tatbestand weist eine gewisse Ähnlichkeit mit § 263 StGB auf. Erforderlich ist zunächst die Täuschung iSe Erregung oder Aufrechterhaltung eines Irrtums durch Vorspiegeln »falscher« oder Unterdrückung »wahrer« Tatsachen. In Betracht kommt jeder Irrtum, auch jeder Motivirrtum (*Medicus* Rn 787). Auf eine Vermögensschädigung kommt es aber nicht an. Die Täuschung kann durch **positives Tun** erfolgen. Das setzt ein Vorspiegeln oder Entstellen von Tatsachen voraus. Dabei kommt es auf objektiv nachprüfbare Tatsachen an (MüKo/*Kramer* Rn 15). Möglich ist auch das konkludente Vorspiegeln von Tatsachen (BGH NJW 2001, 3331 f). Die Behauptung, eine Wohnung finanziere sich durch Mieten und Steuerersparnisse von selbst, rechnet hierher (KG NJW 1998, 1082), ebenso die Äußerung einer Rechtsansicht, die mit der materiellen Rechtslage nicht übereinstimmt (KG OLGZ 1972, 257, 261). Desgleichen ist beim Kreditkauf eine Täuschung über Zahlungsfähigkeit und -willigkeit möglich (Köln NJW 1967, 740 [strafgerichtliche Verurteilung]). Ebenso kann eine Täuschung darin liegen, dass eine Partnervermittlungsagentur mit einer tatsächlich nicht vermittlungsbereiten Person wirbt (vgl BGH NJW 2008, 982). Wer Mängel offenbart, kann dadurch zugleich vorspiegeln, weitere Mängel bestünden nicht (Köln OLGZ 1987, 228). Nur subjektive Einschätzungen können nicht Gegenstand der Täuschungshandlung sein. Denn sie sind dem Wahrheitsbeweis nicht zugänglich. Auch allg Anpreisungen und Prognosen können keine Täuschung darstellen (BGH NJW 2007, 3200, 3202). Andererseits kann sich die Täuschung auch auf innere Tatsachen beziehen, wie beispielsweise hinsichtlich der Erfüllungsbereitschaft und -fähigkeit. Dasselbe gilt für marktschreierische Anpreisungen ohne sachliche Substanz, die ohnehin von niemandem ernst genommen werden (PWW/*Ahrens* Rn 5; MüKo/*Kramer* Rn 15; RGRK/*Krüger-Nieland* Rn 9; Staud/*Singer/v Finckenstein* Rn 7). 3

4 Ebenso ist eine Täuschung durch **Unterlassen** möglich. Das setzt das Bestehen und Verletzen einer **Aufklärungspflicht** voraus (BGH NJW-RR 1996, 690; 1998, 1406). Eine solche besteht aber nur ausnahmsweise, eine allg Aufklärungspflicht über sämtliche relevanten Umstände gibt es nicht (BGH NJW 2001, 3331 f). Denn grds ist es Sache jeder Vertragspartei, sich zu vergewissern, ob das Geschäft für sie vor- oder nachteilig ist. Eine Aufklärungspflicht kann sich ergeben (vgl Palandt/*Heinrichs* Rn 5a ff) aus der Pflicht zur wahrheitsgemäßen Beantwortung von Fragen (Rz 5), bei Vorliegen bes wichtiger Umstände (Rz 6) und bei bes Vertrauensverhältnis (Rz 6).

5 Eine Offenbarungspflicht kann sich zunächst daraus ergeben, dass die jeweilige Vertragspartei verpflichtet ist, **Fragen wahrheitsgemäß zu beantworten** (BGHZ 74, 383, 392). Allerdings stellt sich gerade im **Arbeitsrecht** (ähnl im Mietrecht, vgl *N Fischer* WuM 2006, 3, 9 ff) das Problem, wie weit die Möglichkeiten eines Arbeitgebers, Fragen zu stellen, reichen. Im Ausgangspunkt ist die Zulässigkeit einer Frage durch Abwägung der beiderseitigen schutzwürdigen Interessen der Parteien zu bestimmen (BAG AP Nr 58 zu § 123). Das betrifft das Informationsinteresse des Arbeitgebers einerseits und das Geheimhaltungsinteresse des Arbeitnehmers andererseits (BAG AP Nr 40 zu § 123). Inzwischen gibt es eine reichhaltige Kasuistik zur Zulässigkeit einer Reihe von Einzelfragen (Schwangerschaft, Behinderung, Religion etc, s im Einzelnen § 611 Rz 15 ff). Ist danach eine Frage unzulässig, darf sie falsch beantwortet werden (»**Recht zur Lüge**«). Es fehlt dann an der Arglist (Rz 8).

6 Bei Vorliegen bes wichtiger Umstände, die für den anderen Teil erkennbar von ausschlaggebender Bedeutung sind, müssen diese auch ungefragt offenbart werden (BGH NJW 1971, 1795, 1799). Das betrifft insbes wesentliche Mängel einer Kaufsache (BGH NJW 1990, 975). In Betracht kommt beispielsweise die Pflicht zum Hinweis auf eine fehlende behördliche Genehmigung einer Anlage (BGH NJW 1990, 1661) oder auf den Umstand, dass sich das zum Verkauf stehende Haus in einem Hochwassergebiet befindet (BGH NJW-RR 1992, 334). Eine Aufklärungspflicht besteht schließlich bei Bestehen eines bes Vertrauensverhältnisses (BGH NJW 1992, 300, 302).

7 **II. Rechtswidrigkeit.** Erforderlich ist die **Rechtswidrigkeit** der Täuschung (*Petersen* Jura 2006, 904; Hk-BGB/*Dörner* Rn 4). Diese folgt allerdings regelm schon aus der Täuschung. Ausnahmsweise kann aber eine Täuschung gerechtfertigt sein. Das betrifft insbes die Falschbeantwortung einer Frage im Arbeitsrecht (zur Falschbeantwortung von Fragen bei der Anbahnung eines Mietvertrages *Fischer* WuM 2006, 9). Hier darf der Arbeitnehmer iSe Rechts zur Lüge eine unzulässige Frage falsch beantworten (BAG AP Nr 2 zu § 123; AP Nr 40 zu § 123). Dabei bestimmt sich die Zulässigkeit einer Frage nach den Grundsätzen von Treu und Glauben durch Abwägung der beiderseitigen berechtigten und schutzwürdigen Interessen (BAG AP Nr 58 zu § 123; Überblick zu den Fragen bei § 611 Rz 15).

8 **III. Arglist.** Der subjektive Tatbestand erfordert Arglist. Sie ist bereits zu bejahen, wenn der Täuschende mindestens mit bedingtem Vorsatz handelt (BGH NJW 1999, 2804, 2806; Soerg/*Hefermehl* Rn 27; RGRK/*Krüger-Nieland* § 122 Rn 12; Staud/*Singer/v Finckenstein* Rn 28), Absicht ist keinesfalls erforderlich (Palandt/*Heinrichs* Rn 11). Der Vorsatz muss sich auf Irrtumserregung und Beeinflussung der Willensentschließung beziehen. Schädigungsvorsatz und verwerfliche Gesinnung sind hingegen nicht erforderlich (BaRoth/*Wendtland* Rn 19). Zur Bejahung der Arglist genügt es, wenn der Täuschende Behauptungen »ins Blaue hinein« aufstellt (BGH NJW 2006, 2839 f = BGHZ 168, 64, 69) oder Tatsachenangaben ohne die erforderliche Sachkenntnis macht und dem anderen diese fehlende Sachkenntnis verschweigt (BGH NJW 1980, 2460). Wer gutgläubig falsche Angaben macht, handelt hingegen nicht arglistig, selbst wenn er grob fahrlässig handelt (BGH NJW 1980, 2460 f). Er kann sich dann allerdings aus cic schadensersatzpflichtig machen (Palandt/*Heinrichs* Rn 11). Die falsche Antwort (Lüge) auf eine unzulässige Frage (Rz 5) ist allerdings nicht arglistig (BAG AP Nr 2, 40 zu § 123).

9 **IV. Täuschung durch Dritte (Abs 2).** Abs 2 enthält eine bes Regelung zur Anfechtbarkeit einer Willenserklärung, die durch Täuschung seitens eines Dritten veranlasst wurde. Die Bestimmung gilt nur für Täuschungen durch Dritte, nicht für den Fall der Drohung (vgl Rz 11). Die Regelung des Abs 2 betrifft nur empfangsbedürftige Willenserklärungen. Im Umkehrschluss daraus ergibt sich, dass nicht empfangsbedürftige Willenserklärungen unabhängig von der Person des Täuschenden angefochten werden können. Bei empfangsbedürftigen Willenserklärungen kommt die Anfechtung im Falle einer Täuschung durch Dritte nur in Betracht, wenn der Erklärungsempfänger die Täuschung kannte oder kennen musste (dh infolge Fahrlässigkeit nicht kannte, vgl § 122 Abs 2, s dort Rz 3). Demgegenüber ist die Anfechtung ohne weiteres möglich, wenn der Erklärungsempfänger selbst der Täuschende war. Zwischen diesen beiden Fällen liegen Fälle, in denen der Erklärungsempfänger nicht selbst der Täuschende war, andererseits der Täuschende aber auch kein völlig außen stehender Dritter war. Sofern der Täuschende auf Seiten des Erklärungsempfängers stand, maßgeblich am Zustandekommen der Willenserklärung mitgewirkt hat und folglich kein völlig Unbeteiligter war, nimmt man keine Täuschung durch Dritte, sondern aus dem Lager des Erklärungsempfängers an. Wenn also eine Hilfsperson des Erklärungsempfängers den Erklärenden getäuscht hat, kann er anfechten, gleichgültig, ob der Erklärungsempfänger die Täuschung kannte oder nicht.

10 Kein Dritter ist beispielsweise ein Vertreter (BGHZ 20, 36, 39), ein Verhandlungsgehilfe (BGH NJW 1962, 2195 f; 1989, 2879 f; nicht allerdings der eigenmächtige Verhandlungsgehilfe: BGH NJW 1996, 1051), der

Schuldner, der als Vertrauensperson des Gläubigers den Bürgen wirbt (BGH NJW 1962, 1907 f) ein selbständiger Versicherungsmakler, der vom Versicherungsnehmer beauftragt wurde (BGH VersR 2008, 809 f) oder ein Makler oder Vermittler, der im Interesse beider Seiten tätig wird (BGHZ 20, 36; 33, 302, 309). Ein Fondsvermittler ist bei einem verbundenen Geschäft iSd § 358 auch hinsichtlich des Darlehensvertrages kein Dritter (BGH NJW 2006, 1955). Demgegenüber ist ein Arbeitnehmervertreter, der dem Arbeitnehmer rät, zur Vermeidung einer Kündigung einen Aufhebungsvertrag abzuschließen, iA Dritter (LAG Köln v 23.01.2006, 2 Sa 1236/05). Nach Abs 2 S 2 kann auch ggü einem begünstigten Dritten angefochten werden, wenn dieser nicht gutgläubig war. Relevant wird dies vor allem, wenn die Anfechtung ggü dem Erklärungsempfänger nach Abs 2 S 1 nicht möglich ist (PWW/*Ahrens* § 123 Rn 29).

D. Widerrechtliche Drohung. I. Drohung. Drohung ist das Inaussichtstellen eines künftigen Übels, auf dessen Eintritt der Drohende Einfluss zu haben vorgibt (BGH NJW 1988, 2599 f). Durch Letzteres unterscheidet sich die Drohung von einer Warnung (*Larenz/Wolf* § 37 Rn 26; *Medicus* AT Rn 814). Die Drohung muss beim Opfer eine Zwangslage hervorgerufen haben. Als Übel kommt jeder Nachteil in Betracht, mag er ideeller oder materieller Natur sein, der dem Erklärenden oder einem anderen droht. In diesem Sinne kann auch das Inaussichtstellen eines Selbstmordes des Drohenden in Betracht kommen (BGH NJW-RR 1996, 1282). Auf das Gewicht des Übels kommt es nicht an. Allerdings dürfte bei nur geringfügigem Nachteil die Kausalität (Rz 16) häufig fehlen. 11

Keine Drohung ist die unmittelbare Gewalt. Sie unterfällt nicht § 123; es fehlt schon tatbestandlich an einer Willenserklärung. Anders liegt es hingegen, wenn die bisherige und für die Zukunft weiter angedrohte Gewalt beim Opfer den Willen zur Abgabe einer Erklärung mit den fraglichen rechtlichen Wirkungen zur Vermeidung weiterer Gewalt hervorgerufen hat (BGH DB 1975, 2075; Staud/*Singer/v Finckenstein* Rn 61; weitergehend noch *Peters* JR 2006, 133, 135 f, für praktisch sämtliche Fälle der Drohung). Auf die **Person des Drohenden** kommt es anders als bei der Täuschung nicht an, Abs 2 gilt nicht (BGH NJW 1966, 2399, 2401; AnwK/*Hart* Rn 23; MüKo/*Kramer* Rn 48; Staud/*Singer/v Finckenstein* Rn 64). Wenn die Drohung von einem Dritten ausgeübt wurde, bleibt mithin auch eine empfangsbedürftige Willenserklärung anfechtbar, gleichgültig ob der Erklärungsgegner die Drohung kannte bzw kennen musste oder nicht. 12

II. Widerrechtlichkeit. Die Drohung muss rechtswidrig gewesen sein. Sie kann sich aus dem verfolgten Zweck (Rz 14), dem verwendeten Mittel (Rz 14) oder der Zweck-Mittel-Relation (Rz 14) ergeben. Die Widerrechtlichkeit des erstrebten Zwecks spielt praktisch kaum eine Rolle (AnwK/*Hart* § 123 Rn 22; Palandt/*Heinrichs* § 123 Rn 20). Denn es genügt noch nicht, dass der Erfolg nicht von der Rechtsordnung vorgesehen ist, vielmehr muss er ihr widersprechen (BGHZ 25, 217, 218 f; NJW 1997, 1980). Diese Fälle fallen aber regelm schon unter §§ 134, 138. Das verwendete Mittel kann rechtswidrig sein. In Betracht kommt strafbares Verhalten, aber beispielsweise auch Vertragsbruch (BGH NJW 1995, 3052). Die Drohung eines Richters mit einem ungünstigen Urteil zwecks Herbeiführung eines Vergleichs ist rechtswidrig (BGH NJW 1966, 2399). Grundsätzlich erlaubte Mittel sind gerichtliche Klage (BGHZ 79, 131, 143), Strafanzeige (BGHZ 25, 217, 220 f) oder Kündigung, letzteres jedenfalls, wenn eine Kündigung an sich möglich ist (vgl BGH NJW 2005, 2766, 2788). Zweifelhaft erscheint es, wenn die Rspr darauf abstellen möchte, ob der Drohende das Mittel für erlaubt hielt (BGH NJW 2005, 2766, 2788; aA *Medicus* AT Rn 820; *Flume* S 539); die praktischen Unterschiede dürften aber gering sein, weil sich in diesem Fall die Zweck-Mittel-Relation noch als rechtswidrig erweisen kann (vgl Palandt/*Heinrichs* § 123 Rn 19). 13

Die Rechtswidrigkeit kann sich schließlich aus der **Inadäquanz der Zweck-Mittel-Relation** ergeben. Ein erlaubtes Mittel kann zur Verfolgung eines erlaubten Zwecks eingesetzt werden und dennoch rechtswidrig sein, weil es zur Erreichung dieses Zwecks unangemessen erscheint (BGHZ 2, 287, 297). Es kommt auf eine Abwägung nach den Grundsätzen von Treu und Glauben an. Die Drohung mit der Kündigung des Arbeitsvertrages zwecks Abschlusses eines Aufhebungsvertrages ist danach dann rechtswidrig, wenn ein verständiger Arbeitgeber in der konkreten Situation eine Kündigung nicht ernsthaft in Betracht gezogen hätte (BAG NZA 1992, 1023; 2004, 597, 599; 2007, 466, 469; krit *Benecke* RdA 2004, 147, 149 ff). Kommt es erst in einem gerichtlichen Verfahren um die Wirksamkeit der Kündigung zum Abschluss eines Aufhebungsvertrages im Wege des Vergleichs, so scheidet die Anfechtung mangels Fortbestandes der Drohung aus (BAG NZA 2007, 466). Allerdings ist die Drohung mit der Inanspruchnahme bestehender Rechtsbehelfe zur Durchsetzung existierender Ansprüche niemals rechtswidrig (Palandt/*Heinrichs/Ellenberger* Rn 21; vgl RGZ 108, 104, 106 f). 14

III. Subjektiver Tatbestand. Der Drohende muss Kenntnis der Eignung der Drohung zur Willensbeeinflussung gehabt haben (RGZ 108, 104, 106) und den Zweck verfolgt haben, dass die Erklärung so wie abgegeben erfolgen werde (BAG BB 1978, 1467). Auf einen Schädigungsvorsatz kommt es nicht an (Soerg/*Hefermehl* Rn 51). 15

E. Rechtsfolge/Kausalität. Die Willenserklärung gilt zunächst. Im Falle der Drohung ist dies fiktiv, weil doch erkennbar mangels Rechtsfolgewillens (§ 130 Rz 5) überhaupt keine Willenserklärung vorliegt (*Peters* JR 2006, 133, 136), so dass das Gesetz eine – freilich anfechtbare – Willenserklärung unterstellt. Der Erklärende entscheidet über die weitere Gültigkeit (Staud/*Singer/v Finckenstein* Rn 82; *Peters* JR 2006, 133, vgl § 143 16

Rz 1). Er kann die Erklärung durch Anfechtung (§ 143) mit Rückwirkung (§ 142) beseitigen. Ausgeschlossen ist die Anfechtung nach Treu und Glauben (§ 242), wenn die Interessen des Getäuschten im Zeitpunkt der Anfechtungserklärung nicht mehr berührt sind (*Larenz/Wolf* § 37 Rn 47), etwa wenn ein Arbeitsverhältnis über längere Zeit beanstandungsfrei verlaufen ist (BAG AP Nr 17 zu § 123, AP Nr 40 zu § 123). Der Erklärende muss durch Täuschung oder Drohung zur Abgabe der Willenserklärung »bestimmt« worden sein. Erforderlich ist daher, dass die Täuschung bzw Drohung für die Abgabe der Erklärung ursächlich geworden ist (BaRoth/*Wendtland* Rn 37). Das ist der Fall, wenn die Erklärung ohne die Täuschung oder Drohung überhaupt nicht, zu anderer Zeit oder mit anderem Inhalt abgegeben worden wäre (BGHZ 2, 287, 299).

17 **G. Internationales Privatrecht/Prozessuales.** Täuschung (Oldenburg IPRspr 1975 Nr 15) und Drohung (RG IPRspr 1928 Nr 10) werden nach dem Geschäftsstatut, dh nach dem Recht das auf das durch die Erklärung zustande gekommene Geschäft anwendbar ist, beurteilt. Nach dem Geschäftsstatut bestimmen sich auch die Folgen für die Gültigkeit des Rechtsgeschäfts (MüKo/*Spellenberg* Vor Art 11 Rn 66). Für Verträge ist dies spezialgesetzlich in Art 10 Abs 1 Rom I-VO normiert. Die Wirksamkeit einer nach § 123 angefochtenen Willenserklärung kann im Rahmen des Verfahrens über eine Leistungsklage inzidenter überprüft werden. Eine (Zwischen-) Feststellungsklage (§ 256 ZPO) über das Bestehen oder Nichtbestehen des durch die Willenserklärung begründeten bzw nicht wirksam begründeten Rechtsgeschäfts ist möglich. Die Darlegungs- und Beweislast hinsichtlich sämtlicher Voraussetzungen des § 123 trägt der Anfechtende (BGH NJW 1957, 988). Hinsichtlich einer Offenbarungspflicht gilt allerdings eine abgestufte Darlegungs- und Beweislast. Hat der Anfechtende die Voraussetzungen einer Offenbarungspflicht vorgetragen, muss der Gegner zur Erfüllung dieser Pflicht vortragen, der Anfechtende diese Behauptungen gegebenenfalls widerlegen (BGH NJW 2001, 64). Ferner trifft den Anfechtungsgegner die Beweislast, dass die Erklärung bei richtiger Aufklärung gleichwohl abgegeben worden wäre (BGHZ 61, 118). Wenn sich der Drohende darauf beruft, dass er das Mittel für erlaubt hielt (Rz 13), muss er die objektive Vertretbarkeit dieses Standpunktes darlegen (BGH NJW 2005, 2766, 2788).

§ 124 Anfechtungsfrist.

[1] Die Anfechtung einer nach § 123 anfechtbaren Willenserklärung kann nur binnen Jahresfrist erfolgen.

[2] Die Frist beginnt im Falle der arglistigen Täuschung mit dem Zeitpunkt, in welchem der Anfechtungsberechtigte die Täuschung entdeckt, im Falle der Drohung mit dem Zeitpunkt, in welchem die Zwangslage aufhört. Auf den Lauf der Frist finden die für die Verjährung geltenden Vorschriften der §§ 206, 210 und 211 entsprechende Anwendung.

[3] Die Anfechtung ist ausgeschlossen, wenn seit der Abgabe der Willenserklärung zehn Jahre verstrichen sind.

1 **A. Normzweck, Allgemeines.** Die Vorschrift schafft einen Ausgleich zwischen dem Interesse des in seiner Entschließungsfreiheit beeinträchtigten Erklärenden an der Lösung von der infolge mangelhafter Willensbildung abgegebenen Erklärung einerseits und dem Interesse an der Rechtssicherheit andererseits. Anders als bei Willensmängeln nach §§ 119 f ist das Interesse des Erklärenden allerdings höher zu bewerten als das des anderen Teils. Die Jahresfrist ist deshalb deutlich großzügiger bemessen als die Frist des § 121 (unverzüglich). Rechtspolitisch fragwürdig erscheint vor diesem Hintergrund allerdings die absolute Ausschlussfrist des Abs 3. Gleichzeitig bestehende Ansprüche aus cic unterliegen nicht der Frist des § 124 (BGH NJW 1962, 1196, 1198). Unabhängig vom Fristenlauf kann die Anfechtung nach Treu und Glauben ausgeschlossen sein, wenn die Interessen des Getäuschten nicht mehr berührt sind (vgl § 123 Rz 16).

2 **B. Jahresfrist.** Die Frist beginnt bei der arglistigen Täuschung in dem Zeitpunkt, in dem die Täuschung und der daraus erwachsene Irrtum erkannt wurden. Der bloße Verdacht, getäuscht worden zu sein, genügt nicht (BGH WM 1973, 750 f). Bei der Drohung beginnt die Frist mit Ende der Zwangslage. Das kann sein der Zeitpunkt, ab dem nicht mehr mit dem Eintritt des Übels zu rechnen ist (RGZ 60, 371, 374) oder der Zeitpunkt, in dem das Übel eingetreten ist (RGZ 90, 411). Bei nicht empfangsbedürftigen Willenserklärungen beginnt die Anfechtungsfrist nach hM allerdings erst mit Vorhandensein eines Anfechtungsgegners. Sofern ein solcher vorhanden ist, dessen Name und Anschrift dem Anfechtungsberechtigten indes unbekannt sind, hindert dies den Fristbeginn allerdings nicht (BaRoth/*Wendtland* Rn 4). Für die Fristberechnung gelten §§ 186 ff. Eine Hemmung ist nur in den Fällen des Abs 2 S 2 vorgesehen, dh höhere Gewalt, fehlende Geschäftsfähigkeit, Erbschaft. Zur Fristwahrung ist Zugang der Anfechtungserklärung innerhalb der Frist erforderlich, § 121 Abs 1 S 2 ist nicht entspr anwendbar (Palandt/*Heinrichs* Rn 4). Die Frist ist als Ausschlussfrist im Prozess vAw zu beachten (Palandt/*Heinrichs* Rn 1). Nach Ablauf der Frist ist auch der Arglisteinwand aus § 242 ausgeschlossen (Hk-BGB/*Dörner* Rn 4; Staud/*Singer/v Finckenstein* Rn 11), wenn nicht noch weitere Umstände hinzukommen (BGH NJW 1969, 604).

3 **C. Zehn-Jahres-Frist.** Bei fortdauernder Zwangs- oder Täuschungslage beginnt die Frist niemals zu laufen. Gleichwohl ist die Anfechtung zehn Jahre nach Abgabe der Willenserklärung ausgeschlossen. Die Zehn-Jahres-Frist gilt aber auch, wenn die Jahresfrist wegen späten Beginns nach zehn Jahren noch nicht abgelaufen ist. Die Frist ist ebenfalls eine Ausschlussfrist; sie ist im Prozess vAw zu beachten (Palandt/*Heinrichs* Rn 1).

D. Internationales Privatrecht/Beweislast. Als Folge eines Willensmangels ist die Frage einer Frist für deren Geltendmachung dem Geschäftsstatut unterstellt (vgl § 123 Rz 17). Den Anfechtungsgegner trifft die Darlegungs- und Beweislast für sämtliche Voraussetzungen des Erlöschens des Anfechtungsrechts (Nürnberg VersR 2001, 1368 f). Das umfasst im Falle der Täuschungsanfechtung auch den Beweis des Zeitpunktes, in dem der Anfechtungsberechtigte Kenntnis von der Täuschung erlangt hat (BGH NJW 1992, 2346, 2347 f). Im Falle der Drohung trifft den Anfechtungsgegner auch die Beweislast hinsichtlich des Endes der Zwangslage (Staud/*Singer/v Finckenstein* Rn 12). 4

§ 125 Nichtigkeit wegen Formmangels. **Ein Rechtsgeschäft, welches der durch Gesetz vorgeschriebenen Form ermangelt, ist nichtig. Der Mangel der durch Rechtsgeschäft bestimmten Form hat im Zweifel gleichfalls Nichtigkeit zur Folge.**

A. Normzweck. Die Norm enthält die generelle Rechtsfolge für Formverstöße. Diese Rechtsfolge ist die Nichtigkeit. § 125 enthält selbst kein Formerfordernis, sondern setzt ein solches anderenorts voraus. Die Bestimmung wirkt wie ein Transmissionsriemen. Allgemein gilt der **Grundsatz der Formfreiheit** für Rechtsgeschäfte (*Larenz/Wolf* § 27 Rn 1; Staud/*Roth* Rn 3). Er wird durch § 125 nicht in Frage gestellt. S 2 stellt einerseits die Möglichkeit, privatautonom Formerfordernisse zu schaffen, klar und enthält andererseits eine Rechtsfolge für den Fall eines Verstoßes gegen ein gewillkürtes Formerfordernis. Aber auch insoweit herrscht Privatautonomie. Die Anordnung der Nichtigkeit ist nur Zweifelsregelung, vorrangig können die Parteien die Rechtsfolgen des Verstoßes gegen eine vereinbarte Form regeln. 1

B. Anwendungsbereich. Die Bestimmung gilt für sämtliche gesetzlichen Formvorschriften, soweit diese keine vorrangige Rechtsfolgenanordnung enthalten (Rz 3). Darüber hinaus gilt sie für rechtsgeschäftliche Formvereinbarungen unter Vorbehalt einer fehlenden Rechtsfolgenvereinbarung (vgl Rz 1). Keine Anwendung findet § 125 auf die Verletzung des arbeitsrechtlichen NachwG. Der Nachweis der Arbeitsbedingungen ist keine konstitutive Urkunde, sondern eine einseitig vom Arbeitgeber aufgesetzte Urkunde, die allein den Nachweis hinsichtlich des Inhalts eines bereits geschlossenen Rechtsgeschäfts betrifft (vgl EuGH NZA 1998, 137). Die Verletzung der Nachweispflicht berührt die Wirksamkeit eines Arbeitsvertrages nicht (BAG NJW 1998, 922; PWW/*Ahrens* Rn 14). 2

C. Gesetzliches Formgebot (S 1). I. Tatbestand. S 1 betrifft die gesetzliche Form. Als Gesetz gilt dabei jede Rechtsnorm (vgl Art 2 EGBGB), so dass auch nicht-formelle Gesetze Formgebote iSd Abs 1 enthalten können (BGH NJW 2001, 600 f). Das gilt beispielsweise für Tarifverträge. Erfasst sind **sämtliche Arten von Formen**, die **gesetzlich vorgesehen** werden können. Nicht jede Ordnungsvorschrift ist freilich Formvorschrift. So ist etwa die Pflicht zur Übergabe der Originalurkunde eines Wettbewerbsverbots gem § 74 HGB keine Formvorschrift, so dass die Wirksamkeit des Verbots von der Übergabe der Urkunde nicht abhängt (BAG RdA 2006, 45 [krit Bespr *Diller*]). § 125 regelt dabei nicht, welche Anforderungen einzuhalten sind, wenn eine bestimmte Form, zB Schriftform, gefordert ist. Dies findet vielmehr in den nachfolgenden Vorschriften eine allg Regelung (Schriftform nach § 126, elektronische Form nach § 126a, Textform nach § 126b, notarielle Beurkundung nach § 128, ferner § 127a, öffentliche Beglaubigung nach § 129). Darüber hinaus finden sich in einzelnen Vorschriften für bestimmte Rechtsgeschäfte spezielle Regelungen, bspw in § 925 (Auflassung) oder in § 1310 (Eheschließung vor dem Standesbeamten). 3

Formgebote **erstrecken sich auf das gesamte Geschäft** mit allen seinen wesentlichen Bestandteilen. Beim Vertrag müssen sämtliche den Inhalt bestimmenden Abreden der gesetzlichen Form entsprechen (BGH NJW-RR 1994, 778 f). Das geht freilich nicht über die Grenzen des Möglichen hinaus. Ist die zu vermietende Immobilie noch nicht errichtet, ist eine Konkretisierung des zu vermietenden Teils nur soweit erforderlich, wie dies möglich ist. Dass nach Fertigstellung eine konkretere Bezeichnung möglich wird, ändert die Einhaltung der Anforderungen der Schriftform bei Vertragsschluss nicht (BGH NJW 2007, 3273). Insbes müssen die Hauptinhalte des Vertrages hinreichend klar umrissen sein (BGH NJW 1989, 1484). Auch die zum Vertragsinhalt gehörigen Nebenabreden müssen dem Formgebot genügen (BGH DNotZ 1966, 737 f). Werden verschiedene Elemente eines Rechtsgeschäftes auf verschiedene Urkunden, namentlich bei Bezugnahmen auf Anlagen, verteilt, bedarf es einer **Urkundeneinheit**, die erfordert, dass die Zusammengehörigkeit der verschiedenen Urkunden zweifelsfrei erkennbar gemacht wird (BGH NJW 2007, 1742 f, 3202 f). Bezugnahmen sind aber nur formbedürftig, wenn sie rechtsgeschäftliche Erklärungen betreffen, nicht hingegen, wenn sie bloße Identifizierungshilfen sind (BGH BB 2006, 1707). Bei rechtlich zusammenhängenden Geschäften (vgl § 139 Rz 4) müssen sämtliche Geschäfte dem Formzwang genügen, selbst wenn sie nicht alle formbedürftig sind (BGHZ 78, 346; NJW 1988, 132). Keine Frage der Formwirksamkeit ist iA die **Angabe von Vertretungsverhältnissen**, sie betreffen nur das wirksame Zustandekommen eines Rechtsgeschäfts (so für die Schriftform des Mietvertrages BGH NJW 2007, 3346). Zumindest dann, wenn die Form vor übereilten Entschließungen schützen soll, bedarf ein Vorvertrag der Form des ins Auge gefassten Hauptvertrages (BGHZ 61, 48). Die Aufhebung eines formbedürftigen Vertrages ist im Prinzip nicht formbedürftig (BGHZ 83, 395, 398). Bei § 311b gelten allerdings Besonderheiten (s dort). Im Arbeitsrecht ist die Formbedürftigkeit eines Aufhebungs- 4 vertrages in § 623 explizit geregelt. Soll ein **Vertreter** ein formbedürftiges Rechtsgeschäft vornehmen, so bedarf die Vollmacht gem § 167 Abs 2 selbst nicht dieser Form. Allein das vom Vertreter vorzunehmende Geschäft ist formbedürftig.

5 **II. Rechtsfolge.** Der Formmangel führt grds zur **Nichtigkeit** des Geschäfts. Anderes gilt nur, wenn der Formzwang seinem Zweck nach die Unwirksamkeit des Rechtsgeschäfts nicht erfordert (vgl Palandt/*Heinrichs* Rn 6; PWW/*Ahrens* Rn 16; für deklaratorische Schriftform im Tarifvertrag s BAG AP Nr 2 zu § 125; Kittner/Zwanziger/*Kittner/Deinert* § 8 Rn 71) oder das Gesetz, das die Form vorschreibt, selbst eine abweichende Rechtsfolge für den Fall der Missachtung vorsieht, so etwa § 550 S 1. Werden hingegen die Anforderungen der Form überschritten, ist das unschädlich. Formgebote enthalten regelm Mindestanforderungen. § 125 ist seinerseits **zwingendes Recht** und kann nicht etwa mit der Folge der Wirksamkeit des formwidrigen Geschäfts abbedungen werden (BaRoth/*Wendtland* Rn 16). Auch eine salvatorische Klausel ändert an der Formunwirksamkeit des Geschäfts nichts, sie führt nicht etwa zu einem Anspruch auf nachträgliche Beurkundung (BGH NJW 2007, 3202, 3203 f). Die Formnichtigkeit ist vAw zu beachten (*Larenz/Wolf* § 27 Rn 65).

6 Allerdings kann die Berufung auf die Formnichtigkeit eine **unzulässige Rechtsausübung** (§ 242) darstellen (ausführl dazu *Armbrüster* NJW 2007, 3317 ff), wenn die Partei, die sich später auf den Formmangel beruft, die andere Seite arglistig von der Einhaltung der Form abgehalten hat und sich die Formnichtigkeit für die davon nachteilig betroffene Seite als schlechthin untragbar erweist (BGHZ 48, 396; 138, 339, 348; NJW 2007, 3202 f; vgl RGZ 117, 121, 124). Demgegenüber ist die **Berufung auf die Formnichtigkeit als solche noch nicht treuwidrig.** Ausnahmsw kann auch die drohende wirtschaftliche Existenzvernichtung die Berufung auf die Formnichtigkeit nach Treu und Glauben ausschließen (BGHZ 85, 315, 319). IdR ist dies aber schon ausgeschlossen, weil die betreffende Partei entweder noch nichts aufgewendet oder aber einen Bereicherungsanspruch hat (vgl Palandt/*Heinrichs* Rn 25). Außer in den Fällen des § 311b kann die Berufung auf den Formmangel nach Treu und Glauben ausgeschlossen sein, wenn die Parteien den Vertrag über längere Zeit hinweg als gültig behandelt und der andere Teil daraus erhebliche Vorteile gezogen hat (BGH NJW 1996, 2503; 2004, 1103).

7 Die Nichtigkeit wirkt erga omnes, auch Dritte können sich auf die Unwirksamkeit des Rechtsgeschäfts berufen. Sie ist vAw zu beachten. Auch wenn die Parteien das Geschäft übereinstimmend als wirksam behandeln wollen, muss das Gericht sich hierüber hinwegsetzen (BGH JR 1969, 102, 103). Das folgt schon aus dem zwingenden Charakter von § 125 S 1 (s Rz 5). Eine **Heilung** des Formmangels **scheidet** grds **aus** (BGH NJW 1967, 1128, 1130 f). Nur ausnahmsweise kommt Heilung in Betracht, wenn dies nämlich ausdrücklich gesetzlich so angeordnet ist, etwa in § 311b Abs 1 S 2. Eine solche Heilung wirkt aber immer nur ex nunc (Palandt/*Heinrichs/Ellenberger* Rn 11).

8 **D. Gewillkürtes Formgebot (S 2). I. Tatbestand.** Ein gesetzlich formfreies Geschäft kann durch Parteivereinbarung formbedürftig gemacht werden. Desgleichen kann der Antragende die Formbedürftigkeit der Annahmeerklärung statuieren (BAG NZA 2008, 464 f). Überdies können die Parteien eine gesetzlich geforderte Form verschärfen (statt Schriftform bspw notarielle Beurkundung). Grundsätzlich sind die Parteien nicht an die gesetzlich bekannten Formen (§§ 126 ff) gebunden, sondern können jede sich für den konkreten Vertragszweck eignende Form kreieren (BaRoth/*Wendtland* Rn 6). Gegebenenfalls ist durch Auslegung (§§ 133, 157) zu ermitteln, welche Formanforderungen getroffen wurden.

9 Ein vereinbartes **Formgebot** kann jederzeit privatautonom wieder **aufgehoben** werden. Dies ist auch formfrei möglich (BGH NJW 1962, 1908; 1991, 1750 f; *Löw* MDR 2006, 12, 13), auch stillschweigend, nämlich dann, wenn die Parteien sich einig waren, dass das formfrei Vereinbarte maßgeblich sein soll (BAG NJW 1989, 2149 f). Die Aufhebung des Formgebots kann auch konkludent erfolgen. Dem kann durch »doppelte Schriftformklausel« begegnet werden, die auch für die Aufhebung des vereinbarten Formgebotes eine Form vorsieht (BGHZ 66, 378, 381 f; BAG NJW 2003, 3725). Diese ist dann ihrerseits nicht formfrei aufhebbar (nach *Schweinoch/Böhlke/Richter* CR 2007, 167 ff, soll aber die Aufhebung des Schriftformgebots in diesem Fall implizit durch Vereinbarung im Wege geschäftlicher E-Mails möglich sein).

10 Ein Formgebot kann auch durch **AGB** eingeführt werden. Allerdings ist dieses wegen des Vorrangs der Individualabrede (§ 305b) jederzeit – auch formfrei – wieder aufhebbar. Wegen § 305b ist auch einer doppelten Schriftformklausel (Rz 9), soweit sie in AGB vorgesehen ist, die Anerkennung zu versagen (iE ebenso unter Bezugnahme auf § 307 BAG BB 2008, 2242; Palandt/*Heinrichs* Rn 14; *Hromadka* DB 2004, 1261, 1264). Ob eingeschränkte Klauseln, die nur das Entstehen einer betrieblichen Übung verhindern sollen, zulässig sind, hat das BAG (BB 2008, 2242) offen gelassen.

11 **II. Rechtsfolge.** S 2 enthält eine Zweifelsregelung. Vorrangig bestimmen die Parteien die Folgen einer Missachtung des gewillkürten Formzwangs. Nur für den Fall, dass es an einer Regelung fehlt, greift die Rechtsfolge der Nichtigkeit. Die Ausführungen zu S 1 (Rz 5 ff) gelten dann entspr. Durch **Auslegung** ist aber zunächst zu ermitteln, ob überhaupt ein konstitutives Formerfordernis vorliegt (RGRK/*Krüger-Nieland* Rn 25). Dient das Formerfordernis hingegen nur der Beweissicherung und Klarstellung, ist auch das formwidrige Geschäft wirksam (Palandt/*Heinrichs* Rn 12). Es besteht dann aber ein Anspruch auf Nachholung der Form (MüKo/*Einsele* Rn 69).

E. Richtigkeits- und Vollständigkeitsvermutung. Eine errichtete Urkunde genießt die **Vermutung der Richtigkeit und Vollständigkeit** (BGH NJW 1980, 1680 f). 12

F. Internationales Privatrecht. Welche Form bei Sachverhalten mit Auslandsberührung einzuhalten ist (Formstatut), regelt Art 11 EGBGB. Für Rechtsgeschäfte über Rechte an einer Sache gilt das Geschäftsstatut nach Art 11 Abs 5 EGBGB. Für Rechtsgeschäfte hinsichtlich Immobilien gilt das Recht des Belegenheitsortes. IÜ reicht es zur Gültigkeit eines Rechtsgeschäfts, wenn die Form des Geschäftsstatuts (Wirkungsstatut) oder des Rechts am Vornahmeort (Ortsform) eingehalten wird (Art 11 Abs 1 EGBGB). Bei Distanzverträgen gilt alternativ das Geschäftsrecht oder das Ortsrecht einer der Parteien (Art 11 Abs 2 EGBGB). Soweit auf das Ortsrecht abgestellt wird, ist bei Einschaltung von Vertretern deren Ort nach Art 11 Abs 3 EGBGB maßgeblich. Im internationalen Vertragsrecht regelt Art 11 Rom I-VO das Formstatut. Es gilt das Recht des Vornahmeortes oder das Geschäftsstatut. Wenn die Parteien bzw Vertreter sich an verschiedenen Orten befinden, kann auch das Recht des Aufenthaltsortes einer Partei bzw eines Vertreters angewendet werden. Für immobilienbezogene Geschäfte gilt das Recht des Belegenheitsortes, wenn die dortigen Vorschriften zwingender Natur sind und unabhängig von Geschäftsstatut und Abschlussort greifen sollen. Bei Verbraucherverträgen gilt in Abweichung von Art 11 Abs 1 bis 3 hinsichtlich der Form das Recht des gewöhnlichen Aufenthaltsorts des Verbrauchers gem Art 29 Abs 3 EGBGB. Dasselbe regelt in seinem Anwendungsbereich Art 11 Abs 4 Rom I-VO. Sonderregeln gelten auch im internationalen Scheidungs- und Erbrecht. 13

G. Prozessuales. Die Wirksamkeit eines Rechtsgeschäfts kann prozessual inzidenter überprüft werden. (Zwischen-)Feststellungsklage (§ 256 ZPO) hinsichtlich des durch das Rechtsgeschäft zu begründenden/begründeten Rechtsverhältnisses ist möglich. Wer Rechte aus einem formbedürftigen Rechtsgeschäft herleiten will, hat die Beobachtung des Formzwangs darzulegen und im Bestreitensfall zu beweisen. Wer sich auf eine formlose Abrede entgegen einem gewillkürten Formzwang beruft, muss nicht nur den Bestand der Abrede, sondern auch die Aufhebung des vereinbarten Formgebots darlegen und ggf beweisen (Palandt/*Heinrichs* Rn 14a). Die Vermutung der Vollständigkeit und Richtigkeit einer Urkunde gilt als widerlegt, wenn die Parteien unstr oder erwiesen eine Nebenabrede getroffen haben (BGH NJW 1989, 898). Sie entfällt iÜ, wenn feststeht, dass die Urkunde nicht echt ist. 14

§ 126 Schriftform.

[1] Ist durch Gesetz schriftliche Form vorgeschrieben, so muss die Urkunde von dem Aussteller eigenhändig durch Namensunterschrift oder mittels notariell beglaubigten Handzeichens unterzeichnet werden.
[2] Bei einem Vertrag muss die Unterzeichnung der Parteien auf derselben Urkunde erfolgen. Werden über den Vertrag mehrere gleichlautende Urkunden aufgenommen, so genügt es, wenn jede Partei die für die andere Partei bestimmte Urkunde unterzeichnet.
[3] Die schriftliche Form kann durch die elektronische Form ersetzt werden, wenn sich nicht aus dem Gesetz ein anderes ergibt.
[4] Die schriftliche Form wird durch die notarielle Beurkundung ersetzt.

A. Allgemeines. Die Bestimmung regelt für alle gesetzlichen Schriftformgebote die Anforderungen, die zur Erfüllung des Formgebotes einzuhalten sind. Für Verträge regelt sie die Möglichkeit, eine gemeinsame Urkunde zu errichten oder für mehrere Parteien mehrere Urkunden zu errichten. 1

B. Anwendungsbereich. Die Regelung gilt für sämtliche gesetzlichen Schriftformgebote. Diese können im BGB geregelt sein, wie etwa in § 766, oder außerhalb des BGB, wie etwa in § 363 HGB oder § 12 Abs 3 S 2 VVG. Zu den gesetzlichen Schriftformgeboten zählen auch die durch Tarifvertrag angeordneten (vgl § 125 Rz 3). Allerdings können tarifvertragliche Ausschlussfristen auch durch Fax oder E-Mail gewahrt sein, ohne dass die Anforderungen der §§ 126, 126a eingehalten sein müssen. Auf geschäftsähnliche Handlungen (§ 130 Rz 8) ist § 126 nicht direkt (BAG NJW 2003, 843 f), idR aber entspr anwendbar (BAG NJW 2001, 989 f). Insoweit kommen aber Lockerungen in Betracht, so dass es etwa in Hinblick auf den jeweiligen Zweck zur Wahrung einer tarifvertraglichen Ausschlussfrist genügen kann, wenn sie per Telefax geltend gemacht wird (BAG NJW 2001, 989; zur Frage der Wahrung durch E-Mail verneinend *Peetz/Rose* DB 2006, 2346). Die Tarifvertragsparteien können aber anderes regeln (BAGE 77, 81, 84). Auf Prozesshandlungen ist die Bestimmung hingegen nicht anwendbar (BGHZ 24, 297, 300 f). 2

C. Urkunde. Die Bestimmung verlangt zunächst die Errichtung einer Urkunde. Das ist jede durch Schriftzeichen verkörperte Willenserklärung, die geeignet und bestimmt ist, im Rechtverkehr Beweis zu erbringen, und ihren Aussteller erkennen lässt. Die Art der Herstellung spielt keine Rolle. Die Urkunde muss nicht handschriftlich errichtet sein. Sie kann auch maschinenschriftlich oder mit PC erstellt sein, auch Fotocollage ist möglich. Nicht erforderlich, jedoch üblich und zu Beweiszwecken sinnvoll, ist die Angabe von Ort und Zeit der Unterzeichnung. Es kommt nicht darauf an, in welcher Sprache die Urkunde errichtet wurde (MüKo/*Einsele* Rn 6; Palandt/*Heinrichs/Ellenberger* Rn 2). Notwendig ist, dass der gesamte Inhalt des formbedürftigen Rechtsgeschäfts mit allen Einzelheiten von der Urkunde gedeckt wird (vgl § 125 3

Rz 4). Anderenfalls ist die Schriftform nicht gewahrt, auch wenn sich die Parteien in jeder Hinsicht einig waren (BGH NJW 1989, 1484).

4 Es gilt der Grundsatz der **Einheitlichkeit der Urkunde**. Das Geschäft muss in einer Urkunde enthalten sein und darf nicht auf mehrere Urkunden verteilt sein. Daran fehlt es, wenn eine Seite ein Angebot schriftlich erklärt, die andere Seite die Annahme (BGH NJW 2004, 2962 f; AnwK/*Hart* Rn 5; RGRK/*Krüger-Nieland* Rn 13 mwN). Die Schriftform kann in diesem Fall nur gewahrt sein, wenn sich beide Erklärungen auf derselben Urkunde befinden (BGH NJW 2004, 2962 f; BAG NZA 2006, 1402, 1403). Bei einer **Mehrzahl von Blättern** ist erforderlich, dass ihr **Zusammenhang erkennbar gemacht** wird, etwa durch fortlaufende Nummerierung der Seiten oder der Paragrafen oder durch fortlaufendes Textbild, **oder** eine **feste Verbindung** erfolgt (BGHZ 136, 357). Ein feste Verbindung in diesem Sinne erfordert mindestens, dass die körperliche Verbindung als auf Dauer gewollt erkennbar wird und die Lösung Gewaltanwendung, wie etwa beim Lösen der Klammer einer Heftmaschine, erfordert (BGHZ 40, 255).

5 **Andere Urkunden** können **in Bezug genommen** werden, sofern die Zusammengehörigkeit durch genaue Beschreibung hinreichend deutlich wird (zB BGH NJW 2003, 1248: Hauptmietvertrag als Anlage zum Untermietvertrag). Namentlich beim Verlängerungsvertrag genügt eine Bezugnahme auf einen älteren Vertrag, in dem sämtliche essentialia in Gemäßheit des Formgebotes niedergelegt sind (BGHZ 42, 333, 338). Handelt es sich um eine Geschäftseinheit aus mehreren Geschäften (§ 139 Rz 4), genügt es, wenn für jedes Geschäft eine eigene Urkunde errichtet wird und der Einheitlichkeitswille urkundlich verlautbart wird (BGHZ 104, 18, 23).

6 **D. Unterschrift oder Handzeichen (Abs 1).** Erforderlich ist eine Unterschrift. Sie muss den Text **räumlich abdecken** (RGZ 57, 66 f; BGHZ 113, 48). Ihr darf also kein Text mehr nachfolgen (sog »Oberschrift«). Eventuelle Nachträge genügen dem Schriftformerfordernis nicht, wenn sie der Unterschrift nachfolgen (BGH NJW-RR 1990, 518). Sie müssen erneut unterzeichnet werden. Dagegen werden spätere Änderungen des Textes über der Unterschrift vom Schriftformgebot erfasst, wenn die ursprünglichen Unterschriften nach dem Parteiwillen auch diese Änderungen decken sollen (BGH NJW 1994, 2300); denn darauf, ob die Unterschrift dem Urkundentext zeitlich nachfolgt oder vorausgeht, kommt es ja nicht an (vgl Rz 8). Auch der neben dem Text stehende Namenszug (sog »Nebenschrift«) genügt als Unterschrift nicht (BGH NJW 1992, 829).

7 Die Unterschrift muss den Namen enthalten. Erforderlich ist dazu, dass erkennbar wird, dass die Schrift von der Person stammt, die nach der Urkunde **Aussteller** sein soll. Allerdings muss nicht die Urkunde selbst vom Erklärenden verfasst oder errichtet sein, entscheidend ist, dass er sie unterschreibt und als seine gelten lässt (RGZ 57, 66 f). Dazu kann auch ein Pseudonym oder nur ein Teil eines Doppelnamens verwendet werden, vorausgesetzt, dass keine Zweifel an der Person verbleiben (BGH NJW 1996, 997). Der volle Name muss nicht verwendet werden, es genügt, sofern keine Verwechslungsgefahr besteht, der **Nachname**, niemals aber der Vorname (BGH NJW 2003, 1120). Gem § 17 Abs 1 HGB genügt bei Kaufleuten die Verwendung der Firma. Eine bloße Paraphe (Namenskürzel) genügt nicht (BGH NJW 1967, 2310). Die Unterschrift muss nicht lesbar sein (BGH NJW 1987, 1333 f), die Identität des Ausstellers muss aus ihr aber herleitbar sein. Ansätze von Buchstaben müssen zwar erkennbar sein. Es kann aber genügen, wenn sich die Unterschrift aus einem lesbaren Buchstaben heraus mehr oder weniger in eine Linie mit Aufstrich am Ende (BGH NJW 1997, 3380 f) oder in eine Wellenlinie (Köln NJW-RR 2005, 1252) verflüchtigt.

8 Alternativ genügt auch das notariell beglaubigte Handzeichen. Auch dieses muss aber den vollen Text abdecken. Auch eine zeitlich vorausgehende Unterschrift (**Blankett**), die den Text räumlich abdeckt, wahrt das Schriftformgebot (RGZ 57, 66 f; 78, 26, 29 f; RGRK/*Krüger-Nieland* Rn 10). Ggf kann das Schriftformgebot aber verlangen, dass die Gestattung der Blankettausfüllung ihrerseits formbedürftig ist. Das ist insbes bei Bürgschaft (BGHZ 132, 119, 127) und Verbraucherdarlehen anzunehmen (BGHZ 132, 119, 126). Zur Anfechtung bei abredewidriger Blankettausfüllung s § 119 Rz 11.

9 Die Unterschrift muss **eigenhändig** erfolgen. Nicht genügend dazu ist ein **Telefax** (BGHZ 121, 224, 229 f; NJW 2006, 2482 f). Es entspricht zwar an sich den Anforderungen an eine Urkunde, die darauf ersichtliche Unterschrift ist aber nicht vom Aussteller, sondern nur eine Abbildung. Dagegen genügt das auf das Fax gelegte Original den Schriftformanforderungen. Zur Problematik des Zugangs einer vorab per Fax gesendeten Urkunde s § 130 Rz 11. Ebenso wenig reicht das Eintippen des Namens am Ende einer **E-Mail**. Beides kann allerdings der Textform des § 126b entsprechen. Auch das Einscannen einer Unterschrift genügt insoweit nicht; ebenso wenig ein Stempel oder Matritzenabzug (BGH NJW 1970, 1078, 1080). Auch durch Telegramm kann die Schriftform nicht gewahrt werden (BGHZ 24, 297). Der Erklärende darf sich eines anderen als **Schreibhilfe** bedienen. Das darf sogar soweit gehen, dass der andere wesentlich die Form des Schriftzuges beeinflusst, solange nur der Schriftzug noch vom Willen des Erklärenden abhängt und seine Hand nicht »völlig unter der Herrschaft und Leitung des Schreibhelfers« steht (BGH NJW 1981, 1900 f).

10 Ein **Vertreter** kann mit dem Namen des Vertretenen unterschreiben (BGHZ 45, 193). Er kann aber auch mit eigenem Namen unterschreiben. Der Offenkundigkeitsgrundsatz des Stellvertretungsrechts erfordert dann aber, dass das Vertretungsverhältnis in der Urkunde zum Ausdruck gebracht wird oder sich aus den Umständen ergibt (BGH NJW 2003, 3053 f).

E. Schriftform bei Verträgen (Abs 2). Bei Verträgen können die Parteien nach Abs 2 wählen. Sie können entweder eine Urkunde aufsetzen, die von allen unterzeichnet wird. Wurde sie von nur einer Seite nicht unterzeichnet, ist das Schriftformgebot nicht eingehalten. Die Parteien können alternativ auch mehrere Urkunden errichten. Dann genügt es, wenn nur jede Partei ein Exemplar erhält, das von der jeweils anderen unterzeichnet wurde. Sind mehrere Seiten an dem Vertrag beteiligt, bedarf es entspr mehrerer Urkunden. Diese müssen jeweils von allen mit Ausn desjenigen unterzeichnet sein, für den das Exemplar bestimmt ist. Das Gesetz stellt iÜ nur darauf ab, für wen eine Urkunde bestimmt ist, dass er Besitz daran erlangt, gehört nicht mehr zum gesetzlichen Tatbestand der Erfüllung der Schriftform. Bei einer Mehrheit von Urkunden muss es sich nach dem Gesetz um »**gleichlautende**« handeln. Eine Urkunde über ein Angebot und eine über die Annahme genügen dazu nicht (Rz 4). Bei Differenzen zwischen den Urkunden ist der Tatbestand des Abs 2 nicht erfüllt. Es liegt keine Urkunde vor, weil allenfalls die Erfüllung der Schriftform nach S 1 in Betracht käme, dessen Voraussetzungen aber nicht erfüllt sind, weil keine Urkunde von allen Seiten unterzeichnet wurde. Problematisch ist allerdings der Fall, dass die differierenden Urkunden jeweils von allen Seiten unterzeichnet wurden. 11

F. Ersatzformen (Abs 3 und 4). Der Gesetzgeber **stellt** die **elektronische Form** (§ 126a) der Schriftform **grds gleich**. Nur wenn das jeweilige gesetzliche Formgebot ausnahmsweise die elektronische Form ausschließt, muss die Form durch Urkunde mit Unterschrift oder notariell beglaubigtem Handzeichen (Abs 1 und 2) oder notarielle Beurkundung (Abs 4) gewahrt werden. Die elektronische Form ist beispielsweise ausgeschlossen für die Bürgschaftserteilung gem § 766 S 2 oder für die Kündigung von Arbeitsverträgen gem § 623 aE. IÜ »kann« die schriftliche durch die elektronische Form ersetzt werden, woraus abzuleiten ist, dass ein **Einverständnis** des Erklärungsempfängers mit dem Erhalt elektronischer Erklärungen nötig ist (aA MüKo/*Einsele* Rn 27 ff: Erklärung zwar formgerecht, nicht aber wirksam). Dieses kann auch konkludent erklärt werden. Zweifelhaft erscheint allerdings, ob schon die Bekanntgabe einer E-Mail-Adresse dafür genügen kann (so *Noack* DStR 2001, 1893, 1895). Denn weder muss die Hard- oder Software des Nutzers insoweit für die Entgegennahme elektronischer Erklärungen geeignet sein (etwa bei Nutzern, die keinen eigenen Computer haben, sondern regelm Internet-Cafés aufsuchen), noch ist es in jedem Falle für technisch möglicherweise nicht so versierte Nutzer zumutbar, die Authentizität der elektronischen Erklärung zu prüfen (s dazu § 126a Rz 5). Richtigerweise wird man eine deutlichere Einverständniserklärung zur Entgegennahme elektronischer Erklärungen als die bloße Bekanntgabe der E-Mail-Adresse verlangen müssen (so auch *Steinbeck* DStR 2003, 644 f). Die notarielle **Beurkundung** ersetzt gem Abs 4 als weitergehende Form die Schriftform. Über § 127a ist weiterhin ein gerichtlich protokollierter Vergleich zur Wahrung der Schriftform genügend, weil nach dieser Bestimmung der Vergleich die notarielle Beurkundung ersetzt (vgl BaRoth/*Wendtland* Rn 13). 12

G. Prozessuales. Wer sich auf die Wahrung der Schriftform beruft, muss darlegen und im Streitfall beweisen, dass es sich um eine eigenhändige Unterschrift des Erklärenden (Ausstellers) handelt. Hinsichtlich eines Blankettmissbrauchs trifft die Darlegungs- und Beweislast hingegen denjenigen, von dem die (echte) Unterschrift herrührt (BGHZ 104, 172, 176). Zur Vermutung der Richtigkeit und Vollständigkeit einer Urkunde s § 125 Rz 12. 13

§ 126a Elektronische Form.

[1] Soll die gesetzlich vorgeschriebene schriftliche Form durch die elektronische Form ersetzt werden, so muss der Aussteller der Erklärung dieser seinen Namen hinzufügen und das elektronische Dokument mit einer qualifizierten elektronischen Signatur nach dem Signaturgesetz versehen.

[2] Bei einem Vertrag müssen die Parteien jeweils ein gleichlautendes Dokument in der in Absatz 1 bezeichneten Weise elektronisch signieren.

A. Allgemeines. Die Norm regelt nur, welche Voraussetzungen notwendig sind, um die elektronische Form einzuhalten. **Ob** die elektronische Form die Schriftform ersetzen kann, ist hingegen in § 126 Abs 3 geregelt (§ 126 Rz 12). Damit eine Gleichstellung von schriftlicher und elektronischer Form zugelassen werden kann, ist allerdings erforderlich, dass die elektronische Form so ausgestaltet ist, dass sie den Anforderungen, die § 126 an die Schriftform stellt, qualitativ entspricht. Das zu gewährleisten ist Zweck der in § 126a geregelten Anforderungen (BaRoth/*Wendtland* Rn 1). Die Einführung der elektronischen Form geht auf Art 5 Abs 1 RL 1999/93/EG (sog Signaturrichtlinie) sowie die RL 2000/31/EG (sog E-Commerce-Richtlinie) zurück (vgl BTDrs 14/4987, S 10 f). Danach sind bestimmte elektronische Signaturen der Unterschrift auf einer Papierversion gleichzustellen. Dahinter steckt der Zweck, die Verwendung elektronischer Signaturen zu erleichtern und elektronische Signaturen rechtlich anzuerkennen (Art 1 Abs 1 S 1 RL 1999/93/EG). Allerdings verlangt die Signaturrichtlinie nur eine generelle Gleichstellung mit der Schriftform, so dass es den Mitgliedstaaten unbenommen bleibt, bestimmte Rechtsgeschäfte von der Einhaltung allein der Schriftform abhängig zu machen. 1

B. Anwendungsbereich. Die Bestimmung bezieht sich auf die gesetzliche Schriftform und deren Ersetzung durch die elektronische Form. Für die gewillkürte Schriftform genügt nach § 127 im Zweifel ebenfalls die 2 elektronische Form. Dort ist aber keine qualifizierte elektronische Signatur notwendig. Es genügt vielmehr jede elektronische Form (s § 127 Rz 5). Zur elektronischen Form zivilprozessualer Schriftsätze s § 130a ZPO. Die Bestimmung gilt für sämtliche Rechtsgeschäfte (zum Begriff s § 130 Rz 10). Auf rechtsgeschäftsähnliche Handlungen (§ 130 Rz 8) ist sie entspr anwendbar (PWW/*Ahrens* Rn 3).

3 **C. Tatbestand.** Die Schriftform kann nur durch elektronische Form ersetzt werden. Das setzt allerdings voraus, dass der Erklärungsempfänger/Vertragspartner damit einverstanden ist (BTDrs 14/4987, S 41; Staud/*Hertel* § 126 Rn 167; Larenz/*Wolf* § 27 Rn 42). Das Einverständnis unterliegt seinerseits keinem Formerfordernis. Es kann auch schlüssig erklärt werden (Palandt/*Heinrichs* Rn 6). Wie bei der Schriftform (§ 126 Rz 3) muss das gesamte formbedürftige Rechtsgeschäft im Dokument enthalten sein. Der Erklärung muss der **Name** des Ausstellers hinzugefügt sein. Er muss den Text nicht abdecken, sondern kann ihm beispielsweise auch vorangestellt werden (PWW/*Ahrens* Rn 4; Palandt/*Heinrichs* Rn 8). Zur Gewährleistung der Identifikation soll mindestens der Familienname erforderlich sein (PWW/*Ahrens* Rn 4).

4 Schließlich bedarf es einer Verbindung des Dokuments mit einer qualifizierten elektronischen Signatur. Eine **elektronische Signatur** besteht gem § 2 Nr 1 SignG aus Daten in elektronischer Form, die anderen elektronischen Daten beigefügt oder logisch mit ihnen verknüpft sind und der Authentifizierung dienen. Eine solche elektronische Signatur genügt allerdings noch nicht zur Ersetzung der gesetzlichen Schriftform, es muss sich vielmehr um eine sog **qualifizierte** elektronische Signatur handeln (ausführl dazu *Roßnagel/Fischer-Dieskau* MMR 2004, 133 ff). Das ist gem § 2 Nr 2 und 3 SignG eine elektronische Signatur, die:
- ausschließlich dem Signaturschlüssel-Inhaber zugeordnet ist,
- die Identifizierung des Signaturschlüssel-Inhabers ermöglicht,
- mit Mitteln erzeugt wird, die der Signaturschlüssel-Inhaber unter seiner alleinigen Kontrolle halten kann,
- mit den Daten, auf die sie sich bezieht, so verknüpft ist, dass nachträgliche Datenveränderungen erkannt werden,
- auf einem zum Zeitpunkt ihrer Erzeugung gültigen qualifizierten Zertifikat beruhen und
- mit einer sicheren Signaturstellungseinheit erzeugt werden.

5 Zur Verwendung einer qualifizierten elektronischen Signatur bedarf es also eines qualifizierten Zertifikats eines **Zertifizierungsdiensteanbieters** (§ 7 SignG) sowie der für die Speicherung und Anwendung des Signaturschlüssels geeigneten Computerausstattung (§ 2 Nr 10 SignG). Als Zertifizierungsdiensteanbieter kommen beispielsweise die Rechtsanwaltskammern oder die Post in Betracht. Eine Liste ist bei der Bundesnetzagentur im Internet verfügbar (www.bundesnetzagentur.de unter Telekommunikation/Technische Regulierung Telekommunikation/Elektronische Signatur). Die Signatur erfolgt durch einen sichtbaren öffentlichen Schlüssel und einen nur dem Inhaber zugänglichen privaten Schlüssel. Die **Echtheit** kann durch Datenabgleich beim »Trustcenter« mit dem öffentlichen Schlüssel **überprüft** werden.

6 Die Regelung in Abs 2 entspricht der Regelung in § 126 Abs 2 (s dort Rz 11) mit der Besonderheit, dass eine gemeinsame Signatur eines einzigen **Vertragsdokuments** nicht nötig (aber möglich, Palandt/*Heinrichs* Rn 10) ist. Denkbar und genügend ist über den Gesetzeswortlaut hinaus auch, dass ein Dokument der elektronischen Form, das andere der Schriftform (§ 126) genügt (PWW/*Ahrens* Rn 8; Palandt/*Heinrichs* Rn 10). Notwendig ist, dass ein gleichlautendes Dokument verwendet wird. Dies entspricht dem Grundsatz der Einheitlichkeit der Urkunde bei der Schriftform (vgl § 126 Rz 4). Die elektronisch signierte Angebotserklärung und die korrespondierende elektronisch signierte Annahmeerklärung genügen daher nicht (Hk-BGB/*Dörner* Rn 5; anders bei der gewillkürten elektronischen Form, vgl § 127 Rz 5).

7 Haben Dritte mit dem Willen des Schlüsselinhabers den Signaturschlüssel verwendet, wird er analog § 164 Abs 1 gebunden. Gegebenfalls gelten die Grundsätze zum vollmachtlosen Vertreter für das konkrete Geschäft analog § 179 (Hk-BGB/*Dörner* Rn 8). Wurde der Schlüssel gegen seinen Willen verwendet, hat er dies aber fahrlässig ermöglicht, haftet er nach Rechtsscheinsgrundsätzen (Anscheinsvollmacht, Hk-BGB/*Dörner* Rn 8) oder aus positiver Forderungsverletzung bzw cic (*Larenz/Wolf* § 27 Rn 49).

8 **D. Internationales Privatrecht/Prozessuales/Haftung.** Das Formstatut (s § 125 Rz 13) umfasst auch die Frage der Einhaltung der elektronischen Form (vgl auch Staud/*Winkler v Mohrenfels* Art 11 EGBGB Rn 260 ff). § 371a ZPO regelt die Beweiskraft elektronischer Dokumente. Sie werden dort mit Privaturkunden gleichgestellt. Eine in elektronischer Form abgegebene Erklärung hat den Anschein der Echtheit für sich. Er kann nach § 371a Abs 1 S 2 ZPO nur durch Tatsachen erschüttert werden, die ernstliche Zweifel daran begründen, dass die Erklärung vom Signaturschlüsselinhaber abgegeben wurde (vgl *Roßnagel/Fischer-Dieskau* NJW 2006, 806 f). Der Zertifizierungsdiensteanbieter haftet nach § 11 SignG bei Verletzung der gesetzlichen Anforderungen sowie bei Versagen seiner Produkte. Er kann sich aber nach § 11 Abs 2 SignG exkulpieren. IÜ haftet er vertraglich.

§ 126b Textform.

Ist durch Gesetz Textform vorgeschrieben, so muss die Erklärung in einer Urkunde oder auf andere zur dauerhaften Wiedergabe in Schriftzeichen geeignete Weise abgegeben, die Person des Erklärenden genannt und der Abschluss der Erklärung durch Nachbildung der Namensunterschrift oder auf andere Weise erkennbar gemacht werden.

A. Allgemeines. Die Einführung der Textform erfolgte mit der Einführung der elektronischen Form (vgl § 126a Rz 1) und diente der Erleichterung des Rechtsverkehrs. Es handelt sich um eine Zwischenstufe zwischen Schriftform (§ 126) und Formfreiheit (§ 125 Rz 1). Sie betrifft Fälle, in denen die Erklärung zwar einerseits einer Perpetuierung bedarf, die strengere Schriftform durch das Erfordernis der Eigenhändigkeit andererseits aber als unangemessene Verkehrserschwerung erschiene. Dafür kommen vor allem Geschäfte in Betracht, bei denen die Beweis- und Warnfunktion der Schriftform allenfalls untergeordnete Bedeutung hat und die Beteiligten oder Dritte kein ernsthaftes Interesse an einer Fälschung haben können (BTDrs 14/4987, S 18). Die Textform ersetzt – anders als die elektronische Form (vgl § 126 Rz 12 und § 126a Rz 1) – nicht grds die Schriftform. Vielmehr handelt es sich um eine eigenständige Form, die nur notwendig und genügend ist, wenn das Gesetz dies vorschreibt. Durch Einhaltung der Schriftform (§ 126) wird allerdings die Textform als darin enthaltenes Minus automatisch ebenfalls mit gewahrt (Palandt/*Heinrichs* Rn 2). 1

B. Anwendungsbereich. § 126b regelt die Anforderungen, die zu erfüllen sind, wenn gesetzlich die Textform vorgeschrieben ist. Für ein tarifvertragliches Textformgebot gilt die Bestimmung wegen Art 2 EGBGB ebenfalls. **Ob** Textform einzuhalten ist, wird durch die Bestimmung hingegen nicht geregelt. Dies regeln die einzelnen Formgebote. Sie können im BGB, etwa in § 355 Abs 1 S 2 oder § 613a Abs 5, enthalten sein oder außerhalb dessen, zB in § 108 Abs 1 GewO. 2

C. Tatbestand. Die Erklärung muss entweder in einer **Urkunde** (§ 126 Rz 3 ff) enthalten sein oder in einer anderen **zur dauerhaften Wiedergabe in Schriftzeichen geeigneten Weise** abgegeben werden. In Betracht kommen deshalb zB auch E-Mails, CD-Roms, Disketten, Computerfaxe etc (LG Kleve NJW-RR 2003, 196). Eine **Internetseite** genügt dazu noch nicht (LG Kleve aaO), erst im Falle eines tatsächlichen Downloads durch den Nutzer ist die Textform gewahrt, weil der Seiteninhalt erst dann auf dauerhaftem Datenträger zur Verfügung steht (KG MMR 2006, 678 f; PWW/*Ahrens* Rn 4; vgl auch *Noack* DStR 2001, 1893, 1897; aA München NJW 2001, 2263; *Steinbeck* DStR 2003, 644, 649). Das Merkmal der Dauerhaftigkeit wird idR bei Handy-**SMS** zu verneinen sein (*Janal* MDR 2006, 368, 372). Soweit Textform mit elektronischen Medien gewahrt werden soll, wird ein **Einverständnis** des Erklärungsgegners gefordert, das aber auch konkludent erklärt worden sein (PWW/*Ahrens* Rn 4; Erman/*Palm* Rn 3) und bspw in der Mitteilung einer E-Mail-Adresse liegen könne (Palandt/*Heinrichs* Rn 3). 3

Erforderlich ist die **Nennung der Person** des Erklärenden. Die strengen Anforderungen wie bei der Schriftform (§ 126 Rz 6) sind dabei nicht notwendig. Es genügt vielmehr, wenn die Bezeichnung für den Empfänger erkennbar macht, wer Erklärender ist (Palandt/*Heinrichs* Rn 4). Für die **Stellvertretung** sind die zu § 126 entwickelten Grundsätze (§ 126 Rz 15) heranzuziehen (*Janal* MDR 2006, 368 f). Schließlich bedarf es eines erkennbaren **Abschlusses** der Erklärung. Dieser kann beispielsweise durch Namensnennung, Datierung oder Grußformel, aber auch auf jede andere Weise erfolgen (MüKo/*Einsele* Rn 6), so etwa durch den Hinweis, dass ein Schreiben maschinell erstellt und ohne Unterschrift gültig sei (PWW/*Ahrens* Rn 6; Hk-BGB/*Dörner* Rn 6; MüKo/*Einsele* Rn 6). 4

D. Beweislast. Die Darlegungs- und Beweislast für die Umstände, aus denen sich ergibt, dass die Voraussetzungen der Textform eingehalten wurden, trifft denjenigen, der aus der Einhaltung der Textform Rechte für sich herleitet (Palandt/*Heinrichs* Rn 6; vgl auch *Mankowski* NJW 2002, 2822). Je nach Beschaffenheit ist das Dokument im Prozess Augenscheinsobjekt oder Urkunde (*Beonte/Riehm* Jura 2001, 793, 795). 5

§ 127 Vereinbarte Form.

[1] Die Vorschriften des § 126, des § 126a oder des § 126b gelten im Zweifel auch für die durch Rechtsgeschäft bestimmte Form.

[2] Zur Wahrung der durch Rechtsgeschäft bestimmten schriftlichen Form genügt, soweit nicht ein anderer Wille anzunehmen ist, die telekommunikative Übermittlung und bei einem Vertrag der Briefwechsel. Wird eine solche Form gewählt, so kann nachträglich eine dem § 126 entsprechende Beurkundung verlangt werden.

[3] Zur Wahrung der durch Rechtsgeschäft bestimmten elektronischen Form genügt, soweit nicht ein anderer Wille anzunehmen ist, auch eine andere als die in § 126a bestimmte elektronische Signatur und bei einem Vertrag der Austausch von Angebots- und Annahmeerklärung, die jeweils mit einer elektronischen Signatur versehen sind. Wird eine solche Form gewählt, so kann nachträglich eine dem § 126a entsprechende elektronische Signierung oder, wenn diese einer der Parteien nicht möglich ist, eine dem § 126 entsprechende Beurkundung verlangt werden.

A. Allgemeines. Grundsätzlich besteht, soweit das Gesetz nicht ausnahmsweise Formgebote erstellt, Formfreiheit (§ 125 Rz 1). Die Parteien können aber bei Formfreiheit eine bestimmte Form, bei einem Formgebot eine strengere Form vorsehen (§ 125 Rz 8). Sie können auch regeln, dass das Formerfordernis keine Gültigkeitsvoraussetzung ist (§ 125 Rz 11). In diesem Rahmen sind sie auch frei, die Anforderungen der gewillkürten Form zu bestimmen. Sie sind auf keinen numerus clausus gesetzlicher Formen festgelegt. Soweit sie keine ausdrückliche Vereinbarung zu den Anforderungen der einzuhaltenden Form treffen, sind die Anforderungen im Wege der Auslegung (§§ 133, 157) zu ermitteln. Hier greift mangels Anhaltspunktes § 127 mit Zweifelsre- 1 gelungen. Das vereinbarte Formgebot kann – auch formfrei – wieder aufgehoben werden (§ 125 Rz 9). Die Rechtsfolgen der Verletzung der gewillkürten Schriftform ergeben sich aus § 125 Abs 2 (s dort Rz 11).

2 **B. Geltung der §§ 126 bis 126b (Abs 1).** Grundsätzlich genügt die Einhaltung der Anforderungen der §§ 126–126b zur Wahrung der vereinbarten Schrift-, Textform oder elektronischen Form. Dies ist indes nur eine Zweifelsregelung, die Parteien können auch Strengeres vereinbaren (Rz 1). Umgekehrt kann auch Einfacheres vereinbart werden. Abs 2 und 3 enthalten im Zweifel greifende Erleichterungen. Sie führen die gewillkürte Schriftform nahe an die Textform (§ 126b) heran (vgl Staud/*Hertel* Rn 4).

3 **C. Erleichterungen.** Mangels entgegenstehenden Willens gelten die in Abs 2 und 3 normierten Erleichterungen ggü der elektronischen (Abs 3) und ggü der Schriftform (Abs 2). **I. Erleichterungen ggü der Schriftform (Abs 2).** Anders als bei gesetzlichem Schriftformgebot genügt zur Wahrung eines vereinbarten Schriftformgebotes im Zweifel die **telekommunikative Übermittlung**. Das umfasst alle Übersendungsarten unter Einsatz von Telekommunikationsmitteln. Sprachübermittlungen genügen aber nicht, weil es dann an einer Wiedergabemöglichkeit fehlt (PWW/*Ahrens* Rn 2). Ausreichend ist etwa ein Telegramm, selbst wenn es telefonisch aufgegeben wurde (Palandt/*Heinrichs* Rn 2), ein versandtes Scan oder ein Telefax. Auch die Übergabe einer Fotokopie kann genügen (BAG NJW 1999, 596). Nicht ausreichend ist aber, wenn das übermittelte Dokument keine Unterschrift oder sonstigen Abschluss enthält, denn Abs 2 erleichtert nur die Übermittlung, beseitigt das Unterschriftenerfordernis aber nicht gänzlich (Staud/*Hertel* Rn 44).

4 Abweichend vom Grundsatz, dass es bei einem Vertrag an der Einheitlichkeit der Urkunde (§ 126 Rz 4) fehlt, wenn eine Seite nur den Antrag, die andere nur die Annahme formgerecht erklärt, so dass diese Vorgehensweise zur Wahrung der gesetzlichen Schriftform nicht genügen würde, lässt Abs 2 S 1 HS 2 eben dies für ein gewillkürtes Schriftformgebot im Zweifel (Rz 2 und Rz 3) ausreichen. Die Erleichterungen betreffen zunächst nur das Zustandekommen des Vertrages. Abs 2 S 2 sieht aber für Zweifel gewissermaßen »Abhilfe« zur Beweissicherung durch einen Anspruch auf Nachholung der Anforderungen des § 126 vor. Das kann betreffen die Eigenhändigkeit der Unterschrift (vgl Rz 3) und Einheitlichkeit der Urkunde (vgl Rz 4). Die Erfüllung der Nachholung ist lediglich spätere Perpetuierung in anderer Form, lässt aber den bereits früher bewirkten Vertragsschluss unberührt (RGRK/*Krüger-Nieland* Rn 8).

5 **II. Erleichterungen ggü der elektronischen Form (Abs 3).**
Ebenfalls als Zweifelsregelung (Rz 2 und Rz 3) genügt zur Wahrung der vereinbarten elektronischen Form **jede elektronische Form** (*Steinbeck* DStR 2003, 644, 647). Es ist daher nicht notwendig, dass die Erklärungen mit qualifizierter elektronischer Signatur abgegeben werden, die einfache elektronische Signatur nach § 2 Nr 1 SignG (§ 126a Rz 4) ist ausreichend. Analog zur Erleichterung bei der Schriftform (Rz 3) genügt auch hier die Formgerechtigkeit von Antrag einerseits und Annahme andererseits, was hingegen zur Wahrung der gesetzlich gebotenen elektronischen Form nicht ausreichen würde (vgl § 126a Rz 6). Auch bei der elektronischen Form korrespondiert den Erleichterungen für den Vertragsschluss im Zweifel ein Anspruch auf »Abhilfe« zur Beweissicherung. Dies erfolgt durch Nachholung der elektronischen Form gem § 126a. Wenn dies einer Partei nicht möglich ist, etwa weil sie keinen Signaturschlüssel hat, ist stattdessen die Schriftform nach § 126 nachzuholen. Die Nachholung berührt den bereits früher erfolgten Vertragsschluss nicht, sondern dokumentiert diesen nur noch einmal nachträglich in anderer Form.

6 **D. Beweislast.** Wer sich auf die Vereinbarung eines Formgebotes für ein an sich formfreies Geschäft beruft, trägt die Darlegungs- und Beweislast für das Vorliegen dieser Vereinbarung (MüKo/*Einsele* Rn 16; BaRoth/*Wendtland* Rn 10; Soerg/*Marly* Rn 15; aA noch Soerg/*Hefermehl* Rn 10). Die Gegenansicht lässt sich nicht mit dem Argument begründen, dass derjenige, der Rechte aus einem Vertrag herleite, die Existenz des Vertrages beweisen müsse und also auch die Formwirksamkeit des Vertrages. Denn die Formunwirksamkeit kann sich ja nur aus der ausnahmsweisen (!) (vgl § 125 Rz 1) Formbedürftigkeit des Vertrages ergeben, die im Streitfall wiederum von demjenigen zu beweisen ist, der sich auf die Bestimmung, aus der sich das Formerfordernis ergibt (also § 127 iVm der Abrede des Formgebotes), beruft (zutr MüKo/*Einsele* Rn 16). Allerdings muss derjenige, der sich auf das Bestehen des Rechtsgeschäfts beruft, zunächst einmal dessen Existenz darlegen und im Streitfall beweisen (MüKo/*Einsele* Rn 16), was mangels Urkunde auch nicht immer ganz leicht fallen wird. Bei feststehender Vereinbarung eines Formgebotes trägt die Darlegungs- und Beweislast für die Einhaltung der Form derjenige, der daraus Rechte für sich herleitet. Zur Beweislast für die Aufhebung eines Formgebots (§ 125 Rz 9) s § 125 Rz 14. Wer von § 127 abweichende Formvereinbarungen für sich in Anspruch nimmt, ist dafür darlegungs- und beweisbelastet (PWW/*Ahrens* Rn 6; Palandt/*Heinrichs* § 126a Rn 7).

§ 127a Gerichtlicher Vergleich. **Die notarielle Beurkundung wird bei einem gerichtlichen Vergleich durch die Aufnahme der Erklärungen in ein nach den Vorschriften der Zivilprozessordnung errichtetes Protokoll ersetzt.**

1 **A. Normzweck.** Die Vorschrift ist eine Ausn zu dem in §§ 1, 56 BeurkG niedergelegten Grundsatz, dass für öffentliche Beurkundungen nur die Notare zuständig sind. Die notarielle Beurkundung wird durch den gerichtlich protokollierten Vergleich ersetzt. Einerseits wird die gerichtliche Fachkompetenz der notariellen

gleichgestellt und die Warnfunktion wird durch den Gerichtstermin ebenfalls gewährleistet (für Belehrungspflichten des Gerichts entspr § 17 BeurkG Staud/*Hertel* § 127 Rn 32). Andererseits erleichtert die Bestimmung den Abschluss gerichtlicher Vergleiche, indem das Wirksamwerden des Vergleichs nicht noch von dem Notartermin abhängt (Staud/*Hertel* § 127 Rn 2).

B. Anwendungsbereich. Die Vorschrift bezieht sich auf alle Erklärungen (zum Begriff der Willenserklärung s § 130 Rz 3 ff), die gesetzlich oder kraft Vereinbarung beurkundungsbedürftig sind. Da die Beurkundung nach § 129 Abs 2 die öffentliche Beglaubigung und nach § 126 Abs 4 die Schriftform ersetzt, erfasst § 127a auch beglaubigungs- und schriftformbedürftige Erklärungen. Demgemäß kann eine Bürgschaft (§ 766 S 1) auch im gerichtlich protokollierten Vergleich erteilt werden. 2

C. Tatbestand. Erforderlich ist ein **gerichtlich** protokollierter Vergleich. Dies ist nur im Rahmen eines anhängigen Verfahrens möglich. Auf die Art des Verfahrens kommt es dabei nicht an (vgl BGHZ 14, 381). Auch Vergleiche in anderen Rechtswegen als vor den ordentlichen Gerichten kommen in Betracht (BVerwG NJW 1995, 2179). Der Vergleich kann auch vor einem ersuchten oder beauftragten (BGHZ 14, 381, 387) Richter geschlossen werden. Wegen der Abhängigkeit von einem anhängigen Verfahren ist ein Prozessvergleich nach Rechtskraft nicht mehr möglich (BGHZ 15, 190, 194), so dass auch § 127a auf einen nach Eintritt der Rechtskraft abgeschlossenen Vergleich nicht angewendet werden kann (Palandt/*Heinrichs* Rn 2; aA München NJW 1997, 2331 f). Unschädlich ist es aber, wenn der Vergleich vor einem unzuständigen (vgl LAG Bremen BB 1964, 1125) oder fehlerhaft besetzten (BGHZ 35, 309) Gericht geschlossen wurde. Der Vergleich muss nicht prozessbeendende Wirkung haben (BGHZ 84, 333, 335). Andererseits kann er auch über den Verfahrensgegenstand hinausgehen (BGHZ 35, 309, 316). Notwendig ist aber ein innerer Zusammenhang mit dem gerichtlichen Verfahren (BGHZ 84, 333, 335). 3

Im **Anwaltsprozess** ist Vertretung durch einen postulationsfähigen Rechtsanwalt notwendig (Köln NJW-RR 1997, 965). Bei höchstpersönlichen Geschäften muss aber zudem die Partei persönlich die Erklärung unter Mitwirkung des Anwalts abgeben (BayObLG NJW 1965, 1276). Neben die Genehmigung des Protokolls durch den Anwalt muss mithin die Genehmigung durch die Partei treten, wobei diese persönliche Genehmigung nicht zwingend protokolliert werden muss, sondern auch auf anderem Wege nachgewiesen werden kann (Düsseldorf NJW 2007, 1290, 1292). Ein dem Vergleich beitretender, nicht verfahrensbeteiligter Dritter muss aber seinerseits nicht anwaltlich vertreten sein (BGHZ 86, 160). 4

Notwendig ist das Zustandekommen eines **Vergleichs** (§ 779). Das erfordert insbes gegenseitiges Nachgeben (vgl BGHZ 39, 60, 62 f). Dessen materiell-rechtliche Anforderungen für das Zustandekommen müssen zudem gewahrt sein. In prozessualer Hinsicht ist erforderlich, dass Vorschriften der §§ 160 ff ZPO über das Protokoll eingehalten werden. Unschädlich ist es allerdings, wenn das Protokoll vorgelesen oder vorgespielt und genehmigt wurde, der vug-Vermerk jedoch fehlt (BGHZ 142, 84, 88). Allerdings ist § 127a auf einen im schriftlichen Verfahren geschlossenen Vergleich nach § 278 Abs 6 S 1 Var 2 ZPO entspr anwendbar (BAG 2007, 466). 5

D. Rechtsfolge. Die gerichtliche Protokollierung ersetzt die notarielle Beurkundung, ebenso die Beglaubigung und die Schriftform (Rz 1). Mit Protokollierung kommt der Vergleich formwirksam zustande (BaRoth/*Wendtlandt* Rn 10). Die anderweitige Form ist auch nicht etwa nachzuholen. 6

E. Internationales Privatrecht/Beweislast. S § 125 Rz 13 f. Ein vor einem ausländischen Gericht protokollierter Vergleich genügt nur dann im Wege der **Substitution** den Anforderungen des § 127a, wenn der Beurkundungsvorgang nach der ausländischen Verfahrensordnung dem deutschen vergleichbar ist, was zumindest Vorlesen und Genehmigungserfordernis umfasst (Bamberg NJW-RR 2002, 1153). Wer sich auf die Wahrung der Form beruft, muss darlegen und im Streitfall beweisen, dass ein gerichtlich protokollierter Vergleich vorliegt. 7

§ 128 Notarielle Beurkundung. **Ist durch Gesetz notarielle Beurkundung eines Vertrages vorgeschrieben, so genügt es, wenn zunächst der Antrag und sodann die Annahme des Antrags von einem Notar beurkundet wird.**

A. Allgemeines. Das Beurkundungsverfahren richtet sich nach dem BeurkG. In diesem Verfahren soll der Notar den Beteiligten die Bedeutung ihrer Erklärungen verdeutlichen und im Rahmen seiner gesetzlichen Prüfungs- und Belehrungspflicht Übereinstimmung von Wille und Erklärung kontrollieren, für eindeutige Formulierungen sorgen und auf behördliche Genehmigungs- und Bescheinigungserfordernisse hinweisen (BaRoth/*Wendtland* Rn 1). Für die Beurkundung von Verbraucherverträgen ist zudem § 17 Abs 2a BeurkG zu beachten. Über die Verhandlung ist eine Niederschrift nach § 9 BeurkG anzufertigen, in der die Erklärungen enthalten sind. Die Niederschrift ist von den Parteien und dem Notar gem § 13 BeurkG zu unterzeichnen. Der Notar bezeugt mit der Beurkundung, dass die genannten Personen die in der Urkunde enthaltenen Erklärungen abgegeben haben (*Larenz/Wolf* § 27 Rn 56). Die inhaltliche Richtigkeit der Erklärungen folgt daraus zwar nicht, die Beweiskraft hinsichtlich der Abgabe der beurkundeten Willenserklärungen wird aber verstärkt. Die notarielle Beurkundung kann durch einen gerichtlich protokollierten Vergleich gem § 127a (s 1 dort) ersetzt werden. Anders als bei der Schriftform (vgl § 126 Rz 4) ist nicht erforderlich, dass Antrag und Annahme einheitlich beurkundet werden.

2 **B. Anwendungsbereich.** Die Bestimmung gilt nur **für Verträge.** Ferner ist sie nur anwendbar, wenn das Gesetz die notarielle Beurkundung verlangt, so etwa § 311b (Palandt/*Heinrichs* Rn 2). Bei vereinbarter Beurkundung ist § 128 nicht anwendbar. In diesem Fall ist durch Auslegung zu ermitteln, ob auch eine sukzessive Beurkundung (Rz 3) möglich ist (AnwK/*Hart* Rn 4). Vorrangig ggü § 128 sind gesetzliche Vorschriften, die wie insb die Auflassung nach § 925 die gleichzeitige Anwesenheit beider Seiten vor dem Notar verlangt.

3 **C. Rechtsfolge.** Zulässig ist die **sukzessive Beurkundung** erst des Antrags und dann der Annahme (Rz 1). Dies kann auch an verschiedenen Orten geschehen, ferner durch verschiedene Notare. Der Notar kann auch bei sukzessiver Beurkundung eine gemeinsame Niederschrift anfertigen (RGZ 69, 130, 132 ff; MüKo/*Einsele* Rn 6). Der Vertrag kommt gem § 152 S 1 im Zweifel bereits mit Beurkundung der Annahme zustande, nicht erst mit deren Zugang. Die richtig beurkundete Erklärung, die nicht gewollt ist, ist wirksam, aber ggf anfechtbar (BGHZ 71, 260, 263).

4 **D. Internationales Privatrecht/Beweislast.** S § 125 Rz 13 f. Die Beurkundung durch einen deutschen Notar im Ausland ist nach hM im Umkehrschluss aus § 2 BeurkG nicht möglich (MüKo/*Spellenberg* Art 11 EGBGB Rn 59 mwN). Die nach deutschem Sachrecht erforderliche notarielle Beurkundung kann durch die Beurkundung seitens eines **ausländischen Notars substituiert** werden, sofern das Beurkundungsverfahren dem deutschen gleichwertig ist (MüKo/*Spellenberg* Art 11 EGBGB Rn 60 ff; Staud/*Winkler v Mohrenfels* Art 11 EGBGB Rn 191 ff, 279 ff). Die öffentliche Urkunde hat die Vermutung der Echtheit nach § 437 ZPO für sich. Sie erbringt gem § 415 Abs 1 ZPO vollen Beweis des beurkundeten Vorgangs, also des Vorliegens des beurkundeten Antrags und der beurkundeten Annahme. Der Beweis unrichtiger Beurkundung ist gem § 415 Abs 2 ZPO zulässig.

§ 129 Öffentliche Beglaubigung.

[1] Ist durch Gesetz für eine Erklärung öffentliche Beglaubigung vorgeschrieben, so muss die Erklärung schriftlich abgefasst und die Unterschrift des Erklärenden von einem Notar beglaubigt werden. Wird die Erklärung von dem Aussteller mittels Handzeichen unterzeichnet, so ist die im § 126 Absatz 1 vorgeschriebene Beglaubigung des Handzeichens erforderlich und genügend.
[2] Die öffentliche Beglaubigung wird durch die notarielle Beurkundung der Erklärung ersetzt.

1 **A. Allgemeines/Anwendungsbereich.** Die Norm regelt nicht, ob öffentliche Beglaubigung erforderlich ist, sondern die Anforderungen an die Form, wenn öffentliche Beglaubigung vorgeschrieben ist. Die Beglaubigung soll die Ausstelleridentität gewährleisten. Insoweit schließt die notarielle Beurkundung die Beglaubigung mit ein (Staud/*Hertel* Rn 116), weshalb diese Form die Beglaubigung gem Abs 2 ersetzt. Die Bestimmung ist nach ihrem Wortlaut nur anwendbar, wenn das Gesetz die öffentliche Beglaubigung verlangt. Bei rechtsgeschäftlich begründetem Beglaubigungserfordernis ist sie aber analog anzuwenden (BaRoth/*Wendtland* Rn 3).

2 **B. Öffentliche Beglaubigung.** Öffentliche Beglaubigung ist das Zeugnis einer Urkundsperson (des Notars), dass die Unterschrift bzw das Handzeichen vom Erklärenden in Gegenwart der Urkundsperson zum angegebenen Zeitpunkt abgegeben oder anerkannt wurde (Palandt/*Heinrichs* Rn 1; vgl § 40 BeurkG). Blankounterschriften können unter den Voraussetzungen des § 40 Abs 5 BeurkG beglaubigt werden. Werden sie ohne die dort genannten Voraussetzungen beglaubigt, berührt dies die Wirksamkeit nicht (RGRK/*Krüger-Nieland* Rn 2). Die Erklärung eines Vertreters, der mit dem Namen des Vertretenen unterschreibt, kann ebenfalls beglaubigt werden (MüKo/*Einsele* Rn 5). Das Beglaubigungsverfahren ist in §§ 39 ff BeurkG geregelt, die elektronische Beglaubigung (dazu *Bettendorf/Apfelbaum* DNotZ 2008, 19) in § 39a BeurkG normiert. Wesentlich ist die Bescheinigung der Anfertigung bzw Anerkennung durch den Notar. Nachträgliche Änderungen führen nicht zur Formunwirksamkeit (PWW/*Ahrens* Rn 3; Staud/*Hertel* Rn 128), sondern stellen die Echtheitsvermutung der Erklärung in Frage (BayObLG DNotZ 1985, 220). Zuständig für die Beglaubigung sind regelm nur die **Notare.** Nicht weiter beglaubigungsbedürftig sind Erklärungen, die von Behörden im Rahmen ihrer Amtstätigkeit in der Form öffentlicher Urkunden abgegeben wurden (BGHZ 45, 362). Eine **empfangsbedürftige Willenserklärung** wird nur dann **wirksam,** wenn sie in der Form des § 129 zugeht (BayOblG DtZ 1992, 284), der Zugang einer Kopie der beglaubigten Erklärung genügt hingegen nicht.

3 **C. Internationales Privatrecht/Beweislast.** S § 125 Rz 13 f. Wie bei der Beurkundung (§ 128 Rz 4) kommt eine Beglaubigung durch deutsche Notare im Ausland nicht in Betracht. Die nach deutschem Sachrecht erforderliche öffentliche Beglaubigung kann allerdings im Hinblick darauf, dass es nur um die Bezeugung der Identität des Erklärenden und die Echtheit der Unterschrift geht, in vielen Fällen durch Beglaubigungen **ausländischer Behörden oder Notare substituiert** werden (vgl MüKo/*Spellenberg* Art 11 EGBGB Rn 62), namentlich durch die Beglaubigung seitens eines amerikanischen notary public (Erman/*Hohloch* Art 11 EGBGB Rn 22). Die öffentliche Urkunde erbringt gem § 415 Abs 1 ZPO vollen Beweis des beurkundeten Vorgangs. Dies erstreckt sich allerdings nicht auf den Erklärungsinhalt, sondern auf die Echtheit der Unterschrift

bzw des Handzeichens (BGHZ 37, 79, 86). Der Beweis unrichtiger Beurkundung ist gem § 415 Abs 2 ZPO zulässig. Öffentliche Urkunde in diesem Sinne ist allerdings nicht die gesamte Urkunde, sondern nur der Beglaubigungsvermerk iSd §§ 39, 40 BeurkG, die Erklärung selbst ist Privaturkunde (BGHZ 37, 79, 86). Die Beweiskraft des Beglaubigungsvermerks gilt gem § 371a Abs 2 ZPO auch im Falle einer elektronischen Beglaubigung.

§ 130 Wirksamwerden einer Willenserklärung gegenüber Abwesenden.

[1] Eine Willenserklärung, die einem anderen gegenüber abzugeben ist, wird, wenn sie in dessen Abwesenheit abgegeben wird, in dem Zeitpunkt wirksam, in welchem sie ihm zugeht. Sie wird nicht wirksam, wenn dem anderen vorher oder gleichzeitig ein Widerruf zugeht.
[2] Auf die Wirksamkeit der Willenserklärung ist es ohne Einfluss, wenn der Erklärende nach der Abgabe stirbt oder geschäftsunfähig wird.
[3] Diese Vorschriften finden auch dann Anwendung, wenn die Willenserklärung einer Behörde gegenüber abzugeben ist.

A. Allgemeines. Die Bestimmung regelt das Wirksamwerden der Willenserklärung. Dieses tritt regelm erst mit Zugang ein. Bei Zugang müssen die Wirksamkeitsvoraussetzungen (noch) vorliegen. Davon macht Abs 2 im Falle des Todes und der Geschäftsunfähigkeit eine Ausn, wenn es genügt, dass die Willenserklärung auf den Weg gebracht (abgegeben) wurde. 1

B. Anwendungsbereich. Die Bestimmung ist auf alle **empfangsbedürftigen Willenserklärungen** (zum Begriff der Willenserklärung s Rz 3 ff) anwendbar (zum Wirksamwerden nicht empfangsbedürftiger Willenserklärungen s Rz 20). Sie ist gem Abs 3 auch für amtsempfangsbedürftige Willenserklärungen heranzuziehen. Darüber hinaus wird sie auf rechtsgeschäftsähnliche Handlungen (Rz 8) entspr angewendet (BGHZ 101, 49, 54; BaRoth/*Wendtland* Rn 3). Im elektronischen Geschäftsverkehr ist bes § 312e Abs 1 S 2 zu beachten. Für Prozesshandlungen gilt hingegen das Prozessrecht. Soweit eine Prozesshandlung allerdings zugleich materielles Rechtsgeschäft ist, ist dessen materiell-rechtliche Wirkung nach bürgerlichem Recht zu beurteilen, während hinsichtlich der prozessualen Natur das Prozessrecht zu Anwendung gelangt (BGH NJW 1986, 1438 f). § 130 enthält in den Grenzen der §§ 308 Nr 6, 309 Nr 13 dispositives Recht (Palandt/*Heinrichs* Rn 19). 2

C. Willenserklärung, Rechtsgeschäft und rechtsgeschäftsähnliche Handlung. Nach hM liegt der **Grund** für den Eintritt einer aus der Erklärung folgenden **Rechtsfolge** weder allein in dem Umstand begründet, dass dies dem Willen des Erklärenden entspricht (Willenstheorie; anderenfalls wäre der geheime Vorbehalt entgegen § 116 beachtlich), noch in dem Umstand, dass durch die Erklärung ein Vertrauenstatbestand geschaffen wird (Erklärungstheorie; anderenfalls wäre die Scherzerklärung entgegen § 118 in jedem Falle bindend). Vielmehr liegt der Geltungsgrund in einer Kombination aus beidem. Der Wille findet in der Weise Beachtung, wie er in der Erklärung seinen Ausdruck gefunden hat (*Larenz/Wolf* § 24 Rn 29). Die Erklärung dokumentiert damit nicht nur einen rechtlich erheblichen Willen, sie macht ihn vielmehr rechtserheblich, sie vollzieht ihn und ruft daher in Verbund mit dem Willen die Rechtsfolge hervor (sog **Geltungstheorie**). Die **Willenserklärung** setzt sich mithin tatbestandlich zusammen aus **Wille und Erklärung**. 3
Der **Willenstatbestand** erfordert
- Handlungswille
- und den äußeren Tatbestand eines Geschäftswillen (Rechtsfolgewille).

Darüber hinaus rechnet die hM ein **Erklärungsbewusstsein nicht** zu den tatbestandlichen Voraussetzungen der Willenserklärung (BGH NJW 1984, 2279 f; Soerg/*Hefermehl* Vor § 116 Rn 13; *Larenz/Wolf* § 24 Rn 8; *Medicus* Rn 607). Wer dem äußeren Anschein nach eine Willenserklärung abgibt, indem er auf einer Versteigerung die Hand hebt, wird daran festgehalten, auch wenn er in Wirklichkeit einen Freund grüßen wollte. Der Verkehrsschutz erhält hier den Vorrang, der Erklärende kann aber nach § 119 anfechten (vgl § 119 Rz 10), freilich um den Preis einer Schadensersatzverpflichtung nach § 122. 4

Erforderlich ist demnach zunächst der Wille, überhaupt in einem bestimmten Sinne zu handeln (**Handlungswille**). Daran fehlt es etwa bei unmittelbarer Gewalt (vis compulsiva), aber auch etwa bei Zuckungen im Schlaf. Es mangelt wegen fehlenden Willens in diesen Fällen an einer Willenserklärung. Der **Geschäftswille** (**Rechtsfolgewille**) betrifft den Willen, eine bestimmte Rechtsfolge hervorzurufen. Insoweit es an ihm mangelt, fehlt es auch schon am Erklärungsbewusstsein. Er ist aber auch **nicht** tatbestandlich **Voraussetzung** des Willenselements. Vielmehr genügt es für eine Willenserklärung schon, wenn dem äußeren Tatbestand nach ein Geschäftswille vorliegt (Soerg/*Hefermehl* Vor § 116 Rn 13). Fehlte der Rechtsfolgewille oder weicht er vom Erklärten ab, handelt es sich um einen zur Anfechtung berechtigenden Willensmangel. Fehlt es allerdings schon dem äußeren Tatbestand nach am Rechtsfolgewillen, hat man es überhaupt nicht mit einer Willenserklärung zu tun. 5

Weiteres Element der Willenserklärung ist die **Erklärung**, die den Willen (Rz 4 ff) nach außen hin erkennbar macht und vollzieht und gemeinsam mit ihm die Rechtsfolge hervorruft (vgl Rz 3). Sie ist **ausdrücklich**, wenn sich der zugrunde liegende Wille unmittelbar aus ihr ableiten lässt. Eine **konkludente** Erklärung liegt 6 vor, wenn aus dem Verhalten im Zusammenhang mit anderen Umständen auf einen Handlungswillen und einen bestimmten Geschäftswillen geschlossen werden kann. Das kann etwa in einem zustimmenden Kopfnicken oder in der Hingabe von Geld liegen. Auch die Inanspruchnahme der vertragscharakteristischen Leistung kann konkludente Willenserklärung sein, die Bekundung eines entgegenstehenden Willens ist in diesem Falle iÜ als **protestatio facto contraria** unbeachtlich (§ 145 Rz 6). Bloßes **Schweigen** stellt grds keine Willenserklärung dar. Zunächst ist es schon keine ausdrückliche Erklärung. Aber auch die Deutung als konkludente Willenserklärung muss regelm ausscheiden, weil Schweigen normalerweise eben nicht den Schluss auf Handlungs- und Geschäftswille zulässt. Nur in Ausnahmefällen kann Schweigen als Erklärung gedeutet werden (§ 147 Rz 3). Das Element der Erklärung fehlt bei der bloßen **Willensbetätigung**, wo der Rechtsfolgewille nicht nach außen verlautbart wird, sondern in anderer Weise hervortritt, etwa bei Aneignung nach § 958 und Dereliktion nach § 959.

7 Das **Rechtsgeschäft** ist ein Tatbestand, der auf die Herbeiführung einer Änderung in einer rechtlichen Beziehung (Begründung eines Vertrages, Bevollmächtigung, Rücktritt, Kündigung etc) zielt und diese Rechtsfolge bewirkt (*Däubler* BGB kompakt, Kap 7 Rn 17). Die Rechtsfolge tritt also ein, weil und soweit das Rechtsgeschäft vorgenommen wurde. Das Rechtsgeschäft enthält **mindestens eine Willenserklärung**. Wichtiger Fall des Rechtsgeschäfts ist auch der **Vertrag**, bei dem die Rechtsfolge erst durch mehrere Willenserklärungen eintritt (vgl §§ 145 ff).

8 Die **geschäftsähnliche Handlung** unterscheidet sich vom Rechtsgeschäft dadurch, dass sie zwar eine willentlich vorgenommene Handlung voraussetzt, die Rechtsfolge vom Gesetz hieran aber unabhängig vom Rechtsfolgewillen eintritt (BGHZ 47, 352, 357; *Däubler* BGB kompakt, Kap 7 Rn 40; Soerg/*Hefermehl* vor § 104 Rn 20; *Larenz/Wolf* § 22 Rn 4), etwa bei der Mahnung oder Mängelanzeige. Gewinnmitteilungen (§ 661a) sind ebenfalls als geschäftsähnliche Handlungen anzusehen (*St Lorenz* NJW 2000, 3305, 3307; unentschieden BGH NJW 2003, 426 f; 2003, 3620 f). Zahlreiche Vorschriften über das Rechtsgeschäft sind auch auf geschäftsähnliche Handlungen entspr anwendbar. Auf diese Frage wird im Rahmen der Einzelkommentierungen jeweils eingegangen.

9 **D. Wirksamwerden mit Zugang (Abs 1 S 1).** Für die Erklärung unter Abwesenden regelt Abs 1 S 1 das Wirksamwerden mit **Zugang**. Voraus muss dem aber eine **Abgabe** (Rz 19) gegangen sein. Anderenfalls fehlt es schon an einer Willenserklärung. Dadurch, dass die Willenserklärung erst mit Zugang wirksam wird, folgt das BGB hinsichtlich des Zeitpunktes des Wirksamwerdens der sog **Empfangstheorie** (*Medicus* Rn 273), nach der die bloße (Ent-)Äußerung der Erklärung nicht genügt, ein Vernehmen der Erklärung durch den Empfänger andererseits aber auch nicht notwendig ist. Damit liegt das **Übermittlungsrisiko** beim Erklärenden: ohne Zugang keine Erklärung.

10 Zugegangen ist eine Erklärung, wenn sie so in den **Bereich des Empfängers gelangt**, dass unter **normalen Umständen** die Möglichkeit besteht, dass dieser von der Erklärung **Kenntnis nimmt** (BGHZ 67, 271; NJW 1980, 990; 2002, 2391, 2393; 2004, 1320). Zu diesem Bereich gehören auch die vom Empfänger zur Entgegennahme von Erklärungen bereitgehaltenen Einrichtungen wie zB Briefkästen, E-Mailbox, Telefaxgerät etc. Vollendet ist der Zugang nicht schon mit dem Gelangen in den Bereich des Empfängers, sondern erst mit tatsächlicher Kenntnisnahme oder spätestens (*Larenz/Wolf* § 26 Rn 29; *Medicus* Rn 276: frühere Kenntnisnahme führt zu früherem Wirksamwerden) dann, wenn die Kenntnisnahme durch den Empfänger möglich und nach der Verkehrsauffassung zu erwarten ist (BGH LM Nr 2 zu § 130). Erfolgt diese Kenntnisnahme nicht, etwa weil der Empfänger verreist ist, hindert dies gleichwohl den Zugang und das Wirksamwerden selbst dann nicht, wenn der Erklärende die Abwesenheit kennt (BAG NZA 2004, 1330 f). Desgleichen können fehlende Kenntnisse der Landessprache den Zugang nicht verzögern, weil es letztlich nicht auf die tatsächliche Kenntnisnahme ankommt, sondern auf die Möglichkeit zur Kenntnisnahme (Staud/*Singer/Benedict* Rn 72). Nach der Verkehrsauffassung ist bei einem **Brief**, der in den frühen Nachmittagstunden in den Briefkasten eingeworfen wurde, eine Kenntnisnahme noch am selben Tage zu erwarten (PWW/*Ahrens* Rn 11 mwN). Geht ein Schreiben allerdings am Nachmittag des 31.12. in einen Bürobriefkasten ein, geht es erst am nächsten Werktag zu, wenn branchenüblich am Silvesternachmittag nicht mehr gearbeitet wird (BGH 05.12.2007 – XII ZR 148/05). Bei einem Postfach kommt es darauf an, wann nach der Verkehrsanschauung mit einer Abholung zu rechnen ist. Mit Blick auf die üblichen Postfachbedingungen ist mit einem mindestens wöchentlichen Leerungsrhythmus zu rechnen (LAG Köln NZA-RR 2007, 323). Beim **Einschreibebrief** kommt es nicht auf den Zeitpunkt der Benachrichtigung an, sondern auf den Zeitpunkt, in dem der Empfänger den Brief erhält (BGHZ 67, 271, 275; 137, 205; PWW/*Ahrens* Rn 13). Wird die niedergelegte Sendung nicht abgeholt, fehlt es am Zugang, wenn kein Fall der Zugangsvereitelung (Rz 14) vorliegt (BGH NJW 2007, 1346, 1350). Das **Einwurfeinschreiben** geht hingegen nach denselben Grundsätzen zu wie jeder andere Brief (*Larenz/Wolf* § 26 Rn 28). Im Falle eines Nachsendeantrags geht der Brief erst am Nachsendeort zu (Erman/*Palm* § 130 Rn 8). Ein **Telefax** geht mit Abschluss des Ausdrucks zu (BGH NJW 2004, 1320; krit *Burgard* AcP 195 [1995] 74, 95 ff, insb 101 ff), eine E-Mail oder SMS nach Eingang in der Mailbox mit dem Zeitpunkt, zu dem üblicherweise mit einem Abruf zu rechnen ist (PWW/*Ahrens* Rn 14). Ein Aushang geht zu, wenn von ihm Kenntnis genommen werden kann und mit einer Kenntnisnahme zu rechnen ist, bei Mietshäusern regelm in den frühen Abendstunden.

Die Erklärung muss in der **Form** zugehen, die für ihre Abgabe gesetzlich oder kraft Vereinbarung vorgeschrieben ist. Bei notarieller Beurkundung genügt der Zugang einer Ausfertigung, sofern die Parteien nicht gar darauf verzichtet haben (BGHZ 130, 71). Ein **Telefax** kann deshalb keinen Zugang einer schriftformbedürftigen Erklärung bewirken (vgl § 126 Rz 13). Das vorab geschickte Fax erzeugt mithin auch keinen früheren Zugang, wenn das Original nachfolgt (Palandt/*Heinrichs* § 126 Rn 9). Erst mit Zugang der unterzeichneten Erklärung wird diese wirksam. Prozessuale Schriftsätze, auf die § 130 nicht anzuwenden ist (Rz 2), können hingegen fristwahrend per Telefax übermittelt werden (GmS-OGB NJW 2000, 2340). 11

Die Erklärung, die ggü einem **Empfangsvertreter** abgegeben wird, wird mit Zugang beim Vertreter wirksam, auf die Weitergabe an den Vertretenen kommt es dagegen nicht an. Hingegen geht die Erklärung ggü einem **Empfangsboten** nicht schon mit »Zugang« bei diesem zu, sondern erst zu dem Zeitpunkt, zu dem mit der Weiterleitung an den Empfänger zu rechnen ist (BGH NJW-RR 1989, 757). Empfangsbote ist, wer zur Entgegennahme von Erklärungen bestellt wurde oder als bestellt anzusehen und dazu bereit ist (BGH NJW 2002, 1565 f). Dazu gehören Ehegatten und Eltern. Ferner gehören dazu weitere Familienangehörige im selben Haushalt (BSG NJW 2005, 1303 f), nichteheliche Lebenspartner (LAG Bremen NZA 1988, 548), Zimmervermieter (BAG AP Nr 7 zu § 130), Mitmieter (BGH NJW 1997, 3437, 3439), kaufmännische Angestellte (BGH NJW 2002, 1565 f), nicht aber wohl andere Arbeitnehmer. Auch Verwandte, die in einer anderen Wohnung desselben Hauses wohnen, können Empfangsboten sein (Köln MDR 2006, 866). Notwendig ist, dass der Bote zur zuverlässigen Erfassung und Weiterleitung an den Erklärungsgegner in der Lage ist (RGZ 60, 334, 336 f). Fehlt es hieran, etwa bei Kindern, ist die Mittelsperson Erklärungs- und nicht Empfangsbote, so dass die Erklärung nur zugeht, wenn sie mit dem richtigen Inhalt beim Empfänger ankommt (RGZ 60, 334, 337). Verspätete, unterlassene und verfälschte Weiterleitung durch den Empfangsboten geht hingegen zu Lasten des Empfängers (BAG AP Nr 8 zu § 130). Allerdings geht die Erklärung überhaupt nicht zu, wenn der Bote die Entgegennahme der Erklärung ablehnt (BAG NJW 1993, 1093; krit dazu *Schwarz* NJW 1994, 891 ff). 12

Die berechtigte **Annahmeverweigerung** schließt den Zugang der Erklärung aus. Sie liegt etwa vor, wenn ein Brief unterfrankiert ist. Ist die Annahmeverweigerung hingegen nicht berechtigt, gilt die Erklärung entspr § 162 als mit dem Zeitpunkt zugegangen, in dem die Aushändigung angeboten wurde (vgl BGH NJW 1996, 1967 f; BAG NZA 2006, 204 f). Das gilt auch, wenn ein Empfangsvertreter die Annahme verweigert, weil es auf den Zugang in seiner Person ankommt (Rz 12), nicht hingegen, wenn der Empfangsbote die Annahme verweigert (Rz 12). 13

Fehlen oder Mängel von **Empfangsvorrichtungen** gehen zu Lasten des Empfängers, wenn ihn eine **Obliegenheit** zur Bereithaltung traf und er den Zugang **bewusst vereitelt oder verzögert** hat (BGH NJW 1996, 1967 f) und der Erklärende alles für einen rechtzeitigen Zugang Notwendige getan hat (BGHZ 137, 205). Ebenso ist der Fall unberechtigter Annahmeverweigerung zu beurteilen (BGHZ 137, 205, 209). Er wird bei gescheitertem Zugang behandelt, als ob die Erklärung über eine entspr Empfangsvorrichtung zugegangen wäre (BGH LM Nr 1 zu § 130; BGHZ 67, 271, 278; BAG NZA 2006, 204 f). Entsprechend wird der Empfänger eines Einschreibens, der mit einer rechtsgeschäftlichen Erklärung rechnen musste und über das Einschreiben ordnungsgemäß benachrichtigt wurde, behandelt, als wäre das Einschreiben zugegangen, wenn er es nicht abholt (BGHZ 137, 205, 209; BAG BB 2003, 1178, 1181 f). Gegebenenfalls ist aber ein Wiederholungsversuch zu unternehmen, wenn ein Einschreibebrief trotz Benachrichtigung nicht abgeholt wurde und es sich nicht um einen Fall grundloser Verweigerung der Annahme einer zu erwartenden rechtserheblichen Mitteilung handelt (BGH ebenda; krit Palandt/*Heinrichs* Rn 18; vgl auch *Looschelders* VersR 1998, 1198 ff). 14

Die **Obliegenheit zur Bereithaltung von Empfangsvorrichtungen** ergibt sich daraus, dass der jenige, der mit dem Eingang rechtsgeschäftlicher Erklärungen rechnen muss, gewährleisten muss, dass ihn diese Erklärungen auch erreichen. Diese Obliegenheit kann sich beispielsweise aus vertraglichen Bindungen ergeben, etwa aus einem Arbeits- (vgl BAG AP Nr 10 zu § 130; NZA 2006, 204 f), Miet- oder Versicherungsvertrag (BGH VersR 1971, 262 f). In Hinblick auf die nach wie vor bestehende Dominanz von Papierpost und den Umstand, dass eine durchgängige Anwesenheit auch durch Bestellung von Empfangsboten kaum zu gewährleisten ist, wird heute kaum noch jmd um das Bereithalten eines **Briefkastens** umhin kommen. Beim Einsatz von **Telekommunikationstechnik** wird man demgegenüber keine generelle Obliegenheit zur Bereit- und Instandhaltung entspr Einrichtungen annehmen dürfen. Anderes gilt aber, wenn auf entspr Telefaxnummern, Handynummern (SMS!) oder E-Mail-Adressen hingewiesen wurde. Ein Geschäftsmann muss für Abwesenheitszeiten einen Empfangsvertreter bzw -boten bestellen (RGZ 95, 315, 317). Bei Adressänderungen ist dies potenziellen Erklärenden bekannt zu geben oder eine rechtzeitige Nachsendung zu gewährleisten (Palandt/*Heinrichs/Ellenberger* Rn 17). 15

E. Widerruflichkeit bis Zugang (Abs 1 S 2). Die Erklärung ist bis zu ihrem Zugang widerruflich. Der Widerruf muss vor oder gleichzeitig mit der Erklärung zugehen. Es kommt entscheidend auf den Zugang an, so dass bei rechtzeitigem Zugang eine Kenntnisnahme von der Erklärung vor Kenntnisnahme vom Widerruf für das Wirksamwerden der Erklärung ohne Bedeutung ist (BGH NJW 1975, 382, 384). Aber auch umgekehrt gilt, dass die wirksame Erklärung, von der noch nicht Kenntnis genommen wurde, selbst dann nicht durch Widerruf beseitigt werden kann, wenn vom Zugang vorherige Kenntnis genommen wird (vgl RGZ 91, 60; *Medicus* Rn 300). 16

17 **F. Erklärung unter Anwesenden.** Das Wirksamwerden einer Erklärung unter Anwesenden ist gesetzlich nicht geregelt. Die Frage wird aus dem in § 130 verankerten Rechtsgedanken beantwortet. Eine mündliche oder konkludente Erklärung wird daher mit der Wahrnehmung durch den Empfänger wirksam (BAG ZIP 1982, 1467, sog Vernehmungstheorie). Dazu genügt es freilich, wenn der Erklärende darauf vertrauen durfte, dass der Empfänger die Erklärung vernommen hat, selbst wenn der Empfänger sie tatsächlich nicht verstanden hat (sog **abgeschwächte Vernehmungstheorie**, *Larenz/Wolf* § 26 Rn 36). Für verkörperte Erklärungen kommt es hingegen darauf an, wann sie in den Herrschaftsbereich des Empfängers gelangt sind (BGH NJW 1998, 3344; BAG NJW 1985, 823, sog Machttheorie). Nicht erforderlich soll sein, dass der Empfänger die dauerhafte Verfügungsgewalt über das Schriftstück behält, so dass es genügt, wenn er es nur vorübergehend zum Durchlesen bekommt (BAG NZA 2005, 513 f). Keinesfalls kann es aber ausreichen, wenn der Empfänger überhaupt keine Verfügungsgewalt erhält, sondern nur vom Inhalt Kenntnis nehmen kann (LAG Düsseldorf LAGE § 130 2002 Nr 5: »Nur gucken, nicht anfassen«). Bei einer arbeitsrechtlichen Abmahnung ist neben dem Gelangen in den Machtbereich auch eine zusätzliche tatsächliche Kenntnisnahme vom Inhalt erforderlich (BAG NJW 1985, 823).

18 **G. Tod und Geschäftsunfähigkeit (Abs 2).** Auch wenn der Erklärende nach Abgabe der Erklärung verstirbt oder geschäftsunfähig wird, bleibt die Erklärung wirksam. In entspr Anwendung des Abs 2 gilt dasselbe bei Anordnung eines Einwilligungsvorbehalts gem § 1903 (Celle NJW 2006, 3501). Für einen Vertragsantrag gilt aber § 153 als lex specialis. Abs 2 gilt auch, wenn der Zugang bis nach dem Tode absichtlich verzögert wurde (Palandt/*Heinrichs* Rn 12). Nach dem Tod ist der Erbe an die Erklärung gebunden. Erforderlich ist aber, dass die Erklärung unwiderrufen zugeht. Dabei kann eine Widerruf auch durch Testament erfolgen, sofern der Zugang rechtzeitig ist (RGZ 170, 380, 382 f). Geht die Erklärung nicht mehr zu, wird sie ebenfalls nicht wirksam.

19 Der Tod bzw die Geschäftsunfähigkeit muss nach **Abgabe** der Erklärung eingetreten sein. Dabei ist die Abgabe bewirkt, wenn der Erklärende seinen rechtsgeschäftlichen Willen erkennbar so geäußert hat, dass die Äußerung zweifelsfrei als endgültige gemeint ist (ausführl Staud/*Singer/Benedict* Rn 28 ff). Eine empfangsbedürftige Erklärung muss zudem willentlich in Verkehr gebracht worden (aber noch nicht zugegangen) sein (BGHZ 65, 13; NJW-RR 2003, 384). Erforderlich ist, dass alles getan ist, damit mit einem Zugehen beim Empfänger zu rechnen ist (RGZ 170, 380, 382). Daran fehlt es, wenn ohne sein Verschulden eine Erklärung in Verkehr gegeben wurde. Bei fahrlässigem Inverkehrbringen, etwa bei Bedienfehlern des E-Mail-Programms oder wenn der Brief im Falle der Unschlüssigkeit auf dem Schreibtisch verbleibt und dann von der Ehefrau in der Annahme, er sei dort versehentlich verblieben, zur Post gegeben wird, ist die Erklärung abgegeben, kann aber angefochten werden (vgl Palandt/*Heinrichs* Rn 4; *Larenz/Wolf* § 26 Rn 7; *Medicus* Rn 266). Darüber hinaus ist die empfangsbedürftige Willenserklärung nur abgegeben, wenn sie an den Empfänger und nicht etwa nur an Dritte gerichtet ist (*Medicus* Rn 265).

20 **H. Wirksamwerden nicht empfangsbedürftiger Erklärungen.** Auf nicht empfangsbedürftige Willenserklärungen ist § 130 nicht anwendbar (Rz 2). Sie werden mit ihrer Abgabe (Rz 19) wirksam (PWW/*Ahrens* Rn 1; Hk-BGB/*Dörner* Rn 13; MüKo/*Einsele* Rn 5).

21 **I. Internationales Privatrecht/Prozessuales.** Das Wirksamwerden einer Willenserklärung durch Abgabe oder Zugang bestimmt sich nach dem Geschäftsstatut, also nach dem Recht, das auf das Rechtsgeschäft anzuwenden ist, das durch die Erklärung begründet werden soll (MüKo/*Spellenberg* Vor Art 11 EGBGB Rn 47 ff). Dieser allg Grundsatz einheitlicher Anknüpfung des Rechtsverhältnisses hat in Art 10 Abs 1 ROMI-VO für Verträge eine ausdrückliche gesetzliche Regelung erfahren, gilt aber auch sonst. Bei bereits bestehendem Rechtsverhältnis sind die in diesem Rahmen abzugebenden Erklärungen (wie etwa Kündigungen) dessen Statut zu unterstellen. Die Frage des Wirksamwerdens der Willenserklärung kann inzidenter im Streit um Rechte aus dem durch die Erklärung (vermeintlich) begründeten Rechtsverhältnis geklärt werden. Das Bestehen des Rechtsverhältnisses kann zum Gegenstand einer (Zwischen-)Feststellungsklage nach § 256 ZPO gemacht werden.

22 Wer sich auf das Vorliegen einer wirksamen Willenserklärung beruft, muss deren Zugang beweisen (Saarbrücken NJW 2004, 2908 f), ebenso dass die Voraussetzungen des Abs 2 bei Abgabe der Erklärung vorlagen. Auch der Zeitpunkt des Zugangs einer Erklärung ist von dem zu beweisen, der sich auf ihr Wirksamwerden beruft (BGHZ 70, 232). Es gibt keinen Anscheinsbeweis, dass zur Post aufgegebene Briefe zugegangen sind, auch nicht bei Einschreiben (BGH NJW 1996, 2033, 2035; aA AG Erfurt WuM 2007, 580). Allerdings gewährleistet das Einwurf-Einschreiben (Rz 10) eine relativ sichere Beurkundung des Zugangs (Staud/*Singer/Benedict* Rn 48), was Grundlage eines Anscheinsbeweises sein dürfte (AG Erfurt aaO). Anderes dürfte hinsichtlich des Zugangs einer E-Mail für eine Lesebestätigung gelten (*Mankowski* NJW 2004, 1902). Wer der Wirksamkeit einer Willenserklärung entgegentritt, muss einen eventuellen Widerruf sowie die tatsächlichen Grundlagen seiner Rechtzeitigkeit beweisen.

§ 131 Wirksamwerden gegenüber nicht voll Geschäftsfähigen. [1] **Wird die Willenserklärung einem Geschäftsunfähigen gegenüber abgegeben, so wird sie nicht wirksam, bevor sie dem gesetzlichen Vertreter zugeht.**

[2] Das Gleiche gilt, wenn die Willenserklärung einer in der Geschäftsfähigkeit beschränkten Person gegenüber abgegeben wird. Bringt die Erklärung jedoch der in der Geschäftsfähigkeit beschränkten Person lediglich einen rechtlichen Vorteil oder hat der gesetzliche Vertreter seine Einwilligung erteilt, so wird die Erklärung in dem Zeitpunkt wirksam, in welchem sie ihr zugeht.

A. Normzweck/Anwendungsbereich. Die Bestimmung ergänzt als Zugangsregelung § 130. Sie schützt den Geschäftsunfähigen und den beschränkt Geschäftsfähigen, indem es maßgeblich auf den Zugang beim gesetzlichen Vertreter ankommt. Analog § 107 bedarf der beschränkt Geschäftsfähige indes keines Schutzes im Falle des lediglich rechtlich vorteilhaften Geschäfts und im Falle der Einwilligung. Die Bestimmung gilt für Willenserklärungen (§ 130 Rz 3 ff), findet aber auf geschäftsähnliche Handlungen (§ 130 Rz 8) entspr Anwendung (AG Meldorf NJW 1989, 2548). 1

B. Willenserklärung ggü Geschäftsunfähigen (Abs 1). Die einem Geschäftsunfähigen ggü abgegebene Erklärung ist wirkungslos. Eine wirksame Willenserklärung kann nur dem gesetzlichen Vertreter ggü zugehen. Ging sie zunächst dem Geschäftsunfähigen und erst später dem gesetzlichen Vertreter zu, ist der letztere Zeitpunkt maßgeblich, eine Rückwirkung scheidet aus (ArbG Mannheim NZA 1992, 511). Nicht genügend ist, wenn die Erklärung nicht an den gesetzlichen Vertreter gerichtet ist. Sie wird dann nach hM nicht einmal wirksam, wenn der gesetzliche Vertreter von der ggü dem Geschäftsunfähigen abgegebenen Erklärung Kenntnis erlangt (Düsseldorf VersR 1961, 878; LG Dresden WuM 1994, 377; Palandt/*Heinrichs* Rn 2; aA mit beachtlichen Gründen LAG Hamm DB 1975, 407). Die Erklärung ggü Bewusstlosen und vorübergehend Geistesgestörten erfolgt nicht ggü einem Geschäftsunfähigen, so dass sich der Zugang nach § 130 richtet (PWW/*Ahrens* Rn 2; RGRK/*Krüger-Nieland* § 129 Rn 2). 2

C. Willenserklärung ggü beschränkt Geschäftsfähigem (Abs 2). Für die Erklärung ggü einem **beschränkt Geschäftsfähigen** (oder einem **Betreuten** bei Einwilligungsvorbehalt, § 1903 Abs 1 S 2) gilt dasselbe wie für eine solche ggü einem Geschäftsunfähigen (Rz 1). Davon macht das Gesetz allerdings analog § 107 zwei Ausn: Die Erklärung ist lediglich rechtlich vorteilhaft, wozu insbes das Angebot eines Vertrages zählt, ferner die Bevollmächtigung (Frankfurt aM MDR 1964 756; Palandt/*Heinrichs/Ellenberger* Rn 3) oder der gesetzliche Vertreter hat seine Einwilligung (dh gem § 183 Zustimmung im Vorhinein) gegeben. In diesen Ausnahmefällen genügt der Zugang beim beschränkt Geschäftsfähigen. Die nachträgliche **Genehmigung** ist hingegen (anders als in § 108 für Erklärungen des beschränkt Geschäftsfähigen) nicht vorgesehen und daher iA auch nicht möglich (BGHZ 47, 352, 358). Allerdings kann der gesetzliche Vertreter beim **Vertrag** neben dem Vertrag als solchem auch den Zugang der Annahmeerklärung (der Antrag ist ohnehin mit Zugang beim beschränkt Geschäftsfähigen wirksam, vgl Rz 4) genehmigen (BGHZ 47, 352, 358). Wollte man dies anders sehen, hätte § 108 nur einen schmalen Anwendungsbereich, weil mangels Annahmeerklärung schon kein Vertragsschluss möglich wäre. Die Anwendbarkeit des § 108 hinge zudem von dem Zufall ab, ob der beschränkt Geschäftsfähige oder der andere Teil den Antrag abgegeben hat. Im Falle partieller Geschäftsfähigkeit nach § 112 oder § 113 genügt der Zugang beim partiell Geschäftsfähigen. 3

D. Prozessuales. Wer sich auf die Wirksamkeit einer gegen über einem Geschäftsunfähigen abzugebenden Willenserklärung beruft, muss den Zugang der an den gesetzlichen Vertreter gerichteten Erklärung bei jenem darlegen und im Streitfall beweisen. Im Falle beschränkter Geschäftsfähigkeit gilt dasselbe. Anderenfalls muss derjenige, der sich auf die Wirksamkeit der Erklärung beruft, die tatsächlichen Grundlagen für die Bewertung des Geschäfts als lediglich rechtlich vorteilhaft oder die Einwilligung des gesetzlichen Vertreters darlegen und beweisen. 4

§ 132 Ersatz des Zugehens durch Zustellung.

[1] Eine Willenserklärung gilt auch dann als zugegangen, wenn sie durch Vermittlung eines Gerichtsvollziehers zugestellt worden ist. Die Zustellung erfolgt nach den Vorschriften der Zivilprozessordnung.
[2] Befindet sich der Erklärende über die Person desjenigen, welchem gegenüber die Erklärung abzugeben ist, in einer nicht auf Fahrlässigkeit beruhenden Unkenntnis oder ist der Aufenthalt dieser Person unbekannt, so kann die Zustellung nach den für die öffentliche Zustellung einer Ladung geltenden Vorschriften der Zivilprozessordnung erfolgen. Zuständig für die Bewilligung ist im ersteren Fall das Amtsgericht, in dessen Bezirk der Erklärende seinen Wohnsitz oder in Ermangelung seines inländischen Wohnsitzes seinen Aufenthalt hat, im letzteren Fall das Amtsgericht, in dessen Bezirk die Person, welcher zuzustellen ist, den letzten Wohnsitz oder in Ermangelung eines inländischen Wohnsitzes den letzten Aufenthalt hatte.

A. Allgemeines/Anwendungsbereich. Die Norm ermöglicht es, den Zugang durch förmliche Zustellung zu ersetzen. Dadurch kann das Übermittlungsrisiko des Erklärenden, das sich daraus ergibt, dass eine Erklärung ohne Zugang gem § 130 nicht wirksam werden kann (vgl § 130 Rz 8), begrenzt werden (PWW/*Ahrens* § 132 Rn 1). Die Bestimmung gilt für Willenserklärungen (§ 130 Rz 3 ff). 1

2 **B. Zustellung (Abs 1).** Die Zustellung im Falle des Abs 1 erfolgt durch den Gerichtsvollzieher. Die Zustellung im unmittelbaren Parteiauftrag genügt nicht (BGHZ 67, 271, 277). Andererseits ist es ausreichend, wenn der Gerichtsvollzieher die Post um Zustellung ersucht (RGRK/*Krüger-Nieland* Rn 3). Er handelt nicht etwa als Bevollmächtigter oder Bote des Erklärenden, sondern als staatliches Organ (AnwK/*Hart* § 132 Rn 2; BaRoth/*Wendtland* Rn 3). Das Verfahren richtet sich nach §§ 191 ff ZPO. Demgegenüber richten sich Anforderungen an Inhalt, Form (Willenserklärung) und Adressat (Empfänger) nach materiellem Recht (Soerg/*Hefermehl* Rn 2). Bei schriftformbedürftigen Erklärungen genügt die Zustellung einer beglaubigten Abschrift (BGH NJW 1967, 823 f). Bei einer öffentlichen Urkunde ist eine Ausfertigung zuzustellen (BGHZ 31, 5, 7). **Rechtsfolge** ist eine unwiderlegliche Zugangsvermutung und folglich das Wirksamwerden iSd § 130. Sie tritt auch ein, wenn die Zustellung tatsächlich nicht mit einem Zugang verbunden ist, etwa im Falle der Niederlegung bei der Post.

3 **C. Öffentliche Zustellung (Abs 2).** Die öffentliche Zustellung richtet sich nach §§ 185 ff ZPO. Voraussetzung für die Bewilligung der öffentlichen Zustellung ist unverschuldete Unkenntnis von der Person des Erklärungsempfängers oder ein (allg und nicht nur dem Erklärenden) unbekannter Aufenthalt des Erklärungsempfängers. Wird die Bewilligung ohne das Vorliegen der Voraussetzungen des Abs 2 durch falsche Angaben erschlichen, hindert das die Wirksamkeit der Zustellung und damit den Zugang und folglich das Wirksamwerden der Willenserklärung nicht. Erforderlich ist allein, dass das Gericht vom Vorliegen der Voraussetzungen des Abs 2 ausgehen durfte und zur Durchführung weiterer Ermittlungen keinen Anlass sehen musste (BGH FamRZ 2006, 1563 f). Die Berufung auf diese Rechtsfolge kann allerdings nach Treu und Glauben gem § 242 ausgeschlossen sein, etwa wenn der Erklärende den Aufenthalt des Empfängers kannte (BGHZ 64, 5, 8 ff; AnwK/*Hart* Rn 3; zweifelnd für das Prozessrecht in Hinblick auf Art 103 Abs 1 GG BGHZ 118, 45, 47) oder sich einer solchen Kenntnis bewusst verschlossen hat (BGH FamRZ 2006, 1563, 1565). Dabei kommt es iÜ nicht auf das Vorliegen einer Anschrift überhaupt, sondern auf das Vorliegen einer zustellfähigen Anschrift an (BGH aaO). Rechtsfolge ist dieselbe wie bei Abs 1 (Rz 2).

4 **D. Internationales Privatrecht/Prozessuales.** S § 130 Rz 21. Die Zustellung durch einen inländischen Gerichtsvollzieher kann im Falle einer Zustellung im Ausland bei Gleichwertigkeit des Zustellungsverfahrens substituiert werden. Wer sich auf die Wirksamkeit einer zugestellten Erklärung beruft, muss die Zustellung im Streitfall beweisen. Im Falle der öffentlichen Zustellung erstreckt sich die Beweislast auch auf die Voraussetzungen, unter denen die öffentliche Zustellung nach Abs 2 möglich ist.

§ 133 Auslegung einer Willenserklärung. **Bei der Auslegung einer Willenserklärung ist der wirkliche Wille zu erforschen und nicht an dem buchstäblichen Sinne des Ausdrucks zu haften.**

1 **A. Allgemeines.** Auslegung ist die Ermittlung des Sinnes, dh bei einer Willenserklärung Entfaltung des rechtlich relevanten Sinnes dieser Erklärung. Von welchen Grundsätzen die Auslegung geleitet ist, wird im BGB an zwei Stellen genannt, nämlich in §§ 133 und 157 (vgl Rz 2). Dabei unterscheidet sich die Auslegung von Willenserklärungen von der Gesetzesauslegung (*Larenz/Canaris* S 167 f). Weitere Auslegungsvorschriften enthält das BGB namentlich durch zahlreiche Zweifelsregelungen, etwa in § 127 oder in § 449. Solche Regelungen besagen allerdings nichts über die Kriterien der Auslegung, sondern präjudizieren nur ein bestimmtes Auslegungsergebnis und steuern die Darlegungs- und Beweislast. Solche Zweifelsregelungen können sich auch ungeschrieben aus der Interessenlage der Parteien ergeben, so etwa aus dem Grundsatz, dass im Zweifel kein gesetzes- oder sittenwidriges Rechtsgeschäft gewollt ist (BGH NJW-RR 1990, 817 f). § 133 dient der Verwirklichung des Willenselementes in der Willenserklärung (vgl § 130 Rz 3 f), indem diesem nach Möglichkeit im Wege der Auslegung zum Durchbruch verholfen wird. Dies ist fundamentaler Ausdruck des Gedankens der Privatautonomie (vgl AnwK/*Hart* §§ 133, 157 Rn 4).

2 **B. Anwendungsbereich, Verhältnis zu § 157.** Die Bestimmung gilt ihrem Wortlaut nach für einzelne Willenserklärungen (zum Begriff vgl § 130 Rz 3 ff). Demgegenüber gilt § 157 seinem Wortlaut nach für (zustande gekommene) Verträge. Nach heute hM ist diese Trennung weder durchhaltbar noch sinnvoll. Während § 133 allein auf einen subjektiven Willen abstellt (empirische Auslegung), stellt § 157 das objektive Verständnis (normative Auslegung) in den Vordergrund und bewertet damit das Verkehrsinteresse höher als das Individualinteresse des Erklärenden. Ungeachtet dogmatischer Auseinandersetzungen kann man heute feststellen, dass die Grundsätze zur Auslegung von Willenserklärungen einer Synthese aus §§ 133 und 157 entwachsen sind. Daraus folgt, dass die Auslegung vor allem nach dem Empfängerhorizont erfolgt (Rz 5) und bei fehlender Empfangsbedürftigkeit der wirklich Wille des Erklärenden stärker in den Vordergrund rückt (Rz 10).

3 Damit gilt § 133 neben § 157 für **Rechtsgeschäfte jeder Art**, auch für Verträge. Besonderheiten gelten im AGB-Recht der §§ 305 ff, weshalb auf die dortige Kommentierung (§ 305c Rz 1 ff) verwiesen wird. Überdies ist schon die Frage, **ob** ein bestimmtes Verhalten überhaupt **als Willenserklärung aufzufassen** ist, nach §§ 133, 157 zu beurteilen (BGHZ 21, 102, 106 f). Des Weiteren sind §§ 133, 157 auch auf rechtsgeschäftsähnliche Handlungen (§ 130 Rz 11) anzuwenden (BGHZ 47, 352, 357); desgleichen auf Rechtswahlvereinbarungen (BGH NJW-RR 2000, 1002). Prozesshandlungen werden jedenfalls entspr den Grundsätzen der §§ 133,

157 ausgelegt (vgl BGH NJW-RR 1995, 1469 f). Die Rechtsnormen arbeitsrechtlicher Kollektivverträge (Tarifverträge: BAG AP Nr 98 zu § 616; Betriebsvereinbarungen: BAG AP Nr 6 zu § 77 BetrVG 1972 Auslegung) sind entspr den Grundsätzen der Gesetzesauslegung zu interpretieren. Dagegen sind andere – nicht normativ wirkende – Vereinbarungen der Tarifvertragsparteien nach §§ 133, 157 auszulegen (BAG AP Nr 37 zu § 1 TVG).

C. Die Auslegung. Die Auslegung setzt zunächst voraus, dass ein bestimmter Tatbestand überhaupt **auslegungsfähig** ist. Daran fehlt es namentlich mit Blick auf die Frage des Vorliegens einer Willenserklärung, wenn diese gesetzlich fingiert wird (BaRoth/*Wendtland* Rn 30). Darüber hinaus will die hM eine **Auslegungsbedürftigkeit** verneinen, wenn die Erklärung nach Wortlaut und Zweck einen eindeutigen Inhalt hat (BGHZ 80, 246, 249 f; 124, 64, 68). An einer solchen Eindeutigkeit soll es aber auch bei (scheinbar) eindeutigem Wortlaut fehlen können (BGHZ 86, 41, 47; NJW-RR 1996, 1458). Dem ist indes entgegenzuhalten, dass die Klärung der Eindeutigkeit ihrerseits im Wege der Auslegung erfolgt (vgl PWW/*Ahrens* Rn 14; MüKo/*Busche* Rn 50; Staud/*Singer* Rn 9). **Maßgeblicher Zeitpunkt** für die Auslegung sind die Umstände im Zeitpunkt des Zugangs der Willenserklärung (BGH NJW 1988, 2878 f). 4

Einen Ausgleich zwischen einer Überbetonung des Willensschutzes nach § 133 und des Vertrauensschutzes nach § 157 erreicht man dadurch, dass empfangsbedürftige Willenserklärungen nach dem **Empfängerhorizont** auszulegen sind (vgl *Däubler* BGB kompakt, Kap 8 Rn 32 ff). Sie sind so auszulegen, wie der Empfänger sie nach Treu und Glauben unter Berücksichtigung der Verkehrssitte verstehen musste (BGH NZA 2007, 816 f). Indem darauf abgestellt wird, wie der Empfänger sie verstehen musste, nicht darauf, wie er sie verstanden hat, ergibt sich ein **objektiver Maßstab**, kein subjektiver. Es ist zu fragen, wie ein objektiver Dritter in der Situation des Empfängers bei vernünftiger Beurteilung der ihm (dem Empfänger) bekannten und erkennbaren Umstände die vom Erklärenden verlautbarte Äußerung verstehen musste. Das gilt auch hinsichtlich der Frage, ob Schweigen ausnahmsweise (§ 130 Rz 6; § 147 Rz 3) als Willenserklärung gedeutet werden kann. 5

Abweichend vom Empfängerhorizont kommt es analog § 305c Abs 2 auf das objektive Verständnis nach dem Horizont der Erklärenden an, wenn die Erklärung mittels vom Empfänger gestellten Formulars abgegeben wurde (BGH NJW 1997, 3087). Bei der Auslegung ist zunächst vom **Wortlaut** auszugehen (BGH NJW-RR 2000, 1002 f). Dabei ist der allg Sprachgebrauch maßgebend. Auf einen bes Sprachgebrauch ist abzustellen, wenn es im betreffenden Verkehrskreis einen solchen gibt (BGH NJW 2001, 1344 f). Hinsichtlich der Deutung als konkludente Erklärung kommt es darauf an, wie das Verhalten im betroffenen Verkehrskreis allg verstanden wird. Statt eines »Wortlauts« ist der »soziale Konsens« maßgeblich (Hk-BGB/*Dörner* Rn 4). Dabei kommt es nicht darauf an, ob der Handelnde mit einer solchen Deutung gerechnet hat, denn das Erklärungsbewusstsein ist keine tatbestandliche Voraussetzung der Willenserklärung (§ 130 Rz 4). 6

Weiter zu berücksichtigen sind die gesamten äußeren **Begleitumstände** der Erklärungshandlung, soweit sie einen Rückschluss auf den Sinngehalt der Erklärung zulassen (BGH NJW-RR 2000, 1002 f; NZA 2007, 816 f; BAG NZA 2007, 965, 967, Soerg/*Hefermehl* Rn 25). Als solche kommen beispielsweise Vorverhandlungen, Prospekte (BGH NJW 1981, 2295), vorausgegangener Schriftwechsel (BGHZ 109, 22), begleitende Erläuterungen (BGHZ 82, 222) oder bisherige Geschäftspraktiken in Betracht. **Späteres Verhalten** kann ggf indizielle Bedeutung haben (BGH NJW 1988, 2879; NJW-RR 2008, 529 f). Begleitumstände sind bei empfangsbedürftigen Willenserklärungen aber nur insoweit zu berücksichtigen als sie dem Erklärungsempfänger erkennbar waren (Palandt/*Heinrichs* Rn 15). Beachtlich sind ferner die **beiderseitigen Parteiinteressen** (BGH NJW 1994, 2228 f; BAG DB 2008, 185 f). 7

Diese Möglichkeit, sämtliche Begleitumstände zu berücksichtigen, wird bei formbedürftigen Rechtsgeschäften allerdings durch die von der Rspr vertretene **Andeutungstheorie** eingeschränkt (BGHZ 63, 362; BGHZ 80, 242; vgl auch BGHZ 121, 357). Danach ist es zwar möglich, auch Umstände außerhalb der Urkunde zur Auslegung der beurkundeten Erklärung heranzuziehen; dieser so zu ermittelnde Wille muss aber in der Urkunde in irgendeiner Weise eine Andeutung erfahren haben. Bei der ergänzenden Vertragsauslegung (§ 157 Rz 3 ff) gilt die Andeutungstheorie allerdings nicht (Palandt/*Heinrichs* Rn 19), weil es nicht um Auslegung, sondern um Vertragsergänzung geht, die notwendigerweise in der Urkunde keinen Anhalt finden kann. Ferner tritt die Andeutungstheorie hinter der falsa demonstratio-Lehre (Rz 9) zurück (BGHZ 87, 150, 153 ff; vgl auch Frankfurt aM 30.08.2007 – 20 W 153/07). Allerdings ist nur der erklärte Wille auslegungsfähig, so dass unbeurkundet gebliebene weitere Abreden formnichtig sind und nicht im Wege der Auslegung in die Urkunde transportiert werden können (Palandt/*Heinrichs/Ellenberger* Rn 19). Ein Teil des Schrifttums lehnt die Andeutungstheorie ab, weil sie durch die Zwecke der Formvorschriften (Übereilungsschutz, Beweissicherung) nicht gefordert sei bzw der Klarstellungszweck bereits durch die Andeutungstheorie selbst aufgegeben sei; zudem bevorzuge sie den schwatzhaften Erklärenden (*Brox/Walker* Erbrecht Rn 200; MüKo/*Busche* Rn 53). Sie vermag auch keine verlässlichen Kriterien zu liefern, was denn noch eine hinreichende Andeutung erfahren hat und was nicht, zudem ist sie mit der falsa demonstratio-Regel nicht in einen wertungsmäßigen Einklang zu bringen (ausführlich Staud/*Singer* Rn 32 f; vgl auch Rz 9). 8

Der Wortlaut der Erklärung ist aber nur der Ausgangspunkt der Auslegung. Ziel ist die Entfaltung des Gewollten, aber eben nur, soweit dies objektiv aus der Sicht des Empfängers möglich ist (Rz 5). Dem ent- 9 spricht das Verbot, am Buchstaben zu haften. Der Wortlaut kann daher einer Auslegung iSd erkennbaren Willens nicht entgegenstehen. Wer erkennbar 10 € haben möchte, aber 10 Ct sagt, hat trotzdem eine Erklärung mit dem Inhalt »10 €« abgegeben. Besteht ein übereinstimmender Wille der Parteien, überdeckt dieser auch einen gänzlich anderen objektiven Erklärungsgehalt (RGZ 99, 147, 148; BGHZ 20, 109, 110). Es gilt der **Vorrang des übereinstimmend Gewollten (falsa demonstratio non nocet)**. Dies erstreckt sich auch auf den Fall, dass der Erklärungsempfänger sich diesen wirklichen Willen zwar nicht zu Eigen gemacht, ihn aber erkannt hat (BGH NJW 1984, 721). Der Vorrang des übereinstimmend Gewollten gilt auch bei formbedürftigen Erklärungen (BGH NJW 2008, 1658, 1659: bei Grundstücksbezeichnung, die nur einen Teil eines Anwesens bezeichnet, ist entspr dem übereinstimmenden Willen das Gesamtanwesen verkauft; Frankfurt aM NJW 2008, 1003, 1004); ferner bei der Verwendung von AGB (BGHZ 113, 251, 259).

10 Da eine **nicht empfangsbedürftige Willenserklärung** bereits mit Abgabe wirksam wird, ohne dass es auf ihren Zugang ankommt (§ 130 Rz 20), kann es für die Auslegung nicht auf das Verständnis eines Empfängers ankommen, sondern allein auf den Willen des Erklärenden. Zur Ermittlung dieses Willens können alle Umstände berücksichtigt werden, unerheblich ob sie für Dritte erkennbar waren oder nicht. Das gilt namentlich bei **letztwilligen Verfügungen**, der Verkehrsschutz spielt hier keine Rolle (BGHZ 80, 246, 249), mit Einschränkungen allerdings für Erbvertrag und gemeinschaftliches Testament (BGH NJW 1993, 256). Wenn die nicht empfangsbedürftige Willenserklärung aber an einen bestimmten **Adressatenkreis** oder die Öffentlichkeit gerichtet ist wie dies insb bei der Auslobung der Fall ist, gilt anderes (Staud/*Singer* Rn 17). Die Erklärung ist dann nach dem Verständnis eines durchschnittlichen Angehörigen des Adressatenkreises auszulegen (*Larenz/Wolf* § 28 Rn 81). Berücksichtigt werden dürfen dabei nur Umstände, die jedem Angehörigen des angesprochenen Adressatenkreises bekannt oder erkennbar sind (vgl BGHZ 53, 304, 307).

11 Die **ergänzende Vertragsauslegung** richtet sich allein nach § 157 (s dortige Kommentierung Rz 3 ff). Besondere Grundsätze gelten für die Auslegung von AGB (§ 305c Rz 1 ff). Führt die Auslegung zu einem widersinnigen oder zu gar keinem Ergebnis, ist die Willenserklärung wegen Perplexität ausnahmsweise nichtig (BGHZ 20, 109, 110).

12 **D. Internationales Privatrecht/Prozessuales.** Die Auslegungsgrundsätze werden nach dem Geschäftsstatut (lex causae) beherrscht (MüKo/*Spellenberg* Vor Art 11 EGBGB Rn 68 ff). Für Schuldverträge ist dies in Art 12 Abs 1 lit a Rom I-VO spezialgesetzlich normiert. Die Auslegung einer Willenserklärung ist **Rechtsanwendung**, für die es keine Darlegungs- und Beweislast gibt. Sie steht nicht zur Parteidisposition. Sie stützt sich allerdings auf tatsächliche Umstände, für deren Beibringung im Prozess die Dispositionsmaxime gilt. Die **Darlegungs- und Beweislast** für die Tatsachen, die eine bestimmte Auslegung stützen sollen, trägt dabei die Partei, die diese Auslegung für sich in Anspruch nehmen möchte (BGHZ 20, 109, 111; BGH NJW 1984, 721 f; BaRoth/*Wendtland* Rn 34). Das gilt auch für das Vorliegen einer falsa demonstratio (BGH NJW 1995, 3258). Die rechtliche Würdigung durch Auslegung ist nur hinsichtlich der Einhaltung anerkannter Auslegungsgrundsätze, Denkgesetze, Erfahrungsgrundsätze und Verfahrensnormen revisibel (BGH NJW 2003, 819). In vollem Umfang revisibel ist demgegenüber die Auslegung von AGB sowie anderer typischer Klauseln, die durch verschiedene Berufungsgerichte unterschiedlich ausgelegt werden könnten (BGH NJW 2005, 2919).

§ 134 Gesetzliches Verbot. **Ein Rechtsgeschäft, das gegen ein gesetzliches Verbot verstößt, ist nichtig, wenn sich nicht aus dem Gesetz ein anderes ergibt.**

1 **A. Normzweck.** Entgegen verbreiteter Deutung (zB Palandt/*Heinrichs* Rn 1) enthält § 134 keine Schranke der Privatautonomie. Es handelt sich vielmehr um ein Vehikel, anderenorts sich ergebende sachliche Beschränkungen der Privatautonomie rechtstechnisch durch Belegung mit der Nichtigkeitsfolge zu exekutieren. Sachlich wird dadurch bewirkt, dass Rechtsgeschäfte, die der gesetzlichen Wertordnung widersprechen, gerichtlich nicht geltend gemacht und gegebenenfalls mit staatlichen Zwangsmitteln durchgesetzt werden können (BaRoth/*Wendtland* Rn 1). Insoweit kann man sagen, dass Normzweck (auch) der Schutz der Allgemeinheit ist (so BGHZ 13, 179, 182).

2 Häufig werden zwingendes Recht und Verbotsgesetz unbesehen gleichgesetzt und das Rechtsgeschäft, das gegen zwingendes Recht verstößt, als nach § 134 nichtig bezeichnet (vgl BAG AP Nr 2 zu § 7 BUrlG; BGH NJW 1997, 2823). Dass das so nicht richtig ist, ist allerdings gemeinhin anerkannt; nur Verbotsgesetze unterfallen § 134 (MüKo/*Armbrüster* Rn 5; RGRK/*Krüger-Nieland/Zöller* Rn 3; *Flume* § 17, 2, S 342 f). Demgegenüber kann von zwingendem Recht per se nicht abgewichen werden. In diesem Sinne betrifft zwingendes Recht die **Grenzen rechtsgeschäftlicher Gestaltungsmacht**. Sie können äußerer Natur sein, wenn es um Geschäfte geht, die nicht das Privatrechtsverhältnis regeln sollen, sondern beispielsweise ein öffentlich-rechtliches Rechtsverhältnis. Sie können die Privatautonomie aber auch von innen heraus begrenzen. Diese Grenzen regelt das Zivilrecht, indem es aufzeigt, wie weit Privatautonomie reicht. Das gilt beispielsweise für § 1229 über die Verfallabrede. Deren Überschreitung ist schlechterdings unmöglich. Davon unterscheiden sich Verbotsgesetze dadurch, dass die betreffende Gestaltung zwar an sich möglich ist, von Gesetzes wegen aber verboten wird (vgl BGHZ 13, 179, 182; PWW/*Ahrens* Rn 13; AnwK/*Damm* Rn 17). Verbotsgesetze setzen rechtsgeschäftliche Gestaltungsmacht definitionsgemäß voraus (*Deinert* Zwingendes Recht Rn 59). Dabei kann das

gesetzliche Verbot (so etwa Art 9 Abs 3 S 2 GG) eine eigenständige Regelung hinsichtlich der Folgen für ein verbotswidriges Geschäft enthalten (AnwK/*Damm* Rn 18). Dann ist für § 134 kein Raum (*Deinert* aaO Rn 65). Demgegenüber entfaltet § 134 seine **Bedeutung** gerade für **Verbotsgesetze ohne zivilrechtliche Folgenbestimmung.** Es sind dies Gesetze, die zwar das Verbot regeln, nicht aber die Konsequenzen hinsichtlich der Wirksamkeit eines zivilrechtlichen Rechtsgeschäfts. Zumeist sind es Gesetze außerhalb des Zivilrechts (vgl *Medicus* Rn 646).

3 Zweck des § 134 ist in diesem Zusammenhang der Auftrag zu einer rechtsfortbildenden Bestimmung der zivilrechtlichen Konsequenzen des Gesetzesverstoßes. Der Gesetzesanwender muss im Wege der Ermittlung, was der Gesetzgeber des Verbotsgesetzes zu dieser Frage geregelt hätte, die Verbotsnorm hinsichtlich der zivilrechtlichen Konsequenzen praeter legem fortbilden (*Deinert* Zwingendes Recht Rn 41 ff; MüKo/*Armbrüster* Rn 1). Das in § 134 hinsichtlich der Nichtigkeitsfrage geregelte Regel-Ausnahme-Verhältnis (Rz 10 ff) zeigt den Grundtenor auf, nach dem diese vorzunehmen ist (*Deinert* aaO Rn 52).

4 **B. Anwendungsbereich.** Die Norm gilt für Rechtsgeschäfte jeder Art. Sie gilt auch für Tarifverträge (BAGE 4, 240; Palandt/*Heinrichs* Rn 12), ferner für Betriebsvereinbarungen (MüKo/*Armbrüster* Rn 29; Staud/*Sack* Rn 13).

5 **C. Tatbestand. I. Verbotsgesetz.** Unter einem Gesetz iSd BGB ist gem § 2 EGBGB **jede Rechtsnorm** zu verstehen. Als Verbotsgesetze kommen daher zunächst sämtliche Gesetze im formellen Sinne in Betracht. Keine Verbotsgesetze sind hingegen die **Grundrechte**, sie wirken idR (Ausn insb Art 9 Abs 3 S 2 GG) nur mittelbar im Privatrechtsverhältnis über die zivilrechtlichen Generalklauseln (vgl § 138 Rz 6). Soweit allerdings die unmittelbar grundrechtsgebundene Staatsverwaltung privatrechtlich handelt, ist aber ein Grundrechtsverstoß nach der Rspr ein Verstoß gegen ein Verbotsgesetz (BGH NJW 2003, 1658). Ferner können Rechtsverordnungen oder autonome Satzungen Verbotsgesetze enthalten (BaRoth/*Wendtland* Rn 5). Selbst gewohnheitsrechtliche Verbotsgesetze können die Nichtigkeitsfolge nach § 134 nach sich ziehen, was allerdings voraussetzt, dass sich das Gewohnheitsrecht explizit gegen das konkrete Rechtsgeschäft richtet (BGH NJW 2007, 2106, 2108; Palandt/*Heinrichs* Rn 2). Desgleichen werden **tarifvertragliche Verbotsnormen** durch § 134 sanktioniert (BGHZ 143, 283; aA MüKo/*Armbrüster* Rn 3). Das gilt allerdings nicht schon für jeden vom Tarifvertrag abweichenden Arbeitsvertragsinhalt. Vielmehr setzt sich in diesem Fall die unmittelbare und zwingende Wirkung des Tarifvertrages (§ 4 TVG) gegen den Arbeitsvertragsinhalt durch (BAG BB 2008, 1102, 1103). Nur ausnahmsweise ist der Tarifvertrag Verbotsgesetz, nämlich hinsichtlich eines Arbeitsvertrages, der ohne sachlichen Gehalt nur die Beseitigung des Tarifinhalts erstrebt (zB Änderungskündigung zur Beseitigung der tariflichen Bedingungen, vgl BAG NZA 1999, 657), sowie hinsichtlich eines Rechtsgeschäfts mit Dritten (zB Annahme von Geschenken entgegen einem Tarifvertrag für den öffentlichen Dienst, vgl BGHZ 143, 283, allerdings mit der rechtsfehlerhaften Annahme, die Annahme des Geschenkes unterfalle dem Günstigkeitsprinzip des § 4 Abs 3 TVG, so dass das Verbot dispositiv sei; vgl zum Ganzen *Deinert* in: Däubler (Hrsg) TVG, 2. Aufl 2005, § 4 Rn 487 ff). Ebenso kann eine Betriebsvereinbarung eine Verbotsnorm enthalten (LAG Saarbrücken NJW 1966, 2136, 2137; MüKo/*Armbrüster* Rn 3). Es gilt dann Entsprechendes wie für tarifvertragliche Verbotsnormen.

6 Gleichgültig ist, ob die Rechtsnormen dem Bundes- oder Landesrecht zugehören (BGHZ 47, 30). Hinsichtlich ausländischer Verbotsgesetze s Rz 21. Ebenso unterfallen Verbotsgesetze des **EG-Rechts** dem § 134 (BGH EuZW 2003, 444). Allerdings muss es sich um eine für den Bürger verbindliche Rechtsnorm handeln. Mangels horizontaler Direktwirkungen ist dies bei Richtlinien iA nicht der Fall (EuGHE 1990 I-4135 – Marleasing; EuGHE 1994 I-3325 – Faccini Dori; EuGHE 1996 I-1281, Rz 17 – El Corte Inglés). Als Verbotsgesetz kommt dann nur das innerstaatliche Umsetzungsrecht in Betracht. Im Verhältnis zum Staat kann anderes gelten in Hinblick auf die Möglichkeit vertikaler Direktwirkungen nicht ordnungsgemäß umgesetzter Richtlinien (EuGHE 1982, 53 – Becker; EuGHE 1989, 1839 – Fratelli Costanzo). Ansonsten kommen direkt wirkende Primärrechtsbestimmungen (zB Art 81 EG, BGH GRUR 1991, 558, 559) sowie EG-Verordnungen als Verbotsgesetze des EG-Rechts in Betracht. Völkerrechtliche Verträge kommen als Verbotsgesetze hingegen nur in Betracht, insoweit sie gem Art 59 Abs 2 GG Bestandteil des innerstaatlichen Rechts geworden sind, ansonsten kommen nur die allgm Regeln des Völkerrechts iSd Art 25 GG als Verbotsgesetze zur Anwendung (RGRK/*Krüger-Nieland/Zöller* Rn 21).

7 Das Gesetz muss das in Rede stehende Rechtsgeschäft **verbieten**. Dies muss nicht ausdrücklich geschehen, sondern kann sich auch aus dem Gesetzeszweck im Wege der Auslegung ergeben (BGHZ 51, 255, 262). Formulierungen wie »kann nicht« oder »ist nicht übertragbar« deuten hingegen eher auf eine Beschränkung der rechtsgeschäftlichen Gestaltungsmacht hin (Palandt/*Heinrichs* Rn 6a). Das Verbot kann ausdrücklich gegen das Rechtsgeschäft gerichtet sein, wie etwa im Falle der Hehlerei gem § 259 StGB. Dies ist freilich eher selten. Häufiger sind die – von § 134 ebenfalls erfassten – Verbote hinsichtlich des mit dem Geschäft bezweckten Erfolgs, so beispielsweise das Verbot des Auftragsmordes, das § 211 StGB zu entnehmen ist. Schließlich kann ein Rechtsgeschäft wegen der Umstände seiner Vornahme verboten sein (*Larenz/Wolf* § 40 Rn 8).

8 **II. Gesetzesverstoß.** Ein Gesetzesverstoß liegt regelm bei Verwirklichung des objektiven Tatbestandes vor (BGHZ 53, 157, 158; 116, 268, 276; 122, 115, 122). Bei Strafgesetzen verlangt die Rspr im Prinzip aber zudem

die Verwirklichung des subjektiven Tatbestandes (BGHZ 132, 313, 318). Das Gesetz muss bei Abschluss des Rechtsgeschäfts bestanden haben. Ein neues Verbot kann frühere Rechtsgeschäfte ausnahmsweise erfassen (BGH WRP 2003, 1131, 1133). Ein nachträglicher Fortfall des bei Abschluss existenten Verbots führt nur im Falle der Bestätigung (§ 141) zur Wirksamkeit (BGHZ 11, 59, 60).

9 Ein **Umgehungsgeschäft** liegt vor, wenn ein Rechtsgeschäft zwar nicht gegen ein gesetzliches Verbot verstößt, es aber nach seiner Konzeptionen einen widerrechtlichen Erfolg herbeiführt (MüKo/*Armbrüster* Rn 11). Soweit es kein ausdrückliches gesetzliches Umgehungsverbot wie zB § 306a gibt, hält die hM diese Problematik für lösbar mit Hilfe des Instrumentariums des § 134. In Wirklichkeit gehe es nur um die Frage einer zutr Auslegung des Verbotsgesetzes (BGHZ 85, 39, 46; PWW/*Ahrens* Rn 32; AnwK/*Damm* Rn 105; Jauernig/*Jauernig* Rn 18). ZT wird für den Fall einer Tatbestandsvermeidung, bei der trotz sachgerechter Auslegung des Verbotsgesetzes ein Gesetzesverstoß nicht feststellbar sei, eine analoge Anwendung von § 134 befürwortet (*Teichmann* Die Gesetzesumgehung, S 64 f, 68 ff; Erman/*Palm* Rn 18); nach aA rechnet ein solcher Fall der Sittenwidrigkeit (§ 138) zu (Staud/*Sack* Rn 153; *Beater* AcP 197 [1997] 505, 523 ff). ME ist indes zu differenzieren (*Deinert* Zwingendes Recht, Rn 81 ff). Wo die Parteien den Zwecken der äußeren Grenzen rechtsgeschäftlicher Gestaltungsmacht (s Rz 2) zuwider handeln, indem sie das Ergebnis zivilrechtlich korrigieren wollen, ist dies prinzipiell erlaubt. Eine Ausn dazu enthält § 32 SGB I, wonach durch privatrechtliche Vereinbarung nicht zum Nachteil des Sozialleistungsberechtigten von den Vorschriften des SGB abgewichen werden darf. Hinsichtlich der inneren Grenzen rechtsgeschäftlicher Gestaltungsmacht (s Rz 2) wie hinsichtlich der Verbotsgesetze, gibt allein die Antwort auf die Frage, ob Unmögliches oder Verbotenes versucht wurde, auch die Antwort für die Rechtsfolgen: Es gelten die nämlichen Rechtsfolgen. Auf eine Umgehungsabsicht kommt es dabei nicht an (MüKo/*Armbrüster* Rn 16).

10 **D. Rechtsfolge.** Rechtsfolge des Gesetzesverstoßes ist **im Regelfall** die **Nichtigkeit** des Rechtsgeschäfts. Nur ausnahmsweise kommt die Wirksamkeit des Rechtsgeschäftes in Betracht. Dies muss sich aus dem Verbotsgesetz ergeben. Wer sich darauf beruft, trägt die Argumentationslast iSe Auslegungsregel (*Canaris* Gesetzliches Verbot und Rechtsgeschäft, S 16; PWW/*Ahrens* Rn 1; Staud/*Sack* Rn 58). Nichtigkeit ist die Regel, Wirksamkeit die Ausn. Dieses gesetzliche Regel-Ausnahme-Verhältnis wird teilw verkannt, wenn angenommen wird, nur ausnahmsweise führe der Gesetzesverstoß zur Nichtigkeit des Rechtsgeschäfts (BGHZ 85, 39, 43 ff; *Prost* NJW 1977, 227, 230; *Riedl* Die Rechtsfolgen des Verstoßes gegen Verbotsgesetze, S 91, 210, 219 f). Eine Umkehrung des Regel-Ausnahme-Verhältnisses lässt sich auch nicht etwa unter Berufung auf die Privatautonomie begründen (*Deinert* Zwingendes Recht Rn 53; *Metzger* Nichtigkeit und Wirksamkeit von Geschäften der Schattenwirtschaft, S 48 ff). Denn eben die Verbotsgesetze sind es, die die Schranken der Privatautonomie gem Art 2 Abs 1 GG normieren. Zwar mag im Einzelfall die Nichtigkeit des verbotswidrigen Rechtsgeschäftes eine unverhältnismäßige Beschränkung der Privatautonomie bedeuten. Doch kann dies nur rechtfertigen, für das konkrete Gesetz eine Ausn von der generellen Nichtigkeitsregel anzuerkennen. Das Regel-Ausnahme-Verhältnis des § 134 umzukehren, besteht indes kein Anlass. Eine **Ausn** vom Regelfall der Nichtigkeit kommt insbes im Arbeitsrecht in Betracht, wo die Nichtigkeit des Arbeitsvertrages im Falle des Verstoßes gegen eine Arbeitnehmerschutzvorschrift dem Arbeitnehmer oftmals »Steine statt Brot« gäbe. IÜ liegen Ausn bei Ordnungsvorschriften nahe, die die Umstände des Rechtsgeschäfts verbieten, insb beim Verkauf nach Ladenschluss (RGZ 60, 273, 276) und beim Ausschank nach der Polizeistunde (RGZ 103, 263, 264 f).

11 Die Rspr tendiert beim Verstoß gegen ein Gesetz, das sich nicht an alle Beteiligten richtet, gegen die Annahme der Nichtigkeit, wenn der Vertragspartner keine Kenntnis vom Gesetzesverstoß hatte oder diesen zumindest nicht zu seinem Vorteil ausgenutzt hat (BGHZ 89, 369, 372 ff; NJW 1985, 2403, 2404, m Anm *Canaris*; zust etwa Hk-BGB/*Dörner* Rn 8; *Hopt* NJW 1985, 1665, 1666; krit MüKo/*Armbrüster* Rn 48; Staud/*Sack* Rn 75; s auch AnwK/*Damm* Rn 35; Soerg/*Hefermehl* Rn 15; *Sonnenschein* JZ 1976, 497, 499). Beim **einseitigen Gesetzesverstoß** – namentlich im Falle der Schwarzarbeit (dazu ausführl *Köhler* JZ 1990, 466 ff) – soll Nichtigkeit nur dann eintreten, wenn der Bestand des Geschäftes mit dem Sinn und Zweck des Verbotsgesetzes unvereinbar wäre (BGHZ 78, 269, 271; 88, 240). Gewissermaßen indiziere die Normrichtung den Gesetzeszweck (BGHZ 37, 363, 365; 111, 308, 311). Dabei werden allerdings je nach Gesetzesverstoß und Interessenlage differenzierte Ergebnisse gesucht (vgl *Deinert* Zwingendes Recht Rn 102). So soll die unerlaubte Rechtsberatung zur Vertragsnichtigkeit führen (vgl BGHZ 50, 92), während der Vertrag mit einem Makler ohne Erlaubnis nach § 34c GewO wirksam sein soll (BGHZ 78, 269, 271). Diesen Ergebnissen scheint auf den ersten Blick eine gewisse Beliebigkeit anzuhaften, weil versucht wird, im Wege der vermeintlichen Auslegung etwas zu begründen, was sich als Auslegungsergebnis kaum begründen lässt, etwa wenn bei der Schwarzarbeit danach differenziert wird, wer gegen das Gesetz verstößt, so dass bei beiderseitigem Verstoß das Geschäft nichtig sein soll, bei einseitigem Verstoß hingegen wirksam (BGHZ 89, 369; *Medicus* Rn 651). Dieses Vorgehen lässt sich allerdings rechtfertigen und nachvollziehbar machen, wenn man das Geschehen als das begreift, was es ist (o Rz 2): Ermittlung der Nichtigkeitsfrage im Wege der Rechtsfortbildung (zum Ganzen *Deinert* Zwingendes Recht Rn 98 ff).

12 Die Nichtigkeit wirkt **ex tunc**. Das Rechtsgeschäft ist von Anfang an unwirksam. Eine **Ausn** ergibt sich wiederum im Arbeitsrecht durch die Lehre vom **faktischen Arbeitsverhältnis**. Die Nichtigkeit eines verbotswidrigen Arbeitsvertrages kann – soweit überhaupt die Nichtigkeit bei Verstoß gegen ein Verbotsgesetz in

Betracht kommt (vgl Rz 10) – nach Invollzugsetzung des Arbeitsvertrages nicht mehr für die Vergangenheit, sondern nur noch für die Zukunft geltend gemacht werden (Wirkung ex nunc, vgl Kittner/Zwanziger/*Becker* § 31 Rn 4, 14 ff; ErfK/*Preis* § 611 Rn 367). Dasselbe gilt für andere Dienstverträge (BGHZ 53, 152, 158). Nur ausnahmsweise kann der Zweck des Verbotsgesetzes dem entgegenstehen (BAG BB 2005, 782, 783). Ebenso wird im Interesse des Verkehrsschutzes bei der fehlerhaften Gesellschaft verfahren: Die Unwirksamkeit des Gesellschaftsvertrages kann nur ex nunc geltend gemacht werden (BGH NJW 2000, 3558, 3559). Wegen des Abstraktionsprinzips bleibt das verbotswidrige Verpflichtungsgeschäft ohne Auswirkungen auf die Wirksamkeit des Verfügungsgeschäftes, es sei denn, es liegt ein Fall der **Fehleridentität** vor (BGHZ 115, 123, 130; NJW 1992, 2348, 2350), bei dem das Verfügungsgeschäft gleichermaßen verboten ist (so im Schulfall der verbotenen Hehlerei gem § 259 StGB [»ankauft oder (...) sich oder einem Dritten verschafft«]).

Grundsätzlich tritt **Gesamtnichtigkeit** ein, Teilnichtigkeit des Rechtsgeschäfts ist die Ausn (s näher die Kommentierung zu § 139). Von diesem Fall, bei dem nur ein Teil des Rechtsgeschäfts verboten ist, ist der Fall zu unterscheiden, in dem ein Rechtsgeschäft als solches (insg) deshalb verboten ist, weil es ein bestimmtes tolerierbares Maß überschreitet, etwa hinsichtlich einer Leistungshöhe bei § 5 WiStG. In einem solchen Fall wäre das Geschäft mit einem reduzierten Inhalt an sich zulässig gewesen. Hier stellt sich die Frage, ob die Maßlosigkeit mit der vollen Unwirksamkeit des Geschäfts zu »bestrafen« ist, oder ob das Geschäft gewissermaßen nur jenseits des erlaubten Maßes verboten ist mit der Folge, dass es sich **teilw aufrecht erhalten** ließe. Es geht also um eine geltungserhaltende Reduktion durch teilw Aufrechterhalten des Rechtsgeschäfts. Die Rspr hält dies für möglich, wenn die teilw Aufrechterhaltung nach dem Sinn und Zweck des Verbots in Betracht kommt. Beim Mietwucher soll dies zur Aufrechterhaltung auf gerade noch zulässigem Niveau führen (BGHZ 89, 319; krit Palandt/*Heinrichs* Rn 27: Rückführung auf ortsübliche Vergleichsmiete). Auch dieses Problem lässt sich – ebenso wie die Problematik des einseitigen oder beidseitigen Gesetzesverstoßes (vgl Rz 11) – glaubwürdiger und sachgerechter lösen, indem man sich um einen rechtsfortbildenden Ausbau der Verbotsgesetze hinsichtlich der Frage der zivilrechtlichen Folgen bemüht (*Deinert* Zwingendes Recht Rn 103 ff). 13

Beispiele (unter Einschluss von Überschreitungen der rechtsgeschäftlichen Gestaltungsmacht): Gesetzesverstöße, die zur **Nichtigkeit** des Rechtsgeschäfts führen, sind: Verletzung der Schweigepflicht bei Abtretung des ärztlichen Honoraranspruchs (BGH NJW 1996, 775; für Rechtsanwalt s BGHZ 122, 115 ff; zur Abtretung an einen anderen Rechtsanwalt s BGH NJW 2007, 1196; zum Prozessfinanzierungsvertrag zur Geltendmachung anwaltlicher Honorarforderung s Köln NJW 2008, 589); (Mit-)Verkauf der Patientendatei einer Arztpraxis (BGHZ 116, 268); unerlaubte Heilbehandlung (vgl BVerfG NJW 1988, 2290); Anwaltsvertrag bei Interessenwiderstreit iSd § 43a Abs 4 BRAO (Palandt/*Heinrichs* Rn 20); unerlaubte Rechtsberatung (vgl BGHZ 50, 92; WM 2008, 1211); Unfallabwicklungsvertrag (BGHZ 47, 366, 367 ff); Treuhand- oder Geschäftsbesorgungsvertrag zum Immobilienerwerb im Bauträger- oder -herrenmodell oder durch Fondsgesellschaftsbeitritt (BGH NJW 2003, 1252, 1254; 2005, 820, 823); auch Vollmachterteilung an den Treuhänder oder Geschäftsbesorger (BGH NJW 2005, 820, 823); Embargoverstöße (vgl BGHZ 125, 25, 30); nach § 14 HeimG unerlaubte Entgegennahme von Zuwendungen (BGHZ 110, 235); Schwarzarbeit bei beiderseitigem Verstoß (Rz 11); unerlaubte Arbeitsvermittlung gem § 297 SGB III; Arbeitsvertrag mit Arzt ohne Approbation (BAG BB 2005, 782). Verstöße gegen Strafgesetze führen idR zur Nichtigkeit des Rechtsgeschäfts (Palandt/*Heinrichs* Rn 24), Verstöße gegen Preisbestimmungen nur zur teilw Unwirksamkeit bei Aufrechterhaltung des Geschäfts iÜ im zulässigen Rahmen (vgl Rz 13). 14

Demgegenüber berühren Verstöße gegen die folgenden Verbotsgesetze die Wirksamkeit des Rechtsgeschäfts **nicht**: Abtretung von Darlehensforderungen unter Verstoß gegen das sog Bankgeheimnis (BGH NJW 2007, 2106, 2107 ff); Abgabe verschreibungspflichtiger Medikamente ohne Rezept (BGH NJW 1968, 2286, 2287; MüKo/*Armbrüster* Rn 90); Ausschank nach Polizeistunde (RGZ 103, 263, 264 f); Verkauf nach Ladenschluss (RGZ 60, 273, 276); Werkvertrag über Bauwerk ohne Baugenehmigung (BGH JR 1962, 23); Vertrag mit nicht in der Handwerksrolle eingetragenem Handwerker (BGHZ 88, 240); Maklervertrag ohne Erlaubnis nach § 34c GewO (BGHZ 78, 269, 271 f); Mietvertrag entgegen Zweckentfremdungsverbot (BGH NJW 1994, 320); Schwarzarbeit bei einseitigem Verstoß (Rz 11); Verstoß gegen Kapitalerhaltungsgebot des § 30 GmbHG (BGHZ 136, 125). 15

E. Internationales Privatrecht. Die Frage der Wirksamkeit eines verbotswidrigen Rechtsgeschäfts ist nach Art 12 Abs 1 lit e Rom I-VO nach dem Vertragsstatut zu beantworten. Für andere Rechtsgeschäfte gilt der zu Grunde liegende Gedanke gleichermaßen, so dass sich die Antwort nach dem **Geschäftsstatut** richtet (MüKo/*Spellenberg* Vor Art 11 Rn 152). Das bedeutet, dass bei deutschem Geschäftsstatut § 134 zur Anwendung kommt, bei ausländischer lex causae hingegen nicht, weil § 134 als deutsches Recht nicht zur Anwendung berufen ist. 16

Damit ist indes nur ein Teil der Probleme geklärt. Grundsätzlich kann man somit zwar sagen, dass ausländische Verbotsgesetze nicht als Verbotsgesetze iSd § 134 in Betracht kommen (so aber Soerg/*Hefermehl* Rn 90). Gleichwohl kommt das Internationale Privatrecht nicht an dem Umstand vorbei, dass bestimmte Rechtsgeschäfte von in- oder ausländischen Rechtsnormen verboten werden, gleichviel welches Vertragstatut gilt. Für deutsche Verbotsgesetze wird die Frage durch Art 34 EGBGB bzw Art 9 Rom I-VO beantwortet. Soweit das deutsche Verbotsgesetz als **Eingriffsnorm** zu qualifizieren ist, verlangt es bei hinreichendem Inlandsbezug 17

(BAGE 100, 130, 140 f; MüKo/*Martiny* Art 34 Rn 130) zwingend Anwendung, ungeachtet des sonst auf den Vertrag anwendbaren Rechts. Als Eingriffsnormen bezeichnet die hM solche zwingenden Bestimmungen, deren Zweck sich nicht in der Herstellung von Vertragsgerechtigkeit erschöpft, sondern darüber hinausgehende staats- und wirtschaftspolitische Vorstellungen verfolgt (BGH NJW 2006, 762, 763 f; vgl auch BAG AP Nr 2 zu § 1a AEntG m Anm *Franzen*). Art 9 Abs 1 Rom I-VO definiert den Begriff der Eingriffsnormen ganz ähnl (so entscheidend für die Wahrung des öffentlichen Interesses, insb seiner politischen, sozialen oder wirtschaftlichen Organisation, dass sie unabhängig vom Vertragsstatut Anwendung verlangen) Hier ist beispielsweise an das Außenwirtschaftsrecht und an den Kulturgüterschutz zu denken. Auch arbeitsrechtliche Vorschriften kommen teilw als Eingriffsnormen zum Zuge. Im Arbeitsrecht enthält § 7 AEntG einen nicht abschließenden Katalog von Eingriffsnormen. Im Verbraucherrecht ist das Bestehen von Eingriffsnormen hingegen die Ausn (vgl näher PWW/*Remien* Art 34 Rn 13; MüKo/*Martiny* Art 34 Rn 109 ff).

18 Für **ausländische Verbotsgesetze** kommt Art 34 EGBGB allerdings nicht zur Anwendung. Die Bundesrepublik hat insoweit vom Vorbehalt in Art 7 Abs 1 EVÜ Gebrauch gemacht und den Anwendungsbereich des Art 34 EGBGB auf deutsche Eingriffsnormen beschränkt. Ob gleichwohl eine Sonderanknüpfung ausländischer Eingriffsnormen in Betracht kommt, ist umstr (ausführlich *Deinert* Zwingendes Recht Rn 39). Die Rspr favorisiert in diesem Zusammenhang die sog Lehre von der materiell-rechtlichen Berücksichtigung ausländischer Eingriffsnormen (BGHZ 34, 169, 176 ff.; 59, 82, 85; 69, 295, 296). Danach sind die Vorgaben ausländischer Eingriffsnormen als faktische Zwänge bei der Anwendung materiellen Rechts zu berücksichtigen, beispielsweise als Leistungshindernisse. Auch im internationalen Vertragsrecht gilt an sich nichts anderes. Die Rom I-VO lässt nach ihrem Art 9 Abs 2 die Anwendung der Eingriffsnormen des Forums zu und gestattet die Anwendung der Eingriffsnormen am Ort der Leistungserbringung unter Berücksichtigung des Zwecks der Norm und der Folgen der Anwendung bzw Nichtanwendung.

19 **F. Prozessuales.** Die (Un-)Wirksamkeit eines Rechtsgeschäfts, das gegen ein gesetzliches Verbot verstößt, kann im Prozess inzidenter überprüft werden. Das Rechtsverhältnis kann auch zum Gegenstand einer (Zwischen-)Feststellungsklage gemacht werden. Wer sich auf die Nichtigkeit eines Rechtsgeschäfts wegen Gesetzesverstoßes beruft, muss die Tatsachen, aus denen sich der Gesetzesverstoß ergibt, behaupten und im Streitfall beweisen (RGZ 148, 3, 6; BGHZ 83, 2018, 2019). Die Existenz eines Verbotsgesetzes ist hingegen nicht beweisbedürftig (iura novit curia). Auch die Frage, ob sich aus dem Gesetz »ein anderes« ergibt, so dass das verbotswidrige Geschäft entgegen der Nichtigkeitsregel wirksam ist, ist eine Rechtsfrage, die vom Gericht ohne Beweislastverteilung abschließend und eigenverantwortlich zu entscheiden ist.

§ 135 Gesetzliches Veräußerungsverbot.

[1] Verstößt die Verfügung über einen Gegenstand gegen ein gesetzliches Veräußerungsverbot, das nur den Schutz bestimmter Personen bezweckt, so ist sie nur diesen Personen gegenüber unwirksam. Der rechtsgeschäftlichen Verfügung steht eine Verfügung gleich, die im Wege der Zwangsvollstreckung oder der Arrestvollziehung erfolgt.
[2] Die Vorschriften zugunsten derjenigen, welche Rechte von einem Nichtberechtigten herleiten, finden entsprechende Anwendung.

1 **A. Allgemeines.** Die Bestimmung betrifft nur die sog **relativen** Veräußerungsverbote, von denen es aber nur wenige gibt. Sie hat deshalb nur geringe praktische Bedeutung (BaRoth/*Wendtland* Rn 1). Ihre Bedeutung speist sich vor allem aus der Anwendung auf gerichtliche Veräußerungsverbote nach § 136.

2 **B. Anwendungsbereich/Tatbestand.** Die Norm bezieht sich dem Text nach nur auf Veräußerungsverbote. Gemeint sind damit aber nach allgM sämtliche **Verfügungsverbote** (Palandt/*Heinrichs* § 136 Rn 1; RGRK/*Krüger-Nieland/Zöller* Rn 2). Nicht erfasst werden Verpflichtungsgeschäfte (Staud/*Kohler* Rn 15). Betroffen sind nur relative Verfügungsverbote. Das sind solche, die nicht im Verhältnis zu jedermann (absolutes Veräußerungsverbot) gelten. Absolute Veräußerungsverbote unterfallen hingegen § 134, sie führen zur Nichtigkeit der verbotswidrigen Verfügung (vgl BGHZ 19, 355, 359). Gesetzlich angeordnete Verfügungsbeschränkungen treffen den Rechtsinhaber und beziehen sich nicht auf den Verfügungsgegenstand. Sie betreffen das rechtliche Können, nicht das rechtliche Dürfen (BGHZ 13, 179, 184). Gleichwohl erfolgte Verfügungen sind regelm unwirksam, wenn das Gesetz nicht ausnahmsweise schwebende Unwirksamkeit anordnet. Verfügungen des Insolvenzschuldners nach Eröffnung des Verfahrens sind gem § 81 InsO absolut unwirksam. Als **Verfügung** im vorgenannten Sinne ist jedes private Rechtsgeschäft zu verstehen, das ein Recht unmittelbar begründet, aufhebt, überträgt oder inhaltlich verändert (BGHZ 1, 294, 304; Staud/*Kohler* Rn 14). **Gegenstand** ist alles, was Objekt von Rechten sein kann (nicht nur Sachen iSd § 90, vgl Palandt/*Heinrichs* Überbl v § 90 Rn 2) und seiner Natur nach veräußerlich ist (Staud/*Kohler* Rn 20).

3 **C. Rechtsfolgen.** Die verbotswidrige Verfügung ist nur relativ unwirksam, dh nur im Verhältnis zu dem durch das Verfügungsverbot Geschützten. Sie wird aber analog § 185 durch Zustimmung wirksam (Staud/*Kohler* Rn 63). Im Verhältnis zu allen anderen ist das Rechtsgeschäft uneingeschränkt wirksam. Die relative Unwirksamkeit bezieht sich auf das dingliche Rechtsgeschäft (Verfügung, Rz 2). Sie steht richtiger Ansicht nach einer Eintragung des relativ unwirksamen Erwerbs in das Grundbuch nicht entgegen (Staud/*Kohler*

Rn 99 f). Abs 2 ermöglicht den gutgläubigen Erwerb trotz relativen Veräußerungsverbotes. Die Redlichkeit muss sich dabei nicht wie bei § 932 auf das Eigentum oder wie bei § 407 auf die Forderungsinhaberschaft, sondern auf das Fehlen des relativen Verfügungsverbotes beziehen (RGZ 90, 335, 338; vgl auch BGHZ 86, 337, 338 f).

D. Internationales Privatrecht/Prozessuales. Verfügungsverbote dürften im Rahmen der lex causae (Verfügungsstatut) materielle Berücksichtigung finden (vgl MüKo/*Spellenberg* Vor Art 11 Rn 161 für rechtsgeschäftlich vereinbarte Verfügungsverbote). International sachenrechtlich entscheidet das Sachstatut über die Wirksamkeitsvoraussetzungen der Übertragung des Eigentums an einer Sache (Palandt/*Heldrich* Art 43 Rn 3). Sachstatut ist nach Art 43 EGBGB das Recht des Belegenheitsortes (lex rei sitae). Der relativ durch das Verfügungsverbot Geschützte muss sich ausdrücklich auf die relative Unwirksamkeit berufen, sie wird nicht von Amts wegen beachtet (Staud/*Kohler* Rn 124; aA Erman/*Palm* Rn 10); der Geschützte trägt die Darlegungs- und Beweislast für die maßgeblichen Tatsachen (Staud/*Kohler* Rn 124, hM). 4

§ 136 Behördliches Veräußerungsverbot. **Ein Veräußerungsverbot, das von einem Gericht oder einer anderen Behörde innerhalb ihrer Zuständigkeit erlassen wird, steht einem gesetzlichen Veräußerungsverbot der im § 135 bezeichneten Art gleich.**

A. Allgemeines/Anwendungsbereich. Gerichtliche und behördliche Veräußerungsverbote (= Verfügungsverbote, § 135 Rz 2) werden den gesetzlichen iSd § 135 gleichgestellt. Die Norm erfasst nur relative Verfügungsverbote, weil sie lediglich eine Gleichstellung mit den Verfügungsverboten des § 135 bewirkt, die wiederum nur relativer Art sind. 1

B. Tatbestand. Gerichtliche Verfügungsverbote gibt es zahlreicher Art, namentlich durch einstweilige Verfügung (§§ 935 ff ZPO, RGZ 135, 378, 384); Anordnung von Zwangsversteigerung und Zwangsverwaltung (§§ 23, 146 ZVG, BGH NJW 1997, 1581, 1582); Pfändung (§§ 829, 857 ZPO, BGHZ 58, 25, 26; 100, 36, 45; NJW 2007, 81); Anordnung der Sicherstellung durch Beschlagnahme nach § 111c Abs 5 StPO (Düsseldorf NJW 1995, 2239). Gleichgestellt ist ein Erwerbsverbot, in dessen Folge die Verfügung ebenfalls nach §§ 135, 136 unwirksam ist (BayObLG NJW-RR 1997, 913). Eine geringere praktische Bedeutung haben behördliche Verfügungsverbote. Als Beispiel kann ein Enteignungsbeschluss genannt werden (RGZ 62, 215, 218 f; Staud/*Kohler* Rn 26; MüKo/*Armbrüster* Rn 6). 2

C. Rechtsfolgen/Prozessuales. Das Verfügungsverbot bewirkt die relative Unwirksamkeit der Verfügung gem § 135 (s dort Rz 3). Im Verhältnis zwischen zwei durch verschiedene Verfügungsverbote Geschützen setzt sich das frühere Verbot nach dem Prioritätsprinzip durch (BGH MDR 2007, 1248). Auf die Rechtmäßigkeit des Verfügungsverbots kommt es nicht an. Bei zu Unrecht ergangenem Verfügungsverbot sind die gebotenen rechtlichen Mittel zu ergreifen, um eine Aufhebung oder Änderung des Verbots zu erwirken. Besteht diese Möglichkeit nicht (mehr), kann ein Anspruch gegen den Geschützten auf Genehmigung der Verfügung bestehen bzw die Geltendmachung der relativen Unwirksamkeit gegen Treu und Glauben (§ 242) verstoßen (BaRoth/*Wendtland* Rn 4). Ein späterer Wegfall des Verfügungsverbotes beseitigt die relative Unwirksamkeit und führt zur vollen Wirksamkeit der Verfügung gegen jedermann (BGH NJW 1997, 1581, 1582). Dasselbe gilt bei Fortfall des durch das Verbot geschützten Rechts sowie im Fall der Genehmigung der Verfügung (BGH NJW 2007, 81). Wie bei § 135 (s dort Rz 3) ist die relative Unwirksamkeit nicht v Amts wg zu beachten, sondern bedarf der Berufung hierauf im Prozess. Der durch das Verfügungsverbot Geschützte trägt die Darlegungs- und Beweislast hinsichtlich der zu Grunde liegenden Tatsachen (BaRoth/*Wendtland* Rn 9). 3

§ 137 Rechtsgeschäftliches Veräußerungsverbot. **Die Befugnis zur Verfügung über ein veräußerliches Recht kann nicht durch Rechtsgeschäft ausgeschlossen oder beschränkt werden. Die Wirksamkeit einer Verpflichtung, über ein solches Recht nicht zu verfügen, wird durch diese Vorschrift nicht berührt.**

A. Normzweck/Anwendungsbereich. Rechtsgeschäftliche Veräußerungsverbote (= Verfügungsverbote, § 135 Rz 2) entfalten nach § 137 keine dingliche Wirkung, sondern können nur mit schuldrechtlicher Wirkungen vereinbart werden. Durch Willenserklärung kann nicht bewirkt werden, dass über einen an sich veräußerungsfähigen Gegenstand nicht verfügt werden kann (BGHZ 56, 275, 278). Dadurch wird die Verfügungsbefugnis des Rechtsinhabers iE geschützt (BayObLG NJW 1978, 700, 701). Niemand kann sich seiner rechtlichen Handlungsfreiheit entäußern (AnwK/*Damm* Rn 2; Palandt/*Heinrichs* Rn 1; RGRK/*Krüger-Nieland/Zöller* Rn 4; *Schlosser* NJW 1970, 681, 684; krit *Däubler* NJW 1968, 1117, 1119). So kann sich ein Vertreter nicht der Befugnis zum Selbstkontrahieren entäußern (BGHZ 3, 354). Der nummerus clausus dinglicher Rechte soll dadurch geschützt und die Sicherheit des Rechtsverkehrs gewährleistet werden (BGHZ 134, 182, 186). Die Norm gilt für alle Rechte, die veräußerlich sind (BaRoth/*Wendtland* Rn 4). Sie bezieht sich nur auf rechtsgeschäftlich begründete Verfügungsverbote. Für gesetzliche, gerichtliche und behördliche Verfügungsverbote gelten die §§ 135, 136. 1

2 **B. Tatbestand.** Ein Ausschluss der Verfügungsmacht liegt vor, wenn jegliche Verfügungen über den Gegenstand unwirksam sein sollen, eine Beschränkung, wenn nur bestimmte Verfügungen ausgeschlossen werden sollen (Staud/*Kohler* Rn 26; BaRoth/*Wendtland* Rn 5). Ein Verfügungsverbot kann mit schuldrechtlich verpflichtender Wirkung begründet werden. Kraft Gesetzes ist dies allerdings in den Fällen der §§ 1136 und 2302 ausgeschlossen. Die Begründung eines schuldrechtlichen Verfügungsverbots ist formlos möglich (Palandt/*Heinrichs* Rn 5).

3 **C. Rechtsfolgen.** Verfügungsbeschränkungen und -ausschlüsse sind ohne dingliche Wirkung. Sie können mit dinglicher Wirkung auch nicht in einer Verfügung von Todes wegen (BGHZ 56, 275, 278 f; 40, 115, 117) oder in einem Prozessvergleich (Koblenz DRZ 1949, 234; Palandt/*Heinrichs* Rn 3) geschaffen werden. Die verbotswidrige Verfügung ist deshalb wirksam, selbst wenn der Erwerber von dem Verfügungsverbot weiß (*Henssler* AcP 196 [1996], 37, 68; Staud/*Kohler* § 135 Rn 37 f), sie kann aber eine Vertragspflichtverletzung sein in Hinblick auf eine schuldrechtliche Verpflichtung, bestimmte oder jedwede Verfügungen zu unterlassen. Neben einem Unterlassungsanspruch aus einem schuldrechtlichen Verfügungsverbot (BGHZ 134, 182, 187) kommt bei Verletzung des schuldrechtlichen Verfügungsverbots ein Schadensersatzanspruch aus pVV (§ 280 Abs 1) in Betracht (BGHZ 31, 13). Der Unterlassungsanspruch kann im Wege einstweiliger Verfügung durch gerichtliches Veräußerungsverbot (§§ 135, 136) geschützt werden (BGH LM Nr 2 zu § 137; RGRK/*Krüger-Nieland/Zöller* Rn 27). Ferner können die Parteien einen aufschiebend bedingten (Rück-)Auflassungsanspruch hinsichtlich eines Grundstücks vereinbaren und durch Vormerkung (§ 888) sichern (BGH NJW 1997, 861; Staud/*Kohler* § 135 Rn 54 ff). Ähnlich wirkt es, wenn – wo zulässig – eine aufschiebend bedingte (Rück-) Veräußerung unter der Bedingung verbotswidriger Verfügung vereinbart wird (BGHZ 134, 182, 187). In der Sache läuft dies auf eine starke Annäherung an die dinglich wirkende Verfügungsbeschränkung hinaus (vgl *Timm* JZ 1989, 13 ff).

4 **D. Internationales Privatrecht/Prozessuales.** Hinsichtlich rechtsgeschäftlicher Verfügungsverbote mit dinglicher Wirkung s § 135 Rz 3. Die Wirksamkeit eines schuldrechtlichen Verfügungsverbotes und die Konsequenzen seiner Verletzung dürften im Rahmen des Sachstatuts des Verfügungsgegenstandes zu berücksichtigen sein (vgl MüKo/*Spellenberg* Vor Art 11 Rn 161). Die Beweislast für das Bestehen eines schuldrechtlich wirkenden Verfügungsverbotes trägt derjenige, der daraus Rechte für sich herleitet.

§ 138 Sittenwidriges Rechtsgeschäft; Wucher.

[1] Ein Rechtsgeschäft, das gegen die guten Sitten verstößt, ist nichtig.

[2] Nichtig ist insbes ein Rechtsgeschäft, durch das jemand unter Ausbeutung der Zwangslage, der Unerfahrenheit, des Mangels an Urteilsvermögen oder der erheblichen Willensschwäche eines anderen sich oder einem Dritten für eine Leistung Vermögensvorteile versprechen oder gewähren lässt, die in einem auffälligen Missverhältnis zu der Leistung stehen.

1 **A. Normzweck.** Die Vorschrift will für die Rechtsgemeinschaft unerträgliche, da gegen das ethische Minimum verstoßende, Rechtsgeschäfte verhindern (BaRoth/*Wendtland* Rn 2). Sie bezweckt, Missbräuchen der Privatautonomie entgegen zu wirken (BGH NJW 1998, 2531, 2532; RGRK/*Krüger-Nieland/Zöller* Rn 1). Dadurch wird dem verfassungsrechtlichen Untermaßverbot Rechnung getragen. Die Bestimmung ist zugleich Ausdruck und Gewährleistungsinstrument der verfassungsrechtlichen Schutzpflicht, die vom Staat verlangt zu gewährleisten, dass ein Privatrechtssubjekt nicht durch das Übergewicht der anderen Seite im Namen der Privatautonomie in der eigenen Privatautonomie beschränkt wird (vgl auch AnwK/*Damm* Rn 28 ff). Demgemäß verlangt das BVerfG staatliches Einschreiten, wenn sich im Falle einer strukturellen Ungleichgewichtslage die vermeintliche privatautonome Selbstbestimmung als faktische Fremdbestimmung darstellt (BVerfG NJW 1990, 1469 – Handelsvertreter; NJW 1994, 36 – Bürgschaften; NJW 2001, 957; NJW 2001, 2248 – Eheverträge). Ein Vehikel, dem Rechnung zu tragen, stellt § 138 dar, ein anderes § 242. In diesem Sinne differenziert der BGH beispielsweise bei Eheverträgen zwischen Wirksamkeitskontrolle nach § 138 und Ausübungskontrolle nach § 242 (BGH NJW 2004, 930; FuR 2004, 545; NJW 2005, 1370).

2 So erweist sich § 138 als ein zentraler Baustein **gesetzgeberischer Setzung von Schranken** für die Ausübung der Privatautonomie. Er ist aber nicht einziger Baustein, sondern Teil eines Gesamtkonzepts. Wo es um den Schutz bei strukturellen Ungleichgewichtslagen geht, kommen beispielsweise hinzu die AGB-Kontrolle (§§ 305 ff), der bereits erwähnte § 242 sowie das zwingende Recht zum Schutz der schwächeren Vertragspartei etwa im Wohnraummietrecht, im Verbraucherrecht oder im Arbeitsrecht. Wo es um die Missachtung ethischer Minimalvorstellungen geht, ist § 138 Ausdruck dessen, dass der Gesetzgeber solchen Unternehmungen die Unterstützung versagt, indem er das Rechtsgeschäft für unwirksam erklärt. Hinzu kommen beispielsweise die Kondiktionssperre nach § 817 und der Schadensersatzanspruch nach § 826. IÜ ist § 138 dabei nur ein Teil der Demarkationslinie, die das ethische Minimum definiert. Daneben tritt § 134, bei dem der Gesetzgeber das Minimum bereits gesetzlich definiert hat. Verbreitet ist die Sicht, dass § 134 gesetzliche, § 138 sittliche Verbote betrifft (vgl *Deinert* Zwingendes Recht Rn 70).

B. Anwendungsbereich. Die Bestimmung gilt für **sämtliche Rechtsgeschäfte** (MüKo/*Armbrüster* Rn 9; Palandt/*Heinrichs* Rn 11; zum Begriff s § 130 Rz 3 ff). Sie erfasst Verpflichtungs- und Verfügungsgeschäfte. Die Sittenwidrigkeit des Verpflichtungsgeschäftes zieht allerdings nicht automatisch die des Verfügungsgeschäftes nach sich. Allerdings ist es denkbar, dass Fehleridentität vorliegt, bei der das Verfügungsgeschäft ebenfalls am Makel der Sittenwidrigkeit krankt (Rz 20). Der Wuchertatbestand ist allerdings auf synallagmatische (Verpflichtungs- und Verfügungs-)Verträge beschränkt (s Rz 22). **Entsprechend anwendbar** ist die Bestimmung auf rechtsgeschäftsähnliche Handlungen (z Begriff s § 130 Rz 8). **Keine Anwendung** findet § 138 auf den normativen Teil eines Tarifvertrages. Die Prüfung des Tarifvertrages auf einen sittengemäßen Lohn liefe auf eine mit Art 9 Abs 3 GG unvereinbare Tarifzensur hinaus. Gleichwohl hält es die Rspr für möglich, dass der Tarifvertrag gegen elementare Gerechtigkeitsvorstellungen verstößt (BAG NZA 2004, 971, 973). Auch andere Rechtsnormen werden nicht am Maßstab des § 138 kontrolliert (BGHZ 23, 175, 181). Prozesshandlungen sind nicht an § 138 zu messen (MüKo/*Armbrüster* Rn 10). Anderes gilt aber für Prozesshandlungen, die zugleich ein materielles Rechtsgeschäft beinhalten, wie bspw der Prozessvergleich (BGHZ 16, 388, 390). 3

Ein nach **§ 123** wegen Täuschung oder Drohung anfechtbares Rechtsgeschäft ist nur dann sittenwidrig und nichtig, wenn weitere Umstände hinzukommen. Anderenfalls liegt es in der Hand des in seiner Entschließungsfreiheit beeinträchtigten Opfers, über die Gültigkeit des Rechtsgeschäfts zu entscheiden (PWW/*Ahrens* Rn 4). Entsprechendes gilt für die Anfechtung wegen Gläubigerbenachteiligung (vgl BGHZ 130, 314, 331). Ein durch **unlauteren Wettbewerb** zustande gekommenes Rechtsgeschäft ist allein aus diesem Grunde noch nicht sittenwidrig (BGHZ 110, 156, 174). Es bedarf weiterer die Sittenwidrigkeit begründender Umstände, um § 138 anzuwenden. § 138 tritt hinter Instrumenten, die eine Aufrechterhaltung des Rechtsgeschäfts zulassen, zurück, sofern nicht bes Umstände die Sittenwidrigkeit begründen. Namentlich ist eine **Auslegung**, die das Geschäft als sittengemäß erscheinen lässt, vorzuziehen (zurückhaltend allerdings AnwK/*Damm* Rn 103 ff). **Speziellere und daher vorrangige Regeln** sind § 134 (Palandt/*Heinrichs* Rn 13) und die Inhaltskontrolle nach §§ 307 ff (BGH NJW 2001, 2466, 2468). Desgleichen enthält das AGG speziellere Regelungen und Rechtsfolgen, die vorrangig sind. Im Grundsatz **keine Konkurrenz** besteht zwischen **§ 138 und § 826**, weil die Vorschriften unterschiedliche Rechtsfolgen vorsehen. Denkbar ist, dass ein Vertrag wegen sittenwidrigen Verhaltens einer Seite nach § 138 nichtig ist und die andere Seite deshalb zugleich einen Schadensersatzanspruch nach § 826 erwirbt. 4

C. Der Sittenwidrigkeitstatbestand (Abs 1). I. Grundsätzliches. Tatbestandliche Voraussetzung ist neben dem Vorliegen eines Rechtsgeschäfts (Rz 3 ff) ein Verstoß gegen die guten Sitten. Beim Begriff der guten Sitten handelt es sich um einen **unbestimmten Rechtsbegriff**. Die Rspr definiert als gute Sitten das **»Anstandsgefühl aller billig und gerecht Denkenden«** (RGZ 80, 219, 221; 120, 144, 148; BGH NJW 1990, 703, 704; BGHZ 141, 357, 361). Zu einer Konkretisierung trägt diese Formel kaum etwas bei. Eine Darstellung nach Fällen (Rz 9 ff) ist hier unverzichtbar. Gute Sitten sind die Verhaltensgebote der gesellschaftlich herrschenden **Rechts- und Sozialmoral** (vgl auch BGH NJW 1999, 566, 568 f). Dabei bleiben allerdings bes enge und bes großzügige Vorstellungen außerhalb der Betrachtung (objektiver Maßstab). In gleichem Maße wie sich gesellschaftliche Moralvorstellungen verändern, unterliegt die Bestimmung dessen, was als sittengemäß oder sittenwidrig anzusehen ist, einem Wandel (BaRoth/*Wendtland* Rn 16). 5

Der Begriff der guten Sitten wird auch durch die **Wertorientierungen der Rechtsordnung** aufgeladen, namentlich das **Wertesystem des Grundgesetzes** (BGHZ 106, 336, 338). § 138 ist insoweit Einfallstor für die Grundrechte in die Privatrechtsordnung (BVerfGE 7, 198, 206 – Lüth; BGHZ 142, 304, 307, vgl Rz 1). Aber auch das europäische Recht findet insoweit Eingang in die Privatrechtsordnung (BGHZ 142, 304, 314). Die allermeisten Fälle, in denen die Rspr Sittenverstöße angenommen hat, sind solche, in denen die rechtsethischen Werte und Prinzipien der Rechtsordnung die Moralvorstellungen zumindest unausgesprochen geleitet haben (Palandt/*Heinrichs* Rn 3). Mit den Diskriminierungsverboten (Geschlecht, sexuelle Identität, Alter, Religion, Weltanschauung, Behinderung, ethnische Herkunft, »Rasse«) ist ein wichtiges Feld auf diesem Gebiet zwischenzeitlich allerdings in den Anwendungsbereich des AGG verschoben worden (vgl Rz 3). Die Sittenwidrigkeit kann zunächst den **Inhalt** des Geschäfts betreffen. Sittenwidrig ist ein Geschäft, das auf ein sittlich missbilligtes Verhalten bzw die Herbeiführung eines sittlich missbilligten Erfolges gerichtet ist (Soerg/*Hefermehl* Rn 20; BaRoth/*Wendtland* Rn 20). Auf die subjektiven Vorstellungen der Beteiligten kommt es bei dieser **Inhaltssittenwidrigkeit** nicht an (*Larenz/Wolf* Rn 18). 6

Sittenwidrig kann aber auch der **Gesamtcharakter** des Rechtsgeschäfts sein, wenn erst eine Gesamtwürdigung von Inhalt, Motiven, Zwecken und Begleitumständen den Verstoß gegen die herrschende Rechts- und Sozialmoral offenbaren (sog **Umstandssittenwidrigkeit**, BGH NJW-RR 1998, 590, 591; NJW 1990, 703, 704; BGHZ 141, 357, 361). Die Sittenwidrigkeit kann sich dann auch aus den Auswirkungen auf Vertragspartner, Dritte oder Allgemeinheit ergeben (*Larenz/Wolf* § 41 Rn 22; vgl zum ehevertraglichen Unterhaltsverzicht zu Lasten der Sozialhilfeträger zuletzt BGH NJW 2007, 904, 905 f). Wenn auch Motive und Zwecksetzungen der Parteien dabei zu berücksichtigen sind, ist ein Bewusstsein der Sittenwidrigkeit oder gar eine Schädigungsabsicht nicht erforderlich (BGH NJW 1993, 1587, 1588). Es ist ausreichend, aber auch notwendig, wenn die Handelnden die Tatsachen kennen, aus denen sich die Sittenwidrigkeitsbewertung ergibt, oder sich einer diesbezüglichen Kenntnisnahme zumindest grob fahrlässig verschließen (BGHZ 10, 228, 233; NJW-RR 1998, 590, 591; krit gegen das Erfordernis subj Merkmale AnwK/*Damm* Rn 85f; *Medicus* Rn 690). Dabei genügt es 7 beim Sittenverstoß ggü einem Vertragspartner selbstverständlich, wenn diese subjektive Lage bei dem gegen die guten Sitten Verstoßenden vorliegt (RGZ 120, 144, 149). Bei Sittenverstößen ggü Dritten oder der Allgemeinheit kommt es hingegen darauf an, ob sämtliche Beteiligten die Kenntnis hatten bzw sich dieser verschlossen haben (BGH NJW 1990, 567, 568; 1992, 310).

8 Mit Blick auf den möglichen Wandel der Sozialmoral (Rz 5) und damit der möglichen Sittenwidrigkeitsbeurteilung ist die Bestimmung des für die Beurteilung **maßgeblichen Zeitpunktes** wichtig. Die hM stellt nicht auf den Zeitpunkt der richterlichen Entscheidung oder des Eintritts der Rechtswirkungen ab, sondern auf den Zeitpunkt der Vornahme des Rechtsgeschäfts (BGHZ 7, 111, 114; 100, 353, 359; 107, 92, 96). Das ist sachgerecht, weil die Parteien die künftige Sozialmoral nicht antizipieren können und deshalb anderenfalls keine Vorsorge für die Wirksamkeit des Geschäfts treffen könnten (ausf *Schmoeckel* AcP 197 (1997), 1 ff). Allerdings wird man eine Art Meistbegünstigung annehmen müssen: Ein ursprünglich sittenwidriges Geschäft muss heute als sittengemäß gelten, wenn sich die Wertmaßstäbe geändert haben. Die hM fordert freilich – mE nicht sachgerecht – ein spätere Bestätigung iSd § 141 und will das Geschäft ansonsten als nichtig behandeln (Palandt/*Heinrichs* Rn 10; *Larenz/Wolf* § 41 Rn 29; *Medicus* Rn 692). Der Errichtungszeitpunkt als maßgeblicher Zeitpunkt soll auch für die Testamentserrichtung gelten (BGHZ 20, 71). Diese Ansicht wird allerdings im Schrifttum kritisiert (Staud/*Sack* Rn 87; *Larenz/Wolf* § 41 Rn 30; *Medicus* Rn 692; *Leipold* Erbrecht 16. Aufl 2006 Rn 250).

9 **II. Einzelfälle (alphabetisch).** Aus der nahezu unübersichtlichen Rspr haben sich Fälle bes Signifikanz herausgebildet, die, soweit für das Vertragsrecht von Relevanz, im Folgenden ohne Vollständigkeitsanspruch nachgezeichnet werden. Namentlich familien- und erbrechtliche Gestaltungen, bei denen § 138 eine nicht unerhebliche Rolle spielt, müssen hier ausgeblendet bleiben. Die Fallgruppenmethode ist nicht ohne Kritik geblieben (*Weber* AcP 192 (1992), 516 ff; dagegen aber *Mayer-Maly* AcP 194 (1994), 105, 132 ff), doch lässt sich eine systematische Darstellung kaum anders bewerkstelligen (vgl auch *Medicus* Rn 684). Der Kauf von **Ämtern oder Titeln** ist sittenwidrig (BGH NJW 1994, 187; 1997, 47, 48). Sukzessivlieferverträge mit Brauereien (**Bierlieferverträge**) können wegen Übersteigens einer Bindungsdauer von 15 Jahren, mind aber ab einer Bindungsdauer von 20 Jahren sittenwidrig sein (BGHZ 74, 293, 298). Überlange Bindungsdauern werden entspr § 139 auf das zulässige Maß zurückgeführt (BGH NJW 1992, 2145).

10 Bei strukturellen Ungleichgewichtslagen fordert die verfassungsrechtliche Schutzpflicht aus Art 2 Abs 1 GG zur Gewährleistung der Privatautonomie des unterlegenen Vertragspartners staatliches Einschreiten durch Inhaltskontrolle von Verträgen (Rz 1). Dies geschieht bei **Bürgschaften naher Angehöriger**, indem bei krasser Überforderung, die vorliegt, wenn der Bürge nach seiner Vermögenslage voraussichtlich nicht einmal in der Lage ist, die laufenden Zinsen der Hauptschuld zu tragen, widerleglich zu vermuten ist, dass die Bürgschaft aus emotionaler Verbundenheit mit dem Schuldner ohne realistische Einschätzung des Risikos übernommen wurde und der Gläubiger dies in sittenwidriger Weise für sich ausgenutzt hat (BGH NJW 2001, 815). Diese Vermutung kann in einer Gesamtwürdigung als widerlegt anzusehen sein, etwa weil der Bürge eigene Vorteile aus dem Kredit erwirbt (BGHZ 125, 206) oder mit Hilfe der Bürgschaft Vermögensverlagerungen vom Schuldner auf den Angehörigen vorgebeugt werden soll, sofern dies im Vorhinein eindeutig vertraglich festgelegt ist (BGH NJW 2002, 2228, 2230). Im letzteren Fall ist die Geltendmachung von Rechten aus der Bürgschaft außerhalb dieses Zwecks, dh insb zur Deckung eines Kreditausfalls ohne Vorliegen einer Vermögensverschiebung, nach § 242 ausgeschlossen (BGH NJW 1995, 592).

11 Bei **Gesellschaftsverträgen** verstößt ein voraussetzungsloses **Hinauskündigungsrecht** gegen die guten Sitten, sofern es sich nicht um ein **Managermodell**, bei dem ein Geschäftsführer eine Minderheitsbeteiligung zum Nennwert erwirbt und bei Beendigung des Dienstvertrages zur Rückübertragung gegen Abfindung verpflichtet ist (BGH NJW 2005, 3641), oder ein **Mitarbeitermodell**, bei dem Beschäftigte unentgeltlich oder zum Nennwert eine Beteiligung erwerben, die sie bei Ausscheiden aus dem Unternehmen gegen Abfindung rückübertragen müssen (BGH NJW 2005, 3644) handelt. Ein Hinauskündigungsrecht kann zulässig sein, wenn es der Realisierung eines Erprobungszwecks für neu aufgenommene Gesellschafter dient (BGH DB 2007, 1521).

12 Eine **Gläubigerbenachteiligung** begründet grds nur eine Anfechtungsmöglichkeit (vgl Rz 4). Sittenwidrig kann sich aber verhalten, wer die Interessen anderer Vertragspartner grob fahrlässig missachtet, etwa durch sicherungsweise Hingabe sämtlichen verbleibenden pfändbaren Vermögens ohne Zuführung neuer Mittel (BGH NJW 1995, 1668), durch Ausstattung des Schuldners mit kurzfristigen Mitteln, um dessen vermeintliche Kreditwürdigkeit zu erhöhen und so die kreditierten Mittel zurückzuerhalten (*Medicus* Rn 697) oder durch aussichtlose Kreditgewährung und Inanspruchnahme von Sicherungseigentum (BGHZ 10, 228).

13 Eine **Globalzession** ist dann sittenwidrig, wenn die Parteien in Kauf genommen haben, dass dies zur Täuschung und Gefährdung späterer Gläubiger führen muss (BGH DB 1977, 949). Verträge, deren Bindungen den anderen Teil derart in seiner wirtschaftlichen Handlungsfreiheit beschränken, dass er praktisch nur noch fremdbestimmt handeln kann, sind als **Knebelung** sittenwidrig (*Larenz/Wolf* § 41 Rn 32), ohne dass es auf eine Schädigungsabsicht ankommt (BGH NJW 1993, 1587, 1588). **Kollusives Zusammenwirken** von Vertreter und Drittem zum Nachteil des Vertretenen ist sittenwidrig (BGH NJW 2002, 1497). Beim Arbeitslohn ist Lohnwucher als wucherähnliches Rechtsgeschäft möglich (Rz 17). Die Preisüberhöhung durch Ausnutzen eines **Monopols** ist sittenwidrig (BGH NJW 1976, 710, 711).

§ 1 S 1 ProstG regelt das Bestehen einer rechtswirksamen Forderung für den Fall, dass sexuelle Handlungen gegen vorher vereinbartes Entgelt vorgenommen wurden. Nach S 2 gilt dasselbe für ein entspr Beschäftigungsverhältnis. Damit ist die **Prostitution** nur ein Stück weit aus der Sittenwidrigkeit heraus bewegt worden: Der Verpflichtungsvertrag an sich wird hierdurch nicht für sittengemäß erklärt, insbes kann aus dem Vertrag kein Erfüllungsanspruch gegen Prostituierte hergeleitet werden; erst nach Vornahme der sexuellen Handlung entsteht die wirksame Forderung (MüKo/*Armbrüster* Rn 7; Palandt/*Heinrichs* Anh z § 138 § 1 ProstG Rn 2; *Medicus* Rn 701). Die Rspr hat sich zu dieser Frage freilich noch nicht eindeutig positioniert. Der BGH hat allerdings ausgeführt, die Prostitution könne in Anbetracht des ProstG »nicht mehr schlechthin als sittenwidrig angesehen« werden (BGH JZ 2007, 477, 478). Ob dies einen generellen Ausschluss der Sittenwidrigkeit bedeutet (so die Anm von *Armbrüster* in JZ 2007, 479 ff), bleibt abzuwarten. Jedenfalls dürfte es der Werbung für Prostitution, um die es im konkreten Fall ging, an der Sittenwidrigkeit mangeln. Der **Bordellkauf**/-pachtvertrag bzw der Gesellschaftsvertrag zum Betrieb eines Bordells etc ist, soweit es um nicht strafbare Verhaltensweisen geht (Staud/*Sack* Rn 459), nicht ohne Weiteres sittenwidrig, sondern nur dann, wenn Prostituierte wirtschaftlich ausgebeutet oder in ihrer Selbständigkeit beeinträchtigt werden oder ihnen eine unangemessen hohe Miete abverlangt wird (BGH NJW-RR 1988, 1379). **Telefonsex**-Verträge hielt die Rspr zunächst für sittenwidrig (BGH NJW 1998, 2895; zweifelnd aber BGH NJW 2002, 361). Nach Inkrafttreten des ProstG nimmt der BGH aber im Wege eines Erst-recht-Schlusses einen Zahlungsanspruch an (BGH NJW 2008, 140), Vergleichsweise teuere Getränkepreise in sog Animierlokalen sollen nach der Rspr nicht sittenwidrig sein (Schleswig NJW 2005, 225). Verträge über den Kauf pornografischer Produkte sind, soweit nicht strafbare **Pornografie** vorliegt, nicht sittenwidrig (Palandt/*Heinrichs* Rn 54). Bei einem **Geliebten-Testament** (Mätressentestament) kommt die Rspr nur dann zur Bewertung als sittenwidrig, wenn dieses nicht nur eine Fortsetzung der ehebrecherischen Beziehung darstellt, sondern zudem einen Belohnungszweck für sexuelles Entgegenkommen, der keineswegs per se unterstellt werden darf, enthält (BGHZ 53, 369, 376; BayObLG FamRZ 2002, 915, 916 f). Entscheidende Trennlinie ist danach der »Entlohnungscharakter«. Ob sich dies nach Inkrafttreten des ProstG aufrechterhalten lässt, bleibt abzuwarten (zweifelnd *Armbrüster* Anm zu BGH JZ 2007, 477, 480). 14

Die **Schmiergeldabrede** ist sittenwidrig (BGH NJW 1962, 1099). Wurde ein Vertreter oder Verhandlungsgehilfe bestochen, ist auch der Hauptvertrag sittenwidrig, wenn die Abrede negativen Einfluss auf dessen inhaltliche Gestaltung hatte (BGHZ 141, 357, 361). **Spiel**: Glücksspiel an sich ist nicht sittenwidrig. Erst wenn die Spielsucht des Vertragspartners ausgenutzt wird, ist das Spiel sittenwidrig, die gewöhnliche »Sogwirkung des Spiels genügt dazu noch nicht (BGH NJW 2008, 2026, 2027). Die Errichtung eines **Schneeballsystems** ist sittenwidrig (BGH NJW 1997, 2314). **Stimmbindungsverträge** sind regelm nicht sittenwidrig (RGZ 161, 296, 300). 15

Es gibt keinen allgm Grundsatz, wonach die **Überforderung** eines Schuldners ein Rechtsgeschäft sittenwidrig macht. In Betracht kommt aber ein wucherähnliches Rechtsgeschäft (Rz 17) oder Wucher (Rz 22 ff). Eine erhebliche **Übersicherung** ist sittenwidrig, wenn sie von Anfang an vorlag. Tritt eine Übersicherung hingegen erst nachträglich ein, bleibt die Abrede wirksam, der Sicherungsgeber hat aber einen ermessensunabhängigen Freigabeanspruch bei Erreichen der Deckungsgrenze, die in Ermangelung einer vertraglichen Abrede bei 150 % der gesicherten Forderung liegt (BGHZ 137, 212). Die vorsätzliche Verleitung zum **Vertragsbruch** stellt einen Sittenverstoß dar (BGHZ 103, 135, 241). Die bloße Abwerbung von Vertragspartnern anderer genügt dazu aber regelm noch nicht (BAG NJW 1963, 125; BGH NJW 1981, 2184, 2185). 16

Ein **wucherähnliches Rechtsgeschäft** ist dadurch gekennzeichnet, dass es die Voraussetzungen des Abs 2 nicht erfüllt. Es kann gleichwohl sittenwidrig sein. Einen bes Fall stellt die Zinsüberhöhung (Rz 18) dar. Als wucherähnliches Rechtsgeschäft sittenwidrig ist ein Geschäft, bei dem zu einem auffälligen Missverhältnis von Leistung und Gegenleistung weitere Umstände hinzutreten (BGH NJW 2007, 2841). Ist das auffällige Missverhältnis bes krass, wird das Vorliegen zusätzlicher, die Sittenwidrigkeit begründender Umstände vermutet (BGH NJW 2004, 3553, 3555); anderenfalls sind sie positiv festzustellen. Die Vermutung zusätzlicher sittenwidrigkeitsbegründender Umstände ist nicht schon dadurch widerlegt, dass der Benachteiligte das Missverhältnis kannte (BGH NJW 2007, 2841). Als ein solcher zusätzlicher Umstand kommt etwa eine verwerfliche Gesinnung in Betracht (BGH NJW 1957, 1274). Insbes ist an die Ausnutzung einer intellektuellen oder wirtschaftlichen Übermacht zu denken (vgl BGH NJW 1980, 445, 446; BGHZ 128, 257, 257 f). Dem steht es gleich, dass der Überlegene sich leichtfertig der Erkenntnis verschließt, dass der andere sich nur wegen dieses Ungleichgewichts auf die Bedingungen des Vertrages eingelassen hat (BAG NJW 1985, 2661, 2662). Umgekehrt kann ein wucherähnliches Rechtsgeschäft auch ohne auffälliges Missverhältnis vorliegen, wenn zur Ausnutzung einer bes Schwächesituation iSd Abs 2 (Rz 24) erschwerend weitere Umstände hinzutreten. Zur Bestimmung des Missverhältnisses beim **Wucherlohn** (genauer: wucherähnliche Lohnabrede oder »**Hungerlohn**«) kann auf den Tariflohn zurückgegriffen werden (BAG NZA 2004, 971). Bei einer Unterschreitung des Tariflohns um 50 % wird ein auffälliges Missverhältnis zu bejahen sein (ErfK/*Preis* § 612 Rn 3). Desgleichen ist ein Einstiegsgehalt für Berufsanfänger, das nur 43,5% des Grundgehalts für Berufseinsteiger beträgt, sittenwidrig (Anwaltsgerichtshof Hamm v 02.11.2007 – 2 ZU 7/07). 70% der üblichen Vergütung begründen jedenfalls für sich noch kein auffälliges Missverhältnis (BAG EzA BGB § 138 Nr 29). Umgekehrt soll aber eine Vergütung, die dem Tariflohn entspricht, nicht sittenwidrig sein, es sei denn der Tarifvertrag verstoße im Einzelfall selbst gegen elementare Gerechtigkeitsvorstellungen (BAG aaO). Wegen der Beson- 17 derheiten des Privatschulrechts ist die Vergütungsvereinbarung mit einem Privatschullehrer sittenwidrig, wenn die Vergütung eines Lehrers an einer öffentlichen Schule um mehr als 25% unterschritten wird (vgl BAG AP Nr 63 zu § 138 m Anm *Zachert*; dazu auch *Henssler/Sittard* RdA 2007, 159 ff). Das BAG (NZA 2004, 971, 972) lehnt es allerdings ab, zur Bestimmung des Wucherlohnes auf einen Vergleich mit dem Sozialhilfesatz abzustellen, weil allein der Wert der Arbeitsleistung maßgeblich sei, während die Sozialhilfe an eine bestimmte Bedürfnislage anknüpfe. Damit verkennt das Gericht, dass sich § 138 Abs 1 nicht auf das wucherähnliche Rechtsgeschäft beschränkt. Die Sittenwidrigkeit kann sich auch aus anderen Umständen ergeben. In diesem Sinne ist davon auszugehen, dass es gegen das Anstandsgefühl aller billig und gerecht Denkenden verstößt, eine Arbeitsleistung zu einem Preis in Anspruch zu nehmen, der den Arbeitnehmer auf ergänzende Grundsicherungsleistungen verweist. Zustimmung verdient deshalb die Entscheidung des ArbG Bremen (NZA-RR 2001, 27, 29), in der neben dem Vergleich mit den durchschnittlichen Löhnen maßgeblich auf den Umstand abgestellt wurde, dass bei Unterschreiten des Sozialhilferegelsatzes der Lohn seiner Aufgabe der Existenzgewährleistung nicht gerecht werde. Mit Recht hat deshalb auch das SG Berlin (AuR 2007, 54, m zust Anm *Peter*) entschieden, dass ein Lohn für eine Vollzeitbeschäftigung, der hinter dem Existenzminimum für einen alleinstehenden Erwerbstätigen zurück bleibt, sittenwidrig ist, was es der Bundesagentur für Arbeit verwehre, eine solche Stelle anzubieten. Eine Lohnabrede kann auch sittenwidrig werden, wenn sie im Laufe der Zeit nicht (oder nicht ausreichend) angepasst wird (BAG AP Nr 63 zu § 138). Ein sog »**Praktikantenvertrag**« mit Hochschulabsolventen zu einem Gehalt von 400 bis 600 € enthält eine wucherähnliche Vergütungsabrede (*Horstmeier* JR 2006, 313, 315).

18 Ein Kreditvertrag mit gewöhnlich **überhöhten Zinsen** kann auch ohne die Voraussetzungen des Abs 2 als wucherähnliches Rechtsgeschäft (vgl Rz 17) unwirksam sein, wenn ein erhebliches Missverhältnis vorliegt und der Kreditgeber die Lage der anderen Seite bewusst zu seinem Nachteil ausnutzt bzw sich leichtfertig der Erkenntnis verschlossen hat, dass der Kreditnehmer sich nur aus seiner bes Lage heraus den ihn beschwerenden Bedingungen gefügt hat (BGHZ 128, 258). Ein auffälliges Missverhältnis liegt vor, wenn der marktübliche Effektivzins um 100 % (in Niedrigzinsphasen um 110 %, BGH NJW 1991, 834) oder 12 Prozentpunkte überschritten wird (BGHZ 110, 336). Wird der Marktzins um mehr als 90 % überschritten, ohne dass die 100 %-Marke erreicht wird, kann sich die Sittenwidrigkeit aus der Berücksichtigung zusätzlicher belastender Umstände ergeben (BGHZ 104, 102, 105). Der subjektive Tatbestand des wucherähnlichen Tatbestandes wird bei Vorliegen des auffälligen Missverhältnisses vermutet (BGHZ 98, 174, 178).

19 **III. Rechtsfolgen.** Ein nach Abs 1 sittenwidriges Rechtsgeschäft ist nichtig. Teilnichtigkeit kommt aber unter den Voraussetzungen des § 139 in Betracht (s dort). Die Nichtigkeit wirkt **ex tunc**, von Anfang an. Sie ist im Prozess v Amts wg zu beachten. Die Nichtigkeit wirkt für und gegen alle. Jeder am Geschäft unbeteiligte Dritte kann sich darauf berufen. Auch der sittenwidrig Handelnde kann sich auf die Sittenwidrigkeit berufen (BGHZ 27, 172, 180), sofern dies nicht rechtsmissbräuchlich geschieht (BGH WM 1972, 486, 488). Bei Arbeitsverträgen wirkt die Nichtigkeit nicht zurück. Es gilt die Lehre vom faktischen Arbeitsverhältnis (s § 134 Rz 12). Gleichermaßen sind Gesellschaftsverträge nach der Lehre von der fehlerhaften Gesellschaft nur ex nunc unwirksam (s § 134 Rz 12).

20 Wegen des Abstraktionsprinzips ist das **Verfügungsgeschäft** iA wirksam, auch wenn das Verpflichtungsgeschäft sittenwidrig ist (BGH NJW 1990, 384). In diesem Falle kann der Verfügende das Geleistete nur bereicherungsrechtlich (unter Vorbehalt des § 817) herausverlangen. Ausnahmsweise kann auch das Verfügungsgeschäft sittenwidrig sein, namentlich, wenn die Unsittlichkeit im Vollzug der Leistung liegt (BGH NJW 1973, 615; 1985, 3006, 3007). Kranken Erfüllungs- und Verpflichtungsgeschäft am selben Makel, handelt es sich um **Fehleridentität**, derselbe Fehler schlägt auf das Verfügungsgeschäft durch. In diesem Fall bleibt der Übereignende Eigentümer und kann sein Eigentum nach § 985 herausverlangen, ohne auf das Bereicherungsrecht verwiesen zu sein. Eine **geltungserhaltende Reduktion**, die eine Anpassung an die marktüblichen Verhältnisse bewirkt, scheidet aus, weil der sittenwidrig Handelnde sonst risikolos bliebe, weil er mit richterlicher Beratung immer noch das rechtlich Zulässige verlangen könnte (BGHZ 68, 204, 207). Abweichend kann bei Dauerschuldverhältnissen eine geltungserhaltende Reduktion in Frage kommen, damit sich der Schutz nicht im wirtschaftlichen Ergebnis gegen den Benachteiligten wendet, so im Arbeitsrecht und im Wohnraummietrecht (§ 139 Rz 3). Ein zu lang dauerndes Hinauskündigungsrecht für Gesellschafter einer Arztpraxis zu Erprobungszwecken ist auf eine Dauer von 3 Jahren zu reduzieren (BGH DB 2007, 1521).

21 Ist das Geschäft nichtig wegen sittenwidrigen Verhaltens eines Vertragspartners ggü dem anderen, kann der Übervorteilte Schadensersatzansprüche aus cic oder aus **§ 826** haben. Liegt ein beiderseitiger Sittenverstoß vor, scheiden gegenseitige Schadensersatzansprüche aus, Dritte können Ansprüche aus § 826 haben.

22 **D. Der Wuchertatbestand (Abs 2). I. Allgemeines.** Der Wucher ist gem § 291 StGB strafbar. Der Straftatbestand deckt sich mit dem des § 138 Abs 2. Das wucherische Rechtsgeschäft ist deshalb schon nach § 291 StGB iVm § 134 nichtig. Entsprechendes gilt für die Mietpreisüberhöhung nach § 5 WiStG. Beide Bestimmungen haben sehr enge tatbestandliche Voraussetzungen und deshalb einen nur geringen praktischen Anwendungsbereich (Palandt/*Heinrichs* § 138 Rn 65). IÜ ist umstr (vgl ausführl MüKo/*Armbrüster* Rn 147; Staud/*Sack* Rn 174) ob ein Rechtsgeschäft aus beiden Rechtsgründen nichtig sein kann, oder wegen des Vorrangs des

§ 134 (s.o. Rz 4) der strafbare Wucher den Abs 2 verdrängt (so Soerg/*Hefermehl* Rn 76). Praktisch ist dies ohne Bedeutung (BaRoth/*Wendtland* Rn 42). Der Anwendungsbereich des Wuchertatbestandes ist auf synallagmatische Verträge beschränkt, da er ein auffälliges Missverhältnis von Leistung und Gegenleistung verlangt (BaRoth/*Wendtland* Rn 43). Unerheblich ist, ob es sich um ein Verpflichtungs- oder Verfügungsgeschäft handelt (»versprechen oder gewähren lässt«). Das **Verhältnis zu Abs 1** ist dadurch gekennzeichnet, dass der Wucher eine beispielhafte Beschreibung enthält, was auf jeden Fall als sittenwidrig anzusehen ist, während Abs 1 die umfassendere Generalklausel enthält. Deshalb kann ein Rechtsgeschäft, das die Voraussetzungen des Abs 2 nicht vollständig erfüllt, gleichwohl iSd Abs 1 sittenwidrig sein (z wucherähnlichen Rechtsgeschäft s Rz 17 ff).

II. Tatbestand. Erforderlich ist zunächst ein **auffälliges Missverhältnis** zwischen Leistung und Gegenleistung. Dieses wird durch einen Vergleich der objektiven Werte (Marktwerte) der beiderseitigen Leistungen ermittelt. Ein auffälliges Missverhältnis liegt regelm vor, wenn der Wert einer Leistung durch die andere um 100% überschritten ist (BGH NJW 2000, 1254, 1255). Allerdings ist immer auf die Besonderheiten des jeweiligen Vertragstyps und die Umstände des betreffenden Einzelfalls Rücksicht zu nehmen (BGH NJW-RR 1990, 1199, 1200). Allgemeingültige Aussagen sind insoweit kaum möglich. Auch hier ist der Zeitpunkt maßgeblich, in dem das Rechtsgeschäft vorgenommen wurde (vgl Rz 8). Neben das auffällige Missverhältnis muss eine bes Schwächesituation (Zwangslage, Unerfahrenheit, mangelndes Urteilsvermögen oder erhebliche Willensschwäche) der anderen Vertragsseite treten. 23

Eine **Zwangslage** liegt vor, wenn der andere Teil zwingend auf die Leistung des Wucherers angewiesen ist. 24 Das kann, muss aber nicht unbedingt eine wirtschaftliche Bedrängnis sein. Die Notlage muss nicht existenzbedrohend sein. Andererseits müssen Nachteile von gewisser Schwere drohen. Das drohende Scheitern von Zukunftsplänen genügt dazu noch nicht (BGH NJW 1994, 1275, 1276). **Unerfahrenheit** kann sich auf einen Mangel an Lebenserfahrung oder Geschäftserfahrung beziehen, sie kann allg Natur sein oder in Bezug auf ein bestimmtes Gebiet bestehen. Lediglich fehlende Erfahrung auf bestimmten Lebens- oder Geschäftsgebieten genügt dafür aber noch nicht (BGH NJW 1979, 758). Unerfahrenheit verlangt vielmehr regelm eine bes Situation wie sie beispielsweise bei Jugendlichen, Ausländern oder langjährig Inhaftierten vorliegt. Ein **mangelndes Urteilsvermögen** liegt vor, wenn der Betroffene die Bedeutung des konkreten Geschäfts, namentlich hinsichtlich des Verhältnisses der Hauptleistungspflichten, nicht rational beurteilen kann (Palandt/*Heinrichs* Rn 72). Die bloße Falschbewertung der mit dem Geschäft verbundenen Nachteile genügt zur Annahme mangelnden Urteilsvermögens aber noch nicht. Vielmehr muss gerade die Fähigkeit, diese zu erkennen und zu bewerten, getrübt sein. Im Falle **erheblicher Willensschwäche** ist der Betroffene zwar in der Lage, Bedeutung und Vor- und Nachteile des Geschäftes zutr zu bewerten. Er hat aber nicht die Willenskraft, seinen Einsichten gemäß zu handeln (PWW/*Ahrens* Rn 61; *Köhler* AT § 13 Rn 37). Dies kann bei Spieltrieb und Alkoholsucht zu bejahen sein, nicht indes bei undifferenzierter Labilität ggü Werbung. Der subjektive Tatbestand verlangt, dass der Wucherer die Schwächesituation der anderen Seite **ausbeutet**. Ausbeutung in diesem Sinne bedeutet, dass er sich die Schwächesituation des anderen in Kenntnis des Missverhältnisses von Leistung und Gegenleistung vorsätzlich zu Nutze macht (BGH NJW 2004, 3553, 3555). Genügend ist bedingter Vorsatz, die Initiative zum Geschäft muss nicht von ihm ausgegangen sein (BGH NJW 1985, 3006). Eine Ausbeutungsabsicht ist hingegen nicht erforderlich (BGH NJW-RR 1990, 1199). Der Ausbeutungsvorsatz wird bei einem bes krassen Missverhältnis aber vermutet (BGH NJW 1994, 1275).

III. Rechtsfolgen. Das wucherische Rechtsgeschäft ist ebenso nichtig wie jedes andere sittenwidrige Geschäft 25 (dazu Rz 19 ff). Dh das Geschäft ist ex tunc nichtig mit erga mones-Wirkung bei Besonderheiten im Arbeits- und Gesellschaftsrecht. Eine geltungserhaltende Reduktion scheidet aus. Aus der Formulierung des Gesetzes (»oder gewähren lässt«) folgt, dass auch das Verfügungsgeschäft wegen Wuchers nichtig ist (BGH NJW 1994, 1275; PWW/*Ahrens* Rn 64; krit *Zimmermann* JR 1985, 48 ff). Der Bewucherte kann deshalb seine Leistung nach §§ 985, 812 herausfordern. Demgegenüber ist das Erfüllungsgeschäft des Wucherers nicht nach Abs 2 nichtig. Wegen Nichtigkeit des Verpflichtungsgeschäfts kommt zwar eine Kondiktion in Betracht, die indes an § 817 S 2 scheitert. Der Bewucherte kann gegen den Wucherer auch Schadensersatzansprüche aus cic oder § 826 haben.

E. Internationales Privatrecht/Prozessuales. Die Wirksamkeit des Vertrages mit Blick auf eventuelle Sitten- 26 widrigkeit bestimmt sich gem Art 10 Abs 1 Rom I-VO nach dem Vertragsstatut (vgl Palandt/*Heldrich* Art 31 Rn 2). Die Folgen der Nichtigkeit bemessen sich nach Art 12 Abs 1 lit e Rom I-VO ebenfalls nach dem Vertragsstatut. Auch außerhalb des schuldvertraglichen Bereichs und damit des Anwendungsbereichs von Art 10 Rom I-VO ist das Geschäftsstatut anwendbar (so allg schon vor Inkrafttreten des entspr Art 31 EGBGB RGZ 46, 112, 113 f; BGHZ 50, 63, 70; vgl auch MüKo/*Spellenberg* Vor Art 11 Rn 173). Ist deutsches Recht auf einen Vertrag anwendbar, können ausländische sittliche Maßstäbe materiell-rechtliche Berücksichtigung finden (BGHZ 34, 169, 176 ff; 59, 82, 85). Im umgekehrten Fall eines ausländischen Vertragsstatuts kann ausländisches Recht, das den deutschen Sittenvorstellungen widerspricht, über den ordre public-Vorbehalt des Art 21 Rom I-VO abgewehrt werden (MüKo/*Spellenberg* Vor Art 11 Rn 178 f).

27 Die (Un-)Wirksamkeit eines Rechtsverhältnisses, das auf sittenwidrigem Rechtsgeschäft beruht, kann im Prozess inzidenter überprüft werden. (Zwischen-)Feststellungsklage ist möglich. Die Beweislast für die Sittenwidrigkeit trägt, wer sich auf die Nichtigkeit des Geschäfts beruft (BGHZ 53, 369, 379; NJW 1995, 1425, 1429). Das gilt auch für die tatbestandlichen Voraussetzungen des Wuchers nach Abs 2. Dort kommt aber die Vermutung des Ausbeutungsvorsatzes bei bes krassem Missverhältnis dem Bewucherten zustatten (Rz 24). Beim wucherähnlichen Rechtsgeschäft muss der Begünstigte die Vermutung weiterer die Sittenwidrigkeit begründender Umstände bei vorliegendem bes krassem Missverhältnis widerlegen (BGH NJW 2007, 2841, 2842).

§ 139 Teilnichtigkeit. **Ist nur ein Teil eines Rechtsgeschäfts nichtig, so ist das ganze Rechtsgeschäft nichtig, wenn nicht anzunehmen ist, dass es auch ohne den nichtigen Teil vorgenommen sein würde.**

1 **A. Normzweck.** Wenn der Nichtigkeitsgrund nur einen Teil eines Rechtsgeschäfts betrifft, beispielsweise eine einzelne Vertragsklausel, dann ist das ganze Rechtsgeschäft nach § 139 im Zweifel nichtig. Das ist Ausdruck der (negativen) Privatautonomie (BGH NJW 1986, 2576, 2577; *Larenz/Wolf* § 45 Rn 1; Staud/*Roth* Rn 1). Würde das Geschäft teilw aufrechterhalten, so wären die Parteien nämlich an ein Geschäft gebunden, das sie so jedenfalls nicht gewollt haben (PWW/*Ahrens* Rn 1).

2 **B. Anwendungsbereich.** Grundsätzlich gilt die Nom für sämtliche Arten von Rechtgeschäften (zum Begriff s § 130 Rz 7), auch einseitige und stillschweigend zu Stande gekommene. Entspr anzuwenden ist sie auf Prozesshandlungen, soweit diese – wie etwa der Prozessvergleich – ein materiell-rechtliches Rechtsgeschäft mit beinhalten. Nicht anwendbar ist die Bestimmung auf rechtsgeschäftlich begründete Normen (Palandt/*Heinrichs* Rn 3) wie Tarifverträge (vgl BAGE 1, 258, 272) und Betriebsvereinbarungen (BAG DB 1984, 723). An der Voraussetzung eines Rechtsgeschäfts mangelt es allerdings, wenn die Parteien von Anfang an die Teilnichtigkeit kannten und deshalb gar keinen Rechtsfolgewillen hatten. § 139 kommt dann nicht zur Anwendung (BGHZ 45, 376, 379; AnwK/*Damm* Rn 18).

3 Die Bestimmung hat **Auffangcharakter** (ausführl AnwK/*Damm* Rn 3 ff). Sie findet keine Anwendung, wenn die Problematik der Teilnichtigkeit durch speziellere Norm wie zB § 306 Abs 1 oder § 494 geregelt ist (MüKo/*Busche* Rn 3; *Larenz/Wolf* § 45 Rn 28 ff). Darüber hinaus kommt sie nicht zur Anwendung, wenn die die Teilnichtigkeit anordnende Norm ihrem Sinn und Zweck nach die Aufrechterhaltung des Rechtsgeschäfts verlangt (BGH NJW 2000, 1333, 1335; MüKo/*Busche* Rn 3; Staud/*Roth* Rn 3), und zwar auch dann, wenn die Parteien in Kenntnis der Teilnichtigkeit auf den Abschluss des Rechtsgeschäfts verzichtet hätten. Das gilt insbes im Arbeitsrecht, wo der Zweck einer Arbeitnehmerschutznorm konterkariert würde, würde in der Folge Gesamtnichtigkeit eintreten (BAGE 31, 67, 75; NZA 1990, 486, 488; AP Nr 33 zu § 138). Dagegen gibt es entgegen verbreiteter Behauptung keinen Rechtssatz des Inhalts, dass § 139 im Arbeitsrecht keine Geltung habe. Dasselbe gilt bspw für das Mietrecht (BGH MDR 1964, 495; BGHZ 89, 316). Zum Gesellschaftsrecht s Rz 6 aE. Die Norm hat **dispositiven** Charakter (BGH NJW 1994, 1651, 1653) und kann von den Parteien abbedungen werden, auch durch Formularvertrag (*Ulmer* FS Steindorff 1990, S 799, 805 f). Eine formularvertragliche sog **Erhaltungsklausel**, die selbst keine Ersatzordnung für die nichtige Regelung enthält, verlagert die Darlegungs- und Beweislast auf denjenigen, der sich auf die Gesamtnichtigkeit des Rechtsgeschäfts beruft (BGH NJW 1996, 773, 774; 1999, 1404, 1406; 2003, 347).

4 **C. Tatbestand.** Es muss sich um ein **einheitliches Rechtsgeschäft** handeln. Das ist zunächst der Fall bei Vorliegen eines einzigen Rechtsgeschäfts. Die Parteien können aber auch mehrere Rechtsgeschäfte, die für sich allein wirksam sein könnten, zu einer **Geschäftseinheit** zusammenziehen. Das setzt einen Einheitlichkeitswillen der Parteien voraus. Äußere Verbindung und wirtschaftlicher Zusammenhang können zwar Indizien hierfür sein, führen aber nicht zwingend zur Annahme eines Einheitlichkeitswillens. Geschäftseinheit kann zB bei Kauf von Hard- und Software gegeben sein (BGH NJW 1990, 3011, 3012) oder zwischen Kaufvertrag über ein Neufahrzeug und Inzahlungnahme eines Altfahrzeugs (vgl in Bezug auf einheitliche Rückabwicklung BGH NJW 2008, 2028, 2029). Eine Geschäftseinheit zwischen Verpflichtungs- und Verfügungsgeschäft ist möglich (zutr AnwK/*Damm* Rn 12), aber nicht ohne Weiteres anzunehmen (BGH NJW 1952, 60, 61). Nur wenn die Parteien das Verfügungsgeschäft mit dem Verpflichtungsgeschäft stehen und fallen lassen wollen, ist auch das Verfügungsgeschäft im Falle der Nichtigkeit des Verpflichtungsgeschäfts unwirksam (BGHZ 31, 321, 323; vgl *Medicus* Rn 241). Das Abstraktionsprinzip steht dem nicht entgegen (so aber PWW/*Ahrens* Rn 13; Staud/*Roth* Rn 54; *Larenz/Wolf* § 45 Rn 10). Der Parteiwille hat hier Vorrang, weil das Abstraktionsprinzip eben nur Strukturprinzip, nicht aber bindende Rechtsnorm ist (Palandt/*Heinrichs* Rn 7).

5 Des Weiteren muss das einheitliche Rechtsgeschäft in einen wirksamen und einen unwirksamen Teil **teilbar** sein. Die Unwirksamkeit muss sich auf einen abtrennbaren Teil beschränken, so dass das verbleibende Rechtsgeschäft selbständig Bestand behalten kann (BGH NJW 1962, 912, 913; NJW-RR 1987, 1260, 1261). Dabei kommt Teilbarkeit in Bezug auf Inhalte, insb Leistungspflichten (vgl bes § 138 Rz 19), Zeitabschnitte (BGH NJW 1972, 1459) oder Beteiligte (BGH NJW 2001, 3327, 3328) in Betracht (Palandt/*Heinrichs* Rn 11 ff; Hk-BGB/*Dörner* Rn 5). Die Bestimmung unterscheidet nicht nach den Nichtigkeitsgründen und ist deshalb in jedem Falle von Teilnichtigkeit anwendbar. Darüber hinaus differenziert das Gesetz auch nicht

nach der Art der Unwirksamkeit (BGHZ 54, 71, 72), auch schwebende Unwirksamkeit wird erfasst (vgl BGHZ 53, 174, 179; BGH NJW 1974, 2333, 2334). Bei verbundenen Verträgen gehen §§ 358 f der Anwendung von § 139 aber vor (PWW/*Ahrens* Rn 7).

Weitere Voraussetzung ist, dass kein **hypothetischer Parteiwille** für die Teilnichtigkeit besteht. Abzustellen ist darauf, was die Parteien in Kenntnis der Nichtigkeit nach Treu und Glauben unter Berücksichtigung der beiderseitigen Interessen vereinbart hätten. Nicht notwendig für den Eintritt der Gesamtnichtigkeit als Rechtsfolge ist hingegen, dass nach dem hypothetischen Parteiwillen Gesamtnichtigkeit gewollt wäre. Maßgeblich ist der hypothetische Wille der Parteien zum Zeitpunkt der Vornahme des Rechtsgeschäfts (BGH NJW 1996, 2087, 2088). Bei einem Vertrag kommt es nicht darauf an, ob eine Partei die teilw Aufrechterhaltung gewollt hätte, sondern ob dies für beide Seiten zutrifft (RGZ 99, 52, 55). Ein wirklicher Wille hat allerdings Vorrang vor dem hypothetischen Parteiwillen (BGH NJW 1996, 2087, 2088). Bei Gesellschaftsverträgen wird davon ausgegangen, dass das Restgeschäft nach dem hypothetischen Parteiwillen idR gültig bleiben soll (BGHZ 49, 364, 365 f). Auch eine sog Ohne-Rechnung-Abrede, die der Steuerverkürzung dient, lässt den Vertrag als solchen nicht ohne Weiteres der Gesamtnichtigkeit anheim fallen (vgl BGH NJW-RR 2008, 1051 = DB 2008, 1855). 6

D. Rechtsfolge. Liegen die Voraussetzungen des Tatbestandes vor (Rz 4 ff), tritt Gesamtnichtigkeit ein. Das Gesetz geht davon aus (»im Zweifel«), dass die Gesamtnichtigkeit dem hypothetischen Parteiwillen entspricht. Geht letzterer hingegen auf Aufrechterhaltung des Restgeschäfts, so ist dieser hypothetische Wille maßgeblich. Ausnahmsweise kommt dann eine ergänzende Vertragsauslegung zur Füllung der entstandenen Lücke in Betracht (Staud/*Roth* Rn 78). Die Teilnichtigkeit gilt ggü jedem, auch ggü Dritten. Sie ist v Amts wg zu berücksichtigen. 7

E. Internationales Privatrecht/Beweislast. Die Frage der Aufrechterhaltung des Rechtsgeschäfts richtet sich bei Verträgen gem Art 10 Abs 1 Rom I-VO nach dem Geschäftsstatut (Hamm RIW 1995, 681, 682), also dem Recht, das im Falle der Wirksamkeit auf den Vertrag anzuwenden wäre. Dies ist letztlich aber nur Ausdruck eines allg Gedankens, der für sämtliche Rechtsgeschäfte gilt. Wer sich auf die Aufrechterhaltung des Restgeschäfts beruft, hat die Zweifelsregelung gegen sich und muss deshalb die Tatsachen beweisen, aus denen sich ergibt, dass das Rechtsgeschäft auch ohne den unwirksamen Teil vorgenommen worden wäre (BGHZ 54, 71, 72). Umgekehrt muss aber derjenige das Vorliegen einer Geschäftseinheit beweisen, der sich darauf beruft, dass mit dem nichtigen Rechtsgeschäft weitere Geschäfte fallen sollen (BGH NJW 1997, 3304, 3307). 8

§ 140 Umdeutung. Entspricht ein nichtiges Rechtsgeschäft den Erfordernissen eines anderen Rechtsgeschäfts, so gilt das letztere, wenn anzunehmen ist, dass dessen Geltung bei Kenntnis der Nichtigkeit gewollt sein würde.

A. Normzweck. Die Umdeutung (**Konversion**) ermöglicht den Parteien, den verfolgten wirtschaftlichen Zweck auch dann weiterzuverfolgen, wenn das gewählte rechtliche Mittel unzulässig ist, der Zweck aber auch mit rechtlich möglichen Mitteln erreichbar ist (BGHZ 68, 204, 206). Zweck der Umdeutung ist mithin, dem **mutmaßlichen Parteiwillen** zum Durchbruch zu verhelfen (Palandt/*Heinrichs* Rn 1). Ausscheiden muss sie, wenn der angestrebte Erfolg als solcher von der Rechtsordnung missbilligt wird (BGHZ 68, 204, 206). Die Umdeutung ist kein Unterfall der Auslegung. Vielmehr setzt sie eine solche zumeist voraus, um überhaupt den mit einem nichtigen Rechtsgeschäft verfolgten Zweck aufzudecken (MüKo/*Busche* Rn 3; Soerg/*Hefermehl* Rn 1). 1

B. Anwendungsbereich. Die Bestimmung gilt für sämtliche Rechtsgeschäfte (Staud/*Roth* Rn 9; zum Begriff s § 130 Rz 7), also auch für einseitige Willenserklärungen, auch bei nur stillschweigend erklärtem Willen. Auf Prozesshandlungen ist die Vorschrift nicht direkt, wohl aber entspr anwendbar (BGH NJW 2007, 1460, 1461). Wo aus dem Gesetz selbst folgt, dass anstelle eines fehlgeschlagenen ein anderes Geschäft gelten soll, kommt § 140 nicht zur Anwendung, so dass es einer Prüfung des hypothetischen Parteiwillens nicht bedarf (MüKo/*Busche* § 140 Rn 5; BaRoth/*Wendtland* Rn 3). Wo umgekehrt der Normzweck einer Nichtigkeitsnorm der Umdeutung entgegensteht, muss diese ausscheiden, so dass bspw eine formunwirksame Bürgschaft nicht in einen Schuldbeitritt umgedeutet werden darf (*Medicus* Rn 522). Haben die Parteien bereits prophylaktisch ein Ersatzgeschäft vereinbart (Konversionsklausel) oder die dispositive Bestimmung des § 140 ausgeschlossen, ist die Norm nicht anwendbar (BaRoth/*Wendtland* Rn 4). IÜ **geht** die **Auslegung** der Umdeutung **vor** (BAG NJW 2006, 2284, 2286). Keiner Umdeutung bedarf es auch im Falle einer bloßen Falschbezeichnung (MüKo/*Busche* Rn 4; zur falsa demonstratio s § 133 Rz 19). 2

C. Tatbestand. Voraussetzung ist die Nichtigkeit eines Rechtsgeschäfts. Auf den Unwirksamkeitsgrund kommt es nicht an (Staud/*Roth* Rn 14). § 140 greift auch, wenn ein zunächst schwebend wirksames Rechtsgeschäft nachträglich unwirksam geworden ist (BGHZ 40, 218, 222). Notwendig ist weiterhin das Vorliegen der Voraussetzungen eines **Ersatzgeschäfts**. Dieses darf in seinen Wirkungen nicht weiter reichen als das nichtige Geschäft, kann aber dahinter zurückbleiben (BGHZ 125, 355, 363). Es muss kein Minus zum nichtigen Geschäft darstellen, sondern kann auch ein aliud sein (BGHZ 40, 218, 224; Palandt/*Heinrichs* § 140 Rn 6; 3

BaRoth/*Wendtland* Rn 11). Dessen Wirksamkeitsvoraussetzungen müssen aber vorliegen. Daran fehlt es etwa bei der Umdeutung einer außerordentlichen Kündigung des Arbeitsvertrages in die ordentliche Kündigung, wenn der Betriebsrat zu letzterer nicht nach § 102 BetrVG angehört worden ist (BAG NJW 2001, 1229).

4 Die Geltung des Ersatzgeschäfts muss nach dem **hypothetischen Parteiwillen** gewollt sein, wobei der Zeitpunkt der Vornahme des Rechtsgeschäfts maßgeblich ist (BGHZ 19, 269, 273 f; 40, 218, 223). Zu fragen ist, ob die Parteien bei Kenntnis der Nichtigkeit des Geschäfts das Ersatzgeschäft nach Treu und Glauben unter Berücksichtigung der beiderseitigen Interessen gewollt hätten. Ein abweichender wirklicher Parteiwille hat allerdings Vorrang (*Larenz/Wolf* § 44 Rn 88). Kam es den Parteien gerade auf die gewählte Rechtsform und nicht nur auf den angestrebten wirtschaftlichen Erfolg an, scheidet eine Umdeutung deshalb aus (BGH NJW 2007, 2830, 2833).

5 **D. Rechtsfolge.** Bei Vorliegen der tatbestandlichen Voraussetzungen (Rz 3) gilt das Ersatzgeschäft. Diese Rechtsfolge wirkt auf den Zeitpunkt der Vornahme des nichtigen Rechtsgeschäfts zurück (BaRoth/*Wendtland* Rn 14). Es handelt sich um eine unabhängig von der Geltendmachung durch eine Partei kraft Gesetzes eintretende, v Amts wg zu beachtende Rechtsfolge (BGH NJW 1963, 339, 340; BAG NJW 2002, 2972, 2973).

6 **E. Internationales Privatrecht/Beweislast.** Die Möglichkeit der Umdeutung ist bei Verträgen gem Art 10 Abs 1 Rom I-VO nach dem Geschäftsstatut zu beurteilen, dh nach dem Recht, das auf den Vertrag im Falle seiner Gültigkeit anwendbar wäre (Palandt/*Heldrich* Art 31 EGBGB Rn 3; MüKo/*Spellenberg* Art 31 Rn 8). Darin kommt ein allgm Rechtsgedanke zum Ausdruck, der auch für sonstige Rechtsgeschäfte maßgeblich ist. Wer sich auf die Geltung des Ersatzgeschäfts beruft, hat die Voraussetzungen der Umdeutung (Rz 3) dazulegen und im Streitfall zu beweisen (Staud/*Roth* Rn 34).

§ 141 Bestätigung des nichtigen Rechtsgeschäfts.

[1] Wird ein nichtiges Rechtsgeschäft von demjenigen, welcher es vorgenommen hat, bestätigt, so ist die Bestätigung als erneute Vornahme zu beurteilen.
[2] Wird ein nichtiger Vertrag von den Parteien bestätigt, so sind diese im Zweifel verpflichtet, einander zu gewähren, was sie haben würden, wenn der Vertrag von Anfang an gültig gewesen wäre.

1 **A. Normzweck/Anwendungsbereich.** Die Nichtigkeit eines Rechtsgeschäfts bleibt im Regelfall erhalten, auch wenn der Nichtigkeitsgrund später fortfällt (AnwK/*Damm* Rn 1 mwN). Um das erstrebte Ziel dennoch zu erreichen, müsste das Geschäft erneut fehlerfrei vorgenommen werden. Dies zu erleichtern ist Zweck des § 141, indem die Bestätigung zum Wirksamwerden genügt: die Einzelheiten des Vertrages müssen dann nicht mehr erneut erörtert werden (BGH NJW 1999, 3704, 3705). Abs 2 enthält eine Zweifelsregelung für die ergänzende Vertragsauslegung, indem für den Fall der Bestätigung materielle Rückwirkung als vereinbart gilt. Abs 1 gilt für sämtliche Rechtsgeschäfte (zum Begriff s § 130 Rz 7), während Abs 2 nur für Verträge Geltung beansprucht. Ein anfechtbares Rechtsgeschäft ist wirksam, solange es nicht angefochten wurde. Die Bestätigung ginge deshalb ins Leere. Aus diesem Grunde enthält § 144 eine Sonderregelung für anfechtbare Rechtsgeschäfte und schließt die Anfechtung für den Fall der Bestätigung aus. Wird erst nach erfolgter Anfechtung genehmigt, ist hingegen § 141 anwendbar (BGH NJW 1971, 1795, 1800). Anders als eine Genehmigung betrifft die Bestätigung die Billigung eines Geschäfts durch denjenigen, der das Geschäft selbst vorgenommen hat.

2 **B. Tatbestand.** Es muss sich um ein nichtiges Rechtsgeschäft handeln. Der Grund der Nichtigkeit ist unerheblich (Palandt/*Heinrichs* Rn 3). Auch unwirksam gewordene (BGH NJW 1999, 3704, 3705) und unverbindliche (BGH NJW 1999, 720, 722) Geschäfte werden erfasst. Notwendig ist weiter eine **Bestätigung.** Sie ist ein **Rechtsgeschäft** (BaRoth/*Wendtland* Rn 7). Es muss von den Beteiligten des nichtigen Ursprungsrechtsgeschäfts vorgenommen werden. Bei einem Vertrag, bei dem übereinstimmende Willenserklärungen nötig sind, erfordert die Bestätigung eine neue (bestätigende) Einigung der Parteien. Beruht die Nichtigkeit eines Vertrages allerdings auf der Nichtigkeit einer der abgegebenen Willenserklärungen, genügt es, wenn der Erklärende der betroffenen Willenserklärung die Bestätigung abgibt (MüKo/*Busche* Rn 11; Staud/*Roth* Rn 14). Eine Bestätigung ist **formlos** möglich, auch konkludent (*Petersen* Jura 2008, 666). Die Weiterbenutzung einer erworbenen Sache bis zur Ersatzbeschaffung kann eine konkludente Bestätigung sein (BGH NJW 1985, 2579, 2580), doch ist dies nicht in jedem Fall anzunehmen, insbes nicht, wenn die Benutzung auch andere Ursachen wie zB wirtschaftliche Not haben kann (BGH NJW 1971, 1795, 1800; ausführl RGRK/*Krüger-Nieland/Zöller* Rn 11). Ist das zu bestätigende Geschäft **formbedürftig**, bedarf auch die Bestätigung dieser Form, selbst wenn das zu bestätigende Geschäft nicht wegen Formmangels nichtig war (BGH NJW 1985, 2579, 2580; krit *Medicus* Rn 532). Dies erzwingt der Zweck der Formvorschriften mit Rücksicht darauf, dass die Bestätigung sachlich die Wirkung der Vornahme des betreffenden (bislang noch nicht geltenden) Rechtsgeschäfts herbeiführt (vgl *Larenz/Wolf* § 45 Rn 16). Auch alle weiteren Wirksamkeitsvoraussetzungen des zu bestätigenden Rechtsgeschäfts müssen (noch) vorliegen (Palandt/*Heinrichs* Rn 5). Die Bestätigung setzt ihrerseits implizit einen **Bestätigungswillen** voraus. Das erfordert zumindest Zweifel an der Wirksamkeit des Geschäfts (BGHZ 129, 371, 377). Wer nicht einmal Zweifel hat, geschweige denn den Nichtigkeitsgrund kennt, kann das Geschäft nicht bestätigen. Genügend ist aber auch, wenn das Verhalten objektiv als Bestäti-

gung zu deuten war und dies bei gebotener Sorgfalt erkannt werden konnte (vgl BGH NJW-RR 2003, 769, 770). Nicht nötig ist, dass die andere Seite den geltend gemachten Nichtigkeitsgrund anerkennt (Palandt/*Heinrichs* Rn 6).

C. Rechtsfolgen. Das bestätigte Rechtsgeschäft wird wirksam, die Bestätigung entfaltet aber keine Rückwirkung (BAG NJW 2005, 2333, 2334). Das ist Konsequenz dessen, dass die Bestätigung nur die Neuvornahme ersetzt, die ihrerseits ja ebenfalls keine Rückwirkung erzeugen könnte. Allerdings haben die Parteien die Möglichkeit, privatautonom zu bestimmen, dass sie sich behandeln wollen, als hätte die Bestätigung Rückwirkung. Für Verträge geht die Zweifelsregelung des Abs 2 hiervon sogar als Regelfall aus. 3

D. Internationales Privatrecht/Beweislast. Die Bestätigung bewirkt sachlich die Neuvornahme des Rechtsgeschäfts. Sie ist kollisionsrechtlich wie eine solche zu qualifizieren. Die Möglichkeit einer erleichterten Neuvornahme durch Bestätigung richtet sich daher nach dem auf dieses Rechtsgeschäft anwendbaren Recht (Geschäftsstatut). Wer sich auf das Bestehen eines Rechtsgeschäfts kraft Bestätigung beruft, muss die Voraussetzungen der Bestätigung (Rz 2 ff) darlegen und beweisen (MüKo/*Busche* Rn 18; RGRK/*Krüger-Nieland/Zöller* Rn 18). 4

§ 142 Wirkung der Anfechtung. **[1] Wird ein anfechtbares Rechtsgeschäft angefochten, so ist es als von Anfang an nichtig anzusehen.**

[2] Wer die Anfechtbarkeit kannte oder kennen musste, wird, wenn die Anfechtung erfolgt, so behandelt, wie wenn er die Nichtigkeit des Rechtsgeschäfts gekannt hätte oder hätte kennen müssen.

A. Normzweck. Die Norm regelt nicht die Anfechtbarkeit eines Rechtsgeschäfts (s dazu im Einzelnen §§ 119 ff), sondern nur die Rechtsfolgen der erfolgten Anfechtung im Falle der Anfechtbarkeit des Rechtsgeschäfts. Der Erklärende behält im Falle der Anfechtbarkeit die Entscheidungsfreiheit darüber, ob die Erklärung gelten soll. Entschließt er sich zur Anfechtung, vernichtet er das Rechtsgeschäft gem § 142 mit Rückwirkung. Abs 2 regelt Bösgläubigkeit und kann so zB einen gutgläubigen Erwerb vom sich im Nachhinein als Nichtberechtigten darstellenden Veräußerer im Falle der Anfechtung eines Verfügungsgeschäftes hindern (vgl Rz 4). 1

B. Anwendungsbereich. Die Vorschrift gilt nicht nur für alle Fälle der Anfechtung im Falle von Willensmängeln (§§ 119, 120, 123), sondern auch für erbrechtliche Anfechtungstatbestände (§§ 2078 ff, 2281 ff, 2308). Auch nichtige Rechtsgeschäfte können angefochten werden. Dasselbe gilt für rechtsgeschäftsähnliche Handlungen (zum Begriff s § 130 Rz 7). Rein tatsächliche Handlungen sind hingegen nicht anfechtbar (Palandt/*Heinrichs* Rn 1). 2

C. Anfechtungswirkung (Abs 1). Das angefochtene Rechtsgeschäft wird **rückwirkend** vernichtet. Die erfolgte Anfechtung hat also dieselbe Wirkung wie die Nichtigkeit zB im Falle der §§ 134, 138. Die Nichtigkeit tritt eo ipso ein, ohne dass es der Annahme oder dergleichen bedürfte (RGZ 74, 1, 3; *Coester-Waltjen* Jura 2006, 348, 349). Vertragliche Ansprüche werden dadurch ausgeschlossen (Palandt/*Heinrichs* Rn 2). Auch akzessorische Rechte verlieren ihre Wirkung. Ein Zessionar verliert folglich die Forderung, wenn sie angefochten wurde, die Zession ist gegenstandslos (Palandt/*Heinrichs* Rn 2). Die Anfechtung wirkt erga omnes, auch Dritten ggü wirkt die Nichtigkeit der angefochtenen Erklärung (BGH NJW-RR 1987, 1457). Die Rückwirkung der Anfechtung ist bei vollzogenen Arbeitsverhältnissen und Gesellschaftsverträgen ausgeschlossen. An ihre Stelle tritt die ex nunc-Wirkung der Anfechtung (vgl § 119 Rz 3). Mit Blick auf das Abstraktionsprinzip bleibt die Wirksamkeit eines Verfügungsgeschäftes durch die Anfechtung des Verpflichtungsgeschäftes unberührt. Dasselbe gilt im umgekehrten Verhältnis. Allerdings kann ein Anfechtungsgrund beide Geschäfte betreffen (sog **Fehleridentität**), so dass beide durch Anfechtung beseitigt werden können. 3

D. Kenntnis und Kennenmüssen (Abs 2). Hat jmd durch Verfügungsgeschäft einen Gegenstand erworben und weiter veräußert, hat er die Weiterverfügung im Zeitpunkt ihrer Vornahme als Berechtigter getätigt. Zwar wird er durch die Rückwirkung der Anfechtung nach Abs 1 nachträglich zum Nichtberechtigten (BGH NJW-RR 1987, 1457), doch wird sich der Zweiterwerber immer darauf berufen können, dass er hinsichtlich der Berechtigung seines Veräußerers gutgläubig war. Damit kann er nach Abs 2 allerdings nicht durchdringen, wenn er mangels bis dahin erklärter Anfechtung zwar nicht die fehlende Berechtigung kannte und auch nicht kennen konnte, aber deshalb nicht redlich war, weil er mit der Anfechtung und damit dem späteren Fortfall der Berechtigung rechnen musste (vgl BGH NJW-RR 1987, 1457, 1458). Auf diese Weise wird der Erwerb einem Erwerb vom Nichtberechtigten gleich gestellt (Soerg/*Hefermehl* Rn 14; BaRoth/*Wendtland* Rn 9). 4

E. Internationales Privatrecht/Beweislast. Die Wirkung der Anfechtung ist kollisionsrechtlich nach demselben Recht zu beurteilen, das über Beachtlichkeit des Mangels und dessen Folgen für die Wirksamkeit des Rechtsgeschäfts entscheidet (vgl dazu § 118 Rz 6, § 119 Rz 16, § 120 Rz 5 und § 123 Rz 17). Zur Beweislast hinsichtlich der Anfechtbarkeit des Rechtsgeschäfts s zunächst § 119 Rz 18, § 120 Rz 7, § 123 Rz 17. Die Darlegungs- und Beweislast hinsichtlich des Vorliegens der Anfechtungserklärung (Abs 1) trägt, wer daraus Rechte für sich herleitet. Wer sich auf die Bösgläubigkeit nach Abs 2 beruft, muss die Kenntnis des Dritten von der Anfechtbarkeit darlegen und beweisen. 5

§ 143 Anfechtungserklärung. **[1] Die Anfechtung erfolgt durch Erklärung gegenüber dem Anfechtungsgegner.**

[2] Anfechtungsgegner ist bei einem Vertrag der andere Teil, im Falle des § 123 Absatz 2 Satz 2 derjenige, welcher aus dem Vertrag unmittelbar ein Recht erworben hat.

[3] Bei einem einseitigen Rechtsgeschäft, das einem anderen gegenüber vorzunehmen war, ist der andere der Anfechtungsgegner. Das Gleiche gilt bei einem Rechtsgeschäft, das einem anderen oder einer Behörde gegenüber vorzunehmen war, auch dann, wenn das Rechtsgeschäft der Behörde gegenüber vorgenommen worden ist.

[4] Bei einem einseitigen Rechtsgeschäft anderer Art ist Anfechtungsgegner jeder, der auf Grund des Rechtsgeschäfts unmittelbar einen rechtlichen Vorteil erlangt hat. Die Anfechtung kann jedoch, wenn die Willenserklärung einer Behörde gegenüber abzugeben war, durch Erklärung gegenüber der Behörde erfolgen; die Behörde soll die Anfechtung demjenigen mitteilen, welcher durch das Rechtsgeschäft unmittelbar betroffen worden ist.

1 **A. Normzweck/Anwendungsbereich.** Die Vorschrift stellt zunächst klar, dass die Anfechtung durch Willenserklärung (§ 130 Rz 3 ff) erfolgt. Es handelt sich um ein einseitiges **Gestaltungsrecht.** IÜ regelt die Bestimmung, wer Adressat der Anfechtungserklärung zu sein hat. Anfechtungsberechtigt ist zunächst derjenige, dessen Erklärung anzufechten ist. Nach seinem Tod ist dies der Erbe (BGH NJW 2004, 767, 769). Ein Vertreter kann nur anfechten, wenn sich die Vertretungsmacht ausdrücklich auch auf die Anfechtung erstreckt (BaRoth/*Wendtland* Rn 8). Ansonsten ist nur der Vertretene anfechtungsberechtigt. Der vollmachtlose Vertreter kann aber selbst anfechten, um seine Haftung abzuwenden (BGH NJW 2002, 1867, 1868). Die Bevollmächtigung eines Dritten zur Anfechtung ist zulässig. Wenn mehrere anfechtungsberechtigt sind, kann jeder von ihnen das Anfechtungsrecht ausüben (Palandt/*Heinrichs* Rn 4), wenn nicht ausnahmsweise aus dem Rechtsverhältnis etwas anderes folgt. Das ist etwa bei der Erbengemeinschaft der Fall (BGH NJW 1951, 308; 2004, 767, 769).

2 **B. Anfechtungsgegner (Abs 2 bis 4).** Abs 2 bis 4 regeln, wer Anfechtungsgegner ist. Bei Verträgen ist dies der Vertragspartner (Abs 2 S 1) oder dessen Erbe. Ist für den Vertragspartner ein Vertreter aufgetreten, ist der Vertragspartner gleichwohl Anfechtungsgegner. Bei Täuschung durch einen Dritten, der selbst ein unmittelbares Recht aus dem Vertrag erworben hat, ist der Dritte Anfechtungsgegner (Abs 2 S 2). Im Falle einer Schuldübernahme bleibt der alte Schuldner Anfechtungsgegner, auch wenn der Gläubiger die Übernahme genehmigt hat (BGHZ 31, 321, 325). Bei einem mehrseitigen Übernahmevertrag muss aber ggü allen angefochten werden (BGHZ 96, 302, 310). Eine einseitige empfangsbedürftige Willenserklärung ist dem Empfänger ggü anzufechten (Abs 3). Eine nicht empfangsbedürftige einseitige Willenserklärung ist ggü jedem anzufechten, der aus dem Geschäft unmittelbar einen rechtlichen Vorteil erlangt (Abs 4).

3 **C. Anfechtungserklärung (Abs 1).** Die Anfechtungserklärung ist grds **formfrei.** Das gilt selbst dann, wenn das angefochtene Rechtsgeschäft formbedürftig ist. Sie ist unwiderruflich (RGZ 74, 1, 3 f; PWW/*Ahrens* § 142 Rn 3), befristungs- und bedingungsfeindlich (MüKo/*Busche* Rn 5). Eine **Eventualanfechtung** für den Fall des Zutreffens oder Nichtzutreffens eines bestimmten eingenommenen Rechtsstandpunktes ist aber mit keiner Bedingung im Rechtssinne verbunden und deshalb zulässig (BGH NJW 1968, 2099). Sie kann insbes geboten sein, um eine Frist (§§ 121, 124) zu wahren. Ein teilbares Rechtsgeschäft kann durch Teilanfechtung teilw beseitigt werden (BGH DNotZ 1984, 684, 685 f).

4 Das Wort »Anfechtung« muss nicht verwendet werden (AnwK/*Hart* Rn 3; RGRK/*Krüger-Nieland/Zöller* Rn 2). Genügend, aber auch erforderlich ist, dass »unzweideutig« erkennbar wird, dass das angegriffene Geschäft nicht gelten soll (BGHZ 88, 240, 245; 91, 324, 331 f). Der **Anfechtungsgrund** muss nicht genannt werden, der Anfechtungsgegner muss aber erkennen können, auf welche tatsächliche Grundlage sich die Anfechtung bezieht (AnwK/*Hart* Rn 4; Soerg/*Hefermehl* Rn 2; Palandt/*Heinrichs* Rn 3; aA, dh nur für Begründung auf Nachfrage PWW/*Ahrens* Rn 4). Ob eine Anfechtung wegen arglistiger Täuschung eine solche wegen Irrtums mit umfasst (vgl BGHZ 34, 39; 78, 221) oder nicht, ist ebenso durch Auslegung zu ermitteln wie im umgekehrten Fall, ob die Irrtumsanfechtung auch die wegen Täuschung einschließt (vgl Palandt/*Heinrichs* Rn 3).

5 Werden **neue Anfechtungsgründe nachgeschoben**, bedeutet dies sachlich eine weitere Anfechtungserklärung (RGRK/*Krüger-Nieland/Zöller* Rn 5; BaRoth/*Wendtland* Rn 5). Diese muss, um wirksam zu sein, innerhalb der maßgeblichen Frist (§ 121 oder § 124) zugehen (BGH NJW 1966, 39; BGH NJW-RR 1993, 948; PWW/*Ahrens* Rn 4). Da dies auf der Erwägung beruht, dass der Anfechtungsgegner wissen müsse, woran er ist (BAG BB 2008, 504, 505), kann dem freilich nicht für die Konstellation gefolgt werden, in der einer Täuschungsanfechtung der Anfechtungsgrund der Drohung nachgeschoben wird (so aber BAG ebenda). Denn der Anfechtungsgegner kann sich insoweit nicht auf schutzwürdige Interessen berufen. Die **Anfechtungserklärung** ist **ihrerseits** nach den allgm Vorschriften **anfechtbar,** wenn sie mit Willensmängeln behaftet ist (BayObLG MDR 1980, 492). Das angefochtene Rechtsgeschäft lebt nach Anfechtung der vorausgegangenen Anfechtungserklärung mit rückwirkender Kraft (§ 142) wieder auf.

D. Internationales Privatrecht/Beweislast. Hinsichtlich Anfechtbarkeit und Folgen gelten die im Zusammenhang mit den Anfechtbarkeitstatbeständen gemachten Ausführungen (vgl § 118 Rz 5, § 119 Rz 17, § 120 Rz 6 und § 123 Rz 16). Das danach maßgebliche Recht entscheidet auch darüber, wem ggü die Anfechtung zu erfolgen hat. Das für die Frage der Formbedürftigkeit maßgebliche Recht ist nach Art 11 EGBGB (s dazu § 125 Rz 13) zu ermitteln. Die Darlegungs- und Beweislast für die erfolgte Anfechtungserklärung trifft denjenigen, der sich auf die Nichtigkeit der Erklärung wegen erfolgter Anfechtung beruft (§ 142 Rz 5). Grundsätzlich erfasst dies auch den Umstand des richtigen Anfechtungsgegners, mithin die tatbestandlichen Voraussetzungen nach Abs 2 bis 4. 6

§ 144 Bestätigung des anfechtbaren Rechtsgeschäfts. [1] Die Anfechtung ist ausgeschlossen, wenn das anfechtbare Rechtsgeschäft von dem Anfechtungsberechtigten bestätigt wird.

[2] Die Bestätigung bedarf nicht der für das Rechtsgeschäft bestimmten Form.

A. Normzweck/Anwendungsbereich. Das anfechtbare Rechtsgeschäft ist wirksam, solange es nicht angefochten wurde. Eine der Neuvornahme gleichstehende Bestätigung iSd § 141 ist bis dahin nicht möglich. Diese Lücke schließt § 144, indem bereits zuvor das anfechtbare Rechtsgeschäft bestätigt werden kann (vgl § 141 Rz 2; Staud/*Roth* Rn 1). Die Vorschrift ermöglicht, Rechtssicherheit zu schaffen. Sachlich bedeutet die Bestätigung einen Verzicht auf das Anfechtungsrecht (Palandt/*Heinrichs* Rn 1). Die Bestimmung ist anwendbar auf anfechtbare Rechtsgeschäfte (zum Begriff des Rechtsgeschäfts s § 130 Rz 7). Das Anfechtungsrecht darf noch nicht erloschen sein (BaRoth/*Wendtland* Rn 2). Eine spätere Bestätigung bleibt letztlich folgenlos. Wurde bereits angefochten, ist nicht § 144, sondern § 141 anwendbar (§ 141 Rz 2). 1

B. Bestätigungserklärung. Die Bestätigung soll eine **nicht empfangsbedürftige Willenserklärung** sein, die nicht dem Anfechtungsgegner ggü erklärt zu werden braucht (RGZ 68, 398, 399 f; aA *Larenz/Wolf* § 44 Rn 28; *Medicus* Rn 534). Sie kann danach auch Dritten ggü abgegeben werden. Sie ist an **keine Form** gebunden (Abs 2). Möglich ist die Bestätigung durch schlüssiges Handeln (BGH NJW 1958, 177). Das kann beispielsweise durch Verfügung über den Vertragsgegenstand (RG JW 1911, 359), Weiternutzung der Mieträume bei Zahlung lediglich der Nebenkosten (BGH NJW-RR 1992, 779) oder Weiterbenutzung einer gekauften Sache (s § 141 Rz 2) geschehen. Erforderlich ist allerdings, dass der Bestätigungswille in der Erklärung eindeutig zum Ausdruck kommt (BGH NJW-RR 1992, 779, 780; BGHZ 110, 220, 222). Bei der Täuschungs-/Drohungsanfechtung dürfte in der bloßen Vertragserfüllung noch keine konkludente Bestätigung zu sehen sein, weil der Anfechtungsberechtigte die Möglichkeit haben muss, die Jahresfrist nach § 124 auszuschöpfen (*Petersen* Jura 2008, 666, 667). Ein **Bestätigungswille** ist implizite Voraussetzung. Das setzt Kenntnis der Anfechtbarkeit voraus, zumindest aber, dass die Anfechtbarkeit für möglich gehalten wird (BGHZ 129, 371, 377). Im Falle der Drohung ist dies erst nach Beendigung der Zwangslage möglich (BAG AP Nr 16 zu § 123). Das Bestätigungsrecht steht dem Anfechtungsberechtigten zu. Stellvertretung ist möglich. 2

C. Rechtsfolgen. Das Anfechtungsrecht erlischt mit Wirksamwerden der Bestätigung. Das anfechtbare Rechtsgeschäft wird endgültig wirksam (RGRK/*Krüger-Nieland/Zöller* Rn 13), aber nicht rückwirkend (BAG AP Nr 1 zu § 1 TzBfG Vergleich). Dies ist v Amts wg zu beachten (BGH NJW 1967, 721). 3

D. Internationales Privatrecht/Prozessuales. Die Bedeutung der Bestätigung betrifft die Anfechtbarkeit des Rechtsgeschäfts und ist kollisionsrechtlich ebenso zu behandeln wie das Anfechtungsrecht (vgl dazu § 118 Rz 5, § 119 Rz 17, § 120 Rz 6 und § 123 Rz 16). Das (Nicht-)Bestehen eines Anfechtungsrechts nach Bestätigung ist ein feststellungsfähiges Rechtsverhältnis iSd § 256 ZPO, dessen gerichtliche Feststellung begehrt werden kann. Die Darlegungs- und Beweislast für das Vorliegen einer Bestätigung trifft den Anfechtungsgegner (BaRoth/*Wendtland* Rn 10). 4

Titel 3 Vertrag

§ 145 Bindung an den Antrag. Wer einem anderen die Schließung eines Vertrages anträgt, ist an den Antrag gebunden, es sei denn, dass er die Gebundenheit ausgeschlossen hat.

A. Normzweck. §§ 145 ff regeln den Abschluss von Verträgen. Sie sind Ausdruck und Ausgestaltung der verfassungsrechtlich durch Art 2 Abs 1 GG gewährleisteten Privatautonomie. Inhaltlich gehorchen sie dem Primat der **Vertragsfreiheit.** Danach bestimmen die Vertragsparteien grds selbst, ob sie Verträge schließen (Abschlussfreiheit) und mit welchem Inhalt dies geschieht (Inhaltsfreiheit). Ein **Kontrahierungszwang**, bei dem die Privatrechtssubjekte zum Abschluss von Verträge gezwungen werden, ist die seltene Ausn (vgl *Däubler* BGB kompakt, Rn 118 ff). Er kann sich ergeben aus vorausgegangener vertraglicher Bindung. Nur selten sind Kontrahierungszwänge gesetzlich geregelt, etwa in § 1 PflVG. Darüber hinaus kommt ein mittelbarer Kontrahierungszwang in Betracht, wo die Verweigerung eines Vertragsschlusses ausnahmsweise eine Scha- 1 densersatzverpflichtung nach sich zieht, die im Wege der Naturalrestitution durch Abschluss des gewünschten Vertrages zu erfüllen ist; ferner in Gestalt eines Beseitigungs- oder Unterlassungsanspruchs, etwa im Falle einer rechtswidrigen Diskriminierung aus § 21 AGG (vgl Däubler/Bertzbach/*Deinert* AGG, 2. Aufl. 2008 § 21 Rn 75 ff, str). Grundsätzlich verbietet die Privatautonomie staatliche Eingriffe in das autonome Geschehen (BVerfG NJW 1990, 1469 – Handelsvertreter; NJW 1994, 36 – Bürgschaften).

2 Dem Vertrag kommt eine sog **Richtigkeitsgewähr** zu. Danach gilt, dass es einen objektiv richtigen Vertragsinhalt nicht gibt, vielmehr jeder Vertragsinhalt insoweit und gerade deshalb richtig ist, weil sich beide Seiten unter gegenseitigem Abschleifen der widerstreitenden Interessen darauf geeinigt haben (*Schmidt-Rimpler* AcP 147 (1941), 130 ff, 149 ff; *ders* FS Ludwig Raiser 1974, S 3 ff). Soweit die Vorbedingung strukturell gleicher Verhandlungsstärke indes nicht gewährleistet ist, versagt der Gedanke der Richtigkeitsgewähr. Der Gesetzgeber trägt dem durch zwingendes Recht Rechnung, etwa im Verbraucher-, Miet- oder Arbeitsrecht (RGRK/*Piper* Vor § 145 Rn 33). IÜ kann bei strukturellen Ungleichgewichtslagen eine richterliche Vertragsinhaltskontrolle notwendig werden (§ 138 Rz 1).

3 **B. Anwendungsbereich von §§ 145 ff.** Die Regelungen über den Vertragsschluss gelten für sämtliche bürgerlich-rechtlichen Vereinbarungen zwischen natürlichen und/oder juristischen Personen. Welchem Buch des BGB der Vertrag zuzuordnen ist, ist unerheblich, so dass §§ 145 ff vorbehaltlich bes Regelungen in den einzelnen Bereichen beispielsweise auch für familien- oder sachenrechtliche Verträge gelten, etwa die Einigung nach § 929. §§ 145 ff gelten nicht nur für synallagmatische Verträge, sondern für Verträge jedweder Art. Auch auf Normenverträge wie beispielsweise Tarifverträge oder Betriebsvereinbarungen sind die allg Vertragsregeln anwendbar, soweit nicht bes Regeln entgegenstehen (BaRoth/*Eckert* Rn 5).

4 **C. Zustandekommen des Vertrages.** Der Vertrag kommt zustande durch Antrag (Angebot, Offerte) und Annahme. Korrespondieren sie, besteht **Konsens**, der die vertragliche Bindung begründet (z Dissens s §§ 154 f). Er muss sich auf die ***essentialia negotii***, die wesentlichen Vertragsbestandteile (zB Kaufsache und -preis, Mietsache und Miete etc) beziehen (*Larenz/Wolf* § 29 Rn 17). Der Vertrag ist noch nicht durch den Abschluss eines **Vorvertrages** zustande gekommen. Ein solcher ist freilich selbst Vertrag. Er liegt vor, wenn sich die Parteien bereits hinsichtlich einzelner Punkte binden wollten und die weiteren offenen Punkte einer späteren Verhandlung vorbehalten bleiben sollten (BGH NJW 2006, 2843, zur Feststellung vgl § 154 Rz 4). Da der Vorvertrag selbst Vertrag ist, ist er zwangsweise durchsetzbar, indem der Abschluss des Hauptvertrages gerichtlich erstritten wird. Ein einseitiges Bestimmungsrecht hinsichtlich der noch offenen Vertragsbedingungen besteht dabei aber nicht (vgl Rz 12). Vom Vorvertrag abzugrenzen ist ein **letter of intent**. Vor allem im Zusammenhang mit komplexen Vertragswerken geht es dabei um die Dokumentation der Bereitschaft zu Vertragsverhandlungen, in der auch bestimmte Eckpunkte schon festgehalten werden, ohne dass freilich bereits eine vertragliche Bindung eingegangen wird (PWW/*Brinkmann* vor §§ 145 ff Rn 40). Entsprechendes gilt für ein sog **offer for employment**. Auch hier ist eine Abgrenzung vorzunehmen, ob es um eine Bindung durch Vorvertrag oder nur um die Fixierung der Verhandlungsposition geht (LAG München BB 2000, 327).

5 Die vertragliche Einigung ist bindend (**pacta sunt servanda**), sie kann nur in den gesetzlich geregelten Fällen durch Widerruf, Rücktritt, Kündigung oder Anfechtung einseitig beseitigt werden. Insbes scheidet ein freier einseitiger Widerruf aus (*Larenz/Wolf* § 29 Rn 5). Ansonsten bedarf es eines Aufhebungs- oder Änderungsvertrages nach §§ 145 ff zur einvernehmlichen Beseitigung der Vertragsbindung.

6 Nur ausnahmsweise kann ein Vertrag auch ohne Konsens zustande kommen. Nach der früher verbreiteten Lehre vom **sozialtypischen Verhalten** kann die Inanspruchnahme vertragstypischer Leistungen im Massenverkehr zur Entstehung vertraglicher Schuldverhältnisse führen, ohne dass es der Annahme als Willenserklärung (§ 147 Rz 2) bedarf. Danach führt die Nutzung eines entgeltlichen Parkplatzes (BGHZ 21, 319, 334 f) oder die Inanspruchnahme von Versorgungsleistungen wie Gas, Wasser oder Strom (BGHZ 23, 175, 177 f) zu einer vertraglichen Bindung. Anders wurde im Jahre 1971 bei der Inanspruchnahme einer Flugreiseleistung entschieden, weil es sich (noch?) nicht um eine Veranstaltung des Massenverkehrs handelte (BGH NJW 1971, 609). Heute wird überwiegend angenommen, der Vertragsschluss lasse sich bereits rechtsgeschäftlich begründen. Wer derart sozialtypisches Verhalten an den Tag legt, verliert die Möglichkeit, sein Verhalten anders als Annahmeerklärung deuten zu lassen, der entgegenstehende Wille ist als **protestatio facto contraria** unbeachtlich (vgl *Däubler* Das Zivilrecht 2. Aufl 2000, Kap 9 Rn 109 ff; *Larenz/Wolf* § 30 Rn 21 ff; *Medicus*, Bürgerliches Recht, 20. Aufl 2004, Rn 189 ff; *Fritzsche* JA 2006, 674, 678; *Winkler v Mohrenfels* JuS 1987, 692, 693). Eine derartige unbeachtliche Verwahrung liegt aber noch nicht in der Inanspruchnahme und Verwertung von Informationen eines Maklers, sofern es möglich erscheint, dass der Makler unentgeltlich für den Informationsadressaten tätig werden möchte (BGHZ 95, 393, 399 f).

7 **D. Der Antrag.** § 145 betrifft den Antrag. Er ist dort nicht näher geregelt, sondern wird vorausgesetzt. Es handelt sich um eine einseitige, empfangsbedürftige **Willenserklärung**, die mit Zugang wirksam wird. Sie kann auch in einem Online-Gebot auf einer Internet-Plattform erfolgen (BGH NJW 2002, 361, 364). Der Antrag setzt einen Rechtsbindungswillen voraus. Fehlt es an ihm, so kann lediglich die Aufforderung an die andere Partei, einen Antrag abzugeben (**invitatio ad offerendum**), vorliegen (*Däubler* BGB kompakt, Kap 11 Rn 10 ff). Ob der notwendige Rechtsbindungswille vorliegt, ist durch Auslegung nach Treu und Glauben mit

Rücksicht auf die Verkehrssitte (§§ 133, 157) zu ermitteln. Er wird regelm fehlen, wenn sich der Offerierende an eine unbestimmte Vielzahl möglicher Vertragspartner zB durch Schaufensterauslage (BGH NJW 1980, 1388; ausführlich AnwK/*Hart* Rn 16 ff; Staud/*Bork* Rn 3 ff) oder Verwendung von Massenkommunikationsmitteln wie Fernsehen, Versandkatalog oder Internet (krit aber *Muscheler/Schewe* Jura 2000, 565 ff; differenzierend danach, ob mittels Datenverarbeitung zuvor der aktuelle Warenbestand abgeprüft wird, Erman/*Armbrüster* Rn 7; PWW/*Brinkmann* § 145 Rn 6) wendet (RGZ 133, 388, 391), so dass seine Vorräte uU gar nicht reichen könnten (Palandt/*Heinrichs* Rn 2). Anders verhält es sich mit der Warenauslage im **Selbstbedienungsladen.** Die Auslagen sind als Anträge aufzufassen, die Vorlage zur Bezahlung ist die Annahme, mit der der Vertrag zustande kommt (MüKo/*Kramer* Rn 12; Soerg/*Wolf* Rn 7; str).

Am **Rechtsbindungswillen fehlt** es auch, wenn eine oder beide Seiten keine rechtlich verbindliche Beziehung eingehen wollten, sondern lediglich eine **Gefälligkeit** leisten. Das Vorliegen eines Rechtsbindungswillen oder einer bloßen Gefälligkeit ist im Einzelfall anhand aller Umstände, insbes der Bedeutung für die Parteien und eines möglichen Entgelts zu prüfen (BGHZ 56, 204, 209 f; PWW/*Brinkmann* Vor §§ 145 ff Rn 4). Maßgebend ist, wie ein objektiver Beobachter das Verhalten des die Gefälligkeit Erweisenden verstehen musste (BGHZ 21, 102, 106 f). Die bes Interessenlage, insb die wirtschaftliche Bedeutung und mögliche Schadensersatzrisiken, sind nach Treu und Glauben unter Berücksichtigung der Verkehrssitte einzubeziehen (BGH NJW 1974, 1705: Lotto-Tippgemeinschaft). Das Aufstellen von Waren**automaten** ist ein Angebot an jedermann, das durch Bedienung des Automaten angenommen wird (Palandt/*Heinrichs* Rn 7). Demgegenüber ist das Aufstellen eines Geldautomaten ein Angebot, das nur an den jeweiligen durch PIN-Eingabe ausgewiesenen Berechtigten gerichtet ist (BGH NJW 1988, 979, 981). 8

Der Antrag muss hinreichend **bestimmt** sein (PWW/*Brinkmann* Rn 4). Das ist der Fall, wenn Geschäftsinhalt und -gegenstand so bestimmt oder bestimmbar sind, dass der Vertrag durch einfaches »Ja« als Annahme zustande kommt (BAG NJW 2006, 1832, 1833; Staud/*Bork* Rn 17). 9

E. Die Bindung an den Antrag. Der Antrag ist bindend und kann vom Antragenden deshalb regelm nicht widerrufen werden. Durch Annahmeerklärung führt er die vertragliche Bindung herbei. Da aber ein rechtswirksamer Antrag erst mit Zugang vorliegt (Rz 7), ist ein **Widerruf** zeitlich **vor oder** zumind zeitgleich **mit Zugang** des Antrags nach § 130 Abs 1 S 2 möglich (Staud/*Bork* Rn 21). Die Bindungswirkung kann ausgeschlossen werden (»**freibleibend**«, »ohne obligo«). Wird hinsichtlich des gesamten Angebots die Bindung ausgeschlossen, so liegt im Zweifel nur die Aufforderung zur Abgabe eines Angebots vor (BGH NJW 1996, 920). Bei zugehender »Annahme« (= Antrag) trifft den Auffordernden dann allerdings eine Erklärungspflicht mit der Folge, dass sein Schweigen als Annahme gedeutet wird (*Larenz/Wolf* § 29 Rn 29). Möglich ist aber auch der Ausschluss der Bindung durch **Widerrufsvorbehalt** (BGH NJW 1984, 1885), so dass ein Angebot vorliegt, das bis zur Ausübung des Widerrufsrechts wirksam bleibt (Staud/*Bork* Rn 27). Die Bindung an den Antrag endet erst mit dessen Erlöschen. Letzteres ist in § 146 geregelt (s dort). 10

F. Internationales Privatrecht. Das Vorliegen eines Antrags und das Zustandekommen eines Vertrages richtet sich gem Art 10 Abs 1 Rom I-VO nach dem Recht, das gelten würde, wenn der Vertag wirksam wäre. Ist allerdings nach dem Recht des gewöhnlichen Aufenthalts einer Partei, das nicht Vertragsstatut ist, ein Verhalten nicht als Zustimmung zum Vertrag zu werten, kann dies nach Art 10 Abs 2 Rom I-VO den Vertragsschluss hindern. Diese Sonderanknüpfung nach Abs 2 kann nur zum Ausschluss einer vertraglichen Bindung führen, nicht aber umgekehrt eine Bindung begründen (Bericht *Giuliano/Lagarde* BTDrs 10/503, S 33, 60). Sie betrifft iÜ nur die Frage eines Konsenses, nicht aber etwa das Bestehen von Widerrufs- oder Rücktrittsmöglichkeiten (BGHZ 135, 124, 138). Die Sonderanknüpfung erfordert eine Berufung auf das Umweltrecht, wobei ein Bestreiten der Gültigkeit genügt, ohne dass auf Art 10 Abs 2 Rom I-VO rekurriert werden müsste (MüKo/*Spellenberg* Art 31 Rn 80). Praktische Bedeutung hat die Bestimmung vor allem, wenn es um die Bewertung der Rechtserheblichkeit von Schweigen einer Partei geht (Palandt/*Heldrich* Art 31 EGBGB Rn 5). 11

G. Prozessuales. Zustandekommen (und Bestehen) eines Vertrages durch Antrag und Annahme kann durch (Zwischen-)Feststellungsklage nach § 256 ZPO einer gerichtlichen Klärung zugeführt werden. Eine inzidente Überprüfung im Rahmen einer Auseinandersetzung um vertragliche Rechte ist ebenfalls möglich. Bei bestehendem Vorvertrag (Rz 4) kann auf Abschluss des Hauptvertrages geklagt werden. Die Verhandlung der noch offenen Vertragsbedingungen erfolgt dann prozessual, indem die Klage auf eine Vertragserklärung erhoben wird und etwaige in Frage kommende andere Vertragsgestaltungen einwendungsweise entgegen gehalten werden können, worauf durch Klageänderung eingegangen werden kann (BGH NJW 2006, 2843, 2844 f). Das Vorliegen eines Antrags hat derjenige zu beweisen, der sich darauf als ihm günstige Tatsache beruft, desgleichen den ausnahmsweisen Ausschluss von der Bindung (BaRoth/*Eckert* Rn 49). 12

§ 146 Erlöschen des Antrags. **Der Antrag erlischt, wenn er dem Antragenden gegenüber abgelehnt oder wenn er nicht diesem gegenüber nach den §§ 147 bis 149 rechtzeitig angenommen wird.**

A. Normzweck. Die Bestimmung dient dem Schutz des Antragenden, indem seine Bindung für den Fall der Ablehnung oder verspäteten Annahme ausgeschlossen wird. Allerdings wird nicht nur die Bindung beendet, 1 der Antrag erlischt insg (Rz 4), so dass der Antragende einer nicht mehr gewünschten Bindung auf jeden Fall entgeht, auch ohne insoweit durch Widerruf des Antrags initiativ werden zu müssen.

2 **B. Ablehnung.** Die Ablehnung ist eine einseitige empfangsbedürftige Willenserklärung. Mit ihr wird die endgültige Verweigerung, den angebotenen Vertrag zu schließen, erklärt (BaRoth/*Eckert* Rn 3). Bloßes Schweigen ist keine Ablehnung, so dass der Antrag noch bis zum Ende der Annahmefrist angenommen werden kann. Ein beschränkt Geschäftsfähiger benötigt für die Ablehnung die Zustimmung des gesetzlichen Vertreters gem § 107, weil die durch § 145 begründete Rechtsposition beseitigt wird (Soerg/*Wolf* Rn 4). Die Ablehnung ist an keine Form gebunden, selbst wenn der intendierte Vertrag formbedürftig gewesen wäre. Bis zu ihrem Zugang ist die Ablehnung widerruflich, da erst ab Zugang eine wirksame Willenserklärung vorliegt. Die wirksam erklärte Ablehnung kann im Falle von Willensmängeln nach §§ 119, 120, 123 angefochten werden mit der Folge, dass der Antrag als nicht erloschen gilt und den Antragenden weiter bindet (BaRoth/*Eckert* Rn 7).

3 **C. Versäumung der Annahmefrist.** Die mangelnde Rechtzeitigkeit der Annahme (zur Annahme s § 147 Rz 2 ff) wird gesetzlich in den §§ 147 ff konkretisiert. Erfolgt die Annahme verspätet, gilt sie gem § 150 Abs 1 als erneuter Antrag.

4 **D. Rechtsfolge/Beweislast.** Ablehnung und Versäumen der Annahmefrist führen zum Erlöschen des Antrags. Er verliert seine rechtliche Existenz und kann deshalb nicht mehr angenommen werden (BGH NJW-RR 1994, 1163, 1164). Der Antrag kann nach Ablehnung selbst dann nicht mehr angenommen werden, wenn die Annahmefrist noch läuft (Soerg/*Wolf* Rn 7). Die Darlegungs- und Beweislast für das Erlöschen des Antrags trifft denjenigen, der sich darauf beruft, in aller Regel also den Antragenden, der seine Bindung an den Antrag bestreitet.

§ 147 Annahmefrist. **[1] Der einem Anwesenden gemachte Antrag kann nur sofort angenommen werden. Dies gilt auch von einem mittels Fernsprechers oder einer sonstigen technischen Einrichtung von Person zu Person gemachten Antrag.**

[2] Der einem Abwesenden gemachte Antrag kann nur bis zu dem Zeitpunkt angenommen werden, in welchem der Antragende den Eingang der Antwort unter regelmäßigen Umständen erwarten darf.

1 **A. Normzweck.** Die Bestimmung regelt die Frist, innerhalb derer der Antrag angenommen werden kann. Sie differenziert zwischen Anträgen unter Anwesenden und Anträgen unter Abwesenden. Da nach Ende der Annahmefrist die Bindung an den Antrag ausgeschlossen ist, schützt § 147 mittelbar den Antragenden vor allzu langen Bindungen (vgl AnwK/*Hart* Rn 1; s auch § 146 Rz 1). Die Verlängerung der Frist in AGB ist an § 308 Nr 1 zu messen (BGH NJW 1986, 1807, 1808: 6-wöchige Frist in AGB einer Hypothekenbank unwirksam; BGHZ 109, 359: 4-wöchige Bindungsfrist in AGB für Neuwagenverkauf wirksam; Einzelheiten s Kommentierung zu § 308 Nr 1). Der Antrag kann aber auch mit unbefristeter Bindung unterbreitet werden. In diesem Fall ist er aber aus wichtigem Grund (vgl § 314) kündbar (Düsseldorf NJW-RR 1991, 311).

2 **B. Die Annahme.** Die Annahme ist eine empfangsbedürftige **Willenserklärung**, mit der die vorbehaltlose Akzeptanz des Antrags ausgedrückt wird (BGH WM 1985, 1481). Mit ihr wird der Wille verlautbart, zu den Konditionen des Antrags zu kontrahieren. Sie kann auch vor Abgabe des Angebots abgegeben werden, wenn beispielsweise bei einer Internet-Versteigerung erklärt wird, man werde das Angebot des Höchstbietenden annehmen (BGH NJW 2002, 363, 364). Die Annahme kann auch **konkludent** erfolgen. Dies kann auch in der Entgegennahme der Leistung liegen (BGH NJW 1963, 1248). Das gilt beispielsweise bei der Entnahme von Strom aus dem Netz (BGH NJW 2007, 1672, 1673). Bei R-Gesprächen erfolgt die Annahme konkludent durch Entgegennahme des Gesprächs (BGH NJW 2006, 1971; ausf dazu *Zagouras* NJW 2006, 2368 ff). Bei der Entgegennahme oder Nutzung unbestellter Ware kommt es allerdings nach § 241a nicht zum Vertragsschluss (s § 241a Rz 2 ff). Die Annahme ist in den Fällen der §§ 151, 152 nicht empfangsbedürftig. Kreuzen sich zwei Anträge (sog **Kreuzofferten**), bedeutet dies noch keinen Vertragsschluss, weil beide Seiten nicht in Kenntnis des anderweitigen Angebots gehandelt haben. Es kommt aber gegebenenfalls ein Vertragsschluss durch Schweigen zu Stande, weil beiderseits nach Treu und Glauben eine Reaktion geboten war (vgl BGH LM Nr 1 zu § 150; RGRK/*Piper* § 145 Rn 4, zum ausnahmsweisen Vertragsschluss durch Schweigen sogleich Rz 3). Nach anderer Ansicht kommt eine Annahme nach § 151 S 1 in Betracht (AnwK/*Hart* § 145 Rn 11). Die Annahme kann auch automatisiert sein, insb durch **Computererklärungen** zustande kommen (zB beim Internetkauf). Die entspr Erklärung wird dem Gerätebetreiber zugerechnet (*Larenz/Wolf* § 30 Rn 49) bzw demjenigen, der den Datenverarbeitungsvorgang willentlich in Gang setzt, bei einer Internetversteigerung also beispielsweise dem »Bieter« oder »Anbieter« (vgl BGH NJW 2002, 363, 364). Die Bestellbestätigung reicht dazu aber noch nicht, wohl aber beispielsweise eine Versandnachricht (*Kocher* JA 2006, 144, 145).

3 Bloßes **Schweigen** beinhaltet jedoch grds keine Annahmeerklärung (BGH NJW-RR 1994, 1163, 1165). Das gilt auch dann, wenn der Antragende erklärt, er wolle eventuelles Schweigen so verstehen (Staud/*Bork* § 145 Rn 5). Eine Ausn kann sich zunächst ergeben, wenn **nach Treu und Glauben** eine Reaktion auf das Angebot

geboten war, etwa aus Vorverhandlungen (BGH NJW 1995, 1281), bei modifiziertem oder verspätetem Angebot (§ 150 Rz 2) oder bei entspr bisheriger Praxis im Rahmen laufender Geschäftsbeziehung (vgl *Medicus* Rn 393), freilich nur, soweit es sich nicht um bes bedeutsame und außergewöhnliche Geschäfte handelt (BGH NJW-RR 1994, 1163, 1165). Zweifelhaft ist allerdings, ob die widerspruchslose Hinnahme weiterer Arbeiten nach vorausgegangenem Nachtragsangebot zum Bauvertrag insoweit zum Vertragsschluss durch Schweigen genügen kann (so Jena BauR 2006, 1897, 1898). Weitere Ausn sind **gesetzlich geregelt**, etwa in § 362 Abs 1 HGB oder in § 516 Abs 2 S 2. Unter Kaufleuten kann schließlich auch die widerspruchslose Hinnahme eines sog **kaufmännischen Bestätigungsschreibens** vertragsschlussbegründende Wirkung haben. Es handelt sich um ein gewohnheitsrechtlich anerkanntes Institut. Voraussetzung ist, dass zeitnah Vertragsverhandlungen voraus gegangen sind und das Schreiben den Inhalt einer Absprache versehentlich (gutgläubig, BGHZ 40, 42, 46) unzutr wiedergibt, ohne dass eine derart weit reichende Abweichung vom Angebot vorliegt, dass mit einem Einverständnis des Vertragspartners vernünftigerweise nicht zu rechnen war. Die widerspruchslose Hinnahme des Bestätigungsschreibens führt zum Vertragsschluss bzw zur Vertragsänderung mit dem Inhalt des Bestätigungsschreibens (RGZ 54, 176, 179 ff; BGHZ 7, 189). Der Widerspruch muss unverzüglich iSd § 121 Abs 1 (s § 121 Rz 2 ff) erfolgen (BGHZ 18, 212, 215 f). Wo hingegen ein Schreiben eine Abweichung zur vorausgegangenen Erklärung des anderen Teils enthält, gelten nicht die Grundsätze über das kaufmännische Bestätigungsschreiben, vielmehr ist § 150 anzuwenden (BGHZ 18, 212). Ebenfalls kommt kein Vertragsschluss durch Schweigen in Betracht, wenn der Abschluss eines mit einem vollmachtlosen Vertreter abgeschlossenen Geschäfts bestätigt wird, dessen Abschluss der vermeintlich Vertretene sich nicht nach den Grundsätzen der Anscheins- oder Duldungsvollmacht zurechnen lassen muss (BGH NJW 2007, 987). Eine ggü dem **Angebot veränderte Annahme** ist als **Ablehnung**, verbunden mit einem **erneuten Angebot** mit dem anderen Inhalt zu werten (§ 150 Abs 2).

C. Annahmefrist. Vorrangig gilt die vom Antragenden **bestimmte Annahmefrist** gem § 148. Fehlt es an einer solchen, regelt § 147 die Annahmefrist und differenziert dabei zwischen Anträgen unter Anwesenden und Anträgen unter Abwesenden. Zu den **Rechtsfolgen** der Fristversäumnis s § 146 Rz 4. Anträge **unter Anwesenden** müssen sofort angenommen werden. Das gilt auch, wenn das Angebot schriftlich unterbreitet wird, sofern eine sofortige Annahme verlangt wird oder sich dies aus den Umständen ergibt (Soerg/*Wolf* Rn 2; BaRoth/*Eckert* Rn 2; aA *Flume* S 638: grds nur sofortige Annahme möglich). Das **Gebot sofortiger Annahme unter Anwesenden** gilt auch bei Einschaltung eines Vertreters, auch wenn es sich um einen vollmachtlosen Vertreter handelt (BGH NJW 1996, 1062, 1064). Demgegenüber handelt es sich bei Einschaltung eines Empfangsboten um ein Angebot unter Abwesenden (BaRoth/*Eckert* Rn 3). Wird hingegen ein Erklärungsbote eingesetzt, richtet sich die Frage, ob es sich um ein Angebot unter Anwesenden handelt, danach, ob der Bote den Erklärungsempfänger antrifft (Staud/*Bork* Rn 3). 4

Der **telefonische Antrag** ist dem Antrag unter Anwesenden gleichgestellt. Dasselbe gilt bei Verwendung einer »**sonstigen technischen Einrichtung**«. Diese Formulierung wurde zur Umsetzung der E-Commerce-RL (RL 2000/31/EG, ABl L 178/1) sowie der Signaturrichtlinie (RL 1999/93/EG, ABl L 13/12) eingefügt. Sie betrifft aber nur Dialogkommunikationen mittels technischer Einrichtungen wie zB Videokonferenzen, während Einweg-Kommunikationen zwischen Erklärendem und Empfänger wie etwa BTX, Telefax oder E-Mail als Anträge unter Abwesenden behandelt werden (*Heun* CR 1994, 595, 597; *Mehrings* MMR 1998, 30, 32 f; *Paefgen* JuS 1988, 592, 596). Bei Letzteren ist eine unverzögerte Wahrnehmung nicht gewährleistet. 5

Die **sofortige Annahme** erfordert eine **Annahmeerklärung** (Rz 2 ff) **ohne Zögern** (MüKo/*Kramer* Rn 5; Soerg/*Wolf* Rn 6). Auch schuldloses Zögern führt zum Erlöschen des Angebots (PWW/*Brinkmann* § 145 Rn 13; AnwK/*Hart* Rn 4; Palandt/*Heinrichs* Rn 5). Die Reaktion muss dabei schneller ausfallen als nach den Grundsätzen zur Unverzüglichkeit bei § 121 (s dort Rz 2 ff). Der Begriff »sofort« ist aber in dem Sinne auszulegen, dass die Möglichkeit des Bedenkens der Tragweite und Bedeutung des Geschäfts eingeschlossen wird (BaRoth/*Eckert* Rn 8; Soerg/*Wolf* Rn 6). 6

Der Antrag **unter Abwesenden** kann bis zu dem Zeitpunkt angenommen werden, zu dem der Antragende unter regelm Umständen eine Annahme erwarten darf. Dies Umstände sind objektiv zu bestimmen (BGH LM Nr 1 zu § 147; RGRK/*Piper* Rn 28). Die Annahmefrist setzt sich zusammen aus den Wegezeiten für Antrags- und Annahmeerklärung sowie Bearbeitungs- und Überlegungszeit (BGH NJW 1996, 919, 921). Hinsichtlich der Wegezeit für die Annahmeerklärung ist zu berücksichtigen, dass der Annehmende in der Wahl des Übermittlungsweges frei ist, die Wahl eines bes langsamen Kommunikationsmittels jedoch nicht mehr zu den »regelmäßigen« Umständen zählt (BaRoth/*Eckert* Rn 15). Einzubeziehen sind sämtliche verzögernden Umstände, mit denen zu rechnen war, sowie solche, die dem Antragenden bekannt waren (RGZ 142, 402, 404). Zur Fristwahrung genügt eine rechtzeitige Absendung nicht, vielmehr muss die Annahme innerhalb der Frist zugehen. 7

D. Beweislast. Die Beweislast für die Versäumung der Annahmefrist trägt der Antragende. IÜ trägt die Beweislast für die Annahme derjenige, der sich auf das Vorliegen eines Vertrages beruft (Dresden OLG-NL 1999, 19, 21). Bei einem **kaufmännischen Bestätigungsschreiben** (Rz 3) hat derjenige, der sich auf einen Vertragsinhalt entspr dem Bestätigungsschreiben beruft, die Darlegungs- und Beweislast dafür, dass Verhand- 8 lungen unter Kaufleuten vorausgegangen sind (BGH NJW 1990, 386) und ein Bestätigungsschreiben zugegangen ist (BGHZ 70, 232, 234). Der Empfänger muss beweisen, dass der Erklärende arglistig einen anderen Verhandlungsinhalt angegeben hat, ferner eine wesentliche Abweichung (BGH NJW 1974, 991, 992); schließlich Zugang und Rechtzeitigkeit eines Widerrufs (BGH NJW 1962, 104).

§ 148 Bestimmung einer Annahmefrist. Hat der Antragende für die Annahme des Antrags eine Frist bestimmt, so kann die Annahme nur innerhalb der Frist erfolgen.

1 **A. Normzweck.** Die Privatautonomie berechtigt den Antragenden zur Bestimmung eines Zeitraums, innerhalb dessen er sich an den Antrag gebunden sehen will (Palandt/*Heinrichs* Rn 1). Er kann dadurch auch die sich aus § 147 an sich ergebende Bindungsfrist verlängern (Rz 3). Möglich ist es sogar, einen Antrag gänzlich in der Schwebe zu halten (BGH WM 1968, 1103). Einen Willen zur Bestimmung der Bindungsdauer exekutiert § 148. Mangels einer solchen Bestimmung greift – ebenso wie im Falle einer unwirksamen Fristbestimmung – § 147 (BaRoth/*Eckert* Rn 1).

2 **B. Die Fristbestimmung.** Die Fristbestimmung ist einseitiges Rechtsgeschäft. Sie kann deshalb selbständig erklärt werden. Sie muss aber, um die Wirkungen des § 148 zu zeitigen, spätestens zeitgleich mit dem Antrag zugehen (BaRoth/*Eckert* Rn 2). Die Frist kann auch konkludent erklärt werden. Bei formbedürftigen Anträgen ist sie aber gleichermaßen dem betreffenden Formgebot unterworfen (PWW/*Brinkmann* Rn 10; RGRK/*Piper* Rn 1). Die Bemessung der Frist steht dem Antragenden grds zur privatautonomen Disposition (Hk-BGB/*Dörner* Rn 1). Die Fristsetzung ist auch dann maßgeblich, wenn sie objektiv zu kurz geraten ist (Hk-BGB/*Dörner* Rn 4; aA für nicht einhaltbare Frist Staud/*Bork* Rn 5). Für AGB s aber § 308 Nr 1. Hinsichtlich einer Änderungskündigung im Arbeitsrecht gilt in Hinblick auf § 2 S 2 KSchG eine Mindestfrist von 3 Wochen. Ist die vom Arbeitgeber gesetzte Frist zu kurz bemessen, so soll sie nach zweifelhafter Rspr in eine 3-wöchige Frist umzudeuten sein (BAG DB 2007, 1474). Der Antragende kann ein Datum benennen oder einen bestimmten Zeitraum, auf den im Zweifel die §§ 186 ff anzuwenden sind (BaRoth/*Eckert* Rn 5). Eine stillschweigende Verlängerung der Frist ist möglich (Hamm NJW 1976, 1212). Für die Fristberechnung gelten §§ 186 ff (PWW/*Brinkmann* Rn 10). Die Frist beginnt bereits mit Abgabe des Antrags, nicht erst mit dessen Zugang (Soerg/*Wolf* Rn 8).

3 **C. Rechtsfolge/Beweislast.** Bei wirksamer (vgl Rz 2) Fristbestimmung erlischt mit Ablauf der Frist die Bindung an das Angebot (vgl § 146 Rz 4). Das gilt auch, wenn die Frist länger dauert als die in § 147 geregelte Bindungsfrist. Der Antrag kann deshalb auch nach der in § 147 bestimmten Zeit angenommen werden, solange die Fristbestimmung des Antragenden eingehalten wurde. Zur Fristwahrung ist Zugang der Annahmeerklärung, nicht nur Abgabe, erforderlich (vgl RGZ 53, 59, 60 f). Im Falle eine Annahme durch vollmachtlosen Vertreter muss auch die Genehmigung des Vertretenen innerhalb der Annahmefrist zugehen (BGH NJW 1973, 1789). Wer sich auf eine Befristung des Antrags beruft, hat die Befristung zu beweisen, weil es sich um eine Abweichung von der in § 147 perpetuierten Regel handelt (Staud/*Bork* Rn 12; Palandt/*Heinrichs* § 147 Rn 3; aA RGRK/*Piper* Rn 7).

§ 149 Verspätet zugegangene Annahmeerklärung. Ist eine dem Antragenden verspätetet zugegangene Annahmeerklärung dergestalt abgesendet worden, dass sie bei regelmäßiger Beförderung diesem rechtzeitig zugegangen sein würde, und musste der Antragende dies erkennen so hat er die Verspätung dem Annehmenden unverzüglich nach dem Empfang der Erklärung anzuzeigen, sofern es nicht schon vorher geschehen ist. Verzögert er die Absendung der Anzeige, so gilt die Annahme als nicht verspätet.

1 **A. Normzweck/Anwendungsbereich.** Die Bestimmung bezweckt den Schutz des Annehmenden. Sofern dieser das zur Annahme Erforderliche getan hat, wird er im Falle außergewöhnlicher Verzögerungen behandelt, als ob die Annahme rechtzeitig gewesen wäre, falls der Antragende, der die Situation erkannte oder erkennen musste, nicht unverzüglich eine Verspätungsanzeige abgesendet hat (BaRoth/*Eckert* Rn 2). Es handelt sich um eine Fiktion auf Basis des Vertrauensgedankens (Palandt/*Heinrichs* Rn 1). Falls § 149 nicht zu Gunsten des Annehmenden greift, gilt § 150 über verspätete und abändernde Annahmen. Die Bestimmung bezieht sich auf Vertragsschlüsse zwischen Anwesenden und ist dispositiv (BaRoth/*Eckert* Rn 3; Soerg/*Wolf* Rn 1).

2 **B. Tatbestand.** Erforderlich ist zunächst eine **rechtzeitige Absendung der Annahmeerklärung**. Dabei muss ein verkehrsüblicher Versendungsweg verwendet werden (PWW/*Brinkmann* Rn 2; MüKo/*Kramer* Rn 3). Die Verspätung muss ihre Ursache im Versendungsmittel haben. Sie muss dem Antragenden im Zeitpunkt des Zugangs bei verkehrsüblicher Sorgfalt (Palandt/*Heinrichs* Rn 2) erkennbar gewesen sein (BGH NJW 1988, 2106, 2107; Hk-BGB/*Dörner* Rn 2). Erforderlich im Interesse des Antragenden ist eine **ordnungsgemäße Verspätungsanzeige**. Es handelt sich um eine formfreie rechtsgeschäftsähnliche Handlung (Staud/*Bork* Rn 8; zum Begriff der geschäftsähnlichen Handlung § 130 Rz 8). Sie muss unverzüglich (§ 121 Rz 2) erfolgen. Dabei darf wegen des zu schützenden Vertrauens des Annehmenden der Übermittlungsweg hinsichtlich der Geschwindigkeit nicht hinter dem für die Annahmeerklärung zurück bleiben (BaRoth/*Eckert* Rn 9).

C. Rechtsfolge/Beweislast. Bei verspäteter Anzeige wird die Rechtzeitigkeit der Annahme fingiert mit der weiteren Folge eines wirksamen Vertragsschlusses (RGZ 105, 255, 257) zum Zeitpunkt des Zugangs der Annahmeerklärung (Staud/*Bork* Rn 11). Zur Rechtzeitigkeit genügt allerdings schon die Absendung, Zugang ist nicht erforderlich (Motive I S 171; Soerg/*Wolf* Rn 11; aA PWW/*Brinkmann* Rn 3). Der Annehmende trägt also das Verlustrisiko. Die rechtzeitige Absendung der Verspätungsanzeige bewirkt, dass die Annahme gem § 150 wie ein neuer Antrag zu behandeln ist (vgl BaRoth/*Eckert* § 150 Rn 2; Staud/*Bork* § 150 Rn 2). Wer sich auf einen Vertragsschluss beruft, muss darlegen und im Streitfall beweisen, dass die Annahmeerklärung rechtzeitig abgesendet wurde und der Grund der Verspätung dem Antragenden erkennbar war. Die Gegenseite muss die Absendung der Verspätungsanzeige sowie die Umstände für deren Rechtzeitigkeit darlegen und beweisen (Palandt/*Heinrichs* Rn 4; BaRoth/*Eckert* Rn 11). 3

§ 150 Verspätete und abändernde Annahme.

[1] Die verspätete Annahme eines Antrags gilt als neuer Antrag.
[2] Eine Annahme unter Erweiterungen, Einschränkungen oder sonstigen Änderungen gilt als Ablehnung verbunden mit einem neuen Antrag.

A. Normzweck. Verspätete wie modifizierende Annahme sind zunächst Ablehnungen (BGH NJW-RR 1993, 1035) und werden wie neuerliche (Gegen-)Anträge bewertet und bedürfen deshalb ihrerseits der Annahme durch den ursprünglich Antragenden. Dadurch soll der Abschluss von Verträgen erleichtert werden, indem nicht eine neuerliche vollständige Vertragsanbahnung notwendig wird (BaRoth/*Eckert* Rn 1; Hk-BGB/*Dörner* Rn 1). Das entspricht dem mutmaßlichen Parteiwillen. Denn wer den Antrag – wenn auch verspätet – annimmt, hat den Willen, den angetragenen Vertrag zu schließen (BaRoth/*Eckert* § 150 Rn 2). ZT wird die Deutung als neuerlicher Antrag (wohl deshalb) als widerlegliche Vermutung angesehen (PWW/*Brinkmann* Rn 3; Hk-BGB/*Dörner* Rn 1). Zu einander widersprechenden **AGB** s § 305 Rz 1 ff. Für Versicherungsverträge enthält § 5 VVG eine Sonderregel. 1

B. Verspätete Annahme. Erfasst werden zunächst die Fälle des gem § 146 wegen verspäteter Annahme (§§ 147, 148) erloschenen Angebots (BaRoth/*Eckert* Rn 2). Auch der Fall des iSd § 149 verspätet zugegangenen Antrags wird geregelt (§ 149 Rz 2), wenn nicht schon eine Annahmefiktion nach § 149 S 2 wegen verspäteter Verspätungsanzeige gegeben ist. Die Wertung der verspäteten Annahme als Antrag erfordert deren Zugang (PWW/*Brinkmann* Rn 1). Denn anderenfalls fehlt es an einer wirksamen Willenserklärung (§ 130). Entbehrlich ist der Zugang aber in den Fällen der §§ 151, 152, 156. Darüber hinaus muss die Erklärung allen an den Antrag zu stellenden Anforderungen genügen (AnwK/*Hart* Rn 3). 2

C. Modifizierte Annahme. Zunächst ist auf Tatbestandsebene im Wege der Auslegung der »Annahme«erklärung zu ermitteln, ob überhaupt eine Abänderung (Erweiterung, Einschränkung oä) vorliegt (AnwK/*Hart* Rn 4). Dabei muss die Änderung für den anderen Teil unzweideutig zum Ausdruck kommen (BGH LM Nr 2 zu § 150 BGB). Sie kommt namentlich in Betracht durch Änderungen auf einer übersandten Vertragsurkunde (Jena OLG-NL 2006, 54). Die bloße Bitte um andere Bedingungen kann diese Eindeutigkeit nicht enthalten. Entweder handelt es sich um eine unmodifizierte Annahme oder um eine Ankündigung, sich erst zum Ende der Annahmefrist zu entscheiden (vgl BGH WM 1982, 1329, 1330). Wird eine größere Menge als die angebotene angenommen, kann ein Fall das Abs 2 vorliegen oder eine Annahme bei gleichzeitigem Antrag auf eine zusätzliche Menge (BGH ZIP 1995, 812, 816). Bei nur geringerer Menge im Rahmen der Annahme kann eine Teilannahme vorliegen, wenn diese nach Auslegung des Antrags zulässig ist, anderenfalls handelt es sich um einen Fall von Abs 2. 3

Die modifizierte Annahme gilt als Antrag, gleichgültig, ob die Änderung wesentlich oder unwesentlich ist (BGH NJW 2001, 221, 222). Allerdings ist immer erforderlich, dass es sich noch um eine Annahme des ursprünglichen Antrags handelt. Das kann bei ganz erheblichen Abweichungen zweifelhaft werden. Die Frage ist durch Auslegung zu klären. IÜ ist auch die dem Antragenden günstige Abweichung ein modifiziertes Angebot iSd Abs 2 (PWW/*Brinkmann* Rn 4). Die Geltung als Ablehnung, verbunden mit einem neuen Antrag tritt unabhängig davon ein, ob der »Annehmende« sich dessen bewusst ist, sogar unabhängig davon, ob er sich der Abweichung vom ursprünglichen Antrag bewusst ist (Hamm NJW-RR 1996, 1454). Auch bei der modifizierten Annahme ist Zugang erforderlich. 4

D. Vertragsschluss durch Annahme seitens des Antragenden. Da die verspätete oder modifizierte Annahme als Antrag gilt, kommt ein Vertrag erst durch Annahme seitens des ursprünglich Antragenden zustande. Es gelten die allg Grundsätze zum Vertragsschluss (§§ 145 ff) mit umgekehrter Rollenverteilung. Dabei kommt in vielen Fällen der Vertragsschluss ohne Annahmeerklärung nach § 151 in Betracht (vgl § 151 Rz 3). Eine Annahme durch Schweigen (§ 147 Rz 3) kommt insbes zum Zuge bei unwesentlicher oder erkennbar unverschuldeter Verspätung (RGZ 103, 11, 13; BGH NJW 1951, 313) sowie bei unwesentlicher Abweichung, nicht aber, wenn es sich um einen wichtigen Vertrag handelt (BGH NJW-RR 1994, 1163, 1165). Besonderheiten gelten bei Abweichungen durch Verwendung von AGB (§ 305 Rz 1 ff). Formgebote müssen in Bezug auf dieses neue Angebot und die darauf gerichtete Annahme eingehalten werden (vgl BGH NJW 2001, 5

221). Für die Annahme der als Antrag geltenden Erklärung ist eine Frist nach §§ 146 ff zu bestimmen. Bei der Festsetzung der Frist nach § 147 Abs 2 sowie der Frist nach § 151 S 2 ist zu berücksichtigen, dass der Inhalt mit dem erloschenen Angebot des nun zur Annahme Berechtigten übereinstimmt, so dass iA eine nur kurze Überlegungszeit genügend ist (*Hilger* AcP 185 [1985], 559, 582; Soerg/*Wolf* Rn 5).

6 **E. Beweislast.** Wer sich auf eine Verspätung oder Modifizierung eines Antrags und damit verbunden das Fehlen einer Annahme und des Vertragsschlusses beruft, muss die dafür maßgeblichen Tatsachen als ihm günstige Tatsachen beweisen.

§ 151 Annahme ohne Erklärung gegenüber dem Antragenden. Der Vertrag kommt durch die Annahme des Antrags zustande, ohne dass die Annahme dem Antragenden gegenüber erklärt zu werden braucht, wenn eine solcher Erklärung nach der Verkehrssitte nicht zu erwarten ist oder der Antragende auf sie verzichtet hat. Der Zeitpunkt, in welchem der Antrag erlischt, bestimmt sich nach dem aus dem Antrag oder den Umständen zu entnehmenden Willen des Antragenden.

1 **A. Normzweck.** Grundsätzlich erfordert der Vertragsschluss neben dem Antrag eine Annahmeerklärung, die erst mit Zugang wirksam wird (§ 147 Rz 2 ff). § 151 verzichtet nun auf den Zugang der Annahmeerklärung, nicht allerdings auf eine Annahmeerklärung selbst (*Brehmer* JuS 1994, 386, 387; PWW/*Brinkmann* Rn 1, 7; und ausführl Staud/*Bork* Rn 14 ff; aA *P Bydlinski* JuS 1988, 36; und ausführl *R Schwarze* AcP 202 [2002], 607 ff). Die Bestimmung bezweckt damit eine Erleichterung und Beschleunigung des Rechtsverkehrs (BaRoth/*Eckert* Rn 1).

2 **B. Annahme.** Notwendig sind eine **Annahmeerklärung** und damit ein Annahmewille des Angebotsempfängers. Bisweilen wird auch statt einer Willenserklärung (§ 130 Rz 3 ff) eine **Willensbetätigung** angenommen (vgl BGHZ 111, 97, 101), weil der Annahmewille dem Antragenden ja gar nicht zur Kenntnis gelangen muss. Dies bleibt ohne sachlichen Unterschied (Hk-BGB/*Dörner* Rn 2). Denn auf eine solche Willensbetätigung sind die Vorschriften über Willenserklärungen jedenfalls entspr anwendbar (RGRK/*Piper* § 148 Rn 5). Der Annahmewille muss aus dem Verhalten des Angebotsempfängers zweifellos zu entnehmen sein (BGHZ 74, 352, 356; 111, 97, 101). Zur Ermittlung eines solchen Willens sind alle Umstände des Einzelfalls zu würdigen. Mangels Empfangsbedürftigkeit kommt es aber nicht auf den Empfängerhorizont an (BGHZ 111, 97, 101). Ein Annahmewille kann etwa in der Erfüllung der Vertragspflichten zum Ausdruck kommen. Ein Abtretungsangebot kann beispielsweise durch Einklagen der abgetretenen Forderung angenommen werden (vgl BGH NJW 1999, 2179). Die Ingebrauchnahme einer gelieferten Sache kann ebenfalls Annahmeerklärung sein. Ein entgegenstehender Wille ist in diesem Falle uU wegen § 116 unbeachtlich (Palandt/*Heinrichs* Rn 2b), sofern kein Verbraucher handelte, für den § 241 als lex specialis gilt. Auch die Einlösung eines mit dem Antrag auf einen Teilerlass hingegebenen Schecks kann konkludente Annahme sein (BGH NJW 1990, 1657). Anderes gilt aber bei ungewöhnlichem Missverhältnis zwischen streitiger Forderung und Scheckbetrag (BGH NJW 2001, 2324), ferner dann, wenn der Antragsempfänger dem Angebot widersprochen hat (BGHZ 111, 97, 102 f; ausführl z Ganzen *Eckardt* BB 1996, 1945). Eine Annahme liegt ferner in der Absendung bestellter Ware (Schleswig NJW 2004, 231).

3 **C. Entbehrlichkeit des Zugangs der Annahmeerklärung.** Entbehrlich ist die Annahmeerklärung in zwei Fällen: wenn sie nach der Verkehrssitte nicht zu erwarten ist oder wenn der Antragende darauf verzichtet hat. Der **Verzicht** auf Annahmeerklärung kann auch konkludent erfolgen (BGH NJW 1981, 275, 276; ZIP 1986, 1149, 1150). Das wird man zumeist in Fällen der verspäteten oder modifizierten Annahme annehmen dürfen. Ferner ist an die Herstellergarantie bei Aushändigung der Garantiekarte zu denken (s BGH NJW 1981, 275, 276; BGHZ 104, 82, 85). Selbst im Falle einer Formbedürftigkeit der Annahmeerklärung ist der Verzicht möglich (BGH NJW 1999, 1328).

4 Eine **Verkehrssitte** liegt vor, wenn bei Geschäften dieser Art unter vergleichbaren Umständen auf eine Annahmeerklärung üblicherweise verzichtet wird (Staud/*Bork* Rn 6). Einen wichtigen Fall dieser Art stellt im Arbeitsrecht die sog Gesamtzusage dar, bei der der Arbeitgeber den Arbeitnehmern des Betriebes oder einer bestimmten Arbeitnehmergruppe zusätzliche Leistungen durch allg Bekanntmachung, zB am Schwarzen Brett, verspricht (vgl etwa Kittner/Zwanziger/*Kittner/Deinert* § 13 Rn 29). Die Annahmeerklärung ist hier nach der Verkehrssitte nicht zu erwarten (BAG [GS] AP Nr 17 zu § 77 BetrVG 1972). Der Vertrag bzw die Vertragsänderung kommt durch widerspruchslose Weiterarbeit und Entgegennahme der Leistung zu Stande. Dasselbe nimmt die Rspr bei einer betrieblichen Übung an. Ein wiederholtes gleichförmiges Verhalten des Arbeitgebers sei als Angebot zur Vertragsänderung zu verstehen, das die Arbeitnehmer gem § 151 annehmen (BAG NZA 1994, 88, 89). So begründete Ansprüche können iÜ auf demselben Wege wieder beseitigt werden (BAG NZA 2005, 352). Ein Arbeitnehmer kann jedoch durch Widerspruch einer solchen gegenläufigen betrieblichen Übung entgegen treten (BAG NJW 2008, 2877), so dass es an der Annahmeerklärung hinsichtlich der verschlechternden Betriebsübung fehlt. Allerdings ist die rechtsdogmatische Einordnung der betrieblichen Übung als Vertrag zweifelhaft (vgl *Reiter* ZfA 2006, 361, 363 ff; *Waltermann* RdA 2006, 257 ff; Kittner/Zwanziger/*Kittner/Deinert* § 13 Rn 36). Eine entspr Verkehrssitte wird im Weiteren für alle anderen Fälle

lediglich rechtlich vorteilhafter Geschäfte zu bejahen sein (BGH NJW 2000, 276), insbes bei Geschenken. Die Annahme ist immer dann anzunehmen, wenn kein entgegenstehender Wille erkennbar wird (BGH NJW 2000, 276). Eine entspr Verkehrssitte ist für die Annahme von Überweisungsaufträgen durch die Bank zu bejahen (§ 676a Rz 1 ff).

Mit der Annahme **kommt der Vertrag zustande.** Auf die Kenntnis des Antragenden von der Annahme kommt es nicht an (RGZ 84, 320, 323). Mangels Zugangserfordernisses kommt ein Widerruf nach § 130 Abs 1 S 2 nicht in Betracht (RGZ 102, 370, 372; PWW/*Brinkmann* Rn 7; Hk-BGB/*Dörner* § 151 Rn 7; aA *Brehmer* JuS 1994, 386, 390 f; *P Bydlinski* JuS 1988, 36, 38). 5

D. Annahmefrist. Für die Annahmefrist gilt nicht § 147, vielmehr ist S 2 maßgeblich. Es kommt danach auf den Willen des Antragenden an. Dieser ist aus dem Antrag, sonst aus den Umständen zu entnehmen. Mangels Fristbestimmung ist deshalb der mutmaßliche Wille des Antragenden zu ermitteln (BGH NJW 1999, 2179, 2180). Eine längere Frist wird man insbes in den Fällen lediglich rechtlich vorteilhafter Geschäfte annehmen müssen. 6

E. Beweislast. Wer sich auf das Zustandekommen eines Vertrages beruft, muss die Entbehrlichkeit des Zugangs der Annahmeerklärung sowie das Vorliegen der Annahme darlegen und im Streitfall beweisen (RGRK/*Piper* Rn 12). Sofern aber aus dem objektiven Verhalten auf einen Annahmewillen zu schließen ist, muss derjenige, der einen solchen Annahmewillen bestreitet, dessen Fehlen beweisen (BaRoth/*Eckert* Rn 19). 7

§ 152 Annahme bei notarieller Beurkundung.

Wird ein Vertrag notariell beurkundet, ohne dass beide Teile gleichzeitig anwesend sind, so kommt der Vertrag mit der nach § 128 erfolgten Beurkundung der Annahme zustande, wenn nicht ein anderes bestimmt ist. Die Vorschrift des § 151 Satz 2 findet Anwendung.

A. Normzweck. Da der Antragende bei der notariellen Beurkundung den Inhalt der maßgeblichen Erklärung bereits kennt, verzichtet das Gesetz im Interesse einer Beschleunigung des Rechtsverkehrs auf den Zugang der Annahmeerklärung (BaRoth/*Eckert* Rn 1). Es handelt sich neben § 151 um einen weiteren Fall der Entbehrlichkeit des Zugangs der Annahmeerklärung (RGRK/*Piper* Rn 1). 1

B. Anwendungsbereich. Die Bestimmung erfasst nur Fälle des § 128, also solche, in denen keine gleichzeitige Anwesenheit beider Seiten bei der Beurkundung erforderlich ist (vgl § 128 Rz 2). § 152 ist auch anwendbar bei rechtsgeschäftlich vereinbartem Beurkundungserfordernis (Palandt/*Heinrichs* Rn 1). Eine entspr Anwendung wird für die notariell beurkundete Genehmigung eines vollmachtlosen Vertretergeschäfts befürwortet (Karlsruhe NJW 1988, 2050; MüKo/*Kramer* Rn 5; aA *Tiedke* BB 1989, 924, 926 ff; *Hänlein* JuS 1990, 737, 739). Demgegenüber scheidet eine Anwendung des § 152 im Falle der Schriftform (§ 126) oder der öffentlichen Beglaubigung (§ 129) nach allgM aus. Die Bestimmung ist dispositiv (Palandt/*Heinrichs* Rn 2) und kann auch modifiziert werden, etwa indem eine Information über die Annahmeerklärung gefordert wird (BaRoth/*Eckert* Rn 5). Aus der Befristung eines Antrags leitet die hM ab, dass der Antragende bis zum Fristende Klarheit haben möchte und daher eine stillschweigende Abbedingung des § 152 vorliegt (BGH NJW-RR 1989, 199). Allerdings kann die Befristung auch bedeuten, dass innerhalb der Frist die Annahmeerklärung nur formgerecht abgegeben (§ 130 Rz 9) sein muss (BGH NJW 2002, 213, 214). 2

C. Annahmeerklärung. Entbehrlich ist nur der Zugang der Annahmeerklärung. Die Annahme als solche ist indes erforderlich und bedarf als Willenserklärung der Beurkundung (vgl § 128). Für die Annahmefrist gilt § 151 S 2 entspr (s § 151 Rz 6). 3

D. Beweislast. Wer sich darauf beruft, dass der Vertrag trotz notariell beurkundeter Annahmeerklärung mangels Zugangs nicht zustande gekommen sei, muss beweisen, dass die Vorschrift des § 152 abbedungen wurde (Soerg/*Wolf* Rn 9; vgl MüKo/*Kramer* Rn 3). Im Falle einer Befristung des Antrags soll aber die Beweislast denjenigen treffen, der behauptet, damit sei keine konkludente Abbedingung des § 152 verbunden gewesen (RGZ 96, 273, 275; Palandt/*Heinrichs* Rn 2; RGRK/*Piper* Rn 5; aA PWW/*Brinkmann* Rn 2). 4

§ 153 Tod oder Geschäftsunfähigkeit des Antragenden.

Das Zustandekommen des Vertrags wird nicht dadurch gehindert, dass der Antragende vor der Annahme stirbt oder geschäftsunfähig wird, es sei denn, dass ein anderer Wille des Antragenden anzunehmen ist.

A. Normzweck/Anwendungsbereich. Die Bestimmung enthält eine Ergänzung zu § 130 Abs 2. Während das abgegebene, aber noch nicht zugegangene Angebot wie jede Willenserklärung nach § 130 Abs 2 durch Tod oder Geschäftsunfähigkeit in seiner Wirksamkeit ab Zugang nicht mehr beeinträchtigt wird, regelt § 153 die **Aufrechterhaltung der Annahmefähigkeit** des Angebots (BaRoth/*Eckert* Rn 1). Die Vorschrift gilt entspr für den Fall einer Betreuerbestellung und Anordnung eines Einwilligungsvorbehalts nach § 1903 (Palandt/*Heinrichs* Rn 1). Dasselbe gilt nach überwiegender Ansicht für den Eintritt von Beschränkungen der Verfügungsmacht (RGZ 111, 185, 190; Staud/*Bork* Rn 17; Soerg/*Wolf* Rn 5; aA Palandt/*Heinrichs* Rn 1, unter Bezug- 1 nahme auf BGHZ 27, 360, 366). Ob dasselbe für den Fall der nach Abgabe des Antrags eingetretenen beschränkten Geschäftsfähigkeit gelten muss, ist str (dafür Soerg/*Wolf* Rn 3; aA Staud/*Bork* Rn 14; PWW/*Brinkmann* Rn 2; Jauernig/*Jauernig* Rn 2). Die Eröffnung des Insolvenzverfahren steht der Annahmefähigkeit eines Antrags auf ein Verpflichtungsgeschäft nicht entgegen (BGH NJW 2002, 213, 214); während ein Verfügungsgeschäft nach § 81 InsO nicht mehr wirksam zustande gebracht werden kann (Staud/*Bork* Rn 15).

2 **B. Aufrechterhaltung der Annahmefähigkeit.** Auf tatbestandlicher Seite muss ein wirksamer **Antrag** vorliegen. Der Tod oder die Geschäftsfähigkeit kann bereits vor Zugang der Willenserklärung eingetreten sein (dann gilt für die Wirksamkeit der Erklärung § 130 Abs 2), darf jedoch nicht bereits vor dem Zeitpunkt der Abgabe (§ 130 Rz 9) gegeben sein, weil es dann an einer wirksamen Willenserklärung fehlt. Rechtsfolge ist die Erhaltung der Annahmefähigkeit des Antrags. Diese scheidet aber nach der gesetzlichen Regelung aus, wenn sich ein **abweichender Wille** des Antragenden ergibt. Es ist hierbei aber nicht auf den hypothetischen, für den Erklärungsempfänger oftmals nicht erkennbaren Willen des Antragenden abzustellen. Es handelt sich nach im Vordringen begriffener Meinung um keine Auslegungsregel (so aber etwa RGRK/*Piper* Rn 3), vielmehr ist ein abweichender Wille im Wege der Auslegung (§§ 133, 157) festzustellen (*Flume* § 35 I 4, S 646; MüKo/*Kramer* Rn 3; *Medicus* Rn 377; Soerg/*Wolf* Rn 9). Er kann sich insbes ergeben, wenn sich das Geschäft auf einen Gegenstand für den persönlichen Bedarf bezieht (PWW/*Brinkmann* Rn 5; *Medicus* Rn 377). Die Annahme muss ggü dem Erben bzw ggü dem gesetzlichen Vertreter erfolgen (PWW/*Brinkmann* Rn 4). Im Falle des § 151 genügt die Betätigung des Annahmewillen (BGH NJW 1975, 383; vgl § 151 Rz 2). Die Annahmefrist verlängert sich um die zur Ermittlung des Erben bzw gesetzlichen Vertreters erforderliche Zeit (PWW/*Brinkmann* Rn 4).

3 **C. Tod oder Geschäftsunfähigkeit des Antragsempfängers.** Nicht geregelt ist der Fall, dass der Empfänger des Antrags vor Annahme verstirbt. Ob das Angebot auch für die Erben gilt, ist im Auslegungswege zu ermitteln (*Medicus* Rn 378). Bei Geschäftsunfähigkeit muss der gesetzliche Vertreter über die Annahme entscheiden, sofern das Angebot nicht ausnahmsweise nur für den Fall der Geschäftsfähigkeit gelten soll (AnwK/*Hart* Rn 4; ähnl Hk-BGB/*Dörner* Rn 7; enger PWW/*Brinkmann* Rn 7: Auslegung soll entscheiden, ob das Angebot auch für einen Geschäftsunfähigen gelten kann). Tritt Tod oder Geschäftsunfähigkeit erst nach Abgabe, jedoch vor Zugang der Annahmeerklärung ein, gilt § 130 Abs 2.

4 **D. Beweislast.** Wer sich auf einen abweichenden Willen des Antragenden beruft und damit gegen die Annahmefähigkeit des Antrags wendet, trägt für den abweichenden Willen die Darlegungs- und Beweislast (BaRoth/*Eckert* Rn 13).

§ 154 Offener Einigungsmangel; fehlende Beurkundung.

[1] Solange nicht die Parteien sich über alle Punkte des Vertrages geeinigt haben, über die nach der Erklärung auch nur einer Partei eine Vereinbarung getroffen werden soll, ist im Zweifel der Vertrag nicht geschlossen. Die Verständigung über einzelne Punkte ist auch dann nicht bindend, wenn eine Aufzeichnung stattgefunden hat.
[2] Ist eine Beurkundung des beabsichtigten Vertrages verabredet worden, so ist im Zweifel der Vertrag nicht geschlossen, bis die Beurkundung erfolgt ist.

1 **A. Normzweck/Anwendungsbereich.** Die Bestimmung regelt den offenen Dissens. Er ist gekennzeichnet dadurch, dass die Parteien sich dessen bewusst waren, dass sie sich noch nicht über alle Punkte geeinigt haben. Das betrifft im Falle des Abs 1 den inhaltlichen Dissens, im Falle des Abs 2 die vereinbarte, aber unterbliebene Beurkundung. Sachlich handelt es sich um Auslegungsregeln (*Larenz/Wolf* § 29 Rn 81, 84), ein feststellbarer abweichender Parteiwille geht diesen vor. Die Vorschrift gilt für Verträge jeder Art. Nicht anwendbar ist sie in Hinblick auf den Normencharakter auf Tarifverträge (BAGE 42, 86, 93; 46, 61, 69). Dasselbe muss aus dem nämlichen Grunde für Betriebsvereinbarungen gelten.

2 **B. Offener Dissens (Abs 1).** Der offene Dissens betrifft einen Einigungsmangel hinsichtlich mindestens eines Punktes, der nach dem Willen mindestens einer Seite vereinbarungsbedürftig war. Die Parteien müssen sich einerseits dessen bewusst sein, andererseits aber davon ausgehen, dass eine Einigung noch möglich ist (BaRoth/*Eckert* Rn 4). Darauf, ob dieser Punkt objektiv wesentlich ist, kommt es nicht an (BGH LM Nr 2 zu § 154). Abs 1 ist auch anwendbar, wenn die Parteien von einander abweichende **AGB** in den Vertrag einführen wollen. Führen sie den Vertrag aber einvernehmlich ganz oder teilw durch, ist er wirksam (Palandt/*Heinrichs* Rn 3; aA BGHZ 61, 282, 288).

3 **Keine Anwendung** findet § 154 allerdings, wenn der Einigungsmangel die **essentialia negotii**, die wesentlichen Vertragspflichten, betrifft (Staud/*Bork* Rn 3; MüKo/*Kramer* Rn 5). Für die Auslegungsregel des § 154 Abs 1, die nur im Zweifel das Fehlen eines Vertragsschlusses vorsieht, ist dann kein Raum (*Medicus* Rn 438). Es fehlt vielmehr von vornherein an einem wirksamen Vertragsschluss. Nur ausnahmsweise kann der Vertrag in diesem Falle wirksam sein, wenn nämlich entweder das Gesetz dies vorsieht oder die Parteien eine Leistungsbestimmung nach §§ 315 ff gewollt haben (BGH BB 2006, 1356, 1357; Hk-BGB/*Dörner* Rn 2; vgl Rz 5). Um keinen Einigungsmangel hinsichtlich der essentialia negotii handelt es sich allerdings, wenn eine Seite

sich vorbehält, die versprochene Leistungshöhe gerichtlich überprüfen zu lassen; vielmehr liegt eine Einigung hinsichtlich der – vermeintlich oder wirklich überhöhten – Leistung vor (BGH BB 2006, 1356, 1358).

Abs 1 enthält eine **Zweifelsregelung**. Wollten die Parteien sich hingegen trotz der offenen Punkte vertraglich 4
binden, so ist der Vertrag wirksam (BGHZ 41, 271, 275). Dafür kann etwa die Durchführung des Vertrages (BGHZ 119, 283, 288; NJW 2000, 354, 356; BAG AP Nr 1 zu § 154; nicht aber, wenn nur einzelne Regelungen eines Vertrages durchgeführt wurden, BGH NJW 1951, 397) oder seine Fortsetzung nach vorheriger Kündigung (BGH NJW 1983, 1777) sprechen. Fehlt es dagegen hieran, ist der Vertrag selbst dann unwirksam, wenn der Gegenstand der bisherigen Einigung perpetuiert wurde (sog Punktation, Abs 1 S 2). Liegt ein **Vorvertrag** (§ 145 Rz 4) vor, scheitert ein Anspruch auf Abschluss des Vertrages nicht an § 154 Abs 1. Voraussetzung für die Annahme eines Vorvertrages ist aber die sichere Feststellung, dass trotz der noch regelungsbedürftigen Punkte bereits eine Bindung beabsichtigt war (BGH NJW 2006, 2843).

Ist die vertragliche Bindung gegeben, sind eventuelle **Lücken** durch dispositives Recht, sonst im Wege ergän- 5
zender Vertragsauslegung (§ 157 Rz 4 ff) zu schließen (BGH NJW 1975, 1116). Sofern eine Entgelthöhe nicht vereinbart wurde, der Vertrag aber gleichwohl wirksam ist (vgl Rz 3), ist in Ermangelung spezieller Regelungen (§§ 612 Abs 2, 632 Abs 2) auf §§ 315 ff abzustellen (BGHZ 41, 271, 275). Das wird regelm zur üblichen Vergütung führen.

C. Verabredete Beurkundung (Abs 2). Wurde eine Beurkundung verabredet, so genügt die vollständige 6
inhaltliche Einigung für den Vertragsschluss im Zweifel noch nicht. Erfasst wird nicht nur die Verabredung einer *notariellen* Beurkundung (§ 128), sondern auch jede andere Formverabredung (vgl Celle NJW-RR 2000, 485; RGRK/*Piper* Rn 7; Soerg/*Wolf* Rn 11). Die Formabrede ist ausdrücklich oder konkludent möglich (BaRoth/*Eckert* Rn 14). Sie kann auch aus einer Verkehrssitte gefolgert werden (RGZ 103, 73, 75: Gesellschaftsvertrag). Im Zweifel ist der Vertrag ohne Formeinhaltung nicht geschlossen. Soll die Formverabredung allerdings allein Beweiszwecken dienen, ist der Vertrag bereits vorher wirksam (BGH NJW 1964, 1269). Das gilt auch dann, wenn die verabredete gerichtliche Protokollierung eines Vergleichs nur Beweiszwecken dienen soll (BGH FamRZ 1984, 284, 285). Für die Annahme eines solchen Zwecks müssen aber konkrete Anhaltspunkte vorliegen (BGH NJW-RR 1991, 1053, 1054 f). Sie liegen insb vor, wenn die Formabrede erst getroffen wurde, nachdem eine inhaltliche Einigung erzielt worden war (BGH NJW 1994, 2025, 2026). IÜ kann die Formvereinbarung jederzeit einverständlich – auch stillschweigend – wieder aufgehoben werden (§ 125 Rz 9).

D. Prozessuales. Das Bestehen eines Vertrages ist ein feststellungsfähiges Rechtsverhältnis iSd § 256 ZPO. Es 7
kann aber auch inzidenter im Rahmen eines Streits um vertragliche Rechte geklärt werden. Für das Bestehen eines Vertrages trägt die Beweislast, wer sich darauf beruft. Ist allerdings eine Einigung über die essentialia negotii bewiesen, trifft die Gegenseite die Beweislast dafür, dass nach der Erklärung einer der Parteien weitere Punkte geregelt werden sollten (BGH NJW-RR 1990, 1009, 1010 f; Staud/*Bork* Rn 16; aA MüKo/*Kramer* Rn 12) Die Gegenseite trifft dann wiederum die Beweislast dafür, dass diese Punkte geregelt wurden (Staud/*Bork* Rn 16; Erman/*Armbrüster* Rn 3) oder der Vertrag gleichwohl nach dem Parteiwillen wirksam sein sollte. Die Beweislast für eine Formabrede trägt, wer diese behauptet (Staud/*Bork* Rn 17; Soerg/*Wolf* Rn 16; aA RGRK/*Piper* Rn 12). Eine solche ist aber bei langfristigen und wichtigen Verträgen zu vermuten (BGHZ 109, 197, 200). Liegt eine solche vor, trägt die Darlegungs- und Beweislast dafür, dass die Wirksamkeit des Vertrages von der Formeinhaltung nicht abhängen sollte, wer sich auf einen wirksamen Vertrag beruft (Koblenz VersR 1995, 662).

§ 155 Versteckter Einigungsmangel. **Haben sich die Parteien bei einem Vertrag, den sie als geschlossen ansehen, über einen Punkt, über den eine Vereinbarung getroffen werden sollte, in Wirklichkeit nicht geeinigt, so gilt das Vereinbarte, sofern anzunehmen ist, dass der Vertrag auch ohne eine Bestimmung über diesen Punkt geschlossen sein würde.**

A. Normzweck/Anwendungsbereich. Die Vorschrift regelt den versteckten, von den Parteien als solchen 1
nicht erkannten Dissens. Sie gingen nur irrtümlich von einem geschlossenen Vertrag aus. Für diesen Fall enthält § 155 eine Auslegungsregel (Staud/*Bork* Rn 15). Im Zweifel ist der Vertrag als nicht geschlossen anzusehen. Die Vorschrift gilt für Verträge jeder Art (vgl § 154 Rz 1).

B. Versteckter Dissens. Ein **versteckter Dissens** liegt vor, wenn sich die Erklärungen der Parteien nicht 2
decken, also weder im subjektiven Willen (§ 133 Rz 9), noch in den objektiven Erklärungen (§ 133 Rz 5) eine Übereinstimmung besteht (Staud/*Bork* Rn 3) und dies den Parteien verborgen geblieben ist. Voraussetzung ist in jedem Falle eine Auslegung der beiderseitigen Erklärungen, die zu einem Ergebnis führt, bei dem keine vollständige Einigung gegeben ist. Anderenfalls liegt ein wirksamer Vertrag vor, selbst, wenn eine Partei einer Erklärung einen anderen Sinn beigemessen hat (BGH NJW 1961, 1668; 1995, 2637). Sie kann dann aber gegebenenfalls anfechten (§ 119).

Das **Fehlen der Einigung** kann auf einer **Unvollständigkeit** der Erklärungen beruhen, wenn also ein Punkt, der 3
geregelt werden sollte, übersehen wurde (Staud/*Bork* Rn 7). Es kann auch auf voneinander **abweichenden Erklärungsinhalten** beruhen (Staud/*Bork* Rn 8). Dies wird vor allem dann der Fall sein, wenn mehrdeutige Begriffe

verwendet wurden (vgl BGH NJW-RR 1993, 373). Bei Verwendung **widersprüchlicher AGB** kommt allerdings vorrangig § 305c Abs 2 zur Anwendung (MüKo/*Kramer* Rn 6). Über den gesetzlich so geregelten Fall hinaus ist die Bestimmung auch anzuwenden auf den sog einseitigen versteckten Dissens. Dies ist ein Dissens, der nur von einer Seite nicht erkannt wurde (MüKo/*Kramer* Rn 2). Keine Anwendung findet § 155 allerdings, wenn der Einigungsmangel die **essentialia negotii** betrifft (RGZ 93, 297, 299; *Brox/Walker* Rn 254). In diesem Falle kommt ein wirksamer Vertragsschluss im Regelfall nicht in Betracht (näher § 154 Rz 3).

4 **Rechtsfolge** ist im gesetzlichen Regelfall das Nichtbestehen eines Vertrages. Nur ausnahmsweise ist der Vertrag wirksam, nämlich dann, wenn er auch ohne die Einigung über die fraglichen Punkte geschlossen worden wäre. Ob dies der Fall ist, ist nach dem **mutmaßlichen Parteiwillen** zu bestimmen (Palandt/*Heinrichs* Rn 5). Sofern der Vertrag danach als zustande gekommen anzusehen ist, kann er **lückenhaft** sein. Die verbliebenen Lücken sind durch dispositives Recht, in Ermangelung dispositiver Normen im Wege ergänzender Vertagsauslegung (§ 157 Rz 3 ff) zu schließen (vgl RGZ 88, 377, 379). S auch § 154 Rz 5. Sofern der Dissens von einer Seite schuldhaft verursacht wurde, haftet sie nach hM wegen cic auf Schadensersatz (vgl RGZ 104, 265; krit *Flume* § 34 5, S 625 f; MüKo/*Kramer* Rn 16: beiderseitiges Risiko des Fehlschlagens der Einigung).

5 **C. Prozessuales.** Das Bestehen eines Vertrages ist ein feststellungsfähiges Rechtsverhältnis iSd § 256 ZPO. Es kann aber auch inzidenter im Rahmen eines Streits um vertragliche Rechte geklärt werden. Wer sich auf einen versteckten Dissens beruft, muss die Umstände darlegen und beweisen, aus denen sich der Dissens ergeben soll (BaRoth/*Eckert* Rn 15). Bei bestehendem Einigungsmangel muss derjenige, der entgegen der Auslegungsregel des § 155 das Bestehen eines Vertrages geltend macht, die Umstände darlegen und im Streitfall beweisen, aus denen sich ergibt, dass nach dem mutmaßlichen Parteiwillen der Vertrag gleichwohl wirksam sein soll (Staud/*Bork* Rn 18; Soerg/*Wolf* Rn 20).

§ 156 Vertragsschluss bei Versteigerung. **Bei einer Versteigerung kommt der Vertrag erst durch den Zuschlag zustande. Ein Gebot erlischt, wenn ein Übergebot abgegeben oder die Versteigerung ohne Erteilung des Zuschlags geschlossen wird.**

1 **A. Normzweck/Anwendungsbereich.** § 156 regelt den Vertragsschluss bei Versteigerungen. Hier kommt der Vertrag erst durch Zuschlag zustande. Die Bestimmung gilt für **Versteigerungen**. Versteigerung ist ein öffentlicher Verkauf, bei dem durch einen Wettbewerb der Bieter um einen Gegenstand ein möglichst hoher Preis erzielt werden soll (Staud/*Bork* Rn 1; BaRoth/*Eckert* Rn 1). Die Norm betrifft private wie gesetzlich vorgeschriebene Versteigerungen. Für Grundstückszwangsversteigerungen gelten aber §§ 71 ff ZVG. Eine öffentliche Ausschreibung ist keine Versteigerung, obwohl der Zuschlag zum Vertragsschluss führt, denn die Gebote werden unter Abwesenden abgegeben. Abweichend vom Fall des § 156 muss bei der Ausschreibung der Zuschlag als Erklärung zugehen. **Internetversteigerungen** sind **keine Versteigerungen im Rechtssinne** (zweifelnd *Braun* JZ 2008, 330, 333 f). Während bei der Versteigerung im Rechtssinne der Annahme (Zuschlag) ein Antrag (Gebot) vorausgeht, so dass der Aufruf nur eine invitatio ad offerendum darstellt, ist bei der sog Internetversteigerung bereits das Einstellen der Ware ins Netz der Antrag (keine bloße invitatio ad offerendum, Hamm NJW 2001, 1142; Oldenburg NJW 2005, 2556; KG NJW 2005, 1053), der Vertrag kommt mit dem Höchstbietenden im Zeitpunkt des Zeitablaufs zustande (BGH NJW 2002, 363). Der Betreiber der Internet-Plattform ist hinsichtlich beider Erklärungen Empfangsvertreter iSd § 164 Abs 3 (Palandt/*Heinrichs* Rn 3). Da es sich bei solchen Internetversteigerungen nicht um Versteigerungen iSd § 156 handelt, ist das Widerrufsrecht des Verbrauchers nicht nach § 312d Abs 4 Nr 5 ausgeschlossen (BGH NJW 2005, 53). § 156 enthält dispositives Recht (vgl BGHZ 138, 339, 342). Insbes in allg Versteigerungsbedingungen können deshalb – in den Grenzen der §§ 305 ff – abweichende Regelungen enthalten sein (BaRoth/*Eckert* Rn 1).

2 **B. Gebot.** Bei der Versteigerung ist das **Gebot** der rechtlich bindende **Antrag** iSd § 145 (s § 145 Rz 7 ff). Der Aufruf zum Gebot ist mithin nur invitatio ad offerendum. Das folgt daraus, dass der Vertrag erst mit Zuschlag zustande kommt, der Zuschlag mithin der Annahme (§ 147 Rz 2 f) entsprechen muss (vgl zum Ganzen BGHZ 138, 339, 342). Das Gebot ist als Antrag eine Willenserklärung und unterliegt den dafür maßgeblichen Vorschriften (BGHZ 138, 339, 342), dh §§ 104 ff. Es kann nur auf der Versteigerung erklärt werden. Es setzt idR physische Anwesenheit des Erklärenden voraus. Kein Gebot ist ein Ersteigerungsauftrag an den Versteigerer, sondern eine Vollmacht unter Befreiung von § 181 (BGH NJW 1983, 1186). Das Gebot erlischt durch ein Übergebot. Auf die Wirksamkeit des Übergebots kommt es nach hM nicht an (Staud/*Bork* Rn 4; PWW/*Brinkmann* Rn 4).

3 **C. Zuschlag.** Der **Zuschlag** entspricht der **Annahme** (o Rz 2). Auf seine Erteilung besteht kein Anspruch, was daraus zu schließen ist, dass nach S 2 das Gebot mit Schließung der Versteigerung ohne Zuschlag erlischt (Hk-BGB/*Dörner* Rn 3). Die Entscheidung über den Zuschlag liegt in der Hand des Versteigerers. Nur bei tatsächlicher Zuschlagserteilung kommt daher der Vertrag zustande, und zwar mit demjenigen, der das aktuelle Gebot abgegeben hat. Vorausgegangene Gebote sind nach S 2 erloschen. Zur Wirksamkeit des Zuschlags genügt bereits die Abgabe (§ 130 Rz 19); Zugang (§ 130 Rz 9 ff) ist nicht erforderlich. Bei formbedürftigen Verträgen bewirkt die Zuschlagserteilung noch keinen Vertragsschluss, allenfalls (abhängig vom Zweck des

Formgebots) einen Vorvertrag (Staud/*Bork* Rn 7). Bei notariell zu beurkundenden Geschäften (insb Grundstückskaufverträgen) müssen Gebot und Zuschlag notariell beurkundet werden (BGHZ 138, 339, 342 ff).

§ 157 Auslegung von Verträgen. **Verträge sind so auszulegen, wie Treu und Glauben mit Rücksicht auf die Verkehrssitte es erfordern.**

A. Allgemeines. Die Bestimmung ergänzt § 133 über die Auslegung von Verträgen. Anders als dort geht es hier nicht um die Sinnermittlung hinsichtlich der einzelnen Willenserklärungen, sondern um die Entfaltung des gesamten Vertragsinhalts (vgl BaRoth/*Eckert* Rn 1). § 157 betont Treu und Glauben unter Berücksichtigung der Verkehrssitte. Die Norm relativiert damit das Willenselement in § 133 (s dazu § 133 Rz 3) durch Hervorhebung des Verkehrsinteresses im Wege der Objektivierung nach dem Empfängerhorizont (vgl § 133 Rz 6). 1

B. Anwendungsbereich, Verhältnis zu § 133. Die Bestimmung gilt ihrem Wortlaut nach nur für Verträge. Sie ist aber darüber hinaus in Synthese mit dem Regelungsgehalt des § 133 (Ermittlung des wirklichen Willen) nach heute hM auf sämtliche empfangsbedürftigen Willenserklärungen anzuwenden. Dabei sind die Auslegungsgrundsätze einem Zusammenwirken aus §§ 133 und 157 zu entnehmen. Sie sind bei § 133 Rz 3 ff kommentiert. Eine davon abweichende eigenständige Bedeutung hat § 157 nur noch für die ergänzende Vertragsauslegung. Bei ihr spielt der in § 133 in den Vordergrund gestellte wirkliche Wille keine Rolle, weil es bei ungeregelten Fragen einen solchen gar nicht gibt. 2

C. Ergänzende Vertragsauslegung. Soweit ein Vertrag eine ausfüllungsbedürftige Regelungslücke enthält, bedarf er der ergänzenden Vertragsauslegung. Die ergänzende Vertragsauslegung ist ggf auch bei formbedürftigen Rechtsgeschäften nötig und möglich (BGHZ 81, 135, 143 f). Der Charakter der ergänzenden Vertragsauslegung als »Auslegung« ist zweifelhaft. Sachlich jedenfalls handelt es sich um **Rechtsfortbildung** (MüKo/*Busche* Rn 28; vgl AnwK/*Hart* §§ 133, 157 Rn 66 ff). Denn es geht nicht mehr um die Entfaltung des Sinngehalts einer Erklärung, sondern um deren inhaltliche Ergänzung. Für **AGB** gelten aber bes Grundsätze (s § 306). Eine ergänzende Auslegung von **Tarifverträgen** kommt in Hinblick auf die darin enthaltenen Rechtsnormen nur ausnahmsweise in Betracht, wenn es nur eine mögliche Regelung gibt, die die Lücke schließen könnte (BAG NZA 2001, 559, 561). 3

Voraussetzung der ergänzenden Vertragsauslegung ist eine Regelungslücke. Diese ist gekennzeichnet durch eine **planwidrige Unvollständigkeit** (BGHZ 127, 138, 142). Eine solche ergibt sich, wenn die Parteien an einen bestimmten Punkt nicht gedacht haben (BGH NJW-RR 1991, 176, 177) oder ihn zwar bedacht, indes irrtümlich für nicht regelungsbedürftig gehalten haben (BGH NJW 2002, 1260, 1262) oder im Einzelnen nicht regeln wollten (BGHZ 16, 71, 76). Sie kann sich auch aus einer späteren Gesetzesänderung ergeben (BGH NJW-RR 2005, 1421, 1422: Schuldrechtsmodernisierungsgesetz). Sofern die Regelungslücke hingegen bewusst abschließend sein sollte, ist sie nicht planwidrig – sie entspricht vielmehr dem Plan der Parteien – und darf deshalb nicht im Wege ergänzender Vertragsauslegung geschlossen werden (BGH NJW 1985, 1835, 1836). An einer Lücke fehlt es iA hinsichtlich der Frage, wer die Mehrwertsteuerlast trägt. Denn die Auslegung ergibt im Regelfall, dass die Mehrwertsteuer im Preis enthalten ist (BGHZ 103, 284, 287). 4

Die **Schließung der Lücke** hat **in erster Linie** unter Heranziehung **dispositiven Rechts** zu erfolgen. Wenn dies nicht möglich ist, kommt die ergänzende Vertragsauslegung in Betracht (BGHZ 77, 301, 304; 137, 153, 157). Desgleichen ist eine ergänzende Vertragsauslegung vorzunehmen, wenn das dispositive Recht keine passende Regelung für den fraglichen Punkt enthält oder dem Willen der Vertragsparteien widerspricht (BaRoth/*Eckert* Rn 39; MüKo/*Busche* Rn 44 f). So ist es etwa denkbar, dass die Parteien bewusst eine dispositive Regelung abbedungen haben, ohne eine Ersatzregelung zu schaffen. 5

Die ergänzende Vertragsauslegung erfolgt auf der Basis des **hypothetischen Parteiwillens** (BGHZ 9, 273, 278; 111, 214, 218). Es ist darauf abzustellen, was die Parteien, hätten sie den regelungsbedürftigen Punkt als regelungsbedürftig erkannt und regeln wollen, unter Abwägung der beiderseitigen Interessen nach Treu und Glauben vereinbart hätten (BGHZ 84, 1, 7; NJW 2004, 2449; 2006, 54, 55; NJW-RR 2007, 562, 563). In diesem Sinne kann beispielsweise ein stillschweigender Haftungsausschluss angenommen werden, wenn sich der Geschädigte billigerweise gegen das Risiko hätte versichern können (BGH NJW 1979, 643; krit, soweit dies auch ohne vertragliche Verbindung geschieht, dagegen Staud/*Roth* Rn 13; Soerg/*Wolf* Rn 116). Maßgeblicher Zeitpunkt ist nicht der Zeitpunkt der Aufdeckung der Lücke oder der Lückenschließung, sondern der Vertragsschluss (BGH NJW-RR 2005, 687, 689). Ausgangspunkt dieser Interessenbewertung ist die dem Vertrag zu Grunde liegende Einigung (BGH NJW 1988, 2099, 2100). 6

Ausscheiden muss eine ergänzende Vertragsauslegung, die der Privatautonomie der Parteien zuwider läuft. Sie darf deshalb dem wirklichen Parteiwillen ebenso wenig entgegen stehen wie dem sonstigen Inhalt des Vertrages (BGHZ 90, 69, 77; NJW 1995, 1212). Ferner darf sie nicht zur Vertragsnichtigkeit führen (BGH NJW 1970, 468, 469), genau so wenig zu einer Erweiterung des Vertragsgegenstandes (BGHZ 9, 273, 278). Schließlich muss die ergänzende Vertragsauslegung unterbleiben, wenn mehrere Wege in Betracht kommen und nicht feststellbar ist, für welchen sich die Parteien mutmaßlich entschieden hätten (BGHZ 62, 83, 89 f; NJW-RR 2005, 1619). 7

8 **D. Internationales Privatrecht/Prozessuales.** Die ergänzende Vertragsauslegung erfolgt nach dem Geschäftsstatut (MüKo/*Spellenberg* Vor Art 11 EGBGB Rn 70). Für Schuldverträge ist dies in Art 12 Abs 1 lit a Rom I-VO spezialgesetzlich normiert. Das Gericht hat auf eine vorrangige privatautonome Schließung der Vertragslücke durch die Parteien zu drängen (AnwK/*Hart* §§ 133, 157 Rn 69; PWW/*Brinkmann* Rn 32). Die ergänzende Vertragsauslegung ist tatrichterliche Tätigkeit und vom Revisionsgericht nur beschränkt (vgl § 133 Rz 11) nachprüfbar (BGHZ 111, 110, 115). Die Nachholung einer ergänzenden Vertragsauslegung in der Revisionsinstanz ist möglich, wenn keine weiteren Feststellungen dafür notwendig sind (BGH NJW 1998, 1219). Die **Darlegungs- und Beweislast** für die Tatsachen, aus denen sich eine planwidrige Unvollständigkeit ergibt, trägt die Partei die sich darauf beruft (BaRoth/*Eckert* Rn 46). Wer sich auf Umstände rekurriert, die eine bestimmte ergänzende Vertragsauslegung stützen sollen, trägt für diese Umstände die Darlegungs- und Beweislast.

Titel 4 Bedingung und Zeitbestimmung

§ 158 Aufschiebende und auflösende Bedingung.

[1] Wird ein Rechtsgeschäft unter einer aufschiebenden Bedingung vorgenommen, so tritt die von der Bedingung abhängig gemachte Wirkung mit dem Eintritt der Bedingung ein.

[2] Wird ein Rechtsgeschäft unter einer auflösenden Bedingung vorgenommen, so endigt mit dem Eintritt der Bedingung die Wirkung des Rechtsgeschäfts; mit diesem Zeitpunkt tritt der frühere Rechtszustand wieder ein.

Literatur *Bauer* Befristete Arbeitsverträge unter neuen Vorzeichen BB 2001, 2473/2526; *Becker* Gestaltungsrecht und Gestaltungsgrund AcP 188 (1988), 24; *Berger* Zur Anwendung des § 161 BGB bei bedingter Forderungsabtretung KTS 1997, 393; *Christiansen* Bedingungen und Befristungen im Recht der Insolvenzanfechtung KTS 2003, 353; *Egert* Die Rechtsbedingung im System des bürgerlichen Rechts (1974); *Georgiades* Optionsvertrag und Optionsrecht, FS Larenz (1973), S 409; *Henke* Bedingte Übertragungen im Rechtsverkehr und Rechtsstreit (1959); *Henrich* Vorvertrag, Optionsvertrag, Vorrechtsvertrag (1965); *Hromadka* Alter 65: Bedingung oder Befristung? NJW 1994, 911; *Kempf* Auflösende Bedingung und Rechtsnachfolge AcP 158 (1959/60) 308; *Kempf* Die Anwartschaften des Nacherben und des Ersatzerben NJW 1961, 1797; *Larenz* Die rechtliche Bedeutung von Optionsvereinbarungen DB 1955, 209; *Lorenz* Vorzugsrechte beim Vertragsabschluss, FS Dölle (1963), S 103; *Mock* Vorvertrag, Angebot, Angebotsvertrag, Optionsvertrag, insbesondere Ankaufsrecht, in Hagen/Brambring (Hrsg) RWS-Forum Immobilienrecht (1998), S 91; *Oertmann* Die Rechtsbedingung (conditio iuris), 1924 (Neudruck 1968); *Raape* Die Wollensbedingung (1912); *Radke* Bedingungsrecht und Typenzwang (2001); *Rodermund* Rechtsgeschäfte unter Vergangenheits- oder Gegenwartsbedingungen mit besonderer Berücksichtigung letztwilliger Verfügungen, Diss Münster (1990); *Schumann* Die Option, Diss Tübingen (1968); *Wunner* Die Rechtsnatur der Rückgewährpflichten bei Rücktritt und auflösender Bedingung mit Rückwirkungsklausel AcP 168 (1968), 425.

1 **A. Allgemein.** Die Norm regelt die Rechtswirkungen von Rechtsgeschäften, die bedingt geschlossen werden. Der Eintritt rechtsgeschäftlicher Wirkungen kann damit im Voraus an ein zukünftiges Ereignis geknüpft werden, dessen Eintritt zur Zeit des Vertragsschlusses noch ungewiss ist. Die Bedeutung der rechtsgeschäftlich bestimmten Bedingung ist darin zu sehen, dass den Parteien die Möglichkeit eröffnet wird, die Gleichzeitigkeit von Rechtsgeschäft und Rechtsentstehung zu durchbrechen. § 158 ist somit ein wichtiges Instrument, um rechtsgeschäftliche Bindungen mit der notwendigen Flexibilität zu versehen, und bietet sich deshalb besonders bei Dauerschuldverhältnissen an.

2 **B. Regelungsgehalt. I. Die Bedingung.** Aus dem Wortlaut des § 158 ergibt sich, dass allein die Rechtsfolgen (Wirkung), nicht aber das Rechtsgeschäft selbst von dem Bedingungseintritt abhängen. Demnach müssen die Gültigkeitsvoraussetzungen wie etwa Geschäftsfähigkeit, Form, Verfügungsbefugnis, Übergabe iSd § 929 S 1 sowie die Gutgläubigkeit des Erwerbers bereits bei Vornahme des bedingten Rechtsgeschäfts erfüllt sein (vgl BGHZ 30, 377; ua Hk-BGB/*Dörner* Rn 8). Auch dürfen durch die Bedingung die §§ 134, 138 nicht angetastet werden, da sonst das Rechtsgeschäft im Ganzen nichtig ist. Bedingungen müssen letztlich bestimmt und sinnvoll (§ 118) sein. Keine Bedingungen iSd §§ 158 ff sind bloße Vertragsbedingungen iSd § 305 sowie Fälligkeitsregelungen, bei denen die Rechtswirkungen nicht von einem zukünftigen ungewissen Ereignis abhängen, sowie gesetzlich erforderliche Genehmigungen, da diese nicht von einem ungewissen Ereignis abhängen (LNK/*Koos* Rn 5). Ebenfalls keine Bedingung iSd § 158 ist die Rechtsbedingung. Bei dieser wird die Wirksamkeit der Erklärung von dem Vorliegen der gesetzlichen Voraussetzungen abhängig gemacht. Rechtsbedingungen sind zB Vertretung ohne Vertretungsmacht, § 177; Erbanfall an Ersatzerben (§ 2096) (aA *Kempf* NJW 1961, 1797) oder auch gesetzliche Genehmigungserfordernisse.

3 **1. Abgrenzung.** Schwierigkeiten bereitet in der Praxis häufig die Abgrenzung der Bedingung von der Befristung. Wesentliches Unterscheidungsmerkmal ist dabei das »Ob« des Bedingungseintritts. Nach hM liegt bei

einer Bedingung eine objektive und subjektive Ungewissheit des Eintritts des Umstandes vor, von dem die Wirkung des Rechtsgeschäfts abhängen soll, sog dies incertus an (BGH NJW 2004, 284), zB Abhängigkeit des Kaufvertrages vom Vorliegen der Baugenehmigung. Eine Befristung iSd § 163 liegt dagegen vor, wenn Rechtsfolgen von einem bestimmten Datum oder Ereignis abhängen sollen, dessen Eintritt gewiss ist (dies certus an), wie zB der Todeszeitpunkt. Unabhängig davon ist das »Wann« des Bedingungseintritts zu betrachten (dies incertus an, certus quando). Wann das Ereignis eintritt (wenn es eintritt), kann bereits feststehen, zB Erreichen eines bestimmten Lebensalters, oder ebenfalls unsicher sein, zB Eheschließung, Bestehen einer Prüfung (Hk-BGB/*Dörner* Rn 1). In Abgrenzung zur Bedingung versteht man unter einer Befristung die vertragliche Bestimmung, die die Rechtswirkungen des Geschäfts von einem gewissen, zukünftigen Ereignis abhängig macht. Entspr der Terminologie bei der Bedingung kann man auch bei der Befristung danach unterscheiden, ob das Rechtsgeschäft mit dem Eintritt des Ereignisses wirksam werden soll (aufschiebende Befristung, §§ 163, 158 Abs 1) oder ob die Wirkung des Rechtsgeschäfts mit dem Eintritt des Ereignisses enden soll (auflösende Befristung, §§ 163, 158 Abs 2). Allerdings ist die Abgrenzung zwischen Bedingung und Befristung nicht immer so einfach, wie es auf den ersten Blick erscheint. So kann zB ein Ereignis hinsichtlich des »Ob« unsicher, hinsichtlich des »Wann« aber sicher sein.

Nach Abs 1 und 2 lassen sich Bedingungen in auflösende und aufschiebende Bedingungen einteilen. Darüber hinaus ist aber auch eine Gliederung dahingehend möglich, je nach Einfluss der Vertragsparteien in Bedingungseintritt oder -ausfall zu differenzieren (AnwK/*Wackerbarth* Rn 3). Dazu zu zählen sind insbes die Potestativ- oder auch Wollensbedingung; auch kann der Eintritt einer Bedingung vom Lauf der Dinge oder auch von der Willkür eines Dritten abhängen, so zB bei der Zufallsbedingung (vgl dazu iE Rz 11). 4

2. Bedingungsfeindliche Rechtsgeschäfte. Grds können alle Rechtsgeschäfte von einer Bedingung abhängig gemacht werden, sofern das Gesetz nicht aus Gründen der Rechtssicherheit ausdrücklich das Gegenteil (und als Rechtfolge iZw Unwirksamkeit des unzulässigerweise bedingt abgeschlossenen Geschäfts) vorschreibt (Hk-BGB/*Dörner* Rn 3). Bedingungsfeindliche Rechtsgeschäfte werden idR auch als befristungsfeindlich angesehen (MüKo/*Westermann* § 163 Rn 5; vgl auch BGH NJW 2004, 284, 285). Einseitige Gestaltungsrechte können idR nicht schwebend wirksam sein. Als bedingungsfeindlich einzustufen sind deshalb: Aufrechnung (§ 388 S 2), Anfechtung, Genehmigung, Widerruf (§ 355) (BGH WM 1961, 157), Kündigung (BAG NJW 2001, 3355, 3356; BAG 16.01.1987 – 7 AZR 546/85) und Rücktritt (BGH NJW 1986, 1813). 5

Weiterhin können folgende Rechtsgeschäfte nicht unter einer Bedingung oder Zeitbestimmung geschlossen werden (actus legitimi): Antrag des Annehmenden auf Ausspruch der Adoption (§ 1752 Abs 2 S 1), Auflassung (§ 925 Abs 2), Eheschließung (§ 1311 S 2) und die dazu erforderlichen Einwilligungen (§ 1750 Abs 2 S 1), Bestellung und Übertragung eines Erbbaurechts unter auflösender Bedingung (§ 1 Abs 4 S 1, 11 Abs 1 S 2 ErbbauG) (BGH NJW 1969, 2043, 2045; AnwK/*Wackerbarth* Rn 38), Annahme und Ausschlagung einer Erbschaft (§ 1947) oder eines Vermächtnisses (§ 2180 Abs 2 S 2 Hs 2), Begründung Lebenspartnerschaft (§ 1 Abs 1 LPartG), Scheckindossament (§ 15 Abs 1 ScheckG), Einräumung und Aufhebung von Sondereigentum (§ 4 Abs 2 S 2 WEG) (AnwK/*Wackerbarth* Rn 38), Sorgeerklärung (§ 1626b Abs 1), Annahme und Ablehnung einer Testamentsvollstreckung (§ 2202 Abs 2 S 2 Hs 2), Vaterschaftsanerkennung (§ 1594 Abs 3), Wechselakzept (Art 26 WG). Als Verfahrenshandlung ist auch die Anmeldung zum Handelsregister bedingungsfeindlich (Palandt/*Heinrichs* Einf vor § 158 Rn 12). Entspr gilt für Anträge und Bewilligungen im Grundbuchverfahren. Ebenfalls bedingungsfeindlich ist die Bestellung der Prokura (RGRK/*Steffen* vor § 158 Rn 17) oder auch (mit Ausn der Kostenlastverteilung) die Rücknahme eines Strafantrages (RGRK/*Steffen* vor § 158 Rn 17). 6

II. Aufschiebende Bedingungen (Abs 1). Nach dem Wortlaut des Abs 1 tritt durch Vereinbarung einer aufschiebenden Bedingung die von dieser abhängig gemachte Wirkung erst mit Eintritt des durch die Bedingung Verlangten ein, somit also ex nunc (BGH NJW 1953, 1099, 1100). Die Wirkung des Rechtsgeschäfts tritt somit nur und erst dann ein, wenn das ungewisse Ereignis eintritt. Das klassische Bsp für eine aufschiebende Bedingung ist der Eigentumsvorbehalt, wobei die Bedingung, die vollständige Kaufpreiszahlung (dazu mwN *Medicus* Rn 458), sowohl hinsichtlich des »Ob« als auch des »Wann« ungewiss ist. Gleichzeitig ist der Kaufvertrag in diesem Fall unbedingt, die Übereignung nach § 929 aufschiebend bedingt. Bei **grundloser Vorerfüllung** kann das Geleistete über die Vorschriften der ungerechtfertigten Bereicherung herausverlangt werden. Trotzdem ist es nicht möglich, die rechtsgeschäftliche Bindung einseitig zu lösen. Das Gläubigerrecht entsteht also erst mit Bedingungseintritt und muss auch dann erst erfüllt werden. Der Gläubiger hat mit Vertragsabschluss eine gesicherte Rechtsposition iSe Anwartschaftsrechts nach §§ 857, 844 ZPO inne. Dieses ist nach den gesetzlichen Vorschriften vererblich, übertragbar und auch pfändbar (Palandt/*Heinrichs* Einf vor § 158 Rn 9). 7

Zwischen Vertragsabschluss und Eintritt der Bedingung besteht ein **Schwebezustand**, für den im Hinblick auf das bedingte Recht die §§ 160–162 besondere Regelungen treffen (sog Vorwirkungen). IÜ sind die Vertragsparteien trotz Schwebezustandes an die vertraglichen Schutzbestimmungen der §§ 241 Abs 2, 242, 280 gebunden. Der Schwebezustand endet mit Eintritt oder Ausfall der Bedingung (nachträgliche Unmöglichkeit) (Palandt/*Heinrichs* Rn 3), wobei bedingte Verfügungen idR an das Schicksal des Bedingungsgeschäfts geknüpft sind. Zu dem Problem des »ewigen Schwebezustandes« vgl AnwK/*Wackerbarth* Rn 58 mwN. Tritt 8 die Bedingung ein, erstarkt das Anwartschaftsrecht zum Vollrecht (zur zwischenzeitlichen Übertragung des Anwartschaftsrechts vgl BGH NJW 1956, 665). Tritt die Bedingung endgültig nicht ein, wird das Anwartschaftsrecht hinfällig und das Geschäft gilt als nicht zustande gekommen.

9 **III. Auflösende Bedingung.** Die auflösende Bedingung bestimmt einen Zustand, bei dessen Eintritt ein Rechtsverhältnis enden soll. Die Wirkung des Rechtsgeschäfts tritt hier also sofort ein. Sie endet mit Eintritt der Bedingung, damit wird ohne weiteres der frühere Rechtszustand wieder hergestellt (krit AnwK/*Wackerbarth* Rn 63). Das auflösend bedingte Rechtsgeschäft ist somit das Spiegelbild des aufschiebend bedingten; die Rechtsänderung tritt auch hier ex nunc ein (Erman/*Armbrüster* Rn 5 mwN). Beim Kauf (zB Kauf eines Rennpferdes mit der Option, dass es bevorstehendes Rennen gewinnt) verliert der auflösend bedingte Erwerber die Forderung oder das Eigentumsrecht, es steht wieder dem Veräußerer zu; diese Wirkung ist eine dingliche und zeigt sich daher nicht nur im Verhältnis der unmittelbar Beteiligten untereinander, sondern auch Dritten ggü (RGRK/*Steffen* Rn 7). Auch bei der auflösenden Bedingung entsteht ein Schwebezustand, denn sie wird vom Gesetz entspr der aufschiebenden behandelt, wobei nur die Rollen umgekehrt sind. Kann die Bedingung nicht mehr eintreten, bleibt das Rechtsgeschäft auf Dauer wirksam. In der Praxis ergeben sich oft Schwierigkeiten bei der Abgrenzung der auflösenden Bedingung zum Rücktritt. Im Gegensatz zum Rücktritt, bei dem gem §§ 346 ff ein Rückgewährschuldverhältnis entsteht, kann die Bedingung auch dinglich wirken und ohne weiteres Zutun eintreten. So verlangt eben der Rücktritt eine besondere Rücktrittserklärung. Ob das eine oder das andere einschlägig ist, kann ggf durch Auslegung ermittelt werden.

10 **IV. Sonstige.** Das Gesetz unterteilt die Bedingungsarten abschließend in aufschiebende und auflösende Bedingung. Eine weitere Einteilung kann deshalb nur noch dahingehend erfolgen, dass der Bedingungseintritt von dem Einfluss der Vertragsparteien abhängt oder vom Einfluss unabhängig eintritt, unabhängig ob aufschiebend oder auflösend bedingt. **1. Potestativbedingung.** Die Potestativbedingung knüpft den Eintritt einer Rechtswirkung an ein Tun oder Unterlassen an, das vom Belieben einer Vertragspartei abhängig ist. Es handelt sich also um eine Bedingung, deren Eintritt allein vom Willen des Betreffenden und nicht von einem zufälligen Ereignis abhängt, zB Wiederheirat. Sie ist grds zulässig. Soweit aber in den Kernbereich der Entscheidungsfreiheit einer Person, insbes bei höchstpersönlichen Entscheidungen, eingegriffen wird, ist die Bedingung sittenwidrig gem § 138, zB Schenkung unter Vorbehalt des Konfessionswechsels. Bei der Potestativbedingung handelt es sich um eine echte Bedingung, da zwar das Tun oder Unterlassen nach dem Willen der Parteien frei ist, die an das Verhalten geknüpfte Rechtswirkung jedoch unabhängig vom diesem Willen eintritt (Erman/*Armbrüster* vor § 158 Rn 12).

11 **2. Zufallsbedingung.** Zufallsbedingungen knüpfen nicht an den Willensentschluss einer beteiligten Partei an, sondern können aus Naturereignissen, aus Ereignissen des politischen, wirtschaftlichen und sozialen Geschehens oder aus Handlungen und Entscheidungen Dritter bestehen, wie zB Geburt eines Kindes, Ausgang der Wahl (Larenz/*Wolf* BGB AT § 50 Rn 11 f). Auch der Eintritt eines Naturereignisses, die Änderung politischer Verhältnisse oder gesellschaftliche Ereignisse können als Zufallsbedingung zum Vertragsgegenstand gemacht werden (AnwK/*Wackerbarth* Rn 4 mw Bsp). Zufallsbedingungen sind gleichfalls zulässig.

12 **3. Wollensbedingung.** Bei der Wollensbedingung (auch als echte Potestativbedingung bezeichnet) wird die Geltung eines Rechtsgeschäfts davon abhängig gemacht, ob ein Vertragspartner später erklärt, dass er das Geschäft gelten lassen will. Die Entscheidung darüber wird in sein freies Belieben gestellt, was allg zu Streitigkeiten hinsichtlich der Anwendungsmöglichkeit dieser Bedingungsart führt. Es ist danach zu unterscheiden, ob die mit der Wollensbedingung verbundene Geltungsentscheidung an sachliche Voraussetzungen, wie zB die Tauglichkeit der Ware für den Vertragszweck oder an billiges Ermessen gebunden ist oder ob sie auch eine völlig freie Willkürentscheidung (für das freie Belieben einer Partei etwa Köln MDR 2005, 500) ermöglicht (Larenz/*Wolf* BGB AT § 50 Rn 19). Einigkeit besteht nunmehr darüber, dass die bloße Billigung des Kaufgegenstandes, zB beim Kauf auf Probe, kein Umstand ist, der einer Bedingung iSd § 158 gerecht wird (aA Enn/*Nipperdey* § 194 Abs 4 S 3, S 1190 f; *Wunner* AcP 168 (1968), 425 ff). Vielmehr liegt mangels Bindungswillen eine rechtsgeschäftliche Erklärung erst mit Billigung vor (Hk-BGB/*Dörner* Rn 5; Staud/*Bork* Vorbem zu § 158 Rn 18). Entscheidend für die Zulässigkeit und gleichzeitig für den Bedingungseintritt einer solchen Bestimmung ist also, dass nicht die Entstehung des Rechts, sondern seine Rechtswirkung die Durchführung des Rechtsgeschäfts vom Willen einer Partei abhängig sein soll (zur Anwendbarkeit des Rechtsgedanken des § 162 auf eine Wollensbedingung, deren Eintritt nicht im freien Belieben einer Partei steht BGH NJW 1996, 3338–3341).

13 **C. Beweislast.** Behauptet der Beklagte substantiiert eine aufschiebende Bedingung, liegt ein Leugnen des Klagegrundes vor, sog Leugnungstheorie (bestätigend BGH NJW 2002, 2862, 2863). Nach dieser muss derjenige, der aus dem Vertrag Rechte herleitet (ausf zur Beweislast bei schriftlichen und mündlichen Verträgen vgl AnwK/*Wackerbarth* Rn 75 ff), sowohl das tatsächliche Vorliegen des Vertrages als auch die Bedingung beweisen (aA AnwK/*Wackerbarth* Rn 77). Ist der Abschluss eines aufschiebend bedingten Rechtsgeschäfts unbestritten und wird lediglich darüber gestritten, ob die Bedingung eingetreten ist, so hat ohne Rücksicht auf die Parteirolle derjenige den Bedingungseintritt zu beweisen, der hieraus Rechte herleitet (RGRK/*Steffen* Rn 10). Entspr gilt bei der auflösenden Bedingung. Beweispflichtig ist, wer den Eintritt einer auflösenden Bedingung behauptet und daraus einen Anspruch geltend macht.

§ 159 Rückbeziehung. Sollen nach dem Inhalt des Rechtsgeschäfts die an den Eintritt der Bedingung geknüpften Folgen auf einen früheren Zeitpunkt zurückbezogen werden, so sind im Falle des Eintritts der Bedingung die Beteiligten verpflichtet, einander zu gewähren, was sie haben würden, wenn die Folgen in dem früheren Zeitpunkt eingetreten wären.

Der Eintritt der auflösenden ebenso wie der aufschiebenden Bedingung hat grds **keine rückwirkende Kraft** 1
(BGHZ 10, 72). Sobald die Bedingung eintritt, beginnen oder enden gleichzeitig auch die von der Bedingung abhängig gemachten Folgen, so dass ipso iure die Rechtswirkung nicht auf den Zeitpunkt des Abschlusses des Rechtsgeschäftes zurückwirkt. Durch § 159 wird es den Parteien ermöglicht, eine solche Rückbeziehung von Folgen jedoch privatautonom zu vereinbaren, wobei der frühere Zeitpunkt nicht der des Geschäftsabschlusses sein muss. Diese Vereinbarung wirkt aber wegen § 137 sowie dem sachenrechtlichen Bestimmtheitsgrundsatz nicht dinglich, sondern lediglich obligatorisch. Die gegenseitigen Ansprüche richten sich nach der ggf ergänzend auszulegenden Vereinbarung, es entsteht ein Rückgewährschuldverhältnis gem §§ 346 ff; hilfsweise nach Bereicherungsrecht (MüKo/*Westermann* Rn 3; Palandt/*Heinrichs* Rn 1; aA *Flume* II § 40, 2d S 729). Bei einer allg vereinbarten Rückbeziehung iZm einer aufschiebenden Bedingung, müssen sich die Parteien so behandeln lassen, als wären die Rechtswirkungen bereits im vereinbarten früheren Zeitpunkt eingetreten. Im Gegensatz dazu ist beim Vorliegen einer auflösenden Bedingung der bedingt Berechtigte so zu behandeln, als sei er nie Berechtigter gewesen. Die **Beweislast** für eine obligatorisch wirkende Rückbeziehungsbestimmung trägt derjenige, der Rechte daraus herleiten will (Soerg/*Wolf* Rn 4). Die Vorschrift ist wegen § 163 auf die Befristung nicht anwendbar.

§ 160 Haftung während der Schwebezeit. [1] Wer unter einer aufschiebenden Bedingung berechtigt ist, kann im Falle des Eintritts der Bedingung Schadensersatz von dem anderen Teil verlangen, wenn dieser während der Schwebezeit das von der Bedingung abhängige Recht durch sein Verschulden vereitelt oder beeinträchtigt.
[2] Den gleichen Anspruch hat unter denselben Voraussetzungen bei einem unter einer auflösenden Bedingung vorgenommenen Rechtsgeschäft derjenige, zu dessen Gunsten der frühere Rechtszustand wieder eintritt.

Die Vorschrift hilft dem bedingt Berechtigten die Rechtsposition insoweit zu sichern, als er während des 1
Schwebezustandes hinsichtlich des von der Bedingung abhängenden oder des ihm wieder zufallenden Rechtes nicht geschützt ist. So stehen ihm während des Schwebezustandes zwar Klage auf künftige Leistung (§ 259 ZPO) (BAG ZUM 1998, 84; BGH NJW 1999, 954), sowie Arrest und einstweilige Verfügung (MüKo/*Westermann* Rn 7; aA AnwK/*Wackerbarth* Rn 3) zu, jedoch reichen diese Mittel nicht aus, um das bedingte Recht zu erhalten und zu sichern (zur Sicherung eines bedingten Anspruchs durch Vormerkung zust BGH NJW 1997, 861; aA FamRZ 1995, 700). § 160 ist für aufschiebend bedingte Verpflichtungsgeschäfte klarstellend, für Verfügungsgeschäfte konstitutiv (MüKo/*Westermann* Rn 3). Die Bedingung entfaltet ohne Anwendung des § 159 mit Abschluss des Rechtsgeschäfts Wirkung. Der Schadensersatzanspruch an sich entsteht jedoch erst im Falle des Bedingungseintritts (Palandt/*Heinrichs* Rn 1). Die Verjährung richtet sich nach den allg Vorschriften der §§ 195 ff. § 160 kann abbedungen werden. Der Anspruchsteller muss sowohl den Bedingungseintritt als auch die Vereitelung oder Beeinträchtigung des bedingten Rechts während der Schwebezeit beweisen (LNK/*Koos* Rn 3). Es gilt der Verschuldensmaßstab der §§ 276 ff.

§ 161 Unwirksamkeit von Verfügungen während der Schwebezeit. [1] Hat jemand unter einer aufschiebenden Bedingung über einen Gegenstand verfügt, so ist jede weitere Verfügung, die er während der Schwebezeit über den Gegenstand trifft, im Falle des Eintritts der Bedingung insoweit unwirksam, als sie die von der Bedingung abhängige Wirkung vereiteln oder beeinträchtigen würde. Einer solchen Verfügung steht eine Verfügung gleich, die während der Schwebezeit im Wege der Zwangsvollstreckung oder der Arrestvollziehung oder durch den Insolvenzverwalter erfolgt.
[2] Dasselbe gilt bei einer auflösenden Bedingung von den Verfügungen desjenigen, dessen Recht mit dem Eintritt der Bedingung endigt.
[3] Die Vorschriften zugunsten derjenigen, welche Rechte von einem Nichtberechtigten herleiten, finden entsprechende Anwendung.

A. Schutzzweck. § 161 dient dem Schutz des bedingt Berechtigten gegen (Zwischen-)Verfügungen des 1
bedingt Verpflichteten während der Schwebezeit, da der Eintritt der Bedingung, und somit das Erstarken des Anwartschaftsrechts zum Vollrecht lediglich ex nunc wirken. Zwar besteht der Schadensersatzanspruch gem § 160, jedoch ist das zum Erhalt des Rechts kein ausreichendes Mittel, die Beeinträchtigung oder Vereitelung des bedingten Rechts zu verhindern. So sind nach § 161 Zwischenverfügungen mit Eintritt der Bedingung absolut unwirksam. Konsequenz dieser Vorschrift ist, dass Verfügungen des bedingt Verpflichteten nur über die Gutglaubenvorschriften der §§ 892 f bei Grundstücken, §§ 929 ff bei beweglichen Sachen iVm § 1032 bei

Niesbrauch, § 1207 bei Verpfändung sowie § 366 HGB zum Eigentumserwerb führen. Das Verpflichtungsgeschäft wird indessen von der Vorschrift nicht berührt und löst ggf Schadensersatzpflichten gem §§ 280 ff sowie § 160 aus.

2 **B. Anwendungsbereich/Regelungsgehalt.** Eine Verfügung iSd § 161 ist ein Rechtsgeschäft, durch das der Verfügende unmittelbar ein bestehendes Recht überträgt, belastet, aufhebt oder sonstwie ändert (BGHZ 1, 294, 304). Zu den Verfügungen (wichtigstes Bsp Übereignung unter Eigentumsvorbehalt) zu zählen sind die Einziehung einer bedingt abgetretenen Forderung (mwN Erman/*Armbrüster* Rn 2), gesetzliche Pfandrechte, zB des Vermieters nach § 562, an Sachen, die bedingt übereignet sind (MüKo/*Westermann* Rn 13), Maßnahmen der Zwangsvollstreckung oder der Arrestvollziehung (§ 135 Abs 1 S 2), oder des Insolvenzverwalters (Soerg/*Wolf* Rn 4). Nicht zu den Verfügungen zählt die Prozessführung (Palandt/*Heinrichs* Rn 2), die letztwillige Verfügung (LNK/*Koos* Rn 4). Ebenfalls wird das Eigentumsrecht des Erstehers in der Zwangsvollstreckung hiervon nicht berührt, da es sich um Eigentumserwerb kraft Hoheitsaktes handelt (BGH NJW 1971, 799). § 161 findet keine Anwendung, wenn die Verfügung nicht nachteilig ist. Abs 1 betrifft denjenigen, der verfügt hat, Abs 2 den, zu dessen Gunsten verfügt wurde, beide also den während der Schwebezeit Berechtigten (so AnwK/*Wackerbarth* Rn 2). Die Voraussetzungen des Abs 2 erstrecken sich somit darauf, dass ein auflösend bedingter Rechtsinhaber selbst vor Bedingungseintritt Verfügungen zugunsten eines Dritten vornimmt, wie zB bei Einziehung oder Erlass einer Forderung (BGHZ 20, 133). Abs 3 schützt den gutgläubigen Dritten, wobei sich nach hM der gute Glaube des Erwerbers auf das Nichtbestehen einer bedingten Verfügung bezieht (so etwa: BaRoth/*Rövekamp* Rn 12; Soerg/*Bork* Rn 15).

3 **C. Prozessuales.** Der Rechtsinhaber ist während der Schwebezeit aktiv- und passivlegitimiert (vgl Palandt/*Heinrichs* Rn 2). Umstritten bleibt die Frage, ob ein gegen den Berechtigten ergangenes Urteil bei Bedingungseintritt seine Wirkung gem § 325 ZPO auch auf den neuen Rechtsinhaber entfaltet. Zu differenzieren ist dabei zwischen aufschiebender und auflösender Bedingung. Bei ersterer ist nach eA der Zeitpunkt der bedingten Verfügung maßgeblich (Stein/Jonas/*Leipold* § 325 ZPO Rn 22), nach aA und wohl hM der Zeitpunkt des Bedingungseintritts (Zöller/*Vollkommer* § 325 ZPO Rn 19; *Musielak* § 325 ZPO Rn 8). Die Entfaltung der Rechtsnachfolge bei der auflösenden Bedingung gibt in der Praxis mehr Zweifel auf. So wird sie in der Lit zwar einerseits bejaht (so etwa *Zöller* § 325 ZPO Rn 18) andererseits verneint (so etwa Baumbach/*Lauterbach* § 325 ZPO Rn 23), mit dem materiellen Recht lassen sich diese Positionen jedoch nicht begründen. Argumentativ bleibt dabei nur, dass die Aktiv- und Passivlegitimation des Rechtsinhabers (vgl oben) für eine Anwendung des § 325 ZPO sprechen.

§ 162 Verhinderung oder Herbeiführung des Bedingungseintritts.

[1] Wird der Eintritt der Bedingung von der Partei, zu deren Nachteil er gereichen würde, wider Treu und Glauben verhindert, so gilt die Bedingung als eingetreten.
[2] Wird der Eintritt der Bedingung von der Partei, zu deren Vorteil er gereicht, wider Treu und Glauben herbeigeführt, so gilt der Eintritt als nicht erfolgt.

1 **A. Allgemeines/Schutzzweck der Norm.** Die Vorschrift behandelt den Rechtserwerb kraft unredlichen Verhaltens. Sie ist Ausdruck des allg Grundsatzes von Treu und Glauben. Danach ist es als widersprüchlich anzusehen, aus einem durch eigene Pflichtverletzung geschaffenen Tatbestand Rechte gegen einen anderen zu dessen Nachteil herzuleiten (BGHZ 57, 108). So soll also niemand aus seinem eigenen treuwidrigen Verhalten Vorteile ziehen können. § 162 geht darüber hinaus und stellt eine Fiktion auf; sie ist zwingendes Recht; bei treuwidriger Verhinderung des Eintritts der Bedingung gilt sie als eingetreten (Abs 1), bei treuwidriger Herbeiführung als nicht eingetreten, Abs 2 (Erman/*Armbrüster* Rn 1).

2 **B. Voraussetzungen/Regelungsgehalt.** Erfasst werden nur echte Bedingungen iSd § 158. Nicht erfasst sind Rechts- und andere Scheinbedingungen (BGH BB 1996, 2427 = MDR 1997, 128 f). Ebenfalls nicht dazu zählen behördliche oder auch gerichtliche Genehmigungen, da der Mechanismus des § 162 das öffentliche Interesse, an das die Bedingung geknüpft ist, nicht überspielen kann (RGZ 129, 357; 168, 261, 267; LNK/*Koos* Rn 3). Auch auf Wollensbedingungen ist § 162 nicht anwendbar (BGH MDR 1997, 128 = WM 1997, 36), da damit der Entscheidungsspielraum des Wollenden eingeschränkt würde, was aber bei einer Wollensbedingung gerade nicht beabsichtigt ist. Das betrifft auch die Fälle, bei denen die wollende Partei arglistig getäuscht wird oder wenn die Entscheidung des Berechtigten durch eine andere Partei verhindert oder beeinflusst wird; die §§ 116 ff gehen insoweit vor (AnwK/*Wackerbarth* Rn 4; aA Soerg/*Wolf* Rn 6). Ebenfalls ist die Vorschrift auf Bedingungen iSd § 158 anwendbar (MüKo/*Westermann* § 163 Rn 6). Es ist stets nach den Umständen des Einzelfalls zu entscheiden, wann der Gegner den Eintritt der Bedingung vereitelt oder ihn herbeiführt (RGZ 88, 4). Schließlich muss eine tatsächliche kausale Beeinflussung des Bedingungseintritts durch eine Partei vorliegen (LNK/*Koos* Rn 4), der bloße Versuch einer Einwirkung schadet nicht (Palandt/*Heinrichs* Rn 2).

§ 163 Zeitbestimmung. **Ist für die Wirkung eines Rechtsgeschäfts bei dessen Vornahme ein Anfangs- oder Endtermin bestimmt worden, so finden im ersteren Fall die für die aufschiebende, im letzteren Falle die für die auflösende Bedingung geltenden Vorschriften der §§ 158, 160, 161 entsprechende Anwendung.**

A. Regelungsgehalt. Die Vorschrift erlaubt es den Parteien eines Rechtsgeschäfts, es mit einer Zeitbestimmung zu versehen. Wird so die Wirksamkeit eines Rechtsgeschäfts von dem Eintritt eines bestimmten Termins, zB einem Kalendertag (dies certus an et quando) oder dem Todestag (dies certus an, incertus quando) abhängig gemacht, so liegt, da der Eintritt des künftigen Ereignisses gewiss ist, kein bedingtes, sondern ein befristetes Geschäft vor (BGH NJW 1976, 1976, 1978; München NJW-RR 1993, 1164, 1165; KG MDR 1998, 459). Befristungen können in zwei rechtlichen Grundformen auftreten: als Anfangstermin, der die von ihm abhängige Rechtswirkung bis zum Erreichen des Termins aufschiebt und daher der aufschiebenden Bedingung entspricht, und als Endtermin, der die Rechtswirkung mit dem Erreichen des Termins enden lässt und daher der auflösenden Bedingung entspricht (vgl RGZ 76, 89/90). Im Unterschied zu § 158 hängt das Rechtsgeschäft letztlich nicht von einer Bedingung, sondern von dem Erreichen eines Termins ab (zur Abgrenzung Bedingung/Befristung ausf § 158 Rz 3; BGHZ 122, 211; *Hromadka* NJW 1994, 911). Unumstritten ist der Parteiwille für die Abgrenzung entscheidend (RGZ 91, 227, 229). IdR werden Befristungen ausdrücklich vereinbart. Dabei werden die Rechtswirkungen des Rechtsgeschäfts vom Erreichen eines Kalendertermins abhängig gemacht. Erforderlichenfalls muss aber durch Auslegung ermittelt werden, ob ein Rechtsgeschäft auf unbestimmte Zeit oder nur befristet gelten soll. 1

Aus dem Grundsatz der Vertragsfreiheit ergibt sich, dass eine schuldrechtliche (nicht dingliche) Rückwirkung vereinbart werden kann. Dementspr ist eine Verweisung des § 163 auf § 158 überflüssig. Von der Befristung iSd § 163 ist die »betagte Forderung« oder »betagte Verbindlichkeit« abzugrenzen. Es handelt sich dabei um eine bloße Fälligkeitsregelung, wobei die Forderung zwar besteht, jedoch noch nicht fällig geworden ist. Im Gegensatz dazu entsteht bei der Befristung die Forderung erst mit Erreichen des Termins, also in Zukunft (Staud/*Bork* Rn 2). § 163 ist auf betagte Forderungen nicht anwendbar. So fallen auch befristete Forderungen nicht unter die Regelung des § 813 Abs 2. Zur Ansicht terminierte Forderung ist wie betagte anzusehen (vgl Soerg/*Wolf* Rn 6; *Flume* BGB AT § 41 Rn 6). Zu den betagten Forderungen zählen zB Kaufvertrag mit Kaufpreisstundung (KG MDR 1998, 459), Leasingraten beim Finanzierungsleasing mit feststehender Laufzeit (BGHZ 109, 368, 372; 111, 84, 95; 118, 282, 290), Rückzahlung von Kassenbeiträgen (BGH MDR 1991, 343 f), Vergütungsanspruch des Unternehmers aus Werkvertrag (BGH NJW 2002, 2640 f; BGHZ 129, 336). Nicht zu den betagten Forderungen zählen zB künftiger Mietzins (BGH NJW 2004, 3118; BGH DtZ 1997, 156, 157) oder auch die vereinbarte Aufhebung in einem Abfindungsvertrag (BAG DB 1998, 1620). Bedingungsfeindliche Rechtsgeschäfte sind grds auch befristungsfeindlich (BGHZ 52, 269, 271 f; MüKo/*Westermann* Rn 5; vgl auch BGH NJW 2004, 284, 285), ausf hierzu vgl § 158 Rz 5 ff. Zur Zulässigkeit der Befristung von Arbeitsverträgen ausf Soerg/*Wolf* Rn 11. 2

B. Rechtsfolge/Beweislast. Die Vorschrift erklärt §§ 158, 160 und 161 auf Befristungen für entspr anwendbar, nicht verwiesen wird dagegen auf §§ 159 und 162. Dazu wird klargestellt, dass Anfangstermine dabei als aufschiebende, Endtermine dagegen als auflösende Bedingungen anzusehen sind. Die Verweisung auf §§ 158, 160, 161 ist nicht abschließend, sodass auch § 162 entspr Anwendung findet, etwa wenn der maßgebliche Termin ein zukünftiger Todestag ist und der Termin durch Tötung der betreffenden Person beschleunigt wird (LNK/*Koos* Rn 4); Ermordung des Vorerben durch den Nacherben zur Herbeiführung des Nacherbfalls (BGH NJW 1968, 2051). Zur Möglichkeit der schuldrechtlichen Rückbeziehung vgl oben Rz 2. Bei der Beweislast verhält es sich wie bei der Bedingung (vgl dazu § 158 Rz 13 f). Wird ein Vertrag auf unbestimmte Zeit oder bis zu einem bestimmten Endtermin geschlossen, trägt die Beweislast der aus dem Vertrag Beklagte, der sich auf die Befristung beruft. Zur Beweislast des Arbeitgebers, ob Arbeitnehmer nur für bestimmte Probezeit eingestellt wurde, vgl LAG Düsseldorf BB 1966, 82. 3

Titel 5 Vertretung und Vollmacht

§ 164 Wirkung der Erklärung des Vertreters. **[1] Eine Willenserklärung, die jemand innerhalb der ihm zustehenden Vertretungsmacht im Namen des Vertretenen abgibt, wirkt unmittelbar für und gegen den Vertretenen. Es macht keinen Unterschied, ob die Erklärung ausdrücklich im Namen des Vertretenen erfolgt oder ob die Umstände ergeben, dass sie in dessen Namen erfolgen soll.**
[2] Tritt der Wille, in fremdem Namen zu handeln, nicht erkennbar hervor, so kommt der Mangel des Willens, im eigenen Namen zu handeln, nicht in Betracht. [3] Die Vorschriften des Absatz 1 finden entsprechende Anwendung, wenn eine gegenüber einem anderen abzugebende Willenserklärung dessen Vertreter gegenüber erfolgt.

Literatur *Ahrens* Die Struktur des unternehmensbezogenen Geschäfts JA 1997, 895; *Ballerstedt* Zur Haftung für culpa in contrahendo bei Geschäftsabschluss durch Stellvertreter AcP 151 (1950/1951) 501; *Bayreuther* § 166 I BGB als zivilrechtliche Einstandspflicht für fremdes Handeln JA 1998, 459; *Beckmann* Auswirkungen der Auge-und-Ohr-Rechtsprechung auf die Beurteilung von Vollmachtsbeschränkungen NJW 1996, 1378; *Beuthien* Gibt es eine organschaftliche Stellvertretung? NJW 1999, 1142; *Bork* BGB Allgemeiner Teil, Tübingen (2006); *Bülow* Verbraucherkreditrecht im BGB NJW 2002, 1145; *Canaris* Die Vertrauenshaftung im deutschen Privatrecht, München (1971); *ders* Verstöße gegen das verfassungsrechtliche Übermaßverbot im Recht der Geschäftsfähigkeit und im Schadensersatzrecht JZ 1987, 993; *Crezelius* Culpa in contrahendo des Vertreters ohne Vertretungsmacht JuS 1977, 796; *Einsele* Inhalt, Schranken und Bedeutung des Offenkundigkeitsprinzips JZ 1990, 1005; *dies* Formerfordernisse bei mehraktigen Rechtsgeschäften DNotZ 1996, 835; *Eujen/Frank* Anfechtung der Bevollmächtigung nach Abschluss des Vertretergeschäfts? JZ 1973, 232; *Ganter* Unwirksamkeit der Vollmacht eines Geschäftsbesorgers wegen Verstoßes gegen das Rechtsberatungsgesetz? WM 2001, 195; *Gernhuber* Die fiduziarische Treuhand JuS 1988, 355; *ders* Die verdrängende Vollmacht JZ 1995, 381; *Giesen/Hegermann* Die Stellvertretung Jura 1991, 357; *Goldschmidt* Wissensvertretung beim Unternehmenskauf ZIP 2005, 1305; *Hager* Die Prinzipien der Mittelbaren Stellvertretung AcP 180 (1980) 239; *Hellgardt/Majer* Die Auswirkungen nichtiger Grundverhältnisse auf die Vollmacht WM 2004, 2380; *Henssler* Treuhandgeschäft – Dogmatik und Wirklichkeit AcP 196 (1996) 37; *Herresthal* Formbedürftigkeit der Vollmacht zum Abschluss eines Verbraucherdarlehens – BGH NJW 2001, 1931, JuS 2002, 844; *Hilger* Zur Haftung des falsus procurator NJW 1986, 2237; *Jacobs* Gebrauchtwagenhandel und Mehrwertsteuer NJW 1989, 696; *Joussen, Edgar* Die Generalvollmacht im Handels- und Gesellschaftsrecht WM 1994, 273; *Laband* Die Stellvertretung bei dem Abschluss von Rechtsgeschäften nach dem Allgemeinen Deutschen Handelsgesetzbuch ZHR 10 (1866) 183; *Medicus* BGB AT, 8. Aufl Heidelberg (2002); *Mertens* Die Reichweite gesetzlicher Formvorschriften im BGB JZ 2004, 431; *Müller, Gerd* Zu den Grenzen der analogen Anwendbarkeit des § 172 BGB in den Fällen des Blankettmissbrauchs AcP 181 (1981) 515; *Müller, Ulrich* Die Entwicklung der direkten Stellvertretung und des Vertrages zugunsten Dritter, Stuttgart (1969); *Ostheim* Probleme bei der Vertretung durch Geschäftsunfähige AcP 169 (1969) 193; *Pauly* Zur Frage des Umfangs der Architektenvollmacht BauR 1998, 1143; *Peglau* Wirkung kirchlicher Genehmigungsvorbehalte im allgemeinen Rechtsverkehr NVwZ 1996, 767; *Peters, Frank* Zur Geltungsgrundlage der Anscheinsvollmacht AcP 179 (1979) 214; *Paulus/Henkel* Rechtsschein der Prozessvollmacht NJW 2003, 1692; *Pawlowski* Zur Formbedürftigkeit der Bevollmächtigung zur Ergänzung eines Bürgschaftsblanketts JZ 1997, 309; *Petersen* Die Anfechtung der ausgeübten Innenvollmacht AcP 201 (2001) 375; *ders* Die Haftung bei der Untervollmacht Jura 1999, 401; *Prütting* Zum Grundstückskauf durch einen bevollmächtigten Treuhänder, der gegen das RBerG verstößt EWiR 2003, 347; *Richardi* Die Wissensvertretung AcP 169 (1969) 385; *Rösler* Formbedürftigkeit der Vollmacht NJW 1999, 1150; *Schmidt, Karsten* Offene Stellvertretung JuS 1987, 425; *ders* Ein Lehrstück zu § 15 I HGB – BGH NJW 1991, 2566, JuS 1991, 1002; *ders* Rechtsprechungsübersicht JuS 1995, 456; *Schneider, Ernst* Rechtliche Risiken beim Erwerb von Antiquitäten und Kunstgegenständen DB 1981, 199; *Schultz, Michael* Zur Vertretung im Wissen NJW 1990, 477; *ders* Die Bedeutung der Kenntnis des Vertretenen beim Vertreterhandeln für juristische Personen und Gesellschaften NJW 1996, 1392; *Schwark* Rechtsprobleme bei der mittelbaren Stellvertretung JuS 1980, 777; *Schwarze* Die Anfechtung der ausgeübten (Innen-)Vollmacht JZ 2004, 588; *Weimar* Eigentumserwerb des bösgläubigen Ehemannes bei Rechtsgeschäften seiner gutgläubigen Ehefrau gem § 1357 BGB JR 1976, 318; *Weitnauer* Der Unternehmenskauf nach neuem Kaufrecht NJW 2002, 2511; *Wolf/Ungeheuer* Vertragliche Probleme des Franchising BB 1994, 1027.

1 **A. Gesetzesgeschichte und normative Grundlagen der direkten Stellvertretung. I. Gesetzesgeschichte.** Die Parteien eines Rechtsgeschäfts sind nicht gehalten, dieses höchstpersönlich abzuschließen. Auch sind rechtserhebliche Erklärungen nicht notwendig vom Betroffenen selbst abzugeben. Eine derartige Anforderung hätte eine erhebliche Beeinträchtigung des Rechtsverkehrs zur Folge (BaRoth/*Habermeier* Rn 1; Hk-BGB/*Dörner* Vor §§ 164–181 Rn 1). Rechtserhebliche Erklärungen können deshalb von Dritten abgegeben und in Empfang genommen werden. Die Regelungen dafür sind in den §§ 164 ff niedergelegt. Das hier geregelte stellvertretende Handeln bewirkt eine rechtliche Bindung des Vertretenen, indem ihm die vom Vertreter abgegebene oder in Empfang genommene Willenserklärung zugerechnet wird. Die Konzeption des Stellvertretungsrechts basiert auf dem sog **Repräsentationsprinzip** (AnwK/*Stoffels* Rn 6), wonach der Vertreter als Repräsentant des Vertretenen durch eine eigene Willenserklärung in Erscheinung tritt. (Zur Geschichte des Stellvertretungsrechts vom römischen Recht bis zum BGB vgl *U Müller*, Die Entwicklung der direkten Stellvertretung und des Vertrages zugunsten Dritter 1969)

2 **II. Normative Grundlagen.** Regelungsgehalt der Stellvertretung ist, dass jmd (der Vertreter) rechtsgeschäftlich im Namen eines anderen (des Vertretenen) handelt, wobei die rechtlichen Folgen des Vertreterhandelns (Vor- und Nachteile des Rechtsgeschäfts/der Willenserklärung) die Person des Vertretenen treffen. **1. Normcharakter.** § 164 Abs 1 stellt eine reine **Zurechnungsnorm** für fremdes rechtsgeschäftliches Handeln (das des Stellvertreters) dar. Von Zurechnung spricht man, wenn die Rechtsfolgen des Handelns einer Person kraft gesetzlicher Anordnung eine andere treffen. Bei der Stellvertretung bildet die vom Vertreter für den Vertrete-

nen abgegebene Willenserklärung den Zurechnungsgegenstand, an den sich entspr Bindungen knüpfen. Zurechnungsgrund ist die dem Vertretenen verliehene Vertretungsmacht (AnwK/*Stoffels* Rn 1). Die Vertretungsmacht kann sich aus einer rechtsgeschäftlichen Bevollmächtigung oder einer gesetzlichen Anordnung ergeben. Insbes die gewillkürte, dh durch Rechtsgeschäft begründete Stellvertretung ermöglicht es dem Vertretenen, seinen Aktionsradius bei der Abgabe und dem Empfang von Willenserklärungen gezielt zu erweitern. Er kann auf diese Weise Geschäfte für sich vornehmen lassen, ohne selbst bei der Vornahme zugegen sein zu müssen. Zudem kann er sich der Sachkunde und Fähigkeiten des Vertreters bedienen. Eben diese Fähigkeiten soll der Vertreter kraft Gesetzes einbringen, wobei eine Vertretung kraft Gesetzes angeordnet wird, um auch einer nicht oder nur beschränkt geschäfts- und handlungsfähigen Person die Teilnahme am Rechtsverkehr zu ermöglichen.

2. Normintention. Das Gesetz bemüht sich in den §§ 164 ff, die Voraussetzungen und Folgen der Stellvertretung so zu regeln, dass unter Berücksichtigung der Verkehrsbedürfnisse den berechtigten Interessen aller Erklärungsbeteiligten entsprochen wird. **a) Interessen des Vertretenen.** Den Interessen des Vertretenen dient die grds Eröffnung der Möglichkeit, sich durch eine andere Person vertreten zu lassen. Außerdem muss er auf Grund der Ausgestaltung des Stellvertretungsrechts in §§ 164 ff keine unbegründete Zurechnung des Vertreterhandels befürchten. 3

b) Interessen des Geschäftsgegners. aa) Offenkundigkeitsprinzip. Den Schutz des Geschäftsgegners verwirklicht das Gesetz durch das Offenkundigkeitsprinzip (allg dazu *Einsele* JZ 1990, 1005 ff; *K Schmidt* JuS 1987, 425 ff). Es schreibt vor, dass der Vertreter die Willenserklärung im Namen des Vertretenen abgeben muss. Damit wird für den Dritten die Fremdbezogenheit offen gelegt, damit er erkennen kann, wer sein Vertragspartner ist (AnwK/*Stoffels* Rn 9). 4

bb) Abstraktionsprinzip. In Form des Abstraktionsprinzips kommt dem Geschäftsgegner ein weiteres Gestaltungsprinzip des Stellvertretungsrechts zu Gute. Das von *Laband* (ZHR 10, 183 ff) herausgearbeitete Abstraktionsprinzip basiert auf der Trennung zwischen der dem Vertreter zukommenden Vertretungsmacht und dem dieser rechtlichen Befugnis zugrunde liegendem kausalen Rechtsverhältnis zwischen dem Vertretenen und dem Vertreter. Der Geschäftspartner wird damit der Mühe enthoben, nähere Erkundigungen über das Innenverhältnis einzuholen. Er kann sich darauf verlassen, dass die Vertretungsmacht des Vertreters von möglichen Mängeln des Innenverhältnisses unberührt bleibt und das Vertretergeschäft hiervon unbeeinflusst wirksam zustande kommt (*Flume* BGB AT II, § 45 Abs 2 S 2, S 785 ff). 5

cc) Vertrauensschutzprinzip. Derjenige, der mit einem Vertreter kontrahiert, wird in seinem Vertrauen auf den Bestand der Vertretungsmacht unter bestimmten Voraussetzungen auch dann geschützt, wenn die behauptete Vertretungsmacht objektiv nicht, nicht mehr oder nicht entspr umfänglich erteilt wurde. Als rechtlicher Anknüpfungspunkt dienen hier die §§ 170 ff und die hierzu entwickelten Grundsätze der Rechtsscheinsvollmacht (Staud/*Schilken* Vor §§ 164 Rn 37; AnwK/*Stoffels* Rn 14). 6

c) Interessen des Vertreters. Dem Vertreter ist daran gelegen, die Rechtswirkungen des Vertretergeschäfts in der Person des Vertretenen eintreten zu lassen, ohne selbst eine rechtliche Bindung im Außenverhältnis einzugehen (AnwK/*Stoffels* Rn 15). Das Gesetz trägt diesem Interesse Rechnung, indem es den Vertretenen durch das Vertretergeschäft bindet. Für den Vertreter beinhaltet das Vertretergeschäft etwas rechtlich Neutrales, solange und soweit seine Vertretungsmacht reicht. 7

B. Abgrenzung von anderen Formen rechtsgeschäftlichen Handelns für andere. Vertretung iSd §§ 164 ff betrifft rechtsgeschäftliches Handeln in fremden Namen und mit unmittelbarer Wirkung für den anderen. Auf sonstiges Handeln im Interesse und mit Wirkung für andere sind die §§ 164 ff nicht anwendbar. **I. Mittelbare Stellvertretung. 1. Begriff und Erscheinungsform.** Keine Anwendung findet das Stellvertretungsrecht im Fall der sog mittelbaren Stellvertretung (Erman/*Palm* Vor § 164 Rn 14). Bei dieser Form der im BGB nicht geregelten rechtsgeschäftlichen Interessenwahrnehmung für einen anderen durch den mittelbaren Stellvertreter agiert der Handelnde zwar im **Interesse und für Rechnung eines anderen**, aber in Abgrenzung zum Stellvertreter **in eigenem Namen.** Deshalb wird der mittelbare Stellvertreter selbst aus dem von ihm abgeschlossenen Geschäft berechtigt und verpflichtet (*Hager* AcP 180, 239; *Schwark* JuS 1980, 777). Für die mittelbare Stellvertretung kann es verschiedene Gründe geben (*Larenz/Wolf* BGB AT, § 46 Rn 23). Ein mittelbarer Stellvertreter wird häufig dann eingeschaltet, wenn dem Geschäftsherrn daran gelegen ist, nach außen nicht in Erscheinung zu treten. Das **HGB** behandelt nur die **Sonderformen** des Kommissions- und Speditionsgeschäfts (§§ 383 ff, 453 ff HGB). Außerhalb des BGB finden sich spezielle Vorschriften auch im DepotG (§§ 32 Abs 1 S 1, 18). Abgesehen von den für diese Geschäfte geltenden Sondervorschriften vollzieht sich die **rechtliche Einordnung** der mittelbaren Stellvertretung anhand der **allg Vorschriften des BGB.** Eine bes Behandlung erfährt die mittelbare Stellvertretung durch die Drittschadensliquidation (Erman/*Palm* Vor § 164 Rn 14). 8

2. Rechtliche Behandlung. a) Außenverhältnis. Durch das in verdeckter Stellvertretung vorgenommene Rechtsgeschäft wird der im eigenen Namen **Handelnde** (mittelbare Vertreter) **allein berechtigt und verpflichtet.** Die aus dem Rechtsgeschäft erworbenen Ansprüche unterliegen grds (Ausn § 392 Abs 2 HGB) dem Zugriff seiner Gläubiger (MüKo/*Schramm* Vor § 164 Rn 17 ff). Bei § 392 Abs 2 HGB handelt es sich um eine singuläre Vorschrift zu Gunsten des Kommittenten, der nach § 771 ZPO Drittwiderspruchsklage oder nach § 47 InsO Aussonderung verlangen kann. Eine Verallgemeinerung dieser Norm wird von der hM abgelehnt (RGZ 58, 273, 276; RGRK/*Stef-* 9 *fen* Vor §§ 164 Rn 3; AnwK/*Stoffels* Rn 19; aA *Hager* AcP 180, 239, 250; *Schwark* JuS 1980, 777, 781). Die Übertragung der in stiller Stellvertretung erworbenen Rechtspositionen (Rechte/Sachen) auf den Geschäftsherrn erfolgt durch Abtretung (§ 398 ff ggf iVm § 413) oder Übereignung (§§ 929 ff). Die Risiken für den Geschäftsherrn können aber durch eine Vorausabtretung oder eine vorweggenommene (antizipierte) Einigung und ein ebensolches Besitzkonstitut (§ 930) gemindert werden. Etwaige Mängel des Vertrages zwischen Vertreter und Vertretenem berühren die Wirksamkeit des Ausführungsgeschäftes nicht (Palandt/*Heinrichs* Einf § 164 Rn 6; *Hager* AcP 180, 239, 240). Über die dem mittelbaren Stellvertreter zur Veräußerung überlassenen Gegenstände verfügt dieser mit Ermächtigung des Geschäftsherrn (§ 185).

10 **b) Innenverhältnis.** Das Innenverhältnis zwischen dem Geschäftsherrn und dem mittelbaren Stellvertreter ist von dem Außenverhältnis zwischen dem mittelbaren Stellvertreter und dem Vertragspartner streng zu trennen (Soerg/*Leptien* Vor § 164 Rn 33). Dem Innenverhältnis zwischen Hintermann und mittelbarem Stellvertreter liegt ein **Geschäftsbesorgungsvertrag** (§ 675) oder ein **Auftrag** (§ 662) zu Grunde. Durch diesen Vertrag geht der mittelbare Stellvertreter verschiedene Bindungen ein, die sicherstellen sollen, dass das wirtschaftliche Ergebnis des Ausführungsgeschäfts dem Geschäftsherrn zu Gute kommt. Im Gegenzug wird dem mittelbaren Stellvertreter häufig eine **Provision** für die Ausführung des Geschäfts zugesagt. Ansprüche des Geschäftsherrn bestehen auf der Grundlage des Vertrages nur gegen den mittelbaren Stellvertreter. Sie betreffen zumeist die **Herausgabe des durch das Ausführungsgeschäft Erlangten** (§§ 667, 675). Dagegen hat der mittelbare Stellvertreter gegen den Geschäftsherrn idR einen **Schuldbefreiungsanspruch** aus den §§ 669, 670. Den Schaden des Geschäftsherrn kann er im Wege der **Drittschadensliquidation** geltend machen, soweit das vertragswidrige Verhalten des Vertragspartners hierfür ursächlich ist (BGHZ 25, 250, 258; 40, 91, 100; BGH NJW 1998, 3099; beachte aber auch BGH NJW 1996, 2733, 2734). Das gilt jedoch nicht für Vermögensverfügungen, die ein Dritter im Vertrauen auf die Richtigkeit einer in verdeckter Stellvertretung für einen Dritten eingeholten Bankauskunft trifft (BGH NJW 1996, 2734, 2735 f).

11 **II. Treuhand. 1. Begriff und Erscheinungsform.** Abzugrenzen ist die Stellvertretung nach §§ 164 ff auch von der Treuhand. Bei der Treuhandschaft handelt es sich um einen gesetzlich nicht näher festgelegten Rechtsbegriff (*Henssler* AcP 196, 37 ff; *Gernhuber* JuS 1988, 355).

12 **2. Rechtliche Behandlung.** Soweit der Treuhänder nach außen rechtsgeschäftlich auftritt, handelt er in eigenem Namen, schuldrechtlich gebunden durch die Absprachen im Innenverhältnis. Allein der Treuhänder wird aus dem Außenrechtsverhältnis zum Dritten berechtigt und verpflichtet; auch die steuerrechtlichen Folgen treffen ihn (BGHZ 134, 212, 215; BaRoth/*Habermeier* Rn 7). Dem Innenverhältnis liegt der Treuhand ein Geschäftsbesorgungsvertrag (§ 675) oder ein Auftrag (§ 662) zu Grunde. Durch das Handeln für einen anderen in eigenem Namen rückt die Treuhand in ein gewisses Näheverhältnis zur mittelbaren Stellvertretung (Staud/*Schilken*, Vor §§ 164 ff Rn 48). Denn der Treuhänder kann im Außenverhältnis – ähnl wie der mittelbare Stellvertreter – mehr, als er aus dem Innenverhältnis heraus darf (BGH NJW 2004, 1382). So sind etwa Verfügungen in Verletzung der im Innenverhältnis vereinbarten Beschränkungen wirksam, verpflichten aber zum Schadensersatz (Palandt/*Heinrich* Überbl Vor § 104 Rn 25).

13 **3. Beispiele. a) Inkassozession.** Bei der Inkassozession handelt es sich um eine *fremdnützige* Treuhand (Palandt/*Grüneberg* § 398 Rn 26). Der Zessionar erlangt auf Grund der Abtretung (§§ 398 ff) einer oder mehrerer Forderungen die volle Gläubigerstellung. Im Innenverhältnis zwischen Zedent und Zessionar liegt regelm ein Geschäftsbesorgungsvertrag (§ 675) zu Grunde. Danach soll der Abtretungsempfänger die Forderung(en) lediglich einziehen und den Erlös an den Abtretenden abführen (RG 99, 143). Durch diese Zwecksetzung ähnelt die Inkassozession der Einziehungsermächtigung. Während der Inkassozessionar jedoch Vollgläubiger ist, beinhaltet die Einziehungsermächtigung nur die Einziehungsbefugnis (Erman/*Palm* Vor § 164 Rn 22).

14 **b) Sicherungsabtretung.** Die Sicherungsabtretung ist eine Form der *eigennützigen* Treuhand. Dabei dient eine Forderung als Sicherungsgut. Sie wird zur Sicherung eines Anspruches an den Treuhänder abgetreten (§§ 398 ff). Im Außenverhältnis zum Schuldner erlangt der Sicherungsnehmer (Zessionar) auf Grund der Abtretung alle Gläubigerrechte. Er kann die Forderung gerichtlich und außergerichtlich geltend machen. Im Innenverhältnis zum Zedenten darf der Zessionar auf Grund der aus dem schuldrechtlichen Sicherungsvertrag folgenden Sicherungsabrede nur nach Maßgabe des Sicherungszwecks verfügen. Er ist im Zweifel nur dann zur Einziehung berechtigt, wenn die gesicherte Forderung fällig ist (BGH NJW-RR 1995, 1369) und der Sicherungsgeber (Zedent) in Verzug kommt (RG 142, 141; BFH NVwZ 1984, 468).

15 **c) Sicherungseigentum.** Beim Sicherungseigentum handelt es sich – ebenso wie bei der Sicherungsabtretung – um eine *eigennützige* Treuhand (Palandt/*Bassenge* § 930 Rn 13). Das übertragene Eigentum an einer Sache sichert dabei den Erwerber wegen einer Forderung gegen den Veräußerer oder einen Dritten, indem sie bei Nichterfüllung zu deren Befriedigung verwertet werden darf. Die sachenrechtliche Übertragung des Sicherungseigentums vollzieht sich bei einer beweglichen Sache nach § 930 (Besitzkonstitut). Neben dem sachenrechtlichen Geschäft wird eine schuldrechtliche Sicherungsabrede getroffen. Aus ihr ergeben sich die im Innenverhältnis bestehenden Rechte und Pflichten.

16 **III. Gesetzliche Vermögensverwalter. 1. Begriff und Erscheinungsform.** Von der Stellvertretung ist auch die Verwaltung fremden Vermögens abzugrenzen, bei der dem Verwalter durch Gesetz oder testamentarische Verfügung eine Vermögensverwaltung anvertraut ist. Zu ihnen zählen der Insolvenzverwalter (§ 80 InsO), der

Nachlassverwalter (§ 1985), der Testamentsvollstrecker (§ 2205) und der Zwangsverwalter (§ 172 ZVG). Ihre Rechtsstellung entspricht der eines Treuhänders. In ihrer Tendenz ist ihre Tätigkeit nicht auf eine einseitige Interessenwahrnehmung, sondern auf einen Ausgleich kollidierender Interessen gerichtet (sog neutrales Handeln im Privatrecht; MüKo/*Schramm* Vor § 164 Rn 10). Die Verwalter fremden Vermögens bekleiden eine unabhängige Rechtsstellung und sind an die Weisungen des Vermögensinhabers nicht gebunden (Staud/*Schilken* Vor § 164 Rn 58 f). § 116 Nr 1 ZPO spricht insofern von einer *Partei kraft Amtes*. Die Verwalter treten daher auch nicht im Namen des Vermögensinhabers auf. Sie handeln vielmehr objektbezogen für das von ihnen verwaltete Vermögen (Palandt/*Heinrich* Einf § 164 Rn 9; PWW/*Frensch* Rn 14).

2. Rechtliche Behandlung. Nach der sog *Amtstheorie* sind die Vermögensverwalter nicht als gesetzliche Vertreter, sondern als *Träger eines bes privaten Amtes* zu qualifizieren, das mit der Befugnis verbunden ist, über die Gegenstände des ihrer Verwaltung unterliegenden Vermögens zu verfügen und den Träger des Vermögens zu berechtigen und zu verpflichten wie auch die zu dem Vermögen gehörenden Rechte gerichtlich geltend zu machen (BGHZ 88, 331, 334). Im Gegensatz dazu steht die sog *Vertretertheorie* (vgl dazu *Medicus* BGB AT Rn 925). Die umstrittene dogmatische Einordnung schließt es nicht aus, einzelne Vorschriften des Stellvertretungsrechts auf die Verwaltung fremden Vermögens analog anzuwenden (PWW/*Frensch* Rn 15). Hierzu gehören etwa die Regeln über den Missbrauch der Vertretungsmacht (für Testamentsvollstrecker: BGH NJW-RR 1989, 642 f), die §§ 177 ff (Staud/*Schilken* § 177 Rn 19) und § 181 (BGHZ 113, 262, 261, 270). 17

IV. Gerichtsvollzieher. Der Gerichtsvollzieher handelt in der Zwangsvollstreckung nicht als Vertreter des Gläubigers, sondern als *staatliches Organ der Rechtspflege* (RG 90, 194; 156, 398; LG Berlin MDR 1977, 146; BGH NJW 1999, 2597, 2598; BaRoth/*Habermeier* Rn 10). Er agiert jedoch wie ein Stellvertreter, wenn er für den Gläubiger eine freiwillige Leistung des Schuldners entgegennimmt (PWW/*Frensch* Rn 25; BaRoth/*Habermeier* Rn 10). In diesem Spezialfall finden die §§ 164 ff ausnahmsw Anwendung (Frankfurt aM NJW 1963, 773, 774; Staud/*Schilken* Vor § 164 Rn 97). 18

V. Strohmann. 1. Begriff und Erscheinungsform. Gleichfalls nicht den §§ 164 ff unterfällt das Strohmanngeschäft. Beim Strohmann handelt es sich um eine im Rechtsverkehr vorgeschobene Person, die für einen Hintermann auftritt, der das Geschäft nicht selbst abschließen kann oder will. Typische Erscheinungsformen sind die Strohmann-Gründung einer GmbH (BGH NJW 1992, 2021, 2023), die Überlassung der Unternehmensführung an einen Strohmann wegen einer fehlenden Konzession (MüKo/*Schramm* Vor § 164 Rn 24) und die Einschaltung eines Strohmanns wegen der mangelnden Bereitschaft des Vertragspartners zum Vertragsschluss oder der fehlenden Börsentermingeschäftsfähigkeit des Geschäftsherrn (BGH NJW 1995, 727 ff). 19

2. Rechtliche Behandlung. Der mittelbare Stellvertreter kann die Rolle des Strohmanns übernehmen (AnwK/*Stoffels* Rn 23; Soerg/*Leptien* Vor § 164 Rn 37). Der Strohmann handelt im Regelfall zugleich als fremdnütziger Treuhänder (Soerg/*Leptien* Vor § 164 Rn 37; PWW/*Frensch* Rn 13). In jedem Fall wird der Strohmann durch das von ihm vorgenommene Rechtsgeschäft selbst berechtigt und verpflichtet (BGH NJW 1982, 569, 570; MüKo/*Schramm* Vor § 164 Rn 25). Dies gilt selbst dann, wenn der Vertragspartner von der Strohmanneigenschaft Kenntnis hatte (BGH NJW 2002, 2029, 2030 f; PWW/*Frensch* Rn 13). Die von einem Strohmann vorgenommenen Rechtsgeschäfte sind auch nicht als Scheingeschäfte (§ 117) zu bewerten, da sie hinsichtlich ihrer Rechtsfolgen idR ernstlich gewollt sind (BGHZ 21, 378, 381ff; DB 1978, 1828; NJW 1982, 569 f; 2002, 2030 f; AnwK/*Stoffels* Rn 23). Besonderheiten hinsichtlich der Wirksamkeit des Rechtsgeschäfts können sich allerdings daraus ergeben, dass der Hintermann durch den Einsatz des Strohmanns den Dritten widerrechtlich täuschen oder Rechtsfolgen herbeiführen will, die er auf Grund bestehender rechtlicher oder sonstiger Hindernisse selbst nicht erreichen kann. Liegt das Ziel des Strohmannsgeschäfts in einer Gesetzesumgehung, so ist in jedem Einzelfall zu prüfen, ob das Strohmanngeschäft und/oder der Geschäftsbesorgungsvertrag nach §§ 134, 138 nichtig sind (PWW/*Frensch* Rn 13). 20

3. Einzelfallprobleme. Auf die Grundsätze zur Sittenwidrigkeit von **Ehegattenbürgschaften** kann sich ein Strohmann-Gesellschafter einer GmbH nur berufen, wenn für die Bank klar ersichtlich ist, dass er finanziell an der Schuldner-GmbH nicht beteiligt ist und die Stellung eines Gesellschafters ohne eigenes wirtschaftliches Interesse nur aus persönlicher Verbundenheit mit einer die GmbH wirtschaftlich beherrschenden Person übernommen hat (BGH NJW 2002, 2634 f). Bei der Strohmann-Gründung einer GmbH wird der **Hintermann** von der Rspr iÜ hinsichtlich der Aufbringung des **Stammkapitals** (§§ 19, 24 GmbHG) und seiner Erhaltung (§§ 30 ff GmbHG) wie ein **Gesellschafter** behandelt (BGH NJW 1992, 2021, 2023 f). Anders als im Normalfall Treuhand soll es dem Hintermann verwehrt sein, die treuhänderische Bindung zum Nachteil von Dritten in Anspruch zu nehmen (AnwK/*Stoffels* Rn 23). Dies hat zur Folge, dass dem Hintermann die Möglichkeit, gegen Gläubiger des Strohmanns Drittwiderspruchsklage (§ 771 ZPO) zu erheben oder in der Insolvenz des Strohmanns Gegenstände auszusondern (§ 47 InsO), versperrt ist (BGH WM 1964, 179; PWW/*Frensch* Rn 13; *Flume* BGB AT II, § 20 Rn 2b). Die Gläubiger des Hintermanns können den Erwerb des Strohmanns aber nach §§ 1, 7 AnfG anfechten (BGHZ 124, 298, 300 ff; PWW/*Frensch* Rn 13). Der Hintermann kann von dem Dritten nicht unmittelbar in Anspruch genommen werden. Die Gläubiger des Strohmanns sind vielmehr darauf angewiesen, dessen **Schuldbefreiungsanspruch** (§§ 669, 670) gegen den Hintermann zu **pfänden**, um auf dessen Vermögen Zugriff nehmen zu können (Celle JW 1938, 1591; AnwK/*Stoffels* Rn 23; Soerg/*Leptien* Vor § 164 Rn 38). 21

22 **VI. Ermächtigung.** Abzugrenzen ist die Stellvertretung auch von der Ermächtigung. Die Regelung des § 185 Abs 1 gestattet es dem Nichtberechtigten, über ein Recht eines anderen im eigenen Namen dinglich zu verfügen, wenn der Rechtsinhaber eingewilligt hat (Erman/*Palm* Vor § 164 Rn 22). Im Gegensatz zur Stellvertretung geht es bei § 185 Abs 1 um eine *sachenrechtliche Verfügungsbefugnis.* In Ausübung dieser Befugnis braucht der Ermächtigte – anders als bei der Stellvertretung – nicht offen legen, dass er mit Wirkung für einen anderen verfügt.

23 **VII. Botenschaft. 1. Begriff und Erscheinungsform.** In §§ 164 Abs 1, 3 wird dem Vertretenen die Abgabe oder Entgegennahme von Willenserklärungen durch den Vertreter zugerechnet. Hiervon muss auch die Botenschaft abgegrenzt werden. Denn der Bote gibt im Gegensatz zum Stellvertreter keine eigene Willenserklärung ab. Er *übermittelt lediglich die fremde Erklärung* seines Auftraggebers an den Empfänger (Erklärungsbote) oder nimmt für seinen Auftraggeber eine solche, fremde Erklärung entgegen (Empfangsbote). Die Abgrenzung der Stellvertretung von der Botenschaft erfolgt nach §§ 133, 157. Es kommt mithin darauf an, wie der Erklärende aus Sicht des Erklärungsempfängers auftritt (BGHZ 12, 327, 334; 36, 30, 33; *Giesen/Hegermann* Jura 1991, 357, 359; PWW/*Frensch* Rn 19; aA *Hueck* AcP 152, 432, 433 ff). Gibt er zu erkennen, dass er eine fremde Willenserklärung lediglich übermitteln möchte, liegt Botenschaft vor. Andererseits schließt eine starke Weisungsgebundenheit eine Stellvertretung nicht unbedingt aus. Auch der nach § 166 Abs 2 bes weisungsgebundene »*Vertreter mit gebundener Marschroute*« wird als Stellvertreter behandelt, wenn er aus Sicht des Erklärungsempfängers nicht nur als Erklärungsmittler fungiert, sondern ihm ein Rest eigener Gestaltungsmacht verbleibt.

24 **2. Rechtliche Behandlung.** Da der Bote keine eigene Willenserklärung abgibt, ist sein Handeln nur tatsächlicher, nicht rechtsgeschäftlicher Natur. Anders als bei der Stellvertretung (§ 165) braucht der Bote daher nicht (beschränkt) geschäftsfähig zu sein. Es genügt vielmehr, dass er die natürliche Einsichtsfähigkeit zur Übermittlung der fremden Willenserklärung besitzt (MüKo/*Schramm* Vor § 164 Rn 46). Nicht ausreichend ist jedoch die Wahrung von Formvorschriften durch den Boten. Hierfür kommt es auf den Geschäftsherrn an. Für Willensmängel, Kenntnis und Kennenmüssen gilt in Abgrenzung zur Stellvertretung (vgl § 166 Abs 1) grds das Gleiche (PWW/*Frensch* Rn 20).

25 **3. Einzelfallprobleme.** Nach der hM wird der Geschäftsherr gebunden, wenn der Bote oder Vertreter im Rahmen seiner Legitimation (Vollmacht oder Botenmacht) handelt. Dabei ist es zunächst gleichgültig, ob der Handelnde hierbei als Vertreter oder Bote auftritt. Zur Falschübermittlung durch den Erklärungsboten vgl. § 120.

26 **VIII. Mitverpflichtung des Ehegatten nach § 1357.** Keine Stellvertretung stellt auch die in § 1357 vorgesehene Mitverpflichtung des nicht handelnden Ehegatten aus Geschäften dar, die der andere zur *angemessenen Deckung des Lebensbedarfs* tätigt (»Schlüsselgewalt«). Die Rechtsfolgen der Norm treten nämlich grds auch dann ein, wenn der handelnde Ehegatte ausschließlich in eigenem Namen auftritt. Bei § 1357 handelt es sich um eine Rechtsmacht *sui generis,* was jedoch nicht ausschließt, einzelne Stellvertretungsregeln (insb §§ 165, 177) analog heranzuziehen (Hk-BGB/*Dörner* Vor §§ 164–181 Rn 7).

27 **IX. Verhandlungsgehilfe.** Vertreter nach §§ 164 ff ist zudem nur derjenige, der das Rechtsgeschäft für einen anderen in dessen Namen abschließt. Der Verhandlungsgehilfe (zB der Handelsvertreter, §§ 84 ff HGB), der – ohne Abschlussvollmacht zu haben – lediglich die Vertragsverhandlungen führt und das Geschäft vorbereitet, es aber nicht selber tätigt, ist deshalb kein Stellvertreter (BGH NJW-RR 1991, 439, 441; MüKo/*Schramm* Vor § 164 Rn 65).

28 **X. Wissensvertreter.** Der Geschäftsherr muss sich das Wissen anderer zurechnen lassen, wenn diese seine Wissensvertreter sind. Für die Stellvertretung ist dies ausdrücklich in § 166 Abs 1 geregelt. Darüber hinaus ist eine Wissenszurechnung nur noch im VVG (§§ 2 Abs 2, 19) explizit vorgesehen. Fälle, in denen eine Wissenszurechnung beachtlich wird, sind aber auch die §§ 142 Abs 2, 442, 640 Abs 2, 819, 892 Abs 1 S 1, 932, 990. Hier kann § 166 analog angewendet werden (*Richardi* AcP 169, 385, 387 ff; Palandt/*Heinrichs* Einf § 164 Rn 14; auch §§ 278, 831 als Zurechnungsnorm erwägend Erman/*Palm* Vor § 164 Rn 27). Anders als bei der Stellvertretung geht es bei der Wissenszurechnung nicht um die Zuordnung einer rechtserheblichen Erklärung, sondern um Wissen einer anderen Person (Erman/*Palm* Vor § 164 Rn 27).

29 **XI. Prozessvertreter.** Die Bestellung eines Prozessvertreters ist nach hM als eine *Prozesshandlung* anzusehen (BGH MDR 1958, 319, 320; 64, 410; aA *Rosenberg/Schwab* § 54 Abs 2 S 1). Der Prozessvertreter ist zwar Stellvertreter iSd § 164 (Soerg/*Leptien* Vor § 164 Rn 80; PWW/*Frensch* Rn 25; aA Erman/*Palm* Vor § 164 Rn 29: bloße Prozessvertretung) auf ihn sind aber die Sonderregelungen der §§ 78 ff ZPO anzuwenden (BaRoth/*Habermeier* Rn 15). Nach den §§ 78 ff ZPO gelten die materiell-rechtlichen Regelungen über die Stellvertretung und insbes über die Vollmacht für den Prozessvertreter nur, wenn die ZPO auf sie verweist oder soweit in ihnen allg Gedanken der Stellvertretung zum Ausdruck kommen (*Larenz/Wolf* BGB AT § 47 Rn 2).

30 **XII. Vertrag zu Gunsten Dritter.** Auch bei dem Vertrag zugunsten Dritter (§ 328) treten die Rechtsfolgen unmittelbar in der Person des nicht handelnden Dritten ein. Der Dritte wird jedoch nicht wie der Vertretene Vertragspartei, insbes treffen ihn keine Pflichten aus dem Vertrag (PWW/*Frensch* Rn 16).

31 **C. Konstitutive Elemente einer wirksamen Stellvertretung.** § 164 Abs 1 ist die zentrale Norm des Stellvertretungsrechts. Sie umschreibt die Voraussetzungen und Rechtsfolgen einer wirksamen Stellvertretung: Gibt der Vertreter bei *Zulässigkeit der Stellvertretung* eine eigene *Willenserklärung im Namen des Vertretenen* ab

und handelt er dabei innerhalb der ihm zustehenden *Vertretungsmacht*, so treffen die Wirkungen der Erklärung nicht den Vertreter, sondern unmittelbar den Vertretenen. **I. (Un-) Zulässigkeit der Stellvertretung. 1. Unzulässigkeit bei Höchstpersönlichkeit.** Da der Wortlaut des § 164 von der Zurechnung von Willenserklärungen spricht, ist die Stellvertretung grds bei allen Rechtsgeschäften möglich (Erman/*Palm* Vor § 164 Rn 30). Das gilt für einseitige Rechtsgeschäfte (Kündigung, Anfechtung etc) und für solche, die auf einen Vertragsschluss gerichtet sind. Auch bei rechtsgeschäftsähnl Handlungen (zB Mahnung oder Fristsetzung) kann ein Stellvertreter eingeschaltet werden. Hier bedarf es jedoch einer analogen Anwendung der §§ 164 ff (BGHZ 47, 352, 357; BGH NJW 1995, 45 ff; *Giesen/Hagermann*, Jura 1991, 357, 359).

2. Beispiele. Insbes im Familien- und Erbrecht will der Gesetzgeber durch die Anordnung einer höchstpersönlichen Wahrnehmung von Rechtsakten im Einzelfall sicherstellen, dass die Rechtsfolgen einer Willenserklärung durch eine eigene Willensbildung und -betätigung des Betroffenen herbeigeführt werden (Hk-BGB/*Dörner* Rn 3). Bsp hierfür sind: die Eheschließung (§ 1311 S 1), die Eingehung einer Lebenspartnerschaft (§ 1 Abs 1 S 1 LPartG), die Vaterschaftsanfechtung (§ 1600a Abs 1), die Errichtung des Testaments (§§ 2064) sowie der Abschluss, die Bestätigung und die Aufhebung eines Erbvertrages (§§ 2274, 2284 S 1, 2290 Abs 1 S 1). Weitere Fälle der Höchstpersönlichkeit im BGB regeln die §§ 1516 Abs 2 S 1, 1596 Abs 4, 1626c, 1750 Abs 3, 1760 Abs 5 S 2, 1762 Abs 1 S 3, 2271 Abs 1, 2282 Abs 1 S 1, 2290 Abs 2 S 1, 2296 Abs 1 S 2, 2347 Abs 2 S 1, 2351. Für die Einwilligung in eine ärztliche Behandlung oder Freiheitsentziehung gelten jetzt die Sonderregelungen in §§ 1904 Abs 2 und 1906 Abs 5. Im Handelsrecht bestimmt § 48 Abs 1 HGB, dass nur der Inhaber des Handelsgeschäfts Prokura erteilen darf. Str ist, ob § 78 HS 2 GmbHG ein Stellvertretungsverbot enthält (dafür BayObLG NJW 1987, 136f; dagegen Köln NJW 1987, 135). Auch durch eine vertragliche Vereinbarung, kann die Unzulässigkeit einer Stellvertretung festgelegt werden (BGHZ 99, 90, 94 ff; Palandt/*Heinrichs* Einf § 164 Rn 4). AGB-Regelungen dieses Inhalts können jedoch bedenklich sein (BGH BB 1982, 1822; Erman/*Palm* Vor § 164 Rn 30). Str ist, ob auch aus der Natur des Rechtsgeschäfts ein Stellvertretungsverbot hergeleitet werden kann. ZT wird dies für die Fälle der Zustimmung des anderen Ehegatten nach §§ 1365 Abs 1, 1366 Abs 1 und 1369 bejaht (Staud/*Schilken* Vorb § 164 Rn 41; dagegen Soerg/*Leptien* Vor § 164 Rn 84). Kein Vertretungsverbot normieren bloße Formvorschriften wie etwa §§ 925 S 1 und 1410 (PWW/*Frensch* Rn 26). 32

3. Fehlerfolge. Wird gegen ein Stellvertretungsverbot verstoßen, also rechtsgeschäftlich gehandelt, obwohl die Stellvertretung gar nicht zulässig ist, hat das die Unwirksamkeit des Vertretergeschäfts zur Folge. Eine Genehmigung durch den Vertretenen nach § 177 Abs 1 oder § 185 Abs 1 kommt schon deshalb nicht in Betracht, weil die Genehmigung nur die fehlende Vertretungsmacht überwinden kann. Auch eine nachträgliche Bestätigung nach § 141 kann das in unzulässiger Stellvertretung wahrgenommene Rechtsgeschäft nicht heilen. Will der Vertretene das vom Vertreter vorgenommene Rechtsgeschäft, so muss er dieses noch einmal selbst vornehmen. Ob dabei bloße Genehmigungs- und Bestätigungserklärungen als Neuvornahme ausgelegt werden können (dafür *Bork* BGB AT Rn 1341; PWW/*Frensch* Rn 27), ist aber höchst zweifelhaft, da damit das Erfordernis der Höchstpersönlichkeit faktisch umgangen werden könnte. 33

II. Abgabe und Empfang einer eigenen Willenserklärung. 1. Willenserklärung. Die §§ 164 ff gelten unmittelbar nur für Willenserklärungen, finden aber auf geschäftsähnl Handlungen – Bsp: Aufforderung zur Genehmigung (§§ 108 Abs 2, 177 Abs 2), Fristsetzung (§§ 281 Abs 1 S 1, 250 S 1, 323 Abs 1, 637 Abs 1), Mahnung (§ 286 Abs 1), Mängelanzeige (§ 475), Ablehnungsandrohung (§§ 250, 326 Abs 1 S 1), Anerkenntnis (§ 212 Abs 1 Nr 1), Mitteilungen (§§ 171, 172, 415 Abs 1 S 2), Anzeigen (§§ 170, 409, 663, 665, 692 S 2, 789) – und Wissenserklärungen entspr Anwendung (Palandt/*Heinrichs* Einf § 164 Rn 3). Nicht heranziehbar sind die Vorschriften des Stellvertretungsrechts für Realakte, wie den Erwerb und Verlust des unmittelbaren Besitzes (BGHZ 8, 130, 132; 16, 263; Ausn § 854 Abs 2), die Verarbeitung und Verbindung wie auch die Aneignung und den Fund (BGHZ 32, 53, 56). Gleichwohl kann auch das Handeln in diesen Fällen Fremdwirkung erzeugen, vgl etwa § 855. Bzgl schuldhaften Vertreterhandelns bei der Anbahnung (§ 311 Abs 2) oder der Durchführung des Vertrages (§ 280 Abs 1) und im Bereich der unerlaubten Handlungen ist ein Abstellen auf §§ 164 ff nicht möglich. Da es hier um eine Verschuldenszurechnung und nicht um die Zurechnung einer Willenserklärung geht, sind allein die §§ 278, 831, 31, 89 maßgeblich (PWW/*Frensch* Rn 28). 34

2. Eigene Willenserklärung. Der Vertreter muss eine eigene Willenserklärung abgeben. (»Ich erkläre ...«) und nicht nur eine fremde Erklärung übermitteln (»Ich soll ausrichten ...«). Dies unterscheidet den Stellvertreter vom Boten. **a) Abgrenzung zur Botenschaft.** Im Gegensatz zum Stellvertreter, der eine eigene Willenserklärung abgibt, vermittelt der Bote nur das Wirksamwerden der bereits durch den Geschäftsherrn abgegebenen Willenserklärung, indem er ihren Zugang bewirkt. Er handelt daher nicht rechtsgeschäftlich, sondern rein tatsächlich. Die Frage, ob die Mittelsperson eine fremde Willenserklärung übermittelt (dann Bote) oder eine eigene Willenserklärung abgegeben hat (dann Vertreter), ist nach hM aus Gründen des Verkehrsschutzes im Wege der Auslegung (§§ 133, 157) danach zu beantworten, wie das Auftreten der Mittelsperson im Außenverhältnis verständigerweise zu beurteilen ist, also aus Sicht des Erklärungsempfängers (BGHZ 12, 327, 334; 36, 30, 33; *Giesen/Hegermann* Jura 1991, 357; PWW/*Frensch* Rn 19; aA *Hueck* AcP 152, 432, 433 ff). Unerheblich ist demnach das zwischen dem Geschäftsherrn und der Mittelsperson bestehende Innenverhältnis. Tritt der Bote ggü dem Dritten als Vertreter auf, zählt nur das nach außen hin deutlich gewordene Erscheinungsbild. 35

Da einerseits eine aktive und passive Stellvertretung und andererseits auch eine aktive und passive Botenschaft denkbar sind, muss in Zweifelsfällen auch diesbzgl, und zwar in zweierlei Hinsicht, eine Abgrenzung zwischen Stellvertretung und Botenschaft vorgenommen werden: **aa) Abgrenzung Aktivvertreter/Erklärungsbote.** Sowohl der Aktivvertreter als auch der Erklärungsbote stehen auf der Seite desjenigen, der eine Willenserklärung in den Geschäftsverkehr entlassen will, also auf der **Seite des Absenders.** Während der Aktivvertreter jedoch eine eigene Willenserklärung abgibt, übermittelt der Erklärungsbote eine fremde Erklärung, nämlich die seines Geschäftsherrn.

36 **bb) Abgrenzung Passivvertreter/Empfangsbote.** Dagegen befinden sich sowohl der Passivvertreter (§ 164 Abs 3) als auch der Empfangsbote auf der **Seite des Erklärungsadressaten.** Beide nehmen eine Willenserklärung für ihren Geschäftsherrn entgegen. Die Abgrenzung erfolgt auch hier nach dem objektiven Empfängerhorizont.

37 **b) Bedeutung der Abgrenzung.** Ergebnisrelevante Unterschiede zwischen der Stellvertretung und der Botenschaft ergeben sich in folgenden Fällen: Da sich die Stellvertretung gerade dadurch auszeichnet, dass der Vertreter eine eigene Willenserklärung abgibt, kommt es folgerichtig gem § 166 Abs 1 grds auf seine Kenntnis der Sach- und Rechtslage an (Erman/*Palm* Vor § 164 Rn 25). Willensmängel, die beim Vertreter vorliegen, sind somit für den Geschäftsherrn beachtlich. Die Wissenszurechnung findet aber auch umgekehrt statt, nämlich in der Weise, dass dem Geschäftsherrn auch die Bösgläubigkeit seines Vertreters zugerechnet wird. Eine Zurechnung ist auch im Fall des gutgläubigen Erwerbs (vgl etwa § 932) von Belang. Ist zwar der Geschäftsherr gutgläubig, sein Vertreter aber nicht, wird ihm dessen Bösgläubigkeit nach § 166 Abs 1 zugerechnet, so dass ein gutgläubiger Erwerb ausscheidet. Schließlich bewirkt § 166 Abs 1, dass der Geschäftsherr die ihm zugerechnete Willenserklärung nicht anfechten kann, wenn nur er sich irrte, nicht aber sein Vertreter als Erklärender. Anders als bei der Stellvertretung kommt es bei der Übermittlung einer Willenserklärung durch den Boten hinsichtlich etwaiger Willensmängel grds auf die Person des Geschäftsherrn an. Die Unterscheidung zwischen Stellvertretung und Botenschaft ist auch von Bedeutung, wenn die Erklärung formbedürftig ist. Da der Stellvertreter eine eigene Willenserklärung abgibt, muss bei der Stellvertretung die Willenserklärung des Vertreters der vorgesehenen Form genügen. Dagegen muss bei der Botenschaft die übermittelte Willenserklärung des Geschäftsherrn stets die vorgeschriebene Form erfüllen (RG 79, 202; Erman/*Palm* Vor § 164 Rn 25). Wird die zu übermittelnde Willenserklärung ggü einem Empfangsvertreter abgegeben, so geht sie dem Vertretenen in dem Augenblick zu, in dem sie dem Vertreter zugeht (§ 164 Abs 3 iVm Abs 1). Dabei spielt es keine Rolle, ob die Willenserklärung den Vertretenen tatsächlich erreicht. Nimmt dagegen ein Bote die Willenserklärung für den Geschäftsherrn in Empfang, gelangt sie zwar in dessen räumlichen Herrschaftsbereich, der Zugang beim Geschäftsherrn erfolgt jedoch erst dann, wenn regelm mit der Weiterleitung der Erklärung an den Geschäftsherrn zu rechnen ist. Das Risiko unbewusster Falschübermittlung durch den Boten trägt nach § 120 der Geschäftsherr; bei Überschreitung der Vertretungsmacht haftet in jedem Fall nur der Vertreter (§ 179). Beim Empfangsvertreter kommt es bei der Auslegung der zugegangenen Willenserklärung auf das Verständnis des Vertreters, beim Empfangsboten hingegen auf das des Geschäftsherrn an (Erman/*Palm* Vor § 164 Rn 25).

38 **c) Problem: Weisungswidriges Auftreten des Boten bzw Stellvertreters.** Handelt die Mittelsperson abweichend von der ihr vom Geschäftsherrn zugedachten Funktion als Bote bzw als Vertreter und bewegt sich dabei **innerhalb** der ihr zugewiesenen Vertretungs- bzw Botenmacht, dann findet eine Zurechnung an den Geschäftsherrn statt. Bewegt sie sich aber **außerhalb** der ihr zugewiesenen Vertretungs- bzw Botenmacht, ist eine Zurechnung zu verneinen.

39 **3. Abgabe und Empfang.** Die Vorschriften des Stellvertretungsrechts gelten zunächst nach Abs 1 nur für die Abgabe von Willenserklärungen. Für die Entgegennahme einer Willenserklärung verweist jedoch Abs 3 auf eine entspr Anwendung des Abs 1. Die Entgegennahme der Erklärung wird dem Vertretenen dann zugerechnet, wenn der Dritte seine Erklärung erkennbar an ihn richtet und der Erklärungsempfänger Vertretungsmacht besitzt.

40 **III. In fremden Namen. 1. Grundsatz.** Der Vertreter muss nach außen erkennbar **im Namen des Vertretenen** handeln *(»Offenkundigkeitsprinzip«)*. Diese Voraussetzung dient dem Schutz des Erklärungsempfängers, der wissen soll, wer erklärt und damit uU sein Vertragspartner wird. Dabei kann der Vertreter *ausdrücklich* klarstellen, dass die Rechtsfolgen seiner Willenserklärung jmd anderen treffen sollen, weil er sie in fremden Namen abgibt. Nach § 164 Abs 1 S 2 kann sich der Wille, in fremdem Namen zu handeln, aber auch aus den *Umständen* ergeben (vgl dazu BGH DB 1976, 143; WM 1985, 451). **a) Unternehmensbezogenes Geschäft.** Typische Bsp für die Fremdbezogenheit gem den Umständen sind unternehmensbezogene Geschäfte. **aa) Inhalt und Erscheinungsform.** Für unternehmensbezogene Rechtsgeschäfte (eingehend dazu *Ahrens* JA 1997, 895 ff) hat die Rspr die Auslegungsregel entwickelt, dass aus diesen Geschäften nach dem übereinstimmenden Willen der Parteien im Zweifel der Inhaber des Unternehmens und nicht der für das Unternehmen Handelnde Vertragspartei werden soll (BGHZ 91, 148, 152 ff; BGH NJW-RR 1997, 527; BGH NJW 2000, 2984 f). Will der Handelnde ausnahmsw selbst Vertragspartner werden, so muss er ausdrücklich darauf hinweisen. Die Grundsätze über unternehmensbezogene Geschäfte ändern nichts am Offenkundigkeitsprinzip. Die Anwendung der Auslegungsregel setzt aber gerade deshalb voraus, dass der Handelnde sein Auftreten für

das Unternehmen hinreichend deutlich macht (BGH NJW 2000, 2984 f; Erman/*Palm* Rn 5). Das Rechtsgeschäft muss eindeutig auf ein bestimmtes Unternehmen bezogen sein. Die Unternehmensbezogenheit ist eine Auslegungsfrage. Sie kann sich aus folgenden Umständen ergeben: Ort des Vertragsschlusses (in den Unternehmensräumen: BGH NJW 1984, 1347; Köln MDR 1993, 852), Zusätze zur Unterschrift, entspr Briefkopf oder Nennen von Sitz und Anschrift des Unternehmens (BGHZ 64, 11, 14 f; NJW 1981, 2569; 91, 2627), Leistung für den Betrieb des Unternehmens, etwa in Form einer Werbeanzeige (BGH NJW-RR 1997, 527, 528; Köln NJW-RR 1997, 670). Zweifel gehen nach den Grundsätzen des § 164 Abs 2 zu Lasten des Handelnden (BGH NJW 1990, 2678; 92, 1380; 95, 43, 44; Dresden OLG-NL 1997, 16; Hamm NJW-RR 1998, 1253; *K Schmidt* JuS 1995, 456).

bb) Anwendungsbeispiele. Die Grundsätze zum unternehmensbezogenen Geschäft finden insbes in folgenden Fällen Anwendung: Handeln des Verkaufspersonals (BGH NJW 1995, 43; 2000, 2985; NJW-RR 1997, 528), Reparaturauftrag für einen Firmenwagen (Köln VRS 1989, 322, 323 f), Anmietung von Geschäftsräumen (Brandenburg NJW-RR 1999, 1606, 1607); Architektenauftrag für ein Bauunternehmen (Köln NJW-RR 1999, 1615 f), Kündigung eines Arbeitsvertrages (BAG ZIP 1996, 799, 800), Abschluss eines Versicherungsvertrages unter Verwendung der Firma (BGH VersR 1997, 477, 478). Handelt der GmbH-Geschäftsführer ist es eine Frage des Einzelfalls, ob er die Erklärung im eigenen Namen oder im Namen der GmbH abgibt (BGH NJW-RR 2002, 822; NJW 2000, 2983, 2984, 2985; PWW/*Frensch* Rn 34). 41

cc) Rechtsfolgen. Aus dem unternehmensbezogenen Geschäft wird grds allein der Betriebsinhaber berechtigt und verpflichtet (BGH NJW 1984, 1347 f; 86, 1675; MüKo/*Schramm* Rn 140). Das gilt aus Verkehrsschutzgründen selbst dann, wenn die Gegenpartei den Vertreter für den Betriebsinhaber hält oder sonst unrichtige Vorstellungen über die Person des Betriebsinhabers hat (BGHZ 62, 221 ff; 64, 15 ff; 92, 268 ff; NJW 1996, 1054; 98, 2895, 2897; Hamm VersR 2001, 978; Hamm NJW-RR 2004, 344, 345; Hk-BGB/*Dörner* Rn 6; Erman/*Palm* Rn 5). Neben der Haftung des Betriebsinhabers aus dem unternehmensbezogenen Geschäft haftet der Vertreter nur ganz ausnahmsw und zwar dann, wenn er in zurechenbarer Weise den Eindruck erweckt hat, **er selbst sei** – ggf zusammen mit anderen – der **Inhaber des Unternehmens** oder der von ihm selbst verschiedene **Inhaber hafte persönlich** (BGH NJW 1998, 2897; PWW/*Frensch* Rn 35). 42

b) Offenes Geschäft für den, den es angeht. Der Offenkundigkeitsgrundsatz besagt, dass der Vertreter offen legen muss, dass er das Geschäft für einen anderen und nicht als eigenes führen möchte. Hingegen ist fraglich, ob das Offenkundigkeitsprinzip verlangt, dass der Vertreter den Vertretenen bei Vertragsschluss benennen muss. Es sind zwei Konstellationen denkbar. **aa) Vertreter ist nur dem Geschäftspartner (zunächst) unbekannt.** In dieser ersten Konstellation ist dem Vertreter der Vertretene zwar bekannt, dieser möchte jedoch (noch) nicht namentlich benannt werden oder der Vertreter will diesen (noch) nicht namentlich benennen. Es liegt hier eine zulässige Stellvertretung unter Offenhaltung der Person des Vertretenen vor (Erman/*Palm* Rn 3; Soerg/*Leptien* Vor § 164 Rn 26). 43

bb) Vertretener ist beiden Parteien (zunächst) noch unbekannt. Denkbar ist auch, dass der Vertreter zwar zu erkennen gibt, dass er nicht im eigenen Namen kontrahieren will, gleichzeitig aber auch deutlich macht, dass der von ihm Vertretene, mit dem der Geschäftspartner kontrahieren soll, auch dem Vertreter noch unbekannt ist. Er (der Vertreter) werde jedoch eine Vertragspartei finden, die den Geschäftsschluss durch Genehmigung für und gegen sich gelten lassen werde. Nach hM ist auch diese Konstellation zulässig (BGH NJW 1989, 163, 166; NJW 1998, 62, 63; Köln NJW-RR 1991, 918; *Medicus* BGB AT Rn 916; Erman/*Palm* Rn 3). 44

2. Ausnahme. Eine Ausn vom Offenkundigkeitsprinzip betrifft das *versteckte Geschäft für den, den es angeht.* 45
a) Dogmatische Grundlagen. Nach der Rspr und der hM im Schrifttum treffen die Rechtswirkungen des Geschäfts für den, den es angeht in bestimmten Konstellationen den Vertretenen, auch wenn der Vertreter seinen Vertretungswillen nicht offen legt (BGH NJW 1991, 2955, 2958 f; PWW/*Frensch* Rn 36). Obwohl der Vertreter in eigenem Namen auftritt, handelt es sich hierbei um eine Form der unmittelbaren Stellvertretung. Bei dieser ist allerdings die Offenlegung der Fremdbezogenenheit des Geschäfts mangels eines entspr Schutzbedürfnisses seitens des Erklärungsempfängers ausnahmsw entbehrlich. Insoweit kommt es zu einer teleologischen Reduktion des Abs 2 (Hk-BGB/*Dörner* Rn 7; Staud/*Schilken* Vorbem Vor § 164 ff Rn 53).

b) Inhalt. Ein Geschäft für den, den es angeht, setzt voraus, dass der Vertreter im Zeitpunkt des Vertragsschlusses (BGH NJW 1955, 587, 590) mit *Vertretungswillen* handelt und dass es dem *Vertragspartner gleichgültig ist, mit wem das Geschäft zustande kommt* (BGH NJW-RR 2003, 921, 922; PWW/*Frensch* Rn 37). Von einem Geschäft für den, den es angeht, kann man typischerweise ausgehen, wenn es sich um ein **Bargeschäft des täglichen Lebens** handelt (BGHZ 114, 74, 79 ff; Stuttgart NJW 1951, 445, 447; Soerg/*Leptien* Vor § 164 Rn 31). 46

c) Erscheinungsform. Zu den Bargeschäften des täglichen Lebens sollen auch **Kreditkäufe unter Eigentumsvorbehalt** gehören (BGH NJW 1991, 2283, 2285; PWW/*Frensch* Rn 40). Ob diese Wertung richtig ist, muss jedoch bezweifelt werden. Die Grundsätze zum Geschäft für den, den es angeht, finden vielfach Anwendung im Effektenkommissionsgeschäft sowie bei der Stellung von Akkreditiven im Handelsverkehr (*Ingelmann* WM 1997, 754ff; PWW/*Frensch* Rn 40). Str ist ihre Heranziehung allerdings bei Kleinkrediten (dafür Soerg/*Leptien* Vor § 164 Rn 31; zweifelnd MüKo/*Schramm* Rn 53). 47

3. Abgrenzung zum Handeln unter fremden Namen. Vom Handeln *in* fremdem Namen ist das Handeln *unter* fremdem Namen abzugrenzen. Hierbei benutzt der Handelnde den Namen eines Anderen als eigenen. 48

Bei den Rechtsfolgen unterscheidet man danach, ob die Namensnennung für den Dritten erkennbar Bedeutung hat oder nicht: **a) Bloße Namenstäuschung.** Wenn sich der Vertragspartner bei der Angabe des falschen Namens durch den Erklärenden keinerlei für den Vertragsschluss erhebliche Vorstellungen bzgl des Namensträgers macht (Bsp: Anmietung eines Hotelzimmers unter einem Fantasie- oder Allerweltsnamen) und der Vertragspartner unabhängig von der Namensnennung mit dem kontrahieren will, der »vor ihm steht«, liegt eine bloße Namenstäuschung vor (BGH NJW-RR 1988, 814, 815; Hk-BGB/*Dörner* Rn 9; BaRoth/*Habermeier* Rn 33). Diese verhindert nicht, dass ein Eigengeschäft des Erklärenden zustande kommt. Da dem genannten (falschen) Namen keinerlei Bedeutung beizumessen ist (*falsa demonstratio non nocet*), wird der Erklärende selbst an die von ihm abgegebene Erklärung gebunden. Dies gilt aus Verkehrsschutzgründen (§§ 133, 157) selbst dann, wenn der Handelnde die Herbeiführung eines beachtlichen Identitätsirrtums beabsichtigte, die Täuschung jedoch misslungen ist (BaRoth/*Habermeier* Rn 33). Im Fall des Eigengeschäfts kann der wahre Namensträger das Geschäft nicht an sich ziehen (MüKo/*Schramm* Rn 42).

49 **b) Identitätstäuschung.** Verbindet der Dritte mit dem Namen hingegen eine bestimmte Vorstellung über eine (zB prominente) Person, handelt es sich um eine Identitätstäuschung (so bei Teilnahme an einer Internet-Auktion unter Bezeichnung einer fremden Kennung, vgl dazu München NJW 2004, 1328 f). In diesem Fall ist einerseits das Vertrauen des Erklärungsempfängers schutzwürdig, der mit einer bestimmten anderen Person kontrahieren will, andererseits muss der echte Namensträger vor einer rechtsgeschäftlichen Bindung ohne eigenes Zutun bewahrt werden (Hk-BGB/*Dörner* Rn 9). Zum Ausgleich der widerstreitenden Interessen finden die Stellvertretungsregeln entspr Anwendung (BGH NJW-RR 1988, 815; BGHZ 45, 193, 195 f; 111, 334, 338; München NJW 2004, 1328 f). Der wahre Namensträger kann mithin das Geschäft des unter falschen Namen Auftretenden analog § 177 Abs 1 an sich ziehen. Wenn er es nicht tut, haftet der Handelnde dem Dritten wie ein Vertreter ohne Vertretungsmacht analog § 179 Abs 1 (München NJW 2004, 1328 f).

50 **4. Abgrenzung von Vertreter- und Eigengeschäft.** Für die Abgrenzung von Vertreter- und Eigengeschäft gelten die allg Auslegungsgrundsätze (§§ 133, 157). Entscheidend ist danach, wie die Gegenpartei das Verhalten des Handelnden verstehen durfte. Bei der Auslegung sind alle Umstände des Einzelfalls zu berücksichtigen. Hierzu gehören insbes: Zeitpunkt, Ort der Erklärung, die berufliche Stellung der Beteiligten, Art und Inhalt ihrer Werbung (BGH NJW 1980, 2192), aber auch die erkennbare Interessenlage (Palandt/*Heinrichs* Rn 4). Die Anforderungen an die Erkennbarkeit des Handelns in fremden Namen sind um so geringer, je weniger der Geschäftsgegner (erkennbar) an der Person des Vertretenen interessiert ist (Erman/*Palm* Rn 5a).

51 **5. Einzelfälle** In Abfolge ähnlich BaRoth/*Habermeier* Rn 26 und Palandt/*Heinrichs* Rn 5 sowie Erman/*Palm* Rn 5a. Der **Architekt** handelt bei der Beauftragung von Bauunternehmern, Handwerkern und Statikern im Zweifel im Namen des Bauherrn oder der Baugesellschaft, die mit der Koordinierung von Bauvorhaben und Projektplanung betraut ist (BGHZ 67, 334, 337 f; BGH NJW 1981, 757; BGH NJW-RR 1996, 211, 212; Düsseldorf DB 1978, 583; Köln NJW-RR 1996, 211, 212; 2002, 1099). Das gleiche gilt für den **Baubetreuer** (Palandt/*Heinrichs* Rn 5). Der **Bauträger** handelt dagegen im Zweifel im eigenen Namen (BGH NJW 1981, 756, 757; Düsseldorf DB 1978, 583). **Hausverwalter** treten im Zweifel im Rahmen der Vermietungstätigkeit (KG WM 1984, 254), bei der Vergabe von Reparatur- und Wartungsarbeiten (BGH NJW-RR 2004, 1017; KG NJW-RR 1996, 1523; Düsseldorf NZM 2000, 193) für den Eigentümer auf. Das gilt auch dann, wenn er den Namen des Eigentümers nicht nennt (KG WM 1984, 254, 255; aA LG Berlin ZMR 1987, 96). Ein Fremdgeschäft ist auch dann anzunehmen, wenn der Hausverwalter dem Versorgungs- und Entsorgungsunternehmen seine Beauftragung durch den Eigentümer mitteilt und um künftige Übersendung der Rechnung an sich bittet (KG MDR 2004, 988). Hinsichtlich der **Mieterstellung** gilt, dass dann, wenn im Mietvertrag beide **Ehegatten** als Mieter aufgeführt sind, im Zweifel auch beide Vertragspartner werden, und zwar unabhängig davon, dass nur ein Partner unterschreibt (Düsseldorf WuM 1989, 362, 363; Oldenburg MDR 1991, 968; Schleswig NJW-RR 1993, 274; Düsseldorf ZMR 2000, 210; aA LG Mannheim NJW-RR 1994, 274). Anders wird dies jedoch hinsichtlich der **nichtehelichen Lebensgemeinschaft** gewertet (AG Osnabrück NJW-RR 1997, 774; BaRoth/*Habermeier* Rn 26). Die **Beiziehung eines Arztes** oder die **Einweisung in ein Krankenhaus** bei Unfällen oder Notfällen geschieht im Namen des Patienten (LG Wiesbaden VersR 1970, 69, 70). **Arzt-** und/oder **Krankenhausverträge**, die **Eltern für ihre Kinder** abschließen, wirken für und gegen die Eltern (RGZ 152, 175 ff). Ob ein **Reiseunternehmen** als Reiseveranstalter oder als Vermittler fremder Leistungen tätig wurde, ist daran zu messen, wie der Kunde die Erklärungen des Reiseunternehmens verstehen durfte (BGHZ 61, 275, 278; 77, 310, 312). Der **Franchisenehmer** handelt im Zweifel im Namen des Franchisegebers (*Wolf/Ungeheuer* BB 1994, 1027 ff; BaRoth/*Habermeier* Rn 26). Wird ein Vertrag mit einem **Steuerberater, Rechtsanwalt oder Arzt** geschlossen, wirkt er im Zweifelsfall für und gegen alle zusammenarbeitenden Partner, auch wenn keine **Sozietät** vorliegt (BGH NJW 1971, 1801, 1802; 78, 996; 94, 257; Erman/*Palm* Rn 5a). Bei **Anlegung eines Sparkontos** ist der Einzahlende nicht automatisch als Gläubiger der Einlageforderung zu betrachten. Vielmehr kommt es auf die erkennbaren Umstände an. Dazu zählen: Besitz am Sparkassenbuch, die Kontobezeichnung (auf eigenen und/oder fremden Namen) und eine eventuell vorbehaltene Verfügungsbefugnis (BGHZ 21, 148, 150 ff; BGH WM 1970, 712f; 72, 383; MüKo/*Schramm* Rn 31; Erman/*Palm* Rn 5a). Holt eine **Bank** bzgl eines Kunden von einer anderen Bank eine Auskunft ein, handelt sie im Zweifel im eigenen Namen. Ein **Schuldanerkenntnis**, das der Unfallbeteiligte an der Unfallstelle abgibt, wirkt

nur gegen ihn als Fahrer, nicht aber auch gegen den Fahrzeughalter (LG Freiburg NJW 1982, 1162). Der **Versteigerer** einer öffentlichen Versteigerung iSd § 383 Abs 3 handelt hingegen in fremden Namen. Bei sonstigen Versteigerungen ergibt sich dies regelm aus den Versteigerungsbedingungen (*Schneider* DB 1981, 199; BaRoth/*Habermeier* Rn 26). Handelt ein **Sammelbesteller**, so will er sich im Zweifel nicht selbst verpflichten, sondern ist nur Vertreter oder Bote (Erman/*Palm* Rn 5a). Bei der **Post** kommt es auf den Einzelfall an, ob der Einlieferer im eigenen Namen oder namens des Absenders handelt (LG München I MDR 1995, 1207).

IV. Mit Vertretungsmacht. Die Wirkung des Vertretergeschäftes für und gegen den Vertretenen tritt nur ein, wenn der Vertreter ausreichende Vertretungsmacht besitzt oder der Vertretene das ohne (ausreichende) Vertretungsmacht vorgenommene Rechtsgeschäft im Nachhinein genehmigt (§ 177). Die Vertretungsmacht ist damit die Befugnis, einen anderen wirksam zu vertreten und für ihn mit verbindlicher Wirkung Willenserklärungen abzugeben oder entgegenzunehmen. Das Erfordernis der Vertretungsmacht dient bei der Stellvertretung dem Interesse des Vertretenen, der nur soweit durch rechtsgeschäftliches Handeln eines Dritten betroffen werden soll, wie dieser durch *Vollmacht* (§§ 166 Abs 2 S 1, 167), *Gesetz*, *Satzung* oder *Gesellschaftsvertrag* hierzu befugt ist. Aus rechtsdogmatischer Sicht beinhaltet die Vertretungsmacht kein subjektives Recht, sondern eine **Rechtsmacht eigener Art** (str, s BayObLG FGPrax 2003, 171; MüKo/*Schramm* Rn 68; AnwK/*Stoffels* Rn 77). **1. Erlangung der Vertretungsmacht. a) Auf Grund Rechtsgeschäfts.** Die Vertretungsmacht kann als sog *Vollmacht* durch Rechtsgeschäft verliehen werden (§§ 166 Abs 2, 167) und ist in diesem Fall ein Mittel, den eigenen rechtsgeschäftlichen Wirkungskreis durch Arbeitsteilung zu erweitern. 52

b) Auf Grund gesetzlicher Anordnung. Die einer Person eingeräumte Vertretungsmacht kann aber auch ein Mittel des Schutzes und der Fürsorge sein (Palandt/*Heinrichs* Einf § 164 Rn 5). So bedürfen Personen, die geschäftsunfähig oder beschränkt geschäftsfähig sind, eines gesetzlichen Vertreters. Dieser leitet seine Vertretungsmacht dann unmittelbar aus dem Gesetz (Bsp: Eltern, § 1629) oder aus einem auf Grund des Gesetzes erlassenen Aktes der freiwilligen Gerichtsbarkeit ab (Bsp: Vormund, Betreuer). Auch bei der vom Verwalter nach § 27 Abs 2 bekleideten Rechtsstellung handelt es sich um eine gesetzlich eingeräumte Vertretungsmacht. Weitere Bsp gesetzlicher Vertretungsmacht werden im BGB durch §§ 29, 1189 und in der ZPO durch §§ 57, 58, 494 Abs 2 normiert. 53

c) Auf Grund Organstellung. Dem gesetzlichen Vertreter hinsichtlich seiner rechtlichen Befugnis verwandt ist die Vertretung juristischer Personen durch ihre Organe. **aa) Juristische Person des privaten Rechts.** Wer für eine juristische Person des Privatrechts zum Handeln berechtigt ist, ergibt sich aus der Satzung und aus der Verlautbarung in öffentlichen Registern (Vereins- oder Handelsregister; Ausn Stiftungen, für die aber zT landesrechtliche Register bestehen), vgl. dazu: §§ 68, 70 BGB, § 81 AktG, § 35 GmbHG, § 28 GenG. 54

bb) Juristische Person des öffentlichen Rechts. Für juristische Personen des öffentlichen Rechts fehlen entspr Register. Bedarf hier das Vertretungsorgan bei der Ausführung eines Rechtsgeschäfts der Mitwirkung eines anderen Organs, ist durch Auslegung der die Vertretung regelnden Normen zu ermitteln, ob die Beschränkung Außenwirkung hat oder nicht. Die Beschränkung der Vertretungsmacht des Bürgermeisters/Landrats hat idR nur Innenwirkung, so in NRW (BGHZ 92, 164, 169 ff), BaWü (BGH MDR 1966, 669), RhPf (BGH NJW 1980, 115, 117). Dies gilt auch für das Kommunalverfassungsrecht der neuen Bundesländer (BGH NJW 1998, 3056, 3058; 2001, 748), vgl für Thür (Jena OLG-NL 1997, 73, 169, 172). Anders zu werten ist dies in Bay (BayObLG NJW-RR 1986, 1080; 1998, 161). Auch soweit Vertretungsorgane von Kirchen der Mitwirkung anderer Stellen bedürfen, ist durch Auslegung zu ermitteln, ob die Beschränkung Außenwirkung hat (Palandt/*Heinrichs* Einf § 164 Rn 5a; *Peglau* NVwZ 1996, 767). Bedarf ein Rechtsgeschäft der Gemeinde der Genehmigung der Aufsichtsbehörde, ist die Genehmigung allerdings als Wirksamkeitsvoraussetzung zu behandeln (BGHZ 142, 51; Naumburg NJW 1998, 1716, 1717). Die Versagung der Genehmigung führt nicht zur Anwendung des § 179 (Palandt/*Heinrichs* Einf § 164 Rn 5a). Die Gemeinde, die nicht auf die Genehmigungsbedürftigkeit des Vertrages hingewiesen hat, haftet aber uU aus cic (BGHZ 142, 51; BGH WM 2000, 1840). 55

2. Maßgeblicher Zeitpunkt. Maßgeblich für die Frage, ob der Vertreter mit Vertretungsmacht handelte, ist der Zeitpunkt der Abgabe oder Entgegennahme der Willenserklärung; nicht der ihres Wirksamwerdens (Naumburg FGPrax 1998, 1, 2; PWW/*Frensch* Rn 48; aA *Larenz/Wolf* BGB AT § 46 Rn 17). Hierfür sprechen der Wortlaut von Abs 1 S 1 und Abs 3 und der Rechtsgedanke der §§ 130 Abs 2, 153 (*Bork* BGB AT Rn 1603). 56

3. Umfang der Vertretungsmacht. Handelt der Vertreter ohne Vertretungsmacht oder überschreitet er sie, kann dem Vertretenen die Willenserklärung nicht zugerechnet werden. Die Rechtsfolgen treffen gem § 179 den Stellvertreter selbst, es sei denn, das Vertretergeschäft ist nach den §§ 170 ff oder den Grundsätzen der Anscheins- bzw Duldungsvollmacht als wirksam zu behandeln oder der Vertretene genehmigt das Rechtsgeschäft nachträglich (§§ 177 Abs 1, 184). Ist das Vertretergeschäft (teilw) nicht durch die notwendige Vollmacht gedeckt, gilt § 139 entspr (BGH NJW 1970, 240, 241). Der Umfang der Vertretungsmacht ergibt sich in erster Linie aus ihrem Entstehungsgrund, zT aber auch aus speziellen gesetzlichen Regelungen wie zB § 181 (MüKo/*Schramm* Rn 70). **a) Gesetzlich eingeräumte Vertretungsmacht.** Bei der gesetzlichen Vertretung regelt das Gesetz auch den Umfang der Vertretungsmacht. **Eltern** und **Vormund** sind grds berechtigt, das Kind bzw Mündel umfassend in all seinen persönlichen bzw Vermögensangelegenheiten zu vertreten (§§ 1629 Abs 1 S 1, 1793 Abs 1). Einschränkungen ergeben sich jedoch im Hinblick auf mögliche Interessen- 57 kollisionen (§§ 1629 Abs 2, 1795, 1796). Für bes schwerwiegende Geschäfte bedarf der gesetzliche Vertreter der Genehmigung des Vormundschaftsgerichts (§§ 1821, 1822). Die Vertretungsmacht des Betreuers (§ 1902) und des Pflegers (§ 1909 f) hat ihren jeweils begrenzten Aufgabengebieten entspr einen beschränkten Umfang.

58 **b) Rechtsgeschäftlich eingeräumte Vertretungsmacht.** Bei der rechtsgeschäftlich erteilten Vertretungsmacht (Vollmacht) folgt deren Umfang idR aus der Vollmachtserklärung, so dass der Vollmachtgeber den Umfang der Vertretungsmacht grds beliebig bestimmen kann (PKK/*Frensch* Rn 58). Für einige typische Fälle ist der Inhalt der Vollmacht aus Gründen der Sicherheit und Leichtigkeit des Rechtsverkehrs jedoch durch zwingende Vorgaben geregelt. Das gilt vor allem für die Prozessvollmacht gem §§ 80 ff ZPO (BGH FamRZ 1988, 494) und die Prokura gem §§ 49 f HGB (*Bork* BGB AT Rn 1570).

59 **c) Organschaftlich begründete Vertretungsmacht.** Die organschaftliche Vertretung bezeichnet das Handeln einer juristischen Person für diese. Bei dieser Form der Vertretung ist neben gesetzlichen Bestimmungen (§§ 26 Abs 2 S 1; 126 Abs 1 HGB; 35 Abs 1 GmbHG; 78 Abs 1 AktG; 26 GenG) der Gesellschaftsvertrag bzw die Satzung für den Umfang der Vertretungsmacht maßgeblich (*Larenz/Wolf* BGB AT § 46 Rn 15). Nach § 26 Abs 2 haben die Organe die Stellung eines gesetzlichen Vertreters; ihr Handeln ist das Handeln der ansonsten gar nicht handlungsfähigen juristischen Person (Erman/*Palm* Vor § 164 Rn 13; krit dazu *Beuthien* NJW 1999, 1142, 1146 ff). Während beim **Verein** (§ 26 Abs 2 S 2) und bei der **GbR** (arg §§ 709, 710, 714) die Vertretungsmacht mit Außenwirkung beschränkt werden kann, ist die Vertretungsmacht des organschaftlichen Vertreters bei der **Handelsgesellschaft** der Disposition in vielen Bereichen entzogen und eine Beschränkung der Vertretungsmacht Dritten ggü unwirksam (§§ 126 Abs 2 S 1 HGB; 82 Abs 1 AktG; 37 Abs 2 S 1 GmbHG; 27 GenG). Einschränkungen, die sich aus dem Gesellschaftervertrag oder eventuell auch aus der Satzung ergeben bzw durch Gesellschafterversammlung festgelegt werden, betreffen folglich nur das rechtliche Dürfen, nicht aber das rechtliche Können (*Bork* BGB AT Rn 1568; PWW/*Frensch* Rn 59). Str ist der Umfang der Vertretungsmacht von **Abwicklern** (§§ 48 Abs 2, 149 S 2 HGB; 70 S 1 GmbHG; 269 Abs 1, V AktG; 88 S 1 GenG). Mit Ausn des Aktienrechts ist die Vertretungsmacht des Liquidators nach früherer hM beschränkt auf Geschäfte, die nicht erkennbar außerhalb des Liquidationszwecks liegen (BGH NJW 1984, 982). Dagegen ist die Vertretungsmacht der Liquidatoren nach einer vordringlichen aA unbeschränkt (Staud/*Weick* § 49 Rn 14 f.).

60 **4. Missbrauch der Vertretungsmacht.** Problematisch sind die Fallgestaltungen, in denen sich der Vertreter nicht an die Vorgaben des Geschäftsherrn hält, diesen auf Grund der Regelung des § 164 aber dennoch wirksam im Außenverhältnis ggü Dritten bindet. Insofern spricht man von einem Missbrauch der Vertretungsmacht, wenn der Vertreter im Rahmen des *rechtlichen Könnens* unter Verletzung des *rechtlichen Dürfens* handelt. **a) Dogmatische Grundlagen.** Nach dem **Abstraktionsprinzip** berührt pflichtwidriges Handeln im Innenverhältnis grds nicht die Wirksamkeit des Vertretergeschäfts im Außenverhältnis, solange sich der Vertreter nur innerhalb der ihm erteilten Vertretungsmacht bewegt (*Bork* BGB AT Rn 1573; PWW/*Frensch* Rn 67). Hat der Vertreter also im Außenverhältnis im Namen und mit Vollmacht des Vertretenen gehandelt, wirkt das Rechtsgeschäft selbst dann für und gegen den Vertretenen, wenn das Vertreterhandeln im Innenverhältnis als treuwidrig zu beurteilen ist.

61 **b) Inhalt und Erscheinungsform.** Virulent wird diese Problematik bes dann, wenn die nach außen wirkende Vertretungsbefugnis einen festen Umfang an. Ein Bsp dafür ist die Prokura. Da diese handelsrechtliche Generalvollmacht ggü Dritten nicht wirksam beschränkt werden kann (§ 50 Abs 1 HGB), es jedoch möglich ist, dass im Innenverhältnis bestimmte, einschränkende Weisungen erteilt werden, ist es gerade hier vorstellbar, dass das rechtliche Können und Dürfen auseinanderfallen. Die Grundsätze zum Missbrauch der Vertretungsmacht, die in diesem Fall Anwendung finden können, gelten aber nicht nur bei der rechtsgeschäftlichen Vollmachtserteilung, sondern auch bei der gesetzlichen und organschaftlichen Stellvertretung (Soerg/*Leptien* § 177 Rn 20) sowie analog für die Verwaltung fremden Vermögens (PWW/*Frensch* Rn 68). Kein Missbrauch der Vertretungsmacht liegt vor, wenn der Vertreter auch den Rahmen seines rechtlichen Könnens überschreitet. In diesem Fall handelt er als Vertreter ohne Vertretungsmacht mit der Folge der §§ 177 ff. Das Risiko des Missbrauchs der Vertretungsmacht trägt grds der Vertretene (BGHZ 127, 239, 241). Dem Geschäftsgegner obliegt – da er regelm keine Kenntnis von den internen Weisungen des Geschäftsherrn hat – iA auch keine bes Prüfungspflicht, ob und inwieweit der Vertreter im Innenverhältnis gebunden ist (BGH NJW 1994, 2082, 2083; Palandt/*Heinrichs* Rn 13). Etwas anderes gilt aber dann, wenn der **Geschäftsgegner nicht schutzwürdig ist.** Dies ist in zwei Fällen anzunehmen, bei der *Evidenz* und der *Kollusion.* **aa) Evidenz.** Weiß der Geschäftsgegner, dass der Vertreter von seiner Vollmacht objektiv pflichtwidrig Gebrauch macht (etwa wenn er den Vertreter bestochen hat, um zum Vertragsschluss zu gelangen, vgl. dazu BGHZ 141, 351, 357, 361), ist er selbstverständlich nicht schutzwürdig. Da der Vorsatz bzw. die Kenntnis des Geschäftsgegners von der Überschreitung der Vertretungsmacht auf Seiten des Vertreters jedoch schwer nachweisbar ist, sieht der BGH den Geschäftsgegner bereits dann als nicht schutzwürdig an, wenn der Missbrauch der Vertretungsmacht für ihn ohne weiteres erkennbar war (BGHZ 113, 315, 320; 127, 239, 241). Das soll aber nicht schon bei bloß (leicht) fahrlässiger Unkenntnis vom Missbrauch der Fall sein; vielmehr müsse der Vertreter von seiner Vertretungsmacht in ersichtlich verdächtiger Weise Gebrauch gemacht haben, so dass beim Geschäftsgegner (oder bei dessen Stellvertreter) offensichtliche Zweifel darüber

entstünden, dass ein Treueverstoß des Vertreters ggü dem Vertretenen vorliege. Notwendig sei dabei eine – massive Verdachtsmomente voraussetzende – objektive **Evidenz der Vollmachtsüberschreitung** (BGH NJW 1994, 2082, 2083; PWW/*Frensch* Rn 70; Larenz/*Wolf* BGB AT § 46 Rn 142). Die objektive Evidenz sei insbes dann gegeben, wenn sich die Notwendigkeit einer Rückfrage des Geschäftsgegners bei dem Vertretenen geradezu aufdränge (BGH NJW 1990, 384, 385; 1999, 2883). Darauf, ob der Vertreter vorsätzlich pflichtwidrig gehandelt habe, komme es nicht an, weil dies für die Feststellung der Schutzwürdigkeit des Geschäftspartners irrelevant ist (BGH NJW 1988, 3012, 3013; so auch *Medicus* BGB AT Rn 968; aA, dh generell Vorsatz fordernd Soerg/*Leptien* § 177 Rn 17). Das Erfordernis des Vorsatzes des Vertreters wird vom BGH jedoch zusätzlich zT dann gefordert, wenn eine kraft Gesetzes unbeschränkte Vertretungsmacht vorliegt (BGHZ 50, 112, 114; BGH NJW 1984, 1660, 1461 f); nicht aber beim Missbrauch der Vertretungsmacht, deren Inhalt rechtsgeschäftlich bestimmt ist (BGH NJW 1988, 3012, 3013). Gegen dieses zusätzliche Erfordernis spricht jedoch, dass die Fallgruppe der Bösgläubigkeit des Vertragspartners kaum noch von den Kollisionsfällen abgrenzbar wäre (PWW/*Frensch* Rn 70) und die fehlende Schutzwürdigkeit des Vertragspartners vom Maß der Bösgläubigkeit des Vertreters unabhängig zu ermitteln ist. Für die Feststellung der Evidenz des Missbrauchs der Vertretungsmacht ist in jedem Fall eine Gesamtabwägung aller Umstände erforderlich (MüKo/*Schramm* Rn 119). Ist nach dem Gesagten der Geschäftsgegner nicht schutzwürdig, kann der Vertretene ihm den **Einwand der unzulässigen Rechtsausübung (§ 242)** entgegenhalten. Der Geschäftsgegner muss sich dann so behandeln lassen, als habe keine ausreichende Vertretungsmacht vorgelegen. Auf das vorgenommene Rechtsgeschäft sind die §§ 177 ff anzuwenden (BGHZ 141, 351, 357, 364). In der Geltendmachung des Einwands des Missbrauchs der Vertretungsmacht wird regelm die (konkludente) Verweigerung der Genehmigung liegen. Der Vertreter ist dann dem Geschäftsgegner nach § 179 Abs 1 verantwortlich, wobei jedoch bei der Haftung § 179 Abs 3 S 1 zu beachten ist.

bb) Kollusion. Wirken Vertreter und Geschäftsgegner bewusst zum Nachteil des Vertretenen zusammen, liegt 62
ein Fall der Kollusion vor (BGH NJW 1999, 2882, 2883; 2000, 2896, 2897; *Medicus* BGB AT Rn 966; Palandt/*Heinrichs* Rn 13). In diesem Fall ist das **Vertretergeschäft** nach allg Ansicht **gem § 138 Abs 1 nichtig** mit der Folge, dass der Geschäftsherr schon deshalb nicht gebunden wird. Entsteht dem Geschäftsherrn aus dem kollusiven Zusammenwirken ein Schaden, haften ihm der Vertreter und der Geschäftsgegner nach § 826 als Gesamtschuldner auf Schadensersatz. Ein Teil der Lehre will allerdings auch hier die **§§ 177 ff analog** anwenden, um den Vertretenen die Möglichkeit einzuräumen, dass Vertretergeschäft zu genehmigen (*Bork* BGB AT Rn 1575 ff). Letztere Ansicht verdient Zustimmung. Denn in den Fällen, in denen die Rechtsordnung nur die Art des Zustandekommens und nicht den Inhalt des Rechtsgeschäfts missbilligt, ist die Nichtigkeitsfolge nicht zwingend. Dem Schutzbedürfnis des Vertretenen ist hier bereits durch die Zuerkennung des Rechts zur Verweigerung der Genehmigung ausreichend gedient (so auch PWW/*Frensch* Rn 69).

D. Formen der Stellvertretung. Eng mit dem Umfang der Vertretungsmacht hängt die Frage zusammen, *wer* 63
bzw *wie viele Personen* zur Vertretung berechtigt sind. Der Umfang der Vertretungsmacht betrifft die objektive Seite (Welches Rechtsgeschäft ist umfasst?), während in Hinblick auf die vertretungsberechtigte Person die subjektive Seite betroffen ist (Wer hat Vertretungsmacht?). Im Fall, dass mehreren Personen Vertretungsbefugnis eingeräumt wurde, ist des Weiteren zu klären, ob alle bzw einige von ihnen in Gemeinschaft (Gesamt- oder Kollektivvertretung) zu agieren haben. **I. Einzelvertretung** liegt vor, wenn eine Person allein zur Vertretung berechtigt ist.

II. Gesamtvertretung. Manchmal ist jedoch zum Schutz des Vertretenen vor unüberlegtem oder unzweck- 64
mäßigem Vertreterhandeln gesetzlich (vgl etwa: §§ 714 iVm 709 Abs 1, 1629 Abs 1 S 2 BGB; §§ 48 Abs 2, 125 Abs 2 S 1 HGB; § 78 Abs 2 S 1 AktG; § 35 Abs 2 S 2 GmbHG) oder rechtsgeschäftlich vorgesehen, dass mehrere Personen nur in ihrer Gesamtheit die Vertretungsfolgen herbeiführen können. In diesem Fall spricht man von **Gesamtvertretung.** Die Funktion der Gesamtvertretung besteht darin, durch gegenseitige Kontrolle (Vier-Augen-Prinzip) treuwidrigen Rechtsgeschäften vorzubeugen und die Kompetenz der Vertreter in ihrer Gesamtheit zu bündeln (Staud/*Schilken* § 167 Rn 53). Die Gesamtvertretung kann auf *Rechtsgeschäft* (Gesamtvollmacht) oder *Gesetz* beruhen (MüKo/*Schramm* Rn 83; Staud/*Schilken* § 167 Rn 52). Gesetzlich vorgesehen ist sie im Familienrecht (§§ 1629 Abs 1 S 2, 1797 Abs 1 S 1, 1908i Abs 1 S 1, 1915 Abs 1). Sie ist ferner die Regel bei mehrgliedrigen Organen juristischer Personen (§§ 78 Abs 2 AktG; 35 Abs 2 S 2 u 3 GmbHG; 25 Abs 2 S 1 GenG) und bei der GbR (§§ 709, 714). Bei der OHG und der KG besteht grds Einzelvertretungsmacht. Auf rechtsgeschäftlicher Grundlage kann hier jedoch auch eine Gesamtvertretung bestimmt werden (§§ 125 Abs 2 S 1, 161 Abs 2 HGB). Das Gleiche gilt für die Gesamtprokura (§ 48 Abs 2 HGB). Von einer *unechten* oder *gemischten* Gesamtvertretung spricht man, wenn ein Gesellschafter, Vorstand oder Geschäftsführer nur zusammen mit einem Prokuristen vertretungsberechtigt ist (§§ 125 Abs 3 HGB; 78 Abs 3 AktG). Sie wird als »halbseitig« bezeichnet, wenn nur einer dieser Vertreter an der Mitwirkung des anderen gebunden wurde (Soerg/*Leptien* Rn 28; PWW/*Frensch* Rn 61). Die Gesamtvertreter können ihre Erklärungen *sukzessive* abgeben (sog »nachgeschaltetes Vertreterhandeln«, vgl dazu BGH NJW 2001, 3183; PWW/*Frensch* Rn 63). Ein ex nunc wirksames Vertretergeschäft liegt hier allerdings erst mit der letzten Erklärung vor (Staud/*Schilken* § 167 Rn 53). Möglich ist aber auch eine nachträgliche Genehmigung (§ 177) durch die anderen Gesamtvertreter (BGH NJW 1982, 1036, 1037; BAG NJW 1996, 2595; Hk-BGB/*Dörner* Rn 11).

Das unabgestimmt vorgenommene Rechtsgeschäft ist dann bis zur Genehmigung schwebend unwirksam. Die Genehmigung wirkt aber auf den Zeitpunkt der Vornahme des Rechtsgeschäfts zurück. Sie kann auch durch schlüssiges Verhalten erfolgen. Auch können alle Gesamtvertreter einen von ihnen zur Vornahme bestimmter einzelner Geschäfte bevollmächtigen und somit zum Einzelvertreter machen; nicht aber generell für alle Geschäfte, da sonst der Zweck der Gesamtvertretung unterlaufen werden würde (BGHZ 34, 27, 30 ff; Hk-BGB/*Dörner* Rn 11). Hinsichtlich von Willensmängeln, Kenntnis oder Kennenmüssen iSd § 166 genügt es, wenn ein Gesamtvertreter betroffen ist (»Ein faules Ei verdirbt dem Brei«; vgl BGHZ 62, 173). Zur Entgegennahme von Willenserklärungen für den Vertretenen ist jeder Gesamtvertreter allein befugt (Hk-BGB/*Dörner* Rn 11; s auch: §§ 28 Abs 2, 1629 Abs 1 S 2 BGB; § 125 Abs 2 S 3 HGB; § 78 Abs 2 S 2 AktG; § 35 Abs 2 S 3 GmbHG). Handelt ein Gesamtvertreter allein, dh ohne Zustimmung oder nachträgliche Genehmigung der anderen, haftet er nach § 179 (*Bork* BGB AT Rn 1442). Das soll nach zutr Ansicht jedoch dann nicht gelten, wenn er die Gesamtvertretung offen gelegt hat, indem er zu erkennen gab, dass noch weitere Vertreter entspr Erklärungen abgeben müssen (PWW/*Frensch* Rn 63).

65 **E. Rechtsfolgen der Stellvertretung. I. Verhältnis zwischen Vertretenem und Geschäftsgegner.** Handelt der Vertreter im Rahmen seiner Vertretungsmacht, so wirkt die Erklärung für und gegen den Vertretenen. Der Vertretene wird bei wirksamer Stellvertretung direkt, dh ohne die Person des Vertreters als Durchgangsstadium, aus dem Rechtsgeschäft berechtigt und verpflichtet (BaRoth/*Habermeier* Rn 36). Neben dem **Erfüllungsanspruch** stehen dem Vertretenen auch **alle weiteren Rechte, wie Schadensersatz, Rücktritt, Aufrechnung, Sachmängelgewährleistung** etc zu. Gleiches gilt für das Anfechtungsrecht, wenn der Vertreter bei Abgabe seiner Willenserklärung einem anfechtbaren Irrtum unterlag. Die Rechtsfolgen des durch den Vertreter abgeschlossenen Geschäfts treffen auch dann (allein) den Vertretenen, wenn der Vertreter bei der Vornahme desselben etwaige Beschränkungen aus dem Innenverhältnis zum Vertretenen nicht beachtet, solange diese Beschränkung die Vertretungsmacht (dh das rechtliche Können des Vertreters) nicht beeinträchtigt. Neben den vertraglichen Rechten und Pflichten treffen den Vertretenen auch unmittelbar die **quasi-vertraglichen Rechtsfolgen** des Vertreterhandelns, so auch die Haftung aus cic (§§ 280 Abs 1, 311 Abs 2, 241 Abs 3) für eine im Vertragsanbahnungsverhältnis vom Vertreter begangene Pflichtverletzung. Der Vertretene muss sich eine Pflichtverletzung insoweit nach § 278 zurechnen lassen.

66 **II. Verhältnis zwischen Vertreter und Geschäftspartner.** Neben der Haftung des Vertretenen aus dem Vertrag ist ausnahmsw auch eine Eigenhaftung des Vertreters denkbar, wobei diese mangels einer eigenen Stellung als Vertragspartner nur auf cic oder §§ 823 ff gestützt werden kann. Die Eigenhaftung des Vertreters ist unproblematisch anzunehmen, wenn die Voraussetzungen einer unerlaubten Handlung nach §§ 823 ff vorliegen (Staud/*Schilken* Vor § 164 Rn 39 und 13). Eine Eigenhaftung des Vertreters aus **cic** wird jedenfalls dann befürwortet, wenn der Vertreter (zB durch unzutr Angaben anlässlich einer Vertragsverhandlung) dem Geschäftsgegner einen Schaden zufügt und dabei ein **bes wirtschaftliches Eigeninteresse** verfolgt. Das wird als vorliegend erachtet, wenn er an dem Geschäft in bes Weise wirtschaftlich interessiert ist und einen persönlichen Nutzen daraus erstrebt (Stichwort: »Tätigkeit in gleichsam eigener Sache«; vgl dazu BGHZ 14, 306, 313, 318; 56, 81, 83; MüKo/*Schramm* Rn 11; BaRoth/*Habermeier* Rn 40; *Ballerstedt* AcP 151, 501 ff). Nach BGHZ 56, 81, 83 f; BGH NJW 97, 1233 f soll ein bloßes Provisionsinteresse hierfür jedoch nicht ausreichend sein. Eine Eigenhaftung des Vertreters aus cic kann aber auch eintreten, wenn der Vertragspartner dem Vertreter **in bes Weise persönliches Vertrauen** entgegen bringt und der Vertreter dieses Vertrauen für sich in Anspruch genommen hat, vgl § 311 Abs 3 S 2 (BGH NJW 1989, 292, 293; NJW-RR 1993, 342, 344; Staud/*Schilken* Rn 15; RGRK/*Steffen* Rn 4; MüKo/*Schramm* Rn 11). IÜ haftet der Vertreter auf Grund Vertrages nur dann, wenn er sich ausdrücklich oder stillschweigend neben dem Vertretenen zur Leistung verpflichtet hat (BGHZ 104, 95, 100; MDR 1966, 213; NJW 1988, 1907, 1909 f; Hk-BGB/*Dörner* Rn 5; MüKo/*Schramm* Rn 131).

67 **F. Das Eigengeschäft des Stellvertreters, Abs 2.** Geht aus der Erklärung des Handelnden nicht hervor, dass er nicht sich, sondern eine andere Person binden will, soll seine Willenserklärung aus Verkehrsschutzgründen so wirksam werden, wie der Geschäftsgegner diese nach Treu und Glauben und nach den allg Auslegungsregeln verstehen durfte. War die abgegebene Erklärung nach §§ 242, 133, 157 nur als solche des Vertreters im eigenen Namen zu verstehen, liegt ein Eigengeschäft des Vertreters vor, so dass dieser zur Vertragspartei wird. Diese Vorgabe folgt bereits aus § 164 Abs 1 (MüKo/*Schramm* Rn 62; BaRoth/*Habermeier* Rn 42), so dass § 164 Abs 2 insofern nur eine klarstellende Funktion zukommt. War dem Vertreter bei Abgabe der Willenserklärung nicht bewusst, nach objektiven Auslegungsgrundsätzen im eigenen Namen gehandelt zu haben, und wollte er eigentlich in fremdem Namen handeln, so unterliegt er einem Erklärungsirrtum, der ihm eigentlich die Anfechtung seiner Erklärung nach § 119 Abs 1 ermöglichen müsste. Aus der Anordnung des § 164 Abs 2 folgt jedoch, dass auch das Anfechtungsrecht des Erklärenden ausgeschlossen sein soll (BGH BB 1953, 368, 369; NJW-RR 1992, 1010 f; MüKo/*Schramm* Rn 62; RGRK/*Steffen* Rn 10).

68 **G. Passive Stellvertretung, Abs 3.** Die Stellvertretung für einen anderen kann nicht nur in der Weise erfolgen, dass der Vertreter eine Willenserklärung abgibt (»aktive Stellvertretung«). Sie kann auch in der Form zu Tage treten, dass jmd (der Stellvertreter) für einen anderen (den Vertretenen) eine Erklärung entgegennimmt.

Dies stellt § 164 Abs 3 ausdrücklich klar (sog »passive Stellvertretung«). Der Vertreter gibt hier – im Unterschied zur aktiven Stellvertretung – keine eigene Willenserklärung ab (MüKo/*Schramm* Rn 133). Wenn und soweit der Empfangsvertreter Vertretungsmacht besitzt, wirkt die Erklärung schon bei Entgegennahme durch den Vertreter für und gegen den Geschäftsherrn. Dies soll nach zutr Ansicht auch dann gelten, wenn der Vertreter die Entgegennahme der Erklärung ausdrücklich ablehnt (BaRoth/*Habermeier* Rn 45; Soerg/*Leptien* Rn 37; PWW/*Frensch* Rn 83; aA Staud/Schilken Rn 22). Äußerlich unterscheidet sich die Empfangsvertretung nicht von der Empfangsbotenschaft. Soweit die Unterscheidung von Bedeutung ist, ist eine Abgrenzung wiederum aus der Sicht des Erklärenden nach den äußeren Umständen zu treffen (Hk-BGB/*Dörner* Rn 14). Die für die Entgegennahme von Erklärungen notwendige Vollmacht kann ausdrücklich erteilt werden oder aber sich schlüssig aus der Art der Tätigkeit für den Vertretenen ergeben (BGH NJW 2002, 1041). Aktive und passive Stellvertretung sind meist miteinander verbunden. Wer zur aktiven Vertretung berechtigt ist, besitzt idR auch Empfangsvertretungsmacht (BGH NJW 2002, 1041, 1042; PWW/*Frensch* Rn 84). Wem umgekehrt die aktive Vertretungsmacht fehlt, der ist idR auch nicht zur Passivvertretung berechtigt (Larenz/*Wolf* BGB AT § 46 Rn 29 f). Für bestimmte Vermittler sieht das Gesetz eine isolierte Empfangsvertretung vor (§§ 43 Abs 1 Nr 1, 2 VVG; 75g, 91 Abs 1, 55 Abs 4 HGB).

H. Rechtsfolgen der wirksamen Stellvertretung. I. Verhältnis Vertragspartner/Vertretener. 1. Eintritt 69
der Rechtsfolgen des Vertretergeschäfts beim Vertretenen. Die primäre Wirkung der Stellvertretung besteht nach dem Repräsentationsprinzip darin, dass dem Vertreter die von dem Stellvertreter abgegebene (Abs 1) oder in Empfang genommene (Abs 3 S 1) Willenserklärung zugerechnet wird, so dass er auf der Rechtsfolgenseite so behandelt wird, als habe er diese Erklärung in eigener Person abgegeben oder in Empfang genommen. Wenn es sich um den Abschluss eines Vertrages handelt, erlangt der Vertretene in jeder Hinsicht die Stellung einer Vertragspartei. Neben dem Erfüllungsanspruch stehen dem Vertretenen daher auch alle weiteren Rechte aus dem Vertragsverhältnis zu, wie zB Schadensersatzansprüche und das Recht auf Rücktritt und Anfechtung, Kündigung und Gewährleistung (Larenz/*Wolf* BGB AT § 46 Rn 145).

2. Anfechtungsrecht des Vertretenen. Während es für die Frage, ob ein Willensmangel vorliegt, gem § 166 70
Abs 1 grds auf die Person des Vertreters ankommt, da er die Willenserklärung abgibt, steht das Anfechtungsrecht auch wegen in der Person des Vertreters liegender Willensmängel in Bezug auf das Vertretergeschäft idR allein dem Vertretenen zu, da ihn die Rechtsfolgen der Vertretererklärung treffen. Der Vertreter ist jedoch auch zur Anfechtung der Vertretererklärung berechtigt, wenn sich seine Vertretungsmacht auch auf dieses Gestaltungsrecht erstreckt (Larenz/*Wolf* BGB AT § 46 Rn 92, 147; PWW/*Frensch* Rn 75). IÜ besitzt der Vertreter nach richtiger Ansicht nur dann ein Recht zur Anfechtung der von ihm abgegebenen Willenserklärung, wenn er nach § 179 selbst für sein Vertreterhandeln einstehen müsste, da er ohne ausreichende Vertretungsmacht gehandelt hat (BGH WM 1991, 860, 861; PWW/*Frensch* Rn 75; aA Soerg/*Leptien* Rn 12).

3. Zurechnung von zum Schadensersatz verpflichtenden Handlungen des Vertreters. Das durch die Auf- 71
nahme von Vertragsverhandlungen begründete gesetzliche Schuldverhältnis trifft grds den Vertretenen. Werden vorvertragliche Pflichten verletzt, haftet dieser hierfür aus §§ 280, 311 Abs 2, 241 Abs 2 (PWW/*Frensch* Rn 77). Der Vertretene hat nicht nur für selbst verschuldete Pflichtverletzungen, sondern auch für solche seines Vertreters nach § 278 einzustehen (Larenz/*Wolf* BGB AT Rn 153). Juristische Personen haften für das Fehlverhalten ihrer Organe nach §§ 31, 86, 89. Im Rahmen der deliktischen Haftung bilden §§ 31, 831 die einschl Haftungsgrundlagen.

4. Widerrufsrecht des Vertretenen. Für die Ausübung eines verbraucherschützenden Widerrufsrechts 72
(§§ 312, 312d, 485, 495) gilt Folgendes: Während sich bei den Voraussetzungen des Widerrufsrechts in Haustürsituationen (§ 312 Abs 1 S 1) oder im Fernabsatz (§ 312b) nach dem Rechtsgedanken des § 166 Abs 1 grds auf die Situation des Vertreters bei Abschluss des Vertretergeschäfts ankommt (nicht aber nach der des Vertretenen bei Vollmachtserteilung BGH NJW 2005, 660, 664, 668; 2004, 154, 155), entscheidet über die Ausübung des Widerrufs nach § 312 Abs 1 S 1, 355 grds allein der Vertretene (Larenz/*Wolf* BGB AT § 46 Rn 148), denn auch nur dieser wird durch das Geschäft gebunden. Etwas anderes gilt nur dann, wenn der Vertreter als Vertreter ohne Vertretungsmacht gehandelt hat und daher selbst haftet (BGH WM 1991, 860, 861 f). Dagegen bestimmt sich die Verbrauchereigenschaft iSd §§ 355, 13 nach der Person des Vertretenen (PWW/*Frensch* Rn 76; Larenz/*Wolf* BGB AT § 46 Rn 97).

II. Verhältnis Vertragspartner/Vertreter. Der Vertreter wird auf der Grundlage des abgeschlossenen Rechts- 73
geschäfts grds nicht gebunden. Etwas anderes gilt nur dann, wenn sich der Vertreter ausdrücklich oder stillschweigend etwa durch Einstieg in den Vertrag, Bürgschaft, Schuldmitübernahme oder Garantie neben dem Vertretenen zur Leistung verpflichtet oder einen entspr Anschein erzeugt (BGHZ 95, 98, 100; BGH WM 1997, 1431). Gem § 311 Abs 3 kann außerdem dann eine eigene Haftung des Vertreters in Betracht kommen, wenn der Vertreter als Sachwalter des Vertretenen an dem Vertragsschluss beteiligt war oder ein eigenes unmittelbares wirtschaftliches Interesse an dem Zustandekommen des Vertretergeschäfts hat. **1. Sachwalterhaftung wegen persönlichen Vertrauens.** Sachwalter iSd § 311 Abs 3 ist, wer, ohne selbst Vertragspartei zu sein, bes persönliches Vertrauen in Anspruch nimmt und dadurch die Vertragsverhandlungen beeinflusst hat.

Dazu genügt es nicht, dass der Vertragspartner dem Vertreter das normale Verhandlungsvertrauen entgegen bringt (PWW/*Frensch* Rn 79). Der Vertreter muss darüber hinaus eine zusätzliche, von ihm persönlich ausgehende Gewähr für die Seriosität und Erfüllung des Geschäfts bieten (BGH ZIP 2003, 571, 573).

74 **I. Eigenhaftung wegen wirtschaftlichem Eigeninteresse.** Nach § 311 Abs 3 haftet neben dem Sachwalter auch derjenige, der ein bes wirtschaftliches Eigeninteresse am Zustandekommen des Geschäfts hat, bei dem er als Stellvertreter agierte. Eine Haftungserstreckung wegen bes wirtschaftlichen Eigeninteresse setzt allerdings voraus, dass der Vertreter eine so enge Beziehung zum Verhandlungsgegenstand aufweist, dass er wirtschaftlich betrachtet gleichsam in eigener Sache verhandelt (BGH NJW-RR 2002, 1309, 1310). Eine Eigenhaftung des Vertreters kann sich zudem auch aus Sondervorschriften wie §§ 54 S 2; 11 Abs 2 GmbHG; 41 Abs 1 S 2 AktG ergeben. Bei Vorliegen der entspr Voraussetzungen kann darüber hinaus eine deliktische Haftung (§§ 823 ff) zum Tragen kommen.

75 **J. Beweislast. I. Verhältnis Geschäftsherr/Dritter.** Derjenige, der aus einer Stellvertretung Rechte herleiten will, muss deren Voraussetzungen beweisen (BGH NJW 1986, 1675; 1992, 1380 f; Stuttgart MDR 1954, 415 f; Frankfurt aM FamRZ 1983, 913; Soerg/*Leptien* Rn 39; RGRK/*Steffen* Rn 12). Dh, dass der Dritte, der meint, Vertragspartner geworden zu sein, ggü dem Vertretenen die Beweislast für das Vorhandensein eines wirksamen Vertreterhandelns trägt (BaRoth/*Habermeier* Rn 47). Bei unternehmensbezogenen Geschäften führt dies dazu, dass die Partei, die sich ggü dem Unternehmen auf den Geschäftsabschluss beruft, auch beweisen muss, dass das Rechtsgeschäft durch den Vertreter erkennbar auf das Unternehmen bezogen war (BGH NJW 1995, 43, 44; PWW/*Frensch* Rn 85). Wer dagegen trotz der Unternehmensbezogenheit des Geschäfts (§§ 133, 157) behauptet, es liege kein Vertretergeschäft, sondern ein Eigengeschäft des Erklärenden vor, trägt dafür die Beweislast (BGH NJW 1991, 2627). Wenn der Vertretene Ansprüche gegen den Dritten geltend macht, muss dieser das Vorhandensein eines wirksamen Vertretergeschäfts beweisen. IÜ hat auch derjenige, der sich auf das Erlöschen einer (einmal erteilten) Vollmacht beruft, dies zu beweisen (BaRoth/*Habermeier* Rn 49). Derjenige, der sich auf die Wirksamkeit des Vertretergeschäfts beruft, trägt zudem, wenn das Erlöschen der Vollmacht feststeht, die Beweislast dafür, dass das Geschäft noch vor dem Erlöschen der Vollmacht abgeschlossen wurde (BGH NJW 1974, 748; WM 1984, 603f; MüKo/*Schramm* Rn 141).

76 **II. Verhältnis Dritter/Vertreter.** Wenn der Vertreter vom Vertragspartner (dh dem Dritten) wegen eines aus seiner Sicht bestehenden Eigengeschäfts in Anspruch genommen wird, liegt die Beweislast, im fremden Namen mit Vertretungsmacht gehandelt zu haben, beim Vertreter (BGHZ 85, 252, 258 f; BGH NJW-RR 1992, 1010; Stuttgart MDR 1954, 415 f; MüKo/*Schramm* Rn 139; Staud/*Schilken* Rn 18). Im Fall des **unternehmensbezogenen Geschäfts** gilt zwar der Grundsatz, dass das Handeln im Namen des Unternehmens vermutet wird (BGH NJW 1984, 1347 f; 1986, 1675; MüKo/*Schramm* Rn 140). Allerdings muss der Vertreter bei seiner Inanspruchnahme beweisen, dass sich das Rechtsgeschäft auch erkennbar auf das Unternehmen bezogen hat (BGH NJW 1990, 2676, 2678; 1992, 1380; 1995, 43 f; Dresden OLG-NL 1997, 16; Hamm NJW-RR 1998, 1253; *K Schmidt* JuS 1995, 456; Soerg/*Leptien* Rn 39).

§ 165 Beschränkt geschäftsfähiger Vertreter.

Die Wirksamkeit einer von oder gegenüber einem Vertreter abgegebenen Willenserklärung wird nicht dadurch beeinträchtigt, dass der Vertreter in der Geschäftsfähigkeit beschränkt ist.

1 **A. Zweck und Bedeutung der Regelung.** Da die Willenserklärung eines mit Vertretungsmacht handelnden Vertreters nach § 164 Abs 1 nur den Vertretenen bindet und die Haftung eines beschränkt geschäftsfähigen falsus procurator beim Handeln ohne Vertretungsmacht nach § 179 Abs 3 S 2 ausgeschlossen ist, bringt die Abgabe der Willenserklärung einem beschränkt geschäftsfähigen Vertreter weder Vor- noch Nachteile. Es handelt sich für ihn um ein rechtlich neutrales Geschäft. Folgerichtig sieht § 165 die **Willenserklärung** eines **beschränkt Geschäftsfähigen** (§ 106) für **wirksam** an. Nicht erfasst wird jedoch die Vertretung durch geschäfts**un**fähige Personen. Die Vornahme von Vertreterhandlungen durch Geschäftsunfähige scheidet bereits mangels der Möglichkeit einer wirksamen eigenen Willensbildung aus (vgl § 105 Nr 1; BGHZ 53, 210, 215; Palandt/*Heinrichs* Rn 1; Erman/*Palm* Rn 5; aA aus verfassungsrechtlichen Gründen *Canaris* JZ 87, 993, 998). Auch wenn der Geschäftsgegner die Geschäftsunfähigkeit des Vertreters nicht erkennen konnte, wird sein guter Glaube über § 165 ebenso wenig geschützt wie beim Handeln des Geschäftsunfähigen in eigenem Namen (BGHZ 53, 214 ff). Das Handeln von Geschäftsunfähigen kann einer juristischen Person aber ggf nach Rechtsscheinsgesichtspunkten zugerechnet werden, soweit die entspr Voraussetzungen dafür vorliegen (RGZ 145, 155; BGHZ 115, 78, 82 f; Hamm NJW 1967, 1041; *K Schmidt* JuS 1991, 1002, 1004; *Ostheim* AcP 169, 193, 227; PWW/*Frensch* Rn 3; aA Erman/*Palm* Rn 5).

2 **B. Anwendungsbereich.** § 165 ermöglicht über die einfache Bevollmächtigung hinaus auch die Bestellung von beschränkt geschäftsfähigen Personen zum Prokuristen, Handlungsbevollmächtigten und Organmitglied einer juristischen Person (BaRoth/*Habermeier* Rn 9; Palandt/*Heinrichs* Rn 1). Im Einzelfall sieht das Gesetz von dieser Möglichkeit jedoch Ausn vor. So sind bei der gesetzlichen Vertretung die §§ 1673 Abs 2 S 2, 1781 Nr 1 iVm 1886, 1897 Abs 1 iVm 1902; 1915 Abs 1, 2201 und bei der organschaftlichen Vertretung die §§ 76

Abs 3, 100 Abs 1 S 1 AktG; 6 Abs 2 S 1 GmbHG zu beachten (zum Ausschluss von der GmbH-Geschäftsführung vgl Hamm NJW-RR 1992, 1258). Auch wenn der beschränkt Geschäftsfähige persönlich haftender Gesellschafter einer Personengesellschaft ist, soll § 165 keine Anwendung finden, da der Gesellschafter sich immer auch selbst bindet, was für den beschränkt Geschäftsfähigen rechtliche Nachteile zur Folge hat (MüKo/*Schramm* Rn 4; Staud/*Schilken* Rn 6; Soerg/*Leptien* Rn 4; BaRoth/*Habermeier* Rn 9; Erman/*Palm* Rn 4). § 165 gilt zudem nur für das Außenverhältnis (Palandt/*Heinrichs* Rn 1). Die Vollmachtserteilung an einen beschränkt Geschäftsfähigen ist gem § 131 Abs 2 S 2 ohne Mitwirkung des gesetzlichen Vertreters wirksam, weil sie für den Minderjährigen keine rechtlichen Nachteile mit sich bringt (Hk-BGB/*Dörner* Rn 2). Für die Wirksamkeit des zu Grunde liegenden Vertrages (Auftrag, Geschäftsbesorgungsvertrag etc.) ist dagegen die Zustimmung des gesetzlichen Vertreters erforderlich, da sich daraus auch für den beschränkt Geschäftsfähigen regelm Pflichten ableiten. IÜ gilt, dass bei einer Unwirksamkeit des Grundverhältnisses die Gültigkeit der Vollmacht grds nicht tangiert ist (Hk-BGB/*Dörner* Rn 2). Demnach ist die Bestellung eines beschränkt Geschäftsfähigen zum Prokuristen oder Handlungsbevollmächtigten auch dann wirksam, wenn sein Arbeitsvertrag unwirksam ist (Erman/*Palm* Rn 2). Sollte sich der Vollmachtgeber über die Geschäftsfähigkeit des von ihm eingeschalteten Vertreters geirrt haben, kann er die Vollmachtserteilung gem § 119 Abs 2 wegen Eigenschaftsirrtums anfechten (Erman/*Palm* Rn 2; BaRoth/*Habermeier* Rn 7; PWW/*Frensch* Rn 2). Im Fall der Prozessvertretung gilt die Sonderregelung des § 79 ZPO. Danach hat die Vertretung im Prozess durch eine prozessfähige Person (§§ 51, 52 ZPO) zu erfolgen, soweit eine Vertretung durch Anwälte nicht geboten erscheint. Beschränkt Geschäftsfähige sind demnach von der Prozessvertretung ausgeschlossen (BaRoth/*Habermeier* Rn 11; Erman/*Palm* Rn 7). Eine Ausn von diesem Grundsatz wird nur dann befürwortet, wenn es sich um ein Verfahren der freiwilligen Gerichtsbarkeit handelt (BaRoth/*Habermeier* Rn 10; PWW/*Frensch* Rn 2; aA Staud/*Schilken* Rn 10, der auch im FGG-Verfahren § 79 ZPO analog anwenden will).

§ 166 Willensmängel; Wissenszurechnung.

[1] Soweit die rechtlichen Folgen einer Willenserklärung durch Willensmängel oder durch die Kenntnis und das Kennenmüssen gewisser Umstände beeinflusst werden, kommt nicht die Person des Vertretenen, sondern die des Vertreters in Betracht.
[2] Hat im Falle einer durch Rechtsgeschäft erteilten Vertretungsmacht (Vollmacht) der Vertreter nach bestimmten Weisungen des Vollmachtgebers gehandelt, so kann sich dieser in Ansehung solcher Umstände, die er selbst kannte, nicht auf die Unkenntnis des Vertreters berufen. Dasselbe gilt von Umständen, die der Vollmachtgeber kennen musste, sofern das Kennenmüssen der Kenntnis gleichsteht.

A. Zweck und Bedeutung der Regelung. § 166 Abs 1 entspricht dem bei der Stellvertretung herrschenden Repräsentationsprinzip (PWW/*Frensch* Rn 1), wonach die Erklärung des Vertreters – obgleich sie den Vertretenen bindet – Ausdruck seines eigenen rechtsgeschäftlichen Willens ist (BaRoth/*Habermeier* Rn 1). Darüber beinhaltet diese Regelung einen allg Rechtsgedanken, nach dem für den Abschluss und den Inhalt eines Rechtsgeschäfts grds die Bewusstseinslage derjenigen Person entscheidend ist, bei der sich der Willensbildungsprozess vollzieht (BGH NJW 2000, 2268, 2269; Erman/*Palm* Rn 1; *Medicus* BGB AT Rn 899). Wegen der Allgemeingültigkeit dieses Gedankens lässt sich die in § 166 enthaltene Wertung beim Fehlen einer speziellen Regelung auch außerhalb des Bereichs rechtsgeschäftlicher Vertretung heranziehen (Erman/*Palm* Rn 1; *Bayreuther* JA 1998, 459). Derjenige, bei dem sich die Willensbildung vollzieht und in Form einer Erklärung entäußert, ist bei der Stellvertretung der Vertreter (vgl § 164 Abs 1). Deshalb sind gem § 166 Abs 1 für die Frage der Wirksamkeit der Willenserklärung nur diejenigen Willensmängel und das Kennen bzw Kennenmüssen von Umständen entscheidend, die in seiner Person vorliegen. Von diesem Grundsatz sieht § 166 Abs 2 nur insofern eine Ausn vor, als durch den Vertretenen ein weisungsgebundener Vertreter eingeschaltet wird. In diesem Fall soll sich der Vertretene nicht auf die Unkenntnis des Vertreters berufen können, wenn und soweit er die Willensmängel bzw die sie betreffenden Umstände selbst kannte oder kennen musste. Hier kann ausnahmsw auf die Bewusstseinslage des Vertretenen rekurriert werden. Diese Regelung dient der Abwendung der Gefahr des missbräuchlichen »Vorschiebens« eines ahnungslosen Vertreters (BaRoth/*Habermeier* Rn 2). Der Geschäftsherr kann sich bei der Einschaltung eines (gutgläubigen) Vertreters nicht bewusst »dumm stellen« (Erman/*Palm* Rn 1). 1

B. Anwendungsbereich. § 166 Abs 1 gilt für alle Arten der Stellvertretung. Abs 1 findet sowohl für den rechtsgeschäftlichen, als auch für den gesetzlichen Vertreter (BGHZ 38, 65, 66) sowie für die Organe juristischer Personen (BGHZ 41, 282, 287; LG Mannheim VuR 2000, 58, 60) Anwendung, und zwar auch dann, wenn der Vertreter zunächst nur Verhandlungsführer des anderen Teils war (BGH NJW 2000, 1405). Unerheblich ist, ob eine Haupt- oder Untervollmacht bestand (zum letzteren BGH NJW 1984, 1953, 1954; BaRoth/*Habermeier* Rn 4; Erman/*Palm* Rn 3). Soweit ein *falsus procurator* handelte, ist auf § 166 Abs 1 abzustellen, wenn der Vertretene gem § 177 Abs 1 genehmigt (RGZ 128, 121; BGHZ 83, 293, 297; BGH NJW 1992, 899, 900; 2000, 2272, 2273; BAGE 10, 179). Auch bei einem Insichgeschäft kann § 166 Abs 1 herangezogen werden (BGHZ 94, 232, 237; NJW 2000, 1405, 1406). Keine Anwendung findet § 166 Abs 1 auf den Boten (Palandt/*Heinrichs* Rn 2; *Hoffmann* JR 1969, 373), auf den mittelbaren Stellvertreter, den Treuhänder und den Vermögensverwalter (PWW/*Frensch* Rn 2). Über die Regelungen des Stellvertretungsrechts hinaus 2 wendet die Rspr die Vorschrift des § 166 Abs 1 analog in den Fällen an, in denen jmd mit der eigenverantwortlichen Erledigung bestimmter Aufgaben betraut ist, ohne zugleich Vertreter zu sein, sofern und soweit der Handelnde ggü dem Geschäftspartner für den Geschäftsherrn tätig wird (sog »Wissensvertreter«; BGHZ 55, 307, 311; 83, 293, 294; 117, 104, 106; BGH NJW 2001, 1062; NJW-RR 1986, 1019, 1020; Rostock OLG-NL 2005, 99; Larenz/*Wolf* BGB AT § 46 Rn 102; MüKo/*Schramm* Rn 36; aA *Koller* JZ 1998, 1 ff). Auch § 166 Abs 2 findet mit Ausn der gesetzlichen Vertretung (wo er nur analog herangezogen werden kann) auf jede Form der Stellvertretung Anwendung.

3 **C. Tatbestandsvoraussetzungen und Rechtsfolgen. I. Willensmängel des Vertreters.** Als Willensmängel iSd § 166 Abs 1 kommen alle Fälle der §§ 116–123 in Betracht. **1. Geheimer Vorbehalt.** Bei einer unter einem geheimen Vorbehalt abgegebenen Willenserklärung ist nach der Maßgabe des § 166 Abs 1 auf die Person des Vertreters abzustellen. Daher ist die unter einem geheimen Vorbehalt abgegebene Willenserklärung gem § 116 S 2 bereits nichtig, wenn der Geschäftspartner den geheimen Vorbehalt des Vertreters kennt (Erman/*Palm* Rn 4; BaRoth/*Habermeier* Rn 11; aA Staud/*Schilken* Rn 12; *Flume* BGB AT II § 20 1, die hier auf die Person des Vertretenen abstellen wollen).

4 **2. Scheingeschäft.** Bei der Frage, ob ein nichtiges Scheingeschäft nach § 117 vorliegt, kommt es ebenfalls auf das Einverständnis des Vertreters an (Erman/*Palm* Rn 4). Davon soll nach zutr Ansicht nur dann eine Ausn anzunehmen sein, wenn Vertreter und Vertragspartner bewusst und gewollt zum Nachteil des Vertretenen (dh kollusiv) zusammenwirken (RGZ 134, 33, 37; BaRoth/*Habermeier* Rn 12; PWW/*Frensch* Rn 4).

5 **3. Irrtum.** Auch das Vorliegen eines (zur Anfechtung berechtigenden) Irrtums ist aus Sicht des Vertreters und nicht des Vertretenen zu beurteilen (RGZ 106, 200, 204; BGHZ 51, 141, 145; BGH NJW 2000, 2268, 2270; Erman/*Palm* Rn 4; Palandt/*Heinrichs* Rn 3). Das gilt sowohl für die zur Anfechtung berechtigenden Irrtümer nach § 119 (vgl *Bork* BGB AT Rn 1655), als auch die Anfechtung wegen Täuschung oder Drohung nach § 123. In diesem Fall muss der Vertreter bedroht oder getäuscht worden sein (BGHZ 51, 141, 145). Bei der Prüfung der Erheblichkeit des Irrtums kommt es darauf an, wie der Vertreter bei verständiger Würdigung der Verhältnisse und Interessen des Vertretenen gehandelt haben würde (Staud/*Schilken* Rn 12; Erman/*Palm* Rn 4). Ein Irrtum des Vertretenen kann nur unter den Voraussetzungen des § 166 Abs 1 die Anfechtbarkeit des Vertretergeschäfts begründen (Erman/*Palm* Rn 4). Zur Anfechtbarkeit der Vollmachtserteilung vgl § 167. Täuscht der Stellvertreter des Geschäftsherrn den Vertragspartner arglistig, ist diese Täuschung dem Geschäftspartner ohne weiteres zuzurechnen, da der Vertreter kein »Dritter« iSd § 123 Abs 2 ist (BGHZ 51, 141, 145). Hinsichtlich der Anfechtungsfrist hat man zu unterscheiden: Da die Anfechtung durch den Vertretenen erfolgt, ist für die Beachtung der Anfechtungsfrist grds die Kenntnis des Vertretenen vom Anfechtungsgrund entscheidend (BaRoth/*Habermeier* Rn 9). Sollte jedoch der Vertreter bereits kraft seiner Vertretungsmacht auch für die Anfechtung zuständig sein, so ist dessen Kenntnis vom Vorliegen des Anfechtungsgrundes für die Frist maßgebend (BaRoth/*Habermeier* Rn 9).

6 **II. Kenntnis und Kennenmüssen des Vertreters.** Ist bei einem Rechtsgeschäft das Kennen oder Kennenmüssen (zur Legaldefinition vgl § 122 Abs 2) bestimmter Umstände bedeutsam, so ist auch hier die Person des Vertreters maßgebend. Das gilt insbes für subjektive Tatbestandsmerkmale eines Verbotsgesetzes iSd § 134 (BayOLG NJW 1993, 1142, 1144 f), die subjektiven Voraussetzungen des § 138 (BGH NJW 1992, 899, 900) und der §§ 142 Abs 2, 173 (BGH NJW 1989, 2879, 2880), die Zurechnung der Kenntnis von Mängeln iSd §§ 442 Abs 1 S 2, 640 Abs 2 (RGZ 131, 343, 355 ff; BGH NJW 1992, 1500; 1996, 1137, 1139; 2000, 1405; *Bayreuther* JA 1998, 459, 461; vgl zum Vorgesagten auch Palandt/*Heinrichs* Rn 4 sowie BaRoth/*Habermeier* Rn 14 ff) und von Arglist iSv §§ 463 S 2 aF, 442 Abs 1 S 2, 434 Abs 3, 444 (BGH NJW 2004, 1196, 1197; 1996, 1205; 1991, 1500), die Kenntnis der Nichtschuld iSd § 814 (BGH NJW 1999, 1024, 1025), die Zurechnung von bösem Glauben gem §§ 819, 892, 932, 936, 990, 1138, 1155, 1157, 1207, 1208, 2366, 2367; § 366 HGB (BGH NJW 2001, 360, 361; WM 2000, 1539, 1541; BGHZ 135, 202, 205 ff) und § 912 (BGH NJW 1977, 375) wie auch die subjektiven Voraussetzungen der Gläubigeranfechtung gem §§ 3 AnfG; 129 ff InsO (BGH DB 1985, 649; WM 1991, 152; BGH NJW 1991, 980, 981; BGHZ 94, 232, 237 zu § 3 Abs 1 Nr 1 AnfG aF). Für die Kenntnis und das Kennenmüssen von Gesamtvertretern schadet bereits das bei einem vorliegende Wissen (BGH NJW 1999, 2882). Die Kenntnis des Insichvertreters ist beiden Seiten zuzurechnen (BGHZ 94, 237 ff), ebenso das Wissen eines Abschlussvertreters, der zugleich Wissensvertreter des anderen Vertragspartners war (BGH NJW 2000, 1405, 1406). (Zur Anwendung des § 166 im Bankverkehr bei einer Mehrheit von Kontoinhabern vgl Karlsruhe WM 1996, 198; *Wilhelm* AcP 183, 1 ff)

7 **III. Analoge Anwendung auf den Wissensvertreter. 1. Grundsatz.** § 166 Abs 1 wird analog auf die Zurechnung der Kenntnis oder das Kennenmüssen des Wissensvertreters angewendet (BGHZ 83, 293, 296; 117, 104, 106; 132, 30, 35; BGH NJW-RR 2004, 1192, 1197 f; Rostock OLG-NL 2005, 99; Larenz/*Wolf* BGB AT § 47 Rn 102; aA *Koller*, JZ 1998, 1 ff). Wissensvertreter ist jeder, der nach der Arbeitsorganisation des Geschäftsherrn dazu berufen ist, im Rechtsverkehr als dessen Repräsentant bestimmte Aufgaben in eigener Verantwortung zu erledigen und die dabei anfallenden Informationen zur Kenntnis zu nehmen und ggf weiterzuleiten, wobei keine rechtsgeschäftliche Vertretungsmacht erforderlich ist (BGHZ 117, 104, 106; Palandt/*Heinrichs* Rn 6; *Schultz* NJW 1990, 477, 479).

2. Einzelfälle. Spezielle Regelungen zur Wissenszurechnung gelten im Versicherungsrecht (§§ 2 Abs 3, 19, 43 Nr 1, 44 VVG). Der BGH hat für diesen Bereich die sog *»Auge-und-Ohr«-Rspr* entwickelt, nach der sich der Versicherer die Kenntnis eines Angestellten oder Versicherungsagenten, die dieser in Ausübung der Stellvertretung bei der Entgegennahme des Antrags auf Abschluss eines Versicherungsvertrages erlangt, zurechnen lassen muss (BGH NJW-RR 2000, 316, 317; BGHZ 102, 194, 198; 116, 387; *Beckmann*, NJW 1996, 1378 f). Gleiches gilt für den vom Versicherer beauftragten Arzt (Frankfurt aM NJW-RR 1993, 676). Eine Wissenszurechnung findet zudem bei dem vom Versicherungsnehmer mit der Schadensregulierung Beauftragten (BGHZ 122, 388 ff), bei dem als Vermittler agierenden Reisebüro (BGHZ 82, 219, 222,), beim Anlage- und Kreditvermittler (BGH NJW 1985, 1079, 1080; Hamm ZIP 1981, 53; Düsseldorf ZIP 1993, 1376, 1378), beim Bankangestellten (BGHZ 102, 316, 320), beim Sachbearbeiter (BGH NJW 1993, 1066, 1067), beim zur Verfügung über das Konto Berechtigten (Karlsruhe ZIP 1995, 1748; Köln NJW 1998, 2909), beim Berater des Käufers bei einer due-diligence Prüfung (*Weitnauer* NJW 2002, 2516; Palandt/*Heinrichs* Rn 6a; aA *Goldtschmidt* ZIP 05, 1305), beim sonstigen Vertrauensmann, der von den Parteien in die Abwicklung eingeschaltet wird (BGHZ 41, 17, 20; beim Gebrechlichkeitspfleger für den Pflichtteilsberechtigten: LG Siegen NJW-RR 1993, 1420) und im Steuerschuldverhältnis uU auch bei der Sekretärin des Steuerschuldners (BFH NJW 1992, 69) statt (zu den Fallgruppen vgl BaRoth/Habermeier Rn 18). Keine Wissensvertreter sind Bedienstete des Geschäftsherrn, die am Vertragsschluss und/oder seiner Vorbereitung nicht beteiligt waren (BGHZ 117, 104, 107; NJW-RR 1997, 270), Personen, die den Geschäftsherrn lediglich intern beraten haben (Hamm NJW-RR 1995, 941, 942). Der Lieferant des Leasinggutes ist hinsichtlich der Richtigkeit der Auslieferbestätigung nicht Wissensvertreter des Leasingebers (BGH DB 2004, 2528). Der Makler ist idR nicht Verhandlungsgehilfe einer Partei, sondern Dritter (BGH NJW-RR 2000, 316; BGHZ 33, 302, 309). Entspr gilt für den Notar (Hamm NJW-RR 1991, 46). Beim Verkauf einer Eigentumswohnung braucht sich der Eigentümer nicht das Wissen des Verwenders zurechnen zu lassen (BGH DNotZ 2003, 274). Das in Akten und Computern gespeicherte Wissen muss die Person sich anrechnen lassen, wenn nach § 242 Anlass bestand, die Information abzurufen (BGH NJW 1993, 2807; 1997, 1917, 1918). Die Zurechnung von künstlichem Speicherwissen richtet sich nach der Zumutbarkeit. Ob und wie lange die Speicherung der Information zumutbar ist, hängt ab von der Rechtserheblichkeit und Wichtigkeit der Information (PWW/*Frensch* Rn 12). Maßgeblich für die Zumutbarkeit ihres Abrufs sind die Bedeutung des Anlasses hierfür und die Schwierigkeit der Sache (BGHZ 132, 30, 38 f; 117, 202, 205; zur notwendigen Grenzziehung *Dauner-Lieb* FS Kraft 1998, S 43 ff; Staud/*Schilken* Rn 6). 8

IV. Treuwidrigkeit der Berufung auf das Vertreterwissen. Im Einzelfall kann die Berufung auf § 166 Abs 1 nach § 242 treuwidrig sein. Das ist etwa anzunehmen, wenn der Vertragspartner mit dem Vertreter bewusst zum Nachteil des Vertretenen zusammengewirkt (Kollusion) oder er dem Vertretenen den Vertreter aufgedrängt hat, um aus der Regelung des § 166 Abs 1 Vorteile zu ziehen (BGH NJW 2000, 1405, 1406; PWW/*Frensch* Rn 6). 9

V. Berücksichtigung von Kenntnissen des Vertretenen (Abs 2). § 166 Abs 2 regelt eine Ausn vom Grundsatz des Abs 1. Maßgeblich ist hier – neben der Person des Vertreters – zugleich die Person des Vertretenen. Der Wortlaut der Bestimmung bleibt allerdings, indem er an eine Weisung des Geschäftsherrn anknüpft, hinter dem Schutzzweck der Norm zurück (Erman/*Palm* Rn 13). **1. Direkte Anwendung für die gewillkürte Stellvertretung.** § 166 Abs 2 gilt unmittelbar nur für die rechtsgeschäftlich erteilte Vertretungsmacht (Vollmacht, auch Untervollmacht vgl. dazu BaRoth/*Habermeier* Rn 23) sowie für die genehmigte vollmachtlose Vertretung (RGZ 161, 153, 162; BGH BB 1965, 435 – dabei steht die Genehmigung einer Weisung gleich); nicht aber für die gesetzliche Vertretung. Hintergrund dieses Ausschlusses ist, dass ein gesetzlich Vertretener seinem gesetzlichen Vertreter keine Weisungen erteilen kann. Folglich kommt eine Anwendung für nicht weisungsgebundene gesetzliche Vertreter und Organe von juristischen Personen nicht in Betracht (BaRoth/*Habermeier* Rn 24). 10

2. Analoge Anwendung für die gesetzliche Stellvertretung. Von der Regel, dass § 166 Abs 2 nicht bei der gesetzlichen Vertretung herangezogen werden kann, ist eine Ausn zu machen, wenn gesetzliche Wertungen etwas anderes gebieten (BGHZ 38, 65, 68; BaRoth/*Habermeier* Rn 24). Dies kann sowohl bei einem Ergänzungspfleger (BGHZ 38, 65, 68), als auch bei einem Gebrechlichkeitspfleger (BGH WM 1974, 272) der Fall sein. Der BGH hat sogar die Anwendung des § 166 Abs 2 auf die gesetzliche Stellvertretung bejaht, wenn der von der Vertretung ausgeschlossene Vater die Bestellung eines gutgläubigen Ergänzungspflegers zur Vornahme eines Geschäfts veranlasst. Dabei muss sich das vertretene Kind die Gläubigerbenachteiligungsabsicht des Vaters zurechnen lassen (BGHZ 94, 232, 239 f). Entspr herangezogen wird § 166 Abs 2 auch dann, wenn der Geschäftsführer oder Liquidator einer GmbH den Weisungen des Alleingesellschafters folgt (BGH WM 2004, 1037). Selbst bei einem Rechtsgeschäft kraft Schlüsselgewalt soll die in § 166 Abs 2 enthaltene Wertung maßgeblich sein, wenn der nach außen auftretende Ehegatte nach Weisungen des anderen handelt (Palandt/*Heinrichs* Rn 10; *Weimar* JR 1976, 318). 11

3. Kenntnis, Kennenmüssen und sonstige Willensmängel. Von § 166 Abs 2 direkt erfasst werden zudem nur die Kenntnis und das Kennenmüssen bestimmter Umstände, nicht aber das Vorliegen von Willensmängeln auf Seiten des Vertretenen. Um diese einzubeziehen, bedarf es wiederum einer analogen Anwendung der 12

Norm (BGHZ 51, 131, 141, 145 ff; MüKo/*Schramm* Rn 54; BaRoth/*Habermeier* Rn 26). Wird sie befürwortet, ist der Vertretene gem § 123 zur Anfechtung berechtigt, wenn er durch arglistige Täuschung zur Erteilung einer Weisung an den Bevollmächtigten veranlasst wurde (BGH NJW 2000, 2268, 2269; BGHZ 51, 141, 146). Davon abzugrenzen ist der Fall der Anfechtung der Bevollmächtigung, vgl dazu § 167.

13 **4. Handeln nach Weisung des Vollmachtgebers.** Das nach § 166 Abs 2 verlangte »Handeln nach bestimmten Weisungen des Vollmachtgebers« bedeutet an sich, dass der Vertretene die eigentliche Entscheidung trifft (BGHZ 51, 141, 147). Der Begriff ist aber – um dem Schutzzweck der Bestimmung gerecht zu werden – weit auszulegen (RGZ 131, 343, 356; 161, 161; BGHZ 38, 65, 68; Palandt/*Heinrichs* Rn 11; Erman/*Palm* Rn 16; BaRoth/*Habermeier* Rn 25). Danach muss es genügen, dass der Bevollmächtigte ein Rechtsgeschäft schließt, zu dessen Vornahme ihn der Vollmachtgeber veranlasst hat (RGZ 68, 377 ff; 161, 161 f; BGHZ 38, 65, 68; 83, 293; BAG NJW 1997, 1940, 1941; BayOLG NJW-RR 1989, 907, 910). Gleichzustellen ist der Fall, dass der Vertretene pflichtwidrig Weisungen unterlässt und/oder vorhandene Informationen nicht weiter gibt (BGHZ 50, 364, 368; *Schultz* NJW 1996, 1392, 1393 f). Unterlässt der Vertretene, der von einem bevorstehenden Geschäft des Vertreters Kenntnis hat, ein Eingreifen, obwohl er dazu in der Lage wäre, steht dies ebenfalls einer Weisung gleich (BGHZ 50, 364, 368; 51, 141, 145; BayOLG NJW-RR 1989, 907, 910). Für die Genehmigung eines vollmachtlos vorgenommenen Rechtsgeschäfts gilt das Gleiche (BGH BB 1965, 435). In zeitlicher Hinsicht reicht es aus, dass der Vertretene die Kenntnis erst nach Erteilung der Weisung erhält, wenn sie zum Zeitpunkt der Vornahme des Rechtsgeschäfts durch den Vertreter vorliegt und der Geschäftsherr noch auf das Geschäft hätte einwirken können (BGHZ 50, 364, 368; Erman/*Palm* Rn 16; Larenz/*Wolf* BGB AT § 46 Rn 111; PWW/*Frensch* Rn 224).

14 **VI. Anwendung des § 166 bei Gesamtvertretung und juristischen Personen.** Im Rahmen der Gesamtvertretung genügt der Willensmangel, die Kenntnis, der böse Glaube bzw die Arglist eines der beteiligten Vertreter (BGHZ 20, 149, 153; 62, 166, 173; 140, 54, 61; NJW 1988, 1199, 1200; 1999, 283, 284 f; 2001, 358, 360; Soerg/*Leptien* Rn 5; BaRoth/*Habermeier* Rn 5). Bei juristischen Personen – nicht aber bei Personengesellschaften (BGH NJW 1995, 2159, 2160) – kann sich die Anwendung des § 166 auch auf die Kenntnis vom nicht am Vertragsschluss beteiligten bzw ausgeschiedenen Organmitgliedern erstrecken (BGHZ 109, 327; Palandt/*Heinrichs* Rn 8; BaRoth/*Habermeier* Rn 5).

§ 167 Erteilung der Vollmacht.

[1] Die Erteilung der Vollmacht erfolgt durch Erklärung gegenüber dem zu Bevollmächtigenden oder dem Dritten, dem gegenüber die Vertretung stattfinden soll.
[2] Die Erklärung bedarf nicht der Form, welche für das Rechtsgeschäft bestimmt ist, auf das sich die Vollmacht bezieht.

1 **A. Zweck und Bedeutung der Regelung.** Die Vollmacht als rechtsgeschäftlich begründete Vertretungsmacht muss »erteilt« werden. Die Voraussetzungen der wirksamen Bevollmächtigung umschreibt § 167. Geregelt werden die Notwendigkeit der Abgabe einer Willenserklärung zur Bevollmächtigung, der mögliche Erklärungsempfänger und die Form.

2 **B. Begriff, Rechtsnatur und rechtliche Struktur der Vollmacht. I. Begriff.** Der Begriff der Vollmacht ist in § 166 Abs 2 legal definiert. Unter einer Vollmacht versteht man die rechtsgeschäftlich erteilte Vertretungsmacht. Die Bevollmächtigung, die die Rechtsmacht zur Vertretung einräumt, beruht auf einem einseitigen Rechtsgeschäft. Rechtsgrund der Vollmachtserteilung ist idR ein zwischen Vollmachtgeber und dem Bevollmächtigten bestehendes Grundgeschäft, notwendige Voraussetzung für die Existenz einer wirksamen Vollmacht ist dies jedoch nicht.

3 **II. Rechtsnatur.** Mit der Vollmachtserteilung erlangt der Bevollmächtigte die Rechtsmacht, durch Rechtsgeschäft Wirkungen für und gegen den Vertretenen auszulösen (vgl § 166 Abs 2; Erman/*Palm* Rn 1). Die Bevollmächtigung ist sowohl vom Tatbestand als auch von den Rechtsfolgen von der Ermächtigung nach § 185, aber auch von der Bestellung eines Boten abzugrenzen. **1. Die sog verdrängende Vollmacht.** Ist eine Vollmacht erteilt worden, berührt dieser Umstand grds nicht die Möglichkeit des Geschäftsherrn, selbst rechtsgeschäftlich für sich zu handeln (BGHZ 3, 354, 358 ff; 20, 363, 364 ff; WM 1971, 456; Hk-BGB/*Dörner* Rn 1; *Medicus* BGB AT Rn 936). Eine die eigene Rechtsbindungsmöglichkeit des Vollmachtgebers verdrängende Vollmacht mit dinglicher Wirkung ist unvereinbar mit dem Rechtsgedanken des § 137 Abs 1 (BGH WM 1971, 956, 957; Erman/*Palm* Rn 1; PWW/*Frensch* Rn 2; aA *Gernhuber* JZ 1995, 381 ff).

4 **2. Nichtübertragbarkeit und Unpfändbarkeit der Vollmacht.** Eine Übertragung der Vollmacht iS eines Verfügungsgeschäftes ist auf Grund des ihr innewohnenden Vertrauensmomentes im Interesse des Vertretenen entgegen dem missverständlichen Wortlaut der §§ 52 Abs 2, 58 HGB; 135 Abs 3 S 2 AktG nach hM nicht möglich (MüKo/*Schramm* Rn 93; PWW/*Frensch* Rn 3; aA Palandt/*Heinrichs* Rn 1). Da die Bevollmächtigung auch keinen selbständigen Vermögenswert besitzt, kommt auch die Pfändung einer Vollmacht nicht in Betracht (PWW/*Frensch* Rn 3). Soll einem Dritten vom Bevollmächtigten eine weitere Vollmacht – etwa im Rahmen einer Arbeitsteilung – eingeräumt werden, ist die Vergabe einer Untervollmacht denkbar.

3. Abstraktheit der Vollmacht. Im Grundsatz gilt, dass die Vollmacht abstrakt, dh unabhängig ist (Palandt/*Heinrichs* Rn 4). **a) Abgrenzung vom Grundgeschäft.** Zwar liegt der Vollmachtserteilung idR ein bestimmtes Rechtsverhältnis iS eines Auftrags, Geschäftsbesorgungs- bzw Dienstvertrages zu Grunde (sog kausale Vollmacht). Als abstrakte Rechtsmacht ist die Vollmacht jedoch bereits aus Gründen des Verkehrsschutzes von diesem Grundverhältnis streng zu trennen (sog Abstraktionsgrundsatz; vgl Hamm NJW 1992, 1175). Die Abgrenzung erfolgt vor dem Hintergrund, dass sich aus dem Grundverhältnis die Rechte und Pflichten im Innenverhältnis zwischen Vertreter und Vertretenem herleiten, wohingegen die Vollmacht im Außenverhältnis zwischen dem Vertreter und dem Geschäftspartner wirkt. 5

aa) Grundsatz. Der Abstraktionsgrundsatz wirkt sich insbes bei Mängeln des Grundgeschäftes zum Schutz des Geschäftspartners aus, der diese Mängel im Zweifel nicht kennt. So besitzt der Vertreter auf Grund seiner Bevollmächtigung auch dann die Rechtsmacht, den Vertretenen zu binden, wenn das Grundgeschäft nicht wirksam zustande kommt (BGHZ 110, 363, 367; Hamm NJW 2002, 1175; LG Bielefeld ZIP 2005, 1095; Staud/*Schilken* Rn 2; BaRoth/*Habermeier* Rn 2). Man spricht hier von einer sog »isolierten Vollmacht«, die jedoch regelm die Ausn bildet. Eine isolierte Vollmacht kommt etwa in Betracht, wenn es sich beim Grundgeschäft um ein Gefälligkeitsverhältnis handelt (Soerg/*Leptien* Rn 1) oder wenn das Grundverhältnis wegen Minderjährigkeit, Anfechtung oder anderer Unwirksamkeitsgründe nicht wirksam zustande kommt (Zweibrücken OLGZ 85, 45 f; LG Düsseldorf Rpfleger 1985, 358; zweifelnd *Medicus* BGB AT Rn 949). 6

bb) Ausnahmen. Dennoch stehen Vollmacht und Grundgeschäft nicht völlig beziehungslos nebeneinander (Palandt/*Heinrichs* Rn 4; BaRoth/*Habermeier* Rn 3). Für eine Verbindung sorgt etwa § 168 S 1, nach dem die Beendigung des Grundgeschäfts das Erlöschen der Vollmacht nach sich zieht (vgl dazu § 168). Möglich ist auch, dass Bevollmächtigung und Grundgeschäft am selben Fehler leiden (sog Fehleridentität; vgl BGH NJW 2002, 66, 67; Hk-BGB/*Dörner* Rn 8; PWW/*Frensch* Rn 20; Palandt/*Heinrichs* Rn 4). Hierbei handelt es sich nicht wirklich um eine Durchbrechung des Abstraktionsgrundsatzes, sondern um eine Fehlerdopplung, wobei jeder Fehler für sich genommen eigenständige Rechtswirkungen erzeugt. Recht uneinheitlich wird die Frage beantwortet, ob es möglich ist, Bevollmächtigung und Grundverhältnis nach § 139 als ein einheitliches Rechtsgeschäft anzusehen (dafür BGH NJW 1985, 730; 2001, 3774, 3775; Palandt/*Heinrichs* Rn 4; *Ganter* WM 2001, 195). Folge der Anwendung der Zweifelsregelung des § 139 wäre, dass bei Nichtigkeit des Grundverhältnisses zugleich auch die Vollmacht wegfällt. Zum Schutz des Geschäftspartners, für den grds nur das Außenverhältnis zwischen ihm und dem Vertretenen maßgeblich ist, muss eine derartige Verknüpfung jedoch abgelehnt werden (MüKo/*Schramm* § 164 Rn 97). Sie würde den Abstraktionsgrundsatz völlig derogieren. In der neueren Rechtspraxis bereiten zudem zunehmend auch Sachverhalte Probleme, in denen die materiellrechtliche Verbotsnorm, wie die des RBerG, auch die Vollmacht erfassen will (BGH NJW 2002, 66; 2002, 2325; 2003, 1252, 2091; 2004, 2736). Diskutiert wird diese Problematik vor allem an Fällen, in denen ein Kapitalanleger einem Geschäftsbesorger/Treuhänder, der keine Erlaubnis zur Besorgung fremder Rechtsgeschäfte gem Art 1 § 1 RBerG besitzt, im Rahmen eines Steuersparmodells eine umfassende Vollmacht zur Abwicklung eines Immobilienerwerbs erhielt. Nach mittlerweile gefestigter Ansicht der Rspr umfasst die Nichtigkeit des gegen das RBerG verstoßenden Geschäftsbesorgungsvertrags (BGHZ 145, 265 ff) nach dem Schutzgedanken des Art 1 § 1 RBerG iVm § 134 unmittelbar auch die dem Geschäftsbesorger erteilte materiell-rechtliche Abwicklungsvollmacht (BGH WM 2005, 1520, 1521; 2003, 247, 918, 919 f; 2001, 2260, 2261 f; aA noch BGH NJW 2001, 3774, 3775; gegen die Annahme einer Fehleridentität vgl auch PWW/*Frensch* Rn 21; *Hellgardt/Majer* WM 2004, 2380, 2383 ff; *Prütting* EWiR 2003, 347, 348). Der IV. und XI. Senat vertreten aber in st Rspr, dass sich der Vollmachtgeber (Anleger) hierauf nach Rechtsscheinsgrundsätzen nicht berufen darf (so auch Palandt/*Heinrichs* Rn 4). Nach der Rspr des BGH erfasst die Nichtigkeit des Geschäftsbesorgungsvertrags auch die nach prozessualen Grundsätzen zu beurteilende Vollmacht zur Unterwerfung unter die sofortige Zwangsvollstreckung (§ 794 Abs 1 Nr 5 ZPO), gleichwohl kann es dem Anleger gem § 242 aber auch hier verwehrt sein, sich auf die Unwirksamkeit der Unterwerfungsklausel zu berufen (BGH BKR 2005, 501, 504 f; WM 2004, 372, 375; 2003, 2375, 2377; krit dazu PWW/*Frensch* Rn 22). 7

b) Abgrenzung vom Vertretergeschäft. Die Vollmacht ist aber nicht nur vom Grundgeschäft, sondern auch von dem durch den Bevollmächtigten getätigten Vertretergeschäft abzugrenzen. Entgegen der Lehre vom einheitlichen Gesamttatbestand sind Bevollmächtigung und das Vertretergeschäft nicht als einheitlicher Akt anzusehen (PWW/*Frensch* Rn 5). 8

III. Erteilung der Vollmacht. Wegen des Abstraktionsgrundsatzes bedarf die Bevollmächtigung eines eigenständigen Rechtsaktes. Dieser ist vom Gesetz als einseitiges Rechtsgeschäft ausgestaltet worden. Für die Bevollmächtigung durch einseitigen Rechtsakt gelten die allg Vorschriften (§§ 104 ff, 116 ff, 164 ff, vgl dazu Hk-BGB/*Dörner* Rn 2). 9

1. Bevollmächtigung als empfangsbedürftige Willenserklärung. Die Vollmacht wird durch eine empfangsbedürftige Willenserklärung verliehen, die mit Zugang beim Adressaten wirksam wird (§ 130) und auch formularmäßig ausgesprochen werden kann (BGHZ 136, 314, 321 ff). Als empfangsbedürftige Willenserklärung bedarf sie keiner Annahme (Palandt/*Heinrichs* Rn 1; Erman/*Palm* Rn 21). Erfolgt sie, ist dies jedoch genauso wenig schädlich (Karlsruhe NJW-RR 1986, 100, 101) wie eine etwaige Zurückweisung der Vollmacht (Larenz/ 10

Wolf BGB AT § 47 Rn 15). Da das Gesetz nichts Gegenteiliges vorschreibt, kann die Vollmacht auch bedingt oder befristet erteilt werden.

11 **2. Adressat. a) Innen- und Außenvollmacht.** Die Bevollmächtigung kann entweder ggü dem zu Bevollmächtigenden (sog. interne Bevollmächtigung; Innenvollmacht, § 167 Abs 1 Var 1), oder aber ggü dem Geschäftspartner oder ggü einer unbestimmten Personenmehrheit öffentlich erklärt werden (sog externe Bevollmächtigung; Außenvollmacht, § 167 Abs 1 Var 2). Bei der Bevollmächtigung durch öffentliche Erklärung ggü einer unbestimmten Personenmehrheit liegt keine empfangsbedürftige Willenserklärung vor. Die Mitteilung an die Öffentlichkeit erzeugt Rechtswirkungen, sobald die Öffentlichkeit von ihr Kenntnis nehmen kann (Larenz/*Wolf* BGB AT § 47 Rn 21).

12 **b) Kundgabe der Innenvollmacht.** Bei der Innenvollmacht steht es dem Geschäftsherrn frei, dem potentiellen Geschäftspartner oder Dritten die erteilte Vollmacht anzuzeigen. Zeigt er sie an, spricht man von »nach außen kundgetaner Innenvollmacht«, § 171. Einen Sonderfall der nach außen kundgetanen Innenvollmacht stellt die Vollmachtsurkunde nach § 172 dar. Diese soll dem Geschäftspartner die verbriefte Sicherheit geben, dass die Vollmacht wirklich besteht. Letztlich geht es hier um Vertrauensschutz (vgl dazu BGHZ 102, 60, 63; BGH NJW 2002, 2325, 2326; 2003, 2088; Karlsruhe ZIP 2003, 109, 113).

13 **3. Ausdrückliche und konkludente Vollmachtserteilung.** Da die Bevollmächtigung – soweit sie keiner Form bedarf – nicht explizit ausgesprochen werden muss, genügt auch eine konkludente Bevollmächtigung, um den Vertreter mit entspr Rechtsmacht auszustatten (Hk-BGB/*Dörner* Rn 2; Erman/*Palm* Rn 3; BaRoth/*Habermeier* Rn 7; Ausn § 48 Abs 1 HGB: die Prokura kann nur ausdrücklich erteilt werden). Eine konkludente Bevollmächtigung ist insbes dann anzunehmen, wenn Aufgaben übertragen werden, deren ordnungsgem Erfüllung eine bestimmte Vollmacht erfordert. Die Abgrenzung einer durch schlüssiges Verhalten erklärten Vollmacht zur bloßen Duldungsvollmacht kann im Einzelfall schwierig sein. Ob das Verhalten des Vertretenen als Vollmachtserteilung zu verstehen ist, ist stets durch Auslegung nach dem Empfängerhorizont (§§ 133, 157) zu beurteilen (PWW/*Frensch* Rn 8; Larenz/*Wolf* BGB AT § 47 Rn 17). Bei der internen Vollmacht ist dabei auf den Empfängerhorizont des Vertreters abzustellen. Für die externe Vollmacht kommt es auf die Sichtweise des Dritten an. Sollte ausnahmsw eine öffentliche Bevollmächtigung erfolgt sein, ist der Verständnishorizont eines durchschnittlichen Angehörigen des in Aussicht genommenen Personenkreises zu Grunde zu legen (Larenz/*Wolf* BGB AT § 47 Rn 20, 23). Letzteres gilt entspr auch bei der (bloßen) Kundgebung einer bereits erteilten Vollmacht (PWW/*Frensch* Rn 8). Für die Auslegung der Bevollmächtigungserklärung kann im Fall der Innenvollmacht auch auf das Grundgeschäft zurückgegriffen werden (Hk-BGB/*Dörner* Rn 8).

14 **4. Form. a) Grundsatz und Ausnahmen.** Die Bevollmächtigung kann formfrei erfolgen, sofern das Gesetz nicht ausnahmsw (wie zB in §§ 1484 Abs 2, 1945 Abs 3; § 2 Abs 2, 47 Abs 3 GmbHG; §§ 134 Abs 3 S 2, 135 AktG) etwas anderes vorschreibt oder die Parteien eine bestimmte Form vereinbaren. Der Grundsatz der Formfreiheit der Vollmacht gilt nach Abs 2 grds auch dann, wenn das Vertretergeschäft formbedürftig ist (BGHZ 138, 239, 242). Teilw ist zwar die Vollmachtserteilung formfrei wirksam, zum Nachweis der Bevollmächtigung bei Behörden und Gerichten jedoch die Einhaltung einer Form vorgeschrieben (zB § 12 Abs 2 HGB; 80 ZPO; §§ 29, 30 GBO; §§ 71 Abs 2, 81 Abs 3 ZVG). Über die ausdrücklichen Regelungen zur Einhaltung einer bestimmten Form für die Bevollmächtigung hinaus, ist vor dem Hintergrund der Teleologie einer durch das Gesetz für das Rechtsgeschäft bestimmten Formvorschrift auch die Vollmacht zur Vornahme für das Vertretergeschäft formbedürftig, wenn mit Hilfe einer formlosen Vollmacht der Zweck der Formvorschrift umgangen oder unmittelbar gefährdet werden würde (Erman/*Palm* Rn 4; *Einsele* DNotZ 1996, 835 ff; *Rösler* NJW 1999, 1150). Entgegen dem Wortlaut des § 167 Abs 2 ist deshalb eine Vollmacht formbedürftig, durch die bereits **rechtlich oder tatsächlich die gleiche Bindung eintritt, wie durch das formbedürftige Rechtsgeschäft** selbst.

15 **b) Beispiele für die teleologische Reduktion.** Auf Grund der Teleologie der Formvorschrift bedarf bspw die unwiderruflich erteilte Vollmacht zum Grundstücksverkauf oder -erwerb der Form des § 311b Abs 1 (RGZ 110, 319, 320 ff; BGH LM Nr 18; WM 1966, 761; 1967, 1037, 1039, 1040; NJW 1975, 39; 1979, 2306; 1985, 730). Daneben ist die Vollmacht zur Abgabe einer Bürgschaftserklärung nach § 766 formbedürftig (BGHZ 132, 119, 125). Gleiches gilt generell für den Fall, dass praktisch eine endgültige Bindung des Vollmachtgebers begründet wird (BGH WM 1965, 1006 f; KG OLGZ 1985, 184, 186; Schleswig NJW-RR 2001, 733); etwa durch die Vereinbarung einer Vertragsstrafe (BGH NJW 1971, 93; 1971, 557; 1980, 1622; 1981, 2293), die etwaige Verpflichtung des Bevollmächtigten, nach Anweisung des Vollmachtgebers zu Handeln (RGZ 97, 334 ff; 108, 126 ff), uU aber auch durch die Gestattung des Selbstkontrahierens (BGH NJW 1952, 1210; 1979, 2306; Schleswig NJW-RR 2001, 733, 734; *Rösler* NJW 1999, 1150). Entspr zu behandeln ist die Vollmacht für Verträge nach §§ 2033 Abs 1, 2348, 2351, 2352, 2371, 2385 (Erman/*Palm* Rn 4). Nach neuem Recht ist zudem die vom Darlehensnehmer zum Abschluss eines Verbraucherkreditvertrages erteilte (und nicht notariell beurkundete) Vollmacht schriftlich zu erteilen, wobei sie die Mindestangaben nach § 492 Abs 1, Abs 2 enthalten muss (*Herresthal* JuS 2002, 844, 846 ff; zur früheren Rechtslage eingehend BGHZ 142, 23 ff; BGH NJW 2001, 2963 u 3479). Demgegenüber bedarf die widerrufliche Vollmacht zur Unterwerfung unter die sofortige Zwangsvollstreckung keiner Form; sie unterliegt den Regeln über die Prozessvollmacht (BGH NJW 2004, 844 f).

c) Fehlerfolge. Die Nichtbeachtung der gebotenen Form der Bevollmächtigung führt zur Unwirksamkeit der Vollmachtserteilung, vgl § 125 S 1. Bzgl der Vollmacht zum Abschluss eines Verbraucherkreditvertrages ist als Sondervorschrift auf § 494 abzustellen. Die formunwirksame Bevollmächtigung kann eine Rechtsscheinshaftung auslösen (RGZ 108, 125, 128 ff; BGH LM Nr 1 zu § 173; Soerg/*Leptien* § 173 Rn 3; *Canaris* Die Vertrauenshaftung im deutschen Privatrecht 1971, S 116 ff). Ansonsten richten sich die Rechtsfolgen des vollmachtlosen Handelns nach §§ 177 ff. Die Genehmigung des Vertretergeschäfts durch den Vertretenen soll nach § 182 Abs 2 formfrei möglich sein (PWW/*Frensch* Rn 14). Für eine Heilung analog §§ 311b Abs 1 S 2, 518 Abs 2 besteht daneben kein praktisches Bedürfnis (Soerg/*Leptien* Rn 14). Der Vollzug des Vertretergeschäfts heilt nicht, da dies der ratio des § 311b Abs 1 S 1 und der Ausdehnung des Formzwangs auf die Vollmacht widersprechen würde (PWW/*Frensch* Rn 14; Staud/*Schilken* Rn 24; str). 16

IV. Umfang. Der Umfang der Vollmacht ist in einigen Ausnahmefällen zwingend gesetzlich festgelegt, so etwa für die Prokura und die Handlungsvollmacht (§§ 49 f, 54 f HGB). Regelm ergibt sich der Umfang der Vollmacht jedoch aus der Bevollmächtigung. Die Reichweite der Vollmacht wird daher vom Grundsatz her durch den Vertretenen vorgegeben (Palandt/*Heinrichs* Rn 5). **1. Auslegung.** In Zweifelsfällen ist der Umfang der Vollmacht durch Auslegung (§§ 133, 157) zu ermitteln. 17

2. Vollmachtsarten. Im Hinblick auf den Umfang der Vollmacht unterscheidet man zudem bestimmte Vollmachtstypen. Es gibt eine **Spezialvollmacht**, die zur Vornahme eines bestimmten Rechtsgeschäftes ermächtigt (Larenz/*Wolf* BGB AT Rn 48); gebräuchlich ist aber auch eine **Art- bzw Gattungsvollmacht**, welche zur Abwicklung einer ganzen Reihe von Rechtsgeschäften legitimiert, die entweder durch den Typ der vorzunehmenden Geschäfte (zB Bankvollmacht) oder die Funktion des Bevollmächtigten (zB Kellner, Kassierer) »gattungsmäßig« charakterisiert sein kann. Daneben ist die Erteilung einer Generalvollmacht denkbar. Sie beinhaltet eine umfassende Vertretungsbefugnis für alle Arten von Rechtsgeschäften, die ein Stellvertreter vornehmen kann (Hk-BGB/*Dörner* Rn 11). Generell gilt: Handelt es sich um eine verkehrstypische Vollmacht, ist im Zweifel davon auszugehen, dass sie den verkehrstypischen Umfang besitzt (*Joussen* WM 1994, 273 ff), so etwa beim Architekten, Hausverwalter, Kassierer. 18

3. Einzelfälle. a) Bankverkehr. Die Vollmacht zur Verfügung über ein Bankkonto berechtigt idR zur Verfügung über das Kontoguthaben – auch durch Scheck (BGH WM 1986, 901, 902) – und zur Inanspruchnahme der eingeräumten Kreditlinie (PWW/*Frensch* Rn 25), dagegen nicht zur Kreditaufnahme und -erweiterung in unbegrenzter Höhe (BGH MDR 1953, 345, 346; Köln ZIP 2001, 1709, 1710; Hamm NJW 1992, 378). Das gilt auch für die wechselseitige Bevollmächtigung zur Mitverpflichtung bei einem Oder-Konto und die gegenseitige Bevollmächtigung von satzungsmäßig gesamtvertretungsberechtigten Gesellschaftern zur Einzelverfügung über ein Girokonto der Gesellschaft (PWW/*Frensch* Rn 25). In diesen Fällen verstoßen Klauseln in AGB, wonach die Kontoinhaber in unbegrenzter Höhe für Kontoüberziehungen haften, gegen §§ 305c, 307; hierzu bedarf es vielmehr einer zur Kreditaufnahme ermächtigenden Spezialvollmacht (BGH NJW 1991, 923, 924; Köln ZIP 2001, 1709, 1710 f). Der Bevollmächtigte, dem ein Scheckbuch ausgestellt ist, ist zur Verwendung von Schecks auch Dritten ggü bevollmächtigt (RG JW 23, 237). Die Vollmacht zur Girierung von Schecks berechtigt jedoch nicht zur Girierung von Wechseln (RG Recht 1926 Nr 2409). Die Kontovollmacht beinhaltet zudem nicht die Befugnis zur Umwandlung des Kontos des Vertretenen in ein Konto des Vertreters (Soerg/*Leptien* Rn 53; aA Hamm WM 95, 152 für den Fall der transmortalen Vollmacht). Zur Umwandlung eines Oder-Kontos in ein Und-Konto s BGH WM 1993, 141, 143. 19

b) Bauen. Im privaten Baurecht umfasst der Umfang der Vollmacht eines bauleitenden Architekten idR die Vergabe einzelner Bauleistungen (BGH NJW 1960, 859; BGH BB 1963, 111), die Erteilung von Weisungen (PWW/*Frensch* Rn 26; *Pauly* BauR 1998, 1143, 1145), die Anerkennung von Stundenlohnzetteln (*Meissner* BauR 1987, 506 f), die Rüge von Mängeln (BGH NJW 1977, 1634; 78, 1631), die Abnahme geleisteter Arbeiten (Düsseldorf NJW-RR 2001, 14, 15), die Entgegennahme von Erläuterungen für Rechnungen (BGH NJW 1978, 994), nicht aber ohne Weiteres die Erteilung umfassender Bauaufträge (BGH DB 1975, 1740, 1741; NJW 1978, 995), das Anerkenntnis umfangreicher Schlussrechnungen (BGH NJW 1960, 859; Hamm BauR 1997, 656), die Erteilung erheblicher Nachtragsaufträge (BGH BB 1975, 990; Naumburg NZBau 2000, 143), die Erteilung von nicht nur untergeordneten Zusatzaufträgen bei Vereinbarung eines Pauschalpreises (Stuttgart MDR 1982, 1016; Köln BauR 1986, 443; Saarbrücken NJW-RR 1999, 668) oder die Entgegennahme einer Abtretungsanzeige (BGH NJW 1960, 1805). Wenn der Bauherr den Architekten nur zum Einholen von Angeboten bevollmächtigt, ist seine Vertretungsbefugnis auch hierauf beschränkt (Köln NJW-RR 1992, 915; Palandt/*Heinrichs* Rn 8). Ein Bauträger schließt die Verträge idR im eigenen Namen ab, so dass es keine Abgrenzungsprobleme gibt. Von der Stellung des Bauträgers ist die des Baubetreuers abzugrenzen. Der Baubetreuer schließt idR im Namen des Bauherrn Verträge mit Bauhandwerkern ab. Hat der Geschäftsherr dem Baubetreuer (unbeschränkte) Vollmacht zum Abschluss von Verträgen mit Handwerkern erteilt, so wird er auch dann gebunden, wenn er mit dem Baubetreuer für das gesamte Vorhaben einen Festpreis vereinbart hat (BGHZ 67, 334, 336 ff; 76, 86, 89 ff). 20

c) Grundstücksgeschäfte. Die Vollmacht zum Verkauf eines Grundstücks kann die Beauftragung eines Maklers enthalten (BGH NJW 1988, 3012), berechtigt aber nicht dazu, den Käufer zur Belastung des Grundstücks zu ermächtigen (Jena OLG-NL 1994, 245). Die an eine bestimmte Notarstelle gebundene Belastungsvoll- 21 macht des Grundstückskäufers verleiht das Recht zur Bestellung von Grundschulden in unbeschränkter Höhe (BayOLG NJW-RR 1995, 1167, 1168). Die Bevollmächtigung eines Notars zur Durchführung eines Grundstückskaufvertrages umfasst die Einholung und Entgegennahme von Genehmigungen eines Vertragsteils (BGH Rpfleger 1959, 212, 220; Köln NJW 1995, 1499, 1500) und von Löschungsbewilligungen (Köln NJW-RR 1995, 590). Die Bevollmächtigung zur Abgabe einer Auflassungserklärung berechtigt hingegen nicht ohne weiteres zum Abschluss des Grundgeschäftes iSd des Kaufvertrages (BGH NJW 2002, 2863) oder zur Auflassung an einen Dritten (Hamm NJW-RR 2001, 376). Eine Beschränkung der Vollmacht hinsichtlich bestimmter Verfügungen gilt im Zweifel auch für das Verpflichtungsgeschäft (BGH NJW-RR 2004, 1275).

22 **d) Kaufvertrag.** Wer zum Abschluss eines Kaufvertrages bevollmächtigt wurde, besitzt nicht ohne weiteres die Befugnis, den Kaufpreis einzuziehen oder ihn kreditieren zu lassen, wohl aber die Befugnis, Eigenschaften der Sache zuzusichern (Erman/*Palm* Rn 32). Ist jedoch ein Verhandlungsbevollmächtigter unbeschränkt zur Führung von Vertragsverhandlungen ermächtigt, besitzt er zumindest eine Anscheinsvollmacht für die Benennung des Bankkontos, auf das der andere Teil die Gegenleistung überweisen soll (BGH WM 1971, 1501). Die Vorlage eines Kfz-Briefes soll dagegen nicht ohne weiteres eine Anscheinsvollmacht zur Veräußerung begründen (Köln VersR 1974, 1185).

23 **e) Anwalt/Steuerberater/Arzt.** Die Beauftragung eines Rechtsanwalts, der einer Anwaltssozietät angehört, umfasst im Zweifel alle Sozien (BGH NJW-RR 1988, 1298, 1299). Entspr gilt für Steuerberater (BGH NJW 1990, 827, 828) und Ärzte (BGHZ 97, 273, 277). Eine Prozessvollmacht ermächtigt nach § 81 ZPO grds auch zur Abgabe und Entgegennahme von materiell-rechtlichen Erklärungen wie der Anfechtung, des Rücktritts und der Aufrechnung etc, wenn dies der Rechtsverfolgung im Rahmen der Klagebegründung oder der Rechtsverteidigung iSd Klageabwehr dient (BGH NJW 2003, 963, 964). Das gilt auch für Erklärungen, die außerhalb des Prozesses abgegeben werden (BGH NJW-RR 2002, 745; NJW 2003, 963, 964; BAG NJW 1988, 2691; PWW/*Frensch* Rn 28).

24 **f) Post.** Eine vor der Privatisierung erteilte Postvollmacht (§ 46 PostG) hat keine privatrechtliche Wirkung (BGHZ 98, 140, 144).

25 **V. Untervollmacht.** Anerkannt ist auch die Möglichkeit der Erteilung einer Untervollmacht. Sie betrifft die einem Dritten (dem Untervertreter) durch einen Hauptvertreter erteilte Rechtsmacht, seinerseits rechtsgeschäftlich für den Vertretenen tätig zu werden (Palandt/*Heinrichs* Rn 12; PWW/*Frensch* Rn 48). Durch die Untervollmacht entsteht eine mehrstufige Vertretung (Larenz/*Wolf* BGB AT § 46 Rn 38). Ob der Hauptvertreter einem Dritten Untervollmacht erteilen darf, ist eine Auslegungsfrage (§§ 133, 157; vgl BGHZ 68, 391, 393 f; Frankfurt aM VersR 1976, 172, 173). Sie wird ohne ausdrückliche Regelung regelm zu bejahen sein, sofern der Vertretene kein erkennbares Interesse an der persönlichen Wahrnehmung der Stellvertretung durch den (Haupt-) Bevollmächtigten hat (BGH WM 1959, 377; Frankfurt aM VersR 1976, 172, 173; Palandt/*Heinrichs* Rn 12; RGRK/*Steffen* Rn 21). Insofern kann die Möglichkeit zum Ausspruch einer Unterbevollmächtigung durch den Vertretenen ggü dem Vertreter auch konkludent eingeräumt werden. Der Umfang der erteilten Untervollmacht reicht jedoch nicht weiter als der Umfang der Hauptvollmacht (Palandt/*Heinrichs* Rn 12; Erman/*Palm* Rn 40).

26 **1. Konstitutive Elemente.** Die wirksame Untervertretung setzt sowohl eine **wirksame Vertretungsmacht des Hauptvertreters** als auch eine **wirksame Untervollmacht** voraus. Ob seitens des Hauptvertreters ein Recht zur Unterbevollmächtigung besteht, ist durch Auslegung der Hauptvollmacht zu ermitteln (BGHZ 68, 391, 393 f). Ein Indiz hierfür kann neben dem erkennbar fehlenden Interesse des Geschäftsherrn an einer persönlichen Stellvertretung auch in dem Umfang der Hauptbevollmächtigung begründet liegen. So ist bspw der Generalbevollmächtigte regelm dazu ermächtigt, Unterbevollmächtigte zu bestellen. Beruht eine Hauptvollmacht aber auf einem ganz bes Vertrauen des Vollmachtgebers, schließt dieser Umstand die Erteilung einer Untervollmacht aus (Frankfurt aM VersR 1976, 172, 173) So kann etwa der Rechtsanwalt, der Vollmacht zum Geldempfang besitzt, hierfür keine Untervollmacht an eine nicht bei ihm angestellte Person erteilen (Düsseldorf WM 1974, 616). Fehlt es an einer wirksamen Vertretungsmacht des Hauptvertreters oder gar an einer wirksamen Untervollmacht, handelt der Untervertreter ohne Vertretungsmacht. Bei der Prüfung der Wirksamkeit der Unterbevollmächtigung gelten dieselben Kriterien wie für die »normale« Vertretung. So hat auch der Untervertreter eine eigene Willenserklärung in fremdem Namen abzugeben.

27 **2. Unmittelbare und mittelbare Untervertretung.** Nach hM kann die Untervollmacht in **zwei Formen** erteilt werden: Zum einen ist es möglich, dass der Vertreter im Namen des Geschäftsherrn dem Unterbevollmächtigten Vertretungsmacht unmittelbar für den Geschäftsherrn einräumt (unmittelbare Untervertretung). In diesem Fall steht der Untervertreter hierarchisch auf einer Stufe neben dem Hauptvertreter (PWW/*Frensch* Rn 49), mit der Folge, dass die Wirkungen des Rechtsgeschäfts unmittelbar den Vertretenen treffen. Daneben wird teilw auch die mittelbare Untervertretung zugelassen (BGHZ 32, 253 ff; abl Palandt/*Heinrichs* Rn 12; Larenz/*Wolf* BGB AT Rn 47). Von ihr spricht man, wenn der Hauptvertreter den Untervertreter im eigenen Namen bevollmächtigt, für ihn (dh den Hauptvertreter) tätig zu werden. Der Untervertreter handelt dann als »Vertreter des Hauptvertreters« und steht hierarchisch unter ihm (PWW/*Frensch* Rn 49). Die Rechtsfolgen seines Handelns treffen »durch den Hauptvertreter hindurch« mittelbar den Vertretenen. Der Konstruktion

des »Vertreters des Vertreters« steht entgegen den krit Stimmen aus der Lit nichts im Wege, solange die Hauptvollmacht die Erteilung einer Untervollmacht deckt und es dem Geschäftsherrn nicht darauf ankommt, dass der Unterbevollmächtigte ihn »unmittelbar« vertritt.

3. Relevanz der Unterscheidung. Relevanz kommt der gewählten Form der Untervertretung vor allem für den Fall der fehlenden Hauptvollmacht zu (grundlegend dazu *Petersen* Jura 1999, 401 ff). Nach der Rspr soll der Untervertreter, der unmittelbar für den Geschäftsherrn handelt, auch für das Fehlen der Hauptvollmacht nach § 179 einstehen (BGHZ 68, 391 394); demggü soll sich die Haftung des als »Vertreter des Vertreters« handelnden Unterbevollmächtigten auf den Bestand der Untervollmacht beschränken (BGHZ 32, 250, 254 f; 68, 391, 394). Richtiger Ansicht nach muss der Untervertreter für den Bestand der Haupt- und Untervollmacht auch im Fall der Offenlegung der bloßen Unterbevollmächtigung nach § 179 einstehen (ebenso Soerg/*Leptien* Rn 60; RGRK/*Steffen* Rn 21). Das Gesetz stellt in § 179 nicht darauf ab, worauf das Fehlen der Untervollmacht beruht, sondern berücksichtigt die mangelnde Kenntnis des Vertreters vom Fehlen der Vertretungsmacht allein durch die Begrenzung des Haftungsmaßstabs auf das negative Interesse (§ 179 Abs 2). Die Interessen des aus § 179 Abs 2 in Anspruch genommenen gutgläubigen Untervertreters lassen sich seinerseits durch einen entspr Rückgriffsanspruch gegen den Hauptvertreter aus dem zu Grunde liegenden Rechtsverhältnis berücksichtigen (Erman/*Palm* Rn 44). 28

VI. Rechtsscheinsvollmacht. Eine Partei kann ausnahmsw auch dann rechtsgeschäftlich durch einen Dritten verpflichtet werden, wenn diesem die erforderliche Vertretungsmacht fehlt oder eine erteilte Vertretungsmacht nicht mehr besteht. Das Gesetz gewährt diesbzgl in den §§ 170–173 einen weitreichenden Verkehrsschutz. Nach diesen Regelungen muss sich der Vertretene den Rechtsschein der Bevollmächtigung in bestimmten Sonderkonstellationen zurechnen lassen. Die gesetzlich geregelten Rechtsscheinstatbestände der §§ 170–173 erfassen jedoch nicht alle Fälle, in denen das Vertrauen des Geschäftsgegners in die bestehende Vollmacht des Vertreters schützenswert ist (BaRoth/*Habermeier* Rn 13). Aus diesem Grund haben Rspr und Lit in Form der Rechtsfiguren der Duldungs- und Anscheinsvollmacht allg gehaltene Vorgaben zum Verkehrsschutz bei fehlender Vollmachtserteilung entwickelt (BGHZ 102, 60, 64; BGH NJW 2002, 2325, 2327; 2003, 2091; WM 2005, 1520, 1521, 1522; Palandt/*Heinrichs* § 173 Rn 9; Soerg/*Leptien* Rn 22). **1. Dogmatische Grundlagen.** Gemäß den Grundsätzen der Duldungs- und Anscheinsvollmacht ist dem Vertretenen auch dann das vom »Vertreter« getätigte Rechtsgeschäft zuzurechnen, wenn der Vertretene zwar keine Vollmacht erteilt, er aber in zurechenbarer Weise den Anschein einer Bevollmächtigung gesetzt hat. Die zum Schutz des Rechtsverkehrs für notwendig befundenen Rechtsscheinsvollmachten werden teilw auf eine Analogie zu §§ 171 ff und § 56 HGB gestützt (so wohl auch PWW/*Frensch* Rn 34). Andere begreifen sie als eigenständige Rechtsfortbildungsinstitute (*Bork* BGB AT Rn 1549). Vereinzelt stellt man auf § 242 ab (BaRoth/*Habermeier* Rn 14; Staud/*Schilken* Rn 32 f). 29

2. Anwendungsbereich. Die ursprünglich für den kaufmännischen Verkehr entwickelten Grundsätze der Duldungs- und Anscheinsvollmacht gelten nach allg Ansicht auch für Nichtkaufleute (MüKo/*Schramm* Rn 48; PWW/*Frensch* Rn 35). Zu der Anwendung dieser Grundsätze bei juristischen Personen des öffentlichen Rechts vgl Staud/*Schilken* Rn 46 ff, zur Anwendung im Rahmen nichtiger Verträge nach § 134 iVm Art 1 § 1 RBerG s PWW/*Frensch* Rn 35. 30

3. Konstitutive Elemente. a) Duldungsvollmacht. Eine **Duldungsvollmacht** liegt vor, wenn ein Unbefugter ohne Vollmacht (wiederholt, vgl dazu Soerg/*Leptien* Rn 20) für den Geschäftsherrn als Vertreter auftritt, der Geschäftsherr dies weiß, aber trotz entspr Verhinderungsmöglichkeit – also in zurechenbarer Weise – nichts dagegen unternimmt und der Geschäftsgegner dieses Dulden nach Treu und Glauben dahin verstehen darf, dass der als Vertreter Handelnde bevollmächtigt ist. Durch sein Dulden setzt der Vertretene den Rechtsschein der Bevollmächtigung (BGHZ 5, 111, 116; NJW 1956, 460; NJW-RR 1987, 308; VersR 1992, 989, 990; BGH WM 2005, 1520, 1522; MüKo/*Schramm* Rn 46, 57). Die Zurechenbarkeit der Rechtsscheinssetzung ist grds indiziert. Etwas anderes gilt nur dann, wenn der duldende Geschäftsherr nicht voll geschäftsfähig ist. Denn bei nicht voll Geschäftsfähigen geht der Minderjährigenschutz dem Schutz des Rechtsverkehrs vor (BayObLG AnwBl 1992, 234; Erman/*Palm* Rn 19; PWW/*Frensch* Rn 39). Ist dem Geschäftsgegner die Minderjährigkeit des angeblichen Vollmachtgebers bekannt, fehlt es schon an einem äußeren Rechtsschein. Eines Rückgriffes auf die Duldungsvollmacht als Rechtsscheinstatbestand bedarf es nicht, wenn das fragliche Verhalten des Geschäftsherrn bereits als konkludente Bevollmächtigung angesehen werden kann. In dieser Situation ist nämlich ein echter Vertretungsfall (§ 164) gegeben. 31

b) Anscheinsvollmacht. Von der Duldungsvollmacht zu unterscheiden ist die **Anscheinsvollmacht.** Von einer Anscheinsvollmacht spricht man, wenn der Geschäftsherr das (wiederholte, sich über einen gewissen Zeitraum erstreckende) Auftreten des unbefugt als Vertreter Handelnden zwar nicht kennt, es bei pflichtgem Sorgfalt aber hätte erkennen und verhindern können, und wenn der Geschäftsgegner nach Treu und Glauben mit Rücksicht auf die Verkehrssitte ohne Fahrlässigkeit annehmen durfte, der Vertretene billige und dulde das Handeln des Vertreters (BGH NJW 1998, 1854, 1855; NJW-RR 1987, 308; BGHZ 5, 111, 116; LG Trier NJW 1998, 1407, 1408). Der Unterschied zur Duldungsvollmacht besteht darin, dass der Geschäftsherr das Verhalten seines angeblichen Vertreters nicht kennt, es aber hätte erkennen können und verhindern müssen. 32

Im Gegensatz zur Anscheinsvollmacht nimmt der Geschäftsherr bei der Duldungsvollmacht den Rechtsschein der Bevollmächtigung bewusst hin (PWW/*Frensch* Rn 36). Ein gesetzlich geregelter Fall der Anscheinsvollmacht findet sich in § 56 HGB. Danach wird bei einer Person, die in einem Laden oder einem offenen Lager angestellt ist, das Bestehen einer Vertretungsmacht für alle Verkäufe (einschließlich der dinglichen Geschäfte) und Empfangnahmen, die in einem derartigen Laden oder Warenlager gewöhnlich geschehen, vermutet. § 56 schützt damit das Vertrauen eines Dritten auf das Bestehen einer Vertretungsmacht. Analog § 54 Abs 3 HGB muss der Dritte aber auch hier redlich sein.

33 **4. Rechtsfolge. a) Einwendungsausschluss.** Sind die Voraussetzungen der Duldungs- bzw Anscheinsvollmacht gegeben, muss sich der Geschäftsherr so behandeln lassen, als hätte er eine wirksame Vollmacht erteilt (BGH NJW 1983, 1205, 1207, 1309). Insofern besteht zu Lasten des Geschäftsherrn ein Einwendungsausschluss. Hiergegen wird von einem Teil der Lehre für die Anscheinsvollmacht geltend gemacht, dass ein nur fahrlässig veranlasster Rechtsschein außerhalb des kaufmännischen Geschäftsverkehrs keine ausreichende Grundlage für eine rechtsgeschäftliche Bindung biete und somit allenfalls eine Haftung des Vertretenen hinsichtlich des negativen Interesses gem den Grundsätzen der cic begründen könne (Staud/*Schilken* Rn 31, 44). Gegen die Ansicht spricht bereits, dass im Geschäftsverkehr das Bedürfnis nach Vertrauensschutz besteht, dem nur ausreichend durch eine Erfüllungshaftung begegnet werden kann (PWW/*Frensch* Rn 44). Nach aA trifft den Vertretenen nur die Verpflichtung, das schwebend unwirksame Geschäft zu genehmigen (*Peters* AcP 179, 214, 238 ff). Aber auch dieser Sichtweise ist krit zu begegnen, da das Genehmigungserfordernis für den Geschäftsgegner die Rechtsdurchsetzung unnötig erschwert.

34 **b) Anfechtungsausschluss.** Die eigentliche Bedeutung der Duldungs- bzw. Anscheinsvollmacht als Rechtsscheinsvollmacht liegt in der fehlenden Anfechtbarkeit: Denn dadurch, dass sich die Rechtsscheinsvollmachten von der konkludent erteilten (echten) Vollmacht insofern unterscheiden, als dem bloßen Nichteinschreiten gerade kein Erklärungswert beigemessen werden kann, ist es auch nicht möglich, dem Verhalten des Geschäftsherrn irgendeine Willenserklärung beizumessen, die anfechtbar wäre (BaRoth/*Habermeier* Rn 19; krit zu diesem Argument Erman/*Palm* Rn 20; differenzierend MüKo/*Schramm* Rn 52; die Anfechtung generell zulassend PWW/*Frensch* Rn 45; RGRK/*Steffen* Rn 19). Mit der wohl noch hM ist entgegen den krit Stimmen aus der Lit davon auszugehen, dass der einmal gesetzte Rechtsschein nicht wieder rückwirkend beseitigt werden kann. Wäre dies anders, könnte der für den Rechtsverkehr notwendige Vertrauensschutz nicht mehr gewährleistet werden (Staud/*Schilken* Rn 45; Soerg/*Leptien* Rn 22; BaRoth/*Habermeier* Rn 535).

35 **c) Haftung des Vertreters nach § 179.** Bes str ist das Verhältnis der Rechtsscheinsvollmacht zur Haftung des Vertreters ohne Vertretungsmacht. Die hM lehnt die Anwendung der §§ 177 ff ab, wenn der Vertretene den Vertrag entweder nach §§ 170 ff oder aber nach den Grundsätzen der Duldungs- und Anscheinsvollmacht gegen sich gelten lassen muss (BGH NJW 1983, 1308, 1309). Zutreffender dürfte es dagegen sein, dem für schützenswert erachteten Vertragspartner ein Wahlrecht zwischen den Grundsätzen der Rechtsscheinsvollmacht und § 179 einzuräumen (PWW/*Frensch* Rn 46; Staud/*Schilken* Rn 44).

36 **5. Einzelfälle.** Hinreichende Grundlage für eine Rechtsscheinsvollmacht bieten etwa: die selbständige Bearbeitung und Erledigung der Geschäftskorrespondenz (BGH LM § 164 Rn 9), die wiederholte Verwendung überlassener Geschäftspapiere und eines Firmenstempels (BGHZ 5, 111, 116), die Fortführung eines Betriebes ohne Bekanntgabe des Inhaberwechsels (BGH NJW 1962, 2196, 2197 f), die Verwendung eines Namens eines ausgeschiedenen Sozius oder eines Nicht-Sozius auf dem Kanzleischild oder dem Briefbogen einer Anwaltskanzlei (BGH NJW 1991, 224, 225; BGHZ 70, 247, 249), nicht nur vereinzelt gebliebene Kontoüberziehungen durch einen Kontobevollmächtigten oder Mitkontoinhaber (Düsseldorf WM 1996, 949, 952; Oldenburg WM 1996, 997, 999), wiederholte Kreditinanspruchnahme ohne erkennbaren Widerspruch (BGH NJW 1997, 312, 314).

37 **VII. Abgrenzung: konkludente Bevollmächtigung/Duldungsvollmacht.** Schwierigkeiten bereitet die Abgrenzung der Duldungsvollmacht von der konkludent erteilten Vollmacht. Von einer konkludenten Bevollmächtigung hat man auszugehen, wenn dem Geschäftsherrn das Auftreten des nicht ausdrücklich Bevollmächtigten zur Kenntnis kommt und er dieses Auftreten mit rechtlichem Willen billigt (Staud/*Schilken* Rn 29; RGRK/*Steffen* Rn 7; *Flume* BGB AT § 49 3). Maßgebliches Unterscheidungskriterium zur Duldungsvollmacht ist mithin der Bevollmächtigungswille des Geschäftsherrn. Während dieser Wille bei einer konkludent erteilten Vollmacht besteht, fehlt er bei der Duldungsvollmacht (BaRoth/*Habermeier* Rn 15). Ob ein Bevollmächtigungswille besteht oder nicht, ist im Wege der Auslegung vom objektiven Empfängerhorizont aus (§§ 133, 157) zu beurteilen (Erman/*Palm* Rn 9; Staud/*Schilken* Rn 29). Maßgeblich ist somit im Fall der Innenvollmacht die Sicht des Vertreters, im Fall der Außenvollmacht die des Geschäftsgegners. Stellt sich das Verhalten des Vertretenen für den objektiven Betrachter als rechtsgeschäftliche Erklärung einer Bevollmächtigung dar, ist für die Annahme einer Duldungsvollmacht kein Raum mehr (Staud/*Schilken* Rn 29a; BaRoth/*Habermeier* Rn 15).

38 **VIII. Überschreitung und Missbrauch der Vollmacht. 1. Grundsatz der Risikotragung des Geschäftsherrn.** Wegen der aus Verkehrsschutzgründen manifestierten Abstraktheit der Vollmacht, dh ihrer Trennung vom Grundgeschäft und den aus ihm hervortretenden Bindungen, trägt grds der Vertretene das Risiko, dass

der Vertreter seine intern reglementierte Vertretungsbefugnis überschreitet, indem er ein nach außen von der Vollmacht formal gedecktes Rechtsgeschäft vornimmt, das er im Innenverhältnis zum Vollmachtgeber nicht vornehmen darf.

2. Besonderheit bei Kollusion und Evidenz. Der Dritte ist im Fall der Missachtung interner Bindungen durch den Vertreter jedoch dann nicht schutzwürdig, wenn er und der Vertreter bei Vornahme des Rechtsgeschäfts bewusst und gewollt zum Nachteil des Geschäftsherrn zusammen wirken (sog »Kollusion«) oder aber zumindest ein Fall evidenter Vollmachtsübertretung vorliegt. **a) Kollusion.** Im Fall der Kollusion ist das vom Vertreter vorgenommene Rechtsgeschäft bereits wegen Sittenwidrigkeit nach § 138 Abs 1 nichtig und stellt den Geschäftsherrn aus diesem Grund von sämtlichen Bindungen frei (BGH NJW 1989, 26; NJW-RR 2004, 248). 39

b) Evidenz. Sollte zwar kein Fall der Kollision vorliegen, die sich aus dem Innenverhältnis ergebenden Beschränkungen der Vollmacht dem Dritten jedoch sonst irgendwie positiv bekannt sein oder sich ihm zumindest aufdrängen, braucht sich der Geschäftsherr ebenfalls nicht an das vom Vertreter vorgenommene Rechtsgeschäft zu halten. Evidenz liegt jedoch nicht bereits bei bloß fahrlässiger Unkenntnis vom Missbrauch der Vollmacht vor. Notwendig ist eine massive Verdachtsmomente voraussetzende objektive Aufdrängung der Vollmachtsüberschreitung (BGH NJW 1994, 2082, 2083; PWW/*Frensch* § 164 Rn 70; Larenz/*Wolf* BGB AT § 46 Rn 142). Für die Feststellung einer evidenten Vollmachtsübertretung ist in jedem Fall die Gesamtwürdigung aller Umstände erforderlich (MüKo/*Schramm* § 164 Rn 113). 40

3. Rechtsfolgen. Im Fall der Evidenz der Vollmachtsübertretung kann der Vertretene dem Geschäftsgegner den Einwand der unzulässigen Rechtsausübung (§ 242) entgegen halten. Der Geschäftsgegner muss sich dann so behandeln lassen, als habe keine ausreichende Vertretungsmacht vorgelegen. Auf das vorgenommene Rechtsgeschäft sind die §§ 177 ff anzuwenden (BGHZ 141, 357, 364). In der Geltendmachung des Einwands des Missbrauchs der Vertretungsmacht wird regelm die konkludente Verweigerung der Genehmigung liegen. Der Vertreter ist dann dem Geschäftsgegner nach § 179 Abs 1 verantwortlich. Liegt ein kollusives Zusammenwirken vor, ist das Vertretergeschäft nach allg Ansicht gem § 138 Abs 1 nichtig, mit der Folge, dass der Geschäftsherr schon deshalb nicht gebunden wird (BGH NJW 1999, 2882, 2883; 2000, 2896, 2897; *Medicus* BGB AT Rn 966; Palandt/*Heinrichs* § 164 Rn 13). Ein Teil der Lehre will allerdings auch hier §§ 177 ff analog anwenden, um dem Vertretenen die Möglichkeit der Genehmigung einzuräumen (*Bork* BGB AT Rn 1575 ff). Dies wird dem Schutzbedürfnis des Vertretenen ausreichend gerecht (PWW/*Frensch* § 164 Rn 69). 41

IX. Anfechtung der Vollmachtserteilung. Strittig ist, ob eine erteilte Vollmacht angefochten werden kann und wer für den Fall der Zulässigkeit der Anfechtung der richtige Anfechtungsgegner ist. Dabei ist die Anfechtung der Vollmachtserteilung streng von der Anfechtung des Vertretergeschäftes zu trennen. **a) Anfechtungsrecht.** Eine Anfechtung der Bevollmächtigung wegen Willensmängeln nach § 119 ff ist vor Vornahme des Vertretergeschäfts unproblematisch zulässig (PWW/*Frensch* Rn 15; *Bork* BGB AT Rn 1471), jedoch regelm unnötig, da nach § 168 S 2 grds die Möglichkeit eines Widerrufs besteht (Ausn: unwiderrufliche Vollmacht). Die hM lässt aber auch nach Gebrauch der Vollmacht eine Anfechtung nach allg Regeln zu (Hk-BGB/*Dörner* Rn 3; *Schwarze* JZ 2004, 588). Ein Teil der Lehre lehnt die Anfechtbarkeit der Vollmachtserteilung nach Gebrauchmachen von der Vollmacht aus Gründen des Vertrauensschutzes ab (*Eujen/Frank* JZ 1973, 232, 235; Erman/*Palm* Rn 27; differenzierend *Petersen* AcP 201, 375: Anfechtung der Vollmacht, soweit sich der zur Erteilung führende Mangel im Vertretergeschäft abbildet). Gegen diese Ansicht spricht, dass die §§ 122, 179 und die Grundsätze der Rechtsscheinshaftung ausreichenden Schutz vor den Folgen einer erklärten Anfechtung bieten (Staud/*Schilken* Rn 78; *Schwarz* JZ 2004, 588, 594; PWW/*Frensch* Rn 16). 42

b) Anfechtungsgegner. Soweit die Anfechtung der Bevollmächtigung für zulässig erachtet wird, gibt es unterschiedliche Auffassungen zum richtigen Anfechtungsgegner (§ 143 Abs 1). Vertreten wird, dass hierfür die Art der Vollmachtserteilung in Form der Innen- bzw Außenvollmacht entscheidend ist (PWW/*Frensch* Rn 18), die Wahl des Anfechtungsgegners ganz dem Geschäftsherrn überlassen bleiben soll, er kumulativ ggü Vertreter und Geschäftspartner anzufechten habe (*Medicus* BGB AT Rn 945; *Petersen* AcP 201, 375, 385 ff) bzw dass die Anfechtung stets ggü dem Dritten erfolgen muss. Für die letztgenannte Auffassung spricht, dass mit der Anfechtung nach Vollmachtsgebrauch letztlich die Bindung aus dem Vertretergeschäft beseitigt werden soll und der Dritte daher darüber informiert werden muss, dass ihm ein bereits entstandener Anspruch wieder entzogen wird. Zudem kann der Dritte dann einen Schadensersatzanspruch aus § 122 Abs 1 unmittelbar gegen den Vertretenen geltend machen, anstatt auf einen Anspruch aus § 179 Abs 2 gegen den Vertreter verwiesen zu sein. Dies ist interessengerecht, da der Dritte damit das Insolvenzrisiko seines Vertragspartners zu tragen hat. Der Vertreter, den nach der Konzeption des Stellvertretungsrechts keine Rechtsfolgen aus seiner Vertretertätigkeit treffen sollen, bleibt bei dieser Lösung unbelastet (Hk-BGB/*Dörner* Rn 4). 43

c) Anfechtungsfolgen. Wird die Bevollmächtigung des Vertreters angefochten, kann der Vertragspartner nach § 122 von dem Vollmachtgeber seinen Vertrauensschaden ersetzt verlangen. Str ist, ob der Vertragspartner auch das Recht hat, den Vertreter ohne Vertretungsmacht nach § 179 in Anspruch zu nehmen. Ein Teil der Lehre macht die Unbilligkeit der Haftung des Vertreters für Willensmängel des Vertretenen geltend und lehnt eine Haftung des Vertreters generell ab (*Flume* BGB AT § 52 5 e). Zu den gleichen Gründen gelangt eine aA, nach der § 122 als die sachnähere Norm die Anwendung des § 179 aus Konkurrenzgründen ausschließt 44

(MüKo/*Schramm* Rn 110). Da der Geschäftsherr mit der Anfechtung der Vollmacht letztlich das vom Vertreter geschlossene Geschäft beseitigen will, erscheint es interessengerecht, für Willensmängel der Bevollmächtigung die gleichen Konsequenzen zu befürworten, wie bei Willensmängel beim Vertretergeschäft, nämlich die unmittelbare Vertrauenshaftung des Geschäftsherrn, die eine Inanspruchnahme des Vertreters ausschließt.

§ 168 Erlöschen der Vollmacht. Das Erlöschen der Vollmacht bestimmt sich nach dem ihrer Erteilung zugrunde liegenden Rechtsverhältnis. Die Vollmacht ist auch bei dem Fortbestehen des Rechtsverhältnisses widerruflich, sofern sich nicht aus diesem ein anderes ergibt. Auf die Erklärung des Widerrufs findet die Vorschrift des § 167 Absatz 1 entsprechende Anwendung.

1 **A. Zweck und Bedeutung der Regelung.** Die Vorschrift regelt das Erlöschen der Vollmacht. § 168 setzt dieses in Bezug zu dem Grundverhältnis, auf welchem sie beruht. Einerseits wird der Widerruf der Vollmacht vorbehaltlich einer davon abweichenden rechtsgeschäftlichen Bestimmung unabhängig vom Fortbestehen des Grundverhältnisses gestattet (S 2). Andererseits wird im Sinne einer zweckentspr Auslegung das Erlöschen der Vollmacht an das Erlöschen des Grundverhältnisses geknüpft (S 1). Mit der Bezugnahme auf das Grundverhältnis als möglicher Erlöschensgrund wird der Grundsatz der Abstraktheit der Vollmacht gelockert (AnwK/*Ackermann* Rn 1; Hk-BGB/*Dörner* Rn 3).

2 **B. Regelungsinhalt.** § 168 benennt die möglichen Beendigungstatbestände nicht abschließend. Neben dem Wegfall der Vollmacht bei Beendigung des Grundgeschäfts und dem Widerruf kommen insbes auch die sich aus dem Inhalt der Vollmachtserklärung ergebenden Erlöschensgründe in Betracht. Insoweit hierauf nicht Bezug genommen wurde, ist der Wortlaut der Regelung unvollständig (Hk-BGB/*Dörner* Rn 1) und uU auch missverständlich (Palandt/*Heinrichs* Rn 1; BaRoth/*Habermeier* Rn 1). Ein sonstiger Erlöschensgrund liegt in der wirksamen Anfechtung der Vollmachtserteilung durch den Vollmachtgeber. Für einen einseitigen »Verzicht« des Bevollmächtigten auf die Vollmacht (OVG Hamburg NVwZ 1985, 350; Soerg/*Leptien* Rn 5; MüKo/*Schramm* Rn 1, 8; Staud/*Schilken* Rn 18) besteht hingegen im allg kein Bedürfnis, da die Vollmacht dem Bevollmächtigten lediglich eine Rechtsmacht verleiht, ihn aber nicht zur Stellvertretung verpflichtet oder ihn mit nachteiligen Rechtsfolgen belastet (RGRK/*Steffen* Rn 1; Erman/*Palm* Rn 1). Einer gesonderten Behandlung bedürfen die Rechtsfragen, die mit dem Eintritt des Todes und der Geschäftsunfähigkeit der Beteiligten verbunden sind. **I. Das Erlöschen der Vollmacht nach dem Inhalt der Bevollmächtigung.** § 168 nimmt ausdrücklich nur auf das Erlöschen der Vollmacht nach dem Grundverhältnis und den Widerruf Bezug. Auch ohne bes Erwähnung ist jedoch allg anerkannt, dass die Bevollmächtigung als abstraktes Rechtsgeschäft selbst Erlöschensgründe enthalten kann (Erman/*Palm* Rn 1; BaRoth/*Habermeier* Rn 1; Soerg/*Leptien* Rn 1). **1. Bedingung und Befristung.** Unabhängig von der Gestaltung des Grundverhältnisses kann der Vollmachtgeber die Vollmacht als solche ausdrücklich oder konkludent (mit Ausn der Prokura, vgl § 50 Abs 1, Abs 2 HGB) unter einer Bedingung oder Befristung erteilen. Im Falle einer auflösenden Bedingung (§ 158 Abs 2) erlischt die Vollmacht dann mit Bedingungseintritt und im Fall der Befristung (§ 163) mit Fristablauf und zwar auch dann, wenn das Grundverhältnis weiter besteht.

3 **2. Zweckbestimmung.** Wurde die Vollmacht zu einem bestimmten Zweck erteilt, etwa für die Vornahme eines bestimmten Rechtsgeschäfts (sog Spezialvollmacht), erlischt sie, wenn das Rechtsgeschäft entweder getätigt wurde oder es (endgültig) gescheitert ist (Palandt/*Heinrichs* Rn 1; Erman/*Palm* Rn 2). Aufgrund der Auslegung der Vollmacht ist außerdem davon auszugehen, dass eine unter Ehegatten erteilte Vollmacht spätestens mit rechtskräftiger Scheidung erlischt (KG DR 1944, 71; AnwK/*Ackermann* Rn 3). Darüber hinaus enden bei Aufgabe oder Veräußerung des Unternehmens durch den Kaufmann auch die durch ihn erteilten handelsrechtlichen Spezialvollmachten (AnwK/*Ackermann* Rn 3).

4 **II. Das Erlöschen der Vollmacht gem dem Grundverhältnis und der Widerruf der Vollmacht.** Enthält die Bevollmächtigung selbst keine Regelung bzgl ihres Erlöschens, ist danach zu fragen, ob ein gesetzlich geregelter Erlöschensgrund greift. **1. Beendigung des Grundverhältnisses.** Gem § 168 S 1 führt die Beendigung des Grundverhältnisses – in Abweichung vom Abstraktionsgrundsatz – im Zweifel zugleich auch zum Erlöschen der Vollmacht. Als Grundverhältnis kommt zB ein Auftrag, ein Arbeits-, Dienst-, Geschäftsbesorgungs- oder Kaufvertrag in Betracht. Beendigungsgründe für das Grundgeschäft (und damit zugleich für die Vollmacht) sind etwa: Zeitablauf, Erfüllung (§ 362 Abs 1), Widerruf (§§ 312, 312d, 355, 385, 495, 671, 675), Kündigung (§§ 314, 542 Abs 1, 620 Abs 2, 621, 649, 671, 676 f, 723, 725) sowie Rücktritt (§§ 346 ff). Im Anwaltsprozess ist zu beachten, dass die Kündigung des Mandantenverhältnisses allein nicht zum Erlöschen der Prozessvollmacht führt. Gem § 87 Abs 1 ZPO muss darüber hinaus die Bestellung eines anderen Anwalts angezeigt werden (BaRoth/*Habermeier* Rn 3). Liegt der Vollmacht ausnahmsw einmal kein Rechtsverhältnis zugrunde (sog isolierte Vollmacht), können die Erlöschensgründe des Auftragsrechts idR analog herangezogen werden (Palandt/*Heinrichs* Rn 1).

5 **2. Widerruf der Vollmacht. a) Widerruf grds zulässig.** Nach § 168 S 1 ist die Vollmacht auch bei Fortbestehen des zugrunde liegenden Rechtsverhältnisses grds widerruflich. Der Widerruf erfolgt durch ausdrückliche oder schlüssige empfangsbedürftige Willenserklärung des Vollmachtgebers ggü dem Bevollmächtigten oder ggü dem Geschäftsgegner bzw der Öffentlichkeit (§§ 168 S 3, 167 Abs 1, 171 Abs 2). Dabei muss der Wider-

rufsadressat nicht dem Adressaten der Bevollmächtigung entsprechen, so dass zB eine Außenvollmacht auch ggü dem Bevollmächtigten widerrufbar ist (Hk-BGB/*Dörner* Rn 6; PWW/*Frensch* Rn 15). Zum Schutz des Rechtsverkehrs sind in einem solchen Fall uU die §§ 170 ff und die Grundsätze der Rechtsscheinsvollmacht anwendbar.

b) Widerruf ausnahmsw unzulässig. Ausnahmsw kann die Vollmacht unwiderruflich ausgestaltet sein. Als 6
Grundlage der Unwiderruflichkeit kommt eine (ausdrückliche oder konkludente) Vereinbarung zwischen Vollmachtgeber und Vertreter, aber auch eine solche mit dem Dritten in Betracht (Palandt/*Heinrichs* Rn 6; Erman/*Palm* Rn 16). Auch der einseitige Verzicht des Vollmachtgebers auf die Ausübung des Widerrufsrechts ist möglich (MüKo/*Schramm* Rn 20; Hk-BGB/*Dörner* Rn 5; Staud/*Schilken* Rn 11; aA RGZ 109, 333; BGH NJW 1988, 2603; BayObLG NJW-RR 1996, 848, 849; Palandt/*Heinrichs* Rn 6). Ein konkludenter Ausschluss des Widerrufs ist idR anzunehmen, wenn die Vollmacht im Interesse des Bevollmächtigten erteilt wurde (BGH NJW-RR 1991, 441); so etwa, wenn sie den Bevollmächtigten sichern soll (RGZ 53, 419 ff), dieser maßgebend am Erlös des Geschäfts beteiligt ist (RG JW 27, 1139) oder wenn der Bauträger zur Schaffung von Wohneigentum bevollmächtigt wird (BayObLG NJW-RR 2002, 444). Zur Frage der Formbedürftigkeit einer unwiderruflich erteilten Vollmacht zur Grundstücksveräußerung s BayObLG NJW-RR 1996, 848.

c) Feststellung der Widerruflichkeit. Ob die Vollmacht ausnahmsw als »unwiderruflich« zu werten ist, rich- 7
tet sich in erster Linie nach der Vollmacht selbst und sodann nach dem der Vollmacht zugrunde liegenden Rechtsverhältnis und deren Zweck (BGH WM 1965, 1007). Ein stillschweigender Ausschluss des Widerrufs kommt nicht in Betracht, wenn ihm überwiegende Interessen des Vollmachtgebers entgegenstehen (BGH NJW-RR 1991, 441).

d) Grenzen der Unwiderruflichkeit. Nicht unwiderruflich gestaltet werden kann die erteilte Generalvoll- 8
macht (Soerg/*Leptien* Rn 25; MüKo/*Schramm* Rn 26; Palandt/*Heinrichs* Rn 6), die isolierte Vollmacht (BGHZ 110, 367 ff; NJW 1988, 2603) sowie die Vollmacht, die ausschließlich im Interesse des Vertretenen erteilt wurde (BGH WM 1971, 956; Hk-BGB/*Dörner* Rn 5). IÜ kann ein erklärter Verzicht auf den Widerruf der Vollmacht sittenwidrig und damit nichtig sein (§ 138), wenn und soweit durch ihn die wirtschaftliche Handlungsfreiheit des Vollmachtgebers in unzulässiger Weise eingeengt wird (MüKo/*Schramm* Rn 21). Schließt ein Vertreter den Widerruf einer Untervollmacht aus, so sind ihm insoweit Grenzen gesteckt, als er keine unwiderrufliche Vollmacht erteilen kann, wenn er selbst keine solche besitzt (Palandt/*Heinrichs* Rn 6). Aus dem Rechtsgedanken der §§ 27 Abs 2 S 2, 554a 1, 626 Abs 1, 723 Abs 1 S 2 ergibt sich zudem, dass jede Bevollmächtigung bei Vorliegen eines wichtigen Grundes widerrufen werden kann (BGH WM 1969, 1009; WM 1985, 646, 647; Palandt/*Heinrichs* Rn 6; BaRoth/*Habermeier* Rn 26; Staud/*Schilken* Rn 14). Diese außerordentliche Beendigungsmöglichkeit des Vertretungsverhältnisses kommt jedoch nur bei groben Pflichtverstößen des Bevollmächtigten in Betracht (BGH NJW 1997, 3437, 3440).

III. Personale Erlöschensgründe. 1. Tod und Geschäftsunfähigkeit des Bevollmächtigten. Gemäß der Aus- 9
legungsregel der §§ 673, 675 iVm § 168 S 1 führt der Tod des Bevollmächtigten im Zweifel zum Erlöschen der Vollmacht, da normalerweise nicht anzunehmen ist, dass sich der Vollmachtgeber durch die (möglicherweise sogar unbekannten) Erben (die gem § 1922 in die Rechte und Pflichten des Erblassers eintreten, sofern sie nicht ausschlagen) vertreten lassen möchte. Etwas anderes gilt aber, wenn die Vollmacht gerade im Interesse des Bevollmächtigten erteilt wurde. In diesem Fall besteht die Vollmacht auch nach dem Tod des Bevollmächtigten fort und geht gem § 1922 auf seine Erben über (Schleswig MDR 1963, 675; Köln OLGZ 1969, 305; Palandt/*Heinrichs* Rn 3; abl bzgl der Heranziehung des § 1922 Erman/*Palm* Rn 11). Die Vollmacht endet dann nach Maßgabe der Vereinbarung, mit Erledigung des Grundgeschäfts oder durch Widerruf. Wird der Bevollmächtigte (lediglich) geschäftsunfähig, ergibt sich bereits aus § 165, wonach ein Geschäftsunfähiger nicht Vertreter sein kann, dass die Vollmacht erlischt.

2. Tod und Geschäftsunfähigkeit des Vollmachtgebers. Stirbt der Vollmachtgeber oder wird er geschäftsun- 10
fähig, hat dies im Zweifel auf den Bestand der Vollmacht keinen Einfluss (vgl §§ 672, 675 für den Auftrag, § 52 Abs 3 HGB für die Prokura, § 86 ZPO für die Prozessvollmacht). Die Vollmacht besteht also grds fort, so dass der Bevollmächtigte nach dem Tod des Vollmachtgebers dessen Erben vertritt, sog postmortale Vollmacht (RG 88, 347; 106, 186; 114, 354; BGH NJW 1969, 1246; 1982, 2324; Zweibrücken DNotZ 1983, 105; Hk-BGB/*Dörner* Rn 4; aA Staud/*Schilken* Rn 23; *Flume* BGB AT § 51 6). Die Erben des Vollmachtgebers sind durch die Möglichkeit des Widerrufs der Vollmacht ausreichend geschützt. Widerruft nur einer von mehreren Erben, so erlischt die Vollmacht nicht insg. Vielmehr soll der Bevollmächtigte lediglich das Recht verlieren, diesen Erben zu vertreten (BGH NJW 1975, 385; Erman/*Palm* Rn 5). Zu fragen wäre hier jedoch, ob ein wirksamer Widerruf der Vollmacht auch im Verhältnis zum widerrufswilligen Erben nicht eine allen Erben zurechenbare Erklärung erfordert. Zur postmortalen Auflassungsvollmacht für den Vermächtnisnehmer vgl Köln DNotZ 93, 136; zur transmortalen Kontovollmacht für den Ehegatten s Hamm NJW-RR 1995, 564.

3. Verlust der Rechtsfähigkeit der juristischen Person und Personalwechsel. Ist der Vollmachtgeber eine 11
juristische Person, so erlischt die Vollmacht idR (erst) mit dem Verlust der Rechtspersönlichkeit (Erman/*Palm* Rn 9; Palandt/*Heinrichs* Rn 3). Während der Dauer der Liquidation beschränkt sich die Vollmacht auf den Liquidationszweck (MüKo/*Schramm* Rn 39). Die von einem Organ einer juristischen Person erteilte Vollmacht wird durch einen Wechsel der Vorstandsmitglieder nicht berührt (LG Stuttgart DB 1982, 638). Wan-

delt sich eine juristische Person in eine andere um, besteht die Vollmacht weiter (*K Schmidt* DB 2001, 1019), das gleiche gilt bei der Verschmelzung (Koblenz NJW-RR 2001, 38; Palandt/*Heinrichs* Rn 3; str vgl PWW/*Frensch* Rn 9 mwN).

12 **4. Auflösung der Personengesellschaft.** Hat ein Dritter Vollmacht für eine Personengesellschaft, so endet sie beim Tod eines Gesellschafters zugleich mit der Auflösung der Gesellschaft (§ 727), sofern der Gesellschaftsvertrag nichts anderes bestimmt (§ 736). Während der Liquidationsphase ist die Vollmacht auf Abwicklungsgeschäfte beschränkt.

13 **5. Betriebsübergang nach § 613a.** Prokura und Handlungsvollmacht (§§ 52, 54 HGB) enden bei einer Betriebseinstellung oder Veräußerung des Unternehmens (Staud/*Schilken* Rn 2; PWW/*Frensch* Rn 9). Vereinzelt wird die Auffassung vertreten, dass im Falle eines Betriebsübergangs nach § 613a eine Vollmacht, die der bisherige Inhaber erteilt hat, für den neuen Inhaber bestehen bleibt, weil sie auf den Betrieb und seine Funktionen bezogen ist und daher, ebenso wenig wie das zugrunde liegende Arbeitsverhältnis, durch den Betriebsübergang eine Änderung erfahren darf. Dies soll auch für die Prokura gelten (Larenz/*Wolf* BGB AT Rn 71). Zumindest die Prokura kann jedoch nur von dem jeweiligen Betriebsinhaber erteilt werden (PWW/*Frensch* Rn 9).

14 **6. Insolvenz. a) Insolvenz des Vollmachtgebers.** Fällt der Vollmachtgeber in Insolvenz, so führt dies gem § 115 InsO zum Erlöschen des Auftrags, sofern er sich auf das zur Insolvenzmasse gehörende Vermögen bezieht. Zugleich endet nach § 117 Abs 1 InsO bzw nach § 168 S 1 auch die Vollmacht (BGHZ 155, 91 ff; Erman/*Palm* Rn 7; Hk-BGB/*Dörner* Rn 3). In Hinblick auf die §§ 115 Abs 2, Abs 3, 117 Abs 2 InsO kommt ausnahmsw ein Fortbestand von Auftrag und Vollmacht auch über den Zeitpunkt der Eröffnung des Insolvenzverfahrens hinaus in Betracht. Das Fortbestehen der Vollmacht ändert jedoch nichts daran, dass Rechtsgeschäfte mit Wirkung ggü der Insolvenzmasse grds der Zustimmung des Insolvenzverwalters bedürfen (§§ 80 ff InsO). Im Fall der Notbesorgung dürfte jedoch eine Zustimmung des Insolvenzverwalters entbehrlich sein (Soerg/*Leptien* Rn 8).

15 **b) Insolvenz des Bevollmächtigten.** Die Insolvenz des Bevollmächtigten statuiert für die Vollmacht keinen Erlöschensgrund (Palandt/*Heinrichs* Rn 3; BaRoth/*Habermeier* Rn 7). Etwas anderes gilt allerdings dann, wenn die Vollmacht auf einem Gesellschaftsvertrag beruht. In diesem Fall führt die Eröffnung des Insolvenzverfahrens über das Vermögen eines Gesellschafters gem § 728 zur Auflösung der Gesellschaft und somit zum Erlöschen der Vollmacht (Palandt/*Heinrichs* Rn 3; BaRoth/*Habermeier* Rn 7).

16 **C. Praktische Hinweise.** Soll sich das Erlöschen bzw das Fortbestehen der Vollmacht nicht nach den allg Regeln richten, empfiehlt es sich, eine entspr Bestimmung in die Vollmachtserteilung aufzunehmen. Das gilt etwa dann, wenn die Vollmacht entgegen der Grundregel des S 1 auch bei Erlöschen des Grundverhältnisses fortbestehen oder wenn sie umgekehrt beim Tod oder bei Verlust der Geschäftsfähigkeit des Vollmachtgebers erlöschen soll. Möchte man den Widerruf der Vollmacht gänzlich ausschließen, sind die Grenzen der Unwiderruflichkeitsabrede zu berücksichtigen. Die Beweislast für das Erlöschen der Vollmacht trägt derjenige, der ihr Erlöschen behauptet (Erman/*Palm* Rn 21). Wer sich dagegen darauf beruft, das Geschäft sei bereits vor Erlöschen der Vollmacht abgeschlossen worden, muss das beweisen (BGH WM 1984, 603, 604; Erman/*Palm* Rn 21; BaRoth/*Habermeier* Rn 27). Bei Unklarheit über das Erlöschen der Vollmacht oder über die zeitliche Abfolge von Geschäftsabschluss und Erlöschen ist in Anbetracht der Unsicherheit über den richtigen Anspruchsgegner (Vertreter oder Vertretener) eine Streitverkündung gem §§ 72 ff ZPO in Betracht zu ziehen (AnwK/*Ackermann* Rn 31).

§ 169 Vollmacht des Beauftragten und des geschäftsführenden Gesellschafters.

Soweit nach den §§ 674, 729 die erloschene Vollmacht eines Beauftragten oder eines geschäftsführenden Gesellschafters als fortbestehend gilt, wirkt sie nicht zugunsten eines Dritten, der bei der Vornahme eines Rechtsgeschäfts das Erlöschen kennt oder kennen muss.

1 **A. Allgemeines.** Die Vorschrift schränkt § 168 S 1 ein. Auch wenn ein Auftrag, Geschäftsbesorgungs- oder Gesellschaftsvertrag als Grundverhältnis einer Vollmacht erlischt, wird nach §§ 674, 675, 729 gleichwohl zugunsten des gutgläubigen Beauftragten das Fortbestehen von Auftrag bzw Geschäftsführungsbefugnis und damit (bzgl § 168 S 1) auch der Vollmacht fingiert. Die Regelung schützt zum einen den Vertreter, der das Erlöschen seiner Vollmacht nicht kennt oder kennen muss vor einer Inanspruchnahme aus § 179 Abs 1. Zum anderen dient sie dem Vertretenen (bei Bösgläubigkeit des Dritten) als Schutz vor ungewollten rechtlichen Bindungen (BaRoth/*Habermeier* Rn 3).

2 **B. Regelungsinhalt. I. Anwendungsbereich.** Beruht das rechtsgeschäftliche Handeln des Vertreters auf einer Außenvollmacht oder auf einer kundgemachten Innenvollmacht oder verfügte der Vertreter über eine Vollmachtsurkunde, verdrängen die §§ 170–173 den § 169 (BaRoth/*Habermeier* Rn 9; MüKo/*Schramm* Rn 4). Für § 169 bleibt damit als Anwendungsbereich nur die reine, nicht kundgemachte und nicht durch Vorlage einer Urkunde nach außen dokumentierte Innenvollmacht (PWW/*Frensch* Rn 1; AnwK/*Ackermann* Rn 2).

II. Tatbestandsvoraussetzungen. 1. Fortbestehen von Grundverhältnis und Vollmacht. Im Rahmen eines Auftrags gilt § 674. Danach wird der erloschene Auftrag so lange als fortbestehend gewertet, bis der Beauftragte von dem Erlöschen Kenntnis erlangt oder das Erlöschen kennen muss. § 168 S 1 erstreckt diese Vorgabe auf die auf den Auftrag beruhende Vollmacht. Für Geschäftsbesorgungsverträge trifft § 675 die gleiche Regelung. Für den geschäftsführenden Gesellschafter bei Aufhebung eines Gesellschaftsvertrags gilt § 729. Liegt ein Grundverhältnis anderer Art vor, findet § 169 keine Anwendung (Staud/*Schilken* Rn 8; MüKo/*Schramm* Rn 6). Ob § 169 bei Nichtigkeit des Grundverhältnisses und Vorliegen einer isolierten Vollmacht analog herangezogen werden kann, ist str (abl PWW/*Frensch* Rn 1; AnwK/*Ackermann* Rn 3; Staud/*Schilken* Rn 7 f; aA MüKo/*Schramm* Rn 6). Gegen eine analoge Anwendung der Norm bei fehlendem Grundverhältnis sprechen bereits die Ausnahmestellung der Regelung und die Notwendigkeit der Wahrung des Abstraktionsprinzips. Bzgl der Eröffnung des Insolvenzverfahrens enthält § 115 Abs 3 S 1 eine Sondervorgabe, die das Fortbestehen des Auftrags bei unverschuldeter Unkenntnis des Beauftragten von der Eröffnung des Verfahrens anordnet. 3

2. Gutgläubigkeit des Dritten bzw ihr Fehlen. Die Fiktion des Fortbestehens der Vollmacht gilt nicht für diejenigen Fälle, in denen der Dritte das Erlöschen des Grundverhältnisses (und infolgedessen der Vollmacht) bei Vornahme des Geschäftes kannte oder kennen musste. Für das Kennenmüssen kann als Maßstab auf die Wertung des § 173 abgestellt werden (AnwK/*Ackermann* Rn 5). 4

III. Rechtsfolge. Dem bösgläubigen Dritten ist es verwehrt, sich auf das Vorliegen der Vollmacht zu berufen. Der Bevollmächtigte handelt ihm ggü somit als Vertreter ohne Vertretungsmacht, ohne dass der falsus procurator selbst gem § 179 haftet. Die Vollmacht gilt dem bösgläubigen Dritten ggü jedoch als fortbestehend, soweit ihr Gebrauch durch den Vertreter zu seinem Nachteil geht (Soerg/*Leptien* Rn 2). § 169 berührt jedoch nicht das Innenverhältnis zwischen Vertreter und Vertretenem. Aufgrund eines nach §§ 674, 675, 729 als fortbestehend geltenden Innenverhältnisses können dem Vertreter Aufwendungsersatzansprüche wegen eines von ihm getätigten Vertretergeschäfts auch dann zustehen, wenn im Außenverhältnis gem § 169 das Vertretergeschäft keine Wirkung für den Geschäftsherrn entfaltet (Soerg/*Leptien* Rn 3; AnwK/*Ackermann* Rn 6). 5

C. Praktische Hinweise. Wer das Erlöschen der Vollmacht geltend macht und sich dazu auf die Bösgläubigkeit des Dritten beruft, muss die tatsächlichen Voraussetzungen der Bösgläubigkeit beweisen (Staud/*Schilken* Rn 9; Soerg/*Leptien* Rn 4). 6

§ 170 Wirkungsdauer der Vollmacht. **Wird die Vollmacht durch Erklärung gegenüber einem Dritten erteilt, so bleibt sie diesem gegenüber in Kraft, bis ihm das Erlöschen von dem Vollmachtgeber angezeigt wird.**

A. Allgemeines. I. Normzweck, Systematik. Die §§ 170–173 stehen in einem engen inneren Zusammenhang. Wenn der Dritte, mit dem der Bevollmächtigte im Namen des Vertretenen in rechtsgeschäftlichen Kontakt getreten ist, sein Vertrauen auf den (Fort-) Bestand der Vertretungsmacht auf eine Außenvollmacht (§ 170), eine bes Mitteilung oder öffentliche Bekanntmachung (§ 171) oder eine ihm vorgelegte, dem Vertreter vom Vollmachtgeber ausgehändigte Vollmachtsurkunde (§ 172) stützt, ordnet das Gesetz das Fortbestehen der Vertretungsmacht an, bis dem Dritten das Erlöschen angezeigt (§ 170), die Kundgebung widerrufen (§ 171 Abs 2) oder die Vollmachtsurkunde zurückgegeben bzw für kraftlos erklärt (§ 172 Abs 2) wird. Geschützt wird jedoch nur der gutgläubige Dritte. In seinem Vertrauen auf den (Fort-) Bestand der Vollmacht genießt der Geschäftspartner keinen Schutz mehr, wenn er das Fehlen der Vollmacht bei Vornahme des Rechtsgeschäfts kannte oder kennen musste (§ 173). 1

II. Dogmatische Grundlagen. 1. Rechtsscheinstheorie. Umstritten ist bislang die dogmatische Grundlage der §§ 170–173. Nach der herrschenden Rechtsscheinstheorie behandeln die §§ 170–173 Fälle, in denen ein vom Vollmachtgeber gesetzter Rechtsscheinstatbestand die Grundlage für die Gewährung positiven Vertrauensschutzes bildet, nachdem die (rechtsgeschäftliche) Vollmacht weggefallen ist (BGH NJW 1985, 730 ff; Palandt/*Heinrichs* §§ 170–173 Rn 1; PWW/*Frensch* Rn 1; MüKo/*Schramm* Rn 1; Soerg/*Leptien* Rn 1; differenzierend Staud/*Schilken* Rn 1; aA AnwK/*Ackermann* Rn 6: Rechtsgeschäftstheorie). Entgegen der teilw vertretenen Ansicht, dass die ursprüngliche Vollmacht auf Grund des Rechtsscheins als entspr gesetzliche Vertretungsmacht fortwirkt (BaRoth/*Habermeier* Rn 7, § 171 Rn 10; AnwK/*Ackermann* Rn 6), verschaffen die Regelungen nach hM lediglich kraft Gesetzes eine vollmachtsgleiche Vertretungsmacht (Staud/*Schilken* § 171 Rn 2; PWW/*Frensch* Rn 1). 2

2. Rechtsfolgen der Rechtsscheinstheorie. Nach zutr Ansicht handelt es sich in den Fällen der von §§ 170-173 angesprochenen Rechtsmacht zur Vertretung nicht um eine echte Vertretungsmacht. Die Rechtsscheinsvollmacht führt vielmehr als Reflexwirkung des Vertrauensschutzes für den Dritten nur zu einem Einwendungsausschluss, auf Grund dessen der Vertretene sich im Verhältnis zum Vertragspartner nicht auf das Fehlen der Vertretungsmacht seitens des »Vertreters« berufen kann. Da die §§ 170 ff den Verkehrsschutz bezwecken, ist es dem Vertragspartner freigestellt, auf den ihm eingeräumten Einwendungsausschluss zu verzichten und stattdessen den Vertreter aus § 179 in Anspruch zu nehmen (PWW/*Frensch* Rn 1; str). 3

4 **3. Duldungs- und Anscheinsvollmacht als weitergehende Rechtsscheinshaftung.** Die §§ 170 ff gehen davon aus, dass dem Geschäftsgegner die Nachprüfung der Bevollmächtigung nicht zuzumuten ist, wenn das Verhalten des Vertretenen auf das Bestehen einer Vollmacht schließen lässt. Auf der Grundlage dieses in §§ 170–173 perpetuierten, in §§ 56, 370 HGB fortgeführten Rechtsgedankens hat die Rspr als weitergehende Rechtsscheinshaftung Grundsätze über die sog Duldungs- und Anscheinsvollmacht entwickelt. Beide beruhen auf dem Gedanken des Vertrauensschutzes (BGH NJW 1962, 1003; 1991, 1225). **a) Anwendungsbereich.** Die Rspr hat die Grundsätze über die Duldungs- und Anscheinsvollmacht zunächst nur für den kaufmännischen Verkehr herausgebildet. Sie gelten heute jedoch allg, also auch für den nichtkaufmännischen Bereich (BGH LM § 167 Nr 4; NJW 1956, 1673, 1674; Palandt/*Heinrichs* §§ 170–173 Rn 10).

5 **b) Voraussetzungen. aa) Duldungsvollmacht.** Eine Duldungsvollmacht liegt vor, wenn der Vertretene wissentlich duldet (dh trotz Kenntnis nicht verhindert), dass ein Nichtbefugter wie ein Vertreter für ihn auftritt, und der Geschäftsgegner daher nach Treu und Glauben annehmen darf, dem Handeln liege eine wirksame Vollmacht zugrunde (BGH NJW 2003, 2092; 2004, 2745, 2746; BGH NJW-RR 2004, 1275, 1277). Die vertrauensbegründenden Umstände müssen vor oder bei Vertragsschluss vorliegen (BGH NJW 2002, 2325, 2327). Die Rechtsfolgen des wissentlichen Duldens treten nur ein, wenn der Duldende geschäftsfähig ist (BayObLG AnwBl 1992, 234). Während die Duldungsvollmacht nach der Rspr auf einem nichtrechtsgeschäftlichen Rechtsscheinstatbestand beruht (BGH NJW 1997, 314; 2003, 2092), wird sie im Schrifttum trotz fehlenden Bevollmächtigungswillens zT als konkludente Vollmachtserteilung angesehen.

6 **bb) Anscheinsvollmacht.** Eine Anscheinsvollmacht ist anzunehmen, wenn sich jmd als Vertreter eines anderen ausgibt, der »Vertretene« das Auftreten des angeblichen Vertreters zwar nicht kannte, bei Anwendung pflichtgem Sorgfalt aber hätte erkennen und verhindern können und der gutgläubige (analog § 173) Geschäftsgegner deswegen berechtigterweise davon ausgeht, der Vertretene kenne und billige das Auftreten des Scheinvertreters (BGH VersR 1992, 990; NJW 1981, 17, 27, 1728; 1998, 1854, 1855; BAGE 15, 305 ff; BVerwG NJW-RR 1995, 73). Erforderlich ist eine gewisse Dauer und Häufigkeit des Vertreterhandelns (Dresden NJW-RR 1995, 803, 804). Auch der Rechtsschein der Anscheinsvollmacht kann nur von einem Geschäftsfähigen zurechenbar gesetzt werden. Ein Teil des Schrifttums lehnt das Institut der Anscheinsvollmacht ab und sieht fahrlässige Veranlassung eines Rechtsscheins als Fallgruppe des vorvertraglichen Verschuldens (§ 311 Abs 2) mit der Begründung an, dass die Sorgfaltspflichtverletzung nicht zu einer Erfüllungs-, sondern nur zu einer Schadensersatzpflicht führen könne. Mit der Rspr ist jedoch daran festzuhalten, dass die Anscheinsvollmacht in ihrer Wirkung einer rechtsgeschäftlichen Vollmacht gleichstehe und damit eine Haftung auf das Erfüllungsinteresse begründen könne (BGHZ 86, 275 ff; BAG DB 1994, 2502, 2503; Palandt/*Heinrichs* §§ 170–173 Rn 14).

7 **B. Regelungsinhalt. I. Anwendungsbereich.** § 170 ist in direkter Form nur anwendbar, wenn zunächst eine wirksame externe (später weggefallene) Bevollmächtigung vorliegt, die dem Dritten zugegangen ist und von der er – so jedenfalls das von der Rechtsscheinstheorie ausgehende Schrifttum – auch Kenntnis hat (Erman/*Palm* Rn 2; MüKo/*Schramm* Rn 5). Eine entspr Anwendung findet diese Norm bei späteren inhaltlichen Beschränkungen der Vollmacht (RG JW 15, 998 f; Palandt/*Heinrichs* §§ 170–173 Rn 3; Erman/*Palm* Rn 5). Jedenfalls dem Rechtsgedanken nach (dh analog) anwendbar ist sie auch dann, wenn eine ausdrücklich vorgenommene Bevollmächtigung von Anfang an nichtig ist (BGHZ 102, 60, 64 ff; BGH NJW 1985, 730; 2000, 2270; 2004, 158; 2378; 2746; Palandt/*Heinrichs* §§ 170–173 Rn 1). Das gilt insbes für die zum Erwerb von Schrottimmobilien erteilten, nach § 134 nichtigen Vollmachten (BGH NJW 2001, 376, 377; 2003, 2091; 2004, 62, 64; 2004, 154, 158; 2005, 664, 1191, 1576, 2983; Köln WM 2005, 792; Düsseldorf WM 2005, 881). Nicht heranziehbar ist § 170 bei der Prozessvollmacht und bei einer Vollmacht zur Unterwerfung unter die Zwangsvollstreckung. Hierfür enthalten die §§ 78 ff ZPO Sonderregelungen (BGHZ 154, 283, 287 ff; NJW 2003, 1594; 2004, 59, 60; 839, 840 f; ZIP 2005, 1357 ff; aA *Paulus/Henkel* NJW 2003, 1692). Einschränkungen im Anwendungsbereich ergeben sich zudem auf Grund des Minderjährigenschutzes: So kann nur ein voll Geschäftsfähiger einen Rechtsschein iSd §§ 170 ff zurechenbar setzen (BGH NJW 1977, 622, 623; Hk-BGB/*Dörner* §§ 170–173 Rn 1). Bei der Insolvenz des Vollmachtgebers ist auf § 117 InsO abzustellen. Nicht in Betracht kommt die Anwendung des § 170 zudem, wenn ein Insichgeschäft des Bevollmächtigten vorliegt (BGH NJW 1999, 486, 487).

8 **II. Tatbestandsmerkmale. 1. Fehlende Erlöschensanzeige.** § 170 schützt das Vertrauen des Dritten in die Fortgeltung der Vollmacht. Der Vertrauenstatbestand endet, wenn ihm eine Erlöschensanzeige zugeht. Nach der hM ist die Erlöschensanzeige, die eine bloße geschäftsähnl Handlung darstellt, von dem Widerruf der Vollmacht abzugrenzen (MüKo/*Schramm* Rn 7; PWW/*Frensch* Rn 4; aA Soerg/*Leptien* Rn 3; AnwK/*Ackermann* Rn 4). Ähnlich wie eine Willenserklärung (§ 130) wird jedoch auch die Erlöschensanzeige mit dem Zugang beim Dritten, unabhängig von dessen tatsächlicher Kenntnisnahme wirksam. Liegen Willensmängeln vor, sind die §§ 119 ff entspr heranziehbar (AnwK/*Ackermann* Rn 4; BaRoth/*Habermeier* Rn 9).

9 **2. Gutgläubigkeit des Dritten.** Auf den Fortbestand der Vollmacht kann nur der gutgläubige Vertragspartner vertrauen. Soweit dem Dritten keine Anzeige über das Erlöschen der Außenvollmacht zugegangen ist, genießt sein Vertrauen in den Grenzen des § 173 Schutz. § 173 versagt den Vertrauensschutz für den Vertrags-

partner nur im Fall der Kenntnis oder des Kennenmüssens vom Wegfall der Vertretungsmacht (BGH NJW 2004, 2090; NJW-RR 2004, 632). Dabei kommt es grds nicht auf das Kennen (Kennenmüssen) der den Mangel der Vertretungsmacht begründenden Umstände, sondern auf die Kenntnis (Kennenmüssen) des Mangels der Vertretungsmacht selbst an (BGH NJW 2004, 2090; NJW-RR 2004, 632). Eine allg Überprüfungs- und Erkundigungspflicht bzgl des Fortbestehens einer einmal erteilten Vollmacht besteht allerdings nicht (BGHZ 144, 223, 230 ff). Ein Irrtum, auch ein Rechtsirrtum seitens des Vertragspartners über das Fortbestehen der Vollmacht, kann eine Bösgläubigkeit daher nur dann nach sich ziehen, falls er verschuldet ist (Palandt/*Heinrichs* §§ 170–173 Rn 2). Das Nichterkennen eines Nichtigkeitsgrundes, der sich aus §§ 311b Abs 1, 139 ergibt, begründet nach der Rspr auch im kaufmännischen Verkehr (Bank) idR kein Verschulden (BGH NJW 1985, 730; 1988, 697, 698). Wenn der Baubetreuer oder Treuhänder auf Grund einer nach neuerer Rspr wegen Verstoßes gegen das RBerG nichtigen Vollmacht handelte, war der Geschäftsgegner vor Bekanntwerden dieser Rspr nicht bösgläubig (BGH NJW 2001, 70, 3774; 2004, 2090; 2005, 668, 820, 1191, 1576, 2983). IÜ braucht der Geschäftsgegner ohne konkrete Anhaltspunkte nicht zu überprüfen, ob die vorgelegte Vollmacht nach § 312 widerruflich ist (BGH NJW 2000, 2268, 2270).

III. Rechtsfolge. 1. Außenverhältnis. Bei Fehlen einer Erlöschensanzeige ggü dem gutgläubigen Dritten wirkt die zurückgenommene Außenvollmacht als Rechtsscheinsvollmacht fort (Soerg/*Leptien* Rn 2). Eine Pflicht des Vollmachtgebers zur Anzeige des Erlöschens der Vollmacht besteht aber nicht. Grundsätzlich handelt es sich hierbei nur um eine Obliegenheit. An das Unterlassen der Anzeige kann sich somit nur ausnahmsw, dh unter bes Umständen, eine weitergehende deliktische (§ 826) bzw vorvertragliche (§§ 280 Abs 1, 241 Abs 2, 311 Abs 2) Haftung knüpfen (MüKo/*Schramm* Rn 7; Soerg/*Leptien* Rn 3; Staud/*Schilken* Rn 8). Umstritten ist, ob die mit §§ 170 ff gesetzten Rechtsscheinstatbestände angefochten werden können. Ein Teil der Lehre bejaht dies mit dem Hinweis, dass der Rechtsschein der Vollmacht grds nicht stärker wirken könne als eine wirksam erteilte Vollmacht (vgl etwa MüKo/*Schramm* Rn 8). Gegen die Anfechtbarkeit der Rechtsscheinsvollmacht spricht jedoch der Verkehrsschutzgedanke. Eine Anfechtung wegen Irrtums über die Bedeutung des Duldens bzw des gesetzten Anscheins der Bevollmächtigung kommt mithin grds nicht in Betracht (Palandt/*Heinrichs* §§ 170–173 Rn 13). 10

2. Innenverhältnis. Die Ausgestaltung des Innenverhältnisses zwischen Vertreter und Vertretenem ist dafür entscheidend, ob der Vertreter durch den Gebrauch der nach §§ 170 ff bestehenden Rechtsscheinsvollmacht eine Pflicht verletzt hat und dem Vertretenen dafür (nach § 280 Abs 1 bzw gem den Grundsätzen der GoA und/oder der §§ 823 ff) haftet (AnwK/*Ackermann* Rn 6). 11

C. Praktische Hinweise. Ungenaue Formulierungen bzgl der Abgrenzung von externem Widerruf der Vollmacht und der bloßer Erlöschensanzeige – mit ihren unterschiedlichen Rechtswirkungen – führen in der Praxis immer wieder zu Problemen. Bei der Aufsetzung der Erlöschensanzeige empfiehlt es sich daher, dafür Sorge zu tragen, dass der Wille zur Beendigung der Vollmacht unabhängig von dem angenommenen Erlöschensgrund eindeutig erkennbar wird, so dass die Erlöschensanzeige notfalls auch als externer Widerruf ausgelegt werden kann. Die Beweislast für die (wirksame) Erteilung der Außenvollmacht trifft denjenigen, der Rechte gegen den Vertretenen geltend macht. Der Vertretene muss hingegen die Voraussetzungen einer wirksamen Erlöschensanzeige beweisen (Erman/*Palm* Rn 7). 12

§ 171 Wirkungsdauer bei Kundgebung.

[1] Hat jemand durch besondere Mitteilung an einen Dritten oder durch öffentliche Bekanntmachung kundgegeben, dass er einen anderen bevollmächtigt habe, so ist dieser auf Grund der Kundgebung im ersteren Falle dem Dritten gegenüber, im letzteren Falle jedem Dritten gegenüber zur Vertretung befugt.
[2] Die Vertretungsmacht bleibt bestehen, bis die Kundgebung in derselben Weise, wie sie erfolgt ist, widerrufen wird.

A. Allgemeines. Die Kundgabe einer erfolgten internen Bevollmächtigung durch bes Mitteilung oder öffentliche Bekanntmachung wird als Rechtsscheinstatbestand angesehen, auf dessen Grundlage der gutgläubige Geschäftsgegner positiven Vertrauensschutz bzgl der Bevollmächtigung eines als Vertreter Auftretenden bis zum Widerruf dieser Kundgabe genießt (BaRoth/*Habermeier* Rn 2; Erman/*Palm* Rn 1; MüKo/*Schramm* Rn 1). 1

B. Regelungsinhalt. I. Anwendungsbereich. § 171 ist nur auf die Innenvollmacht anwendbar (BaRoth/*Habermeier* Rn 3). Da Anknüpfungspunkt für den Rechtsschein der bestehenden rechtsgeschäftlich erteilten Vertretungsmacht die Kundgabe der Vollmacht nach außen ist, findet diese Regelung auch auf eine von Anfang an nichtige Vollmacht Anwendung (BGH WM 2005, 1520, 1522; PWW/*Frensch* Rn 1). Das gleiche gilt für den Fall, wenn eine Vollmacht niemals erteilt wurde (str) oder nachträglich erloschen ist (PWW/*Frensch* Rn 1; Staud/*Schilken* Rn 7). 2

II. Tatbestandsvoraussetzungen. 1. Kundgabe durch bes Mitteilung. Abs 1 knüpft die Vollmachtswirkung an die Kundgabe der Bevollmächtigung durch bes Mitteilung. Diese wird nach hM als rein deklaratorische, 3 geschäftsähnl Handlung angesehen (Erman/*Palm* Rn 3; Soerg/*Leptien* Rn 4; Staud/*Schilken* Rn 3; aA AnwK/*Ackermann* Rn 2; *Pawlowski* JZ 1996, 127 ff), auf welche die Regeln über die Willenserklärung aber entspr Anwendung finden (PWW/*Frensch* Rn 1). Daraus folgt, dass der Urheber der Mitteilung geschäftsfähig sein muss (BGHZ 65, 13 ff; NJW 1977, 622, 623). Bzgl des Kundgabeaktes eines nur beschränkt Geschäftsfähigen gilt § 107. Nach hM kann die Kundgabeerklärung analog §§ 119 ff angefochten werden, weil sie ansonsten eine stärkere Bindung als die Außenvollmacht erzeugen würde (PWW/*Frensch* Rn 2; aA Erman/*Palm* Rn 3). Wegen des Verkehrsschutzgedankens kommt indes ein Irrtum über das Vorliegen oder die Wirksamkeit der Vollmacht, über deren Bestehen die Mitteilung Auskunft geben soll, nicht in Betracht. Diesbzgl handelt es sich um einen bloßen Motiv- bzw Rechtsfolgenirrtum (Erman/*Palm* Rn 3; AnwK/*Ackermann* Rn 2). Die Mitteilung muss in Abgrenzung zur öffentlichen Bekanntmachung an einen Dritten gerichtet sein und diesem zugehen bzw (bei mündlicher Erklärung) von diesem vernommen worden sein, so dass er positive Kenntnis von ihr erlangt (RGZ 104, 358, 360; BaRoth/*Habermeier* Rn 5; MüKo/*Schramm* Rn 12). Inhaltlich ist sie auf die Information des Dritten über die Person des Bevollmächtigten (idR durch namentliche Benennung) und den Umfang seiner Vertretungsmacht (RG JW 29, 576; BGHZ 20, 239, 248) gerichtet. Da die Kundgabe an keine bes Form gebunden ist, kann sie formlos und sogar durch schlüssiges Verhalten erfolgen. Zeitlich muss sie aber der Vornahme des Vertretergeschäftes vorangehen, um die nach § 171 beschriebenen Rechtswirkungen zu erzeugen.

4 **2. Kundgabe durch öffentliche Bekanntmachung.** Das zur Kundgabe durch bes Mitteilung Gesagte ist auf die Kundgabe durch öffentliche Bekanntmachung entspr anzuwenden. Auch sie unterliegt den allg Regelungen der Willenserklärung. Besonderheiten ergeben sich allerdings daraus, dass die öffentliche Bekanntmachung (anders als die Mitteilung) an eine unbestimmte Vielzahl von Personen gerichtet ist (Palandt/*Heinrichs* §§ 170–173 Rn 4). Typische Formen der Bekanntmachung sind Zeitungsannoncen und Postwurfsendungen (AnwK/*Ackermann* Rn 4), aber auch Aushänge und die Eintragung im Handelsregister (Palandt/*Heinrichs* §§ 170–173 Rn 4; PWW/*Frensch* Rn 4). Keine öffentliche Bekanntmachung iSd § 171 beinhaltet die Anmeldung zum Gewerberegister (Hamm NJW 1985, 1846, 1847).

5 **3. Gutgläubigkeit des Dritten.** § 171 steht im Zusammenhang mit § 173. Derjenige, der sich auf die Richtigkeit der Vollmachtskundgabe beruft, muss mithin gutgläubig sein.

6 **4. Erlöschen der Rechtsscheinsvollmacht durch Widerruf.** Die Rechtswirkungen der Kundgabe können durch den in Abs 2 geregelten *actus contrarius* (Hk-BGB/*Dörner* §§ 170–173 Rn 3) mittels eines Widerrufs beseitigt werden. Der Widerruf hat in derselben Weise wie die Kundgabe, dh entweder durch Mitteilung oder durch öffentliche Bekanntmachung, zu erfolgen. Der Zugang der Widerrufserklärung genügt; ihre Kenntnis durch den Dritten ist nicht erforderlich (MüKo/*Schramm* Rn 15).

7 **III. Rechtsfolgen der Kundgabe.** Die Kundgabe erweckt zugunsten des gutgläubigen Rechtsverkehrs den Rechtsschein der Vertretungsmacht für den als Vertreter Auftretenden. Dies gilt zunächst für den Normalfall, in dem eine bestehende (Innen-) Vollmacht nach der Kundgabe intern widerrufen wurde oder sonst erloschen ist, aber auch dann, wenn die Vollmacht bereits vor der Kundgabe erloschen oder beschränkt war oder an einem Nichtigkeits- oder Anfechtungsgrund litt (RGZ 108, 125, 127; Soerg/*Leptien* Rn 4; MüKo/*Schramm* Rn 14; Staud/*Schilken* Rn 7). Etwas anderes gilt nur dann, wenn auch im Außenverhältnis ein wirksamer Widerruf der Vollmacht stattfand (Abs 2) oder der dem Dritten gewährte Vertrauensschutz wegen Bösgläubigkeit (§ 173) zu versagen ist.

8 **C. Beweislast.** Der Dritte, der sich im Zivilprozess auf die Rechtswirkungen des § 171 beruft, trägt die Beweislast für das Vorliegen eines Kundgabeaktes, der ihm ggü den Rechtsschein der Vertretungsmacht begründet (PWW/*Frensch* Rn 7; AnwK/*Ackermann* Rn 7). Die Kenntnis der Kundgabe wird sodann vermutet (Palandt/*Heinrichs* §§ 170–173 Rn 4; MüKo/*Schramm* Rn 12; Soerg/*Leptien* Rn 2). Umgekehrt hat der Vertretene den Widerruf nach Abs 2 zu beweisen (Staud/*Schilken* Rn 13).

§ 172 Vollmachtsurkunde.

[1] Der besonderen Mitteilung einer Bevollmächtigung durch den Vollmachtgeber steht es gleich, wenn dieser dem Vertreter eine Vollmachtsurkunde ausgehändigt hat und der Vertreter sie dem Dritten vorlegt.

[2] Die Vertretungsmacht bleibt bestehen, bis die Vollmachtsurkunde dem Vollmachtgeber zurückgegeben oder für kraftlos erklärt wird.

1 **A. Allgemeines.** § 172 dient dem Schutz des gutgläubigen (§ 173) Dritten, der auf den Bestand der Vollmacht auf Grund einer Vollmachtsurkunde vertraut. Die ausgestellte und ihm vorgelegte Vollmachtsurkunde bildet den Ansatzpunkt für den Vertrauenstatbestand nach § 172 Abs 1. § 172 Abs 2 bestimmt, welche Anforderungen erfüllt sein müssen, um diesen zu beseitigen.

2 **B. Regelungsinhalt. I. Anwendungsbereich.** Die Vorschrift regelt – wie § 171 – nur die ggü dem Vertreter rechtsgeschäftlich erteilte Innenvollmacht, über die eine Urkunde ausgestellt wurde. Von ihr erfasst wird vor

allem die nicht oder nicht mehr wirksame Vollmacht (Erman/*Palm* Rn 3). Aber auch eine von Anfang an unwirksame Bevollmächtigung fällt unter ihren Anwendungsbereich, wenn der Dritte die Unwirksamkeit der Urkunde weder kennt noch aus der Urkunde entnehmen kann (BGH WM 1985, 10; 2000, 1245, 1247 und 1250; NJW 2002, 60; MüKo/*Schramm* Rn 18). Die in § 172 statuierte Rechtsscheinswirkung findet allerdings keine (auch keine analoge) Anwendung auf die gesetzlich eingeräumte Vertretungsmacht (RGZ 74, 263, 267 f; MüKo/*Schramm* Rn 18).

II. Tatbestandsvoraussetzungen. Der Geschäftsherr muss dem Vertreter eine Urkunde über seine Bevollmächtigung ausgehändigt haben. **1. Vollmachtsurkunde.** Als Vollmachtsurkunde iSd Vorschrift ist ein unterzeichnetes oder mit beglaubigtem Handzeichen versehenes, an eine weitere Form aber nicht gebundenes Schriftstück zu verstehen, in welchem jmd erklärt, dass er dem in der Urkunde Bezeichneten Vollmacht erteile oder erteilt habe (RGZ 124, 383, 386 f; Palandt/*Heinrichs* Rn 5; Erman/*Palm* Rn 4; Staud/*Schilken* Rn 1). Die Person des Bevollmächtigten muss sich aus dem Gesamtinhalt der Urkunde einwandfrei ergeben (RGZ 124, 386 f). **a) Echte Vollmacht.** Die Urkunde muss grds »echt« sein, dh von der durch die Unterschrift als Aussteller ausgewiesenen Person stammen (BSozG NVwZ 1983, 768; BaRoth/*Habermeier* Rn 4; PWW/*Frensch* Rn 2; Palandt/*Heinrichs* Rn 5). 3

b) Blankettvollmacht. Aus Verkehrsschutzgründen findet § 172 Abs 1 nach hM aber auch bei einer im Nachhinein abredewidrig vervollständigten, dh missbräuchlich ausgefüllten Blanketturkunde entspr Anwendung (RGZ 138, 269 ff; BGHZ 40, 65, 68, 304; WM 1973, 750; NJW 1996, 1467, 1469; PWW/*Frensch* Rn 8; Palandt/*Heinrichs* Rn 8; krit *Müller* AcP 181, 515; *Pawlowski* JZ 1997, 309). Ein Anfechtungsrecht bzgl des zurechenbar gesetzten Rechtsscheinstatbestandes steht dem Geschäftsherrn in diesem Fall nicht zu (BGH NJW 1996, 1467, 1469; PWW/*Frensch* Rn 8; Palandt/*Heinrichs* Rn 8). Die Ausdehnung des Anwendungsbereiches auf die Blanketturkunde ist gerechtfertigt, weil der Geschäftspartner der nachträglich vervollständigten Urkunde nicht ansehen kann, dass sie durch einen anderen (befugt oder unbefugt) ergänzt worden ist. Voraussetzung für die analoge Heranziehung des § 172 Abs 1 ist jedoch eine blanko geleistete Unterschrift und nicht nur eine bloße »Oberschrift«, die durch entspr Text vor der Vorlage ergänzt wurde (BGHZ 113, 48 ff). Die Grundsätze zur Blankettvorschrift sind nach neuerer Rspr iÜ auch auf Sammelüberweisungen (BGH NJW-RR 1992, 1264, 1265 f) und bei missbräuchlicher Verwendung eines Internetanschlusses entspr heranzuziehen (Köln NJW-RR 1994, 177, 178). 4

2. Aushändigung. Der Vertretene muss dem Vertreter die Vollmachtsurkunde durch willentliche Übergabe ausgehändigt und damit in den Geschäftsverkehr entlassen haben. Bei einer abhanden gekommenen Vollmachtsurkunde soll § 172 Abs 1 (in Anlehnung an § 935 und mangels zurechenbarer Rechtsscheinssetzung) nach zutr Ansicht nicht gelten (BGHZ 65, 13, 14 f; PWW/*Frensch* Rn 3; MüKo/*Schramm* Rn 5; Erman/*Palm* Rn 6). Die Aushändigung der Vollmachtsurkunde beinhaltet wie die Vollmachtskundgabe iSd § 171 eine rechtsgeschäftsähnl Handlung. Auf sie sind folglich die Vorschriften über die Willenserklärung (§§ 104 ff) entspr anwendbar (PWW/*Frensch* Rn 3; BaRoth/*Habermeier* Rn 5). 5

3. Vorlegung vor oder bei Abschluss des Geschäftes. Der Vertreter muss durch Vorlegung der Urkunde beim Geschäftspartner vor oder bei Abschluss des Geschäftes den Rechtsschein einer (fort-) bestehenden Bevollmächtigung gesetzt haben. Erforderlich ist dafür, dass die Urkunde im Original (dh in Urschrift oder – bei einer notariell beurkundeten Vollmacht – in Ausfertigung, vgl. § 47 BeurkG) der sinnlichen Wahrnehmung des Geschäftsgegners unmittelbar zugänglich gemacht wird (BGHZ 76, 76, 78; 102, 60, 63; NJW 2004, 2745; 2005, 664, 667, 1488, 1576, 2983). Die Vorlegung einer nur einfachen oder beglaubigten Abschrift oder Fotokopie bzw die Mitteilung per Telefax reichen hierfür grds nicht aus (BGHZ 102, 60, 63; NJW 1999, 310, 312, 314; 2002, 2325; 2004, 2090). Die Übersendung auf dem Postweg steht jedoch der Vorlage gleich (Dresden WM 2003, 1802). Eine Bezugnahme auf eine bei Gericht oder einem Notar hinterlegte Vollmacht genügt hingegen grds nicht (BGHZ 102, 60, 65). Eine Ausn gilt lediglich für den Fall, dass der Dritte zur Einsichtnahme berechtigt ist oder dies wird (MüKo/*Schramm* Rn 8; Soerg/*Leptien* Rn 4). Außerdem soll eine bloße Bezugnahme ausnahmsw auch dann ausreichend sein, wenn die Vollmacht dem Notar bei Beurkundung eines notariellen Vertrages vorlag, dieser das Vorliegen der Vollmacht ausdrücklich in seine Verhandlungsniederschrift aufgenommen und deren Ausfertigung zusammen mit einer Abschrift der Vollmacht dem Vertragspartner zugeleitet hat. Bei einem Insichgeschäft des Vertreters fehlt es für die Gewährung des Vertrauensschutzes nach § 172 Abs 1 bereits an dem notwendigen Verkehrsgeschäft (BGH NJW 1999, 486, 487). 6

4. Kenntnisnahme. Strittig ist, ob der Geschäftsgegner vom Inhalt der vorgelegten Urkunde tatsächlich Kenntnis genommen haben muss. Dies wird von einem Teil der Rspr und Lit verneint (RGZ 88, 430, 432 ff; 97, 273, 275 ff; BGHZ 76, 76 ff; NJW 1988, 697; PWW/*Frensch* Rn 4; MüKo/*Schramm* Rn 8, 10; Soerg/*Leptien* Rn 4). Dagegen spricht jedoch der Rechtsscheincharakter der Norm, der verlangt, dass der Geschäftsgegner gerade durch die Kenntnisnahme von der Urkunde auf den Bestand der verbrieften Vollmacht vertraut (RGRK/*Steffen* Rn 1; Erman/*Palm* Rn 9). 7

5. Gutgläubigkeit des Geschäftsgegners. § 172 gilt nicht zugunsten Bösgläubiger, die den Mangel, den Wegfall oder die Beschränkung der Vertretungsmacht kennen oder kennen müssen. Dies ergibt sich auf Grund einer berichtigenden Auslegung (Erman/*Palm* Rn 10) aus dem systematischen Zusammenhang des § 172 zu § 173, obwohl § 172 Abs 1 in § 173 selbst nicht erwähnt wird. 8

9 **6. Beendigung der Rechtsscheinswirkung.** Gem § 172 endet die Rechtsscheinswirkung bei Rückgabe der Vollmachtsurkunde oder durch Kraftloserklärung. Dabei versteht man unter Rückgabe die Besitzerlangung des Vollmachtgebers mit Willen des Bevollmächtigten. Die Kraftloserklärung erfolgt nach Maßgabe des § 176. Die gleiche Wirkung wie die Rückgabe der Urkunde und die Kraftloserklärung erzeugt der Widerruf der Vollmacht ggü dem Geschäftsgegner (MüKo/*Schramm* Rn 13a; Palandt/*Heinrichs* Rn 7).

10 **III. Rechtsfolge.** Der Vertreter ist trotz Fehlens, Wegfalls oder Beschränkung der Innenvollmacht dem Dritten ggü auf Grund einer bestehenden, den Verkehrsschutz sichernden Rechtsscheinsvollmacht, zur Vertretung befugt, jedoch dem Umfang nach nur gem der Vollmachtsurkunde. Diejenigen Mängel der Vollmacht, die aus der Urkunde selbst ersichtlich sind (etwa Formmängel), muss der Geschäftsgegner daher gegen sich gelten lassen (RGZ 108, 125, 128f).

11 **C. Beweislast.** Derjenige, der sich auf die Rechtswirkungen des § 172 beruft, hat die Echtheit der Vollmachtsurkunde und deren Vorlegung durch den Vertreter zu beweisen. Demggü braucht er nicht zu beweisen, dass eine Aushändigung der Urkunde stattfand; für die Nichtaushändigung ist vielmehr der Gegner beweispflichtig. Dieser trägt auch die Beweislast dafür, dass die Vollmachtsurkunde (rechtzeitig) zurückgegeben bzw für kraftlos erklärt wurde (BaRoth/*Habermeier* Rn 14; PWW/*Frensch* Rn 7; Erman/*Palm* Rn 17).

§ 173 Wirkungsdauer bei Kenntnis und fahrlässiger Unkenntnis.

Die Vorschriften des § 170, des § 171 Absatz 2 und des § 172 Absatz 2 finden keine Anwendung, wenn der Dritte das Erlöschen der Vertretungsmacht bei der Vornahme des Rechtsgeschäfts kennt oder kennen muss.

1 **A. Allgemeines/Regelungsinhalt.** Die Vorschrift beschränkt die Rechtsscheinswirkung der §§ 170–172 ggü dem bösgläubigen Dritten (Erman/*Palm* Rn 1). **I. Anwendungsbereich.** Der § 173 gilt laut Verweisung für die in §§ 170, 171 Abs 2 und 172 Abs 2 beschriebenen Tatbestände. Nach erweiterter, berichtigender Auslegung ist er zudem auf § 172 Abs 1 anzuwenden (Erman/*Palm* § 172 Rn 10). Soweit die §§ 170–172 einer Analogie zugänglich sind, wird gleichsam auch der § 173 als äußere Schranke für ihre Schutzwirkungen herangezogen. Die Norm gilt daher entspr für Fälle der Nichtigkeit oder sonstigen Unwirksamkeit der Vollmacht sowie ihrer nachträglichen Beschränkungen (RGZ 108, 125ff; BGHZ 102, 60, 66; WM 1985, 10, 11f; 1987, 307f; MüKo/*Schramm* Rn 9f).

2 **II. Tatbestandsvoraussetzungen. 1. Rechtsscheinsgründe.** Erteilt der Vollmachtgeber eine Außenvollmacht (§ 170) oder gibt er eine erteilte Innenvollmacht im Wege der bes Mitteilung an einen Dritten, der öffentlichen Bekanntmachung (§ 171) oder durch Aushändigung einer Vollmachtsurkunde nach außen kund (§ 172), so schafft er dadurch einen Rechtsschein, auf den der gutgläubige Dritte vertrauen darf.

3 **2. Bösgläubigkeit des Dritten.** Kennt der Dritte jedoch den Mangel der Vollmacht oder hätte er davon Kenntnis haben müssen, so ist er der privilegierenden Wirkung des objektiv gesetzten Rechtsscheins auf Grund mangelnder eigener Schutzwürdigkeit entzogen. **a) Vollmacht als Bezugspunkt.** Der maßgebliche Bezugspunkt für die Bewertung der Gut- bzw Bösgläubigkeit des Dritten ist grds die Vollmacht selbst, nicht das Grundverhältnis (BGH NJW 1985, 730). Wird allerdings in der Vollmachtsurkunde ausdrücklich auf das Grundverhältnis Bezug genommen und liegt diese Grundvereinbarung dem Vertragsgegner vor, so darf er sich nach der Rspr des BGH Bedenken, die sich daraus gegen die Wirksamkeit der Vollmacht ergeben, nicht verschließen (BGH NJW 1985, 730).

4 **b) Kenntnis und Kennenmüssen. Kenntnis** beinhaltet das positive Wissen über die fehlende Vollmacht (BaRoth/*Habermeier* Rn 3; Staud/*Schilken* Rn 2). Die Versagung des Schutzes bei Kenntnis des Dritten gilt in den Fällen des § 172 unabhängig davon, ob das Erlöschen, die Beschränkung oder das Nichtbestehen der Vertretungsmacht aus der Vollmachtsurkunde ersichtlich ist (BGH NJW-RR 1988, 1320, 1321). Das der Kenntnis gleichgestellte **Kennenmüssen** erfordert die Außerachtlassung der im Verkehr erforderlichen Sorgfalt (BGH NJW 1985, 730; Staud/*Schilken* Rn 2; Soerg/*Leptien* Rn 1). Umstritten ist, welcher Sorgfaltspflichtmaßstab in diesem Zusammenhang anzulegen ist: Einigkeit besteht zunächst darin, dass die Sorgfaltspflichten des Geschäftsgegners nicht zu hoch anzusetzen sind, damit der erforderliche Schutz des Rechtsverkehrs gewährleistet ist (BaRoth/*Habermeier* Rn 3). Für den Geschäftsgegner existiert daher – ohne bes Veranlassung – keine allg Pflicht, Nachforschungen darüber anzustellen, ob die Vollmacht (noch) besteht oder bereits erloschen ist (BGH NJW 2000, 2270, 2271; 2001, 3774; BaRoth/*Habermeier* Rn 3; Staud/*Schilken* Rn 2; MüKo/*Schramm* Rn 3). Nach der hM ergeben sich jedoch bereits dann konkrete Nachforschungspflichten, wenn sich aus der Urkunde und/oder den Gesamtumständen für den Dritten berechtigte Zweifel am Fortbestand bzw dem Umfang der Vollmacht auftun (BGH NJW 1985, 730, 731; Karlsruhe NJW 2003, 2690; Soerg/*Leptien* Rn 3; MüKo/*Schramm* Rn 3; Erman/*Palm* Rn 3). Ein solcher Anlass kann etwa in dem Verstreichen einer längeren Zeitspanne zwischen Begründung des Vollmachtsbestandes und Vornahme des Vertretergeschäfts liegen (Soerg/*Leptien* Rn 3; BaRoth/*Habermeier* Rn 4). Insofern geht die hM davon aus, dass in Anknüpfung an § 122 Abs 2 einfache Fahrlässigkeit in Bezug auf die Unkenntnis vom Vollmachtsverlust genügt (BGH NJW 1985, 730; BaRoth/*Habermeier* Rn 3; Erman/*Palm* Rn 3; RGRK/*Steffen* Rn 2). Die hier aus Gründen des Verkehrsschutzes für vorzugswürdig erachtete Gegenansicht verlangt hingegen »Evidenz« idS, dass jedem ver-

nünftigen Menschen in der Situation des Dritten offenkundig ist bzw sein muss, dass die Vollmacht nicht besteht (AnwK/*Ackermann* Rn 4; Staud/*Schilken* Rn 2).

c) Maßgeblicher Zeitpunkt. Der maßgebliche Zeitpunkt für die Bestimmung der Gut- bzw Bösgläubigkeit ist nach § 173 der der »Vornahme des Rechtsgeschäfts« durch den Vertreter. Wann das Rechtsgeschäft idS vorgenommen ist, ist allerdings umstritten. Nach hM muss der Dritte bis zur Vollendung des Rechtsgeschäfts gutgläubig sein (RGRK/*Steffen* Rn 2; Soerg/*Leptien* Rn 3; BaRoth/*Habermeier* Rn 6). Die Gegenansicht weist zutr darauf hin, dass sich die Vertretungsmacht nur auf Willenserklärungen bezieht und demgem beim dinglichen Verfügungs- bzw Vollzugsgeschäft nur der Zeitpunkt der Einigung ausschlaggebend sein kann. Soweit zum Vollzugsgeschäft weitere Erfüllungsakte notwendig sind (zB eine Übergabe) kann es darauf im Rahmen des § 173 nicht mehr ankommen (Staud/*Schilken* Rn 8; Erman/*Palm* Rn 4; MüKo/*Schramm* Rn 4-8). 5

III. Rechtsfolge. Die Rechtsscheinswirkung der §§ 170, 171, 172 sind auf den gutgläubigen Dritten begrenzt. Der Genehmigung des Vertretergeschäfts nach § 177 steht die Vorschrift nicht entgegen. 6

C. Beweislast. Wer die Kenntnis oder das Kennenmüssen auf Seiten des Geschäftsgegners behauptet, muss entspr Tatsachen beweisen (Erman/*Palm* Rn 7; MüKo/*Schramm* Rn 11; Soerg/*Leptien* Rn 4). 7

§ 174 Einseitiges Rechtsgeschäft eines Bevollmächtigten.

Ein einseitiges Rechtsgeschäft, das ein Bevollmächtigter einem anderen gegenüber vornimmt, ist unwirksam, wenn der Bevollmächtigte eine Vollmachtsurkunde nicht vorlegt und der andere das Rechtsgeschäft aus diesem Grund unverzüglich zurückweist. Die Zurückweisung ist ausgeschlossen, wenn der Vollmachtgeber den anderen von der Bevollmächtigung in Kenntnis gesetzt hatte.

A. Allgemeines. Sinn und Zweck des § 174 ist es, dass derjenige, demggü der Vertreter ein einseitiges Rechtsgeschäft vornimmt, die Möglichkeit hat, sich über die Wirksamkeit des Geschäftes in Bezug auf die Vollmacht Gewissheit zu verschaffen (AnwK/*Ackermann* Rn 1). Die Regelung ist im Zusammenhang mit § 180 zu sehen. Danach ist ein ohne Vollmacht vorgenommenes einseitiges Rechtsgeschäft unwirksam, es sei denn, der Dritte lässt die behauptete Vertretungsmacht unbeanstandet oder ist mit dem Handeln ohne ausreichende Vertretungsmacht einverstanden. § 174 verstärkt den durch § 180 gewährten Schutz insofern, als dass selbst dann, wenn der Vertreter über eine entspr Vertretungsmacht verfügt, er sich ggü dem Dritten zur Wirksamkeit des Geschäftes legitimieren muss, falls der Dritte dies verlangt. 1

B. Regelungsinhalt. I. Anwendungsbereich. 1. Willenserklärungen. § 174 gilt für einseitige empfangsbedürftige Willenserklärungen (wie die Anfechtung, die Kündigung oder die Rücktrittserklärung), die der Bevollmächtigte im Namen des Vertretenen abgibt. Darüber hinaus findet § 174 in verschiedenen Konstellationen analoge Anwendung: So hat auch der Erklärungsbote dem Dritten seine Botenmacht durch Vorlegung einer Urkunde nachzuweisen, falls der Erklärungsempfänger dies verlangt (BaRoth/*Habermeier* Rn 3; Erman/*Palm* Rn 9; MüKo/*Schramm* Rn 2). § 174 gilt darüber hinaus entspr für den Gesamtvertreter, der von den anderen Gesamtvertretern zur alleinigen Vornahme des Rechtsgeschäfts ermächtigt wurde (BGH NJW 2002, 1191, 1195; BAG NJW 1981, 2374; AnwK/*Ackermann* Rn 3). 2

2. Geschäftsähnliche Handlungen. Die Möglichkeit zur Zurückweisung analog § 174 S 1 besteht jenseits einseitiger Rechtsgeschäfte entspr auch bei einseitigen geschäftsähnl Handlungen (Palandt/*Heinrichs* Rn 1). Zu ihnen zählen etwa: die Mahnung (BGH NJW 1983, 1542; Bamberg NJW-RR 1990, 905), die Abmahnung (Nürnberg NJW-RR 1991, 1393; *Ulrich* WRP 1998, 252; aA Karlsruhe NJW-RR 1990, 1323), das Mieterhöhungsverlangen gem § 588a (Hamm NJW 1982, 2076; LG München NJW-RR 1987, 1164), die Fristsetzung (*Deggau* JZ 1982, 796 f) und die Erklärung zur Wahrung einer Ausschlussfrist (BGH NJW 2001, 289). 3

3. Problemfälle. Seit dem 01.09.2001 ist die Anwendung der Norm im Bereich des § 651g Abs 1 S 2 (für die Geltendmachung reisevertraglicher Ansprüche gem §§ 651c–651f) ausgeschlossen (Palandt/*Heinrichs* Rn 1; AnwK/*Ackermann* Rn 4; aA zuvor BGHZ 145, 343 f). Auch für die im Rahmen der Prozessvollmacht durch einen Rechtsanwalt abgegebene Erklärung (BGH NJW 2003, 963, 964 f; BAG BB 1978, 208; LG Tübingen NJW-RR 1991, 972; Palandt/*Heinrichs* Rn 4; aA LG Karlsruhe WuM 1985, 320) und die durch den Gerichtsvollzieher vorgenommene einseitige Rechtshandlung (BGH NJW 1981, 1210; MüKo/*Schramm* Rn 4; Soerg/*Leptien* Rn 7) kann § 174 nicht herangezogen werden. Ebenso sind gesetzliche Vertreter, wie Vormünder, Betreuer und Pfleger vom Anwendungsbereich des § 174 ausgeschlossen (RGZ 74, 263, 265; BGH NJW 2002, 1194, 1195; Düsseldorf NJW-RR 1993, 470; Staud/*Schilken* Rn 6; MüKo/*Schramm* Rn 10). Auch soweit die GbR als (teil-) rechtsfähig anerkannt wird und die Vertretungsverhältnisse von der in §§ 709, 714 getroffenen Regelung abweichen, spricht sich die hM für eine analoge Anwendung der Norm aus (BGH NJW 2002, 1194, 1195; Palandt/*Heinrichs* Rn 1; *Häublein* NJW 2002, 1398). 4

II. Tatbestandsvoraussetzungen. 1. Fehlende Vorlage einer Vollmachtsurkunde. Der Dritte kann das einseitige Rechtsgeschäft des Vertreters nach § 174 S 1 zurückweisen, wenn der Bevollmächtigte keine Vollmachtsurkunde vorlegt. Erforderlich ist hierbei die Legitimation durch das Original. Die Vorlage einer beglaubigten Abschrift oder Fotokopie genügt nicht (BGH NJW 1981, 1210; 1994, 1472; LAG Düsseldorf 5

MDR 1995, 621). Gleiches gilt für die Vorlage einer Faxkopie (Hamm NJW 1991, 1185) oder einer E-Mail (Palandt/*Heinrichs* Rn 2). Der Nichtvorlage steht zudem der Fall gleich, in dem zwar formal eine (angebliche) Originalurkunde vorgelegt wird, der Dritte aber deren Unrichtigkeit erkennt oder Grund hat, an deren Richtigkeit zu zweifeln. Dies kann insbes bei einer unleserlichen oder inhaltlich unklaren Urkunde zu bejahen sein (BAG AP § 174 Nr 3; MüKo/*Schramm* Rn 4; Soerg/*Leptien* Rn 2). Sonderfälle, bei denen es keiner Vorlage einer (Original-) Urkunde bedarf, um die Zurückweisung auszuschließen, sind die Vertretung durch den Prokuristen und die Vertretung der Gemeinde (AnwK/*Ackermann* Rn 7): Bezüglich der Prokura genügt die Vorlage eines beglaubigten Handelsregisterauszuges. Ausreichend ist aber auch die Handelsregistereintragung und anschließende Bekanntmachung (BAG ZIP 1992, 497; MüKo/*Schramm* Rn 4; Soerg/*Leptien* Rn 2). Für den Fall der Vertretung der Gemeinde reicht die Verwendung des gemeinderechtlich vorgeschriebenen Dienstsiegels (BAG BB 1988, 1675; MüKo/*Schramm* Rn 4).

6 **2. Zurückweisung.** Das Zurückweisungsrecht entspricht dem des § 111. Inhaltlich stellt die Zurückweisung eine einseitige empfangsbedürftige Willenserklärung dar, die der Dritte sowohl an den Vertreter als auch den Vertretenen richten kann (AnwK/*Ackermann* Rn 8; aA Staud/*Schilken* Rn 7). Mit ihr muss er zu erkennen geben, dass die Wirksamkeit des vom Vertreter vorgenommenen Rechtsgeschäftes aus Gründen der fehlenden Vollmachtsvorlage in Zweifel gezogen wird (BaRoth/*Habermeier* Rn 8; Soerg/*Leptien* Rn 3). Zeitlich hat die Zurückweisung unverzüglich, dh ohne schuldhaftes Zögern (§ 121 Abs 1 S 1) zu erfolgen. An der Unverzüglichkeit dürfte es fehlen, wenn seit der Vornahme des Rechtsgeschäfts durch den Vertreter bereits zehn Tage verstrichen sind. Jedoch ist auch in Anbetracht des Unverzüglichkeitsgebotes dem Dritten die Inanspruchnahme von Rechtsrat zu ermöglichen (BAG DB 1978, 2082; Staud/*Schilken* Rn 9; AnwK/*Ackermann* Rn 8). Die Zurückweisung ist insofern regelm noch rechtzeitig, wenn sie – ggf nach Einholung von Rechtsrat – innerhalb von drei Tagen erfolgt (BAG ZIP 1992, 497, 499; PWW/*Frensch* Rn 4).

7 **3. Ausschluss der Zurückweisung. a) Grundsatz.** Gem § 174 S 2 ist die Zurückweisung ihrer Wirkung beraubt (indem sie vom Gesetz als ausgeschlossen betrachtet wird), wenn der Vollmachtgeber den Dritten von der Bevollmächtigung in Kenntnis gesetzt hat. Kenntniserlangung in sonstiger Weise als durch Mitteilung genügt nicht (Palandt/*Heinrichs* Rn 4). Die Mitteilung über die Bevollmächtigung kann formlos erfolgen. Ihr steht es gleich, wenn der Dritte weiß, dass der Vertreter in eine Stellung berufen wurde, die üblicherweise mit einer entspr Vollmacht ausgestattet ist (BAG NJW 1993, 1286; 1997, 1867; ZIP 1998, 748; *Lohr* MDR 2000, 620) oder ihm mit Wissen des Dritten die Abwicklung des gesamten Vertragsverhältnisses übertragen wurde (KG BB 1998, 607; Palandt/*Heinrichs* Rn 4). Nach ständiger Rspr des BAG bedeutet die Berufung eines Mitarbeiters in die Stellung als Leiter der Personalabteilung, des Prokuristen oder des Generalbevollmächtigen idR, dass die Arbeitnehmer des Betriebes davon in Kenntnis gesetzt sind, dass der Betreffende zur Kündigung von Arbeitsverhältnissen berechtigt ist (BAG ZIP 2001, 1229, 1230; BB 1998, 539, 541). Diese Grundsätze werden auch auf den Rechtsanwalt angewendet, wenn er eine Erklärung ohne Mitwirkung des Scheinsozius abgibt (BAG NJW 1997, 1867, 1868); nicht aber auf den Sozius eines Insolvenzverwalters (BAG KTS 2003, 159, 164). Ob es der Vorlage einer Vollmachtsurkunde bedarf, wenn der Hausverwalter, der für den Vertretenen den Mietvertrag abgeschlossen hat, diesen ggü den Mietern kündigt, ist hingegen umstritten (dafür MüKo/*Schramm* Rn 8; abl Frankfurt NJW-RR 1996, 10; PWW/*Frensch* Rn 5). Für den Ausschluss des Zurückweisungsrechts und damit der fehlenden Notwendigkeit der Vorlage einer Vollmachtsurkunde spricht die offenkundige Berechtigung des Verwalters zu derartigen Rechtshandlungen, die sich bereits beim Abschluss des Mitvertrages offenbart hat.

8 **b) Erweiterung.** Über den Wortlaut des § 174 S 2 hinaus kann eine Zurückweisung ausnahmsw auch wegen Verstoßes gegen Treu und Glauben ausgeschlossen sein (§ 242). Um einen Verstoß gegen Treu und Glauben zu begründen, bedarf es nach der hier vertretenen Auffassung im Regelfall aber mehr als der bloßen Tatsache, dass der Dritte in der Vergangenheit wiederholt das rechtsgeschäftliche Handeln des Vertreters für den Vertretenen anerkannt hat, ohne sich eine Vollmachtsurkunde vorlegen zu lassen (aA LG Aachen NJW 1978, 1387; München NJW-RR 1997, 904; AnwK/*Ackermann* Rn 9; MüKo/*Schramm* Rn 9; Staud/*Schilken* Rn 12). Der Grund dafür ist, dass dieses Dulden auch einem Rechtsirrtum oder einem psychologischen oder sonstigen Ungleichgewicht unter den Beteiligten entspringen kann. Insofern entspricht es nicht zwingend dem normativen Hintergrund des § 242.

9 **III. Rechtsfolge.** Bei Nichtvorlage der Vollmachtsurkunde ist das aus diesem Grund vom Dritten beanstandete Rechtsgeschäft unwirksam (PWW/*Frensch* Rn 6). Die Unwirksamkeit ist endgültig und nicht nur schwebend. Dies gilt hinsichtlich der Schutzintention der Regelung unabhängig davon, ob der Vertreter eine Vollmacht für das zurückgewiesene Rechtsgeschäft hatte oder nicht (Staud/*Schilken* Rn 10; MüKo/*Schramm* Rn 11). Besaß der Vertreter eine wirksame Vollmacht, entfällt für ihn die Einstandspflicht nach § 179. UU kommt aber eine Haftung wegen Verletzung von Pflichten aus dem Innenverhältnis zum Vollmachtgeber in Betracht. Wegen der endgültigen Unwirksamkeit des einseitig vorgenommenen Rechtsgeschäfts scheitert auch eine nachträgliche Genehmigung (§ 177) durch den Geschäftsherrn (Staud/*Schilken* Rn 10). In Frage kommt lediglich eine Neuvornahme (BaRoth/*Habermeier* Rn 10). Dieser Umstand hat häufig für die Einhaltung von

Fristen Folgen. Erfolgt keine oder nur eine fehlerhafte Zurückweisung durch den Dritten, ist das einseitige Rechtsgeschäft des Vertreters insofern wirksam, als eine Vollmacht besteht. Andernfalls gilt § 180.

C. Beweislast. Der Dritte trägt die Beweislast dafür, dass er die einseitige Erklärung des Vertreters unverzüglich zurückgewiesen hat (BGH NJW 2001, 220, 221; Palandt/*Heinrichs* Rn 3). Dem hingegen muss der Vertretene unter Beweis stellen, dass die Zurückweisung nach § 174 S 2 bzw gem § 242 ausgeschlossen war (BaRoth/*Habermeier* Rn 13; Staud/*Schilken* Rn 13; AnwK/*Ackermann* Rn 11). 10

§ 175 Rückgabe der Vollmachtsurkunde. **Nach dem Erlöschen der Vollmacht hat der Bevollmächtigte die Vollmachtsurkunde dem Vollmachtgeber zurückzugeben; ein Zurückbehaltungsrecht steht ihm nicht zu.**

A. Allgemeines/Regelungsinhalt. § 175 hat den Zweck, den Vollmachtgeber vor einer missbräuchlichen Verwendung der Vollmachtsurkunde nach § 172 Abs 1 zu schützen (Staud/*Schilken* Rn 1; PWW/*Frensch* Rn 1). 1
I. Anwendungsbereich. Der Herausgabeanspruch knüpft an den Umstand des nachträglichen Erlöschens der Vollmacht an. Eine Rückgabepflicht ergibt sich parallel zum erweiterten Anwendungsbereich des § 172 Abs 1 aber auch in den Konstellationen, in denen die aus der Urkunde ersichtliche Vollmacht nichtig ist oder aber in Wahrheit nicht erteilt wurde (BaRoth/*Habermeier* Rn 2; Erman/*Palm* Rn 2; PWW/*Frensch* Rn 1). Hinsichtlich der Rechtsscheinswirkung, die von der Urkunde ausgeht, ist es für den Herausgabeanspruch irrelevant, wem das Eigentum an dem Schriftstück zusteht (Palandt/*Heinrichs* Rn 1; Soerg/*Leptien* Rn 2; Staud/*Schilken* Rn 3). Ist die Vollmacht nur teilw erloschen, kann die Vorlage der Vollmachtsurkunde zumindest zum Zwecke der Anbringung eines entspr Vermerks verlangt werden (BGH NJW 1990, 506, 507; MüKo/*Schramm* Rn 2; Staud/*Schilken* Rn 3).

II. Tatbestandsvoraussetzungen. Die von § 175 geregelte Herausgabe umfasst den Anspruch auf die Rückgabe der Urschrift sowie etwaiger Ausfertigungen. Ob in analoger Anwendung auch Abschriften und Fotokopien der Originalurkunde herauszugeben sind, ist umstritten: Ein Teil der Lit verlangt dies, um der Missbrauchsgefahr so umfassend wie möglich zu begegnen (BaRoth/*Habermeier* Rn 3; Soerg/*Leptien* Rn 3; Staud/*Schilken* Rn 4; PWW/*Frensch* Rn 1). Gegen diese Ansicht spricht jedoch, dass der nach § 172 Abs 1 dem Aussteller gefährlich werdende Rechtsschein nur der Originalurkunde anhaftet. Eine Ausweitung des Anwendungsbereiches von § 175 auf Abschriften und Fotokopien ist daher nicht geboten (BGH NJW 1988, 697, 698; AnwK/*Ackermann* Rn 3), iÜ wäre sie auch nicht praktikabel. Die Herausgabe erfolgt durch **Übergabe der Urkunde** an den Vollmachtgeber. Bei einer ggf bestehenden Unsicherheit des Bevollmächtigten über den Herausgabeberechtigten, kann er die Urkunde hinterlegen, sofern die Rücknahme nach § 376 ausgeschlossen ist (KG NJW 1957, 754, 755). Ob zur Herausgabe der Urkunde nur der Bevollmächtigte oder auch der Dritte verpflichtet ist, der sich im Besitz der Urkunde befindet, ist nicht ganz geklärt. (vgl BaRoth/*Habermeier* Rn 6; Erman/*Palm* Rn 2; MüKo/*Schramm* Rn 7; Palandt/*Heinrichs* Rn 1). Für die erweiterte Anwendung des § 175 spricht jedenfalls die von der Vollmachtsurkunde ausgehende Rechtsscheinswirkung, die unabhängig davon besteht, wer sie besitz. Der Gefahr des Rechtsmissbrauchs kann vor dem Hintergrund des § 172 Abs 1 nur wirksam durch einen umfassenden Herausgabeanspruch und nicht etwa durch die Verweisung auf die Möglichkeit einer Kraftloserklärung begegnet werden. **Anspruchsinhaber** ist der Vollmachtgeber. Haben mehrere Personen zusammen die Vollmacht erteilt, kann nur einer der Aussteller ohne Zustimmung der anderen nicht Rückgabe der Urkunde, sondern nur Vorlage zur Eintragung eines einschränkenden Vermerks verlangen (BGH NJW 1990, 507). § 175 schließt zur Beseitigung der formellen Legitimationswirkung nach dem Wegfall der Vertretungsmacht jedes Zurückbehaltungsrecht an der Urkunde aus. Das gilt auch dann, wenn das Zurückgabeverlangen auf eine andere Anspruchsgrundlage (etwa § 985) gestützt wird (MüKo/*Schramm* Rn 5; Soerg/*Leptien* Rn 2; PWW/*Frensch* Rn 1). 2

B. Weitere praktische Hinweise. Ist zu befürchten, dass das Rückgabeverlangen nach § 175 nicht erfüllt wird, empfiehlt es sich, vorsorglich nach § 176 vorzugehen und die Kraftloserklärung der Urkunde zu betreiben (AnwK/*Ackermann* Rn 8). Die Beweislast für das Vorliegen der anspruchsbegründenden Voraussetzungen trägt der Anspruchsteller. 3

§ 176 Kraftloserklärung der Vollmachtsurkunde. **[1] Der Vollmachtgeber kann die Vollmachtsurkunde durch eine öffentliche Bekanntmachung für kraftlos erklären; die Kraftloserklärung muss nach den für die öffentliche Zustellung einer Ladung geltenden Vorschriften der Zivilprozessordnung veröffentlicht werden. Mit dem Ablauf eines Monats nach der letzten Einrückung in die öffentlichen Blätter wird die Kraftloserklärung wirksam.**

[2] Zuständig für die Bewilligung der Veröffentlichung ist sowohl das Amtsgericht, in dessen Bezirk der Vollmachtgeber seinen allgemeinen Gerichtsstand hat, als das Amtsgericht, welches für die Klage auf Rückgabe der Urkunde, abgesehen von dem Wert des Streitgegenstands, zuständig sein würde.

[3] Die Kraftloserklärung ist unwirksam, wenn der Vollmachtgeber die Vollmacht nicht widerrufen kann.

1 **A. Allgemeines.** § 176 räumt dem Vollmachtgeber die Möglichkeit ein, die Legitimationswirkung (§ 172) einer Vollmachtsurkunde ohne Mitwirkung des Bevollmächtigten zu beseitigen. Die Vorschrift ergänzt die Regelung in § 175, der sie in Sinn und Zweck gleichkommt (Erman/*Palm* Rn 1).

2 **B. Regelungsinhalt.** Die Kraftloserklärung beinhaltet eine rechtsgestaltende Erklärung des Vollmachtgebers (AnwK/*Ackermann* Rn 2; MüKo/*Schramm* Rn 2), die nach den §§ 186 ff ZPO zugestellt wird (BaRoth/*Habermeier* Rn 2; PWW/*Frensch* Rn 1). Der Vollmachtgeber reicht die Kraftloserklärung bei dem zuständigen Amtsgericht (§ 176 Abs 2) ein. Zugleich beantragt er die Bewilligung der Veröffentlichung. Dabei bedarf der Antrag keiner bes Begründung. Er muss jedoch den wesentlichen Inhalt der Urkunde näher beschreiben. Die Entscheidung des Gerichts wird durch eine nach §§ 19 ff FGG mit Beschwerde anfechtbare Verfügung getroffen. Dabei hat das Gericht nur über die Zulässigkeit des Antrags und nicht etwa auch über die materiellen Voraussetzungen der Kraftloserklärung zu befinden (KG JW 1933, 2153; Staud/*Schilken* Rn 7). Bestand zum Zeitpunkt der Kraftloserklärung eine wirksame Vollmacht, so enthält die Kraftloserklärung bzgl der Vollmachtsurkunde zugleich einen konkludenten Widerruf der Vollmacht selbst (vgl § 168 S 2). In berichtigender Auslegung des § 176 Abs 3 hat das Gericht dem Antrag auch dann stattzugeben, wenn zwar eine unwiderrufliche Vollmacht vorlag, jedoch ein wichtiger Grund zum Widerruf dargetan wurde (Erman/*Palm* Rn 2). Mit Ablauf eines Monats nach der letzten Einrückung in die öffentlichen Blätter (Fristberechnung nach §§ 187 f) wird die Kraftloserklärung wirksam. Eine etwa noch wirksame Vollmacht wird durch Widerruf zum Erlöschen gebracht und zugleich verliert die Vollmachtsurkunde ihre Rechtsscheinswirkung, was den Schutz des guten Glaubens auf den Bestand der Vollmacht für Dritte ausschließt (Erman/*Palm* Rn 4; MüKo/*Schramm* Rn 7).

§ 177 Vertragsschluss durch Vertreter ohne Vertretungsmacht.

[1] Schließt jemand ohne Vertretungsmacht im Namen eines anderen einen Vertrag, so hängt die Wirksamkeit des Vertrags für und gegen den Vertretenen von dessen Genehmigung ab.

[2] Fordert der andere Teil den Vertretenen zur Erklärung über die Genehmigung auf, so kann die Erklärung nur ihm gegenüber erfolgen; eine vor der Aufforderung dem Vertreter gegenüber erklärte Genehmigung oder Verweigerung der Genehmigung wird unwirksam. Die Genehmigung kann nur bis zum Ablauf von zwei Wochen nach dem Empfang der Aufforderung erklärt werden; wird sie nicht erklärt, so gilt sie als verweigert.

1 **A. Allgemeines.** Verträge, die jmd ohne die dazu erforderliche Vertretungsmacht im Namen eines anderen schließt, binden den Vertreter nicht (arg § 164 Abs 1). Nach § 177 steht es dem Vertretenen aber frei, das Geschäft durch Genehmigung an sich zu ziehen, wenn er dies für vorteilhaft erachtet. Andernfalls haftet der Vertreter nach § 179. Für einseitige Rechtsgeschäfte enthält § 180 eine speziellere Regelung (Hk-BGB/*Dörner* Rn 1).

2 **B. Regelungsinhalt. I. Anwendungsbereich. 1. Unmittelbare Stellvertretung.** § 177 gilt nur für die unmittelbare (und nicht für die nur mittelbare) Stellvertretung. Voraussetzung ist also, dass eine Person durch Abgabe einer Willenserklärung in fremdem Namen für eine andere rechtsgeschäftlich auftritt (Staud/*Schilken* Rn 18). § 177 ist auf die Konstellation zugeschnitten, in der der Vertreter keine ausreichende Vertretungsmacht hat, dies aber vorgibt. Dabei ist es unerheblich, ob die erforderliche (behauptete) Vertretungsmacht gewillkürten, organschaftlichen (BGHZ 63, 45, 48 f) oder gesetzlichen (BGHZ 39, 45, 50 f) Ursprungs ist. Im letzteren Fall kann das Geschäft derjenige genehmigen, der über eine ausreichende gesetzliche Vertretungsmacht verfügt, wobei dies ausnahmsw auch der Vertreter selbst sein kann, wenn er nachträglich gesetzlicher Vertreter geworden ist (Hamm FamRZ 1972, 270; MüKo/*Schramm* Rn 4; Staud/*Schilken* Rn 4; teilw abl *Müller* AcP 168, 113, 116 ff).

3 **2. Handeln unter fremdem Namen.** Handelt jmd nicht »in« sondern »unter« fremdem Namen (gibt er sich also für einen anderen aus) und ergibt die Auslegung der Erklärung vom Horizont des Geschäftsgegners, dass das Geschäft mit dem wahren Namensträger zustande kommen soll (sog. Identitätstäuschung), so finden die §§ 177 ff analoge Anwendung, wenn dem Handelnden die erforderliche Vertretungsmacht fehlte (Hk-BGB/*Dörner* Rn 7).

4 **3. Botenschaft.** Übermittelt ein Bote eine Erklärung wissentlich falsch oder gibt sich jmd als Bote aus, ohne es zu sein (Bote ohne Botenmacht), findet der nur auf den Fall der irrtümlichen Falschübermittlung zugeschnittene § 120 keine Anwendung (AnwK/*Ackermann* Rn 7; aA *Marburger* AcP 173, 137 ff; MüKo/*Kramer* § 120 Rn 3). Die Situation des Auftretens eines Pseudoboten entspricht der des Vertreters ohne Vertretungsmacht, mit dem einzigen Unterschied, dass der Bote keine eigene, sondern fremde Willenserklärung kundtut. Aus diesem Grund wird von der hM auch hier eine analoge Anwendung der §§ 177 ff befürwortet (Oldenburg NJW 1978, 951; BaRoth/*Habermeier* Rn 12; Hk-BGB/*Dörner* Rn 7; Erman/*Palm* Rn 8; MüKo/*Schramm* Rn 8; Soerg/*Leptien* Rn 11; aA RGRK/*Steffen* Rn 3).

5 **4. Missbrauch der Vertretungsmacht.** Im Fall des Missbrauchs der Vertretungsmacht kommt bei einer Kollusion § 138 zur Anwendung (RGZ 130, 142 ff; BGH NJW 1966, 1911; 1989, 26). IÜ ist nach richtiger Ansicht

dem Geschäftsherrn die Möglichkeit einer nachträglichen Genehmigung einzuräumen, so dass die §§ 177 ff hier entspr heranzuziehen sind (Hk-BGB/*Dörner* Rn 7; AnwK/*Ackermann* Rn 8).

II. Tatbestand. 1. Vertreter ohne Vertretungsmacht. § 177 bezieht sich auf das Handeln des Vertreters ohne Vertretungsmacht. Ein Handeln ohne Vertretungsmacht liegt vor, wenn dem Vertreter die zur Abgabe seiner Erklärung notwendige rechtsgeschäftliche, organschaftliche bzw gesetzliche Vertretungsmacht fehlt. Das ist der Fall, wenn der Vertreter nie über eine Vertretungsmacht verfügte, aber auch dann, wenn er zunächst eine ausreichende Vertretungsmacht besaß, diese aber im Nachhinein erloschen ist. Ein Handeln ohne Vertretungsmacht ist zudem als vorliegend zu erachten, wenn der Vertreter die ihm zustehende Vertretungsmacht überschritten hat. Das etwaige Vorliegen einer Duldungs- und Anscheinsvollmacht genügt nicht, um eine ausreichende Vertretungsmacht iSd Norm zu begründen (AnwK/*Ackermann* Rn 11). 6

2. Maßgeblicher Zeitpunkt. Die Vertretungsmacht muss nach dem eindeutigen Wortlaut des § 164 Abs 1 S 1 bei der Aktivvertretung zum Zeitpunkt der Abgabe der Vertretererklärung vorgelegen haben. Bei der Passivvertretung entscheidet der Zeitpunkt des Empfangs der Willenserklärung (Frankfurt OLGZ 1984, 12; BaRoth/*Habermeier* Rn 10; Erman/*Palm* Rn 5; MüKo/*Schramm* Rn 11). 7

3. Genehmigung. Handelte der Vertreter ohne Vertretungsmacht, kann der Vertretene das Rechtsgeschäft des Vertreters durch eine Genehmigung nachträglich an sich ziehen. **a) Wesen.** Die Genehmigung beinhaltet eine empfangsbedürftige Willenserklärung mit unmittelbarer rechtsgestaltender Wirkung im Außenverhältnis (AnwK/*Ackermann* Rn 16). Sie ist als einseitiges Rechtsgeschäft unwiderruflich und bedingungsfeindlich ausgestaltet. Auf die Genehmigung nach § 177 finden neben den allg Regeln über Willenserklärungen (§§ 104 ff) insbes die §§ 182 ff Anwendung. Die Genehmigung kann ausdrücklich oder konkludent erfolgen. Eine konkludente Genehmigung setzt nach hM voraus, dass sich der Vertretene zumindest der Möglichkeit bewusst ist, dass sein Verhalten eine Genehmigung darstellen könnte (BGHZ 2, 153 ff; BGH NJW 2002, 2864; Palandt/*Heinrichs* Rn 6). Hinsichtlich des erforderlichen Verkehrsschutzes erscheint allerdings eine objektive, allein vom Empfängerhorizont bestimmte Auslegung des Verhaltens vorzugswürdig. 8

b) Wirkung. Aufgrund der Wirkung der Genehmigung wird der zunächst schwebend unwirksame Vertrag gem § 184 Abs 1 mit Rückwirkung wirksam. Keine Auswirkung hat die Genehmigung auf das Innenverhältnis zwischen Vertreter und Vertretenem. Auch hat der Vertretene idR keine Pflicht, dass vollmachtlose Handeln seines Vertreters durch eine Genehmigung nachträglich zur Wirksamkeit zu bringen (AnwK/*Ackermann* Rn 17). Mit der nachträglichen Genehmigung wird dem Vertretenen rückwirkend nicht nur die Willenserklärung des Vertreters zugerechnet, sondern gem § 166 Abs 1 auch die bei Vertragsschluss vorliegenden Willensmängel des *falsus procurator* (AnwK/*Ackermann* Rn 17). Ohne Bedeutung ist die Rückwirkung der Genehmigung für den Beginn der Verjährung, insoweit ist auf den Zeitpunkt der Genehmigungserteilung abzustellen (RGZ 65, 245 f; BaRoth/*Habermeier* Rn 32; Staud/*Schilken* Rn 9). Für den Bereich fristgebundener Rechtsgeschäfte betrifft es eine nach Sinn und Zweck der Frist zu beantwortende Auslegungsfrage, ob die Genehmigung innerhalb der Frist zu erfolgen hat oder ob zur Fristwahrung die Vornahme des Vertretergeschäfts ausreicht (Erman/*Palm* Rn 21; MüKo/*Schramm* Rn 46; Staud/*Schilken* Rn 9). Hat die Annahmefrist, die der Anbietende dem Angebotsempfänger gesetzt hat, den erkennbaren Zweck, ihm zeitnah Klarheit über das wirksame Zustandekommen des Vertrages zu verschaffen, so kommt es auf die Gültigkeit der Erklärung im Zeitpunkt des Vertretergeschäfts an. 9

c) Person des Genehmigenden und der Genehmigungsadressat. Die Genehmigung kann von dem Vertretenen (ggf dessen Erben) erteilt werden. Ausnahmsw kann auch der *falsus procurator* sein eigenes vollmachtloses Handeln genehmigen, wenn ihm nachträglich die hierfür erforderliche Vertretungsmacht eingeräumt wurde (AnwK/*Ackermann* Rn 20). Adressat der Genehmigung kann nach § 182 Abs 1 sowohl der Vertreter als auch der Geschäftsgegner bzw eine zur Vertretung des Geschäftsgegners befugte Person sein (Köln NJW 1995, 1499, 1500). Hat der Geschäftsgegner den Vertretenen allerdings nach Abs 2 S 1 zur Erklärung über die Genehmigung aufgefordert, entfällt diese Wahlmöglichkeit und das Geschäft kann nur noch dem Gegner (oder dessen Stellvertreter) ggü genehmigt werden. 10

d) Inhalt und Form der Genehmigung. Die Genehmigung des vollmachtlosen Handelns kann ausdrücklich oder konkludent erteilt werden. Die Beurteilung des Handelns richtet sich nach dem Horizont des jeweiligen Adressaten. Bloßes Schweigen des Vertretenen rechtfertigt grds nicht die Annahme einer Genehmigung (BGH NJW 1951, 398; NJW 1967, 1039, 1040; BaRoth/*Habermeier* Rn 22; MüKo/*Schramm* Rn 29; Soerg/*Leptien* Rn 24). Nach § 182 Abs 2 bedarf die Genehmigung grds nicht der für das Rechtsgeschäft bestimmten Form. Die Rspr des BGH und große Teile des Schrifttums belassen es dabei und lehnen eine teleologische Reduktion der Vorschrift mit Blick auf die Funktion der jeweils in Frage stehenden Formvorschrift ab (BGHZ 125, 218, 220; BGH NJW 1998, 1482, 1484; 1998, 1857, 1858; NJW 2002, 2864; Hk-BGB/*Dörner* Rn 6; AnwK/*Ackermann* Rn 24; BaRoth/*Habermeier* Rn 20; MüKo/*Schramm* § 167 Rn 39; *Prölss* JuS 1985, 577, 585; str). 11

4. Verweigerung der Genehmigung. Ebenso wie die Genehmigung ist die Verweigerung der Genehmigung als *actus contrarius* ein einseitiges, empfangsbedürftiges, unwiderrufliches Rechtsgeschäft mit unmittelbarer Gestaltungswirkung (AnwK/*Ackermann* Rn 26; MüKo/*Schramm* Rn 88; Unwiderruflichkeit abl *Prahl* NJW 12

1995, 2968 f). Aufgrund der Verweigerung der Genehmigung wird das zunächst schwebend unwirksam erteilte Vertretergeschäft endgültig unwirksam. Dabei steht es dem Vertretenen grds frei, ob er genehmigt oder nicht.

13 **5. Aufforderung zur Erklärung über die Genehmigung.** Der Geschäftsgegner kann den Vertretenen nach Abs 2 zur Erklärung über die Genehmigung auffordern. Mehrere gemeinschaftlich am Vertragsschluss beteiligte Geschäftsgegner müssen grds zusammen an der Aufforderung mitwirken (BGH BB 2004, 1073; Hk-BGB/*Dörner* Rn 6). Die Aufforderung beinhaltet eine rechtsgeschäftsähnl Handlung, auf welche die Regeln über die Willenserklärung analoge Anwendung finden (BaRoth/*Habermeier* Rn 34; MüKo/*Schramm* Rn 20; Staud/*Schilken* Rn 13). Die Aufforderung muss eindeutig, erklärt werden, was nicht heißt, dass sie nicht auch ergebnisoffen formuliert sein kann (AnwK/*Ackermann* Rn 39). Die bloße Mitteilung über einen Vertragsschluss (BGH BB 1967, 902; MüKo/*Schramm* Rn 20; Soerg/*Leptien* Rn 32) stellt noch keine derartige Aufforderung zur Erklärung über die Genehmigung dar. Anders sieht es aus, wenn der Notar, der mit dem Vollzug des Vertrages beauftragt wurde, eine zur Ausfüllung vorgefertigte Genehmigungserklärung zusendet (Köln NJW 1995, 1499; Soerg/*Leptien* Rn 32; *Prahl* NJW 1995, 2968; aA BGH EWiR 2001, 361 f; Frankfurt MDR 2000, 444; AnwK/*Ackermann* Rn 30; *Holthausen-Dux* NJW 1995, 1470). Erfolgt eine Aufforderung zur Erklärung über die Genehmigung, so hat diese zum einen zur Folge, dass die Genehmigung bzw die Verweigerung der Genehmigung nur noch dem Geschäftsgegner ggü erfolgen darf. Zum anderen setzt die Aufforderung mit ihrem Zugang eine (in ihrer Länge durch Vereinbarung variable, vgl Zweibrücken Rpfleger 2002, 261) zweiwöchige Erklärungsfrist in Gang, deren fruchtloser Ablauf als Fiktion der Genehmigungsverweigerung wirkt (AnwK/*Ackermann* Rn 31).

14 **III. Rechtsfolge.** Ein Vertrag, den der Vertreter in fremdem Namen ohne ausreichende Vertretungsmacht abgeschlossen hat, entfaltet für und gegen den Vertretenen keine Wirkung, solange dieser keine Genehmigung nach Abs 1 erteilt hat. Das Rechtsgeschäft befindet sich zunächst in einem Zustand schwebender Unwirksamkeit und wird erst durch die Genehmigung oder deren Verweigerung bzw durch Maßnahmen des Geschäftsgegners nach Abs 2 oder § 178 beendet. Im Zeitraum der schwebenden Unwirksamkeit besteht kein klagbarer Anspruch gegen den Vertretenen (RGZ 98, 244 ff; BGHZ 65, 123, 126; MüKo/*Schramm* Rn 16; Staud/*Schilken* Rn 8). Wurden in Unkenntnis der schwebenden Unwirksamkeit des Vertrages bereits Leistungen ausgetauscht, können diese nach § 812 Abs 1 S 1 Alt 1 zurückgefordert werden (BGHZ 36, 30, 35; 40, 272, 276) und zwar ohne dass der Leistende den Eintritt endgültiger Unwirksamkeit abzuwarten hat (MüKo/*Schramm* Rn 16; AnwK/*Ackermann* Rn 15).

15 **C. Beweislast.** Die Beweislast bzgl der Wirksamkeit des Vertrages und (bei Fehlen der notwendigen Vertretungsmacht) bzgl der Genehmigung des vollmachtlosen Vertreterhandelns trägt derjenige, der aus dem wirksamen Vertrag Ansprüche geltend macht. Der Beweis für den Zugang der Genehmigung innerhalb der durch die Aufforderung in Gang gesetzten Frist obliegt dem Vertretenen (MüKo/*Schramm* Rn 60; Staud/*Schilken* Rn 28).

§ 178 Widerrufsrecht des anderen Teils.

Bis zur Genehmigung des Vertrags ist der andere Teil zum Widerruf berechtigt, es sei denn, dass er den Mangel der Vertretungsmacht bei dem Abschluss des Vertrags gekannt hat. Der Widerruf kann auch dem Vertreter gegenüber erklärt werden.

1 **A. Allgemeines.** War dem Vertragspartner der Mangel der Vertretungsmacht vor Vertragsabschluss unbekannt, muss er nicht die Entscheidung des Vertretenen nach § 177 abwarten, sondern kann den schwebend unwirksamen Vertrag selbst zur Gegenstandslosigkeit führen, indem er ihn widerruft. Der Widerruf ist eine empfangsbedürftige, formlos wirksame Willenserklärung (Erman/*Palm* Rn 4; Staud/*Schilken* Rn 2), die dem Vertretenen oder dem Vertreter ggü erklärt werden kann.

2 **B. Regelungsinhalt. I. Anwendungsbereich.** § 178 bezieht sich auf den Widerruf einer Willenserklärung, die zu einem Vertragsschluss führen sollte. Die Regelung findet jedoch auch auf einseitige Rechtsgeschäfte des Vertreters entspr Anwendung, wenn der Erklärungsempfänger die vom Vertreter behauptete Vertretungsmacht unbeanstandet (§ 180 S 2) gelassen hat (Staud/*Schilken* Rn 6; MüKo/*Schramm* Rn 9). Zu einer analogen Heranziehung des § 178 kommt es zudem, wenn jmd mit einem Vertreter einer noch nicht existierenden Personengesellschaft (BGHZ 63, 45, 48 f; BGH BB 1977, 1065, 1067; MüKo/*Schramm* Rn 9) oder Kapitalgesellschaft (BGH WM 1968, 889, 891; NJW 1973, 798) Geschäfte abschließt.

3 **II. Tatbestandliche Voraussetzungen. 1. Schwebend unwirksamer Vertrag.** Die Möglichkeit des Widerrufs besteht nur während der Schwebezeit des Vertrags. Ist der Schwebezustand bereits durch die Verweigerung der Genehmigung seitens des Vertretenen beendet worden, kann der anschließende Widerruf durch den Geschäftsgegner den Vertrag nicht mehr zur Unwirksamkeit führen. Ein Widerruf geht hier genauso ins Leere, wie ein Widerruf des Vertrages, nachdem der Vertretene den vollmachtlos geschlossenen Vertrag bereits durch nachträgliche Genehmigung an sich gezogen hat (BaRoth/*Habermeier* Rn 3). Das Widerrufsrecht entfällt allerdings nicht schon dadurch, dass der Geschäftsgegner den Vertretenen nach § 177 Abs 2 zur

Erklärung über die Genehmigung aufgefordert hat (Frankfurt BB 1995, 2440, 2441; PWW/*Frensch* Rn 2; Staud/*Schilken* Rn 3; AnwK/*Ackermann* Rn 2).

2. Fehlende Kenntnis des Vertreters. Das Gesetz räumt dem Geschäftsgegner nur dann das Recht zum Widerruf (und damit zur einseitigen Loslösung vom schwebend unwirksamen Vertrag) ein, wenn der Geschäftsgegner bei Vertragsschluss keine Kenntnis von der mangelnden Vertretungsmacht des Vertreters hatte (Soerg/*Leptien* Rn 1). Bestand im Zeitpunkt der Abgabe der Willenserklärung (MüKo/*Schramm* Rn 3) bereits Kenntnis von der fehlenden Vertretungsmacht, dann ist der Vertragspartner nicht schützwürdig (AnwK/*Ackermann* Rn 1; BaRoth/*Habermeier* Rn 4). Dem Vertragspartner schadet allerdings nur die positive Kenntnis; Fahrlässigkeit, auch grobe Fahrlässigkeit schließt sein Widerrufsrecht nicht aus (Soerg/*Leptien* Rn 1; Erman/*Palm* Rn 3; MüKo/*Schramm* Rn 2). 4

3. Ausübung des Widerrufsrechts. Liegen die tatbestandlichen Voraussetzungen zur Ausübung des Widerrufsrechts vor, dann kann der Vertragspartner die Loslösung vom Vertrag durch die Abgabe einer einseitigen, empfangsbedürftigen, formfreien (Palandt/*Heinrichs* Rn 9; str) Willenserklärung herbeiführen. Die Widerrufserklärung braucht inhaltlich nicht begründet werden. Sie muss jedoch erkennen lassen, dass der Geschäftsgegner gerade wegen der fehlenden Vertretungsmacht nicht am Vertrag festhalten will (BGH NJW 1965, 1714; WM 1973, 460, 461; BAG NJW 1996, 2594, 2595; Hk-BGB/*Dörner* Rn 1; MüKo/*Schramm* Rn 8). Macht der Geschäftsgegner Ansprüche geltend, die sich auf Grund des Widerrufs ergeben (etwa nach § 812), kann darin auch ein konkludent erklärter Widerruf liegen (Palandt/*Heinrichs* Rn 9). Nicht ausreichend hierfür, weil zu undifferenziert, ist das bloße Bestreiten des Abschlusses des Vertretergeschäfts (Erman/*Palm* Rn 4; AnwK/*Ackermann* Rn 4) oder das Vorbringen von Änderungsvorschlägen und -wünschen (BGH LM § 178 Nr 1; BaRoth/*Habermeier* Rn 2; Soerg/*Leptien* Rn 2; MüKo/*Schramm* Rn 8). Der Widerruf kann sowohl dem Vertragspartner, als auch dem Vertreter ggü erklärt werden (S 2). 5

III. Rechtsfolge. Durch den Widerruf wird der zunächst schwebend unwirksame Vertrag endgültig unwirksam. Eine Genehmigung des Vertretergeschäfts durch den Vertretenen ist danach nicht mehr möglich. Im Anschluss an den Widerruf entfällt auch eine Haftung des Vertreters nach § 179 (MüKo/*Schramm* Rn 11; PWW/*Frensch* Rn 4). § 178 verdrängt zudem die Möglichkeit der Anfechtung des Vertretergeschäfts wegen eines Irrtums über das Vorliegen der Vertretungsmacht. Andere Anfechtungsgründe können dagegen geltend gemacht werden. Ein in diesen Fällen möglicher Widerruf dürfte aber ggü der Anfechtung für den Vertragspartner vorteilhafter sein, da er sich nicht – wie bei der Anfechtung nach § 122 – etwaigen Regressansprüchen ausgesetzt sieht. 6

C. Beweislast. Wer sich darauf beruft, dass ein (schwebend unwirksamer) Vertrag wegen des nachträglichen Widerrufs des Vertragspartners endgültig unwirksam geworden ist, hat dies im Zivilprozess zu beweisen (PWW/*Frensch* Rn 5; AnwK/*Ackermann* 8). Macht der Vertretene die Unwirksamkeit des erfolgten Widerrufs geltend, weil er sich auf die Kenntnis des Geschäftsgegners vom Mangel der Vertretungsmacht bei Vertragsschluss beruft, trifft ihn hierfür die Beweislast (Soerg/*Leptien* Rn 5; MüKo/*Schramm* Rn 12). 7

§ 179 Haftung des Vertreters ohne Vertretungsmacht. **[1] Wer als Vertreter einen Vertrag geschlossen hat, ist, sofern er nicht seine Vertretungsmacht nachweist, dem anderen Teil nach dessen Wahl zur Erfüllung oder zum Schadensersatz verpflichtet, wenn der Vertretene die Genehmigung des Vertrags verweigert.**

[2] Hat der Vertreter den Mangel der Vertretungsmacht nicht gekannt, so ist er nur zum Ersatz desjenigen Schadens verpflichtet, welchen der andere Teil dadurch erleidet, dass er auf die Vertretungsmacht vertraut, jedoch nicht über den Betrag des Interesses hinaus, welches der andere Teil an der Wirksamkeit des Vertrags hat.

[3] Der Vertreter haftet nicht, wenn der andere Teil den Mangel der Vertretungsmacht kannte oder kennen musste. Der Vertreter haftet auch dann nicht, wenn er in der Geschäftsfähigkeit beschränkt war, es sei denn, dass er mit Zustimmung des gesetzlichen Vertreters gehandelt hat.

A. Allgemeines. I. Sinn und Zweck der Regelung. Derjenige, der im Rechtsverkehr als Vertreter auftritt, erweckt durch sein Verhalten beim Geschäftsgegner die Vorstellung, dass er die für das Rechtsgeschäft erforderliche Vertretungsmacht besitzt (AnwK/*Ackermann* Rn 1). Ist dies nicht der Fall, muss sich der Vertragspartner hinsichtlich seines enttäuschten Vertrauens an den Vertreter halten können. 1

II. Dogmatische Grundlagen. Das Gesetz schafft mit § 179 einen Tatbestand der schuldunabhängigen gesetzlichen Garantiehaftung (BGHZ 39, 45, 51 ff; 73, 269; NJW-RR 2005, 268; Erman/*Palm* Rn 1; Staud/*Schilken* Rn 2; AnwK/*Ackermann* Rn 1). Danach hat der Dritte gegen den *falsus procurator* wahlweise einen Anspruch auf Vertragserfüllung oder auf Schadensersatz. Eingeschränkt wird dieses Recht des Dritten, wenn der Vertreter nach Maßgabe der § 179 Abs 2, Abs 3 selbst schutzbedürftig ist. Die mit der Regelung etablierte Vertrauenshaftung des Vertreters beruht auf dem Gedanken, dass der Vertreter dem Risiko eines Vertretungsmangels näher steht als der Vertragsgegner (BGH NJW 2000, 1407, 1408; PWW/*Frensch* Rn 1). 2

Im Regelfall kann er nämlich das Fehlen bzw den Mangel seiner Vertretungsmacht besser überschauen als der Dritte (Erman/*Palm* Rn 1).

3 **B. Regelungsinhalt. I. Anwendungsbereich. 1. Direkte Anwendung und ihr Ausschluss.** Die Bestimmung betrifft nicht nur die gewillkürte, sondern auch die organschaftliche und gesetzliche Vertretung (BGHZ 39, 51, 52; Palandt/*Heinrichs* Rn 1; Erman/*Palm* Rn 2). Verdrängt wird § 179 durch die Sondervorschriften der §§ 54 S 2; 41 Abs 1 S 2 AktG; 11 Abs 2 GmbHG (BaRoth/*Habermeier* Rn 18). Art 8 S 1 WG schließt Abs 2, nicht aber Abs 3 aus (BGH WM 1972, 904, 906; PWW/*Frensch* Rn 1). Die Vertrauenshaftung nach § 179 entfällt, wenn der Vertrag nicht nur wegen des Mangels der Vertretungsmacht, sondern aus anderen Gründen (zB wegen Sittenwidrigkeit oder Formmangels) unwirksam ist (RGZ 106, 70 ff; 145, 43 ff; Palandt/*Heinrichs* Rn 1a). Diese Einschränkung ergibt sich daraus, dass durch die Regelung nur das Vertrauen des Geschäftsgegners auf die Wirksamkeit der Vertretungsmacht geschützt wird. Der Geschäftsgegner soll indes nicht besser gestellt werden, als er im Falle einer wirksamen Vertretung stehen würde (Erman/*Palm* Rn 5; RGRK/*Steffen* Rn 4; Soerg/*Leptien* Rn 6). UU kommt im Fall einer zusätzlichen Vertragsunwirksamkeit aber eine Haftung des Vertreters aus cic in Betracht (weitergehend iS einer analogen Anwendung von § 179 RGZ 106, 73 ff; 145, 44 ff; für cic Soerg/*Leptien* Rn 12; Palandt/*Heinrichs* Rn 1a).

4 **2. Analoge Anwendung.** Einigkeit besteht bzgl der entspr Geltung der Norm, wenn der Vertrag für eine nicht existierende (BGHZ 105, 283; Köln NJW-RR 1997, 670; BaRoth/*Habermeier* Rn 17; MüKo/*Schramm* Rn 11) oder für eine nicht geschäftsfähige (RGZ 106, 68, 73; BaRoth/*Habermeier* Rn 11; Soerg/*Leptien* Rn 6) Person geschlossen wurde und der Vertreter die Nichtexistenz bzw die fehlende Geschäftsfähigkeit verschwiegen hat. Das gleiche gilt beim Handeln unter fremdem Namen und beim Auftreten von Pseudoboten (Palandt/*Heinrichs* Rn 2; AnwK/*Ackermann* Rn 4).

5 **3. Sonderfall: Anfechtung und Widerruf.** Ist der vom Vertreter ohne Vertretungsmacht geschlossene und vom Vertretenen nicht genehmigte Vertrag anfechtbar oder besteht ein Widerrufsrecht (§ 355), schließt dies für sich genommen die Vertreterhaftung nicht aus (RGZ 106, 68, 71; Erman/*Palm* Rn 5; MüKo/*Schramm* Rn 27). Jedoch kann der Vertreter das Anfechtungsrecht ebenso wie das Widerrufsrecht anstelle des Vertretenen ausüben, um der Haftung nach § 179 zu entgehen (BGH NJW-RR 1991, 1074, 1075; 1999, 1074, 1075; NJW 2002, 1867, 1868; AnwK/*Ackermann* Rn 13; Erman/*Palm* Rn 5). Im Fall der Anfechtung nach §§ 119, 120 trifft den Vertreter dann jedoch die aus § 122 folgende Pflicht zum Ersatz des Vertrauensschadens beim Geschäftsgegner (RGRK/*Steffen* Rn 4; Soerg/*Leptien* Rn 6; AnwK/*Ackermann* Rn 13). Für die Vertretung durch öffentlich-rechtliche Organe folgt aus der Rspr des BGH, dass das aus der Nichtbeachtung öffentlich-rechtlicher Förmlichkeiten resultierende Fehlen der Vertretungsmacht nicht zu einer Haftung des Vertreters nach § 179 führt (BGHZ 147, 381, 387 ff; AnwK/*Ackermann* Rn 8; Hk-BGB/*Dörner* Rn 1). In der Lit ist diese Beschränkung teilw auf Kritik gestoßen (Staud/*Schilken* § 177 Rn 3). Sie verdient mit Rücksicht auf die fehlende Landeskompetenz zur Einführung privatrechtlicher Formvorschriften (Art 55 EGBGB) aber Zustimmung.

6 **II. Tatbestandsvoraussetzungen nach Abs 1.** Voraussetzung für die Einstandspflicht des Vertreters ist, dass der Vertretene die Genehmigung des vollmachtlos abgeschlossenen Vertrages verweigert hat oder die Genehmigung nach § 177 Abs 2 als verweigert gilt. **1. Abschluss eines Vertrages.** Gegenstand des Vertreterhandelns muss ein Vertrag sein. Dabei ist es ohne Belang, ob dieser schuldrechtlicher oder dinglicher Natur ist (AnwK/*Ackermann* Rn 7).

7 **2. Vertreterhandeln ohne Vertretungsmacht.** Beim Abschluss des Vertrages muss der Vertreter ohne die dazu erforderliche gewillkürte, gesetzliche bzw organschaftliche Vertretungsmacht gehandelt haben. Insoweit knüpft § 179 an § 177 an. Dem Fehlen der Vertretungsmacht steht der Fall der nicht ausreichenden Vertretungsmacht gleich, sofern der von der Vertretungsmacht »gedeckte« Teil des Geschäfts nach § 139 unwirksam ist (BGHZ 103, 175, 178; MüKo/*Schramm* Rn 19; Soerg/*Leptien* Rn 3; differenzierend *Jacobs* NJW 1989, 696, 697 f). Wenn im Gesetzeswortlaut vom fehlenden »Nachweis« der Vertretungsmacht die Rede ist, hat dies nur die Bedeutung, dem Vertreter die Beweislast für die Vertretungsmacht aufzubürden (AnwK/*Ackermann* Rn 8). Ob eine Haftung aus § 179 für den Vertreter im Fall der **Duldungs- und Anscheinsvollmacht** ausgeschlossen ist, wird unterschiedlich beurteilt: Die Rspr und ein Teil der Lit (BGHZ 86, 273 ff; Hamm JuS 1971, 655; Karlsruhe WM 1985, 1320; München NJW-RR 2001, 1358; MüKo/*Schramm* Rn 29; RGRK/*Steffen* Rn 2) bejahen in diesem Fall einen Ausschluss der Haftung des Vertreters. Richtigerweise ist jedoch dem Geschäftsgegner zu gestatten, auf den Schutz durch die Rechtsscheinsregeln zu verzichten und unter Berufung auf die wahre Rechtslage den *falsus procurator* in Anspruch zu nehmen (*Canaris* Die Vertrauenshaftung im deutschen Privatrecht 1971, S 520; Erman/*Palm* Rn 3; AnwK/*Ackermann* Rn 9). Ein solches Vorgehen wäre vor allem dann vorteilhaft, wenn der Vertragsgegner befürchten muss, im Prozess gegen den Vertretenen die Voraussetzungen der Rechtsscheinsvollmacht nicht beweisen zu können (*Canaris* aaO S 519; Erman/*Palm* Rn 3). Schwierigkeiten bereitet auch der Umgang mit der **mangelhaften Untervollmacht**. Üblicherweise wird hier differenziert: Fehlt nur die Untervollmacht, besteht Einigkeit, dass der Vertreter aus § 179 in Anspruch genommen werden kann. Mangelt es dagegen bereits an einer wirksamen Hauptvollmacht und setzt sich dieses Defizit bei der Untervollmacht lediglich fort, soll nach der hM nur der Hauptvertreter und nicht der

Untervertreter haften, wenn der Untervertreter beim Abschluss des Vertrags die Untervertretung offen gelegt hat (BGHZ 32, 250, 254; 68, 391, 396; Köln NJW-RR 1996, 212; Palandt/*Heinrichs* § 167 Rn 12; MüKo/*Schramm* § 167 Rn 99; Staud/*Schilken* § 167 Rn 73; aA Erman/*Palm* § 167 Rn 44; Soerg/*Leptien* § 167 Rn 62).

3. Verweigerung der Genehmigung. Der Vertretene muss die Genehmigung verweigert haben; erst dann haftet der Vertreter nach § 179. Der zunächst schwebend unwirksame Vertrag wird durch die Verweigerung der Genehmigung des vollmachtlosen Vertreterhandelns endgültig unwirksam. (AnwK/*Ackermann* Rn 10; Erman/*Palm* Rn 4). Dabei kann die Verweigerung der Genehmigung auch Folge der Fiktion nach § 177 Abs 2 sein. Genehmigt der Vertretene nur einen Teil des Geschäfts, ist § 139 anzuwenden. Wird der Schwebezustand durch Ausübung des Widerrufsrechts seitens des Geschäftsgegners gem § 178 beendet, entfällt eine Haftung des *falsus procurator*, da sich der Geschäftsgegner selbst vom Vertrag gelöst hat und es nicht mehr auf die Genehmigung bzw Verweigerung der Genehmigung durch den Vertretenen ankommt. Unanwendbar ist § 179, wenn die Genehmigung lediglich verzögert wird (Köln NJW 1994, 666; RGRK/*Steffen* Rn 3; Staud/*Schilken* Rn 8). Der durch die Verzögerung entstandene Schaden kann nur nach den Regeln der cic liquidiert werden (Hamm NJW 1994, 666; BaRoth/*Habermeier* Rn 5; Erman/*Palm* Rn 4). 8

III. Rechtsfolge. 1. Allgemeines. Der Vertreter ohne Vertretungsmacht haftet nach Wahl des Geschäftsgegners auf Erfüllung oder auf Schadensersatz. Es handelt sich hierbei um eine Wahlschuld iSd §§ 262 ff (RGZ 154, 58, 60; BaRoth/*Habermeier* Rn 19; MüKo/*Schramm* Rn 31; Erman/*Palm* Rn 7; AnwK/*Ackermann* Rn 19; aA Palandt/*Heinrichs* Rn 5 »elektive Konkurrenz«). Das Wahlrecht endet, wenn der Geschäftsgegner eine Wahl durch Erklärung ggü dem Vertragsgegner getroffen hat (§ 263) oder wenn sich die Wahlschuld infolge einer Unmöglichkeit der Leistung auf die Schadensersatzpflicht beschränkt (§ 265 S 1). Inhaltlich verpflichtet § 179 Abs 1 den *falsus procurator*, den Vertragspartner so zu stellen, wie er im Fall einer wirksamen vertraglichen Beziehung zum Vertretenen gestanden hätte (AnwK/*Ackermann* Rn 14). 9

2. Einzelheiten. a) Erfüllung. Der **Erfüllungsanspruch** ist kein vertraglicher, sondern ein **gesetzlicher Anspruch** (BGH NJW 1991, 40; Hk-BGB/*Dörner* Rn 6), der auch neben dem aus GoA bestehen kann (BGH NJW-RR 2004, 81, 83). Wählt der Geschäftsgegner »Erfüllung«, wird der Vertreter nicht zum Vertragspartner (BGH NJW 1970, 240, 241; BAG NJW 2003, 2554). Seine Einstandspflicht ist vielmehr als **Ausdruck der Garantenpflicht** des Erklärenden anzusehen. Aus der fehlenden Stellung als Vertragspartner folgt, dass der Vertreter keinen eigenständigen vertraglichen Erfüllungsanspruch hat (Erman/*Palm* Rn 8). Allerdings stehen ihm (in ähnl Weise wie einem Vertragspartner) sonstige Rechte, wie etwa die Einrede aus § 320, das Anfechtungsrecht (BGH NJW 2002, 1868) und die Rechte aus §§ 323 ff (BGH NJW 1971, 430; 2001, 3184; Palandt/*Heinrichs* Rn 5) zu. IÜ finden auf den Erfüllungsanspruch die allg Regelungen über Schuldverhältnisse, also auch § 275, §§ 280, 281 ff Anwendung (AnwK/*Ackermann* Rn 16). Gleiches gilt für Gewährleistungsansprüche (Düsseldorf BauR 1985, 339). Die Modalitäten der vom Vertreter geschuldeten Leistung (insbes der Leistungsort) richten sich danach, wie die Leistung bei gedachter Wirksamkeit des Vertrages zu erbringen gewesen wäre (AnwK/*Ackermann* Rn 17). Für das Prozessrechtsverhältnis folgt daraus, dass die Leistungsklage gegen den Vertreter auch am (ursprünglich) vereinbarten Erfüllungsort bzw am vereinbarten Gerichtsstand erhoben werden kann (München OLGZ 1966, 424; Hamburg MDR 1975, 227; Palandt/*Heinrichs* Rn 5; Staud/*Schilken* Rn 15). Vor dem Hintergrund der grds Bindung des Vertreters an die ursprünglich vereinbarten Vertragsmodalitäten ist es nicht ganz konsistent, dass die Rspr (BGH NJW 1977, 1397, 1398) einer Schiedsklausel im Verhältnis zum *falsus procurator* keinerlei Wirkung zukommen lässt. 10

b) Schadensersatz. Wählt der Geschäftsgegner den **Schadensersatz**, so geht dieser Anspruch nicht auf Naturalrestitution (was Vertragserfüllung bedeuten würde), sondern auf Geldersatz, dessen Höhe sich nach dem Interesse bemisst, das der andere Teil an der Erfüllung hat (Palandt/*Heinrichs* Rn 6; Erman/*Palm* Rn 9). Der Vertreter schuldet ein finanzielles Äquivalent für die nicht erbrachte Leistung. Der Schadensersatz ist nach allg Regeln, bei gegenseitigen Verträgen also nach der Differenztheorie zu berechnen (AnwK/*Ackermann* Rn 18; Staud/*Schilken* Rn 16). Der Vertretene schuldet daher regelm die Differenz zwischen Leistung und Gegenleistung (Erman/*Palm* Rn 9; Soerg/*Leptien* Rn 17). Zudem sind auch die Kosten eines erfolglosen Vorprozesses gegen den Vertretenen ersatzfähig (Düsseldorf NJW 1992, 1177; LG Mannheim MDR 1958, 602). Da es sich um einen Schadensersatzanspruch statt der Leistung handelt, ist der Vertragsgegner iÜ auch berechtigt, an Stelle des Schadensersatzes gem § 284 Ersatz vergeblicher Aufwendungen zu verlangen. Ersatzfähig sind die Aufwendungen, die er im Vertrauen auf den Erhalt der Leistung gemacht hat (AnwK/*Ackermann* Rn 18). 11

c) Verjährung. Die Verjährungsfrist für den Anspruch auf Erfüllung bzw Schadensersatz lehnt sich an den Anspruch an, den der Vertreter gegen den Vertretenen gehabt hätte (BGHZ 73, 266, 269 f; Staud/*Schilken* Rn 15 f). Im Grundsatz gilt also die Regelverjährung (§§ 195, 199), es sei denn, für den Anspruch aus dem nicht wirksam gewordenen Vertrag besteht eine andere Verjährungsfrist. Diese schlägt dann auf den Anspruch aus § 179 durch (BGHZ 73, 266, 271 f; BGH NJW 2004, 743, 744). Hinsichtlich des Fristbeginns ist auf den Zeitpunkt der Verweigerung der Genehmigung abzustellen (BGH NJW 1979, 1161, 1162; AnwK/*Ackermann* Rn 20; Erman/*Palm* Rn 13). 12

13 **IV. Beschränkung der Haftung. 1. Beschränkung der Haftung nach § 179 Abs 2.** § 179 Abs 2 entspricht hinsichtlich der Rechtsfolge § 122. Die Regelung schränkt die Haftung des Vertreters für den Fall ein, dass ihm der Mangel der Vertretungsmacht bei Abschluss des Vertrages nicht bekannt war. Insofern haftet er dem Geschäftsgegner nur noch auf den Ersatz des Vertrauensschadens (negatives Interesse), begrenzt durch den Betrag des positiven Interesses. Ein Kennenmüssen des Mangels iS von Fahrlässigkeit schließt die Haftungsbegrenzung grds nicht aus. Insofern ist es ohne Bedeutung, ob die Unkenntnis verschuldet ist (BGH WM 1977, 478, 479; Erman/*Palm* Rn 11; MüKo/*Schramm* Rn 38; das gilt auch bei grober Fahrlässigkeit) und ob der Vertreter überhaupt erkennen konnte, dass ihm die zum Vertragsschluss erforderliche Vertretungsmacht fehlte (AnwK/*Ackermann* Rn 21; Erman/*Palm* Rn 18; MüKo/*Schramm* Rn 4; aA Soerg/*Leptien* Rn 18). Die privilegierende Funktion der Haftungseinschränkung ist jedoch als ausgereizt anzusehen, wenn die Annahme der Vertretungsmacht seitens des Vertreters allein auf einer willkürlichen Unterstellung beruht (Saarbrücken OLGZ 1989, 235).

14 **2. Beschränkung der Haftung nach § 179 Abs 3.** Gem § 179 Abs 3 S 1 haftet der *falsus procurator* nicht, wenn der Geschäftsgegner das Fehlen der Vertretungsmacht kannte oder infolge grober Fahrlässigkeit nicht kannte. In dieser Situation ist er nicht schutzwürdig (Hk-BGB/*Dörner* Rn 9). Gleiches gilt auf Grund der Anordnung nach S 2, wenn ein beschränkt Geschäftsfähiger als Vertreter agiert und dieser bei der Vornahme des vollmachtlos geschlossenen Geschäfts nicht mit der Zustimmung seines gesetzlichen Vertreters handelt. **a) Kenntnis.** Die in Abs 2 S 1 angesprochene »Kenntnis« des Vertragspartners verlangt positives Wissen von der fehlenden Vertretungsmacht. Sie ist etwa dann als vorliegend anzusehen, wenn der Vertreter den Vertragspartner beim Vertragsschluss darauf hinweist, dass er keine Vertretungsmacht besitzt oder gar erklärt, dass die Wirksamkeit des Vertrages erst noch von der Genehmigung durch den Vertretenen abhängt (MüKo/*Schramm* Rn 40).

15 **b) Kennenmüssen.** Der nach dem Wortlaut bestehende Haftungsausschluss bei (leichter) Fahrlässigkeit ist nicht gerechtfertigt. In einer berichtigenden Auslegung ist er auf Fälle zu beschränken, in denen sich dem Vertragsgegner der Mangel der Vertretungsmacht seitens des Vertreters aufdrängen musste (Erman/*Palm* Rn 15). Um eine Nachforschungspflicht des Geschäftsgegners zu etablieren, ist also erforderlich, dass konkrete, tatsächliche Anhaltspunkte auf den Mangel der Vertretungsmacht hingedeutet haben (BGH NJW 2000, 1407, 1408). Eine allg Nachforschungspflicht besteht nicht (RGZ 104, 194; BGHZ 105, 283, 285 f; BGH NJW 1990, 387, 388; 2000, 1407, 1408). Insofern kann der Geschäftsgegner regelm auf die seitens des Vertreters behauptete Vertretungsmacht vertrauen. Das gilt selbst für den Fall der gesetzlich festgelegten Vertretungsbefugnis, deren Grenzen der Vertreter überschreitet (Erman/*Palm* Rn 15). Zur Begründung der Bösgläubigkeit kommt es hier auf die Umstände des Einzelfalls an. Hier hinein spielen etwa, welche Kenntnisse vom Geschäftsgegner zu erwarten sind und welche Prüfpflichten diesem zugemutet werden. Die Prüfpflichten einer Bank sind regelm höher anzusetzen (RG JW 34, 326 f) als die eines Geschäftsungewandten (Erman/*Palm* Rn 15). Handelt der Vertreter für eine noch nicht existierende Gesellschaft, kommt es auf die Kenntnis bzw das Kennenmüssen des Dritten davon an, dass die Gesellschaft in absehbarer Zeit nicht entstehen wird (BGHZ 105, 283, 286 f; PWW/*Frensch* Rn 4). Der in Abs 2 S 1 vorgesehene Haftungsausschluss bezieht sich sowohl auf die Haftung nach Abs 1 als auch auf die nach Abs 2. Er privilegiert damit (was *de lege ferenda* nicht unbedenklich erscheint) selbst den bösgläubigen Vertreter.

16 **c) Beschränkte Geschäftsfähigkeit des Vertreters.** Handelt ein beschränkt Geschäftsfähiger müssen die Verkehrsschutzinteressen hinter dem Minderjährigenschutz zurücktreten (Hk-BGB/*Dörner* Rn 10). Nur dann, wenn der gesetzliche Vertreter dem vollmachtlos vorgenommenen Rechtsgeschäft des beschränkt Geschäftsfähigen zugestimmt hat, ist davon eine Ausn zu machen. Dabei kann die Zustimmung auch nach Abschluss des Vertretergeschäfts in Form einer Genehmigung erteilt werden (MüKo/*Schramm* Rn 43).

17 **C. Konkurrierende Ansprüche.** § 179 verdrängt grds die Haftung aus cic (auch § 311 Abs 3), soweit es um den Ersatz des Schadens geht, der infolge des Vertretungsmangels beim Vertragsgegner eingetreten ist (MüKo/*Schramm* § 177 Rn 57; RGRK/*Steffen* Rn 18; einschränkend Hamm NJW 1994, 66; *Crezelius* JuS 1977, 796 ff). Andernfalls würde der Haftungsausschluss nach Abs 3 durch eine Anspruchsbegründung aus cic umgangen werden können (Erman/*Palm* Rn 22). Für eine Haftung aus cic verbleibt mithin nur dann Raum, wenn sich die haftungsbegründende Schutzpflichtverletzung nicht auf den Mangel der Vertretungsmacht bezieht (BGHZ 70, 365, 373 f; BGH NJW 1990, 389; 1994, 2220; AnwK/*Ackermann* Rn 26). Ansprüche gegen den Vertretenen bei Verweigerung der Genehmigung bestehen grds nicht, uU aber gegen den Vertreter, wenn er behauptet hat, der Vertretene werde den Vertrag mit Sicherheit genehmigen (Köln JMBl NW 1971, 271; Erman/*Palm* Rn 22). Sind die Anspruchsvoraussetzungen für eine unerlaubte Handlung erfüllt, wird die Geltendmachung dieses Anspruchs nicht durch § 179 tangiert.

18 **D. Weitere praktische Hinweise.** Da § 179 dispositiver Natur ist (Erman/*Palm* Rn 14), können Haftungsmilderungen und -verschärfungen zwischen dem *falsus procurator* und dem Geschäftsgegner frei festgelegt werden (AnwK/*Ackermann* Rn 29). Auch kann der Vertreter – unter Beachtung der durch § 309 Nr 11 gesetzten Grenze – eine Garantie für das Bestehen seiner Vertretungsmacht übernehmen (Soerg/*Leptien* Rn 18; Staud/*Schilken* Rn 3). Bei Unsicherheit über das Vorliegen einer Vollmacht ist eine Streitverkündung zu empfehlen.

Für das Handeln in fremdem Namen, den Vertragsschluss und die Verweigerung der Genehmigung ist der Vertragsgegner (KG JW 30, 3488; Palandt/*Heinrichs* Rn 10), für die Begründung der Vertretungsmacht der Vertreter (BGHZ 99, 50, 52; Düsseldorf NJW 1992, 1176; BaRoth/*Habermeier* Rn 36; Erman/*Palm* Rn 28), für deren Erlöschen der Vertragsgegner, für die Voraussetzungen von Abs 2 und 3 der Vertreter (MüKo/*Schramm* Rn 44) beweisbelastet.

§ 180 Einseitiges Rechtsgeschäft. Bei einem einseitigen Rechtsgeschäft ist Vertretung ohne Vertretungsmacht unzulässig. Hat jedoch derjenige, welchem gegenüber ein solches Rechtsgeschäft vorzunehmen war, die von dem Vertreter behauptete Vertretungsmacht bei der Vornahme des Rechtsgeschäfts nicht beanstandet oder ist er damit einverstanden gewesen, dass der Vertreter ohne Vertretungsmacht handele, so finden die Vorschriften über Verträge entsprechende Anwendung. Das Gleiche gilt, wenn ein einseitiges Rechtsgeschäft gegenüber einem Vertreter ohne Vertretungsmacht mit dessen Einverständnis vorgenommen wird.

A. Allgemeines. Den Rechtswirkungen einseitiger Rechtsgeschäfte kann sich der Erklärungsempfänger nicht entziehen. Könnten sie von einem Vertreter ohne Vertretungsmacht vorgenommen werden, müsste der Empfänger bis zur Genehmigung oder deren Verweigerung in Ungewissheit über deren Wirkung verharren. Die Vorschrift will (anders als bei Verträgen) das Aufkommen eines Schwebezustandes verhindern, sofern der Erklärungsempfänger die Ungewissheit über deren Gültigkeit auf Grund der unsicheren Vertretungslage nicht bewusst in Kauf genommen hat (AnwK/*Ackermann* Rn 1; Hk-BGB/*Dörner* Rn 1; Erman/*Palm* Rn 1). 1

B. Regelungsinhalt. I. Grundsatz. Liegt ein einseitiges Rechtsgeschäft (vgl §§ 104–185) vor, welches von einem Vertreter ohne Vertretungsmacht vorgenommen worden ist, ist dieses grds nichtig und kann insofern nicht genehmigt werden (S 1). Im Hinblick auf nicht empfangsbedürftige (dh »streng einseitige«) Rechtsgeschäfte, wie etwa der Auslobung, Aneignung, Dereliktion sowie der amtsempfangsbedürftigen Willenserklärung (BPatG NJW 1964, 616; *Göppinger* FamRZ 1987, 765; aA *Wilhelm* VIZ 1999, 11) gilt dies uneingeschränkt (Hk-BGB/*Dörner* Rn 2; Palandt/*Heinrichs* Rn 1). 2

II. Ausnahme. Ausn von dem Grundsatz der Nichtigkeit einseitiger, ohne Vertretungsmacht vorgenommener Rechtsgeschäfte werden durch das Gesetz (vgl S 2 und 3) nur für sonstige empfangsbedürftige Willenserklärungen statuiert. Hierzu gehören etwa die Kündigung, die Aufrechnung, die Anfechtung und der Widerruf (Erman/*Palm* Rn 2). Wird bei der Vornahme dieser Geschäfte die fehlende Vertretungsmacht durch den Erklärungsempfänger nicht beanstandet oder hat er sich damit sogar einverstanden erklärt, finden die Vorschriften über Verträge (§§ 177 bis 179) entspr Anwendung. Ein einseitiges, empfangsbedürftiges Rechtsgeschäft ist also zunächst schwebend unwirksam und kann analog mit Wirkung ex tunc (§ 184) genehmigt werden. Wird die Genehmigung verweigert, so haftet der Vertreter entspr § 179 Abs 1 auf Schadensersatz. Erfüllungsansprüche scheiden aus der Natur der Sache aus. Bzgl geschäftsähnl Handlungen ist § 180 entspr anzuwenden, was sich etwa bei der Mahnung (Bremen FamRZ 1995, 1515) und der Stimmabgabe im Gesellschaftsrecht (Frankfurt aM NZG 2003, 438; Koblenz NJW-RR 1992, 1093, 1094 f; str) auswirkt. Keine Analogie kommt dagegen bei Prozesshandlungen (namentlich bei der Unterwerfung unter die sofortige Zwangsvollstreckung) in Betracht, die bei Vornahme durch einen Vertreter ohne Vertretungsmacht nach der Sonderregelung in § 89 ZPO prinzipiell genehmigt werden können (BaRoth/*Habermeier* Rn 2; Staud/*Schilken* Rn 1). **1. Beanstandung.** Will der Erklärungsempfänger die Vornahme des Rechtsgeschäfts durch den vollmachtlosen Vertreter beanstanden, muss er zu erkennen geben, dass er das Rechtsgeschäft gerade wegen etwaiger Zweifel am Bestehen der Vertretungsmacht nicht gegen sich gelten lassen will. Erfolgt eine Zurückweisung aus anderen Gründen, reicht dies nicht aus (AnwK/*Ackermann* Rn 6; Hk-BGB/*Dörner* Rn 3; BGH BB 1969, 293). Die Beanstandung muss zeitlich »bei Vornahme des Rechtsgeschäfts« erfolgen. Handelt es sich um ein Rechtsgeschäft unter Anwesenden, muss der Adressat die Beanstandung nach dem Wortlaut der Regelung sofort aussprechen (BaRoth/*Habermeier* Rn 7; MüKo/*Schramm* Rn 9). Aus Zumutbarkeitsgründen sollte jedoch der Reaktionszeitraum nicht zu eng gefasst werden (Soerg/*Leptien* Rn 9). Für eine Erklärung unter Abwesenden ist dies bereits konsertiert (BaRoth/*Habermeier* Rn 7; Erman/*Palm* Rn 6; Soerg/*Leptien* Rn 9). 3

2. Einverständnis. Das Einverständnis mit der Vornahme des vollmachtlosen Rechtsgeschäfts kann seitens des Erklärungsempfängers auch schlüssig erklärt werden. Nach hM ist es zur Deutung der Erklärung als »Einverständnis« erforderlich, dass der Erklärungsempfänger um die fehlende Vertretungsmacht weiß oder ein Fehlen zumindest für möglich hält (Hk-BGB/*Dörner* Rn 4; MüKo/*Schramm* Rn 10; Soerg/*Leptien* Rn 11; Staud/*Schilken* Rn 4). 4

C. Beweislast. Wer sich auf die Wirksamkeit des einseitigen Rechtsgeschäfts beruft, hat die Vertretungsmacht des Vertreters zu beweisen. Gelingt der Beweis nicht, ist das einseitige Rechtsgeschäft nach der Regel des § 180 S 1 als nichtig anzusehen. Wer sich demggü auf einen der Ausnahmetatbestände (§ 180 S 2 und 3) beruft, ist für alle dort genannten Voraussetzungen beweispflichtig (AnwK/*Ackermann* Rn 10; Erman/*Palm* Rn 10; aA RGRK/*Steffen* Rn 7). Steht die Beanstandung fest, hat der Vertretene zu beweisen, dass sie verspätet erfolgte (PWW/*Frensch* Rn 5). 5

§ 181 Insichgeschäft. Ein Vertreter kann, soweit nicht ein anderes ihm gestattet ist, im Namen des Vertretenen mit sich im eigenen Namen oder als Vertreter eines Dritten ein Rechtsgeschäft nicht vornehmen, es sei denn, dass das Rechtsgeschäft ausschließlich in der Erfüllung einer Verbindlichkeit besteht.

1 **A. Allgemeines.** Die Vorschrift verbietet dem Vertreter, sog »Insichgeschäfte« vorzunehmen, sofern nicht einer der gesetzlich festgelegten oder in einer Analogie herzubildenden Ausnahmetatbestände vorliegt. **I. Sinn und Zweck.** Vordringlicher Zweck des § 181 ist es, potentielle Interessenkollisionen zu verhindern. Die Vorschrift beruht auf dem Gedanken, dass die Mitwirkung derselben Person auf beiden Seiten des Rechtsgeschäfts stets die Gefahr eines Interessenkonflikts und damit der Schädigung eines Teils in sich birgt (BGHZ 51, 209, 215; 56, 97, 101 ff; Palandt/*Heinrichs* Rn 1; PWW/*Frensch* Rn 1). Neben der Abwendung von Interessenkonflikten dient die Regelung iÜ aber auch dazu, den Rechtsverkehr vor »verborgenen Vermögensverschiebungen« zu bewahren (BGHZ 75, 358, 361; AnwK/*Stoffels* Rn 4; Larenz/*Wolf* AT Rn 129).

2 **II. Regelungstechnik.** Regelungstechnisch orientiert sich das grds Verbot des Insichgeschäfts zunächst allein an dem Umstand, dass der Vertreter bei der Abgabe der rechtsgeschäftlichen Erklärung auf beiden Seiten tätig geworden ist (BGHZ 21, 231 ff; 91, 337 f; BGH NJW 1991, 983; Hk-BGB/*Dörner* Rn 1). § 181 wird jedoch heute nicht mehr als reine Ordnungsvorschrift verstanden (anders noch früher, vgl RGZ 68, 172, 176; 103, 417, 418; 157, 24, 31; BGHZ 21, 229, 231; 33, 189, 190; 50, 11 ff). Vielmehr ist dieser Regelung eine typisierende Betrachtungsweise unterlegt, die auf Grund der äußeren Umstände des Vertretergeschäfts eine Gefahr für die Interessen des Vertretenen als indiziert ansieht. Da die Norm aber im Kern materielle Interessenkonflikte zu unterbinden versucht, kann sie nicht ausschließlich formal gedeutet werden. Die Annahme eines verbotenen Insichgeschäfts auf der Grundlage der typisierten Betrachtungsweise ist daher nach materiellen Wertungen zu korrigieren (BGHZ 56, 97, 102; 59, 236, 239 f; 77, 9 ff; Larenz/*Wolf* AT § 46 Rn 120; PWW/*Frensch* Rn 1). Hierbei ermöglicht es eine teleologische Reduktion, den Anwendungsbereich des § 181 zu verengen. Andererseits gestattet es die materielle Wertung auch, den Anwendungsbereich des § 181 im Wege einer teleologischen Extension bzw Analogie zu erweitern (MüKo/*Schramm* Rn 7 ff; Palandt/*Heinrichs* Rn 1; PWW/*Frensch* Rn 1). Praktisch bedeutsam ist die teleologische Reduktion bei solchen Insichgeschäften, die dem Vertretenen lediglich einen rechtlichen Vorteil bringen (BGH NJW 1989, 2542, 2543). Konstruktiv ist § 181 nicht als ein »Verbot« iSd § 134, sondern lediglich als eine Beschränkung des rechtlichen Könnens aufzufassen (AnwK/*Stoffels* Rn 1; Palandt/*Heinrichs* Rn 1).

3 **III. Anwendungsbereich. 1. Persönlicher.** § 181 gilt für alle Arten der Vertretung. Erfasst ist also sowohl der gesetzliche (BGHZ 50, 8, 10 f), der rechtsgeschäftliche (PWW/*Frensch* Rn 2), als auch der organschaftliche Vertreter einer juristischen Person (BGHZ 33, 190 ff; 56, 101 ff; LG Arnsberg Rpfleger 1983, 63). Die Regelung findet selbst bei der Vertretung ohne Vertretungsmacht Anwendung (BayObLG Rpfleger 1988, 61; Düsseldorf MittBayNot 1999, 470). Entspr Geltung beansprucht § 181 iÜ im Fall der Verwaltung fremden Vermögens (Testamentsvollstrecker, vgl BGHZ 108, 24 ff; Insolvenzverwalter, vgl BGHZ 113, 270 ff).

4 **2. Sachlicher.** § 181 findet im gesamten Bereich des privaten Rechts Anwendung und tritt nur dann zurück, wenn Sondervorschriften eingreifen. Für den Fall der Willensbildung in einem Verein, einer Kapitalgesellschaft und einer Wohnungseigentumsgemeinschaft enthalten etwa die § 34 BGB, § 136 AktG, § 47 Abs 4 GmbHG, § 43 Abs 3 GenG, § 25 Abs 4 WEG Sonderregelungen. Prozesshandlungen stellen keine bürgerlichrechtlichen Rechtsgeschäfte dar, so dass § 181 hier keine unmittelbare Anwendung findet (BGHZ 41, 103, 107; MüKo/*Schramm* Rn 40; Soerg/*Leptien* Rn 23). Das gilt auch für die Erteilung einer Prozessvollmacht (BGHZ 41, 103 f). Allerdings beansprucht auch im Prozessrecht der allg Grundsatz Geltung, dass niemand Partei in einem Prozess gegen sich selbst sein kann oder beide Parteien zugleich vertreten kann (RGZ 66, 240, 242 f; BGH NJW 1996, 658; Soerg/*Leptien* Rn 23). Dieser Grundsatz findet selbst im Bereich der FGG-Sachen Anwendung (BayOblG NJW 1962, 964); nicht aber bei nicht streitigen Angelegenheiten der freiwilligen Gerichtsbarkeit (wie etwa bei Registersachen, vgl BayObLG Rpfleger 1970, 288). Hier geht es nämlich nur um Beteiligte und nicht um Gegner im Verfahren (AnwK/*Ackermann* Rn 12; Erman/*Palm* Rn 5; Staud/*Schilken* Rn 28). Für Versteigerungen gilt § 450. Uneinheitlich beurteilt wird die Anwendung von § 181 bei der Mehrfachvertretung im Konzern (*Bachmann*, ZIP 1999, 85 ff; PWW/*Frensch* Rn 9).

5 **B. Regelungsinhalt.** Der Vertreter ist grds nicht zur Vornahme von Insichgeschäften berechtigt, gleichgültig, ob es sich um ein Geschäft des Vertreters mit sich selbst (sog »Selbstkontrahieren«) oder mit einem von ihm vertretenen Dritten (sog »Mehrvertretung«) handelt. **I. Tatbestandsvoraussetzungen. 1. Vertretergeschäft.** Das Verbot des Insichgeschäfts bei der Vertretung erfasst sowohl Vertragsabschlüsse als auch einseitige, empfangsbedürftige Willenserklärungen. Hierzu zählen etwa die Kündigung, der Rücktritt, der Widerruf, die Bevollmächtigung und die Gestattung zum Selbstkontrahieren (BGH WM 1991, 1753, 1754; PWW/*Frensch* Rn 4). Bei rechtsgeschäftlichen Handlungen (Mahnung, Fristsetzung etc) ist § 181 entspr heranzuziehen (BaRoth/*Habermeier* Rn 6). Ausgeschlossen ist die Anwendung von § 181 nur bei streng einseitigen (dh nicht empfangsbedürftigen) Willenserklärungen sowie bei Realakten (BGH NJW 1976, 49; PWW/*Frensch* Rn 4; BaRoth/*Habermeier* Rn 9).

6 **2. Selbstkontrahieren und Mehrvertretung.** Der Tatbestand des Insichgeschäfts setzt voraus, dass der Vertreter »auf beiden Seiten« des Rechtsgeschäfts aufgetreten ist. Ein Selbstkontrahieren (§ 181 Var 1) liegt vor,

wenn der Vertreter auf der einen Seite für den Vertretenen als dessen Stellvertreter und auf der anderen Seite für sich selbst im eigenen Namen agiert. Die zweite in § 181 genannte Fallgruppe betrifft das Verbot der Mehrvertretung. Eine Mehrvertretung ist gegeben, wenn jmd auf beiden Seiten des Rechtsgeschäfts als Stellvertreter für die jeweilige Vertragspartei handelt.

3. Gestattung. Ein Vertreter kann ausnahmsw Insichgeschäfte tätigen, soweit ihm dies durch das Gesetz oder durch Rechtsgeschäft gestattet ist, es sei denn, das von ihm vorgenommene Rechtsgeschäft besteht ausschließlich in der Erfüllung einer Verbindlichkeit. Aufgrund **gesetzlicher Anordnung** ist die Vornahme eines Insichgeschäfts etwa in den Fällen der §§ 1009 Abs 2 BGB, 125 Abs 2 S 2 HGB, 78 Abs 4 S 1 AktG erlaubt. Die Möglichkeit einer **rechtsgeschäftlichen Gestattung** zeigt, dass das Verbot des Selbstkontrahierens dispositiver Natur ist (BGH NJW 2002, 1488). Die rechtsgeschäftliche Gestattung erfolgt regelm durch ausdrückliche oder konkludente (BGH BB 1971, 1212, 1213; WM 1980, 1451; NJW 1983, 1186, 1187) einseitige, empfangsbedürftige Willenserklärung (§ 183) des bzw der Vertretenen und kann bereits in der Bevollmächtigung enthalten sein (Hk-BGB/*Dörner* Rn 7). Insofern ist die Bevollmächtigung auszulegen, §§ 133, 157. Es gibt jedoch keinen allg Grundsatz dergestalt, dass mit einer Generalvollmacht zugleich die Befreiung von Bindungen nach § 181 ausgesprochen wird (KG JR 52, 438; MüKo/*Schramm* Rn 48; Staud/*Schilken* Rn 50). Erfolgt eine Gestattung, ist sie formlos möglich. Das gilt selbst dann, wenn für die Vornahme des Vertretergeschäfts eine bestimmte Form vorgesehen ist, vgl § 182 Abs 2 (BaRoth/*Habermeier* Rn 32; Soerg/*Leptien* Rn 37). Der Vollmachtgeber wird durch die Gestattung nämlich nicht stärker an seine Vollmacht gebunden, sondern nur deren Umfang erweitert (BGH NJW 1979, 2306, 2307; Palandt/*Heinrichs* Rn 17). Im Fall einer organschaftlichen Vertretung können sowohl die Satzung als auch der Gesellschaftsvertrag eine Gestattung von Insichgeschäften vorsehen (BGHZ 87, 59 ff). Bei einer gesetzlichen Vertretung ist die Gestattung eines Insichgeschäftes jedoch weder durch den Vertretenen noch durch das Vormundschaftsgericht möglich. Vielmehr muss gem § 1909 ein Pfleger bestellt werden. Tätigt ein Untervertreter ein Insichgeschäft, kann der Hauptvertreter dieses nur gestatten, wenn ihm selbst der Abschluss eines Insichgeschäfts erlaubt ist (Hk-BGB/*Dörner* Rn 9). 7

4. Erfüllung einer Verbindlichkeit. Nach der Vorgabe des § 181 ist ein Insichgeschäft ausnahmsw auch dann zulässig, wenn dieses lediglich der »Erfüllung einer Verbindlichkeit« dient. Dieser Ausn liegt der Gedanke zugrunde, dass auch der Vertretene selbst oder ein anderer Vertreter die Verbindlichkeit erfüllen müsste. Der von § 181 geregelte Interessenkonflikt besteht also nicht. Bei der von § 181 angesprochenen Verbindlichkeit kann es sich um eine Pflicht des Vertretenen ggü dem Vertreter oder umgekehrt (Selbstkontrahieren) oder des einen Vertretenen ggü dem anderen handeln (Mehrvertretung). Ob die Verbindlichkeit auf Gesetz oder Rechtsgeschäft beruht, ist unerheblich (Staud/*Schilken* Rn 62; PWW/*Frensch* Rn 17). Erforderlich ist lediglich, dass die Verbindlichkeit bereits wirksam begründet wurde und zudem fällig und einredefrei ist (Hk-BGB/*Dörner* Rn 10). Liegt ein der Heilung zugänglicher Mangel vor, reicht dies zur Begründung der Verbindlichkeit nicht aus (BaRoth/*Habermeier* Rn 39). Zudem kann der Vertreter nur mit dem geschuldeten Gegenstand erfüllen (PWW/*Frensch* Rn 17). Eine Leistung an Erfüllung statt oder erfüllungshalber ist nicht möglich (BaRoth/*Habermeier* Rn 39; Soerg/*Leptien* Rn 43). Ob das Erfüllungsgeschäft für den Minderjährigen zu einem rechtlichen Nachteil führt, ist iÜ im Wege der Gesamtbetrachtung von schuldrechtlichem und dinglichem Geschäft zu ermitteln (BGHZ 78, 28, 34; PWW/*Frensch* Rn 17; BaRoth/*Habermeier* Rn 40). 8

II. Rechtsfolge. Liegt ein Missbrauchsfall nach § 181 vor, handelt der Vertreter ohne Vertretungsmacht. Entgegen dem Wortlaut des § 181 (»kann nicht vornehmen«) ist das (mehrseitige) Rechtsgeschäft nach allg Ansicht aber nicht endgültig nichtig, sondern analog § 177 nur schwebend unwirksam, so dass der Geschäftsherr das Geschäft genehmigen und so an sich ziehen kann (BGHZ 65, 123, 125 f; BGH NJW-RR 1994, 291, 292; BaRoth/*Habermeier* Rn 29; Hk-BGB/*Dörner* Rn 6). Der Vertretene hat es somit in der Hand, auf den Schutz des § 181 zu verzichten. Verzichtet er hierauf, kann die Genehmigung auch durch schlüssiges Verhalten erklärt werden (BGH BB 1971, 1212, 1213; RGRK/*Steffen* Rn 15). Ist der Vertretene verstorben, erfolgt die Genehmigung durch den Erben. Generell ist festzuhalten, dass den Vertretenen grds keine Pflicht zur Genehmigung trifft (BaRoth/*Habermeier* Rn 29). Genehmigt der Vertretene nicht, haftet der Vertreter dem Dritten als ein »Vertreter ohne Vertretungsmacht« analog § 179. Bei einseitigen Rechtsgeschäften gilt § 180 (Erman/*Palm* Rn 21; Staud/*Schilken* Rn 45). Hatte ein gesetzlicher Vertreter ein Insichgeschäft getätigt, kann die Genehmigung auch durch den inzwischen geschäftsfähig gewordenen Vertreter oder durch einen Pfleger erfolgen (Hk-BGB/*Dörner* Rn 6). Ausgeschlossen ist hingegen eine Ermächtigung durch das Vormundschaftsgericht (BGHZ 21, 234 ff). 9

III. Teleologische Reduktion und Extension. 1. Teleologische Reduktion. *a) Grundsatz.* § 181 ist nach seinem Normzweck, dh auf Grund teleologischer Reduktion unanwendbar, wenn das Insichgeschäft dem Vertretenen lediglich einen rechtlichen Vorteil bringt. Denn in diesem Fall ist ein Interessenkonflikt ausgeschlossen und Belange Dritter stehen regelm nicht entgegen (BGHZ 59, 236, 240; 94, 232, 235; BayObLG 1998, 139; Erman/*Palm* Rn 9; Palandt/*Heinrichs* Rn 9). 10

b) Beispiele. Aufgrund dieser Verengung des Anwendungsbereiches des § 181 ist es dem gesetzlichen Vertreter möglich, eine **Schenkung an sein geschäftsunfähiges Kind** vorzunehmen. Die Eltern können als Vertreter ihres Kindes sowohl die Annahme ihres eigenen Schenkungsangebotes als auch im Namen ihres Kindes die Willenserklärung zur Änderung der dinglichen Rechtslage an dem Schenkungsgegenstand erklären 11

(BaRoth/*Habermeier* Rn 19). Geschäfte des **Alleingesellschafters und Geschäftsführers einer GmbH** mit sich selbst fielen nach der früheren Rspr ebenfalls in den Bereich der teleologischen Reduktion des § 181 (BGHZ 56, 97, 101; BGH NJW 1980, 932, 933). Mit der Einführung des § 35 Abs 4 S 1 GmbHG im Jahr 1981 hat der Gesetzgeber jedoch ausdrücklich klargestellt, dass das Selbstkontrahieren des Ein-Mann-Gesellschafters, der zugleich alleiniger Geschäftsführer der GmbH ist, den Beschränkungen des § 181 unterfallen soll. Die Vorschrift wird iÜ so gedeutet, dass sie auch die Mehrvertretung verbiete, obwohl dies nicht ausdrücklich genannt ist (MüKo/*Schramm* Rn 16; Staud/*Schilken* Rn 20; Soerg/*Leptien* Rn 26). **Str** ist die entspr Heranziehung des § 181, wenn ein **gesamtvertretungsberechtigtes Organ** auf Grund einer **Gesamtvertreterermächtigung** für die Gesellschaft mit einem anderen Gesamtvertreter kontrahiert. Nach der Rspr und einer im Vordringen befindlichen Ansicht im Schrifttum, soll die Wertung des § 181 hier nicht zur Geltung kommen (BGHZ 64, 72, 76 f; PWW/*Frensch* Rn 10; Staud/*Schilken* Rn 17; aA Erman/*Palm* Rn 19).

12 **2. Teleologische Extension (Analogie).** Der Schutzzweck des § 181 gebietet es zudem, die **Norm** in einigen **Sonderfällen entspr anzuwenden**, wenn ein Interessenkonflikt droht, die vorausgesetzte Personenidentität aber formal nicht gegeben ist (BaRoth/*Habermeier* Rn 21; Staud/*Schilken* Rn 34). Da § 181 formal auf eine Personenidentität abstellt, könnte ein Vertreter, der im Namen seines Geschäftsherrn mit sich selbst kontrahieren möchte, auf die Idee kommen, einfach einen **Untervertreter** einzuschalten, um auf diese Weise die Rechtsfolge des § 181 zu umgehen. Um dies zu verhindern, legt die hM die Vorschrift des § 181 extensiv aus (bzw wendet ihren Normzweck analog an), wenn trotz Personenverschiedenheit ein Interessenkonflikt droht und der Vertreter selbst als Partei an dem Rechtsgeschäft beteiligt ist (BGHZ 56, 97, 102; 64, 72, 74; Frankfurt aM OLGZ 1974, 347, 349 f; PWW/*Frensch* Rn 10; MüKo/*Schramm* Rn 24; Palandt/*Heinrichs* Rn 12). Eine entspr Anwendung findet § 181 darüber hinaus, wenn ein vollmachtlos handelnder Vertreter das Rechtsgeschäft für den Vertretenen gem § 177 Abs 1 genehmigt, nachdem er nachträglich Vertretungsmacht erlangt hat (BGH NJW-RR 1994, 291, 292; PWW/*Frensch* Rn 10). Eine Analogie wird iÜ auch bei **amtsempfangsbedürftigen, einseitigen Willenserklärungen** befürwortet. Gibt der Erklärende als Vertreter eine einseitige, empfangsbedürftige Willenserklärung ab, wie zB beim Grundbuchamt oder Nachlassgericht, so liegen die Voraussetzungen des § 181 mangels Personenidentität von Erklärendem und Erklärungsempfänger nicht vor (BaRoth/*Habermeier* Rn 23). Eine analoge Anwendung des § 181 ist aber auch hier gerade in den Fällen geboten, in denen der Vertreter die Erklärung auch sich selbst ggü hätte abgeben können, das Gesetz ihm also bzgl des Adressaten der Erklärung ein Wahlrecht lässt (§§ 875 Abs 1 S 2, 876 S 3, 880 Abs 3, 1168 Abs 2 S 1, 1183 S 2). Denn materiell betroffen ist der Vertreter, die staatliche Stelle ist in diesen Konstellationen nur formell zuständig (BGHZ 77, 7 f; Erman/*Palm* Rn 16; Soerg/*Leptien* Rn 30).

13 **C. Beweislast.** Derjenige, der sich entgegen der grds Anordnung der Nichtigkeit des Insichgeschäfts auf die Wirksamkeit eines solchen beruft, hat das Vorliegen der Ausn (zB Gestattung oder Erfüllung der Verbindlichkeit) zu beweisen. Entspr gilt für die tatsächlichen Voraussetzungen einer teleologischen Extension oder Reduktion (PWW/*Frensch* Rn 20; Staud/*Schilken* Rn 68).

Titel 6 Einwilligung und Genehmigung

§ 182 Zustimmung.

[1] Hängt die Wirksamkeit eines Vertrags oder eines einseitigen Rechtsgeschäfts, das einem anderen gegenüber vorzunehmen ist, von der Zustimmung eines Dritten ab, so kann die Erteilung sowie die Verweigerung der Zustimmung sowohl dem einen als dem anderen Teil gegenüber erklärt werden.
[2] Die Zustimmung bedarf nicht der für das Rechtsgeschäft bestimmten Form.
[3] Wird ein einseitiges Rechtsgeschäft, dessen Wirksamkeit von der Zustimmung eines Dritten abhängt, mit Einwilligung des Dritten vorgenommen, so finden die Vorschriften des § 111 Satz 2, 3 entsprechende Anwendung.

1 **A. Allgemeines.** Die Vorschrift regelt Einzelheiten bzgl der Erteilung und Verweigerung sowie der Form der Zustimmung. Dabei knüpft sie inhaltlich an eine sich aus anderen Vorschriften ergebende Zustimmungsbedürftigkeit eines Rechtsgeschäfts an (BaRoth/*Bub* Vor § 182 Rn 4; Hk-BGB/*Dörner* Rn 1). Unter Zustimmung versteht man die für die Wirksamkeit des Rechtsgeschäfts kraft Gesetzes erforderliche private Einverständniserklärung eines Dritten mit dem Rechtsgeschäft (PWW/*Frensch* Rn 1). Das Zustimmungserfordernis bezweckt entweder den Schutz der handelnden Person (sog Zustimmung kraft Aufsichtsrechts, zB §§ 107 ff, 1411 Abs 1, 1746 Abs 1, 1903 ff) oder den Schutz des Zustimmungsberechtigten selbst (sog Zustimmung kraft Rechts- und Interessenbeteiligung, zB §§ 177, 185 Abs 1 S 1, Abs 2 S 1 Alt 1, 415, 876, 1071, 1255 Abs 2, 1276 Abs 1, Abs 2, 1365, 1369, 1423 ff, 2120, 2291 Abs 1 S 2).

2 **B. Regelungsinhalt. I. Anwendungsbereich.** § 182 Abs 1 gilt für alle bürgerlich-rechtlichen Rechtsgeschäfte, die kraft Gesetzes der Zustimmung eines Dritten bedürfen; nicht hingegen für rechtsgeschäftlich bestimmte Zustimmungserfordernisse. Wird vertraglich vereinbart, dass das Geschäft der Zustimmung eines Dritten

bedarf, handelt es sich idR um eine Bedingung, deren Rechtsfolgen sich allein aus der Vereinbarung der Parteien bzw aus §§ 158 ff ergeben (BGHZ 108, 172, 177; PWW/*Frensch* Rn 1; aA BaRoth/*Bub* Rn 4). In direkter Anwendung betrifft § 182 nur die Zustimmung einer dritten Privatperson zu einem einseitigen, empfangsbedürftigen oder mehrseitigen Rechtsgeschäft. Eine entspr Anwendung ist jedoch bei Zustimmungen von Hoheitsträgern und Gerichten zu einem privatrechtlichen Rechtsgeschäft denkbar (AnwK/*Straffhorst* Rn 3). Gleiches gilt für die Genehmigung des Geschäftsherrn im Rahmen der GoA nach § 684 S 2 (BGH NJW 1989, 1672, 1673). Einwilligungen und Genehmigungen bzgl der Führung eines Prozesses sind selbst Prozesshandlungen. Sie stellen zwar keine materiellrechtlichen Erklärungen nach §§ 182 ff dar, diese Vorschriften finden bisweilen jedoch auch hier entspr Anwendung (AnwK/*Straffhorst* Rn 48). Nicht anwendbar ist § 182 Abs 2 für Rechtsgeschäfte von Gemeinden (Form, Auswahl und Zahl der Mitwirkenden, Beifügung des Dienstsiegels etc), vgl BGH NJW 1984, 606; Frankfurt aM NJW-RR 1989, 1425 f. Ausgeschlossen vom Anwendungsbereich der §§ 182 ff sind zudem Fälle der zeitlich versetzten Mitwirkung bei eigenen Geschäften nach §§ 32 Abs 2, 709 Abs 1, 744 Abs 2, 454 (BaRoth/*Bub* Rn 6; PWW/*Frensch* Rn 1).

II. Tatbestandsvoraussetzungen. 1. Wesen und Inhalt der Zustimmung. Die Zustimmung stellt den Oberbegriff für die Einwilligung und die Genehmigung dar (PWW/*Frensch* Rn 2). Beide unterscheiden sich nur durch ihre Ausrichtung auf ein bereits abgeschlossenes (Genehmigung) oder ein erst vorzunehmendes Geschäft (Einwilligung). Ihre Bedeutung entfaltet die Zustimmung bei Rechtsgeschäften, die zu ihrer Wirksamkeit die Erklärung des Einverständnisses eines anderen erfordern. Die Zustimmung ist von ihrem Wesen her eine einseitige, empfangsbedürftige Willenserklärung (RGZ 139, 118, 125; BGHZ 13, 179, 187; MüKo/*Schramm* Rn 20), die ggü dem zustimmungsbedürftigen Rechtsgeschäft selbständig, dh abstrakt ist und auf welche ansonsten die allg Regeln über Willenserklärungen Anwendung finden (Hk-BGB/*Dörner* Vor §§ 182-185 Rn 3; BaRoth/*Bub* Rn 2). Zu ihrer Wirksamkeit bedarf sie auf Grund ihrer Selbständigkeit weder eines zugrunde liegenden Rechtsverhältnisses, noch wirken sich etwaige Mängel des Grundverhältnisses notwendig auf den Bestand der Zustimmung aus (PWW/*Frensch* Rn 3). 3

2. Erklärung der Zustimmung. Die Zustimmung kann ausdrücklich, aber auch konkludent erteilt werden (BGH WM 1990, 1573, 1575; PWW/*Frensch* Rn 4). Ob sie tatsächlich erklärt wurde, ist nach allg Auslegungsgrundsätzen (§§ 133, 157) zu ermitteln (Erman/*Palm* Rn 5). Potentielles Erklärungsbewusstsein reicht auf Seiten des »Zustimmenden« (PWW/*Frensch* Rn 4). IdS genügt auch fahrlässig als Zustimmung erscheinendes schlüssiges Verhalten (BGHZ 109, 171, 177 f; 128, 41, 49; AnwK/*Straffhorst* Rn 19, 22; BaRoth/*Bub* Rn 3; aA noch die ältere Rspr, vgl BGH WM 1965, 1006, 1008). Nicht erforderlich ist, dass der Zustimmungsberechtigte die Zustimmungsbedürftigkeit des Rechtsgeschäfts kannte oder mit ihr rechnete (BGHZ 109, 171, 177 f; PWW/*Frensch* Rn 4; str). Hat ein Nichtberechtigter über einen Gegenstand verfügt, so ist in der Klagerhebung des Berechtigten gegen den Nichtberechtigten auf Herausgabe des Erlöses (§ 816 Abs 1) regelm die Genehmigung der Verfügung zu sehen (RGZ 106, 44, 45; BGH NJW 1986, 2104, 2106). Abgesehen von den gesetzlich angeordneten Fällen (§§ 75h, 91a HGB) reicht ein Schweigen zur Erteilung der Zustimmung nur aus, wenn der Zustimmungsbedürftige ausnahmsw nach Treu und Glauben verpflichtet war, seinen abweichenden Willen zu äußern (MüKo/*Schramm* § 177 Rn 30; Erman/*Palm* Rn 7) oder eine vorhergehende Vereinbarung bzgl der Deutung des Schweigens als Zustimmung erfolgte. 4

3. Zustimmungsadressat. Die Zustimmung kann gem § 182 Abs 1 wahlweise ggü demjenigen, für dessen wirksames Handeln sie nötig ist, oder ggü dessen Geschäftsgegner erklärt werden (RGZ 64, 153 ff; BGH NJW 1953, 58; WM 1959, 63; NJW 1961, 1763). Ist das zustimmungsbedürftige Geschäft ein Vertrag, kommt also jede der beiden Parteien (bei Personenmehrheit eben diese) als Erklärungsempfänger in Betracht (Erman/*Palm* Rn 1). Im Fall eines einseitigen Rechtsgeschäfts kann die Zustimmung entweder dem Erklärenden oder dem Erklärungsempfänger ggü erteilt werden. Die Wahlmöglichkeit hinsichtlich des Zustimmungsadressaten verengt sich nur in wenigen Fällen. Gesetzliche Anordnungen finden sich hierfür etwa in §§ 108 Abs 2, 177 Abs 2, 876 S 3, 1071 Abs 1, 1078 Abs 2, 1245 Abs 1, 1255 Abs 2, 1276 Abs 1, 1366 Abs 3 S 1, 1427 Abs 1, 1453 Abs 1, 1643 Abs 3, 1750 Abs 1, 1829). 5

4. Form der Zustimmungserklärung. a) Grundsatz. Grundsätzlich ist die Erteilung der Zustimmung von § 182 Abs 2 formfrei gestellt. Sofern nicht eine Spezialvorschrift (wie §§ 1516 Abs 2, 1517 Abs 1, 1597, 1750 Abs 1, 2120, 2291 Abs 2 BGB, 71 Abs 2 ZVG) einen bes Formzwang anordnet, bedarf sie daher nicht der für das Rechtsgeschäft bestimmten Form (BGHZ 138, 239, 242 f). Die Formfreiheit beruht auf dem Gedanken, dass die Zustimmung kein Teil des zustimmungsbedürftigen Rechtsgeschäfts ist (Erman/*Palm* Rn 4). Trotzdem diese Regelung dann bedenklich ist (Erman/*Palm* Rn 4), wenn die Form, die für das zustimmungsbedürftige Geschäft gilt, eine bes Warnfunktion hat (vgl §§ 311b Abs 1, 766), lehnt die hM (anders als bei der Parallelvorschrift für die Vollmacht, § 167 Abs 2) eine einschränkende Auslegung ab (BGHZ 125, 218, 220 ff; BGH NJW 1998, 1482 und 1857; Hk-BGB/*Dörner* Rn 4; MüKo/*Schramm* Rn 15 ff; Palandt/*Heinrichs* Rn 2; *Mertens* JZ 2004, 431, 435 f; anders, aber bisher nur in Form eines *obiter dictum* BGH NJW 1998, 1482, 1448). 6

b) Ausnahmen. Ausn vom Grundsatz der Formfreiheit der Zustimmungserklärung ordnet das Gesetz zB in den §§ 1516 Abs 2, 1517 Abs 1, 1597, 1730, 1750 Abs 1, 2120, 2291 Abs 2 BGB, § 71 Abs 2 ZVG, §§ 5 Abs 1, 7

10, 12 DepG an. Bzgl des einseitigen zustimmungsbedürftigen Rechtsgeschäfts ist Folgendes zu beachten: Zwar ist die Zustimmung zu diesem nach § 182 Abs 2 grds formfrei möglich. Doch ergibt sich aus § 182 Abs 3 iVm § 111 S 2 ein indirekter Formzwang (Erman/*Palm* Rn 8), da der Erklärungsempfänger das einseitige Rechtsgeschäft unverzüglich zurückweisen und es damit unwirksam machen kann, wenn die erforderliche Erklärung nicht in schriftlicher Form vorgelegt wird. Die Zurückweisung ist nach § 182 Abs 3 iVm § 111 S 3 nur dann nicht möglich, wenn der Zustimmungsberechtigte den Erklärungsempfänger von der Zustimmung in Kenntnis gesetzt hatte.

8 **III. Rechtsfolge.** Das ohne die erforderliche Einwilligung (vorherige Zustimmung) abgeschlossene (zweiseitige) Rechtsgeschäft ist – solange die Erteilung der Genehmigung noch möglich ist – zunächst schwebend unwirksam (BaRoth/*Bub* Rn 10). Wird die nachträgliche Zustimmung (Genehmigung) nach § 184 nicht erteilt, kommt es zu einer endgültigen Unwirksamkeit des Rechtsgeschäfts. Erfolgt eine Genehmigung, wirkt diese auf den Zeitpunkt der Vornahme des Rechtsgeschäfts zurück (§ 184 Abs 1). Einseitige Rechtsgeschäfte, die ohne die erforderliche Zustimmung vorgenommen wurden, sind in den Fällen der §§ 111 S 1, 180 S 1, 1367, 1831 S 1 unwirksam und können nur unter den weiteren Voraussetzungen dieser Vorschriften genehmigt werden. Für die nicht unter diese Spezialvorschriften fallenden einseitigen Rechtsgeschäfte ist streitig, ob sie genehmigungsfähig und damit schwebend unwirksam oder sofort unwirksam sind (BaRoth/*Bub* Rn 10).

9 **C. Praktische Hinweise.** Die Vorschriften der §§ 182 ff sind nicht abdingbar (AnwK/*Straffhorst* Rn 6). An einigen Stellen sieht das Gesetz jedoch eine Abweichung durch die Einräumung der Möglichkeit einer Parteivereinbarung vor (§§ 183 S 1 HS 2, 184 Abs 1 HS 2). Ist der Abschluss eines zustimmungsbedürftigen Rechtsgeschäfts unstreitig oder bewiesen, ist derjenige, welcher sich auf eine Abweichung vom Zustand der schwebenden Unwirksamkeit beruft, weil eine Zustimmung (Einwilligung oder Genehmigung) entweder erteilt oder verweigert worden sei, für diesen Umstand darlegungs- und beweispflichtig (BGH FamRZ 1989, 476, 478; AnwK/*Straffhorst* Rn 64; BaRoth/*Bub* Rn 14).

§ 183 Widerruflichkeit der Einwilligung. **Die vorherige Zustimmung (Einwilligung) ist bis zur Vornahme des Rechtsgeschäfts widerruflich, soweit nicht aus dem ihrer Erteilung zugrunde liegenden Rechtsverhältnis sich ein anderes ergibt. Der Widerruf kann sowohl dem einen als dem anderen Teil gegenüber erklärt werden.**

1 **A. Allgemeines.** Die Vorschrift definiert die Einwilligung als vorherige Zustimmung und regelt Voraussetzungen und Vornahme des Widerrufs, der hier – anders als beim Widerruf einer Willenserklärung nach § 130 Abs 1 S 2 – eine bereits wirksam gewordene Willenserklärung wieder aus der Welt schafft (Hk-BGB/*Dörner* Rn 1).

2 **B. Regelungsinhalt. I. Anwendungsbereich.** Zum Anwendungsbereich des § 183 vgl das zu § 182 Gesagte.

3 **II. Tatbestandsvoraussetzungen. 1. Wesen und Inhalt der Einwilligung.** Die Einwilligung ist gem § 183 S 1 die vorherige Zustimmung. Sie schafft für den Einwilligungsempfänger die sonst nicht bestehende Möglichkeit, ein zustimmungsbedürftiges Rechtsgeschäft mit sofortiger Wirkung vorzunehmen (Erman/*Palm* Rn 1). Inhaltlich stellt sie eine einseitige, empfangsbedürftige Willenserklärung dar, die den allg Regeln für Rechtsgeschäfte und Willenserklärungen unterliegt. Die Einwilligung kann außer im Fall des von § 183 explizit benannten Widerrufs durch Zeitablauf bei einer Befristung (§ 163), durch den Eintritt einer auflösenden Bedingung (§ 158 Abs 2) oder durch den Verzicht des Ermächtigten erlöschen (BaRoth/*Bub* Rn 8). Darüber hinaus findet § 168 S 1 analoge Anwendung, so dass die Einwilligung auch mit der Beendigung des Grundverhältnisses ihre Wirkung verliert (AnwK/*Straffhorst* Rn 15; Hk-BGB/*Dörner* Rn 8; MüKo/*Schramm* Rn 4).

4 **2. Erklärung der Einwilligung.** Die Erklärung der Einwilligung muss dem zustimmungsbedürftigen Rechtsgeschäft nicht unbedingt vorausgehen. Sie kann vielmehr auch gleichzeitig mit dessen Vornahme oder noch während eines gestreckten Tatbestandes – zB zwischen Einigung und Übergabe gem § 929 – erteilt werden (Hk-BGB/*Dörner* Rn 2). Die Erklärung der Einwilligung ist ausdrücklich, aber auch konkludent möglich. Wie weit die Einwilligung reicht, ist durch Auslegung der Willenserklärung vom objektiven Empfängerhorizont (§§ 133, 157) zu ermitteln. Je nach dem Umfang der Einwilligung kann man zwischen Spezial-, Art- und Generaleinwilligung unterscheiden. Der mit der Zustimmungsbedürftigkeit verbundene Zweck darf durch den ggf weit reichenden Umfang der vorherigen Zustimmung jedoch nicht unterlaufen werden. Das ist zB ein Problem bei der Generaleinwilligung für Rechtsgeschäfte eines Minderjährigen (Hk-BGB/*Dörner* Rn 2).

5 **3. Einwilligungsadressat und Form der Erklärung.** Die Einwilligung kann sowohl dem einen als auch dem anderen Teil ggü erklärt werden. Das ergibt sich bereits aus § 182 Abs 1. Die Wahlmöglichkeit hinsichtlich des Zustimmungsadressaten verengt sich nur in wenigen Fällen (§§ 108 Abs 2, 177 Abs 2, 876 S 3, 1071 Abs 1, 1078 Abs 2, 1245 Abs 1, 1255 Abs 2, 1276 Abs 1, 1366 Abs 3 S 1, 1427 Abs 1, 1453 Abs 1, 1643 Abs 3, 1750 Abs 1, 1829). Grundsätzlich ist die Erteilung der Einwilligung formfrei möglich (vgl § 182 Abs 2).

4. Widerruf. a) Grundsatz. Die Einwilligung kann nach § 183 S 1 bis zur wirksamen Vornahme des zustimmungsbedürftigen Rechtsgeschäfts jederzeit frei widerrufen werden. Wie die Einwilligung ist auch der Widerruf als *actus contrarius* eine empfangsbedürftige Willenserklärung (Erman/*Palm* Rn 3), der zu seiner Wirksamkeit der Erfüllung der allg Voraussetzungen bedarf. Der Widerruf kann ebenso wie die Einwilligung ausdrücklich oder konkludent (RGZ 133, 249, 253 f) und sowohl dem einen als auch dem anderen Teil (§ 183 S 2) ggü erfolgen. Er findet seine zeitliche Grenze in der »Vornahme« des zustimmungsbedürftigen Rechtsgeschäfts. Dies ist bei Zustimmungen zu Willenserklärungen grds der Zeitpunkt, zu welchem diese wirksam werden, also bis zu deren Zugang. Bei mehraktigen Verfügungsgeschäften ist dagegen der Widerruf bis zum Vollzug des letzten Aktes möglich (BGHZ 14, 114, 119; BaRoth/*Bub* Rn 2). 6

b) Ausnahme. Ausnahmsw ist die Einwilligung unwiderruflich gestellt. Bsp für gesetzliche Widerrufsverbote finden sich in §§ 876, 880 Abs 2, Abs 3, 1071 Abs 1, 1178 Abs 2, 1183, 1245 Abs 1I, 1255 Abs 2, 1276 Abs 1, 1516 Abs 2, 1517 Abs 1, 1726 Abs 2, 1750 Abs 2, 2291 Abs 2. Auch die Einwilligung in eine Einigung iSv § 873 Abs 1 ist vom Beginn der Bindungswirkung an (§ 873 Abs 2) nicht mehr frei widerruflich (BGH NJW 1998, 1482, 1484; Palandt/*Heinrichs* Rn 1). Der Widerruf kann ferner durch Rechtsgeschäft ausgeschlossen sein. So kann sich etwa aus dem Grundverhältnis (Auftrag, Dienstverhältnis, Geschäftsbesorgungsvertrag etc) ergeben, dass ein Widerruf ausgeschlossen sein soll (§ 183 S 1). Möglich ist aber auch der Abschluss einer gesonderten Vereinbarung hierüber. Bei diesem grds Ausschluss des Widerrufs der Einwilligung ist jedoch immer zu beachten, dass eine Einwilligung (auch eine unwiderrufliche) zumindest aus wichtigem Grund rücknehmbar ist (AnwK/*Straffhorst* Rn 10; Soerg/*Leptien* Rn 4; Staud/*Gursky* Rn 14; Erman/*Palm* Rn 4). Aus wichtigem Grund soll die zunächst erteilte Zustimmung zur Vornahme des Rechtsgeschäfts widerrufen werden können, wenn eine Partei des Hauptgeschäfts die Interessen des Einwilligenden (schuldhaft) gefährdet (BGH NJW 1969, 1171; AnwK/*Straffhorst* Rn 10; Staud/*Gursky* Rn 14). 7

III. Rechtsfolge. Liegt eine Einwilligung vor, kann ein zustimmungsbedürftiges, schuldrechtliches oder dingliches Rechtsgeschäft von Anfang an wirksam vorgenommen werden. Die bindende Einigung im Sachenrecht führt zu einer Inhaltsänderung desjenigen Rechts, auf Grund dessen der Einwilligende zustimmen musste (BaRoth/*Bub* Rn 14). Stirbt der Einwilligende, bleibt die Einwilligung bestehen, und seine Erben oder sein Nachfolger im Amt können sie widerrufen, wenn sie noch widerruflich war. Entspr gilt bei nachträglich eintretender Geschäftsunfähigkeit (AnwK/*Straffhorst* Rn 15). Lag keine Einwilligung vor, ist das zustimmungsbedürftige (zweiseitige) Rechtsgeschäft zunächst schwebend unwirksam. Es kann durch die Genehmigung nachträglich wirksam werden. Aber auch ohne wirksame Einwilligung muss sich der Einwilligungsberechtigte uU nach Rechtsscheinsgesichtspunkten so behandeln lassen, als hätte er dem Rechtsgeschäft tatsächlich zugestimmt. Insoweit werden die §§ 170–173 und die Grundsätze der Duldungs- und Anscheinsvollmacht entspr herangezogen (BGH WM 1964, 224; MüKo/*Schramm* Rn 9, 12; Erman/*Palm* Rn 5; Hk-BGB/*Dörner* Rn 3). Mit dem Widerruf der vorherigen Zustimmung erlischt die Einwilligung, so dass das zustimmungsbedürftige Rechtsgeschäft nicht mehr wirksam vorgenommen werden kann. Der Widerruf hindert den Zustimmungsberechtigten jedoch nicht, das inzwischen vorgenommene Rechtsgeschäft zu genehmigen (Erman/*Palm* Rn 5; Hk-BGB/*Dörner* Rn 7). 8

§ 184 Rückwirkung der Genehmigung.

[1] Die nachträgliche Zustimmung (Genehmigung) wirkt auf den Zeitpunkt der Vornahme des Rechtsgeschäfts zurück, soweit nicht ein anderes bestimmt ist.

[2] Durch die Rückwirkung werden Verfügungen nicht unwirksam, die vor der Genehmigung über den Gegenstand des Rechtsgeschäfts von dem Genehmigenden getroffen worden oder im Wege der Zwangsvollstreckung oder der Arrestvollziehung oder durch den Insolvenzverwalter erfolgt sind.

A. Allgemeines. § 184 enthält eine Sonderregel für Genehmigungen bzgl des Zeitpunkts ihrer Wirkung (AnwK/*Straffhorst* Rn 9). Er definiert die Genehmigung als nachträgliche Zustimmung und regelt darüber hinaus in Abs 1 deren Wirkungen für das zustimmungsbedürftige Rechtsgeschäft bzw in Abs 2 im Hinblick auf zwischenzeitlich getroffene Verfügungen (Hk-BGB/*Dörner* Rn 1). Die Vorschrift ordnet die grds Rückwirkung der Genehmigung an. Insofern geht der Gesetzgeber davon aus, dass die Parteien des zustimmungsbedürftigen Rechtsgeschäfts, wenn sie mit der Erteilung der noch ausstehenden Zustimmung rechnen, regelm die Gültigkeit des Geschäfts ab dem Zeitpunkt der Vornahme wollen (BaRoth/*Bub* Rn 1; Staud/*Gursky* Rn 31). 1

B. Regelungsinhalt. I. Anwendungsbereich. Genehmigungen sollen zur Wirksamkeit des Hauptgeschäftes führen. § 184 ist damit anwendbar auf ein der Zustimmung bedürftiges Rechtsgeschäft, bei dem die vorherige Einwilligung nicht erteilt wurde und das sich zZ noch im Zustand der schwebenden Unwirksamkeit befindet, also nicht durch Widerruf, Rücktritt, explizite Verweigerung der Genehmigung oder sonstige Gründe weggefallen ist oder von vornherein unwirksam war (vgl etwa §§ 111 S 1, 180 usw). § 184 Abs 2 gilt entspr für die Genehmigung von Prozesshandlungen (BGHZ 111, 339, 343). Die Genehmigung nur einzelner Verfahrenshandlungen eines vollmachtlosen Vertreters im Prozess ist jedoch unwirksam, da die 2

Prozessführung als einheitliches Ganzes zu werten ist und deshalb nur insges genehmigt werden kann oder nicht (BGHZ 92, 137; Erman/*Palm* Rn 2).

3 **II. Tatbestandsvoraussetzungen. 1. Wesen und Inhalt der Genehmigung.** Mit der Genehmigung ist die nachträgliche Zustimmung gemeint. Sie stellt eine empfangsbedürftige Willenserklärung dar. Die Genehmigung und ihre Verweigerung sind grds unwiderruflich, denn die Erteilung oder Verweigerung der Genehmigung wirken unmittelbar rechtsgestaltend auf den unklaren Rechtszustand ein (RGZ 139, 118, 119, 123 ff; BGHZ 13, 179, 187; 21, 229, 234; 40, 164 ff; 125, 355 ff; MüKo/*Schramm* § 182 Rn 21, 32; krit *Münzel* NJW 1959, 601). Beide Erklärungen können aber, soweit die Voraussetzungen der §§ 119 ff vorliegen, angefochten werden (Palandt/*Heinrichs* Rn 4). Die unmittelbar rechtsgestaltende Wirkung führt auch dazu, dass die Genehmigung bzw ihre Verweigerung als bedingungsfeindlich anzusehen sind (PWW/*Frensch* Rn 2; aA BaRoth/*Bub* Rn 4). Durch die Erklärung der Genehmigung stellt die Person, von deren Einwilligung die Wirksamkeit des Geschäftes abhängt, klar, dass das Geschäft für sie Gültigkeit haben soll.

4 **2. Gegenstand der Genehmigung.** Gegenstand der Genehmigung ist das zustimmungsbedürftige und zustimmungsfähige Rechtsgeschäft. Möglicherweise bezieht sich die Genehmigung auch nur auf einen Teil des Geschäftes (sog Teilgenehmigung). Dann ist das Geschäft insofern gültig, als es teilbar ist und die Parteien das Geschäft auch ohne den ungültigen, nicht genehmigten Teil vorgenommen hätten (MüKo/*Schramm* Rn 10; vgl § 139).

5 **3. Genehmigungserklärung/Adressat.** Die Genehmigung kann ausdrücklich, aber auch konkludent erteilt werden (Erman/*Palm* Rn 1). Ob sie tatsächlich erklärt wurde, ist nach allg Auslegungsgrundsätzen (§§ 133, 157) zu ermitteln Eine konkludente Genehmigung wird angenommen, wenn der Dritte das Rechtsgeschäft erkennbar als gültig behandelt. Die Genehmigung kann gem § 182 Abs 1 wahlweise ggü demjenigen, für dessen wirksames Handeln sie nötig ist, oder ggü dessen Geschäftsgegner erklärt werden (RGZ 64, 149, 153 ff; BGH NJW 1953, 58; WM 1959, 60, 63; NJW 1961, 1763; Palandt/*Heinrichs* § 182 Rn 1). Ist das zustimmungsbedürftige Geschäft ein Vertrag, kommt also jede der beiden Parteien (bei Personenmehrheit eben diese) als Erklärungsempfänger in Betracht (MüKo/*Schramm* § 182 Rn 5).

6 **5. Form der Genehmigungserklärung.** Grundsätzlich ist die Erteilung der Genehmigung gem § 182 Abs 2 formfrei gestellt. Sofern nicht eine Spezialvorschrift (wie §§ 1516 Abs 2, 1517 Abs 1, 1597, 1750 Abs 1, 2120, 2291 Abs 2 BGB, 71 Abs 2 ZVG) einen bes Formzwang anordnet, bedarf sie daher nicht der für das Rechtsgeschäft bestimmten Form (BGHZ 138, 242 f; Palandt/*Heinrichs* § 182 Rn 2). Die Formfreiheit beruht auf dem Gedanken, dass die Genehmigung kein Teil des zustimmungsbedürftigen Rechtsgeschäfts ist (Erman/*Palm* § 182 Rn 4). Trotzdem diese Regelung dann bedenklich ist (Larenz/*Wolf* AT § 51 Rn 16; Erman/*Palm* § 182 Rn 4), wenn die Form, die für das zustimmungsbedürftige Geschäft gilt, eine bes Warnfunktion hat (vgl §§ 311b Abs 1, 766), lehnt die hM (anders als bei der Parallelvorschrift für die Vollmacht, § 167 Abs 2) eine einschränkende Auslegung ab (BGHZ 125, 218, 220 ff; BGH NJW 1998, 1482).

7 **6. Frist.** Für die Erteilung der Genehmigung besteht keine gesetzliche Frist (Stuttgart NJW 1954, 36; Palandt/*Heinrichs* Rn 1). Der Vertragspartner kann jedoch durch ein Vorgehen nach §§ 108 Abs 2, 177 Abs 2, 1366 Abs 3 eine Frist in Gang setzen. Die Aufforderung zur Erklärung über die Genehmigung hat die Wirkung, dass die Genehmigung nur binnen zweier Wochen erteilt werden kann und nach Fristablauf als verweigert gilt. Die Regelungen dürften auf andere Genehmigungsfälle entspr anwendbar sein (Erman/*Palm* Rn 4; MüKo/*Schramm* Rn 9; Palandt/*Heinrichs* Rn 1).

8 **7. Bedeutung von § 184 Abs 2: Zwischenverfügungen.** § 184 Abs 2 dient dem Schutz Dritter (Palandt/*Heinrichs* Rn 5). Die Vorschrift will verhindern, dass jmd eine von ihm vorgenommene Verfügung außer Kraft setzt, indem er später eine ältere, unwirksam gebliebene Verfügung genehmigt (RGZ 134, 121, 122 ff). Zudem soll dem Genehmigenden die Möglichkeit genommen werden, zwischenzeitlich gegen ihn ergangene Zwangsverfügungen durch rückwirkende Genehmigung früherer Verfügungen unwirksam zu machen (Erman/*Palm* Rn 9). Der Schutz setzt keinen guten Glauben voraus, besteht also auch dann, wenn der Begünstigte das schwebend unwirksame Geschäft kannte (Palandt/*Heinrichs* Rn 5). Heranzuziehen ist diese Vorschrift unmittelbar nur dann, wenn Verfügungen vorliegen, die entweder von dem Genehmigenden selbst durchgeführt wurden oder aber wenn Vollstreckungsmaßnahmen mit Wirkung gegen ihn vorgenommen wurden (BGHZ 70, 302 ff; Frankfurt aM NJW-RR 1997, 1308, 1310). Zu einer analogen Anwendung der Norm kommt es dann, wenn eine gem § 399 unabtretbare Forderung mehrfach abgetreten worden ist und der Schuldner die spätere vor der früheren Abtretung genehmigt (BGHZ 40, 156 ff; MüKo/*Schramm* Rn 37). Zur entspr Anwendung bei genehmigungspflichtiger Abtretung sozialrechtlicher Ansprüche BSG NZS 01, 104. § 184 Abs 2 gilt mangels Verfügungswirkung nicht für den Eintrag eines Widerspruchs im Grundbuch (RGZ 134, 283, 288).

9 **III. Rechtsfolge. 1. Erteilung der Genehmigung. a) Schwebezustand bis zur Erteilung der Genehmigung.** Ein ohne Einwilligung (§ 183) geschlossener zustimmungsbedürftiger Vertrag ist zunächst schwebend unwirksam (RGZ 64, 154 ff). Bis zur Erteilung der Genehmigung sind die Parteien vorläufig an den Vertrag gebunden (BGHZ 95, 88, 95; Palandt/*Heinrichs* Rn 1; PWW/*Frensch* Rn 1), es sei denn, dass bes Vorschriften (§§ 109, 178,

1366 Abs 2, 1830) ein Widerrufsrecht vorsehen. Erfüllungsansprüche bestehen jedoch bis zum Zeitpunkt der Genehmigung nicht (BGHZ 65, 123, 126; NJW 1993, 648, 651). Auch können die Vertragsparteien mit den von ihnen geschuldeten Leistungen noch nicht in Verzug geraten (BGH NJW 1999, 1329). Die in Unkenntnis des Schwebezustands erbrachten Leistungen können nach §§ 812 Abs 1 S 1 Alt 1 zurückgefordert werden (BGHZ 65, 12, 126 f).

b) Grundsatz der Rückwirkung der Genehmigung ab Erteilung. Wird die Genehmigung erteilt, wirkt sie gem § 184 Abs 1 grds auf den Zeitpunkt der Vornahme des Rechtsgeschäfts, gleichgültig, ob es sich um ein Verpflichtungs- oder Verfügungsgeschäft handelt, zurück. Die Rückwirkung besteht darin, dass das Hauptgeschäft fiktiv als vom Zeitpunkt seiner Vornahme ab als wirksam betrachtet wird, sofern seiner Wirksamkeit damals keine anderen Hindernisse als das Fehlen der Genehmigung entgegengestanden haben (RGZ 142, 59, 63; PWW/*Frensch* Rn 2; AnwK/*Straffhorst* Rn 10). **aa) Wirksamkeit der Genehmigung.** Dabei muss die Genehmigung (etwa hinsichtlich der Geschäftsfähigkeit und der Verfügungsmacht) selbst wirksam sein, um die von § 184 Abs 1 angeordnete rückwirkende Kraft zu entfalten. Bei der Beurteilung der Geschäftsfähigkeit bzw Verfügungsbefugnis kommt es auf den Zeitpunkt der Erklärung der Genehmigung an (RGZ 134, 286 ff; BGHZ 107, 340, 341; PWW/*Frensch* Rn 2; Staud/*Gursky* Rn 23; Erman/*Palm* Rn 3; aA *Fikenauer* AcP 203, 282 ff). 10

bb) Ausnahmen von der Rückwirkung. Die von § 184 Abs 1 angeordnete Rückwirkung der Genehmigung tritt nur dann nicht ein, wenn Spezialvorschriften etwas anderes bestimmen, die Rückwirkung im Widerspruch zum Gesetzeszweck zur Verkürzung oder zum Abschneiden von Fristen führen würde oder aber eine gegenteilige Parteivereinbarung vorliegt (BGHZ 108, 384 ff; LG Köln DB 1998, 2008; Hamm VersR 1978, 1134, 1136; AnwK/*Straffhorst* Rn 11; Erman/*Palm* Rn 8). 11

c) Einzelheiten. Erst mit dem Zugang der Genehmigung kann der Schuldner in Verzug geraten (BGH NJW 1999, 1329; Karlsruhe NJW-RR 1986, 57; Rostock NJW 1995, 3127, 3128; MüKo/*Schramm* Rn 12a, 13). Allerdings soll bei Vereinbarung einer kalendermäßig bestimmten Leistungszeit (§ 284 Abs 2 Nr 1) eine vor dem Leistungszeitpunkt erteilte Genehmigung zurückwirken (BGH NJW 2001, 365, 366; Palandt/*Heinrichs* Rn 2; Erman/*Palm* Rn 8). Die Genehmigung der Nachfristsetzung eines Nichtberechtigten entfaltet jedoch keine *ex tunc* Wirkung (BGHZ 114, 361 ff; NJW 1991, 2552; NJW 1998, 3058; 2000, 506). Auch den Ablauf einer Verjährungsfrist kann die Genehmigung nicht rückwirkend in Gang setzen (RGZ 65, 245, 247; Palandt/*Heinrichs* Rn 2; Staud/*Gursky* Rn 38). Der Grund besteht darin, dass der Ablauf der Verjährungsfrist voraussetzt, dass der Anspruch auch geltend gemacht werden kann (RGZ 65, 245, 47; 75, 114, 115 ff; BGH NJW 1979, 102; MüKo/*Schramm* Rn 12a). Gleiches gilt für solche Fristen, die dem verbraucherschutzrechtlichen Instrumentarium entspringen (BGH NJW 1994, 1800 f; 1995, 2391, 2392; Erman/*Palm* Rn 8) und für die Anfechtungsfristen nach dem AnfG (BGH NJW 1979, 102; Palandt/*Heinrichs* Rn 2). 12

d) Keine Rückwirkung bei einseitigen Rechtsgeschäften. Für einseitige Rechtsgeschäfte, die der erforderlichen Zustimmung ermangeln, bleibt für die Genehmigung kein Raum, vgl § 182 Abs 3 (RGZ 146, 314, 316; Hk-BGB/*Dörner* Rn 2). Sie können grds nur mit vorheriger Einwilligung vorgenommen werden. Das wird in den §§ 111, 180, 1367, 1831 ausdrücklich bestimmt. Sie sind, wenn die Einwilligung fehlt, nicht schwebend unwirksam, sondern sofort nichtig (RGZ 146, 316 ff; BAG DB 1977, 1191). 13

2. Verweigerung der Genehmigung. Die Verweigerung der Genehmigung macht das bis dahin schwebend unwirksame Geschäft endgültig unwirksam (BGHZ 125, 355, 358; AnwK/*Straffhorst* Rn 8). Nach vereinzelter Auffassung soll davon im Fall der Pflichtwidrigkeit der Genehmigungsverweigerung eine Ausn zu machen sein (*Schmidt* AcP 189, 1, 11 ff; Staud/*Gursky* § 182 Rn 42). Hiergegen spricht jedoch die im Interesse der Rechtssicherheit bestehende Gestaltungswirkung der Genehmigung bzw ihrer Verweigerung. Im Regelfall wird der Betroffene daher auf Schadensersatzansprüche verwiesen sein (AnwK/*Straffhorst* Rn 8). 14

§ 185 Verfügung eines Nichtberechtigten.

[1] Eine Verfügung, die ein Nichtberechtigter über einen Gegenstand trifft, ist wirksam, wenn sie mit Einwilligung des Berechtigten erfolgt.

[2] Die Verfügung wird wirksam, wenn der Berechtigte sie genehmigt oder wenn der Verfügende den Gegenstand erwirbt oder wenn er von dem Berechtigten beerbt wird und dieser für die Nachlassverbindlichkeiten unbeschränkt haftet. In den beiden letzten Fällen wird, wenn über den Gegenstand mehrere miteinander nicht in Einklang stehende Verfügungen getroffen worden sind, nur die frühere Verfügung wirksam.

A. Allgemeines. Die Norm begründet ein Zustimmungserfordernis für die in eigenem Namen vorgenommenen Verfügungen eines Nichtberechtigten, auf welches die §§ 182–184 Anwendung finden. § 185 regelt vier Fälle der Konvaleszenz von Verfügungen eines Nichtberechtigten. Nach § 185 Abs 1 und § 185 Abs 2 Fall 1 beruht die Konvaleszenz auf der Zustimmung des Berechtigten. Gem § 185 Abs 2 Fall 2 und 3 tritt sie ein, weil der Verfügende den Gegenstand erwirbt oder er vom Berechtigten beerbt wird und dieser für die Nachlassverbindlichkeit unbeschränkt haftet (Palandt/*Heinrichs* Rn 1; Hk-BGB/*Dörner* Rn 1). 1

2 **B. Regelungsinhalt. I. Allgemeines.** § 185 gilt unmittelbar nur für Verfügungen eines Nichtberechtigten. Eine **analoge Anwendung** findet § 185 aber auch auf die sog **Empfangsermächtigung**, insofern verweist § 362 Abs 2 auf diese Norm. Entspr herangezogen wird § 185 zudem auf die sog Einzugsermächtigung (AnwK/*Straffhorst* Rn 6; Palandt/*Heinrichs* Rn 13). Die **Einziehungsermächtigung** gestattet dem Nichtberechtigten, eine dem Berechtigten geschuldete Leistung im eigenen Namen vom Schuldner einzufordern; sie geht damit über eine reine Empfangsermächtigung hinaus (BGH NJW-RR 1997, 1460; Hk-BGB/*Dörner* Rn 7). Hauptanwendungsfall der Einzugsermächtigung sind die Sicherungszession und die Zession der Kaufpreisforderung beim verlängerten Eigentumsvorbehalt (PWW/*Frensch* Rn 15). In ähnl Weise wie für die Einzugsermächtigung wird **§ 185 für andere verfügungsähnl Tatbestände** herangezogen. Zu nennen sind dabei: die Eintragungsbewilligung nach § 19 GBO (Naumburg NJW-RR 1999, 1462; BayObLGZ 1988, 229, 231; Köln Rpfleger 1980, 222, 223), die Pfändung schuldnerfremder Sachen in der Mobiliarzwangsvollstreckung (RGZ 124, 28, 32; BGHZ 56, 351; Schleswig WuM 1990, 194; Staud/*Gursky* Rn 102); der Überbau (BGHZ 15, 216, 218 f; Frankfurt aM MDR 1968, 496; Celle NJW-RR 2004, 16), relative Veräußerungsverbote (Staud/*Gursky* Rn 96; MüKo/*Schramm* Rn 14) und die vormerkungswidrige Verfügung (RGZ 154, 355, 367 f; BGH LM § 883 Nr 6; MüKo/*Schramm* Rn 14).

3 Ob die Regelung auch für die **Erwerbsermächtigung** gelten soll, ist str (abl PWW/*Frensch* Rn 16; Staud/*Schilken* Vor §§ 164 ff Rn 69). Mit Hilfe der Erwerbsermächtigung soll erreicht werden, dass beim Erwerb dinglicher Rechte das Recht vom Übertragenden nicht auf dessen in eigenem Namen handelnden Vertragspartner, sondern direkt auf einen Dritten übergeht. Eine solche Konstruktion würde aber dem Offenkundigkeitsprinzip widersprechen, deshalb ist diese Konstruktion insg abzulehnen. In der Diskussion steht die Heranziehung des § 185 aber auch bei gesetzlichen Pfandrechten; wobei die hM eher Zustimmung hinsichtlich der Anwendbarkeit signalisiert (BGHZ 20, 88, 101; 34, 122, 125 ff; BaRoth/*Bub* Rn 3; PWW/*Frensch* Rn 5; aA Soerg/*Leptien* Rn 9). Bei Handlungen im Rechtsprozess ist zu differenzieren: So ist man sich relativ einig darin, dass § 185 auf Prozesshandlungen grds keine Anwendung findet. Ob das aber auch für die Unterwerfung unter die sofortige Zwangsvollstreckung gilt, ist bislang noch nicht geklärt (abl BayObLG NJW 1971, 514, 515; Frankfurt aM DNotZ 1972, 85; Saarbrücken NJW 1977, 1202; bejahend Köln Rpfleger 1991, 13, 14; für § 185 Abs 2 auch BGHZ 108, 372, 376; Palandt/*Heinrichs* Rn 4).

4 Nach § 185 handelt der Nichtberechtigte im eigenen Namen. Tritt er hingegen in fremdem Namen auf, liegt ein Fall der Stellvertretung vor (Hk-BGB/*Dörner* Rn 3). Keine Anwendung findet § 185 auf bloße Verpflichtungsgeschäfte (RG JW 24, 809; Erman/*Palm* Rn 2), denn diese stellen mangels unmittelbarer Einwirkung auf den Bestand des Rechtes keine Verfügung dar (PWW/*Frensch* Rn 2). Unanwendbar ist § 185 auch auf die sog Verpflichtungsermächtigung (Hk-BGB/*Dörner* Rn 5; Palandt/*Heinrichs* Rn 3). Unter einer solchen versteht man die Erteilung einer Rechtsmacht, den Ermächtigenden durch ein vom Ermächtigten im eigenen Namen vorzunehmendes Rechtsgeschäft zu verpflichten. Diese Art der Ermächtigung ist systemwidrig, da sie dem Offenkundigkeitsprinzip widerspricht und daher als unzulässig abzulehnen (BGHZ 114, 96, 100 ff; Hk-BGB/*Dörner* Rn 5). Der Vertragspartner soll schließlich wissen, wer sein Schuldner ist (Erman/*Palm* Rn 18; PWW/*Frensch* Rn 17).

5 **II. Tatbestandsvoraussetzungen. 1. Verfügung und Verfügungsgegenstand.** § 185 betrifft Verfügungen des Nichtberechtigten. Eine Verfügung ist ein Rechtsgeschäft, das unmittelbar darauf gerichtet ist, auf ein bestehendes Recht einzuwirken, es zu verändern, zu übertragen oder aufzuheben (BGHZ 75, 221, 226; Erman/*Palm* Rn 2; PWW/*Frensch* Rn 2). Die Norm setzt eine Verfügung im rechtstechnischen Sinne voraus, so dass ein nach den Regelungen im jeweiligen Rechtsbereich geeigneter Verfügungsgegenstand (etwa: bewegliche oder unbewegliche Sache, Forderung, Recht) erforderlich ist (RGZ 111, 250 ff; Erman/*Palm* Rn 2). Zu den analogen Anwendungsbereichen vgl unter I. Ob § 185 auch auf den Fall der Besitzüberlassung passt (etwa mit dem Argument, dass sie einer Verfügung nahe kommt), ist str, aber mangels des erforderlichen Verfügungselementes eher abzulehnen (dafür Erman/*Palm* Rn 3; Soerg/*Leptien* Rn 9; aA BGHZ 84, 90 ff). Keine Verfügung iSv § 185 ist jedenfalls die »Verfügung von Todes wegen« (RGZ 111, 250, 251; PWW/*Frensch* Rn 2). Der Grund ist auch hier, dass sie nicht unmittelbar auf den Bestand eines Rechtes einwirkt.

6 **2. Nichtberechtigter.** Der Verfügende muss Nichtberechtigter sein. Dabei kommt es nicht auf die formale Rechtsinhaberschaft, sondern auf die konkrete Verfügungsmacht an. Nichtberechtigt iSv § 185 ist jmd, der über einen Gegenstand verfügt, obwohl ihm die dafür erforderliche Verfügungsmacht nicht, nicht in ausreichendem Maße oder noch nicht bzw nicht mehr zusteht (OLGZ Hamm 1981, 282; Palandt/*Heinrichs* Rn 5). Mängel in der Verfügungsbefugnis können sich daraus ergeben, dass der Gegenstand bzw das Recht, über das verfügt wird, dem Verfügenden nicht oder nicht allein gehört (Bsp: Miteigentum, Gesamthand) oder er zwar Rechtsinhaber ist, ihm aber ausnahmsw die Verfügungsbefugnis fehlt. Letzteres ist etwa der Fall beim Gesamtschuldner nach Eröffnung des Insolvenzverfahrens (§§ 80 ff InsO), beim Erben in der Testamentsvollstreckung (§ 2211) oder bei der Nachlassverwaltung (§ 1984 Abs 1) bzw in der Vor- und Nacherbschaft (§§ 2112 ff). Nichtberechtigter ist aber auch, wer die Grenzen seiner Verfügungsermächtigung (die der Ermächtigende nach Belieben einschränken kann, vgl BGHZ 106, 1, 4; PWW/*Frensch* Rn 7) überschreitet. Hinsichtlich des Zeitpunktes ist grds derjenige der Vollendung des Rechtserwerbs maßgeblich (Hk-BGB/*Dörner* Rn 3).

3. Einwilligung zur Verfügung. Der Nichtberechtigte kann wirksam über den Gegenstand bzw die Forderung verfügen, wenn der Berechtigte in die Verfügung einwilligt. **a) Wesen und Inhalt/Erteilung.** Die Einwilligung zur Verfügung verschafft dem Nichtberechtigten die mit »Ermächtigung« bezeichnete Rechtsmacht, über ein ihm nicht zur Verfügung stehendes (fremdes) Recht wirksam zu verfügen. Die Einwilligung in die Verfügung kann durch den Verfügungsberechtigten ausdrücklich, aber auch konkludent erklärt werden. Ob sie erteilt wurde, ist Auslegungsfrage, vgl §§ 133, 157 (PWW/*Frensch* Rn 7). Entscheidend ist nicht die von den Parteien gewählte Bezeichnung, sondern Sinn und Zweck der Erklärung. Der Erklärung kommt aber nur dann die Wirkung der Einwilligung zu, wenn sie durch den Berechtigten kundgetan wird. Berechtigter iSd § 185 ist (spiegelbildlich zum Nichtberechtigten) derjenige, dem die volle Verfügungsmacht über das Verfügungsgut zusteht (PWW/*Frensch* Rn 7). IÜ gelten bzgl der Erteilung der Einwilligung die §§ 182, 183. 7

b) Anwendungsfälle. Die Ermächtigung nach § 185 Abs 1 wird in der Praxis in vielfältiger Form eingesetzt: Zu denken ist zunächst an die Verkaufskommission nach §§ 383 ff HGB und die Ermächtigung zum Weiterverkauf beim verlängerten Eigentumsvorbehalt (§ 449) sowie bei der Sicherungsübereignung (§ 930). Bzgl der Ermächtigung zur Weiterveräußerung beim verlängerten Eigentumsvorbehalt ist hervorzuheben, dass auch ohne ausdrückliche Einwilligung der Vorbehaltskäufer idR stillschweigend zur Weiterveräußerung der Ware im eigenen Namen als ermächtigt gilt (BGHZ 68, 199, 202). Dabei steht die Ermächtigung jedoch unter der Bedingung der ausreichenden Sicherung des Vorbehaltsverkäufers, etwa durch eine wirksame Vorausabtretung der anfallenden Weiterverkaufsforderungen (BGH NJW-RR 1986, 1378, 1379; PWW/*Frensch* Rn 8). Zudem ist die Weiterveräußerung auf den ordentlichen Geschäftsgang beschränkt. Ob die Veräußerung im Rahmen des ordentlichen Geschäftsganges erfolgte, ist anhand objektivierter Kriterien festzustellen (BGHZ 68, 199, 202 ff). Zu Einzelfällen vgl PWW/*Frensch* Rn 8. Wird ein Grundstück veräußert, ist zu beachten, dass in der Auflassungserklärung idR konkludent auch die Ermächtigung des Auflassungsempfängers zur Weiterveräußerung des Grundstücks liegt (BGH NJW-RR 1991, 465; Hk-BGB/*Dörner* Rn 6). Das gilt nur dann nicht, wenn die Weiterveräußerung eine vereinbarte Sicherheit (Rückauflassung) des Veräußerers vereiteln (OLGZ Düsseldorf 1980, 343 f) oder sonst einer vertraglichen Zweckbestimmung zuwiderlaufen würde (BGH NJW 1997, 936, 937). 8

4. Wirksamwerden der Verfügung nach Abs 2. a) Genehmigung. Gem § 185 Abs 2 Fall 1 wird die ohne vorherige Zustimmung von einem Nichtberechtigten vorgenommene Verfügung nachträglich, aber mit Rückwirkung wirksam, wenn sie vom Berechtigten genehmigt wird. Auf die Genehmigung finden die §§ 182, 184 Anwendung. Auch die Genehmigung kann ausdrücklich erfolgen, oder aber durch schlüssiges Handeln erklärt werden. Hervorhebenswert ist, dass dann, wenn der Berechtigte gegen den Nichtberechtigten Klage auf Herausgabe des Erlangten erhebt (§ 816), in seinem Herausgabebegehren idR eine stillschweigende Genehmigung der Verfügung zu sehen ist (BGHZ NJW 1986, 2106; Palandt/*Heinrichs* Rn 10). Dabei soll es nach hM möglich sein, die Genehmigung an die Bedingung der Herausgabe des Erlöses »Zug-um-Zug« zu knüpfen (Palandt/*Heinrichs* Rn 10). In jedem Fall muss der Genehmigende zur Erteilung der Genehmigung befugt sein, ansonsten entfaltet die nachträglich erklärte Zustimmung zur Verfügung keinerlei Rechtswirkungen. Zuständig für die Genehmigungserteilung ist der Erklärende aber nur dann, wenn er im Zeitpunkt der Genehmigung die Verfügungsmacht über den Gegenstand innehat (Hk-BGB/*Dörner* Rn 9). Ist die Verfügungsmacht zwischenzeitlich auf einen anderen übergegangen, kann grds nur der neue Rechtsinhaber iSv § 185 genehmigen (BGHZ 107, 341 ff; krit *Finkenauer* AcP 203, 309 ff). Andernfalls könnte der frühere Berechtigte und jetzt Genehmigende in das Recht des gegenwärtig Berechtigten eingreifen. Strittig ist, ob die Genehmigungsmöglichkeit iSe nachträglichen Zustimmung auch für einseitige Rechtsgeschäfte im Hinblick auf die Ausübung von Gestaltungsrechten (BGH NJW 1998, 894; BGHZ 118, 121, 124; Hk-BGB/*Dörner* Rn 6; krit Erman/*Palm* Rn 3) und bei geschäftsähnl Handlungen Platz greifen soll. Kritisch ist dagegen anzumerken, dass diese nach dem Rechtsgedanken der §§ 111, 180 aus Gründen der Rechtssicherheit keinen Schwebezustand vertragen und daher nur die Möglichkeit der vorherigen Zustimmung bestehen kann (PWW/*Frensch* Rn 5). 9

b) Nachträglicher Erwerb des Nichtberechtigten. Erwirbt der Nichtberechtigte den Gegenstand, über den er unberechtigt verfügt hat, nachträglich, dann wird die Verfügung gem § 185 Abs 2 Fall 2 wirksam. Dabei verlangt § 185 Abs 2 Fall 2, dass der Verfügende (wenn auch nur für eine logische Sekunde, vgl dazu BGHZ 20, 89, 101; BFH NJW 1996, 1079) Rechtsinhaber wird. Nicht ausreichend ist es, wenn er – ohne Rechtsinhaber zu werden – nachträglich lediglich als Testamentsvollstrecker oder Insolvenzverwalter eine Verfügungsbefugnis bekommt (BGHZ ZIP 1999, 447, 450). 10

c) Konvaleszenz durch Beerbung. Wird der Verfügende von dem Berechtigten beerbt und haftet dieser unbeschränkt für die Nachlassverbindlichkeiten, soll die nichtberechtigt vorgenommene Verfügung ebenfalls wirksam werden (§ 185 Abs 2 Fall 3). Die Konvaleszenz tritt im Fall des nachträglichen Rechtserwerbs und der Beerbung allerdings ohne Rückwirkung ein (RGZ 135, 383 ff; BGH WM 1978, 1406). Der Fall der Konvaleszenz durch Beerbung wird durch den Gedanken getragen, dass der Berechtigte als unbeschränkt haftender Erbe zur Erfüllung der Verbindlichkeit des Nichtberechtigten aus dem Kausalverhältnis (Herbeiführung des Verfügungserfolgs) und damit auch zur Erteilung der Genehmigung verpflichtet ist. Durch die vom Gesetz angeordnete automatische Heilung wird dem durch die Verfügung Begünstigten die ansonsten möglicher- 11 weise notwendige Klage auf Erteilung der Genehmigung erspart (Hk-BGB/*Dörner* Rn 14). Die Heilung tritt aber nur ein, wenn der erbende Berechtigte endgültig unbeschränkt haftet, die Haftung also nicht mehr beschränkbar ist (Stuttgart NJW-RR 1995, 968; Erman/*Palm* Rn 13). Bsp: Verfügt eine Mutter in der Annahme, Alleinerbin ihres Mannes zu sein, zugunsten ihrer Kinder gleichmäßig über den Grundbesitz, der in Wirklichkeit nach gesetzlicher Erbfolge ihr und den Kindern gehört, so wird die Verfügung mit dem Tod der Mutter wirksam, wenn ihre Kinder sie zu gleichen Teilen beerben und für die Nachlassverbindlichkeiten unbeschränkt haften (BGH MDR 1964, 577).

12 **d) Kollidierende Verfügungen.** Für mehrere kollidierende Verfügungen gilt in den Fällen des § 185 Abs 2 S 1 das Prioritätsprinzip (§ 185 Abs 2 S 2). Das bedeutet, dass grds nur die zuerst erfolgte Verfügung wirksam wird. Die spätere Verfügung erlangt nur dann bzw nur insoweit Wirksamkeit, als sie der früheren nicht widerspricht (Palandt/*Heinrichs* Rn 12). So hindert eine Verpfändung eine spätere Übereignung nicht, führt allerdings zum Erwerb eines mit einem Pfandrecht belasteten Eigentums (Hk-BGB/*Dörner* Rn 13).

13 **III. Rechtsfolge.** Die im eigenen Namen und ohne Einwilligung des Berechtigten vorgenommene Verfügung eines Nichtberechtigten ist zunächst schwebend unwirksam. Sie wird erst mit der Genehmigung wirksam, die nach § 185 Abs 2 Fall 1 rückwirkende Kraft entfaltet. Keine rückwirkende Kraft entfaltet die Verfügung dann, wenn ein nachträglicher Erwerb des nichtberechtigt Verfügenden eintritt (§ 182 Abs 2 S 1 Fall 2). Gleiches gilt für die in § 185 Abs 2 S 1 Fall 3 beschriebene Situation.

Abschnitt 4 Fristen, Termine

§ 186 Geltungsbereich. **Für die in Gesetzen, gerichtlichen Verfügungen und Rechtsgeschäften enthaltenen Frist- und Terminsbestimmungen gelten die Auslegungsvorschriften der §§ 187 bis 193.**

Literatur *Borges* Die Wertstellung im Giroverhältnis WM 1998, 105.

1 **A. Allgemeines.** Zeitliche Fixierungen der Parteien unterliegen häufig mehrdeutiger Ausdrucksformen, die zu Missverständnissen führen können. Dies ist gerade bei Fristen oder Termine problematisch. Die §§ 186 bis 193 sollen Missverständnissen entgegenwirken. Mithin stellen sie Auslegungsvorschriften mit Auffangfunktion dar (BGH NJW-RR 1989, 629). Ihre Anwendung ist somit ausgeschlossen, wo eindeutige Regelungen getroffen sind. Der Anwendungsbereich der §§ 186–193 erstreckt sich auf das gesamte bürgerliche Recht, sofern keine Sondervorschriften bestehen. Darüber hinaus ist entspr Anwendung im Bereich des öffentlichen Rechts (RGZ 161, 125, BGHZ 59, 396, 397) und des Strafrechts (BGH NJW–RR 1989, 629 grds anerkannt. Grds finden die Bestimmungen im gesamten Bundesrecht Anwendung, soweit keine Sondervorschriften vorliegen, etwa in §§ 359, 361 HGB, §§ 42, 43 StPO; § 17 FGG, § 222 Abs 3 ZPO; § 57 Abs 2 VwGO. Sofern das Rechtsgebiet keine eigenständige Regelung über die Fristberechnung trifft, sind die §§ 186 bis 193 unabhängig vom Fehlen einer Verweisung anzuwenden, wenn der Sinn und Zweck des Gesetzes nicht gegen die Anwendung der Vorschriften des BGB spricht (jurisPK/*Becker* Rn 13).

2 **B. Regelungsinhalt.** Zunächst wird für die Anwendung der §§ 186 bis 193 eine anderweitig geregelte Frist- und Terminbestimmung vorausgesetzt. Diese anderweitigen Regelungen dürfen keinen speziellen Regelungen unterliegen. Nach der Rspr des Reichsgerichts (RGZ 120, 362) ist die **Frist** ein abgegrenzter, ein bestimmter oder bestimmbarer Zeitraum. Die Bestimmtheit kann sich aus der Festlegung eines Zeitpunktes (»... innerhalb eines Monats«) oder eines festgelegten Anfangs- und Endpunktes (» vom...bis zum...«) ergeben. Dies ist auch durch Verwendung unbestimmter Rechtsbegriffe (»angemessen«, »unverzüglich«) möglich (vgl PWW/*Kesseler* Rn 3). **Termin** ist ein bestimmter Zeitpunkt, an dem etwas geschehen soll oder eine Rechtswirkung eintritt« (PWW/*Kesseler* Rn 3; VGH München NJW 1991, 1251). Die der Fristenregelung zugrunde liegende Zeitrechnung bestimmt sich nach dem gregorianischen Kalender. In Deutschland gilt gesetzlich die mitteleuropäische Zeit (MEZ), einschließlich des Wechsels zwischen Sommer- und Winterzeit (MüKo/*Grothe* § 186 Rn 3). Die Beweislast für die Vereinbarung einer abweichenden Bestimmung trifft nach allg Regeln denjenigen, der die Abweichung geltend macht.

§ 187 Fristbeginn. **[1] Ist für den Anfang einer Frist ein Ereignis oder ein in den Lauf eines Tages fallender Zeitpunkt maßgebend, so wird bei der Berechnung der Frist der Tag nicht mitgerechnet, in welchen das Ereignis der der Zeitpunkt fällt.**

[2] Ist der Beginn eines Tages der für den Anfang einer Frist maßgebende Zeitpunkt, so wird dieser Tag bei der Berechnung der Frist mitgerechnet. Das Gleiche gilt von dem Tag der Geburt bei der Berechnung des Lebensalters.

A. Allgemeines. Entgegen der missverständlichen amtlichen Überschrift enthält die Bestimmung keine Regelung über den Fristbeginn. § 187 bestimmt lediglich den Zeitpunkt der Fristberechnung. Diese Bestimmung hat als Auslegungsvorschrift eine Auffangfunktion und ist somit dispositiv (jurisPK/*Becker* Rn 4). 1

B. Regelungsinhalt. I. § 187 Abs 1. Fristberechnung erfolgt grds nach der sog Zivilkomputation. Danach zählen für die Berechnung nur ganze Tage, so dass der Fristbeginn prinzipiell um 0 Uhr des ersten Tages beginnt und um 24 Uhr des letzten Tages der Frist endet. **1. Ereignis- bzw Tageszeitpunktsfristen.** Als Ereignisfristen werden Fristen bezeichnet, die für den Beginn einer Frist ein tatsächliches Geschehen voraussetzen. In diesem Sinne ist die Ablieferung einer beweglichen Sache gem § 438 Abs 2 Alt 2 Fristbeginn für die Mängelverjährungsfrist (jurisPK/*Becker* Rn 5). Die Berechnung des Beginns der Frist beginnt mit dem Folgetag um 0 Uhr. Der Tag, in den das Ereignis oder der Zeitpunkt fällt, wird nicht mitgerechnet. Diese Fristberechnung ist nicht auf die Verjährungshemmung iSd § 209 anwendbar, da diese keine Frist darstellt (RGZ 161, 125, 127). 2

2. Einzelfälle. Liegt dem Vertrag ein Fristbeginn »ab heute« zugrunde gelegt, so wird dieser Tag (»heute«) nicht mitgerechnet (MüKo/*Grothe* Rn 2). Ist die Frist »acht Tage von heute«, so wird nach allg Ansicht »heute« ebenfalls nicht mitgerechnet, sondern die Frist beginnt erst am Folgetag um 0 Uhr zu laufen (MüKo/*Grothe* Rn 2). Dies gilt nur, wenn nicht das Gegenteil zum Ausdruck kommt. Eine andere Betrachtungsweise folgt, wenn eine Frist » heute in acht Tagen« zugrunde gelegt wird. Nach dem allg Sprachgebrauch ist diese Frist so zu verstehen, dass der Tag (» heute«) in die Fristberechnung mit einzubeziehen ist, was ein Fristende in der nächsten Woche am gleichen Tag zur Folge hat. Problematisch ist der Fristbeginn, wenn eine Frist von 24, 48 etc Stunden angegeben wird. Je nach Auslegung kann hier eine Stundenfrist und somit das Prinzip der Naturalkomputation zugrunde liegen oder eine Frist von mehreren Tagen, die dann nach dem Grundsatz der Zivilkomputation berechnet wird (Palandt/*Heinrichs* Rn 1). Nach Auslegung und in Bezug auf den Wortlaut ist die Annahme einer Stundenfrist wahrscheinlicher. Aus Praktikabilitätsgründen ist die analoge Anwendung des § 187 Abs 1, auch bei Stundenfristen nur auf volle Stunden zu berechnen, vorzuziehen (Staud/*Repgen* Rn 13). 3

Im Bereich des **Darlehensrechts** ist keine gesetzliche Regelung in Bezug auf den Verzinsungszeitraum getroffen worden, so dass die allg Regeln der §§ 186 bis 193 herangezogen werden. Angelehnt an §§ 186 bis 193 beginnt der Verzinsungszeitraum am Tag nach Empfang der Darlehenssumme und endet mit dem Zahlungseingang auf dem debitorischen Konto mit Ablauf des Tages des Eingangs (NJW 1988, 74; WM 1998, 105, 106). Die Frist, die in einem Mahnschreiben gesetzt wird, berechnet sich gem § 187 Abs 1. Streitig ist in dieser Hinsicht, ob bei Verzug und Rechtshängigkeit des Zinslaufs § 187 Abs 1 entspr angewendet werden kann. Unterschiedliche Ansichten gibt es demnach, ob die Frist erst einen Tag nach Mahnung bzw. Zustellung eines Mahnbescheides/Klageerhebung beginnt (so BGH VIII ZR 296/88). Möglich auch, § 187 Abs 1 anzuwenden, wenn ein Zeitraum ab Fristeintritt in der Vergangenheit zu berechnen ist (jurisPK/*Becker* Rn 23). 4

3. Rückwärtsfristen. Die Rspr wendet § 187 Abs 1 analog an, wenn Fristen für einen bestimmten Zeitpunkt in die Vergangenheit rückgerechnet werden müssen; so zB im Umwandlungsrecht (BGH NJW 1999, 1448 f) oder im MuSchG. Der Tag der voraussichtlichen Entbindung ist bei Ermittlung der Schwangerschaft nicht mitzuzählen (BGH FamRZ 1986, 901, 902 f). Der Verschmelzungsvertrag wird iSd § 5 Abs 3 spätestens einen Monat vor dem Tag der Versammlung dem Betriebsrat zuzuleiten sein. Der Tag der Versammlung ist das fristauflösende Ereignis und wird dementsprechend nicht mitgerechnet. Der Fristbeginn liegt somit einen Tag vor dem Stattfinden der Versammlung (BAG NJW 1999, 1448). 5

II. § 187 Abs 2. 1. Tagesbeginnfristen und Lebensaltersberechnung S 1. Eine Unterscheidung zwischen Zivil- und Naturalkomputation entfällt, wenn für den Fristlauf der Beginn eines Tages maßgebend ist. Hier wird nach vollen Tagen gerechnet unter Einbeziehung des ersten Tages (jurisPK/*Becker* Rn 9). Beispiele hierfür sind Gesetze, deren in Kraft Treten am Tag der Verkündung gelten soll. Im Unterschied dazu treten materielle Strafnormen mit dem Zeitpunkt ihrer tatsächlichen Verkündung in Kraft. Dies ist Ausdruck des Bestimmtheitsgebots und des nulla poene sine lege Gebots (jurisPK/*Becker* Rn 9). 6

2. Lebensaltersberechnung S 2. Ein Mensch wird bei seiner Geburt selten den Zeitpunkt 0 Uhr oder 24 Uhr treffen, so dass der Tag der Geburt in das Lebensalter mitgerechnet wird. Diese Vorschrift findet breite Anwendung (BVerwGE 30, 167; RGSt 35, 37, 41). Eine Besonderheit ergibt sich bei denjenigen, die am 29. Februar eines Schaltjahres geboren werden. In Jahren, die keine Schaltjahre sind, stehen sie den am 1. März Geborenen gleich, denn iSd § 188 Abs 2 endet jedes Lebensjahr am 28. Februar (Staud/*Repgen* Rn 12). 7

3. Einzelfälle. Im Bereich des Arbeitsrechts ist der erste planmäßige Arbeitstag für die Fristberechnung maßgeblich. So beginnt die Probezeit an dem Tag, an dem der Arbeitnehmer seine Arbeit aufnimmt und der Arbeitgeber Lohn oder Gehalt zahlt (BaRoth/*Fuchs* § 611 Rn 2, 15). Die Kündigungsfrist eines noch nicht in Vollzug gesetzten Mietvertrags beginnt mit dem Zugang der Kündigung (jurisPK/*Becker* Rn 24). Wann im Gegensatz dazu die Frist bei einem durch Kündigung beendeten, aber noch nicht vollzogenen Arbeitsvertrag beginnt, ist fraglich; es liegt insoweit keine Grundsatzrechtssprechung des BAG vor. Unterschieden wird dabei, ob eine vertragliche Vereinbarung den Fristbeginn für diesen Fall regelt oder nicht. Fehlt eine solche 8

Regelung, ist nach dem Grundsatz der ergänzenden Vertragsauslegung vorzugehen. In diesem Fall kommt es auf den Parteiwillen unter Berücksichtigung der gegenseitigen Interessenlage an. Die Kündigungsfrist beginnt dann entweder mit dem Zugang der Kündigung oder erst mit Beginn des Arbeitsverhältnisses (Palandt/*Heinrichs* Rn 2). Liegt ein Verwaltungsakt zu Grunde, muss für die Fristbestimmung § 31 Abs 2 Hs 2 VwVfG herangezogen werden. Wird dem Betroffenen nichts Gegenteiliges mitgeteilt, beginnt die Frist mit dem Tag nach Bekanntgabe der Frist (Staud/*Repgen* Rn 10).

9 **III. Berechnung von Minuten- und Stundenfristen.** Die Berechnung der Fristen fällt unter den Grundsatz der Naturalkomputation. Es wäre gegen das allg Verständnis, wenn bei Stundenfristen auf volle Tage abgestellt werden würde. Dauert die Frist länger als einen Tag, ist Zivilkomputation anzuwenden. Somit ist selbst eine sekundengenaue Berechnung vorgesehen. Die Frist beginnt dann mit der ersten folgenden Minute.

10 **IV. Anlaufhemmung.** Der Fristbeginn kann sich durch einen eintretenden Zustand in die Zukunft verschieben, weil der Beginn von dem Eintritt oder Wegfall eines weiteren Umstandes abhängig gemacht wird. Anlaufhemmungen sind nicht in den §§ 186 bis 193 geregelt, sondern im Anschluss an den jeweiligen Sachzusammenhang und dem dafür einschlägigen Gesetz.

§ 188 Fristende.

[1] Eine nach Tagen bestimmte Frist endigt mit dem Ablauf des letzten Tages der Frist.

[2] Eine Frist, die nach Wochen, nach Monaten oder nach einem mehrere Monate umfassenden Zeitraum – Jahr, halbes Jahr, Vierteljahr – bestimmt ist, endigt im Falle des § 187 Absatz 1 mit dem Ablauf desjenigen Tages der letzten Woche oder des letzten Monats, welcher durch seine Benennung oder seine Zahl dem Tag entspricht, in den das Ereignis oder der Zeitpunkt fällt, im Falle des § 187 Absatz 2 mit dem Ablauf desjenigen Tages der letzten Woche oder des letzten Monats, welcher dem Tage vorhergeht, der durch seine Benennung oder seine Zahl dem Anfangstag der Frist entspricht.

[3] Fehlt bei einer nach Monaten bestimmten Frist in dem letzten Monat der für ihren Ablauf maßgebende Tag, so endigt die Frist mit dem Ablauf des letzten Tages dieses Monats.

1 **A. Allgemeines.** Die Regelung betrifft das Ende einer Frist. Das regelmäßige Fristende muss mit dem tatsächlichen nicht zusammenfallen bzw übereinstimmen. Allerdings erfasst § 188 auch iVm den anderen Regelungen das definitive Ende der Frist. Der Grundsatz der Zivilkomputation besagt, dass nur volle Tage gerechnet werden. So ist es auch bei dem Fristende. Dieses fällt mit dem Ablauf des Tages zusammen. Eine Konkretisierung erfolgt für Tages-, Monats- oder Jahresfristen. Fraglich ist, ob dabei die tatsächliche Länge der Monate oder eventuelle Schaltjahre berücksichtigt werden müssen, Abs 3 (jurisPK/*Becker* Rn 3).

2 **B. Regelungsinhalt. I. § 188 Abs 1 – Tagesfristen.** Abs 1 regelt den Ablauf von Tagesfristen. Tagesfristen werden durch eine Tagesanzahlangabe festgelegt (jurisPK/*Becker* Rn 7). Die Frist endet mit Ablauf des Tages, der dem Tag des Beginns des Fristablaufs entspricht. Ist die Frist in Wochen angegeben, so endet sie mit dem Ablauf des Wochentages der betreffenden Woche, der dem Tag des Ereignisses entspricht. Das heißt, wenn die Vertragsparteien bei Übergabe der Kaufsache eine Frist von drei Wochen vereinbart haben und der Tag der Übergabe auf einen Dienstag, den 02.10. fällt, endet die Frist mit dem Ablauf des Dienstags, 23.10. (jurisPK/*Becker* Rn 10). Bei Monatsfristen fällt der Tag des Fristendes auf den Tag, an dem die Frist begonnen hat zu laufen. Ist der Fristbeginn der 12. 10., so ist das Fristende der Ablauf des 12.11.

3 **II. § 188 Abs 2 – Wochen-, Monatsfristen und Jahresfristen.** Bei der Berechnung des Fristendes muss danach unterschieden werden, ob die Frist nach § 187 Abs 1 oder § 187 Abs 2 beginnt. Werden Tagesfristen oder das Lebensalter berechnet, so ist der maßgebliche Tag einzurechnen. Die Frist kann in diesen Fall um einen Tag zu lang ausfallen. Um dem entgegenzuwirken, endet sie mit Ablauf des Tages, der dem Tag des Beginns des Fristablaufs vorausgeht (jurisPK/*Becker* Rn 13). Liegt eine Wochenfrist zugrunde, so endet die Frist mit dem Ablauf des Wochentages der betreffenden Woche, der dem Tag des Ereignisses vorausgeht. Wird die Frist von einer Woche vereinbart und beginnt die Frist am Dienstag den 04.01., endet sie am Montag mit dem Ablauf des 12.01. Bei Monats- oder Jahresfristen endet die Frist mit »Ablauf des Tages des entspr Monats, der numerisch dem Tag des Ereignisses vorausgeht« (jurisPK/*Becker* Rn 15). Wurde die Frist für drei Monate vereinbart und beginnt sie am 04.01. zu laufen, so endet die Frist mit Ablauf des 03.04.

4 **III. § 188 Abs 3 – unterschiedliche Monatsdauer.** Abs 3 regelt das Ende der Frist bei unterschiedlicher Länge der Monate. Das Fristende fällt in diesen Fällen auf den letzten Tag des Monats (MüKo/*Grothe* Rn 4; BaRoth/*Henrich* Rn 4). Fällt das Ende der Frist in ein Schaltjahr, endet sie am 29. Februar, in einem normalen Jahr auf Grund § 188 Abs 3 am 28. Februar. Ist das maßgebende Ereignis am 28. Februar eingetreten, endet die Frist am 28. März und nicht am letzten Tag des Monats. Dass der Februar wesentlich kürzer ist als andere Monate ist ohne Bedeutung, weil auch die Jahresfrist eine nach Monaten bestimmte Frist ist. Danach endet eine am 29. Februar beginnende Jahresfrist am 28. Februar des darauf folgenden Jahres (PWW/*Kesseler* Rn 4).

§ 189 Berechnung einzelner Fristen. **[1] Unter einem halben Jahr wird eine Frist von sechs Monaten, unter einem Vierteljahr eine Frist von drei Monaten, unter einem halben Monat eine Frist von 15 Tagen verstanden.**
[2] Ist eine Frist auf einen oder mehrere ganze Monate und einen halben Monat gestellt, so sind die 15 Tage zuletzt zu zählen.

A. Allgemeines. Die im allg Sprachgebrauch und in der Rechtspraxis verwendeten Begriffe halbes Jahr, Vierteljahr etc erfordern eine allgemeinverbindliche Definition. Diesen Zweck verfolgen die §§ 189 Abs 1, 191, 192. Entspr enthält § 189 Abs 1 eine Definition. § 189 verfolgt des Weiteren den Zweck bei zusammengesetzten Fristen eine Fristenberechnung für den konkreten Fall vorzunehmen. So ergeben sich zB Unterschiede aus unterschiedlichen Längen der Monate. Die Regelung für derartige spezielle Fälle der Fristenberechnung enthält das Gesetz in § 189 Abs 2, 190. In § 189 Abs 2 handelt es sich um eine spezielle Fristberechnungsregel. 1

B. Regelungsinhalt. Die in Abs 1 vorgenommene Definition ist eine Auslegungsregel für Jahres – und Monatsbruchteile. Monats- bzw. Jahresbruchteile sind überwiegend aus sich heraus verständlich. Bei dem Begriff des halben Monats sind 15 Tage festgelegt, wenn der Monat 31 bzw 28 oder 29 Tage aufweist (jurisPK/*Becker* Rn 8). Werden Jahreszeitangaben, wie Frühjahr oder Herbst getroffen, richtet sich die Bedeutung nach der Verkehrssitte am Leistungsort (MüKo/*Grothe* Rn 1). Bzgl. Abs 2 gilt: Ist die Frist auf einen oder mehrere ganze Monate und einen halben Monat festgelegt, gibt es verschiedene Fristenberechnungssysteme. Danach werden Monatsfristen datumsmäßig ermittelt und Tagesfristen taggenau. Beginnt eine Frist am 18. Januar und hat eine Dauer von eineinhalb Monaten endet sie mit Ablauf des 4. März (MüKo/*Oetker* Rn 2). 2

§ 190 Fristverlängerung. **Im Falle der Verlängerung einer Frist wird die neue Frist von dem Ablauf der vorigen Frist an berechnet.**

A. Allgemeines. Die Norm regelt nicht den Fall, wann tatsächlich eine Fristenverlängerung vorliegt, sondern setzt diese voraus. Eine Verlängerung der ursprünglichen Frist kann im gesetzlichen, verfahrensrechtlichen oder rechtsgeschäftlichen Bereich vorgenommen werden. Die Verlängerung von Fristen ist in einigen Prozessordnungen vorgesehen oder iÜ anerkannt. Einvernehmliche Fristverlängerung ist Ausfluss der Privatautonomie, so dass sie nicht nur vor, sondern auch nach ihrem Ablauf verlängert werden kann (BGH NJW 1980, 51, 52). Ob die Frist vor oder nach Ablauf der früheren Frist verlängert wird, ist unerheblich, denn die Verlängerung tritt mit dem letzten Tag der ersten Frist ein (MüKo/*Grothe* Rn 1). Auslegungswürdig ist an Hand des Einzelfalls in dieser Konstellation, ob die neue Frist eine Verlängerung der alten oder eine neue Frist darstellt. 1

B. Regelungsinhalt. Bei Anwendung von § 190 ist es notwendig, die Verlängerung einer laufenden Frist von der Ersetzung einer ursprünglichen Frist durch eine neue abzugrenzen. Wenn an die Stelle der alten eine vollständig neue Frist tritt, so ist der Fristablauf nach §§ 187, 188 zu berechnen. Wird die Frist hingegen verlängert, muss diese Verlängerung zulässig sein, um die gesetzliche Folge nach § 190 zu bewirken. Allg anerkannt ist, dass Fristen auch dann verlängert werden können, wenn sie schon abgelaufen sind. Voraussetzung für eine Fristverlängerung ist, dass der Antrag auf Verlängerung der Frist vor Fristablauf gestellt wird (BGHZ 116, 377, 379). So regelt dies die VwGO in dem § 139 Abs 3 S 3 oder die SGG in den §§ 160a Abs 2 S 2, 164 Abs 2 S 2. Im Bereich der verwaltungsverfahrensrechtlichen Fristen ist es möglich, einen Antrag auf Verlängerung der Frist auch nach Ablauf der alten ursprünglichen Frist zu stellen (§§ 31 Abs 7 VwVfG, 109 AO). Grds kann jede Frist verlängert werden. Eine Ausn bilden die Notfristen iSd § 224 Abs 1 S 2 ZPO, die durch Parteivereinbarung oder gerichtliche Anordnung getroffen wurden. Die Verlängerung der Frist gibt es nicht. Einzige Möglichkeit ist die Wiedereinsetzung in den vorigen Stand (jurisPK/*Becker* Rn 13). 2

C. Rechtsfolgen. Dem Grundsatz nach bilden alte und neue Frist iRd Fristverlängerung eine Einheit (MüKo/*Grothe* Rn 3). Es hat keine Auswirkungen auf die Gesamtlänge der Frist, wenn das Ende der alten Frist auf einen in § 193 geregelten Tag fällt (Palandt/*Heinrichs* Rn1). Nach BGH ist für die Verlängerung der nächstfolgende Werktag maßgeblich, wenn das Ende sonst in den Anwendungsbereich des § 193 fallen würde (BGHZ 21, 43, 48, Palandt/*Heinrichs* Rn 1). Dies folgt der Ansicht, dass die rückwirkende Verlängerung zivilprozessualer Rechtsmittelfristen ausgeschlossen ist. Diese Auffassung ist heute überwunden, da eine unterschiedliche Behandlung materiellrechtliche und prozessuale Fristen nach den Bestimmungen in §§ 190 BGB und 224 Abs 3 ZPO nicht zwingend ist (jurisPK/*Becker* Rn 19). Um dieser Problematik aus dem Weg zu gehen, empfiehlt es sich, die Frist bis zu einem konkreten in den Wochenlauf fallenden Endtermin zu legen (MüKo/*Grothe* Rn 3). 3

§ 191 Berechnung von Zeiträumen. **Ist ein Zeitraum nach Monaten oder Jahren in dem Sinne bestimmt, dass er nicht zusammenhängend zu verlaufen braucht, so wird der Monat zu 30, das Jahr zu 365 Tagen gerechnet.**

1 **A. Allgemeines.** Ist die Frist nicht zusammenhängend, so werden für diesen Fall die Begriffe Monat und Jahr in § 191 legal definiert. Bei nicht zusammenhängenden Fristen ist die taggenaue Bestimmung des Zeitraums von Bedeutung (jurisPK/*Becker* Rn 1, 2). Beispiele für nicht zusammenhängende Fristen sind der Urlaub, der nicht genommen werden braucht, die Verpflichtung eines Geschäftsreisenden, sich einen vorgeschriebenen Zeitraum auf Reisen zu befinden.

2 **B. Regelungsinhalt.** Keine Anwendung findet die Vorschrift auf die Verjährungshemmung iSd § 209 (BaRoth/*Henrich* Rn 1), denn sie ist keine Frist iSd §§ 186–193 (Palandt/*Heinrichs* Rn 1). Eine weitere Ausnahme stellt die Berechnung von Trennungsfristen gem § 1566 dar. Ob danach nicht zusammenhängende Zeiträume für das Erfordernis des Getrenntlebens genügen, beurteilt sich nach § 1567 (MüKo/*Grothe* Rn 1). Bei nicht zusammenhängenden Fristen iSd § 191 sieht die Auslegungsregel eine Addition von Tagen vor. In diesem Fall werden tatsächliche Länge und Schaltjahre außer Betracht gelassen, denn die Definition geht von 30 Tagen im Monat und 365 Tagen im Jahr aus. Eine Berechnung von Datum zu Datum, wie dies in § 188 Abs 2 der Fall ist, kommt nicht in Betracht (MüKo/*Grothe* Rn 1).

§ 192 Anfang, Mitte, Ende des Monats.

Unter Anfang des Monats wird der erste, unter Mitte des Monats der 15., unter Ende des Monats der letzte Tag des Monats verstanden.

1 Die Norm legt fest, wann die Frist beginnt oder endet, wenn sich eine Vereinbarung auf Anfang, Mitte oder Ende eines Monats bezieht. Die Regelung entspricht § 36 Abs 3 WG über die Verfallzeit. Lückenhaft ist die Regelung, wenn es darum geht, den Anfang, die Mitte oder das Ende einer Woche zu definieren. Montag ist grds der Wochenbeginn, die Mitte ist Mittwoch und das Ende der Woche bei Arbeitstagen ist der Freitag, ansonsten Samstag (Palandt/*Heinrichs* Rn 1; BaRoth/*Henrich* Rn 1).

§ 193 Sonn- und Feiertag.

Ist an einem bestimmten Tag oder innerhalb einer Frist eine Willenserklärung abzugeben oder eine Leistung zu bewirken und fällt der bestimmte Tag oder der letzte Tag der Frist auf einen Sonntag, einen am Erklärungs- oder Leistungsorte staatlich anerkannten allgemeinen Feiertag oder einen Sonnabend, so tritt an die Stelle eines solchen Tages der nächste Werktag.

1 **A. Allgemeines.** Zweck der Norm ist die Rücksichtnahme darauf, dass an Samstagen, Sonn- und Feiertagen iA nicht gearbeitet wird. Die Einhaltung einer Frist, die auf einen solchen Tag fällt, ist zumeist nicht möglich. Ist danach die Leistungsbewirkung oder die Abgabe einer Willenserklärung an einem vorangegangen erwähnten Tag nicht möglich, kommt eine faktische Fristverkürzung in Betracht. Fraglich ist, wie der Samstag in die Fristenberechnung mit einbezogen wird. Eine entspr Regelung lässt das Gesetz hier offen. Der Samstag wird dann im Zweifel als Werktag mitgerechnet, wenn die vertragliche Frist auf »Werktage« abstellt (MüKo/*Grothe* Rn 2). Allerdings ist in diesem Zusammenhang nach Auslegung und dem konkreten Einzelfall zu ermitteln, ob der Samstag tatsächlich als Werktag zählt oder nicht. **I. Anwendungsbereich. 1. Bestimmter Tag, Frist.** § 193 findet Anwendung auf Fristen, wobei er nur bei solchen Fristen Anwendung finden soll, die durch Festsetzung eines Endtermins bestimmt sind (PWW/*Kesseler* Rn 2).

2 **2. Willenserklärungen.** Fristen und Termine, die einen Zeitpunkt für Leistungsbewirkung und Abgabe einer Willenserklärung regeln, werden in den Anwendungsbereich des § 193 eingebunden. Im Rahmen der Willenserklärung dient nicht nur für deren Abgabe, sondern auch für solche, die der Wahrung eigener Rechte dienen. Eine Anwendung ist analog auf geschäftsähnliche Handlungen, zB § 377 HGB, möglich (Palandt/*Heinrichs* Rn 2).

3 **3. Erweiterung des Anwendungsbereichs.** Eine Erweiterung des Anwendungsbereichs erfährt die Norm, wenn die Vornahme einer Prozesshandlung für den Eintritt einer materiellrechtlichen Wirkung erforderlich ist (jurisPK/*Becker* Rn 14). Beispiele dafür sind:
- Klage zur Hemmung der Verjährung
- Anfechtungsklage im Insolvenzverfahren zur Wahrung der Anfechtungsfristen (BGHZ 90, 249)
- Widerruf eines Vergleichs.

4 **4. Ausschluss des Anwendungsbereichs.** Die Anwendung ist ausgeschlossen, wo die Frist nur mehrere Stunden oder noch kürzere Zeiträume umfasst. Besondere Beachtung bei der Anwendung des § 193 ist bei bestimmten Tagen geboten; so zB, wenn bei der Festlegung der Frist feststand, dass das Ende der Frist auf einen Samstag, Sonn- oder Feiertag fällt. Die Anwendung des § 193 ist ebenfalls ausgeschlossen, wenn sich Disponibilität für die Parteien ergibt (jurisPK/*Becker* Rn 16). Auch bei Verjährungshemmung iSd § 209 scheidet Anwendung von § 193 aus, da die Hemmung keine Frist iSd der §§ 186 bis 193 darstellt (MüKo/*Grothe* § 187 Rn 1). Bei materiellrechtlichen Fristen ist eine Anwendung ausgeschlossen (jurisPK/*Becker* Rn 22). Tritt mit dem Fristablauf eine Rechtsfolge ein und wird an diesem letzten Tag der Frist keine Leistung bewirkt, Willenserklärung abgegeben oder geschäftsähnliche Handlung vorgenommen, ist § 193 nicht anzuwenden (jurisPK/*Becker* Rn 13).

5 Eine Anwendung des § 193 auf Kündigungserklärungen ist auf Grund der Verkürzung vom Gesetzgeber nicht vorgesehen. Sinn und Zweck der Einhaltung von Kündigungsfristen ist, dass sich der Gekündigte auf die

nunmehr neue Situation einstellen soll. Wird diese Frist verkürzt, bedeutet dies eine besondere Härte (BGHZ 59, 265). Anders aber, wenn tatsächlich keine Kündigung vorliegt, sondern eine Willenserklärung, durch die ein Angebot auf Verlängerung eines Vertrags abgelehnt wird. In diesem Fall ist § 193 anwendbar. Der für die Kündigung geltende Anwendungsbereich gilt ebenso für die Einhaltung von gesellschaftsrechtlichen satzungsmäßigen bzw gesetzlichen Ladungsfristen (jurisPK/*Becker* Rn 26). Hier soll dem Gesellschafter die Möglichkeit gegeben werden, sich zu entscheiden, ob er an der Versammlung teilnehmen will oder nicht. Diese festgelegte Frist soll ihn durch Verkürzung nicht benachteiligen; § 193 ist hier nicht anwendbar (BGH NJW-RR 2001, 105).

II. Sonnabend, Sonntag oder staatlich anerkannte Feiertage. Voraussetzung für die Anwendung des § 193 ist, dass das Fristende auf einer der genannten Tage fällt. Die Begriffe sind allg bekannt. In Bezug auf die staatlich anerkannten Feiertage enthält § 193 keine nähere Aussage. Bundeseinheitliche gesetzliche Feiertage sind in Deutschland zz. Neujahr, Karfreitag, Ostermontag, Christi Himmelfahrt, 1. Mai, Pfingstmontag, 3. Oktober, 1. und 2. Weihnachtsfeiertag. Die Anerkennung als Feiertag beruht beim »Tag der Einheit« (3.10.) auf Bundesrecht, die der anderen Feiertage auf landerechtlichen Regelungen. Feiertage, die in einzelnen Bundesländern vorkommen, beruhen auf landesrechtlicher Regelung und sind nicht vom Anwendungsbereich des § 193 erfasst, sofern sie keine bundesgesetzlichen Feiertage sind (Palandt/*Heinrichs* Rn 6). 6

B. Rechtsfolgen. Rechtsfolge des § 193 ist die Verschiebung des betreffenden Termins bzw des jeweiligen Fristendes auf den nächstfolgenden Werktag. Eine darüber hinausgehende materiellrechtliche Wirkung hat die Norm nicht. Eine rückwirkende Kraft der vorgenommenen Leistung löst sie nicht aus. Das heißt, dass sie nicht auf den eigentlichen Zeitpunkt des Fristablaufs zurückwirkt (jurisPK/*Becker* Rn 34). Der Fälligkeitstermin der Leistung bleibt davon unberührt. Fällt er auf einen Samstag und wird die Leistungshandlung erst am Montag vorgenommen, können Zinsen für den Sonntag anfallen. Eine Verpflichtung die Leistung erst am nächstfolgenden Werktag vorzunehmen, besteht nicht. Das gilt auch, wenn der andere Vertragsteil zur Mitwirkung verpflichtet ist (jurisPK/*Becker* Rn 35). 7

Abschnitt 5 Verjährung

Titel 1 Gegenstand und Dauer der Verjährung

§ 194 Gegenstand der Verjährung. [1] **Das Recht, von einem anderen ein Tun oder Unterlassen zu verlangen (Anspruch), unterliegt der Verjährung.**

[2] **Ansprüche aus einem familienrechtlichen Verhältnis unterliegen der Verjährung nicht, soweit sie auf die Herstellung des dem Verhältnis entsprechenden Zustandes für die Zukunft gerichtet sind.**

Gegenstand der Verjährung ist der in § 194 Abs 1 legal definierte Anspruch in seiner durch Gesetz oder Rechtsgeschäft begründeten Art, die vermögensrechtlicher oder nichtvermögensrechtlicher Natur sein kann. Entspr unterfallen nicht Verträge der Verjährung, sondern nur die aus ihnen abzuleitenden, uU unterschiedlichen Fristen unterworfenen Ansprüche. Von der Verjährung abzugrenzen sind weiterhin die **gesetzlichen Ausschlussfristen** (etwa §§ 121 Abs 2, 124 Abs 2 für das Anfechtungsrecht) und die sich prozessual ergebenden Klagerechte (PWW/*Kesseler* Rn 4). **Gestaltungsrechte** an sich unterliegen nicht der Verjährung, die daraus resultierenden Ansprüche indessen schon. Der Entwertung der Verjährung bei Gewährleistungsansprüchen steht § 218 entgegen, der das Rücktrittsrecht ausschließt, wenn der (Nach-)Erfüllungsanspruch verjährt ist. **Absolute Rechte** (zB Eigentum, Besitz) oder Einreden unterliegen ebenfalls keiner Verjährung, die daraus abzuleitenden Ansprüche schon. Abs 2 enthält eine Bestimmung über die **Unverjährbarkeit familienrechtlicher Ansprüche.** Dies ist im deutschen Recht die Ausnahme, geht es hier doch im Grunde um eine sittliche Pflicht mit Rechtscharakter (MüKo/*Grothe* Rn 7). Abs 2 unterfallen bspw Unterhaltsansprüche für die Zukunft (§§ 1360 ff), Kindesherausgabeansprüche (§ 1632 Abs 1) oder die Verpflichtung zur Herstellung der ehelichen Lebensgemeinschaft (§ 1353). Zu beachten ist, dass Lebenspartner nach dem LPartnG als Familienangehörige anzusehen sind (PWW/*Kesseler* Rn 7). Die ausgeweitete Vertragsfreiheit im Verjährungsrecht findet in **§ 202** zugleich ihre **Grenze**: Verjährungsverlängerungen über die Maximalfrist von 30 Jahren sind gem § 202 Abs 2 unzulässig. Grds trägt der Schuldner die **Beweislast** für Eintritt der Verjährung. Dem Gläubiger obliegt Beweislast für Hemmung und Neubeginn der Frist. 1

§ 195 Regelmäßige Verjährungsfrist. **Die regelmäßige Verjährungsfrist beträgt drei Jahre.**

A. Systematik. Die gravierendste, auch bes heftig diskutierte Änderung im Rahmen der **Schuldrechtsmodernisierung** bestand in der durchgreifenden Reduktion der Regelverjährung, die von dreißig Jahren auf drei Jahre verkürzt und subjektiv angeknüpft wurde. Damit ist die Norm § 852 aF nachgebildet. Sie gilt grds für alle Ansprüche, unabhängig vom Entstehensgrund, erfasst mithin Primär- wie Sekundäransprüche. Die ursprüngli- 1 che Absicht, mit der neuen Regelverjährung auch die Vorgabe der Verbrauchsgüterkauf-RL zu erfüllen und die Verjährung von Gewährleistungsansprüchen ebenfalls der Drei-Jahres-Frist zu unterwerfen, wurde aufgegeben. Systematisch ließ sich die Gleichbehandlung der regelm Verjährung und der Gewährleistungsfristen durchaus gut begründen, wurde doch die mangelfreie Lieferung zum Gegenstand des Erfüllungsanspruchs des Käufers erhoben (§ 433 Abs 1 S 2). Es waren daher zuvörderst wirtschaftliche, keine dogmatischen Erwägungen, die den Gesetzgeber veranlasst haben, den geplanten Gleichlauf aufzugeben. Die Ansprüche des Käufers wegen Mängeln der gekauften Sache unterliegen der Sonderverjährung des § 438 und damit einer Frist von zwei Jahren, deren Beginn zudem an die Ablieferung der Sache anknüpft (§ 438).

2 **B. Zweck.** Die **Regelverjährung** greift stets dann ein, **wenn besondere Verjährungsfristen fehlen.** Demnach gilt § 195 für alle im BGB geregelten Ansprüche. In der Praxis empfiehlt es sich daher, zunächst spezialgesetzliche (etwa §§ 548, 1057, 1226), sodann die beiden in §§ 196, 197 genannten bes Fristen zu prüfen, bevor § 195 herangezogen wird. Zu beachten ist, dass das VerjAnpG (BGBl I 2004 S 3214) weitere Spezialfälle der Regelverjährung unterworfen hat, insbes Sekundäransprüche gegen Versorgungsunternehmen und Berater (Rechtsanwälte, Wirtschaftsprüfer, Steuerberater).

3 Auch die Reform des Verjährungsrechts hält am **Grundsatz der Einheitsverjährung** fest und differenziert nicht zwischen vertraglichen und außervertraglichen Ansprüchen. Demnach sind rechtsgeschäftliche, die rechtsgeschäftsähnlichen wie auch gesetzliche Ansprüche stets der Regelverjährung unterworfen, sofern nicht eine Spezialnorm greift. Darüber hinaus greift § 195 auch dort, wo in anderen Gesetzen auf die BGB-Verjährungsregeln verwiesen wird, etwa im Bereich des gewerblichen Rechtsschutzes (§§ 33 Abs 3 PatG, 24c GeschmacksmusterG, 20 MarkenG). Außerdem gelten die §§ 195, 199 auch dort, wo ältere Regelungen bislang auf die deliktische Verjährung des § 852 aF verwiesen haben (§§ 14 StVG, 11 HPflG, 17 UmweltHG, 39 LuftVG, 8 BDSG). Die Norm muss stets in Verbindung mit der in **§ 199** enthaltenen Bestimmung über den **Beginn der Frist** gelesen werden. Danach läuft die Verjährungsfrist erst mit der Entstehung des Anspruchs und der Kenntnis des Gläubigers, die sich auf die anspruchsbegründenden Tatsachen sowie die Person des Schuldners bezieht (§ 199 Abs 1). Der Kenntnis gleichgestellt ist die grob fahrlässige Unkenntnis. Dem **Gläubiger** wird durch diese Regelung eine **Überlegensfrist** eingeräumt, in der er prüfen kann, ob er seinen Anspruch geltend machen will. Die Regelung schützt zugleich – mit der Einschränkung des § 199 Abs 2 – vor Verjährungseintritt in Unkenntnis des Anspruchs und lässt Raum, notwendigen Rechtsrat einzuholen oder gerichtliche Schritte einzuleiten.

4 **C. Regelungsinhalt.** Auch nach der Reform des Verjährungsrechts ist das Zusammentreffen verschiedener Verjährungsfristen eines Rechtsverhältnisses zwar nur noch eingeschränkt möglich, jedoch nicht ausgeschlossen. In diesen Fällen entscheidet zunächst der Entstehungstatbestand, welche Frist anwendbar ist. Sind mehrere Fristen auf einen Anspruch anwendbar, entscheidet der Normzweck. Dieses Problem bestand häufig im Zusammentreffen von sach- und berufsbezogenen Fristen, also bspw bei der Haftung von Rechtsanwälten, Steuerberatern, Wirtschaftsprüfern oder Patentanwälten, wenn sie auf Grund eines Werkvertrags tätig geworden sind. Hier boten sowohl das Werkvertragsrecht als auch die für den Berufszweig geltende gesetzliche Bestimmung Verjährungsfristen (§§ 51b BRAO, 68 StBerG, 51a WPO, 45b PatAnwO). Das Problem ist durch das VerjAnpG gemindert worden, da die berufsbezogene Frist nunmehr der Regelverjährung unterliegt.

5 **D. Anspruchskonkurrenz Gewährleistung – Delikt.** Namentlich im Zusammenhang mit den neuen Gewährleistungsfristen (§§ 438 Abs 1, 634a Abs 1) und Ansprüchen aus Delikt, die ebenfalls auf Sachmängeln beruhen, stellt sich die Frage der Anspruchskonkurrenz. Grds gilt, dass mehrere nebeneinander bestehende Ansprüche, die auf demselben Lebenssachverhalt beruhen, selbständig verjähren (BGHZ 9, 303; 116, 300). Der für das frühere Recht relevante Streit bei vertraglichen und deliktischen Ansprüchen ist durch die neue Einheitsverjährung des § 195 obsolet. Bei der Mängelgewährleistung ist der frühere Streit indessen noch nicht erledigt, da der Gesetzgeber hier ausweislich der Begründung eine Klarstellung und Regelung unterlassen hat; sie wird durch die Rspr erwartet (BTDrs 14/6014 S 229). Überwiegend wird hierzu vertreten, dass die freie Anspruchskonkurrenz durch die Reform nicht berührt wurde, so dass bspw der Anspruch des Käufers, dem bei Verletzung einer vertraglichen oder außervertraglichen Pflicht ein Schaden entsteht, der Regelverjährung der §§ 195, 199 unterworfen ist. Ein Vorrang der Gewährleistungsfristen besteht danach nur dann, wenn das geschützte Integritätsinteresse des Gläubigers mit dem durch die Mangelhaftigkeit verletzten Äquivalenzinteresse völlig kongruent ist.

§ 196 Verjährungsfrist bei Rechten an einem Grundstück.

Ansprüche auf Übertragung des Eigentums an einem Grundstück sowie auf Begründung, Übertragung oder Aufhebung eines Rechts an einem Grundstück oder auf Änderung des Inhalts eines solchen Rechts sowie die Ansprüche auf die Gegenleistung verjähren in zehn Jahren.

1 **A. Allgemeines.** Im allg Verjährungsrecht stellt **§ 196** die erste **Ausnahme von der Regelverjährung** des § 195 dar, der für Rechtsgeschäfte im Immobiliarbereich eine eigene Frist von zehn Jahren setzt. Die Norm regelt die Frist abschließend für den Erwerb des Eigentums, Übertragungs-, Aufhebungs- oder Änderungsansprü-

che. Damit wird der Tatsache Rechnung getragen, dass der Schuldner eines Grundstücksgeschäfts auf die Erfüllung seiner Leistungspflichten nicht alleine Einfluss hat, sondern insoweit die Mitwirkung Dritter erforderlich ist. Beispielhaft ist hier auf die Eintragung ins Grundbuch hinzuweisen, aber auch auf erforderliche Vermessungen für das Kataster oder die Erteilung der Unbedenklichkeitsbescheinigung durch das Finanzamt. Auf die Dauer dieser (behördlichen) Verfahren hat der Käufer regelmäßig nur geringen Einfluss, der Verkäufer soll aber wegen dieser von ihm kaum beherrschbaren Umstände nicht durch das Verjährungsrecht gezwungen sein, vorsorglich gerichtliche Schritte einzuleiten. Damit wird der mit der Reform beabsichtigte Nebeneffekt einer Justizentlastung auch in dieser Bestimmung deutlich, während das zentrale Anliegen der Norm der Gläubigerschutz ist (MüKo/*Grothe* Rn 1). Die **Sonderverjährung für Grundstücksrechte** erfasst auch Ansprüche auf die **Gegenleistung.** Dies verhindert ein Auseinanderfallen der Verjährung des Kaufpreisanspruchs (drei Jahre, § 195) und des Eigentumsübertragungsanspruchs (§ 196). Nach dem Willen des Gesetzgebers soll § 196 auch die **sog »stehen gelassene« Grundschuld** erfassen, der in der Praxis bes Bedeutung zukommt. Mit der Tilgung des durch eine Grundschuld gesicherten Darlehens wird regelm der Rückgewähranspruch auf die Grundschuld aus dem Sicherungsvertrag fällig. Gleichwohl verzichtet der Sicherungsgeber häufig darauf, diesen Übertragungs- oder Aufhebungsanspruch geltend zu machen, weil er das Pfandrecht anderweitig erneut als Sicherungsmittel einsetzen will und dann unmittelbar auf den Kreditgeber übertragen kann. Dies erspart Kosten. Die 10-Jahres-Frist des § 196 bietet dem Sicherungsgeber eine hinreichende Planungs- und Bedenkzeit, über die Verwendung des Grundpfandrechts zu entscheiden und dieses ggf zurück zu fordern. Die **Spezialverjährung** dieser Ansprüche wird **objektiv angeknüpft**, der Beginn richtet sich nach § 200.

B. Regelungsinhalt. Es muss einer der in § 196 genannten Fälle vorliegen, also **Ansprüche aus Übertragung** 2
des Eigentums (§§ 873, 925) oder einer **Rechtsänderung an einem Grundstück** einschließlich des Gegenleistungsanspruchs. Unter die Rechte an einem Grundstück fallen alle beschränkten dinglichen Rechte gem §§ 1018–1203, unabhängig vom tatsächlichen Zeitaufwand, der für die Rechtsbegründung erforderlich ist, also Grunddienstbarkeit (§ 1018), Nießbrauch (§§ 1030, 1048), beschränkte persönliche Dienstbarkeit (§ 1090), Vorkaufsrecht (§ 1094), Reallast (§ 1105), Hypothek (§ 1113), Grundschuld (§ 1192), Rentenschuld (§ 1199). Zu den § 196 unterfallenden Übertragungsfällen des Eigentums zählen auch solche, die sich auf **Wohneigentum, Erbbaurechte oder Miteigentumsanteile** beziehen (vgl MüKo/*Grothe* Rn 4). Nach Diskussion im Gesetzgebungsverfahren ist auch die **Gegenleistung für die Übertragung oder Rechtsänderung** der Sonderverjährung unterworfen. Dies wird zumeist die Kaufpreisforderung sein, kann aber auch jedes andere Entgelt betreffen. Auch hier besteht die lange Frist unabhängig von der Frage, ob die dingliche Änderung binnen kurzer Zeit herbeigeführt werden kann. Nicht erfasst wird hingegen der Anspruch auf Besitzübertragung, dessen Zusammenhang mit der grundbuchlichen Eintragung nur lose ist (ebenso Palandt/*Heinrichs* Rn 3). Die längere Verjährungsfrist gilt auch für den Anspruch aus §§ 812 oder 346, was insbes für die Rückabwicklung unseriöser Grundstücksgeschäfte relevant wird. Es steht den Parteien frei, die Frist im Rahmen vertraglicher Vereinbarung zu verlängern (§ 202), freilich nicht über die Maximalfrist von dreißig Jahren hinaus.

§ 197 Dreißigjährige Verjährungsfrist. [1] In 30 Jahren verjähren, soweit nicht ein anderes bestimmt ist,

1. Herausgabeansprüche aus Eigentum und anderen dinglichen Rechten,
2. familien- und erbrechtliche Ansprüche,
3. rechtskräftig festgestellte Ansprüche,
4. Ansprüche aus vollstreckbaren Vergleichen oder vollstreckbaren Urkunden und
5. Ansprüche, die durch die im Insolvenzverfahren erfolgte Feststellung vollstreckbar geworden sind und
6. Ansprüche auf Erstattung der Kosten der Zwangsvollstreckung.

[2] Soweit Ansprüche nach Absatz 1 Nummer 2 regelmäßig wiederkehrende Leistungen oder Unterhaltsleistungen und Ansprüche nach Absatz 1 Nummer 3 bis 5 künftig fällig werdende regelmäßig wiederkehrende Leistungen zum Inhalt haben, tritt an die Stelle der Verjährungsfrist von 30 Jahren die regelmäßige Verjährungsfrist.

A. Allgemeines. Für bestimmte Ansprüche ist es erforderlich, eine **längere Frist** als die nach § 196 anzuset- 1
zen. Hier hat es der Gesetzgeber teils wie im früheren Recht bei der 30-jährigen Verjährung belassen, teils Ansprüche der früheren Regelverjährung hier angesiedelt; sie sind in § 197 **abschließend aufgezählt**. Der Katalog wurde durch das VerjAnpG Ende 2004 um die Nr 6 ergänzt, so dass jetzt gesetzlich klar gestellt ist, dass die Kosten der Zwangsvollstreckung (§ 788 ZPO) ebenfalls der langen Verjährung unterfallen.

B. Regelungsinhalt. I. 1. Fallgruppe. Soweit nichts anderes bestimmt ist, soll die lange Verjährung für den 2
Herausgabeanspruch des Eigentümers (Abs 1, Nr 1), also die Verwirklichung des dinglichen Rechts gelten. Damit geht die Frist den §§ 195, 196 vor, tritt aber hinter spezialgesetzliche Regelungen zurück. Nr 1 führt zu einer klaren Regelung hinsichtlich des Eigentums; erfasst werden aber ausdrücklich nur die dinglichen

Ansprüche auf Herausgabe (zB §§ 985, 1036 Abs 1, 1227, 1231, 562b Abs 2 S 1), nicht die schuldrechtlichen (zB §§ 346, 812) und auch nicht die des Besitzers (ebenso Palandt/*Heinrichs* Rn 2). Der Gesetzgeber sah auch keine Veranlassung, negatorische Ansprüche im Umfeld des Eigentums derselben Verjährungsfrist zu unterwerfen, da der Gläubigerschutz durch den neuen, kenntnisabhängigen Verjährungsbeginn ausreichend gewährleistet ist (Begr RegE BTDrs 14/6040 S 105). Für diese negatorischen Ansprüche verbleibt es bei der Regelverjährung (vgl MüKo/*Grothe* Rn 5).

3 **II. 2. Fallgruppe.** Mit Ausnahme wiederkehrender Leistungen im Familien- und Erbrecht (Abs 1 Nr 2) sollen Ansprüche aus diesen Rechtsverhältnissen ebenfalls der langen Verjährung unterworfen bleiben. Ausgenommen sind mithin in erster Linie die früher der vierjährigen Frist unterliegenden Unterhaltsansprüche (§§ 1360, 1361, 1601); für sie gilt die Regelverjährung. Entscheidend für die Dreißigjahresfrist ist, dass sich Ansprüche auf familien- oder erbrechtlicher Grundlage befinden. Für das Familienrecht sind dies idR solche aus der Verletzung von Pflichten aus dem ehelichen Verhältnis, einschließlich sog ehebedingter Zuwendungen auf Grundlage von § 313, auf Versorgungsausgleich (§ 1587a) oder aus der Eltern-Kind-Beziehung (§ 1664). Nach In-Kraft-Treten des LPartG ist diese Beziehung einer familienrechtlichen gleichgestellt, so dass auch hier § 197 Abs 1 Nr 2 einschlägig ist. Umgekehrt gilt die Norm mithin nicht bei Ansprüchen aus nichtehelichen Lebensgemeinschaften (Staud/*Peters* Rn 11). Gleiches gilt für die **erbrechtlichen Ansprüche**, etwa auf Herausgabe. Dies ist nahe liegend, da gerade im Erbrecht die Anspruchsentstehung weit zurück liegen kann, etwa beim späten Auffinden eines Testaments. Möglichen Problemen der Sachverhaltsaufklärung trägt die 30-Jahres-Frist Rechnung. Um die Verjährung einheitlich ablaufen zu lassen, ist es geboten, nicht alle Ansprüche des 5. Buches dieser Norm zuzuordnen. Ihr unterfallen Ansprüche zwischen Vor- und Nacherben (§§ 2124 ff, 2130 ff), Herausgabeansprüche nach §§ 2018, 2029, Auskunftsansprüche nach §§ 2027, 2028, auch solche aus einem Vermächtnis (§ 2174). Nicht erfasst werden soll der Anspruch gegen den Erben aus Haftung für Nachlassverbindlichkeiten; er fällt wie auch andere Sonderansprüche des Familien- und Erbrechts unter Spezialverjährungen des vierten und fünften Buches des BGB.

4 Der Verjährungsbeginn richtet sich nach § 200 S 1 und knüpft damit an die Entstehung des Anspruchs an.

5 **III. Aufgreifen der alten Regelung.** Die Regelung in § 197 Abs 1 Nr 3-5 greift den **früheren § 218** aF auf. Für titulierte Ansprüche gilt damit durchgängig die 30-jährige Verjährungsfrist, die durch § 201 dahingehend ergänzt wird, dass es für den Beginn der Verjährung auf Rechtskraft der Entscheidung, Feststellung im Insolvenzverfahren oder die Errichtung des vollstreckbaren Titels ankommt. Die nach § 197 Abs 1 Nr 3-5 neue Frist ersetzt die bis dahin laufende Verjährungsfrist. Entscheidend ist, dass die rechtkräftige Feststellung durch eine unabhängige Stelle getroffen worden ist, mithin auch beim Versäumnisurteil und beim Vollstreckungsbescheid. Dies ist gerechtfertigt, weil der Anspruchsgegner eine ihm eröffnete Möglichkeit zur Äußerung nicht wahrgenommen hat (MüKo/*Grothe* Rn 12). Entspr gehören öffentlich-rechtliche Forderungen, die eine Behörde – auch ein Notar – selbst beitreiben kann, nicht zur Gruppe nach Abs 1 Nr 3. Ist ein **ausländisches Urteil** rechtskräftig und im Inland anerkennungsfähig, läuft ebenfalls die Verjährungsfrist nach § Abs 1 Nr 3. Die **rechtskräftige Entscheidung** iSd § 197 Abs 1 Nr 3 kann durch Leistungs-, Feststellungs-, Vorbehaltsurteil, durch Schiedsspruch, Vollstreckungsbescheid oder Kostenfestsetzungsbeschluss ergehen; selbst ein den Anspruch nur allg feststellendes Urteil ist ausreichend. Auf gleicher Ebene stehen vollstreckbare Vergleiche und vollstreckbare Feststellungen zur Insolvenztabelle (§§ 201, 215 Abs 2 InsO) sowie die für vollstreckbar erklärten Anwaltsvergleiche (§§ 796a ff ZPO). Bzgl der Kosten der Zwangsvollstreckung stellt Nr 6 lediglich klar, dass diese Ansprüche nach § 788 ZPO nicht der Regelverjährung nach §§ 195, 199 unterfallen. § 788 ZPO soll dem Gläubiger ersparen, zur Geltendmachung ein weiteres Verfahren anstrengen zu müssen.

6 **C. Ausnahmeregelung in Abs 2.** Bei **titulierten Ansprüchen auf wiederkehrende Leistungen** macht Abs 2 eine Ausnahme von der 30-Jahres-Frist nach Abs 1 Nr 2. Die Norm erfasst nur fällige, aber noch nicht voll erbrachte Leistungen. Insoweit kann die zu § 197 aF ergangene Rspr weiterhin herangezogen werden. Die Norm gilt einmal für wiederkehrende Leistungen aus familien- und erbrechtlichen Ansprüchen (Abs 2 Alt 1), also solche auf **Unterhalt**. Abs 2 erfasst auch die titulierten Ansprüche, die künftig fällig werden (Alt 2), gleich auf welcher Grundlage sie beruhen. Sie gilt in erster Linie für **gesetzliche oder vertragliche Zinsansprüche** (BGH NJW 1993, 1384), jedoch dann nicht, wenn sie in einer Summe zu zahlen sind. Mithin ist bei Entscheidungen zu beachten, dass die bis zur Rechtskraft aufgelaufenen Zinsen nach Abs 1 in dreißig Jahren, die nach der Rechtskraft entstehenden Zinsansprüche nach drei Jahren, beginnend gem § 199, verjähren. Einen weiteren Anwendungsbereich findet Abs 2 im **Schadensrecht bei Rentenzahlungen** gem § 844 sowie bei Mehrbedarfs- und Schmerzensgeldrenten oder den monatlich zu ersetzenden Haushaltsführungsschäden.

§ 198 Verjährung bei Rechtsnachfolge. **Gelangt eine Sache, hinsichtlich derer ein dinglicher Anspruch besteht, durch Rechtsnachfolge in den Besitz eines Dritten, so kommt die während des Besitzes des Rechtsvorgängers verstrichene Verjährungszeit dem Rechtsnachfolger zugute.**

1 Verjährungsregeln werden von einer etwaigen Rechtsnachfolge grds nicht tangiert. Dies gilt gleichermaßen für **Singular- und Universalsukzession**. Die Bestimmung soll sicherstellen, dass beim Rechtsnachfolger im

Besitz der Lauf der Verjährungsfrist nicht neu beginnt. Während bei persönlichen Ansprüchen Wechsel in der Person von Schuldner oder Gläubiger ohne Auswirkung auf die Verjährung bleiben, gilt dies für den Besitzübergang nicht. Es würde ohne die Regelung in § 198 bei jedem neu begründeten Besitz zugleich ein neuer Fristlauf einsetzen. Dieses Ergebnis soll für abgeleiteten (derivativen) Besitz vermieden werden. Wechselt die Sache mehrfach den Besitzer, so kommt diese Additionsmethode dem letzten Besitzer zugute (Palandt/*Heinrichs* Rn 2). § 198 erfasst **dingliche Ansprüche gegen den Besitzer** einer Sache, also insbes solche aus §§ 985, 861 f, 1004. Voraussetzung der Sonderregelung ist ein abgeleiteter (derivativer) Besitzerwerb, entweder durch Gesamt- oder Einzelnachfolge, bspw gem § 857 oder Vereinbarung mit dem bisherigen Besitzer (AnwK/*Mansel* Rn 6).

§ 199 Beginn der regelmäßigen Verjährungsfrist und Höchstfrist. **[1] Die regelmäßige Verjährungsfrist beginnt mit dem Schluss des Jahres, in dem**

1. der Anspruch entstanden ist, und
2. der Gläubiger von den den Anspruch begründenden Umständen und der Person des Schuldners Kenntnis erlangt oder ohne grobe Fahrlässigkeit erlangen müsste.

[2] Schadensersatzansprüche, die auf der Verletzung des Lebens, des Körpers, der Gesundheit oder der Freiheit beruhen, verjähren ohne Rücksicht auf ihre Entstehung und die Kenntnis oder grob fahrlässige Unkenntnis in 30 Jahren von der Begehung der Handlung, der Pflichtverletzung oder dem sonstigen, den Schaden auslösenden Ereignis an.

[3] Sonstige Schadensersatzansprüche verjähren

1. ohne Rücksicht auf die Kenntnis oder grob fahrlässige Unkenntnis in zehn Jahren von ihrer Entstehung an, und
2. ohne Rücksicht auf ihre Entstehung und die Kenntnis oder grob fahrlässige Unkenntnis in 30 Jahren von der Begehung der Handlung, der Pflichtverletzung oder dem sonstigen, den Schaden auslösenden Ereignis an.

Maßgeblich ist die früher endende Frist.

[4] Andere Ansprüche als Schadensersatzansprüche verjähren ohne Rücksicht auf die Kenntnis oder grob fahrlässige Unkenntnis in zehn Jahren von ihrer Entstehung an.

A. Allgemeines. Im »gemischt-subjektiven« System der Verjährung ist die Länge der Verjährungsfrist untrennbar mit ihrem Beginn verknüpft. Auch kurze Fristen sind für den Anspruchsinhaber hinnehmbar, wenn deren Beginn erst spät zu laufen beginnt. Und umgekehrt ist selbst eine lange Frist für den Gläubiger nicht ungefährlich, wenn deren Ablauf von ihm unbemerkt erfolgen kann. Vor der Schuldrechtsmodernisierung knüpfte § 198 aF an die Entstehung des Anspruchs an, normierte dann aber eine Fülle von Ausnahmen. Im modernisierten Schuldrecht besteht die Verjährungssystematik aus einer Kombination von objektiven Merkmalen wie der Entstehung des Anspruchs und der Ultimo-Regel und subjektiven Merkmalen wie der Kenntnis bzw das Kennenmüssen des Anspruchsinhabers. Damit ist ein System geschaffen worden, das einen einheitlichen Tatbestand für den Beginn der Verjährung festsetzt und dabei § 852 Abs 1 aF nachgebildet wurde, freilich unter Berücksichtigung der umfangreichen Judikatur zum Grundsatz der Schadenseinheit (MüKo/*Grothe* Rn 1). 1

Mit der Einbeziehung eines subjektiven Elements gewinnt das Zusammenspiel der §§ 195, 199 den Charakter einer Überlegungszeit und mildert die kurze Drei-Jahres-Frist deutlich ab (AnwK/*Mansel/Stürner* § 197 Rn 8). Zugleich wird durch Höchstfristen (Abs 2-4) sichergestellt, dass auch bei bes langjähriger Unkenntnis die Verjährung eintreten kann. Damit trat der Gesetzgeber der Möglichkeit quasi unverjährbarer Ansprüche entgegen. Mit der grds Zehnjahresfrist befindet sich die deutsche Regelung im üblichen Rahmen moderner europäischer Kodifikationen wie internationaler Regelungen (vgl *R Zimmermann* JZ 2000, 853 ff; ausf auch AnwK/*Mansel* Rn 6) und knüpft an die schon im ZGB/DDR getroffene Maximalfrist an. Die Frist ist einerseits lang genug, um Ansprüche zur Kenntnis nehmen und geltend machen zu können, andererseits aber nicht schier uferlos wie die 30-Jahres-Frist des früheren Rechts. 2

B. Voraussetzungen für den Beginn der regelm Verjährung, § 199 Abs 1. I. Anknüpfungspunkte. Gem § 199 wird für den Beginn der Verjährung an zwei Voraussetzungen angeknüpft, die *beide* vorliegen müssen, nämlich das objektive Merkmal des Entstehens des Anspruchs und das subjektive der Kenntnis bzw grob fahrlässigen Unkenntnis des Gläubigers von den anspruchsbegründenden Tatsachen sowie der Person des Schuldners. 3

II. Entstehung des Anspruchs. Die Entstehung des Anspruchs entspricht der Fälligkeit nach § 271 (BGHZ 53, 222, 225; 113, 188, 193; BGH ZIP 2001, 611). Demnach ist der Anspruch entstanden, wenn er erstmals geltend gemacht werden kann (BGH NJW-RR 2000, 647, 648). Es gelten die allg Regeln. Es werden daher gestundete Forderungen am Ende des Stundungszeitraums fällig und Ansprüche, die zuvor die Ausübung eines Gestaltungsrechts verlangen (Kündigung, Anfechtung), mit Wirksamkeit der entspr Erklärung. Hingegen sind Einreden, die ggü der Forderung erhoben werden können, für das Entstehen des Anspruchs unerheblich (MüKo/ 4

Grothe Rn 5). Die **Erteilung einer Rechnung** ist regelm keine Voraussetzung für die Fälligkeit der Forderung. Lediglich nach Sondervorschriften (zB § 16 Nr 3 VOB/B, § 8 HOAI, § 12 Abs 2 GoÄ, § 13 TKV) oder entspr Vereinbarung der Parteien kann etwas anderes gelten. Die **Fälligkeit von Erfüllungsansprüchen** richtet sich nach dem **Vertragstyp**, beim Kaufvertrag mit Vertragsschluss, bei Beratungs- und Behandlungsverträgen nach dem jeweiligen Fälligkeitszeitpunkt der spezialgesetzlichen Regelung, beim Werkvertrag nach § 641, bei der Miete nunmehr nach § 556b Abs 1 (vgl Fallbeispiele bei Palandt/*Heinrichs* Rn 10-12).

5 Bei **Schadensersatzansprüchen** gleich welcher Grundlage gilt der **Grundsatz der Schadenseinheit**, demzufolge ein Schaden bereits mit der ersten Vermögenseinbuße als eingetreten gilt, selbst wenn mehrere Schadensfolgen zeitlich versetzt eintreten (st Rspr, BGH NJW 2002, 1414). Danach ist ein Ersatzanspruch fällig, sobald der erste (Teil-)Betrag eingeklagt werden könnte (BGHZ 50, 24; 119, 71; BGH NJW 1998, 1488). Es reicht die Kenntnis *eines* Schadens aus, der komplette Umfang muss nicht bekannt sein, solange es sich bei den Folgen lediglich um Weiterentwicklungen des ersten Schadens handelt, mit dem gerechnet werden konnte (BGH, NJW 1997, 2448). An diesem Rechtsinstitut hat die Schuldrechtsmodernisierung grds nichts geändert; um dies deutlich zu machen, wurde erneut im Gesetzeswortlauf auf die Formulierung »entstanden« zurückgegriffen (BTDrs 14/7052 S 180). Davon zu unterscheiden sind aber solche Ansprüche aus solchen Schäden, deren Folgen auch für Experten zum Zeitpunkt der ersten Schädigung nicht vorhersehbar waren (BGH, NJW 2000, 861; früher schon BGHZ 50, 21, 24; vgl auch BGH NJ 1998, 94 (*Willingmann*); Hamm ZfS 1999, 14). Dies gilt insbes bei Spätfolgen von Unfällen, ärztlichen Kunstfehlern uä, so dass der Grundsatz gelten kann, dass die auch von einem Fachmann nicht vorhersehbaren Folgen auch nach dem Grundsatz der Schadenseinheit nicht erfasst sind. Hier fehlt das Kenntnismoment als zwingende Voraussetzung des subjektiven Verjährungsbeginns. Trotz dieser Rspr empfiehlt sich freilich im Zweifel die Erhebung der Feststellungsklage zur Vermeidung verjährungsrechtlicher Folgen frühzeitiger Kenntnis vom (Erst-)Schaden.

6 **III. Kenntnis bzw grob fahrlässige Unkenntnis des Gläubigers (Nr 2).** Wesentliche Neuerung der Reform war die Implementierung des Kenntnismoments in die allg Verjährungssystematik. Abweichend von § 852 aF setzt bereits die grob fahrlässige Unkenntnis den Lauf der Verjährungsfrist in Gang, wobei sich der Gesetzgeber für die Definition grober Fahrlässigkeit an die entspr Rspr des BGH anlehnt. Danach schadet dem Gläubiger, wenn er nahe liegende Überlegungen nicht oder nur unzureichend angestellt und dasjenige unbeachtet gelassen hat, das jedem eingeleuchtet hätte (BGHZ 10, 14, 16; 89, 153, 161; NJW-RR 1994, 1469, 1471; NJW 1992, 3235, 3236). Das entspricht de facto der Judikatur zur Kenntnis in § 852 aF, mithin einem subjektivierten Verjährungsbeginn (AnwK/*Mansel* Rn2).

7 Gemeint ist in § 199 **Tatsachenkenntnis des Anspruchsberechtigten**, rechtliche Fehlvorstellungen hindern den Fristlauf nur dann, wenn sie aus einer bes unübersichtlichen Rechtslage resultieren (BGH NJW 1999, 2041). Beim Geschäftsunfähigen ist Wissen des gesetzlichen Vertreters erforderlich (BGH NJW 1996, 2934), bei Eltern die Kenntnis eines Elternteils, im Zweifel des Sorgeberechtigten. Wird Anspruchsdurchsetzung einem Dritten übertragen, kann dessen Kenntnis ausreichen (str, BGH NJW 2007, 1584). Bei juristischen Personen ist Kenntnis eines Organs bzw eines gesetzlichen Vertreters erforderlich, auch bei Gesamtvertretungsmacht (PWW/*Kesseler* Rn 12).

8 Von der **Kenntnis** müssen die den Anspruch tragenden **Umstände** erfasst sein, dh der Gläubiger muss die **Tatsachen** kennen, auf die sich ein späterer Anspruch stützen lässt. Dies sind bei vertraglichen Erfüllungsansprüchen die entspr Erklärungen der Parteien, die zum Vertragsschluss geführt haben. Bei Schadensersatzansprüchen muss Kenntnis über die Handlung bzw Pflichtverletzung, den Schadenseintritt und die eigene Schadensbetroffenheit vorliegen (BGH NJW 1996, 117). Wird eine Beeinträchtigung nicht als Schaden begriffen, liegt keine Kenntnis vor (PWW/*Kesseler* Rn 14). Vollumfängliches Erfassen und Bewerten der Situation ist indessen nicht verlangt (BGHZ 122, 317).

9 Erforderlich ist auch die **Kenntnis der Person des Schuldners**, wobei die Rspr damit stets Name und Anschrift verbindet (BGH NJW 1998, 988; 2001, 1721). Sind dem Anspruchsberechtigten mehrere Personen verpflichtet (zB Gesamtschuldner), kommt es auf die individuelle Kenntnis an; dementsprechend können Fristen für unterschiedliche Personen auch unterschiedlich laufen (BGH NJW 2001, 964).

10 **Grob fahrlässige Unkenntnis** lässt den Verjährungslauf ebenfalls beginnen. Sie liegt vor, wenn der Berechtigte selbst einfachste Erwägungen nicht angestellt hat, also in bes Weise unsorgfältig handelt (st Rspr seit BGHZ 10, 14, 16). Konkret obliegt es dem Anspruchsinhaber, bei Indizien weitere Ermittlungen anzustellen (BGH NJW 1990, 2808), etwa über ein Kfz-Kennzeichen die Identität des ersatzpflichtigen Halters zu recherchieren.

11 **IV. Ultimo-Beginn.** Unabhängig vom Zeitpunkt der Anspruchsentstehung und der Kenntniserlangung durch den Berechtigten im Laufe eines Jahres, beginnt der Fristlauf der Verjährung erst am 31.12. um 24.00 Uhr. Damit wurde aus Vereinfachungsgründen die Regelung des § 201 aF übernommen, die als Ultimoverjährung oder »Silvesterverjährung« bezeichnet wird. Dies stellt für die Praxis eine erhebliche Erleichterung hinsichtlich der Fristenkontrolle dar. Demgegenüber ist hinzunehmen, dass de facto nun unterschiedlich lange Fristen laufen, wenn Forderungen innerhalb eines Jahres fällig werden. Zu beachten ist ferner, dass eine gehemmte oder unterbrochene Verjährungsfrist unmittelbar mit Wegfall des Hemmungs-/Unterbrechungsgrundes weiterläuft, also nicht erst am Jahresende. Insoweit greift die Ultimo-Regel nicht (BGHZ 97, 294).

C. Absolute Verjährungsgrenzen (Höchstfristen), § 199 Abs 2-4. I. Zweck. Die Einführung eines kenntnisabhängigen Beginns der Verjährung birgt die Gefahr, gleichsam unverjährbarer Ansprüche, da die für den Fristlauf relevante Kenntnis des Gläubigers mitunter jahrelang fehlen kann. Daher wird ausschließlich für den Bereich der Regelverjährung die subjektive Voraussetzung in Abs 1 durch objektive Maximalfristen in Abs 2-4 begrenzt. Diese absoluten Fristen verhindern ein Hinausschieben des Verjährungseintritts auf unabsehbare, nicht kalkulierbare Zeit; sie dienen der Rechtssicherheit. Die Höchstfristen werden taggenau berechnet und können durch Hemmung oder Neubeginn verlängert werden. 12

II. Regelungsgerüst. Die Höchstfristen sind in § 199 Abs 2-4 nach betroffenen Rechtsgütern differenziert. Für höchstpersönliche Rechtsgüter wird die längst mögliche Frist von dreißig Jahren gesetzt (Abs 2), für andere Schadensersatzansprüche (Abs 3) wie auch alle anderen Ansprüche (Abs 4) tritt spätestens nach zehn Jahren Verjährung ein. Zugleich ist für die in Abs 3 erfassten Schadensersatzansprüche unter bestimmten Voraussetzungen auch eine Dreißigjahresfrist vorgesehen. **1. Regelmäßige Höchstfrist.** Die regelm Höchstfrist für den Eintritt der Verjährung liegt demnach bei zehn Jahren (Abs 4). In dieser Frist verjähren grds alle Ansprüche ohne Rücksicht auf Kenntnis oder grob fahrlässige Unkenntnis des Gläubigers. Wird erst nach einigen Jahren Kenntnis von einem Anspruch erlangt – aus Vertrag, GoA oä –, so ist nicht allein die Regelverjährung nach §§ 195, 199 Abs 1 zu beachten, sondern auch die Höchstfrist von zehn Jahren – beginnend mit der Anspruchsentstehung. Hemmende Maßnahmen – oder solche, die den Neubeginn bewirken – verhindern den Verjährungseintritt. 13

2. Ausnahmen. Ausgenommen von der regelm Höchstfrist von zehn Jahren sind nach Abs 2 vertragliche wie gesetzliche Schadensersatzansprüche wegen der **Verletzung des Lebens, des Körpers, der Gesundheit oder der Freiheit.** Der Katalog greift den in § 823 Abs 1 und § 847 aF auf; die geschützten Rechtsgüter sind nach den dort entwickelten Grundsätzen abzugrenzen. Soweit die Rspr auf Grundlage des § 823 Abs 1 den Rechtsgüterschutz erweitert hat (Persönlichkeitsrecht, Recht am eingerichteten und ausgeübten Gewerbebetrieb), werden diese ebenfalls von § 199 Abs 2 erfasst. Mithin unterfällt auch der aus § 823 Abs 1 abgeleitete Rechtsgüterschutz der langen Höchstfrist von dreißig Jahren (*J Schmidt-Räntsch* Rn 91; aA Palandt/*Heinrichs* Rn 41; *Mansel* NJW 2002, 89, 93). Der Gesetzgeber hat freilich die Einbeziehung von reinen Vermögensschäden in Abs 2 ausdrücklich abgelehnt (BTDrs 14/7054 S 172). 14

Der Lauf der Höchstfrist beginnt mit der ersten Handlung, die den Schadensersatzanspruch begründet. Für die deliktische Haftung heißt dies, dass auf das Ereignis abzustellen ist, das den Anspruch aus §§ 823 ff erstmals entstehen lässt (BGHZ 117, 287), bei Gefährdungstatbeständen kommt es auf das Auslösen der ersten Schadensursache, bei vertraglichen Ansprüchen auf die Pflichtverletzung an 15

3. Differenzierte Höchstfrist (Abs 3). Die durch den Katalog in Abs 2 ausgenommenen Rechtsgüter unterfallen Abs 3 und damit einer differenzierten Höchstfrist. Nach Abs 3 Nr 1 beginnt eine Zehnjahresfrist kenntnisunabhängig mit Eintritt des Schadens zu laufen, nach Nr 2 tritt dreißig Jahre nach der Schaden stiftenden Handlung ebenfalls kenntnisunabhängig Verjährung ein. Im Anwendungsbereich von Abs 3 befinden sich insbes Ansprüche aus der Verletzung des Eigentums und des Vermögens. Nr 1 stellt sicher, dass zehn Jahre nach dem Entstehen des Schadens (= Fälligkeit des Anspruchs) Verjährung eintritt, auch wenn der Gläubiger davon keine Kenntnis oder sich dieser Kenntnis nicht verschlossen hat. Die Regelung ist insoweit an § 13 Abs 1 ProdHG orientiert, die erstmalig für das deutsche Recht nach 10 Jahren den fristbedingten Untergang des Anspruchs angeordnet hat; dort freilich als Ausschlussfrist. Da bei Schadensersatzansprüchen die Verjährungsfrist erst mit Eintritt des Schadens zu laufen beginnt, regelt Nr 2 die Höchstfrist in Fällen, in denen sich kein Schaden realisiert hat. Die Bestimmung ergänzt das Rechtsinstitut der Schadenseinheit, da Spätschäden auch in anderen Konstellationen vorkommen können. Dreißig Jahre nach der Pflichtverletzung oder eines anderen Schaden stiftenden Ereignisses tritt sodann in jedem Falle Verjährung ein. 16

Bei Konkurrenz von Höchstfristen greift ergänzend Abs 3 S 2. Danach gilt für die Doppelfrist eine – aus Sicht des Schuldners – **Günstigkeitsregel**, wonach beim Zusammentreffen beider Fristläufe die früher endende maßgeblich ist. Damit führt die frühere Höchstfrist den Verjährungseintritt herbei. Dies ist ua relevant bei Vermögensschäden, die erst Jahre nach der Pflichtverletzung eintreten und zwischenzeitlich nicht bemerkt werden konnten (Bsp: fehlerhafter Testamentsentwurf durch Rechtsanwalt, Notarfehler bei Beurkundung eines Gesellschaftsvertrages, Bodenkontaminierung). Alle Höchstfristen sind taggenau zu berechnen, unterfallen also nicht der Ultimoverjährung; sie sind keine absoluten Beendigungsfristen, da sich durch Hemmung, Ablaufhemmung und Neubeginn auch Höchstfristen verlängern. 17

§ 200 Beginn anderer Verjährungsfristen. **Die Verjährungsfrist von Ansprüchen, die nicht der regelmäßigen Verjährungsfrist unterliegen, beginnt mit der Entstehung des Anspruchs, soweit nicht ein anderer Verjährungsbeginn bestimmt ist. § 199 Absatz 5 findet entsprechende Anwendung.**

Mit der Neuregelung des Beginns und der Fristen der Verjährung wurde ein umfassendes, weithin vereinheitlichtes Gerüst geschaffen, das eine randscharfe Bestimmung zulässt. Gleichwohl bedarf es neben § 199 und zahlreichen Spezialnormen eines **Auffangtatbestandes**, dessen praktische Bedeutung jedoch wegen der Sondervorschriften (zB §§ 201, 438 Abs 2, 3; 479 Abs 1; 634a Abs 2, 3; 651g Abs 2) gering ist (PWW/*Kessler* 1

Rn 1). Die Norm knüpft objektiv an das Entstehen des Anspruchs an und erfasst den Verjährungsbeginn, wenn sich der Fristlauf nach §§ 196, 197 Abs 1 Nr 1 und 2 oder nach anderen Sondervorschriften des BGB richtet und soweit deren Fristbeginn nicht bestimmt ist (etwa § 548 Abs 1 S 2). Sofern andere Gesetze auf die BGB-Verjährungsregeln verweisen, greift sie ebenfalls, wenn dort kein eigener Beginn normiert ist. Nach § 200 S 1 **beginnt der Fristlauf** mit der **Entstehung des Anspruchs**; auf ein subjektives Kriterium wird verzichtet. Soweit es sich um Unterlassungsansprüche handelt, stellt die Verweisung in S 2 sicher, dass hier die Frist mit der (ersten) Zuwiderhandlung einsetzt. Durch die **Verweisung in S 2** wird klargestellt, dass bei **Unterlassungsansprüchen** der Zeitpunkt der Zuwiderhandlung entscheidend ist, nicht der Zeitpunkt der Entstehung des Anspruchs.

§ 201 Beginn der Verjährungsfrist von festgestellten Ansprüchen. **Die Verjährung von Ansprüchen der in § 197 Absatz 1 Nummer 3 bis 5 bezeichneten Art beginnt mit der Rechtskraft der Entscheidung, der Errichtung des vollstreckbaren Titels oder der Feststellung im Insolvenzverfahren, nicht jedoch vor der Entstehung des Anspruchs. § 199 Absatz 5 findet entsprechende Anwendung.**

1 **A. Allgemeines.** Mit der Umstellung auf das subjektive Verjährungsmodell und der Neufassung des Fristbeginns in § 199 Abs 1 wurde eine eigenständige Regelung für titulierte Ansprüche erforderlich, da die Titulierung eine neue Verjährungsgrundlage schafft. Entspr der Differenzierung in § 197 Abs 1 Nr 3-5 beginnt der Fristlauf mit der formellen Rechtskraft des Urteils (Nr 3), mit der Errichtung der vollstreckbaren Urkunde (Nr 4) oder der vollstreckbaren Feststellung im Insolvenzverfahren nach §§ 201 Abs 2, 215 Abs 2 InsO (Nr 5). Inhaltlich entspricht § 201 dem Regelungsgehalt des früheren Rechts in der Anwendung des §§ 218, 197, 198 aF durch die Rspr.

2 **B. Regelungsinhalt. § 197 Abs 1 Nr 3:** Die Verjährungsfrist für gerichtliche Entscheidungen läuft ab formeller Rechtskraft der Entscheidung, mithin also dann, wenn sie unanfechtbar geworden ist. Ob tatsächlich bereits vollstreckt werden kann, ist insoweit irrelevant (AnwK/*Mansel/Stürner* Rn 7). **§ 197 Abs 1 Nr 4:** Vollstreckbare Vergleiche verjähren mit Errichtung des Titels, also der gerichtlichen Protokollierung (§ 160 Abs 3 Nr 1 ZPO) bzw Erlass eines Feststellungsbeschlusses nach § 278 Abs 6 Nr 2 ZPO, der gerichtlichen oder notariellen Beurkundung unter Einschluss der in der Urkunde genannten weiteren Voraussetzungen. Des Zugangs einer vollstreckbaren Ausfertigung bedarf es nicht (MüKo/*Grothe* Rn 4). **§ 197 Abs 1 Nr 5:** Für Ansprüche, die zur Insolvenztabelle angemeldet sind, beginnt die Verjährung mit der Feststellung im Rahmen der §§ 178, 201 Abs 2, 215 Abs 2, 257 InsO.

3 **C. Besonderheit: Kosten der Zwangsvollstreckung.** Mit Einfügung von § 197 Abs 1 Nr 6 hat der Gesetzgeber klargestellt, dass die lange Verjährung auch die Fälle des § 788 Abs 1 S 1 Hs 1 ZPO erfasst. Auf diese Weise ist die Beitreibung von Vollstreckungskosten ohne eigenen Titel neben dem Hauptanspruch möglich (MüKo/*Grothe* Rn 5).

§ 202 Unzulässigkeit von Vereinbarungen über die Verjährung. **[1] Die Verjährung kann bei Haftung wegen Vorsatzes nicht im Voraus durch Rechtsgeschäft erleichtert werden.**
[2] Die Verjährung kann durch Rechtsgeschäft nicht über eine Verjährungsfrist von 30 Jahren ab dem gesetzlichen Verjährungsbeginn hinaus erschwert werden.

1 **A. Allgemeines.** Das frühere Recht kannte in § 225 aF ein weit reichendes Verbot von Vereinbarungen über die Verjährung. Zugelassen waren zwar Verkürzungen (sog Erleichterungen), nicht aber die für die Praxis ebenso relevanten Erschwerungen, also Verlängerungen oder gar der Ausschluss der Verjährung, auch in der Form des vollständigen Einredeverzichts. Verstöße wurden als Gesetzesverstoß iSv § 134 angesehen (BGH NJW 1988, 1259, 1260). Am Charakter eines Verbotsgesetzes hat § 202 festgehalten, soweit die dort gesetzten Grenzen überschritten werden (PWW/*Kesseler* Rn 1); ansonsten besteht auch im Rahmen von Verjährungsabreden nunmehr Parteiautonomie. Dabei sollte man sich nicht von der missglückten Überschrift leiten lassen; der Gesetzgeber wollte in erster Linie die **Vertragsfreiheit auch im Verjährungsrecht** herstellen und hat zugleich darauf verzichtet, diese Dispositivität ausdrücklich ins Gesetz zu schreiben. Sie folgt aber aus § 202 und der allg Vertragsfreiheit (*Mansel* NJW 2002, 89, 96). Dies ist bei der Auslegung der Norm zu berücksichtigen.

2 **B. Regelungsinhalt.** Gewollt sind privatautonome Gestaltung im Bereich des Verjährungsrechts als Korrektiv zur drastischen Reduktion der gesetzlichen Verjährungsfristen. Es sind grds Vereinbarungen aller Art über das Verjährungsrecht möglich, nicht nur die Verlängerung oder Verkürzung von Fristen. Mithin können die Parteien auch Fragen der Hemmung oder des Neubeginns, ja selbst des Verjährungsverzichts regeln (PWW/*Kesseler* Rn 5). Dabei sind an die Vereinbarung selbst keinerlei formale Anforderungen gestellt; abweichend vom Wortlaut der Norm muss es sich jedoch um eine Parteivereinbarung handeln (MüKo/*Grothe* Rn 4). Die Vereinbarung ist formlos möglich, sofern das zugrunde liegende Rechtsgeschäft formlos geschlossen werden kann. Die Einschränkung gilt insbes für den Formzwang bei Grundstücksgeschäften gem § 311b, der sich seinerseits auch auf alle mit der Veräußerung zusammen hängenden Geschäfte erstreckt (Staud/*Peters* Rn 6, aA

MüKo/*Grothe* Rn 5). Zu Beweiszwecken ist es indessen auch hier zweckmäßig, die getroffene Vereinbarung schriftlich niederzulegen oder entspr zu dokumentieren. Die Vereinbarung kann **vor und nach Entstehung** des Anspruchs getroffen werden.

C. Einschränkungen. Autonome Gestaltungen der Verjährung durch die Parteien sind ausdrücklich erwünscht. Gleichwohl gelten sie nicht uneingeschränkt. **I. Erleichterungen (Abs 1).** Grds sind Erleichterungen zulässig, also etwa Vereinbarungen über die Verkürzung der Verjährungsfrist, Vorverlegung des Verjährungsbeginns, Einschränkungen von Hemmung und Unterbrechung der Verjährung. Für Individualverträge ergibt sich aus Abs 1 das Verbot der Erleichterung der Verjährung bei Vorsatz. Dies allerdings nur, sofern die Vereinbarung im Voraus geschlossen wird. **1. Weitere Einschränkungen.** Weitere Beschränkungen ergeben sich aus speziellen Regelungen des Schuldrechts: **a) § 475 Abs 2:** Dies gilt namentlich für den **Verbrauchsgüterkauf.** Gem **§ 475 Abs 2** sind Verkürzungen der Verjährungsfrist für die Käuferrechte aus § 437 vor Mitteilung des Mangels dann unzulässig, wenn damit für Neuwaren eine Frist von zwei Jahren und für Gebrauchtartikel von einem Jahr unterschritten wird (vgl auch § 479). 3

b) § 651g Abs 2: Im **Reisevertragsrechtsrecht** wurde 2001 **§ 651g Abs 2** geändert und die Verjährungsfrist für Gewährleistung durch den Veranstalter auf zwei Jahre verlängert. Sie entspricht damit der auch für das Kauf- und Werkvertragsrecht geltenden Frist. Die für den Veranstalter eingetretene Verschärfung mildert das nach wie vor bestehende Erfordernis der kurzfristigen Anspruchsanmeldung (§ 651g Abs 1) sowie des ebenfalls neuen Erfordernisses des § 651m S 2 ab, demzufolge die Vereinbarung einer Frist von einem Jahr vor Eintritt des Gewährleistungsfalles zulässig ist. Dies ist dann auch formularmäßig möglich (Palandt/*Sprau* § 651m Rn 1). Nach Mitteilung des Gewährleistungsfalls besteht wieder uneingeschränkte Parteiautonomie, dh die Parteien können die Frist weiter abkürzen. Damit sind die verjährungsrechtlichen Regelungen in Kauf-, Werk- und Reisevertragsrecht weitestgehend harmonisiert. 4

2. Allg Geschäftsbedingungen. Soweit die Verjährungsregelung in **Allg Geschäftsbedingungen** getroffen wird, unterliegt sie den Anforderungen des § 307. Dem neuen Recht kommt Leitbildfunktion iSd § 307 Abs 2 Nr 1 zu. Dabei ist zu berücksichtigen, dass die Neuregelung die Vertragsfreiheit im Verjährungsrecht stärken soll. Für den Bereich der Gewährleistungsfristen im Kauf- und Werkvertragsrecht (§§ 438, 634a) enthält § 309 Nr 8 ein Klauselverbot ohne Wertungsmöglichkeit, das freilich durch § 475 deutlich abgeschwächt wird (Palandt/*Heinrichs* Rn 7). Zulässig sind jenseits des unternehmerischen Rechtsverkehrs Verkürzungen stets dann, wenn am System von Kenntnis und Kennenmüssen festgehalten wird (PWW/*Kesseler* Rn 6). Für vorsätzliche Pflichtverletzungen ist eine Erleichterung nicht möglich (München NJW 2007, 227). 5

3. Haftungsfalle – § 309 Nr 7a, b. Aus § 309 Nr 7a, b kann sich nach wie vor eine **Haftungsfalle** ergeben (*Mansel* NJW 2002, 89, 97). Für schuldhafte Pflichtverletzungen, die zu Körper- oder Gesundheitsverletzungen führen, ist ein formularmäßiger Haftungsausschluss unzulässig. Da Verjährungserleichterungen bislang von der Rspr als Haftungsbegrenzungen angesehen wurden, greift das Klauselverbot in diesen Fällen. Dem ist zuzustimmen. Für die Praxis birgt dies ein hohes Haftungsrisiko, weil die weithin verwendeten Ausschlussklauseln nunmehr eo ipso unwirksam sind. Ob zur Lösung des Problems eine geltungserhaltende Reduktion vorgenommen wird, ist in Anbetracht der bisherigen Rspr fraglich. 6

II. Erschwerungen (Abs 2). Nach Abs 2 sind Verjährungsverlängerungen über dreißig Jahre hinaus unzulässig. Hier greift der Gesetzgeber die bereits bei Erlass des BGB geführte Debatte um eine Maximalfrist und quasi-unverjährbare Ansprüche auf. Möglich sind insoweit Rechtsgeschäfte, die darauf gerichtet sind, die Verjährungsfrist zu verlängern, den Fristbeginn aufzuschieben oder die Schaffung gesetzlich nicht vorgesehener Hemmungs- und Unterbrechungstatbestände MüKo/*Grothe* Rn 11; aA Palandt/*Heinrichs* Rn 10). Wird ein Einredeverzicht auf Dauer erklärt, so ist er grds als solcher auf 30 Jahre auszulegen (BGH ZIP 2007, 2206; PWW/*Kesseler* Rn 7). 7

Titel 2 Hemmung, Ablaufhemmung und Neubeginn der Verjährung

§ 203 Hemmung der Verjährung bei Verhandlungen.

Schweben zwischen dem Schuldner und dem Gläubiger Verhandlungen über den Anspruch oder die den Anspruch begründenden Umstände, so ist die Verjährung gehemmt, bis der eine oder der andere Teil die Fortsetzung der Verhandlungen verweigert. Die Verjährung tritt frühestens drei Monate nach dem Ende der Hemmung ein.

A. Allgemeines. Mit den Regeln über die Hemmung und den Neubeginn reagiert der Gesetzgeber darauf, dass bestimmte **Ereignisse** den **Ablauf der Verjährungsfrist beeinflussen.** Dies können Umstände sein, in denen der Gläubiger gehindert ist, seinen Anspruch zu verfolgen oder bestimmte Schritte zur Durchsetzung desselben eingeleitet hat; auf Seiten des Schuldners findet Berücksichtigung, wenn dieser den Anspruch nicht bestreiten will. Dieses bereits bestehende Modell wurde durch die Schuldrechtsmodernisierung neu systematisiert und im Detail erweitert. Der **Schwerpunkt** liegt seitdem auf der **Hemmung der Verjährung.** Von den früheren Unterbrechungstatbeständen sind nur das Anerkenntnis sowie Beantragung bzw Vornahme einer 1 gerichtlichen oder behördlichen Vollstreckungsmaßnahme (§ 212) geblieben. Zugleich erfolgte eine terminologische Klarstellung, in dem die Unterbrechung der Verjährung nun – sachlich zutreffender – als »Neubeginn« bezeichnet wird. § 209 entspricht § 205 aF. Demnach wird die Verjährungsfrist im Falle der Hemmung gleichsam angehalten und läuft nach Wegfall des entspr Grundes weiter. Größere Bedeutung kommt nach der Reform der **Ablaufhemmung** zu. Mit ihr wird nach Wegfall des Hemmungsgrundes eine zusätzliche (Überlegens-)Frist gewährt, bevor die Verjährung des Anspruchs eintreten kann.

2 Das **frühere Recht** kannte in einzelnen Teilgebieten bereits die Hemmung der Verjährung, solange die Parteien Verhandlungen über den Anspruch führten (§§ 639 Abs 2, 651g Abs 2 S 3, § 852 Abs 2 aF). Namentlich der im Deliktsrecht angesiedelte Hemmungstatbestand des § 852 Abs 2 aF wurde in der Rspr des BGH ausgeweitet und beispielsweise auch auf konkurrierende vertragliche Ansprüche angewandt (BGHZ 93, 64). Zudem hat die Rspr den Verjährungseinwand für treuwidrig erklärt, wenn der Gläubiger durch laufende Verhandlungen mit dem Schädiger oder dessen Versicherer an der rechtzeitigen gerichtlichen Geltendmachung des Anspruchs gehindert war (BGH VersR 1971, 439 f; VersR 1977, 617, 619; NJW 1999, 1101, 1103). Mit § 203 wurde daraus ein allg Prinzip formuliert und der Anwendungsbereich des Hemmungstatbestandes auf alle Ansprüche, die den Verjährungsregeln der §§ 194 ff unterliegen, ausgedehnt. Der erweiterte Anwendungsbereich der Ablaufhemmung verfolgt auch den Zweck der Justizentlastung, müssen doch Gerichte nicht mehr allein um des Erhalts der Verjährungseinrede willen angerufen werden

3 **B. Regelungsinhalt. I. Führen von Verhandlungen.** Zwischen den Parteien müssen **Verhandlungen** geführt werden. In Übernahme früherer Rspr ist dieser **Begriff weit auszulegen** (BGH NJW 1983, 2075, NJW-RR 2001, 1168). Es genügt der Meinungsaustausch über den Anspruch selbst oder dessen tatsächliche Grundlagen, solange der Gläubiger annehmen darf, sein Anspruch werde nicht endgültig abgelehnt (BGHZ 93, 64, 66; BGH NJW 2001, 885, 886; 2001, 1723, 2004, 1654). Es ist ausreichend, wenn sich der Schuldner nach der Erhebung von Ansprüchen erkundigt, seine Mitwirkungsbereitschaft zur Sachverhaltsaufklärung anzeigt oder unter Darlegung des eigenen Standpunktes um ein Gespräch nachsucht (BGH NJW 1997, 3447; NJW-RR 2001, 1168). Im Bereich der Gewährleistung liegen Verhandlungen vor, wenn der Schuldner auf Verlangen des Gläubigers den Mangel überprüft (BGH NJW-RR 1994, 373, 374 für § 639 Abs 2 aF).

4 **II. Begriff des Anspruchs/Gegenstand der Verhandlung.** Der **Begriff des »Anspruchs«** darf nicht eng verstanden werden, erfasst ist jedes Begehren auf Befriedigung eines Interesses. Lediglich dann, wenn sofort erkennbar wird, dass jegliche Gespräche oder Erörterungen abgelehnt werden, liegen keine Verhandlungen iSd § 203 vor. **Gegenstand der Verhandlungen** muss der **konkrete Lebenssachverhalt** sein, aus dem sich Ansprüche herleiten. Dabei ist im Zweifel anzunehmen, dass *alle* aus diesem Sachverhalt herrührenden Ansprüche auch Verhandlungsgegenstand sind und damit der Hemmung unterworfen werden.

5 **III. Wirkungsweise.** Solange die Parteien verhandeln, wirkt die Hemmung auf den Zeitpunkt der Anspruchserhebung durch den Gläubiger zurück, beispielsweise durch Zugang eines entspr Schreibens. Die Hemmung endet, wenn sich eine Partei unmissverständlich dahingehend erklärt hat (BGH NJW 1998, 2819, 2820; BGH NJW-RR 2005, 1044, 1047). Damit entfällt auch der Hemmungsgrund; die Verjährung soll aber gem S 2 erst drei Monate danach eintreten können, um dem Gläubiger bei plötzlichem Ende der Verhandlungen eine kurze Überlegensfrist zu gewähren; eine längere ist nicht erforderlich, da der Gläubiger sich bereits mit seinem Anspruch befasst hat.

6 **IV. Problem: »einschlafende Verhandlungen«:** Problematisch sind die Fälle sog **»einschlafender Verhandlungen«**, also jene, in denen eine Partei nicht mehr reagiert. Die Hemmung soll dann enden, wenn aus Sicht des Gläubigers der nächste Schritt nach Treu und Glauben zu erwarten gewesen wäre (BTDrs 14/6040, S 112; zum früheren Recht BGH NJW 1986, 1337, 1338; Düsseldorf NJW 1999, 68; NJW-RR 2001, 1168, 1169). Im Zweifel soll einmonatige Untätigkeit einer Vertragspartei zum Ende der Verhandlungen führen (Koblenz ZGS 2006, 117, 119). Zur Sicherheit ist dem Gläubiger nahe zu legen, weitere hemmende Maßnahmen zu ergreifen, wenn die Verhandlungen grundlos über einen gewissen Zeitraum nicht weiter geführt werden.

7 **V. Wirkung.** § 203 S 2 ordnet eine **Ablaufhemmung** an. Damit bleibt dem Gläubiger für drei Monate nach Ende der Verhandlungen – Wegfalls des Hemmungsgrundes – eine Überlegensfrist, ob er weitere Schritte einleiten soll, namentlich den Anspruch einzuklagen und damit eine neue Hemmung der Verjährung nach § 204 herbeizuführen. Für die **Praxis** empfiehlt es sich nicht nur, die einzelnen **Verhandlungsschritte schriftlich** zu **dokumentieren** und auszutauschen, sondern im vertraglichen Bereich auch die tatbestandlichen Voraussetzungen des Hemmungsgrundes näher zu fixieren.

§ 204 Hemmung der Verjährung durch Rechtsverfolgung. **[1] Die Verjährung wird gehemmt durch**

1. die Erhebung der Klage auf Leistung oder auf Feststellung des Anspruchs, auf Erteilung der Vollstreckungsklausel oder auf Erlass des Vollstreckungsurteils,
2. die Zustellung des Antrags im vereinfachten Verfahren über den Unterhalt Minderjähriger,
3. die Zustellung des Mahnbescheids im Mahnverfahren,

4. die Veranlassung der Bekanntgabe des Güteantrags, der bei einer durch die Landesjustizverwaltung eingerichteten oder anerkannten Gütestelle oder, wenn die Parteien den Einigungsversuch einvernehmlich unternehmen, bei einer sonstigen Gütestelle, die Streitbeilegungen betreibt, eingereicht ist; wird die Bekanntgabe demnächst nach der Einreichung des Antrags veranlasst, so tritt die Hemmung der Verjährung bereits mit der Einreichung ein,
5. die Geltendmachung der Aufrechnung des Anspruchs im Prozess,
6. die Zustellung der Streitverkündung,
7. die Zustellung des Antrags auf Durchführung eines selbstständigen Beweisverfahrens,
8. den Beginn eines vereinbarten Begutachtungsverfahrens oder die Beauftragung des Gutachters in dem Verfahren nach § 641a,
9. die Zustellung des Antrags auf Erlass eines Arrestes, einer einstweiligen Verfügung oder einer einstweiligen Anordnung, oder, wenn der Antrag nicht zugestellt wird, dessen Einreichung, wenn der Arrestbefehl, die einstweilige Verfügung oder die einstweilige Anordnung innerhalb eines Monats seit Verkündung oder Zustellung an den Gläubiger dem Schuldner zugestellt wird,
10. die Anmeldung des Anspruchs im Insolvenzverfahren oder im Schifffahrtsrechtlichen Verteilungsverfahren,
11. den Beginn des schiedsrichterlichen Verfahrens,
12. die Einreichung des Antrags bei einer Behörde, wenn die Zulässigkeit der Klage von der Vorentscheidung dieser Behörde abhängt und innerhalb von drei Monaten nach Erledigung des Gesuchs die Klage erhoben wird; dies gilt entsprechend für bei einem Gericht oder bei einer in Nummer 4 bezeichneten Gütestelle zu stellende Anträge, deren Zulässigkeit von der Vorentscheidung einer Behörde abhängt,
13. die Einreichung des Antrags bei dem höheren Gericht, wenn dieses das zuständige Gericht zu bestimmen hat und innerhalb von drei Monaten nach Erledigung des Gesuchs die Klage erhoben oder der Antrag, für den die Gerichtsstandsbestimmung zu erfolgen hat, gestellt wird, und
14. die Veranlassung der Bekanntgabe des erstmaligen Antrags auf Gewährung von Prozesskostenhilfe; wird die Bekanntgabe demnächst nach der Einreichung des Antrags veranlasst, so tritt die Hemmung der Verjährung bereits mit der Einreichung ein.

[2] Die Hemmung nach Absatz 1 endet sechs Monate nach der rechtskräftigen Entscheidung oder anderweitigen Beendigung des eingeleiteten Verfahrens. Gerät das Verfahren dadurch in Stillstand, dass die Parteien es nicht betreiben, so tritt an die Stelle der Beendigung des Verfahrens die letzte Verfahrenshandlung der Parteien, des Gerichts oder der sonst mit dem Verfahren befassten Stelle. Die Hemmung beginnt erneut, wenn eine der Parteien das Verfahren weiter betreibt.

[3] Auf die Frist nach Absatz 1 Nummer 9, 12 und 13 finden die §§ 206, 210 und 211 entsprechende Anwendung.

A. Allgemeines. I. Systematik vor und nach der Schuldrechtsmodernisierung. Vor der Schuldrechtsmodernisierung hielt das Verjährungsrecht in Fällen der Rechtsverfolgung Unterbrechungstatbestände bereit (§§ 209, 210 aF); durch die Reform sind daraus Fälle der Verjährungshemmung geworden, zugleich wurden Einzelregelungen verallgemeinert und wenige neue Tatbestände eingeführt. Im Wesentlichen wurden die bisher in § 209 Abs 1 und 2 sowie § 210 aF genannten Gründe übernommen (§ 204 Nr 2, 4, 5, 6, 7, 9, 11, 12). Geringfügige Änderungen wurden durch Nr 4 mit Berücksichtigung des Verfahrens vor einer nach Landesrecht eingerichteten Gütestelle gemäß § 15a EGZPO eingeführt, wobei hier ausdrücklich die alsbaldige Bekanntgabe des Antrags an den Antragsgegner verlangt wird. Außerdem wurden in Nr 9 die Anträge im Rahmen des einstweiligen Rechtsschutzes einbezogen, da sie nach der Reform und im Gegensatz zum früheren Recht Einfluss auf den Lauf der Verjährung haben. 1

B. Regelungsinhalt. Die Fälle der Hemmung der Verjährung begründen sich allesamt aus dem Rechtsgedanken, dass der Gläubiger vor dem Verjährungseintritt geschützt werden muss, nachdem er förmliche Schritte – auch in einem Verfahren über einen anderen Anspruch (Prozessaufrechnung) – eingeleitet hat. Der **Katalog** in § 204 Abs 1 erfasst eine **Vielzahl solcher Situationen**, ist aber **nicht abschließend**. Das geltende Recht enthält weitere, spezialgesetzliche Hemmungstatbestände, zB §§ 497 Abs 2, 771 S 2, 439 Abs 3 HGB, 12 Abs 3 PflVG. **I. Fallgruppen. 1. Klagerhebung, Abs 1 Nr 1.** Privilegiert wird der **Rechtsverfolgungswille des Klägers.** Mithin hemmt die Erhebung einer Leistungsklage grds den Verjährungseintritt, auch bei Teil- oder Stufenklage (BGH NJW-RR 2001, 865); ebenso die Erhebung der Freistellungsklage oder einer positiven Feststellungsklage; auch die Klage auf Erteilung einer Vollstreckungsklausel. Ohne Bedeutung ist es, ob Haupt- oder Hilfsantrag im Rahmen einer Klage vorliegt (BGH NJW-RR 1994, 515). Angesichts des breiten Zugangs zum Recht muss auch der im Ausland zulässigerweise erhobenen Klage diese Wirkung zugesprochen werden (str, vgl PWW/*Kesseler* Rn 2 mwN). Auch wenn im Gesetz nicht mehr ausdrücklich erwähnt, löst nur die Klage des Berechtigten die Hemmungswirkung aus (*Rabe* NJW 2006, 3089; aA *Kähler* NJW 2006, 1769); zudem muss sich die Klage gegen den Schuldner richten (BGHZ 80, 222). Zulässigkeit, Schlüssigkeit oder Begründetheit der Klage sind iRv § 204 Abs 1 Nr 1 irrelevant (BGH NJW-RR 2003, 784), eingehalten sein 2 müssen aber die Mindestanforderungen an eine Klage nach § 253 Abs 2 ZPO. Entwurfsschreiben sowie wesentliche Verfahrensmängel hindern den Eintritt der Hemmungswirkung (Köln NJW 1994, 3360). Eintritt der Hemmung grds ab Klagzustellung. Rückwirkung der Hemmung bei Zustellung, die demnächst (§ 167 ZPO) und an den Richtigen erfolgt (PWW/*Kesseler* Rn 5); dann auch ggf Rückwirkung. Es reicht Geltendmachung in der mündlichen Verhandlung. Die Hemmungswirkung tritt bzgl des geltend gemachten Anspruchs an, hängt also vom Streitgegenstand ab (BGH NJW 1999, 2110); bei Teilklagen mithin nur bzgl des eingeklagten Teils. Unbezifferte Anträge (Schmerzensgeld) führen zur Hemmung des gesamten Anspruchs (BGH NJW 2002, 3769).

3 **2. Antrag im vereinfachten Unterhaltsverfahren, Abs 1 Nr 2.** Die Norm entspricht § 209 Abs 2 Nr 1b aF und knüpft an das Verfahren nach § 645 ZPO an. Der Anspruch ist zu individualisieren, die Anrufung des falschen Gerichts wie auch unzureichende Berücksichtigung der in § 646 ZPO verlangten Anforderungen hindern jedoch den Eintritt der Hemmungswirkung nicht (PWW/*Kesseler* Rn 8).

4 **3. Zustellung des Mahnbescheids, Abs 1 Nr 3.** Die Norm übernimmt § 209 Abs 2 Nr 1 aF. Die Hemmung tritt ein, wenn der Schuldner erkennen kann, welcher Anspruch geltend gemacht wird, allg Bezeichnungen reichen aus (BGH NJW 2000, 1420; 2001, 305). Hemmung nur bei wirksamem Mahnbescheid (BGH WM 2000, 2378). Analog zur Klagerhebung hängt Wirkung nicht davon ab, dass das zuständige Gericht angerufen wird. Beendigung des Mahnverfahrens durch Rechtskraft des Vollstreckungsbescheids sowie durch Abgabe an das Streitgericht; werden die erforderlichen verfahrensrechtlichen Anträge nicht gestellt (Abgabe/Erlass), tritt Stillstand des Verfahrens ein; liegt relevanter Grund dafür vor, bleibt es bei der Hemmung; anderenfalls entfällt sie (BGH NJW 1999, 3775).

5 **4. Bekanntgabe des Güteantrags, Abs 1 Nr 4.** Die Norm knüpft an § 209 Abs 2 Nr 1a aF an und betrifft Anträge, die an eine von der Landesjustizverwaltung eingerichtete oder anerkannte Gütestelle gerichtet werden. Gemeint sind jene Stellen, die auf Grundlage von § 15a EGZPO und den entspr landesrechtlichen Umsetzungsbestimmungen eingerichtet wurden und die befugt sind, vollstreckbare Vergleiche (§ 794 Abs 1 Nr 1 ZPO) auszufertigen. Erfasst werden in Nr 4 alle danach zulässigen Stellen, also auch eine solche, auf die sich die Beteiligten einvernehmlich verständigt haben (vgl § 15a Abs 3 EGZPO); dieses Einvernehmen wird gem § 15 Abs 3 S 2 EGZPO bei branchengebundenen oder den bei Kammern eingerichteten Gütestellen unwiderleglich vermutet. Antragsteller kann nur der Gläubiger sein, der Antrag muss die nach dem Güteverfahren vorgesehenen Formalien beachten; ein bei der unzuständigen Stelle eingereichter Antrag hemmt aber gleichwohl den Lauf der Verjährung (BGHZ 123, 337), es sei denn, der Gläubiger handelt wider besseren Wissens (Palandt/*Heinrichs* Rn 19). Abw vom früheren Recht tritt die Hemmung nicht mit dem Antragseingang beim Schuldner, sondern mit der Veranlassung der Zuleitung durch die Gütestelle ein. Auf eine förmliche Zustellung kann es in diesen Verfahren nicht ankommen, da sie in den Verfahren nach § 15a EGZPO landesrechtlich unterschiedlich geregelt wird und zumeist nicht vorgesehen ist. Das Verfahren und damit die Hemmung endet, wenn der Güteversuch scheitert oder erfolgreich abgeschlossen wird (BGHZ 123, 346).

6 **5. Geltendmachung der Aufrechung im Prozess, Abs 1 Nr 5.** Die Regelung übernimmt § 209 Abs 2 Nr 3 aF; die dazu ergangene Judikatur kann herangezogen werden. Wegen der Rechtsnatur der Aufrechnung als Gestaltungsrecht kann hier weder auf eine Zustellung noch auf die Bekanntgabe ankommen; sie ist auch kein Sachantrag (PWW/*Kesseler* Rn 12). Das Gestaltungsrecht muss im Prozess schriftlich oder mündlich ausgeübt werden. Sie ist freilich nur dann relevant, wenn die im Prozess durch ausdrückliche Erklärung oder Hinweis auf vorprozessuale Geltendmachung ausgesprochene Aufrechnung nicht durchgreift. Erfolgreiche Aufrechungen führen zum Erlöschen der Forderung, so dass es auf die Verjährung und deren Hemmung nicht mehr ankommt. Es entspricht dem Wesen des Gestaltungsrechts, dass die Wirkung der Aufrechnung mit der entspr Erklärung eintritt; Rückwirkungen sind ausgeschlossen. Gehemmt ist die Verjährung im Umfang der Klagforderung (BGH NJW 1990, 2681).

7 **6. Zustellung der Streitverkündung, Abs 1 Nr 6.** Die Vorschrift entspricht § 209 Abs 2 Nr 4 aF; die dazu ergangene Judikatur kann herangezogen werden. Mit Einreichung des entspr Schriftsatzes, der den Anforderungen nach §§ 72, 73 ZPO entspricht (BGH NJW 2002, 1415), tritt die Hemmung ein. Wirkung tritt mit Zustellung ein, wirkt aber auf Einreichungszeitpunkt zurück, sofern die Zustellung »demnächst« erfolgt (§§ 167, 270 Abs 3 ZPO). Die Streitverkündung im PKH-Verfahren genügt (Hamm NJW 1994, 203).

8 **7. Antrag auf Durchführung eines selbstständigen Beweisverfahrens, Abs 1 Nr 7.** Durch Nr 7 wurde die frühere Regelung der §§ 477 Abs 2, 639 Abs 1 aF für Gewährleistungsansprüche aus Kauf- und Werkvertrag als allg Regel übernommen. Damit wird der gestiegenen Bedeutung des selbstständigen Beweisverfahrens nach §§ 485 ZPO in allen Rechtsfragen Rechnung getragen. Die Hemmung tritt mit Einreichung des Antrags ein, sofern die Zustellung »demnächst« erfolgt (§ 270 Abs 3 ZPO). Relevant ist nur ein Antrag des Gläubigers (BGH NJW 1993, 1916), der zumindest indizielle Bedeutung für den erhobenen Anspruch haben kann; ob das Beweismittel den Vortrag des Gläubigers bestätigt, ist für den Eintritt der Hemmung unerheblich (BGH NJW-RR 1998, 1476; PWW/*Kesseler* Rn 14). Mit Schluss der Beweiserhebung oder Übersendung des Gutachtens endet Verfahren (BGH NJW 1993, 851).

9 **8. Gutachterverfahren, Abs 1 Nr 8.** Nr 8 betrifft zwei Verfahren der außergerichtlichen Streitbeilegung, nämlich jedes zwischen den Parteien vereinbarte Begutachtungsverfahren sowie die Beauftragung eines Gut-

achters im werkvertraglichen Gutachterverfahren nach § 641a. § 641a ermöglicht dem Unternehmer, mittels Fertigstellungsbescheinigung in Form einer Urkunde die formelle Abnahme des Werks durch den Besteller zu ersetzen. § 641a regelt das entspr Verfahren, das nun im Rahmen der Hemmungsvorschriften auch verjährungsrechtlich berücksichtigt wird. Die Hemmung hängt vom Beginn des Verfahrens, nicht von der Einreichung des Antrags oder dessen Zustellung ab (PWW/*Kesseler* Rn 15); vgl auch Abs 1 Nr 11. Dies ist der Fall, wenn der einvernehmlich bestimmte Gutachter vom Schuldner bzw vom Gläubiger (§ 641a Abs 2 S 2) beauftragt wird. Die Kenntnis des Schuldners ist dadurch sichergestellt, dass nur iRe **einvernehmlichen Verständigung** auf ein Begutachtungsverfahren die Hemmung eintritt. Im werkvertraglichen Verfahren sieht § 641 Abs 3 S 1 die Benachrichtigung und Einladung des Bestellers zum Besichtigungstermin vor und sichert so dessen Kenntnis (§ 641a Abs 3 S 1). Verfahrensbeendigung tritt ein mit Übergabe des Gutachtens, der Fertigstellungsbescheinigung, der Ablehnung oder durch Rücknahme des Antrags (PWW/*Kesseler* Rn 15).

9. Antrag auf Erlass eines Arrestes, einer einstweiligen Verfügung oder einstweiligen Anordnung, Abs 1 Nr 9. Nach Nr 9 tritt die Hemmung der Verjährung durch Antrag auf Erlass einer einstweiligen Verfügung zur Erfüllung eines Anspruchs ein. Es werden nur die Fälle erfasst, in denen mit der einstweiligen Verfügung die (vorläufige) Befriedigung des Anspruchs erreicht, also dieser selbst geltend gemacht werden kann. Zur Begründung verwies bereits der Regierungsentwurf auf die bes Situation in wettbewerbsrechtlichen Unterlassungssachen, in denen nicht nur über die vorläufige Sicherung, sondern auch über den Anspruch selbst entschieden werde. Wegen der kurzen, halbjährigen Verjährungsfrist war der Antragsteller in diesen Angelegenheiten bislang fast immer gezwungen, parallel das Hauptsacheverfahren zu betreiben – das aber nach der vorläufigen Entscheidung für den Gläubiger kein Interesse mehr hatte. Dieselbe Situation besteht beim presserechtlichen Gegendarstellungsanspruch. Beginn der Hemmung erfordert weder zulässigen noch begründeten Antrag, jedoch das Einhalten der Formerfordernisse nach §§ 945 ZPO. Grds Hemmungswirkung mit Zustellung des Antrags, Rückwirkung nach Maßgabe von § 167 ZPO; findet keine mündliche Verhandlung statt oder Antrag nicht zugestellt, so ist Verjährung mit Antragseinreichung gehemmt, wenn Antrag binnen Monatsfrist zugestellt wird (PWW/*Kesseler* Rn 16). Dies gilt auch, wenn der Antrag sich als unzulässig oder unbegründet erweisen sollte; anders nur, wenn der Antrag rechtsmissbräuchlich gestellt wird (Palandt/*Heinrichs* Rn 24). 10

10. Anmeldung im Insolvenzverfahren bzw schifffahrtrechtlichen Verteilungsverfahren, Abs 1 Nr 10. Nach § 209 Abs 2 Nr 2 aF wurde die Verjährung für Ansprüche, die im Insolvenzverfahren angemeldet worden waren, unterbrochen. Ohne Änderung der inhaltlichen Anforderungen tritt unter diesen Voraussetzungen nunmehr Hemmung ein. Erforderlich ist ordnungsgemäße Anmeldung nach §§ 174 ff InsO. Verfahrensfehlen hindern Eintritt der Hemmungswirkung, ihre Behebung wirkt ex nunc (PWW/*Kesseler* Rn 17). Wirkung beschränkt sich auf die angemeldete Forderung (RGZ 170, 278). Verfahrensende mit öffentlicher Bekanntmachung der Aufhebung oder Einstellung, auch bei Rücknahme des Insolvenzantrags oder Rechtskraft des Einstellungsbeschlusses. Für das schifffahrtsrechtliche Verteilungsverfahren gelten dieselben Regeln. 11

11. Beginn des schiedsrichterlichen Verfahrens, Abs 1 Nr 11. Durch Nr 11 wird für das schiedsrichterliche Verfahren (§§ 1045 ff ZPO) die Hemmung angeordnet; damit wurde der Gedanke des früheren § 220 Abs 2 aF aufgegriffen, als Hemmungsgrund ausgestaltet und hinsichtlich des Zeitpunkts des Beginns der Hemmung unter Anknüpfung an die Neuregelung in § 1044 ZPO präzisiert. Da sich das Schiedsgericht erst konstituieren muss, bevor eine Klage eingereicht werden kann, stellt Nr 11 allein auf den Beginn des Verfahrens ab. Gem § 1044 ZPO ist dies der Zeitpunkt, an dem dem Beklagten der Antrag zugeht, das Verfahren einem Schiedsgericht vorzulegen; sobald der Antrag den formalen Voraussetzungen genügt (Parteibezeichnung, Gegenstand, Schiedsvereinbarungsbezug), tritt Hemmung ein, selbst wenn unzuständiges Schiedsgericht angerufen wird. Es genügt auch die Anrufung eines ausländischen Schiedsgerichts (PWW/*Kesseler* Rn 18). Beendigung des Verfahrens mit Übermittlung des Schiedsspruchs (auch § 1056 ZPO). Vergleichen sich die Parteien oder wird Antrag zurückgenommen, ist Hemmung ebenfalls beendet. 12

12. Antrag innerhalb eines behördlichen Vorverfahrens, Abs 1 Nr 12. In bestimmten Rechtsstreitigkeiten ist ein behördliches Vorverfahren Prozessvoraussetzung für die Klageerhebung. Der Gläubiger ist mithin gehindert, die ansonsten mit der Klagerhebung einhergehenden verjährungsrechtlichen Wirkungen herbei zu führen. Mithin ordnete das frühere Recht die Unterbrechung der Verjährung (§ 210 aF) ab Einreichung des Antrags bei der Behörde an, da die weitere Dauer des Verfahrens vom Anspruchsteller nicht beeinflusst werden kann. Nach der Schuldrechtsreform gilt dieser Grundsatz fort, ist jedoch systematisch als Hemmung ausgestaltet. Die Hemmung soll aber nur eintreten, wenn die Behörde über den Antrag eine Sachentscheidung getroffen hat; dies liegt auch vor, wenn die Behörde eigentlich unzuständig ist, in der Sache aber eine abl Entscheidung getroffen hat. Erfasst sind alle Ansprüche, die sich aus dem behördlichen Verfahren bzw der gerichtlichen Zuständigkeitsbestimmung ergeben. 13

13. Antrag auf Zuständigkeitsbestimmung durch das höhere Gericht, Abs 1 Nr 13. a) Nr 13 greift, wenn das zuständige Gericht nach § 36 ZPO über die Zuständigkeit befinden muss. Auch hier liegt es nicht mehr in der Hand des Antragstellers oder Klägers, das weitere Verfahren zu beeinflussen; mithin muss die Hemmung ebenfalls auf die Stellung des Antrags zurückwirken (BGHZ 160, 262). Wie in Nr 12 tritt die Wirkung aber nur ein, wenn das höhere Gericht eine Sachentscheidung trifft. Ebenfalls parallel zu Nr 12 ist es erforderlich, dass innerhalb von drei Monaten nach Erledigung des Gesuchs die Klage erhoben wird. 14

15 **14. Erstmaliger Antrag auf Gewährung von PKH, Abs 1 Nr 14.** Mit Nr 14 wurde erstmalig der Antrag auf Gewährung von Prozesskostenhilfe als gesetzlicher Hemmungstatbestand ausgestaltet. Aufgegriffen wurde die Rspr zu § 203 Abs 2 aF, zugleich aber eine deutliche Klarstellung und Änderung vorgenommen. Die frühere Rspr verlangte für eine fristrelevante Wirkung des PKH-Antrags, dass der Antrag rechtzeitig gestellt, ordnungsgemäß begründet und vollständig eingereicht worden ist sowie außerdem von der Ansicht getragen wurde, bedürftig zu sein (BGHZ 70, 237; BGH NJW 1989, 1149; 1989, 3149; Hamm, NJW-RR 1999, 1678). Eine solche Konstruktion war notwendig, weil die Hemmung aus dem Gedanken der »höheren Gewalt« abgeleitet wurde. Diese näheren Voraussetzungen wollte der Gesetzgeber nicht aufnehmen. Damit ist es auch der Rspr nicht überlassen, an solchen Kriterien festzuhalten. Der Antrag muss den wesentlichen Anforderungen des § 117 ZPO entsprechen. Auch hier gilt, dass selbst der unzulässige oder unbegründete Antrag die Hemmung herbeiführt, solange der Anspruch individualisiert und der Streitgegenstand bestimmt wird (Palandt/*Heinrichs* Rn 24). Hemmung tritt nur ein, wenn der Antrag dem Schuldner bekannt gegeben wird; da eine förmliche Zustellung des PKH-Antrags nicht vorgeschrieben ist, muss die schriftliche Information der anderen Partei ausreichen. Die Hemmungswirkung reicht dann auf den Zeitpunkt der Einreichung analog § 167 ZPO zurück.

16 **II. Dauer der Hemmung, § 204 Abs 2.** Entsprechend §§ 211, 212, 215–217 aF wird das Ende der Hemmung bei Rechtsverfolgung positiv geregelt. Nach S 1 endet die Hemmung sechs Monate nach der rechtskräftigen Entscheidung; zugleich wird damit ausgedrückt, dass die Hemmung während des Prozesses oder das sonstige Verfahren andauert und darüber hinaus sechs Monate fortwirkt. Die Regelung in § 204 Abs 2 S 2 hinsichtlich der Auswirkungen eines Verfahrensstillstandes lehnt sich inhaltlich an den früheren § 211 Abs 2 aF für die Unterbrechung an, auf den in den bisher nach §§ 212a, 213 aF geregelten Fällen verwiesen wurde. Danach endet die Hemmung bei allen im Katalog des § 204 Abs 1 enthaltenen Gründen mit Vornahme der letzten Verfahrenshandlung; damit wird dem Effekt entgegen gewirkt, dass durch angestrengte, aber nicht betriebene Prozesse quasi unverjährbare Forderungen entstehen. Entscheidend ist, dass das Verfahren faktisch zum Stillstand gekommen ist, also notwendige Verfahrenshandlungen nicht mehr vorgenommen werden (BGH NJW 1968, 694; 1998, 2274; Düsseldorf NJW-RR 1988, 703; Hamm OLGZ 94, 358). Liegen dafür triftige Gründe vor, die der anderen Partei erkennbar sind, soll die Hemmung nicht enden (BGH NJW 1999, 1101; 1999, 3774; 2001, 218). Ansonsten endet sie in jedem Falle erst sechs Monate nach der letzten Verfahrenshandlung, so dass sich die Parteien vergewissern können, ob tatsächlich ein Stillstand eingetreten ist. Maßnahmen der Parteien, die das zum Stillstand gekommene Verfahren wieder in Gang setzen, lösen erneut die Hemmungswirkung aus (BGH NJW 2001, 220; PWW/*Kesseler* Rn 23).

§ 205 Hemmung der Verjährung bei Leistungsverweigerungsrecht.

Die Verjährung ist gehemmt, solange der Schuldner auf Grund einer Vereinbarung mit dem Gläubiger vorübergehend zur Verweigerung der Leistung berechtigt ist.

1 § 205 übernimmt teilw die Regelung des § 202 aF, vereinfacht diese aber erheblich. Schon nach früherem Recht war anerkannt, dass die vertragliche Vereinbarung eines Leistungsverweigerungsrechts den Eintritt der Verjährung hemmt. Hauptanwendungsfall war insoweit ein **pactum de non petendo** (Stillhalteabkommen) zwischen Gläubiger und Schuldner. Solange es keine § 203 entspr Vorschrift gab, kam dieser Konstruktion erheblich Bedeutung zu. Seit der Schuldrechtsreform wird das pactum de non petendo auch vom Hemmungstatbestand bei Verhandlungen (§ 203) erfasst, so dass es zu einer parallelen Anwendung beider Normen kommen kann. Eigenständige Bedeutung erlangt § 205 mithin nur dort, wo die Voraussetzungen einer Hemmung wegen schwebender Verhandlungen iSd § 203 nicht gegeben sind. Die Vereinbarung eines vorübergehenden Leistungsverweigerungsrechts setzt voraus, dass das Hindernis rechtlicher Natur ist und auf Parteiabrede gründet. In erster Linie ist dabei an die Stundung zu denken, mit der die Fälligkeit des Anspruchs hinausgeschoben wird. Unter § 205 fällt diese **Vereinbarung** nur, wenn sie **nach Entstehung des Anspruchs** getroffen wird. Überschneidungen mit einem Anerkenntnis nach § 212 führen zum Zusammentreffen von Hemmung und Neubeginn. Die Hemmung beginnt mit dem Abschluss der Vereinbarung bzw nach Maßgabe der dort getroffenen Regelung. Sie entscheidet auch über das Ende der Hemmung.

§ 206 Hemmung der Verjährung bei höherer Gewalt.

Die Verjährung ist gehemmt, solange der Gläubiger innerhalb der letzten sechs Monate der Verjährungsfrist durch höhere Gewalt an der Rechtsverfolgung gehindert ist.

1 Während § 205 an rechtliche Hindernisse auf Seiten des Schuldners anknüpft, betrifft § 206 tatsächliche Hinderungsgründe beim Gläubiger. Tatsächliche Hinderungsgründe führen grds nicht zur Hemmung der Verjährung; eine Ausnahme stellt insoweit § 206 dar. **Höhere Gewalt** bedeutet zunächst **Zufall**. Es müssen Umstände vorliegen, die die Rechtsdurchsetzung aus objektiven Gründen unmöglich macht (schon RGZ 156, 291; BAG NJW 2003, 2849). Im Rahmen des Verjährungsrechts soll dies insbes dann sein, wenn die Verhinderung des Gläubigers auf Gründen beruht, die selbst bei bes Sorgfalt nicht vorausgesehen und verhindert

werden konnten. Damit schließt jedes Verschulden des Gläubigers die Hemmung aus (BGH NJW 1994, 2752, 2753; 1997, 3164). Der früher positivrechtlich geregelte Stillstand der Rechtspflege ist ein Anwendungsfall der höheren Gewalt. Die Norm entspricht ohne sachliche Änderung § 203 aF, so dass die frühere Rspr weiter herangezogen werden kann.

§ 207 Hemmung der Verjährung aus familiären und ähnlichen Gründen.

[1] Die Verjährung von Ansprüchen zwischen Ehegatten ist gehemmt, solange die Ehe besteht. Das Gleiche gilt für Ansprüche zwischen
1. Lebenspartnern, solange die Lebenspartnerschaft besteht,
2. Eltern und Kindern und dem Ehegatten eines Elternteils und dessen Kindern während der Minderjährigkeit der Kinder,
3. dem Vormund und dem Mündel während der Dauer des Vormundschaftsverhältnisses,
4. dem Betreuten und dem Betreuer während der Dauer des Betreuungsverhältnisses, und
5. dem Pflegling und dem Pfleger während der Dauer der Pflegschaft.

Die Verjährung von Ansprüchen des Kindes gegen den Beistand ist während der Dauer der Beistandschaft gehemmt.

[2] § 208 bleibt unberührt.

A. Allgemeines. Die Vorschrift dient zunächst dem **Erhalt des Familienfriedens**; dieser Gedanken wurde nun auch auf die eingetragene Lebenspartnerschaft übertragen. Mit der Erweiterung auf die Zeit des Betreuungsverhältnisses, einer Pflegschaft oder Beistandschaft wird anerkannt, dass es in diesen Beziehungen eine strukturelle Überlegenheit des Betreuers, Pflegers oder Beistands gibt, die dazu führen kann, dass Ansprüche nicht geltend gemacht werden. In allen diesen Fällen ist anzunehmen, dass die klagweise Geltendmachung erst nach Beendigung der bes Rechtsbeziehung erfolgt; entspr ordnet § 207 bis zu diesem Zeitpunkt die Hemmung der Verjährung an. 1

B. Regelungsinhalt. Die Hemmung gilt für **alle Arten von Ansprüchen**; der Rechtsgrund ist irrelevant, auch Schadensersatzansprüche aus Verkehrsunfällen sind erfasst (BGH NJW 1988, 1392). Unter Ehepartner sollen auch Ansprüche erfasst sein, die vor der Eheschließung entstanden sind. Die Hemmung beginnt am Tag der Eheschließung und endet mit der Auflösung der Ehe. Im **Eltern-Kind-Verhältnis** gilt die Hemmung für Ansprüche beider Seiten. Sie endet, wenn das Kind 18 Jahre alt und damit volljährig wird. Im **Vormundschafts-, Betreuungs- und Pflegschaftsverhältnis** ist die Hemmung ebenfalls beidseitig ausgestaltet. Sie endet mit der Beendigung dieses Rechtsverhältnisses. Bei der **Beistandschaft** ist lediglich die Verjährung der Ansprüche des Kindes gegen den Beistand gehemmt; der Gesetzgeber nimmt hier an, dass keine den vorbenannten Verhältnissen innewohnendes Näheverhältnis zwischen den Beteiligten besteht. Die Vorschrift entspricht § 204 aF unter Erweiterung der familienähnl Gründe; die dazu ergangene Judikatur kann weiterhin herangezogen werden. 2

§ 208 Hemmung der Verjährung bei Ansprüchen wegen Verletzung der sexuellen Selbstbestimmung.

Die Verjährung von Ansprüchen wegen Verletzung der sexuellen Selbstbestimmung ist bis zur Vollendung des 21. Lebensjahres des Gläubigers gehemmt. Lebt der Gläubiger von Ansprüchen wegen Verletzung der sexuellen Selbstbestimmung bei Beginn der Verjährung mit dem Schuldner in häuslicher Gemeinschaft, so ist die Verjährung auch bis zur Beendigung der häuslichen Gemeinschaft gehemmt.

A. Allgemeines. Die im Rahmen der Schuldrechtsmodernisierung neu geschaffene Norm dient einem breiteren **Opferschutz bei Verletzung der sexuellen Autonomie**, der in dieser Form bislang allein im Strafrecht verankert war (§ 78b Abs 1 S 1 StGB). Geschützt wird die Entschließungsfreiheit des Gläubigers, der in Ruhe entscheiden können soll, ob ein Anspruch durchgesetzt wird. 1

B. Regelungsinhalt. Der zivilrechtliche Schutz durch Schaffung eines Hemmungstatbestandes für die Geltendmachung von Ansprüchen soll sicherstellen, dass Kindern, deren Erziehungsberechtigte aus unterschiedlichen Gründen auf die rechtzeitige Geltendmachung von Ersatzansprüchen verzichtet haben, nicht noch während der Minderjährigkeit die Verjährung von Schadensersatzansprüchen droht. Die Hemmung ist deshalb erforderlich, weil deliktische Ansprüche nach §§ 823 ff, insbes § 825 gem §§ 195, 199 in drei Jahren ab Kenntniserlangung verjähren und für diese Kenntniserlangung auf die Erziehungsberechtigten abgestellt wird. 2

C. Verbindung mit strafrechtlicher Wertung. In der Gesetzgebungsdebatte wurde die Hemmung noch an das Erreichen des 18. Lebensjahres geknüpft und damit parallel zu § 78b Abs 1 Nr 1 StGB gestaltet. Mit Rücksicht auf die Tatsache, dass es Opfern sexuell motivierter Taten auch nach Erreichen der Volljährigkeitsgrenze oftmals schwer fällt, sofort Ansprüche gegen den Täter/Schädiger zu erheben, stellt § 208 auf das 21. Lebens- 3 jahr ab. Dabei ist zu berücksichtigen, dass die Hemmung nicht nur für Taten bis zum Erreichen der Volljährigkeit, sondern auch für solche, die bis zur Vollendung des 21. Lebensjahrs begangen werden, greift.

4 **D. Erweiterung in Satz 2.** Noch in der Gesetzesdebatte wurde die Erweiterung des Hemmungstatbestandes für den Fall des **Bestehens einer häuslichen Gemeinschaft** zwischen Gläubiger und Schuldner bei Erreichen der Volljährigkeitsgrenze vorgenommen. Damit wird berücksichtigt, dass während des Zusammenlebens der Beteiligten oftmals eine emotionale Barriere besteht, Ansprüche wegen der Verletzung der sexuellen Selbstbestimmung geltend zu machen. Erst die Auflösung dieses Näheverhältnisses der Hausgemeinschaft schafft die für die Entschließungsfreiheit notwendige Ungebundenheit.

5 **E. Doppelte Funktion des Satzes 2.** S 2 hat eine doppelte Funktion. Er ergänzt die Regelung in S 1 insofern, als bei Fortbestehen der Wohngemeinschaft über das Erreichen des 21. Lebensjahres hinaus die Hemmung der Verjährung fortdauert. Zudem greift sie **eigenständig** ein, wenn die **Ansprüche zwischen Volljährigen** bestehen, die in häuslicher Gemeinschaft leben. Auch hier endet die Hemmung mit der Aufgabe des Zusammenlebens, also dem Auszug eines Partners. Der Anspruch besteht, wenn die sexuelle Selbstbestimmung verletzt wird; dazu gehören mithin Ansprüche aus §§ 823 Abs 1, § 823 Abs 2 iVm §§ 174 ff, 176 ff StGB, § 825. Ein Verstoß gegen §§ 174 ff StGB ist keine Tatbestandsvoraussetzung. Bedenklich an der Norm ist die Beschränkung auf sexuell motivierte Gewalt. Denn die aus dem Kindschaftsverhältnis oder dem Zusammenleben herrührende Zwangssituation besteht auch bei anderen Delikten, für die das Gesetz keine Hemmung des Verjährungseintritts vorsieht. Der eindeutige Wortlaut des Gesetzes und seine Begründung lässt wenig Auslegungsspielraum.

§ 209 Wirkung der Hemmung.

Der Zeitraum, während dessen die Verjährung gehemmt ist, wird in die Verjährungsfrist nicht eingerechnet.

1 § 209 hat wörtlich § 205 aF übernommen und erläutert die Wirkung der Hemmung nach §§ 203–208 sowie vergleichbaren Regelungen. Der Hemmungszeitraum wird nicht in die Verjährungsberechnung einbezogen. Um diesen Zeitraum der Hemmung wird die Frist nach Wegfall des Hemmungsgrundes verlängert. Dabei ist der Tag, an dem der Grund entsteht oder wegfällt, dem Hemmungszeitraum zuzurechnen. Eine zeitliche Obergrenze gibt es dafür nicht. Die Hemmung erfasst nur den Anspruch, auf den sie sich bezieht. Dies kann sich beim Gesamtschuldner auswirken, wenn nur in einer Person ein Hemmungstatbestand erfüllt ist.

§ 210 Ablaufhemmung bei nicht voll Geschäftsfähigen.

[1] Ist eine geschäftsunfähige oder in der Geschäftsfähigkeit beschränkte Person ohne gesetzlichen Vertreter, so tritt eine für oder gegen sie laufende Verjährung nicht vor dem Ablauf von sechs Monaten nach dem Zeitpunkt ein, in dem die Person unbeschränkt geschäftsfähig oder der Mangel der Vertretung behoben wird. Ist die Verjährungsfrist kürzer als sechs Monate, so tritt der für die Verjährung bestimmte Zeitraum an die Stelle der sechs Monate.

[2] Absatz 1 findet keine Anwendung, soweit eine in der Geschäftsfähigkeit beschränkte Person prozessfähig ist.

1 Bei Ansprüchen von oder ggü **Minderjährigen** besteht die **Gefahr des Verjährungseintritts**, weil niemand für eine rechtzeitige Geltendmachung sorgen kann. Dies will § 210 verhindern. Im Gegensatz zum früheren Recht ist aber die Ablaufhemmung bei Geschäftsfähigkeitsproblemen nunmehr als **gegenseitiger Tatbestand** ausgebaut. Auf diese Weise ist auch der Gläubiger geschützt, der wegen der Geschäftsunfähigkeit des Schuldners keine Klage erheben kann. Geschäftsfähigkeit richtet sich nach §§ 104 ff. Die Norm ist nur dann anzuwenden, wenn der gesetzliche Vertreter – zB aus tatsächlichen oder rechtlichen Gründen – wirklich fehlt, etwa bei Interessenkollision gem §§ 181, 1629, 1795. Nicht gemeint sind die Fälle der temporären Verhinderung wegen Erkrankung oder Unkenntnis. Liegen die Voraussetzungen vor, verlängert sich die Verjährungsfrist um sechs Monate bzw um die kürzere Frist, sofern eine solche die Verjährung betrifft. Endet die vertreterlose Zeit, greift Verjährung nicht vor Ablauf weiterer sechs Monate ein. § 210 erfasst als Ausdruck eines Rechtsgrundsatzes auch Ausschlussfristen, etwa die nach § 89b Abs 4 HGB.

§ 211 Ablaufhemmung in Nachlassfällen.

Die Verjährung eines Anspruchs, der zu einem Nachlass gehört oder sich gegen einen Nachlass richtet, tritt nicht vor dem Ablauf von sechs Monaten nach dem Zeitpunkt ein, in dem die Erbschaft von dem Erben angenommen oder das Insolvenzverfahren über den Nachlass eröffnet wird oder von dem an der Anspruch von einem oder gegen einen Vertreter geltend gemacht werden kann. Ist die Verjährungsfrist kürzer als sechs Monate, so tritt der für die Verjährung bestimmte Zeitraum an die Stelle der sechs Monate.

1 Nach demselben Muster wie § 210 wird für Ansprüche, die zu einem Nachlass gehören oder sich gegen einen solchen richten ebenfalls eine Ablaufhemmung angeordnet. Sie beginnt mit der Annahme der Erbschaft gem

§ 1943 bzw mit Eröffnung des Nachlassinsolvenzverfahrens gem § 315 ff InsO. Nicht erforderlich ist die Erteilung eines Erbscheins. Bei Mehrheit von Erben wird Fristlauf erst nach Annahme der Erbschaft durch alle Miterben in Gang gesetzt. Ist ein Nachlassverwalter, -pfleger oder Testamentsvollstrecker eingesetzt, beginnt die Frist mit der Annahme des Amtes.

§ 212 Neubeginn der Verjährung.

[1] Die Verjährung beginnt erneut, wenn

1. der Schuldner dem Gläubiger gegenüber den Anspruch durch Abschlagszahlung, Zinszahlung, Sicherheitsleistung oder in anderer Weise anerkennt, oder

2. eine gerichtliche oder behördliche Vollstreckungshandlung vorgenommen oder beantragt wird.

[2] Der erneute Beginn der Verjährung infolge einer Vollstreckungshandlung gilt als nicht eingetreten, wenn die Vollstreckungshandlung auf Antrag des Gläubigers oder wegen Mangels der gesetzlichen Voraussetzungen aufgehoben wird.

[3] Der erneute Beginn der Verjährung durch den Antrag auf Vornahme einer Vollstreckungshandlung gilt als nicht eingetreten, wenn dem Antrag nicht stattgegeben oder der Antrag vor der Vollstreckungshandlung zurückgenommen oder die erwirkte Vollstreckungshandlung nach Absatz 2 aufgehoben wird.

A. Allgemeines. Verjährungsrecht dient auch dem Schuldnerschutz. Dieses Schutzes bedarf indessen nicht 1
mehr, wer als Schuldner durch eigene Handlungen unzweideutig klarstellt, dass er den Anspruch als bestehend ansieht. Dem trägt die Rechtsordnung Rechnung. Im BGB vor der Schuldrechtsmodernisierung geschah dies durch die Möglichkeit der Unterbrechung der Verjährung gem § 208 aF; an diesen Gedanken knüpft § 212 an. § 212 spricht von »*Neubeginn der Verjährung*« und bringt damit bereits terminologisch eine Vereinfachung. Neubeginn bedeutet, dass die **Verjährungsfrist in voller Länge neu** zu laufen beginnt. Dies setzt voraus, dass die Verjährungsfrist noch nicht abgelaufen ist (BGH NJW 1997, 516, 517).

B. Regelungsinhalt. Mit dieser bes Wirkung stattet die Regelung in § 212 lediglich zwei der aus dem früheren 2
Recht bekannten Unterbrechungstatbestände aus: Mit Abs 1 Nr 1 wurde das Anerkenntnis als Unterbrechungsgrund aus § 208 aF übernommen, mit Nr 2 der in § 209 Abs 2 Nr 5 aF geregelte Fall einer Unterbrechung der Verjährung durch Vornahme einer Vollstreckungshandlung oder eines Antrags auf Zwangsvollstreckung bei einem Gericht oder einer Behörde. Beide Gründe eignen sich wegen der kurzen Dauer der maßgebenden Handlungen nicht für eine Ausgestaltung als Hemmungsgrund. Da nur sie als Neubeginntatbestände geregelt werden, soll die Wirkung der Unterbrechung unter Einbeziehung des bisherigen § 217 aF in beiden Bestimmungen ebenfalls erfasst werden. Zur Regelung, wann die nach Abs 1 Nr 2 eingetretene Unterbrechung der Verjährung wegen Mängeln der Zwangsvollstreckung oder Rücknahme des Antrags entfällt, sind die beiden Absätze des geltenden § 216 aF als § 201 Abs 2 und 3 unverändert übernommen worden. Der **Neubeginn der Verjährung** tritt nur für den (Teil des) Anspruch(s) ein, auf den sich der vorbenannte Grund bezieht, demnach etwa bei Gesamtschuldnern nur für jenen, in dessen Person ein entspr Grund eingetreten ist. Bei Rechtsnachfolge gilt Neubeginn auch ggü dem Rechtsnachfolger. Tritt Neubeginn ein, so beginnt der Lauf einer völlig neuen Frist; die Ultimo-Regeln nach § 199 Abs 1 greift nicht.

I. Anerkenntnis (Abs 1 Nr 1). Ein Anerkenntnis nach Abs 1 Nr 1 liegt vor, wenn der Schuldner durch tat- 3
sächliches Verhalten ggü dem Gläubiger unmissverständlich zu verstehen gibt, dass er in Kenntnis der Verpflichtung gleichwohl auf das Geltendmachen der Verjährungseinrede verzichten werde (BGH NJW 1988, 254; BGH NJW-RR 1994, 373). Eine Willenserklärung ist nicht erforderlich; das Anerkenntnis iSd § 212 stellt ein geschäftsähnliches Verhalten dar. Dies hat zur Folge, dass im Falle eines Irrtums die §§ 119 ff nur analog angewandt werden können. Die Einordnung als geschäftsähnliche Handlung hat auch zur Folge, dass verschiedene Anerkenntnishandlungen ausreichen, um die Wirkung des § 212 auszulösen. Entspr werden Zahlung auf fortlaufende Rechnung oder Teilzahlungen auf einen Gesamtanspruch als Anerkenntnis gewertet; der Neubeginn der Verjährung wird nicht ausgelöst, wenn die Zahlung »unter Vorbehalt« oder »ohne Anerkenntnis einer Rechtspflicht« erfolgt. Das Anerkenntnis kann sich auf den Grund des Anspruchs beziehen, selbst wenn die Höhe noch umstr ist; dabei ist freilich zu beachten, ob sich das Anerkenntnis uU nur auf einen Teil des Anspruchs bezieht. **Abzugrenzen** ist bei Erklärungen im Rahmen von Vergleichsverhandlungen. Mit Rücksicht auf § 203 wird ein vergleichsweises Anerkenntnis entfallen, wenn die Verhandlungen scheitern. Dann bleibt es bei der Hemmungswirkung nach § 203 (BGH NJW-RR 2002, 1433). Hemmung und Neubeginn fallen zusammen, wenn **Werkunternehmer** den Mangel in Abstimmung mit dem Besteller beseitigt. Wegen der Ausweitung der Hemmungstatbestände im neuen Verjährungsrecht ist eine enge Auslegung der Bestimmung über den Neubeginn ratsam und im Zweifel auf §§ 202, 203 abzustellen.

II. Vollstreckungshandlung, Vollstreckungsantrag (Abs 1 Nr 2). Abs 1 Nr 2 entspricht § 209 Abs 2 Nr 5 aF 4
in lediglich sprachlich modernisierter Form. Erfasst sind Vollstreckungshandlungen aller Art; dies gilt sowohl für entspr Anträge als auch für die Vornahme von Handlungen. Die Wirkung des § 212 tritt nur bzgl des durchgesetzten Anspruchs ein (PWW/*Kesseler* Rn 5). Rückwirkend kann der Neubeginn wegfallen, wenn dem Antrag auf die Vollstreckungshandlung nicht entsprochen oder dieser ebenso wie die Vollstreckungshandlung aufgehoben wird.

§ 213 Hemmung, Ablaufhemmung und erneuter Beginn der Verjährung bei anderen Ansprüchen. **Die Hemmung, Ablaufhemmung und der erneute Beginn der Verjährung gelten auch für Ansprüche, die aus demselben Grund wahlweise neben dem Anspruch oder an seiner Stelle gegeben sind.**

1 Nach § 213 gelten Hemmungs- und Unterbrechungstatbestände auch für jene Ansprüche, die an Stelle des ursprünglichen Anspruchs oder neben ihn treten. Die Regelung geht auf das Konzept der §§ 477 Abs 3, 639 Abs 1 aF zurück, die ausdrücklich anordnen, dass dort stets alle Ansprüche aus dem Umfeld des Gewährleistungsrechts in der Verjährung gehemmt bzw unterbrochen sind. Dieser Rechtsgedanken wird in § 213 allg geregelt und gilt für alle Ansprüche, die wahlweise geltend gemacht werden können. Der Gläubiger wird davor geschützt, dass während der Geltendmachung eines Anspruchs die wahlweise möglichen alternativen Ansprüche verjähren. Die **Ansprüche** müssen sich **gegen den gleichen Schuldner** richten und auf dasselbe wirtschaftliche Interesse gerichtet sein. Erfasst werden nur Ansprüche, die dem Gläubiger von vornherein alternativ zum zunächst geltend gemachten Anspruch zugestanden haben. Die Rspr zu §§ 477 Abs 3, 639 Abs 1 aF kann herangezogen werden, der Anwendungsbereich ist jedoch nach der Neuregelung des Verjährungsrechts erheblich erweitert.

Titel 3 Rechtsfolgen der Verjährung

§ 214 Wirkung der Verjährung. **[1] Nach Eintritt der Verjährung ist der Schuldner berechtigt, die Leistung zu verweigern.**
[2] Das zur Befriedigung eines verjährten Anspruchs Geleistete kann nicht zurückgefordert werden, auch wenn in Unkenntnis der Verjährung geleistet worden ist. Das gleiche gilt von einem vertragsmäßigen Anerkenntnis sowie einer Sicherheitsleistung des Schuldners.

1 Ist die Verjährung eingetreten, ist also die Frist unter Berücksichtigung aller Hemmungsgründe oder Neubeginn-Tatbestände verstrichen, entsteht ein **dauerhaftes (peremptorisches) Leistungsverweigerungsrecht**. Der Anspruch erlischt demnach nicht, sondern ist lediglich auf Dauer nicht durchsetzbar. Der **Einredecharakter der Verjährung** ist durch das Schuldrechtsmodernisierungsgesetz nicht verändert worden, mithin bleibt es dem Schuldner überlassen, sich darauf zu berufen. Daher ist die Verjährung im Prozess auch weiterhin nicht von Amts wegen zu beachten; entscheidend ist die Berufung des Schuldners auf den Eintritt der Verjährung. Sie kann freilich im Prozess auch durch den Gläubiger vorgetragen werden und ist dann vom Gericht zu berücksichtigen (Düsseldorf NJW 1991, 2091). Es genügt eine Aussage, dass die Leistung wegen Zeitablaufs nicht mehr erbracht wird; der Terminus »Verjährung« muss dabei nicht fallen (PWW/*Kesseler* Rn 2). Die Rspr bejaht auch die Möglichkeit eines richterlichen Hinweises auf die Einredemöglichkeit (Köln, NJW-RR 1990, 192; KG NJW 2002, 1732; Palandt/*Heinrichs* Rn 3), der freilich dem Vorwurf der Parteilichkeit ausgesetzt bleibt. Außerhalb des Anwaltsprozesses spricht viel für die Zulässigkeit eines richterlichen Hinweises. Zur Frage der Unzulässigkeit des Verjährungseinwands vgl § 242 Rz 50 ff. Dem Charakter der Verjährung als Einrede trägt auch Abs 2 Rechnung, demzufolge auch die verjährte Forderung erfüllt werden kann, also erfüllbar bleibt. In diesem Falle ist dem Schuldner aber gleichwohl die Rückforderung verwehrt, auch wenn er vom Eintritt der Verjährung nichts gewusst hat. Der Befriedigung durch den Schuldner werden sein Anerkenntnis nach § 781 und die Sicherheitsleistung gleichgestellt (Abs 2 S 2). § 214 übernimmt die Regelung des § 222 aF. Dazu ergangene Rspr ist weiterhin zu berücksichtigen.

§ 215 Aufrechnung und Zurückbehaltungsrecht nach Eintritt der Verjährung. **Die Verjährung schließt die Aufrechnung und die Geltendmachung eines Zurückbehaltungsrechts nicht aus, wenn der Anspruch in dem Zeitpunkt noch nicht verjährt war, in dem erstmals aufgerechnet oder die Leistung verweigert werden konnte.**

1 Schon im BGB vor der Schuldrechtsmodernisierung war im Zusammenhang mit der Aufrechnung (§§ 387 ff, insbes § 390) geregelt, dass der Schuldner auch dann noch aufrechnen konnte, wenn seine (Gegen-)Forderung im Zeitpunkt der ersten Aufrechnungs- bzw Zurückbehaltungsmöglichkeit noch nicht verjährt war. Dies gebieten Vertrauensschutzgesichtspunkte. Tritt die Aufrechungslage erst nach Verjährungseintritt ein, greift § 215 nicht. Ebenso wie eine bestehende Aufrechnungslage wird auch die Möglichkeit der Ausübung des Zurückbehaltungsrechts nach § 273 und § 320 durch Verjährungseintritt nicht tangiert. Dabei wird nicht verlangt, dass sich der Schuldner auf das Zurückbehaltungsrecht berufen hat (BGHZ 53, 125) noch, dass sie fällig war (BGH NJW 2006, 2773). Die Norm übernimmt § 390 S 2 aF in das Verjährungsrecht; die Erweiterung auf das Zurückbehaltungsrecht stützt sich auf bisherige Rechtspraxis (BGHZ 48, 116).

§ 216 Wirkung der Verjährung bei gesicherten Ansprüchen. **[1] Die Verjährung eines Anspruchs, für den eine Hypothek, eine Schiffshypothek oder ein Pfandrecht besteht, hindert den Gläubiger nicht, seine Befriedigung aus dem belasteten Gegenstand zu suchen.**
[2] Ist zur Sicherung eines Anspruchs ein Recht verschafft worden, so kann die Rückübertragung nicht auf Grund der Verjährung des Anspruchs gefordert werden. Ist das Eigentum vorbehalten, so kann der Rücktritt vom Vertrag auch erfolgen, wenn der gesicherte Anspruch verjährt ist.
[3] Die Absätze 1 und 2 finden keine Anwendung auf die Verjährung von Ansprüchen auf Zinsen und andere wiederkehrenden Leistungen.

Abs 1 stellt sicher, dass der Inhaber eines akzessorischen dinglichen Sicherungsrechts auch nach Eintritt der Verjährung der gesicherten Forderung aus dem Sicherungsrecht vorgehen kann. Insoweit wird der Grundsatz der Akzessorietät durchbrochen, der dinglich gesicherte Gläubiger (§§ 1137, 1169, 1211, 1254) mithin privilegiert. Erfasst sind die in **Abs 1** genannten akzessorischen Sicherheiten in ihrer vertraglichen wie gesetzlichen Form; ebenso gehören die im Wege der Zwangsvollstreckung entstehenden Sicherheiten wie Arresthypothek und Arrestpfandrecht dazu. Unanwendbar ist die Bestimmung auf Personalsicherheiten (Bürgschaft, Schuldbeitritt). **Abs 2** weitet den genannten Grundsatz auf weitere Sicherungsrechte aus. Der Regelung liegt der Gedanke zugrunde, dass der Inhaber einer dinglich wirkenden Sicherheit von der mitunter recht kurzfristigen Verjährung des schuldrechtlichen Anspruchs unabhängig sein soll. Gemeint sind insbes Sicherungszession und -übereignung, einbezogen sind auch die Sicherungsgrundschuld sowie das abstrakte Schuldversprechen im Rahmen einer Grundschuldbestellung (PWW/*Kesseler* Rn 3). Die Bestimmung soll verhindern, dass sich der Gläubiger nach Verjährungseintritt hinsichtlich der Forderung von Zinsen und anderen wiederkehrenden Leistungen aus der dafür bestellten Sicherheit befriedigen kann. 1

§ 217 Verjährung von Nebenleistungen. **Mit dem Hauptanspruch verjährt der Anspruch auf die von ihm abhängenden Nebenleistungen, auch wenn die für diesen Anspruch geltende besondere Verjährung noch nicht eingetreten ist.**

Grds verjähren Hauptanspruch und Ansprüche auf Nebenleistungen stets getrennt, mithin gelten auch für den Fristbeginn, den Lauf der Frist, Hemmung und Unterbrechung jeweils eigene Regelungen. Nach § 217 wird jedoch der verjährungsrechtliche Gleichklang zwischen Haupt- und Nebenleistungen erzeugt, in dem die Verjährung für Ansprüche auf Nebenleistungen spätestens mit der Verjährung des Hauptanspruchs eintritt. Dies gilt selbst dann, wenn der Anspruch bis dahin nicht näher beziffert werden konnte (Köln NJW 1994, 2160). Erfasst sind davon ua **Zinsansprüche, Früchte, Nutzungen und Provisionen**; analog anwendbar ist die Norm auch auf sonstige Verzugsschäden (BGHZ 128, 77). Nicht abhängige Nebenleistungen sind Mietnebenkosten, auch Schadensersatzansprüche auf Grundlage der §§ 281–283; Unterhalt, Renten oder Forderungen aus Dauerschuldverhältnissen sind keine Nebenleistungen. Bei **abhängigen Nebenleistungen** tritt mithin Verjährung zeitgleich mit dem Hauptanspruch ein. Etwas anderes gilt nur, sofern die Nebenleistung bei Verjährungseintritt bereits eingeklagt war (BGHZ 128, 82). Die Norm übernimmt § 224 aF, so dass die dazu ergangene Rechtsprechung weiterhin herangezogen werden kann. 1

§ 218 Unwirksamkeit des Rücktritts. **[1] Der Rücktritt wegen nicht oder nicht vertragsgemäß erbrachter Leistung ist unwirksam, wenn der Anspruch auf die Leistung oder der Nacherfüllungsanspruch verjährt ist und der Schuldner sich hierauf beruft. Dies gilt auch, wenn der Schuldner nach § 275 Absatz 1 bis 3, § 439 Absatz 3 oder § 635 Absatz 3 nicht zu leisten braucht und der Anspruch auf die Leistung oder der Nacherfüllungsanspruch verjährt wäre. § 216 Absatz 2 Satz 2 bleibt unberührt.**
[2] § 214 Absatz 2 findet entsprechende Anwendung.

A. Allgemeines. Der **Rücktritt** (§ 323) ist **Gestaltungsrecht** und unterliegt daher nicht den Vorschriften über die Verjährung von Ansprüchen (§ 194). § 218 Abs 1 S 1 eröffnet für dieses Gestaltungsrecht die **Einredemöglichkeit**, indem der Rücktritt für unwirksam erklärt wird, wenn sich der Schuldner auf die Verjährung des (Nach-)Erfüllungsanspruchs beruft. Dies gilt wegen der Verweisung in §§ 438 Abs 5, 634a Abs 5 auch für das kauf- und werkvertragliche Gestaltungsrecht der Minderung (ebenso PWW/*Kesseler* Rn 1). Die Norm ist **unanwendbar auf § 324**; die Anwendbarkeit im Rahmen vertraglich vereinbarter Rücktrittsrechte ist umstr (dafür: BaRoth/*Henrich* Rn 2; Erman/*Schmidt-Räntsch* Rn 3; dagegen: PWW/*Kesseler* Rn 1; MüKo/*Grothe* Rn 2). Es bedarf keiner gerichtlichen Geltendmachung von Ansprüchen aus dem Rückgewährschuldverhältnis vor Verjährungseintritt (BGH NJW 2007, 674). Abs 2 verweist auf § 214 Abs 2 und erweitert damit konsequent die dortige Rückforderungssperre. Dass trotz Unwirksamkeit des Gestaltungsrechts Geleistete kann nicht zurückgefordert werden. Auch wenn hier der Rechtsgrund gem § 812 Abs 1 fehlt, ist die Rückforderung ausgeschlossen. Dies gilt ebenso für die nach § 346 Abs 1 rückabgewickelten Leistungen und den nach §§ 441 Abs 4, 638 Abs 4 erstatteten Mehrbetrag bei der Minderung. 1

2 **B. Regelungsinhalt.** Die Norm ist nur anwendbar, wenn der (Hauptleistungs- oder Nacherfüllungs-)Anspruch, der zum Rücktrittsrecht geführt hat, bereits verjährt ist. Solange sich der Schuldner nicht auf die Verjährung beruft, bleibt das Gestaltungsrecht wirksam; mit Erhebung der Einrede wird die (Rücktritts-)Erklärung unwirksam, leben die ursprünglichen Ansprüche wieder auf.

§§ 219 bis 225 *(weggefallen)*

Buch 2 Recht der Schuldverhältnisse

Abschnitt 1 Inhalt der Schuldverhältnisse

Titel 1 Verpflichtung zur Leistung

§ 241 Pflichten aus dem Schuldverhältnis. [1] **Kraft des Schuldverhältnisses ist der Gläubiger berechtigt, von dem Schuldner eine Leistung zu fordern. Die Leistung kann auch in einem Unterlassen bestehen.**
[2] **Das Schuldverhältnis kann nach seinem Inhalt jeden Teil zur Rücksicht auf die Rechte, Rechtsgüter und Interessen des anderen Teils verpflichten.**

Literatur *Ahrens* Die Haftung des Arbeitnehmers BB 1990, 67; *Basedow* Das BGB im künftigen europäischen Privatrecht – der hybride Kodex AcP 200 (2000), S 445; *ders* The Renaissance of Uniform Law: European Contract Law and ist Components, Legal Studies 18 (1998) 121; *Bülow/Artz* Fernabsatzverträge und Strukturen eines Verbraucherprivatrechts NJW 2000, 2049; *Canaris* Wandlungen des Schuldvertragsrechts – Tendenzen zu einer »Materialisierung« AcP 200 (2000), S 273; *Collins* Good Faith in European Contract Law, Oxf J Leg Stud 14 (1994) 229; *Dreher* Der Verbraucher – Das Phantom in der opera des europäischen und deutschen Rechts? JZ 1997, 167; *Fleischer* Der Rechtsmissbrauch zwischen Gemeineuropäischem Privatrecht und Gemeinschaftsprivatrecht JZ 2003, 865; *Flume* Vom Beruf unserer Zeit für die Gesetzgebung ZIP 2000, 1427; *Grabau* Die Wahrnehmung religiöser Pflichten im Arbeitsverhältnis BB 1991, 1257; *Hager* Grundrechte im Privatrecht JZ 1994, 373; *Henssler* Das Leistungsverweigerungsrecht des Arbeitnehmers bei Pflichten- und Rechtsgüterkollisionen AcP 190 (1990), S 538; *Hesse* Verfassungsrecht und Privatrecht, Heidelberg (1998); *Hommelhoff* Zivilrecht unter dem Einfluss europäischer Rechtsangleichung AcP 192 (1992), S 71; *Hönn* Kompensation gestörter Vertragsparität, München (1982); *Horst* Parabolantennen im Miet- und Wohnungseigentumsrecht – Lieblingskind oder Auslaufmodell? NJW 2005, 2654; *Hueck* Der Grundsatz der gleichmäßigen Behandlung im Privatrecht (1958); *Junker* Rechtsvergleichung als Grundlagenfach JZ 1994, 921; *Köhler* Vertragliche Unterlassungspflichten AcP 190 (1990), S 496; *Kübler* Funktionswandel der Privatrechtsinstitutionen, FS Ludwig Raiser, Tübingen (1974), S 697; *Lappe* Das neue Schuldnerverzeichnis NJW 1994, 3067; *Lieb* Grundfragen einer Schuldrechtsreform AcP 183 (1983), S 327; *ders* Sonderprivatrecht für Ungleichgewichtslagen AcP 178 (1978), S 196; *Lienhard* Missbräuchliche Internet-Dialer – eine unbestellte Dienstleistung NJW 2003, 3592; *Lorenz* Im BGB viel Neues – Die Umsetzung der Fernabsatzrichtlinie JuS 2000, 833; *Martinek* Langfristige Laufzeitklauseln als Wettbewerbsinstrumente in Gasversorgungsverträgen BB 1989, 1277; *Medicus* Abschied von der Privatautonomie im Schuldrecht? In: Münchner Juristische Gesellschaft (Hrsg), Einheit und Vielfalt der Rechtsordnung, München (1996), S 11; *Motzer* Schutzpflichten und Leistungsunmöglichkeit JZ 1983, 884; *Müller, Michael O* Parabolantenne und Informationsfreiheit NJW 1994, 101; *Rathien* Gleichbehandlung und Mietrecht MDR 1980, 713; *Riesenhuber* Europäisches Vertragsrecht, 2. Aufl Berlin (2006); *Rittner* Das Gemeinschaftsprivatrecht und die europäische Integration JZ 1995, 849; *Rödig* Rechtstheorie als Grundlagenwissenschaft der Rechtswissenschaft, Düsseldorf (1972); *Roth* »Video«-Nachlese oder das (immer noch) vergessene Gemeinschaftsrecht ZIP 1992, 1054; *Schmidt-Rimpler* Grundfragen der Erneuerung des Vertragsrechts AcP 147 (1947), S 130; *Schwarz, Günter Christian* § 241a als Störfall für die Zivilrechtsdogmatik NJW 2001, 1449; *Schwerdtner* Positive Forderungsverletzung Jura 1980, 213; *Sonnenberger/Autexier* Einführung in das französische Recht, 3. Aufl Heidelberg (2000); *Stürner* Der Anspruch auf Erfüllung von Treue- und Sorgfaltspflichten JZ 1976, 384; *Tamm* Rechtspflichten des Reisebüros gegenüber dem Reisekunden MDR 2007, 312; *dies* Die Pflichten des Reisebüros gegenüber dem Reisekunden und Folgen einer Pflichtverletzung VuR 2006, 329; *Tilmann* Zweiter Kodifikationsbeschluss des Europäischen Parlaments ZEuP 1995, 534; *Tonner/Tamm* Die neue BGH-Rechtsprechung zur Haftung von Reisebüros und von Reiseveranstaltern DAR 2007, 65; *Tröger* Zum Systemdenken im europäischen Schuldvertragsrecht ZEuP 2003, 525; *Ulmer* Vom deutschen zum europäischen Privatrecht? JZ 1992, 1; *Weber, Ralph* Entwicklung und Ausdehnung von § 242 BGB zum »königlichen Paragraphen« JuS 1992, 631; *Westermann* Sonderprivatrechtliche Sozialmodelle und das allgemeine Privatrecht AcP 178 (1978), S 150; *Wieacker* Das Sozialmodell der klassischen Privatrechtsbücher und die Entwicklung der modernen Gesellschaft, Karlsruhe (1953); *Willoweit* Die Rechtsprechung zum

Gefälligkeitshandel JuS 1986, 96; *Wolf, Manfred* Rechtsgeschäftliche Entscheidungsfreiheit und vertraglicher Interessenausgleich, Tübingen (1970); *Wrase/Baer* Unterschiedliche Tarife für Männer und Frauen in der privaten Krankenversicherung NJW 2004, 1623; *Wurmnest* Common Core, Grundregeln, Kodifikationsentwürfe, Acquis-Grundsätze ZEuP 2003, 714; *Zimmermann/Whittaker* Good Faith in European Contract Law, Cambridge (2000).

A. Allgemeines. I. Sinn und Zweck. § 241 setzt das Schuldverhältnis als Rechtsbegriff voraus und bestimmt allg, welche Wirkung es hat (Hk-BGB/*Schulze* Rn 1). Nach traditionellem Verständnis stellt das Schuldverhältnis eine Sonderverbindung zwischen (mindestens) zwei Personen dar, auf deren Grundlage sich eine Gesamtheit von Rechtsbeziehungen zwischen Schuldner und Gläubiger konstituiert (RGZ 148, 65, 67; BGHZ 10, 395 ff; BGH NJW 1982, 2381 f; AnwK/*Krebs* Rn 9; Palandt/*Heinrichs* Einl § 241 Rn 3). Das Schuldrecht, welches in den §§ 241 ff durch den Gesetzgeber kodifiziert wurde, steht als Rechtsmaterie nicht für einen in sich abgeschlossenen Lebensbereich, vielmehr erstreckt es sich auf eine Vielzahl unterschiedlicher Lebensvorgänge, welchen allerdings gemein ist, dass sie bestimmte Rechtspflichten zwischen zwei (ggf auch mehreren) Parteien erzeugen. 1

II. Systematik und Anwendungsbereich. § 241 und die ihm folgenden Vorschriften regeln die herkömmlichen Hauptfelder des Schuldrechts, wobei die Normen zum allg Schuldrecht (§§ 241–432) gem dem Klammerprinzip des BGB den Regelungen zum bes Schuldrecht (§§ 433–853) vorangestellt worden sind. Eine (analoge) Anwendung finden die Vorschriften in anderen Bereichen des Rechts (Bsp: Handelsrecht, öffentliches Recht), soweit es dort um Sonderrechtsbeziehungen geht, deren Rechtswirkungen nicht bereits durch bes Bestimmungen (für das öffentliche Recht vgl etwa VwVfG, AO und SGB) vorgegeben sind. 2

III. Normgeschichte. Die Regelung des § 241 ist durch die Schuldrechtsreform ergänzt worden: Während § 241 Abs 1 den Text der ursprünglichen Fassung von 1896 wiedergibt, handelt es sich bei § 241 Abs 2 um eine im Kern auf § 241 Abs 2 S 1 BGB-KE zurückgehende Ergänzung (AnwK/*Krebs* Rn 18; PWW/*Schmidt-Kessel* Rn 1). Der Einfügung des Abs 2 lag die Erwägung zugrunde, die in Rspr und wissenschaftlichem Schrifttum im Grundsatz seit langem anerkannte »Lehre von der Relevanz vertraglicher Schutz- und Obhutspflichten« zu kodifizieren (Begr BTDrs 14/6040, 125; Erman/*Westermann* Rn 1; MüKo/*Kramer* Rn 1). 3

IV. Relativität des Schuldverhältnisses. Das Schuldverhältnis, so wie es in den §§ 241 ff konzipiert ist, ist als »relativ« wirkendes Rechtsverhältnis ausgestaltet. Denn Rechtswirkungen werden in Form eines Schuldverhältnisses grds nur zwischen bestimmten Parteien (sog »Schuldner« und »Gläubiger«) hervorgerufen (Erman/*Westermann* Rn 4; Hk-BGB/*Schulze* Vor §§ 241–853 Rn 6). Durch diese Wirkung zwischen den Parteien unterscheidet sich das Schuldrecht grundlegend vom Sachenrecht, da sachenrechtliche Rechte Rechtswirkungen ggü jedermann erzeugen. 4

V. Arten von Schuldverhältnissen. Nach dem Entstehungsgrund des Schuldverhältnisses unterscheidet man zwischen *rechtsgeschäftlichen* und *gesetzlichen* Schuldverhältnissen (BaRoth/*Grüneberg* Rn 5). Erstere lassen sich wiederum in zwei- und einseitige Sonderbeziehungen unterteilen: Durch zweiseitige Rechtsgeschäfte können die Parteien bestimmen, *ob* sie ein vertragliches Schuldverhältnis begründen wollen und *wie* es ausgestaltet sein soll. Hinsichtlich der selbstbestimmten Begründungs- und Gestaltungsmöglichkeit von Verträgen kommt den gesetzlichen Bestimmungen nur zT ein zwingender Charakter zu, nämlich nur dann, wenn der Gesetzgeber eine Störung der Vertragsparität durch gesetzgeberische Vorgaben zu verhindern oder zu beheben sucht. Regelungen zu vertraglichen Schuldverhältnissen finden sich insbes in den §§ 433 ff, aber auch in anderen Gesetzen, etwa dem HGB. Vom Vertrag als zwei- oder mehrseitigem Rechtsgeschäft ist das einseitige Rechtsgeschäft zu unterscheiden. Auch dieses kann qua gesetzlicher Anordnung, welche an eine einseitige Willensbekundung anknüpft, ein Schuldverhältnis begründen. Bsp hierfür finden sich etwa im Bereich des Stiftungsrechts (§ 80), der Auslobung (§ 657) und des Vermächtnisses (§ 2174). Anders als die durch Rechtsgeschäft konzipierten Schuldverhältnisse beruhen die gesetzlichen Schuldverhältnisse nicht auf der privatautonomen Begründung und Gestaltung eines Sonderrechtsverhältnisses, sondern allein auf Festlegungen des objektiven Rechts, indem das Gesetz (ggf ergänzt durch richterliche Rechtsfortbildung und Gewohnheitsrecht) an bestimmte tatsächliche Voraussetzungen rechtliche Folgen knüpft (Hk-BGB/*Schulze* Vor §§ 241–853 Rn 15). Gesetzliche Schuldverhältnisse stellen bspw die Regelungen zur GoA (§§ 677 ff), zum Bereicherungs- (§§ 812 ff) und Deliktsrecht (§§ 823 ff) dar. Schuldverhältnisse kraft Gesetzes können daneben aber auch an sachenrechtliche, familiäre oder erbrechtliche Tatbestände anknüpfen. Bsp hierfür sind: das Eigentümer-Besitzer-Verhältnis (§§ 987 ff), der Anspruch auf Finderlohn (§ 971), der Nießbrauch (§§ 1030 ff), der Unterhaltsanspruch (§§ 1601 ff), das Vermächtnis (§ 2174). 5

VI. Wirkung des Schuldverhältnisses und dogmatische Grundlagen. Nach § 241 Abs 1 besteht die Hauptwirkung des Schuldverhältnisses darin, dass der Gläubiger vom Schuldner eine (idR einklagbare) Leistung fordern kann (MüKo/*Kramer* Rn 1), wobei diese auch ein Unterlassen beinhalten darf. Zur einforderbaren Leistung zählen Hauptleistungspflichten iSd Leistung auf den Erfüllungsanspruch als »Rückgrat der Obligation« (PWW/*Schmidt-Kessel* Rn 3), aber auch Neben(leistungs)pflichten. Aufgrund der allg Aussage zur Wir- 6 kung des Schuldverhältnisses konstituiert § 241 selbst keine eigenständigen Leistungspflichten. Im Hinblick auf den generellen, abstrahierenden Aussagewert kommt der Regelung gleichwohl eine nicht zu unterschätzende Bedeutung zu, da sie zum einen bestimmte *Beteiligte* (in Form der Schuldner- und Gläubigerstellung) impliziert und zum anderen allgemeingültig den *Inhalt* schuldrechtlicher Sonderbeziehungen (dh Haupt- und Nebenleistungspflichten als Grundlage von Ansprüchen) festlegt (PWW/*Schmidt-Kessel* Rn 2; aA MüKo/*Kramer* Rn 1; Palandt/*Heinrichs* Rn 1: »theoretische Bestimmung ohne Aussagekraft«).

7 **B. Europäisches und Internationales Rechts. I. Rechtstatsächliches. 1. Europäisches Gemeinschaftsrecht.** In der Vergangenheit hat der deutsche Gesetzgeber den Inhalt des Schuldverhältnisses im BGB und in einer Vielzahl von Einzelgesetzen eigenständig gestaltet. Sein Handeln wird allerdings seit einigen Jahrzehnten mehr und mehr durch Vorgaben aus dem europäischen Gemeinschaftsrecht determiniert. Wie groß der Einfluss des europäischen Rechts auf die nationale (Schuld-) Rechtsgesetzgebung und Rechtsanwendung ist, zeigte sich in jüngster Zeit gerade im Rahmen der Schuldrechtsmodernisierung. In der Änderung zum Schuldrecht durch das SMG vom 26.11.2001 (BGBl I S 3138) hat der deutsche Gesetzgeber mehr als 15 RL der EG umgesetzt. Auf Vorgaben des Gemeinschaftsrechts beruhen vor allem Teile des Leistungsstörungsrechts (§§ 286, 288), die Regelungen über Haustürwiderrufsgeschäfte (§ 312), Fernabsatzverträge (§§ 312b – d), unbestellte Leistungen (§ 241a), das Widerrufsrecht bei Verbraucherverträgen (§§ 35 ff), das Kaufrecht (§§ 433 ff), das Time-Sharing-Recht (§§ 481 ff), das Verbraucherdarlehensrecht (§§ 491 ff), der Pauschalreisevertrag (§§ 651a ff), das Überweisungsrecht (§§ 676a ff), die Regelungen des Darlehensvermittlungsvertrages (§§ 655a – e) und Teile des AGB- (§§ 305 ff) und Arbeitsvertragsrechts (§§ 611 ff), zum Ganzen vgl *Gebauer/Wiedmann*, Zivilrecht unter europäischem Einfluss 2005. Zu einer vollkommenen Europäisierung des deutschen Schuldrechts ist es gleichwohl noch nicht gekommen. Vielmehr sind durch die Umsetzung der europäischen RL in das Obligationenrecht bislang lediglich »europarechtliche Inseln« (Palandt/*Heinrichs* Vor § 241 Rn 17; BaRoth/*Grüneberg* Rn 108) entstanden. Die Weichen zur fortschreitenden Europäisierung sind jedoch gestellt: So hat das Europäische Parlament 1989 und 1994 die Organe der EU aufgefordert, mit der Vorbereitung zur Ausarbeitung eines einheitlichen Europäischen Gesetzbuches für das Privatrecht zu beginnen (ABl EG Nr C 158/400-401). Zur Entwicklung eines Europäischen Privatrechts vgl Tonner, Einl Rz 48 ff.

8 **2. Internationales Einheitsrecht und Internationales Privatrecht.** Neben den europäischen Vorgaben gestalten auch die von Deutschland ratifizierten internationalen Konventionen das deutsche Zivilrecht mit. Internationales Einheitsrecht findet sich etwa im Bereich des WG und des ScheckG. Seine Bedeutung ist in neuerer Zeit durch die Geltung des Übereinkommens über den internationalen Warenkauf (sog Wiener oder UN-Kaufrecht, CISG vom 11.04.1980) und durch verschiedene transportrechtliche Übereinkommen (ua CMR, COTIF, Abkommen von Warschau und Montreal) erheblich gestiegen (PWW/*Schmidt-Kessel* Vor § 241 Rn 14 f). Das für schuldrechtliche Konstellationen einschlägige internationale Privatrecht, das von dem supranationalen internationalen Einheitsrecht abzugrenzen ist, findet für vertragliche Ansprüche seinen gesetzlichen Niederschlag in Art 27–37 EGBGB und für außervertragliche Tatbestände in Art 38–42 EGBGB. Erstere Regelungen beruhen auf dem EG-Übereinkommen vom 19.06.1980 über das auf vertragliche Schuldverhältnisse anwendbare Recht (Rom I-Übereinkommen).

9 **II. Auswirkungen.** Das fortschreitende Zusammenwirken von deutscher und europäischer bzw internationaler Normsetzung führt dazu, dass sich der deutsche Gesetzesanwender vermehrt an gemeinschaftsrechtlichen bzw internationalen Vorgaben orientierten muss und die herkömmliche deutsche Rechtsanwendung und Dogmatik darauf abzustimmen hat (Hk-BGB/*Schulze* Rn 5). Hieraus ergeben sich zwei wichtige Folgerungen: **1. Grundsatz der autonomen Auslegung.** Für die Interpretation von Vorschriften des europäischen Gemeinschafts- und internationalen Einheitsrechts gilt der Grundsatz der »autonomen Auslegung«. Begriffe des supranationalen Rechts sind danach aus sich selbst heraus (dh »autonom«) – unter Bezugnahme von supranational geprägtem Wortverständnis, Sinn und Zweck, Gesetzgebungsgeschichte, Rspr und Systematik des sie umgebenden übernationalen Normengefüges – auszulegen und anzuwenden (BGHZ 84, 343 ff; Hk-BGB/*Schulze* Rn 5; *Leipold* FS Musielack 2004, S 317, 331; *Häcker* ZVglRWiss 2004, 464, 483 f; *Folgar-Deinhardstein* ZfRV 2005, 22, 25 ff).

10 **2. Grundsatz der richtlinienkonformen Auslegung. a) Allgemeine Grundsätze.** Über den Grundsatz der autonomen Auslegung hinaus hat sich gerade für den Bereich des europäischen Sekundärrechts in Form von Richtlinien eine weitere Auslegungsregel konstituiert, nämlich die der richtlinienkonformen Interpretation von Umsetzungsgesetzen (BaRoth/*Grüneberg* Rn 108). Inhaltlich bedeutet dies Folgendes: Soweit Vorschriften des nationalen (bürgerlichen) Rechts die Vorgaben einer RL innerhalb des von der Gemeinschaft vorgeschriebenen Anwendungsbereiches übernommen haben, besteht auch ein gemeinschaftsrechtlicher Zwang zur richtlinienkonformen Auslegung. Das heißt, dass im Zweifel derjenigen Interpretation der Vorzug zu geben ist, die den Vorgaben der RL am ehesten entspricht (EuGH NJW 1994, 921, 2473; 1997, 3365; EuZW 2003, 27, 29; BGH NJW 1993, 1594; 2002, 1881, 1882; BAG NJW 1993, 1154). Bei einem Konflikt von verfassungskonformer und richtlinienkonformer Auslegung genießt letztere wegen des Anwendungsvorrangs des Gemeinschaftsrechts Priorität. Die Pflicht zur richtlinienkonformen Auslegung beginnt für die Gerichte der Mitgliedstaaten zeitlich mit dem Ablauf der Umsetzungsfrist bzw dem Erlass des Umsetzungsgesetzes

(Palandt/*Heinrichs* Einl § 1 Rn 43; *Roth* ZIP 92, 1056 f). Die richtlinenkonforme Auslegung entspringt dem Anwendungsgebot des Gemeinschaftsrechts. Dieses führt im Weiteren dazu, dass im Fall einer Fristversäumung zur Umsetzung die Rspr prüfen muss, ob die RL etwa auf Grund der im deutschen Zivilrecht verankerten Generalklauseln (§§ 242, 138, 307) Beachtung finden kann (EuGH NJW 2004, 3547). Durch diese Behelfskonstruktion ist jedoch der mitgliedstaatliche Gesetzgeber keineswegs von seiner Pflicht entbunden, den Vorgaben der RL durch klare und eindeutige Normen zur Geltung zu verhelfen (EuGH NJW 2001, 2244; Palandt/*Heinrichs* Rn 43).

b) Überschießende Umsetzung. Höchst umstritten im Zusammenhang mit dem Grundsatz der richtlinienkonformen Auslegung ist allerdings, ob im Fall einer sog »überobligatorischen« (dh überschießenden bzw erweiterten) Umsetzung ebenfalls ein Zwang zur richtlinienkonformen Handhabung des Umsetzungsgesetzes besteht (dagegen: EuGH EuZW 1999, 20, 23; *Habersack/Mayer* JZ 1999, 913 f; *Bärenz* DB 2003, 375 f; *Mayer/Schürnbrand* JZ 2004, 545; *Büdenbender* ZEuP 2004, 36, 47). Dagegen spricht bereits, dass das Gebot der richtlinienkonformen Auslegung nach seinem Sinn und Zweck nur dann Platz greifen kann, wenn die einheitliche Anwendung und damit die Funktionsfähigkeit europäischer Vorgaben auf dem Spiel stehen. Das ist nicht schon dann der Fall, wenn die Umsetzung der RL dem innerstaatlichen Gesetzgeber lediglich den Anlass zum Erlass weitergehender Maßnahmen lieferte. Ein Gebot der einheitlichen Auslegung kann sich allerdings aus dem innerstaatlichen Recht ableiten. Bes Beachtung müssen insoweit der Rechtsstaats- und Gleichheitsgrundsatz finden (BGH NJW 2002, 1881, 1884; 2004, 2731, 2732; *Bärenz* DB 2003, 375 f). In jedem Fall dürfen die Mitgliedstaaten die Vorabentscheidung des EuGH auch in solchen Materien einholen, die den erweiterten, dh »überschießenden« Anwendungsbereich der RL betreffen (EuGH EuZW 1991, 319, 320; 1997, 658, 660; Palandt/*Heinrichs* Einl § 1 Rn 44). 11

C. Schuldrechtsmodernisierung. Während der Gesetzgeber die Rechtsfortbildung im Bereich des Schuldrechts in den vergangenen Jahrzehnten im Wesentlichen der Rspr und Lehre überlassen hatte, ist das Schuldrecht inzwischen zum Zentrum gesetzgeberischer Reformen geworden (Palandt/*Heinrichs* Einl § 241 Rn 2). So hat seit dem 01.01.2002 das SMG das Obligationenrecht grundlegend verändert. Hierzu gehören Neuregelungen in zwei Kernbereichen, dem Leistungsstörungsrecht und dem Kaufrecht. Im allg Leistungsstörungsrecht und bei der vertraglichen Gewährleistung wurde das »Recht der zweiten Andienung« zum Prinzip erklärt. Überdies hatte man große Teile des Verbraucherrechts sowie das Recht der allg Geschäftsbedingungen in abgewandelter Form ins BGB überführt und dabei einheitlichen Begrifflichkeiten (wie der des »Verbrauchers« und des »Unternehmers«, §§ 13, 14) unterstellt. Ferner wurde ein einheitlicher Tatbestand der Pflichtverletzung (§ 280) nach dem Muster des UN-Kaufrechts (CISG) und eine Regelung für die cic (§ 311 Abs 2, Abs 3) sowie für die Störung der Geschäftsgrundlage (§ 313) konzipiert. Die Neugestaltung des Schuldrechts knüpft zT an Veränderungen und Vorschläge an, die eine Kommission zur Überarbeitung des Schuldrechts bereits in ihrem Abschlussbericht 1992 vorgelegt hatte (vgl Verhandlungen des DJT 1994, *Lappe* NJW 1994, 3067, 3069). Der eigentliche Anstoß für das Wiederaufgreifen und die Fortentwicklung dieser Reformpläne kam jedoch von der EU, wobei insbes von der VerbrauchsgüterkaufRL, die zum 01.01.2002 in das deutsche Recht umzusetzen war, starke Impulse ausgingen (Hk-BGB/*Schulze* Vor §§ 241–853 Rn 9). Die intertemporale Abgrenzung zwischen altem und neuem Schuldrecht erfolgt nach dem Inkrafttreten des SMG auf der Grundlage des Art 229 §§ 5-7 EGBGB. Novellierungen gab es aber nicht nur durch das SMG. Zu nennen ist im Zusammenhang mit der Schuldrechtsmodernisierung auch die Überarbeitung des Mietrechts (§§ 535 ff) durch das »Gesetz zur Neugliederung, Vereinfachung und Reform des Mietrechts« (sog *Mietrechtsreformgesetz*, vgl BTDrs 14/4553 und 14/5663 sowie BRDrs 282/01), welches am 01.09.2001 in Kraft trat. Außerdem gab es umfangreiche Änderungen im Bereich des Delikts- (§§ 823 ff) und Schadensersatzrechts (§§ 249 ff), die durch das »Zweite Gesetz zur Änderung schadensrechtlicher Vorschriften« (sog *Schadensrechtsänderungsgesetz*) vom 19.07.2002 (BGBl I 2002, 2675 ff, BTDrs 14/7752) Gesetzeskraft erlangten. 12

D. Tatbestandsvoraussetzungen. I. Pflicht zur Leistung nach Abs 1. § 241 als zentrale Eingangsvorschrift für das deutsche Schuldrecht definiert als Wesensmerkmal für das Schuldverhältnis die Pflicht zur Leistung. Bei dem Wort Leistung handelt es sich um einen »ambivalenten« (MüKo/*Kramer* Rn 7) Hilfsbegriff mit Blankettcharakter. Die Zweigleisigkeit des Begriffs rührt daher, dass mit ihm je nach Schuldverhältnis entweder das Leistungs*handeln* oder der Leistungs*erfolg* in Bezug genommen wird. **1. Definition der Leistung.** Wie der allg Begriff der Leistung auszufüllen ist, richtet sich deshalb immer nach den konkreten geschäfts- und verkehrstypischen Erwartungshaltungen, die sich auf das konkrete Schuldverhältnis gründen. Abstrakt lässt sich eine »Leistung« verstehen als die Zuwendung eines wirklichen oder vermeintlichen Vorteils, der typischerweise, aber nicht notwendigerweise einen Vermögenswert besitzt (RGZ 87, 298, 293; BaRoth/*Grüneberg* Rn 33; Palandt/*Heinrichs* Rn 4; Erman/*Westermann* Rn 6). 13

2. Leistung als Tun bzw als Unterlassen. Die Pflicht zur Leistung kann nach § 241 Abs 1, Abs 2 sowohl in einem positiven Tun als auch in einer (negativen) Unterlassung bestehen. Ihrer Struktur nach sind Unterlassungspflichten von Pflichten zur Tätigkeit nicht zu unterscheiden (*Rödig* Rechtstheorie 1972, 11; MüKo/*Kramer* Rn 10). Unterlassen als Leistung zielt oft auf die Nichtnutzung von Eigentümerbefugnissen (Baubeschränkung, vgl BGH NJW 1975, 344) und in einer Gesellschaft häufig auf den allg Schutz vor Konkurrenz. 14

So finden sich Konkurrenzverbote und Wettbewerbsklauseln als wesentlicher Vertragsinhalt, aber auch als neben- und nachvertragliche Leistung. Eine Unterform der Leistung durch Unterlassen ist das Dulden.

15 **3. Bestimmtheit bzw Bestimmbarkeit des Leistungsinhalts und der Parteien des Schuldverhältnisses.** Damit die Leistung Grundlage eines Forderungsrechtes sein kann, muss der Leistungsinhalt durch die Parteien hinreichend bestimmt sein. Fehlt es daran (und ist auch keine Bestimmbarkeit gegeben, vgl § 315), führt dies zur Unwirksamkeit des Schuldverhältnisses (RGZ 124, 81, 83; BGHZ 55, 248, 250; AG Heilbronn MDR 1976, 400; BaRoth/*Grüneberg* Rn 39). Das Forderungsrecht setzt weiter die Existenz mindestens eines Gläubigers und eines Schuldners voraus. Daraus ergibt sich, dass das Schuldverhältnis bei ersatzlosem Wegfall der Rechtspersönlichkeit des Schuldners bzw Gläubigers erlischt (MüKo/*Kramer* Rn 5 Fn 3). Bzgl der Kennzeichnung der Parteien genügt allerdings Bestimmbarkeit (RGZ 128, 246, 249; BGHZ 75, 78 f; MüKo/*Kramer* Rn 5).

16 **4. Haupt- und Nebenleistungspflichten.** Aus dem Schuldverhältnis ergeben sich verschiedene Pflichten, die sich unter mehreren Gesichtspunkten einteilen lassen. Hierzu gehören die Haupt- und Nebenleistungspflichten. Hinsichtlich der Unterscheidung gilt folgender Grundsatz: **a) Hauptleistungspflicht.** Die Hauptpflicht prägt die Eigenart des jeweiligen Schuldverhältnisses und ist ausschlaggebend für seine Einordnung in die verschiedenen Schuldtypen. Sie resultiert primär aus der konkreten (dh hinreichend bestimmten/bestimmbaren und wirksamen) Parteivereinbarung, sekundär aus den gesetzlichen Bestimmungen (MüKo/*Kramer* Rn 18). Zu den primären Leistungspflichten gehören auch die später – bei einer Störung des Schuldverhältnisses – erg oder ersetzend hinzutretenden »Ersatzpflichten«, wie etwa die Verpflichtung zur Zahlung von Schadensersatz wegen Nicht- oder Schlechterfüllung und Abwicklungspflichten nach erfolgtem Rücktritt oder Kündigung (Hk-BGB/*Schulze* Rn 17).

17 **b) Nebenleistungspflichten.** Von den Hauptleistungspflichten sind die Nebenleistungspflichten abzugrenzen. Die Nebenleistungspflichten beziehen sich auf die Hauptleistungspflicht und ergänzen diese. **aa) Selbständige Nebenleistungspflichten.** Die selbständigen Nebenpflichten, welche einklagbar sind, dienen der Vorbereitung, Durchführung und Sicherung der Hauptleistung. Sie verfolgen trotz ihrer Unterordnung unter die Hauptleistungspflicht einen Eigenzweck (BaRoth/*Grüneberg* Rn 43). Selbständige Nebenpflichten sind etwa: Anzeige-, Auskunfts- und Rechenschaftspflichten (Hk-BGB/*Schulze* Vor §§ 241–853 Rn 18).

18 **bb) Unselbständige Nebenleistungspflichten.** Die selbständigen Nebenleistungspflichten werden durch die unselbständigen Nebenpflichten, die nach hM nicht gesondert einklagbar sind (AnwK/*Krebs* Rn 38; Jauernig/*Mansel* Rn 10; BaRoth/*Grüneberg* Rn 43; aA PWW/*Schmidt-Kessel* Rn 24; *Stürner* JZ 1976, 384 ff; *Motzer* JZ 1983, 884, 886), ergänzt. Ihre Verletzung kann allerdings Schadensersatzansprüche auslösen, die wiederum klagbarer Natur sind (MüKo/*Kramer* Rn 21; BaRoth/*Grüneberg* Rn 43). Zu den unselbständigen Nebenpflichten zählen insbes Fürsorge- und Obhutspflichten hinsichtlich der Person und des Vermögens der anderen Partei (Hk-BGB/*Schulze* Vor §§ 241–853 Rn 18).

19 **cc) Abgrenzung.** Die Abgrenzung zwischen Haupt- und Nebenpflichten bereitet in der Praxis erhebliche Schwierigkeiten (vgl etwa den Versuch von *Madaus* Jura 2004, 289 f, der auf die Art des Schadens [Äquivalenz- oder Integritätsinteresse] abstellt). Das gilt etwa für die Pflichten des Dienstberechtigten aus § 618, die Pflichten des Vermieters und Mieters, den vertraglichen Informationspflichten aus der BGB-InfoV etc. Da die Anwendung der §§ 281, 323 jedoch zum gleichen Ergebnis wie die Anwendung der §§ 282, 324 führt, kann die konkrete Ziehung der Grenzlinie im Ergebnis häufig offen bleiben (Palandt/*Heinrichs* Rn 8).

20 **5. Gläubiger und Schuldner.** Die Begriffe Gläubiger und Schuldner werden in § 241 Abs 1 S 1 zwar nicht ausdrücklich definiert, jedoch implizit näher bestimmt, indem der Gläubiger als Berechtigter der betreffenden Pflicht und der zugehörigen Forderung, also des Erfüllungsanspruches angesprochen und zugleich der Schuldner zum Adressaten von Pflicht und Forderung erklärt wird (PWW/*Schmidt-Kessel* Rn 9). Gläubiger und Schuldner müssen im Kontext des Schuldverhältnisses verschiedene Personen sein. Vereinigt sich nach Entstehung des Schuldverhältnisses die Gläubiger- mit der Schuldnerstellung in einer Person, erlischt das Schuldverhältnis automatisch durch Konfusion (Hk-BGB/*Schulze* Rn 2).

21 **II. Abgrenzung zu anderen Verbindlichkeiten.** Die von § 241 Abs 1 erfassten echten, erzwing- und im Regelfall auch einklagbaren Leistungspflichten müssen von einer Reihe anderer »Verbindlichkeiten« (etwa von Naturalobligationen, Obliegenheiten, Gefälligkeitshandlungen) abgegrenzt werden. **1. Naturalobligationen.** Anders als die von § 241 Abs 1 erfassten Leistungspflichten beziehen sich die sog »Naturalobligationen« nicht auf erzwingbare Forderungen. Naturalobligationen können also nur freiwillig erfüllt werden, begründen dann allerdings auch einen Rechtsgrund für das Behaltendürfen. Bsp hierfür sind: das Verlöbnis (§§ 1297 ff), das nach § 1297 keine einklagbare Forderung auf Eingehung der Ehe begründet und Forderungen aus Spiel und Wette (§§ 762 ff) sowie der Ehemäklerlohn (§ 656).

22 **2. Obliegenheiten..** Abzugrenzen sind die von § 241 Abs 1 in Bezug genommenen Verbindlichkeiten des Weiteren von sog »Obliegenheiten«. Denn bei ihnen handelt es sich um »Pflichten geringerer Intensität«, da sie nur Verhaltensanforderungen betreffen, die im eigenen Interesse wahrzunehmen sind (*Schmidt* Obliegenheiten 1953; BaRoth/*Grüneberg* Rn 25; PWW/*Schmidt-Kessel* Rn 28). Beim Vorliegen von Obliegenheiten stehen dem Berechtigten regelm weder Erfüllungsansprüche, noch Klage- und Vollstreckungsmöglichkeiten zur Verfügung. Auch gibt es keinen Schadensersatzanspruch. Dem Belasteten sind vielmehr für den Fall der Nichtbe-

achtung bestimmte (andere) Rechtsnachteile in Aussicht gestellt, insbes der Verlust oder die Minderung einer eigenen (günstigen) Rechtsposition (BaRoth/*Grüneberg* Rn 25; PWW/*Schmidt-Kessel* Rn 28). Beispiele für Obliegenheiten finden sich etwa in: § 121 Abs 1 (Anfechtung ohne schuldhaftes Zögern), § 149 (Anzeigepflicht bei verspätet eintreffender Annahmeerklärung), § 254 Abs 2 S 1 (Schadensabwendungs- und Minderungspflicht), §§ 300 ff (Annahmeobliegenheit des Gläubigers), § 651d Abs 2 (Pflicht zur Anzeige des Reisemangels), § 1994 (Inventarfrist), § 362 HGB (Beantwortungsobliegenheit), § 377 HGB (Untersuchungs- und Rügepflicht), §§ 6 Abs 1 S 1, 62, 158i VVG (Anzeigepflicht).

3. Gefälligkeit. Abgrenzungsprobleme zwischen echten, erzwing- und einklagbaren Leistungspflichten entstehen zudem bei Handlungen, die auf Grund bloßer »Gefälligkeit« versprochen werden. Der Grund liegt darin, dass die aus Gefälligkeit erbrachte Leistung schon für sich gesehen keine kohärente rechtliche Kategorie darstellt (PWW/*Schmidt-Kessel* Rn 32). So unterscheidet man bspw schon zwischen echten Gefälligkeits*verträgen* und Gefälligkeits*verhältnissen*. Während reine Gefälligkeits*verhältnisse* in Abgrenzung zu Gefälligkeits*verträgen* keine Erfüllungsansprüche begründen, bilden sie aber uU die Grundlage für das Entstehen von Schutzpflichten, aus deren Verletzung wiederum Schadensersatzansprüche resultieren können (Jauernig/*Mansel* Rn 23). **a) Gefälligkeitsverträge.** Gefälligkeits*verträge* basieren auf Abreden, die auf ein unentgeltliches Verhalten abzielen, das idR uneigennützig erbracht wird. Bsp hierfür sind etwa der Auftrag (§ 662) sowie die Verträge nach §§ 516, 598, 690. Während diese Gefälligkeits*verträge* wie alle rechtsgeschäftlichen Schuldverhältnisse den Willen der Parteien erfordern, eine rechtliche Bindung einzugehen (sog »Rechtsbindungswille«), fehlt es den Parteien bei der Eingehung bloßer Gefälligkeits*verhältnisse* gerade an diesem Willen (BGHZ 21, 107 ff; Hk-BGB/*Schulze* Vor §§ 241–853 Rn 23; PWW/*Schmidt-Kessel* Rn 33). In der Praxis fällt die Abgrenzung aber oft nicht leicht. Abstrakte Abgrenzungskriterien bilden etwa ausdrückliche Erklärungen, konkludentes Verhalten, aber auch alle sonstigen aus der Sicht des objektiven Beobachters (§§ 133, 157) zu würdigenden Umstände (RGZ 65, 17, 19; BGHZ 88, 373, 382 ff; 92, 164, 168 ff). So besteht idR kein Rechtsbindungswille bei: einem sog »gentlemens agreement« (BGH MDR 1964, 570), der Beaufsichtigung von Kindern aus der Nachbarschaft oder ihrem unentgeltlichen Mitnehmen im PKW (BGH NJW 1968, 1874 f; LG Karlsruhe VersR 1981, 143; anders aber bei der Beaufsichtigung der zum Kindergeburtstag eingeladenen Kinder, vgl Celle NJW-RR 1987, 1384), der Beaufsichtigung des Hauses eines verreisten Nachbarn oder von Verwandten (Hamburg VersR 1989, 468; Koblenz NJW-RR 2002, 595), beim Einreichen und Ausfüllen eines Lottoscheins für eine Tipp-Gemeinschaft (BGH NJW 1974, 1705, str) oder einer Gefälligkeitsfahrt (RGZ 65, 17, 18; BGH VersR 1967, 157; BGHZ 76, 32, 33; anders nur bei einer echten Fahrgemeinschaft, die aber idR nur bei Unkostenbeteiligung »verbindlich« ist, vgl BGH NJW 1992, 498, 99 ff). Die Absprache über Empfängnisverhütung zwischen den Partnern einer nichtehelichen Lebensgemeinschaft begründet ebenfalls keinen Bindungswillen, weil dieser Bereich den engsten persönlichen Lebenskreis berührt und damit rechtsgeschäftlichen Regelungen generell unzugänglich ist (BGHZ 97, 372, 377; BaRoth/*Grüneberg* Rn 21). 23

b) Bloße Gefälligkeitsverhältnisse. Lässt sich anhand der dargestellten Kriterien kein Parteiwille hinsichtlich des Abschlusses eines Gefälligkeits*vertrages* eruieren, handelt es sich bei Abreden aus Freundschaft, Verwandtschaft, Kollegialität etc idR um reine Gefälligkeits*verhältnisse*. Diese führen zu keiner primären Leistungsverpflichtung. Aber auch bei ihnen ist hinsichtlich des eingegangenen Haftungsrisikos zwischen *einfachen* und *bes* (dh Sorgfaltspflichten begründenden) Gefälligkeitsverhältnissen zu unterscheiden. Bei der Abgrenzung spielen ua die wirtschaftliche und rechtliche Bedeutung des Vorgangs, die Interessenlage der Beteiligten sowie Art, Grund und Zweck der Gefälligkeit eine Rolle (BGHZ 21, 102, 107; 92, 164, 168). Indizien für ein Sorgfaltspflichten begründendes Gefälligkeitsverhältnis können sein: der erkennbar hohe Wert einer anvertrauten Sache, das betroffene Rechtsgut, der erhebliche Aufwand oder die Gefahr von beträchtlichen Schäden für den Begünstigten bei fehlerhaftem Verhalten (BGHZ 56, 204, 210; Hk-BGB/*Schulze* Vor §§ 241–853 Rn 23). Liegt ein Sorgfaltspflichten begründendes Gefälligkeitsverhältnis vor, ergeben sich bei schuldhafter Verletzung der Sorgfaltspflichten Schadensersatzansprüche aus § 280 Abs 1, wobei in Lit und Rspr nicht ganz geklärt ist, ob es sich rechtsdogmatisch um einen Tatbestand der cic (BGHZ 21, 102, 107; *Honsell* JuS 1976, 621, 626) oder der pVV (*Schwerdtner* Jura 1980, 213, 217; *Willoweit* JuS 1986, 96 f) handelt. Zudem ist str, woraus sich der Haftungsmaßstab ergibt: Die Rspr wendet für diesen Bereich grds § 276 an (BGH NJW 1992, 2475) und lehnt eine Haftungsmilderung im Gefälligkeitsverhältnis ab, soweit nicht ein vertraglicher Haftungsverzicht oder ein Handeln auf eigene Gefahr vorliegen. Der Erbringer einer Gefälligkeit innerhalb eines Gefälligkeitsverhältnisses würde danach stärker haften als der Schuldner, der sich durch Gefälligkeitsvertrag zum Erbringen der Leistung verpflichtet hat. Die Lit sieht hierin einen Wertungswiderspruch. Für sie ergibt sich aus den in §§ 521, 599, 690 getroffenen Wertungen, dass auch innerhalb des Gefälligkeitsverhältnisses nur für eigenübliche Sorgfalt gehaftet wird, wobei dieser Maßstab auch auf deliktische Ansprüche durchschlägt (Hk-BGB/*Schulze* Vor §§ 241–853 Rn 25). Letzterer Ansicht ist beizupflichten. 24

III. Rücksichtnahmepflichten nach Abs 2. Die im Rahmen der Schuldrechtsreform in § 241 Abs 2 getroffene Neuregelung stellt klar, dass sich das Schuldverhältnis nicht in der Herbeiführung des geschuldeten (Haupt-) Leistungserfolges erschöpft, sondern auch im weiteren Sinne eine von dem Gedanken von Treu und Glauben (§ 242) beherrschte Sonderverbindung darstellt. Deshalb treten zu den hauptleistungsbezogen Pflichten nach Abs 1 gem Abs 2 weitere Nebenpflichten hinzu, die von der Lit als Verhaltens- bzw Schutz- 25 pflichten im weiteren Sinne charakterisiert werden (Erman/*Westermann* Rn 10). Wesensmäßig handelt es sich bei Abs 2 ebenso wie bei Abs 1 um eine Blankettnorm (Palandt/*Heinrichs* Rn 7). Auch diese Vorschrift begründet nämlich nicht eigenständig Nebenleistungspflichten, sondern stellt abstrakt einzelne Varianten von Nebenpflichten dar, deren Entstehen und Inhalt von den Verhaltensanforderungen des jeweiligen Vertrages, der Verkehrssitte und den sonstigen Erfordernissen des rechtsgeschäftlichen Verkehrs abhängig sind (Erman/*Westermann* Rn 10). Dabei entstehen die von § 241 Abs 2 erfassten Nebenleistungspflichten bereits mit der Vertragsanbahnung und wirken auch nach der Erbringung der Hauptleistung noch nach. Hinsichtlich des vorvertraglichen Stadiums bilden sie die Grundlage für eine eventuelle Haftung aus cic (§ 311 Abs 2, Abs 3). Nach dem Zustandekommen des Vertrages wandeln sich die vorvertraglichen Schutz- und Verhaltenspflichten in vertragliche Nebenpflichten um (BGH JZ 1964, 654; MüKo/*Roth* Rn 92). Unter § 241 Abs 2 fallen vor allem Aufklärungs- und Schutzpflichten: Die **Aufklärungspflicht** bezieht sich auf die beiden Seiten erkennbare Interessenlage, die eine Aufklärung über solche Umstände erfordert, die konkret oder allg für den Vertragsschluss von Bedeutung sind (BGH NJW 1966, 1451; 1974, 149; BGH WM 1992, 901; BGH NJW 1992, 2146). Hinsichtlich der Rückabwicklungsfragen bei »**Schrottimmobilien**« kommt es nach richtiger Ansicht zu einer Abwälzung des Anlagerisikos auf die finanzierende Bank, wenn die nach RL 577/85 Art 4 Abs 3 vorgeschriebene Belehrung unterblieben ist (*Wielsch* ZBB 2006, 16 ff). Der Grund dafür liegt darin, dass der Kunde ohne Belehrung der Bank nichts von seinem Widerrufsrecht weiß und er dieses deshalb nicht ausüben kann. Im nationalen Recht ergibt sich der aus der fehlenden Belehrung folgende Schadensersatzanspruch aus §§ 241 Ab 2, 280 Abs 1 (*Wielsch* ZBB 2006, 16 ff). Mit **Schutzpflichten** sind generelle Pflichten angesprochen, sich bei Abwicklung des Schuldverhältnisses so zu verhalten, dass Körper, Leben, Eigentum und sonstige Rechtsgüter des anderen Teils nicht verletzt werden (Palandt/*Heinrichs* Rn 7). Die als »Wandlungen des Deliktsrechts« von *von Caemmerer* (FS DJT II 1960, S 49 ff) beschriebene Erweiterung des deliktischen Rechtsschutzes durch Herausarbeitung allg Verkehrs- und sonstiger Schutzpflichten, findet hier ihr vertragliches Seitenstück.

§ 241a Unbestellte Leistungen. **[1] Durch die Lieferung unbestellter Sachen oder durch die Erbringung unbestellter sonstiger Leistungen durch einen Unternehmer an einen Verbraucher wird ein Anspruch gegen diesen nicht begründet.**
[2] Gesetzliche Ansprüche sind nicht ausgeschlossen, wenn die Leistung nicht für den Empfänger bestimmt war oder in der irrigen Vorstellung einer Bestellung erfolgte und der Empfänger dies erkannt hat oder bei Anwendung der im Verkehr erforderlichen Sorgfalt hätte erkennen können.
[3] Eine unbestellte Leistung liegt nicht vor, wenn dem Verbraucher statt der bestellten eine nach Qualität und Preis gleichwertige Leistung angeboten und er darauf hingewiesen wird, dass er zur Annahme nicht verpflichtet ist und die Kosten der Rücksendung nicht zu tragen hat.

1 **A. Allgemeines.** § 241a ist eine Vorschrift, die in Umsetzung von Art 9 der »RL 97/7/EG des Europäischen Parlamentes und des Rates vom 20.05.1997 über Verbraucherschutz bei Vertragsabschlüssen im Fernabsatz« (ABl EG Nr L 144 vom 4. Juni 1997) erlassen und durch den deutschen Gesetzgeber auf der Grundlage des »Gesetz über Fernabsatzverträge und andere Fragen des Verbraucherrechts sowie zur Umstellung der Vorschriften auf den Euro« vom 27.06.2000 in das BGB eingefügt wurde. Die Verortung des § 241a zwischen § 241 und § 242 hat in der Lit ein bes krit Echo gefunden (*Flume* ZIP 2000, 1427; *Lienhard* NJW 2003, 3592 ff). Anders als in der Lit teilw angenommen (vgl Palandt/*Heinrichs* Rn 4) begegnet die Vorschrift aber keinen verfassungsrechtlichen Bedenken (PWW/*Schmidt-Kessel* Rn 4; AnwK/*Krebs* Rn 6).

2 **B. Regelungsinhalt.** Bei der Lieferung unbestellter Waren und der Erbringung unbestellter sonstiger Leistungen versagt § 241a Abs 1 dem Unternehmer als Leistungserbringer die Geltendmachung von Ansprüchen gegen den Leistungsempfänger, wenn dieser Verbraucher ist. Von dem Ausschluss sind grds auch gesetzliche Ansprüche erfasst; diese werden nur in den von § 241a Abs 2 beschriebenen bes Konstellationen aufrecht erhalten. § 241a Abs 3 bewirkt über eine einengende Definition des Tatbestandsmerkmals »unbestellte Leistung« eine Verengung des Anwendungsbereiches der Norm. **I. Sinn und Zweck.** § 241a verbindet das Anliegen des Individualschutzes für den Verbraucher auf Grund der Zwecksetzung der Fernabsatz-RL und der FernabsatzRL-FDL mit dem Ziel einer präventiven Einflussnahme auf das Marktverhalten von Leistungsanbietern, indem als Sanktion der Ausschluss sämtlicher Ansprüche droht (Hk-BGB/*Schulze* Rn 6).

3 **II. Tatbestandsvoraussetzungen. 1. Personeller Anwendungsbereich.** Die Erbringung unbestellter Leistungen führt nur dann zu einem Anspruchsausschluss, wenn der Leistungserbringer Unternehmer (§ 14) und der Leistungsempfänger Verbraucher (§ 13) ist. Unabhängig davon, dass es in den von § 241a Abs 1 ins Auge gefassten Konstellationen schon gar nicht zu einem Vertragsschluss kommt, ist der Leistungsempfänger als Verbraucher gem § 13 anzusehen, wenn seinerseits die Voraussetzungen des § 13 im Fall des Zustandekommens eines Vertrages erfüllt wären. Entgegen einer Minderansicht (Erman/*Saenger* Rn 4; MüKo/*Kramer* Rn 4; Palandt/*Heinrichs* § 241a Rn 7) ist die Vorschrift in Bezug auf ihren eindeutigen Wortlaut und ihren Sinn und Zweck nicht (auch nicht analog) für den Fall heranzuziehen, dass ein reines Unternehmer-Unternehmer- oder Verbraucher-Verbraucher-Verhältnis vorliegt (Hk-BGB/*Schulze* Rn 2).

2. Sachlicher Anwendungsbereich. a) Erbringung von Waren und sonstigen Leistungen. Vom Anwendungsbereich des § 241a Abs 1 sind alle **gegenständlichen Waren**, dh Sachen iSd § 90 oder andere bewegliche Gegenstände (Erman/*Saenger* Rn 7; BaRoth/*Grüneberg* Rn 2) und sonstigen **unkörperlichen Leistungen**, insbes Werk- und Dienstleistungen (BaRoth/*Grüneberg* Rn 3), erfasst. Die Vorschrift des § 241a soll die RL 97/7/EG (Fernabsatz) erschöpfend umsetzen. Bei richtlinienkonformer Auslegung ist § 241a auch auf missbräuchliche **Dialer** anzuwenden, die eine »Telefondienstleistung« erbringen (LG Gera v 24.03.2004 1 S 386/03 = CR 2004, 543 f). Nicht entscheidend ist der Wert des Gegenstandes oder der sonstigen Leistung. Deshalb erstreckt sich der Anwendungsbereich des § 241a Abs 1 auch auf hochpreisige Waren bzw Leistungen (PWW/*Schmidt-Kessel* Rn 8; AnwK/*Krebs* Rn 21; Erman/*Saenger* Rn 7). Ausgenommen nach Abs 2 sind nur solche Leistungen, die nicht für den Empfänger bestimmt waren. Das ist etwa bei der Fehlleitung, dh bei der Übersendung an den falschen Empfänger der Fall oder, wenn die Leistung zwar dem anvisierten Empfänger erbracht wurde, sie aber in der irrigen Annahme des Vorliegens einer Bestellung erfolgte und der Empfänger dies auch wusste oder er es hätte erkennen können (§ 276). 4

b) Unbestellte Erbringung. aa) Grundsatz. Die Waren oder sonstigen Leistungen müssen »unbestellt« erbracht worden sein. Da § 241a das aus § 1 UWG hergeleitete Verbot der Zusendung unbestellter Waren sanktionieren soll, entspricht der Begriff »unbestellt« der dort von der Rspr entwickelten Definition (BaRoth/*Grüneberg* Rn 6). »Unbestellt« ist die Leistungserbringung dann, wenn der Verbraucher die Erbringung der Leistung nicht geordert und auch nicht in sonst zurechenbarer Weise veranlasst hat (MüKo/*Kramer* Rn 7). Damit ist der Anwendungsbereich des § 241a Abs 1 nicht eröffnet, wenn die ursprünglich abgegebene und zum Vertragsschluss führende Willenserklärung lediglich durch Anfechtung mit Rückwirkung entfallen ist (Palandt/*Heinrichs* Rn 2a). Angesichts der Möglichkeit, dass sich **0190-Dialer** während der Nutzung des Internet unbemerkt und unerwünscht auf dem Computer des Kunden installieren können, kann sich der Telefondienstanbieter nicht auf den ansonsten geltenden Anscheinsbeweis berufen, dass ihr automatischer Gebührenzähler die Verbindung richtig und vollständig registriert habe. Vielmehr kann sich der Kunde in diesen Fällen nach § 241a darauf berufen, die **Dienstleistung nicht bestellt** zu haben. Die Darlegungs- und Beweislast für die Bestellung trifft sodann in vollem Umfang den Unternehmer (LG Gera CR 2004, 543 ff). 5

bb) Ausnahme. § 241a Abs 3 verengt den Anwendungsbereich von § 241a Abs 1 dergestalt, dass die Lieferung einer anderen Ware als der bestellten unter zwei kumulativ geregelten Voraussetzungen nicht als »unbestellte Leistung« anzusehen ist. Zum einen muss eine Gleichwertigkeit nach Qualität und Preis vorliegen. Zudem muss der Unternehmer den Verbraucher darauf hinweisen, dass keine Annahmepflicht besteht und dem Verbraucher bei Rücksendung keine Kosten entstehen. Liefert der Unternehmer absichtlich eine ggü der ursprünglichen Bestellung höherwertige Sache und beachtet er die Hinweispflichten nach § 241a Abs 3, so soll § 241a Abs 2 Alt 2 entspr Anwendung finden (Hk-BGB/*Schulze* Rn 4; MüKo/*Kramer* Rn 20). 6

cc) Abgrenzungsprobleme. § 241a bezieht sich zunächst auf nach generellen, gattungsmäßigen Merkmalen zugeschnittene Leistungen. Zur Abgrenzung des § 241a und der **Falschlieferung bei der Stückschuld** vgl *Thier* AcP 203, 410 ff. Bzgl der Frage, ob Telefoneinwahlprogramme (sog Dialer), die sich unbemerkt auf dem Rechner des Verbrauchers von selbst installieren, als unbestellte Leistungen iSd § 241a zu werten sind oder ob zum Schutz des Kunden der Wegfall des Zahlungsanspruches nicht bereits auf eine ergänzende Vertragsauslegung iVm § 16 Abs 3 Telekommunikations-Kundenschutzverordnung gestützt werden kann, s BGH NJW 2004, 1590 ff; iÜ vgl LG Gera CR 2004, 543 ff; *Lienhard* NJW 2003, 3592 ff. Mitunter wirkt sich die Wertung des § 241a auch bei der **AGB-Kontrolle** aus: Die in AGB eines Versandhandelsunternehmens ggü Verbrauchern verwendete Klausel »Sollte ein bestimmter Artikel nicht lieferbar sein, senden wir Ihnen in Einzelfällen einen qualitativ und preislich gleichwertigen Artikel (Ersatzartikel) zu«, ist unter Berücksichtigung der sich daran anschließenden Sätze »Auch diesen können Sie bei Nichtgefallen innerhalb von 14 Tagen zurückgeben. Sollte ein bestellter Artikel oder Ersatzartikel nicht lieferbar sein, sind wir berechtigt, uns von der Vertragspflicht zur Lieferung zu lösen; …« gem §§ 307 Abs 1, 308 Nr 4 unwirksam (BGH NJW 2005, 3567 ff). 7

III. Rechtsfolge. Nach § 241a ist die Geltendmachung von vertraglichen oder gesetzlichen Ansprüchen gegen den Verbraucher bei der Erbringung einer unbestellten Leistung durch den Unternehmer ausgeschlossen. Bzgl des Nichtbestehens von vertraglichen Ansprüchen fällt § 241a Abs 1 nur eine deklaratorische Bedeutung zu (Hk-BGB/*Schulze* Rn 5; BaRoth/*Grüneberg* Rn 10). Konstitutive Wirkungen entfaltet der Anspruchsausschluss nach § 241a Abs 1 nur bei außervertraglichen Ansprüchen. Ob der Ausschluss gesetzlicher Ansprüche nur Nutzungsherausgabe- und Ersatzansprüche oder auch solche aus §§ 985 und 812 erfasst, wird allerdings uneinheitlich beurteilt: Nach einer Minderansicht erfordert der Normzweck des § 241a keinen völligen Ausschluss der Herausgabeansprüche und damit auch nicht solche aus §§ 985, 812 soweit der Verbraucher die Sache ohne Beeinträchtigung seiner schutzwürdigen und rechtlichen Belange herausgeben kann und der Unternehmer sie auf eigene Kosten abholt (Hk-BGB/*Schulze* Rn 7; *Bülow/Artz* NJW 2000, 2049, 2056). Gestützt auf den Gesetzeswortlaut und die Gesetzesbegründung (BTDrs 14/3195, S 326) sieht dies die hM (Palandt/*Heinrichs* Rn 4; MüKo/*Kramer* Rn 13; Palandt/*Heinrichs* Rn 5; *Lorenz* JuS 2000, 833, 841 ff) mit guten Gründen anders. § 241a Abs 1 ordnet allerdings keinen Anspruchsausschluss ggü Dritten an (PWW/*Schmidt-Kessel* Rn 5; Erman/*Saenger* Rn 34; AnwK/*Krebs* Rn 18). Auch erwirbt der Verbraucher durch den Anspruchsausschluss nicht automatisch Eigentum an der unbestellten Ware (aA PWW/*Schmidt-Kessel* Rn 5), 8 wohl aber ein Recht zum Besitz und auch einen strafrechtlichen Rechtfertigungsgrund bzgl einer eventuellen Vernichtung der unbestellt zugesandten Ware (Palandt/*Heinrichs* Rn 4; BaRoth/*Grüneberg* Rn 10; AnwK/*Krebs* Rn 19 f; aA Hk-BGB/*Schulze* Rn 8, Erman/*Saenger* Rn 26; *Schwarz* NJW 2001, 1449, 1452 ff).

9 **C. Beweislast.** Der Unternehmer trägt die Darlegungs- und Beweislast für das Zustandekommen eines Vertrages und damit für das Nichtvorliegen einer unbestellten Leistung. Gleiches gilt für das Vorhandensein der Voraussetzungen nach Abs 2 bzw Abs 3 (BaRoth/*Grüneberg* Rn 15).

§ 242 Leistung nach Treu und Glauben. **Der Schuldner ist verpflichtet, die Leistung so zu bewirken, wie Treu und Glauben mit Rücksicht auf die Verkehrssitte es erfordern.**

1 **A. Allgemeines.** § 242 statuiert einen das gesamte Rechtsleben beherrschenden Grundsatz (BGHZ 85, 39, 48; 118, 182, 191; PWW/*Schmidt-Kessel* Rn 4). Über den Wortlaut hinaus, der nur die Art und die Weise der geschuldeten Leistung regelt, die Existenz und den Inhalt einer bestimmten Leistungspflicht jedoch voraussetzt, ist dem Rechtssatz das Gebot zu entnehmen, dass jedermann in Ausübung seiner Rechte und Erfüllung seiner Pflichten nach Treu und Glauben mit Rücksicht auf die Verkehrssitte zu handeln hat (BGHZ 85, 48 ff; BAG NJW 2005, 775; Palandt/*Heinrichs* Rn 1; BaRoth/*Grüneberg* Rn 1; Hk-BGB/*Schulze* Rn 10). Bei der Konturierung der geschuldeten Leistung ist im Hinblick auf die unbestimmten Rechtsbegriffe ein Rückgriff auf außerrechtliche soziale Gebote und Schranken sowie ethische Prinzipien möglich und erlaubt (MüKo/*Roth* Rn 11). Die Vorschrift ist als rechtsethisches Prinzip geradezu ein Instrument zum Transport auch anderer, als ieS »rechtlicher« Wertungen (PWW/*Schmidt-Kessel* Rn 12). Der das herrschende Rechtsleben bestimmende Grundsatz von Treu und Glauben ist dabei keine Besonderheit des deutschen Rechts. Auch andere Privatrechtsgesetzbücher und -ordnungen kennen und beherzigen dieses Leitprinzip, freilich nicht in der gleichen Wortwahl und im selben Bedeutungsgehalt wie es bei § 242 der Fall ist (Erman/*Hohloch* Rn 1). **I. Rechtsgeschichtlicher Hintergrund.** Die Wurzeln der Regelungselemente »Treu und Glauben« sowie »Verkehrssitte« reichen weit zurück. Sie beruhen einerseits auf römisch-rechtlichen Traditionen (*bona-fides*-Gedanke, vgl dazu MüKo/*Roth* Rn 17; Staud/*Schmidt* Rn 2 ff, 12 ff; Hk-BGB/*Schulze* Rn 10), andererseits auf deutsch-rechtlichen Elementen (*aequitas* und *misericordies*, vgl dazu *Betti* FS Müller-Erzbach 1954, S 7 ff; *Esser* Grundsatz und Norm in der richterlichen Fortbildung des Privatrechts 3. Aufl 1974).

2 **II. Bedeutung des § 242 im Zivilrecht.** Rspr und Rechtslehre haben gestützt auf Treu und Glauben als Wesensmerkmal des bürgerlichen Rechts § 242 eine Bedeutung zugewiesen, wie sie keiner anderen Norm des Privatrechts zukommt (Erman/*Hohloch* Rn 1). Die Regelung enthält allerdings keinen Rechtssatz mit deskriptiven Tatbestandsmerkmalen, aus dem durch bloße Subsumtion konkrete Rechtsfolgen abgeleitet werden können (MüKo/*Roth* Rn 2; Palandt/*Heinrichs* Rn 2). Dadurch ist die Norm – vom Gesetzgeber auch so gewollt – ein Einfallstor für die richterliche Rechtsfortbildung (BaRoth/*Grüneberg* Rn 2; MüKo/*Roth* Rn 20). **1. Delegation der Rechtssetzung auf die Gerichte.** Mit dem Verzicht des Gesetzgebers auf eine deskriptive Ausgestaltung der (Tatbestands- und Rechtsfolgen-) Merkmale geht eine Delegation der Konkretisierungsbefugnis auf die Gerichte einher (BaRoth/*Grünberg* Rn 2). Diese birgt sowohl Chancen als auch Risiken (MüKo/*Roth* Rn 27): Zum einen wird dem Richter ein Stück »offen gelassene Gesetzgebung« überantwortet (*Hedemann* Die Flucht in die Generalklauseln 1933; *Weber* JuS 1992, 631, 633: »Freifahrtsscheine«), die Einzelfallgerechtigkeit ermöglicht und der Einbindung sozial-ethischer Werte im Hinblick auf die notwendige Fortbildung des Rechts dienlich ist. Zum anderen birgt jedes Richterrecht das Risiko des Einbruchs irrationaler, rein subjektiver Wertungen, denen es in einem dem Gedanken der Kodifikation verpflichteten Rechtssystem vorzubeugen gilt. Insofern ist zu betonen, dass der Richter bei der Rechtsfindung nach § 242 nie völlig frei ist, sondern sein Ergebnis stets mit den Wertungsvorgaben des übrigen Rechts abzugleichen hat.

3 **2. Anpassung des Rechts an gesellschaftliche Veränderungen durch Richterrecht.** Über die stete Einbeziehung sozial-ethischer Wertungen vollzieht sich die notwendige Anpassung des Rechts an gesellschaftliche Veränderungen. Zwar ist der Wortlaut des § 242 seit Beginn seiner Aufnahme im BGB bis heute gleich geblieben. In Bezug auf Inhalt und Bedeutung hat die Norm aber verschiedene »Entwicklungsstufen« durchlaufen (Palandt/*Heinrichs* Rn 2; Staud/*Looschelders/Olzen* Rn 37 ff). In einer mehr als 100-jährigen Entwicklung ist der Inhalt des § 242 durch das Herausarbeiten von Funktionskreisen und durch die Bildung von Fallgruppen näher präzisiert worden. **a) Über Generalklauseln verwirklichte Materialisierungstendenzen. aa) Allgemeine Materialisierungstendenz.** Normativ betrachtet trägt diese ständige Anpassung der Norm den überall im Privatrecht zu Tage tretenden Materialisierungstendenzen Rechnung. Träger dieser Rechtsbewegung ist zunächst die Rspr, die jedoch in ihrem Bestreben zu einer materialisierten Betrachtung der Rechtsbeziehungen zu gelangen, auch in der Lit (*Schmidt-Rimpler* AcP 147, 130, 149 ff; *M Wolf* Rechtsgeschäftliche Entscheidungsfreiheit und vertraglicher Interessenausgleich 1970; *Hönn* Kompensation gestörter Vertragsparität 1982; *ders* FS Kraft 1998, S 251, 253 ff) zahlreiche Unterstützung findet. Insg lässt sich sagen, dass Jurisprudenz und Rechtslehre bei der Anwendung der Generalklausel und anderer Normen nicht bei dem einstigen »Sozialmodell« (zum Begriff vgl *Wieacker* Das Sozialmodell der klassischen Gesetzesbücher und die Entwicklung der modernen Gesellschaft 1953, S 16 ff; später: *Habermas* Faktizität und Geltung 1997, S 468) der bürgerlichen Zivilrechtskodifikation stehen geblieben sind. Sie haben vielmehr im Wege einer »stillen Umwälzung des Pri-

vatrechts« (*Westermann* AcP 178, 150, 156; *Kübler* FS Raiser 1974, S 697, 707) an die Stelle der *formalen Freiheitsethik* eine *materiale Ethik sozialer Verantwortung* gesetzt, die auch den faktischen Ungleichgewichtslagen Rechnung trägt. Erklären lässt sich diese Veränderung durch ein *gewandeltes paradigmatisches Vorverständnis der Privatautonomie* (*Habermas* Faktizität und Geltung 1997, S 468). Man erkennt zunehmend an, dass der Marktmechanismus nicht in der Art funktioniert, wie es vom liberalen Rechtsmodell unterstellt wird. Deshalb kann das Prinzip rechtlicher Freiheit nur auf dem Weg der Materialisierung (*Canaris* AcP 200, 273, 320 ff) bestehender Rechte und durch die Schaffung neuer (Verhaltens-) Normen und Bewertungsmuster, die den faktischen Ungleichgewichtslagen Rechnung tragen, durchgesetzt werden.

bb) Bedeutung der Generalklauseln bei der Beförderung der Materialisierungstendenz. Für die stille 4
Umwälzung des Privatrechts wurden und werden von der Rspr und der Lit insbes die Generalklauseln (§§ 138, 134, 242) instrumentalisiert (so zutr *Zimmermann* The New German Law Of Obligations 2005, S 164). Diese Normen, denen deskriptive Tatbestandsmerkmale fehlen, eignen sich bes gut für eine Verfahrens- und Inhaltskontrolle im Fall des Vorliegens einer Disparität. In dem BGB von 1900 waren allerdings die Elemente, die eine inhaltlich-wertende Bezugnahme des Verfahrens- oder des Verhandlungsergebnisses ermöglichten, über die Einbindung der Generalklauseln noch sehr restriktiv angelegt, womit sich eine umfassende Kontrolle verbot (*Zimmermann* The New German Law Of Obligations 2005, S 164). Es handelte sich bei den allg gefassten Bestimmungen wie § 242 (und §§ 134, 138) ursprünglich lediglich um Kontrollinstrumente iS eines »Zeugnisses moralischer Gesundheit«, weniger um Vorschriften mit Gerechtigkeits- und Sozialbezug (*Wieacker* Das Sozialmodell der klassischen Privatrechtsbücher und die Entwicklung der modernen Gesellschaft 1953, S 17). Über die Jahre hinweg hat sich die Funktion und Handhabung der Generalklauseln jedoch gewandelt (Erman/*Hohloch* Rn 10; *Weber* JuS 1992, 631 ff), gerade dadurch, dass sie von der Rspr und der Lit mittlerweile breitflächig zur Reglementierung von Ungleichgewichtslagen herangezogen werden (zu dieser Tendenz vgl MüKo/*Roth* Rn 25; Staud/*Schmidt* Rn 90). Man kann hier etwa die Bürgschafts-Rspr des BGH anführen (BGHZ 125, 206 ff) oder den höchst umstr diesbzgl Beschluss des BVerfG vom 19.10.1993 (BVerfGE 89, 214 ff), in dem es das höchste deutsche Gericht als Pflicht der Zivilgerichte bezeichnete, insbes bei der Konkretisierung und Anwendung der Generalklauseln die grundrechtliche Gewährleistung der Privatautonomie in Art 2 Abs 1 GG zu beachten, woraus sich ihre *Pflicht zur Inhaltskontrolle* bei Verträgen ergebe, die einen der beiden *Vertragspartner ungewöhnlich stark belasten* und das *Ergebnis strukturell ungleicher Verhandlungsstärken* sind. In einigen Fällen wurde die im Lichte dieser Tendenz gefundene Regelung, die ursprünglich auf § 242 gestützt wurde, später gesetzlich insoweit verfestigt, als es zu einer Normierung kam. Anzuführen sind hier etwa die Bestimmungen zur Reglementierung von AGB (§§ 305 ff) oder die Sozialklausel in § 1 KSchG (Erman/*Hohloch* Rn 10).

b) Materialisierungstendenzen als Evolution des Privatrechts. Das gesamte Privatrecht geht heute über das 5
einst gesteckte Ziel der Sicherung der formal gewährleisteten Selbstbestimmung dort hinaus, wo wirkliche Selbstbestimmung der Parteien auf Grund ihrer formalen Fassung nur Illusion bleibt. Die Rechtsmaterie unterliegt somit einer inneren »Evolution« zur Sicherung privatautonomer Entscheidungen. **aa) Der Schutz des faktisch Schwächeren.** In der Folge dieser Entwicklung gewinnt der *Schutz des faktisch Schwächeren* einen ähnlich hohen Stellenwert wie die Verfolgung eigener Interessen auf Grund der Ausnutzung formal zugestandener Rechtspositionen (*Hesse* Verfassungsrecht und Privatrecht 1988, S 34). Sog »materiale« Gesichtspunkte (wie die intellektuelle, psychologische und wirtschaftliche Disparität von Parteien) dringen in zunehmendem Maße in Rechtsgebiete ein, die sich bisher allein unter dem Gesichtspunkt der formalen Gewährleistung privater Autonomie zu einem Ganzen zusammenfügen ließen. Einfallstore sind zum einen die Generalklauseln, zum anderen aber auch das Sonderrecht zum Schutz des Arbeitnehmers, des Mieters, des Pauschalreisenden, des Bürgen, des Verbrauchers etc.

bb) Rechtfertigung über den Sinn und Zweck der Privatautonomie. Motivationsgeber dieser Entwicklungs- 6
tendenz ist der Gesichtspunkt der sozialen Gerechtigkeit. Er verlangt eine differenzierende Auslegung formell gleicher, aber materiell unterschiedlicher Positionen. Die in dieser Auslegung implementierte »materialisierte Betrachtung« der Beziehungen der Parteien rechtfertigt sich daraus, dass rechtliche Freiheit, also die rechtliche Erlaubnis, etwas zu tun oder zu lassen, ohne faktische Freiheit (dh die tatsächliche Möglichkeit, zwischen dem Erlaubten zu wählen und ein best Ergebnis zu vermeiden) wertlos ist und als solches an dem eigentlichen Sinn und Zweck von Vertragsfreiheit und Privatautonomie auch vorbeigeht (*Habermas* Faktizität und Geltung 1997, S 484).

cc) Materialisierte Betrachtung führt zu keiner »Krise des Privatrechts«. Die um sich greifende Materiali- 7
sierungstendenz im Privatrecht führt dabei keineswegs zu einer »Krise« dieses Rechtsbereiches (so aber *Dreher* JZ 1997, 176 ff; *Lieb* AcP 183, 327, 349; *ders* AcP 178, 196 ff; *Medicus* Abschied von der Privatautonomie im Schuldrecht? 1996, S 11). Denn der dargestellte sozial-ethisch bedingte Fortentwicklungsprozess ist ja nur auf die Abschaffung solcher Privilegien gerichtet, die mit der von diesem Prinzip im Sinne echter Vertragsfreiheit geforderten Gleichverteilung der faktischen Freiheit unter den Parteien unvereinbar sind.

dd) Flexibilität des BGB und Grund seiner konzeptionellen Wandelbarkeit. Die materialisierte Betrach- 8
tung der Parteibeziehung (auch über die Nutzbarmachung des allg zivilrechtlichen Instrumentariums, insbes der Generalklauseln) legt in jedem Fall ein bes Zeugnis für die Flexibilität des BGB in die eine oder andere

Richtung ab. Der tieferliegende Grund dieser »Wandelbarkeit der Kodifikation« (und seiner Generalklauseln), liegt darin, dass die soziale Anthropologie und die materiale Sozialethik, die jedem Gesetzeswerk unterlegt sind, wegen der technischen Eigentümlichkeit der verwendeten hochentwickelten Begriffssprache, der Entstofflichung und dem Verlust an Anschaulichkeit, zu der die Abstraktheit der Normen führt, im positiven Sinne typischerweise auch eine spezifische Anpassungsfähigkeit des Codex an geänderte gesellschaftliche Bedingungen nach sich ziehen (MüKo/*Roth* Rn 5 f, 28 f).

9 **3. Grenzen des Richterrechts bei der Anwendung von Generalklauseln.** Die Handhabung der Generalklauseln durch die Gerichte ist jedoch auch im Hinblick auf ihre stete Anpassungsfähigkeit an geänderte Vorstellungen nicht beliebig (Erman/*Hohloch* Rn 2; MüKo/*Roth* Rn 26 f). Schon im Hinblick auf den verfassungsrechtlich verbürgten Grundsatz der Gewaltenteilung und den unserer Rechtsordnung immanenten Kodifikationsanspruch, hat sich der Richter hinsichtlich des »Ob« und des »Wie« der Rechtssetzung stets bzgl der gesetzlichen Umfeldvorgaben »zurückzuversichern«, so dass für den Einbruch irrationaler, rein subjektiver Wertungen kaum noch Raum bleibt (Erman/*Hohloch* Rn 2; Staud/*Looschelders/Olzen* Rn 104).

10 **III. Sinn und Zweck einer Generalklausel.** Die Bezugnahme auf die sehr allg gefassten Begriffe wie »Treu und Glauben« sowie »Verkehrssitte« in der Generalklausel trägt in erster Linie dem Umstand Rechnung, dass keine Rechtsordnung ohne offen formulierte Rechtsregeln auskommt. Schließlich ist kein Gesetzgeber in der Lage, alle einen Sachverhalt prägenden Motive, Interessen und Sachzwänge durch kodifiziertes Recht mittels deskriptiver Merkmale zu berücksichtigen. Hinzu kommt, dass jedes Gesetz notwendigerweise einem Alterungsprozess unterliegt, so dass nur auf dem Wege »interpretativer Neuanwendung« wirtschaftliche und gesellschaftliche Entwicklungen berücksichtigt werden können, die die soziale Wirklichkeit ausreichend einfangen und die Effektivität des Rechts gewährleisten. Richterliche Rechtsfortbildung über die Bezugnahme auf eine allg gehaltene Generalklausel ist mithin in moderner methodischer Hinsicht unvermeidlich, gerade weil eine völlig wertungsfreie Subsumtion jenseits der Routinefälle des richterlichen Alltags sehr schnell zur Illusion wird und sie als Form einer innovativen und sozial gerechten Rechtsgestaltung in der Gesellschaft unumgänglich ist (MüKo/*Roth* Rn 27). Freilich ist sie inhaltlich durch die dem Rechtssystem immanenten Strukturen gegen individuelle Beliebigkeit und Präpotenz abzusichern, wobei gerade dem zur Anwendung berufenen höchstrichterlichen Spruchkörper ein entscheidender Teil der Verantwortung dafür zufällt.

11 **B. § 242 als ausfüllungsfähige und -bedürftige Norm.** Im Hinblick auf die auch bei der Anwendung von Generalklauseln zu gewährende Rechtssicherheit bedarf § 242 einer Konkretisierung, auch wenn diese in Folge des völligen Fehlens deskriptiver Merkmale gewisse normative Wertungen voraussetzt und dabei nie ieS allein auf »Vorgaben aus der Norm« gestützt werden kann. **I. Mittel der Konkretisierung: Präjudizien und Fallgruppen.** Das zur Konkretisierung des § 242 einschl Mittel ist die Bildung von Präjudizien und Fallgruppen (Palandt/*Heinrichs* Rn 2). Dabei ist die Anwendung des § 242 zunächst an den Einzelfall gebunden (MüKo/*Roth* Rn 22). Ein übergeordneter Rechtssatz entsteht idR nicht *ad hoc*, sondern erst in einem sich allmählich vollziehenden »Reife- und Prüfungsprozess«, der auf einer Mehrheit von vergleichbaren Präjudizien aufbaut. Sie stellen wiederum die Grundlage für eine etwaige Fallgruppe dar (MüKo/*Roth* Rn 22).

12 **II. Anforderungen an die Konkretisierung. 1. Unzulässigkeit einer starren Schematisierung.** Die durch Präjudizien gewonnenen Rechtssätze erfüllen die Funktion von »Leitnormen« zur Konkretisierung von § 242. Wurden solche herausgebildet, dürfen sie allerdings niemals dazu verleiten, die bes Umstände des Einzelfalls zu übersehen (MüKo/*Roth* Rn 22). Eine der Dynamik der Entwicklung rechtlicher Beziehungen widersprechende »starre Schematisierung« soll § 242 gerade verhindern. Ein Gericht kann und muss in diesem Sinne von einer früheren Entscheidung abweichen, wenn es von deren sachlicher Richtigkeit auf Grund bes Umstände oder gewandelter Anschauung nicht mehr überzeugt ist (*Larenz* Methodenlehre der Rechtswissenschaft 6. Aufl 1991, S 429 ff). Das durch Generalklauseln legitimierte Richterrecht steht vor diesem Hintergrund – im Gegensatz zum sonstigen Gesetzesrecht – unter dem Vorbehalt ständiger Selbstüberprüfung. Kündigt sich eine Rspr-Änderung an, gebietet das Rechtsstaatsprinzip lediglich eine sachlich geleitete Begründung, damit es nicht zu einer subjektiv-irrationalen Einzelfallrechtsprechung kommt, die selbst für ähnlich gelagerte Fälle keine sichere Beurteilungsgrundlage mehr gewährleistet. Insofern gilt es, »die rechte Balance zwischen Stabilität und Dynamik« zu finden (MüKo/*Roth* Rn 36).

13 **2. Beachtung der Vorgaben des geschriebenen Rechts.** IÜ sind von den Gerichten – die bei der Konkretisierung der Generalklauseln den Ersatzgesetzgeber spielen – die rechtlichen Umfeldvorgaben zu beachten. An erster Stelle steht dabei die Bindung an die verfassungsmäßige Ordnung und an das Gemeinschaftsrecht. **a) Verfassungsrechtliche Vorgaben.** Die Wertungen des GG strahlen nach hM mittelbar auf die Rechte und Pflichten unter Privaten aus (BVerfGE 7, 198, 203 ff; 34, 279, 280 f; NJW 1990, 1470; 1994, 38; 2003, 2815; BGH NJW 1986, 2944; 1999, 1326; Hk-BGB/*Schulze* Rn 13; MüKo/*Roth* Rn 53). Die vereinzelt vertretene These von der unmittelbaren Geltungskraft der Grundrechte auch im Privatrechtsverhältnis (*Hager* JZ 1994, 373 f; anfänglich auch BAG 1, 193 ff; später aber abl vgl BAG 47, 374 ff; 48, 138 ff) hat sich nicht durchsetzen können. **aa) Einwirkung der Grundrechte auf das Privatrecht.** Die Ausstrahlwirkung der Grundrechte ist im Privatrechtsverhältnis bei der Gesetzesauslegung und Lückenfüllung zu berücksichtigen. Einzelne Grundrechte enthalten Verbotsgesetze iSd § 134 und können als subjektive Privatrechte in das Privatrecht transportiert werden. Hierauf beruht etwa die Anerkennung des aus Art 1, 2 GG hergeleiteten allg Persönlichkeits-

rechts im Rahmen des »sonstigen Rechts« nach § 823 Abs 1 und des Rechts auf freie Meinungsäußerung als Grenze des ebenfalls in § 823 Abs 1 geregelten Ehrschutzes (Palandt/*Heinrichs* Rn 7). Darüber hinaus wirken die Grundrechte hauptsächlich über Generalklauseln auf die Gestaltung der privatrechtlichen Rechtsverhältnisse ein, indem das in ihnen verkörperte Wertesystem bei der Konkretisierung der unbestimmten Tatbestandsmerkmale in Bezug zu nehmen ist.

bb) Beispiele. Bes Beachtung bei der Konkretisierung der Generalklauseln verdienen insoweit: das Grundrecht der Menschenwürde und allgemeinen Handlungsfreiheit (Art 1, 2 GG; LG Aachen NJW-RR 1987, 443, 444), der Gleichheit vor dem Gesetz (Art 3 GG; BAG NZA 1993, 171 ff; 405 f; 839 f), der Gewissensfreiheit (Art 4 Abs 1 GG; BAG NJW 1986, 85; BVerfG NJW 2006, 77, 93 ff), der Meinungsfreiheit (Art 5 Abs 1 GG), das Grundrecht des Schutzes von Ehe und Familie (Art 6 Abs 1 GG), des Schutzes der freien Berufsausübung und -wahl (Art 12 GG) sowie des Schutzes von Eigentum und Erbrecht (Art 14 GG). 14

cc) Grundrechtsanwendung. Das Gewicht des einzelnen Grundrechts kann im Rahmen des § 242 nur im Einzelfall festgestellt werden. Insofern ist etwa zu berücksichtigen, dass es schon wegen des Grundrechts auf allg Handlungsfreiheit keine allg Pflicht zur gleichmäßigen Behandlung anderer unter Privaten gibt (BayObLG NJW 1981, 1277; grundlegend *G Hueck* Der Grundsatz der gleichmäßigen Behandlung im Privatrecht 1958, S 161 ff). Das grundrechtlich gewährleistete Gebot der Gleichbehandlung (Art 3 GG) überwiegt nur dann das Grundrecht auf Selbstbestimmung in Form der Vertragsfreiheit und Privatautonomie (Art 2 Abs 1 GG), wenn die rechtliche Beziehung durch eine ausgeprägte soziale oder gemeinschaftsbezogene Komponente getragen ist. Dies trifft bspw für das Arbeits-, Vereins- und Gesellschaftsrecht zu (MüKo/*Roth* Rn 57), nach umstr Ansicht aber (noch) nicht für das Mietrecht (BayObLG NJW 1981, 1275, 1277; *Weimar* MDR 1971, 108; BaRoth/*Grüneberg* Rn 24; aA Palandt/*Heinrichs* Rn 9; *Rathien* MDR 1980, 713). Ausnahmsw kann auch eine Monopolstellung eines Anbieters ein Recht auf Gleichbehandlung nach sich ziehen, so etwa im Energiewirtschaftsrecht für Tarifkunden (Palandt/*Heinrichs* Rn 9; *Martinek* BB 1989, 1277, 1281; aA *Wrase/Baer* NJW 2004, 1623). Eine allein wegen der ethnischen Herkunft ausgesprochene Kündigung ist gem §§ 138, 242 nichtig (LG Frankfurt aM NJW-RR 2001, 1131; heute geregelt in § 19 Abs 2 AGG). Ist der Mieter oder Wohnungseigentümer aus körperlichen oder psychischen Gründen auf die Partnerschaft eines Tieres angewiesen, ergibt sich aus Art 3 Abs 3 S 2 GG, dass das Verbot der Hundehaltung nicht gegen ihn durchgesetzt werden kann (BayObLG NJW-RR 2002, 226). Macht der Schuldner ein Leistungsverweigerungs-, Kündigungs- oder Rücktrittsrecht auf Grund einer Gewissensentscheidung nach Art 4 GG iVm § 242 geltend, so setzt sich diese Position nur dann durch, wenn ein echter und unausweichlicher Gewissenskonflikt besteht (BAG NJW 1986, 85, 86; LAG Hamm NJW 2002, 1970; Soerg/*Teichmann* Rn 51), der ggü den grundrechtlich verbürgten Positionen des Gläubigers eine höhere Gewichtung verdient (LAG Bay JZ 1958, 514; LAG Düsseldorf BB 1988, 1750; BaRoth/*Grüneberg* Rn 25). Bsp: Art 4 GG greift nicht durch, wenn es dem Schuldner in Wahrheit nur darum geht, eigene ideologische oder politische Vorstellungen ggü dem Vertragspartner durchzusetzen (MüKo/*Roth* Rn 56). Kernkraftgegner sind nicht berechtigt, unter Berufung auf Art 4 GG die Bezahlung einer Stromrechnung teilw zu verweigern (Hamm NJW 1981, 2473; LG Dortmund NJW 1981, 764). Zum Fall des Druckers, der einen Text drucken soll, der nicht seinen politischen Überzeugungen entspricht, vgl BAG NJW 1986, 85; zur Verweigerung der Mitarbeit, weil das Forschungsergebnis möglicherweise auch in einem Krieg verwendbar ist, s *Muckel* NJW 2000, 689; aA BAG NJW 1990, 203 f und BVerfG NJW 2006, 77, 93. Wer den Konflikt bei Vertragsschluss vorausgesehen hat, kann aus ihm keine Rechte herleiten (BAG NJW 1986, 85; *Grabau* BB 1991, 1262; aA *Henssler* AcP 190, 538, 551 ff). Das Grundrecht der Informationsfreiheit nach Art 5 GG wirkt sich im Privatrechtsbereich bes häufig im Mietrechtsverhältnis aus (BVerfGE NJW 1992, 493, 494; 1993, 1252, 1253), verdient aber auch unter Wohnungseigentümern spezielle Beachtung (Düsseldorf NJW 1993, 1274; Hamm NJW 1993, 1276). Besteht bei einem Mieter ein Kabelanschluss, ergibt sich jedoch nur dann ein Anspruch auf Anbringung einer Parabolantenne ggü dem Vermieter/Wohnungseigentümer, wenn durch den Kabelanschluss dem berechtigten Informationsinteresse (etwa eines ausländischen Mieters) nicht entsprochen werden kann (BVerfG NJW 1993, 1252, 1253; 1994, 1147, 1148; 1994, 2143; BGH NJW 2004, 937; Düsseldorf NJW 1994, 1163, 1164; *Horst* NJW 2005, 2654; *Müller* NJW 1994, 101). Aus dem grundrechtlich ähnlich wie Eigentum geschützten Mietverhältnis kann sich zudem ein Anspruch eines körperbehinderten Mieters auf Einbau eines Lifts aus Art 14 GG ergeben (BVerfG NJW 2000, 2658). Im Arbeitsverhältnis bestehen bes Rücksichtnahmepflichten unter den Parteien auch hinsichtlich des Schutzes von Ehe und Familie des Arbeitnehmers. Die Personensorge des Arbeitnehmers für sein Kind ist durch Freistellungsmöglichkeiten nach §§ 616, 242 gesetzlich geregelt. Ein Recht zur Selbstsuspendierung gibt es allerdings nicht (BAG DB 1992, 2). 15

dd) Einwirkung weiterer Verfassungsprinzipien auf das Privatrecht. Zu den bei der Anwendung des § 242 zu reflektierenden verfassungsrechtlichen Grundentscheidungen gehören neben den Grundrechten die in Art 20, 28 GG festgeschriebenen Verfassungsprinzipien der Rechtssicherheit und Widerspruchsfreiheit der Rechtsordnung sowie das Sozialstaatsprinzip. *Rechtssicherheit* bedeutet, dass die Normadressaten hinreichende Klarheit haben müssen, wie sie sich verhalten sollen, um nicht dem Vorwurf eines Verstoßes gegen Treu und Glauben ausgesetzt zu sein. Präjudizien und Fallgruppen können und müssen insofern eine Richtschnur für die Handhabung des § 242 liefern. *Widerspruchsfreiheit* impliziert, dass sich der Richter bei der 16

Aufstellung neuer Verhaltensanforderungen nicht etwa in Widerspruch zu den Regelungen und Wertungen bereits vorhandener Postulate setzen darf, es sei denn, neuere gesellschaftliche Entwicklungen bedingen eine andere Rechtsauffassung. Bei einer Rechtsprechungsänderung ist aber in jedem Fall eine nachvollziehbare Begründung notwendig. Über das *Sozialstaatsprinzip* wurde früher der Schutzauftrag des Staates ggü dem wegen Disparität Unterlegenen etwa in Bezug auf die Einbeziehungs- und Inhaltskontrolle für AGB gerechtfertigt (so noch heute: Soerg/*Teichmann* Rn 55; BaRoth/*Grüneberg* Rn 23; Palandt/*Heinrichs* Rn 10). Später ging man zT und mE zurecht dazu über, die notwendige Verfahrens- und Inhaltskontrolle in Ungleichgewichtslagen nicht mehr unmittelbar aus einem staatlichen Schutzauftrag herzuleiten, sondern vor dem Hintergrund eines neuen, dh materialisierten Vorverständnisses von der Privatautonomie zu legitimieren (Stichwort: Nicht der Staat gebietet Ausgleich, sondern die Privatautonomie selbst, der Staat sorgt nur für die »Vollstreckung« desselben). Vor diesem Hintergrund ist der eigentliche Anknüpfungspunkt für den Ausgleich von Disparitäten heute direkt bei Art 2 Abs 1 GG zu suchen.

17 **b) Gemeinschaftsrechtliche Vorgaben.** Im Zuge der zunehmenden Europäisierung des (Zivil-) Rechts stellt sich freilich auch die Frage, inwieweit das, was nach § 242 unter Treu und Glauben zu verstehen ist, bereits durch europäische Maßstäbe (mit-) beeinflusst wird. Schon in Hinblick auf die Idee der Einheit der Rechtsordnung, die letztlich dem Gebot der Rechtssicherheit entspringt, aber auch bzgl der rechtlichen Verbürgungen des Mitgliedstaates ggü der Gemeinschaft, sind die Vorgaben des EU-Rechts für die gesamte nationale Rechtsordnung bedeutsam. Sie verzahnen sich mit ihr über unmittelbar anwendbare Rechtsverordnungen, umzusetzende RL und über die bei der Auslegung nationaler Normen europäischen Ursprungs zu beachtenden Judikate des EuGH. In dem Fall, wo Vorgaben des Gemeinschaftsrechts eine nationale Verknüpfungsstelle benötigen und diese (noch) nicht vorfinden, ist ihnen (zumindest zwischenzeitlich – bis eine explizite Regelung erfolgt) durch eine europarechtskonforme Anwendung der Generalklauseln Rechnung zu tragen. Deutlich wird dies etwa dann, wenn bei der verzögerten Umsetzung einer RL § 242 zu einer die Richtlinienvorgaben bezugnehmenden »Überleitungsvorschrift« instrumentalisiert wird. Die Diskussion zur Bindung des Richters an EU-Recht knüpft aber nicht nur an explizite Vorgaben des Gemeinschaftsrechts an, sondern geht noch weiter, indem auch die Inbezugnahme ungeschriebener Gemeinschaftsrechtsvorgaben über § 242 diskutiert wird. In der Lit wird in diesem Zusammenhang etwa darüber spekuliert, ob dem EU-Recht selbst (neben seinen sonstigen ausdrücklichen Vorgaben des Primär- und des Sekundärrechts) eine Generalklausel entlehnbar ist, die ebenso wie § 242 im innerdeutschen Recht für das Gemeinschaftsrecht die Funktion einer Begrenzung und Fortbildung des positiven Rechts nach Treu- und Glaubens-Maßstäben erfüllt, aber eventuell andere Akzente als § 242 setzt. Bejaht man ihre (ungeschriebene) Existenz, wäre sie in der Lage, auch Rechtsakte der Gemeinschaft (selbst in Form des nationalen Umsetzungsaktes) in ihrem Geltungsanspruch zu beschneiden. Andererseits wäre dem europarechtsautonomen Treu- und Glaubensgrundsatz ähnlich wie der deutschen Generalklausel sicherlich auch eine positive, dh rechtsbegründende Seite abzugewinnen.

18 **c) Einfachgesetzliche Normvorgaben.** Aber nicht nur die im Rang über dem einfachen Gesetzesrecht stehenden Vorgaben sind von der Rspr bei der Anwendung des § 242 in Bezug zu nehmen. Bestehendes einfaches Gesetzesrecht kann und muss die Anwendung der Generalklausel ebenso determinieren (Erman/*Hohloch* Rn 2; Hk-BGB/*Schulze* Rn 1). Denn in vielen einfach-gesetzlichen Normen hat der Gesetzgeber eine Vielzahl von Detailfragen (etwa für spezielle Rechtsgebiete), die sonst über § 242 zu klären wären, präjudizierend geregelt.

19 **3. Methodische Anforderungen: Von der Gesetzesauslegung zur Rechtsfortbildung.** Die Gesetzesauslegung, zu der der Richter im deutschen Recht primär berufen ist, und die richterliche Rechtsfortbildung, bei der er ausnahmsw – etwa unter Anwendung einer Generalklausel – eine »kreative« Rolle spielen darf, bilden innerhalb der methodisch geleiteten Rechtsfindung verschiedene Stufen desselben gedanklichen Verfahrens. **a) Gesetzesauslegung bis zur Wortlautgrenze.** Denn schon die einfache Auslegung des Gesetzes kann eine dem Richter selbst vielfach nicht bewusste Rechtsfortbildung darstellen, wie andererseits die richterliche Rechtsfortbildung über die Grenzen der Auslegung hinaus sich immer noch im weiteren Sinne »interpretativer« Methoden zu bedienen hat. Gewöhnlich bildet der Wortlaut der Norm die äußere Grenze für die Auslegung.

20 **b) Lückenfüllung nach Übertreten der Wortlautgrenze.** Methodisch geleitete Rechtsfortbildung über die Wortlautgrenze hinaus, aber noch im Rahmen des ursprünglichen Plans, der Teleologie des Gesetzes, stellt ieS »Lückenfüllung« dar. Man spricht hier auch von einer »gesetzesimmanenten Rechtsfortbildung«. Rechtsfortbildung über die Teleologie des Gesetzes hinaus, aber innerhalb des Rahmens und der leitenden Prinzipien der Gesamtrechtsordnung, wird als »gesetzesübersteigende Rechtsfortbildung« bezeichnet (*Larenz/Canaris* Methodenlehre der Rechtswissenschaft 3. Aufl 1995, S 187).

21 **c) Verschiedene Mittel der Rechtsfortbildung.** Die Rechtsfortbildung, die das Identifizieren einer Lücke voraussetzt, kann sich in enger Anbindung an eine konkrete gesetzliche Vorgabe über eine *Analogie* vollziehen, wenn der tatbestandliche Anwendungsbereich der Regelung als zu eng geraten erscheint, oder aber durch eine *teleologische Reduktion* desselben, wenn er zu weit gefasst wurde. In beiden Situationen können Fallgruppen- und Wertungsvorgaben aus § 242 den für vorzugswürdig gehaltenen Gesetzeserweiterungs- bzw Verengungsprozess als Begleitfaktoren stimulieren und stützen (MüKo/*Roth* Rn 47; Staud/*Schmidt* Rn 213). Umgekehrt können in all den Situationen, in denen das positive Recht keine expliziten Normvorgaben als

Anknüpfungspunkt für eine Analogie oder teleologische Reduktion bereithält, die auf der Grundlage der Generalklauseln gebildeten Fallgruppen und die in § 242 hineininterpretierbaren ethisch-rechtlichen Wertvorstellungen dazu führen, dass Richterrecht auch ohne konkrete »Kopplungsvorschrift« (aber in stetem Abgleich mit den sonstigen Wertungsvorgaben des Gesetzes), geschaffen wird (MüKo/*Roth* Rn 47).

III. Unterschiedliche Stellung von Richterrecht im kontinentalen und anglo-amerikanischen Rechtssystem. Im Hinblick auf die methodisch und inhaltlich geleitete gesetzliche Bindung des Richters bei der Anwendung von Generalklauseln weicht das deutsche – und mit ihm das gesamte kontinentale – Rechtssystem erheblich von dem des *Common Law* ab. Das kontinentale Recht ist durch kodifiziertes Recht geprägt, in dem sog Fallrecht grds keine originäre Rechtsquelle darstellt. Basierend auf einem System abstrakter, durch die Legislative vorgegebener Rechtssätze ist der Richter gehalten, den konkreten Rechtsstreit zuzuordnen und zu entscheiden. Von ihm dürfen nur die vorhandenen Lücken rechtschöpfend ausgefüllt werden, wobei die Gerichte selbst bei der Lückenfüllung gesetzliche Umfeldvorgaben beachten müssen. Anders verhält es sich im *Common Law*, wo der Richter in vielen Bereichen kein kodifiziertes Recht vorfindet, so dass Fallrecht eine originäre Rechtsquelle darstellt und der Gedanke der Gewaltenteilung im Hinblick auf die breitflächige Rechtssetzung durch die Gerichte nicht so stark wie im kontinentalen Raum verhaftet ist. 22

IV. Funktion von § 242. Die Bindung der Gerichte an die gesetzlichen Umfeldvorgaben schließt eine rein von subjektiven Vorstellungen geleitete Billigkeitsjustiz im Hinblick auf die Anwendung des § 242 aus (RGZ 131, 177 ff; BGH NJW 1985, 2580; 1998, 3771; Soerg/*Teichmann* Rn 9; MüKo/*Roth* Rn 26 f; Palandt/*Heinrichs* Rn 2; Hk-BGB/*Schulze* Rn 1). § 242 soll die Rechtsausübung nur dort beschränken bzw in rechtserweiternde Bahnen lenken, wo sie ansonsten auf der Grundlage des bestehenden Rechts zu untragbaren, mit Recht und Gerechtigkeit offensichtlich unvereinbaren Ergebnissen führen würde (BGHZ 48, 396, 398; 102, 105 ff; BAG DB 1990, 741; Palandt/*Heinrichs* Rn 2; Hk-BGB/*Schulze* Rn 1; BaRoth/*Grüneberg* Rn 2). Die Konkretisierung von § 242 vollzieht sich – parallel zu den herausgebildeten Fallgruppen – über verschiedene Anwendungs- oder Funktionsbereiche, die von der Rspr und Lit allerdings noch nicht einheitlich beurteilt werden. Im Groben lassen sich drei Funktionskreise aufzeigen, die in einem dialektischen Verhältnis des gegenseitigen Bedingens und Begrenzens zueinander stehen (vgl dazu Hk-BGB/*Schulze* Rn 2; MüKo/*Roth* Rn 123). **1. Konkretisierungs- und Ergänzungsfunktion.** An erster Stelle zu nennen ist dabei die Konkretisierungs- und Ergänzungsfunktion (Erman/*Hohloch* Rn 18). Schon dem Wortlaut nach konkretisiert § 242 die Art und Weise der Leistung durch den Schuldner. Aus der Bestimmung, wie die Leistung zu erbringen ist, ergibt sich eine nähere *Festlegung* (und uU auch eine *Erweiterung* des Inhalts) der *Hauptleistungspflicht*, die sich entweder auf die Bildung erg richterlicher Normen oder auf eine erg Vertragsauslegung stützt, wobei keine genaue Grenzlinie zwischen Konkretisierung und Ergänzung gezogen werden kann (Erman/*Hohloch* Rn 18; PWW/*Schmidt-Kessel* Rn 54). Das gilt auch bzgl der die Hauptleistungspflicht zahlreich begleitenden Nebenpflichten (Palandt/*Heinrichs* Rn 14). 23

2. Ermächtigungs- und Kreativfunktion. Die Ergänzungsfunktion schlägt häufig in eine Ermächtigungsfunktion um, bei der es über die Konkretisierung und Ergänzung zu einer wirklichen Rechtsfortbildung kommt (Staud/*Looschelders/Olzen* Rn 116; MüKo/*Roth* Rn 20). Dabei geht es im Prinzip um die kreative Fortentwicklung des Rechts. Der offene Tatbestand von § 242 lädt hierzu ein und deutet damit zugleich auch auf eine »Kreativfunktion« hin (Hk-BGB/*Schulze* Rn 2). In ihrer Ausfüllung kommt es zur Ausbildung und Fortentwicklung von Rechtsinstituten und Fallgruppen, die die ausfüllungsfähige- und bedürftige Generalklausel konkretisieren sollen. Sind sie genügend verfestigt, werden sie durch den Gesetzgeber häufig in Spezialregelungen ausgelagert (Erman/*Hohloch* Rn 18). Dies betraf im Zusammenhang mit dem SMG etwa diejenigen Fallgruppen und Funktionskreise, die nun in den § 313, § 314, § 241 Abs 2, § 311 Abs 2, Abs 3 eine explizite Heimstätte gefunden haben. 24

3. Begrenzungs- und Korrekturfunktion. Ebenfalls mit weit über den Wortlaut hinausragender Bedeutung bildet § 242 eine Begrenzung für die Ausübung von Rechten und hindert eine unzulässige (weil rechtsmissbräuchliche) Rechtsausübung (Hk-BGB/*Schulze* Rn 2; MüKo/*Roth* Rn 2). § 242 kommt insoweit auch die Funktion eines Einzelfallkorrektivs bei der Begrenzung bestehender Rechtspositionen zu (Staud/*Looschelders/Olzen* Rn 102). Der Paragraph bildet hinsichtlich seiner Begrenzungsfunktion eine Art »Notventil« im Rahmen der ansonsten höher konkretisierten Rechtssätze (MüKo/*Roth* Rn 2). 25

C. Geltungsanspruch: Anwendungsbereich und Abdingbarkeit. I. Anwendungsbereich. 1. Privatrecht. Der Geltungsanspruch von § 242 ist umfassend. **a) Schuldrecht.** Die Norm betrifft in ihrem engeren Anwendungsbereich zunächst das gesamte Schuldrecht (RGZ 161, 58 ff; BGHZ 14, 7, 10; 85, 48; Palandt/*Heinrichs* Rn 16; Hk-BGB/*Schulze* Rn 1) und wird durch verschiedene Vorschriften dort selbst in spezieller Form determiniert (vgl etwa §§ 254, 266, 273, 313, 314, 320, 618). Die Abgrenzungen zu den spezialgesetzlichen Ausprägungen fällt nicht immer leicht; gerade auch deshalb, weil das SMG zwar den § 242 unangetastet gelassen hat, auf seiner Grundlage jedoch bedeutende, im Rahmen des § 242 entwickelte Rechtsinstitute in Sondervorschriften kodifiziert wurden. Dies betrifft etwa die Neuregelung des Wegfalls der Geschäftsgrundlage in § 313, die Kündigung von Dauerschuldverhältnissen in § 314 und die Normierungen von Nebenpflichten in § 241 Abs 2 und § 311 Abs 2, Abs 3. Obgleich sich der Anwendungsbereich des § 242 damit insoweit verengt als diese Regelungsbereiche aus der Generalklausel ausgelagert wurden, bleibt eine Grundvoraussetzung für § 242 erhalten: Die Anwendbarkeit des § 242 26 setzt – soweit keine Spezialregelungen greifen – nach hM stets eine rechtliche *Sonderverbindung* voraus (BGH NJW 1996, 2724; Hk-BGB/*Schulze* Rn 2; aA Staud/*Schmidt* § 249 Rn 159 f). An ihr Vorliegen werden jedoch keine hohen Anforderungen geknüpft, der Tatbestand der Sonderverbindung ist nach hM mithin weit auszulegen. IdS genügen bereits irgendwelche Rechtsbeziehungen mit speziell herausgehobener Interessenverknüpfung (RGZ 160, 349, 357; PWW/*Schmidt-Kessel* Rn 8) oder ein qualifizierter sozialer Kontakt (RGZ 160, 349, 357; BGHZ 102, 95, 102; MüKo/*Roth* Rn 73; BaRoth/*Grüneberg* Rn 14; *Weber* JuS 1992, 631, 635).

27 **b) Sachenrecht.** § 242 findet über das Schuldrecht hinaus bei sachenrechtlichen Ansprüchen iwS (Eigentümer-Besitzer-Verhältnis, Nießbrauch, Pfand, Erbbauberechtigung) sowie bei solchen ieS (Fragen der sachlichen Zuordnung) Anwendung. Den Besonderheiten dieses Rechtsgebiet ist allerdings auch bei der Anwendung der Generalklausel Rechnung zu tragen (BGHZ 10, 75 ff; Palandt/*Heinrichs* Rn 16; BaRoth/*Grüneberg* Rn 5).

28 **c) Familien- und Erbrecht.** Das Familienrecht ist von bes persönlichen Bindungen zwischen Verwandten, Ehegatten, Verlobten etc geprägt. Schon vor diesem Hintergrund nehmen auch in dieser Materie der Treuegedanke und das Gebot der Rücksichtnahme eine herausgehobene Stellung ein (BGHZ 1, 87, 90; 5, 186, 189; NJW 1982, 1999; 1989, 1991; 2003, 510; PWW/*Schmidt-Kessel* Rn 5). Im Erbrecht findet der Grundsatz von Treu und Glauben bei der Verfügung von Todes wegen (vgl BGHZ 37, 233, 241), aber auch hinsichtlich anderer dort geregelter Sachverhalte Anwendung (BGHZ 4, 91, 96; PWW/*Schmidt-Kessel* Rn 5), wenngleich wie in allen anderen Partikularrechtsbereichen die spezifischen, eventuell bereits vom Gesetzgeber vorweg genommenen Interessenbewertungen auch hier in bes Maße zur Geltung kommen müssen (BGHZ 4, 91 ff; 64, 8 ff; Palandt/*Heinrichs* Rn 16).

29 **d) Arbeits- und Gesellschaftsrecht, Dauerschuldverhältnisse.** Auch das gesamte Arbeits- und Gesellschaftsrecht ist durch enge persönliche Bindungen geprägt, so dass für diese Materien das Vorliegen einer rechtlichen Sonderverbindung iSe speziell herausgehobenen Interessenverknüpfung bejaht wird (Arbeitsrecht: BAG AP Nr 29 zu § 40 BetrVG 1972; Gesellschaftsrecht: RGZ 146, 385, 396; BGH LM Nr 72 zu § 242 (A) BGB) und § 242 damit zur Anwendung gelangt. Der Grundsatz von Treu und Glauben wird daneben aber auch für andere bestehende Dauerschuldverhältnisse fruchtbar gemacht; so etwa für den Bereich des Versicherungsrechts (BGHZ 100, 60, 64).

30 **e) Zivilverfahrens- und Zwangsvollstreckungsrecht.** Vielfältige Ausprägungen des Grundsatzes von Treu und Glauben finden sich zudem im Zivilverfahrens- (BGH NJW 1994, 1351, 1352; 1997, 3377, 3379; PWW/*Schmidt-Kessel* Rn 6) und Zwangsvollstreckungsrecht (BGHZ 57, 108, 111; PWW/*Schmidt-Kessel* Rn 6). Dies gilt insbes für die Wahrung von Fristen und die Beachtung der Rechtskraft. Eine bes Ausprägung des § 242 stellt die Fallgruppe der unzulässigen Rechtsausübung (bei Prozesshandlungen) dar, wie zB die Berufung des Beklagten auf eine Schiedsklausel, wenn ihm die Mittel zu der ihm obliegenden Teilfinanzierung des Schiedsverfahrens fehlen (BGH NJW 1988, 1215; BaRoth/*Grüneberg* Rn 9). Zur Geltung des § 242 im Zwangsvollstreckungsrecht vgl *Bittmann* ZZP 1997, 32 f.

31 **2. Privatrecht anderer Staaten und Europäisches Gemeinschaftsrecht.** Selbst im Privatrecht anderer Staaten und im Europäischen Gemeinschaftsrecht haben Rechtsgedanken, die in § 242 zum Tragen kommen (und ihre Grundlage ua im *bona fides* finden), Anerkennung gefunden, jedoch in jeweils unterschiedlicher Gestalt und überwiegend in viel engeren Grenzen als im deutschen Recht (vgl dazu *Zimmermann/Whittaker* Good Faith in European Contract Law 2000; zum Einwand des Rechtsmissbrauchs im Europäischen Privatrecht *Fleischer* JZ 2003, 865 ff). In vielen kontinentalen Privatrechtsordnungen wird bei der Ausfüllung des Begriffs Treu und Glauben – ähnlich wie im deutschen Recht – ein objektivierender Beurteilungsmaßstab angelegt, so dass die Verkehrssitte eine entspr herausgehobene Rolle spielt (Hk-BGB/*Schulze* Rn 19). Das englische Recht bedient sich überwiegend des Begriffs »reasonableness«, der auch für internationale Handelsverträge (zB in Art 1.7. UNIDROIT-Grundregeln) sowie in Art 1:201 der Lando-Principles Niederschlag gefunden hat. Die Verwendung von Treu und Glauben als Begriff des Gemeinschaftsrechts ist insbes für das Handelsvertreterrecht auf Grund von Art 3 Abs 1, 4 Abs 1 der HandelsvertreterRL und bei der Auslegung von § 307 für Verbraucherverträge auf Grund von Art 3 der KlauselRL zu berücksichtigen (EuGH NJW 2004, 1647; Hk-BGB/*Schulze* Rn 10).

32 **3. Öffentliches Recht.** Der Autoritätsanspruch hoheitlicher Gewalt und das Subordinationsprinzip, die für das öffentliche Recht kennzeichnend sind, bedingen keine Sperrung des § 242 bei Betätigung der öffentlichen Hand ggü Privaten (PWW/*Schmidt-Kessel* Rn 4). Durch die Rspr bestätigt wurde seine Geltungskraft daher auch für den Bereich des Verwaltungsrechts (BVerwG NJW 1994, 954, 955; 1998, 3135), des Steuerrechts (BFH NJW 1990, 1251) und des Sozialrechts (BSG NJW 1996, 1277, 1278).

33 **II. (Un-) Abdingbarkeit.** Der umfassende Geltungsanspruch des § 242 bedingt zugleich seine Unabdingbarkeit (RG JW 35, 2619, 2620; BGH NJW 1987, 2808 ff; Erman/*Hohloch* Rn 19; Palandt/*Heinrichs* Rn 15; Hk-BGB/*Schulze* Rn 5) und die Notwendigkeit, dass seine Einhaltung im Prozess von Amts wegen geprüft wird (BGHZ 3, 103 ff; 31, 84 ff; 37, 152 ff; Erman/*Hohloch* Rn 19). Davon zu trennen ist freilich die Frage, ob die auf der Grundlage von § 242 gebildeten Fallgruppen privater Übereinkunft unterliegen (Staud/*Looschelders/*

Olzen Rn 108). Soweit sie Regeln des dispositiven Rechts betreffen, können die Parteien bis zu den allg Grenzen der Privatautonomie hierzu Vereinbarungen schließen (Soerg/*Teichmann* Rn 107 ff; Palandt/*Heinrichs* Rn 15; MüKo/*Roth* Rn 75 ff).

III. Abgrenzung. Der Anwendungsbereich des § 242 ist von verschiedenen anderen Regelungen abzugrenzen, wobei die Diversifizierung schon auf Grund des Fehlens einer eigenen griffigen Kontur der Norm hier nur angedeutet werden kann. **1. §§ 133, 157.** Ein Abgrenzungsproblem zeigt sich bereits im Verhältnis zu den Normen der Auslegung, §§ 133, 157. Hier gilt folgender Grundsatz: Maßgeblich für §§ 133, 157 ist das rechtliche Wollen, hingegen für § 242 das rechtliche Sollen (BGHZ 16, 8 ff; Palandt/*Heinrichs* Rn 18; Hk-BGB/*Schulze* Rn 6). Hinsichtlich der § 242 innewohnenden Begrenzungsfunktion geht die Auslegung der Inhaltskontrolle nach der Generalklausel vor (BGH NJW 1953, 937; 1984, 1177; 2006, 54). Erst wenn der Parteiwille feststeht, kann nämlich geprüft werden, wie der gem § 242 anzulegende objektivierte Maßstab das durch Parteiwillen festgelegte Verhandlungsergebnis beeinflusst (BGHZ 9, 273, 277; 81, 135, 143; BaRoth/*Grüneberg* Rn 34). Dies gilt auch in Bezug auf die erg Vertragsauslegung, wenngleich diese mit der Frage nach dem »vernünftigen« Parteiwillen einem objektiven Maßstab folgt und sich damit eine gewisse Überschneidung zu § 242 nicht vermeiden lässt (MüKo/*Roth* Rn 105). Beachte: Insbes bei der Umschreibung vertraglicher Nebenpflichten greifen die Beurteilungsmaßstäbe von §§ 133, 157 und § 242 oft so stark ineinander, dass hier von der Rspr häufig beide Normenbereiche nebeneinander zitiert werden (BGHZ 48, 301 ff; 87, 317 ff; BGH NJW 1989, 2626). 34

2. §§ 134, 138. Das gesetzliche Verbot (§ 134) und die Sittenwidrigkeit (§ 138) betreffen die Gültigkeit des Rechtsgeschäftes und setzen damit eine Außenschranke (Palandt/*Heinrichs* Rn 19). Im Gegensatz dazu ist § 242 zunächst als Innenschranke konzipiert, denn nach dem Grundsatz soll die einforderbare Leistung im Verhältnis beider Parteien untereinander insoweit begrenzt werden, als sie nur entspr dem Gebot von Treu und Glauben vorzunehmen ist (BaRoth/*Grüneberg* Rn 35). Im Einzelfall kann jedoch § 242 auch zu einer Außenschranke, dh zu einer von Amts wegen zu berücksichtigenden Einwendung avancieren. Deshalb ist die Abgrenzung Innen-/Außenschranke nicht in jedem Fall verlässlich. Bedeutungsvoller für die Abgrenzung ist deshalb, dass der Anwendungsbereich von § 138 ggü § 242 enger gefasst wird. In concreto heißt dies, dass in dem Verstoß gegen die guten Sitten stets zugleich auch ein Verstoß gegen Treu und Glauben liegt; hingegen muss ein treuwidriges Verhalten gem § 242 nicht immer sittenwidrig iSv § 138 sein (BAG NJW 1964, 1543; Staud/*Schmidt* Rn 238; Palandt/*Heinrichs* Rn 19). Ferner gilt: Im Verhältnis zu § 134 bildet § 242 kein Verbotsgesetz, so dass ein Verstoß gegen Treu und Glauben nicht bereits zur Nichtigkeit des Rechtsgeschäftes nach § 134 führt (Hk-BGB/*Schulze* Rn 7). Aus allem ergibt sich, dass §§ 134, 138 in jedem Fall Anwendungsvorrang vor § 242 genießen. 35

3. §§ 226, 826, 311. §§ 226 und 826 knüpfen im Unterschied zu § 242 nicht an das Vorhandensein einer rechtlichen Sonderbeziehung an (RGZ 160, 349, 357; BGHZ 95, 279, 288; BFH NJW 1990, 1251; PWW/*Schmidt-Kessel* Rn 8); anders § 311 (cic). Gemeinsam ist §§ 226, 826 und § 311 (cic), dass sie zu einem Schadensersatzanspruch führen können (§ 226 iVm § 823, § 311 iVm § 280 Abs 1). 36

4. §§ 305 ff. Die Verfahrens- und Inhaltskontrolle für AGB ist entwicklungsgeschichtlich auf Rspr-Vorgaben zu §§ 242, 138 zurückzuführen. Diese mündeten später im AGBG, das wiederum – etwas modifiziert – ins BGB übernommen wurde. Nach heutigem Verständnis stellen die §§ 305 ff ggü § 242 grds die spezielleren Vorschriften dar, da sie auf die typischen AGB-Probleme zugeschnitten sind und sich insofern als »verfeinerte« Ausformungen des § 242 begreifen lassen (BAG NJW 2005, 3305; Palandt/*Heinrichs* Vorb § 307 Rn 17; Hk-BGB/*Schulze* Rn 8). Soweit die §§ 305 ff reichen, ist mithin eine Korrektur der Klausel nach § 242 auf Grund spezialgesetzlicher Überlagerung ausgeschlossen. Für die Frage, ob eine Berufung auf eine gültige Klausel wegen der Einzelfallumstände gegen Treu und Glauben verstößt (sog »Ausübungskontrolle«), ist dagegen § 242 auch im AGB-Bereich die weiter maßgebliche Norm (BGHZ 105, 88 ff; NJW-RR 1986, 272; ZIP 2000, 78). Zur ideengeschichtlich determinierten Ähnlichkeit der Kontrollmaßstäbe von §§ 305 ff und § 242 etwa bei Gesellschaftsverträgen mit stillen Gesellschaftern vgl BGH NJW 2001, 1271, für den Bereich der Arbeitsverträge s hierzu Palandt/*Heinrichs* § 310 Rn 51. 37

D. Regelungsinhalt. Die Darstellung des Normgehaltes einer Generalklausel bereitet naturgem Schwierigkeiten, denn sie enthält einen ausfüllungsfähigen und -bedürftigen »offenen« Tatbestand und vorliegend auch eine ebensolche Rechtsfolge (Staud/*Looschelders/Olzen* Rn 110; MüKo/*Roth* Rn 16). § 242 setzt nach dem Wortlaut zweierlei voraus: Eine Person muss Schuldner sein und in bestimmter Weise (so wie Treu und Glauben und die Verkehrssitte es erfordern) eine Leistung bewirken. **I. Tatbestand.** Schon die Bezugnahme von § 242 auf die »Schuldnerstellung« bedarf in mehrfacher Hinsicht einer Klarstellung und Konkretisierung. Sie weist zum einen darauf hin, dass § 242 die Existenz einer *Sonderrechtsbeziehung* zwischen zwei oder mehreren Personen voraussetzt (RGZ 160, 349, 357; BGHZ 95, 279, 288; BFH NJW 1990, 1251; PWW/*Schmidt-Kessel* Rn 4, 8; aA krit Erman/*Hohloch* Rn 15; Staud/*Schmidt* § 249 Rn 159 f). In der Rspr und Lehre ist man sich bzgl dieses Merkmals weitgehend einig, dass daran keine zu hohen Anforderungen zu stellen sind (Stichwort: »weite Auslegung«, vgl RGZ 160, 349, 357; BGHZ 102, 95, 102; BaRoth/*Grüneberg* Rn 14). So genügt bereits eine »speziell vorhandene Interessenverknüpfung« (PWW/*Schmidt-Kessel* Rn 4; MüKo/*Roth* Rn 73) oder ein 38 sonstiger »qualifizierter sozialer Kontakt« (BaRoth/*Grüneberg* Rn 14; Hk-BGB/*Schulze* Rn 3; *Weber* JuS 1992, 631, 635 ff). Bsp: Neben vertraglichen Schuldverhältnissen als Hauptanwendungsfall werden sowohl gesetzliche Schuldverhältnisse, wie zB die aus unerlaubter Handlung (BGHZ 95, 274, 279; 95, 285, 288), die bereicherungsrechtliche Sonderrechtsbeziehung (BGHZ 14, 10 ff; 29, 161 ff; 37, 370 ff; Palandt/*Heinrichs* Rn 16) und die Aufnahme von Vertragsverhandlungen erfasst. Gleiches gilt für dauernde Geschäftsverbindungen, Nachwirkungen eines Vertrages (Hk-BGB/*Schulze* Rn 3), die durch Wettbewerbsverstoß entstandene Rechtsbeziehung (BGH NJW-RR 1987, 225; NJW 1990, 1905), das Arbeitsverhältnis zwischen Arbeitnehmern desselben Betriebes (BAGE 5, 1, 6), das Verhältnis von Grundstückseigentümer und drittbeauftragtem Werkunternehmer bei Arbeiten auf dem Nachbargrundstück (BGHZ 102, 95, 102), die Rechtsbeziehung zwischen Grundstücksnachbarn (BGHZ 42, 374, 377) und Aktionären einer Aktiengesellschaft (BGHZ 103, 184, 195).

39 **II. Rechtsfolge.** Die Rechtsfolge determiniert § 242 mittels der Begriffe von »Treu und Glauben« und der »Verkehrssitte«, die ihrerseits wiederum durch die Verbindung »mit Rücksicht auf« in ein bestimmtes Verhältnis der Vor- und Nachrangigkeit zueinander gesetzt werden (MüKo/*Roth* Rn 9). Aus der Notwendigkeit der tatbestandlich eingeforderten Sonderrechtsbeziehung, in der der Schuldner die Leistung gem dem Grundsatz von Treu und Glauben zu bewirken hat, folgt zugleich, dass es einen Gläubiger geben muss, der die Leistung nur so einfordern darf, wie Treu und Glauben es erlauben. Liegt eine Sonderrechtsbeziehung vor, hat also nicht nur der Schuldner, sondern auch der Gläubiger bei der Art und Weise der Leistungsbewirkung, der Ausübung seiner Rechte und der Erfüllung seiner Pflichten das Gebot von Treu und Glauben zu beachten. Die Verpflichtung ist mithin eine zweiseitige. **1. Treu und Glauben.** Was Treu und Glauben nach § 242 beinhalten, lässt sich im Wesentlichen nur auf Grund der Funktionskreise der Vorschrift wertend konkretisieren; der Wortsinn ist mithin nur ein Anhaltspunkt und nicht allein maßgeblich. **a) Wortsinn.** Dem Wortsinn nach steht der Begriff »Treue« für eine innere und äußere Haltung, die Verlässlichkeit, Aufrichtigkeit und Rücksichtnahme ggü einem anderen impliziert (PWW/*Schmidt-Kessel* Rn 9; Palandt/*Heinrichs* Rn 3; BaRoth/*Grüneberg* Rn 16; MüKo/*Roth* Rn 10; Hk-BGB/*Schulze* Rn 12). Der Begriff »Glaube« betrifft hingegen das Vertrauen der anderen Seite auf eben diese Haltung des Treupflichtigen (PWW/*Schmidt-Kessel* Rn 9; Palandt/*Heinrichs* Rn 3).

40 **b) Weitere Ausfüllungskriterien. aa) Bezugnahme auf die Verkehrssitte.** Schon dem Wortlaut nach verweist § 242 zur Konkretisierung dessen, was Treu und Glauben erfordern, auf die Verkehrssitte. Dieses Element zielt deutlich auf die tatsächliche und sozialverbindliche Übung der am Rechtsverkehr beteiligten Kreise ab (AnwK/*Krebs* Rn 14; Palandt/*Heinrichs* Rn 3; BaRoth/*Grüneberg* Rn 17). Bei der Verkehrssitte handelt es sich um herausgebildete und verbindliche Verhaltenstatbestände, die das geschriebene Recht insoweit ergänzen, als sie in ihm selbst noch keine explizite Abbildung gefunden haben (MüKo/*Roth* Rn 12). Dies gilt allerdings nur, wenn die betr Übung nicht ihrerseits gegen Treu und Glauben oder gegen sonstige Anforderungen der Rechtsordnung verstößt (RGZ 114, 13 ff; BGHZ 16, 12 ff; Palandt/*Heinrichs* Rn 3; Hk-BGB/*Schulze* Rn 13). Die Bezugnahme auf die Verkehrssitte stellt iE klar, dass auch unterhalb der Schwelle von § 346 HGB bei der Bewertung der Rechtsbeziehungen in einer Sonderrechtsverbindung auf geltende Gewohnheiten und Gebräuche Rücksicht zu nehmen ist (PWW/*Schmidt-Kessel* Rn 9).

41 **bb) Verbindung von Treu und Glauben und Verkehrssitte.** Die Verbindung der Elemente »Treu und Glauben« und »Verkehrssitte« zielt insges auf ein redliches und loyales Verhalten, das sich unter billiger Rücksichtnahme auf die berechtigten Interessen der anderen Partei herausbildet, so wie es im Rechtsverkehr zu erwarten ist (BGHZ 94, 351 ff; Palandt/*Heinrichs* Rn 3; MüKo/*Roth* Rn 11; Hk-BGB/*Schulze* Rn 12).

42 **cc) Im Übrigen: Interessenabwägung, Umstände des Einzelfalls, Einbeziehung sozial-ethischer Wertvorstellungen.** Zur weiteren Konkretisierung der unbestimmten Tatbestandsmerkmale ist stets eine umfassende Interessenabwägung erforderlich, die alle Umstände des Einzelfalls (BGHZ 49, 153 ff; MüKo/*Roth* Rn 22; Palandt/*Heinrichs* Rn 5) berücksichtigt. Ausgangs- und Endpunkt ist dabei eine vorzunehmende Risikozuordnung (MüKo/*Roth* Rn 46). Neben objektiven Anknüpfungspunkten, wie solche des geschriebenen Rechts (MüKo/*Roth* Rn 47; Staud/*Schmidt* Rn 213) kommen in der Abwägung auch subjektive Kriterien als wertende Aspekte in Betracht. So hat etwa das Verschulden einer Partei in die Interessenabwägung genauso mit einzufließen wie etwaiges arglistiges Verhalten (BGHZ 64, 9 ff; MüKo/*Roth* Rn 49 f; Soerg/*Teichmann* Rn 62). Anknüpfen lässt sich für die Risikozuordnung zudem an den Umstand der subjektiven Erkennbarkeit bzw Voraussehbarkeit (BaRoth/*Grüneberg* Rn 20). Zudem können öffentliche Interessen wie auch solche von Mitbetroffenen mit zu berücksichtigen sein. In der Rspr lässt sich die Entscheidungserheblichkeit öffentlicher Interessen in vielen Einzelfällen nachweisen oder doch zumindest vermuten, selbst wenn sich die Gerichte in den Urteilsbegründungen nicht klar dazu bekennen (MüKo/*Roth* Rn 51). So dürfte etwa die bes zurückhaltende Anwendung der Grundsätze über den Wegfall der Geschäftsgrundlage, die vor der gesetzlichen Normierung in § 313 auf § 242 basierte, darauf zurückzuführen sein (MüKo/*Roth* Rn 51). Soweit objektive, subjektive und öffentliche Umstände/Interessen keinen ausreichenden Anhaltspunkt für die Risikozuordnung bereitstellen, muss iÜ die der geltenden Wirtschafts- und Sozialordnung immanente Rechtsethik in Bezug genommen werden (LG Münster NJW 1975, 2070, 2073). Der offene Tatbestand des § 242 macht insoweit deutlich, dass es eine Vielzahl von Wertvorstellungen gibt, die nicht Produkte des Gesetzgebers sind, die dieser jedoch bei der notwendigen Konkretisierung der Generalklausel in Ansatz gebracht sehen möchte. Dies

gilt insbes für solche gesellschaftlich anerkannten Wertvorstellungen, die Ergebnisse einer langen religiösen, philosophischen, aber auch sittlich-moralischen Entwicklung sind (PWW/*Schmidt-Kessel* Rn 12).

2. Folgerungen. Die Bezugnahme auf Treu und Glauben sowie die Verkehrssitte bezieht sich auf die Art und Weise der zu erbringenden Haupt- und Nebenleistung. **a) Art und Weise der Erbringung der Hauptleistung.** So hat der Schuldner bei der Erbringung der Hauptleistung auf die berechtigten und erkennbaren Interessen des Gläubigers Rücksicht zu nehmen, indem er das Schuldverhältnis nicht nur den Buchstaben nach, sondern dem Sinn und Zweck der Sonderbeziehung entspr zu erfüllen hat (Palandt/*Heinrichs* Rn 22). Daraus folgt, dass er zB nicht zur Unzeit leisten (vgl § 358 HGB, RGZ 92, 210) oder gar kündigen (MüKo/*Roth* Rn 23) darf. Ferner muss er bei Unzumutbarkeit der Leistung für den Gläubiger uU an einem angemessenen anderen Ort leisten (RGZ 107, 122 ff; Palandt/*Heinrichs* Rn 22) und sich einer Teilaufrechnung, die den Gläubiger unzumutbar beansprucht, enthalten (RGZ 79, 361; Hk-BGB/*Schulze* Rn 15). Im Gegenzug dazu hat auch der Gläubiger sein Leistungsverlangen an den berechtigten, erkennbaren, vertragszweckimmanenten Interessen des Schuldners auszurichten. Das führt zu einer Beschränkung seines Leistungsforderungsrechtes und führt zu Wohlverhaltenspflichten bei der Vertragsdurchführung. Ausfluss dieses Grundsatzes ist auf Gläubigerseite, dass höchst geringfügige Abweichungen von der geschuldeten Quantität und Qualität der Leistung uU hinzunehmen sind, sofern der gleiche wirtschaftliche Erfolg erreicht und sein sachliches Interesse an der Leistung als befriedigt angesehen werden muss (abw von § 266; RG JW 09, 734; RGZ GrS 161, 58 ff; Hk-BGB/*Schulze* Rn 16). Bsp: Hinnahme eines garantierten Schecks durch den Schuldner statt Barzahlung; Überweisung auf ein anderes, gleichwertiges Konto (BGH NJW 1969, 320); zur anderen, aber gleichwertigen Sicherheitsleistung und zum Übergang auf Ratenzahlung (vgl RGZ GrS 161, 58 ff; RG JW 09, 734; BGH NJW 1977, 2359; Palandt/*Heinrichs* Rn 22). 43

b) Kategorien der verschiedenen Pflichten. Der Schuldner, der so zu leisten hat, wie Treu und Glauben es gebieten, hat den Leistungserfolg vorzubereiten, herbeizuführen und zu sichern. **aa) Leistungsbezogene Pflichten und Rücksichtnahmepflichten.** Aufgrund von Treu und Glauben entstehen daher neben der Pflicht zur Hauptleistung auch Nebenpflichten. Bei ihnen unterscheidet man leistungsbezogene Pflichten und Rücksichtnahmepflichten. Die leistungsbezogenen Pflichten sichern in erster Linie das Integritätsinteresse des anderen Teils, während sich die Schutzpflichten – nicht allein, aber vor allem – auf das Integritätsinteresse des anderen Teils richten (Palandt/*Heinrichs* Rn 24). 44

bb) Selbständige und unselbständige Nebenpflichten. Daneben lassen sich die Nebenpflichten weiter in selbständige und unselbständige aufteilen. Selbständige Nebenpflichten verfolgen trotz ihrer Unterordnung unter die Hauptleistungspflicht einen gewissen Eigenzweck; sie gewähren einen Erfüllungsanspruch, sind also einklagbar. Hierzu gehört die Auskunfts- und idR auch die Mitwirkungspflicht (Palandt/*Heinrichs* Rn 25). Unselbständige Nebenpflichten sichern lediglich die Hauptleistungspflicht und die Abwicklung des Schuldverhältnisses, ohne dass ihnen ein Eigenzweck zukommt. Ihre Verletzung kann jedoch einen selbständig einklagbaren (Schadensersatz-) Anspruch wegen Vertragsverletzung oder cic (§§ 280, 311 Abs 2, Abs 3) nach sich ziehen; soweit es um die Einhaltung der Pflicht geht, wird ein selbständig einklagbarer Erfüllungsanspruch aber grds verneint (RGZ 72, 394 ff). Hiervon ist nur dann eine Ausn zu machen, wenn ein schutzwürdiges Interesse an der selbständigen Einklagbarkeit der Nebenpflicht besteht (str *Stürner* JZ 1976, 384 ff; *Motzer* JZ 1983, 884 ff; *Köhler* AcP 190, 496, 506 ff). 45

c) Leistungstreue-, Mitwirkungs-, Schutz- und Aufklärungspflichten. Eine allg anerkannte inhaltliche Einteilung bzw Terminologie gibt es im Bereich der Nebenpflichten noch nicht (Soerg/*Teichmann* Rn 134 ff; Erman/*Hohloch* Rn 76 ff). Im Allg unterscheidet man jedoch zwischen Leistungstreuepflichten, Mitwirkungspflichten, Schutzpflichten und Aufklärungspflichten. **aa) Leistungstreuepflicht als Nebenpflicht.** Die Leistungstreuepflicht richtet sich als erg Nebenpflicht auf die Sicherung der Herbeiführung des durch die Hauptleistung geschuldeten Erfolges. Sie soll im Gegensatz zur Mitwirkungspflicht nicht selbständig einklagbar sein (Palandt/*Heinrichs* Rn 32). Aufgrund der Leistungstreuepflicht hat der Schuldner alles Zumutbare zu tun, um den Vertragszweck bzw den vertraglich erstrebten Leistungserfolg ordnungsgem vorzubereiten, herbeizuführen und (ggf auch nachvertraglich) zu sichern (BGHZ 93, 39 ff; NJW 1978, 260 ff; 1983, 998 ff). Welche Pflichten aus der Leistungstreuepflicht *in concreto* folgen, ist auf der Grundlage des Inhaltes und der Rechtsnatur des jeweiligen Schuldverhältnisses zu ermitteln (Palandt/*Heinrichs* Rn 27). Bsp: Zu einer Verletzung der Leistungstreuepflicht kommt es, wenn die Erfüllung des Vertrages ernsthaft verweigert wird oder der Schuldner durch eine schwere Unzuverlässigkeit die Vertrauensgrundlage des Vertrages gefährdet. Entspr gilt für den Gläubiger, wenn er sich etwa grundlos vom Vertrag lossagt oder die Leistung des Schuldners unberechtigt beanstandet (Palandt/*Heinrichs* Rn 30). Kommt es zu keiner Lossagung vom Vertrag, ist der Leistungserfolg durch den Schuldner bspw gefährdet, wenn er es unterlässt, die an den Gläubiger zu übereignenden Tiere in dessen Annahmeverzug zu füttern, Maschinen zu warten und in sonstiger Form seine Obhut über den Leistungsgegenstand versagt (RGZ 108, 343; vgl auch §§ 300, 303, 372). In jedem Fall hat der Verkäufer, der die Sache versendet, diese ordnungsgem zu verpacken (LG Frankfurt aM NJW-RR 1986, 967). Auch im Weiteren hat er bei der Versendung sorgfältig zu verfahren und insofern auf die berechtigten Interessen des Gläubigers hinsichtlich der Umstände des Versandes, des Leistungsortes und der Leistungszeit Rücksicht zu nehmen. Für den Werkunternehmer gilt, dass er seinen Vertragspartner (soweit für ihn bei Anwendung 46 gehöriger Sorgfalt erkennbar) auf mangelhaft ausgeführte Vorarbeiten hinweisen muss (Hamm NJW-RR 1989, 982). Da die aus dem Schuldverhältnis erstrebten und gewährten Vorteile auf Grund der Leistungstreuepflicht weder entzogen noch wesentlich geschmälert werden dürfen (BGHZ 16, 4, 10; NJW-RR 1996, 949; ZIP 2004, 2345, 2347), rechtfertigen sich auch (nachvertragliche) Wettbewerbsverbote (BGHZ 16, 75 ff; NJW-RR 1989, 1305). Der Vermieter von Gewerbeflächen ist insofern verpflichtet, etwaige Wettbewerber vom Mieter fernzuhalten (BGHZ 70, 80 ff; Palandt/*Heinrichs* Rn 29). Der Handelsvertreter darf nicht für eine Konkurrenzfirma tätig sein (BGHZ 42, 61 ff). Ggf gehören zur Leistungstreuepflicht auch auszuführende Dokumentationen. Dies ist insbes für den Arzt- und den Bauvertrag (LG Heidelberg NJW-RR 1992, 668) anerkannt. Nach höchstrichterlicher Rspr besteht allerdings keine allg Dokumentationspflicht des Anwalts, Steuerberaters oder Kreditinstituts, wenn ein Beratungsvertrag geschlossen wurde. Legt der Beratene jedoch Umstände dar, die auf eine Falschberatung schließen lassen, tut der Berater trotzdem gut daran entspr Dokumentationsbögen vorlegen zu können, welche bei der Beratung durch die Bank nach dem WpHG insbes das Anlegerprofil und sein Ziel erfassen müssen und beim Anwalt das »Nachfassen« erkennen lassen, falls Umstände für eine Beratungs- oder Prozesskostenhilfesituation nahe lagen. IÜ ergibt sich eine Pflicht zur Unterstützung und Rücksichtnahme auch hinsichtlich der notwendigen Begleitpapiere (BGHZ NJW 73, 1793: Unterlagen für die Kreditbeschaffung; Hamm MDR 1975, 401: Bescheinigung, die der Schuldner zur Wahrnehmung seiner steuerlichen Belange braucht). Auf der Grundlage von § 242 lassen sich darüber hinaus weitere Leistungspflichten herleiten, die speziell im nachvertraglichen Bereich bestehen. Sie können nach der Durchführung des Vertragsverhältnisses das Unterlassen, die Duldung oder die Vornahme von Handlungen zum Gegenstand haben. Hierzu zählen selbständig einklagbare Pflichten wie die Verschwiegenheit nach Beendigung eines Schuldverhältnisses (BGHZ 80, 28 f: Dienstvertrag), die Duldung des Umzugsschildes einer Rechtsanwaltskanzlei nach Beendigung des Mietverhältnisses (Düsseldorf NJW 1988, 2545), die Gewährung von Einsicht in die Krankenunterlagen nach Beendigung der Behandlung (BGHZ 85, 331 f) sowie das nachvertragliche Wettbewerbsverbot. Dieses kann hinsichtlich seiner Wertigkeit sogar zu einer Hauptleistungspflicht avancieren (BGHZ 84, 127 ff).

47 **bb) Mitwirkungspflicht als Nebenpflicht.** Aufgrund von Treu und Glauben bestehen auch iwS Mitwirkungspflichten, wenn die Erreichung des Vertragszwecks ein Zusammenwirken bei der Vertragsdurchführung erfordert. Insbes sind Erfüllungshindernisse in zumutbarer Weise zu beseitigen. Hierbei handelt es sich um eine selbständig einklagbare Pflicht (BGH WM 1989, 1676; Hk-BGB/*Schulze* Rn 17). Ein Hauptanwendungsfeld für Mitwirkungspflichten bezieht sich auf *genehmigungsbedürftige Rechtsgeschäfte.* Hier gilt der Grundsatz, dass bei einem ansonsten wirksamen Rechtsgeschäft beide Parteien verpflichtet sind, alles zu tun, um die erforderliche Genehmigung herbeizuführen und alles zu unterlassen, was die Genehmigung gefährden oder vereiteln könnte (BGHZ 14, 2 ff; 67, 35 ff; BVerwG NJW-RR 1986, 758). Falls die Genehmigung mit der Auflage einer Vertragsänderung verbunden ist, sind die Parteien verpflichtet, der Änderungsauflage in den Grenzen des Zumutbaren nachzukommen und den Vertrag dahingehend zu modifizieren (BGHZ 67, 35 ff; NJW 1960, 523; 1967, 830). Bei Verweigerung der Genehmigung und endgültiger Unwirksamkeit des Vertrages kann eine Pflicht zum Neuabschluss bestehen (BGH MDR 1963, 837). Bei Unzuverlässigkeit des Notars kann sich eine Mitwirkungspflicht hinsichtlich der Einschaltung eines anderen Notars durch einen Vertragswechsel ergeben (BGHZ 87, 165 ff). Eine erteilte Zustimmung, die nicht der Form des § 29 GBO entspricht, muss formgem nachgeholt werden (KG NJW 1962, 1062). Zu den Mitwirkungspflichten gehören darüber hinaus auch *Auskunfts- und Rechenschaftspflichten.* Sie ergeben sich häufig bereits aus speziellen Vorschriften wie etwa: §§ 402, 666, 681, 687 Abs 2, 713, 1379, 2057, 2127, 2130 Abs 2, 2218. Darüber hinaus besteht eine Auskunftspflicht nach § 242 unter folgenden allg Voraussetzungen: Der Anspruchsberechtigte muss über das Bestehen oder den Umfang seiner Rechte entschuldbar im Ungewissen sein. Er darf zudem nicht in der Lage sein, sich auf zumutbare Weise die Informationen anderweitig zu beschaffen. Der Auskunftsverpflichtete seinerseits muss die erforderliche Auskunft unschwer erteilen können (BGHZ 10, 387 ff; 95, 288). Der Umfang der Auskunftspflicht ist durch die Abwägung der Interessen der Beteiligten im Einzelfall zu bestimmen (Hk-BGB/*Schulze* Rn 19).

48 **cc) Schutzpflicht als Nebenpflicht.** § 241 Abs 2 stellt klar, dass sich die am Schuldverhältnis Beteiligten so zu verhalten haben, dass sie auch dem Erhaltungs- und Integritätsinteresse des jeweils anderen als Bestandteil der schuldrechtlichen Verpflichtung Rechnung tragen (Soerg/*Teichmann* Rn 178). Insofern als der ggf fehlende Schutz des Erhaltungs- und Integritätsinteresses mittelbar auch das (vertragliche) Leistungsinteresse negativ tangiert, läuft der Schutz beider Interessenkomponenten in einer vertraglichen Sonderrechtsbeziehung notwendigerweise parallel (Palandt/*Heinrichs* Rn 35). Seinen Rechtsgrund findet der zu gewährende Schutz von Person, Eigentum und sonstigen Rechtsgütern des jeweils anderen in § 242, der für jede Sonderrechtsbeziehung das (Neben-) Pflichtenprogramm erg festlegt (RGZ 78, 240 ff; BGH NJW 1983, 2814; NJW-RR 2004, 481), soweit der Gesetzgeber hierfür keine spezielleren Regelungen (vgl etwa §§ 535 Abs 1 S 2, 618, 701) getroffen hat. Bsp: Verkaufsräume sind so zu gestalten und intakt zu halten, dass keine Unfälle durch potentielle Kunden zu befürchten sind. Bzgl etwaiger Unfälle hat der (gewerbliche) Vertragspartner im erforderlichen und zumutbaren Umfang für Versicherungsschutz des anderen Teils zu sorgen. So ist bspw der Kfz-Halter ggü dem berechtigten Fahrer verpflichtet, das Kfz ordnungsgem im Hinblick auf die Haftpflicht zu

versichern (BGH VersR 1964, 239; 1971, 430; BAG 14, 228). Der Arbeitgeber ist verpflichtet, den angestellten Fahrer durch eine Kasko-Versicherung mit angemessener Selbstbeteiligung gegen uU existenzgefährdende Ersatzansprüche zu schützen (Stuttgart NJW 1980, 1169; LAG Bremen VersR 1980, 1182; *Arens* BB 1990, 69; aA noch BAG NJW 1988, 2820). Der Juwelier muss bzgl der ihm zur Obhut überlassenen Sachen eine Versicherung gegen Einbruch und Diebstahl abschließen (Frankfurt aM NJW-RR 1986, 107), der Kfz-Händler eine Kasko für Probefahrten (BGH NJW 1972, 1363; 86, 1099). Bei Vereinbarung eines Privatflugs muss der Veranstalter darauf hinweisen, dass abw von § 50 LuftVG keine Insassenunfallversicherung besteht (Schleswig NJW-RR 2005, 36). Eine Pflicht des Parkhausbetreibers zum Abschluss einer Diebstahlversicherung zugunsten seiner Kunden wird allerdings verneint (Düsseldorf NJW-RR 2001, 1607; Palandt/*Heinrichs* Rn 36). Bei sportlicher Betätigung muss nur im erforderlichen Maß für den Abschluss einer Versicherung gesorgt werden, dies wird von Fall zu Fall anders beurteilt (vgl BGH NJW-RR 1986, 573: Reitklub; LG Münster VersR 1989, 155: Judoverein). Aus einer nebenvertraglichen Schutzpflicht kann der Betreiber eines Supermarktes dazu verpflichtet sein, dem Kunden, der im Geschäft einen Unfall erlitten hat, bei der Ermittlung des Schadensherganges und des Schädigers behilflich zu sein (Braunschweig NJW-RR 1998, 602). Zur Pflicht des E-Mail-Versenders bzgl der Einhaltung von Schutzmaßnahmen gegen Viren vgl *Koch* NJW 2004, 801; zur Pflicht des Internetanschlussinhabers zum Schutz des Passwortes s *Borges* NJW 2005, 3313.

dd) Aufklärungspflicht als Nebenpflicht. Zu den sonstigen Nebenpflichten gehören insbes Aufklärungs- **49**
pflichten. Sie betreffen das Postulat, den anderen Teil unaufgefordert über solche Umstände zu informieren, die für ihn in erkennbarer Weise von entscheidungserheblicher Bedeutung sind (MüKo/*Roth* § 241 Rn 114 ff; Palandt/*Heinrichs* Rn 37) und über die er nach Treu und Glauben und den im Verkehr herrschenden Anschauungen auch üblicherweise Aufklärung erwarten darf (BGH NJW 1989, 736; BAG NZA 2005, 1298). Aufgrund der Natur des Vertrages kann diese Pflicht sogar zu einer vertraglich geschuldeten Hauptpflicht avancieren, so etwa beim Beratungsvertrag oder beim Kaufvertrag, wenn ein Sachmangelhinweis oder eine Instruktionspflicht besteht (BGH NJW 1983, 2697). Schutzgegenstand der Aufklärungspflicht kann je nach Lage des Einzelfalls das Leistungs-, aber auch das Erhaltungs- und Integritätsinteresse der betreffenden Partei sein (BGHZ 64, 49 ff; München NJW-RR 1991, 421). Eine bestehende Aufklärungspflicht entfällt nicht schon deshalb, weil die andere Seite durch einen Rechtsanwalt vertreten ist (BGH WM 2006, 352). Neben den von der Rspr auf der Grundlage des § 242 fallbezogen entwickelten Aufklärungspflichten bestehen die in der BGB-InfoV zusammengefassten Informationspflichten. Die Schaffung der BGB-InfoV beruht zwar in erster Linie auf europarechtlichen Richtlinienvorgaben, jedoch sind die Regelungen der BGB-InfoV (ebenso wie die bes Regelungen für AGB in §§ 305 ff) als »Verfeinerungen« der ohnehin aus § 242 folgenden Vorgaben aufzufassen, so dass sich beide Schutzinstrumentarien nicht ausschließen, sondern das Speziellere das Allg nur überlagert und sie ansonsten in einem Verhältnis funktionaler Äquivalenz stehen (so zutr *Tonner/Tamm* DAR 2007, 65 ff; *Tamm* MDR 2007, 312 ff; *dies* VuR 2006, 329 ff).

E. Fallgruppen. Aus der Vielzahl der möglichen Anwendungsbereiche des § 242 haben sich einige typische **50**
Fallgruppen herausgebildet, welchen hinsichtlich der Rechtsfolge gemein ist, dass sie der Begrenzung subjektiver Rechtspositionen dienen. Sie repräsentieren damit den Kern der beschränkenden Wirkung von § 242 (PWW/*Schmidt-Kessel* Rn 26). Eine allg anerkannte Einteilung und Terminologie hat sich zu ihnen bislang noch nicht herausbilden können. **I. Unzulässige Rechtsausübung.** Zu den wichtigsten Anwendungsgebieten des Grundsatzes von Treu und Glauben gehört unzweifelhaft die Fallgruppe der unzulässigen Rechtsausübung. Ihr liegt der Gedanke zu Grunde, dass der Rechtsinhaber nicht aus einem unredlichen Verhalten rechtliche Vorteile ziehen soll (BGHZ 122, 163, 168 f; BGH NJW 1985, 1826). **1. Einzelfälle. a) Unredlicher Erwerb eines Rechtes bzw unredliche Schaffung einer best Rechtslage.** Eine wichtige Kategorie der unzulässigen Rechtsausübung ist der unredliche Erwerb eines Rechtes bzw die unredliche Schaffung einer Rechtslage. Unredlich ist ein Verhalten, das gesetzes-, sitten- oder vertragswidrig ist und für den Rechtserwerb oder die Schaffung der Rechtslage in einem kausalen Zusammenhang steht (Hk-BGB/*Schulze* Rn 27). **aa) Rechtsdogmatischer Hintergrund.** Zu dem Hintergrund dieser Fallgruppe lässt sich anführen, dass der Grundsatz von Treu und Glauben nicht nur Pflichten begründet, sondern in Form einer sog Innenschranke auch Rechte begrenzt (sog »Innentheorie«: BGHZ 19, 75 ff; 30, 145 ff; Gedanke der *exeptio doli praesenti*). Die Verhinderung des Missbrauchs von Rechten führt so im Ergebnis zu einer gewissen »Relativierung« des Geltungsanspruchs von Normen und Rechtspositionen (BGHZ 52, 368 ff; Hk-BGB/*Schulze* Rn 21), die bei ihrer Anwendung stets zu beachten sind.

bb) Individueller und institutioneller Rechtsmissbrauch. Wollte man weitere Unterfallgruppen bilden, **51**
wäre beim unredlichen Erwerb einer Rechtsposition/Rechtslage zwischen individuellem und institutionalisiertem Missbrauch zu unterscheiden, wobei von letzterem für den Rechtsfrieden freilich eine weit größere Gefahr ausgeht. Der erste Fall (individueller Rechtsmissbrauch) betrifft die (nur) im Einzelfall als unzulässig zu bewertende Rechtsausübung einer Partei. Eine solche Bewertung ist dann unumgänglich, wenn kein schutzwürdiges eigenes Interesse des Berechtigten besteht und auf Grund bes Umstände Interessen der anderen Partei überwiegen und folglich auch Protektion genießen müssen. Von einem institutionalisierten Rechtsmissbrauch spricht man hingegen, wenn auf Grund von Rechtsnormen und Instituten nicht nur im Einzelfall, sondern abstrakt (dh eine generelle bzw verbreitete) Gefahr der unzulässigen Rechtsausnutzung ausgeht

(BGHZ 29, 10 ff; 48, 398 ff). Bsp: Disparitäten durch den Missbrauch privatrechtlicher Gestaltungsformen wie AGB, Formgebote etc (BGHZ 68, 315 ff; 92, 171 ff).

52 **cc) Beispiele.** Als Bsp für den unredlichen Erwerb eines Rechtes bzw die unredliche Schaffung einer Rechtsposition lassen sich anführen: das Verlangen auf Vertragserfüllung aus einem durch Missbrauch der Vertretungsmacht zustande gekommenen Vertrag (BGH NJW 2002, 1497, 1498; 1995, 251; PWW/*Schmidt-Kessel* Rn 35); das Vertragserfüllungsverlangen bei arglistiger Täuschung (Anwendungsfeld gerade bejahend für den Fall des Ablaufs der Anfechtungsfrist: Hk-BGB/*Schulze* Rn 27; AnwK/*Krebs* Rn 76; Jauernig/*Mansel* Rn 45; PWW/*Schmidt-Kessel* Rn 35); die Inanspruchnahme des Bürgen, wenn der Gläubiger die zur Heranziehung des Bürgen erforderliche Situation selbst unredlich herbeigeführt hat (BGH WM 1984, 586; NJW 2002, 1493; ZIP 2004, 1589) und sonstige Fälle der Verwertung von Sicherheiten bei treuwidriger Herbeiführung der Verwertungssituation (BGH MDR 1980, 561). Unredlich ist die Ausübung der Rechtsposition aber auch dann, wenn ein Vermieter unter Berufung auf Eigenbedarf einem Mieter kündigt, obwohl ihm Alternativwohnraum zur Verfügung steht, den er trotz zumutbarer Inanspruchnahmemöglichkeit wegen anderweitiger Vermietungsaktivitäten nicht heranzieht (BVerfGE 83, 86 ff). Gleiches gilt für den unredlich herbeigeführten Garantiefall (BGH NJW 2001, 282) und das Erschleichen eines unanfechtbaren Gesellschafterbeschlusses (BGHZ 101, 113, 120; PWW/*Schmidt-Kessel* Rn 35). Anders beurteilt sich hingegen die unredliche Inanspruchnahme aus einem rechtskräftigen Urteil: Obwohl Funktionsäquivalenzen zu § 242 bestehen, bemisst sich die Möglichkeit einer Untersagung der Zwangsvollstreckung und der Einziehung des Vollstreckungstitels allein auf der Grundlage des insoweit spezielleren § 826 (AnwK/*Krebs* Rn 76; PWW/*Schmidt-Kessel* Rn 77).

53 **b) Vereitelung von Rechten der Gegenseite.** Eine weitere Kategorie der unzulässigen Rechtsausübung betrifft die treuwidrige Vereitelung von Rechten der Gegenseite (PWW/*Schmidt-Kessel* Rn 34). Hier gilt der Grundsatz, wer treuwidrig verhindert, dass ein Recht der Gegenseite oder eine für sie günstige Rechtslage entsteht, muss sich so behandeln lassen, als sei das Recht oder die Rechtslage entstanden. Ein gutes Bsp für diese Fallgruppe ist die Gewährung von Ansprüchen aus einem formnichtigen Vertrag, bei Vereitelung eines formgültigen Abschlusses (BGHZ 66, 378 ff; 77, 2072 ff; 85, 318 ff) oder die Zugangsfiktion bei der arglistigen Zugangsverhinderung von Willenserklärungen (BGHZ 137, 209 ff; 67, 277 ff; BGH NJW 1993, 1094). Aus dem prozessualen Bereich gehört hierzu die Verhinderung der rechtzeitigen Klageeinlegung (BGH MDR 1981, 737).

54 **c) Verletzung eigener Pflichten.** Es gibt zwar keinen allg Grundsatz, dass nur derjenige Rechte durchsetzen kann, der sich selbst vertragstreu verhält (ansonsten bedürfte es schon nicht der differenzierenden Lösungsmodelle der §§ 293 ff, 273 ff, §§ 314, 323 ff, 280 ff; vgl dazu BGH NJW 1971, 1747, 1748; BAG NJW 1975, 229, 230; AnwK/*Krebs* Rn 79), allerdings kann in bestimmten Fällen auch die Verletzung eigener Pflichten (etwa der notwendigen Mitwirkungshandlung) dazu führen, dass die eigene Rechtsausübung beschränkt ist. Zu einem sog *tu-quoque*-Einwand kann es insbes bei solchen Rechtsbehelfen kommen, die von einem subjektiven Vertretenmüssen des anderen Teils unabhängig sind (vgl dazu §§ 314 ff, 323 ff; RGZ 171, 297, 304; BGH NJW 1990, 3008, 3009; BGHZ 138, 195, 209 f), aber auch in Fällen einer verschuldensunabhängigen Vertragsstrafe (RGZ 147, 228, 233; BGH NJW 1971, 1126) sowie bei vereinbarten oder gesetzlichen Fälligkeitszinsen (BGH DNotZ 1978, 478, 479). Einen ausdrücklichen gesetzlichen Niederschlag fand der *tu-quoque*-Einwand in § 323 Abs 6.

55 **d) Venire contra factum proprium.** Keine Form der Pflichtverletzung ieS, sondern eine eigene Unterfallgruppe der unzulässigen Rechtsausübung, bildet daneben das sog »widersprüchliche Verhalten«. Für diese ist es maßgeblich, dass ein gesetztes Vertrauen enttäuscht wird und dies wegen bes Umstände treuwidrig erscheint (BGHZ 94, 344, 351 f; PWW/*Schmidt-Kessel* Rn 45). Der Widerspruch des gegenwärtigen Verhaltens zum Vorverhalten begründet aber nicht in jedem Fall die Annahme einer unzulässigen Rechtsausübung. Denn die Rechtsordnung verlangt von den Teilnehmern des Rechtsverkehrs keine absolute Widerspruchsfreiheit ihrer Handlungen. So dürfen sie etwa ihre Rechtsauffassung ändern (BGH NJW 2005, 1354, 1356) und dies auch noch nach Beginn des Rechtsstreits (Palandt/*Heinrichs* Rn 55). Hat jedoch früheres Verhalten für den anderen Teil auf Grund bes Umstände einen schutzwürdigen Vertrauenstatbestand geschaffen, ist die Grenze zur folgenlosen Inkohärenz überschritten. Einen rechtsinstitutionellen Niederschlag findet die Fallgruppe des *venire contra factum proprium* etwa in den zahlreichen Fällen der Rechtsscheinshaftung (BGH BB 1976, 1479, 1480; Staud/*Looschelders/Olzen* Rn 320). Gesetzgeberisch wurde der Grundsatz in den Fällen der Heilung nichtiger Rechtsgeschäfte antizipiert (Bsp §§ 311b Abs 1 S 2, 766 S 3, 1310 Abs 3). Außer in diesen »etablierten Tatbeständen« kommt es auf die bes vertrauensbegründenden Umstände des Einzelfalls an (BGHZ 32, 273, 279; BGH NJW 1992, 834; BGH NJW 1997, 3377, 3379; BGH WM 2005, 418). Niederschlagen kann sich ein gesetzter Vertrauenstatbestand etwa in einer getroffenen Vermögensdisposition, notwendig ist dies aber nicht.

56 **2. Rechtsfolgenseite.** Derjenige, der ein Recht unzulässig ausübt, wird in seiner Rechtsausübung insofern beschränkt, als ihm ein entspr Einwand entgegengesetzt werden kann. Dabei begründet der Einwand der unzulässigen Rechtsausübung ein Abwehrrecht zugunsten des mit der unzulässigen Rechtsausübung Belasteten (AnwK/*Krebs* Rn 70), das potentiell beiden Seiten zusteht (Jauernig/*Mansel* Rn 36; PWW/*Schmidt-Kessel* Rn 31). Der Einwand der unzulässigen Rechtsausübung wirkt sowohl ggü Gesamtrechts- (BGHZ 44, 367, 370) als auch Einzel-

rechtsnachfolgern, soweit diese nicht durch Spezialvorschriften (etwa nach den Regeln über den gutgläubigen bzw gutgläubig lastenfreien Erwerb) geschützt sein können (AnwK/*Krebs* Rn 72). Ansonsten kommt dem Einwand der unzulässigen Rechtsausübung aber grds keine Drittwirkung zu (Palandt/*Heinrichs* Rn 41; PWW/*Schmidt-Kessel* Rn 31). Eine Ausn davon ist nur dann zu machen, wenn dem Dritten die Treuwidrigkeit des mit dem Einwand Belasteten selbst zugerechnet werden kann oder – gem der Natur des Vertrages – wenn es sich bei ihm um einen Vertrag zugunsten Dritter handelt (BGH MDR 1970, 213 f).

II. Verwirkung. 1. Tatbestand. Eine bes Fallgruppe des § 242 ist diejenige der Verwirkung. Eine Partei kann 57
ihres Rechtes in Extremfällen faktisch ganz verlustig gehen, indem es dauerhaft undurchsetzbar wird (AnwK/*Krebs* Rn 111). Der sog Verwirkung unterliegen grds sämtliche Rechte, Rechtsstellungen und Befugnisse (PWW/*Schmidt-Kessel* Rn 49). Wann ein Recht verwirkt ist, muss jedoch stets im Einzelfall festgestellt werden. Die Fallgruppe darf auf keinen Fall dazu dienen, die allg Regelungen des Leistungsstörungsrechtes breitflächig zu umgehen. **a) Verwirkung wegen Zeitablaufs.** Die Verwirkung kann einmal die Rechtsfolge einer illoyalen Verspätung sein, sofern bes Umstände hinzutreten (BGHZ 92, 184, 187; 105, 250, 256; BGH NJW-RR 2003, 727, 728; BAGE 6, 165, 167). Dies ist der Hauptanwendungsfall der Verwirkung. **aa) Zeitmoment.** Die dauerhafte Undurchsetzbarkeit des Rechts wegen verspäteter Geltendmachung setzt dabei allerdings voraus, dass zwischen der ersten Möglichkeit der Einforderung des betreffenden Rechts und seiner tatsächlichen Geltendmachung ein längerer Zeitraum verstrichen ist (sog » Zeitmoment«). Die für die Verwirkung notwendige Zeitspanne lässt sich allerdings nicht für alle Fälle allgemeingültig taxieren (BGHZ 146, 217, 224 f; NZA-RR 2003, 253, 254). Gesetzliche Verjährungs- und Ausschlussfristen können aber einen ersten Indikator bieten (BGHZ 103, 62, 68; PWW/*Schmidt-Kessel* Rn 51).

bb) Umstandsmoment. Hinzutreten neben dem Zeitmoment muss aber noch ein sog »Umstandsmoment«, 58
welches sich darin niederschlägt, dass die späte Geltendmachung des Rechts auf Grund spezieller Umstände des Falles als bes treuwidrig erscheint (BGHZ 149, 217, 220, 224 f; NJW 2003, 824).

cc) Verhältnis von Zeit- und Umstandsmoment. Das Verhältnis beider Momente zueinander ist ein relati- 59
ves, so dass eine kürzere Zeitspanne durch das Hinzutreten schwerwiegender Umstände zur Begründung der Fallgruppe ggf als ausreichend erachtet werden muss (BGH NJW 1993, 918, 921; GRUR 2001, 323, 327; PWW/*Schmidt-Kessel* Rn 50).

b) Verwirkung wegen sonstiger Treuwidrigkeit. Neben der Verwirkung auf Grund illoyaler Verspätung 60
kann es auch in anderen Extremfällen zu einer an den Wegfall des Rechts reichenden Verwirkung kommen. Einzelfallbeispiele sind etwa: die Verwirkung von Unterhaltsansprüchen bei Verletzung eigener Pflichten ggü dem Unterhaltsverpflichteten (Schleswig NJW-RR 1987, 1481, 1482, s dazu auch §§ 1579, 1611), der Verlust von Ansprüchen aus Nutzungsentschädigung aus §§ 987, 990 bei Verletzung der Pflicht zur Rücknahme (BGH NJW-RR 2005, 743, 745) und die Berufung auf eine ausschließliche Bezugsbindung bei unzulässiger Verweigerung der Belieferung (Nürnbg NJW 1972, 2270, 2271). Auch die Honoraransprüche von Rechtsanwälten und Ärzten können bei einer bes Treuwidrigkeit (zB Parteiverrat) ganz entfallen (BGH NJW 1963, 1301, 1303; NJW 1981, 1211, 1212).

2. Rechtsfolge. Die Verwirkung führt dazu, dass das Recht dauerhaft undurchsetzbar wird. Es bedarf hierzu 61
keiner Einrede wie bei der Verjährung nach § 214 Abs 1, vielmehr ist der Umstand von Amts wegen zu berücksichtigen (BGH NJW 1966, 343, 345; PWW/*Schmidt-Kessel* Rn 53). Trotzdem kein Rückgriff auf § 214 Abs 1 stattfindet, wird jedoch § 214 Abs 2 analog angewandt. Das führt iE dazu, dass dasjenige, was auf ein verwirktes Recht geleistet wurde, nicht wieder zurückgefordert werden kann (PWW/*Schmidt-Kessel* Rn 53).

F. Prozesstaktische Erwägungen und Beweislast. Im Prozess ist ein Verstoß gegen den Grundsatz von Treu 62
und Glauben entweder als rechtshindernde oder als rechtsvernichtende Einwendung von Amts wegen zu berücksichtigen (BGHZ 37, 152 ff; Hk-BGB/*Schulze* Rn 5, 25). Die Beweislast trägt regelm die Partei, die durch das Gebot, Treu und Glauben walten zu lassen, begünstigt wird (BGHZ 12, 160 ff).

G. Parallelbetrachtung zur Generalklausel im werdenden europäischen Vertragsrecht. Das Vertragsrecht 63
der EU überlagert in zunehmendem Maße das nationale Privatrecht. Ihm kommt in der Rechtspraxis eine immer größer werdende Bedeutung zu. Das ist auch und gerade im Zusammenhang mit Generalklauseln des nationalen Rechts spürbar, die sich bzgl ihrer Anwendung und Auslegung – so wie andere Regelungen des nationalen Normengefüges – an höherrangigem Recht zu orientieren haben. Unklar und bislang offen ist, ob nationale Rechtsausübungsgrenzen (wie etwa die des § 242) höherrangigen gemeinschaftsrechtlichen Rechten auch dann entgegengehalten werden können, wenn sie gemeinschaftsrechtlich noch nicht in Gänze, dh etwa durch eine ausdrückliche und allg gehaltene Generalklausel anerkannt sind. Bei der Behandlung dieser Problematik sind zwei Ebenen auseinander zu halten: Dass sich der EuGH berufen fühlt, eine Überprüfung nationaler Beschränkungen von gemeinschaftsrechtlichen Rechten nur am Maßstab des Gemeinschaftsrechts zuzulassen, ist nicht nur verständlich, sondern unter rechtssystematischen Gesichtspunkten auch richtig. Eine andere Frage betrifft aber das Problem, wie weit die als nationale Einschränkung dienende Regelung über das Gemeinschaftsrecht ggf als »allg Rechtsgrundsatz« der EU anerkannt ist, so dass der Treu und Glaubens-Grundsatz eventuell auch im Gewande des EU-Rechts und damit als »Regelung auf gleicher Augenhöhe« zur Beschränkung von EU-Rechtsakten in Ansatz gebracht werden kann (*Riesenhuber* Europäisches Vertragsrecht

2. Aufl 2006 Rn 576). In der Lit wird dazu bereits vertreten, dass die bestehende (aber insbes auch die noch kommende neue) Rechtsmasse der EU ein Kontrollinstrument entspr des deutsch-rechtlichen Treu und Glaubens-Grundsatzes erfordert, das schon jetzt als autonom zu bestimmendes aus dem EU-Recht exzerpierbar ist (Erman/*Hohloch* Rn 60).

64 **I. Entwicklung des Europäischen Vertragsrechts.** Die Entwicklung der Europäischen Generalklauseln ist eingebettet in die Entwicklung des gesamten Europäischen Vertragsrechts. **1. Entwicklungsstand.** Das Vertragsrecht der EU-Mitgliedstaaten, das hier als Europäisches Vertragsrecht bezeichnet wird, ist bislang (noch) nicht umfassend vereinheitlicht. Seine Regelungsstruktur und -dichte wird derzeit durch eine Vielzahl von Rechtsverordnungen und RL vorgegeben, die harmonisierend wirken. Häufig wird in diesem Zusammenhang von »punktuellen Einwirkungen« des Europäischen Rechts in die nationale Rechtsordnung gesprochen (*Junker* JZ 1994, 921, 924; *Hommelhoff* AcP 192, 71, 102; *Ulmer* JZ 1992, 1, 6), wobei jedoch die Gemeinschaft bestrebt ist, die gemeinschaftsrechtlichen »Inseln« (*Rittner* JZ 1995, 849, 851) im nationalen Regelungsmeer mehr und mehr zu verdichten. Mit zunehmender Regelungsdichte und Kohärenz lassen sich aus dem Gemeinschaftsprivatrecht werthaltige Prinzipien und Rechtsinstitute exzerpieren. Es kommt hier nach und nach zu einer Materialisierung in Form der Herausbildung fundamentaler Grundprinzipien (zu dieser Entwicklungstendenz allg *Canaris* AcP 200, 273, 276 ff). Eines dieser Prinzipien ist zweifelsohne der Verbraucherschutz. Während früher allein die Verwirklichung des Binnenmarkts Handlungsziel der Gemeinschaft war, weist bereits das Primärrecht seit den Verträgen von Maastricht und Amsterdam zahlreiche zusätzliche »Politiken« auf, die sich zukünftig auch in weiteren materiellen Zielen (auch) des privatrechtsangleichenden Gemeinschaftsrechts niederschlagen werden.

65 **2. Entwicklungstendenz.** Vor dem Hintergrund der expansiven Tendenz der europarechtlichen Kompetenzzuweisungen und der Integrationsdynamik der EG ist die Diskussion über die Vereinheitlichung des Vertragsrechts in Europa zu sehen. Dabei rückt gerade die Notwendigkeit der »inneren Systembildung« mehr und mehr in das Blickfeld der rechtswissenschaftlichen Auseinandersetzung (*Tröger* ZEuP 2003, 525 ff; *Basedow* AcP 200, 445, 453). Die Weichen, die die Gemeinschaft stellt, sind unzweifelhaft auf die Herausbildung eines gemeinsamen Europäischen Vertragsrechts gerichtet. Schon in der Entschließung des Europäischen Parlaments vom 26.05.1989 und vom 06.05.1994 (ABl EG Nr C 158 v 26.06.1989 S 400; ABl EG Nr C 205 v 25.07.1994 S 518; vgl *Tilman* ZEuP 1995, 534 ff) wurde der punktuelle Regelungsansatz der Gemeinschaft als nicht mehr zeitgem gekennzeichnet. In den Schlussfolgerungen des Europäischen Rats von Tampere (ABl EG Nr C 377/323 v 29.12.2000) findet sich als nächster Meilenstein die Aussage, dass eine allg Studie der Gemeinschaft zur Frage notwendig ist, ob zur Beseitigung von Hindernissen für das reibungslose Funktionieren von zivilrechtlichen Verfahren, die Vorschriften der Mitgliedstaaten angeglichen werden müssen; hierüber hatte die Kommission bis 2001 Bericht zu erstatten. Das tat sie am 11.07.2001 (KOM [2001], 398 endg; dazu *Grundmann* NJW 2002, 393; *Schulte-Nölke* JZ 2001, 917; *v Bar* ZEuP 2001, 799). Als Problemfelder wurden von ihr Abschluss, Auslegung und Durchführung grenzüberschreitender Verträge benannt. Hinsichtlich der daran ansetzenden überwiegend krit Stellungnahmen aus Wissenschaft und Praxis teilte die Kommission dem Europäischen Parlament und Rat am 12.02.2003 mit, dass zunächst der sektorspezifische Regelungsansatz beibehalten werden soll. Zugleich wurde allerdings ein »Aktionsplan« in die Diskussion eingeführt, der eine Kombination von gesetzgeberischen und anderen Maßnahmen vorschlägt, um den bislang identifizierten Problemkreisen des punktuellen Regelungsansatzes zu begegnen. Dieser Plan umfasst drei Aspekte: Hierzu zählen Maßnahmen, welche die Kohärenz des Gemeinschaftsrechts auf dem Gebiet des Vertragsrechts erhöhen. In deren Folge sollen terminologische Divergenzen ebenso wie Wertungswidersprüche und unterschiedliche legislative Ansätze innerhalb des Sekundärrechts beseitigt werden. Das wesentliche Instrument hierfür ist die Formulierung eines »Gemeinsamen Referenzrahmens« für das Gemeinschaftsprivatrecht, der Definitionen und Grundsätze festlegt. Sollten sich die Mitgliedstaaten bei ihrer Rechtssetzung auch an ihm orientieren, könnte er in einem weiteren Rahmen als zunächst intendiert, zu einer Rechtsangleichung führen. Zum zweiten wird die Formulierung eines »optionellen Rechtsinstruments« für das gesamte Europäische Vertragsrecht vorgeschlagen (KOM [2003], 68 endg Nr 4.3 Rn 89 ff; *Staudenmayer* ZEuP 2003, 828). Zum dritten soll die Ausarbeitung EU-weit einheitlicher AGB durch die Förderung der Kommunikation über die Aufstellung derartiger Klauseln sowie die Veröffentlichung von Leitlinien für ihre Formulierung unterstützt werden (KOM [2003], 68 endg Nr 4.2 Rn 81 ff). Neben diesen Maßnahmen der Gemeinschaftsorgane, die den Diskussionsprozess intensivieren und zugleich steuern, finden sich zahlreiche Projekte der Rechtswissenschaft, die inhaltlich unabhängig von den Gemeinschaftsorganen und den nationalen Regierungen arbeiten (einen Überblick gibt *Wurmnest* ZEuP 2003, 714). Im Wesentlichen haben diese international besetzten Forschungsgruppen die Analyse der Übereinstimmungen und Divergenzen der nationalen Privatrechtsordnungen zum Gegenstand. Dabei reichen die Methoden von dem Aufzeigen funktionaler Gemeinsamkeiten (und Unterschiede) über ihre Formulierung in Form von Prinzipien und Regeln bis hin zu Kodifikationsentwürfen für Teilbereiche des Privatrechts.

II. Entwicklung europäischer Generalklauseln. Die Entwicklung europäischer Generalklauseln in Form von »allg Rechtsgrundsätzen« ist in der hier angedeuteten Etablierungstendenz eines gemeinsamen Europäischen Vertragsrechts eingebunden. **1. Das Fehlen expliziter einzelaktsübergreifender europäischer Generalklauseln.** Aufgrund des punktuellen Regelungsansatzes des europäischen Privatrechts fehlen jedoch bislang ausdrückliche einzelaktsübergreifende europäische Generalklauseln. 66

2. Das geltende Recht als Grundlage einer Gesamtanalogie zur Etablierung europäischer Generalklauseln. 67
Die Entwicklung des Europäischen Vertragsrechts, die auf eine Verdichtung sowohl im äußeren als auch im inneren System gerichtet ist, führt jedoch zweifelsohne in diese Richtung. So lässt sich etwa in Bezug auf die Frage nach einer europäischen Parallelvorschrift zu § 242 in Hinblick auf zahlreiche Einzelverbürgungen des Primär- und Sekundärrechts sowie der Rechtsmissbrauchs-Rspr des EuGH (vgl EuGH v 12.05.1998 – Rs. C-367/96 Kefalas Slg. 1998, I-2843 Rn 19–23) gut vertreten, dass der Grundsatz von Treu und Glauben als allg Rechtssatz auch durch das Gemeinschaftsprivatrecht reflektiert wird, wenngleich er rechtssystematisch wohl nur auf der Grundlage einer Gesamtanalogie aus ihm exzerpierbar ist (vgl dazu Erman/*Hohloch* Rn 59; Basedow Leg Stud. 18, 121, 136 f: »general European principle of estoppel«; aA *Riesenhuber* Europäisches Vertragsrecht 2. Aufl 2000 Rn 572).

a) Ausprägungen im Primärrecht. Im Hinblick auf die im Rahmen der Gesamtanalogie anzustellende Auswertung des Gesamtbestandes des Europäischen Rechts dürfte es zunächst von Bedeutung sein, dass bereits das Primärrecht in Art 288 Abs 2 EGV und Art 188 Abs 2 EAG für die außervertragliche Amtshaftung auf die »allg Rechtssätze, die den Rechtsordnungen der Mitgliedstaaten gemein sind« verweist. In ähnlicher Weise bestimmt Art 6 Abs 2 EUV, dass die Union die Grundrechte achtet, wie sie sich aus der EMRK und aus den »gemeinsamen Verfassungsüberlieferungen der Mitgliedstaaten als allg Grundrechte des Gemeinschaftsrechts ergeben«. Das Primärrecht enthält damit an zentralen Stellen Verweisungen auf »gemeinsame« Rechtsüberzeugungen. Das, was in den mitgliedstaatlichen Rechtsordnungen allg hin konsentiert ist, zählt damit – in den festgelegten Bereichen – bereits zum Bestand des europäischen (Vertrags-) Rechts. Die im Kern übereinstimmenden Einzelverbürgungen der mitgliedstaatlichen Rechtsordnungen bilden damit auch im Zusammenhang mit Generalklauseln einen wichtigen Ausgangspunkt bei der Etablierung entspr europäischer Regelungsvorgaben. Allerdings verlässt sich die Gemeinschaft bei der Herausbildung von gemeinschaftsrechtlichen Maßstäben nicht ausschließlich auf allg Rechtstraditionen der Mitgliedstaaten. Sie kann dies auch nicht, denn über den Begriffskern (hier: »Treu und Glauben«) hinaus findet ein allg Rechtssatz in den Mitgliedstaaten oftmals eine recht unterschiedliche Ausgestaltung (Erman/*Hohloch* Rn 1; MüKo/*Roth* Rn 10 ff). Am ähnlichsten erscheint in Bezug auf § 242 noch die entspr Ausgestaltung der Generalklausel in Art 2 des schweizer ZGB. Im französischen Recht, das in Art 1134 Code Civil eine dem § 242 verwandte Regelung bereithält, findet der Grundsatz von Treu und Glauben allerdings nicht das gleiche Gewicht wie im deutschen Privatrecht (*Sonnenberger/Autexier* Einführung in das französische Recht 3. Aufl 2000, S 127 f). Das englische Recht kennt trotz vorhandener Einzelausprägungen keinen allgemeingültigen Grundsatz des Wohlverhaltens (*Collins* Oxf.J.Leg.Stud. 14 (1994), 229, 249: »*The criterion of good faith is mysterious and exiting to an English lawyer*«). Insges lässt sich feststellen, dass sich mit dem Begriff von Treu und Glauben in den unterschiedlichen Rechtssprachen zumindest in den Details sehr unterschiedliche Rechts- und Argumentationsfiguren verbinden. Das zeigt gerade auch die Rspr des EuGH. So kann eine Frage, die in der deutschen Fassung des Urteils mit Treu und Glauben bezeichnet wird, in der englischen unter dem Gesichtspunkt der *legitimate expectations* erörtert werden; was im englischen Recht mit *good faith* bezeichnet werden kann, kann im Deutschen häufig mit »gutgläubig« gleichgesetzt werden (*Riesenhuber* Europäisches Vertragsrecht 2. Aufl 2006 Rn 542). Vor dem Hintergrund der unterschiedlichen Regelungsintensität und Ausgestaltungen des Treu und Glaubens-Grundsatzes in den mitgliedschaftlichen Rechtsordnungen ist es für die von der Gemeinschaft betriebene Rechtsangleichung notwendig, im Rahmen ihrer Kompetenzen über den bisher vorhandenen, konzertierten Befund »gemeinsamer Rechtsüberzeugungen« hinauszugehen. Die Verankerung von einzelnen Treu-und-Glaubens-Regelungen in den Sekundärrechtsakten durch die Gemeinschaft kann geradezu als Beleg dafür gewertet werden, dass die Gemeinschaft im Bewusstsein der unterschiedlichen Reichweiten der mitgliedstaatlichen Treu und Glaubens-Verbürgungen eine europäisch gesteuerte Rechtsangleichung zur Sicherstellung ihres Regelungsziels auch in diesem Punkt für geboten sah (*Riesenhuber* Europäisches Vertragsrecht 2. Aufl 2006 Rn 563). 68

b) Ausprägungen im Sekundärrecht. Das hier in Bezug auf das soeben Gesagte für notwendig befundene eigene Rechtssetzungspostulat der EU für die Etablierung von europäischen Generalklauseln findet gerade in dem europäischen Sekundärrecht einen Niederschlag, welches sich vor allem aus Verordnungen und RL zusammensetzt. Im Bereich des Zivilrechts beruht hierauf das gesamte europäische Vertragsrecht. Das Gebot von Treu und Glauben findet auf dieser Ebene in zahlreichen RL eine sehr konkrete Teilverankerung (vgl dazu auch Erman/*Hohloch* Rn 59). **aa) Klausel-Richtlinie.** So ist bspw nach der Klausel-RL (vgl Art 3 Abs 1) eine nicht ausgehandelte Vertragsklausel missbräuchlich, wenn ihre Regelung ein mit Treu und Glauben unvereinbares Missverhältnis der Vertragsrechte und -pflichten zu Lasten des Verbrauchers verursacht. Zur Konkretisierung des Missbräuchlichkeitsmaßstabes nennt Art 4 der RL drei Kriterien. Diese sind wiederum selbst im Lichte der 16. Begründungserwägung in die Abwägung einzubeziehen. Diese schließt sodann mit 69 der Anordnung, dass »dem Gebot von Treu und Glauben durch den Gewerbetreibenden Genüge getan werden (kann), indem er sich ggü der anderen Partei, deren berechtigten Interessen er Rechnung tragen muss, loyal und billig verhält«. Der Grundsatz von Treu und Glauben fand aber auch in der Handelsvertreter-RL Eingang. So verpflichtet diese RL den Handelsvertreter und Unternehmer im Verhältnis untereinander zur Wahrung von Treu und Glauben (Art 3 Abs 1, Art 4 Abs 1).

70 **bb) Finanzmarkt-Richtlinie.** Auch die Finanzmarktrichtlinie anerkennt eine Treupflicht der Wertpapierfirma ggü dem Kunden. Nach Art 4 Abs 2 der RL sind etwa die vorvertraglichen Informationen, die der Lieferer nach Abs 1 der Vorschrift schuldet, unter Beachtung der »Grundsätze der Lauterkeit bei Handelsgeschäften« zu erteilen. Art 3 Abs 2 der RL nimmt darüber hinaus bzgl der Informationserteilung allg Bezug auf die im Geschäftsverkehr zu wahrenden Grundsätze von Treu und Glauben.

71 **cc) Richtlinie über unlautere Geschäftspraktiken.** Selbst die RL über unlautere Geschäftspraktiken knüpft über Art 3 Abs 2 an das Gebot von Treu und Glauben an, wenngleich sie nicht vertragsrechtlich zu verstehen ist. Eine Geschäftspraxis ist nach Gemeinschaftsvorgaben dieser RL unlauter, wenn sie den Erfordernissen der beruflichen Sorgfalt widerspricht und das wirtschaftliche Verhalten des Durchschnittsverbrauchers beeinflusst. Dabei wird die anzuwendende berufliche Sorgfalt dergestalt konkretisiert, dass sie sich an den anständigen Marktgepflogenheiten und/oder dem allg Grundsatz von Treu und Glauben zu orientieren habe (Art 5 Abs 2; Art 7 Abs 4 lit d).

72 **dd) Weitere Anknüpfungspunkte.** Darüber hinausgehende (wenn auch etwas unkonkretere) Ausprägungen des Grundsatzes von Treu und Glauben kann man sowohl in den Leistungsstörungsregelungen der Pauschalreise-RL als auch in den Beschränkungen der Kaufgewährleistungsrechte nach dem Verhältnismäßigkeitsgrundsatz finden (so *Riesenhuber* Europäisches Vertragsrecht 2. Aufl 2006 Rn 560 f).

73 **3. Weitergehende rechtsvergleichende Analysen: European Principles, Unidroit Principles.** Neben den Einzelverbürgungen des Primär- und Sekundärrechts der EU gibt es weitere Anhaltspunkte für einen auf europäische Ebene exzerpierbaren Treu und Glaubens-Grundsatz. Denn auch die *European Principles* kennen das Gebot von Treu und Glauben sowohl in allg Form als auch in singulären Ausprägungen (vgl dazu Art 1:201 – allg Grundsatz des Wohlverhaltens; Art 1:202 – Kooperationspflicht; Art 2:301 – Vertragsverhandlungen nach Treu und Glauben; Art 2:302 – Geheimhaltungspflicht; Art 4:109 – übermäßiger Vorteil oder angemessene Nutzung; zum Ganzen Erman/*Hohloch* Rn 59). Angelegt ist das Gebot, Treu und Glauben walten zu lassen, darüber hinaus in den *Unidroit Principles,* vgl Art 1.7 PICC (Erman/*Hohloch* Rn 59).

74 **4. Ausprägungen in der EuGH-Rspr.** Auch die Rspr des EuGH bestätigt die aufgezeigte Entwicklungstendenz. Auf der Grundlage der gemeinsamen europäischen Rechtstraditionen hat der EuGH ungeschriebene »allg Rechtssätze« seit langem anerkannt, darunter auch jene, die nach dem deutschen Rechtsverständnis als Unterprinzipien von Treu und Glauben verstanden werden können.

75 **III. Gemeinsamkeiten und Unterschiede der nationalen und europäischen Generalklausel.** Wollte man den aus den europäischen Einzelregelungen herleitbaren Grundsatz von Treu und Glauben inhaltlich näher beschreiben und Vergleiche zum Normgehalt des § 242 ziehen, ließe sich zunächst feststellen, dass sowohl die europäische als auch die deutsche Generalklausel in einem beweglichen Systemverbund zu den spezielleren Normvorgaben der jeweiligen (und übergeordneten) Regelungsebene stehen. Der bewegliche Systemverbund ist verantwortlich für die Konturierung der jeweiligen Generalklausel. Der Entwicklungsstand des nationalen (deutschen Privatrechts) ist im Hinblick auf seinen umfassenden Regelungsansatz im Gegensatz zum europäischen Vertragsrecht sehr viel höher einzuschätzen. Deshalb können die aus dem europäischen Treu und Glaubens-Grundsatz zu folgernden Vorgaben im Verhältnis zu § 242 auch nur einen sehr allg, relativ weiten äußeren Rahmen vorgeben. Die zunehmende Rechtsangleichung durch gesetzgeberische Detailvorgaben auf europäischer Ebene kann den Anwendungsbereich des allg europäischen Treu und Glaubens-Grundsatzes jedoch weiter beschneiden, indem ihm bestimmte Sonderbereiche – etwa durch die Etablierung expliziter Spezialregelungen – überhaupt nicht mehr zugänglich sind. Andererseits können solche Spezialregelungen in umgekehrter Wirkungsrichtung auch dafür sorgen, dem autonomen europäischen Grundsatz von Treu und Glauben weitere Konturen zu verleihen, da sie ggf auch als Einzelverbürgungen (singuläre Ausflüsse) verstanden werden können, das hängt ganz von ihrem Inhalt ab. In jedem Fall wird der gemeinschaftsautonome Grundsatz von Treu und Glauben durch die Zunahme der Regelungsdichte des europäischen Vertragsrechts an Aussagekraft gewinnen, so wie es bei § 242 heute schon im deutschen Zivilrecht zu verzeichnen ist. Vergleicht man die deutsche und die europäisch geprägte Generalklausel im Hinblick auf ihren personellen Regelungsansatz, ist zudem festzustellen, dass sie sich beide nicht nur auf das Verhältnis des Verbrauchers zum Unternehmer beschränken, das macht etwa die Handelsvertreter-RL sehr deutlich. Im Hinblick auf den sachlichen Regelungsansatz verbindet sowohl die europäische als auch die deutsche Regelung prozedurale und materielle Elemente zur Herstellung eines angemessenen Interessenausgleiches. Dabei geht es um die Art und Weise des Zustandekommens der Verpflichtung als auch um die Ergebnisse (*Riesenhuber* Europäisches Vertragsrecht 2. Aufl 2006 Rn 550 f). Von seiner Anwendung her kommt sowohl dem europäischen als auch dem deutschen Grundsatz eine Schranken-, als auch eine Ergänzungsfunktion zu.

§ 243 Gattungsschuld. **[1] Wer nur eine der Gattung nach bestimmte Sache schuldet, hat eine Sache von mittlerer Art und Güte zu leisten.**
[2] Hat der Schuldner das zur Leistung einer solchen Sache Erforderliche getan, so beschränkt sich das Schuldverhältnis auf diese Sache.

Literatur *Bezzenberger* Das Verbot des Zinseszins WM 2002, 1617; *Canaris* Der Zinsbegriff und seine rechtliche Bedeutung NJW 1978, 1891; *Schmidt Karsten* Das »Zinseszinsverbot« JZ 1982, 829; *Vehslage* Zinsberechnungsmethoden – Richtige Umrechnung von Jahreszinsen für Tageszeiträume MDR 2001, 673; *Westermann* Die Konzernverschaffungsschuld als Beispiel einer beschränkten Gattungsschuld JA 1981, 599.

A. Allgemeines. Die Stückschuld bildet den Regelfall des Schuldrechts. Gemessen an der ökonomischen Bedeutung von Gattungsschuldverhältnissen im Zeitalter weltweit wachsender Märkte stellt die Vorschrift des § 243 jedoch mehr als eine Ausnahme dar. Sie regelt zum einen, welche Anforderungen an eine nur der Gattung nach bestimmte Leistung zu stellen sind (Abs 1). Zum anderen wird in Abs 2 festgehalten, zu welchem Zeitpunkt die Beschränkung der Leistungspflicht auf einen konkreten Gegenstand (Konkretisierung) erfolgt. Ihre Bedeutung für die Vertragsgestaltung erlangt die Vorschrift maßgeblich durch das Bedürfnis der Vertragsparteien, dem Umfang der jeweiligen Gattung mittels beliebig vieler Gattungsmerkmale einen individuellen Rahmen zu verleihen. Jedoch ergeben sich auch hinsichtlich der Konkretisierung vertragliche Spielräume (vgl dazu Rz 9). Einzelne Regelungen für Gattungsschuldverhältnisse sind in den §§ 300 Abs 2, 524 Abs 2, 2155, 2182 f enthalten. Eine spezielle Vorschrift für die Gattungswarenschuld enthält § 360 HGB. Im Seehandelsrecht müssen darüber hinaus die §§ 562, 628 HGB Beachtung finden. 1

B. Voraussetzungen der Gattungsschuld. Ein Gattungsschuldverhältnis liegt vor, wenn der Leistungsgegenstand nicht individuell, sondern lediglich nach den **generellen Merkmalen** seiner Gattung beschrieben ist. Zu diesen Merkmalen zählen die natürlichen, technischen oder wirtschaftlichen Eigenschaften einer Sache, durch die sie sich von anderen Gegenständen unterscheidet (vgl MüKo/*Emmerich* Rn 5, Staud/*Schiemann* Rn 6). § 243 ist bereits nach seinem Wortlaut nicht auf die dauerhafte bzw endgültige Verschaffung einer Sache beschränkt. So können regelm auch durch die vertragliche Einräumung des Gebrauchs mittels Leasing (BGH NJW 1982, 873) oder Miete Gattungsschuldverhältnisse begründet werden. Ebenso wenig kommt es auf die Entgeltlichkeit an (Leihe). Neben Sachleistungen können Forderungen (MüKo/*Emmerich* Rn 3) oder einzelne Reiseleistungen (BGH NJW 2002, 2238, 2240; 1987, 1931, 1935) Gegenstände einer Gattung bilden. Auch die Qualität von Schönheitsreparaturen des Mieters hat der BGH am Maßstab des § 243 beurteilt (BGHZ 105, 71, 78). 2

Die Bestimmung einer Gattung kann gleichsam durch die Beschränkung auf eine Leistung aus einem vorhandenen oder künftigen Vorrat des Schuldners bzw eines Dritten erfolgen. Eine solche **Vorratsschuld** ist häufig schon ohne ausdrückliche Vereinbarung einer entspr Produktions- oder Vorratsklausel anzunehmen, wenn sich bereits aus den weiteren Gattungsmerkmalen die Erfüllungsuntauglichkeit von Gegenständen anderer Herkunft ergibt oder wenn es dem Gläubiger erkennbar auf eine persönliche Produktion durch den Schuldner ankommt. Der Umfang des Vorrats kann zB durch die Bezeichnung einer bestimmten Ernte, einer konkreten Ladung oder eines einzelnen Produktionszyklusses beschränkt werden. Ebenfalls um eine Vorratsschuld handelt es sich bei der Begrenzung einer Lieferverpflichtung auf die Produkte mehrerer oder aller Unternehmen eines Konzerns (Konzernverschaffungsschuld, vgl dazu ausf *Westermann* JA 1981, 599, 603 ff). 3

Zusätzlich zur Leistung aus dem Vorrat kann dem Schuldner vertraglich die Erfüllung mit einer **Ersatzleistung** für den Fall der Erschöpfung des Vorrats eingeräumt werden (Ersetzungsbefugnis). Die Ausübung dieses Gestaltungsrechts bedarf jedoch einer eindeutigen Erklärung ggü dem Gläubiger. Eine Klausel, die eine »stillschweigende« Ersetzung der Leistung vorsieht, ist unwirksam (vgl BGH NJW 1970, 992). 4

Die Parteien können im Rahmen der Übertragung des **Leistungsbestimmungsrechts** erwägen, eine andere Person als den Schuldner die Auswahl des Erfüllungsgegenstandes vornehmen zu lassen. Dies kann der Gläubiger oder ein geeigneter Dritter sein. In diesen Fällen finden die §§ 315–319 sowie ggf § 375 HGB Anwendung. Keine Gattungsschuld sondern eine Wahlschuld (§§ 262 ff) liegt hingegen vor, wenn die Auswahl ungeachtet der Gattungszugehörigkeit unter mehreren, zuvor konkret bestimmten Gegenständen erfolgen soll. 5

C. Der Leistungsgegenstand der Gattungsschuld (Abs 1). Nach Abs 1 ist der Schuldner zur Leistung einer »Sache von mittlerer Art und Güte« verpflichtet. Der Gesetzeswortlaut gibt keine Auskunft über die Merkmale, die eine Sache einer Gattung zuweisen. Von Ihrer Bestimmung hängt jedoch ab, ob eine Sache überhaupt die mindestens für die Gattungszugehörigkeit notwendige oder die erforderliche durchschnittliche Beschaffenheit aufweist. Grds besteht die Gattung aus allen tauglichen Leistungsgegenständen, die am Markt erhältlich sind (marktbezogene Gattungsschuld). Die mittlere Art und Güte einer Leistung bemisst sich also nach einer Vielzahl von Faktoren, die von den Vertragspartnern angemessen Berücksichtigung finden müssen. Üblicher Weise wird dazu auf den Typ, die Serie, eine bestimmte Ladung, eine Quelle oder einen bestimmten Vorrat (s.o. Rz 3) Bezug genommen. Demgegenüber weist eine genauere Regelung regelm für beide Seiten Vorteile auf. Die Beschränkung der Gattungsbestimmung auf allg Typen- oder Serienbezeich- 6 nungen birgt häufig die Gefahr, dass individuelle Vorstellungen der Parteien keine Berücksichtigung finden. So ist zB nach Ansicht des LG Köln die Eigenschaft eines Fahrzeugs als Importprodukt grds kein Gattungsmerkmal (vgl LG Köln 04.12.2000, AZ 9 S 361/99). Insoweit können zusätzliche Beschränkungen oder Erweiterungen der Gattung mehr als nur klarstellende Wirkung für die Vertragsgestaltung haben.

7 Die Bestimmung der Gattungsmerkmale kann auch durch **AGB** erfolgen. Durch ihre Verwendung darf ebenso festgelegt werden, dass eine grds nicht zur Gattung gehörende Sache zur Erfüllung geleistet werden kann. Die Rspr zieht die Grenze des zulässigen formularmäßigen Änderungsvorbehalts dort, wo mit der Abweichung das Äquivalenzverhältnis zwischen den Leistungen zum Nachteil des Kunden erheblich beeinträchtigt wird (so etwa BGH NJW 1987, 1886, 1887). Eine solche Beeinträchtigung liegt jedoch nicht vor, wenn sich der Änderungsvorbehalt an den gesetzlichen Wertungen, wie eben § 243 oder § 434 orientiert. Dies kann durch Formulierungen wie »handelsüblich« festgehalten werden.

8 Nicht nur die Zugehörigkeit zur Gattung selbst, sondern auch die Anforderungen an die **Qualität** des Leistungsgegenstandes (mittlere Art und Güte) sind einer vertraglichen Regelung zugänglich. So hat der BGH hervorgehoben, dass der Standard von Reiseleistungen im Ausland nicht notwendig dem deutschen Verständnis entsprechen muss (BGH NJW 1987, 1931, 1935). Weicht die Leistung in negativer Weise von der geschuldeten mittleren Art und Güte ab, kann der Gläubiger sie entweder zurückweisen oder seine Mängelgewährleistungsrechte aus § 437 geltend machen (zu den unterschiedlichen Auswirkungen auf die Beweislast s.u. Rz 11). Bei besserer als der geforderten Qualität tritt idR Erfüllung ein (zur Irrtumsanfechtung bei versehentlich besserer Lieferung vgl Staud/*Schiemann* Rn 28).

9 **D. Konkretisierung (Abs 2).** Mit der Konkretisierung endet die Pflicht des Schuldners, den Leistungsgegenstand notfalls erneut und bis zur Erschöpfung der Gattung bzw des Vorrats zu beschaffen. Sie konzentriert sich ab diesem Zeitpunkt auf diejenige Sache, für deren Leistung an den Gläubiger der Schuldner das »seinerseits Erforderliche« getan hat. Die Konkretisierung erfolgt regelm durch den Schuldner (zu Ausnahmen vgl Staud/*Schiemann* Rn 28). **1. Voraussetzungen.** Eine genaue Beschreibung dessen, was das seitens des Schuldners Erforderliche darstellt, existiert nicht. Vielfach wird der Begriff des »Anleistens« für die Pflicht bemüht, alle Leistungshandlungen vorzunehmen, die ohne Mitwirkung des Gläubigers erfolgen können (siehe dazu MüKo/*Emmerich* Rn 31, Staud/*Schiemann* Rn 30). Entscheidend für den Umfang dieser Pflicht ist der konkrete Inhalt des Schuldverhältnisses, insbes die Ausgestaltung als **Hol-, Bring- oder Schickschuld**. Bei Vereinbarung der Bringschuld ist der Schuldner verpflichtet, die Leistung am vereinbarten Ort gem § 294 tatsächlich anzubieten. Demgegenüber ist bei der Holschuld lediglich der Gläubiger von der Bereitstellung der ausgesonderten Sache zur Abholung zu benachrichtigen (hM, ausf zum Streitstand jurisPK/*Toussaint* Rn 24 ff). Bei der Schickschuld schließlich wird die Konkretisierung durch Versendung der Sache an den Gläubiger bewirkt.

10 **2. Rechtsfolgen.** Mit Eintritt der Konkretisierung beschränkt sich das Schuldverhältnis auf die ausgesonderte Sache; es liegt nunmehr eine Stückschuld vor. Die Parteien können abw davon vereinbaren, dass eine **Rekonzentration** möglich sein soll, etwa um dem Schuldner eine anderweitige Verwendung des bereits ausgesonderten und Auswahl eines neuen Leistungsgegenstandes einzuräumen. Dies bietet sich auch angesichts der uneinheitlich beantworteten Frage an, ob der Schuldner an die einmal eingetretene Konkretisierung gebunden ist, oder ob er diese einseitig aufheben kann (vgl dazu Staud/*Schiemann* Rn 39). Die Konkretisierung führt gleichzeitig zum **Übergang der Leistungsgefahr** vom Schuldner auf den Gläubiger. Dies hat vor allem zur Folge, dass der Schuldner bei Untergang der konkretisierten Leistung gem § 275 Abs 1 von seiner Leistungspflicht befreit ist.

11 **E. Prozessuale Besonderheiten.** Klagt der Gläubiger auf Erfüllung der Gattungsschuld, so bleibt der **Antrag** auf die Leistung aus der Gattung gerichtet. Eine Verurteilung des Schuldners zur Vornahme der Auswahl von Sachen mittlerer Art und Güte ist nicht erforderlich. Ggf nimmt der Gerichtsvollzieher in der **Zwangsvollstreckung** die Auswahl gem §§ 884, 883 Abs 1 ZPO vor. Die Beweislast für die Unmöglichkeit der Leistung aus der Gattung trägt der Schuldner (vgl BGH NJW 2002, 2238, 2240). Der Gläubiger hingegen hat die Mangelhaftigkeit einer Sache zu beweisen, wenn er diese zuvor trotz fehlender Erfüllungstauglichkeit angenommen hat. Hier kann es aus prozessualer Sicht günstiger sein, bei Kenntnis des Mangels die Annahme der Leistung zu verweigern oder einen Vorbehalt zu vereinbaren. Bei der Holschuld birgt die **Mitteilung** des Schuldners an den Gläubiger über die Bereitstellung der ausgesonderten Sache (s.o. Rz 9) einige Gefahren. So ist unklar, ob der Schuldner im Zweifel nur die Absendung oder auch den Zugang dieser Mitteilung zu beweisen hat (Staud/*Schiemann* Rn 36 ff mwN). Insbes bei Massengeschäften wird ein Nachweis über den Zugang häufig unpraktikabel und kostspielig sein.

§ 244 Fremdwährungsschuld.

[1] Ist eine in einer anderen Währung als Euro ausgedrückte Geldschuld im Inland zu zahlen, so kann die Zahlung in Euro erfolgen, es sei denn, dass Zahlung in der anderen Währung ausdrücklich vereinbart ist.

[2] Die Umrechnung erfolgt nach dem Kurswert, der zur Zeit der Zahlung für den Zahlungsort maßgebend ist.

A. Allgemeines. Der Gesetzgeber hat auf eine umfassende Regelung der Geldschuld verzichtet. Die Vorschrift in § 244 über die Fremdwährungsschuld zählt zu den wenigen Einzelbestimmungen. Sie räumt dem Schuldner in Abs 1 eine **Ersetzungsbefugnis** für die Währung ein, sofern die Geldschuld im Inland zahlbar ist und eine ausdrückliche Vereinbarung über die Zahlung in einer anderen Währung fehlt. Gem Abs 2 ist der für die Umrechnung zu Grunde zu legende Kurswert an den Zeitpunkt der tatsächlichen Zahlung geknüpft. **Besondere Bestimmungen** bestehen für den Fremdwährungswechsel (Art 41 WG) und für den Fremdwährungsscheck (Art 36 ScheckG). § 661 HGB findet auf den Frachtvertrag im Seehandelsrecht hinsichtlich des Umrechnungszeitpunkts Anwendung. 1

B. Die Geldschuld als Wertverschaffungsschuld. Die Geldschuld verpflichtet den Schuldner zur Verschaffung des Vermögenswertes, der durch den Betrag der Geldforderung dargestellt wird (Nominalismus). Grds nicht bedeutsam ist die Frage, welchen Wert (Kaufkraft) die Währung an sich hat (BGHZ 61, 385, 387 ff). Praktische Folge der Abstraktion von den zur Zahlung bestimmten Geldzeichen ist der Ausschluss der Unmöglichkeit bzw des Unvermögens (»Geld hat man zu haben.«). Die Modalitäten der Bewirkung von Geldschulden richten sich hinsichtlich des Zahlungsortes nach § 270, wobei insbes die Kosten und das Risiko der Übermittlung dem Schuldner zufallen (»qualifizierte Schickschuld«). 2

C. Die Valutaschuld. Fremdwährungsschulden (Valutaschulden) sind gem Abs 1 solche Geldschulden, die in einer anderen Währung als Euro ausgedrückt sind. Als Währung sind die nach einem ausländischen Währungsrecht bestimmten Zahlungsmittel anzusehen (zu den vergangenen deutschen Währungen siehe jurisPK/*Toussaint* Rn 25 ff). Keine Notwendigkeit für die Anwendung des § 244 besteht für Geldschulden, die in den früheren Währungen derjenigen Mitgliedstaaten angegeben sind, welche den Euro gleichsam eingeführt haben. Hier wird der Betrag automatisch durch die Einführungsbestimmungen umgestellt. 3

D. Wertsicherungsklauseln. Zur Vermeidung des Risikos der (teilweisen) Entwertung der Valutaschuld – wie auch der Geldschuld allg – kann eine Wertsicherungsklausel vereinbart werden, die dem Gläubiger einen betragsmäßigen Ausgleich für den Kaufkraft- oder Wechselkursverlust verschafft. Die Notwendigkeit einer solchen Regelung ergibt sich insbes bei wiederkehrenden Zahlungen oder einem langen Zahlungsziel, da § 313 nur im Falle unzumutbarer Störungen der Äquivalenz von Leistung und Gegenleistung eine nachträgliche Anpassung des Vertrages einräumt. Der vertragliche Spielraum ist indes durch § 1 Abs 1 PrKG eingeschränkt. Diese Vorschrift verbietet sog **Gleitklauseln.** Darunter fallen nach dem Wortlaut Vereinbarungen, die den Betrag der Geldschuld unmittelbar und selbständig an den Preis oder Wert anderer, nicht vergleichbarer Güter oder Leistungen koppeln. Der Gesetzgeber hat den bis September 2007 geltenden Genehmigungsvorbehalt aufgehoben und den umfangreichen Ausnahmenkatalog in den §§ 3-7 PrKG neu gefasst. So werden langfristige Verträge (§ 3 PrKG), Erbbaurechtsverträge (§ 4 PrKG) sowie Geschäfte des Geld- und Kapitalverkehrs (§ 5 PrKG) von dem Verbot ausgenommen. Weitere wichtige Bereichsausnahmen bestehen ua für die Indexmiete (§ 557b) und für den Außenhandel (§ 7 PrKG). Zu beachten ist der strengere Maßstab des § 2 PrKG für langfristige Verträge und für Verbraucherkreditverträge. Danach muss die Wertsicherungsklausel hinreichend bestimmt sein und darf keine Vertragspartei unangemessen benachteiligen. 4

E. Prozessuale Besonderheiten. Das gerichtliche **Mahnverfahren** ist grds nicht für die Geltendmachung einer Fremdwährungsschuld zulässig, da § 688 Abs 1 ZPO nur Ansprüche vorsieht, die eine Zahlung in Euro zum Gegenstand haben. Auch im Falle der Klage bleibt die Ersetzungsbefugnis ein Recht des Schuldners, dem klagenden Gläubiger erwächst kein Wahlrecht hinsichtlich der Währung. **Umstr** ist, inwieweit die **Aufrechnung** zwischen Forderungen in Euro und Fremdwährungsforderungen möglich ist, wenn der Schuldner von seiner Ersetzungsbefugnis keinen Gebrauch macht. Nach der Rspr fehlt es für die Aufrechnungslage am Merkmal der Gleichartigkeit gem § 387 (vgl RGZ 106, 99; Hamm NJW-RR 1999, 1736; KG NJW 88, 2181; aA bei frei konvertierbarer Fremdwährung Koblenz RIW 1992, 59, 61). 5

§ 245 Geldsortenschuld. **Ist eine Geldschuld in einer bestimmten Münzsorte zu zahlen, die sich zur Zeit der Zahlung nicht mehr im Umlauf befindet, so ist die Zahlung so zu leisten, wie wenn die Münzsorte nicht bestimmt wäre.**

§ 245 regelt den praktisch nicht mehr bedeutsamen Fall, dass eine geschuldete Münzsorte sich zum Zeitpunkt der Zahlung nicht mehr im Umlauf befindet. Die Vorschrift betrifft nur die sog unechte Geldsortenschuld, also nicht den Fall, dass ausschließlich bestimmte oder bestimmbare Banknoten oder Geldstücke geschuldet werden. Vielmehr räumt § 245 der Erfüllung mittels der bestimmten Geldsorte den Vorrang ein. Nach dem Wortlaut der Norm darf sich die geschuldete Münzsorte nicht mehr im Umlauf befinden. Sie muss also förmlich aus dem Zahlungsverkehr gezogen worden oder tatsächlich nicht mehr zu beschaffen sein (RGZ 107, 370, 371). Die Anwendung des § 245 ist auf Münzgeld beschränkt. Die Frage, ob die Vorschrift entspr für Banknoten gelten muss, kann bereits wegen des fehlenden Regelungsbedürfnisses verneint werden. Der entscheidende Zeitpunkt für die Berechnung des Wechselkurses ist die tatsächliche Zahlung. Es kommt mithin nicht auf die Fälligkeit der Geldschuld an (Staud/*Schmidt* Rn 16; Hk-BGB/*Schulze* Rn 2). Liegen die 1 genannten Voraussetzungen vor, wandelt sich das Schuldverhältnis in eine Geldschuld um. Der Schuldner kann nun die Zahlung mit den geltenden gesetzlichen Zahlungsmitteln bewirken.

§ 246 Gesetzlicher Zinssatz. Ist eine Schuld nach Gesetz oder Rechtsgeschäft zu verzinsen, so sind vier vom Hundert für das Jahr zu entrichten, sofern nicht ein anderes bestimmt ist.

1 **A. Allgemeines.** Gemessen an der enormen, in der vertraglichen Praxis oftmals unterschätzten, wirtschaftlichen Bedeutung von Zinsen kommt das Schuldrecht mit einem vergleichsweise geringen Umfang an Zinsvorschriften aus. Unter Zinsen versteht man eine an der Laufzeit orientierte, gewinn- und umsatzabhängige Vergütung für die Einräumung eines Kapitalgebrauchs (vgl BGH NJW 1979, 540, 541; 805, 806; NJW-RR 1992, 591, 592; grundlegend zum Zinsbegriff *Canaris* NJW 1978, 1891). Regelm, aber nicht zwingend (vgl RGZ 160, 71, 78) handelt es sich bei der zu verzinsenden Schuld um eine **Geldschuld**. § 246 schafft eine Auffangregelung für Zinsarten, die im Gesetz keine eigene Normierung erfahren haben. Dass in den häufiger auftretenden Fällen von Verzugszinsen (§ 288) oder Prozesszinsen (§ 291) ein höherer Zinssatz gewährt wird, begründet der Gesetzgeber mit dem Bedürfnis, beim Schuldner das Bewusstsein für die Vermeidung von Zahlungsverzug zu wecken (BTDrs 14/1246 S 5). Dies bietet Anlass, die Höhe der Zinsen ggf in die Vertragsgestaltung einzubeziehen. Zu beachten ist die Regelung in **§ 352 HGB** für beiderseitige Handelsgeschäfte, nach welcher der gesetzliche Zinssatz – außer für Verzugszinsen (vgl § 288 Abs 2) – fünf vom Hundert für das Jahr beträgt. Weitere spezielle Zinsbestimmungen finden sich zB in §§ 497 Abs 1 S 2, 676b Abs 1 S 2, in § 91 S 1 VVG sowie im Scheck- und Wechselrecht (Art 45 Nr 2, 46 Nr 2 ScheckG, Art 28 Abs 2, 48 Abs 1 Nr 2, 49 Nr 2 WG).

2 **B. Anwendungsvoraussetzungen.** Voraussetzung für die Verzinsungspflicht ist zunächst der Bestand einer Hauptforderung, die auf die Leistung vertretbarer Sachen gerichtet ist. Daneben muss durch Rechtsgeschäft oder Gesetz die Verzinsung vorgesehen sein. Sie stellt eine zur Hauptforderung akzessorische Hauptpflicht des Schuldners dar. Schließlich darf keine abw Bestimmung (s.o. Rz 1) vorliegen.

3 **C. Zinsformen.** Neben den üblichen Zinsarten, insbes Darlehens- oder Guthabenzinsen, existieren eine Reihe von Leistungen, die in ihren Abwicklungsmodalitäten an die klassische Form der Zinsen angelehnt sind. Jedoch erfordert der Zinsbegriff keine Merkmale wie eine fortlaufende Entrichtung der Leistung oder die Darstellung als Bruchteil der Hauptforderung. So fallen zB Bereitstellungszinsen nicht unter § 246, da sie nur eine Vergütung für die Bereithaltung einer zugesagten Darlehensvaluta darstellen (BGH WM 1978, 422, 423). Demgegenüber schadet die Bezeichnung von Vergütungsbestandteilen als »Kreditgebühren« ihrer Eigenschaft als Zinsen nicht, sofern sie laufzeitabhängig berechnet werden (vgl BGH NJW 1979, 805, 806). Umstritten – gerade im Hinblick auf das Zinseszinsverbot des § 248 Abs 1 – ist die Einordnung des Disagio. Der BGH sieht in dem laufzeitabhängigen Ausgleich für einen niedrigen Nominalzins nach wirtschaftlicher Betrachtung eine Leistung mit Zinsfunktion, die jedoch nach ihrer Rechtsnatur als Darlehensteilbetrag zur Hauptleistung zählt (klarstellend BGH WM 1999, 2547, 2548 mwN). Eindeutig nicht unter § 246 fallen Umsatzbeteiligungen oder Dividenden, da hier nicht die Einräumung des Kapitalgebrauchs selbst, sondern der wirtschaftliche Erfolg des Kapitaleinsatzes vergütet wird (zuletzt BGH BB 1982, 2071 mwN).

4 **D. Rechtsfolge/Prozessuales.** Die **Höhe der Zinsschuld** beträgt **vier vom Hundert pro Jahr**. Für eine geringere Laufzeit muss der Zins tagesgenau bestimmt werden. In der vertraglichen Praxis der Banken werden abw davon häufig pauschale Werte von 30 Tagen pro Monat und/oder 360 Tagen pro Jahr angesetzt (näher dazu *Vehslage* MDR 2001, 673; jurisPK/*Toussaint* Rn 37). Bei tagesgenauen Berechnungen ist das Schaltjahr (2008) zu beachten. Die **Gewährung von Zinsen im Urteil** bedarf stets eines entspr **Antrags des Klägers**. Hinreichend bestimmt ist ein solcher Antrag im Falle einer noch laufenden Zinsverpflichtung dann, wenn der kalendermäßige Beginn und der Zinssatz bezeichnet sind. Demgegenüber sollte der Zinsanspruch in Vollstreckungsaufträgen hinsichtlich des abgeschlossenen Zeitraums exakt ausgerechnet und für die künftige Verpflichtung als Tageszins angegeben werden. Als Stichtag bietet sich das Datum des Vollstreckungsauftrags an. Stets zu prüfen ist, welche **Einreden** dem Hauptanspruch entgegen gehalten werden können, da diese auf Grund der Akzessorietät auch die Verzinsungspflicht betreffen. Darüber hinaus verjährt der gesamte Zinsanspruch gem § 217 gleichzeitig mit dem Hauptanspruch.

§ 247 Basiszinssatz[1]. [1] Der Basiszinssatz beträgt 3,62 Prozent. Er verändert sich zum 1. Januar und 1. Juli eines jeden Jahres um die Prozentpunkte, um welche die Bezugsgröße seit der letzten Veränderung des Basiszinssatzes gestiegen oder gefallen ist. Bezugsgröße ist der Zinssatz für die jüngste Hauptrefinanzierungsoperation der Europäischen Zentralbank vor dem ersten Kalendertag des betreffenden Halbjahrs.
[2] Die Deutsche Bundesbank gibt den geltenden Basiszinssatz unverzüglich nach den in Absatz 1 Satz 2 genannten Zeitpunkten im Bundesanzeiger bekannt.

1 Amtlicher Hinweis:
Diese Vorschrift dient der Umsetzung von Artikel 3 der Richtlinie 2000/35/EG des Europäischen Parlaments und des Rates vom 29. Juni 2000 zur Bekämpfung von Zahlungsverzug im Geschäftsverkehr (ABl. EG Nummer L 200 Satz 35).

A. Allgemeines. Der Basiszinssatz dient als finanzpolitisches Instrument der Anpassung und Entwicklung des Marktzinses innerhalb der Europäischen Gemeinschaft. Er ist aus dem früheren Diskontsatz der Deutschen Bundesbank hervorgegangen (näher zur Historie jurisPK/*Toussaint* Rn 2). 1

B. Anwendungsvoraussetzungen. I. Höhe des Basiszinssatzes. Die Höhe des aktuellen Basiszinssatzes (derzeit: 0,12 %) lässt sich gem Abs 2 aus dem Bundesanzeiger entnehmen. Die halbjährlichen Änderungen seit dem Inkrafttreten der Vorschrift ergeben folgendes Bild: 2

Inkrafttreten	Zinssatz p.a.
01.01.2002	2,57 %
01.07.2002	2,47 %
01.01.2003	1,97 %
01.07.2003	1,22 %
01.01.2004	1,14 %
01.07.2004	1,13 %
01.01.2005	1,21 %
01.07.2005	1,17 %

Inkrafttreten	Zinssatz p.a.
01.01.2006	1,37 %
01.07.2006	1,95 %
01.01.2007	2,70 %
01.07.2007	3,19 %
01.01.2008	3,32 %
01.07.2008	3,19 %
01.01.2009	1,62 %
01.07.2009	0,12 %

II. Bezugsgröße. Die Änderungen des Basiszinssatzes folgen in der Höhe gem Abs 1 S 2 denjenigen der in S 3 genannten Bezugsgröße. Dabei handelt es sich um den Zinssatz der jüngsten Hauptrefinanzierungsoperation der Europäischen Zentralbank. Solche Operationen werden wöchentlich zur Überwachung und Steuerung des europäischen Finanzmarktes vorgenommen. Entscheidend ist regelm nicht der Mindestzinssatz sondern der marginale Zinssatz. 3

C. Prozessuales. Beantragt der Kläger die Verurteilung zur Zahlung von Zinsen, die nach dem Basiszinssatz berechnet werden, bietet sich die Bezeichnung »Zinsen in Höhe von ... Prozentpunkten über dem Basiszinssatz« an. Der Terminus »Prozent über dem Basiszinssatz« lässt hingegen den Schluss zu, dass die Erhöhung nicht zum Basiszinssatz addiert, sondern anteilmäßig vom Basiszinssatz berechnet wird. 4

§ 248 Zinseszinsen.

[1] Eine im Voraus getroffene Vereinbarung, dass fällige Zinsen wieder Zinsen tragen sollen, ist nichtig.

[2] Sparkassen, Kreditanstalten und Inhaber von Bankgeschäften können im Voraus vereinbaren, dass nicht erhobene Zinsen von Einlagen als neue verzinsliche Einlagen gelten sollen. Kreditanstalten, die berechtigt sind, für den Betrag der von ihnen gewährten Darlehen verzinsliche Schuldverschreibungen auf den Inhaber auszugeben, können sich bei solchen Darlehen die Verzinsung rückständiger Zinsen im Voraus versprechen lassen.

A. Allgemeines. Zum Schutz des Zinsschuldners erklärt § 248 Abs 1 die Vereinbarung von Zinseszinsen für nichtig. Auf diese Weise wird die Kumulation von Zinsen verhindert und Zinsklarheit geschaffen. Abs 2 enthält zwei Ausnahmen vom Zinseszinsverbot für die Kreditwirtschaft, nämlich bei Bankeinlagengeschäften (S 1) und bei Darlehen, die durch Inhaberschuldverschreibungen gedeckt sind (S 2). Inwieweit gesetzliche Zinsen auf eine Zinsforderung erhoben werden können, ist in §§ 289 S 1, 291 S 2 geregelt. Daneben gelten für Kaufleute die §§ 353 S 2, 355 Abs 1 HGB. 1

B. Anwendungsvoraussetzungen. § 248 ist nur auf Vereinbarungen anwendbar, die vor Fälligkeit der zu verzinsenden Zinsforderung getroffen werden (zum Zinsbegriff vgl § 246 Rz 1, 3). Bei einer nachträglichen Abrede gilt § 248 nicht. Nach dem Wortlaut wird nur die Verzinsung bereits fälliger Zinsen erfasst. Umstr ist, ob das Zinseszinsverbot durch die **betragsmäßige Bezifferung** derjenigen Zinsen, auf die weitere Zinsen erhoben werden sollen, vertraglich ausgeschlossen werden kann (dafür MüKo/*Grundmann* Rn 4; *K Schmidt* JZ 1982, 829, 831; dagegen *Bezzenberger* WM 2002, 1617, 1621 f; Soerg/*Teichmann* Rn 8; jurisPK/*Toussaint* Rn 8). Das Gesetz, das hinsichtlich des Zinsbegriffs keine Unterscheidung zwischen bezifferten und unbezifferten Forderungen trifft, legt eine solche Auslegung nicht nahe. Überdies gewährt auch eine zur Verzinsung bezifferte Zinsforderung nicht in jedem Falle ein höheres Maß an Transparenz. Derartige Vereinbarungen sind daher zu vermeiden. 2

§ 249 Art und Umfang des Schadensersatzes.

[1] Wer zum Schadensersatz verpflichtet ist, hat den Zustand herzustellen, der bestehen würde, wenn der zum Ersatz verpflichtende Umstand nicht bestehen würde.

[2] Ist wegen Verletzung einer Person oder Beschädigung einer Sache Schadensersatz zu leisten, so kann der Gläubiger statt der Herstellung den dazu erforderlichen Geldbetrag verlangen. Bei der Beschädigung einer Sache schließt der nach Satz 1 erforderliche Geldbetrag die Umsatzsteuer nur mit ein, wenn und soweit sie tatsächlich angefallen ist.

Literatur *Baur* Einige Bemerkungen zum Stand des Schadensausgleichsrechts, in: Festschrift für Ludwig Raiser zum 70. Geburtstag, Tübingen 1974, 119; *Bischoff* Schmerzensgeld für Angehörige von Verbrechensopfern MDR 2004, 557; *Büdenbender* Drittschadensliquidation bei obligatorischer Gefahrentlastung eine notwendige oder überflüssige Rechtsfigur? NJW 2000, 986; *Brüseken/Krubholz/Thiermann* Haftungsquoten bei typischen Verkehrsunfällen 2000, 441; *Bursch/Jordan* Typische Verkehrsunfälle und Schadensverteilung VersR 1985, 512; *Cavada* Die Unfallersatztarife Hamburg 2000; *Canaris* Verstöße gegen das verfassungsrechtliche Übermaßverbot im Recht der Geschäftsfähigkeit und im Schadensersatzrecht JZ 1987, 993; *Dannert/Küppersbusch* Nutzungsausfallentschädigung für Pkw, Geländewagen und Transporter 1998 NJW 1998, 2106; *Deutsch* Zum Schadensersatz bei Ladendiebstahl JZ 1980, 102; *Eibner* JZ 1978, 50; *Fezer* Lauterkeitsrecht: Kommentar zum Gesetz gegen den unlauteren Wettbewerb (UWG) Bd 2, 2. Aufl München 2008; *Eckert* Der Begriff der Freiheit im Recht der unerlaubten Handlungen JuS 1994, 625 ff; *Giesen* Schadenbegriff und Menschenwürde JZ 1994, 286; *Gotzler* Rechtmäßiges Alternativverhalten im haftungsbegründenden Zusammenhang, München 1977; *Hacks/Ring/Böhm* Schmerzensgeldbeträge 2009 (ADAC Handbuch), 27. Aufl München 2009; *Hanau* Die Kausalität der Pflichtwidrigkeit, Göttingen 1971; *Heier* Zur Existenz eines einheitlichen Schadensbegriffs im Sinne der Differenzhypothese unter besonderer Berücksichtigung des Dispositionsinteresses Hamburg 2001; *Huber* in: Dauner-Lieb/Heidel/Lepa/Ring (Hrsg), Anwaltkommentar, Schuldrecht (2002); *Jahnke* Der Verdienstausfall im Schadensrecht 2. Aufl Bonn 2006; *Janssen* Das Angehörigenschmerzensgeld in Europa und dessen Entwicklung, verpasst Deutschland den Anschluss? ZRP 2003, 156; *Jaeger/Luckey* Schmerzensgeld 5. Aufl Krefeld 2009; *Kadner* Schmerzensgeld für Angehörige – Angemessener Ausgleich immaterieller Beeinträchtigungen oder exzessiver Ersatz mittelbarer Schäden? ZEuP 1996, 135; *Katzenmeier* Die Neuregelung des Anspruchs auf Schmerzensgeld JZ 2002, 1029; *Klinge* Schmerzensgeld für Hinterbliebene von Verkehrsopfern? NZV 2005, 290; *Kraayvanger* Die eigene Arbeitsleistung als ersatzfähige Vermögensaufwendung MDR 2007, 566; *Lange/Schiemann* Schadensersatz, 3. Aufl Tübingen 2003; *Langenbucher/Adolff* Zur Zulässigkeit der Direktliquidation in Dreipersonenverhältnissen, in: Festschrift für Claus-Wilhelm Canaris zum 70. Geburtstag, Band I München 2007, 679; *Looschelders* Die Mitverantwortlichkeit des Geschädigten im Privatrecht Tübingen 1999; *Magnus* Vergleich der Vorschläge zum Europäischen Deliktsrecht ZEuP 2004, 562; *Merten* Die Bewertung des menschlichen Lebens im Haftungsrecht Frankfurt aM 2007; *Mommsen* Beiträge zum Obligationsrecht II: Zur Lehre vom Interesse Braunschweig 1855; *Müller* Unterhalt für ein Kind als Schaden? NJW 2003, 697; *Odersky* Schmerzensgeld bei Tötung naher Angehöriger München 1989; *Picker* Schadensersatz für das unerwünschte Kind (»Wrongful birth«) AcP 195 (1995), 483; *Roth* Kindesunterhalt als Schaden NJW 1995, 2399; *Pflüger* Schmerzensgeld für Angehörige Bielefeld 2005; *Rother* Haftungsbeschränkung im Schadensrecht 1965; *Schiemann* Argumente und Prinzipien bei der Fortbildung des Schadensrechts München 1981; *R Schmidt* Die Obliegenheiten Karlsruhe 1953; *Schubert* Schadensberechnung beim Nichterfüllungsschaden bei Grundstückskaufverträgen JR 1998, 238; *Schwarz/Ernst* Ansprüche des Grundstücksbesitzers gegen »Falschparker« NJW 1997, 2550; *Sedemund* ZGS 2003, 337; *Selb* Schadensbegriff und Regressmethoden Heidelberg 1963; *Stamm* Berücksichtigung häuslicher Ersparnisse bei unfallbedingtem Krankenhausaufenthalt VersR 1975, 690; *Stoll* Das Handeln auf eigene Gefahr Berlin 1961; *Taupitz* Proportionalhaftung zur Lösung von Kausalitätsproblemen – insbesondere in der Arzthaftung? in: Festschrift für Claus-Wilhelm Canaris zum 70. Geburtstag, Band I München 2007, 1231; *Ströfer* Schadensersatz und Kommerzialisierung Berlin 1982; *Stürner* Das Bundesverfassungsgericht und das frühe menschliche Leben – Schadensdogmatik als Ausformung humaner Rechtskultur? JZ 1998, 317; *Wagner* Ersatz immaterieller Schäden: Bestandsaufnahme und europäische Perspektiven JZ 2004, 319; *ders* Prävention und Verhaltenssteuerung durch Privatrecht – Anmaßung oder legitime Aufgabe? AcP 206 (2006), 352; *ders* Neue Perspektiven im Schadensersatzrecht, Gutachten A zum 66. DJT Stuttgart 2006; *Wüthwein* Schadensersatz für Verlust der Nutzungsmöglichkeit einer Sache oder für entgangene Gebrauchsvorteile? Tübingen 2001; *Zeisberger/Neugebauer-Puster* Der merkantile Minderwert 13. Aufl. Bonn 2003; *Zitelmann* Recht des BGB AT Leipzig 1900

1 **A. Allgemeines. I. Wesentlicher Inhalt der §§ 249 ff.** Die §§ 249-253 regeln **Art, Inhalt und Umfang des Schadensersatzanspruches** (Hk-BGB/*Schulze* Vor §§ 249-253 Rn 1; Palandt/*Heinrichs* Vorb v § 249 Rn 1). Die Schadensersatzregelungen kommen zur Anwendung, wenn feststeht, dass ein Schädiger einem Geschädigten Schadensersatz schuldet. Es handelt sich insofern um einen **haftungsausfüllenden Normenkomplex**. Ob ein schadensersatzbegründender Tatbestand gegeben ist, regeln die Vorschriften nicht (Palandt/*Heinrichs* Vorb v § 249 Rn 1). Die Haftungsbegründung ergibt sich vielmehr aus anderen Regelungen oder aus vertraglichen Vereinbarungen. **Haftungsbegründende Normen** finden sich über das gesamte BGB verstreut (PWW/*Medicus* Vor §§ 249 bis 255 Rn 1); sie können sich aber auch aus Regelungen außerhalb der Zentralkodifikation herleiten. Ihre Herkunft kann vertragsrechtlich, deliktisch oder anderen Ursprungs sein (Palandt/*Heinrichs* Vorb v § 249 Rn 1). Im Bereich des Vertragsrechts ist die wichtigste auf die §§ 249 ff verweisende Vor-

schrift der § 280; von großer Relevanz sind ferner die §§ 437 Nr 3, 536a Abs 1, 634 Nr 4. Im deliktischen Bereich zählen etwa die §§ 823 ff BGB, §§ 1 ff ProdHaftG, §§ 7 ff StVG, § 22 WHG, § 33 LuftVG, § 84 AMG, § 9 UWG, § 25 ff AtomG zu den haftungsbegründenden Normen, die sich darüber hinaus auch aus dem Beamtenrecht (vgl BVerwG NVwZ 1992, 173) ergeben können.

1. Schadensbegriff und Gegenstand des Schadensersatzes. Unter einem **Schaden im natürlichen Sinn**, den die §§ 249 ff primär erfassen, versteht man jede Einbuße, die aufgrund eines bestimmten Umstandes erlitten wird. Sie kann verschiedene Rechtsgüter (Gesundheit, Ehre, Eigentum, Freiheit) oder auch das Vermögen betreffen. Objekt des Schadens können vermögenswerte Positionen, aber auch immaterielle Güter sein (Palandt/*Heinrichs* Vorb v § 249 Rn 8). Das Schadensrecht nach §§ 249 ff ist von dem Gedanken getragen, dass das Recht oder Rechtsgut, das beeinträchtigt wurde, in seinem **Wertgehalt** dem Geschädigten **erhalten bleiben muss** (*Heier* Zur Existenz eines einheitlichen Schadensbegriffs im Sinne der Differenzhypothese unter besonderer Berücksichtigung des Dispositionsinteresses 2000 S 3 ff; Hk-BGB/*Schulze* Vor §§ 249-253 Rn 2). Der Schaden ist nach der Differenzhypothese aus dem Unterschied zweier gegenüberzustellender Vermögenslagen zu berechnen (sog **Differenzhypothese**, Details Rz 43). Modifizierungen können sich aus wertenden Gesichtspunkten ergeben (sog normativer Schadensbegriff; BGH NJW 1965, 1430; 1968, 1823; BGH GrZS 70, 1411; Hk-BGB/*Schulze* Vor §§ 249-253 Rn 7; Palandt/*Heinrichs* Vorb v § 249 Rn 9, 13; vgl dazu Rz 68). 2

2. Grundsatz der Naturalrestitution. § 249 Abs 1 schreibt den Grundsatz des Schadensersatzrechts fest, wonach der Schadensersatz zur **Herstellung** des Zustandes führen soll, der bestehen würde, wenn das den Ersatz veranlassende Ereignis nicht eingetreten wäre (sog »Naturalrestitution« bei hypothetischem Kausalverlauf, vgl dazu PWW/*Medicus* Rn 2, 5). Insofern als »Herstellung in Natura« geschuldet wird, geht es darum, eine beschädigte Sache zu reparieren, einen Ersatz für sie zu liefern oder ein eventuell verletztes Tier (Details: *Tonner/Tamm* § 251 Rz 21 ff) oder gar einen körperlich geschädigten Menschen zu heilen (PWW/*Medicus* Rn 2; Jauernig/*Teichmann* Rn 2 ff). Möglich ist dies dadurch, dass der Ersatzpflichtige die dazu erforderlichen Maßnahmen selbst in die Wege leitet oder den Schädiger zu entspr Maßnahmen veranlasst (§ 249 Abs 1). Möchte der Geschädigte dies jedoch nicht, kann er den für die »Herstellung« erforderlichen Betrag verlangen, vgl dazu § 249 Abs 2. Dem Geschädigten steht insofern ein Wahlrecht zu (Jauernig/*Teichmann* Rn 1). 3

3. Ausnahmen. Die Ausn vom Grundsatz der Naturalrestitution ist in § 251 mit der Statuierung des Anspruches auf **Schadensersatz in Geld** festgeschrieben worden. § 251 regelt den Ersatz des durch die Schädigung in Mitleidenschaft gezogenen Vermögens in subsidiärer Form, indem die Vorschrift einen Wertersatz in den Fällen zuspricht, in denen die nach § 249 primär geschuldete Naturalrestitution durch ein **Unvermögen, eine Unmöglichkeit** oder eine **Unverhältnismäßigkeit bzgl der Kosten** nicht herbeigeführt werden kann (Hk-BGB/*Schulze* Rn 2; Palandt/*Heinrichs* Rn 3; PWW/*Medicus* Rn 3; *Tonner/Tamm* § 251 Rz 1 ff). Der Gesetzgeber setzt diese Fälle mit dem gleich, dass der Gläubiger eine Frist zur Herstellung gesetzt hat, diese aber fruchtlos verstrichen ist (vgl § *Tonner/Tamm* § 250 Rz 1). Insofern werden tatsächliche Hinderungsgründe und Zumutbarkeitserwägungen beim Schadensersatz berücksichtigt, die dazu führen, dass der Schädiger nicht mehr »Herstellung in Natur« schuldet. Ihn trifft stattdessen die Pflicht zur Aufwendung eines ersatzweise geschuldeten Geldbetrages. (Bei Nichtvermögensschäden, die vom Normbereich des § 251 erst gar nicht erfasst werden, ist die Regelung naturgemäß nicht heranziehbar, für sie trifft § 253 eine Sonderregelung; dazu *Tonner/Tamm* § 253 Rz 1 ff.) 4

4. Schadensersatz für den entgangenen Gewinn, immaterielle Einbußen und das Problem des Mitverschuldens. Nach dem »Gedanken der Rechtsfortsetzung« (vgl Rz 2; Hk-BGB/*Schulze* Vor §§ 249-253 Rn 2) bildet der objektive Wert (Verkehrswert) den Mindestschaden, den der Geschädigte stets vom Schädiger verlangen kann. Dieser bezieht sich aber nicht nur auf die Herstellung der beeinträchtigten Sache oder Person in Natura bzw den Ersatz des dafür erforderlichen Betrages, er umfasst auch den **entgangenen Gewinn**, vgl § 252. Diesbezüglich verwirklicht sich in bes Weise der dem Schadensrecht immanente Grundsatz, dass der hypothetische Vermögensverlauf bei unterstellter Nichtschädigung in den Schadensersatzbetrag miteinbezogen wird. Immateriellen Schadensersatz gibt es dagegen auch weiterhin nur ausnahmsw, dh nur unter den einschränkenden Voraussetzungen des § 253. Der immaterielle Schaden kann etwa durch den Widerruf einer Beleidigung (BGHZ 37, 189) oder durch die Entfernung eines unrichtigen Zeugnisses aus der Personalakte (BAG NJW 1972, 2016) beseitigt werden. Überdies ist auch eine finanzielle Entschädigung, die hierüber begründbar ist, eine mögliche Variante. Das **Mitverschulden des Geschädigten** darf dagegen bei jeder Form von zu leistendem Schadensersatz nach § 254 vollumfänglich in Ansatz gebracht werden. Es mindert den Umfang des Schadensersatzanspruches seitens des Anspruchsstellers. Was alle Formen des Schadensersatzes nach §§ 249 ff verbindet, sind die gemeinsamen **Grundsatzfragen:** Es muss nämlich zunächst festgestellt werden, welche **Schadensposten** als »Schaden« iSd §§ 249 ff überhaupt anzuerkennen sind und ob das schädigende Ereignis den Schaden **verursacht** hat. Insofern sind oft viele komplexe Wertungen nötig (Rz 41 ff). 5

6 **5. Das deutsche Schadensersatzrecht im Vergleich zu anderen Rechtsordnungen.** Im Gegensatz zu vielen anderen Rechtsordnungen geht das deutsche Schadensersatzrecht davon aus, dass es entscheidend auf den **Ersatz des Vermögensschadens** ankommt. Dieser steht im Mittelpunkt der §§ 249 ff. Nichtvermögensschäden sind nur ausnahmsw liquidierbar s.o.), vgl § 253 Abs 1, 2 (zur Bedeutung der Unterscheidung Jauernig/*Teichmann* Vor §§ 249-253 Rn 3; Staud/*Schiemann* Vorbem vor §§ 249 ff Rn 46). IE ist damit die deutsche Rspr in Bezug auf den Ersatz von immateriellen Schäden naher Angehöriger die europaweit restriktivste (Palandt/*Heinrichs* Vorb v § 249 Rn 71; *Wagner* JZ 2004, 325; *Bischoff* MDR 2004, 557; *Klinge* NZV 2005, 290).

7 Auch nach der **Schadensrechtsreform von 2002** ist es bei dem durch §§ 249, 253 festgelegten Regel-Ausnahme-Verhältnis von materiellem und immateriellem Schadensersatz geblieben. Immerhin gibt es seitdem jedoch erstmals einen generellen Ersatz des **Nichtvermögensschadens bei vertraglichen Schadensersatzansprüchen**, jedenfalls soweit bestimmte von § 253 Abs 2 aufgezählte, vom Gesetzgeber als bes hoch »angesiedelte« (AnwK/*Huber* [2002] Vor § 249 Rn 10 f) Rechtsgüter (Körper, Gesundheit, Freiheit etc) betroffen sind. Markant für das deutsche Schadensrecht ist iÜ der nach § 254 in Ansatz zu bringende Einwand des **Mitverschuldens des Geschädigten**. Die Vorschrift wird über ihren Wortlaut hinaus dazu benutzt, dass dem Schadensersatzrecht in § 249 Abs 1 zu Grunde liegende »Alles-oder-nichts-Prinzip«, welches darauf hinausläuft, alle Schäden zu ersetzen (sog **Totalersatz**, vgl Hk-BGB/*Schulze* Rn 10; Jauernig/*Teichmann* Vor §§ 249-253 Rn 2; PWW/*Medicus* Rn 4, krit *Canaris* JZ 1987, 1002: verfassungsrechtliche Bedenken) abzumildern, indem dem Geschädigten lediglich eine Quote des Schadensersatzes zugesprochen wird, die über den von ihm selbst gesetzten Ursachenbeitrag hinausgeht. Die übrigen Rechtsordnungen, vor allem das englische Recht und in seinem Gefolge – für den deutschen Rechtsanwender wichtig – auch das UN-Kaufrecht, kommen auf anderem Wege zu einem ähnl Ergebnis. Hier wird der Schadensersatz durch eine Vorhersehbarkeitsregel stärker, als dies im deutschen Recht über die Adäquanztheorie (Rz 74) der Fall ist, eingegrenzt.

8 **6. Schadensrechtsreform und weitere Novellierungsdiskussion.** Das Schadensersatzrecht hat seine gegenwärtige Gestalt durch die Schadensrechtsrefom aus dem Jahre 2002 erhalten, die mit dem **Zweiten Gesetz zur Änderung der schadensrechtlichen Vorschriften** vom 19.07.2002 (BGBl I 2674; referierend zur Schadensrechtsreform AnwK/*Huber* [2002] Rn 48 ff; Staud/*Schiemann* Vorbem §§ 249 ff Rn 26) die früheren Normenvorgaben der §§ 249 ff aF wesentlich umgestaltet hat. Dadurch wurde der immaterielle Schadensersatz über die im Gesetz geregelten Fälle hinaus auf die Fälle der Verletzung des Körpers, der Gesundheit, der Freiheit und der sexuellen Selbstbestimmung erstreckt (AnwK/*Huber* [2002] Vor § 249 Rn 10 f; § 253 Abs 2, vgl dazu die vorherige Rz). Außerhalb des BGB wurden eine Reihe von Gefährdungshaftungstatbeständen angepasst. Die Schadensrechtsreform hat zudem die Ersatzfähigkeit der fiktiven Umsatzsteuer durch den neuen § 249 Abs 2 S 2 ausgeschlossen (vgl dazu BGH NJW 2004, 1943; AnwK/*Huber* [2002] Vor § 249 Rn 16, 24; s Rz 117, 125) und die Haftung Minderjähriger im Straßen- und Schienenverkehr durch § 828 Abs 2 weiter eingeschränkt sowie die Haftung des gerichtlichen Sachverständigen in § 839a neu festgelegt. Weitere Änderungen bezogen sich auf das AMG und das StVG (zum Ganzen s Hk-BGB/*Schulze* Vor §§ 249-253 Rn 1).

9 Bereits 2006, dh vier Jahre nach der 2. Schadensrechtsreform, wurden auf dem **66. DJT** aufgrund eines Gutachtens von Wagner (*Wagner* AcP 206, 352) erneut **Forderungen nach einer noch weitergehenden Novellierung** des Schadensrechtes erhoben. Es wurden damals jedoch alle Reformvorhaben (teilw mit knapper Mehrheit) abgelehnt (Palandt/*Heinrichs* Vorb v § 249 Rn 7; ein Bericht findet sich in JZ 2007, 232). Es bleibt abzuwarten, ob sich durch den Prozess der europäischen Rechtsangleichung Veränderungen im deutschen Schadensrecht ergeben werden, was im Moment jedoch noch unwahrscheinlich erscheint (so auch AnwK/*Huber* [2002] Vor § 249 Rn 26 f; Palandt/*Heinrichs* Vorb v § 249 Rn 71), da es diesbezüglich noch keine aktuellen Aktivitäten der Gemeinschaft gibt, die über das soft law, das diesbezüglich zurückhaltend ist, hinaus gehen (zu Vorschlägen einer Vereinheitlichung des europäischen Schadensrechts vgl jedoch *Magnus* ZEuP 2004, 562 ff; *Wagner* JZ 2004, 319 ff; *Katzenmeier* JZ 2002, 1029 ff). Gewisse Harmonisierungsbewegungen in Bezug auf die Handhabung des Schadensrechts im europäischen Ausland hat jedoch schon die letzte Schadensrechtsreform unverkennbar mit sich gebracht (zu den Details vgl AnwK/*Huber* [2002] Vor § 249 Rn 26 f).

10 **II. Funktion des Schadensersatzes. 1. Ausgleichsfunktion.** Dem deutschen Schadensrecht ist der Gedanke des Ausgleiches des verursachten Schadens durch den Täter immanent (Hk-BGB/*Schulze* Vor §§ 249-253 Rn 2; Palandt/*Heinrichs* Vorb v § 249 Rn 4; jurisPK/*Rüßmann* Rn 13; BaRoth/*Schubert* Rn 2; Jauernig/*Teichmann* Vor §§ 249-253 Rn 2). Der Geschädigte soll von dem eingetretenen Schaden durch den Schädiger freigestellt werden, aber nicht am eingetretenen Schaden über den herzustellenden Ausgleich hinaus verdienen/resp profitieren (sog **schadensrechtliches Bereicherungsverbot**; vgl dazu BGHZ 154, 395 ff; Hk-BGB/*Schulze* Rn 11). Dabei geht es nach dem Gedanken, dass das Recht bzw Rechtsgut dem Geschädigten in seinem Wert erhalten bleiben soll (Rz 2), um den Ersatz des **Integritätsinteresses** (Hk-BGB/*Schulze* Rn 1; Jauernig/*Teichmann* Rn 1).

11 Als zwei Hauptformen des materiellen Schadensersatzes, der sich aus dem Bereich der **Missachtung (vor-) vertraglicher Pflichten** herleitet, unterscheidet man über das Integritätsinteresse hinausgehend und in den Bereich des Äquivalenzinteresses hinübergreifend zwischen dem Nichterfüllungsschaden und dem Vertrau-

ensschaden (vgl Jauernig/*Teichmann* Rn 8; jurisPK/*Rüßmann* Rn 12, 40; PWW/*Medicus* Rn 17; Palandt/*Heinrichs* Vorb v § 249 Rn 16 f). Der **Nichterfüllungsschaden** betrifft regelm die Haftung auf das **positive Interesse** bei Außerachtlassung einer Leistungspflicht (PWW/*Medicus* Rn 18). Dabei ist der Geschädigte so zu stellen, wie er bei ordnungsgem Erfüllung stünde (BGH NJW 1989, 2902; Palandt/*Heinrichs* Vorb v § 249 Rn 16). Gibt das Gesetz dem Geschädigten einen Anspruch auf Ersatz des Nichterfüllungsschadens (positives Interesse, vgl dazu §§ 281-283, 311a Abs 2), ist der Schadensersatz trotz des § 249 Abs 1 grds in Geld zu leisten (Hk-BGB/*Schulze* Vor §§ 249-253 Rn 12; Palandt/*Heinrichs* Vorb v § 249 Rn 16; PWW/*Medicus* Rn 18). Wenn das nicht der Fall wäre, würde der Primäranspruch, der durch die schadensersatzbegründende Regelung bereits nicht mehr existiert, als faktisch fortbestehend behandelt werden, was die leistungsstörungsrechtliche Normenvorgabe untergraben würde (Hk-BGB/*Schulze* Vor §§ 249-253 Rn 12). In manchen Fällen (vgl §§ 122, 179 II, cic: § 311) legt das Gesetz hingegen bzgl des Nichtzustandekommens des Geschäfts für Verletzungen von Pflichten im vertraglichen Vorfeld eine Haftung auf das bloße **negative Interesse** fest, das das enttäuschte Vertrauen des Geschädigten aufgreift. Der Geschädigte ist hier so zu stellen, wie er stünde, wenn er nicht auf die Gültigkeit des Geschäftes vertraut hätte (sog **Vertrauensschadensersatz**, vgl dazu BGH NJW 1972, 36; NJW-RR 1990, 230; Palandt/*Heinrichs* Vorb v § 249 Rn 17; Hk-BGB/*Schulze* Vor §§ 249-253 Rn 12).

2. Fehlende Berücksichtigung von Affektionsinteressen. Das Schadensrecht geht bei all diesen Differenzie- 12
rungen stets davon aus, dass der anzusetzende Schaden aufgrund abstrakt-objektivierter Bewertungen zu ermitteln ist. Grds nicht ersatzfähig ist insofern das bloße Affektionsinteresse des Geschädigten (Hk-BGB/*Schulze* §§ 249-253 Rn 5; Palandt/*Heinrichs* Vorb v § 249 Rn 50), das auf rein subjektive »Liebhabereien« hinausläuft. Diese sollen bei der Festsetzung des Schadensersatzbetrages keine Rolle spielen, um die Anspruchszuerkennung nicht unvorhersehbar und damit rechtssicherheitsgefährdend ausufern zu lassen (München NJW-RR 1991, 447; BaRoth/*Schubert* Rn 18). Der Schadensersatz bei Sachen mit **Sammler- und Liebhaberwert** wird daher (wie sonst auch) allein nach dem Marktpreis festgesetzt (Palandt/*Heinrichs* Vorb v § 249 Rn 50, § 251 Rn 10). Bzgl der Wiederherstellung eines verletzten **Tieres** wird die Obergrenze in Bezug auf die **geänderten gesellschaftlichen Wertungen** dem Bereich des bloßen Affektionsinteresses entzogen und damit relativ hoch angesetzt (vgl LG Bielefeld NJW 1997, 3320: 3000 DM für eine Katze, vgl zu weiteren Details *Tonner/Tamm* § 251 Rn 21 ff). Unter Zumutbarkeitsgesichtspunkten für den Schadensersatzpflichtigen wird freilich zutr einschränkend dafür plädiert, auch zu berücksichtigen, welche Funktion und Lebenserwartung das Tier hatte (Palandt/*Heinrichs* § 251 Rn 8; Jauernig/*Teichmann* Rn 10).

3. Präventivfunktion. Praktisch kommt aber jeder Zuerkennung von Schadensersatz neben dem Aus- 13
gleichsaspekt für konkrete Einbußen auch eine Abschreckungskomponente iSe Präventionsfunktion zu (Jauernig/*Teichmann* § 253 Rn 7). Das Ausgleichsprinzip wird insofern von Elementen »umlagert«, die auf Prävention, ggf auch – jedenfalls im Ansatz – auf Sanktion des Täters zielen (*Wagner* 66 DJT Bd I S A 20 f; Jauernig/*Teichmann* Vor §§ 249-253 Rn 2; skeptisch wegen der Überlagerung durch Vorsorgesysteme jurisPK/*Rüßmann* Rn 19; ähnl wie hier BaRoth/*Schubert* Rn 3). Für die das Schadensersatzrecht mittragende Prävention ist entscheidend, dass immer dann, wenn der Täter Schadensersatz leisten muss, die von ihm dadurch selbst zu tragenden Belastungen genügend »Motivation« zu einer künftigen Schadensmeidung bieten. Eine entscheidende Rolle spielt die Präventivfunktion bei **schwerwiegenden Persönlichkeitsrechtsverletzungen** (zu Details vgl *Tonner/Tamm* § 253 Rz 18 f). Hier sollen über ein tendenziell sehr hoch angesetztes Schmerzensgeld, das regelm zuerkannt wird (vgl BGH NJW 2005, 216 ff), potentielle, dh weitere Verletzungshandlungen durch die Medien zurückgedrängt werden, auch indem bei der Höhe der Entschädigung – ohne eigentliche Gewinnabschöpfung – der vom Schädiger erzielte oder beabsichtigte Gewinn als Faktor bei der Bemessung berücksichtigt wird (Jauernig/*Teichmann* § 253 Rn 8 mwN). IÜ findet der Gedanke der Prävention auch insoweit Berücksichtigung, als eine ungebührliche Verzögerung der Schadensregulierung zu einer Heraussetzung des Betrages (etwa des immateriellen Schadensersatzes) führen kann (vgl dazu *Tonner/Tamm* § 253 Rz 12, 42).

4. Straffunktion? a) Grundsatz. Eine andere Frage ist es, ob der Präventionsgedanke dadurch noch weiter 14
»befördert« werden sollte, dass Schadensersatz auch über den eigentlich entstandenen Schaden hinaus zugesprochen wird. Dann käme ihm nämlich auch eine **Straffunktion** zu. Diese Frage wird regelm am Beispiel der in Deutschland abgelehnten **punitive damages** nach US-amerikanischem Recht diskutiert. Wie fern das deutsche Recht dem Strafschadensersatz nach US-amerikanischem Vorbild gegenwärtig noch steht (Palandt/*Heinrichs* Vorb v § 249 Rn 4: »kein pönaler Charakter«), zeigen bereits einschlägige Judikate, nach denen die Anerkennung eines US-amerikanischen Urteils scheitert, das auf Strafschadensersatz hinausläuft. Sofern der Strafschadensersatz zuerkennende Anspruch über eine class action herbeigeführt wurde, werden derartige Judikate nach Art 13 Abs 1 des Haager Zustellungsübereinkommens schon nicht zugestellt, was durch die Rspr des BVerfG abgesichert ist (BVerfG NJW 2003, 2598 ff). IÜ scheitert die Anerkennung von im Ausland zugesprochenen Strafschadensersatzansprüchen am deutschen **ordre public** nach § 328 Abs 1 Nr 4 ZPO (Düsseldorf, Beschl v 22.09.2008 – 3 VA 6/08). Denn die Zuerkennung von Strafschadensersatz ist nach ghM mit dem Grundansatz des deutschen Schadensrechts unvereinbar (BGH NJW 1992, 3096; Palandt/*Heinrichs* Vorb v § 249 Rn 4).

15 **b) Einschränkungen.** Nur in wenigen Bereichen wird im deutschen Recht nach derzeitigem Rechtsstand Schadensersatz erheblich über die an Ausgleich und Prävention orientierten Maßstäbe der §§ 249 ff gewährt. Dies trifft etwa für den pauschalierten Schadensersatzanspruch im **gewerblichen Rechtsschutz** zu. So kommt es bei Verletzung von Patent-, Gebrauchsmuster- oder Geschmacksmusterrechten, der Beeinträchtigung von Urheberrechten, der Marke, von Persönlichkeitsrechten oder Namens- und Firmenrechten sowie lauterkeitsrechtlich geschützter Immaterialgüter und vergleichbarer Leistungspositionen bei der Festsetzung des Schadensersatzanspruches zu einer dreifachen Schadensberechnung nach Wahl des Geschädigten (Fezer/*Koos* UWG Bd 2 § 9 UWG Rn 28). IÜ orientiert man sich auch bei vorsätzlich schwerwiegenden und kommerzialisierten Eingriffen in das **Allg Persönlichkeitsrecht** (das über Art 1, 2 Abs 1 GG iVm § 823 geschützt ist) bei der Festsetzung des immateriellen Schadensersatzes an dem durch die Vermarktung erzielten Verletzergewinn (BGH NJW 1995, 861), wodurch in gewisser Weise ebenfalls eine strafende Komponente ins Schadensersatzrecht hineingetragen wird.

16 **5. Genugtuungsfunktion.** Neben der Ausgleichs- und Präventivfunktion hat im Schadensrecht auch der Gedanke der Genugtuung, der bereits in den Bereich der Sanktion des Täters hineinreicht, an Bedeutung gewonnen. Er spielt insbes im Zusammenhang mit dem Ersatz von **immateriellen Schäden nach § 253** eine Rolle (Palandt/*Heinrichs* Vorb v § 249 Rn 4) und wird beim Umfang des Schadensersatzes in Ansatz gebracht (vgl dazu BGH GS 18, 146 ff; Jauernig/*Teichmann* § 253 Rn 7; Palandt/*Heinrichs* Vorb v § 249 Rn 4; Hk-BGB/*Schulze* Vor §§ 249-253 Rn 2, vgl dazu *Tonner/Tamm* § 253). Allerdings verfängt dieser Gedanke – darin steckt zu Recht eine Kritik an seiner Verallgemeinerung – eigentlich nur bei Vorsatzdelikten bzw vorsätzlichen Pflichtverletzungen, die relativ selten sind (AnwK/*Huber* [2002] § 253 Rn 20).

17 **B. Anwendungsbereich. I. Persönlicher Anwendungsbereich.** In aller Regel braucht der Schädiger nur dem Gläubiger, dh dem (direkt) Geschädigten Schadensersatz zu leisten. Das folgt bereits aus der Umgrenzung des Anspruchsberechtigten in § 251 Abs 1 (Entschädigung des »Gläubigers«) und aus den einschlägigen Anspruchsnormen, bspw aus § 823 Abs 1, der von »dem anderen« spricht. Dieser Grundsatz wird aber auch sonst unter dem Stichwort des sog »**Dogmas des Gläubigerinteresses**« allg vorausgesetzt (PWW/*Medicus* Rn 90).

18 **1. Schädiger.** § 249 legt nicht selbst fest, wer als Schädiger in Betracht kommt, da die Vorschrift, wie ausgeführt (Rz 1), keine Anspruchsgrundlage statuiert und die Haftungsbegründung anderen Normen entnommen werden muss. Es ist bzgl des Schädigers darauf abzustellen, von wem die schädigende Handlung adäquat kausal ausgegangen ist. Das kann etwa der **Vertragspartner** sein (RGZ 77, 101 ff; Jauernig/*Teichmann* Vor §§ 249-253 Rn 17) oder auch ein **sonstiger Dritter**, der insofern zwar nicht vertragsrechtlich, aber deliktsrechtlich zu belangen ist.

19 **2. Geschädigter.** Geschädigter ist nach dem Dogma des Gläubigerinteresses regelm derjenige, bei dem die Einbuße eingetreten ist. Wer als Geschädigter angesehen wird, legt die haftungsbegründende Norm ebenso fest, wie sie regelm den Schädiger bestimmt (BaRoth/*Schubert* Rn 141). Im Bereich der vertraglichen und deliktischen Haftung ist der Kreis der Ersatzpflichtigen im Grundsatz durch die haftungsbegründende Norm eng gezogen; mittelbare Schäden Dritter (etwa der Angehörigen) werden nur ausnahmsw ersetzt. Die Grenze, die das deutsche Schadensrecht damit zieht, dient der **Reduktion des Risikos**. Danach soll der Schädiger nicht mit Ersatzansprüchen einer Kette von nur mittelbar wirtschaftlich beeinträchtigten Personen überzogen werden, weil dies letztlich zu einer nicht gewollten breitflächigen Ausbremsung der Entschluss- und Handlungsfreiheit im Wirtschaftsleben führen würde (Jauernig/*Teichmann* Vor §§ 249-253 Rn 17; PWW/*Medicus* Rn 90; *Langenbucher/Adolff* FS Canaris 2007 I, 679 ff).

20 **3. Berührung von Drittinteressen.** Ausn von der Eingrenzung des Kreises der »natürlichen« Anspruchsberechtigten/Geschädigten gibt es dann, wenn das Gesetz sie selbst anordnet oder entspr Fallgruppen durch die Rspr anerkannt wurden. So hat das Gesetz dem Dritten für den Fall einer »Drittschädigung« einen eigenen Schaden etwa in Form der §§ 844, 845 ausdr zuerkannt. In einem ähnl Zusammenhang sind die §§ 10 Abs 2 StVG, § 5 Abs 2 HaftPflG, § 35 Abs 2 LuftVG zu sehen. Für den vertraglichen Bereich ist iÜ § 618 Abs 3 von Bedeutung (vgl zum Ganzen PWW/*Medicus* Rn 91).

21 **a) Vertrag zugunsten/mit Schutzwirkung zugunsten Dritter.** Bei vertragsrechtlichen Ansprüchen kommt eine Ausdehnung des Kreises der Ersatzpflichtigen über diese ausdr, aber sehr partiell bleibenden Regelungen im Rahmen der **Fallgruppe des Vertrages zugunsten Dritter** (VzD, vgl § 328) und **des Vertrages mit Schutzwirkung zugunsten Dritter** (VSzD, § 328 analog) in Betracht (Jauernig/*Teichmann* Vor §§ 249-253 Rn 17; PWW/*Medicus* Rn 92). Hier ist der Dritte als Anspruchsberechtigter für den Schädiger erkennbar bereits im Rahmen der Primäranspruchsberechtigten (VzD) bzw der Sekundäranspruchsberechtigten (VSzD) in den Bereich der forderungszuständigen Personen mit aufgenommen worden.

22 **b) Drittschadensliquidation.** Eine weitere Ausn von der Subjektsbezogenheit des Schadens(ersatzes) findet sich bei der Fallgruppe der sog **Drittschadensliquidation** (Hk-BGB/*Schulze* Vor §§ 249-253 Rn 27), bei der ein Schaden in den von der Rspr anerkannten Fallgruppen typischerweise aufgrund einer **zufälligen Scha-**

densverlagerung nicht beim (vertraglich) Anspruchsberechtigten, sondern bei einem Dritten entsteht und der Schädiger daraus keinen Vorteil ziehen soll, indem der (vertraglich) Anspruchsberechtigte diesen »Drittschaden« selbst wie einen eigenen liquidieren darf (PWW/*Medicus* Rn 93 ff; Staud/*Schiemann* Vorbem vor §§ 249 Rn 62 f; Versuch einer dogmatischen Fundierung bei jurisPK/*Rüßmann* Rn 66 ff). Bzgl der Drittschadensliquidation haben sich durch Richterrecht folgende **Fallgruppen** herausgebildet:

aa) Mittelbare Stellvertretung. (allg anerkannt: RGZ 107, 132, 135; BGHZ 25, 250, 258; 40, 91, 100; NJW 1998, 1864, 1865; Hk-BGB/*Schulze* Vor §§ 249-253 Rn 29; Jauernig/*Teichmann* Vor §§ 249-253 Rn 20; Staud/*Schiemann* Vorbem §§ 249 ff Rn 69; BaRoth/*Schubert* Rn 153). Der **mittelbare Stellvertreter**, der seine Stellvertretung nicht offen legt, wird selbst Vertragspartner (vgl dazu *Tamm* § 164 Rz 8). Sofern ein Schaden durch einen Dritten an dem vom Stellvertreter für den Vertragspartner verwalteten Vermögen/Eigentum eintritt, liegt der wirtschaftliche Schaden beim Hintermann. Für diesen soll der Stellvertreter bei seinem Vertragspartner/Schädiger den entstandenen Schaden im eigenen Namen geltend machen dürfen, um das Erlangte hernach an den eigentlich Geschädigten auszukehren. 23

bb) Treuhandverhältnisse. Um einen Fall der befürworteten Drittschadensliquidation handelt es sich auch bei sog **Treuhandverhältnissen**. Auch der Treuhänder erleidet bei Beeinträchtigung des verwalteten Gutes keinen eigenen wirtschaftlichen Schaden. Er darf aber trotzdem aus eigenem Recht ggü dem Schädiger Schadensersatz geltend machen, den er dann an den wahren Geschädigten abzuführen hat (RGZ 58, 39 ff: Kommissionär; RGZ 90, 240 ff; BGH WM 1987, 582: Treuhänder; BGH NJW 2006, 1662: Sicherungsnehmer; zur Fallgruppe s auch Jauernig/*Teichmann* Vor §§ 249-253 Rn 20; PWW/*Medicus* Rn 97). 24

cc) Gefahrentlastung. Eine weitere Fallgruppe der Drittschadensliquidation betrifft die sog obligatorische Gefahrentlastung (Hk-BGB/*Schulze* Vor §§ 249-253 Rn 29; Staud/*Schiemann* Vorbem vor §§ 249 ff Rn 74; BaRoth/*Schubert* Rn 156; PWW/*Medicus* Rn 99). Diese bezieht sich darauf, dass entgegen der Grundregel des § 326 Abs 1 die Unmöglichkeit der Leistung durch eine entspr gesetzliche Anordnung nicht gleichzeitig zum Entfallen des Gegenleistungsanspruchs (wie sonst üblich) führt. Für den Versendungskauf sieht etwa **§ 447** eine derartige Regelung vor, wenn auf dem Transport bei einem Schickschuldgeschäft die Sache aufgrund eines zufälligen Ereignisses untergeht. Nachdem für den **Versendungskauf** aber mit **§ 421 HGB** ein eigener Anspruch des wirtschaftlich Geschädigten gegen den Frachtführer eingeführt wurde und die Vorschrift für Verbrauchsgüterkaufverträge ohnehin nicht gilt (*Tonner* § 447 Rz 2), hat diese Fallgruppe nur noch bei Werkverträgen eine wirklich praktische Bedeutung (vgl dazu **§ 644 Abs 2**; Jauernig/*Teichmann* Vor §§ 249-253 Rn 20; BGH NJW 1970, 38, 41). Eine Minderansicht sieht – was zu weit führt – die gesamte Fallgruppe der obligatorischen Gefahrentlastung als unzulässige Konstruktion an, wofür angeführt wird, dass eine eventuell gesetzlich angeordnete Gefahrentlastung im Binnenverhältnis zweier anderer Personen den Schädiger als Dritten nichts angehe und ihn daher auch nicht belasten dürfe (vgl dazu *Büdenbender* NJW 2000, 986 ff). 25

dd) Obhutsverhältnisse. Der letzte Fall der Drittschadensliquidation erfasst sog **Obhutsverhältnisse**. Danach gilt: Hat jemand eine **fremde Sache in Obhut genommen** und wird sie im Rahmen eines Vertragsverhältnisses mit dem Schädiger zerstört, so fehlt es am Schaden des vertraglich zum Ersatz Berechtigten, wenn dieser seinerseits dem Eigentümer mangels eines Vertretenmüssens keinen Ersatz zu leisten braucht. Auch in diesen Fällen kann der Vertragspartner, der keinen wirtschaftlichen Schaden erlitten hat, den Fremdschaden ggü dem Schädiger wie einen eigenen liquidieren, um den Erlös hernach an den Geschädigten auszukehren oder den Ersatzanspruch an ihn abzutreten (BGHZ 15, 228; Düsseldorf NJW-RR 1996, 591; Hk-BGB/*Schulze* Vor §§ 249-253 Rn 29; Jauernig/*Teichmann* Vor §§ 249-253 Rn 20; PWW/*Medicus* Rn 98). 26

ee) Andere Situationen (außerhalb der anerkannten Fallgruppen). In anderen Situationen außer den vier (in vorstehenden Randziffern) genannten Fallgruppen hat die Rspr die Möglichkeit der Zulassung einer Drittschadensliquidation bislang stets abgelehnt, um die Einstandspflicht/Haftung für den Schädiger nicht zu weit ausufern zu lassen (vgl BGHZ 51, 95 ff zur Produzentenhaftung). 27

4. Weitere Abgrenzungsprobleme. Weitere Abgrenzungsprobleme im Zusammenhang mit der Beeinträchtigung von Drittinteressen ergeben sich bei Schockschäden, der Beeinträchtigung der Leibesfrucht und der Schädigung einer Gesellschaft, bei der es nur einen Gesellschafter gibt. 28

a) Schockschäden. aa) Allgemeines. Oftmals wirft bereits die Fallgruppe der durch die Verletzung einer Person hervorgerufenen **Schockschäden** bei Dritten Fragen der Ersatzfähigkeit auf. Die deutsche Rspr ist hier anders als die im europäischen Ausland (vgl dazu Rz 8) sehr restriktiv. Schockschäden werden als Grundlage von Schadensersatzansprüchen mittelbar geschädigter Dritter nur dann anerkannt, wenn es sich um **nahe Angehörige** handelt (BGH NJW 1971, 883; 1984, 1405; Stuttgart NJW-RR 1989, 478; wobei hierzu auch Verlobte und Lebensgefährten zählen: LG Frankfurt aM NJW 1969, 2286; Hk-BGB/*Schulze* Vor §§ 249-253 Rn 17; MüKo/*Oetker* Rn 147), die **Schädigung bei diesen einen gewissen Grad erreicht** hat (sog »schwere Schädigung«: notwendig ist ein medizinisch feststellbarer Gesundheitsschaden, der über die üblichen psychopathologischen Ausfälle beim Miterleben oder Erfahren eines schlimmen Ereignisses hinausgeht, vgl dazu BGH NJW 1971, 1883; 1989, 2317; Nürnberg NJW 1998, 2293; Naumburg NJW-RR 2005, 900; KG NZV 29

1999, 329; BaRoth/*Schubert* Rn 142; Hk-BGB/*Schulze* Vor §§ 249-253 Rn 17) und außerdem der **Anlass** als »**ausreichend**« angesehen werden kann, um diesen Drittschaden herbeizuführen (grundlegend *Pflüger* Schmerzensgeld für Angehörige 2005 S 20 ff).

30 **bb) Einzelheiten.** Ein anerkennenswerter Anlass für einen Schockschaden eines Dritten ist nur dann gegeben, wenn der Schockeintritt im Hinblick auf seinen Ausgang vom Standpunkt eines objektiven Dritten verständlich ist (BGHZ 56, 165 ff; Hk-BGB/*Schulze* Vor §§ 249-253 Rn 17). Das trifft regelm nur bei **Tod und schweren Verletzungen** des **nahen Angehörigen** zu (BGH NJW 1985, 1390), nicht jedoch bei einem unbedeutenden Sachschaden (LG Hildesheim VersR 1970, 720; Hk-BGB/*Schulze* Vor §§ 249-253 Rn 17) oder dem Tod eines Hundes (AG Essen JurBüro 1986, 1494; zum Ganzen s Palandt/*Heinrichs* Vorb v § 249 Rn 71).

31 **b) Schädigung der Leibesfrucht durch Schädigung der Schwangeren.** Einen mittelbaren Schaden erleidet auch die **Leibesfrucht**, wenn sie infolge einer Verletzung der Schwangeren einen Gesundheitsschaden davonträgt (Palandt/*Heinrichs* Vorb v § 249 Rn 72). Wird das Kind lebend geboren, steht ihm infolge der Schädigung ein eigener Schadensersatzanspruch zu (BGH NW 1953, 417; 1972, 1126; 1985, 1390). Stirbt hingegen das Kind aufgrund der **Verletzung der Schwangeren**, kann die Mutter einen entspr Schadensersatzanspruch geltend machen, der auch den immateriellen Schaden umfasst.

32 **c) Schädigung der Gesellschaft.** Schließlich wird einem verletzten Alleingesellschafter (zumindest von der Rspr) auch der Schaden zugesprochen, den seine Gesellschaft erlitten hat (BGHZ 61, 380, 383; NJW-RR 1989, 684; einhellig abl die Lit, vgl nur Staud/*Schiemann* Vorbem §§ 249 ff Rn 60; MüKo/*Oetker* Rn 275 mwN in Fn 1062).

33 **II. Sachlicher Anwendungsbereich. 1. Vertrags- und Deliktsrecht.** Als lediglich haftungsausfüllende Normen sind die §§ 249 ff immer dann anwendbar, wenn eine andere Vorschrift (aus dem Vertrags- bzw Deliktsrecht) einen Schadensersatzanspruch statuiert (Überblick bei Staud/*Schiemann* Vorbem §§ 249 ff Rn 5 ff; vgl dazu bereits Rz 1). Vertragliche Schadensersatzansprüche haben eine erhebliche Bedeutung, denn sie stellen neben dem Rücktritt und der Minderung und dem ggf eingeräumten Ersatz für frustrierte Aufwendungen den maßgeblichen Rechtsbehelf bei Vertragspflichtverletzungen dar.

34 Anders als für den Rücktritt bzw die Minderung bedarf jedoch die Geltendmachung eines **vertraglichen Schadensersatzanspruches** (der nur **ausnahmsw als Garantiehaftung**, dh als verschuldensunabhängige Einstandspflicht ausgestaltet ist – Bsp: § 536a Abs 1, 1. Alt: für bei Vertragsschluss bereits bestehende Mängel im Mietvertrag) regelm des **Nachweises des Vertretenmüssens** des Schuldners. Allerdings ist die Beweislast nach § 280 Abs 1 S 2, der eine Verschuldensvermutung zu Lasten des Schädigers normiert, entgegen der Grundregel, dass der Gläubiger alle haftungsbegründenden Umstände zu beweisen hat (Rz 130), umgekehrt. Der Grund ist, dass die (nachgewiesene) objektive Pflichtverletzung regelm ein Vertretenmüssen iSe subjektiven Vorwerfbarkeit impliziert.

35 Dagegen ist bei **deliktischen Ansprüchen**, sofern sie anders als die Vorschriften der **Gefährdungshaftung** (vgl etwa §§ 1 ff ProdHaftG: Haftung des Produzenten; § 7 StVG: Haftung des Fahrzeughalters; § 833 S 1: Haftung des Luxustierhalters) nicht ausnahmsw schon von vornherein vom Tatbestandsmerkmal des Verschuldens absehen, ein **Vertretenmüssen** nicht nur erforderlich, sondern hier liegt die Beweislast regelm auch beim Gläubiger/Geschädigten (vgl etwa § 823 Abs 1, 2). Eine Verschuldenshaftung mit Beweislastumkehr ist bei deliktischen Ansprüchen die Ausn (s dazu etwa §§ 831 Abs 1 S 2: Haftung des Geschäftsherrn für den Verrichtungsgehilfen, 832 Abs 1 S 2: Haftung des Aufsichtspflichtigen, 833 S 2: Haftung des Nutztierhalters; § 18 StVG: Haftung des Fahrzeugführers).

36 Wichtig sind neben den vertraglichen und deliktischen Schadensersatzansprüchen auch diejenigen, die eine Art »Zwitterstellung« einnehmen, weil sie aus einem **vorvertraglichen Verhältnis** stammen, das schuldhaft verletzt wurde. Die hier anwendbaren Grundsätze der Haftung aus cic (§ 311 Abs 2) führen über die notwendige Inbezugnahme von § 280 Abs 1 S 2 wiederum dazu, dass ein Vertretenmüssen vorliegen muss, dieses jedoch vermutet wird. Der Schädiger muss sich mithin auch hier entlasten.

37 **2. Verhältnis zu Haftungstatbeständen ohne Verschulden.** Auch die zT bereits erwähnten **Garantiehaftungstatbestände** innerhalb und außerhalb des BGB verweisen zur Haftungsausfüllung auf die §§ 249 ff. Im Vertragsrecht spielen sie jedoch eine untergeordnete Rolle. Ausnahmsw wird eine verschuldensunabhängige **Garantiehaftung** im Mietrecht durch § 536a (vgl Rz 34) statuiert sowie zu Lasten des Gastwirts in § 701 angeordnet. Der hauptsächliche Anwendungsbereich von Haftungsgründen ohne Verschulden befindet sich allerdings im Deliktsrecht, wobei man bei einer Einstandspflicht des Schädigers ohne Notwendigkeit des Vorliegens eines Verschuldens (vgl dazu die Aufzählung in Rz 1) von einer **Gefährdungshaftung** spricht.

38 **3. Dispositives Recht.** Schadensersatzrecht ist dispositives Recht (Staud/*Schiemann* Vorbem §§ 249 ff Rn 11; BaRoth/*Schubert* Rn 5). Auch bzgl der Haftungsausfüllung können die Parteien daher **abweichende Vereinbarungen** treffen. Diese betreffen idR nicht die Kausalität, sondern die Höhe des zu ersetzenden Schadens. Man kann Schadensersatz ausschließen, ihn der Höhe nach beschränken oder Schadensersatzpauschalen vereinbaren.

Sofern dies in AGB geschieht, sind allerdings die §§ 305 ff zu beachten. Wichtig ist vor allem die Inbezugnahme der Wertung von **§ 309 Nr 7**, der **Haftungsausschlüsse und -begrenzungen** bei der Verletzung von Leben, Körper und Gesundheit sowie bei grober Fahrlässigkeit oder Vorsatz eines gesetzlichen Vertreters oder Erfüllungsgehilfen verbietet. Diese Vorschrift ist über die Generalklausel (§ 307) iÜ von ihrer Wertungstendenz auch im Verkehr zwischen Unternehmen beachtlich, und zwar insoweit, als sie nach § 307 (der nach § 310 auch für Unternehmen gilt) eine »unangemessene Benachteiligung« begründen kann (BGH NJW 1999, 1031; *Marschner* § 309 Rz 33). 39

Bei Schadensersatzpauschalen ist iÜ auch **§ 309 Nr 5** zu beachten, wonach die Pauschale dem gewöhnlich zu erwartenden Schaden entsprechen muss (BaRoth/*Becker* § 309 Nr 5 Rn 4; BGH NJW 1977, 382) und der anderen Vertragspartei der Nachweis möglich sein muss, dass der Schaden überhaupt nicht entstanden oder wesentlich niedriger als die Pauschale ist (s zum Ganzen *Marschner* § 309 Rz 24 f). 40

C. Schadensbegriff. I. Ausgangspunkt: Differenzhypothese. Am Beginn der Feststellung des zu ersetzenden Schadens steht trotz aller geäußerten Kritik (Nachw bei MüKo/*Oetker* Rn 21) immer noch die **Differenzhypothese** (ausf Palandt/*Heinrichs* Vorb v § 249 Rn 9; Staud/*Schiemann* Rn 4 ff; jurisPK/*Rüßmann* Rn 5; vgl dazu bereits die Ausf unter Rz 2). 41

Sie führt zu einer **Totalrestitution** und nicht zu einer bloßen Proportionalhaftung entspr der Wahrscheinlichkeit der Verursachung (die Proportionalhaftung ausdr abl *Taupitz* FS Canaris 2007 I 1231 ff; PWW/*Medicus* Rn 4). Man spricht in diesem Zusammenhang auch vom **natürlichen Schadensersatzbegriff**, der der Zuerkennung von Schadensersatz als Grundlage dient (Hk-BGB/*Schulze* Vor §§ 249-253 Rn 10; Staud/*Schiemann* Vorbem §§ 249 ff Rn 35, krit *Canaris* JZ 1987, 1002: verfassungsrechtliche Bedenken). Insofern kommt es beim Umfang des materiellen Schadensersatzes anders als beim immateriellen Schadensersatz nach § 253 auch nicht auf ein Verschulden oder einzelne Umstände der Schadenszurechnung an (Hk-BGB/*Schulze* Vor §§ 249-253 Rn 10). Einschränkungen werden nur über die Adäquanztheorie, die Lehre vom Schutzzweck der Norm und des rechtmäßigen Alternativverhaltens zugelassen (Jauernig/*Teichmann* Vor §§ 249-253 Rn 31, 47 ff; *Gotzler* Rechtmäßiges Alternativverhalten im haftungsbegründenden Zusammenhang 1977; *Hanau* Die Kausalität der Pflichtwidrigkeit 1971; vgl auch BaRoth/*Schubert* Rn 11 mwN in Fn 27; vgl dazu Rz 74 ff). 42

Zurückgehend auf *Mommsen* (Beiträge zum Obligationsrecht II: Zur Lehre vom Interesse 1855) stellt die **Differenzhypothese** zunächst ein **wertneutrales Gerüst** dar. Nach ihr ist die Vermögenslage des Geschädigten vor und nach dem schädigenden Ereignis zu vergleichen, wobei als »hypothetischer« Bezugspunkt mit einzubeziehen ist, wie sich die Vermögenslage ohne das schädigende Ereignis entwickelt hätte. Die sich daraus ergebende Differenz ist der zu ersetzende Schaden (BGH NJW 1997, 2378; Hk-BGB/*Schulze* Vor §§ 249-253 Rn 6). 43

II. Erweiterungen/Einschränkungen. 1. Allgemeines. Es ist hier nicht der Ort, den zahlreichen theoretischen Darstellungen zum Schadensbegriff jenseits der Differenzhypothese umfassend nachzugehen oder ihnen gar noch eine »weitere« Überlegung an die Seite zu stellen. Es hat sich gezeigt, dass abstrakte Begriffe, sei es nun der **normative Schadensbegriff** (vgl dazu Rz 2, 68 ff; BGHZ 50, 304, 306; Palandt/*Heinrichs* Vorb v § 249 Rn 13; krit jurisPK/*Rüßmann* Rn 9), der **Kommerzialisierungsgedanke** (BGHZ 63, 98, 102; 92, 85, 90 f; BaRoth/*Schubert* Rn 10; Palandt/*Heinrichs* Vorb v § 249 Rn 11) oder die **Frustrationsthese** (krit Staud/*Schiemann* Vorbem v §§ 249 ff Rn 125; MüKo/*Oetker* Rn 46 ff; BaRoth/*Schubert* Rn 23, vgl dazu hier Rz 72a) ihrerseits der wertenden Konkretisierung bedürfen und deshalb zunächst keine exakte Subsumtion zulassen oder gar ein eindeutiges Ergebnis präjudizieren (gegen neue Schadenersatzbegriffe und für eine wertende Betrachtung der jeweiligen Probleme auch MüKo/*Oetker* Rn 22; zust Staud/*Schiemann* Vorbem vor §§ 249 ff Rn 42). Sie werden iÜ von der Praxis allenfalls dann aufgegriffen, wenn in Wahrheit eine **neue Fallgruppe** in allg Begrifflichkeit gekleidet werden soll. 44

Deutlich wird dies etwa an der Fallgruppe der **»nutzlos aufgewendeten« Urlaubszeit.** Man hat sich lange bemüht, dem Urlaub zum Zwecke der Erholung (und Regeneration der Arbeitskraft) mit dem Kommerzialisierungsgedanken einen Vermögenswert beizumessen (BGH NJW 1983, 1107; VersR 1992, 504; Köln NJW-RR 1994, 920; LG Berlin NJW-RR 1988, 203; 1990, 636; MüKo/*Oetker* Rn 90; Palandt/*Heinrichs* Vorb v § 249 Rn 40). Diese Rspr ist jedoch bereits seit einiger Zeit überholt (Palandt/*Heinrichs* Vorb v § 249 Rn 40). Nachdem der Gesetzgeber die vertane Urlaubszeit als Anspruch gegen den Reiseveranstalter (jedoch nicht gegen jeden Dritten) in § 651f Abs 2 anerkannte und damit die unproblematische Einordnung als immaterieller Schaden ermöglichte (*Lindner/D. Schulz* § 651f Rz 17 ff), besteht heute kaum noch ein praktisches Bedürfnis an der weiteren theoretischen Aufbereitung und Ausdifferenzierung der Fallgruppe der nutzlos aufgewendeten Urlaubszeit (ausführlich MüKo/*Tonner* § 65f Rn 54 ff; zu Folgerungen vgl Rz 66). 45

2. Der Kommerzialisierungsgedanke. Auch jenseits der Fallgruppe des vertanen Urlaubs, die nicht mehr dem Kommerzialisierungsgedanken entspringt, kann dieser Ansatz für schadensrechtliche Fallgruppen mit vermögensrechtlichem Einschlag nur eine »anschiebende«, aber keine resterklärende Rolle einnehmen. Grds legitimiert der Kommerzialisierungsgedanke den Schadensersatz insofern, als der BGH einen Vermögensschaden schon immer (ursprünglich aber ausschließlich) damit begründet hat, dass das zu ersetzende (beeinträchtigte) Vermögen das sei, das die Rechtsordnung schützt. Hierzu zähl(t)en prinzipiell **alle Lebensgüter, denen ein wirtschaftlicher Wert beizumessen ist**, insbes diejenigen, die im wirtschaftlichen Verkehr gegen 46

Entgelt erworben werden können (BGH NJW 1956, 1235; 1964, 542; 1966, 1260; 1975, 2341; grundlegend zum Kommerzialisierungsgedanken *Ströfer* Schadensersatz und Kommerzialisierung 1982).

47 In der neuen Judikatur und der Wissenschaft nimmt man heute aber eine Einschränkung dieses Ansatzes insoweit vor, als zum Schaden **nicht mehr unbedingt jedes kommerzialisierte Gut** zählt, insbes dann nicht, wenn es sich um ein **bloßes Luxusgut** handelt (Palandt/*Heinrichs* Rn 10). Denn dann käme es uU zu einer Gefahr der Überforderung des (potentiell) Ersatzpflichtigen, die sein wirtschaftliches Tätigwerden hemmt, was gesellschaftlich nicht erwünscht ist (Rz 58). IÜ hat der Kommerzialisierungsgedanke gerade auch beim **immateriellen Schadensersatz** seine **Grenze** gefunden (vgl dazu *Tonner/Tamm* § 253 Rz 7).

48 **3. Fallgruppen. a) Arbeitskraft. aa) Arbeitskrafteinsatz zur Reparatur der beschädigten Sache.** Im Rahmen des Schadensersatzes nach § 249 Abs 2 ist es dem Geschädigten unter »Kommerzialisierungsgesichtspunkten« gestattet, den erforderlichen **Geldbetrag, der zur Schadensbeseitigung (an einer Sache etc) notwendig ist**, zu verlangen. Damit ist er prinzipiell auch befugt, den Ersatz für erforderlich werdende Aufwendungen iSv Arbeitsleistungen einzufordern (BGH NJW 1996, 92; Palandt/*Heinrichs* Vorb v § 249 Rn 37, 82). Da der Willensentschluss des Geschädigten, den Schaden durch eigene Arbeitsaufwendung zu beseitigen, den dritterzeugten Zurechnungszusammenhang zwischen Schadensverursachung und -eintritt nicht beseitigt, sind jedenfalls alle diejenigen Aufwendungen an Arbeitskraft ersatzfähig, die ein wirtschaftlich denkender Mensch für zweckmäßig und notwendig halten durfte (BGH NJW 2003, 2085; 2005, 1041). Der als Schadensersatz in Ansatz zu bringende Betrag beläuft sich (bereinigt um die nicht geschuldeten Lohnnebenkosten) auf etwa 60% der Kosten des die Reparatur ansonsten durchführenden Fachmanns (Hamm NJW-RR 2002, 1669; Palandt/*Heinrichs* Vorb v § 249 Rn 37; aA *Kraayvanger* MDR 2007, 566: Bruttolohn).

49 **bb) Beschädigung der Arbeitskraft selbst.** Ob iÜ die **Beeinträchtigung der Arbeitskraft selbst** (in einem abstrakten Sinn) schon als ersatzfähiger Schadensposten angesehen werden kann, ist differenziert zu beantworten (grundlegend *Schiemann* Argumente und Prinzipien bei der Fortbildung des Schadensrechts 1981 S 67 ff; *Jahnke* Der Verdienstausfall im Schadensrecht 2. Aufl 2006 S 55 ff). Bei einem durch personale Beeinträchtigung des Geschädigten verursachten **Verdienstausfall** infolge der fehlenden Einsetzbarkeit der Arbeitskraft kann unstr nach § 252 der **entgangene Gewinn** eingefordert werden (BGHZ 42, 76, 80; 43, 378, 380 ff; MüKo/*Oetker* Rn 78; *Jahnke* Der Verdienstausfall im Schadensrecht 2. Aufl 2006 S 55 Rn 2). Dabei wird unterstellt, dass die eingesetzte Arbeitskraft dazu geeignet gewesen wäre, einen Gewinn abzuwerfen, wobei der erwirtschaftete Gewinn freilich plausibel zu machen ist (s »abstrakte Schadensberechnung«, Rz 126). Wenn nicht die Frage der eingesetzten und damit gewinnbringenden Arbeitskraft im Raum steht, sondern die Problematik, ob auch Arbeitskraft an sich (ggf auch uneingesetzt oder in »Selbstausbeutung« des Opfers) als Vermögenswert iSd Kommerzialisierungsgedankens zu betrachten ist, verhält sich die hM aber abl (BGHZ 54, 45, 50; 106, 28, 31; MüKo/*Oetker* Rn 78; BaRoth/*Schubert* Rn 35; Palandt/*Heinrichs* Vorb v § 249 Rn 36).

50 **cc) Schadensablehnende Behandlung durch die hM.** Die **hM** ist insoweit jedoch **widersprüchlich** (so auch MüKo/*Oetker* Rn 80; *Baur* FS L Raiser 1974 S 119, 127). Denn wenn dem Geschädigten (idR dem Selbständigen) ein Gewinn entgeht, weil seine Arbeitskraft durch das schädigende Ereignis beeinträchtigt wurde, so ist dieser bereits nach § 252 zu ersetzen (vgl dazu die vorherige Rz). Stellt der Geschädigte wegen der Schädigung seiner eigenen Arbeitskraft einen Vertreter ein oder entstehen ihm anderweitig zusätzliche Personalkosten, so soll auch diese Aufwendung zu einem ersatzfähigen Schaden führen (MüKo/*Oetker* Rn 84). Gelingt es dem Geschädigten/Selbständigen hingegen, durch eigenen (zusätzlichen) Arbeits- und Zeitaufwand (der bei einer Schädigung der Arbeitskraft nur »**überobligatorisch**« erbringbar ist) weitere Auswirkungen des schädigenden Ereignisses auf das Betriebsergebnis zu verhindern, soll kein Vermögensschaden vorliegen, weil sich ein solcher nicht im Betriebsergebnis niedergeschlagen hat (BGHZ 54, 45, 50; NJW-RR 2001, 887, 888). Wenn die Anstrengungen freilich in den Bereich des nicht »Überobligatorischen« fallen, wären Arbeitsaufwendungen (etwa in Bezug auf die normale Mühewaltung für seine Rechtsgüter) nicht ersatzfähig.

51 **dd) Notwendigkeit der Anwendung des normativen Schadensbegriffs.** Die Differenzierung rechtfertigt sich daraus, dass es sich bei der Fallgestaltung der überobligatorischen Arbeitsaufwendung um einen **nicht geschuldeten Mehraufwand** handelt, der, ließe man ihn nicht zur Erstattung zu, den Schädiger von seiner Verpflichtung zum Schadensersatz freistellen würde, wobei diese Freistellung allein zu Lasten des Geschädigten ginge, was mit dem Schutzzweck der verletzten Norm/Pflicht nicht zu vereinbaren ist. Die Rspr hätte hier schon unter dem **Gesichtspunkt des normativen Schadensbegriffes eine Korrektur** dergestalt vornehmen müssen, dass überobligatorische Arbeitskrafteinbringung des Geschädigten den Schädiger nicht seiner Pflicht zur Schadenskompensation enthebt (so wohl auch Jauernig/*Teichmann* Vor §§ 249-253 Rn 9; Palandt/*Heinrichs* Vorb v § 249 Rn 38). Ansonsten kommt sie nämlich auch in Widerspruch zu einem (iE richtigen) BGH-Judikat, das einer verletzten nicht berufstätigen Ehefrau einen eigenen Ersatzanspruch für die Beeinträchtigung ihrer Einsatzfähigkeit (im Haushalt) zugesprochen hat, und zwar ohne Rücksicht darauf, ob eine Haushaltshilfe eingestellt wurde (BGHZ 50, 304, 306; zust PWW/*Medicus* § 252 Rn 17; zu weiteren Details vgl *Tonner/Tamm* § 252 Rz 22).

b) Freizeit. Lange Zeit diskutiert wurde unter dem Stichwort des Kommerzialisierungsgedankens iÜ, ob die **Beeinträchtigung von Freizeit** zu einem Vermögensschaden führt (BGH NJW 1977, 1446; 1989, 766; BVerwG DVBl 1991, 1196; Palandt/*Heinrichs* Vorb v § 249 Rn 38; *Schwarz/Ernst* NJW 1997, 2553). Es wurde insofern vertreten, dass der Geschädigte, dessen Urlaub beeinträchtigt wird, sich im Wege der Naturalrestitution unbezahlten **Sonderurlaub** nehmen muss, um den Urlaub noch einmal unbeeinträchtigt genießen zu können. Die daraus resultierende hypothetische Gehaltseinbuße sollte den Vermögensschaden darstellen (BGH NJW 1983, 1107; VersR 1992, 504; Köln NJW-RR 1994, 920). Diese Auffassung führte iE dazu, dass der Anspruch nur Berufstätigen zustehen konnte und am Gehalt des Geschädigten bemessen werden musste. Vor diesem Hintergrund kam es zu einer (unzulässigen) Diskriminierung von Nichterwerbstätigen wie Hausfrauen, Rentnern und Studenten. Der dargestellte Argumentationsansatz ist denn auch mit dem Inkrafttreten des § 651f Abs 2 aufgegeben worden (zum Befund Palandt/*Heinrichs* Vorb v § 249 Rn 39). Im Zusammenhang mit der Einführung des § 651f Abs 2 hat der BGH zudem ausdr erklärt, dass der Anspruch nach **§ 651f Abs 2** ein immaterieller Schadensersatzanspruch ist, so dass er aus dem Bereich der Vermögensgüter (Kommerzialisierung) insgesamt herausfällt (BGHZ 85, 168). Dies bewirkt im Weiteren, dass die zuvor befürwortete Orientierung des Schadensersatzes bzgl seiner Höhe am Einkommen des Geschädigten hinfällig geworden ist (BGHZ 161, 389; BGH NJW 2005, 1047; Palandt/*Heinrichs* Vorb v § 249 Rn 39; *Lindner/D. Schulz* § 651f Rz 22). 52

Die gesetzliche Wertung des § 651f Abs 2 (als Ausnahmeregelung) ist präjudizierend für die Bewertung der **Freizeit außerhalb des Reiserechts**, die in allen anderen Bereichen eben gerade nicht vermögensrechtlich geschützt ist (BaRoth/*Schubert* Rn 39; PWW/*Medicus* § 251 Rn 17). Der Freizeitverlust infolge eines Schadenseintritts an einer Person oder Sache ist trotz der ggf fließenden Übergänge zum Urlaub (verlängertes Wochenende, Kurzurlaub im Anschluss an Feiertage) daher außerhalb des Pauschalreiserechts als **nicht ersetzbarer immaterieller Schaden** einzustufen (BGHZ 106, 31 ff). Dies gilt auch für den Sonderfall, dass die Freizeit zur **Schadensregulierung** aufgewendet wird, da die Abwicklung des Schadens und die damit verbundene Mühewaltung im Rahmen des Üblichen dem Pflichtenkreis des Geschädigten zuzuordnen ist (BGHZ 127, 351 ff.; Jauernig/*Teichmann* Vor §§ 249-253 Rn 16). Anders ist freilich die Frage zu beantworten, ob im Rahmen des § 249 Abs 2 zur Naturalrestitution überobligatorisch eingesetzte eigene Arbeitskraft als ein ersatzfähiger Schadensposten zu bewerten ist (vgl dazu Rz 48). 53

c) Gebrauchsvorteile. Für den **Ersatz von Gebrauchsvorteilen** einer beschädigten Sache hat der GrS des BGH in Zivilsachen im Jahre 1986 eine Grundsatz-Entscheidung getroffen, die sich auf ein **Wohnhaus** bezog (BGHZ 98, 212). Problematisch ist in diesen Fällen immer nur der entgangene Gebrauchsvorteil einer selbst genutzten Sache. Bei einer **erwerbswirtschaftlichen Nutzung** (im Falle des BGH wäre dies eine Vermietung der Sache gewesen) ist der Vermögenscharakter als entgangener Gewinn gem **§ 252** selbstverständlich (BGH NJW 1973, 701; grundlegend *Würthwein* Schadensersatz für Verlust der Nutzungsmöglichkeit einer Sache oder für entgangene Gebrauchsvorteile? 2001, S 267 ff). 54

Der BGH hat bzgl eigengenutzter Sachen den Grundsatz aufgestellt, dass **Gebrauchsvorteile zu entschädigen** sind, sofern der Geschädigte auf die **ständige Verfügbarkeit** der Sache **typischerweise angewiesen** ist. Die Judikatur zeugt davon, dass die Rspr stets bestrebt war (und ist), eine Nutzungsausfallentschädigung als Schaden für selbst genutzte Gegenstände zwar grds zuzusprechen, den ersatzfähigen »Schaden« andererseits aber auch in Grenzen zu halten (BGHZ 40, 345 ff; BaRoth/*Schubert* Rn 24 ff; Palandt/*Heinrichs* Rn 30). 55

aa) Nutzungsausfall für ein beschädigtes Kfz. Der BGH steht bspw in Bezug auf den typischen Fall des beschädigten Kfz auf dem grds Standpunkt, dass die Möglichkeit, jederzeit und sofort ein Kfz nutzen zu können, heute als allg wirtschaftlicher Vorteil angesehen wird (vgl BGH aaO; PWW/*Medicus* Rn 35). Die Höhe der Entschädigung ist jedoch im Weiteren insoweit einzuschränken, dass von dem als Schadensersatz üblicherweise zu erstattenden **Mietpreis** für ein **vergleichbares Fahrzeug** (BGH NJW 1982, 1519; LG Frankfurt aM NZV 2000, 175; Hamburg VersR 1980, 879; LG Freiburg DAR 1994, 404) außer den **ersparten Abnutzungen** für den eigenen Wagen auch der **Unternehmergewinn** und die **allg Betriebskosten** eines gewerblichen Fahrzeugvermieters abgezogen werden müssen (BGHZ 45, 212, 220 ff; PWW/*Medicus* Rn 36). Vor dem Hintergrund dieser Rspr wurden für die Praxis Tabellen erarbeitet, die regelm darauf hinauslaufen, dass nur rund **30-40% des üblichen Mietpreises** ersatzfähig sind (vgl dazu Beilage zu NJW 2008 Heft 1 für PkW, Geländewagen und Transporter sowie die diese Tabellen anerkennende Rspr: BGHZ 56, 214; 85, 11 ff; 88, 11, 13; BGH NJW 1983, 2139; 2005, 277, 278; 2005, 1044; s auch Jauernig/*Teichmann* Vor §§ 249-253 Rn 12; Palandt/*Heinrichs* Rn 30 ff). 56

bb) Nutzungsausfall für andere Sachen als Kfz. In der Rspr wurden über den Bereich des Kfz-Schadens hinaus entgangene Nutzungen/Gebrauchsvorteile auch für andere Güter des täglichen Lebens als materieller Schaden zuerkannt. Dies gilt namentlich für die selbstgenutzte Wohnung. Das Angewiesensein auf die Verfügbarkeit wird in diesem Zusammenhang angenommen bei **Teilen einer Wohnung** (einzelne Zimmer: Köln MDR 2003, 618 f; Stuttgart VersR 2001, 1159; **Terrasse**: BayObLGZ 1987, 53; Kücheneinrichtung: LG Kiel NJW-RR 1996, 559; LG Osnabrück NJW-RR 1999, 349; **Ferienwohnung**: BGHZ 101, 325, 334). Das Gleiche gilt aber auch für selbstgenutzte **Fortbewegungsmittel** (**Wohnmobil**: Celle NJW-RR 2004, 598; **Motorrad**: 57

Saarbrücken NZV 1990, 312; **Fahrrad**: KG NJW-RR 1993, 1438; **Elektro-Rollstuhl**: LG Hildesheim NJW-RR 1991, 798). Die Nutzungsausfallentschädigung wird darüber hinaus zuerkannt bei einem **Blindenhund** (AG Marburg NJW-RR 1989, 931). Ausgeschlossen ist der Anspruch dagegen bei Beeinträchtigungen, die sich kurzfristig durch **Umdispositionen** auffangen lassen (BGH NJW 1993, 1794); hier greift der Gedanke des § 254. Bzgl des Nutzungsausfalls eines **Garagenraums** kommt es auf die konkreten Umstände des Einzelfalls an (Nutzungsausfall bejaht: BGH NJW 1986, 427; verneint: BGH NJW 1993, 1794; zum Ganzen s auch PWW/*Medicus* Rn 40).

58 **d) Problem: Nutzungsausfall auch für Luxusgüter?** Die Rspr zum Nutzungsausfall läuft darauf hinaus, dass der Nutzungsersatz auf **Wirtschaftsgüter von allg, zentraler Bedeutung für die Lebenshaltung** beschränkt wird, weil ansonsten die Haftungsfolgen für den Schädiger unvorhersehbar und insofern auch unzumutbar erdrückend würden. Grds nicht ersatzfähig sollen vor dem Hintergrund dieses Ansatzes denn auch Nutzungsausfallschäden für sog »**Luxusgüter**« sein (zu den Einzelheiten vgl BGH NJW 1975, 733: **Pelzmantel**; BGH NJW 1980, 1386: **privates Schwimmbad**; Oldenburg NJW-RR 1993, 1437: **Privatflugzeug**; BGH NJW 1984, 72: **Motorboot**; LG Augsburg ZfS 1988, 42: **Reitpferd**). Zum Bereich des nicht erstattungsfähigen Nutzungsausfalls bei Luxusgütern gehören auch folgende Fallgruppen: BGH VersR 2006, 797, 799: **Bäume**; Düsseldorf MDR 2000, 389, 390: **Hobbyraum**; Schleswig SchlHAnz 2002, 45: **Garten**; Düsseldorf NJW-RR 1993, 36: **Oldtimer-Krad**; Schleswig SchlHAnz 2005, 345: **Segelyacht**; Koblenz NJW-RR 2004, 747, 748: **luxuriöser Zweitwagen**).

59 **e) Folgeschäden.** Im Grundsatz werden vom Schadensersatzanspruch nach § 249 auch **alle Folgeschäden** mit umfasst (Hk-BGB/*Schulze* Rn 6). Dies trifft insbes für **steuerliche Nachteile**, **höhere Versicherungsprämien** oder den **Verlust eines Beitrittserlasses** zu (BGH NJW 1984, 2627). Gleiches gilt iÜ für die Kosten der Schadensfeststellung und der Rechtsverfolgung, so dass vom Schadensersatzanspruch auch die Zahlung des **Sachverständigengutachtens** (BGH NJW 1974, 35; 2004, 3042; Naumburg NJW-RR 2006, 1029; beachte: bei Kfz-Schäden gilt dies erst ab einer **Bagatellgrenze von 700 Euro** in den alten Bundesländern und von **500 Euro** in den neuen Bundesländern, vgl dazu BGH NJW 2005, 356; AG Chemnitz VersR 1998, 202; MüKo/*Oetker* Rn 372 will einheitlich **1000 Euro** als Bagatellgrenze ansetzen) und des **Rechtsanwalts** (nicht jedoch für Kosten eines Rechtsanwaltsgutachtens, vgl Stuttgart NJW-RR 1999, 1374; zum Ganzen s auch Palandt/*Heinrichs* Rn 40 f) umfasst ist. Keine gesonderte Ersatzpflicht besteht jedoch für den vom **Geschädigten investierten Zeitaufwand** in die außergerichtliche Schadensabwicklung. Eine Ausn von diesem Grundsatz ist nicht schon dann gerechtfertigt, wenn hierfür gesondert Personal vorgehalten wird (BGH NJW 1976, 1256; 1977, 35; 80, 119; Palandt/*Heinrichs* Rn 41). Der Grund für den diesbezüglichen Anspruchsausschluss besteht darin, dass die **Abwicklung des Schadens zum eigenen Pflichtenkreis** gehört (BGH NJW 1980, 119 ff). Deshalb gibt es auch keinen Kostenersatz in Bezug auf die **Kosten der Kontrollorganisation** (Palandt/*Heinrichs* Rn 47).

60 Zu ersetzen sind jedoch **Detektivkosten**, die etwa zur Aufdeckung eines Betruges erforderlich geworden sind (BGH NJW 1990, 2061; Oldenburg VersR 1992, 1150) oder die in Bezug auf den Nachweis der str Arbeitsunfähigkeit des Arbeitnehmers investiert wurden (BAG NJW 1999, 308). Ersatzfähig sind iÜ **Belohnungen**, die für die Wiederbeschaffung gestohlener Sachen ausgegeben werden mussten, sofern sie nach objektivierter Betrachtung notwendig waren (BGH VersR 1967, 1169; BAG DB 1970, 500; Palandt/*Heinrichs* Rn 40). Bedeutung hat dies etwa für die Belohnung des Dritten bei Anzeige eines Ladendiebstahls (sog **Fangprämie**, zu Details vgl Rz 71, 97). Die Ersatzpflicht wird diesbezüglich auch nicht dadurch ausgeschlossen, dass der Unternehmer den potentiellen Schaden durch Umlegung auf die Preiskalkulation schon von vornherein an die Kunden weitergibt (Palandt/*Heinrichs* Rn 47). Die **Einschaltung eines Inkassobüros** ist allerdings nur dann gerechtfertigt und als Folgeschaden erstattungsfähig, wenn der zu zahlende Betrag nicht in Streit steht (bzgl des Problems der offensichtlichen Zahlungsunfähigkeit vgl Bamberg JurBüro 1988, 71; Düsseldorf JZ 1987, 887 f; Frankfurt aM NJW-RR 1990, 729 f; Hamm MDR 1979, 579; Karlsruhe NJW-RR 1987, 15; Koblenz JurBüro 1985, 295, 296; Köln OLGZ 1972, 411, 412).

61 **f) Unterhaltspflicht.** Ob zu zahlender Familienunterhalt als Schadensposten geltend gemacht werden kann, ist nicht pauschal zu beantworten. Dagegen spricht, dass er bereits im Umfang maßgeblich von der Leistungsfähigkeit der Eltern und darüber hinaus auch im **Anlass** von deren **Entscheidung zur Zeugung und Betreuung eines Kindes** abhängt (BGHZ 76, 259, 267; PWW/*Medicus* Rn 15). Es kommt damit darauf an, ob ein Unterhalt für ein Kind in bes Weise durch Drittverantwortung an den Eltern vorbei »provoziert« wurde. Das ist nur dann der Fall, wenn ein maßgeblich drittzuverantwortender »**Planungsschaden**« (bei den Eltern) vorliegt. Insofern verengt sich die Frage der schadensrechtlich relevanten Unterhaltspflicht auf die viel diskutierte (ausf zB Hk-BGB/*Schulze* Vor §§ 249-253 Rn 8; MüKo/*Oetker* Rn 30 ff) Fallgruppe der Belastung mit der Unterhaltspflicht für ein **Kind**, das (so) nicht **gewollt war**, woran der in der Schwangerschaftsdiagnostik und ggf noch später eingeschaltete Arzt/Krankenhausträger wegen etwaiger Fehldiagnosen oder sonst fehlerhafter Behandlung einen entscheidenden Mitverursachungsanteil trägt.

aa) Stichwort: Planungsschaden/Kind als Schaden. Geht man von einem sich realisierenden Planungsschaden aufgrund der Tätigkeit des Arztes/Krankenhausträgers aus, liegt nach der Differenzhypothese ein Vermögensschaden vor, da Unterhalt für ein Kind gezahlt werden muss, das »aufgedrängt« erscheint. Diesen Ausgangspunkt teilt auch der BGH. Ob **Art 1 Abs 1 GG** eine **normative Einschränkung** dieser Wertung erfordert, ist str (vgl dazu *Picker* AcP 195, 483 ff; *Roth* NJW 1995, 2399; *Stürner* JZ 1998, 317; *Giesen* JZ 1994, 286 ff; *Müller* NJW 2003, 697 ff). Der **2. Senat des BVerfG** hatte für eine normative Einschränkung plädiert, weil seiner Meinung nach durch verfassungsrechtliche Vorgaben ausgeschlossen ist, dass ein **Kind als »Schaden«** eingestuft wird (BVerfGE NJW 1993, 1764). Die hM (BGHZ 124, 140 ff; BVerfGE **1. Senat** NJW 1998, 561; Jauernig/*Teichmann* Vor §§ 249-253 Rn 32) steht dagegen heute auf dem zutr Standpunkt, dass nicht die Existenz des Kindes, sondern allein die Unterhaltspflicht der Eltern aufgrund der planwidrigen Geburt als Schaden in Frage steht und die Ursächlichkeit der Geburt des Kindes für die Unterhaltspflicht unter normativen Gesichtspunkten den für die nicht gewollte Geburt verantwortlichen Dritten nicht entlasten darf (Hk-BGB/*Schulze* Vor §§ 249-253 Rn 8; Jauernig/*Teichmann* Vor §§ 249-253 Rn 32). Die vertraglichen Konstellationen, die dabei eine Rolle spielen, betreffen einen **misslungenen Schwangerschaftsabbruch** (BGHZ 129, 178), eine **fehlerhafte genetische Beratung** (BGHZ 124, 128), das Verschreiben **empfängnisverhütender Mittel**, ohne dass dabei eine Schwangerschaft erkannt wird (BGH NJW 2002, 1489), eine fehlerhaft durchgeführte **präventive Schwangerschaftsdiagnostik** (BGHZ 149, 236) und die **fehlerhafte Sterilisation** (BGHZ 76, 249). 62

bb) Weitere Voraussetzungen. Die Schadensersatzpflicht des behandelnden Arztes/Krankenhausträgers setzt jedoch in allen Fällen die **Rechtswidrigkeit** des Handelns/resp Schädigers voraus (BGHZ 124, 137 ff; BGH NJW 2002, 886; 2002, 2637; Hk-BGB/*Schulze* Vor §§ 249-253 Rn 8; MüKo/*Oetker* Rn 34). IÜ kann ein Planungsschaden nur dann gegeben sein (und insofern als ersatzfähig anerkannt werden), wenn die Verhinderung der Geburt eines ungewollten Kindes vom **Vertragszweck** ausdr oder zumindest konkludent umfasst war/ist. Dies ist dann nicht der Fall, wenn ein Schwangerschaftsabbruch wegen einer medizinischen Indikation erfolgen sollte, ein Kind dann aber ohne Komplikationen geboren wird (BGH NJW 1985, 2749, 2751; MüKo/*Oetker* Rn 35 mN in Fn 134). Der Schadensersatzanspruch in Form des Planungsschadens kann ferner nur vom **Vertragspartner** geltend gemacht werden (wobei auch der Vater als Unterhaltspflichtiger in den Schutzbereich des Vertrages nach § 328 analog einbezogen ist, vgl dazu BGH NJW 2002, 2636). 63

cc) Höhe des als Schadensersatz zu zahlenden Unterhalts. Die Rspr begrenzt in den Fällen des Planungsschadens iÜ auch die Höhe des ersatzfähigen Unterhaltsanspruchs. Zu erstatten ist grds nur ein **durchschnittlicher Unterhaltsanspruch**, nicht der aufgrund der wirtschaftlichen Verhältnisse des Unterhaltspflichtigen (Arztes/Krankenhausträgers) tatsächlich geschuldete Betrag (BGHZ 76, 259, 260; BGH NJW 1997, 1640; *Müller* NJW 2003, 705). Nicht erstattungsfähig ist der **Verdienstausfall der Eltern**, der wegen Aufgabe der Berufstätigkeit zum Zweck der Pflege des Kindes auftritt (BGH NJW 1997, 1640; Hk-BGB/*Schulze* Vor §§ 249-253 Rn 8). 64

Eine Ausn von dem Grundsatz der Begrenzung des Unterhaltsanspruches auf den durchschnittlichen Bedarf ist nur dann zulässig, wenn durch das Verschulden des Schädigers ein **behindertes Kind** mit entspr **erhöhtem Bedarf** geboren wird und auf erhöhte Betreuungs- und Kompensationsleistung angewiesen ist. Hier wird der volle Unterhaltsbetrag, der dafür erforderlich ist, geschuldet (BGHZ 124, 136 ff). 65

g) Vertaner Urlaub. Ob **nutzlos aufgewendete Urlaubszeit** als ersatzfähiger Schaden anzusehen ist, ist differenziert zu beantworten, je nachdem, ob es sich um den von § 651f Abs 2 beschriebenen Spezialfall handelt oder nicht (zur in der Rspr gewandelten Behandlung der Problematik s oben unter Rz 45). Diese Frage kann sich nämlich zum einen schon ganz generell bei der Erfassung des **Folgeschadens** stellen, wenn zB wegen der Körperverletzung oder der Beeinträchtigung eines wichtigen Sachgutes (etwa des Pkw) der Urlaub nicht angetreten werden kann oder ein bereits angetretener »geplatzt« ist. In diesen Fällen wird von der Rspr **ein Schadensersatzanspruch nach § 249 abgelehnt.** Die entgangene Urlaubsfreude kann nach Einbeziehung der Einzelfallumstände allenfalls die Höhe des Schmerzensgeldes (etwa bei bestehender Körperverletzung) zusätzlich mitbeeinflussen (BGHZ 86, 212; Jauernig/*Teichmann* Vor §§ 249-253 Rn 14). 66

Anders gelagert ist die Problematik allerdings dann, wenn der Urlaub infolge einer **Nicht- bzw Schlechterfüllung des Vertragspartners des Reisenden**, nämlich des **Reiseveranstalters**, als »vertan« angesehen werden muss, weil ihm kein Erholungswert beigemessen werden kann. Diese Fallgruppe ist heute als **ersatzfähiger (immaterieller) Schaden nach § 651f Abs 2** zu behandeln. Nicht erfasst durch diese partikuläre Regelung sind freilich alle diejenigen Urlaubsgestaltungen, die bei formaler Betrachtung keine Pauschalreise iSd § 651a darstellen. In der Lit wird in diesem Zusammenhang teilw dafür plädiert, auch auf andere Reisen/Leistungen, die auf die Erbringung von Urlaubsfreuden gerichtet sind und in die der Reisende »fehlinvestiert« hat, § 651f Abs 2 analog anzuwenden (Jauernig/*Teichmann* Vor §§ 249-253 Rn 15; Palandt/*Heinrichs* Vorb v § 249 Rn 40). Dem ist zuzustimmen, soweit die §§ 651a ff insgesamt analog angewendet werden können, was (nur) für veranstaltermäßig erbrachte einzelne Reiseleistungen zu befürworten ist (MüKo/*Tonner* § 651f Rn 45; jurisPK/*Keller* Rn 13). 67

68 **4. Der normative Schadensbegriff. a) Grundsätzliches.** Den **Grundsätzen des normativen Schadensbegriffes** ist im Prinzip nur zu entnehmen, dass bzgl der Festlegung des Schadens(umfangs) auch wertende Gesichtspunkte eine Rolle spielen (BGH NJW 1965, 1430; 1968, 1823; 1970, 1411; Palandt/*Heinrichs* Vorb v § 249 Rn 13; eingehend und grundlegend *Selb* Schadensbegriff und Regressmethoden 1963). Der Schaden wird hier nicht nur als Differenz zweier Vermögensmassen verstanden, sondern er soll auch aus dem **Normzweck**, dem **Schutzzweck der Haftung** sowie aus **Funktion und Ziel des Schadensrechtes** konstituiert werden (BGHZ 163, 226 ff; Jauernig/*Teichmann* Vor §§ 249-253 Rn 6). Da der Normzweck auch in die Zuerkennung des Schadensersatzanspruches einfließt, muss der Schädiger, falls die Norm, der Schutzzweck der Haftung und/oder Funktion und Ziel des Schadensrechtes es gebieten, uU **auch dann Schadensersatz leisten, wenn – ggf wegen sonstiger drittseitiger** (Bsp: Entgeltfortzahlung des Arbeitgebers und Versicherungsleistungen) **oder eigener Kompensation** (Bsp: überobligatorische Anstrengungen) **– kein wirtschaftlich messbarer Schaden vorhanden** ist (Jauernig/*Teichmann* Vor §§ 249-253 Rn 6).

69 **b) Fallgruppen. aa) Arbeitsentgelt.** Bedeutung erlangt die normative Korrektur des an sich aufgrund der Differenzhypothese festzustellenden Schadens etwa im Fall des **§ 843 Abs 4**, aber auch dann, wenn der durch einen Dritten verletzte Arbeitnehmer während seiner Arbeitsunfähigkeit sein **Arbeitsentgelt** aufgrund der Entgeltfortzahlung des Arbeitgebers nach § 3 EFZG weiter bezieht. Der Arbeitnehmer gilt hier »normativ« als Geschädigter, weil der Schädiger aufgrund der Einstandspflicht des Arbeitgebers nach § 3 EFZG nicht entlastet werden soll (BGHZ 43, 383 ff; 133, 4 ff; Jauernig/*Teichmann* Vor §§ 249-253 Rn 8; Palandt/*Heinrichs* Vorb v § 249 Rn 41). Diese Konstruktion ist auch deshalb nötig, weil der seitens des Arbeitnehmers um den normativen Schaden »komplettierte« Schadensersatzanspruch gegen den Schädiger (zumeist aus Delikt) später im Rahmen einer cessio legis auf den Arbeitgeber übergehen soll (vgl § 6 EFZG; zu anderen Lohnkompensationsleistungen, die der vorleistende Dritte im Regressweg zurückfordern kann vgl § 116 Abs 1 SGB X, § 90 Abs 1 BSHG, § 87a BBG; grundlegend *Jahnke* Der Verdienstausfall im Schadensrecht 2. Aufl 2006; s dazu auch Hk-BGB/*Schulze* Vor §§ 249-253 Rn 32 sowie Rz 105). Der Arbeitgeber kann dann von dem Schädiger seine Entgeltfortzahlung zurückverlangen, so dass der wirtschaftliche Schaden letztlich beim Schädiger verbleibt (Jauernig/*Teichmann* Vor §§ 249-253 Rn 8).

70 **bb) Überobligatorische Arbeitskraft.** Eine weitere Fallgruppe des normativen Schadensbegriffs wurde insofern bereits beschrieben (Rz 51), als es Fallgestaltungen gibt, in denen **Arbeitskraft** durch einen Personenschaden beeinträchtigt ist, diese aber **überobligatorisch** gleichwohl zur weiteren Abwendung eines Vermögensschadens von einem Selbständigen etc aufgewendet wird, mit der Folge, dass sich die Beeinträchtigung der Arbeitskraft nicht schädigend auf das (eigene Betriebs-)Vermögen auswirkt (vgl dazu BGHZ 38, 55 ff; 50, 304 ff; 59, 172 ff; Jauernig/*Teichmann* Vor §§ 249-253 Rn 9; ausf zur diesbezüglich str Rechtslage unter Rz 51).

71 **cc) Vorsorge-, Überwachungs- und andere Maßnahmen.** Nur normativ lässt sich der Schaden iÜ dann begründen, wenn der Geschädigte zum Ausgleich möglicher Schäden **Vorsorgemaßnahmen** getroffen hat. Diese dürfen grds nicht zur Entlastung des Schädigers in Ansatz gebracht werden (BGH NJW 1960, 1339; Palandt/*Heinrichs* Vorb v § 249 Rn 44; differenzierend PWW/*Medicus* § 251 Rn 15 ff). Keine überobligatorische Vorsorgemaßnahme, die auf den Schädiger umgelegt werden kann, stellen jedoch Kosten von **Überwachungs- und Sicherungsmaßnahmen** zum Schutz vor (Laden-)Diebstählen dar (BGH NJW 1980, 119), denn diese fallen unter die vom Geschädigten allg zu tragenden Aufwendungen der Mühewaltung für den eigenen Pflichtenkreis. Wiederum anders verhält es sich dagegen mit **Kosten bzgl einer ausgelobten Fangprämie** (dazu noch ausf unter Rz 60, 97). Der Höhe nach muss sie – um ersatzfähig zu sein – jedoch in einem angemessenen Verhältnis zum Wert der gestohlenen Sache stehen (BGH NJW 1980, 119; *Deutsch* JZ 1980, 102; Palandt/*Heinrichs* Vorb v § 249 Rn 44; zuerkannt wurden bislang Fangprämien bis 50 DM = 25 Euro, vgl dazu BGH aaO). Die Fangprämie soll den Umfang von 500 Euro nicht überschreiten dürfen (LG Berlin DB 1984, 1029; Palandt/*Heinrichs* Vorb v § 249 Rn 45; Details Rz 97).

72 **dd) Belastung mit einer Verbindlichkeit.** IÜ stellt auch die **Belastung mit einer Verbindlichkeit** einen Schaden dar, selbst wenn man nicht leistungsfähig ist, weil man weder Einkommen noch Vermögen hat; auch dies ist durch die normative Betrachtungsweise geboten (BGH NJW 1972, 1856; 1976, 1402; 1986, 582; 2005, 981; Palandt/*Heinrichs* Vorb v § 249 Rn 46).

72a **5. Frustrationsschaden.** Einhellig abgelehnt wird die allg Berechnung des Schadensersatzes nach §§ 249 ff auf der Grundlage der durch das Schadensereignis **nutzlos gewordenen Aufwendungen des Geschädigten**, weil es an der notwendigen Kausalität des Ereignisses für den Aufwand fehlt (BGHZ 55, 146 ff; BaRoth/*Schubert* Rn 23; Staud/*Schiemann* vor § 249 Rn 125; MüKo/*Oetker* Rn 46 ff). Die Ablehnung des Frustrationsschadens rechtfertigt sich darüber hinaus auch daraus, dass die Höhe des Schadens nicht von der Selbsteinschätzung des Geschädigten abhängen darf (Hk-BGB/*Schulze* § 253 Rn 10; PWW/*Medicus* § 251 Rn 18). Partiell findet sich der Gedanke des in Ansatz zu bringenden Frustrationsschadens gleichwohl schon vor der Schuldrechtsreform in denjenigen Fallgestaltungen »angelegt«, in denen die Rspr bei einer vertraglichen Pflichtverletzung den Schaden damit begründete, dass die vergeblich investierten Aufwendungen (nachweisbar) **renta-**

bel gewesen wären (RGZ 127, 245, 248; BGHZ 143, 41 ff). Schwierigkeiten bereitete diese Schadensdefinition freilich dann, wenn der Geschädigte mit dem Vertrag überhaupt keinen wirtschaftlichen Zweck, der sich finanziell rentieren konnte, verfolgt (BGHZ 99, 182, 189: Stadthallenfall; vgl auch PWW/*Medicus* § 251 Rn 18). Infolge der Schuldrechtsreform ist die Rentabilitätsvermutung zum Schutz des Geschädigten auch vor diesem Hintergrund etwas erweitert/verallgemeinert worden. In Bezug auf **gegenseitige Verträge** führte die Schuldrechtsmodernisierung dazu, dass der Frustrationsschaden zumindest in bes ausgewiesenen Fällen als ersatzfähiger Posten ohne notwendigen Rentabilitätsnachweis Berücksichtigung fand, vgl dazu etwa **§§ 284, 437 Nr 4, 634 Nr 4** (zur Unabhängigkeit des § 284 von der vermuteten Rentabilität und zur Schwierigkeit der dogmatischen Einordnung s *Hirse* § 284 Rz 1 f). Ohne dass es auf eine Rentabilität ankam, war der Ersatz von Aufwendungen, die im Vorfeld eines vermeintlich wirksam werdendes Vertrages getätigt wurden, vor der Schuldrechtsreform überdies in **§ 122** und im **Rechtsinstitut der cic** verankert gewesen (Hk-BGB/*Schulze* § 253 Rn 10). Diese Haftungsregelungen sprachen dem Gläubiger/Verletzten das negative Interesse zu. Die hierin zum Ausdruck kommenden grds Wertentscheidungen wurden durch die Schuldrechtsreform nicht angetastet; § 122 und das Rechtsinstitut der cic bestehen fort, letzteres im Gewande des § 311.

D. Kausalzusammenhang. I. Allgemeines. Der Schädiger ist nur dann zum Schadensersatz verpflichtet, wenn 73
nach den Vorgaben der haftungsbegründenden Norm ein Kausalzusammenhang zwischen der schadensstiftenden Handlung und der Rechts(guts)verletzung besteht und diese im Weiteren ursächlich zu demjenigen (materiellen und immateriellen) Schaden geführt hat, der liquidiert werden soll und sich in den Wertungen der §§ 249 ff als ersatzfähiger Posten widerspiegelt (Hk-BGB/*Schulze* Vor §§ 249-253 Rn 13). Zu unterscheiden sind insofern **zwei Kausalketten:** die den Ersatzanspruch auslösende und systematisch zum Haftungsrecht zählende sog **haftungsbegründende Kausalität** und die für das Schadensrecht der §§ 249 ff maßgebliche **haftungsausfüllende Kausalität** (Hk-BGB/*Schulze* §§ 249-253 Rn 13; Jauernig/*Teichmann* Vor §§ 249-253 Rn 24). Beide Zurechnungsketten werden durch die Vorgaben der Äquivalenz- und Adäquanztheorie im Grundsatz festgelegt, wobei Einschränkungen/Modifizierungen nach der sog »Lehre vom Schutzzweck der Norm«, nach den »Grundsätzen des rechtmäßigen Alternativverhaltens« oder durch die zahlreichen von der Rspr gebildeten Fallgruppen (allg Lebensrisiko, überholende Kausalität etc) möglich und zulässig sind.

II. Äquivalenz- und Adäquanztheorie. 1. Ausgangspunkt: conditio-sine-qua-non-Formel. Zwischen dem 74
schädigenden Ereignis, der Rechts- bzw Rechtsgutsverletzung und dem eingetretenen Schaden muss zunächst überhaupt irgendein Kausalzusammenhang bestehen (Rz 73). Dieser kann in einem weit verstandenen Sinn bejaht werden, wenn die vom Schädiger gesetzte Ursache nicht hinweggedacht werden kann, ohne dass das Ergebnis nicht oder nicht zu diesem Zeitpunkt eingetreten wäre (sog **»conditio-sine-qua-non-Formel**, vgl dazu Jauernig/*Teichmann* Vor §§ 249-253 Rn 26). Nach der Äquivalenztheorie gelten alle Bedingungen, die mit dem Schadenseintritt in Zusammenhang gebracht werden können, als **gleich bedeutsam** (Hk-BGB/*Schulze* Vor §§ 249-253 Rn 14). Die conditio-sine-qua-non-Formel wirkt bei der Schadenszurechnung lediglich als ein erster »Filter« (MüKo/*Oetker* Rn 99) dergestalt, dass ein Ereignis, das nicht einmal dieser ersten Voraussetzung für die Feststellung der Kausalität entspricht, auf keinen Fall als »schadensstiftend« in Betracht kommt, während umgekehrt die »herausgefilterten« Ereignisse einer weiteren wertenden Betrachtung bedürfen, ob sie auch in einem rechtlich relevanten Sinne als kausal angesehen werden können (Staud/*Schiemann* Rn 17; MüKo/*Oetker* Rn 114; BaRoth/*Schubert* Rn 44).

2. Erste Einschränkungen: Adäquanztheorie. Wenn alle Ursachen nach der Äquivalenztheorie gleich bedeut- 75
sam sind, ermöglichen sie noch keine eindeutige Schadenszurechnung bzgl eines bestimmten Schädigers. Nach st Rspr bedarf es daher einer weiteren Verengung der in Betracht kommenden Zurechnungskriterien. Die Verengung findet unter dem Gesichtspunkt statt, dass nur **»adäquate« Verursachungsbeiträge** auch **rechtlich relevant** sind (BGHZ 3, 261, 266 f; 7, 204 ff; 57, 141; BGH NJW 2000, 947, 948; 2002, 2233; *Lange/Schiemann* Schadensersatz 3. Aufl 2003 § 3 VI 4a; Hk-BGB/*Schulze* Vor §§ 249-253 Rn 14). Die Rspr verwendet für das, was mit der Auslese von Ursachen unter dem Gesichtspunkt der »adäquaten Kausalität« zu verstehen ist, eine Formel, die sowohl positive wie negative Elemente umfasst: Die **Ursache** muss danach im Allg und nicht nur unter bes eigenartigen, unwahrscheinlichen und nach dem gewöhnlichen Verlauf der Dinge außer Betracht zu lassenden Umständen **geeignet sein, einen Erfolg dieser Art herbeizuführen** (BGHZ 7, 198, 204; 57, 137, 141; 137, 11, 19; NJW 2002, 2232, 2233; Staud/*Schiemann* Rn 15 f; Hk-BGB/*Schulze* Vor §§ 249-253 Rn 14 f). Die Adäquanz ist in allen Fällen aufgrund einer ex-ante-Betrachtung festzustellen (BGHZ 3, 261, 266 f). Sie gilt sowohl für die Haftungsausfüllung wie die Haftungsbegründung (Staud/*Schiemann* Rn 23, s.o.)

**3. Zweite Einschränkung: Schutzzweck der Norm und Rechtswidrigkeitszusammenhang/Lehre vom 76
rechtmäßigen Alternativverhalten.** Aber auch die Adäquanztheorie erscheint für die Verengung der Kausalität auf das, was rechtlich als ursächlich zu werten ist, häufig noch als zu grobschichtig, weil durch das Abstellen auf den objektiven Beobachter unscharfe Wertungskriterien verbleiben (Hk-BGB/*Schulze* Vor §§ 249-253 Rn 15; Jauernig/*Teichmann* Vor §§ 249-253 Rn 31 f) und die sich aus den Normen ergebenden Bewertungen sich darin oft nicht genügend widerspiegeln (jurisPK/*Rüßmann* Rn 28: untauglich; verteidigend aber zu Recht BaRoth/*Schubert* Rn 46; Hk-BGB/*Schulze* Vor §§ 249-253

Rn 15). Es bedarf daher weiterer Modifikationen und Einschränkungen, die für einzelne Haftungsnormen und Fallgruppen auch bereits von der Rspr herausgebildet wurden. In Ansatz zu bringen ist hier etwa die Lehre vom Schutzzweck der Norm und der notwendig sich auch in der Schadenszurechnung anzubringende Gedanke des Rechtswidrigkeitszusammenhangs.

77 **a) Lehre vom Schutzzweck der Norm.** Unter der Lehre vom **Schutzzweck der Norm** versteht man die in die Kausalitätsbetrachtung eingeführte **wertende Komponente**, dass sich der Umfang des zu ersetzenden Schadens auch aus dem Schutzweck der ein bestimmtes Verhalten vorschreibenden Regelung ableiten können lassen muss. In bestimmten Normen, wie §§ 823 Abs 2, 839 Abs 1 S 1, die den Schutzzweck ausdr beschreiben, lässt sich die Schadenszurechnung in Bezug auf den Protektionsansatz leicht vornehmen. Bei anderen Normen, vgl etwa §§ 989, 990, bedarf es hingegen einer umfassenden Auslegung (Hk-BGB/*Schulze* Vor §§ 249-253 Rn 7; MüKo/*Oetker* Rn 115; Staud/*Schiemann* Rn 27 ff; jurisPK/*Rüßmann* Rn 33 ff).

78 **aa) Allgemeines.** Die **Inbezugnahme des Schutzzweckes der Norm zur Zuerkennung von Ansprüchen** findet sich als allg Gedanke, der über alle Gebiete des Rechts hinweg Wirkungen zeitigt. So kann nicht nur im deliktischen Bereich die Auslegung einer auf den ersten Blick verletzten Verhaltenspflicht aufgrund der bezogenen Schutznorm einen nur beschränkten Schutzzweck ergeben. Das gleiche Phänomen ist auch bei der Schutzerweiterung durch vertragliche Absprachen im Rahmen des Vertrages mit Schutzwirkung zugunsten Dritter (vgl dazu § 328) erkennbar (so zutr auch PWW/*Medicus* Rn 60). Die Bedeutung der Lehre vom Schutzzweck der Norm liegt iE darin, dass über sie auch an sich wahrscheinliche Folgen als ursächlich-schädigendes Ereignis im Einzelfall (wenn normativ gesehen außerhalb des Schutzzweckes der Norm liegend) zurückgedrängt werden (Hk-BGB/*Schulze* Vor §§ 249-253 Rn 249; PWW/*Medicus* Rn 59).

79 **bb) Zu Einzelfällen: Schutzbereich der ärztlichen Behandlungspflicht** beim Schwangerschaftsabbruch: BGHZ 143, 389, 394 ff; Schutzbereich beim **Auskunftsvertrag**: BGHZ 116, 209, 212; Schutzbereich von Sicherungspflichten auf der **Baustelle**: BGH BB 1956, 77; Schutzbereich bei **Überplanung von Altlasten**: BGHZ 109, 380, 390; 121, 65, 68 f; Schutzzweck des **Halteverbots**: BGH NJW 1983, 1326; 2004, 356, 357; vgl auch PWW/*Medicus* Rn 61 ff).

80 **b) Lehre vom Rechtswidrigkeitszusammenhang/rechtmäßiges Alternativverhalten. aa) Allgemeines.** Eine **Entlastung** zugunsten des Schädigers tritt neben der Möglichkeit der Berufung auf den Schutzzweck der Norm (auch) dann ein, wenn er sich auf ein rechtmäßiges Alternativverhalten beruft, das ebenfalls zum Schaden geführt hätte (MüKo/*Oetker* Rn 215 mwN in Fn 845; differenzierend Staud/*Schiemann* Rn 105 f). Denn in diesen Fällen fehlt der Rechtswidrigkeitszusammenhang zwischen schadensstiftender Handlung und Schadenseintritt, der für die zu knüpfende **rechtlich bedeutsame Kausalkette** erforderlich gewesen wäre. Unter dem Gesichtspunkt der rechtlich bedeutsamen Kausalität sollen nämlich nur solche Umstände in Ansatz gebracht werden, die gerade diejenige Gefahr verwirklichen, deretwegen das Gesetz ein bestimmtes Verhalten untersagt hat (BGHZ 90, 103, 111; MüKo/*Oetker* Rn 116; zu Einzelheiten vgl etwa Staud/*Schiemann* Rn 102; MüKo/*Oetker* Rn 211; PWW/*Medicus* Rn 56 ff). Das rechtmäßige Alternativverhalten wird teils als ein Unterfall der Kausalitätszurechnung angesehen, teils als selbständige Fallgruppe.

81 **bb) Einzelfälle.** Ein fehlender Rechtswidrigkeits- und (damit) Kausalzusammenhang wurde von der Rspr in folgenden Fällen bejaht: bei einer unter **Verletzung einer Informationspflicht** durchgeführten Werbeaktion, die auch bei pflichtgemäßer Aufklärung durchgeführt worden wäre (BGHZ 61, 118, 121), bei **Inseratkosten** ggü vertragsbrüchigem Arbeitnehmer, die auch bei ordentlicher Kündigung angefallen wären (BAG AP § 276 Vertragsbruch Nr 6), bei **Nichterteilung eines Zuschlags** bzgl einer Ausschreibung, wenn die Ausschreibung ansonsten aufgehoben worden wäre (BGH NJW 1993, 520, 521 f). Wichtig sind schließlich die Fälle unterbliebener oder unzureichender **Aufklärung des Patienten**, auch wenn der Patient eingewilligt hätte (BGHZ 29, 176, 187; 90, 103, 111; NJW 1980, 1333, 1334; 1994, 799, 801). Den Fällen, in denen das rechtmäßige Alternativverhalten als unbeachtlich eingestuft wurde, liegen eher atypische Situationen zugrunde, so bei der unrichtigen notariellen Fälligkeitsbestätigung, obwohl der Notar die Fälligkeit hätte herbeiführen können (BGHZ 96, 157, 172 ff) und bei der rechtswidrigen Untersagung einer erlaubten Gewässerbenutzung (BGHZ 143, 362, 366 f).

82 **III. Einschränkung der Schadenszurechnung über den fehlenden Ursachenzusammenhang durch (weitere) Fallgruppen.** Über die Lehre vom normativen Schadensbegriff und den notwendigen Rechtswidrigkeitszusammenhang (Stichwort: rechtmäßiges Alternativverhalten) hat die Rspr teilw in Erweiterung der aus diesen Ansätzen herrührenden schadenszurechnenden Aspekte, teilw in völliger Abkopplung davon, im Rahmen von Fallgruppen weitere Abschichtungen vorgenommen.

83 **1. Allgemeines Lebensrisiko. a) Allgemeines.** So erfährt die Schadenszurechnung etwa unter dem Gesichtspunkt der **Lehre vom allg Lebensrisiko** eine weitere Einschränkung. Der in der Rspr vielfach benutzte Begriff des sog »allg Lebensrisikos« dient dazu, den Schaden aus der Haftung auszugrenzen, dessen Vermeidung außerhalb des zu beachtenden (eigenen) Pflichtenkreises liegt (vgl auch Hk-BGB/*Schulze* Vor §§ 249-253 Rn 16; Staud/*Schiemann* Rn 89; MüKo/*Oetker* Rn 188; jurisPK/*Rüßmann* Rn 36; BaRoth/*Schubert* Rn 50).

b) Einzelfälle. Charakteristisch für die Fallgruppe sind etwa **anlässlich eines Unfalls entdeckte Erkrankungen** (BGH NJW 1968, 2287, 2288; Düsseldorf DAR 1991, 148; ähnl BGH NJW 1970, 421). Auch beim Abtransport einer beschädigten Sache zugezogene Gesundheitsschäden (Karlsruhe OLGZ 1981, 122), das **Ausrutschen auf feuchtem Rasen** bei einer Verfolgung (BGH NJW 1971, 1982 f) und die Verletzung eines Feuerwehrmannes nach Beendigung der Löscharbeiten (BGH NJW 1993, 2234) werden als allg Lebensrisiko angesehen, das nicht dem Schädiger angelastet werden kann. Häufig herangezogen wird der Begriff auch im **Reiserecht**, etwa wenn **Hotelgäste über Treppenstufen stolpern**, auf feuchten **Fliesen ausrutschen** oder sich wegen **mangelnder Beleuchtung verletzen** (LG Frankfurt aM NJW-RR 1986, 214; Karlsruhe VersR 1984, 795; AG Neuwied RRa 2007, 258; LG Duisburg RRa 1995, 693; 2006, 20; LG Frankfurt aM NJW-RR 2002, 1485; Düsseldorf NJW-RR 1991, 879; vgl auch Staud/*J Eckert* § 651c Rn 56; *Lindner/D. Schulz* § 651c Rz 20 f). Hier geht es um die Abgrenzung der zumutbar zu fordernden Verkehrssicherungspflichten des Reiseveranstalters von der zu erbringenden und zu erwartenden Eigensorgfalt des Geschädigten. 84

2. Mehrere Ursachen/überholende Kausalität. a) Mehrere Ursachen. Der herbeigeführte Schaden verlangt auch dann nach einer differenzierten Schadenszurechnung, wenn durch mehrere Schädiger ein Ursachenbeitrag geleistet wurde. Auch hierbei gilt es, unterschiedliche Konstellationen abzuschichten. **aa) Kumulative Kausalität.** Im Fall der sog **kumulativen Kausalität** bewirken die einzelnen parallel erbrachten Ursachenbeiträge der Schädiger nur zusammen den Schadenseintritt. Hier gilt der Grundsatz, dass der (einzelne) Schädiger nicht dadurch entlastet wird, dass er nicht allein den Schaden verursacht hat (Hk-BGB/*Schulze* Vor §§ 249-253 Rn 18; Staud/*Schiemann* Rn 35; BaRoth/*Schubert* Rn 52). Sofern nur sein Beitrag als adäquat kausal betrachtet werden kann, haftet er für den gesamten eingetretenen Schaden, so als wenn er für ihn allein verantwortlich wäre (BGH NJW 2001, 2714; 2002, 504, 505; NJW-RR 2003, 350). Im Rahmen der kumulativen Kausalität handelt es sich meist um deliktsrechtliche Fallgestaltungen. Im Deliktsrecht finden sich denn auch die entspr Vorschriften über die gemeinsame Haftung (§ 830 Abs 1 S 1), wonach jeder Mittäter, Anstifter und Gehilfe für den gemeinschaftlich verursachten Schaden für sich genommen voll verantwortlich ist. Diese ausdr Wertung für das Deliktsrecht ist auch für andere Bereiche verallgemeinerungsfähig. Das gilt überdies für die gesamtschuldnerische Einstandspflicht in Bezug auf das Außenverhältnis nach § 840 Abs 1 und den sich nach § 426 gestaltenden Binnenausgleich. 85

bb) Konkurrierende/alternative Kausalität. Aus einem Erst-Recht-Schluss leitet sich ab, dass die Grundsätze zur Verantwortlichkeit bzgl der kumulativen Kausalität auf die Fallgestaltung der sog **konkurrierenden/resp alternativen Kausalität** übertragen werden können, wobei hier normative Wertungen dahin führen, dass außer Betracht zu bleiben hat, dass bei dieser Fallgruppe nicht jede Ursache für sich als »conditio-sine qua non« gelten kann. Von einer konkurrierenden/alternativen Kausalität spricht man, wenn von mehreren in Betracht kommenden Handlungen jede für sich geeignet war, den Schaden zu verursachen, es sich jedoch nicht ermitteln lässt, welche ihn letztendlich herbeigeführt hat. In diesem Fall ist jede Ursache für sich normativ (unabhängig von der anderen) als haftungsbegründend in Bezug auf den Ersatz des gesamten Schadens zu bewerten (BGH NJW 1990, 2882, 2883; 2004, 2528; Hk-BGB/*Schulze* Vor §§ 249-253 Rn 18). Auch die von § 830 Abs 1 S 2 im Deliktsrecht gezogenen Wertungen werden über den sie unmittelbar betreffenden Bereich hinaus angewendet (BGHZ 55, 96, 98 f; 72, 289, 291 ff; 101, 106, 111 f). Das gilt ferner für die Außen- und Innenhaftung als Gesamtschuldner, die sich nach § 840 Abs 1 richtet, da die Vorschrift nicht nur für Mittäter, Anstifter, Gehilfen, sondern auch für Nebentäter gilt (BGHZ 30, 208 ff; Hk-BGB/*Staudinger* § 840 Rn 6). 86

b) Überholende Kausalität. Auch die Problematik der überholenden Kausalität (**hypothetische Kausalität**) ist im Rahmen der Schadenszurechnung nach §§ 249 ff immer wieder Gegenstand lebhafter akademischer Auseinandersetzungen, auf die hier nicht weiter einzugehen ist (vgl etwa Jauernig/*Teichmann* Vor §§ 249-253 Rn 42 ff; MüKo/*Oetker* Rn 201 ff; jurisPK/*Rüßmann* Rn 42 ff; BaRoth/*Schubert* Rn 87). Es ist insofern lediglich herauszustellen, dass unterschieden werden muss, ob der Geschädigte von einem Dritten für die **Reserveursache** Ersatz erlangt hätte oder nicht. Im ersten Fall darf die Reserveursache nicht berücksichtigt werden, so dass der Geschädigte von dem tatsächlichen Schädiger Ersatz beanspruchen kann. Andernfalls würde der Geschädigte überhaupt keinen Ersatzanspruch haben, da derjenige, der die Reserveursache gesetzt hat, den Schaden nicht verursacht hat – die Reserveursache ist nicht zum Zuge gekommen (BGH NJW 1958, 705; 1967, 551, 552; aus der Lit MüKo/*Oetker* Rn 208 mit umfangreichen Nachw in Fn 818). Hätte der Geschädigte allerdings keinen Ersatzanspruch, wenn sich die Reserveursache verwirklicht hätte (Bsp: Naturereignis), so ist die Reserveursache zu berücksichtigen, denn der Geschädigte hätte letztlich den Schaden selbst zu tragen (BGHZ 138, 355, 359 f; Schleswig NJW 2005, 439, 441; in der Lit MüKo/*Oetker* Rn 207). Dies gilt im Prinzip auch bei einer hypothetischen Selbstschädigung des Geschädigten (MüKo/*Oetker* Rn 209). 87

3. Unterbrechung des Kausalzusammenhangs/mittelbare Kausalität. a) Allgemeines. Aufgrund des Vorgesagten zur parallelen und alternativen Ursachensetzung mehrerer Schädiger reicht eine Mitverursachung bzgl der Bejahung des Kausalzusammenhangs zu Lasten des Schädigers grds aus. Es kommt daher im Allg auch nicht darauf an, welche von mehreren Ursachen den stärkeren Ausschlag für den Schadenseintritt gegeben hat. Eine andere Bewertung rechtfertigt sich nur dann, wenn sich **eine** der **Ursachen** bei wertender Betrachtung derart in 88 den Vordergrund schiebt, dass die andere Ursache demgegenüber fast völlig in den Hintergrund tritt. In diesem Fall macht die Rspr unter dem Stichwort der »**Unterbrechung des Kausalzusammenhangs**« gerade bei überholender Kausalität (krit zum Begriff etwa BaRoth/*Schubert* Rn 56) nur die unmittelbar zum Schaden führende (»überholende«) Ursache und nicht die mittelbare, deren Kausalverlauf »unterbrochen wurde«, für den Schadenseintritt verantwortlich.

89 **b) Einzelfälle. aa) Unterbrechung des Kausalzusammenhangs bejaht.** Unter dem Gesichtspunkt der Unterbrechung des Kausalzusammenhangs soll etwa der **Arzt**, der einen misslungenen Schwangerschaftsabbruch durchgeführt hat, nicht haften, wenn die Mutter nunmehr das Kind austrägt, obwohl eine Indikationslage vorliegt (BGH NJW 1985, 671, 673). Ebensowenig haftet ein **Unfallverursacher**, wenn der Geschädigte wegen des Unfalls den Beruf wechseln muss, dabei jahrelang mehr verdient als zuvor, dann aber erneut freiwillig den Beruf wechselt und nunmehr weniger als ursprünglich verdient (BGH NJW 1991, 3275, 3276).

90 **bb) Unterbrechung des Kausalzusammenhangs verneint.** Die Fälle, in denen die Rspr einen unterbrochenen Ursachenzusammenhang anerkennt, sind jedoch selten. Es überwiegen Judikate, in denen sie daran festhält, dass auch eine mittelbare Kausalität ausreicht. Dies gilt etwa zu Lasten eines Unfallverursachers, wenn es wegen des Unfalls zu einem **weiteren Unfall** kommt (BGHZ 43, 178, 181 f), bei einer **weiteren Verletzung** (BGH NJW 2002, 504, 505); zu Lasten des Fahrzeughalters, wenn ein **Schwarzfahrer** mit dem nicht gesicherten Fahrzeug einen Unfall verursacht (BGH NJW 2002, 117, 119; NJW-RR 2005, 1146, 1147). Ferner wurde eine Unterbrechung des Kausalzusammenhangs abgelehnt bei: **Planungsfehlern des Architekten** für Wasserschäden am Mobiliar (BGH NJW 1987, 1013), bei der von einem Subunternehmen verursachten **Bauverzögerung** bzgl einer vom Hauptunternehmer zu zahlenden Vertragsstrafe (BGH NJW 1998, 1493, 1494), bei einer durch eine Kabelbeschädigung verursachten **Stromunterbrechung**, die zu einer Sachbeschädigung führte (BGHZ 41, 123, 125), beim Tode eines Verletzten wegen einer **Infektion im Krankenhaus** (BGHZ 18, 286, 288) oder bei einem **ärztlichen Behandlungsfehler nach einem Unfall** (Celle NJW-RR 2004, 1252, 1253; München VersR 2005, 89, 90).

91 **4. Psychisch vermittelte Kausalität/Rettungs-, Verfolgungs- und Aufopferungsfälle. a) Allgemeines.** Statt durch Naturgesetze kann der für die Herbeiführung des Schadens erforderliche Kausalzusammenhang auch durch **Entschlüsse des Geschädigten** selbst **oder Dritter** herbeigeführt werden. Mögliche Einschränkungen der Schadenszurechnung sind hier schon über den »Filter« der Adäquanz oder der »Lehre vom Schutzbereich der Norm« möglich (Jauernig/*Teichmann* Vor §§ 249-253 Rn 31; PWW/*Medicus* Rn 48). Selbst diese Korrektive reichen jedoch nicht immer, um die notwendigen Abschichtungen in den Fallgruppen der sog **psychischen Kausalität** sicherzustellen. Für diese Fallgruppe ist es kennzeichnend, dass sich der Geschädigte in Aufopferung für andere oder zugunsten eines bestimmten Zweckes – provoziert durch den Schädiger – zum Eingreifen verpflichtet fühlt und sich deshalb in eine Gefahr begibt, die sich realisiert. Dem Eingreifenden/Geschädigten soll in diesen Fällen ein Ersatzanspruch ggü dem Schädiger/Provokateur dann zustehen, wenn das Tätigwerden seinerseits aus dem Blickwinkel des objektiven Dritten als **vernünftig** erscheint und daher als nachvollziehbar angesehen werden kann (BaRoth/*Schubert* Rn 68; PWW/*Medicus* Rn 48). Das ist dann zu bejahen, wenn sich der selbstschädigende Tätigwerdende zum Eingreifen **herausgefordert fühlen durfte**, und zwar sowohl in Bezug auf den **Anlass** (Näheverhältnis zum Geschützten, vertragliche oder sonstige Schutzpflichten), aber auch im Hinblick auf die konkrete **Art und Weise** des Tätigwerdens (Übermaßverbot). Insofern ist eine Verhältnismäßigkeitsprüfung zwischen der Gefahr, in die sich der Eingreifende begibt, und dem zu rettenden/zu schützenden Rechts(gut) notwendig (BGHZ 101, 215, 223; MüKo/*Oetker* Rn 159), wobei iÜ der Schadenseintritt, um als rechtlich relevant angesehen werden zu können, auch außerhalb des Realisationsbereiches des **allg Lebensrisikos** (vgl dazu Rz 83) **liegen muss.**

92 **b) Einzelfälle.** Die grundlegenden Entscheidungen im Zusammenhang mit der psychisch vermittelten Kausalität betreffen die notwendig werdende **Organspende** einer Mutter für ihr von dritter Seite geschädigtes Kind (BGHZ 101, 215, 223) und die Verletzungen eines **Feuerwehrmannes beim drittschützenden Einsatz** (BGH NJW 1996, 2646, 2647). Eine Fallgestaltung der Herausforderung durch psychisch vermittelte Kausalität wurde auch bzgl eines **Fahrkartenkontrolleurs** anerkannt, der einen flüchtenden Schwarzfahrer verfolgte und sich dabei verletzte (BGHZ 57, 25, 31). Die Rspr spricht überdies Schadensersatz unter Zuerkennung des notwendigen Kausalzusammenhangs bei der **Rettung von Insassen eines brennenden Fahrzeugs** zu (Stuttgart NJW 1965, 112; Düsseldorf NJW-RR 1995, 1365, in dem letztgenannten Fall war der Retter zu Tode gekommen). Dagegen wird in den sog **Grünstreifen-Fällen** (Autofahrer weichen nach einem Unfall auf den Grünstreifen oder anderes an die Straße angrenzendes Gelände aus) eine **Haftung des Erstverursachers abgelehnt** (BGHZ 58, 162). Der BGH ist der Meinung, dass der Erstverursacher zwar adäquat kausal gehandelt hat, der über den Grünstreifen fahrende Dritte aber derart Herr des Geschehens ist, dass seine Handlung nicht mehr dem Schädiger zugerechnet werden kann. Die Entscheidung wird in der Lit nicht unkrit gesehen (Staud/*Schiemann* Rn 58; MüKo/*Oetker* Rn 154; jurisPK/*Rüßmann* Rn 31).

5. Schadensanfälligkeit. a) Grundsatz. Auch eine bes Schadensanfälligkeit des Geschädigten (oft auch **Schadensgeneigtheit** genannt, vgl dazu MüKo/*Oetker* Rn 133; BaRoth/*Schubert* Rn 54) beseitigt nicht die Einstandspflicht des Schädigers (BGHZ 20, 137, 139; 56, 163, 165; 107, 359, 363; NJW 2002, 504, 505; NJW-RR 2005, 897, 898). Hier gilt der Grundsatz, der Schädiger müsse den Geschädigten so nehmen, wie er ist, dh mit all seinen schadensfördernden oder schadensvergrößernden Schwächen (PWW/*Medicus* Rn 43). Wer einen gesundheitlich schon geschwächten Menschen verletzt, kann deshalb nicht verlangen, so gestellt zu werden, als wenn der Betroffene gesund wäre (PWW/*Medicus* Rn 43). 93

b) Ausnahme. Von dem Grundsatz der Nichtbeachtung der Schadensanfälligkeit im Rahmen des materiellen Schadensersatzanspruches nach § 249 macht die Rspr nur in **Extremfällen Ausn**, so bei einer Gehirnblutung nach einer Beleidigung (BGH NJW 1976, 1143, 1144) oder einem Herzinfarkt nach verbalen Auseinandersetzungen (BGHZ 107, 359, 364). Bekannt in diesem Zusammenhang ist auch der Schweine-Fall, bei dem Schweine nach einem durch einen Verkehrsunfall verursachten Knall in Panik gerieten (BGHZ 115, 84, 86 ff). Keine Geltung beansprucht der Grundsatz der Außerachtlassung der Schadensanfälligkeit im Rahmen der Bemessung eines immateriellen Schadens gem § 253 (BGHZ 137, 142, 152). Hier kann die Schadensanfälligkeit – auch iVm Fahrlässigkeitsmomenten, die die Höhe des Schmerzensgeldes mitbestimmen – bei der entspr Festsetzung eine Rolle spielen. Das Gleiche gilt im Rahmen des abzuwägenden Mitverschuldens (des Geschädigten) gem § 254, wenn er zB keine notwendigen und zumutbaren Sicherheitsvorkehrungen zur Abwendung einer Gefahrenrealisation bei einem Wissen um die eigene Schadensgeneigtheit getroffen hat. 94

6. Ersatz von Vorbeugemaßnahmen/Schadensverhütungsmaßnahmen. a) Allgemeines. Als schadensrechtlich sehr problematisch gestaltet sich iÜ die Umlagefähigkeit von Vorsorgeaufwendungen. Vorsorgeaufwendungen können im Prinzip nur dann ersetzt werden, wenn sie anlässlich einer **konkret drohenden Schädigung** ergriffen werden (BGHZ 123, 303, 309; str vgl Hk-BGB/*Schulze* Rn 13) oder überobligatorisch getätigt wurden. Zum gesamten Themenbereich hat sich eine überaus komplexe Kasuistik herausgebildet. 95

b) Einzelfälle. aa) Reservefahrzeuge. Nach st Rspr sind die **Vorhaltekosten für Reservefahrzeuge** anteilmäßig zu erstatten (BGHZ 32, 280, 284 ff: Straßenbahn; vgl auch BGHZ 70, 199, 200 ff; zu Details vgl auch *Tonner/Tamm* § 252 Rz 23). Dies wird damit begründet, dass der Geschädigte berechtigt wäre, ein Ersatzfahrzeug zu mieten und mit der Reservehaltung den Schaden niedrig hält (BGHZ 32, 280, 284 f; vgl auch Staud/*Schiemann* Rn 110; MüKo/*Oetker* Rn 195). Maßgeblich ist hier wohl (einschränkend auch PWW/*Medicus* § 251 Rn 16) darauf abzustellen, dass die vorgehaltene Betriebsreserve wegen des Risikos fremdverschuldeter Ausfälle höher angelegt war/ist, als sie ohne Rücksicht darauf zu bemessen wäre; denn nur dann handelt es sich um eine überobligatorische und daher umlegungsfähige Position (Hk-BGB/*Schulze* Rn 13; zur Berechnung *Dannert/Küppersbusch* NJW 1998, 2106). 96

bb) Fangprämien/Bearbeitungsgebühren bei Diebstahl. Fangprämien für das Ergreifen eines **Ladendiebs** sind zu erstatten, wenn sie sich in einem angemessenen Umfang bewegen (etwa 25 Euro; BGHZ 75, 230, 235 ff; Hk-BGB/*Schulze* Rn 13; zu Details zur Angemessenheint vgl Rz 60). Dies kann damit gerechtfertigt werden, dass die Fangprämie erst im Zusammenhang mit einem konkreten Diebstahl zu zahlen ist. Eine darüber hinaus gehende Erstattung von konkreten **Bearbeitungskosten oder allg Überwachungskosten** lehnt der BGH jedoch in ders Entscheidung ab (verteidigend gegen Krit in der Lit Staud/*Schiemann* Rn 121; MüKo/*Oetker* Rn 199; PWW/*Medicus* § 251 Rn 15; s auch hier Rz 53). 97

c) GEMA-Gebühren. Erhebliche praktische Bedeutung hat schließlich die **GEMA-Rspr** des BGH, wonach die Gesellschaft zur Wahrnehmung musikalischer Aufführungsrechte (GEMA) die **doppelte Lizenzgebühr** verlangen kann, falls ein Nutzer eine nach Urheberrecht entgeltpflichtige Wiedergabe eines Musikwerkes vornimmt, ohne mit der GEMA einen entspr Nutzungsvertrag zu schließen. Dies wird mit den Vorsorgeaufwendungen der GEMA ggü derartigen Schutzrechtsverletzungen begründet (BGHZ 17, 376, 383; 59, 286, 290; Jauernig/*Teichmann* Rn 54; abl Staud/*Schiemann* Rn 118; MüKo/*Oetker* Rn 200 mwN; PWW/*Medicus* § 251 Rn 15). In BGHZ 97, 37 ff wurde jedoch eine weitere Expansion der GEMA-Rechtsprechung abgelehnt (vgl dazu auch PWW/*Medicus* § 251 Rn 15). 98

IV. Vorteilsausgleichung. 1. Grundsatz. Genauso wie das Bestehen des Schadens folgt auch die Feststellung des Schadensumfangs der normativ modifizierten Differenzhypothese (Jauernig/*Teichmann* Vor §§ 249-253 Rn 35; Hk-BGB/*Schulze* Vor §§ 249-253 Rn 31; *Selb* Schadensbegriff und Regressmethoden 1963, S 21 ff). Schadensmindernd wirkt sich für den Geschädigten insofern die Anrechnung von Vorteilen aus, die durch das Schadensereignis mitbedingt eintreten (sog **Vorteilsausgleichung**). Die Vorteilsausgleichung folgt den Grundsätzen des im Schadensrecht herrschenden **Bereicherungsverbotes** (BGHZ 154, 395 ff; Hk-BGB/*Schulze* Rn 11; vgl dazu bereits ausf unter Rz 10), nach dem das Schadensrecht darauf gerichtet ist, den konkret eingetretenen Schaden auszugleichen, jedoch keine darüber hinausgehende Bereicherung beim Geschädigten herbeiführen darf. Schadensposten und Vorteil müssen jedoch, um überhaupt zu einer Anrechnung des Vorteils führen zu können, in jedem Fall »**kongruent**« sein (BGH NJW 1979, 760; BGHZ 136, 52, 54 f; BGH NJW-RR 2004, 79, 80). Ferner ist darauf zu achten, dass der Vorteil nur dann anrechnungsfähig ist, 99 wenn er **adäquat kausal durch das Schadensereignis ausgelöst** wurde (BGHZ 8, 325, 328; 49, 56, 61 f; NJW 1990, 1360; krit Staud/*Schiemann* Rn 139, der allg Grundsätze für die Vorteilsausgleichung ablehnt; Versuch einer dogmatischen Verankerung dagegen bei jurisPK/*Rüßmann* Rn 50).

100 **2. Einschränkung.** Ausgeglichen werden jedoch nicht alle adäquat verursachten, kongruenten Vorteile, sondern nur diejenigen, die nach einer **wertenden Betrachtung** dazu geradezu aufrufen. Die **Anrechnung** muss mithin nach dem **Zweck der verletzten Norm geboten** sein, und der Verzicht auf den Vorteil muss für den Geschädigten als **zumutbar** erachtet werden können. Die Anrechnung darf in diesem Zusammenhang auch nicht zu einer unangemessenen Entlastung des Schädigers führen (BGHZ 91, 206, 209 f; 136, 52, 54 f; BGH NJW-RR 2002, 905, 906).

101 **3. Fallgruppen.** Die Rspr hat in Umsetzung dieser Grundsätze verschiedene **Fallgruppen** herausgebildet. Der Grundsatz der Vorteilsausgleichung dient hier gleichsam als Sammelbegriff für eine Fülle dogmatisch ganz unterschiedlich gelagerter Konstellationen, denen jedoch gemein ist, dass das zum Schadensersatz führende Ereignis gleichzeitig andere Maßnahmen oder Erfolge auslöst, die den Vermögensschaden des Betroffenen mindern oder auch zu einer Vermögensvermehrung führen können (Jauernig/*Teichmann* Vor §§ 249-253 Rn 35).

102 **a) Bereich des Schädigers/Geschädigten. aa) Ersparte Aufwendungen.** In Bezug auf das Bereicherungsverbot sind seitens des Geschädigten **ersparte Aufwendungen** grds als schadensmindernd anzurechnen (Hk-BGB/*Schulze* Rn 12; Staud/*Schiemann* Rn 168 f; Jauernig/*Teichmann* Vor §§ 249-253 Rn 39; MüKo/*Oetker* Rn 234). Beispiele: Das hat Auswirkungen bei einem **Krankenhausaufenthalt**, bzgl dessen die ersparten häuslichen Verpflegungskosten vom Schadensersatz abzuziehen sind (BGH NJW 1984, 2628; Jauernig/*Teichmann* Vor §§ 249-253 Rn 39; aA *Stamm* VersR 1975, 690 ff). Gleiches gilt für ersparte **Fahrtkosten zur Arbeitsstelle** in der Zeit der Dienstunfähigkeit (BGH NJW 1980, 1787; Jauernig/*Teichmann* Vor §§ 249-253 Rn 39) und für ersparte **Wohnungskosten bei Unterbringung in einem Pflegeheim** (Hamm VRS 101 [2001], 161). Die Anrechnungsgrundsätze gelten ferner beim Übergang der Ansprüche auf einen **Sozialversicherungsträger** (BGH NJW 1966, 2356, 2357). IÜ muss sich auch ein Dritter, der Ansprüche nach §§ 844 Abs 2, 845 hat, **ersparte eigene Unterhaltsleistungen** anrechnen lassen (BGHZ 4, 123, 131; 56, 389, 392 ff; NJW 1979, 1501 f). Anrechnungsfähig sind überdies **Wertsteigerungen** (BGH NJW 1980, 2187; das gilt nicht für einen über dem Verkehrswert liegenden Erlös für einen Deckungskauf – dieser steht dem Verkäufer zu, vgl dazu BGH NJW 1997, 2378; Jauerig/*Teichmann* Vor §§ 249-253 Rn 40; *Schubert* JR 1998, 238), **ersparte Versicherungsbeiträge** (BGH VersR 1986, 915; Jauernig/*Teichmann* Vor §§ 249-253 Rn 39) und **Steuern** (BGHZ 1953, 134 ff; BGH NJW 1980, 1788; MüKo/*Oetker* Rn 240; Hk-BGB/*Schulze* Vor §§ 249-253 Rn 32). Bedeutung hat diese Rspr vor allem für den »ersparten« Vorsteuerabzug nach § 15 UStG (BGH NJW 1972, 1460). Differenzierungen werden jedoch im Detail vorgenommen: Ein **Steuervorteil** ist nämlich ausnahmsw nicht anzurechnen, wenn die Steuervorschrift gerade den Geschädigten begünstigen soll (zB Freibetrag für Behinderte, BGH NJW 1986, 245; 1999, 1643). Nicht anrechenbar sind auch Steuervorteile durch Verlustzuweisung bei einer Abschreibungsgesellschaft (BGHZ 74, 103, 115). Berücksichtigungsfähig sind iÜ **Gebrauchsvorteile** bei einem Schadensersatzanspruch nach § 281 Abs 1 S 1 (BGH NJW 1982, 1279, 1280; 1984, 229, 230), **ersparte Finanzierungskosten** bei verspäteter Fertigstellung eines Hauses (BGH NJW 1983, 2137 ff) und **anderweitig erzieltes Einkommen** bei einem Verdienstausfallschaden (BGH NJW 2001, 1640, 1642). **Gutachterkosten** sind erspart und anrechnungsfähig, wenn das Gutachten in einem späteren Verfahren verwendet werden kann (BGH NJW 1997, 250, 251: anwaltliche Falschberatung). Auch der bekannte Abzug für die ersparten **Betriebskosten des eigenen Fahrzeugs** wegen der unfallbedingten Anmietung eines Ersatzfahrzeugs gehört hierher (seit BGH NJW 1963, 1399 f). Bei der Geltendmachung eines Nutzungsausfalls für ein beschädigtes Kfz betragen die ersparten Eigenaufwendungen ca 15-20% der Mietwagenkosten (Hk-BGB/*Schulze* Rn 12).

103 **bb) Nicht erbrachte eigene Leistung zur Schadensabwendung/-minderung.** Eine seitens des Geschädigten nicht erbrachte eigene Leistung zur Schadensabwendung/-minderung wird nur dann anspruchsmindernd angerechnet, wenn der Geschädigte im Rahmen seiner **Schadensminderungspflicht** nach **§ 254** als dazu verpflichtet angesehen werden muss, weil das Einschreiten für ihn möglich und zumutbar war (BGH NJW 1974, 602; BGHZ 55, 329 ff; Jauernig/*Teichmann* Vor §§ 249-253 Rn 38). Erbringt der Geschädigte über den von § 254 vorgezeichneten Pflichtenkreis des Tätigwerdens hinausgehende Leistungen, um den Schaden so gering wie möglich zu halten, findet jedoch keine Anrechnung seines Beitrags iSe Anspruchsminderung statt (BGHZ 4, 170, 172 ff; 55, 329, 332 ff; 58, 14, 18; Staud/*Schiemann* Rn 145; jurisPK/*Rüßmann* Rn 57; vgl dazu Rz 68 ff, 70, Stichwort: »überobligatorische Anstrengungen«).

104 **b) Leistungen Dritter.** Leistungen Dritter sind regelm dann nicht anrechnungsfähig, wenn sie freiwillig überlassen werden (BGH NJW 1970, 1121 f; Jauernig/*Teichmann* Vor §§ 249-253 Rn 38; Hk-BGB/*Schulze* Vor §§ 249-253 Rn 32). Werden sie aufgrund einer vertraglichen oder gesetzlichen Verpflichtung erbracht, muss nach dem Schutzzweck der Norm differenziert werden:

aa) Entgeltfortzahlung. Entgeltfortzahlungen sind nach allgM **nicht anzurechnen** (BGHZ 7, 30, 49 ff; 10, 107, 109; 21, 112, 117 ff; 43, 378, 381; BaRoth/*Schubert* Rn 124). Dies ergibt sich aus den Grundsätzen zum normativen Schadensbegriff (Rz 77 ff) und den gesetzlichen Festlegungen, dass der Dritte den Schadensersatzanspruch aus abgetretenem Recht oder auf dem Weg der Legalzession ggü dem Schädiger geltend machen kann (vgl dazu § 6 Abs 1 EFZG, § 116 Abs 1 SGB X, § 90 Abs 1 BSHG, § 87a BBG; s dazu auch Hk-BGB/*Schulze* Vor §§ 249-253 Rn 32; Jauernig/*Teichmann* Vor §§ 249-253 Rn 37; vgl dazu auch Rz 69). Das Anrechnungsverbot betrifft auch ein **betriebliches Ruhegehalt** (Palandt/*Heinrichs* Vorb v § 249 Rn 136) und ein **Sterbegeld** (BGH NJW 1978, 536 f). Es gilt darüber hinaus für eine **Geschäftsführervergütung** (BGH NJW 1970, 95, 96; 1978, 40 f) und **Lohnersatzleistungen** wie das **Arbeitslosengeld** und das **Insolvenzgeld** (MüKo/*Oetker* Rn 252). 105

bb) Versicherungsleistungen. (ausf Staud/*Schiemann* Rn 159 ff; BaRoth/*Schubert* Rn 120 ff).Versicherungsleistungen sind vor dem Hintergrund des normativen Schadensbegriffes (s Rz 68) dann nicht anzurechnen, wenn der Geschädigte selbst oder ein Dritter zu seinen Gunsten die Versicherung abgeschlossen hat. Dies gilt sowohl für eine private (BGHZ 19, 94, 99; 25, 322, 328) wie die gesetzliche **Unfallversicherung** (BGH NJW 1977, 246 f; 1978, 157 f). Die gleichen Grundsätze werden auch dann herangezogen, wenn eine **Lebensversicherung** abgeschlossen wurde (BGHZ 39, 249, 251 ff; 73, 109, 111 ff), eine **private Krankenversicherung** oder eine **Rechtsschutzversicherung**, die vom Geschädigten bezahlt wird, Leistungen auskehrt (MüKo/*Oetker* Rn 249). Hat dagegen, was äußerst selten sein dürfte, der Schädiger im Vorfeld der Schädigung »vorsorglich« eine Versicherung zugunsten des Geschädigten abgeschlossen, findet eine Anrechnung statt (BGHZ 64, 260, 266; 80, 8, 11 ff). 106

cc) Unterhaltsleistungen. Bei Unterhaltsleistungen greift eine Vorteilsausgleichung grds nicht Platz (BGHZ 9, 179, 191; 146, 108, 111; BaRoth/*Schubert* Rn 119). Etwas anderes gilt nur bei **Wiederverheiratung** des hinterbliebenen Ehegatten bzgl des Anspruchs gegen den neuen Ehegatten (Bamberg DAR 1977, 300; Staud/*Schiemann* Rn 155 ff; MüKo/*Oetker* Rn 255). Nacheheliche Ansprüche sind anzurechnen (MüKo/*Oetker* Rn 256). Dies gilt auch für Unterhaltsleistungen in einer nichtehelichen Lebensgemeinschaft (BGHZ 91, 357, 363 f; abl MüKo/*Oetker* Rn 257). 107

dd) Erbschaft. Die Erbschaft ist nicht anzurechnen (BGHZ 8, 325, 328; NJW 1957, 905; Staud/*Schiemann* Rn 164 ff; MüKo/*Oetker* Rn 259). Davon ist auch dann keine Ausn zu machen, wenn der Geschädigte aufgrund der statistischen Lebenserwartung ohne das schädigende Ereignis gar nicht mit ihrem Anfall hätte rechnen können (BGH VersR 1967, 1154 f; abl MüKo/*Oetker* Rn 259). Etwas anderes gilt nur dann, wenn der **Unterhalt des Getöteten** aus dem Vermögensstamm bestritten wurde, so dass dem Erben bei späterem Versterben eine geringere Erbschaft zugeflossen wäre (Frankfurt aM NJW-RR 1990, 1440, 1443). 108

c) Abzug neu für alt. Schuldet der Schädiger einen **Ersatzgegenstand**, so wird dieser häufig einen höheren Wert haben als der beschädigte gebrauchte. Ähnl gilt bei der Verwendung neuer Austauschteile bei einer Reparatur. Der Geschädigte würde dadurch besser stehen als ohne das schädigende Ereignis. Auch auf diese Fälle ist die Vorteilsausgleichung anzuwenden, man spricht hier häufig von einem **Abzug »neu für alt«** (BGHZ 30, 29, 30 f; 102, 322, 331; NJW 1996, 585; 1997, 520; vgl auch Jauernig/*Teichmann* Vor §§ 249-253 Rn 40; Hk-BGB/*Schulze* Rn 9; Staud/*Schiemann* Rn 175 ff; jurisPK/*Rüßmann* Rn 51; BaRoth/*Schubert* Rn 135 ff; nicht bei Pkw mit weniger als 1000 km Laufleistung und einem Monat Zulassung, vgl dazu Rz 129). Die Rspr macht von dem Abzug »neu für alt« nur dann eine Ausn, wenn die Vorteilsausgleichung unzumutbar wäre (BGHZ 30, 29, 33; NJW 1997, 520; 2004, 2526, 2528). 109

E. Arten des Schadensersatzes: Natural- und Geldersatz. I. Naturalersatz. § 249 regelt den materiellen Schadensersatz in zwei Formen: als Natural- und Geldersatz. 110

1. Allgemeines. Die **Naturalrestitution** ist nach der Konzeption des Gesetzes der **Regelfall** (BGH NJW 1997, 520, 521), der Geldersatz die Ausn. Praktisch ist es jedoch umgekehrt. Das Gesetz will in erster Linie das Integritätsinteresse des Geschädigten wahren (MüKo/*Oetker* Rn 313); deshalb darf die Naturalrestitution nicht ausgehöhlt werden. Sie ist jedoch ohne Weiteres nur bei einer Reparatur oder bei ungebrauchten vertretbaren Sachen möglich. Die Rspr erkennt sie jedoch auch darüber hinaus an und hat dafür die Formel der **Gleichartigkeit und Gleichwertigkeit** entwickelt (BGHZ 92, 85, 89: Modellboot-Fall; NJW-RR 2003, 1042, 1043; BaRoth/*Schubert* Rn 177; andere sprechen von wirtschaftlicher Gleichwertigkeit, Staud/*Schiemann* Rn 182), dh dass bspw Naturalrestitution durch ein gleichwertiges Gebrauchtfahrzeug möglich ist, wenn die Unterschiede zur zerstörten Sache unerheblich sind. Die Abgrenzung im Einzelfall bereitet jedoch Schwierigkeiten, weswegen sich Fallgruppen gebildet haben. Der Schädiger muss die Naturalrestitution nicht selbst in die Wege leiten, bestimmt aber, ob er selbst die Restitution durchführt (BaRoth/*Schubert* Rn 180). Bedient er sich Dritter, so sind diese im Verhältnis zum Geschädigten Erfüllungsgehilfen (MüKo/*Oetker* Rn 320).

2. Fallgruppen. a) Personenschäden. aa) Allgemeines. Bei einem Personenschaden schuldet der Schädiger die notwendige **Heilbehandlung** (BGH NJW 1969, 2281; Palandt/*Heinrichs* Rn 8; Hk-BGB/*Schulze* Rn 7; Jauernig/*Teichmann* Rn 6). Nur fiktive Heilbehandlungskosten sind nicht ersatzfähig, weil die körperliche Inte- 111 grität als bes hohes Rechtsgut und der bei einer Verletzung bes hohe Schaden nicht zur Disposition des Geschädigten stehen (BGH NJW 1997, 520 f). Der erforderliche Betrag kann im Einzelfall über die Leistungen der gesetzlichen Krankenversicherung hinausgehen (BGHZ 160, 26, 30, 31). Der Geschädigte hat aber grds keinen Anspruch auf eine höhere Pflegeklasse (Oldenburg VersR 1984, 765) oder die Behandlung durch einen Privatarzt, es sei denn, dies ist im Einzelfall medizinisch geboten (BGHZ 160, 26, 30; Hk-BGB/*Schulze* Rn 7).

112 **bb) Umfang.** Zum Umfang des Schadensersatzes bei einem Körperschaden gehören auch **Kur- und Pflegekosten** sowie **Rehabilitationsmaßnahmen** und eine **Umschulung** (BGH NJW 1982, 1638 f; NJW-RR 1991, 854; Hk-BGB/*Schulze* Rn 8; Palandt/*Heinrichs* Rn 10 mwN). Selbst eine Heilbehandlung, die nur **teilw zum Erfolg** führen kann oder deren Erfolglosigkeit sich erst später herausstellt, ist zu ersetzen (Palandt/*Heinrichs* Rn 8; MüKo/*Oetker* Rn 325 f). Zum zu erstattenden Schaden zählen weiterhin **künstliche Gliedmaßen, Rollstühle** und **andere notwendige medizinische Hilfsgeräte** (BGH NJW-RR 2004, 671, 672; MüKo/*Oetker* Rn 328), die behindertengerechte Umrüstung eines Fahrzeugs (BGH NJW-RR 2004, 671) und der Wohnung (BGH NJW 1982, 757 f). Zu erstatten sind iÜ **Pflegekosten**, wobei der Geschädigte auch einen Anspruch für diejenigen Aufwendungen hat, die entstanden wären, wenn ein Dritter die Pflege übernommen hätte, selbst wenn er durch Angehörige gepflegt wurde (BGHZ 106, 28, 30). Eine größere Rolle im Rahmen des Schadensersatzes bei Personenschäden spielen schließlich **Besuchskosten**. Grds hat der Geschädigte einen Anspruch auf Eratz von Kosten, die durch den Besuch naher Angehöriger (auch Lebensgefährte, vgl LG Münster NJW 1998, 1801) entstehen (BGH NJW 1985, 2757; 1989, 766; Hk-BGB/*Schulze* Rn 7; Palandt/*Heinrichs* Rn 9; krit Staud/*Schiemann* Rn 240). Das gilt selbst, wenn der Verletzte im **Koma** liegt und von dem Besuch nichts mitbekommt (Saarbrücken NZV 1989, 25; Palandt/*Heinrichs* Rn 9). Zu den Besuchskosten gehören die **Fahrtkosten und ein möglicher Verdienstausfall** (BGHZ 106, 28, 30; NJW 1991, 2340, 2341; Hk-BGB/*Schulze* Rn 7). Ersatzfähig sind sogar die Kosten für einen für den Zeitraum des Besuches zu beschäftigenden **Babysitter** (BGH NJW 1990, 1037). Es gilt jedoch der Grundsatz der Wirtschaftlichkeit, der gebietet, dass die wirtschaftlichste Beförderungsart zu wählen ist (BGH NJW 1991, 2341; zur Ansetzbarkeit von Pkw-Fahrten iHv **0,20 Euro/km** vgl Hamm VersR 1996, 1515; Palandt/*Heinrichs* Rn 9). Bei einer sehr schweren Verletzung kann sogar eine Anreise aus dem Ausland per Flugzeug »erforderlich« iSd Gesetzes sein (BGHZ 106, 28, 30). Für die Häufigkeit der Besuche ist auf die Umstände des Einzelfalles abzustellen (BGH NJW 1991, 2340, 2341). Ein im **Sterben Liegender** darf unabhängig davon besucht werden, ob er im Krankenhaus untergebracht ist (Saarbrücken NZV 1989, 25).

113 **b) Sachschäden.** Bei Sachen besteht die Naturalrestitution in der **Wiederherstellung** der beschädigten Sache. Dies kann auch eine Neuerrichtung sein (BGHZ 102, 322, 325 f), sofern die neu errichtete Sache ggü der zerstörten nicht als aliud erscheint (BGHZ 92, 85, 88 f; Staud/*Schiemann* Rn 184 spricht insoweit von einer analogen Anwendung). Grds hat der Schädiger im Werkvertragsrecht die Wahl zwischen **Reparatur** und **Lieferung einer Ersatzsache**, er muss sich jedoch auf Letzteres einlassen, wenn eine Reparatur nicht ohne verbleibenden Minderwert durchzuführen ist (MüKo/*Oetker* Rn 331). Führt die Reparatur nur teilw zum Erfolg, ist der »Rest« in Geld auszugleichen (MüKo/*Oetker* Rn 332; zum Ersatz des Sachschadens im Kfz-Bereich vgl Rz 121 ff).

114 **c) Lösung vom Vertrag als Schadensersatz.** Die Naturalrestitution kann auch darin bestehen, dass der Schädiger einen mit dem Geschädigten abgeschlossenen Vertrag rückgängig macht, weil sich die Belastung mit dem Vertrag als Schaden darstellt (BGH NJW-RR 1989, 1043, 1044; NJW 1998, 302, 303; 2000, 1254, 1256; Staud/*Schiemann* Rn 189), der etwa aus einer fehlerhaften oder unterlassenen Beratung resultieren kann. Ein derartiger Schadensersatzanspruch spielt hauptsächlich bei Anlageverträgen eine Rolle (BGH NJW 2004, 1868, 1869).

115 **II. Geldersatz (Abs 2 S 1). 1. Allgemeines.** Aus § 249 Abs 2 S 1 folgt die Möglichkeit, dass der Geschädigte für die Naturalrestitution auch Geldersatz verlangen kann. **a) Grundsatz.** Die Vorschrift ist nur dann anzuwenden, wenn eine **Naturalrestitution grds möglich** wäre. Eine Wiederherstellung darf also nicht von Anfang an unmöglich sein (BGHZ 81, 385, 389; 102, 322, 325; Staud/*Schiemann* Rn 219; BaRoth/*Schubert* Rn 183). Eine Ausn wird allerdings dann anerkannt, wenn der Geschädigte den Gegenstand unrepariert verkauft. Dadurch schließt er eine Naturalrestitution aus. Ihm wird aber in diesem Fall gleichwohl das Recht zugestanden, auf der Basis fiktiver Reparaturkosten einen Anspruch auf Geldersatz iSd Abs 2 S 1 geltend zu machen (BGHZ 66, 239, 243 f; 81, 385, 388 f; NJW 2005, 2541, 2542). Abs 2 S 1 gilt nur bei Personen- und Sachschäden; bei anderen Schäden bleibt es bei der Naturalrestitution. Ist die Naturalrestitution nicht möglich, kommt § 251 zur Anwendung; der Geschädigte hat in diesem Fall von vornherein nur einen Anspruch auf Geldersatz. Bei § 249 Abs 2 S 1 werden die **Wiederherstellungskosten** geschuldet, im Rahmen des § 251 ist dagegen die Wertminderung auszugleichen (Staud/*Schiemann* Rn 211).

116 **b) Ersetzungsbefugnis.** Die Vorschrift (§ 249 Abs 2 S 1) räumt dem **Geschädigten** das Recht ein, statt der ihm im Prinzip zustehenden Naturalrestitution Geldersatz zu verlangen (sog **Wahlrecht** des Geschädigten). Es bleibt im Rahmen des § 249 Abs 2 S 1 gleichwohl beim Prinzip der Naturalrestitution, das durch eine

Ersetzungsbefugnis des Geschädigten lediglich auf Geldersatz zur Herbeiführung des früheren Zustandes »umgestellt« wird. Da das Wahlrecht nur dem Geschädigten zusteht, kann der Schädiger nicht von sich – durch eigene Entscheidung – die (ihm mögliche) Naturalrestitution durch Geldersatz abwenden. Andererseits ist nach hM auch der Geschädigte zum Schutz des Schädigers, der auf die einmal getroffene Entscheidung des Geschädigten vertraut, an die ausgeübte Ersetzungsbefugnis **gebunden** (BGHZ 121, 22, 26; abl Staud/*Schiemann* Rn 216). Hat der Geschädigte erst einmal Geldersatz geltend gemacht, kann er das Recht nach § 249 Abs 1 mithin nicht mehr ausüben. Selbstverständlich können die Parteien etwas anderes vereinbaren. Hat der Geschädigte den Anspruch auf Wiederherstellung (§ 249 Abs 1) erhoben, ist umgekehrt die Ausübung der Ersetzungsbefugnis (§ 249 Abs 2 S 1) nicht mehr möglich, es sei denn, die Voraussetzungen des § 250 liegen vor (Düsseldorf NJW-RR 1996, 1370; in der Lit MüKo/*Oetker* Rn 342; BaRoth/*Schubert* Rn 187).

c) **Fiktive Kosten.** Der Geschädigte ist nicht gezwungen, den erlangten Geldersatz zur Wiederherstellung bzw 117
zur Ersatzbeschaffung zu verwenden. Vielmehr kann er den Anspruch auf Geldersatz auch dann geltend machen, wenn er die Sache unrepariert weiter benutzt. Hierin schlägt sich die weite **Dispositionsbefugnis** des Geschädigten nieder, die allerdings nur bei Sach- und nicht bei Personenschäden (s.o.) Geltung beansprucht (BGHZ 163, 180, 185; 2006, 2179, 2180; krit Staud/*Schiemann* Rn 223; MüKo/*Oetker* Rn 349; BaRoth/*Schubert* Rn 184). Geht es um die Erstattung fiktiver Reparaturkosten, hat der Geschädigte das Recht, auf der Basis eines Sachverständigengutachtens, bei einfachen Fällen aufgrund eines Kostenvoranschlags, die Kosten abzurechnen, die bei einer Reparatur in einer Fachwerkstatt angefallen wären (BGHZ 155, 1, 6; BGH NJW 2003, 2086; Hk-BGB/*Schulze* Rn 5). Die **Umsatzsteuer** ist von dem zu erstattenden Betrag bei einem Schadensersatz aufgrund fiktiver Reparaturkosten aber nach der Gesetzesänderung aufgrund der letzten Schadensrechtsreform gem § 249 Abs 2 S 2 heraus zu rechnen (so zum sog »Integritätszuschlag« und seiner Verweigerung bei nur fiktivem Anfall vgl Rz 125).

d) **Höhe des Geldbetrags.** Die Rspr zur Höhe des zu leistenden Geldersatzes ist vor allem von Kfz-Unfällen 118
geprägt. Ausgangspunkt ist das Wort »**erforderlich**« im Gesetzestext. Es gilt hier das **Wirtschaftlichkeitsgebot.** Der BGH hat daraus die Formel entwickelt, dass die Aufwendungen zu ersetzen sind, »die vom Standpunkt eines verständigen, wirtschaftlich denkenden Menschens in der Lage des Geschädigten zur Behebung des Schadens zweckmäßig und angemessen erscheinen« (BGHZ 115, 364, 369; 160, 377; NJW 2006, 2106, 2107). **Einzelfälle:** Dies wird weiter dahingehend konkretisiert, dass die Reparatur in einer **Fachwerkstatt** durchgeführt werden darf, auch wenn eine freie Werkstatt kostengünstiger ist (BGH NJW 2003, 2086; Hk-BGB/*Schulze* Rn 5; weitere Details zu Kfz-Schäden Rz 121). Auch wer die Reparatur selbst durchführen könnte, darf eine Werkstatt in Anspruch nehmen (BGHZ 54, 82, 88). Nimmt der Geschädigte eine **Eigenreparatur** vor, kann er gleichwohl die bei einer Fremdreparatur anfallenden Kosten berechnen, also auf der Basis fiktiver Reparaturkosten liquidieren (BGH NJW 1989, 3009; 1995, 1160, 1161; krit Staud/*Schiemann* Rn 227; vgl Rz 117). Die Kosten für ein **Sachverständigengutachten** sind ebenfalls zu erstatten; lediglich bei **Bagatellschäden** (Details Rz 59) muss sich der Geschädigte mit einem Kostenvoranschlag einer Werkstatt begnügen (MüKo/*Oetker* Rn 372). Ebenfalls zu ersetzen sind **Kreditkosten**, wenn der Geschädigte den Schädiger auf die Notwendigkeit einer Kreditaufnahme hingewiesen hat (BGHZ 61, 346, 350 f).

2. Besonderheit: Personenschäden. Bei Personenschäden ist problematisch, ob der Schädiger mehr zu 119
erstatten hat, als die **gesetzliche Krankenversicherung** zahlt. »Erforderlich« iSd § 249 Abs 2 kann im Einzelfall bedeuten, dass ein derartiger Mehrbetrag einforderbar ist.

Das Gleiche gilt für die **Inanspruchnahme eines privat liquidierenden Arztes**, soweit die Behandlung durch 120
ihn medizinisch geboten war. Bei privat versicherten Geschädigten sind die Kosten ohne Weiteres dann zu ersetzen, sofern sich diese im Rahmen des Üblichen halten (BGH VersR 2004, 1190, 1191; zu weiteren Fragen bei Personenschäden vgl Rz 111, 112).

3. Besonderheit: (Kfz-)Sachschäden. Die Rspr zur Höhe des Ersatzes bei Sachschäden ist geprägt durch die 121
Folgen von Kfz-Unfällen. Wie bei Kfz-Unfällen so ist auch iÜ der Umfang des Ersatzanspruches bei Zerstörung oder Beschädigung prinzipiell an den **Kosten der Reparatur bzw sonstigen Wiederbeschaffung** einer **wirtschaftlich gleichwertigen Sache** zu messen (Palandt/*Heinrichs* Rn 21; zum Wirtschaftlichkeitsgebot vgl Rz 118). Bei einem Kfz führt dies dazu, dass bei einer Naturalrestitution im Rahmen des § 249 der Preis eines **gleichwertigen (gebrauchten) Wagens** zugrunde zu legen ist (BGH NJW 1966, 1455), wenn eine Reparatur unzumutbar, unmöglich oder vom Geschädigten nicht gewollt ist. Bzgl des Wiederbeschaffungspreises kommt es auf den Preis an, den ein **seriöser Händler** bei Hinwegdenken der Beschädigung für das Kfz erzielt hätte (Palandt/*Heinrichs* Rn 21), wobei die Händlerspanne regelm 20-25% beträgt (Bamberg NJW 1972, 828; Jauernig/*Teichmann* § 251 Rn 5) und mit bei den Wiederbeschaffungskosten anzusetzen ist.

Bei praktisch **neuen Kfz** ist bzgl der Schadensbemessung auf den **Neupreis** abzustellen (BGH NJW 1982, 122
433; Palandt/*Heinrichs* Rn 22; zu den Grundsätzen vgl Rz 129: »Schmelz der Neuheit«). Bzgl der nicht mehr möglichen Reparatur eines Kfz und der daran ansetzenden Abrechnung des Schadens auf Reparaturkostenbasis, die ebenfalls entfällt, sind verschiedene Fallgruppen anerkannt (vgl dazu Palandt/*Heinrichs* Rn 23): Ist die Reparatur nicht möglich oder gewährleistet sie nicht die erforderliche Fahrsicherheit, ist ein **technischer Totalschaden** gegeben. Hier sind nicht mehr die Reparaturkosten geschuldet, weil die Reparaturleistung

selbst nicht mehr erbracht werden kann. Von einer **wirtschaftlichen Unzumutbarkeit** ist demgegenüber auszugehen, wenn die Kosten für die Reparatur **130% des Fahrzeugwertes**, den das Kfz vor dem Unfall hatte, überschreiten. Auch in diesem Fall scheidet eine Reparatur aus (vgl *Tonner/Tamm* § 251 Rn 16 f; Rz 118). Das Gleiche gilt iÜ, wenn ein **sonstiger Fall einer Unzumutbarkeit** in Bezug auf die Reparaturleistung auf Seiten des Geschädigten vorliegt.

123 Wird hingegen der Wiederbeschaffungswert als Schadensersatz gezahlt und hat die zerstörte Sache noch einen **Restwert**, muss der Geschädigte die Sache entweder herausgeben oder sich den Restwert anrechnen lassen (BGH NJW 1992, 903; Düsseldorf NJW-RR 2004, 1470; Palandt/*Heinrichs* Rn 24; Jauernig/*Teichmann* § 251 Rn 5). Bei der Anrechnung des Restwertes ist der erzielbare Wiederverkaufswert zugrunde zu legen, wobei gilt, dass der wirtschaftlichste Weg der Verwertung der Restsache zu wählen ist (BGHZ 163, 365 mwN; Jauernig/*Teichmann* § 251 Rn 5). Das ergibt sich bereits aus den Grundsätzen der Vorteilsausgleichung (vgl Rz 99) und aus den Rechtsgedanken nach §§ 254, 242.

124 Für **Nutzungsausfallschäden** bei einem zerstörten oder beschädigten Kfz hat sich eine umfangreiche Rspr-Kasuistik herausgebildet, die auf einen **anteiligen Ersatz der Mietwagenkosten** für ein gleichwertiges Kfz abstellt (Details Rz 56; allg zu Unfallersatztarifen als Problematik im Spannungsfeld zwischen Unfallgeschädigten, Versicherungen und Kraftfahrzeugvermietern *Cavada* Die Unfallersatztarife 2000).

125 **III. Sonderproblem: Ersatz der Umsatzsteuer (Abs 2 S 2).** § 249 Abs 2 S 2 wurde durch die Schadensrechtsreform im Jahre 2002 eingefügt. Die Vorschrift will vor allem verhindern, dass bei der Schadensberechnung auf der Basis fiktiver Reparaturkosten der Geschädigte auch Umsatzsteuer in Rechnung stellen kann, obwohl sie gar nicht angefallen ist (Palandt/*Heinrichs* Rn 14). Im Umkehrschluss ist daraus zu entnehmen, dass tatsächlich gezahlte Steuer gleich welcher Art stets zu erstatten ist (BGHZ 162, 270, 274 f). § 249 Abs 2 S 2 ist bei jeder Ersatzbeschaffung, also auch bei einem Totalschaden, anzuwenden (BGHZ 158, 388, 389 ff; 162, 270, 273; NJW 2006, 2181). Ist der Umsatzsteueranteil aus einem Bruttobetrag herauszurechnen, ist darauf abzustellen, wie wahrscheinlich es ist, ob eine Wiederbeschaffung üblicherweise mit dem Regelsteuersatz, mit der Differenzsteuer oder ohne Umsatzsteuer erfolgt; ggf kann auf § 287 ZPO zurückgegriffen werden (BGH NJW 2006, 2181). Nimmt der Geschädigte eine Wiederbeschaffung vor, die über dem Wirtschaftlichkeitsgebot liegt, darf er die Umsatzsteuer nur insoweit in Anrechnung bringen, als sie bei einer dem Wirtschaftlichkeitsgebot entspr Wiederbeschaffung angefallen wäre (BGHZ 126, 270, 275 f; NJW 2006, 285, 286).

126 **F. Maßstab und Zeitpunkt zur Festlegung des Schadensumfangs, Durchführung des Ersatzes. I. Konkrete/abstrakte Schadensberechnung.** Die Berechnung des Schadensumfanges ist grds aufgrund der konkreten Gegebenheiten des einzelnen Falles vorzunehmen. Erleichterungen bei der Beweisführung kommen dem Geschädigten im Rahmen des § 287 Abs 1 ZPO zugute (vgl Rz 132). Insbes gestützt auf § 252 Abs 2 hat die Rspr aber in Bezug auf den **entgangenen Gewinn** auch eine **abstrakte Schadensberechnung** zugelassen (BGH NJW 1994, 2478 mwN; Palandt/*Heinrichs* § 252 Rn 7; Hk-BGB/*Schulze* Rn 35), die bes im Rechtsverkehr mit Kaufleuten relevant wird (zu Details *Tonner/Tamm* § 252 Rz 14). Unter systematischen Gesichtspunkten handelt es sich hierbei um einen prima-facie-Beweis, der der Gegenbeweisführung zugänglich ist (Jauernig/*Teichmann* Vor §§ 249-253 Rn 51).

127 **II. Zeitpunkt.** Die **Preis- und Wertberechnung** für den jeweiligen Schadensposten bei einem in Geld zu leistenden Schadensersatz richtet sich nach dem Zeitpunkt der Zahlung, sofern diese freiwillig (außergerichtlich) erfolgt (BGH NJW 1981, 2065; 1987, 646; 1999, 3626; 2007, 67; Jauernig/*Teichmann* Rn 55; Palandt/Heinrichs Vorb v § 249 Rn 174). Ist das nicht der Fall, wird der maßgebliche Zeitpunkt insoweit nach »hinten« verschoben, als für ihn auf die **letzte mündliche Tatsachenverhandlung** abzustellen ist (BGH NJW 1953, 977; 1971, 836; 1996, 2654; 2004, 445; 1999, 136 ff; Hk-BGB/*Schulze* Vor §§ 249-253 Rn 36; Jauernig/*Teichmann* Vor §§ 249-253 Rn 55).

128 **III. Schadensersatz für die Restitution im Voraus.** Im Rahmen der Durchführung des Ersatzes ist der Geschädigte berechtigt, den nach § 249 erforderlichen Geldbetrag im **Voraus** vom Schädiger zu verlangen, so dass er nicht darauf angewiesen ist, den zur Herstellung erforderlichen Geldbetrag vorstrecken zu müssen, was er ggf auch gar nicht kann. Bei Personenschäden ist der geleistete Vorabbetrag rückforderbar, wenn klar ist, dass der Geschädigte den Betrag nicht zur Herstellung verwendet (vgl zum Ganzen Hk-BGB/*Schulze* Rn 14). Denn hier besteht für ihn keine Dispositionsbefugnis. Für **Personenschäden** gezahlter Schadensersatz muss **zweckgebunden eingesetzt** werden (vgl Rz 111).

129 **IV. Echte und unechte Naturalrestitution.** Bei einem **Totalschaden**, der eine vertretbare Sache betrifft, kann regelm Naturalrestitution in Form der Ersatzbeschaffung durchgeführt werden. Bei unvertretbaren Sachen, die einen Totalschaden aufweisen, scheidet die Ersatzbeschaffung hingegen typischerweise aus. Hier ist nur ein Wertersatz möglich. Dem Totalschaden werden von der Rspr iÜ Situationen gleichgestellt, in denen die Reparatur zwar möglich, für den Geschädigten aber unzumutbar ist (sog **unechter Totalschaden**). Bedeutsam wird dies bei der notwendigen Reparatur eines fast neuwertigen Kfz (man spricht hier vom **»Schmelz der Neuheit«**, der dem Fahrzeug noch anhaften muss – Maßstab: höchstens **1000 km Fahrleistung**, in bes Fällen auch bis zu 3000 km und **nicht mehr als einen Monat Zulassung**). In diesen Fällen wird ein Ersatz auf Basis der Anschaffungskosten für einen Neuwagen gewährt (BGH NJW 1982, 433; Nürnberg NJW-RR 1995, 919; Jauernig/*Teichmann* Vor §§ 249-253 Rn 40; Hk-BGB/*Schulze* Rn 11; *Tonner/Tamm* § 251 Rn 13).

G. Beweisfragen und andere prozessual relevante Aspekte. I. Beweisfragen. 1. Allgemeines. Grds muss der Geschädigte die für den Schadensersatz anspruchsbegründenden und anspruchsausfüllenden Tatsachen beweisen. Die Beweislast des Geschädigten bezieht sich auf die für den Ersatzanspruch relevanten Einzelumstände einschl des Schadensumfangs (BGH NJW 1963, 953; Palandt/*Heinrichs* Vorb v § 249 Rn 162; PWW/*Medicus* Vor §§ 249 bis 255 Rn 5). Regelungen wie die §§ 251 Abs 2, 252 S 2, 254 führen aber partielle Ausn von der Beweislast des Geschädigten dergestalt herbei, dass die Beweislast hier beim Schädiger liegt. Im Deliktsrecht gelten überdies bes Beweislastgrundsätze im Bereich der **Produzentenhaftung**, die durch höchstrichterliche Rspr herausgebildet wurden (vgl dazu BGHZ 104, 323; NJW 1991, 1948; 1993, 528; 1996, 2507; 1999, 1028; Koblenz NJW-RR 1999, 1624; BB 1972, 13; Palandt/*Heinrichs* Vorb v § 249 Rn 173; Palandt/*Sprau* § 823 Rn 183). Beweispflichtig ist der Schädiger auch für schadensmindernde Umstände wie den **Einwand des rechtmäßigen Alternativverhaltens/Reserveursachen**, die zu seiner Entlastung führen (BGHZ 78, 214 ff; Hk-BGB/*Schulze* Vor §§ 249-253 Rn 23; Jauernig/*Teichmann* Vor §§ 249-253 Rn 47; PWW/*Medicus* Vor §§ 249 bis 255 Rn 5; *Hanau* Die Kausalität der Pflichtwidrigkeit 1971). Die Notwendigkeit der normativen Betrachtung des Schadens hat derjenige darzulegen, der sich auf ihn beruft. 130

Bei **vertraglichen Schadensersatzansprüchen** greift eine **Beweislastumkehr** nur hinsichtlich des Vertretenmüssens/Verschuldens (§ 280 Abs 1 S 2; vgl Palandt/*Heinrichs* Vorb v § 249 Rn 173; hierzu näher *Hirse* § 280 Rz 78; zum str Eingreifen dieser Beweislastumkehr im Arzthaftungsrecht siehe auch *Tamm* Arztvertrag Anh II zu §§ 611 Rz 36). Es bleibt jedoch auch hier dabei, dass der Geschädigte alle anderen schadensersatzbegründenden Umstände wie die objektive Pflichtverletzung, den Kausalzusammenhang und den Schaden darzutun und zu beweisen hat. Eine weitergehende Beweislastumkehr im Bereich der Kausalität nimmt die Rspr nur bei groben **ärztlichen Behandlungs- und Dokumentationsfehlern** vor (BGH MDR 1997, 147; NJW 1996, 2429; 2004, 2011; 2007, 2767; zu Beispielen vgl Palandt/*Sprau* § 823 Rn 162; Dokumentationsmangel: BGH NJW 1978, 1681; 1999, 3408; Hamm VersR 2005, 412; Koblenz NJW-RR 2007, 405; Hamburg MDR 2002, 1315; näher zum Ganzen *Tamm* Arztvertrag Anh II zu §§ 611 ff Rz 38; Palandt/*Sprau* § 823 Rn 161 f; PWW/*Schaub* § 823 Rn 195 ff, 210; Staud/*Schiemann* Vorbem v §§ 249 ff Rn 94 f). Weitere Beweislasterleichterungen gelten für **Immissionsschäden** (BGH NJW 1985, 47) sowie im Anwendungsbereich des **AMG** und des **UmweltHG** (Palandt/*Heinrichs* Vorb v § 249 Rn 173). Dagegen ist die **Beweislastverteilung nach Gefahrenbereichen** (BGHZ 8, 239, 241 f; NJW 1973, 1602, 1603) nach Kodifizierung der Beweislastumkehr in § 280 Abs 1 S 2 durch die Schuldrechtsreform nicht mehr von großer praktischer Relevanz, bzgl der Betriebsrisikolehre ist sie aber mittlerweile in § 615 eingeflossen (MüKo/*Oetker* Rn 448). 131

2. Anscheinsbeweis und Beweiswürdigung nach § 287 Abs 1 ZPO. In vielen Fallgestaltungen ist es für den Geschädigten schwierig, die anspruchsbegründenden Voraussetzungen, insbes die Kausalität zwischen Verletzungshandlung und Schaden nachzuweisen. Hier kommt ihm aber die Möglichkeit zugute, einen Anscheinsbeweis führen zu können, wenn es sich um typische Geschehensabläufe handelt (Palandt/*Heinrichs* Vorb v § 249 Rn 163; MüKo/*Oetker* Rn 449 ff; Staud/*Schiemann* Vorbem v §§ 249 ff Rn 99 f; BaRoth/*Schubert* Rn 165; zum Arzthaftungsrecht vgl *Tamm* Artzvertrag Anh II zu §§ 611 ff Rz 37). Erforderlich ist, dass sich unter Berücksichtigung aller Umstände ein für die zu beweisende Tatsache nach der Lebenserfahrung »**klassischer**« (= **typischer) Geschehensablauf** ereignet hat (BGHZ 143, 268, 281; zu Einzelfällen vgl BGH VersR 1964, 263; NJW 1982, 2668: Auffahrunfall; BGH NJW 1998, 79: Sturz einer Kiste von einem Transportwagen; Zusammenstoß mit dem aus einem Grundstück herausfahrenden Kfz: Köln VRS 109, 323; BGH VersR 1975, 331: Kollision mit dem vorausfahrenden Kfz beim Überholvorgang; BGH NJW 1995, 1029: Alkoholisierung des Fahrers, der einen Unfall verursacht; BGH NJW 2004, 3626; Frankfurt aM NJW-RR 2007, 198; zur umfangreichen Judikatur s die Einzelfälle bei Palandt/*Heinrichs* Vorb v § 249 Rn 17, 166 ff). 132

Von bes Bedeutung für den Geschädigten ist überdies die nach **§ 287 Abs 1 ZPO** eröffnete Möglichkeit, dass das Gericht bei einem Streit über haftungsrelevante Umstände unter Würdigung aller Einzelaspekte nach freier (pflichtgemäßer) Überzeugung ohne die Bindung an Beweisanträge über Entstehung und Höhe des Schadens entscheiden kann (Hk-BGB/*Schulze* Vor §§ 249-253 Rn 13; PWW/*Medicus* Vor §§ 249 bis 250 Rn 9; Staud/*Schiemann* Vorbem v §§ 249 ff Rn 101 ff; jurisPK/*Rüßmann* Rn 91; BaRoth/*Schubert* Rn 170 f). Es reicht aus, wenn das Gericht bzgl der Schadenshöhe den geltend gemachten Schaden für überwiegend wahrscheinlich hält (BGH NJW 1972, 1516; Palandt/*Heinrichs* Vorb v § 249 Rn 172). Die Beweiserleichterung bezieht sich jedoch nicht auf die schädigende Handlung und die haftungsbegründende Kausalität (BGHZ 149, 63, 66; NJW 2004, 777, 778; 2004, 1521, 1522; Palandt/*Heinrichs* Vorb v § 249 Rn 172). 133

II. Neuer Prozess/Abänderungsklage. Bei unübersehbaren Entwicklungen ist eine Feststellungsklage nach § 256 ZPO möglich (Jauernig/*Teichmann* Rn 55). Ein bereits zur Regulierung eines Schadensfalles ergangenes Urteil hindert die Erhebung einer neuen Klage dann nicht, wenn nachträglich auftretende, nicht berücksichtigte Umstände den Anspruch erhöhen (Palandt/*Heinrichs* Rn 174; Jauernig/*Teichmann* Vor §§ 249-253 Rn 55). Für wiederkehrende Leistungen (Bsp: Rente) ist es überdies möglich, nach § 323 ZPO eine sog Abänderungsklage einzulegen (zum Ganzen s Hk-BGB/*Schulze* Vor §§ 249-253 Rn 36). 134

135 **III. Verjährung.** Die Verjährung der jeweiligen Schadensersatzansprüche richtet sich nach der Verjährungsregel, die für den jeweiligen Anspruch gilt, sie ist damit nicht durch den Schaden bzw seinem Umfang, sondern durch den Grund des Anspruchs festgelegt (PWW/*Medicus* Vor §§ 249 bis 255 Rn 10).

§ 250 Schadensersatz in Geld nach Fristsetzung. Der Gläubiger kann dem Ersatzpflichtigen zur Herstellung eine angemessene Frist mit der Erklärung bestimmen, dass er die Herstellung nach dem Ablauf der Frist ablehne. Nach dem Ablauf der Frist kann der Gläubiger den Ersatz in Geld verlangen, wenn nicht die Herstellung rechtzeitig erfolgt; der Anspruch auf die Herstellung ist ausgeschlossen.

1 **A. Allgemeines.** Falls der Gläubiger des Schadensersatzanspruches dem Schädiger eine Frist zur Naturalrestitution nach § 249 Abs 1 gesetzt hat, diese jedoch fristlos verstrichen ist, hat er die Möglichkeit, nach § 251 Schadensersatz in Geld zu verlangen. Die Vorschrift hat allerdings nur eine **geringe praktische Bedeutung** (BaRoth/*Schubert* Rn 1; Hk-BGB/*Schulze* Rn 1 PWW/*Medicus* Rn 1; Palandt/*Heinrichs* Rn 1). Das hat damit zu tun, dass in den Fällen des Schadensersatzes wegen Verletzung einer Person oder wegen Beschädigung einer Sache dem Geschädigten ohnehin ein Wahlrecht nach § 249 zusteht, aufgrund dessen er von vonherein statt der Herstellung in Natura durch den Schädiger (§ 249 Abs 1), die selten verlangt wird, auf den Anspruch nach Geldersatz gem § 249 Abs 2 S 1 ausweichen kann (Palandt/*Heinrichs* Rn 1; sog Ersetzungsbefugnis des Geschädigten, vgl § 249 Rz 3, 4).

2 Der **Unterschied zwischen § 249 Abs 1 und § 251** besteht darin, dass der Gläubiger in den Fällen des § 249 Abs 1 zunächst Naturalrestitution gefordert hat und nach Ausübung seines ihm nach § 249 zustehenden Wahlrechtes auch hieran gebunden ist (MüKo/*Oetker* Rn 3; Palandt/*Heinrichs* Rn 3). Dies gilt jedenfalls solange, soweit die Frist zur Wiederherstellung noch läuft. Innerhalb der Fristsetzung nach § 249 Abs 1 ist der Schädiger verpflichtet, andererseits aber auch befugt, die Pflicht zum Geldersatz, die nur subsidiär entsteht, abzuwenden. Eine Fristsetzung macht allerdings genauso wie im leistungsstörungsrechtlichen Gewährleistungsrecht (vgl den Rechtsgedanken aus § 326 Abs 5) nur dann Sinn, wenn die primär eingeforderte Leistung (Naturalrestitution) noch möglich ist. Andernfalls besteht von vornherein nur ein Anspruch auf Geldersatz nach § 251.

3 Eine parallele Wertung zum Leistungsstörungsrecht ergibt sich ferner insofern, als die Fristsetzung zur Naturalherstellung, die mit einer Ablehnungsandrohung versehen wird, dann entbehrlich sein soll, wenn der Schuldner des Schadensersatzes die Herstellung in Natura von vornherein ernsthaft und endgültig verweigert (vgl dazu die Rechtsgedanken aus §§ 281 Abs 2, 286 Abs 2 S 3, 323 Abs 2 Nr 1; so auch BGHZ 40, 354; Hk-BGB/*Schulze* Rn 1; Staud/*Schiemann* Rn 7; jurisPK/*Rüßmann* Rn 7; Jauernig/*Teichmann* Rn 2; PWW/*Medicus* Rn 1). Praktisch relevant wird die Vorschrift neben den benannten Fällen (fruchtlose Fristverstreichung, Entbehrlichkeit der Fristsetzung zur Naturalresitution) bei einem Anspruch auf **Befreiung von einer Verbindlichkeit** (§ 249 Rz 72), der über § 250 nach fruchtlosem Fristablauf in einen Geldanspruch umgewandelt werden kann (BGH NJW-RR 1987, 43, 44; 2004, 1868, 1869).

4 **B. Regelungsinhalt. I. Fristsetzung zur Herstellung.** Aus dem Regelungsinhalt des § 250 ergibt sich, dass die Vorschrift vom **Primat des Herstellungsanspruchs** nach § 249 Abs 1 ausgeht. Sie will diesen bei Vernachlässigung durch den Schuldner nur zugunsten des Gläubigers, der sich zunächst auf die Naturalrestitution nach § 249 Abs 1 eingelassen hat, fortsetzen, indem das Integritätsinteresse subsidiär eine Entschädigung in Geld findet (zur str Funktion der Regelung vgl Jauernig/*Teichmann* Rn 1). Das Primat des Herstellunganspruches und der regelungstechnische Zusammenhang mit § 249 ergeben sich daraus, dass § 250 von »Herstellung« spricht (PWW/*Medicus* Rn 1), die der Schuldner innerhalb der gesetzten Frist nicht erbringt. Die Gründe dafür können freilich mannigfaltig sein (vgl BGH NJW 1988, 1780; Palandt/*Heinrichs* Rn 2). Nicht erfassst ist jedoch die Konstellation, dass die Herstellung nicht möglich oder unzumutbar ist. In diesem Fall wird sie nämlich von vonherein nicht geschuldet, was dazu führt, dass nicht § 250, sondern § 251 zur Anwendung gelangt (jurisPK/*Rüßmann* Rn 5).

5 **II. Angemessene Frist.** Der Geschädigte, der vom Schädiger Naturalrestitution nach § 249 Abs 1 fordert, kann dem Schuldner eine bestimmte Frist oder auch nur eine als »angemessen« bezeichnete Frist setzen, um sich bei fruchtlosem Verstreichen derselben die Möglichkeit offenzuhalten, in den subsidiären Anspruch nach § 251 überzuwechseln. Die Fristsetzung selbst ist als eine einseitige empfangsbedürftige Willenserklärung zu bewerten und unterliegt keiner Form (MüKo/*Oetker* Rn 5). Ähnl wie im Leistungsstörungsrecht gilt im Zusammenhang mit § 250 der Grundsatz, dass eine **unangemessen kurze Frist** eine angemessene Frist in Gang setzt (RGZ 56, 234 ff; MüKo/*Oetker* Rn 6; BaRoth/*Schubert* Rn 4; Palandt/*Heinrichs* Rn 2), mithin nicht völlig rechtsfolgenlos ist. Auch im Weiteren wird bei der Fristsetzung zur Naturalherstellung an die Grundsätze angeknüpft, die in Bezug auf das Leistungsstörungsrecht (vgl etwa § 281) gelten. Dies zeigt sich etwa darin, dass eine Fristsetzung ggf auch entbehrlich sein kann (BGH NJW 1992, 2222; 1999, 1542; 2004, 1868, 1869; PWW/*Medicus* Rn 1; vgl auch hier Rz 2, 3 und *Hirse* § 281 Rz 19). IÜ gilt: An eine **längere Frist** ist der Geschädigte aus Gründen der Rechtssicherheit und des Vertrauensschutzes für den Schädiger gebunden, auch wenn er eine kürzere hätte setzen können, dieses aber eben nicht getan hat.

III. Ablehnungsandrohung. Um die Rechtsfolge des Übergangs zum Geldersatz auszulösen, muss die Fristsetzung mit einer Ablehnungsandrohung verbunden sein, dies schreibt § 250 S 1 ausdrücklich vor. Die Erleichterung zugunsten des Schuldners, die in § 281 Abs 1 S 1 durch die Schuldrechtsrefom aufgenommen wurden – Wegfall des Erfordernisses der Ablehnungsandrohung – ist auf § 250 im Zuge der Schadensrechtsreform nicht übertragen worden (PWW/*Medicus* Rn 1; Palandt/*Heinrichs* Rn 2). Wegen des Gesetzeswortlauts ist deshalb daran festzuhalten, dass eine ohne Ablehnungsandrohung gesetzte Frist nicht den Übergang für den Anspruch von § 249 Abs 1 auf § 250 schafft und daher erneut, diesmal vollständig (versehen mit einer Ablehnungsandrohung) gesetzt werden muss. 6

C. Rechtsfolgen. I. Geldersatz. Infolge der Fristsetzung **verliert der Geschädigte sein Wahlrecht nach § 249**; er kann bis zum Fristablauf nur Herstellung verlangen (jurisPK/*Rüßmann* Rn 9; BaRoth/*Schubert* Rn 9; Palandt/*Heinrichs* Rn 3). Dies gilt aus Gründen der Rechtssicherheit – der Schädiger hat sich auf die Naturalrestitution nach Ausübung des Wahlrechtes regelm eingestellt – für jeden Schaden, für den Naturalersatz gefordert wird (MüKo/*Oetker* Rn 9). Nach Fristablauf hat der Geschädigte ausschließlich einen Anspruch auf Geldersatz (BGH NJW-RR 1987, 43, 44; NJW 1992, 2221, 2222; Hk-BGB/*Schulze* Rn 1; Palandt/*Heinrichs* Rn 3; Staud/*Schiemann* Rn 9). Dies ergibt sich daraus, dass der Herstellungsanspruch nach S 2 Halbs 2 nach Fristablauf kategorisch ausgeschlossen ist (PWW/*Medicus* Rn 2). 7

II. Höhe. Die Höhe des Geldersatzes orientiert sich nach der Rspr am **Integritätsinteresse** (BGHZ 11, 156, 163; Düsseldorf NJW-RR 1998, 1716). Ob danach die Grundsätze des § 249 oder des § 251 gelten sollen, hat die Rspr zumeist unentschieden gelassen; der Wortlaut des § 250 scheint diesbezüglich auch zunächst offen zu sein (zum Befund PWW/*Medicus* Rn 2). In der Lit haben sich zu dieser Frage zwei Meinungsstränge herausgebildet. 8

Die wohl hM stellt bei der Höhe des Geldersatzes nach § 250 auf § 249 ab, wonach dasjenige geschuldet wird, was zur Wiederherstellung erforderlich ist (MüKo/*Oetker* Rn 12; Palandt/*Heinrichs* Rn 3; Jauernig/*Teichmann* § 251 Rn 1). Die gegenteilige Ansicht zieht § 251 heran, der einen wertmäßigen Ausgleich zur Verfügung stellt (so Staud/*Schiemann* Rn 3, tendentiell zu § 251 neigend – in Bezug auf die amtlichen Überschriften von §§ 250, 251 PWW/*Medicus* Rn 2). Aus Gründen der **Systematik** (§ 250 statuiert eine **ersatzweise »Verlängerung« des § 249**, der das Wiederherstellungsinteresse und den dazu erforderlichen Betrag in Bezug nimmt), erscheint es nicht sachgerecht, hier das reine Wertinteresse nach § 251 anzusetzen. Schließlich hat der Geschädigte zunächst Herstellung gefordert und damit dem Schädiger auch die Möglichkeit gegeben, durch eigener Hände Arbeit den Aufwand zum Schadensersatz niedrig zu halten. Nimmt der Schädiger diese ihm ggü »günstige« Option nicht wahr, darf dem Geschädigten daraus kein Nachteil durch Verweis auf das (bloße) Wertinteresse erwachsen. 9

Die hier gewählte Wendung »bloßes« Wertinteresse macht bereits deutlich, dass der Streit deshalb relevant werden kann, weil der geschuldete Wertersatz nach § 251 ggf niedriger anzusetzen ist als die Kosten für den Naturalersatz (vgl Jauernig/*Teichmann* § 251 Rn 1). Plastisch wird dies daran, dass bei Fahrzeugen – auch aus Gründen des Integritätsinteresses – bis zu 130% des Gegenstandswertes im Rahmen der geschuldeten Wiederherstellung verlangt werden können, wenn das Fahrzeug tatsächlich repariert wird (sog Integritätszuschlag, vgl *Tonner/Tamm* § 249 Rz 122). Bei Tieren gilt Ähnliches (vgl *Tonner/Tamm* § 249 Rz 12). 10

Bei einem Anspruch auf Befreiung von einer übernommenen Belastung ist jedenfalls der erforderliche Geldbetrag zu zahlen (BGH NJW 1992, 2221, 2222; 1993, 2232, 2233). 11

D. Prozessuales. Im Prozess kann die Frist gem §§ 255, 510b ZPO im Urteil gesetzt werden (BGH NJW 1986, 1677; Palandt/*Heinrichs* Rn 2). 12

§ 251 Schadensersatz in Geld ohne Fristsetzung.

[1] Soweit die Herstellung nicht möglich oder zur Entschädigung des Gläubigers nicht genügend ist, hat der Ersatzpflichtige den Gläubiger in Geld zu entschädigen.

[2] Der Ersatzpflichtige kann den Gläubiger in Geld entschädigen, wenn die Herstellung nur mit unverhältnismäßigen Aufwendungen möglich ist. Die aus der Heilbehandlung eines verletzten Tieres entstandenen Aufwendungen sind nicht bereits dann unverhältnismäßig, wenn sie dessen Wert erheblich übersteigen.

A. Unmöglichkeit der Herstellung (Abs 1). I. Allgemeines. § 251 ermöglicht den Übergang des Gläubigers vom primären Nacherfüllungsanspruch nach § 249 zum sekundär geschuldeten Wertersatzanspruch gem § 251. Die beiden Absätze der Vorschrift sind voneinander unabhängig (zur Anwendung des § 251 in Bezug auf andere Regelungen: §§ 985, 1004, vgl BGH NJW 1964, 2414; MüKo/*Oetker* Rn 3; Palandt/*Heinrichs* Rn 2). Auch die Schutzrichtung von § 251 Abs 1 und Abs 2 ist unterschiedlich (Hk-BGB/*Schulze* Rn 1; Palandt/*Heinrichs* Rn 1). Während § 249 Abs 1 Fälle der generellen Unmöglichkeit bzw der Unzumutbarkeit der Naturalherstellung (für den Gläubiger) regelt, erfasst § 249 Abs 2 die Situation, dass die Herstellung in Natura für den Schädiger (= Schuldner) unzumutbar ist, weil der frühere Zustand nur mit unverhältnismäßig hohen Kosten der Reparatur oder Ersatzbeschaffung herbeigeführt werden kann (Palandt/*Heinrichs* Rn 1; PWW/ 1

Medicus Rn 1). Gemeinsam ist beiden Absätzen, dass der geschuldete Betrag bei Unmöglichkeit bzw Unzumutbarkeit der Naturalherstellung auf den (bloßen) Wertersatz gerichtet ist (Hk-BGB/*Schulze* Rn 1; Staud/*Schiemann* Rn 1). Insofern besteht nicht nur im Tatbestand eine Besonderheit bzgl §§ 249, 250, sondern auch in der Rechtsfolge.

2 **II. Regelungsinhalt. 1. Allgemeines zu § 251 Abs 1, 1. Hs (Unmöglichkeit der Naturalherstellung).** In § 251 schlägt sich der Gedanke nieder, dass das Prinzip der Naturalrestitution gem § 249 nur dann zu einem erfüllbaren Anspruch führen kann, wenn die Herstellung der Sache in Natura noch möglich und sowohl dem Gläubiger (Abs 1) als auch dem Schuldner (Abs 2) zumutbar ist (BGHZ 92, 85, 87; PWW/*Medicus* Rn 2). § 249 Abs 1, 1. Hs erfasst zunächst den Fall der Unmöglichkeit der Naturalrestitution. Bzgl des Begriffes der Unmöglichkeit in § 251 kann von **§ 275** ausgegangen werden. Es ist damit sowohl die **objektive** wie die **subjektive**, die **anfängliche** wie die **nachträgliche** und die **tatsächliche** wie die **rechtliche** Unmöglichkeit gemeint (BGH NJW 1999, 3332; Hk-BGB/*Schulze* Rn 2; Jauernig/*Teichmann* Rn 3; MüKo/*Oetker* Rn 6 f; Staud/*Schiemann* Rn 6). Dabei kommt es auch nicht darauf an, wer die Unmöglichkeit zu vertreten hat (Palandt/*Heinrichs* Rn 3). Bei Unmöglichkeit iSd § 251 Abs 1, 1. Hs steht dem Geschädigten der Geldersatz ohne weitere Voraussetzungen zu. Die Höhe bemisst sich auf der Grundlage der Differenzhypothese (vgl dazu *Tonner/Tamm* § 249 Rz 2, 41 ff).

3 **2. Fallgruppen der Unmöglichkeit. a) Tatsächliche Unmöglichkeit.** Aus **tatsächlichen Gründen** ist die Herstellung etwa bei einem Totalschaden, bei fehlender Möglichkeit einbaufähiger Ersatzteile oder anderweitiger nicht bestehender Wiederbeschaffbarkeit einer gleichwertigen Sache (was insbes bei Einzelstücken der Fall ist, vgl BGHZ 92, 85, 87; BGH NJW 1985, 2414; Jauernig/*Teichmann* Rn 3; Hk-BGB/*Schulze* Rn 2: unvertretbare Sache) nicht durchführbar. Eine tatsächliche Unmöglichkeit der Herstellung des früheren Zustands liegt überdies bei einer Tötung eines Menschen bzw Tieres oder der nicht »rückführbaren« Beeinträchtigung der Arbeitskaft vor (RGZ 80, 28 ff; Hk-BGB/*Schulze* Rn 2; Jauernig/*Teichmann* Rn 3; Palandt/*Heinrichs* Rn 3; PWW/*Medicus* Rn 2).

4 **b) Rechtliche Unmöglichkeit.** Eine **rechtliche Unmöglichkeit** ist gegeben, wenn die Naturalrestitution zu einem unzulässigen Eingriff in Rechte Dritter führen würde (Jena OLG-NL 1997, 115, 117; Koblenz NJW-RR 1991, 944, 946; Palandt/*Heinrichs* Rn 3a; zum Fall des § 839 vgl BGH NJW 1961, 658). IÜ soll nach einem Teil der Lit (vgl Hk-BGB/*Schulze* Rn 2; Palandt/*Heinrichs* Rn 3a; PWW/*Medicus* Rn 2) von einem Fall der rechtlichen Unmöglichkeit nach § 249 auch dann auszugehen sein, wenn **Schadensersatz »statt der Leistung«** nach den Regelungen des Leistungsstörungsrechts geschuldet wird. Hierin spiegelt sich die gesetzgeberische Wertung wider, dass der Geschädigte gerade kein Interesse an der weiteren Durchführung/Vornahme der Primärleistung hat und diese deshalb auch nicht mehr erbringbar sein soll. Diese Wertung darf durch die Handhabung der §§ 249, 251 nicht unterlaufen werden, was aber schon durch eine **teleologische Reduktion des Anwendungsbereiches des § 249** erreicht werden kann.

5 **3. Allgemeines zu § 251 Abs 1, 2. Hs (Unzumutbarkeit der Naturalherstellung für den Geschädigten).** Die Naturalrestitution ist auch dann nach § 251 Abs 1, 2. Hs ausgeschlossen, wenn durch die Wiederherstellung (auch nur teilw, s Palandt/*Heinrichs* Rn 4: »ergänzender oder ersetzender Anspruch«) kein **gleichartiger und gleichwertiger Zustand** herbeigeführt werden kann. Das kann sich einmal gegenständlich in der wiederherzustellenden Person oder Sache niederschlagen, aber auch mit den Begleitumständen der Naturalrestitution zusammenhängen. So ist die Herstellung auch dann ungenügend, wenn bei der Reparatur ein **dauerhafter Erfolgseintritt ungewiss** bleibt. IÜ ist die Wiederherstellung unzureichend/resp unzumutbar für den Geschädigten, wenn die für die Reparatur aufzubringende **Zeit unangemessen lang** ist (RGZ 76, 146: Trockenlegung der durch Bergbau abgesunkenen Wiesen erst in fünf Jahren; Hk-BGB/*Schulze* Rn 3; MüKo/*Oetker* Rn 13; Palandt/*Heinrichs* Rn 4; PWW/*Medicus* Rn 3). In der Lit wird ferner geltend gemacht, dass die Wiederherstellung nach § 251 Abs 1, 2. Hs iÜ ausgeschlossen sein muss, wenn sie mit **unzumutbaren Belästigungen oder Spätfolgen** für den Geschädigten verbunden ist (PWW/*Medicus* Rn 3). Eine bes Bedeutung gewinnt die Fallgruppe der für den Geschädigten ungenügenden Wiederherstellung beim sog **»unechten Totalschaden«** (vgl dazu bereits *Tonner/Tamm* § 249 Rz 129 und hier Rz 13).

6 Ob der ursprüngliche Zustand wiederherstellbar ist, ist oft ungewiss. Wird jedoch Herstellung in Natura seitens des Geschädigten nach § 249 verlangt und lässt sich der Schädiger hierauf zunächst ein, trägt der Schädiger (wirtschftlich) auch das Risiko eines Herstellungsversuches, der sich später als ungenügend herausstellt (sog **Herstellungsrisiko**; jurisPK/*Rüßmann* Rn 6).

7 **4. Teilweise Unmöglichkeit/Unzumutbarkeit.** Die Unmöglichkeit oder Unzumutbarkeit der Wiederherstellung kann auch quantitativ verstanden werden (PWW/*Medicus* Rn 4). Bei einer nur teilw Herstellungsmöglichkeit in Natura (Stichwort: »soweit«, § 251 Abs 1 S 1) ist lediglich bzgl des überschießenden Bereiches der gem § 249 nicht herbeiführbaren Naturalrestitution nach § 251 vorzugehen (Jauernig/*Teichmann* Rn 2; PWW/*Medicus* Rn 4). Als »überschießend« über die Naturalherstellung, die insofern nicht möglich bzw nicht genügend für den Gläubiger ist, muss bei einer beschädigten Sache (insbes bei einem in einen Unfall verwickelten Kfz) der verbleibende **merkantile Minderwert** nach § 251 (auch bei einem unterlassenen Weiterver-

kauf, vgl BGH NJW 1961, 2253; 2005, 277) ersetzt werden (Palandt/*Heinrichs* Rn 4, 12; PWW/*Medicus* Rn 4; vgl hier Rz 14). Das Gleiche gilt für **optische Restmängel** und **sonst verbleibende Beeinträchtigungen** bzgl sonstiger Personen- und Sachschäden (MüKo/*Oetker* Rn 12). Der verbleibende merkantile Minderwert ist daher über den Bereich des Kfz-Schadensersatzes generell in Ansatz zu bringen (BGH NJW 1981, 1663; Palandt/*Heinrichs* Rn 12). Bei Pkw-Schäden verbleibt bei der Naturalrestitution in Form der Reparatur der **Nutzungsausfall**, der gesondert ersetzt werden muss (PWW/*Medicus* Rn 4; instruktiv *Dannert/Küppersbusch* NJW 1998, 2106; vgl dazu *Tonner/Tamm* § 249 Rz 56, 126). Gleiches gilt für den »verbleibenden« **Versicherungsschaden bei einer Rückstufung** (BGH NJW 2006, 2397; mit Differenzierung zwischen Haftpflichtversicherung: BGHZ 66, 398; vgl auch BGHZ 44, 382, 387 und Kaskoversicherung: BGHZ 44, 382, 387 f). Jedoch wohl nicht nach §§ 249 ff gesondert ersatzfähig ist der Wert von **Sachen, die aus dem Unfallfahrzeug gestohlen** wurden, da es sich um das »Dazwischentreten Dritter« handelt, das auch nicht mehr über die Adäquanztheorie erfasst werden kann (aA aber BGH NJW 1997, 865). Als durch die Reparatur des verunfallten Kfz nicht behebbare verbleibende Begleitschäden angesehen werden können aber: **Abschleppkosten**, **Verdienstausfall** des Geschädigten und notwendige **Kreditkosten** (BGHZ 61, 347 ff) sowie die **Kosten der Rechtsverfolgung** (zum Ganzen PWW/*Medicus* Rn 13).

III. Rechtsfolgen. 1. Allgemeines. Anders als bei dem auf Ersatz der Widerherstellungskosten gerichteten § 249, der das Integritätsinteresse sicherstellt, geht es beim Schadensersatz nach § 251 nur um das **Kompensations-, Geld- oder Summeninteresse** des Geschädigten (Palandt/*Heinrichs* Rn 10; PWW/*Medicus* Rn 7). Geschuldet ist **Wertersatz** (Hk-BGB/*Schulze* Rn 1). Dieser kann niedriger sein als der Naturalschadensersatz nach § 249 (vgl *Tonner/Tamm* § 250 Rz 1; Jauernig/*Teichmann* Rn 1). Für die Berechnung des Wertersatzes zieht die Rspr den objektiven **Verkehrswert** heran (BGHZ 92, 85, 90). Maßgeblich ist insoweit die Differenzhypothese (*Tonner/Tamm* § 249 Rz 2). Bei der Schadenszurechnung müssen jedoch im Rahmen des Wertersatzes nach § 251 auch all diejenigen (Zurechnungs-)Gesichtspunkte Berücksichtigung finden, die bereits im Zusammenhang mit der Naturalrestitution nach §§ 249, 250 in Ansatz zu bringen sind (PWW/*Medicus* Rn 5; vgl zur Äquivalenz-, Adäquanztheorie, Lehre vom normativen Schadensbegriff und vom rechtmäßigen Alternativverhalten, psychisch vermittelter Kausalität etc *Tonner/Tamm* § 249 Rz 68, 74 ff). Wird Wertersatz für **Gebrauchsgüter** (Kfz, Kleidung etc) geschuldet, ist zu berücksichtigen, dass diese üblicherweise neu angeschafft werden müssen. Deshalb ist regelm nicht der (ggf geringere) Betrag als Schadensersatz anzusetzen, zu dem die Sache in unbeschädigtem Zustand hätte verkauft werden können, maßgeblich ist vielmehr der für die **Wiederbeschaffung** aufzuwendende (ggf höhere) Betrag (PWW/*Medicus* Rn 6 – auch zum fließenden Übergang zu § 249 Abs 2). Probleme entstehen dann, wenn weder der ggf anzusetzende Wiederbeschaffungs- noch der Verkehrswert feststellbar sind und auch nicht nach § 287 ZPO geschätzt werden können. In diesem Fall geht der Geschädigte leer aus, es sei denn, er kann einen ideellen Schaden gem § 253 nachweisen (BGHZ 92, 85, 90). Zu erstatten ist iÜ der entgangene Gewinn, § 252 (BGH NJW 1993, 332 f). Nicht berücksichtigungsfähig ist andererseits das bloße Affektionsinteresse des Geschädigten (MüKo/*Oetker* Rn 14; Palandt/*Heinrichs* Rn 10; zur parallelen Wertung bei § 249 vgl *Tonner/Tamm* § 249 Rz 12). 8

2. Insbes: Beschädigung eines Kraftfahrzeugs. a) Allgemeine Abgrenzung von §§ 249, 251. aa) Fahrzeug noch reparabel. Die Rspr zu § 251 konzentriert sich auf beschädigte Kraftfahrzeuge, mithin auf Unfallfolgen (ausf etwa MüKo/*Oetker* Rn 15 ff). Hiernach gilt: Ist das Fahrzeug noch **reparabel**, kommt eine Reparatur oder eine Ersatzbeschaffung gem **§ 249** in Betracht. Der Geschädigte kann in diesem Rahmen auch auf der Basis bloßer **fiktiver Reparaturkosten** abrechnen, da ihm – anders als bei Personenschäden und bei der Umsatzsteuer – eine Dispositionsbefugnis zugestanden wird, die aus dem Integritätsinteresse folgt. Danach kann der Geschädigte im Grundsatz allein darüber bestimmen, wie er mit seinen Rechten und Rechtsgütern sowie einer etwaigen Kompensation für eine Beeinträchtigung verfährt (*Tonner/Tamm* § 249 Rz 117, 125). 9

bb) Fahrzeug nicht mehr reparabel. Ist das Fahrzeug dagegen nicht mehr reparabel, spricht man von einem »**Totalschaden**«, der nach § 251 zu behandeln ist. Die Rspr unterscheidet dabei einen technischen und einen wirtschaftlichen Totalschaden: 10

(1) Technischer Totalschaden. (aa) Allgemeines. Beim **technischen Totalschaden** ist (da es sich bei dem Kfz um ein Gebrauchsgut handelt, vgl Rz 8) der **Wiederbeschaffungswert** für ein gleichwertiges Fahrzeug zugrunde zu legen (BGHZ 115, 364, 372; 143, 189, 193; BGH NJW 1966, 1454, 1455; 2005, 3134 f; abl Staud/*Schiemann* Rn 15). Der Wiederbeschaffungsaufwand liegt regelm über dem Zeitwert des Fahrzeugs, da für die Wiederbeschaffung die Händlerspanne mit zu berücksichtigen ist. Als **Händlerspanne** werden üblicherweise 15-20% des Netto-Zeitwertes akzeptiert (Bamberg NJW 1972, 828, 829; Celle NJW 1968, 1478; Stuttgart VersR 1974, 766; Jauernig/*Teichmann* Rn 5). Die neuere Lit nimmt teilw bereits 25% an (Palandt/*Heinrichs* Rn 13). Von dem danach zu zahlenden Schadensersatz ist aufgrund des schadensrechtlichen Bereicherungsverbotes der bei einer Veräußerung der Sache (Unfallwagen) zu erzielende **Restwert** abzuziehen, wobei sowohl für den Wiederbeschaffungswert als auch für den anzusetzenden Restwert im Rahmen des Zumutbaren der **wirtschaftlichste Weg** einzuschlagen ist (BGHZ 163, 365; Jauernig/*Teichmann* Rn 5; Rechtsgedanke aus §§ 254, 242). Der Geschädigte kann auch die **Kosten einer Überprüfung des Ersatzfahrzeugs** verlangen (BGH NJW 1966, 1454, 1455; Karlsruhe VersR 1979, 384; Saarbrücken NZV 1990, 186, 187), nicht dagegen einen Risikozuschlag, weil es sich 11

um ein Gebrauchtfahrzeug handelt (BGH NJW 1966, 1454, 1455). Nicht ersetzbar nach § 251 ist – soweit er fiktiv bleibt – der in der Rspr anerkannte sog »Integritätszuschlag« (*Tonner/Tamm* § 249 Rz 122) für ein Kfz, der bei einer Reparatur an bis zu 130% des Marktwertes des Fahrzeuges heranreichen kann. Dieser Zuschlag kann nur bei einer durchgeführten Reparatur und entspr eingetretener tatsächlicher Belastung nach § 249 gefordert werden. Liegen die Kosten einer durchzuführenden/durchgeführten Reparatur aber über 130% des Marktwertes des Fahrzeugs, ist ein Fall der Unzumutbarkei der Wiederherstellung/resp des Wiederherstellungsbetrages für den Schuldner (unverhältnismäßig hohe Kosten) nach § 251 Abs 2 anzunehmen.

12 *(bb) Praktische Hinweise.* Ist ein technischer Totalschaden (Rz 11) gegeben und die Wiederherstellung daher nach § 251 Abs 1, 1. Hs nicht möglich, orientieren sich die **Preise für Gebrauchtwagen** in der Praxis vielfach an der sog **Schwacke-Liste** (MüKo/*Oetker* Rn 24). Lässt sich ein genereller **Marktpreis** aber auch danach nicht ermitteln, ist vom Neupreis auszugehen, von dem Abschläge vorzunehmen sind, die sich an der durchschnittlichen Lebensdauer und dem Alter der Sache zum Zeitpunkt der Beschädigung orientieren (Düsseldorf MDR 1998, 1480, 1481; MüKo/*Oetker* Rn 25). Dies gilt auch für andere Sachen als für Kfz.

13 *(2) Unechter Totalschaden.* Der sog **unechte Totalschaden** ist nach Ansicht des BGH als ein Fall des § 249 zu behandeln. Das findet darin seinen Grund, dass bei dem nach § 249 zu berücksichtigenden Integritätsinteresse des Gläubigers (BGH NJW 1982, 433; VersR 1984, 46) bei einem **Fahrzeug unter 1000 km Laufleistung** und **weniger als einem Monat Zulassung** eine bloße Reparatur keine genügende Naturalherstellung herbeiführen kann. Hier wird vielmehr ein gleichwertiges Neufahrzeug bzw sein Wiederbeschaffungswert geschuldet (BGH NJW 1982, 433; 1976, 1202, 1203; Nürnberg NJW-RR 1995, 919; ausf Staud/*Schiemann* Rn 38 ff; Jauernig/*Teichmann* Vor §§ 259-253 Rn 40; Hk-BGB/*Schulze* Rn 11; MüKo/*Oetker* Rn 26; *Tonner/Tamm* § 249 Rz 129). Das beschädigte Fahrzeug ist dem Schädiger zur Verfügung zu stellen; es findet keine Anrechnung des Restwertes statt (BGH NJW 1983, 2694).

14 **b) Sonderproblem: Merkantiler Minderwert.** Da im Rahmen des Schadensersatzes nach § 249 ein sog **merkantiler Minderwert** selbst bei Durchführung der Reparatur der Sache verbleibt, ist dieser nach § 251 zu ersetzen, wobei wohl schon ein Fall der teilw tatsächlichen Unmöglichkeit nach § 251 Abs 1, 1. Hs vorliegt (so auch Jauernig/*Teichmann* Rn 4; PWW/*Medicus* Rn 4; hier Rz 7) und nicht erst auf § 251 Abs 1, 2. Hs (so jedoch Palandt/*Heinrichs* Rn 4) ausgewichen werden muss. Der merkantile Minderwert ist ggf durch **Schätzung gem § 287 Abs 1 ZPO** zu ermitteln, wobei sich die Praxis an der Methode *Ruhkopf/Sahm* orientiert (VersR 1962, 593; neuer: Hamm MDR 1983, 315; *Zeisberger/Neugebauer-Puster* Der merkantile Mindertwert 13. Aufl 2003; die Grundlagen sind dargestellt bei jurisPK/*Rüßmann* Rn 8; BaRoth/*Schubert* Rn 29; Palandt/*Heinrichs* Rn 14 ff). Der merkantile Minderwert beträgt je nach Alter der Sache **25-50%** der für den Minderwert ausschlaggebenden Reparaturkosten (Jauernig/*Teichmann* Rn 5; zum maßgeblichen Zeitpunkt der Wiederingebrauchnahme bei Kfz-Schäden vgl BGH NJW 1967, 552; Karlsruhe NJW-RR 1997, 1247; s auch Palandt/*Heinrichs* Rn 12 mwN zur Rspr-Kasuistik).

15 **B. Unverhältnismäßige Aufwendungen (Abs 2). I. Grundsatz.** Während § 251 Abs 1 zugunsten des Geschädigten im Fall einer Unmöglichkeit bzw Unzumutbarkeit der Naturalherstellung eingreift, ist **§ 251 Abs 2** eine Vorschrift, die das Schuldnerinteresse insoweit berücksichtigt, als sie den Schädiger von der Tragung »unverhältnismäßiger« Kosten für die Wiederherstellung nach § 249 entbindet (Jauernig/*Teichmann* Rn 6; PWW/*Medicus* Rn 7; Soergel/*Mertens* Rn 1). Dabei gilt § 251 Abs 2 für beide möglichen Formen der Restitution nach § 249 (BGH NJW 1975, 640 ff; 88, 1835 ff; Jauernig/*Teichmann* Rn 6; Palandt/*Heinrichs* Rn 6; PWW/*Medicus* Rn 7), weil Kostengesichtspunkte sowohl für die Naturalrestitution nach § 249 Abs 1 als auch für eine solche nach Abs 2 für den Schädiger eine bedeutende Rolle spielen. In § 251 Abs 2 spiegelt sich der aus § 242 folgende Gedanke wider, dass das Prinzip der Naturalrestitution, das das Integritätsinteresse des Geschädigten schützt, zwar prinzipiell Beachtung finden muss, jedoch seinerseits nicht dazu führen darf, dass dem Schädiger völlig unwirtschaftliche Aufwendungen zur Schadensbeseitigung abgenötigt werden. Insofern bedarf es einer Begrenzung, die im Extremfall (Unverhältnismäßigkeit der Kosten, § 251 Abs 2) zu einer Beschränkung auf den Ersatz des bloßen Wertinteresses führt. Konstruktiv handelt es sich bei § 251 Abs 2 um einen Fall der Ersetzungsbefugnis des Schuldners (Palandt/*Heinrichs* Rn 6).

16 **II. Unverhältnismäßigkeit. 1. Allgemeines.** § 251 Abs 2 erfordert als abstrakt bezogenen Maßstab die Ermittlung eines Wertes an aufzubringenden Kosten, bei denen von einer »Unverhältnismäßigkeit« auszugehen ist. Diese Grenze kann jedoch nur für den jeweiligen Einzelfall bestimmt werden. Denn mit dem abstrakten Schlagwort des Integritätsinteresses, das im Schadensrecht grds zu berücksichtigen ist, kann kaum ein subsumtionsfähiges Ergebnis erzielt werden (MüKo/*Oetker* Rn 38), zumal dieses im Rahmen des § 251 gerade durch den Gedanken aus Treu und Glauben insoweit begrenzt ist, als es »nicht um jeden Preis« verlangt werden darf. Allerdings ergibt sich schon aus der Existenz des § 251, dass eine Begrenzung des aufzubringenden Schadensersatzes für die Naturalrestitution nur im Extremfall zulässig ist, dh, dass das Integritätsinteresse regelm das reine Wertinteresse übersteigen kann und insofern auch Beachtung verlangt. Die Rspr lässt deshalb in vielen Fällen einen **gewissen Integritätszuschlag** zu (vgl *Tonner/Tamm* § 249 Rz 122).

2. Beispiele. Für unfallbeschädigte **Kfz** hat sich eine feste Grenze herausgebildet. Insofern gilt, dass der für die Wiederherstellung von Kfz aufzuwendende Betrag (nach Abzug »neu für alt«, BGH NJW 1988, 1836) nur dann zu hoch, dh »unverhältnismäßig« iSd § 251 Abs 2 ist, wenn er ganz erheblich (dh über **30%**, vgl BGHZ 115, 364, 371; 115, 375, 380 f; zuletzt NJW 2005, 1110, 1111; Hamm NJW-RR 2001, 1390; krit Staud/*Schiemann* Rn 22) über dem Wiederbeschaffungswert liegt (s dazu auch Palandt/*Heinrichs* Rn 7). Verzichtet hingegen der Geschädigte auf die Reparatur, kommt ein bloß fiktiver Ersatz des Integritätszuschlages über den Wiederbeschaffungswert nicht in Betracht (BaRoth/*Schubert* Rn 16; Palandt/*Heinrichs* Rn 6). 17

Bei **anderen Sachen** als Kfz bietet die Grenze von 130% einen gewissen Anhaltspunkt (vgl Celle MDR 2004, 1239: bei einem **Grundstück** wurden bspw 26 % über dem Verkehrswert als Integritätszuschlag anerkannt); sie darf aber nicht schematisch angewendet werden (jurisPK/*Rüßmann* Rn 55; PWW/*Medicus* Rn 7; Palandt/*Heinrichs* Rn 7; undifferenziert Jauernig/*Teichmann* Rn 7). In der Rspr und Lit wird zutr geltend gemacht, dass es bei der Feststellung des (un-)zumutbaren Aufwandes für die Wiederherstellung einer ausgewogenen Abwägung der beiderseitigen Interessen bedarf. Dabei sind alle Umstände des Einzelfalles, insbes die beiderseitigen Verschuldensgrade und das immaterielle Interesse, mit berücksichtigt (BGHZ 59, 365, 368; NJW 1988, 699, 700; Palandt/*Heinrichs* Rn 7; PWW/*Medicus* Rn 7; zu Einzelfällen aus der Rspr vgl Palandt/*Heinrichs* Rn 7; zu den Besonderheiten bei **Tieren** vgl Rz 21 f). 18

III. Besonderheiten bei Personenschäden. 1. Grundsatz. Bei Personenschäden sind die Grenzen naturgemäß anders zu ziehen als im Fall der Unzumutbarkeit von Aufwendungen für die Naturalherstellung einer Sache. Dies ergibt sich bereits daraus, dass Körper- und Gesundheitsverletzungen das höchste Rechtsgut (körperliche Integrität) betreffen. Deshalb sind dem Schädiger auch bes hohe Kosten zumutbar (BGHZ 63, 295, 300). Vor diesem Hintergrund hat die Grenzziehung des § 251 Abs 2 für Personenschäden regelm keine Bedeutung (BGHZ 63, 295, 300 f; Jauernig/*Teichmann* Rn 8; Soergel/*Mertens* Rn 9; Palandt/*Heinrichs* Rn 6). 19

2. Ausnahme. Ausn rechtfertigen sich nur in äußersten Extremkonstellationen. In Rspr und Lit wird hier häufig der Fall einer ganz geringfügigen Narbe vorgebracht, die nur mit aufwendigsten Mitteln zu retuschieren ist. In diesem Fall wurde der Verletzte auf den immateriellen Schadensersatz nach § 253 verwiesen (BGHZ 63, 295, 297 ff; BaRoth/*Schubert* Rn 19; Jauernig/*Teichmann* Rn 8; PWW/*Medicus* Rn 7; Palandt/*Heinrichs* Rn 6 mit weiteren Hinw auf BGH NJW 1975, 640). 20

IV. Besonderheiten bei Tieren/Umweltschäden. § 251 Abs 2 S 2 enthält eine Sonderregelung für verletzte Tiere, die durch das **Gesetz zur Verbesserung der Rechtsstellung des Tieres** im bürgerlichen Recht von 1990 (Palandt/*Heinrichs/Ellenberger* § 90a Rn 1: »gefühlte Deklamation«) Eingang in die Vorschrift fand. Sie hat jedoch lediglich klarstellende Bedeutung, denn auch ohne S 2 müsste gelten, dass der Schadensersatz bei Verletzung eines Tieres über den Wertersatz hinausgehen kann, weil es sich auch hier um ein hohes Rechtsgut (vgl Art 20a GG; dazu LG Essen NJW 2004, 527, 528; kritisch PWW/*Medicus* Rn 9) handelt, das über dem bloßen Sachwert anzusiedeln ist (*Tonner/Tamm* § 249 Rz 12; Jauernig/*Teichmann* § 249 Rn 10; aus der Rspr: LG Bielefeld NJW 1997, 3320, 3321: 3000 DM; LG Baden-Baden NJW 1999, 609: 5500 DM; LG Essen NJW 2004, 527, 528: 1132 Euro). Auch bei einem wirtschaftlich relativ »wertlosen« Tier sind daher Behandlungskosten angebracht, die – in Prozenten ausgedrückt – ein Mehrfaches seines wirtschaftlichen Wertes betragen können (vgl die Rechenbsp bei MüKo/*Oetker* Rn 62; einschränkend Palandt/*Heinrichs* Rn 8, der die Regelung nur auf Nutztiere anwenden will). Alter und Gesundheitszustand des Tieres sollen jedoch berücksichtigungsfähig sein (Jauernig/*Teichmann* § 249 Rn 10; so auch Palandt/*Heinrichs* Rn 8, dort zudem zum Fall der Deckung eines Rassehundes durch einen Mischling mit Bezug auf Hamm NJW-RR 1990, 1054). 21

Bei **Haustieren** kann das Integritätsinteresse (aA PWW/*Medicus* Rn 9: Sonderberücksichtigung des Affektionsinteresses des Eigentümers; ähnl Palandt/*Heinrichs* Rn 8: »gefühlsmäßige Bindung«) des Eigentümers dazu führen, dass höhere Behandlungskosten ersetzbar sind als bei »bloßen« sonstigen Nutztieren (MüKo/*Oetker* Rn 56; Staud/*Schiemann* Rn 28; jurisPK/*Rüßmann* stellt auf den »verständigen Tierhalter« ab). Wie auch sonst, muss der Geschädigte den Geldbetrag nicht zur Wiederherstellung verwenden (PWW/*Medicus* Rn 9 f); ob er aus tierschutzrechtlichen Gründen zur Behandlung des Tieres gehalten ist, spielt für den Schadensersatz keine Rolle. Setzt er den Schadensersatzbetrag, der ggf über den bloßen Wert des Tieres hinausgeht, jedoch nicht zur Heilbehandlung nach § 249 ein, darf er ihn als »fiktiven« Schaden auch nicht fordern (MüKo/*Oetker* Rn 66). Insofern besteht ein Gleichlauf zum Schadensersatz bei Personenschäden nach § 249 (vgl *Tonner/Tamm* § 249 Rz 117, s auch dort Rz 111, 112). 22

Eine Besonderheit ist bei **Umweltschäden** zu beachten, die durch ein schädigendes Ereignis hervorgerufen werden. Haftungsrechtliche Vorschriften bestehen insofern nach § 16 UmweltHG und § 32 Abs 7 GenTG. Sie führen dazu, dass im Rahmen der Abwägung der Verhältnismäßigkeit nach § 251 Abs 2 (ähnl wie bei **Abs 2 S 2**) **ökologische Belange** bes hoch anzusiedeln sind (Palandt/*Heinrichs* Rn 8), so dass dem Schädiger im Rahmen der primär geschuldeten Naturalherstellung hohe Aufwendungen zugemutet werden können. Noch strenger ist die seit dem 30.04.2007 geltende **RL zu Umweltschäden** (EG-RL 2007/35/EG) gefasst, die durch das USchG v 10.05.2007 (BGBl I 666) umgesetzt wurde. Danach besteht bzgl der Entscheidung für/gegen eine Wiederherstellung bei bestimmten Umweltschäden (§ 2 Nr 1 USchG) überhaupt kein Spielraum mehr, 23 unter Kostengesichtspunkten eine Sanierung abzulehnen. Abgesichert ist die Kontrolle der Entscheidung über eine eingeräumte Verbandsklagebefugnis (zum Ganzen PWW/*Medicus* Rn 10).

24 **V. Wahlrecht des Schädigers und Rechtsfolgen bei der Wahrnehmung der Ersetzungsbefugnis. 1. Ersetzungsbefugnis (Wahlrecht) des Schädigers.** § 251 Abs 2 räumt dem Schädiger eine **Ersetzungsbefugnis** ein (Palandt/*Heinrichs* Rn 11; PWW/*Medicus* Rn 11; jurisPK/*Rüßmann* Rn 54). Danach wandelt sich der Anspruch auf Naturalrestitution (§ 249) seitens des Geschädigten nicht automatisch in einen Geldersatzanspruch gem § 251 um, wenn die Voraussetzungen des § 251 Abs 2 vorliegen. Vielmehr muss sich der Schädiger insofern erklären, als er mitzuteilen hat, dass er nur Geldersatz leisten wolle, weil der von ihm zu betreibende Aufwand für die Naturalherstellung »unverhältnismäßig« hoch sei.

25 Das Wahlrecht impliziert, dass der Schädiger – anders als nach § 251 Abs 1 (Unmöglichkeit der Naturalherstellung, Ungenügen für den Gläubiger) – die kostenaufwendige Naturalherstellung betreiben kann, wenn er dies möchte. Das gilt jedoch nur, solange er bei Vorliegen der Voraussetzungen des § 251 Abs 2 von seiner Ersetzungsbefugnis in Bezug auf die Zahlung des bloßen Wertersatzes noch keinen Gebrauch gemacht hat (BGH NJW 1972, 1800; MüKo/*Oetker* Rn 69; PWW/*Medicus* Rn 11). Hat er dies, hat sich der Geschädigte hierauf regelm eingestellt, und die Möglichkeit zur Naturalherstellung (§ 249) entfällt.

26 Bzgl der Höhe des Schadensersatzes ist nach § 251 der objektive Wiederbeschaffungswert maßgeblich (BGHZ 115, 375, 380; Staud/*Schiemann* Rn 25: Wertinteresse). Um sein Wahlrecht verständig auszuüben, ist der Schädiger gehalten, die für die Herstellung aufzuwendenden Kosten abzuschätzen und mit dem Wiederbeschaffungswert (= Wertersatz) ins Verhältnis zu setzen. Das **Risiko der Fehleinschätzung des Aufwandes** (sog Prognoserisiko) fällt ihm genauso zur Last wie das Risiko der Erfolglosigkeit der Naturalherstellung (BGH NJW 1992, 305; 1972, 1801; Palandt/*Heinrichs* Rn 9; Staud/*Schiemann* Rn 26; MüKo/*Oetker* Rn 71).

27 **2. Rechtsfolgen der Wahrnehmung der Ersetzungsbefugnis.** Wählt der Schädiger die Wiederherstellung in Natura als Form des Schadensersatzes, dann richten sich die Rechtsfolgen nach dem zu § 249 Gesagten. Zu ersetzen ist das Integritätsinteresse des Betroffenen. Wendet der Schädiger jedoch die Unverhältnismäßigkeit des Aufwandes zur Naturalrestitution ein und möchte den Schaden nach § 251 Abs 2 regulieren, ist das bloße Wertinteresse zu liquidieren (zu den Details vgl hier Rz 8 ff).

§ 252 Entgangener Gewinn. **Der zu ersetzende Schaden umfasst auch den entgangenen Gewinn. Als entgangen gilt der Gewinn, welcher nach dem gewöhnlichen Lauf der Dinge oder nach den besonderen Umständen, insbesondere nach den getroffenen Anstalten und Vorkehrungen, mit Wahrscheinlichkeit erwartet werden konnte.**

1 **A. Allgemeines.** Entgangener Gewinn (lucrum cessans) ist bereits vom Begriff des Schadensersatzes nach § 249 umfasst. Der Grund ist, dass der Schadensbegriff die **Differenzhypothese** in Bezug nimmt und iÜ den Grundsatz der **Totalreparation** verfolgt (BGHZ NJW 1987, 50; Staud/*Schiemann* Rn 1; Hk-BGB/*Schulze* Rn 1; Jauernig/*Teichmann* Rn 1; PWW/*Medicus* Rn 1; zum Schadensbegriff s iÜ *Tonner/Tamm* § 249 Rz 2). **§ 252 S 1** hat daher nur **klarstellende Bedeutung** (BaRoth/*Schubert* Rn 1; Hk-BGB/*Schulze* Rn 1; Palandt/*Heinrichs* Rn 1). Es geht hier um entgangene wirtschaftliche Vorteile, die dem Geschädigten zugeflossen wären. Die Besonderheit des § 252 besteht darin, dass die Regelung für die Gewinnschätzung den gewöhnlichen Lauf der Dinge in Bezug nimmt. Dieser ist wahrscheinlich und braucht vom Geschädigten nicht bewiesen zu werden, was ihm bei der Unterstellung des entgangenen Gewinns zugute kommt (BGH NJW 1964, 661, 663; PWW/*Medicus* Rn 6). Vor diesem Hintergrund statuiert § 252 S 2 nach ganz hM eine **Beweiserleichterung** (vgl Rz 27 ff), die sich auf einen **wahrscheinlichen Gewinn** bezieht (BGHZ 29, 393, 397; BGH NJW 2005, 3348; Hk-BGB/*Schulze* Rn 2; MüKo/*Oetker* Rn 31; PWW/*Medicus* Rn 3; krit Staud/*Schiemann* Rn 5).

2 Rechtstechnisch betrachtet, stellt der entgangene Gewinn einen **mittelbaren Schaden** dar (Palandt/*Heinrichs* Rn 1). Er wird daher nicht erstattet, wenn gesetzlich nur der unmittelbare Schaden auszugleichen ist wie etwa nach § 53 VVG (MüKo/*Oetker* Rn 2). Die Grenze zum unmittelbaren Schaden ist jedoch nicht immer genau zu bestimmen. Für die Rechtsanwendung ist dieser Umstand aber in den Fällen unerheblich, in denen es nicht lediglich um den Ersatz des einen oder anderen Schadens geht, weil das Gesetz beide Schadensarten (den unmittelbaren wie den mittelbaren) prinzipiell gleich behandelt (Palandt/*Heinrichs* Rn 1).

3 Ein zu ersetzender Gewinn wird auch vielfach außerhalb des § 252 im BGB geregelt (vgl dazu auch PWW/*Medicus* Rn 2), so etwa im Deliktsrecht (§ 842: Nachteile für den Erwerb; § 843 Abs 1 bis 3: Aufhebung oder Minderung der Erwerbstätigkeit). Er schlägt sich überdies in diversen Gefährdungshaftungstatbeständen außerhalb des BGB nieder (vgl etwa: §§ 10 ff StVG, § 5 HaftpflG, § 7 ProdHaftG). IÜ handelt es sich bei dem Schadensersatz nach § 252 um **keine spezifisch deutsche Besonderheit** des Schadensrechtes. Denn der entgangene Gewinn wird auch nach Art 7.4.2. I 2 der UNIDROIT-Grundregeln und gem Art 9:502 S 2 der Lando-Grundregeln als erstattungsfähiger Posten in Ansatz gebracht (s dazu Hk-BGB/*Schulze* Rn 1).

4 **B. Begriff und Einzelfälle. I. Begriff. 1. Allgemeines.** Nach einer Formel der Rspr ist unter entgangenem Gewinn jeder Vermögensvorteil zu verstehen, der dem Geschädigten im Zeitpunkt des schädigenden Ereig-

nisse zwar noch nicht zugeflossen ist, bei ihm aber ohne dieses Ereignis eingetreten wäre (BGH NJW-RR 1989, 980, 981; so auch Hk-BGB/*Schulze* Rn 2; PWW/*Medicus* Rn 1).

2. Einzelfälle. Dies muss nicht notwendigerweise ein **Geldgewinn** sein; in Betracht kommt insbes auch der **Ersatz von Eigenarbeiten**, die der Geschädigte durchgeführt hätte, wobei es nicht darauf ankommt, ob er diese Arbeiten nunmehr von einem Dritten durchführen lässt und die dabei entstandenen Kosten geltend macht (Hamm MDR 1989, 160) oder ob die Arbeiten wegen der Verletzung unterbleiben (BGH NJW 1989, 2539, 2540; Düsseldorf OLGR 1998, 240 ff; Hamm NJW-RR 1996, 170; Zweibrücken VersR 1996, 864, 865). Auch ein **Eingriff in immaterielle Rechtsgüter** kommt in Betracht, wenn die Ausnutzung der aus dem Persönlichkeitsrecht folgenden Positionen einen Gewinn abgeworfen hätte (BaRoth/*Schubert* Rn 3: Persönlichkeitsrecht). 5

Zu ersetzen nach § 252 ist überdies ein **Spekulationsgewinn** (BGH NJW 1983, 758; NZG 2002, 682, 683; ausf Staud/*Schiemann* Rn 55 ff). Bei **Kapitalanlagen** sind die Zinsen zu ersetzen, die sich aus einer anderweitigen Anlage ergeben hätten (BGH NJW 1992, 1223, 1224; PWW/*Medicus* Rn 20), wobei mangels anderer Anhaltspunkte von einer Anlage in Termingelder auszugehen ist (MüKo/*Oetker* Rn 36). Bes Probleme tauchen im **Vergaberecht** auf, wo § 126 GWB anzuwenden ist (vgl BGHZ 120, 281, 284; 139, 273, 279). 6

Bedeutsam ist § 252 insbes für den **entgangenen Veräußerungsgewinn**. Denn hätte sich für den Geschädigten eine bes günstige Veräußerungsmöglichkeit ergeben, ist auch der sich daraus ableitende Gewinnausfall zu ersetzen (BGH NJW 1982, 1748, 1749). In manchen Situationen lässt sich freilich der gewöhnliche Lauf der Dinge schlecht feststellen oder die Wahrscheinlichkeitsvermutung richtet sich eher gegen den angeblich Geschädigten. Dies ist etwa bei der verhinderten Teilnahme an einem **Preisausschreiben** der Fall (BGH NJW 1983, 442, 443; PWW/*Medicus* Rn 7; Palandt/*Heinrichs* Rn 5). Gleiches gilt im Hinblick auf das spekulative Element bei einem **Pferderennen** (Düsseldorf NJW-RR-1986, 517; PWW/*Medicus* Rn 7; Palandt/*Heinrichs* Rn 5). 7

II. Dispositiver Charakter der Vorschrift. § 252 ist dispositiver Natur. Entgangener Gewinn kann daher in den Grenzen des § 309 Nr 7 als Schadensposten ausgeschlossen werden (jurisPK/*Rüßmann* Rn 5). Er ist auch dann nicht liquidierbar, wenn eine gesetzliche Vorschrift wie § 53 VVG den Schadensersatz auf den unmittelbaren Schaden begrenzt (so oben Rz 2). 8

III. Verstoß gegen § 134. 1. Allgemeines. Ein entgangener Gewinn ist iÜ nicht zu ersetzen, wenn er aus einem Geschäft/Vertrag resultieren würde, das/der wegen Verstoßes gegen ein Verbotsgesetz gem § 134 nichtig ist (BGH NJW 1986, 1486; Jauernig/*Teichmann* Rn 1; Palandt/*Heinrichs* Rn 2; PWW/*Medicus* Rn 18: anstößiger Erwerb; vgl schon Mot II 18). Denn dann wäre der Gewinn nicht angefallen, weil er nicht einforderbar wäre. Entscheidend ist insofern, wann eine tangierte Vorschrift ein Verbotsgesetz iSd § 134 darstellt (s dazu *Deinert* § 134 Rz 5; Staud/*Schiemann* Rn 11). Das kann nur bei einem echten Inhaltsverbot der Fall sein (BGH NJW 1980, 775; Palandt/*Heinrichs* Rn 2). 9

2. Einzelfälle. Im Rahmen der Geltendmachung entgangenen Gewinns sind **Verstöße gegen die AZO** (BGH NJW 1986, 1486, 1487; PWW/*Medicus* Rn 18) und gegen das **SchwArbG** (BGH NJW 1994, 851, 852; Palandt/*Heinrichs* Rn 2; PWW/*Medicus* Rn 18) anerkannt worden. Gleichfalls fällt hierunter eine verbotene Werbemaßnahme (BGH NJW 1964, 1183; Palandt/*Heinrichs* Rn 2). Dagegen sollen die Außerachtlassung **sozialversicherungsrechtlicher Meldepflichten** (BGH NJW 1994, 851, 852) und **beamtenrechtlicher Nebentätigkeitsvorschriften** (BGH NJW 1974, 1374, 1377) unerheblich sein, weil sie keine Inhaltsverbote statuieren, sondern bloße formale Rahmenregelungen beinhalten. Bzgl der zu erlangenden **behördlichen Genehmigung** ist hingegen zu differenzieren: Wird sie nicht eingeholt, so ist der entgangene Gewinn dann zu ersetzen, wenn die Genehmigung erteilt worden wäre (BGH NJW 1974, 1374, 1376), und zwar selbst in dem Fall, dass sie rechtswidrig gewesen wäre (BGHZ 79, 223, 229 f; abl MüKo/*Oetker* Rn 8). Etwas anderes soll nur dann gelten, wenn die Genehmigung bewusst nicht eingeholt wurde (BGH NJW 1974, 1374, 1376). Rechtspraktisch weniger im Fokus der Aufmerksamkeit dürften Verstöße gegen **Hehlereivorschriften**, das **Verbot** des **Rauschgifthandels** oder der **Steuerhinterziehung** stehen. Gleichwohl handelt es sich hier um eindeutige Verbotsgesetze iSv § 134, aus denen bei Vertragsverletzung kein rechtlich anerkennenswerter entgangener Gewinn nach § 252 resultiert (PWW/*Medicus* Rn 18). Ähnl wie bei der Frage des Verstoßes gegen § 138 (vgl dazu die folgende Rz) ist jedoch im Fall der **Prostitution** (s noch früher: BGHZ 67, 119 ff) seit Erlass des ProstG keine Sittenwidrigkeit des Vertrages der Prostituierten mit dem Freier mehr anzunehmen (PWW/*Medicus* Rn 19). 10

IV. Verstoß gegen § 138. Wertungsmäßig auf gleicher Stufe wie § 134 (s.o.) steht § 138. Entgangener Gewinn ist nämlich auch dann nicht erstattungsfähig, wenn er aus einem iSd § 138 sittenwidrigen Geschäft resultiert, denn auch hier hätte man ihn nicht einfordern können (hM, MüKo/*Oetker* Rn 10 f; BaRoth/*Schubert* Rn 7; differenzierend Staud/*Schiemann* Rn 12). Die Fragestellung wurde früher häufig für **Gewinne von Prostituierten** aufgeworfen (vgl etwa BGHZ 67, 119 ff: wo der Prostituierten nur das Einkommen zugesprochen wurde, »das auch in einfachen Verhältnissen von jedem gesunden Menschen erfahrungsgemäß zu erreichen ist«). Diese Fallgestaltung ist aber seit Inkrafttreten des ProstG, das die Entgeltvereinbarung für wirksam erklärt, gegenstandslos geworden, so dass wie bei jeder schadensbedingt ausfallenden beruflich anerkannten 11

Tätigkeit grds der entgangene Gewinn liquidierbar ist (hM; MüKo/*Oetker* Rn 9; BaRoth/*Schubert* Rn 7; jurisPK/*Rüßmann* Rn 6; Palandt/*Heinrichs* Rn 4; aA Staud/*Schiemann* Rn 15).

12 **C. Berechnung des Ersatzes. I. Brutto- oder Nettogewinn.** Bei der Höhe des entgangenen Gewinns ist (jenseits des Feldes der Arbeitsleistung, vgl dazu unter Rz 20) der **Nettogewinn** zugrunde zu legen (hM, MüKo/*Oetker* Rn 12; jurisPK/*Rüßmann* Rn 7; BaRoth/*Schubert* Rn 8; aA Staud/*Schiemann* Rn 49).

13 **II. Bedeutung von S 2.** Dem Geschädigten kommt bei der Feststellung des Anfalls und des Umfanges des entgangenen Gewinns der als **Beweiserleichterung** zu verstehende S 2 zugute (hM, BGHZ 29, 393, 397 ff; NJW 2005, 3348 f; MüKo/*Oetker* Rn 31 ; PWW/*Medicus* Rn 3). Die Norm stellt eine Ergänzung bzw Konkretisierung von § 287 ZPO dar (so MüKo/*Oetker* Rn 30; Palandt/*Heinrichs* Rn 5). Es handelt sich um eine **widerlegliche Vermutung**, nicht um eine bloße Fiktion (BGH NJW 1959, 1079; PWW/*Medicus* Rn 3).
Der BGH lässt bzgl des entgangenen Gewinns als Schadensposten eine »gewisse (dargetane) Wahrscheinlichkeit« ausreichen (BGH NJW-RR 2001, 1542). Notwendig ist, dass die Erzielung des Gewinns nach dem gewöhnlichen Lauf der Dinge wahrscheinlicher ist als dessen Ausbleiben (BGH NJW 2002, 825, 826). Wird danach ein Gewinnanfall, der nun nicht eingetreten ist, als wahrscheinlich eingestuft, muss der Schädiger im Gegenzug beweisen, warum ein wahrscheinlicher Gewinn im konkreten Fall gleichwohl ausgeblieben wäre (BGHZ 29, 393, 398; Palandt/*Heinrichs* Rn 7).

14 **III. Abstrakte Schadensberechnung. 1. Allgemeines.** Der Rspr zufolge kann der Geschädigte seinen **Schaden** entweder konkret berechnen, indem er darlegt, welcher Gewinn ihm entgangen ist, oder aber **abstrakt geltend machen** dadurch, dass er auf den in der gegebenen Situation **üblicherweise entstehenden Gewinn** abstellt (RGZ 101, 217 ff; BGHZ 2, 310, 313; 29, 393, 398; BGH NJW 1959, 1079; 1974, 895; 1988, 2234, 2236; NJW-RR 2006, 501 f; so auch PWW/*Medicus* Rn 8; Palandt/*Heinrichs* Rn 7). Dies wird daraus gefolgert, dass S 2 auf den »gewöhnlichen Verlauf« abstellt. Da **S 2** aber lediglich eine **Beweiserleichterung** darstellt (oben Rz 13), wird dem Schädiger nicht der Gegenbeweis abgeschnitten, dass der Geschädigte konkret einen niedrigeren Schaden als den abstrakt berechneten erlitten hat (MüKo/*Oetker* Rn 45; jurisPK/*Rüßmann* Rn 13; BaRoth/*Schubert* Rn 34; Palandt/*Heinrichs* Rn 7; anders Staud/*Schiemann* Rn 22 ff: von einer abstrakten Schadensberechnung könne nicht ausgegangen werden, solange die Möglichkeit des Gegenbeweises bestehe).

15 **2. Einzelfälle.** Zugunsten eines **geschädigten Kaufmanns** hat die Rspr die abstrakte Schadensberechnung noch verfeinert. Der geschädigte Kaufmann kann bei einem Anspruch aus § 281 von dem Grundsatz ausgehen, dass er die Sache zum Marktpreis hätte weiter verkaufen können (s auch Rz 30). Er kann die Differenz zwischen Einkaufs- und Marktpreis verlangen (BGHZ 2, 310, 313; zuletzt NJW-RR 2006, 501 f; so auch Palandt/*Heinrichs* Rn 7). Dies gilt auch zugunsten des Verkäufers, wenn der Käufer ihm die Ware nicht abnimmt: Er kann die Differenz zwischen seinem Einkaufspreis und dem vereinbarten Verkaufspreis abzüglich ersparter Aufwendungen verlangen (BGHZ 107, 667, 669 ff; 126, 305, 308; NJW-RR 2001, 985). Nimmt der Käufer die Ware nicht ab, so ist zu vermuten, dass der Verkäufer den tatsächlich erfolgten Verkauf an einen Dritten auch zusätzlich hätte vornehmen können (BGHZ 126, 305, 308; NJW 2000, 1409, 1410). Ob die Rspr ggü dem kaufmännischen Verkäufer die Möglichkeit des Gegenbeweises gänzlich abschneiden will oder nur davon ausgeht, dass er schwer zu führen sein wird, ist nicht klar (vgl auch Staud/*Schiemann* Rn 23). Die Lit sieht die Rspr nicht immer unkritisch. Insbes wird bemängelt, dass die in der vorigen Rz beschriebenen Vermutungen nur zugunsten eines Kaufmanns gelten sollen (MüKo/*Oetker* Rn 48).

16 **IV. Steuerliche Fragen.** Als Grundprinzip gilt, dass **Steuern dann zu berücksichtigen** sind, wenn sie auch auf die Schadensersatzleistung erhoben werden. Es muss also das fiktive Netto-Einkommen festgestellt werden, wobei ein Betrag auszuurteilen ist, der das fiktive Netto-Einkommen ergibt, wenn man die zu zahlenden Steuern wieder abzieht (jurisPK/*Rüßmann* Rn 7). Für die Schadensersatzleistung werden **Gewerbesteuer** (KG VersR 1973, 1030) und **Einkommensteuer** (§ 24 Nr 1 a EStG; Hamm MDR 1997, 552, 553), nicht aber **Umsatzsteuer** (MüKo/*Oetker* Rn 13) fällig. Steuerliche Entlastungen sind im Rahmen der Vorteilsausgleichung zu berücksichtigen (BGHZ 53, 132, 138; NJW 1999, 3711, 3712). Relevanz hat dies bei Leistungen aus einer Unfallversicherung und beim Arbeitslosengeld, das bei unfallbedingtem Arbeitsplatzverlust gezahlt wird (BGH NJW 1999, 3711, 3712). Etwaigen Unsicherheiten in der Feststellbarkeit der Höhe von steuerlichen Be- oder Entlastungen kann mit Hilfe von **§ 287 ZPO** begegnet werden (MüKo/*Oetker* Rn 15).

17 **D. Fallgruppen. I. Selbständige Arbeit.** Hat der Geschädigte eine **Ersatzkraft eingestellt**, so kann er wählen, ob er die (Brutto-)Kosten dieser Ersatzkraft oder den konkret entgangenen Gewinn geltend machen möchte (BGH NJW 1997, 941, 942; Palandt/*Heinrichs* Rn 7). Er kann freilich nicht beides verlangen (BGH NJW 1997, 941, 942). Nicht geltend gemacht werden können nach der Rspr die **fiktiven Kosten einer Ersatzkraft** (BGHZ 54, 45, 48 ff; NJW-RR 1992, 852). Wird keine Ersatzkraft eingestellt, soll der Selbständige nur die anhand des Betriebsergebnisses konkret feststellbare **Gewinnminderung** liquidieren dürfen (BGH NJW 1970, 1411; 1994, 654; NJW-RR 1992, 852; Oldenburg VersR 1998, 1285). Die Lit lehnt diese Wertung des BGH mit dem zutr Argument ab, dass im Zweifel die Arbeitskraft des Verletzten ebensoviel wert sei, wie für

die Ersatzkraft hätte bezahlt werden müssen (Staud/*Schiemann* Rn 43 mwN; PWW/*Medicus* Rn 11; Palandt/*Heinrichs* Rn 16; zur allg **Problematik der Arbeitskraft als Schaden** vgl *Tonner/Tamm* § 249 Rz 49 ff).

18 Zu ersetzen sind in jedem Fall Verluste, die erst nach Wiedergenesung des Geschädigten anfallen, etwa weil ein **Auftrag nicht übernommen** werden konnte oder die **Kundschaft** während der Erkrankung dauerhaft **abgewandert** ist (MüKo/*Oetker* Rn 25 f). Zur Berechnung können der letzte Einkommensteuerbescheid, eine Bilanz oder eine Gewinn- und Verlustrechnung herangezogen werden (BGH NJW 1993, 2673). Wegen der Funktion des S 2 als Beweislastregel ist es dem Geschädigten unbenommen, einen höheren Gewinnausfall als den nach dem gewöhnlichen Lauf der Dinge üblicherweise erzielbaren nachzuweisen, ebenso wie der Schädiger einen niedrigeren Ausfall einwenden kann, diesen aber plausibel machen muss (Rz 30).

19 **II. Unselbständige Arbeit.** Der Schädiger wird nicht dadurch entlastet, dass dem Geschädigten gem §§ 1, 3 EFZG (oder nach §§ 63 HGB, 87a BBG) weiterhin das Entgelt durch den Arbeitgeber gezahlt wird (vgl dazu *Tonner/Tamm* § 249 Rz 69). Obgleich streng genommen dem Geschädigten dadurch kein Verdienstausfall entsteht, verbietet die Lehre vom normativen Schadensbegriff, dass diese Drittleistungen dem Schädiger zugute kommen. Die normativ um den Schaden angereicherten Schadensersatzansprüche des Geschädigten gehen jedoch nach § 6 EFZG an den zunächst das Entgelt fortzahlenden Arbeitgeber und für nach dem Ende der Fortzahlung erbrachte Lohnersatzleistungen des Sozialversicherungsträgers nach § 119 SGB X an den Sozialversicherungsträger im Wege der cessio legis über (Staud/*Schiemann* Rn 29; zu weiteren Einzelheiten vgl *Tonner/Tamm* § 249 Rz 69). Insofern ändert sich aber nur die Forderungszuständigkeit.

20 Für die **Berechnung** des (normativ ermittelten) Ausfallschadens lässt die Rspr sowohl eine **Bruttolohnmethode** als auch eine sog **modifizierte Nettolohnmethode** zu (BGHZ 127, 391, 393 ff; referierend PWW/*Medicus* Rn 13; Palandt/*Heinrichs* Rn 8; ausf und krit Staud/*Schiemann* Rn 31 ff). Nach ersterer sind sämtliche Steuern und der Arbeitgeber-Anteil zur Sozialversicherung zu erstatten (BGHZ 42, 76, 80; 43, 378, 380 ff), nach letzterer nur die Steuern, die der Geschädigte auf die Schadensersatzleistung zahlen muss (BGH NJW 1980, 1788, 1789; 1986, 245 f; zu Details vgl PWW/*Medicus* Rn 12 ff). Liquidationsfähig sind auch **freiwillige Rentenversicherungsbeiträge** (BGHZ 46, 332, 344; 69, 347, 348), die **Rückstellungen für die betriebliche Altersvorsorge** (BGH NJW 1998, 3276) und **Zuschläge zum Gehalt** (vgl BGH LM § 842 Nr 4 für **Erschwerniszulagen**; München VersR 1986, 69 für die **Auslöse**; Hamm VersR 1979, 745 für **Tantiemen**; Hamm NJW-RR 2006, 168 und Stuttgart NJW-RR 2007, 88 für **Auslandszulagen**). Nicht erstattungsfähig über § 252 sind dagegen Aufwandsentschädigungen, der Fahrtkostenersatz und Trennungszulagen (s zum Ganzen Palandt/*Heinrichs* Rn 9). Genauso wie bei einem Selbständigen kann auch der Arbeitnehmer nach Wiederherstellung seiner Arbeitskraft von weiteren Folgeschäden betroffen sein. So ist es möglich, dass das berufliche Fortkommen durch die lange krankheitsbedingte Unterbrechung verzögert wird; selbst dies stellt einen entgangenen Gewinn iSd § 252 dar (PWW/*Medicus* Rn 16).

21 Auch der **Arbeitgeber** kann einen **Schaden durch ein Verhalten eines Arbeitnehmers erleiden.** In zwei Fällen hatte das BAG sich mit den Folgen eines vertragswidrigen Verlassens des Arbeitsplatzes zu befassen. Die Kosten einer Ersatzkraft sind nach Ansicht der Rspr in derartigen Fällen zu erstatten: Bei einer **unbezahlten Mehrarbeit des Arbeitgebers** wurde auf den »wirtschaftlichen Nutzeffekt« einer vertragsbrüchigen Zahnarzthelferin abgestellt (BAG AP Nr 7 zu § 249), bei **zusätzlichem Einsatz bereits vorhandener Arbeitskräfte ohne Mehrbezahlung** sprach das BAG dem Arbeitgeber ebenfalls einen Schadensersatzspruch zu (BAG Nr 5 zu § 60 HGB).

22 **III. Arbeitsausfall der Hausfrau/des Hausmannes.** Seit BGHZ 38, 55 ff ist bei einem Personenschaden, der eine Hausfrau bzw einen Hausmann betrifft, auch derjenige Verlust zu entgelten, der durch die fehlende Einsetzbarkeit der Arbeitskraft im Haushalt entstanden ist. Die Gleichstellung von Arbeitsleistung, die beruflich und im Haushalt erbracht wird (oder hätte beigesteuert werden können), ergibt sich bereits aus Art 3 Abs 2 GG (PWW/*Medicus* Rn 17 auch mit Hinw auf die Unterhaltspflicht nach § 1360 BGB und § 5 LPartG). Die Höhe der Ausfallkosten bestimmen sich danach, was eine gleichwertige Ersatzkraft kosten würde. Nach BGHZ 50, 304, 306 ff sollen insofern Kosten einer Ersatzkraft erstattungsfähig sein, selbst wenn keine genommen wurde (zust PWW/*Medicus* Rn 17; vgl auch BGHZ 86, 372, wo eine Nettovergütung zugrunde gelegt wird).

23 **IV. Eigentum und Nutzungsrechte.** Eine Entschädigung für entgangenen Gewinn durch die Beschädigung einer Sache kommt vor allem bei **gewerblich genutzten Fahrzeugen** in Betracht. Den Geschädigten kann jedoch eine Schadensminderungspflicht durch Reservehaltung von Fahrzeugen treffen (zum Ersatz überobligatorischer Vorhaltekosten in diesem Zusammenhang vgl *Tonner/Tamm* § 249 Rz 96). Bei Kleinbetrieben wie einem Taxiunternehmen oder einer Fahrschule ist dies jedoch wirtschaftlich nicht möglich. In diesen Fällen ist der Geschädigte gem § 254 gehalten, ein Ersatzfahrzeug anzumieten, um den Schaden bzgl des Betriebsausfalls so gering wie möglich zu halten (vgl zu einer Fahrschule BGHZ 55, 329; zu einem Taxiunternehmen BGH VersR 1966, 595). Nur wenn Ersatzfahrzeuge nicht angemietet werden können und eine Abdeckung des Schadens durch normale Vorhalteaufwendungen nicht möglich ist, kann beim Schadensersatz der entgangene Gewinn nach § 252 vollständig liquidiert werden. Entgeht aufgrund einer schädigenden Handlung dem **Vermieter** einer Sache Gewinn, weil die Sache (vorübergehend) nicht eingesetzt werden kann, genügt es, wenn

die Höhe der erzielbaren Miete vorgetragen und die Einholung eines Sachverständigengutachtens beantragt wird (BGH NJW-RR 1995, 716 ; Köln NJW-RR 2003, 1665). Selbst ein entgangener Gewinn aus **Aktienspekulationen** kann geltend gemacht werden, sofern sein Anfall und Umfang hinreichend wahrscheinlich sind (BGH NJW 1983, 758; Köln WM 1989, 1529).

24 **V. Gesellschafter-Geschäftsführer.** Wird der Geschäftsführer einer Gesellschaft verletzt und mindert sich deshalb seine einbringbare Arbeitskraft, gelten für den angestellten Gesellschafter die gleichen Grundsätze wie für den unselbständig Tätigen, dessen Gehalt durch den Arbeitgeber (Gesellschaft) weitergezahlt wird (Palandt/*Heinrichs* Rn 18; hier Rz 19 ff). Es entsteht mithin prinzipiell ein **Schadensersatzanspruch iHd Bruttogehalts**, was selbst für die **Ein-Mann-GmbH** gelten soll (BGH NJW 1963, 1051; 1970, 95; 1971, 1136; Palandt/*Heinrichs* Rn 18). Modifizierungen können sich aber daraus ergeben, dass der Geschäftsführer auch für seine **grundlegenden unternehmensstrategischen Entscheidungen bezahlt** wird und der diesbezügliche Gehaltsanteil nicht einzelnen Zeitabschnitten (des Ausfalls seiner Arbeitskraft) zugeordnet werden kann, was zu einer fehlenden Liquidierbarkeit dieses Anteils führt. Die notwendige Aufteilung der Gehaltsanteile habe aufgrund der steuerlichen Anerkennung zu erfolgen (BGH NJW 1978, 40).

25 **VI. Arbeitslose/Behinderte.** Wird ein **Arbeitsloser** durch ein Schadensereignis bzgl der Einsetzbarkeit seiner Arbeitskraft tangiert, dann ist im Zweifel anzunehmen, dass er nicht auf Dauer ohne Einkünfte geblieben wäre (BGH NJW 1997, 937; NJW-RR 1999, 1039; Palandt/*Heinrichs* Rn 19). Das Gleiche gilt, wenn ein **Behinderter**, der trotz der Beeinträchtigung erwerbsfähig war, durch die Verletzungshandlung seine Erwerbsfähigkeit einbüßt. Auch dieser Wegfall der gewinnbringenden Ausnutzbarkeit der Arbeitskraft ist zu erstatten (Stuttgart VersR 1999, 630).

26 **E. Beweisfragen. I. Grundsätzliches.** In Bezug auf den entgangenen Gewinn als Schadensposten ist die Beweisführung für den Geschädigten oftmals schwierig, da es sich um in die Zukunft hineinreichende Tatsachen handelt (PWW/*Medicus* Rn 3). Die bestehenden Beweisschwierigkeiten versucht der Gesetzgeber mit der in § 252 statuierten Vermutung (es handelt sich trotz des Wortes »gilt« um keine Fiktion, vgl BGH NJW 1959, 1079) abzumildern (PWW/*Medicus* Rn 3).

27 Auch wenn S 2 eine **erhebliche Beweiserleichterung** in Ergänzung zu § 287 ZPO für den Geschädigten darstellt (Hk-BGB/*Schulze* Rn 3), so entbindet ihn die Vorschrift doch nicht von seiner grds Beweislast. Diese bezieht sich allerdings nicht auf den schwer nachweisbaren Gewinn an sich, sondern auf das bloße Darlegen von Umständen, aus denen sich die Wahrscheinlichkeit des Gewinns vom Gegenwartsstandpunkt ausschließen lässt (BGHZ 29, 393, 398; BGH NJW 1964, 661, 662; Palandt/*Heinrichs* Rn 5). Diese Umstände, die ausreichen sollen, werden auch **Anknüpfungstatsachen** genannt (BGHZ 54, 45, 55; BGH NJW 1998, 1634; 2005, 3348 f; NJW-RR 2006, 264). Selbst an sie legt die Rspr keine zu hohen Anforderungen an (BGH NJW 2005, 830, 832).

28 Im Endeffekt läuft die Vermutungsregel des § 252 in die gleiche Richtung wie die von § 287 Abs 1 ZPO in Bezug genommene »freie richterliche Überzeugung« zur Schadensschätzung (PWW/*Medicus* Rn 4; Palandt/*Heinichs* Rn 5), denn in beiden Fällen geht es um ein abzugebendes Wahrscheinlichkeitsurteil (BGHZ 29, 393, 398 f).

29 **II. Einzelfälle.** Eine von der Rspr als bes tragfähig angesehene Anknüpfungstatsache ist die **berufliche Tätigkeit**. Schon aus dem **Aufbau einer beruflichen Existenz** kann nämlich geschlossen werden, dass der Geschädigte daraus auch Einkommen iSv Gewinn erzielt hätte (BGH NJW 1998, 1634, 1635). Gleiches gilt für die **Eingehung eines Ausbildungsverhältnisses**, bei dem regelm anzunehmen ist, dass ohne den Personenschaden (Unfall) die Lehre erfolgreich absolviert und zu einem entspr beruflichen Einkommen geführt hätte (BGH NJW 2000, 3287, 3288; PWW/*Medicus* Rn 9 f).

30 IÜ bildet der bisherige **Gewinn aus einer Handelsbeziehung** einen Anknüpfungspunkt dafür, dass dieser Gewinn auch in Zukunft angefallen wäre (BGH NJW 1996, 311, 312; 2001, 1640, 1641 f). Dies gilt insbes für den **Veräußerungserlös**, der aufgrund der Schädigung ausbleibt. Im Handelsverkehr – so der BGH – entspricht es dem gewöhnlichen Lauf der Dinge, dass ein Kaufmann marktgängige Ware zum Marktpreis hätte verkaufen können, ein konkreter Abnehmer (mit entspr Ankaufsangebot) braucht nicht nachgewiesen zu werden (BGH NJW 1988, 2234, 2236; so schon BGH NJW 1964, 661, 662 f; vgl auch PWW/*Medicus* Rn 8; Palandt/*Heinrichs* Rn 7; hier Rz 15). Für den **Fixhandelskauf** geht **§ 376 Abs 3 HGB** freilich noch über § 252 S 2 hinaus (PWW/*Medicus* Rn 8). Zur **Widerlegung** der durch die Anknüpfungstatsachen dargelegten Vermutung des (entgangenen) Gewinns hat der Schädiger Umstände zu beweisen, aus denen sich ableitet, dass der Gewinn im Einzelfall gleichwohl nicht angefallen wäre (Hk-BGB/*Schulze* Rn 3).

§ 253 Immaterieller Schaden.

[1] Wegen eines Schadens, der nicht Vermögensschaden ist, kann Entschädigung in Geld nur in den durch das Gesetz bestimmten Fällen gefordert werden.

[2] Ist wegen einer Verletzung des Körpers, der Gesundheit, der Freiheit oder der sexuellen Selbstbestimmung Schadensersatz zu leisten, kann auch wegen des Schadens, der nicht Vermögensschaden ist, eine billige Entschädigung in Geld gefordert werden.

A. Allgemeines. I. Grundsätzliches. 1. Begriff. Ein immaterieller Schaden, der nach § 253 kompensationsfähig ist, betrifft die Einbuße an Rechtsgütern wie zB Leben, Gesundheit, Freiheit, Ehre (Hk-BGB/*Schulze* Rn 2), die sich **nicht in einen Vermögenswert fassen** lassen. Haben die Eingriffe in solche Rechtsgüter zugleich Beeinträchtigungen an Vermögenswerten (dh materielle Schäden) zur Folge, sind letztere nach §§ 249 f ersatzfähig (Hk-BGB/*Schulze* Rn 2; Palandt/*Heinrichs* Rn 1). Der Begriff des immateriellen Schadens ergibt sich in Umkehrung zu dem des Vermögensschadens (*Tonner/Tamm* § 249 Rz 2; jurisPK/*Vieweg* Rn 5). Er bezieht sich nicht nur auf Schmerzensgeld iSd Kompensation erlittener Leiden. Erfasst werden vielmehr die gesamten nichtvermögensrechtlichen Folgen, die ein schadensstiftendes Ereignis für den körperlichen, gesundheitlichen und seelischen Zustand des Verletzten nach sich zieht (BGHZ GS 18, 149, 157). Insofern spielen auch »seelische Unlustgefühle« (so der Ausdruck bei MüKo/*Oetker* Rn 9) und sonstige Beeinträchtigungen, etwa Angstzustände, Minderwertigkeitskomplexe etc eine Rolle (LG Nürnberg-Fürth VersR 1976, 646, 647; Saarbrücken NJW 1998, 2912 f; PWW/*Medicus* Rn 10). 1

2. Regel-Ausnahme-Verhältnis von materiellem und immateriellem Schadensersatz. Anders als viele andere Rechtsordnungen (vgl dazu *Tonner/Tamm* § 249 Rz 6 mwN) geht das BGB auch heute noch von dem Grundsatz aus, dass aufgrund eines Schadensersatzanspruches vordringlich ein Vermögensschaden zu ersetzen ist; eine **immaterielle Einbuße wird nur ausnahmsw** zur Liquidation gestellt. Diese Festlegung findet sich in § 253 Abs 1 (PWW/*Medicus* Rn 2) und rührt bereits aus der Zeit vor dem Erlass des BGB von der Vorstellung her, dass immaterieller Schadensersatz wegen der notwendigen Schätzung bedenklich sei (Mot II 22 f; PWW/*Medicus* Rn 3). Diese Wertung ist jedoch im Rahmen der Schadensrechtsreform durch die Etablierung von § 253 Abs 2 relativiert worden (Palandt/*Heinrichs* Rn 2: »grundlegende Umgestaltung«). 2

Einen immateriellen Schadensersatzanspruch gab es **vor der Schadensrechtsreform von 2002** (Zweites Gesetz zur Änderung schadensersatzrechtlicher Vorschriften vom 19.07.2002, BGBl I S 2674) bereits im **verschuldensabhängigen Deliktsrecht** (§ 847 aF). Er fehlte jedoch mit Ausn des § 651f Abs 2 im Vertragsrecht und in den Gefährdungshaftungstatbeständen. Das führte vielfach dazu, dass sich der/die Geschädigte vor der Novellierung des Schadensrechtes für die Generierung eines Schmerzensgeldes um den Nachweis der Voraussetzungen der §§ 823, 847 aF bemühen musste. Durch die in § 253 im Rahmen der Schadensrechtsreform erwirkte Erstreckung des immateriellen Schadensersatzes auf (quasi-)vertragliche Ansprüche und Gefährdungshaftungstatbestände (PWW/*Medicus* Rn 2) ist nunmehr ein seit langem geltend gemachtes Gerechtigkeitspostulat realisiert und gleichzeitig ein Vereinfachungseffekt in der Rechtsanwendung erreicht worden, weil nun eine **»Flucht in das Deliktsrecht« nicht mehr notwendig** ist (Jauernig/*Teichmann* Rn 1). 3

3. Verschiebung des Regel-Ausnahme-Verhältnisses durch die Schadensrechtsreform. Die ursprünglich stark spürbare Dichotomie zwischen Vertrags- und Deliktsrecht ist durch die Einführung des § 253 Abs 2 erheblich abgebaut worden (Hk-BGB/*Schulze* Rn 1; Jauernig/*Teichmann* Rn 1; Palandt/*Heinrichs* Rn 2). Das Recht des immateriellen Schadensersatzes ist jetzt auch für die vertragliche Beeinträchtigung immaterieller Rechtsgüter einschlägig und folgt damit einem global angelegten Trend. Seit der Schadensrechtsreform gilt, dass dem Verletzten bei der Beeinträchtigung der in **§ 253 Abs 2** aufgezählten Rechtsgüter auch ein immaterieller Schadensersatz zusteht**, egal, ob die Verletzung deliktischen, vertraglichen oder quasi-vertraglichen (Bsp cic) Ursprungs** ist (Palandt/*Heinrichs* Rn 2). Eine Gleichschaltung mit dieser grds Wertung findet sich nunmehr auch in diversen **Gefährdungshaftungstatbeständen** wie § 8 S 2 ProdHaftG, § 87 S 2 AMG, § 11 S 2 StVG, § 6 S 2 HaftpflG, § 36 S 2 LuftVG (s die vollständige Liste bei jurisPK/*Vieweg* Rn 13). Bedeutung hat die Öffnung des Schadensrechtes in § 253 Abs 2 für vertragliche Pflichtverletzungen bei Beeinträchtigung bestimmter Rechtsgüter vor allem deshalb, weil damit für den Geschädigten zugleich die **Verschuldensvermutung nach § 280 Abs 1 S 2** und die Zurechnung **für Gehilfentätigkeit nach § 278** zu einer erleichterten Möglichkeit der Geltendmachung des Schadens führt (Hk-BGB/*Schulze* Rn 12; Jauernig/*Teichmann* Rn 1 spricht von dem Wegfall früherer strengerer Beweisanforderungen). 4

4. Europäischer Kontext. Durch die Außerkraftsetzung des § 847 aF im Zuge der Schadensrechtsreform wurde die historische Grundentscheidung des BGB-Gesetzgebers (vgl Mot II 22 f) aufgegeben, dem es noch als anstößig galt, für immaterielle Schäden einen Ausgleich in Geld zu verlangen. Den Ausschlag dazu gab nicht nur eine veränderte Moralvorstellung (*Schiemann* Argumente und Prinzipien bei der Fortbildung des Schadensrechts 1981 S 6), die bei immateriellen Rechtsgütern auf stärkeren Schutz drängt, sondern auch der Wunsch der Legislative, das deutsche Haftungsrecht den europäischen Nachbarrechtsordnungen zumindest anzunähern (*Katzenmeier* JZ 2002, 1030 ff; *Wagner* JZ 2004, 319 ff; *Magnus* ZEuP 2004, 562 ff; zum Ganzen s auch Hk-BGB/*Schulze* Rn 12; mit dem zutr Hinw auf Art 9:501 II a der Lando-Grundregeln, die keine Beschränkung auf bestimmte Rechtsgüter vorsehen). 5

II. Funktion des Schmerzensgeldes. Nach hM erfüllt das Schmerzensgeld im Wesentlichen zwei Funktionen. Es soll zum einen einen **Ausgleich** für die erlittenen immateriellen Schäden iSv **Schmerzen** und **seelischen Leiden** verschaffen, zum anderen soll es dem Verletzten auch dazu dienen, **Genugtuung** für das zugefügte Leid zu erfahren (BGHZ GS 18, 149, 154 f; 128, 117, 120 f mwN; 169, 307 f; Hk-BGB/*Schulze* Rn 16; Jauernig/*Teichmann* Rn 3; Palandt/*Heinrichs* Rn 11). Im Zusammenhang mit Eingriffen in das Allg Persönlich- 6 keitsrecht, in denen es zur Zuerkennung hoher Schadensersatzbeträge kommt (Rz 18 f), spielt mittlerweile aber auch die **Präventivfunktion** eine gewisse Rolle. Die unterschiedlichen Funktionen schlagen sich jedoch nicht in einer Aufschlüsselung des Schmerzensgeldanspruches/-betrages nieder, er wird in Aufgreifung all dieser Begründungsansätze aufgrund einer Gesamtabwägung einheitlich bemessen (BGHZ 128, 117, 120 ff; Hk-BGB/*Schulze* Rn 16).

7 **1. Ausgleichsfunktion.** Die beim Ersatz des Vermögensschadens im Vordergrund stehende **Ausgleichsfunktion** (BGHZ 7, 223, 226; PWW/*Medicus* Rn 11; *Jaeger/Luckey* Schmerzensgeld 5. Aufl 2009, S 594 ff; *Schiemann* Argumente und Prinzipien bei der Fortbildung des Schadensrechts 1981 S 5 ff; *Tonner/Tamm* § 249 Rz 10) kann beim immateriellen Schaden freilich nicht dieselbe Rolle spielen wie beim materiellen Schaden, da eine Geldleistung nach § 253 nur selten erlittene Schmerzen oder seelische Leiden wirklich »kompensieren« kann. Denn eine »Kommerzialisierung« immaterieller Werte ist eigentlich nicht möglich (*Schiemann* Argumente und Prinzipien bei der Fortbildung des Schadensrechts 1981 S 6 f). Auch ist die »Schadensfestlegung« unvermeidbar auf eine Schätzung gerichtet (PWW/*Medicus* Rn 3; Palandt/*Heinrichs* Rn 3; vgl auch BGHZ GS 18, 149, 154: man könne nicht die »Schmerzen mit der Freude saldieren«). Die Ausgleichsfunktion ist jedoch auch bei der Zuerkennung von Schmerzensgeld nicht völlig zu vernachlässigen, da zutr vertreten wird, dass sich der Geschädigte auch für die Einbußen an immateriellen Gütern – bspw für Schmerzen und damit herbeigeführte Beeinträchtigungen im Leben – einen **anderweitigen Ausgleich** über den als Kompensation bereitzustellenden Betrag verschaffen können soll, um sein Wohlbefinden zu verbessern (BaRoth/*Spindler* Rn 14; Staud/*Schiemann* Rn 28; MüKo/*Oetker* Rn 10; jurisPK/*Vieweg* Rn 27).

8 **2. Genugtuungsfunktion.** Von der Rspr wird beim Ersatz von immateriellem Schaden häufig die **Genugtuungsfunktion** in den Vordergrund gerückt (BGHZ GS 18, 149, 154 ff; 128, 117, 120 f; vgl auch PWW/*Medicus* Rn 12; Staud/*Schiemann* Rn 29 f; BaRoth/*Spindler* Rn 16; *Schiemann* Argumente und Prinzipien bei der Fortbildung des Schadensrechts 1981 S 8 ff; *Jaeger/Luckey* Schmerzensgeld 5. Aufl 2009 S 603 ff). Ob dem jedoch nach der Schadensersatzrechtsreform noch ohne Einschränkung gefolgt werden kann, ist zweifelhaft, denn die Genugtuungsfunktion **knüpft an ein Verschulden** an, das bei den inzwischen um den immateriellen Schadenersatz ergänzten **Gefährdungshaftungstatbeständen** gerade fehlt (in diese Richtung auch jurisPK/*Vieweg* Rn 29; Jauernig/*Teichmann* Rn 3; idS zweifelnd schon *Tonner/Tamm* § 249 Rz 16; zu den unterschiedlichen Ansätzen im Umgang mit dem Problem vgl Rz 46).

9 Problematisch an der Genugtuungsfunktion des Schmerzensgeldes war überdies bereits vor der Schadensrechtsreform ihr Versagen bei sog »**Schwerstgeschädigten**«, die infolge des Grades ihrer Verletzung weder fähig waren/sind, sowohl Leid als auch Genugtuung zu empfinden (dazu Jauernig/*Teichmann* Rn 3). Ihnen wurde wegen des von der Rspr postulierten Zurücktretens der Genugtuungsfunktion zunächst nur eine **symbolische Entschädigung** zuerkannt (vgl BGH NJW 1976, 1147; 1982, 2123; referierend Hk-BGB/*Schulze* Rn 17; PWW/*Medicus* Rn 16). Von diesem Standpunkt ist die Rspr aber mittlerweile zutr abgerückt. Denn damit würde der Schädiger gerade dann entlastet, wenn der Schaden beim Opfer bes schwerwiegend ist, was schon unter dem Wertungsgesichtspunkt des normativen Schadensbegriffes (s dazu *Tonner/Tamm* § 249 Rz 68) nicht angängig ist.

10 Da danach die Rechtsordnung mit ihren Wertungen als Einheit zu betrachten ist, muss die **Wertentscheidung des Art 1 Abs 1 GG** dazu führen, dass die **Zerstörung der Persönlichkeit** durch den **Fortfall der Wahrnehmungs- und Empfindungsfähigkeit** als eine eigenständige Fallgruppe behandelt wird, die gerade in Aufgreifung des Kompensationsgedankens eine bes, dh hohe Bemessung der Entschädigung gebietet (BGHZ 120, 1, 6 f; Koblenz NJW 2003, 442 f; Bremen NJW-RR 2003, 1255). Die Ausgleichsfunktion des Schmerzensgeldes wird damit neu umschrieben. Immaterieller Schadensersatz wird in den Schwerstschadensfällen als Ausgleich für die Einbuße der Persönlichkeit selbst gewährt ohne Rücksicht darauf, ob der Geschädigte dies als Leid empfindet (BGHZ 120, 4 ff; Düsseldorf VersR 1997, 65; Köln NJW-RR 1998, 1405; Koblenz NJW 2003, 443; PWW/*Medicus* Rn 16).

11 IÜ ist anerkannt, dass das Genugtuungsbedürfnis (bei Wahrnehmbarkeit desselben) selbst durch eine **strafrechtliche Verurteilung des Täters** nicht beeinträchtigt wird, so dass sich darüber keine Herabsetzung des Schmerzensgeldes rechtfertigen lässt (BGHZ 128, 117, 120 ff; BGH NJW 1996, 1591; Hk-BGB/*Schulze* Rn 17).

12 **3. Präventivfunktion.** Teilw wird dem Schadensersatz heute über die Ausgleichs- und Genugtuungsfunktion auch eine **Präventivfunktion** zuerkannt (BGHZ 169, 307 ff; *Tonner/Tamm* § 249 Rz 13). Wenngleich dies in der Lit zT scharf kritisiert wird (abl Jauernig/*Teichmann* Rn 3, 8; Staud/*Schiemann* Rn 33), greift die Rspr diesen Aspekt gerade bei der Verletzung des **Allg Persönlichkeitsrechts** auf (BGH NJW 1996, 984 – Caroline von Monaco I und II), um dieses vor Beeinträchtigungen zu schützen (zu Details vgl Rz 18). Teile der Wissenschaft stimmen dem iSe vorsichtigen Verallgemeinerung des Präventionsgedankens zu (BaRoth/*Spindler* Rn 18). Einen Niederschlag findet die erweiterte Anerkennung des Präventionsgedankens heute etwa auch in der Zuerkennung eines erhöhten Schmerzensgeldes bei einer ungebührlichen **Verzögerung der Schadensregulierung** durch den Geschädigten bzw seine Versicherung (zu Details s Rz 42).

III. Anwendungsbereich. Die Norm setzt einen Schadensersatzanspruch voraus. Es spielt keine Rolle, welchem Rechtsgebiet dieser Schadensersatzanspruch entstammt. In erster Linie handelt es sich um BGB-Ansprüche, wobei – entgegen der früheren Rechtslage – das Vertragsrecht eine erhebliche Rolle spielt (Rz 4). Dabei geht es vor allem um die Verletzung vertraglicher bzw vorvertraglicher Schutzpflichten nach **§§ 280-283, 311a Abs 2** (Hk-BGB/*Schulze* Rn 12; MüKo/*Oetker* Rn 19; Palandt/*Heinrichs* Rn 2), die auch spezifisch vertragsrechtlich (dh außerhalb des allg Leistungsstörungsrechts) gesetzlich geregelt sein können. Diese müssen jedoch, sofern sie nicht explizit einen immateriellen Schadensersatz als Anspruchsposten iSd § 253 Abs 1 ausweisen, zu einer Beeinträchtigung der in § 253 Abs 2 aufgeführten Rechtsgüter, die als bes hoch stehend angesehen werden, führen. In der Lit wird in diesem Rahmen zutr dafür plädiert, § 253 Abs 2 auch auf Ansprüche zu erstrecken, die zwar ihrer Rechtsnatur nach keine echten Schadenersatzansprüche darstellen, aber zumindest nach schadensrechtlichen Grundsätzen behandelt werden, wie es etwa beim Ersatz risikotypischer Begleitschäden bei der **GoA gem §§ 670, 683 S 1** der Fall ist (Hk-BGB/*Schulze* Rn 12). Der klassische Anwendungsbereich der Vorschrift ist nach wie vor das **Deliktsrecht**, das sowohl die Verschuldens- als auch die Gefährdungshaftungstatbestände einschließt. Wie das gesamte Schadensersatzrecht, so ist auch § 253 im Grundsatz **dispositiv**, Einschränkungen können sich aber aus bes Vorschriften, so etwa § 276 Abs 3 und § 309 Nr 7a ergeben, vgl dazu hier Rz 30 (BGHZ 98, 212, 222 f; Hk-BGB/*Schulze* Rn 4, 15; Staud/*Schiemann* Rn 9; jurisPK/*Vieweg* Rn 15). 13

B. Verhältnis von Grundregel und Ausnahme (Abs 1 und Abs 2). Nach der Schadensrechtsreform von 2002 ist § 253 Abs 1 darauf gerichtet, eine Geldentschädigung für immaterielle Schäden bei der Verletzung anderer Rechtsgüter als den in § 253 Abs 2 genannten einzuschränken (Jauernig/*Teichmann* Rn 2). Die Aussage des § 253 Abs 1, wonach immaterieller Schadensersatz nur dann gewährt wird, wenn dies »im Gesetz ausdrücklich vorgesehen« ist, hat mittlerweile, soweit BGB-Vorschriften betroffen sind, nur für **§ 651f Abs 2** Bedeutung. Der dort kodifizierte Schadensersatzanspruch für nutzlos aufgewendete Urlaubszeit wird heute allg als immaterieller Schadensersatzanspruch angesehen (*Lindner/D. Schulz* § 651f Rz 17; *Tonner/Tamm* § 249 Rz 45, 66). Immaterieller Schadensersatz wird hier als gesetzlich kodifizierte Ausnahmeregelung iSv § 253 Abs 1 unabhängig davon gewährt, ob ein Rechtsgut nach § 253 Abs 2 betroffen ist. Die Rspr sieht ihn heute anders als früher (BGHZ 63, 98) losgelöst von dem Gedanken, dass sich der Geschädigte fiktiv unbezahlten Sonderurlaub zur Wiederholung des misslungenen Urlaubs beschaffen können sollte. Infolgedessen wird der Anspruch richtigerweise auch Nichtberufstätigen zugesprochen und ist nicht am Einkommen, sondern nur am Reisepreis orientiert (BGHZ 161, 389; *Lindner/D. Schulz* § 651f Rz 22 f). 14

Außerhalb des BGB finden sich ähnl ausdrückliche Kodifizierungen für einen zuzusprechenden immateriellen Schadensersatz bei einer Rechtsverletzung noch in **§§ 35 Abs 1 S 2, 27 GWB; § 97 Abs 2 UrhG; § 53 Abs 3 LuftVG; §§ 29 Abs 2, 30 Abs 1 AtomG; § 7 Abs 2 BDSG und § 81 Abs 2 S 2 SGB IX** (Hk-BGB/*Schulze* Rn 3; Staud/*Schiemann* Rn 4; jurisPK/*Vieweg* Rn 12; Palandt/*Heinrichs* Rn 2). Überdies wird bei einer schweren Verletzung des **Allg Persönlichkeitsrechtes**, das durch **Art 1, 2 Abs 1 GG** eine explizite gesetzliche Anerkennung gefunden hat, ein immaterieller Schadensersatz zuerkannt (BGHZ 26, 349, 351; BGH NJW 2005, 216 ff; Jauernig/*Teichmann* Rn 7, Details dazu in Rz 18). Im Arbeitsrecht sind daneben die Diskriminierungsverbote des AGG zu beachten, die bei Verletzung aufgrund bes Bestimmungen (**§§ 15 Abs 2, 21 Abs 2 S 3 AGG**) einen Anspruch auf immateriellen Schadensersatz iSv § 253 Abs 1 explizit auslösen können. 15

C. Voraussetzungen für einen immateriellen Schadensersatz (Abs 2). I. Verletzung bestimmter Rechtsgüter. Nach Abs 2 steht dem Geschädigten generell, also unabhängig von der Anordnung in einer speziellen Vorschrift, ein Anspruch auf immateriellen Schadensersatz zu, wenn eines der in der Vorschrift **aufgezählten Rechtsgüter verletzt** ist und sich daraus ein Schadensersatzanspruch aufgrund einer anderen haftungsbegründenden Norm ableitet. Die Existenz einer anspruchsbegründenden Norm ist auch hier nötig, weil § 253 (ebenso wie die sonstigen schadensrechtlichen Vorschriften der §§ 249 ff, vgl dazu *Tonner/Tamm* § 249 Rz 1) keine Anspruchsgrundlage abbildet, sondern einen in anderen Normen statuierten Anspruch auf Schadensersatz lediglich dem Inhalt, der Art und dem Umfang nach ausfüllt (jurisPK/*Vieweg* Rn 23; BaRoth/*Spindler* Rn 7; Hk-BGB/*Schulze* Rn 13). 16

II. Anknüpfung des § 253 Abs 2 an § 847 aF. 253 Abs 2 knüpft an die (deliktsrechtlich ausgestaltete) Vorgängerregelung in § 847 aF an. Ähnl wie § 847 aF führt nicht jede immaterielle Beeinträchtigung zu einem ersatzfähigen Schaden, ersatzfähig sind nur die hierin aufgezählten Rechtsgüter: **Körper, Gesundheit, Freiheit und die sexuelle Selbstbestimmung.** Letztere ist als immaterialgüterschutzrechtsfähige Position geschlechtsneutral gefasst worden (Hk-BGB/*Schulze* Rn 14). 17

Die Neuregelung des Schadensrechtes hat nicht dazu beigetragen, dass es zu einer expliziten Erfassung von Verletzungen des **Allg Persönlichkeitsrechtes** gekommen ist. Die Rspr ist diesbezüglich aber schon früher dazu übergegangen, die §§ 823, 847 aF über ihren Wortlaut hinaus für schwerwiegende Persönlichkeitsrechtsverletzung durch die Zuerkennung von Schmerzensgeld auszudehnen (BGHZ 26, 349, 351 ff; 143, 218; vgl dazu auch BVerfGE 34, 269 ff; BVerfG NJW 2000, 2197). Die Rspr zielt(e) darauf ab, bei Verletzungshandlungen durch die Medien stärker auf eine Genugtuung und insb auf eine Prävention abzustellen und bei der Höhe der Entschädigung – ohne eigentliche Gewinnabschöpfung – den vom Schädiger erzielten oder beabsichtigten Gewinn als Faktor mit zu berücksichtigen (Jauernig/*Teichmann* Rn 7; PWW/*Medicus* Rn 26). 18

19 Aufgrund der Herleitung des Schutzes des Allg Persönlichkeitsrechtes (der Schutzauftrag des GG soll durch zivilrechtliche Sanktionen realisiert werden, vgl BGH NJW 2005, 216 ff; s auch BVerfG NJW 2000, 2198) wurde die Zuerkennung von immateriellem Schadensersatz bei Persönlichkeitsrechtsverletzungen durch die Schadensrechtsreform nicht tangiert (s dazu BTDrs 14/7752; Jauernig/*Teichmann* Rn 7; Hk-BGB/*Schulze* Rn 14; *Katzenmeier* JZ 2002, 1029, 1033). Sie findet ihren Anknüpfungspunkt nunmehr in § 253 statt in § 847 aF (zu weiteren Details Rz 31). Dabei kann offen bleiben, ob hierfür Abs 1 oder Abs 2 heranzuziehen ist (für »einen Anspruch eigener Art« PWW/*Medicus* Rn 8, 24 ff; zu den Versuchen der »Sanktion« des Verletzers über die Anerkennung einer Eingriffskondiktion nach § 812 Abs 1, 2. Hs bzw aus § 687 Abs 2 vgl Jauernig/*Teichmann* Rn 8 mwN).

20 Vor dem Hintergrund des breitflächigen wertungsmäßigen Gleichlaufs von § 847 aF und § 253 Abs 2 kann iÜ auch die alte Rspr zum immateriellen Schadensersatz bzgl der übrigen Rechtsgüter des § 253 Abs 2 aus dem Deliktsrecht übernommen werden.

21 **III. Die einzelnen von § 253 Abs 2 bezogenen Rechtsgüter(verletzungen) im Überblick.** Die von § 253 Abs 2 genannten Rechtsgüter sind teilidentisch mit denen, die über § 823 Abs 1 geschützt werden und werden auch so ausgelegt (PWW/*Medicus* Rn 9).

22 **1. Körper, Gesundheit.** § 253 Abs 2 nimmt zunächst eine **Körper- und/oder Gesundheitsverletzung** in Bezug. **a) Allgemeines.** IA unterscheidet man Körper- und Gesundheit nach **äußerer und innerer Integrität** (BGHZ 124, 52, 54 ff; Jauernig/*Teichmann* § 823 Rn 3; PWW/*Schaub* § 823 Rn 22), die Abgrenzung ist jedoch schwierig, zuweilen auch zweifelhaft und in der Rechtsfolge ohne Bedeutung. Erfasst sind in jedem Fall alle physischen und psychischen Erkrankungen (KG VersR 2005, 373). Hinzuweisen ist darauf, dass § 253 Abs 2 kein Schmerzensgeld für die **Verletzung des Lebens** gewährt, worin er sich mit § 847 aF deckt. Nach deutschem Recht wird damit auch nach der Schadensrechtsreform kein immaterieller Schadensersatz für die Tötung eines Menschen bereit gestellt. Das gilt freilich nicht für den Fall, dass der Verletzte noch (kurze) Zeit gelebt hat (*Jaeger/Luckey* Schmerzensgeld 5. Aufl 2009 S 5; zur Problematik des **Angehörigenschmerzensgeldes** s Rz 32 ff). Darin zeigt sich, dass die Körper- oder Gesundheitsverletzung, die in den Tod des Opfers umschlägt, dann sehr wohl zu einem Schmerzensgeldanspruch führt, wenn ein entspr **Schmerz im Vorfeld des Todes** vom Opfer empfunden wird (BGHZ 138, 388: 35 Minuten Bewusstsein des Geschädigten vor Verfall in 10-tägiges Koma und späterem Ableben führte zu 28.000 DM Schmerzensgeld; vgl auch PWW/*Medicus* Rn 16).

23 **b) Einzelfälle.** Eine äußere Verletzung, die zu einer über die bloße Unannehmlichkeitsschwelle hinausreichenden Schmerzzufügung führt, ist iÜ genauso geeignet, einen immateriellen Schadensersatz auszulösen wie eine Beeinträchtigung der inneren Funktion (PWW/*Schaub* § 823 Rn 23 ff). Eine zu immateriellem Schadensersatz führende Körperverletzung nimmt die Rspr ausdrücklich bei der Infizierung mit einem **HIV-Virus** an, und zwar bereits vor Ausbruch der Erkrankung (BGHZ 114, 284, 298), ferner bei einem **ärztlichen Behandlungsfehler**, der zu einer **ungewollten Schwangerschaft** führt (BGH NJW 1995, 2407, 2408; vgl auch BGH NJW 1985, 671, 673 f; 1995, 2412, 2413). Auch die versehentliche **Vernichtung einer Sperma-Konserve** wertet der BGH als Körperverletzung (BGHZ 124, 52, 54).

24 **2. Freiheit. a) Allgemeines.** Unter einer Freiheitsbeeinträchtigung ist die Einschränkung oder der Ausschluss der körperlichen **Bewegungsfreiheit** zu verstehen; eine Beeinträchtigung der Entschließungsfreiheit reicht nicht aus (München OLGZ 1985, 466, 467; BaRoth/*Spindler* § 823 Rn 38; Jauernig/*Teichmann* § 823 Rn 5; PWW/*Schaub* Rn 29; aA *Eckert* JuS 1994, 625 ff). Die körperliche Bewegungsfreiheit ist dann eingeschränkt, wenn die Möglichkeit, einen bestimmten Ort zu verlassen, außerhalb geringfügiger, nach allg Lebenserfahrung hinzunehmender Beeinträchtigungen (Verkehrsstau, kurzzeitiges Blockieren der Ausfahrt etc) nicht gegeben ist (PWW/*Schaub* Rn 29).

25 **b) Einzelfälle.** Die Behinderung kann auf physischem Wege (zB durch Einsperren, Festhalten), aber auch auf psychische Weise geschehen, zB durch eine Drohung (RGZ 97, 345 f) oder ständiges Belästigen durch Fotografieren, sobald man das Haus verlässt (Jauernig/*Teichmann* § 823 Rn 5).

26 **3. Sexuelle Selbstbestimmung. a) Allgemeines.** Die sexuelle Selbstbestimmung wird bei Verstößen gegen § 825 sowie bei solchen gegen §§ 174-182 iVm 184a Nr 1 StGB verletzt (Jauernig/*Teichmann* Rn 4; MüKo/*Oetker* Rn 24; Staud/*Schiemann* Rn 22). Die Regelung wurde geschlechtsneutral erfasst, so dass über sie auch Männer (iÜ aber natürlich auch Kinder) geschützt sind (Palandt/*Heinrichs* Rn 14). Die Lit verlangt, dass ein sexuell bestimmtes Verhalten vorliegt, das nicht nur von dem Geschädigten erkennbar abgelehnt wird, sondern sich darüber hinaus gegen die Integrität des Betroffenen richtet (MüKo/*Oetker* Rn 26), anders ausgedrückt, ein Willensbeugungselement enthält (Staud/*Schiemann* Rn 22).

27 **b) Einzelfälle.** Als Formen der Verletzung der sexuellen Selbstbestimmung kommen sexuelle Belästigungen in Wort und Tat bis hin zur Nötigung und Vergewaltigung in Betracht (Schleswig NJW 1993, 2945; Palandt/*Heinrichs* Rn 14).

4. Allgemeines Persönlichkeitsrecht. Auch Eingriffe in das Allg Persönlichkeitsrecht lösen einen Schmerzensgeldanspruch aus (zu den Einzelheiten s Rz 18). 28

D. Grenzen des immateriellen Schadensersatzes. I. Ausschluss bei bestimmten Versorgungsgesetzen. 29
§§ 104 bis 106 SGB VII schließen bestimmte Ansprüche, insbes die Geltendmachung von Schmerzensgeld, gegen die gesetzliche Unfallversicherung aus (Palandt/*Heinrichs* Rn 9). Ähnl Anspruchsversagungen enthalten Versorgungsgesetze wie das BBG, das BVersG und das SoldG. In diesen Fällen kann ein immaterieller Schadensersatzanspruch wegen spezialgesetzlich entgegenstehender Normen nicht gefordert werden (Hk-BGB/*Schulze* Rn 15; zur früheren Rechtslage BGHZ 3, 298, 302; NJW 1981, 760). Dies gilt auch nach der Schadensrechtsreform (BaRoth/*Spindler* Rn 11).

II. Ausschluss durch vertragliche Vereinbarung. Ein vertraglicher Haftungsausschluss in Bezug auf die Zahlung des immateriellen Schadensersatzes ist zwar bei verschuldensabhängigen Ansprüchen prinzipiell möglich, er muss sich jedoch im Rahmen des Abs 3 und – sofern er in AGB erfolgt – des § 309 Nr 7a halten (Hk-BGB/*Schulze* Rn 15). Ob die aufgezeigten Grenzen auch für verschuldensunabhängige Schadensersatzansprüche gelten, ist nach der Umstrukturierung des Schadensrechtes noch nicht abschließend geklärt (Hk-BGB/*Schulze* Rn 15). 30

III. Abschließende Aufzählung der immaterialgüterrechtsfähigen Posten in § 253 Abs 2. Die Aufzählung der Rechtsgüter, die bei Verletzung einen immateriellen Schadensersatzanspruch auslösen können, ist gem § 253 Abs 2 prinzipiell abschließend, insbes können bei einer Eigentumsverletzung keine immateriellen Schadensersatzansprüche geltend gemacht werden. Nachdenkenswert stimmt, dass der Gesetzgeber die Schadensrechtsreform nicht zum Anlass genommen hat, das Allg Persönlichkeitsrecht ausdrücklich als Schadensposten im Rahmen des immateriellen Schadensersatzes zu regeln. Dass die Verletzung des Allg Persönlichkeitsrechts gleichwohl zu einem Schadensersatzanspruch führt, der gerade auch den immateriellen Schaden einschließt, ist bereits vor der Schadensrechtsreform anerkannt gewesen. Dieses Ergebnis kann – wegen der grundgesetzlichen Herleitung über Art 1, 2 Abs 1 GG – auch nicht im Rahmen der Schadensrechtsreform revidiert werden (vgl Rz 18 f mwN), so dass nunmehr zwar nicht mehr der alte § 847 entspr erweitert werden muss, aber § 253. In der Lit (Palandt/*Heinrichs* Rn 10) wird diesbezüglich vertreten, dass wegen der Herleitung über § 823 Abs 1 iVm Art 1, 2 GG der Gesetzgeber keine ausdrückliche Einbeziehung in § 253 Abs 2 (vgl BTDrs 14/7752 S 25) vornahm. Ob deshalb aber die Anknüpfung an § 253 Abs 1 sachgerechter erscheint, ist jedoch zweifelhaft, zumindest aber offen, weil hier nur der Grundsatz zur Ausn nach Abs 2 und zu sonstigen gesetzlichen Ausn statuiert wurde. Vor diesem Hintergrund wird zuweilen auch vertreten, das Allg Persönlichkeitsrecht als eigene (nicht genau zuordenbare) Fallgruppe in § 253 zu behandeln (PWW/*Medicus* Rn 24 ff). 31

IV. Kein Angehörigenschmerzensgeld. Auch ein »Angehörigenschmerzensgeld« ist dem deutschen Recht im Gegensatz zu anderen Rechtsordnungen (vgl *Merten* Die Bewertung des menschlichen Lebens im Haftungsrecht 2007; *Kadner* ZEuP 1996, 135 ff; *Janssen* ZRP 2003, 156; *Odersky* Schmerzensgeld bei Tötung naher Angehöriger 1989; PWW/*Medicus* Rn 2; Palandt/*Heinrichs* Rn 9) unbekannt. Ersetzt werden als »Teilausschnitt« der mittelbar bei den Angehörigen eingetretenen psychischen Beeinträchtigungen nur die sog **Schockschäden** (Düsseldorf NJW-RR 1996, 214 f; Hk-BGB/*Schulze* Rn 18; BaRoth/*Spindler* Rn 12; grundlegend *Pflüger* Schmerzensgeld für Angehörige 2005 S 20 ff; zu Details *Tonner/Tamm* § 249 Rz 29 f). Die deutsche Rspr ist hier im Unterschied zu anderen (europäischen) Rechtsordnungen/judikativen Lösungsmodellen sehr restriktiv (vgl dazu schon *Tonner/Tamm* § 249 Rz 8). 32

Schockschäden werden als Grundlage von Schadensersatzansprüchen mittelbar geschädigter Dritter nach deutschem Recht nur dann anerkannt, wenn es sich um **nahe Angehörige** handelt (BGH NJW 1971, 883; 1984, 1405; Stuttgart NJW-RR 1989, 478; wobei hierzu auch Verlobte und Lebensgefährten zählen: LG Frankfurt aM NJW 1969, 2286; Hk-BGB/*Schulze* Vor §§ 249-253 Rn 17; MüKo/*Oetker* Rn 147), die **Schädigung bei diesen einen gewissen Grad erreicht** hat (sog »schwere Schädigung«: notwendig ist ein medizinisch feststellbarer Gesundheitsschaden, der über die üblichen psychopathologischen Ausfälle beim Miterleben oder Erfahren eines schlimmen Ereignisses hinausgeht, vgl dazu BGH NJW 1971, 1883; 1989, 2317; Nürnberg NJW 1998, 2293; Naumburg NJW-RR 2005, 900; KG NZV 1999, 329; BaRoth/*Schubert* Rn 142; Hk-BGB/*Schulze* Vor §§ 249-253 Rn 17) und außerdem der **Anlass** als **»ausreichend«** angesehen werden kann, um diesen Drittschaden herbeizuführen. Ein anerkennenswerter Anlass für einen Schockschaden eines Dritten ist nur dann gegeben, wenn der Schockeintritt im Hinblick auf seinen Ausgang vom Standpunkt eines objektiven Dritten verständlich ist (BGHZ 56, 165 ff; Hk-BGB/*Schulze* Vor §§ 249-253 Rn 17). Das trifft regelm nur bei **Tod und schweren Verletzungen** des **nahen Angehörigen** zu (BGH NJW 1985, 1390), nicht jedoch bei einem unbedeutenden Sachschaden (LG Hildesheim VersR 1970, 720; Hk-BGB/*Schulze* Vor §§ 249-253 Rn 17) oder dem Tod eines Hundes (AG Essen JurBüro 1986, 1494; zum Ganzen s Palandt/*Heinrichs* Vorb v § 249 Rn 71). 33

Das Schmerzensgeld über den Verlust von Angehörigen scheitert zwar nicht daran, dass seelischer Schmerz keinen immateriellen Schaden darstellen kann (dies ist durchaus der Fall: Staud/*Schiemann* Rn 13). Der »Schmerz« ist aber im Grundsatz nur dann ersatzfähig, wenn ein Rechtsgut des Geschädigten selbst verletzt 34 ist, was sich aus dem sog »**Dogma des Gläubigerinteresses**«, das der Schadensbegrenzung dient (vgl dazu *Tonner/Tamm* § 249 Rz 17), ableitet. An der unmittelbaren Schädigung fehlt es üblicherweise beim Angehörigen, sofern nicht die o.g. engen Kriterien des »Schadensdurchschlages«, die durch die Rspr für Schockschäden herausgebildet wurden, erfüllt sind (BGH JZ 2007, 1134 ff mit krit Anm *Teichmann*; PWW/*Medicus* Rn 2; Palandt/*Heinrichs* Rn 12). Der deutsche Gesetzgeber wollte von dieser Grundentscheidung (die mit anderen europäischen Haftungssystemen unvereinbar ist, vgl *Katzenmeier* JZ 2002, 1029, 1034) auch im Zuge der Schadensrechtsreform bewusst nicht abrücken (Hk-BGB/*Schulze* Rn 18).

35 **E. Keine Festlegung einer Bagatellschwelle durch den Gesetzgeber.** Die Schadensersatzrechtsreform führte entgegen ursprünglicher Pläne (ausf dazu *Jaeger/Luckey* Schmerzensgeld 5. Aufl 2009 S 5 f) zu keiner Etablierung einer allg Bagatellgrenze für kleinste Schäden. Kleinere Schäden müssen daher über die Höhe der Entschädigung angemessen berücksichtigt werden. In der Praxis läuft dies darauf hinaus, bei Kleinstschäden überhaupt kein Schmerzensgeld zuzusprechen (MüKo/*Oetker* Rn 30 f).

36 Dies soll dann gelten, wenn es zu **keiner fühlbaren Beeinträchtigung des Wohlbefindens** gekommen ist (BGH NJW 1992, 1043) oder eine **ganz geringfügige Verletzung** vorliegt, die den Betroffenen üblicherweise nicht nachhaltig beeinträchtigt (BGHZ 137, 141, 147; PWW/*Medicus* Rn 15; Palandt/*Heinrichs* Rn 15). Damit hat die Praxis die Vorschläge zur Einführung einer Bagatellgrenze bereits antizipiert. Dass es bei der Schadensrechtsreform nicht ausdrücklich zu einer gesetzlichen Festschreibung dieser Praxis gekommen ist, hat nur damit zu tun, dass für diese Fälle vom BGH seit eh und je kein Schmerzensgeld zuerkannt wurde, so dass eine gesetzliche (Neu-)Befassung mit diesem Thema nicht anstand (BTDrs 14/8780 S 35; PWW/*Medicus* Rn 15; Palandt/*Heinrichs* Rn 15).

37 Beispiele für die Möglichkeit der Versagung eines Schmerzensgeldes bieten **geringfügige Platz- und Schürfwunden** (BGH NJW 1993, 2173, 2175), **leichte Schleimhautreizungen** (BGH NJW 1992, 1043), **kleine Prellungen** (AG Konstanz VersR 1987, 291), **unerhebliche Blutergüsse** (zum Ganzen s Palandt/*Heinrichs* Rn 15). Ein typischer Anwendungsfall für ein zu versagendes Schmerzensgeld soll iÜ ein medizinisch oft gar nicht nachweisbares **Hals-Wirbel-Schleuder-Trauma** sein (BGH NJW 1983, 2939; Palandt/*Heinrichs* Rn 15; str). Etwas anderes ist jedoch dann anzunehmen, wenn eine Schädelprellung hinzutritt (BGHZ 137, 142 ff). Ohne dass ein Schockschaden unter den von der Rspr zur Anerkennung vorgegebenen Kautelen nachgewiesen wird, können auch die **Erben des Geschädigten**, der durch die schädigende Handlung sofort verstirbt, als mittelbar Geschädigte keinen immateriellen Schadensersatzanspruch geltend machen (KG NZV 1996, 455). Der Tod eines Menschen betrifft zwar keine Bagatelle, jedoch hat sich der Schaden **unterhalb der Schwelle des Schockschadens** eben nicht spürbar genug bei den Drittbetroffenen ausgewirkt. Das gilt auch dann, wenn der Geschädigte die Verletzungshandlung so kurzfristig überlebt, dass die Körperverletzung keine abgrenzbare immaterielle Beeinträchtigung seiner eigenen Person darstellt (BGHZ 138, 388, 394).

38 **F. Höhe des immateriellen Schadensersatzes. I. Allgemeines: Schmerzensgeldtabellen.** Rechtssicherheit wird bei der Zuerkennung von Schmerzensgeld – jedenfalls in gewissem Umfang – selbst, wenn es nach § 287 Abs 1 ZPO zu schätzen und dem jeweiligen Einzelfall angepasst sein muss, über die Orientierung an Schmerzensgeldtabellen erreicht (Palandt/*Heinrichs* Rn 16). Hier geht es darum, Rspr zu sammeln und transparent zu machen und gleichliegende Fälle gleich zu behandeln (PWW/*Medicus* Rn 13; MüKo/*Oetker* Rn 37 mN). Führend ist die Tabelle von *Hacks/Ring/Böhm* (ADAC-Handbuch Schmerzensgeldbeträge 27. Aufl 2009). Bekannt ist aber auch die Schmerzensgeldtabelle von *Jaeger/Luckey* (Schmerzensgeld 5. Aufl 2009). Bei dem Vergleich mit älteren Fällen ist die zwischenzeitliche Geldentwertung zu berücksichtigen (KG NZV 2004, 473; LG Dortmund NJW-RR 2005, 678; PWW/*Medicus* Rn 14; Palandt/*Heinrichs* Rn 16). Derartige Tabellenwerte dürfen jedoch **nicht schematisch benutzt** werden; der Einzelfall kann immer Ab- oder Zuschläge zu den in der Tabelle genannten Beträgen rechtfertigen (BaRoth/*Spindler* Rn 28; jurisPK/*Vieweg* Rn 65). Um die Schmerzensgeld-Rspr nicht vollständig in einer unstrukturierten Kasuistik aufgehen zu lassen, ist es mithin notwendig, mit der Kommentar-Lit auch einige allg Leitlinien zur Schmerzensgeldbemessung herauszuarbeiten, die den jeweiligen Einzelfall einer Bewertung (auch im Vergleich zu anderen) zugänglich machen. Diese Kriterien werden nachfolgend referiert.

39 **II. Bemessungsgrundlagen im Vorfeld schematisierter Festlegungen in tabellarischer Form. 1. Grundsätzliches.** Die nach der Billigkeit festzulegende Höhe des Schmerzensgeldes richtet sich zum einen nach den Verhältnissen des Geschädigten, insbes nach der Schwere der Verletzung und des dadurch ausgelösten Ausmaßes an Leiden (Art, Schwere und Dauer; vgl BGHZ 138, 391 ff), zum anderen sind auch Umstände im Umfeld des Schädigers von Relevanz. Hierzu gehören insbes die Art und Weise der Zufügung der Verletzung (insbes der Verschuldensgrad), Vermögensverhältnisse (str; vgl dazu *Schiemann* Argumente und Prinzipien bei der Fortbildung des Schadensrechts 1981 S 7 f) und das Bestehen einer Haftpflichtversicherung, uU aber auch eine Verzögerung der Schadensregulierung (BGH NJW 1993, 1532; zum Ganzen Jauernig/*Teichmann* Rn 5; PWW/*Medicus* Rn 13; Palandt/*Heinrichs* Rn 16 ff).

2. Umstände in der Person des Geschädigten. a) **Außerordentliche gesundheitliche Beeinträchtigungen.** 40
Der BGH stellte in der Grundsatzentscheidung des GS von 1955 zur Bemessung des Scherzensgeldes maßgeblich auf das **Ausmaß der Lebensbeeinträchtigung** ab, dh **Art, Schwere und Dauer der Beeinträchtigungen, Leiden und Schmerzen** (BGHZ GS 18, 149, 157). In der Rspr finden sich viele Beispiele, in denen wegen einer schwerwiegenden Verletzung eine erhöhte Entschädigung zugesprochen wurde. Dies gilt für den **vollständigen Verlust eines Sinnesorgans** (Sehvermögen: Düsseldorf NJW-RR 1998, 98; Hamm VersR 1999, 622; Nürnberg VersR 2002, 499; Geschmacksvermögen: Celle OLGR 1996, 247; Düsseldorf VersR 2001, 251; Stuttgart NJW-RR 1999, 752), **intellektuelle Störungen** (Düsseldorf VersR 2003, 1407, 1408), den **Verlust der Orgasmusfähigkeit** (Celle OLGR 2001, 250), der **Zeugungs- bzw Gebärfähigkeit** (Koblenz NJW 2006, 2928; Köln VersR 2004, 926) und **erhebliche Persönlichkeitsveränderungen** (BGH NJW 1991, 2347, 2348; Düsseldorf VersR 2005, 117, 118; Hamm NJW-RR 2001, 366). Die Rspr hat ferner die **Ungewissheit über den weiteren Krankheitsverlauf** (Hamm VersR 2002, 491, 493) und **entstellende Verletzungen** bei Mädchen und jungen Frauen anerkannt (Frankfurt aM DAR 1994, 119,120; KG OLGR 2004, 510; Nürnberg DAR 1994, 157; zweifelnd, ob die Beschränkung gerechtfertigt ist, MüKo/*Oetker* Rn 40; BaRoth/*Spindler* Rn 51 ff). In der Lit wird teilw für eine deutliche Erhöhung der Schmerzensgeldbeträge bei bes **brutalen Verbrechen** plädiert (BaRoth/*Spindler* Rn 21) und somit zutr auch auf die Art und Weise der Begehung abgestellt.

Führt eine Verletzung zu einer **Verkürzung der Lebenserwartung**, so spielt grds keine Rolle, welche Lebens- 41
erwartung der Verletzte generell noch hatte (BGHZ 138, 388, 394). Bedeutung hat ein **alsbaldiger Tod** nur insofern, als sich die Dauer der erlittenen Schmerzen verkürzt, was bei der Bemessung des Schmerzensgeldes Berücksichtigung finden muss (BGH NJW 1976, 1147). Freilich steht dem Getöteten und bei Anspruchsübergang den Erben auch in diesem Fall eine nicht nur symbolische Entschädigung zu (s dazu BGHZ 138, 388 ff; ausf BaRoth/*Spindler* Rn 33; PWW/*Medicus* Rn 16). Erst recht ist eine Entschädigung bei einer langdauernden Wirkung einer **Persönlichkeitszerstörung** zu zahlen (BGHZ 120, 1; NJW 1993, 1531). Bei einem jüngeren Menschen ist wegen der längeren Lebenserwartung und der damit zusammenhängenden Dauer der zu ertragenden Beeinträchtigung eine Anhebung ggü dem Wert, der bei einem Menschen mittleren Alters gezahlt wird, angebracht (Celle VersR 1993, 976; Düsseldorf NJW-RR 1993, 156; KG KGR 2004, 510; Köln NJW-RR 2007, 174).

b) Auswirkungen auf Beruf und soziale Beziehungen. Eine erhöhte Entschädigung ist auch dann zu leisten, 42
wenn der Geschädigte wegen der Verletzung den **Beruf** (Hamm SP 2001, 53; Köln VersR 1992, 714: erzwungene Änderung eines festen Berufswunsches), den **Arbeitsplatz** (Nürnberg DAR 2000, 69) oder die **Schule** (Hamm OLGR 1999, 256: Wechsel auf Sprachsonderschule) **wechseln** muss. IÜ gilt: Die **Selbstverwirklichungskomponente**, die in der Arbeit liegt und welche ggf beeinträchtigt wurde, ist zu berücksichtigen (BGH VersR 1976, 967). Kommt es durch das schädigende Ereignis gar zur **Auflösung einer Ehe** (BGH NJW 1983, 340) oder einer **eheähnl Lebensgemeinschaft** (Hamm VersR 2002, 491, 493), so führt auch dies zu einer Erhöhung der Entschädigung. Gleiches gilt für den sonstigen (schadensbedingten) Verlust des sozialen Umfelds (Hamm NJW-RR 1998, 1557: Verlust der besten Freundin).

Bes **günstige oder ungünstige Vermögensverhältnisse auf Seiten des Verletzten** führen nicht zu einer Erhö- 43
hung oder Herabsetzung des Schmerzensgeldes (Schleswig NJW-RR 2000, 470; Palandt/*Heinrichs* Rn 17). Das gilt auch dann, wenn der Verletzte aus den USA stammt, wo üblicherweise bes hohe Schmerzensgelder ausgeurteilt werden (Koblenz NJW-RR 2002, 1030; Palandt/*Heinrichs* Rn 17; zum Sonderproblem der Schadensanfälligkeit vgl *Tonner/Tamm* § 249 Rz 93 f).

c) Mitverschulden des Geschädigten. Ein Mitverschulden des Geschädigten führt zwar grds zu einer Minde- 44
rung der Entschädigung gem § 254 (BGHZ 20, 262 ff; BGH NJW 1970, 1037; Jauernig/*Teichmann* Rn 5; PWW/*Medicus* Rn 20; Palandt/*Heinrichs* Rn 21; Staud/*Schiemann* Rn 26), jedoch schwankt der Grad der Herabsetzung erheblich. Bereits eine **mitwirkende Betriebsgefahr**, die unabwendbar abstrakt bestand und sich negativ ausgewirkt hat, begründet eine Herabsetzung des Schmerzensgeldbetrages, weil der immaterielle Schadensersatz maßgeblich auf das Verschulden des Schädigers und damit die subjektive Vorwerfbarkeit abstellt (KG NZV 2002, 34: Motorrad). Unter dem Gesichtspunkt des mit zu berücksichtigenden Verschuldensgrades des Schädigers kann andererseits aber auch eine ggf gebotene Herabsetzung des Schmerzensgeldbetrages bei einem bes **verantwortungslosen Schädiger** gänzlich unterbleiben (München NJW-RR 1999, 820), während bei leichtester Fahrlässigkeit und kaum spürbaren Schadensfolgen umgekehrt die immaterielle Entschädigung auch vollständig entfallen kann (Zweibrücken NJW-RR 2001, 595: Schädigung durch Lärm, der Geschädigte hatte sich aber nicht von der Lärmquelle entfernt).

3. Umstände in der Person des Schädigers. a) **Grad des Verschuldens/Regulierungsverzögerung.** Der bei 45
der Schmerzensgeldbemessung aufgrund der Genugtuungsfunktion in Bezug zu nehmende Gesichtspunkt des Verschuldens (vgl vorherige Rz) macht deutlich, dass die subjektive Vorwerfbarkeit eine bes entscheidende Komponente für § 253 darstellt (BGHZ GS 18, 149, 157 f; PWW/*Medicus* Rn 12; Palandt/*Heinrichs* Rn 18; Staud/*Schiemann* Rn 40). **Ganz leichtes Verschulden** soll zu einer Erniedrigung des Umfangs des immateriellen Schadensersatzes führen, **grob fahrlässiges** und erst recht **vorsätzliches Verhalten** dagegen zu einer Erhöhung (BGHZ GS 18, 149, 158; 128, 117 ff). Ist der **Schädiger alkoholisiert**, führt dies jedoch

regelm zu einer Erhöhung des Schmerzensgeldes, da er sich mit der Alkoholisierung nicht entlasten kann (Frankfurt aM DAR 1994, 119; Düsseldorf VersR 1989, 1203; Hamm OLGR 2001, 240). Anspruchserhöhend wirkt auch eine ungebührliche (verschuldete) Regulierungsverzögerung seitens des Schädigers oder seiner Versicherung (Naumburg NJW-RR 2002, 672; Karlsruhe VersR 2004, 1423; KG NZV 2007, 301; LG Berlin NJW 2006, 702; Palandt/*Heinrichs* Rn 18).

46 Die Rspr hatte noch keine Gelegenheit, sich auf die **Auswirkungen der Erstreckung des immateriellen Schadensersatzes auf vertragliche Pflichtverletzungen und Gefährdungshaftungstatbestände** zu äußern. In der Lit wird vorgeschlagen, dass der Genugtuungsfunktion bei der Ausdehnung des Schmerzensgeldes auf vertragliche Ansprüche nur noch eine eingeschränkte Bedeutung zuzuerkennen sei, weil diese vielfach in einfacher Fahrlässigkeit begangen werden (Jauernig/*Teichmann* Rn 3; PWW/*Medicus* Rn 13). Insofern läge auch eine Herabsetzung des Schmerzensgeldes bei Beeinträchtigung immaterieller Rechtsgüter nahe. Die Beträge der Höhe nach zu reduzieren, wenn eine Haftung ohne Verschulden vorliegt, wird auch für die Gefährdungshaftungstatbestände postuliert, die nach der Schadensrechtsreform immateriellen Schadensersatz zulassen (Hk-BGB/*Schulze* Rn 16; MüKo/*Oetker* Rn 49; *Katzenmeier* JZ 2002, 1029, 1031). Eine Reduzierung des immateriellen Schadensersatzes auf Null wegen fehlenden Verschuldens kommt jedoch nicht in Betracht, denn dies würde die Absicht des Gesetzgebers, die Gefährdungshaftungstatbestände in den immateriellen Schadensersatz einzubeziehen, gänzlich konterkarieren.

47 **b) Nicht zu berücksichtigende bzw str Umstände.** Str ist, ob die **wirtschaftlichen Verhältnisse des Schädigers** Berücksichtigung finden sollten (abl BGHZ GS 18, 149, 165 f; differenzierend jurisPK/*Vieweg* Rn 75; Jauernig/*Teichmann* Rn 5). Keine Auswirkung auf die Höhe des zuzumessenden Schmerzensgeldes darf jedoch eine etwaige **Bestrafung des Täters** haben (BGHZ 128, 117, 120 f; BGH NJW 1996, 1591; aA Düsseldorf VersR 1997, 66; BaRoth/*Spindler* Rn 15). Die abw Ansicht (Düsseldorf NJW 1974, 1289) mag zwar unter dem Gesichtspunkt der Genugtuung in gewisser Weise diskutabel sein, ist aber iE unerträglich, da die Kriminalstrafe gerade schwerste Eingriffe pönalisiert und bei diesen – auch im Hinblick auf den Schutzzweck der Norm – gerade keine Herabsetzung des Schmerzensgeldes geboten ist (PWW/*Medicus* Rn 18).

48 **4. Persönliche Verbindungen zwischen Schädiger und Geschädigtem/Anlass der Schädigung.** Auch die persönliche Verbindung zwischen Schädiger und Geschädigtem und der Anlass der Schädigung (**Gefälligkeit**) spielt bei der Zuerkennung von Schmerzensgeld eine Rolle (PWW/*Medicus* Rn 12; Palandt/*Heinrichs* Rn 18). Ereignet sich das schädigende Ereignis auf einer gemeinsamen Unternehmung von Schädiger und Geschädigtem, kommt nach dem Gedanken des § 254 eine Herabsetzung in Betracht (Frankfurt aM VersR 1975, 1053, 1054: **Jagdunfall**; Karlsruhe VersR 1977, 936: **Zechtour**). Dies gilt auch bei einer **vom Geschädigten provozierten Auseinandersetzung** (Frankfurt aM NJW 2000, 1424). Die Genugtuungsfunktion tritt iÜ dann zurück, wenn Schädiger und Geschädigter **Angehörige derselben Familie** sind, so dass man auch bei der Schadensregulierung Rücksichtnahme erwarten kann (BGHZ 53, 352, 356; BGH NJW 1973, 1654; PWW/*Medicus* Rn 21; Palandt/*Heinrichs* Rn 19). In diesem Fall darf das zuzuerkennende Schmerzensgeld herabgesetzt werden oder ganz entfallen (BGHZ 61, 101, 108; Hamm VersR 1998, 1392; aA MüKo/*Oetker* Rn 54). Dies gilt nicht, wenn der Schaden von einer Haftpflichtversicherung getragen wird (BGHZ 63, 51 ff), da die hierfür aufgebrachten Aufwendungen gerade im Schadensfall für sämtliche im Haftpflichtvertrag beschriebenen Schäden eingreifen sollen und eine Deprivilegierung von Angehörigen nach dem Schutzzweck des Vertrages nicht gerechtfertigt ist. Dagegen findet insbes bei Verletzung der **sexuellen Selbstbestimmung** eine Erhöhung statt, wenn das **Vertrauensverhältnis** zwischen Familienangehörigen bzw Verwandten ausgenutzt wird (Hamm VersR 2002, 65).

49 **G. Art und Weise der Entschädigung/Übertragbarkeit des Anspruchs.** In der Lit wird zutr geltend gemacht, dass die Zahlungsweise des Schmerzensgeldes (einmaliger Betrag, Rente, Mischform) davon abhängen sollte, was dem Normzweck am besten entspricht (Jauernig/*Teichmann* Rn 5). Insofern ist grds davon auszugehen, dass ein einmaliger Festbetrag zu zahlen ist, der den gesamten immateriellen Schaden abdeckt (Düsseldorf NJW-RR 2001, 890; Palandt/*Heinrichs* Rn 22; PWW/*Medicus* Rn 19; Staud/*Schiemann* Rn 45; BaRoth/*Spindler* Rn 66; MüKo/*Oetker* Rn 58; Jauernig/*Teichmann* Rn 5). Eine **Geldrente** kommt dann in Betracht, wenn sie (1.) dem Willen des Geschädigten entspricht (Schleswig NJW-RR 1992, 95) und (2.) der Geschädigte **Dauerschäden** erleidet (BGHZ GS 18, 149, 167 ff; 113, 284 ff; BGH VersR 1976, 967, 968; Jauernig/*Teichmann* Rn 5; PWW/*Medicus* Rn 19).

50 Beispiele hierfür sind etwa: anhaltende Schmerzen, der Verlust von Gliedmaßen oder eine permanente Störung in den zwischenmenschlichen Beziehungen (etwa wegen: HIV-Infizierung, Querschnittslähmung, so die Beispiele bei MüKo/*Oetker* Rn 58). Eine Rentenzahlung neben der Liquidation eines Einmalbetrages kommt nur dann in Frage, wenn »schwerste Schäden« mit Dauerwirkung vorliegen (BGH NJW 1955, 1675; 1957, 383; 1994, 1592; München NZV 2005, 143; Palandt/*Heinrichs* Rn 22; Jauernig/*Teichmann* Rn 5). Die Beanspruchung einer **Geldrente** ist hingegen **ausgeschlossen**, wenn der Verletzte im Prozess einen **Kapitalbetrag beantragt** hat (§ 308 Abs 1 ZPO; vgl auch MüKo/*Oetker* Rn 57). Die Besorgnis des Schädigers oder Dritter, der Geschädigte könnte einen Kapitalbetrag »verwirtschaften«, reicht ferner nicht aus, eine Geldrente zuzusprechen (BGH VersR 967, 968), da dem Gläubiger im Rahmen des Zumutbaren für den Schädiger grds die

Dispositionsbefugnis über die Kompensationsleistung zusteht. Der Anspruch auf Zahlung von Schmerzensgeld ist ohne Einschränkung **übertragbar**, **pfändbar** und **vererblich** (BGH NJW 1995, 783; Jauernig/*Teichmann* Rn 5; Palandt/*Heinrichs* Rn 23).

H. Prozessuale Aspekte. I. Unbezifferter Klageantrag. Der immaterielle Schadensersatzanspruch ist der klassische Anwendungsbereich für einen unbezifferten Klageantrag. Der Geschädigte kann entgegen der Grundregel des § 253 Abs 2 Nr 2 ZPO die **Höhe des Anspruchs** in das **Ermessen des Gerichts** stellen (BGH VersR 1992, 374; Jauernig/*Teichmann* Rn 6; Palandt/*Heinrichs* Rn 25). Der Grund liegt darin, dass ihm die genaue Bezifferung häufig nicht möglich ist (PWW/*Medicus* Rn 22) und er damit riskiert, wegen einer etwaigen Zuvielforderung eine teilw Klageabweisung mit entspr Kostenlast herbeizuführen. Zumutbarkeitsgründe gebieten es mithin, dass der Schmerzensgeldbetrag nicht genau beziffert werden muss, zumal das Gesetz von »billigem Ermessen« spricht (BGHZ 132, 341 ff; BGH NJW 1969, 1427). Allerdings hat der Geschädigte die **maßgeblichen Tatsachen** vorzutragen, die für die Bemessung eine Rolle spielen (BGH NJW 1996, 2425; 2002, 3769; Palandt/*Heinrichs* Rn 25). Außerdem ist er gehalten, zumindest eine **ungefähre Größenordnung** anzugeben. Das Gericht ist daran jedoch nicht gebunden (BGHZ 132, 341, 350 f; VersR 2002, 1521, 1522; Jauernig/*Teichmann* Rn 6). Ein Mindest- und/oder Höchstbetrag muss nicht genannt sein (BGHZ 132, 341, 350 f). 51

II. Grund- und Teilurteil. Grds ist der Anspruch als Ganzer zuzusprechen (Stuttgart NJW-RR 2003, 969: kein »Teil-Schmerzensgeld«). Die Zuerkennung eines Teilbetrags ist nur dann zulässig, wenn ein gewisser Abschluss in der Schadensentwicklung eingetreten ist, aber noch nicht alle Folgen übersehbar sind (BGH NJW 1975, 1463, 1465; VersR 2004, 1334, 1335). Der Geschädigte kann dann bzgl künftiger immaterieller Schäden einen Feststellungsantrag stellen, so dass ein Grund- und Teilurteil ergehen kann und die Entscheidung über die Höhe künftiger immaterieller Schäden einem Schlussurteil vorbehalten wird (vgl auch MüKo/*Oetker* Rn 61; jurisPK/*Vieweg* Rn 105; BaRoth/*Spindler* Rn 68). 52

§ 254 Mitverschulden.

[1] Hat bei der Entstehung des Schadens ein Verschulden des Beschädigten mitgewirkt, so hängt die Verpflichtung zum Ersatz sowie der Umfang des zu leistenden Ersatzes von den Umständen, insbesondere davon ab, inwieweit der Schaden vorwiegend von dem einen oder anderen Teil verursacht worden ist.

[2] Dies gilt auch dann, wenn sich das Verschulden des Beschädigten darauf beschränkt, dass er unterlassen hat, den Schuldner auf die Gefahr eines ungewöhnlich hohen Schadens aufmerksam zu machen, die der Schuldner weder kannte noch kennen musste, oder dass er unterlassen hat, den Schaden abzuwenden oder zu mindern. Die Vorschrift des § 278 findet entsprechende Anwendung.

A. Allgemeines. I. Funktion. § 254 ist auf die **Abwägung der schadensstiftenden Verursachungsbeiträge** zwischen Geschädigtem und Schädiger gerichtet (Palandt/*Heinrichs* Rn 1). Die Norm eröffnet unter **Abweichung vom Grundsatz des »Alles-oder-Nichts-Prinzips«** des Schadensrechts (s dazu *Tonner/Tamm* § 249 Rz 7) die Möglichkeit, den vom Geschädigten selbst gesetzten Verursachungsbeitrag anspruchsmindernd zu berücksichtigen (BGHZ 56, 170; BGH NJW 1994, 798; Hk-BGB/*Schulze* Rn 1; jurisPK/*Rüßmann* Rn 2). Daraus erklären sich Versuche, den Anwendungsbereich der Regelung extensiv auszulegen (Jauernig/*Teichmann* Rn 1). 1

Dabei erfasst § 254 sehr unterschiedliche Fälle des »Mitverschuldens«, die nicht nur ein vorwerfbares rechtswidriges Handeln gegen einen anderen in Bezug nehmen, sondern auch ein »Verschulden gegen sich selbst« (Hk-BGB/*Schulze* Rn 1; Jauernig/*Teichmann* Rn 3; Palandt/*Heinrichs* Rn 1; krit zu diesen Erklärungsversuchen Soergel/*Mertens* Rn 4). Der Begriff des »Verschulden gegen sich selbst« ist in diesem Zusammenhang aber ungenau, weil missverständlich. Besser wäre es, von einer **Obliegenheitsverletzung** auszugehen (grundlegend *R Schmidt* Die Obliegenheiten 1953 S 105 ff; BGHZ 135, 235, 240; Staud/*Schiemann* Rn 30; MüKo/*Oetker* Rn 3). Denn der Begriff des »gegen sich selbst gerichteten Verschuldens« (grundlegend *Zitelmann* Recht des BGB AT 1900 S 166) könnte schon deshalb falsche Assoziationen hervorrufen, weil ein Verschuldensvorwurf immer an eine Rechtspflichtverletzung anknüpft. Es geht aber bei § 254 um keine echte »Pflicht« des Geschädigten. Aufgegriffen wird vielmehr ein Fall eines an den Geschädigten gerichteten **Gebotes**, die **eigenen Interessen zu wahren**. Eine Außerachtlassung desselben löst mangels Pflichtcharakters denn auch keine Schadensersatzansprüche aus, sondern führt lediglich zum teilw Verlust der eigenen Rechtsposition (hier des Schadensersatzanspruches). IÜ erfasst § 254 zwar auch die »vorsätzliche« und »fahrlässige« Außerachtlassung des Gebotes zur eigenen Interessenwahrung, wofür auf den Maßstab des § 276 abgestellt werden kann, geht jedoch gerade im Zusammenhang mit der Einbeziehung von **Betriebs- und Sachgefahren** darüber hinaus. Denn ein subjektiver Vorwurf iSd § 276 (Vorsatz/Fahrlässigkeit) kann dem mit dieser Gefahr Belasteten gerade nicht gemacht werden (jurisPK/*Rüßmann* Rn 5). 2

II. Aufbau. 1. Rechtsfolge – Anspruchsminderung. Der **Aufbau** des § 254 ist etwas kompliziert. Die Rechtsfolge (Anspruchsminderung nach Abwägung der Verursachungsbeiträge/Verschulden) ist in § 254 Abs 1 S 2 formuliert. Die Voraussetzungen dafür sind in drei Tatbeständen (§ 254 Abs 1 S 1, 1. Hs, Abs 2 S 1 und S 2) geregelt (Jauernig/*Teichmann* Rn 1). 3

4 **2. Drei unterschiedliche Tatbestände.** Die Norm macht über ihre beiden Absätze deutlich, dass nicht nur die **inhaltliche Ausrichtung der Verursachungsbeiträge** (Verschulden des Geschädigten im engeren oder weiteren Sinn), sondern auch die zeitliche Abfolge der gesetzten Mitverantwortungsakte unterschiedlich ausgestaltet sein kann: Der Geschädigte kann zum einen bereits bei der **Entstehung** des Schadens durch ein **aktives Tun** mitgewirkt haben. Dieser Fall ist von § 254 Abs 1 in Bezug genommen worden. Zum andern ist es auch möglich, dass der Schaden von einem oder mehreren anderen Schädigern ohne (aktive) Mitwirkung des Geschädigten herbeigeführt wurde, der Geschädigte es aber in der Hand gehabt hatte, die Beeinträchtigung zu verhindern oder in ihren negativen Folgen abzumildern. Der Vorwurf, der die Herabsetzung des Schadensersatzanspruches in diesem Fall rechtfertigt, ist in § 254 Abs 2 S 1 auf ein Unterlassen des Geschädigten gerichtet (Hk-BGB/*Schulze* Rn 2), der hätte einschreiten können und sollen. § 254 Abs 2 S 2 steht für die Wertung des Gesetzgebers, dass dem Geschädigten nicht nur selbst gesetzte Ursachenbeiträge anspruchsmindernd zur Last fallen, sondern überdies diejenigen, die von seinem **Erfüllungsgehilfen** und den ihnen gleich gestellten Personen (§ 278, vgl zum Begriff *Hirse* § 278 Rz 9 ff) ausgehen. Allerdings ist der Anwendungsbereich dieser Regelung sehr umstr (Jauernig/*Teichmann* Rn 2; s dazu hier Rz 55).

5 **III. Legitimation der Abweichung vom Alles-oder-Nichts-Prinzip.** Die Abweichung vom »Alles-oder-Nichts-Prinzip«, die § 254 statuiert (PWW/*Medicus* Rn 1), findet letztlich ihre innere Legitimation iA, weit über das Schadensrecht hinausgreifenden **Korrektiv des Grundsatzes von Treu und Glauben** (st Rspr seit BGHZ 34, 355, 363 f; 135, 235, Palandt/*Heinrichs* Rn 2; Hk-BGB/*Schulze* Rn 1; PWW/*Medicus* Rn 1). Denn diesem Grundsatz entspringt das **Verbot des venire contra factum proprium** (vgl dazu *Tamm* § 242 Rz 55), nach dem es als widersprüchlich gewertet werden muss, wenn der Geschädigte vom Schädiger den Ersatz des gesamten Schadens verlangt, obgleich er selbst an der Verursachung oder Vergrößerung desselben mitgewirkt hat (BGHZ 34, 363 ff; BGH NJW 1997, 2234; 1998, 305; Hk-BGB/*Schulze* Rn 1; Palandt/*Heinrichs* Rn 1; Staud/*Schiemann* Rn 4; krit dazu MüKo/*Oetker* Rn 4 und PWW/*Medicus* Rn 1; zu weiteren Erklärungsversuchen s Jauernig/*Teichmann* Rn 3 mwN).

6 **IV. Fallgruppenbildung und die damit zusammenhängende Problematik.** Über die Anwendung dieses gesetzlich durch § 254 festgeschriebenen Grundsatzes als Korrektiv des schadensrechtlichen Alles-oder-Nichts-Prinzips besteht Einigkeit. Str sind aber die daraus abzuleitenden einzelnen Konsequenzen, die sich auf den Facettenreichtum der möglichen (in Bezug zu nehmenden) Mitverursachungsbeiträge beziehen. Um die Vielzahl und Komplexität der denkbaren schadensbeeinflussenden Handlungen und Unterlassungen seitens des Geschädigten systematisch erfassen zu können und damit auch das notwendige Maß an Rechtssicherheit für den Rechtsanwender zu gewährleisten, wurden und werden von der Rspr und Lit typische **Fallgruppen** herausgebildet, die eine gewisse Orientierung geben können. Ähnl wie bei § 242 bieten die Fallgruppen jedoch keine abschließende Grundlage für einen etwaigen Bewertungs-/Subsumtionsvorgang (vgl dazu *Tamm* § 242 Rz 12), so dass gerade dann, wenn keine »passende« Kategorie zur Verfügung steht, der Rechtsanwender aufgefordert bleibt, unter **Abwägung aller Umstände des Einzelfalls eine eigene wertende Betrachtung** vorzunehmen, wobei er freilich auf die den Fallgruppen unterlegten allg anerkannten Bewertungsmaßstäbe rekurrieren soll und darf.

7 **B. Anwendungsbereich.** Als haftungsausfüllende Norm gilt § 254 unabhängig davon, ob es sich um schadensersatzgewährende Ansprüche innerhalb oder außerhalb des BGB oder um eine **Verschuldens-, Garantie- oder** eine **Gefährdungshaftung** handelt (Hk-BGB/*Schulze* Rn 3; Jauernig/*Teichmann* Rn 1; Palandt/*Heinrichs* Rn 2; Staud/*Schiemann* Rn 5). Sie bezieht sich damit etwa auf die **vertraglichen Schadensersatzansprüche** nach **§§ 280 ff, 536a** (BGH NJW-RR 1991, 971), **§§ 437 Nr 3, 634 Nr 4, 701** (RGZ 75, 394), aber auch auf deliktische Anspruchspositionen, die nach **§§ 823 ff** sowohl die Verschuldens- als auch die Gefährdungshaftungstatbestände erfassen (zu § 833 S 1 vgl Koblenz NJW 2003, 2834; zum Ganzen s Jauernig/*Teichmann* Rn 1; Hk-BGB/*Schulze* Rn 3). Möglich ist ferner die Anwendung im Rahmen der GoA, wenn die nach **§ 670** zu ersetzenden Aufwendungen schadensähnlich sind (BAG NJW 1981, 702; PWW/*Medicus* Rn 2; Palandt/*Heinrichs* Rn 3). Einig ist man sich ferner bzgl der Anwendung der für die Mitverursachung herausgebildeten Grundsätze im Rahmen der **Amtshaftung** nach **§ 839**, jedenfalls sofern nicht das Mitverschulden den Anspruch ganz nach § 839 Abs 3 ausschließt (Hk-BGB/*Schulze* Rn 3; Palandt/*Heinrichs* Rn 2). **Ausgeschlossen** ist jedoch die Anwendung des § 254 auf **Erfüllungsansprüche** (BGH NJW 1957, 1917; 1967, 248; NJW-RR 2006, 394, 396; Palandt/*Heinrichs* Rn 4). IÜ wird die Regelung auch für die Quotelung der Ansprüche aus einem **EBV** nach **§§ 989, 990** herangezogen (BGH BB 1954, 758) und sogar für die Schadenszumessung bei der **Haftung auf das negative Interesse nach §§ 122, 179, 311** fruchtbar gemacht (BGH NJW 1969, 1380; BaRoth/*Unberath* Rn 6; Jauernig/*Teichmann* Rn 1; Hk-BGB/*Schulze* Rn 3; Palandt/*Heinrichs* Rn 2; krit Staud/*Schiemann* Rn 13; PWW/*Medicus* Rn 5: keine Schadensteilung, sondern Haftungsausschluss – jedenfalls mit Bezug auf §§ 122 Abs 2 und 179 Abs 3 S 1).

8 Viele Normen außerhalb des BGB nehmen überdies auf § 254 Bezug. Zu erwähnen in diesem Zusammenhang sind etwa **§ 9 StVG, § 4 HaftpflG, § 6 Abs 1 ProdHaftG, § 11 UmwelthaftG, § 43 LuftVG, § 27 AtomG § 85 AMG, § 32 GenTG** (Jauernig/*Teichmann* Rn 1; PWW/*Medicus* Rn 1). Eine entspr Anwendung wird ferner befürwortet für den **Ausgleich zwischen Gesamtschuldnern** (st Rspr seit BGHZ 43, 227, 231; Palandt/

Heinrichs Rn 2; PWW/*Medicus* Rn 2; Staud/*Schiemann* Rn 21; *Zerres* § 426 Rz 8), und im Rahmen der rechtlichen Erfassung des Zusammenwirkens zwischen Vertreter und Vertragspartner beim **Vollmachtsmissbrauch** (BGHZ 50, 112, 114; Jauernig/*Teichmann* Rn 1; Hk-BGB/*Schulze* Rn 3). IÜ sollen die Grundsätze zum Mitverschulden in Bezug auf **§ 1004** eine entspr Geltung beanspruchen (BGHZ 110, 331, 317; BGH NJW 1997, 1235; Jauernig/*Teichmann* Rn 1; Hk-BGB/*Schulze* Rn 3; PWW/*Medicus* Rn 2).

Das System der Rechts- und Sachmängelhaftung ordnet ferner über die o.g. Vorschriften (§§ 280 ff, 437, 536a, 634) hinaus in dem jeweiligen vertraglichen Kontext häufig den Ausschluss der Haftung des Schuldners bei Kenntnis des Gläubigers vom Mangel an (vgl **§ 442**). Diese Anordnungen sind als **spezielle Ausflüsse des Rechtsgedankens des § 254** zu verstehen (Palandt/*Heinrichs* Rn 2: Sonderregel), die wegen der gesonderten Anordnungen die Grundregelung für den von ihnen bezogenen Bereich verdrängen (vgl dazu BGH NJW 1965, 1276; 1978, 2240; 1993, 1644; Köln DAR 1975, 214; Jauernig/*Teichmann* Rn 2; Staud/*Schiemann* Rn 13, 24). 9

Weitere inhaltliche **Modifizierungen** in Bezug auf § 254 statuieren **§ 17 StVG** und **§ 736 HGB** (Hk-BGB/*Schulze* Rn 3; Palandt/*Heinrichs* Rn 6). Anwendbar ist § 254 iÜ auch, wenn ein beiderseitiges Verschulden im Leistungsstörungsrecht gegeneinander abzuwägen ist, zB beim Rücktritt gem **§§ 323, 326 Abs 5** (Jauernig/*Teichmann* Rn 1; PWW/*Medicus* Rn 2). Sinngemäß wird § 254 schlussendlich im öffentlichen Recht angewendet (vgl zu **§ 14 PostG** und **§ 93 Abs 3 S 2 BauGB** etwa PWW/*Medicus* Rn 2; Palandt/*Heinrichs* Rn 5). Die Norm wird insbes beim **Aufopferungsanspruch** und beim **enteignungsgleichen Eingriff** in Ansatz gebracht (BGHZ 45, 290, 294 ff; 90, 17, 32 ff; PWW/*Medicus* Rn 2). 10

C. Berücksichtigung des Mitverschuldens bei der Schadensentstehung (§ 254 Abs 1). I. Allgemeines. § 254 regelt drei Tatbestände der zu berücksichtigenden Mitverantwortung des Geschädigten (§ 254 Abs 1, Abs 2 S 1 und Abs 2 S 2; s dazu Rz 3). § 254 Abs 1 nimmt zunächst pauschal ein »**Mitverschulden**« des Geschädigten in Bezug, »**das bei Entstehung des Schadens mitgewirkt**« hat. Insofern ist der Grad der haftungsbegründenden Kausalität und die subjektive Vorwerfbarkeit zu prüfen. Aus dem weiten dogmatischen Verständnis (grundlegend *Stoll* Das Handeln auf eigene Gefahr 1961; *Looschelders* Die Mitverantwortlichkeit des Geschädigten im Privatrecht 1999) des § 254 folgt eine extensive Anwendung des § 254 Abs 1 (Jauernig/*Teichmann* Rn 5; Palandt/*Heinrichs* Rn 1). 11

1. Deliktsfähigkeit als Voraussetzung. Eingangsvoraussetzung für die Berücksichtigung eines etwaigen »Mitverschuldens« seitens des Geschädigten ist allerdings seine schadensrechtliche Verantwortlichkeit (Palandt/*Heinrichs* Rn 61; zu befürworteten Ausn in Fällen der Sach- und Betriebsgefahr vgl Jauernig/*Teichmann* Rn 7; PWW/*Medicus* Rn 32). Diese orientiert sich am **Maßstab der §§ 827, 828** (BGHZ 9, 316, 317; 24, 325, 327; Jauernig/*Teichmann* Rn 7; Staud/*Schiemann* Rn 42). Der Umstand führt dazu, dass ein Mitverschulden von Kindern mangels Deliktsfähigkeit im Straßenverkehr (dort unter 10 Jahren) nach **§ 828 Abs 2** ausgeschlossen ist (PWW/*Medicus* Rn 12). Ob auch die von **§ 829** angenommene Einstandspflicht bei § 254 eine Rolle spielen darf, ist umstr. Nach dem BGH soll es auch insoweit ausreichen, dass die Vermögensverhältnisse der Beteiligten einen Billigkeitsausgleich verlangen (BGHZ 37, 102, 105 ff; BGH NJW 1969, 1762 f; zust auch BaRoth/*Unberath* Rn 11; Palandt/*Heinrichs* Rn 9). In der Lit wird dies wegen der Entwertung des von § 254 explizit geforderten Mitverschuldensanteils, der eben nicht nur auf eine Billigkeitshaftung hinausläuft, zu Recht krit gesehen (jurisPK/*Rüßmann* Rn 9; PWW/*Medicus* Rn 13; generell gegen die Einbeziehung von bloßen Billigkeitsgesichtspunkten auch Jauernig/*Teichmann* Rn 5). 12

2. Weite Definition für das »Mitverschulden«. a) Verschulden im engeren und weiteren Sinne. Jenseits der Problematik der grds notwendigen Deliktsfähigkeit des Geschädigten ist das von § 254 Abs 1 in Bezug genommene »Verschulden« in jedem Fall bei einer subjektiven Vorwerfbarkeit iSe **vorsätzlichen** oder **fahrlässigen Mitverursachung des Schadens** gegeben (Palandt/*Heinrichs* Rn 8). Allerdings kann dieses in Fällen der verschuldensunabhängigen Garantie- und Gefährdungshaftung entbehrlich sein; hier kommt es auf ein abstrakt gefährliches Verhalten, eine Betriebs- oder Sachgefahr an, die sich realisiert hat und dem Geschädigten zur Last fällt (Hk-BGB/*Schulze* Rn 4; Jauernig/*Teichmann* Rn 5; jurisPK/*Rüßmann* Rn 5; Palandt/*Heinrichs* Rn 8 ff, 11). 13

Insofern lässt sich verallgemeinern, dass es grds ausreichend ist, wenn der Geschädigte objektiv einen eigenverantwortlichen Beitrag in Bezug auf die Herbeiführung des Schadens gesetzt hat. Dafür soll jedes **Verhalten des Geschädigten** in Bezug genommen werden können, das innerhalb seines **Risiko- und Verantwortungsbereiches** liegt und adäquat kausal zum **Entstehen des Schadens oder zu seiner Vergrößerung beigetragen** hat, wobei hinsichtlich der rechtlichen Zurechenbarkeit auch Gesichtspunkte des Schutzzweckes der Norm in Ansatz zu bringen sind (BGHZ 52, 168 ff; Hk-BGB/*Schulze* Rn 4, 5; Palandt/*Heinrichs* Rn 8; Jauernig/*Teichmann* Rn 5; Staud/*Schiemann* Rn 32 ff; MüKo/*Oetker* Rn 32 f; PWW/*Medicus* Rn 9 f). Es gelten insoweit die gleichen Grundsätze wie bei § 249 (*Tonner/Tamm* § 249 Rz 74 ff). 14

b) Berücksichtigung der Sach- und Betriebsgefahr. Im Grenzbereich der Risiko- und Verantwortungssphäre im Übergang zum allg Lebensrisiko ist dem Geschädigten nach dem weiten Verständnis des § 254 auch die sich verwirklichende **allg Sach- und Betriebsgefahr** anzulasten (BGHZ 135, 235, 240; BGH NJW 15

1972, 1416; 1978, 2503; BaRoth/*Unberath* Rn 9; Hk-BGB/*Schulze* Rn 4; MüKo/*Oetker* Rn 3, 29; Jauernig/*Teichmann* Rn 5; Staud/*Schiemann* Rn 30; PWW/*Medicus* Rn 32). Insofern gilt der Grundsatz, dass der Eigentümer im eigenen Interesse die Verantwortung für seine Sache zu tragen und das daraus herrührende Risiko zu verantworten habe. Die Wertung ist auf andere Rechte und Rechtsgüter zu übertragen. So hat der Geschädigte auch für den Erhalt seiner Gesundheit zu sorgen (Hk-BGB/*Schulze* Rn 5).

16 **3. Schrittfolge der Prüfung.** Da das weit zu verstehende Mitverschulden iSd § 254 Abs 1 sowohl objektive als auch subjektive Komponenten ausweist (vgl dazu vorherige Rz), diese bei der nach § 254 anzustellenden Abwägung der Mitverschuldensanteile der Beteiligten unterschiedliches Gewicht haben und im einzuordnenden Sachverhalt auch gekoppelt auftreten können, ist das **Verhältnis der Abwägungskriterien** zueinander zu bestimmen. In der Rspr und Lit wird insofern zutr vertreten, dass zunächst das **Gewicht der Kausalität** des gesetzten **objektiven Ursachenbeitrags** zu ermitteln ist. Es geht hier darum einzuschätzen, mit welchem Grad an Wahrscheinlichkeit die jeweiligen Verhaltensweisen die Rechts- bzw Rechtsgutsverletzung herbeigeführt haben (BGH NJW 1952, 538 f; 1994, 379; 1969, 789, 790; Staud/*Schiemann* Rn 119; Jauernig/*Teichmann* Rn 6; krit *Rother* Haftungsbeschränkung im Schadensrecht 1965 S 58 f; ebenso wegen des Gleichlaufs von objektivem Ursachenbeitrag und subjektivem Vorwurf bei Voraussehbarkeit PWW/*Medicus* Rn 35). Erst im Anschluss daran ist der **Grad des Verschuldens** zu berücksichtigen (Karlsruhe WM 1975, 462; Jauernig/*Teichmann* Rn 6).

17 Dabei gilt (zu weiteren Details Rz 60 ff): Kommt eine in Ansatz zu bringende Betriebsgefahr mit einem Verschulden zusammen, erhöht sich der »Mitverschuldensanteil« (KG VersR 1976, 371; Düsseldorf DAR 1977, 188). Gegenüber einem Vorsatz bleibt Fahrlässigkeit andererseits grds (Ausn BGH NJW 2002, 1646) außer Betracht (BGH ZIP 1984, 160; Jauernig/*Teichmann* Rn 6; PWW/*Medicus* Rn 37). Doch darf der Vorsatz des Schädigers nicht schlechthin zum Freibrief für jeden Leichtsinn des Geschädigten werden (BGH NJW 2002, 1643, 1646; PWW/*Medicus* Rn 37).

18 **II. Einzelne Fallgruppen zum Mitverschulden nach § 254 Abs 1.** In Bezug auf die unterschiedlichen Lebens- und Gefahrenbereiche hat sich eine umfangreiche Kasuistik herausgebildet, wobei sich in bestimmten Fallgruppen feststehende Rechtsprechungsleitsätze niedergeschlagen haben, die nachfolgend überblicksartig referiert werden sollen.

19 **1. Verkehrsunfälle. a) Missachtung der Anschnallpflicht.** Im Rahmen von Schadensersatzansprüchen, die sich auf Verkehrsunfälle gründen, stellt es eine anspruchsmindernde Obliegenheitsverletzung des Geschädigten dar, wenn **zu schnell gefahren** wird (BGHZ 117, 337 ff; PWW/*Medicus* Rn 7) oder gegen die **Anschnallpflicht verstoßen** wurde (vgl § 21a StVG; st Rspr, etwa BGHZ 74, 25, 28; 83, 71, 73; 119, 268, 270; NJW 2001, 1485; Karlsruhe VRS 1983, 96; Jauernig/*Teichmann* Rn 5; Staud/*Schiemann* Rn 50; jurisPK/*Rüßmann* Rn 11; Hk-BGB/*Schulze* Rn 6; zur verfassungsrechtlichen Unbedenklichkeit: BVerfG NJW 1987, 180). Das insoweit prinzipiell in Ansatz zu bringende Mitverschulden soll jedoch unter rechtlichen Gesichtspunkten unberücksichtigt bleiben, wenn der Geschädigte einen Anspruch auf eine Ausnahmegenehmigung hatte, denn hätte er von ihr Gebrauch gemacht, wäre der Schaden auch so in vollem Umfang eingetreten (BGHZ 119, 268, 271). Überdies kann der durch die Verletzung der Anschnallpflicht gesetzte Ursachenbeitrag des Geschädigten im Einzelfall so gering sein, dass sich bei einer Gesamtabwägung der Umstände eine Minderung des Schadensersatzanspruchs nach § 254 Abs 1 als unbillig erweisen würde (BGH NJW 1998, 1137, 1138). Dann soll die Missachtung der Anschnallpflicht ausnahmsw außer Betracht bleiben dürfen (Hk-BGB/*Schulze* Rn 6).

20 **b) Missachtung der Helmpflicht/unbeleuchtetes Fahrrad.** Besteht eine gesetzliche Pflicht in Bezug auf das Tragen eines Schutzhelmes, führt auch ein Hinwegsetzen darüber zu einer Anspruchsminderung auf Seiten des Geschädigten. Dies wurde in der Rspr bereits für **Motorradfahrer** herausgearbeitet (BGH NJW 1965, 1075; 1970, 944, 946; Hk-BGB/*Schulze* Rn 6; Palandt/*Heinrichs* Rn 21). Da der Gesetzgeber für **Fahrradfahrer** derzeit noch keine Helmpflicht eingeführt hat, dürfen sie nicht mit Motorradfahrern gleichgestellt werden. Darüber rechtfertigt es sich, dass bei Nichttragung eines Fahrradhelmes auch keine (ungeschriebene) Obliegenheitsverletzung angenommen werden kann (Nürnberg MDR NJW-RR 1991, 546; 1999, 1384). Freilich kann sich aus einer bes riskanten Fahrweise auch etwas anderes ergeben. In der Lit wird in Bezug auf die Frage des in einen Unfall verwickelten Radfahrers, der keinen Helm getragen hat, darauf hingewiesen, dass sich die **Verkehrsanschauung** über das Helmtragen bereits geändert hat, weil die allg Gefahren, die mit dem Radfahren verbunden sind, aufgrund der Zunahme des Verkehrs umfangreicher geworden sind. Deshalb soll es gerechtfertigt sein, auch ohne eine explizite Rechtspflicht zum Tragen eines Schutzhelmes eine Obliegenheitsverletzung anzunehmen (Staud/*Schiemann* Rn 51; MüKo/*Oetker* Rn 42; jurisPK/*Rüßmann* Rn 12). Dem ist zuzustimmen.

21 Ein verkehrssicheres **Fahrrad** erfordert iÜ ein **funktionstaugliches Vorder- und Hinterlicht**, das bei entspr Gefahrenlage (namentlich bei Dunkelheit, Nebel) auch einzuschalten ist. Ist das Fahrrad bei schlechter Sicht unbeleuchtet, ist dadurch selbst dann ein anrechenbarer Verursachungsbeitrag seitens des Geschädigten gesetzt worden, wenn dieser das Fahrrad im Verkehr nicht fährt, sondern nur schiebt (BGH NJW 1996, 2023).

c) Überquerung der Straße durch einen Fußgänger. Für den **Fußgänger** gilt, dass er eine Straße nicht an einer ungesicherten Stelle überqueren darf, wenn sich ein **gesicherter Überweg** in der Nähe befindet (BGH NJW 1959, 1363; 2000, 3069, 3070; Celle VersR 1990, 912; Hk-BGB/*Schulze* Rn 6). Aber auch bei an sich gesicherten Überwegen muss er sich **vergewissern, ob er die Straße gefahrlos überqueren kann** (BGH NJW 1966, 1211, 1212 f; Palandt/*Heinrichs* Rn 19). Bei **schlechter Sicht hat er** bes auf den Verkehr zu achten, um die Gefahren abschätzen zu können (Hamm NJW-RR 2001, 1317). 22

d) Minderungsquoten. Die **Minderungsquote** bei **Verletzung der Anschnallpflicht** bzw der **Pflicht, einen Helm zu tragen**, wird mit **15-50%** angenommen (MüKo/*Oetker* Rn 43 mit Rspr-Nw in Fn 150). 23

2. Körperverletzungen. In Bezug auf Körperverletzungen (außerhalb des Straßenverkehrs) gelten folgende Grundsätze: Wer einen tätlichen Angriff **provoziert**, begründet ein Mitverschulden nach § 254 Abs 1 (BGH VersR 1965, 1152; 1982, 69; Hk-BGB/*Schulze* Rn 6; Palandt/*Heinrichs* Rn 30), ebenso, wer durch einen Angriff eine **Überschreitung des Notwehrrechts** des Angegriffenen auslöst (BGH VersR 1967, 477). Auch bei Verletzungen durch **Tiere** muss sich der Verletzte uU ein Mitverschulden anrechnen lassen, so, wenn er zu einem Pferd nicht den notwendigen Sicherheitsabstand einhält (Düsseldorf VersR 1997, 633; Koblenz VersR 2003, 1417; Schleswig NJW-RR 2004, 382, 383). 24

Die Drehscheibe eines **Karussells** darf man nicht vor ihrem endgültigen Stillstand betreten (Düsseldorf NJW-RR 1999, 1188), und auf ein in Fahrt befindliches **Go-Kart** darf man nicht von hinten aufspringen (Koblenz VersR 2005, 705, 706). Mitverschulden liegt auch vor, wenn man sich auf der nicht mit Sicherheitsgurten ausgestatteten **Rückbank eines Sportwagens** mitnehmen lässt (Karlsruhe NZV 1999, 422) oder **Pannenhilfe** ohne ausreichende Absicherung leistet (BGH NJW 2001, 149, 150 f). Der Ehemann darf den **ertappten Liebhaber** der Ehefrau nicht ohne Weiteres verprügeln (Bremen OLGR 2007, 639; vgl auch jurisPK/*Rüßmann* Rn 15). 25

3. Sorgfaltspflichten des Geschädigten im täglichen Leben/Verkehrssicherungspflichten des Schädigers. 26
a) Allgemeines. Ansprüche, die aus außer Acht gelassenen Verkehrssicherungspflichten seitens des Schädigers resultieren, werden seitens des Geschädigten häufig durch eigene »Mitverursachungsanteile« gekürzt (Staud/*Schiemann* Rn 53). Ein Schadensersatzanspruch gegenüber dem Schädiger kann dabei ganz scheitern, wenn schon aufgrund der Adäquanztheorie keine objektive Zurechnung des »Erfolges« herbeigeführt werden kann, weil sich auf Seiten des Geschädigten lediglich das **allg Lebensrisiko** verwirklicht hat (vgl zum Ganzen *Tonner/Tamm* § 249 Rz 83). Ist dies nicht der Fall, dh hat sich statt des allg Lebensrisikos eine (gefahrerhöhende) drittveranlasste Ursache durch Außerachtlassung von Verkehrssicherungspflichten realisiert, wird ein »Mitverschulden« am Schaden des Geschädigten iSv § 254 Abs 1 anspruchsmindernd berücksichtigt, wenn dem Geschädigten die erhöhte Gefahr zwar erkennbar war, er sich auf sie pflichtwidrig aber nicht eingestellt hat (Hk-BGB/*Schulze* Rn 6; MüKo/*Oetker* Rn 46 f).

b) Beispiele. Einzelfälle hatte die Rspr insofern ausgeurteilt, als etwa der Geschädigte im Straßenverkehr eine fremdverursachte **Ölspur** erkennen muss, auf der er ins Schleudern gerät (BGH VersR 1964, 925). Gleiches gilt für die prinzipiell bei allg anzulegender Sorgfalt erkennbare mangelnde Rutschfestigkeit einer **Pool-Umrandung** (Düsseldorf RRa 2001, 157), einer trichterförmigen Mulde auf einem **Radweg** (Bremen OLGR 2004, 128; anders für den speziellen Fall größerer Unebenheiten auf einem öffentlichen Fußweg aber BGH VersR 1969, 615, 616 f) und in Bezug auf **Unebenheiten** im Eingangsbereich einer Gaststätte (Hamm NJW 2000, 3144, 3145). Auch bei Verletzung der Streupflicht durch den Schädiger kann den Geschädigten ein Mitverschulden treffen, wenn er auf der offensichtlich eisglatten Straße geht und dabei ausrutscht (BGH NJW 1985, 483; vgl auch BGH NJW-RR 1997, 1109; Düsseldorf VersR 2000, 63; München VersR 2003, 518; Hk-BGB/*Schulze* Rn 6; Palandt/*Heinrichs* Rn 27). 27

Ein Mitverschulden liegt auch vor, wenn sich der Geschädigte aus dem **Zugfenster** lehnt (BGH NJW 1987, 2445, 2446), in einem **dunklen Treppenhaus** oder **Keller** das Licht nicht einschaltet (Köln VersR 1999, 498; Hamm VersR 1993, 491; Palandt/*Heinrichs* Rn 25), sorglos auf einer **vereisten Rodelbahn** fährt (Nürnberg NJW-RR 2002, 448, 449), in einem Supermarkt auf einem **Gemüseblatt** ausrutscht (Köln MDR 1999, 678) oder sein Fahrzeug in unmittelbarer Nähe einer **Dachlawine** abstellt (Hamm NJW-RR 2003, 1463). Der Geschädigte muss den Schaden iÜ aufgrund seines bes hohen Eigenanteils an der Herbeiführung allein tragen, wenn er als Bauunternehmer eine erkennbar **unsichere Dachleiter** benutzt (BGH VersR 1967, 187). In bes Weise einzustellen hat sich der später Geschädigte auch auf einen erkennbaren außergewöhnlichen **Abstand zwischen Bahnsteigkante und Zugtür** (Hamm NJW-RR 2000, 104, 105), auf eine Straßenbahn beim **Überqueren des Gleiskörpers** (Köln OLGR 2001, 189) und **nicht angeleinte Hunde**, wenn sie ihn als Jogger anspringen können (Koblenz VersR 2004, 1001). Sichtbar angebrachte Warnhinweise müssen überall beachtet werden (Frankfurt aM VersR 1983, 1040; zur systematisch damit im Zusammenhang stehenden Denkfigur des »Handelns auf eigene Gefahr« bei **Nichtbeachtung des Hinweises** vgl weiter unten Rz 35). 28

4. Erhöhte Sorgfaltspflichten in Bezug auf den Wert der Sache und Wirtschaftsverkehr. Allg gilt der Grundsatz, dass sich die vom Geschädigten im eigenen Interesse aufzubringenden Sorgfaltspflichten an der (erkennbaren) Gefahr für seine Rechte und Rechtsgüter zu orientieren haben. Dabei kann sich eine bes 29

Gefahr, die zu erhöhter Wachsamkeit und Sorgfaltspflicht aufruft, insbes daraus herleiten, dass die Sache oder das sonst anvertraute Gut bes wertvoll ist. Einen **Koffer mit wertvollem Inhalt** soll man vor diesem Hintergrund nicht als einfaches Reisegepäck aufgeben dürfen, ohne ein Mitverschulden zu begründen (BGHZ 24, 188, 195; AG Baden-Baden RRa 1999, 216; Palandt/*Heinrichs* Rn 16). Auch dürfen wertvolle Gegenstände nicht einfach in einem in einer Hotelgarage **abgestellten Fahrzeug** zurückgelassen werden (BGH NJW 1969, 789, 790; Palandt/*Heinrichs* Rn 16). Das gilt um so mehr, wenn das Fahrzeug unverschlossen bleibt (Karlsruhe NZV 2001, 516).

30 Ein Mitverschulden trifft auch denjenigen, der ein **Wertpaket** zu niedrig oder gar nicht deklariert (BGH NJW-RR 1989, 676; 2003, 1473; 2007, 1809; Palandt/*Heinrichs* Rn 16). Das Gleiche soll auch für den Bereich des übrigen **Frachtrechts** gelten (BGH NJW 2002, 3106; aber Kausalität verneint von Karlsruhe NJW-RR 2005, 909). Eine Ausn rechtfertigt sich nur, wenn der Frachtführer aus sonstigen Umständen den Wert des zu befördernden Gutes erkennen kann (BGH NJW-RR 2005, 1058; Hk-BGB/*Schulze* Rn 6). Eine unangemessene Sicherung stellt ferner ein einfacher **Zimmersafe** dar, wenn er zur Aufbewahrung von bes **wertvollem Schmuck** dient (Köln JMBl NRW 2005, 44). IÜ darf ein Diebstahl nicht durch Offenlassen der **Balkontür** erleichtert (Koblenz VersR 1955, 439, 440; Jauernig/*Teichmann* Rn 5) und ein wertvoller Pelz an einer **unbewachten Garderobe** abgelegt werden (BGH NJW 1973, 2102, 2103).

31 In Bezug auf den Wirtschaftsverkehr hat der BGH im Weiteren herausgestellt, dass es zwar noch kein Mitverschulden begründet, einen **Verrechnungsscheck** über einen hohen Geldbetrag **per Post zu übersenden**, wenn er auf dem Versand abhanden kommt (BGHZ 139, 108, 109 f). Dagegen darf man eine **Kreditkarte**, von der man keinen Gebrauch machen will, nicht zusammen mit der PIN in den Hausbriefkasten der Bank einwerfen, ohne sich ein Mitverschulden bei einem späteren Automatenmissbrauch anrechnen lassen zu müssen (Hamm NJW-RR 1998, 561). Auch **Scheckformulare** dürfen nicht unsorgfältig aufbewahrt werden (BGH NJW 1997, 2236, 2237).

32 Die Bank muss von ihrem Vertragspartner **nicht auf Buchungsprobleme** hingewiesen werden, sofern diese erkennbar waren (BGH NJW 1968, 742, 743). IÜ müssen **Kontonummer** und **Bankleitzahl** aber bei jeder Buchung kontrolliert werden (BGH NJW 2000, 272). Im Bereich der Unterbringung gilt ferner, dass der Hotelier auf einen nicht sicheren **Zimmersafe** aufmerksam zu machen ist, damit Abhilfe geschaffen werden kann (Karlsruhe NJW-RR 2005, 462). Dagegen muss selbst ein rechtskundiger Mandant seinen **Rechtsanwalt** nicht überwachen (BGH NJW 1992, 820; VersR 2006, 510, 511).

33 **5. Erhöhte Sorgfaltspflichten in Bezug auf vertragszweckgefährdende Umstände.** Ein Mitverschulden bei einem vertraglichen Schadensersatzanspruch kommt in Betracht, wenn der Geschädigte trotz erkennbar schlechter Vermögenslage der anderen Vertragspartei die **Geltendmachung von Ansprüchen** ohne Not **hinauszögert** (Düsseldorf WM 1996, 1082, 1089) oder trotz Verzugs den Vertrag nicht beendet (BGH NJW 1997, 1231, 1232). Auch die **Beauftragung eines Unternehmens** mit erkennbar **zweifelhafter fachlicher Kompetenz** kann zur Anrechnung eines selbst gesetzten Verursachungsbeitrags führen (BGH NJW 1993, 1192).

34 Auf **Auskünfte** darf man sich grds verlassen (BGH NJW-RR 1998, 16; NJW 2000, 1263, 1265); dies gilt insbes für Auskünfte einer **Behörde** (BGH NJW 1978, 1522, 1524; 1980, 2576, 2577), für Auskünfte eines **Rechtsanwalts** (BGH NJW 1997, 1302, 1303) oder eines **Steuerberaters** (BGH NJW 1997, 2238, 2239). Etwas anderes ist nur anzunehmen, wenn die Auskunft von einer **erkennbar nicht kompetenten Person** stammt (MüKo/*Oetker* Rn 58: Bürovorsteher des Anwalts). In Bezug auf **Übersetzerkosten** in einem späteren Rechtsstreit ist umstr, ob allein der Umstand, dass eine Partei bei Vertragsschluss nicht auf der eigenen Sprache als Vertragssprache und auf einen inländischen Gerichtsstand bestanden hat, einen Mitverschuldensanteil nach § 254 Abs 1 begründen kann. Die Rspr (Dortmund RIW 2002, 69) hat das so gesehen. In der Lit wird dagegen zutr geltend gemacht, dass zu einer Bezugnahme der eigenen Sprache und eines inländischen Gerichtsstandes keine Obliegenheit bestehe (Hk-BGB/*Schulze* Rn 6).

35 **6. Unentgeltliche Mitfahrten, sportliche Veranstaltungen, Betreten von Grundstücken (»Handeln auf eigene Gefahr«).** Die Haftung bei der unentgeltlichen Mitnahme in einem Fahrzeug und im Zusammenhang mit Sportverletzungen hat die Rspr immer wieder beschäftigt. Das Thema wird auch unter der Überschrift »**Handeln auf eigene Gefahr**« erörtert (Staud/*Schiemann* Rn 62 ff; BaRoth/*Unberath* Rn 26; *Rother* Haftungsbegrenzung im Schadensrecht 1965 S 110 ff; Jauernig/*Teichmann* Rn 14 mwN zur teilw befürworteten analogen Anwendung des § 254 Abs 1 für diesen Fall; abl zu dem Begriff jurisPK/*Rüßmann* Rn 17). Nach dem historisch gewachsenen Verständnis von dieser Fallgruppe handelt (anspruchsmindernd) auf eigene Gefahr, wer sich ohne triftigen Grund in eine Situation drohender Eigengefährdung begibt, obwohl er die bes Umstände kennt, die für ihn eine konkrete Gefahrenlage begründen (BGHZ 34, 356; 2, 163: Kennenmüssen genügt nicht; Jauernig/*Teichmann* Rn 14; Palandt/*Heinrichs* Rn 32).

36 Das Handeln auf eigene Gefahr kann als eine **Einwilligung in die Verletzung** (RGZ 141, 262 ff; BGH VersR 1959, 368; NJW 1974, 235; ausdr aber anders BGH 34, 360 ff: das Einverständnis fehlt beim Hoffen auf den schadensfreien Verlauf) oder als eine **konkludente vertragliche Vereinbarung** eines Haftungsausschlusses betrachtet werden (für die Unterbrechung des Rechtswidrigkeitszusammenhangs Jauernig/*Teichmann* Rn 16; RGZ 141, 265). Insofern muss das verletzte Rechtsgut aber der Dispositionsbefugnis des Geschädigten unterstehen. Ferner bedarf es seinerseits der Einwilligungsfähigkeit. ZT wird das Handeln auf eigene Gefahr auch durch **die Lehre von der Sozialadäquanz** gerechtfertigt (namentlich für Sportverletzungen: *Stoll* Das Handeln auf eigene Gefahr 1961 S 263 ff).

a) Unentgeltliche Mitfahrten. Sofern keine Einwilligung in die Verletzung bzw eine konkludente Vereinbarung über einen **Haftungsausschluss** vorliegt, mit deren Annahme man in Bezug auf die betroffenen Rechtsgüter und Interessenlagen nicht zu großzügig umgehen sollte (Staud/*Schiemann* Rn 64; MüKo/*Oetker* Rn 65), führt vor allem die Mitfahrt bei einem erkennbar **fahruntüchtigen Fahrer** nach heutiger Sicht zu einer Kürzung des Schadensersatzanspruchs (seit BGHZ 34, 355, 364 ff; aus der neueren Rspr der Oberlandesgerichte vgl Celle NJW-RR 2005, 752; Köln SP 2000, 3; Saarbrücken MDR 2002, 392, 393; Jauernig/*Teichmann* Rn 5, 17), weil sich hier der Geschädigte bewusst in eine Gefahr begeben hat. 37

Die Fahruntüchtigkeit kann durch **Fahren ohne Führerschein** (BGHZ 34, 355; differenzierend für den Fall, dass die Fahrerlaubnis nur auf Zeit entzogen ist Jauernig/*Teichmann* Rn 16), **Trunkenheit** (BGH VersR 1960, 479; PWW/*Medicus* Rn 9) **oder Übermüdung** (Celle VersR 1962, 1110; Düsseldorf VersR 1968, 852; 1975, 57) bedingt sein. Das Gleiche gilt für die Mitfahrt in einem **nicht zugelassenen Fahrzeug**, falls der Schaden auf die fehlende Verkehrssicherheit zurückzuführen ist (BGH VersR 1969, 424, 425) und erst recht mit einem Fahrer **ohne Fahrerlaubnis** (BGHZ 34, 355, 366). **Mangelnde Fahrpraxis** des Fahrers allein begründet kein Mitverschulden des Mitfahrers, das erst dann vorliegt, wenn die Fahrt erkennbar mit bes Schwierigkeiten verbunden ist (BGH NJW 1965, 1074, 1075). 38

b) Teilnahme an Sportveranstaltungen. Kein Mitverschulden gem § 254 Abs 1 trifft nach der Rspr und Lit denjenigen, der an **erlaubten** und **hinreichend abgesicherten** (Hamm NJW 1997, 949) **sportlichen Spielen oder entspr Veranstaltungen teilnimmt**, bei denen sich Verletzungen auch beim Einhalten der Spielregeln oder ihrem geringfügigen Überschreiten nicht vermeiden lassen (BGHZ 63, 140, 144 ff; PWW/*Medicus* Rn 40). Hierzu gehören etwa Fußballturniere, Handballveranstaltungen, Eishockeyspiele, Rad- und Motorradrennen, Segelwettfahrten, Skifahrt und Tennis (BGHZ 39, 156, 160; 63, 140, 142; BGH NJW 1984, 801, 803; VersR 2003, 77; Düsseldorf VersR 2006, 1267; Köln NJW 1962, 110, 111; Jauernig/*Teichmann* Rn 18). Etwas anderes gilt bei nicht gesicherten oder gar rechtswidrigen Veranstaltungen, wie etwa bei einem **ungenehmigten Autorennen** (Rostock OLG-NL 1996, 222). 39

c) Unbefugtes Betreten eines Grundstücks. Dringt jemand in ein hinreichend durch ein Warnschild (»**Betreten auf eigene Gefahr**«) gesichertes Grundstück ein, so liegt ein »Handeln auf eigene Gefahr« vor, das den vom Eigentümer gesetzten Verursachungsbeitrag in Bezug auf die Abschirmung der bes Gefahr, die vom Grundstück ausgeht, auch ganz zurückdrängen kann (nach aA soll bereits der Tatbestand der Verletzungshandlung durch den Eigentümer, zumindest aber die Rechtswidrigkeit seinerseits entfallen, vgl dazu Jauernig/*Teichmann* Rn 16). 40

D. Unterlassen der Warnung, der Abwendung/Minderung des Schadens (§ 254 Abs 2 S 1). § 254 Abs 2 konkretisiert mehrere (weitere) Obliegenheiten des Geschädigten, deren Verletzung ebenfalls zu einer Kürzung des Schadensersatzanspruches führen. 41

I. Warnobliegenheit (§ 254 Abs 2 S 1, 1. Alt). Die Obliegenheit zur Warnung nach § 254 Abs 2 S 1, 1. Alt setzt voraus, dass die **Gefahr eines bes hohen Schadens** bestand (dazu Soergel/*Mertens* Rn 63) und diese dem Geschädigten, der deshalb aufgerufen war, zu »warnen«, bewusst war (und zwar besser als dem Schädiger: BGH VersR 53, 14) oder er sie zumindest hätte erkennen müssen (BGH VersR 1964, 951; Jauernig/*Teichmann* Rn 9; Palandt/*Heinrichs* Rn 38). Die Warnobliegenheit scheidet aus, wenn der Schädiger die Gefahr in gleicher Weise kannte bzw hätte kennen müssen (BGH VersR 2006, 1426, 1428; Jauernig/*Teichmann* Rn 9). Die Rspr verneint die Warnobliegenheit des Geschädigten darüber hinaus auch dann, wenn sie **nutzlos** ist, weil der Schädiger keine Gegenmaßnahmen hätte ergreifen können (BGH VersR 1996, 380, 381) oder er die Warnung nicht beachtet hätte (BGH NJW 1989, 290, 292; VersR 1996, 380, 381; Palandt/*Heinrichs* Rn 38). Obwohl das Gesetz nur von einem »ungewöhnlich hohen Schaden« spricht, besteht nach der Rspr auch eine Obliegenheit, darauf hinzuweisen, dass **überhaupt ein Schadenseintritt droht** (BGH NJW-RR 2003, 1473, 1474; NJW 2006, 1426, 1427; NJW-RR 2006, 1108, 1109 f). 42

II. Schadensabwendungs- und Schadensminderungspflicht (§ 254 Abs 2 S 1, 2. Alt). Nach der 2. Alt des § 254 Abs 2 S 1 verringert sich der Ersatzanspruch des Geschädigten auch, wenn es ihm möglich und zumutbar war, durch **eigene Maßnahmen einen Schaden zu verhindern oder ihn in engen Grenzen zu halten** (Jauernig/*Teichmann* Rn 10). Die beiden »Pflichten« des Geschädigten bestehen prinzipiell ohne zeitliche Beschränkung, wenngleich das Hauptanwendungsfeld der Schadensabwendungspflicht im Vorfeld des Schadenseintrittes liegt und das der Schadensminderungspflicht erst danach Platz greifen dürfte. Der BGH stellt auf eine umfassende Abwägung ab (NJW 2001, 3257, 3258), mit der auch die bes Umstände des Einzellfalls in Bezug genommen werden (Jauernig/*Teichmann* Rn 10; MüKo/*Oetker* Rn 76). Aufgrund des Abwägungsgebots haben sich für typische Kategorien bestimmte Leitsätze herausgebildet, die die Rspr zu Fallgruppen verdichtet hat (zur Problematik der **Fallgruppenbildung** s *Tamm* § 242 Rz 12). 43

44 **III. Fallgruppen.** Insofern gilt Folgendes:

1. Gesundheitsschäden. Ist ein Gesundheitsschaden durch einen Dritten eingetreten, ist der Geschädigte zur Eingrenzung des Schadens gehalten, einen **Arzt aufzusuchen** (BGH VersR 1964, 94, 95; Palandt/*Heinrichs* Rn 39). Er verstößt gegen seine Schadensminderungspflicht, wenn er dies aus weltanschaulichen Gründen verweigert (MüKo/*Oetker* Rn 80). Mehrkosten durch die **Hinzuziehung eines auswärtigen Arztes** sind nur ausnahmsw ersatzfähig (Köln NJW 1986, 1546, 1547). Der Geschädigte muss sich jedoch im Hinblick auf Zumutbarkeitserwägungen nicht um eine Heilbehandlung beim zuvor nicht kunstgerecht therapierenden Arzt bemühen, der den Schaden erst verursacht hat (Köln VersR 1987, 620; PWW/*Medicus* Rn 16). Zu einer **Operation** ist der Geschädigte verpflichtet, wenn sie »gefahrlos und nicht mit bes Schmerzen verbunden ist und sichere Aussicht auf Heilung oder doch wenigstens wesentliche Besserung bietet« (BGHZ 10, 18, 19; NJW 1994, 1592, 1593; PWW/*Medicus* Rn 16). Gleiches gilt für eine indizierte **Rehabilitationsmaßnahme** (BGH VersR 1970, 272). Eine **Vollnarkose** ist zumutbar (MüKo/*Oetker* Rn 81). Bei einem Anspruch wegen einer **misslungenen Sterilisation** müssen die Eltern zur Verminderung des Unterhaltsschadens das Kind aber freilich nicht zur **Adoption** freigeben (BGHZ 76, 249, 257).

45 **2. Verdienstausfall.** Grds besteht die Obliegenheit, die **eigene Arbeitskraft zur Schadensminderung im Rahmen des Üblichen einzusetzen** (st Rspr, etwa BGH NJW 1996, 652, 653; 1998, 3706, 3707; Palandt/*Heinrichs* Rn 39). Dies gilt auch für einen vorzeitig pensionierten Geschädigten (BGH NJW 1967, 2053, 2054; 1984, 354). Allerdings kommt es auch hier auf die Festlegung der Zumutbarkeitsgrenze an, für die die **Art der ausgeübten Tätigkeit**, das **Alter** und die **Vorbildung des Geschädigten** maßgebliche Kriterien sind (MüKo/*Oetker* Rn 84). Insofern gilt: Wenn die Berufsfähigkeit nicht wieder hergestellt werden kann, muss der Geschädigte auch in einen zumutbaren anderen **Beruf wechseln**, dessen Vergütung und soziale Wertschätzung nicht spürbar unter derjenigen des alten Berufes angesiedelt ist (Hamm VersR 1992, 1120; Palandt/*Heinrichs* Rn 41; vgl zur Unzumutbarkeit der Eröffnung einer eigenen Praxis: BGH NJW 1974, 602; PWW/*Medicus* Rn 17). Die Obliegenheit, eine Arbeit aufzunehmen, entfällt, wenn der Geschädigte nicht **mehr vermittlungsfähig** ist (BGH NJW 1991, 1412, 1413; 1996, 652, 653).

46 Auch eine **Witwe** kann zur Aufnahme einer Arbeit verpflichtet sein, wobei dies vor allem auf eine junge kinderlose Witwe zutrifft (BGH NJW 1976, 1501, 1502; NJW-RR 1998, 1699; Palandt/*Heinrichs* Rn 42), nicht dagegen auf eine 52-Jährige, die drei Kinder groß gezogen hat (BGH VersR 1962, 1176 f). Die **Erziehung minderjähriger Kinder** ist stets ein Grund, der zur Unzumutbarkeit führt (BGH VersR 1969, 469). Der Geschädigte muss ggf auch den **Wohnort wechseln** (BGH VersR 1962, 1100) und sich einer **Umschulung** unterziehen (BGHZ 10, 18, 20; NJW 1991, 1412, 1413; PWW/*Medicus* Rn 18). Es muss jedoch eine Aussicht bestehen, auf diese Weise zu Arbeit zu gelangen (BGHZ 10, 18, 20; NJW 1991, 1412, 1413).

47 Ein **Selbständiger** muss ausgefallene Arbeit nachholen, soweit dies zumutbar erscheint, und eine **Ersatzkraft** einstellen, wenn dies wirtschaftlich ist. Falls er infolge des schädigenden Ereignisses ein Fahrzeug benötigt, muss er es sich beschaffen, um seinen Verdienstausfall gering zu halten (BGH NJW 1998, 3706, 3707).

48 Im Rahmen der Schadensminderungspflicht erzielte **Einnahmen** sind vom zu ersetzenden **Verdienstausfall abzuziehen** (MüKo/*Oetker* Rn 88). Dagegen sind etwa erzielte **Mehreinnahmen** aufgrund überobligatorischer Anstrengungen nicht auf andere Schadenspositionen anzurechnen (BGH VRS 1983, 89). Ebenso kann der Geschädigte Einnahmen aus einer Arbeit behalten, zu deren Aufnahme er nicht verpflichtet war (BGHZ 4, 170, 176; NJW 1974, 602, 603).

49 **3. Sachschäden.** Im Rahmen der Bemessung der Schadensminderungspflicht hatte sich die Rspr vornehmlich mit an den Geschädigten gestellten Verhaltensanforderungen im Nachfeld eines **Kfz-Unfalls** beschäftigen müssen. Insofern wurde Folgendes herausgearbeitet: Der Geschädigte muss die preiswerteste Art der **Reparatur** nutzen (insoweit gilt das Wirtschaftlichkeitsgebot, vgl dazu *Tonner/Tamm* § 249 Rz 120); er darf zur Qualitätssicherung allerdings eine **Fach- bzw Vertragswerkstatt** aufsuchen (*Tonner/Tamm* § 249 Rz 118). **Rabatte** muss er nicht aushandeln (Frankfurt aM OLGR 1997, 246). Bei geringen Schäden hat er die Reparatur (soweit nicht dringend erforderlich) zu verschieben, wenn sich dadurch eine **kürzere Reparaturzeit** und damit eine **Geringhaltung von Mietwagenkosten** erreichen lässt (Stuttgart VersR 1981, 1061). Ansonsten muss er sich um eine alsbaldige Reparatur bemühen (Oldenburg VersR 1961, 71 f; Celle VersR 1980, 633; PWW/*Medicus* Rn 19); er darf die ggf langwierige Entscheidung der Haftpflichtversicherung nicht abwarten (Celle VersR 1962, 1212; PWW/*Medicus* Rn 19). Während einer längeren Reparaturzeit darf er sich ein Ersatzfahrzeug besorgen, ggf muss er dies sogar unter dem Gesichtspunkt des § 254 (Frankfurt aM VersR 1980, 45), dies gilt jedenfalls bei **größerem Fahrbedarf**. Bei geringerem Fahrbedarf soll der Geschädigte zur Schadensminderung auf **Taxis** und **öffentliche Verkehrsmittel** ausweichen (BGHZ 45, 212, 219; BGH NJW 1969, 1477; PWW/*Medicus* Rn 20).

50 Für eine **Ersatzbeschaffung** eines notwendigen Pkw sieht die Rspr eine Zeitspanne von drei Wochen als zumutbar an (Stuttgart VersR 1972, 448; KG VersR 1973, 1070 f), manchmal auch vier (Oldenburg VersR 1967, 362 f) Wochen. Bei einer Neuanschaffung muss sich der Geschädigte nicht auf Bezugsmöglichkeiten aus dem Ausland verweisen lassen, wenn dies **Auswirkungen auf die Garantieansprüche** haben könnte (KG VerkMitt 1997, 36). IÜ muss der Geschädigte aber Preisvergleiche anstellen (MüKo/*Oetker* Rn 90). Auf eine

fest geplante Reise braucht der Geschädigte nicht zu verzichten; er muss sich aber ggf ein **gleichwertiges Gebrauchtfahrzeug** verschaffen, falls dies **billiger ist als ein Mietwagen** (Frankfurt aM VersR 1980, 432; Köln VersR 1979, 965).

Den Geschädigten trifft keine Obliegenheit, ein **Deckungsgeschäft** zu tätigen (BGHZ 62, 107; BGH WM 1993, 1155, 1156; vgl auch Staud/*Schiemann* Rn 94; aA Palandt/*Heinrichs* Rn 48). Im Einzelfall, insbes bei einem kaufmännischen Geschädigten, kann dies aber anders, weil zumutbar sein (BaRoth/*Unberath* Rn 37). So muss der **Verkäufer eines Grundstücks** nach gescheiterten Finanzierungsverhandlungen eine andere Verkaufsmöglichkeit nutzen (BGH NJW 1997, 1231, 1232). Ein **Bauunternehmer** muss angeschafftes Material anderweitig zu verkaufen suchen (BGHZ 137, 35, 43). 51

4. Finanzierungskosten. Den Geschädigten trifft keine Obliegenheit, den Schaden zunächst mit **eigenen Mitteln** oder durch **Kreditaufnahme** zu beheben, es sei denn, die Verwendung eigener Mittel ist ohne bes Einschränkung der gewöhnlichen Lebensführung möglich (BGHZ 61, 346, 350; Palandt/*Heinrichs* Rn 44: Umstände des Einzelfalles). Von diesem Grundsatz besteht allenfalls dann eine Ausn, wenn der einzusetzende Betrag gering ist und sich dadurch ein unverhältnismäßig hoher weiterer Schaden vermeiden lässt (BGH NJW 1989, 290, 291; Nürnberg VersR 1965, 246). IÜ muss der Geschädigte den Schädiger gem § 254 Abs 2 S 1 darauf hinweisen, wenn ein hoher weiterer Schaden etwa infolge einer mangels Finanzierung verzögerten Reparatur droht (Düsseldorf ZfS 1997, 253; s zur Warnobliegenheit auch oben unter Rz 42). 52

Nimmt der Geschädigte einen Kredit auf, so ist der Schädiger zum Ersatz der **Kreditkosten** verpflichtet, wenn, so der BGH, »ein verständiger Mensch in der Lage des Geschädigten den Kredit aufgenommen hätte« (BGHZ 61, 346, 349 f). Er muss den Schädiger aber vorher darüber informieren, um diesem Gelegenheit zu geben, durch Zahlung des Betrags den Schaden gering zu halten (BGHZ 61, 346, 350). Der Geschädigte verstößt nicht gegen seine Schadensminderungspflicht, wenn er einen Kredit bei seiner **Hausbank** aufnimmt, ohne vorher Vergleichsangebote einzuholen (MüKo/*Oetker* Rn 100). Dagegen darf er keinen Kredit bei einem »**Unfallhelfer**« aufnehmen, wenn dies wesentlich höhere Kosten verursacht als ein Kredit bei der Hausbank (BGHZ 61, 346, 350). 53

5. Rechtsdurchsetzung. Rechtsanwalts- und Gutachterkosten sind gem den bei § 249 dargelegten Kriterien zu erstatten (*Tonner/Tamm* § 249 Rz 59, 102). Die Schadensminderungspflicht gebietet den **Verzicht auf einen Anwalt** nur ganz ausnahmsw, nämlich dann, wenn die Forderung des Geschädigten dem Grunde und der Höhe nach unstreitig ist und an der alsbaldigen Zahlung kein Zweifel besteht (München VersR 1977, 178, 179). Ein **Wechsel des Anwalts** verstößt nur ganz ausnahmsw nicht gegen die Schadensminderungspflicht, nämlich dann, wenn das Vertrauensverhältnis zwischen Anwalt und Mandant zerstört ist. Hier ist ein Wechsel unvermeidbar (MüKo/*Oetker* Rn 94). IÜ gilt: Der Geschädigte muss im Hinblick auf seine Schadensminderungspflicht **Rechtsmittel einlegen**, wenn diese Aussicht auf Erfolg versprechen (BGH NJW-RR 1991, 1458; NJW 2006, 288, 289; Palandt/*Heinrichs* Rn 46). Auch die **Rücknahme eines Rechtsmittels** kann ein Mitverschulden begründen (BGH NJW 1994, 1211, 1212). Der Geschädigte ist allerdings nicht verpflichtet, sich auf vom Schädiger vorgeschlagene **Vergleichsverhandlungen** einzulassen (BayObLG NZM 2002, 133). 54

E. Die Verantwortlichkeit für Dritte (§ 254 Abs 2 S 2). I. Anwendungsbereich. § 254 Abs 2 S 2 ordnet die entspr Anwendung des § 278 an. Danach haftet der Geschädigte auch für den Mitverschuldensanteil, den sein gesetzlicher Vertreter bzw Erfüllungsgehilfe (zum Begriff vgl *Hirse* § 278 Rz 9 ff; zur str Einbeziehung des gesetzlichen Vertreters vgl Jauernig/*Teichmann* Rn 11) gesetzt hat. Der Anwendungsbereich der Norm ist jedoch sehr umstr (grundlegend zum Streit *Rother* Haftungsbeschränkung im Schadensrecht 1965 S 127 ff). Nach hM bezieht sich die Vorschrift entgegen ihrer systematischen Stellung auf **beide Absätze des § 254**, also auch auf das Mitverschulden des Geschädigten nach Abs 1 (st Rspr seit BGHZ 1, 248, 249; Staud/*Schiemann* Rn 95; Jauernig/*Teichmann* Rn 11). § 254 Abs 2 S 2 ist daher wie ein selbständiger Abs 3 zu lesen (BGH NJW 1951, 477; 1988, 2667; 1992, 563; Saarbrücken NJW 2007, 1889; MüKo/*Oetker* Rn 129; Palandt/*Heinrichs* Rn 49; PWW/*Medicus* Rn 26). 55

II. Rechtsgrundverweisung. Die Rspr schließt aus § 278, dass der Verletzte einen Anspruch gegen einen »Schuldner«, also aus einer rechtlichen Sonderbeziehung geltend machen muss (BGHZ 103, 342; Hamm NJW-RR 1998, 1182; ebenso Staud/*Schiemann* Rn 95 ff; Soergel/*Mertens* Rn 98; PWW/*Medicus* Rn 29; referierend Jauernig/*Teichmann* Rn 11). Dies führt zu der zutr (schon wegen der Abgrenzung zu § 831 nötigen) Annahme, § 254 Abs 2 S 2 sei ein **Rechtsgrundverweis**, so dass die Vorschrift nur im Rahmen eines **schon bestehenden Schuldverhältnisses** zur Anwendung gelangt (BGHZ 73, 190, 192; 103, 338, 342; aA ein Teil der Lit; Nachw bei Staud/*Schiemann* Rn 98; Palandt/*Heinrichs* Rn 50; MüKo/*Oetker* Fn 482; die Kommentatoren unterstützen aber die Position des BGH; krit jedoch jurisPK/*Rüßmann* Rn 26). 56

Der Begriff des **Schuldverhältnisses** wird dabei **weit verstanden**. Es fallen nicht nur vertragliche, sondern auch gesetzliche Schuldverhältnisse darunter, ferner schuldrechtsähnliche Beziehungen (BGHZ 9, 316, 317; 24, 325, 327; Jauernig/*Teichmann* Rn 11). Zu den (vor-)vertraglichen Schuldrechtsverhältnissen gehört auch der **Vertrag mit Schutzwirkung zugunsten Dritter** (BGHZ 9, 316, 318; 33, 247, 250; NJW 1968, 1323, 1324; BaRoth/*Unberath* Rn 50 mwN) und die **Drittschadensliquidation** (BGH NJW 1972, 289; zu Details der DSL 57 s *Tonner/Tamm* § 249 Rz 22). § 254 Abs 2 S 2 soll auch für die auf **unerlaubte Handlung** gründenden Ansprüche, die auf demselben Sachverhalt beruhen, wie der vertragliche oder der vertragsähnliche Anspruch, Anwendung finden (BGH NJW 1968, 1323; Jauernig/*Teichmann* Rn 11; Staud/*Schiemann* Rn 102 mN; was aber fraglich ist, da hierfür § 831 einschlägig ist). In Abgrenzung dazu soll nach hM auf § 831 nur dann abgestellt werden, wenn keine Sonderbeziehung vorliegt (RGZ 142, 359; 164, 269; BaRoth/*Unberath* Rn 40; Jauernig/*Teichmann* Rn 11; Palandt/*Heinrichs* Rn 50). Auch der **gesetzliche Vertreter** ist in den Einstandsbereich des Geschädigten einzubeziehen (Staud/*Schiemann* Rn 104 mwN; so auch oben Rz 41), ebenso **Organe iSd § 31** (BGH NJW 1977, 1148; Staud/*Schiemann* Rn 107; Palandt/*Heinrichs* Rn 50).

58 **F. Die Quotenbildung. I. Allgemeines.** Steht fest, dass der Geschädigte einen Beitrag zur Entstehung des Schadens gesetzt hat (Abs 1) oder dass er gegen seine Schadensminderungspflicht verstoßen hat (Abs 2), so ist das Verhalten des Geschädigten ins Verhältnis zur Handlung des Schädigers zu setzen (PWW/*Medicus* Rn 6). Durch einen **Abwägungsprozess** ist eine **Quote** zu ermitteln, in deren Höhe der Schadensersatzanspruch des Geschädigten gemindert wird. Dieser wird regelm in einem Prozentsatz ausgedrückt. Für den Richter ist gem § 287 ZPO die Möglichkeit der schätzweisen Festsetzung eröffnet (Jauernig/*Teichmann* Rn 19; PWW/*Medicus* Rn 36). Dabei ist in erster Linie der jeweilige **Verursachungsbeitrag** zu Grunde zu legen (Jauernig/*Teichmann* Rn 6; s dazu bereits Rz 16). Bei Verschuldenstatbeständen ist außerdem das jeweilige **Verschulden** ins Verhältnis zu setzen, bei Gefährdungshaftungstatbeständen die **Betriebsgefahr**, wobei beides im selben Sachverhalt eine Rolle spielen kann. Besonderheiten ergeben sich schließlich, wenn auf der Seite des Schädigers oder des Geschädigten mehrere beteiligt waren.

59 In der Praxis der Regulierung von Kraftfahrzeugunfällen werden weitgehend sog **Quotentabellen** verwendet (Hamburger Quotentabelle, *Bursch/Jordan* VersR 1985, 512; Münchener Quotentabelle, *Brüseken/Krumbholz/Thiermann* NZV 2000, 441). Wie alle Tabellen (zu Schmerzensgeldtabellen *Tonner/Tamm* § 253 Rz 38 ff) ist aus Gründen der Rechtssicherheit und der Gleichbehandlung gleich gelagerter Fälle die Zusammenfassung in einem Regelwerk nicht nur legitim, sondern auch notwendig. Derartige Rechtsprechungsübersichten in Tabellenform dürfen allerdings nicht schematisch gehandhabt werden, sondern können nur eine grobe Richtschnur abgeben und müssen der Berücksichtigung der Besonderheiten des Einzelfalles Raum lassen.

60 **II. Verursachungsbeiträge.** Bereits der Wortlaut der Vorschrift legt es nahe, das Kriterium der vorwiegenden Verursachung in den Mittelpunkt zu rücken. Dem entspricht die Rspr (BGH NJW 1997, 2236, 2238; 1998, 1137, 1138; NJW-RR 2000, 272, 273; NJW 2003, 1929, 1931). Voraussetzung ist, dass das Verhalten des Geschädigten schadensursächlich geworden ist. Für die Quotenbildung stellt die Rspr auf die Wahrscheinlichkeit ab, mit der das jeweilige Verhalten von Schädiger und Geschädigtem zum Schaden geführt hat (BGH NJW 1994, 379; 1998, 1137, 1138; NJW-RR 2000, 272, 273; Staud/*Schiemann* Rn 113; vgl dazu schon oben Rz 16).

61 **III. Verschulden.** In zweiter Linie wird das Verschulden herangezogen (BGH NJW 1997, 2236, 2238; 2002, 1263, 1264; 2003, 1929, 1931). Dabei ist zu prüfen, wie unterschiedliche Verschuldensgrade von Schädiger und Geschädigtem ins Verhältnis zu setzen sind, und wie sich das Verschulden zu den Verursachungsbeiträgen verhält.

1. Verschuldensgrade. Vorsatz des Schädigers schließt zwar die Berücksichtigung einer einfachen Fahrlässigkeit bei der Mitverursachung (BGHZ 76, 216, 218; NJW 1992, 310, 311), nicht jedoch bei der Schadensminderungspflicht aus (BGH VersR 1964, 94, 95). Vorsatz des Geschädigten beseitigt den Anspruch gegen den Schädiger, wenn dieser nur fahrlässig gehandelt hat (BGH NJW-RR 1991, 1240). Bei beiderseitiger Fahrlässigkeit ist festzustellen, ob auf einer Seite eine größere Fahrlässigkeit vorliegt. Dies kann dazu führen, dass dem Geschädigten kein Anspruch zusteht (BGH NJW-RR 1991, 1240).

62 **2. Verhältnis zum Verursachungsbeitrag.** Die sich durch die Verursachungsbeiträge ergebende Quote kann sich durch unterschiedliches Verschulden verschieben. Ein geringfügiger Verursachungsbeitrag wird durch grobe Fahrlässigkeit aufgewertet, während umgekehrt eine bloße Mitverursachung durch schweres Verschulden der anderen Seite unbeachtlich wird (MüKo/*Oetker* Rn 110). Im Zweifel hat die **Verursachung** ein **Übergewicht** (BGH NJW 1952, 537, 539; NJW-RR 2000, 272, 273; Staud/*Schiemann* Rn 137; jurisPK/*Rüßmann* Rn 32).

63 **IV. Betriebsgefahr.** Der Geschädigte muss sich eine mitwirkende Betriebsgefahr auf seinen Anspruch anrechnen lassen. Die Rspr geht dabei von Werten von 20-33% aus (Koblenz NVwZ-RR 1995, 629: 20%; Celle NVwZ-RR 1998, 481: 25%; Nürnberg VersR 1999, 1035: 25%; Hamm NVZ 1996, 32: 1/3). Bei einem deutlichen Überwiegen des Verschuldens des Schädigers kann die Betriebsgefahr jedoch vollständig zurücktreten, insbes bei grober Fahrlässigkeit (BGH NJW 1990, 1483, 1484; 2000, 3069, 3070; Staud/*Schiemann* Rn 123 mwN). Handelt es sich dagegen lediglich um einfache Fahrlässigkeit seitens des Schädigers, ist die Betriebsgefahr in Ansatz zu bringen (BGH NJW 1951, 110, 111; MüKo/*Oetker* Rn 115). Tritt zu der Betriebsgefahr auf Seiten des Geschädigten noch ein Verschulden hinzu, spricht die Rspr von erhöhter Betriebsgefahr, was zu einer größeren Quote zu Lasten des Geschädigten führt (BGH NJW 2000, 3069, 3070 f; 2004, 772, 773; VersR 2005, 702, 704). Es wird auch der Begriff der bes Betriebsgefahr verwendet, wenn in der konkreten Verkehrssituation bes gefahrenerhöhende Umstände (Linksabbiegen) vorliegen, ohne dass die Schwelle

des Verschuldens erreicht wird (BGH NJW 1995, 1029; BaRoth/*Unberath* Rn 54). Spielt auf beiden Seiten lediglich die Betriebsgefahr eine Rolle, ist allein nach der Ursächlichkeit abzuwägen (MüKo/*Oetker* Rn 114). Übersteigt der Schaden eine Haftungshöchstsumme, so ist die Quote vom tatsächlich entstandenen Schaden, nicht etwa von der Haftungshöchstsumme, zu bilden (BGHZ 32, 149, 151).

V. Abwägungsprozess. Bei der Abwägung wird dem Gericht ein **Beurteilungsspielraum** zugestanden, der durch § 287 ZPO abgesichert ist (BGH NJW 1986, 2945, 2946). Auf die zugrunde liegenden Tatsachen ist jedoch die Beweiswürdigungsregel des § 286 ZPO anzuwenden (BGH NJW 1968, 985). Die Abwägung führt zu einer vom Schadensersatzanspruch abzuziehenden Quote, wobei **Quoten von unter 10%** in der Praxis **nicht berücksichtigt** werden (MüKo/*Oetker* Rn 118; PWW/*Medicus* Rn 37). 64

VI. Mehrere Schädiger oder Geschädigte. Sind mehrere Schädiger vorhanden, so kommen für die Berücksichtigung eines Beitrags des Geschädigten zwei unterschiedliche Herangehensweisen in Betracht: Entweder man betrachtet nur das Verhältnis zwischen dem Geschädigten und dem jeweiligen Schädiger (**Einzelabwägung**) oder man schaut auf das Verhältnis des Geschädigten zur Gesamtheit der Schädiger (**Gesamtschau**). Die beiden Betrachtungsweisen führen zu unterschiedlichen Ergebnissen, wie folgendes Bsp deutlich macht (angelehnt an Staud/*Schiemann* Rn 139): Der Geschädigte soll mit zwei Schädigern zu gleichen Teilen einen Unfall verursacht haben. Es wäre gerecht, wenn er unter diesen Umständen auf einem Drittel seines Schadens »sitzen bliebe«. Bei einer Einzelbetrachtung erhielte er aber im Verhältnis zu nur einem Schädiger nur die Hälfte, so dass auf den ersten Blick die Gesamtschau als die angemessenere Lösung erscheint. Doch auch dies bringt Probleme mit sich. Denn der in Anspruch genommene Schädiger muss dem Geschädigten mehr zahlen als er im Innenverhältnis zum anderen Schädiger zu tragen verpflichtet ist. Erst über den Ausgleich zwischen den Gesamtschuldnern gem § 426 kommt man zu einem »richtigen« Ergebnis: Jeder trägt ein Drittel des Schadens. Dieser Weg erscheint der Rspr aber nur bei der Mittäterschaft angemessen: **Mittäter** werden in der Tat als **Gesamtschuldner** angesehen (BGHZ 30, 203, 206). 65

Bei der **Nebentäterschaft** (vgl dazu auch Palandt/*Heinrichs* Rn 71) möchte die Rspr aber den einzelnen in Anspruch genommenen Schädiger nicht mit den Risiken des Regresses belasten, andererseits aber den Geschädigten auch nicht auf die Einzelbetrachtung verweisen. Sie praktiziert deswegen eine sog **modifizierte Kombinationstheorie** (BGHZ 30, 203, 211; 54, 283, 284 f; 61, 351, 354; NJW 2006, 896, 897). Danach haften die Schädiger dem Geschädigten als Gesamtschuldner in der Höhe, die sich bei einer Einzelabwägung ergäbe, im Bsp also zu 50 %. Für den Rest, im Bsp also 16,6%, gewährt die Rspr gegen jeden Schädiger einen anteiligen Anspruch. Für die sich aus der Rspr ergebenden Berechnungsfragen sind Berechnungsmodelle entwickelt worden (*Eibner* JZ 1978, 50; *Sedemund* ZGS 2003, 337). *Sedemund* verwendet folgende Formel (abgedruckt auch bei BaRoth/*Unberath* Rn 64): Gesamtschuld = (Summe aller Einzelhaftungsbeträge – insgesamt ersatzfähiger Schaden) : (Anzahl der Schädiger – 1). Die Einzelheiten sind außerordentlich umstr, dies betrifft insbes den **Rückgriff der Schädiger** untereinander (vgl etwa MüKo/*Oetker* Rn 121). 66

Die Auswirkungen der »Gesamtschau« mildert die Rspr zugunsten der Schädiger durch die Formel der **Haftungseinheit** ab. Der Geschädigte soll keinen Vorteil dadurch erlangen, wenn ihm zufällig eine Mehrheit von Schädigern gegenüber steht. Dies wird dann angenommen, wenn die Verhaltensweisen mehrerer Schädiger zu demselben unfallverursachenden Umstand geführt haben, ehe der Tatbeitrag des Geschädigten hinzugetreten ist (BGHZ 54, 283: Vier Verantwortliche für einen unbeleuchteten Anhänger, auf den der Geschädigte auffuhr; s dazu auch Staud/*Schiemann* Rn 142). Eine Haftungseinheit wird auch zwischen **Fahrer und Halter eines Kraftfahrzeugs** (BGH NJW 1966, 1262) und zwischen **Geschäftsherrn und Gehilfen** (BGHZ 6, 3, 27) angenommen. 67

G. Beweisfragen und Prozessuales. I. Berücksichtigung des Mitverschuldens von Amts wegen. Das Mitverschulden ist im Rahmen der Zuerkennung eines Schadensersatzanspruches von Amts wegen – in der Regel als Quote (anders bei Ansprüchen auf Schmerzensgeld: BGH VersR 1979, 1935) – mitzuberücksichtigen (BAG NJW 1971, 959; BGH NJW 2000, 217, 2189; Soergel/*Mertens* Rn 132; Jauernig/*Teichmann* Rn 19; PWW/*Medicus* Rn 46). 68

II. Beweislast. Die Beweislast für das Vorliegen des Mitverschuldens und seine Kausalität für den Schadenseintritt bzw -umfang trägt der (sich damit entlastende) **Schädiger** (BGHZ 91, 243, 260; BGH NJW 1980, 2125; 2000, 664, 667; PWW/*Medicus* Rn 47; Palandt/*Heinrichs* Rn 74; Jauernig/*Teichmann* Rn 19). Tut der Geschädigte nicht dar, was er zur Schadensminderung unternommen hat (dazu ist er nach BGH VersR 2006, 286, 287 verpflichtet), kann dies zu einem **Anscheinsbeweis** zugunsten des Schädigers führen (BGH NJW 1979, 2142 f; Köln VersR 2000, 237, 239). Hinsichtlich der in seiner Sphäre liegenden Umstände muss der Geschädigte an der Aufklärung mitwirken (BGHZ 91, 260; Palandt/*Heinrichs* Rn 74; PWW/*Medicus* Rn 47; Jauernig/*Teichmann* Rn 19). 69

III. Teilklagen/Grundurteil. Der Geschädigte kann das Problem des Mitverschuldens umgehen, indem er nur einen Teilbetrag einklagt, der auf jeden Fall die ihm zustehende Quote erreicht (BGH NJW-RR 1998, 948, 949). Umgekehrt kann der Geschädigte auch ein Interesse haben, nur die Schadensquote zu klären. Dann kann er lediglich bestimmte Schadenspositionen einklagen (MüKo/*Oetker* Rn 144). 70

71 Ein **Grundurteil** nach § 304 ZPO muss feststellen, ob ein Mitverschulden dem Grunde nach gegeben ist (PWW/*Medicus* Rn 48). Die genaue Quote kann jedoch dem **Betragsverfahren** überlassen bleiben (BGHZ 1, 34, 36; 76, 397, 400; krit jurisPK/*Rüßmann* Rn 39). Dies gilt allerdings nicht, wenn verschiedene haftungsbegründende Kausalverläufe in Betracht kommen (BGH NJW 1979, 1933, 1934 f; zur **Problematik der Reversibilität** vgl BGH NJW 1990, 250; 2003, 1931; 2006, 896; 2007, 1063; Palandt/*Heinrichs* Rn 74; PWW/*Medicus* Rn 49).

§ 255 Abtretung der Ersatzansprüche.

Wer für den Verlust einer Sache oder eines Rechts Schadensersatz zu leisten hat, ist zum Ersatz nur gegen Abtretung der Ansprüche verpflichtet, die dem Ersatzberechtigten auf Grund des Eigentums an der Sache oder auf Grund des Rechts gegen Dritte zustehen.

1 **A. Allgemeines.** § 255 dient der **Vorteilsausgleichung** zwischen Ersatzberechtigtem und Ersatzverpflichteten (MüKo/*Oetker* Rn 1). Dabei fasst die Norm die Konstellation ins Auge, dass der Eigentümer oder sonst Berechtigte an der beeinträchtigten Sache bzw dem Recht sowohl gegen den aktuell mit dem Schadensersatzanspruch Belasteten vorgeht als auch einen Anspruch gegen einen Dritten geltend machen kann, wobei die beiden **Schädiger** nach dem Sinn und Zweck der haftungsbegründenden Normen **nicht gleichstufig**, sondern in einem **Verhältnis von Vor- und Nachrangigkeit haften** sollen.

2 **B. Regelungsinhalt. I. Grundsätzliches. 1. Grundsatz des schadensrechtlichen Bereicherungsverbotes.** Der Regelung unterlegt ist die Wertung, dass sich der Gläubiger, der sich mehreren Schadensverantwortlichen gegenüber sieht, keine doppelte Befriedigung verschaffen darf, indem er die beiden Schadensverantwortlichen nebeneinander auf den vollen Betrag in Anspruch nimmt. Dies widerspräche dem **schadensrechtlichen Bereicherungsverbot** (BGHZ 60, 353, 357; BGH NJW 1997, 1008, 1012; Hamm WM 1999, 491, 494; Karlsruhe NJW-RR 1998, 601, 602; jurisPK/*Rüßmann* Rn 3; Palandt/*Heinrichs* Rn 1; Hk-BGB/*Schulze* Rn 1; MüKo/*Oetker* Rn 1; PWW/*Medicus* Rn 1; zum schadensrechtlichen Bereicherungsverbot allgemein *Tonner/Tamm* § 249 Rz 10).

3 **2. Fehlende Gleichstufigkeit der Haftung unter den Schädigern.** Wegen der fehlenden Gleichstufigkeit der Verantwortlichkeit (Hk-BGB/*Schulze* Rn 1; Jauernig/*Teichmann* Rn 1; MüKo/*Oetker* Rn 2; Palandt/*Heinrichs* Rn 2) soll die Haftung unter den Schuldnern im Innenverhältnis auch nicht anteilig sein. Vielmehr soll sich der Gläubiger im Außenverhältnis zu den Schuldnern zwar zunächst an den für ihn greifbaren Schädiger (zumeist wird das sein Vertragspartner sein) halten dürfen, um vollen Schadensersatz zu verlangen. Der primär in Anspruch Genommene darf jedoch hernach den **eigenen Haftungsschaden** auf den »ausschlaggebend Verantwortlichen«, der den Schaden nach den Wertungen des Gesetzes allein tragen soll, vollständig »umlegen«.

4 **3. Schadensumlegungsmodell mit Hilfe der Abtretung.** Dies kann der primär in Anspruch genommene Schädiger aber regelm nur, wenn er aus dem Recht des Eigentümers/sachlich Berechtigten vorgeht. Voraussetzung dafür ist ein entspr Rechtsübergang zwischen Eigentümer/Rechtsinhaber und primär in Anspruch genommenem Schädiger, sofern das Interesse des Eigentümers/Rechtsinhabers durch den vorrangig in Anspruch genommenen, aber nachrangig haftenden Schädiger befriedigt wurde. Der Anspruchsübergang findet nach den Wertungen des Gesetzes im Grundsatz nicht automatisch (im Wege der cessio legis) statt, es sei denn, dass der Gesetzgeber dies partiell ausdrücklich angeordnet hat.

5 **4. Abtretungsanspruch des vorleistenden Schädigers.** Das Gesetz wählt als »Auffanglösung« für den Fall der unechten Gesamtschuld, die an anderer Stelle nicht bes bedacht wurde, in § 255 ein **Abtretungsmodell**, nach dem der Anspruchsübergang, der der Weitergabe des »Schadens« unter den Schädigern dient, nur Zug-um-Zug (zum Zurückbehaltungsrecht: BGH NJW 1997, 1008; Bamberg OLGZ 1976, 447, 451 f; Palandt/*Heinrichs* Rn 7; Soergel/*Mertens* Rn 8) aus Anlass der Leistung des in Anspruch Genommenen gegenüber dem Geschädigten erfolgt, wobei § 255 nach hM dem vorleistenden Schuldner auch eine eigene Anspruchsgrundlage auf »Abtretung« zur Verfügung stellt (Palandt/*Heinrichs* Rn 7; Hk-BGB/*Schulze* Rn 4; Erman/*Kuckuk* Rn 3; MüKo/*Oetker* Rn 12), was insbes dann Bedeutung erlangt, wenn der Schädiger ohne Einredeerhebung bereits geleistet hat.

6 Freilich kann eine entspr Pflicht zur Schaffung einer Regressmöglichkeit ggü dem eigentlichen Schadensverantwortlichen, dh dem letztverantwortlichen Schädiger, auch schon daraus resultieren, dass der Eigentümer/Rechtsinhaber und der zuerst in Anspruch genommene Schuldner in einer vertraglichen Beziehung zueinander stehen, bei der schon aus der Nebenpflicht (§ 241) ein **vertraglicher Anspruch zur Abtretung** etwaiger Rückgriffsansprüche folgt. In einem solchen Fall dürfte § 255 nur eine deklaratorische Bedeutung haben, iÜ aber, dh bei fehlender Möglichkeit der Herleitung eines vertraglichen Anspruches, konstitutiv wirksam werden.

7 **II. Konkrete Voraussetzungen der Schadensweitergabe nach § 255. 1. Mehrere Schadensverantwortliche.** Die Regelung des § 255 stellt darauf ab, dass dem Geschädigten mehrere Schadensverantwortliche gegenüberstehen (Palandt/*Heinrichs* Rn 1, 2). Es muss insoweit eine **Schuldnermehrheit** vorhanden sein. Diese kann freilich in

unterschiedlicher Form auftreten, was bereits die Regelungen der §§ 420 ff nahelegen. Mehrere Schadensverantwortliche können gesamtschuldnerisch haften (§§ 421, 426), eine Teilschuldnerschaft bilden (§ 420) oder eine gemeinsame Schuldnerschaft herbeiführen.

§ 255 ist als Ausprägung der »**unechten Gesamtschuld**« zu verstehen (MüKo/*Oetker* Rn 2), die Wirkungen im Außenverhältnis dergestalt zeitigt, dass der Geschädigten wählen kann, welchen von mehreren Schuldnern er (voll) in Anspruch nimmt, wenngleich er den Schaden aber nur einmal liquidieren kann. »Unecht« ist die Gesamtschuld in Bezug auf den Ausgleich im Innenverhältnis, der nach § 426 bei der echten Gesamtschuld prinzipiell anteilig ausgestaltet ist, bei der unechten Gesamtschuld aber wegen der »größeren Nähe des einen Schuldners zum Schaden« nicht greifen soll. Vielmehr soll der primär in Anspruch genommene Schuldner den Schaden ganz auf den materiell Letztverantwortlichen im Innenverhältnis umlegen dürfen (Palandt/*Heinrichs* Rn 2). Die Verantwortung des primär für den Schaden in Anspruch genommenen Schuldners kann sich aus **Vertrag, Quasi-Vertrag, Delikt** oder aus einem **sonstigen Rechtsgrund** herleiten (Jauernig/*Teichmann* Rn 2; MüKo/*Oetker* Rn 7; Palandt/*Heinrichs* Rn 4). Unerheblich ist dabei das Maß an Verschulden seitens des/der Schädiger, sofern nur die Voraussetzungen der haftungsbegründenden Norm selbst erfüllt sind (Palandt/*Heinrichs* Rn 4). § 255 nimmt insofern keine Beschränkung vor. 8

2. Haftungsbegründung aus anderen Normen in Bezug auf Eigentums-/Rechtsverlust. Die Regelung setzt eine Haftungsbegründung zu Lasten der verschiedenen Schuldner auf der Grundlage einer anderen Schadensersatz gewährenden Norm, deren Herkunft unerheblich ist (Rz 8), voraus. Allerdings ist es erforderlich, dass die haftungsbegründende(n) Norm(en) **Schadensersatz** in Bezug auf den **Verlust von Sachen** (§ 90) oder von **Rechten** (dinglicher, obligatorischer oder sonstiger Art) gewährt/en. 9

Der **Verlust einer Sache** liegt dann vor, wenn in **Eigentum oder Besitz eingegriffen** wird, wobei auch eine zeitweilige Besitzentziehung reicht (RG JW 1906, 109; MüKo/*Oetker* Rn 10). Ein **Rechtsverlust** ist dann gegeben, wenn ein **Recht ganz untergeht oder inhaltlich entwertet** wird. Dem steht gleich, dass ihm eine **Einrede** entgegen steht (BGHZ 6, 55, 61; Palandt/*Heinrichs* Rn 5, 6; Hk-BGB/*Schulze* Rn 3; MüKo/*Oetker* Rn 11). 10

3. Unechte Gesamtschuld unter den Schuldnern. a) Allgemeines zur Gesamtschuld. Die Gesamtschuld ist dadurch gekennzeichnet, dass mehrere Verantwortliche vorhanden sind und der insoweit privilegierte Gläubiger jeden Gesamtschuldner auf die gesamte (Ersatz-)Leistung in Anspruch nehmen kann (vgl § 421). 11

b) Echte Gesamtschuld. Während jedoch im Regelungsmodell der echten Gesamtschuld alle Gesamtschuldner auf **gleicher Stufe** nach innen hin haften und demzufolge ein Innenausgleich nach **§ 426** vorgeschrieben ist (grds wird nach Kopfteilen gehaftet und bei Vorleistung über den eigenen Haftungsanteil kann intern Regress genommen werden), ist der Innenausgleich bei der **unechten Gesamtschuld** aufgrund einer **vollständigen Schadensverlagerung** von dem vorleistenden Schuldner auf den Letztverantwortlichen anders ausgestaltet (BGH NJW 2007, 1208; München NJW-RR 1995, 814; Palandt/*Heinrichs* Rn 2). 11a

Die entscheidende Frage, wann eine **echte** und wann eine **unechte Gesamtschuld** vorliegt, kann freilich nur **wertend** anhand der bezogenen **Haftungsnormen** beantwortet werden, die entweder zu einer Gleichstufigkeit der Haftung der Schuldner führen oder nicht. Die Gleichstufigkeit der Haftung kann sich aus einer **vertraglichen Abrede** ableiten. Darüber hinaus ist sie an mancher Stelle im Gesetz (vgl **§ 840**) selbst fixiert worden. Liegt weder eine vertragliche Vereinbarung noch eine explizite gesetzliche Regelung vor, kann sich eine echte gesamtschuldnerische Haftung mehrerer Schädiger auch aus den **Umständen des Einzelfalles** (dh aus der Natur der Sache) ergeben, wenn die gesetzlichen Wertungen zumindest mittelbar festlegen, dass **keine vollständige Schadensverlagerung** im Innenverhältnis unter den Schädigern auf einen oder mehrere Letztverantwortliche indiziert ist (zu Details *Zerres* §§ 421 Rz 2 ff, 426). Es geht insofern darum, wertend zu ermitteln, ob einer von mehreren Schuldnern hinsichtlich seines Verantwortungsanteils »weiter vom eingetreten Schaden entfernt« ist als der/die übrigen. 12

c) Unechte Gesamtschuld. Das Bestehen eines **unechten Gesamtschuldverhältnisses** (und damit das von § 255 vorausgesetzte **Stufenverhältnis unter den Schädigern**; Palandt/*Heinrichs* Rn 2) wird allg anerkannt für Fälle, in denen der Schuldner bspw die Rückgabe der Sache aufgrund eines Vertrages (Leihe, Miete, Leasing etc) schuldet, seine Rückgabeverpflichtung aber nicht erfüllen kann (zum Bsp vgl Jauernig/*Teichmann* Rn 1), weil ihm die Sache während der ihm eingeräumten Nutzungsdauer widerrechtlich von einem Dritten entwendet wurde und er deshalb haftet, weil er dies etwa durch (leichte) Fahrlässigkeit in Bezug auf die ausgebliebene notwendige Sicherung (mit-)verschuldet hat (zu weiteren Fällen vgl Palandt/*Heinrichs* Rn 2). Der insofern aus der Vertragsverletzung haftende Schädiger, der die Rückführung der Sache nicht mehr gewähren kann, soll für den Fall der Ersatzleistung eigene Rückgriffsansprüche gegen den anderen Schädiger (Dieb) haben, der sich die Sache vorsätzlich zugeeignet hat, weil dieser dem Schaden bei normativer Betrachtung »näher steht«. Da durch den Eingriff des Dritten jedoch nicht das Integritätsinteresse des vordringlich in Anspruch genommenen Mieters/Entleihers/Leasingnehmers betroffen ist, bedarf es eines Übergangs des Anspruchs zur Geltendmachung im eigenen Namen, was durch die Abtretungslösung bewerkstelligt wird. 13

14 **4. Abtretungsanspruch des nicht letztverantwortlichen, vorleistenden Schuldners. a) Keine cessio legis.** Entgegen den ursprünglichen Vorstellungen des Gesetzgebers im Gesetzgebungsverfahren (vgl dazu MüKo/*Oetker* Rn 12) geht der Schadensersatzanspruch des Eigentümers/Rechtsinhabers wegen Verlustes der Sache/des Rechtes nicht automatisch, dh im Wege der cessio legis auf den vorleistenden, aber nicht letztverantwortlichen Schuldner über (Palandt/*Heinrichs* Rn 7). Vielmehr kann der Leistende dem Geschädigten bzgl seiner Inanspruchnahme nur ein **Zurückbehaltungsrecht** entgegensetzen und ansonsten aufgrund des § 255 die Abtretung des Schadensersatzanspruches, der gegen den letztverantwortlichen Schuldner besteht, fordern. Daraus folgt im Umkehrschluss, dass in all den Situationen, in denen der Gesetzgeber Regressmöglichkeiten über eine explizit angeordnete cessio legis vorgesehen hat (vgl dazu Rz 22), kein Anwendungsfeld für den § 255 gegeben ist.

15 **b) Möglichkeit der pauschalisierten Geltendmachung.** Die Regelung setzt (was für die praktische Handhabung von großer Bedeutung ist) nicht voraus, dass feststeht, ob und welche Ansprüche der Geschädigte gegenüber dem/den Dritten hat; es wird vielmehr als ausreichend betrachtet, dass solche Schadensersatzanspruche aufgrund Sach-/Rechtsverlustes überhaupt möglich sind (BGH NJW-RR 1990, 407, 408; WM 1996, 1082, 1089; Palandt/*Heinrichs* Rn 3; Soergel/*Mertens* Rn 8; MüKo/*Oetker* Rn 12).

16 **c) Inhaltliche Ausgestaltung potentiell abtretbarer Ansprüche.** Der dem Ersatzverpflichteten zustehende Abtretungsanspruch bezieht sich auf **alle Ansprüche**, die dem Geschädigten in Bezug auf den Sach- bzw Rechtsverlust zustehen, so dass Gegenstand der Abtretung sowohl **Herausgabeansprüche** nach **§§ 861, 823, 985, 1007** (MüKo/*Oetker* Rn 15; hierauf beschränkend jurisPK/*Rüßmann* Rn 17; noch enger Soergel/*Mertens* Rn 5 f: nur § 985; Soergel/*Mertens* zutr abl, weil § 985 nicht abtretbar ist, PWW/*Medicus* Rn 5; vgl zu § 985 auch Rz 14), als auch **Schadensersatzansprüche aus § 823, 989 f, GoA** (Köln NJW-RR 2004, 1391; Palandt/*Heinrichs* Rn 8; Hk-BGB/*Schulze* Rn 2; Jauernig/*Teichmann* Rn 4; MüKo/*Oetker* Rn 15) und solche dem Naturalersatz des Schadensersatzes nahe stehenden **Bereicherungsansprüche** sind, die auf dem **Eigentum an der Sache beruhen**, wie etwa **§ 816 Abs 1** (Erman/*Kuckuk* Rn 4; Jauernig/*Teichmann* Rn 4; Hk-BGB/*Schulze* Rn 4; MüKo/*Oetker* Rn 15; PWW/*Medicus* Rn 2; aA Palandt/*Heinrichs* Rn 4).

17 Dabei kann der Streit, ob **§ 985** selbständig abtretbar ist, hier dahingestellt bleiben (zutr verneinend PWW/*Medicus* Rn 5; aA Soergel/*Mertens* Rn 5 f), weil im Wege der **Auslegung** bzw der **Umdeutung (§ 140)** insoweit jedenfalls anzunehmen ist, dass zumindest eine entspr »Ausübungsermächtigung« des vom Eigentum nicht trennbaren dinglichen Anspruches nach § 985 beansprucht werden kann und auch übergangsfähig ist.

18 Umstr ist, wie mit Ansprüchen des Eigentümers/Rechtsinhabers aus einer **Versicherung** umzugehen ist. Nach **hM** unterfallen solche (Ersatz-)Ansprüche **nicht** der Abtretung nach **§ 255** (Müko/*Oetker* Rn 16; BaRoth/*Unberath* Rn 9; Erman/*Kuckuk* Rn 4; Palandt/*Heinrichs* Rn 8). Dies ist jedoch im Hinblick auf das **schadensrechtliche Bereicherungsverbot** äußerst problematisch, weil der Geschädigte zur Kompensation seines Integritätsinteresses dann sowohl den nicht letztverantwortlichen Schädiger als auch die Versicherung in Anspruch nehmen kann und somit ggf ein »Mehr« an Ersatz herbeiführt, als dies geboten ist. Die »größere Nähe« des in Anspruch genommenen Schädigers zum Schaden im Verhältnis zum Versicherer kann dies auch nicht rechtfertigen (so aber Müko/*Oetker* Rn 16). Wertungsgesichtspunkte für das Versagen des Abtretungsmodells in diesem Fall bestehen mithin nicht. IÜ ist mit dem Wortlaut der Norm (»Dritte«) daran festzuhalten, dass eine derartige Einschränkung auch aus dem Gesetzeswortlaut nicht gerechtfertigt werden kann (so zutr auch Hk-BGB/*Schulze* Rn 4).

19 **d) Problem der Sachrückführung durch Dritten nach Anspruchsübergang.** Nicht geregelt worden ist in § 255 die Situation, dass der Eigentümer/Rechtsinhaber dem vorleistenden, aber nicht letztverantwortlichen Schuldner den Anspruch abgetreten hat, im Anschluss daran aber die **Sache oder eine entspr Kompensation vom Dritten (zurück-)erlangt.** Umstr ist insoweit, ob der zum Schadensersatz gedrängte Vorleistende dann Rückgabe der Ersatzleistung (Erman/*Kuckuk* Rn 5) oder Herausgabe der Sache (Palandt/*Heinrichs* Rn 9; Soergel/*Mertens* Rn 9; für ein Wahlrecht des Ersatzberechtigten jurisPK/*Rüßmann* Rn 18) fordern kann. Für Ersteres spricht jedenfalls, dass der Schädiger, der auf eine im Nachhinein wegfallende Schuld geleistet hat, bereicherungsrechtlich nur das »Geleistete« zurückfordern darf (MüKo/*Oetker* Rn 14). Deshalb kann er nur die Ersatzleistung herausverlangen, nicht aber die Sache selbst, über die der Eigentümer/Rechtsinhaber sein Integritätsinteresse generiert und die ihm daher auch erhalten bleiben muss.

20 **III. Abgrenzung zu anderen Konstellationen der Schuldnermehrheit und der internen Schadensverteilung.** Die unechte Gesamtschuld des § 255 ist sowohl von der echten Gesamtschuld als auch von Fällen der cessio legis abzugrenzen. Unterschiede ergeben sich sowohl auf der Tatbestandsebene als auch auf der Rechtsfolgenseite.

21 **1. Abgrenzung zur echten Gesamtschuld.** Im Unterschied zur unechten Gesamtschuld setzt die echte Gesamtschuld tatbestandlich eine **Gleichstufigkeit der Schadensverantwortlichen** voraus. In der Rechtsfolge führt dies dazu, dass im Innenverhältnis der Schuldner zueinander nach § 426 Abs 1 nur eine **anteilige Haftung aller Schädiger angenommen wird**, so dass der Schaden (anders als nach der Wertung des § 255) nicht von einem oder mehreren (Letzt-)Verantwortlichen allein zu tragen ist (PWW/*Medicus* Rn 2). Eine weitere Konsequenz ergibt sich in Bezug auf die Gleichstufigkeit der Schuldner bei der echten Gesamtschuld inso-

weit, als bei einer **Vorwegbefriedigung des Gläubigers** durch einen echten Gesamtschuldner nach § **426 Abs 2 ein automatischer Forderungsübergang** zwischen Eigentümer/Ersatzberechtigtem und (primär) Ersatzleistendem stattfindet, sofern Letzterer »über seiner« aus dem Innenverhältnis der Schuldner herrührenden Quote »erfüllt« hat (BGHZ 59, 97, 102; Hamm WM 1999, 491, 494; Palandt/*Heinrichs* Rn 2; MüKo/*Oetker* Rn 4). Auch dieser automatische Anspruchsübergang findet bei § 255 nicht statt.

2. Abgrenzung zur cessio legis. Von dem Grundansatz der **fehlenden Gleichstufigkeit der Haftung mehrerer Personen**, die einen Kompensationsbeitrag zu leisten haben, ähneln sich die Fälle der nicht gleichstufigen Haftung, die § 255 betrifft, mit denen, für die der Gesetzgeber einen **gesetzlichen Forderungsübergang** zur Gewährleistung einer Schadloshaltung des »vorleistenden« Schuldners angeordnet hat (Jauernig/*Teichmann* Rn 1). 22

Situationen der cessio legis, die den rückgriffsbefähigten Schuldner bzgl der Regressmöglichkeit umfänglicher absichern als dies über das Abtretungsmodell nach § 255 geschehen ist, finden sich überwiegend im (Sozial-)-Versicherungs- und Arbeitsrecht. Hierzu zählen § 67 VVG aF – jetzt § 86 VVG nF, § 6 EFZG, §§ 116 Abs 1, 119 SGB X, § 90 Abs 1 BSHG, § 87a BBG (vgl dazu Jauernig/*Teichmann* Rn 1; MüKo/*Oetker* Rn 16; PWW/*Medicus* Rz 2; zum Ganzen auch *Tonner/Tamm* § 249 Rz 69). Die cessio legis rechtfertigt sich hier vor dem Hintergrund, dass jemand **haftet, der eigentlich überhaupt nichts für den eingetretenen Schaden kann** und somit noch weiter »entfernt« vom schadensstiftenden Ursachenbeitrag steht, als derjenige Schuldner, der nach § 255 nur Abtretung der Regressansprüche zur eigenen Schadloshaltung fordern kann. Wegen der bes Wertung, die den Regelungen der cessio legis zugrunde liegen und dem automatischen Forderungsübergang, der eine Abtretung nicht mehr erforderlich macht, sollen die Regelungen, die zu einer cessio legis führen, dem § 255 vorgehen (BGHZ 52, 39, 43, 45; Palandt/*Heinrichs* Rn 3; PWW/*Medicus* Rn 2; str). Insofern stehen beide Systeme in einem Verdrängungsverhältnis. 23

C. Wirkung der Einrede und der Abtretung/Prozessuales. Der Ersatzschuldner braucht nach dem Modell des § 255 nur Zug um Zug (§§ 273, 274) gegen Abtretung der Ansprüche zu leisten (PWW/*Medicus* Rn 5). Die Einrede ist allerdings nicht vAw zu prüfen. Vielmehr hat sie der Schuldner im Prozess gegen seine Inanspruchnahme geltend zu machen. Im Prozess muss er zwar nicht das Bestehen etwaiger Ansprüche dartun und beweisen, insofern kommt es nur auf die potentielle Existenz dieser Regresspositionen an. Allerdings hat der Ersatzschuldner wegen des Bestimmtheitsgrundsatzes, der der Abtretung unterlegt ist, darzulegen, welche (potentiell bestehenden) Ansprüche die Abtretungserklärung des Eigentümers/Rechtsinhabers umfassen soll (BGH NJW-RR 1990, 407, 408; Hk-BGB/*Schulze* Rn 5; MüKo/*Oetker* Rn 21).Wird abgetreten (ggf auch nur über die Erklärungsfiktion des Urteils nach § 894 ZPO, vgl dazu MüKo/*Oetker* Rn 21), dann bewirkt die Zession den Anspruchsübergang, so dass der Ersatzverpflichtete nun materiellrechtlicher Anspruchsinhaber mit allen Konsequenzen ist, die sich aus §§ 398 ff ergeben. 24

§ 256 Verzinsung von Aufwendungen.

[1] Wer zum Ersatz von Aufwendungen verpflichtet ist, hat den aufgewendeten Betrag oder, wenn andere Gegenstände als Geld aufgewendet worden sind, den als Ersatz ihres Wertes zu zahlenden Betrag von der Zeit der Aufwendung an zu verzinsen.
[2] Sind Aufwendungen auf einen Gegenstand gemacht worden, der dem Ersatzpflichtigen herauszugeben ist, so sind Zinsen für die Zeit, für welche dem Ersatzberechtigten die Nutzungen oder die Früchte des Gegenstands ohne Vergütung verbleiben, nicht zu entrichten.

Literatur *Balthasar* Der besondere Gerichtsstand am Erfüllungsort gem § 29 Abs 1 ZPO JuS 2004, 571; *Bengelsdorf* Schadensersatz bei Nichtantritt der Arbeit BB 1989, 2390; *Bork* Grundprobleme des Lastschriftverfahrens JA 1986, 121; *Clasen* Vollstreckungs- und Kündigungsrecht des Gläubigers einer OHG gegen Gesellschaft und Gesellschafter NJW 1965, 2141; *Derleder/Knops/Bamberger* (Hrsg) Handbuch zum deutschen und europäischen Bankrecht (2004); *Döhmel* Der Leistungsort bei Rückabwicklung von Verträgen (1997); *Doms* Eine Möglichkeit zur Vereinfachung der Zwangsvollstreckung bei Zug-um-Zug-Leistung NJW 1984, 1340; *Ehler* Gerichtsstand bei Außendiensttätigkeit BB 1995, 1849; *Einsele* Haftung der Kreditinstitute bei nationalen und grenzüberschreitenden Banküberweisungen AcP 199 (1999) 144; *Einsiedler* Der besondere Gerichtsstand des Erfüllungsorts nach § 29 ZPO: Ein Klägergerichtsstand? NJW 2001, 1549; *v Gelder* Die Rechtsprechung des Bundesgerichtshofs zum Lastschriftverkehr WM 2001, Beilage 7; *Gernhuber* Das Schuldverhältnis (1989) § 11; *Glotzbach/App* Zur Wahrung der Rechte von dinglich Berechtigten, Mietern und Pächtern in einem Zwangsversteigerungsverfahren durch Ablösung der Forderung des betreibenden Gläubigers – Kurzüberblick ZMR 2002, 254; *Gröschler* Zur Wirkungsweise und zur Frage der Geltendmachung von Einrede und Einwendung im materiellen Zivilrecht AcP 201 (2001) 48; *Haas* Entwurf eines Schuldrechtsmodernisierungsgesetzes: Kauf- und Werkvertragsrecht BB 2001, 1313; *Hager* Ablösung von Grundpfandrechten und redlicher Erwerb ZIP 1997, 133; *Häuser* Zur Erfüllung der Geldschuld durch Inkasso einer Einzugsermächtigungslastschrift WM 1991, 1; *Heermann* Handbuch des Schuldrechts: Geld und Geldgeschäfte (2003); *Hensen* Die Kostenlast beim Zug-um-Zug-Urteil NJW 1999, 395; *Henssler* Der Gerichtsstand des Erfüllungsortes gemäß § 29 ZPO für die anwaltliche Honorarklage AnwBl 1999, 186; *Herpers* Über den Nachteil des Gläubigers bei der Legalzession AcP 166 (1966) 454;

Huber Der Nacherfüllungsanspruch im neuen Kaufrecht NJW 2002, 1004; *Hilger* Zur Haftung des falsus procurator NJW 1986, 2237; *Hüffer* Rechtsfragen des Handelskaufs (2. Teil) JA 1981, 143; *Jacob* Die zivilrechtliche Beurteilung des Lastschriftverfahrens (1995); *Kaiser* Die Rückabwicklung gegenseitiger Verträge wegen Nicht- und Schlechterfüllung nach BGB (2000); *Köhler* Der Leistungsort bei Rückgewährschuldverhältnissen, FS Heinrichs (1998), S 367; *Kronenbitter* Der Skontoabzug in der Praxis der VOB/B BB 1984, 2030; *Krügermeyer-Kalthoff/Reutershan* Honorarklagen – örtliche Zuständigkeit der Gerichte bei der Geltendmachung von Ansprüchen freiberuflich Tätiger MDR 2001, 1216; *Langenbucher* Die Risikozuordnung im bargeldlosen Zahlungsverkehr (2001); *Leitz* Informationspflichten von Kreditinstituten aus dem Depotvertrag BKR 2002, 685; *Müller* Der Gerichtsstand des Erfüllungsortes bei arbeitsgerichtlichen Klagen von Außendienstmitarbeitern BB 2002, 1094; *Nobbe* Die Rechtsprechung des Bundesgerichtshofes zum Überweisungsverkehr WM 2001, Sonderbeilage 4; *Ostrop/Zumkeller* Die örtliche Zuständigkeit im Urteilsverfahren bei Außendienstmitarbeitern NZA 1994, 644; *Prechtel* Der Gerichtsstand des Erfüllungsortes bei anwaltlichen Gebührenforderungen NJW 1999, 3617; *ders.* Zum Gerichtsstand bei Klagen aus einem Anwaltsvertrag, MDR 2001, 591; *Probst* Zur Unterwerfung unter die sofortige Zwangsvollstreckung wegen eines »zuletzt zu zahlenden Teilbetrages« – eine Urteilsanmerkung JR 1990, 369; *Proskauer* Über relative Beschränkungen des Rechtsgebrauchs JherJb 69, 316; *Reinicke/Tiedtke* Der Schutz des guten Glaubens beim Erwerb einer Grundschuld kraft Gesetzes WM 1986, 813; *Rimmelspacher* Gutglaubensschutz bei der Ablösung von Grundpfandrechten WM 1986, 809; *ders* Steuerfiskus, Steuerschuldner und Steuerbürge zwischen öffentlichem und privatem Recht ZZP 95 (1982) 280; *Roussos*, Kostenerstattungsansprüche des Käufers nach der Wandelung BB 1986, 10; *Schildt*, Die Gefahrtragung beim Versandhandelskauf JR 1989, 89; *Schilken* Wechselbeziehungen zwischen Vollstreckungsrecht und materiellem Recht bei Zug-um-Zug-Leistungen AcP 181 (1981) 355; *Schinnenburg*, Zulässigkeit der Honorarklage eines Arztes am Praxisort MedR 2001, 402; *K Schmidt* Geld und Geldschuld im Privatrecht JuS 1984, 737; *Schön* Prinzipien des bargeldlosen Zahlungsverkehrs AcP 198 (1998) 401; *Schüssler* Die Incoterms – Internationale Regeln für die Auslegung der handelsüblichen Vertragsformeln DB 1986, 1161; *Schwarz* Schuldner- und Gläubigereinzug im Lastschriftverfahren ZIP 1989, 1442; *Siemon* Der Gerichtsstand für anwaltliche Honorarklagen MDR 2002, 366; *Storz* Die Gläubigerablösung in der Zwangsversteigerung ZIP 1980, 159; *Vollrath* Die Endgültigkeit bargeldloser Zahlungen (1997); *Vossler*, Bindungswirkung von Verweisungsbeschlüssen und Gerichtsstand für anwaltliche Honorarklagen NJW 2003, 1164; *Weitnauer* Die elektive Konkurrenz, FS Hefermehl (1976), S 467; *v Westphalen* Verspätete Überweisungen – Einige Bemerkungen zur neuen Rechtslage BB 2000, 157; *Wolfsteiner* Zur Unterwerfung unter die sofortige Zwangsvollstreckung wegen Teilbeträgen aus einer Grundschuld DNotZ 1988, 234; *Ziegler* Zur Wertlosigkeit der allgemeinen Regeln des BGB über die sog Wahlschuld (§§ 262–265 BGB) AcP 171 (1971) 193.

1 **A. Allgemeines. I. Der Begriff der Aufwendung.** Die §§ 256, 257 enthalten **Spezialvorschriften** für den **Inhalt des Anspruchs auf Aufwendungsersatz**, die Vorschriften gelten gleichermaßen für Verwendungen (§ 994). Ebenso wie die §§ 249 ff für den Schadensersatzanspruch setzen die §§ 256 ff das Bestehen eines Aufwendungsersatzanspruchs voraus. Es handelt sich mithin **nicht** um eine eigenständige **Anspruchsgrundlage** für den Aufwendungsersatz. Der Zweck der §§ 256, 257 besteht demgemäß darin, demjenigen, der im Interesse eines anderen Aufwendungen gemacht hat und dafür (auf Grund anderweitiger Rechtsgrundlage) Ersatz beanspruchen kann, einen vollen Ausgleich seiner Aufwendungen zu gewähren. Das BGB enthält weder in den §§ 256 f noch in anderen Vorschriften eine Definition des Aufwendungsersatzes. Allgemein wird unter Aufwendung die freiwillige Aufopferung von Vermögenswerten für die Interessen eines anderen verstanden (BGH NJW 1960, 1568; AnwK/*Knöfler* Rn 2). Freiwillig idS kann aber auch eine Handlung sein, zu deren Vornahme sich der Anspruchsberechtigte auf Grund Gesetzes oder Rechtsgeschäft verpflichtet hat. Die Freiwilligkeit idS bringt allein den Unterschied zum (unfreiwilligen) Vermögensopfer beim Schadensersatz (§§ 249 ff) zum Ausdruck. Die Abgrenzung zwischen Aufwendung (Verwendung) und Schaden ist aber nicht immer leicht (vgl Palandt/*Heinrichs* Rn 2).

2 Soweit es um den Ersatz von unfreiwilligen Vermögensopfern geht, kann sich ein Anspruch zunächst aus den vertraglichen Vereinbarungen ergeben (für den Auftrag etwa BGHZ 89, 153, 157; 92, 270 f) oder aus gesetzlichen Vorschriften, wie etwa aus §§ 280, 241 Abs 2. Ob es eine »Risikohaftung bei Tätigkeit im fremden Interesse« gibt, erscheint jedenfalls zweifelhaft (so etwa Soerg/*Beuthien* § 670 Rn 20 mwN; *Canaris* RdA 1966, 43; vgl neuerdings HKK-BGB/*Gröschler* §§ 256–258, der sich für die Aufgabe der strikten Trennung von Schadens- und Aufwendungsersatz ausspricht). Nicht zu den Aufwendungen gehören jedoch Auslagen (AnwK/*Knöfler* Rn 2). Auch Vorsorgekosten im Hinblick auf mögliche Schädigung durch Dritte oder Prozesskosten werden im eigenen und nicht im Interesse Dritter aufgebracht. Schließlich gehören auch Ausgleichsansprüche nach § 426 oder solche familienrechtlicher Art nicht zu Aufwendungen iSd § 256 (Palandt/*Heinrichs* Rn 1).

3 **II. Die Bedeutung des Aufwendungsersatzanspruchs.** Ansprüche auf Aufwendungsersatz finden sich im Schuldrecht etwa in den §§ 292 (Verwendungen bei Herausgabepflicht), 304 (Ersatz von Mehraufwendungen bei Gläubigerverzug), 347 (Verwendungen nach Rücktritt), 459 (Verwendungen des Wiederkäufers), 526 (Aufwendungen bei Vollziehung einer Auflage), 536a, 539, 554 (Aufwendungen des Mieters auf die Mietsache), 601 (Aufwendungen des Entleihers), 637 (Aufwendungen des Bestellers), 652 (Aufwendungen des Mak-

lers), 670 (Aufwendungen des Beauftragten), 683 (Aufwendungen des Geschäftsführers ohne Auftrag), 693 (Aufwendungen des Verwahrers), 850 (Aufwendungen auf die entzogene Sache). Zahlreiche weitere Ansprüche auf Aufwendungsersatz finden sich im BGB auch im Sachen-, Familien- und Erbrecht.

B. Regelungsgehalt. Die Verzinsungspflicht des S 1 setzt **das Bestehen eines Aufwendungs- oder Verwendungsersatzanspruchs** voraus, hierzu kann auch die eigene Arbeitsleistung zählen (BGHZ 59, 329). Der Anspruch aus § 256 ist grds auf **Geldzahlung** gerichtet, wie sich aus der Verwendung des Wortes »Betrag« ergibt. Bei Aufwendungen umfasst die Erstattungspflicht auch die Verzinsung nach § 246 (4 %) § 352 HGB (5 %) des aufgewendeten Geldbetrages und bei sonstigen (nicht in Geld liegenden) Aufwendungen, die Verzinsung des dafür zu erstattenden Geldbetrages. Die Verzinsung beginnt mit dem Zeitpunkt der Aufwendung und ist dabei unabhängig vom Verzug des Ersatzverpflichteten (RGRK-*Alff* Rn 2). Ist der Ersatzverpflichtete mit der Leistung überdies in Verzug, kann der Ersatzberechtigte zudem Verzugszinsen (§ 288) beanspruchen. Der Aufwendungsersatz und die Verzinsung unterliegen der Umsatzsteuer, wenn sie von einem Unternehmer iSd UStG geltend gemacht wird. Hat der Ersatzverpflichtete einen Gegenstand herauszugeben, der Nutzungen und Früchte (§§ 99, 100) gewährt und sind vom Berechtigten auf diesen Gegenstand Verwendungen gemacht worden, steht ihm ein Anspruch auf Zinsen nicht zu. Der Gesetzgeber geht dabei offenbar davon aus, dass durch die Gewährung des Vorteils der Nutzungen und Früchte der Ersatzberechtigte insoweit hinreichenden Ersatz für seine Aufwendungen geleistet hat. Bedeutung hat diese Ausn von dem Anspruch auf Verzinsung vor allem beim redlichen Besitzer im Zeitraum bis zur Rechtshängigkeit des Herausgabeanspruchs (§ 993). 4

§ 257 Befreiungsanspruch.

[1] Wer berechtigt ist, Ersatz für Aufwendungen zu verlangen, die er für einen bestimmten Zweck macht, kann, wenn er für diesen Zweck eine Verbindlichkeit eingeht, Befreiung von der Verbindlichkeit verlangen.
[2] Ist die Verbindlichkeit noch nicht fällig, so kann ihm der Ersatzpflichtige, statt ihn zu befreien, Sicherheit leisten.

A. Allgemeines. I. Der Begriff der Aufwendung. Die Vorschrift regelt den **Liberationsanspruch** des Ersatzberechtigten, insbes des Beauftragten und ergänzt damit die Vorschrift § 256 für den besonderen Fall des Aufwendungsersatzes dann, wenn die Aufwendung in der Eingehung einer Verbindlichkeit besteht. Der Ersatzberechtigte kann zunächst die Befreiung von einer eingegangenen, aber noch nicht erfüllten Verpflichtung verlangen. S 2 gibt ihm darüber hinaus das Recht, Sicherheit zu verlangen. Der Befreiungsanspruch kann sich aus **vertraglicher Vereinbarung** oder aber auf Grund **gesetzlicher Vorschriften** ergeben, etwa aus § 415 Abs 3 oder § 775 Abs 1. Voraussetzung ist, dass der Ersatzberechtigte im Interesse des Ersatzverpflichteten eine Verbindlichkeit eingeht, etwa ein Darlehen aufnimmt, um das übernommene Geschäft zu erledigen (AnwK/*Knöfler* Rn 2). Auch der Einkaufskommissionär ist hier zu nennen (BGH NJW 1965, 249). 1

B. Regelungsgehalt. I. Wahlrecht des Ersatzverpflichteten. 1. Allgemeines. Die Entscheidung darüber, wie der Ersatzberechtigte von der Gefahr der Inanspruchnahme befreit wird, obliegt dem Ersatzverpflichteten (BGHZ 91, 77). Er kann unmittelbar an den Dritten leisten (§ 267) und so den Ersatzberechtigten von der Inanspruchnahme durch den Dritten befreien. Der Ersatzverpflichtete kann aber auch Vereinbarungen mit dem Dritten treffen, etwa eine befreiende Schuldübernahme vereinbaren oder eine Aufrechnung erklären (AnwK/*Knöfler* Rn 3). Eine Zahlung an sich selbst anstelle der Schuldbefreiung kann der Ersatzberechtigte aber nur ausnahmsw verlangen, etwa wenn er den Dritten bereits befriedigt hat oder die Inanspruchnahme durch den Dritten unmittelbar bevorsteht (RGZ 78, 26). Die Fälligkeit des Anspruchs auf Befreiung nach § 257 wird, soweit nicht vertraglich etwas Abweichendes geregelt ist (BGH NJW 1984, 2151) bereits mit der Eingehung der Verbindlichkeit fällig und nicht erst mit der Fälligkeit der Forderung des Dritten. 2

2. Insolvenz des Ersatzberechtigten. Im Falle der Insolvenz des Ersatzberechtigten wandelt sich der Anspruch auf Befreiung in einen Zahlungsanspruch, der Ersatzverpflichtete muss den vollen Betrag in die Insolvenzmasse einzahlen (BGH NJW 1994, 49). Der Gläubiger des Ersatzberechtigten erhält demgegenüber nur eine Quote. 3

3. Sicherheitsleistung (S 2). Fehlt es bei der Verbindlichkeit, von der Befreiung verlangt werden kann, an der Fälligkeit, kann der Ersatzverpflichtete nach S 2 Sicherheit leisten, anstelle den Ersatzberechtigten von der Inanspruchnahme zu befreien. Für die Art der Sicherheitsleistung gelten die §§ 232 ff. Zur entspr Anwendung auf ähnl vertragliche Ansprüche vgl BGHZ 91, 73. 4

§ 258 Wegnahmerecht.

[1] Wer berechtigt ist, von einer Sache, die er einem anderen herauszugeben hat, eine Einrichtung wegzunehmen, hat im Falle der Wegnahme die Sache auf seine Kosten in den vorigen Stand zu setzen.
[2] Erlangt der andere den Besitz der Sache, so ist er verpflichtet, die Wegnahme der Einrichtung zu gestatten; er kann die Gestattung verweigern, bis ihm für den mit der Wegnahme verbundenen Schaden Sicherheit geleistet wird.

1 **A. Allgemeines.** Die Vorschrift regelt den Fall, dass jmd zur Herausgabe einer in seinem Besitz befindlichen Sache verpflichtet ist, jedoch zugleich berechtigt ist, eine mit der Sache verbundene Einrichtung zu entnehmen. Auf den Rechtsgrund für Herausgabeanspruch und/oder den Anspruch auf Wegnahme der Einrichtung kommt es nicht an. Der Rechtsgrund für das Wegnahmerecht kann vertraglich vereinbart sein oder sich aus dem Gesetz ergeben. In Betracht kommen aus dem Schuldrecht etwa das Wegnahmerecht des Mieters (§ 539 Abs 2), des Pächters (§ 581 Abs 2) oder des Entleihers (§ 601 Abs 2 S 2), schuldrechtlich oder des unrechtmäßigen Besitzers (§ 997 Abs 1). Das Wegnahmerecht ist mit der Pflicht verbunden, den früheren Zustand wiederherzustellen (S 2) oder, sofern dies nicht möglich ist, den entstehenden Schaden zu ersetzten.

2 **B. Anwendungsbereich. I. Begriff der Einrichtung.** Eine Einrichtung ist eine Sache, die mit einer anderen körperlich verbunden ist und deren wirtschaftlichen Zwecken dient (Palandt/*Heinrichs* Rn 1). Dabei kann es sich etwa um Anbauten (BGHZ 81, 146), Badewannen (RGZ 106, 49; PWW/*Jud* Rn 2) oder Pflanzen (OLG Düsseldorf NJW-RR 99, 160) handeln.

3 **II. Wegnahmerecht.** Das Wegnahmerecht ist nicht davon abhängig, dass der Wegnahmeberechtigte Eigentümer der Sache ist. Es kommt also insbes auch nicht darauf an, ob die wegzunehmende Sache wesentlicher Bestandteil der Hauptsache geworden ist. Ist die zu verbindende Sache wesentlicher Bestandteil der (fremden) Hauptsache geworden, steht dem Wegnahmeberechtigten neben dem Wegnahmerecht auch das Recht zur Aneignung zu (BGHZ 81, 146).

4 **III. Wiederherstellung des ursprünglichen Zustands.** Wird die Hauptsache durch die nach § 258 S 1 zu gestattende Wegnahme beschädigt oder in sonstiger Weise beeinträchtigt, hat der Wegnahmeberechtigte den früheren Zustand wiederherzustellen. Die Wiederherstellung bezieht sich dabei auf die Hauptsache. Ist die Wiederherstellung nicht möglich, kann der Herausgabeberechtigte Entschädigung in Geld verlangen (§ 251). Ist die Wiederherstellung nur mit unverhältnismäßigem Aufwand möglich, kann der Herausgabeberechtigte in entspr Anwendung des § 251 Abs 1 S 2 auf eine Entschädigung in Geld verwiesen werden. Die Wiederherstellungspflicht kann (insbes bei Mietverträgen) vertraglich ausgeschlossen werden.

5 **IV. Gestattungsanspruch (S 2).** Ist die Sache bereits herausgegeben, so kann der Wegnahmeberechtigte die Wegnahme nicht mehr eigenmächtig durchführen. S 2 gewährt ihm hier einen Anspruch auf Gestattung der Wegnahme gegen den Herausgabegläubiger, nicht jedoch einen Anspruch auf Herausgabe der Einrichtung. Der Anspruch ist dinglicher Natur. Bis zur Wegnahme und Aneignung ist der Herausgabegläubiger iÜ zum Besitz berechtigt (§ 986) und kann die Nutzungen ziehen. Ist der Wegnahmeanspruch verjährt, steht dem Herausgabegläubiger ein dauerhaftes Besitzrecht ohne Entschädigungspflicht zu. Das Gleiche gilt hinsichtlich derer, die ihr Besitzrecht von dem Gläubiger herleiten.

6 **V. Sicherheitsleistung.** Dem zur Herausgabe Verpflichteten steht nach § 259 S 2 ein Recht zur Verweigerung der Wegnahme zu, bis ihm für den mit der Wegnahme verbundenen Schaden Sicherheit geleistet worden ist (Leistungsverweigerungsrecht). Bis zur Stellung der Sicherheit steht dem Gläubiger ein Besitzrecht aus § 986 zu. Für die Sicherheitsleistung gelten die §§ 232 ff.

§ 259 Umfang der Rechenschaftspflicht.

[1] Wer verpflichtet ist, über eine mit Einnahmen oder Ausgaben verbundene Verwaltung Rechenschaft abzulegen, hat dem Berechtigten eine die geordnete Zusammenstellung der Einnahmen oder der Ausgaben enthaltende Rechnung mitzuteilen und, soweit Belege erteilt zu werden pflegen, Belege vorzulegen.

[2] Besteht Grund zu der Annahme, dass die in der Rechnung enthaltenen Angaben über die Einnahmen nicht mit der erforderlichen Sorgfalt gemacht worden sind, so hat der Verpflichtete auf Verlangen zu Protokoll an Eides statt zu versichern, dass er nach bestem Wissen die Einnahmen so vollständig angegeben habe, als er dazu imstande sei.

[3] In Angelegenheiten von geringer Bedeutung besteht eine Verpflichtung zur Abgabe der eidesstattlichen Versicherung nicht.

§ 260 Pflichten bei Herausgabe oder Auskunft über Inbegriff von Gegenständen.

[1] Wer verpflichtet ist, einen Inbegriff von Gegenständen herauszugeben oder über den Bestand eines solchen Inbegriffs Auskunft zu erteilen, hat dem Berechtigten ein Verzeichnis des Bestands vorzulegen.

[2] Besteht Grund zu der Annahme, dass das Verzeichnis nicht mit der erforderlichen Sorgfalt aufgestellt worden ist, so hat der Verpflichtete auf Verlangen zu Protokoll an Eides statt zu versichern, dass er nach bestem Wissen den Bestand so vollständig angegeben habe, als er dazu imstande sei.

[3] Die Vorschrift des § 259 Absatz 3 findet Anwendung.

§ 261 Abgabe der eidesstattlichen Versicherung.

[1] Die eidesstattliche Versicherung ist, sofern sie nicht vor dem Vollstreckungsgericht abzugeben ist, vor dem Amtsgericht des Ortes abzugeben, an welchem die Verpflichtung zur Rechnungslegung oder zur Vorlegung des Verzeichnisses zu erfüllen

ist. Hat der Verpflichtete seinen Wohnsitz oder seinen Aufenthalt im Inland, so kann er die Versicherung vor dem Amtsgericht des Wohnsitzes oder des Aufenthaltsorts abgeben.
[2] Das Gericht kann eine den Umständen entsprechende Änderung der eidesstattlichen Versicherung beschließen.
[3] Die Kosten der Abnahme der eidesstattlichen Versicherung hat derjenige zu tragen, welcher die Abgabe der Versicherung verlangt.

A. Allgemeines. I. Gemeinsamkeiten von §§ 259, 260. Die Pflicht zur **Rechenschaftslegung (§ 259)**, und die Pflicht zur **Auskunftserteilung** (§ 260), unterscheiden sich nur im Inhalt des Anspruchs. § 259 geht auf Rechnungslegung, während § 260 auf Erteilung eines Bestandsverzeichnisses gerichtet ist. Im übrigen ist beiden Vorschriften gemeinsam, dass sie die Durchsetzung von Rechten dadurch ermöglichen, dass sie dem Berechtigten das Recht einräumen, sich Kenntnis über den Umfang seiner Berechtigung zu verschaffen, was insbes im Hinblick auf § 253 Abs 2 ZPO für die prozessuale Durchsetzung des Anspruchs von erheblicher Bedeutung ist (zur Abgrenzung auch BGH NJW 1973, 1837). Der Anspruch auf Auskunftserteilung ist damit ebenso wie der Anspruch auf Abgabe einer eidesstattlichen Versicherung **materiell** lediglich ein Hilfsanspruch, der die Geltendmachung des Hauptanspruchs auf Herausgabe oder Zahlung erleichtern soll. **Prozessual** kann er jedoch, isoliert verfolgt, als Hauptanspruch erscheinen (BGHZ 33, 373, 379). Die Abtretung des Hauptanspruchs erstreckt sich gem § 401 auch auf den Hilfsanspruch. Der Anspruch ist vererblich und kann mit dem Hauptanspruch zusammen gepfändet werden. 1

II. Allgemeine Voraussetzungen. Die §§ 259, 260 setzen (neben dem eigentlichen Anspruch auf Leistung) eine gesetzliche oder vertragliche Verpflichtung zur Rechnungslegung (§ 259) oder Erteilung einer Auskunft (§ 260) voraus und regeln die näheren Anforderungen an den zu erfüllenden Anspruch auf Rechnungslegung bzw. Auskunft (259 Abs 1 und 260 Abs 1). Die §§ 259 Abs 2 und 260 Abs 2 ergänzen die ordnungsgemäße Erteilung der Auskunft durch Schaffung eines Anspruchs gegen den Schuldner auf Abgabe der eidesstattlichen Versicherung. § 261 konkretisiert das Verfahren zur Abgabe der eidesstattlichen Versicherung. Sondervorschriften finden sich etwa in §§ 51a, 51b GmbHG, §§ 131, 132 AktG. 2

B. Anwendungsbereich. I. Verpflichtung zur Rechnungslegung/Erstellung eines Verzeichnisses. Eine allg Pflicht des Schuldners, Auskunft zu erteilen oder Rechenschaft abzulegen, besteht nicht (*Schilken* Jura 1988, 525; zur Rechenschaftspflicht des Vermieters für die Heizkostenabrechnung vgl BGH NJW 2006, 1419); zur Rechenschaftspflicht der Bank vgl *Derleder/Wosnitza* ZIP 1990, 901, 909). Auch die §§ 259, 260 schaffen keinen solchen Anspruch, sondern setzen ihn voraus. Ein derartiger Anspruch auf Rechnungslegung kann sich etwa ergeben aus §§ 666, 675, 681, 687 Abs 2, 713, 740 Abs 2, 1214 Abs 1, 1698 Abs 2, 1890, 2130 Abs 2, 2314, §§ 87c Abs 2, 384 Abs 2 HGB, § 28 Abs 3, Abs 4 WEG, § 8 MaBV sowie im Einzelfall aus § 242. § 259 ist analog auch auf Auskunftsansprüche nach den §§ 34 BDSG, 13 VII TMG anzuwenden. Schadensersatzansprüche begründen, wenn nicht gesetzliche Sonderregelungen (zB § 19 MarkenG, § 101a UrhG) anzuwenden sind, nur in Ausnahmefällen einen Auskunftsanspruch. Ansprüche auf Rechenschaftslegung oder Erteilung eines Verzeichnisses können auch vertraglich vereinbart werden (BaRoth/*Grüneberg* § 259 Rn 5). Sie können als Hauptpflicht oder als Nebenpflicht ausgestaltet sein. Der praktisch häufigste Anspruch auf Erteilung eines Bestandsverzeichnisses ist der des Pflichtteilsberechtigten gegen den Erben (§ 2314). Die mitunter vertretene Ansicht, aus diesen Vorschriften sei ein allg Rechtsgrundsatz abzuleiten, dass jedermann zur Rechnungslegung verpflichtet ist, der fremde oder zumindest auch fremde Angelegenheiten besorgt (MüKo/*Krüger* § 259 Rn 6; Staud/*Bittner* § 259 Rn 9), ist abzulehnen. Richtig ist vielmehr, dass auch ohne ausdrückliche gesetzliche Anordnung ein Auskunftsanspruch (als Hilfsanspruch) bestehen kann, dieser jedoch stets einer Sonderverbindung bedarf. Ansonsten könnte eine genauere Bestimmung des Inhalts der zu erteilenden Rechnungslegung überhaupt nicht festgestellt werden. Ein Auskunftsanspruch kann sich etwa aus dem Arbeitsverhältnis ergeben (BAG AP § 3 KSchG Nr 18 – Umsatzbeteiligung des Arbeitnehmers; BGH NJW 1998, 1305 – Vergütung für Arbeitnehmererfindung). 3

II. Beschränkungen des Anspruchs. 1. Gesetzliche Beschränkungen. Die Ansprüche aus den §§ 259, 260 können nicht ohne den Hauptanspruch, dessen Erfüllung sie dienen, betrachtet werden. Der Auskunftsanspruch findet seine **Grenze daher** in den Hauptansprüchen. Steht fest, dass der (an sich) Berechtigte auch nach Auskunftserteilung/Rechenschaftslegung vom Verpflichteten einen Anspruch im Hinblick auf die Leistung nicht hat, er also ohnehin nichts verlangen kann, so entfällt die Pflicht aus den §§ 259, 260 (BGH NJW 1985, 385). Eine Auskunftserteilung wäre damit eine reine Schikane. Ein Auskunftsanspruch besteht auch dann nicht, wenn der Berechtigte sich die nötigen Informationen ohne Aufwand beschaffen kann oder der Schuldner zur Auskunftserteilung nicht befugt ist (BGH NJW 1979, 2351). 4

Der Anspruch findet seine **Grenze** iÜ in den **Geboten von Treu und Glauben** (§ 242) und in der Zumutbarkeit für den Schuldner. Der zu erwartende Aufwand für den Schuldner muss in einer vernünftigen Relation zu den Interessen des Gläubigers stehen. Wenn die offen zu legenden Informationen zu anderen Zwecken missbraucht werden könnten, entfällt die Pflicht. Der Auskunftsanspruch entfällt etwa bei Verjährung des Hauptanspruchs (BGHZ 108, 393, 399). Zur Verweigerung der Auskunft bei Offenbarung einer Straftat vgl 5

BGHZ 41, 318. Eine Grenze findet der Auskunftsanspruch dort, wo datenschutzrechtliche Pflichten kollidieren, etwa § 29 BDSG (Staud/*Bittner* § 259 Rn 30). Dass die Offenbarung von Betriebsgeheimnissen mit der Rechnungslegung einhergehen würde, hindert den Anspruch jedoch grds nicht. Obwohl die Offenbarung von Geschäftsgeheimnissen erhebliche Wettbewerbsnachteile mit sich bringen kann, ist der Schuldner auch hierzu zwar grds verpflichtet. Allerdings kann der Schuldner (auf seine Kosten) verlangen, dass die Rechnung nicht ggü dem Gläubiger, sondern nur ggü einem zur Verschwiegenheit verpflichteten Dritten gelegt wird (sog Wirtschaftsprüfervorbehalt, vgl Ba/Roth/*Grüneberg* § 259 Rn 19).

6 **2. Vertragliche Beschränkungen.** Der Anspruch kann vertraglich eingeschränkt oder auch ganz abbedungen werden. Geschieht dies in AGB, so ist § 307 Abs 2 Nr 1 zu beachten. Jedoch stellt die Entgegennahme einer Leistung des Schuldners noch keinen Verzicht auf Rechenschaftslegung dar. Zum Baubetreuungsvertrag vgl Palandt/*Heinrichs* § 261 Rn 25.

7 **3. Form und Inhalt der Rechenschaftslegung. a) Rechnungslegung.** Die vorzunehmende Rechnungslegung muss eine geordnete (schriftliche, vgl Dresden FamRZ 2005, 1195) Gegenüberstellung aller Einnahmen und Ausgaben in einer verständlichen Form enthalten. Die einzelnen Angaben müssen dabei so detailliert sein, dass der Gläubiger in die Lage versetzt ist, die zur Bezifferung des Hauptanspruchs erforderlichen Informationen zu gewinnen. Damit der Anspruchsberechtigte die erforderliche Prüfung vornehmen kann, sind Belege beizufügen oder vorzulegen, soweit dies nach der Verkehrssitte üblich ist. Die Pflicht erstreckt sich allerdings nur auf diejenigen Auskünfte, die zur Geltendmachung des Leistungsanspruchs erforderlich sind. Ist eine Abrechnung zwar erteilt, aber unvollständig, kann der Gläubiger Ergänzung verlangen (BayObLGZ 2002, 115).

8 Der Gläubiger kann neben der eigentlichen Rechnungslegung die Vorlage weiterer Unterlagen und Angaben verlangen, damit der Gläubiger eine hinreichende Möglichkeit zur Prüfung der Richtigkeit hat. Dies kann etwa die Angabe der Schätzgrundlagen sein (BGHZ 92, 62), die Überlassung von Fotokopien der Abrechungsbelege im Rahmen der Erteilung einer **Mietkostennebenabrechnnug** (BGH NJW 2006, 1419). Zu den Pflichten des Verwalters nach § 28 Abs 4 WEG (vgl Jennißen/*Jennißen* WEG § 28 Rn 91 ff). Die Auskunft muss eine in sich geschlossene, schriftliche und systematischen Aufstellung in Form einer ausreichend klaren Gesamterklärung sein. Es reicht daher nicht, die relevanten Angaben über Monate hinweg in verschiedenen Schriftsätzen vorzutragen (vgl *Born* NJW 2008, 918). Die Rechnungslegung muss nicht eigenhändig vom Auskunftspflichtigen unterzeichnet werden, ausreichend ist auch die Unterzeichnung durch einen Rechtsanwalt oder Gläubiger, insbes findet § 126 keine Anwendung (BGH NJW 2008, 917).

9 **b) Bestandsverzeichnis.** Der Auskunftspflichtige hat ein **Bestandsverzeichnis** vorzulegen, das schriftlich (vgl Dresden FamRZ 2005, 1195) abzufassen ist. Nur in Ausnahmefällen, dh bei einfach gelagerten Sachverhalten, kommt eine mündliche Auskunft in Frage. Der Schuldner muss nach bestem Wissen eine übersichtliche Zusammenstellung aller Aktiva und Passiva erstellen. Die Lieferung mehrerer Teilverzeichnisse ist zulässig, wenn diese in ihrer Gesamtheit hinreichend übersichtliche Auskunft über den Inbegriff an Gegenständen geben (BGH NJW 1962, 245). Im Einzelfall kann dem Gläubiger auch ein Wertermittlungsanspruch zustehen, sofern der Wert eines Gegenstandes relevant ist, sich aber nicht ohne sachverständige Bewertung bestimmen lässt. Belege sind regelmäßig nur dann vorzulegen, wenn dies vertraglich vereinbart war, vom gesetzlichen Auskunftsanspruch mit umfasst wird (so zB im Fall des § 666 oder des § 2314, vgl Soerg/*Dieckmann* § 2314 Rn 42; BGHZ 84, 31) oder zur Prüfung der erteilten Auskunft notwendig ist. Hat der Gläubiger im Wege der Stufenklage zunächst Rechnungslegung beansprucht und hat der Beklagte zwar vollständig, aber inhaltlich falsch Rechnung gelegt, so hat der Kläger im Rahmen der Auskunftsstufe keinen Anspruch auf Ergänzung bzw Richtigstellung, sondern kann nach Abs 2 lediglich die Abgabe der eidesstattlichen Versicherung verlangen. Die Klärung der Richtigkeit der Auskunft kann nur in der anschließenden Zahlungsstufe erreicht werden.

10 **4. Prozessuale Fragen.** Die **Darlegungs- und Beweislast** für das Bestehen eines Auskunftsanspruches richtet sich nach der jeweiligen Anspruchsgrundlage. Ist die Rechnungslegung notwendige Voraussetzung für eine genaue Bezifferung des Klageanspruches iSd § 253 Abs 2 Nr 2 ZPO durch den Kläger, so kann er beide Ansprüche in einer Stufenklage (§ 254 ZPO) geltend machen. Die Bezifferung des Leistungsantrages muss dann erst nach Erteilung der Auskunft erfolgen. Der Auskunftsantrag ist ggf durch Teilurteil (§ 301 ZPO) zu bescheiden. Die Vollstreckung des Rechnungslegungsanspruchs vollzieht sich idR nach § 888 ZPO (BGH FamRZ 2006, 1064; *Timme* NJW 2006, 2668).

11 **III. Eidesstattliche Versicherung.** Zum Schutz vor falscher oder unvollständiger Auskunft geben §§ 259 Abs 2, 260 Abs 2 dem Gläubiger einen Anspruch auf Abgabe einer eidesstattlichen Versicherung gegen den Schuldner. Im Gegensatz zur eidesstattlichen Versicherung nach §§ 883, 899 ZPO handelt es sich hier um eine rein materiell-rechtliche Verpflichtung. Die Rechtsfolgen einer falschen Versicherung an Eides Statt richten sich nach §§ 156, 163 StGB. Die Verpflichtung zur Abgabe der eidesstattlichen Versicherung auf Verlangen des Gläubigers ist nicht die einzige Möglichkeit der gesteigerten Anforderung an das Verzeichnis. So können die einzelnen Ansprüche etwa die Mitwirkung des Notars vorsehen, § 2314 (dazu *Zimmer* NotBZ 2005, 208).

Die eidesstattliche Versicherung kann nur verlangt werden, wenn Grund zu der Annahme besteht, dass die Rechenschaft nicht mit der erforderlichen Sorgfalt abgelegt worden ist. Ob das der Fall ist, beurteilt sich nicht nur nach der erteilten Auskunft, sondern anhand des Gesamtverhaltens des Schuldners. Allein der Umstand, dass der Schuldner zunächst die Rechnungslegung verweigert oder Belege verzögert vorlegt, reicht nicht aus. Fehler und Unvollständigkeiten der gelegten Rechnung sind ausreichend, wenn sie bei Anwendung gehöriger Sorgfalt hätten vermieden werden können (BGHZ 89, 137). 12

Ausgeschlossen ist der Anspruch auf Abgabe der eidesstattlichen Versicherung nach §§ 259, 260 Abs 3 in Angelegenheiten von geringer Bedeutung, wenn also der Wert des Leistungsanspruchs geringfügig ist oder die erteilte Rechenschaft an einem unbedeutenden Mangel leidet. Der Anspruch auf eidesstattliche Versicherung besteht auch dann nicht, wenn der Gläubiger auf anderem Wege schneller, effektiver und ohne Bemühung des Gerichts die notwendigen Auskünfte erhalten kann (BGH NJW 1998, 1636). 13

§ 262 Wahlschuld; Wahlrecht. Werden mehrere Leistungen in der Weise geschuldet, dass nur die eine oder die andere zu bewirken ist, so steht das Wahlrecht im Zweifel dem Schuldner zu.

A. Begriff. Die in §§ 262–265 geregelte **Wahlschuld bedeutet,** dass (von vornherein) mehrere Leistungen geschuldet werden, das Schuldverhältnis aber bereits durch Bewirkung einer der Leistungen erlischt. Damit unterscheidet sich die Wahlschuld von anderen Schuldverhältnissen dadurch, dass das Schuldverhältnis nicht dem ganzen Inhalt nach erfüllt werden muss und gerade nicht eine Leistung, wie in § 241 Abs 1 vorgesehen, geschuldet wird. Es handelt sich mithin um einen einheitlichen Anspruch, der bis zur Ausübung des Wahlrechts relativ unbestimmt ist. 1

B. Abgrenzung zu ähnlichen Rechtsinstituten. Die Wahlschuld unterscheidet sich von der Gattungsschuld (§ 243) dadurch, dass dem Schuldner allein das Bestimmungsrecht hinsichtlich Form, Masse und Qualität überlassen ist. Ähnliches gilt für den Spezifikationskauf (§ 375 HGB). Von der vereinbarten Ersetzungsbefugnis des Schuldners oder des Gläubigers (facultas alternativa) unterscheidet sich die Wahlschuld dadurch, dass zunächst nur eine Leistung geschuldet ist, der Schuldner aber diese Leistung durch eine andere ersetzen kann, bzw der Gläubiger eine andere Leistung beanspruchen kann (etwa §§ 244 Abs 1, 251 Abs 2, 528 Abs 1 S 2, 2170 Abs 2 S 2). 2

Der Wahlschuld **ähnl** ist die Befugnis des Gläubigers zur Auswahl (sog **elektive Konkurrenz**), bei der der Gläubiger verschiedene gesetzlich verankerte Rechte hat, die sich jedoch gegenseitig ausschließen, etwa die Befugnis zwischen Rücktritt und Minderung zu entscheiden oder zwischen Erfüllung und Schadensersatz zu wählen (§ 179 Abs 1). Teilweise werden diese Rechte als gesetzlich angeordnete Wahlschuld aufgefasst (etwa Soerg/*Wolf* Rn 24). Im Hinblick auf den Charakter als gesetzliche Ansprüche ist dies jedoch abzulehnen (BGH JZ 2006, 1028 m Anm M Schwab). In jedem Fall ist jedoch zu prüfen, ob die §§ 262 ff auf diese gesetzlich geregelten Fälle anzuwenden sind (für § 179 Abs 1 bejahend etwa RGZ 154, 58; Soerg/*Leptien* § 179 Rn 15; aA etwa *Hilger* NJW 1986, 2237; für das Verhältnis von Erfüllungsanspruch und Rücktritt nach § 323 Abs 1 abl etwa BGH JZ 2006, 1028 f; ebenso zwischen den im Immaterialgüterrecht bestehenden Möglichkeiten der Schadensberechnung; BGHZ 44, 372). Für das Wahlvermächtnis (§ 2154) finden die §§ 262 ff in jedem Fall Anwendung (AnwK/*J Mayer* § 254 Rn 7). Die Unterscheidung ist von erheblicher Bedeutung dort, wo der Gläubiger sich einmal entschieden hat und sich bei Anwendung des § 263 Abs 2 eine Bindung an die getroffene Entscheidung ergeben würde. 3

C. Norminhalt. Das Wahlrecht ist als Gestaltungsrecht aufzufassen, dass das Schuldverhältnis mit Rückwirkung (vgl § 263 Abs 2) konkretisiert. Die Vorschrift enthält zunächst nur eine Auslegungsregel und schließt daher nicht aus, dass das Recht dem Gläubiger zustehen kann. Sofern sich eine eindeutige Vereinbarung (auch nicht konkludent) nicht ermitteln lässt, verbleibt es beim Wahlrecht des Gläubigers. Die Beteiligten können das Wahlrecht auch einem Dritten überlassen. In diesem Fall gelten die §§ 319 ff. Das Wahlrecht kann zunächst auf den Leistungsgegenstand bezogen sein, das Wahlrecht kann aber auch auf Verschiedenheiten von Leistungszeit oder Leistungsort bezogen sein (RGZ 57, 141). Die dem Sicherungsgeber eingeräumte Berechtigung zur Auswahl einzelner Sicherheiten im Rahmen der Freigabe von Sicherheiten bei Übersicherung ist etwa als Wahlschuldverhältnis aufzufassen (BGH NJW-RR 2003, 45). 4

§ 263 Ausübung des Wahlrechts. [1] Die Wahl erfolgt durch Erklärung gegenüber dem anderen Teil.
[2] Die gewählte Leistung gilt als die von Anfang an allein geschuldete.

A. Die Ausübung des Wahlrechts. Die Ausübung des Wahlrechts ist Ausübung eines Gestaltungsrechts, also eine einseitige, empfangsbedürftige Willenserklärung. Die Wirksamkeit der Ausübung des Wahlrechts bestimmt sich mithin nach §§ 130 ff, insbes bedarf sie des Zugangs beim anderen Teil, bei mehreren ggü allen (§§ 425, 130). Als Gestaltungsrecht ist die Ausübung des Wahlrechts damit auch bedingungs- und befristungsfeindlich (allg Meinung, BGHZ 97, 267). Ein Widerruf oder eine Änderung ist ausgeschlossen (vgl RGZ 1

154, 63). Allerdings kann die Ausübung des Wahlrechts nach allg Regeln (§ 119 ff) angefochten werden (RGRK-BGB/*Alf* Rn 1). Die Ausübung des Wahlrechts kann dabei auch konkludent erfolgen. So wird idR beim Wahlrecht des Gläubigers die vorbehaltlose Annahme der Leistung durch diesen (PWW/*Jud* Rn 1). Auch die Übergabe eines Leistungsgegenstandes durch den wahlberechtigten Schuldner wird idR als Leistungsbestimmung aufzufassen sein.

2 **B. Die Wirkung der Wahl/Anwendung auf Ersetzungsbefugnis.** Die Rechtsfolgen der Wahl bestehen darin, dass die gewählte Leistung als von Anfang an allein geschuldete gilt. Dies bedeutet etwa: Waren beide Leistungen möglich und tritt nach Ausübung der Wahl (nachträgliche) Unmöglichkeit ein (§ 275), so wird der Schuldner von der Leistung frei. Ob die andere Leistung noch möglich ist, ist dabei ohne Bedeutung. Dies gilt selbst beim Anspruch auf Ersatzlieferung nach § 439 (vgl PWW/*Jud* Rn 4). Hat der Schuldner ohne Kenntnis des Wahlrechts eine Leistung erbracht und wählt er nunmehr eine andere, so kann er die erbrachte Leistung nach §§ 812 ff heraus verlangen. Auf die Ersetzungsbefugnis und die **elektive Konkurrenz** findet die Vorschrift **keine Anwendung.** Bei der Ersetzungsbefugnis kann sich durch Auslegung oder Vereinbarung jedoch ergeben, dass die gleichen Rechtsfolgen eintreten können (vgl RGZ 132, 9, 14).

§ 264 Verzug des Wahlberechtigten.

[1] Nimmt der wahlberechtigte Schuldner die Wahl nicht vor dem Beginn der Zwangsvollstreckung vor, so kann der Gläubiger die Zwangsvollstreckung nach seiner Wahl auf die eine oder andere Leistung richten; der Schuldner kann sich jedoch, solange nicht der Gläubiger die gewählte Leistung ganz oder zum Teil empfangen hat, durch eine der übrigen Leistungen von seiner Verbindlichkeit befreien.

[2] Ist der wahlberechtigte Gläubiger in Verzug, so kann der Schuldner ihn unter Bestimmung einer angemessenen Frist zur Vornahme der Wahl auffordern. Mit dem Ablauf der Frist geht das Wahlrecht auf den Schuldner über, wenn nicht der Gläubiger rechtzeitig die Wahl vornimmt.

1 **A. Allgemeines.** Die Vorschrift regelt den Fall, dass das Wahlrecht nicht oder nur verzögert ausgeübt wird, in Abs 1 bei verzögerter Ausübung durch den Schuldner, in Abs 2 durch den wahlberechtigten Gläubiger. Das Wahlschuldverhältnis begründet keine Wahlpflicht des Berechtigten. Die Parteien können jedoch eine Verpflichtung zur Ausübung des Wahlrechts vertraglich vereinbaren.

2 **B. Norminhalt. I. Verzögerung bei Wahlrecht des Schuldners.** Übt der wahlberechtigte Schuldner sein Recht nicht aus, kann der Gläubiger allein Klage mit alternativem Klageantrag erheben. Der Schuldner verliert sein Wahlrecht aber auch nicht durch Verkündung des Urteils.

3 Der Gläubiger kann die **Zwangsvollstreckung** nach seiner Wahl auf jede der geschuldeten Leistungen richten. Hat der Schuldner sein Wahlrecht bis zum Beginn der Zwangsvollstreckung noch nicht ausgeübt, erlischt sein Recht auf Ausübung des Wahlrechts durch bloße Erklärung. Vielmehr muss er jetzt die Wahl durch vollständiges Erbringen der Leistung ausüben (RGZ 53, 82) Dieses Recht steht dem Schuldner aber wiederum nur solange zu, als die Vollstreckung nicht zu einem zumindest teilw Empfang der vom Gläubiger beanspruchten Leistung (Befriedigung) geführt hat (Hs 2). Dem Empfang der Leistung durch den Schuldner steht der Empfang der Leistung durch den Gläubiger gleich (BGH NJW 1995, 3190). Der Beginn der Vollstreckung bestimmt sich nach den Vorschriften der ZPO und besteht allg in der Vornahme der ersten Vollstreckungshandlung. Allein der Antrag auf Durchführung einzelner Vollstreckungsmaßnahmen stellt noch nicht deren Beginn dar. Ist der Schuldner zur wahlweisen Abgabe einer Willenserklärung verurteilt, so beginnt die Vollstreckung abw von § 894 ZPO nicht bereits mit Rechtskraft des Urteils, sondern erst dann, wenn der Gläubiger wegen der alternativen Leistung Maßnahmen einleitet. Behauptet der Schuldner im Vollstreckungsverfahren, er habe sein Wahlrecht bereits (anderweitig) ausgeübt, hat er dies im Verfahren nach § 767 ZPO vorzubringen.

4 **II. Verzögerung bei Wahlrecht des Gläubigers.** Liegt das Wahlrecht beim Gläubiger, kann er anders als der Schuldner nach Abs 1 eine Frist zur Abgabe der Erklärung nach § 263 Abs 1 setzen. Voraussetzung ist aber, dass der Gläubiger bereits im Annahmeverzug (§ 293) ist. Die Fristsetzung kann jedoch mit dem Angebot nach § 295 verbunden werden kann. Die Frist muss angemessen lang sein. Insofern kann auf die Grundsätze des § 323 zurückgegriffen werden. Ist die Frist zu kurz bemessen, wird an ihrer Stelle eine angemessene Frist in Gang gesetzt. Entbehrlich ist die Fristsetzung, wenn der Gläubiger die Erbringung seiner Leistung(en) ernsthaft und endgültig verweigert (RGZ 129, 145; Palandt/*Heinrichs* Rn 3).

5 Übt der Gläubiger innerhalb der gesetzten Frist das Wahlrecht aus, gilt § 263 Abs 2. Lässt der Gläubiger die Frist fruchtlos verstreichen, geht das Wahlrecht auf den Schuldner über. Bietet der Schuldner dem Gläubiger eine der (geschuldeten) Leistungen erfolglos an, gerät dieser erneut in Verzug mit der Folge, dass der Schuldner die Leistung nach § 372 hinterlegen kann.

6 **III. Entsprechende Anwendung auf andere Rechtsverhältnisse.** Die Vorschrift ist entspr anwendbar, wenn ein Arbeitnehmer sich wahlweise auf die Unverbindlichkeit eines rechtswidrigen Wettbewerbsverbots berufen oder die durch § 74 HGB vorgesehene Karenzentschädigung in Anspruch nehmen kann (BAG DB 1991, 709). Auch die entspr Anwendung des Abs 2 auf die sog elektive Konkurrenz ist zu bejahen. Dies gilt auch für das

Wahlrecht des Käufers zwischen Ersatzlieferung und Nachbesserung nach § 439 Abs 1 (str, wie hier *Büdenbender* AcP 205 (2005) 417; aA etwa *Schröter* NJW 2006, 1763). Die Nichtausübung des Wahlrechts ist hier als stillschweigender Verzicht aufzufassen (PWW/*Jud* Rn 4).

§ 265 Unmöglichkeit bei Wahlschuld. **Ist eine der Leistungen von Anfang an unmöglich oder wird sie später unmöglich, so beschränkt sich das Schuldverhältnis auf die übrigen Leistungen. Die Beschränkung tritt nicht ein, wenn die Leistung infolge eines Umstandes unmöglich wird, den der nicht wahlberechtigte Teil nicht zu vertreten hat.**

A. Allgemeines. Die abdingbare Norm ergänzt § 263 Abs 2 im Fall der Unmöglichkeit einer der wählbaren Leistungen, bzgl derer das Wahlrecht entfällt. Die Vorschrift ermöglicht dem Wahlberechtigten weiter die Option, auf die übrigen noch möglichen Leistungen zurückzugreifen. Die Vorschrift findet entspr Anwendung, wenn die Leistung aus anderen Gründen nicht erbracht werden kann, etwa wegen nicht beachteter Form bei Formbedürftigkeit eines der Leistungsgegenstände (Erman/*Ebert* Rn 2). 1

B. Unmöglichkeit der Leistung. Die Vorschrift setzt voraus, dass eine der wahlweise geschuldeten Leistungen unmöglich ist (§ 275 Abs 1) oder aber die Voraussetzungen der § 275 Abs 2 oder 3 vorliegen (BaRoth/*Grüneberg* Rn 2). Auch wenn der Wortlaut nur die nachträgliche Unmöglichkeit zu erfassen scheint, ist eine Anwendung der Vorschrift auf die anfängliche Unmöglichkeit denkbar, wenn der Wahlberechtigte diese kannte oder seine Unkenntnis zu vertreten hat. Voraussetzung ist aber, dass eine der geschuldeten Leistungen unmöglich, während eine andere der geschuldeten Leistungen noch möglich ist. Sind alle Leitungen unmöglich, gilt § 275. **I. Rechtsfolgen bei anfänglicher Unmöglichkeit.** Ist eine der geschuldeten Leistungen von Anfang an unmöglich, so kann der Wahlberechtigte nur die noch mögliche(n) Leistung(en) verlangen. Hat der Schuldner anstelle der unmöglichen Leistung einen Ersatz oder Ersatzanspruch (zB einen Versicherungsanspruch) erhalten, kann der Gläubiger auch dessen Herausgabe bzw Abtretung wählen § 285 (zust: MüKo/*Krüger* Rn 7). 2

II. Rechtsfolgen bei nachträglicher Unmöglichkeit. Bei nachträglicher Unmöglichkeit beschränkt sich das Schuldverhältnis auf die noch mögliche(n) Leistung(en). Werden alle zur Wahl stehenden Leistungen unmöglich oder tritt die Unmöglichkeit erst nach vollzogener Wahl ein, so finden die §§ 275, 280, 283, 326 Anwendung. Darauf, dass nach ausgeübter Wahl der unmöglichen Leistung die andere (nicht gewählte) Leistung noch möglich wäre, kommt es nicht an (§ 263). Auch im Fall nachträglicher Unmöglichkeit kann der Gläubiger Herausgabe des Surrogates nach § 285 wählen. 3

III. Ausnahme: zu vertretendes Leistungshindernis (S 2). S 2 sieht vor, dass es zu einer Beschränkung auf die noch möglichen Leistungsinhalte nicht ankommt, wenn der nicht Wahlberechtigte die Unmöglichkeit zu vertreten hat. Für das Vertretenmüssen gelten die §§ 276 ff. Wählt der Berechtigte die unmögliche Leistung, so entfällt gem § 275 die Leistungspflicht des Schuldners. Für die Gegenleistung gilt dann § 326. Ist der Gläubiger wahlberechtigt, so kann er die unmögliche Leistung wählen und für diese Ersatz nach §§ 280 Abs 3, 283 begehren oder Herausgabe des stellvertretenden commodums (§ 285) verlangen. 4

§ 266 Teilleistungen. **Der Schuldner ist zu Teilleistungen nicht berechtigt.**

A. Normzweck. Die Norm verbietet dem Schuldner Teilleistungen, um den Gläubiger vor einer Belästigung durch Stückelung einer einheitlichen Leistung zu schützen (RGZ 79, 361). Nach § 241 Abs 1 ist der Gläubiger berechtigt, die geschuldete Leistung zu fordern. Die Leistung ist dabei nach § 294 so zu bewirken, wie sie tatsächlich angeboten ist, also vollständig. Der Gläubiger kann also die nicht vollständige Leistung ablehnen, ohne in Annahmeverzug zu geraten. Der Schuldner bleibt auch bei Teilleistung in Verzug. 1

B. Anwendungsbereich. I. Gesetzliche Ausnahmen. Die Vorschrift findet als Auslegungsregel nur dann Anwendung, wenn die Parteien nichts Abweichendes vereinbart haben oder sich aus dem Gesetz ergibt, dass der Schuldner Teilleistungen erbringen darf. Gesetzliche Ausn ergeben sich etwa aus §§ 497 Abs 3 S 2; 1382, 2331, § 757 ZPO und § 39 Abs 2 WG. Auch § 15 HOAI enthält eine Regelung über die Zulässigkeit von Teilleistungen (BGHZ 159, 376). Auch bei der Aufrechnung (§§ 387 ff) mit einer Gegenforderung, die hinter der Forderung des Gläubigers zurückbleibt, liegt eine zulässige Teilleistung vor. Bei Teilunmöglichkeit wird der Schuldner nur teilw von seiner Leistungspflicht befreit, die Leistungspflicht für die noch mögliche Teilleistung bleibt bestehen, so dass auch hier eine Ausn von dem Verbot der Teilleistung besteht (*Lorenz* NJW 2003, 3097). Allerdings besteht keine Pflicht des Gläubigers, die mögliche Teilleistung anzunehmen (PWW/*Jud* Rn 5, zur Anwendbarkeit der Vorschrift bei Schlechtleistung vgl *Lorenz* JZ 2001, 743). 2

II. Unanwendbarkeit auf Grund Treu- und Glauben. Abgesehen von diesen gesetzlichen Ausn wird die Unanwendbarkeit der Vorschrift häufig aus dem Gebot von Treu und Glauben abgeleitet (§ 242). Der Grundsatz des Verbots von Teilleistungen ist in der Praxis de facto in sein Gegenteil verkehrt (HKK/*Gröschler* § 266-268 Rn 34, weil die Rspr, insbes aus § 242, in einer Vielzahl von Fällen die Verpflichtung zur Annahme von Teilleistungen annimmt. Danach darf der Gläubiger Teilleistungen nicht ablehnen, wenn diese »bei verständi- 3 ger Würdigung der Lage des Schuldners und seiner eigenen schutzwürdigen Interessen« zuzumuten sind (BGH VersR 1954, 297). Dies kann insbes bei Leistungen der Haftpflichtversicherungen der Fall sein (Erman/*Ebert* Rn 6). Dies gilt auch für die Zurückbehaltung von geringfügigen Restbeträgen, etwa auf Grund einer unbegründeten Gegenforderung durch den Schuldner (vgl RGRK/*Alff* Rn 1).

4 **III. Abweichende Parteivereinbarung.** Die Vorschrift findet keine Anwendung, wenn die Parteien etwas Abweichendes vereinbart haben, etwa bei der ausdrücklichen Zulassung von Teilleistungen oder aber Sukzessivlieferungsverträgen. Die Beweislast für das Vorliegen der Zulässigkeit von Teilleistungen liegt dabei beim Schuldner (Erman/*Ebert* Rn 6).

5 **C. Begriff der Teilleistung.** Unter einer Teilleistung iSd § 266 ist **jede Leistung** zu verstehen, durch die der Zweck des Geschäfts nicht vollständig erreicht wird (RGRK/*Alff* Rn 2). Liegen mehrere Ansprüche vor, liegt eine Teilleistung dann nicht vor, wenn von mehreren Ansprüchen nur einer erfüllt wird, etwa Verzugsschaden und Verzugszinsen (Erman/*Ebert* Rn 3; *Schreiner* JR 1971, 411), Hauptschuld, Zinsen und Kosten (Hamburg 10, 250), Hauptschuld und Verzugszinsen (*Weber* MDR 1992, 828). Bei **unteilbaren Leistungen** oder nur **ganz geringfügiger »Teilleistung«** liegt eine Teilleistung iSd § 266 überhaupt nicht vor. Eine unteilbare Leistung liegt bereits dann vor, wenn die Zerlegung in mehrere Teile ohne Wertminderung überhaupt nicht möglich ist (PWWW/*Müller* § 420 Rn 2). Umgekehrt liegt eine Teilleistung dann vor, wenn durch Hinzukommen weiterer Teile die Gesamtleistung erbracht werden kann (RGZ 155, 313). Teilleistungen sind danach möglich bei Geldleistungen (BGHZ 90, 196; Jena MDR 2006, 335), die Leistung mehrerer vertretbarer Sachen oder Dienstleistungen. Unteilbar sind demgegenüber die Herausgabe einer Sache (BGHZ 65, 227) oder der Gebrauch einer Mietsache (BGH NJW 1973, 455).

6 **D. Rechtsfolgen.** Die Teilleistung – sofern sie vom Gläubiger nicht akzeptiert wird – gilt als Nichterfüllung der gesamten Schuld. Die berechtigte Ablehnung einer Teilleistung führt daher nicht zum auch nur teilw Annahmeverzug des Gläubigers. Der Gläubiger kann sich auch auf § 320 berufen. Umgekehrt kann er auch die Teilleistung annehmen und Leistung des nicht erbrachten Teils verlangen. § 266 hindert dagegen nicht die Aufrechnung einer geringeren gegen eine höhere Forderung oder die Aufrechnung mit einem Teil der Gegenforderung.

§ 267 Leistung durch Dritte.

[1] Hat der Schuldner nicht in Person zu leisten, so kann auch ein Dritter die Leistung bewirken. Die Einwilligung des Schuldners ist nicht erforderlich.
[2] Der Gläubiger kann die Leistung ablehnen, wenn der Schuldner widerspricht.

1 **A. Allgemeines.** Die (abdingbare) Vorschrift stellt klar, dass der Schuldner die geschuldete Leistung auch durch einen Dritten bewirken kann. Die Leistungserbringung durch den Schuldner selbst kann nur dort verlangt werden, wo der Schuldner eine »höchstpersönliche Leistung« schuldet. Die Vorschrift regelt die Leistungserbringung durch einen anderen als den Schuldner. Sie lässt die Drittleistung zu, sofern keine persönliche Leistungspflicht des Schuldners besteht und der Schuldner nicht widerspricht.

2 **B. Ausnahmen.** Ausnahmsw hat der Schuldner die Leistung selbst zu erbringen. Die Vorschrift ist unanwendbar, soweit gesetzlich die Erbringung der Leistung durch den Schuldner selbst verlangt wird, etwa nach § 27 Abs 3 für den Vorstand des Vereins, für den Dienstpflichtigen nach § 613 (Dienstpflichtiger), den Beauftragten (§ 664), den geschäftsführenden Gesellschafter (§ 713) oder den Testamentsvollstrecker (§ 2218). Die Höchstpersönlichkeit kann sich aber auch aus dem zugrunde liegenden Rechtsgeschäft, insbes einer dahingehenden Vereinbarung ergeben. So hat die Zahlung einer Geldstrafe durch den Schuldner selbst zu erfolgen (BGHZ 23, 223; RGSt 30, 232). Entspr gilt für Unterlassungspflichten (Erman/*Ebert* Rn 2) oder Leistungen die vom Eigentümer aus dem Grundstück zu erbringen sind, wie Dienstbarkeiten (§§ 1018, 1090).

3 **C. Erbringung der Leistung durch einen »Dritten«.** Dritter iSd § 267 ist allein derjenige, der die Leistung auf eine fremde Schuld (die des Schuldners) erbringt (AnwK/*Schwab* Rn 4). Für die Frage, ob auf die fremde Schuld geleistet wird (sog Fremdtilgungswille) oder ob der Leistende eine eigene Schuld erfüllen will, kommt es auf den objektiven Empfängerhorizont an (BGHZ 137, 95; BGH NJW 1995, 129). Insbesondere wird bei der Erfüllungsübernahme (§ 329) auf eine fremde Schuld geleistet, auch wenn der Übernehmende im Verhältnis zum Schuldner zur Übernahme verpflichtet ist. Eine nach Erfüllung vorgenommene Änderung des Zwecks der Leistung (auf eigene oder fremde Schuld zu leisten) ist dabei ausgeschlossen (vgl *Flume* AcP 199 (1999) 26; aA BGH NJW 1964, 1898; RGRK/*Alff* Rn 4), allerdings kann ein Anfechtungsrecht bestehen (PWW/*Jud* Rn 5). Diese bei Leistung vorliegende Tilgungsbestimmung ist zugleich Voraussetzung dafür, dass tatsächlich an den Dritten erfüllt werden soll oder aber auf eine eigene Verpflichtung geleistet wird. Zahlt etwa das den Grundstückskaufvertrag finanzierende Kreditinstitut die Darlehensvaluta unmittelbar an den Verkäufer, so liegt darin keine Leistung iSd § 267, da die Zahlung im Zweifel allein zu dem Zweck erfolgt, die Verpflichtung zur Auszahlung der Darlehensvaluta ggü dem Darlehensnehmer und Verkäufer zu erfüllen (vgl BGH, 27.06.2008 – V ZR 83/07).

D. Wirkungen der Erfüllung. Leistet der Dritte auf die Verbindlichkeit des Schuldners, tritt zunächst Erfüllung ein (§ 362 Abs 1). Die Aufrechnung durch den Dritten oder die Leistung an Erfüllung statt bedarf der Zustimmung des Gläubigers (PWW/*Jud* Rn 7). Die Leistung durch den Dritten führt nicht zu einem Übergang von Rechten auf den Dritten. Die Folgen für das Verhältnis zwischen Schuldner und Dritten bestimmen sich allein nach den getroffenen Vereinbarungen, bei fehlender Vereinbarung nach § 812 ff. 4

E. Widerspruch des Schuldners (Abs 2). Widerspricht der Schuldner, ist der Gläubiger berechtigt die Annahme zu verweigern, ohne dass er in Annahmverzug gerät. Praktische Bedeutung hat diese Frage beim Kauf unter Eigentumsvorbehalt. Hier führt Restkaufpreiszahlung durch Dritten zum Eigentumsübergang auf den Käufer (BGHZ 42, 53), ein Widerspruch des Verkäufers nach § 771 ZPO wird wirkungslos. Widerspricht der Schuldner und lehnt der Verkäufer darauf die Annahme des Restkaufpreises ab, muss der Dritte zusätzlich das Anwartschaftsrecht des Käufers pfänden (BGH NJW 1954, 1325; BGHZ 75, 228; zur auflösend bedingter Sicherungsübereignung vgl Celle NJW 1960, 2196). 5

§ 268 Ablösungsrecht des Dritten.

[1] Betreibt der Gläubiger die Zwangsvollstreckung in einen dem Schuldner gehörenden Gegenstand, so ist jeder, der Gefahr läuft, durch die Zwangsvollstreckung ein Recht an dem Gegenstand zu verlieren, berechtigt, den Gläubiger zu befriedigen. Das gleiche Recht steht dem Besitzer einer Sache zu, wenn er Gefahr läuft, durch die Zwangsvollstreckung den Besitz zu verlieren.

[2] Die Befriedigung kann auch durch Hinterlegung oder durch Aufrechnung erfolgen.

[3] Soweit der Dritte den Gläubiger befriedigt, geht die Forderung auf ihn über. Der Übergang kann nicht zum Nachteil des Gläubigers geltend gemacht werden.

A. Allgemeines. Die Vorschrift ist eine Ergänzung zu § 267 und ermöglicht es, demjenigen, der an einem der Vollstreckung unterworfenen Gegenstand ein dingliches Recht oder den Besitz hat, den Verlust seiner Rechtspositionen durch Befriedigung des Gläubigers zu verhindern. Die Leistung durch den Dritten bringt das Schuldverhältnis nicht zum Erlöschen, sondern bewirkt nach Abs 3 S 1 den Übergang der Forderung auf den Leistenden. Der Schuldner kann, anders nach § 267, der Leistung durch den Dritten nicht widersprechen, der Gläubiger muss die Leistung akzeptieren, lehnt er die Leistung ab, gerät er in Annahmeverzug. 1

B. Voraussetzungen. I. Betreiben der Zwangsvollstreckung wegen einer Geldforderung. Der Gläubiger muss die Zwangsvollstreckung wegen einer Geldforderung betreiben. Wird wegen eines Pfandrechts, einer Hypothek oder einer Grundschuld oder auf Grund eines Pfandrechts Befriedigung verlangt, gelten §§ 1142, 1143, 1150, 1223 Abs 2, 1249, 1273 Abs 2, die ein Ablösungsrecht unter erleichterten Voraussetzungen ermöglichen, insbes bei einem bloßen »Befriedigungsverlangen« (vgl NK-BGB/*Zimmer* § 1150 Rn 1). In den übrigen Fällen, also dort wo allein § 268 Anwendung findet, ist Voraussetzung das Betreiben der Vollstreckung. Dies setzt zwar keine bereits begonnene Maßnahme der Vollstreckungsorgane, aber zumindest einen entspr Antrag des Gläubigers voraus. Dass die Zwangsvollstreckung unmittelbar bevorsteht reicht nicht aus, insbes auch nicht das Vorliegen eines Vollstreckungstitels. Mit der Beendigung der Vollstreckung (idR durch Erteilung des Zuschlags) entfallen die Rechte aus § 268 (RGZ 123, 339); ebenso wie bei vorherigem Fortfall des Rechts des Dritten. Es muss in einen Gegenstand, d. h. in eine Sache des Schuldners vollstreckt werden, zumindest muss dem Schuldner ein Anwartschaftsrecht an der Sache zustehen (BGH NJW 1965, 1475; MK/*Krüger* Rn 5; PWW/*Jud* Rn 4). Fehlt es daran, kann der Ditte nach § 771 ZPO vorgehen. 2

II. Gefahr des Rechtsverlustes. Der ablösende Dritte muss Inhaber eines dinglichen Rechts an dem zu vollstreckenden Gegenstand sein. Dabei kann es sich etwa um Miteigentum, eine Hypothek (§ 1113), eine Grundschuld (§ 1191), ein gesetzliches Vorkaufsrecht (BaRoth/*Grüneberg* Rn 6) oder eine Vormerkung nach § 883 (PWW/*Jud* Rn 5; BGH NJW 1994, 1475) handeln. Die Mitgliedschaft in der Erbengemeinschaft ist kein Recht iSd § 268 hinsichtlich der Anteile der übrigen Miterben. Ansprüche schuldrechtlicher Art an dem Gegenstand reichen nicht aus. Ob der Dritte tatsächlich mit dem Willen handelt, die Vollstreckung abzuwenden, ist nach hM (BGH NJW 1994, 1475) irrelevant. 3

III. Gefahr des Besitzverlustes. Die Vorschrift schützt sowohl den unmittelbaren als auch den mittelbaren Besitz (§ 868) des Dritten. Der unberechtigte Besitzer kann sich jedoch nicht auf § 268 berufen, ebenso wenig der Ehegatte des Mieters oder der Hausgenosse (str, vgl NK-BGB/*Zimmer* 1150 Rn 8). Bei Miet- und Pachtverträgen folgt die Gefahr des Besitzverlustes bereits aus § 57a ZVG, auch wenn § 57c das Kündigungsrecht einschränkt, weil § 57a ZVG ein Sonderkündigungsrecht des Erstehers vorsieht. Gefährdet ist auch der Besitz des Drittschuldners an einer herauszugebenden Sache, weil der Herausgabeanspruch nach §§ 847, 848 ZPO gepfändet werden kann. Im Zwangsverwaltungsverfahren besteht hingegen keine Gefahr des Besitzverlustes. 4

C. Die Rechtsfolgen der Ausübung. I. Die Ausübung des Rechts. Abs 1 gewährt dem betroffenen Dritten ein eigenes Recht zur Befriedigung des Gläubigers, anders als § 267 auch durch Hinterlegung (RGRK/*Alff* Rn 4) und Aufrechnung. Unerheblich ist, dass der Dritte für die Forderung auch selbst haftet (BGH NJW 1956, 1197). 5

6 **II. Der Forderungsübergang (Abs 3 S 1).** Leistet der Dritte, erlischt die Forderung nicht. Vielmehr geht sie in Höhe des geleisteten Betrages auf ihn über (Legalzession). Nach §§ 412, 413 gehen mit der Forderung auch die Nebenrechte (zB Hypotheken, Fahrnispfandrechte, Rechte aus einer Bürgschaft) auf den Dritten über. Einwendungen des Schuldners bleiben diesem erhalten (§ 404; zum Übergang der Grundschuld bei Befriedigung vgl BGH NJW 2003, 2673). Öffentlich-rechtliche Forderungen, die abgelöst werden, sind auf dem ordentlichen Rechtsweg geltend zu machen (BGHZ 75, 24).

7 **III. Der Gläubigerschutz (Abs 3 S 2).** Abs 3 S 2 soll den Gläubiger davor schützen, dass er infolge der ihm aufgezwungenen Legalzession Nachteile erfährt. Er soll nicht schlechter gestellt werden, als wenn der Schuldner selbst geleistet hätte. Daraus ergeben sich Folgen vor allem beim Rang dinglicher Sicherungsrechte. Wird eine durch Pfandrecht gesicherte Forderung nur zum Teil erfüllt und hatte der Gläubiger die Vollstreckung ausdrücklich aus diesem (rangersten) Pfandrecht betrieben, so tritt der nicht abgelöste Teil bzw das auf ihn bezogene Pfandrecht an den ersten Rang (vgl BGH NJW 2005, 2399). Auch bei Teilablösung der Forderung (vgl RGZ 131, 325) und in der Insolvenz des Schuldners (vgl PWW/*Jud* Rn 9) ergeben sich Folgen. Wird eine durch Pfandrecht gesicherte Forderung nur zum Teil erfüllt und hatte der Gläubiger die Vollstreckung ausdrücklich aus diesem (rangersten) Pfandrecht betrieben, so tritt der nicht abgelöste Teil bzw das auf ihn bezogene Pfandrecht an den ersten Rang. Gleiches gilt bei anderen akzessorischen Sicherungsrechten.

§ 269 Leistungsort.

[1] Ist ein Ort für die Leistung weder bestimmt noch aus den Umständen, insbesondere aus der Natur des Schuldverhältnisses, zu entnehmen, so hat die Leistung an dem Orte zu erfolgen, an welchem der Schuldner zur Zeit der Entstehung des Schuldverhältnisses seinen Wohnsitz hatte.

[2] Ist die Verbindlichkeit im Gewerbebetrieb des Schuldners entstanden, so tritt, wenn der Schuldner seine gewerbliche Niederlassung an einem anderen Orte hatte, der Ort der Niederlassung an die Stelle des Wohnsitzes.

[3] Aus dem Umstand allein, dass der Schuldner die Kosten der Versendung übernommen hat, ist nicht zu entnehmen, dass der Ort, nach welchem die Versendung zu erfolgen hat, der Leistungsort sein soll.

1 **A. Allgemeines.** Die Vorschrift bietet eine allg Regel zur Bestimmung des Ortes, an dem der Schuldner seine Leistungspflicht zu erfüllen hat. Nach Abs 1 soll dies der Wohnsitz des Schuldners sein. Die Vorschrift findet aber nur dann Anwendung, wenn der Ort der Leistung weder durch vorrangige gesetzliche Vorschriften noch durch Parteivereinbarung oder kraft Natur des Schuldverhältnisses zu ermitteln ist. Die Vorschrift ist iÜ auch anwendbar auf öffentlich-rechtliche Ansprüche (BSG NJW 1988, 2501). Der Leistungsort ist in mehrfacher Hinsicht von Bedeutung. Erbringt der Schuldner seine Leistung nicht am Leistungsort, so kann der Gläubiger sie zurückweisen, ohne in Annahmeverzug (§ 293) zu geraten, ihm steht vielmehr die Einrede aus § 320 zu. Auch kann Schuldnerverzug (§ 286) eintreten. Bei der Gattungsschuld (§ 243) führt die Leistung am falschen Ort nicht zur Konkretisierung (§ 243 Abs 2), da der Schuldner das seinerseits Erforderliche nicht getan hat. Der gesetzliche Leistungsort ist ferner für die örtliche Zuständigkeit der Gerichte relevant (§ 29 ZPO). Vertragliche Abreden über den Leistungsort ändern nichts am Gerichtsstand des § 29 Abs 1 ZPO, es sei denn, die Voraussetzungen des § 29 Abs 2 ZPO liegen vor (vgl Palandt/*Heinrichs* Rn 3).

2 **B. Norminhalt. I. Grundsatz.** Soweit § 269 Abs 1 Anwendung findet, kommt es auf den Wohnsitz des Schuldners iSd §§ 7-11 an, bei Fehlen eines Wohnsitzes sein Aufenthaltsort, bei mehreren Wohnsitzen Wahlrecht des Schuldners gem § 262. Der Wohnsitzwechsel ändert den Leistungsort nicht (BGHZ 36, 15), außer bei Unmöglichkeit. Verlegt aber eine Gesellschaft ihren Sitz, wechselt für deren Ansprüche bzw Verpflichtungen damit auch der Leistungsort. Für Gewerbetreibende tritt nach Abs 2 lediglich der Ort der Niederlassung an die Stelle des Wohnsitzes. Niederlassung in diesem Sinne ist dabei jede Einrichtung mit Bezug zu einem bestimmten Ort, an dem sich der Mittelpunkt (zumindest eines Teilbereichs) des auf Erzielung dauernder Einnahmen des Schuldners gerichteten Geschäftsbetriebes befindet. Maßgeblich ist regelmäßig der Sitz zur Zeit der Begründung des Schuldverhältnisses. Nachträgliche Veränderungen sind für den einmal begründeten Leistungsort irrelevant.

3 **II. Leistungsort. 1. Begriff des Leistungsortes.** Unter Leistungsort ist der Ort zu verstehen, an dem der Schuldner die **Leistungshandlung** vorzunehmen hat, nicht etwa der Ort an dem der **Leistungserfolg** (vgl § 362) einzutreten hat (der Erfüllungsort). Der Erfüllungsort ist daher mit dem Leistungsort nur dann identisch, wenn der Leistungsort zugleich der Erfüllungsort ist, etwa bei der **Bringschuld** (Leistung ist am Wohnsitz des Gläubigers zu bewirken) und bei der **Holschuld** (Leistung vom Gläubiger beim Schuldner abzuholen). Demgegenüber ist bei der **Schickschuld** (Leistungsort ist der Wohnsitz des Schuldners, der die Sache an den Ablieferungsort zu übersenden hat) der Leistungserfolg erst am Gläubigerwohnsitz (vgl etwa § 447). Die Vorschrift ist auf die konkrete Leistungsstelle innerhalb eines Ortes beim sog »Platzgeschäft« entspr anwendbar (BGHZ 87, 104). Für Nebenpflichten gilt, dass auch sie im Zweifel den gleichen Leistungsort wie die Hauptsache haben (BGH WM 1976, 1230; Karlsruhe NJW 1969, 1968). Sind innerhalb eines Schuldverhältnisses (insbes eines gegenseitigen Vertrages) mehrere Verpflichtungen zu erfüllen, ist der jeweilige Leistungsort für jede Schuld gesondert zu ermitteln (Palandt/*Heinrichs* Rn 7).

2. Ermittlung des Leistungsortes/Bestimmung des Leistungsortes durch Parteivereinbarung. a) Ausdrückliche Vereinbarung. Der Leistungsort kann sowohl durch ausdrückliche oder durch konkludente Parteivereinbarung bestimmt werden. Eine Vereinbarung über den »Erfüllungsort« kann jedoch auch als Gerichtsstandsvereinbarung aufzufassen sein. Auch Gefahrtragungsabreden (zB »frei Haus«, »bahnfrei«) begründen nur ausnahmsw einen Leistungsort (vgl Saarbrücken NJW 2000, 670; vgl aber auch BGH 1976, 872). Entsprechendes gilt nach Abs 3 für Vereinbarungen über die Übernahme von Versandkosten. Handelsklauseln, insbes die INCOTERMS (etwa »CIF«, »FOB«, dazu *Schüssler* DB 1986, 1163), enthalten dagegen vielfach Regelungen zum Leistungsort. Bei Verwendung von AGB ist § 307 zu beachten. Entsprechendes gilt für die Akkreditivabrede (BGH NJW 1981, 1905). 4

b) Ermittlung des Leistungsortes durch »sonstige Umstände«. Soweit ausdrückliche Parteivereinbarungen zum Leistungsort fehlen, können sich Rückschlüsse auf den Leistungsort auch aus den sonstigen Umständen, vor allem aus der Natur des Schuldverhältnisses, aus der Verkehrssitte und aus Handelsbräuchen (§ 346 HGB) ergeben. So ist etwa bei Bargeschäften des täglichen Lebens das Ladenlokal des Schuldners Leistungsort. Wird nicht Versendung, sondern Anlieferung der Ware vereinbart, ist der Wohnsitz des Käufers Leistungsort, insbes dann, wenn ohnehin nur der Verkäufer die Möglichkeit hat, die Ware selbst zu transportieren (Heizöl, Kohle, so Palandt/*Heinrichs* Rn 12), Möbel (Oldenburg NJW-RR 1992, 1527) usw. Bei Ansprüchen aus dem Arbeitsverhältnis ist idR die Arbeitsstätte der Leistungsort (BAG NJW 1995, 2373). Bei Unterlassungsansprüchen ist Leistungsort der Wohnsitz des Schuldners (BGH NJW 1974, 410), ebenso bei Ansprüchen aus § 812 (BGH MDR 1962, 399 f; vgl etwa die Aufzählung bei Erman/*Ebert* Rn 13). 5

III. Gesetzlicher Leistungsort. Abweichend von § 269 kann sich der Leistungsort auch aus gesetzlichen Regelungen ergeben, etwa §§ 261 Abs 1, 374 Abs 1, 604 Abs 1, 697, 700 Abs 1, 1194, 36 VVG. Diese Vorschriften gehen den Regelungen in § 269 vor. 6

§ 270 Zahlungsort.

[1] Geld hat der Schuldner im Zweifel auf seine Gefahr und seine Kosten dem Gläubiger an dessen Wohnsitz zu übermitteln.
[2] Ist die Forderung im Gewerbebetrieb des Gläubigers entstanden, so tritt, wenn der Gläubiger seine gewerbliche Niederlassung an einem anderen Orte hat, der Ort der Niederlassung an die Stelle des Wohnsitzes.
[3] Erhöhen sich infolge einer nach der Entstehung des Schuldverhältnisses eintretenden Änderung des Wohnsitzes oder der gewerblichen Niederlassung des Gläubigers die Kosten oder die Gefahr der Übermittlung, so hat der Gläubiger im ersteren Falle die Mehrkosten, im letzteren Falle die Gefahr zu tragen.
[4] Die Vorschriften über den Leistungsort bleiben unberührt.

A. Allgemeines. Die Vorschrift regelt die Einzelheiten der Erfüllung einer Geldschuld und begründet in Abs 1 eine Übermittlungspflicht des Schuldners (qualifizierte Schickschuld, vgl *Coing* JZ 1970, 245) und in Abs 2 und 3 eine Kosten- und Gefahrtragung. Den eigentlichen Leistungsort einer Geldschuld legt sie allerdings nicht fest. Er richtet sich vielmehr nach Abs 4 iVm § 269. Die Vorschrift enthält jedoch nur eine **Auslegungsregel** (RGRK/*Alff* Rn 2), die weder gesetzliche noch rechtsgeschäftliche Regelungen ersetzt. 1

B. Norminhalt. Es muss sich zunächst um Geldschulden handeln. Die Vorschrift erfasst alle Geldschulden, also Geldsummenschulden, bei denen ein bestimmter Nominalbetrag geschuldet ist, ebenso wie Geldwertschulden, deren Umfang sich anhand des Geldwertes anderer Güter errechnen lässt. Nicht anwendbar ist sie dagegen, wenn individualisierte Geldstücke oder Stücke einer bestimmten Geldsorte (§ 244 f) als Inhalt des Schuldverhältnisses vereinbart sind. Auch der Herausgabeanspruch nach § 667 wird von der Vorschrift nicht erfasst (BGH NJW 2003, 745; BGHZ, 28, 123; *Ostler* NJW 1975, 2273; für Ansprüche aus § 818 Abs 1 und Abs 2 vgl BGHZ 83, 293, 300). **I. Sonderregelungen. 1. Gesetzliche Sonderregelungen.** Der Zahlungsort ist etwa in §§ 797, 801 und 1194, Art 3 38 WG, Art 28, 29 ScheckG, § 224 AO und Art 57 Abs 1 CISG gesetzlich geregelt. Soweit diese Vorschriften nicht einschl sind, ergibt sich der Leistungsort aus Abs 4 iVm § 269, nicht hingegen aus Abs 1, da dort der Erfolgsort bestimmt wird. Leistungsort ist daher idR der Wohn- bzw Geschäftssitz des Schuldners. Ist auf Grund vertraglicher Abreden oder sonstiger Umstände bei einem gegenseitigen Vertrag ein einheitlicher Leistungsort festgelegt, ist dort auch die Zahlung zu erbringen. In solchen Fällen kann daher eine Bringschuld vorliegen. 2

2. Parteivereinbarungen. Gläubiger und Schuldner können die Regelungen des § 270 vertraglich abbedingen und einen anderen Leistungsort festlegen. Fehlt es an einer Vereinbarung, hat der Schuldner die Wahl, auf welche Weise er zahlen will. 3

II. Die Art der Übermittlung. Soweit keine abw Vereinbarung getroffen ist, kann der Schuldner die Art und Weise der Übermittlung auswählen. In Betracht kommt neben der Barzahlung (vgl dazu *Hoffmann* WM 1995, 1341) Banküberweisung, Scheckhingabe, Postanweisung, Postscheck, Zahlung mittels Kredit- oder Geldkarte. **1. Banküberweisung.** Die Banküberweisung ist bereits dann zulässig, wenn der Gläubiger sein Konto auf Rechnungen oder im Schriftverkehr angibt (RGZ 114, 139; BGH NJW 1953, 897) oder bisher solche Zahlungen hingenommen hat (MüKo/*Heinrichs* § 362 Rn 16). Die Eröffnung eines solchen Kontos dürfte 4 jedoch nicht genügen (str, wie hier RGRK/*Alff* Rn 6). Für die Rechtzeitigkeit kommt es hier darauf an, ob der geschuldete Betrag am Tage der Fälligkeit auf dem Empfängerkonto eingegangen ist (Koblenz NJW-RR 1993, 583).

5 **2. Die Verwendung von Schecks.** Einen Scheck braucht der Gläubiger grds nicht anzunehmen (Frankfurt NJW 1987, 455), da Schecks mit dem Risiko des Protestes belastet sind. Hierbei handelt es sich im Zweifel nur um eine Leistung erfüllungshalber (§ 364 Abs 2). Entsprechendes gilt für die Zahlung mittels Kreditkarte, da das eingeschaltete Kreditinstitut nicht verpflichtet ist, die Forderungen des Vertragspartners des Karteninhabers zu erfüllen (Erman/*Ebert* Rn 5). Die Absendung des Schecks muss vor Fristablauf erfolgt sein (Nürnberg MDR 1968, 148), bei Übermittlung durch Boten oder Übergabe muss der Scheck vor Fristablauf in die alleinige Verfügungsgewalt des Gläubigers gelangt sein (BGH NJW 1969, 875).

6 **3. Die Banküberweisung.** Bei der Banküberweisung genügt für die Rechtzeitigkeit die Abgabe des Überweisungsauftrages vor Fristablauf bei der Schuldnerbank, sofern auf dem Konto hinreichende Deckung vorhanden ist (Düsseldorf DB 1984, 2686). Gutschrift auf dem Konto des Gläubigers bei dessen Bank oder auch nur die Abbuchung vom Schuldnerkonto sind nicht erforderlich, da beides nicht für die **Leistungshandlung** von Relevanz ist (BGH NJW 1964, 499). Auch muss ein Überweisungsvertrag abgeschlossen sein (§ 676a; vgl dazu *v Westphalen* BB 2000, 157).

7 **4. Lastschriftverfahren.** Beim Lastschriftverkehr (Abbuchungs- oder Einziehungsermächtigung) wird die Geldschuld zur Holschuld (BGH NJW 1984, 872). Der Schuldner erfüllt seine Verpflichtung, indem er für hinreichende Deckung auf seinem Konto sorgt (BGHZ 69, 366). Bei Banküberweisung oder Scheck bleibt es jedoch bei der qualifizierten Schickschuld nach Abs 1.

8 **C. Kostentragung.** Kosten der Versendung des Geldes hat nach Abs 1 der Schuldner zu tragen, sofern nichts anderes vereinbart oder gesetzlich vorgesehen ist. Zu derartigen Kosten gehören etwa Portokosten und die von der Schuldnerbank erhobenen Gebühren einer Überweisung iSd § 676a, jedoch nicht dagegen die Kontoführungsgebühren des Gläubigers (BAG BB 1977, 443). Abs 3 sieht ergänzend vor, dass diese Kostentragungsregeln nicht für solche Zusatzkosten gelten, die infolge eines Sitzwechsels des Gläubigers entstehen. Dabei kann es sich etwa um Portokosten für eine erneute Übersendung handeln, wenn der Gläubiger unbekannt verzogen ist und die Post daher zunächst nicht zugestellt werden kann.

9 **D. Gefahrtragung.** Abs 1 befreit den Gläubiger der Geldschuld von der Gefahr des Transportverlusts. Erst bei erfolgter Übermittlung des Geldes ist die Leistung erbracht. Geht das Geld verloren, hat der Schuldner seine Leistungspflicht nicht erfüllt, er trägt also die Transportgefahr und damit auch die Leistungsgefahr. Diese Gefahr umfasst nicht nur die Gefahr des Verlusts der übersandten Geldzeichen, sondern auch die zwischenzeitliche Geldentwertung sowie die Beschlagnahme des Geldes durch die Behörden (vgl Soerg/*Wolf* Rn 10). Wann die Übermittlung nach Abs 1 abgeschlossen ist, hängt von der Zahlungsweise ab. Die Gefahrtragungspflicht des Schuldners endet allerdings dort, wo die Verlustgefahr aus der Sphäre des Gläubigers resultiert, insbes im Fall der Insolvenz der Gläubigerbank (Palandt/*Heinrichs* Rn 10). Abs 1 betrifft nur die Transportgefahr, nicht auch die Verspätungsgefahr. Schickt der Schuldner rechtzeitig ab, verzögert sich aber der Eingang beim Gläubiger, so trägt dieser das Risiko (zur sog Rechtzeitigkeitsklausel vgl Koblenz NJW-RR 1993, 583).

§ 271 Leistungszeit.

[1] Ist eine Zeit für die Leistung weder bestimmt noch aus den Umständen zu entnehmen, so kann der Gläubiger die Leistung sofort verlangen, der Schuldner sie sofort bewirken.
[2] Ist eine Zeit bestimmt, so ist im Zweifel anzunehmen, dass der Gläubiger die Leistung nicht vor dieser Zeit verlangen, der Schuldner aber sie vorher bewirken kann.

1 **A. Allgemeines. I. Zeitpunkt der Fälligkeit und Erfüllbarkeit.** Die Leistungszeit ist in doppelter Hinsicht von Bedeutung. Zum einen regelt die Leistungszeit die Frage, wann der Gläubiger die geschuldete Leistung fordern kann. Zum anderen ist die Leistungszeit von Bedeutung, wenn es um die Frage geht, wann der Schuldner leisten darf und demnach der Gläubiger anzunehmen hat (Erfüllbarkeit). Abs 1 enthält dabei **keine gesetzliche Vermutung** der Fälligkeit, sondern findet nur Anwendung, wenn weder das Gesetz noch die Vereinbarung eine Fälligkeitsregelung enthält. Die Vorschrift ergänzt damit lediglich (an sich notwendige) Parteierklärungen und bestimmt in bestimmten Fällen, in denen es an einer Vereinbarung oder gesetzlichen Regelung fehlt, die sofortige Fälligkeit. Die Vorschrift findet als allg Rechtsgrundsatz auch auf öffentlich-rechtliche Ansprüche entspr Anwendung (BVerwGE 64, 186, 193; BSGE 34, 1, 16).

2 **II. Übereinstimmung von Fälligkeitszeitpunkt und Erfüllbarkeit.** Abs 1 stellt weiter den Grundsatz auf, dass Fälligkeit und Erfüllbarkeit gleichzeitig eintreten. Hiervon macht zunächst Abs 2 eine Ausn. Eine weitere Ausn ist bei sog verhaltenen Ansprüchen anzunehmen, bei denen der Schuldner nicht von sich aus leisten darf, auf Verlangen des Gläubigers aber leisten muss. So darf etwa der Verkäufer nach § 439 Abs 1 erst dann Nacherfüllung »leisten«, solange der Gläubiger sich nicht entschieden hat, welche Variante der Nacherfüllung er begehrt (vgl iE AnwK/*Schwab* Rn 3 f).

B. Norminhalt. I. Begriff der Leistungszeit. Leistungszeit iSd Vorschrift ist dabei der Zeitpunkt der Vornahme der Leistungshandlung, nicht der des Eintritts des Leistungserfolges (AnwK/*Schwab* Rn 1). **Sofort** iSd Abs 1 bedeutet nicht unverzüglich, vielmehr handelt es sich um ein objektives Kriterium, gemessen an der Art des Schuldverhältnisses und den sonstigen Umständen (Erman/*Ebert* Rn 2; AnwK/*Schwab* Rn 1; München NJW-RR 1992, 818). Bei Dauerschuldverhältnissen bezieht sich »sofort« nur auf den Beginn der Leistungshandlung (Soerg/*Wolf* Rn 3). Bei geschuldeter Errichtung eines Bauwerks, hat der Unternehmer im Zweifel alsbald nach Vertragsschluss mit der Herstellung zu beginnen und sie in angemessener Zeit zügig zu Ende zu führen (BGH NJW-RR 2001, 806). 3

II. Gesetzliche Sonderregelungen. Der Grundsatz, dass Fälligkeit und Erfüllbarkeit sofort eintreten, wird durch zahlreiche gesetzliche Sonderregelungen durchbrochen, etwa in §§ 488 (Darlehen), 556b (Miete), 579, 604, 608 (Leihe), 614 (Dienstvertrag), 641 Abs 1 (Werkvertrag), 721, 2181 (Vermächtnis), 41 InsO und § 111 ZVG. Auf die Erteilung einer Rechnung kommt es dabei nicht an, soweit nicht aus gesetzlichen Vorschriften Abweichendes zu entnehmen ist, § 12 Abs 3 GoÄ (ärztlicher Behandlungsvertrag), § 7 KostO (Kostenforderungen der Notare); § 10 RVG (Anwaltsvertrag), § 8 HOAI (Architektenvertrag). Für den Bauvertrag nach VOB ist die Schlusszahlung erst zwei Monate nach Zugang der Schlussrechnung fällig (§ 16 Nr 3 VOB/B). Soweit sich der Bauvertrag nach BGB richtet, tritt Fälligkeit mit Abnahme ein (§ 641). Die fehlende Erteilung einer Rechnung kann jedoch ein Zurückbehaltungsrecht nach § 273 begründen (München NJW 1988, 270). Die Fälligkeit der Mietnebenkostenforderung setzt eine ordnungsgemäße Rechnungsstellung voraus (BGH NJW 1982, 573). **1. Vertragliche Zeitbestimmung. a) Ausdrückliche Vereinbarung.** Im Regelfall werden die Vertragsparteien die Fälligkeit vertraglich regeln. Sofern derartige Vereinbarungen nicht ausdrücklich getroffen werden, können sie sich aber aus anderen Vereinbarungen ergeben. Fälligkeitsabreden finden sich häufig in Handelsklauseln, z.T. auch in den INCOTERMS (Bsp: »Kasse gegen Dokumente«, »Kasse gegen Faktura«, »FOB«, »CFR« und »CIF«). Bei Fälligkeitsvereinbarungen in AGB ist jedoch § 308 Nr 1 zu beachten (zur sog Verfallklausel vgl BGH NJW 1985, 2329). Im Übrigen gelten die §§ 187–193. 4

b) Ermittlung der Fälligkeit aus den Umständen. Auch aus der Art des Rechtsverhältnisses können Anhaltspunkte für die Fälligkeit folgen, ggf durch ergänzende Vertragsauslegung (BGH NJW-RR 2004, 209): Vor Erteilung der Baugenehmigung werden Bauleistungen nicht fällig (BGH NJW 1974, 1080), die geschuldete Weihnachtsgratifikationen muss vor Weihnachten erbracht werden (BAG NJW 1984, 1650). 5

c) Nachträgliche Vereinbarungen. Die Parteien können durch Vereinbarung eine fällige und erfüllbare Forderung stunden (vgl auch § 2331a). Damit wird die Fälligkeit der Leistung hinausgeschoben, die Erfüllbarkeit bleibt jedoch bestehen. Wird die Stundung auf unbestimmte Zeit vereinbart, darf der Gläubiger den Leistungszeitpunkt §§ 315 f bestimmen. Im Fall der sog »Besserungsklausel« oder »Besserungsschein«, die eine Stundung bis zur Verbesserung der Vermögensverhältnisse des Schuldners vorsieht, lebt die Fälligkeit bei Eintritt dieser Besserung automatisch wieder auf. 6

d) Das »pactum de non petendo«. Im Unterschied zur Stundung enthält ein pactum de non petendo die Vereinbarung, eine Forderung auf Zeit oder auch dauerhaft nicht (insbes nicht gerichtlich) geltend zu machen. Diese Vereinbarung hat Einfluss auf die Verjährung (§ 205). Sie bietet dem Schuldner aber auch eine Einrede im Prozess, die zur Abweisung der Klage als unzulässig führt. Bis zur Erhebung der Einrede bleibt die Forderung allerdings fällig. Wird eine derartige Vereinbarung in der Zwangsvollstreckung getroffen, so ist das Verfahren gem § 775 Nr 4 ZPO einstweilen einzustellen (vgl BGH BB 1987, 1352). Auf die Fälligkeit und ggf die Fortdauer des Verzuges des Schuldners hat die Vereinbarung idR keinen Einfluss. Gleiches gilt für die Bewilligung von Räumungsfristen durch das Gericht. 7

2. Die Sonderregelung des Abs 2. Für den Fall einer Zeitbestimmung enthält **Abs 2** eine Auslegungsregel (BGHZ 64, 278, 284), bei der Fälligkeit und Erfüllbarkeit der Schuld auseinander fallen. Dies ist bedeutsam für die **Aufrechnung:** Die Gegenforderung, mit der aufgerechnet wird, muss fällig, diejenige, gegen die aufgerechnet wird, braucht nur erfüllbar zu sein (vgl BGHZ 38, 122, 128 f). Abs 2 findet keine Anwendung, wenn die Zeitbestimmung auch im Interesse des Gläubigers ist, etwa nach §§ 488 Abs 3, 504 für Darlehensverträge oder Grundschulden (Palandt/*Heinrichs* Rn 11; Ba/Roth/*Grüneberg* Rn 24; vgl auch BGHZ 123, 49 – Vorauszahlung von Unterhalt). 8

III. Folgen der Nichteinhaltung der Leistungszeit. Leistet der Schuldner bei Eintritt der Fälligkeit nicht, so kommt er unter den Voraussetzungen des § 286 in Verzug. Im Handelsverkehr schuldet er außerdem Fälligkeitszinsen (§ 353). Bei **absoluten Fixgeschäften** führt die Nichteinhaltung des Termins zur Unmöglichkeit, also zu Schadensersatzansprüchen gem den §§ 280 ff. 9

IV. Beweislast. Abs 1 enthält nach richtiger Ansicht auch eine Aussage über das Risiko prozessualer Ungewissheit (AnwK/*Schwab* Rn 36). Behauptet der Schuldner eine abw Regelung, muss er sie beweisen (BGH-RR 2004, 209; aA etwa Erman/*Ebert* Rn 17; BGH NJW 1975, 206; *Reinicke* JZ 1977, 159). Behauptet allerdings der Schuldner eine **nachträgliche** Stundung, ist er beweispflichtig (RGZ 68, 305 f), ebenso wer Ratenzahlung entgegen dem schriftlichen Kaufvertrag behauptet (Baumgärtel/*Strieder* § 271 Rn 3). 10

§ 272 Zwischenzinsen. Bezahlt der Schuldner eine unverzinsliche Schuld vor der Fälligkeit, so ist er zu einem Abzug wegen der Zwischenzinsen nicht berechtigt.

1 Das Verbot des Abzugs von Zwischenzinsen bei Zahlung einer unverzinslichen Schuld entspricht dem Grundsatz des § 813 Abs 2. Bei berechtigter vorzeitiger Rückzahlung einer verzinslichen Schuld entfällt die Pflicht zur Verzinsung (*Hammen* DB 1991, 953, 957). Die Vorschrift findet keine Anwendung, wenn durch gesetzliche Vorschrift oder kraft Parteivereinbarung, etwa einer Skonto-Vereinbarung, abw Regelungen getroffen sind. Gesetzliche Abweichungen ergeben sich etwa aus §§ 1133, 1217. Die unverzinsliche Forderung mindert sich auf den Betrag, der unter Hinzurechnung der für die Zeit seit der Zahlung bis zum Fälligkeitstag zu berechnenden gesetzlichen Zinsen dem Nennbetrag der Forderung gleichkommt (zur Berechnung iE etwa NK-BGB/*Zimmer* § 1133 Rn 35 ff; AnwK/*Schmidt-Kessel* Rn 10). Die Vorschrift findet keine Anwendung, wenn ein zu Abschlagszahlungen Verpflichteter vor Fälligkeit der jeweiligen Rate zahlt und Ausgleich etwaiger Nutzungsvorteile verlangt (BGH NJW 2002, 2640).

§ 273 Zurückbehaltungsrecht. [1] **Hat der Schuldner aus demselben rechtlichen Verhältnis, auf dem seine Verpflichtung beruht, einen fälligen Anspruch gegen den Gläubiger, so kann er, sofern nicht aus dem Schuldverhältnis sich ein anderes ergibt, die geschuldete Leistung verweigern, bis die ihm gebührende Leistung bewirkt wird (Zurückbehaltungsrecht).**

[2] **Wer zur Herausgabe eines Gegenstands verpflichtet ist, hat das gleiche Recht, wenn ihm ein fälliger Anspruch wegen Verwendungen auf den Gegenstand oder wegen eines ihm durch diesen verursachten Schadens zusteht, es sei denn, dass er den Gegenstand durch eine vorsätzlich begangene unerlaubte Handlung erlangt hat.**

[3] **Der Gläubiger kann die Ausübung des Zurückbehaltungsrechts durch Sicherheitsleistung abwenden. Die Sicherheitsleistung durch Bürgen ist ausgeschlossen.**

1 **A. Allgemeines.** Das Zurückbehaltungsrecht des § 273 beruht letztlich auf dem Gedanken des § 242, der Arglisteinrede und des Verbotes der unzulässigen Rechtsausübung (BGH NJW 1984 2154, Erman/*Ebert* Rn 1; RGRK/*Alff* Rn 1; krit AnwK/*Schmidt-Kessel* Rn 3).

2 Wer die ihm aus einem einheitlichen Rechtsgeschäft gebührende Leistung verlangt, aber die von ihm geschuldete Leistung nicht erbringt, handelt treuwidrig (RGZ 152, 71, 73 f; 163, 62, 64). Gleichwohl kann auch bei Fehlen der Voraussetzungen des § 273 im Einzelfall ein Zurückbehaltungsrecht unmittelbar aus § 242 hergeleitet werden (Erman/*Schmidt-Kessel* Rn 3; RGRK/*Alff* Rn 2). Auch kann neben § 273 ein Zurückbehaltungsrecht vertraglich, jedoch nicht mit dinglicher Wirkung (RGZ 68, 386) vereinbart werden. Ein vertraglich begründetes Zurückbehaltungsrecht kann sich auch auf nicht konnexe und noch nicht fällige Ansprüche beziehen (BGH NJW 1985, 849). Umgekehrt ist auch der vertragliche Ausschluss des Zurückbehaltungsrechtes möglich, etwa durch Vereinbarung einer Vorleistungspflicht (Palandt/*Heinrichs* Rn 13) oder einer Barzahlungsklausel (AnwK/*Schmidt-Kessel* Rn 10). Bei dem Zurückbehaltungsrecht handelt es sich um ein Gestaltungsrecht des Schuldners, dass der Ausübung bedarf (vgl § 274 Rn 1 ff), damit ist das Zurückbehaltungsrecht auch nicht von Amts wegen zu beachten (RGZ 77, 436, 438). Bes ausgestaltete Zurückbehaltungsrechte finden sich etwa in §§ 320, 359, 100, 2022, §§ 369 ff HGB. Sonderregelungen enthalten schließlich die §§ 525 ff.

3 Das Zurückbehaltungsrecht aus § 273 unterscheidet sich vom **kaufmännischen Zurückbehaltungsrecht** (§§ 369 ff HGB) dadurch, dass es nur an beweglichen Sachen und Wertpapieren besteht, iÜ aber keine Konnexität (Rn 7) erfordert. Auch besteht beim kaufmännischen Zurückbehaltungsrecht in der Insolvenz ein Recht auf abgesonderte Befriedigung (§ 51 Nr 3 InsO). Von der **Einrede des nicht erfüllten Vertrags** nach § 320 unterscheidet sich das Zurückbehaltungsrecht in seiner Zielrichtung, dieses Zurückbehaltungsrecht dient der Sicherung, das Recht aus § 320 der rechtzeitigen Erfüllung eines Vertrags (zur Anwendbarkeit des § 320 neben § 273 vgl Erman/*Ebert* Rn 5).

4 Von der **Aufrechnung** unterscheidet sich das Zurückbehaltungsrecht durch seine Zielrichtung. Durch Aufrechnung mit seiner Gegenforderung erfüllt der Schuldner die gleichartige Forderung seines Gläubigers (§§ 387, 389). Wer dagegen zurückbehält, will zwar leisten, aber nur Zug um Zug gegen die ihm gebührende Leistung seines Gläubigers (Erman/*Ebert* Rn 6; zur Umdeutung des Zurückbehaltungsrecht in eine Aufrechnung, vgl RGZ 83, 138, 140; umgekehrt kann der Aufrechnungseinwand in die Einrede des Zurückbehaltungsrechts umgedeutet werden, dies setzt jedoch Gleichartigkeit der Leistungen voraus). Bei unzulässiger Aufrechnung kann die Geltendmachung des Zurückbehaltungsrechts möglich sein (BGH NJW 2000, 278).

5 **B. Norminhalt. I. Voraussetzungen des Zurückbehaltungsrechts. 1. Gegenseitigkeit.** Das Zurückbehaltungsrecht nach § 273 Abs 1 setzt grds Gegenseitigkeit voraus. Der Schuldner des Hauptanspruchs muss zugleich Gläubiger des Gegenanspruchs sein (beiderseitige persönliche und rechtliche Identität). Besteht ein Gegenanspruch nur ggü einem Mitgläubiger, liegt eine solche Identität nicht vor (BGH DNotZ 1985, 551). Ausreichend ist jedoch, dass der Schuldner nur Mitgläubiger ist (BGH NJW-RR 1988, 1150).

Entbehrlich ist das Gegenseitigkeitserfordernis beim Vertrag zu Gunsten Dritter (§ 334), bei der Bürgschaft (§ 768). Bei der Abtretung der Forderung (§ 398 ff) bleibt das Zurückbehaltungsrecht des Schuldners gegen den Zedenten bestehen (BGHZ 64, 122, 127), der Zedent verliert jedoch sein gegenläufiges Zurückbehaltungsrecht (BGHZ 92, 194), soweit er zur Klage auf Leistung an den Zessionar oder zur Einziehung befugt ist (BGH NJW 2000, 278; AnwK/*Schmidt-Kessel* Rn 14). Kein Erfordernis für das Zurückbehaltungsrecht ist jedoch Gleichartigkeit von Anspruch und Gegenanspruch. Der Gegenanspruch muss vollwirksam, fällig (§ 271) und einredefrei (§ 390) sein. Für verjährte Ansprüche gilt jedoch Ausn des § 215. Der Gegenanspruch darf weder bedingt (§ 158) noch betagt sein. 6

2. Konnexität. Der Anspruch und der Gegenanspruch müssen auf demselben rechtlichen Verhältnis beruhen. Dieses Erfordernis der Konnexität ist weit auszulegen. Dabei muss es sich nicht notwendig um dasselbe Schuldverhältnis oder ein sonstiges Gegenseitigkeitsverhältnis handeln. Ausreichend ist, wenn beide Ansprüche auf einem innerlich zusammenhängenden, einheitlichen Lebensverhältnis beruhen (Erman/*Schmid-Kessel* Rn 15). Das Vorliegen dieser Voraussetzung ist eine Frage des Einzelfalles. 7

Bejaht worden ist die Konnexität etwa in folgenden Fällen: Ansprüche aus laufender Geschäftsbeziehung, wenn die zu Grunde liegenden Verträge wegen ihres zeitlichen bzw sachlichen Zusammenhanges als natürliche Einheit erscheinen (BGHZ 54, 244, 250); Zahlungsanspruch und Anspruch auf Erteilung einer ordnungsgemäßen Rechnung durch den Gläubiger (BGH BB 2005, 1302, vgl dazu *Heeseler* BB 2006, 1137, 1140); Betriebskostenvorauszahlungen des Mieters bei mangelnder Betriebskostenabrechnung (BGH, NJW 2006, 2552); Beiderseitige vermögensrechtliche Ansprüche anlässlich der Scheidung (BGHZ 92, 194, 196). Zu **verneinen ist die Konnexität** etwa bei der Einstellung der Stromversorgung einer Privatwohnung bei Zahlungsrückständen bzgl des Gewerbebetriebes des Schuldners (BGHZ 115, 99, 103); Kosten eines Rechtsstreits einer Bank gegen den Kunden und Anspruch des Kunden aus der laufenden Geschäftsverbindung (BGH NJW-RR 1998, 190). Zulässigkeit der Zurückbehaltung des gesamten Betrages bei fehlender oder unzureichender Rechnung (insbes bei fehlendem USt-Ausweis). 8

3. Ausschluss des Zurückbehaltungsrechts. Das Zurückbehaltungsrecht besteht nur, »sofern nicht aus dem Schuldverhältnisse sich ein **anderes** ergibt«. In Betracht kommen neben dem gesetzlichen Ausschluss (etwa §§ 175, 580, 581, § 19 Abs 2 GmbHG, § 323 InsO) auch der vereinbarte Ausschluss und schließlich der Ausschluss des Zurückbehaltungsrechts aus der Natur des Schuldverhältnisses. Ein Ausschluss aus der Natur des Schuldverhältnisses wurde etwa angenommen bei der Zurückhaltung des Führerscheins wegen Vergütungsansprüchen der Fahrschule (LG Limburg NJW-RR 1990, 1079), der Löschungsbewilligung bei Nichtentstehung der zu sichernden Darlehensforderung (BGHZ 71, 19). Scheidet die Erfüllung des Grundstückskaufvertrags gem § 323 aus, hat der Käufer iÜ ebenfalls ein Zurückbehaltungsrecht bzgl seiner Zustimmung zur Löschung der für ihn eingetragenen Auflassungsvormerkung wegen des von ihm bereits gezahlten Kaufpreisteiles (BGH NJW-RR 1989, 201; zweifelhaft), zur Rückgabe von Sicherheiten nach Wegfall des Sicherungszwecks vgl BGH NJW 2001, 1859. 9

Ein Ausschluss des Zurückbehaltungsrechts kann auch aus der **Eigenart des zurückgehaltenen Gegenstandes** oder der **Natur des Gläubigeranspruches** folgen, etwa die Zurückbehaltung von Tieren (vgl LG Mainz NJW-RR 2002, 894). Für Betriebsmittel und Werkzeuge des Arbeitgebers (LAG Düsseldorf DB 1975, 2040, zur Kundenkartei des Handelsvertreters, vgl BGH WM 1983, 863; umfassend zum Zurückbehaltungsrecht bei Beendigung des Arbeitsverhältnisses *Henkel* ZGS 2004, 170). Im bestehenden Arbeitsverhältnis kann der Arbeitnehmer die Arbeitsleistung verweigern, wenn der Arbeitgeber seiner Lohnzahlungspflicht nicht nachkommt (BAG NZA 1985, 355). Schließlich ist das Zurückbehaltungsrecht ausgeschlossen, wenn es zur **faktischen Vereitelung der Durchsetzung der Gegenforderung** führt (BGHZ 91, 73), wenn eine anderweitige hinreichende Sicherung des Gläubigers besteht (BGHZ 7, 123; 92, 194). Ein Mineralölunternehmen hat kein Zurückbehaltungsrecht, wenn es einerseits die Belieferung einer Tankstelle wegen offener Forderungen gegen deren Betreiber einstellt, andererseits aber an dem vertraglichen Verbot, Konkurrenzprodukte zu vertreiben, festhält (BGH NJW-RR 2006, 615). Auch wenn die **Forderung unstreitig, die Gegenforderung hingegen streitig** ist und deren Klärung schwierig und zeitraubend, sodass die Durchsetzung der Hauptforderung auf unabsehbare Zeit verhindert würde, kann dies zum Ausschluss des Zurückbehaltungsrechts führen (BGH NJW 2000, 948). Entsprechendes gilt, wenn die Leistung wegen unverhältnismäßig geringer Gegenforderung zurückgehalten wird (BGH NJW 2004, 3484 f). 10

II. Voraussetzungen des Zurückbehaltungsrechts nach Abs 2. Unter den weiteren Voraussetzungen des Abs 2 wird die Konnexität unterstellt (BGHZ 41, 30, 34; 64, 122, 125) und der Schuldner ist berechtigt, die Herausgabe eines Gegenstandes zu verweigern, wenn ihm wegen eines durch diesen Gegenstand verursachten Schadens oder Verwendungen auf den Gegenstand eine fällige Gegenforderung zusteht (etwa das ZurückbehaltungsR hins. des widerrechtl abgestellten Pkws – dazu BGH 05.06.2009 – V ZR 144/08). Abs 2 enthält keine abschließende Regelung, sodass daneben auch Abs 1 und § 1000 zur Anwendung kommen. Gegenstände idS sind nicht nur Sachen, sondern auch Rechte und Forderungen (RGZ 163, 62). Der Begriff Herausgabeanspruch ist hier iwS zu verstehen und erfasst auch schuldrechtliche Ansprüche sowie Ansprüche auf Auflassung und Grundbuchberichtigung (§ 894). Im Verhältnis zum Anspruch auf Löschung einer Auflas- 11 sungsvormerkung kann in analoger Anwendung von Abs 2 ein Zurückbehaltungsrecht bestehen (BGHZ 41, 30, 35), aber nicht ggü dem Anspruch auf Löschung einer zur Eigentümergrundschuld gewordenen Hypothek, weil der Gegenstand, den der Gläubiger herausverlangt, und der Gegenstand, auf den der Schuldner Verwendungen gemacht hat, nicht identisch sind: BGHZ 41, 30, 34 ff oder der Anspruch auf Löschung einer zur Eigentümergrundschuld gewordenen Hypothek (BGHZ 41, 30).

12 Ist das Zurückbehaltungsrecht nach Abs 2 ausgeschlossen, etwa wegen unerlaubter Handlung, kann bei Vorliegen der Voraussetzungen des Abs 1, also insbes der Konnexität ein Zurückbehaltungsrecht bestehen (BGHZ 87, 274, 277). Jedoch gilt in den Fällen des Abs 2 nicht die Einschränkung des Abs 1, wonach auf Grund der Natur des Schuldverhältnisses ein Zurückbehaltungsrecht ausscheidet (RGZ 114, 266, 268). Gegenstände idS sind nicht nur Sachen, sondern auch Rechte und Forderungen. Der Begriff Herausgabeanspruch ist hier iwS zu verstehen und erfasst auch schuldrechtliche Ansprüche sowie Ansprüche auf Auflassung und Grundbuchberichtigung (§ 894) oder den Anspruch auf Löschung einer zur Eigentümergrundschuld gewordenen Hypothek (BGHZ 41, 30).

13 **III. Rechtsfolgen des Zurückbehaltungsrechts.** Besteht ein Zurückbehaltungsrecht, so ist der Schuldner lediglich zur Leistung Zug um Zug gegen Erbringung der Leistung des Gläubigers verpflichtet. Der Schuldner muss die Einrede allerdings ausdrücklich oder zumindest konkludent (vgl BGH BB 2006, 1984) erheben, eine Berücksichtigung von Amts wegen findet nicht statt (vgl Rn 2). Die Fälligkeit des Anspruchs wird durch die Einrede allerdings nicht beseitigt (BGH NJW 1992, 556 f). Wird die Einrede jedoch vor Eintritt des Verzugs erhoben, tritt Schuldnerverzug nicht ein (BGH BB 1971, 39), ein Anspruch auf Verzugs- oder Prozesszinsen besteht dann nicht (BGHZ 55, 198, 200; 60, 319, 323; NJW 1973, 1234; BGH NJW-RR 2005, 170). Im Insolvenzverfahren ist das Zurückbehaltungsrecht (anders als nach § 369 HGB) unbeachtlich (BGHZ 150, 138). Das Zurückbehaltungsrecht gewährt dem Schuldner ein Recht zum Besitz iS § 986 (BGHZ 64, 124; NJW-RR 1986, 2839); ein Recht zum Gebrauch der Sache folgt hieraus allerdings nicht (BGHZ 65, 56).

14 **IV. Abwendungsbefugnis des Gläubigers (Abs 3).** Der Gläubiger kann die Ausübung des Zurückbehaltungsrechts jederzeit durch Sicherheitsleistung abwenden (Abs 3). Für die Sicherheitsleistung gelten die § 232–240; jedoch nicht die Sicherheitsleistung durch Bürgschaft (Abs 3 S 2). Für die Berechnung der Höhe der Sicherheitsleistung ist der Wert des Gegenanspruches des Schuldners oder (wenn dieser geringer ist) der Wert des zurückgehaltenen Gegenstandes maßgeblich (RGZ 137, 355). In jedem Fall muss die Sicherheitsleistung erbracht sein, das bloße »Angebot« oder die Ankündigung einer Sicherheitsleistung ist nicht ausreichend (BaRoth/*Grüneberg* Rn 52).

§ 274 Wirkungen des Zurückbehaltungsrechts.

[1] Gegenüber der Klage des Gläubigers hat die Geltendmachung des Zurückbehaltungsrechts nur die Wirkung, dass der Schuldner zur Leistung gegen Empfang der ihm gebührenden Leistung (Erfüllung Zug um Zug) zu verurteilen ist.
[2] Aufgrund einer solchen Verurteilung kann der Gläubiger seinen Anspruch ohne Bewirkung der ihm obliegenden Leistung im Wege der Zwangsvollstreckung verfolgen, wenn der Schuldner im Verzug der Annahme ist.

1 **A. Allgemeines.** Die in der Vorschrift genannten Wirkungen umfassen nur die Wirkungen im Hinblick auf die Erfüllungsklage des Gläubigers, die weiteren Wirkungen folgen unmittelbar aus § 273 (PWW/*Jud* Rn 1). Die Vorschrift hat durch ihre Anwendbarkeit bei Einreden aus §§ 320, 321, 348 besondere Bedeutung. Der **Schuldner** muss das **Zurückbehaltungsrecht geltend machen**, dh seinen Gegenanspruch nach Grund und Höhe genau bezeichnen (BGH NJW 1985, 189, 191), er kann sich auch auf ein vorprozessual geltend gemachtes Zurückbehaltungsrecht berufen (BGHZ 1, 234, 239). Schon in dem Antrag auf Klageabweisung kann die Erhebung der Einrede gesehen werden. Der Beklagte ist aber nicht gezwungen (zB in einem Hilfsantrag) explizit die Verurteilung Zug um Zug zu beantragen. Es genügt, wenn sich aus seinem Vorbringen insg ergibt, dass und mit welcher Begründung er das Recht geltend gemacht hat.

2 **B. Norminhalt. I. Wirkung auf den Erfüllungsanspruch (Abs 1).** Die Geltendmachung des Zurückbehaltungsrechts führt nicht zur Klageabweisung, sondern dazu, dass der Schuldner zur Erfüllung Zug um Zug zu verurteilen ist. Der Kläger muss in seinem Antrag explizit die Verurteilung Zug um Zug gegen Erbringung der geschuldeten Gegenleistung beantragen. Bei einem uneingeschränkten Klageantrag kommt es zur Teilabweisung mit der Kostenfolge des § 92 ZPO (BGHZ 117, 1). Im Erkenntnisverfahren soll eine richterliche Hinweispflicht nach § 139 ZPO bestehen (AnwK/*Schmidt-Kessel* Rn 9). Besteht das geltend gemachte Zurückbehaltungsrecht, so erfolgt gem Abs 1 Verurteilung Zug um Zug. Der dem Zurückbehaltungsrecht zu Grunde liegende Gegenanspruch wird hiervon nicht umfasst, da § 322 ZPO hier nicht anwendbar ist (BGHZ 117, 1).

3 **II. Vollstreckung Zug um Zug.** Die Zug um Zug Verurteilung bietet nur dem Gläubiger die Möglichkeit der Vollstreckung. Die vollstreckbare Ausfertigung ist ihm zu erteilen, ohne dass es des Nachweises des Annahmeverzuges oder der Erfüllung der Gegenforderung (§ 726 Abs 2 ZPO) bedarf, ausgenommen bei Verurteilung zur Abgabe einer Willenserklärung (§ 894 Abs 1 S 2 ZPO). Die Vollstreckung des Zug um Zug Urteils

setzt grds die Erfüllung des Gegenanspruchs, den Annahmeverzug des Schuldners oder ein Zug um Zug Angebot des Gläubigers voraus (§§ 756, 765 ZPO). Der vollstreckende Gläubiger muss daher zunächst Annahmeverzug oder Erfüllung der Gegenleistung mit öffentlichen Urkunden nachweisen. Der Nachweis des Annahmeverzuges kann aber bereits im Urteil erbracht sein (vgl *Doms* NJW 1984, 1340).

§ 275 Ausschluss der Leistungspflicht. [1] **Der Anspruch auf Leistung ist ausgeschlossen, soweit diese für den Schuldner oder für jedermann unmöglich ist.**

[2] **Der Schuldner kann die Leistung verweigern, soweit diese einen Aufwand erfordert, der unter Beachtung des Inhalts des Schuldverhältnisses und der Gebote von Treu und Glauben in einem groben Missverhältnis zu dem Leistungsinteresse des Gläubigers steht. Bei der Bestimmung der dem Schuldner zuzumutenden Anstrengungen ist auch zu berücksichtigen, ob der Schuldner das Leistungshindernis zu vertreten hat.**

[3] **Der Schuldner kann die Leistung ferner verweigern, wenn er die Leistung persönlich zu erbringen hat und sie ihm unter Abwägung des seiner Leistung entgegenstehenden Hindernisses mit dem Leistungsinteresse des Gläubigers nicht zugemutet werden kann.**

[4] **Die Rechte des Gläubigers bestimmen sich nach den §§ 280, 283 bis 285, 311a und 326.**

Literatur *Ackermann* Die Erfüllungspflicht des Stückverkäufers JZ 2002, 378; *Altmeppen* Schadensersatz wegen Pflichtverletzung – Ein Beispiel für die Überhastung der Schuldrechtsreform DB 2001, 1131; *ders* Nochmals: Schadensersatz wegen Pflichtverletzung, Anfängliche Unmöglichkeit und Aufwendungsersatz im Entwurf des Schuldrechtsmodernisierungsgesetzes DB 2001, 1821; *Anders* Der zentrale Haftgrund der Pflichtverletzung im Leistungsstörungsrecht des Entwurfs für einen Schuldrechtsmodernisierungsgesetz ZIP 2001, 184; *Arnold* Die vorübergehende Unmöglichkeit nach der Schuldrechtsreform JZ 2002, 866; *Böhmer* Anwendung von § 829 BGB bei außerordentlichen Schadensersatzfällen NJW 1968, 865; *Brandner* Beobachtungen und Lehren bei der Umsetzung von Verbraucherschutzrichtlinien in das deutsche Recht, in: Reiner Schulze (Hrsg), Auslegung europäischen Privatrechts und angeglichenen Rechts (1999) S 131; *Bruns* Die vertragliche Haftung des Rechtsanwalts gegenüber dem Mandanten nach neuer Rechtslage VersR 2002, 524; *Canaris* Zur Bedeutung der Kategorie der »Unmöglichkeit« für das Recht der Leistungsstörungen, in: Schulze/Schulte-Nölke (Hrsg) Schuldrechtsreform vor dem Hintergrund des Gemeinschaftsrechts, Tübingen (2001) S 43; *ders* Die Reform des Rechts der Leistungsstörungen JZ 2001, 499; *ders* Schadensersatz wegen Pflichtverletzung, Anfängliche Unmöglichkeit und Aufwendungsersatz im Entwurf des Schuldrechtsmodernisierungsgesetzes DB 2001, 1815; *ders* Die Behandlung nicht zu vertretender Leistungshindernisse nach § 275 Abs. 2 BGB beim Stückkauf JZ 2004, 214; *Derleder/Zänker* Der ungeduldige Gläubiger und das Leistungsstörungsrecht NJW 2003, 2777; *Ehricke* Die richtlinienkonforme Auslegung nationalen Rechts vor Ende der Umsetzungsfrist einer Richtlinie EuZW 1999, 553; *Eidenmüller* Der Spinnerei-Fall, Die Lehre von der Geschäftsgrundlage nach der Rechtsprechung des Reichsgerichts und im Lichte der Schuldrechtsmodernisierung Jura 2001, 824; *Fischinger/Wabnitz* Aufwendungsersatz nach § 284 BGB ZGS 2007, 139; *Freitag* Ein europäisches Verzugsrecht für den Mittelstand? EuZW 1998, 559; *Frey* Die Beschränkung der Schadensersatzpflicht des Arbeitnehmers AuR 1953, 7; *Haberzettl* Der Ersatz von Schäden aus Deckungsgeschäften während der Leistungsverzögerung NJW 2007, 1328; *Gebauer/Huber* Schadensersatz statt Herausgabe? – Zum Verhältnis von § 281 und § 985 BGB ZGS 2005, 103; *Gsell* EG-Verzugsrichtlinie und Reform der Reform des Verzugsrechts in Deutschland ZIP 2000, 1861; *dies* Das Verhältnis von Rücktritt und Schadensersatz JZ 2004, 643; *dies* Rechtskräftiges Leistungsurteil und Klage auf Schadensersatz statt der Leistung JZ 2004, 110; *Gursky* Der Vindikationsanspruch und § 281 BGB Jura 2004, 433; *Heinrichs* EG-Richtlinie zur Bekämpfung von Zahlungsverzug im Geschäftsverkehr und Reform des Verzugsrechts nach dem Entwurf eines Schuldrechtsmodernisierungsgesetzes BB 2001, 157; *Henssler* Arbeitsrechts- und Schuldrechtsreform RdA 2002, 129; *Huber* Das geplante Recht der Leistungsstörungen, in: Ernst/Zimmermann (Hrsg) Zivilrechtswissenschaft und Schuldrechtsreform, Tübingen (2001) S. 31, 49, 140; *ders* Das Gesetz zur Beschleunigung fälliger Zahlungen und die europäische Richtlinie zur Bekämpfung von Zahlungsverzug im Geschäftsverkehr JZ 2000, 957; *Jaensch* Der Gleichlauf von Rücktritt und Schadensersatz NJW 2003, 3613; *Jarass* Richtlinienkonforme bzw. EG-rechtskonforme Auslegung nationalen Rechts EUR 1991, 211; *Jochem* Eigentumsherausgabeanspruch (§ 985 BGB) und Ersatzherausgabe (§ 281 BGB): Abschied von einem Wiedergänger MDR 1975, 179; *Kaiser* Rückkehr zur strengen Differenzmethode beim Schadensersatz wegen Nichterfüllung NJW 2001, 2425; *Katzenstein* Übergang vom vindikatorischen Herausgabeanspruch auf Schadensersatz nach § 281 BGB? AcP 206 (2006) 96; *Knappmann* Zurechnung des Verhaltens Dritter zu Lasten des Versicherungsnehmers VersR 1997, 261; *Kohler* Bestrittene Leistungsunmöglichkeit und ihr Zuvertretenhaben bei § 275 BGB – Prozesslage und Materielles Recht AcP 205 (2005) 93; *ders* Pflichtverletzung und Vertreten müssen – Die beweisrechtlichen Konsequenzen des neuen § 280 Abs. 1 BGB ZZP 2005, 25; *Leible/Sosnitza* Richtlinienkonforme Auslegung vor Ablauf der Umsetzungsfrist und vergleichende Werbung NJW 1998, 2507; *Lieser* Die zivilrechtliche Haftung im automatisierten Geschäftsverkehr JZ 1971, 759; *Looschelders* Die Haftung des Versicherungsnehmers für seinen Repräsentanten – Eine gelungene Rechtsfortbildung? VersR 1999, 666; *Lorenz* Schadensersatz wegen Pflichtverletzung –

Ein Beispiel für die Überhastung der Kritik an der Schuldrechtsreform JZ 2001, 742; *ders* Rücktritt, Minderung und Schadensersatz wegen Sachmängeln im neuen Kaufrecht – Was hat der Verkäufer zu vertreten? NJW 2002, 2497; *ders* Schuldrechtsreform 2002: Problemschwerpunkte drei Jahre danach NJW 2005, 1889; *ders* Einmal Vertretenmüssen – Immer Vertretenmüssen? FS Huber (2006), S 423; *Löwisch* Auswirkungen der Schuldrechtsreform auf das Recht des Arbeitsverhältnisses, FS Wiedemann (2002), S 311; *ders* Zur Anwendbarkeit von § 285 BGB auf Dienst- und Arbeitsverträge NJW 2003, 2049; *Mayerhöfer* Die Integration der positiven Forderungsverletzung in das BGB MDR 2002, 549; *Motsch* Risikoverteilung im allgemeinen Leistungsstörungsrecht JZ 2001, 428; *Münch* Die »nicht wie geschuldet« erbrachte Leistung und sonstige Pflichtverletzungen Jura 2002, 361; *Oetker* Neues zur Arbeitnehmerhaftung durch § 619a BGB? BB 2002, 43; *Otto* Die Grundstrukturen des neuen Leistungsstörungsrechts Jura 2002, 1; *Pahlow* Verzögerung statt Beschleunigung – Auslegung, Auswirkung und Korrektur des neuen § 784 Abs 3 BGB JuS 2001, 236; *Pick* Zum Stand der Schuldrechtsmodernisierung ZIP 2001, 1173; *Reifner* Das Zinseszinsverbot im Verbraucherkredit NJW 1992, 337; *Richardi* Leistungsstörung und Haftung im Arbeitsverhältnis nach dem Schuldrechtsmodernisierungsgesetz NZA 2002, 1004; *Schapp* Empfiehlt sich die »Pflichtverletzung« als Generaltatbestand des Leistungsstörungsrechts? JZ 2001, 583; *Schimmel/Buhlman* Gesetz zur Beschleunigung fälliger Zahlungen – Auswirkungen auf das allgemeine Schuldrecht MDR 2000, 737; *Schlechtriem* Einheitliches UN-Kaufrecht JZ 1988, 1037; *ders* 10 Jahre CISG – Der Einfluss des UN-Kaufrechts auf die Entwicklung des deutschen und internationalen Schuldrechts IHR 2001, 12; *Schroeter* Das Wahlrecht des Käufers im Rahmen der Nacherfüllung NJW 2006, 1761; *Schulze* Auslegung europäischen und angeglichenen Rechts – Einführung, in: Reiner Schulze (Hrsg), Auslegung europäischen Privatrechts und angeglichenen Rechts (1999), S 9; *Schwab* Leistungsstörungen im Sukzessivlieferungsvertrag nach neuem Schuldrecht ZGS 2003, 73; *Schwarze* Unmöglichkeit, Unvermögen und ähnliche Leistungshindernisse im neuen Leistungsstörungsrecht Jura 2002, 73; *Stoll* Notizen zur Neuordnung des Rechts der Leistungsstörungen, JZ 2001, 589; *Stoppel* Der Ersatz frustrierter Aufwendungen nach § 284 BGB AcP 204 (2004) 81; *Wagner* Mangel- und Mangelfolgeschaden im neuen Schuldrecht? JZ 2002, 475; *Wieser* Schuldrechtsreform – Die Unmöglichkeit der Leistung nach neuem Recht MDR 2002, 858; *Wilhelm* Einrede des Verkäufers gegen die Leistungspflicht gemäß § 275 Abs 2, § 439 BGB bei nachträglichem Verlust oder Beschädigung der Kaufsache: Vorrang der schuldvertraglichen Vereinbarung DB 2004, 1599.

1 **A. Regelungszweck/Systematik. I. Allgemeines.** Von der amtlichen Überschrift ausgehend erscheint § 275 vordergründig als allg Pflichtenbegrenzungsnorm, nämlich der Beschränkung der Verpflichtung des Schuldners zur Leistung nach § 241 Abs 1. Aus dem Normtext verständlich wird jedoch, dass abw von der Überschrift nicht die Leistungspflicht des Schuldners ausgeschlossen wird. Vielmehr wird die Durchsetzung des Erfüllungsanspruchs durch den Gläubiger begrenzt, also die Möglichkeit des Gläubigers, auf Grund des Schuldverhältnisses den Anspruch auf die geschuldete Leistung in Natur (Primärleistung) vom Schuldner rechtlich durchzusetzen. Dies bedeutet auch, dass durch § 275 weder das Schuldverhältnis noch das resultierende Pflichtenprogramm für die an ihm beteiligten Parteien aufgelöst oder beendet wird. Es heißt eben nicht wie in § 275 aF: »von der Verpflichtung zur Leistung frei«, sondern »der Anspruch auf die Leistung« *in Natur* (muss ergänzt werden) ist ausgeschlossen. Soweit man gleichwohl davon sprechen möchte, dass der Schuldner von seiner Leistungspflicht befreit wird, muss man allerdings im Auge behalten, dass dies lediglich hinsichtlich des Teilaspekts »Erfüllung in Natur« gilt.

2 Rechtsdogmatisch bedarf es des Fortbestands einer dem Anspruch des Gläubigers auf Erfüllung in Natur zugrunde liegenden Leistungspflicht, da sie die Grundlage für die weiteren (sekundären) Ansprüche des Gläubigers im Falle des Ausschlusses seines Anspruchs auf Erfüllung in Natur wegen Unmöglichkeit bildet. So ist diese Schuldnerpflicht bspw die rechtliche Grundlage für den (sekundären) Anspruch des Gläubigers auf das stellvertretende *commodum* nach § 285. Dieses Verständnis erlaubt zudem eine plausible Begründung in den Fällen, in denen die Sekundäransprüche des Gläubigers an die Pflichtverletzung anknüpfen, nämlich für Schadensersatz (§§ 280, 283) und Rücktritt (§ 326 Abs 5). Schließlich werden rechtsdogmatisch nicht zu begründende Friktionen mit den in § 275 Abs 2 und 3 ausgestalteten Unmöglichkeitsfällen vermieden. Auch § 275 macht so deutlich, dass das Leistungsstörungsrecht nach dem SMG konsequent von der Rechtsbehelfs- bzw Rechtsfolgenseite her gedacht werden muss, dh der Erfüllungsanspruch nur ein Rechtsbehelf des Gläubigers ist. Er ist allerdings mit Blick auf die zusätzlich gesetzlich aufgestellten Voraussetzungen der dadurch auf einer sekundären Ebene erscheinenden Rechtsbehelfe Schadensersatz statt der Leistung und Rücktritt vorrangig zu realisieren.

3 **II. Gefahrtragungsregelung.** § 275 enthält insofern die grundlegende **Gefahrtragungsregelung** im Leistungsstörungsrecht, *in concreto* die Regelung der **Leistungsgefahr** (vgl hierzu auch *Motsch* JZ 2001, 428, 430 f). Der § 275 ist auf Grund seiner Geltung auch für die Fälle der vom Schuldner zu vertretenden Unmöglichkeit umfassender, betrifft aber in einem Teilaspekt eben auch die Fälle der zufälligen, also nicht vom Schuldner (oder Gläubiger) zu vertretenden Unmöglichkeit der Leistung in Natur. Der Schuldner trägt gem § 275 die Gefahr einer zufälligen Leistungserschwerung (Leistungsgefahr), solange der Gläubiger an der Durchsetzung des Anspruchs auf Erfüllung in Natur nicht nach Abs 1 oder Abs 2 gehindert ist, dh die

Schwelle für die darin geregelte Einrede nicht erreicht bzw überschritten ist. Die Frage, wer die Leistungsgefahr zu tragen hat, ist im gegenseitigen Vertrag untrennbar mit der Ausgestaltung der Regelung über die Gegenleistungsgefahr verbunden. Hierfür ist in § 326 Abs 1 der Grundsatz perpetuiert, dass das Freiwerden des Schuldners von seiner Verpflichtung zur Leistung in Natur als Kehrseite den Verlust seines Anspruchs auf die Gegenleistung zur Folge hat. Die Gegenleistungsgefahr liegt daher grds beim Schuldner. Das Gesetz enthält vereinzelt Ausn von diesem Grundsatz, zB in §§ 326 Abs 2, 447 Abs 1, 644; vgl hierzu noch eingehender § 326 Rz 8 ff.

Die Frage, welche Partei bei einer auf **Zufall beruhenden Leistungserschwerung** die nachteiligen Folgen (der Schuldner die durch die zufällige Leistungserschwerung/Beschädigung des Leistungsgegenstands vor Gefahrübergang verursachten Mehraufwendungen für die Leistung einer vertragsgem Sache, dh seine Belastung über das ursprünglich gegebene Leistungsversprechen hinaus; der Gläubiger die Gefahr, dass er, wenn auch zu einer etwaig geminderten Gegenleistung, eine nicht vertragsgem Leistung erhält) zu tragen hat, ist dabei geteilt. Durch die Regelung in Abs 2 wird dabei ein Schwellenproblem begründet, da hinsichtlich der Befreiung des Schuldners von seiner Verpflichtung zur Leistung in Natur das Maß der Aufwandssteigerung durch den Zufall entscheidend wird. Solange der Aufwand diese Schwelle der groben Unverhältnismäßigkeit nicht überschreitet, trägt der Schuldner die (Leistungs-)Gefahr der Kostensteigerung. Ist diese Schwelle überschritten, wird der Schuldner von seiner Leistungsverpflichtung in Natur frei, dh er muss auch nicht die Mehraufwendungen unterhalb der Schwelle erbringen. Nebeneffekt dieses Schwellenproblems ist wegen der Geltung des § 275 auch für die Fälle der vom Schuldner zu vertretenden Leistungshindernisse bzw -erschwerung, dass die Überschreitung der Schwelle des Abs 2 für den Schuldner auch bei einem von ihm zu vertretenden Leistungshindernis günstig sein kann, nämlich wenn der gem § 283 als Schadensersatz zu leistende Geldbetrag geringer ist als der Betrag der Mehraufwendungen zur Bereitstellung einer vertragsgem Leistung, zu deren Erbringung er unterhalb der Schwelle des Abs 2 verpflichtet ist – die möglichen Ersparnisse wegen des Ausschlusses des Ersatzes von Verzugsschäden, für den der Fortbestand der Leistungspflicht erforderlich ist, noch nicht mitberücksichtigt (hierzu ausf MüKo/*Ernst* Rn 29). Sowohl dieses Schwellenproblem als auch das Vertretenmüssen des Leistungshindernisses/der Leistungserschwernis sind daher im Rahmen der Anwendung des Abs 2 gebührend zu berücksichtigen; Missbrauchsfällen ist ggf durch § 242 zu begegnen. 4

III. Systematische Stellung/Überblick. In § 275 Abs 1 bis 3 wird lediglich das Schicksal des (primären) Anspruchs auf die Leistung bzw Erfüllung »in Natur« geregelt. Während in den Fällen des Abs 1, wobei in Alternative 2 die Unmöglichkeit der Erfüllung in Natur für jedermann und in Alternative 1 die Unmöglichkeit der Erfüllung in Natur lediglich für den Schuldner erfasst wird, der »Anspruch auf die Leistung« *ipso iure* ausgeschlossen wird, steht dem Schuldner in den von Abs 2 und 3 erfassten Fällen die Einrede der Leistungsverweigerung zu. Völlig unerheblich ist nach der neuen Konzeption, zu welchem Zeitpunkt das Leistungshindernis vorliegt bzw eintritt. Anders als im früheren Recht (§§ 275, 306 aF) werden sowohl anfängliche (bei Vertragsschluss vorhandene) als auch nachträgliche (nach Vertragsschluss eintretende) Leistungshindernisse erfasst und hinsichtlich des Schicksals des primären Leistungsanspruchs gleich behandelt. Es handelt sich also insoweit um ein sog beredtes Schweigen des Gesetzgebers, der ja zum Zeitpunkt des Vorliegens des Leistungshindernisses wie auch in § 326 keine Aussage trifft. Demnach wurde das bislang weitestgehend ungeregelte und daher heftig umstr anfängliche Unvermögen einer Regelung zugeführt. Die anfängliche Unmöglichkeit führt anders als nach § 306 aF nicht mehr *eo ipso* zur Nichtigkeit des Vertrages, sondern zum Ausschluss des Anspruchs auf die Leistung in Natur. Dies wird durch die deklaratorische Bestimmung des § 311a Abs 1 nochmals bes hervorgehoben und ist von der Intention des Gesetzgebers getragen, allen Fällen der Unmöglichkeit möglichst die gleichen Rechtsfolgen zuzuordnen (BTDrs 14/6040, 128 f). 5

Die **sekundären Haftungsfolgen** (Schadensersatz) und das Schicksal der Verpflichtung des Gläubigers zur Gegenleistung werden nicht in § 275 geregelt, sondern sind nach den allg und bes Vorschriften in **§§ 280, 283 bis 285, 311a Abs 2 sowie 326** zu beurteilen. Während für das Schicksal des Gegenleistungsanspruchs in gegenseitigen Verträgen (§ 326) der Zeitpunkt des Eintritts des Leistungshindernisses ebenfalls unerheblich ist, ist bei den (sekundären) Haftungsfolgen dann allerdings wieder zwischen anfänglichen (dann § 311a Abs 2) und nachträglichen (dann §§ 280 Abs 1, 283, 280 Abs 3) Leistungshindernissen zu unterscheiden. 6

B. Anwendungsbereich. Die Regelung in § 275 gilt für sämtliche Leistungspflichten, dh für solche Verpflichtungen des Schuldners, die auf die Herbeiführung eines Leistungserfolges gerichtet sind. Für Abs 3 muss es sich zusätzlich um eine höchstpersönliche Leistungspflicht handeln. Es ist unerheblich, auf welcher rechtlichen Grundlage (Vertrag oder Gesetz) sich die Leistungspflicht des Schuldners begründet. Dies gilt zweifellos auch für gegenseitige Verträge, insbes auch Arbeitsverträge (BAG NJW 1995, 1774, 1775). Für alle weiteren Pflichten, die gerade nicht auf die Herbeiführung eines Leistungserfolges gerichtet sind (zur Unterscheidung der Leistungspflicht nach § 241 Abs 1, der leistungsbegleitenden bzw leistungsbezogenen Nebenpflichten nach §§ 241 Abs 1, 242 sowie der Rücksichtnahme- und Schutzpflichten nach § 241 Abs 2 vgl bei § 241 Rz 16 ff und bei § 242 Rn 44 ff), ist § 275 nicht anwendbar. 7

§ 275 ist auf Grund der bes Regelungen, die den Vollstreckungszwang wegen Unpfändbarkeit, durch Pfändungsfreigrenzen und nach dem Institut der Restschuldbefreiung begrenzen, auf Geldschulden nicht 8 anwendbar. Hieraus kann jedoch nicht darauf geschlossen werden, dass der Schuldner die Nichterfüllung einer Geldschuld nach dem Satz: »Geld hat man zu haben«, immer zu vertreten hat. Es wird sich allerdings um eher seltene und eng einzugrenzende Ausn im Einzelfall handeln.

9 Die bekannte und umstr Frage, ob die Vorschriften des allg Schuldrechts auf dingliche Ansprüche anwendbar sind, ist für § 275 zu Gunsten zumindest einer grds entspr Anwendbarkeit zu beantworten (MüKo/*Ernst* Rn 15). Vom Zweck her geht es in § 275 um die Begrenzung der Verpflichtung des Schuldners zur Leistung in Natur, also einer Frage, die sich so auch hinsichtlich der Erfüllung dinglicher Ansprüche in Natur stellt. Es muss allerdings geprüft werden, ob der dingliche Anspruch nicht auf Grund des die »Unmöglichkeit« begründenden Ereignisses bereits entfallen ist; bspw besteht der Anspruch des Eigentümers aus § 985 nicht fort, sobald der unrechtmäßige Besitzer den Besitz an der Sache aufgibt oder verliert.

10 **C. Unmöglichkeit nach Abs 1.** Anders als noch im KE und DE wird nicht mehr undifferenziert und unbestimmt darauf abgestellt, ob der Schuldner »die Schuld auch nicht unter den Anstrengungen zu erbringen vermag, zu denen er nach Inhalt und Natur des Schuldverhältnis verpflichtet ist«. § 275 Abs 1 stellt wie in § 275 aF ausdrücklich darauf ab, dass die Leistung unmöglich ist. Die Regelung erfasst allerdings anders als § 275 aF nicht nur die Fälle der nachträglichen und anfänglichen Unmöglichkeit, sondern fasst die bisher in einzelnen Absätzen geregelte objektive (»...oder für jedermann...«) und die subjektive (»...für den Schuldner...«) Unmöglichkeit in einem Absatz zusammen. Zusätzlich wird auch die Teilunmöglichkeit (»...soweit...«) erfasst (hierzu Rz 52 f). Der Unmöglichkeitsbegriff erfasst abw vom § 275 aF nur noch die Fälle der »echten« bzw »wirklichen« Unmöglichkeit, ist also restriktiver als bisher zu verstehen. Dies ergibt sich schon *e contrario* aus den in Abs 2 und 3 geregelten Fällen.

11 **I. Bestimmung der geschuldeten Leistung.** Um zu entscheiden, ob die Herbeiführung des Leistungserfolges dem Schuldner oder jedermann unmöglich geworden ist, muss zunächst sorgfältig bestimmt werden, welche Leistung der Schuldner erbringen muss. Bei der **Gattungsschuld** geht es um die Frage, ob sich der Naturalleistungsanspruch des Gläubigers bereits auf eine bestimmte Sache, ein bestimmtes Stück konkretisiert hat. Zu den Voraussetzungen und Fällen einer solchen Konkretisierung einer Gattungsschuld zur Stückschuld, vgl § 243. Hat sich die Leistungspflicht des Schuldners zur Erfüllung in Natur bereits auf ein bestimmtes Stück der Gattung konkretisiert und geht dieses Stück – gleich aus welchem Grund – vor der Erfüllung unter, so wird der Schuldner nach § 275 Abs 1 von seiner Verpflichtung zur Leistung in Natur frei. Ist eine Konkretisierung auf ein bestimmtes Stück noch nicht erfolgt, so wird der Schuldner nur von seiner Naturalleistungspflicht frei, wenn die Gattung, aus der ein Stück geschuldet wird, als Ganzes untergegangen ist.

12 Bei einer **Wahlschuld** müssen die einzelnen, wahlweise zur Verfügung stehenden Leistungen in Natur jeweils für sich betrachtet werden. Die Rechtsfolge der Unmöglichkeit einer der zur Wahl stehenden Leistungen ist in § 265 geregelt. Diese Grundsätze finden auch beim Nacherfüllungsanspruch des Käufers nach § 439 Anwendung, wenn es also um die wahlweise zur Verfügung stehenden Rechte auf Nachbesserung und Nachlieferung geht. Dasselbe gilt auch, sofern es um die Einrede der Unmöglichkeit wegen Unzumutbarkeit der Erfüllung in Natur nach § 275 Abs 2 geht. Streitig ist die Frage, ob beim Stückkauf die Unmöglichkeit oder Unzumutbarkeit der Nachbesserung einen Ausschluss der Nacherfüllung nach § 275 Abs 1 oder Abs 2 schlechthin bedeutet, oder ob nicht die (Nach-)Lieferung einer neuen Sache aus der Gattung bzw der selben Form als geeignete Nacherfüllung iSd § 439 anzusehen ist, und dem Käufer ein entspr Nachlieferungsanspruch zu gewähren ist (vgl hierzu Kommentierung zu § 439). Vorzugswürdig erscheint, die Nachlieferung mit einer solchen Gattungssache bzw der geschuldeten Form entspr, gleichartigen und gleichwertigen Sache grds zuzulassen. Ob eine Ersatzlieferung in Betracht kommt, ist nach dem durch Auslegung zu ermittelnden Willen der Vertragsparteien bei Vertragsschluss zu beurteilen, wobei bei der Annahme der Austauschbarkeit von gebrauchten Sachen nach dem Willen der Vertragsparteien grds Zurückhaltung geboten ist (BGHZ 168, 64).

13 **II. Objektive Unmöglichkeit nach § 275 Abs 1, Alt 2.** Die objektive Unmöglichkeit, also die Unmöglichkeit für jedermann, erfasst nur die Fälle, in denen die Leistungserbringung schlechthin niemandem möglich ist. Man spricht hier auch von objektiver Unmöglichkeit, da die Leistungserbringung von der Person des Schuldners unabhängig nicht möglich ist, da sie schon tatsächlich bzw denkgesetzlich unmöglich ist. Zur Ordnung und Veranschaulichung kann an die aus der bisherigen Rechtspraxis bekannten Fallgruppen angeknüpft werden. Eine tatbestandliche Bedeutung kommt diesen Fallgruppen jedoch nicht zu. Erfasst sind die Fälle der physischen und naturgesetzlichen Unmöglichkeit (zB das zerstörte Original van Goghs). Hierher gehören aber auch die Fälle der juristischen bzw rechtlichen Unmöglichkeit. Bei der letztgenannten Fallgruppe gilt es aber zu beachten, dass der zugrunde liegende Vertrag auf Grund eines gesetzlichen Verbots gem § 134 ausnahmsw nichtig sein kann. Die Bedeutung der Fallgruppen ist grds geringer geworden, da sich der Gläubiger bei Verzögerung der Leistung durch Setzung einer Nachfrist und deren fruchtloses Verstreichen ein Lösungsrecht (Rücktritt) sowie einen Schadensersatzanspruch verschaffen kann.

14 **1. Naturgesetzliche bzw physische Unmöglichkeit.** Diese Fallgruppe erfasst die Fälle, in denen die geschuldete Leistung in Natur nach den Naturgesetzen oder nach dem bekannten Stand der Wissenschaft und Technik nicht (mehr) erbracht werden kann. Klassische Fälle sind der Untergang der Kaufsache (BGHZ 2, 268,

270). Hierunter fällt auch der genetische Defekt eines verkauften Tieres (BGH NJW 2005, 2852). Die früher hier ebenfalls eingeordneten Fälle der weitgehenden Verschlechterung, sodass es sich wirtschaftlich um eine andere Sache handelt, bspw der verrottete Gebrauchtwagen (Oldenburg NJW 1975, 1788) wird man nunmehr dogmatisch zutreffender dem § 275 Abs 2 zuordnen. Als Fall der naturgesetzlichen Unmöglichkeit wird es auch angesehen, wenn ein angebliches Geheimverfahren verkauft oder lizenziert wird, dass bereits bei Vertragsschluss offenkundig ist (BGH GRUR 1963, 209). Exemplarisch sind auch die (immer wieder bekannt werdenden) Fälle, in denen sich der Schuldner zur Herbeiführung eines Erfolges verpflichtet, der nach den physikalischen Erkenntnissen nicht erreicht werden kann (Abschirmung vor Erdstrahlen) oder durch magische Kräfte herbeigeführt werden soll (LG Kassel NJW-RR 1988, 1517; LG Augsburg NJW-RR 2004, 272). Schwieriger zu beurteilen sind und unterschiedlich entschieden wurden die Fälle, in denen ein Vertrag über eine Lebenshilfe auf parapsychologischer Grundlage (AG Grevenbroich NJW-RR 1999, 133) oder eine Beratung auf Basis von Astrologie (Düsseldorf NJW 1953, 1553) abgeschlossen wurde.

Dieser Fallgruppe werden auch die Fälle einer **Unmöglichkeit wegen Zeitablaufs** zugeordnet. Es muss sich hierbei um den Fall einer nicht nachholbaren Leistung handeln. Dies sind im Wesentlichen die Fälle des **absoluten Fixgeschäfts**. Dieses ist vom relativen Fixgeschäft abzugrenzen, das in § 323 Abs 2 Nr 2 und § 376 HGB erfasst wird. Ein absolutes Fixgeschäft liegt immer dann vor, wenn der Leistungszeitpunkt eine derart wichtige Bedeutung hat, dass eine Leistung zu einem anderen (späteren) Zeitpunkt eine völlig andere ist, da mit ihr der Leistungszweck nicht (mehr) verwirklicht werden kann. Dies ist der Schulfall der Hochzeitstorte, die erst einen Tag nach der Hochzeit geliefert wird. Bei der Annahme absoluter Fixgeschäfte ist Zurückhaltung zu üben, insbes mit Blick auf die Fälle des relativen Fixgeschäfts, in dem die spätere Erfüllung zwar regelm nicht mehr im Interesse des Gläubigers liegt, aber der vom Gläubiger mit der Leistung zu einem bestimmten vereinbarten Leistungszeitpunkt bezweckte Erfolg auch später noch herbeigeführt werden kann. Praxisfälle absoluter Fixgeschäfte sind der Fall des Fluggastes, der seinen Flug auf Grund einer ihm unbekannten Vorverlegung des Fluges verpasst (so offenbar BGHZ 86, 284, 293; Düsseldorf NJW-RR 1997, 930, Frankfurt aM TranspR 1992, 366; NJW-RR 1997, 1136; aA LG Hannover NJW-RR 1986, 602 für Charterflüge). 15

Diese Fälle werden überwiegend auf **alle Arten von Beförderungsverträgen** erweitert, wobei dies nicht zwingend ist, sondern es hier immer einer Einzelfallbetrachtung bedarf. Hierzu gehören darüber hinaus die Fälle der Durchführung zeitlich gebundener Konzerte (AG Mannheim NJW 1991, 1490) oder anderer Massenveranstaltungen und die hiermit verbundenen Geschäfte, wie die Vermietung einer Stadthalle (BGHZ 99, 182, 189). Des Weiteren die Lieferung bestimmter Mengen frischer Nahrungsmittel zur sofortigen Verwendung (Braunschweig OLGE 22, 202; RGZ 88, 76). Daraus kann jedoch nicht geschlossen werden, dass sämtliche Just-in-time-Verträge hier eingeordnet werden können. Diese werden in aller Regel entweder ein relatives Fixgeschäft sein und/oder ein eigenständiges Vertragsregime für verspätete Leistungen (Vertragsstrafen, Ablehnungsvorbehalte bzw -rechte) enthalten. 16

Eng mit den Fällen des absoluten Fixgeschäfts verbunden sind die Fälle des **zeitgebundenen Dauerschuldverhältnisses.** 17

Bei **höchstpersönlichen Dienst- und Werkleistungen** ist ein Unvermögen dann gegeben, wenn der Schuldner objektiv/tatsächlich durch Krankheit, Streik oder Ähnl verhindert und die Leistung nicht nachholbar ist (RGZ 5, 278, 279; LG Berlin NJW 1969, 513). Hier kann auch der Fall des Todes des Dirigenten eingeordnet werden, auf dessen Person das Konzert abhebt (LG Mannheim NJW 1991, 1490). Um solche höchstpersönlichen Leistungen handelt es sich immer dann, wenn die geschuldete Leistung nur durch den Schuldner selbst und durch niemanden sonst erbracht werden kann (künstlerische oder wissenschaftliche Leistungen). Dies liegt dann nicht vor, wenn sich der Schuldner (ausnahmsw) vertreten lassen kann (BGH LM § 323 Abs 1 Nr 5 aF). Es ist umstr, ob man hieraus den Grundsatz ableiten kann, dass bei Arbeitsunfähigkeit immer Unmöglichkeit nach Abs 1 vorliegt. Korrekt wird man differenzieren müssen: Ist die Erbringung der Arbeitsleistung schlechthin ausgeschlossen, persönlich zu erbringen und nicht zu einem späteren Zeitpunkt nachholbar, so liegt ein Fall des Abs 1 vor. 18

Nicht zu der Fallgruppe der naturgesetzlichen oder physischen Unmöglichkeit gehören die Fälle, die als sog **»praktische Unmöglichkeit«** bezeichnet werden. Es handelt sich hierbei um die Konstellationen, in denen die Erbringung der Leistung nicht naturgesetzlich ausgeschlossen ist, aber mit exorbitanten Kosten bzw einem vollkommen unverhältnismäßigem Aufwand verbunden wäre. Diese Fälle beurteilen sich nach der Neuregelung ausschließlich nach § 275 Abs 2. 19

2. Rechtliche bzw juristische Unmöglichkeit. Von der rechtlichen bzw juristischen Unmöglichkeit spricht man gemeinhin dann, wenn die Leistung aus Rechtsgründen nicht (mehr) erbracht werden kann. Hier werden die Fälle eingeordnet, in denen der mit der Leistung bzw dem Rechtsgeschäft angestrebte juristische Erfolg nicht mehr erreichbar ist, weil er bereits besteht. Bekannteste Fälle sind der Verkauf einer bereits im Eigentum des Käufers befindlichen Sache (BGHZ 133, 98, 102). 20

Zu dieser Fallgruppe gehören auch die Fälle, in denen der Leistung ein **dauerndes Rechtshindernis** entgegensteht, typischerweise weil die Rechtsordnung den bezweckten bzw vereinbarten Leistungserfolg nicht anerkennt. Es sind dies Verpflichtungen aus Rechtsgeschäften, die sich auf ein nicht existentes oder von der Rechtsordnung nicht anerkanntes Recht beziehen, wie zB auch der Verzicht auf ein nicht existierendes Recht 21

(München 1971, 1807). Als Schulfälle gelten vor allem die **Übereignung einer abhanden gekommen Sache** (§ 935), die **Veräußerung eines Nießbrauchs** (§ 1059) oder einer Firma ohne das zugehörige Handelsgeschäft (§ 23 HGB). Hierzu zählen bspw die Fälle, in denen ins Ausland zu transportierende Gegenstände endgültig an der Grenze zurückgewiesen werden (Köln NJW-RR 1995, 671). Wegen Unmöglichkeit nicht durchsetzbar ist auch die Abrede, dass bei einer Grundstücksveräußerung der Übertragende im Eigentum von Gegenständen bleibt, die wesentliche Bestandteile sind (KG OLGZ 1980, 198, 199). Rechtlich unmöglich ist auch die Erfüllung einer Verpflichtung zur Durchführung von Baumaßnahmen, wenn die Baumaßnahmen bzw der Bau unter keinen Umständen genehmigungsfähig ist (Frankfurt aM NJW-RR 1989, 981, 982; Köln VersR 1997, 850). Unmöglichkeit liegt vor, wenn sich eine Person zum Erb- oder Pflichtteilsverzicht nach dem Tode des Erblassers verpflichtet (BGHZ 37, 319, 329 f; 134, 60, 63 ff).

22 Es ist jedoch immer genau im Wege der **Auslegung** zu ermitteln, **wozu sich der Schuldner verpflichtet** hat und ob der Erfüllung dieser konkreten Verpflichtung bzw dem verfolgten Leistungszweck dauerhaft ein Rechtshindernis entgegensteht. Daher ist rechtliche Unmöglichkeit nicht anzunehmen, wenn bei einem Verkauf einer an sich nicht übertragbaren behördlichen Genehmigung der Vertrag dahingehend auszulegen ist, dass sich der Verkäufer lediglich dazu verpflichtet hat, an der Erteilung der Genehmigung an den Käufer mitzuwirken (BGH NJW 1980, 10, 12). Vorsichtig sind zudem die Fälle zu bewerten, wenn die rechtlichen Voraussetzungen für die Herbeiführung des Leistungserfolgs etwa durch Handlungen Dritter noch herbeigeführt werden können. In diesen Fällen liegt (rechtliche) Unmöglichkeit nur dann vor, wenn endgültig oder mit an Sicherheit grenzender Wahrscheinlichkeit feststeht, dass der Dritte die erforderlichen Rechtshandlungen nicht vornehmen oder seine rechtlich notwendige Mitwirkung verweigern wird. So kann der Miterbe, der sich dazu verpflichtet hat, einen Miteigentumsanteil zu übertragen, unter Mitwirkung der anderen Miterben die Nachlasssache entspr teilen (BGHZ 144, 118). Eine Unmöglichkeit wird jedoch eher anzunehmen sein, wenn öffentlich-rechtliche Normen betroffen sind, insbes die Mitwirkung von Behörden erforderlich ist. Rechtliche Unmöglichkeit liegt daher bspw vor, wenn das Grundstück, zu dessen Übereignung sich der Verkäufer verpflichtet, bereits durch Enteignung in Staatseigentum überführt wurde (Brandenburg VIZ 1997, 360).

23 Ob bei der **Unwirksamkeit des Vertrages nach §§ 134 oder 138** noch ein Fall der Unmöglichkeit nach § 275 Abs 1 angenommen werden kann, ist umstr. Richtigerweise muss hier zwischen der Unwirksamkeit des Erfüllungs- und des Verpflichtungsgeschäft unterschieden werden. Bei der Nichtigkeit des Verpflichtungsgeschäfts gem § 134 oder § 138 ist eine Anwendung von § 275 ausgeschlossen (PWW/*Schmidt-Kessel* Rn 9; Staud/*Löwisch* Rn 38). Die Verpflichtung zur Erbringung der Leistung in Natur, deren Durchsetzung nach § 275 ausgeschlossen wird, besteht überhaupt nicht. Im alten Recht spielte diese Unterscheidung wegen der haftungsrechtlichen Gleichstellung nach § 309 aF keine Rolle. Durch das SMG ist diese Gleichstellung entfallen, sodass sich die Haftung des Schuldners wegen oder bei der Unwirksamkeit des Verpflichtungsgeschäfts nach §§ 280 Abs 1, 311 Abs 2 richtet. Fraglich ist in diesem Zusammenhang, ob und wann die Unwirksamkeit des Erfüllungsgeschäfts nach § 134 oder § 138 auf das Verpflichtungsgeschäft durchschlägt (BGHZ 116, 277; Palandt/*Heinrichs* § 134 Rn 13: »in der Regel«).

24 Umstr ist schließlich die Behandlung der Fälle, in denen das **Verpflichtungsgeschäft nachträglich durch neues gesetzliches Verbot unwirksam** wird. Hier wird wegen der Bestimmung bzw Ausrichtung von § 134 auf anfängliche gesetzliche Verbote die (zeitlich) vollständige und endgültige Nichtigkeit zu Recht überwiegend verneint, sodass auf § 275 Abs 1 zurückgegriffen werden kann, insbes auf die Grundsätze zur vorübergehenden Unmöglichkeit. Das bedeutet, dass für die Zeit vor Erlass des zur Unwirksamkeit des Vertrages führenden gesetzlichen Verbots die Erfüllung der vertraglichen Verpflichtung geltend gemacht werden kann (BGHZ 45, 322, 326 ff; PWW/*Schmidt-Kessel* Rn 9; MüKo/*Ernst* Rn 44).

25 **3. Fälle der Zweckstörung bzw -verfehlung.** Differenzierend sind die Fälle zu behandeln, die unter dem Begriff der sog Zweckstörung zusammengefasst werden. Unter diesem Begriff werden gemeinhin die Fälle erfasst, in denen der Schuldner trotz des Fortbestands seiner persönlichen und sachlichen Leistungsfähigkeit mit seiner Leistungshandlung, die uU sogar nicht nur rein theoretisch, sondern auch praktisch noch möglich ist, den mit der Leistungshandlung bezweckten Leistungserfolg nicht mehr herbeiführen kann. Es wird hier zwischen den Fällen der **Zweckerreichung** und des **Zweckfortfalls** auf der einen Seite und den Fällen der Störung des Verwendungszwecks bzw der Zweckvereitelung auf der anderen Seite unterschieden.

26 **a) Zweckerreichung/Zweckfortfall.** Von Zweckerreichung spricht man, wenn der mit der geschuldeten Leistungshandlung bezweckte Leistungserfolg ohne Zutun des Schuldners eintritt. Das liegen gebliebene Fahrzeug springt noch vor dem Eintreffen des Abschleppwagens wieder an und kann ohne äußere Hilfe in die Werkstatt gebracht werden. Zweckfortfall ist dann anzunehmen, wenn der bezweckte Leistungserfolg wegen des Wegfalls oder der Ungeeignetheit des Gegenstands (Leistungssubstrat), an dem die Leistungshandlung vorgenommen werden soll, nicht mehr herbeigeführt werden kann. Es sind dies die Fälle, in denen bspw das zu renovierende Haus vollständig niederbrennt oder der auf Grund eines Heimpflegevertrags zu Betreuende stirbt (LG Düsseldorf NJW-RR 1991, 184). In diesen Fällen ist nach hM **Unmöglichkeit nach § 275 Abs 1 anzunehmen**; nur in Ausnahmefällen ist mit der früher hM noch Annahmeverzug des Gläubiger anzunehmen, nämlich wenn lediglich vorübergehend ein Leistungshindernis vorliegt, also absehbar ist, dass dem

Gläubiger seine Mitwirkungshandlung wieder möglich wird und sofern die Leistung dann keine andere ist (Palandt/*Heinrichs* Rn 19; MüKo/*Ernst* Rn 152).

Die in der **Praxis wichtigste Frage** in diesen Fällen ist, wer die **Gegenleistungsgefahr** trägt. Nach der hierfür geltenden Bestimmung in § 326 Abs 1 ist diese im Grundsatz dem Schuldner aufgebürdet, sodass der Schuldner grds mit seinem Interesse an der Gegenleistung ausfällt. Diesem, auf dem ersten Blick anstößigen Ergebnis kann mit einer erweiternden entspr Anwendung der Wertungen in §§ 326 Abs 2, 615 und vor allem des § 645 Abs 1 begegnet werden (Palandt/*Heinrichs* Rn 19; MüKo/*Ernst* Rn 155 ff). Ist der Gegenstand, an dem die Leistungshandlung zum Zwecke der Herbeiführung des Leistungserfolgs vorzunehmen ist, auf Grund zum Verantwortungsbereich des Gläubigers gehörender Umstände untergegangen oder hat der Gläubiger den Eintritt des Leistungserfolgs unabhängig von der Leistungshandlung des Schuldners zu verantworten, so behält der Schuldner gem § 326 Abs 2 S 1 Alt 1 seinen Anspruch auf die Gegenleistung, jedoch gemindert um die ersparten Aufwendungen (§ 326 Abs 2 S 2). In entspr Anwendung von § 645 hat der Schuldner einen Anspruch auf eine Teilvergütung, wenn die Leistungshindernisse ihren Grund in dem vom Gläubiger zur Verfügung zu stellenden Gegenstand (Leistungssubstrat) oder in einer Weisung (im weitesten Sinne) oder sonstigen notwendigen (Mitwirkungs-)Handlung des Gläubigers haben (BGHZ 60, 14, 17 ff; 77, 320, 324 ff; 78, 352, 354 f; 136, 303, 308; NJW 1985, 633; 1998, 456). Auf Dienstverträge wird eine (unmittelbare) Anwendung des § 645 ohnehin überwiegend angenommen (vgl Palandt/*Heinrichs* Rn 19 mN). In den nicht von den vorstehenden Wertungen erfassten Ausnahmefällen hat es beim Grundsatz, dass der Schuldner die Gegenleistungsgefahr trägt, zu bleiben. 27

b) Störung des Verwendungszecks/Zweckvereitelung. Unter dieser Gruppe werden die Fälle erfasst, in denen der Schuldner die Leistungshandlung noch erbringen und dadurch den Leistungserfolg herbeiführen kann, der Gläubiger aber auf Grund nach Vertragsschluss eingetretener Umstände das Interesse verloren hat, weil der mit der Leistungshandlung bzw dem Leistungserfolg verfolgte Zweck entfallen ist oder das Leistungsergebnis nicht mehr wie ursprünglich bezweckt verwendet werden kann. In diesen Situationen macht die Leistungserbringung für den Gläubiger keinen Sinn mehr. Hier liegt grds **keine Unmöglichkeit** vor. Eine Ausn besteht nur dann, wenn der Verwendungszweck und damit das Verwendungsrisiko zum Gegenstand des Vertrags gemacht wurde, wobei in diesen Fällen regelm auch eine entspr Folgeregelung vorhanden sein wird. Es ist umstr, ob der Schulfall des ausgefallenen Krönungszugs, für den ein Fensterplatz gemietet wurde, ein solcher Ausnahmefall für die Annahme von Unmöglichkeit ist (bejahend MüKo/*Ernst* Rn 161; verneinend Staud/*Löwisch* Rn 24 ff, 28). Dieser eher akademisch wirkende Streit ist dahin zu lösen, dass für diese Fälle die durchgehend sachgerechtere Behandlung über die Grundsätze zum Wegfall der Geschäftsgrundlage nach § 313 zu finden ist. Hier muss jedoch beachtet werden, dass das Risiko der Verwendbarkeit als weiter gehender Leistungserfolg grds dem Gläubiger obliegt und damit regelm keine Anpassung vorzunehmen ist (BGHZ 74, 374). 28

4. Keine eigenständige Fallgruppe der » qualitativen Unmöglichkeit«. Ob es einer eigenständigen begrifflichen Kategorie der »qualitativen Unmöglichkeit« für die Fälle bedarf, in denen bei Vorliegen eines Sachmangels (§ 434) eine Nacherfüllung (§ 439) nicht möglich ist (Bsp: der als unfallfrei gekaufte Gebrauchtwagen entpuppt sich als Unfallwagen), lässt sich trefflich bezweifeln (vgl so aber AnwK/*Dauner-Lieb* Rn 24 im Anschluss an *Lorenz* JZ 2001, 742, 743). Mit Blick auf die gesetzliche Verankerung der Erfüllungstheorie (§ 433 Abs 1 S 2) wird man diese Fälle auch unter den herkömmlichen Begriff der physischen Unmöglichkeit oder gar der juristischen Unmöglichkeit erfassen können, soweit man bei letzterer die rechtliche Zulässigkeit der Erfüllung mit der mangelhaften Sache (Unfallwagen) in den Vordergrund rückt. Der Anspruch des Käufers auf (mangelfreie) Nacherfüllung ist grds ausgeschlossen, sofern beide Nacherfüllungsarten unmöglich sind. Eine Ausn bilden lediglich die Fälle, in denen es sich ursprünglich um eine Gattungsschuld handelte oder die Nacherfüllung durch Lieferung eines formgleichen Modelltyps möglich ist. Da lediglich die Verpflichtung zur Her- bzw Bereitstellung einer mangelfreien Kaufsache von der Unmöglichkeit betroffen ist, bleibt der Verkäufer zur Übergabe und Übereignung verpflichtet. Der Gegenleistungsanspruch ist in diesen Fällen nicht gem § 326 Abs 1 S 1 *ipso iure* ausgeschlossen, sondern der Gläubiger (Käufer) hat ein sofortiges Recht zum Rücktritt vom ganzen Vertrag gem §§ 323 Abs 5 S 2, 326 Abs 5. Die Minderung kann der Gläubiger (Käufer) in Form des Teilrücktritts über §§ 326 Abs 5, 323 Abs 1 erreichen (vgl die Klarstellung in § 326 Abs 1 S 2). 29

III. Subjektive Unmöglichkeit nach § 275 Abs 1, Alt 1. Eine subjektive Unmöglichkeit (»dem Schuldner ist die Leistung unmöglich«) liegt nur vor, wenn die Leistung durch einen anderen oder unter dessen Mitwirkung – nicht aber durch den Schuldner allein – vorgenommen werden kann, allerdings definitiv feststeht, dass die Mitwirkung des Dritten bzw die Leistung durch den Dritten unter keinen Umständen mehr für den Schuldner erreichbar ist. Der Anwendungsbereich ist daher bes eng zu ziehen. Der Tatbestand ist nicht deckungsgleich mit dem Unvermögen aus dem alten Recht, sondern erheblich schmaler, sodass nicht ohne weiteres auf die bisherige Rspr zurückgegriffen werden kann. Fälle, in denen die anderweitige Beschaffung oder Wiederbeschaffung grds, wenn auch nur zu einem bes »hohen Preis« möglich ist, werden nicht erfasst. Zu Recht hält daher bspw *Schwarze* Jura 2002, 73, 76 fest, dass nach der Schuldrechtsreform unter Unvermö- 30 gen nicht schon der Verlust der Verfügungsbefugnis zu verstehen ist. Sie kann ausschließlich ein Leistungsverweigerungsrecht nach Abs 2 begründen. Unvermögen kann demnach nur angenommen werden, wenn eine Beschaffung bei einem anderen theoretisch möglich, der Dritte aber definitiv zu keinem Preis zur Leistungsvornahme bzw zur Veräußerung bereit oder zum Zwecke der Mitwirkung auch unter Ausschöpfung aller Mittel nicht auffindbar ist. Es ist zu beachten, dass § 275 Abs 1 nur die Fälle erfasst, in denen ein Leistungsurteil gegen den Schuldner keinen Sinn macht, da die Erbringung der Leistung in Natur durch den Schuldner auch unter dem Eindruck des gegen ihn gerichteten Vollstreckungszwangs definitiv nicht erreicht werden kann (MüKo/*Ernst* Rn 51).

31 Aufgrund des **schmalen Anwendungsbereichs** steht fest, dass Fälle der bloßen Leistungserschwerung für den Schuldner nicht über § 275 Abs 1, sondern über § 275 Abs 2 oder in bes Ausnahmefällen über die Grundsätze zum Wegfall der Geschäftsgrundlage, § 313, zu erfassen sind. Wie in der bisherigen Rspr liegt kein Fall der subjektiven Unmöglichkeit vor, wenn der Schuldner ggf auf Grund eines Weisungsrechts – auf welcher Grundlage auch immer – auf den Dritten, dessen Mitwirkung erforderlich ist, entspr einwirken kann (BGHZ 62, 388, 393; 141, 179, 182). Dies gilt in Fällen anderweitiger Veräußerung, sofern ein Rückerwerb noch nicht endgültig ausgeschlossen ist (BGHZ 131, 176, 183; NJW 1997, 1581, 1582). Erst wenn feststeht, dass der Schuldner nie mehr über die Sache verfügen kann und zum Zwecke der Erfüllung auch nicht anderweitig die Leistung herbeiführen kann, ist subjektive Unmöglichkeit anzunehmen (BGHZ 141, 179, 182). Das kann aber nicht schon deshalb angenommen werden, weil das Grundstück im Grundbuch bereits auf den Dritten umgetragen wurde (anders noch zum alten Recht BGHZ 136, 283, 285 f).

32 Bes Relevanz hat der Tatbestand der subjektiven Unmöglichkeit auch in Mietverhältnissen. So kann sich der Vermieter einer Eigentumswohnung nicht auf subjektive Unmöglichkeit berufen, wenn zur Beseitigung von Mängeln Eingriffe in das Gemeinschaftseigentum der Wohnungseigentümergemeinschaft erforderlich sind, sondern er muss sich um die Zustimmung der übrigen Mitglieder der Wohnungseigentümergemeinschaft bemühen (BGH NJW 2005, 3284; KG NJW-RR 1990, 1166).

33 Subjektive Unmöglichkeit ist bspw anzunehmen, wenn der Arbeitnehmer **zwei gleichzeitig zu erfüllende, miteinander unvereinbare Arbeitsverträge** abgeschlossen hat (BAG AP § 306 Nr 1) oder die Arbeitserlaubnis eines ausländischen Arbeitnehmers erlischt, widerrufen oder gar nicht erst erteilt wird oder der Arbeitnehmer nachträglich einem Beschäftigungsverbot unterfällt, bspw der Mutterschutz einer Schwangeren beginnt (BAGE 9, 300; 22, 22; 29, 1; 77, 296; NZA 1994, 689).

34 **IV. Keine Bedeutung des Vertretenmüssens.** Unerheblich ist, ob der Schuldner den zur Unmöglichkeit führenden Umstand zu vertreten hat oder nicht. Diese Frage erlangt allein auf der **(sekundären) Haftungsebene** in den Fällen nachträglicher Unmöglichkeit (§§ 280 Abs 1, 283, 280 Abs 3) **Bedeutung**. In den Fällen der anfänglichen Unmöglichkeit ist dies auch bei der Haftungsfrage unbeachtlich; es wird vielmehr auf das Vertretenmüssen der Unkenntnis vom Leistungshindernis bei Vertragsschluss abgestellt (§ 311a Abs 2). Dies bedeutet, dass es der Schuldner in der Hand hat, sich durch die Herbeiführung der Unmöglichkeit dem Anspruch des Gläubigers auf Erfüllung in Natur zu entziehen. Sollte sich der Schuldner mit der Leistung im Verzug befinden, kann er gleichermaßen einseitig seine Verpflichtung zum Ersatz des Verzugsschadens durch die Beendigung des Verzugs mit Eintritt der Unmöglichkeit der Leistung in Natur begrenzen, dh die Höhe des von ihm zur ersetzenden Verzugsschadens festlegen (s hierzu auch Rz 4).

35 **V. Rechtsfolge.** Als Rechtsfolge ist in § 275 Abs 1 der Ausschluss des Anspruchs auf die Leistung vorgesehen, mithin tritt die Befreiung des Schuldners von der Leistungspflicht *ipso iure* ein. Die neue Formulierung »der Anspruch auf Leistung ist ausgeschlossen« verdeutlicht bereits bei der Regelung der Unmöglichkeit selbst, dass nur der (primäre) Leistungsanspruch beseitigt wird, (sekundäre) Schadensersatzansprüche hingegen bestehen können. Des Verweises in § 275 Abs 4 bedürfte es daher eigentlich nicht (vgl dazu sogleich noch unter Rz 63).

36 **D. Leistungsverweigerungsrecht nach Abs 2. I. Allgemeines.** Nach Abs 2 wird für einen Teil der bisherigen Fälle der sog normativen Unmöglichkeit eine Einrede für den Schuldner begründet. Behandelt werden solche Leistungshindernisse, in denen eine Leistung theoretisch möglich ist, diese aber einen Aufwand erfordert, der in einem groben Missverhältnis zum Leistungsinteresse steht. Erfasst werden sollen die bisher als faktische oder praktische Unmöglichkeit bekannten Fälle, in denen eine Behebung des Hindernisses möglich ist, allerdings von keinem redlichen, vernünftigen Gläubiger verlangt werden darf. Es handelt sich hierbei um den auf Heck zurückgehenden Schulfall des Rings auf dem Meeresboden (vgl *Heck* § 28), moderner wird man aber auch an die Havarie im Schiffsverkehr oder die Wiederbeschaffung in Kriegswirren verlorener Kunstgegenstände denken können. Die wirtschaftliche und sittliche Unmöglichkeit oder auch die Unmöglichkeit aus Gewissensgründen begründen kein Leistungsverweigerungsrecht nach Abs 2, sondern sind wie im bisherigen Recht nach den Grundsätzen über den Wegfall der Geschäftsgrundlage (§ 313) oder nach dem neuen § 275 Abs 3 zu behandeln. Bei der Bestimmung des unbestimmten Rechtsbegriffs des »groben Missverhältnisses« muss bedacht werden, dass durch Abs 2 solche Fälle dem in Abs 1 geregelten Grundsatz *impossibilium nulla est obligatio* gleichgestellt werden sollen, in denen die Verpflichtung zur Leistung in Natur vergleichbar sinnlos erscheint. Dies bedeutet, dass von der Einrede in Abs 2

nicht jeder Fall einer Störung des Äquivalenzverhältnisses erfasst wird. Unterhalb der Schwelle des Abs 2 ist Härtefällen allenfalls durch die Anwendung des § 313 abzuhelfen.

II. Voraussetzungen. In **§ 275 Abs 2** sind für die Feststellung eines groben Missverhältnisses des Aufwands des Schuldners zum Interesse des Gläubigers an der Leistung in Natur drei Faktoren als maßgeblich benannt: (1) der Aufwand des Schuldners für die Leistungserbringung, (2) das Leistungsinteresse des Gläubigers und (3) ein **grobes Missverhältnis zwischen Aufwand und Leistungsinteresse**. Auch wenn im Rahmen der Bestimmung des groben Missverhältnisses ua auf die Gebote von Treu und Glauben abzustellen ist, wird dadurch nicht eine allg und umfassende Abwägung nach Zumutbarkeitserwägungen eröffnet. Ausweislich des Wortlauts des § 275 Abs 2 sind nur der Aufwand und das Leistungsinteresse des Gläubigers ins Verhältnis zu setzen (MüKo/*Ernst* Rn 69 ff spricht von einer Begrenzung auf ein Kosten-Nutzen-Kalkül). Dadurch werden bewusst die Fälle der sog wirtschaftlichen Unmöglichkeit aus dem Anwendungsbereich von Abs 2 ebenso heraus genommen wie die Fälle der sog sittlichen Unmöglichkeit bzw Unmöglichkeit aus Gewissensgründen (hier zusätzlich *argumentum e contrario* Abs 3). Freilich muss sich noch erweisen, ob diese Abgrenzung in der Praxis durchgehalten wird (skeptisch *Schwarze* Jura 2002, 73, 76; *Eidenmüller* Jura 2001, 824, 832). Sowohl bei der Frage, ob die Erbringung der Leistung lediglich erschwert ist, und nicht bereits eine Erfüllung nach § 362 oder Unmöglichkeit nach Abs 1 vorliegt, als auch bei der Bestimmung des Leistungsinteresses des Gläubigers und des Aufwands des Schuldners ist nur auf die geschuldete Leistung, und nicht auf den mit ihr herbeizuführenden Leistungserfolg abzustellen (MüKo/*Ernst* Rn 77). 37

1. Aufwand. Den Begriff des Aufwands wird man im Einklang mit den Regelungen in § 651c Abs 2 S 2 (»Aufwand«), §§ 251 Abs 2, 2170 Abs 2 (»Aufwendungen«) und §§ 439 Abs 3 S 2, 635 Abs 3 (»Kosten«) weit bestimmen, der sämtliches zur Erbringung der Leistung in Natur durch den Schuldner aufzuwendendes Geld und Material sowie jede vorzunehmende Tätigkeit umfasst (PWW/*Schmidt-Kessel* Rn 19). Beim Aufwand sind – wie ein Schluss aus Abs 2 S 2 zeigt – nicht nur Aufwendungen von Geldmitteln, sondern auch Tätigkeiten und ähnl persönliche (wegen Abs 3 nicht jedoch ideelle bzw immaterielle) Anstrengungen in Ansatz zu bringen. Freilich wird man zum Zwecke des Vergleichs mit dem Leistungsinteresse des Gläubigers für sämtliche zur Leistungserbringung eingesetzte Mittel einen Geldwert (Gesamtaufwand) ansetzen (MüKo/*Ernst* Rn 82). 38

2. Leistungsinteresse des Gläubigers. Dieses in die Abwägung einzustellende Kriterium soll die Abgrenzung zu den Fällen der wirtschaftlichen und sittlichen Unmöglichkeit verdeutlichen, die nach den Grundsätzen des Wegfalls der Geschäftsgrundlage (§ 313) zu behandeln sind, wo im Rahmen der Zumutbarkeitsabwägung auch und erheblich das Schuldnerinteresse Berücksichtigung findet (BTDrs 14/6040, 130). Bei der Bemessung ist nicht nur ein (uU wertmäßig zu beziffernder) **kommerzieller Nutzen der Leistung** beim Gläubiger, sondern sind **auch** dessen **ideelle Beweggründe** bzw immaterielle Interessen an der Leistung in Natur (zB bei Anschaffungen von Sammelgut durch einen Sammler) zu berücksichtigen. Es ist damit auf die konkrete und individuelle Situation des Gläubigers abzustellen (MüKo/*Ernst* Rn 78). Das Leistungsinteresse des Gläubigers wird sich aber regelm auf das Erfüllungsinteresse im schadensersatzrechtlichen Sinne beschränken, sofern nicht immaterielle Interessen an der konkreten Leistung (Stichwort: Sammler) hinzutreten, die allerdings zumeist nur schwer mit einem Geldbetrag äquivalent auszudrücken sind. Bei der Bewertung des Leistungsinteresses des Gläubigers hat die gem § 326 Abs 1 **ersparte Gegenleistung unbeachtet** zu bleiben, da es nur um das Interesse an der Leistung in Natur geht (*Huber/Faust* Kap 2 Rn 31). 39

3. Grobes Missverhältnis. Der Schuldner kann die Leistung nur verweigern, wenn deren Erbringung im Vergleich zum Leistungsinteresse des Gläubigers mit einem grob unverhältnismäßigen Aufwand verbunden wäre. Das Abstellen auf ein »grobes Missverhältnis« erfolgt in **Parallelität zu §§ 251 Abs 2, 633 Abs 2 S 3, 651c Abs 2 S 2** und soll verdeutlichen, dass Abs 2 eine Konkretisierung des allg Rechtsmissbrauchsverbotes unter Rückgriff auf das Verhältnismäßigkeitsprinzip ist (*Canaris* JZ 2001, 499, 505). Da es sich um einen **gesteigerten Grad des Missverhältnisses** handeln muss, ist die Regelung allerdings nur auf Extremfälle der praktischen oder faktischen Unmöglichkeit zugeschnitten. Unter dieser Prämisse ist eine Abwägung zwischen dem Aufwand zur Überwindung des Leistungshindernisses und dem Leistungsinteresse des Gläubigers im konkreten Einzelfall erforderlich. Diese hat ausweislich des Wortlauts von Abs 2 mit Blick auf den »Inhalt des Schuldverhältnisses« und die »Gebote von Treu und Glauben« stattzufinden. 40

Hat also der Schuldner gerade die **Beschaffung der Sache in Kenntnis der Beschaffungsrisiken** übernommen, so wird man auch alle möglichen Anstrengungen erwarten können, sollten sie für den Normalbürger auch »unvernünftig« erscheinen (AnwK/*Dauner-Lieb* Rn 15). Ähnl liegt es in den in der Praxis häufigeren Fällen der konkludenten Übernahme eines Beschaffungsrisikos, welche nunmehr nach § 276 Abs 1 in aller Regel zu einem Vertretenmüssen führt. Dies leuchtet mit Blick darauf ein, dass beim Eintritt des vom Schuldner (uU nur konkludent) übernommenen Risikos von auch erheblichen Preissteigerungen auf einem Beschaffungsmarkt sich regelm zugleich das Leistungsinteresse des Gläubigers entspr mitsteigert. Dies hat zur Folge, dass sich das Verhältnis von Aufwand und Leistungsinteresse nicht gravierend ändert. Härtefällen kann auch hier allenfalls über § 313 abgeholfen werden. 41

42 Das Gleiche gilt, sofern sich der Schuldner im Schuldverhältnis selbst zur **Übernahme eines konkret bestimmten Aufwands** (bspw bestimmte (Mindest-)Zahl von Arbeitsstunden) verpflichtet hat. Es leuchtet ein, dass der Schuldner sich im Nachhinein regelm nicht auf die Unverhältnismäßigkeit dieses konkret zugesagten Aufwands berufen kann, es sei denn, in einem Ausnahmefall sind in dem genannten Beispielsfall die Kosten für die zugesagten Arbeitsstunden selbst unvorhersehbar und vollkommen außer Verhältnis gestiegen (MüKo/*Ernst* Rn 87, 77). Über den Verweis auf die Gebote von Treu und Glauben wird man in die Abwägung einfließen lassen können, dass der Gläubiger die Leistungserschwerung bzw den gesteigerten Aufwand, der zur groben Unverhältnismäßigkeit führt, zu vertreten hat.

43 Bloße **Unwirtschaftlichkeit reicht nicht**; daher ist ein Herangehen über die hypothetische Frage, ob der Gläubiger selbst oder der Rechtsanwender im konkreten Fall den erhöhten Aufwand zur Erbringung der Leistung aufbringen würde, nicht brauchbar (so zu Recht MüKo/*Ernst* Rn 90). Allgemeingültige feste Grenzen, wie bspw eine 130 %-Grenze bei der Kfz-Reparatur (BGHZ 115, 364, 371) können und dürfen mit Blick auf die im Rahmen des § 275 Abs 2 geforderte Einzelfallabwägung nicht abstrakt festgelegt werden.

44 Nach § 275 Abs 2 S 2 sind in den Fällen, in denen der Schuldner das Leistungshindernis zu vertreten hat, **erhöhte Anstrengungen vom Schuldner** bei der Leistungserbringung **zu erwarten**. Daher wird bei marktbezogenen Geschäften, wie bei Gattungsschulden, eine Einrede nach Abs 2 für den Schuldner regelm nicht in Betracht kommen, soweit es sich um markttypische Hindernisse handelt (*Canaris* JZ 2001, 499, 502). Eine Einschränkung ist allerdings wieder durch entspr Abrede möglich (AnwK/*Dauner-Lieb* Rn 18 mit Bsp). Nach Abs 2 S 2 wird man auch von dem (insoweit regelm schuldhaft handelnden) Verkäufer, der die Kaufsache nach Vertragsschluss an einen Dritten veräußert, die Wiederbeschaffung zu weit über dem Marktpreis liegenden Kosten erwarten können (BGH NJW 1988, 699, 700: Unvermögen des Schuldners eines Übereignungsanspruchs, der sein Unvermögen vorsätzlich herbeigeführt hatte, nur weil er für die Wiederbeschaffung des zu übereignenden Grundstücks das Dreißigfache des Marktwertes hätte aufwenden müssen).

45 **III. Rechtsfolge.** § 275 Abs 2 ist als **peremptorische Einrede** ausgestaltet (zu den Fällen der vorübergehenden Unmöglichkeit vgl Rz 54 ff), für die die allg Grundsätze für Einreden gelten. Das bedeutet, dass der Schuldner entscheiden muss, ob er sich auf die Einrede beruft. Es bleibt ihm damit die Möglichkeit der überobligationsmäßigen Leistung erhalten, wohingegen dies bei den Unmöglichkeitsfällen des Abs 1 ersichtlich keinen Sinn macht. Der Gläubiger kann die überobligationsmäßige Leistung nicht zurückweisen, will er nicht in Annahmeverzug geraten. Leistet der Schuldner trotz Unverhältnismäßigkeit, so ist ihm regelm die Kondiktion der Leistung gem § 813 Abs 1 nach § 814 verwehrt, da er idR Kenntnis von den das Einrederecht begründenden Tatsachen haben wird. Um die Einrede geltend zu machen, muss er nicht die konkrete Bestimmung benennen, sondern es genügt, dass er die Erbringung der Leistung in Natur unter Verweis auf die Unverhältnismäßigkeit verweigert.

46 Beruft der Schuldner sich auf die Einrede des groben Missverhältnisses, so **wirkt die Einrede zurück** auf den Zeitpunkt, in dem das grobe Missverhältnis eingetreten ist. Das bedeutet, dass bereits ab diesem Zeitpunkt kein Verzug mehr eintritt bzw der Verzug endet (MüKo/*Ernst* Rn 98). Will der Gläubiger sich darüber Gewissheit verschaffen, ob die Voraussetzungen für die Einrede vorliegen und der Schuldner sich auf die Einrede beruft, so kann er dem Schuldner eine Frist zur Leistung gem §§ 323 Abs 1, 281 Abs 1 setzen. Erklärt sich der Schuldner innerhalb der gesetzten Frist nicht, so kann der Gläubiger entspr § 323 Abs 4 zurücktreten und sein Erfüllungsinteresse vermittels des Schadensersatzes statt der Leistung nach § 281 weiterverfolgen. Beruft der Schuldner sich im Rechtsstreit darauf, dass ihm die Einrede nach § 275 Abs 2 zustand, so muss der Gläubiger auf den Schadensersatz statt der Leistung nach § 283 übergehen und/oder gem § 285 das Surrogat herausverlangen, wobei sich seine Darlegungs- und Beweislast dann auf den Nachweis beschränkt, dass der Schuldner gegen den Anspruch auf die Leistung in Natur die Einrede nach § 275 Abs 2 geltend gemacht hat (vgl hierzu noch § 283 Rz 13).

47 **E. Leistungsverweigerungsrecht nach Abs 3. I. Allgemeines.** § 275 Abs 3 erfasst einen vor dem SMG umstr Sonderfall der **normativen Unmöglichkeit** bei der Verpflichtung zur persönlichen Leistungserbringung (vgl zum alten Recht Soerg/*Wiedemann* Rn 49). Er ist damit primär für Arbeits- und Dienstverträge geschaffen, kann aber auch auf Werk- und Geschäftsbesorgungsverträge angewendet werden (vgl BTDrs 14/6040, 130). Indem auf die Zumutbarkeit der Überwindung des Leistungshindernisses durch den Schuldner in Abwägung mit dem Leistungsinteresse des Gläubigers abgestellt wird, findet im Gegensatz zu Abs 2 das Schuldnerinteresse Berücksichtigung. Die Gesetzesbegründung hat missverständlich eine Grenzziehung der Fälle des § 275 Abs 2 zur nach § 313 zu behandelnden Unmöglichkeit aus Gewissensgründen gefordert (vgl die einleitenden Bemerkungen in BTDrs 14/6040, 130). Sodann werden als Anwendungsfälle jedoch ausnahmslos solche benannt, in denen ganz herrschend im alten Recht ein Leistungsverweigerungsrecht des Arbeitnehmers aus § 242 wegen Pflichten- oder Rechtsgüterkollision vertreten wurde: der Schulfall der Sängerin, die den Auftritt verweigert, weil ihr Kind schwer krank ist; der arbeitsverweigernde Arbeitnehmer, der in der türkischen Heimat zum Wehrdienst einberufen wurde und bei Nichtbefolgen mit der Todesstrafe zu rechnen hat (BAG NJW 1983, 2782, 2784); aber auch während der Arbeitszeit notwendige Arztbesuche, die notwendige Versorgung schwerwiegend erkrankter Angehöriger, Ladung zu Behörden

und Gerichtsterminen. Auch bei ihnen stand wie bei § 275 Abs 3 im Rahmen einer Güterabwägung das Kriterium der Zumutbarkeit im Zentrum der anzustellenden Erwägungen.

II. Voraussetzungen. 1. Höchstpersönliche Leistungsverpflichtung. Eine Einrede für den Schuldner nach Abs 3 kommt nur in den Fällen in Betracht, in denen der Schuldner »die Leistung persönlich zu erbringen hat«. Bei der inhaltlichen Bestimmung dieser bislang nicht bekannten Voraussetzung, kann nicht allein auf **§ 888 ZPO** zurückgegriffen werden, da § 275 Abs 3 nicht auf Leistungsverpflichtungen beschränkt ist, die in einer »Handlung, die ausschließlich vom Willen des Schuldners abhängt«, bestehen (MüKo/*Ernst* Rn 112). Die Voraussetzung wird daher dahingehend zu verstehen sein, dass nur solche Verpflichtungen erfasst werden, in denen der Schuldner sich nach dem Inhalt des Schuldverhältnisses bei der Leistung nicht durch einen anderen als Erfüllungsgehilfen vertreten lassen kann und darf. Dies ist im Wege der Auslegung gem §§ 133, 157 zu ermitteln. Ohne ausdrückliche Regelung kann sich die höchstpersönliche Verpflichtung des Schuldners auch aus den Umständen ergeben, wenn es dem Gläubiger bei Vertragsschluss gerade auf die Person des Schuldners ankam. Eine solche höchstpersönliche Leistungsverpflichtung ist regelm bei Arbeits- und Dienstverträgen anzunehmen, wobei auch hier Ausn möglich sind. Bei der **Leistungsverpflichtung aus Werk- und Geschäftsbesorgungsverträgen** kann ebenfalls eine höchstpersönliche Leistungserbringung geschuldet sein (Palandt/*Heinrichs* Rn 30). Dabei ist auch zu berücksichtigen, ob nur ein Teil der Leistung nur vom Schuldner persönlich erbracht werden kann und darf, sodass uU – eine entspr Teilbarkeit vorausgesetzt – auch nur ein Teil der Leistungserbringung in Natur von der Einrede des § 275 Abs 3 erfasst sein kein. 48

2. Leistungsinteresse des Gläubigers. Beim Leistungsinteresse des Gläubigers gelten die Ausführungen zu Abs 2 entspr (Rz 39). 49

3. Zumutbarkeitsabwägung. Nach Abs 3 kann der Schuldner die Leistung verweigern, wenn er die Leistung in seiner Person zu erbringen hat und sie ihm aus persönlichen Gründen bei Abwägung mit dem Leistungsinteresse des Gläubigers unzumutbar ist. Um eine Abgrenzung zu nach § 313 zu behandelnden Fällen zu finden (hierzu sogleich noch Rz 64 f) und aus dem Regelungszusammenhang mit Abs 2 (»grobes Missverhältnis«) sowie der Angleichung der Fälle in Abs 2 und 3 an die Fälle des Abs 1, in denen die Leistungserbringung in Natur sinnlos erscheint, ergibt sich, dass entspr hohe Maßstäbe anzulegen sind. 50

III. Rechtsfolgen. Bei Vorliegen der Voraussetzungen des Abs 3 ergibt sich für den Schuldner wie nach Abs 2 ein Leistungsverweigerungsrecht. Bzgl der Gegenleistungsverpflichtung gilt grds § 326 Abs 1, wobei in den Fällen des § 275 Abs 3 bei Arbeitsverträgen insbes die Regelung der §§ 615, 616 zu beachten ist. 51

F. Teilunmöglichkeit. Wie aus Abs 1 und 2 durch die Wendung »soweit« ersichtlich, ist auch die Teilunmöglichkeit erfasst. Dies gilt unausgesprochen auch für Abs 3. Es gelten für alle drei Absätze die gleichen, nachfolgend dargestellten Erwägungen. Teilunmöglichkeit liegt nur dann vor, wenn ein tatsächlich und juristisch abtrennbarer Teil der geschuldeten Leistung unmöglich ist, dh Teilunmöglichkeit setzt die Teilbarkeit der Leistung idS voraus (BGHZ 116, 334, 337). Eine solche Teilbarkeit ist nur dann gegeben, wenn der unmögliche Ausschnitt nach Wert und Wesen verhältnismäßig bzw anteilig der Gesamtleistung entspricht, sich also nur der Größe oder Anzahl nach, nicht jedoch mit Blick auf die Beschaffenheit von ihr unterscheidet. Der Leistungsgegenstand »als solcher« darf nicht verändert sein (BGHZ 116, 334, 337). In erster Linie ist hier an die Unmöglichkeit eines Teils einer Mehrzahl vertretbarer Sachen zu denken, also wenn der Schuldner zur Lieferung mehrerer gleichartiger Gegenstände verpflichtet ist (BGH NJW 1991, 2135). Teilunmöglichkeit kann aber auch dann vorliegen, wenn die Erfüllung einzelner Pflichten aus einem Bündel von durch das Schuldverhältnis begründeter Verpflichtungen unmöglich ist, solange die Gesamtleistung bzw der Leistungsgegenstand »als solcher« in seiner Beschaffenheit nicht verändert wird. Keine Teilunmöglichkeit wurde aber bspw angenommen, wenn der Verkäufer nur Besitz, aber kein lastenfreies Eigentum verschaffen kann (BGH NJW-RR 1999, 346, 347; NJW 2000, 1256, 1257). Teilunmöglichkeit liegt vor, wenn bei einem Vertrag über Lieferung von Hard- und Software nur die Hardware geliefert werden kann (BGH NJW 1991, 2135); und bei Zerstörung des verpachteten Gebäudes oder eines Teils verpachteter Gebäude, sofern das verpachtete Grundstück auch dann noch einen Wert als Pachtobjekt hat (BGHZ 166, 334, 337 f). Ist die Leistung im vorstehenden Sinne unteilbar, führt die Unmöglichkeit eines Ausschnitts der Gesamtleistung zur vollständigen Unmöglichkeit (BGH NJW 1990, 3011). Eine Teilunmöglichkeit liegt auch dann nicht vor, wenn die geschuldete Sache nicht in der geschuldeten Beschaffenheit erbracht werden kann. 52

Beim Vorliegen einer Teilunmöglichkeit beschränkt sich die Befreiung von der Verpflichtung zur Erbringung der Leistung in Natur auf den unmöglichen Teil. Die Sinnlosigkeit der Erbringung des möglichen Leistungsteils führt nicht *ipso iure* zur Unmöglichkeit der Leistung als ganzes, demzufolge auch nicht zu einer entspr Befreiung des Schuldners von der Verpflichtung der Erbringung des möglichen Teils der geschuldeten Leistung. Das bedeutet, dass der Gläubiger auf der Erbringung des nicht von der Unmöglichkeit erfassten Teils der Leistung bestehen kann. Nur bei Interessefortfall kann der Gläubiger vom ganzen Vertrag zurücktreten, §§ 326 Abs 5, 323 Abs 5 S 1, und bei vom Schuldner zu vertretender Teilunmöglichkeit den Schadensersatz statt der ganzen Leistung verlangen, §§ 283 S 2, 281 Abs 1 S 2. Das Gleiche gilt grds auch in den Fällen einseitiger Schuldverhältnisse, sodass der Durchsetzung des Anspruchs des Gläubigers auf den möglichen Leis- 53 tungsrest gegen den Schuldner nach richtiger Ansicht nur durch den Rechtsmissbrauchseinwand (§ 242) eine Grenze gesetzt werden kann (MüKo/*Ernst* Rn 127) kann.

54 **G. Sonderfall der vorübergehenden Unmöglichkeit. I. Allgemeines.** Aufgrund massiver Kritik wurde das ursprüngliche Vorhaben, auch die vorübergehende Unmöglichkeit in Abs 1 zu regeln, im Rahmen des Gesetzgebungsverfahrens zum SMG wieder aufgegeben. Die Anwendung der Regeln in § 275 setzt daher grds eine **endgültige Unmöglichkeit der Erbringung der Leistung** in Natur voraus. Unter vorübergehender Unmöglichkeit werden die Fälle zusammengefasst, in denen zum Entscheidungszeitpunkt der Anspruch auf Erbringung der Leistung in Natur auf Grund eines der Tatbestände in § 275 Abs 1 bis 3 ausgeschlossen ist, jedoch das Vorliegen des den Ausschlussgrund begründenden Zustandes nicht endgültig erscheint. Zur Lösung der Fälle vorübergehender Unmöglichkeit muss grds auf die in §§ 275 ff enthaltenen Grundgedanken abgestellt werden.

55 **II. Vorübergehende Undurchsetzbarkeit des Anspruchs auf die Leistung in Natur.** Dies bedeutet, dass der Schuldner für die Dauer des Vorliegens der vorübergehenden Unmöglichkeit von seiner Verpflichtung zur Leistung in Natur befreit ist. Da in § 275 nicht mehr zwischen zu vertretender und nicht zu vertretender Unmöglichkeit unterschieden wird, spielt das Vertretenmüssen des entspr Umstandes durch den Schuldner auch hier keine Rolle. Die gegen den Schuldner erhobene Klage auf Leistung in Natur ist nach hM als »zur Zeit unbegründet« abzuweisen (vgl nur Palandt/*Heinrichs* Rn 10). Es ist aber uU eine Klage auf künftige Leistung unter den Voraussetzungen des § 259 ZPO in Betracht zu ziehen (MüKo/*Ernst* Rn 134). Die vorübergehende Befreiung des Schuldners von seiner Verpflichtung zur Leistung ist unproblematisch mit Blick auf die angeordnete Rechtsfolge, die den Bestand des Schuldverhältnisses an sich unberührt lässt.

56 **III. Liquidation des Vertrages/Rücktrittsrecht des Gläubigers.** Problematischer sind die Abgrenzung der lediglich vorübergehenden von der endgültigen Unmöglichkeit und die hierüber hinausgehende Frage, wie den Interessen des Gläubigers an einer endgültigen Klärung der Leistungsbeziehung (Vertragsaufhebung; Schadensersatz statt der (ganzen) Leistung) hinreichend Rechnung getragen wird. Freilich werden die Vertragsparteien häufig eine interessengerechte parteiautonome Regelung der Fälle auch nur vorübergehender Hinderung der Leistungserbringung in Natur durch den Schuldner vornehmen, insbes in Dauerschuldverhältnissen oder Sukzessivlieferungsverträgen bzw in dem entspr Rahmenvertrag ein angemessenes Kündigungsrecht des Gläubigers vorsehen.

57 Für die Zeit, in der der Schuldner wegen der vorübergehenden Unmöglichkeit die Durchsetzung des Anspruchs auf die Leistung in Natur nach § 275 verhindern kann, ist der Gläubiger selbstverständlich gem **§ 320** berechtigt, die Erbringung der Gegenleistung zu verweigern. Eines Rückgriffs auf § 326 Abs 1 bedarf es nicht, insbes auch nicht zum Zwecke der Kondiktion des bereits Geleisteten nach §§ 326 Abs 1, 812 Abs 1 S 2 Alt 1 (so aber *Canaris* JZ 2001, 499, 500; *Wieser* MDR 2002, 858, 861; *A Arnold* JZ 2002, 866, 868).

58 **1. Behandlung der vorübergehenden Unmöglichkeit als endgültige Unmöglichkeit.** Ist die vorübergehende Unmöglichkeit in die endgültige Unmöglichkeit umgeschlagen oder wie eine endgültige Unmöglichkeit zu behandeln, so gelten §§ 275, 326 sowie §§ 280 Abs 1, 283, 280 Abs 3 unmittelbar. Für die Feststellung ist grds auf den Zeitpunkt des Eintritts der Leistungsstörung abzustellen. Im Rahmen des Prozesses ist das Leistungshindernis bezogen auf seinen Eintrittszeitpunkt durch eine *ex post* Betrachtung zu beurteilen (BGHZ 83, 197, 201; Palandt/*Heinrichs* Rn 12). Erweist sich vor dem Schluss der letzten mdl Verh, dass die Leistungserbringung in Natur wieder möglich ist, so ist von vorübergehender Unmöglichkeit auszugehen.

59 Eine **Gleichstellung der vorübergehenden mit der endgültigen Unmöglichkeit** wird immer dann angenommen, wenn durch sie die Erreichung des Geschäftszwecks in Frage gestellt wird, der Leistungsinhalt durch die weitere Verzögerung vollkommen verändert würde, sodass die Ausführung des Vertrags für die Vertragsparteien sinnlos würde und er deshalb endgültig liquidiert werden muss. Dies ist beim absoluten Fixgeschäft, bei dem der Leistungszeitpunkt zum Inhalt der Leistungsverpflichtung gemacht wurde, der Fall. Inwiefern als weitere Voraussetzung auch die Unzumutbarkeit des weiteren Festhaltens des anderen Teils am Vertrag aufzustellen ist (so offenbar Palandt/*Heinrichs* Rn 11 unter Verweis auf BGHZ 47, 50; 83, 197, 200; Karlsruhe NJW 2005, 989), ist fraglich. Das Interesse des Gläubigers an der Lösung ist grds hinreichend durch ein Rücktrittsrecht gewahrt (dazu sogleich), sodass eine Situation, in der der Gläubiger in für ihn unzumutbarer Weise am Vertrag festgehalten wird, nicht denkbar ist.

60 Eine Gleichbehandlung der (theoretisch nur) vorübergehenden mit der endgültigen Unmöglichkeit erscheint am wahrscheinlichsten im auf **kurzfristige Disposition angelegten Warenhandel** (BGHZ 24, 279, 293 f; 47, 48, 50 f). Bei Grundstücksgeschäften wird hingegen grds ein längeres Zuwarten den Parteien, jenseits des Rücktrittsrechts des Gläubigers, noch eher zuzumuten sein (Koblenz WoM 1991, 259). Führt der Ausbruch eines Krieges, einer Revolution oder sonstiger Unruhen zu einem Leistungshindernis, so ist trotz der grds nur vorübergehenden Natur regelm von endgültiger Unmöglichkeit auszugehen (BGHZ 83, 197, 200 f).

61 **2. Rücktrittsrecht des Gläubigers.** Der Gläubiger eines wegen vorübergehender Unmöglichkeit derzeit nicht durchsetzbaren Anspruchs auf die Leistung in Natur hat ein berechtigtes Interesse daran, eine **frühzeitige Klärung des Schwebezustandes** zu erreichen. Andernfalls müsste er sich, sofern er die Gegenleistung noch

nicht erbracht hat, weiterhin zu deren Erbringung sowie zur Annahme der vom Schuldner irgendwann wieder erbringbaren Leistung bereit halten, dürfte sich letztere nicht ohne Weiteres alternativ beschaffen. Das Rücktrittsrecht nach § 323 Abs 1 findet in diesen Konstellationen keine unmittelbare Anwendung, da neben der Fälligkeit eben auch die Durchsetzbarkeit des Anspruchs auf die Leistung in Natur verlangt wird, die wegen der vorübergehenden Unmöglichkeit nach § 275 gerade nicht vorliegt. Den Gläubiger an diesem, seinen Interessen zuwider laufenden Schwebezustand bis zum Eintritt der endgültigen Unmöglichkeit festzuhalten (so bspw *Wieser* MDR 2002, 858, 861 f; *A. Arnold* JZ 2002, 866, 869 f.) widerspricht aber den Wertungen, die hinter der Regelung des Rücktrittsrechts in § 323 Abs 1 stehen, für die es unerheblich sein muss, ob die Verzögerung der Leistung auf einer vorübergehenden Unmöglichkeit oder einem sonstigen Grund (womöglich aus der Sphäre des Schuldners) beruht (so zu Recht MüKo/*Ernst* Rn 143 f auch unter Verweis auf die Fragwürdigkeit der Abgrenzung zwischen den Ursachen der Leistungsverzögerung). Die **Lösung über ein Rücktrittsrecht** für den Gläubiger nach §§ 326 Abs 5, 323 Abs 5 S 1 (bspw *Huber/Faust* Kap 8 Rn 9) **überzeugt nicht**, da eine Teilleistung etwas anderes ist als eine vorübergehende Nichterbringung der ganzen Leistung. Die weitere Voraussetzung des Interessefortfalls trifft das Problem der Unsicherheit über das ob und wann der Erbringung der geschuldeten Leistung nicht. Mit Blick auf die hinter § 323 Abs 1 stehende grds Wertung und der vergleichbaren Sach- und Interessenlage ist eine analoge Anwendung des § 323 in den Fällen der vorübergehenden Unmöglichkeit zu bevorzugen. Die Fristsetzung kann, muss aber nicht sinnlos und damit nach § 323 Abs 2 entbehrlich sein. Mit Blick auf die Unsicherheit der Dauer des Vorliegens des Leistungshindernisses ist es für den Gläubiger ohnehin ratsam, aus Sicherheitsgründen jedenfalls eine Frist zu setzen.

3. Schadensersatzanspruch des Gläubigers. Bei vom Schuldner zu vertretender vorübergehender Unmöglichkeit muss zudem das Kompensationsinteresse des Gläubigers ausreichend berücksichtigt und befriedigt werden. Dabei ist sowohl an den Ausgleich wegen der Verzögerung der Leistung als auch an den Ausgleich des Interesses an der Leistung als solcher zu denken. 62

H. Haftung des Schuldners (Sekundäransprüche) und Gegenleistungsverpflichtung. Durch die Anordnung in § 275 Abs 4 wird lediglich »klargestellt«, dass auch dann, wenn die Primärleistungspflicht nach § 275 Abs 1 bis 3 ausgeschlossen ist, die Nichtleistung eine Pflichtverletzung sein und damit Sekundäransprüche auslösen kann (ob § 275 Abs 4 rein deklaratorischer Natur ist, ist wie schon im Gesetzgebungsverfahren umstr; AA wohl AnwK/*Dauner-Lieb* § 275 Rn 21). Er verweist hinsichtlich der sekundären Haftungsfolgen (Schadensersatz) und des Schicksals der Verpflichtung des Gläubigers zur Gegenleistung auf die allg und bes Vorschriften in §§ 280, 283 bis 285, 311a und 326 (bei Arbeitsverträgen gilt es allerdings, in den Fällen des § 275 Abs 3 hinsichtlich der Gegenleistungsverpflichtung die zu § 326 Abs 1 speziellere Regelung des § 616 zu beachten). Während für das Schicksal des Gegenleistungsanspruchs in gegenseitigen Verträgen (§ 326) der Zeitpunkt des Eintritts des Leistungshindernisses ebenfalls unerheblich ist, ist bei den (sekundären) Haftungsfolgen dann allerdings wieder zwischen anfänglichen (dann § 311a Abs 2) und nachträglichen (dann §§ 280 Abs 1, 283, 280 Abs 3) Leistungshindernissen zu unterscheiden (vgl zu den Voraussetzungen iE die dortigen Ausführungen). 63

I. Konkurrenzen. Problematisch ist vor allem die Abgrenzung des § 275 von den Fällen, die (auch) von **§ 313** erfasst werden. Sofern ein Fall der Unmöglichkeit der Erbringung der Leistung nach § 275 Abs 1 vorliegt, ist eine Anwendung von § 313 ausgeschlossen. Schwieriger und nicht in letzter Konsequenz trennscharf ist hingegen das Verhältnis des weitgehend unbestimmte Rechtsbegriffe verwendenden § 313 zu den offeneren Tatbeständen in § 275 Abs 2 und 3 zu bestimmen. Die Abgrenzung ist nicht allein durch einen grds und dogmatisierten Vorrang der Unmöglichkeitsregeln ggü § 313 kraft Spezialität zu führen, sondern ein pragmatischer Ansatz ist hier vorzuziehen. 64

Bei der **Abgrenzung zwischen § 313 und § 275 Abs 2** sind zunächst die Fälle auszusondern, die bereits tatbestandlich lediglich von einer der beiden Normen erfasst werden. Praktisch werden die Fälle des groben Missverhältnisses nach § 275 Abs 2 zugleich auch regelm eine wesentliche Änderung der Umstände iSd § 313 Abs 1 darstellen. Umgekehrt wird ein Fall der bloßen Äquivalenzstörung auf Grund einer Preissteigerung am Beschaffungsmarkt ebenso nur von § 313 erfasst werden wie der Fall, in dem zwar noch kein grobes Missverhältnis § 275 Abs 2 vorliegt, gleichwohl der gesteigerte Aufwand bereits zu einer Existenzbedrohung des Schuldners führt. Liegen die Voraussetzungen sowohl des § 313 als auch des § 275 Abs 2 vor, erscheint es sachgerecht, dem Schuldner die Wahl zwischen einer Vertragsanpassung und der Geltendmachung der Einrede oder aber der überobligationsmäßigen Erfüllung zu lassen (*Schwarze* Jura 2002, 73, 78; MüKo/*Ernst* Rn 24). Zum einen liegt es im Wesen der Einrede, dass dem Einredeberechtigten die Entscheidung über die Geltendmachung überlassen wird; seine Handlungsmöglichkeiten werden über die Geltendmachung einer Anpassung des Vertrages lediglich auch zugunsten des Gläubigers, der ebenfalls ein Interesse an der angepassten Leistung haben kann, erweitert. Hat sich der Schuldner für die Erhebung der Einrede nach § 275 Abs 2 entschieden, treten die Folgen der §§ 326, 283 ein. Verlangt der Schuldner nach einer Vertragsanpassung und wird diese vorgenommen (im Einvernehmen mit dem Gläubiger oder streitig vor Gericht durchgesetzt), so hat er die angepasste Leistung zu erbringen. Hat er hingegen zunächst eine Vertragsanpassung verlangt und 65 erhebt er dann doch die Einrede nach § 275 Abs 2, so kann ihm diese uU gem § 242 abgeschnitten sein, wenn der Übergang rechtsmissbräuchlich ist oder zur Unzeit für den Gläubiger kommt (MüKo/*Ernst* Rn 24).

66 Das Vorstehende gilt sinngemäß auch für das **Verhältnis von § 313 zu § 275 Abs 3.** Mit Blick auf den Regelungsbereich der § 275 Abs 2 und 3 muss beachtet werden, dass diejenigen Fälle, in denen die Durchsetzung einer Verpflichtung des Schuldners einer unpersönlichen (Sach-)Leistung zwar nicht sinnlos mit Blick auf diesen Rechtsgrundsatz erscheint, aber dennoch für den Schuldner unzumutbar ist, ausschließlich in den Tatbestand des § 313 fallen. Hier ist zum einen nicht allein das Kosten-Nutzen-Kalkül des § 275 Abs 2 betroffen, zum anderen aber auch nicht die Voraussetzung einer höchstpersönlichen Leistungsverpflichtung wie von § 275 Abs 3 gefordert gegeben. In den Fällen des § 275 Abs 3 ist zudem zu beachten, dass auf Grund der Verpflichtung des Schuldners zur Leistung in Person häufig bei Leistungshindernissen ein Unmöglichkeitsfall nach § 275 Abs 1 Alt 2 vorliegt, dem ggü § 275 Abs 3 subsidiär ist (Palandt/*Heinrichs* Rn 30).

67 **J. Prozessuales.** Während die Unmöglichkeit nach **Abs 1 als rechtsvernichtende Einwendung vAw zu berücksichtigen** ist, sind die normativen Unmöglichkeitsfälle nach Abs 2 und 3 durch den Schuldner als Einrede im Prozess geltend zu machen. Allerdings ist der Schuldner auch in den Fällen des Abs 1 nach allg Beweislastgrundsätzen zur Darlegung und im Bestreitensfall zum Beweis des Vorliegens der Unmöglichkeit als ihm günstige Tatsache verpflichtet. Erforderlichenfalls muss durch eidliche Vernehmung des Schuldners Beweis erhoben werden (Palandt/*Heinrichs* Rn 5). Macht der Schuldner die Einrede aus § 275 Abs 2 oder 3 geltend, trägt er die Darlegungs- und Beweislast für die die Einrede begründenden Tatsachen, dh der Schuldner muss zum Aufwand, Gläubigerinteresse, Vertretenmüssen des Leistungshindernisses und – im Fall des Abs 3 – zu weiteren abwägungsrelevanten Aspekten sowie zur Abwägung selbst vortragen. Hinsichtlich des Gläubigerinteresses ist der Schuldner freilich nur hinsichtlich der für ihn einsehbaren Tatsachen darlegungs- und beweispflichtig (regelm der Marktwert der Leistung), sodass nach den Grundsätzen der sekundären Darlegungs- und Beweislast dem Gläubiger die Darlegung und der Beweis eines gesteigerten Gläubigerinteresses obliegt.

68 Macht der Schuldner erstmals im Prozess die Einrede des § 275 Abs 2 oder 3 geltend, so hat der Gläubiger unter der Voraussetzung eines Vertretenmüssens des Leistungshindernisses durch den Schuldner die Möglichkeit, den Klageantrag gem § 264 Nr 3 ZPO von der Leistung in Natur auf die Forderung von Schadensersatz statt der Leistung gem § 283 umzustellen (*Gsell* JZ 2004, 110, 120), sofern die Unkenntnis vom Einrederecht unverschuldet war. Kann oder will der Gläubiger die Klage nicht auf den Schadensersatz statt der Leistung umstellen, so kann er den Rechtsstreit für erledigt erklären. Schließt sich der Schuldner (Beklagte) an, ist ggf nur noch über die Kosten nach § 91a ZPO zu entscheiden. Wenn der Schuldner sich nicht anschließt, hat das Gericht wegen der einseitigen Erledigungserklärung die Erledigung festzustellen und die Kosten gem § 91 ZPO regelm dem Schuldner (Beklagten) aufzuerlegen, sofern er die Einrede vor dem Prozess noch nicht geltend gemacht hatte. Entsprechend der Rspr zur Erledigung des Rechtsstreits durch Aufrechnung im Prozess führt auch die Rückwirkung der Einrede auf den Zeitpunkt des Eintritts des Leistungshindernisses grds nicht zu einer anderen Kostenfolge (*Kohler* AcP 205 (2005), 101; MüKo/*Ernst* Rn 166).

§ 276 Verantwortlichkeit des Schuldners.

[1] Der Schuldner hat Vorsatz und Fahrlässigkeit zu vertreten, wenn eine strengere oder mildere Haftung weder bestimmt noch aus dem sonstigen Inhalt des Schuldverhältnisses, insbesondere aus der Übernahme einer Garantie oder eines Beschaffungsrisikos zu entnehmen ist. Die Vorschriften der §§ 827 und 828 finden entsprechende Anwendung.
[2] Fahrlässig handelt, wer die im Verkehr erforderliche Sorgfalt außer Acht lässt.
[3] Die Haftung wegen Vorsatzes kann dem Schuldner nicht im Voraus erlassen werden.

1 **A. Zweck/Systematik.** Was der Schuldner zu vertreten hat, richtet sich wie bislang nach den §§ 276 bis 278. In deren Ausgangsnorm (§ 276) wird auch weiterhin das bewährte Verschuldensprinzip für das BGB determiniert (vgl BTDrs 14/6040, 131). Dabei handelt es sich bei § 276 ebenso wie bei den im Kontext mit ihm stehenden §§ 277, 278 nicht um eigenständige Anspruchsgrundlagen, sondern – wie durch den Gesetzgeber durch die Übernahme der im alten Schuldrecht ungeregelten positiven Vertragsverletzung in die Regelung des § 280 Abs 1 nunmehr unmissverständlich klargestellt – allein um eine Zurechnungsnorm (vgl für die zum § 276 aF vertretene vereinzelte Gegenansicht zusammenfassend MüKo/*Emmerich* (3. Auflage) vor § 275 Rn 204; Erman/*Battes* Rn 85, 88; *U Huber* Leistungsstörungen I, § 3 II). Diese Zurechnungsregelung beansprucht auf Grund ihrer Stellung nicht nur für vertragsrechtliche (Sekundär-)Ansprüche Anwendung, sondern gilt grds auch für an ein Vertretenmüssen anknüpfende Primäransprüche, Vertragsstrafenregelungen sowie Vertragsbeendigungsregelungen – sofern es hier überhaupt noch auf ein Vertretenmüssen des Grundes durch den Schuldner ankommt.

2 § 276 enthält als allg Weichenstellung die Entscheidung, dass grds bereits ein einfaches Verschulden in Form der einfachen Fahrlässigkeit (§ 276 Abs 2) für eine Haftung des Schuldners bzw für eine Zurechnung ausreicht. Ausn bestehen nur, sofern die Zurechnungsschwelle auf Grund **gesetzlicher Sonderregelungen** angehobenen oder abgesenkt (einschließlich einer verschuldensunabhängigen Haftung, einer Garantie-, Gefährdungs- oder Risikohaftung oder einer Haftung für vermutetes Verschulden) oder durch vertragliche

Vereinbarung durch die Parteien im gesetzlich zulässigen Maße verändert wird. Für **parteiautonome Haftungsabreden** (Haftungsverschärfungen und Haftungsbeschränkungen) setzen vor allem § 276 Abs 3 und bei AGB die §§ 309 Nr 7 und 8a wichtige Schranken. Gesetzliche Gründe für eine strengere Haftung sind bereits in § 276 Abs 1 genannt. Der in verschiedener Hinsicht zweifelhafte § 279 aF für die Gattungsschuld ist durch das SMG gestrichen worden, wobei dessen als grds sachgerecht empfundene Wertung zum Vertretenmüssen in Form der Übernahme eines Beschaffungsrisikos in den neu gefassten § 276 Abs 1 als Regelbeispiel eines strengeren Haftungsmaßstabes integriert wurde. Die übrigen durch das SMG vorgenommenen Änderungen und die Verschiebungen des Abs 1 S 2 aF in den Abs 2 und des Abs 2 aF in den Abs 3 sind lediglich redaktioneller Art.

Die Verantwortlichkeit einer Person für die Nichterfüllung bzw Verletzung einer Pflicht (§ 241) wird vor 3 allem bei der Haftung auf Schadensersatz (§§ 280 Abs 1, 311a Abs 2) relevant. Sie ist aber auch bei der Frage des Bestehens eines Leistungsverweigerungsrechts aus § 275 Abs 2 und 3 und der Frage der Befreiung des Gläubigers von seiner Gegenleistungsverpflichtung *ipso iure* (§ 326 Abs 2) oder auf Grund Rücktritts (§ 323 Abs 5) beachtlich. Zentrale Bedeutung hat dabei – sofern keine abw Bestimmung der Zurechnungsschwelle vorliegt – die Ausfüllung des Haftungsmaßstabs der einfachen Fahrlässigkeit.

Obwohl § 276 das Verschuldensprinzip determiniert, ist das **Verschulden nicht schlechthin mit dem Vertretenmüssen gleichzusetzen**. Dies erhellt bereits mit Blick darauf, dass unter gewissen Voraussetzungen der 4 Schuldner nicht nur sein eigenes Verschulden zu vertreten hat oder sogar – wie nach § 287 für Zufall haftet. Das Verschulden selbst enthält im Zivilrecht, anders als im Strafrecht, auf Grund der Maßgeblichkeit objektiver Maßstäbe nicht das Unwerturteil der persönlichen (individuellen) Vorwerfbarkeit; auf die Person des Schuldners kommt es nur für die fehlende Zurechnungsfähigkeit bzw Verantwortungsfähigkeit nach §§ 827, 828, 276 Abs 1 S 2 an (PWW/*Schmidt-Kessel* Rn 3), da im Zivilrecht der Vertrauensgesichtspunkt zentral ist (MüKo/*Grundmann* Rn 12). Nach hM besitzt auch im Zivilrecht die Rechtswidrigkeit neben dem Verschulden im Rahmen des Vertretenmüssen eine eigenständige Bedeutung (*Schapp* JZ 2001, 583, 585; Palandt/*Heinrichs* Rn 8 f; MüKo/*Grundmann* Rn 13).

B. Anwendungsbereich. § 276 ist, wie auch §§ 277 und 278, grds immer dann anzuwenden, wenn eine 5 Bestimmung bei einer Voraussetzung darauf abstellt, dass der Schuldner etwas, bspw im Rahmen des § 280 Abs 1 die Pflichtverletzung, zu vertreten hat. Die Norm ist in allen bestehenden (siehe die Besonderheiten für Delikt unten Rz 6) Schuldverhältnissen anwendbar. Anwendung findet § 276 auch im Rahmen der Vertragsstrafe, bei § 339 S 1 über den Verweis auf den Verzug (§ 286 Abs 4) und im Rahmen von § 339 S 2 als ungeschriebene Voraussetzung – so ist die Vertragsstrafe auf Grund einer strafbewehrten Unterlassungsverpflichtungserklärung bei wiederholtem (Wettbewerbs-) Verstoß nach hM nur bei schuldhafter erneuter Zuwiderhandlung verwirkt, wobei regelm das Verschulden sodann vermutet wird. Obwohl § 276 Abs 1 S 1 nur vom Schuldner spricht, ist die Regelung auch auf den Gläubiger entspr anwendbar, wenn wie in §§ 323 Abs 6, 326 Abs 2 S 1 darauf abgestellt wird, dass der Gläubiger ein Leistungshindernis (mit) zu vertreten hat. Daneben gelten selbstverständlich die Regeln über Obliegenheiten (bspw § 254) auch für den Gläubiger.

C. Verschulden. I. Allgemeines. Indem § 276 Abs 1 auch nach dem SMG die Aussage trifft, dass der Schuld- 6 ner Vorsatz und Fahrlässigkeit zu vertreten hat, wird auch nach der Reform am Verschuldensprinzip festgehalten (vgl das Verschulden bildet den Oberbegriff zu Vorsatz und Fahrlässigkeit; Mot I, 281). Es gilt für die Haftung sowohl nach Allg Leistungsstörungsrecht als auch im Deliktsrecht, wobei genau betrachtet ein deliktsrechtliches Schuldverhältnis erst durch eine verschuldete unerlaubte Handlung begründet wird. Dabei definiert das Gesetz den Begriff des Verschuldens selbst nicht, sondern nennt mit Vorsatz und Fahrlässigkeit lediglich zwei Verschuldensgrade bzw -typen. Innerhalb der Verschuldenshaftung ist die einfache Fahrlässigkeit in der Praxis die wichtigste Zurechnungsform, da sie auch in § 276 Abs 2 als Regelform definiert wird (MüKo/*Grundmann* Rn 50). Durch den Verweis in § 276 Abs 1 S 2 auf §§ 827, 828 wird jedenfalls klargestellt, dass die Zurechnungsfähigkeit/Verantwortungsfähigkeit ein Element der Begriffsdefinition ist. Herkömmlich wird der **Begriff des Verschuldens** als **objektiv rechtwidriges (pflichtwidriges)** und **subjektiv vorwerfbares Verhalten** eines Zurechnungsfähigen definiert (Palandt/*Heinrichs* Rn 5). Bei dieser Definition darf jedoch nicht verkannt werden, dass es anders als im Strafrecht nicht um ein Unwerturteil über den Schuldner selbst geht, sondern die Vorwerfbarkeit bzw Zurechnung des Verhaltens – vor allem bei Fahrlässigkeit – auf der Grundlage objektiver Maßstäbe bestimmt wird (vgl Rz 4). Die Definition macht aber auch deutlich, dass die Rechtswidrigkeit der Handlung bzw des Unterlassens vorausgesetzt wird und grds vom jeweiligen Verschuldensgrad bzw dem Bewusstsein des Schuldners mit umfasst sein muss.

II. Rechtswidrigkeit. Als **rechtswidrig** wird jede Verletzung eines fremden Rechts oder Rechtsguts angese- 7 hen, die nicht durch einen von der Rechtsordnung anerkannten Grund (Rechtfertigungsgrund) gedeckt ist (Palandt/*Heinrichs* Rn 8). Soweit das Vertragsrecht oder das Leistungsstörungsrecht im Besonderen betroffen ist, wird die Rechtswidrigkeit mit der objektiven Pflichtwidrigkeit gleichgesetzt. Diese ist regelm erfolgsbezogen und mit Blick auf § 280 Abs 1 im Leistungsstörungsrecht identisch mit der objektiven Pflichtverletzung, die jedes objektive Zurückbleiben des Schuldners hinter dem Pflichtenprogramm des Schuldverhältnisses (Vertrages) umfasst. Ausnahmsw kann die objektive Pflichtwidrigkeit verhaltensbezogen sein, sofern eine

Verpflichtung zur Vornahme einer bestimmten Handlung resultierend aus einem Schuldverhältnis nicht erfüllt wird. Die im Deliktsrecht anerkannten Rechtfertigungsgründe gelten auch für den Ausschluss der Rechtswidrigkeit im Gewande der Pflichtwidrigkeit im Leistungsstörungsrecht.

8 **III. Vorsatz.** Vorsatz gilt nach hM auch im Zivilrecht als die **schwerste Schuldform** (Soerg/*Wolf* Rn 42). Man unterscheidet je nach dem Grad des **Wissens und Wollens** des Verletzungserfolges zwischen Absicht, direktem und bedingtem Vorsatz. Auch nach der Reform des Leistungsstörungsrechts durch das SMG enthält das BGB keine Definition für Vorsatz. Es ist somit an der Definition über ein intellektuelles und ein voluntatives Element festzuhalten, die sich sowohl auf das tatsächliche Verhalten als auch die Norm beziehen müssen. Vorsatz liegt daher vor, wenn der Schuldner Wissen und Wollen des rechtswidrigen Erfolges in seinem Bewusstsein vereinigt (BGH NJW 1965, 962, 963: Wissen und Wollen der objektiven Tatbestandsmerkmale; Hk-BGB/*Schulze* Rn 6; Palandt/*Heinrichs* Rn 10 f).

9 Dies bedeutet, dass der Täter seine Handlungen bewusst und gewollt ausgeführt hat. Das Wissen und Wollen muss grds auch die Rechts- oder Pflichtwidrigkeit des Handelns umfassen. Dabei entzündet sich gerade bei der Frage, ob der Verstoß gegen die Norm vom Vorsatz umfasst sein muss, dh der Täter Unrechtsbewusstsein haben muss, der Streit zwischen der im Zivilrecht vorherrschenden **Vorsatztheorie** (BGH NJW 2002, 3255; Staud/*Löwisch* Rn 23 ff) und der **Schuldtheorie** (BGHZ 59, 30, 39; Soerg/*Wolf* Rn 55).

10 Die **Bedeutung der Grenzziehung zwischen Vorsatz und Fahrlässigkeit** ist im Vertragsrecht im Vergleich zum Strafrecht gering, da regelm bereits ein einfaches Verschulden in Form der einfachen Fahrlässigkeit vom jeweils Verpflichteten zu vertreten ist. Selbst in den Fällen, in denen im Vertragsrecht ein qualifiziertes Verschulden verlangt wird, sind Vorsatz und grobe Fahrlässigkeit ausreichend. Eine Haftung allein für Vorsatz ist – als mit Blick auf die Interessenlage vertretbare Ausn vom Grundsatz, dass bereits einfaches Verschulden eine Haftung begründet – bei den unentgeltlichen Rechtsgeschäften in §§ 523 Abs 1, 524 Abs 1 und 600 geregelt. Bedeutung gewinnt die Abgrenzung zur Fahrlässigkeit vor allem dann, wenn durch **Individualabrede ein Haftungsausschluss bzw eine Haftungsbeschränkung** für eigenes Verschulden (für Erfüllungsgehilfen vgl § 278 S 2 und § 278 Rz 25) vereinbart ist, die gem § 276 Abs 3 nur für Vorsatz unwirksam ist (MüKo/*Grundmann* Rn 151). Im **Arbeitsvertragsrecht** spielen freilich die verschiedenen Verschuldensgrade und ihre Bestimmung im konkreten Fall für die Haftungsabstufungen bei der Haftung des Arbeitnehmers für Schäden, die er im Rahmen seiner Tätigkeit verursacht, eine wichtige Rolle (vgl nur BAG NZA 1988, 579; 1997, 140, 141). Vorsatz hat auch in der Form der **Arglist** eine größere Bedeutung im Deliktsrecht, insbes wenn gem § 826 ein Schadensersatz für eine sittenwidrige Vermögensbeschädigung nur bei Vorsatz gewährt wird, im Rahmen des § 823 Abs 2 das Schutzgesetz eine strafrechtliche Vorsatztat ist oder im Rahmen des Haftungsprivilegs des § 839 Abs 2 iVm § 339 StGB.

11 Die nach hM geringste Vorsatzform ist die des **bedingten Vorsatzes.** Dieser genügt grds, sofern im Gesetz nicht Absicht vorausgesetzt wird oder gehobene Anforderungen an die Kenntnis des Erfolgseintritts bzw seiner Möglichkeit gestellt werden. Soweit das Gesetz Arglist verlangt, genügt in aller Regel bedingter Vorsatz (MüKo/*Grundmann* Rn 163: keine Gleichsetzung, da unterhalb der Schwelle des bedingten Vorsatzes). Der bedingte Vorsatz wird nach hM dahin definiert, dass der Schuldner die Möglichkeit des Eintritts des rechtlich missbilligten Erfolgs erkannt hat, den Eintritt aber im Rahmen seines Verhaltens billigend in Kauf genommen hat (BGH NJW-RR 1995, 936, 937; Palandt/*Heinrichs* Rn 10), wobei für die Annahme des »billigend In-Kauf-Nehmens« auch bloße Gleichgültigkeit in Bezug auf den für nicht unwahrscheinlich gehaltenen Erfolgseintritt ausreicht (BGH NJW 1990, 389, 390).

12 Nur in seltenen Fällen verlangt das Gesetz die intensivste Vorsatzform der **Absicht.** Selbst wenn das Gesetz wie bspw in **§ 826** von Schädigungsabsicht spricht, **genügt häufig bedingter Vorsatz** (so für § 826 Düsseldorf WM 1996, 1366, 1367 f). Dies macht deutlich, dass, auch wenn das Gesetz absichtliches Vorgehen voraussetzt, immer anhand der konkret betroffenen Norm die Anforderungen an die Kenntnis und das Wollen in Bezug auf den Erfolgseintritt bestimmt werden müssen (MüKo/*Grundmann* Rn 162). Die Definition der Absicht aus dem Strafrecht, die noch bis etwa Anfang der 70er Jahre für das Zivilrecht herangezogen wurde, dahingehend, dass der Erfolg das wesentliche Leitmotiv, wenn auch nicht notwendig das Endziel des Handelns des Täters ist, kann nicht auf alle zivilrechtlichen Normen unbesehen übertragen werden.

13 **IV. Fahrlässigkeit.** Die (einfache) Fahrlässigkeit genügt als Zurechnungsform (»Vertretenmüssen«) immer dann, »wenn eine strengere oder mildere Haftung weder bestimmt noch aus dem Inhalt des Schuldverhältnisses ... zu entnehmen ist« (§ 276 Abs 1 S 1). Für die Fahrlässigkeit übernimmt das Gesetz in § 276 Abs 2 die bisherige, redaktionell leicht modifizierte Legaldefinition für die einfache Fahrlässigkeit als Regelform. Danach handelt fahrlässig, wer die im Verkehr erforderliche Sorgfalt außer Acht lässt. Auf ihrer Grundlage wird die Vorhersehbarkeit und Vermeidbarkeit des Verletzungserfolges und eine Beurteilung des Verhaltens anhand eines am betroffenen Verkehrskreis ausgerichteten Sorgfaltsmaßstabs verlangt (vgl Hk-BGB/*Schulze* Rn 10). Während sich in der Erkennbarkeit/Vorhersehbarkeit und Vermeidbarkeit die beim Verschulden bekannten voluntativen und intellektuellen Momente auch bei der Fahrlässigkeit wiederfinden, wird im Rahmen des Sorgfaltsmaßstabs eine objektiv-normative Komponente eingefügt, da die Haftung wegen Fahrlässigkeit im Wesentlichen Vertrauensgesichtspunkte berührt, die durch den Rekurs auf die »im Verkehr erfor-

derliche Sorgfalt« auch eine Vergleichbarkeit des angelegten Sorgfaltsmaßstabs voraussetzt. Dabei besteht zwischen diesen drei Elementen eine Wechselwirkung, da nur ein objektiv erkennbares und vermeidbares Risiko eine unter Sorgfaltsgesichtspunkten rechtliche Verhaltenspflicht auslösen kann.

1. Bestimmung des Sorgfaltsmaßstabs. a) Grundsätzliches. Aus Vertrauens- und Verkehrsschutzgesichtspunkten ist grds von einem objektiv-abstrakten Sorgfaltsmaßstab auszugehen, also darauf abzustellen, wie sich ein gewissenhafter und bedachter Mensch aus dem jeweiligen Verkehrskreis in der betreffenden Lage verhalten hätte (bereits RGZ 95, 17; BGHZ 113, 303; NJW-RR 1996, 980; BAG NJW 1999, 966). Indem auf den **jeweiligen Verkehrskreis** und auf die betreffende Lage abgestellt wird, wird eine Passgenauigkeit und Formbarkeit mit Blick auf die konkrete persönliche Vergleichsgruppe (zu der Berücksichtigung bes Fachwissens sogleich) und die jeweilige Situation eröffnet (MüKo/*Grundmann* Rn 54). 14

Der **Sorgfaltsmaßstab** ist im ersten Schritt **abstrakt-objektiv** zu bestimmen, dh die individuellen Fähigkeiten, Kräfte, Kenntnisse und Erfahrungen sowie die konkrete Situation sind bei der Frage, ob der Täter die gebotene Sorgfalt erkennen und aufwenden konnte, zunächst auszublenden. Dieser abstrakt-objektive Bestimmungsansatz gründet sich im **Vertrauensgrundsatz** in der Form, dass der andere Teil auf die Erkenntnis und die Vermeidung der Gefahrverwirklichung durch den Verpflichteten vertraut. Nur ein objektiver, dh von den Unwägbarkeiten der individuellen Fähigkeiten des Gegenübers befreiter Maßstab, ermöglicht eine Vergleichbarkeit und ist die Grundlage für das entgegengebrachte Vertrauen (zur ökonomischen Analyse des objektiven Bestimmungsansatzes MüKo/*Grundmann* Rn 55 mwN). Dies bedeutet, dass insbes subjektive Gründe wie bspw die zu geringe Ausbildung für die konkret übernommene Aufgabe (BGH ZIP 2003, 1990) oder intellektuelle oder psychische Schwächen (BGHZ 17, 69, 71 f; 114, 284, 295 f) grds nicht entlasten können (für eine Ausn bei psychischen Schwächen in einer bes Krisensituation, die zu unausweichlichen Handlungen führt vgl BGH MDR 1985, 919). Als »Inkonsequenz« ist es hingegen anerkannt, dass bes **individuelle Stärken und Fähigkeiten** den in der konkreten Situation anzulegenden **Sorgfaltsmaßstab anheben** können, zB wenn die Person über bes Ortskenntnisse (BGH VersR 1958, 94) oder über medizinische Spezialkenntnisse (BGH NJW 1987, 1479) verfügt; zur Beweislast hierfür vgl Rz 51. Ebenso (dogmatisch inkonsequent) wird neuerdings das Bestehen eines Versicherungsschutzes von der Rspr vermehrt im Rahmen der Bestimmung des Sorgfaltsmaßstabs herangezogen (BGHZ 131, 288), wohingegen dieser Aspekt mit Blick auf die Bestimmung eines abstrakt-objektiven Maßstabs allenfalls als Versicherbarkeit des betroffenen Risikos in die Überlegungen eingebracht werden kann. 15

Die **Bestimmung des abstrakt-objektiven Sorgfaltsmaßstabs** ist ein im Wesentlichen **normativer Vorgang**, was die Rspr mit der Bezugnahme auf den »besonnen, bedachten und gewissenhaften Menschen« verdeutlicht. Bei der Konkretisierung muss wegen der Bezugnahme auf den Verkehr das praktizierte Gefahrenvermeidungsverhalten des betroffenen Verkehrskreises beachtet, allerdings zur Vermeidung der rechtlich missbilligenswerten Absenkung der Schutzstandards durch die Verkehrspraxis normativ überprüft werden. 16

Aufgrund der weitgehenden Objektivierung der Ermittlung des Sorgfaltsmaßstabs und damit der Fahrlässigkeit als praktisch wichtigste Kategorie des Vertretenmüssens/Verschuldens durch die Rspr, **verschwimmt die Grenze zwischen (objektivem) Sorgfaltsmaßstab und objektiver Pflichtverletzung.** Dies liegt darin begründet, dass eine bestimmte objektive Verhaltenserwartung einerseits zur Begründung einer entspr Schuldnerverpflichtung, zumeist einer Schutzpflicht iSd § 241 Abs 2, herangezogen wird und andererseits (gleichzeitig) dazu dient, einen Sorgfaltsmaßstab zu begründen, dessen Verletzung regelm Fahrlässigkeit des Schuldners begründet. 17

b) Faktoren der Ermittlung des Sorgfaltsmaßstabs/gruppenspezifischer Sorgfaltsmaßstab. Um die Unsicherheit der Bestimmung des Sorgfaltsmaßstabs durch die Rspr anhand einer Kosten-Nutzen-Analyse, die regelm erst *ex post* vorgenommen wird, wenn die Schädigung bereits eingetreten ist, zu verringern, wird zur **Konkretisierung auf Rechtsvorschriften und Regelwerke**, wie zB die StVO (Palandt/*Heinrichs* Rn 18 mwN) oder **DIN-Standards** (BGHZ 103, 341; 139, 17) und auch Sportregeln (BGHZ 63, 140; Hamm MDR 1997, 553) zurück gegriffen. Sofern diese Regelwerke nicht vom Gesetzgeber erlassen sind, bedürfen sie freilich der Überprüfung, ob sie den Sorgfaltsmaßstab mit Blick auf die betroffenen (möglicherweise durch Weiterentwicklungen erhöhten) Gefahren im ausreichenden Maße bestimmen. Von dem danach bestimmten Sorgfaltsmaßstab ausgehend ist dann die im Einzelfall erforderliche Sorgfalt zu bestimmen, die auf Grund bes Umstände durchaus von der üblichen abweichen kann. Regelm ist jedoch in typischen Fallgestaltungen davon auszugehen, dass ein Verstoß gegen solche Normen, die bestimmte Verhaltensregeln und -pflichten zur Vermeidung der Gefahrverwirklichung vorgeben, bzw ihre Nichtbeachtung zur Annahme zumindest von Fahrlässigkeit führt. Dabei ist auch zu berücksichtigen, wer (der Verpflichtete oder der Geschädigte) im konkreten Fall einfacher oder kostengünstiger zur Vermeidung der Gefahrverwirklichung fähig ist/war. Hierbei trägt bspw der Erwerber einer Maschine grds die Gefahr, dass er mit der Maschine umgehen kann (BGH NJW 1975, 1827), wobei er durch den Hersteller/Verkäufer der Maschine allerdings durch entspr Hinweise zu unterstützen ist. Im Ergebnis geht es in solchen Fällen immer auch um die Abgrenzung von Pflichtenkreisen, der Hinweis- von den Eigenschutzpflichten (MüKo/*Grundmann* Rn 63 mN in der Rspr). 18

19 Wie aus § 276 Abs 1 S 1 ersichtlich, kann der **Sorgfaltsmaßstab durch Vertrag** (auch nur konkludent oder durch Auslegung des Vertrags ermittelbar) oder durch die **Verkehrssitte oder Gebräuche** im betroffenen Verkehrskreis abgemildert oder verschärft werden (MüKo/*Grundman* Rn 57). So sind die **Schutzstandards** bei **Kampfsportarten** andere als bei Ballsportarten, wie sich die Schutzstandards im Sport generell von denen im normalen Alltag (Büro, Kino etc) unterscheiden – situationsbedingte Anpassung des Sorgfaltsmaßstabs. Kann der Verpflichtete die im jeweiligen Verkehrskreis existierenden und anerkannten Schutzstandards von vorneherein nicht erfüllen und nimmt er gleichwohl an diesem Verkehr teil, ist ihm jedenfalls ein **Übernahmeverschulden** anzulasten. Dies wirkt sich vor allem bei den berufspezifisch erhöhten Sorgfaltsmaßstäben aus (s unten). Eine vertraglich vereinbarte Abmilderung des Sorgfaltsmaßstabs gilt wegen der Relativität der Schuldverhältnisse selbstverständlich nur zwischen den Parteien, und nicht auch ggü außen stehenden Dritten.

20 Im Einzelfall können bes Fachwissen oder Fähigkeiten zu einem erhöhten oder abgesenkten Sorgfaltsmaßstab führen. Dabei ist jedoch die gebotene Sorgfalt wiederum nicht individuell, sondern für die jeweils betroffene Gruppe, der die Person angehört, zu bestimmen. Es ist auf den betroffenen Verkehrskreis abzustellen, sodass für Alte und Jugendliche (BGH NJW 1984, 1958) und für Kinder (BGH NJW-RR 1997, 1111) grds ein **abgemilderter Sorgfaltsmaßstab** gilt, wobei hier dann aber bei Ausschluss von Fahrlässigkeit geprüft werden muss, ob nicht mit Blick auf die erkennbar eingeschränkte Fähigkeit ein Übernahmeverschulden vorliegt (BGH NJW 1988, 909; JZ 1968, 103). Im Vertragsrecht ist eine Abmilderung nur dann zulässig, wenn sich die Gruppenzugehörigkeit und die daraus resultierenden Konsequenzen für den Haftungsmaßstab im Vertrag widerspiegeln (MüKo/*Grundmann* Rn 67).

21 Je nach **Beruf** und/oder (bes) **Ausbildung** kann es zu gruppen- bzw berufsspezifisch **erhöhten Sorgfaltsmaßstäben** kommen. So hat ein Kaufmann gem § 347 HGB die Sorgfalt eines ordentlichen Kaufmanns zu beachten (BGHZ 92, 396, 402). Vergleichbare Vorschriften finden sich in § 429 HGB für den Frachtführer oder Organmitglieder einer juristischen Person bzw Genossenschaft in §§ 93 Abs 1, 116 AktG, § 43 Abs 1 GmbHG und § 34 GenG. Erhöhte Sorgfaltsmaßstäbe hat die Rspr des Weiteren bspw für Fachärzte (BGH NJW 1999, 1779), Kraftfahrer (BGH NJW 1988, 909), Gewerbetreibende (BGHZ 31, 367), Finanzdienstleister bei der Beratung (BGHZ 123, 126, 131), den Anlageberater (BGHZ 74, 103), Rechtsanwälte hinsichtlich ihrer Belehrungspflicht (BGH NJW-RR 1990, 1241) und zahlreiche weitere Berufsgruppen entwickelt. Aufgrund der weitgehenden Objektivierung des Sorgfaltsmaßstabs werden diese gruppenspezifischen Verhaltenserwartungen regelm zugleich zur Begründung entspr Obhuts- und Schutzpflichten nach § 241 Abs 2 oder leistungsbegleitender Verhaltenspflichten herangezogen, sodass auf die entspr Ausführungen zu den berufsgruppenspezifischen Pflichten bei § 280 Rz 54 ff verwiesen wird.

22 **2. Erkennbarkeit der Gefahr des Erfolgseintritts. a) Erkennbarkeit der tatsächlich bestehenden Gefahr des Erfolgseintritts.** Die Erkennbarkeit ist eng mit dem Sorgfaltsmaßstab verbunden. Geht es im Rahmen des Sorgfaltsmaßstabs um objektiv-normativ gebotene Verhaltens-, Handlungs- bzw Unterlassungsgebote auf Grund einer Gefahr für den anderen Teil, so markiert die Erkennbarkeit der Gefahr des Erfolgseintritts die Schwelle, ab der der Verpflichtete zur Vermeidung des Erfolgseintritts Überlegungen anstellen muss (MüKo/*Grundmann* Rn 68). Diese Schwelle wird wiederum regelm durch konkretisierende Sorgfaltsnormen, aber erg auch durch die Erfahrungen im betroffenen Verkehrskreis markiert. Die Erkennbarkeit ist – wie bereits das Wort deutlich macht – objektiv zu bestimmen, da es darauf ankommt, ob die betroffene Person gemessen an den übrigen Mitgliedern ihrer Vergleichsgruppe die Gefahr des Erfolgseintritts erkennen musste. Dabei darf jedoch keine Überspannung der zu vermutenden Erkennbarkeit durch eine rückschauende Betrachtung vom Erfolgseintritt her vorgenommen werden (BGHZ 80, 199, 204; NJW-RR 1995, 1173). Bei Erkennbarkeit der Gefahr ist regelm auch die Erkennbarkeit ihrer Kausalität für den Erfolgseintritt gegeben.

23 Wie bei der Bestimmung des Sorgfaltsmaßstabs hat der **Vertrauensgrundsatz** auch bei der Erkennbarkeit (und auch bei der Vermeidbarkeit) eine leitende Funktion, um die Schwelle nicht zu hoch oder zu niedrig anzusetzen. So kann der Teilnehmer am Straßenverkehr bspw grds auf das **verkehrsrichtige Verhalten** der anderen Verkehrsteilnehmer **vertrauen**, sodass bestimmte Gefahren von vorneherein nicht erkennbar sind (BGH NJW 1982, 1756). Wird verkehrswidriges Verhalten erkennbar, greift der Vertrauensgrundsatz nicht mehr ein. Dann ist mit einer Vermeidung des Erfolgseintritts durch den anderen erkennbar nicht mehr zu rechnen, selbst wenn diesen eigene Sorgfaltspflichten oder Obliegenheiten zur Schadensminderung treffen. Der Vertrauensgrundsatz findet auch als die Erkennbarkeit beschränkendes Moment keine Anwendung bei Personen, von denen die Erkennung und Vermeidung bestimmter Gefahren offensichtlich nicht erwartet werden kann. Dies gilt insbes bei **Kindern** (BGH VersR 1968, 470, 471; 1980, 863). Das Gleiche gilt auch, wenn eine Situation gegeben ist, in der offensichtlich bzw erfahrungsgemäß nicht mit einer Vermeidung der Verwirklichung einer Gefahr durch den anderen (auch Erwachsene) gerechnet werden kann, wie bspw beim Umgang mit Betrunkenen (BGH VersR 1981, 192, 193), in Kneipen (BGH NJW 1985, 482) und auf Volksfesten und beim Fußball (BGH VersR 1957, 247).

24 **b) Erkennbarkeit der Rechtswidrigkeit der Gefahrverwirklichung.** Auch bei der Fahrlässigkeit muss die Rechtswidrigkeit grds intellektuell mit erfasst werden. Fraglich ist, welche Anforderungen an die Erkennbarkeit der Rechtswidrigkeit anzulegen sind. Grds ist bei der Erkennbarkeit einer Gefahr im Tatsächlichen und

der objektiven Rechtswidrigkeit des Verhaltens (also den Verstoß gegen Sorgfaltspflichten) auch von einer Erkennbarkeit der Rechtwidrigkeit des Verhaltens auszugehen. Dies wird getragen von dem Gedanken, dass jeder die nicht völlig versteckten Sorgfaltsnormen kennen muss. Regelm wird das Bestehen einer erkannten Gefahr und die Möglichkeit der Vermeidung des Erfolgseintritts dem Verpflichteten bereits signalisieren, dass der andere Teil auf die Vornahme seiner adäquaten Vermeidungshandlung vertrauen wird, wie auch er als Teil des Verkehrs bei der umgekehrten Sachlage darauf vertraut, dass der andere Teil die gebotene Vermeidungshandlung vornimmt (MüKo/*Grundmann* Rn 73). Dies führt dazu, dass der Verpflichtete bei Unkenntnis oder Unsicherheit über die Rechtslage adäquaten Rechtsrat bei Rechtskundigen einholen muss (BGH NJW 1962, 1831, 1832; WM 2001, 2012), **Rechtsirrtümer** den Verpflichteten mithin nicht entlasten bzw entschuldigen (BGH NJW 2007, 428, 430). Lediglich in dringlichen Fällen oder wenn dem Verpflichteten die Einholung von Rechtsrat sonst unmöglich oder unzumutbar ist, darf er hierauf verzichten. Der Verpflichtete darf aber grds auf standesmäßig ausgewiesene Kompetenz in der Rechtsberatung vertrauen und muss nur bei unübersichtlicher Rechtslage oder erkennbar fehlerhafter Rechtsberatung alternativen und ggf spezialisierten Rechtsrat einholen (BGHZ 2, 387; VersR 1968, 148, 150).

Bei verbleibender **Rechtsunsicherheit**, selbst in nur geringem Maße, gilt der Grundsatz, den sichersten Weg einzuschlagen und nur bei einem bes gewichtigen Interesse an der sofortigen Rechtsdurchsetzung wird in Ausnahmefällen kein schuldhaftes Verhalten anzunehmen sein (BGHZ 74, 281, 284 f; 89, 296, 302 f). Dies führt zu der hohen Anforderung, dass außerprozessual erst dann keine Rechtsunsicherheit mehr anzunehmen ist, wenn eine Rechtsfrage praktisch einhellig beantwortet wird (BGH NJW 1974, 1903). Im Prozess wird die Rechtsunsicherheit weder durch instanzgerichtliche Rspr oder höchstrichterliche Entscheidungen in ähnl Fällen (BGH NJW 1974, 1903; NJW-RR 1990, 161), nicht einmal zwingend durch einen höchstrichterlichen Entscheid im selben Rechtsstreit beseitigt, sondern im Fall einer aggressiven Pressemeldung wurden deren Rechtswidrigkeit und das Verschulden sogar erst nach erfolgreicher Verfassungsbeschwerde angenommen (BGH NJW 1982, 635). Auch bei Rechtsunsicherheit ist der Berechtigte jedoch grds nicht zur Aufgabe seiner Rechte oder zum Verzicht auf die Durchsetzung seiner Rechte verpflichtet. Dies bedeutet, dass Gestaltungsrechte bei ihrem drohenden Verfall auch bei bestehender Rechtsunsicherheit geltend gemacht werden dürfen und nur bei vollkommen grundlosen Kündigungen schuldhaft sind (BGHZ 89, 296, 302 f; zu Recht zurückhaltend bei der Annahme von Verschulden Hamm NJW 1984, 1044). Dasselbe gilt auch für das Recht zur Klageerhebung (BGHZ 32, 18, 20) und für die wettbewerbsrechtliche Abmahnung (BGHZ 62, 29, 34 f; Köln WRP 1976, 49, 52 f; keine Privilegierung für den Betroffenen, der selbst in das gewerbliche Schutzrecht eingreift: BGHZ 38, 200, 204 ff). Schließlich dürfen zum Handeln Verpflichtete, wie bspw Beamte (BGH NJW 1988, 1134; 1998, 2909; das entlastet den Beamten aber nicht von einer sorgfältigen Prüfung der Entscheidung: BGHZ 119, 365) und Notare (BGH VersR 1983, 399, 400) auch auf Entscheidungen von Kollegialgerichten vertrauen. 25

3. Vermeidbarkeit des Erfolgseintritts. Nur wenn der Eintritt des Erfolgs vermeidbar war, kann eine Handlung bzw ein Unterlassen als fahrlässig bewertet und nach § 276 Abs 1 S 1 zugerechnet werden. Mit der Vermeidbarkeit wird das voluntative Moment beschrieben, da im Rahmen des Verschuldens als Zurechnungsgrund nur vom Willen getragenes Verhalten zu einer Haftung führen können soll (BGHZ 98, 135). Hier ist ebenfalls eine Beurteilung auf objektiver Basis vorzunehmen, wobei ebenfalls Rücksicht auf den betroffenen Verkehrskreis genommen wird. So muss der untergeordnete Angestellte nicht jede Situation selbst beurteilen, sondern erfüllt seine Sorgfaltspflicht grds bereits dann, wenn er sich an seine Anweisungen hält (BGH NJW 1988, 48). Aber auch dann können einfachste und jedem einleuchtende Vermeidungsmaßnahmen erwartet werden und entschuldigen völlig untaugliche Handlungen, insbes auf Grund der Fehleinschätzung in Bezug auf Fähigkeit und Bildung nicht (BAG NJW 1976, 1229). Vermeidbarkeit beinhaltet grds auch, dass der Erfolg durch die Vornahme der durch den Sorgfaltsmaßstab gebotenen Handlung tatsächlich hätte vermieden werden können; sog **Einwand des rechtmäßigen Alternativverhaltens** (einschränkend BGHZ 63, 319, 325; 64, 52, 57 f). Hier liegen die Probleme aber vor allem bei der Beweislastverteilung; dazu Rz 51. 26

Ob die Person den Erfolgseintritt vermeiden konnte und musste, richtet sich auch nach normativen Kriterien. Zum einen werden Gefahren, die sich in einem (Schädigungs-)Erfolg verwirklichen, als nicht vermeidbar angesehen, wenn sie aus sog **sozialadäquatem Verhalten** resultieren (Soerg/*Wolf* Rn 119). Grds gilt aber auch dann, sofern nicht auf Grund des erlaubten Risikos per Gesetz eine Gefährdungshaftung besteht, dass die Gefahren möglichst zu minimieren sind. Andererseits ist im Sport die Grenze zur Fahrlässigkeit regelm erst bei einem groben Regelverstoß überschritten (BGH NJW 1976, 957; NJW 1976, 2161; Hamm MDR 1997, 553). Des Weiteren handelt derjenige nicht fahrlässig, dem die Vornahme der Vermeidungshandlung **unzumutbar** ist. Die Unzumutbarkeit ist allerdings nur in Ausnahmefällen gg den Fahrlässigkeitsvorwurf erfolgreich einwendbar, zB wenn dem Arbeitnehmer ein Zuwiderhandeln gg die Weisung des Arbeitgebers unzumutbar ist. Aber auch dann wird zB vom Führer eines Kraftfahrzeugs verlangt, die Fahrt zu verweigern, wenn das Fahrzeug nicht in verkehrstauglichen Zustand ist (MüKo/*Grundmann* Rn 81), oder der eigenverantwortlich operierende Assistenzarzt muss einer Weisung des Oberarztes zuwider handeln, wenn er eine weniger gefährliche Methode erkannt hat (BGHZ 88, 248, 258 f). 27

28 **4. Fahrlässigkeitsgrade. a) Grundsätzliches.** Von dem entspr der vorstehenden Ausführungen bestimmten Sorgfaltsmaßstab ausgehend ist die im Einzelfall erforderliche Sorgfalt zu bestimmen, die auf Grund bes Umstände, vor allem dem Verhalten des Betroffenen durchaus von der üblichen abweichen kann. Man unterscheidet teilw zwischen bewusster und unbewusster Fahrlässigkeit. Gebräuchlicher ist hingegen die qualitative Abstufung des Sorgfaltsverstoßes nach leichter, einfacher (normaler) und grober Fahrlässigkeit. Da die Zurechnung nach dem Grundsatz in § 276 Abs 1 ein Verschulden voraussetzt, ist im Vertragsrecht die Abgrenzung zwischen Fahrlässigkeit und Vorsatz von untergeordneter Bedeutung. Außerhalb des Vertragsrechts ist das Erfordernis vorsätzlichen Verhaltens vor allem im Rahmen des Vermögensschutzes (§ 826) und beim Vertragsschluss (§ 123) von Bedeutung. Im Vertragsrecht sind hingegen die Abgrenzungsfragen, ob eine Zurechnung ausnahmsw einmal ohne Verschulden erfolgt, und ob nicht lediglich einfache Fahrlässigkeit, sondern grobe Fahrlässigkeit vorliegt, relevanter (MüKo/*Grundmann* Rn 83). Die bes Bedeutung der letztgenannten Abgrenzungsfrage, dh der Feststellung des Vorliegens grober Fahrlässigkeit ist vor allem in den folgenden Bereichen zu beobachten: dem Haftungsrecht, einschließlich der Möglichkeiten der Haftungsbeschränkung und Regressnahme, und die hiermit eng verbundene Frage der Folgen von Obliegenheitsverletzungen sowie bei der Hinderung des Erwerbs von Rechten.

29 So schließt **grobe Fahrlässigkeit** (genauer grob fahrlässige Unkenntnis) gem §§ 912, 926 Abs 2, 932 Abs 2, 937, 955, 957, 990, 1121, 1207, 1208, 2024 einen **Erwerb auf Grund guten Glaubens** aus. Der gutgläubige Rechtserwerb wird hier aus Verkehrsschutzgründen verhindert. Eine Ausn von diesem Grundsatz, dass grob fahrlässige Unkenntnis einen Gutglaubenserwerb hindert, wird nur dort gemacht, wo sich der gute Glaube auf die Verfügungsbefugnis bezieht, wie bspw in §§ 135 Abs 2, 161 Abs 3, 2113 Abs 3, 2211 Abs 2 oder in § 366 HGB. Eng mit diesem Bereich verbunden sind die Fälle, in denen grobe Fahrlässigkeit (wiederum grob fahrlässige Unkenntnis) zu einem Rechtsverlust führt, wie bspw in §§ 442 Abs 1, 536b in denen eine Haftung des anderen Teils nur bei arglistigem Verschweigen verbleibt. Hier befindet man sich aber wiederum bereits bei der eng verwandten Frage der Obliegenheitsverletzungen.

30 Überragende Bedeutung hat die Abgrenzung zwischen einfacher (normaler) und grober Fahrlässigkeit im (vertraglichen) Haftungsrecht. So haftet der Schädiger in einigen Gebieten oder unter bestimmten Voraussetzungen nur für grobe Fahrlässigkeit. Hierher gehören zum einen die unentgeltlichen Schuldverhältnisse Schenkung, Leihe und Verwahrung, bei denen gem **§§ 521, 599 und 690** der Schenker, Verleiher bzw Verwahrer nur Vorsatz und grobe Fahrlässigkeit zu vertreten hat und Verleiher und Schenker bei Sach- und Rechtsmängeln grds sogar nur für Arglist haften (**§§ 524 Abs 1, 523 Abs 1, 600**). Die Rspr nimmt hier freilich eine Unterscheidung zwischen den betroffenen Interessen idS vor, dass die zweitgenannte Haftungsbegrenzung nur für das Erfüllungsinteresse gilt, während die erstgenannte sich auch auf das Integritätsinteresse bezieht (BGHZ 93, 23, 27 f für die Schenkung; Köln VersR 1988, 381 für Leihe). In diesen Zusammenhang gehört schließlich auch die Haftungsbegrenzung zugunsten des Schuldners bei Gläubigerverzug nach § 300 Abs 1. Für weitere Fälle gesetzlicher Haftungsbeschränkungen auf grobe Fahrlässigkeit vgl MüKo/*Grundmann* Rn 88 f.

31 Neben diesen gesetzlich geregelten Fällen der Begrenzung der Haftung auf grob fahrlässiges Verhalten, besteht die Möglichkeit einer entspr vertraglichen Haftungsabrede. Die grobe Fahrlässigkeit hat im Rahmen von Haftungsabreden eine bes Bedeutung, da die Haftung für sie bei den im praktischen Alltag am häufigsten vorkommenden Massenverträgen gem **§ 309 Nr 7b** nicht wirksam abbedungen werden kann. Trotz § 310 Abs 1 gilt dies grds auch ggü unternehmerisch tätigen Kunden. Durch bes Regelungen ist der Ausschluss der Haftung für grobe Fahrlässigkeit zunehmend auch für bestimmte Verträge im Massenverkehr nicht mehr wirksam möglich (**vgl §§ 651h Abs 1 Nr 1; 676c Abs 1 S 5**). Bei der Haftung für grobe Fahrlässigkeit verbleibt es gem § 277 aE auch dann, wenn dass Gesetz nur die Aufwendung der Sorgfalt in eigenen Angelegenheiten verlangt, was wiederum eng an die Thematik der Obliegenheitsverletzung heranführt.

32 Bes Bedeutung hat die Abgrenzung zwischen den einzelnen Fahrlässigkeitsgraden bei der **Arbeitnehmerhaftung** sowie im Rahmen der Möglichkeit der Regressnahme des Versicherers beim Versicherungsnehmer. Der Arbeitnehmer haftet nach st Rspr seinem Arbeitgeber für einen Schaden aus oder im Zusammenhang mit seiner arbeitsvertraglich geschuldeten Tätigkeit erst ab grober Fahrlässigkeit vollumfänglich (BAG NZA 1997, 140, 141) und auch dann werden von der vollen Haftung Ausn gemacht, wenn ein Mitverschulden des Arbeitgebers oder ein exorbitantes Betriebsrisiko vorliegt (BAG NJW 1990, 468, 469; NZA 1997, 140, 141). Bei mittlerer (normaler) Fahrlässigkeit wird eine quotale Haftung des Arbeitnehmers angenommen (BAGE 57, 55, 60; NZA 2002, 612), wobei dann häufig eine betragsmäßige Begrenzung in Abhängigkeit des Gehalts angenommen wird (LAG München AuR 1995, 193). Bei leichter Fahrlässigkeit ist eine Haftung des Arbeitnehmers ggü seinem Arbeitgeber ausgeschlossen (BAG NZA 1997, 140, 141), wobei diese Fälle (und damit auch die Abgrenzung) praktisch von geringer Bedeutung sind und hierzu die Gerichte nur selten entscheiden. Die nach der früheren Rspr weiterhin aufgestellte Voraussetzung der »gefahrgeneigten Tätigkeit« wurde aufgegeben (BAG NJW 1995, 210). Als Rechtfertigung für die bes Haftungsregelung im Arbeitsrecht wird vor allem gesehen, dass der Arbeitgeber einfach und besser Vorsorge- und Vermeidungsmaßnahmen gg das Risiko veranlassen oder das Risiko versichern kann, und zugleich der Arbeitnehmer ausschließlich im fremden Interesse tätig wird, eine Fremdtätigkeit ausführt (MüKo/*Grundmann* Rn 87). Mit Blick auf diese Wertung hinter den Besonderheiten bei der Arbeitnehmerhaftung ist klar, dass die durch sie bewirkte Haftungs-

beschränkung des Arbeitnehmers nicht Dritten ggü gelten kann, sondern der Arbeitnehmer dann voll haftet und im Innenverhältnis zum Arbeitgeber entspr der vorgenannten Grundsätze Regress nehmen kann (BGHZ 108, 305; NJW-RR 1995, 659). Ist der Rückgriff auf eine Kfz-Haftpflichtversicherung des Arbeitnehmers möglich, soll hingegen kein entspr Regress beim Arbeitgeber genommen werden (BGHZ 116, 200, 207; BAG NJW 1972, 440). Um die hinter den Grundsätzen der Arbeitnehmerhaftung stehenden Wertungen nicht durch eine Regressnahme des Versicherers beim schädigenden Arbeitnehmer zunichte zu machen, wird ein Rückgriff auch nur bei grober Fahrlässigkeit und Vorsatz zugelassen (MüKo/*Grundmann* Rn 89).

Bei **Versicherungen** hat die Abgrenzung der verschiedenen Fahrlässigkeitsgrade vor allem beim Ausschluss der Einstandspflicht auf Grund grob fahrlässiger Obliegenheitsverletzung Bedeutung. So hat der Versicherte keinen Anspruch gegen seinen Versicherer, wenn er den Schaden selbst grob fahrlässig herbeigeführt hat (§ 61 VVG). Des Weiteren ist die Einstandspflicht des Versicherers bei grob fahrlässigem Verstoß gg eine Obliegenheit regelm nach den allg Versicherungsbedingungen des Versicherungsvertrags ausgeschlossen. Die vorgenannte Grenze für die Einstandspflicht des Versicherers wird auf weitere Bereiche, wie bspw die Entgeltfortzahlung im Krankheitsfall übertragen (BAG NJW 1982, 1014; MüKo/*Grundmann* Rn 91 ff zu weiteren Fällen). Bei Haftpflichtversicherungen allerdings erst bei Vorsatz und auch nicht zu Lasten des Geschädigten, sondern nur im Verhältnis zwischen Haftpflichtversicherer und Versicherungsnehmer (§§ 152 und 158c VVG). 33

b) Grobe Fahrlässigkeit. Die grobe Fahrlässigkeit wird in der Rspr verschiedentlich dahingehend umschrieben, dass es sich um ein bes **schwerwiegendes Außerachtlassen der erforderlichen Sorgfalt** handelt (BGH NJW-RR 1995, 659), eine Verletzung elementarer Sorgfaltspflichten (Frankfurt VersR 1981, 27, 30), ein Außerachtlassen ganz nahe liegender Überlegungen (BGH NJW-RR 1995, 659) oder Nichtvornahme nahe liegender, unschwer ergreifbarer Sicherheitsvorkehrungen (BAG NJW 1982, 1013) oder das Außerachtlassen dessen, was jedem in der betroffenen Situation hätte einleuchten müssen (BGHZ 89, 153). Teilw wird als ausfüllungsbedürftige Formel aufgestellt: »eine (bes grobe und) auch subjektiv schlechthin unentschuldbare Pflichtverletzung, die das gewöhnliche Maß an Fahrlässigkeit erheblich übersteigt« (BGH NJW 1992, 316, 317; 1992, 3235, 3236). Für die Abgrenzung bedarf es einer Bewertung des festgestellten objektiven Sorgfaltsverstoßes unter Berücksichtigung aller Umstände des Einzelfalls. Für diese Bewertung kann auch unterschieden werden, ob der Sorgfaltsverstoß zur Feststellung führt: »Das kann vorkommen«, oder man im Ergebnis bei der umfassenden Würdigung zum Ergebnis gelangt: »Das darf nicht vorkommen« (MüKo/*Grundmann* Rn 94 unter Verweis auf *Frey* AuR 1953, 7, 8). 34

Die vorstehende Begriffsdefinition lässt erkennen, dass es bei der Feststellung von grober Fahrlässigkeit auch auf subjektive Momente ankommt. So fordert die Rspr grds das Vorliegen einer **bes subjektiven Vorwerfbarkeit**, die das gewöhnliche Maß weit übersteigt (BGHZ 10, 14, 16; 119, 147; NJW 2001, 2092). Von diesem Erfordernis werden nur Ausn beim Verkehrsschutz (BGH NJW 1965, 687, 687 f für Ausschluss des Gutglaubenserwerbs) und – von der Begründung (objektive Markterwartung) her eng hiermit verbunden – im beruflichen Verkehr oder bei Organisationsmängeln sowie im Arzthaftungsrecht bei groben Behandlungsfehlern, bei deren objektivem Vorliegen bereits auf grobe Fahrlässigkeit geschlossen wird (BGH NJW 1987, 705) und im Rahmen des § 309 Nr 7b gemacht. Die bes subjektive Vorwerfbarkeit, welche den qualitativ gesteigerten Grad der groben Fahrlässigkeit ausmacht, kann durch eine gesteigerte objektive Erkennbarkeit und/oder Vermeidbarkeit begründet werden. Hat der Schädiger die Gefahr tatsächlich erkannt und deren Realisierung nicht verhindert (bewusste Gefährdung), so ist dies regelm ein starkes Indiz für grobe Fahrlässigkeit. Des Weiteren ist die Nichtbeachtung von jedem bzw der jeweiligen Berufsgruppe bekannten Sorgfaltsnormen, insbes Unfallverhütungsvorschriften (bspw die »Todsünden« im Straßenverkehr nach § 315c StGB) ein starkes Indiz. Auch bei weniger prominenten Sorgfaltsnormen kann ein dauerhafter/mehrmaliger Verstoß bzw eine dauerhafte Aufrechterhaltung der Gefahrenlage, ohne dem Verstoß abzuhelfen bzw Vermeidungsmaßnahmen zu ergreifen, ein solches Indiz sein, wobei grds bei nur kurzer Gefahrensituation eher eine höhere Anspannung, insbes für Vermeidungsüberlegungen vom Schädiger zu erwarten ist, sodass bei einer Dauergefahr je nach Gefahrenpotential und Vorliegen bekannter Sorgfaltsnormen eine grobe Fahrlässigkeit wiederum abgelehnt werden kann. Dies macht deutlich, dass dieser Gesichtspunkt eng mit dem Aspekt einer gesteigerten Erkennbarkeit und der Frage der Vermeidbarkeit bzw der Höhe der Vermeidungsaufwendungen korreliert. Schließlich werden auch konkrete subjektive Besonderheiten des Schädigers (Alter, Erfahrung, seelische Sonderlage etc) mitberücksichtigt (BGH VersR 1968, 385, 386; 1978, 441; Köln VersR 1977, 470), wobei allerdings derjenige grds grob fahrlässig handelt, der eine Aufgabe übernimmt, der er erkennbar nicht gewachsen ist (BGH VersR 1978, 32). Letztlich kommt es hier auf eine umfassende Würdigung aller Umstände des Einzelfalls an, bei der Wertungen aus vorangegangenen Entscheidungen zu berücksichtigen sind (vgl zu weiteren Überlegungen vor allem zum Straßenverkehr MüKo/*Grundmann* Rn 97 ff). Die an den Richter gestellte Aufgabe kann aber nicht durch ein bloßes Subsumieren unter aus früheren Entscheidungen gebildeten Fallgruppen gelöst werden. 35

V. Verschuldensfähigkeit/Zurechenbarkeit. Da es beim Verschulden um die subjektive Vorwerfbarkeit eines rechtswidrigen Erfolges geht, muss der Schuldner auch die **Fähigkeit zur Einsicht** in das durch ihn verwirk- 36 lichte Unrecht besitzen. Dem wird durch den Verweis in Abs 1 S 2 auf §§ 827 und 828 Rechnung getragen. Obwohl auf § 829 nicht verwiesen wird, ist dieser nach wohl hM auch im Vertragsrecht anwendbar, da für eine Differenzierung zum Deliktsrecht kein sachlicher Grund besteht (sehr str; hM: Palandt/*Heinrichs* Rn 6; Hk-BGB/*Schulze* Rn 5; aA *Böhmer* NJW 1967, 865 zu § 276 Abs 1 S 3 aF; offen lassend: AnwK/*Dauner-Lieb* Rn 7). Da im Vertragsrecht die Garantiehaftung anerkannt und besser gerechtfertigt werden kann, ist auch die Haftung aus Billigkeitsgründen hier eher zu rechtfertigen, sodass auch § 829 im Rahmen der Haftung im Vertragsrecht angewendet werden sollte (MüKo/*Grundmann* Rn 166).

37 **VI. Entschuldigungs- bzw Schuldausschließungsgründe.** Unabhängig vom Verschuldensgrad sind grds sämtliche anerkannten Entschuldigungsgründe auch im Zivilrecht, insbes auch im Vertragsrecht anwendbar. Freilich kann der konkret verwirklichte Verschuldensgrad auf das Vorliegen einer Entschuldigung rückwirken, bspw sofern im Rahmen der Voraussetzungen eines Entschuldigungsgrundes auch Zumutbarkeiterwägungen anzustellen sind. Hier kann ein grobes bzw schweres Verschulden (zumeist in Form der groben Fahrlässigkeit) die Schwelle entscheidend anheben.

38 Mit Blick darauf, dass § 20 StGB als allg Grundsatz die Grenze der Schuldfähigkeit ist, muss er auch im Zivilrecht angewendet werden (Soerg/*Wolf* Rn 192; MüKo/*Grundmann* Rn 167; aA BGHZ 98, 135). Keine große Bedeutung hat hingegen § 21 StGB, da für die zivilrechtliche Haftung regelm einfache Fahrlässigkeit ausreichend ist (BGH NJW 1970, 1080). Allenfalls dann, wenn Vorsatz oder grobe Fahrlässigkeit gefordert ist, kann die Regelung einmal beachtlich werden. Sollte ein Schuldausschluss oder eine Schuldminderung vorliegen und diese die zivilrechtliche Haftung ausschließen, ist eine entspr Anwendung von § 829 wegen vergleichbarer Interessenlage zu erwägen (MüKo/*Grundmann* Rn 167). Entschuldigender Notstand gem § 35 StGB und übergesetzlicher entschuldigender Notstand sind zwar grds auch im Rahmen der zivilrechtlichen Haftung anerkannt. Hier greift dann aber zumindest eine Entschädigungspflicht wie beim rechtfertigenden Notstand ein (BGH NJW 1985, 2648). Beim übergesetzlichen entschuldigenden Notstand ist des Weiteren wiederum eine entspr Anwendung des § 829 zu erwägen. In den Fällen der Ableitung einer Entschuldigung aus einem Gewissenkonflikt, der aus der Befolgung einer Rechtspflicht resultiert und die Befolgung unzumutbar erscheinen lässt, muss der Vorrang der Behandlung dieser Fälle durch § 275 Abs 3 beachtet werden. Bei ihnen ist mit Blick auf § 283 als Grundsatz erkennbar, dass auch bei Vorliegen der Voraussetzungen des § 275 Abs 3 eine Haftung nicht automatisch ausgeschlossen ist.

39 **D. Andere Haftungsmaßstäbe.** Die grds Verantwortlichkeit des Schuldners für ein Verschulden gilt nach Abs 1 S 1 nur, soweit »eine strengere oder mildere Haftung weder bestimmt noch aus dem sonstigen Inhalt des Schuldverhältnisses, insbes aus der Übernahme einer Garantie oder eines Beschaffungsrisikos« entnehmbar ist. Eine **abw Bestimmung des Haftungsmaßstabes** kann sich aus **Gesetz oder einem Rechtsgeschäft** ergeben. Der Passus »aus dem sonstigen Inhalt des Schuldverhältnisses« besitzt keine eigenständige Bedeutung, sondern dient lediglich zur Klarstellung und Konkretisierung der Fälle anderweitiger Bestimmung durch Rechtsgeschäft. Vertragliche Haftungsabreden durch Individualvereinbarung sind in den Grenzen der §§ 276 Abs 3, 134, 138 möglich. Bei formularmäßigen Abreden ist des Weiteren § 309 Nr 5-7 zu beachten und wegen der grds Aussage zum Verschuldensprinzip die Vereinbarung einer verschuldensunabhängigen Haftung gem § 307 Abs 2 Nr 1 unzulässig (siehe auch Rz 45 f). Ohne ausdrückliche abw Abrede über den Haftungsmaßstab, kann sich eine strengere Haftung »aus dem Inhalt des Schuldverhältnisses« ergeben, wofür Abs 1 S 1 aE zwei Regelbeispiele nennt.

40 **I. Übernahme einer Garantie.** Erstes Regelbeispiel für eine strengere Haftung auf Grund des Inhalts des Schuldverhältnisses ist die Übernahme einer **Garantie**. Hintergrund für die Regelung ist die Abschaffung des § 463 aF (Zusicherungshaftung) und die Integration des Gewährleistungsrechts in das Allg Leistungsstörungsrecht, so dass für Schadensersatzansprüche ein vom Verkäufer zu vertretender Mangel vorliegen muss. Da der Gesetzgeber aber die praktisch wichtigen Fälle der Zusicherung nicht ungeregelt lassen wollte, werden diese »sprachlich verbessert« mit dem Begriff der »Garantie« bei der Verantwortlichkeit des Schuldners erfasst (BTDrs 14/6040, 132). Schon nach bisherigem Verständnis war die Zusicherung maßgeblich durch den Garantiewillen des Verkäufers geprägt. Die Zusicherung ist weiterhin die Übernahme einer Garantie für das Vorhandensein einer Eigenschaft verbunden mit dem Versprechen, unbesehen eines weiteren Verschuldens für alle negativen Folgen ihres Fehlens einstehen zu wollen (BGHZ 59, 158, 160; NJW 1996, 1465, 1466). Der Begriff der Garantie ist also nicht mit der in § 443 geregelten Haltbarkeitsgarantie gleichzusetzen. Vielmehr muss auch bei einer solchen immer eine Zusicherung in Form einer (auch konkludenten) Abrede vorliegen, wobei in der Einzelfallprüfung auf die Konkretisierungen der bisherigen Rspr zurückgegriffen werden kann. Inwieweit auch Mangelfolgeschäden von der verschuldensunabhängigen Haftung erfasst werden, bestimmt sich durch die Reichweite der Garantie und ist somit durch Auslegung der Erklärung zu ermitteln (Koblenz NJW 2004, 1670; sowie BGHZ 50, 200; BGH, NJW 1973, 843 mwN zum Recht vor dem SMG).

41 **II. Übernahme eines Beschaffungsrisikos.** Als weiteres Beispiel einer »aus dem Inhalt des Schuldverhältnisses« resultierenden Haftungsverschärfung ist in Abs 1 S 1 die **Übernahme eines Beschaffungsrisikos** genannt. Damit wird die für die Gattungsschuld getroffene Wertung des § 279 aF übernommen (BTDrs 14/

6040, 132). Die bei der Übernahme eines Beschaffungsrisikos grds verschuldensunabhängige Haftung wird aber jetzt über die Fälle einer Gattungsschuld auf Stückschulden ausgedehnt, in denen der Schuldner sich zur Beschaffung des Leistungsgegenstandes ausdrücklich verpflichtet. Es kommt also immer auf den Inhalt einer entspr vertraglichen Vereinbarung an (BTDrs 14/6040, 132). Es gilt daher keineswegs eine unbegrenzte Garantiehaftung für sämtliche Beschaffungshindernisse. Die Haftung auch für untypische Beschaffungshindernisse nach dem Wortlaut des § 279 aF führte bereits das Reichsgericht zu den bekannten Problemen und rechtspolitischen Einschränkungsforderungen (RGZ 99, 1 – ostgalizische Eier; 57, 116 – Baumwollsaatmehl Marke »Eichenlaub«). Die Reichweite der Risikoübernahme ist daher in Auslegung der konkreten vertraglichen Abrede zu ermitteln (*Canaris* JZ 2001, 499, 518). IdR werden dies bei Vertragsschluss vorhersehbare Beschaffungsrisiken sein, bei marktbezogenen Geschäften wird also für die Überwindung der markttypischen Beschaffungsrisiken verschuldensunabhängig gehaftet.

III. Geldschulden. Zahlungsunfähigkeit führt weiterhin nicht zur Unmöglichkeit und Befreiung nach § 275. **42**
Der Geldschuldner hat für seine finanzielle Leistungsfähigkeit grds uneingeschränkt einzustehen: »Geld muss man haben« (BGHZ 63, 132, 139; 107, 92, 102). Das gehört zur geltenden Rechts- und Wirtschaftordnung und rechtfertigt sich aus der Existenz des Insolvenzrechts. Dieser Grundsatz musste daher nicht – wie noch im Regierungsentwurf durch den Terminus der »Natur der Schuld« – gesondert festgestellt werden (BTDrs 14/6040, 132), sodass der Rechtsausschuss ihn als »überflüssig monierte (BTDrs 14/7052, 184) und sich letztlich zu Recht durchsetzte.

IV. Weitere gesetzlich gesondert geregelte Haftungsmaßstäbe. Die in § 276 Abs 1 genannten Regelbeispiele **43**
sind Fälle, in denen auch ohne ausdrückliche entspr Parteiabrede der Haftungsmaßstab auf Grund privatautonomer Selbstbindung verschärft wird (BTDrs 14/6040, 131 f). Während **gesetzliche Haftungsverschärfungen** zB in **§ 278** und **§ 287** vorgesehen sind, werden zB in **§ 521 und §§ 690, 708, 1664 iVm § 277 Haftungsmilderungen** angeordnet. Hierher gehört auch die ausnahmsw analoge Heranziehung des Haftungsmaßstabs der §§ 521 und 690 in Fällen der **Gefälligkeit und Unentgeltlichkeit** und die richterrechtlichen Einschränkungen der Arbeitnehmerhaftung bei betrieblich veranlasster Tätigkeit (BAG GS NZA 1993, 547; MüKo/*Kollhosser* § 521 Rn 6 ff; BTDrs 14/6587, 48 zu Nr 21). Nach § 347 Abs 1 HGB muss der Kaufmann, für den das Geschäft ein Handelsgeschäft ist, dem anderen Teil für die Sorgfalt eines ordentlichen Kaufmanns einstehen. Hierdurch wird der Sorgfaltsmaßstab nicht etwa abgeschwächt oder verschärft. Vielmehr muss bei der Bestimmung des objektiven Sorgfaltsmaßstabs die Referenz nicht zum durchschnittlichen Verkehrsteilnehmer, sondern zum ordentlichen Kaufmann gemacht werden.

E. Vertragliche Haftungsabreden. Durch vertragliche Abrede kann die Haftung ausgeweitet oder beschränkt **44**
werden, wobei Haftungsbeschränkungen durch den Ausschluss der Haftung für bestimmte Verschuldensformen und/oder durch eine betragsmäßige Begrenzung und/oder für bestimmte Schadensformen vorgenommen werden können. Dabei sind sowohl für die Haftungsausdehnung als auch bei der Haftungsbeschränkung die gesetzlich gesetzten Grenzen zu beachten. Generell gilt, dass vertraglich getroffene Haftungsabreden grds auch im Rahmen der etwaig konkurrierenden Deliktshaftung angewendet werden (MüKo/*Grundmann* Rn 37 mN).

Für die Abreden zur **Haftungsbeschränkung** hat Abs 3 das Verbot des Ausschlusses der Haftung wegen Vor- **45**
satzes im Voraus aus Abs 2 aF übernommen. Die Haftung für Vorsatz ist nach § 278 S 2 auch beim Einsatz von Erfüllungsgehilfen nicht abbedingbar, woraus der allg Grundsatz abgeleitet wird, dass sich niemand der Willkür des Anderen aussetzen muss. Im Umkehrschluss ergibt sich daraus, dass ein Ausschluss nach der Verletzung grds möglich ist, dh ein Verzicht auf Ansprüche, die auf einer vorsätzlichen Schädigung bestehen, ist grds nicht ausgeschlossen. Weitere Grenzen vertraglicher Haftungsabreden durch Individualvereinbarung sind in §§ 134, 138 zu ersehen.

Die praktisch wichtigeren Grenzen für die Zulässigkeit und den Umfang von Haftungsabreden existieren für **46**
formularmäßige Vereinbarungen in § 309 Nr 5-7 und § 307. Dabei wurden bei den in der Praxis wichtigsten Fällen bereits erste Grenzen durch das Einbeziehungserfordernis nach § 305 Abs 2 gesetzt, wie bspw der Frage, ob ein bloßer (gut lesbarer) Aushang zur zumutbaren Kenntnisnahmemöglichkeit genügt (Palandt/*Heinrichs* § 305 Rn 31; Bamberg NJW 1984, 929 – Autowaschanlage), wobei hier der Rspr zu entnehmen ist, dass ein Aushang immer dann nicht als ausreichend angesehen wird, wenn es um Gesundheits- und/oder Lebensgefahren geht (MüKo/*Grundmann* Rn 183). Bei einer wirksamen Vereinbarung einer Haftungsabrede nimmt dann die Rspr aber regelm mit Blick auf § 305c Abs 2 eine sehr einschränkende Auslegung hinsichtlich ihrer Reichweite vor (BGH 64, 355 – iZw nur Haftung für eigene Leistungshandlung; BGH 63, 333 – »Parken auf eigene Gefahr« erfasst nur die Zufallshaftung; BGHZ 47, 312, 318 – Beschränkung auf Mängelhaftung mit Blick auf systematische Überschrift »Gewährleistung«).

Nach **§ 309 Nr 7b** ist die **Haftung für grobe Fahrlässigkeit nicht in AGB abbedingbar**, auch nicht die **47**
Zurechnung für grobes Verschulden von Erfüllungsgehilfen. Das Verbot ist umfassend, so dass auch die betragsmäßige Beschränkung der Haftung oder die Haftungsbeschränkung oder der Haftungssausschluss für unvorhersehbare oder mittelbare Schäden oder entgangenen Gewinn in diesen Fällen nicht zulässig ist (Ulmer/Brandner/*Hensen* § 309 Nr 7 Rn 46). Dies gilt grds auch im kaufmännischen Verkehr, wobei hier die

Versicherbarkeit des betroffenen Risikos und die Einräumung eines Direktanspruchs gg den Versicherer stärker als rechtfertigendes Element beachtet werden (BGHZ 103, 316; NJW-RR 1991, 570, 572), jedoch grds nicht zur Zulässigkeit von Haftungsausschlüssen bei grob fahrlässigen Verstößen gg Kardinalpflichten führen (BGHZ 89, 363, 369). Formularmäßigen **Haftungsbeschränkungen für leichte Fahrlässigkeit** sind vor allem **durch § 309 Nr 7a Grenzen gesetzt**, wonach die Haftung für die Verletzung von Leben, Körper und Gesundheit – unabhängig von einem Verschulden – nicht abbedungen werden kann. Mit Blick auf § 309 Nr 8a wird trotz der Einführung des verschuldensunabhängigen Rücktrittsrechts in § 323 überlegt, ob er nicht gleichwohl in den Fällen des Verschuldens eingreift, und ihm zudem die Unzulässigkeit des Vollausschlusses des Nichterfüllungsschadens zu entnehmen ist (hierzu MüKo/*Grundmann* Rn 185). Für Haftungsbeschränkungen in Bezug auf Mängel gelten zudem die Verbote des **§ 309 Nr 8b**. Wichtige Grenzen für Haftungsausschlüsse und -beschränkungen ergeben sich schließlich aus **§ 307**, wonach die Haftung für **Kardinalpflichten nicht abbedingbar** ist und bei betragsmäßigen Haftungsbegrenzungen in der Summe der Durchschnittsschaden erreicht werden muss (BGHZ 89, 363; BGH NJW 1993, 335).

48 Die **Haftung für Zufall** nach § 287 kann auf Grund der (vergleichsweise strengen) Voraussetzungen des Verzugs nicht durch AGB abbedungen werden (MüKo/*Grundmann* Rn 185). Hingegen ist die Begründung der Haftung für Zufall in Form von Garantiehaftung durch Individualvereinbarung grds zulässig. Wegen der Perpetuierung des Verschuldensprinzips als Leitgedanken des deutschen Schuldrechts kann eine Garantiehaftung durch AGB hingegen grds nicht begründet werden (BGHZ 114, 238; 119, 152).

49 **F. Prozessuales.** Bei der Feststellung der einzelnen Verschuldensgrade kommt es vor allem auf die Feststellung von äußeren und inneren Tatsachen an, sodass die Beweislastfrage bes relevant wird. Dabei wird mit Blick auf die Feststellung des objektiven Sorgfaltsverstoßes, der im Mittelpunkt der einfachen Fahrlässigkeit steht, gehäuft mit dem Anscheinsbeweis operiert (Rostock ZfBR 2004, 427 – Haftung des Aufsicht führenden Architekten). Bei Vorsatz und grober Fahrlässigkeit kommt es hingegen auch maßgeblich auf subjektive (individuelle) Momente an, sodass hier allenfalls bei der objektiven Seite mit dem Anscheinsbeweis gearbeitet werden kann (für Beweiserleichterungen beim Vorsatz des Versicherungsnehmers: BGH NJW 1991, 2493; BGH NZV 2003, 275, 276). Diese unterschiedliche Bedeutung objektiver und subjektiver Momente bei den einzelnen Verschuldensgraden spiegelt sich auch bei der Revisibilität wieder. Bei der einfachen Fahrlässigkeit ist zumeist lediglich die Frage der Vorhersehbarkeit bestimmter Schäden Tatfrage und damit nur eingeschränkt revisibel. Bei grober Fahrlässigkeit und Vorsatz kommt es nahezu ausschließlich auf die Feststellung konkreter individueller Tatsachen und Willensrichtungen an, sodass diese als Tatfrage nur eingeschränkt revisibel dahingehend sind, ob das Gericht den gesetzlichen Begriff verkannt, angebotene Beweismittel nicht gewürdigt, das tatrichterliche Ermessen überschritten oder gg anerkannte Erfahrungssätze verstoßen hat (BGHZ 10, 14, 16 f; 89, 153, 160).

50 **I. Vorsatz.** Nach allg Beweislastgrundsätzen trägt der Täter die Beweislast für solche Tatsachen, die gegen eine Annahme bedingten Vorsatzes sprechen, also insbes auch, warum und in welchem Umfang die Hoffnung, der Erfolg werde nicht eintreten, begründet war (hierzu Rz 11). Nur dann wird die Annahme von Gleichgültigkeit in Bezug auf den Erfolgseintritt abzulehnen sein. Unabhängig vom Theorienstreit zwischen Vorsatztheorie und Schuldtheorie (vgl Rz 9) ist die Beweislast hinsichtlich des Vorliegens eines Irrtums über die tatsächlichen Voraussetzungen eines Rechtfertigungsgrundes sowie für das Vorliegen eines Verbotsirrtums grds dem Täter aufzuerlegen (BGH VersR 1981, 376, 377 für Rechtfertigungsgrund; BGHZ 69, 129, 143 für den Verbotsirrtum). Auch hierfür gelten die allg Grundsätze für die Verteilung der Beweislast, wonach der Täter bspw auch für die tatsächlichen Voraussetzungen für das Vorliegen von Rechtfertigungsgründen darlegungs- und beweisbelastet ist.

51 **II. Fahrlässigkeit.** Derjenige, der sich auf bes individuelle Stärken oder Fähigkeiten, die den Sorgfaltsmaßstab abw vom abstrakt-objektiv bestimmten anheben, beruft, hat diese Tatsachen nach allg Beweislastgrundsätzen zu beweisen. Da der Geschädigte nach allg Beweislastregeln den Kausalitätsnachweis erbringen muss, obliegt ihm nach der Rspr auch beim Einwand des **rechtmäßigen Alternativverhaltens** grds der Beweis, dass der Erfolg bei pflichtgemäßem Verhalten des Schädigers ausgeblieben wäre (BGHZ 34, 206, 215; 99, 167, 181; 104, 323, 333 f). Dieser Grundsatz wird allerdings zunehmend durchbrochen, zB wird bei Verstoß gg eine Aufklärungs- und Beratungspflicht vermutetet, dass bei sorgfältiger Aufklärung/Beratung die notwendigen Maßnahmen ergriffen worden wären (BGHZ 64, 46, 51; 85, 212, 216; 107, 222; NJW 1998, 749; abw BGH NJW 1998, 2320). Im Arzthaftungsrecht ist in der Rspr bei grob fahrlässigen Verstößen oder bei mangelnder Ausbildung eine Beweislastumkehr hinsichtlich der Kausalität anerkannt, die daher auch für den Einwand des rechtmäßigen Alternativverhaltens gilt (BGHZ 88, 248, 253 f; einschränkend BGH MDR 1999, 320). Ähnl Ergebnisse werden häufig auch in anderen Fällen durch den Beweis des ersten Anscheins erzielt, so bspw bei Amtshaftung (BGH VersR 1984, 333, 335) oder bei alkoholbedingter Fahruntüchtigkeit (BGH VersR 1991, 1367). In der Lit wird überwiegend eine noch weitergehende Beweislastumkehr im Rahmen dieses Einwands vertreten (vgl nur MüKo/*Grundmann* Rn 82).

52 Für das Vorliegen **grober Fahrlässigkeit** trifft nach allg Beweislastgrundsätzen denjenigen die Beweislast, der sie behauptet, wobei grds die Beweislastumkehr des § 280 Abs 1 S 2 auch hier anwendbar ist. Letztere ist jedoch sinngemäß ausgeschlossen bei Fragen der uneingeschränkten Arbeitnehmerhaftung (BAG AP § 611 Haftung des Arbeitnehmers Nr 42, 63), bei der Entgeltfortzahlung im Krankheitsfall (BAG AP LFG § 1 Nr 9), bei § 61 VVG und vergleichbaren Normen (BGH NJW 1985, 2648, 1989, 1354) und auch beim Übergang von betragsmäßig beschränkter Haftung (»cap«) zur unbegrenzten Haftung (BGH NJW 1981, 1211). Sofern keine Beweislastumkehr zugunsten des Geschädigten gilt, ist – ein entspr Vortrag vorausgesetzt – vom Schädiger substantiiertes Bestreiten zumindest hinsichtlich der subjektiven Merkmale zu erwarten (MüKo/*Grundmann* Rn 96).

§ 277 Sorgfalt in eigenen Angelegenheiten. **Wer nur für diejenige Sorgfalt einzustehen hat, welche er in eigenen Angelegenheiten anzuwenden pflegt, ist von der Haftung wegen grober Fahrlässigkeit nicht befreit.**

A. Allgemeines/Zweck. Der Maßstab der Sorgfalt in eigenen Angelegenheiten (*diligentia quam in suis*) bzw der eigenüblichen Sorgfalt hat sich lange Zeit im Rückzug befunden. Durch das SMG hat er durch den Verweis in § 346 Abs 3 Nr 3 jedoch wieder eine erhebliche Aufwertung erfahren, da diese Regelung über den Verweis in § 357 Abs 1 S 1 grds auch im Rahmen des Widerrufsrechts zugunsten des Verbrauchers Anwendung findet (Ausn: § 357 Abs 3 S 3). Die gesetzliche Wertung, die hinter dem Verweis auf diesen Sorgfaltsmaßstab im Rücktritts(folgen)recht steht, ist der Schutz des Rückgewährschuldners, der noch nichts von seinem Rücktrittsrecht wusste, mithin davon ausging, die zurück zu gewährende Sache behalten und daher mit ihr so verfahren zu können, wie er es mit seinen übrigen Sachen macht. Hinter den Verweisen auf diesen Sorgfaltsmaßstab in den §§ 708, 1359, 1664 steht die Vorstellung, dass auf Grund der (intensiven) Personalisierung des Verhältnisses sich die Parteien so zu nehmen hätten, wie sie eben sind (RGZ 143, 212, 215; 62, 243, 245). 1

§ 277 enthält **keine Definition der eigenüblichen Sorgfalt.** Die vorgenannten Wertungen, die hinter den Regelungen stehen, in denen auf die Sorgfalt in eigenen Angelegenheiten verwiesen wird, verdeutlichen, dass es um einen ggü der üblichen (objektiven) Sorgfalt abgesenkten oder besser personalisierten bzw individualisierten Sorgfaltsmaßstab geht. Der einzige Regelungsgehalt des § 277 ist die Feststellung, dass auch dann, wenn auf diesen Sorgfaltsmaßstab verwiesen wird, der Schuldner jedenfalls für einen grob fahrlässigen Sorgfaltsverstoß haftet. 2

B. Anwendungsbereich. Der Sorgfaltsmaßstab findet immer dann im Rahmen der Beurteilung, ob ein Verschulden vorliegt und die Pflichtverletzung zugerechnet werden kann, Anwendung, wenn im Gesetz ausdrücklich auf die eigenübliche Sorgfalt verwiesen wird. Dies ist nach dem SMG in § 346 Abs 3 S 3 der Fall, auf den § 357 Abs 1 S 1 verweist, sodass der Maßstab beim Rücktritts- und Widerrufsfolgenrecht zugunsten des Rückgewährschuldners angewendet wird. Weitere Verweise auf den Sorgfaltsmaßstab finden sich in §§ 690, 708, 1359, 1664 und in § 4 LPartG, wobei der Sorgfaltsmaßstab auch im Rahmen der nichtehelichen Lebensgemeinschaft angewendet wird (Oldenburg NJW 1986, 2259). Mit Blick auf den hinter den vorstehenden gesetzlichen Verweisen stehenden Zweck werden §§ 708, 1359 und 1664 teleologisch reduziert und nicht auf die Haftung aus Verkehrsunfällen angewandt, da sich die Parteien hier in den allg Verkehr begeben haben und nicht ohne weiteres die Personalisierung allein mit Blick auf ihr Verhältnis maßgebend ist (BGHZ 46, 313, 318; 53, 352, 355; 103, 338, 345 f – vor allem auch mit Blick auf die Interessen des Haftpflichtversicherers). Im Rahmen des Arbeitsrechts kann der Sorgfaltsmaßstab nicht über eine entspr Anwendung oder Gesamtanalogie der vorgenannten Normen angewendet werden, da die hinter ihnen stehende Wertung des persönlichen Vertrautseins im Arbeitsrecht nicht passt, sondern Haftungsmilderungen auf objektiver Grundlage herbeigeführt werden müssen (MüKo/*Grundmann* Rn 2). 3

C. Begriff der Sorgfalt in eigenen Angelegenheiten/Prozessuales. Wer für die Sorgfalt in eigenen Angelegenheiten einzustehen hat, dem soll eine Haftungserleichterung zugute kommen. Es ist entscheidend auf die individuellen, persönlichen Eigenarten des Schuldners, auf die von ihm üblich aufgewandte Sorgfalt (BGHZ 103, 338, 346) abzustellen, was auch einen »üblichen Schlendrian« umfasst, sofern dieser die Grenze zur groben Fahrlässigkeit nicht überschreitet (MüKo/*Grundmann* Rn 3). Es wird dadurch der Schuldner begünstigt, der üblicherweise eine geringere Sorgfalt als die nach dem objektiv bestimmten Sorgfaltsmaßstab in § 276 Abs 2 von ihm sonst verlangte aufwendet. Mit Blick auf den Zweck der Haftungsmilderung ist es selbstverständlich, dass der bes sorgfältige Schuldner auch dann nicht haften darf, wenn er nach dem ihm üblichen Sorgfaltsmaßstab fahrlässig gehandelt hat, nach dem objektiven Sorgfaltsmaßstab gem § 276 Abs 2 gleichwohl die im Verkehr übliche Sorgfalt eingehalten hat (PWW/*Schmidt-Kessel* Rn 2). Die Beweislast für die in eigenen Angelegenheiten aufgewandte Sorgfalt bzw der Nachweis, dass er üblicherweise in eigenen Angelegenheiten nicht sorgfältiger verfährt, trifft den Schädiger; § 280 Abs 1 S 2 (BGH VersR 1959, 386). 4

§ 278 Verantwortlichkeit des Schuldners für Dritte. **Der Schuldner hat ein Verschulden seines gesetzlichen Vertreters und der Personen, deren er sich zur Erfüllung seiner Verbindlichkeit bedient, in gleichem Umfang zu vertreten wie eigenes Verschulden. Die Vorschrift des § 276 Absatz 3 findet keine Anwendung.**

1 **A. Allgemeines/Zweck.** § 278 regelt die Zurechnung des (Fehl-)Verhaltens dritter Personen in Sonderrechtsverhältnissen. Es handelt sich wie bei § 276 »lediglich« um eine **Zurechnungsnorm**, und nicht um eine eigenständige Anspruchsgrundlage. Die Zurechnung des Verschuldens der dritten Person erfolgt nur, für den gesetzlichen Vertreter und solche Personen, deren sich der Schuldner zur Erfüllung seiner Verbindlichkeiten (aus einem Schuld- oder Sonderrechtsverhältnis) bedient. Diese Personen werden gemeinhin als Erfüllungsgehilfen bezeichnet, wobei teilw auch zwischen »Erfüllungsgehilfen ieS« und »gesetzlichen Erfüllungsgehilfen« unterschieden wird (MüKo/*Grundmann* Rn 1). Dabei enthält § 278 **anders als § 831 nicht die Möglichkeit eines Entlastungsbeweises** für den Schuldner dahingehend, dass eine Zurechnung nicht erfolgt, wenn er den Erfüllungsgehilfen sorgfältig ausgesucht und überprüft hat. Die gesetzliche Wertung, die hinter dieser strengen (garantierten) Zurechnung unabhängig von einem Verschulden des Schuldners steht, wird dahin umschrieben, dass derjenige, der sich die personelle Arbeitsteilung im Rahmen der Erfüllung seiner aus einem Sonderrechtsverhältnis resultierenden Verpflichtungen und Obliegenheiten zu nutze macht, auch die Risiken dieser Arbeitsteilung (das Personalrisiko) tragen muss (Mot II, 30; Soerg/*Wolf* Rn 1). Im Kern soll der Gläubiger nicht mit dem Risiko der Undurchsetzbarkeit seiner Haftungsansprüche gegen den Erfüllungsgehilfen bspw auf Grund dessen Insolvenz belastet werden.

2 Die **Zurechnung** des Verhaltens von Gehilfen unter Verweis auf die grds Wertung hinter § 278 wird zusehends **ausgeweitet**, was allerdings mit Blick auf die fortschreitende Arbeitsteilung im Prinzip zu begrüßen ist. In diesem Zusammenhang ist bspw auf die Zurechnung des Verhaltens **zwischengeschalteter Kreditinstitute** an das beauftragte Kreditinstitut, wohl auch die Zurechnung des Werbeverhaltens des Herstellers an den Verkäufer und jedenfalls die Zurechnung des Verhaltens der einzelnen Erbringer von Reiseteilleistungen an den Reiseveranstalter zu nennen. Die Zurechnung wird mit Blick auf die gesetzliche Wertung hinter § 278 allerdings dann zweifelhaft, wenn der Gläubiger die Auswahl des eingesetzten Erfüllungsgehilfen maßgeblich beeinflussen konnte. Mit dieser Begründung wird die Zurechnung des (Fehl-)Verhaltens solcher, durch den Käufer mitbestimmter Gehilfen beim Kauf überwiegend abgelehnt (MüKo/*Grundmann* Rn 4).

3 **B. Anwendungsbereich/Abgrenzung.** § 278 tritt in Konkurrenz zu zahlreichen weiteren Vorschriften, in denen es um die Zurechnung von Verhalten und/oder Wissen geht. Dabei ist § 278 grds in allen Sonderrechtsverhältnissen anwendbar, in den sich der Schuldner bei der Erfüllung seiner Verpflichtungen eines Dritten bedient. Die Voraussetzung der Sonderrechtsbeziehung (sogleich Rz 9 f) bestimmt demzufolge maßgeblich den Anwendungsbereich des § 278. Der § 278 ist nach hM nicht analog auf den Einsatz von Maschinen übertragbar (BGHZ 54, 332; *Lieser* JZ 1971, 759; aA Soerg/*Wolf* Rn 25).

4 Dieser tritt nach hM neben die deliktsrechtlichen Regelungen über die Haftung für das Verhalten Dritter bspw in **§ 831 und in § 839 und Art 34 GG**, sodass sich der Geschädigte auf sämtliche Normen/Anspruchgrundlagen gleichrangig stützen kann (BGHZ 90, 86; 129, 6, 11 für §§ 278 und 831 – Anspruchskonkurrenz; BGHZ 21, 214, 219 f; 63, 167, 172 für §§ 278, 839 und Art 34 GG). Bei § 831 ist der Haftungsgrund das eigene Auswahl- und Überprüfungsverschulden hinsichtlich des (weisungsabhängigen) Verrichtungsgehilfen, wohingegen die Zurechnung nach § 278 auf der arbeitsteiligen Bedienung eines Erfüllungsgehilfen an sich beruht. Dagegen ist von der gesetzgeberischen Wertung dem § 278 näher verwandt die Zurechnung des Verhaltens der Leute des Frachtführers oder anderer Personen, derer sich der Frachtführer bei Ausführung der Beförderung bedient, gem **§ 428 HGB**. Auch hier sollen beide Zurechnungsnormen nebeneinander anwendbar bleiben (Baumbach/*Hopt* § 428 HGB Rn 4; MüKo/*Grundmann* Rn 8).

5 Eine sowohl ggü § 278 als auch § 831 **vorrangige Sonderregelung** besteht für die Zurechnung des Verhaltens von Organen in **§§ 31, 89**, wonach die Handlungen der Organe als eigene Handlungen der Gesellschaft bzw juristischen Person anzusehen sind (BGH NJW 1973, 456, 457). Diese Zurechnungsregelung im Vereinsrecht, die damit unmittelbar für alle juristischen Personen anwendbar ist, wird nach hM nunmehr auch auf die GbR (BGH NJW 2003, 1445, 1446 f) sowie alle weiteren Gesellschaften wie OHG und KG sowie auf Genossenschaften angewandt (BGHZ 45, 311, 312; BGH NJW 1959, 379). Abzugrenzen ist § 278 schließlich von der **Wissenszurechnung**, die allein nach § 166 und den hieraus abgeleiteten allg Grundsätzen erfolgt und immer dann relevant ist, wenn eine Norm auf die Kenntnis abstellt, wie bspw § 990 oder im Rahmen der Arglist (BGHZ 117, 104, 106; NJW 1996, 1205; aA für Zurechnung von Sittenwidrigkeit BGH NJW-RR 1990, 750, 751).

6 Die Grundsätze über die Wissenszurechnung werden weitestgehend auch im **Versicherungsvertragsrecht** angewandt (BGHZ 122, 388), sodass die Zurechnung hier nahezu vollständig dem allg Regelungsregime angeglichen ist (*Knappmann* VersR 1997, 261, 265). Dagegen stellt die zugunsten des Versicherungsnehmers in §§ 6, 61 VVG geregelte Repräsentantenhaftung eine Sonderregelung dar, die in ihrem Anwendungsbereich die Zurechnungsnorm in § 278 verdrängt. Danach muss sich der Versicherungsnehmer bei der Verwaltung des versicherten Risikos nur das Verschulden eines Repräsentanten zurechnen lassen. Der Begriff des Repräsentanten wiederum wird dahingehend definiert, dass es nur diejenigen Personen sind, die im Geschäftsbereich, zu dem das betroffene versicherte Risiko gehört, für den Versicherungsnehmer an dessen Stelle treten (BGHZ 122, 250).

7 Eine die Zurechnungsnorm in § 278 verdrängende Sonderregelungen besteht schließlich mit **§ 85 Abs 2 ZPO** für das Verschulden des **Prozessbevollmächtigten** im Zivilprozess und in der Zwangsvollstreckung (RGZ 96, 322, 324). Die Norm privilegiert die jeweilige Partei, da nur und ausschließlich das Verschulden des Prozess-

bevollmächtigten (einschließlich des anwaltlichen Sachbearbeiters in der mandatierten Sozietät), und nicht auch das Verschulden von dessen Hilfskräften, zugerechnet wird (BGH NJW-RR 2004, 993), wenn und soweit dieser sich im Rahmen seiner wirksamen Vollmacht hält (BGH NJW 1987, 440). Bes Bedeutung hat diese spezielle Zurechnungsregel, da sie durch Verweis oder zumindest als allg Grundsatz auch in den anderen Prozessrechtsordnungen gilt. Fraglich ist die Zurechnung eines Anwaltsversäumnisses im Rahmen der Einhaltung materiell-rechtlicher Fristen, wobei die praktische Relevanz eher gering ist, da bei Nichtanwendung von § 85 Abs 2 ZPO erg auf § 278 zurückzugreifen ist (hierzu MüKo/*Grundmann* Rn 13).

C. Voraussetzungen. Wesentliche Voraussetzung des § 278 ist es, dass sich der Schuldner bei der Erfüllung einer Verpflichtung eines gesetzlich bestellten Vertreters oder einer dritten Person bedient und dabei dieser Dritte ein schuldhaftes (Fehl-)Verhalten an den Tag legt. Erfüllungsgehilfe iSd § 278 ist nur derjenige, der mit Willen des Schuldners oder als gesetzlich Bestellter bei der Erfüllung einer Schuldnerverbindlichkeit für diesen tätig wird (BGHZ 13, 111; 62, 119, 124; MüKo/*Grundmann* Rn 20). Damit sind die Voraussetzungen des § 278 offenbar, nämlich es muss eine Schuldnerverbindlichkeit vorliegen (dazu II.) und die dritte Person muss vom Schuldner eingeschaltet sein (zum sog Bestellungsakt unter III.) und schließlich muss der Dritte ein schuldhaftes (Fehl-)Verhalten im Rahmen der Erfüllung der Schuldnerverbindlichkeit an den Tag gelegt haben (dazu IV.). Vorgelagert wird der Anwendungsbereich der Zurechnungsnorm des § 278 durch die Voraussetzung des Sonderrechtsverhältnisses bestimmt (dazu I.) 8

I. Schuldverhältnis/Sonderrechtsbeziehung. § 278 setzt zunächst das **Vorliegen einer Sonderrechtsbeziehung** zwischen der Partei, der ein (Fehl-)Verhalten des Dritten zugerechnet werden soll, und dem Geschädigten voraus (BGHZ 1, 248, 249; 58, 207, 217). Für den Begriff, die Begründung und den Inhalt solcher schuldrechtlicher Sonderrechtsverhältnisse kann weitestgehend auf **§ 311** verwiesen werden. Das bedeutet, dass zwischen den Parteien eine **schuldrechtliche oder eine schuldrechtsähnliche Beziehung** bestehen muss, gleich ob auf rechtsgeschäftlicher oder gesetzlicher Grundlage. Nicht ausreichend ist, dass eine Verletzung lediglich allg Rechtspflichten strafrechtlicher oder deliktrechtlicher Natur, wie insbes von Verkehrssicherungspflichten vorliegt, da durch diese Verletzung erst das (deliktische) Schuldverhältnis bzw die (schuldrechtliche) Sonderrechtsbeziehung begründet wird (BGHZ 103, 338, 342 f). 9

IE gilt § 278 in allen **Schuldverhältnissen iSd § 311.** Das bedeutet, dass neben den Verträgen gem § 311 Abs 1 auch die außervertraglichen Schuldverhältnisse nach § 311 Abs 2 und Abs 3 erfasst werden. Bei den Fällen des (Fehl-)Verhaltens bzw Verschuldens bei Vertragsschluss (*culpa in contrahendo*), in deren Rahmen auch bereits vor dem SMG nach st Rspr § 278 angewendet wurde (vgl nur BGHZ 79, 281, 287; 84, 141; BGH NJW-RR 1990, 229, 230), stellt sich die bes Abgrenzungsfrage zur Eigenhaftung des vollmachtlosen Vertreters nach § 179, sofern der Vertreter weisungswidrig oder in Überschreitung seiner ihm durch die Vertretungsmacht eingeräumten Kompetenz gehandelt hat (hierzu noch Rz 22). Mit Blick auf § 311 Abs 3 reicht für das Bestehen einer Sonderrechtsbeziehung allein ein Vertrauensverhältnis aus, sodass § 278 insbes auch in den Haftungskonstellationen des Vertrages mit Schutzwirkung für Dritte – gleich ob man ihn in § 311 Abs 3 verortet (hierzu § 311 Rz 31) – angewendet wird (BGHZ 9, 316, 318; 24, 325, 327 und BGHZ 49, 167, 168 zum Vertrauensverhältnis auf Grund ständiger Geschäftsbeziehung). Im **Grenzbereich** befinden sich die **(unentgeltlichen) Gefälligkeitsbeziehungen.** Für die Annahme eines Sonderrechtsverhältnisses, in dessen Rahmen § 278 anwendbar ist, wird maßgeblich auf den Rechtsbindungswillen der Beteiligten sowie darauf abgestellt, ob die Tätigkeit für den durch sie Begünstigten von bes Gewicht bzw bes Bedeutung ist (BGHZ 21, 102, 107). Die gleichen Abgrenzungen gelten grds auch für **öffentlich-rechtliche Beziehungen**, sodass es auch hier auf ihre Schuldrechtsähnlichkeit ankommt. Dies wurde bspw für das Beamtenverhältnis (BGHZ 43, 178, 184 ff), das öffentlich-rechtliche Obhuts- und Benutzungsverhältnis (BGHZ 3, 162, 173; 59, 303, 309) und auch für das Verhältnis zwischen einem Notar und seinen Kunden (BGH NJW 2003, 578 mit Beleuchtung auch der Eigenhaftung der Hilfspersonen des Notars) angenommen. Die Ablehnung der Anwendung des § 278 durch die Rspr im Rahmen der Verhältnisse mit Schülern und Studenten sowie im Strafvollzug wird in Bezug auf Körperschäden durch die Einbeziehung in die gesetzliche Unfallversicherung etwas entschärft (BGHZ 67, 279; MüKo/*Grundmann* Rn 19). 10

Im **Deliktsrecht** sowie im **Sachenrecht** ist § 278 nur dann anwendbar, wenn und soweit ein konkretisiertes schuldrechtsähnliches Sonderrechtsverhältnis bereits begründet wurde. Das bedeutet, dass § 278 zwar anwendbar im Rahmen des bspw auf Grund einer Verletzung des iSd § 823 begründeten deliktischen Schuldverhältnisses ist, nicht jedoch im Rahmen seiner Begründung (hier § 831). Ähnl gilt für das Eigentümer-Besitzer-Verhältnis nach §§ 990, 991. Ist ein solches bereits begründet, so findet § 278 mit Blick auf die Zurechnung von (Fehl-)Verhalten Dritter im Rahmen der Erfüllung der Verpflichtungen aus diesem schuldrechtsähnlichen Verhältnis Anwendung (KG NJW-RR 1996, 495). Dagegen richtet sich die Frage einer Zurechnung der Bösgläubigkeit eines Dritten allein nach den Grundsätzen der Wissenszurechnung entspr § 166. Das Gleiche gilt für die verwandte Frage beim Besitzerwerb, auf die § 278 nicht anwendbar ist (BGHZ 16, 259, 262). Nach der Rspr findet § 278 auch im Rahmen der Beziehung zwischen dem Eigentümer einer Sache und dem Inhaber eines beschränkt dinglichen Rechts Anwendung (BGHZ 95, 144), sodass der Vollstreckungsgläubiger sich etwa eine verspätete Freigabe des Pfändungsgegenstands durch seinen Anwalt zurechnen lassen muss (BGHZ 58, 207, 216). 11

12 **II. Schuldnerverbindlichkeit.** Der Begriff der Schuldnerverbindlichkeit wird grds weit verstanden. Er erfasst sämtliche Haupt- und Nebenpflichten aus dem zugrunde liegenden Schuldverhältnis, wobei sowohl die Leistungs- als auch die Schutzpflichten (§ 241 Abs 2) erfasst werden (BGHZ 112, 307 zu Schutzpflichten). Dabei werden nach hM von § 278 auch solche Fälle erfasst, in denen die vertragliche Leistung bereits vor Vertragsschluss hergestellt oder vorbereitet wird oder wenn ein schuldhaftes Fehlverhalten in der vorvertraglichen Phase in eine Schutzpflichtverletzung nach Vertragsschluss mündet (für das Erstgenannte BGHZ 47, 312, 351 f). Erfasst werden aber auch **Unterlassungspflichten** (BGHZ 23, 319, 323; 69, 128, 132 ff), sodass bspw der Unternehmer seinem alten Vertriebshändler auch für Verletzungen einer noch bestehenden Alleinvertriebsbindung durch seinen neuen Vertragshändler haftet (Frankfurt NJW 1974, 2239, 2240). § 278 erfasst schließlich auch **Offenbarungs- und Aufklärungspflichten.** Beim arglistigen bzw vorsätzlichen Verschweigen durch einen Gehilfen ist die Ausschlussmöglichkeit gem § 278 S 2 zu beachten. In diesen Fällen wird die Zurechnung durch die Rspr überdies dahingehend eingeschränkt, dass nicht die Arglist jedes Erfüllungsgehilfen zugerechnet werden soll (vgl etwa BGHZ 62, 63, 68; BGH NJW 1998, 2898, 2899 für Kennenmüssen). So wird bspw zusätzlich vorausgesetzt, dass der Erfüllungsgehilfe die Arbeit eigenverantwortlich ausführt, kontrolliert oder bei der Ablieferung des Werkes mitwirkt (BGHZ 117, 104; 117, 318).

13 Es ist immer im Einzelfall zu prüfen, ob es sich bei der durch den Dritten verletzten Pflicht um eine Schuldnerverbindlichkeit handelt und der Schuldner, eine willentliche Hinzuziehung durch den Schuldner vorausgesetzt (vgl Rz 18 ff), sich des Dritten zur Erfüllung seiner Verbindlichkeit iSd § 278 bedient. Jenseits der eindeutigen Fälle sind aus der Rspr Grenzfälle bekannt. So ist beim **Versendungskauf**, bei dem der Verkäufer gem § 447 die Gefahr des Transports nicht trägt und der Transport selbst keine Schuldnerpflicht ist, anerkannt, dass beim Transport eingesetzte eigene Leute des Verkäufers als Erfüllungsgehilfen angesehen werden und dem Verkäufer deren (Fehl-)Verhalten nach § 278 zugerechnet wird (MüKo/*Grundmann* Rn 31 mwN). Da der Verkäufer die **Herstellung der Kaufsache** nicht schuldet, muss er sich ein Verschulden des Herstellers nicht zurechnen lassen (BGH NJW 1978, 1157; BGH WM 1977, 220). Das Gleiche gilt auch für den Werkunternehmer, der sich schuldhaft verursachte Fehler von zugekauftem Material oder schuldhaftes Fehlverhalten eines Vorunternehmers grds nicht nach § 278 zurechnen muss (BGHZ 95, 128; aA offenbar Karlsruhe NJW-RR 1997, 1240). Dagegen wird einem Fachverkäufer/Fachhändler für Spezialmaschinen die schuldhaft fehlerhafte **Betriebsanleitung des Herstellers** nach § 278 zugerechnet, wenn er diese zur Erfüllung eigener Aufklärungspflichten verwendet (BGHZ 47, 312, 316; anders beim gewöhnlichen Verkäufer BGHZ 48, 118, 121). Der **Vermieter einer Maschine** haftet nicht für das von ihm bereitgestellte Bedienungspersonal, da dieses grds nicht als Erfüllungshilfe des Vermieters anzusehen ist, da dieser nur zur Überlassung des Gebrauchs verpflichtet ist (BGH VersR 1970, 934; aA München BB 1997, 1918). Ist hingegen neben der Gebrauchsüberlassung auch die Bedienung etc geschuldet, haftet der Vermieter für ein Verschulden des von ihm hierfür gestellten Personals (BGH WM 1996, 1785, 1786 f). Dem **Belegarzt** wird das Verschulden angewiesener Ärzte und des sonstigen Personals bei medizinischen, und nicht bloß pflegerischen Leistungen aus seinem Fachgebiet zugerechnet (BGHZ 129, 6, 11). Bei sonstigen Leistungen haftet nur das Krankenhaus (BGHZ 141, 107), während bei Überschneidungen der Leistungen Belegarzt und Krankenhaus als Gesamtschuldner haften (BGH NJW 1996, 2429, 2430). Der **Architekt** schuldet grds nicht die Bauausführung und haftet daher grds nicht für den von ihm eingeschalteten Baubetreuer (BGHZ 126, 326). Der **Bauherr** ist nur ggü den anderen Baubeteiligten zur Planung und Koordination verpflichtet, haftet daher grds für den von ihm eingeschalteten Architekten (BGH NJW 1987, 644, 645). Der Bauherr schuldet hingegen nicht ggü und zugunsten des Erbringers einer Leistung die Überwachung des Bauvorhabens mit dem Ziel, eine mangelhafte Leistung zu verhindern (BGH NJW-RR 2002, 1175). Schließlich wurde der **Berufungsanwalt** oder der neu eingeschaltete Anwalt als Erfüllungsgehilfe des Mandanten mit Blick auf die Schadensminderungspflicht (§ 254) ggü dem erstinstanzlichen Anwalt in Rahmen einer Anwaltshaftung angesehen (BGH NJW 1994, 1211; 2002, 1117, wobei im letztgenannten Fall keine Pflicht zur sofortigen Prüfung der Verjährung für den Berufungsanwalt angenommen wurde).

14 Mit Blick auf § 254 Abs 2 S 2 ist der allg Grundsatz herzuleiten, dass § 278 auch **Obliegenheiten** erfasst (aA RGZ 159, 352; Palandt/*Heinrichs* Rn 24). In der hM ist dies allerdings nur dann anerkannt, wenn es wie in § 254 Abs 2 S 2 ausdrücklich angeordnet wird oder dessen Gedanke wie in §§ 326 Abs 2 S 1, 346 Abs 3 Nr 2 und im Rahmen der Rügeobliegenheit des Kaufmanns in § 377 HGB übertragbar ist. Das Gleiche soll noch für § 85 Abs 2 ZPO gelten. Die weitgehende Nichtanwendung des § 278 auf andere Obliegenheiten wird mit dem Wortlaut: »Verbindlichkeit«, begründet, der eine vollwertige, dh auch eigenständig gerichtlich durchsetzbare Verpflichtung verlangt (vgl nur Soerg/*Wolf* Rn 16). Richtig ist es hingegen, mit Blick auf die hinter der Zurechnungsnorm des § 278 liegende Wertung eine grds Anwendung auf alle Obliegenheiten zuzulassen (*Looschelders* VersR 1999, 666, 669; MüKo/*Grundmann* Rn 24 mwN).

15 Unternimmt der Dritte das in Rede stehende Verhalten, an das die Haftung des Schuldners anknüpft, um selber eine Verpflichtung ggü dem Schuldner zu erfüllen, kann es zweifelhaft sein, ob und wann er zugleich eine Verbindlichkeit des Schuldners ggü dem Gläubiger iSd § 278 erfüllt. Dies ist jenseits der eindeutigen Fälle, in denen der Dritte gezielt zur Erfüllung der Schuldnerverpflichtung unter Vertrag genommen wird, in den Fällen, in denen der Dritte primär eine eigene Verpflichtung ggü dem Schuldner erfüllt,

durch Auslegung mit Blick auf die betroffenen **Risikobereiche** zu ermitteln. Regelm wird eine Zurechnung nach § 278 dann vorgenommen, wenn der Dritte bei Erfüllung seiner eigenen Verpflichtung ggü dem Schuldner mit den Rechtsgütern des Gläubigers in Berührung kommt, da er dann zugleich als Erfüllungsgehilfe mit Blick auf die dem Schuldner ggü dem Gläubiger obliegenden Schutzpflichten fungiert (BGH VersR 1978, 38, 40). Typischerweise hat der Mieter sich eine schuldhafte Beschädigung der Mietsache durch den von ihm eingesetzten Spediteur zuzurechnen (Nürnberg ZMR 1960, 80, 81) oder der Versicherer hat sich das schuldhafte (Fehl-)Verhalten des mit ihm in vertraglicher Beziehung stehenden Versicherungsagenten ggü den Versicherungsnehmern zuzurechnen (BGH NJW 1998, 2898). Abgelehnt wurde hingegen die Zurechnung des Verschuldens des Komplementärs einer Publikums-KG bei der Werbung und Aufnahme neuer Kommanditisten auf die bisherigen Kommanditisten, da der Komplementär nicht in Erfüllung einer Verbindlichkeit der bisherigen Kommanditisten handelte (BGH NJW-RR 1992, 542).

Eine hiermit eng verbundene Frage ist die Zurechnung des Verschuldens von Amtsträgern und sog Nebenparteien. Für das schuldhafte (Fehl-)Verhalten von **öffentlichen Amtsträgern** haftet der Schuldner grds nicht, sondern nur dann, wenn es ihm frei stand, die eindeutig seinem Pflichtenkreis zuzuordnende Tätigkeit auch auf andere Weise zu erfüllen (BGHZ 24, 325, 328 f; 62, 119, 124; BGH VersR 1984, 384, 385 f). Um sog **Nebenparteien** handelt es sich, wenn zwei Personen in paralleler vertraglicher Beziehung zu ein und derselben anderen Person stehen. Dies wird bei Mietern und Arbeitnehmern angenommen. Hier wird grds auf Grund der besseren Regressmöglichkeit bspw des Vermieters beim Fehlverhalten eines Mieters, das den anderen Mieter schädigt, eine Vermieterverbindlichkeit angenommen und eine Zurechnung nach § 278 vorgenommen (MüKo/*Grundmann* Rn 30). Ähnl wird auch für den Arbeitgeber angenommen, sofern die Schädigung des einen Arbeitnehmers durch den anderen Arbeitnehmer im Rahmen der Erfüllung seiner Dienstverpflichtung eintritt (BAG NJW 2000, 3329). 16

Problematisch sind schließlich die Fälle, in denen der Schuldner sich lediglich dazu verpflichtet hat, einen Dritten zur Erfüllung einer bestimmten Pflicht auszuwählen (sog **Substitution**). Durch Auslegung ist hier zunächst zu ermitteln, ob sich die Verpflichtung des Schuldners nur auf die Auswahl eines Dritten beschränkt oder er auch selbst die betroffene Verbindlichkeit erfüllen kann. Bei Auswahl eines Dritten stellt sich die Frage der Zurechnung eines Verschuldens des Dritten bei der Erfüllung der primären Verbindlichkeit ggü dem Gläubiger. Für den (unentgeltlichen) Auftrag treffen § 664 Abs 1 S 2 und S 3 die Unterscheidung, ob der Beauftragte einen Selbständigen auswählte, dann nur Haftung für Auswahlverschulden (ähnl § 691 S 2 für Verwahrung), oder einen Gehilfen einsetzte, dann Zurechnung des Verschuldens nach § 278. Hingegen entscheidet § 540 Abs 2 für die Überlassung der Mietsache an einen Dritten, dass der Mieter auch bei Zustimmung des Vermieters zur Überlassung für das Verschulden des Dritten voll einzustehen hat. Des Weiteren wird nur in wenigen Vorschriften auf § 664 verwiesen, die überdies zumeist keine entgeltliche Tätigkeit beinhalten (§§ 27, 713, 2218). Im Verweis auf die Regelungen über den Auftrag im Rahmen der entgeltlichen Geschäftsbesorgung in § 675 ist § 664 dagegen nicht enthalten. Daraus lässt sich ableiten, dass eine Beschränkung der Schuldnerpflicht auf eine Auswahl und demzufolge ein reines Auswahlverschulden bei entgeltlichen Verträgen nur dann in Betracht kommt, wenn diese Beschränkung ausdrücklich und deutlich vereinbart wurde. Eine solche Beschränkung lässt sich wegen des den vorstehenden Regelungen zu entnehmenden Leitgedankens in AGB für entgeltliche Verträge wohl nicht wirksam (§ 307) vereinbaren, wenn nicht sogar ihre Unzulässigkeit wie in § 676c Abs 3 ausdrücklich angeordnet ist (MüKo/*Grundmann* Rn 28). Der Schuldner haftet hingegen eindeutig nur wegen eigenen Verschuldens nach § 276 in den Fällen einer **höchstpersönlichen Schuldnerverpflichtung**, in denen der Schuldner gleichwohl einen Erfüllungsgehilfen einsetzt, da hier § 278 nicht anwendbar ist, weil bereits der Einsatz des Erfüllungshilfen die eigene schuldhafte Pflichtverletzung des Schuldners darstellt. 17

III. Einschaltung des Dritten zur bzw im Rahmen der Erfüllung. Der Schuldner muss sich der dritten Person bei der Erfüllung einer Verpflichtung bedienen. Die dritte Person ist Erfüllungsgehilfe iSd § 278, wenn sie mit Willen des Schuldners oder als gesetzlich Bestellter bei der Erfüllung einer Schuldnerverbindlichkeit für diesen tätig wird (BGHZ 13, 111; 62, 119, 124). Das bedeutet, dass der Dritte entweder auf Grund privatautonomer Handlung des Schuldners oder auf Grund Gesetzes bzw gesetzlicher Bestellung bei der Erfüllung tätig werden muss. 18

Der Regelfall ist die privatautonome Hinzuziehung des Dritten durch den Schuldner. Die **privatautonome Hinzuziehung** wird relativ weitgehend angenommen und setzt grds keinen wirksamen Vertrag bzw kein anderes Rechtsverhältnis zwischen dem Schuldner und der Person, die bei der Erfüllung der Schuldnerverbindlichkeit tätig wird, voraus (BGHZ 50, 32, 35; 95, 170, 180). Eine Ausweitung der Zurechnung über § 278 findet so vor allem mit Blick auf den Vertrauensgrundsatz statt. So muss der Gehilfe seine Gehilfeneigenschaft nicht einmal kennen, sondern es genügt die nachträgliche Zustimmung zu ihr durch den Schuldner oder sogar nur der Rechtsschein einer solchen Zustimmung (BGHZ 13, 111, 113; BGH NJW 1955, 297; Staud/*Löwisch* Rn 23). Das gilt auch bei dem Einsatz eines Gehilfen durch den vom Schuldner parteiautonom hinzugezogenen Erfüllungsgehilfen, sofern der Schuldner mit dessen Einsatz einverstanden war oder stillschweigend zugestimmt hat (BGH NJW-RR 1988, 241, 243) und sogar dann, wenn der Schuldner mit einem solchen Einsatz rechnen musste und ihn vermutlich akzeptiert hätte, sofern alles gut gegangen wäre (BGH NJW-RR 1997, 116, 117). Hat der privatautonom hinzugezogene Erfüllungsgehilfe eigenmächtig einen **weite-** 19

ren (Unter-)Gehilfen hinzugezogen, so wird dies als Verschulden des Erfüllungsgehilfen nach hM dem Schuldner ebenfalls zugerechnet (BGH WM 1995, 1457; Palandt/*Heinrichs* Rn 9). Bei dem **Einsatz eines selbständigen Unternehmers** ist die Erfüllungsgehilfeneigenschaft grds anzunehmen und allenfalls dann eine Zurechnung dessen schuldhaften (Fehl-) Verhaltens nach § 278 ausgeschlossen, wenn deutlich und unzweifelhaft die Verpflichtung des Schuldners allein in der Auswahl eines Dritten bestand; vgl Rz 17 zur Substitution (MüKo/*Grundmann* Rn 44).

20 Die Einschaltung des Dritten in die Erfüllung kann auch auf dem Gesetz oder auf der amtlichen Bestellung auf gesetzlicher Grundlage beruhen. Letzteres setzt einen wirksamen Bestellungsakt voraus, der zugleich die Befugnis zum Handeln für den Schuldner einräumt (BGH NJW 1958, 670, 671). Es handelt sich hierbei bspw um den Testamentsvollstrecker und Insolvenzverwalter (BGH NJW 1958, 670) oder um den Abwesenheits- oder Nachlasspfleger (BGH WM 1956, 573, 576). Nach hM wird auch der **Beistand** nach § 1680 erfasst, der lediglich Unterstützungsfunktionen, aber keine Vertretungsbefugnisse inne hat (Palandt/*Heinrichs* Rn 5; aA MüKo/*Grundmann* Rn 41). Eindeutige Fälle sind wiederum diejenigen, in denen eine gesetzliche Vertretung angeordnet ist, wie bspw zugunsten des Inhabers der **elterlichen Sorge** nach § 1626, bei **Vormündern** nach §§ 1793 ff und **Betreuern** gem § 1902 und **Pflegern** gem § 1915. Nicht § 278, sondern allein die *lex specialis* des § 31 ist im Rahmen der Zurechnung von schuldhaftem (Fehl-)Verhalten der organschaftlichen gesetzlichen Vertreter anwendbar.

21 **IV. Schuldhafte Handlung des Dritten in Erfüllung oder bei Gelegenheit.** Aufgrund der stark ausufernden Zurechnung des schuldhaften (Fehl-)Verhaltens dritter Person zu Lasten des Schuldners vor allem durch eine Annahme umfassender Schutzpflichten sowie des weiten Begriffs sowohl des Sonderrechtsverhältnisses als auch des Erfüllungsgehilfen, werden als Korrektiv nach st Rspr solche Handlungen des Gehilfen nicht zugerechnet, die nur »bei Gelegenheit« der Erfüllung vorgenommen wurden (BGHZ 31, 358, 366; 95, 170, 180). Da § 278 dieses Korrektiv selbst nicht ausdrücklich vorsieht, stellt sich das Problem seiner Konkretisierung. Die Rspr nimmt diese mit Blick auf den Normzweck dahin vor, ob der Gehilfe noch im ihm durch den Schuldner zugewiesenen Aufgabenbereich handelte oder außerhalb (BGHZ 23, 319, 323; BGH NJW 2001, 3190). Dabei wird jedoch der weite Anwendungsbereich nur geringfügig eingeschränkt und insbes nicht aus § 278 hinausführend die Missachtung ausdrücklicher Weisungen des Schuldners durch den Gehilfen angesehen (BGHZ 31, 358, 366).

22 Zum einen werden hier die Fälle des Gehilfen/Vertreters im Rahmen des Vertragsabschlusses diskutiert, der die ihm eingeräumte Vertretungsmacht überschritt oder über keine Vertretungsmacht verfügte. Hier bedarf es vor allem einer Koordination der Zurechnung des (Fehl-)Verhaltens des Gehilfen nach § 278 mit den Grundsätzen der Anscheinsvollmacht. Nach der Rspr wird dem § 179 der Grundsatz entnommen, dass bei Fehlen der Vollmacht prinzipiell nur der Gehilfe haftet. Allenfalls beim Vorliegen einer Anscheins- oder Duldungsvollmacht haftet der Vertretene (Geschäftsherr) nach hM auf Vertragserfüllung. Dagegen haftet der Geschäftsherr aus Verschulden bei Vertragsverhandlungen seiner Verhandlungsgehilfen, sofern Anknüpfungspunkt der Haftung des Geschäftsherrn ein schuldhaftes Fehlverhalten des Verhandlungsgehilfen in dem ihm durch den Geschäftsherrn allg zugewiesenen Aufgabenbereich (»vertragsspezifische Schutzpflichten«) sei bzw ein unmittelbarer innerer Zusammenhang mit diesem bestehe (BGH NJW-RR 1998, 1342, 1343; 2005, 756). Im Kern geht es hier um die Fälle einer Vorsatztat des Verhandlungsgehilfen in der Vertragsanbahnung oder bei Vertragsabschluss, wobei der Verhandlungsgehilfe willentlich vom Geschäftsherrn hinzugezogen worden sein muss. Der ohne Zutun des Geschäftsherrn, allein durch den angeblichen Verhandlungsgehilfen gesetzte Anschein seiner Hinzuziehung genügt nicht (wohl weitergehend den zurechenbaren Rechtsschein ausschließend BGH NJW-RR 1989, 723, 725). Unterschiede ergeben sich offenbar nur bei der Berücksichtigung der Erkennbarkeit der Vorsatztat bzw der Kompetenzüberschreitung des Verhandlungsgehilfen. Während die Rspr hier die Erkennbarkeit über ein Mitverschulden berücksichtigt (BGH NJW-RR 2005, 756), will der an die Gefahrerhöhung und Gefahrbeherrschung anknüpfende Ansatz der Konkretisierung dieses Korrektivs die Anwendung des § 278 in solchen Fällen offenbar ganz ausschließen (MüKo/*Grundmann* Rn 48). Hier erscheint die flexiblere Berücksichtigung durch das Mitverschulden grds vorzugswürdig.

23 Noch geringer sind die Unterschiede der eingangs genannten Ansätze der Konkretisierung des Korrektivs in der praktischen Anwendung in den Fällen der vorsätzlichen Verletzung von Schutzpflichten durch den Gehilfen. Die hM trifft hier die Unterscheidung zwischen »vertragsspezifischen Schutzpflichten«, die recht weitgehend angenommen werden, und den allg Schutzpflichten zum Schutze des Integritätsinteresses des Gläubigers. Solche »vertragsspezifischen Schutzpflichten« werden dann angenommen, wenn der Gehilfe gerade mit der Verwahrung, Bewachung oder zu Verrichtungen mit der Sache, für die ihn selbst eine Schutzpflicht iSd § 241 Abs 2 trifft, beauftragt wurde (BGHZ 112, 307, 309 f; NJW 1991, 3208, 3209 f; 2001, 3191). Die Grenze ist dann überschritten, wenn der Gehilfe unabhängig von der übertragenen Aufgabe »bei Gelegenheit« einen Diebstahl, Betrug, eine Sachbeschädigung oder Körperverletzung zum Nachteil des Gläubigers vornimmt (BGH NJW 1997, 1233, 1234; 1360, 1361, 2236, 2237). Hier kommt die maßgeblich an die gefahrerhöhende Wirkung des Einsatzes des Gehilfen als Zurechnungsgrund ansetzende Ansicht dazu, dass das Korrektiv grds noch nicht eingreift. Eine Zurechnung nach § 278 soll erst dann ausgeschlossen sein, wenn der Gläubiger (einfacher) die Gefahr beherrschen kann, indem er bspw in die Bestellung des Gehilfen einbezogen und diese

maßgeblich beeinflussen konnte oder ihm die Unzuverlässigkeit des Gehilfen erkennbar war und die Einschaltung des Gehilfen durch den Schuldner allein kein bes Vertrauen begründen konnte, dass die Zurechnung des Gehilfenverschuldens nach § 278 rechtfertigt (MüKo/*Grundmann* Rn 47).

D. Rechtsfolge: Zurechnung fremden Verschuldens. Als Rechtsfolge nennt § 278 die Zurechnung des Verschuldens des Erfüllungsgehilfen. Nach hM wird hieraus aber auch die Zurechnung der enstpr objektiven Pflichtverletzung des Erfüllungsgehilfen auf den Schuldner hergeleitet. Durch den Passus »in gleichem Umfang zu vertreten wie eigenes Verschulden« wird deutlich, dass auch hier etwaig bestehende Haftungsbeschränkungen zugunsten des Schuldners zum Zuge kommen. Das bedeutet, dass sich der Schuldner nur ein qualifiziertes Verschulden seines Erfüllungsgehilfen zurechnen lassen muss, wenn er nur für ein solches Verschulden haftet (RGZ 65, 17, 20). Bei der Ermittlung des Sorgfaltsmaßstabs ist daher auch grds allein auf die Person des Schuldners und die von ihr bzw die dem ihr entspr Verkehrskreis zu erwartende Sorgfalt abzustellen (BGHZ 31, 358, 267). Auf die gesteigerten Fähigkeiten des Erfüllungsgehilfen wird nur dann abgestellt, wenn diese bei den Vertragsverhandlungen berücksichtigt und zumindest konkludent in den Vertrag eingingen (BGHZ 114, 263, 272). Während bei gesetzlichen Vertretern einhellig auf deren höhere Schuldfähigkeit abgestellt wird (*Medicus* SchuldR I Rn 337), ist dies bei geminderter Schuldfähigkeit str, wobei nach hM auf die Person des Erfüllungsgehilfen abzustellen ist (Düsseldorf NJW-RR 1995, 1165, 1166; Staud/*Löwisch* Rn 62; aA MüKo/*Grundmann* Rn 49 mwN) 24

E. Abweichende Vereinbarung. Aus § 278 S 2 ist erkennbar, dass die Zurechnung des Verschuldens von Erfüllungsgehilfen grds vollumfänglich, also auch für Vorsatz des Erfüllungsgehilfen privatautonom abbedingbar ist. Diese weite Öffnung zugunsten der Privatautonomie besteht allerdings nur für entspr Individualvereinbarungen, da bei Formularklauseln nach § 309 Nr 7b ein Ausschluss der Haftung bzw der Zurechnung für vorsätzliche oder grob fahrlässige Pflichtverletzungen des Erfüllungsgehilfen oder gesetzlichen Vertreters des Klauselverwenders unwirksam ist. Selbst bei einfacher Fahrlässigkeit wird eine Überprüfung einer Freizeichnung von der Zurechnung des Gehilfenverschuldens für möglich gehalten (Ulmer/Brandner/*Hensen* Anh § 310 Rn 85 f), was aber mit Blick auf einen Gegenschluss aus § 309 Nr 7b grds zu einer Zulässigkeit eines solchen Ausschlusses führen sollte. 25

F. Prozessuales. Den Kläger trifft nach den allg Beweislastgrundsätzen grds die Darlegungs- und Beweislast für die Voraussetzungen des § 278. Er muss demnach insbes vortragen, dass es sich um einen Erfüllungsgehilfen des Schuldners handelt und dieser die Pflichtverletzung in Erfüllung der Schuldnerverbindlichkeit begangen hat. In den Grenzfällen der Haftung für Vorsatztaten des Verhandlungsgehilfen kann bei einem entspr Vortrag des Geschädigten ggf nach den Grundsätzen der sekundären Darlegungs- und Beweislast der Beklagte zum substantiierten Gegenvortrag hinsichtlich des Fehlens einer willentlichen Hinzuziehung des Verhandlungsgehilfen verpflichtet sein (offenbar weitergehend Palandt/*Heinrichs* Rn 41: Zweifel gehen zu Lasten des Schuldners). Als ihm günstige Tatsache hat der Beklagte nachzuweisen, dass die Vorsatztat des Erfüllungsgehilfen nur »bei Gelegenheit« erfolgte. Schließlich kommt dem Geschädigten nach hM die Beweislastumkehr des § 280 Abs 1 S 2 auch hinsichtlich des Verschuldens des Erfüllungsgehilfen zugute, vgl auch § 280 Rz 90 (BGH NJW 1987, 1938 bereits zum Recht vor dem SMG; Palandt/*Heinrichs* § 280 Rn 40). 26

§ 279 *(aufgehoben)*

§ 280 Schadensersatz wegen Pflichtverletzung.

[1] Verletzt der Schuldner eine Pflicht aus dem Schuldverhältnis, so kann der Gläubiger Ersatz des hierdurch entstehenden Schadens verlangen. Dies gilt nicht, wenn der Schuldner die Pflichtverletzung nicht zu vertreten hat.

[2] Schadensersatz wegen Verzögerung der Leistung kann der Gläubiger nur unter der zusätzlichen Voraussetzung des § 286 verlangen.

[3] Schadensersatz statt der Leistung kann der Gläubiger nur unter den zusätzlichen Voraussetzungen des § 281, des § 282 oder des § 283 verlangen.

A. Zweck/Systematik. § 280 bildet als umfassende Regelung für den Schadensersatz bei Leistungsstörung die Kernnorm des durch das SMG reformierten Schuldrechts und ist Teil der zentralen **Normentrias** bestehend aus § 241, § 280 und § 311, die sein Fundament bilden. Ein zentrales Anliegen der Reform war die Schaffung einer umfassenden Schadensersatzregelung, in der die Vielzahl der verschiedenen »komplizierten gesetzlichen Vorschriften des BGB« mit den »daneben in der Rechtspraxis entwickelten« Grundsätzen über die Haftung bei Leistungsstörungen »klar und übersichtlich« vereinigt werden (BTDrs 14/6040, 93). Das beinhaltete auch die Integration bzw weitgehende Verzahnung des Gewährleistungsrechts des Besonderen Teils mit dem Allgemeinen Leistungsstörungsrecht. Indem in § 280 Abs 1 an die Verletzung einer Pflicht aus einem Schuldverhältnis angeknüpft wird, ist dies die zentrale Anspruchsgrundlage für die Haftung bei nahezu allen denkbaren Leistungsstörungen. Durch das Abstellen auf die Verletzung einer Pflicht aus einem Schuldverhältnis in Abs 1, enthält er die zentrale Anspruchsgrundlage. 1

2 § 280 Abs 1 löst wegen der weiten Regelung zur Begründung eines Schuldverhältnisses in § 311 nicht nur die bisherigen Haftungsregelungen in §§ 280 bis 286, 325, 326 aF und der lückenfüllenden richterrechtlichen Institute der positiven Forderungsverletzung und *culpa in contrahendo* ab, sondern regelt auch (umfangreicher als bislang) den Schadensersatz bei mangelhafter Leistung (§§ 463, 635 aF). Nur für die anfängliche Unmöglichkeit bedarf es der zusätzlichen Regelung für den Schadensersatz in § 311a Abs 2, wobei streitig ist, ob es sich lediglich um eine spezielle, dogmatisch bedingte Zusatzregelung mit Blick auf den Anknüpfungspunkt des Verschuldens handelt (PWW/*Schmidt-Kessel* Rn 4) oder ob es sich um eine eigenständige, von § 280 Abs 1 abweichende Anspruchsgrundlage handelt (PWW/*Medicus* § 311a Rn 8; BTDrs 14/6040, 166); eingehender hierzu § 311a Rz 2.

3 Auf § 280 Abs 1 »unmittelbar und allein« ist nur abzustellen, »wenn es um die Haftung auf einfachen Schadensersatz wegen der Verletzung einer Pflicht aus dem Schuldverhältnis geht« (BTDrs 14/6040, 135). Der **Generaltatbestand** wird für die bes Rechtsfolgen des Schadensersatzes statt der Leistung (§§ 281–283) und den Ersatz des Verzögerungsschadens (§ 286) durch Spezialvorschriften ergänzt und modifiziert. Durch **Verweise in § 280 Abs 2 und 3** sollen deren **bes Voraussetzungen** sichergestellt werden. Für den Schadensersatz statt der Leistung wird dann wiederum auf der Voraussetzungsebene zwischen der Leistungsverzögerung und Schlechtleistung (§ 281: »... nicht oder nicht wie geschuldet ...«), der Verletzung einer sonstigen Pflicht aus § 241 Abs 2 (§ 282) und den Fällen der Unmöglichkeit (§ 283) unterschieden. Wegen des angestrebten und notwendigen Gleichlaufs mit dem Rücktrittsrecht wird die gleiche Differenzierung auch beim Rücktrittsrecht bzw der Befreiung von der Gegenleistungsverpflichtung in §§ 323 bis 326 vorgenommen, ohne dort allerdings die Pflichtverletzung als zusammenfassenden Oberbegriff zu zitieren. Hintergrund ist, dass der Schadensersatz statt der Leistung nur soweit in Betracht kommt, wie der Gläubiger die eigentlich geschuldete Leistung gerechtfertigt abgelehnt hat. Dies hat den bekannten Effekt, dass über den Schadensersatz statt der Leistung (früher Schadensersatz wegen Nichterfüllung) die Rückabwicklung des Leistungsaustausches also quasi rücktrittsgleiche Wirkungen erreicht werden konnten. Anspruchsgrundlage und Haftungsnorm bleibt aber auch in den Fällen des Anspruchs auf Ersatz des Verzögerungsschadens und auf den Schadensersatz statt der Leistung immer § 280 Abs 1. Des Weiteren ist der Schadensersatz statt der Leistung noch vom Schadensersatz statt der ganzen Leistung abzugrenzen, für den in § 281 Abs 1 S 2 und 3 weitergehende Voraussetzungen aufgestellt werden. Wegen dieser Sonderregelungen bzw weiteren Voraussetzungen, die sich je nach dem geforderten Schadensersatz aus den entspr Verweisen in § 280 Abs 2 und 3 ergeben, ist es erforderlich, sich das System von der gewünschten Rechtsfolge her zu erschließen, dh eine Abgrenzung zwischen den einzelnen Schadensersatzarten bzw zum Ersatz begehrten Schadensarten vorzunehmen (ebenso PWW/*Schmidt-Kessel* Rn 5).

4 **B. Die verschiedenen Schadensersatzarten bzw Schadensarten.** Das Herangehen von der Rechtsfolgenseite her setzt voraus, dass zunächst ermittelt wird, welcher Schadensposten welcher im Gesetz genannten Schadensersatzart zuzuordnen ist. Während die Gesetzesbegründung zum »Verzögerungsschaden« völlig schweigt, wird der »Schadensersatz statt der Leistung« mit dem Schadensersatz wegen Nichterfüllung gleichgesetzt (BTDrs 14/6040, 136). Den »Verzögerungsschaden« soll es wie bisher nur unter den zusätzlichen Voraussetzungen des Schuldnerverzugs (Mahnung oder Mahnungsersatz etc) geben, was den Schluss auf die Identität mit dem Verzugsschaden nahe legt (BTDrs 14/6040, 136, 145). Neben diesen beiden in § 280 Abs 2 und Abs 3 bes genannten und mit weiteren Voraussetzungen versehenen Schadensersatzarten tritt der sog »einfache Schadensersatz« wegen Pflichtverletzung in unmittelbarer Anwendung des § 280 Abs 1. Aufgrund der Bezugnahmen auf die Terminologien und die grds Aussage, dass sich inhaltlich nichts ändern sollte, wird eine Übertragbarkeit der im Recht vor dem SMG entwickelten Grundsätze suggeriert. Aufgrund der neuen Systematik, insbes des Nebeneinanders von Erfüllungsanspruch und Anspruch auf den Schadensersatz statt der Leistung nach fruchtlosem Ablauf der gesetzten Nachfrist in § 281 sowie die Möglichkeit der Kombination von Schadensersatz und Rücktritt nach § 325 sind aber doch inhaltliche Korrekturen notwendig. Durch die Bezugnahme des Gesetzgebers auf die früheren Terminologien werden aber auch die Abgrenzungsprobleme zwischen einzelnen Schadensarten aus dem früheren Recht ohne Not ins reformierte Recht hineingetragen. Hinzu treten neue Abgrenzungsfragen auf Grund der neuen Systematik.

5 Bes bedeutsam sind hier drei Abgrenzungsfragen (vgl noch III.): Zum einen ist hier das **Verhältnis zwischen dem Schadensersatz wegen Verzögerung und dem Schadensersatz statt der Leistung** in den Fällen der Vorenthaltung der geschuldeten Leistung zu klären. Diese Frage ist vor allem mit Blick darauf bes relevant, dass im Kaufrecht der Käufer nach dem SMG einen Anspruch auf Übergabe und Übereignung einer mangelfreien Sache hat, dh der Verkäufer vorenthält die geschuldete Leistung beim Kauf also streng genommen auch dann, wenn er eine mangelhafte Sache anbietet. Eng hiermit verbunden ist die zweite Klärungsfrage, wie sich in den **Fällen mangelhafter Leistung** der »einfache Schadensersatz« nach § 280 Abs 1 und der Schadensersatz wegen der Verzögerung der Leistung zueinander verhalten (sog Nutzungsausfall- oder Betriebsausfallschaden). Schließlich ist als drittes zu klären, ob der **Schadensersatz statt der Leistung auch Folgeschäden umfasst** oder ob es für den Ersatz der (Mangel-)Folgeschäden eines ergänzenden Rückgriffs auf den »einfachen Schadensersatz« wegen Pflichtverletzung nach § 280 Abs 1 bedarf.

I. Schadensersatz statt der Leistung. 1. Grundsätzliches. Der Schadensersatz statt der Leistung wird in mehreren Vorschriften des reformierten Leistungsstörungsrechts in Bezug genommen, nämlich §§ 280 Abs 3, 281, 282, 283 und § 311a Abs 2. Die Gesetzesbegründung verweist für den Inhalt des Schadensersatzes statt der Leistung auf den früheren Schadensersatz wegen Nichterfüllung (BTDrs 14/6040, 136). Es erscheint allerdings mit Blick auf die konkrete Ausgestaltung des § 281 zweifelhaft, ob das frühere Verständnis unverändert übertragen werden kann. Es wird einhellig angenommen, dass sich der Schadensersatz statt der Leistung im Kern mit dem früheren Schadensersatz wegen Nichterfüllung deckt, schon auf Grund der Beibehaltung in § 523 Abs 2 S 1, 524 Abs 2 und 651f Abs 1, allerdings in den Randbereichen in Reaktion auf die Neugestaltung des Verhältnisses von Erfüllungsanspruch und Schadensersatz statt der Leistung, insbes ihres Nebeneinanders nach fruchtlosen Ablauf der Nachfrist nach § 281 Abs 2 bis zum Verlangen des Schadensersatz nach § 281 Abs 4, einiger Modifikationen bedarf (MüKo/*Emmerich* Vor § 281 Rn 3 f). 6

Bei genauer Betrachtung ist ausgehend von der Systematik und den betroffenen Interessen eine Unterscheidung zwischen zwei grds Schadensarten zu machen, dem Schadensersatz statt der Leistung und dem Schadensersatz »neben« der Leistung (*Lorenz* NJW 2005, 1889, 1891; auf dieser Basis auch MüKo/*Emmerich* Vor § 281 Rn 22). Das Gesetz verwendet freilich den Begriff des Schadensersatzes »neben« der Leistung nicht. Den Normen lässt sich aber entnehmen, dass zwischen den Fällen, dass die geschuldete Leistung weiter empfangen wird oder anstelle der Leistung als Schaden das Äquivalenzinteresse gefordert wird und daneben gleichwohl bestimmte, von der Erbringung der geschuldeten Leistung unabhängige Schadensposten ersetzt verlangt werden, unterschieden wird. Daraus ergibt sich nach hM, dass Schadensersatz statt der Leistung nur derjenige Schaden ist, der aus dem endgültigen Ausbleiben der Leistung resultiert, also insofern an die Stelle der Leistung tritt, sodass das gesamte **Äquivalenzinteresse** abgedeckt wird (MüKo/*Ernst* Rn 67; *Lorenz* NJW 2002, 2497, 2500). Mit der Geltendmachung des Schadensersatzes statt der Leistung liquidiert der Gläubiger im Grunde das Schuldverhältnis (ieS) und fordert **anstelle des Erfüllungsanspruchs** den Ersatz des »Erfüllungsinteresses« bzw des »positiven Interesses« (PWW/*Schmidt-Kessel* Rn 36; MüKo/*Emmerich* Vor § 281 Rn 7). 7

Als Sonderfall des **Schadensersatzes statt der Leistung** nennt das Gesetz in § 281 Abs 1 S 2 und 3 sowie Abs 5 und § 283 S 2 den **Schadensersatz statt der ganzen Leistung**, wobei in § 311a Abs 2 S 3 auf die entspr Geltung der Regelungen in § 281 hierfür verwiesen wird, sodass er auch bei anfänglichen Leistungshindernissen iSd § 275 gefordert werden kann. Der Schadensersatz statt der Leistung ermöglicht die schadensersatzrechtliche Liquidation des Schuldverhältnisses auch hinsichtlich jener Teile, die nicht unmittelbar von der Pflichtverletzung (also Fälle der Teilleistung oder Schlechtleistung) betroffen sind, sofern auch jene Teile bzw das gesamte Schuldverhältnis von der Pflichtverletzung nachhaltig beeinträchtigt sind (PWW/*Schmidt-Kessel* Rn 46). Wie aus § 281 Abs 5 zu entnehmen ist, kann der Schadensersatz statt der ganzen Leistung bei gegenseitigen Verträgen praktisch die Wirkungen der in § 325 nunmehr ausdrücklich zugelassenen Kombination von Schadensersatz (statt der Leistung) und Rücktritt haben. Zwingend ist dies aber ebenso wenig wie die Forderung statt der ganzen Leistung im Rahmen des Kaufs mehrerer gleichartiger Sachen bei Mängeln nur einzelner Sachen immer die Gesamtliquidation des (ganzen) Kaufs bedeutet. Vielmehr kann hier Schadensersatz statt der ganzen Leistung grds auch nur in Bezug auf die mangelhaften Einzelsachen gefordert werden. Zwar soll der Schadensersatz statt der ganzen Leistung offenbar die aus dem alten, insbes bei § 463 aF bekannte Unterscheidung zwischen »kleinem« und »großem Schadensersatz« übernehmen. Der Schadensersatz statt der ganzen Leistung wird aber bei der Schlechtleistung nur bei erheblicher Pflichtverletzung gewährt (§ 281 Abs 1 S 3), was insoweit eine Verschlechterung der Position des Käufers, der ja unter § 463 aF zwischen beiden »Berechnungsarten« frei wählen konnte, darstellt, und bei Leistungsverzögerung nur, wenn der Gläubiger an der Teilleistung kein Interesse hat (§ 281 Abs 1 S 2). Eine Gleichsetzung mit der aus dem alten Recht bekannten Terminologie zu den verschiedenen Berechnungsarten verbietet sich daher und ist eher irreführend (PWW/*Schmidt-Kessel* Rn 47, 49). 8

Einen **Sonderfall** des Schadensersatzes statt der ganzen Leistung betrifft im Grunde auch **§ 282.** Die dort betroffene Verletzung einer Rücksichtnahme- bzw Schutzpflicht nach § 241 Abs 2, die unter den dort genannten weiteren Voraussetzungen zu einem Anspruch auf Schadensersatz satt der Leistung führt, betrifft nie unmittelbar einen quantitativen oder qualitativen Teil der Leistung. 9

2. Berechnung des Schadensersatzes statt der Leistung/Typische Schadensposten. Ziel des Anspruchs auf den Schadensersatz statt der Leistung ist es, den Gläubiger so zu stellen, wie er bei ordnungsgemäßer Leistung zum Zeitpunkt des Ausgleichs bzw im gerichtlichen Verfahren zum Zeitpunkt der letzten mündlichen Verhandlung bei wirtschaftlicher Betrachtungsweise stünde. Es ist also das positive Interesse, einschl eines entgangenen Gewinns gem §§ 249 ff, 252 zu ersetzen. Dabei ist grds ein Gesamtvermögensvergleich vorzunehmen, bei dem sich das Schuldverhältnis (ieS) in ein einseitiges Abrechnungsverhältnis wandelt, in dem die gegenseitigen Ansprüche als unselbständige Rechnungsposten eingestellt werden, und daher nicht mehr isoliert mit einer selbständigen Klage verfolgt werden können (MüKo/*Emmerich* Vor § 281 Rn 7). Dabei wird in den meisten Fällen in der Praxis der Schadensersatz statt der Leistung auf den Geldersatz gem § 251 Abs 1 gehen, was bereits der Wortlaut andeutet. Allerdings ist ein Ausschluss des Schadensersatzes statt der Leistung durch Naturalrestitution, die das Schadensersatzrecht gem § 249 S 1 als Regelfall vorsieht, nicht zwingend, vielmehr die Naturalrestitution in bestimmten Fällen, in denen der Gläubiger ein berechtigtes 10

Interesse an ihr hat, sogar geboten (MüKo/*Emmerich* Vor § 281 Rn 8 f). Aus der Wortwahl »Schadensersatz statt der Leistung« kann mit der hM nicht abgeleitet werden, dass dieser sich auf das Geldäquivalent für die Leistung beschränken soll (aA Erman/*Grunewald* § 437 Rn 14 mwN). Dies würde den Wortlaut überbewerten, eine vom Gesetzgeber nicht beabsichtigte Verengung der Nichterfüllungshaftung zur Folge haben und durch den weitgehenden Ausschluss von Folgeschäden zu zahlreichen Abgrenzungsproblemen führen (so zu Recht MüKo/*Ernst* § 281 Rn 1 mwN). Auch iÜ richtet sich die Berechnung des Schadensersatzes statt der Leistung nach den allg Vorschriften des Schadensersatzrechts in §§ 249 ff, sodass insbes auch (ein in der Praxis in diesem Zusammenhang wohl nur geringe Bedeutung besitzendes) mitwirkendes Verschulden des Gläubigers zu berücksichtigen ist. Aus dem Gesamtvermögensvergleich ergibt sich, dass auch oder gerade beim Schadensersatz statt der Leistung eine Vorteilsausgleichung stattfindet, aber neben dem entgangenen Gewinn auch weitere Begleitschäden zu ersetzen sind (*U Huber* Leistungsstörungen II § 39 I 2, 263 ff). Meinungsunterschiede bestehen allerdings bei bestimmten Einzelfragen vor allem mit Blick auf gegenseitige Verträge, da hier die Gegenleistung und ihr Schicksal mit berücksichtigt werden muss.

11 **a) Abstrakte und konkrete Schadensberechnung.** Eine erste diskutierte Frage ist die nach der Berechnung des Schadensersatzes statt der Leistung bei sog **Deckungsgeschäften**. Als Deckungsgeschäfte werden einerseits der (Weiter-)Verkauf der geschuldeten Leistung und die hiermit erzielten Gewinne oder Verluste als sog **Deckungsverkauf** und andererseits der Alternativ- oder Ersatzkauf bei endgültigem Ausbleiben der geschuldeten Leistung und die hiermit verbundenen Mehrkosten als sog **Deckungskauf** erfasst. Bei den Deckungsverkäufen geht es also um die Bestimmung des mangels Abnahme einer Gegenleistung gezeichneten Verlustes oder häufiger um den aus einem Weiterverkauf resultierenden möglichen Gewinn jeweils als Schadensposten im Rahmen des Schadensersatzes statt der Leistung. Beim Deckungskauf geht es praktisch bedeutsam um die hieraus resultierenden Mehrkosten als Schadensposten; ein günstigerer Deckungskauf führt an sich nach dem Grundsatz der Vorteilsausgleichung zu einer Minderung des Schadensersatzanspruchs.

12 Im Rahmen der **abstrakten Schadensberechnung** wird der entspr Schaden auf Grund eines hypothetischen, tatsächlich also nicht vorgenommenen Deckungsgeschäftes berechnet, beim Deckungsverkauf also als eine Art Gewinnvermutung für den entgangenen Gewinn in die Schadensberechnung eingestellt. Die abstrakte Schadensberechnung als Begünstigung des Gläubigers ist nur bei marktgängigen Waren und für Gewerbetreibende anerkannt (BGHZ 126, 305, 308); zu weiteren Einzelheiten vgl § 252. Streitig ist der **Zeitpunkt** für die Berechnung des Gewinns bzw Verlustes aus dem hypothetischen Deckungsgeschäft. Es wird vorgeschlagen, auf den Zeitpunkt des Entfallens des Erfüllungsanspruchs (PWW/*Schmidt-Kessel* Rn 38) oder auf den Zeitpunkt des Ablaufs der gesetzten Frist (Jauernig/*Stadler* § 281 Rn 19; MüKo/*Emmerich* Vor § 281 Rn 66; *Haberzettl* NJW 2007, 1328, 1330) abzustellen oder dem Gläubiger die Wahl zwischen dem Zeitpunkt der Pflichtverletzung oder dem Fristablauf zu lassen (Palandt/*Grüneberg* § 281 Rn 34). Es erscheint hier vorzugswürdig, grds auf den Zeitpunkt des Ablaufs der gesetzten Frist abzustellen, da hier der Schadensersatzanspruch entsteht und gleichzeitig dem Gläubiger die Möglichkeit zur Spekulation genommen wird, die er dann hätte, wenn er über die Geltendmachung des Schadensersatzanspruches einen für ihn mit Blick auf die Schadensberechnung günstigen Zeitpunkt abwarten könnte.

13 Der Gläubiger ist aber nicht gezwungen, von der abstrakten Schadensberechnung Gebrauch zu machen. Er kann auch die Schadensberechnung **konkret** auf der Grundlage eines tatsächlich getätigten Deckungsgeschäfts vornehmen. Beim Abschluss des Deckungsgeschäfts muss er jedoch mit der gebotenen Sorgfalt vorgehen, da ihm ansonsten gem § 254 Abs 2 ein mitwirkendes Verschulden angerechnet wird. Das bedeutet insbes, dass er das Deckungsgeschäft alsbald tätigen muss und nicht in spekulativer Absicht hinauszögern darf (Nürnberg NJW-RR 2002, 47, 49). Der Gläubiger ist aber grds nicht zur Vornahme eines Deckungsgeschäfts verpflichtet, allenfalls aus Treu und Glauben, wenn dies zur Abwehr unnötig hoher Schäden erforderlich und zumutbar ist (*U Huber* Leistungsstörungen II § 38 III 5, 256 f; Staud/*Otto* § 280 Rn 101). Der Gläubiger kann das Deckungsgeschäft auch bereits vor dem Ablauf der gesetzten Frist vornehmen, riskiert dann aber, die Leistung doppelt abnehmen zu müssen (BGH NJW 1998, 2901). Das bedeutet auch, dass für die Berechnung auf den **Zeitpunkt** der Vornahme des tatsächlichen Deckungsgeschäft (nach der Pflichtverletzung) abzustellen ist (MüKo/*Emmerich* Vor § 281 Rn 85; wohl auch PWW/*Schmidt-Kessel* Rn 38a; aA *Haberzettl* NJW 2007, 1328, 1329 f).

14 **b) Surrogations- und Differenzmethode.** Nach der Reform des Leistungsstörungsrecht durch das SMG ist streitig, ob bei gegenseitigen Verträgen der Gläubiger bei der Berechnung des Schadensersatzes statt der Leistung nur auf der Grundlage der Surrogationsmethode oder nur auf der Grundlage der Differenzmethode vorgehen kann oder die Wahl zwischen beiden Methoden hat. Nach der Surrogationsmethode tritt der Schadensersatz wertmäßig an die Stelle der ursprünglich geschuldeten Leistung und der Gläubiger bleibt zur Erbringung der Gegenleistung berechtigt und verpflichtet. Dagegen wird nach der Differenzmethode lediglich die wertmäßige Differenz zwischen beiden Primärleistungen als Geldersatzanspruch des Gläubigers gg den Schuldner angesetzt und die ursprünglichen gegenseitigen Verpflichtungen erlöschen.

15 Nachdem im Rahmen von § 326 aF lange Zeit die eingeschränkte Differenztheorie herrschend war, die dem Gläubiger ein Wahlrecht zwischen beiden Methoden beließ, ist der BGH in seiner neueren Rspr davon

zugunsten der strengen Differenztheorie abgewichen (BGH NJW 1994, 3351; NJW 1999, 3115). Mit der Neuregelung der Verzögerungsfälle in § 281 ggü § 326 BGB aF wird nunmehr vertreten, dass es systemgerechter sei, im Rahmen der Berechnung des Schadensersatzes statt der Leistung die Surrogationsmethode wieder ausdrücklich zuzulassen, die dem Gläubiger ein Wahlrecht bzgl seines Vorgehens einzuräumen (AnwK/*Dauner-Lieb* § 281 Rn 29; Palandt/*Grüneberg* § 281 Rn 20; MüKo/*Emmerich* Vor § 281 Rn 35 ff; PWW/*Schmidt-Kessel* Rn 48). Meinungsverschiedenheiten innerhalb dieser Ansicht gibt es nur darüber, ob neben dem Schadensersatzverlangen zusätzlich die Erklärung des Rücktritts erforderlich ist, wenn der Gläubiger nach der Differenzmethode vorgehen will, wobei diese dann zT konkludent im Schadensersatzverlangen mit enthalten angenommen wird. Die Gegenansicht will hingegen nach bereits erklärtem Rücktritt nur noch ein Vorgehen nach der Differenzmethode zulassen, während ohne Rücktritt nur die Surrogationsmethode zulässig sei (BaRoth/*Grothe* § 325 Rn 6; MüKo/*Ernst* § 326 Rn 6 ff mwN; *Gsell* JZ 2004, 643, 645).

Die besseren Gründe sprechen für die Abwicklung allein nach der Differenzmethode, nachdem der Rücktritt einmal erklärt wurde. Mit dem Rücktritt hat der Gläubiger den Vertrag in ein Rückgewährschuldverhältnis verwandelt. Die Basis für die Erbringung der Gegenleistung, der Gegenleistungsanspruch, ist damit fortgefallen (ausführlich MüKo/*Ernst* § 325 Rn 6 ff; Soerg/*Gsell* § 325 Rn 14 ff, 18). Hiergegen kann nicht eingewandt werden, dass der Gesetzgeber mit der Regelung des § 325 die Position des Gläubigers verbessern wollte (so MüKo/*Emmerich* Vor § 281 Rn 18). In § 325 ist eben gerade nicht die freie Widerruflichkeit des einmal erklärten Rücktritts ausgesprochen. Die Festlegung des Gläubigers auf die Differenzmethode nach erklärtem Rücktritt entwertet auch nicht etwa die Regelung in § 325, da eine Kombination zwischen Schadensersatz statt der Leistung und Rücktritt gerade vorgenommen wird. Dagegen hat der Gläubiger vor Erklärung des Rücktritts selbstverständlich die freie Wahl zwischen den Berechnungsmethoden und ist nicht etwa auf die Surrogationsmethode festgelegt. Die Erklärung des Rücktritts wird regelm konkludent einem entspr Verlangen des nach der Differenzmethode berechneten Schadensersatzes statt der Leistung im Wege der Auslegung (§§ 133, 157) bei verständiger Würdigung zu entnehmen sein. Erklärt der Gläubiger hingegen, dass er trotz der Forderung des Schadensersatzes statt der Leistung berechnet nach der Differenzmethode nicht vom Vertrag zurückgetreten sei, so ist er auf die fortbestehende Verpflichtung zur Erbringung der Gegenleistung und die Berechnung nach der Surrogationsmethode zu verweisen (MüKo/*Ernst* § 325 Rn 9). Umgekehrt ist mit Blick auf § 326 Abs 1 dessen Korrektur begrenzt auf die Fälle der zu vertretenden Unmöglichkeit einer der beiden gegenseitig geschuldeten Sachleistungen (bspw Tausch) erforderlich, um dem Gläubiger der unmöglich gewordenen Leistung ein Vorgehen gg den Schuldner nach der Surrogationsmethode zu erhalten (vgl hierzu noch § 326 Rn 3). In den im alltäglichen Leben überwiegenden Fällen der entgeltlichen Erwerbsverträge stellt sich dieses Problem praktisch freilich nicht. Da die Entgeltleistung regelm nicht unmöglich wird, ist bei Unmöglichkeit der Sachleistung ein Vorgehen allein nach der Differenzmethode sinnvoll, bei der selbst bei der Geltendmachung des stellvertretenden *commodum* der Wert des Ersatzanspruch in die Saldierung aufzunehmen ist. 16

c) **Mindestschaden/Rentabilitätsvermutung.** Nach dem **alten Recht** wurden im Rahmen des Nichterfüllungsschadens bestimmte typische Schadensposten quasi als Mindestschaden vom positiven Interesse umfasst angesehen und waren unter bestimmten Voraussetzungen ersatzfähig. Hier ging es vor allem um bestimmte Vorleistungen und Aufwendungen des Gläubigers in Ansehung des Vertrages, die sich durch das Ausbleiben der Leistung als frustriert herausstellten. Für diese galt nach der Rspr eine tatsächliche **Vermutung ihrer Rentabilität** (sog Rentabilitätsvermutung), wonach bis zum Beweis des Gegenteils davon auszugehen war, dass diese Aufwendungen sich durch den Ertrag des durchgeführten Geschäfts rentiert bzw amortisiert hätten (BGH NJW 1999, 3625; 2000, 506). Dabei wurde die Rentabilitätsvermutung nur bei kommerziellen Verträgen angewandt. 17

Nach dem **SMG** ist durch die Regelung des § 284 über den Ersatz nutzloser Aufwendungen **fraglich** geworden, ob im Rahmen des Schadensersatzes statt der Leistung weiterhin die **Rentabilitätsvermutung angewandt werden kann.** Die hM nimmt jedoch an, dass die Rentabilitätsvermutung auch weiterhin, nunmehr im Rahmen des Schadensersatzes statt der Leistung angewandt werden kann (LG Bonn NJW 2004, 74, 75 f; Palandt/*Grüneberg* § 281 Rn 23 f; MüKo/*Emmerich* Vor § 281 Rn 39 mwN). Hierfür spricht in der Tat, dass durch die Regelung in § 284 die Rechte des Gläubigers erweitert werden sollten (BTDrs 14/6040, 142 ff). Durch ihn sollte die Lücke für den Ersatz ideeller Aufwendungen geschlossen werden, die von der Rentabilitätsvermutung gerade nicht erfasst wurden. Praktisch bedeutsam ist die Berücksichtigung der Aufwendungen des Gläubigers im Rahmen des Schadensersatzes statt der Leistung dann, wenn dem Gläubiger zudem durch die Pflichtverletzung ein bes hoher Gewinn entgangen ist. Er läuft freilich Gefahr, dass der Schuldner die Vermutung der Rentabilität der Aufwendungen widerlegt (vgl MüKo/*Emmerich* Vor § 281 Rn 39). 18

Zu den auch weiterhin nach der Rentabilitätsvermutung über den Schadensersatz statt der Leistung erfassbaren Posten gehören zunächst etwaig getätigte **Vorleistungen**. Es gilt die grds Vermutung, dass sich die in Erwartung der Leistung bereits voraus erbrachte Gegenleistung rentiert hätte (Palandt/*Grüneberg* § 281 Rn 23). Der Gläubiger kann daher als Mindestschaden unabhängig von einem Rücktritt einen der Gegenleistung wertmäßig entspr Geldbetrag als Schadensersatz statt der Leistung verlangen (BGHZ 62, 120; NJW 1998, 2360, 2364; Karlsruhe NJW 2005, 989), sodass er *de facto* die Wirkungen erzielt, die er auch durch 19 einen Rücktritt erzielen könnte. Deshalb betrifft der praktisch bedeutsame Anwendungsbereich der Rentabilitätsvermutung die in Erwartung der ordnungsgemäßen Vertragserfüllung aufgebrachten und durch das endgültige Ausbleiben der Leistung sich als nutzlos (frustriert) erweisenden **Aufwendungen.** Es handelt sich hierbei bspw um Vertragsabschlusskosten wie **Beurkundungs- oder Maklerkosten** (BGHZ 123, 96, 99 f), **Kosten der Vertragsdurchführung** wie Fracht- und Lagerkosten, Kosten eines sich als nutzlos erweisenden Akkreditivs (MüKo/*Emmerich* Vor § 281 Rn 43), aber auch Kosten, die auf Grund des nur vorübergehenden Besitzes der Kaufsache entstanden sind, wie bspw entrichtete **Grundsteuer oder Erschließungsgebühr** (BGHZ 114, 193, 199; 143, 52, 56 f). Hierzu gehören auch die Kosten für die Finanzierung des Kaufpreises, wenn dieser schadensersatzrechtlich zurückverlangt wird, wobei sich der Gläubiger dann als Vorteile etwaig gezogene Nutzungen anrechnen lassen muss (BGH NJW 2006, 1582, 1594 f).

20 Von der Rentabilitätsvermutung sind jedoch nicht die Kosten für weitere Geschäfte erfasst, die der Gläubiger im Hinblick auf den Vertrag vornimmt (BGHZ 114, 193, 196 ff – Diskotheken-Fall). Das Gleiche gilt für Vorteile (zB Steuervorteile), die dem Gläubiger auf Grund des endgültigen Ausbleibens der Leistung entgehen (BGH NJW 1999, 3625) oder die dem Gläubiger entstehenden Kosten aus der Planung eines Bauträgerprojektes auf dem gekauften Grundstück (BGHZ 143, 41, 48 ff). Aufgrund der Begründung der Rentabilitätsvermutung kommt diese nur in Bezug auf kommerzielle Aufwendungen und Verträge in Betracht, sodass ein Ersatz anderer Aufwendungen, insbes ideeller, spekulativer oder konsumtiver nur über § 284 erreicht wird. Der **Schuldner kann die Vermutung widerlegen**, was bspw angenommen wird, wenn er jederzeit zum Rücktritt berechtigt war (BGHZ 123, 96, 100 f). Die Vermutung ist aber nicht allein dadurch widerlegt, dass der Gläubiger die Aufwendungen machte als der Vertrag noch schwebend unwirksam war und die Wirksamkeit später zB auf Grund der Erteilung der notwendigen Genehmigung eintritt (BGH NJW 1999, 2269). Des Weiteren steht dem Schuldner die Erbringung des Gegenbeweises offen, der Gläubiger hätte keinen Gewinn erzielt, sodass die Aufwendungen sich nicht rentiert hätten und der Gläubiger ohnehin auf diesen Kosten (teilw) sitzen geblieben wäre (MüKo/*Emmerich* Vor § 281 Rn 45).

21 **d) Berücksichtigung von Verzögerungsschäden im Schadensersatz statt der Leistung?** Im alten Recht vor der Reform durch das SMG war im Rahmen der §§ 325 und 326 aF anerkannt, dass der Gläubiger den eingetretenen Verzögerungsschaden in die Berechnung des Nichterfüllungsschadens einstellen konnte, damit den Schaden ab Eintritt des Verzugs (oder Fälligkeit) einheitlich berechnen konnte, und nicht auf eine gespaltene Liquidation von Verzugsschaden nach § 286 aF und Nichterfüllungsschaden nach §§ 325 und 326 festgelegt war (BGH NJW 1997, 1231; NJW-RR 1997, 622, 624). Eine Berücksichtigung des Verzögerungsschadens im Schadensersatz statt der Leistung ist wegen der neuen Terminologie und Systematik abzulehnen. Im Gegensatz zum alten Recht ist im Rahmen des § 281, der lediglich eine Fristsetzung voraussetzt, nicht gewährleistet, dass sich der Schuldner in jedem Fall durch die Fristsetzung gleichzeitig im Verzug befindet, bspw bei befristeter Mahnung (MüKo/*Ernst* § 281 Rn 112). Dies würde bedeuten, dass über eine Einbeziehung der Verzögerungsschäden in die Berechnung des Schadensersatzes statt der Leistung die Anordnung des § 280 Abs 2, wonach der Verzögerungsschaden nur unter den weiteren Voraussetzungen des § 286 ersetzt verlangt werden kann, desavouiert wird. Zudem endet der Verzug in Bezug auf den Erfüllungsanspruch mit dem Verlangen des Schadensersatzes statt der Leistung, da in diesem Moment mit dem Erfüllungsanspruch die Basis des Verzugs verloren geht (§ 281 Abs 4). Dies passt sich auch dogmatisch ein, da der Verzögerungsschaden ein Schaden »neben« der Leistung ist (vgl Rz 22). Als Leitlinie bei der Abgrenzung kann also gefragt werden, ob ein Ersatz des fraglichen Schadens noch in Betracht käme, wenn der Schuldner doch noch (verspätet) leistet, oder ob der Schaden gerade darauf beruht, dass die geschuldete Leistung endgültig nicht mehr erbracht wird (MüKo/*Emmerich* Vor § 281 Rn 23). Ein vollkommen anderer Fragenkreis ist mit dem Stichwort des sog Betriebsausfallschadens betroffen; dazu sogleich Rn 35 f.

22 **II. Schadensersatz wegen Verzögerung der Leistung. 1. Grundsätzliches.** In § 280 Abs 2 wird für den Ersatz des Verzögerungsschadens auf die weiteren Voraussetzungen des Verzugs in § 286 verwiesen. Bei genauer Betrachtung handelt es sich beim Verzögerungsschaden um einen Schaden, der »neben«, also unabhängig vom Schicksal der Leistung entsteht (*Lorenz* NJW 2005, 1889, 1891). Er betrifft nicht das Äquivalenzinteresse, sodass bspw nicht die Mehrkosten oder Verluste aus einem Deckungsgeschäft als Verzögerungsschaden ersetzt werden (MüKo/*Ernst* § 286 Rn 118; PWW/*Schmidt-Kessel* Rn 29). Vielmehr geht es um solche Schäden, die durch die Vorenthaltung der Leistung mit dem Zeitverlauf kontinuierlich anwachsen (PWW/*Schmidt-Kessel* Rn 24; MüKo/*Ernst* § 281 Rn 110). Der Begriff ist nicht vollständig mit dem Verzugsschaden im alten Recht vor dem SMG gleichzusetzen, da das maßgebliche Abgrenzungskriterium nicht mehr die Verursachung durch die Verspätung ist (so Palandt/*Heinrichs* Rn 13 und BGH NJW 2006, 687 zum alten Recht).

23 **2. Schadensberechnung/Ersatzfähige Schäden.** Der Gläubiger kann nur den adäquat kausal durch den Verzug entstandenen Schaden ersetzt verlangen. Es finden die allg Regeln des Schadensersatzrechts Anwendung. Allerdings wird von der Natur des Verzögerungsschadens ausgehend eine Naturalrestitution gem § 249 regelm nicht in Betracht kommen, sondern der Schadensersatzanspruch auf Geldersatz gerichtet sein. Die Tatsache, dass der aus einem Deckungsgeschäft resultierende Schaden regelm nicht als Verzögerungsschaden, sondern als Schadensersatz statt der Leistung ersetzt wird, schließt nicht aus, dass ein gerade aus der Verzöge-

rung der Leistung resultierender entgangener Gewinn, der bei rechtzeitiger Leistung durch einen Weiterverkauf zu erzielen gewesen wäre, nach § 252 zu ersetzen ist (MüKo/*Ernst* § 286 Rn 125). Eine weitere Ausn liegt dann vor, wenn der Gläubiger ein Deckungsgeschäft allein tätigt, um zu verhindern, dass er selber ggü seinen Abnehmern mit der Leistung in Verzug gerät, und geht es hierbei nicht darum, das Äquivalenzinteresse aus dem Erstgeschäft zu liquidieren, dann sind die Mehrkosten eines solchen Deckungsgeschäfts ein Verzögerungsschaden (RG Recht 1925 Nr 25). Hierbei sind dann aber die Vorteile aus der Verzögerung, wie bspw Wertsteigerungen während des Verzugs (BGHZ 77, 151) auszugleichen. Unter den Voraussetzungen des § 253 Abs 2 kann der Gläubiger auch ein Schmerzensgeld für den durch den Verzug verursachten immateriellen Schaden ersetzt verlangen, was in der Praxis aber nur selten vorkommen wird.

Problematisch und noch nicht abschließend geklärt ist die Frage, auf welche Person für die Berechnung des Verzögerungsschadens im Falle einer Zession abzustellen ist. Besteht zwischen Zedent und Zessionar kein bes Innenverhältnis und ist beim Zessionar ein geringerer oder gleich hoher Schaden wie beim Zedenten entstanden, so ist nach erfolgter Abtretung auf den Zessionar abzustellen (BGH NJW-RR 1992, 219). Bei der Sicherungsabtretung ist auch nach erfolgter Abtretung grds auf die Person des Zedenten abzustellen (BGH NJW 2006, 1662 Tz 11), solange der Sicherungsfall noch nicht eingetreten ist, da bis zu diesem Zeitpunkt der Zedent weiterhin wirtschaftlich der Eigentümer der Forderung ist. Der Zessionar kann, je nach Ausgestaltung des Sicherungsvertrages allein oder neben dem Zedenten, den Verzögerungsschaden im Wege der Drittschadensliquidation geltend machen (BGH NJW-RR 1997, 663). Für den bereits vor der Abtretung eingetreten Verzug ist für den Verzögerungsschaden nach wohl hM ebenfalls allein auf die Person des Zedenten abzustellen (MüKo/*Ernst* § 286 Rn 124 mN). 24

Klassischer Verzögerungsschaden bei Geldschulden, Darlehen und sonstigen Finanzanlagen sind vor allem **Wert- und Kursverluste sowie entgangene Anlagegewinne** auf Grund der Leistungsverzögerung (PWW/*Schmidt-Kessel* Rn 26 f). Diese treten als bes oder über den mit dem gesetzlichen Verzugszins vermuteten, hinausgehender Verzögerungsschaden auf. Dies trifft auch bei Spekulationsgeschäften zu (BGH NJW 2002, 2553; krit MüKo/*Ernst* § 286 Rn 140). Als Verzögerungsschaden ist auch der Verlust durch eine Geldentwertung oder durch Währungsschwankungen bei einer Fremdwährungsschuld (§ 244) anzusehen (BGH MDR 1976, 661; Frankfurt NJW-RR 1988, 1109). Muss der Gläubiger der Geldschuld (entspr wird aber auch bei anderen Leistungen gelten) auf Grund der Verzögerung eine Zwischenfinanzierung zu höheren Zinsen als dem gesetzlichen Zins in Anspruch nehmen, ist dies ein Verzögerungsschaden, dessen Forderung gem § 288 Abs 4 ausdrücklich möglich bleibt (BGH NJW-RR 1986, 207). Hierfür sind in der Rspr bzgl der Kausalität Beweiserleichterungen insbes für Kaufleute, Großunternehmen und die öffentliche Hand dergestalt anerkannt, dass typischerweise davon auszugehen ist, dass sie bei rechtzeitiger Zahlung die von der Hausbank gewährte Kreditlinie zurückgeführt hätten, mithin dieser Zinsschaden erstattungsfähig ist (BGH NJW-RR 1991, 793, 794). Nicht als Verzögerungsschaden ist hingegen der **Zinsausfallschaden** bzw die **Vorfälligkeitsentschädigung bei vorzeitiger Kündigung** und damit Gesamtfälligstellung eines längerfristig gewährten Darlehens auf Grund verzögerter Zahlung der Tilgungsraten (als Pflichtverletzung) anzusehen. Hierbei handelt es sich um einen Schadensersatz statt der Leistung (MüKo/*Ernst* § 286 Rn 147). Dabei beschränkt sich der Schaden allerdings auf den entgangenen Vertragszins bis zum Zeitpunkt der nächstmöglichen Kündigungsmöglichkeit des Darlehensnehmers oder bis zum Vertragsende (BGHZ 104, 337, 344 ff). Dagegen ist der auf Grund der Verzögerung der Zahlung einzelner Tilgungsraten unmittelbar verursachte Schaden sowie der aus der verzögerten (Rück-)Zahlung des Gesamtkreditbetrags nach Kündigung und damit Gesamtfälligstellung ein Verzögerungsschaden. Besonderheiten gelten jedoch für den Zinsausfallsschaden auf Grund vorzeitiger Kündigung eines Verbraucherkredits nach § 497 Abs 1. 25

Im Zusammenhang mit dem durch verzögerte (Rück-)Zahlung einer Geldschuld zu ersetzenden Verzögerungsschaden stellt sich mit Blick auf marktübliche Anlagezinsen die Frage der Möglichkeit einer **abstrakten Schadensberechnung** des Verzögerungsschadens anhand der Marktgegebenheiten. Diese erkennt die Rspr für Banken und Kaufleute an, bei denen es als ausreichend angesehen wird, dass durch die Zahlungsverzögerung ein Handels- oder ein Kreditgeschäft vereitelt worden ist, dessen Abschluss typischerweise zum Geschäftsbetrieb des Gläubigers gehört, wobei dies für jede Art der entgangenen Kapitalnutzung gilt (BGHZ 62, 103, 105; 104, 337, 348 ff). Dabei ist der über den Verzögerungsschaden liquidierbare Verlust an Anlagezinsen/-gewinnen nach der Rspr an dem Durchschnittsgewinn des jeweils betroffenen Kreditinstituts zu orientieren (BGHZ 104, 337, 344 ff; 115, 268, 271 f). Diese Grundsätze der abstrakten Schadensberechnung finden wegen der Spezialregelungen für den Verbraucherkredit in Verhältnissen mit Verbrauchern keine Anwendung. Nur nach der **konkreten Schadensberechnung** können grds Privatgläubiger einer Geldschuld vorgehen. Ausn machte die Rspr hiervon nur bei Privatgläubigern von hohen Geldbeträgen, wenn sie diesen nach der Lebenserfahrung typischerweise angelegt hätten (BGHZ 80, 269, 279). Wo hier genau die Grenze zu ziehen ist, bleibt unklar, sodass mit Blick auf den erhöhten Verzugszinssatz und seiner halbjährlichen Anpassung auf diese Ausn verzichtet werden sollte (zu Recht MüKo/*Ernst* § 286 Rn 134). Eine Kombination beider Berechnungsarten, insbes in zeitlicher Hinsicht ist ebenfalls abzulehnen. Nur bei der konkreten Schadensberechnung kommt der Gläubiger in den Genuss der Beweiserleichterungen in § 252 S 2 und § 287 ZPO. 26

27 Ein **Nutzungsausfall** bei eigenen Sachen wird nach der Rspr als Verzögerungsschaden im Vermögen des Gläubigers unter der Voraussetzung ersetzt, dass dem Gläubiger eine nicht von § 252 geschützte Sachnutzung von eigenen Lebensgütern durch den Verzug des Schuldners vorenthalten wird, deren ständige Verfügbarkeit für die eigenwirtschaftliche Lebensführung von zentraler Bedeutung ist (BGHZ (GSZ) 98, 212; 101, 325, 330; 117, 260, 262). Solche Lebensgüter sollen eine eigengenutzte Eigentumswohnung, ein selbstbewohntes Haus oder ein Nutzungsrecht an einem Ferienhaus sein. Dies steht in gewissem Maße in Widerspruch zu § 253, da es sich hierbei regelm um einen immateriellen Schaden handelt. Anerkannt ist dies in der Rspr schon lange für den unfallbedingten Nutzungsausfall beim eigenen Fahrzeug (BGHZ 85, 11, 14 ff). Mieteinnahmeausfälle auf Grund der verspäteten Rückgabe der Mietwohnung werden allerdings unabhängig von dieser Rspr als entgangener Gewinn im Rahmen des Verzögerungsschadens ersetzt (BGH NJW 1993, 2674, 2675 f).

28 Ein weiterer Posten, der anerkannter Maßen als Verzögerungsschaden ersetzt werden kann, sind die sog **Rechtsverfolgungskosten**. Bei den hier betroffenen Kosten ist aber bes darauf zu achten, dass die Voraussetzungen des Verzugs nach § 286 bereits zum Zeitpunkt der Entstehung der betroffenen Kosten vorlagen. Ersatzfähig sind alle Kosten, die zur außergerichtlichen und/oder gerichtlichen Rechtsverfolgung entstanden sind, und im Zeitpunkt der Entscheidung ihrer Vornahme als sachdienlich anzusehen waren, unabhängig davon, ob sie sich später als erfolglos herausstellen. Mit Blick auf Art 3 Abs 1 lit e ZahlungsverzugsRL, wonach der Gläubiger zum Ersatz der Beitreibungskosten berechtigt ist, bedarf es für Entgeltforderungen in diesem Zusammenhang Korrekturen ggü der Rspr zum alten Recht. Erfasst sind insbes die **Mahnkosten** für die zweite Mahnung bzw die Erinnerungsmahnung nach Eintritt des Verzugs (BGH WM 1987, 247, 248). Ein Ersatz der Kosten bereits für die erste, den Verzug begründende Mahnung unter Rückgriff auf § 280 Abs 1 wird nach hM als unzulässige Umgehung des § 280 Abs 2 abgelehnt (MüKo/*Ernst* § 286 Rn 156). Eine Regelung zum Ersatz der Kosten der ersten Mahnung in AGB ist nach § 309 Nr 4 unwirksam (BGH NJW 1985, 320, 324 zu § 11 Nr 4 AGBG). Die Kosten für die zweite Mahnung werden auch dann nicht ersetzt, wenn der Schuldner bereits nach der ersten Mahnung unmissverständlich und endgültig die Erfüllung verweigerte, da es sich dann um aussichtslose Rechtsverfolgungsmaßnahmen handelt (BGH VersR 1974, 639, 642).

29 Schließlich sind als Verluste infolge der verspäteten Leistung auch der **Verdienstausfall** (BGH BB 1957, 726) und der **Steuerschaden** des ArbN durch verspätet gezahlte Vergütung erst innerhalb der nächsten Steuerperiode auf Grund der dann wegen der Progression höheren zu entrichtenden Steuer (BAG DB 2001, 1310; 2002, 2276) als Verzögerungsschaden ersatzfähig. Das Gleiche gilt, wenn eine Gesellschaft einem Gesellschafter die ihm zustehenden Entnahmen für die Einkommenssteuer verweigert und dieser deswegen Versäumniszuschläge an das Finanzamt abführen muss (BGH NJW-RR 1990, 170, 171).

30 **III. Abgrenzungsfragen.** Zusätzlich zu den bereits in der Darstellung zu den einzelnen Schadensersatzarten behandelten Zweifelsfragen, ergibt sich eine wesentlich brisantere Abgrenzungsproblematik aus der Integration des Gewährleistungsrechts in das Allgemeine Leistungsstörungsrecht. Dies wird für das Kaufrecht in erster Linie durch die Perpetuierung der Erfüllungstheorie ermöglicht, was die bereits bislang bestehenden Probleme bei der Abgrenzung zwischen Schadensersatz aus pFV und § 463 aF noch verschärft. Schon beim Kaufgewährleistungsrecht vor dem SMG wurde im Rahmen des Schadensersatzes wegen Nichterfüllung aus § 463 aF grds nur der Mangelschaden ersetzt, hingegen wurden Mangelfolgeschäden nur über die pFV ersetzt. Hier stellt sich die Frage der Übertragung ins reformierte Recht. Schließlich stellt sich die Frage nach der »richtigen« Anspruchsgrundlage für den sog Betriebsausfallschaden.

31 **1. Doppelte Vertragswidrigkeit bei Mangelhaftigkeit.** Aufgrund der Entscheidung des Gesetzgebers für die Erfüllungstheorie im Kaufrecht entsteht eine Zweispurigkeit bei einer mangelhaften Lieferung des Verkäufers: Da der Verkäufer zur mangelfreien Lieferung verpflichtet ist, handelt es sich um eine Schlechtleistung, sodass bei dem Begehren des Schadensersatzes statt der Leistung § 281 Abs 1 S 1 Alt 2: »Schuldner leistet nicht wie geschuldet« anwendbar ist. Zugleich kann der Schuldner aber auch nur durch Lieferung einer mangelfreien Sache seine Verpflichtung zur Leistung in Natur erfüllen, sodass er auf den ersten Blick bei einer Schlechtleistung gem § 281 Abs 1 S 1 Alt 1: »Schuldner leistet nicht«, zum Schadensersatz statt der Leistung verpflichtet ist. Diese Zweispurigkeit kann noch auf Grund der Spezialität der Alt 2 für die Fälle der Schlechtleistung als »quantitative Nichtleistung« gelöst werden. Problematisch bleibt jedoch, ob der Schuldner/Verkäufer bei Lieferung einer mangelhaften Sache/Leistung gleichzeitig unter den Voraussetzungen des § 286 mit der Erfüllung seiner Leistungsverpflichtung in Verzug geraten und zum Ersatz des aus einer verzögerten mangelfreien Leistung verursachten Verzögerungsschadens verpflichtet ist. Diese Frage wird vor allem bei der Qualifikation von Betriebsausfallschäden relevant (vgl sogleich Rz 35).

32 Die gesamte Problematik wird dadurch verschärft, dass auf Grund der mangelhaften Leistung ein Nacherfüllungsanspruch des Gläubigers entsteht. Wird dieser nicht ordnungsgemäß, insbes termingerecht erfüllt, stellen sich erneut die beschriebenen Fragen der Schlechtleistung und Nichtleistung sowie bei verzögerter Mangelbeseitigung insbes die Frage des Verzugs, dann aber in Bezug auf den Nacherfüllungsanspruch als von der Verletzung des ursprünglichen Erfüllungsanspruchs klar zu trennende Pflichtverletzung (MüKo/*Ernst* Rn 52). Die genaue Trennung ist erforderlich, um den richtigen Bezugspunkt für das Vertretenmüssen zu wählen. Ein Verschulden der Schlechtleistung in Bezug auf den ursprünglichen Erfüllungsanspruch wirkt nicht etwa fort

für das Vertretenmüssen der verzögerten oder mangelhaften Erfüllung des Nacherfüllungsanspruchs (*Lorenz* FS U Huber (2006), 423 ff). Auch wenn die Exkulpation hinsichtlich des Ausbleibens der ordnungsgemäßen Erfüllung des Nacherfüllungsanspruchs nach gesetzter Nachfrist idR nicht möglich sein wird, kann in der Praxis die saubere Unterscheidung zwischen den beiden Pflichtverletzungen vor allem für die Berechnung des Schadensersatzes statt der Leistung, insbes den maßgeblichen Zeitpunkt, ab wann Schadensposten in Ansatz gebracht werden können, entscheidend sein. Aus der vorstehend beschriebenen Zweispurigkeit bei Schlechtleistung resultieren die folgenden beiden diskutierten Abgrenzungsfragen.

2. Unterscheidung zwischen Mangel- und Mangelfolgeschaden? Die frühere Unterscheidung zwischen Mangel- und Mangelfolgeschaden im alten Gewährleistungsrecht könnte man nun durchaus mit Blick auf die Gesetzesbegründung in das neue Recht übertragen, so dass Mangelschäden einen »Schadensersatz statt der Leistung« darstellen und Mangelfolgeschäden als »einfacher« Schadensersatz unmittelbar über § 280 Abs 1 zu ersetzen wären (vgl so auch ganz ohne Problemorientierung BTDrs 14/6040, 225). Durch den Mangelschaden wäre dadurch über den Schadensersatz statt der Leistung grds immer nur das Äquivalenzinteresse betroffen, während der Mangelfolgeschaden die durch die mangelhafte Lieferung verursachten Schäden an anderen Rechtsgütern des Gläubiger/Käufers, also sein Integritätsinteresse betrifft und daher unmittelbar über § 280 Abs 1 liquidiert werden soll. Zur Begründung wird vor allem auch auf die Sinnlosigkeit der Nachfristsetzung für die Fälle der Mangelfolgeschäden verwiesen, da diese regelm nicht mehr (durch eine pflichtgemäße Leistung) rückgängig zu machen seien. Zu beachten gilt es jedoch, dass für den Schadensersatz immer an einen Mangel angeknüpft wird, mithin der Weg über das Gewährleistungsrecht (§§ 437 Nr 3, 634 Nr 4) zu nehmen ist und demnach die kurzen Verjährungsfristen gelten (die Abgrenzung ist daher nicht wie *Mayerhöfer* MDR 2002, 549, 553 meint schlechthin obsolet geworden, sondern durch die einheitliche Verjährung nach §§ 438, 634a ist der Frage lediglich ein wenig an Brisanz genommen worden). Die Wortlautinterpretation des Begriffs »Schadensersatz statt der Leistung« scheint das enge Verständnis nahe zu legen (*Schapp* JZ 2001, 583, 586). Allerdings lässt dies zum einen außer Acht, dass bislang auch Mangelfolgeschäden als Nichterfüllungsschaden über § 463 aF ersetzt wurden, soweit sie nur von der Zusicherung umfasst waren. Hinzu tritt, dass wegen der Verpflichtung des Verkäufers zur mangelfreien Leistung aus § 433 Abs 1 S 2 sämtliche Fälle einer Schlechtleistung zugleich eine Leistungsverzögerung darstellen, solange noch nicht nacherfüllt wurde, also theoretisch auch über §§ 280 Abs 1, 286, 280 Abs 2 ersetzt werden könnten. 33

Vorzugswürdig ist eine Lösung für diese Fälle auf dem Boden der Systematik und Funktionsweise des neuen Leistungsstörungsrechts zu suchen, insbes die Unterscheidung zwischen Mangel- und Mangelfolgeschäden aus dem alten Recht **nicht** zu **übernehmen** (PWW/*Schmidt-Kessel* Rn 52; MüKo/*Ernst* Rn 65 jeweils mwN; aA Palandt/*Heinrichs* Rn 18). Als Leitlinie ist davon auszugehen, dass der Schadensersatz statt der Leistung sämtliche Schäden, grds also auch Folgeschäden umfasst. Es bietet sich eine Zuordnung an, die vom Sinn und Zweck der »weiteren Voraussetzungen« für die besonderen Schadensersatzfolgen ausgeht (Abgrenzung mit Blick auf die betroffenen Interessen (Integritäts- oder Äquivalenzinteresse) schlägt *Wagner* JZ 2002, 475 ff vor). Danach übernimmt § 281 für die Fälle der Schlechtleistung und Leistungsverzögerung das Prinzip der Sicherung des Vorrangs des Erfüllungsanspruchs durch Fristsetzung des § 326 BGB aF, sodass vom Schadensersatz statt der Leistung grds all jene Schadensposten umfasst sind, die durch mangelfreie Nacherfüllung noch vermeidbar oder rückgängig machbar sind. Zweifelhaft ist, ob man auf dem ersten Blick irreparable Schäden ausnahmslos dem § 280 Abs 1 zuschlagen kann. Dies ist sicher richtig für die Schäden an anderen (absoluten) Rechtsgütern und Interessen des Käufers, die abschließend und in voller Höhe bereits aufgrund der mangelhaften Leistung eingetreten sind (*Münch* Jura 2002, 361, 368). Zu beachten ist aber, dass die unterschiedliche Verjährung dann wieder an Relevanz gewinnt, wenn die ursprüngliche Schlechtleistung eine Schutz- bzw Rücksichtnahmepflicht (bspw Aufklärung) neben der Verpflichtung zur Mangelbeseitigung begründet, sodass Begleitschäden sowohl auf die Verletzung der Verpflichtung zur mangelfreien Leistung (oder ggf Nacherfüllung) – dann Verjährung nach § 438, 634a – als auch auf die Schutzpflichtverletzung – dann Verjährung nach §§ 195, 199 – zurückzuführen sind. 34

3. Ersatz des Betriebsausfallschadens. Eng verwandt mit der vorstehend erläuterten Abgrenzungsfrage im Rahmen des Ersatzes von Begleitschäden ist die wesentlich intensiver diskutierte Frage nach der »richtigen Anspruchsgrundlage« für den Ersatz sog Betriebsausfallschäden. Bei ihnen handelt es sich um sukzessiv entstehende Vermögensschäden, die durch die gestörte Nutzung infolge eines reparablen Mangels eintreten. Wegen ihrer regelm Irreparabilität durch eine ordnungsgemäße Nacherfüllung können sie dem § 280 Abs 1 unmittelbar zugeschlagen werden (so iE die hM: MüKo/*Ernst* Rn 55 mwN; MüKo/*Emmerich* Vor § 281 Rn 25). Aufgrund der Tatsache, dass eine Schlechtleistung wegen der Erfüllungstheorie zugleich eine Nichtleistung, dh eine Verzögerung der mangelfreien Leistung darstellt, erscheint ein Ersatz als Verzögerungsschaden nach §§ 280 Abs 1, 286, 280 Abs 2 ebenso möglich und bei entspr Qualifikation wegen sonstiger Umgehung des § 280 Abs 2 sogar geboten (PWW/*Schmidt-Kessel* Rn 58 f mwN; AnwK/*Dauner-Lieb* Rn 34 ff, 48). Letzterer Ansicht ist der Vorzug zu geben. 35

Im Kern entbrennt der **Streit um das zusätzliche Mahnungserfordernis** bei der Lösung über die Behandlung als Verzögerungsschaden nach § 280 Abs 2. Für das zusätzliche Mahnungserfordernis spricht, dass wie 36 bei den klassischen Verzugsfällen der Betriebsausfallschaden durch eine schnelle Nacherfüllung begrenzt werden kann. Unrichtig ist es, wenn gg diese Lösung eingewandt wird, dass der Verkäufer bei Lieferung einer mangelhaften Sache zum vereinbarten Liefertermin wegen § 286 Abs 2 Nr 1, 2 trotz pünktlicher Lieferung in Verzug geraten würde (so MüKo/*Ernst* Rn 56). Dabei wird das Erfordernis des Vertretenmüssens vernachlässigt, wonach nur eine schuldhafte Lieferung der mangelhaften Sache zum Verzug führt, wobei das Vertretenmüssen freilich vermutet wird. Hätte der Verkäufer die Mangelhaftigkeit bei Aufwendung der erforderlichen Sorgfalt kennen müssen, so erscheint eine Verzugshaftung wegen des Betriebsausfallschadens gerechtfertigt. Praktisch relevant ist daher allenfalls die mögliche Haftungslücke für den Betriebsausfall, der vor dem verzugsbegründenden Ereignis (regelm die Mahnung) entsteht. In der Praxis wird dies aber dadurch entschärft, dass mit der Setzung einer Nachfrist in aller Regel auch eine unmissverständliche und ernsthafte Leistungsaufforderung im Sinne einer Mahnung vorliegt. So nehmen auch die Vertreter der Lösung über § 280 Abs 1 an, dass bei einem hinreichend bestimmten Nacherfüllungsverlangen eine Mahnung in Bezug auf den Nacherfüllungsanspruch vorliegt, somit der Verkäufer mit der Erfüllung des Nacherfüllungsanspruchs in Verzug gerät (zu beidem MüKo/*Ernst* Rn 58 f). Zugleich wollen die Vertreter des Ersatzes von Betriebsausfallschäden unmittelbar über § 280 Abs 1 ein Mitverschulden des Käufers berücksichtigen, sobald er Kenntnis von der Mangelhaftigkeit hat und gleichwohl nicht umgehend den Mangel rügt und Nacherfüllung verlangt. In der Praxis werden die unterschiedlichen Ansichten daher nur selten zu unterschiedlichen Ergebnissen führen.

37 **C. Voraussetzungen des Anspruchs gem § 280 Abs 1. I. Wirksames Schuldverhältnis.** Der Anspruch setzt zunächst das Bestehen eines Schuldverhältnisses voraus. Ein solches kann durch Vertrag (§ 311 Abs 1) begründet werden. Als Schuldverhältnis ist aber auch die »Sonderbeziehung« bzw das »Sonderrechtsverhältnis« in den bekannten Fällen der *culpa in contrahendo* anzusehen (§ 311 Abs 2 und 3). Darüber hinaus sind auch einseitige Schuldverhältnisse – etwa der Anspruch aus einem Vermächtnis (§ 2147) – und gesetzliche Schuldverhältnisse erfasst (BTDrs 14/6040, 135). Dagegen soll § 280 auf das Verhältnis der Nachbarn keine Anwendung finden (Düsseldorf NJW-RR 2002, 306). Als Schuldverhältnis iSd § 280 Abs 1 wird nach hM grds auch das öffentliche Rechtsverhältnis angesehen, soweit es schuldrechtsähnliche Leistungsbeziehungen begründet und die Eigenart des öffentlichen Rechts dem nicht entgegensteht (BGHZ 17, 142; BVerwG 13, 20), insbes ist § 280 entspr anwendbar auf eine öffentlich-rechtliche Sonderverbindung, auf der sich Obhutsverpflichtungen begründen (BGH NJW 2006, 1121, 1123). Dies gilt aber nicht nur für Ansprüche des Bürgers gg die öffentliche Hand, sondern auch umgekehrt kann die öffentliche Hand einen Bürger wegen der Verletzung einer Pflicht aus einer öffentlich-rechtlichen Sonderverbindung nach hM aus § 280 Abs 1 in Anspruch nehmen (BGHZ 135, 341; BVerwG NJW 1995, 2303). Die Ablehnung der Anwendung einer öffentlich-rechtlichen schuldrechtsähnlichen Sonderverbindung durch die Rspr im Rahmen der Verhältnisse mit Schülern und Studenten sowie im Strafvollzug wird in Bezug auf Körperschäden durch die Einbeziehung in die gesetzliche Unfallversicherung etwas entschärft (BGHZ 67, 279), vgl bereits § 278 Rz 10.

38 **II. Pflichtverletzung. 1. Allgemeines: Möglichkeit einer einheitlichen Begriffsdefinition.** Nach Abs 1 führt als objektiver Tatbestand jede Verletzung einer Pflicht eines Schuldverhältnisses, sei es eine Leistungs- oder eine Schutzpflicht, zu einer Schadensersatzhaftung des Schuldners der verletzten Pflicht, vorausgesetzt er hat die Pflichtverletzung auch zu vertreten. Nach der Gesetzbegründung ist als Pflichtverletzung das rein objektiv nicht mit den Pflichten des Schuldverhältnisses übereinstimmende Verhalten des Schuldners anzusehen (BTDrs 14/6040, 135). Dabei soll der Begriff die Fälle der Nichtleistung auf Grund Unmöglichkeit und Verzögerung, der nicht vertragsgem Leistung auf Grund mangelhafter Leistung oder der Nichtbeachtung einer leistungsbegleitenden Pflicht und der Verletzung von Rechten, Rechtsgütern und Interessen des Gläubigers wegen Nichtbeachtung einer Schutzpflicht erfassen. Dabei ist nach dem Inkrafttreten des SMG ein Streit über die Möglichkeit einer subsumtionsfähigen einheitlichen, dh alle vom Gesetz offenbar als Pflichtverletzung angesehenen Tatbestände erfassenden Definition des Begriffs entbrannt.

39 Nach **einer Ansicht** wird der **Begriff der Pflichtverletzung anknüpfend** an den gesetzgeberischen Zweck, mit ihm sämtliche schuldnerseitige Störungstatbestände in einer einheitlichen Norm zu erfassen und mit einer verschuldensabhängigen Schadensersatzpflicht des Schuldners zu sanktionieren (BTDrs 14/6040, 135), lediglich als ein **Sammelbegriff heteronomer Tatbestände der Störung im Schuldverhältnis** angesehen (MüKo/*Ernst* Rn 10 ff mwN). Im Kern knüpft diese Ansicht an die bereits seit den Anfängen der Schuldrechtsform am einheitlichen Begriff der »Nichterfüllung«, aus dem später im Rahmen des SMG die »Pflichtverletzung« wurde, geübte Kritik an. Nach dieser Ansicht soll zwischen den Fällen unterschieden werden, die an die Verletzung des Leistungsinteresses anknüpfen, und den Fällen, die an die Verletzung einer (nicht-)leistungsbezogenen Nebenpflicht anknüpfen (MüKo/*Ernst* Rn 12 ff; Palandt/*Heinrichs* Rn 12 mwN). Sofern der Gläubiger in seinem durch das Schuldverhältnis begründeten und geschützten Leistungsinteresse – aus welchem Grund auch immer und unabhängig von der Frage, ob und wem die Störung zurechenbar ist – beeinträchtigt wird, liegt jedenfalls eine hieran anknüpfende »Pflichtverletzung« iSd § 280 Abs 1 vor. Hiervon werden also alle Sachverhalte erfasst, bei denen eine geschuldete Leistung nicht, nicht termingerecht oder nicht wie geschuldet erbracht wird. In diesen Fällen enthält die Einordnung als Verletzung einer Pflicht abweichend vom allg Sprachverständnis noch nicht notwendig ein Unwerturteil dahingehend, es sei einem rechtlich vor-

geschriebenen Verhalten zuwider gehandelt worden. In den Fällen, in denen nicht das Leistungsinteresse des Gläubiger betroffen ist, sondern durch einen Sachverhalt andere Rechte, Rechtsgüter und/oder Interessen des Gläubigers beeinträchtigt werden, liege eine Pflichtverletzung nur dann vor, wenn dies das Schuldverhältnis berühre und sich nicht »außerhalb« desselben abspiele. Es bedarf hier also der positiven Feststellung, dass die Beeinträchtigung aus einer Zuwiderhandlung des Schuldners gg eine aus dem Schuldverhältnis (iwS) bestehende Verhaltenspflicht gem § 241 Abs 2 resultiert, bei deren Befolgung das Gläubigerinteresse nicht beeinträchtigt worden wäre.

Dagegen soll nach **anderer Ansicht** die subsumtionsfähige, einheitliche Begriffsdefinition der Pflichtverletzung darin liegen, dass der Schuldner ein Verhalten vornimmt, das von dem durch das Schuldverhältnis vorgegebenen **Pflichtenprogramm abweicht** (offenbar in diese Richtung, da Unterscheidung zwischen Erfolgs- und Verhaltenspflichten nur im Rahmen des Vertretenmüssens/Beweislast PWW/*Schmidt-Kessel* Rn 10, 22). Auch diese Ansicht beruft sich auf die Gesetzesbegründung (BTDrs 14/6040, 135). Diese Ansicht setzt als Anknüpfungspunkt der Haftung immer ein Verhalten des Schuldners voraus. Dieses liegt in den Fällen der §§ 281, 283, 286 im schlichten Nichtbewirken der Leistung, dass Unterlassen der Leistung in Natur, die eine Verletzung der Leistungspflicht darstellt. Teilw wird in den Fällen des § 283, die der Kulminationspunkt des Streits sind, hilfsweise darauf zurückgegriffen, dass der Haftungsgrund darin erkannt werden soll, dass der Schuldner pflichtwidrig die Umstände herbeigeführt hat, die den Tatbestand des § 275 erfüllen (zB *Canaris* JZ 2001, 499, 507, 529; *Ehrmann/Sutschet* Modernisiertes Schuldrecht, 64 ff: Haftungsgrund iSd § 280 Abs 1 in diesen Fällen der Nichtleistung auf Grund Unmöglichkeit ist eine (relative) Schutzpflichtverletzung als rechtwidriges Verhalten des Schuldners). Diese Hilfserwägung wird unter dem Eindruck angeboten, dass dem Schuldner in den betroffenen Fällen nach § 275 gerade nicht die Erbringung der Leistung vorgeschrieben sei und daher die Nichtleistung an sich nicht als pflichtwidrig angesehen werden könne (*U Huber* in: Ernst/Zimmermann (Hrsg.), 31, 78 f; dies übernehmend AnwK/*Dauner-Lieb* § 283 Rn 2). 40

Der letztgenannte Einwand macht erkennbar, dass es – zumindest was die Integration der Fälle des § 283 betrifft – im Kern um eine **Frage des Verständnisses der Rechtsfolge** des § 275 geht. Die dort erfassten Fälle der Unmöglichkeit oder Unzumutbarkeit der Erfüllung mit der Leistung in Natur führen aber gerade nicht zum Erlöschen der Schuldnerverpflichtung zur Leistung in Natur. § 275 Abs 1 spricht ausdrücklich davon, dass der Anspruch auf die Leistung ausgeschlossen ist, nicht jedoch, dass die Verpflichtung des Schuldners zur Leistung ausgeschlossen ist. Dies bedeutet, dass zumindest aus rechtstechnischen Gründen mit Blick auf die sekundären Haftungsansprüche die Leistungspflicht des Schuldners als rechtliche Verpflichtung fortbesteht, auch wenn dies auf den ersten Blick sinnlos ist. Dies führt dazu, dass konsequenterweise die Vertreter der verhaltensbezogenen Definition des Begriffs der Pflichtverletzung den § 283 gänzlich als entbehrlich erkennen, da die Fälle hinsichtlich des Regelungsgehalts des § 283 jedenfalls auch über § 281 Abs 2 zu erfassen sind, da der Schuldner durch die Einwendung der Unmöglichkeit oder die Einrede der Unzumutbarkeit iSd § 275 zugleich eine Erfüllungsverweigerung vorgenommen hat (PWW/*Schmidt-Kessel* § 283 Rn 4). Andererseits mutet es etwas befremdlich an, dem Schuldner die Möglichkeit zu geben, unter Verweis auf § 275 die Leistung in Natur zu verweigern, und andererseits genau diese Nichtleistung als rechtswidrig/pflichtwidrig anzusehen, diese also als Anknüpfungspunkt des Verschuldens als rechtswidrige Handlung zu nutzen (insoweit zu Recht die Einwände von *Schapp* JZ 2001, 583, 586; *Stoll* JZ 2001, 589, 591). 41

Die insofern auf den ersten Blick konsistentere erste Ansicht hat den Nachteil, dass letztlich doch **zwischen Leistungs- und Schutzpflichten unterschieden** wird (dies zugebend MüKo/*Ernst* Rn 17). Diese ist allerdings in gewisser Weise durch die Eigenart der Schutzpflichten vorgegeben, die idR hinsichtlich ihrer Art, ihres Inhalts und Umfangs (also hinsichtlich des rechtlich geforderten Verhaltens) wesentlich durch Sorgfaltspflichten und -überlegungen bestimmt werden. Konsequenterweise hat hier der Gläubiger daher das Vorliegen einer objektiven (Sorgfalts-)Pflicht (Schutzpflicht) und die objektive Pflichtwidrigkeit (also die objektive Sorgfaltswidrigkeit) nach allg Beweislastgrundsätzen darzulegen und zu beweisen. Die Rechtspraxis ist hierüber freilich hinweg gegangen, da sie vor allem im Rahmen der hier betroffenen Fahrlässigkeit eine weitgehende Objektivierung des Vertretenmüssens vorgenommen hat, mit der Konsequenz, dass mit Blick auf § 280 Abs 1 S 2, wonach der Schuldner die Maßgeblichkeit und Einhaltung der aus dem Sorgfaltsmaßstab resultierenden Verhaltenserwartungen, die zugleich eine Sorgfalts- bzw Schutzpflicht begründet, als Entlastungsbeweis nachweisen muss, beides austauschbar ist und dem Richter einen weiten Spielraum eröffnet (PWW/*Schmidt-Kessel* Rn 19). An der verhaltensbezogenen Ansicht wird kritisiert, dass der Gläubiger konsequenterweise auch bei der Nichtleistung die objektive Pflichtwidrigkeit darlegen und beweisen müsste, worin ein nach der Gesetzesbegründung nicht beabsichtigter Bruch mit der bisherigen Rechtslage auf Grund §§ 282, 285 aF liege (so MüKo/*Ernst* Rn 17). Auch dieser Einwand verfängt jedoch nicht, da in der praktischen Rechtsanwendung entweder die Beweislastumkehr des § 280 Abs 1 S 2 entspr erweitert werden könnte oder eher noch mit Blick darauf, dass der Grund für die Nicht-, Schlecht- oder Spätleistung in der Sphäre des Schuldners liegt, ihm nach den Grundsätzen der sekundären Darlegungs- und Beweislast die Pflicht zur Entlastung obliegen könnte, wenn der Gläubiger erst einmal die Nichtleistung vorgetragen hat. Die von der Rspr entwickelten Grundsätze zur Beweislast, insbes die Unterscheidung nach erfolgsbezogener und verhaltensbezogener Pflicht für die jeweiligen Anforderungen an den Sachvortrag und etwaige Beweisangebote, können 42 auch unabhängig von der Aufstellung einer einheitlichen Begriffsdefinition weiterhin angewendet werden. Auch für das Vertretenmüssen einer Nicht- oder Schlechtleistung muss schließlich an ein menschliches Verhalten angeknüpft und dieses entspr beurteilt werden, dh der zugrunde liegende Lebenssachverhalt ist danach zu untersuchen, ob das Unterlassen der Leistung in Natur als Pflichtverletzung auf einem vorwerfbaren vertragswidrigen (nach den Anforderungen der §§ 241 Abs 1, 242) Verhalten des Schuldners beruht. Deshalb handelt es sich bei dem angeblich »hilfsweisen« Rückgriff darauf, ob in den Fällen des § 275 Abs 1 bis 3 der Schuldner das Leistungshindernis zu vertreten hat, tatsächlich um eine Selbstverständlichkeit. Festzuhalten bleibt allerdings, dass eine abschließende, dogmatisch konsistente Begründung weiterhin noch nicht gefunden ist, wenngleich durch den Verweis in § 275 Abs 4 die Möglichkeit eines Schadensersatzanspruchs ausdrücklich klargestellt wird. Dies wird in der praktischen Rechtsanwendung vermutlich nur in seltenen Fällen aufbrechen. Der stärkere Fokus ist daher auf die Bestimmung des Pflichtenprogramms zu legen.

43 **2. Kategorisierung von Pflichten bzw Pflichtverletzungen. a) Grundsätzliches.** Die vorstehenden Ausführungen zeigen, dass jenseits der Suche nach einer dogmatisch sauberen Begriffsdefinition bei der praktischen Anwendung des § 280 Abs 1 und der hierbei erforderlichen Feststellung einer Pflichtverletzung ein wesentlicher Schwerpunkt bei der Determinierung des aus dem Schuldverhältnis (iwS) für die Parteien resultierenden Pflichtenprogramms liegt (ebenso PWW/*Schmidt-Kessel* Rn 10). Dies ist mit Blick auf die relativ unscharfen Handreichungen in §§ 241 und 242 vorzunehmen. Auch wenn in § 280 Abs 1 nicht nach einzelnen Pflichtentypen unterschieden wird, kann man gleichwohl auf die durch §§ 241, 242 vorgegebene Pflichtenunterscheidung zurückgreifen: (Haupt-)Leistungspflichten, selbständige leistungsbegleitende Nebenpflichten (selbständige Nebenleistungspflichten), unselbständige (leistungsbegleitende) Nebenpflichten (unselbständige Nebenleistungspflichten) sowie die Schutz- oder Rücksichtnahmepflichten (vgl hierzu § 241 Rz 16 ff). Auch wenn diese Unterscheidung in gewissem Maße in §§ 281, 282, 283 vorgegeben bzw in Bezug genommen ist, sollte der Unterscheidung lediglich heuristischer Wert vor allem zum Zwecke der Ordnung des Fallmaterials zugemessen werden (PWW/*Schmidt-Kessel* Rn 10).

44 Die wegen der Vielgestaltigkeit des Lebens und der Rechtsverhältnisse im Folgenden nur auszugsweise und exemplarisch dargestellten Pflichten müssen zur Begründung einer Haftung aus § 280 Abs 1 selbstverständlich verletzt sein. Der Gläubiger kann sich jedoch dann nicht auf eine Pflichtverletzung des Schuldners berufen, wenn diesem eine Einrede nach §§ 273, 320 zusteht und der Schuldner die Leistung unter Berufung auf diese Einrede verweigert hat (PWW/*Schmidt-Kessel* Rn 15). Das Gleiche gilt, wenn der Schuldner einen Anspruch auf Anpassung hat und diesen bspw im Prozess durch die Einrede nach §§ 273, 313 geltend macht, vgl hierzu auch § 313 Rz 50. Schließlich soll dem Arbeitgeber die Berufung auf eine Pflichtverletzung des ArbN verwehrt sein, wenn er zuvor im Rahmen eines Prozessvergleichs zur Beilegung des Kündigungsschutzprozesses eine Ehrenerklärung abgegeben hat (LAG Berlin BB 2005, 948). Für den Nachweis der Pflichtverletzung (einschl der Pflichtwidrigkeit) trägt grds der Gläubiger die Darlegungs- und Beweislast, wobei die Rspr hierzu umfangreich Grundsätze über die Beweislastumkehr entwickelt hat, vgl Rz 91.

45 **b) Verletzung einer (Haupt-)Leistungspflicht/Leistungstreuepflichten.** Als erste heuristische Kategorie kann auf die Fälle der **Verletzung einer (Haupt-)Leistungspflicht** abgestellt werden. Es sind dies regelm die Pflichten aus einem Schuldverhältnis gem § 241 Abs 1, die den Vertrag charakterisieren und eine Zuordnung zu den gesetzlich geregelten Vertragstypen ermöglichen. Hierunter lassen sich sowohl die Fälle der **Nichtleistung** (einschl Leistungsverzögerung) und **Schlechtleistung** (quasi als qualitative Nichtleistung) einordnen. Hinsichtlich der Bestimmung der Hauptleistungspflichten in Verträgen kann auf die entspr Kommentierungen zu den einzelnen Vertragstypen verwiesen werden. Im Kauf- und Werkvertragsgewährleistungsrecht wird ohnehin nach dem SMG explizit auf die allg Regeln in §§ 280 ff und §§ 323 ff verwiesen. Dazu, inwieweit hier nach Übergang der Gefahr (§§ 446, 640) noch erg bzw daneben unmittelbar auf § 280 Abs 1 zurückgegriffen werden kann, vgl bereits Rz 33 ff. In den Fällen der Schlechterfüllung bietet § 280 Abs 1 eine Grundlage für den Schadensersatz wegen dieser Pflichtverletzung, wobei bei nur teilw Schlechtleistung hinsichtlich der Möglichkeit des Schadensersatzes statt der Leistung für die noch ausstehende Leistung und für den Ersatz vergeblicher Aufwendungen erg auf §§ 281, 284 zurückgegriffen werden soll (Palandt/*Heinrichs* Rn 16). Im Rahmen von Dienst- und Geschäftbesorgungsverträgen soll regelm (allein) die unmittelbare Anwendung des § 280 Abs 1 für den Schadensersatz in Betracht kommen, vgl zu den Pflichten in zahlreichen als Dienstvertrag einzuordnenden Schulverhältnissen im Dienstleistungssektor Rz 54 ff. Vorzugswürdig erscheint auch hier von der Rechtsfolge heranzugehen und dann, wenn in den Fällen von Verträgen ohne bes Gewährleistungsregeln der Schadensersatz statt der Leistung verlangt wird, (rechtstechnisch richtig) nur nach §§ 280 Abs 1, 281 bis 283, 280 Abs 3 vorzugehen (PWW/*Schmidt-Kessel* Rn 55 f). Bei Mietverträgen und Reiseverträgen existieren bes Regelungen für die Schadensersatzhaftung des Vermieters bzw des Reiseveranstalter bei Schlechterfüllung (Mängeln), die nicht auf den Grundtatbestand des § 280 Abs 1 verweisen und nicht durch das SMG in das allg System integriert wurden. Eine Anwendung des § 280 Abs 1 kommt bei diesen Verträgen nur insofern in Betracht, als die Pflichtverletzung keinen Mangel darstellt (Palandt/*Heinrichs* Rn 21).

46 Eine weitere heuristische Kategorie wird häufig mit der aus der früheren Rspr übernommenen **Verletzung von Leistungstreuepflichten** beschrieben (so Palandt/*Heinrichs* Rn 25 ff). Hier werden einerseits die Fälle der

Erfüllungsverweigerung (BGHZ 90, 302, 308) und die verwandten Fälle der Verweigerung eines Anbieters, sich an seinem Angebot festhalten zu lassen (BGH WM 2006, 247), eingeordnet, andererseits aber auch die Fälle einer unberechtigten Kündigung eines Dauerschuldverhältnisses (BGHZ 89, 296) erfasst. Nach dem SMG ist die Aufrechterhaltung dieser Kategorie mit Blick auf die Erfüllungsverweigerung und Vertragsaufsage zweifelhaft, da im Kern eine Nichtleistung vorliegt (PWW/*Schmidt-Kessel* Rn 15: nur *modi* der Verletzung der nicht erfüllten Pflicht) und die praktisch relevanten Fragen des Erfordernisses einer Nachfristsetzung bzw Mahnung durch §§ 281 Abs 2, 286 Abs 2 und 323 Abs 2 und die Frage des Rücktritts vom Vertrag vor Fälligkeit durch § 323 Abs 4 geklärt ist. Nach hM ist § 323 Abs 4 weiterhin die allg Aussage zu entnehmen, dass die (Leistungs-)Pflicht bereits vor Fälligkeit verletzt werden kann, was eine Übertragung des Gedankens im Rahmen der Anwendung der §§ 280 ff ermöglicht, vgl hierzu § 281 Rz 20. Als weitere Fallgruppe in dieser Kategorie werden schließlich noch die Fälle der Geltendmachung unbegründeter Ansprüche diskutiert, sofern ein Vertrag zwischen den Parteien besteht (Palandt/*Heinrichs* Rn 27). Hier soll sich ein Anspruch auf Schadensersatz nach § 280 Abs 1 ergeben, wobei der Ersatz von Rechtsanwaltskosten nicht in jedem Fall möglich ist (BGH NJW 2007, 1458), sondern nur wenn seine Einschaltung zur Schadensabwendung vernünftig und zweckmäßig war (BGH NJW-RR 2007, 856: Zurückweisung einer unbegründeten Abmahnung). Hierbei muss beachtet werden, dass eine Schadensersatzverpflichtung ohnehin nur dann in Betracht kommt, wenn die Anspruchsberühmung nicht auf einer vertretbaren rechtlichen Beurteilung beruhte (LG Kempten NJW-RR 2006, 1534). Letztlich wird sich diese Fallgruppe nunmehr (besser) auch in die Fälle der Verletzung einer Schutzpflicht gem § 241 Abs 2 einordnen lassen, da es im Kern um die Wahrung der Vermögensinteressen des anderen Teils geht und wodurch zugleich eine Erweiterung auf andere Schuldverhältnisse als aus Vertrag möglich wird.

c) Verletzung leistungsbegleitender Nebenpflichten. Als eine weitere heuristische Kategorie lässt sich die **Verletzung leistungsbegleitender Nebenpflichten** bezeichnen. Bei ihnen verschwimmt im Randbereich häufig der Übergang zur Schlechterfüllung und bestehen mit Blick auf die bes Verjährung der kauf- und werkvertraglichen Mängelgewährleistungsansprüche (§§ 438, 634a) sowie auf die bes Voraussetzungen der § 281 Abs 1 S 2 und 3 praktisch bedeutsame Abgrenzungsschwierigkeiten. Bei dieser Kategorie geht es vor allem um die Verletzung von Verpflichtungen zur die Leistung als solcher begleitenden Aufklärung, Beratung, Information, Verpackung und An- und Auslieferung (PWW/*Schmidt-Kessel* Rn 13; Palandt/*Heinrichs* Rn 22). Insbes bei **Information und Aufklärung** muss geprüft werden, ob dies nicht bereits zur Mangelhaftigkeit der Leistung führt und insbes auch eine Nacherfüllung in Betracht kommt. Dies trifft zumindest auf die Fälle der nach der früheren Rspr als leistungsbegleitende Nebenpflichten eingeordneten Verpflichtungen zu, die durch das SMG nunmehr ausdrücklich als Sachmangel geregelt wurden (Bsp fehlerhafte oder nicht vorhandene Montageanleitung, § 434 Abs 3). In solchen Fällen haben die spezielleren Regeln zur Schlechterfüllung Vorrang. Fälle der Verletzung einer leistungsbegleitenden Nebenpflicht, die nur nach § 280 Abs 1 unmittelbar erfasst werden, sind bspw das Unterlassen der Information, dass im Leitungswasser ein zulässiger Chlorzusatz enthalten ist, der in einer angeschlossenen Konservenfabrik zu Schäden führt (BGHZ 17, 131) oder der unterbliebene Hinweis, dass eine geschuldete Werkleistung noch nicht fertig gestellt ist (BGH WM 2002, 875). 47

Im Grenzbereich liegen bspw die Fälle, in denen **in einer Dauerlieferbeziehung nicht auf die geänderte Produktbeschaffenheit hingewiesen** wurde (BGHZ 107, 331, 336 ff; 132, 175, 178) oder bei einer Falschberatung hinsichtlich der Verwendbarkeit der Leistung (BGH NJW 1997, 3227; 1999, 3192), in denen regelm auch das Erfüllungsinteresse des Gläubigers betroffen ist. Im Grenzbereich liegt auch der Fall einer Beschädigung des Liefergegenstand wegen schlechter Verpackung (BGHZ 87, 92), der aber, obwohl auch hier das Interesse des Gläubigers an der ordnungsgemäßen Leistung betroffen ist, über § 280 Abs 1 unmittelbar zu erfassen ist (vgl krit zur Abgrenzung je nachdem ob das Integritäts- oder das Erfüllungsinteresse betroffen ist § 241 Rz 19). Abgrenzungsschwierigkeiten, die allerdings nur geringere praktische Bedeutung haben, können sich bei Beratungsverträgen bzw Dienstverträgen mit Schwerpunkt in der Beratung ergeben, bei denen Information, Beratung und Aufklärung gerade *sedes materiae* sind. Entsprechende Abgrenzungsschwierigkeiten können sich schließlich auch bei Gebrauchsüberlassungsverträgen und Verträgen mit Verwahrungselement ergeben, bei denen die Grenzziehung zwischen (Haupt-)Leistungspflicht und Schutzpflicht nach § 241 Abs 2 relevant werden kann (vgl BGH VersR 2006, 360, 361). Sofern sich die Verpflichtung zur Aufklärung, Beratung, Information, Verwahrung und Obhut als Schutzpflicht nach § 241 Abs 2 darstellt, sind für den Schadensersatz statt der Leistung die weiteren Voraussetzungen des § 282 erforderlich, sodass sich die Unterscheidung zwischen leistungsbegleitenden und nicht-leistungsbegleitenden sowie Schutzpflichten nicht vollkommen erübrigt oder vernachlässigbar ist. 48

d) Verletzung von Schutzpflichten nach § 241 Abs 2. Mit der **Verletzung von Schutzpflichten nach § 241 Abs 2** ist die letzte heuristische Kategorie der Pflichtverletzungen angesprochen. Nach der Definition sind dies solche Pflichten, die sich aus einem Schuldverhältnis ergeben und die den Schuldner zu bes Rücksicht auf die Rechtsgüter und Interessen des Gläubigers verpflichten. Als Mindeststandard kann hier zunächst auf die allg deliktischen Verkehrssicherungspflichten zurückgegriffen werden (so PWW/*Schmidt-Kessel* Rn 14; Palandt/*Heinrichs* Rn 28). Der Vorteil ihrer gleichzeitigen Qualifikation als schuldrechtliche Rücksichtnahme- 49 pflichten aus einem Schuldverhältnis ist die Anwendbarkeit des § 278, der anders als § 831 keine Exkulpationsmöglichkeit für den die Pflicht verletzenden Schuldner eröffnet. Zusätzlich ist ggü § 823 Abs 1 auch das reine Vermögen geschützt. Damit die vertragliche bzw vertragsähnliche Haftung neben der deliktischen eröffnet ist, muss die Rechtsgutsverletzung im betroffenen Einzelfall allerdings im Zusammenhang mit der erhöhten Einwirkungsmöglichkeit, die aus der Sonderverbindung resultiert, stehen (BGH NJW 1992, 40; Saarbrücken NJW-RR 1995, 23).

50 Aus der Rspr zum alten Recht sind hier Fälle zu **Personenschäden**, wie der sog Linoleumrollen-Fall (RGZ 78, 239) und der Sturz einer Kundin oder ihres Kindes auf einer Bananenschale, einer Wurstpelle oder einem Gemüseblatt (BGHZ 66, 51, 53 f; NJW 1962, 31; VersR 1968, 993) bekannt, wobei dies Anwendungsfälle der *cic* betraf.

51 In der Praxis häufiger sind die Fälle von **Sachschäden und Vermögensschäden**. Bei den Sachschäden handelt es sich bspw um eine Verletzung einer Schutzpflicht, wenn beim Werkvertrag auf Grund fehlender oder unzureichender Vorsorge Brandschäden im Rahmen der Ausführung der Arbeiten entstehen (BGH VersR 1976, 166) oder die zum Zwecke der Reparatur in Obhut bzw Verwahrung genommene Sache beschädigt wird (BGH NJW 1983, 113). Der Mieter oder Vermieter verletzt eine Schutzpflicht, wenn er durch einen Wassereinbruch oder einen Brand das Eigentum des anderen Vertragsteils beschädigt (BGH NJW 1964, 35; Hamm NJW-RR 1992, 906). Die Grenze zum Schutz vor der Beschädigung des Vermögens des Vertragspartners ist in dem Fall bereits überschritten, in dem der Mieter eines Mietwagens einen zur Haftung des Vermieters nach § 7 StVG führenden Unfall verursacht (BGHZ 116, 203). Eine Schutzpflicht vor Vermögensschäden durch das versehentliche Aufrechterhalten einer Telefonverbindung ist verletzt, wenn der Anbieter von Telefondiensten bei 0190-Nummern die Verbindung nicht nach einer Stunde automatisch beendet, vgl § 43b Abs 4 TKG (LG Heidelberg NJW 2002, 2960). Ein Fußballverein kann Regress bei randalierenden Fußballfans nehmen, wenn er wegen schwerwiegender Störungen eines Verbandsligaspiels an den Verband eine Strafe wegen des Verhaltens seiner Fans zahlen muss (Rostock NJW 2006, 843). Ebenfalls dem Schutz des Vermögens dienen die als Untergruppe zusammenfassbaren Geheimhaltungspflichten. Diese Schutzpflicht ist bspw verletzt, wenn das Kreditinstitut das Bankgeheimnis nicht gewahrt hat (BGHZ 27, 241), aber auch dann, wenn auf den Bankkunden bezogene Tatsachen oder Wertungen aus Anlass oder im Zusammenhang mit der Geschäftbeziehung bekannt werden (BGH NJW 2006, 830, 833). Bei Kreditinstituten werden die Geheimhaltungspflichten noch durch bes Treue- und Loyalitätspflichten ergänzt, die ua dazu verpflichten, keine die Kreditwürdigkeit des Kunden/Darlehensnehmers beeinträchtigenden Werturteile, Meinungsäußerungen sowie Tatsachenbehauptungen, selbst wenn sie wahr sind, zu verbreiten (BGH NJW 2006, 830). Als Schutzpflichten sind durch die Rspr va im vorvertraglichen Bereich bzw für die Vertragsanbahnung in vielen Bereichen umfassende Aufklärungs-, Beratungs- und Informationspflichten entwickelt worden, vgl hierzu sogleich Rz 54. Für den Arbeitgeber sind die Schutzpflichten weitgehend der Spezialnorm über die Fürsorgepflichten in § 618 zu entnehmen.

52 **e) Verletzung von Mitwirkungspflichten durch den Gläubiger.** Eine Besonderheit ist bei Verletzung sog **Mitwirkungspflichten des Gläubigers** zu beachten. Mit ihnen sind solche »Verpflichtungen« des Gläubigers zur Vornahme von Handlungen umschrieben, die dem Schuldner der Hauptleistung erst ihre Erbringung ermöglichen. Der wichtigste Fall ist mit dem Annahmeverzug in §§ 293 ff gesetzlich geregelt. Dies gibt aber zu erkennen, dass es sich hierbei grds um **Obliegenheiten** des Gläubigers handelt, durch die er allenfalls einen Rechtsverlust erleidet. Nimmt der Gläubiger eine zur Erbringung der Hauptleistung notwendige Mitwirkungshandlung nicht vor und geht der Leistungsgegenstand danach unter, so bleibt der Gläubiger gem § 326 Abs 2 auch zur Gegenleistung verpflichtet. Aus solchen Mitwirkungspflichten des Gläubigers ergibt sich aber regelm keine Haftung nach § 280 Abs 1, da dieser bereits vom Wortlaut her nur auf die Verletzung einer Pflicht des Schuldners anzuwenden ist (MüKo/*Ernst* Rn 133).

53 Eine Haftung des Gläubigers der Hauptleistung nach § 280 Abs 1 kommt allerdings dann in Betracht, wenn die Mitwirkungspflicht als echte Pflicht iSd §§ 241 Abs 2, 242 ausgestaltet ist, dh der Gläubiger der Hauptleistung zugleich Schuldner der konkreten Mitwirkungshandlung ist. Eine solche echte Schuldnerpflicht ist nach der Neuregelung durch das SMG die Abnahme beim Kauf- und Werkvertrag, sodass hier insbes eine Haftung wegen Verzugs bei verzögerter Abnahme in Betracht kommt. Beim Werkvertrag ist allerdings zu beachten, dass die Abnahmeverpflichtung, dh auch die Mitwirkung des Bestellers bei und zum Zwecke der Abnahme nach § 640 Abs 1 nur bei Vorliegen des fertigen und mangelfreien Werks besteht, sodass hinsichtlich der vor der Abnahme notwendigen Mitwirkung durch den Besteller hiermit dem Unternehmer nicht weitergeholfen werden kann (MüKo/*Ernst* Rn 134). Neben dieser gesetzlichen Einordnung einer Mitwirkungshandlung des Gläubigers als echte Schuldnerpflicht kann sich dies auch im Wege der Auslegung nach §§ 133, 157, 242 aus dem zugrunde liegenden Schuldverhältnis ergeben. Dies liegt nahe, wenn den Parteien von Vorneherein klar war, dass die Erfüllung des Vertrags oder die Erreichung des vertraglichen Zwecks nur durch eine umfangreiche Mitwirkung auch des Gläubigers zu erreichen ist. Dies wurde durch die Rspr insbes bei einem **industriellen Anlagenbau** zugunsten des Werkunternehmers angenommen (BGHZ 11, 80, 83 ff), wobei hier sogar dem Werkunternehmer das Recht zur sofortigen Forderung der Gegenleistung bei bes schwerwiegenden Verstößen des Bestellers gegeben wurde (BGHZ 50, 175, 178 f; 88, 240, 247 ff). Andere Fälle sind die **Nichteinholung einer erforderlichen Ausfuhrgenehmigung** (München BB 1954, 547) und die **mangelnde Mitwirkung des**

Lizenznehmers, Mieters, Käufers oder Bestellers einer Software, sofern hier auch die Entwicklung neuer Programmteile vereinbart wurde (BGH DB 1988, 2249). Sofern die Mitwirkungshandlung des Gläubigers nicht als echte Schuldnerverpflichtung besteht, sind in Dienst- und Werkverträgen Lösungen auf der Grundlage von §§ 642, 643 und 645 und bei den nicht erfassten Fällen sowie bei anderen Verträgen über §§ 322 Abs 2, 320 Abs 1 und § 323 herzustellen (MüKo/*Ernst* Rn 136).

3. Einzelfälle von Pflichten und Pflichtverletzungen. Wegen der Vielgestaltigkeit des Lebens und der von der Vertragsfreiheit umfassten Freiheit hinsichtlich der inhaltlichen Ausgestaltung von Verträgen (vgl hierzu noch § 311 Rz 7 ff) kann selbstverständlich keine abschließende Darstellung der möglichen Pflichten und Pflichtverletzungen geleistet werden. Für praktisch wichtige Schuldverhältnisse soll im Folgenden eine grobe Darstellung des Standes der Rspr zu den resultierenden Pflichten der Vertragspartner gegeben werden (für weitere, hier nicht behandelte Einzelfälle vgl PWW/*Schmidt-Kessel* Rn 71 sowie Palandt/*Heinrichs* Rn 79 ff; zu den Pflichten bei den gesetzlichen Vertragstypen vgl die jeweiligen Kommentierungen). **54**

a) Arbeitsverhältnisse. Im **Arbeitsverhältnis** ergibt sich ein wesentlicher Anteil der Schutzpflichten aus der Fürsorgepflicht des Arbeitgebers nach § 618. Die Fürsorgepflicht des Arbeitgebers umfasst im Kern die ordnungsgemäße Einrichtung der Arbeitsräume sowie die Organisation der Betriebsabläufe, dh der Arbeitgeber muss auf Wohl und Wehe seiner ArbN Bedacht nehmen und ihre Schädigung nach Möglichkeit abwenden (BAGE 50, 202). Als nachwirkende Treupflicht hat der Arbeitgeber dem ArbN ein wohlwollendes Zeugnis auszustellen (§ 630) und muss Dritten bei Nachfrage wahrheitsgemäß Auskunft über den ArbN geben und diesem die gegebene Auskunft mitteilen (BGH NJW 1959, 2011). Der Arbeitgeber trägt für das mangelnde Vertretenmüssen der Verletzung seiner Pflichten nach § 280 Abs 1 S 2 die Beweislast. Hingegen muss er sämtliche Voraussetzungen des Schadensersatzanspruchs nach § 280 Abs 1 voll beweisen, einschl des Vertretenmüssens (§ 619a), will er wegen einer Pflichtverletzung gg den ArbN vorgehen. Dies wird dem Arbeitgeber im Rahmen der Mankohaftung dahingehend erleichtert, dass bei einem alleinigen Zugriff des ArbN auf den Kassenbestand sich die Pflichtverletzung bereits aus dem Umstand des Fehlbetrags ergibt bzw dass der ArbN den entspr Vermögensschaden des Arbeitgebers entstehen lassen hat (BAG AP Nr 1 zu § 611). **55**

b) Architekten. Die Pflichten des **Architekten** ergeben sich zu aller erst aus dem geschlossenen Vertrag (BGH NJW 1999, 427; NJW-RR 2007, 378). In der Rspr ist anerkannt, dass er als Sachwalter seinem Auftraggeber ggü zur umfassenden Information, Beratung, Aufklärung und Betreuung verpflichtet ist (BGH NJW 2007, 365 Rz 10 ff). In diesem Zusammenhang ist beachtlich, dass die Pflichten grds nicht ohne weiteres auch ggü bzw zugunsten von Dritten, bspw auf dem Bau tätigen Bauunternehmen gelten; vgl hierzu bereits § 278 Rz 13. Des Weiteren muss der Architekt über die für die Durch- bzw Ausführung der übernommenen Aufgaben erforderlichen Fachkenntnisse besitzen (BGH NJW-RR 2003, 1454). Sollte er diese in Teilbereichen nicht besitzen und zieht er gleichwohl keine Fachleute in diesen Bereichen hinzu, ist er seinem Auftraggeber ggü zum Ersatz des hierdurch verursachten Schadens wegen Pflichtverletzung nach § 280 Abs 1 verpflichtet (BGH NJW 2001, 1276). Ist die Planung vereinbart, so muss der Architekt möglichst bald die Durchführbarkeit des Vorhabens klären (Hamm BauR 1996, 578), wobei er hierbei evtl Vorgaben, insbes eine Kostengrenze zu berücksichtigen hat (Düsseldorf NJW-RR 1999, 1696). Bei Kostenüberschreitung haftet der Architekt, wenn er seine Verpflichtung zur Absteckung des wirtschaftlichen Rahmens für das Vorhaben, die Aufklärung und Beratung des Auftragnehmers über die Kosten und die Ermittlung der Massen und Kosten nicht sorgfältig erfüllt hat (BGH NJW-RR 2005, 318). Hat der Architekt die Bauleitung und Bauaufsicht übernommen, so ist er verpflichtet dafür zu sorgen, dass das Bauwerk unter Berücksichtigung der Zumutbarkeitsgrenzen plangerecht und mangelfrei errichtet wird (BGH NJW-RR 2000, 1468). Das Ausmaß seiner Überwachungspflicht in Bezug auf das Bauwerk und die beauftragten Bauunternehmer richtet sich jeweils nach den Umständen des Einzelfalls, insbes sind zu berücksichtigen die Schwierigkeit und Bedeutung des betroffenen Bauabschnitts sowie die Zuverlässigkeit der Bauunternehmer und seiner Mitarbeiter/ArbN. **56**

c) Ärzte. Bei **Ärzten** gelten neben der nunmehr anwendbaren **Beweislastumkehr** in § 280 Abs 1 S 2 für das Vertretenmüssen zahlreiche durch die Rspr entwickelte abweichende Beweislastregeln, in bes Fällen auch für die übrigen Voraussetzungen eines Schadensersatzanspruch nach § 280 Abs 1, vgl hierzu noch eingehend Rz 96 (Zu den Einzelheiten des Arztvertrages vgl Tamm Anhang II zu §§ 611 ff). Hinsichtlich der Pflichten gilt der Grundsatz, dass der Behandlungserfolg nicht geschuldet wird, da er diesen auf Grund der fehlenden Beherrschbarkeit des menschlichen Organismus nicht garantieren kann (MüKo/*Grundmann* § 276 Rn 111). Der Arzt hat jedoch die an einen Arzt seines Fachgebiets gestellten Sorgfaltserwartungen einzuhalten, sodass er bei fehlender Fachkenntnis bei Erkennbarkeit und Vermeidbarkeit der Übernahme der Behandlung bereits für ein Übernahmenverschulden haftet. Er hat daher auch die Pflicht, vor der Vornahme einer Behandlung krit zu prüfen, ob er den durch sie gestellten Anforderungen gerecht wird bzw werden kann. Die ärztlichen Pflichten sind durch die Rspr immer wieder neu zu konkretisieren, wobei sie sich dabei an ärztlichem Sachverstand, bspw in Form von Gutachten und ärztliche Leitlinien orientiert, jedoch nicht von diesen gebunden wird (PWW/*Schaub* § 823 Rn 199). Überblicksartig lassen sich die folgenden Kategorien von Pflichten unterscheiden: **57**

58 Der Arzt hat zunächst die Pflicht zur **Untersuchung** des Patienten und **Diagnosestellung**, sodass zwar bei objektiv unrichtiger Diagnose nicht notwendig ein Behandlungsfehler vorliegt, aber dann, wenn eine notwendige Befunderhebung unterbleibt (BGHZ 85, 212, 217 f; 99, 391, 398 f). Im Kernbereich der ärztlichen Pflichten stehen die **Aufklärungspflichten**, insbes hinsichtlich der Chancen und Risiken, Verlauf einer Behandlung und Behandlungsalternativen, da sie die Grundlage der Einwilligung (Selbstbestimmungsrecht) des Patienten in eine Behandlung bilden (BGHZ 29, 176, 180; NJW 2006, 2477, 2478). Der Umfang der gebotenen Aufklärung bestimmt sich nach den Umständen des Einzelfalls, vor allem mit Blick auf die Dringlichkeit einer Behandlung und der Neuheit der Behandlungsmethode. Eine Einschränkung kann sich in seltenen Ausnahmefällen aus dem sog humanitären/therapeutischen Privileg ergeben, wenn zu erwarten ist, dass der Patient auf Grund der Belastung durch die Aufklärung einer dringend gebotenen Maßnahme nicht zustimmen wird (PWW/*Schaub* § 823 Rn 200 mwN). Die Aufklärung muss durch den behandelnden Arzt selbst (BGH NJW 1984, 1807, 1808 f) und rechtzeitig vor der Behandlung erfolgen, damit der Patient tatsächlich in die Lage versetzt wird, eine selbstbestimmte Entscheidung zu treffen (BGHZ 144, 1, 12). Regelm hat die Aufklärung in einem persönlichen Gespräch mit dem Patienten zu erfolgen (BGHZ 90, 103, 110), wobei bei Minderjährigen und nicht Geschäftsfähigen nach hM die gesetzlichen Vertreter mit aufgeklärt werden müssen und idR deren Einwilligung in die Behandlung erforderlich ist (BGHZ 105, 45, 48). Das Unterlassen einer sog Sicherheitsaufklärung, durch die die notwendige Mitwirkung des Patienten beim Heilungsprozess gewährleistet werden soll, die aber auch dem Schutz Dritter bspw bei HIV-Infektionen dient, wird ebenfalls ein Behandlungsfehler angenommen (BGHZ 163, 209, 217 ff: Ausdehnung des Schutzbereichs auf den Ehepartner eines HIV-infizierten Patienten). Schließlich kann eine Aufklärungspflicht des Arztes auch zum Schutze der wirtschaftlichen Interessen des Patienten bestehen, bspw hinsichtlich der Eintrittspflicht des Versicherers (BGH NJW 1983, 2630), wobei sich hierbei die Möglichkeit der wirtschaftlichen Schädigung des Patienten aufdrängen muss (Köln NJW 1987, 2304; Düsseldorf NJW-RR 2000, 906).

59 Hinsichtlich der **Behandlung** selbst gilt, dass sie die Untersuchung, Diagnose, Prävention, Therapie bis hin zur Nachsorge umfasst und rechtzeitig, im Maß angemessen und kunstgerecht sowie ohne Begleitfehler erfolgen muss, wobei grds Therapiefreiheit besteht (BGH NJW 2006, 2477). Der Arzt muss bei der Behandlung dem Stand der Wissenschaft und ärztlichen Erfahrung, wie sie im Fachkreis zum Zeitpunkt der Behandlungsvornahme akzeptiert sind, entsprechen (BGHZ 113, 297, 303 f; 144, 296, 305 ff). Bes Fachkenntnisse sind wie bei der Fahrlässigkeit bereits im Rahmen der Sorgfaltspflichten haftungsverschärfend, nie haftungsmildernd, zu berücksichtigen (BGH NJW 1994, 3008, 3009). Bei Krankenhausträgern und größeren Arztpraxen treten des Weiteren noch Organisationspflichten, insbes mit Blick auf Arbeitszeiten und Verlaufsbeobachtung hinzu (BGHZ 95, 63, 71 ff). Eng hiermit verbunden und gleichwohl für alle Ärzte geltend sind die Dokumentationspflichten, wonach die Behandlung in ihrem unmittelbaren Zusammenhang zu dokumentieren ist (BGHZ 72, 132, 137 f). Ein Verstoß gegen sie allein kann die Vermutung eines Behandlungsfehlers begründen und damit eine Beweislastumkehr bewirken, vgl Rz 96.

60 **d) Banken.** Bei den Pflichten der **Banken** ggü ihren Kunden handelt es sich neben den gesetzlichen Regelungen zum Überweisungsverkehr, dem Lastschriftverkehr, dem Girovertrag und dem Scheckverkehr in §§ 676a und 676f vor allem um Aufklärungs- und Beratungspflichten. Eine Aufklärungspflicht für die Bank wird bspw immer schon dann angenommen, wenn sie einen konkreten Wissensvorsprung hinsichtlich einer geplanten Anlage besitzt (BGH NJW 1989, 2881; 1999, 2032). Die Bank ist jedoch nicht dazu verpflichtet, sich diesen Wissensvorsprung zu verschaffen (BGH NJW 1992, 1820; 2004, 1377). IÜ gelten für Banken entspr die Pflichten der Anlagevermittler und -berater, sofern hier eine entspr Tätigkeit entfaltet wird, vgl sogleich Rz 63 ff. Des Weiteren sind die Banken zum **Bankgeheimnis** verpflichtet, dh in Bezug auf kundenbezogene Daten und Informationen, die der Bank auf Grund oder im Zusammenhang mit der Geschäftsbeziehung bekannt werden (BGHZ 27, 241, 246). Aufgrund des (vertraglichen) Bankgeheimnisses und weiterer Loyalitäts- und Obhutspflichten sind Banken auch dazu verpflichtet, von kundenschädigenden Äußerungen und Meinungskundgaben, durch die die Kreditwürdigkeit des Kunden beeinträchtigt werden kann, Abstand zu nehmen (BGH NJW 2006, 830, 834 mwN).

61 Die Bank hat umfassende Aufklärungspflichten ggü ihren Kunden insbes bei der **Kreditgewährung**. Die Bank muss umfassend, vollständig und richtig über alle Vor- und Nachteile der in Frage kommenden Finanzierungsmodelle beraten, wenn dies der Kunde wünscht (Celle WM 1993, 2085). Werden hierbei Berechnungen für den Kunden erstellt, haftet die Bank für den aus Berechnungsfehlern entstehenden Schaden, bspw wenn die bei einem Hauskauf zu erwartende Belastung falsch ermittelt wird (BGH NJW 2000, 3275) oder der für eine Umschuldung erforderliche Betrag falsch ermittelt wird (München NJW-RR 1990, 438). Die Bank hat aber keine Verpflichtung, die Kreditwürdigkeit eines Kunden oder die Beleihungsgrenze und Werthaltigkeit eines Objekts zu überprüfen, da § 18 KWG lediglich eine öffentlich-rechtliche Pflicht statuiert (Stuttgart WM 2003, 343; Dresden WM 2003, 1802). Die Bank darf den Kunden aber nicht zur Aufnahme eines Kredits zum Zwecke der Aktienspekulation verleiten (BGH NJW 1997, 1361). Sie handelt auch pflichtwidrig, wenn sie einem hoch verschuldeten Kunden den Kauf einer Eigentumswohnung, die zur Besicherung eines Konsumentenkredits dienen soll, finanziert (Düsseldorf MDR 2003, 1197). Die Bank muss des Weiteren auf die belastenden Besonderheiten eines bestimmten Kredittyps hinweisen (BGH WM 1991, 181). Des Weiteren

muss sie auf Belastungen und schwer überschaubare Risiken hinweisen, wenn sie die Kombination einer Lebensversicherung mit einem Kreditvertrag empfiehlt (BGHZ 111, 124).

Das Risiko der sachgerechten **Verwendbarkeit** trägt aber grds der Kunde/Kreditnehmer, sodass die Bank grds keine Risikoprüfung hinsichtlich des Objekts bzw Zwecks, für die der Kredit verwendet werden soll, trifft (BGHZ 107, 92, 101). Führt die Umschuldung zu einer Mehrbelastung, muss sie allerdings darüber aufklären (BGH NJW-RR 1991, 502). Des Weiteren haftet sie wegen Pflichtverletzung, wenn sie dem Kunden rät, den finanzierten Kaufpreis sogleich auf das Verkäuferkonto und nicht auf ein Notaranderkonto zu überweisen (BGH NJW 1995, 2218). Hinsichtlich der Verwendbarkeit kann aber ein Beratungsvertrag zwischen der Bank und dem Kunden zustande kommen oder die Bank nach den Grundsätzen der Prospekthaftung haften, wenn der Kredit erkennbar zum Zwecke der Finanzierung einer Anlage aufgenommen wird und die Bank hier ein bes Vertrauen für die Anlage in Anspruch nimmt, vgl noch Rz 66 ff. Hier ist vor allem die Problematik der Haftung für sog **Schrottimmobilien** im Fokus der Rspr, wobei eine Haftung der Bank für die Initiatoren und deren Vermittler und Mitarbeiter nur dann in Betracht kommt, wenn diese bei der Vorbereitung des Darlehensvertrags mit Wissen der Bank für sie handelten (BGH NJW 2000, 3559; 2001, 358). Nach der Rspr des EuGH in diesem Zusammenhang kann die Bank auch dann haften, wenn sie ihren Belehrungspflichten bei Haustürgeschäften nicht nachkam und nach den bisherigen Grundsätzen der Rspr des BGH eine Haftung nicht vorlag (EuGH NJW 2005, 3551 ff – C 229/04 und C 350/03). 62

e) Finanzdienstleister sowie Anlage- und Finanzberater. Bei **Finanzdienstleistern**, dh Unternehmen und Personen, die im Rahmen der Kapitalanlage ggü Kunden tätig werden, wird zwischen Anlageberatern und Anlagevermittlern unterschieden. Während der **Anlagevermittler** eine bestimmte Kapitalanlage im Interesse des Kapitalsuchenden vertreibt, unterstützen Anlageberater den Kunden bei seiner Anlageentscheidung, einschl der Auswahl der konkreten Kapitalanlage beratend (PWW/*Schmidt-Kessel* Rn 60 f). Aus diesem grds Wesen der jeweiligen Tätigkeit leitet die Rspr ab, dass auch ohne eine entspr ausdrückliche Abrede und ohne Vereinbarung eines Entgelts ein Beratungsvertrag zwischen Anlageinteressent und Kreditinstitut oder Beratungsunternehmen als Anlageberater zustande kommt, wenn der Interessent deren Hilfe bei einer bestimmten Anlageentscheidung in Anspruch nimmt und der Anlageberater sich auf eine Beratung einlässt (BGHZ 100, 117, 122; 123, 126, 128). Dies kann auch stillschweigend geschehen, wenn für den Anlageberater erkennbar ist, dass das Ergebnis seiner Beratung vom Kunden zur Grundlage der Anlageentscheidung gemacht wird (BGHZ 123, 126, 128; Hamburg ZIP 2006, 20). Beim Anlagevermittler kommt (auch stillschweigend) ein Auskunftsvertrag zustande, wenn der Kunde deutlich macht, dass bei der Anlageentscheidung die bes Kenntnisse und Verbindungen des Anlagevermittlers in Anspruch genommen werden sollen und der Anlagevermittler deshalb tätig wird (BGH NJW 2007, 1362). Ein solcher Vertrag kann auch dann zustande kommen, wenn der Kunde daneben die Sachkunde eines Angehörigen bei der Anlageentscheidung in Anspruch nimmt, wobei sich hier der Umfang und Inhalt der Beratungs- und Belehrungspflichten reduzieren kann (BGH NJW-RR 2007, 1271). Ein Vertrag soll jedoch dann nicht zustande kommen, wenn der Vermittler für den Anlageinteressenten erkennbar nur als Vertreter des Kapitalsuchenden und nicht im eigenen Namen tätig werden will (BGH NJW-RR 2006, 109; NJW 2007, 1362). 63

Kommt unter den vorstehend skizzierten Voraussetzungen beim Anlageberater ein Beratungsvertrag und beim Anlagevermittler ein Auskunftsvertrag zustande, so sind die Pflichten hinsichtlich ihres Inhalts und Umfangs weitestgehend identisch. Als grundlegende Leitlinie gilt, dass sowohl eine »anlegergerechte« als auch »objektgerechte« Beratung geschuldet wird (BGHZ 123, 126), wobei hierbei auch auf §§ 31, 31a bis 31f WpHG zurückgegriffen werden kann. Für eine **anlegergerechte Beratung** muss der Berater das Anlageziel des Kunden (sichere Geldanlage oder Grad der Bereitschaft zur Übernahme von Risiken) und die bei ihm vorhandenen anlagespezifischen Kenntnisse abgeklärt werden (BGHZ 123, 126). Dies bedeutet auch, dass eine Aufklärungspflicht besteht, sobald der Kunde mit seinem Auftrag vom Anlageziel oder vom bisherigen Risikoprofil abweicht (BGH NJW 2004, 2967). Soll die Anlage (erkennbar) der Alterssicherung dienen, darf keine spekulative Anlage empfohlen werden (BGH WM 2000, 1441, 1443). Sofern sich eine Bank nur an erfahrene und gut informierte Anlageinteressenten wendet, kann bei termingeschäftserfahrenen Kunden auch eine standardisierte Information genügen (BGH BB 1999, 2527). Eine **objektgerechte Beratung** verlangt, dass über alle Umstände und Risiken der Anlage, die für die Anlageentscheidung erheblich sind, richtig und vollständig informiert wird (BGHZ 123, 126; Hamburg ZIP 2006, 20). Hierfür ist regelm ausreichend, dass ein vollständiger und den gesetzlichen Vorschriften entspr Prospekt zur Verfügung gestellt wird (BGH NJW-RR 2006, 1345; WM 2007, 1606, 1608). Eine Ausn wird hiervon für den Fall gemacht, dass der Anlageberater die angesprochenen Risiken abschwächt (BGH WM 2007, 1606). Eine Bank muss sich über die Güte der in ihr Programm aufgenommenen ausländischen Papiere anhand ausländischer Quellen informieren und diese prüfen (BGHZ 123, 126). Bei einer Verschlechterung der Einstufung in den Ratings und/oder krit Stimmen in der anerkannten Wirtschaftspresse muss ein entspr Hinweis erfolgen (BGH NJW 1993, 2433). Der Anlagevermittler schuldet hingegen grds keine Bewertung wichtiger tatsächlicher Umstände, die für die Anlage wichtig sind (BGH NJW-RR 1993, 1114). Aber auch der Anlagevermittler kann haften, wenn er Fondsanteile im Risikoprofil mit »risikobewusst« und »sicher« bezeichnet (BGH NJW-RR 2007, 348). Eine bes Aufklärungspflicht des Anlagevermittlers besteht hinsichtlich seiner Provision und/oder sonstigen Vergütung. Er muss über eine Innenprovision ab einer Größenordnung von 15% 64 informieren (BGH NJW 2004, 1732) sowie darüber informieren, dass seine Provision nicht in den im Prospekt genannten und als abschließend dargestellten Vertriebskosten enthalten ist (BGH ZIP 2007, 871). Sofern Angaben zur Provision gemacht werden, müssen diese auch unabhängig vom Erreichen der 15%-Schwelle richtig sein (Düsseldorf ZIP 2004, 1745).

65 Erhöhte Aufklärungs- und Beratungspflichten bestehen bei **Finanztermingeschäften** und ähnl risikobehafteten Geschäften. Hier gelten insbes die Verhaltensregeln in § 31 ff WpHG. Daneben bleiben die weitergehenden, von der Rspr für solche Geschäfte entwickelten Aufklärungs- und Belehrungspflichten weiterhin anwendbar (Palandt/*Heinrichs* Rn 53). Diese werden hier nicht im Detail dargestellt. Sie folgen aber weitestgehend den genannten Leitlinien für eine anlegergerechte und objektgerechte Beratung. Bes hinzuweisen ist jedoch darauf, dass die Aufklärung bei Termindirektgeschäften (BGH NJW-RR 1997, 176), Terminoptionen (BGHZ 105, 108), Stillhalteoptionen (BGH NJW 1993, 257) und Aktien- und Aktienindexoptionen (BGH NJW 1991, 1106) schriftlich erfolgen muss. Die schriftliche Information muss auf die Risiken und die Person des Anlegers, insbes seine Kenntnisse ausgerichtet sein. Für die **Verjährung** der Schadensersatzansprüche gg Wertpapierdienstleister wegen Verletzung einer Pflicht aus dem Beratungsvertrag gilt die bes (verkürzte) Verjährungsfrist des § 37a WpHG.

66 **f) Prospekthaftung.** Die vom BGH vor allem aus dem Gedanken der Vertrauenshaftung als Anwendungsfall der *culpa in contrahendo* entwickelte **bürgerlich-rechtliche Prospekthaftung** für den »grauen Kapitalmarkt« hat seit dem Inkrafttreten der flächendeckenden Prospektpflicht in § 8f VerkProspG nur noch für Bauträgermodelle und Altfälle Bedeutung. Die gesetzliche Prospekthaftung in §§ 13 und 13a VerkProspG iVm §§ 44 ff BörsG sowie in §§ 44 ff BörsG verdrängt in ihrem Anwendungsbereich nach hM die durch die Rspr entwickelte bürgerlich-rechtliche Prospekthaftung (Palandt/*Heinrichs* Rn 54a; aA MüKo/*Emmerich* § 311 Rn 189). Bei den Altfällen gilt sie für die Beteiligung an einer PublikumsKG (BGHZ 71, 284), an Fonds, wie bspw Spekulationsfonds (BGH NJW 1995, 1025) und geschlossenen Immobilienfonds (BGH NJW 2001, 1203), für Bauherrenmodelle (BGHZ 111, 314) und Bauträgermodelle (BGH NJW 2001, 436) sowie Mischformen aus diesen Anlagen (BGHZ 115, 213). Sie findet keine Anwendung auf Finanztermingeschäfte (BGH NJW 1981, 2810) und auf eine fehlerhafte *ad-hoc*-Mitteilung (BGH NJW 2004, 2664).

67 Die bürgerlich-rechtliche Prospekthaftung gründet nicht auf einem bes persönlichen Vertrauen, sondern auf einem typisierten Vertrauen in die **Vollständigkeit und Richtigkeit der Angabe im Prospekt**, da dieser regelm die einzige Informationsquelle für den betroffenen Anleger ist (BGHZ 111, 314, 123, 106). Daher muss der Prospekt über alle Umstände, die für die Anlageentscheidung bedeutsam sind, richtig und vollständig informieren (BGH NJW 2000, 3346; NJW-RR 2007, 1329). Dies umfasst bspw die Pflicht zur Angabe einer Innenprovision ab einer Größenordnung von 15% (BGH NJW 2004, 1732) und die Information über den Umfang einer etwaig gegebenen Mietgarantie (BGH NJW-RR 2003, 1351). Treten nachträgliche Änderungen ein, besteht die Verpflichtung, eine entspr Ergänzung, Änderung und/oder Korrektur des Prospekts bzw seiner Angaben vorzunehmen (BGHZ 123, 106).

68 **Verpflichtet** und verantwortlich sind grds nur die **Gründer, Initiatoren und Gestalter des Unternehmens** sowie als »**Hintermänner**« alle Personen, die hinter dem Unternehmen stehen und auf die Gestaltung des konkreten Geschäftsmodells sowie das Geschäftsgebaren maßgeblichen Einfluss haben (BGH NJW 1995, 1025; NJW-RR 2006, 610). Des Weiteren wird die Haftung auch auf etwaige Garanten für die Richtigkeit und Vollständigkeit des Prospekt erstreckt, wie bspw Rechtsanwälte, Steuerberater, Wirtschaftsprüfer sowie ähnl Personen, die ein entspr typisiertes Vertrauen begründen und nach außen hervorgetreten sind (BGH NJW 2001, 360, 363). Die Übernahme des Vertriebs der Anlage (BGH NJW 2004, 1732), die Überwachung der Mittelverwendung oder der Anlegerkonten (BGH NJW 1995, 1025; 2004, 1376) begründen noch keine Pflicht und Verantwortlichkeit. Eine Haftung des Wirtschaftsprüfers aus Vertrag mit Schutzwirkung für Dritte kann ggü solchen Anlegern begründet sein, denen auf Anfordern ein zu diesem Zweck erstellter, fehlerhafter Prospektprüfungsbericht des **Wirtschaftsprüfers** vorgelegt wird (BGH NJW-RR 2007, 1329).

69 Auf einen Schadensersatzanspruch wegen bürgerlich-rechtlicher Prospekthaftung wird grds die einjährige **Verjährungs**frist ab Kenntnis mit der absoluten Verjährungsfrist von drei Jahren des § 46 BörsG analog angewendet. Sie gilt auch bei der Verletzung einer vertraglichen Beratungspflicht (Frankfurt aM NJW-RR 1993, 1134), bei einem konkreten Verhandlungsverschulden (BGH NJW 2004, 3706, 3709) sowie wenn der Anspruch auf Vertrag mit Schutzwirkung für Dritte (BGH NJW 2004, 3420) oder auf § 826 (BGH NJW-RR 2005, 751) gestützt wird.

70 **g) Rechtsanwälte.** Bei **Rechtsanwälten** gilt für die gesamte Beratungstätigkeit einschl der Prozesstätigkeit als Leitlinie eine Pflicht zur umfassenden Belehrung, zur möglichst vollständigen Klärung des Sachverhalts und sorgfältigen Prüfung der Rechtslage sowie zur Wahl des sichersten Weges. Hieraus ergibt sich, dass der Rechtsanwalt zu einer umfassenden und nach Möglichkeit erschöpfenden Beratung des Auftraggebers verpflichtet ist (BGH NJW 1991, 2079; NJW-RR 2000, 1241), sofern der Auftraggeber nicht eindeutig zu erkennen gibt, dass nur die Beratung in eine bestimmte Richtung erwünscht und erforderlich ist (BGH NJW 1996, 2931; 97, 2169). Der Rechtsanwalt schuldet zwar nicht eine umfassende rechtliche Analyse, seine Beratung muss dem Mandanten aber die notwendige Entscheidungsgrundlage vermitteln (BGH NJW 2007, 2485).

Dabei muss der Rechtsanwalt grds auch auf konkrete wirtschaftliche Gefahren eines beabsichtigten Vorgehens hinweisen und über erforderliche Vorsichtsmaßnahmen aufklären (BGH NJW 1998, 900). Der konkrete Umfang der Belehrungspflicht richtet sich jeweils nach den Umständen des Einzelfalls. Sie ist jedoch nicht dadurch ausgeschlossen, dass im Anschluss noch ein Notar (etwa zur Beurkundung) tätig werden soll (BGH NJW 1990, 2884) oder der Mandant selbst rechtskundig ist (BGH NJW 1992, 820). Zu Einzelheiten der Anwaltshaftung vgl Tamm, Anhang I zu §§ 611 ff.

Die möglichst **vollständige Sachverhaltsklärung** muss der Rechtsanwalt selbst vornehmen und darf dies nicht auf sein Büropersonal übertragen (BGH NJW 1981, 2741). Er muss durch die Befragung des Mandanten die für die rechtliche Beurteilung wesentlichen Punkte klären (BGH NJW 1961, 602), wobei er auf die Richtigkeit der tatsächlichen Angaben des Mandanten grds vertrauen darf (BGH NJW 1994, 2293). Bei fehlenden Informationen oder Lücken in der Sachverhaltsdarstellung muss der Rechtsanwalt allerdings auf eine weitere Klärung und Vervollständigung drängen (BGH NJW 1982, 437). Teilt der Mandant Rechtstatsachen mit, muss der Rechtsanwalt auch die entspr tatsächlichen Umstände aufklären, auf denen die Angaben des Mandanten gründen (BGH NJW 1994, 2293; 1996, 2931). 71

Bei der **Prüfung der Rechtslage** muss der Rechtsanwalt sorgfältig vorgehen und hat insbes jeden Rechtsirrtum zu vertreten (BGH VersR 1959, 641). Dies verpflichtet ihn dazu, sämtliche einschlägigen Gesetze zu kennen und sich ggf die erforderliche Rechtskenntnis zu verschaffen (BGH NJW 1971, 1704; 1982, 97). Bei Übernahme eines Mandats in einem dem Rechtsanwalt weniger vertrauten Gebiet muss er sich die notwenigen Fachkenntnisse verschaffen (BGH NJW 2001, 675). Des Weiteren muss er sich bei seiner rechtlichen Beurteilung an der höchstrichterlichen Rspr orientieren (BGH NJW 1993, 3324). Dies gilt auch dann, wenn er sie für falsch hält, gewichtige Stimmen in der Lit gg sie vorhanden sind oder eine Änderung der Rspr nicht auszuschließen ist (BGH NJW 1993, 2799). Dies ist Ausfluss der grundlegenden Verpflichtung zur Wahl des sichersten Weges. Hierzu muss er sich fortlaufend in Fachzeitschriften über den Stand der höchstrichterlichen Rspr informieren (BGH NJW 2001, 675), wobei keine grds Verpflichtung zur Lektüre von Spezialzeitschriften besteht (BGH VersR 1979, 376). 72

Bes Sorgfalt hat der Rechtsanwalt bei der **Ermittlung und Einhaltung von Fristen** aufzuwenden. Er muss insbes den Verjährungsbeginn und die Länge der Verjährungsfrist prüfen (Düsseldorf NJW 1986, 1938). Des Weiteren muss er nach Möglichkeit für eine rechtzeitige Verjährungshemmung und -unterbrechung sorgen (BGH NJW 1992, 840). Aus dem Gebot der Wahl des sichersten Weges resultiert die Pflicht, dass der Rechtsanwalt bei Zweifeln über das Ende der Verjährung oder bei Zweifeln über die Verjährungsfrist, die kürzere als maßgeblich annehmen muss (BGH NJW 1981, 2741). Verletzt er diese Pflicht oder macht er den Anspruch in der Annahme, er sei bereits verjährt, nicht geltend, haftet der Rechtsanwalt selbst dann, wenn die längere Frist maßgeblich war (BGH NJW 1993, 2797). Der Rechtsanwalt hat bei Beendigung des Mandats auf die drohende Verjährung zumindest dann hinzuweisen, sofern dies auf seine Untätigkeit zurück geht bzw mit verursacht wurde (BGH NJW 1997, 1997, 1302). Er kann sich zur Entlastung nicht darauf berufen, dass vor dem Eintritt der Verjährung ein anderer Rechtsanwalt durch den Mandanten beauftragt wurde und dieser den Eintritt der Verjährung noch hätte verhindern können (BGH NJW 2002, 1117; NJW-RR 2005, 1146). 73

Im Rahmen seiner außergerichtlichen Tätigkeit und der Prozessführung hat der Rechtsanwalt bei der Wahl der zu ergreifenden Maßnahmen grds den **sichersten Weg** zu wählen (BGH NJW-RR 1990, 205 mwN). Dabei hat der Rechtsanwalt den Weisungen des Mandanten zu folgen (Köln NJW-RR 1994, 956). Er ist jedoch verpflichtet, über entgegenstehende Bedenken zu belehren und dem Mandanten den richtigen Weg aufzuzeigen (BGH NJW 1985, 42). Der Rechtsanwalt verletzt nicht seine Pflichten, wenn sich der Mandant über die aufgezeigten und entgegenstehenden Bedenken hinwegsetzt und der Rechtsanwalt die Weisung befolgt (BGH NJW-RR 1990, 1243). Des Weiteren muss der Rechtsanwalt den Mandanten umfassend und eindringlich darauf hinweisen, wenn er der hM oder der obergerichtlichen Rspr nicht folgen will. Im Rahmen der Prozessführung muss der Rechtsanwalt zunächst die Erfolgsaussichten der gerichtlichen Rechtsverfolgung bzw der Rechtsverteidigung prüfen und den Mandanten über das konkrete Ausmaß des Prozessrisikos aufklären (BGHZ 89, 182). 74

Den Rechtsanwalt trifft **keine grds Pflicht, auf das Kostenrisiko und die Kostenhöhe hinzuweisen**. Er muss aber bei einem erkennbaren Irrtum des Mandanten hierüber aufklären (BGH NJW 1998, 3486). Nach § 49b BRAO muss der Rechtsanwalt auf die Abhängigkeit der Gebührenhöhe vom Gegenstandswert hinweisen und muss einen etwaig hieraus entstehenden Schaden ersetzen (BGH NJW 2007, 2332). Bei Bestehen einer Rechtsschutzversicherung muss der Rechtsanwalt die Deckungspflicht abklären (Nürnberg NJW-RR 1989, 1370) und darf durch Unterlassen der Information an den Rechtsschutzversicherer nicht den Deckungsschutz gefährden (Köln NJW-RR 2004, 1573). Im einstweiligen Verfügungsverfahren soll allerdings im Rahmen der abschließenden Beratung über die Einlegung von Rechtsmitteln keine Verpflichtung bestehen, auf die kostengünstigere Erledigung der Hauptsache durch Abgabe einer Abschlusserklärung hinzuweisen (BGH NJW-RR 2006, 557). Der Rechtsanwalt muss aber vor der Entscheidung über die Annahme eines Vergleichsvorschlags umfassend und vollständig über Vor- und Nachteile aufklären (Oldenburg NJW-RR 1991, 1499). Wird der Vergleich abgeschlossen, ist er verpflichtet, den Willen seines Mandanten vollständig und zutr zur Niederlegung zu bringen (BGH NJW 2002, 1048), insbes dürfen bei einem Abfindungsvergleich nur die Forderungen 75 erfasst werden, die der Mandant tatsächlich aufgeben will (BGH NJW 2000, 1944). Weicht der Vergleich in wesentlichen Punkten von dem mit dem Mandanten besprochenen Inhalt ab, muss der Rechtsanwalt vor Abschluss dessen Zustimmung einholen (BGH NJW-RR 1996, 567) oder darf nur einen Widerrufsvergleich abschließen (Hamm FamRZ 1997, 939). Erhält er die Weisung zum Widerruf eines Vergleichs, hat er diese unverzüglich auszuführen und dafür zu sorgen, den rechtzeitigen Zugang des Widerrufs beweisen zu können (BGH NJW 1995, 521).

76 **h) Steuerberater.** Die Pflichten des **Steuerberaters** sind denen des Rechtsanwaltes sehr ähnl. Sie richten sich grds nach dem Inhalt und Umfang des erteilten Mandats (BGHZ 128, 361). Im Rahmen des erteilten Mandats hat er die steuerlichen Interessen seines Mandanten umfassend wahrzunehmen (BGH NJW 1998, 1221). Dabei hat er wie der Rechtsanwalt grds den sichersten Weg für den Mandanten zu wählen (BGH NJW-RR 1992, 1112). Der Steuerberater ist verpflichtet, den Mandanten im Rahmen seines Auftrags über alle steuerlichen Fragen zu belehren und auf etwaig bestehende Möglichkeiten zum Steuersparen hinzuweisen (Stuttgart NJW-RR 1990, 792), muss aber nicht über Umgehungstatbestände informieren (Koblenz NJW-RR 2003, 1064). Auf außerhalb seines Auftrags liegende Fehlentscheidungen muss er nur dann hinweisen, wenn sie auf den ersten Blick ersichtlich sind (BGH 128, 362). Sofern der Steuerberater aber davon ausgehen durfte, dass der Mandant insofern anderweitig fachkundig beraten wird, besteht keine Verpflichtung zum Hinweis (BGH NJW-RR 2005, 1511). Bei einem umfassenden Dauermandat muss der Steuerberater den Mandanten auch über steuerlich bedeutsame Fragen und sich ergebende zivilrechtliche Gestaltungsmöglichkeiten ungefragt informieren (BGH NJW 1998, 1221). Zeigt sich der Mandant seinen Vorschlägen nicht aufgeschlossen, so muss der Steuerberater aber nicht auf die Befolgung seiner Ratschläge drängen (BGH NJW-RR 2006, 195). Bei Mängeln seiner Arbeit im Rahmen des Auftrags hat der Steuerberater prinzipiell kein Recht zur Nachbesserung (BGH NJW-RR 2006, 1490).

77 Der Steuerberater muss den von ihm zu beurteilenden **Sachverhalt umfassend** und nach seinen Möglichkeiten vollständig **aufklären.** Hierzu muss er beim Mandanten ggf Rückfragen stellen und Unterlagen anfragen und einsehen (Düsseldorf ZIP 2002, 616). Vergleichbar mit dem Rechtsanwalt hat der Steuerberater grds jede unrichtige Beurteilung einer steuerlichen Frage zu vertreten (BGH NJW-RR 1995, 621). Er muss die einschl Rspr des BFH kennen (BGH NJW-RR 1993, 212). Sofern dem Steuerberater die Lohnbuchhaltung übertragen ist, muss er auch die Rspr des BSG über die Freistellung von der Sozialversicherungspflicht kennen und sie beachten (Brandenburg DB 2007, 1459). Er hat diese nämlich in diesem Fall zu prüfen (BGH NJW-RR 2005, 1223) und ist uU auch verpflichtet, dem Mandanten die Hinzuziehung eines Rechtsanwaltes zu empfehlen (BGH NJW-RR 2004, 1358). Ist die Rspr des BFH bzw des BSG oder eine Verwaltungsübung für den Mandanten günstig, ist der Steuerberater auch dann verpflichtet, von dieser auszugehen, wenn diese fehlerhaft ist und sich dies später herausstellen sollte (BGH NJW 1995, 3248). Der Steuerberater haftet aber nicht für eine nicht vorhersehbare Änderung der Rspr (Koblenz NJW-RR 1993, 714). Er ist aber gehalten, die erforderliche Information einzuholen, wenn in der Presse über eine Änderung des Steuerrechts berichtet wird, die sich nachteilig für den Mandanten auswirken kann (BGH BB 2004, 2211). Sofern die Rechtslage nicht eindeutig ist, muss der Steuerberater hierauf eindringlich hinweisen und den Mandanten über bestehende Risiken belehren (BGH NJW-RR 2006, 273). Hat er sämtliche **Erkenntnismittel ausgeschöpft** und bleibt die Rechtslage unklar, ist der Steuerberater verpflichtet, beim Mandanten auf die Einholung einer verbindlichen Auskunft des Finanzamtes hinzuwirken (BGH BB 2007, 905). Werden in der Rspr und Lit Zweifel an der Verfassungsmäßigkeit einer steuerrechtlichen Bestimmung aufgeworfen, so muss der Steuerberater die Einlegung eines Rechtsmittels empfehlen (BGH DB 2007, 1400). Die Rechtsmittelfristen muss der Steuerberater nachprüfen und wahren sowie das Zugangsdatum von Bescheiden beweiskräftig festhalten (BGH NJW 1992, 1695). Die für eine Steuererklärung oder ein Rechtsmittel erforderlichen Unterlagen und Erklärungen muss er rechtzeitig und substantiiert anfordern (BGH NJW-RR 1986, 1348). Selbst wenn der Steuerberater die Einlegung eines Rechtsmittels in der Sache für aussichtslos hält, ist er verpflichtet, den Mandanten über die Möglichkeit, die Form und die Frist zur Einlegung eines Rechtsmittels zu belehren (BGH NJW 1999, 2435).

78 **III. Vertretenmüssen.** An die Person des Schuldners anknüpfende Voraussetzung für eine Schadensersatzpflicht ist allein das Vertretenmüssen. Es geht wiederum um die Frage, ob die Pflichtverletzung dem Schuldner zugerechnet werden kann. Hierfür gilt § 276, sodass der Schuldner grds Vorsatz und Fahrlässigkeit zu vertreten hat, sofern nicht ein anderer Haftungsmaßstab abweichend vereinbart wurde, insbes der Schuldner das Beschaffungsrisiko oder eine Garantie übernommen hat. Zu den Einzelheiten vgl die Kommentierung zu § 276. Aus der Fassung des Abs 1 S 2 (»Dies gilt nicht, ...«) ergibt sich, das der Schuldner behaupten und beweisen muss, dass er die Verletzung der Pflicht nicht zu vertreten hat. Das Vertretenmüssen des Schuldners wird bei Vorliegen einer Pflichtverletzung widerleglich vermutet, so dass das Gesetz eine **Beweislastumkehr** zugunsten des Gläubigers vorsieht, dh der Schuldner den **Entlastungsbeweis** hinsichtlich des Vertretenmüssens führen muss. Die gesetzlich vorgesehene Beweislastumkehr führt vor allem bei den Fällen der fahrlässigen Schutzpflichtverletzungen auf Grund der von der Rspr vorangetriebenen Objektivierung des Vertretenmüssens mit Blick auf den Sorgfaltsmaßstab zu Irritationen bzgl der Beweislastverteilung. Die Überlegungen

zu den objektiven Verkehrserwartungen an das Verhalten der am Schuldverhältnis beteiligten Personen begründen zugleich Sorgfaltspflichten als Schutzpflichten nach § 241 Abs 2 und legen den Sorgfaltsmaßstab fest. Während der Geschädigte die Verletzung der Sorgfalts- bzw Schutz- oder Rücksichtnahmepflicht darlegen und beweisen muss, hat der Schädiger sich damit zu entlasten, dass der konkrete Sorgfaltsmaßstab nicht anwendbar ist oder er diesen, dh die Sorgfaltspflicht eingehalten hat. Die Rspr hat hier daher umfangreiche Grundsätze zur Beweislastverteilung entwickelt; zu den Einzelheiten sogleich Rz 88 ff.

Bezugspunkt des Vertretenmüssens ist nach dem Wortlaut des Gesetzes bei allen von der Anspruchsgrund- 79
lage für den Schadensersatz in § 280 Abs 1 erfassten Fällen immer das **Verhalten des Schuldners**, dass die Pflichtverletzung darstellt. Lediglich diejenigen, die in § 311a Abs 2 keine eigenständige Anspruchsgrundlage erkennen, knüpfen für die Fälle des § 311a Abs 2 wegen der dort enthaltenen und in diesem Sinne zu verstehenden Regelung an den Vertragsschluss an, wobei iÜ auch in diesen Fällen der Anspruch auf Schadensersatz aus § 280 Abs 1 resultieren soll (PWW/*Schmidt-Kessel* Rn 17). Dabei wird allerdings verkannt, dass auch hier beim Vertretenmüssen an das menschliche Verhalten angeknüpft wird, auf dem die Pflichtverletzung, nämlich die Eingehung der Verpflichtung zur Leistung trotz Kenntnis oder fahrlässiger Unkenntnis des Leistungshindernisses iSd des § 275 Abs 1 bis 3 gründet. Das Vertretenmüssen muss sich daher nur auf die Verletzung der konkreten Pflicht aus dem Schuldverhältnis beziehen, und nicht auf die weiteren Voraussetzungen, die für die bes Schadensersatzarten in §§ 281 bis 283 und 286 aufgestellt sind.

Mit Blick auf den Streit hinsichtlich der Definition des Begriffs der Pflichtverletzung wird auch die Frage des 80
Bezugspunktes des Entlastungsbeweises des Schuldners bzgl des Nichtvertretenmüssens in den Fällen der Nichtleistung unterschiedlich beurteilt. Während diejenigen, die die Pflichtverletzung lediglich als Sammelbegriff aller Leistungsstörungen ansehen, hier unmittelbar auf den Umstand zurückgreifen können, der zur Beeinträchtigung des Leistungsinteresses des Gläubiger führte, stellt die verhaltensbezogene Ansicht an sich auf das Unterlassen der Leistung in Natur als solche ab. Um hier dann den vermeintlichen Widerspruch, dass der Schuldner einerseits berechtigt ist, die Erfüllung seiner Leistungsverpflichtung in Natur nach §§ 275 Abs 1 bis 3 zu verweigern, und gleichwohl wegen einer von ihm zu vertretenden Pflichtverletzung, die gerade in der Nichtleistung (in Natur) besteht, zu vermeiden, wird vorgeschlagen, als »Hilfsargumentation« beim Vertretenmüssen in diesen Fällen darauf abzustellen, ob der Schuldner den Umstand nach § 275 zu vertreten hat (zB Palandt/*Grüneberg* § 283 Rn 4). Dabei darf aber nicht aus den Augen verloren werden, dass Unmöglichkeit als Durchsetzungshindernis für den Anspruch auf Leistung in Natur und Pflichtverletzung als Haftungsgrund für den Schadensersatz nach der Konzeption der Neuregelung durch das SMG nebeneinander stehen (BGH BB 2006, 291, 292; PWW/*Schmidt-Kessel* Rn 17). Dies bedeutet, dass im Rahmen des Vertretenmüssens in allen Fällen der Nichtleistung (zum vereinbarten Zeitpunkt) als Pflichtverletzung iSd § 280 Abs 1 im Rahmen des Vertretenmüssens zu fragen ist, warum der Schuldner die Leistung in Natur nicht vornimmt und was er hierzu (entgegen der aus §§ 241 Abs 1, 242 resultierenden Verhaltenserwartungen) beigetragen hat. Das bedeutet, dass als Bezugspunkt im Rahmen des Vertretenmüssens **umfassend die Umstände zu würdigen** sind, **derentwegen die Leistung in Natur ausblieb**. Denn Gegenstand eines Verschuldensurteils kann immer nur ein menschliches Verhalten sein (so zu Recht MüKo/*Ernst* Rn 27 f, wenngleich mit zweifelhafter Konsequenz für den Begriff der Pflichtverletzung).

Der **Verweis** des Schuldners **auf ein Fehlverhalten des Gläubigers ist nicht ausreichend** für seine Entlas- 81
tung, sondern führt allenfalls zu einer Berücksichtigung eines Mitverschuldensanteils bzw des Anteils eines mitwirkenden Verschuldens nach § 254 im Rahmen der Bestimmung des zu ersetzenden Schadens (BGH NJW 1962, 2198, 2199: keine Anerkennung der anglo-amerikanischen *unclean hands doctrine* im deutschen Zivilrecht). Der Schuldner kann sich nur in den Fällen einer verschuldensunabhängigen Haftung nach § 280 Abs 1 nach allg Treu-und-Glauben-Überlegungen darauf berufen, dass der Gläubiger die Pflichtverletzung seinerseits schuldhaft verursacht hat. Dieser Gedanke kann auch aus der Haftungserleichterung für den Schuldner bei Annahmeverzug des Gläubigers nach § 300 Abs 1 entnommen werden (PWW/*Schmidt-Kessel* Rn 18). Nach den allg Grundsätzen zum Vertretenmüssen nach § 276 kann sich der Schuldner aber mit einer fehlenden Zurechnungsfähigkeit exkulpieren gem § 276 Abs 1 S 2 iVm §§ 827, 828; vgl hierzu § 276 Rz 36.

IV. Rechtsfolge: Schadensersatz. Als Rechtsfolge ordnet § 280 Abs 1 S 1 die Verpflichtung des Schuldners 82
zum Ersatz des durch seine Pflichtverletzung adäquat kausal verursachten Schadens an. Es gelten für den Umfang und den Inhalt des Schadensersatzanspruchs die **allg Regeln in §§ 249 ff**, dh insbes ist auch ein Anspruch auf Schmerzensgeld nach §§ 280 Abs 1, 253 möglich. Des Weiteren ist ein mitwirkendes Verschulden des Gläubigers anteilsmäßig nach § 254 zu berücksichtigen, wobei sich dieses selbstverständlich nur aus einem Verhalten des Gläubigers nach Vertragsschluss, und nicht davor bspw durch die schuldhafte Verletzung von Aufklärungspflichten während der Vertragsanbahnung bzw -verhandlung ergeben kann (BGH NJW 1972, 1702, 1703). Durch die Verweise in Abs 2 und 3 erfährt der sog einfache bzw unmittelbare Schadensersatz nach § 280 Abs 1 aber für verschiedene Schadensposten gewichtige Einschränkungen, wird somit der unmittelbare Anwendungsbereich des Abs 1, dh ohne das Erfordernis der weiteren Voraussetzungen für die bes Schadensersatzarten, erheblich relativiert (zur Abgrenzung s Rz 30 ff). Gleichwohl darf nicht übersehen werden, dass auch bei den bes Schadensersatzarten immer § 280 Abs 1 die Anspruchsgrundlage bildet. In den Fällen der Unmöglichkeit geht das Interesse des Gläubigers logisch nur auf den Schadensersatz statt der Leis-

tung nach §§ 280 Abs 1, 283, 280 Abs 3. Bei der Verletzung von Schutzpflichten werden sämtliche daraus resultierenden Schäden über Abs 1 ersetzt, sofern es nicht um die Liquidierung des gesamten Schuldverhältnisses über § 282 geht.

83 Grundsätzlich ist nach § 280 Abs 1 aber sämtlicher Schaden, **auch die Folgeschäden** einschl Prozesskosten (Düsseldorf NJW-RR 1996, 729), zu ersetzen, soweit er vom Schutzzweck der verletzten Pflicht umfasst ist (BAG NZA 2006, 734, 735). Anders als bei §§ 281 bis 283 tritt der Schadensersatz nicht an die Stelle des Erfüllungsanspruchs, sondern neben ihn. Der Anspruch kann auch auf Freistellung gerichtet sein, bspw bei einer nicht eingehaltenen Wiederverkaufszusage (BGH NJW 1994, 1654). Bei unberechtigter Kündigung eines Mietverhältnisses kann der Schadensersatz auf Wiedereinräumung des Besitzes gerichtet sein, wenn der Mieter bereits infolge der Kündigung aus den Räumlichkeiten ausgezogen ist (Karlsruhe NJW 1982, 54; BayObLG NJW 1982, 2004). Ist durch die Pflichtverletzung (unberechtigte Kündigung) die tatsächliche Beendigung des Vertrags bewirkt, ist der Schadensersatzanspruch auf den finanziellen Ausgleich der Nachteile beschränkt, die bis zu dem Zeitpunkt der nächstmöglichen wirksamen Vertragsbeendigungsmöglichkeit entstehen (BGHZ 122, 9), vgl auch § 314 Rz 24. Kosten für die Beauftragung eines Rechtsanwalts zur Abwehr unberechtigter Ansprüche oder Kündigungen sind nur dann ersatzfähig nach § 280 Abs 1, wenn die Einschaltung des Rechtsanwalts zur vernünftigen und zweckmäßigen Abwehr oder Schadensminderung notwendig war (BayObLG NJW-RR 1998, 519). Da der Geschädigte grds so zu stellen ist, wie er ohne die Pflichtverletzung stehen würde, kann der Inhalt des Schadensersatzanspruchs auch auf die **Auflösung und Rückabwicklung eines nachteiligen Vertrags** gehen. Nach den allg Regeln zum Schadensrecht sind aus oder im Zusammenhang mit der Pflichtverletzung erlangte **Vorteile auszugleichen** (BAG NZA 2006, 734, 735). Schließlich kann bei fortdauernder Pflichtverletzung aus § 280 Abs 1 auch ein Unterlassungsanspruch resultieren (BGH NJW 1995, 1284; Hamburg NJW 2005, 3003, 3004).

84 **D. Verweise für besonderen Schadensersatz.** Durch die Verweise in Abs 2 und 3 werden für die bes Rechtsfolgen des Verzögerungsschadens und des Schadensersatzes statt der Leistung die weiteren Voraussetzungen in §§ 281 bis 283 und § 286 sichergestellt. Für die Inhalte dieser bes Schadensersatzarten und der danach erforderlichen Qualifikation der einzelnen zum Ersatz begehrten Schadensposten als ersten Schritt in der praktischen Anwendung der Schadensersatzregelungen im neuen Leistungsstörungsrecht vgl Rz 4 ff.

85 **E. Verjährung.** Der Anspruch auf den einfachen Schadensersatz nach § 280 Abs 1 unterliegt grds den allg Verjährungsregeln nach §§ 195, 199. Das Gleiche gilt auch für den Schadensersatz statt der Leistung und den Ersatz des Verzögerungsschadens. Es ist allerdings ggf zu prüfen, ob nicht eine vorrangige Sonderregelung eingreift, wie bspw §§ 438, 558, 606, 634a. Vor allem im Rahmen der Kaufgewährleistung muss hier genau geprüft werden, ob es die im konkreten Fall verletzte Pflicht nicht mangelbegründend ist, sodass die kürzere Verjährungsfrist anzuwenden ist, vgl hierzu ebenfalls bereits Rz 33 ff.

86 **F. Abweichende Vereinbarungen.** Bei der Schadensersatzregelung des § 280 handelt es sich um eine dispositive Regelung. Sie kann daher grds durch Parteivereinbarung abbedungen oder beschränkt werden. Für die abweichende Regelung in AGB und bei Verträgen zwischen Unternehmern und Verbrauchern sind jedoch durch die Klauselverbote in §§ 309 Nr 7 und 8 wichtige Grenzen gesetzt. Daneben treten mitunter **§§ 308 Nr 5 und 6 sowie § 307 Abs 1 und 2**, die zur Unwirksamkeit einer abweichenden AGB-Regelung führen können. In Bezug auf § 307 Abs 1 und 2 ist bes zu beachten, dass durch gesetzliche Regelung eine wichtige Leitlinie aufgestellt wird. Auch bei einer Individualvereinbarung, durch die die Schadensersatzhaftung abweichend von § 280 geregelt werden soll, ist bei Haftungsausschlüssen § 276 Abs 3 zu beachten.

87 Auch die **Beweislastumkehr des § 280 Abs 1 S 2** ist als dispositives Recht grds **abbedingbar**. Allerdings gilt dies nur für die Abbedingung durch Individualvereinbarung. Bei AGB ist ein Ausschluss der Beweislastumkehr gem § 309 Nr 12 unwirksam. Es ist zudem davon auszugehen, dass die Zuordnung des Risikos der Unaufklärbarkeit des Vertretenmüssens zum Schuldner als Leitlinie der gesetzlichen Regelung anzusehen ist, bei manchen Schuldverhältnissen, wie bei der Verwahrung, sogar ein Wesensmerkmal ist (BGHZ 41, 151, 153 ff). Ein faktischer Ausschluss der Beweislastumkehr kann aber wohl zulässig dadurch bewirkt werden, dass die Ersatzpflicht des Schuldners durch eine Versicherung ersetzt wird. Dann wird dem Schuldner wie im Versicherungsvertrag dem Versicherungsnehmer (§ 61 VVG) für eine eigene Haftung eine grobe Fahrlässigkeit nachzuweisen sein (BGH NJW 1975, 686). Dies ist einer Verallgemeinerung, insbes einer Übertragung auf die ADSp nicht zugänglich (so zu Recht MüKo/*Ernst* Rn 45).

88 **G. Prozessuales.** Auch für § 280 Abs 1 gelten die **allg Beweislastgrundsätze**. Dies bedeutet, dass der Gläubiger grds die Darlegungs- und Beweislast für die Voraussetzungen des Anspruchs nach § 280 Abs 1 trägt.

89 **I. Beweislast für das Vertretenmüssen.** Eine Ausn hiervon macht das Gesetz hinsichtlich des **Vertretenmüssens** der Pflichtverletzung. Aus der Fassung des § 280 Abs 1 S 2 (»Dies gilt nicht, ...«) ergibt sich, das der Schuldner behaupten und beweisen muss, dass er die Verletzung der Pflicht nicht zu vertreten hat. Das Vertretenmüssen des Schuldners wird bei Vorliegen einer Pflichtverletzung widerleglich vermutet, so dass die Regelung die **Beweislastumkehr** der §§ 282, 285 aF übernimmt. Der BGH hatte den § 282 aF bereits zu einer Beweislastverteilung nach **Gefahren- und Verantwortungsbereichen** erweitert und von der positiven Forde-

rungsverletzung ausgehend auch auf die *culpa in contrahendo* und gesetzliche Schuldverhältnisse angewandt. Diese Beweislastumkehr hatte die Rspr lediglich für die Arzthaftung (BGH NJW 1978, 1681; 1991, 1540) und für die Haftung von ArbN (BAG NJW 1998, 1011; 1999, 1049) nicht übernommen. Das gilt gem § 619a nach dem SMG weiterhin nur noch bei der Haftung des ArbN für Pflichtverletzungen im Rahmen der Durchführung eines Arbeitsvertrags (hierzu ausführlich *Oetker* BB 2002, 43 ff). Die Regelung des **§ 619a** gilt jedoch nicht zugunsten des Arbeitgebers, der sich hinsichtlich des Vertretenmüssens einer Pflichtverletzung nach der Regelung des § 280 Abs 1 S 2 entlasten muss. Im Rahmen der Haftung von **Ärzten** findet die Beweislastumkehr nunmehr Anwendung, dh die Ärzte müssen nunmehr ebenfalls den Entlastungsbeweis hinsichtlich des Vertretenmüssens führen. Praktisch bedeutsam ist diese Änderung jedoch nicht, da in der Vergangenheit die Rspr bei Annahme eines Behandlungsfehlers nahezu immer auch ein Vertretenmüssen des Arztes angenommen hat (Palandt/*Heinrichs* Rn 42). Die Beweislastumkehr des § 280 Abs 1 S 2 gilt auch in **öffentlich-rechtlichen Sonderverbindungen**, wie bspw öffentlich-rechtlichen Leistungsbeziehungen (BGHZ 59, 309) und bei der öffentlich-rechtlichen Verwahrung (BGH NJW 1990, 1230). Der Verschuldensnachweis durch den Dienstherrn wurde aber bei der Inanspruchnahme eines Soldaten wegen des Verlustes von Ausrüstungsgegenständen verlangt (BVerwG NJW 1986, 2523), woran in entspr Annwendung des § 619a festzuhalten ist (Palandt/*Heinrichs* Rn 45).

An den **Entlastungsbeweis** dürfen nach hM **keine zu hohen Anforderungen** gestellt werden (Palandt/*Heinrichs* Rn 40 unter Verweis auf Mot II 48 sowie BGH NJW-RR 1990, 447), wobei Zweifel zu Lasten des Schuldners gehen. Der Entlastungsbeweis gilt als erbracht, wenn der Schuldner die Ursache des Schadens beweist und weiterhin vorträgt, dass er diese nicht zu vertreten hat, wobei als ausreichend auch angesehen wurde, dass er die Ursache als wahrscheinlich dartut und mit Sicherheit feststeht, dass er diese nicht zu vertreten hat (BGHZ 116, 334, 337). Ist hingegen die Ursache nicht aufklärbar, muss der Schuldner nachweisen, dass er die ihm obliegende Sorgfalt eingehalten hat (BGH NJW 1965, 1585). Bei mehreren möglichen Schadensursachen muss der Schuldner sich hinsichtlich jeder Ursache für die Pflichtverletzung entlasten (BGH NJW 1980, 2187). Der Schuldner muss auch den **vollen Entlastungsbeweis für seine Erfüllungsgehilfen** iSd § 278 erbringen, der auch den Beweis der Behauptung umfasst, der Dritte sei kein Erfüllungsgehilfe, sodass auch hier verbleibende Zweifel zu seinen Lasten gehen. **90**

II. Beweislast für Pflichtverletzung, Schaden und Kausalität. Dagegen verbleibt die Beweislast für die Pflichtverletzung, die Schadensentstehung sowie die Kausalität zwischen Pflichtverletzung und Schaden nach dem Wortlaut des § 280 Abs 1 beim Gläubiger. Die vom Wortlaut vorgegebene Beweislastverteilung soll nach der Gesetzesbegründung bei Schutzpflichtverletzungen (§ 241 Abs 2: »... kann ...«), bei denen positiv festgestellt werden muss, worin sie zu erkennen sind, bspw durch die Sphärentheorie bzw nach Gefahrenbereichen, im erträglichen Maß für den Gläubiger (Geschädigten) erleichtert werden (BTDrs 14/6040, 136, wonach sich deshalb auch bei den Fällen der sog Mankohaftung des ArbN nichts an der Rspr des BAG ändern wird). Nach hM ist hier daher zugunsten des Gläubigers auch weiterhin auf die vor dem SMG durch die Rspr entwickelten Grundsätze zurückzugreifen (Palandt/*Heinrichs* Rn 35; MüKo/*Ernst* Rn 17, 138; PWW/*Schmidt-Kessel* Rn 22; *Kohler* ZZP 2005, 25; *Lorenz* NJW 2005, 1889, 1890). Beim Schaden kommt hinsichtlich des »Ob« und der Höhe dem Gläubiger der § 287 ZPO zugute (BGH NJW1983, 998). Hingegen gilt für die Pflichtverletzung und die Kausalität § 286 ZPO. **91**

1. Objektive Pflichtverletzung. Für den Nachweis der Pflichtverletzung ist danach zwischen erfolgsbezogenen und verhaltensbezogenen Pflichten zu unterscheiden. Bei den **erfolgsbezogenen Pflichten** handelt es sich um solche, mit denen ein konkreter Erfolg herbeigeführt bzw bei Unterlassungspflichten ein konkreter Erfolg oder Schaden vermieden werden soll. Bei den erfolgsbezogenen Pflichten ergibt sich der Nachweis der objektiven Pflichtverletzung bereits aus dem Nachweis des Ausbleibens des mit der Erfüllung der Pflicht herbeizuführenden Erfolgs. Der Schuldner muss demnach auch im Rahmen des Schadensersatzanspruchs die ordnungsgemäße Erfüllung der Pflicht zu seiner Entlastung beweisen (Palandt/*Heinrichs* Rn 35). Hat der Gläubiger die aus dem Vertragsinhalt resultierende erfolgsbezogene Pflicht und den Eintritt eines Schadens, der durch die ordnungsgemäße Erfüllung der Pflicht verhindert werden soll, nachgewiesen, ist durch den Beweis des Schadenseintritts zugleich die objektive Pflichtverletzung bewiesen (Hamm NJW-RR 1989, 468). Das gilt bspw beim Beförderungsvertrag bzw ähnl Schuldverhältnissen, bei denen der Beförderer die »wohlbehaltene« Erreichung des Fahrtziels schuldet, sodass eine Schädigung das Vorliegen der objektiven Pflichtverletzung beweist (BGHZ 8, 242; 27, 239: Schleppvertrag; NJW 1991, 1541: Transport ins Krankenhaus). Vergleichbares gilt für Verwahrungsverträge (BGHZ 3, 174) und Lagerverträge (BGHZ 41, 153), nicht jedoch für den Heimvertrag (BGH NJW 2005, 1937). Für den Nachweis der objektiven Pflichtverletzung hat die Rspr aber den Nachweis eines verkehrsunsicheren Zustands im Verantwortungsbereich des Schuldners und des Eintritts der zu verhindernden Schädigung ausreichen lassen (BGHZ 66, 53: Gemüseblatt-Fall). Letzteres ist deutlicher Ausdruck der Verteilung der Beweislast nach Gefahrenbereichen bzw Verantwortungssphären. **92**

Dagegen verbleibt es bei den sog **verhaltensbezogenen Pflichten** nach der Rspr grds dabei, dass der Gläubiger die objektive Pflichtverletzung konkret zu beweisen hat. So muss der Mieter beweisen, dass der Eigenbedarf, weswegen der Vermieter gekündigt hat, nur vorgetäuscht war, selbst wenn die Wohnung auch nach **93**

Wochen nicht bezogen wurde (BGH NJW 2005, 2395). Des Weiteren hat der Geschädigte grds den vollen Beweis eines ärztlichen Behandlungsfehlers im Rahmen seines entspr Schadensersatzbegehrens zu erbringen; hierzu vgl noch Rz 95 f. Das Gleiche gilt auch für die Geltendmachung von Schadensersatzhaftung wegen der Verletzung einer Aufklärungs- oder Beratungspflicht, wobei hier der Verpflichtete zunächst darlegen muss, durch welches konkrete Verhalten er seiner entspr Verpflichtung nachgekommen ist (BGH NJW 1996, 2671; ZIP 2006, 504). Vor allem bei den verhaltensbezogenen Pflichten wird der Grundsatz des Vollbeweises durch den Gläubiger aber durch die Anwendung der Sphärentheorie hinsichtlich der Beweislastverteilung in zahlreichen Einzelfällen modifiziert. Kann der Gläubiger beweisen, dass die Schadensursache (mit überwiegender Wahrscheinlichkeit) allein aus dem Gefahren- bzw Verantwortungsbereich des Schuldners stammen kann, so ist auch bei verhaltensbezogenen Pflichten der Nachweis der objektiven Pflichtverletzung erbracht (BGH NJW-RR 1991, 576; ZIP 2000, 1110). Dies wurde bspw dann angenommen, wenn der Fahrzeughalter bewiesen hat, dass der Fahrzeugschaden in der Autowaschanlage verursacht wurde, dh wenn der Geschädigte darlegen und beweisen kann, dass die Schadensursache allein aus dem Gefahren- bzw Verantwortungsbereich des Betreibers der Waschanlage herrühren kann und das beschädigte Autoteil vor der Durchfahrt unversehrt und ordnungsgemäß befestigt war (Koblenz NJW-RR 1995, 1135; Hamm NJW-RR 2002, 1459; LG Düsseldorf MDR 2007, 955); des Weiteren, wenn die mit dem Schadensersatzanspruch geltend gemachten Schäden an der Mietsache allein durch Umstände aus dem Verantwortungsbereich des Mieters verursacht sein können (BGHZ 126, 124, 129; 131, 95, 103). Die Beweislastumkehr auf Grund der Sphärentheorie wurde schließlich auch beim Missbrauch der Geheimzahl (PIN) angenommen (BGH NJW 2004, 3623).

94 **2. Kausalitätsnachweis.** Der Gläubiger trägt grds auch die Beweislast für die Kausalität der Pflichtverletzung für den Schaden (BGH NJW 1978, 2197; 1989, 2946). Dieser Grundsatz wird jedoch zugunsten des Gläubigers durch die Annahme eines *prima facie* Beweises und zahlreiche Ausn entschärft. Erstgenanntes wird bei einem Versagen einer automatischen Einbruchssicherung angenommen, da der Einbruchsschaden bei funktionierender Anlage typischerweise verhindert worden wäre (Hamburg MDR 2002, 329). Auf den Kausalitätsnachweis soll nach hM vollständig verzichtet werden, wenn die Pflichtverletzung darin besteht, dass der Gläubiger im Rahmen der Vertragsabwicklung einen Schaden erleidet (Palandt/*Heinrichs* Rn 38). Hier wird es sich regelm um die Verletzung einer erfolgsbezogenen Pflicht handeln (s Rz 92).

95 Eine Erleichterung der Erbringung des Beweises wird des Weiteren bei **Verletzung von Aufklärungs- oder Beratungspflichten** angenommen, bei denen die Vermutung dafür bestehe, dass sich der Geschädigte bei ordnungsgemäßer Aufklärung bzw Beratung entspr verhalten hätte, dh der entspr Schaden vermieden worden wäre (BGHZ 124, 151, 159; NJW 2006, 2618, 2621). Es handelt sich hierbei nach hM um einen **Anscheinsbeweis** und nicht um eine Umkehr der Beweislast (Palandt/*Heinrichs* Rn 39 mwN; aA BGHZ 124, 151, 160 bei einem Vertrag mit rechtlichen Beratern). Der Anscheinsbeweis setzt voraus, dass eine Beratung bzw Aufklärung, die auf ein bestimmtes Verhalten gerichtet ist, geschuldet wird (BGH NJW 2002, 593) oder bei Erfüllung der Beratungspflicht unter allen Umständen nur eine Reaktion ernsthaft in Betracht kam bzw bestand (BGH NJW 2007, 357, 360). Dies bedeutet, dass die Vermutung nicht gilt, sofern mehrere Reaktionsmöglichkeiten in Betracht kommen (BGH NJW 2004, 2967, 2969; 2007, 357, 360). Die Vermutung gilt jedoch nicht als ausgeräumt, wenn die dann erforderliche Prüfung aller resultierenden Verhaltensalternativen ergibt, dass der Schaden vermieden worden wäre (BGH NJW 2002, 2703; BB 2007, 1468). Die durch den Anscheinsbeweis begründete Vermutung wird dadurch widerlegt, dass der Schuldner darlegt und ggf beweist, dass der Geschädigte das Verhalten trotz der Aufklärung fortgesetzt (Köln NJW-RR 1995, 112; Düsseldorf WM 1995, 1751) oder frühere entspr Belehrungen außer Acht gelassen hat (Stuttgart ZIP 1995, 641). Da der Anscheinsbeweis seine Begründung in der allg Lebenserfahrung mit Blick auf typische Geschehensabläufe findet, ist bei der Betrachtung aller Umstände des Einzelfalls die Berechtigung der Vermutung dann genau zu prüfen und kann diese entfallen, wenn bei der Befolgung des Rats neben Vorteilen auch Nachteile entstanden wären (BGH NJW-RR 1989, 153).

96 Eine **Beweislastumkehr** wird bei der **groben Verletzung von Berufspflichten** angenommen, sofern diese zu einer Beschädigung eines Rechtsguts geführt hat. Für die Schädigung des Vermögens durch die grobe Verletzung einer Berufspflicht gilt die Beweislastumkehr nicht, wie bspw beim Rechtsanwalt oder Freiberufler (BGHZ 126, 221; NJW 1997, 1011). Angewendet wurde die Beweislastumkehr zB bei Ärzten (BGH NJW 2004, 2011; 2007, 2767 Tz 25 mwN; NJW-RR 2007, 744), dem Krankenpflegepersonal (BGH NJW 1971, 243), Bademeistern (BGH NJW 1962, 959) oder dem Spediteur (BGH NJW-RR 2002, 1108, 1112). Abgelehnt wurde sie beim Betreiber einer Tierpension (Karlsruhe NJW-RR 2000, 614) und beim Warenproduzenten (BGH NJW 1992, 560). Bei **Ärzten** wird diese Beweislastumkehr noch durch die **Dokumentationspflichten** und eine entspr Vorlageverpflichtung ergänzt, sodass sich aus einer unrichtigen oder unzulänglichen Dokumentation weitere Beweiserleichterungen ergeben können (BGH NJW 2005, 2614; Koblenz MedR 2007, 365, 367: Vermutung, dass gebotene, nicht dokumentierte Maßnahme nicht ergriffen wurde). Letztlich lässt sich auch dies auf die Abgrenzung nach beherrschten Gefahrenbereichen zurückführen. Hingegen soll bei Rechtsanwälten, Steuerberatern und Kreditinstituten keine vergleichbare Dokumentationsverpflichtung mit Blick auf die Beratungspflichten bestehen (BGH NJW 1992, 1695, 1696).

§ 281 Schadensersatz statt der Leistung wegen nicht oder nicht wie geschuldet erbrachter Leistung. **[1] Soweit der Schuldner die fällige Leistung nicht oder nicht wie geschuldet erbringt, kann der Gläubiger unter den Voraussetzungen des § 280 Absatz 1 Schadensersatz statt der Leistung verlangen, wenn er dem Schuldner erfolglos eine angemessene Frist zur Leistung oder Nacherfüllung bestimmt hat. Hat der Schuldner eine Teilleistung bewirkt, so kann der Gläubiger Schadensersatz statt der ganzen Leistung nur verlangen, wenn er an der Teilleistung kein Interesse hat. Hat der Schuldner die Leistung nicht wie geschuldet bewirkt, so kann der Gläubiger Schadensersatz statt der ganzen Leistung nicht verlangen, wenn die Pflichtverletzung unerheblich ist.**

[2] Die Fristsetzung ist entbehrlich, wenn der Schuldner die Leistung ernsthaft und endgültig verweigert oder wenn besondere Umstände vorliegen, die unter Abwägung der beiderseitigen Interessen die sofortige Geltendmachung des Schadenersatzanspruchs rechtfertigen.

[3] Kommt nach der Art der Pflichtverletzung eine Fristsetzung nicht in Betracht, so tritt an deren Stelle eine Abmahnung.

[4] Der Anspruch auf die Leistung ist ausgeschlossen, sobald der Gläubiger statt der Leistung Schadensersatz verlangt hat.

[5] Verlangt der Gläubiger Schadensersatz statt der ganzen Leistung, so ist der Schuldner zur Rückforderung des Geleisteten nach den §§ 346 bis 348 berechtigt.

A. Zweck/Systematik. In §§ 281 bis 283 sind die bes Voraussetzungen geregelt, unter denen der Gläubiger vom Erfüllungsanspruch auf die **Nichterfüllungshaftung** des Schuldners übergehen kann. Sie enthalten aber keine eigenständigen Anspruchsgrundlagen, sondern stellen nur weitere, über die zentrale Anspruchsgrundlage in § 280 Abs 1 hinausgehende Voraussetzungen für den Schadensersatz statt der Leistung auf. Trotz der geänderten Bezeichnung als »Schadensersatz statt der Leistung« wollte der Gesetzgeber inhaltlich keine substantielle Änderung ggü dem Nichterfüllungsschaden nach dem Recht vor dem SMG vornehmen (vgl hierzu § 280 Rz 6 f). Die Vorschriften stehen vor dem Hintergrund des Grundsatzes des Vorrangs des Erfüllungsanspruchs. In §§ 281 bis 283 sind also die Umstände formuliert, die eine Legitimation für den Übergang des Gläubigers vom Erfüllungsanspruch zum Schadensersatzanspruch darstellen, durch den der Schuldner zugleich um die Möglichkeit gebracht wird, die Leistung in Natur zu erbringen (MüKo/*Ernst* Rn 1). 1

Die praktisch wichtigsten Fälle für einen Übergang vom Anspruch auf die Leistung zum diese ersetzenden Schadensersatzanspruch bei Verzögerung der Leistung oder bei Schlechtleistung werden in § 281 geregelt. In beiden Fällen ist das Leistungsinteresse des Gläubigers unmittelbar betroffen. Über die Schlechtleistung wird das Gewährleistungsrecht erkennbar in das Allgemeine Leistungsstörungsrecht integriert. **§ 281 ist** wegen des notwendigen Gleichlaufs zwischen Schadensersatz statt der (ganzen) Leistung und dem Rücktritt im gegenseitigen Vertrag die **Komplementärnorm zu § 323.** In § 281 Abs 1 S 2 und 3 sind des Weiteren für die schadensersatzrechtliche Liquidation des Schuldverhältnisses auch in Bezug auf die »Teile«, die nicht unmittelbar von der Leistungsstörung betroffen sind, – also die Liquidation des Schuldverhältnisses als Ganzes – zusätzliche Voraussetzungen aufgestellt. Dies macht deutlich, dass ein Schuldverhältnis im Grundsatz nur insofern durch den Schadensersatz statt der Leistung liquidiert werden soll, als das Leistungsinteresse des Gläubigers gestört ist. 2

Rein sprachlich betrachtet (»... nicht ... erbringt«) sind auch die Fälle der Unmöglichkeit erfasst, in denen ebenfalls unmittelbar das Leistungsinteresse des Gläubigers betroffen ist. Jedoch besteht mit **§ 283** eine speziellere Norm für die Fälle der Unmöglichkeit. In diesen Fällen macht das Nachfristverfahren keinen Sinn, da der Gläubiger wegen § 275 den Erfüllungsanspruch auf die Leistung in Natur ohnehin nicht durchsetzen kann und zugleich die Einräumung des Rechts zur zweiten Andienung für den Schuldner sinnlos ist, da feststeht, dass er die Leistung in Natur nicht oder nicht mit dem ihm zumutbaren Aufwand erbringen kann. Praktisch wichtig ist das Verhältnis von § 281 zu § 283 in den Fällen, in denen dem Gläubiger die Unmöglichkeit unbekannt geblieben ist. Hier sollte iE offen bleiben, ob der Gläubiger nach § 281 oder nach § 283 vorgeht, sofern die von ihm gesetzte angemessene Nachfrist fruchtlos verstrichen ist (ebenso MüKo/*Ernst* Rn 2). Vielmehr gibt § 281 dem Gläubiger die praktisch wichtige Möglichkeit an die Hand, bei Zweifeln über den Grund des Ausbleibens der Leistung in Natur über die Setzung der Nachfrist Klarheit und ggf die Möglichkeit der sicheren schadensersatzrechtlichen Liquidation des Schuldverhältnisses zu erhalten (vgl BTDrs 14/6040, 138). 3

Schließlich erfasst **§ 282** den bes Fall der Verletzung einer sonstigen Pflicht aus § 241 Abs 2, in dem das in § 281 geforderte Nachfristverfahren wegen ihrer grds Unbehebbarkeit ebenfalls keinen Sinn macht. Hier hat der Gesetzgeber die Voraussetzung der »Unzumutbarkeit« des weiteren Empfangs der Leistung vom Schuldner als das Nachfristverfahren ersetzende Voraussetzung aufgestellt. In den von § 282 erfassten Fällen ist das Leistungsinteresse des Gläubigers nicht unmittelbar betroffen. Die §§ 281 und 282 haben damit einen unterschiedlichen Anwendungsbereich, bestimmt durch die jeweils betroffene verletzte Pflicht. In den von § 282 erfassten Fällen ist die Anwendung des § 281 daher ausgeschlossen. Dies ist jedoch nicht gleichbedeutend damit, dass man bei den von § 282 erfassten Pflichtverletzungen nicht erst über das fruchtlose Verstreichen einer Abhilfefrist bzw die Nichtbeachtung einer Abmahnung, die auch in § 281 Abs 3 angesprochen ist, zur »Unzumutbarkeit« gelangt. 4

5 **B. Anwendungsbereich.** Die Regelung des § 281 findet auf **alle Verpflichtungen des Schuldners** Anwendung, mit denen ein unmittelbares Leistungsinteresse des Gläubigers korrespondiert. Es ist dabei unerheblich, ob es sich um eine gesetzliche Pflicht, wie bspw § 426 Abs 1 oder § 346 Abs 1 (vgl § 346 Abs 4) handelt, oder die Verpflichtung aus einem einseitig verpflichtenden oder einem gegenseitig verpflichtenden Rechtsgeschäft/Vertrag resultiert (PWW/*Schmidt-Kessel* Rn 2 und § 280 Rn 42 ff).

6 Bei **gegenseitig verpflichtenden Verträgen** betrifft ein Vorgehen nach § 281 prinzipiell nur die Leistung, wegen der letztlich der Anspruch auf Schadensersatz statt der Leistung angestrebt wird. Der Anspruch auf die Gegenleistung wird grds nicht berührt, wenngleich beim Schadensersatz statt der ganzen Leistung die bereits erbrachte Gegenleistung nach dem Rücktrittsfolgenrecht zurück verlangt werden kann. Grundsätzlich bedarf es aber des Rücktritts vom Vertrag, um auch den Anspruch auf die Gegenleistung zu vernichten und den Vertrag auch hinsichtlich der Gegenleistung in ein Rückgewährschuldverhältnis zu verwandeln. Dies wird freilich durch die weitgehende Parallelität des § 281 und des § 323 erleichtert. Es bedarf jedoch immer einer entspr Entscheidung des Gläubigers, wovon er konkret Gebrauch macht.

7 Wie im alten Leistungsstörungsrecht vor dem SMG ist die **Anwendung** der allg Leistungsstörungsregeln **auf dingliche Ansprüche umstr**, konkret die Anwendbarkeit der §§ 280 Abs 1, 281 und 283, 280 Abs 3 auf den Anspruch aus § 985 (vgl *Gursky* Jura 2004, 433 ff; *Katzenstein* AcP 206 (2006), 96 ff; *Gebauer/Huber* ZGS 2005, 103 ff). Hier ist wegen der grds ausgewogenen Risiko- und Haftungsverteilung der §§ 985 ff prinzipiell sehr zurückhaltend vorzugehen (PWW/*Schmidt-Kessel* § 280 Rn 44). Zu beachten ist dabei zudem, dass der Gläubiger den Rückgewähr- bzw Herausgabeanspruch mit der Geltendmachung des Schadensersatzes statt der Leistung gem § 281 Abs 4 verliert. Korrespondierend hiermit muss bei einer Anwendung des § 281 auf den § 985 dann aus § 281 Abs 4 konsequent auch ein Recht zum Besitz iSd § 986 Abs 1 zugunsten des Herausgabeschuldners/Besitzers entstehen (*Schlechtriem/Schmidt-Kessel* Schuldrecht AT Rn 622). Da §§ 280 ff zu den allg Vorschriften iSd § 818 Abs 4 gehören, findet § 281 auch auf den bereicherungsrechtlichen Herausgabeanspruch unter den Voraussetzungen der §§ 818 Abs 4 und 819 Abs 1 Anwendung.

8 **C. Voraussetzungen des § 281 Abs 1 S 1 – Der Regelfall.** Der Gläubiger kann Schadensersatz statt der Leistung gem §§ 280 Abs 1, 281, 280 Abs 3 verlangen, wenn der Schuldner eine »fällige Leistung nicht oder nicht wie geschuldet erbringt«, dies zu vertreten hat und eine vom Gläubiger gesetzte Nachfrist erfolglos abgelaufen ist. Bei dem Nachfristverfahren handelt es sich um den Regelfall. Das Erfordernis des Vertretenmüssens der beiden in § 281 Abs 1 S 1 benannten Pflichtverletzungen ergibt sich aus § 280 Abs 1.

9 **I. Fällige und durchsetzbare Leistung.** Die betroffene **Leistung** muss zunächst **fällig** sein im Zeitpunkt der Nachfristsetzung. Dies ist dem Wortlaut des § 281 Abs 1 S 1 zu entnehmen. Die Fälligkeit bestimmt sich nach § 271. Sie ist also im Zweifel, dh sofern keine Fälligkeitsabrede zwischen den Parteien vereinbart wurde, sofort fällig. In § 281 Abs 1 S 1 wird anders als im alten Recht vor dem SMG nicht der Verzug des Schuldners mit der Leistungspflicht gefordert. Regelm wird in der Praxis bereits in der Nachfristsetzung eine Mahnung zu erkennen sein, sodass die Problematik von geringer praktischer Bedeutung sein dürfte (BTDrs 14/6040, 138; in diese Richtung ist wohl auch Palandt/*Grüneberg* Rn 7 zu verstehen).

10 Als **ungeschriebene Voraussetzung** verlangt § 281 Abs 1 S 1 auch, dass die **Leistung** zum Zeitpunkt der Nachfristsetzung **durchsetzbar** ist, obwohl nur von »fälliger Leistung« gesprochen wird (AnwK/*Dauner-Lieb* Rn 6; Palandt/*Grüneberg* Rn 8; MüKo/*Ernst* Rn 19). Der Gläubiger kann also nicht eine zum Anspruch auf Schadensersatz statt der Leistung führende Nachfrist setzen, wenn seinem Anspruch auf die Leistung in Natur eine Einrede entgegensteht. Hierzu gelten die entspr Ausführungen zum Erfordernis eines fälligen, vollwirksamen und einredefreien Anspruchs auf die Leistung bei § 286, auf die verwiesen wird. Insbes gilt auch im Rahmen des § 281, dass etwaige Einreden, die wie bspw § 273 für ihre Beachtlichkeit ihre Erhebung voraussetzen, wie beim Verzug durch den Schuldner im Zeitpunkt der Nachfristsetzung erhoben sein müssen. Bekannteste Ausn ist die Einrede des nicht erfüllten Vertrags nach § 320, allein deren Bestehen bereits beachtlich ist (vgl § 320 Rz 17).

11 **II. Nichtleistung oder Schlechtleistung.** Obwohl Abs 1 S 1 in seiner Alt 1 nur auf das Nichterbringen der fälligen Leistung abstellt, wird aus systematischen Gründen (§ 283) nur der Fall der Leistungsverzögerung erfasst. Nicht erforderlich ist das Vorliegen der förmlichen Voraussetzungen des Schuldnerverzugs gem § 286, wenngleich in der Setzung einer Nachfrist zur Vornahme der Leistung in aller Regel eine (konkludente) Mahnung zu erkennen sein wird. Erfasst wird durch § 281 auch die Nichterbringung einer nicht-synallagmatischen Verpflichtung, wie zB die Rückgewähr des Mietgegenstandes nach Beendigung des Mietverhältnisses.

12 Den Fällen der Leistungsverzögerung werden in § 281 Abs 1 S 1 die Fälle gleichgestellt, in denen der Schuldner »nicht wie geschuldet« leistet. Obwohl vom Wortlaut umfasst sind die Fälle der irreparablen Schlechtleistung abweichend über §§ 280 Abs 1, 283, 280 Abs 3 oder § 311a Abs 2 jeweils iVm §§ 440, 437 Nr 3 bzw § 634 Nr 4 zu behandeln. In diesen Fällen macht das Fristsetzungserfordernis des § 281 Abs 1 S 1 keinen Sinn. Die Schlechtleistung kann auf der Verletzung sowohl der Hauptleistungspflicht als auch der leistungsbezogenen Nebenpflicht (zB Mitlieferung einer Gebrauchsanweisung) beruhen (BTDrs 14/6040, 138). Letzteres kann zu schwierigen Abgrenzungsproblemen zur Verletzung von sonstigen (Schutz-)Pflichten aus § 241 Abs 2 führen, die nur unter den Voraussetzungen des § 282 Schadensersatz

statt der Leistung gewähren (vgl hierzu bereits § 280 Rz 9). Eine Betriebsanleitung kann zB sowohl zur funktionsgerechten Inbetriebnahme als auch zum Schutz des Benutzers dienen.

III. Vertretenmüssen. Ausweislich der Gesetzesbegründung erschöpft sich der Verweis auf die Haftung »unter den Voraussetzungen des § 280 Abs 1« auf die Klarstellung, dass der Schadensersatz statt der Leistung auch in den Fällen des § 281 nur bei einem Vertretenmüssen des Schuldners in Betracht kommt (BTDrs 14/6040, 137 f). Der **Schuldner muss sich** also **entlasten.** Was der Schuldner zu vertreten hat, ergibt sich aus §§ 276 bis 278. Es gelten also auch hier die strengeren Haftungsmaßstäbe bei der Übernahme eines Beschaffungsrisikos und einer Garantie (vgl zu den Einzelheiten § 276 Rz 40 f). **Fraglich** geworden ist in diesem Zusammenhang, **worauf sich das Vertretenmüssen beziehen muss.** Hieran macht sich der Streit fest, worin im Rahmen des § 281 die Pflichtverletzung iSd § 280 Abs 1 zu ersehen ist. Zum einen wird vertreten, dass die Pflichtverletzung, die zum Schadensersatz statt der Leistung nach §§ 280 Abs 1, 281, 280 Abs 2 führt, mit anderen Worten den Haftungsgrund bildet, die Nicht- oder Schlechtleistung trotz fruchtlosem Ablauf einer vom Gläubiger gesetzten (Nach-)Frist ist (so Celle NJW-RR 2007, 352, 354; Palandt/*Grüneberg* Rn 16). Das hat zur Folge, dass sich das Vertretenmüssen auch hierauf beziehen muss und auch erst zum Zeitpunkt des fruchtlosen Ablaufens der gesetzten Frist vorliegen muss. Dies ist nicht korrekt, denn Pflichtverletzung ist und bleibt die Tatsache, dass der Schuldner nicht oder nicht wie geschuldet leistet (PWW/*Schmidt-Kessel* Rn 4; Köln ZGS 2006, 77). Sofern das Vertretenmüssen erst nach Beginn der Pflichtverletzung eintritt, ist dies für den Anspruch auf Schadensersatz statt der Leistung hinreichend. Das Vertretenmüssen bezieht sich dabei freilich nicht auf die Pflichtverletzung an sich, sondern auf das jeweils zugrunde liegende menschlichen Verhalten, dass zu Nichtleistung bzw Schlechtleistung führt (vgl hierzu bereits § 280 Rz 78 ff). 13

IV. Erfolglose Fristsetzung. Der Anspruch auf Schadensersatz statt der Leistung besteht nur nach dem erfolglosen Verstreichen einer dem Schuldner zuvor vom **Gläubiger gesetzten, angemessenen Frist für die Leistung** oder **Nacherfüllung.** Die Setzung der Frist ist wie die Mahnung keine Willenserklärung, sondern eine geschäftsähnliche Handlung (Palandt/*Grüneberg* Rn 9). Die Frist muss vom Gläubiger ggü dem Schuldner gesetzt werden, wobei hier auf beiden Seiten Vertreter handeln können. Die Fristsetzung muss mit der **eindeutigen, unmissverständlichen und ernstlichen Aufforderung zur Leistung** bzw Nacherfüllung verbunden sein, wobei auf Grund der Neuregelung keine Ablehnungsandrohung iSd alten Rechts enthalten sein muss. Hierzu gehört es auch, dass der betroffene Anspruch bzw die betroffene Leistung hinreichend genau bezeichnet wird (PWW/*Schmidt-Kessel* Rn 5). Die bloße Aufforderung an den Schuldner, sich über seine Leistungsbereitschaft zu erklären reicht ebenso wenig, wie die Aufforderung, unverzüglich oder umgehend zu leisten (Palandt/*Grüneberg* Rn 9). Sofern für die Vornahme der Leistung die Mitwirkung des Gläubigers erforderlich ist, muss er die Mitwirkungshandlung vornehmen oder im Rahmen der Fristsetzung ihre Vornahme anbieten (BGH NJW 1996, 1745). Im gegenseitigen Vertrag muss der Gläubiger zur **Vermeidung der Einrede des § 320** zudem die **Gegenleistung** in einer den Annahmeverzug begründenden Weise **anbieten** (BGHZ 116, 249). Die Fristsetzung kann formfrei erfolgen. Es empfiehlt sich aber mit Blick auf die Beweismöglichkeit, eine schriftliche Erklärung vorzunehmen oder die Textform zu wählen. 14

Es ist eine nach Stunden, Tagen, Wochen etc bestimmte Frist oder ein bestimmter Kalendertag als Fristende zu setzen, schon mit Blick auf die Überprüfbarkeit ihrer Angemessenheit. Für die **Angemessenheit der Frist** kommt es auf die **Umstände des Einzelfalls** an, wobei man auf die Konkretisierungen durch Rspr und Lit zu § 326 aF zurückgreifen kann. Danach muss sie so lang sein, dass der Schuldner die Leistung tatsächlich noch erbringen kann; sie muss ihm jedoch nicht ermöglichen, erst mit der Leistungserbringung zu beginnen (BGH NJW 1985, 320, 323, 855, 857). Es handelt sich eben bei der Fristsetzung um die Einräumung einer »letzten Chance« für den Schuldner zu leisten (BGH NJW 2005, 1348, 1350). Für die Bestimmung und Überprüfung der Angemessenheit der gesetzten Frist gelten objektive Maßstäbe (BGH NJW 1985, 2640, 2641). Dabei kann ins Gewicht fallen, ob sich der Gläubiger zuvor im Annahmeverzug befand, da der Schuldner grds nicht ständig leistungsbereit sein muss (BGH NJW 2007, 2761 Rz 9). Eine unangemessen kurze Frist setzt auch im Rahmen von § 281 eine angemessene Frist in Gang, soweit nicht der Gläubiger deutlich macht, es komme ihm gerade auf die kurze Frist an (BTDrs 14/6040, 138; BGH NJW 1996, 1814). 15

Wegen ihrer Warnfunktion ist, obwohl nicht ausdrücklich geregelt, die **Fristsetzung erst ab Fälligkeit** zulässig, sodass eine Fristsetzung vor Fälligkeit grds unwirksam ist. Anhaltspunkt hierfür ist auch der Wortlaut der Regelung. Dabei ist aber wie im Rahmen von § 326 aF eine Kombination mit der Fälligkeitsbegründung, zB durch Rechnungsstellung oder Lieferung möglich (AnwK/*Dauner-Lieb* Rn 21; *Derleder/Zänker* NJW 2003, 2777, 2778). Zu den Fällen einer Erfüllungsverweigerung vor Fälligkeit durch den Schuldner vgl sogleich Rz 21. Erfolglos abgelaufen ist die Frist entspr dem bisherigen Verständnis zu § 326 aF, wenn der Schuldner die Leistungshandlung innerhalb der Frist nicht vorgenommen hat. Ausreichend ist grds die Vornahme der Leistungshandlung innerhalb der Frist, auch wenn der Erfolg erst nach Ablauf der Frist eintritt (BGHZ 12, 267, 268 f). Das gilt nur dann nicht, wenn der Schuldner von vorneherein den Erfolg schuldet. Bei nur kurzer Überschreitung der Frist kann in Härtefällen die Geltendmachung des Anspruchs auf Schadensersatz statt der Leistung nach § 242 ausgeschlossen sein (Palandt/*Grüneberg* Rn 12). Eine erneute Fristsetzung kommt in den Fällen, dass innerhalb einer gesetzten Frist schlecht oder nur teilw geleistet wird und der Gläubiger diese defi- 16 zitäre Leistung annimmt, nicht in Betracht; hier ist die ursprünglich gesetzte Frist erfolglos abgelaufen (*Canaris* DB 2001, 1815, 1816; PWW/*Schmidt-Kessel* Rn 9; AnwK/*Dauner-Lieb* Rn 15; aA *Altmeppen* DB 2001, 1331, 1332; DB 2001, 1821, 1822; Palandt/*Grüneberg* Rn 12; MüKo/*Ernst* § 323 Rn 88).

17 **V. Abmahnung statt Fristsetzung, § 281 Abs 3.** Das Erfordernis der Fristsetzung für die Leistungsvornahme oder Nacherfüllung macht dort keinen Sinn, wo die Verpflichtung des Schuldners auf ein Unterlassen gerichtet ist, wie zB bei einem Wettbewerbsverbot. Allerdings gilt es auch für diese Fälle ein Äquivalent für die Warnfunktion der Fristsetzung bei den Leistungsverpflichtungen zu finden. Dies ist in § 281 Abs 3 mit dem bekannten Erfordernis einer Abmahnung als sog »letzte« Warnung für den Unterlassungsverpflichteten vorgesehen. Die Abmahnung setzt für ihre Wirksamkeit voraus, dass der Schuldner bereits einmal seiner Unterlassungsverpflichtung zuwider gehandelt hat (Palandt/*Grüneberg* Rn 13). Die **Abmahnung** kommt aber auch bei Dauerschuldverhältnissen in Betracht, wenn der Schuldner seine Leistungspflicht verletzt hat, wie bspw in einem Sukzessivlieferungsvertrag bereits die erste geschuldete Lieferung verspätet erfolgt. Dann kann sich der Gläubiger für den Wiederholungsfall über die Abmahnung die Möglichkeit der Geltendmachung des Schadensersatzes statt der Leistung verschaffen (PWW/*Schmidt-Kessel* Rn 7). Wie im Rahmen von § 314 Abs 2 verlangt die Abmahnung nach einer ernsthaften Aufforderung an den Schuldner, künftig keine gleichartigen Pflichtverletzungen vorzunehmen (vgl § 314 Rz 14). Wie die Nachfristsetzung ist auch die Abmahnung formfrei möglich, wobei sich auch hier aus Beweiszwecken Schriftform oder Textform empfehlen.

18 **D. Entbehrlichkeit der Fristsetzung, § 281 Abs 2.** In § 281 Abs 2 werden die Fälle geregelt, in denen es trotz grds noch möglicher einwandfreier Leistung ausnahmsw keinen Sinn macht, den Gläubiger auf das Setzen einer Nachfrist zu verweisen. Dabei werden die durch Rspr und Lit bereits zur Mahnung beim Verzug und zu § 326 aF mit Blick auf § 242 entwickelten Ausn übernommen. Daneben stehen die im Besonderen Teil in §§ 440, 636 genannten bes Ausn vom Fristsetzungserfordernis (vgl BGH BB 2006, 686, 688 zu § 440), die teilw eine Koordination mit dem Fristsetzungserfordernis und den in § 281 Abs 2 geregelten Ausn erforderlich machen (vgl hierzu die Kommentierungen zu §§ 440 und 636). Ist die Fristsetzung entbehrlich, so kann der Gläubiger sogleich nach §§ 280 Abs 1, 281, 280 Abs 3 den Schadensersatz statt der Leistung geltend machen.

19 **I. Ernsthafte und endgültige Erfüllungsverweigerung.** Nach Abs 2 Alt 1 ist eine Fristsetzung in den Fällen der ernsthaften und endgültigen Erfüllungsverweigerung entbehrlich. Es handelt sich hierbei um einen allg anerkannten Grundsatz (BGH NJW 2005, 1650). Zur Konkretisierung kann auf Rspr und Lit zu §§ 326 und 284 aF zurückgegriffen werden (vgl nur BGHZ 49, 56, 59 f; 65, 372, 377; 104, 6, 13 f; erstmals wohl RGZ 51, 347, 350 – Rüböl). An sie sind strenge Anforderungen zu stellen (BGHZ 104, 6, 13; NJW 2006, 1195, 1197), so dass bloße rechtliche Zweifel des Schuldners an seiner Verpflichtung (BGH DB 1971, 103) oder die Stundungsbitte unter Hinweis auf die vorübergehende Leistungsunfähigkeit (RGZ 66, 430, 431) nicht ausreichen. Des Weiteren sind nicht ausreichend die Erklärung des Schuldners, er wisse nicht, wann er die vom Vorlieferanten zu beziehende Ware liefern könne (BGH NJW 1992, 235), oder der Übergabetermin könne nicht eingehalten werden (Hamm NJW-RR 1996, 1098). Im letztgenannten Fall gilt dies jedoch dann nicht, wenn die Verspätung die – ansonsten zu setzende – angemessene Frist überschreitet (BGH NJW-RR 2003, 13; PWW/*Schmidt-Kessel* Rn 11a). Schließlich wurde die Erklärung des Gebrauchtwagenhändlers, ein bestimmter Mangel werde nicht von der Gebrauchtwagengarantie erfasst, noch nicht als ernsthafte und endgültige Erfüllungsverweigerung in Bezug auf den gewährleistungsrechtlichen Nacherfüllungsanspruch angesehen (BGH NJW 2005, 1348 f).

20 Mit Blick auf das Kriterium der »Endgültigkeit« muss der Schuldner erkennen lassen, dass er trotz des eindeutigen Erfüllungsverlangens des Gläubigers **definitiv nicht leisten wird** und dies **»sein letztes Wort«** ist (BGH ZIP 1991, 508; Celle ZGS 2006, 428). Als ausreichend wurde daher die unmissverständliche Erklärung des Schuldners angesehen, den Vertrag (ggf durch Rücktritt) zu beenden (BGH NJW 1987, 253; 2000, 506). Des Weiteren kann das beharrliche Bestreiten, Vertragspartei zu sein, ausreichend sein (BGH NJW 2005, 1348). Eine ernsthafte und endgültige Erfüllungsverweigerung ist die Stellung des Klageabweisungsantrags (BGH NJW 1984, 1460); schließlich auch das beharrliche Bestreiten einer Pflichtverletzung (LG Aachen NJW 2005, 2236). Sofern der Umfang von Schönheitsreparaturen durch den Vermieter bereits konkretisiert wurde, ist der Auszug des Mieters ohne Vornahme dieser Schönheitsreparaturen als konkludente Erfüllungsverweigerung angesehen worden (KG NZM 2007, 356).

21 Die früher entweder unter § 326 Abs 1 aF oder über pFV behandelten Fälle der **Erfüllungsverweigerung vor Fälligkeit** sind nicht ausdrücklich geregelt. Mit Blick auf die Synchronisierung der Voraussetzungen des Schadensersatzes statt der Leistung und des Rücktritts ist analog zu § 323 Abs 4 in diesen Fällen auch die sofortige Geltendmachung des Schadensersatzes statt der Leistung zuzulassen (PWW/*Schmidt-Kessel* Rn 11a; AnwK/*Dauner-Lieb* Rn 20; Jauernig/*Stadler* Rn 9; aA *Otto* Jura 2002, 1, 6; *Münch* Jura 2002, 361, 365 und 371, der § 323 Abs 4 für entbehrlich hält und diese Fälle entgegen dem ausdrücklichen Wortlaut völlig systemwidrig dem § 324 zuschlagen will; ähnl *Mayerhöfer* MDR 2002, 549, 553). Dagegen sollte davon abgesehen werden, die von § 283 erfassten Fälle dem § 281 Abs 2 Alt 1 zuzuschlagen (so aber PWW/*Schmidt-Kessel* Rn 12). Tatsächlich wird im Einwand der Unmöglichkeit nach § 275 Abs 1 durch den Schuldner oder in

der Geltendmachung einer der Einreden des § 275 Abs 2 oder 3 auch eine ernsthafte und endgültige Erfüllungsverweigerung zu erkennen sein. Gleichwohl sind diese Fälle der speziellen, auf sie zugeschnittenen Regelung in § 283 zugewiesen, wobei man es belassen sollte.

II. Generalklausel in Abs 2 Alt 2. Nach Abs 2 Alt 2 ist eine Fristsetzung auch dann entbehrlich, »wenn besondere Umstände vorliegen, die unter Abwägung der beiderseitigen Interessen eine sofortige Geltendmachung des Schadensersatzanspruchs rechtfertigen«. Dieser **Auffangtatbestand** schafft als Generalklausel Bewertungsspielräume für die Gerichte und soll in erster Linie die Fälle des § 326 Abs 2 aF erfassen, wobei nunmehr auf die beiderseitigen Interessen abzustellen ist (BTDrs 14/6040, 186 zum gleichlautenden § 323 Abs 2 Nr 3). Es bedarf immer einer Abwägung aller Umstände des Einzelfalls. Zur Konkretisierung lässt sich auch hier grds auf die Anwendungsfälle des § 326 aF in der Rspr abstellen (RG JW 1920, 47; BGH LM § 326 (Ed) Nr 3; BGH WM 1957, 1342, 1343 f). Etwas strengere Anforderungen können sich aber daraus ergeben, dass nunmehr die beiderseitigen Interessen abzuwägen sind, währenddessen bei § 326 Abs 2 aF zwar Verzug des Schuldners notwendig war, es jedoch »nur« auf einen Interessewegfall beim Gläubiger ankam. Gleichwohl ist das Ausreichen des einseitigen Interesseverlusts des Gläubigers auch im Rahmen des § 281 Abs 2 Alt 2 als möglich angesehen worden (Celle ZGS 2006, 428, 429, wobei iE verneint). 22

Da bei der **Zusicherung einer Eigenschaft** der Schuldner erklärt, ohne Weiteres für alle Folgen aus ihrem Fehlen einzustehen, ist eine Fristsetzung in diesen Fällen entbehrlich. Ebenso ist es regelm in den Fällen des **arglistigen Verschweigens eines Mangels**, denn dem Gläubiger kann bei *dolosem* Verhalten des Schuldners ein Leistungsempfang bzw eine Nacherfüllung von diesem kaum zugemutet werden (BGH NJW 2007, 835, 836; AnwK/*Dauner-Lieb* Rn 21 f). Die Vertrauensbasis wird hier regelm nachhaltig zerstört sein. Die Fristsetzung macht auch in den Fällen der **Anwaltshaftung** keinen Sinn, wenn dem Anwalt eine Schlechtleistung anzulasten ist und demnach über §§ 280 Abs 1, 281, 280 Abs 3 Schadensersatz statt der Leistung durch den Mandanten erlangt werden kann. Regelm wird dieser erst dann Kenntnis vom Anwaltsfehler erlangen, wenn er an dessen Behebung kein Interesse mehr hat, weil beispielsweise der Prozess verloren ist und ein Rechtsmittel nicht mehr zur Verfügung steht (*Bruns* VersR 2002, 524, 529). Die Generalklausel ist schließlich auch in dem Fall angewendet worden, in dem beim Kauf eines kranken Tieres die sofortige Hinzuziehung eines Tierarztes erforderlich war (BGH NJW 2005, 3211; einschränkend BGH NJW 2006, 988, 989, soweit kein Notfall vorliegt). Schließlich kann ganz allg von der Setzung einer Nachfrist abgesehen werden, wenn der mit ihr verbundene **Zeitverlust zu einem erheblich erhöhten Schaden** führen würde (BGH ZGS 2005, 433, 455). Dies ist etwa auch der Fall, wenn der Schuldner ins Ausland verzogen ist, ohne dem Gläubiger die neue Anschrift mitzuteilen (Köln NJW-RR 2003, 802). Schließlich gilt dies auch dann, wenn auf Grund der verspäteten Lieferung die Abnehmer des Käufers die Ware nicht mehr abnehmen und dies dem Schuldner bekannt war (BGH NJW 1998, 1489, 1491). Hier befindet man sich bereits in der Nähe des Fixgeschäftes, dessen Erfassung durch die Generalklausel umstr ist. 23

Problematisch ist, ob die Fälle des einfachen **(relativen) Fixgeschäftes** unter **Abs 2 Alt 1** fallen. Da nur das sofortige Rücktrittsrecht aus § 361 aF in § 323 Abs 3 Nr 2 übernommen wurde, ließe sich darauf schließen, dass auch hier nur die bisherige Rechtslage, nach der für den Schadensersatz gem § 326 Abs 1 aF Verzug und Fristsetzung erforderlich waren, übernommen werden sollte. Gegen diese Durchbrechung des Gleichlaufs der Voraussetzungen des Schadensersatzes statt der Leistung und des Rücktritts spricht, dass die Gesetzesbegründung selbst als Anwendungsbeispiel für die Generalklausel die »Just-in-time-Verträge« nennt (BTDrs 14/6040, 140). Diese wurden bisher als relatives Fixgeschäft behandelt, so dass es allg als Regelanwendungsfall des Abs 2 Alt 1 angesehen werden sollte (PWW/*Schmidt-Kessel* Rn 17; *Jaensch* NJW 2003, 3613, 3614f; aA Palandt/*Grüneberg* Rn 15; MüKo/*Ernst* Rn 59). 24

E. Rechtsfolgen. Mit Ablauf der gesetzten Frist kann der Gläubiger Schadensersatz statt der Leistung verlangen. Hinsichtlich der Inhalte und der Abgrenzung des Anspruchs auf Schadensersatz statt der Leistung wird auf die entspr Ausführungen bei § 280 Rz 6 ff verwiesen. Mit Blick auf die von § 281 Abs 1 S 1 Alt 1 erfassten Fälle der Leistungsverzögerung wird nochmals betont, dass ein etwaig entstandener Verzögerungsschaden nicht in den Schadensersatz statt der Leistung einberechnet werden kann, sondern nur nach §§ 280 Abs 1, 286, 280 Abs 2 ersetzt wird. Eine bes Bedeutung hat der Verzicht auf die Ablehnungsandrohung des früheren Rechts, die den ursprünglichen Erfüllungsanspruch mit Ablauf der Frist vernichtete. 25

I. Konkurrenz von Schadensersatzanspruch und Erfüllungsanspruch und Erlöschen des Erfüllungsanspruchs. Da es an einer § 326 Abs 1 S 2 Hs 2 aF entspr Regelung fehlt, bleibt der Erfüllungsanspruch parallel zum Anspruch auf Schadensersatz statt der Leistung bestehen. Der Gläubiger hat also ab diesem Zeitpunkt ein *ius variandi*. Schadensersatzanspruch und Erfüllungsanspruch stehen (zunächst) im Verhältnis der elektiven Konkurrenz zueinander (BGH NJW 2006, 1198). Dieser **Vorgang** ist irreversibel, sodass daran auch der Umstand nichts ändert, dass der Gläubiger weiterhin den Erfüllungsanspruch geltend macht (PWW/*Schmidt-Kessel* Rn 19). Der Schuldner kann die Leistung auch noch nach dem Entstehen des Schadensersatzanspruchs erbringen, womit (bei ordnungsgemäßer Leistung) nicht nur der Erfüllungsanspruch des Gläubigers, sondern auch sein Anspruch auf Schadensersatz statt der Leistung erlischt (MüKo/*Ernst* Rn 82). Zu den **prozessualen Konsequenzen** vgl noch Rz 36 ff. Verlangt der Gläubiger die Erfüllung nicht mehr und bietet der 26

Schuldner die geschuldete Leistung an, muss der Gläubiger sie unverzüglich zurückweisen und Schadensersatz statt der Leistung geltend machen, um einen Untergang bzw eine Undurchsetzbarkeit seines Schadensersatzanspruchs zu vermeiden (Palandt/*Grüneberg* Rn 49 mwN; aA *Schroeter* AcP 207 (2007), 29, 44 mwN).

27 Nach **§ 281 Abs 4** erlischt der Anspruch auf Erfüllung (erst), »sobald der Gläubiger den Schadensersatz verlangt hat.« Wann ein solches »Verlangen« vorliegt, bestimmt sich aus den Umständen des Einzelfalls. Bei Klageerhebung mit einem auf den Schadensersatz gerichteten Antrag ist dies anzunehmen. Bei Unklarheiten ist darauf abzustellen, ob der Gläubiger unmissverständlich deutlich gemacht hat, dass er anstelle der Leistung den Schadensersatz verlangt und daher eine Erfüllung ablehnt. Ab dem Moment, indem das Schadensersatzverlangen dem Schuldner zugegangen ist, erlischt der Erfüllungsanspruch und zugleich ein Anspruch auf Fälligkeitszinsen (BGH NJW 2000, 72). Beim gegenseitigen Vertrag entfällt jedoch nicht automatisch der Gegenleistungsanspruch des Schuldners, da der § 281 grds nur die verletzte Verpflichtung des Schuldners zur Leistung und deren Schicksal betrifft (unrichtig Palandt/*Grüneberg* Rn 52). Andernfalls hätte der Gläubiger nicht die Wahl zwischen Surrogations- und Differenzmethode beim Vorgehen; vgl hierzu § 280 Rz 14 ff.

28 **II. Berücksichtigung der Verantwortlichkeit des Gläubigers.** Die Fälle einer alleinigen oder weit überwiegenden **Mitverantwortung** und des **Annahmeverzuges des Gläubigers** sind nicht gesondert in § 281 geregelt. Dagegen sind sie im Rahmen des weitestgehend parallell laufenden Rücktrittsrechts mit § 323 Abs 5 und für die Fälle der Unmöglichkeit in § 326 Abs 2 als Ausschlussgrund bzw Ausn von der Befreiung von der Gegenleistung berücksichtigt. Entsprechende Ergebnisse sollen aber beim Schadensersatz statt der Leistung schadensersatzrechtlich über § 254 und in den Fällen des Annahmeverzugs über den geänderten Haftungsmaßstab in § 300 Abs 1 erzielt werden (BTDrs 14/6040, 187). Die **Berücksichtigung einer Mitverantwortung des Gläubigers** kommt insbes in den Nichtleistungsfällen aber nur dann in Betracht, wenn die Voraussetzungen des § 281 vorliegen und ein Anspruch bspw nicht schon wegen fehlender Mitwirkungshandlungen des Gläubigers (Rz 14) ausgeschlossen ist. Des Weiteren kann vor allem bei gegenseitigen Verträgen in Ausnahmefällen die Vertragsuntreue des Gläubigers einer Geltendmachung des Schadensersatzanspruchs gem § 242 entgegenstehen (Palandt/*Grüneberg* Rn 35). Dies wurde bspw angenommen, wenn der zur Nachleistung verpflichtete Gläubiger nicht zur Erbringung der Gegenleistung in der Lage (BGH NJW 1974, 36) oder bereit ist (BGHZ 50, 176) oder er sich vom Vertrag losgesagt hat (BGH ZIP 1999, 367).

29 **F. Besondere Voraussetzungen des Schadensersatzes statt der ganzen Leistung bei Teil- und Schlechtleistung, § 281 Abs 1 S 2 und 3.** Unter den Voraussetzungen der §§ 280 Abs 1, 281, 280 Abs 3 wird Schadensersatz statt der Leistung nur geschuldet, »soweit« die **geschuldete Leistung ausgeblieben** ist (BTDrs 14/6040, 139 f). Das bedeutet, dass nur für den Teil der Leistung der Schadensersatzanspruch besteht, mit dem der Schuldner quantitativ (Teilleistung) oder qualitativ (Schlechtleistung) hinter dem Geschuldeten zurückgeblieben ist. Daher regelt § 281 Abs 1 S 2 und 3 gesondert, wann und unter welchen Voraussetzungen der Gläubiger in diesen Fällen Schadensersatz statt der ganzen Leistung fordern kann. Da der Gläubiger über diesen Schadensersatzanspruch trotz eines Leistungsempfangs *de facto* das gesamte Schuldverhältnis zum Scheitern bringen kann, sind für ihn erhöhte Anforderungen festgelegt.

30 **I. Teilleistung.** Für die Fälle einer **Teilleistung** knüpft § 281 Abs 1 S 2 an den Gedanken in §§ 280 Abs 2, 325 Abs 1 S 2, 326 Abs 1 S 3 aF an und fordert ein fehlendes Interesse des Gläubigers an der Teilleistung. Zur Konkretisierung des Interessewegfalls kann auf die zu den Vorschriften des Rechts vor dem SMG entwickelten Grundsätze zurückgegriffen werden. Die Anwendung des § 281 Abs 1 S 2 setzt zwar eine Teilleistung voraus, nicht jedoch die Teilbarkeit der Leistung (PWW/*Schmidt-Kessel* Rn 24; aA Jauernig/*Stadler* Rn 21). Es wird eben nur auf den Fortfall des Interesses an der ganzen Leistung beim Gläubiger abgestellt. Die Unteilbarkeit wird freilich, so dann nicht ohnehin faktisch eine Teilleistung ausgeschlossen ist, ein wesentliches Kriterium für die Bestimmung des Interessefortfalls beim Gläubiger auf objektiver Grundlage bilden. Ein **Interessefortfall** kann dann vorliegen, wenn der vertragsmäßig erbrachte Teil allein funktionslos oder für den Gläubiger wertlos ist (PWW/*Schmidt-Kessel* Rn 25). Dies kann dann gegeben sein, wenn bspw die auf die Zwecke und Bedürfnisse des Gläubigers zugeschnittene Software bei einer bestellten **EDV-Anlage** ausbleibt (BGH NJW 1990, 3011) oder der beauftragte **Detektiv** keine lückenlose Überwachung vorgenommen hat (BGH NJW 1990, 2549). Der Interessefortfall kann aber auch dann angenommen werden, wenn es für den Gläubiger günstiger ist, nur die Leistung als Ganze zu beziehen und insofern einen neuen Vertrag abzuschließen (BGH NJW 2549, 2550). **Abgrenzungsprobleme** zwischen Teil- und Schlechtleistung können mit Blick auf die Frage, die Anwendung welcher weiteren Voraussetzung bei der sog Mankolieferung sachgerechter ist, entstehen.

31 **II. Schlechtleistung.** In den Fällen der **Schlechtleistung** kann gem § 281 Abs 1 S 3 der Gläubiger den Schadensersatz statt der ganzen Leistung nur dann nicht verlangen, wenn die Pflichtverletzung unerheblich ist. Hierzu bedarf es, anders als im Rahmen des § 281 Abs 1 S 2 (nur Interessefortfall beim Gläubiger), einer umfassenden Abwägung der beiderseitigen Interessen im Einzelfall. Die ggü § 463 aF damit bewirkte Schlechterstellung des Käufers bei der Wahl zwischen dem »großen« und »kleinen« Schadensersatz wird durch das ggü dem RegE umgekehrte Regel-Ausn-Verhältnis wieder abgemildert (zum RegE BTDrs 14/6040, 140). Für

die Unerheblichkeit kann man auf die zu § 459 Abs 1 S 2 aF entwickelte Rspr Bezug nehmen, wobei die Schwelle gleichwohl deutlich höher anzusetzen sein soll (Düsseldorf MDR 2006, 442, 443; Bamberg DAR 2006, 456). In der Praxis werden die Anwendungsfälle der Unerheblichkeit selten sein (PWW/*Schmidt-Kessel* Rn 27). Die **Minderung der Leistungsfähigkeit eines Fahrzeugs** um weniger als 5 % wird noch nicht ausreichen (Düsseldorf NJW 2005, 3504 Rn 38: für den Ausschluss des Rücktritts). Eine Unerheblichkeit soll entspr anzunehmen sein, wenn der Kraftstoffverbrauch um weniger als 10 % über der Herstellerangabe liegt (BGH NJW 2007, 1414). Streitig ist für den Rücktritt, ob ein Aufwand für die Mängelbeseitigung von weniger als 10 % der Gegenleistung zur Unerheblichkeit führt, vgl dort. Die Pflichtverletzung ist nicht unerheblich, wenn der Mangel arglistig verschwiegen wurde (BGH NJW 2007, 835; 2006, 1960).

Eine bes Problematik ergibt sich mit Blick auf den in §§ 434 Abs 3, 633 Abs 2 S 3 enthaltenen weiten **Sachmangelbegriff**, der auch eine Minderleistung umfasst. Bei ihnen kommt es aber nicht auf die Unerheblichkeit iSd Abs 1 S 3, sondern auf einen Interessefortfall beim Käufer bzw Besteller an, da ansonsten die Regelung des Abs 1 S 2 für die praktisch häufigsten Fälle völlig entwertet würde (ebenso AnwK/*Dauner-Lieb* Rn 18; aA für die Fälle der Teilunmöglichkeit *Wieser* MDR 2002, 858, 861). Ebenfalls schwierig und von der Gesetzesbegründung nicht beantwortet ist die Behandlung der sog Teilschlechtleistung: Von 100 Flaschen Wein sind zehn Flaschen mit Glycol versetzt. Auch hier erscheint eine Anwendung des Abs 1 S 2 sachgerecht. Trotz der Schlechtleistung ist die größere Ähnlichkeit zur Interessenlage in den Teilleistungsfällen zu sehen. 32

III. Rückabwicklung bei Schadensersatz statt der ganzen Leistung. In den Fällen des Schadensersatzes statt der ganzen Leistung bei Teilleistung und der Schlechtleistung (§§ 281 Abs 1 S 2 und 3) ordnet § 281 Abs 5 die Berechtigung des Schuldners zur Rückforderung bereits erbrachter Leistungen nach den ebenfalls reformierten Regeln über die Rücktrittsfolgen in **§§ 346 bis 348** an. Die Anordnung ist erforderlich, da die Forderung des Schadensersatz statt der ganzen Leistung im gegenseitigen Vertrag faktisch zu einer schadensersatzrechtlichen Rückabwicklung des Vertrages führt. Im Rahmen der Berechnung des Schadensersatzes sind bereits **erbrachte Gegenleistungen** des Gläubigers mit **einzubeziehen.** Das Gleiche gilt für die bereits erbrachten Verwendungen und gezogenen Nutzungen iSd §§ 346, 347, die ebenfalls entspr schadensersatzrechtlich im erforderlichen Gesamtvermögensvergleich zu berücksichtigen sind (PWW/*Schmidt-Kessel* Rn 31). 33

G. Abweichende Vereinbarung und Verjährung. Abweichende Vereinbarungen sind von dem dispositiven § 281 möglich. Denkbar sind die **Vereinbarung eines Verzichts** auf das Nachfristerfordernis oder einer festen Nachfrist oder die Festlegung, dass es für die Rechtzeitigkeit der Erbringung der Leistung auf den Eintritt des Leistungserfolgs ankommt. Des Weiteren sind Vereinbarungen hinsichtlich der Einhaltung einer bestimmten Form für die Nachfristsetzung denkbar. Eine wesentliche **Grenze** wird für solche Vereinbarungen in AGB durch die Klauselverbote in **§§ 308 Nr 2 und § 309 Nr 4** gesetzt. Des Weiteren gelten die Klauselverbote in Bezug auf die Beschränkung der Haftung gem **§ 309 Nr 7 und 8 lit a sowie § 307**, die bereits bei § 280 angesprochen wurden. Diese gesetzlichen Beschränkungen der Parteiautonomie gelten gem **§ 310 Abs 3** auch für Individualvereinbarungen mit Verbrauchern. 34

Sofern nicht die bes **Verjährungsregelungen nach §§ 438, 634a** gelten, verjährt der Anspruch auf den Schadensersatz statt der Leistung gem §§ 280 Abs 1, 281, 280 Abs 3 nach der Regelverjährung gem **§§ 195, 199.** § 217 findet keine Anwendung, da es sich nicht um einen Nebenanspruch handelt. Uneinheitlich wird die Frage beurteilt, wann der Anspruch auf den Schadensersatz statt der Leistung iSd § 199 Abs 1 S 1 Nr 1 entstanden ist. Es wird vorgeschlagen, den Zeitpunkt des Ablauf der Nachfrist (MüKo/*Ernst* Rn 165a) oder den Zeitpunkt des Verlangen iSd § 281 Abs 4 (Palandt/*Heinrichs* § 199 Rn 8) als maßgeblich zu betrachten. Korrekterweise ist an den Zeitpunkt des Ablaufs der Nachfrist anzuknüpfen. Zu diesem Zeitpunkt entsteht der Anspruch auf den Schadensersatz statt der Leistung neben dem Erfüllungsanspruch erstmals. Der Gläubiger ist hinreichend durch die weitere Voraussetzung der Kenntnis bzw grob fahrlässigen Unkenntnis (§ 199 Abs 1 S 1 Nr 2) geschützt. Bei einem Abstellen auf das Schadensersatzverlangen hätte es der Gläubiger in nicht zu rechtfertigender Weise in der Hand, den Beginn der Verjährung hinauszuschieben. IÜ ist § 281 Abs 4 nur zu entnehmen, dass der Erfüllungsanspruch zu diesem Zeitpunkt erlischt. Ihm ist hingegen nichts zum Schadensersatzanspruch zu entnehmen. 35

H. Prozessuales. Der Gläubiger trägt grds die **Beweislast für das Vorliegen der Voraussetzungen** des § 281. Die Beweislastumkehr des § 280 Abs 1 S 2 hinsichtlich des Vertretenmüssen gilt aber auch hier (vgl Rz 13). Der Schuldner muss den Nachweis erbringen, dass er die Leistung überhaupt erbracht hat, während der Gläubiger gem § 363 nachweisen muss, dass es sich um eine andere als die geschuldete Leistung handelt oder dass die Leistung unvollständig erbracht wurde. Beim Verbrauchsgüterkauf kommt dem Käufer freilich die Beweislastumkehr des § 476 Abs 1 zugute. Im Rahmen des Schadens trägt der Gläubiger die Beweislast für die Entstehung in der geltend gemachten Höhe (mit den Erleichterungen der Rentabilitätsvermutung und der abstrakten Schadensberechnung, vgl § 280 Rz 17 ff), während der Schuldner etwaige Ersparnisse nachweisen muss. 36

Bei der prozessualen Durchsetzung der Ansprüche, die infolge des § 281 entstehen und nebeneinander bestehen können, sind **Besonderheiten** zu beachten. Hat der Gläubiger bereits durch die Setzung einer angemessenen Frist und deren fruchtloses Verstreichen das Nebeneinander von Erfüllungs- und Schadensersatzan- 37 spruch geschaffen, kann er mit der Klage jeweils den einen oder den anderen geltend machen. Macht er den Schadensersatzanspruch geltend, so ist der Erfüllungsanspruch gem § 281 Abs 4 erloschen und ein Übergang zu diesem nicht mehr möglich. Macht der Gläubiger hingegen den Erfüllungsanspruch geltend und erkennt der Schuldner diesen im Prozess an, so kann der Gläubiger für diejenige Zeit nicht auf den Schadensersatzanspruch überwechseln, die zur Erbringung der Leistung erforderlich ist (MüKo/*Ernst* Rn 170). Ohne erneute Fristsetzung kann er nach dem Ablauf dieser Zeit dann aber wieder auf den Schadensersatz übergehen.

38 Sofern der Gläubiger auf Erfüllung klagt, ohne dass er vor der Klageerhebung durch Fristsetzung und deren fruchtlosen Ablauf den Schadensersatzanspruch nach § 281 begründet hat, so kann er dies im Prozess noch nachholen. Er kann, um den Streit über die Angemessenheit der Frist zu vermeiden, die Frist gem **§ 255 ZPO** durch das Gericht setzen lassen. Macht der Gläubiger während der rechtshängigen Klage auf Erfüllung des Anspruchs auf die Leistung in Natur außergerichtlich oder im Verfahren den Schadensersatzanspruch geltend, so wird sein ursprünglicher Antrag wegen des Erlöschens des Erfüllungsanspruchs unbegründet. Der Gläubiger hat aber die Möglichkeit, zur Vermeidung einer Klageabweisung nach **§ 264 Nr 3 ZPO** den Klageantrag auf das Interesse umzustellen, ohne dass es der Zustimmung des Schuldners hierzu oder der richterlichen Zulassung bedarf, da es sich nicht um eine Klageänderung handelt.

39 Auch nach der **Verurteilung des Schuldners** zur Erbringung der geschuldeten Leistung kann der Gläubiger noch zum Schadensersatz statt der Leistung übergehen, sofern die Voraussetzungen des § 281 vorliegen. Hierzu kann er selbst im Urteil eine Frist zur Leistung gem § 255 ZPO setzen lassen. Die Möglichkeit zum Übergang auf die Forderung des Interesses ist nach § 893 ZPO ausdrücklich eröffnet (MüKo/*Ernst* Rn 173). Der Schuldner kann dann in dieser Situation bei einem Übergang des Gläubigers zum Schadensersatz die **Vollstreckungsabwehrklage gem § 767 ZPO** betreiben. Leistet der Schuldner auf das Schadensersatzbegehren des Gläubigers sodann nicht, muss dieser erneut Klage erheben, nunmehr auf den Schadensersatz statt der Leistung gerichtet, wofür wiederum das erstinstanzliche Gericht zuständig ist gem § 893 Abs 2 ZPO. In diesem Prozess sind dem Schuldner dann aber Einwendungen gg den ursprünglichen Erfüllungsanspruch wie nach der ausdrücklichen Regelung des § 283 aF nach rechtskräftiger Verurteilung zur Erfüllung abgeschnitten (MüKo/*Ernst* Rn 177). Im amtsgerichtlichen Verfahren kann der Gläubiger eine Verbindung von Leistungs- und Schadensersatzklage über **§ 510b ZPO** herstellen, dies selbstverständlich nur, solange der Erfüllungsanspruch durch die Geltendmachung des Schadensersatzes noch nicht erloschen ist. In den Antrag nach § 510b ZPO wird man dann aber ein bedingtes Schadensersatzbegehren des Gläubigers mit Blick auf die Nichterfüllung durch den Schuldner innerhalb der vom Gericht gesetzten Frist lesen müssen (MüKo/*Ernst* Rn 179).

§ 282 Schadensersatz statt der Leistung wegen Verletzung einer Pflicht nach § 241 Absatz 2.

Verletzt der Schuldner eine Pflicht nach § 241 Absatz 2, kann der Gläubiger unter den Voraussetzungen des § 280 Absatz 1 Schadensersatz statt der Leistung verlangen, wenn ihm die Leistung durch den Schuldner nicht mehr zuzumuten ist.

1 **A. Zweck/Systematik.** In § 282 wird der Schadensersatz statt der Leistung für die Fälle der Verletzung einer nicht auf die Leistung bezogenen und damit sonstigen Pflicht iSd § 241 Abs 2 gesondert geregelt. Wegen der Irreparabilität der Pflichtverletzung macht eine Fristsetzung zur Leistung oder Nacherfüllung in diesen Fällen logisch keinen Sinn. Darüber hinaus ist auf Grund der Tatsache, dass die Verletzung dieser sonstigen, gerade nicht auf die Leistung bezogenen (Neben-)Pflichten nicht unmittelbar das Leistungsinteresse des Gläubigers betrifft (aA offenbar PWW/*Schmidt-Kessel* § 281 Rn 29; zumindest missverständlich MüKo/*Ernst* Rn 2), der Schadensersatz statt der Leistung an erhöhte Voraussetzungen zu knüpfen. Sachgerecht und ausreichend ist in diesen Fällen regelm der Ersatz des unmittelbar aus der Pflichtverletzung resultierenden Schadens über § 280 Abs 1.

2 Für die Ausnahmefälle, in denen dieser allein zur angemessenen Befriedigung des Gläubigerinteresses nicht genügt, stellt § 282 auf die Unzumutbarkeit des weiteren Leistungsempfangs vom Schuldner ab. Anspruchsgrundlage bleibt aber auch hier § 280 Abs 1, jedoch ergänzt durch §§ 282, 280 Abs 3. Es handelt sich genau betrachtet um einen Fall des Schadensersatzes statt der ganzen Leistung (PWW/*Schmidt-Kessel* Rn 1, 2; *Schwab* ZGS 2003, 73, 75). **Komplementärnorm** in den parallel laufenden Vorschriften zum Rücktritt im gegenseitigen Vertrag ist **§ 324.**

3 **B. Anwendungsbereich.** Obwohl § 282 wie § 281 grds auf alle Schuldverhältnisse mit Leistungspflichten zugeschnitten ist, wird er **wesentliche Bedeutung** vor allem für **gegenseitige Verträge** erlangen (MüKo/*Ernst* Rn 3). Er ist nämlich im Zusammenhang mit § 324 und der früheren Rspr zu sehen. Über § 282 soll dem Gläubiger, der gem § 324 vom Vertrag zurückgetreten ist, eine Rechtsgrundlage für den Ersatz der Mehrkosten eines wegen des Rücktritts notwendigen Deckungsgeschäfts sowie für den entgangenen Gewinn gegeben werden. Für den unmittelbar aus der Verletzung einer Pflicht nach § 241 Abs 2 entstehenden Schaden hat der Gläubiger ohnehin den grds hinreichenden Schadensersatzanspruch nach § 280 Abs 1.

4 **C. Voraussetzungen des § 282.** Aus § 282 ergeben sich als Voraussetzungen unmittelbar nur, dass der Schuldner eine sonstige Pflicht iSd § 241 Abs 2 verletzt hat und diese Pflichtverletzung eine weitere Leistung durch den Schuldner unzumutbar macht. Durch Verweis auf § 280 Abs 1 ist darüber hinaus aber zusätzlich das Vertretenmüssen der Pflichtverletzung durch den Schuldner erforderlich.

I. Verletzung einer sonstigen Pflicht nach § 241 Abs 2. Erfasst wird nur die Verletzung einer sonstigen Pflicht nach § 241 Abs 2. In Abgrenzung zu §§ 281, 283 ergibt sich, dass es sich nur um nicht leistungsbezogene Nebenpflichten aus einem Schuldverhältnis handelt. Sie werden schlagwortartig als Schutz- bzw Rücksichtnahmepflichten bezeichnet, gehen aber wegen der weiten Fassung des § 241 Abs 2 über sie hinaus (vgl bereits § 241 Rz 25 ff sowie § 280 Rz 49). Sie sollen vor allem das Integritätsinteresse des Gläubigers schützen. Als klassische Fälle einer Schutzpflichtverletzung werden die Beschädigungen von absoluten Rechtsgütern des Gläubigers anlässlich der Leistungserbringung erfasst. 5

Durch die **weite Fassung des § 241 Abs 2** (Rechte und Interessen) liegen aber zB auch schwere Beleidigungen durch den Schuldner (RGZ 140, 378, 385), rassistische Bemerkungen oder das Absingen unanständiger Lieder oder der Versuch, die ArbN der anderen Seite zu illoyalem Verhalten zu animieren (RGZ 149, 187, 189), im Anwendungsbereich des § 282. Ist der Schutz eines Rechts, Rechtsguts oder Interesses gerade Gegenstand der Hauptleistungspflicht, wie in Bewachungs- oder Beratungsverträgen, handelt es sich nicht um eine sonstige Pflicht iSd § 241 Abs 2, sondern um die Leistungspflicht iSd § 241 Abs 1, so dass § 281 anzuwenden ist. Schwierig kann die Abgrenzung wiederum in Fällen sein, in denen sowohl der Schutz als auch die sachgerechte Inbetriebnahme intendiert ist. Hier wird man eine sachgerechte Einordnung von der Nachholbarkeit der pflichtigen Handlung her treffen müssen. Die **ernsthafte und endgültige Erfüllungsverweigerung** ist für sich gesehen ein Verstoß gg die Verpflichtung zur Vertragstreue. Sie ist jedoch speziell in § 281 Abs 2 als Ausn vom Fristsetzungserfordernis geregelt, wo sie systematisch auch hingehört, da sie unmittelbar auf das Leistungsinteresse des Gläubigers und die entspr Verpflichtung des Schuldners zur Erbringung der Leistung in Natur gerichtet ist. Es handelt sich also nicht um einen Anwendungsfall des § 282 (MüKo/*Ernst* Rn 9; aA Palandt/*Heinrichs* § 280 Rn 4; PWW/*Schmidt-Kessel* Rn 2). 6

Fraglich ist, ob der Fall der **Verletzung einer vorvertraglichen Schutz- bzw Rücksichtnahmepflicht** zu einem Schadensersatz statt der Leistung gem §§ 280 Abs 1, 282, 280 Abs 3 führen kann (dafür MüKo/*Ernst* Rn 4; dagegen Staud/*Otto* (2004) Rn 47: nur § 324 und Schadensersatz nach § 280 Abs 1). Wegen der offenen Fassung des § 282 ist dies grds anzuerkennen, da sich auch in diesen Fällen ein Festhalten am Vertrag als unzumutbar erweisen kann und der geschädigte Gläubiger allein mit dem Schadensersatz nach § 280 Abs 1 uU nicht befriedigt wird. Freilich wird hierdurch ein bes Konkurrenzverhältnis zum Anspruch nach §§ 280 Abs 1, 311 Abs 2 begründet, dessen Inhalt bei Verletzung von vorvertraglichen Aufklärungspflichten zur schadensersatzrechtlichen Rückabwicklung des nachteiligen Vertrages führen kann. Dieser Aspekt ist bislang ungeklärt, sollte aber grds dahingehend gelöst werden, dass dem Gläubiger die Wahl zwischen den vom Gesetz eröffneten Möglichkeiten offen gehalten wird. 7

II. Unzumutbarkeit. Die Unzumutbarkeit des weiteren Leistungsempfangs vom (pflichtverletzenden) Schuldner ist Wertungsfrage, so dass eine Abwägung aller Umstände des Einzelfalls stattzufinden hat. Es sind grds hohe Anforderungen an die Feststellung der Unzumutbarkeit zu stellen. Die Pflichtverletzung muss den Empfang der für sich genommen korrekten Leistung des Schuldners für den Gläubiger unerträglich machen (BTDrs 14/6040, 141). Das an sich nur betroffene Integritätsinteresse wird (regelm) hinreichend durch den einfachen Schadensersatz nach § 280 Abs 1 befriedigt. Bei weniger gravierenden Verletzungen einer Schutz- bzw Rücksichtnahmepflicht nach § 241 Abs 2 kann die Unzumutbarkeit möglicherweise erst durch eine Abmahnung und erneute Zuwiderhandlung begründet werden (zu dieser Belebung des Abmahngebots im Rahmen des § 282 vgl *Pick* ZIP 2001, 1173, 1179 und BTDrs 14/6040, 142). Dies darf jedoch nicht dahin verstanden werden, dass § 282 generell für die Unzumutbarkeit eine vorherige Abmahnung erfordert (hM; PWW/*Schmidt-Kessel* Rn 5; MüKo/*Ernst* Rn 6; Staud/*Otto* (2004) Rn 59; aA Palandt/*Grüneberg* Rn 4). Das Gesetz hat hierauf gerade verzichtet. Die Unzumutbarkeit muss jedenfalls auf der Verletzung der Schutz- bzw Rücksichtnahmepflicht beruhen (Kausalität). 8

Fraglich ist, ob § 282 auch in den Fällen anwendbar ist, in denen die **Verletzung einer Pflicht nach § 241 Abs 2 erst nach der vollständigen Erbringung der Leistung** erfolgt oder die Unzumutbarkeit erst dann eintritt. Schon vom Wortlaut (»nicht mehr zuzumuten«) kann § 282 nicht mehr angewendet werden, wenn die Leistung bereits vollständig erbracht worden ist (aA PWW/*Schmidt-Kessel* Rn 4, der freilich gesteigerte Anforderungen an die Unzumutbarkeit stellen will; aA offenbar auch *Münch* Jura 2002, 361, 365). Anders stellt sich hingegen die Situation dar, wenn zum Zeitpunkt, in dem die Voraussetzungen des § 282 erfüllt sind, erst ein Teil der Leistung erbracht ist. Hier wird ein Schadensersatz statt der Leistung für die noch ausstehenden Leistungsteile ohne weiteres möglich sein. Hinsichtlich der Erfassung auch der bereits erbrachten Leistungsteile bietet sich eine analoge Anwendung der §§ 281 Abs 1 S 2 und Abs 5 an, sodass ein Schadensersatz statt der ganzen Leistung nur bei Interessefortfall beim Gläubiger möglich ist und der Schuldner dann die erbrachten Leistungsteile nach §§ 346 bis 348 zurück verlangen kann (MüKo/*Ernst* Rn 10). Es erscheint nicht gerechtfertigt, dem Gläubiger allein auf Grund der hohen Schwelle der Unzumutbarkeit grds ein Wahlrecht einzuräumen (so etwa AnwK/*Dauner-Lieb* Rn 8). Die (Teil-)Leistung an sich ist ja korrekt erbracht worden, so dass eine Liquidation des ganzen Schuldverhältnisses ohne weiteres in diesen Fällen nicht sachgerecht 9 erscheint. In § 282 geht es wörtlich nur um die Zumutbarkeit des weiteren Leistungsempfangs vom Schuldner. Dagegen sind hinsichtlich des Schicksals der für sich gesehen korrekt erbrachten Teilleistungen andere Erwägungen entscheidend als im Rahmen der Abwägung zur Ermittlung der Unzumutbarkeit des weiteren Leistungsempfangs. Hier kommt es in erster Linie darauf an, ob der Gläubiger (noch) ein Interesse an der erbrachten Teilleistung hat.

10 **III. Vertretenmüssen.** Der Verweis auf die Haftung »unter den Voraussetzungen des § 280 Abs 1« soll wiederum nur klarstellen, dass der Schadensersatz statt der Leistung auch in den Fällen des § 282 nur bei einem Vertretenmüssen des Schuldners in Betracht kommt. Was der Schuldner zu vertreten hat, ergibt sich aus **§§ 276 bis 278**, wobei die Beweislastumkehr zu Lasten des Schuldners aus § 280 Abs 1 S 2 gilt.

11 **D. Rechtsfolge.** Der Gläubiger kann gem §§ 280 Abs 1, 282, 280 Abs 3 **Schadensersatz anstelle der Leistung** verlangen. Die unmittelbar auf Grund der Pflichtverletzung beruhenden Schäden werden über den sog einfachen Schadensersatz nach § 280 Abs 1 ersetzt, so dass es in erster Linie um die Mehrkosten eines Deckungsgeschäfts gehen wird. Zu den weiteren Posten des Schadensersatzes statt der Leistung vgl § 280 Rz 6 ff. Hinsichtlich der Problematik, dass bereits eine Teilleistung erbracht wurde, vgl Rz 9. Der Gläubiger hat nach dem Entstehen des Anspruchs auf Schadensersatz statt der Leistung wie bei § 281 ein Wahlrecht. Er muss den Schadensersatzanspruch nicht geltend machen, sondern kann weiterhin auf Erfüllung durch den Schuldner bestehen. Macht er Schadensersatz statt der Leistung geltend, erlischt der Anspruch auf Erfüllung entspr § 281 Abs 4 (MüKo/*Ernst* Rn 12).

12 **E. Verjährung.** Der Anspruch nach §§ 280 Abs 1, 282, 280 Abs 3 verjährt nach der Regelverjährung der **§§ 195, 199**. Der Anspruch ist entstanden iSd § 199 Abs 1 S 1 Nr 1, wenn auf Grund der Verletzung der Schutz- bzw Rücksichtnahmepflicht die Unzumutbarkeit des weiteren Empfangs der Leistung vom Schuldner eingetreten ist.

§ 283 Schadensersatz statt der Leistung bei Ausschluss der Leistungspflicht.

Braucht der Schuldner nach § 275 Absatz 1 bis 3 nicht zu leisten, kann der Gläubiger unter den Voraussetzungen des § 280 Absatz 1 Schadensersatz statt der Leistung verlangen. § 281 Absatz 1 Satz 2 und 3 und Absatz 5 finden entsprechende Anwendung.

1 **A. Zweck/Systematik.** § 283 bestimmt die »weiteren« Voraussetzungen für den Schadensersatz statt der Leistung in den **Fällen der Unmöglichkeit.** Bei ihnen ist wie in den Fällen des § 282 eine Aufforderung zur Nacherfüllung sinnlos. Aber auch die Aufstellung einer zusätzlichen (äquivalenten) Voraussetzung wie in § 282 macht keinen Sinn, da in den Fällen des Ausschlusses der Leistungspflicht nach § 275 Abs 1 bis 3 das Gläubigerinteresse logisch nur auf Schadensersatz anstelle der Leistung gehen kann.

2 § 283 ist aber ebenfalls **keine eigenständige Anspruchsgrundlage**. Der Anspruch resultiert wiederum aus §§ 280 Abs 1, 283, 280 Abs 3, wobei dogmatisch unklar ist, worauf in diesen Fällen die Pflichtverletzung iSd § 280 Abs 1 beruht (vgl BTDrs 14/6040, 142 und § 280 Rz 38 ff). Auf die Nichtleistung direkt abzustellen, ist mit Blick auf die Leistungsbefreiung nach § 275 Abs 1 bis 3 problematisch (*U Huber* in: Ernst/Zimmermann (Hrsg), 31, 78 f zum das gleiche Konzept verfolgenden DE).

3 Wegen der speziellen Anspruchsgrundlage für die Fälle der anfänglichen Unmöglichkeit in § 311a Abs 2 kann sich ein Anspruch aus §§ 280 Abs 1, 283, 280 Abs 3 nur für die **Situationen nachträglicher Unmöglichkeit** ergeben (hM; Karlsruhe NJW 2005, 989, 990; Palandt/*Grüneberg* Rn 3; aA PWW/*Schmidt-Kessel* Rn 3, der in § 311a Abs 2 nur eine bes Regelung für den Anknüpfungspunkt des Vertretenmüssens erkennt). Er ersetzt somit funktional die Regelungen der §§ 280 und 325 aF. Für die **Teilunmöglichkeit** und die Unmöglichkeit der Nacherfüllung bei Schlechtleistung wird in § 283 S 2 für den Schadensersatz statt der ganzen Leistung auf § 281 Abs 1 S 2 und 3 und Abs 5 verwiesen. Des Weiteren ist § 283 als speziellere Regelung für die betroffenen Fälle ggü § 281 zu erkennen. Hiervon bleibt freilich die Möglichkeit des Vorgehens des Gläubigers nach § 281 unberührt, bei Zweifeln über den Grund des Ausbleibens der Leistung durch eine Fristsetzung Klarheit und ggf einen Anspruch auf Schadensersatz statt der Leistung zu erlangen.

4 **B. Voraussetzungen des Anspruchs.** Der Gläubiger kann Schadensersatz statt der Leistung gem §§ 280 Abs 1, 283, 280 Abs 3 verlangen, wenn der Schuldner nach § 275 Abs 1 und 3 nicht zu leisten braucht und seine Leistungsunfähigkeit zu vertreten hat.

5 **I. Nachträgliche Unmöglichkeit.** Es muss ein **Fall der Unmöglichkeit iSd § 275 Abs 1 bis 3** vorliegen. Dabei wird für die von § 275 Abs 2 und 3 erfassten Fälle durch die Wendung: »braucht der Schuldner nicht zu leisten« sichergestellt, dass der Schuldner tatsächlich die Einrede geltend gemacht hat (BTDrs 14/6040, 142). Tut er dies nicht, kann der Gläubiger weiterhin die Leistung beanspruchen und notfalls über § 281 mittels Fristsetzung zu einem Anspruch auf Schadensersatz statt der Leistung (§§ 280 Abs 1, 281, 280 Abs 3) gelangen.

6 **II. Vertretenmüssen.** Durch die Gewährung des Schadensersatzes statt der Leistung »unter den Voraussetzungen des § 280 Abs 1« soll wiederum klargestellt werden, das eine Haftung nur bei **Vertretenmüssen** des

Leistungshindernisses iSd § 275 durch den Schuldner in Frage kommt. Hier wird wiederum die Frage der Bestimmung der Pflichtverletzung und damit mittelbar des Bezugspunktes des Vertretenmüssens relevant (vgl Rz 2 sowie § 280 Rz 38 ff). Da Gegenstand eines Verschuldensvorwurfs nur ein menschliches Verhalten sein kann, ist – jenseits aller dogmatischen Ungereimtheiten und Streitigkeiten – das Vertretenmüssen des Umstandes, der die Unmöglichkeit bzw das Leistungshindernis iSd § 275 Abs 1 bis 3 herbeigeführt hat, entscheidend (MüKo/*Ernst* Rn 6). Für die Verantwortlichkeit gelten §§ 276 bis 278, wobei sich der Schuldner gem § 280 Abs 1 S 2 entlasten muss.

C. Rechtsfolge. Der Gläubiger kann bei Vorliegen der Voraussetzungen gem §§ 280 Abs 1, 283, 280 Abs 3 **Schadensersatz statt der Leistung** verlangen. Die Naturalrestitution nach § 249 ist in den Fällen des § 283 logisch ausgeschlossen, sodass der Anspruch nur auf einen Geldersatz geht. Er kann wie bei § 325 aF das volle positive Interesse verlangen, ist also so zu stellen, wie er bei ordnungsgemäßer Erfüllung gestanden hätte. Es ist demnach nicht nur der **Marktwert** des Leistungsgegenstands, sondern auch die **Mehrkosten** eines Deckungsgeschäfts oder ein entgangener Gewinn zu ersetzen. Es sind daher auch Folgeschäden zu ersetzen. Für den Zeitpunkt der Berechnung des Schadensersatzes statt der Leistung ist bei §§ 280 Abs 1, 283, 280 Abs 3 auf den Eintritt des Umstands, der zum Ausschluss bzw der Undurchsetzbarkeit des Anspruchs auf die Leistung in Natur nach § 275 führt, abzustellen. Unklar ist ähnl wie im Rahmen von § 281, ob die Schadensberechnung durch den Gläubiger wie nach der bisher hM zu § 325 aF sowohl nach der **Differenzmethode** als auch nach der Surrogationsmethode durchführen kann. Auf die entspr Ausführung bei § 280 Rz 14 ff wird verwiesen, sowie für die weiteren Inhalte bzw Posten des Schadensersatzes statt der Leistung. Tritt die Unmöglichkeit zu einem Zeitpunkt ein, in dem der Schuldner sich bereits im Verzug befand, so ist der entstandene Verzögerungsschaden nur nach §§ 280 Abs 1, 286, 280 Abs 2 zu ersetzen, muss also als gesonderter Anspruch geltend gemacht werden, und wird nicht in den Schadensersatz statt der Leistung mit einberechnet; vgl § 280 Rz 21. Der Gläubiger kann anstelle des Schadensersatzes statt der Leistung nach **§ 285** das stellvertretende *commodum* verlangen. 7

D. Sonderfälle nach § 283 S 2. Für den Schadensersatz statt der ganzen Leistung wird für die Fälle der Teilunmöglichkeit und der Unmöglichkeit der Nacherfüllung bei einer Schlechtleistung durch § 283 S 2 auf eine entspr Anwendung des § 281 Abs 1 S 2 und 3 und Abs 5 verwiesen. Hat der Gläubiger diesen Anspruch und macht er diesen geltend, sind bereits erbrachte Leistungen nach den Rücktrittsfolgenregeln zurückzugewähren, wobei für die bereits erbrachte Gegenleistung dann im Schadensersatzverlangen statt der ganzen Leistung ein konkludenter Rücktritt nach § 326 Abs 5 zu erkennen sein wird, sofern der Gläubiger nach der Differenzmethode vorgeht. 8

I. Teilunmöglichkeit. Bei der nachträglichen **Teilunmöglichkeit** kommt es gem § 281 Abs 1 S 3 darauf an, dass der Gläubiger an der Teilleistung kein Interesse hat. Grundsätzlich kann also nur Schadensersatz anstelle der ausgebliebenen Leistung verlangt werden. Zur weiteren Konkretisierung kann auf die entspr Ausführungen verwiesen werden; vgl § 281 Rz 29 ff. 9

II. Unmöglichkeit der Nacherfüllung bei Schlechtleistung. Ist bei einer **Schlechtleistung** die Beseitigung des Mangels nach Vertragsschluss unmöglich geworden, so kann der Gläubiger grds Schadensersatz statt der ganzen Leistung verlangen. Dieser ist gem § 281 Abs 1 S 3 nur ausgeschlossen, wenn es sich um eine unerhebliche Pflichtverletzung handelt, wobei der Schuldner die Beweislast trägt. Zur Bestimmung des Vorliegens einer nur unerheblichen Pflichtverletzung ist wiederum auf die Rspr zur Bagatellgrenze des § 459 Abs 1 S 2 aF rekurrieren, wobei grds eine deutlich höhere Schwelle anzusetzen sein soll; vgl zum Kriterium der Unerheblichkeit § 281 Rz 31. Die Fälle des Sachmangels auf Grund Minderleistung (§§ 434 Abs 3, 633 Abs 2 S 3) und der sog Teilschlechtleistung lassen sich wie im Rahmen des § 281 sachgerechter mit dem Erfordernis des Interessewegfalls iSd § 281 Abs 1 S 2 behandeln; vgl § 281 Rz 32. Im Rahmen des Mängelgewährleistungsrechts beim Kauf bedarf es einer Koordinierung mit dem Ausschluss einer Nacherfüllungsart wegen Unverhältnismäßigkeit nach 439 Abs 3, vgl insofern die Kommentierung zu § 439. 10

III. Vorübergehende Unmöglichkeit. Das ursprüngliche Vorhaben, auch die **vorübergehende Unmöglichkeit** durch die §§ 275, 283, 326 mit zu behandeln, ist im Laufe des Gesetzgebungsverfahren wieder aufgegeben worden; vgl schon § 275 Rz 54. Inwieweit sich eine entspr Heranziehung der Vorschriften in der Rspr ergibt, bleibt abzuwarten. 11

E. Verjährung, Beweislast und Prozessuales. Der Anspruch nach §§ 280 Abs 1, 283, 280 Abs 3 verjährt nach der Regelverjährung gem **§§ 195, 199**. Der Anspruch entsteht iSd § 199 Abs 1 Nr 1 grds mit dem Eintritt der Umstände, die zum Ausschluss des Anspruchs auf die Leistung in Natur nach § 275 führen. Hinsichtlich der Fälle des § 275 Abs 2 und 3 erlangt der Gläubiger freilich die Kenntnis von den seinen Anspruch auf Schadensersatz statt der Leistung begründenden Umständen erst in dem Moment, in dem der Schuldner die Einrede erhebt (MüKo/*Ernst* Rn 28). Der Schadensersatzanspruch nach §§ 280 Abs 1, 283, 280 Abs 3 verjährt wie der bei § 281 selbständig, also unabhängig vom ursprünglichen Erfüllungsanspruch; vgl § 281 Rz 35. 12

13 Die **Beweislast** für die Voraussetzungen des Anspruchs auf Schadensersatz statt der Leistung nach §§ 280 Abs 1, 283, 280 Abs 3 liegt grds beim Gläubiger. Er muss also im Falle eines Bestreitens durch den Schuldner nachweisen, dass er sofort, dh ohne Fristsetzung, nach § 283 zur Geltendmachung des Schadensersatzanspruchs berechtigt ist. Da er die Sphäre des Schuldners regelm nicht einsehen kann, werden ihm die entspr Beweiserleichterungen zu Hilfe kommen. In den Fällen des § 275 Abs 2 und 3 muss der Gläubiger nur nachweisen, dass der Schuldner von einer der Einreden Gebrauch gemacht hat. Ein Bestreiten der Voraussetzungen des jeweiligen Einrederechts wird dem Schuldner dann nach § 242 wegen des Verbots des widersprüchlichen Verhaltens regelm abgeschnitten sein (MüKo/*Ernst* Rn 25). Für die klageweise Verfolgung des Erfüllungsanspruchs und des Anspruchs auf den Schadensersatz statt der Leistung gelten die entspr Ausführungen zu § 281; dort Rz 37 ff.

§ 284 Ersatz vergeblicher Aufwendungen.

Anstelle des Schadensersatzes statt der Leistung kann der Gläubiger Ersatz der Aufwendungen verlangen, die er im Vertrauen auf den Erhalt der Leistung gemacht hat und billigerweise machen durfte, es sei denn, deren Zweck wäre auch ohne die Pflichtverletzung des Schuldners nicht erreicht worden.

1 **A. Zweck/Systematik.** § 284 besitzt im bisherigen BGB kein Vorbild. Die Norm soll die aus §§ 325, 326, 463 aF bekannte Problematik des Ersatzes frustrierter Aufwendungen lösen. Da sie auch bei vertragsgem Erfüllung entstanden wären, konnten sie grds nicht als Schadensposten beim Ersatz des positiven Interesses berücksichtigt werden. Die Rspr behalf sich daher mit der sog Rentabilitätsvermutung, die jedoch bei Aufwendungen zu ideellen oder konsumtiven Zwecken begriffslogisch versagte (BGHZ 99, 182). Über § 284 soll der Gläubiger zukünftig **unabhängig von einer vermuteten Rentabilität** und der Verfolgung von materiellen Vorteilen den Ersatz seiner enttäuschten Aufwendungen in den Fällen verlangen können, in denen er Schadensersatz statt der Leistung fordern kann.

2 Schwierig bleibt die dogmatische Einordnung der Vorschrift (*Canaris* DB 2001, 1815, 1820 einerseits und *Altmeppen* DB 2001, 1399, 1403 sowie *Stoll* JZ 2001, 589, 595 f andererseits). Während die systematische Stellung für eine schadensersatzrechtliche Einordnung spricht, ist die Gesetzesbegründung widersprüchlich. Zum einen wird darauf verwiesen, dass §§ 280 Abs 1 und 311a Abs 2 die einzigen Anspruchsgrundlagen im neu geregelten Leistungsstörungsrecht sind, und zum anderen gehe es aber bei den frustrierten Aufwendungen »nicht um ein Schadensersatzproblem, sondern um eine Frage des Aufwendungsersatzes« (BTDrs 14/6040, 135 zu § 280 und 142 zu § 284). Nach letzterem könnte in § 284 sogar eine eigenständige Anspruchsgrundlage erkannt werden (BGH NJW 2005, 2848, 2850), was er jedoch gerade nicht sein soll. Es handelt sich vielmehr nur um eine zusätzliche Möglichkeit der Berechnung des Schadensersatzes für den Gläubiger (PWW/*Schmidt-Kessel* Rn 2). Da es sich demnach um eine reine Berechnungsregel für den Schaden handelt, entspricht das Verhältnis zu den anderen Rechtsbehelfen den allg Regeln, sodass der Aufwendungsersatz gem § 325 insbes neben dem Rücktritt geltend gemacht werden kann (*Fischinger/Wabnitz* ZGS 2007, 139, 140). Es kann demnach der Anspruch gem § 284 neben den Anspruch gem § 347 Abs 2 treten (BGH NJW 2007, 674, 677 Rn 40).

3 **B. Anstelle des Schadensersatzes statt der Leistung. I. Verhältnis von Schadensersatz und Aufwendungsersatz.** Nach § 284 kann der Gläubiger anstelle des Schadensersatzes statt der Leistung Aufwendungsersatz verlangen. Da er ihn nur »anstelle« geltend machen kann, sind beide also nur alternativ geltend zu machen. Hieraus wird abgeleitet, dass für den Ersatz frustrierter Aufwendungen über Rentabilitätserwägungen im Rahmen des Schadensersatzes statt der Leistung kein Raum mehr ist (AnwK/*Arnold* Rn 10). Richtig ist hieran nur, dass eine Überkompensation des Gläubigers im Rahmen des Schadensersatzes statt der Leistung ausgeschlossen werden muss. Hierfür bedarf es jedoch keines Ausschlusses der Rentabilitätsvermutung im Rahmen der Berechnung des Schadensersatzes statt der Leistung. Es kann daher nicht zugleich entgangener Gewinn und Aufwendungsersatz geltend gemacht werden, wenn dieser Gewinn zur Amortisation der Aufwendungen dienen sollte.

4 Der **reine Verzögerungsschaden** und der sog einfache Schadensersatz bleiben dagegen von der Entscheidung des Gläubigers für den Aufwendungsersatz grds unberührt. Bei der Schlechtleistung, aber auch bei Leistungsverzögerungen ist daher immer zu prüfen, ob die aufgewendeten Kosten wie zB für eine Baukolonne anlässlich einer zu erwartenden Lieferung sich zwar als sinnlos erweisen, jedoch als »endgültiger« Mangel(folge)-schaden oder als Verzögerungsschaden zu erfassen sind.

5 **II. Anwendungsbereich.** Da § 284 den Aufwendungsersatz **anstelle des Schadensersatzes statt der Leistung** gewährt, ist er auf alle in §§ 281 bis 283 geregelten Pflichtverletzungen anwendbar. Zwar könnte die Passage »im Vertrauen auf den Erhalt der Leistung« für eine Begrenzung auf die Fälle der Nichtleistung sprechen (für eine Begrenzung auf die Fälle der Leistungsverzögerung und der Unmöglichkeit könnte auch BTDrs 14/6040, 142 ins Feld geführt werden, wobei dort auf das bisherige Recht abgestellt wird). Die systematische Stellung der Norm weist aber auf einen **weiten Anwendungsbereich** hin. Das bedeutet, dass bei allen Schuldverhältnissen und Pflichtverletzungen im Falle der Erfüllung der Voraussetzungen des Anspruchs auf Schadensersatz

statt der Leistung nach §§ 280 Abs 1, 281 bis 283, 280 Abs 3 der Gläubiger auf den Aufwendungsersatz nach § 284 übergehen kann bzw diese Berechnungsregel wählen kann (PWW/*Schmidt-Kessel* Rn 3; Palandt/*Grüneberg* Rn 3). Durch den gesetzgeberischen Zweck, mit § 284 eine Lücke für den Ersatz ideeller Aufwendungen zu schließen, wird eine Anwendung auf Verträge zu erwerbswirtschaftlichen Zwecken nicht ausgeschlossen. Vielmehr tritt in diesen Verträgen die Rentabilitätsvermutung im Rahmen der Berechnung des Schadensersatzes statt der Leistung als zusätzliche Möglichkeit neben den § 284 (BGH NJW 2848, 2850), wobei bei der Wahl des § 284 die Forderung des Schadensersatzes statt der Leistung dann ausgeschlossen ist.

III. Voraussetzungen im Einzelnen. Aus der Formulierung »anstelle« könnte man entnehmen, dass der Schadensersatzanspruch in seinen sämtlichen Voraussetzungen begründet sein muss, der Gläubiger also auch einen konkreten Schaden erlitten haben müsste. Dies ist jedoch nicht sachgerecht. Es kommt »nur« darauf an, dass die (übrigen) Voraussetzungen eines Schadensersatzes nach §§ 280 Abs 1, 281 bis 283, 280 Abs 3 vorliegen. Daraus folgt jedoch auch, dass der Aufwendungsersatz nach § 284 von einem **Vertretenmüssen** der Pflichtverletzung durch den Schuldner **abhängt**. 6

C. Rechtsfolge. I. Vergebliche Aufwendungen. Als Aufwendungen werden gemeinhin alle im fremden Interesse freiwillig aufgeopferten Vermögenswerte angesehen (Palandt/*Heinrichs* § 256 Rn 2). Im Rahmen des § 284 geht es jedoch gerade um im eigenen Interesse gemachte Vermögensopfer. Das Kriterium der Fremdnützigkeit hat also in diesem Kontext keine Bedeutung (*Münch* Jura 2002, 361, 372). Ersetzt werden aber nur die im Vertrauen auf den Erhalt der Leistung gemachten Vermögensopfer. Das Abstellen auf das Vertrauen ist allerdings nicht so zu interpretieren, dass § 284 den Ersatz des Vertrauensschadens intendiert. Da es um den Ersatz von tatsächlich getätigten Aufwendungen geht, wäre auch eine Orientierung am Erfüllungsinteresse nicht sachgerecht, sodass keine Begrenzung auf das Erfüllungsinteresse vorgesehen ist. Aus dem Merkmal des »im Vertrauen auf den Erhalt der Leistung« ist allerdings die Beschränkung zu erkennen, dass nur solche Aufwendungen nach § 284 ersetzt werden, die gemacht wurden, als das Schuldverhältnis bereits bestand (BGH NJW 1999, 2269; Jauernig/*Stadler* Rn 5) oder doch zumindest bereits ein berechtigtes Vertrauen in den noch zu erfolgenden Vertragsschluss bestand, wobei hier das Vertrauen sich an den Maßstäben des § 311 Abs 2 für den Abbruch von Vertragsverhandlungen orientiert (PWW/*Schmidt-Kessel* Rn 5). 7

Im Einzelnen können die Vertragskosten, die nicht nur die Kosten der Übergabe, Versendung und Beurkundung, sondern auch Zölle, Fracht-, Einbau- und Montagekosten umfassen, Gegenstand des Anspruchs sein (BGH NJW 2005, 2828, 2850). Gegenüber §§ 467 S 2, 634 Abs 2 aF werden sie aber nur noch verschuldensabhängig ersetzt. Aufwendungen iSd § 284 können auch die Zinsen eines zur Finanzierung des Geschäfts aufgenommenen Darlehens und Folgeinvestitionen zur Verwertung des Leistungsgegenstands sein (BTDrs 14/6040, 143; *Canaris* JZ 2001, 499, 517). Schließlich können dies auch die Reise- und Übernachtungskosten bei Konzertbesuchen sein (LG Lüneburg NJW 2002, 614). Aber auch die eigene Arbeitsleistung wird man entspr § 633 aF und abweichend von § 670 als Aufwendung ansehen müssen (PWW/*Schmidt-Kessel* Rn 2; Jauernig/*Stadler* Rn 1). 8

Die **Aufwendungen** müssen **vergeblich bzw nutzlos** gewesen sein. Dies sind sie regelm dann, wenn der Käufer die mangelhafte Kaufsache zurückgibt oder wenn er sie nicht bestimmungsgemäß verwenden kann (BGH NJW 2005, 2848, 2850). Der Gläubiger muss sich jedoch bis zur Rückgabe der Kaufsache gezogene Nutzungen sowie weitere durch die Aufwendungen entstandene Vorteile nach den Grundsätzen der Vorteilsausgleichung anrechnen lassen (Palandt/*Grüneberg* Rn 5). 9

II. Billigkeit. Eine erste Einschränkung für den Aufwendungsersatz ergibt sich durch die Beschränkung auf die Aufwendungen, die der Gläubiger »**billigerweise**« machen durfte. Als unbestimmter Begriff harrt er der Ausfüllung durch die Gerichte. Er soll den Gedanken des Mitverschuldens (§ 254) integrieren, ist streng zu handhaben und soll den Gläubiger vor allem von voreiligen Investitionen abhalten, wenn das Scheitern des Vertrags bereits absehbar ist (*Canaris* JZ 2001, 499, 516 f). Unschädlich soll dagegen sein, dass die Investitionen objektiv als überflüssig oder überhöht anzusehen sind, da der Gläubiger in der Entscheidung seiner eigenen Angelegenheiten grds frei ist (*Canaris* JZ 2001, 499, 517). Dies dürfte freilich zu weit gehen (PWW/*Schmidt-Kessel* Rn 7). 10

D. Einschränkung bei Zweckverfehlung ohne Pflichtverletzung. Neben der Begrenzung auf »billigerweise« getätigte Aufwendungen ist der Aufwendungsersatz ausgeschlossen, wenn deren Zweck auch ohne die Pflichtverletzung des Schuldners nicht erreicht worden wäre, § 284 Hs 2. Dogmatisch handelt es sich hierbei um den Einwand rechtmäßigen Alternativverhaltens, so dass die Beweislast beim Schuldner liegt (*Canaris* JZ 2001, 499, 517). Zur Konkretisierung kann für Investitionen zu wirtschaftlichen Zwecken auf die Rspr zum Ersatz frustrierter Aufwendungen über §§ 325, 326, 463 aF zurückgegriffen werden, bspw der anschauliche »Diskotheken-Fall« (BGHZ 114, 193, 197 ff). 11

Nicht auf die Rentabilität abgestellt werden kann dagegen, wenn es um **Aufwendungen mit ideeller, konsumptiver, spekulativer, marktstrategischer oder ähnl Zielsetzung** geht, denn auf die Gewinnerzielung kommt es dem Gläubiger in solchen Fällen gerade nicht an. Dem Käufer eines Einfamilienhauses sind also gleichwohl die Finanzierungskosten zu ersetzen, wenn die Anmietung nachweislich wirtschaftlich günstiger 12 gewesen wäre. Beachtlich ist in diesen Fällen dagegen, ob die nicht-wirtschaftlichen Zwecke aus anderen Gründen verfehlt worden wären, zB weil sich nach Bruch des Mietvertrags über eine Stadthalle herausstellt, dass die Veranstaltung ohnehin wegen ordnungsrechtlichen Verbots abgesagt werden muss (BTDrs 14/6040, 144 in Bezug auf BGHZ 99, 182).

13 **E. Prozessuales.** Der Gläubiger trägt grds die **Beweislast** für sämtliche Voraussetzungen des § 284, also hinsichtlich des Vorliegens eines Anspruchs auf Schadensersatz statt der Leistung. Hinsichtlich des Vertretenmüssens der Pflichtverletzung gilt wiederum die Beweislastumkehr des § 280 Abs 1 S 2. Der Schuldner muss nach allg Beweislastregeln auch die Unverhältnismäßigkeit und die Zweckverfehlung der Aufwendungen iSd § 284 Hs 2 beweisen. Die zur Erstattung begehrten Aufwendungen muss der Gläubiger im Klageantrag beziffern. Hinsichtlich ihrer Höhe kommt ihm § 287 zugute (BGHZ 143, 41, 50; MüKo/*Ernst* Rn 41).

§ 285 Herausgabe des Ersatzes.

[1] Erlangt der Schuldner infolge des Umstandes, auf Grund dessen er die Leistung nach § 275 Absatz 1 bis 3 nicht zu erbringen braucht, für den geschuldeten Gegenstand einen Ersatz oder einen Ersatzanspruch, so kann der Gläubiger Herausgabe des als Ersatz Empfangenen oder Abtretung des Ersatzanspruchs verlangen.
[2] Kann der Gläubiger statt der Leistung Schadensersatz verlangen, so mindert sich dieser, wenn er von dem in Absatz 1 bestimmten Recht Gebrauch macht, um den Wert des erlangten Ersatzes oder Ersatzanspruchs.

1 **A. Zweck/Systematik.** In § 285 wird wegen seines **offenkundigen Gerechtigkeitsgehalts** (BTDrs 14/6040, 144) der Anspruch auf das stellvertretende *commodum* in den Fällen der Unmöglichkeit übernommen und ersetzt somit funktional § 281 aF. Zweck der Regelung ist es, die unrichtige Zuordnung von Vermögenswerten auszugleichen (BGH NJW 2006, 736, 738 Rn 19). Er zeigt, dass die Fälle der Unmöglichkeit nur den Anspruch auf die Leistung in Natur ausschließen bzw dauerhaft einredebehaftet stellen, nicht jedoch das Schuldverhältnis im Ganzen zum Erlöschen bringen. Die Norm wird jedoch an die Neukonzeption des § 275 und die neue Terminologie »Schadensersatz statt der Leistung« angepasst. Die Gegenleistungsverpflichtung bleibt gem § 326 Abs 3 – notfalls gemindert – aufrecht erhalten, wenn der Gläubiger das Surrogat herausverlangt. § 285 ist eine eigenständige Anspruchsgrundlage (PWW/*Schmidt-Kessel* Rn 1), die keinen Schadensersatz- oder Bereicherungsanspruch, sondern einen **Ausgleichsanspruch eigener Art** enthält. Der Anspruch ist vom Verlangen des Surrogats durch den Gläubiger abhängig, weswegen auch von einem verhaltenen Ausgleichsanspruch gesprochen wird (Palandt/*Grüneberg* Rn 9). Diese **schuldrechtliche Surrogation** (Jauernig/*Stadler* Rn 2; PWW/*Schmidt-Kessel* Rn 1), entspricht regelm dem mutmaßlichen Parteiwillen (BGHZ 99, 385, 388; 135, 284, 289).

2 **B. Anwendungsbereich.** Der Anwendungsbereich hat sich ggü § 281 aF nicht geändert. § 285 ist grds auf alle **schuldrechtlichen Ansprüche**, gleich ob vertraglichen oder gesetzlichen Ursprungs anzuwenden. Der Anspruch muss allerdings auf die Leistung eines Gegenstandes gerichtet sein (vgl Rz 4). § 285 ist insbes auch auf Ansprüche auf Grund einer **unerlaubten Handlung** (BaRoth/*Grüneberg* Rn 2) sowie aus **GoA und Rücktritt** anwendbar (BGH NJW 1983, 930). Bes Bedeutung wird der Anspruch auf das **Surrogat** im Rahmen der Rückgewähr von Leistungsgegenständen gem **§ 346 Abs 1** gewinnen, da nach der Neuregelung der Rücktrittsregeln nunmehr für die Ausübung des Rücktrittsrechts der Zeitpunkt des Untergangs des von der Rückgewährpflicht betroffenen Gegenstandes unerheblich ist. Des Weiteren ist § 285 auf den Anspruch des Käufers auf die Übergabe und Übereignung einer mangelfreien Kaufsache anwendbar (Palandt/*Grüneberg* Rn 3). Dabei ist § 285, zumindest **analog** (so Palandt/*Grüneberg* Rn 6) anwendbar, wenn der Verkäufer oder der Unternehmer nach § 439 Abs 3 bzw § 635 Abs 3 die Nacherfüllung verweigern und beide Arten der Nacherfüllung ausgeschlossen sind (PWW/*Schmidt-Kessel* Rn 2; Jauernig/*Stadler* Rn 6).

3 Da § 285 zu den allg Regeln gehört, findet er auch auf den Anspruch gg den nach **§§ 818 Abs 4, 819 Abs 1** verschärft haftenden Bereicherungsschuldner Anwendung. Hingegen sind die Regelungen in § 818 Abs 2 und 3 für den »normal« haftenden Bereicherungsschuldner kraft Spezialität vorrangige Sonderregeln (BGHZ 75, 206). Das Gleiche gilt für den Herausgabeanspruch des Eigentümers gg den Besitzer nach § 985, für den in §§ 989, 990 für die schuldrechtlichen Folgen der Unmöglichkeit der Herausgabe der Sache vom Besitzer an den Eigentümer abschließende **Sonderregeln** enthalten sind, sodass § 285 wie § 281 aF keine Anwendung auf ihn findet (hM; RGZ 115, 31, 33f; 157, 44; BGH NJW 1962, 587, 588; Palandt/*Grüneberg* Rn 4).

4 **C. Voraussetzungen des § 285 Abs 1. I. Verpflichtung zur Leistung eines Gegenstandes.** Es muss sich zunächst um eine Verpflichtung zur Leistung eines Gegenstandes handeln. Mit dieser Begrenzung werden Ansprüche auf Handlungen oder ein Unterlassen ausgeschlossen (RGZ 97, 87). § 285 ist daher auch weiterhin nicht unmittelbar für solche Ansprüche aus Werk- und Dienstverträgen geschaffen (Palandt/*Grüneberg* Rn 5; MüKo/*Emmerich* Rn 5 mwN; aA PWW/*Schmidt-Kessel* Rn 6; *Löwisch* NJW 2003, 2049 ff). Dies wird auch durch den Verweis auf § 275 Abs 3 nicht geändert, da maßgeblich auf den Wortlaut abgestellt werden sollte. Ein Anspruch auf Herausgabe des stellvertretenden *commodums* kann sich in diesen Fällen aber in **ergänzender Vertragsauslegung** ergeben (BGHZ 107, 325; Dresden NJW-RR 1998, 373 jeweils zu § 281 aF), was praktisch dann bedeutsam wird, wenn bspw der ArbN einen anderweitigen Verdienst auf Grund von Tätigkeiten

erzielen konnte, die er erst auf Grund der Leistungsbefreiung wegen Unzumutbarkeit nach § 275 Abs 3 aufnehmen konnte. Bei **Dienstverpflichtungen** ist eine entspr Anwendung des Rechtsgedankens zu erwägen, wobei im praktisch wichtigsten Fall des Arbeitsvertrags bei Verpflichtung des Arbeitgebers zur Weiterzahlung des Arbeitsentgelts der Übergang etwaiger Schadensersatzansprüche in § 6 EFZG speziell geregelt ist (Palandt/*Grüneberg* Rn 5).

Der Anspruch muss weiterhin **auf einen bestimmten Gegenstand gerichtet** sein. Das bedeutet, dass primär Stücksschulden im Anwendungsbereich des § 285 liegen. Bei Gattungsschulden ist er erst nach der Konkretisierung der Schuld nach § 243 Abs 2 anwendbar (RGZ 88, 288). Bei Vorratsschulden ist § 285 im Hinblick auf eine etwaige Versicherungsleistung bereits dann anwendbar, wenn der gesamte Vorrat, aus dem zu leisten war, vernichtet wurde (RGZ 93, 143). 5

II. Ausschluss des Anspruchs auf die Leistung. Weitere Voraussetzung ist der Ausschluss des ursprünglichen Erfüllungsanspruchs auf die Leistung in Natur nach § 275 Abs 1 bis 3. Gegenüber § 281 aF kommt es entspr der Änderung in § 275 nicht mehr darauf an, wann das Leistungshindernis eingetreten ist. § 285 gilt also auch für die Fälle des anfänglichen Leistungshindernisses. Da die Befreiung des Schuldners nach § 275 Abs 2 und 3 nur nach Einrede eintritt, macht § 285 Abs 1 den Anspruch auf Herausgabe des Surrogats davon abhängig, dass die Einrede auch tatsächlich erhoben wurde (»... nicht zu erbringen braucht ...«). Dies führt dazu, dass der Schuldner sich anders als nach § 281 aF das Surrogat dadurch sichern kann, dass er die Einrede nicht erhebt. Ein Interesse an diesem Vorgehen kann er dann haben, wenn das Surrogat ausnahmsw wertvoller als die Leistung ist. Er bleibt dann freilich auch zur Erbringung der geschuldeten Leistung verpflichtet bzw wird schadensersatzpflichtig nach §§ 280 Abs 1, 281, 280 Abs 3. 6

Die Verweisung auch auf die Fälle des § 275 Abs 3 ist mit Blick auf die erste Voraussetzung einer Verpflichtung zur Leistung eines Gegenstandes sehr zweifelhaft (vgl bereits den resultierenden Meinungsstreit über die Anwendung auf Dienst- und Werkverträgen Rz 4). Ein **Vertretenmüssen** des Schuldners ist **nicht erforderlich** (BGH WM 87, 986, 987; PWW/*Schmidt-Kessel* Rn 3). War der Anspruch auf die Leistung des Gegenstandes zum Zeitpunkt des Eintritts des Leistungshindernisses bereits verjährt, steht dem Gläubiger der Anspruch nach § 285 nicht zu, es sei denn, der Schuldner hatte bereits vor dem Eintritt der Verjährung die Leistungshandlung vorgenommen und lediglich der Eintritt des Leistungserfolgs stand noch aus (BGH NJW-RR 2005, 241). Schließlich ist mit Blick auf den Ausschluss des Nacherfüllungsanspruchs nach § 439 Abs 3 und § 635 Abs 3 der § 285 analog anzuwenden, wenn der Anspruch auf beide Nacherfüllungsarten wegen Unverhältnismäßigkeit ausgeschlossen ist (vgl bereits Rz 2). 7

III. Erlangung eines Surrogats. Der Schuldner muss infolge des Leistungshindernisses einen Ersatz oder Ersatzanspruch (Surrogat) erlangt haben. Zwischen dem Leistungshindernis und der Erlangung des Surrogats muss ein **adäquater Ursachenzusammenhang** bestehen. Dabei sind die Anforderungen an den Ursachenzusammenhang jedoch nicht hoch angesetzt, sodass auch eine Mitursächlichkeit (RGZ 102, 205) und auch eine wirtschaftliche Zusammengehörigkeit ausreichen (BGH LM § 281 Nr 1). In erster Linie wird es sich wie bei § 281 aF um Ansprüche auf eine Versicherungsleistung (BGHZ 99, 385, 388 f; 114, 34 ff) und um Schadensersatzansprüche gg Dritte, die den Untergang des Leistungsgegenstands verschuldet haben (PWW/*Schmidt-Kessel* Rn 4), handeln. Ein Surrogat iSd § 285 ist bspw auch der Anspruch auf Restitution nach dem Vermögensgesetz (BGH NJW-RR 2005, 953) und kann auch in der Befreiung von einer Schuld bestehen (RGZ 120, 350). Vorausgesetzt ist allerdings, dass der Schuldner das Surrogat tatsächlich erlangt hat, nicht dass er es hätte erlangen können (BGHZ 114, 34, 39). 8

Wie bei § 281 aF ist nach ganz hM auch der Erlös aus einem Verkauf des Gegenstandes, das ***commodum ex negatione*** von § 285 erfasst (BGHZ 75, 203, 205; NJW-RR 2005, 241; krit dagegen *Medicus* Schuldrecht AT, Rn 387). Hier ist neben der Ursächlichkeit auch die Frage der Identität zwischen dem Gegenstand und dem Ersatz bzw Ersatzanspruch betroffen. Vorgeschlagen wird allerdings, den Ersatz auf den beim Gläubiger entstandenen Schaden zu begrenzen (Staud/*Löwisch* Rn 42 mwN). Die Regelung des § 285 gibt freilich für eine solche Begrenzung nichts her. 9

Schließlich ist die **Identität** zwischen dem zu leistenden Gegenstand und dem Surrogat erforderlich (hM; BGH NJW 2006, 2323; Palandt/*Grüneberg* Rn 8; PWW/*Schmidt-Kessel* Rn 7). So ist ein Surrogat für das Eigentum nur dann nach § 285 herauszugeben, wenn der ursprüngliche Erfüllungsanspruch auf Verschaffung des Eigentums an dem Gegenstand ging, und nicht lediglich Besitzeinräumung geschuldet war (*Jochem* MDR 1975, 179). Das Identitätserfordernis wird vor allem in Mietverhältnissen praktisch bedeutsam. Der Mieter hat bspw keinen Anspruch auf die für die Mietsache gezahlte Enteignungsentschädigung (BGHZ 25, 9). Des Weiteren gibt § 285 dem Mieter keinen Anspruch auf Herausgabe der vom Zweitmieter gezahlten Miete, wenn der Mieter die Mietsache nicht im gleichen Umfang hätte nutzen dürfen (BGH NJW 2006, 2323). Schließlich hat der Mieter auch keinen Anspruch auf Einräumung eines Mietrechts am nach der Zerstörung der Mietwohnung neu und mit eigenen Mitteln vom Vermieter errichteten Gebäude (BGHZ 89, 58, 64). Dem Mieter gebühren grds nur die Ersatzleistungen für den Nutzungsausfall (MüKo/*Emmerich* Rn 21). Der Untermieter hat bspw einen Anspruch auf die an den Mieter gezahlte Entschädigung bei vorzeitiger Beendigung des Hauptmietverhältnisses (BGH NJW-RR 1986, 234). 10

11 **D. Rechtsfolgen.** Sind die Voraussetzungen des § 285 gegeben, kann der Gläubiger das stellvertretende *commodum* herausverlangen. § 285 gibt dem Gläubiger nur einen schuldrechtlichen Anspruch und hat keine dinglichen Wirkungen. Das bedeutet auch, dass der Anspruch auf das Surrogat selbst den allg Regeln unterliegt, dh hat der Schuldner bspw den Untergang des Surrogats zu vertreten, haftet er auf Schadensersatz statt der Leistung nach §§ 280 Abs 1, 283, 280 Abs 3. Eine wertmäßige Begrenzung des Herausgabeanspruchs, etwa auf die Höhe des erlittenen Schadens oder den Wert der Gegenleistung oder den Wert des ursprünglich zu leistenden Gegenstands ist nicht vorgesehen (hM; Palandt/*Grüneberg* Rn 9 mwN; aA *Löwisch* NJW 2003, 2049, 2051). Etwas anderes gibt weder der Wortlaut noch die Natur des § 285 als Ausgleichsanspruch her.

12 Die **Herausgabeverpflichtung** des Schuldners nach § 285 umfasst auch die **gezogenen Nutzungen** (BGH NJW 1983, 930). Etwaige Aufwendungen auf das Surrogat kann der Schuldner nur in Ansatz bringen, wenn er einen entspr Aufwendungsersatzanspruch wegen Geschäftsführung ohne Auftrag oder aus Bereicherungsrecht hat. Die Gegenleistungsverpflichtung bleibt gem § 326 Abs 3 – notfalls gemindert – aufrecht erhalten, wenn der Herausgabeanspruch geltend gemacht wird. Mit einem evtl gleichzeitig bestehenden Anspruch auf Schadensersatz statt der Leistung steht der Anspruch aus § 285 in elektiver Konkurrenz (MüKo/*Emmerich* Rn 25 mwN). Verlangt der Gläubiger Herausgabe des stellvertretenden *commodums*, so ist der Schadensersatz statt der Leistung nach § 285 Abs 2 um den Wert des erlangten Ersatzes zu mindern bzw anzurechnen. Dies beruht auf dem Gedanken der Vorteilsausgleichung (Palandt/*Grüneberg* Rn 11). Eine Anrechnung soll jedoch dann nicht erfolgen, wenn der abgetretene Ersatzanspruch sich als nicht durchsetzbar erweist (str, dafür BaRoth/*Unberath* Rn 17; Staud/*Löwisch* § 281 Rn 46).

13 **E. Verjährung.** Für den Anspruch nach § 285 gilt die Regelverjährung nach **§§ 195, 199**. Dabei beginnt die Verjährung mit der Anspruchsentstehung iSd § 199 Abs 1 S 1 Nr 1 mit der Erlangung des Surrogats durch den Schuldner (BGH NJW-RR 1988, 902, 904; ZEV 2005, 391) und der Kenntnis oder grob fahrlässigen Unkenntnis des Gläubigers (Nr 2). Auf die Geltendmachung des Anspruchs durch den Gläubiger soll es nunmehr nicht mehr für den Verjährungsbeginn ankommen (Palandt/*Grüneberg* Rn 12; str). Die Verjährung des Anspruchs nach § 285 wird mit Blick auf § 213 durch die Klage auf Erfüllung des ursprünglichen Leistungsanspruchs gehemmt (BGH NJW-RR 2006, 736).

14 **F. Prozessuales.** Die **Beweislast** für das Vorliegen der Voraussetzungen des § 285 Abs 1 trägt der Gläubiger. Hat er den Nachweis erbracht, hat der Gläubiger hinsichtlich der Höhe gg den Schuldner einen Auskunftsanspruch (BGH NJW 1983, 930). Der Gläubiger kann auch dann, wenn er bei Bestehen sowohl des Anspruchs nach § 285 als auch eines Anspruchs auf Schadensersatz statt der Leistung bereits über einen der Ansprüche ein rechtskräftiges Urteil erstritten hat, noch den weitergehenden anderen Anspruch geltend machen (BGH NJW 1958, 1041).

§ 286 Verzug des Schuldners.

[1] Leistet der Schuldner auf eine Mahnung des Gläubigers nicht, die nach dem Eintritt der Fälligkeit erfolgt, so kommt er durch die Mahnung in Verzug. Der Mahnung stehen die Erhebung der Klage auf die Leistung sowie die Zustellung eines Mahnbescheids im Mahnverfahren gleich.

[2] Der Mahnung bedarf es nicht, wenn

1. **für die Leistung eine Zeit nach dem Kalender bestimmt ist,**
2. **der Leistung ein Ereignis vorauszugehen hat und eine angemessene Zeit für die Leistung in der Weise bestimmt ist, dass sie sich von dem Ereignis an nach dem Kalender berechnen lässt,**
3. **der Schuldner die Leistung ernsthaft und endgültig verweigert,**
4. **aus besonderen Gründen unter Abwägung der beiderseitigen Interessen der sofortige Eintritt des Verzugs gerechtfertigt ist.**

[3] Der Schuldner einer Entgeltforderung kommt spätestens in Verzug, wenn er nicht innerhalb von 30 Tagen nach Fälligkeit und Zugang einer Rechnung oder gleichwertigen Zahlungsaufstellung leistet; dies gilt gegenüber einem Schuldner, der Verbraucher ist, nur, wenn auf diese Folgen in der Rechnung oder Zahlungsaufstellung besonders hingewiesen worden ist. Wenn der Zeitpunkt des Zugangs der Rechnung oder Zahlungsaufstellung unsicher ist, kommt der Schuldner, der nicht Verbraucher ist, spätestens 30 Tage nach Fälligkeit und Empfang der Gegenleistung in Verzug.

[4] Der Schuldner kommt nicht in Verzug, solange die Leistung infolge eines Umstandes unterbleibt, den er nicht zu vertreten hat.

1 **A. Zweck/Systematik.** Im Rahmen der Reform durch das SMG sind auch die Vorschriften über den Verzug erheblich verändert worden. Wie bisher werden die Verzugsvoraussetzungen von den Verzugsfolgen getrennt geregelt. Der **Verzug** ist nunmehr als **Unterfall der Pflichtverletzung** in das neue System des allg Leistungsstörungsrechts eingegliedert. Für den Ersatz des Verzögerungsschadens existiert keine eigenständige Anspruchsgrundlage; es ist vielmehr auf die zentrale Anspruchsgrundlage des § 280 Abs 1 abzustellen. Der Verzögerungsschaden wird nunmehr gem §§ 280 Abs 1, 286, 280 Abs 2 ersetzt. Eigenständig wird allerdings in § 288 ein Anspruch auf Verzugszinsen geregelt. Beide Ansprüche setzen Verzug des Schuldners voraus, des-

sen Voraussetzungen in § 286 in umfangreicher Übernahme von §§ 284, 285 aF, jedoch mit zahlreichen Änderungen bestimmt sind. Die Änderungen ggü § 284 aF resultieren aus der Umsetzung der ZahlungsverzugsRL (Richtl 2000/35/EG des Europäischen Parlaments und des Rates vom 29.06.2000 zur Bekämpfung von Zahlungsverzug im Geschäftsverkehr, ABl EG Nr L 200, 08.08.2000, 35) und aus der Übernahme der zur Entbehrlichkeit der Mahnung in der Rspr entwickelten Grundsätze.

Die **wichtigsten Änderungen** in den Vorschriften zum Verzug (§§ 286 ff) im Vergleich zu den bisherigen Regelungen ergeben sich aus der Umsetzung der **ZahlungsverzugsRL**. Zweck der Richtl ist – wie bereits beim Gesetz zur Beschleunigung fälliger Zahlungen (BGBl I 2000, 330) – die Verbesserung der Zahlungsmoral. Ihre Vorgaben und Wertungen sind bei der Anwendung der entspr Regelungen durch richtlinienkonforme Auslegung zu berücksichtigen, insbes hat sie Implikationen auf den Anwendungsbereich der Verzugsregelungen, vgl Rz 19 f, 30 ff. Bei Zweifeln über die Auslegung der Richtl kann – bei letztinstanzlichen Gerichtsverfahren muss – nach Art 234 EGV die Frage dem EuGH zur Entscheidung vorgelegt werden. 2

Zwei Besonderheiten gilt es zu beachten: Zum einen hat der deutsche Gesetzgeber die ZahlungsverzugsRL (Umsetzungsfrist nach Art 6 Abs 1 bis 08.08.2002) vorzeitig umgesetzt. Das Gebot der richtlinienkonformen Auslegung gilt gleichwohl bereits seit Inkrafttreten des SMG am 01.01.2002 (einhellige Ansicht zur Problematik vorzeitiger Umsetzung; *Jarass* EuR 1991, 211, 221; *Leible/Sosnitza* NJW 1998, 2507, 2508 und *Ehricke* EuZW 1999, 553, 554). Zum anderen ist die lediglich für den Geschäftsverkehr geschaffene Richtl in den allg Verzugsvorschriften extensiv umgesetzt worden. Das primär nur für den Anwendungsbereich der RL geltende europarechtliche Gebot richtlinienkonformer Auslegung wird im Extensionsbereich durch den in der Verwendung derselben Begriffe ausgedrückten gesetzgeberischen Willen zur einheitlichen Auslegung ergänzt (*Brandner* in: Schulze (Hrsg.), Auslegung europäischen Privatrechtes und angeglichenen Rechts, 1998, 131, 138 ff; *Schulze* ebd, 9, 18). Auch in diesem Bereich ist bei Auslegungszweifeln eine Vorlage zum EuGH möglich, besteht eine Vorlagepflicht jedoch nicht (EuGH Slg 1997 I-4160, Rn 32 – Leur-Bloem). Zu beachten ist aber, dass neben den geschriebenen Ausn zugunsten von Verbrauchern in §§ 286 Abs 3 S 1 Hs 2 und S 2, 288 Abs 2 sich die notwendige richtlinienkonforme Korrektur der allg Vorschriften des BGB auf den Anwendungsbereich der Richtl beschränken kann (AnwK/*Schulte-Nölke* § 286 Rn 10). 3

B. Anwendungsbereich. Die Regelung des § 286 erfasst nicht nur Verpflichtungen zur Leistung aus vertraglichen Schuldverhältnissen, sondern ist auf **alle Schuldverhältnisse** anwendbar, und zwar auch auf solche sachenrechtlichen Ursprungs (BGHZ 49, 263, 265; 85, 11, 13). Das muss auch für den Anspruch aus § 888 gelten (abl BGH NJW-RR 1987, 74, 76; dafür MüKo/*Ernst* Rn 6). Die Verzugsregelung ist schließlich auch auf den Beseitigungs- und Unterlassungsanspruch des Eigentümers nach § 1004 anwendbar. Eine **Einschränkung** ist für Ansprüche aus **Bereicherungsrecht** zu machen. Hier stellen die §§ 818 Abs 4 und 819 Abs 1 ein Sonderregime dar, sodass im Gegenschluss zugunsten des unverklagten gutgläubigen Bereicherungsschuldners §§ 286 ff keine Anwendung finden sollten (PWW/*Schmidt-Kessel* Rn 3). IÜ ist – in Ermangelung entspr Sonderregelungen – Verzug auf alle Leistungsverpflichtungen, insbes auch auf familien- und erbrechtliche Ansprüche (MüKo/*Ernst* Rn 8 f) und auf den Anspruch auf Urlaubsgewährung nach §§ 1 ff BUrlG (BAG NZA 2006, 439, 441) anwendbar. 4

Für **öffentlich-rechtliche Leistungsverpflichtungen** bestehen **teilw Sonderregelungen** für die Folgen ihrer Verzögerung, zB in § 44 SGB I und §§ 233 bis 239 AO. Darüber hinaus ist in § 62 VwVfG die ergänzende Anwendung der Bestimmungen des BGB angeordnet, sodass hier § 286 anwendbar ist (BVerwG NVwZ 1989, 878; aA BVerwG NVwZ 1986, 554). Nach früherer Rspr enthielten die Verzugsregeln einen allg Rechtsgrundsatz, sodass sie auf Grund der vielfachen Lücken im öffentlichen Recht vor allem bei Geldforderungen erg und entspr auch in Über- und Unterordnungsverhältnissen herangezogen wurden (BVerwGE 81, 312, 317 f). Die neuere Rspr lehnt dies ab und wendet die Verzugsregeln nur noch zurückhaltend und gar nicht mehr in Über- und Unterordnungsverhältnissen an (BGHZ 108, 286, 270 f). Zumindest sofern es sich um Leistungsverpflichtungen in einem Gleichordnungsverhältnis handelt, erscheint eine Anwendung der Verzugsregeln auch im öffentlichen Recht gerechtfertigt und mit Blick auf die ZahlungsverzugsRL bei Rechtsverhältnissen zwischen »Unternehmen und öffentlichen Stellen« sogar zwingend geboten (MüKo/*Ernst* Rn 11). 5

Dies kommt bspw in Betracht, wenn es um (auch nicht-vertragliche) Entgelte für Güter und Dienstleistungen geht, die von amtlichen Organen oder dem Träger eines privaten Amtes erbracht werden (PWW/*Schmidt-Kessel* Rn 3). Hier kommen der Vormund (BayObLG FamRZ 2002, 767), der Betreuer, der Nachlassverwalter der Testamentsvollstrecker und der Insolvenzverwalter (BGH NJW-RR 2004, 1132, 1133) in Betracht, bei denen auf der Seite des Treugebers freilich ein Unternehmer iSd Art 2 Abs 1 der ZahlungsverzugsRL stehen muss. Eine Anwendung wird auch auf die Vergütungsansprüche der Dolmetscher, Sachverständigen und Übersetzer vorgeschlagen, wobei auch die unmittelbare Anwendung der Zahlungsverzugsrichtlinie erwogen wird (*Pfeiffer* ZEuP 2004, 878, 879 f). Schließlich ist die Auswirkung der ZahlungsverzugsRL auf die Fälle, in denen das CISG Anwendung findet, aber die Schutzstandards der Richtl nicht erreicht werden, noch nicht abschließend beantwortet. Hier wird vorgeschlagen, dass die Mitgliedstaaten sich um eine entspr Novellierung des CISG bemühen müssen (MüKo/*Ernst* Rn 14 mwN), eine unmittelbare Anwendung der ZahlungsverzugsRL also nicht in Betracht kommt. 6

7 **C. Grundvoraussetzungen des Verzugs nach Abs 1. I. Fällige, einredefreie Forderung.** Der Schuldnerverzug setzt zunächst einen **vollwirksamen, fälligen** und **durchsetzbaren Anspruch** des Gläubigers voraus (PWW/*Schmidt-Kessel* Rn 4; Palandt/*Grüneberg* Rn 11). Wegen des Erfordernisses eines Anspruchs auf eine Leistungsverpflichtung scheiden Naturalobligationen sowie unvollkommene oder natürliche Verbindlichkeiten aus, sodass nach hM ein Schuldner einer unvollkommenen Verbindlichkeit nicht in Verzug kommen kann (MüKo/*Ernst* Rn 20; aA Staud/*Löwisch* (2004) Rn 12 ff). Ein **Anspruch** aus einem **schwebend unwirksamen Vertrag** kann während des Schwebezustandes keinen Verzug begründen. Das Gleiche gilt für einen formunwirksamen, aber noch heilbaren Vertrag gem § 311b Abs 1. Hier entsteht eine wirksame Forderung erst im Zeitpunkt der Heilung, sodass erst ab dann ein Verzug begründet werden kann (BGHZ 82, 398, 406 f). Die Fälligkeit richtet sich mangels bes Abreden oder Bestimmung nach den allg Regeln (§ 271).

8 Die Forderung muss auch **durchsetzbar** sein, dh insbes darf sie nicht einredebehaftet sein. Allein das Bestehen einer dauernden oder aufschiebenden Einrede ist nach hM unabhängig von ihrer Erhebung durch den Schuldner ausreichend (BGHZ 48, 250; 104, 11; NJW 2001, 3114). Dies gilt insbes für die Einrede der Verjährung nach § 214 Abs 1, die Einrede der ungerechtfertigten Bereicherung nach § 821 sowie die Einreden nach § 275 Abs 2 und 3. Der Schuldner muss die Einrede jedoch im nachfolgenden Prozess erheben (PWW/*Schmidt-Kessel* Rn 6; Palandt/*Grüneberg* Rn 12). Gleiches gilt für die Einrede des nichterfüllten Vertrages gem § 320 (BGHZ 84, 44; 113, 236; NJW 1999, 2110). Das bedeutet, dass keine Partei im gegenseitigen Vertrag, sofern sie nicht gerade vorleistungspflichtig ist, in Verzug gerät, solange die andere Partei die von ihr geschuldete Leistung nicht bei der Mahnung in den Annahmeverzug begründender Weise angeboten hat (BGH NJW-RR 2003, 1318). Streitig ist, ob diese Lösung mit der ZahlungsverzugsRL vereinbar ist (dafür *Freitag* EuZW 1998, 559, 561; dagegen AnwK/*Schulte-Nölke* Verzugs-RL Rn 22 mwN). Dagegen muss das Zurückbehaltungsrecht aus § 273 ausgeübt werden, damit der Gläubiger die Möglichkeit hat, sein Abwendungsrecht aus § 273 Abs 3 auszuüben (BGH, WM 1971, 1021; Ausn vom Grundsatz in BGHZ 60, 323). Eine Ausn soll hier bei gegenläufigen Verpflichtungen aus demselben Vertrag gemacht werden (PWW/*Schmidt-Kessel* Rn 7).

9 Wie im bisherigen Recht ist Verzug nach hM ausgeschlossen bzw wird beendet, wenn die geschuldete Leistung **unmöglich** wird (Palandt/*Grüneberg* Rn 5; MüKo/*Ernst* Rn 33 f; aA PWW/*Schmidt-Kessel* Rn 8). Während nach § 275 Abs 1 schon kein wirksamer Anspruch mehr besteht, ist in den Fällen des Abs 2 und 3 die Forderung einredebehaftet. Entsprechend dieser Anforderungen wird in den Fällen der Unmöglichkeit durch § 275 Abs 4 nicht auf § 286 verwiesen. Unmöglichkeit liegt auch in den Fällen des absoluten Fixgeschäfts vor, wenn der für die Leistung bestimmte Zeitpunkt nicht eingehalten wurde. Hier soll der Vertrag mit der termingerechten Leistungserbringung stehen und fallen (BGHZ 60, 14, 16), wobei ein absolutes Fixgeschäft nur zurückhaltend angenommen werden soll, wenn keine Zweifel bestehen (BGH NJW 1989, 1373; NJW-RR 1998, 1489). Bei **Dauerverpflichtungen** ist die Leistung ebenfalls regelm nicht mehr nachholbar, sodass eine Leistungsverzögerung bspw bei Gebrauchsüberlassungsverträgen regelm zu Teilunmöglichkeit führt (BGH NJW-RR 1991, 286). Die hier mitunter vorliegenden Fälle vorübergehenden Unvermögens lassen sich entspr der Zielsetzung der früheren Rspr, den Parteien in solchen Fällen mit dem Rücktritt die Möglichkeit zur Vertragsbeendigung zu geben, nunmehr sachgerecht über das Rücktrittsrecht nach § 323 erfassen (MüKo/*Ernst* Rn 37). Bei **Unterlassungspflichten** begründet die Zuwiderhandlung grds die Unmöglichkeit, bei dauernden Unterlassungsverpflichtungen allerdings nur für die Zeit der Zuwiderhandlung (BAG NJW 1956, 606).

10 **II. Mahnung.** Durch die Änderung des § 286 Abs 3 ggü dem missglückten § 284 Abs 3 aF bekommt die **Mahnung** ihre Stellung als Grundfall der den Verzug begründenden Handlung zurück. Die Mahnung ist eine empfangsbedürftige geschäftsähnliche Handlung (BGHZ 47, 357), durch die der Gläubiger den Schuldner ernsthaft, eindeutig und bestimmt zur Erbringung der Leistung auffordert. Sie ist nicht formgebunden. Auf sie sind die Vorschriften über Rechtsgeschäfte und Willenserklärungen entspr anwendbar, sodass sich der Mahnende auch vertreten lassen kann (BGH NJW 2006, 687, 688). Da die Mahnung für beschränkt Geschäftsfähige lediglich rechtlich vorteilhaft ist, nämlich den Anspruch auf den Verzögerungsschaden begründet, ist auch eine von ihnen vorgenommene Mahnung gem § 107 wirksam (KG FamRZ 89, 537).

11 Die Mahnung muss **nach der Fälligkeit erklärt** werden, kann aber auch mit der fälligkeitsbegründenden Handlung verbunden werden (BGH NJW 2001, 3114, 3115). Eine vor Fälligkeit getätigte Mahnung ist unwirksam (BGH NJW-RR 2006, 242). Den Gleichlauf aller Rechtsfolgen aus einer Pflichtverletzung bezweckend wird man in einer (Nach-) Fristsetzung iSd §§ 281, 323 in aller Regel auch eine Mahnung ersehen können (BTDrs 14/6040, 145). Dies ist nur dann nicht der Fall, wenn es sich um eine befristete Mahnung handelt, da dann die Verzugsvoraussetzungen erst mit dem Ablauf der Frist eintreten, also die Mahnung erst dann wirksam wird (MüKo/*Ernst* § 323 Rn 46).

12 Die Mahnung muss **eindeutig** sein. An der Eindeutigkeit fehlt es, wenn der Wille der Aufforderung zur Leistung nicht unmissverständlich aus der Erklärung hervorgeht. Hierfür muss aber die Aufforderung nicht notwendig mit einer Frist für die Erbringung der geschuldeten Leistung oder einer Androhung verbunden werden (Palandt/*Grüneberg* Rn 17). Das Verlangen der Leistung genügt, auch wenn dies in höflicher Form oder durch Reime geschieht (BGH NJW 1998, 2132). Eine Fristsetzung ist möglich (BGH BB 2006, 1819). Nicht ausreichend ist die Erklärung, man sehe der Leistung gerne entgegen, oder die Aufforderung, sich über die Leistungsbereitschaft zu erklären (BGH NJW-RR 1998, 1749). Eine konkludente Mahnung ist möglich, bspw

durch die Übersendung eines Schreibens, in dem der Verzugseintritt festgestellt wird (BGHZ 80, 269, 276f). Ein konkludente Mahnung ist aber mit Blick auf § 286 Abs 3 nicht in der bloßen Übersendung einer Rechnung zu erkennen, kann aber in einer erneuten oder mehrfachen Übermittlung der gleichen Rechnung erkannt werden (Palandt/*Grüneberg* Rn 18). Die befristete Mahnung erfüllt das Erfordernis der Eindeutigkeit, wird aber erst mit Ablauf der Frist wirksam, sodass erst dann frühestens Verzug eintritt (Rz 11). Bei der Verbindung der Mahnung mit einer Fristsetzung ist aber immer im Wege der Auslegung gem §§ 133, 157 zu ermitteln, ob in der Fristsetzung eine echte Befristung zu erkennen ist oder die Mahnung zum sofortigen Verzugseintritt führen soll.

Des Weiteren muss die Mahnung hinreichend **bestimmt** sein, dh der Empfänger muss die von ihm geforderte Leistung bestimmen können. Das bedeutet, dass der Gläubiger mehrerer Forderungen die mit der Mahnung geltend gemachte Forderung individualisieren muss und bei Schönheitsreparaturen die vorzunehmenden Arbeiten genau bezeichnen muss (LG Berlin MDR 1983, 319). Im Falle der Mehrheit von Gläubigern muss die Mahnung den für jeden Gläubiger geforderten Betrag konkret beziffern (Hamm NJW-RR 1997, 962). Beim betragsmäßig unbestimmten Anspruch auf Schmerzensgeld genügt es jedoch nach der Rspr, wenn der Gläubiger die konkreten Tatsachen für die Bestimmung der Höhe bezeichnet (BGH VersR 1963, 726). Bei Unterhaltsansprüchen wird in der Aufforderung zur Auskunft zugleich die verzugsbegründende Mahnung erkannt (Palandt/*Grüneberg* Rn 19: sog Stufenmahnung). Ähnl gilt für Pflichtteilsansprüche und den Anspruch auf Versorgungsausgleich, bei denen dem Bestimmtheitserfordernis bei einer unbezifferten Mahnung dann genügt ist, wenn zugleich der Anspruch auf Auskunft wie bei einer Stufenklage geltend gemacht wird (BGHZ 80, 277). Ein Sonderproblem stellt die **Zuvielforderung** dar. Grundsätzlich wird eine Zuvielmahnung als unwirksam angesehen, was freilich dann nicht gilt, wenn die Überschreitung lediglich gering ist und daher der Schuldner die Mahnung nach § 242 als wirksam gg sich gelten lassen muss (BGH NJW 1991, 1823). Des Weiteren ist die Zuvielforderung dann unschädlich, wenn der Schuldner sie als Mahnung hinsichtlich der tatsächlich geschuldeten Leistung verstehen musste und der Gläubiger zur Entgegennahme dieses geringeren Betrags bereit ist (BGH NJW 2006, 3271, 3272). Bei einem betragsmäßigen Zurückbleiben der Mahnung hinter dem tatsächlich geschuldeten Betrag wird der Verzug nur in Höhe des gemahnten Betrags begründet (BGH NJW 1982, 1985). 13

III. Mahnungsersatz gem § 286 Abs 1 S 2. Wie im bisherigen Recht stehen nach § 286 Abs 1 S 2 die Klageerhebung oder die Zustellung eines Mahnbescheids der Mahnung gleich. Die Mahnung wird daher durch die **Leistungsklage** nach §§ 253, 254 ZPO ersetzt (BGHZ 96, 182, 194), wobei auch eine Widerklage (BGH NJW 1981, 1732) und eine Stufenklage (BGHZ 80, 269, 277), bei der der Auskunftsanspruch bestehen und fällig sein muss (Düsseldorf NJW 1993, 1080), ausreichen. Die gerichtliche Leistungsbestimmung begründet erst durch die Rechtskraft des Gestaltungsurteils den Verzug (BGH NJW 2006, 2472, 2474). Beim Antrag auf Prozesskostenhilfe soll in entspr Anwendung des § 286 Abs 1 S 2 die Zustellung des Antrags den Verzug begründen (BGH NJW-RR 1990. 323, 325). Nicht ausreichend für § 286 Abs 1 S 2 ist die Zustellung der Feststellungsklage, die Klage auf künftige Leistung sowie die Anmeldung einer Forderung im Insolvenzverfahren (PWW/*Schmidt-Kessel* Rn 14). 14

D. Verzug ohne Mahnung nach § 286 Abs 2. In § 286 Abs 2 werden vier Fälle geregelt, wann es einer Mahnung nicht bedarf. Während Nr 1 und 2 bereits aus § 284 Abs 2 aF bekannt sind, übernehmen Nr 3 und 4 bislang ungeregelte, von der Rspr entwickelte Ausn. 15

I. Leistungszeit nach dem Kalender (Nr 1). Die Nr 1 stellt nur eine Umformulierung des bisherigen § 284 Abs 2 S 1 aF ohne sachliche Änderung dar und erfasst die Fälle einer kalendermäßig bestimmten Leistungszeit. Dazu bedarf es einer zumindest mittelbaren Festlegung eines bestimmten Kalendertages als Leistungszeitpunkt (BGH NJW 1992, 1628, 1629). Hierfür ist aber auch ausreichend bspw die Bestimmung »im August« (BGH NJW-RR 1999, 593, 595) oder »achte Kalenderwoche« (BGH WM 1996, 1598). Die **bloße Berechenbarkeit genügt** dagegen **nicht** (Jauernig/*Stadler* Rn 27). Sie kann aber durch Nr 2 erfasst sein, wenn ein Ereignis vorausgeht; vgl Rz 18 ff. Ausreichend ist eine vertragliche Vereinbarung oder eine Bestimmung durch Gesetz oder Urteil. Die Vereinbarung kann auch nachträglich erfolgen (BGHZ 149, 283, 288). Eine einseitige Bestimmung ist durch Nr 1 grds nicht erfasst, sofern nicht dem Gläubiger ein Bestimmungsrecht durch Vereinbarung eingeräumt wurde (BGHZ 110, 74, 76). Die unbillige Bestimmung durch den Gläubiger ist gem § 315 Abs 3 S 2 unwirksam und wird daher nicht von § 286 Abs 2 Nr 1 erfasst, kann dann aber als Mahnung ausgelegt werden, die wiederum den Verzug begründet (BGH BB 2006, 1819). 16

II. Leistung nach Ereignis (Nr 2). In Nr 2 wird die »Kündigung« in § 284 Abs 2 S 2 aF durch das Wort »Ereignis« ersetzt und dadurch eine sachliche Änderung bewirkt. Nunmehr können auch andere **Ereignisse**, wie etwa Lieferung oder Rechnungserteilung (BGH NJW 2007, 1581, 1582), zum Ausgangspunkt einer kalendermäßigen Berechnung gemacht werden. Wird an den Rechnungszugang angeknüpft, kann die 30-Tage-Frist im disponiblen § 286 Abs 3 auch verkürzt werden. Es kann aber auch an außerhalb des Vertrags stehende Ereignisse, wie die Verabschiedung eines Gesetzes, den Abschluss eines anderen Vertrags, die Ernennung einer Person oder ein Naturereignis angeknüpft werden. Eine einseitige Bestimmung 17 genügt wie in Nr 1 nicht, während aber eine Bestimmung durch Gesetz, durch Urteil und vor allem durch Vertrag in Betracht kommt.

18 Durch die Bestimmungsmöglichkeit in Nr 2 soll Art 3 Abs 1 lit a **ZahlungsverzugsRL umgesetzt** werden (BTDrs 14/6040, 146). Diese Regelung schreibt vor, dass ab dem Tag nach dem vertraglich vereinbarten Zahlungstermin oder des vertraglich festgelegten Endes der Zahlungsfrist Zinsen zu zahlen sind. Das in Nr 2 genannte Erfordernis einer Berechenbarkeit nach dem Kalender ist dort gerade nicht erwähnt und somit in richtlinienkonformer Auslegung unbeachtlich (AnwK/*Schulte-Nölke* Rn 30; dagegen gehen BTDrs 14/6040, 146 und *Heinrichs* BB 2001, 157, 158 f von einer hinreichenden Richtlinienumsetzung aus). Ausreichend ist danach auch eine nach Stunden bemessene Frist, wobei je nach Auslegung der Abrede idR nach dem Rechtsgedanken in § 187 Abs 1 der Eintritt der Verzugsfolgen mit Beginn der folgenden vollen Stunde vereinbart sein wird (AnwK/*Schulte-Nölke* Rn 31). Für den Fristlauf gelten die §§ 186 bis 193 (BGH NJW 2007, 1581, 1582).

19 Durch die Bestimmung einer **»angemessenen Zeit«** soll nach der Gesetzesbegründung gesichert werden, dass die Frist nicht zu kurz bemessen oder gar auf Null reduziert wird (BTDrs 14/6040, 146). Durch eine unangemessen kurze Frist soll die angemessene Frist laufen (Palandt/*Grüneberg* Rn 23), was freilich die zuverlässige Bestimmung des Verzugseintritts nicht vereinfacht (PWW/*Schmidt-Kessel* Rn 17). Eine Schrumpfung auf Null (sog **Nullfrist**) mit Blick auf die RL könnte allerdings am insofern eindeutigen Wortlaut der Norm scheitern (so *Schimmel/Buhlmann* MDR 2002, 609, 611). Die ZahlungsverzugsRL sieht allerdings in Art 3 Abs 1 lit a gerade keine gesonderte Angemessenheitsprüfung der Zahlungsfrist vor, sondern in Art 3 Abs 3 ist lediglich eine allg Inhaltskontrolle der Zahlungsabrede vorgesehen. In richtlinienkonformer Auslegung wird man zumindest in ihrem Anwendungsbereich diese Passage daher allenfalls als allg Hinweis auf die Inhaltskontrolle ansehen können. Entgegen der Gesetzesbegründung können im Geschäftsverkehr daher auch sehr kurz bemessene Zeitbestimmungen oder der Eintritt von Verzug ab einem Ereignis ohne jegliche Frist in richtlinienkonformer Auslegung zulässig sein (AnwK/*Schulte-Nölke* Rn 33). Bei sehr kurz bemessener oder gar keiner Frist wird man jedoch idR im Wege der Auslegung nur eine bloße Fälligkeitsabrede annehmen können. Dies wäre auch eine zulässige Abweichung von der insoweit disponiblen Bestimmung der Richtl, nach der die vertraglichen Fälligkeitsvereinbarungen bereits verzugsbegründend sind. Andernfalls bliebe nur der Weg einer Berücksichtigung der Richtl über die Generalklausel in § 286 Abs 2 Nr 4 (PWW/*Schmidt-Kessel* Rn 18, 21).

20 Eine Übertragung dieser richtlinienkonformen Auslegung auf Verbrauchergeschäfte wird insbes mit Blick auf § 307 Abs 2 Nr 1 iVm der gesetzlichen Wertung in § 309 Nr 4 regelm nicht möglich sein (*Gsell* ZIP 2000, 1861, 1868; *U Huber* JZ 2000, 957, 961). Mit Blick auf § 310 Abs 3 hat der § 286 Abs 2 Nr 2 daher praktisch kaum einen Anwendungsbereich, was auch richtlinienkonform ist (PWW/*Schmidt-Kessel* Rn 17).

21 **III. Ernsthafte und endgültige Leistungsverweigerung (Nr 3).** Mit Nr 3 wird in Parallelität zu §§ 281 Abs 2 und 323 Abs 2 Nr 1 die Rspr zur Entbehrlichkeit der Mahnung wegen einer ernsthaften und endgültigen Erfüllungsverweigerung durch den Schuldner eingefangen. Es kann insoweit auf die entspr Ausführungen bei § 281 Rz 18 ff und § 323 Rz 21 verwiesen werden. Auch dies fördert den angestrebten Gleichlauf sämtlicher Rechtsfolgen einer Pflichtverletzung. Unterschiede können sich hier allenfalls daraus ergeben, dass sich die Endgültigkeit darauf beziehen muss, nicht termingerecht leisten zu wollen, sodass der Anwendungsbereich insofern weiter ist (PWW/*Schmidt-Kessel* Rn 19). Die Erfüllungsverweigerung vor Fälligkeit soll ebenfalls von Nr 3 erfasst sein (BAG, Urt v 15.11.2005 – 9 AZR 633/04, EzBAT § 49 BAT Nr 16).

22 **IV. Besondere Gründe und Abwägung (Nr 4).** Die Bestimmung in Nr 4 stellt auf bes Umstände ab, die bei Abwägung der beiderseitigen Interessen den sofortigen Verzugseintritt rechtfertigen. Nr 4 soll ebenfalls die bisherige Rspr zur Entbehrlichkeit in anderen Ausnahmefällen als der Nr 3 regeln und ist daher wegen seiner generalklauselartigen Fassung ein **Auffangtatbestand** (BTDrs 14/6040, 146). Solche Gründe können ein die Mahnung verhinderndes Verhalten des Schuldners, wie bspw die Selbstmahnung (Köln NJW-RR 2000, 73) oder Verhinderung des Zugangs der Mahnung (Köln NJW-RR 1999, 4), oder die Geschäfte sein, deren Erfüllung offensichtlich bes eilig ist oder die überhaupt spontan zu erfüllen sind, bspw die Reparatur eines Wasserrohrbruches (BGH NJW 1963, 1823). Schließlich kann man die Fälle wiederkehrender Leistungen, insbes Unterhaltsleistungen über Nr 4 erfassen und eine einmalige Mahnung ausreichen lassen, wenn dann der Schuldner erneut nicht leistet (BGHZ 103, 62, 67 ff; 105, 250, 256). Darüber hinaus sind hierunter Bereicherungsansprüche gg den bösgläubigen Schuldner (§ 819) und Herausgabeansprüche aus unerlaubter Handlung (*fur semper in mora*) zu erfassen (Palandt/*Grüneberg* Rn 25). Teilw wird Nr 4 zur Herstellung der Konformität mit der Zahlungsverzugsrichtlinie, insbes in den Fällen der sog Nullfrist (Rz 19) herangezogen. Des Weiteren kann Nr 4 in den Fällen der Betriebsausfallschäden infolge mangelhafter Lieferung für den Eintritt des Verzugs mit der Nacherfüllung herangezogen werden, wenn im Rahmen der Vertragsverhandlungen verdeutlicht wurde, dass sofort nach mangelhafter Lieferung ein zu erstattender Verzögerungsschaden entstehen kann (PWW/*Schmidt-Kessel* Rn 21).

23 **E. Verzug ohne Mahnung bei Entgeltforderungen nach Abs 3.** Durch § 286 Abs 3 wird der erst durch das »Gesetz zur Beschleunigung fälliger Zahlungen« aufgenommene § 284 Abs 3 aF entspr der Anforderungen des Art 3 Abs 1 lit b ZahlungsverzugsRL modifiziert. Die Vorgängerregelung konnte auf Grund ihres eindeutigen Wortlautes als Sonderregelung ihren Zweck, den Eintritt des Verzugs in den praktisch häufigen Fällen

der Rechnungslegung bei Geldschulden zu vereinfachen, nicht erreichen, sondern konterkarierte diesen vielmehr. Dem konnte rechtsdogmatisch auch durch die mittels einer vorgeschlagenen teleologischen Reduktion zu bewirkende Einpassung in das Mahnungssystem nicht abgeholfen werden. Die 30-Tage-Frist für Entgeltforderungen in Abs 3 ist nunmehr in das **Mahnungssystem** (»**spätestens**«) integriert. Verzug kann also auch vor Ablauf der 30 Tage durch Mahnung eintreten.

I. Anwendungsbereich. Entgegen dem ursprünglichen, alle Arten von Forderungen umfassenden Normvorschlag des RegE ist die Regelung in § 286 Abs 3 auf **Entgeltforderungen** beschränkt (vgl noch BTDrs 14/6040, 7, 146 ff; *Schimmel/Buhlmann* MDR 2002, 609, 612). Der im BGB neue Begriff der »Entgeltforderung« erfasst nur Geldforderungen, die als Entgelt, also als Gegenleistung für die Lieferung von Gütern oder die Erbringung von Dienstleistungen aus einem Vertrag zu zahlen sind (Stuttgart NJW-RR 2007, 393; Palandt/*Grüneberg* Rn 27). 24

Es wird in erster Linie um Kaufpreis-, Lohn- oder Mietforderungen gehen. Nicht erfasst werden Ansprüche auf Schadensersatz, Unterhalt, Pflichtteil, aus Sachversicherungen oder aus Wechsel oder Scheck. Bei verzinslichen Kreditverträgen sind lediglich die Zinszahlungen, jedoch nicht der Rückforderungsanspruch oder ein Anspruch aus einer das Darlehen sichernden Bürgschaft Entgelt. Ähnl sind die Zweifel bei Sparverträgen und Kapitallebensversicherungen zu lösen. Nur die Zinsen beim Sparvertrag und die Gebühren des Versicherungsunternehmens können als Entgelt angesehen werden. 25

II. Rechnung oder gleichwertige Zahlungsaufstellung. Abs 3 knüpft den Beginn der 30-Tage-Frist an den Zugang einer Rechnung oder gleichwertigen Zahlungsaufstellung an. Beide ersetzen funktional die Mahnung, sind daher auch als empfangsbedürftige geschäftsähnliche Handlungen anzusehen (*Pahlow* JuS 2001, 236, 238). Darüber hinaus sind die an die Mahnung gestellten Bestimmtheitserfordernisse und die zur »Zuwenig- und Zuvielmahnung« entwickelten Grundsätze entspr anzuwenden (*Schimmel/Buhlmann* MDR 2000, 737, 738 ff). Im Gegensatz zur Mahnung können Rechnung und Zahlungsaufstellung aber auch bereits vor Fälligkeit zugehen (implizit Palandt/*Grüneberg* Rn 29). Das ergibt sich sowohl aus dem Wortlaut von § 286 Abs 3 S 1 als auch aus Art 3 Abs 1 lit b Nr iii Zahlungsverzugsrichtlinie. 26

Als **Rechnung** ist dabei jede **textliche Fixierung einer Entgeltforderung** zu verstehen, aus der für den Schuldner klar erkennbar hervorgeht, in welcher Höhe er für welche Leistung die Geldforderung zu begleichen hat. Mit Blick auf den Zweck der Richtl dürfen keine zu hohen Anforderungen an ihre Ausgestaltung gestellt werden. Eine mündliche Mitteilung ist zwar nicht ausreichend; es genügt jedoch eine speicher- und reproduzierbare textliche Fixierung, die nicht die Form gem §§ 126, 126b wahren muss. Des Weiteren bedarf es in aller Regel keiner detaillierten Auflistung nach Posten, insbes müssen nicht die hohen Anforderungen an die Prüffähigkeit aus der Baurechtspraxis (§§ 14, 16 VOB/B; § 8 HOAI) erfüllt oder Aufwendungsnachweise beigefügt werden (AnwK/*Schulte-Nölke* Rn 49; aA offenbar *Schimmel/Buhlmann* MDR 2000, 737, 738). Allerdings kann sich aus einer vertraglichen oder gesetzlichen Regelung etwas anderes ergeben, so dass der Schuldner ein Zurückbehaltungsrecht aus § 273 geltend machen kann und muss, mithin die Forderung einredebehaftet ist. 27

Dagegen ist der **Begriff der Zahlungsaufstellung** neu und auch in Art 3 Abs 1 lit b ZahlungsverzugsRL nicht vorgesehen, der von Zahlungsaufforderung spricht. Ihr Anwendungsbereich ist in der Praxis ggü der Rechnung und der Mahnung nur gering, was auch durch ihre Auffangfunktion unterstrichen wird. Nach der Gesetzesbegründung haben Rechnung und gleichwertige Zahlungsaufstellung lediglich Mitteilungscharakter, während die Mahnung stärkeren Aufforderungscharakter besitzt (BTDrs 14/6040, 147). Wegen der Gleichwertigkeit mit einer Rechnung, muss aus der Mitteilung ebenso der beanspruchte Betrag etc erkennbar sein. Eine mündliche Mitteilung ist mangels Gleichwertigkeit mit einer Rechnung nicht ausreichend. Zumeist wird es sich aber um eine Zahlungsaufforderung im Sinne einer Mahnung handeln, so dass der Verzug bereits nach Abs 1 eintritt und Abs 3 keine eigenständige Bedeutung hat. Am ehesten wird es sich um Fälligkeitsmitteilungen oder eine Zahlungsaufstellung eines Dritten, zB die Mitteilung eines Notars, dass alle Voraussetzung für die Fälligkeit des Entgelts vorliegen, handeln. Wichtigster Anwendungsfall ist der Widerruf oder die Rückgabeerklärung eines Verbrauchers nach §§ 355 ff, da § 357 Abs 1 S 2 diese der Zahlungsaufstellung gleichstellt. 28

III. Zugang. Der Beginn der 30-Tage-Frist setzt den **Zugang** einer Rechnung oder gleichwertigen Zahlungsaufstellung beim Schuldner voraus. Damit sind auf diese geschäftsähnlichen Handlungen grds die allg. Vorschriften über den Zugang in **§§ 130 ff** und die hierzu entwickelte Rspr entspr anzuwenden. Hingegen stellt Art 3 Abs 1 lit b Nr i und ii ZahlungsverzugsRL auf den »Eingang« ab. 29

Ist der **Zeitpunkt des Zugangs streitig**, so ist nach Art 3 Abs 1 lit b Nr ii ZahlungsverzugsRL für den Beginn der 30-Tage-Frist auf den Zeitpunkt des Empfangs der Güter oder Dienstleistungen abzustellen. Entgegen verbreiteter rechtspolitischer Kritik ist diese Bestimmung für nicht ggü Verbrauchern bestehende Entgeltforderungen in Abs 3 S 2 übernommen worden. Ausweislich der Gesetzesbegründung soll die Vermutungsregel jedoch nicht nur bei Streitigkeiten über den Zeitpunkt angewendet werden, sondern auch wenn der Zugang überhaupt streitig ist (BTDrs 14/7052, 187). Diese Regelung ist jedoch in den Fällen zweifelhaft, in denen zwar der genaue Zugang der Rechnung oder Zahlungsaufstellung streitig ist, jedoch auch der Gläubiger einen Zeitpunkt nach 30

Empfang der Gegenleistung behauptet. Für diese Fälle ist Abs 3 S 2 dahingehend teleologisch zu reduzieren, dass der Schuldner (lediglich) den Gegenbeweis für den vom Gläubiger behaupteten früheren Zugangszeitpunkt erbringen muss (*U Huber* JZ 2000, 957, 959; *Gesell* ZIP 2000, 1861, 1865). Die Richtlinienwidrigkeit kann sich jedoch daraus ergeben, dass anders als in der RL zusätzlich zum Empfang der Güter oder Dienstleistung in § 286 Abs 3 S 2 auch die Fälligkeit gefordert wird (vgl PWW/*Schmidt-Kessel* Rn 20a mwN).

31 **IV. Lauf der 30-Tage-Frist.** Die 30-Tage-Frist beginnt mit Zugang der Rechnung oder Zahlungsaufstellung und Fälligkeit der Forderung zu laufen. In Art 3 Abs 1 lit b Nr i ZahlungsverzugsRL wird der Beginn unabhängig von der Fälligkeit an den Eingang angeknüpft. Demnach läuft die Frist also – anders als nach der deutschen Umsetzung – auch unabhängig von der Fälligkeit ab, weshalb § 286 Abs 3 offenbar einen Verstoß gg die Richtl beinhalten könnte (AnwK/*Schulte-Nölke* Rn 57; PWW/*Schmidt-Kessel* Rn 20a). Relativiert wird dies allerdings dadurch, dass die RL nur die Fälle eines nicht vertragsmäßig bestimmten Zahlungstermins erfasst, die ohnehin zumeist nach Abs 2 Nr 1 und 2 zum Verzug führen.

32 Es verbleiben daher die Fälle eines **gesetzlich oder durch Urteil bestimmten Fälligkeitstermins**, der nach Rechnungszugang liegt. Da ein Anspruch auf Verzugszinsen nach Art 3 Abs 1 lit c ZahlungsverzugsRL erst ab Fälligkeit gewährt wird, wird vorgeschlagen, dass Abs 3 in den verbleibenden Fällen dahingehend zu korrigieren sei, dass die Frist schon vor Fälligkeit mit Zugang laufe, jedoch nicht vor Fälligkeit ende (AnwK/*Schulte-Nölke* Rn 59). Wegen der Erfassung auch gesetzlich oder durch Urteil bestimmter Leistungszeitpunkte durch Abs 2 Nr 1 und 2 mit entspr richtlinienkonformer Korrektur erscheint die praktische Bedeutung dieses Vorschlags eher zweifelhaft. Zumeist wird der Zahlungsverzug nach den genannten Regelungen ohnehin am auf den bestimmten Zahlungstermin folgenden Tag eintreten. Darüber hinaus sind die wichtigsten Fälle der gesetzlichen Bestimmung der Fälligkeit durch Abnahme oder Fertigstellungsvereinbarung (§§ 641 Abs 1, 641a) in Art 3 Abs 1 lit b Nr iv und ihrer mangelnden Durchsetzbarkeit wegen der Einrede in § 320 in Art 3 Abs 1 lit b Nr iii ZahlungsverzugsRL als Ausn entspr der deutschen Umsetzung erfasst. Der vorgeschlagenen Korrektur wird es daher idR nicht bedürfen.

33 Für die **Berechnung der Länge und des Endes der Frist** sind **§§ 187 Abs 1, 188 Abs 1, 193** heranzuziehen (BGH NJW 2007, 1581, 1583 f zu § 187). Da es sich nicht um eine Monatsfrist handelt, sind die 30 Tage auszuzählen (Palandt/*Grüneberg* Rn 30). In aller Regel führt die Anwendung der Fristbestimmungen im BGB zu den gleichen Ergebnissen wie die eigentlich anzuwendende EG-FristenVO (ABl EG Nr C 124, 1971, 1) und wird daher nur selten zu Abweichungen führen (zu Ausn *Gsell* ZIP 2000, 1681, 1685).

34 **V. Hinweispflicht gegenüber Verbrauchern.** Die Verschärfung des Verzugsrecht durch die Umsetzung der Zahlungsverzugsrichtlinie insbes in der Regelung des § 286 Abs 3 lassen sich nur für den Geschäftsverkehr ansatzweise rechtfertigen (*U Huber* JZ 2000, 957, 960 f). Daher sieht Abs 3 S 1 Hs 2 die Anwendung der Regelung auf Entgeltforderungen ggü Verbrauchern nur vor, »wenn auf diese Folgen in der Rechnung oder Zahlungsaufstellung bes hingewiesen worden ist.« Diese Hinweispflicht ist in ihrer Art neu und insbes von der Belehrungspflicht bei den verbraucherschützenden Widerrufsrechten zu unterscheiden. Mit Blick auf den intendierten Schutz des Verbrauchers wird selbst bei Zugrundelegung des europäischen Verbraucherleitbildes nicht allein ein Hinweis auf den Eintritt des Verzugs ausreichen (»diese Folgen«). Vielmehr wird der Hinweis inhaltlich auch die wesentlichen weiteren Voraussetzungen und vor allem die möglichen Verzugsfolgen enthalten müssen. Die konkrete Formulierung ergibt sich aus dem jeweiligen Einzelfall.

35 Sie sollte jedoch insbes enthalten, dass auch ohne Mahnung nach Ablauf der 30-Tage-Frist sämtliche Schäden aus der Verzögerung der Leistung, wie Beitreibungskosten etc und Zinsen auf den Betrag geltend gemacht werden. Darüber hinaus sollte auf eine gleichwohl mögliche, frühere Verzugsbegründung durch gesonderte Mahnung hingewiesen werden und diese dann später entspr deutlich ausgestaltet werden. Dies beugt dem Einwand widersprüchlichen Verhaltens vor, da der Verbraucher die 30-Tage-Frist als ausschließliche Möglichkeit der Verzugsbegründung missverstehen könnte (*Schimmel/Buhlmann* MDR 2002, 609, 612 mit Formulierungsvorschlag in Fn 41). Da der Hinweis in der Rechnung oder Zahlungsaufstellung enthalten sein muss, ist kein Nachschieben zulässig. Ebenso reicht ein genereller, oder versteckter Hinweis, etwa in AGB nicht aus (»besonders hingewiesen«), sondern muss dieser deutlich hervorgehoben und sprachlich klar und einfach verständlich formuliert sein.

36 **F. Vertretenmüssen (Abs 4).** In Anlehnung an § 285 aF wird in § 286 Abs 4 die **Verantwortlichkeit des Schuldners** als weiteres Erfordernis für den Verzug widerleglich vermutet. Zwar gilt dies für den Schadensersatzanspruch bereits über § 280 Abs 1 S 2, gleichwohl wird es in Abs 4 nochmals gesondert genannt, da auch die Voraussetzungen für die anderen Verzugsfolgen (Haftungsverschärfung, Verzugszinsen; §§ 287, 288) geregelt werden (BTDrs 14/6040, 148). Auch in Art 3 Abs 1 lit c Nr ii ZahlungsverzugsRL ist für die Verzinsungspflicht die Verantwortlichkeit des Schuldners vorausgesetzt. Für den Maßstab ist wiederum auf §§ 276 bis 278 zurück zu greifen. Umstr ist, ob die Beweislastumkehr des Abs 4 bei ArbN als Schuldner gilt, da § 619a nur auf § 280 Abs 1 S 2 verweist (dafür PWW/*Schmidt-Kessel* Rn 24; dagegen *Löwisch* FS Wiedemann, 311, 329).

37 **G. Rechtsfolgen und Beendigung des Verzugs.** Als Rechtsfolge treten neben den Anspruch auf Ersatz des Verzögerungsschadens eine **Erhöhung der Verantwortlichkeit** nach **§ 287** und bei Geldschulden die **Verzin-**

sungspflicht nach § 288. Entsprechend des an der Pflichtverletzung ausgerichteten Systems im neuen Leistungsstörungsrecht besteht unter den Voraussetzungen des Verzugs nach §§ 280 Abs 1, 286, 280 Abs 2 ein Anspruch auf **Ersatz des Verzögerungsschadens.** Sein Inhalt bestimmt sich nach den allg Regeln in §§ 249 ff. Der Anspruch tritt jedoch neben den Erfüllungsanspruch, so dass bei der Zuordnung verschiedener Schadensposten deutlich vom Schadensersatz statt der Leistung abzugrenzen ist; vgl zum Inhalt des Verzögerungsschadens und zur Abgrenzung bereits § 280 Rz 22 ff.

Der **Verzug endet** mit dem Entfallen seiner Voraussetzungen. Hauptfall wird die Erbringung der Leistung und 38 das dadurch bewirkte Erlöschen der Forderung sein. Ausreichend ist aber auch das den Annahmeverzug des Gläubigers begründende Angebot der Leistung durch den Schuldner (BGH NJW 2007, 2761 Rn 7). Nach hM endet der Verzug, wenn Unmöglichkeit oder Unzumutbarkeit iSd **§ 275 Abs 1 bis 3** eintritt (MüKo/*Ernst* Rn 99 mwN; Palandt/*Grüneberg* Rn 35; aA PWW/*Schmidt-Kessel* Rn 24) sowie wenn der zugrunde liegende Anspruch bspw durch Rücktritt, Widerruf oder Aufrechnung untergeht. In diesen Fällen ist freilich ein bis zum Eintritt des Leistungshindernisses entstandener Verzögerungsschaden nach §§ 280 Abs 1, 286, 280 Abs 2 zu ersetzen. Des Weiteren wird der Verzug durch die **Rücknahme der Klage** beendet (BGH NJW 1983, 2320), nicht hingegen in jedem Fall bei Ablehnung des Antrags auf Erlass einer einstweiligen Anordnung (BGH NJW 1995, 2033). Die **Rücknahme der Mahnung** soll wegen ihrer Gestaltungswirkung nur mit Wirkung für die Zukunft möglich sein (BGH NJW 2007, 1273, 1275) und hat eine rückwirkende Wirkung nur durch eine Verzichtsvereinbarung (MüKo/*Ernst* Rn 94). Ein Zurückbehaltungsrecht führt nur durch Erhebung der Einrede und Angebot der Leistung Zug-um-Zug zur Beendigung des Verzugs (BGH NJW 1971, 421).

H. Abdingbarkeit und Inhaltskontrolle. Da die Regelungen über den Verzug **dispositiv** sind, ist eine abwei- 39 chende Vereinbarung durch Individualvertrag und AGB grds zulässig. Sie unterliegen jedoch einer Inhaltskontrolle, für die hinsichtlich von Vereinbarungen über den Zahlungstermin oder die Folgen des Zahlungsverzugs in Art 3 Abs 3 bis 5 ZahlungsverzugsRL eine Umsetzungspflicht für die Mitgliedstaaten vorgesehen ist. Eine gesonderte Umsetzung hat nicht stattgefunden, so dass deren Vorgaben bei der Überprüfung nach den allg Vorschriften (bei AGB nach §§ 305 ff, ansonsten nach § 242) einfließen müssen.

Derartige Vereinbarungen (sowohl in Individualabreden als auch in AGB) sind, nach der RL unzulässig, 40 wenn sie bei Prüfung aller Umstände des Falles, einschl der guten Handelspraxis und der Art der Ware, als grob nachteilig für den Gläubiger anzusehen sind. Im konkreten Einzelfall sind bei der Abwägung die Maßstäbe in Art 3 Abs 3 S 1 und 2 und aus Erwägungsgrund 19 der ZahlungsverzugsRL heranzuziehen. Bei AGB kann sich daher durchaus ein Spannungsverhältnis des durch die RL intendierten Gläubigerschutzes mit den offensichtlich schuldnerschützenden Tendenzen der Klauselverbote in **§ 309 Nr 4, 5** ergeben (*Hähnlein* EuZW 2000, 680, 685; *Heinrichs* BB 2001, 157, 162). Auf der Rechtsfolgenseite bedarf es bei Individualverträgen einer richtlinienkonformen Einschränkung des § 139, da nach Art 3 Abs 3 S 3 an die Stelle unzulässiger Abreden das Gesetzesrecht tritt (*Gsell* ZIP 2000, 1861, 1872).

I. Verjährung und Prozessuales. Der Anspruch auf den Verzögerungsschaden nach §§ 280 Abs 1, 286, 280 41 Abs 2 unterliegt der Regelverjährung nach **§§ 195, 199.** Aus § 217 ergibt sich im Umkehrschluss, dass der Verjährungsbeginn und die Verjährungsdauer grds von den Größen des Hauptanspruchs unabhängig sind (MüKo/*Ernst* Rn 160). Freilich ist **§ 217 entspr anwendbar,** sodass der Anspruch auf Ersatz des Verzögerungsschadens spätestens zugleich mit dem Hauptanspruch verjährt. Verjährungshemmende und verjährungsunterbrechende Maßnahmen in Bezug auf den Hauptanspruch wirken nicht zugunsten des Anspruchs auf Ersatz des Verzögerungsschadens. § 213 findet keine entspr Anwendung.

Die **Beweislast** für die Voraussetzungen des Verzugs mit Ausn des Vertretenmüssens liegt beim Gläubiger. 42 Für die Beweiserleichterung beim Zugang der Rechnung oder gleichwertigen Zahlungsaufforderung vgl Rz 30 f. Hinsichtlich der Schadenshöhe und der haftungsausfüllenden Kausalität kommt dem Gläubiger § 287 ZPO zugute.

§ 287 Verantwortlichkeit während des Verzugs.

Der Schuldner hat während des Verzugs jede Fahrlässigkeit zu vertreten. Er haftet wegen der Leistung auch für Zufall, es sei denn, dass der Schaden auch bei rechtzeitiger Leistung eingetreten sein würde.

A. Zweck/Systematik. Als bes Verzugsfolge übernimmt § 287 die Haftungsverschärfung § 287 aF mit leichten 1 Anpassungen durch das SMG. Während § 287 S 1 aF wörtlich unverändert übernommen wurde, wird die Haftung für Zufall des § 287 S 2 aF der neuen Systematik entspr über die Unmöglichkeit hinausgehend auf alle Leistungsstörungen (»wegen der Leistung«) ausgedehnt. Wie vor dem SMG dient die Vorschrift der Verlagerung von Risiken auf die Seite der säumigen Vertragspartei. Dahinter steht die Erwägung, dass sich bei rechtzeitiger Leistung die aus der Sphäre des Schuldners stammenden Gefahren nicht mehr auf die Leistung hätten auswirken können (BTDrs 14/6040, 148). Die gleiche Wertung steht auch hinter § 300 beim Gläubigerverzug, nämlich die säumige Partei für die Zeit des Verzugs mit der Gefahrtragung zu belasten (MüKo/*Ernst* Rn 1; Soerg/*Wiedemann* Rn 2).

2 **B. Haftung für jede Fahrlässigkeit nach § 287 S 1.** Nach S 1 haftet der Schuldner im Verzug für jede Fahrlässigkeit. Insoweit werden also gesetzliche (zB §§ 277, 346 Abs 3 S 1 Nr 3, 521, 599, 690, 708) oder vertragliche **Haftungserleichterungen wieder aufgehoben**. Dies gilt nicht nur, wenn den Schuldner eine Herausgabepflicht trifft, sondern auch für Dienstverpflichtungen (vgl klarstellend insoweit BTDrs 14/6040, 148). Die Haftungsverschärfung des § 287 S 1 findet jedoch dann keine Anwendung, wenn die Haftung für leichte Fahrlässigkeit vertraglich ausgeschlossen ist, was nach **§§ 309 Nr 8b, 309 Nr 7** auf den ersten Blick auch durch AGB möglich erscheint, allerdings wegen der erhöhten Voraussetzungen des Verzugs grds nicht zugelassen werden sollte (vgl § 276 Rz 46; MüKo/*Grundmann* Rn 185; aA offenbar MüKo/*Ernst* Rn 1). Wegen der Ausdehnung der Zufallshaftung in S 2 (»wegen der Leistung«) hat S 1 allerdings nur einen schmalen Anwendungsbereich für Schäden, die nicht auf der Verletzung der eigentlichen Leistungspflichten beruhen. Dies wird vor allem im Rahmen der Verletzung von Pflichten nach § 241 Abs 2 in Betracht kommen.

3 **C. Haftung für Zufall nach § 287 S 2.** Die **Haftung** des im Verzug befindlichen Schuldners für **Zufall** gilt für **alle Schäden aus der Verletzung einer Leistungspflicht** (»wegen der Leistung«). Die verschuldensunabhängige Haftung gilt also nicht bei Schäden aus der Verletzung von Schutzpflichten nach § 241 Abs 2. Wie vor dem SMG ist § 287 S 2 bes für die nicht durch den Verzug adäquat kausal herbeigeführten Schäden praktisch bedeutsam, da kausal durch den Verzug entstehende Schäden bereits nach §§ 280 Abs 1, 283, 280 Abs 3 zu ersetzen sind (Soerg/*Wiedemann* Rn 4). Das gilt, egal auf welchen Unmöglichkeitstatbestand zurückgegriffen wird. Die Regelung des § 287 S 2 kann allerdings auch bei adäquat durch den Verzug verursachter Leistungserschwerung Bedeutung dahingehend erlangen, dass nach § 275 Abs 2 S 2 das Vertretenmüssen des Schuldners zu berücksichtigen ist, sodass eine vergleichsweise geringe Aufwandssteigerung nicht zur Befreiung des Schuldners führt. Eine vergleichbare Bedeutung hat § 287 S 2 im **Kaufgewährleistungsrecht** in den Fällen in denen während des Verzugs ein Sachmangel auftritt, den der Verkäufer nach § 439 Abs 3 nicht nachzubessern braucht, oder Umstände eintreten, die erst zu einer Anwendung des § 439 Abs 3 zugunsten des Verkäufers führen (MüKo/*Ernst* Rn 3). Der Verkäufer ist in diesen Fällen wegen § 287 S 2 gem §§ 280 Abs 1, 281, 280 Abs 3, 440 schadensersatzpflichtig. Es erscheint aber auf Grund des allein eine Kosten-Nutzen-Betrachtung nahelegenden Wortlautes des § 439 Abs 3 (»unverhältnismäßige Kosten«) fraglich, ob hier entspr § 275 Abs 2 S 2 die Zufallshaftung bereits im Rahmen der Voraussetzungen des Verweigerungsrechts berücksichtigt werden kann. Andererseits liegt es nahe, bei der Frage der Verhältnismäßigkeit auch Zumutbarkeitserwägungen einzuflechten, sodass das Vertretenmüssen und die Zufallshaftung im Rahmen des § 439 Abs 3 berücksichtigt werden können.

4 Der **originäre Anwendungsbereich** des § 287 S 2 sind die Fälle, in denen zwischen der Leistungsverzögerung und der Nichtleistung auf Grund Unmöglichkeit kein adäquater Ursachenzusammenhang besteht. Hier tritt die Erfolgshaftung des § 287 S 2 ein, sodass er grds auch ohne ein Verschulden auf Schadensersatz statt der Leistung (§§ 280 Abs 1, 281 oder 283, 280 Abs 3) haftet. Mit anderen Worten: Der Schuldner trägt während des Verzugs die Gefahr des zufälligen Untergangs des Leistungsgegenstands (*Larenz* I § 23 II a). § 287 S 2 betrifft allerdings nur die Frage des adäquaten Verschuldenszusammenhangs. Es bleibt bei dem Erfordernis, dass die Unmöglichkeit bzw der die Durchsetzung des Anspruch auf die Leistung ausschließende Umstand adäquat kausal den geltend gemachten Schaden verursacht hat (Staud/*Löwisch* Rn 18). Von diesem Nachweis entlastet auch § 287 S 2 den Gläubiger nicht. Entsprechend dem Prinzip des rechtmäßigen Alternativverhaltens gilt die Zufallshaftung nicht, wenn auch bei rechtzeitiger Leistung der Schaden durch Unmöglichkeit oder die Leistungserschwerung eingetreten wäre (S 2 Hs 2).

5 **D. Prozessuales.** Der Schuldner trägt die **Beweislast** für den Einwand des S 2 Hs 2, wie sich schon aus dem Gesetzeswortlaut ergibt (»es sei denn«). Der Schuldner muss demnach beweisen, dass keine Kausalität zwischen dem Verzug und der Unmöglichkeit (§ 275 Abs 1 bis 3) besteht. Er muss daher das Vorbringen des Gläubigers widerlegen, wenn dieser bspw behauptet, er hätte die Sache bei rechtzeitiger Leistung bereits vor Eintritt des hypothetischen Untergangs verbraucht (Palandt/*Heinrichs* Rn 4).

§ 288 Verzugszinsen.

[1] Eine Geldschuld ist während des Verzugs zu verzinsen. Der Verzugszinssatz beträgt für das Jahr fünf Prozentpunkte über dem Basiszinssatz.
[2] Bei Rechtsgeschäften, an denen ein Verbraucher nicht beteiligt ist, beträgt der Zinssatz für Entgeltforderungen acht Prozentpunkte über dem Basiszinssatz.
[3] Der Gläubiger kann aus einem anderen Rechtsgrund höhere Zinsen verlangen.
[4] Die Geltendmachung eines weiteren Schadens ist nicht ausgeschlossen.

1 **A. Zweck/Systematik.** Als weitere bes Rechtsfolge des Verzugs wird in § 288 Abs 1 S 1 auch nach dem SMG als **eigenständige Anspruchsgrundlage für Geldschulden** die **Verzinsungspflicht** bei Verzug geregelt. Der nochmals geänderte § 288 behält die bereits durch das »Gesetz zur Beschleunigung fälliger Zahlungen vom 30.03.2000« (BGBl I 330) erst mit Wirkung zum 01.05.2000 vollzogene Erhöhung des Verzugszinssatzes von ursprünglich 4 % (bei Handelsgeschäften 5%) auf 5 Prozentpunkte über den Basiszinssatz (§ 247) bei. Allerdings wird bedingt durch die Umsetzung des Art 3 Abs 1 lit d Zahlungsverzugsrichtlinie (ABl EG L 200) die-

ser Zinssatz in einem eigens geschaffenen Abs 2 für Entgeltforderungen im Geschäftsverkehr, bei dem ein Verbraucher nicht beteiligt ist, nochmals auf 8 Prozentpunkte über den Basiszinssatz erhöht. Der Basiszinssatz wird nach § 247 bestimmt und ist nunmehr der in § 247 Abs 1 S 3 benannten Bezugsgröße des »Zinssatzes für die jüngste Hauptrefinanzierungsoperation der Europäischen Zentralbank« am 1.1. und 1.7. eines jeden Jahres anzupassen (§ 247 Abs 1 S 2). Die Anpassungsrhythmen sind somit vollständig mit der Zahlungsverzugsrichtlinie synchronisiert.

Die abermalige **Erhöhung des Zinssatzes** im Geschäftsverkehr bezweckt die Verbesserung der Zahlungsmoral, indem dem Zahlungsschuldner der Anreiz genommen wird, fällige Zahlungen hinauszuzögern. Dies wird durch eine ggü dem Rechtszustand vor dem Inkrafttreten des »Gesetzes zur Beschleunigung fälliger Zahlungen« erhebliche Erhöhung des Verzugszinssatzes bewerkstelligt. Dieser ist durch die Bezugnahme auf den Basiszinssatz (§ 247) veränderlich. Der Anspruch auf die Verzugszinsen ist vollkommen unabhängig vom Nachweis der Entstehung eines tatsächlichen Schadens und der Kausalität. Früher wurde der Anspruch auf die Verzugszinsen damit begründet, dass eine unwiderlegbare Vermutung bestehe, dass in dieser Höhe dem Gläubiger durch den Zinsverlust ein Mindestschaden entstanden ist (BGHZ 74, 231, 235). Hierfür spricht grds die Möglichkeit der Geltendmachung eines höheren Schadens nach § 288 Abs 4. Neben der Abdeckung typischerweise durch den Zahlungsverzug beim Gläubiger entstehender finanzieller Nachteile (durch die Abschöpfung der dadurch beim Schuldner entstehenden Vorteile) verfolgt insbes Abs 2 für den Geschäftsverkehr auch einen pönalen Zweck. Es soll durch den hohen Verzugszins der Anreiz genommen werden, dem Gläubiger durch die Verzögerung der fälligen Zahlungen eine Kreditgabe einseitig aufzuzwingen (MüKo/*Ernst* Rn 4 mwN). In Abs 3 und 4 werden wörtlich § 288 Abs 1 S 2 und Abs 2 aF übernommen, wonach der Gläubiger aus einem anderen Rechtsgrund höhere Zinsen verlangen sowie einen höheren Schaden geltend machen kann. Die Höhe der Prozesszinsen ist durch Verweis auf § 288 Abs 1 und 2 angepasst worden. 2

B. Anwendungsbereich/Sonderregelungen. Gemäß § 497 Abs 1 S 1 gilt der Verzugszins nach § 288 Abs 1 – **anders als noch nach § 11 Abs 1 VerbrKrG** – nach dem SMG auch für Verbraucherdarlehen. Eine Ausn wird hiervon gem § 497 Abs 1 S 2 nur für grundpfandrechtlich gesicherte Verbraucherdarlehen (§ 491 Abs 3 Nr 1) gemacht, wo ein Verzugszins von 2,5 Prozentpunkten über dem Basiszinssatz gilt. Beiden Vertragspartnern eines Verbraucherdarlehens wird des Weiteren nach **§ 497 Abs 1 S 3** abweichend von § 288 Abs 1 und 4 der Nachweis eines höheren oder niedrigeren Schadens eröffnet. Schließlich gilt § 497 gem § 499 entspr auch in den Fällen des Zahlungsaufschubs oder der sonstigen Finanzierungshilfe. Anwendung findet § 288 nach der Neufassung der VOB Teil B im Jahre 2002 gem **§ 16 Nr 5 Abs 3 VOB Teil B** auch für die erfassten Verträge. Sofern nach den international-privatrechtlichen Vorschriften deutsches Sachrecht Anwendung findet, gilt der in § 288 Abs 1 und 2 bestimmte Verzugszins auch für den Zahlungsverzug bei einem vom CISG erfassten internationalen Warenkauf (Schlechtriem/Schwenzer/*Bacher* Art 78 CISG Rn 3). Der Art 78 CISG regelt lediglich die Zinszahlungspflicht, nicht jedoch den Zinssatz, da man sich im Rahmen der Verhandlungen der Konvention nicht auf einen einheitlichen Zinssatz einigen konnte (*Schlechtriem* JZ 1988, 1037, 1047). Hingegen befindet sich in **Art 27 Abs 1 CMR** eine abschließende Regelung über die Verpflichtung zur Zahlung von Verzugszinsen in Höhe von 5%. In öffentlich-rechtlichen Schuldverhältnissen kommt § 288 allenfalls erg zur Anwendung, sofern und soweit das öffentliche Recht Lücken aufweist und es sich um Geldschulden im Gleichordnungsverhältnis handelt (MüKo/*Ernst* Rn 11). 3

Ausdrücklich **ausgeschlossen ist die Anwendung** des § 288 gem **§ 522** im Rahmen der **Schenkung**. Des Weiteren befindet sich in **§ 676b Abs 1 eine Sonderregelung** für den Überweisungsverkehr, derzufolge das überweisende Kreditinstitut bei verspätet bewirkter Leistung den Überweisungsbetrag mit 5 Prozentpunkten über dem Basiszinssatz zu verzinsen hat, ohne dass es auf ein Verschulden ankommt. Abschließende Sonderregelungen mit Blick auf die Verzinsung befinden sich für den Scheck- und Wechselinhaber in **§ 45 Nr 2, 46 Nr 2 ScheckG und § 48 Abs 1 Nr 2 WG**. Schließlich lässt § 288 und seine Neuregelung durch das SMG die Ansprüche auf Fälligkeitszinsen nach § 353 HGB unberührt. Die gem **§§ 353 S 1, 352 Abs 2 HGB** bereits mit Fälligkeit entstehende Verzinsungspflicht in Höhe von 5% besteht unabhängig vom Vorliegen der Verzugsvoraussetzungen. Allerdings gilt auch für das beiderseitige Handelsgeschäft gem § 352 Abs 1 S 1 für den Verzug der Zinssatz der allg Regelung in § 288 Abs 1 S 2 bzw Abs 2. 4

C. Verzinsungspflicht und Verzugszinsen nach § 288 Abs 1. In § 288 Abs 1 S 1 ist die Verzinsungspflicht des im Verzug befindlichen Geldschuldners als eigenständige Anspruchsgrundlage geregelt. Der Anspruch auf die Verzugszinsen ist demnach kein Unterfall des Ersatzes des Verzögerungsschadens nach §§ 280 Abs 1, 286, 280 Abs 2, es ist daher auch kein Nachweis eines kausalen Schadens erforderlich. Voraussetzung ist allein das Vorliegen einer Geldschuld und der Verzug des Schuldners nach § 286. 5

Der Begriff der **Geldschuld** (§§ 244, 245) erfasst unverändert alle Arten von Geldschulden, ist also umfassender als der Begriff der Entgeltforderung in § 286 Abs 3 und § 288 Abs 2. Die Geldschuld ist eine Wertverschaffungsschuld, sodass der Schuldner das durch den Nennbetrag ausgedrückte Quantum an Vermögensmacht zu verschaffen hat (Palandt/*Heinrichs* § 245 Rn 12). Nach hM handelt es sich nicht um eine Gattungsschuld, da diese keine Sachschuld ist (RGZ 101, 313; aA BGHZ 83, 300). Das Leistungsobjekt ist keine Sache, son- 6 dern eine unkörperliche Vermögensmacht. Es sind von § 288 sowohl Geldwert- als auch Geldsummenschulden erfasst, sodass bspw regelm auf Geldersatz gerichtete Schadensersatzansprüche sowie Schmerzensgeldansprüche erfasst werden. Ein Anspruch auf Verzugszinsen besteht aber auch, wenn der Versprechende eines Darlehens den Darlehensbetrag zu spät auszahlt (BGHZ 74, 231, 234 f), wobei eine Verrechnung der Verzugszinsen mit den als Gegenleistung für die Darlehensgewährung geschuldeten (Vertrags-)Zinsen nicht stattfindet (Palandt/*Heinrichs* Rn 6).

7 Als Verzugszinssatz bestimmt Abs 1 S 2 eine Höhe von **5 Prozentpunkten über dem Basiszinssatz** für alle Geldschulden von Verbrauchern und für alle Geldforderungen im Geschäftsverkehr, die keine Entgeltforderungen sind. Der Anspruch auf Verzugszinsen setzt den Verzug voraus, dh es ist nicht lediglich das Vorliegen einer objektiven Verzögerung einer Zahlung auf eine Geldschuld gefordert, sondern es müssen auch die weiteren Voraussetzungen des Verzugs nach § 286 vorliegen. Dh, dass die Verzinsungspflicht mit dem Eintritt des Verzugs beginnt, im Regelfall mit der Mahnung bzw der Klageschrift oder des Mahnbescheids als den Verzug auslösendes Ereignis nach hM gem § 187 Abs 1 am Tag nach dem Zugang bzw der Zustellung (BGH NJW-RR 1990, 518, 519; Palandt/*Heinrichs* Rn 5; aA MüKo/*Ernst* Rn 15 mwN). Das Gleiche gilt für die weiteren Ereignisse, die gem § 286 Abs 2 der Mahnung gleichstehen. Folgerichtig beginnt im Fall des § 286 Abs 3 die Verzinsungspflicht mit dem Tag, nach dem die 30-Tage-Frist abgelaufen ist. Die Verzinsungspflicht endet mit dem Ablauf des Tages, an dem der Schuldner zum Zwecke der Erfüllung der Geldschuld zahlt (Palandt/*Heinrichs* Rn 5; BaRoth/*Unberath* Rn 7). Das Gleiche gilt, wenn der Schuldner zur Abwehr der Zwangsvollstreckung zahlt, obgleich durch eine solche Zahlung noch keine Erfüllungswirkung eintritt (BGH NJW 1981, 2244; WM 1983, 21). Da eine Scheckhingabe nur eine Leistung erfüllungshalber darstellt, sind Verzugszinsen bis zum Tag der Gutschrift des Scheckbetrags auf dem Bankkonto des Gläubigers zu entrichten (BGH WM 1983, 863, 864).

8 Durch die **Anknüpfung an den Basiszinssatz (§ 247)** ist der Verzugszins auch weiterhin variabel, so dass der Klageantrag § 288 Abs 1 S 2 entspr zu formulieren ist (zu einem Formulierungsvorschlag vgl *Schimmel/Buhlmann* MDR 2000, 737, 738). Daraus folgt, dass eine Änderung des Basiszinssatzes auch bei der Berechnung des Zinsbetrags im Rahmen der gerichtlichen Entscheidung zu berücksichtigen ist, allerdings nur dann, wenn der Antrag entspr (richtig) formuliert wurde. Auf den Zinsbetrag fällt nach gefestigter und durch den EuGH bestätigter Rspr keine Mehrwertsteuer an, und kann auch nicht gefordert werden (EuGH NJW 1983, 505, 506; BGHZ 80, 228, 230; 90, 198, 206).

9 **D. Erhöhter Verzugszins für Entgeltforderungen im Geschäftsverkehr nach § 288 Abs 2.** Für alle Entgeltforderungen im Geschäftsverkehr ist in Umsetzung der Zahlungsverzugsrichtlinie in Abs 2 ein höherer Verzugszinssatz von 8 Prozentpunkten über den Basiszinssatz vorgesehen. Zum Begriff der Entgeltforderung vgl § 286 Rz 25 f. Anders als in § 352 HGB aF gilt dieser höhere Zinssatz richtlinienkonform nicht nur für Kaufleute, sondern für den gesamten Rechtsverkehr, an dem kein Verbraucher (§ 13) beteiligt ist. Für die Verbrauchereigenschaft kommt es auf den Zeitpunkt der Begründung der Entgeltforderung durch Vertragsschluss an, und nicht auf den Zeitpunkt des Verzugsbeginns (MüKo/*Ernst* Rn 20). Wegen der Unterscheidung nach der Person des Gesamtschuldners kann ein Gesamtschuldner dem erhöhten Verzugszins unterliegen, während der andere Gesamtschuldner wegen seiner Verbrauchereigenschaft nur dem Verzugszinssatz nach Abs 1 S 2 unterliegt (Palandt/*Heinrichs* Rn 9).

10 Abs 2 erfasst somit **alle nichtkaufmännischen Unternehmen**, also auch die freien Berufe, Kleingewerbetreibende, Idealvereine, nebenberuflich selbständig Tätige und die öffentliche Hand. Allerdings wird für bestimmte Fälle, in denen die Verbrauchereigenschaft einer beteiligten Partei verneint wird, gleichwohl nur der geringere Verzugszins des § 288 Abs 1 S 2 angewendet. Dies wird bspw bei ArbN angenommen, wobei hier bereits der Arbeitsvertrag kein Rechtsgeschäft iSd § 288 Abs 2 sein soll (BAG NZA 2005, 694, das offen ließ, ob der ArbN Verbraucher ist). Auch bei öffentlich-rechtlichen Rechtsverhältnissen wird die Anwendbarkeit des Abs 2 kontrovers diskutiert (dafür Palandt/*Heinrichs* Rn 9; *Maul* BauR 2003, 1082; dagegen MüKo/*Ernst* Rn 21: »nicht zweckmäßig«).

11 **E. Sonderregelungen in § 288 Abs 3 und 4.** Abs 3 und Abs 4 übernehmen mit kleineren sprachlichen Änderungen inhaltlich § 288 Abs 1 S 2 und Abs 2 aF. **Höhere Zinsen** iSd § 288 Abs 3 können sich lediglich aus **vertraglicher Vereinbarung** ergeben, da andere gesetzlich bestimmte Zinssätze niedriger oder gleich hoch sind. Dabei hatte das Gesetz mit § 288 Abs 1 S 2 aF gerade im Auge, dass eine vertragliche Zinsverpflichtung nach Inhalt und Umfang nicht durch den Eintritt des Verzugs und die entspr Verzugsverzinsung gemindert werden soll, der vertragliche Zinssatz also an die Stelle des gesetzlichen Zinssatzes treten soll (Soerg/*Wiedemann* Rn 16; Palandt/*Heinrichs* Rn 3; MüKo/*Ernst* Rn 22). Der **BGH** hat das freilich anders beurteilt (BGHZ 104, 337; 115, 268) und § 288 Abs 1 S 2 entnommen, dass eine vertragliche Vereinbarung hinsichtlich des Zinssatzes, der als Gegenleistung für die Kapitalüberlassung zu zahlen ist, nicht über den Verzugseintritt hinaus gilt. Es müsse vielmehr ausdrücklich vereinbart werden, dass der vertraglich vereinbarte Zinssatz, der höher als der gesetzliche Verzugszinssatz ist, auch und gerade für den Verzug anzuwenden sei (zur Kritik *U Huber* Leistungsstörungen II, 60 ff). Die **formularmäßige vertragliche Vereinbarung** des erhöhten Verzugszinssatzes unterliege dann freilich der Inhaltskontrolle für Formularverträge, die regelm zu ihrer Unzulässigkeit führe. Trotz der geringfügigen sprachlichen Änderungen durch das SMG hat der Gesetzgeber keine Klarstellung

vorgenommen, sodass damit zu rechnen ist, dass diese Rspr auch im Rahmen von § 288 Abs 3 fortgesetzt wird (MüKo/*Ernst* Rn 24 f). Dies ist bei der vertraglichen Ausgestaltung, welche die durch die Inhaltskontrolle gesetzten Grenzen beachten muss (hierzu sogleich Rz 13 f), zu berücksichtigen, wobei auf Grund der Erhöhung des Verzugszinssatzes der Problematik etwas Schärfe genommen wurde. Bei der Gesamtfälligstellung des zurückzuzahlenden Darlehens infolge des Zahlungsverzugs findet selbstverständlich der vertraglich vereinbarte Zinssatz für die Kapitalüberlassung keine Anwendung, sondern nur der Verzugszinssatz. Allerdings kann der Zinsausfall als Verzugsschaden gem §§ 280 Abs 1, 286, 280 Abs 2 geltend gemacht werden (BGHZ 104, 337, 341 – damals in Analogie zu § 628 Abs 2). Dabei ist jedoch zu beachten, dass als Verzugsschaden nur der entgangene Vertragszins bis zum nächstmöglichen Kündigungszeitpunkt geltend gemacht werden kann (BGH NJW 2003, 1801).

Ein höherer Schaden nach § 288 Abs 4 wird vor allem durch **Aufwendungen für Kreditzinsen** oder **entgangene Anlagezinsen** begründet werden. Es handelt sich lediglich um eine Klarstellung, die auf Grund der Erhöhung des Verzugszinssatzes künftig eine geringere Bedeutung haben wird. Der erhöhte Schaden ist ein Verzugsschaden, der unter den Voraussetzungen der §§ 280 Abs 1, 286, 280 Abs 2 ersetzt wird. 12

F. Abweichende Vereinbarungen. Grundsätzlich sind auch von § 288 **abweichende Vereinbarungen möglich.** Dies ist praktisch bes relevant, wenn ein ggü § 288 Abs 1 S 2 bzw Abs 2 erhöhter Zinssatz für den Verzug vereinbart werden soll. Eine solche parteiautonome Gestaltung des Verzugszinssatzes ist durch die Zahlungsverzugsrichtlinie nicht ausgeschlossen, da diese die Privatautonomie nicht einschränken wollte (MüKo/*Ernst* Rn 28). Dabei können die Parteien einen fixen Zinssatz wählen oder dem Muster des § 288 Abs 1 S 2 bzw Abs 2 folgen und einen flexiblen Zinssatz in Abhängigkeit vom Basiszinssatz (gebräuchlich ist auch der Verweis auf den EURIBOR) statuieren. Sofern die Parteien nicht ausdrücklich von »Prozentpunkten über …« oder »Basiszinssatz plus x %« sprechen, ist es eine Frage der Auslegung, ob eine entspr Korrektur möglich ist (Hamm NJW 2005, 2238). Der Vereinbarung eines höheren Verzugszinssatzes kann ein konkludenter Ausschluss des § 288 Abs 4 entnommen werden. Ein entspr Abbedingungswille muss der Vereinbarung jedoch eindeutig zu entnehmen sein, sodass es im Zweifel bei der Anwendbarkeit des § 288 Abs 4 verbleibt (Frankfurt aM DNotZ 1989, 256; Palandt/*Heinrichs* Rn 12). 13

Die abweichende Vereinbarung unterliegt bei Formularverträgen der Inhaltskontrolle. Sofern die AGB vom Gläubiger gestellt sind und einen erhöhten Verzugszinssatz enthalten, ist die Regelung an **§ 309 Nr 5** zu messen. Dies bedeutet, dass nach lit a der erhöhte Zinssatz den nach dem gewöhnlichen Verlauf der Dinge zu erwartenden Schaden nicht übersteigen darf, und dass nach lit b dem Zahlungsschuldner der Nachweis eines geringeren Schadens ausdrücklich zu gestatten ist. Mit Blick auf den erheblich erhöhten Verzugszinssatz dürfte hier kaum noch Spielraum nach oben gegeben sein (MüKo/*Ernst* Rn 29). Dabei darf aber auch bei einer im Einzelfall zulässig vereinbarten weiteren Erhöhung des Verzugszinssatzes nur die Verzinsung der fälligen Kapitalschuld, mit deren (Rück-)Zahlung der Schuldner sich in Verzug befindet, vereinbart werden (BGH WM 1988, 1401, 1403). Nach diesen Grundsätzen erfolgt auch die Inhaltskontrolle von notariellen Klauseln gem § 242 (BGHZ 74, 204, 211 – für Gewährleistungs- und Haftungsbeschränkungen; München NJW-RR 1992, 125 f). Sofern eine Absenkung des gesetzlichen Verzugszinssatzes durch vom Schuldner gestellte AGB vorgenommen wird, ist mit Blick auf den hinter der Erhöhung stehenden Zweck mit der früheren Rspr grds eine Unzulässigkeit anzunehmen (aA MüKo/*Ernst* Rn 30). Allenfalls eine geringfügige Absenkung oder die Möglichkeit des Nachweises eines geringeren Schadens durch den Schuldner erscheint mit Blick auf § 307 Abs 1 S 1 in Ausnahmefällen zulässig. 14

G. Verjährung. Der Anspruch auf den Verzugszins unterliegt der Regelverjährung nach **§§ 195, 199**. Es ist allerdings § 217 zu beachten, wonach der Zinsanspruch als Nebenanspruch nicht später verjähren kann als die ihm zugrunde liegende Hauptforderung. Eine abweichende Verjährungsregelung findet sich für Ansprüche wegen Verzugs in § 497 Abs 3 für das Verbraucherdarlehen. 15

H. Prozessuales. Die Voraussetzungen des Verzugs, im Falle des Abs 2 das Vorliegen einer Entgeltschuld sowie der Voraussetzung, dass ein Verbraucher am Rechtsgeschäft nicht beteiligt ist, hat nach allg **Beweislastgrundsätzen** der Gläubiger darzulegen und ggf zu beweisen. Die Beweislastumkehr in § 286 Abs 4 hinsichtlich des Vertretenmüssens der Zahlungsverzögerung ist aber auch im Rahmen von § 288 anzuwenden. Die Variabilität des Verzugszinses durch die Anknüpfung an den Basiszinssatz (§ 247) muss sich auch im Klageantrag wieder spiegeln. Am besten wird eine Formulierung entspr dem Wortlaut von § 288 Abs 1 S 2 bzw Abs 2 gewählt (vgl Formulierungsvorschlag bei *Schimmel/Buhlmann* MDR 2000, 737, 738). 16

§ 289 Zinseszinsverbot. **Von Zinsen sind Verzugszinsen nicht zu entrichten. Das Recht des Gläubigers auf Ersatz des durch den Verzug entstehenden Schadens bleibt unberührt.**

A. Zweck/Systematik. § 289 S 1 schreibt das Verbot von Zinseszinsvereinbarungen (§ 248 Abs 1 aF) fort. Das bedeutet, dass der Gläubiger grds für Zinsen, mit deren Zahlung der Schuldner sich in Verzug befindet, **keinen Ausgleich** erhält. Das Zinseszinsverbot wird durch zwei Regelungen abgemildert. Zum einen werden Zahlungen des Schuldners nach der Tilgungsverrechnungsvorschrift des § 367 Abs 1 zunächst auf die entstan- 1 denen Kosten und Zinsen angerechnet, bevor sie zu einer Tilgung der Hauptforderung führen. Des Weiteren lässt das Zinseszinsverbot des § 289 S 1 gem § 289 S 2 die Geltendmachung eines weitergehenden Verzugsschadens nach § 280 Abs 1, 286, 280 Abs 2 ausdrücklich zu.

2 **B. Zinseszinsverbot nach § 289 S 1.** Nach § 289 S 1 sind nur auf Zinsen keine Verzugszinsen zu entrichten. Nach st Rspr sind Zinsen die laufzeitabhängige, gewinn- und umsatzabhängige Vergütung für die Überlassung des Kapitalgebrauchs oder für die entgangene Kapitalnutzung (BGH NJW 1979, 805, 807). Entscheidendes Wesensmerkmal ist ihre **Abhängigkeit von der Laufzeit** (Soerg/*Wiedemann* Rn 4). Dies bedeutet, dass Kreditgebühren bspw bei Teilzahlungskrediten Zinsen sind, da sie sowohl von der Laufzeit abhängig als auch als Gegenleistung für die Kapitalnutzung geschuldet sind (BGH NJW 1983, 1420, 1421). Dagegen sind allg Kreditkosten, Bereitstellungskosten oder Bereitstellungsgebühren keine Zinsen, da sie für die Kapitalhingabe geschuldet werden, und nicht für die zeitweilige Überlassung des Kapitalgebrauchs (BGH NJW-RR 1986, 467, 468). Das Gleiche gilt für Bearbeitungs- und/oder Verwaltungsgebühren (BGH NJW 1980, 2076, 2077), Antragsgebühren (BGHZ 80, 153, 166) und Prämien für eine Restschuldversicherung, die mit der zeitweiligen Überlassung des Kapitalgebrauchs ersichtlich nichts zu tun hat, sondern nur das Risiko eines Ausfalls der Darlehensrückzahlung absichert (BGH 1980, 2301). Beim **Darlehensdisagio** ist durch **Auslegung** zu ermitteln, ob das Disagio als (verdeckter) Zinsbestandteil oder als pauschaliertes Entgelt für den Verwaltungsaufwand der Beschaffung des Kapitals zu zahlen ist (BGHZ 81, 124, 126 ff). Gebühren für Verlängerungs- oder Überziehungskredite sind regelm als Zinsen anzusehen (MüKo/*Ernst* Rn 5; Soerg/*Wiedemann* Rn 10).

3 Auf das Zinseszinsverbot des § 289 S 1 wird in **§ 1107** für die Einzelleistungen einer Reallast verwiesen; es gilt über § 9 Abs 1 S 1 ErbbauVO iVm § 1107 auch für den Erbbauzins (BGH NJW 1970, 243). Dagegen soll der nur schuldrechtlich vereinbarte Erbbauzins nicht dem Zinseszinsverbot unterfallen (BGH NJW-RR 1992, 591, 592). Eine gesetzliche **Ausn** vom Zinseszinsverbot befindet sich in § 355 Abs 1 HGB für das kaufmännische Kontokorrent. Da es für die Anwendbarkeit der Vorschrift genügt, dass eine Partei (die Bank) Kaufmann ist, hat sie erhebliche praktische Bedeutung (*Reifner* NJW 1992, 338, 340 f). Die Regelung findet auf Grund der **Sondervorschrift des § 497 Abs 2 S 2** auf Verbraucherdarlehen jedoch keine Anwendung. Zudem ist nach der Rspr der Verzugszins als Bestandteil des Kontokorrentsaldos nur solange mitzuverzinsen, solange das Kontokorrentverhältnis besteht (BGH NJW-RR 1991, 1286, 1288).

4 **C. Klarstellung bzgl Verzugsschaden in § 289 S 2.** Nach der Klarstellung in § 289 S 2 kann der Gläubiger einen weitergehenden Verzugsschaden geltend machen. Das bedeutet, dass er auch Zinsen von Verzugszinsen als Verzugsschaden gem §§ 280 Abs 1, 286, 280 Abs 2 verlangen kann, sofern er den Schuldner wirksam wegen seiner Verpflichtung zur Zahlung der Verzugszinsen in Verzug gesetzt hat (BGH NJW 1993, 1260, 1261). Der Zinssatz ist allerdings bei Verbraucherdarlehensverträgen und bei von einem Unternehmer an einen Verbraucher gewährten Finanzierungshilfen auf den gesetzlichen Zinssatz nach § 246 reduziert (Palandt/*Putzo* § 497 Rn 9). Ein weiterer Schutz des Verbrauchers ergibt sich durch die von § 367 Abs 1 abweichende Tilgungsverrechnung nach § 493 Abs 3 S 1 beim Verbraucherdarlehen, wonach Zahlungen des Schuldners erst an letzter Stelle zur Zinstilgung verrechnet werden.

§ 290 Verzinsung des Wertersatzes. **Ist der Schuldner zum Ersatz des Wertes eines Gegenstands verpflichtet, der während des Verzugs untergegangen ist oder aus einem während des Verzugs eingetretenen Grunde nicht herausgegeben werden kann, so kann der Gläubiger Zinsen des zu ersetzenden Betrags von dem Zeitpunkt an verlangen, welcher der Bestimmung des Wertes zugrunde gelegt wird. Das Gleiche gilt, wenn der Schuldner zum Ersatz der Minderung des Wertes eines während des Verzugs verschlechterten Gegenstandes verpflichtet ist.**

1 **A. Zweck.** Durch § 290 wird bezweckt, dass von dem Zeitpunkt an, in dem ein Gegenstand untergeht, mit dessen Herausgabe sich der Schuldner in Verzug befindet, der an die Stelle des Herausgabeanspruchs tretende Wertersatzanspruch ohne erneute In-Verzug-Setzung wie eine Geldschuld zu verzinsen ist. Insofern stellt § 290 eine **Parallele zu § 849** dar, der im Recht der unerlaubten Handlung eine Verzinsung des Wertersatzanspruchs bei Sachentziehung oder -beschädigung vorsieht. Bei Herausgabeansprüchen aus deliktischen Handlungen wird regelm die Mahnung als entbehrlich iSd § 286 Abs 2 Nr 4 (*fur semper in mora*) angesehen, vgl § 286 Rz 23.

2 **B. Regelungsgehalt.** Die Verzinsungspflicht des § 290 setzt den **Anspruch gegen den Schuldner auf Wertersatz** voraus, regelt also nicht selbst diese Verpflichtung des Schuldners. Der entspr Wertersatzanspruch kann sich aus §§ 280 Abs 1, 283 iVm 287, 280 Abs 3 oder bei Verschlechterung unter weiterer Berücksichtigung von §§ 283, 281 Abs 1 S 3 ergeben. Die Höhe des Wertersatzanspruchs berechnet sich zum Zeitpunkt seiner Entstehung (Palandt/*Heinrichs* Rn 1; MüKo/*Ernst* Rn 2). Für den Begriff des Gegenstands kann auf die allg weite Definition zurückgegriffen werden. Gegenstand ist demnach alles, was Objekt von Rechten sein kann (Palandt/*Heinrichs* Vor § 90 Rn 2). Von § 290 werden auch solche Ansprüche erfasst, nach denen der Schuldner zur Übergabe eines Gegenstands verpflichtet ist, also bspw der Anspruch des Käufers auf Übergabe und Übereignung der Sache (MüKo/*Ernst* Rn 3).

Als **Rechtsfolge** spricht § 290 die **Verzinsungspflicht** des Schuldners des Wertersatzanspruchs aus. Dabei wird für die Zinssatzhöhe der gesetzliche Verzugszinssatz in § 288 in Bezug genommen (Palandt/*Heinrichs* Rn 2). Die hM nimmt hier darüber hinaus einen **Vollverweis auf § 288** an, sodass der Gläubiger gem § 288 Abs 3 und Abs 4 auch einen höheren Verzugsschaden als den Verzugszins nach § 288 Abs 1 S 2 in Höhe von 5 Prozentpunkten über dem jeweils gültigen Basiszinssatz geltend machen kann (Staud/*Löwisch* Rn 5; MüKo/*Ernst* Rn 4). 3

§ 291 Prozesszinsen. Eine Geldschuld hat der Schuldner von dem Eintritt der Rechtshängigkeit an zu verzinsen, auch wenn er nicht im Verzug ist; wird die Schuld erst später fällig, so ist sie von der Fälligkeit an zu verzinsen. Die Vorschriften des § 288 Absatz 1 Satz 2, Absatz 2, Absatz 3 und des § 289 Satz 1 finden entsprechende Anwendung.

A. Zweck/Systematik. § 291 enthält die Aussage, dass der Schuldner, der die Zahlung auf eine Geldschuld zurückhält, dem Gläubiger zumindest für die Zeit des Prozesses für die Vorenthaltung des Kapitals eine **Entschädigung zu zahlen** hat. Das Gesetz bezweckt hiermit, dass der Schuldner, der das Risiko eines Prozesses über die Geldschuld und des Prozessverlustes bewusst eingeht, im Falle des Unterliegens einen Risikozuschlag zahlen soll (Staud/*Löwisch* (2004) Rn 1). § 291 verfolgt damit einen anderen Gedanken als die gesetzliche Verpflichtung zur Zahlung von Verzugszinsen. Auch wenn in der Rechtsfolge hinsichtlich der Höhe der Prozesszinsen auf die Regelung zum Verzugszins in § 288 Abs 1 S 2 und Abs 2 verwiesen wird, handelt es sich doch um eine prozessuale Nebenforderung, die gerade nicht vom Vorliegen des Verzugs abhängig ist (MüKo/*Ernst* Rn 1). 1

Mit Blick darauf, dass die die Rechtshängigkeit auslösende Klageerhebung und die Zustellung eines Mahnbescheids gem § 286 Abs 1 S 2 einen Mahnungsersatz darstellen und daher regelm auch den Verzug begründen, sofern dieser nicht bereits zuvor eingetreten war, hat § 291 **praktische Bedeutung** nur in den Fällen, in denen gerade nicht auch der Verzug begründet wird. Dies ist bspw dann der Fall, wenn die Geldschuld bei Klageerhebung noch nicht fällig war oder der Schuldner den Verzug nicht zu vertreten hat (zu letzterem vgl insbes § 286 Rz 37). Obwohl der Schuldner in diesen Fällen keine Verzugszinsen schuldet, muss er gleichwohl bei Verlust des Prozesses über die Geldschuld ab Rechtshängigkeit bzw Fälligkeit die Prozesszinsen zahlen. Der Schuldner trägt daher bspw das Risiko eines unverschuldeten Rechtsirrtums über das Bestehen der Geldschuld (Palandt/*Heinrichs* Rn 1). Aufgrund des § 288 ergänzenden Gehalts von § 291 können trotz der unterschiedlichen gesetzlichen Wertung für denselben Zeitraum nur entweder Verzugszinsen oder Prozesszinsen gefordert werden, ist also ihre Kumulierung unzulässig (RGZ 92, 283, 285; Saarbrücken NJW-RR 1987, 471). 2

B. Anwendungsbereich. § 291 ist auf **alle Geldschulden** anwendbar, gleich auf welchem rechtlichen Grund diese beruhen. Mit Blick auf die vorrangige gesetzliche Sonderregelung in § 48 WG ist § 291 nicht auf Wechselunkosten und Provisionen anwendbar (MüKo/*Ernst* Rn 6). Aufgrund des Standortes im Allgemeinen Teil des Schuldrecht wird § 291 insbes auch auf öffentlich-rechtliche Zahlungsansprüche angewendet, und zwar nicht nur dann, wenn die Zahlung durch eine allg Leistungsklage vor dem Verwaltungsgericht geltend gemacht wird, sondern auch dann, wenn eine Verpflichtungsklage erhoben wird, die auf die Verpflichtung der Behörden zum Erlass eines Bescheids abzielt, der unmittelbar eine Zahlung auslösen soll (BVerwG NVwZ 2002, 486). Da es sich beim Anspruch auf die Prozesszinsen nach § 291 um einen **materiell-rechtlichen Anspruch** handelt, ist § 291 mit der hM nur dann anzuwenden, wenn auf die im Prozess geltend gemachte Forderung deutsches Sachrecht Anwendung findet (*Reithmann/Martiny* Rn 187; MüKo/*Ernst* Rn 5). Der aA, die den Anspruch auf Prozesszinsen prozessrechtlich qualifiziert und die daher nach dem Grundsatz, dass sich prozessrechtliche Bestimmungen nach der *lex fori* richten, zu einer Anwendung des § 291 nur bei Inlandsprozessen kommt, ist nicht zu folgen. 3

C. Voraussetzungen. Der Anspruch auf die Prozesszinsen entsteht nur dann, wenn die gerichtlich geltend gemachte (Haupt-)Forderung eine **Geldschuld** ist. Hinsichtlich dieses Begriffs kann auf die entspr Ausführungen bei § 288 Rz 6 verwiesen werden. Es sind sowohl Geldsummenschuld als auch die Geldwertschuld, die mit der Klage geltend gemacht wurden, ab Rechtshängigkeit zu verzinsen (BGH NJW 1965, 531, 532). Unerheblich ist es, auf welchem rechtlichen Grund die Geldschuld beruht. Ebenfalls unerheblich ist, ob es sich um eine Fremdwährungsschuld handelt, sofern das auf den entspr Anspruch anwendbare Recht deutsches Recht ist. Auf die **Fälligkeit** kommt es, wie aus dem zweiten Satzteil: »wird die Schuld erst später fällig, so ist sie von der Fälligkeit an zu verzinsen«, hervorgeht, nicht an, wobei die Verzinsung erst ab Fälligkeit eintritt. Das Gleiche gilt im Falle der Undurchsetzbarkeit auf Grund des Bestehens einer **Einrede**, wobei hier freilich ohnehin erforderlich ist, dass die Einrede noch im Prozess beseitigt wird (dann ab diesem Zeitpunkt Verzinsungspflicht) oder im Falle des § 322 der Antrag auf eine Zug-um-Zug-Leistung gerichtet ist, wobei hier keine Prozesszinsen anfallen (BGH NJW 1971, 615). Etwas anderes soll nur dann gelten, wenn der Schuldner Schadensersatz Zug-um-Zug gg Vorteilsausgleichung zahlen soll (BGH NJW-RR 2005, 170). 4

Weitere Voraussetzung ist die **Rechtshängigkeit** des Anspruchs auf die Geldschuld. Die Frage, ab wann eine Forderung rechtshängig ist, richtet sich nach den entspr Vorschriften in den verschiedenen Prozessordnungen, also bspw §§ 261, 696 Abs 3, 700 Abs 2 ZPO, § 90 VwGO, § 66 FGO und § 94 SGG. Dabei reicht für die 5

Rechtshängigkeit der auf eine Geldschuld gerichteten Forderung auch die Erhebung einer Stufenklage gem § 254 (BGHZ 80, 269, 277). Dagegen genügt nach hM weder die Erhebung einer Feststellungsklage (Palandt/*Heinrichs* Rn 4; Staud/*Löwisch* (2004) Rn 15; aA offenbar BAG NJW 1970, 1207, wobei die Entscheidung den Sonderfall einer gg eine Körperschaft des öffentlichen Rechts erhobenen Feststellungsklage betraf) noch die Einreichung eines Arrestgesuchs oder der Antrag auf Erlass einer einstweiligen Verfügung (BGH NJW 1980, 191). Ausreichend ist hingegen auch die Geltendmachung einer auf eine Geldschuld gerichteten Forderung mit einem Hilfsantrag (BGH NJW-RR 1990, 518 f).

6 **D. Rechtsfolge.** Als Rechtsfolge ordnet § 291 S 1 die **Verzinsung der Geldschuld** ab Rechtshängigkeit bzw im Fall einer Klage auf künftige Leistung (§§ 257 ff ZPO) ab Eintritt der Fälligkeit an. Tritt hier die Fälligkeit erst nach der Beendigung der Rechtshängigkeit ein, so entstehen keine Prozesszinsen (BVerwGE 38, 49, 51). Für die Höhe der Verzinsung verweist § 291 S 2 auf die in § 288 Abs 1 S 2 und Abs 2 genannten (nunmehr variablen) Verzugszinssätze. Dabei ist zu beachten, dass im Falle einer Schmerzensgeldforderung, die lediglich einen Mindestbetrag im Klageantrag nennt und iÜ die Höhe in das Ermessen des Gerichts stellt, die Prozesszinsen auf den gesamten ausgeurteilten Schmerzensgeldbetrag ab Rechtshängigkeit zu berechnen und zu zahlen sind (BGH NJW 1965, 1374, 1376). Beim **Kostenvorschuss für Mängelbeseitigungskosten** ist der gesamte Betrag entweder nach § 288 oder nach § 291 zu verzinsen und ist insbes eine spätere Abrechnung des Kostenvorschusses nach der Mängelbeseitigung ohne Einfluss auf die Zinsforderung (BGHZ 77, 60, 61 f; 94, 330, 332). Ein auf einen künftigen Gewinnentgang gerichteter Schadensersatzanspruch ist erst ab dem Zeitpunkt zu verzinsen, in dem der Gewinn tatsächlich hätte erzielt werden können (BGHZ 115, 307, 309). Hinsichtlich der Geltendmachung höherer Zinsen aus einem anderen Rechtgrund verweist § 291 S 2 auf eine entspr Anwendung des § 288 Abs 3. Einen **weitergehenden Schaden**, der während des anhängigen Prozesses wegen der klageweise geltend gemachten Geldschuld entsteht, kann der Gläubiger nur unter den Voraussetzungen des Verzugs gem §§ 280 Abs 1, 286, 280 Abs 2 fordern. Wegen des Verweises in § 291 S 2 auf § 289 S 1 unterliegen auch die Prozesszinsen dem Zinseszinsverbot, wobei hier bei entspr In-Verzug-Setzung hinsichtlich der Zahlung der Prozesszinsen ein Verzugszinsanspruch entstehen kann.

7 **E. Prozessuales.** Die Verzinsung der mit dem Klageantrag geltend gemachten Geldschuld ab Rechtshängigkeit muss **ausdrücklich beantragt** werden. Wie bei den Verzugszinsen muss der variable Zinssatz auch im Klageantrag abgebildet werden. Für die Voraussetzungen des Anspruchs auf Prozesszinsen trägt nach den allg Beweislastgrundsätzen der klagende Gläubiger die **Darlegungs- und Beweislast**. Dies wird praktisch aber allenfalls für die Tatsachen relevant, die den erhöhten Zinssatz nach § 288 Abs 2 begründen.

§ 292 Haftung bei Herausgabepflicht.

[1] Hat der Schuldner einen bestimmten Gegenstand herauszugeben, so bestimmt sich von dem Eintritt der Rechtshängigkeit an der Anspruch des Gläubigers auf Schadensersatz wegen Verschlechterung, Untergangs oder einer aus einem anderen Grunde eintretenden Unmöglichkeit der Herausgabe nach den Vorschriften, welche für das Verhältnis zwischen dem Eigentümer und dem Besitzer von dem Eintritt der Rechtshängigkeit des Eigentumsanspruchs an gelten, soweit nicht aus dem Schuldverhältnis oder dem Verzug des Schuldners sich zugunsten des Gläubigers ein anderes ergibt.

[2] Das Gleiche gilt von dem Anspruche des Gläubigers auf Herausgabe oder Vergütung von Nutzungen und von dem Anspruche des Schuldners auf Ersatz von Verwendungen.

1 **A. Normzweck.** Bei § 292 handelt es sich um eine Haftungsregel, die für den Fall eines **rechtshängigen Herausgabeanspruchs** eine **Mindesthaftung** des Schuldners, der sich auf einen Prozess über den Anspruch einlässt, bestimmt. Hierfür verweist § 292 für die Haftung auf die Vorschriften des Eigentümer-Besitzer-Verhältnisses (§§ 987 ff). Da diese für dingliche Ansprüche unmittelbar gelten, findet § 292 Anwendung nur auf schuldrechtliche Ansprüche, die auf Herausgabe eines Gegenstands gerichtet sind. Dabei betrifft § 292 nur den Anspruch auf Schadensersatz, Herausgabe und Vergütung von Nutzungen und Ersatz von Verwendungen wegen des Untergangs des herauszugebenden Gegenstands nach Rechtshängigkeit. Die Norm beschreibt nur eine **Mindesthaftung**, da es im letzten Halbsatz ausdrücklich heißt: »soweit nicht aus dem Schuldverhältnis oder dem Verzug des Schuldners sich zugunsten des Gläubigers ein anderes ergibt«. Da ähnl wie bei § 291 im Falle der Klageerhebung wegen des fälligen Herausgabeanspruchs auch Verzug vorliegen wird (Mahnungsersatz nach § 286 Abs 1 S 2), ist die praktische Bedeutung des § 292 eher gering, sie besteht allenfalls durch den Verweis in § 818 Abs 4 auf die allg Vorschriften (Palandt/*Heinrichs* Rn 1; MüKo/*Ernst* Rn 1).

2 **B. Voraussetzungen.** Die Anwendung des § 292 setzt die Rechtshängigkeit eines **fälligen und durchsetzbaren Anspruchs auf Herausgabe** eines Gegenstands voraus. Ob der Anspruch rechtshängig ist, richtet sich wie bei § 291 wiederum nach den jeweiligen Vorschriften der Prozessordnungen, vgl § 291 Rz 5. Wird der Anspruch erst während des Prozesses fällig (Klage auf künftige Leistung, §§ 257 ff ZPO), so tritt die Haftung nach § 292 erst ab dem Zeitpunkt der Fälligkeit ein. Das bedeutet auch, dass bei Untergang oder Verschlechterung des Gegenstands vor diesem Zeitpunkt noch nicht die verschärfte Haftung des Schuldners nach § 292 zur Anwendung kommt (Soerg/*Wiedemann* Rn 9). Der Begriff des Gegenstands, auf dessen Herausgabe der

Anspruch gerichtet sein muss, ist wie bei § 290 weit iSd allg Definition zu verstehen, vgl § 290 Rz 2. Die Norm erfasst daher auch Ansprüche auf Herausgabe eines Unternehmens, einer Praxis oder einer Apotheke (BGH LM § 987 Nr 3), eines Betriebsgeheimnisses oder eines sonstigen Immaterialgüterrechts, wie bspw eines Patents (RGZ 62, 320, 321 f) oder eines Erbteils (RGZ 137, 171, 179 f). Als Herausgabeanspruch wird auch der Rückgabeanspruch bspw nach mietrechtlichen Vorschriften (Palandt/*Heinrichs* Rn 3), der Rückauflassungsanspruch (BGHZ 144, 323, 325) und auch der Bereicherungsanspruch (BGH NJW 2000, 1031) angesehen. Erfasst wird schließlich nach hM auch eine Übergabeverpflichtung wie bspw beim Kauf (Staud/*Löwisch* (2004) Rn 6; MüKo/*Ernst* Rn 4). Nicht erfasst wird jedoch die Verpflichtung zur Herausgabe oder Übergabe einer Gattungssache, die noch nicht konkretisiert ist, da die Herausgabepflicht sich hier noch nicht auf einen »bestimmten Gegenstand« bezieht. Dagegen wird § 292 nicht auf den Vorlageanspruch nach §§ 809, 810 angewendet (Palandt/*Heinrichs* Rn 3).

C. Rechtsfolge. Liegen die Voraussetzungen des § 292 vor, so haftet der Herausgabeschuldner bei Verschlechterung oder Untergang des herauszugebenden Gegenstands nach § 989 auf **Schadensersatz**, wobei er nach Eintritt der Rechtshängigkeit jedes Verschulden zu vertreten hat, auch wenn nach dem Schuldverhältnis eine Haftung nur für qualifiziertes Verschulden vorgesehen ist. Auch dies hat allerdings nur vergleichsweise geringe praktische Bedeutung, da regelm zusammen mit der die Rechtshängigkeit auslösenden Klageerhebung der Verzug eintritt (§ 286 Abs 1 S 2) und der Schuldner dann nach § 287 S 2 sogar für Zufall haftet. Da § 292 nur eine Mindesthaftung begründet, kann eine weitergehende Haftung vorliegen. Dies ist bspw bei einer bereicherungsrechtlichen Herausgabeverpflichtung der Fall, wo gem § 819 Abs 1 die Kenntnis des fehlenden Rechtsgrundes der Rechtshängigkeit gleichsteht, sodass die Rechtsfolgen des § 292 dann bereits ab diesem früheren Zeitpunkt eintreten. Bei der Entziehung einer Sache durch eine unerlaubte Handlung haftet der Schuldner gem § 848 unabhängig vom Eintritt der Rechtshängigkeit immer für eine zufällige Verschlechterung oder einen zufälligen Untergang der Sache. 3

Hinsichtlich der **Nutzungen** haftet der Herausgabeschuldner durch den Verweis in § 292 Abs 2 ab Rechtshängigkeit auf Herausgabe nach § 987, sodass er schuldhaft nicht gezogene Nutzungen zu ersetzen hat. Bei Verwendungen des Herausgabeschuldners auf den Gegenstand tritt durch den Verweis des § 292 Abs 2 die Ersatzhaftung des Gläubigers nach §§ 994 Abs 2, 995, 996 ein, wobei auch die Regelungen in §§ 1000 bis 1003 entspr Anwendung finden. Auch hinsichtlich der Nutzungen und des Ersatzes von Verwendungen stellt der Verweis auf die Vorschriften des Eigentümer-Besitzer-Verhältnisses nur eine Mindesthaftung dar, wie aus dem einleitenden Passus in § 292 Abs 2: »Das Gleiche gilt…«, hervorgeht. 4

Titel 2 Verzug des Gläubigers

§ 293 Annahmeverzug. **Der Gläubiger kommt in Verzug, wenn er die ihm angebotene Leistung nicht annimmt.**

Literatur *Beuthien* Zweckerreichung und Zweckstörung im Schuldverhältnis, Tübingen (1969); *Oertmann* Das Recht der Schuldverhältnisse, Berlin (1910); *Schmidt, Reimer* Die Obliegenheiten, Karlsruhe (1953); *Schulte Westenberg* Arbeitskampf – Was ist die negative Koalitionsfreiheit noch wert? NJW 1996, 1256; *Tamm* Die Entwicklung der Betriebsrisikolehre und ihre Rückführung auf das Gesetz, Berlin (2000); *Schwarz, Günter Christian* Schuldner- und Gläubigerverzug im Lastschriftverfahren ZIP 1989, 1442.

A. Zweck und Bedeutung der Regelung. Von einem Annahme- bzw Gläubigerverzug spricht man, wenn der Leistungserfolg verspätet eintritt, weil der Gläubiger die ihm ordnungsgem angebotene Leistung nicht annimmt oder eine zur Bewirkung der Leistung erforderliche Mitwirkungshandlung unterlässt (PWW/*Jud* Rn 1; Palandt/*Heinrichs* Rn 1; Hk-BGB/*Schulze* Rn 1). Der Gläubigerverzug stellt das Gegenstück zum Schuldnerverzug (§§ 280 Abs 2, 286 ff) dar. Allerdings ist der Gläubiger (wenn er hinsichtlich der Abnahme nicht ausnahmsw auch zugleich Schuldnerpflichten zu erfüllen hat, vgl insoweit etwa § 433 Abs 2 und § 640 Abs 1) zur Annahme der Leistung grds nur berechtigt, aber nicht verpflichtet (BGH NJW-RR 1988, 1265, 1266; PWW/*Jud* Rn 2; Palandt/*Heinrichs* Rn 1; Erman/*Battes* Rn 1). Aus diesem Grund stellt der Gläubigerverzug rechtsdogmatisch – anders als der Schuldnerverzug – keine echte Pflicht, sondern lediglich eine Obliegenheitsverletzung dar (*R Schmidt* Die Obliegenheiten 1953, S 143 ff; Palandt/*Heinrichs* Rn 1; MüKo/*Ernst* Rn 1; differenzierend AnwK/*Schmidt-Kessel* Rn 2: »Pflichten mit beschränktem Schutzzweck«). So setzt der Gläubigerverzug hinsichtlich der Sanktionen weder ein Verschulden bzw ein Vertretenmüssen voraus (RGZ 72, 7 ff), noch begründet er eine Schadensersatzpflicht. Die Obliegenheitsverletzung führt aber trotzdem zu Einbußen in der Rechtsstellung des Gläubigers, etwa über die Verbesserung der Rechtsstellung des Schuldners (zB in Form der Beschränkung der Schuldnerhaftung nach §§ 300 Abs 1, 301 f bzw der »Abmilderung« der dem Schuldner obliegenden Pflichten; vgl. RGZ 123, 340; Erman/*Battes* Rn 1). Die Voraussetzungen des Annahmeverzugs ergeben sich aus den §§ 293–299, die Rechtsfolgen aus §§ 300–304. 1

2 **B. Anwendungsbereich. I. Grundsatz.** Die §§ 293 ff sind grds auf alle gesetzlichen und vertraglichen Schuldverhältnisse anwendbar (Palandt/*Heinrichs* Rn 2; Hk-BGB/*Schulze* Rn 2). Darüber hinaus finden sie auch auf sachen-, familien- und erbrechtliche Ansprüche Anwendung. Gleiches gilt gem der Verweisung in § 62 S 2 VwVfG für öffentlich-rechtliche Verträge (PWW/*Jud* Rn 1; Palandt/*Heinrichs* Rn 1).

3 **II. Ausnahme.** Ausgeschlossen ist die Anwendung der §§ 293 ff lediglich dort, wo der Schuldner seine Verpflichtung erbringen kann, ohne dass der Gläubiger die Leistung annehmen oder sonst iS einer Obliegenheit mitwirken müsste. Das gilt insbes für den Unterlassungsanspruch, den Anspruch auf Abgabe einer Willenserklärung (zB § 894) sowie bei Geschäftsbesorgungen (AnwK/*Schmidt-Kessel* Rn 4; PWW/*Jud* Rn 1; Erman/*Battes* Rn 2).

4 **III. Abgrenzung zu anderen Formen der gestörten Leistungserbringung. 1. Abgrenzung von der Unmöglichkeit der Leistung.** Die §§ 293 ff werden sowohl durch die obj Unmöglichkeit der Leistung als auch durch das subj Unvermögen seitens des Schuldners (§ 275) ausgeschlossen. Der Grund liegt darin, dass der Annahmeverzug gem § 297 die Erbringbarkeit der Leistung voraussetzt (BGHZ 24, 91, 96 ff; 196, 276 ff; BAG AP § 615 Nr 29). **a) Probleme beim Dienst- und Werkvertrag.** Die exakte Grenzziehung zwischen Annahmeverzug und Unmöglichkeit fällt aber häufig gerade beim Dienst- und Werkvertrag schwer (Erman/*Battes* Rn 4; Palandt/*Heinrichs* Rn 3; *Beuthien* Zweckerreichung und Zweckstörung im Schuldverhältnis 1969, S 230 ff). Nach der früher vertretenen Abstrahierungsformel (BGHZ 24, 96 ff; *Oertmann* Das Recht der Schuldverhältnisse 1910, S 143, 683 f) wurde danach entscheiden, ob der Schuldner, wenn man die Mitwirkung des Gläubigers unterstellt, die Leistung noch erbringen kann. Zur speziellen Variante im Arbeitsrecht – nämlich der **Sphärentheorie** – s RGZ 106, 276 ff; BAG DB 1994, 2552; NZA 1991, 67). Generell gilt: Je größer die Bedeutung des Zeitmoments ist, desto eher ist eine absolute Fixschuld (Erman/*Battes* Rn 8) anzunehmen, so dass das Verstreichenlassen der für die Arbeitsleistung vorgesehenen Zeit wegen fehlender Annahme seitens des Gläubigers in eine Unmöglichkeit der Leistung umschlägt.

5 **b) Spezielle Probleme im Arbeitsrecht (Betriebsrisikolehre).** Eine hohe Bedeutung hat das Zeitmoment schon aus Gesichtspunkten des Arbeitnehmerschutzes gerade im Arbeitsrecht. Deshalb ist tatbestandlich eine Unmöglichkeit der Leistung gegeben, wenn der Arbeitnehmer nicht arbeiten kann, weil ihm der Arbeitgeber nicht die dazu erforderlichen Mittel etc zur Verfügung stellt oder er aus Gründen höherer Gewalt die Arbeit des Arbeitnehmers nicht annehmen kann. Die Frage der Lohnfortzahlung in diesen Fällen wurde und wird durch die Rspr nach den sog »Grundsätzen zur Betriebsrisikolehre« entschieden (BAG DB 1994, 2552; NZA 1991, 67; Hk-BGB/*Schulze* Rn 5), die im Rahmen der Schuldrechtsreform eine gesetzgeberische Verankerung in § 615 S 3 gefunden hat (umfassend zum Ganzen *Tamm* Die Entwicklung der Betriebsrisikolehre und ihre Rückführung auf das Gesetz 2000). Danach behandelt der Gesetzgeber die beschriebene Störung in den betrieblichen Arbeitsabläufen als eine Form der Unmöglichkeit, wendet jedoch von der Rechtsfolge her die Normen des Annahmeverzugs an. Das hat zur Folge, dass der Arbeitnehmer vom Grundsatz her Anspruch auf sein Arbeitsentgelt hat. Eine Ausn von diesem Grundsatz ist nur dann zu machen, wenn die Leistungsstörung ihre Ursache in der Sphäre der Arbeitnehmerschaft findet, was bspw bei einem von ihr ausgehenden Streik der Fall ist (BAG NJW 1995, 477; krit *Schulte-Westenberg* NJW 1996, 1256).

6 **2. Abgrenzung zur positiven Vertragsverletzung.** In bestimmten Fällen kann das den Annahmeverzug herbeiführende Verhalten des Gläubigers gleichzeitig den Tatbestand der positiven Forderungsverletzung erfüllen, wenn dieser nämlich nicht nur die Annahme, sondern die Erfüllung überhaupt verweigert und sich somit vom Vertrag insges lossagt (BGHZ 11, 80, 88, 89 ff; 50, 175, 178 ff; Palandt/*Heinrichs* Rn 7; Erman/*Battes* Rn 11). Dem anderen Teil stehen dann nicht nur die Sanktionsinstrumente des Gläubigerverzuges zur Verfügung, sondern er kann nach §§ 280 Abs 1, 311 auch Schadensersatz im Sinne des positiven Interesses verlangen. Bei gegenseitigen Verträgen hat er zudem ein Rücktrittsrecht (Hk-BGB/*Schulze* Rn 11; Erman/*Battes* Rn 11). Löst sich der Schuldner wegen der positiven Forderungsverletzung des Gläubigers – nach erfolglos verstrichener Nachfristsetzung – vom Vertrag, entfällt allerdings die Pflicht zur Leistungserbringung und damit auch eine Voraussetzung für den Annahmeverzug (RGZ 57, 107 ff; Hk-BGB/*Schulze* Rn 3).

7 **3. Abgrenzung zum Schuldnerverzug.** Ausnahmsw kann der Gläubiger durch die Nichtannahme der Leistung nicht nur in den Annahme-, sondern auch in Schuldnerverzug gelangen, wenn die Annahmehandlung nicht nur als Obliegenheit, sondern als echte Rechtspflicht ausgestaltet ist (PWW/*Jud* Rn 2; Palandt/*Heinrichs* Rn 6). Dies ist bspw beim Kauf- und Werkvertrag der Fall (§§ 433 Abs 2, 640 Abs 1), aber auch in § 375 HGB geregelt. Die in diesen Normen festgelegte Abnahmehandlung ist als Leistungspflicht ausgestaltet, so dass deren schuldhafte Verzögerung bei Vorliegen der sonstigen Voraussetzungen den Tatbestand des Schuldnerverzugs begründet, welcher nach §§ 286, 280 Abs 2 schadensersatzrechtlich sanktioniert ist (RGZ 53, 162; 57, 109, 405 ff; Palandt/*Heinrichs* Rn 4; PWW/*Jud* Rn 2; Erman/*Battes* Rn 9).

8 **C. Tatbestandsvoraussetzungen.** Nach §§ 293 ff kommt der Gläubiger in Verzug, wenn er die ihm vom Schuldner angebotene Leistung nicht annimmt.

I. Wirksamer Anspruch. Bereits auf Grund des Wortes »Gläubiger« in § 293 wird deutlich, dass der Annahmeverzug einen wirksamen Anspruch aus einem Schuldverhältnis voraussetzt (Hk-BGB/*Schulze* Rn 3). Bei näherer Betrachtung hat dieser nicht nur zu bestehen, sondern die Forderung muss auch erfüllbar sein, vgl § 271 (Palandt/*Heinrichs* Rn 8). Hier gibt es Modifizierungen im Bereich notwendiger öffentlich-rechtlicher Genehmigungen: Ist eine solche für die Leistungserbringung erforderlich, kommt der Gläubiger nur dann in Annahmeverzug, wenn diese vorliegt (Palandt/*Heinrichs* Rn 8).

II. Schuldner zur Leistungserbringung bereit und imstande. Zudem ist für den Gläubigerverzug Voraussetzung, dass der Schuldner zur Erbringung der Leistung subj bereit und obj imstande ist (§ 297). Die §§ 293 ff können folglich nicht zur Anwendung gelangen, wenn dem Schuldner die Leistungserbringung unmöglich ist (§ 275 Abs 1) oder der Schuldner die Leistung aus anderen (etwa in § 275 Abs 2, Abs 3) geregelten Gründen nicht zu erbringen braucht (Hk-BGB/*Schulze* Rn 5). Ein Annahmeverzug des Arbeitgebers ist aus diesem Grund etwa ausgeschlossen, wenn der Arbeitnehmer (zB ein Arzt), nicht die zur Berufsausübung erforderliche Erlaubnis besitzt (BAG AP § 615 Nr 29) oder wenn dieser einem gesetzlichen Beschäftigungsverbot (etwa aus dem MuSchG) unterliegt (BAGE 9, 300 ff). 9

III. Nichtannahme der vertragsgem angebotenen Leistung. *Per definitionem* verlangt der Annahmeverzug, dass der Gläubiger die ihm angebotene Leistung nicht annimmt. **1. Leistungsangebot.** Die Leistung muss dem richtigen Gläubiger durch den richtigen Schuldner in der richtigen Art und Weise und am rechten Ort angeboten worden sein (vgl § 294; PWW/*Jud* Rn 3; Erman/*Battes* Rn 4). Das Angebot muss sich an den richtigen Gläubiger richten. Sind mehrere Gläubiger vorhanden, gelten die §§ 428 ff. Anbieten muss der Schuldner oder ein ablösungsberechtigter Dritter (§§ 268, 1150, 1249). Sonstige Dritte dürfen nur dann leisten, wenn der Schuldner weder in Person zu leisten hat, noch der Leistung des Dritten widerspricht, vgl § 267 (Erman/*Battes* Rn 3). Die angebotene Leistung muss so beschaffen sein, dass der Schuldner mit ihr hinsichtlich Quantität und Qualität und aller sonstigen leistungsrelevanten Umstände (etwa dem Ort der Leistung) seinen Leistungspflichten nachkommt. 10

2. Nichtannahme. Bereits die bloße Nichtannahme der ordnungsgem angebotenen Leistung führt zum Gläubigerverzug. Unerheblich ist, worauf sich die Nichtannahme der Leistung gründet (Palandt/*Heinrichs* Rn 10). Insbes kommt der Gläubiger – abgesehen vom Fall des § 299 – auch dann in Annahmeverzug, wenn er die Nichtannahme (oder fehlende Mitwirkung) nicht zu vertreten hat (BGHZ 24, 96 ff; NJW-RR 1994, 1469, 1470; BAG NJW 1973, 1949). 11

IV. Ende des Annahmeverzuges. Der Annahmeverzug endet, wenn eine der nach §§ 293 ff erforderlichen Voraussetzungen entfällt. **1. Beendigungsgründe.** Wird die Leistung zB nach Eintritt des Annahmeverzugs unmöglich (§ 275), führt dies wegen § 297 dazu, dass die §§ 293 ff nicht mehr angewandt werden können (BGHZ 117, 6 ff). Ob der Gläubiger, der den Annahmeverzug beenden will, nur die Leistung anzunehmen bzw die Mitwirkungshandlung zu erbringen oder zugleich auch die Mehraufwendungen nach § 304 zu ersetzen hat, ist str: Nach hM (MüKo/*Ernst* Rn 20; PWW/*Jud* Rn 7; Palandt/*Heinrichs* Rn 12) reicht die Leistungsannahme bzw die Mitwirkung zur Leistung aus, um den Gläubigerverzug zu beenden. Der Schuldner, der zugleich auch seine Mehraufwendungen verlangt, kann in diesem Fall aber wegen der ihm insoweit zustehenden Gegenansprüche ein Zurückbehaltungsrecht (§ 273) geltend machen und dadurch gem § 298 die Beendigung des Annahmeverzugs hindern (BGHZ 116, 244, 249 ff; BAG NJW 1982, 121, 122). Nach einer Minderansicht soll die Beendigung des Annahmeverzugs – ohne Notwendigkeit der Geltendmachung des Zurückbehaltungsrechts nach § 273 – in allen Fällen fehlender Zahlung der Mehraufwendung *per se* ausgeschlossen sein (Hk-BGB/*Schulze* Rn 8). 12

2. Beendigungswirkung. Endet der Annahmeverzug durch Unmöglichkeit (§ 275, vgl BGHZ 117, 1, 6 ff), Aufrechnung (§§ 389 ff), Erlass (§ 397) oder weil der Gläubiger die Leistung später doch noch annimmt (bzw die Mitwirkungshandlung vornimmt), wirkt dieser Beendigungsgrund grds nur *ex nunc* (Palandt/*Heinrichs* Rn 12; PWW/*Jud* Rn 7), so dass die zwischenzeitlich eingetretenen Verzugsfolgen, insbes die nach § 300 Abs 2 eingetretene Konkretisierung der Gattungsschuld, bestehen bleiben (AnwK/*Schmidt-Kessel* Rn 17; Staud/*Löwisch* Rn 35; Hk-BGB/*Schulze* Rn 8). Eine *ex tunc* Wirkung des Annahmeverzuges kommt nur bei einer rückwirkenden Vernichtung des gesamten Schuldverhältnisses – etwa durch Anfechtung (§ 142 Abs 1) – oder in Folge eines anderen gesetzlich definierten Rückwirkungsgrundes in Betracht. 13

D. Rechtsfolge/Prozessuales. Die Rechtsfolgen des Annahmeverzuges ergeben sich aus den **§§ 300–304**. Sie regeln insbes eine Verbesserung der Rechtsstellung des Schuldners. So tritt zu seinem Vorteil gem § 300 Abs 1 eine Haftungserleichterung ein. Die Leistungsgefahr bei Gattungsschulden (§ 300 Abs 2) geht ebenso wie die Preisgefahr (§§ 323 Abs 6, 326 Abs 2) auf den Gläubiger über. Auch eine Pflicht zur Zinszahlung besteht nicht mehr (§ 301). Es kommt zu einer Beschränkung der Verpflichtung zur Nutzungsherausgabe (§ 302), dem Recht zur Besitzaufgabe bei Grundstücken und eingetragenen Schiffen, resp Schiffsbauwerken (§ 303) und zu dem Anspruch des Schuldners auf Ersatz der Mehraufwendungen (§ 304). IÜ kann der Schuldner Geld, Urkunden und Kostbarkeiten mit schuldbefreiender Wirkung beim zuständigen Amtsgericht hinterlegen, so dass er ein Erfüllungssurrogat wählen kann (§§ 372, 376 Abs 2, 378). Sonstige, nicht hinterlegungsfähige Sachen kann er versteigern lassen und hat dann den Erlös zu hinterlegen (§ 383). Darüber hinaus gehende Rechte – etwa das Recht zum Selbsthilfeverkauf – bestehen für den Schuldner nur im Fall des sich in Annahmeverzug befindlichen Käufers bei einem Handelskauf (§ 373 HGB). Der Schuldner trägt die **Darlegungs- und Beweislast** für die Voraussetzungen des Gläubigerverzugs. Demggü hat der Gläubiger nachzu- 14 weisen, dass er ausnahmsw an der Annahme der Leistung nach § 299 gehindert war bzw dass der Schuldner nicht zur Leistung bereit oder imstande war. Gleiches gilt für den Fall der zwischenzeitlichen Beendigung des Gläubigerverzugs (Hk-BGB/*Schulze* Rn 12).

§ 294 Tatsächliches Angebot. Die Leistung muss dem Gläubiger so, wie sie zu bewirken ist, tatsächlich angeboten werden.

1 **A. Zweck und Bedeutung der Regelung.** Die Vorschrift enthält nähere Angaben zum Angebot seitens des Schuldners, welches nach § 293 Voraussetzung für das Eintreten des Annahmeverzugs ist (Hk-BGB/*Schulze* Rn 1). Die Konkretisierung liegt zum einen in der Aussage, dass zunächst ein tatsächliches Angebot von Nöten ist und zudem auch darin, dass der Annahmeverzug nur durch ein zur Erfüllung taugliches Angebot begründet werden kann (BaRoth/*Grüneberg* Rn 1; MüKo/*Ernst* Rn 1; Palandt/*Heinrichs* Rn 1).

2 **B. Regelungsinhalt. I. Tatsächliches Angebot. 1. Grundsätzliches.** § 294 verlangt zum In-Verzug-Setzen des Gläubigers, dass der Schuldner ein tatsächliches Angebot macht. Darunter versteht man die Vornahme des zur Leistungsbewirkung notwendigen Tuns (Staud/*Löwisch* Rn 11; Soerg/*Wiedemann* Rn 4; Hk-BGB/*Schulze* Rn 1). In den Fällen, in denen die Erfüllungshandlung nicht in der bloßen Vornahme eines Rechtsgeschäftes aufgeht, ist auch kein solches erforderlich. Insoweit ist die Vornahme eines Realaktes von Nöten, so dass hier die §§ 130 ff nicht zur Anwendung gelangen können (Erman/*Battes* Rn 4; ähnl Palandt/*Heinrichs* Rn 2; MüKo/*Thode* § 293 Rn 7). Das Leistungsangebot – egal in welcher Form (Willenserklärung und/oder Realakt) – beinhaltet keine zusätzlich zur Leistung vorzunehmende Handlung, sondern den Beginn der Leistung selbst (iSe sog »Anleistens«, vgl PWW/*Jud* Rn 2; BaRoth/*Grüneberg* Rn 2; Palandt/*Heinrichs* Rn 2). Voraussetzung ist, dass der Schuldner alles tut bzw getan hat, was ohne die Mitwirkung des Gläubigers möglich ist, um die Leistung zu bewirken. IdS muss der Schuldner die von ihm zu erbringende Leistungshandlung in einer solchen Form offeriert haben, dass der Gläubiger nur noch »zugreifen« und die Leistung anzunehmen braucht (BGHZ 90, 359 ff; 116, 249 ff; RGZ 109, 324, 328 ff; PWW/*Jud* Rn 3).

3 **2. Einzelheiten.** Ein **Angebot unter Vorbehalt** setzt den Gläubiger grds nicht in Verzug, es sei denn, dass der Vorbehalt nicht mehr besagen will, als dass der Schuldner sich die Rückforderung entgegen § 814 vorbehält (BGH NJW 1982, 2302; PWW/*Jud* Rn 3; MüKo/*Ernst* Rn 4; Erman/*Battes* Rn 2). Beim **Versendungskauf** (§ 447) genügt trotz Gefahrübergangs nicht die Absendung, vielmehr muss die Sendung auch angekommen sein und nicht angenommen werden (Staud/*Löwisch* Rn 14; Erman/*Battes* Rn 1; Palandt/*Heinrichs* Rn 2; abw noch RGZ JW 25, 607). Zu den Erfordernissen bei einer **Grundstücksübereignung**, insbes der Mitteilung eines Termins zur Beurkundung bei einem dazu bereiten Notar, s Palandt/*Heinrichs* Rn 3; BGH NJW 1997, 581. Um den **Arbeitgeber in Annahmeverzug** zu setzen, hat sich der Arbeitnehmer im Regelfall (Ausn: Kündigung, hier ist ein Leistungsangebot überflüssig) an seiner Arbeitsstelle zu melden und die Weisungen seines Arbeitgebers entgegenzunehmen. Ob und wie der Arbeitnehmer zur Arbeitsstelle kommt, ist seine Sache. Hindern ihn Witterungseinflüsse, Smog-Alarm oä, trägt er das **Wegerisiko** (BAG DB 1983, 396); der Arbeitgeber kommt nicht in Annahmeverzug, wenn der Arbeitnehmer deshalb nicht oder verspätet zur Arbeit erscheint. Weist der Arbeitgeber einen **betrunkenen Arbeitnehmer** zurück, tritt mangels ordnungsgem Leistungsangebots (ebenfalls) kein Annahmeverzug ein (LAG Schleswig DB 1989, 630). Bei **Geldschulden** liegt ein tatsächliches Angebot dann vor, wenn der Schuldner das Geld persönlich zum Gläubiger bringt und deutlich macht, dass er es aushändigen will (RGZ 85, 416 ff). Ist Überweisung vereinbart, so genügt noch nicht die Anweisung an die Bank (RGZ 109, 328), vielmehr muss der Gläubiger Verfügungsmöglichkeit über die Valuta erlangen (PWW/*Jud* Rn 6; Soerg/*Wiedemann* Rn 4). Deshalb liegt im Regelfall erst dann ein tatsächliches Angebot vor, wenn das Geld auf dem Konto des Gläubigers eingeht (Staud/*Löwisch* Rn 12; PWW/*Jud* Rn 6).

4 **II. Ordnungsgem Angebot.** Der Schuldner hat die Leistung so anzubieten, »wie sie zu bewirken ist«. Tut er dies nicht, ist sein Angebot untauglich und der Gläubiger darf die Annahme verweigern, ohne dass er in Annahmeverzug gerät. Ordnungsgem ist das Angebot des Schuldners, wenn er dem (richtigen) Gläubiger die qualitativ und quantitativ richtige Leistung zur richtigen Zeit (§ 271) am richtigen Ort (§§ 269, 270) anbietet. **1. Angebot des Schuldners an den richtigen Gläubiger.** Das Angebot muss vom Schuldner oder einem Erfüllungsgehilfen gemacht werden. Unter den Voraussetzungen der §§ 267, 268, 1150, 1249 kann auch das Angebot eines Dritten annahmeverzugsbegründend sein. Zudem muss die Leistung dem richtigen Gläubiger angeboten werden. Dieser ist auch der empfangsberechtigte Vertreter. Handelt es sich um Gesamtgläubiger, richtet sich die Leistung nach den in §§ 428, 429 beschriebenen Erfordernissen (Palandt/*Heinrichs* Rn 6).

5 **2. Qualitativ und quantitativ richtige Leistung. a) Grundsätzliches.** »Richtig« ist die Leistung nur dann, wenn sie qualitativ und quantitativ alle die Merkmale erfüllt, die sie nach dem Anspruch des Gläubigers haben muss (Palandt/*Heinrichs* Rn 4). Das Angebot einer anderen Leistung, etwa an Erfüllungs statt (§ 364 Abs 1) oder erfüllungshalber (§ 364 Abs 2, BGH WM 1983, 864: Scheck) oder einer Teilleistung (§ 266) bewirkt grds nicht den Eintritt des Annahmeverzugs. Eine Ausn ist nur dann zu rechtfertigen, wenn die Abweichung in Qualität bzw Quantität völlig unwesentlich ist und die Annahmeverweigerung des Gläubigers aus diesen oder auch anderen Gründen im Einzelfall gegen Treu und Glauben (§ 242) verstößt (RGZ 151,

116, 118, 121; Erman/*Battes* Rn 2). Für den Ausschluss des Gläubigerverzugs bei quantitativer oder qualitativer Negativabweichung ist es nicht nötig, dass sich der Gläubiger auf den »Defekt« der Leistung beruft. Ausreichend ist vielmehr, dass er objektiv vorliegt (PWW/*Jud* Rn 9). Ein Mehrangebot begründet Annahmeverzug, wenn der Gläubiger durch die notwendige Aussonderung nicht unzumutbar beschwert ist (RGZ 23, 126 ff; Palandt/*Heinrichs* Rn 4).

b) Einzelfälle. Ist die angebotene Leistung mit **Sach- und/oder Rechtsmängeln** behaftet, kann der Gläubiger beim Kauf- und Werkvertrag die Annahme verweigern (BGHZ 114, 34, 40; Staud/*Löwisch* Rn 4) und Nacherfüllung verlangen, ohne in Verzug zu geraten (§§ 437 Nr 1, 439; §§ 634 Nr 1, 635). Auch der **Mieter** ist nicht zur Abnahme einer **mangelhaften Mietsache** verpflichtet, solange eine Beseitigungspflicht des Vermieters besteht (arg § 536a Abs 2 Nr 1). Demggü darf der Vermieter die Rücknahme der Mietsache auch im verschlechterten (beschädigten bzw verwahrlosten) Zustand nicht ablehnen (BGHZ 86, 209, 210; Palandt/*Heinrichs* Rn 4; Hk-BGB/*Schulze* Rn 3). Es entsteht jedoch kein Annahmeverzug seitens des Vermieters, wenn der **Mieter nur teilw geräumt** hat (BGH NJW 1988, 2665; Düsseldorf MDR 2005, 744). Zum Angebot des **Versicherers** zu einer Teilleistung als Antrag auf Abfindungsvergleich vgl München VersR 1962, 673; zum Angebot mangelhafter Leistung RGZ 106, 249, 297; 111, 89 ff; zum Abhängigmachen der Leistung von der Sicherstellung eines etwaigen **Rückstellungsanspruchs** s München EWiR 2005, 103; Palandt/*Heinrichs* Rn 3. 6

3. Richtige Leistungszeit und richtiger Leistungsort. Der richtige Leistungszeitpunkt bemisst sich nach § 271. Danach ist zunächst die Vereinbarung maßgebend, ansonsten kommt es auf die Umstände des Einzelfalls an. Handelt es sich um Geschäftsschulden darf das Angebot nicht an Sonn- und gesetzlichen Feiertagen erfolgen; zur Nachtzeit ist es im Zweifel auch in anderen Fällen nicht zulässig (*Erman*/Battes Rn 3). Der Ort, an dem das Leistungsangebot und damit die »Anleistung« zu erfolgen hat, bestimmt sich nach den §§ 269, 270. 7

§ 295 Wörtliches Angebot.

Ein wörtliches Angebot des Schuldners genügt, wenn der Gläubiger ihm erklärt hat, dass er die Leistung nicht annehmen werde, oder wenn zur Bewirkung der Leistung eine Handlung des Gläubigers erforderlich ist, insbesondere wenn der Gläubiger die geschuldete Sache abzuholen hat. Dem Angebot der Leistung steht die Aufforderung an den Gläubiger gleich, die erforderliche Handlung vorzunehmen.

A. Zweck und Bedeutung der Regelung/Regelungsinhalt. Im Hinblick auf die Regelung des § 294, dass der Schuldner dem Gläubiger die Leistung grds tatsächlich anbieten muss, statuiert § 295 eine Ausn (Palandt/*Heinrichs* Rn 1; BaRoth/*Grüneberg* Rn 1; MüKo/*Ernst* Rn 1). Danach genügt in zwei Situationen (Erklärung der Nichtannahme und Ausbleiben der erforderlichen Mitwirkungshandlung) ein wörtliches Angebot seitens des Schuldners, um den Gläubiger bei Unterlassen der erforderlichen Handlung in Annahmeverzug zu versetzen. **I. Wörtliches Angebot. 1. Rechtsnatur.** Anders als das tatsächliche Angebot ist das wörtliche Angebot – vergleichbar der Mahnung im Schuldnerverzug – als eine geschäftsähnl Handlung zu werten (Palandt/*Heinrichs* Rn 1; Hk-BGB/*Schulze* Rn 4). Auf diese finden folglich die allg Vorschriften über Willenserklärungen (Abgabe und Zugang, §§ 130 ff; Geschäftsfähigkeit, §§ 104 ff; Vertretung, §§ 164 ff) entspr Anwendung. 1

2. Zugang und Form. Das wörtliche Angebot muss dem Gläubiger daher in jedem Fall gem § 130 zugehen (BAG DB 1985, 1744, 1745; Palandt/*Heinrichs* Rn 1; Staud/*Löwisch* Rn 19). Eine besondere Form ist für die geschäftsähnl Handlung des »wörtlichen Angebots« jedoch nicht vorgeschrieben. Das Angebot kann daher auch stillschweigend erfolgen und konkludent sogar in der Klage auf Unwirksamkeit der Kündigung oder in einem Widerspruch gegen die Kündigung liegen (BAG 3, 74; BAG NJW 1975, 1335). 2

3. Inhaltliche Anforderungen. Das wörtliche Angebot muss jedoch ernst gemeint sein (Erman/*Battes* Rn 4) und iÜ auch der geschuldeten Leistung entspr. Ersteres ist nur dann der Fall, wenn der Schuldner leistungsfähig und leistungsbereit ist (BGH NJW 2003, 1601; BAG NJW 1975, 1336; PWW/*Jud* Rn 2; Palandt/*Heinrichs* Rn 3). Die inhaltlichen Anforderungen sind erfüllt, wenn die Erklärung des Schuldners oder eines ablösungsberechtigten Dritten (§§ 268, 1150, 1249; vgl RGZ 83, 390) unmissverständlich erkennen lässt, dass er oder ein leistungsbereiter Dritter nunmehr die geschuldete Leistung erbringen will oder die Voraussetzungen zur Vornahme der erforderlichen Mitwirkungshandlung des Gläubigers geschaffen hat (BGH NJW 2003, 1602). 3

4. Einzelheiten. Bei Gattungsschulden ist die vorherige Aussonderung nicht erforderlich (BGH WM 1975, 920; Palandt/*Heinrichs* Rn 3; Staud/*Löwisch* Rn 17; PWW/*Jud* Rn 2); sie ist jedoch Voraussetzung für den in § 300 geregelten Gefahrübergang (PWW/*Jud* Rn 3). IÜ genügt es, wenn sich der Schuldner die angebotene und geschuldete Ware jederzeit beschaffen kann (RGZ 50, 255, 260 ff; Palandt/*Heinrichs* Rn 3). Hat der Gläubiger die Vertragserfüllung ernsthaft und endgültig verweigert, kann der Schuldner auch dann wirksam anbieten, wenn er das geschuldete Werk noch nicht vollständig hergestellt hat (BGH LM § 651 Nr 3). 4

II. Erklärung der Nichtannahme. Ein wörtliches Angebot ist zum einen dann ausreichend, wenn der Gläubiger dem Schuldner erklärt, dass er die Leistung (sowieso) nicht annehmen werde. Diese vor dem wörtlichen Angebot des Schuldners erklärte Annahmeverweigerung durch den Gläubiger muss zwar unzweideutig und bestimmt sein, kann aber auch konkludent erfolgen (BGH LM § 651 Nr 3; Staud/*Löwisch* Rn 14; Erman/*Battes* Rn 4; Hk-BGB/*Schulze* Rn 1). Ausreichend ist, dass der Gläubiger – ggf durch schlüssiges Verhalten (BGH NJW 1997, 581) – zum Ausdruck bringt, dass er sich nicht mehr um den Vertrag und seine Pflichten schert, 5 weil er ihn infolge einer Kündigung (BAG NJW 2004, 316), Rücktritt (RGZ 57, 105, 112 f), Vertragsaufgabe etc als »nicht mehr durchzuführen« ansieht, wobei der Lösungsgrund tatsächlich nicht durchdringen darf (BGH MDR 1958, 335; BAG NJW 1963, 1123, 1124; Hk-BGB/*Schulze* Rn 2; Staud/*Löwisch* Rn 3; MüKo/*Ernst* Rn 6). In jedem Fall muss die Erklärung der Nichtannahme – als geschäftsähnl Handlung – dem Schuldner zugehen (BGH ZIP 1999, 441; PWW/*Jud* Rn 5). Der Erklärung der Nichtannahme steht es insoweit gleich, wenn der Gläubiger bei Zug-um-Zug zu erbringenden Leistungen zwar zur Annahme der Schuldnerleistung bereit ist, jedoch seinerseits die Bewirkung der Leistung verweigert hat (BGH NJW 1997, 581). Ein bloßer Vorbehalt oder ein Schweigen auf die Anzeige der Leistungsbereitschaft reichen jedoch für die Erklärung der Nichtannahme nicht aus (Braunschw OLGE 43, 28 ff; BaRoth/*Grüneberg* Rn 2; PWW/*Jud* Rn 5). Widerruft der Gläubiger später seine frühere Ablehnung oder nimmt er die erforderliche Mitwirkungshandlung später doch noch vor, muss der Schuldner nunmehr nach § 294 die Leistung tatsächlich offerieren.

6 **III. Erforderliche Mitwirkungshandlung des Gläubigers bleibt aus.** Über die Erklärung der Nichtannahme der Leistung durch den Gläubiger hinaus ist ein wörtliches Angebot auch dann ausreichend, wenn eine zur Bewirkung der Leistung erforderliche Mitwirkungshandlung des Gläubigers unterblieben ist. Die Frage, ob und in welchem Umfang eine Mitwirkungshandlung notwendig ist, ergibt sich aus dem Vertrag, ggf aus einer (ergänzenden) Auslegung unter Einbeziehung des Grundsatzes von Treu und Glauben sowie der Verkehrssitte, §§ 157, 133 (PWW/*Jud* Rn 7; Hk-BGB/*Schulze* Rn 3). **1. Holschuld.** Der Gesetzgeber hat in der Norm selbst das Bsp angeführt, dass der Gläubiger die geschuldete Sache abzuholen hat (sog »Holschuld«, vgl dazu Köln ZMR 2002, 423).

7 **2. Weitere Beispiele einer erforderlichen Mitwirkungshandlung.** Weitere Bsp für die Notwendigkeit einer Mitwirkungshandlung sind in Sonderregelungen enthalten: So ist eine Mitwirkung des Gläubigers etwa bei der Ausübung des Wahlrechts nach § 263 Abs 1 erforderlich (PWW/*Jud* Rn 7), aber auch im Zuge der Leistungskonkretisierung nach § 315 (BGH NJW 2002, 3541; Palandt/*Heinrichs* Rn 1). Darüber hinaus bestehen Mitwirkungspflichten des Gläubigers bei der Abnahme der Werkleistung gem § 640 Abs 1 (PWW/*Jud* Rn 7), der Bestimmung des Leistungsgegenstandes beim Spezifikationskauf (§ 375 HGB) sowie dem Abruf von Waren beim Kauf auf Abruf (BGH NJW 1954, 385). Ist nach der Parteivereinbarung erforderlich, Verpackungsmaterial zur Verfügung zu stellen, begründet auch dies eine Mitwirkungspflicht (MüKo/*Ernst* Rn 7; PWW/*Jud* Rn 7). Bei einem Bauvertrag genügt es, wenn der Unternehmer seine Arbeitnehmer auf der Baustelle für den Einsatz bereit hält und den Auftraggeber zur Erklärung auffordert, welche Arbeiten ausgeführt werden sollen (BGH NJW 2003, 1601; Palandt/*Heinrichs* Rn 3). Keine Mitwirkungshandlung soll trotz § 368 die Quittungserteilungspflicht begründen (Staud/*Löwisch* Rn 15; PWW/*Jud* Rn 7; Hk-BGB/*Schulze* Rn 3).

§ 296 Entbehrlichkeit des Angebots.

Ist für die von dem Gläubiger vorzunehmende Handlung eine Zeit nach dem Kalender bestimmt, so bedarf es des Angebots nur, wenn der Gläubiger die Handlung rechtzeitig vornimmt. Das Gleiche gilt, wenn der Handlung ein Ereignis vorauszugehen hat und eine angemessene Zeit für die Handlung in der Weise bestimmt ist, dass sie sich von dem Ereignis an nach dem Kalender berechnen lässt.

1 **A. Zweck und Bedeutung der Regelung.** Die Vorschrift ähnelt der des § 286 Abs 2 beim Schuldnerverzug und ergänzt die Regelung des § 295 S 1, 2. Fall (Palandt/*Heinrichs* Rn 1; Hk-BGB/*Schulze*). Nach § 296 soll der Gläubiger ohne weiteres Zutun des Schuldners automatisch in Annahmeverzug geraten, wenn die seinerseits erforderliche Mitwirkungshandlung nach dem Kalender bestimmt oder zumindest bestimmbar ist (PWW/*Jud* Rn 1; BaRoth/*Grüneberg* Rn 1; Soerg/*Wiedemann* Rn 1; MüKo/*Ernst* Rn 1). Der Tag meldet sich hier anstatt des Schuldners (*»Dies interpellat pro homine«*). Durch die kalendermäßige Festlegung bzw Bestimmbarkeit der Mitwirkungshandlung des Gläubigers ist dieser in der Lage, auch ohne Leistungsanzeige des Schuldners zu erkennen, dass und wann er mitwirken muss (PWW/*Jud* Rn 1). Es bedarf daher in diesen Fällen weder eines tatsächlichen (§ 294) noch eines wörtlichen (§ 295) Leistungsangebots des Schuldners, der auf die Mitwirkung des Gläubigers angewiesen ist. Alle übrigen Voraussetzungen des Annahmeverzugs: Leistenkönnen, Leistendürfen, Leistenwollen müssen aber auch hier gegeben sein (Palandt/*Heinrichs* Rn 1). Für die kalendermäßige Bestimmtheit (S 1) und Berechenbarkeit (S 2) gelten die zu § 268 herausgebildeten Grundsätze entspr.

2 **B. Regelungsinhalt. I. Zeit für Mitwirkungshandlung nach Kalender bestimmt.** Nach § 296 S 1 ist ein vorhergehendes tatsächliches und wörtliches Angebot entbehrlich, wenn der Zeitpunkt, zu dem die Mitwirkung vorzunehmen ist, nach dem Kalender bestimmt ist und der Gläubiger die Leistung nicht rechtzeitig vornimmt. Eine kalendermäßige Bestimmung (nicht nur Bestimmbarkeit) soll auch dann vorliegen, wenn der Schuldner die Leistung innerhalb eines bestimmten Zeitraumes zu erbringen hat, dessen Ende eindeutig festgelegt ist (BGH NJW 1992, 1628, 1629; WM 1995, 439, 440 f; MüKo/*Ernst* Rn 2; PWW/*Jud* Rn 2). Nimmt der Gläubiger die erforderliche Mitwirkungshandlung nachträglich vor, so entfällt der Annahmeverzug mit *ex nunc*-Wirkung (PWW/*Jud* Rn 1). Voraussetzung hierfür ist allerdings, dass die Leistung des Schuldners trotz der Säumnis noch möglich ist (Soerg/*Wiedemann* Rn 2; MüKo/*Ernst* Rn 4). Die bereits eingetretenen Folgen (zB Gefahrübergang) bleiben erhalten.

II. Vorauszugehendes Ereignis, kalendermäßige Bestimmbarkeit der Mitwirkungshandlung. Gem § 296 S 2 ist ein vorhergehendes tatsächliches bzw wörtliches Angebot auch dann überflüssig, wenn der Mitwirkungshandlung ein Ereignis vorauszugehen hat und sich diese ab dem Ereignis nach dem Kalender berechnen lässt (Parallele zu § 286 Abs 2 Nr 2). 3

III. Einzelfälle. Einzelfälle des § 296 sind die kalendermäßig fixierte **Holschuld** und die Nichteinhaltung eines Übergabetermins (BGH NJW-RR 1991, 267, 268; Palandt/*Heinrichs* Rn 1). Ferner gehört hierher die Unterlassung der **Abbuchung beim Lastschriftverfahren** (*Schwarz* ZIP 1989, 1442, 1445), das Zuspätkommen bei einem **Opernbesuch** (*Deckers* JuS 1999, 1160) und nach umstr Ansicht auch das Versäumen des fest vereinbarten **Arzt- bzw Operationstermins** (AG Bremen NJW-RR 1996, 819; AG Meldorf NJW-RR 2003, 1029; AG Ludwigsburg NJW-RR 2003, 1695; aA Dieburg NJW-RR 1998, 1520). Aufgrund der Rspr soll das Angebot nach Sinn und Zweck des § 296 auch dann entbehrlich sein, wenn es iÜ nur »leere Form« oder für den Schuldner aus sonstigen Gründen gem § 242 unzumutbar wäre (BGH NJW 2001, 287; BAG NJW 1985, 935, 2662; Palandt/*Heinrichs* § 295 Rn 4). Bezogen auf das Arbeitsverhältnis hat die BAG-Rspr hieraus den Grundsatz entwickelt, dass der Arbeitgeber, der das Arbeitsverhältnis zu seinem Arbeitnehmer unberechtigt kündigt, ohne weiteres in Annahmeverzug gerät, wenn der **Arbeitnehmer der Kündigung widersprochen bzw Kündigungsschutzklage erhoben** hat (BAGE 46, 234 ff; BAG DB 1986, 1879; NZA 1987, 57; 1991, 228; NJW 1994, 2864, 2847; Hk-BGB/*Schulze* Rn 3). Auf die notwendige Vornahme eines unterlassenen Mitwirkungsbeitrags seitens des Arbeitgebers (iS einer nach Kündigung noch mal explizit verweigerten arbeitgeberseitigen Bereitstellung des Arbeitsplatzes bzw der Ablehnung einer entspr Weisung) kommt es dann aus Zumutbarkeitsgründen für den Arbeitnehmer nicht mehr an (krit PWW/*Jud* Rn 3; AnwK/*Schmidt-Kessel* Rn 23, 33). Dieser Ansicht ist aus persönlichkeitsschutzrechtlichen Gründen zugunsten des Arbeitnehmers und aus Gründen der bestehenden Rechtsklarheit für den Arbeitgeber bei Einlegung von Widerspruch bzw Klage zuzustimmen. Sofern eine ordentliche unberechtigte Kündigung vorliegt, tritt Gläubigerverzug mit Ablauf der Kündigungsfrist ein (BAG NJW 1992, 933). Ist der Arbeitnehmer zum Zeitpunkt der Kündigung arbeitsunfähig, gelangt der Arbeitgeber erst dann in Annahmeverzug, wenn die Arbeitsfähigkeit des Arbeitnehmers wiederhergestellt und er somit zur Leistung imstande ist (BAG NJW 1993, 2638; 1995, 2654; Hk-BGB/*Schulze* Rn 3). Ist str, ob ein Aufhebungsvertrag zustande gekommen ist, ist ein tatsächliches Angebot (§ 294) erforderlich; die für den Fall der unwirksamen Kündigung entwickelten Grundsätze gelten nicht (BAG NJW 2006, 1453). 4

§ 297 Unvermögen des Schuldners. **Der Gläubiger kommt nicht in Verzug, wenn der Schuldner zur Zeit des Angebots oder im Falle des § 296 zu der für die Handlung des Gläubigers bestimmten Zeit außerstande ist, die Leistung zu bewirken.**

A. Regelungsinhalt. § 297 dient der Abgrenzung des Annahmeverzugs von der Unmöglichkeit der Leistung (Palandt/*Heinrichs* Rn 1). Die Vorschrift stellt klar, dass der Schuldner sowohl zum Zeitpunkt des tatsächlichen und wörtlichen Angebots (§§ 294, 195), als auch zum Zeitpunkt der nach § 296 notwendigen Mitwirkungshandlung des Gläubigers zur Vornahme der Leistung objektiv im Stande und subjektiv bereit sein muss. Leistungsmöglichkeit und Leistungswilligkeit ergeben zusammen die Leistungsbereitschaft (BAG NJW 1973, 1949; Palandt/*Heinrichs* Rn 2). Die erforderliche Leistungsbereitschaft liegt nicht vor bei einer Hinderung des Arbeitnehmers durch Krankheit (auch wenn sich der Arbeitnehmer subjektiv für leistungsfähig hält, vgl BAG NJW 1999, 3432). Gleiches gilt im Fall der Ortsabwesenheit, Inhaftierung oder Urlaub (BAG NJW 2001, 1964). Wird dem als LKW-Fahrer angestellten Arbeitnehmer der Führerschein entzogen, kommt der Arbeitgeber nur in Annahmeverzug, wenn eine vorübergehende andere Beschäftigung möglich und zumutbar ist (BAG DB 1987, 1359; Palandt/*Heinrichs* Rn 1). Die Regelung des § 297 gilt nicht nur für den Fall des dauernden Leistungshindernisses seitens des Schuldners. Sie schließt den Annahmeverzug vom Grundsatz her auch für den Zeitraum aus, in dem der Schuldner (nur) vorübergehend nicht in der Lage ist zu leisten (BAG DB 1983, 395: Arbeitgeber kann Arbeitsplatz wegen Eisglätte nicht erreichen; Hk-BGB/*Schulze* Rn 1). Wenn der Gläubiger die Leistungsunfähigkeit des Schuldners allerdings mitverursacht hat, soll hiervon eine Ausn zu machen sein (BAG BB 1967, 630; Palandt/*Heinrichs* Rn 2). Dem ist jedoch nicht zu folgen. Denn zumeist verletzt der Gläubiger durch das Herbeiführen der Leistungsunfähigkeit des Schuldners seinerseits schuldhaft vertragliche (Neben-)Pflichten, so dass eine pVV (§§ 280, 241) vorliegt und es daher dieser dogmatisch fragwürdigen Einschränkung des Anwendungsbereiches von § 297 nicht bedarf. Im Fall eines tatsächlichen bzw wörtlichen Angebots braucht die Leistungsbereitschaft nur zum Zeitpunkt des Angebots vorzuliegen (RGZ 103, 13, 15 ff; BAG BB 1974, 277; MüKo/*Ernst* Rn 3; PWW/*Jud* Rn 3). In der von § 296 umschriebenen Situation des überflüssigen Angebots entscheidet der Zeitpunkt, zu dem die Handlung des Gläubigers vorzunehmen ist (AnwK/*Schmidt-Kessel* Rn 4; PWW/*Jud* Rn 3). Tritt die Leistungsbereitschaft erst nach dem Angebot oder nach dem Zeitpunkt der notwendigen Mitwirkungshandlung des Gläubigers ein, so kann der Annahmeverzug des Gläubigers nur durch ein neues Angebot herbeigeführt werden. 1

2 **B. Prozessrechtliche Erwägungen.** Die Beweislast für das fehlende Leistungsvermögen des Schuldners sowie für dessen mangelnde Leistungsbereitschaft trägt der Gläubiger (KG NJW-RR 1997, 1059; PWW/*Jud* Rn 4; MüKo/*Ernst* Rn 4; Staud/*Löwisch* Rn 22; Palandt/*Heinrichs* Rn 3; BAG BB 1968, 1383; Hk-BGB/*Schulze* Rn 2).

§ 298 Zug-um-Zug-Leistungen. Ist der Schuldner nur gegen eine Leistung des Gläubigers zu leisten verpflichtet, so kommt der Gläubiger in Verzug, wenn er zwar die angebotene Leistung anzunehmen bereit ist, die verlangte Gegenleistung aber nicht anbietet.

1 **A. Regelungsinhalt.** § 298 stellt für den Fall der Zug-um-Zug-Leistung das Nichtanbieten der Gegenleistung durch den Gläubiger der Nichtannahme der Leistung gleich. Die Norm betrifft alle Zurückbehaltungsrechte (zB auch die aus §§ 255, 273, 285, 410 Abs 1 S 1, 785, 797, 812, 1144, 1223 Abs 2 und die Fälle der *actio contraria*: §§ 601, 670, 673, 699, 994), nicht nur solche aus gegenseitigen Verträgen gem § 320 (Hk-BGB/*Schulze* Rn 1; PWW/*Jud* Rn 2; Palandt/*Heinrichs* Rn 1). Das gilt auch dann, wenn es sich bei der Gegenleistung um eine bloße Nebenverpflichtung, etwa iSe Quittung gem § 368 oder einer Schuldscheinrückgabe gem § 371 handelt (Palandt/*Heinrichs* Rn 1). Die zu erstattenden Kosten eines Rechtsstreits fallen aber nicht in den Anwendungsbereich (Frankfurt aM NJW 1959, 538; PWW/*Jud* Rn 2). Voraussetzung für den Eintritt des Gläubigerverzugs nach § 298 ist, dass der Schuldner seine Leistung qualitativ und quantitativ ordnungsgem angeboten und die Gegenleistung eingefordert hat (PWW/*Jud* Rn 3). Da das Leistungsangebot des Schuldners – zu Recht – insoweit durch das Zug-um-Zug-Verlangen der Gegenleistung eingeschränkt ist, kommt der Gläubiger in Annahmeverzug, wenn er dieses nicht annimmt, weil er unberechtigterweise der Pflicht zur Erbringung der Gegenleistung nicht nachkommt (Staud/*Löwisch* Rn 1). Voraussetzung ist, dass der Schuldner die Gegenleistung verlangt hat (PWW/*Jud* Rn 3). Die Verweigerung der Gegenleistung seitens des Gläubigers kann auch konkludent erfolgen (Palandt/*Heinrichs* Rn 2). Ein Verschulden des Gläubigers ist entspr § 293 nicht erforderlich (Hk-BGB/*Schulze* Rn 2; PWW/*Jud* Rn 3; MüKo/*Ernst* Rn 2; Staud/*Löwisch* Rn 7). Ist jedoch ein solches gegeben, kommt der Gläubiger hinsichtlich der von ihm zu erbringenden Leistung (bzgl derer er Schuldner ist) zugleich in Schuldnerverzug, da in dem Leistungsverlangen des anderen Teils stets eine Mahnung liegt, § 286 Abs 1, Abs 4 (MüKo/*Ernst* Rn 4; PWW/*Jud* Rn 4). Allerdings gilt auch hier § 299 entspr (Palandt/*Heinrichs* Rn 2). So ist in den Fällen, in denen der Gläubiger wegen des vorzeitigen Angebots des Schuldners nicht leistungsbereit ist, die Leistungshinderung zunächst unbeachtlich (PWW/*Jud* Rn 3; MüKo/*Ernst* Rn 2). IÜ gilt die Vorschrift ihrem Sinn nach erst recht, wenn der Gläubiger nicht nur Zug-um-Zug, sondern sogar im Voraus zu leisten hat (BGHZ 90, 354, 359; MüKo/*Ernst* Rn 1; AnwK/*Schmidt-Kessel* Rn 2; PWW/*Jud* Rn 2; Palandt/*Heinrichs* Rn 1). Während der Dauer des Annahmeverzugs des Gläubigers ist ein Schuldnerverzug ausgeschlossen (BaRoth/*Grüneberg* Rn 6; PWW/*Jud* Rn 4). Um den Annahmeverzug zu beenden, muss der Gläubiger alle Gegenleistungen anbieten, wegen der der Schuldner ein Zurückbehaltungsrecht geltend macht (BAG NJW 1982, 121, 122; Palandt/*Heinrichs* Rn 2).

2 **B. Prozessrechtliche Erwägungen.** Macht der Schuldner gem § 298 den Annahmeverzug des Gläubigers wegen Verweigerung der Erbringung der Gegenleistung geltend, so muss er darlegen und beweisen, dass er selbst ein ordnungsgem Angebot der geschuldeten Leistung abgegeben hat (PWW/*Jud* Rn 5). Steht dies fest, so ist es Aufgabe des Gläubigers, sein Angebot der Gegenleistung darzulegen und zu beweisen (MüKo/*Ernst* Rn 4; PWW/*Jud* Rn 5).

§ 299 Vorübergehende Annahmeverhinderung. Ist die Leistungszeit nicht bestimmt oder ist der Schuldner berechtigt, vor der bestimmten Zeit zu leisten, so kommt der Gläubiger nicht dadurch in Verzug, dass er vorübergehend an der Annahme der angebotenen Leistung verhindert ist, es sei denn, dass der Schuldner ihm die Leistung eine angemessene Zeit vorher angekündigt hat.

1 **A. Regelungsinhalt.** § 299 stellt eine bes Ausprägung des Grundsatzes von Treu und Glauben dar (Hamburg OLGE 28, 71; PWW/*Jud* Rn 1; Hk-BGB/*Schulze* Rn 1; Palandt/*Heinrichs* Rn 1). Die Vorschrift erschwert die Voraussetzungen des Annahmeverzugs für den Fall, dass der Gläubiger bei unerwartet frühzeitigem Angebot vorübergehend an der Annahme gehindert ist. In diesem Fall bedarf es zur Herbeiführung des Annahmeverzugs außer dem Angebot noch einer rechtzeitigen Vorankündigung. Die Regelung zielt auf die Problematik, dass bei einer unbestimmt gelassenen Leistungszeit vom Gläubiger nicht erwartet werden kann, ständig annahmebereit zu sein (Palandt/*Heinrichs* Rn 1; PWW/*Jud* Rn 1). **I. Unbestimmter Leistungszeitpunkt.** § 299 kommt nur dann zur Anwendung, wenn die Leistungszeit tatsächlich unbestimmt geblieben oder aber der Schuldner bei bestimmter Leistungszeit zur vorzeitigen Leistung berechtigt ist (vgl § 271 Abs 2) und der Schuldner in einem solchen Fall leistet (MüKo/*Ernst* Rn 2; Staud/*Löwisch* Rn 1).

2 **II. Vorübergehende Annahmeverhinderung.** Eine vorübergehende Annahmeverhinderung stellt jede zeitweilige Nichtannahme der vorzeitigen/unerwarteten Leistung dar, egal aus welchem Grund sie erfolgt. Sie kann sich daher auf jede zufällige Abwesenheit (Hamburg OLGE 28, 71 ff), aber auch auf eine schwere Erkrankung (RG JW 1903, Beilage 115, 251) oder auf einen vorübergehenden Platzmangel gründen (Staud/*Löwisch* Rn 3; PWW/*Jud* Rn 3; Palandt/*Heinrichs* Rn 2). Der Grundsatz, dass der Annahmeverzug kein Ver-

schulden des Gläubigers voraussetzt, wird nach § 299 nur für den Fall eingeschränkt, dass der Gläubiger die Leistung vorübergehend nicht annimmt, weil er sich darauf wegen des unbestimmten Leistungszeitpunktes nicht einstellen konnte (Palandt/*Heinrichs* Rn 1). Keinen Fall von § 299 stellt die dauernde Annahmeverhinderung dar. Die Abgrenzung vorübergehend/dauerhaft vollzieht sich nach der Verkehrsauffassung. Ist der Gläubiger dauernd an der Annahme gehindert, so tritt, ohne dass eine Vorankündigung notwendig ist, auch im Fall des unerwartet frühzeitigen Angebots Annahmeverzug ein, es sei denn, dass die Verhinderung des Gläubigers die Leistung als solche ausnahmsw unmöglich macht (MüKo/*Ernst* Rn 4; PWW/*Jud* Rn 4).

III. Ordnungsgem Leistungsangebot des Schuldners. Da der Schuldner die Leistung seinerseits so anbieten 3 muss, wie es sich gehört (eben auch zur richtigen Zeit), betrifft § 299 nicht die Fallgestaltungen, in denen der Schuldner die Leistung zu einer ungehörigen Zeit anbietet (Bsp: Zahlung von Geschäftsschulden am Sonntag oder außerhalb der üblichen Geschäftszeiten). Hier mangelt es bereits an einem für den Eintritt des Gläubigerverzugs erforderlichen ordentlichen Angebot.

IV. Vorherige Leistungsankündigung. Der Eintritt des Annahmeverzugs ist bei vorübergehender Annahme- 4 verhinderung wegen zunächst nicht festgelegtem Leistungszeitpunkts oder vorzeitig möglicher Leistung (§ 271 Abs 2) nur dann eröffnet, wenn der Schuldner dem Gläubiger die Leistung eine angemessene Zeit vorher angekündigt hat (§ 299 letzter HS). In diesen Fällen kann sich der Gläubiger auf die Leistung einstellen, so dass eine Annahme erwartet werden kann (Palandt/*Heinrichs* Rn 3; PWW/*Jud* Rn 4). Angemessen früh ist die Leistungsankündigung dann, wenn sie dem Gläubiger genügend Zeit lässt, um sich auf die Annahme einzurichten. Die Bemessung der Zeitspanne ist stark einzelfallabhängig (AnwK/*Schmidt-Kessel* Rn 3; BaRoth/*Grüneberg* Rn 5). Die Leistungsankündigung kann sowohl vom Schuldner als auch vom leistungsberechtigten Dritten ausgehen (Palandt/*Heinrichs* Rn 3). Sie beinhaltet eine geschäftsähnl Handlung, so dass auf sie die Vorschriften der §§ 130 ff entspr Anwendung finden (Hk-BGB/*Schulze* Rn 2; Palandt/*Heinrichs* Rn 3). Eine Leistungsankündigung zu einer unpassenden Zeit führt den Annahmeverzug erst zu dem Zeitpunkt herbei, an dem die Annahme durch den Gläubiger billigerweise erwartet werden konnte (Staud/*Löwisch* Rn 6; PWW/*Jud* Rn 4).

B. Prozessrechtliche Erwägungen. Den Gläubiger trifft die Beweislast dafür, dass eine Zeit für die Leistung 5 nicht bestimmt und er nur vorübergehend an der Annahme verhindert war. Der Schuldner muss hingegen darlegen und beweisen, dass er die Leistung eine angemessene Zeit vorher angekündigt hat (PWW/*Jud* Rn 5; Palandt/*Heinrichs* Rn 4).

§ 300 Wirkung des Gläubigerverzugs. **[1] Der Schuldner hat während des Verzugs des Gläubigers nur Vorsatz und grobe Fahrlässigkeit zu vertreten.**

[2] Wird eine nur der Gattung nach bestimmte Sache geschuldet, so geht die Gefahr mit dem Zeitpunkt auf den Gläubiger über, in welchem er dadurch in Verzug kommt, dass er die angebotene Sache nicht annimmt.

A. Regelungsinhalt. I. Allgemeines. Die Norm beinhaltet zwei wichtige Rechtsfolgen des Gläubigerverzugs, 1 nämlich die Reduzierung der schuldnerischen Haftung durch die Veränderung des Haftungsmaßstabes, der nunmehr nur noch Vorsatz und grobe Fahrlässigkeit umfassen soll (§ 300 Abs 1) und den Übergang der Leistungsgefahr bei Gattungsschulden. Weitere Folgen des Annahmeverzugs sind in §§ 301 bis 304 sowie in §§ 274 Abs 2, 322 Abs 3, 264 Abs 2, 372, 383, 615, 642, 644 BGB und § 373 HGB geregelt. Wichtig sind daneben auch die Rechtsfolgen des Gläubigerverzugs, die nicht eintreten: So wird der Schuldner im Gläubigerverzug von seiner Pflicht zur Leistung grds nicht befreit (RG JW 21, 394; Düsseldorf MDR 1997, 342; PWW/*Jud* Rn 2; Erman/*Hager* Rn 2). Eine Ausn von diesem Grundsatz regelt im Hinblick auf die absolute Fixschuld der Arbeitsleistung § 615 BGB, eine weitere ist in § 373 Abs 3 HGB kodifiziert. Soweit die Ausn nicht greifen, kann der Schuldner den Leistungsgegenstand nach §§ 372, 383, 303 hinterlegen. Er wird dann von seiner Schuld frei, wenn die Rücknahme der hinterlegten Sache ausgeschlossen ist. Ein Rücktritts- oder Kündigungsrecht steht dem Schuldner nur zu, wenn im Verhalten des Gläubigers zugleich eine Pflichtverletzung liegt. Dies ist jedoch selten der Fall, da der Schuldner grds keine Pflicht zur Annahme hat. Damit zusammen hängt auch, dass der Gläubigerverzug im Unterschied zum Schuldnerverzug allg keine Schadensersatzpflicht begründet (RGZ 123, 338, 340; PWW/*Jud* Rn 1; Palandt/*Heinrichs* Rn 1). Eine solche ist nur dann gegeben, wenn im Gläubigerverzug zugleich alle Voraussetzungen des Schuldnerverzugs (§ 286) oder der positiven Vertragsverletzung (§ 280 Abs 1) vorliegen (PWW/*Jud* Rn 1; Palandt/*Heinrichs* Rn 1; Erman/*Hager* Rn. 2; MüKo/*Ernst* Rn. 1).

II. Die beiden Formen der Haftungserleichterung für den Schuldner. 1. Haftungserleichterung durch Ab- 2 senkung des Sorgfaltspflichtmaßstabes. § 300 Abs 1 ordnet an, dass der Schuldner im Fall des Gläubigerverzugs bzgl des Unmöglichwerdens der Leistung nur für Vorsatz und grobe Fahrlässigkeit haftet. Damit wird der in § 276 Abs 1 niedergelegte Haftungsmaßstab, der grds auch leichte Fahrlässigkeit einbezieht, modifiziert. Die in § 300 Abs 1 festgeschriebene Haftungsmilderung beim Gläubigerverzug bildet das Gegenstück zur Haftungsverschärfung gem § 287 S 1 für den Schuldner im Schuldnerverzug (Palandt/*Heinrichs* Rn 2). **a) Sinn und**

Zweck der Regelung. Die Regelung zieht ihre Rechtfertigung daraus, dass der Schuldner grds damit rechnen konnte, von seiner Leistungspflicht frei zu werden und er nun, da er in seiner Annahme enttäuscht wurde, nicht vollständig alle damit verbundenen Gefahren tragen soll (Erman/*Hager* Rn 4; Staud/*Löwisch* Rn 3).

3 **b) Anwendungsbereich.** Das Haftungsprivileg nach § 300 Abs 1 erfasst alle Schuldverhältnisse (PWW/*Jud* Rn 3; Palandt/*Heinrichs* Rn 2; MüKo/*Ernst* Rn 2). So gilt es etwa bei Rückabwicklungsansprüchen nach § 346 (RGZ 56, 267, 270; 145, 79, 84; BGHZ 115, 286, 299; Köln NJW-RR 1995, 53; PWW/*Jud* Rn 3; Palandt/*Heinrichs* Rn 2), nach Beendigung der Mietzeit (BGHZ 86, 204, 208, 210; BaRoth/*Grüneberg* Rn 2; PWW/*Jud* Rn 3) und bei Pacht- und Werkverträgen (BGH MDR 1958, 353; BGH LM Nr 3 zu § 651 Bl 2; MüKo/*Ernst* Rn 2; PWW/*Jud* Rn 3; aA Soerg/*Wiedemann* Rn 9). Es erstreckt sich zudem auf konkurrierende Anspruchsgrundlagen wie § 823 Abs 1 (Köln NJW-RR 1995, 52, 54; Saarbrücken NJW-RR 2002, 528, 529; Palandt/*Heinrichs* Rn 2; MüKo/*Ernst* Rn 2; Hk-BGB/*Schulze* Rn 2; Erman/*Hager* Rn 4). Allerdings geht die Haftungsprivilegierung nur so weit, als der Leistungsgegenstand betroffen ist (BGH LM § 651 Nr 3 Bl 2 R; Saarbrücken NJW-RR 2002, 528, 529; Palandt/*Heinrichs* Rn 2; Erman/*Hager* Rn 2). Hinsichtlich der Verletzung sonstiger Nebenpflichten bleibt der normale Sorgfaltspflichtmaßstab anwendbar (RG JW 92, 394; Köln NJW-RR 1995, 52, 54; Erman/*Hager* Rn 4; MüKo/*Ernst* Rn 2). Bei Arbeitsverhältnissen gehen die Grundsätze zum innerbetrieblichen Schadensausgleich vor (AnwK/*Schmidt-Kessel* Rn 4; PWW/*Jud* Rn 3).

4 **2. Haftungserleichterung durch Übergang der Leistungsgefahr bei Gattungsschulden.** § 300 Abs 2 enthält eine Modifizierung zu den allg Regelungen für den Übergang der Leistungsgefahr betreffs Gattungsschulden, die er ergänzt (Hk-BGB/*Schulze* Rn 4). Regelungen zum Übergang der Preisgefahr beinhalten dagegen die §§ 323 Abs 6, 326 Abs 2 (Palandt/*Heinrichs* Rn 3). **a) Sinn und Zweck der Regelung.** Die Regelung zieht ihre Legitimation ebenfalls aus den berechtigten und enttäuschten Erwartungen des Schuldners.

5 **b) Anwendungsbereich.** § 300 Abs 2 betrifft **alle Arten von Gattungsschulden**, einschließlich der Vorratsschuld; eine entspr Anwendung ist auch bzgl der Geldschuld möglich (BaRoth/*Grüneberg* Rn 4; PWW/*Jud* Rn 5). Nach dem System der Normen für die Leistungsgefahr – §§ 243, 275 – geht die Gefahr des zufälligen Untergangs des Leistungsgegenstandes bei Gattungsschulden auf den Gläubiger über, wenn der Schuldner das zu seiner Leistung Erforderliche getan hat, was eine Konkretisierung voraussetzt (Palandt/*Heinrichs* Rn 3). Da die Konkretisierung aber häufig bereits in dem Angebot des Schuldners liegt, fallen Annahmeverzug und Konkretisierung in vielen Fällen zusammen, so dass die Leistungsgefahr nicht erst nach § 300 Abs 2, sondern bereits nach § 243 Abs 2 übergeht (PWW/*Jud* Rn 5; Hk-BGB/*Schulze* Rn 4). Der Anwendungsbereich des § 300 Abs 2 ist damit begrenzt (Palandt/*Heinrichs* Rn 3; Erman/*Hager* Rn 7). Ein Übergang der Leistungsgefahr auf den Gläubiger hat gem § 300 Abs 2 nur dann eine eigenständige Bedeutung, wenn der Schuldner die der Gattung nach geschuldete Leistung zwar noch nicht konkretisiert hat, der Gläubiger aber bereits in Annahmeverzug geraten ist (PWW/*Jud* Rn 6; MüKo/*Ernst* Rn 5). Gegeben ist diese Situation bspw dann, wenn der Gläubiger vor dem tatsächlichen Angebot des Schuldners die Annahme verweigert, der Schuldner daraufhin die geschuldete Ware aussondert und sie gem § 295 dem Gläubiger wörtlich anbietet (BGH WM 1975, 916, 920; RGZ 57, 402, 402; PWW/*Jud* Rn 6; Erman/*Hager* Rn 8; Hk-BGB/*Schulze* Rn 4). Gleiches gilt dann, wenn der Gläubiger das vom Schuldner übersandte Geld nicht annimmt (PWW/*Jud* Rn 6). Denn weil der Schuldner dem Gläubiger das Geld gem § 270 Abs 1 an dessen Wohnsitz übermitteln muss, hat er vor der Empfangnahme des Geldes durch die andere Seite das zur Leistung seinerseits Erforderliche noch nicht getan, so dass auch hier ein Anwendungsbereich für § 300 Abs 2 verbleibt (Palandt/*Heinrichs* Rn 5; Erman/*Hager* Rn 8; Hk-BGB/*Schulze* Rn 6). Str ist die Heranziehung des § 300 Abs 2, wenn der Gläubigerverzug durch die Verweigerung der Mitwirkungshandlung ausgelöst wurde. Die hM lässt dies für die Anwendung der Norm genügen (Palandt/*Heinrichs* Rn 5; BaRoth/*Grüneberg* Rn 5; PWW/*Jud* Rn 6; Staud/*Löwisch* Rn 15), die Gegenansicht verweist auf den Wortlaut der Regelung (MüKo/*Ernst* Rn 4; Erman/*Hager* Rn 8 mit Hinw auf die Arg in der vorherigen Aufl). Unstr ist die Anwendung des § 300 Abs 2 hingegen im Fall der vertraglichen Abbedingung des § 243 Abs 2 (PWW/*Jud* Rn 6; BaRoth/*Grüneberg* Rn 5; Palandt/*Heinrichs* Rn 5; MüKo/*Ernst* Rn 4; Erman/*Hager* Rn 8).

6 **B. Prozessrechtliche Erwägungen.** Die Haftungserleichterung nach § 300 Abs 1 hat keine Auswirkungen auf die Verteilung der Beweislast. Im Rahmen des Annahmeverzugs muss der Schuldner lediglich solche Tatsachen darlegen und beweisen, aus denen sich ergibt, dass die Unmöglichkeit der Leistung nicht auf Vorsatz oder grober Fahrlässigkeit beruht (Saarbrücken NJW-RR 2002, 528, 529; PWW/*Jud* Rn 4; Erman/*Hager* Rn 4; MüKo/*Ernst* Rn 3). Auch die Haftungserleichterung durch den Übergang der Leistungsgefahr in § 300 Abs 2 ändert nichts an den allg Beweislastregelungen.

§ 301 Wegfall der Verzinsung. **Von einer verzinslichen Geldschuld hat der Schuldner während des Verzugs des Gläubigers Zinsen nicht zu entrichten.**

1 Die Regelung bewirkt nicht nur eine Stundung, sondern eine echte Befreiung des Schuldners von der Pflicht zur Zahlung von Zinsen, soweit sich der Gläubiger in Annahmeverzug befindet (Hamburg HanseGZ 23, 230, 232; Erman/*Hager* Rn 1; Palandt/*Heinrichs* Rn 1; Hk-BGB/*Schulze* Rn 1). Sie will den

Schuldner einer Geldschuld entlasten, der wegen der fehlenden Mitwirkung des Gläubigers nicht erfüllen, das Kapital aber auch nicht für sich nutzen kann, da er es für den Gläubiger bereithalten muss (Hamburg HanseGZ 23, 230, 232; Erman/*Hager* Rn 1). Die frühere Rspr hat in der Norm auch eine Anspruchsgrundlage nach Vertragsende auf Fortzahlung des Vertragszinses bis zum Zeitpunkt der Erfüllung bzw bis zum Eintritt des Gläubigerverzugs gesehen (RG JW 36, 2858, 2859; München OLGZ 78, 452, 453). Dieser Lesart des § 301 folgt bis heute auch ein Teil der Lit (vgl Palandt/*Heinrichs* Rn 1), wobei mit einem Umkehrschluss argumentiert wird. Nach hM regelt die Norm dagegen nur einen Beendigungsgrund, nicht etwa das Entstehen und die Höhe des Zinsanspruches (BGHZ 104, 337, 341; 115, 268, 269; PWW/*Jud* Rn 1; Erman/*Hager* Rn 1; Hk-BGB/*Schulze* Rn 1; MüKo/*Ernst* Rn 1; Staud/*Löwisch* Rn 5). Hierfür spricht, dass der Wortlaut der Norm eine verzinsliche Geldschuld, mithin eine andere Anspruchsgrundlage fordert (Erman/*Hager* Rn 1). § 301 gilt für alle Arten von Zinsen, gleichgültig, ob diese kraft Gesetzes oder kraft Rechtsgeschäfts geschuldet werden (Erman/*Hager* Rn 2; MüKo/*Ernst* Rn 2; PWW/*Jud* Rn 2; Palandt/*Heinrichs* Rn 1). Tatbestandlich wird für die Schuldbefreiung zunächst ein Anspruch des Gläubigers auf Zinszahlung vorausgesetzt, der dann im Gläubigerverzug entfällt. § 301 regelt seinem Wortlaut nach nur den Wegfall der Zinszahlungspflicht. Die Pflicht zur Herausgabe tatsächlich gezogener Nutzungen bleibt davon unberührt, vgl dazu § 302 (Hk-BGB/*Schulze* Rn 1). Hat der Schuldner tatsächlich Zinsen gezogen, muss er diese mithin gem § 303 herausgeben, sofern nach der Art des Schuldverhältnisses eine Verpflichtung zur Herausgabe von Nutzungen besteht (BGH NJW 1958, 137 ff; Erman/*Hager* Rn 1; Palandt/*Heinrichs* Rn 2). Denn der Schuldner soll durch § 301 entlastet, aber nicht bereichert werden. Sieht das Gesetz eine von § 301 abw Verzinsungspflicht von Fremdgeldern explizit vor (vgl §§ 668, 698, 1834), so wird § 301 verdrängt (PWW/*Jud* Rn 2; Palandt/*Heinrichs* Rn 2; MüKo/*Ernst* Rn 3; Staud/*Löwisch* Rn 3; Erman/*Hager* Rn 3; aA noch Erman/*Battes* in der früheren Aufl).

§ 302 Nutzungen. **Hat der Schuldner die Nutzungen eines Gegenstands herauszugeben oder zu ersetzen, so beschränkt sich seine Verpflichtung während des Verzugs des Gläubigers auf die Nutzungen, welche er zieht.**

Die Regelung enthält eine **Beschränkung der Herausgabepflicht** auf die **tatsächlich gezogenen Nutzungen** 1 (Hk-BGB/*Schulze* Rn 1). Sie begünstigt den Schuldner, solange sich der Gläubiger im Annahmeverzug befindet (PWW/*Jud* Rn 1). Denn er muss keine Anstrengungen im Hinblick auf eine sinnvolle Nutzziehung aus der zurückzugebenden Sache unternehmen (Erman/*Hager* Rn 1). Dies gilt selbst dann, wenn er die Nutzziehung vorsätzlich oder grob fahrlässig unterlässt (Palandt/*Heinrichs* Rn 1). Nur bei einem **krassen Verstoß gegen Treu und Glauben** (§ 242) soll sich der Schuldner nicht auf § 302 berufen dürfen (Palandt/*Heinrichs* Rn 2). Die Vorschrift gilt allerdings (nur) für solche Schuldverhältnisse, die eine Verpflichtung zur Herausgabe von Nutzungen (§ 100) begründen (s §§ 292 Abs 2, 346, 987 Abs 2, 990). Bei nur vorübergehender Unmöglichkeit der Leistungserbringung wegen Annahmeverhinderung, die gem § 299 keinen Gläubigerverzug auslöst, ist die Anwendung des § 302 umstritten. Die hM zieht die Norm jedoch analog heran, so dass auch in diesem Fall die tatsächlich gezogenen Nutzungen herauszugeben sind (BGH NJW 1958, 137, 138; Palandt/*Heinrichs* Rn 1; MüKo/*Ernst* Rn 3; Erman/*Hager* Rn 2). Die Gegenmeinung lehnt dies mit dem Argument ab, dass § 302 keine selbständige Anspruchsgrundlage begründe (Staud/*Löwisch* Rn 4; wohl auch PWW/*Jud* Rn 1; AnwK/*Schmidt-Kessel* Rn 3). Für die hM spricht jedoch der bereits in § 301 (daneben aber auch in § 285) angelegte Grundgedanke, dass der Schuldner im Gläubigerverzug keine Nachteile tragen, sich aber auch nicht bereichern soll.

§ 303 Recht zur Besitzaufgabe. **Ist der Schuldner zur Herausgabe eines Grundstücks oder eines eingetragenen Schiffs oder Schiffsbauwerks verpflichtet, so kann er nach dem Eintritt des Verzugs des Gläubigers den Besitz aufgeben. Das Aufgeben muss dem Gläubiger vorher angedroht werden, es sei denn, dass die Androhung untunlich ist.**

A. Allgemeines. Der Schuldner wird nach § 303 durch ein Recht zur Besitzaufgabe an dem Grundstück bzw 1 Schiff resp Schiffsbauwerk entlastet, weil es ihm nicht zumutbar ist, sich bei einer solch umfangreichen Sache weiter um diese zu kümmern (PWW/*Jud* Rn 1; Staud/*Löwisch* Rn 1). Bedeutung erlangt das Recht zur Besitzaufgabe nach § 303 in den Fällen, in denen eine Hinterlegung und damit die Möglichkeit zum Erfüllungssurrogat ausgeschlossen ist (vgl §§ 383 Abs 4, 929a; Hk-BGB/*Schulze* Rn 1; Palandt/*Heinrichs* Rn 1; Erman/*Hager* Rn 1). Insofern stellt § 303 eine sinnvolle Ergänzung der in §§ 372 ff BGB und § 373 Abs 1 HGB festgeschriebenen Option der Hinterlegung für die dort bestimmten Gegenstände im Gläubigerverzug dar.

B. Regelungsinhalt. I. Allgemeines. § 303 gilt sowohl für die Pflicht zur Herausgabe oder Rückgabe (etwa 2 gem § 546, vgl Düsseldorf MDR 1999, 538), als auch für die zur Übereignung, gleichgültig, ob sie auf einem schuldrechtlichen oder sonstigen Rechtsgrund beruht (Erman/*Hager* Rn 2; MüKo/*Ernst* Rn 2; Palandt/*Heinrichs* Rn 2). In Fortführung des in § 303 angelegten Rechtsgedankens darf der Schuldner auch den Besitz an dem Zubehör des Grundstückes aufgeben. Wäre das nicht so, wäre die Haftungsfreistellung nach § 303 teilw wertlos, da wirtschaftlich ausgehöhlt (RGZ 60, 163 ff; Erman/*Hager* Rn 1; MüKo/*Ernst* Rn 4; Palandt/*Hein-*

richs Rn 4). Sind allerdings die Stücke wertvoll und leicht zu entfernen, so gebietet bereits § 242, dass sie hinterlegt werden müssen (Staud/*Löwisch* Rn 3).

3 **II. Tatbestandliche Voraussetzungen.** § 303 setzt den Annahmeverzug des Gläubigers voraus und knüpft daran das Recht zur Besitzaufgabe seitens des Schuldners bzgl der in der Norm beschriebenen Gegenstände. Besitzaufgabe nach § 303 bedeutet, Aufgabe der faktischen (dh tatsächlichen) Gewalt über den Gegenstand, vgl § 856. Dadurch wird der Schuldner von seiner Pflicht zur Besitzübertragung und von der Haftung für das weitere Schicksal des Gegenstandes frei (RGZ 73, 70 ff; Düsseldorf MDR 1999, 538 ff; Palandt/*Heinrichs* Rn 2). Nicht berechtigt nach dieser Norm ist der Schuldner zur Aufgabe der (übergeordneten) rechtlichen Verfügungsgewalt, die das Eigentum betrifft, § 928 (Hk-BGB/*Schulze* Rn 1; Soerg/*Wiedemann* Rn 2; AnwK/*Schmidt-Kessel* Rn 1; PWW/*Jud* Rn 2; Palandt/*Heinrichs* Rn 2). Vor diesem Hintergrund wird klar, dass es gem § 303 auch zu keinem automatischen Verlust einer eventuell bestehenden Übereignungspflicht seitens des Schuldners kommen kann (PWW/*Jud* Rn 2). Zur wirksamen Ausübung des Rechts muss der Schuldner dem Gläubiger allerdings zunächst die Besitzaufgabe androhen (Düsseldorf MDR 1999, 538; OLGRp 2001, 177). Der Gläubiger erhält damit einen »Warnschuss«. Er hat die Gelegenheit, den (potentiell) – infolge mangelnder Obhut – eintretenden Schaden am Objekt durch die nun vielleicht doch erfolgende Annahme abzuwenden. Die Androhung selbst stellt eine einseitig zugangsbedürftige, geschäftsähnl Erklärung dar, auf die die §§ 130 ff Anwendung finden (RGZ 73, 70 f; Erman/*Hager* Rn 3; Palandt/*Heinrichs* Rn 3; PWW/*Jud* Rn 3). Nach aA beinhaltet sie ein einseitiges, empfangsbedürftiges Rechtsgeschäft (MüKo/*Ernst* Rn 3; wohl auch OLG Düsseldorf MDR 1999, 538; Staud/*Löwisch* Rn 6). Die Androhung kann sogleich mit dem Angebot der Leistung verbunden werden (RGZ 73, 69, 70 ff; Erman/*Hager* Rn 3; Palandt/*Heinrichs* Rn 3). Nach Treu und Glauben untunlich (und daher unnötig) ist die Androhung allerdings dann, wenn sie mit außergewöhnlich hohen Kosten verbunden oder aus sonstigen Gründen bes erschwert ist. Letzteres ist insbes anzunehmen, wenn die mit ihr einhergehende Verzögerung, bspw wegen der Notwendigkeit einer öffentlichen Zustellung, dem Schuldner nicht zuzumuten ist (MüKo/*Ernst* Rn 3; Staud/*Löwisch* Rn 6; Erman/*Hager* Rn 3). Abzusehen ist von der Notwendigkeit der vorherigen Androhung der Besitzaufgabe auch dann, wenn der Vermieter die Rücknahme des Objekts unberechtigterweise verweigert (Düsseldorf MDR 1999, 538, 539; krit Erman/*Hager* Rn 3). Ist die notwendige Androhung unterblieben (und auch nicht nach § 242 entbehrlich), haftet der Schuldner nach allg Regeln, str ist lediglich der Haftungsmaßstab. Eine Ansicht plädiert für die Heranziehung des § 300 Abs 1, dh für eine Entlastung des Schuldners (MüKo/*Ernst* Rn 3); die Gegenansicht wendet sich gegen die Anwendung des Privilegs (Staud/*Löwisch* Rn 8).

§ 304 Ersatz von Mehraufwendungen. **Der Schuldner kann im Falle des Verzugs des Gläubigers Ersatz der Mehraufwendungen verlangen, die er für das erfolglose Angebot sowie für die Aufbewahrung und Erhaltung des geschuldeten Gegenstands machen musste.**

1 **A. Allgemeines.** Der Annahmeverzug begründet für den Gläubiger keine allg Schadensersatzpflicht (Palandt/*Heinrichs* Rn 1; Erman/*Hager* Rn 1). § 304 gibt ihm lediglich einen selbständigen Anspruch auf Ersatz der durch den Gläubigerverzug entstandenen, objektiv notwendigen Mehraufwendungen (RGZ 45, 300, 302; BGH NJW 1996, 1464, 1465; PWW/*Jud* Rn 1; MüKo/*Ernst* Rn 1; Erman/*Hager* Rn 2). Unter Mehraufwendungen sind freiwillige Vermögensaufwendungen (nicht Schäden) zu verstehen, die beim Schuldner wegen des Gläubigerverzuges auflaufen (undeutlich PWW/*Jud* Rn 2). Bei der Beurteilung der objektiven Erforderlichkeit der Mehraufwendungen ist eine weite Auslegung geboten (Erman/*Hager* Rn 2). Zu ersetzen sind nur die tatsächlich aufgewendeten Beträge (PWW/*Jud* Rn 1). Ergänzend heranzuziehende Bestimmungen enthalten die § 256 (Verzinsungspflicht) und § 257 (Anspruch auf Befreiung von etwaigen Verbindlichkeiten). Ein Entgelt für den Ersatz der eigenen Arbeitskraft steht dem Schuldner nach § 304 nur zu, wenn die Leistung in seinen gewerblichen oder beruflichen Tätigkeitskreis fällt (Erman/*Hager* Rn 3; MüKo/*Ernst* Rn 2; Palandt/*Heinrichs* Rn 2). Wegen seines Ersatzanspruches hat der Schuldner gem § 273 ein Zurückbehaltungsrecht (BaRoth/*Grüneberg* Rn 4; PWW/*Jud* Rn 2; Hk-BGB/*Schulze*). Weitergehende Ansprüche können sich aus der GoA ergeben (Erman/*Hager* Rn 3; MüKo/*Ernst* Rn 4; Palandt/*Heinrichs* Rn 2). Nicht über § 304 ersatzfähig ist der entgangene Gewinn, ferner Schäden, die der Schuldner infolge des Annahmeverzugs beim Rücktransport der angedienten Ware erleidet (Staud/*Löwisch* Rn 5).

2 **B. Regelungsinhalt.** Der Schuldner kann für die Aufbewahrung ein Lagergeld verlangen (RG JW 26, 1663; Nürnberg MDR 1975, 52), und zwar auch für die Verladung in Eisenbahnwagons, soweit keine kostengünstigere Lagerung möglich ist (RGZ 45, 300, 302). Keine Aufbewahrungskosten sind Einbußen, wenn die Lagerung des geschuldeten Gegenstandes die weitere Produktion des Gläubigers blockiert (Staud/*Löwisch* Rn 4; Erman/*Hager* Rn 2). Hier handelt es sich um echte Schadensposten. Falls der Schuldner Kaufmann sein sollte, stehen ihm auch für die Eigeneinlagerung die üblichen Lagerkosten zu, § 354 HGB (BGH NJW 1996, 1464, 1465; Hamm NJW-RR 1997, 1418, 1419). Gleichfalls zu den ersatzfähigen Kosten gehören Transportkosten sowie die Kosten des erfolglosen Erstangebots (Erman/*Hager* Rn 2). Darüber hinaus sind die Kosten der Mahnung oder der Androhung iSv § 303 sowie die Versicherungskosten ersatzfähig (Palandt/*Heinrichs*

Rn 2; Hk-BGB/*Schulze* Rn 1; MüKo/*Ernst* Rn 2). Die Kosten des erfolgreichen Zweitangebots können hingegen nicht nach dieser Norm zur Erstattung gestellt werden (Hamburg WM 2002, 655, 661; Erman/*Hager* Rn 2; Palandt/*Heinrichs* Rn 1). Zu den zu erstattenden Erhaltungskosten zählen bspw Heizungskosten, Kosten der Wartung einer Maschine und die Fütterung eines Tieres (Erman/*Hager* Rn 2).

C. Prozessrechtliche Erwägungen. Der Anspruch auf Ersatz der durch den Gläubigerverzug begründeten Mehraufwendungen kann durch eine Klage oder durch das Zurückbehaltungsrecht nach § 273 geltend gemacht werden (MüKo/*Ernst* Rn 3; Erman/*Hager* Rn 4). Er erlischt nicht durch den Untergang der zu leistenden Sache (MüKo/*Ernst* Rn 3; Staud/*Löwisch* Rn 9). 3

Abschnitt 2 Gestaltung rechtsgeschäftlicher Schuldverhältnisse durch Allgemeine Geschäftsbedingungen

§ 305 Einbeziehung Allgemeiner Geschäftsbedingungen in den Vertrag.

[1] Allgemeine Geschäftsbedingungen sind alle für eine Vielzahl von Verträgen vorformulierten Vertragsbedingungen, die eine Vertragspartei (Verwender) der anderen Vertragspartei bei Abschluss eines Vertrages stellt. Gleichgültig ist, ob die Bestimmungen einen äußerlich gesonderten Bestandteil des Vertrags bilden oder in die Vertragsurkunde selbst aufgenommen werden, welchen Umfang sie haben, in welcher Schriftart sie verfasst sind und welche Form der Vertrag hat. Allgemeine Geschäftsbedingungen liegen nicht vor, soweit die Vertragsbedingungen zwischen den Vertragsparteien im Einzelnen ausgehandelt sind.

[2] Allgemeine Geschäftsbedingungen werden nur dann Bestandteil eines Vertrags, wenn der Verwender bei Vertragsschluss

1. **die andere Vertragspartei ausdrücklich oder, wenn ein ausdrücklicher Hinweis wegen der Art des Vertragsschlusses nur unter unverhältnismäßigen Schwierigkeiten möglich ist, durch deutlich sichtbaren Aushang am Orte des Vertragsschlusses auf sie hin weist und**
2. **der anderen Vertragspartei die Möglichkeit verschafft, in zumutbarer Weise, die auch eine für den Verwender erkennbare körperliche Behinderung der anderen Vertragspartei angemessen berücksichtigt, von ihrem Inhalt Kenntnis zu nehmen, und wenn die andere Vertragspartei mit ihrer Geltung einverstanden ist.**

[3] Die Vertragsparteien können für eine bestimmte Art von Rechtsgeschäften die Geltung Allgemeiner Geschäftsbedingungen unter Beachtung der in Absatz 2 bezeichneten Erfordernisse im Voraus vereinbaren.

Literatur *Alexy* Die Haftungsfreizeichnung des Waschanlagenbetreibers von einfacher Fahrlässigkeit VuR 2006, 86; *Benedict* Beschränkte Privatautonomie bei Barterverträgen – oder zur »Intransparenz« richterlicher Inhaltskontrolle NJW 2000, 190; *Berger* Aushandeln von Vertragsbedingungen im kaufmännischen Geschäftsverkehr – Stellen, Handeln, Behandeln, Verhandeln, Aushandeln…? NJW 2001, 2152; *ders* Die Einbeziehung von AGB in B2C-Verträge ZGS 2004, 329; *Däubler/Dorndorf/Bonin/Deinert* AGB-Kontrolle im Arbeitsrecht, Kommentierung zu den §§ 305 bis 310 BGB, 2. Aufl München (2008); *Dylla-Krebs* Schranken der Inhaltskontrolle Allgemeiner Geschäftsbedingungen, Eine systematische Abgrenzung kontrollfreier von kontrollunterworfenen Klauseln, Baden-Baden (1990); *Fastrich* Richterliche Inhaltskontrolle im Privatrecht, München (1992); *Hensen* Die Auswirkungen des AGB-Gesetzes auf den kaufmännischen Verkehr NJW 1987, 1986; *Kappus* Allgemeine Reisebedingungen, München (2008); *Kieninger* Inhaltskontrolle der AVB einer Arbeitslosigkeitsversicherung, zugleich Anm z Urt des OLG Hamburg vom 11–03-1998 (5 U 211/96) VersR 98, 627, VersR 1998, 1071; *Koch* Auswirkungen der Schuldrechtsreform auf die Gestaltung Allgemeiner Geschäftsbedingungen – Teil I WM 2002, 2177; *Köndgen* Grund und Grenzen des Transparenzgebots im AGB-Recht, Bemerkungen zum »Hypothekenzins-« und zum »Wertstellungs-Urteil« des BGH NJW 1989, 943; *Kötz* Der Schutzzweck der AGB-Kontrolle – Eine rechtsökonomische Skizze JuS 2003, 209; *Markus/Kaiser/Kapellmann* AGB-Handbuch Bauvertragsklauseln, 2. Aufl Neuwied (2007); *Rabe* Die Auswirkungen des AGB-Gesetzes auf den kaufmännischen Verkehr NJW 1987, 1978; *Reich/Micklitz* Europäisches Verbraucherrecht, 4. Aufl Baden-Baden (2003); *Reich/Tonner* Rechtstheoretische und rechtspolitische Überlegungen zum Problem der Allgemeinen Geschäftsbedingungen, Hamburger Jahrbuch für Wirtschafts- und Gesellschaftsrecht 1973, 213; *Roth* Funktion und Anwendungsbereich der Unklarheitenregel des § 5 AGBG WM 1991, 2085; *Rott/Butters* Öffentliche Dienstleistungen und Vertragsgerechtigkeit im Lichte des Gemeinschaftsrechts (Teil 2) VuR 1999, 107; *Römer* Gerichtliche Kontrolle Allgemeiner Versicherungsbedingungen nach den §§ 8, 9 AGBG NVersZ 1999, 97; *Singer* Inhaltskontrolle von Arbeitsverträgen, Berlin (2007); *Staudinger* Das Transparenzgebot im AGB-Gesetz – Klar und verständlich?, Zu den Grundsätzen der Richtlinientransformation WM 1999, 1546; *Stoffels* AGB-Recht, 2. Aufl München (2009); *Tamm* Das Grünbuch der Kommission zum Verbraucheracquis und das Modell der Vollharmonisierung – eine kritische Analyse EuZW 2007, 756; *dies* AGB-Kontrolle im Arbeitsrecht: Veränderungen der Rechtslage durch die Schuldrechtsreform und die neue Rechtsprechung PersV

2008, 209; *Wackerbarth* Unternehmer, Verbraucher und die Inhaltskontrolle vorformulierter Verträge AcP 200 (2000), 45; *v. Westphalen* (Hrsg) Vertragsrecht und AGB-Klauselwerke, Neubearbeitung, München (2009); *ders* AGB-Recht ins BGB – Eine erste Bestandsaufnahme NJW 2002, 12; *Wolf/Lindacher/Pfeiffer* AGB-Recht, Kommentar, 5. Aufl, München (2009).

1 **A. Allgemeines.** Abs 1 umreißt durch eine positive (S 1) wie negative (S 3) Abgrenzung der AGB-Bestimmungen von Individualvereinbarungen den **sachlichen Anwendungsbereich** der AGB-Kontrolle. Ergänzt wird Abs 1 durch **§ 310**, der eine Reihe wichtiger Erweiterungen/Einschränkungen und sonstiger Modifikationen enthält. Die Grundregeln der Einbeziehung von AGB in den Vertrag werden durch **§§ 305a, 305c Abs 1** modifiziert. Der **zeitliche Anwendungsbereich** der §§ 305 ff erstreckt sich gem **Art 229 § 5 EGBGB** grds nur auf Verträge, die nach dem 31. Dezember 2001 abgeschlossen worden sind. Auf Dauerschuldverhältnisse, die vor Inkrafttreten des SMG entstanden sind, finden die §§ 305 ff ab dem 1. Januar 2003 Anwendung. AGB und Regelungen in Verbraucherverträgen, mit denen der zeitliche Anwendungsbereich der §§ 305 ff abbedungen werden soll, sind unwirksam (Palandt/*Heinrichs* Art 229 § 5 Rn 2).

2 **B. Begriff der AGB (Abs 1).** Bei allg Geschäftsbedingungen handelt es sich um für eine **Vielzahl von Verträgen vorformulierte Vertragsbedingungen**, die vom **Verwender** der anderen Vertragspartei bei Abschluss des Vertrages **gestellt** werden (Abs 1). **I. Vertragsbedingungen.** AGB sind vom Verwender vorgelegte **Vertragsbedingungen**, deren Zweck die **inhaltliche Ausgestaltung** eines Vertrages ist (BGHZ 99, 374; 101, 271, 274; 133, 184; NJW 2005, 1645) oder die zumindest im Zusammenhang mit der vertraglichen Beziehung stehen (BGH NJW 1999, 1864). Abzugrenzen sind sie von **Individualvereinbarungen** (Abs 1 S 3, Rz 8 ff). Auf die **Art des Vertrages** kommt es nicht an, jedoch sind die §§ 305 ff gem § 310 Abs 4 auf Verträge des Erb-, Familien- und Gesellschaftsrechts wie auf Tarifverträge und Betriebs- und Dienstvereinbarungen nicht anwendbar.

3 Die §§ 305 ff sind aber heranziehbar für **schuldrechtliche Verfügungsverträge** (Abtretung, Erlassvertrag, Schuldübernahme), **dingliche, prozessuale und vollstreckungsrechtliche Verträge** (BGH NJW 1985, 1836). Tatsachenbestätigungen können, wenn sie Teil eines Vertrages werden sollen und eine Regelung enthalten, AGB sein. Dies gilt über den Wortlaut des Abs 1 hinaus auch für Bedingungen einseitiger Rechtsgeschäfte (BGHZ 98, 24; NJW 1987, 2011; 1999, 1864), wobei die §§ 305 ff nur auf Rechtsgeschäfte des Kunden, die vom Verwender vorformuliert wurden, anwendbar sind, nicht aber auf Rechtsgeschäfte des Verwenders (BGH NJW 1981, 2822; Palandt/*Heinrichs* § 310 Rn 11; BaRoth/*Becker* Rn 12). Keine Vertragsbedingungen sind **unverbindliche Hinweise, Bitten oder Informationen** ohne rechtlichen Regelungsgehalt. Für die Abgrenzung ist vom Empfängerhorizont der Verwendergegenseite auszugehen; erweckt ein allg Hinweis nach seinem objektiven Wortlaut bei einem rechtlich nicht vorgebildeten Kunden den Eindruck, es solle der Inhalt eines Vertrages bestimmt werden, liegt eine Vertragsbedingung vor (Bsp: Taschenkontrolle im Supermarkt, BGHZ 133, 148). Die **äußere Form** der Vertragsbedingungen ist gleichgültig (Abs 1 S 2). Somit spielt es keine Rolle, ob sich im Anhang eines Vertragsformulars ein umfangreiches Klauselwerk befindet, ob die Vertragsbedingungen in den Vertragstext eingefügt sind oder ob es sich um einen Aushang handelt.

4 **II. Vorformuliert.** Vertragsbedingungen sind **vorformuliert**, wenn sie zeitlich vor dem Vertragsschluss schriftlich formuliert und abrufbar sind. Ausreichend ist, dass der Verwender die Vertragsbedingung zwecks künftiger Verwendung »**im Kopf**« oder als Textbaustein eines Computerprogramms oder sonstigen Datenträgers gespeichert hat (BGH NJW 2005, 2543). Vorformuliert sind Vertragsbedingungen auch dann, wenn sie von einem Fachverlag oder von einem Wirtschafts- oder Interessenverband entworfen worden sind und in Papiergeschäften vertrieben werden (zB Mietvertragsformulare), ebenso wenn Vertragsbedingungen in einem Formularbuch oder einer Sammlung von Musterbedingungen zur Verwendung bereitgestellt sind.

5 **III. Vielzahl von Verträgen. Vertragsbedingungen** sind für eine Vielzahl von Verträgen vorformuliert, wenn die Vertragsbedingung für mindestens drei Verwendungen vorgesehen ist (BGH NJW 2002, 138). Es genügt, dass der Verwender die Absicht hat, die Vertragsbedingung mehrfach ggü demselben Vertragspartner zu benutzen (BGH NJW 2004, 1454). Besteht die Absicht mehrfacher Verwendung, dann sind die §§ 305 ff bereits beim erstmaligen Gebrauch der Vertragsklausel anwendbar. Bei Vertragsbedingungen, die generell für eine Vielzahl von Verwendungen vorgesehen sind, ist nicht erforderlich, dass der Verwender selbst eine mehrfache Verwendung beabsichtigt (Formularmietverträge, VOB/B). Eine wesentliche Abweichung ergibt sich aus § 310 Abs 3 Nr 2 für **Verbraucherverträge** (*Tonner* § 310 Rz 12).

6 **IV. Vom Verwender gestellt.** Die AGB müssen vom Verwender der anderen **Vertragspartei** gestellt werden. »**Stellen**« bedeutet, dass der Verwender die Einbeziehung der vorformulierten Vertragsbedingungen in den Vertrag so veranlasst, dass er sie dem Vertragspartner **einseitig auferlegt** (MüKo/*Basedow* Rn 21). An einem »Stellen« fehlt es bei »**Drittbedingungen**«, also bei Vertragsbedingungen, die nicht auf Veranlassung oder im Auftrag des Vertragspartners, sondern von einem neutralen Dritten eigenständig vorformuliert wurden (Palandt/*Heinrichs* Rn 11). Keine Drittbedingung liegt vor, wenn ein Notar im Auftrag einer Partei, und unter einseitiger Berücksichtigung von deren Interessen, das Vertragsformular entwickelt (BGHZ 83, 56; 118, 299; NJW 1981, 2343). Vertragsbedingungen von **Internet-Auktionshäusern** sind nur zwischen dem Anbieter der Plattform und seinen Kunden, nicht aber im Rechtsverhältnis zwischen Käufer und Verkäufer wirksam, da es hier an einem »Stellen« fehlt (BGH NJW 2003, 363).

Eine Vertragsbedingung gilt auch dann als gestellt, wenn der Verwender seine Verträge nur unter Verwendung dieser AGB stellt und die andere Vertragspartei sie deshalb unter Berücksichtigung dieser Praxis im »vorauseilenden Gehorsam« in ihr Vertragsangebot aufgenommen hat (BGH NJW 1997, 2043). Im Falle von Verbraucherverträgen wird ein »Stellen« durch den Unternehmer gem § 310 Abs 3 Nr 1 fingiert. Die Fiktion entfällt allerdings, wenn ein Verbraucher die AGB gestellt hat, so dass in diesen Fällen der von § 310 Abs 3 bezweckte Verbraucherschutz nicht greift (*Tonner* § 310 Rz 11). 7

C. Individualvereinbarung. Haben die Vertragsparteien die Klauseln »im Einzelnen« ausgehandelt, liegen keine AGB vor (Abs 1 S 3). **I. Voraussetzungen.** Eine **Individualvereinbarung** setzt voraus, dass sie von den Vertragsparteien ausgehandelt wird (BGH NJW 1991, 1678; NJW 1992, 1107). Dabei bedeutet »**Aushandeln**« nach hM mehr als bloßes »Verhandeln« (BGHZ 104, 232; NJW-RR 1987, 144). Der Verwender muss den in seinen AGB enthaltenen »gesetzesfremden« Kerngehalt, also die den wesentlichen Inhalt der gesetzlichen Regelung ändernden oder ergänzenden Bestimmungen inhaltlich **ernsthaft** zur **Disposition** stellen und dem Verhandlungspartner Gestaltungsfreiheit zur Wahrung eigener Interessen mit zumindest der Möglichkeit einräumen, die inhaltliche Ausgestaltung der Vertragsbedingungen zu beeinflussen (BGH NJW-RR 1986, 54; NJW 1988, 410). Auch wenn die Klausel **unverändert** bleibt, muss der Verwender sie vorher grds zur Disposition gestellt haben (BGH NJW 1977, 624). Daher reicht es nicht aus, wenn pauschal über das Klauselwerk verhandelt wird (*Wackerbarth* AcP 200, 45, 82, 84), der Verwender seinen Vertragspartner über Bedeutung und Tragweite seiner AGB belehrt (AnwK/*Heinrichs* Rn 5) oder die Vertragspartei des Verwenders eine Erklärung unterschreibt, wonach der Vertrag iE ausgehandelt wurde (BGH NJW 1977, 432). Möglich ist, dass ein Teil der Vertragsbedingungen ausgehandelt wurde und somit unter Abs 1 S 3 fällt, während andere Vertragsteile den Charakter von AGB behalten (»soweit«, Abs 1 S 3). 8

II. Verbraucherverträge. Bei der Auslegung von Abs 1 S 3 sind neben **§ 310 Abs 3 Nr 2** die Vorgaben von **Art 3 Klausel-RL** heranzuziehen. Nach **§ 310 Abs 3 Nr 2** werden Klauseln, die nur zur einmaligen Verwendung bestimmt sind, der Inhaltskontrolle nach §§ 305 ff unterworfen. Voraussetzung ist, dass der Verbraucher »auf Grund der Vorformulierung auf ihren Inhalt keinen Einfluss nehmen konnte«. Umstr ist, ob **§ 305 Abs 1 S 3** oder **§ 310 Abs 3 Nr 2** unterschiedliche Voraussetzungen für das Vorliegen einer Individualabrede enthalten (Hk-BGB/*Schulte-Nölke* § 305 Rn 10). Das kann jedoch dahinstehen, da Ausgangspunkt für die Auslegung beider Vorschriften stets die **Klausel-RL** ist. Nach **Art 3 Abs 2 Klausel-RL** ist eine Klausel **nicht iE ausgehandelt**, wenn der Verbraucher **keinen Einfluss** auf ihren Inhalt nehmen konnte. 9

III. Unternehmerischer Geschäftsverkehr. Im unternehmerischen Geschäftsverkehr sind **geringere Anforderungen** an ein Aushandeln zu stellen (Palandt/*Heinrichs* Rn 21). Für ein Aushandeln genügt es, wenn eine Klausel von einer Seite als unverzichtbar und unabänderlich hingestellt wird (BGH NJW 1992, 2285), oder wenn eine Vertragspartei der anderen Seite Preiszugeständnisse und Konzessionen macht, um eine vorformulierte Vertragsklausel unverändert durchzusetzen (MüKo/*Basedow* Rn 39; Palandt/*Heinrichs* Rn 23). Der Verwender muss eine Klausel nicht grds zur Disposition stellen (BGH NJW 1998, 3448), jedoch reicht bei fehlendem wirtschaftlichem Machtgefälle bloßes Verhandeln nicht aus (BGHZ 133, 322; **aA**: Staud/*Schlosser* Rn 36a; *Berger* NJW 2001, 2152; *Hensen* NJW 1986, 1987, *Rabe* NJW 1987, 1980). 10

IV. Beweislast. Die **Darlegungs- und Beweislast** für das Aushandeln einer Klausel obliegt dem **Verwender** (BGH NJW 1987, 2011; NJW 1998, 2600 f). Kein Beweis für individuelles Aushandeln ist der Umstand, dass die (gesondert zum Vertragstext überreichten) AGB von der anderen Vertragspartei zusätzlich zum eigentlichen Vertragstext unterzeichnet wurden (BGHZ 85, 305, 308; 104, 232, 236). Auch eine von der anderen Vertragspartei unterzeichnete Erklärung, der zufolge alle Vertragsbedingungen ausgehandelt worden seien, hat keinerlei Beweiswert (BGH NJW 1977, 624; 1981, 1049). Eine formularmäßige Aushandelnsbestätigung ist außerdem nach **§ 309 Nr 12 lit b** unwirksam (BGHZ 99, 374, 377). 11

D. Einbeziehung in den Vertrag. I. Einbeziehung (Abs 2). AGB werden nur Bestandteil des Vertrages, wenn sich die Vertragsparteien wirksam auf ihre Einbeziehung in den Vertrag geeinigt haben. Voraussetzung ist, dass der Vertragspartner des Verwenders mit der Geltung der AGB einverstanden ist, jedoch nicht, dass sich die Vertragsparteien über den Inhalt der AGB verständigt haben müssen; der Inhalt wird vielmehr vom Verwender vorgegeben. Fehlt es an einer solchen Einbeziehung, kann sich der Verwender nicht auf die AGB berufen. Auch die bloße Kenntnis oder das Kennenmüssen von AGB genügt nicht. In den Fällen, in denen es einer Einbeziehungsvereinbarung nicht bedarf, etwa weil der Vertrag unmittelbar durch Rechtsnormen bestimmt wird (MüKo/*Basedow* Rn 52), ist Abs 2 nicht anwendbar; regelm liegen in diesen Fällen auch keine AGB vor (PWW/*KP Berger* Rn 18). 12

II. Hinweis. 1. Ausdrücklicher Hinweis. Der Verwender muss **bei Vertragsschluss** ausdrücklich darauf hinweisen, dass die AGB Bestandteil des Vertrages werden sollen. **Ausdrücklich** bedeutet, dass der Hinweis auch tatsächlich erfolgt; schlüssiges Verhalten reicht nur ausnahmsw, wenn es eindeutig und unverkennbar ist. Der Hinweis muss klar, übersichtlich und lesbar sein, so dass er auch von einem Durchschnittskunden bei flüchtiger Betrachtung nicht übersehen werden kann (BGH NJW-RR 1987, 113; BB 1983, 2074; Karlsruhe NJW 1987, 1489). Ein **nachträglicher Hinweis** erfüllt die Einbeziehungsvoraussetzungen des Abs 2 nicht (BGH 13

NJW 1982, 765; Hamm NJW-RR 1998, 199). Auch reicht der bloße Abdruck auf der Rückseite des Vertragstextes oder in einem Katalog nicht aus (LG Münster VersR 1980, 100; LG Berlin MDR 1980, 404).

14 Der Hinweis kann **schriftlich oder mündlich** erfolgen. Bei **schriftlichen Verträgen** kann der Verwender seiner Hinweisobliegenheit durch einen vorgedruckten Hinweis, bspw im Bestellformular, bei Bestellungen im Internet auf der Schaltfläche »Bestellen« (LG Essen NJW-RR 2003, 1207) oder einer Einblendung der zugrunde gelegten AGB (BGH ZIP 2001, 291; Hamburg ZUM 2002, 833), nachkommen. Problematischer gestaltet sich der Hinweis bei **fernmündlichen Vertragsabschlüssen**, da der Verwender dem Vertragspartner bei einem fernmündlichen Hinweis auf die AGB noch nicht die Möglichkeit eingeräumt hat, die AGB bei Vertragsabschluss zur Kenntnis zu nehmen (Abs 2 Nr 2). Dem Verwender bleibt in diesen Fällen oftmals nur, den Zeitpunkt des Vertragsabschlusses auf einen späteren Zeitpunkt zu verlagern, zu dem ihm die Beweisführung durch Zeugen oder schriftlichen Vertragsschluss ermöglicht wird.

15 **2. Hinweis durch Aushang.** Ausnahmsw kann der ausdrückliche Hinweis auf die AGB durch einen Aushang **am Ort des Vertragsschlusses** ersetzt werden, wenn ein Hinweis nur unter unverhältnismäßigen Schwierigkeiten möglich ist. Das ist insbes der Fall bei konkludent abgeschlossenen Massengeschäften des täglichen Lebens, zB Beförderungsverträgen im ÖPNV, Nutzung von Schließanlagen (LG Essen VersR 1995, 1198), Parkhausbenutzung (LG Frankfurt aM NJW-RR 1988, 955) oder Kfz-Waschanlage (BGH NJW 2005, 424).

16 **3. Möglichkeit zur Kenntnisnahme.** Nach Abs 2 S 2 muss der Verwender der anderen Vertragspartei **bei Vertragsschluss in zumutbarer Weise** die **Möglichkeit zur Kenntnisnahme** verschaffen. Die andere Vertragspartei hatte stets die Möglichkeit der Kenntnisnahme, wenn ihr der vollständige Text der AGB ausgehändigt oder zugesandt wurde (BGH NJW 1988, 2106). Ausreichend ist, dass die AGB in einem Katalog abgedruckt sind, der dem Kunden vor Vertragsschluss zugeschickt wurde. Bei Distanzgeschäften genügt der Hinweis, die AGB könnten im Geschäftslokal eingesehen werden, oder das Angebot, die AGB kostenlos zu übersenden, nicht (BGH NJW-RR 1999, 1246). Nicht erforderlich ist, dass der Kunde die AGB, die dem Vertrag zugrunde gelegt werden sollen, tatsächlich gelesen und zur Kenntnis genommen hat (BGH NJW 2002, 370, 372). Die AGB müssen für einen **Durchschnittskunden** mühelos lesbar, übersichtlich gegliedert und inhaltlich hinreichend verständlich sein (BGHZ 86, 135). Die **Schriftgröße** der einzelnen Klauseln darf also nicht so klein gehalten sein, dass deren Lektüre dem Kunden bes Anstrengungen abnötigt (BGH NJW-RR 1986, 1311). Hinsichtlich **des Umfangs der AGB** gilt regelm, dass die Informationszeit umso länger sein muss, je umfangreicher die AGB sind. IÜ ist bei der Bewertung, ob eine Kenntnisnahme zumutbar ist, auf die jeweilige Vertragsart und darauf abzustellen, was im Geschäftsverkehr jeweils üblich ist (BGH NJW 1983, 816). Es muss zudem hinreichend transparent sein, ob und welche AGB in den Vertrag einbezogen werden sollen. Das in Abs 2 Nr 2 enthaltene **Transparenzgebot** tritt entspr zu **§ 305c Abs 2** hinzu: **Maßstab** für die Verständlichkeit der AGB ist der Durchschnittskunde.

17 Bei einem für den Verwender erkennbar **körperlich behinderten Kunden** muss der Verwender auf dessen Behinderung angemessen Rücksicht nehmen (Abs 2 Nr 2). Dem Kunden muss die Kenntnisnahme der AGB trotz seiner körperlichen Behinderung zumutbar sein (BTDrs 14/6040 S 150). Grds ist der Verwender aber nicht dazu verpflichtet, **Ausländern** eine Übersetzung seiner AGB zur Verfügung zu stellen (BGHZ 87, 112; NJW 1995, 190; Frankfurt aM NJW-RR 2003, 705; PWW/*KP Berger* Rn 29 f). Ist dem Kunden die Kenntnisnahme der AGB möglich, liegt es in seinem Risiko- und Verantwortungsbereich, sich von deren Inhalt auch tatsächlich Kenntnis zu verschaffen. Die Obliegenheit, dem Vertragspartner den Text der AGB zur Verfügung zu stellen, entfällt ausnahmsw, wenn der Verwender mit Sicherheit erwarten darf, dass sein Vertragspartner die Vertragsbedingungen bereits kennt und mit ihnen vertraut ist (VOB/B: BGHZ 86, 135; 109, 192). Diese Erwartung ist jedoch nur gerechtfertigt, wenn beide Vertragsparteien in derselben Branche tätig und/oder bewandert sind. Anderenfalls muss der Verwender dem Kunden den vollen Text der AGB zur Verfügung stellen (BGH NJW 1994, 2547; MDR 1999, 1061).

18 **III. Einverständnis.** Der Vertragspartner des Verwenders muss mit der Geltung der AGB einverstanden sein. Sein Einverständnis liegt regelm vor, wenn ihm die Kenntnisnahme der AGB in zumutbarer Weise möglich war und es zum Vertragsschluss gekommen ist. Das Einverständnis muss nicht schriftlich erklärt werden, **konkludentes Handeln** genügt (Palandt/*Heinrichs* Rn 43). Für die Einverständniserklärung reicht es regelm aus, dass der Kunde der Einbeziehung nicht ausdrücklich widerspricht. **Schweigen** genügt nicht (BGHZ 61, 282). Fehlt es am Einverständnis, kommt kein Vertrag zustande, bei einem versteckten Einigungsmangel (§ 155) ist der Vertrag jedoch möglicherweise wirksam geschlossen worden. Zur Kollision sich widersprechender AGB vgl Rz 20 f.

19 **IV. Einbeziehung unter Unternehmern.** Nach **§ 310 Abs 1** gelten **§ 305 Abs 2 und 3** nicht ggü einem Unternehmer, einer juristischen Person des öffentlichen Rechts oder einem öffentlich-rechtlichen Sondervermögen. Dennoch ist eine Einbeziehungsvereinbarung erforderlich, für die aber geringere Anforderungen als die in Abs 2 und 3 genannten gelten. Abw von Abs 2 Nr 1 können die AGB auch durch **konkludentes Verhalten** einbezogen werden (BGH NJW-RR 1991, 571). Werden AGB erstmals in einer Auftragsbestätigung erwähnt, können sie durch **widerspruchslose Entgegennahme der Leistung** einbezogen werden (BGH NJW 1995,

1671); das gleiche gilt für ein unwidersprochenes **Bestätigungsschreiben**, das AGB erwähnt (BGH NJW 1978, 2244; PWW/*KP Berger* Rn 41). Eine stillschweigende Einbeziehung von AGB kann aber durch Abwehrklauseln der anderen Partei verhindert werden (BGH NJW-RR 2001, 484).

V. Kollision sich widersprechender AGB. Verweisen beide Parteien auf ihre AGB, so gilt das **Prinzip der Kongruenzgeltung** (PWW/*KP Berger* Rn 45). AGB werden nur insoweit Vertragsbestandteil, als sie miteinander übereinstimmen. Dies gilt auch dann, wenn beide AGB **Abwehrklauseln** enthalten (BGH NJW 1991, 1604; 1985, 1840). Fehlende Kongruenz zwischen AGB ist durch Auslegung auf Grund einer Gesamtwürdigung aller einschl Regelungen zu ermitteln (BGH NJW 2002, 1651). Soweit sich die AGB widersprechen, gilt dispositives Gesetzesrecht, wenn die Parteien trotz fehlender Übereinstimmung der AGB mit der Vertragsdurchführung beginnen (BGHZ 61, 288; NJW 1991, 1606). Eine **Eigentumsvorbehaltsklausel** kann sich auch dann durchsetzen, wenn sie auf Grund einer anders lautenden Abwehrklausel nicht wirksam in den Vertrag mit einbezogen wurde (BGHZ 104, 129; NJW 1982, 1749). 20

E. Rahmenvereinbarung. Abs 3 gestattet den Parteien für eine bes Art von Rechtsgeschäften die Vereinbarung der Geltung bestimmter AGB im Voraus. Die **Rahmenvereinbarung** unterliegt den Anforderungen des Abs 2 (Palandt/*Heinrichs* Rn 45): Es muss eine Einbeziehungsvereinbarung vorliegen, die sich auf bestimmte AGB bezieht. Eine Einbeziehung künftiger, zum Zeitpunkt des Vertragsschlusses noch unbekannter Fassungen der AGB ist nicht möglich (*Berger* ZGS 12004, 334; PWW/*KP Berger* Rn 47). Einbeziehungsvereinbarungen werden insbes von Banken und Sparkassen verwendet, die ihre Rahmenvereinbarungen zugleich mit dem Bankenvertrag als allg Grund- oder Geschäftsbeziehungsvertrag verbinden. Für Versicherungen gilt die Sondervorschrift des § 5a VVG. 21

§ 305a Einbeziehung in besonderen Fällen. **Auch ohne Einhaltung der in § 305 Absatz 2 Nummer 1 und 2 bezeichneten Erfordernisse werden einbezogen, wenn die andere Vertragpartei mit ihrer Geltung einverstanden ist,**

1. die mit Genehmigung der zuständigen Verkehrsbehörde oder auf Grund von internationalen Übereinkommen erlassenen Tarife und Ausführungsbestimmungen der Eisenbahnen und die nach Maßgabe des Personenbeförderungsgesetzes genehmigten Beförderungsbedingungen der Straßenbahnen, Obusse und Kraftfahrzeuge im Linienverkehr in den Beförderungsvertrag,

2. die im Amtsblatt der Bundesnetzagentur für Elektrizität, Gas, Telekommunikation, Post und Eisenbahnen veröffentlichten und in den Geschäftsstellen des Verwenders bereitgehaltenen Allgemeinen Geschäftsbedingungen

a) in Beförderungsverträge, die außerhalb von Geschäftsräumen durch den Einwurf von Postsendungen in Briefkästen abgeschlossen werden,

b) in Verträge über Telekommunikations-, Informations- und andere Dienstleistungen, die unmittelbar durch Einsatz von Fernkommunikationsmitteln und während der Erbringung einer Telekommunikationsdienstleistung in einem Mal erbracht werden, wenn die Allgemeinen Geschäftsbedingungen der anderen Vertragspartei nur unter unverhältnismäßigen Schwierigkeiten vor dem Vertragsschluss zugänglich gemacht werden können.

A. Allgemeines. § 305a normiert für bestimmte **Massengeschäfte** Ausn von den strengen Einbeziehungsvoraussetzungen für AGB nach § 305 Abs 2. IÜ finden die §§ 305 ff uneingeschränkt Anwendung. Aus dem Wortlaut der Norm wird deutlich, dass auch in den von § 305a geregelten Fällen die AGB rechtsgeschäftlich einbezogen werden müssen und es insbes nicht an einem Einverständnis des Kunden fehlen darf (PWW/*KP Berger* Rn 1). Die Ausnahmeregelungen sind auf Verträge über Beförderungs-, Post- und Telekommunikationsleistungen beschränkt worden; zudem sind die Ausn im Bereich Post und Telekommunikation durch das Gesetz zur Modernisierung des Schuldrechts enger gefasst worden. Ausn für Verträge mit Bausparkassen, Versicherern und Kapitalanlagegesellschaften (§ 23 Abs 3 AGBG) sind ersatzlos entfallen. 1

B. Beförderungsbedingungen (Nr 1). Tarife und Ausführungsbestimmungen der Eisenbahnen, die mit Genehmigung der zuständigen Verkehrsbehörde oder auf Grund von internationalen Übereinkommen erlassen wurden, sind ebenso wie die nach Maßgabe des Personenbeförderungsgesetzes genehmigten Beförderungsbedingungen für öffentliche Nahverkehrsmittel von den Einbeziehungsvoraussetzungen nach § 305 Abs 2 Nr 1 und 2 befreit. Aufgrund ihres Normcharakters unterliegen die EVO und die VO vom 27.02.1970 (BGBl I, S 230) nicht der Regelung in § 305a (PWW/*KP Berger* Rn 2). Keine Anwendung findet die Vorschrift ferner auf Beförderungsverträge im Luftlinienverkehr, in der Schifffahrt und der Personenbeförderung außerhalb des Linienverkehrs (BaRoth/*Becker* Rn 4). 2

C. Post und Telekommunikationsbedingungen (Nr 2). I. Postbedingungen (Nr 2 lit a). Den erleichterten Einbeziehungsvoraussetzungen unterliegen allein die AGB, die in Beförderungsverträge einbezogen werden sollen, die durch Einwurf in (außerhalb von Geschäftsräumen der Deutschen Post AG befindlichen) Briefkäs- 3 ten abgeschlossen werden (BaRoth/*Becker* Rn 7). An Postkästen innerhalb einer Geschäftsstelle muss ein Aushang angebracht sein (PWW/*KP Berger* Rn 4; Palandt/*Heinrichs* Rn 4).

4 **II. Telekommunikationsbedingungen (Nr 2 lit b).** Von der Freistellung von § 305 Abs 2 Nr 1 und 2 werden AGB nur dann erfasst, wenn die Dienstleistung gerade und unmittelbar durch den Einsatz von Fernkommunikationsmitteln erbracht wird. Nr 2 lit b bezieht sich etwa auf Verträge, die im sog Call-by-Call-Verfahren geschlossen werden, ferner auf Mehrwertdienste (bspw 0190-Verbindungen) und Informationsdienste (zB Telefonauskunft), sofern die Dienstleistung jeweils vollständig während der Erbringung einer Telekommunikationsdienstleistung, die idR im Aufrechterhalten einer Telefonverbindung besteht, erfolgt. Wird eine Dienstleistung erst nach Beendigung des Telefonats erbracht (bspw Aufgabe eines Telegramms), greift die Privilegierung nach Nr 2 lit b nicht (*v Westphalen* NJW 2002, 12; PWW/*KP Berger* Rn 4).

§ 305b Vorrang der Individualabrede. **Individuelle Vertragsabreden haben Vorrang vor Allgemeinen Geschäftsbedingungen.**

1 **A. Allgemeines.** Die Vorschrift stellt keine Auslegungsregel dar (aA Hk-BGB/*Schulte-Nölke* Rn 1) sondern regelt das **funktionelle Rangverhältnis** zwischen Individualabreden und – nachrangig geltendem – Klauselrecht (MüKo/*Basedow* Rn 2; PWW/*KP Berger* Rn 1). Das funktionelle Rangverhältnis gilt auch für den unternehmerischen Geschäftsverkehr (BGH NJW-RR 1995, 1496).

2 **B. Begriff der Individualabrede.** Nur eine wirksame Individualabrede genießt Vorrang vor einer AGB-Klausel. Individualabreden sind ausdrücklich oder stillschweigend (BGH NJW 1986, 1807), mündlich oder schriftlich (BGH NJW 1987, 2011), vor, bei oder nach Vertragsschluss getroffene Vereinbarungen, die zwischen den Parteien ausgehandelt (§ 305 Rz 8) oder verhandelt wurden (PWW/*KP Berger* Rn 2). Eine Individualvereinbarung liegt nicht vor, wenn die Klausel von einem **Dritten** zur Mehrfachverwendung vorformuliert wurde und der Verwender nur die Absicht zur einmaligen Verwendung hat (BGH ZIP 2005, 1604). Gleiches gilt, wenn der Vertragspartner aus zwei oder mehreren vom Verwender vorgegebenen Varianten, etwa durch Ankreuzen, »auswählen« kann (BGH NJW 1992, 1107; Staud/*Schlosser* Rn 38). Nicht erforderlich ist, dass die Parteien bei Abschluss der Individualvereinbarung die Modifikation von AGB wollten oder sich auch nur einer etwaigen Widersprüchlichkeit zwischen Individual- und Formularerklärung bewusst gewesen sind (MüKo/*Basedow* Rn 5).

3 **C. Regelungswiderspruch.** AGB, die in einem **direkten Widerspruch** zum Inhalt einer Individualabrede stehen, sind unwirksam. Der Widerspruch kann sich unmittelbar aus dem **Wortlaut** oder mittelbar aus dem durch **Auslegung** zu ermittelnden Sinn der Vereinbarung ergeben. Regelm geht die Individualabrede einer formularmäßigen Vertragsbedingung vor, so bspw im Falle der Kreditsicherung durch Sicherungsübereignung eines PKW bei gleichzeitiger formularmäßiger Gehaltsabtretung (Hk-BGB/*Schulte-Nölke* Rn 4) oder bei einer Festpreisvereinbarung bei gleichzeitiger, in AGB enthaltener Lohngleitklausel (Celle NJW 1966, 507).

4 **D. Schriftformklauseln.** Schriftformklauseln, nach denen mündliche Vereinbarungen unwirksam sind, ändern nichts am Vorrang von (rechtlich wirksamen) mündlichen Individualabreden (BGH NJW-RR 1995, 179; NJW 1986, 3131; Hk-BGB/*Schulte-Nölke* Rn 5; PWW/*KP Berger* Rn 4). Probleme können sich ergeben, wenn die Schriftformklausel zugleich die **Vertretungsmacht** von Hilfspersonen dahin einschränkt, dass mündliche Zusagen nicht gelten oder schriftlicher Bestätigung bedürfen. Eine derartige Einschränkung durch AGB-Klauseln ist regelm möglich, wenn sie deutlich hervorgehoben wird. Trotzdem kann eine **Duldungs- oder Anscheinsvollmacht** bestehen (BGH NJW 1986, 1809).

§ 305c Überraschende und mehrdeutige Klauseln. **[1] Bestimmungen in Allgemeinen Geschäftsbedingungen, die nach den Umständen, insbesondere nach dem äußeren Erscheinungsbild des Vertrags, so ungewöhnlich sind, dass der Vertragspartner des Verwenders mit ihnen nicht zu rechnen braucht, werden nicht Vertragsbestandteil.**
[2] Zweifel bei der Auslegung Allgemeiner Geschäftsbedingungen gehen zu Lasten des Verwenders.

1 **A. Überraschende Klauseln (Abs 1).** Der Vertragspartner des Verwenders ist in seinem Vertrauen darauf zu schützen, dass sich die in den AGB getroffenen Regelungen im Rahmen dessen halten, was der redliche Geschäftsverkehr nach den Umständen bei Vertragsschluss erwarten konnte (Köln NJW-RR 2003, 706). Erfasst werden auch Klauseln, die gem § 307 Abs 3 nicht der Inhaltskontrolle unterworfen sind (PWW/*KP Berger* Rn 2) sowie Einmalklauseln bei Verbrauchergeschäften (§ 310 Abs 3 Nr 2). Abs 1 findet auch im unternehmerischen Geschäftsverkehr Anwendung (BGHZ 102, 152; NJW 1990, 576). Da an Unternehmer höhere Anforderungen gestellt werden können, ist der Überraschungseffekt weniger leicht zu bejahen, wenn die Gegenseite mit derartigen Geschäften vertraut ist (BGHZ 100, 85; 102, 152). **I. Voraussetzungen.** Eine Klausel ist überraschend, wenn sie **objektiv** ungewöhnlich und **subjektiv** für den Vertragspartner des Verwenders überraschend ist (Düsseldorf NJW-RR 1987, 48; PWW/*KP Berger* Rn 4). **1. Ungewöhnlich.** Ungewöhnlich ist

eine Klausel, mit der die andere Vertragspartei vernünftigerweise nicht zu rechnen braucht (BGH NJW 1994, 1656; NJW 2000, 1179; NJW-RR 2004, 780). Es gilt ein **objektiver Maßstab**, wobei die Gesamtumstände des Vertragsschlusses zu berücksichtigen sind (BAG NJW 2000, 3299). Ausschlaggebend ist die Perspektive des vertragstypischen **Durchschnittskunden** (BGH NJW-RR 2001, 439; NJW 1995, 2637). Die **Ungewöhnlichkeit** einer Klausel kann sich zB aus dem äußeren Bild des Vertrages ergeben, aus dem Verlauf der Vertragsverhandlungen oder aus einem krassen Widerspruch zum Vertragszweck (Hk-BGB/*Schulte-Nölke* Rn 2) und dem Grad der Abweichung vom dispositiven Gesetzesrecht (BGHZ 102, 152; NJW 2001, 1416).

2. Überraschend. a) Begriff. Eine Klausel ist überraschend, wenn zwischen ihrem Inhalt und den berechtigten Erwartungen des Kunden eine so erhebliche Diskrepanz besteht, dass von einem »**Überrumpelungs- oder Übertölpelungseffekt**« der Klausel gesprochen werden kann (BGH NJW-RR 2002, 485; NJW 2001, 1416). Das ist regelm der Fall, wenn die Klausel Regelungen enthält, mit denen ein **Durchschnittskunde** vernünftigerweise nicht zu rechnen braucht (BGHZ 121, 107; NJW 1995, 2637). Eine Klausel kann auch dann überraschend sein, wenn ihr Inhalt zwar nicht ungewöhnlich ist, aber wesentlich von dem abweicht, was die Vertragsparteien bei den Verhandlungen als ihre Vorstellungen und Absichten zum Ausdruck gebracht haben (Hk-BGB/*Schulte-Nölke* Rn 2). Ein Überrumpelungseffekt ist allerdings nicht anzunehmen, wenn während der Vertragsverhandlungen ein **klarer und deutlicher Hinweis** auf die Klausel erfolgte (BGH NJW 1978, 1519) oder die Erwartungen des Kunden zum Gegenstand der vertraglichen Vereinbarung gemacht worden sind (BGH NJW 2002, 2710). Der überraschende Charakter einer Klausel kann sich nicht nur aus ihrem Inhalt, sondern auch aus ihrer Positionierung im Vertrag, etwa an unerwarteter oder versteckter Stelle, ergeben (BGH NJW 1992, 1234; 1989, 2255; 1982, 2309; Karlsruhe NJW 1987, 1489). 2

b) Beispiele. Vergütungspflicht für Kostenvoranschlag beim Werkvertrag (BGH NJW 1982, 765); formularmäßige Erstreckung der Haftung aus einer Bürgschaft auf alle Forderungen des Hauptgläubigers, obwohl der Bürge bei der Unterzeichnung erklärt hat, er wolle nur für eine konkrete, bestimmte Verbindlichkeit einstehen (BGH NJW 1994, 1656); Klausel eines Factoringnehmers, die den Geschäftsführer einer Factoringgeberin (GmbH) im Rahmen eines selbständigen Garantievertrages bei bestrittenen Kaufpreisforderungen zur Zahlung auf erstes Anfordern verpflichtet (BGH NJW 2002, 3627); formularmäßige Erstreckung auf dingliche Haftung bei Sicherungsgrundschulden auf alle bestehenden und künftigen Ansprüche, wenn die Grundschuldbestellung nur »aus Anlass« einer bestimmten Darlehensforderung erfolgt und kein Hinweis auf die Erstreckung gegeben wird (BGHZ 130, 19). Ein **Überraschungseffekt** ist ferner gegeben, wenn der Verwender in einem **Kauf- oder Mietvertrag** AGB einzubeziehen versucht, mit denen dem Kunden ungewöhnliche Zusatzverpflichtungen auferlegt werden sollen, die dem in Rede stehenden Vertragstyp an sich fremd sind (BGH NJW 1981, 117; MüKo/*Basedow* Rn 11). Solche Zusatzverpflichtungen können aber dadurch wirksam begründet werden, dass der Verwender bei Vertragsabschluss ausdrücklich auf sie hinweist (Rz 2). **Kein Überraschungseffekt** wird angenommen bei einer Haftungsbegrenzungsklausel für Dritte in einem Immobilienfondsprospekt (BGH NJW-RR 2004, 780), bei einer Konzernverrechnungsklausel (Frankfurt aM NJW-RR 2004, 56), bei einer Provisionsklausel im Arbeitnehmerüberlassungsvertrag (BGH NJW 2007, 764), Selbstbelieferungsvorbehalt bei Handelskauf (BGHZ 92, 396). 3

3. Beweislast. Derjenige, der sich auf Abs 1 beruft, trägt die Beweislast für dessen Voraussetzungen. Für Umstände, die trotz des Vorliegens der Voraussetzungen des Abs 1 seine Anwendung ausschließen (Hinweis, Kenntnis des Kunden), trägt der Verwender die Beweislast (BGHZ 83, 56). 4

B. Mehrdeutige Klauseln (Abs 2). I. Allgemeines. Die Vorschrift ergänzt die für die Auslegung von AGB geltenden allg Grundsätze (§§ 133, 157) und die für die darüber hinaus entwickelten bes Regeln. Diese tragen dem Umstand Rechnung, dass es sich um Klauseln handelt, die von dem Verwender mit dem Ziel aufgestellt wurden, die Vertragsbeziehungen für eine Vielzahl künftiger Abschlüsse mit einem mehr oder weniger großen Kreis künftiger Kunden gleichförmig zu regeln. Zu diesen Auslegungsregeln gehören die Grundsätze der **objektiven Auslegung** (Rz 6), der **restriktiven Auslegung** (Rz 7) und die sog **Unklarheitenregel** (Rz 8), die Eingang in Abs 2 gefunden hat (MüKo/*Basedow* Rn 18). 5

II. Grundsatz der objektiven Auslegung. Nach st Rspr gilt für die Auslegung von AGB der Grundsatz der **objektiven Auslegung.** Der Sinngehalt der AGB-Klausel wird »nach objektiven Maßstäben, losgelöst von der zufälligen Gestaltung des Einzelfalles und den individuellen Vorstellungen der Vertragsparteien, unter Beachtung ihres wirtschaftlichen Zwecks und der gewählten Ausdrucksweise« ermittelt (BGHZ 22, 109; 49, 88). Maßgeblich ist, wie die Klausel von verständigen und redlichen Vertragsparteien unter Abwägung der Interessen der normalerweise beteiligten Verkehrskreise verstanden wird (BGH NJW 2005, 1183; 2002; 285). Dabei kommt es nicht auf die Erkenntnismöglichkeiten eines Juristen an, sondern auf die eines rechtlich nicht vorgebildeten **Durchschnittskunden** (BGHZ 33, 216). Daher dürfen Umstände, die einem Durchschnittskunden ohne juristische Vorbildung nicht zugänglich sind, bei der Auslegung nicht berücksichtigt werden (BGH NJW 2002, 2102). Fachspezifischen Bezeichnungen ist regelm die in Fachkreisen übliche Bedeutung zugrunde zu legen, auch wenn dies ein Abweichen von der Umgangssprache bedeutet. Juristische Begriffe, die erkennbar dem Gesetz entnommen worden sind, sind in dem Sinn auszulegen, den sie in dem Gesetz haben (BGH NJW 2003, 2607; Hamm NJW-RR 2004, 58; PWW/*KP Berger* Rn 14). 6

7 **III. Restriktive Auslegung.** In der älteren Rspr wurde häufig der **Grundsatz der restriktiven Auslegung** gleichbedeutend mit der **Unklarheitenregel** genannt (BGHZ 24, 39; 54, 299; 62, 83). Beide setzen die Feststellung voraus, dass die str Klausel auslegungsfähig ist, entweder weil sie nach ihrem Wortlaut eine »engere« oder eine (oder gar mehrere) »weitere« Auslegungen zulässt. Regelm wird durch AGB-Freizeichnungsklauseln der AGB-Verwender begünstigt; daraus folgt, dass das Prinzip der restriktiven AGB-Auslegung für (auslegungsfähige) Klauseln vom Typ der Freizeichnungsklauseln eine »kundenfreundliche« Auslegung vorschreibt und damit genau dasjenige sagt, was auch durch die Unklarheitenregel bestimmt wird. Damit kommt dem Restriktionsprinzip keine eigenständige Funktion neben der Unklarheitenregel zu (MüKo/*Basedow* Rn 27).

8 **IV. Unklarheitenregel. 1. Grundsatz.** Die Unklarheitenregel des Abs 2 kommt nur bei solchen Klauseln zur Anwendung, die nicht eindeutig und damit auslegungsbedürftig sind. Erst wenn nach Ausschöpfung aller gegebener Auslegungsmöglichkeiten nicht behebbare Zweifel bleiben, kommt Abs 2 zur Anwendung (PWW/*KP Berger* Rn 17; BGH NJW 2002, 2102). Die Unklarheitenregel gilt auch im **unternehmerischen Geschäftsverkehr** (BGH NJW-RR 1988, 113). Bei einer auslegungsbedürftigen und intransparenten Klausel kommt sowohl eine Nichteinbeziehung nach § 305 Abs 2 Nr 2 als auch die Unwirksamkeit nach § 307 Abs 1 S 2 in Betracht (PWW/*KP Berger* Rn 17). Die **Einbeziehung mehrerer Klauselwerke** in ein und denselben Vertrag ist grds zulässig. Führt die Verwendung mehrerer Klauselwerke jedoch dazu, dass unklar ist, welche der darin enthaltenen **konkurrierenden Regelungen** gelten soll, kann keine der Bestimmungen angewendet werden mit der Folge, dass die gesetzlichen Vorschriften zur Anwendung kommen (BGH NJW-RR 2006, 1350).

9 **2. Rechtsfolge.** Eine mehrdeutige Klausel wird »zu Lasten des Verwenders« ausgelegt (Abs 2). Dazu wird ihr diejenige Bedeutung zugemessen, die für den Kunden am günstigsten ist. Dabei kommt es nicht auf das Ergebnis der Auslegung, sondern auf das Ergebnis der Gesamtbeurteilung der Klausel an. Dies führt dazu, dass die günstigste Auslegung in doppelter Weise zu ermitteln ist: Für den **Verbandsprozess** gem §§ 1, 3 UKlaG ist anerkannt, dass unklare AGB im **kundenfeindlichsten Sinne** auszulegen sind (BGHZ 91, 55; 95, 362; 124, 351; NJW 1994, 1798 f; 1999, 276; 2003, 1237). Steht eine Klausel mehreren Auslegungen offen, ist deshalb im Verbandsprozess von der Alternative auszugehen, die am ehesten ein Klauselverbot gem §§ 307 ff rechtfertigt (BGHZ 124, 351; NJW 2003, 1237).

10 Im **Individualprozess** galt bislang die Maxime der **kundenfreundlichen Auslegung**. Dies hatte zur Folge, dass Klauseln von zweifelhafter Bedeutung Bestand hatten und in anderen Verträgen desselben und anderer Verwender weiter benutzt und zur Durchsetzung vertraglicher Ansprüche eingesetzt werden konnten (MüKo/*Basedow* Rn 35). Im Hinblick auf den Schutzzweck des Abs 2 und dem Interesse an einheitlichen Auslegungsergebnissen ist daher auch im Individualprozess dem Grundsatz der kundenfeindlichsten Auslegung der Vorzug zu geben (PWW/*KP Berger* Rn 18; München NJW-RR 1998, 393; **aA:** *Roth* WM 1991, 2085; offengelassen in BGH NJW 1994, 1798). Sind alle denkbaren Alternativen nach §§ 307 ff wirksam, ist von der Variante auszugehen, die den Kunden am ehesten begünstigt (Palandt/*Heinrichs* Rn 20; MüKo/*Basedow* Rn 35).

11 **V. Ergänzende Auslegung.** Die ergänzende Vertragsauslegung ist auch bei Verträgen möglich, für deren Inhalt AGB maßgeblich sind (BGHZ 92, 363; 103, 228; 17, 92; NJW-RR 2004, 262). Sind die AGB in **vollem Umfang** Bestandteil des Vertrages geworden und auch gem §§ 307 ff als **wirksam** anzusehen, weisen sie aber von Anfang an eine Lücke auf, so richtet sich die Schließung der Lücke nach den allg Regeln über die ergänzende Vertragsauslegung (BGH NJW 1962, 388). Dabei gilt ein **objektiv-generalisierender Maßstab**: Die ergänzende Vertragsauslegung muss sich an den Interessen und Verhältnissen orientieren, wie sie bei den Verwendern der str AGB und dem von ihnen typischerweise angesprochenen Kundenkreis gegeben sind (MüKo/*Basedow* Rn 43; PWW/*KP Berger* Rn 22). Ist ein Vertrag lückenhaft, weil die AGB, die ihm zugrunde gelegt werden sollten, ganz oder teilw nicht Vertragsbestandteil geworden oder unwirksam sind, so gilt für die Schließung der Lücke die Vorschrift des § 306 Abs 2 (Müko/*Basedow* Rn 44).

§ 306 Rechtsfolgen bei Nichteinbeziehung und Unwirksamkeit.

[1] Sind Allgemeine Geschäftsbedingungen ganz oder teilweise nicht Vertragsbestandteil geworden oder unwirksam, so bleibt der Vertrag im Übrigen wirksam.

[2] Soweit die Bestimmungen nicht Vertragsbestandteil geworden oder unwirksam sind, richtet sich der Inhalt des Vertrags nach den gesetzlichen Vorschriften.

[3] Der Vertrag ist unwirksam, wenn das Festhalten an ihm auch unter Berücksichtigung der nach Absatz 2 vorgesehenen Änderung eine unzumutbare Härte für eine Vertragspartei darstellen würde.

1 **A. Regelungszweck.** Die Vorschrift regelt Fragen, die sich ergeben, wenn AGB nach den Vorschriften des Gesetzes nicht Vertragsbestandteil geworden oder unwirksam sind. Zwar ergibt sich aus **§ 139**, dass die Teilnichtigkeit eines Rechtsgeschäfts seine **Gesamtnichtigkeit** zur Folge hat, sofern nicht ausnahmsw anzunehmen ist, dass das Rechtsgeschäft auch ohne den nichtigen Teil vorgenommen worden wäre; die Vorschrift passt jedoch nicht, wenn es sich bei den unwirksamen Teilen des Rechtsgeschäfts um AGB-Klauseln handelt. Die Unwirksamkeit einzelner AGB-Klauseln lässt den Vertrag daher wirksam bleiben. Das gilt auch dann,

wenn die AGB im Ganzen nicht Vertragsbestandteil geworden oder unwirksam sind (MüKo/*Basedow* Rn 1). § 306 ist somit **lex specialis** zu § 139 (PWW/*KP Berger* Rn 1).

B. Grundsatz der Wirksamkeit des Vertrages (Abs 1). Sind AGB ganz oder teilw nicht Vertragsbestandteil geworden oder sind sie unwirksam, so bleibt der Vertrag iÜ wirksam, ohne dass es darauf ankommt, ob dies dem wirklichen oder hypothetischen Willen der Parteien entspricht. Eine gescheiterte Einbeziehung kann auf einer formunwirksamen Einbeziehungsvereinbarung (Palandt/*Heinrichs* Rn 3) oder einem **offenen Dissens** hinsichtlich der AGB beruhen (MüKo/*Basedow* Rn 7). Die **Unwirksamkeit der AGB** kann sich ferner aus §§ 307 ff ergeben, aber auch aus Verstoß gegen das Gesetz (§ 134) oder weil eine Einbeziehungsvereinbarung (§ 305 Abs 2) von dem Kunden gem § 123 angefochten worden ist (Nürnberg NJW-RR 1986, 782). Die Frage, ob der Grundsatz des § 306 auch Anwendung findet, wenn die Unwirksamkeit der AGB auf einem Widerruf nach §§ 495 Abs 1, 355 beruht, hat der BGH bisher offen gelassen (BGH NJW 1994, 722). 2

Sind AGB ganz oder teilw nicht Vertragsbestandteil geworden oder sind sie unwirksam, so ist der Vertrag trotz Abs 1 unwirksam, wenn durch den Wegfall der AGB eine Lücke entstanden ist, eine Schließung dieser Lücke nach Maßgabe des Abs ausnahmsw nicht möglich ist und der verbleibende Vertragsteil nicht als vertragliche Einigung der Parteien Bestand haben kann (MüKo/*Basedow* Rn 7). § 306 Abs 1 ist **zwingend**, die Vorschrift kann nicht durch abw AGB-Klauseln abbedungen werden (MüKo/*Basedow* Rn 9; PWW/*KP Berger* Rn 3). 3

C. Schließung der Vertragslücke (Abs 2). I. Allgemeines. Vor der Anwendung des Abs 2 muss geprüft werden, ob durch den Wegfall der AGB überhaupt eine Vertragslücke entstanden ist. Nur wenn das bejaht wird, kommt die Schließung der Lücke nach Maßgabe des Abs 2 in Betracht. Ob eine Lücke besteht, ist eine Wertungsfrage, für die es auf den Sinn und Zweck der getroffenen Vertragsabreden und auf die Interessen der typischerweise an Vertragsschlüssen dieser Art beteiligten Verkehrskreise ankommt (MüKo/*Basedow* Rn 10). Regelm liegt eine Lücke nicht vor, wenn der Vertrag zu den **gesetzlich geregelten Vertragstypen** gehört und durch die weggefallene AGB-Klausel Punkte geregelt waren, die im dispositiven Recht nicht behandelt sind (BGH NJW 1985, 852); hier hat es mit dem Wegfall der AGB-Klauseln sein Bewenden. 4

II. Verbot der geltungserhaltenden Reduktion. 1. Grundsatz. Eine Lücke liegt nicht vor, wenn eine AGB-Klausel zwar unwirksam ist, aber nach Lage des Falles durch den Richter auf einen angemessenen Umfang **reduziert** werden kann. Nach hM ist von einem **Verbot der geltungserhaltenden Reduktion** auszugehen (BGHZ 84, 109; NJW 2000, 1113; NJW 1991, 2141; PWW/*KP Berger* Rn 4; krit MüKo/*Basedow* Rn 13 f). Das Verbot gilt sowohl im Individual- als auch im Verbandsprozess (BGH NJW 2001, 292; NJW 1982, 2309; **aA**: MüKo/*Basedow* Rn 12) und im **unternehmerischen Geschäftsverkehr** (BGH NJW-RR 2004, 1498). Eine unwirksame Klausel soll nicht auf das zulässige Maß reduziert werden, sondern ganz aus dem Vertrag herausfallen, denn der Verwender soll nicht gefahrlos benachteiligende Klauseln in der Hoffnung verwenden dürfen, es werde eine nachträgliche Korrektur durch den Richter geben. Daher ist eine Klausel nicht nur insoweit unwirksam, als sie gegen die §§ 305 ff verstößt, sondern im Ganzen (Hk-BGB/*Schulte-Nölke* Rn 4). 5

2. Ausnahmen. Die Rspr lässt von diesem Grundsatz in engen Grenzen Ausn zu. Außerdem ist auch die ergänzende Auslegung von Vertragsklauseln zulässig (vgl § 305c Rz 11); zur Abgrenzung vom Verbot der geltungserhaltenden Reduktion vgl BGHZ 137, 212; 90, 69). **a) Abtrennbarkeit.** Weist die beanstandete Klausel einen **sachlich und sprachlich** abtrennbaren, für sich wirksamen Teil auf, wird eine Ausn vom Grundsatz des Verbotes der geltungserhaltenden Reduktion gemacht, sofern der unwirksame Teil ohne Weiteres gestrichen werden kann (BGH NJW 2001, 292; 1997, 3437; BayObLGZ 97, 159; Palandt/*Grünberg* Vor § 307 Rn 11; MüKo/*Basedow* Rn 17 ff). Das ist nicht der Fall, wenn ohne die gestrichenen Klauseln eine gänzlich neue Vertragsgestaltung vorliegt (BGHZ 107, 195; NJW 1992, 896). 6

b) Personelle Teilbarkeit. Klauseln, die in einem Vertrag zwischen Unternehmer und Verbraucher unwirksam sind, können im unternehmerischen Geschäftsverkehr wirksam sein, da hier der Schutzzweck niedriger anzusetzen ist (BGH NJW 2000, 658). Eine für beide Vertragsteile geltende AGB-Klausel, die ggü dem Vertragspartner des Verwenders zu einer unangemessenen Benachteiligung iS der §§ 307 ff führt, bleibt ggü dem Verwender wirksam (BGH NJW 1987, 2506; Düsseldorf NJW-RR 2000, 279). 7

c) Kollektiv ausgehandelte Vertragswerke. Die geltungserhaltende Reduktion ist bei kollektiv ausgehandelten Vertragswerken (bspw VOB/B) möglich, da diese Klauselwerke unter Mitwirkung der beteiligten Verkehrskreise zustande gekommen sind und damit als ausgewogene und »fertig bereitliegende Rechtsordnung« nicht ohne Weiteres mit einseitig aufgestellten AGB vergleichbar sind (BGH NJW 1995, 3117; 1995, 2224; PWW/*KP Berger* Rn 8). 8

d) Fernliegende Ausnahmefälle. Eine Klausel ist dann wirksam, wenn sie nur in ganz fernliegenden und untypischen Fällen, die vom Verwender nicht bedacht wurden, gegen §§ 307 ff verstößt (BGH NJW 1993, 657; PWW/*KP Berger* Rn 9). 9

e) Vertrauensschutz. In Anlehnung an die Rspr des BGH zur Aufrechterhaltung von Bürgschaftsverpflichtungen bei an sich unwirksamer Ausdehnung der Bürgenhaftung auf bestehende und künftige Ansprüche 10

(BGHZ 137, 153) und bei Vertragsstrafen in Höhe von 10 % der Abrechnungssumme bei Bauverträgen bis zu einem Volumen von 15 Mio DM (BGHZ 153, 311, anders aber BGH NJW-RR 2004, 1463) sollte trotz sprachlicher Unteilbarkeit der Klausel bei einer Neuorientierung der Inhaltskontrolle durch die Rspr derjenige Teil der Klausel aufrechterhalten werden, der dem Stand der Rspr im Zeitpunkt der Verwendung entsprach (Rückwirkung von teilw; Palandt/*Grünberg* Vor § 307 Rn 10; PWW/*KP Berger* Rn 10; *Medicus* NJW 1995, 2577). Dies gebietet der Grundsatz des Vertrauensschutzes.

11 **III. Salvatorische Klausel.** Weit verbreitet sind in AGB-Klauseln, mit denen die Verwender in unterschiedlicher Form versuchen, die Rechtsfolge des Abs 2 abzubedingen, indem im Fall der Unwirksamkeit von AGB eine Regelung mit (annähernd) gleichem wirtschaftlichem Erfolg gelten oder von den Vertragsparteien vereinbart werden soll (sog **salvatorische Klausel**). Derartige Klauseln sind als vertraglich vereinbarte geltungserhaltende Reduktion nach § 307 Abs 2 Nr 1 unwirksam (BGH NJW 2002, 894).

12 **D. Rechtsfolge. I. Grundsatz: Lückenfüllung durch gesetzliche Vorschriften (Abs 2).** An die Stelle der nicht einbezogenen oder unwirksamen Klausel tritt **dispositives Gesetzesrecht** unter Hinzuziehung der von Rspr und Lehre entwickelten Rechtsgrundsätze (BGHZ 124, 380; NJW 1996, 2092). Fehlt eine konkrete Regelung, können die durch die Nichteinbeziehung oder Unwirksamkeit entstandenen Lücken ausnahmsw im Wege der ergänzenden Vertragsauslegung geschlossen werden (BGH NJW 2002, 3098; 2000, 1110). Regelm entfällt die Klausel aber bei fehlender gesetzlicher Regelung (BGH NJW-RR 1996, 1009; NJW 1985, 852; NJW 1983, 159). Abs 2 gilt nur für den Individualprozess, nicht für Verbandsklagen nach §1, 3 UKlaG (PWW/*KP Berger* Rn 15). Die Rechtsfolge des Abs 2 ist grds **abdingbar**, jedoch nicht durch AGB, sondern nur individualvertraglich (Hk-BGB/*Schulte-Nölke* Rn 7).

13 **II. Ausn: Unwirksamkeit des Vertrages (Abs 3).** Die Unwirksamkeit des gesamten Vertrages nach Abs 3 ist eine seltene Ausn, da der **Verwender** nach der Grundwertung des AGB-Rechts das Risiko trägt, am Vertrag festgehalten zu werden. Nur wenn sich nach dem Wegfall von Klauseln ein **extremes Missverhältnis** zwischen Leistung und Gegenleistung zeigt, kann dem Verwender ausnahmsw ein Festhalten am Vertrag nicht zugemutet werden (München NJW 2004, 2530). Maßgeblich für die Wertung ist die Frage, ob der Verwender den Vertrag auch ohne die beanstandete Klausel geschlossen hätte (BGH NJW-RR 2002, 1136). Aus der Sicht des **Kunden** kommt eine Gesamtnichtigkeit nach Abs 3 ausnahmsw dann in Betracht, wenn bei einem gesetzlich nicht geregelten Vertragstyp die Mehrzahl der AGB unwirksam ist und daher völlige Unklarheit über die Rechte und Pflichten der Vertragsparteien droht (BGH NJW-RR 2003, 1056). In die Wertung ist die Vorgabe der **Klausel-RL** mit einzubeziehen, nach deren Art 6 Abs 1 Hs 2 der Vertrag für beide Parteien bindend bleibt, wenn er ohne die missbräuchliche Klausel bestehen kann. Die Rechtsfolge des Abs 3 ist nicht durch AGB, jedoch individualvertraglich **abdingbar** (PWW/*KP Berger* Rn 19).

14 **III. Weitere Rechtsfolgen.** Liegt ein Verstoß gegen §§ 307 ff vor, kann von der gem **§ 3 UKlaG** zuständigen anspruchsberechtigten Stelle ein Unterlassungs- bzw Widerrufsanspruch nach § 1 UKlaG vor dem nach § 6 UKlaG zuständigen Landgericht geltend gemacht werden. Werden unwirksame AGB dauerhaft verwendet, kommt sowohl ein Unterlassungsanspruch nach **§ 1 UWG aF** (Stuttgart BB 1987, 2394; jetzt **§§ 8 Abs 1, 3 UWG nF**) als auch ein Anspruch des **Kunden** auf Schadensersatz nach **§§ 280, 311 Abs 2** in Betracht (BGH NJW 1994, 2754).

§ 306a Umgehungsverbot. **Die Vorschriften dieses Abschnitts finden auch Anwendung, wenn sie durch anderweitige Gestaltungen umgangen werden.**

1 Der sachliche Regelungsgehalt und die praktische Bedeutung der Vorschrift sind gering, da einer möglichen »Umgehung« durch die weite Auslegung der §§ 305 ff vorgebeugt werden kann (Hk-BGB/*Schulte-Nölke* Rn 1; MüKo/*Basedow* Rn 3). Eine **Umgehung** liegt vor, wenn eine unwirksame Regelung bei gleicher Interessenlage durch eine andere rechtliche Gestaltung erreicht werden soll, deren Zweck es ist, den verbotenen Erfolg herbeizuführen. Eine **Umgehungsabsicht** ist nicht erforderlich (PWW/*KP Berger* Rn 1). Greift das Umgehungsverbot ein, ist die Klausel anhand der umgangenen Norm zu bewerten (Hk-BGB/*Schulte-Nölke* Rn 1).

§ 307 Inhaltskontrolle. **[1] Bestimmungen in Allgemeinen Geschäftsbedingungen sind unwirksam, wenn sie den Vertragspartner des Verwenders entgegen den Geboten von Treu und Glauben unangemessen benachteiligen. Eine unangemessene Benachteiligung kann sich auch daraus ergeben, dass die Bestimmung nicht klar und verständlich ist.**

[2] Eine Benachteiligung ist im Zweifel anzunehmen, wenn eine Bestimmung

1. **mit wesentlichen Grundgedanken der gesetzlichen Regelung, von der abgewichen wird, nicht zu vereinbaren ist oder**
2. **wesentliche Rechte oder Pflichten, die sich aus der Natur des Vertrags ergeben, so einschränkt, dass die Erreichung des Vertragszwecks gefährdet ist.**

[3] Die Absätze 1 und 2 sowie die §§ 308 und 309 gelten nur für Bestimmungen in Allgemeinen Geschäftsbedingungen, durch die von Rechtsvorschriften abweichende oder diese ergänzende Regelungen vereinbart werden. Andere Bestimmungen können nach Absatz 1 Satz 2 in Verbindung mit Absatz 1 Satz 1 unwirksam sein.

A. Funktion der Vorschrift. I. Allgemeines. Die Vorschrift enthält die **Generalklausel** zum Recht der Kontrolle Allg Geschäftsbedingungen und ist damit die wichtigste Vorschrift dieses Abschnitts. Als Generalklausel ist sie Einfallstor für die Rspr zur Weiterentwicklung des AGB-Rechts über die in den Klauselverbotskatalogen der §§ 308 und 309 niedergelegten Maßstäbe hinaus. Überdies gilt sie – anders als die §§ 308 und 309 – nicht nur für Verbraucherverträge, sondern allg. Das AGB-Kontrollrecht ist daher – anders als das Gemeinschaftsrecht – nicht nur Verbraucherrecht, sondern allg Recht, auch wenn es im Verbraucherrecht seine größte Bedeutung hat. Rspr zur Eliminierung unzulässiger Klauseln iSd Vorschrift kann nicht nur durch Individualklagen, sondern auch und vor allem mit Hilfe der Verbandsklagebefugnis nach dem UKlaG initiiert werden. Für die Prüfung der Zulässigkeit einer Klausel gilt, dass **zunächst die Klauselverbotskataloge** heranzuziehen sind. Erweist sich keine von deren Ziffern als einschlägig, ist die Generalklausel anzuwenden. Dies gilt auch dann, wenn zwar eine der Ziffern einschlägig ist, im konkreten Fall aber kein Verstoß gegen deren Wortlaut vorliegt. So darf etwa aus dem Verbot des Haftungsausschlusses für Vorsatz und grobe Fahrlässigkeit gem § 309 Nr 7 nicht der Umkehrschluss gezogen werden, für einfache Fahrlässigkeit sei ein Haftungsausschluss uneingeschränkt möglich. Vielmehr ist die Klausel am Maßstab der Generalklausel zu messen (zur Fahrlässigkeitsproblematik unten Rz 65 ff). 1

II. Historischer Hintergrund. Eine Kontrolle Allg Geschäftsbedingungen am Maßstab einer Generalklausel gibt es in Deutschland schon seit Jahrzehnten (Überblick bei Staud/*Coester* Vorbem zu §§ 307–309 Rn 3 ff). Der BGH zog seit den 50er Jahren § 242 als Kontrollmaßstab heran (*Tamm* § 242 Rz 4) und entwickelte eine **ausdifferenzierte Rspr** in diesem Bereich (Überblick über die Entwicklung am Vorabend des AGB-Gesetzes bei *Reich/Tonner* HbgerJb 1973, 213, 216 ff). Mit dem AGBG des Jahres 1976 kodifizierte der Gesetzgeber den seinerzeit erreichten Stand der Rspr in den heutigen §§ 305–306a und 308 f und schuf gleichzeitig mit der Generalklausel des § 9 AGBG aF für die Rspr die Möglichkeit, weiterhin neue Fallgestaltungen aufzugreifen und das AGB-Kontrollrecht weiter zu entwickeln. Davon hat die Rspr reichlich Gebrauch gemacht und dieses Rechtsgebiet zu einem der wichtigsten des Vertragsrechts ausgebaut. 2

III. Gemeinschaftsrechtlicher Hintergrund. Die Entwicklung des AGB-Kontrollrechts war bis in die 1980er Jahre autonom national. Dann griff die Gemeinschaft im Zuge ihrer Verbraucherpolitik ein und vergemeinschaftete mit der **RL über missbräuchliche Vertragsklauseln** (RL 93/13/EWG) dieses Rechtsgebiet. Obwohl die Idee der RL maßgeblich vom deutschen Recht beeinflusst ist, so ist ihr Ansatz doch ein anderer (Staud/*Coester* Rn 6 f): Sie ist als Verbraucherschutzrecht konzipiert, während das deutsche Recht sich gerade nicht als Sonderprivatrecht versteht (zu dieser Debatte *Tonner* Einl Rz 25), und sie bezieht sich auf alle missbräuchlichen Vertragsklauseln, auch wenn sie nur im Einzelfall verwendet werden, nicht nur auf AGB (iE § 310 Rz 12). 3

Bei der Umsetzung im Jahre 1996 hielt der deutsche Gesetzgeber an der Konzeption des AGBG fest: Das AGB-Kontrollrecht ist weiterhin kein Sonderprivatrecht; der Anwendungsbereich geht mithin über den der RL über missbräuchliche Vertragsklauseln weit hinaus, und nur im Einzelfall verwendete vorformulierte Bedingungen unterfallen lediglich dann der Kontrolle, wie dies nach den Vorgaben der RL zwingend notwendig ist, nämlich bei Verbraucherverträgen. Daraus erklärt sich die komplizierte Fassung des § 310 Abs 3 (§ 310 Rz 2). Mit der Schuldrechtsreform wurde auch der materiell-rechtliche Teil des AGBG ins BGB überführt. Bei dieser Gelegenheit wurde die überfällige Aufnahme des Transparenzgebotes in den Gesetzestext vorgenommen. IÜ blieb die Kontinuität der Generalklausel (ursprünglich § 9 AGBG) erhalten. 4

Es bleibt abzuwarten, ob durch die derzeit durchgeführte Überarbeitung des acquis communautaire im Bereich des Verbraucherrechts erneut Anpassungsdruck auf die Vorschrift entsteht. Nach dem **Vorschlag einer RL über Verbraucherrechte** (KOM (2008) 614) soll das Vollharmonisierungsprinzip auch in diesem Bereich verankert werden (krit zur Vollharmonisierung *Tamm* EuZW 2007, 756). Gleichzeitig sollen zwingend Listen mit verbotenen Klauseln eingeführt werden, die, würden sie so verabschiedet, wie sie vorgeschlagen sind, das bewährte Verhältnis zwischen §§ 308 und 309 in Gefahr bringen würden. 5

IV. Wesentlicher Inhalt der Vorschrift. Der **Anwendungsbereich** der Vorschrift ist erst in ihrem Abs 3 geregelt. Mit der Formulierung, wonach nur von Rechtsvorschriften abw oder diese erg Regelungen der Kontrolle unterliegen, ist gemeint, dass sich das Recht einer Kontrolle über die Angemessenheit der Hauptleistungspflichten der Parteien zu enthalten hat. Insbes dürfen die Vorschriften nicht zu einer versteckten Preiskontrolle missbraucht werden (iE Rz 83). 6

Abs 1 S 1 enthält die eigentliche **Generalklausel**, Abs 1 S 2 das **Transparenzgebot**. Die Generalklausel wird in Abs 2 durch zwei Tatbestände konkretisiert. Diese beziehen sich auf die **Abweichung von Grundgedanken des dispositiven Rechts** und die **Abweichung von wesentlichen Rechten und Pflichten**, die sich aus der Natur des Vertrags ergeben. Bevor auf die Generalklausel iSd Abs 1 S 1 zurückgegriffen wird, ist daher zu 7 prüfen, ob einer der beiden konkretisierenden Tatbestände des Abs 2 eingreift. Abs 2 füllt die Generalklausel aber keineswegs vollständig aus. Sie kann auch und gerade zur Anwendung kommen, wenn die Voraussetzungen von Abs 2 nicht vorliegen.

8 Auch die Verletzung des Transparenzgebotes nach Abs 1 S 2 ist ein selbständiger Tatbestand, der für sich allein zur Unwirksamkeit einer Klausel führt. Das Transparenzgebot wird zunehmend von der Rspr herangezogen. Rechtsfolge des Verstoßes einer Klausel gegen die Vorschrift ist deren Unwirksamkeit, Abs 1 S 1. Eine »geltungserhaltende Reduktion« einer Klausel wird in st Rspr abgelehnt (*Richter* § 306 Rz 5 ff).

9 **B. Die RL über missbräuchliche Vertragsklauseln.** Der Gemeinschaftsgesetzgeber verabschiedete im Jahre 1993 die RL über missbräuchliche Vertragsklauseln. Im Gegensatz zum deutschen Recht ist sie eine reine **Verbraucherschutz-RL**. Sie gilt nur für Verträge zwischen Verbrauchern und Gewerbetreibenden. Wie alle RL im Verbraucherschutz, weist sie eine doppelte Zielrichtung auf: Sie will einerseits durch Rechtsannäherung einen Beitrag zur Errichtung des **Binnenmarktes** leisten (Erwägungsgrund 1), andererseits dem Verbraucherschutz dienen (Erwägungsgrund 6).

10 Die RL gilt gem Art 4 Abs 2 **weder** für die **Hauptleistung noch** für eine Überprüfung der Angemessenheit des **Preises**. Nach den Erwägungsgründen 10 und 19 ist sie auch nicht auf Arbeitsverträge sowie erb-, familien- und gesellschaftsrechtliche Sachverhalte anzuwenden. Wie das deutsche Recht basiert die RL auf einer **Generalklausel**, die in Art 3 enthalten ist. Danach sind Klauseln, die entgegen den Geboten von Treu und Glauben zum Nachteil des Verbrauchers ein erhebliches und ungerechtfertigtes Missverhältnis der vertraglichen Rechte und Pflichten der Vertragspartner verursachen, missbräuchlich und gem Art 6 unverbindlich. Art 4 Abs 2 Hs 2 und Art 5 enthalten das **Transparenzprinzip**.

11 Die RL gilt **nicht für iE ausgehandelte Klauseln**, aber im Gegensatz zum ursprünglichen deutschen Recht unabhängig davon, ob der Gewerbetreibende die Klausel mehrfach verwenden will. Deswegen ist es ungenau, wenn von einer AGB-RL gesprochen wird; es kommt allein darauf an, ob der Gewerbetreibende die Klausel im Voraus abgefasst hat und der Verbraucher deshalb keinen Einfluss auf ihren Inhalt nehmen konnte (Art 3 Abs 2). Dies entspricht iW dem »Stellen« gem dem deutschen Recht.

12 Art 3 Abs 3 enthält einen Anhang mit einer nicht erschöpfenden **Liste von Klauseln**, die für missbräuchlich erklärt werden können. Die Rechtsnatur dieses Anhangs ist unklar. Man wird in ihr einen Beispielskatalog mit im Regelfall unverbindlichen Klauseln zu sehen haben (Grabitz/Hilf/*Pfeiffer* Art 3 Rn 80 im Anschluss an Reich/Micklitz/*Micklitz* Europäisches Verbraucherrecht 4. Aufl 2003 Rn 13.25). Der EuGH spricht von einem »Hinweis- und Beispielcharakter« (07.05.2002 Rs C-478/99 – Kommission/Königreich Schweden).

13 Nach Art 4 sind alle »den Vertragsabschluss begleitenden Umstände« zu berücksichtigen. Daraus wird abgeleitet, dass der RL ein **konkret-individueller Beurteilungsmaßstab** zu Grunde liegt – im Gegensatz zu dem herkömmlichen abstrakt-generellen Maßstab des deutschen AGB-Rechts. Es besteht inzwischen jedoch Einigkeit, dass die beiden Ansätze nicht unversöhnlich nebeneinander stehen, das Gemeinschaftsrecht vielmehr den abstrakt-generellen Ansatz akzeptiert und durch den konkret-individuellen Maßstab nur **ergänzt** (Reich/Micklitz/*Micklitz* aaO Rn 13.20). Art 7 verpflichtet entspr deutschem Vorbild die Mitgliedstaaten, ein **Verbandsklageverfahren** einzuführen, und Art 8 schließlich enthält die **Mindeststandardklausel**, die im deutschen Recht vor allem wegen der weitergehenden Klauselverbotskataloge von Bedeutung ist.

14 **C. Unangemessene Benachteiligung. I. Allgemeines. 1. Prüfungsreihenfolge.** Abs 1 S 1 beinhaltet die Generalklausel, die durch die beiden Ziffern des Abs 2 konkretisiert wird. So wie die Generalklausel erst nach ergebnisloser Prüfung der Klauselverbotskataloge der §§ 308 und 309 heranzuziehen ist, so muss innerhalb der Generalklausel **zunächst** der konkretere **Abs 2** geprüft werden. Abs 1 S 1 ist als Auffangtatbestand konzipiert (Ulmer/Brandner/Hensen/*Fuchs* Rn 93; Staud/*Coester* Rn 11; BaRoth/*Hubert Schmidt* Rn 16), der nur dann eingreift, wenn eine Klausel nicht unter Abs 2 fällt. Man sollte nicht vorschnell auf Abs 1 S 1 zurückgreifen, schon um der Gefahr vorzubeugen, zu sehr reine Billigkeitserwägungen einfließen zu lassen, doch hat die Generalklausel anerkanntermaßen (Ulmer/Brandner/Hensen/*Fuchs* Vor § 307 Rn 105) ebenso wie das Transparenzgebot einen eigenständigen Stellenwert neben Abs 2. Die Konkretisierung der Generalklausel kann nicht in einer reinen Kasuistik aufgelöst werden, sondern bedarf ihrerseits der Konkretisierung durch vom Einzelfall losgelöste Kriterien (dazu unten Rz 27 ff), schon um Maßstäbe für die Beurteilung neuer, bislang noch nicht von der Rspr entschiedener Klauseln zur Verfügung zu stellen.

15 **2. Bezug auf Treu und Glauben.** Abs 2 S 1 bezieht sich auf Treu und Glauben und damit auf § 242. Eine eigenständige Bedeutung kommt dem nicht zu (Ulmer/Brandner/Hensen/*Fuchs* Rn 97). Vielmehr handelt es sich eher um eine historische Reminiszenz, denn in § 242 liegt der Ursprung der AGB-Kontrolle durch den BGH. Der Gesetzgeber des AGBG wollte in § 9 AGBG aF die Kontinuität mit der früheren, auf § 242 gestützten Rspr deutlich machen (*Tonner* Einl Rz 25). Eine eigenständige Anwendung des § 242 neben § 307 kommt nicht in Betracht (BGHZ 114, 338, 340; Staud/*Coester* Rn 35; Wolf/Lindacher/Pfeiffer/*Wolf* Rn 28). Dagegen kann eine Klauselkontrolle auf § 242 gestützt werden, wenn die Anwendung der §§ 305 ff ausgeschlossen ist (§ 310 Rz 22).

II. Zweistufige Prüfung. Aus dem Wortlaut des Abs 1 S 1 ergibt sich eine Prüfung in zwei Schritten (zur Zweistufigkeit auch Ulmer/Brandner/Hensen/*Fuchs* Rn 98; Wolf/Lindacher/Pfeiffer/*Wolf* Rn 96; PWW/*KP Berger* Rn 8). Die Klausel muss die andere Vertragspartei **benachteiligen**, und diese Benachteiligung muss **unangemessen** sein. Die Unangemessenheit kann nur durch eine Interessenabwägung festgestellt werden (Wolf/Lindacher/Pfeiffer/*Wolf* Rn 75; Staud/*Coester* Rn 96). **1. Benachteiligung**. Die andere Vertragspartei ist benachteiligt, wenn die AGB-Regelung zu ihrem Nachteil von der gesetzlichen Regelung abweicht. Man wird sich jedoch nicht immer auf dispositives Recht beziehen können, von dem abgewichen wird. Deswegen wird in der Lit vom »**normativen Leitbild**« gesprochen, das eine Orientierungsfunktion habe (Ulmer/Brandner/Hensen/*Fuchs* Rn 98; Wolf/Lindacher/Pfeiffer/*Wolf* Rn 78). Nicht jede Abweichung ist jedoch relevant, denn dispositives Recht ist dadurch charakterisiert, dass von ihm abgewichen werden kann, sonst würde man es zu zwingendem Recht machen. Deswegen wird eine Benachteiligung von **nicht unerheblichem Gewicht** verlangt (im Anschluss an den RegE des AGBG, BTDrs 7/3919 S 22 Staud/*Coester* Rn 91; MüKo/*Kieninger* Rn 31; Ulmer/Brandner/Hensen/*Fuchs* Rn 100 f; Wolf/Lindacher/Pfeiffer/*Wolf* Rn 76). Geringe Benachteiligungen werden daher schon auf der ersten Stufe ausgegrenzt, ohne dass es zu einer Interessenabwägung kommt (PWW/*KP Berger* Rn 9). 16

2. Interessenabwägung. Im zweiten Schritt werden die Interessen des Verwenders und der anderen Vertragspartei gegeneinander abgewogen. Dazu müssen die Interessen zunächst identifiziert werden (Ulmer/Brandner/Hensen/*Fuchs* Rn 103; Staud/*Coester* Rn 107; MüKo/*Kieninger* Rn 33). 17

3. Generell-abstrakte Auslegung. Nach langjähriger Praxis werden AGB-Klauseln abstrakt-generell ausgelegt (BGHZ 136, 347; BGH NJW 1998, 2600). Von einer Auslegung aus der Sicht der konkreten Vertragsparteien ist abzusehen (Staud/*Coester* Rn 109; PWW/*KP Berger* Rn 10; BaRoth/*Hubert Schmidt* Rn 27). Vielmehr ist zu berücksichtigen, dass die Klausel gem § 305 Abs 1 für eine Vielzahl von Fällen gestellt sein muss. Dies gilt sowohl im Verbands- wie im Individualprozess und gleichermaßen ggü Verbrauchern und Unternehmern (Wolf/Lindacher/Pfeiffer/*Wolf* Rn 77). Es kommt also nicht auf die Auslegung im individuellen Vertrag an. Dem ist zuzustimmen, denn sonst bestünde die Gefahr, dass dieselbe Klausel in verschiedenen Verfahren unterschiedlich ausgelegt würde, was für die Rechtssicherheit schädlich wäre. 18

Dagegen scheint die **RL** auf den ersten Blick das Konzept einer **konkret-individuellen Überprüfung** in den Blick zu nehmen. Dies wird daran ersichtlich, dass Art 4 von den den Vertragsschluss begleitenden Umständen spricht. Zu Recht relativiert die Lit aber einen Gegensatz zu der sich aus dem deutschen Recht ergebenden Umsetzungsmaxime. So bezieht sich Art 4 auch auf Art 7 der RL, der die Verbandsklage zum Gegenstand hat. Bei der Verbandsklage ist aber notwendigerweise ein genereller Prüfungsmaßstab anzuwenden (Wolf/Lindacher/Pfeiffer/*Wolf* Art 4 RL Rn 3). Diese Sicht wird keineswegs nur aus der Perspektive des deutschen Rechts der RL zuteil, denn Erwägungsgrund 15 weist selbst darauf hin, dass die Kriterien für die Beurteilung der Missbräuchlichkeit generell festgelegt werden müssen, so dass die deutsche Praxis letztlich richtlinienkonform ist. Der konkret-individuellen Überprüfung kommt lediglich **ergänzende** Funktion zu. 19

III. Interessenabwägung. 1. Interessen des Verwenders und der anderen Vertragspartei. Bei der Interessenabwägung ist nochmals in zwei Schritten vorzugehen. Zunächst ist zu definieren, welche Interessen des Verwenders und der anderen Vertragspartei in Rede stehen, und sodann sind diese Interessen miteinander abzuwägen. **a) Der Verwender**. Bei den Interessen des Verwenders steht das sog **Rationalisierungsargument** im Vordergrund. Es begleitet die Diskussion über AGB schon seit den Zeiten vor Verabschiedung des AGBG (Ulmer/Brandner/Hensen/*Ulmer* Einl Rn 4, später BGH NJW 1982, 178, 180; 1981, 117, 118) und trägt maßgeblich zur Legitimation des einseitigen Aufstellens von AGB durch den Verwender bei (vgl auch Wolf/Lindacher/Pfeiffer/*Wolf* Rn 161; Staud/*Coester* Rn 156; BaRoth/*Hubert Schmidt* Rn 31). Der Verwender erspart danach erheblichen Aufwand, wenn er für Massenverträge ein Vertragsmuster schafft, das in einer Vielzahl von Fällen verwendet werden kann, ohne dass es jeweils eines neuen Aushandelns der Vertragsbedingungen bedarf, was bei Massengeschäften überdies eines ökonomisch nicht zu rechtfertigenden Aufwandes bedarf. 20

Eine daran ansetzende ökonomische Analyse kommt allerdings zu dem Ergebnis, dass es einer Kontrolle der AGB bedarf. Denn die andere Vertragspartei wird die AGB auch deswegen hinnehmen, weil der Aufwand einer Kontrolle der ihr vorgelegten AGB nicht in einem angemessenen Verhältnis zur wirtschaftlichen Bedeutung des einzelnen Rechtsgeschäfts steht (so bes deutlich MüKo/*Kieninger* Rn 39). Es gibt also **keinen Marktdruck für angemessene AGB** aus sich selbst heraus (*Kötz* JuS 2003, 209). Um Vertragsfreiheit iSd materialen Begriffs der Vertragsfreiheit des BVerfG (dazu *Tonner* Einl Rz 39; vgl auch *Tamm* § 242 Rz 13) herzustellen, muss der Staat mit zwingenden vertragsrechtlichen Normen AGB-Kontrolle bewirken. 21

Das Rationalisierungsargument ist überdies nur dort legitim, wo das dispositive Gesetzesrecht keine Vertragsrechtsordnung bereit stellt, denn ein bloßes Abweichen vom dispositiven Gesetzesrecht kann nicht per se als rational bezeichnet werden (ähnl Wolf/Lindacher/Pfeiffer/*Wolf* Rn 161: es müsse ein Interesse zur Abweichung vom Gesetz hinzukommen; zu den Grenzen des Rationalisierungsarguments vgl auch Staud/*Coester* Rn 157). Allerdings gibt es nicht nur ein weites Feld nicht im BGB geregelter Vertragstypen, sondern auch die vorhandenen Verträge müssen vielfach im Hinblick auf spezifische Vertragsgegenstände genauer als im dispositiven Gesetzesrecht geregelt werden. Damit ist naturgemäß die Versuchung für den Verwender verbunden, die ohnehin notwendige Aufstellung einer Vertragsrechtsordnung zu seinen Gunsten zu gestalten. Das 22

Rationalisierungsargument ist daher im Kern in weiten Bereichen legitim, liefert aber auch gleichzeitig die Begründung für eine spezifische AGB-Kontrolle.

23 **b) Die andere Vertragspartei.** Die andere Vertragspartei hat vor allem das Interesse, die Leistung ungeschmälert durch Einschränkungen in den AGB zu erhalten (zum Folgenden Ulmer/Brandner/Hensen/*Fuchs* Rn 127). Es geht also um die Begrenzung von Mängelrechten, Verkürzung von Verjährungsfristen und Schadensersatzansprüchen sowie Modifizierungen des Leistungsstörungsrechts, soweit das **Erfüllungsinteresse** betroffen ist, etwa § 281. Des Weiteren hat die andere Vertragspartei ein Interesse daran, in ihrem **Integritätsinteresse** nicht verletzt zu sein. Dies erfordert wiederum Grenzen für die Beschränkung von Schadensersatzansprüchen. Weiterhin will die andere Partei nicht in ihrem **Dispositionsinteresse** beschränkt werden. Auf diese Weise geraten etwa lange Vertragslaufzeiten und erschwerte Kündigungsmöglichkeiten ins Visier. Schließlich kommen auch ideelle Interessen in Betracht.

24 **2. Drittinteressen.** Bei der Auslegung sind auch Drittinteressen zu berücksichtigen. Dies ist etwa bei Verträgen zugunsten Dritter oder mit Schutzwirkung zugunsten Dritter der Fall (BGH NJW 1989, 2750, 2751 f; zu Versicherungsverträgen BGHZ 142, 103, 107; BGH NJW 1999, 2442, 2444; BGH NZV 2004, 397; Ulmer/Brandner/Hensen/*Fuchs* Rn 133; Wolf/Lindacher/Pfeiffer/*Wolf* Rn 166 ff; Staud/*Coester* Rn 142 ff; MüKo/*Kieninger* Rn 48 f; BaRoth/*Hubert Schmidt* Rn 24 f).

25 Darüber hinaus sind **gleichgerichtete Interessen anderer Vertragsparteien** in Bezug zu nehmen (BGH NJW 1991, 2559, 2561: Bausparer; BGH NJW 1982, 178, 180; 1980, 1953, 1955; Wolf/Lindacher/Pfeiffer/*Wolf* Rn 171; Ulmer/Brandner/Hensen/*Fuchs* Rn 135; skeptisch MüKo/*Kieninger* Rn 49). Der Verwender darf aber eine Klausel verwenden, die die Interessen seiner verschiedenen Vertragspartner zum Ausgleich bringt (Mietbedingungen). Es darf also auf die typische andere Vertragspartei abgestellt werden, ohne dass eine Klausel an atypischen Sonderinteressen einer einzelnen Vertragspartei scheitert.

26 Ob auch **Allgemeininteressen** iSv öffentlichen Belangen zu berücksichtigen sind, wird unterschiedlich bewertet (dafür Ulmer/Brandner/Hensen/*Fuchs* Rn 137; Wolf/Lindacher/Pfeiffer/*Wolf* Rn 231; skeptisch Staud/*Coester* Rn 151; *Fastrich* S 241 f). ME sollten zumindest Klauseln, die zu einer Verfälschung des Wettbewerbs führen, unwirksam sein (in diese Richtung auch Ulmer/Brandner/Hensen/*Fuchs* Rn 139). Dies entspricht der Funktion der AGB-Kontrollvorschriften, das »Marktversagen« bzgl des Konditionenwettbewerbs auszugleichen.

27 **3. Einzelne Abwägungsgesichtspunkte. a) Beteiligung von Verbrauchern.** Bei der Abwägung ist, wie festgestellt (Rz 19), der Durchschnittskunde zu berücksichtigen (Ulmer/Brandner/Hensen/*Fuchs* Rn 111). Ist die andere Vertragspartei typischerweise ein Verbraucher, so ist bei der Auslegung auf den **durchschnittlichen Verbraucher** abzustellen. Wegen des gemeinschaftsrechtlichen Hintergrundes der Vorschrift ist dabei die Rspr des EuGH zum Begriff des durchschnittlichen Verbrauchers heranzuziehen, nämlich der aufgeklärte, mündige Verbraucher (EuGH 16.07.1998, Rs C-210/96 – Gut Springenheide). Der Verbraucher als andere Vertragspartei ist auch dann zugrunde zu legen, wenn (nur) ein nennenswerter Teil der Kunden Verbraucher ist. Es kann daher durchaus zu »gruppentypisch unterschiedlichen Ergebnissen« kommen (BGHZ 110, 241, 244; 143, 95, 101; Ulmer/Brandner/Hensen/*Fuchs* Rn 111). Auf Grund der contra-proferentem-Regel (*Richter* § 305c Rz 9) ist auf den für den Verwender ungünstigsten Zusammenhang abzustellen, so dass die Klausel gleichwohl insg unwirksam ist, auch wenn sie etwa nur ggü Verbrauchern unwirksam wäre. Will der Verwender die Klausel für den Geschäftsverkehr etwa mit Unternehmern »retten«, muss er ihren Anwendungsbereich entspr einschränken.

28 **b) Verkehrssitte.** Nach allg Ansicht liegt ein Indiz für eine »unangemessene Benachteiligung« vor, wenn eine Klausel gegen die Verkehrssitte, Handelsbräuche oder die Branchenüblichkeit verstößt (Staud/*Coester* Rn 153 ff; Ulmer/Brandner/Hensen/*Fuchs* Rn 140; Wolf/Lindacher/Pfeiffer/*Wolf* Rn 209; MüKo/*Kieninger* Rn 36; PWW/*KP Berger* Rn 10; BaRoth/*Hubert Schmidt* Rn 29). Allein aus der bloßen Üblichkeit kann dagegen nicht auf die Angemessenheit geschlossen werden (Wolf/Lindacher/Pfeiffer/*Wolf* Rn 210), während der Verkehrssitte und dem Handelsbrauch eher ein Indiz für die Angemessenheit zukommen (Ulmer/Brandner/Hensen/*Fuchs* Rn 143).

29 **c) Zusammenhang mit anderen Klauseln und dem Vertrag insg.** Von **Summierungseffekten** spricht man, wenn zwar eine einzelne Klausel unbedenklich ist, sie jedoch im Zusammenhang mit anderen Klauseln nicht mehr hinnehmbar ist (Staud/*Coester* Rn 139; PWW/*KP Berger* Rn 11). Die Rspr hält in derartigen Fällen beide bzw alle Klauseln für unwirksam (BGH NJW 2003, 2234; 2003, 3192). Ähnliches gilt auch für das Verhältnis einer einzelnen Klausel zum gesamten Vertrag. Es kommt nicht darauf an, ob eine Klausel bei isolierter Betrachtung als angemessen oder unangemessen zu beurteilen ist, vielmehr ist die Angemessenheit im Lichte des gesamten Vertragsinhalts zu sehen (Wolf/Lindacher/Pfeiffer/*Wolf* Rn 212 ff; MüKo/*Kieninger* Rn 34).

30 Bsp: Eine **Freizeichnung von Fahrlässigkeit** kann durch einen Versicherungsschutz ausgeglichen werden (BGH NJW-RR 1991, 570, 572). Das **Dispositionsrecht eines Pressegrossisten** wird durch ein Remissionsrecht des Einzelhändlers ausgeglichen (BGH NJW 1982, 644). Die Verkürzung einer **Verjährungsfrist** wird dagegen nicht durch einen Schadensersatzanspruch wegen unrichtiger Information kompensiert (BGH NJW

1996, 2097). Ebenso wird ein **Gewährleistungseinbehalt** nicht durch das Recht, eine Bürgschaft auf erste Anforderung zu stellen, ausgeglichen (BGHZ 136, 27). Wird in einer **mietrechtlichen Kündigungsklausel** das Verzugserfordernis und die heilende Wirkung einer nachträglichen Zahlung abbedungen, so wird dies nicht dadurch kompensiert, dass ein mehr als zweimonatiger Rückstand und statt der fristlosen Kündigung eine einmonatige Kündigungsfrist eingeräumt wird (BGH NJW 1989, 1673). Es reicht auch nicht, wenn trotz am Neuwert orientierter Prämien für den Ersatz gebrauchter Maschinen nur der Zeitwert zu Grunde gelegt und dafür bei der Reparatur auf den Abzug »neu für alt« verzichtet wird (BGH NJW 1993, 2442, 2444). Der Ausschluss des ordentlichen Kündigungsrechts für ein Jahr ist unzulässig (BGH WuM 2009, 47), es sei denn, der Ausschluss steht iVm einer Staffelmietvereinbarung (BGH NJW 2009, 353).

d) Preisargument. Es wird immer wieder die Frage gestellt, ob ein bes **niedriger Preis** einen geringeren Haftungsstandard erlaubt. Die Rspr (BGHZ 77, 126, 131; BGH NJW-RR 1993, 736, 737; NJW 1993, 2442, 2444; BGHZ 138, 118, 132) und die hL (Staud/*Coester* Rn 129 ff; MüKo/*Kieninger* Rn 42; Ulmer/Brandner/Hensen/*Fuchs* Rn 145; Wolf/Lindacher/Pfeiffer/*Wolf* Rn 224; BaRoth/*Hubert Schmidt* Rn 33) lehnen dies zu Recht ab. Die Zulässigkeit des »Preisarguments« würde die Unterschiede zwischen Preiswettbewerb und Konditionenwettbewerb vernachlässigen. Der Preis bildet sich am Markt, während dort ein Konditionenwettbewerb gerade nicht existiert (unten Rz 73). Infolgedessen würden die Nachfrager zum billigeren Produkt bzw der billigeren Dienstleistung greifen, ohne die Nachteile eines für sie ungünstigeren Haftungsstandards dabei zu berücksichtigen. Auf diese Weise würde der Haftungsstandard generell nach unten rutschen, zumal sich fragt, wer nach welchen Kriterien festlegen soll, welcher Preis zu »schlechteren« AGB legitimiert (zweifelnd, wer den Ausgangspunkt des »gerechten« Preises finden soll, MüKo/*Kieninger* Rn 42). 31

Aus den gleichen Gründen ist auch die häufig angesprochene »**Tarifwahl**« bedenklich (aA die hM, BGHZ 77, 126, 131; BGH NJW-RR 1989, 242; MüKo/*Kieninger* Rn 45; Ulmer/Brandner/Hensen/*Fuchs* Rn 148; Wolf/Lindacher/Pfeiffer/*Wolf* Rn 227; Staud/*Coester* Rn 138; BaRoth/*Hubert Schmidt* Rn 34). Auch hier ist zu befürchten, dass die andere Vertragspartei ihre Wahl regelm an Hand des Preiskriteriums trifft, während die Konditionen demgegenüber keine ins Gewicht fallende Rolle spielen. Mit wenigen Ausn betrifft die »Tarifwahl« ein akademisches Problem. Praktische Bedeutung hat sie vor allem in der **Textilreinigung** erlangt, wo die andere Vertragspartei die Wahl zwischen einer Haftungsbeschränkung auf den 15fachen Reinigungspreis und einer Haftung auf den Zeitwert gegen Abschluss einer Versicherung hat (krit Ulmer/Brandner/Hensen/*Hensen* Anh § 310 Rn 833). Eine Haftungsbeschränkung wird auch dann für legitim gehalten, wenn einer verhältnismäßig geringfügigen Dienstleistung oder Lieferung ein hohes Schadenspotential ggü steht (BGH NJW 1968, 1718, 1720: Parkplatzbewachung; vgl auch Ulmer/Brandner/Hensen/*Fuchs* Rn 146). 32

e) Risikobeherrschung. Als weiterer Gesichtspunkt wird ins Feld geführt, dass für die andere Vertragspartei dann eine Haftungsbeschränkung akzeptabel sei, wenn sie in der Lage sei, die **Sachgefahr günstiger zu versichern** als der Verwender. Dies wird im Anschluss an die Rspr vor allem für Schiffe (BGHZ 103, 316, 326 f) und Kfz (BGH NJW 1968, 1718, 1720) angeführt (MüKo/*Kieninger* Rn 43), doch gilt dies schon dann nicht mehr, wenn die Gefahr eindeutig vom Verwender ausgeht wie etwa bei einer Autowaschanlage (BGH NJW 2005, 422) oder für Kleidungsstücke bei einer Textilreinigung (BGHZ 77, 126, 131; vgl auch allg Staud/*Coester* Rn 167; PWW/*KP Berger* Rn 11). Es fragt sich allerdings, wo insoweit der Unterschied zwischen einer Werft und einer Waschanlage liegen soll, vielmehr ist davon auszugehen, dass die jüngeren Entscheidungen die älteren überholt haben und der Gedanke der üblichen Versicherung von dem Aspekt der Risikobeherrschung zumindest überlagert wird. **Schadensrisiken, die aus der Sphäre des Verwenders stammen**, können grds nicht auf die andere Vertragspartei abgewälzt werden (Ulmer/Brandner/Hensen/*Fuchs* Rn 157), auch wenn diese sie günstiger versichern können sollte. Die zumutbare Versicherbarkeit durch die andere Vertragspartei kann allenfalls ein Argument dafür sein, dass die Haftungsbeschränkung nicht unangemessen ist, wenn die andere Vertragspartei außerdem das Risiko beherrscht (Ulmer/Brandner/Hensen/*Fuchs* Rn 159). 33

D. Transparenzgebot. I. Historischer Hintergrund. Das Transparenzgebot wurde bereits zur Auslegung der Generalklausel des § 9 AGBG von der Rspr entwickelt und spielte dabei eine maßgebliche Rolle, obwohl es im Wortlaut des § 9 AGBG keine Verankerung fand (BGHZ 106, 42; 106, 259; 118, 126; st Rspr unter weitgehender Zust der Lit, Staud/*Coester* Rn 170; Ulmer/Brandner/Hensen/*Fuchs* Rn 323; Wolf/Lindacher/Pfeiffer/*Wolf* Rn 235 ff; MüKo/*Kieninger* Rn 51; krit *Benedict* NJW 2000, 190). Die **RL über missbräuchliche Vertragsklauseln** aus dem Jahre 1993 kodifizierte das Transparenzgebot in ihren Art 4 und 5 (dazu *Staudinger* WM 1999, 1546). Der deutsche Gesetzgeber meinte zunächst, auf eine Umsetzung verzichten zu können, weil die Rspr das Transparenzgebot bereits im Rahmen der Generalklausel praktizierte, wurde aber vom EuGH eines anderen belehrt, der in einem Urteil aus dem Jahre 2001 darauf bestand, dass die **Umsetzung durch Rechtsvorschriften** erfolgen müsse (EuGH NJW 2001, 2244 – Kommission/Niederlande). Daraufhin fügte der Gesetzgeber der Schuldrechtsreform anlässlich der Integration des AGBG ins BGB das Transparenzgebot als Abs 1 S 2 explizit ein. 34

Die Rspr macht von der Möglichkeit, die Unwirksamkeit von Klauseln auf fehlende Transparenz zu stützen, weiterhin lebhaft Gebrauch. Darin liegt mE eine bedenkliche Entwicklung. Zwar ist das von der Rspr herausgearbeitete Transparenzgebot zweifellos ein wichtiger und legitimer Baustein des AGB-Kontrollrechts und darf schon 35 wegen der gemeinschaftsrechtlichen Vorgaben nicht aufgegeben werden, jedoch besteht die Gefahr einer »Flucht in das Transparenzgebot«, mit der sich die Rspr, auch die höchstrichterliche, bisweilen der inhaltlichen Begründung einer Unwirksamkeit entzieht. Es ist nämlich regelm leichter, einer Klausel »Intransparenz« zu bescheinigen, als sich auf die Konkretisierungen der Generalklausel in Abs 2 einzulassen oder die im Rahmen der Unangemessenheit nach Abs 1 S 1 erforderlichen Abwägungen vorzunehmen, die eine Benennung der im Raume stehenden Interessen erfordert. Obwohl das Transparenzgebot zweifellos einen selbständigen Tatbestand darstellt (zum Zusammenhang mit der Unangemessenheit nach Abs 1 S 1 sogleich Rz 38), sollte man doch darüber die Anwendung der übrigen Elemente des § 307 nicht aus dem Auge verlieren. Eine vorschnelle Bezugnahme auf das Transparenzgebot birgt das Risiko, dass Interessenabwägungen nicht ausgewiesen werden und trägt nicht zur dogmatischen Konsistenz des AGB-Kontrollrechts bei.

36 **II. Abgrenzungen. 1. § 305 Abs 2.** Das Transparenzgebot kann dazu führen, dass bereits die Einbeziehung gem § 305 Abs 2 scheitert. Man spricht insoweit von **Einbeziehungstransparenz** (Wolf/Lindacher/Pfeiffer/*Wolf* Rn 239; vgl auch MüKo/*Kieninger* Rn 52; BaRoth/*Hubert Schmidt* Rn 42). Dies ist jedoch von der auf Inhaltskontrolle bezogenen Transparenz nach Abs 1 S 2 zu trennen; beides besteht unabhängig voneinander und nicht etwa im Verhältnis einer Alternativität. So unterliegt eine Klausel, die transparent genug ist, um dem Erfordernis der zumutbaren Kenntnisnahme nach § 305 Abs 2 zu genügen, durchaus noch dem Transparenzgebot des Abs 1 S 2 (BGH NJW 1992, 3158, 3161; Ulmer/Brandner/Hensen/*Fuchs* Rn 327).

37 **2. § 305c.** Eine Intransparenz kann sich auch aus einer **überraschenden Klausel** iSd § 305c ergeben (Staud/*Coester* Rn 172). Eine überraschende Klausel ist geradezu ein typisches Bsp einer fehlenden Transparenz wegen einer unklaren äußeren Gestaltung der AGB, was eine anerkannte Fallgruppe der Transparenzkontrolle nach Abs 1 S 2 ist (unten Rz 40). Man kann sogar sagen, dass die Figur der überraschenden Klausel der Ausgangspunkt für die Transparenzkontrolle durch die Rspr ist. § 305c ist vorrangig. Im Zuge der empfohlenen Zurückhaltung bei der Anwendung des Transparenzgebots (oben Rz 27) sollte daher, wenn immer möglich, eine Entscheidung auf § 305c und nicht oder nur entspr auf Abs 1 S 2 gestützt werden. § 305c beinhaltet die konkretere Vorschrift, die einer Subsumtion leichter zugänglich ist als eine Generalklausel (zur Abgrenzung auch BaRoth/*Hubert Schmidt* Rn 43).

38 **3. Angemessenheitskontrolle iSv Abs 1 S 1.** Schließlich ist das Transparenzgebot von Abs 1 S 1 abzugrenzen. Einerseits ist zwar unbestritten, dass S 2 einen **selbständigen Tatbestand** bildet (Staud/*Coester* Rn 174; MüKo/*Kieninger* Rn 53), andererseits ist das Verhältnis der beiden Sätze zueinander umso strittiger. Dabei steht vor allem in Frage, ob eine intransparente Klausel auch »unangemessen benachteiligend« sein muss. Einigen Entscheidungen des BGH zufolge sind die beiden Tatbestände so selbständig voneinander zu sehen, dass eine nicht unangemessen benachteiligende Klausel wegen Intransparenz unwirksam sein kann (BGHZ 136, 394, 401; BGH NJW 2000, 651, 652). Nach anderen Entscheidungen muss die Klausel auch eine Komponente inhaltlicher Unangemessenheit aufweisen (BGHZ 140, 25, 31; 106, 42, 49; in der Lit Staud/*Coester* Rn 174; MüKo/*Kieninger* Rn 53; BaRoth/*Hubert Schmidt* Rn 26 f; Wolf/Lindacher/Pfeiffer/*Wolf* Rn 250; *Benedict* NJW 2000, 190 f). Jedenfalls ist eine Klausel dann unangemessen, wenn infolge der Intransparenz die andere Vertragspartei von der Wahrnehmung ihrer Rechte abgehalten wird (BGH NJW-RR 2005, 1496). ME handelt es sich hier **nur scheinbar um einen Widerspruch.** Abs 1 S 1 hat als Generalklausel Auffangcharakter (oben Rz 14). Deswegen können alle Konkretisierungen wie die des Abs 2, und letztlich auch die Klauselverbotskataloge der §§ 308 und 309, nur Anwendungsfälle der Generalklausel sein. Für das Transparenzgebot kann nichts anderes gelten. Eine intransparente Klausel führt zu einer unangemessenen Benachteiligung der anderen Vertragspartei (ähnl auch Ulmer/Brandner/Hensen/*Fuchs* Rn 331; BaRoth/*Hubert Schmidt* Rn 27). Eine intransparente Klausel ist daher per se unangemessen (*Stoffels* Rn 562: unwiderlegliche Vermutung, insoweit abl Ulmer/Brandner/Hensen/*Fuchs* Rn 331 mit Differenzierung in Rn 334; Staud/*Coester* Rn 174: Benachteiligung durch Intransparenz im Regelfall zu unterstellen; insg abl Wolf/Lindacher/Pfeiffer/*Wolf* Rn 250). Zu prüfen ist allein eine Verletzung des Transparenzgebotes, auf zusätzliche Elemente einer unangemessenen Benachteiligung iSv Abs 1 S 1 kommt es nicht an.

39 **III. Äußere Gestaltung. 1. Regelungen an unterschiedlichen Stellen.** Maßgeblich für diese Fallgruppe ist eine Entscheidung des BGH zu **Hypothekenzinsen**, bei denen die Zinszahlung das Jahr über gleichbleibend war, obwohl unterjährig Tilgungsleistungen zu erbringen waren (BGH NJW 1989, 222, 224 f). Die Verpflichtung, Zinsen auch auf bereits getilgte Darlehensbeträge zu zahlen, war nur schwer erkennbar. Aus diesem Urteil lässt sich verallgemeinernd folgern, dass die Aufteilung von zusammengehörenden Regelungen auf verschiedene Teile der AGB zur Intransparenz führt (Ulmer/Brandner/Hensen/*Fuchs* Rn 335; PWW/*KP Berger* Rn 15).

40 **2. Regelung an versteckter Stelle.** Des Weiteren führt die Regelung an einer versteckten Stelle zur Intransparenz (Ulmer/Brandner/Hensen/*Fuchs* Rn 335). Intransparenz ist umso eher gegeben, je weniger die andere Vertragspartei mit der Regelung rechnen musste (BGHZ 112, 115, 118 f). In diesen Fällen wird häufig aber auch eine überraschende Klausel iSd § 305c vorliegen. Dann ist § 305c vorrangig anzuwenden, so dass insoweit für Abs 1 S 2 wenig Spielraum bleibt (oben Rz 37).

3. Verweis auf gesetzliche Vorschriften. Schließlich sind AGB auch dann intransparent, wenn sie pauschal auf **Gesetzestexte oder andere Regelungswerke**, etwa weitere AGB oder Rahmenverträge verweisen. Allerdings führt nicht jeder Verweis zur Unwirksamkeit. Der Verwender ist nicht etwa verpflichtet, die gesetzlichen Regelungen in seinen AGB zu wiederholen, um der anderen Vertragspartei die gesamten sie treffenden Rechte und Pflichten vor Augen zu führen. Wenn eine Klausel, die sich auf eine gesetzliche Vorschrift bezieht, unverständlich wird, weil sie den Inhalt der Vorschrift nicht in sich aufnimmt, ist die Klausel allerdings unwirksam (Köln K&R 1999, 27, 32 f für eine Regelung über Zahlungsverzug). 41

4. Verweise auf andere AGB. Verweise auf **Tarifverträge** und Betriebsvereinbarungen in Arbeitsverträgen sind grds zulässig (Wolf/Lindacher/Pfeiffer/*Stoffels* Rn 100 ff). Die Rspr hat die Verweisung auf den Geschäftsplan in den AVB einer Lebensversicherung (BGH NJW 1995, 589, 590) und die **dynamische Verweisung** auf einen Rahmenvertrag in einem Heimvertrag (BGH NJW 2002, 507) akzeptiert. Nicht zulässig sind dagegen verschachtelte Verweisungen auf Leistungserbringer des Verwenders, zB auf die Beförderungsbedingungen einer Fluggesellschaft im Rahmen eines Pauschalreisevertrags (*Kappus* Allg Reisebedingungen 2008 Rn 26). 42

IV. Bestimmtheitsgebot. 1. Grundsatz. Die andere Vertragspartei muss Gewissheit über den Umfang ihrer Rechte und Pflichten haben (Ulmer/Brandner/Hensen/*Fuchs* Rn 338; Wolf/Lindacher/Pfeiffer/*Wolf* Rn 258; Staud/*Coester* Rn 181; MüKo/*Kieninger* Rn 56; PWW/*KP Berger* Rn 15). Dem BGH zufolge müssen die tatbestandlichen Voraussetzungen und die Rechtsfolgen so genau beschrieben werden, dass **keine Beurteilungsspielräume** entstehen und der Vertragspartner ohne fremde Hilfe möglichst klar und einfach seine Rechte feststellen kann (BGH NJW-RR 2008, 134; BGH ZIP 2006, 474, 477; BGH NJW 2004, 1598). Als Bsp für zu offene Formulierungen sind die vom BGH bereits 1987 für unzulässig erklärte Landesüblichkeitsklausel in Reisebedingungen (BGHZ 100, 157, dazu *Kappus* aaO Rn 50) und eine Klausel in einem Mietvertrag zu nennen, wonach der Mieter zur Einhaltung einer Mindesttemperatur in den »hauptsächlich benutzten Räumen« verpflichtet ist (BGH NJW 1991, 1750, 1753). Einseitige Leistungsbestimmungsrechte müssen möglichst genau und transparent konkretisiert werden (BGHZ 142, 358, 381; BGH NJW 2007, 2176; BGH NJW-RR 2005, 1498). 43

2. Leistungsanpassungen. Einen wesentlichen Anwendungsbereich hat das Bestimmtheitsgebot bei vorbehaltenen Leistungsanpassungen (Staud/*Coester* Rn 193). Der BGH hat einen nicht weiter konkretisierten **Zinsänderungsvorbehalt** (BGHZ 97, 212), einen Gebietsänderungsvorbehalt in einem **Vertriebshändlervertrag** (BGHZ 89, 206, 211), einen Änderungsvorbehalt zum Umfang der Gewährleistung (BGHZ 93, 29, 47) und eine Änderungsklausel in einer **Krankenversicherung**, die sich auf die Änderung der höchstrichterlichen Rspr bezog (BGH NJW-RR 2008, 536), für unwirksam erklärt. Vorbehalte der genannten Art sind nicht schlechthin unwirksam, die andere Vertragspartei muss aber den Anlass, aus dem das Bestimmungsrecht entsteht, sowie Richtlinien und Grenzen seiner Ausübung möglichst konkret erkennen können (BGH NJW 2000, 651, 652). Ein Leistungsanpassungsrecht, dessen Ausübung im Ermessen des Verwenders steht, ist jedenfalls unzulässig (BGHZ 136, 394, 402). 44

3. Preiserhöhungen. Konsequenterweise sind Preiserhöhungsvorbehalte an den gleichen Maßstäben zu messen. Die Ausübung eines Preiserhöhungsvorbehalts darf nicht im uneingeschränkten Ermessen des Verwenders stehen, vielmehr muss er die **Kriterien angeben**, bei deren Vorliegen er zu einer Preisanhebung berechtigt sein soll (BGHZ 94, 335, 340; BGH NJW 1980, 2518, 2519; 1986, 3134); so ist eine Anknüpfung an eine Änderung der allg Tarifpreise für Gas nicht ausreichend (BGH ZIP 2009, 169). Preiserhöhungen bis an die Grenze der Steigerung der allg Lebenshaltungskosten sind nach dieser Rspr akzeptabel; bei höheren Preiserhöhungen muss der anderen Vertragspartei ein **Lösungsrecht** angeboten werden (BGH NJW 1986, 3134). Auch dann müssen jedoch die Grundzüge für Preiserhöhungen dargelegt werden (BGH NJW 2008, 360). ME ist **fraglich, ob die Leistungs- und Preisanpassungsklauseln über die Transparenzkontrolle nach Abs 1 S 2 gelöst** werden müssen. Änderungsvorbehalte – einschließlich Preisänderungsvorbehalte – werden in § 308 Nr 4 geregelt. Diese Vorschrift ist ggü § 307 vorrangig. Zwar gilt sie gem § 310 Abs 1 nur für Verbraucherverträge, jedoch kann der vom BGH häufig beschrittene Weg, die Klauselverbotskataloge über § 307 Abs 1 S 1 auch im Rechtsverkehr ggü Unternehmen zur Anwendung zu bringen, auch hier verfolgt werden. Wiederum gilt es, das eher konturenlose Transparenzgebot ggü konkreteren Vorschriften tendenziell zurückzudrängen (vgl bereits oben Rz 35). 45

4. Salvatorische Klauseln. Salvatorische Klauseln sind grds wirksam (BGH NJW 2005, 2225). Die Formel **»soweit gesetzlich zulässig«** reicht allerdings nicht (BGH NJW 1991, 2630, 2632; BGH NJW-RR 1996, 783, 789; Staud/*Coester* Rn 187; im Einzelfall einschränkend allerdings BGH NJW 1993, 657, 658; BGH NJW-RR 1993, 519), ebenso die Klausel, wonach eine der ungültigen Klausel möglichst nahe kommende Bestimmung als vereinbart gelten soll (BGH NJW 1983, 159, 162; 2005, 2225). Der Verweis auf eine konkrete Alternativregelung oder auf die gesetzliche Regelung ist allerdings zulässig (Wolf/Lindacher/Pfeiffer/*Wolf* Rn 266; zur gesetzlichen Regelung BGH NJW 1991, 1750, 1754). Die Einschränkung der Gewährleistung, »soweit das Gesetz nicht etwas anderes zwingend vorschreibt« ist unzulässig, weil intransparent (BGH NJW 1985, 623, 627; ähnl BGH NJW 1996, 1407, 1408). 46

47 **5. Weitere Fälle.** Zu unbestimmt ist die Pflicht zur Bestellung zusätzlicher Sicherheiten »bei unbefriedigender Kreditauskunft« (BGH NJW 1983, 159, 162), eine Heizpflicht nur für »hauptsächlich genutzte Räume« (BGH NJW 1991, 1750, 1753), die Pflicht, alle notwendigen oder üblichen Nebenkosten bei einem Mietobjekt zu tragen (BGH NJW-RR 2006, 84), ferner die Abwälzung von betriebsinternen Kosten, die die andere Vertragspartei nur mit Schwierigkeiten ermitteln kann (BGH NJW-RR 2005, 1717). Zulässig sind dagegen Schönheitsreparaturen je nach dem Grad der Abnutzung oder Beschädigung (BGH NZM 2005, 376) und die Vereinbarung der jeweiligen gesetzlichen Miete bei preisgebundenem Wohnraum (BGH NJW 2004, 1598).

48 **V. Verbot der irreführenden Darstellung.** In dieser Fallgruppe geht es vor allem um Klauseln, die die Rechtslage verschleiern und dadurch **die andere Vertragspartei von der Wahrnehmung ihrer Rechte abhalten** (BGHZ 104, 82, 92 f; BGH NJW 1988, 2951, 2953; 1989, 2750, 2751; 2001, 292, 296; 2005, 3567; Wolf/Lindacher/Pfeiffer/*Wolf* Rn 267; Staud/*Coester* Rn 191; MüKo/*Kieninger* Rn 57; PWW/*KP Berger* Rn 15). So darf eine Klausel nicht auf die Rspr des BGH Bezug nehmen, wenn sie ihr nicht entspricht (BGHZ 153, 6). Wer dem Kunden bei Rücksendung der Ware eine Gutschrift anbietet, verschleiert damit das Recht, Rückzahlung des Kaufpreises zu verlangen (BGH NJW 2006, 211).

49 **VI. Adressat.** Es ist auf das **Verständnis des typischen Vertragspartners** abzustellen. Wenn AGB ggü Verbrauchern und Unternehmern abgeschlossen werden, ist der Maßstab des Durchschnittsverbrauchers zugrunde zu legen. Die Rspr verwendet den Begriff des rechtsunkundigen Durchschnittsbürgers (BGHZ 106, 42, 49; 112, 115, 118; 116, 1, 7). Das ist aber nicht der flüchtige Verbraucher, sondern der aufmerksame und sorgfältige Teilnehmer am Wirtschaftsverkehr (Ulmer/Brandner/Hensen/*Fuchs* Rn 344; zum Einfluss des gemeinschaftsrechtlichen Begriffs des durchschnittlichen Verbrauchers oben Rz 27). **Geringere Anforderungen** können gestellt werden, wenn sich AGB ausschließlich an Unternehmen wenden. Es darf vorausgesetzt werden, dass übliche rechtliche und wirtschaftliche Fachbegriffe sowie die üblichen Handelsbräuche bekannt sind (BGHZ 92, 395, 399; 124, 351, 361: Selbstbelieferungsklausel). Allerdings muss dem BGH zufolge auch einem Unternehmer der Begriff »Kardinalpflichten« nicht geläufig sein, so dass die Verwendung dieses Begriffs in einer Klausel zu deren Unwirksamkeit führt (BGH NJW-RR 2005, 1496, 1505).

50 **E. Abweichung vom dispositiven Recht. I. Allgemeines.** Abs 2 Nr 1 beinhaltet eine der beiden Konkretisierungen der Generalklausel des Abs 1. Sie ist **vorrangig vor der Generalklausel** anzuwenden (Staud/*Coester* Rn 227; oben Rz 14). Faktisch entzieht die Bestimmung die dispositiven Vorschriften des Vertragsrechts ein Stück weit ihrer Dispositivität, ohne diese gänzlich aufzuheben (vgl auch Wolf/Lindacher/Pfeiffer/*Wolf* Rn 104; MüKo/*Kieninger* Rn 60). Auch von dispositiven Normen kann jedenfalls nicht nach Belieben in AGB abgewichen werden, vielmehr ist stets zu fragen, ob eine unerlaubte Abweichung von Kerngedanken vorliegt. Damit wird das dispositive Recht ggü der ursprünglichen Konzeption des BGB erheblich aufgewertet. Es ist nicht nur eine »Reserveordnung«, vor der eine formal verstandene Privatautonomie uneingeschränkten Vorrang genießt und die nur dann eingreift, wenn die Parteien nichts anderes vereinbart haben, sondern es konstituiert sich hierüber auch der Maßstab für die Kontrolle von AGB. Dabei muss allerdings anders als bei zwingendem Vertragsrecht die Norm nicht bis in alle Einzelheiten beachtet werden, es genügt eine Orientierung am **Gerechtigkeitsgehalt**. Die Schwierigkeit besteht darin auszuloten, worin der Unterschied besteht. Jedenfalls für zentrale vertragsrechtliche Normen des BGB geht die Rspr recht weit; iZw muss man bei der Vertragsgestaltung davon ausgehen, dass eine Abweichung nicht zulässig ist (unten Rz 57 f).

51 Abs 2 gilt sowohl für Verträge zwischen Unternehmen und Verbrauchern wie für Verträge, bei denen auf beiden Seiten Unternehmen stehen. Ein größerer Spielraum in Verträgen mit Unternehmen für die Abweichung vom dispositiven Recht als in Verbraucherverträgen ist nicht gerechtfertigt, da dies zu einer Verkomplizierung der Reichweite des zwingenden Elements in den dispositiven Vorschriften führen würde; eine Vorhersehbarkeit über die Zulässigkeit von Abweichungen wäre für die Vertragsgestaltung kaum noch zu erreichen.

52 Eine dem Abs 2 Nr 1 entspr Vorschrift fehlt in der RL über missbräuchliche Vertragsklauseln. Es wird jedoch vertreten, dass das Missverhältnis, von dem Art 3 der RL spricht, (auch) mit Hilfe eines Vergleichs mit der gesetzlichen Regelung zu ermitteln ist (Wolf/Lindacher/Pfeiffer/*Wolf* Art 3 RL Rn 6; Grabitz/Hilf/*Pfeiffer* Art 3 Rn 66).

53 **II. In Betracht kommende Vorschriften.** Die Vorschrift hat in erster Linie für die vertragsrechtlichen Regelungen des BGB Bedeutung, dh bes für den **AT** und das **Schuldrecht**. Des Weiteren können nicht nur vertragsrechtliche Normen aus anderen Gesetzen ein Leitbild abgeben (zB das VVG, BGH NJW-RR 1993, 1049), sondern auch öffentlich-rechtliche Bestimmungen (Wolf/Lindacher/Pfeiffer/*Wolf* Rn 109). In Betracht kommt auch das BDSG (BGHZ 177, 253). Eine gewisse Beziehung zum Vertragsgegenstand müssen sie aber haben. **Leitbildfunktion** hat auch das **ungeschriebene Recht** (so bereits der Gesetzgeber, BTDrs 7/3919 S 23). Das gilt bereits für eine von der Rspr anerkannte analoge Anwendung einer Norm (BGH NJW 1984, 1184, 1186; 2005, 2919). Die Rspr entlehnt die Leitbildfunktion nicht (nur) einzelnen dispositiven Normen, sondern greift auch allg Grundgedanken zusammenhängender Regelungskomplexe auf (BGHZ 89, 206, 211; 96, 103, 109; 114, 238, 240; 115, 38, 42; Staud/*Coester* Rn 234; MüKo/*Kieninger* Rn 63; PWW/*KP Berger* Rn 21; BaRoth/*Hubert Schmidt* Rn 50; krit Ulmer/Brandner/Hensen/*Fuchs* Rn 212 ff). Schließlich kann sich

eine **Leitbildfunktion** auch aus dem **EG-Recht** ergeben, und zwar sowohl aus dem Primärrecht, etwa den wirtschaftlichen Grundfreiheiten, wie dem Sekundärrecht, als auch aus einzelnen Verordnungen oder RL (Wolf/Lindacher/Pfeiffer/*Wolf* Rn 106). Ebenfalls eine Leitbildfunktion kommt dem CISG zu (Wolf/Lindacher/Pfeiffer/*Wolf* Rn 107).

III. Wesentliche Grundgedanken. Dispositives Vertragsrecht hat die Interessen der Vertragsparteien im Auge. Dies muss auch der Orientierungspunkt für die Herausarbeitung der »wesentlichen Grundgedanken« einer Regelung sein (Ulmer/Brandner/Hensen/*Fuchs* Rn 224; Wolf/Lindacher/Pfeiffer/*Wolf* Rn 115). Da der Verwender seine Interessen durch die AGB-Regelung bereits selbst wahrnimmt, ist dabei darauf abzustellen, ob und wie eine dispositive Regelung die Interessen der anderen Vertragspartei schützen will. 54

Die Rspr differenziert zwischen **Gerechtigkeits- und Zweckmäßigkeitsgehalt** der dispositiven Norm (krit Staud/*Coester* Rn 249; BaRoth/*Hubert Schmidt* Rn 53). Eine nur auf Zweckmäßigkeitsgesichtspunkten beruhende Vorschrift soll sich über Abs 2 Nr 1 nicht durchsetzen. Mit dem Abstellen auf den Gerechtigkeitsgehalt wird der Schutzbereich von Abs 2 Nr 1 eher weit gezogen, denn dem größten Teil des Kernbereichs der vertragsrechtlichen Regelungen unterliegen jedenfalls auch Gerechtigkeitsvorstellungen. Damit sind sie der Dispositivität entzogen. Auch hier ist ein allg, nicht auf die jeweils zu kontrollierenden AGB abstellender Maßstab anzulegen. Deswegen kommen Differenzierungen nach Verbraucherverträgen und Verträgen zwischen Unternehmern nicht in Betracht, es sei denn, eine Norm will ausdrücklich (nur) Verbraucherinteressen schützen. 55

IV. Zulässige Abweichungen. Während grds unzulässige Klauseln nicht dadurch zulässig werden können, dass der anderen Vertragspartei an einer anderen Stelle des Vertrags ein Vorteil eingeräumt wird, ist im Anwendungsbereich des Abs 2 Nr 1 flexibler vorzugehen. Nach allg Ansicht gilt hier der **Kompensationsgedanke** (Wolf/Lindacher/Pfeiffer/*Wolf* Rn 127). So reicht es aus, wenn den durch eine einzelne Norm, von der abgewichen wird, geschützten Interessen der anderen Vertragspartei auf anderem Wege entsprochen wird. Dabei ist nicht auf eine einzelne Klausel abzustellen, sondern auf eine zusammenhängende AGB-Regelung (BGH NJW 1982, 644; 1985, 1836). Auch ein mindestens gleichwertiges Interesse des Verwenders soll eine Abweichung rechtfertigen (BGHZ 114, 238; BGH NJW 1991, 12414). Dabei soll auch das Rationalisierungsinteresse zum Zuge kommen (Wolf/Lindacher/Pfeiffer/*Wolf* Rn 129). Dem kann nicht zugestimmt werden, denn das Rationalisierungsinteresse kann auch dadurch befriedigt werden, dass der Verwender die dispositiven Normen einhält (zum Rationalisierungsinteresse Rz 20). 56

V. Einzelfragen. Als wesentliche Grundgedanken hat die Rspr im Bereich des **AT** das Anfechtungsrecht bei einem Preis- oder Kalkulationsirrtum anerkannt, sofern kein Motivirrtum vorliegt (BGH NJW 1983, 1671, 1672). Im Bereich des Schuldrecht AT ist anerkannt, dass Schadensersatzansprüche grds Verschulden voraussetzen (BGHZ 114, 238, 240; 119, 152, 168; 135, 116, 121; 150, 269, 276; BGH NJW 2006, 47). Auch das Leistungsverweigerungsrecht nach § 321 (BGH NJW 1985, 1220, 1221), die Nachfristsetzung nach § 323 Abs 1 (Karlsruhe NJW 1982, 2829 zu § 326 aF) und das Tilgungsbestimmungsrecht des Schuldners nach § 366 Abs 1 (BGH NJW 1999, 2943, 2044) enthalten wesentliche Grundgedanken. 57

Im **Kaufrecht** gilt als wesentlicher Grundgedanke, dass der Käufer Art und Menge der zu liefernden Waren zu bestimmen hat (BGH NJW 1983, 385). Die Verpflichtung des Verkäufers, dem Käufer den Besitz an der Sache einzuräumen, ist AGB-fest (BGH NJW 2000, 1566, 1568 f). Die Verjährungsfrist des § 438 Abs 1 Nr 3 darf nicht um ein Mehrfaches verlängert werden (BGH NJW 2006, 47). Der Verkäufer darf unter Eigentumsvorbehalt gelieferte Geräte bei Zahlungsverzug nicht vorläufig an sich nehmen (BGH NJW-RR 2008, 818). Eine Durchrostungsgarantie darf von der Wartung in Vertragswerkstätten abhängig gemacht werden (BGH NJW 2008, 843). Dagegen darf die Leistungspflicht des Garantiegebers nicht an der Durchführung empfohlener Wartungsarbeiten unabhängig von der Kausalität für den geltend gemachten Garantiefall anknüpfen (BGH NJW 2008, 214). Im **Mietrecht** ist der Schutzzweck des § 543 Abs 2 zu beachten, den Mieter bzw Pächter bei geringfügigem Zahlungsverzug vor fristloser Vertragsbeendigung zu schützen (BGH ZIP 1987, 916, 917). Auch die Gebrauchserhaltungspflicht ist bis auf Schönheitsreparaturen nicht abdingbar (BGH NJW 1989, 2247, 2248; zu Schönheitsreparaturen zuletzt BGH NJW-RR 2009, 656: Unzulässige Farbwahlklausel; NJW 2009, 1408: Verpflichtung zum Außenanstrich von Türen und Fenstern unzulässig; NJW 2009, 62: Überwälzung zulässig, wenn kein starrer Fristenplan vereinbart ist; dies gilt auch bei Gewerberaummiete, BGH NJW 2008, 3772). Im **Dienstvertragsrecht** fällt das Kündigungsrecht nach § 627 in den Anwendungsbereich (BGH NZBau 2005, 509), und im **Werkvertragsrecht** § 649, wonach der Unternehmer durch das freie Kündigungsrecht des Bestellers keine Nachteile erleiden darf (BGHZ 92, 244, 249). Ferner stellt die Erfolgsabhängigkeit der **Maklerprovision** einen wesentlichen Grundgedanken dar (BGH NJW 1985, 2477, 2478; BGHZ 99, 374; 119, 32). Der Aufwendungsersatzanspruch des **Beauftragten** (§ 670) darf ebenfalls nicht abbedungen werden (BGH WRP 2004, 1378, 1386). Die formularmäßige Ausdehnung der Haftung des **Bürgen** über die Forderung hinaus, die Anlass für die Bürgschaftserklärung war, auf alle gegenwärtigen und künftigen Verbindlichkeiten des Hauptschuldners aus der Geschäftsverbindung mit dem Gläubiger ist unwirksam (BGH NJW 1997, 3230, 3232; NJW 1998, 450, 451; NJW 2000, 658, 659; NJW 2002, 3167, 3168). 58

59 **F. Abweichung von wesentlichen Rechten und Pflichten. I. Funktion.** Abs 2 Nr 2 erfüllt eine doppelte Funktion. Zum einen soll die Vorschrift – bereits nach Auffassung der Gesetzesverfasser (BTDrs 7/3919 S 9) – diejenigen Fälle auffangen, bei denen eine Orientierung am gesetzlichen Leitbild mangels einschlägiger dispositiver Vorschriften nicht möglich ist. Atypische Verträge, die weder im BGB noch anderswo geregelt sind, sollen aus der AGB-Kontrolle nicht herausfallen. Dies gilt nicht nur für gänzlich neue Vertragstypen, die überhaupt keine Basis im BGB finden, sondern auch für Typenkombinationsverträge, die sich aus verschiedenen Elementen von BGB-Vertragstypen zusammensetzen (Ulmer/Brandner/Hensen/*Fuchs* Rn 238). Es gilt, Leitbilder zu entwerfen, die an Stelle des nicht vorhandenen gesetzlichen Leitbildes als Kontrollmaßstab dienen können.

60 Die Formulierung des Gesetzes, wonach die Abweichung von wesentlichen Rechten und Pflichten, die sich aus der Natur des Vertrags ergeben, und die zu einer Gefährdung des Vertragszwecks führen, unzulässig ist, kann aber auch bei im BGB geregelten Vertragstypen zur Anwendung kommen. Hier geht es darum, die Kernpflichten – häufig wird von **Kardinalpflichten** gesprochen (unten Rz 66) – vor einer **Aushöhlung** durch AGB zu bewahren (Staud/*Coester* Rn 262). Es müssen also die AGB-festen Kardinalpflichten herausgearbeitet und von sonstigen Vertragspflichten unterschieden werden.

61 Als **übergreifenden Orientierungsmaßstab** für beide Funktionen hat die Rspr den Erwartungshorizont des Durchschnittskunden herausgearbeitet (BGH NJW 1986, 2428, 2429; Ulmer/Brandner/Hensen/*Fuchs* Rn 245), anders ausgedrückt, die Rechte und Pflichten, die zum Schutz vertragsspezifischer Interessen erforderlich sind und auf die die andere Vertragspartei regelm vertrauen darf (BGHZ 89, 363, 367 ff, BGH NJW-RR 2006, 267; Wolf/Lindacher/Pfeiffer/*Wolf* Rn 138). Auch hier ist eine typisierende Betrachtungsweise vorzunehmen und nicht auf den Einzelfall abzustellen. Es sind, wie auch bei der Generalklausel, die Interessen der anderen Vertragspartei und die des Verwenders abzuwägen (Ulmer/Brandner/Hensen/*Fuchs* Rn 254). Die Relevanz des Rationalisierungsinteresses des Verwenders darf dabei aber nicht überzogen werden (oben Rz 56).

62 **II. Leitbilder für gesetzlich nicht geregelte Vertragstypen.** Das Gesetz spricht von »Pflichten und Rechten«, die sich aus der Natur des Vertrags ergeben. Mit der Natur ist der **typische Vertragszweck** gemeint (Ulmer/Brandner/Hensen/*Fuchs* Rn 244; Wolf/Lindacher/Pfeiffer/*Wolf* Rn 135). Es kommt darauf an, normative Leitbilder für im BGB oder anderen Verträgen nicht geregelte Vertragstypen zu entwickeln (Staud/*Coester* Rn 268; MüKo/*Kieninger* Rn 65). Dies ist eine schwierige Aufgabe. Als Kriterien dafür nennt die Lit objektiv-normative Wertungen aus der Rechtsordnung (Ulmer/Brandner/Hensen/*Fuchs* Rn 251), die bereits erwähnte Interessenabwägung, die mE aber lediglich auf die Generalklausel des Abs 1 S 1 zurückverweist, und die Anwendung der Methoden der ergänzenden Vertragsauslegung (Ulmer/Brandner/Hensen/*Fuchs* Rn 256; Wolf/Lindacher/Pfeiffer/*Wolf* Rn 139). Für die Alltagspraxis der Vertragsgestaltung und -kontrolle scheinen diese Kriterien aber kaum anwendbar. Auf diesem Wege mag der BGH Leitbilder bei völlig neuen Fallgestaltungen entwickeln. In der Praxis wird man sich stattdessen an den Entscheidungen, die zu atypischen Vertragstypen bereits gefallen sind, zu orientieren haben. In diesem Kommentar werden einige wichtige atypische Verträge behandelt; aus der Kommentierung ergibt sich auch, welche Klauseln der Rspr zufolge zulässig sind oder nicht. IE handelt es sich um den Anwaltsvertrag, den Arztvertrag, den Bauvertrag, den Beförderungsvertrag und den Leasingvertrag (vgl Übersicht der Check-Listen).

63 **III. Wesentliche Rechte und Pflichten. 1. Hauptpflichten und wesentliche Nebenpflichten.** Die wesentlichen Rechte und Pflichten sind zunächst die Hauptpflichten (Kardinalpflichten: MüKo/*Kieninger* Rn 65; PWW/*KP Berger* Rn 29; BaRoth/*Hubert Schmidt* Rn 58). Daneben werden aber auch Nebenpflichten einbezogen, soweit sie einen engen Bezug zur Hauptleistung haben und diese erst ermöglichen (Ulmer/Brandner/Hensen/*Fuchs* Rn 260; Staud/*Coester* Rn 273). Auch darf eine angemessene Risikoverteilung zwischen den Parteien nicht gestört werden; dies wirkt sich vor allem bei der Haftungsfreizeichnung aus (Wolf/Lindacher/Pfeiffer/*Wolf* Rn 140; unten Rz 68).

64 **2. Gefährdung des Vertragszwecks.** Die »Gefährdung des Vertragszwecks« ist ein eigenständig zu prüfendes Kriterium (BGHZ 175, 322: Krankentagegeldversicherung; BGHZ 103, 316, 324; BGH NJW 1993, 335). Die Gefährdung muss eine **Erheblichkeitsschwelle** überschreiten und sich auf zentrale Interessen der anderen Vertragspartei beziehen (Ulmer/Brandner/Hensen/*Fuchs* Rn 262 f; Wolf/Lindacher/Pfeiffer/*Wolf* Rn 145; Staud/*Coester* Rn 279). Letztlich ist auch hier eine Interessenabwägung vorzunehmen.

65 **IV. Einzelfälle, insbes Haftungsfreizeichnungen. 1. Verhältnis zu § 309 Nr 7.** Die Grenzen für Haftungsbeschränkungen sind zunächst im Klauselverbotskatalog in § 309 Nr 7 geregelt. Diese Vorschrift ist vorrangig vor § 307 anzuwenden. Sie gilt zwar ihrem Wortlaut nach nur für Verbraucherverträge (§ 310 Abs 1), jedoch ist der Rechtsgedanke des § 309 Nr 7 jedenfalls für Haftungsausschlüsse für Körperschäden und für Vorsatz auch auf Verträge zwischen Unternehmen anzuwenden (Wolf/Lindacher/Pfeiffer/*Dammann* § 309 Nr 7 Rn 135 ff). Daraus darf aber nicht der Umkehrschluss gezogen werden, dass Haftungsbeschränkungen bei einfacher Fahrlässigkeit zulässig seien – im Gegenteil, die Anwendbarkeit von § 307 auf die Haftungsausschlüsse und -beschränkungen ist einer der wichtigsten Anwendungsbereiche der Vorschrift.

2. Prinzip: Kein Haftungsausschluss bei einfacher Fahrlässigkeit für Kardinalpflichten. Es ist jedoch nicht jeder Haftungsausschluss bei einfacher Fahrlässigkeit verboten. Die Rspr hält eine Haftungsbeschränkung für Kardinalpflichten bzw Hauptleistungspflichten (es ist eine eher akademische Frage, ob darunter dasselbe zu verstehen ist, dazu Ulmer/Brandner/Hensen/*Fuchs* Rn 289; Staud/*Coester* Rn 275) für unzulässig. Bei Nebenpflichten ist dagegen zu differenzieren: Für wesentliche Nebenpflichten (dazu auch unten Rz 68) darf die Haftung ebenfalls nicht ausgeschlossen bzw beschränkt werden, anders ist dies bei unwesentlichen Nebenpflichten. 66

3. Allgemeine Kriterien. Es muss daher innerhalb der **Nebenpflichten** abgegrenzt werden. Dabei wird – wie schon bei der Generalklausel nach Abs 1 S 1 – wieder eine Interessenabwägung vorgenommen, bei der das Rationalisierungsinteresse, das Preisargument und die Risikobeherrschung die entscheidende Rolle spielen (oben Rz 31). Insg laufen damit sowohl Abs 1 wie Abs 2 auf eine Interessenabwägung hinaus. Es verwundert daher nicht, wenn in der Praxis vielfach gleich auf die Generalklausel zurückgegriffen wird, wenn es letztlich doch auf die Bewertung derselben Interessen ankommt. 67

4. Haftungsausschluss. Ein Haftungsausschluss für leichte Fahrlässigkeit für außen an der Karosserie angebrachte Teile ist in den AGB einer **Autowaschanlage** unter dem Gesichtspunkt der Risikobeherrschung unzulässig (BGH NJW 2005, 422, dazu *Chr Alexy* VuR 2006, 86), ebenso in einem Wohnungsmietvertrag für Schäden an den Einrichtungsgegenständen des Mieters (BGH NZM 2002, 116). Die fristgerechte Lieferung durch einen Neuwagenimporteur beinhaltet eine Hauptleistungspflicht (BGH NJW 1994, 1060, 1063). Für **vertragstypisch vorhersehbare Schäden** darf die Haftung nicht ausgeschlossen werden (BGH NJW 1993, 335; 2001, 292, 302). Ein Haftungsausschluss, der den vertragstypischen, vorhersehbaren Schaden unberührt lässt, ist dagegen zulässig (BGH NJW-RR 2006, 267, 269 f). Das bes hohe Haftungsrisiko für wertvolle Teppiche in einer Teppichreinigung darf hingegen ausgeschlossen werden (BGHZ 77, 126, 133). Als **wesentliche Nebenpflichten**, für die ein Haftungsausschluss unwirksam ist, sind ferner anerkannt die Überwachung der Einfüllung von angeliefertem Heizöl (BGH NJW 1971, 1036) und die Pflicht der Bank, die Echtheit einer Unterschrift auf einem Barscheck bei einer relativ hohen Summe zu überprüfen (Köln ZIP 1983, 808). Dagegen ist die Verwahrung eingebrachter Sachen in einem Krankenhausaufnahmevertrag keine wesentliche Nebenpflicht (Düsseldorf NJW-RR 1988, 884, 887). 68

5. Haftungsbeschränkungen. Bei einer **summenmäßigen Haftungsbeschränkung** muss die Höchstsumme die vertragtypisch vorhersehbaren Schäden abdecken (BGHZ 89, 363; BGH NJW 1985, 3016). Für untypische Schäden muss der Verwender einen bes Tarif oder den Abschluss einer Versicherung anbieten (BGHZ 77, 126, 133 f). Die Klausel in den AGB der Textilreiniger, wonach die Haftung auf den 15fachen Wert des Reinigungsgutes begrenzt ist, aber eine Versicherung für darüber hinausgehende Schäden angeboten wird, wurde von der Rspr noch nicht beanstandet; in der Lit ist sie dagegen umstr (Ulmer/Brandner/Hensen/*Fuchs* Rn 302; für Zulässigkeit MüKo/*Kieninger* Rn 119). Die andere Vertragspartei darf zunächst auf die außergerichtliche Inanspruchnahme eines Dritten verwiesen werden (BGH NJW 2002, 2470, 2471 f; 2001, 302; 1995, 1675; NJW 1998, 904). Das gilt jedoch nicht für Bauträgerverträge, auch wenn die Klausel mit § 309 Nr 8b aa vereinbar ist, denn es soll die Abwicklung durch den Bauträger sichergestellt werden (BGHZ 150, 226). Eine Verkürzung der Verjährungsfrist kann im Rahmen von § 307 zulässig sein (BGHZ 129, 323). 69

6. Andere Einzelfälle. Die Rspr hat Abs 2 Nr 2 für einige Klauseln in **Bankverträgen** angewendet. So ist eine Fakultativklausel auf Banküberweisungsformularen unzulässig, wonach sich die Bank vorbehält, den Betrag auch auf einem anderen Konto des Empfängers gutzuschreiben (BGH NJW 1986, 2428, 2429). Ein Freigabeanspruch bei einer Übersicherung darf nicht ermessensabhängig sein (BGH NJW 1998, 671, 672 f; heute spielen Freigabeansprüche keine Rolle mehr, § 449 Rz 38), und ein Höchstbetrag bei einer Hypothek darf nicht durch die Erstreckung auf Zinsen, Provisionen und Kosten überschritten werden (BGH NJW 2002, 3167, 3168 f). In einem **Krankenversicherungsvertrag** darf die Leistungspflicht für nicht allg anerkannte Behandlungsmethoden ausgeschlossen werden (BGH NJW 1993, 2369, 2370). Ein **Vertragshändlervertrag** darf keinen unbegrenzten Vorbehalt des Herstellers zu Direktlieferungen enthalten (BGH NJW 1994, 1060, 1061). Im Vertrag zwischen einem **Kreditkartenunternehmen** und einem Vertragsunternehmen darf das Missbrauchsrisiko beim Telefon- und Mailorderverfahren nicht vollständig auf das Vertragsunternehmen abgewälzt werden (BGH NJW 2002, 285, 287 f; 2002, 2234, 2236 f). Schließlich ist der Ausschluss des Ersatzes für **abhanden gekommene Fahrscheine** jedenfalls dann unzulässig, wenn das Beförderungsunternehmen über eine Liste der berechtigten Fahrgäste verfügt (BGH NJW 2005, 1774, 1775). 70

G. Anwendungsbereich gem Abs 3. I. Funktion. Das auf der marktwirtschaftlichen Ordnung basierende Rechtssystem geht davon aus, dass es nicht seine Aufgabe ist, vermittels rechtlicher Kontrolle das **Äquivalenzverhältnis** zwischen Leistung und Gegenleistung herzustellen. Vielmehr ist dies Aufgabe des Marktes und des Wettbewerbs. Dadurch dass auf den Märkten Wettbewerb herrscht, stellt sich ein angemessenes Verhältnis von Leistung und Gegenleistung bereits automatisch ein und muss prinzipiell nicht »nachjustiert« werden. Bei einem Unterangebot steigt der Preis, so dass zusätzliche Anbieter auf den Markt gelockt werden; bei einem Überangebot sinkt der Preis, so dass es zu Marktaustritten kommt. Auf dieses Weise pendelt die 71

Gegenleistung in einem engen Spielraum stets um den angemessenen Preis. Ein iustum pretium qua nachträglicher Festlegung gibt es nicht.

72 Zu starke Eingriffe des Rechts würden dieses Spiel der Kräfte nur außer Kraft setzen. Dagegen muss das Recht dafür sorgen, dass die Voraussetzungen dieses Spieles tatsächlich vorhanden sind. Dies ist vielfach nicht der Fall; durch Konzentration drohen Märkte zu vermachten; der **Marktmechanismus** funktioniert dann nicht. Dies muss durch das Recht verhindert werden, was aber nicht Aufgabe des Vertragsrechts und der Kontrolle im Einzelfall ist, vielmehr dem Recht gegen Wettbewerbsbeschränkungen zugewiesen sein muss, das im GWB und in Art 81 f EG sowie dem dazugehörigen Sekundärrecht geregelt ist. Ein inhaltlicher Zusammenhang zwischen beiden Regelungsbereichen besteht aber insofern, als es ohne funktionsfähige Märkte keinen Grund gäbe, das Äquivalenzverhältnis von Leistung und Gegenleistung kontrollfrei zu lassen.

73 Abs 3 hat die Funktion, den kontrollfreien Bereich abzugrenzen. Dem liegt die Überlegung zu Grunde, dass der Wettbewerb zwar das Äquivalenzverhältnis der Hauptleistungen regelt, also die Qualität des Produkts bzw der Dienstleistung auf der einen Seite und den Preis auf der anderen Seite, nicht aber die Nebenbedingungen, insbes nicht die Konditionen. Das Gesetz geht davon aus, dass es einen Konditionenwettbewerb nicht gibt, für den Nachfrager »schlechte« Konditionen also nicht über den Marktmechanismus verschwinden, und statt dessen mit Hilfe des Rechts für angemessene Konditionen gesorgt werden muss. AGB-Kontrollrecht ist damit **Marktordnungsrecht**; es bildet gewissermaßen einen Ersatz für einen für den Parameter »Vertragsbedingungen« nicht funktionierenden Wettbewerb.

74 Abs 3 bringt das Ziel der Vorschrift nur unzureichend zum Ausdruck. Dem Wortlaut nach wird die AGB-Kontrolle auf von Rechtsvorschriften abw oder diese ergänzende Klauseln sowie auf das Transparenzgebot beschränkt. Der Begriff »**ergänzende Regelungen**« ist aber denkbar weit. Er muss sinnvollerweise beschränkt werden auf alle Vertragsbestimmungen, die nicht der Leistungsbestimmung dienen und nicht den Preis selbst betreffen. Dabei gibt es nicht unerhebliche Abgrenzungsschwierigkeiten, auf die im Folgenden einzugehen ist. Leitgedanke bei der Abgrenzung muss sein, dass kontrollfrei bleibt, was durch Wettbewerb zustande kommt.

75 **II. Deklaratorische Klauseln. 1. Allgemeines.** Niemand ist gezwungen, seinem Vertragspartner die auf das Vertragsverhältnis anzuwendenden Vorschriften dadurch zu verdeutlichen, dass er sie in den Wortlaut des Vertrags aufnimmt (Staud/*Coester* Rn 289; MüKo/*Kieninger* Rn 6; PWW/*KP Berger* Rn 38; BaRoth/*Hubert Schmidt* Rn 64). Das gilt sowohl für zwingende Vorschriften als auch für dispositive Normen, von denen man nicht abweichen will. Es ist umgekehrt aber nicht verboten, gesetzliche Regelungen im Vertrag zu wiederholen. Dadurch eröffnet sich für den AGB-Verwender ein **Gestaltungsspielraum**: Er kann entweder nur die Regelungen in den Vertrag integrieren, die über das gesetzliche – zwingende wie dispositive – Recht hinaus Anwendung finden sollen, oder er kann in seinen AGB auch eine Gesamtregelung entwerfen, die sowohl die ohnehin anwendbaren gesetzlichen Vorschriften wiederholen als auch ergänzende Regelungen enthalten. Ob das eine oder das andere vorzuziehen ist, kann nur im Einzelfall entscheiden werden.

76 Es ist jedoch zweierlei zu beachten: Zum einen muss das **Transparenzgebot** eingehalten werden. Dies kann sowohl dadurch verletzt werden, dass schwer verständliche gesetzliche Regelungen wörtlich wiederholt werden (weniger weit gehend Wolf/Lindacher/Pfeiffer/*Wolf* Rn 333, wonach das Transparenzgebot nur gilt, wenn der Verwender die gesetzliche Regelung mit eigenen Worten wiedergibt), wie auch dadurch, dass durch Nichtangabe der gesetzlichen Regelungen bei der anderen Vertragspartei ein »schiefes Bild« entsteht. Außerdem können zusätzliche Regelungen den Bedeutungsgehalt des zur Anwendung gelangenden dispositiven Rechts beeinflussen, so dass dessen Kontrollfreiheit möglicherweise nicht gegeben ist.

77 **2. Transparenz bei Wiederholung gesetzlicher Vorschriften.** Zwar besteht keine grds Pflicht des Verwenders, unklare gesetzliche Bestimmungen in eine »verständliche« Sprache zu übersetzen, jedoch gibt es Grenzen: **Komplexe gesetzliche Bestimmungen** müssen an die Verständnismöglichkeit der anderen Vertragspartei angepasst werden (Ulmer/Brandner/Hensen/*Fuchs* Rn 35). Eröffnet eine gesetzliche Bestimmung einen **Gestaltungsspielraum**, so ist dieser auszuschöpfen. So muss zB eine »angemessene« Frist konkretisiert werden. Ob vom Gesetz vorgesehene Gestaltungsmöglichkeiten wie ein vertraglicher Rücktrittsvorbehalt, ein Abtretungsausschluss oder ein Eigentumsvorbehalt angemessen sind, kann nicht pauschal gesagt werden, obwohl diese Rechtsinstitute im dispositiven Recht vorgesehen sind. Vielmehr ist eine Prüfung im Einzelfall vorzunehmen (Ulmer/Brandner/Hensen/*Fuchs* Rn 32). Kontrollfähig sind daher zB Abtretungsverbote, Rücktrittsrechte, Vollmachtserteilungen oder Eigentumsvorbehalte; allg wird von »**Erlaubnisnormen**« gesprochen (Wolf/Lindacher/Pfeiffer/*Wolf* Rn 341 f; Staud/*Coester* Rn 302; MüKo/*Kieninger* Rn 11; PWW/*KP Berger* Rn 38; BaRoth/*Hubert Schmidt* Rn 65).

78 **3. Transparenz bei Auslassung gesetzlicher Vorschriften.** Da eine Wiederholung gesetzlicher Vorschriften nicht geboten ist, kommt eine fehlende Transparenz durch deren Auslassung in den AGB seltener in Betracht. Es ist jedoch möglich, dass eine ergänzende Regelung nur dann verständlich wird, wenn die gesetzliche Vorschrift, die sie ergänzt, inhaltlich zitiert wird. Auch darf durch die bloße Aufzählung der ergänzenden Regelungen die andere Vertragspartei nicht ein unzutreffendes Bild von ihren Rechten und Pflichten erhalten (oben Rz 76).

4. Kontrollfreiheit bei Wiederholung gesetzlicher Regelungen. Um die kontrollfreien gesetzlichen Vorschriften aus dem AGB-Regelwerk herauszufiltern, wird ein Vergleich der Regelung allein nach dem Gesetz und nach den AGB empfohlen (*Stoffels* Rn 432; Ulmer/Brandner/Hensen/*Fuchs* Rn 25; MüKo/*Kieninger* Rn 6). Es ist sodann zu prüfen, ob die Klausel gestrichen werden könnte, ohne dass sich an der vertraglichen Rechtslage etwas ändern würde. Nur dann liegt eine kontrollfreie deklaratorische Klausel vor. Als Vergleichsmaßstab kommen auch ungeschriebene Rechtsgrundsätze in Betracht (Ulmer/Brandner/Hensen/*Fuchs* Rn 27; MüKo/*Kieninger* Rn 7). Insg ist Zurückhaltung mit der Kontrollfreiheit geboten, da eine »lupenreine« Wiederholung gesetzlicher Vorschriften eher selten sein und zudem eine Kontrolle dann regelm nicht zu einer Unangemessenheit führen wird. 79

III. Leistungsbestimmungen. 1. Grundsatz: Leistungsbeschreibungen kontrollfrei. Grds sind Bestimmungen, die sich auf Art, Umfang und Güte der geschuldeten Leistung beziehen, kontrollfrei (BGHZ 91, 316, 318; 93, 358, 360; 100, 157, 174; 124, 254, 256; BGH NJW 2000, 3348), Klauseln, die das Hauptleistungsversprechen dagegen einschränken, verändern oder aushöhlen, jedoch nicht (BGH NJW 1987, 1931, 1935; 1993, 2369; BGHZ 124, 256; BGH NJW 2001, 751, 752; 2001, 1132, 1133). Derartige **Hauptleistungsbeschreibungen** können sich etwa in Prospekten, Baubeschreibungen oder technischen Normen befinden (Ulmer/Brandner/Hensen/*Fuchs* Rn 37; Wolf/Lindacher/Pfeiffer/*Wolf* Rn 294; MüKo/*Kieninger* Rn 13; PWW/*KP Berger* Rn 39; BaRoth/*Hubert Schmidt* Rn 69). Auch eine von vornherein begrenzte Leistungszusage kann als Leistungsbeschreibung mit kontrollunterworfenen Beschränkungen verstanden werden (Ulmer/Brandner/Hensen/*Fuchs* Rn 38). Doch selbst grds kontrollfreie Leistungsbeschreibungen müssen dem Transparenzgebot entsprechen (Staud/*Coester* Rn 315 ff). Dies ergibt sich aus Abs 3 S 2. So verstößt eine verdeckte Obliegenheit in einem Versicherungsvertrag gegen das Transparenzgebot, ohne dass es darauf ankommt, ob die Obliegenheit Bestandteil der kontrollfreien Leistungsbeschreibung ist (BGH NJW 1995, 784). 80

2. Vertragsbezogene oder wettbewerbsbezogene Abgrenzung. Die Abgrenzung bereitet naturgemäß Schwierigkeiten. Nach hM wird sie vertragsbezogen vorgenommen; die **essentialia negotii** sind von der Kontrollfähigkeit ausgenommen. Dies betrifft die Regelungen, bei deren Fehlen mangels Bestimmbarkeit des wesentlichen Vertragsinhalts ein wirksamer Vertragsschluss nicht mehr angenommen werden kann (BGHZ 127, 35, 41; 123, 83, 84; 100, 157, 174; BGH NJW 2001, 1132 f; 2001, 2014, 2016). Auf Grund der marktordnungsbezogenen Funktion des AGB-Kontrollrechts (oben Rz 71 ff) sollte die Abgrenzung aber marktbezogen vorgenommen werden (so auch Ulmer/Brandner/Hensen/*Fuchs* Rn 43 ff; Staud/*Coester* Rn 320 jeweils im Anschluss an *Köndgen* NJW 1989, 943, 946 ff; *Stoffels* Rn 449 ff; *Dylla-Krebs* S 154 ff). Es ist zu fragen, welche Leistungsparameter sich im Wettbewerb gebildet haben; sie sind kontrollfrei. Besteht im Hinblick auf den einzelnen Regelungsgegenstand dagegen kein funktionsfähiger Wettbewerb, muss die Kontrolle eingreifen (Ulmer/Brandner/Hensen/*Fuchs* Rn 46, im Anschluss an *Dylla-Krebs* S 185). 81

3. Insbes: »Rechtsprodukte« wie Versicherungen. Die Frage der Abgrenzung wird bes schwierig bei »Rechtsprodukten«, bei denen das Produkt durch Vertragsbedingungen überhaupt erst konstituiert wird und gewissermaßen kein außerrechtliches Substrat hat. Dies gilt vor allem für Versicherungen. Im Wettbewerb steht nur der **Kernbereich der Leistungszusage** (Ulmer/Brandner/Hensen/*Fuchs* Rn 56); der BGH spricht treffend von einem kontrollfreien Minimum (BGH NJW 1999, 2279; 2280; *Römer* NVersZ 1999, 97, 98; *Kieninger* VersR 1998, 1071, 1072). **Kontrollfähig** sind dagegen alle **Risikoausschlüsse und -beschränkungen**, aber auch Risikoabgrenzungen (zuletzt BGH NJW-RR 2008, 1411: Versicherungsschutz für Fahrraddiebstähle; BGH NJW-RR 2008, 1123; Ulmer/Brandner/Hensen/*Fuchs* Rn 58; Wolf/Lindacher/Pfeiffer/*Wolf* Rn 302; MüKo/*Kieninger* Rn 152 f). Dazu gehören auch vorformulierte **Laufzeitvereinbarungen** (BGH NJW 1994, 2693; VersR 1997, 345) und **Obliegenheitsklauseln** (Ulmer/Brandner/Hensen/*Fuchs* Rn 59). 82

IV. Preisbestimmungen. 1. Preisabreden. Es gilt der Grundsatz, dass die unmittelbare **Preisabrede kontrollfrei** ist, **Preisnebenabreden** dagegen **nicht**. Kontrollfrei sind die Bestimmungen, die unmittelbar Art und Umfang der Vergütung festlegen (BGHZ 106, 42, 46; 116, 117, 119; BGH NJW 2002, 2386). Auch ein Preisfindungsverfahren fällt nicht unter die AGB-Kontrolle (BGH NJW 2000, 577, 579). Als Einzelfälle nennt die Rspr ein in AGB pauschaliertes Entgelt für Bauwasser (BGH NJW 1999, 3260 f), einen Abzug von der Schlusssumme für eine Bauwesenversicherung (BGH NJW 2000, 3348) und die Einbeziehung des Aufnahme- und Entlassungstages in einem Krankenhausvertrag (BGH NJW 1999, 864). Eine kontrollfreie Preisabrede liegt auch vor, wenn Haupt- und Nebenleistungen getrennt beziffert werden; die unmittelbare Preisabrede muss nicht notwendigerweise ein Gesamtpreis sein (Ulmer/Brandner/Hensen/*Fuchs* Rn 74; Wolf/Lindacher/Pfeiffer/*Wolf* Rn 310; Staud/*Coester* Rn 329). Zu prüfen ist allerdings, ob die getrennt in Rechnung gestellte Nebenleistung vom Verständnis des Kunden her nicht bereits als Bestandteil der Hauptleistung angesehen wurde (BGHZ 114, 330; BGHZ 124, 254). Ausnahmsw sind Preisabreden dann zu prüfen, wenn sie von einer **gesetzlichen Preisregelung** abweichen, zB der HOAI (BGH NJW 1981, 2351), der GOÄ (BGH NJW 1992, 746), der GOZ (BGH NJW 1998, 1786, 1789) oder der früheren BRAGO (BGH NJW 1998, 3567). 83

2. Preisnebenabreden. Preisnebenabreden fallen dagegen unter die AGB-Kontrolle (MüKo/*Kieninger* Rn 16; PWW/*KP Berger* Rn 40; BaRoth/*Hubert Schmidt* Rn 73). Darunter versteht die Rspr alle Regelungen, die sich 84 mittelbar auf den Preis auswirken, an deren Stelle aber dispositives Recht treten könnte, wenn sie fehlen würden (BGHZ 106, 42, 46; 124, 254, 256). Zu den sog. echten Preisnebenabreden zählen alle Regelungen, die die **Modalität der Zahlung** betreffen, wie Bestimmungen über die Fälligkeit (BGHZ 96, 182; BGH NJW 1992, 1107), die Verzinsung (BGH NJW 1986, 376, 377; NJW 1986, 1805, 1806; 1992, 1751; BGHZ 125, 343) oder die Wertstellung ((BGHZ 106, 259). Auch **Preisvorbehalts- und Preisänderungsklauseln** werden erfasst (BGHZ 137, 27; BGH NJW 1983, 1603, 1604; 2000, 651).

85 3. **Preisabreden für Neben- und Zusatzleistungen.** Grds sind Preisabreden für Neben- und Zusatzleistungen kontrollfrei. Die Rspr hat dies im großen Umfang vor allem im **Banksektor** angenommen, zB für die Inanspruchnahme eines Geldautomaten (BGH NJW 1996, 2032), den Auslandseinsatz einer Kreditkarte (BGHZ 137, 27), die Ersatz-Ausstellung eines Sparbuches (BGH NJW-RR 1998, 1661), für den Bezug von Bauwasser und -strom (BGH NJW 1999, 3260), die Bereitstellung eines Gerätewagens (BGH NJW-RR 1993, 430, 431) oder die gesonderte Berechnung der Anfahrt (BGHZ 116, 117, 119). Eine Ausn gilt nach der Rspr, wenn der Verwender eine gesetzliche Pflicht oder ein eigenes Interesse wahrnimmt, so bei der Bearbeitung von Freistellungsaufträgen (BGHZ 136, 261, 263 f), Pfändungs- und Überweisungsbeschlüssen (BGHZ 141, 380), die Erteilung von Löschungsbewilligungen (BGHZ 114, 330, 333), die Herausgabe von Wertpapieren (BGH NJW 2005, 1275) oder Ein- und Auszahlungen am Bankschalter (BGHZ 124, 254; BGHZ 133, 10).

86 In einem **Telefonvertrag** ist eine »**Deaktivierungsgebühr**« für kontrollfähig erklärt worden (BGH NJW 2002, 2386). Entgeltklauseln für die Nichtausführung der begehrten Leistung sind ebenfalls zu kontrollieren (BGH NJW 1998, 309, 310; 1998, 456). Klauseln über Gebühren für **Rücklastschriften** unterliegen der Kontrolle; sie sind allerdings nur dann unzulässig, wenn die Bank eine eigene Forderung gegen ihren Kunden bei einer anderen Bank einziehen will. Gebühren für vergebliche Scheckeinlösungen sind dagegen kontrollfrei (BGHZ 150, 269). Ein Verbraucher darf zur Teilnahme am **Lastschriftverfahren** verpflichtet werden (BGH NJW 1996, 988, 989 f; 2003, 1237), vgl zum **Abbuchungsauftragsverfahren** BGH NJW 2008, 2495.

§ 308 Klauselverbote mit Wertungsmöglichkeit. **In Allgemeinen Geschäftsbedingungen ist insbesondere unwirksam**

1. (Annahme- und Leistungsfrist)
eine Bestimmung, durch die sich der Verwender unangemessen lange oder nicht hinreichend bestimmte Fristen für die Annahme oder Ablehnung eines Angebots oder die Erbringung einer Leistung vorbehält; ausgenommen hiervon ist der Vorbehalt, erst nach Ablauf der Widerrufs– oder Rückgabefrist nach § 355 Absatz 1 und 2 und § 356 zu leisten;

2. (Nachfrist)
eine Bestimmung, durch die sich der Verwender für die von ihm zu bewirkende Leistung abweichend von Rechtsvorschriften eine unangemessen lange oder nicht hinreichend bestimmte Nachfrist vorbehält;

3. (Rücktrittsvorbehalt)
die Vereinbarung eines Rechts des Verwenders, sich ohne sachlich gerechtfertigten und im Vertrag angegebenen Grund von seiner Leistungspflicht zu lösen; dies gilt nicht für Dauerschuldverhältnisse;

4. (Änderungsvorbehalt)
die Vereinbarung eines Rechts des Verwenders, die versprochene Leistung zu ändern oder von ihr abzuweichen, wenn nicht die Vereinbarung der Änderung oder Abweichung unter Berücksichtigung der Interessen des Verwenders für den anderen Vertragsteil zumutbar ist;

5. (Fingierte Erklärungen)
eine Bestimmung, wonach eine Erklärung des Vertragspartners des Verwenders bei Vornahme oder Unterlassung einer bestimmten Handlung als von ihm abgegeben oder nicht abgegeben gilt; es sei denn, dass
a) dem Vertragspartner eine angemessene Frist zur Abgabe einer ausdrücklichen Erklärung eingeräumt ist und
b) der Verwender sich verpflichtet, den Vertragspartner bei Beginn der Frist auf die vorgesehene Bedeutung seines Verhaltens besonders hinzuweisen;

6. (Fiktion des Zugangs)
eine Bestimmung, die vorsieht, dass eine Erklärung des Verwenders von besonderer Bedeutung dem anderen Vertragsteil als zugegangen gilt;

7. (Abwicklung von Verträgen)
eine Bestimmung, nach der der Verwender für den Fall, dass eine Vertragspartei vom Vertrag zurücktritt oder den Vertrag kündigt,
a) eine unangemessen hohe Vergütung für die Nutzung oder den Gebrauch einer Sache oder eines Rechts oder für erbrachte Leistungen oder
b) einen unangemessen hohen Ersatz von Aufwendungen verlangen kann;

8. (Nichtverfügbarkeit der Leistung)
die nach Nummer 3 zulässige Vereinbarung eines Vorbehalts des Verwenders, sich von der Verpflichtung zur Erfüllung des Vertrags bei nicht Verfügbarkeit der Leistung zu lösen, wenn sich der Verwender nicht verpflichtet,
a) den Vertragspartner unverzüglich über die Nichtverfügbarkeit zu informieren und
b) Gegenleistungen des Vertragspartners unverzüglich zu erstatten.

A. Allgemeines. Entscheidet sich eine der Parteien für die Verwendung von AGB (Verwender), sollte der Blick vor allem auf die §§ 307 ff und die hierzu ergangene sehr umfangreiche Kasuistik gerichtet sein. Die zum Vertragsbestandteil gewordenen AGB unterliegen einer Inhaltskontrolle gem den §§ 307–309. In Konkretisierung des § 307 sieht das Gesetz in den §§ 308 und 309 bestimmte bes Klauselverbote vor. Ein Verstoß gegen ein solches kann nicht nur zur Unwirksamkeit der entspr Klausel führen, sondern nach Maßgabe des § 306 Abs 3 uU sogar Auswirkungen auf die Wirksamkeit des gesamten Vertrages haben. Die Verwendung von AGB birgt also erhebliche Risiken für den Verwender. Die §§ 307 ff dienen in erster Linie dem Schutz des Vertragspartners des Verwenders (sog Verwendergegenseite), der auf die Gestaltung des Vertrages gewöhnlich keinen Einfluss nehmen konnte. Sie bezwecken die Wiederherstellung des durch den Einsatz von vorformulierten Vertragsbedingungen typischerweise gefährdeten Vertragsgleichgewichts (Erman/*Roloff* Vor § 307–309 Rn 1). Damit werden die Grenzen zur Gestaltung von Verträgen – gerade im Verhältnis zu Individualvereinbarungen – sehr viel enger gezogen. Charakteristisch für § 308 (vormals § 10 AGBG) ist zum einen, dass sich diese Norm in erster Linie auf die Kontrolle von Einzelregelungen zum Zustandekommen und zur Abwicklung von Verträgen bezieht. Anders als § 309 (vormals § 11 AGBG) enthält sie **Klauselverbote mit Wertungsmöglichkeit.** § 308 verwendet zudem eine Vielzahl **unbestimmter Rechtsbegriffe** (»angemessen«, »zumutbar«, »ohne sachlich gerechtfertigten Grund«, »hinreichend bestimmt«). Die Unwirksamkeit der Klausel wird davon abhängen, ob ihr Inhalt »unangemessen«, »unzumutbar«, »sachlich nicht gerechtfertigt« etc ist. Stets ist also Spielraum für eine rechtliche Beurteilung des Einzelfalles **unter Berücksichtigung der vertragstypischen Interessenlage** vorhanden. Zur Wertung der Vertragsbestimmung und zur Feststellung der Unwirksamkeit der Klausel sind letztendlich die Gerichte berufen (PWW/*KP Berger* Rn 1). Dies erschwert allerdings auch ihre Rechtsanwendung. 1

Ggü der Generalklausel des § 307 ist § 308 die speziellere Norm. Systematisch gesehen empfiehlt sich zudem eine vorrangige Prüfung der Vertragsbestimmungen anhand der Klauselverbote ohne Wertungsmöglichkeit gem § 309 durchzuführen, da § 309 im Verhältnis zu § 308 wiederum die speziellere und striktere Norm ist. Die Prüfungsreihenfolge (§ 309, § 308, § 307) ist der gesetzlichen Reihenfolge der Normen zur Inhaltskontrolle genau entgegengesetzt. Ergibt die Bewertung, dass die Vertragsbestimmungen gegen § 308 verstoßen, so sind sie uneingeschränkt unwirksam. Zudem sind Klauselverbote auf Basis des § 309 für die Rechtsanwender vorhersehbarer. Es ist noch darauf hinzuweisen, dass die Klauselverbote der §§ 308 und 309 vor allem dann keine Anwendung finden, wenn der Kunde **Unternehmer iSd § 14 Abs 1** ist, § 310 Abs 1. Jedoch ist dann stets zu prüfen, ob die Grundsätze bzw Wertungen aus den Klauselverbotsnormen bei vergleichbarer Interessenlage nicht über § 307 heranzuziehen sind. Generell ist nicht nur eine genaue Lektüre der Verbotsklauseln sinnvoll, sondern auch eine Auseinandersetzung mit den **dispositiven gesetzlichen Normen** und dem Regelungszweck der einzelnen Normen. 2

B. Annahme- und Leistungsfrist (Nr 1). Nr 1 erfasst Fristbestimmungen für die Annahme oder Ablehnung eines Angebotes und Fristbestimmungen für die Erbringung einer Leistung. Die Vorschrift gilt für alle Vertragsarten (PWW/*KP Berger* Rn 2) und will den Kunden vor unangemessen langen bzw unbestimmten Annahme- und Leistungsfristen schützen. Im **unternehmerischen Geschäftsverkehr** wird meist bereits eine Individualabrede zur Annahme- bzw Leistungsfrist getroffen worden sein. Nach hM finden die Grundaussagen der Nr 1 auch im Rahmen der Inhaltskontrolle nach § 307 entspr Anwendung (Erman/*Roloff* Rn 12). Dabei ist vor allem auch auf die im Handelsverkehr geltenden Gewohnheiten und Gebräuche angemessen Rücksicht zu nehmen. Sie führen tendenziell eher zu Verkürzungen der Fristen (PWW/*KP Berger* Rn 14). 3

I. Annahmefrist. Dispositives Recht zur Annahmefrist findet sich in § 146 iVm § 147 Abs 1 und 2. Nicht selten hat der Verwender ein bes Bedürfnis, sich für die Prüfung des Angebotes und für das Zustandekommen des Vertrages noch etwas Zeit nehmen zu können. Die Gründe können recht unterschiedlich sein. Grds ist es zulässig, dass formularmäßig eine Annahmefrist festgelegt wird. Die Festsetzung der Klausel muss vom **Verwender als Antragsempfänger** erfolgen. Der Antragende hingegen soll nicht unnötig lange im Ungewissen bleiben. Nr 1 erklärt unangemessen lange oder nicht hinreichend bestimmte Annahmefristen für unwirksam. Typischerweise soll die gegnerische Seite vor Klauseln wie: »Der Besteller ist solange an sein Angebot gebunden, bis der Verwender (»wir«) es annimmt« geschützt werden. Für sie ist in solchen Fällen nicht erkennbar, wann der Verwender überhaupt eine Entscheidung trifft und wie lange sie an die eigene Erklärung gebunden ist. 4

1. Unangemessene Länge. Schwieriger wird es dann, wenn vom Verwender eine konkrete Bindefrist vorgegeben wird, wie zB mit folgender Formulierung: »Der Besteller ist drei Wochen an sein Angebot gebunden.« Dem BGH nach erfordert die Entscheidung, ob eine dem Verwender in AGB vorbehaltene 5 bestimmte Frist zur Annahme oder Ablehnung eines Angebotes unangemessen lang ist, eine wertende Abwägung der Interessen beider Vertragsparteien unter Berücksichtigung der für den Vertragsgegenstand typischen Umstände. Ist die Annahmefrist wesentlich länger als die in § 147 Abs 2 umschriebene, übersteigt sie also erheblich den Zeitraum, der für die Übermittlung der Erklärungen notwendig ist und eine angemessene Bearbeitungs- und Überlegungsfrist einschließt, so ist diese Fristbestimmung nur dann wirksam, wenn der Verwender ein schutzwürdiges Interesse hat, das hinter dem Interesse des Kunden am baldigen Wegfall seiner Bindung zurückstehen muss (BGH NJW 2001, 303; Köln NJW-RR 2001, 198). **Bsp: Alltagsgeschäfte** »Der Käufer ist an die Bestellung höchstens 14 Tage ... gebunden.« Die Klausel ist nicht unangemessen (Palandt/*Grüneberg* Rn 4, Naumburg MDR 1998, 854; vorsichtiger Ulmer/Brandner/Hensen/*Harry Schmidt* Rn 7); **Gebrauchtwagenkaufvertrag** höchstens 10 Tage: unangemessen (LG Bremen 09.09.2003 1 O 565/03); **Neuwagenkaufvertrag** (PKW, der noch nicht beim Verkäufer bereitsteht und Bindefrist bis 4 Wochen/1 Monat: nicht unangemessen (BGH NJW 1990, 1784, 1785, Bamberg 14.09.2004 5 U 147/04), Neuwagenkaufvertrag (Nutzfahrzeuge) Bindefrist 6 Wochen nicht unangemessen (*Pfeiffer* in *von Westphalen* Vertragsrecht und AGB-Klauselwerke, Neuwagenkauf Rn 8 aA *Reinking/Eggert* Der Autokauf Rn 32); **Möbelhandel** 3 Wochen angemessen (Köln NJW-RR 2001, 98), anders aber, wenn die Klausel auch für den Verkauf vorrätiger Möbel gelten soll (BGH NJW 2001, 303); **Abschluss von Lebensversicherungen** 6 Wochen noch angemessen (Hamm NJW-RR 1986, 928); hingegen **Abschluss von Darlehensverträgen** 6 Wochen zur Annahme des Darlehensantrages unangemessen (BGH NJW 1986, 1807, 1808); **Notarieller Kaufvertrag** »Ein Widerruf des Angebotes ist nicht vor Ablauf von 10 Wochen zulässig« unangemessen (Dresden BauR 2005, 559); **Öffentliche Vergabeverfahren.** Die in § 19 Nr 2 iVm Nr 3 VOB/A vorgesehene Zuschlags- und Bindefrist (30 Werktage) ist in jedem Fall angemessen. Schwierig wird es bei einem deutlichen Überschreiten dieser Frist durch den Auftraggeber.

6 **2. Bestimmtheitsgebot.** Die Annahme- bzw Ablehnungsfrist muss hinreichend bestimmt, dh für einen Durchschnittskunden nach Beginn, Dauer und Ende berechenbar sein (MüKo/*Basedow* Rn 8). Der gegnerischen Seite muss es also ohne Schwierigkeiten und ohne rechtliche Beratung möglich sein festzustellen, wie lange sie an ihr Angebot gebunden ist (PWW/*KP Berger* Rn 6). Zu unbestimmt sind vor allem Fristen, die in ihrer Dauer von einem Ereignis abhängen, dass in der Sphäre des Verwenders liegt. **Bsp:** Fristbeginn »mit Besuch meines Technikers«: zu unbestimmt (Ulmer/Brandner/Hensen/*Harry Schmidt* Rn 8); Aufgabe der Annahmeerklärung zur Post: zu unbestimmt (BGH NJW 1988, 2106); Fristbeginn »nach schriftlicher Bestätigung durch den Hersteller«: zu unbestimmt (BGH NJW 1985, 856); Annahme innerhalb der »gewerbeüblichen« Fristen: zu unbestimmt (Köln BB 1982, 638).

7 **3. Rechtsfolge.** Steht die Unwirksamkeit der Vertragsklausel fest, ist der Kunde nicht an die Klausel gebunden und es bleibt bei der maßgeblichen gesetzlichen Regelung. Regelm ist dies § 147 Abs 2. Zu beachten ist dabei, dass mit Ablauf der gesetzlichen Annahmefrist die Bindung des Antragenden entfällt. Die zu spät erklärte Annahmeerklärung ist entspr § 150 Abs 1 als neuer Antrag zu werten.

8 **II. Leistungsfrist.** Mit dem Vertragsschluss entstehen Ansprüche. Eine gesetzliche Regelung zur Frage, wann diese zu erfüllen sind (Leistungsfrist), findet sich in § 271. Grds kann der Gläubiger die geschuldete Leistung sofort verlangen. Weitere Regelungen finden sich in § 640 Abs 1 oder etwa in § 11 VVG. Leistet der Verwender trotz Fälligkeit nicht, begeht er eine Pflichtverletzung und es droht die Geltendmachung von einseitigen Vertragslösungsrechten bzw Schadensersatzforderungen. Will der Verwender formularmäßig den Eintritt der Fälligkeit hinauszögern und für die von ihm geschuldete Leistung eine gesonderte Leistungsfrist bestimmen, beurteilt sich deren Rechtmäßigkeit vor allem nach § 308 Nr 1. Der Vorbehalt kann sich dabei auf jede Leistungspflicht des Verwenders erstrecken, also zB auf Zahlungs-, Liefer- oder Abnahmepflichten. Erfasst werden alle Klauseln, die den Beginn der Leistungsfrist hinausschieben, die Frist unterbrechen oder im Anschluss an eine vereinbarte Leistungsfrist eine weitere Zusatz- oder unechte Nachfrist vorsehen (PWW/*KP Berger* Rn 8 mit Verweis auf BGH NJW 1982, 333 und BGH NJW 2001, 294; 1983, 1320). Allerdings darf der Vorbehalt nicht übermäßig lang und muss zudem hinreichend bestimmt sein. Die Leistungsfrist darf nicht zur Leistungsverzögerung missbraucht werden (Ulmer/Brandner/Hensen/*Harry Schmidt* Rn 16). § 308 Nr 1 will die Gegenseite in ihrer Dispositionsfreiheit schützen und die Effektivität der ihr nach dem Gesetz zustehenden Sekundäransprüche sicherstellen (BGH NJW 1984, 2469). Immerhin wird es der Gegenseite regelm verwehrt sein, sich in dieser Zeit einseitig vom Vertrag lösen zu können.

9 **1. Unangemessene Länge der Leistungsfrist.** Ob die Dauer der Leistungsfrist unangemessen ist, richtet sich nach den Umständen des Einzelfalles, insbes der Art der geschuldeten Leistung, den beiderseitigen Interessen und Erwartungen und der Verkehrsanschauung (Palandt/*Grüneberg* Rn 7). Eine Orientierung bietet die branchenübliche Frist (MüKo/*Wieninger* Rn 17), die um einen gewissen Sicherheitszeitraum zu verlängern ist (BGH NJW 1984, 2469; PWW/*KP Berger* Rn 9). Im **Möbelhandel** ist folgende Klausel üblich: »Liefertermine sind unverbindlich und können vom Verkäufer bis zu 3 Monaten überschritten werden.« Dem BGH nach (NJW 1983, 1320 und 1984, 48) ist die Länge der Lieferfrist unangemessen. Angemessen bei **Einbauküchen** sind noch 4 Wochen (BGH NJW 2007, 1198). Bei **Fertighäusern** darf sich der

Verwender nicht das Recht vorbehalten, einen fest zugesagten Liefertermin einseitig und nach Belieben um 6 Wochen zu verlängern (BGHZ 92, 28). Beim **PKW-Neuwagenkauf** sind 6 Wochen noch angemessen (BGH NJW 2001, 292).

2. Bestimmtheitsgebot. Ein Durchschnittskunde muss ohne Schwierigkeiten und ohne rechtliche Beratung in der Lage sein, das Ende einer in AGB vorgegebenen Lieferfrist selbst zu erkennen und zu berechnen (BGH NJW 1985, 855, Palandt/*Grüneberg* Rn 8). Üblich ist folgende **Festlegung von Lieferfristen:** »Eine Übergabe an den Paketdienst erfolgt idR 1-2 Tage nach Zahlungseingang«. Diese Formulierung ist zu unbestimmt, da ein Ende des vereinbarten Lieferzeitraums nicht erkennbar ist (KG NJW 2007, 2266). Statt in AGB empfiehlt sich generell die Angabe der Lieferfrist auf der Produktseite. Anders als im Unternehmensverkehr darf die Lieferfrist auch **nicht unverbindlich** sein (Koblenz WM 1983, 1272 ff) und nicht unter **Vorbehalt** gestellt werden (Saarbrücken BB 1979, 1064 f). Zur **Festlegung des Abnahmezeitpunktes:** Mit folgender Klausel in den AGB des Auftraggebers wurde versucht, einen Zeitpunkt für die Abnahme eines Werkes gem § 640 Abs 1 festzulegen (BGH NJW 1997, 394, 395): »Die Leistungen des Auftragnehmers bedürfen einer förmlichen Abnahme durch den Auftraggeber, die im Zeitpunkt der Übergabe des Hauses – bei Eigentumswohnungen bei Übergabe des Gemeinschaftseigentums – an den bzw die Kunden des Auftraggebers erfolgt.« Mit dem BGH ist die Klausel zu unbestimmt, da der Zeitpunkt der Abnahme für den Auftragnehmer ungewiss bleibt. Weiteres Bsp aus dem **Baurecht** für eine zu unbestimmte Klausel (München BB 1984, 1388): »Muss der Auftraggeber das Werk einem Dritten übergeben, kann er die Abnahme zurückstellen bis zur Abnahme durch den Dritten.« 10

3. Ausn für Verträge mit Widerrufs- und Rückgabefristen nach § 308 Nr 1 2. Hs. Der Vorbehalt, die Leistung erst nach Ablauf der Widerrufs- oder Rückgabefrist nach § 355 Abs 1 und 2 und § 356 zu erbringen, ist nicht nach § 308 Nr 1 und auch nicht nach § 307 unwirksam (Ulmer/Brandner/Hensen/*Harry Schmidt* Rn 21). § 308 Nr 1 2. HS ermöglicht es dem Verwender vor allem, dass zunächst der Ablauf der Widerrufsfrist abgewartet werden kann, bevor die Leistung erbracht wird. Das Abwarten der Widerrufsfrist stellt keinen unzulässigen Leistungsvorbehalt dar (BTDrs 14/2658 S 51). Für Fernabsatz- und Fernunterrichtsverträge ist die Vorschrift ohne Bedeutung (PWW/*KP Berger* Rn 13). 11

4. Rechtsfolge. Steht die Unwirksamkeit der Klausel fest, greift die gesetzliche Regelung des § 271 Abs 1, ggf iVm § 157. Für eine geltungserhaltende Reduktion von Fristen ist auch hier kein Raum. 12

C. Nachfrist (Nr 2). Erfolgt trotz **Fälligkeit bzw Verzuges des Verwenders** keine Leistung, kann vom Gläubiger nach §§ 281, 323, 637, 651c Abs 3 bzw 651e Abs 2 eine weitere Frist gesetzt werden (sog. Nachfrist), nach deren erfolglosem Ablauf er dann Schadensersatz verlangen oder vom Vertrag zurücktreten kann. Mit dieser Frist erhält der Verwender eine letzte Möglichkeit zur Erbringung seiner Leistungspflicht. Vorstellbar ist es, dass der Verwender sich mit Klauseln wie »Der Käufer ist zum Rücktritt vom Vertrag wegen Nichteinhaltung der Lieferfristen erst dann berechtigt, wenn er dem Verkäufer eine angemessene Nachfrist mittels Einschreiben gesetzt hat. Als angemessen gilt dabei eine Frist von mindestens sechs Wochen« schützt. Allerdings stellt Nr 2 auch für den Vorbehalt einer **Nachfrist** klar, dass diese **nicht übermäßig lang** bemessen sein darf und zudem **hinreichend bestimmt** sein muss. Die Inhaltskontrolle der gesetzten Frist ist also ähnl wie unter Nr 1 vorzunehmen. Mit dieser Regelung soll verhindert werden, dass der Verwender das Verbot aus Nr 1 unterläuft und die Gläubigerrechte des Kunden unangemessen beeinträchtigt werden (PWW/*KP Berger* Rn 15). Keinesfalls darf die Nachfrist als zweite Lieferfrist bzw »Ersatzlieferungsfrist« ausgenutzt werden (Markus/Kaiser/Kapellmann/*Kaiser* AGB-Handbuch Rn 402). Auch auf **Verträge mit Unternehmen** ist der Maßstab des § 308 Nr 2 anwendbar (Ulmer/Brandner/Hensen/*Harry Schmidt* Rn 10). 13

I. Unangemessene Länge. Die Nachfristregelung, die nicht dem Verwender lediglich eine letzte Gelegenheit gibt, die begonnene Erfüllung zu vollenden, sondern auf eine wesentliche Verlängerung der Leistungsfrist hinausläuft, ist unangemessen (Ulmer/Brandner/Hensen/*Harry Schmidt* Rn 5, 6). Im Grundsatz gilt: Je großzügiger die Leistungsfrist bemessen ist, desto kürzer ist die Nachfrist (BGH NJW 1985, 320). Bei **üblichen Verbrauchergeschäften** wird eine vom Verwender vorbehaltene Nachfrist von 14 Tagen noch als angemessen erachtet, 3 Wochen jedoch nicht mehr (Wolf/Lindacher/Pfeiffer/*Dammann* Rn 15; vgl auch BGH NJW 1985, 323). Im **Möbelhandel** ist eine Nachfrist von 4 Wochen bereits unangemessen lang (BGH NJW 1985, 855). Im **Neuwagengeschäft** hingegen sind 6 Wochen nicht unangemessen (BGH NJW 2001, 294). Auch die in **Rz 1 beispielhaft angeführte Klausel** enthält eine unangemessen lange Nachfrist (nach BGH BB 1985, 1283). 14

II. Bestimmtheitsgebot/Rechtsfolge. Prinzipiell gelten auch hier die bereits zu § 308 Nr 1 dargestellten Grundsätze. Die Klausel ist unwirksam. Für eine geltungserhaltende Reduktion der Nachfrist ist auch im Rahmen des § 308 Nr 2 kein Raum. Vielmehr gelten die dispositiven Regelungen im BGB. Um vom Vertrag zurückzutreten bzw Schadensersatzansprüche (vgl § 281 Abs 1 S 1 und § 323 Abs 2) geltend zu machen, ist der Kunde daher gehalten, dem Anbieter eine angemessene Nachfrist zu setzen, es sei denn, eine solche ist ausnahmsw entbehrlich. 15

16 **D. Rücktrittsvorbehalt (Nr 3).** Diese Vorschrift dient der Sicherung der Bestandskraft von Verträgen (pacta sunt servanda). Grds sind abgeschlossene Verträge und daraus abzuleitende Verpflichtungen für beide Seiten bindend. Eine Loslösung vom Vertrag ist im Grundsatz nur unter Beachtung der gesetzlichen Voraussetzungen (zB § 323 Abs 1, § 313 oder § 324) bzw über § 346 vorstellbar. Jeder über die gesetzlichen Rechte hinausgehende Lösungsvorbehalt ist am Maßstab des § 308 Nr 3 zu beurteilen (Ulmer/Brandner/Hensen/*Harry Schmidt* Rn 3). Nr 3 will verhindern, dass sich der Verwender durch die Vereinbarung eines Beendigungsrechts (zB durch Rücktritt bzw Wandlung, Widerruf, Kündigung, Anspruch auf Vertragsaufhebung, Anfechtung, Vereinbarung einer auflösenden Bedingung, sofern der Bedingungseintritt von dem bloßen Willen zur Aufrechterhaltung oder von bestimmten Handlungen des Verwenders abhängig gemacht wird oder auf sonstige Weise), **grundlos von seiner Leistungspflicht lossagen** kann. Selbst Lösungsrechte, die sich lediglich auf einen Teil des Vertrages beschränken, werden erfasst (Ba/Roth/*J Becker* Rn 4; PWW/*KP Berger* Rn 20; aA Wolf/Lindacher/Pfeiffer/*Dammann* Rn 12). Auch die einem Arbeitgeber vorbehaltene einseitige Lösungsmöglichkeit von einem Vorvertrag kann einen Rücktrittsvorbehalt darstellen (BAG NZA 2006, 539). Die Überschrift »Rücktrittsvorbehalt« ist daher viel zu eng gefasst. Vielmehr müssen die Lösungsrechte in Nr 3 im umfassenden Sinne (»Befreiungsvorbehalt«) verstanden werden (Ulmer/Brandner/Hensen/*Harry Schmidt* Rn 1).

17 Auf die Bezeichnung des Rechts des Verwenders kommt es nicht an (BAG NZA 2006, 539). Es muss sich nicht einmal um eine Floskel wie »jederzeit kündbar« handeln. Nicht selten finden sich in der Praxis auch Klauseln wie »Lieferungsmöglichkeit vorbehalten«, durch welche der Verwender sich vom Vertrag lösen können möchte, wenn er die Sache am Markt nicht beschaffen kann. Hingegen geht die Rspr bisher davon aus, dass die Formulierung eines **freibleibenden Angebotes »ohne Verbindlichkeit«** (bzw »ohne Obligo«) nicht unter den »Rücktrittsvorbehalt« in Nr 3 fällt (BGH NJW 1984, 1885).

18 Ist also formularmäßig ein Lösungsrecht vorbehalten, soll eine Lösung vom Vertrag nach den Vorstellungen des Gesetzgebers nur dann möglich sein, wenn ein **sachlicher Grund** vorliegt **und dieser im Vertrag angegeben** (Bestimmtheitsgebot) wurde. Soweit es um ein Lösungsrecht vom Vertrag geht, das auf die **Nichtverfügbarkeit der Leistung** abstellt (zB Vorratsklauseln, Selbstlieferungsvorbehalte), bildet die Vorschrift des **§ 308 Nr 8** ein **zusätzliches Wirksamkeitserfordernis** (Ulmer/Brandner/Hensen/*Harry Schmidt* Rn 1a). Eine Ausn gilt für **Dauerschuldverhältnisse** iSd § 314, also zB für Versicherungs-, Darlehens- und Geschäftsbesorgungsverträge, aber auch für Sukzessivliederungsverträge (MüKo/*Wieninger* Nr 2 Rn 3). Allerdings unterliegen Befreiungsvorbehalte in solchen Verträgen der Inhaltskontrolle nach § 307. Wegen der Regelung des § 310 Abs 1 S 1 findet § 308 Nr 3 keine Anwendung auf **Verträge mit Unternehmen.** Dennoch ist nach hM auch hier für die Durchsetzung eines Lösungsrechts Voraussetzung, dass ein »sachlicher Grund« vorliegt (Ulmer/Brandner/Hensen/*Harry Schmidt* Rn 18). Allerdings ist dieser Begriff – vor dem Hintergrund der Besonderheiten im kaufmännischen Geschäftsverkehr (vgl nur § 346 HGB) – weiter auszulegen als bei Verträgen mit Verbrauchern (BaRoth/*J Becker* Rn 39). Ein Rücktrittsvorbehalt ist **im kaufmännischen Geschäftsverkehr** regelm in größerem Umfang zulässig als im nichtkaufmännischen (BGH NJW 1994, 1062 »Selbstbelieferungsvorbehalt«). Auch die Anforderungen an die Bestimmtheit der Klausel werden aus diesem Grund nicht so hoch gesteckt sein (PWW/*KP Berger* Rn 29; BGHZ 124, 351, 361).

19 **I. Bestimmtheitsgebot.** Wie das BAG (BAG NZA 2006, 539) betont, handelt es sich bei § 308 Nr 3 um einen bes geregelten Unterfall des Bestimmtheitsgrundsatzes, der im Transparenzgebot gem § 307 Abs 1 S 2 seinen Ausdruck gefunden hat. Ist schon der Grund für die Loslösung von der vertraglich übernommenen Verpflichtung nicht oder nicht hinreichend bestimmt genug, ist die Klausel unwirksam. Ein Rücktrittsvorbehalt ist nach § 308 Nr 3 nur dann wirksam, wenn in dem Vorbehalt der Grund für die Lösung vom Vertrag mit hinreichender Deutlichkeit angegeben ist (BAG NZA 2006, 539). Der Durchschnittskunde muss beurteilen können, wann der Verwender sich vom Vertrag lösen darf (BGH NJW 1983, 1325). **Bsp:** Behält sich etwa ein Händler im Rahmen seiner AGB 4 Monate lang ein einseitiges Lösungsrecht vor, ohne weitere Umstände zu nennen, ist dieser Vorbehalt unwirksam. Auch die Formulierung in einer Klausel, ohne Ankündigung einen Flug abzusagen oder zu ändern, »wenn es die Umstände erfordern«, genügt nicht (vgl BGHZ 86, 284). Allein die bloße Wiederholung des Gesetzeswortlautes (»aus sachlich gerechtfertigtem Grund«) erfüllt nicht die Anforderungen des Bestimmtheitsgrundsatzes (Ulmer/Brandner/Hensen/*Harry Schmidt* Rn 10). Dennoch, die Anforderungen an die Einhaltung des Bestimmtheitsgebotes dürfen nicht überspannt werden (Palandt/*Grüneberg* Rn 14). Generell empfiehlt sich die Vereinbarung eines Rücktrittsvorbehaltes eher im Rahmen einer Individualabrede.

20 **II. Sachlich gerechtfertigter Grund.** Nur ganz ausnahmsw – bei Vorliegen eines sachlichen Grundes – soll die gegnerische Partei eine Loslösung vom Vertrag durch den Verwender hinnehmen müssen. Der Rücktritt muss durch ein überwiegendes, zumindest aber anerkennenswertes Interesse des Verwenders gerechtfertigt sein (BGHZ 99, 182). Bei der Beurteilung dessen sind die beiderseitigen Interessen gegeneinander abzuwägen. Die Gründe für eine sachliche Rechtfertigung können sich auf Grund von Leistungshindernissen ergeben, die in der Sphäre des Verwenders liegen, aber auch auf Grund vertragswidriger Verhaltensweise oder der Kreditunwürdigkeit der Gegenseite (PWW/*KP Berger* Rn 23). An der sachlichen Rechtfertigung der Lösungsmöglichkeit fehlt es vor allem dann, wenn sie sich auch auf Umstände erstreckt, deren

Vorliegen der Verwender bei gebotener Sorgfalt schon vor Vertragsschluss hätte erkennen und deshalb den Abschluss hätte ablehnen können (BGHZ 99, 182).

1. Leistungshindernisse in der Sphäre des Verwenders. Von vornherein scheiden Rücktrittsgründe aus, die der Verwender **bei Abschluss des Vertrages** bereits kannte oder hätte kennen können (BGHZ 99, 182). Grds begründen vorübergehende Leistungshindernisse keine sachliche Rechtfertigung für einen Rücktritt (BGH NJW 1983, 1321; BGH NJW 1985, 855). Dies gilt auch für Leistungshindernisse wie Streik, Arbeitskampf, Aussperrungen (BaRoth/*J Becker* Rn 24 mwN). Auch ein Rücktrittsvorbehalt für den Fall der »erheblichen Verteuerung der Lieferung« (BGH NJW 1983, 1321) oder »bei wesentlicher Änderung der bei Vertragsabschluss bestehenden Verhältnisse« (Koblenz WM 1983, 1272) ist sachlich nicht gerechtfertigt. Nur ausnahmsw stellt daher die nicht rechtzeitige Belieferung durch Zulieferer des Auftragnehmers einen sachlich gerechtfertigten Grund dar. Dies ist im Rahmen einer sog »Vorratsklausel« etwa dann vorstellbar, wenn mit dem Kunden individualvertraglich eine beschränkte Gattungsschuld vereinbart worden ist oder bei einem sog »Selbstlieferungsvorbehalt«, wenn das Lösungsrecht auf den Fall beschränkt wird, dass der Verwender ein konkretes Deckungsgeschäft abgeschlossen hat und von dem Partner dieses Deckungsgeschäfts im Stich gelassen wird (LG Hamburg ZGS 2004, 76 mwN; BaRoth/*J Becker* Rn 27 ff). Der Rücktrittsvorbehalt des Reiseveranstalters für den Fall nicht ausreichender Buchungen für eine Reise (zB nach Nr 7.2 ARB) ist hingegen grds gerechtfertigt (Ulmer/Brandner/Hensen/*Harry Schmidt* Anh § 310 Rn 667). Vom Verwender schuldhaft herbeigeführte Leistungshindernisse hingegen berechtigen nicht zur Lösung vom Vertrag. Dies muss die Klausel im Zweifel ausdrücklich klarstellen (BGH NJW 1983, 1320, 1321). 21

2. Vertragswidrige Verhaltensweise der Kunden. Nicht immer müssen für eine einseitige Loslösung vom Vertrag die gesetzlichen Voraussetzungen vorliegen. Ein vereinbarter Beendigungsvorbehalt ist sachlich aus Gründen gerechtfertigt, die im Bereich des Kunden liegen und die dem Verwender ein Festhalten am Vertrag unzumutbar machen. Die Rspr verfolgt auch hinsichtlich dieses Grundes eine recht restriktive Linie. So rechtfertigt der Verzug des Vertragspartners mit der von ihm geschuldeten Leistung (zB Zahlung des Kaufpreises) noch keinen Rücktritt (BGHZ 110, 88). In einem nicht unerheblichen, vertragswidrigen Verhalten des Kunden, zB bei Verletzung von Mitwirkungspflichten bzw sonstiger Vertragspflichten kann ein sachlich gerechtfertigter Grund liegen (BGHZ 99, 193, BGH NJW 1992, 1629 f). Dies gilt etwa für die Verletzung von Sorgfaltspflichten bei unter Eigentumsvorbehalt gelieferten Waren (BGH NJW 1985, 325), nicht jedoch bei einer falschen Selbstauskunft, wenn sie weniger bedeutsame Aspekte betrifft (BGH NJW 1985, 325, 2271). 22

3. Kreditwürdigkeit. Falsche Angaben des Käufers über seine Kreditwürdigkeit können ein zulässiger Rücktrittsgrund sein (BGH NJW 1985, 325). Allerdings wird nicht jede Falschangabe ein Rückrittsrecht auslösen können, sondern nur solche, die für die Beurteilung der Kreditwürdigkeit bedeutungsvoll sind. Daran fehlt es bei weniger bedeutungsvollen Angaben, wie zB geringfügigen Abweichungen beim Einkommen. Ein Vollstreckungsversuch in das Vermögen des Kunden kann einen Rücktritt sachlich rechtfertigen, jedoch auch hier nur dann, wenn der Gegenleistungsanspruch des Verwenders erheblich gefährdet ist (BGH NJW 1984, 872). Zur Frage, ob schon objektive Umstände, die einen nachteiligen Einfluss auf die Kreditwürdigkeit haben, ein Rücktrittsrecht rechtfertigen können (dazu zB Koblenz ZIP 1981, 512, einerseits bzw Karlsruhe WRP 1981, 477 andererseits). 23

III. Rechtsfolge. Klauseln, die gegen Nr 3 verstoßen, sind unwirksam. Auch hier greift das Verbot der geltungserhaltenden Reduktion, so dass eine Reduktion auf den noch zulässigen Teil nicht möglich ist. 24

E. Änderungsvorbehalt (Nr 4). Nr 4 erfasst alle Klauseln, in denen sich der Verwender das Recht vorbehält, die versprochene Leistung zu ändern oder von ihr abzuweichen (PWW/*KP Berger* Rn 31). Dies betrifft zB solche Klauseln in **Fitnessstudioverträgen** wie: »Dem Fitnessstudio steht es frei, die Öffnungszeiten zu ändern« (vgl Frankfurt aM 05.12.1994 – 6 U 164/93); in Internetkaufhausverträgen wie »Sollte ein bestimmter Artikel nicht lieferbar sein, senden wir Ihnen in Einzelfällen einen qualitativ und preislich gleichwertigen Artikel (Ersatzartikel) zu« (vgl BGH NJW 2005, 3567) oder in Arbeitsverträgen wie »Die Firma behält sich das Recht vor, diese übertariflichen Lohnbestandteile jederzeit unbeschränkt zu widerrufen und mit etwaigen Tariferhöhungen zu verrechnen« (BAG NZA 2005, 465). Gleiches gilt aber auch für Vorbehalte in Bauverträgen, wonach Abweichungen von der Baubeschreibung durch »Änderung der Bauausführung, der Material- bzw Baustoffauswahl, soweit sie gleichwertig sind«, erlaubt sein sollen (BGH WM 2005, 2100 f). Alle zitierten Klauseln wurden von den Gerichten für unwirksam erklärt. Die praktische Bedeutung dieser Vorschrift ist sehr groß. Das Klauselverbot aus Nr 4 kann nahezu jedes Vertragsverhältnis betreffen, also auch Dauerschuldverhältnisse (Palandt/*Grüneberg* Rn 23) und Arbeitsverträge. Auch die Art der geschuldeten Leistung spielt faktisch keine Rolle. So fallen zB Zinsanpassungsklauseln bei Spareinlagen (BGHZ 158, 155 ff), Rechte in formularmäßigen Arbeitsverträgen zum Widerruf übertariflicher Lohnbestandteile (BAG ZIP 2005, 633, 635) oder Vorbehalte hinsichtlich der Bestimmung von Ort und Zeit der Leistung (Hamm NJW-RR 1992, 445, Palandt/*Grüneberg* Rn 23) in den Anwendungsbereich von Nr 4. Wie die umfangreiche Rspr hierzu verdeutlicht, sind die aus Nr 4 herzuleitenden Klauselgestaltungsanforderungen sehr hoch bemessen. 25

26 Nr 4 verbietet nicht generell Änderungsvorbehalte, sondern erkennt auch das uU berechtigte Interesse des Verwenders zur Änderung der versprochenen Leistung an. Allerdings erachtet diese Vorschrift nur solche Vorbehalte als wirksam, die für den anderen Teil auch zumutbar sind. Nr 4 will vor allem Störungen im Äquivalenzverhältnis entgegenwirken (PWW/*KP Berger* Rn 31) und den Vertragspartner vor einer Aushöhlung seines Rechts, vom Verwender die versprochene Leistung verlangen zu können (Vertragstreue) bzw Ansprüche wegen Pflichtverletzung geltend zu machen oder die eigene Leistung verweigern zu können, schützen (Ulmer/Brandner/Hensen/*Harry Schmidt* Rn 1). Nach ganz hM findet der Grundgedanke von Nr 4 auch bei der **Inhaltskontrolle im unternehmerischen Rechtsverkehr** nach § 307 Anwendung (stellvertretend BGHZ 124, 351, 362; München VersR 2008, 1212; Ulmer/Brandner/Hensen/*Harry Schmidt* Rn 12). Vorbehalte, die sich in den Grenzen der handelsüblichen Mengen-, Gewichts- und Qualitätstoleranzen halten, sind wirksam (Palandt/*Grüneberg* Rn 24).

27 **I. Zumutbarkeit.** Vor dem Hintergrund des Rechtsgrundsatzes der Bindung beider Vertragspartner an die getroffene Vereinbarung, der das gesamte Vertragsrecht beherrscht und aus der Fassung von Nr 4 ergibt sich für den BGH die **Vermutung der Unwirksamkeit von Änderungs- oder Abweichungsvorbehalten**. Diese Vermutung kann allerdings vom Verwender durch die Darlegung der Zumutbarkeit der Änderung entkräftet werden (BGHZ 158, 149, 154; BGH NJW 2008, 360), wobei die Beweislast für die Zumutbarkeit der Änderung der Verwender trägt (BGH NJW 2008, 360). Zur Beurteilung der Rechtfertigung des Vorbehalts ist eine **Interessenabwägung** vorzunehmen. Der Änderungsvorbehalt ist dann zumutbar, wenn das berechtigte Interesse des Klauselverwenders an der Änderung das Interesse des Kunden daran überwiegt, gerade die versprochene Leistung zu erhalten, sog Unveränderlichkeitsinteresse (MüKo/*Wieninger Nr 4* Rn 7). Der BGH verlangt das **Vorliegen eines triftigen Grundes** für die Änderung (BGH NJW 2005, 3420 f). Maßgeblich für die Interessenabwägung sind nicht die Umstände des Einzelfalls, es ist vielmehr eine typische Betrachtungsweise. Zudem ist es erforderlich, dass die Klausel in ihren Voraussetzungen, im Umfang möglicher Änderungen und Folgen für den anderen Teil zumindest ein gewisses Maß an Bestimmtheit und Kalkulierbarkeit der möglichen Leistungsänderung gewährleistet (BGH NJW 2008, 360 mwN). Unbeschränkte Änderungsvorbehalte sind daher unwirksam (etwa inhaltlich uneingeschränkte Zinsanpassungsklauseln bei Spareinlagen zugunsten eines Kreditinstitutes: BGHZ 158, 149, 155 ff), Gleiches gilt für zu weit gehende Vorbehalte (BGHZ 158, 149, 154 f und 86, 284). Der bloße Vorbehalt zumutbarer Änderungen ohne weitere Konkretisierung (BGHZ 86, 284, 295) reicht daher ebenso wenig aus wie ein Vorbehalt der auf »zwingende betriebliche Gründe« abstellt (Ulmer/Brandner/Hensen/*Harry Schmidt* Rn 9) oder ein solcher, der ein Recht gewährt, »wenn die Umstände es erfordern« (BGHZ 8, 284). Auch eine Beschränkung von Leistungsänderungen »zum Vorteil der Abonnenten« gewährleistet nicht das erforderliche Mindestmaß an Kalkulierbarkeit und Transparenz (BGH NJW 2008, 360 mwN). Hingegen fällt ein Vorbehalt des Arbeitgebers, die eigene Leistung zu erhöhen (etwa: »Zu Beginn eines jeden Kalenderjahres wird eine Anpassung des Gehaltes entspr den branchenüblichen Gehaltssteigerungen geprüft«) nicht in den Schutzbereich von Nr 4. Dem Arbeitgeber ist lediglich das Recht eingeräumt, einseitig Ansprüche der Arbeitnehmer auf höhere Vergütung zu begründen, ohne dass sich die Leistungspflichten der Arbeitnehmer ändern. Ein solcher Vorbehalt benachteiligt Arbeitnehmer nicht (BAG AP Nr 5 zu § 305c).

28 **II. Rechtsfolge.** Erweist sich die Klausel als unwirksam, ist die versprochene Leistung ohne Änderung oder Abweichung zu erbringen. Bei nicht ordnungsgemäßer Leistungserbringung ist der Vertragspartner zur Geltendmachung von Gewährleistungs- bzw. Schadensersatzansprüchen berechtigt.

29 **F. Fingierte Erklärungen (Nr 5).** Zu den wesentlichen Grundgedanken des deutschen Vertragsrechts gehört es, dass einem Schweigen im Regelfall kein Erklärungswert beizumessen ist. Eine Ausn gilt nur dann, wenn a) eine gesetzliche Vorschrift wie zB §§ 108 Abs 2 S 2, 177 Abs 2, 415 Abs 2, 612 BGB, § 362 HGB etwas anderes bestimmt, wenn sich b) nach den Grundsätzen von Treu und Glauben eine andere Deutung des Verhaltens ergibt oder wenn c) ausdrücklich eine andere Vereinbarung etwa in AGB getroffen wurde. Häufig finden sich in Letzteren Erklärungsfiktionen mit einschneidenden Rechtsfolgen wie zB »Das Schweigen der Verwendergegenseite führt zur Vertragsverlängerung« (vgl BGH NJW 1985, 617) oder »Reiseumbuchungen gelten als Rücktritt vom Vertrag mit nachfolgender Neuanmeldung« (vgl BGH NJW 1992, 3161). Der Gesetzgeber hat davon abgesehen, eine Erklärungsfiktion – dh also die Zurechnung einer Erklärung oder Nichterklärung an die Verwendergegenseite, ohne dass es auf das wirkliche Erklärungsverhalten ankommen soll – durch AGB generell zu verbieten (Ulmer/Brandner/Hensen/*Harry Schmidt* Rn 8). Dennoch ist die Verwendergegenseite geschützt, denn nur in engen Grenzen sind Erklärungsfiktionen wirksam. Nr 5 legt hierzu die **Mindestvoraussetzungen** fest (PWW/*KP Berger* Rn 37). So verlangt die Vorschrift für die Wirksamkeit formularmäßig fingierter Erklärungen, dass der Verwender den Eintritt der Fiktionswirkung vermeiden kann, gerade wenn er die AGB-Klausel nicht zur Kenntnis genommen hat (Ulmer/Brandner/Hensen/*Harry Schmidt* Nr 5 Rn 2, 10). Der Verwendergegenseite ist daher vor dem Eintritt der Fiktionswirkung eine **angemessene Frist zur Abgabe einer ausdrücklichen Erklärung einzuräumen**. Der Verwender ist daneben verpflichtet, die **Gegenseite** bei Beginn der Frist **auf** die vorgesehene **Bedeutung seines Schweigens** noch einmal gesondert **hinzuweisen.** Bsp für Erklärungsfiktionen, die diese Mindestvoraussetzungen berücksichtigen, finden sich etwa in Nr 1 II AGB der Banken bzw. in Nr 2, Nr 7 (3) bzw. (4) der AGB Sparkassen.

Nach hM kann die Klausel jedoch nicht allein deshalb als wirksam angesehen werden, weil sie den Anforderungen an eine Zustimmungsfiktion gem Nr 5 genügt. Die Einhaltung der Grenzen von Nr 5 führt nicht dazu, dass die betreffende Klausel keiner Inhaltskontrolle nach §§ 307 ff mehr unterliegt, mithin also kontrollfest sei. Die Vorschrift ist abschließend nur bezüglich der Erklärungsfiktion (vgl BGH NJW 1990, 761, 763; Düsseldorf NJW-RR 1988, 884, 886; Frankfurt aM OLGR 2007, 755). 30

Von Nr 5 werden nur solche Erklärungen erfasst, die sich auf ein zeitlich nach der Einbeziehung liegendes Verhalten der Verwendergegenseite stützen (Wolf/Lindacher/Pfeiffer/*Dammann* Rn 15), nicht etwa auf Formulierungen wie etwa aus einem Neuwagenkaufvertrag: »Nimmt der Verkäufer den Kaufgegenstand wieder an sich, so sind Verkäufer und Käufer sich darüber einig, dass der Verkäufer dem Käufer den gewöhnlichen Verkaufswert des Kaufgegenstandes im Zeitpunkt der Rückgabe vergütet« (BGH NJW 2001, 299; BGHZ 100, 373, 380). Auch im **Rechtsverkehr zwischen Unternehmen (vgl § 307)** sind Erklärungsfiktionsklauseln nur in engen Grenzen zulässig (BGHZ 101, 357, 365 = NJW 1988, 55). Noch bis zum 31.12.2008 fand Nr 5 ausdrücklich keine Anwendung auf Verträge, in denen **Teil B der VOB** insg, also ohne inhaltliche Abweichung einbezogen war. Immerhin enthält die VOB/B in § 12 Nr 5 Abs 1, § 12 Nr 5 Abs 2 oder in § 15 Nr 3 S 5 gleich mehrere Erklärungsfiktionen. Sie sei, so die Argumentation, ein auf die Besonderheiten des Bauvertragsrechts abgestimmter, durch das Zusammenwirken der jeweiligen Bestimmungen innerhalb des Gesamtklauselwerks erzielter, insg einigermaßen ausgewogener Ausgleich der beteiligten Interessen. Es wäre daher verfehlt, einzelne Bestimmungen einer Billigkeitskontrolle zu unterwerfen (BGHZ 101, 360 = NJW 1988, 55; vgl auch BaRoth/*J Becker* § 308 Nr 5 Rn 12). Durch das Forderungssicherungsgesetz (**FoSiG**, vgl Art 1 Nr 1b) wurde die Privilegierung ggü sonstigen AGB für Verbraucherverträge aufgehoben. Die Klauseln der VOB/B gelten insoweit nunmehr als ganz normale AGB, die der gerichtlichen Wirksamkeitskontrolle unterliegen, dh also auch einer Inhaltskontrolle nach Nr 5 (vgl auch *Cebulla* § 631 Rz 61 ff). Bei der Vertragsgestaltung ist also zukünftig eine bes sensible Herangehensweise gefordert. **Ggü Unternehmen** hingegen ist die Privilegierung mit § 310 Abs 1 S 3 nF nunmehr gesetzlich festgeschrieben, sofern die VOB/B ohne inhaltliche Abweichungen insg einbezogen worden ist. 31

I. Angemessene Erklärungsfrist (Nr 5a). Was angemessen ist, richtet sich nach den Umständen des Einzelfalles, vor allem auch unter Berücksichtigung der bei den Geschäften der vorliegenden Art typischen Umstände (Ulmer/Brandner/Hensen/*Harry Schmidt* Rn 11). Der Verwendergegenseite ist zur Entscheidungsfindung ausreichend Zeit zu gewähren, um das Für und Wider abzuwägen. Die AGB der Banken und Sparkassen gehen von einer Mindestfrist von sechs Wochen aus. Das OLG Köln hat eine 6-Wochenfrist zur Geltendmachung von Einwänden gegen eine Mobilfunkrechnung als angemessen erachtet (Köln VersR 1997, 1109). Gerade bei Erklärungen, die keiner eingehenderen Prüfung bedürfen, können durchaus auch weniger als sechs Wochen ausreichend sein (BGH NJW 2000, 2667). Die Erklärungsfrist muss in den AGB konkret bezeichnet sein. Das Fristende, mit dessen Ablauf die Erklärungsfiktion eintreten soll, muss in der Klausel so bestimmt angegeben sein, dass es für die Verwendergegenseite ohne Schwierigkeiten berechenbar ist (BaRoth/*J Becker* Rn 17). 32

II. Hinweispflicht (Nr 5b). Die Verwendergegenseite ist bei Beginn der Erklärungsfrist zudem auf die vorgesehene Bedeutung des Schweigens hinzuweisen (BGH NJW 1985, 617). Die Fiktionswirkung muss ihr klar vor Augen geführt werden (Ulmer/Brandner/Hensen/*Harry Schmidt* Rn 12). Dabei muss die Klausel klarstellen, dass die Erklärungsfiktion nur dann eintritt, wenn der Verwender den erforderlichen Hinweis tatsächlich erteilt hat (PWW/*KP Berger* Rn 41; BaRoth/*J Becker* Rn 18; nicht so weitgehend Ulmer/Brandner/Hensen/*Harry Schmidt* Rn 12: Für eine wirksame Klauselfassung genügt bereits die Übernahme des Wortlautes von § 308 Nr 5b). Sinnvoll ist es, die Erklärungsfrist mit Erteilung des Hinweises in Gang zu setzen (BaRoth/*J Becker* Rn 20). 33

III. Rechtsfolge. Eine zu kurz bemessene oder zu unbestimmte Erklärungsfrist bzw ein fehlender Hinweis führen zur Nichtigkeit der Erklärungsfiktion. Es genügt, wenn eine der beiden Mindestvoraussetzungen nicht erfüllt ist. Auch hier gilt das Verbot der geltungserhaltenden Reduktion. 34

G. Fiktion des Zugangs (Nr 6). Entspr § 130 ist der Zugang einer Willenserklärung Wirksamkeitsvoraussetzung für empfangsbedürftige Willenserklärungen. Die Beweislast für den tatsächlichen Zugang der Erklärung liegt beim Erklärenden. Gesetzliche Ausnahmevorschriften finden sich in § 132 und § 10 VVG. Über eine Fiktion des Zugangs könnte die Beweislastverteilung zugunsten des Erklärenden verändert werden. Ausreichend wäre dann bereits der **Beweis der Absendung der Erklärung durch den Verwender**. Zwar enthält § 309 Nr 12 ein grds Verbot formularmäßiger Beweislaständerungen. Die Zugangsfiktion in § 308 Nr 6 jedoch wurde aus dem allg Verbot formularmäßiger Beweislaständerungen des § 309 Nr 12 (vgl § 309 Nr 12b) herausgenommen (Ulmer/Brandner/Hensen/*Hensen* Nr 12 Rn 7). Nr 6 erlaubt **Zugangsfiktionen** und Beweislastveränderungen in AGB aber nur für Erklärungen **ohne besondere Bedeutung**. Wegen der Regelung des § 310 Abs 1 S 1 findet § 308 Nr 3 keine Anwendung auf **Verträge mit Unternehmen**. Allerdings ist der Rechtsgedanke aus Nr 6 auch hier anwendbar (jurisPK/*Lapp* Rn 92), so dass im Grundsatz die unternehmerische Gegenseite bei einer Zugangsfiktion für Erklärungen von bes Bedeutung unangemessen benachteiligt ist, vgl §§ 307 Abs 1, 310 Abs 1 (PWW/*KP Berger* Rn 47). 35

36 **I. Zugangsfiktion.** Zunächst ist – auch in Abgrenzung zu § 9 Nr 12 – zu bewerten, ob mit der AGB-Klausel überhaupt eine Fiktion des Zugangs beabsichtigt ist. Dies ist immer dann der Fall, wenn der tatsächliche Zugang einer Erklärung als Voraussetzung für das Wirksamwerden einer Erklärung des Verwenders durch ein anderes Ereignis ersetzt wird (Ulmer/Brandner/Hensen/*Harry Schmidt* Rn 5). Üblich wären zB folgende Formulierungen: »Die Rechnung gilt auch dann als zugegangen, wenn sie via E-mail an die Domain des Kunden zugestellt worden ist«. »Die Erklärung gilt mit Übergabe an die Post als wirksam.« (LG Koblenz DNotZ 1988, 496). Soll auf den Zugang gänzlich verzichtet werden, richtet sich die Inhaltskontrolle nach § 307. Regelm ist die entspr Bestimmung unwirksam. Die unangemessene Benachteiligung resultiert aus § 307 Abs 2 Nr 1 (MüKo/*Wieninger* Nr 6 Rn 4 aA Palandt/*Grüneberg* Rn 32 und jurisPK/*Lapp* Rn 86). Hingegen fallen Veröffentlichungsregeln, also solche, die andere Arten von Informationen vorsehen wie zB die Veröffentlichung im Bundesanzeiger anstatt einer direkten Mitteilung an jeden einzelnen Kunden, nicht unter das Verbot (Frankfurt aM WM 1993, 2089 f). Zudem sind Zugangsfiktionen von **Erklärungsfiktionen**, die nicht unter Nr 6 fallen, wohl aber unter Nr 5 und von **Tatsachenfiktionen** (vgl hierzu § 309 Nr 12) abzugrenzen.

37 **II. Erklärung von besonderer Bedeutung.** Für Erklärungen von bes Bedeutung sind Zugangsfiktionen nicht gestattet. Hierunter fallen mit der hM alle Erklärungen, die für den Vertragspartner bzw Empfänger mit nachteiligen Rechtsfolgen verbunden sind (Oldenburg NJW 1992, 1839), also zB Gestaltungserklärungen wie Kündigungen (BayObLG NJW 1980, 2818), Fristsetzungen (Ulmer/Brandner/Hensen/*Harry Schmidt* Rn 7), Rechnungsabschlüssen von Konten (Oldenburg NJW 1992, 1839 f; jedoch von BGH NJW 1985, 2699 offen gelassen) oder Mahnungen (Hamburg VersR 1987, 125; Stuttgart BB 1979, 908). Vor diesem Hintergrund hat die Möglichkeit einer Zugangsfiktion eher eine **geringe praktische Bedeutung** erlangt. Hingegen erstreckt sich das Verbot nicht auf bloße Mitteilungen oder Anzeigen (PWW/*KP Berger* Rn 46).

38 **III. Rechtsfolge.** Sofern eine Klausel eine Zugangsfiktion beinhaltet und sich ausnahmslos auf alle Erklärungen erstreckt, ist sie unwirksam. Sofern der Verwender für die Gestaltung von AGB die Aufnahme einer Zugangsfiktionsklausel wünscht, empfiehlt sich eine, die sich am Wortlaut der Nr 6 orientiert und eine Ausn für Erklärungen von bes Bedeutung ausdrücklich zulässt.

39 **H. Abwicklung von Verträgen (Nr 7).** Häufig finden sich in AGB Klauseln, die dem Verwender im Falle der Beendigung des Vertragsverhältnisses eine Leistung versprechen. Als Bsp mag etwa folgende Klausel aus einem Vertrag über die Errichtung eines Fertighauses dienen (nach BGH MDR 2006, 1101): »Erfolgt eine Kündigung gleich aus welchem Grund, ohne dass sie vom Unternehmer zu vertreten ist, hat dieser das Recht, eine pauschale Vergütung bzw einen pauschalierten Schadensersatz iHv 10 % des zur Zeit der Kündigung vereinbarten Gesamtpreises zu verlangen, sofern nicht der Bauherr oder der Unternehmer im Einzelfall andere Nachweise erbringen«. Nr 7 verbietet jedoch Bestimmungen, die dem Verwender im Falle der **Vertragsauflösung** durch Kündigung oder Rücktritt **unangemessen hohe Leistungen** (Vergütungsanspruch, Aufwendungsersatzanspruch) versprechen. Damit soll nicht nur verhindert werden, dass der Verwender aus der Vertragsauflösung einen Vorteil zieht, sondern gleichzeitig will Nr 7 auch gewährleisten, dass der Vertragspartner nicht durch unangemessen hohe Abwicklungsvergütungen davon abgehalten wird, das Vertragsverhältnis zu beenden (Erman/*Roloff* Rn 58).

40 **I. Beendigungstatbestand.** Wer den Vertrag auflöst, ist ebenso gleichgültig, wie die in den AGB konkret gewählte Bezeichnung für das **Lösungsrecht**, etwa Annullierung, Abstandnahme oder Stornierung (PWW/*KP Berger* Rn 48). Für sonstige Beendigungstatbestände wie die Vertragsauflösung infolge der Anfechtung, der Wandlung oder des Widerrufs gilt Nr 7 entspr (BaRoth/*J Becker* Nr 7 Rn 5). Nach hM bezieht sich das Klauselverbot entgegen dem gesetzlichen Wortlaut nicht nur auf die Kündigung bzw den Rücktritt von einem Vertrag, sondern ist vielmehr auf alle Beendigungstatbestände auszudehnen, bei denen die Vertragsauflösung vom Willen mindestens einer Vertragspartei abhängt und bei denen der Willensentschluss deshalb von der Vergütungshöhe und der Höhe des geschuldeten Aufwendungsersatzes beeinflusst sein kann (Wolf/Lindacher/Pfeiffer/*Dammann* Rn 7 ff).

41 **II. Entgeltansprüche im Falle der Beendigung.** Nr 7 ist auf alle Entgeltansprüche anzuwenden, die dem Verwender nach den gesetzlichen oder vertraglichen Regelungen infolge der vorzeitigen Beendigung des Vertrages zustehen, sofern es sich nicht um pauschalierte Schadens- oder Wertminderungsansprüche (vgl § 309 Nr 5), um Vertragsstrafen (vgl § 309 Nr 6) oder kontrollfreie Beschreibungen von Leistung oder Gegenleistung handelt (Palandt/*Grüneberg* Rn 36; BaRoth/*J Becker* Rn 9). Nr 7 bezieht sich vor allem auf Vergütungsansprüche für erbrachte Leistungen und Nutzungen (Köln NJW-RR 1986, 1435), auf gesetzliche Aufwendungsersatzansprüche bzw auf Ansprüche aus § 649 S 2 (BGH NJW 1997, 259, 260), § 645 (BGH NJW 1985, 633) oder § 628 (BGH NJW 1991, 2763). Auch (etwaige untechnische) Bezeichnungen wie »Stornogebühr«, »Bearbeitungsgebühr« oder »Vorfälligkeitsentschädigung« werden erfasst (Erman/*Roloff* Rn 62).

42 **III. Unangemessenheit.** Prüfungsmaßstab zur Beurteilung der Angemessenheit des Entgelts ist, was ohne die Klausel geschuldet wäre (BGH NJW 2006, 2551). Dies bestimmt sich nach Maßgabe der gesetzlichen Anspruchsgrundlage, wobei der BGH hierzu eine typisierende Betrachtungsweise für geboten hält, also

gerade nicht auf die bes Umstände des Einzelfalles abstellt (BGH NJW 1983, 1492). § 309 Nr 5 lit b gilt nach hM auch iRd Nr 7, dh die Klausel muss der Verwendergegenseite ausdrücklich den Nachweis gestatten, dass der im konkreten Fall angemessene Betrag wesentlich niedriger ist als der festgesetzte pauschalierte Betrag (BGH NJW 1985, 633; 1997, 259; Palandt/*Grüneberg* Rn 38; PWW/*KP Berger* Rn 49). Wie bei Nr 5 lit b ist auf Grund vergleichbarer Interessenlage zudem auch in sog Abwicklungsklauseln der ausdrückliche Hinweis darauf notwendig, dass auch der Nachweis möglich ist, dass Entgeltansprüche gar nicht entstanden sind (Celle BauR 2009, 103). Die Verwendergegenseite trägt auch hier die Darlegungs- und Beweislast für die Unangemessenheit der Pauschale (BGH NJW 1991, 2764; PWW/*KP Berger* Rn 49). Hierzu genügt ein plausibler Sachvortrag, dass entweder die Höhe der Pauschale nicht den branchenüblichen Sätzen entspricht oder dass bei gewöhnlichem Lauf der Dinge (tatsächliche und erstattungsfähige) Kosten in Höhe der geforderten Pauschale nicht angefallen sein können oder dass typischerweise keine Relation zwischen der Berechnung der Pauschale und der Höhe der effektiven Abwicklungsvergütung besteht. Es ist dann Sache des Verwenders, durch konkreten Sachvortrag darzulegen, dass die Höhe der geforderten Pauschale durch Besonderheiten gerechtfertigt ist (BGH NJW 1991, 2763, 2764; BaRoth/*J Becker* Rn 38).

Bsp: Unangemessen: Anspruch des Verwenders auf die volle Vergütung bei Rücktritt von Flugreise (BGH NJW 1985, 633); bei vorzeitiger Kündigung eines Ehemäkler- bzw Partnerschaftsvertrages (BGHZ 87, 319; Nürnberg NJW-RR 1997, 1248); ebenso: Anspruch eines Inkassounternehmens auf 100 % der vereinbarten Bearbeitungsgebühr ohne Rücksicht auf den Bearbeitungsstand (BGH NJW-RR 2005, 642, 643); angemessen sind mit dem BGH hingegen: Anspruch auf 5 % der Auftragssumme (BGH BauR 1985, 79, 82); 7,5 % der Gesamtauftragssumme als Vergütung beim Bauvertrag; ferner »10 % des Gesamtpreises« (s.o. BGH NJW 2006, 2551); äußerst bedenklich hingegen ist eine Pauschale iHv 18 % der Auftragssumme (BGH BauR 1985, 79, 82); unangemessen ist ferner ein automatischer Verfall von Prepaid-Handyguthaben in beliebiger Höhe bei auch nur kurzer Laufzeit des Vertrags (München NJW 2006, 2416); eine Pauschale iHv 40% für die ersparten Aufwendungen des Architekten bei Ansprüchen aus § 649 (BGH NJW 1997, 259); Bearbeitungsgebühr iHv 3 % bei Nichtabnahme eines Darlehen (Hamm NJW 1983, 1503). **Angemessen:** Aufwandspauschale iHv 1 Monatsmiete bei vorzeitiger Aufhebung des Mietvertrages (Hamburg NJW-RR 1990, 909). 43

IV. Rechtsfolge. Eine unangemessen hohe Vergütungsvereinbarung zugunsten des Verwenders bedingt die Unwirksamkeit der Klausel. Gleiches gilt für Klauseln, die dem Erfordernis der ausdrücklichen Einräumung des Gegenbeweises nicht genügen (Ulmer/Brandner/Hensen/*Harry Schmidt* Nr 7 Rn 4). Entspr dem Verbot der geltungserhaltenden Reduktion scheidet eine Reduzierung auf das noch zulässige Maß aus (BaRoth/*J Becker* Rn 39). Sieht die Klausel keine Ausn für den Fall vor, dass der Verwender die Beendigung zu vertreten hat, folgt daraus nicht die Unwirksamkeit (BGH NJW 1983, 1492). 44

I. Nichtverfügbarkeit der Leistung (Nr 8). Soweit es um ein formularmäßiges Lösungsrecht des Verwenders vom Vertrag geht, das auf die Nichtverfügbarkeit der Leistung abstellt (zB Vorratsklauseln, Liefervorbehalte und Selbstlieferungsvorbehalte), ergänzt Nr 8 die Regelung in Nr 3, vgl die dortige Erläuterung. Damit eine solche Klausel Wirksamkeit entfaltet, muss also nicht nur ein sachlicher Grund für das Lösungsrecht vorliegen und dieser im Vertrag angegeben sein. Die Klausel muss darüber hinaus ausdrücklich den Verwender verpflichten, unverzüglich a) über die Nichtverfügbarkeit der Leistung zu informieren und b) Gegenleistungen seines Vertragspartners zu erstatten. Fehlt eine dieser weiteren formalen Verpflichtungen, so ist die Klausel unwirksam. Kommt der Verwender seinen Pflichten aus der wirksamen Klausel nicht nach, löst dies Ansprüche der Verwendergegenseite nach § 286 auf den Verzögerungsschaden aus (PWW/*KP Berger* Rn 53). Im kaufmännischen Rechtsverkehr hingegen gilt Nr 8, die auf Verbraucherverträge zugeschnitten ist, nach hM nicht (Ulmer/Brandner/Hensen/*Harry Schmidt* Rn 8). Die bes Hinweispflichten der Nr 8 finden mit Blick auf die größeren Verständnismöglichkeiten und das Interesse dieses Verkehrskreises an der Verwendung typisierter und knapp formulierter Klauseln keine Anwendung. 45

§ 309 Klauselverbote ohne Wertungsmöglichkeit. **Auch soweit eine Abweichung von den gesetzlichen Vorschriften zulässig ist, ist in Allgemeinen Geschäftsbedingungen unwirksam**

1. (Kurzfristige Preiserhöhungen)
eine Bestimmung, welche die Erhöhung des Entgelts für Waren oder Leistungen vorsieht, die innerhalb von vier Monaten nach Vertragsschluss geliefert oder erbracht werden sollen; dies gilt nicht bei Waren oder Leistungen, die im Rahmen von Dauerschuldverhältnissen geliefert oder erbracht werden;

2. (Leistungsverweigerungsrechte)
eine Bestimmung, durch die
a) das Leistungsverweigerungsrecht, das dem Vertragspartner des Verwenders nach § 320 zusteht, ausgeschlossen oder eingeschränkt wird oder
b) ein dem Vertragspartner des Verwenders zustehendes Zurückbehaltungsrecht, soweit es auf demselben Vertragsverhältnis beruht, ausgeschlossen oder eingeschränkt, insbesondere von der Anerkennung von Mängeln durch den Verwender abhängig gemacht wird;

3. (Aufrechnungsverbot)
eine Bestimmung, durch die dem Vertragspartner des Verwenders die Befugnis genommen wird, mit einer unbestrittenen oder rechtskräftig festgestellten Forderung aufzurechnen;
4. (Mahnung, Fristsetzung)
eine Bestimmung, durch die der Verwender von der gesetzlichen Obliegenheit freigestellt wird, den anderen Vertragsteil zu mahnen oder ihm eine Frist für die Leistung oder Nacherfüllung zu setzen;
5. (Pauschalierung von Schadensersatzansprüchen)
die Vereinbarung eines pauschalierten Anspruchs des Verwenders auf Schadensersatz oder Ersatz einer Wertminderung, wenn
   a) die Pauschale den in den geregelten Fällen nach dem gewöhnlichen Lauf der Dinge zu erwartenden Schaden oder die gewöhnlich eintretende Wertminderung übersteigt oder
   b) dem anderen Vertragsteil nicht ausdrücklich der Nachweis gestattet wird, ein Schaden oder eine Wertminderung sei überhaupt nicht entstanden oder wesentlich niedriger als die Pauschale;
6. (Vertragsstrafe)
eine Bestimmung, durch die dem Verwender für den Fall der Nichtabnahme oder verspäteten Abnahme der Leistung, des Zahlungsverzugs oder für den Fall, dass der andere Vertragsteil sich vom Vertrag löst, Zahlung einer Vertragsstrafe versprochen wird;
7. (Haftungsausschluss bei Verletzung von Leben, Körper, Gesundheit und bei grobem Verschulden)
   a) (Verletzung von Leben, Körper, Gesundheit) ein Ausschluss oder eine Begrenzung der Haftung für Schäden aus der Verletzung des Lebens, des Körpers oder der Gesundheit, die auf einer fahrlässigen Pflichtverletzung des Verwenders oder einer vorsätzlichen oder fahrlässigen Pflichtverletzung eines gesetzlichen Vertreters oder Erfüllungsgehilfen des Verwenders beruhen;
   b) (Grobes Verschulden) ein Ausschluss oder eine Begrenzung der Haftung für sonstige Schäden, die auf einer grob fahrlässigen Pflichtverletzung des Verwenders oder auf einer vorsätzlichen oder grob fahrlässigen Pflichtverletzung eines gesetzlichen Vertreters oder Erfüllungsgehilfen des Verwenders beruhen;

   die Buchstaben a und b gelten nicht für Haftungsbeschränkungen in den nach Maßgabe des Personenbeförderungsgesetzes genehmigten Beförderungsbedingungen und Tarifvorschriften der Straßenbahnen, Obusse und Kraftfahrzeuge im Linienverkehr, soweit sie nicht zum Nachteil des Fahrgasts von der Verordnung über die Allgemeinen Beförderungsbedingungen für den Straßenbahn- und Obusverkehr sowie den Linienverkehr mit Kraftfahrzeugen vom 27. Februar 1970 abweichen; Buchstabe b gilt nicht für Haftungsbeschränkungen für staatlich genehmigte Lotterie- oder Ausspielverträge;
8. (Sonstige Haftungsausschlüsse bei Pflichtverletzung)
   a) (Ausschluss des Rechts, sich vom Vertrag zu lösen) eine Bestimmung, die bei einer vom Verwender zu vertretenden, nicht in einem Mangel der Kaufsache oder des Werkes bestehenden Pflichtverletzung das Recht des anderen Vertragsteils, sich vom Vertrag zu lösen, ausschließt oder einschränkt; dies gilt nicht für die in der Nummer 7 bezeichneten Beförderungsbedingungen und Tarifvorschriften unter den dort genannten Voraussetzungen;
   b) (Mängel) eine Bestimmung, durch die bei Verträgen über Lieferungen neu hergestellter Sachen und über Werkleistungen
      aa) (Ausschluss und Verweisung auf Dritte) die Ansprüche gegen den Verwender wegen eines Mangels insgesamt oder bezüglich einzelner Teile ausgeschlossen, auf die Einräumung von Ansprüchen gegen Dritte beschränkt oder von der vorherigen gerichtlichen Inanspruchnahme Dritter abhängig gemacht werden;
      bb) (Beschränkung auf Nacherfüllung) die Ansprüche gegen den Verwender insgesamt oder bezüglich einzelner Teile auf ein Recht auf Nacherfüllung beschränkt werden, sofern dem anderen Vertragsteil nicht ausdrücklich das Recht vorbehalten wird, bei Fehlschlagen der Nacherfüllung zu mindern oder, wenn nicht eine Bauleistung Gegenstand der Mängelhaftung ist, nach seiner Wahl vom Vertrag zurückzutreten;
      cc) (Aufwendungen bei Nacherfüllung) die Verpflichtung des Verwenders ausgeschlossen oder beschränkt wird, die zum Zwecke der Nacherfüllung erforderlichen Aufwendungen, insbesondere Transport-, Wege-, Arbeits- und Materialkosten, zu tragen;
      dd) (Vorenthalten der Nacherfüllung) der Verwender die Nacherfüllung von der vorherigen Zahlung des vollständigen Entgelts oder eines unter Berücksichtigung des Mangels unverhältnismäßig hohen Teils des Entgelts abhängig macht;
      ee) (Ausschlussfrist für Mängelanzeige) der Verwender dem anderen Vertragsteil für die Anzeige nicht offensichtlicher Mängel eine Ausschlussfrist setzt, die kürzer ist als die nach dem Doppelbuchstaben ff zulässige Frist;
      ff) (Erleichterung der Verjährung) die Verjährung von Ansprüchen gegen den Verwender wegen eines Mangels in den Fällen des § 438 Absatz 1 Nummer 2 und des § 634a Absatz 1 Nummer 2 erleichtert oder in den sonstigen Fällen eine weniger als ein Jahr betragende Verjährungsfrist ab dem gesetzlichen Verjährungsbeginn erreicht wird;

9. (Laufzeit bei Dauerschuldverhältnissen) bei einem Vertragsverhältnis, das die regelmäßige Lieferung von Waren oder die regelmäßige Erbringung von Dienst- oder Werkleistungen durch den Verwender zum Gegenstand hat,
   a) eine den anderen Vertragsteil länger als zwei Jahre bindende Laufzeit des Vertrags,
   b) eine den anderen Vertragsteil bindende stillschweigende Verlängerung des Vertragsverhältnisses um jeweils mehr als ein Jahr oder
   c) zu Lasten des anderen Vertragsteils eine längere Kündigungsfrist als drei Monate vor Ablauf der zunächst vorgesehenen oder stillschweigend verlängerten Vertragsdauer;

   dies gilt nicht für Verträge über die Lieferung als zusammengehörig verkaufter Sachen, für Versicherungsverträge sowie für Verträge zwischen den Inhabern urheberrechtlicher Rechte und Ansprüche und Verwertungsgesellschaften im Sinne des Gesetzes über die Wahrnehmung von Urheberrechten und verwandten Schutzrechten;

10. (Wechsel des Vertragspartners) eine Bestimmung, wonach bei Kauf-, Darlehens-, Dienst- oder Werkverträgen ein Dritter anstelle des Verwenders in die sich aus dem Vertrag ergebenden Rechte und Pflichten eintritt oder eintreten kann, es sei denn, in der Bestimmung wird
   a) der Dritte namentlich bezeichnet oder
   b) dem anderen Vertragsteil das Recht eingeräumt, sich vom Vertrag zu lösen;

11. (Haftung des Abschlussvertreters) eine Bestimmung, durch die der Verwender einem Vertreter, der den Vertrag für den anderen Vertragsteil abschließt,
   a) ohne hierauf gerichtete ausdrückliche und gesonderte Erklärung eine eigene Haftung oder Einstandspflicht oder
   b) im Falle vollmachtsloser Vertretung eine über § 179 hinausgehende Haftung auferlegt;

12. (Beweislast) eine Bestimmung, durch die der Verwender die Beweislast zum Nachteil des anderen Vertragsteils ändert, insbesondere indem er
   a) diesem die Beweislast für Umstände auferlegt, die im Verantwortungsbereich des Verwenders liegen, oder
   b) den anderen Vertragsteil bestimmte Tatsachen bestätigen lässt;

   Buchstabe b gilt nicht für Empfangsbekenntnisse, die gesondert unterschrieben oder mit einer gesonderten qualifizierten elektronischen Signatur versehen sind;

13. (Form von Anzeigen und Erklärungen) eine Bestimmung, durch die Anzeigen oder Erklärungen, die dem Verwender oder einem Dritten gegenüber abzugeben sind, an eine strengere Form als die Schriftform oder an besondere Zugangserfordernisse gebunden werden.

A. Allgemeines. Anders als § 308 enthält § 309 Klauselverbote **ohne Wertungsmöglichkeit.** Die Vorschrift 1
erfasst zum größten Teil Klauseln, die mit wesentlichen Grundgedanken der Privatrechtsordnung unvereinbar sind bzw auf eine Aushöhlung von Kardinalpflichten oder -rechten hinausliefen (Palandt/*Grüneberg* Rn 1). Verstößt eine Bestimmung gegen § 309, bewirkt dies die Unwirksamkeit der Klausel. Es bedarf keines richterlichen Wertungsaktes zur Verwirklichung des Tatbestandes, da § 309 bis auf wenige Ausn keine unbestimmten Rechtsbegriffe enthält.

B. Kurzfristige Preiserhöhungen (Nr 1). Zumeist erfolgt die Bestimmung des Preises durch Individualver- 2
einbarung. Sie unterliegt dann nicht der Inhaltskontrolle. Nr 1 verbietet jedoch grds Änderungen der Preisvereinbarung zum Nachteil des Kunden bei vereinbarter Lieferfrist innerhalb von 4 Monaten (Erman/*Roloff* Rn 1). Der Grund für die nachträgliche Preiserhöhung ist unerheblich. Typisches Bsp für eine unwirksame Bestimmung aus den AGB des Verkäufers für eine Ware, die innerhalb von 4 Monaten zu liefern ist: »Preiserhöhungen bleiben vorbehalten, sofern sich der Einkaufspreis erhöht«. Nr 1 dient dem **Vertrauensschutz der Verwendergegenseite** und deren Bedürfnis nach **Rechtsklarheit und Transparenz** (PWW/*KP Berger* Rn 2). Das Risiko zwischenzeitlicher Preissteigerung trägt der Unternehmer (Erman/*Roloff* Rn 1). Zwar enthält auch die **PAngV** in § 1 Bestimmungen, wie Preise ggü Letztverbrauchern anzugeben sind. Diese ordnungsrechtlichen Regelungen (vgl § 10 Abs 1 PAngV), die den gleichen Regelungszweck wie Nr 1 verfolgen, treten neben die zivilrechtlichen Bestimmungen des BGB. Die Wirksamkeit von Klauseln, die nicht kurzfristige Preiserhöhungen gestatten, beurteilt sich am Maßstab des **§ 307** (BaRoth/*J Becker* Rn 16; BGHZ 82, 21; 94, 335, NJW 2003, 507). So wird hier geprüft, ob die Klausel ausgewogen ist, dh ob das **Äquivalenzprinzip** gewahrt wird (BGH NJW 1985, 2270; PWW/*KP Berger* Rn 8), das **Transparenzgebot** beachtet wurde (BGH NJW 2000, 652), dh die Preiserhöhung nach Art und Umfang hinreichend konkretisiert wurde und ob der Gegenseite im Falle deutlicher Preiserhöhungen ein **Lösungsrecht** eingeräumt wird (BGH NJW 1998, 456). Bei Preisanpassungsklauseln in **Reiseverträgen** sind sowohl die Schranken des § 651a als auch die aus Nr 1 bzw § 307 zu beachten (BGH NJW 2003, 507 f). Hingegen beurteilt sich die **Zulässigkeit von Mieterhöhungen** nach den §§ 557 ff (BaRoth/*J Becker* Rn 40). Nr 1 gilt im **unternehmerischen Geschäftsverkehr** nicht. Die Grundsätze sind diesbezüglich auch nicht auf eine Inhaltskontrolle der Klausel nach § 307 übertragbar. Im Grundsatz ordnet sich hier alles vielmehr den wettbewerblichen Mechanismen unter (ähnl Ulmer/Brandner/Hensen/*Hensen* Rn 21).

3 **I. Entgelt für Waren oder Leistungen.** Als Leistungen sind grds alle vertraglich zu erbringenden Leistungen vorstellbar (PWW/*KP Berger* Rn 3), also sowohl Dienstleistungen als auch sonstige Vertragsleistungen. Regelm wird es sich um einen von vornherein bestimmten Geldbetrag als Gegenleistung für die geschuldeten Waren oder Leistungen handeln. Dennoch sind als vereinbarte Gegenleistungen auch Sachleistungen vorstellbar. Zudem reicht mit der hM schon eine Bestimmbarkeit der Gegenleistung der Höhe nach aus (MüKo/*Wieninger* Nr 1 Rn 15). So genügt es, wenn die taxmäßige oder übliche Vergütung geschuldet ist (Ulmer/Brandner/Hensen/*Hensen* Rn 4).

4 **II. Kein Dauerschuldverhältnis.** Das Verbot in Nr 1 bezieht sich dem ausdrücklichen Wortlaut des Gesetzes nach auf entgeltliche Verträge, auch auf Reiseverträge (vgl § 651a Abs 4 S 3), nicht jedoch auf **Dauerschuldverhältnisse** wie zB Abonnementsverträge (BGH BB 1980, 1490), Bauspar- oder Darlehensverträge (BGHZ 97, 212; WM 1989, 740), längerfristige Miet-, Pacht- oder Versicherungsverträge, oder Sukzessivlieferungsverträge (vgl schon Kommentierung zu § 308 Nr 4). Hier besteht ein bes anerkennenswertes Bedürfnis nach Preisanpassung (BaRoth/*J Becker* Rn 5, 15).

5 **III. Preiserhöhungsklausel.** Das Verbot umfasst Preisanpassungs- und Preisänderungsklauseln in den AGB kurzfristig abzuwickelnder Verträge, wenn diese dem Verwender ausdrücklich eine nachträgliche Erhöhung der vereinbarten Gegenleistung ermöglichen. Dies betrifft zB Vorbehalte in Klauseln wie »wenn sich die Rohstoffpreise wesentlich verteuern«, »wenn zwischenzeitlich Lohnerhöhungen eingetreten sind« oder Tagespreisklauseln wie »... sind wir berechtigt, die am Tage der Lieferung gültigen Preise zu berechnen« (vgl BGH NJW1985, 855). Auch Klauseln, die zur Anpassung der Umsatzsteuer berechtigen (Umsatzsteuergleitklauseln) wie zB »Kaufpreis zzgl Mehrwertsteuer« sind unzulässig. Stets ist der Preis auch ggü Letztverbrauchern einschließlich der Umsatzsteuer anzugeben (BGH NJW 1981, 979). Selbst Klauseln, die dem Verwender eine jederzeitige Berichtigung von Preisirrtümern ohne negative Folgen gestatten (Ulmer/Brandner/Hensen/*Hensen* Rn 6) oder Klauseln, die bei Eintritt bestimmter Umstände eine Neuverhandlungspflicht auslösen, fallen unter das Verbot (MüKo/*Wieninger* Nr 1 Rn 13).

6 **IV. Viermonatsfrist.** Das Verbot greift zudem nur dann, wenn die **Leistung innerhalb von 4 Monaten** nach Vertragsschluss erbracht werden soll. Der Lauf der Frist beginnt nicht schon mit Unterzeichnung des Vertragsangebotes (Frankfurt aM DB 1981, 884), sondern erst mit dem wirksamen Zustandekommen des Vertrages. Die Vereinbarung eines festen Liefertermins ist nicht notwendig. Ist nichts vereinbart, greift die Regelung des § 271 Abs 1. IÜ reicht schon eine kalendermäßige Errechenbarkeit der Frist aus. Ebenso ist es ohne Belang, wann die Leistung tatsächlich erbracht wird, wenn schon früher hätte geleistet werden müssen (PWW/*KP Berger* Rn 6; Ulmer/Brandner/Hensen/*Hensen* Rn 9). Solche Preiserhöhungsklauseln, die unterschiedslos für Verträge mit kurzen und längeren Fristen (dh über 4 Monaten) gelten, sind insg unwirksam (BGH NJW 1985, 855).

7 **V. Rechtsfolge.** Erweist sich eine Preiserhöhungsklausel als unwirksam, verbleibt es bei der ursprünglichen bzw vorläufigen Preisvereinbarung (Erman/*Roloff* Rn 16).

8 **C. Leistungsverweigerungsrechte (Nr 2). I. Funktion.** Nach § 273 hat der Schuldner ein **Zurückbehaltungsrecht** bzgl seiner Verpflichtung, wenn er einen fälligen Anspruch gegen den Gläubiger hat. § 320 konkretisiert dies für den gegenseitigen Vertrag: Danach kann der Schuldner seine Leistung verweigern, bis die Gegenleistung erbracht wird. Dieses **Zug-um-Zug-Prinzip** wird durch § 309 Nr 2 der Dispositivität entzogen (MüKo/*Kieninger* Nr 2 Rn 1). Der Schuldner soll nicht des Druckmittels zur Bewirkung der Gegenleistung beraubt werden (PWW/*KP Berger* Rn 10). Allerdings gilt dies nur, wenn der Schuldner nicht zur Vorleistung verpflichtet ist. Der Wortlaut sowohl des § 273 wie des § 320 lässt erkennen, dass **Vorleistungsvereinbarungen** nach Auffassung des Gesetzgebers **zulässig** sein sollen. Der Gerechtigkeitsgehalt des Zug-um-Zug-Prinzips schlägt nach heutiger Auffassung nicht auf Vorleistungsklauseln durch (anders noch *Tonner* DB 1980, 1629), vielmehr sind diese ausschließlich am Maßstab des § 307 zu kontrollieren; § 309 Nr 2 ist insoweit nicht einschlägig.

9 **II. Leistungsverweigerungsrecht und Zurückbehaltungsrecht.** Nr 2 lit a betrifft das Zurückbehaltungsrecht gem § 320 und damit die **im Gegenseitigkeitsverhältnis stehenden Hauptleistungen.** Dazu zählt seit der Schuldrechtsreform auch der Anspruch auf **Nacherfüllung** (Ulmer/Brandner/Hensen/*Hensen* Nr 2 Rn 6). Nr 2 lit b spricht das Zurückbehaltungsrecht des § 273 an (Wolf/Lindacher/Pfeiffer/*Dammann* Nr 2 Rn 31). Die Ansprüche müssen aus »demselben Vertragsverhältnis« stammen. Das ist enger als »dasselbe rechtliche Verhältnis«, auf das § 273 abstellt (BaRoth/*J Becker* Nr 3 Rn 14). Auch **Einschränkungen** des Leistungsverweigerungsrechts bzw des Zurückbehaltungsrechts sind unwirksam. Dies ist, wie schon aus dem Wortlaut der Vorschrift hervorgeht, der Fall, wenn die Zurückhaltung von der Anerkennung von Mängeln abhängig gemacht wird, und gilt erst recht, wenn der Kaufpreis auch bei einer mangelhaften Leistung zu zahlen sein soll oder eine Schecksperre für den Fall einer Fehllieferung untersagt wird (BGH NJW 1985, 857).

10 **III. Vorleistungsklauseln. 1. Allgemeines.** Die Rspr war sich früher unsicher, ob Vorleistungsklauseln allein nach § 307 oder auch nach dem heutigen § 309 Nr 2 (früher § 11 Nr 2 AGBG) zu überprüfen seien. Inzwi-

schen besteht Einmütigkeit, dass **ausschließlich § 307** relevant ist (MüKo/*Kieninger* Nr 2 Rn 11 f; Wolf/Lindacher/Pfeiffer/*Dammann* Nr 2 Rn 11). Vorleistungen dürfen in AGB keineswegs in beliebiger Höhe verlangt werden. Vielmehr bedarf die Vereinbarung und insbes auch die Höhe der Vorauszahlung eines **sachlichen Grundes** (BaRoth/*J Becker* Nr 2 Rn 11; PWW/*KP Becker* Rn 13 Wolf/Lindacher/Pfeiffer/*Dammann* Klauseln Rn V 514). So wird eine geringe Anzahlung iHv maximal 10 % stets zulässig sein, damit die andere Vertragspartei sich an den Vertragsschluss gebunden fühlt (so BGHZ 100, 157 für Reiseverträge). Höhere Vorauszahlungen müssen in einem **angemessenen Verhältnis zu den Aufwendungen** entstehen, die der Verwender zum Zwecke der Leistungserbringung bereits vor deren Beginn hat aufbringen müssen (Bsp Pauschalreise: BGH NJW 2006, 3134, wo 20 % akzeptiert wurden, mit krit Anm *Staudinger* NJW 2006, 3136). Das Gleiche gilt für Aufwendungen vor Fertigstellung eines Werkes (Bsp: Zahlungen gem Baufortschritt). Entscheidend ist auch der **Zeitraum zwischen Vorleistung und Gegenleistung**; je näher die Vorleistung zeitlich an der Gegenleistung liegt, desto höher darf sie sein. Im Einzelfall kann auch die **vollständige Vorleistung** kurz vor Erbringung der Gegenleistung zulässig sein, wenn das Zug-um-Zug-Prinzip unpraktikabel und dem Verwender ein nachträgliches Inkasso nicht zumutbar ist (Bsp Pauschalreise: Es ist dem Verwender weder zumutbar, bei Reisebeginn am Flughafen noch bei Reiseende zu kassieren). Damit kann auch die Wertung des § 641 überspielt werden, der die Fälligkeit der Vergütung erst nach vollständiger Leistungserbringung vorsieht (anders noch *Tonner* DB 1980, 1629, wo aus § 641 ein Argument gegen Vorauszahlungsklauseln entnommen wurde).

2. Einzelfälle. Der **Bauträger** kann keine vollständige Vorauszahlung verlangen (BGHZ 148, 85). Unwiderrufliche Überweisungsaufträge für den Abruf auf Raten beim Hausbau sind unzulässig (BGH NJW 1984, 2816). 90 % des Preises dürfen weder bei der Anlieferung zu montierender Fenster und Türen (BGH NJW 1985, 855) noch bei Abschluss der Rohmontage eines **Fertighauses** (BGH NJW 1986, 3199; ähnl für eine **Einbauküche** Köln NJW-RR 2002, 1487) verlangt werden. Weder bei einem **Schneebeseitigungsvertrag** (KG NJW-RR 1994, 1266, 1267) noch bei einem **Neuwagenkauf** (BGH NJW 2001, 292, 293) ist eine Vorleistung gerechtfertigt. »Ein Drittel des Kaufpreises nach Auftragsbestätigung« ist nicht akzeptiert worden (Stuttgart BB 1987, 2394), dagegen die Vorauszahlung des Jahresentgelts für einen **Tennisplatz** (Düsseldorf NJW-RR 1999, 1937). Auch **Heiratsvermittler** (BGHZ 87, 309, 318; BGH NJW 1986, 927) und **Versteigerer** (BGH NJW 1985, 850) dürfen Vorleistungsklauseln verwenden. 11

IV. Anwendbarkeit im unternehmerischen Verkehr. Im unternehmerischen Verkehr sind Vorleistungsklauseln **zulässig** und üblich. Das Zurückbehaltungsrecht darf allerdings nicht in Fällen unbestrittener oder rechtskräftig festgestellter Gegenansprüche ausgeschlossen werden (BGHZ 92, 312; BGHZ 115, 324). 12

D. Aufrechnungsverbot (Nr 3). Zu den Voraussetzungen einer wirksamen Aufrechnung vgl §§ 387 ff. Eine Aufrechnung kann durch Gesetz ausgeschlossen sein. Solche gesetzlichen Aufrechnungsverbote finden sich etwa in den §§ 390 ff. Durch die vertragliche Auferlegung von Aufrechnungsverboten soll die raschere Durchsetzung der eigenen Ansprüche ermöglicht werden (Erman/*Roloff* Rn 28). Dem stehen schutzwürdige Belange der Gegenseite entgegen wie zB der Schutz vor einer rechtsmissbräuchlichen Verwendung von Aufrechnungsverboten. Das AGB-Recht findet einen angemessenen Interessenausgleich. Durch die Regelung in Nr 3 werden formularmäßige Aufrechnungsverbote in überschaubarer und verträglicher Weise beschränkt. Im Grundsatz werden vertraglich auferlegte Aufrechnungsverbote als zulässig erachtet. Verboten ist lediglich der Aufrechnungsausschluss **mit unbestrittenen oder rechtskräftig festgestellten Forderungen**. Ein generelles formularmäßiges Aufrechnungsverbot für die Verwendergegenseite verstößt daher gegen Nr 3. Selbst die verkürzte Klausel »Mit einer Gegenforderung kann nur aufgerechnet werden, wenn sie rechtskräftig festgestellt ist« berücksichtigt nicht hinreichend genug die Anforderungen der Nr 3 und ist unwirksam. Der Verwender sollte sich daher bei der Gestaltung der AGB eng am **Wortlaut** der Nr 3 orientieren. So hat der BGH die Klausel in Nr 11 Abs 1 AGB der Sparkassen (»Der Kunde darf Forderungen gegen die Sparkasse nur insoweit aufrechnen, als seine Forderungen unbestritten oder rechtskräftig festgestellt sind«) nicht beanstandet (BGH NJW 2002, 2779). Auch ein **faktischer Aufrechnungsausschluss** ist am Maßstab von Nr 3 zu messen. Nr 3 erfasst auch solche Klauseln, in denen die Aufrechnung mit derartigen Forderungen zwar nicht ausdrücklich, aber der Sache nach ausgeschlossen ist (BGHZ 139, 191). So hält die im Versandhandel mit neuen Waren ggü Nichtkaufleuten verwendete Klausel: »Bei Lieferung gegen Nachnahme übernimmt der Käufer die Nachnahmekosten« (sog **Nachnahmeklausel**) einer Inhaltskontrolle nicht stand, da dem Kunden die Möglichkeit genommen wird, mit unbestrittenen oder rechtskräftig festgestellten Forderungen aufzurechnen. Gleiches gilt für **Barzahlungsklauseln.** Auf ein Aufrechnungsverbot kann man sich ferner nicht berufen, wenn über das Vermögen des Verwenders das **Insolvenzverfahren** eröffnet ist (vgl BGH NJW 1975, 442; Hamm NJW-RR 1993, 1082; Palandt/*Grüneberg* Rn 19; Ulmer/Brandner/Hensen/*Hensen* Rn 10). Hier – wie auch im Falle des **Vermögensverfalles** – würde die Anwendung des Aufrechnungsverbotes wirtschaftlich zum Untergang der Gegenforderung führen. Mit einem Verbot würde damit nicht lediglich einer Leistungsverzögerung vorgebeugt werden, sondern es liefe wirtschaftlich vielmehr auf einen nicht vereinbarten Forderungsverzicht hinaus. Grds gilt das Verbot aus Nr 3 auch im **Verkehr zwischen Unternehmen** (BGHZ 92, 312, 316; krit Ulmer/Brandner/Hensen/*Hensen* Rn 12). 13

14 **I. Unbestrittene oder rechtskräftig festgestellte Forderungen. Unbestritten** sind Gegenansprüche, wenn die Parteien sich über deren Grund und Höhe einig sind (BGH NJW 1978, 2244). Wird aber vom Verwender die Gegenforderung als zu unsubstantiiert bestritten, gilt die Forderung als nicht mehr unbestritten, so dass das Aufrechnungsverbot nicht mehr anwendbar ist (BGH NJW 1986, 1757). Zu beachten ist, dass über den Wortlaut von Nr 3 hinaus, auch ein Verbot der **Aufrechnung mit entscheidungsreifen Forderungen** unzulässig ist (Palandt/*Grüneberg* Rn 17; BGH WM 1978, 620). Nach dem Willen des Gesetzgebers sollten vom Aufrechnungsverbot all diejenigen Gegenansprüche erfasst werden, die »eindeutig feststehen« (BTDrs 7/3919 S 29; Erman/*Roloff* Rn 29). Allg anerkannt ist, dass »**rechtskräftig festgestellte Forderungen**«, also solche, die formell und materiell in Rechtskraft erwachsen sind, einen Unterfall der unbestrittenen Forderungen darstellen (BGHZ 107, 85). **Einzelfälle:** Der BGH hält eine Klausel, in der der Pächter auf das Recht zur Aufrechnung verzichtet, »soweit dies gesetzlich zulässig ist und soweit nicht mit rechtskräftig festgestellten Forderungen die Aufrechnung geltend gemacht wird«, für wirksam. Der Hinweis auf das BGB müsse dahingehend ausgelegt werden, dass auch die Aufrechnung mit unbestrittenen Forderungen zugelassen ist (BGH NJW-RR 1993, 519). Hingegen ist die Klausel: »Der Mieter kann nur mit solchen Zahlungen aus dem Mietverhältnis aufrechnen, die entweder rechtskräftig festgestellt sind oder zu denen die Vermieterin im Einzelfall jeweils ihre Zustimmung erklärt« unwirksam, da sie eine empfindliche Verkürzung der Gegenrechte des Vertragspartners darstellt. Sie macht die Zulässigkeit der Aufrechnung auch mit unbestrittenen Gegenforderungen von der Zustimmung der Vermieterin abhängig und stellt die Versagung somit in das Belieben des Verwenders (BGH NJW 2007, 3421). Gleiches gilt für »ausdrücklich anerkannte Ansprüche« (BGH NJW 1994, 657).

15 **II. Rechtsfolge.** Ein Verstoß gegen Nr 3, dh eine Beschränkung über das Maß nach Nr 3 hinaus, führt zur Unwirksamkeit der Klausel und zur uneingeschränkten Zulässigkeit der Aufrechnung mit der Gegenforderung. Ob eine Verkürzung der Voraussetzungen der Nr 3 durch die Klausel »Mit einer Gegenforderung kann nur aufgerechnet werden, wenn sie unbestritten ist« zulässig ist, ist umstr. Geht man mit der hM davon aus, dass rechtskräftig festgestellte Forderungen ein Unterfall der unbestrittenen Forderungen sind, dann dürfte diese Klausel – anders als im umgekehrten Fall – zulässig sein. Ist die Aufrechnung wirksam ausgeschlossen, bleibt für die Gegenseite im Prozess noch die Möglichkeit der Widerklage.

16 **III. Harmonisierung mit Nr 2.** Nr 2 und 3 verfolgen ganz ähnl Regelungsziele. Allerdings ist das Verbot nach Nr 2 strenger als das nach Nr 3, was zu einer sachlich nicht gerechtfertigten Unterscheidung von Geld- und Sachleistungsforderung führt. Bei Gegenansprüchen, die nicht auf Geld gerichtet sind, steht der anderen Vertragspartei ein durch AGB nicht entziehbares Leistungsverweigerungsrecht zu. Hingegen ist die Leistungsverweigerung bei Gegenansprüchen auf Geld als Aufrechnung zu werten, deren Ausschluss durch AGB nur in den in Nr 3 beschriebenen Fällen ausgeschlossen ist (Palandt/*Grüneberg* Rn 20). Zumindest dann, wenn es sich um einen **konnexen Gegenanspruch** handelt, der auf einer zur Leistungsverweigerung beruhenden Sachleistungsforderung basiert, muss das Aufrechnungsverbot gem der Wertung in Nr 2 zurücktreten (Düsseldorf NJW-RR 1997, 629; PWW/*KP Berger* Rn 20).

17 **E. Mahnung, Fristsetzung (Nr 4).** Ein Verzug des Schuldners setzt grds gem § 286 Abs 1 S 1 eine Mahnung voraus. Eine Fristsetzung ist erforderlich für Ansprüche aus §§ 281, 323, 637, 651c Abs 3 und 651e Abs 2. Sowohl Mahnung als auch Fristsetzung erfüllen ggü dem Schuldner eine Warnfunktion, die Nr 4 erhalten will (MüKo/*Wieninger* Nr 4 Rn 2). Dem Verwender ist es im Grundsatz daher verboten, sich von diesen gesetzlichen Obliegenheiten etwa durch Klauseln wie »Mahnung und Fristsetzung sind entbehrlich« bzw »Der Kunde verzichtet auf eine Mahnung bzw die Setzung einer Nachfrist«, freizustellen. Ein Verzug ohne Mahnung stellt eine nicht hinnehmbare Beschneidung von Kundenrechten dar (Ulmer/Brandner/Hensen/*Hensen* Nr 4 Rn 4). Sind allerdings Mahnung bzw Fristsetzung nach den gesetzlichen Vorschriften entbehrlich (vgl zB §§ 281 Abs 2 oder 286 Abs 2), kommt es auf die Wirksamkeit der Klausel nicht an (BGH NJW 1995, 1490, BGH NJW 1992, 1629). Im **kaufmännischen Geschäftsverkehr** hingegen kann von dem Erfordernis der verzugsbegründenden Mahnung **ausnahmsw** abgewichen werden (Köln 1991, 301; PWW/*KP Berger* Rn 25). So ist vor dem Hintergrund der Regelung des § 353 HGB nichts gegen Klauseln einzuwenden, wonach die Verwendergegenseite bei Überschreitung des Zahlungszieles auch ohne Mahnung höhere als die gewöhnlichen Zinsen zahlen muss (BGH NJW-RR 1991, 995; vgl MüKo/*Wieninger* Nr 4 Rn 11). Die formularmäßige Freistellung von der Nachfristsetzung im Unternehmensverkehr wird hingegen weitgehend als unwirksam erachtet (Erman/*Roloff* Rn 40; BaRoth/*J Becker* § 309 Nr 4 Rn 8; BGH NJW 1986, 842 f).

18 **I. Obliegenheit zur Mahnung.** Nr 4 will verhindern, dass der Verzug – mit Ausn der gesetzlich geregelten Fälle (zB § 286 Abs 2 Nr 1, ggf aber auch § 286 Abs 3) – ohne Mahnung, also allein durch das Überschreiten der Leistungsfrist eintritt (Ulmer/Brandner/Hensen/*Schmidt* Nr 4 Rn 5). Bsp: »Der Schuldner gerät 14 Tage nach Lieferung in Verzug.«; »Der Schuldner gerät 14 Tage nach Rechnungsdatum in Verzug« (Stuttgart NJW-RR 1988, 788); »Zahlung bei Lieferung«. Bei Fristüberschreitung werden die banküblichen Zinsen berechnet«. Dies gilt auch für Klauseln, die vorschreiben, dass bei einer nicht rechtzeitigen Abnahme der Ware eine Lagergebühr zu begleichen ist (hM: LG München I BB 1979, 702; PWW/*KP Berger* Rn 23).

II. Obliegenheit zur Fristsetzung/Rechtsfolge. Zudem verbietet Nr 4 Klauseln, durch die der Verwender ggü dem anderen Vertragsteil von der gesetzlichen Obliegenheit freigestellt wird, ihm eine Frist für die Leistung oder die Nacherfüllung zu setzen (vgl zB § 281 Abs 1 S 1 bzw § 323 Abs 1 als Voraussetzung für Schadensersatzansprüche statt der Leistung bzw zur Geltendmachung eines Rücktrittsrechts, ferner §§ 637, 651c Abs 3 und 651e Abs 2). Die Klausel: »Der Verkäufer kann in schriftlicher Form vom Vertrag zurücktreten, wenn der Käufer seine Zahlungen einstellt« ist daher unwirksam (BGH NJW 1995, 1488). Auch in diesem Zusammenhang wird auf die gesetzlich bestimmten Ausn zur Fristsetzung hingewiesen (§ 281 Abs 2). Verstößt die Klausel gegen Nr 4, so ist sie unwirksam, und es ist auf die gesetzlichen Vorschriften zurückzugreifen, die für den Regelfall eine Mahnung bzw Fristsetzung voraussetzen. 19

F. Pauschalierung von Schadensersatzansprüchen (Nr 5). Pauschalierungen dienen der Vereinfachung. Recht häufig besteht hierzu – gerade im Zusammenhang mit der Geltendmachung und Durchsetzung von Schadensersatzansprüchen – auch ein großes praktisches Bedürfnis. Grds sind formularmäßige Schadensersatzpauschalen auch erlaubt. Sie sollen allein den **Schadensnachweis** ersparen, Streit über die **konkrete Schadenshöhe** verhindern bzw der Gegenseite das finanzielle Risiko einer Vertragsverletzung verdeutlichen, haben also auch eine **abschreckende Funktion.** 20

Dennoch sind der formularmäßigen Vereinbarung von pauschalierten Ansprüchen des Verwenders auf Schadensersatz oder Ersatz einer Wertminderung Grenzen gesetzt. Nr 5 setzt einen Anspruch des Verwenders auf Schadensersatz bzw Wertminderung im Grunde voraus (BGH NJW 2005, 1645). Eine Pauschalierung von Schadensersatz- oder Wertersatzansprüchen ist unwirksam, wenn nach Nr 5 lit a die Pauschale den nach dem gewöhnlichen Lauf der Dinge zu erwartenden Anspruch übersteigt, oder nach Nr 5 lit b dem anderen Teil nicht ausdrücklich der Nachweis eines niedrigeren Schadens gestattet wird. Zur Unwirksamkeit der Klausel reicht es aus, wenn mit ihr entweder gegen Nr 5 lit a oder gegen Nr 5 lit b verstoßen wird. So wird eine Schadenspauschale iHv 10% des Verkaufspreises als Schadensersatz wegen Nichterfüllung beim Neukauf von Möbeln angemessen sein. Gestattet die Klausel dem Käufer nicht zugleich aber den Nachweis eines geringeren Schadens, ist die Pauschalierung trotzdem unwirksam. Andererseits kann dem Verwender nur empfohlen werden, sich den Nachweis eines höheren Schadens als den vereinbarten vorzubehalten (vgl Koblenz NJW-RR 2000, 872 f), um sich nicht von vornherein Rechte abzuschneiden. 21

Abgrenzung. Die Pauschalierung von Schadensersatzansprüchen ist von der formularmäßigen Festsetzung von **Vertragstrafenklauseln gem Nr 6** zu unterscheiden (s die Erl zu Nr 6). Letztgenannte verfolgen eine doppelte Zweckrichtung. Sie sollen als Druckmittel die Erfüllung der Hauptverbindlichkeit durch den Schuldner sichern und im Falle einer Leistungsstörung dem Gläubiger die Möglichkeit einer erleichterten Schadloshaltung eröffnen (BGH NJW 2003, 1805). Die Schadenspauschalierung hingegen beschränkt sich auf eine erleichterte Schadloshaltung ohne Einzelnachweis (BGHZ 85, 305, 313 = NJW 1983, 385). Die Qualifizierung einer individualvertraglichen Abrede als Schadenspauschalierung oder als Vertragsstrafenregelung darf sich keineswegs allein am Wortlaut der getroffenen Vereinbarung orientieren. Vielmehr ist entscheidend, welchen **Zweck** bzw welche **Funktion** die getroffene Abrede nach den Gesamtumständen des Rechtsgeschäfts hat (München OLGR 2007, 3). Ggü **§ 308 Nr 7** ist Nr 5 die speziellere Norm, da sie Schadensersatzansprüche aller Art erfasst (BGH NJW-RR 1990, 115). Stets ist bei Klauseln, die nach Nr 5 nicht zu beanstanden sind, auch an **§ 307** zu denken. In Betracht kommen solche, die den Schaden des Verwenders nicht zu hoch, sondern den des Kunden zu niedrig ansetzen (Ulmer/Brandner/Hensen/*Harry Schmidt* Nr 5 Rn 3). Auch ggü § 309 Nr 12 ist Nr 5 die speziellere Regelung (BaRoth/*J Becker* Rn 12). Im Grundsatz gilt, dass Abweichungen von Nr 5 lit a auch im **kaufmännischen Geschäftsverkehr** nicht zulässig sind. Auch zwischen Unternehmen gilt das schadensersatzrechtliche Bereicherungsverbot. Umstr ist, ob dies auch für das in Nr 5 lit b enthaltene Verbot gilt (zust Ulmer/Brandner/Hensen/*Harry Schmidt* Nr 5 Rn 28; abl etwa *Koch* WM 2002, 2177). 22

I. Schadens- und Wertminderungspauschalen entspr Nr 5 lit a. Nr 5 erfasst nur den **Umfang** entspr Ansprüche des Verwenders auf Schadensersatz bzw Wertminderung. Auf welcher Rechtsgrundlage die Ansprüche beruhen, ist für die Vorschrift des § 309 Nr 5 unbedeutend. Zumeist wird es sich um Schadensersatzansprüche aus §§ 280, 281 iVm §§ 249 ff handeln. Nutzungsansprüche jedoch fallen nicht unter Nr 5 (BGHZ 102, 41). Gleiches gilt für die von Kreditinstituten (Zahlstelle) ggü den Zahlungspflichtigen in der Vergangenheit geltend gemachten **Entgelte nach Rückgabe einer Lastschrift** mangels Kontodeckung (BGH NJW 2005, 1645). Auch hier besteht schon dem Grunde nach kein Schadensersatzanspruch. Der BGH hat entschieden, dass ein Bankkunde seiner Zahlstelle ggü nicht verpflichtet ist, für Einlösung von Lastschriften im Einzugsermächtigungsverfahren Deckung vorzuhalten. Die Schuldnerbank wird nicht auf Weisung des Schuldners tätig, sondern sie greift im Auftrag der Gläubigerbank ohne eine Weisung ihres Kunden auf dessen Konto zu. Zur Unwirksamkeit einer Schadenspauschale iHv 50 DM für erfolglose Abbuchungsversuche eines Unternehmens: BGH NJW-RR 2000, 719; zur Unwirksamkeit von Schadenersatzpauschalen in den AGB von sog Billig-Fluggesellschaften für Rücklastschriften und deren Bearbeitung (»Bearbeitungsgebühr bei Rücklastschriften: 50 € je Buchung«: LG Dortmund WM 2007, 1883. 23

Höhe bzw Angemessenheit der Pauschale: Nr 5 dient dem **Schutz des schadensersatzrechtlichen Bereicherungsverbotes** (BGH NJW 1977, 382), dh die Pauschalierung muss angemessen sein, sich also am Durch- 24 schnittsschaden orientieren (BaRoth/*J Becker* Rn 4). Die Abrede ist dann unwirksam, wenn die Pauschale höher ist als der objektiv festzustellende branchenübliche Durchschnittschaden bzw Bruttogewinn (typischer Durchschnittschaden in der jeweiligen Branche), vgl § 252 S 2 (PWW/*KP Berger* Rn 28, BGH NJW 1996, 1210). Vor diesem Hintergrund können dem Vertragspartner pauschal auch nur solche Positionen auferlegt werden, die auch ohne Klausel in Betracht kommen würden. Der BGH hat im **Möbelhandel (fabrikneue Möbel:** NJW 1985, 320) eine Schadenpauschale iHv 25% als nicht überhöht und daher wirksam angesehen. Das OLG Jena (DAR 2005, 399 f) hat eine Klausel in den AGB eines Kaufvertrags über ein **fabrikneues Fahrzeug**, wonach der Käufer 15% des Kaufpreises als Schadensersatz im Falle der Nichtabnahme zu zahlen hat, ebenfalls rechtlich nicht beanstandet. Eine solche Pauschale übersteigt nicht den im Neuwagenhandel branchentypischen Durchschnittsgewinn. Für den **Gebrauchtwagenhandel** hat der BGH früher eine Nichtabnahmepauschale von 15% als wirksam bestätigt (BGH NJW 1994, 2478). Nunmehr empfiehlt der ZDK in seinen Muster-AGB unter Abs 4 Nr 2 eine Pauschale iHv 10% des Kaufpreises. Angesichts deutlich niedrigerer Gewinnmargen beim Verkauf gebrauchter PKW erscheint selbst dies etwas zu hoch gegriffen. Vor dem Hintergrund mehrerer Entscheidungen des BGH (so zB BGHZ 136, 161 = NJW 1997, 2875; BGHZ 146, 5 = NJW 2001, 509) werden **Vorfälligkeitsentschädigungen** nicht mehr pauschaliert, sondern nach bestimmten Verfahren berechnet. Unterschiedliche Auffassungen werden hinsichtlich der Geltendmachung von **Mahnkosten** durch den Gläubiger vertreten (Schadenspauschale für Kosten der Mahnung). So hat der BGH (BGH NJW-RR 2000, 719) eine festgesetzte Pauschale von 30 DM pro Mahnschreiben jedenfalls ohne den Beweis bes kostensteigernder Umstände für unangemessen und somit unwirksam erachtet. Für eine Pauschale iHv 5 DM: Düsseldorf WM 1985, 17/18; Köln WM 1987, 1548, 1550, diese abl hingegen: zB Hamm NJW-RR 1992, 243. Allg Geschäftskosten (Personalkosten), die durch die Mahnung säumiger Schuldner entstehen, können zumindest nicht generell als Verzugsschaden geltend gemacht werden. Grds entstehen nur Portokosten und Materialaufwand (so für entspr Bestimmungen in den AGB von Fitness-Studios: Hamm NJW-RR 1992, 445; Stuttgart NJW-RR 1988, 1082). Der BGH billigte eine Pauschale in den Vergabebedingungen iHv 3% der Auftragssumme bei **wettbewerbswidrigen Submissionsabsprachen im Bauwesen** (BGHZ 131, 356). Die **Darlegungs- und Beweislast** dafür, dass die Schadenspauschale branchenüblich ist, trägt der Verwender (BGH NJW 1977, 382, aA Ulmer/Brandner/Hensen/*Harry Schmidt* Nr 5 Rn 16).

25 **II. Gegenbeweismöglichkeit entspr Nr 5 lit b.** § 11 Nr 5 AGBG wurde in modifizierter Form übernommen. Gem Nr 5 lit b ist eine Formularklausel, die der Gegenseite nicht ausdrücklich den Nachweis gestattet, ein Schaden oder eine Wertminderung sei überhaupt nicht entstanden oder wesentlich niedriger als der pauschalierte Schadensersatzanspruch des Verwenders, unwirksam. Für den Verwender bietet sich eine Formulierung an, die sich am Gesetzeswortlaut orientiert: »Dem Kunden ist es gestattet, den Nachweis zu erbringen, dass ein Schaden oder eine Wertminderung überhaupt nicht entstanden ist oder dass dieser/diese wesentlich niedriger als die Pauschale ist«. Der Kunde trägt die Beweislast, dass ein niedrigerer Schaden entstanden ist (statt vieler PWW/*KP Berger* Rn 30). Was wesentlich iSd Nr 5 ist, bestimmt sich nach den Umständen des Einzelfalles. Als Faustregel kann aber davon ausgegangen werden, dass Abweichungen ab 5% – 10% ggü der AGB-Pauschale wesentlich sind (Ulmer/Brandner/Hensen/*Harry Schmidt* Nr 5 Rn 23).

26 **III. Rechtsfolge.** Die Klausel ist insg unwirksam, wenn Schadensposten pauschaliert werden, die nach allg Regeln nicht ersatzfähig sind (Palandt/*Grüneberg* Rn 26). Dies gilt entspr auch bei einem Verstoß gegen das aus Nr 5 lit b folgende Gebot (BaRoth/*J Becker* Rn 47; Palandt/*Grüneberg* Rn 30).

27 **G. Vertragsstrafe (Nr 6).** Durch die Vereinbarung einer Vertragsstrafe soll die ordnungsgemäße Erfüllung der Hauptverbindlichkeit gesichert und im Falle einer Leistungsstörung dem Gläubiger die Möglichkeit einer erleichterten Schadloshaltung ohne Einzelnachweis eröffnet werden (st Rspr BGH NJW 2003, 1805). Sie hat also eine **Doppelfunktion**. Einerseits dient sie als **Druckmittel** ggü dem Kunden bzw Schuldner (**Sicherungsfunktion**). Zudem können/sollen mit ihr etwa zu befürchtende **Schwierigkeiten beim Schadensnachweis** umgangen werden (**Ausgleichsfunktion**). Bes häufig finden sich vorformulierte Vertragsstrafen in Arbeits-, Handels- oder Bauverträgen (Bsp einer vorformulierten Vertragsstrafe aus dem Baurecht: »Im Falle des Überschreitung der Fertigstellungsfrist hat die Auftragnehmerin für jeden angefangenen Kalendertag eine Vertragsstrafe iHv 5.000 € zu zahlen«). Regelungen zur Vertragsstrafe finden sich in den §§ 339 ff. Sie betreffen allerdings unselbständige Vertragsstrafen. Soweit in Bauverträgen die Geltung der VOB/B vereinbart ist, ist § 11 VOB/B zu beachten.

28 Vertragsstrafenklauseln in AGB sind in den in Nr 6 beschriebenen Fällen von Vertragsstörungen verboten. Für sonstige Vertragsverletzungen ist **§ 307** zu beachten. § 309 Nr 6 gilt – jedenfalls entspr – für die selbständige Vertragsstrafe (PWW/*KP Berger* Rn 32). Vertragsstrafenversprechen sind vor allem von **Schadenspauschalierungen (s schon Nr 5)** abzugrenzen. Eine Vertragsstrafe setzt keinen Schaden voraus. Es reicht bereits, dass der Kunde seine vertraglich geschuldete Leistung, die mit einer Vertragsstrafe bewehrt ist, nicht erbracht hat. Auf die Bezeichnung als Vertragsstrafe kommt es nicht an (vgl München OLGR 2007, 3). Entscheidet ist, was tatsächlich gewollt ist. Geht es etwa um die Verpflichtung zur Zahlung eines bestimmten Geldbetrages für ein (schuldhaftes) Fehlverhalten des Kunden, geht es schwerpunktmäßig also um Erfüllungssicherung, ist zu allererst an eine Vertragsstrafe zu denken (BGH NJW 1983, 1542). Selbst die Bezeichnung einer Forderung als Schadensersatz, Reuegeld/Reueprovision oder Abstand steht dem nicht entgegen (hierzu Ulmer/Brandner/Hensen/*Harry Schmidt* Nr 6 Rn 6 mwN). Stets gilt, dass die Vertragsstrafe den Anforderungen des **Bestimmtheitsgrundsatzes** entsprechen muss, dh klar und unmissverständlich formuliert sein, so dass der Vertragspartner unschwer erkennen kann, welches Verhalten in welcher Weise sanktioniert ist. Viele **Formulararbeitsverträge** sehen für den Fall, dass der Arbeitnehmer eine Pflichtverletzung begeht, zB weil er sich vorzeitig vom Arbeitsvertrag löst (durch Nichtantritt des Arbeitsverhältnisses) bzw bei Vertragsbruch, eine Vertragsstrafe vor. Das BAG hat entschieden, dass auf Grund der im Arbeitsrecht geltenden Besonderheiten nach § 310 Abs 4 S 2 (etwa Ausschluss der Vollstreckbarkeit der Arbeitsleistung nach § 888 Abs 3 ZPO) Vertragsstrafenklauseln in Formulararbeitsverträgen nicht generell auf Grund von Nr 6 unzulässig sind (BAG NZA 2004, 727). Die Unwirksamkeit solcher Abreden kann sich aber aus § 307 ergeben (BAG NZA 2005, 1053), weil sie den Vertragspartner unangemessen benachteiligen. Dies ist vor allem dann der Fall, wenn die Bestimmung intransparent, dh nicht klar und verständlich ist oder wenn sie zu hoch bemessen ist (BAG NJW 2008, 458). Generell erachtet das BAG die in einem Formulararbeitsvertrag vereinbarte Vertragsstrafe **in Höhe eines vollen Bruttomonatsgehaltes** für angemessen. Dies gilt jedoch nicht im Fall des Nichtantritts der Arbeit bei einer zweiwöchigen Kündigungsfrist (BAG NZA 2004, 727). Die in den AGB des Auftraggebers enthaltene Vertragsstrafenklausel in einem **Bauvertrag** benachteiligt den Auftragnehmer unangemessen, wenn sie eine Höchstgrenze von über 5 % der Auftragssumme vorsieht (BGHZ 152, 311 = NJW 2003, 1805). Nach hM gilt Nr 6 im **kaufmännischen Verkehr** nicht. Vertragsstrafenklauseln sind dort zulässig (BGH NJW 1976, 1887). Dennoch hat die Rspr im Rahmen der Inhaltskontrolle gem § 307 (»unangemessene Benachteiligung«) der Verwendung von Strafklauseln Grenzen gesetzt. Korrigiert wurden zB zu hohe Strafen (BGHZ 153, 311 = NJW 2003, 1805), ungerechtfertigte Abweichungen vom in § 339 festgelegten Verschuldenserfordernis (BGH NJW 1999, 2663) oder die Missbräuchlichkeit ihrer Verwendung.

I. Nichtabnahme bzw verspätete Abnahme. Das Gesetz verbietet Formularklauseln, die dem Kunden eine Vertragsstrafe im Falle der Nichtabnahme einer Leistung des Verwenders und/oder im Falle einer verspäteten Abnahme auferlegt. Regelm wird es sich um die Nichtabnahme bzw verspätete Abnahme einer Sachleistung handeln, aber auch Geld- und Dienstleistungen kommen in Betracht(BaRoth/*J Becker* Rn 8). Unerheblich ist dabei, ob die Abnahme Hauptleistungspflicht, bloße Nebenpflicht bzw gar nur Obliegenheit des Kunden ist (BGH NJW-RR 1986, 212). Auch auf die Gründe der Nichtabnahme bzw verspäteten Abnahme kommt es nicht an (BaRoth/*J Becker* Rn 8). Die Vereinbarung einer Schadenspauschale bleibt hiervon aber unberührt. **29**

II. Zahlungsverzug. Nach den Vorstellungen des Gesetzgebers sind Klauseln wie »Gerät der Kunde mit seinen Zahlungspflichten in Verzug, so hat er dem Betreiber eine Vertragsstrafe in Höhe von 30 € pro Monat zu zahlen« unwirksam. Dies gilt selbst dann, wenn die Klausel nicht einmal ausdrücklich auf den Zahlungsverzug als auslösendes Moment abstellt, sondern auf die Nichtzahlung (BGH NJW 1994, 1533). Hintergrund für das Vertragsstrafenverbot ist, dass der Zahlungsverzug, also der Verzug mit einer Geldschuld, regelm Schadensersatzansprüche gem §§ 280, 286 begründet, für die Schadenspauschalierungen vereinbart werden können. Für die Verhängung einer Vertragsstrafe besteht daher kein anzuerkennendes Bedürfnis (Düsseldorf EWiR 1996, 97). Nicht erfasst sind hingegen Klauseln, die ein erhöhtes Beförderungsentgelt für **Schwarzfahrer** vorsehen. Dabei handelt es sich zwar um eine Vertragsstrafe, denn Zweck der Regelungen ist es, Druck auf die Fahrgäste auszuüben, damit sie sich vertragsgem verhalten. Die Bedingungen stellen jedoch nicht auf einen Zahlungsverzug der Fahrgäste ab, sondern allein darauf, dass sie keinen gültigen Fahrausweis haben und sich die Beförderungsleistung erschleichen wollen (Ulmer/Brandner/Hensen/*Harry Schmidt* Nr 6 Rn 9; aA jurisPK/*Lapp* Rn 67). **30**

III. Vertragslösung. Hiervon werden alle Fälle erfasst, in denen sich der Kunde ausdrücklich (durch Rücktritt, Kündigung oder Widerruf) oder konkludent (zB durch Abschluss eines neuen Vertrages) vom Vertrag lossagt (Palandt/*Grüneberg* Rn 36) und hierfür an den Verwender eine Vertragsstrafe zu entrichten hat. Auf die Rechtmäßigkeit des Handelns des sich Lossagenden kommt es nicht an (BaRoth/*J Becker* Rn 12). **31**

IV. Rechtsfolge. Ein Verstoß gegen Nr 6 hat die **Unwirksamkeit** der Abrede zur Folge. Die Anpassung der Klausel an das rechtlich Zulässige (sog geltungserhaltende Reduktion) ist nicht möglich. **32**

H. Haftungsausschluss bei Verletzung von Leben, Körper, Gesundheit und bei grobem Verschulden (Nr 7). Nr 7 hat zum Ziel, vor einer **übermäßigen Einschränkung der Rechte der Verwendergegenseite** zu schützen (BaRoth/*J Becker* Rn 1). Während in Individualverträgen nach §§ 276 Abs 2 und 3, 278 S 2 eine Freizeichnung zumindest für eigene Fahrlässigkeit und sogar für den Vorsatz von Erfüllungsgehilfen möglich ist, erklärt Nr 7 lit a im Zusammenspiel mit § 376 Abs 3 dagegen jedwede formularmäßige Freizeichnung des Verwenders von der Haftung für Schäden an Leben, Körper und Gesundheit für unwirksam (sog absolutes Haftungsfreizeichnungsverbot). Nach § 276 Abs 3 kann die Haftung wegen Vorsatzes ohnehin nicht ausgeschlossen werden. Unwirksam sind demnach Klauseln wie: »Wir haften nicht für Schäden aus vorsätzlicher oder grob fahrlässiger Pflichtverletzung«. Bei sonstigen Schäden hingegen ist ein formularmäßiger Haftungsausschluss nur für vorsätzliche und grob fahrlässige Pflichtverletzungen verboten, vgl Nr 7 lit b. Neben dem Haftungsausschluss ist in beiden Fällen entspr auch eine Haftungsbeschränkung bzw -begrenzung verboten. **33**

Der Ausschluss umfasst auch die **Freizeichnung für die gesetzlichen Vertreter und Erfüllungsgehilfen** iSd § 278. Nach § 310 Abs 1 S 1 findet Nr 7 auf AGB, die ggü **Unternehmen** verwendet werden, keine Anwendung. Verstößt eine Klausel gegen Nr 7, so ist dies zumindest ein Indiz dafür, dass sie auch im Falle der Verwendung ggü Unternehmern zu einer unangemessenen Benachteiligung führt (BGH NJW 1999, 1031). Eine Haftungsfreizeichnung ist also auch dort prinzipiell ausgeschlossen, es sei denn, sie kann wegen der bes Interessen und Bedürfnisse des unternehmerischen Geschäftsverkehrs ausnahmsw als angemessen angesehen werden (BGH NJW 2007, 3774). Ausn lässt der BGH bei branchentypischen Freizeichnungen, die allseits gebilligt und anerkannt sind, zu (BGHZ 103, 316 ff = NJW 1988, 1785; BGHZ 138, 118 = NJW 1998, 1640). Die hM nimmt an, dass eine Haftungsbegrenzungsmöglichkeit bei versicherbaren Schäden zulässig ist (jurisPK/*Lapp* Rn 86). Ausdrücklich offen gelassen hat der BGH, inwieweit bei grober Fahrlässigkeit im kaufmännischen Geschäftsverkehr eine Haftungsbeschränkung zulässig ist. Zum Begriff des gesetzlichen Vertreters und des Erfüllungsgehilfen s § 278; zum Begriff des Vorsatzes und den Arten der Fahrlässigkeit s § 276.

34 **I. Haftungsausschluss.** Das Klauselverbot betrifft nicht nur vertragliche, sondern auch vorvertragliche und (in zumindest entspr Anwendung) auch diejenigen deliktischen Ansprüche, die im Zusammenhang mit der Vertragsabwicklung stehen (BGH NJW 1995, 1488, 1489). Auch Ansprüche auf Schmerzensgeld (§ 253 Abs 2) sind erfasst (Palandt/*Grüneberg* Rn 42). Durch Auslegung der Freizeichnungsklausel ist jedoch zunächst zu ermitteln, ob diese überhaupt **deliktische Ansprüche** betrifft (BGH NJW 1992, 2016). Auch beschränkt sich der Schutz der Vorschrift auf Ansprüche aus einer verschuldensabhängigen Pflichtverletzung. Die Wirksamkeit von Klauseln, die schuldunabhängige Ansprüche des Kunden aus Garantie, Gefährdungshaftung oä ausschließen wollen, bemisst sich anhand der gesetzlichen Sonderbestimmungen und anhand von § 307 (Ulmer/Brandner/Hensen/*Christensen* Nr 7 Rn 41). Erfasst vom Schutzbereich der Vorschrift sind nicht nur echte, sondern **auch mittelbare Haftungsausschlüsse** durch Begrenzungen auf Höchstsummen, durch Ausschluss bestimmter Schäden, sofern dies nicht durch Gesetz, zB § 651h, gestattet ist (BGH NJW 1987, 2820), durch die Verkürzung von Verjährungsfristen (BGH NJW 2007, 674; Düsseldorf NJW-RR 1995, 440) bzw durch Festlegung von Ausschlussfristen. Allerdings ist eine Ausschlussfrist jedenfalls im Arbeitsvertrag zulässig (BAG NJW 2005, 3305 str), sofern sie nicht zu kurz bemessen ist oder nur für Arbeitnehmer gilt (Palandt/*Grüneberg* Rn 44 mwN). Auch Klauseln, die die Art der Geltendmachung des Schadens vorschreiben (etwa durch Vereinbarung einer Subsidiaritätsklausel), können einem Haftungsausschluss gleichgestellt sein (PWW/*KP Berger* Rn 42). Inwieweit Dritte, etwa Versicherungen, eintreten, ist unerheblich, da der Kunde sich eine derartige Schadensbegrenzung nicht zurechnen lassen muss. Ferner kann sich auch aus der Änderung des Inhalts von Vertragspflichten, also durch Klauseln, die die zugrunde liegenden Haftungsvoraussetzungen betreffen, ein Haftungsausschluss ergeben (vgl BGH NJW 2001, 751). Es genügt, dass die Klausel nach ihrem Sinn und Zweck den Eindruck eines Haftungsausschlusses erweckt (BGHZ 101, 307, 320 f; 146, 138). **Weitere Bsp unwirksamer Klauseln:** »Die Schule haftet nicht für Körper- und Sachschäden, die in Zusammenhang mit dem Unterricht, dem Fitnesstraining oder auch durch andere Teilnehmer entstehen« (Hamburg DB 1984, 2504); »Die Gewährleistungsrechte des Käufers verjähren innerhalb von zwölf Monaten nach Gefahrübergang« (BGH NJW 2007, 674: unwirksam, da sie einen Haftungsausschluss bei der Verletzung von Leben, Körper und Gesundheit mit umfasst. Nur dann, wenn die in Nr 7 bezeichneten Schadensersatzansprüche nicht von der Abkürzung der Verjährungsfrist ausgenommen werden, ist sie wirksam); »unter Ausschluss jeder Gewährleistung« (BGH NJW 2007, 3774); Klausel in den AGB eines Paketbeförderungsunternehmens, wonach sich der Kunde einverstanden erklärt, dass der Transportweg unkontrolliert bleibt (München NJW-RR 2004, 1064 f).

35 **II. Ausnahmen.** Nr 7 sieht in Hs 3 zwei Legalausnahmen vor. Die Regelung gilt zum einen nicht für Haftungsbeschränkungen in den nach Maßgabe des PBefG genehmigten Beförderungsbedingungen und Tarifvorschriften des Linienverkehrs (Straßenbahn, O-Busse und Kraftfahrzeuge), soweit sie nicht zum Nachteil des Fahrgastes von der VO über die Allg Beförderungsbedingungen für den Straßenbahn- und O-Busverkehr sowie den Linienverkehr mit Kraftfahrzeugen vom 27.02.1970 abweichen. Beförderungsunternehmen ist im Grunde eine Haftungsbeschränkung in ihren bes Beförderungsbedingungen für Sachschäden des Fahrgastes ermöglicht. Zum anderen gilt Nr 7 nicht für Haftungsbeschränkungen für staatlich genehmigte Lotto- oder Ausspielverträge (ausf Ulmer/Brandner/Hensen/*Christensen* Nr 7 Rn 18 ff).

36 **III. Rechtsfolge.** Ein Verstoß gegen Nr 7 hat die Unwirksamkeit der gesamten Klausel zur Folge (BGHZ 86, 296). Verstößt eine Formularbestimmung gegen ein Klauselverbot, so kann sie nur unter der Voraussetzung teilw aufrechterhalten bleiben, dass sie sich nach ihrem Wortlaut (aus sich heraus) verständlich und sinnvoll in einen inhaltlich zulässigen und einen unzulässigen Regelungsteil trennen lässt (BGHZ 145, 203, 212).

37 **I. Sonstige Haftungsausschlüsse bei Pflichtverletzung (Nr 8). I. Funktion der Vorschrift.** § 309 Nr 8 ist eine der wichtigsten Vorschriften des Klauselverbotskatalogs. Die Norm ist für Kauf- und Werkverträge von zentraler Bedeutung und muss bei der Vertragsgestaltung vor allem deswegen beachtet werden, weil sie in detaillierter Weise den Abbedingungen des Rücktrittsrechts der anderen Vertragspartei (lit a) und der gesetzlichen Rechtsfolgen von Mängeln (lit b) Grenzen setzt. Obwohl die Norm in dem eigentlich nur für Verbrau-

cherverträge geltenden § 309 steht (§ 310 Abs 1), ist sie der Rspr zufolge weitgehend auch im **unternehmerischen Verkehr** anzuwenden, so dass auch für den unternehmerischen Käufer Mindeststandards gesetzt werden, die der Verkäufer nicht unterschreiten darf. Die Dispositivität des Kauf- und Werkvertragsrechts im unternehmerischen Verkehr stößt dadurch an Grenzen, die dem Verbraucherschutz durch die Verbrauchsgüterkauf-RL kaum nachstehen, und kann nur durch Individualvereinbarungen überwunden werden. Durch § 309 Nr 8 werden die zwingenden Standards, die im Kaufrecht dank der Verbrauchsgüterkauf-RL in den §§ 433 ff selbst gelten (§ 475 Abs 1), weitgehend, wenn auch nicht vollständig, auf den unternehmerischen Verkehr übertragen.

Die Vorschrift geht auf **Grundentscheidungen des BGH** zurück, die zT lange Zeit vor Inkrafttreten des AGBG gefällt wurden. Vor allem die Entscheidung BGHZ 22, 90 ist hier zu nennen, die erstmals das **Wiederaufleben der gesetzlichen Gewährleistung** aussprach, wenn ein vom Verwender an Stelle der gesetzlichen Gewährleistung eingeräumtes Nachbesserungsrecht, das es damals im Kaufrecht des BGB noch nicht gab, fehlschlug. Dieses Urteil wurde in § 11 Nr 10 AGBG übernommen und liegt seit der Schuldrechtsreform auch dem System der Nacherfüllung gem § 439 mit dem nachrangigen Rücktritts- und Minderungsrecht zu Grunde. Dieses System ist heute für Verbrauchsgüterkaufverträge zwingend, kann dank Nr 8 lit b bb aber beim Aufgreifen in AGB auch außerhalb von Verbrauchsgüterkaufverträgen nicht umgangen werden. 38

Auch Nr 8 lit b aa geht auf Rspr vor Verabschiedung des AGBG zurück. Der Verwender darf sich nicht dadurch der Haftung entziehen, dass er auf seine **Ansprüche gegen einen Dritten**, zB einen Subunternehmer, verweist, wenn dieser für ihn tätig geworden ist. Nicht unwichtig ist schließlich, dass **Rügefristen**, die in Verbrauchsgüterkaufverträgen ohnehin nicht zulässig sind, Grenzen gesetzt werden, Nr 8 lit b ee, und auch die **Verjährungsfristen** nicht beliebig verkürzt werden dürfen, Nr 8 lit b ff. Nr 8 lit a ist dagegen eine Neuerung im Vergleich zur Rechtslage vor Inkrafttreten des AGBG. Bis dahin war es möglich, der anderen Vertragspartei das **Rücktrittsrecht** bei eigenem Verzug oder Unmöglichkeit zu nehmen. Dies ist seit 1976 ausgeschlossen (damals § 11 Nr 8a AGBG). Der Grundgedanke der Vorschrift lässt sich auf das Gebot zurückführen, dass der Verwender die andere Vertragspartei **letztlich nicht am Vertrag festhalten darf**, wenn er selbst seine Leistungspflichten nicht erfüllen kann (Wolf/Lindacher/Pfeiffer/*Dammann* Nr 8 Rn 11). Dabei bleibt die Vorschrift aber nicht stehen, sondern sichert die Durchsetzung dieses Gebots durch zahlreiche außerordentlich wichtige Details ab. 39

II. Ausschluss des Rechts, sich vom Vertrag zu lösen, Nr 8 lit a. Das Gesetz teilt das Gebot, der anderen Vertragspartei bei eigener Nichterfüllung das Rücktrittsrecht nicht zu nehmen, in zwei Vorschriften auf. Lit b befasst sich mit den Rechtsfolgen bei einem Mangel, lit a dagegen mit allen anderen Pflichtverletzungen. **1. Erfasste Pflichtverletzungen.** Die bei weitem wichtigste Pflichtverletzung ist der **Verzug**. Bereits nach § 308 Nr 1 darf der Verwender den Eintritt des Verzugs nicht durch eine nicht hinreichend bestimmte Leistungsfrist vereiteln; Nr 8 lit a verbietet darüber hinaus, die Rechtsfolge des Rücktritts auszuschließen. Zudem gilt die Vorschrift auch für die **Unmöglichkeit** gem § 275, wobei es keine Rolle spielt, ob die Unmöglichkeit anfänglich (§ 311a) oder nachträglich eingetreten ist. Schließlich muss der anderen Vertragspartei auch das Recht bleiben, wegen einer **Pflichtverletzung** zurückzutreten – sofern sie nicht in einem Mangel besteht, dann kommt Nr 8 lit b zur Anwendung. Die Pflichtverletzung muss allerdings gem § 323 Abs 5 S 2 erheblich sein. In allen Fällen muss der Verwender die Pflichtverletzung zu vertreten haben (§ 276). Bei nicht zu vertretenden Pflichtverletzungen ist § 307 anzuwenden (PWW/*KP Berger* Rn 49). 40

2. Erfasste Lösungsrechte. Im Mittelpunkt steht das Rücktrittsrecht gem **§ 323** wegen einer nicht oder nicht vertragsgem erbrachten Leistung. Des Weiteren gehören die Rücktrittsrechte nach **§ 324** wegen Verletzung einer Pflicht nach § 241 Abs 2 und das Rücktrittsrecht wegen Unmöglichkeit nach **§ 326 Abs 5** dazu (Wolf/Lindacher/Pfeiffer/*Dammann* Nr 8 Rn 24). Es sind also genau die Rücktrittsrechte, die den erfassten Pflichtverletzungen entsprechen. Ebenfalls einbezogen sind die **Kündigungsrechte aus wichtigem Grund** bei Dauerschuldverhältnissen wie §§ 314, 543, 626, 723, obwohl dies geringere praktische Bedeutung hat und diese Rechte ohnehin weitgehend zwingend sind (MüKo/*Kieninger* Nr 8 Rn 8; Ulmer/Brandner/Hensen/*Christensen* Nr 8 Rn 11). Die Vorschrift betrifft nicht nur den Ausschluss, sondern auch die **Einschränkung** von Lösungsrechten. Die Rspr wendet dies auf einen verzögerten Eintritt der Rücktrittsfolgen an (BGH NJW-RR 1990, 156 f) oder eine Beschränkung des Rücktritts bei teilw Nichterfüllung, wenn der Vertrag insges für die andere Vertragspartei kein Interesse mehr hat (BGH NJW 1983, 1320, 1322). Die Lit will darüber hinaus auch das Erfordernis einer Nachfristsetzung, die gem § 323 Abs 2 entbehrlich wäre, sowie einer ausdrücklichen Ablehnungsandrohung erfassen (Erman/*Roloff* Rn 82; zust Ulmer/Brandner/Hensen/*Christensen* Nr 8 Rn 13). Auch das Erfordernis des Zugangs einer weiteren Mahnung soll unzulässig sein (BaRoth/*J Becker* Nr 8 Rn 13). 41

3. Ausnahmen für Beförderungsbedingungen und Tarifvorschriften. Die Vorschrift enthält eine Ausn für die Beförderungsbedingungen der Straßenbahnen, Obusse und Kraftfahrzeuge im Linienverkehr. **4. Anwendbarkeit im unternehmerischen Verkehr.** Die Rspr wendet die Vorschrift über § 307 auch im unternehmerischen Rechtsverkehr an (BGH NJW-RR 2003, 1056). 42

III. Beschränkung von Mängelrechten, Nr 8 lit b. Die Vorschrift gilt nur für **neu hergestellte Sachen** oder Werkleistungen. Der bisweilen nicht unproblematische Begriff der Neuheit ergibt sich aus dem Kaufrecht 43

(§ 434 Rz 18, 61 ff). Vor der Schuldrechtsreform enthielt das Gesetz einen scharfen Gegensatz zwischen der Haftung für neue und gebrauchte Sachen: Für neue Sachen wurde der Schutzstandard durch die Vorgängervorschrift des § 11 Nr 10 AGBG festgelegt, während für **gebrauchte Sachen** ein Haftungsausschluss zulässig war (BGHZ 74, 383). Haftungsausschlüsse für gebrauchte Sachen unterliegen § 307 (PWW/*KP Berger* Rn 52). Nunmehr haftet der Verkäufer dem Verbraucher aber zwingend im Verbrauchsgüterkauf bereits nach den kaufrechtlichen Vorschriften und überdies auch bei gebrauchten Sachen (§ 475 Rz 9), so dass Nr 8 lit b insofern bedeutungslos ist (BaRoth/*J Becker* Nr 8 Rn 21). Da Nr 8 lit b aber auch **ggü Unternehmern** zur Anwendung kommt, bleibt die Differenzierung im unternehmerischen Verkehr von Relevanz: Ggü Unternehmern ist nach wie vor ein vollständiger Haftungsausschluss bei gebrauchten Sachen zulässig.

44 **1. Ausschluss und Verweisung auf Dritte. a) Funktion.** Nr 8 lit b aa geht auf Rspr vor Inkrafttreten des AGBG zurück. Ein Unternehmer, der sich zur Erbringung seiner Leistungen eines Subunternehmers (Dritten) bedient, wird idR Mängelansprüche nicht selbst befriedigen können, sondern muss sich dazu seiner Subunternehmer bedienen. Es liegt daher nahe, der anderen Vertragspartei die eigenen **Ansprüche gegen die Subunternehmer abzutreten** und dafür die eigene Haftung auszuschließen. Dies birgt für die andere Vertragspartei jedoch eine Reihe von Gefahren. So kann der Subunternehmer inzwischen **insolvent** geworden sein, oder er kann der anderen Vertragspartei eine **Verjährungseinrede** aus seinem Vertrag mit dem Unternehmer entgegenhalten. Die Rspr stand daher vor der Aufgabe, die im Prinzip sinnvolle Abtretungslösung so einzuschränken, dass die andere Vertragspartei dadurch nicht schlechter steht, als wenn sie direkte Ansprüche gegen den Verwender hätte. Deswegen haftet der Verwender für die **Durchsetzbarkeit der Ansprüche** gegen den Dritten.

45 **b) Vollständiger Haftungsausschluss.** Zunächst ist der vollständige und ersatzlose Ausschluss der Mängelrechte **unzulässig.** Dazu gehören Nacherfüllung, Rücktritt, Minderung, Schadensersatz und die Selbstvornahme des Werkvertragsrechts (Ulmer/Brandner/Hensen/*Christensen* Nr 8 Rn 35). Dem Ausschluss gleichzustellen ist eine Beschränkung der Haftung auf Mängel (BGH NJW-RR 1990, 856) oder auf »anerkannte« Mängel (BGHZ 124, 351). Ein Haftungsausschluss wegen der Ersetzung von Originalteilen durch andere Teile scheitert, wenn der Ausschluss nicht auf die durch die Fremdteile verursachten Mängel beschränkt wird (BGHZ 124, 351). Nach verbreiteter Auffassung erfasst die Vorschrift nicht den **Ausschluss einzelner Mängelrechte** (MüKo/*Kieninger* Nr 8 Rn 24; PWW/*KP Berger* Rn 55; Wolf/Lindacher/Pfeiffer/*Dammann* Nr 8 Rn 14). Der BGH erlaubt aber nicht eine Beschränkung auf die Minderung unter **Ausschluss des Rücktritts** (BGH NJW 1991, 2630; NJW 1993, 2436, 2438). Zur umgekehrten Frage, Rücktritt unter Ausschluss der Minderung, hat er sich noch nicht geäußert. Für den Schadensersatz ist Nr 7 heranzuziehen. Der Verkäufer eines Baugrundstücks darf seine Haftung ausschließen, wenn der anderen Vertragspartei als zweiter Vertragspartner der Bauunternehmer ggü steht, gegen den sie Ansprüche hat (Hamm NJW-RR 2006, 1164).

46 **c) Bloße Einräumung von Ansprüchen gegen Dritte.** Auch die Einräumung von Ansprüchen gegen Dritte unter gleichzeitigem Ausschluss der eigenen Haftung ist **unzulässig.** Dies gilt – entspr den Ausführungen in der vorigen Rz – auch für einen teilw Haftungsausschluss (Ulmer/Brandner/Hensen/*Christensen* Rn 39) oder bei zusätzlichen, nicht im Gesetz vorgesehenen Voraussetzungen (BGH NJW 1980, 831, 832: Keine Mängelrechte bei Beschädigung der Kaufsache durch den Käufer).

47 **d) Grenzen der subsidiären Haftung des Verwenders.** Selbst Klauseln, nach denen der Verwender subsidiär nach einer erfolglosen Inanspruchnahme des Dritten haften will, sind **nicht uneingeschränkt zulässig.** Die andere Vertragspartei darf nicht dazu gezwungen werden, **den Dritten gerichtlich in Anspruch zu nehmen,** wozu auch die Einleitung eines Mahnverfahrens oder die Anrufung eines Schiedsgerichts gehört (Erman/*Roloff* Rn 95; Wolf/Lindacher/Pfeiffer/*Dammann* Nr 8 Rn 35). Die Klausel muss dies klarstellen, weshalb eine Klausel nicht ausreicht, wonach die Haftung des Verwenders besteht, wenn die Ansprüche gegen den Dritten nicht »durchsetzbar« sind (BGH NJW 1995, 1675). Der Verwender hat der anderen Vertragspartei sämtliche Verträge mit dem Dritten vorzulegen, ihm dessen Anschrift zu benennen und den Abrechnungsstand mitzuteilen (BGH NJW-RR 1991, 342; NJW-RR 1989, 467). Ist die Subsidiaritätsklausel wirksam, so sind die Rechte gegen den Verwender aufschiebend bedingt (BGH NJW-RR 1989, 467; 1991, 342, 343; NJW 1981, 2342, 2344).

48 **e) Anwendbarkeit im unternehmerischen Verkehr.** Ein ersatzloser vollständiger Haftungsausschluss ist auch im unternehmerischen Verkehr **unzulässig** (BGHZ 124, 351). Zur Ersetzung der eigenen Haftung durch Einräumung von Ansprüchen gegen Dritte wird vertreten, dass es auf den Einzelfall ankommt (Ulmer/Brandner/Hensen/*Christensen* Nr 8 Rn 49; strenger Wolf/Lindacher/Pfeiffer/*Dammann* Nr 8b aa Rn 79: unzulässig). Zur **vorherigen gerichtlichen Inanspruchnahme des Dritten** soll die unternehmerische andere Vertragspartei gezwungen werden können (MüKo/*Kieninger* Nr 8 Rn 32; BaRoth/*J Becker* Rn 26; Ulmer/Brandner/Hensen/*Christensen* Nr 8 Rn 49). Rspr zu den beiden letztgenannten Fallkonstellationen gibt es nicht.

2. Beschränkung auf Nacherfüllung, Nr 8 lit b bb. a) Funktion. Die Vorschrift entspricht heute weitgehend dem **Nacherfüllungsanspruch gem § 439**, der bei Fehlschlagen oder Unzumutbarkeit der Nacherfüllung (§ 440) ebenfalls dem Käufer ein Wahlrecht zwischen Minderung oder Rücktritt einräumt. Seit der Schuldrechtsreform kommt der Norm daher keine eigenständige Bedeutung in Verbrauchsgüterkaufverträgen zu, da die genannten kaufrechtlichen Vorschriften insoweit zwingend sind (§ 475 Abs 1). Außerhalb von Verbrauchsgüterkaufverträgen setzt sie jedoch nach wie vor die maßgeblichen Standards für AGB (oben Rz 37). 49

b) Beschränkung auf Nachbesserung unzulässig. Eine Klausel, die lediglich an Stelle der gesetzlichen Mängelrechte ein Nachbesserungsrecht einräumt, ist **unzulässig**. Dies hat der BGH bereits in einem Urteil aus dem Jahre 1956 ausgesprochen (BGHZ 22, 90), so dass derartige Klauseln heute praktisch nicht mehr vorkommen. Eine Beschränkung auf ein Nachbesserungsrecht liegt auch dann vor, wenn die übrigen Rechte nur unter bestimmten Voraussetzungen ausgeschlossen werden (BGH NJW 1980, 831, 832). Umgekehrt benachteiligt ein Ausschluss oder eine Einschränkung des Nacherfüllungsanspruchs die andere Vertragspartei nicht und ist mithin zulässig, sofern die anderen Rechte eingeräumt werden (BaRoth/*J Becker* Nr 8 Rn 28). 50

c) Einräumung von Minderung oder Rücktritt. Der Verwender darf die andere Vertragspartei jedoch zunächst zur **Inanspruchnahme der Nacherfüllung** zwingen, wenn er ihr für den Fall des Fehlschlagens derselben das Recht auf Minderung oder Rücktritt einräumt. Nacherfüllung ist iSd § 439 zu verstehen, dh der anderen Vertragspartei steht das Recht zu, entweder Nachlieferung oder Nachbesserung zu verlangen. Das **Wahlrecht** der anderen Vertragspartei zwischen diesen beiden Nacherfüllungsansprüchen ergibt sich ebenso aus § 439 wie dessen Grenzen (§ 439 Rz 3 f). Bei **Bauleistungen** muss das Rücktrittsrecht nicht eingeräumt werden. Dies wird damit erklärt, dass sonst unternehmerische Werte zerschlagen würden (BGH NJW 2002, 511). »Minderung« und »Rücktritt« müssen ausdrücklich als solche benannt werden; ein Ausdruck wie »gesetzliche Rechte« reicht nicht. Das Rücktrittsrecht kann allerdings bei Bauleistungen ausgeschlossen werden. **Schadensersatzansprüche** können nur in den Grenzen der Nr 7 und des § 307 abbedungen oder eingeschränkt werden, dh nicht für Kardinalpflichten (§ 307 Rz 76; BaRoth/*J Becker* Rn 30). 51

d) Fehlschlagen. Der Begriff des Fehlschlagens ist inzwischen in **§ 440** kodifiziert, so dass auf die dortige Kommentierung verwiesen werden kann. Nach der bereits zu § 11 Nr 10 AGBG ergangenen Rspr kann das Fehlschlagen in Form des Misslingens der Nachbesserung oder Nachlieferung bestehen, in ihrer Unmöglichkeit, ihrer Verweigerung und ihrer Verzögerung (BGHZ 93, 29; BGH NJW 1994, 1004, 1005; 1996, 2504). 52

e) Wahlrecht. Der anderen Vertragspartei steht ein Wahlrecht zwischen Rücktritt und Minderung zu. Die Klausel muss dieses Wahlrecht **ausdrücklich** einräumen (PWW/*KP Becker* Rn 60); eine Formulierung wie »Ihnen steht das Recht auf Minderung oder Rücktritt zu« reicht nicht aus. Vielmehr ist zu formulieren »Ihnen steht nach Ihrer Wahl das Recht auf Rücktritt oder Minderung zu«. 53

f) Anwendbarkeit im unternehmerischen Verkehr. Auch im unternehmerischen Verkehr muss der anderen Vertragspartei zumindest ein **Rücktrittsrecht** eingeräumt werden (BGHZ 93, 29; BGH NJW 1993, 2436; 1994, 1004). Dies ist nicht gewährleistet, wenn sich der Verwender vorbehält, nach seiner Wahl Minderung oder Rücktritt zu gewähren, oder wenn er den Rücktritt von einer Fristsetzung, Ablehnungsandrohung oder der Schuldhaftigkeit der Mangelverursachung abhängig macht (vgl Nr 8 lit a). Die Varianten des Fehlschlagens gelten auch im unternehmerischen Verkehr (BGH NJW 1994, 1004; 1998, 679). 54

3. Aufwendungen bei Nacherfüllung, Nr 8 lit b cc. a) Funktion. Lit b cc macht lediglich eine Regelung AGB-fest, die sich auch im Kaufrecht und im Werkvertragsrecht befindet. § 439 Abs 2 weist die Aufwendungen der Nacherfüllung dem Verkäufer zu. Für **Verbrauchsgüterkaufverträge** ist dies zwingend, so dass es auf Nr 8 lit b cc insoweit nicht ankommt. Das Werkvertragsrecht enthält in § 635 Abs 2 eine korrespondierende Vorschrift. Für die einzelnen Begriffsmerkmale der Nr 8 lit b cc kann daher auf die Erläuterungen dieser beiden Vorschriften verwiesen werden. 55

b) Aufwendungen. Im Mittelpunkt der Vorschrift steht die Aufzählung der Aufwendungen, die der Verwender zu tragen hat. Unzulässig ist es sowohl, der anderen Vertragspartei sämtliche als auch **einzelne Aufwendungen** aufzubürden. Schließlich darf der Verwender seine Pflicht, die Aufwendungen zu tragen, auch nicht beschränken, zB durch eine »Selbstbeteiligung« der anderen Vertragspartei (MüKo/*Kieninger* Nr 8 Rn 51; Ulmer/Brandner/Hensen/*Christensen* Rn 82; Wolf/Lindacher/Pfeiffer/*Dammann* Nr 8b cc Rn 13). 56

c) Anwendbarkeit im unternehmerischen Verkehr. Die Rspr sieht die Vorschrift auch im unternehmerischen Verkehr als **verbindlich** an (BGH NJW 1981, 1510; 1996, 389). Eine Ausn soll nur für unerhebliche Ausn oder dann gelten, wenn die Benachteiligung durch Begünstigungen an anderer Stelle der AGB ausgeglichen wird (BGH NJW 1996, 389). So sind pauschalierte Kostenerstattungsregelungen in angemessener Höhe zulässig (Wolf/Lindacher/Pfeiffer/*Dammann* Nr 8b cc Rn 35). 57

4. Vorenthalten der Nacherfüllung, Nr 8 lit b dd. a) Inhalt der Vorschrift. Die Vorschrift verbietet es dem Verwender, eine Nacherfüllung davon abhängig zu machen, dass die andere Vertragspartei das gesamte Entgelt oder einen unverhältnismäßigen Teil desselben zuvor entrichtet. Daraus ist zu schließen, dass ein **angemesse-** 58

ner Teil durchaus **verlangt** werden kann. Dieser soll am Leitbild des § 320 Abs 2 zu orientieren sein (MüKo/*Kieninger* Nr 8 Rn 60; Ulmer/Brandner/Hensen/*Christensen* Rn 90). Ein Vergütungsanteil in Höhe der Mängelbeseitigungskosten soll nicht verlangt werden können (aaO). Die bloße Möglichkeit der Unverhältnismäßigkeit reicht für die Unzulässigkeit der Klausel aus (Wolf/Lindacher/Pfeiffer/*Dammann* Nr 8b dd Rn 17).

59 **b) Abgrenzung zu Vorleistungspflichten.** Die Vorschrift gilt nur dann, wenn die andere Partei nicht vorleistungspflichtig ist. Sie betrifft nur Klauseln, die sich ausdrücklich auf Zahlungen anlässlich einer Nacherfüllung beziehen. Einer unabhängig davon vereinbarten **Vorleistungspflicht muss die andere Vertragspartei nachkommen** (Wolf/Lindacher/Pfeiffer/*Dammann* Nr 8b dd Rn 14). Dadurch besteht zwar die Gefahr, dass der anderen Vertragspartei die Möglichkeit genommen wird, Druck auf die Erfüllung der Nacherfüllungspflicht auszuüben, doch liegt dies daran, dass infolge der Dispositivität des § 320 Abs 1 die Möglichkeit besteht, Vorleistungspflichten zu vereinbaren und § 320 dies ausdrücklich anerkennt. Diese gesetzliche Wertung kann nicht durch eine extensive Auslegung von Nr 8 lit b cc konterkariert werden. Die andere Vertragspartei ist auf das Zurückbehaltungsrecht nach § 320 angewiesen, soweit es nicht abbedungen ist. **c) Anwendbarkeit im unternehmerischen Verkehr.** Die Vorschrift ist nach Ansicht der Lit auch im unternehmerischen Verkehr anzuwenden (Ulmer/Brandner/Hensen/*Christensen* Rn 93; PWW/*KP Berger* Rn 68; Wolf/Lindacher/Pfeiffer/*Dammann* Nr 8b dd Rn 31; einschränkend BaRoth/*J Becker* Rn 39: Auferlegung von Rücksendekosten sei zulässig). Rspr zu dieser Frage gibt es nicht.

60 **5. Ausschlussfrist für Mängelanzeige, Nr 8 lit. b ee. a) Funktion.** Das geltende Recht sieht **Rügefristen** nur für den Handelskauf vor, § 377 HGB, für den Verbrauchsgüterkauf hat der Gesetzgeber davon – trotz einer entspr Option in der Verbrauchsgüterkauf-RL – aber ebenso wie für das allg Kaufrecht abgesehen. Da eine Rügefrist die Mängelrechte einschränken würde, ist sie nach hM **im Verbrauchsgüterkauf unzulässig** (LG Hamburg VuR 2004, 27, 30; MüKo/*Kieninger* Nr 8 Rn 62; Wolf/Lindacher/Pfeiffer/*Dammann* Nr 8b ee Rn 2; *Woitkewitsch* MDR 2005, 841, 843; aA Palandt/*Grüneberg* Rn 71). IÜ kann der AGB-Verwender jedoch eine Rügefrist auch außerhalb des Anwendungsbereiches von § 377 HGB vorsehen. Dabei müssen allerdings die Grenzen der Nr 8 lit b dd beachtet werden. Das Gesetz spricht nicht von Rügefristen, sondern von einer Mängelanzeigefrist.

61 **b) Inhalt.** Die Vorschrift differenziert zwischen Ausschlussfristen für offensichtliche und nicht offensichtliche Mängel. Ausschlussfristen für **offensichtliche Mängel** sind in der Vorschrift nicht geregelt, sie sind grds zulässig. Für die zulässige Länge ist auf § 307 zurückzugreifen. Als Orientierung empfehlen sich **14 Tage** (so auch MüKo/*Kieninger* Nr 8 Rn 65; BaRoth/*J Becker* Nr 8 Rn 44; Ulmer/Brandner/Hensen/*Christensen* Rn 99). Der BGH hat früher mindestens eine Woche verlangt (BGHZ 139, 190). Dabei stellte er auf die seinerzeitige Widerrufsfrist im HWiG und im VerbrKrG ab. Da diese Frist inzwischen gem § 355 auf zwei Wochen verlängert wurde, sollten 14 Tage jetzt als Regelfrist angesehen werden (so die im vorigen Beleg zitierten Autoren). Kürzere und längere Fristen sind im Einzelfall möglich bzw geboten (BGHZ 139, 190), so zB bei verderblicher Ware, bei Auslandsgeschäften oder wenn der Verwender sich selbst großzügige Fristen einräumt (Zweibrücken NJW-RR 1998, 348). Das Transparenzgebot verlangt darüber hinaus, dass die Rügefrist so formuliert wird, dass die andere Partei darin nicht etwa die Verkürzung der Verjährungsfrist erblickt. Bei **nicht offensichtlichen Mängeln** darf die Rügefrist nicht kürzer sein als die nach Nr 8 lit b ff zulässige Verjährungsfrist. Diese Fristen sind aber so lang, dass der Verwender kaum ein Interesse daran haben wird, für diese Fälle eine Rügefrist zu vereinbaren. Er wird es vielmehr bei einer Verkürzung der Verjährungsfristen bewenden lassen, soweit dies möglich ist. Zur Abgrenzung zwischen offensichtlichen und nicht offensichtlichen Mängeln vgl auch PWW/*KP Berger* Rn 69.

62 **c) Anwendbarkeit im unternehmerischen Verkehr.** Die Rspr sieht in der Vorschrift eine **Indizwirkung** auch für den unternehmerischen Verkehr (BGH NJW-RR 2005, 247; aA Wolf/Lindacher/Pfeiffer/*Dammann* Nr 8b ee Rn 73). Eine dreitägige Rügefrist ist unangemessen (BGHZ 115, 324). IÜ richten sich Rügefristen nach § 377 HGB (dazu § 433 Rz 40 ff).

63 **6. Erleichterung der Verjährung, Nr 8 lit b ff. a) Funktion und wesentlicher Inhalt.** Die Vorschrift setzt der Verkürzung der Verjährung im Kauf- und Werkvertragsrecht Grenzen. Die Fristen in den §§ 438 Abs 1 Nr 2 und 634a Abs 1 Nr 2 dürfen überhaupt nicht, die übrigen Fristen wegen Mängelansprüchen nur auf **mindestens ein Jahr** verkürzt werden. Damit sind die Fristen wegen Baumängeln vor einer Abbedingung geschützt, während sie außerhalb dieses Bereichs halbiert werden dürfen. Auch mittelbare Fristverkürzungen sind unzulässig (BGHZ 122, 241, 245 ff: Anknüpfung an Fahrleistung eines Fahrzeugs; BGH NJW-RR 1987, 144, 145: Vorverlegung des Verjährungsbeginns). IÜ ist § 475 Abs 2 zu beachten, wonach die Verjährungsfrist bei Verbrauchsgüterkaufverträgen nicht auf weniger als zwei Jahre, bei gebrauchten Sachen nicht auf weniger als ein Jahr verkürzt werden darf (§ 475 Rz 17). Die Vorschrift entfaltet daher nur außerhalb des Verbrauchsgüterkaufs Bedeutung. Sie ist nicht anwendbar, wenn die Regelung vom Käufer vorgegeben und der Verkäufer kein Unternehmer ist (Koblenz OLGR 2007, 303).

b) Ausnahmen und Abgrenzungen. Nachdem das Forderungssicherungsgesetz (**FoSiG**) die Privilegierung der VOB/B gestrichen hat, ist auch die Ausn für Verträge, die der VOB/B unterliegen, in Nr 8 lit b ff entfallen. Für Arbeiten an einem **Bauwerk** ist daher nunmehr durchweg die **fünfjährige Verjährungsfrist** zwingend. Damit ist auch eine BGH-Entscheidung vom Juni 2008 gegenstandslos, die die bisher nach § 309 privilegierten VOB/B-Klauseln der Inhaltskontrolle nach § 307 unterstellt hatte (BGH ZIP 2008, 1729). **Schadensersatzansprüche** unterfallen nur insofern der Vorschrift, als es sich um Mangelschäden oder Mangelfolgeschäden handelt. Deliktische Ansprüche unterliegen ihr dagegen nicht (Ulmer/Brandner/Hensen/*Christensen* Rn 106). Dies ergibt sich aus der Aufzählung der Mängelrechte in §§ 437 bzw 634 (Wolf/Lindacher/Pfeiffer/*Dammann* Nr 8b ff Rn 17). § 218 ist zu beachten mit der Folge, dass auch die Ansprüche auf Rücktritt und Minderung mindestens ein Jahr lang geltend gemacht werden können. 64

c) Anwendbarkeit im unternehmerischen Verkehr. Im Erg wird man sich auch im unternehmerischen Bereich an die Vorschrift zu halten haben. Zwar ist sie nicht direkt übertragbar, doch gilt der Grundsatz, dass die Verjährungsfrist nicht so kurz sein darf, dass die zum Erkennen des Mangels erforderliche Zeitspanne nicht mehr gegeben ist (BGHZ 90, 273; 122, 241). Diese Zeitspanne dürfte aber bei einer Frist von unter einem Jahr regelm unterschritten sein. Die fünfjährige Verjährung bei Bauwerken darf der Rspr zufolge nicht verkürzt werden (BGHZ 90, 273; BGH NJW 1981, 1510). 65

J. Laufzeit bei Dauerschuldverhältnissen (Nr 9). I. Funktion. Die Vorschrift erfasst entgegen der Überschrift nicht Dauerschuldverhältnisse schlechthin (PWW/*KP Berger* Rn 75), sondern **Verträge über regelm zu erbringende Waren- oder Dienstleistungen.** Als Prototyp ist an **Zeitschriftenabonnements**- oder an **Unterrichtsverträge** zu denken. Ziel der Vorschrift ist es, der anderen Vertragspartei durch eine Beschränkung der Laufzeit auch ohne Kündigung zu ermöglichen, aus derartigen Verträgen wieder »herauszukommen«. Eine Kündigung bleibt zwar unberührt, doch steht sich die andere Vertragspartei auf Grund der Nr 9 besser, da eine ordentliche Kündigung insbes durch Kündigungsgründe erschwert werden kann. 66

II. Erfasste Dauerschuldverhältnisse. 1. Regelmäßige Warenlieferungen. Der »klassische« Anwendungsfall der Norm ist der Bezug von Zeitungen oder Zeitschriften oder die Mitgliedschaft in einer **Buchgemeinschaft** (Frankfurt aM NJW-RR 1989, 957). In der Rspr kamen aber auch die **Wärmelieferung** (Rostock GE 2004, 484) und Werbeaufkleber (BGHZ 84, 109) vor. Es ist aber nicht entscheidend, ob die zu liefernden Waren oder ihre Menge näher bestimmt ist. Entscheidend ist allein die Pflicht zu regelm Abnahme (Ulmer/Brandner/Hensen/*Christensen* Rn 8; Wolf/Lindacher/Pfeiffer/*Dammann* Nr 9 Rn 27). 67

2. Regelm Dienst- oder Werkleistungen. Zu den erfassten Dienstverträgen zählen **Unterrichtsverträge** (Köln NJW 1983, 1002; Frankfurt aM NJW-RR 1987, 438), Sportkurse (LG Hamburg DB 1987, 1482; LG Wuppertal NJW-RR 1989, 1524), **regelm Werbemaßnahmen** (Hamm BB 1982, 455) und **Betreuungs- und Pflegeverträge** (LG Lüneburg NJW-RR 2001, 1637). Die Anwendbarkeit auf **Fitnessstudio-Verträge** wird verneint, weil und soweit der Gebrauchsüberlassungsaspekt im Vordergrund steht (Karlsruhe NJW-RR 1989, 243; Düsseldorf NJW-RR 1992, 55; offen gelassen von BGH NJW 1997, 739). Entspr Klauseln in Fitnessstudio-Verträgen fallen aber unter § 307. Als einschlägiger Werkvertrag ist der **Wartungsvertrag** anerkannt (BGHZ 122, 63). Auch die regelm Belieferung durch »Clubs« mit Gegenständen, die mit dem eigentlichen Vertragszweck nichts zu tun haben (Hier: Ferienrechte) unterfällt der Vorschrift und nicht etwa der Ausn für Vereine gem § 310 Abs 4 (BGH NJW-RR 1992, 379). Dagegen soll ein **Wärmebereitstellungsvertrag** nicht unter die Vorschrift fallen; eine 15-jährige Laufzeit soll auch nicht gegen § 307 verstoßen (Hamm BauR 2008, 1319; Nichtzulassungsbeschwerde zurückgewiesen, BGH 10.01.2008 – VII ZR 88/07; anders – und überzeugender – Rostock GE 2004, 484, das eine Kündigungsmöglichkeit für einen langfristigen Wärmelieferungsvertrag verlangt). 68

3. Ausnahmen. Die Vorschrift gilt nicht für als »**zusammengehörig verkaufte Sachen**«. Darunter fällt ein mehrbändiges Lexikon, auch eine 24 bändige Buchreihe über »bedeutende Persönlichkeiten« (BGH NJW 1993, 2052), nicht jedoch eine beliebige Zusammenstellung von Büchern oder ein Aussteuersortiment (BGH NJW 1977, 714 zu § 1c AbzG). Der Vertrag über »als zusammengehörig verkaufte Sachen« begründet nach richtiger Auffassung ohnehin kein Dauerschuldverhältnis; es liegt vielmehr ggf ein Ratenlieferungsvertrag vor (BaRoth/*J Becker* Nr 9 Rn 13). Des Weiteren schließt die Vorschrift **Versicherungsverträge** und **Wahrnehmungsverträge** zwischen Urhebern und Verwertungsgesellschaften aus. Dies ist im Vorrang der versicherungsrechtlichen bzw urheberrechtlichen Vorschriften begründet. Deswegen ist auch das WEG für die Laufzeit der Bestellung eines **WEG-Verwalters** vorrangig (BGHZ 151, 164). Die Vorschrift gilt auch nicht für **Gebrauchsüberlassungsverträge** (MüKo/*Kieninger* Nr 9 Rn 8; Wolf/Lindacher/Pfeiffer/*Dammann* Nr 9 Rn 23). Soweit § 309 Nr 9 nicht einschlägig ist, kommt § 307 zur Anwendung (PWW/*KP Berger* Rn 79). 69

III. Laufzeit. 1. Länger als zwei Jahre. Der Vertrag darf eine Laufzeit von höchstens zwei Jahren vorsehen. Die Laufzeit beginnt **mit Vertragsschluss**, nicht etwa erst mit einem späteren Beginn der Leistungserbringung (BGHZ 122, 63). Eine längere Laufzeit ist zulässig, wenn der anderen Vertragspartei ein **ordentliches Kündigungsrecht** spätestens zum Ende des zweiten Jahres eingeräumt wird (BGHZ 84, 109). Wird die Lauf- 70 zeit im Formular offen gelassen und kann die andere Vertragspartei sie in freier Entscheidung wählen, liegt eine Individualvereinbarung vor (BGH NJW 1998, 1066).

71 Kürzere Laufzeiten als zwei Jahre können uU gegen **§ 307** verstoßen. Zwar hat der BGH die volle Ausschöpfung der zwei Jahre für **Zeitschriftenbezugsverträge** (BGHZ 100, 373) und **Fitnessstudioverträge** (BGH NJW 1997, 739) akzeptiert, doch begrenzen die Gerichte bei Unterrichts- und Sportkursverträgen die Laufzeit häufig auf unter zwei Jahre: Für eine Ausbildung zum Tänzer wurde ein Jahr für angemessen gehalten (BGHZ 120, 108). Als zu lang wurden 18 Monate (LG Hamburg NJW-RR 1987, 687) bzw ein Jahr (Hamm NJW-RR 1992, 444) für Sportkurse angesehen, ferner 20 Monate für eine Heilpraktikerausbildung (LG München NJW-RR 1992, 1208). Auch 14 Monate (Hamm MDR 2002, 750) und 12 Monate (Saarbrücken OLGR 2004, 295) wurden für unzulässig erklärt. Allein das OLG München akzeptierte die Ausschöpfung der zweijährigen Bindungsfrist (München NJW-RR 1990, 1016). Innerhalb der zweijährigen Laufzeit eines Fitnessstudio-Vertrags soll die ordentliche Kündigung möglich sein (AG Kaiserslautern 01.06.2007 – 7 C 2243/06, juris). Im Erg ist festzuhalten, dass die Rspr auch hier in Anwendung der Generalklausel über ein konkretes Klauselverbot hinausgeht. Bei der Vertragsgestaltung sollten daher längere Bindungsfristen als ein Jahr vermieden werden.

72 **2. Stillschweigende Verlängerung.** Enthält der Vertrag eine Klausel, wonach er stillschweigend verlängert wird, wenn er nicht gekündigt wurde, so darf die Verlängerungszeit nicht mehr als ein Jahr betragen. Auch hier können sich **aus § 307 uU kürzere Verlängerungszeiten** ergeben. Dabei ist die Relation zwischen Erstlauf- und Verlängerungszeitraum zu beachten (Ulmer/Brandner/Hensen/*Christensen* Rn 15). So hat der BGH bei einer Erstlaufzeit eines Fitness-Vertrags eine Verlängerungszeit von sechs Monaten für angemessen erklärt (BGH NJW 1997, 379). Für einen **Partnervermittlungsvertrag** sollen sogar sechs Monate zu lang sein (Düsseldorf NJW-RR 1995, 369). Bei Zeitschriftenbezugsverträgen (BGHZ 100, 373, 380) und bei Wartungsverträgen (Oldenburg CR 1992, 722; LG Neubrandenburg NJW-RR 1998, 1435) kann die Ein-Jahres-Frist ausgeschöpft werden.

73 **3. Kündigungsfrist.** Nach Nr 9c darf keine längere als eine dreimonatige Kündigungsfrist verlangt werden, wenn die andere Vertragspartei den Vertrag zum Ende der ersten Laufzeit oder einer Verlängerungslaufzeit kündigen will. Grds zulässig ist auch das Erfordernis einer **Kündigung zum Quartalsende**, aber nur dann, wenn damit keine weitere Frist verbunden wird, etwa »sechs Wochen zum Quartalsende« (LG Potsdam VuR 1997, 182; AG Hamburg NJW-RR 1998, 1593).

74 **IV. Anwendbarkeit im unternehmerischen Verkehr.** Die Vorschrift soll im unternehmerischen Verkehr nicht anzuwenden sein (BGH NJW 1985, 2693, 2695; Erman/*Roloff* Rn 132). Laufzeitvereinbarungen im unternehmerischen Verkehr sind ausschließlich an § 307 zu messen.

75 **K. Wechsel des Vertragspartners (Nr 10).** Die Vorschrift will verhindern, dass dem Kunden ein Dritter anstelle des Verwenders als Vertragspartner aufgezwungen werden kann (BaRoth/*J Becker* Nr 10 Rn 1). Nur dann, wenn der **Dritte** in der Bestimmung **namentlich (auch unter Angabe seiner Adresse) bezeichnet** wird (Nr 10 lit a) oder dem Kunden schon in der Klausel das **Recht** eingeräumt wird, **sich vom Vertrag zu lösen** (Nr 10 lit b), ist ein Vertragspartnerwechsel zulässig. Mit dem LG Köln muss es sich dabei um ein Recht zur sofortigen und voraussetzungslosen Beendigung des Vertrages handeln (LG Köln NJW-RR 1987, 886). Wenn möglich, bietet sich für die Vertragsgestaltung die Kombination beider Ausn an. Das Klauselverbot greift aber nur bei einer **Vertragsübertragung**, also bei einer vollständigen Übertragung des Vertrages. Die befreiende Schuldübernahme reicht hierzu aus (Ulmer/Brandner/Hensen/*Hensen* Nr 10 Rn 5; BaRoth/*J Becker* Nr 10 Rn 6, 7). Hingegen stellen die Abtretung von (einzelnen) Forderungen (§ 398), die Erfüllungsübernahme, der Schuldbeitritt, die Schuldmitübernahme, die Übertragung von Aufgaben an Erfüllungsgehilfen oder die Gesamtrechtsnachfolge keine Übertragung des Vertrages im Ganzen dar. Zudem gilt das Verbot nur für bestimmte Vertragstypen, namentlich für **Kauf-, Dienst- und Werkverträge**. Anerkannt ist, dass hierzu gleichsam auch **Werklieferungs- und Geschäftsbesorgungsverträge** (Saarbrücken NJW-RR 1999, 1397; PWW/*KP Berger* Rn 87) zählen. Aufgrund des Gesetzes zur Begrenzung der mit Finanzinvestitionen verbundenen Risiken vom 12.08.2008 (Risikobegrenzungsgesetz) sind durch den neu gefassten § 309 Nr 10 nunmehr auch **Darlehensverträge** erfasst. Hintergrund hierzu war die rechtspolitische Diskussion über den Verkauf von Krediten. **Rechtsfolge.** Ein Verstoß gegen Nr 10 hat die Unwirksamkeit der entspr AGB-Klausel zur Folge. Der Verwender bleibt dem Kunden damit zur Vertragserfüllung verpflichtet.

76 Über § 310 Abs 1 S 2 sind grds auch **Unternehmer** vor einem Wechsel des Vertragspartners geschützt. Die Wirksamkeit entspr Klauseln im unternehmerischen Verkehr wird davon abhängen, ob der Unternehmer als Vertragspartner durch diese unangemessen benachteiligt ist. Dies wird insbes dann anzunehmen sein, wenn die berechtigten Interessen des Unternehmers wesentlich die Interessen des Verwenders überwiegen (vgl BGH NJW 1985, 54). So ist grds dann von der Unwirksamkeit solcher Klauseln auszugehen, wenn es wegen der Langfristigkeit des Vertrages wesentlich auf das persönliche Vertrauensverhältnis zum Vertragspartner und dessen wirtschaftlicher Zuverlässigkeit, Kompetenz, Reputation, Solvenz etc ankommt (vgl Hamburg VersR 1982, 65).

L. Haftung des Abschlussvertreters (Nr 11). Derjenige, der als Vertreter eines anderen handelt, will sich regelm nicht selbst, sondern einen anderen verpflichten, § 164 Abs 1. Allein den Vertretenen sollen in aller Regel die Wirkungen des Rechtsgeschäftes treffen. Nr 11 will den Vertreter vor versteckten, möglicherweise unklaren und überraschenden Klauseln schützen, ihn also vor »Übertölpelung« bewahren (BaRoth/*J Becker* Nr 11 Rn 1; BTDrs 7/3919 S 38). Nr 11 erfasst jegliche formularmäßige Eigenverpflichtung, also die gesamtschuldnerische Haftungsübernahme, der Schuldbeitritt, die Garantie oder Bürgschaft (Erman/*Roloff* Rn 142). So verbietet **Nr 11 lit a** Klauseln, die dem Vertreter **eine eigene Haftung** neben dem Vertretenen auferlegen (zB »Jeder, welcher diesen Vertrag unterzeichnet, haftet für die Bezahlung des Kaufpreises« oder »Der Vertreter haftet als Mitbesteller«). **Nr 11 lit b** will den Abschlussvertreter ohne Vertretungsmacht schützen und verbietet solche Klauseln, die eine **Haftung des Vertreters über den gesetzlichen Rahmen des § 179** hinaus erweitern. Auch **im unternehmerischen Rechtsverkehr** gilt Nr 11 nach hM in entspr Anwendung (PWW/*KP Berger* Rn 93; Palandt/*Grüneberg* Rn 98; Ulmer/Brandner/Hensen/*Hensen* Nr 11 Rn 13). 77

I. Verbot der formularmäßigen Mithaftung, Nr 11 lit a. Voraussetzung ist das Handeln eines Vertreters. Das kann das Handeln eine Vertreters mit rechtsgeschäftlicher oder gesetzlicher Vertretungsmacht sein, erfasst wird aber auch das Handeln eines Vertreters ohne Vertretungsmacht, dem nachträglich die Genehmigung nach § 177 erteilt wird. Ansonsten ist Nr 11 lit b zu beachten. **Ausn vom Verbot der Mithaftung des Abschlussvertreters:** Dem eindeutigen Gesetzeswortlaut der Nr 11 lit a ist zu entnehmen, dass eine Ausn vom Verbot der Haftung des Abschlussvertreters dann gelten soll, wenn der Vertreter eine **auf seine Eigenhaftung oder Einstandspflicht gerichtete ausdrückliche und gesonderte Erklärung** abgibt. Um hier von vornherein möglichen Schwierigkeiten zu begegnen, empfiehlt sich für die Verwender die **Hinzuziehung einer bes Urkunde für die Haftungserklärung des Abschlussvertreters** (Ulmer/Brandner/Hensen/*Hensen* Nr 11 Rn 9). Hierdurch tritt der Charakter und das Bewusstsein eines Eigengeschäftes des Vertreters bes deutlich hervor (vgl BGH NJW 2001, 3186; 2006, 996; vgl auch Erman/*Roloff* Rn 141). 78

II. Unzulässige Abbedingung des § 179, Nr 11 lit b. Die Vorschrift betrifft die formularmäßige Ausweitung der Haftung des vollmachtlosen Vertreters. Jede Erweiterung der Haftung des Vertreters ohne Vertretungsmacht über den gesetzlichen Rahmen (§ 179) hinaus, ist unzulässig. Derartige Klauseln finden sich allerdings selten (vgl aber LG Nürnberg-Fürth NJW 1962, 1513). Zudem kann auch hier das Klauselverbot über eine Individualvereinbarung zwischen Vertreter ohne Vertretungsmacht und Verwender überwunden werden (krit zur Regelung der Nr 11 lit b ua Ulmer/Brandner/Hensen/Hensen Nr 11 Rn 11). 79

III. Rechtsfolge. Verstößt die Klausel des Verwenders gegen Nr 11, so ist sie unwirksam. 80

M. Beweislast (Nr 12). Erfolg und Nichterfolg bei der Geltendmachung von Ansprüchen hängen ganz entscheidend auch von der Beweislastverteilung ab. Der Gesetzgeber und die Gerichte haben hierzu bestimmte Regelungen festgeschrieben, die nicht lediglich Ausdruck formal-verfahrensrechtlicher Zweckmäßigkeitserwägungen sind. Vielmehr sind sie eine »**typische Ausprägung des Gerechtigkeitsgebots**« (BTDrs 7/3919 S 38). Spezielle, vorrangige Klauselverbote finden sich in § 308 Nr 5 und 6 (jeweils mit Wertungsmöglichkeit) sowie in § 309 Nr 5 (Erman/*Roloff* Rn 146). Nr 12 enthält ein **allg Verbot von Beweislaständerungen zum Nachteil des Kunden** (Palandt/*Grüneberg* Rn 99; BGH NJW 1988, 258) und macht somit die Beweislastregeln generell AGB-fest (Ulmer/Brandner/Hensen/*Hensen* Nr 12 Rn 6). Das Verbot greift von daher nicht nur bei einer Umkehr der Beweislast, sondern erfasst **jedwede Änderung der Beweisposition zum Nachteil des Vertragspartners.** Es reicht bereits die Möglichkeit, dass der Richter auf Grund der Klausel die Anforderungen an den Beweis zulasten der beweispflichtigen Verwendergegenseite erhöht (BGH NJW 1990, 761, 765; BGHZ 99, 374, 380). Verboten sind daher zB die **Erschwerung der Beweisführung**, der **Ausschluss von Beweismitteln**, **Änderungen des Beweismaßes bzw der Beweisanforderungen**, **Beweismittelbeschränkungen,** die **Änderung der Grundsätze über den Beweis des ersten Anscheins** oder Versuche, die **Verteilung der Darlegungslasten durch AGB** zu ändern. Insbes darf der Verwender die Beweislast zum Nachteil des Vertragspartners nicht durch solche Klauseln ändern, die bestimmte Tatsachen als gegeben hinstellen (**Tatsachenbestätigungen**), die Beweislast also faktisch zum Nachteil des Kunden verschieben: **Bsp:** »Der Vertragspartner hat die AGB gelesen und verstanden« (vgl BGH NJW 1996, 1819), oder »Die Vertragsbedingungen sind iE ausgehandelt« (BGHZ 99, 374). 81

Struktur der Norm. Nr 12 verbietet generalklauselartig in ihrem 1. Hs jede »Bestimmung, durch die der Verwender die Beweislast zum Nachteil des anderen Vertragsteils ändert«. In **Nr 12 lit a und b** werden dann noch **zwei Regelbeispielsfälle** für verbotene Klauseln angeführt. Nr 12 lit a stellt (lediglich) einen bes gravierenden Fall der verbotenen Beweislaständerung dar, ohne dass ihm eine eigenständige Bedeutung zuerkannt wird (BaRoth/*J Becker* Nr 12 Rn 3). Dem zweiten Bsp (Tatsachenbestätigungen) kommt hingegen eine erhebliche praktische Bedeutung zu (Ulmer/Brandner/Hensen/*Hensen* Nr 12 Rn 1). Schließlich ist in **Nr 12 S 2** noch eine **Legalausnahme** vorgesehen, nach welcher **gesondert unterschriebene Empfangsbekenntnisse** (vgl § 368) vom Verbot gem Nr 12 ausgenommen sind. Voraussetzung dafür ist, dass das Empfangsbekenntnis vom sonstigen Vertragstext – vor allem den AGB – deutlich abgehoben ist und außerdem vom Kunden unterschrieben oder qualifiziert elektronisch signiert wurde. Zwar ist keine bes Urkunde erforderlich (PWW/ 82

KP Berger Rn 98), ganz ähnl wie bei einer entspr Eigenhaftungs- bzw Einstandspflichterklärung des Abschlussvertreters etwa (vgl Nr 11), es empfiehlt sich aber auch hier die Verwendung eines gesonderten Quittungsformulars. Grds gilt Nr 12 entspr auch im **Verkehr zwischen Unternehmen**, da die Beweislastregeln Ausprägungen des Gerechtigkeitsgebotes sind (BGH NJW 2006, 49). Allenfalls bei der Inhaltskontrolle nach Nr 12 lit a sind Abweichungen vorstellbar, da angenommen werden kann, dass sich Unternehmer – anders als Verbraucher – nicht so leicht von Tatsachenbehauptungen beeinflussen lassen werden (Ulmer/Brandner/Hensen-*Hensen* Nr 12 Rn 26).

83 **I. Beweislaständerungen.** Ein unzulässiger **Beweismittelausschluss** stellt etwa die Klausel »Rückgabe nur gegen Vorlage dieses Abholausweises« in den AGB über Fotoentwicklung dar (Nürnberg NJW-RR 2000, 436), ebenso eine Klausel, die die andere Vertragspartei verpflichtet, offensichtliche Mängel unverzüglich nach Rückgabe unter Vorlage der Quittung zu rügen (Köln VuR 1997, 363). Auch eine Bestimmung, die allein den Urkundenbeweis als statthaft deklariert, fällt darunter (Erman/*Roloff* Rn 147). Eine **unzulässige Beweiserschwerung** stellt die Klausel in den AGB einer Autowaschanlage dar, wonach nach Verlassen der Anlage jede Möglichkeit erlischt, einen Schadensersatzanspruch geltend zu machen (LG Tübingen NJW-RR 1992, 310). Zu Regelungen, die die **Grundsätze des Anscheinsbeweises** zulasten der Gegenseite abändern, vgl BGH ZIP 1987, 1457. Nicht vom Verbot erfasst sind vertragliche Abweichungen vom dispositiven Recht, die Änderungen der Beweislast mit sich bringen wie zB die zusätzliche Abgabe eines vorformulierten **abstrakten oder deklaratorischen Schuldanerkenntnisses** (BGHZ 114, 12; BGH NJW 2003, 2388). Gleichwohl ist § 307 zu beachten. Gleiches gilt für **Zwangsvollstreckungsunterwerfungsklauseln** (BGH NJW 2002, 138).

84 **II. Tatsachenbestätigungen.** Bestätigt der Kunde das Vorhandensein oder Nichtvorhandensein bestimmter Tatsachen, so erlangt der Verwender ein Beweismittel, auf welches er sich solange berufen kann, bis die Gegenseite die Unrichtigkeit oder das Nichtvorhandensein bestimmter Tatsachen nachweist (BGH NJW 1990, 761, 766). Nr 12 lit b gilt für alle vorformulierten Bestätigungen rechtlich relevanter Tatsachen, die die Beweislast umkehren oder faktisch nachteilig verschieben (BGH NJW 1987, 1634). Die Begrifflichkeit rechtlich relevante Tatsachen ist grds weit zu interpretieren (BaRoth/*J Becker* Nr 12 Rn 8): Hierunter fallen die **Bestätigung rechtlich relevanter Umstände** (Aushandelnsbestätigung oder die Versicherung, die AGB gelesen und verstanden zu haben, oben Rz 81), **Wissenserklärungen** (»Ich bin durch den Handelsvertreter darauf hingewiesen worden, dass mir das Recht des Widerrufs nach dem Haustürwiderrufsgesetz nicht zusteht« vgl Ulmer/Brandner/Hensen/*Hensen* Nr 12 Rn 20 mit Verweis auf LG Hamburg 74 O 263/87) oder **Erklärungen über tatsächliche Vorgänge** (»Ich erkläre, gesund und daher in der Lage zu sein, an einem normalen Training teilzunehmen«, BGH NJW-RR 1989, 817). Grds sind Wiederholungen der gesetzlichen oder richterlichen Beweislastverteilung wegen § 307 Abs 3 S 1 wirksam (BGH NJW-RR 2005, 1498). Umstritten ist allerdings die Wirksamkeit der Klausel »Mündliche Nebenabreden sind nicht getroffen«. So könnte man argumentieren, dass sie nur die geltende Beweislastverteilung wiedergibt (BaRoth/*J Becker* Nr 12 Rn 4). Nach aA ist sie jedoch nicht wirksam, da sie in erster Linie darauf angelegt ist, den Kunden davon abzuhalten, dass er sich auf Nebenabreden überhaupt beruft (Ulmer/Brandner/Hensen/*Hensen* Nr 12 Rn 22). Typischerweise kommt ihr eine abschreckende Wirkung zu, so dass sich der Kunde häufig gar nicht erst traut, einen Gegenbeweis anzutreten.

85 **V. Rechtsfolge.** An die Stelle der (unwirksamen) Klausel tritt die gesetzlich bzw richterrechtlich vorgeschriebene Beweislastverteilung (§ 306 Abs 2).

86 **N. Form von Anzeigen und Erklärungen (Nr 13).** Für das Zustandekommen von Rechtsgeschäften gilt der Grundsatz der Formfreiheit. Nur für bes wichtige und gefährliche Rechtsgeschäfte gibt es gesetzliche Formvorschriften (vgl §§ 125 ff), die idR zwingend sind. Nur dann, wenn diesen entsprochen wird, ist das Rechtsgeschäft auch wirksam. Die Zugangserfordernisse von Willenserklärungen finden sich in den §§ 130 und 131. Diese Regelungen sind dispositiv. Nr 13 soll verhindern, dass die Rechte des Kunden durch **überzogene vorformulierte Form- und Zugangserfordernisse für Anzeigen oder Erklärungen** beschränkt werden. In AGB dürfen daher keine über die gesetzlichen Bestimmungen hinausgehenden Anforderungen gestellt werden (jurisPK/*Lapp* Rn 189). Nach ganz hM ist Nr 13 auf **Rechtsgeschäfte zwischen Unternehmern** nicht entspr anzuwenden (Palandt/*Grüneberg* Rn 107; PWW/*KP Berger* Rn 103; Ulmer/Brandner/Hensen/*Hensen* Nr 13 Rn 12). Unternehmer bedürfen nicht des gleichen Schutzes wie Verbraucher. Ihnen können also strengere Form- und Zugangserfordernisse auferlegt werden. Dennoch, sofern gewichtige Gründe dies verlangen, können entspr Klauseln gem § 307 unwirksam sein.

87 **I. Anzeigen und Erklärungen.** Von Nr 13 werden alle rechtsgeschäftlichen, geschäftsähnlichen oder rein tatsächlichen Äußerungen des Kunden ggü dem Verwender oder Dritten erfasst, die für die Rechtsentstehung, Rechtsausübung oder sonstige Rechtswahrnehmung von Bedeutung sind. Gemeint sind vor allem einseitige Erklärungen wie die Kündigung, der Rücktritt, die Mahnung, die Minderung, die Anfechtung, die Mängelrüge, Schadensersatzverlangen oder die Fristsetzung. Nicht erfasst werden vertragliche Nebenabreden sowie Anzeigen und Erklärungen des Verwenders (PWW/*KP Berger* Rn 100).

II. Formvorschriften. Nr 13 verbietet die Vorgabe einer strengeren Form als Schriftform, vgl §§ 127, 126. Mit dem BGH kann eine Schriftform immer verlangt werden (BGH NJW-RR 1989, 625). Dies ist auch für beide Seiten ratsam, lassen sich doch mündliche Erklärungen viel schwerer beweisen als schriftliche. Nicht erlaubt sind neben Klauseln, die dem Kunden eine notarielle Beurkundung oder öffentliche Beglaubigung der Erklärung vorschreiben, auch solche, die den Kunden zur Abgabe einer Willenserklärung durch Einschreiben, Fernschreiben oder Telefax zwingen (vgl PWW/*KP Berger* Rn 101). So ist eine Klausel, nach der die Kündigung nur durch eingeschriebenen Brief erfolgen kann (LG Hamburg NJW 1986, 262) ebenso unwirksam wie Kündigungsregelungen, nach der sich ein Vertrag verlängert, wenn er nicht vor Ablauf »schriftlich per Einschreiben« gekündigt wird (LG Kiel AGBE III § 309 Nr 67). Auch wird zB nicht jeder Verbraucher ein Faxgerät besitzen. Das Vorschreiben der elektronischen Form des § 126a oder die Verwendung bestimmter Formulare sind ebenfalls unzulässig (BaRoth/*J Becker* Nr 13 Rn 3). **88**

III. Zugangserfordernis. Während § 308 Nr 6 die Vereinbarung von Zugangsfiktionen unterbinden will, erklärt Nr 13 übersteigerte Zugangserfordernisse, also solche, die von §§ 130 und 131 zum Nachteil des Kunden abweichen, für unwirksam. So wird nicht selten die Kündigung davon abhängig gemacht, dass sie per Einschreiben erfolgt (vgl LG Dortmund VuR 1992, 163, 164). Eine Klausel, die die Übermittlung einer Erklärung nur per Post oder durch Einschreiben gestattet, ist unwirksam (BGH NJW 1985, 2587; Düsseldorf NJW-RR 1992, 55). Dies gilt auch für solche, die vorschreiben, dass der »Zugang nur zu einer bestimmten Empfangszeit« erfolgen darf (München NJW-RR 1987, 664) oder dass »Mängelanzeigen nur wirksam sind, wenn diese an die »Zentrale Kundendienststelle« in X oder die Geschäftsleitung gerichtet sind« (Celle AGBE VI § 11 Nr 78). **89**

IV. Rechtsfolge. An die Stelle der (unwirksamen) Klausel tritt dann das Gesetzesrecht. **90**

§ 310 Anwendungsbereich. **[1] § 305 Absatz 2 und 3 und die §§ 308 und 309 finden keine Anwendung auf Allgemeine Geschäftsbedingungen, die gegenüber einem Unternehmer, einer juristischen Person des öffentlichen Rechts oder einem öffentlich-rechtlichen Sondervermögen verwendet werden. § 307 Absatz 1 und 2 findet in den Fällen des Satz 1 auch insoweit Anwendung, als dies zur Unwirksamkeit von in den §§ 308 und 309 genannten Vertragsbestimmungen führt; auf die im Handelsverkehr geltenden Gewohnheiten und Gebräuche ist angemessen Rücksicht zu nehmen.**

[2] Die §§ 308 und 309 finden keine Anwendung auf Verträge der Elektrizitäts-, Gas-, Fernwärme- und Wasserversorgungsunternehmen über die Versorgung von Sonderabnehmern mit elektrischer Energie, Gas, Fernwärme und Wasser aus dem Versorgungsnetz, soweit die Versorgungsbedingungen nicht zum Nachteil der Abnehmer von Verordnungen über Allgemeine Bedingungen für die Versorgung von Tarifkunden mit elektrischer Energie, Gas, Fernwärme und Wasser abweichen. Satz 1 gilt entsprechend für Verträge über die Entsorgung von Abwasser.

[3] Bei Verträgen zwischen einem Unternehmer und einem Verbraucher (Verbraucherverträge) finden die Vorschriften dieses Abschnitts mit folgenden Maßgaben Anwendung:

1. **Allgemeine Geschäftsbedingungen gelten als vom Unternehmer gestellt, es sei denn, dass sie durch den Verbraucher in den Vertrag eingeführt wurden;**
2. **§ 305c Absatz 2 und die §§ 306 und 307 bis 309 dieses Gesetzes sowie Artikel 29a des Einführungsgesetzes zum Bürgerlichen Gesetzbuche finden auf vorformulierte Vertragsbedingungen auch dann Anwendung, wenn diese nur zur einmaligen Verwendung bestimmt sind und soweit der Verbraucher auf Grund der Vorformulierung auf ihren Inhalt keinen Einfluss nehmen konnte;**
3. **bei der Beurteilung der unangemessenen Benachteiligung nach § 307 Absatz 1 und 2 sind auch die den Vertragsschluss begleitenden Umstände zu berücksichtigen.**

[4] Dieser Abschnitt findet keine Anwendung Verträgen auf dem Gebiet des Erb-, Familien- und Gesellschaftsrechts sowie auf Tarifverträge, Betriebs- und Dienstvereinbarungen. Bei der Anwendung auf Arbeitsverträge sind die im Arbeitsrecht geltenden Besonderheiten angemessen zu berücksichtigen; § 305 Absatz 2 und 3 ist nicht anzuwenden. Tarifverträge, Betriebs- und Dienstvereinbarungen stehen Rechtsvorschriften im Sinne von § 307 Absatz 3 gleich.

A. Funktion der Vorschrift. Die Vorschrift enthält eine Reihe komplizierter Abgrenzungen des persönlichen und sachlichen Anwendungsbereichs des AGB-Rechts. Sie ist nur verständlich, wenn man sich das historische Wachsen des AGB-Rechts vor Augen führt. § 310 erklärt sich als Folge der Diskussionen bei der Verabschiedung des seinerzeitigen AGBG, ob man mit den AGB-Kontrollvorschriften **allg Zivilrecht** schaffen wollte oder ein spezielles »**Sonderprivatrecht**«, das nur für Verbraucherverträge gelten sollte (*Tonner* Einl Rz 25; Staud/*Schlosser* Rn 2). Man entschied sich damals für die allg Geltung des AGB-Kontrollrechts, führte aber doch einige Ausn für Vorschriften an, die man für Verträge außerhalb des Verbraucherbereichs für zu weitgehend hielt, insbes für die Einbeziehungsvorschrift und für Klauselverbotskataloge. Dies ist der Regelungsgehalt des heutigen Abs 1, ursprünglich § 24 AGBG. **1**

2 Durch die **RL über missbräuchliche Vertragsklauseln** kam die Frage des **persönlichen Anwendungsbereichs** erneut auf die Tagesordnung des Gesetzgebers. Im Gegensatz zum deutschen Recht verfolgt das Gemeinschaftsrecht einen rein verbraucherbezogenen Ansatz. Obwohl die RL in sachlicher Hinsicht in weiten Teilen auf dem AGBG beruht, enthielt sie aber doch einige Vorschriften, die über das seinerzeitige deutsche Recht hinausgingen, insbes die Regelung, wonach die Kontrollvorschriften bereits bei einer **einmaligen Verwendung** eingreifen. Der deutsche Gesetzgeber hätte die Einheit der deutschen Regelung beibehalten können, indem er im Wege der überschießenden Umsetzung die notwendigen sachlichen Anpassungen an die RL vorgenommen, iÜ aber den persönlichen Anwendungsbereich über den Verbraucherbereich hinaus unverändert gelassen hätte. Er entschloss sich aber zu einem anderen Weg, der das Verständnis der Vorschrift nicht gerade erleichtert: Einige Vorschriften der RL erschienen ihm zu weitgehend, um sie in das allg Zivilrecht aufzunehmen. Er nahm sie daher nicht in den allg Gesetzestext auf, sondern getrennt in § 24a AGBG aF, dem heutigen Abs 3, und beschränkte ihre Anwendbarkeit auf Verbraucherverträge. Die eigentlich gebotene systematische Integration der §§ 24, 24a AGBG unterließ der seinerzeitige Umsetzungsgesetzgeber, und auch der Gesetzgeber der Schuldrechtsreform, der die Vorschriften in § 310 Abs 1 und 3 überführte, hat dies nicht nachgeholt (sehr krit zum Gesetzgebungsstil der Vorschrift Ulmer/Brandner/Hensen/*Ulmer* Rn 2; eher positiv zur Konzeption von § 24a AGBG Staud/*Schlosser* Rn 34 ff).

3 Ausn vom **sachlichen Anwendungsbereich** sind auf die Abs 2 und 4 verteilt. Es handelt sich dabei um Versorgungsbedingungen in Verträgen mit Sonderabnehmern, Abs 2, sowie um das Erbrecht, das Familienrecht und das Gesellschafts- und Vereinsrecht. Ursprünglich war auch das Arbeitsrecht kontrollfrei. Dies hob die Schuldrechtsreform für das Arbeitsvertragsrecht auf, stellte derartige Verträge aber gleichzeitig unter einen bes Kontrollmaßstab. Dies ist seitdem ein viel diskutiertes Thema (Vgl etwa *Singer* Inhaltskontrolle von Arbeitsverträgen 2007; *Tamm* PersV 2008, 209).

4 **B. Persönlicher Anwendungsbereich. I. Ausnahmen ggü Unternehmen, Abs 1. 1. Funktion.** Abs 1 S 1 beschränkt die Anwendbarkeit der Vorschriften über die **Einbeziehung** von AGB und der **Klauselverbotskataloge** auf **Verbraucherverträge**. S 2 stellt klar, dass auch in derartigen Fällen die Generalklausel eingreift, und zwar auch dann, wenn in Anwendung der Generalklausel in einem Vertrag ggü einem Unternehmer eine Klausel unzulässig ist, die auch gegen eine Ziffer der Klauselverbotskataloge verstößt. Damit wird die Beschränkung der Klauselverbotskataloge auf Verbraucherverträge von vornherein relativiert.

5 **2. »Ggü einem Unternehmer«.** Die Anwendung der in der Vorschrift genannten Regelungen ist »ggü einem Unternehmer« ausgeschlossen. Der Unternehmer muss also die andere Vertragspartei sein. Der Unternehmerbegriff ist in § 14 geregelt; auf die Kommentierung dieser Vorschrift von *Tamm* kann verwiesen werden. Dem Unternehmer gleichgestellt sind **juristische Personen des öffentlichen Rechts** und öffentlich-rechtliche Sondervermögen. Zu den juristischen Personen des öffentlichen Rechts zählen die Gebietskörperschaften, Kammern und Zweckverbände, Hochschulen, Rundfunkanstalten, Religionsgemeinschaften, Sozialversicherungsträger und andere öffentlich-rechtliche Anstalten (MüKo/*Reuter* § 89 Rn 3 ff; Wolf/Lindacher/Pfeiffer/*Wolf* Abs 1 Rn 16). **Öffentlich-rechtliche Sondervermögen** sind etwa das ERP-Sondervermögen, der LAG-Ausgleichsfonds, der Fonds »Deutsche Einheit« und das Bundeseisenbahnvermögen, nicht aber die Deutsche Bahn AG und die Deutsche Post AG, die Unternehmer iSd § 14 sind (Ulmer/Brandner/Hensen/*Ulmer* Rn 24; Staud/*Schlosser* Rn 10; MüKo/*Basedow* Rn 6).

6 Genau genommen ist Abs 1 zu eng gehalten. Denn nach seinem Wortlaut schließt er die Einbeziehungsvoraussetzungen und die Klauselverbotskataloge nicht nur in Verträgen zwischen einem Unternehmer als AGB-Verwender und einem anderen Unternehmer sowie den diesen gleichgestellten öffentlich-rechtlichen Vertragspartnern aus, sondern auch in Verträgen eines AGB verwendenden Verbrauchers mit einem anderen Verbraucher und mit einem Unternehmer. Das kann nicht gemeint sein und kann nur deshalb auf sich beruhen, weil der AGB verwendende Verbraucher wohl kaum jemals der Realität entspricht.

7 **3. Ausgeschlossene Vorschriften.** Der unternehmerische Geschäftsverkehr ist zunächst von der Beachtung der **Einbeziehungsvoraussetzungen** nach § 305 Abs 2 und 3 freigestellt. Es gelten daher die allg Regelungen über das Zustandekommen von Verträgen, §§ 145 ff. Danach müssen die AGB vereinbart werden; es ist allerdings nicht die Möglichkeit der Kenntnisnahme erforderlich (vgl auch *Richter* § 305 Rz 16). Auch das wichtige und viel diskutierte Problem, was bei sich widersprechenden AGB gilt, ist nach den allg Regeln und nicht nach §§ 305 ff zu lösen (*Richter* § 305 Rz 20). Zum andern sind die **Klauselverbotskataloge** ausgeschlossen. Der Gesetzgeber des AGBG wollte offenkundig für den unternehmerischen Geschäftsverkehr eine flexiblere Lösung, indem hier nur die Generalklausel zur Anwendung berufen ist. Jedenfalls für die »graue« Liste des § 308 wäre dies nicht erforderlich gewesen, da die Vorschrift einen Wertungsspielraum enthält.

8 **4. Anwendbarkeit der Generalklausel.** Der Ausschluss der Klauselverbotskataloge wird durch die Rechtsprechungspraxis weitgehend überspielt. Offenkundig ist der Rspr daran gelegen, in den Ergebnissen die Beurteilung von Verbraucherverträgen und Verträgen zwischen Unternehmern nicht zu weit auseinander laufen zu lassen und damit einen Beitrag zur Einheit der Rechtsordnung zu leisten. Dazu bietet Abs 1 S 2 einen Ansatz, den die Rspr extensiv nutzt. S 2 stellt klar, dass die Generalklausel – auch – in Verträgen zwischen Unterneh-

men anzuwenden ist, wenn sich das Ergebnis mit einer Ziffer aus den Klauselverbotskatalogen überschneidet. Aus dem Vorliegen eines Tatbestands der §§ 308 oder 309 kann also keineswegs der Umkehrschluss gezogen werden, dass die Generalklausel nicht anzuwenden ist – im Gegenteil. Die Rspr prüft bei jeder einzelnen Ziffer aus den Klauselverbotskatalogen, ob deren Wertung nicht auch im Rahmen der Generalklausel zur Anwendung gelangt. Bei § 308 wird dies vollständig bejaht, bei § 309 weitgehend (zuletzt BGHZ 174, 1: Haftungsausschluss für grobes Verschulden auch im unternehmerischen Verkehr unzulässig). Man kann daher von einer **Indizwirkung** sprechen (Staud/*Schlosser* Rn 12; MüKo/*Basedow* Rn 7; zurückhaltender Wolf/Lindacher/Pfeiffer/*Wolf* Abs 1 Rn 22: keine generelle Indizwirkung). IE ist die Wertung bei der Erläuterung der § 308 und 309 zu belegen.

II. Verbraucherverträge, Abs 3. 1. Funktion. Abs 3 geht auf die Erfordernisse der Umsetzung der RL über missbräuchliche Vertragsklauseln zurück. Der Gesetzgeber wollte einige Anforderungen der RL, nämlich die Fiktion des »Stellens« der AGB, die Anwendung der Kontrollvorschriften auch für Vertragsbedingungen, die nur in einem Einzelfall gestellt werden, und die Berücksichtigung begleitender Umstände, nicht in das allg AGB-Recht übernehmen. Da die RL nur für Verbraucherverträge Geltung beansprucht, konnte er sich darauf beschränken, diese »ungeliebten« Tatbestandsmerkmals nur für Verbraucherverträge umzusetzen. Die allg Vorschriften des AGB-Rechts blieben davon unberührt. Die Umsetzung erfolgte zunächst in § 24a AGBG, der durch die Schuldrechtsreform zu § 310 Abs 3 wurde. Zur Übersichtlichkeit trägt diese Form der Umsetzung nicht gerade bei, denn die allg Vorschriften müssen für Verbraucherverträge stets iVm den zusätzlichen Voraussetzungen des Abs 3 gelesen werden. 9

2. Verbrauchervertrag. Abs 3 gilt nur für Verbraucherverträge. Dieser Begriff bereitet keine Schwierigkeiten, denn darunter ist ein Vertrag zwischen einem Unternehmer und einem Verbraucher zu verstehen. Diese beiden Begriffe sind in §§ 13 und 14 definiert, so dass auf die diesbezüglichen Erläuterungen von *Tamm* verwiesen werden kann. Probleme gibt es insbes beim »**dual use**«, wenn ein Verbraucher eine Sache oder eine Dienstleistung sowohl zu privaten wie zu beruflichen Zwecken erwirbt (*Tamm* § 13 Rz 30; vgl auch Staud/*Schlosser* Rn 48; MüKo/*Basedow* Rn 47). Die Begriffe sind richtlinienkonform auszulegen, und zwar im Bereich des AGB-Rechts nach dem Verbraucher- und Unternehmerbegriff der RL über missbräuchliche Vertragsklauseln. Deren einschlägige Begriffsdefinitionen werden von §§ 13 und 14 erfasst. Der gemeinschaftsrechtliche Hintergrund hat gleichwohl Bedeutung, denn bei Zweifelsfragen besteht die Vorlagepflicht der Gerichte nach Art 234 EG-Vertrag. 10

3. Fiktion des »Stellens« der AGB, Abs 3 Nr 1. Abs 3 verschärft die Voraussetzungen des § 305 Abs 1 zu Lasten des Verwenders. Nach § 305 Abs 1 müssen die AGB vom Verwender gestellt werden, dh sie müssen von ihm stammen. Nach Art 3 Abs 2 der RL ist aber lediglich erforderlich, dass die AGB im Voraus abgefasst wurden und der Verbraucher deshalb, »insbes im Rahmen eines vorformulierten Standardvertrags«, keinen Einfluss auf sie nehmen konnte. Diese Formulierung schließt auch **von Dritten stammende AGB** ein, was für Verträge, die von **Notaren** oder anderen mit der Vertragsgestaltung befassten Personen herrühren, von Bedeutung ist (Ulmer/Brandner/Hensen/*Ulmer* Rn 73; Wolf/Lindacher/Pfeiffer/*Pfeiffer* Abs 3 Rn 13; Staud/*Schlosser* Rn 55; MüKo/*Basedow* Rn 50; PWW/*KP Berger* Rn 7; BaRoth/*Becker* Rn 15). Damit gelangen notariell beurkundete Verträge mit einem Verbraucher sehr viel eher unter die Inhaltskontrolle als notariell beurkundete Verträge iA, zumal die einmalige Verwendung von Klauseln bei einem Verbrauchervertrag ausreicht (dazu sogleich). Man darf daraus aber nicht den Schluss ziehen, dass notariell beurkundete Verträge pauschal der Inhaltskontrolle unterfielen, denn es muss sich nach Art 3 Abs 2 der RL um einen »Standardvertrag« handeln, was im Umsetzungsrecht durch den Begriff des »Stellens« zum Ausdruck kommt (dazu *Richter* § 305 Rz 6) und der Einwand, die Klauseln seien ausgehandelt (§ 305 Abs 1 S 3), ist auch bei einem Verbrauchervertrag möglich, denn Art 3 Abs 1 der RL sieht dies ausdrücklich vor (reserviert ggü einer pauschalen Einbeziehung notarieller Verträge auch MüKo/*Basedow* Rn 58). Eine MA will den Anwendungsbereich auf dem Unternehmer zurechenbare Klauseln beschränken (Ulmer/Brandner/Hensen/*Ulmer* Rn 81), andere wollen auf den Einzelfall abstellen (Wolf/Lindacher/Pfeiffer/*Pfeiffer* Abs 3 Rn 22). Wegen des Schutzwecks der RL ist diese einengende Auslegung nicht überzeugend. Abs 3 Nr 1 kommt nicht zur Anwendung, wenn die **AGB durch den Verbraucher eingeführt** werden (Wolf/Lindacher/Pfeiffer/*Pfeiffer* Abs 3 Rn 16; Staud/*Schlosser* Rn 54). Dies mag der Fall sein, wenn der Verbraucher ein im Handel erhältliches Formular zum Vertragschluss mitbringt, etwa beim Gebrauchtwagenhandel (BTDrs 13/2713 S 7). Große Bedeutung hat dies aber nicht, was schon im Fehlen von Rspr zum Ausdruck kommt. 11

4. Einmalige Verwendung, Abs 3 Nr 2. Die RL über missbräuchliche Vertragsklauseln spricht nicht von AGB, sondern von einer Vertragsklausel. Sie ist deshalb bereits bei der einmaligen Verwendung einer Klausel anzuwenden, sofern die übrigen Voraussetzungen gegeben sind, insbes das »Stellen«. Damit unterscheidet sie sich vom deutschen Recht, das vor der RL AGB in § 305 Abs 1 als »für eine Vielzahl von Verträgen vorformulierte Vertragsbedingungen« definierte (*Richter* § 305 Rz 5; Wolf/Lindacher/Pfeiffer/*Pfeiffer* Abs 3 Rn 18; Ulmer/Brandner/Hensen/*Ulmer* Rn 79 spricht von einer Durchbrechung des ursprünglichen Konzepts des AGBG). Diese Definition wurde nicht aufgehoben, sondern lediglich für Verbraucherverträge auf die einma- 12 lige Verwendung erweitert. Die Ausdehnung des sachlichen Anwendungsbereichs wurde **so eng wie möglich** gefasst, indem sie nicht etwa für die gesamten §§ 305 ff gilt, sondern nur für die Vorschriften, die als Umsetzung der RL zu verstehen sind. Das sind die contra-proferentem-Regel nach § 305c Abs 2 (Art 5 S 2 der RL), die Vorschrift des § 306, wonach der Vertrag bei einer unwirksamen Klausel iÜ wirksam bleibt (Art 6 Abs 1 der RL), die Generalklausel des § 307 (Art 3 Abs 1 der RL), die beiden Klauselverbotskataloge (Anhang der RL) und schließlich die IPR-Vorschrift des Art 29a EGBGB (Art 6 Abs 2 der RL). Nicht erfasst sind damit die Einbeziehungsvoraussetzungen (§ 305 Abs 2), der Vorrang der Individualabrede gem § 305b und das Verbot überraschender Klauseln (§ 305c Abs 1).

13 Die RL hat aber nicht zur Folge, dass in Verbraucherverträgen stets eine Kontrolle der Vertragsbedingungen am Maßstab der Missbräuchlichkeit stattzufinden hat. Vielmehr gilt dies nur für »vorformulierte« Vertragsklauseln. Kontrollfreie Individualvereinbarungen bleiben also durchaus möglich. Ebenso fallen Klauseln, die der Verwender zwar vorformuliert, aber zur Disposition gestellt hat, so dass sie als ausgehandelt zu betrachten sind (zum Aushandeln *Richter* § 305 Rz 8), auch nach der RL nicht unter die Missbrauchskontrolle.

14 Schließlich setzt die Vorschrift voraus, dass der Verbraucher **keinen Einfluss auf den Vertragsinhalt** nehmen konnte. »Einfluss« ist weniger als Aushandeln (Ulmer/Brandner/Hensen/*Ulmer* Rn 85; Wolf/Lindacher/Pfeiffer/*Pfeiffer* Abs 3 Rn 21). Es genügt, wenn der Verwender die Bereitschaft signalisiert, auf Änderungswünsche des Verbrauchers einzugehen, auch wenn dieser davon keinen Gebrauch macht (Ulmer/Brandner/Hensen/*Ulmer* aaO). Bei Massengeschäften wird man davon regelm nicht ausgehen können. Die Beweislast sowohl für die Vorformulierung wie für die fehlende Einflussmöglichkeit trifft den Verbraucher (BGHZ 176, 140; Ulmer/Brandner/Hensen/*Ulmer* Rn 89; Wolf/Lindacher/Pfeiffer/*Pfeiffer* Rn 23; Staud/*Schlosser* Rn 66; PWW/*KP Berger* Rn 9).

15 **5. Begleitende Umstände, Abs 3 Nr 3.** Schließlich musste der Umsetzungsgesetzgeber berücksichtigen, dass die RL in Art 4 Abs 1 auch auf die den Vertragsabschluss begleitenden Umstände abstellt. Dies wurde in Abs 3 Nr 3 berücksichtigt. Die RL verweist auf die **Art der Güter oder Dienstleistungen**, die Gegenstand des Vertrags sind, sowie auf die **anderen Klauseln desselben Vertrags** oder eines anderen Vertrags, von dem die Klausel abhängt. Im Gegensatz zum herkömmlichen deutschen AGB-Recht, dem das Konzept der abstrakt-generellen Kontrolle unterliegt, folgt die RL einem **konkret-individuellen Ansatz**. Dies darf bei der Auslegung von Klauseln in Verbraucherverträgen wegen des Vorrangs des Gemeinschaftsrechts nicht außer acht gelassen werden (Ulmer/Brandner/Hensen/*Fuchs* § 307 Rn 405), führt aber nicht dazu, dass etwa das Prinzip, wonach eine für sich betrachtet missbräuchliche Klausel durch eine verbraucherfreundliche Regelung an anderer Stelle nicht aufgewogen werden kann, aufgegeben werden müsste (Grabitz/Hilf/*Pfeiffer* Art 4 Rn 17). Die RL spricht lediglich von einer »Berücksichtigung«; eine bloße Gesamtbetrachtung der Klauseln ist ihr nicht zu entnehmen. Zutreffenderweise geht die hM davon aus, dass die konkret-individuelle Kontrolle die abstrakt-generelle Kontrolle **ergänzt** (Ulmer/Brandner/Hensen/*Fuchs* § 307 Rn 402; Wolf/Lindacher/Pfeiffer/*Pfeiffer* Abs 3 Rn 33; MüKo/*Basedow* Rn 75; PWW/*KP Berger* Rn 11: Kombinationslösung; vgl auch BaRoth/*Becker* Rn 20: nur die zugunsten des Verbrauchers eingreifenden Umstände seien zu berücksichtigen). Auch der EuGH hat eine Klausel als missbräuchlich eingestuft, ohne auf konkret-individuelle Umstände einzugehen (EuGH 27.06.2000 C-240/98 Slg 2000, I-4941 – Océano Grupo).

16 **C. Sachlicher Anwendungsbereich. I. Ausnahmen gem Abs 2. 1. Funktion.** Abs 2 stellt eine einheitliche Rechtslage für Tarif- und Sonderabnehmer bei Verträgen mit Versorgungsunternehmen her. Die Verträge mit Tarifabnehmern beruhen auf gesetzlichen Vorschriften (Verordnungen), die als gesetzliche Vorschriften nicht unter die AGB-Kontrolle fallen. Sie enthalten vielfach Haftungsausschlüsse und -beschränkungen, die, wären sie AGB, einer Inhaltskontrolle nicht standhalten könnten. Gerechtfertigt wird dies mit einer notwendigen Risikobegrenzung für die Versorgungsunternehmen. Sonderabnehmer schließen aber Verträge mit »normalen« AGB, in denen Haftungsausschlüsse, wie sie in den genannten Verordnungen enthalten sind, unzulässig wären. Um einen unterschiedlichen Haftungsstandard für Tarif- und Sonderabnehmer zu vermeiden, schließt Abs 2 daher die Anwendung der Klauselverbotskataloge auf Verträge mit Sonderabnehmern aus, soweit sie nicht zum Nachteil der Abnehmer von den VOen abweichen. Dieses Ergebnis hätte sich freilich auch dadurch erreichen lassen, dass man das Haftungsniveau der VOen auf den von den AGB-Kontrollvorschriften verlangten Standard angehoben hätte. Der Gesetzgeber wollte aber am **Haftungsprivileg** zu Gunsten der Versorgungsunternehmen umfänglich festhalten.

17 **2. Inhalt der Vorschrift.** Abs 2 zählt die **einzelnen Versorgungsleistungen** auf, die zu Gunsten des Verwenders privilegiert werden. Insoweit kann auf den Gesetzestext verwiesen werden. Die Vorschrift gilt zu Lasten von Sonderabnehmern. Tarifkunden werden von ihr nicht betroffen, da für sie ohnehin die gesetzlichen Vorschriften gelten. Dies sind die StromGVV, GasGVV (beide v 26.10.2006, BGBl I 2391 bzw 2396, AVBFerwärmeV (v 20.06.1980, BGBl I 750) und AVBWasserV (v. 20.06.1980, BGBl I 742). Es ist zulässig, die in diesen Verordnungen enthaltenen Regelungen auf Verträge mit Sonderabnehmern zu übertragen, ohne dass sie insoweit einer AGB-Kontrolle unterlägen. Die Grenze der Kontrollfreiheit ist erst dann erreicht, wenn die AGB in den Sonderabnehmerverträgen zu Lasten der Sonderabnehmer von den AVB abweichen.

Zwar sind die Vorschriften der StromGVV und der GasGVV verbraucherfreundlicher als die Vorgängerregelungen, doch wäre ihre Vereinbarkeit mit den AGB-Kontrollvorschriften noch immer in einigen Fällen zweifelhaft – wenn sie AGB wären. Die Abweichungen von den Standards, die für andere AGB-Verwender gelten, werden nicht nur mit den schon erwähnten – angeblich – **hohem Risiko der Versorger** begründet, sondern auch mit dem **Kontrahierungszwang** (§ 18 EnWiG), denen sie unterliegen. Mit letzterem werden etwa die Leistungsverweigerungsrechte und die Beschränkungen der Aufrechnungs- und Zurückbehaltungsrechte gerechtfertigt. Der Gesichtspunkt des Kontrahierungszwangs greift aber bei Sonderabnehmern gerade nicht ein. Nicht ersichtlich ist auch, wieso Versorgern weitergehende Preiserhöhungsvorbehalte zugestanden werden sollen als anderen AGB-Verwendern. **18**

Abs 2 schließt lediglich die Klauselverbotskataloge der §§ 308 und 309 aus. Die **Generalklausel** des § 307 bleibt aber **anwendbar**. Mit deren Hilfe darf aber nicht der Sinn der Vorschrift – die Privilegierung der Versorger – ins Gegenteil verkehrt und Klauseln der genannten Art für unzulässig erklärt werden (BaRoth/*Becker* Rn 8; jedenfalls für die Haftungsbeschränkung auf 5000 EUR aA MüKo/*Basedow* Rn 16). Ob man sogar von einer Leitbild-Funktion der AVB-Vorschriften für die Sonderabnehmerverträge sprechen kann, erscheint zweifelhaft (so jedoch BGHZ 138, 118, 134 ff; krit auch MüKo/*Basedow* Rn 15). Unzweifelhaft aber ist es dem Gesetzgeber vorbehalten, den Haftungsstandard der Versorgungsunternehmen auf den der übrigen AGB-Verwender anzuheben. **19**

3. Haftungsbeschränkungen in Verordnungen und Gemeinschaftsrecht. Es wird auch vertreten, die Ausn nach Abs 2 seien mit der RL über missbräuchliche Vertragsklauseln nicht vereinbar (*Rott/Butters* VuR 1999, 107, 116). In der Tat enthält die RL keine dem Abs 2 entspr Ausn. Sie ist aber nur auf Vertragsklauseln anwendbar, nicht auf gesetzliche Vorschriften. Deshalb wird man sie nicht unmittelbar auf die in den AVB bzw den GVV geregelten Tarifbedingungen anwenden können. Abs 2 befasst sich aber mit den AGB für Sonderabnehmer und fällt daher durchaus in den Anwendungsbereich der RL. Die AVB verstießen, wären sie AGB, mehrfach gegen den Anhang der RL. Da die RL eine dem Abs 2 entspr Privilegierung des Verwenders nicht kennt, widersprechen auch AGB, die die AVB für den Sonderabnehmerbereich übernehmen, dem den Anhang und sind damit gemeinschaftsrechtlich unzulässig. **20**

II. Ausnahmen gem Abs 4. 1. Allgemeines. Es war stets unstr, dass sich die AGB-Kontrolle auf schuldvertragliche Beziehungen beschränken sollte (vgl Ulmer/Brandner/Hensen/*Ulmer* Rn 109). Deswegen wurden das Erb-, Familien- und Gesellschaftsrecht von der Anwendbarkeit des AGBG ausgenommen. Dies galt ursprünglich auch für das Arbeitsrecht. Hier wurde jedoch durch die Schuldrechtreform eine Änderung vorgenommen (Rz 26 ff). Die RL über missbräuchliche Vertragsklauseln lässt diese Ausn zu, denn sie gilt nur ggü Verbrauchern. In Erwägungsgrund 10 wird ausdrücklich darauf hingewiesen, dass Erb-, Familien-, Gesellschafts- und Arbeitsverträge deshalb ausgenommen seien. Im Bereich des **Erb-, Familien- und Gesellschaftsrechts** stellen sich jedoch Abgrenzungsfragen. Auch im 4. und 5. Buch des BGB sowie im Gesellschaftsrecht werden Schuldverträge geregelt, bei denen eine AGB-Verwendung prinzipiell möglich ist, so dass sich die Frage ihrer Kontrolle aufdrängt. Sofern die §§ 305 ff nicht eingreifen, bleibt aber bislang in diesem Bereich nur der unspezifische Rückgriff auf **§ 242** für eine Kontrolle von Vereinbarungen möglich (Ulmer/Brandner/Hensen/*Ulmer* Rn 111 für das Erbrecht; MüKo/*Basedow* Rn 81). **21**

2. Erbrecht. Im Erbrecht wird für den **Erbschaftskauf** (§§ 2371 ff) vertreten, dass er der AGB-Kontrolle unterliegt (Ulmer/Brandner/Hensen/*Ulmer* Rn 113; MüKo/*Basedow* Rn 78; aA Wolf/Lindacher/Pfeiffer/*Hubert Schmidt* Abs 4 Rn 6; Staud/*Schlosser* Rn 74; BaRoth/*Becker* Rn 26). Auch etwaige AGB in Schenkungen auf den Todesfall sollen dann der Kontrolle unterfallen, wenn der Schenker die Schenkung zu Lebzeiten vollzieht (§ 2301 Abs 2). Rspr zu diesen Fragen gibt es nicht. **22**

3. Familienrecht. Im Familienrecht wird gefordert, dass **Verträge zwischen Familienangehörigen**, die auch mit einem Dritten hätten abgeschlossen werden können, an der Privilegierung nicht teilnehmen (Ulmer/Brandner/Hensen/*Ulmer* Rn 117; Wolf/Lindacher/Pfeiffer/*Hubert Schmidt* Abs 4 Rn 8). Die Ausnahmeregelung ist auf Lebenspartnerschaftsverträge analog anzuwenden (Ulmer/Brandner/Hensen/*Ulmer* aaO). Eheverträge unterliegen der Kontrolle nach §§ 138, 242 (BGHZ 158, 81, 94 ff; BGH NJW 2005, 2386 und 2391). **23**

4. Gesellschafts- und Vereinsrecht. Für das Gesellschaftsrecht gilt der Grundsatz, dass die organisationsrechtlichen Grundverhältnisse Gegenstand der Privilegierung sein sollen. Der **Gesellschaftsvertrag**, die **Satzung** und andere mitgliedschaftlich geprägte Vertragsgestaltungen sind daher **kontrollfrei** (Ulmer/Brandner/Hensen/*Ulmer* Rn 122; Wolf/Lindacher/Pfeiffer/*Hubert Schmidt* Abs 4 Rn 12; PWW/*KP Berger* Rn 15). **Drittgeschäfte** zwischen der Gesellschaft und den Gesellschaftern unterliegen dagegen der AGB-Kontrolle (BGH NJW-RR 1992, 379). Dies gilt auch für Verträge über die Veräußerung von Gesellschaftsanteilen (Ulmer/Brandner/Hensen/*Ulmer* Rn 123). **24**

Auch im **Vereinsrecht** ist allein das Organisationsstatut des Vereins Gegenstand der Privilegierung (Ulmer/Brandner/Hensen/*Ulmer* Rn 124; Staud/*Schlosser* Rn 80). Verträge zwischen dem Verein und seinen Mitgliedern, die auf schuldvertraglicher Grundlage beruhen, unterliegen dagegen der AGB-Kontrolle (BGHZ 103, 219, 224 ff). Es gibt aber auch in dem nach den obigen Ausführungen kontrollfreien Bereich vorformulierte Verträge, die einen Massencharakter annehmen können. Dies gilt für **Publikumsgesellschaften** (Wolf/Linda- **25** cher/Pfeiffer/*Hubert Schmidt* Abs 4 Rn 25), vor allem der Publikums-KG, und für die Inhaltskontrolle von **Vereinssatzungen.** In beiden Fällen wendet die Rspr **§ 242** nach den Maßstäben an, die vor Inkrafttreten des AGBG entwickelt wurden, weil auch hier ein Bedürfnis nach AGB-Kontrolle besteht, selbst wenn nicht auf §§ 305 ff zurückgegriffen werden kann (BGHZ 64, 238, 241, BGHZ 69, 207, 209 f; 102, 172, 177; BGH NJW 2001, 1270, 1271 zur Anlagegesellschaft; BGHZ 128, 93, 101 ff zum Verein; vgl auch *Tamm* § 242 Rz 29).

26 **D. Arbeitsrecht. I. Allgemeines.** Ursprünglich war auch das gesamte **Arbeitsrecht** ein **Ausnahmebereich,** der der AGB-Kontrolle nicht unterlag, § 23 AGBG. Wie in den anderen Ausnahmebereichen auch, wendete die Rspr jedoch § 242 im Arbeitsvertragsrecht an, so dass die Beseitigung der Ausn durch die Schuldrechtsreform nicht zu einer völligen Änderung der Rechtslage führte, sondern nur zu einer Änderung der Rechtsgrundlagen der AGB-Kontrolle. Gleichwohl konnte nicht in allen Fällen die bisher auf § 242 gestützte Rspr unverändert fortgeführt werden. Die Ausdehnung der AGB-Kontrolle nach den §§ 305 ff wurde überwiegend begrüßt (*Singer* Inhaltskontrolle von Arbeitsverträgen 2007; *Tamm* PersV 2008, 209), da die auf § 242 gestützte Billigkeitskontrolle nicht die gleiche Intensität haben konnte wie die Angemessenheitskontrolle nach dem AGBG (*Preis* Grundfragen der Vertragsgestaltung im Arbeitsrecht 1993 S 180 ff; Wolf/Lindacher/Pfeiffer/*Stoffels* ArbR Rn 4) und für eine unterschiedliche Behandlung kein Grund besteht.

27 Die Kontrolle nach den §§ 305 ff gilt aber im Arbeitsrecht nicht uneingeschränkt. Zunächst ist das **kollektive Arbeitsrecht** vollständig ausgenommen. Der Gesetzgeber nennt Tarifverträge (§ 1 Abs 1 TVG) und Betriebs- und Dienstvereinbarungen (§ 77 BetrVerfG, § 75 Abs 3 BPersVG). Für das Arbeitsvertragsrecht gilt die Einschränkung, dass die »**im Arbeitsrecht geltenden Besonderheiten** angemessen zu berücksichtigen« sind. Allerdings hat diese Klausel bisher nur dann Bedeutung erlangt, wenn der Arbeitnehmerschutz bereits durch eine andere spezifisch arbeitsrechtliche Gestaltung erreicht wird. Jedenfalls darf die Klausel nicht zu einem geringeren Schutzniveau führen als im Verbrauchervertragsrecht. Die speziellen Einbeziehungsvoraussetzungen nach § 305 Abs 2 gelten nicht, statt dessen §§ 145 ff.

28 Der persönliche Anwendungsbereich stellt auf den **Arbeitnehmer** als andere Vertragspartei ab. Dazu zählen auch leitende Angestellte, nicht aber Organe einer juristischen Person. **Arbeitnehmerähnliche Personen** fallen nicht unter die Vorschrift (*Tamm* PersV 2008, 209, 211; Ulmer/Brandner/Hensen/*Ulmer* Rn 145; Staud/*Schlosser* Rn 90; BaRoth/*Becker* Rn 40). Wie bei den anderen Ausnahmebereichen auch, lassen sich andere als Arbeitsverträge, die der Arbeitgeber mit dem Arbeitnehmer abschließt, zB ein Kauf- oder ein Mietvertrag, nicht unter Abs 4 subsumieren, sondern unterliegen vollständig der AGB-Kontrolle (BAG NJW 1994, 213; Ulmer/Brandner/Hensen/*Ulmer* Rn 140). Das BAG sieht den Arbeitnehmer als **Verbraucher** iSd der Definition des § 13 an (BAG NJW 2005, 3305, 3308 f; vgl auch *Tamm* § 13 Rz 28; zust Wolf/Lindacher/Pfeiffer/*Stoffels* ArbR Rn 23). Dies führt dazu, dass gem Abs 3 die Klauselverbotskataloge anzuwenden sind und die Kontrolle bereits bei einer einmaligen Verwendung greift.

29 **II. Einbeziehungsvoraussetzungen.** Die speziellen Einbeziehungsvoraussetzungen gem § 305 Abs 2, 3 gelten für Arbeitsverträge nicht. Der Gesetzgeber begründete dies damit, dass der Arbeitgeber dem Arbeitnehmer bereits nach dem NachweisG die Arbeitsbedingungen auszuhändigen habe (BTDrs 16/6857 S 54). Diese Auffassung wird teilw für verfehlt gehalten (*Tamm* PersV 2008, 209, 212; Staud/*Schlosser* Rn 95; Wolf/Lindacher/Pfeiffer/*Stoffels* ArbR Rn 43). Jedenfalls folgt daraus, dass Arbeitsbedingungen nach den allg Vorschriften der **§§ 145 ff** Vertragsbestandteil werden. Eine konkludente Einverständniserklärung ist möglich, die jedoch nur dann angenommen werden kann, wenn der Arbeitnehmer von den AGB entweder Kenntnis genommen, ihnen nicht widersprochen hat oder sie ihm erkennbar gleichgültig waren (BGHZ 117, 190, 194). Auch die konkludente Inbezugnahme eines Tarifvertrags kommt in Betracht (BAG AP Nr 9 zu § 1 TVG).

30 **III. Überraschende Klausel; contra-proferentem-Regel. 1. Überraschende Klauseln.** Sowohl vor der Schuldrechtsreform (unter Rückgriff auf § 242) als auch danach (in direkter Anwendung des § 305c Abs 1) sind wiederholt Klauseln als »überraschend« aus Arbeitsverträgen eliminiert worden, etwa wenn **Ausschlussklauseln** (BAG NZA 2006, 324, 326) oder **Vertragsstrafeklauseln** (LAG Bremen LAGE § 309 BGB 2002 Nr 3) an versteckter Stelle stehen. Sie sind aber nicht schlechthin unzulässig. Dies gilt auch für **Widerrufsvorbehalte** für freiwillige Sozialleistungen (dazu *Singer* Inhaltskontrolle von Arbeitsverträgen 2007 S 12 ff). Ein Verzicht auch auf noch unbekannte Ansprüche in einer **Ausgleichsquittung** ist überraschend (LAG Berlin LAGE § 4 KSchG Ausgleichsquittung Nr 3). Dagegen ist die Verpflichtung, ein ärztliches Arbeitsunfähigkeitszeugnis bereits am ersten Tag der Erkrankung vorzulegen, nicht überraschend (BAG DB 1998, 580).

31 **2. Contra-proferentem-Regel.** Auch die Unklarheitenregel des § 305c Abs 2 wurde bereits vor der Schuldrechtsreform über § 242 praktiziert (BAG AP § 1 BetrAVG Nr 12; BAG AP § 19 BErzGG Nr 1; BAG DB 1992, 383, 384). Bes Bedeutung hat dies im Bereich von **Widerrufsvorbehalten** und Befristungen erlangt (Wolf/Lindacher/Pfeiffer/*Stoffels* ArbR Rn 57). Die Unklarheitenregel wurde etwa bei Zusagen zur betrieblichen Altersversorgung angewendet (BAG AP § 1 BetrAVG Nr 6; BAG AP §242 Ruhegehalt Nr 160). Ist nicht klar, ob ein unbefristetes Arbeitsverhältnis mit vorgeschalteter Probezeit oder ein befristetes Probearbeitsverhältnis vereinbart wurde, ist von einem befristeten Arbeitsverhältnis auszugehen (BAG NJW 1982, 1182). Allerdings wird dem Arbeitgeber die Berufung auf eine sachgrundlose Befristung gem § 14 TzBfG eingeräumt (BAG

NZA 2003, 1143; BAG NZA 2000, 885; BAG DB 2001, 153; krit *Däubler* in: Däubler/Dorndorf/Bonin/Deinert AGB-Kontrolle im Arbeitsrecht 2. Aufl 2008 § 305c Rn 50; *Tamm* PersV 2008, 209, 213).

IV. Verbot der geltungserhaltenden Reduktion. Auch § 306 ist auf Arbeitsverträge anzuwenden. Dabei stellt sich das Problem, dass die Rspr des BAG vor Inkrafttreten der Vorschrift oft eine geltungserhaltende Reduktion vorgenommen hat. So wurde eine Bindungsfrist für Rückzahlungsverpflichtungen auf eine noch angemessene Frist zurückgeführt (BAG NZA 1984, 288, 289; 1994, 937), ebenso eine **Ausschlussfrist** (BAG NZA 1998, 431, 432). Nach hM in der Lit konnte diese Rspr nach der Schuldrechtsreform nicht mehr beibehalten werden, da die Besonderheiten des Arbeitsverhältnisses ein Abweichen vom Verbot der geltungserhaltenden Reduktion nicht rechtfertigen (Wolf/Lindacher/Pfeiffer/*Stoffels* ArbR Rn 70 ff; *Dorndorf/Bonin* in: Däubler/Dorndorf/Bonin/Deinert AGB-Kontrolle im Arbeitsrecht § 306 Rn 18; *Tamm*, PersV 2008, 209, 214, jeweils mwN). Diese Position ist inzwischen auch vom BAG übernommen worden. Das Verbot der geltungserhaltenden Reduktion wird auf Vertragsstrafeabreden (BAG NZA 2004, 727 ff), Ausschlussfristen (BAG NZA 2005, 1111 ff; 2006, 149 ff), Rückzahlungsklauseln (BAG NZA 2006, 1042 ff), Widerrufsklauseln (BAG DB 2007, 1253 ff) und Änderungsklauseln (BAG NZA 2007, 145 ff) angewendet. 32

V. Generalklausel. 1. Anwendungsfälle von § 307 Abs 1 S 1. Naturgemäß spielt die Anwendung des § 307 eine große Rolle für arbeitsvertragliche Klauseln. Es ist dabei auch das **Transparenzgebot** zu beachten (Wolf/Lindacher/Pfeiffer/*Stoffels* ArbR Rn 68). Das BAG kann dabei weitgehend seine bisher auf § 242 gestützte Rspr fortführen. Ein bedeutender Anwendungsfall sind **Rückzahlungsklauseln** bei Qualifizierung und späterer Vertragsbeendigung. Eine Rückzahlung ist dem Arbeitnehmer umso mehr zuzumuten, je größer der mit der Fortbildung verbundene berufliche Vorteil für ihn ist (BAG NZA 1992, 211) und je weniger sich für den Arbeitgeber durch die Vertragsbeendigung die getätigte Investition amortisiert (BAG NZA 1994, 835, 836; 1994, 937; 2006, 542, 543 f). Diese allg Vorgabe konkretisierte das BAG. Für eine Fortbildung bis zu einem Monat ist eine sechswöchige Bindung angemessen (BAG DB 2003, 887), bis zu zwei Monaten ein Jahr (BAG NZA 1994, 835, 836), bei über drei Jahren, wenn ein Viertel der Arbeitszeit ausfällt, zwei Jahre (BAG NZA 2006, 542, 544), bei sechs Monaten ohne Arbeitsverpflichtung drei Jahre (BAG AP zu § 611 Ausbildungshilfe Nr 6), bei mehr als zwei Jahren ohne Arbeitsleistung fünf Jahre (BAG AP zu § 611 Ausbildungshilfe Nr 1 und Nr 4). Die Rückzahlungsverpflichtung darf nicht an eine betriebsbedingte Kündigung angeknüpft werden (BAG BB 2006, 2134, 2136; BAG NJW 1999, 443). Auch ansonsten muss es der Arbeitnehmer durch eigene Betriebstreue in der Hand haben, der Rückzahlungsverpflichtung zu entgehen (BAG NZA 2004, 1035, 1036; BAG BB 2006, 2134, 2136). Eine unangemessene Rückzahlungsverpflichtung wird jetzt nicht mehr auf ein angemessenes Maß reduziert, sondern ist insg unwirksam (BAG AP zu § 309 Nr 3; BAG AP zu § 310 Nr 1; BAG NZA 2006, 149, 153; 2006, 1042). **Ausschlussfristen** in Tarifverträgen sind ebenso wie Verweisungen auf tarifvertragliche Ausschlussfristen kontrollfrei. IÜ setzt das BAG inzwischen eine Untergrenze von drei Monaten ab Fälligkeit (BAG NJW 2005, 3305, 3307 = AP § 310 Nr 1; vgl auch *Singer* Inhaltskontrolle von Arbeitsverträgen S 9 f). 33

2. Transparenzgebot. Der Gesetzgeber hat ausdrücklich angeordnet, dass das Transparenzgebot gem § 307 Abs 1 S 2 auch für Arbeitsverträge gilt. Das BAG hat sich in vielen Fällen darauf berufen. So müssen Klauseln mit Ausschlussfristen einen Hinweis auf die Rechtsfolge des Verfalls bei nicht rechzeitiger Geltendmachung enthalten (BAG NZA 2006, 324, 326). Bei einem **Widerrufsvorbehalt** muss die widerrufbare Leistung eindeutig angegeben und die Widerrufsgründe benannt werden (BAG NJW 2005, 1820). Bei **Vertragsstrafeversprechen** muss sowohl die zu leistende Strafe wie die auslösende Pflichtverletzung klar bezeichnet werden (BAG NZA 2005, 1053, 1055). Die Konkretisierung eines »gravierenden Vertragsverstoßes« durch eine beispielhafte Aufzählung reicht allerdings aus (BAG NZA 2006, 34, 36 f). 34

VI. Klauselverbotskataloge. 1. § 308. Aus dem Klauselverbotskatalog des § 308 ist der **Widerrufsvorbehalt** von Bedeutung, der mit § 308 Nr 4 vereinbar zu sein hat, wonach Änderungsvorbehalte zumutbar sein müssen. Das BAG hat die Zumutbarkeit konkretisiert. Ein Widerruf ist zumutbar, soweit der widerrufliche Anteil am Gesamtverdienst unter 25–30 % liegt und der Tariflohn nicht unterschritten wird (BAG NZA 2005, 465, 467). 25 % soll sich auf im Gegenseitigkeitsverhältnis stehende Leistungen beziehen, 30 % auf nicht unmittelbar im Gegenseitigkeitsverhältnis stehende Leistungen (BAG NZA 2007, 87, 89; krit *Singer* aaO S 16 f). 35

2. § 309. Im Gegensatz zu §§ 307 und 308 kommt bei den absoluten Klauselverboten des § 309 häufig zum Tragen, dass die Besonderheiten des Arbeitsverhältnisses zu berücksichtigen sind mit der Folge, dass einzelne Klauselverbote nicht anzuwenden sind (Wolf/Lindacher/Pfeiffer/*Stoffels* ArbR Rn 62). So sind Vertragsstrafen entgegen § 309 Nr 6 zulässig (BAG NZA 2004, 727, 731). Die **Grundsätze zum innerbetrieblichen Schadensausgleich** sollen nicht dadurch konterkariert werden, dass sich die Grenzen einer Haftungsfreizeichnung nach § 309 Nr 7 richten müssen (MüKo/*Basedow* Rn 95; *Tamm* PersV 2008, 209, 220). 36

Abschnitt 3 Schuldverhältnisse aus Verträgen

Titel 1 Begründung, Inhalt und Beendigung

Untertitel 1 Begründung

§ 311 Rechtsgeschäftliche und rechtsgeschäftsähnliche Schuldverhältnisse. **[1] Zur Begründung eines Schuldverhältnisses durch Rechtsgeschäft sowie zur Änderung des Inhalts eines Schuldverhältnisses ist ein Vertrag zwischen den Beteiligten erforderlich, soweit nicht das Gesetz ein anderes vorschreibt.**

[2] Ein Schuldverhältnis mit Pflichten nach § 241 Absatz 2 entsteht auch durch
1. die Aufnahme von Vertragsverhandlungen,
2. die Anbahnung eines Vertrags, bei welcher der eine Teil im Hinblick auf eine etwaige rechtsgeschäftliche Beziehung dem anderen Teil die Möglichkeit zur Einwirkung auf seine Rechte, Rechtsgüter und Interessen gewährt oder ihm diese anvertraut, oder
3. ähnliche geschäftliche Kontakte.

[3] Ein Schuldverhältnis mit Pflichten nach § 241 Absatz 2 kann auch zu Personen entstehen, die nicht selbst Vertragspartei werden sollen. Ein solches Schuldverhältnis entsteht insbesondere, wenn der Dritte in besonderem Maße Vertrauen für sich in Anspruch nimmt und dadurch die Vertragsverhandlungen oder den Vertragsschluss erheblich beeinflusst.

Literatur *Canaris* Die Reform des Rechts der Leistungsstörungen JZ 2001, 499; *ders* Grundlagen und Rechtsfolgen der Haftung für anfängliche Unmöglichkeit nach § 311a Abs 2 BGB, FS Heldrich (2005), S 11; *Heinrichs* Bemerkungen zur culpa in contrahendo nach der Reform – Die Tatbestände des § 311 Abs 2 BGB, FS Canaris (2007), S. 421; *Fleischer* Konkurrenzprobleme um die culpa in contrahendo – fahrlässige Irreführung versus arglistige Täuschung AcP 200 (2000) 91 ff; *Katzenstein* Die Bedeutung der vorvertraglichen Bindung für die Culpa-Haftung des Vertragsschuldners auf Schadensersatz (Teil 2) Jura 2005, 73; *Tettinger* Anfänglich oder nachträglich? ZGS 2006, 452; *Thüsing/Hoff* Vertragsschluss als Folgenbeseitigung: Kontrahierungszwang im zivilrechtlichen Teil des Gleichbehandlungsgesetzes NJW 2007, 21.

1 **A. Zweck/Systematik.** Sowohl § 280 Abs 1 als auch § 241 setzen voraus, dass ein Schuldverhältnis besteht. Wie ein solches begründet wird, regelt § 311. Die Norm übernimmt § 305 aF, demzufolge ein Schuldverhältnis zu seiner Begründung und seiner inhaltlichen Änderung eines Vertrags zwischen den Beteiligten bedarf. Sie ist somit gleichzeitig Ausdruck des allg anerkannten Vertragsprinzips und stellt die Grundnorm für alle, insbes die vertraglichen Rechtsgeschäfte dar. Die Regelungen in § 311 Abs 2 und 3 wurden hingegen erst durch das SMG eingeführt und sind vor dem Hintergrund des Bestrebens zu verstehen, die vorher gesetzlich ungeregelte und nur richterrechtlich entwickelte *culpa in contrahendo* zu kodifizieren. Die Norm enthält damit zwei ganz unterschiedliche und unverbundene Regelungsgegenstände, die an sich streng voneinander zu trennen sind (PWW/*Medicus* § 311 Rn 1). Die Aufnahme der nur unbestimmten Regelungstatbestände der *cic* in diesem Regelungszusammenhang versteht sich allerdings vor dem Hintergrund des Haftungssystems des neuen allg Leistungsstörungsrechts. Aus dieser Blickrichtung erscheint es nur logisch, dass die *cic* als Schutzpflichten nach § 241 Abs 2 begründendes Schuldverhältnis in diesen regelungstechnischen Zusammenhang gestellt wurde.

2 Bei der *cic* ging der Gesetzgeber nicht den Weg, über eine umfassende Regelung unter ausdrücklicher Nennung des Instituts einen eigenständigen Haftungstatbestand zu schaffen. Er bleibt vielmehr dem Prinzip treu, die Pflichtverletzung als zentralen Begriff des Leistungsstörungsrechts zu etablieren. Als **Haftungsnorm** fungiert also auch hier der allg Tatbestand des **§ 280 Abs 1**. Da dieser seinerseits ein wirksames Schuldverhältnis voraussetzt, wird dieses Tatbestandsmerkmal dazu genutzt, die *cic* über die für sie markante, vorvertragliche Sonderverbindung/-beziehung zwischen zwei Parteien zu kodifizieren, welche nach heute hM die Grundlage für eine vertragsähnliche Haftung bildet. Der Begriff des Schuldverhältnisses wird hier in einem sehr weiten Sinne verstanden und entspricht inhaltlich dem bisher im Rahmen der *cic* bekannteren Begriff der **Sonderverbindung/-beziehung** (vgl bereits § 241 Rz 1, 25).

3 Zur Begründung eines solchen, auf die Pflichten aus § 241 Abs 2 begrenzten Schuldverhältnisses sind in Abs 2 drei **allg gehaltene Fallgruppen** aus dem bisherigen Recht der *cic* formuliert, die sich nicht randscharf trennen lassen. Nr 1 entspricht den bislang vertrauensschutzbezogenen Begründungen einer vorvertraglichen Haftung, Nr 2 jenen Ansätzen, die auf eine durch qualifizierten, sozialen bzw geschäftlichen Kontakt beruhende Einwirkungsmöglichkeit abstellen. In Abs 3 wird relativ allg die Möglichkeit einer direkten und daher bes zu begründenden (»kann«) Dritthaftung wiederum mittels der Begründung eines Schuldverhältnisses mit den Pflichten des § 241 Abs 2 geregelt. Die gesamte Regelung soll nach dem gesetzgeberischen Willen nur eine grds Aussage zur *cic* enthalten, da das Institut wegen seiner bisherigen Eigendynamik nicht in allen Einzelheiten geregelt werden könne und ihre weitere Fortentwicklung nicht behindert werden soll. Prinzipiell

kann daher bei der Anwendung der § 311 Abs 2 und 3 auf den bisherigen Stand der Rspr und Lit zurückgegriffen werden (PWW/*Medicus* Rn 34; MüKo/*Emmerich* Rn 54 mwN). Eine materielle Änderung ggü dem bisherigen Recht ergibt sich aber bereits aus § 241 Abs 2, auf den hinsichtlich des Inhalts des Schuldverhältnisses nach § 311 Abs 2 und 3 verwiesen wird. Auch das reine Dispositionsinteresse ist zukünftig geschützt.

B. § 311 Abs 1 als Ausdruck des Vertragsprinzips. Nach § 311 Abs 1 ist in Übernahme von § 305 aF zur Begründung eines Schuldverhältnisses durch Rechtsgeschäft und zur Änderung seines Inhalts grds ein Vertrag erforderlich. Er ist damit Ausdruck des Vertragsprinzips, das auf der Grundvoraussetzung der Vertragsfreiheit als Teil der in Art 2 Abs 1 GG verankerten Privatautonomie aufbaut. § 311 Abs 1 stellt daher die Vertragsfreiheit nicht etwa auf, sondern setzt sie vielmehr voraus. Niemand soll ohne seinen rechtsgeschäftlich geäußerten Willen in ein Schuldverhältnis verwickelt werden (PWW/*Medicus* Rn 3). Die Vertragsfreiheit lässt sich wiederum in Abschluss- und Gestaltungsfreiheit unterscheiden. 4

I. Abschlussfreiheit. Durch die negative Abschlussfreiheit wird insbes der Abschluss von Verträgen zu Lasten Dritter verhindert. Des Weiteren wird klargestellt, dass es zur rechtsgeschäftlichen Begründung und zur Änderung von Rechten und Pflichten grds eines Vertrags und folglich die vertrags- bzw geschäftsähnliche Dritthaftung einer bes Begründung bedarf (dazu noch Rz 15 ff). Grenzen findet die Abschlussfreiheit in den auf offenen oder liberalisierten Märkten selten gewordenen Fällen eines **Kontrahierungszwangs**, wobei in den letzten Jahren wieder ein gegenläufiger Trend erkennbar ist. Der Kontrahierungszwang kann durch Gesetz oder durch Rechtsgeschäft begründet sein. Fälle eines gesetzlichen Kontrahierungszwangs finden sich vor allem auf dem Gebiet der Versorgungsleistungen, bei denen er regelm als Ausgleich für eine Monopolstellung dient. Immer noch prominente Beispiele sind hier § 8 Postgesetz, § 17 Energiewirtschaftsgesetz, § 22 Personenbeförderungsgesetz sowie § 110 Abs 1 SGB XI für die Pflegeversicherung. Weitere gesetzliche Regelungen finden sich in § 5 Abs 2 Pflichtversicherungsgesetz und § 24 PatG für die Zwangslizenz, während in den Fällen des § 23 PatG an sich durch die Anzeige bzw Eintragung der Lizenzbereitschaft die Vertragsfreiheit durch den Patentinhaber bereits hinsichtlich des »Ob« ausgeübt wurde und er lediglich hinsichtlich des Vertragspartners auf die Auswahlfreiheit verzichtet. Schließlich wurde nunmehr im AGG ein Kontrahierungszwang bedenklich weit kodifiziert, der sich aus dem Gesichtspunkt der Folgenbeseitigung ergeben kann (*Thüsing/von Hoff* NJW 2007, 21). 4a

II. Gestaltungsfreiheit. Das zweite Element der Vertragsfreiheit beinhaltet die grds Garantie, dass die inhaltliche Ausgestaltung des Vertrags den Parteien überlassen bleibt. Sie gibt den Parteien insbes die Möglichkeit, die gesetzlich vorgesehenen Vertragstypen zu ändern oder völlig eigenständige, ihren Bedürfnissen entspr Verträge zu kreieren (sog **Typenfreiheit**), unabhängig von jeder Form (**Formfreiheit**). In dieser Hinsicht sind ihr nur ausnahmsw Grenzen durch Typenzwang und Formvorschriften gesetzt. Von der **Formfreiheit**, die grds besteht, existieren zahlreiche Ausn. Die gesetzlichen Formgebote haben neben der Beweisfunktion in vielen Fällen auch den Übereilungsschutz im Blick. Gesetzliche Formvorschriften finden sich in §§ 311b, 492, 518 und 550. Nur selten existieren Heilungsvorschriften für die Fälle der Nichtbeachtung der gesetzlich vorgeschriebenen Form, wie bspw in § 311b Abs 1 S 2 oder § 518 Abs 2. Die Rechtsfolge des Verstoßes gg die Formvorschrift führt nicht in jedem Fall nach § 125 zur Nichtigkeit des betroffenen Rechtsgeschäfts. So besteht bspw in § 550 eine Sonderregelung. Die **Typenfreiheit** kann durch die Vertragspartner in verschiedener Weise ausgeübt werden. So können die gesetzlich vorgesehenen Vertragstypen miteinander kombiniert oder verschmolzen werden. Des Weiteren können verschiedene Verträge miteinander verbunden werden. Schließlich können vollkommen atypische Verträge abgeschlossen werden. 5

III. Ausnahmen vom Vertragsprinzip. § 311 Abs 1 enthält aE eine Öffnung für Ausn vom Vertragsprinzip (»..., soweit nicht das Gesetz ein anderes vorschreibt.«). Keine echten Ausn vom Vertragsprinzip sind die in § 311 Abs 2 und 3 geregelten Fälle der Schuldverhältnisse als Grundlage für eine *cic*-Haftung, wenngleich es auch bei ihnen keines Vertrags bedarf. Die Ähnlichkeit zu den auf notwendiger Zweiseitigkeit beruhenden Verträgen zeigt sich hier in der beidseitigen freiwilligen Rechtskreisöffnung. Eine echte Ausn in diesem Sinne stellen die sog einseitigen Rechtsgeschäfte, wie zB Auslobung (§§ 657 ff), Vermächtnis (§§ 2147 ff), Erbeinsetzung durch Testament, das Stiftungsgeschäft (§§ 80, 82) sowie der Vertrag zugunsten Dritter (§§ 328 ff) dar. Erworbene Ansprüche können aber bspw beim Vertrag zugunsten Dritter nach § 334 und beim Vermächtnis nach § 2180 ausgeschlagen werden. 6

C. Begründung eines Schuldverhältnisse nach § 311 Abs 2. In § 311 Abs 2 wird klargestellt, dass die sich nach **§ 241 Abs 2** grds aus einem Schuldverhältnis ergebenden **Schutzpflichten** unter bestimmten Umständen auch **ohne Vertrag** entstehen. Dafür sind drei allg formulierte Fallgruppen aufgestellt, die erkennbar auf die Pflichtenbegründung im Zwei-Personen-Verhältnis abzielen. Während Nr 1 und Nr 2 sich ersichtlich an den beiden unterschiedlichen Begründungsansätzen für die Entstehung eines vorvertraglichen bzw vertragsähnlichen Schuldverhältnisses orientieren (vgl Rz 8 ff und 11 ff), wird in Nr 3 ein generalklauselartiger Auffangtatbestand geschaffen. Entgegen der Gesetzesbegründung handelt es sich bei genauerer Betrachtung bei Nr 1 lediglich um einen Unterfall des generelleren Regelbeispiels in Nr 2 (hM; BaRoth/*Grüneberg* Rn 44; Erman/*Kindl* Rn 19; MüKo/*Emmerich* Rn 68). Unterschiede gibt es lediglich hinsichtlich der aus der jeweili- 7 gen Beziehung (Schuldverhältnis) resultierenden Pflichten nach § 241 Abs 2. Werden sie bei Nr 2 im Wesentlichen inhaltlich identisch mit den deliktischen Verkehrssicherungspflichten sein, so kommen bei Nr 1 bereits Treuepflichten und in größerem Maße Informationspflichten hinzu. Letztlich ist die Annahme eines Schuldverhältnisses nach § 311 Abs 2 im Einzelfall immer mit Blick auf die konkret verletzte Schutzpflicht zu begründen. Diese Notwendigkeit ergibt sich nicht nur allein auf Grund des Verweises im Normtext, sondern vor allem aus der Tatsache, dass das Schuldverhältnis iwS nach § 311 Abs 2 allein durch die jeweilige verletzte Schutzpflicht inhaltlich bestimmt wird (ähnl MüKo/*Emmerich* Rn 60). Die jeweilige Schutzpflicht wiederum wird durch die allg Erwartungen bestimmt, welche die betroffenen Verkehrskreise an die von einer im Rechtsverkehr auftretenden Partei aufgewandte Sorgfalt haben.

7a **I. Aufnahme von Vertragsverhandlung (Nr 1).** Nach § 311 Abs 2 Nr 1 entsteht ein auf die Pflichten des § 241 Abs 2 beschränktes (vorvertragliches) Schuldverhältnis durch die Aufnahme von Vertragsverhandlungen. Diese Fallgruppe entspricht den vertrauensbezogenen Ansätzen bei der bisherigen Begründung der *cic*-Haftung, nach denen insbes durch die Aufnahme von Vertragsverhandlungen ein vorvertragliches Vertrauensverhältnis begründet wird. Wann von einer Vertragsverhandlung auszugehen ist, die ein derartiges Vertrauensverhältnis begründet, ist im Einzelnen schwierig zu bestimmen. Verbindliche Gespräche über den Abschluss eines konkreten Vertrags zu verlangen, würde den Anwendungsbereich der Nr 1 mit Blick auf die bisherige Rspr jedenfalls zu sehr einschränken.

8 Eine entspr **vorvertragliche Vertrauenslage** wird auch schon durch noch unverbindliche Gespräche über einen zukünftigen Vertragsschluss begründet werden können. Es muss sich jedenfalls um einen zweiseitigen Vorgang handeln, sodass etwa einseitige Werbemaßnahmen oder die unaufgeforderte Zusendung von Prospekten hierfür nicht ausreichen (BaRoth/*Grüneberg* Rn 44 f; MüKo/*Emmerich* Rn 70). Die **Grenze** ist hier aber bei **Vorgesprächen** zu ziehen, durch die erst ausgelotet werden soll, ob gemeinsame wirtschaftliche Interessen für die Aufnahme von Verhandlungen über konkrete Vertragsschlüsse bestehen (Erman/*Kindl* Rn 20). Diese Fälle gleichwohl unter Nr 1 zu fassen, wenn und weil ein Informationsaustausch bereits in dieser Phase stattfindet, für den auch die typischen Verhandlungspflichten gelten, geht zu weit. Da gerade nicht einzelne Pflichten konkretisiert werden, sondern diesbezüglich auf den allg gehaltenen § 241 Abs 2 verwiesen wird, können die »typischen Verhandlungspflichten« auch in den von Nr 2 erfassten Fällen in den Pflichtenkatalog aufgenommen werden. Man wird diese Fälle daher der Nr 2 zuordnen müssen, da es beiden Parteien um die Anbahnung von Verträgen geht. In Einzelfragen kann auf die bisherige Rspr hierzu rekurriert werden. Danach liegt die Aufnahme von Vertragsverhandlungen vor, wenn etwa Vorgespräche für einen Vertragsschluss, wie bspw ein Bewerbungsgespräch (ArbG Köln NZA-RR 2005, 577) geführt werden. Bei einem Vertreter ohne Vertretungsmacht kann ein Schuldverhältnis mit den Pflichten nach § 241 Abs 2 zwischen dem Vertretenen und der anderen Partei begründet sein, wenn der Vertretene den für ihn Handelnden zum Verhandlungsgehilfen bestimmt hat (BGH NJW 1985, 1778, 1780). Dagegen reichen lose Kontakte über eine mögliche geschäftliche Zusammenarbeit noch nicht (BGH NJW 2006, 830, 835).

8a Aus der bisherigen Rspr lassen sich im Wesentlichen **drei Fallgruppen** einer Haftung aus *cic* auf Grund der Entstehung eines Schuldverhältnisses mit den Pflichten nach § 241 Abs 2 durch Aufnahme von Vertragsverhandlungen bestimmen. Es handelt sich hierbei vor allem um die Fälle des Anscheins eines wirksamen Vertrags und des Abschlusses eines wirksamen, aber nachteiligen Vertrags (vgl PWW/*Medicus* Rn 41 ff). Hinzu tritt noch die Fallgruppe der Schäden aus enttäuschtem Vertrauen infolge des Abbruchs von Vertragsverhandlungen (Palandt/*Grüneberg* Rn 29). Seltener wird man hier die Fälle einer Rechtsgutsverletzung unabhängig vom Vertragsschluss auf Grund der Verletzung einer Schutzpflicht einordnen. Diese Fälle werden überwiegend der Nr 2 zuzuordnen sein.

9 In der **ersten Fallgruppe** des **Abbruchs von Vertragsverhandlungen** ohne triftigen Grund muss in erster Linie beachtet werden, dass beide Parteien bis zum Abschluss des dann erst rechtlich bindenden Vertrags mit Blick auf die Vertragsfreiheit prinzipiell frei in der Entscheidung sind, ob sie sich vertraglich binden wollen, selbst wenn der Verhandlungspartner bereits Aufwendungen getätigt hat (BGH NJW 1967, 2199; NJW-RR 2001, 381). Eine Haftung auf den Vertrauensschaden kommt jedoch dann in Betracht, wenn bereits in zurechenbarer Weise beim anderen Teil ein Vertrauen in das Zustandekommen des Vertrags begründet wurde und sodann die Verhandlungen ohne triftigen Grund abgebrochen werden (BGH NJW 1996, 1884, 1885). Auch in diesen Fällen kann jedoch nicht der Abschluss des angestrebten Vertrags verlangt werden (KG WM 2005, 1118). Das geforderte Vertrauen ist bspw anzunehmen, wenn der andere Teil bereits zu Vorleistungen veranlasst wurde (BGH NJW 1985, 1778, 1781) oder wenn der Abbrechende den Vertragsschluss als sicher hingestellt hat (BGH NJW-RR 1989, 627). Das gilt grds auch bei Verhandlungen über formgebundene oder genehmigungsbedürftige Verträge, sofern hier die Einhaltung der Form bzw die Erteilung der Genehmigung vom Vertrauen umfasst war, wobei nach neuerer Rspr ein unredliches, regelm vorsätzliches Verhalten verlangt wird (BGH NJW 2001, 2712, 2714). Eine Haftung besteht allerdings nur, wenn die Verhandlungen grundlos bzw aus sachfremden Erwägungen abgebrochen werden, wobei hieran hohe Anforderungen zu stellen sind (MüKo/*Emmerich* Rn 217). So beruht der Abbruch bspw nicht auf sachfremden Erwägungen, wenn der angestrebte Vertrag im Zusammenhang mit einem Korruptionsverdacht steht (Rostock OLG-NL 2003,

73). Des Weiteren kann auch das bessere Angebot eines anderen Interessenten einen triftigen Grund liefern oder die Verschlechterung der Absatzchancen bestimmte Produkte (BGH DB 1996, 777).

In der **zweiten Fallgruppe** des **Anscheins eines wirksamen Vertrags** wird daran angeknüpft, dass das Wirksamkeitshindernis aus der Sphäre nur einer Partei stammt bzw ihr auf Grund bes Umstände die Unwirksamkeit allein oder weit überwiegend zurechenbar ist. Häufig wird das Wirksamkeitshindernis beide Parteien betreffen, dh dem Risikobereich beider Parteien zuzuordnen sein, zB sind beide Parteien grds für die Einhaltung der erforderlichen Form verantwortlich (BGHZ 116, 251, 257 f). Eine Zurechnung des Wirksamkeitshindernisses zu nur einer Partei kann bspw auf der Verletzung entspr Aufklärungspflichten beruhen. Dies wurde beim Vertragsschluss einer Gemeinde angenommen, ohne dass auf die Genehmigungsbedürftigkeit oder auf die Gefahr des Widerrufs der bereits erteilten Genehmigung hingewiesen wurde (BGH NJW 1999, 3335; Rostock OLG-NL 2002, 99). Eine Haftung wurde im grundlegenden Weinsteinsäure-Fall aber auch dann angenommen, wenn der Dissens auf einer schuldhaft unklaren Ausdrucksweise beruht (RGZ 104, 265, 267). Einen Fall der Verletzung einer Aufklärungspflicht stellt es dar, wenn der Vertrag auf Grund einer fehlenden devisenrechtlichen Genehmigung, der es nur auf Grund der Eigenschaft der einen Partei als Devisenhändler bedurfte und die dies trotz des erkennbaren Wissensvorsprungs verschwieg (BGHZ 18, 248, 252 f). Schließlich kann die Haftung auch auf Grund der Verwendung von sittenwidrigen oder gesetzeswidrigen Vertragsbestimmungen durch nur eine Partei begründet sein (BGH NJW 1987, 639, 640). Sofern jedoch kein berechtigtes Vertrauen der anderen Partei in die Wirksamkeit des sittenwidrigen Vertrags bestand, scheidet eine Haftung aus (BGH NZM 2006, 707, 709). Des Weiteren wird die Haftung aus *cic* (§§ 280 Abs 1, 311 Abs 2 Nr 1, 241 Abs 2) durch vorrangige Spezialregeln, zB §§ 122 Abs 1 und 179 Abs 2, ausgeschlossen (Palandt/*Grüneberg* Rn 38). 10

Die in der Praxis bedeutendste dritte Fallgruppe wird aus den Fällen gebildet, in denen der eine Teil in den häufigsten Fällen aufgrund der Verletzung einer Aufklärungspflicht mit einem unerwünschten oder nachteiligen Vertrag belastet wird. Hierzu werden zT auch die Fälle der bürgerrechtlichen Prospekthaftung gezählt. Dies ist insofern nicht korrekt, da sich in diesen Fällen das Vertrauen gerade nicht auf der Vertragsverhandlung, sondern auf die Vollständigkeit und Richtigkeit der Angaben im Prospekt gründet. Der dahinter stehende Grundsatz ist aber auch hier zutr, nämlich dass auch ohne konkrete Offenbarungspflicht für die Vollständigkeit und das Zutreffen der bei Vertragsverhandlungen gemachten Angaben gehaftet wird (BGH NJW-RR 1997, 144). Hauptanwendungsfälle sind hier die Informations- und Aufklärungspflichten bestimmter Berater, sofern es sich noch um den vorvertraglichen Bereich handelt; vgl § 280 Rn 60, insb 66 ff. Im Verhältnis von Unternehmern zu Verbrauchern ist vielfach auch das verbraucherschützende Widerrufsrecht (zusätzlich) erfasst. Bei Kauf- und Werkverträgen wird ein Verstoß gg eine Aufklärungspflicht in den meisten Fällen einen Mangel begründen, sodass das Verhältnis zum Gewährleistungsrecht zu klären ist. Hat der andere Teil vorsätzlich gg eine Aufklärungspflicht verstoßen, konkurriert der Schadensersatzanspruch aus *cic* mit dem Recht zur Anfechtung nach § 123. Weitere zu dieser Fallgruppe gehörende Fälle sind das Verschweigen der Zahlung von Schmiergeldern an den Verhandlungsgehilfen der anderen Partei (BGH NJW 2001, 1492), aber auch der aus einer Überrumpelung resultierende Vertrag (Bamber NJW-RR 1997, 694). Da in allen vorstehend genannten Fällen über § 249 auch die schadensersatzrechtliche Rückabwicklung des nachteiligen Vertrags in Betracht kommt, werden zahlreiche noch nicht abschließend geklärte Konkurrenzfragen aufgeworfen; vgl noch Rn 38 ff.

II. Einwirkungsmöglichkeit auf Grund Vertragsanbahnung (Nr 2). Ein Schuldverhältnis mit den Pflichten nach § 241 Abs 2 wird gem § 311 Abs 2 Nr 2 außerdem durch die Anbahnung eines Vertrags begründet. Diese Fallgruppe erfasst die dogmatischen Begründungsansätze für die *cic*-Haftung, die im Wesentlichen auf die durch einen qualifizierten sozialen bzw geschäftlichen Kontakt begründete Einwirkungsmöglichkeit abstellt, wenngleich auch in diesen Fällen das für die Rechtskreisöffnung entgegengebrachte Vertrauen im Hintergrund mitschwebt. Sie ist daher als umfassendere Form der Begründung eines vorvertraglichen Verhältnisses, quasi als Grundtatbestand (MüKo/*Emmerich* Rn 71) ggü Nr 1 anzusehen, vgl bereits Rz 7. Das Tatbestandsmerkmal der **Anbahnung eines Vertrags** ist in diesem Sinne grds weit auszulegen (BaRoth/*Grüneberg* Rn 46 ff; Erman/*Kindl* Rn 21). Es kann daher auch die Fälle von Gesprächen erfassen, die noch nicht als Vertragsverhandlung iSd Nr 1 qualifiziert werden können. Die Voraussetzung ist aber klassischerweise dann erfüllt, wenn – wie im Grundfall – ein Verkehr eröffnet wird, der erst den rechtsgeschäftlichen Kontakt ermöglichen soll, insbes die Verkehrseröffnung in Geschäftsräumen (BTDrs 14/6040, 163). Des Weiteren ist die Anbahnung eines Vertrags in der Aufnahme von Vorgesprächen zum Zwecke des Auslotens des Interesses und der Möglichkeit einer vertraglichen Beziehung. Hierzu zählen jedenfalls Gespräche im Vorfeld von Vertragsverhandlungen, worunter bereits durchaus die unverbindliche Information und Sondierung zu zählen sind, bspw aber auch bereits die Übersendung eines Prospektes oder eines Vertragsangebotes ausreichen (MüKo/*Emmerich* Rn 73). Dies kann auch durch die Zusendung von Ware erfolgen, wobei zu beachten ist, dass durch sie allein gem § 241a ein Anspruch des Unternehmers (§ 14) gegen den Verbraucher (§ 13) nicht begründet wird. In all diesen Fällen muss aber immer auch die zweite Voraussetzung der Nr 2 erfüllt sein. 11

Aufgrund der Vertragsanbahnung muss im Hinblick auf etwaige rechtsgeschäftliche Beziehungen eine **Einwirkungsmöglichkeit auf Rechte, Rechtsgüter und Interessen des Geschädigten** bestehen. Hinzu tritt der 12 durch *Canaris* entwickelte Begründungsansatz von einer Anvertrauenshaftung. Das Merkmal des »Anvertrauens« wird aber ggü der allgemeineren Kategorie des »Schaffens einer Einwirkungsmöglichkeit« keine eigenständige Bedeutung erlangen. Obwohl wörtlich davon die Rede ist, dass »... der eine Teil ... dem anderen Teil ... gewährt«, ist keine rechtsgeschäftsähnliche Handlung notwendig, sondern die Schaffung einer tatsächlichen Einwirkungsmöglichkeit ausreichend. Vor dem Hintergrund der sog Warenhausfälle dürfen auch an die Einwirkungsmöglichkeit keine zu hohen Anforderungen gestellt werden (MüKo/*Emmerich* Rn 71). Sie kann auch identisch mit der Möglichkeit zur Einwirkung im rein deliktisch geschützten »Jedermanns-Bereich« sein, wobei dann aber bes genau geprüft werden muss, ob tatsächlich ein Fall der Vertragsanbahnung vorliegt. Denn die tatsächliche Einwirkungsmöglichkeit allein auf Grund eines bloß »sozialen« Kontaktes genügt nicht für die Begründung eines Schuldverhältnisses mit Pflichten nach § 241 Abs 2 (BaRoth/*Grüneberg* Rn 19; MüKo/*Emmerich* Rn 68). Die Möglichkeit zur Einwirkung muss sich zwangsläufig als Folge der Vertragsanbahnung darstellen, mit ihr also zumindest verbunden sein. Liegt eine Einwirkungsmöglichkeit ohne geschäftlichen Kontakt vor, ist ein Schadensersatz im Falle einer Rechtsgutsverletzung allein nach den Vorschriften über die unerlaubte Handlung möglich.

13 Die Nr 2 wurde insbes mit Blick auf die Fallgruppe des Kaufhausbummels zur Information geschaffen, bei dem der potenzielle Kunde zu Schaden kommt. Aus der bisherigen Rspr sind hier der durch eine umfallende **Linoleumrolle** verletzte Kunde (RGZ 78, 239) sowie der Sturz bzw das Ausrutschen auf einer **Bananenschale** (BGH NJW 1962, 33, 34) oder einem Gemüseblatt (BGH NJW 1976, 712) bekannt. Aus der jüngeren Rspr ist die Körperverletzung auf Grund eines **umstürzenden Glasflaschenstapels** zu nennen (LG Trier NJW-RR 2006, 525). Schwierig ist die Grenzziehung beim Unterstellen von Passanten bei einem Regenschauer; hier wird man erst beim Orientieren in das Geschäft hinein den Übergang zur Vertragsanbahnung annehmen können (BGHZ 66, 51, 54 f), selbst wenn die Dekoration in Kaufhausschaufenstern dazu dient, die Kauflust zu wecken und damit der Vertragsanbahnung dient (weitergehend PWW/*Medicus* Rn 37). Nicht erfasst werden hingegen die Personen, die in krimineller Absicht ein Ladenlokal betreten (offen gelassen in BGHZ 75, 230, 231), wobei hier schon die Begründung einer weiteren Anspruchsgrundlage zweifelhaft erscheint. Beachtlich ist, dass bei Vorliegen der Voraussetzungen der Nr 2 Dritte, bspw die Tochter der Kundin, mit in den Schutzbereich des durch Vertragsanbahnung begründeten Schuldverhältnisses mit Pflichten nach § 241 Abs 2 einbezogen sind (BGHZ 66, 51, 55 ff). Vergleichbar mit den vorstehenden Fällen ist die Beschädigung des Kraftfahrzeugs durch den Kunden bei der **Probefahrt**, bei dem ein Schuldverhältnis nach Nr 2 regelm anzunehmen ist. Bei der Haftung ist jedoch zu beachten, dass diese ggü dem gewerblichen Händler ausgeschlossen oder gemindert sein kann, da dieser sich eher gg solche Schäden versichern kann und sofern sich die eigentümlichen Gefahren einer Probefahrt realisiert haben (BGH NJW 1972, 1363, 1364). Hier handelt es sich freilich um das Verschulden und Mitverschulden betreffende Erwägungen.

14 **III. Ähnlicher geschäftlicher Kontakt.** Schließlich wird nach § 311 Abs 2 Nr 3 ein solches Schuldverhältnis auch bei »ähnlichen geschäftlichen Kontakten begründet«. Diese Alternative dient in erster Linie als **Auffangtatbestand** ggü Nr 1 und Nr 2 und wird daher nur selten heranzuziehen sein. Er hat aber insofern Bedeutung, als ihm zu entnehmen ist, dass für eine Begründung eines Schuldverhältnisses mit den Pflichten nach § 241 Abs 2 zumindest ein geschäftlicher Kontakt vorausgesetzt wird, hingegen sonstige bloß »soziale« Kontakte hierfür nicht ausreichen (BaRoth/*Grüneberg* Rn 19; MüKo/*Emmerich* Rn 68). Nach der Gesetzesbegründung sollten vor allem Fälle des Kontakts erfasst werden, in denen bzw durch den noch kein Vertrag angebahnt, ein solcher aber vorbereitet werden soll (BTDrs 14/6040, 163). Im letztgenannten Fall wird freilich bereits die Nr 2 einschlägig sein (MüKo/*Emmerich* Rn 74). Bei Nr 3 wird aber auch an die sog Gefälligkeitsverhältnisse mit rechtsgeschäftlichen Charakter ohne Leistungspflicht zu denken sein (*Heinrichs* FS Canaris (2007) I, 421, 436 ff). Anwendung findet Nr 3 auch in den Scheckauskunftsfällen oder in anderen Auskunftsfällen, in denen die Informationen von wesentlicher wirtschaftlicher Bedeutung für den Empfänger sind, und sie im Rahmen einer beruflichen Tätigkeit gegeben werden (*Canaris* JZ 2001, 499, 520). Dies ist bei Bankauskünften anzunehmen, kann aber auch beim Zusammenwirken mehrerer Personen bei Vertragsverhandlungen mit Dritten der Fall sein (MüKo/*Emmerich* Rn 75). Des Weiteren kann ein »ähnlicher geschäftlicher Kontakt« in den Fällen des durch den Verhandlungspartners verschuldeten Irrtums über die Person des Gläubigers oder Schuldners vorliegen, wenn der Verhandlungspartner zu Unrecht nur als Vertreter oder Verhandlungsgehilfe angesehen wurde (BGH NJW 2001, 2716). In letztgenannten Fällen ist allerdings die Grenzziehung zur Dritthaftung zu beachten; vgl Rn 24. Die Nr 3 kann aber bspw für das Verhältnis zwischen Personen, die gemeinsam einen Gegenstand veräußern wollen und hierzu mit Dritten in Verhandlung treten, einschl sein (BGH NJW 1980 2464). Schließlich kann über Nr 3 auch das durch die Ausschreibung der öffentlichen Hand begründete, vertragsähnliche Vertrauensverhältnis erfasst werden (MüKo/*Emmerich* Rn 75).

15 **D. Begründung eines Schuldverhältnisses ggü Dritten nach § 311 Abs 3.** Wegen der Relativität der Schuldverhältnisse kommt eine Haftung wegen eines »vorvertraglichen Verschuldens« grds nur zwischen den Parteien des in Aussicht genommenen Vertrags in Betracht (BGHZ 159, 94, 102). Gleichwohl ist seit langem auch die Möglichkeit einer direkten vertragsähnlichen Haftung Dritter nach *cic*-Grundsätzen allg anerkannt. Daher »kann« nach § 311 Abs 3 S 1 »ein Schuldverhältnis mit Pflichten nach § 241 Abs 2 auch zu Personen entstehen, die selbst nicht Vertragspartei werden.« Die vorgesehene Formulierung »kann ... entstehen« macht deutlich, dass Kontakte zur Anbahnung eines Vertrags nicht notwendig und auch nicht immer für beide Seiten Pflichten entstehen lassen. Das bedeutet, dass die Dritthaftung wie bisher auch im Rahmen der *cic* bes Begründung bedarf. Auf die bisherige Rspr hierzu kann somit rekurriert werden.

I. Regelbeispiel nach S 2. Durch Abs 3 S 2 wird als Regelbeispiel auf die Fälle abgestellt, in denen »der Dritte in bes Maße Vertrauen für sich in Anspruch nimmt und dadurch die Vertragsverhandlungen oder den Vertragsschluss erheblich beeinflusst.« Dies geht auf den vertrauensbasierten Begründungsansatz der Haftung aus *cic* zurück. **15a**

1. Inanspruchnahme besonderen Vertrauens. Durch die Voraussetzung »der Inanspruchnahme besonderen Vertrauens« können sämtliche Fälle vertrauensrechtlicher Dritthaftung erfasst werden. Darunter sind allerdings unterschiedliche Fallgruppen in der Rspr bekannt, die von der sog Vertreter- und Sachwalterhaftung wegen der Inanspruchnahme bes persönlichen Vertrauens über die Haftung des beruflichen Sachwalters bis hin zur Hintermannhaftung bei Prospekten wegen typisierten Vertrauens reichen. Ein derart weites, von der Gesetzesbegründung intendiertes Verständnis erscheint nicht unproblematisch. Wegen der zwingenden Folge, dass ein Schuldverhältnis »entsteht«, wäre bereits bei rein abstraktem bzw typisiertem Vertrauen auf die fachlichen Fähigkeiten und die Neutralität eine Dritthaftung ohne weitere Begründung möglich. Dies würde zu einer Erweiterung der Haftung führen, da die bislang entwickelten haftungsbeschränkenden Kriterien zur Erhaltung der notwendigen Handlungsfreiheit keine Bedeutung mehr hätten. **15b**

Daher sollte die Voraussetzung **»in besonderem Maße Vertrauen«** einschränkend verstanden werden und folglich nur die Fälle erfassen, in denen der Dritte in seiner Person selbst begründetes bes Vertrauen in Anspruch nimmt und dadurch die Verhandlung beeinflusst (BGH NJW 1987, 2512). Der Dritte muss daher unmittelbar oder durch eine für ihn handelnde Person an der Verhandlung teilgenommen haben (BGH NJW 2004, 2523, 2525; NJW-RR 2005, 23, 25). Das allg oder normale Verhandlungsvertrauen genügt nicht (BGH ZIP 2003, 571, 573). Nicht ausreichen sollte des Weiteren das abstrakte, allein durch die Zugehörigkeit zu einer Berufsgruppe oder in der Funktion als Sachverständiger begründete Vertrauen. Diese Fälle können hinreichend unter bes Begründung über S 1 erfasst werden. Des Weiteren muss der Dritte das Vertrauen auch »für sich« in Anspruch nehmen, das Vertrauensverhältnis bei der Verhandlung also ausnutzen (BGH NJW 2004, 2523, 2525). Diese Voraussetzung spricht ohnehin für ein Abstellen auf die Person bei der Ermittlung des Vertrauens. Es muss von dem Dritten eine zusätzliche, von ihm ausgehende bes Gewähr für die Seriosität und Erfüllung des Geschäfts ausgehen (BGHZ 88, 67, 69; NJW-RR 2006, 993). Als nicht ausreichend wurde das Auftreten als ausgewiesener Werbefachmann mit guten kaufmännischen Erfahrungen (BGH ZIP 1993, 1785, 1787) oder der schlichte Hinweis auf die bes eigene Sachkunde (BGH NJW 1990, 506) angesehen. Vielmehr wurde gefordert, dass sich die Erklärungen des Dritten »im Vorfeld einer Garantie« bewegen müssen (BGH ZIP 2003, 571, 573). **16**

Als das bes Vertrauensverhältnis begründend wurde hingegen auch die Funktion oder Stellung des Dritten als **Sachwalter** angenommen, die nach der Gesetzesbegründung ebenfalls dem Regelbeispiel des § 311 Abs 3 S 2 zugewiesen werden soll. Eine solche Stellung als Sachwalter, die eine Dritthaftung aus *cic* begründen kann, wurde bspw angenommen beim Versicherungsmakler (BGH NJW1985, 2595), beim Unternehmenssanierer (BGH NJW 1990, 1907), beim Urheber einer Patronatserklärung (Düsseldorf NJW-RR 1989, 1118) sowie beim Kraftfahrzeughändler, der sich zur Sicherung seines Kaufpreisanspruchs unter Vorspiegelung falscher Tatsachen maßgeblich an den Verhandlungen über den Weiterverkauf beteiligte (BGH NJW 1997, 1233). Vor allem bei den **Kraftfahrzeughändlern** wird eine Sachwalterstellung weitgehend angenommen (BGH NJW 1975, 642; 1983, 2192). Als »Quasi-Verkäufer« wird er den strengen Regeln des Verbrauchsgüterkaufs nach §§ 474 ff unterworfen, wenn sich seine Sachwalterstellung als Umgehungsgeschäft darstellt (Palandt/*Grüneberg* Rn 66). Der Erwerber darf insbes davon ausgehen, dass der Händler das Kraftfahrzeug auf Mängel untersucht hat, sodass ihn eine entspr Aufklärungspflicht trifft, wenn er dies nicht getan hat (Hamburg NJW-RR 1992, 1399). Der Händler haftet auch für das Verschweigen von wesentlichen Mängeln oder ins Blaue hinein abgegebenen unrichtigen Erklärungen (Köln NJW-RR 1998, 1138). Dabei tritt seine Eigenhaftung ggf neben die des Verkäufers (BGH NJW 1975, 642, 644). Eine Dritthaftung bzw eine Sachwalterstellung wurde bspw abgelehnt beim Insolvenzverwalter (BGH NJW-RR 2005, 1137) und dem Sequester (BGH NJW 1989, 1034, 1035) und beim von lediglich einer Partei hinzugezogenen Rechtsanwalt (BGH NJW 1989, 294). **17**

2. Erhebliche Beeinflussung des Verhandlungsergebnisses. Durch die Inanspruchnahme des bes Vertrauens muss der Dritte kausal das Verhandlungsergebnis beeinflusst haben. Dies wird dem Dritten regelm nur dann möglich gewesen sein, wenn er unmittelbar oder durch eine für ihn handelnde Person an der Verhandlung teilgenommen hat (BGH NJW 2004, 2523, 2525; NJW-RR 2005, 23, 25). Die tatsächliche Beeinflussung des Verhandlungsergebnisses durch Äußerungen des Dritten, auf die vertraut wird, ist grds zu vermuten. Eine Vermutung würde allerdings dann zu weit gehen, wenn man mit der Gesetzesbegründung auch die abstrakten Vertrauenslagen durch S 2 erfasst. Bei einem derart weiten Verständnis ist dann ein tatsächlicher Kausalitätsnachweis zu verlangen. **18**

19 **II. Besondere Fälle der Dritthaftung.** Wegen der Offenheit des § 311 Abs 3 S 1 kann auch erwogen werden, dass die Fälle einer Haftung aus *cic* iVm dem Vertrag mit Schutzwirkung für Dritte mitgeregelt werden. Hierbei handelt es sich in erster Linie um die klassischen Fälle des Schutzes einer Begleitperson bei der Vertragsanbahnung. Das Institut wird aber auch zur Begründung der Sachverständigen-, Gutachter- oder **Expertenhaftung** ggü dem Geschäftspartner des Auftraggebers herangezogen. Insbes für letztere könnte § 311 Abs 3 eine gesetzliche Grundlage bieten, da hier die Rspr ohnehin eine Haftung sowohl mit dem Institut des Vertrags mit Schutzwirkung als auch mit einer direkten *cic*-Sachwalterhaftung begründet hat (so BTDrs 14/6040, 163). Dem ist jedoch in dieser Generalität nicht zu folgen (Palandt/*Grüneberg* Rn 60). Um die Haftungsrisiken nicht zu sehr auszudehnen, erscheint es zumindest angebracht, an dem Institut des Vertrags mit Schutzwirkung für Dritte zur Begründung einer Haftung in diesen Fällen als Korrektiv festzuhalten.

20 Von einer Regelung über die Eigenhaftung Dritter auf Grund **bes persönlichen Eigeninteresses** hat der Gesetzgeber ausdrücklich abgesehen. Diese ursprünglich als Fallgruppe der Dritthaftung angesehenen Gestaltungen sind in der Rspr stark zurückgedrängt worden. So wird für eine Eigenhaftung gefordert, dass der Vertreter wirtschaftlich betrachtet gleichsam in eigener Sache tätig geworden ist, und er als Quasipartei der wirtschaftliche Herr oder eigentliche wirtschaftliche Interessenträger ist (BGH NJW 1986, 587; 2002, 1309). Das ist jedoch nur sehr zurückhaltend anzunehmen. Nicht mehr ausreichend ist das allg Interesse des (Gesellschafter-)Geschäftführers oder des Gesellschafters am Erfolg seines Unternehmens (früher BGH NJW 1983, 1607; aufgegeben in BGH NJW 1990, 389). Es müssen auch bei diesen neben dem normalen Verhandlungsvertrauen (BGH NJW 1994, 2220) weitere, bes Vertrauen begründende Umstände hinzutreten, wie bspw bei als Garantieversprechen zu verstehenden Erklärungen (BGH NJW-RR 2001, 1611). Es genügt aber nicht die Sicherungsabtretung einer Forderung an den Geschäftsführer (BGH NJW 1995, 1544). Diskutiert im Rahmen einer Eigenhaftung werden des Weiteren die Fälle, in denen der GmbH-Geschäftsführer nicht über die Unternehmenskrise oder über die erhebliche Unterkapitalisierung der Gesellschaft aufklärt. Die hier darüber hinaus verbliebenen Fälle eines wirtschaftlichen Eigeninteresses können aber über § 311 Abs 3 S 1 erfasst werden. Gesicherter Bestand sind wohl nur noch die Fälle des wirtschaftlichen Rollentausches zwischen Vertreter und Vertretenen (sog *procurator in rem suam*), in denen nicht der Vertretene, sondern der Vertreter alleiniger Nutznießer des Geschäftes ist. Dies kann anzunehmen sein, wenn der Gebrauchtwagenhändler das in Zahlung genommene Kraftfahrzeug in dessen Namen verkauft. Ein nur mittelbares Interesse bspw an der fällig werdenden Provision genügt nicht (BGH NJW-RR 1990, 506). Beim Verhandlungsführer, der einen Vertrag nur zum Schein im Namen eines (ausländischen) Unternehmens abschließt (BGH NJW-RR 2002, 1309) kann die Eigenhaftung aber anzunehmen sein. Sie begründet sich aber nicht allein aus der Stellung als Angestellter (BGH NJW 1983, 2696) oder als Ehegatte (BGH NJW 1987, 2512).

21 **E. Rechtsfolgen.** Unmittelbare Rechtsfolge des § 311 Abs 2 und 3 ist die **Begründung eines Schuldverhältnisses mit den Pflichten** des **§ 241 Abs 2.** Diese Frage wird sich idR jedoch nur im Zusammenhang mit einer Haftung für Schäden aus der Verletzung der Pflichten aus einem solchen Schuldverhältnis stellen. Der Anspruch für eine *cic*-Haftung ergibt sich zukünftig also aus §§ 280 Abs 1, 241 Abs 2, 311 Abs 2 oder 3. Aufgrund des Regelungszusammenhangs kann folglich im Wesentlichen auf die entspr Anmerkungen zu diesen Vorschriften verwiesen werden. Zwar sind nur in § 311 Abs 2 Nr 2 »Rechte, Rechtsgüter und Interessen« als **Schutzgegenstand** ausdrücklich benannt. Da jedoch in allen Fällen auf die Pflichten in § 241 Abs 2 verwiesen wird und dort die gleichen Gegenstände benannt sind, ist der Schutzumfang identisch. Es werden also auch weiterhin die absoluten Rechte iSd § 823 Abs 1 miterfasst, was bei einer Verletzung zu einer Anspruchsmehrung führen kann. Auch das Vermögen als solches ist geschützt, so dass auch reine Vermögensschäden ersetzbar sind. Wenn nicht bereits unter »Rechtsgüter« so doch zumindest als »Interesse« wird es von der Norm erfasst. Hierdurch werden die Lücken im deliktischen Schutz geschlossen. Durch den weiten Begriff der »Interessen« ist entgegen der bisherigen Rspr nunmehr auch das reine, nicht vermögensrechtliche Dispositionsinteresse geschützt. Dies führt zur Konkurrenz insbes mit § 123 Abs 1; vgl Rz 25.

22 Der **Pflichtenumfang** ergibt sich aus dem konkreten Fall mit Blick auf § 241 Abs 2; vgl die Kommentierung zu § 241 und zu den Pflichten auch bei § 280. Die dort konkreter benannten Schutzpflichten können auch und gerade in einem vorvertraglichen Schuldverhältnis nach § 311 Abs 2 oder 3 bestehen. Hinsichtlich der absoluten Rechte iSd § 823 Abs 1 wird es in aller Regel um den allg Verkehrssicherungspflichten komplementäre Schutzpflichten gehen, vgl Rz 12. Daneben treten mit Blick auf die anderen Schutzgegenstände vor allem Aufklärungs- und Informationspflichten. Eine Verletzung dieser Pflichten kann insbes in den Fällen eines nicht erwartungsgerechten bzw nachteiligen Vertrags (vgl Rz 10) zu schwierigen Konkurrenzen zum Anfechtungs- und Gewährleistungsrecht führen (vgl Rz 25 ff). Der Abbruch von Vertragsverhandlungen wird in aller Regel wegen der negativen Abschlussfreiheit keine Verletzung einer vorvertraglichen Pflicht darstellen, es sei denn, es bestehen bes Umstände, die eine vorherige Aufklärung über das verlorene Interesse am Vertragsschluss erfordern, vgl Rz 9.

23 Es gelten grds die allg Vorschriften hinsichtlich des **Vertretenmüssens** der Pflichtverletzung in **§§ 276 bis 278.** Gewisse Besonderheiten können sich jedoch mit Blick auf die bisherige Rspr zB durch Haftungsmilderung für den Verbraucher bei Probefahrten (Rz 13) ergeben. Hingegen wird am Verzicht auf ein Verschulden beim Abbruch von Vertragsverhandlungen nicht festgehalten werden können (MüKo/*Emmerich* Rn 79).

Hinsichtlich der Zurechnung von Erfüllungsgehilfen nach § 278 wird man erweiternd auch das Verhalten von Verhandlungsführern und Verhandlungsgehilfen sowie sonstigen Vertrauenspersonen des Geschäftsherrn erfassen müssen. Sehr umstr, im Grundsatz aber zu bejahen, ist die Zulässigkeit der Übertragung der für den (intendierten) Vertrag vorgesehen Haftungsabreden, insbes Haftungsminderungen auf das vorvertragliche Schuldverhältnis (BGHZ 99, 23; MüKo/*Emmerich* Rn 282; Palandt/*Grüneberg* Rn 28).

Sind die Voraussetzungen des Anspruchs gegeben, so ist grds der unmittelbar aus der Pflichtverletzung resultierende **Schaden** unter Berücksichtigung der allg Regelungen in §§ 249 ff **zu ersetzen**. Das bedeutet, dass in den Fällen einer Rechtsgutverletzung regelm das Integritätsinteresse zu ersetzen ist. In den Fällen der Verletzung einer Informations- oder Aufklärungspflicht ist der Geschädigte so zu stellen, wie er ohne die Pflichtverletzung stünde. In den Fällen des Abbruchs der Vertragsverhandlungen kann jedoch nicht nach § 249 der Abschluss des Vertrags, sondern nur das negative Interesse (idR nutzlose Aufwendungen, aber auch entgangener Gewinn), allerdings nicht begrenzt auf das Erfüllungsinteresse, verlangt werden (PWW/*Medicus* Rn 52 f). Da es um die Verletzung einer Pflicht nach § 241 Abs 2 geht, sind grds auch ein Anspruch aus §§ 280 Abs 1, 282, 280 Abs 3 auf Schadensersatz statt der Leistung und ein Rücktrittsrecht nach § 324 denkbar. Die Anwendung dieser Vorschriften ist noch nicht abschließend geklärt (str; dafür Erman/*Kindl* Rn 21 mwN; dagegen *Katzenstein* Jura 2005, 73, 76 f). Mit Blick auf die Möglichkeit der schadensrechtlichen Rückabwicklung als Naturalrestitution und den Ersatz des Vertrauensschadens erscheint ein Bedürfnis hierfür zumindest zweifelhaft (MüKo/*Emmerich* Rn 278), wenn auch das gesetzlich angelegte Nebeneinander hinzunehmen ist. 24

F. Konkurrenzen eines Anspruchs aus §§ 280 Abs 1, 241 Abs 2, 311 Abs 2 oder 3. Grundsätzlich ist gem **§ 280 Abs 1** der unmittelbar aus der Pflichtverletzung herrührende **Schaden zu ersetzen**, also nach § 249 S 1 der Geschädigte so zu stellen, wie er ohne die Pflichtverletzung stünde. Auch weiterhin wird danach in erster Linie das Vertrauens- bzw negative Interesse Gegenstand des Schadensersatzanspruchs sein. Soweit Spezialregelungen wie § 122 oder § 311a Abs 2 bestehen, haben diese Vorrang. Abgrenzungsprobleme können sich bei der Verletzung von Informationspflichten ergeben. Wird auf Grund Informationsmangels ein nicht erwartungsgerechter Vertrag abgeschlossen, so ist grds an eine Rückabwicklung des Vertrags als Inhalt des Schadensersatzanspruchs zu denken. Da nunmehr auch das reine Dispositionsinteresse Schutzgegenstand ist, kann diese Rechtsfolge zu einem Wertungswiderspruch zur Regelung der Anfechtung, dem verbraucherschützenden Widerrufsrecht sowie zum Gewährleistungsrecht stehen. 25

Beim **Anfechtungsrecht** besteht vor allem ein Abgrenzungsproblem zum Anfechtungsrecht wegen arglistiger Täuschung nach § 123. Diese ist nach Streichung des § 463 aF einzig verbliebener Ausdruck des Vorsatzprinzips bei der Verletzung einer vorvertraglichen Informationspflicht. Selbst wenn man dieses Prinzip mit einer Vielzahl von Stimmen in der Lit für unbeachtlich hält, gilt es noch die Unterschiede zwischen der regelm Verjährung eines Anspruchs aus §§ 280 Abs 1, 241 Abs 2, 311 Abs 2 und der Ausschlussfrist des § 124 ab Kenntnis zu beachten. Nach der Rspr ist die Rückgängigmachung des Vertrags über die *cic* nicht durch die hinter dem Anfechtungsrecht nach § 123 stehende Wertung ausgeschlossen (BGH NJW 1998, 302; 2006, 845, 847). Die Frist aus § 124 wird nicht auf den Anspruch aus *cic* übertragen (Palandt/*Grüneberg* Rn 13). 25a

Nach hM verdrängt das **verbraucherschützende Widerrufsrecht** die schadensersatzrechtliche Rückabwicklung des Vertrags nach §§ 280 Abs 1, 311 Abs 2, 241 Abs 2 nicht (BGHZ 169, 109). Ein solcher Anspruch kann in der Praxis dann Bedeutung erlangen, wenn die kurzen Widerrufsfristen nach § 355 Abs 2 und 3 bereits verstrichen sind. Es müssen freilich die Voraussetzungen des § 280 Abs 1 vorliegen und bei Bestreiten ggf beweisbar sein. 26

Eine weitere Konkurrenz kann sich zum **Gewährleistungsrecht** ergeben, soweit die Informationspflichtverletzung in einer Beschaffenheitsangabe des Verkäufers gründet. Nach bisherigem Recht wurde hier wegen des Vorsatzprinzips in § 463 aF über die Beschränkung der Annahme eines Fehlers (Dauerhaftigkeit; Beziehungen zur Umwelt nur, soweit sie in der Sache ihren Grund hatten) über die *cic* ein »Ersatzgewährleistungsrecht« geschaffen. Aufgrund der Anwendung des allg Verschuldensmaßstabes für einen Schadensersatzanspruch, der verlängerten Verjährung und vor allem mit Blick auf die VerbrauchsgüterkaufRL ist jetzt eine Ausweitung des Fehlerbegriffs möglich und geboten (differenzierter für Beratungspflichten Palandt/*Grüneberg* Rn 17). Um die differenzierten und abgestuften Rechtsbehelfe des Gewährleistungsrechts nicht zu unterlaufen, ist daher in diesem Bereich ein **Vorrang der Gewährleistungsregeln** anzunehmen. Dies gilt auch für den Ausschluss der *cic* bei Rechtsmängeln, die nunmehr in gleicher Weise behandelt werden wie Sachmängel (Palandt/*Grüneberg* Rn 16). Den gleichen grds Vorrang haben die Gewährleistungsregeln beim Werk- und Mietvertrag sowie beim Reisevertrag (PWW/*Medicus* Rn 60). Eine **Ausn** sollte jedoch nach der bisherigen Rspr dann gelten, wenn **vorsätzlich falsche Informationen** gegeben wurden (BGHZ 136, 102, 109 für den Mietvertrag; BGH NJW 1995, 2159, 2160 für den Kaufvertrag). Der Vorrang der Gewährleistungsrechte gilt freilich dann nicht, wenn die Verletzung einer Informationspflicht keinen Mangel darstellt, da dann bereits keine Konkurrenz besteht. 26a

§ 311a Leistungshindernis bei Vertragsschluss.

[1] Der Wirksamkeit eines Vertrags steht es nicht entgegen, dass der Schuldner nach § 275 Absatz 1 bis 3 nicht zu leisten braucht und das Leistungshindernis schon bei Vertragsschluss vorliegt.

[2] Der Gläubiger kann nach seiner Wahl Schadensersatz statt der Leistung oder Ersatz seiner Aufwendungen in dem in § 284 bestimmten Umfang verlangen. Dies gilt nicht, wenn der Schuldner das Leistungshindernis bei Vertragsschluss nicht kannte und seine Unkenntnis auch nicht zu vertreten hat. § 281 Absatz 1 Satz 2 und 3 und Absatz 5 finden entsprechende Anwendung.

1 **A. Zweck/Systematik.** Das SMG hat die allg als unsachgemäß angesehenen Regelungen zur anfänglichen Unmöglichkeit in den §§ 306 bis 309 aF beseitigt und führt die anfängliche Unmöglichkeit weitestgehend den gleichen Rechtsfolgen zu, wie in den übrigen Unmöglichkeitsfällen. Dazu erfasst er sie hinsichtlich ihrer Auswirkungen auf den Primäranspruch des Gläubigers durch die allg Regelung des § 275 und unterstreicht dies durch die rein deklaratorische Norm des § 311a Abs 1 nochmals. Auf der Sekundärebene wird die für das anfängliche Unvermögen im alten Recht vorgesehene Garantiehaftung durch das unter Gerechtigkeitsgesichtpunkten als »überlegen empfundene« Verschuldensprinzip ersetzt (so Palandt/*Grüneberg* Rn 2).

2 Allerdings muss auf der **Sekundärebene** beachtet werden, dass der gegen den Schuldner zu erhebende Vorwurf nicht primär dessen Leistungsunvermögen zum Gegenstand hat, sondern die (schuldhaft) unterbliebene Vergewisserung über sein Leistungsvermögen. Wollte man eine Sekundärverpflichtung des Schuldners allein über die allg Haftungsnorm des § 280 Abs 1 herstellen, würde es sich konsequenterweise um eine auf das Vertrauensinteresse gerichtete Haftung aus *cic* (§§ 280 Abs 1, 241 Abs 2, 311 Abs 2) wegen Verletzung einer Aufklärungspflicht handeln. Dies ließe sich nur vermeiden, wenn man auch hier die Pflichtverletzung schlicht in der Nichtleistung erkennen würde, wobei die Erfassung der Fälle der anfänglichen Unmöglichkeit nach §§ 280 Abs 1, 283, 280 Abs 2 wiederum die Frage des Anknüpfungspunktes des Verschuldens aufgeworfen hätte. Hier hätte man nicht auf das Vertretenmüssen des Umstandes, der die Unmöglichkeit zur Folge hat, abstellen können, sondern tatsächlich auf den Verstoß gg eine Aufklärungspflicht. Daher wurde in § 311a Abs 2 auch bei zu vertretender anfänglicher Unmöglichkeit eine Haftung auf Schadensersatz statt der Leistung als eigenständige und von § 280 Abs 1 zu unterscheidende Anspruchsgrundlage aufgestellt (BGH NJW 2005, 989, 991; PWW/*Medicus* Rn 8; Palandt/*Grüneberg* Rn 6; MüKo/*Ernst* Rn 4; aA PWW/*Schmidt-Kessel* § 280 Rn 4). Aufgrund des in § 311a Abs 2 S 2 anders gewählten Bezugspunktes für das Verschulden, das in die Nähe des Irrtumsrechts rückt, kann auch weiterhin nicht offen bleiben, ob die Unmöglichkeit bzw das Leistungshindernis vor oder nach dem Vertragsschluss eintrat (MüKo/*Ernst* Rn 7; aA Palandt/*Grüneberg* Rn 2; Erman/*Kindl* Rn 1). Des Weiteren wird auf sie in § 275 Abs 4 verwiesen. Alternativ kann der Gläubiger wie in den Fällen des §§ 281 bis 283 auch Aufwendungsersatz nach § 284 verlangen.

3 **B. Anwendungsbereich.** Der Wortlaut und die amtliche Überschrift lassen erkennen, dass § 311a lediglich vertraglich begründete Schuldverhältnisse erfasst. Da es um die Fälle anfänglicher Unmöglichkeit bzw Leistungshindernisse iSd § 275 geht, muss es sich um Verträge handeln, durch die eine Leistungspflicht begründet wird (Palandt/*Grüneberg* Rn 3). Durch den schlichten Verweis auf § 275 Abs 1 bis 3 werden auch die Fälle der von Anfang an nicht zu behebenden Mängel erfasst. Dies wirkt sich auf die geltenden Verjährungsfristen aus, da nach dem Gefahrübergang bei Kauf- und Werkvertrag die Regelung des § 311a, insbes mit Blick auf den Anspruch auf Schadensersatz statt der Leistung über die Verweisungsnormen in §§ 437 Nr 3 und 634 Nr 3 zur Anwendung kommt. Bei Mietverträgen wird § 311a insofern durch die speziellere Regelung in § 536a verdrängt. Für das Vermächtnis existiert in § 2171 eine Sonderregelung.

4 **C. Regelungsgehalt des § 311a Abs 1.** Wesentlicher Regelungsgehalt des § 311a Abs 1 ist die Klarstellung, dass in Abkehr von § 306 aF der Vertrag gleichwohl wirksam ist, wenn die Leistung schon bei Vertragsschluss iSd § 275 Abs 1 bis 3 unmöglich ist. Dogmatisch bedarf es der Aufrechterhaltung des Vertrags vor allem für den Anspruch auf das Surrogat nach § 285 und der Begründung des Schadensersatzanspruches nach § 311a Abs 2. Dies ändert jedoch nichts daran, dass in den Fällen des § 275 Abs 1 ein durchsetzbarer Erfüllungsanspruch auf die Leistung in Natur nicht entstehen kann (*impossibilium nulla est obligatio*). Wegen der Ausformung der Fälle in § 275 Abs 2 und 3 als Einrede wird darauf abgestellt, dass der Schuldner »nicht zu leisten braucht«. Man kann es bei verständiger Würdigung der Norm nur so interpretieren, dass das Leistungshindernis bereits bei Vertragsschluss vorliegt und die dadurch begründete Einrede später erhoben wird.

5 Voraussetzung ist, dass die **Unmöglichkeit bzw das Leistungshindernis »bei Vertragsschluss«** vorlag. Aufgrund dieses eindeutigen Wortlautes ist auf den tatsächlichen Vertragsschluss durch Annahme des Angebots abzustellen (Palandt/*Grüneberg* Rn 4; aA MüKo/*Ernst* Rn 36: Zugang des Angebots) und nicht wie teilw zu § 306 aF vertreten auf die Fälligkeit bzw das Fälligwerden der nach § 275 unmöglichen Leistung. Wurde der Vertrag gerade mit Blick darauf geschlossen, dass eine zunächst für unmöglich gehaltene Leistung möglich wird, so wird § 311a keine Anwendung finden, sondern es ist auch für die (Nicht-)Anwendung des § 275 auf den späteren Zeitpunkt des Fälligwerdens regelm zugleich mit dem Möglichwerden abzustellen (PWW/*Medicus* Rn 13). Dabei ist für die Feststellung einer Unmöglichkeit bzw des Vorliegens eines Leistungshindernisses bei Vertragsschluss wie bei § 275 Abs 1 bis 3 eine *ex post* Betrachtung, im Falle eines Rechtsstreits im Zeitpunkt der letzten mündlichen Verhandlung vorzunehmen (MüKo/*Ernst* Rn 32).

6 Eine echte **Rechtsfolge** hat § 311a Abs 1 objektiv nicht, denn auch die spätere Erhebung der Einrede kann bereits rechtstechnisch nicht die Unwirksamkeit des Vertrags auslösen. Die Unwirksamkeit des Vertrags kann

sich gleichwohl aus anderen Gründen (bspw §§ 105, 116 bis 119, 125, 134, 138 und 154) ergeben. Mit Blick auf das etwaig gegebene Anfechtungsrecht ist das Konkurrenzverhältnis zwischen beiden Regeln zu klären; vgl Rz 13. Die Aufrechterhaltung des Vertrags trotz anfänglicher Unmöglichkeit bedeutet jedoch nicht, dass die Leistung in Natur weiter beansprucht werden kann. Dies ist gem § 275 Abs 1 bis 3 ausgeschlossen. Im Gegenzug wird der Gläubiger im gegenseitigen Vertrag grds gem § 326 Abs 1 von der Verpflichtung zur Gegenleistung frei. Die Verpflichtung zur Gegenleistung kann aber unter den Voraussetzungen des § 326 Abs 2 bestehen bleiben, wobei Abs 2 S 1 Nr 3 ausscheidet (MüKo/*Ernst* Rn 39).

Keine Sonderregelung wurde für die Fälle der sog »unsinnigen« Leistung, wie die Verpflichtung zum Bau eines *perpetuum mobile* oder das Auffinden von Wasser mit einer Wünschelrute getroffen. Sie sind nach den bestehenden Regelungen zu beurteilen, können also ausnahmsw zur Unwirksamkeit des Vertrags nach § 138 führen (BTDrs 14/6040, 164) oder sind in aller Regel als Unmöglichkeitsfall zu behandeln. Wird eine anfängliche Unmöglichkeit angenommen, so kann ein Anspruch nach § 311a Abs 2 auf Schadensersatz statt der Leistung bestehen. Das von ihm erfasste Erfüllungsinteresse wird regelm in diesen Fällen nicht sinnvoll zu ermitteln sein (PWW/*Medicus* Rn 11). Es wird daher in diesen Fällen eine Begrenzung auf das negative Interesse vorgeschlagen (MüKo/*Ernst* Rn 31; Palandt/*Grüneberg* Rn 5). Ist ein Anspruch auf Schadensersatz statt der Leistung ggf reduziert auf das negative Interesse im Einzelfall unbillig, bietet sich eine Begrenzung des Schadensersatzes über § 254 an. Nicht geregelt sind schließlich auch die Fälle, in denen nach Abgabe des Vertragsangebots und noch vor seiner Annahme die Unmöglichkeit der Leistung in Natur eintritt (*Tettinger* ZGS 2006, 452). Erlangt der Antragende von der Unmöglichkeit Kenntnis, so ist ihm die grds Möglichkeit eines Widerrufs einzuräumen, mit der Folge einer Haftung nach §§ 280 Abs 1, 311 Abs 2, sofern ihn ein Verschulden trifft (PWW/*Medicus* Rn 14a; MüKo/*Ernst* Rn 36 will diese Fälle – entgegen dem eindeutigen Wortlaut – durch eine Vorverlagerung des entscheidenden Zeitpunkts auf den Zugang des Angebot lösen). Andernfalls würde er sich schadensersatzpflichtig nach § 311a Abs 2 S 2 machen. 7

D. Anspruch auf Schadensersatz statt der Leistung nach § 311a Abs 2. I. Leistungsbefreiung auf Grund anfänglicher Leistungshindernisse iSd § 275 Abs 1 bis 3. Auf der Tatbestandsseite setzt der Anspruch auf Schadensersatz statt der Leistung zunächst den Ausschluss des Anspruchs auf die Leistung in Natur gg den Schuldner nach § 275 Abs 1 bis 3 wegen eines anfänglichen, also bereits bei Vertragsschluss bestehenden Leistungshindernisses voraus; vgl hierzu Rz 5. Da bei § 275 Abs 1 kein Unterschied zwischen objektiver und subjektiver Unmöglichkeit gemacht wird, existiert nunmehr auch eine Schadensersatzregelung für das anfängliche Unvermögen, deren Haftungsfrage im Recht vor dem SMG heftig umstr war. 8

II. Vertretenmüssen: Kenntnis oder grob fahrlässige Unkenntnis des Schuldners vom anfänglichen Leistungshindernis. Zusätzlich ist auch ein Verschulden des Schuldners erforderlich. Da der Haftungsgrund in der Übernahme einer Leistungsverpflichtung durch den Schuldner, die er nicht erfüllen kann, erkannt wird, ist es an sich nur konsequent, ihn auf das positive Interesse haften zu lassen. Andererseits handelt es sich im Kern um eine Informations- und Irrtumsproblematik, weswegen die Norm in Abs 2 S 2 auch beim Verschulden auf das Vertretenmüssen der Unkenntnis oder die positive Kenntnis abstellt. Damit handelt es sich an sich um eine Problematik der *cic*, sodass auch gute Gründe für eine Haftung auf das negative Interesse bestanden. Der Gesetzgeber hat sich freilich anders entschieden und dies ist zu respektieren (Palandt/*Grüneberg* Rn 7). Dabei wird das Vertretenmüssen wie in § 280 Abs 1 S 2 die Beweislast umkehrend (»Dies gilt nicht, wenn...«) formuliert. Die Vermutung entspreche dem allg Prinzip, wonach bei Schadensersatzansprüchen aus Schuldverhältnissen grds vermutet werden könne, dass der Schuldner den Grund für die aus seinem Bereich stammende Störung zu vertreten habe. Durch das Verschuldenserfordernis wird damit für das anfängliche Unvermögen die Garantiehaftung aufgegeben. 9

Der Schuldner muss also nachweisen, dass bei ihm eine unverschuldete Unkenntnis vom anfänglichen Leistungshindernis vorlag. Es finden für das »Vertretenmüssen« die §§ 276 ff Anwendung (BGH NJW 2005, 2852; Karlsruhe NJW 2005, 989), sodass über den flexiblen Verantwortungsmaßstab des § 276 Abs 1 es aber durchaus denkbar ist, entspr erhöhte Haftungsmaßstäbe im Einzelfall wieder zu begründen. Gegenstand der Verschuldensfrage ist bei § 311a Abs 2 S 2 jedoch nicht der unsorgfältige Umgang mit der Sache, der möglicherweise zu deren Untergang führt, sondern immer die Kenntnis bzw verschuldete Unkenntnis von der fehlenden Leistungsfähigkeit (MüKo/*Ernst* Rn 45; PWW/*Medicus* Rn 19). Dies wird aber in Fällen des vom Schuldner verschuldeten Untergangs vor Vertragsschluss regelm anzunehmen sein. Dabei muss der Schuldner sich nach § 278 auch eine verschuldete **Unkenntnis** seiner **Erfüllungs- und Verhandlungsgehilfen** zurechnen lassen. Für die positive Kenntnis ist hinsichtlich der Zurechnung der Kenntnisse der Leute des Schuldners freilich auf die Grundsätze der Wissenszurechnung gem § 166 bzw in entspr Anwendung von § 166 abzustellen (PWW/*Medicus* Rn 17). Der Schuldner haftet schließlich nicht nur für eine ihm zurechenbare positive Kenntnis oder verschuldete Unkenntnis seiner Erfüllungsgehilfen, sondern auch für eigenes **Organisationsverschulden** im Rahmen der Weitergabe der entspr Information durch seine Erfüllungsgehilfen bzw Leute. Mit Blick auf den Gegenstand des »Vertretenmüssens« im Rahmen des § 311a Abs 2 S 2 ist aber ggf eine Modifikation des Sorgfaltsmaßstabs notwendig (vgl hierzu etwa MüKo/*Ernst* Rn 51). 10

11 **III. Besondere Voraussetzungen nach Abs 2 S 3 für Schadensersatz statt der ganzen Leistung.** In § 311a Abs 2 S 3 wird für die Fälle der anfänglichen Unmöglichkeit und für die Fälle der anfänglichen Unmöglichkeit der Nacherfüllung in den Fällen der Schlechtleistung für den Schadensersatz statt der ganzen Leistung auf § 281 Abs 1 S 2 und 3 und Abs 5 verwiesen. Bei der anfänglichen Teilunmöglichkeit kommt es demnach auf den Interessewegfall beim Gläubiger hinsichtlich der Teilleistung an. Für die Schlechtleistung ist wiederum die Erheblichkeit der Pflichtverletzung (des Mangels) entscheidend, die entspr § 281 Abs 1 S 3 jedoch vermutet wird. Für die Rückführung des bereits Geleisteten gelten durch den Verweis auf § 281 Abs 5 die §§ 346 ff. Der Verweis in § 311a Abs 2 dient somit ebenfalls der Gleichbehandlung aller Unmöglichkeitsfälle. Zu den Einzelheiten vgl die entspr Kommentierung bei § 281.

12 **IV. Rechtsfolge.** Bestehen die Voraussetzungen, so hat der Gläubiger gem § 311a Abs 2 einen Anspruch auf Schadensersatz statt der Leistung. Für die dogmatische Begründung des Anspruchs auf das positive Interesse trotz der subjektiv an die verschuldete Unkenntnis von der mangelnden Leistungsfähigkeit anknüpfenden Haftung wird auf die Nichterfüllung des Leistungsversprechens verwiesen. Für den Inhalt und die typischen Schadensposten des Schadensersatzes statt der (ganzen) Leistung wird auf die entspr Ausführungen zu § 280 verwiesen. Es sind demnach grds auch Folgeschäden zu ersetzen. Anstelle des Schadensersatzes statt der Leistung kann der Gläubiger gem § 284 auch Ersatz seiner Aufwendungen verlangen. Hier gilt es dann zu beachten, dass nur tatsächlich gemachte Aufwendungen, nicht aber ein nur als Vertrauensschaden zu ersetzender Verlust durch Entgehen eines anderen, lukrativen Geschäftes ersetzt wird. Alternativ kann er bei kommerziellen Aufwendungen, die sich als nutzlos herausstellen, auch die Rentabilitätsvermutung im Rahmen des Schadensersatzes statt der Leistung für sich in Anspruch nehmen (Karlsruhe NJW 2005, 989). Schließlich ist auch der Anspruch auf das Surrogat nach § 285 möglich. Trifft den Gläubiger eine Mitverantwortung, so ist der Schadensersatzanspruch nach § 254 zu mindern.

13 **E. Konkurrenzen.** Schwierig ist das Verhältnis des Anspruchs aus § 311a Abs 2 zum **Irrtumsrecht**. Unstreitig ist noch, dass sich der Schuldner nicht unter Berufung auf seine Unkenntnis vom Leistungshindernis als verkehrswesentliche Eigenschaft über § 119 Abs 2 durch Anfechtung seiner Haftung entziehen kann. Zwar ist auf einen klarstellenden Hinweis im Gesetz verzichtet worden. Es entspricht aber allg Ansicht, dass eine Anfechtung unzulässig ist, die allein den Zweck hat, sich Schadensersatz- oder Gewährleistungsansprüchen zu entziehen (Palandt/*Grüneberg* Rn 15). Andere Fälle einer echten Konkurrenz zwischen § 311a Abs 2 und dem Anfechtungsrecht sind allenfalls theoretischer Natur. Knüpft das Anfechtungsrecht an einen anderen Gesichtspunkt als den Irrtum des Schuldners über seine Leistungsfähigkeit an, ist ihm natürlich die gesetzlich eingeräumte Möglichkeit zur Anfechtung zu belassen, womit er auch den Anspruch nach § 311a Abs 2 ausschließen kann, allerdings mit der Konsequenz der Haftung nach § 122 (MüKo/*Ernst* Rn 24). Die von der Gesetzesbegründung ausdrücklich offen gelassene Möglichkeit, bei Scheitern eines Anspruchs aus § 311a Abs 2 wegen unverschuldeter Unkenntnis des Schuldners dem Gläubiger analog § 122 einen Ersatzanspruch für den erlittenen Vertrauensschaden zuzubilligen, ist mit der hM abzulehnen; vgl Rz 9. Da es sich bei den von § 311a Abs 2 erfassten Fällen regelm um einen Fall der Verletzung der Verpflichtung des Schuldners zur Vergewisserung über seine Leistungsfähigkeit vor Vertragsschluss handelt, ist theoretisch auch eine Haftung wegen *cic* aus §§ 280 Abs 1, 311 Abs 2, 241 Abs 2 möglich. Allerdings wird § 311a Abs 2 als speziellere Regelung einen solchen Anspruch in seinem Anwendungsbereich verdrängen (MüKo/*Ernst* Rn 21; Palandt/*Grüneberg* Rn 14).

14 **F. Abweichende Vereinbarung/Verjährung/Beweislast.** § 311a ist als dispositive Norm grds abbedingbar. Bei der Abbedingung durch AGB des Schuldners sind **§ 308 Nr 3 und 8** zu beachten. Des Weiteren gilt § 276 Abs 3 sowie ist im Rahmen von AGB oder bei vorformulierten individualvertraglichen Klauseln im Verhältnis zwischen Unternehmer und Verbraucher **§ 309 Nr 7** zu beachten. Der Anspruch aus **§ 311a Abs 2 verjährt** grds nach der Regelverjährung der **§§ 195, 199**. Hinsichtlich § 199 Abs 1 Nr 1 ist für die Entstehung auf den Zeitpunkt des Vertragsschlusses abzustellen. In den Fällen eines von Anfang an unbehebbaren Mangels beim Kauf- und Werkvertrag gelten nach dem Gefahrübergang die vorrangigen bes Verjährungsfristen in §§ 438 und 634a. Für das Vorliegen der Voraussetzungen des Anspruchs nach § 311a Abs 2 trägt grds der Gläubiger die Beweislast. Für das »Vertretenmüssen« muss sich der Schuldner jedoch entlasten. Er trägt in den Fällen der von Anfang an unbehebbaren Mängel auch die **Beweislast** für die Unerheblichkeit des Mangels, sofern der Gläubiger den Schadensersatz statt der Leistung geltend macht; vgl § 281 Abs 1 S 3.

§ 311b Verträge über Grundstücke, das Vermögen und den Nachlass. **[1] Ein Vertrag, durch den sich der eine Teil verpflichtet, das Eigentum an einem Grundstück zu übertragen oder zu erwerben, bedarf der notariellen Beurkundung. Ein ohne Beachtung dieser Form geschlossener Vertrag wird seinem ganzen Inhalt nach gültig, wenn die Auflassung und die Eintragung in das Grundbuch erfolgen.**

[2] Ein Vertrag, durch den sich der eine Teil verpflichtet, sein künftiges Vermögen oder einen Bruchteil seines künftigen Vermögens zu übertragen oder mit einem Nießbrauch zu belasten, ist nichtig.

[3] Ein Vertrag, durch den sich der eine Teil verpflichtet, sein gegenwärtiges Vermögen oder einen Bruchteil seines gegenwärtigen Vermögens zu übertragen oder mit einem Nießbrauch zu belasten, bedarf der notariellen Beurkundung.

[4] Ein Vertrag über den Nachlass eines noch lebenden Dritten ist nichtig. Das Gleiche gilt von einem Vertrag über den Pflichtteil oder ein Vermächtnis aus dem Nachlass eines noch lebenden Dritten.
[5] Absatz 4 gilt nicht für einen Vertrag, der unter künftigen gesetzlichen Erben über den gesetzlichen Erbteil oder den Pflichtteil eines von ihnen geschlossen wird. Ein solcher Vertrag bedarf der notariellen Beurkundung.

Literatur *Armbrüster* Grundstücksbezogene Treuhandverhältnisse und Formzwang nach § 313 Satz 1 BGB DZWir 1997, 281; *Armbrüster/Krause* Aktuelle Entwicklungen zur notariellen Belehrungspflicht NotBZ 2004, 325; *Baldus* Formbedürfnis und Bestimmtheit einer Vereinbarung mehrerer Grundstückserwerber über die spätere Realteilung NotBZ 2003, 67; *Beisel/Klumpp* Der Unternehmenskauf, 4. Aufl, München (2003); *Bergermann* Auswirkungen unbewusster Falschbezeichnungen auf Grundstücksverträge und deren Vollzug – falsa demonstratio non nocet? RNotZ 2002, 557; *Bethge* Maklerklauseln in notariellen Kaufverträgen NZM 2002, 193; *Böhmer* Zur bestimmten Bezeichnung einer noch nicht vermessenen Grundstücksteilfläche MittBayNot 1998, 329; *Böttcher/Grewe* Die Anwendbarkeit des § 311b Abs 3 BGB beim Unternehmenskauf NZG 2005, 950; *Damrau* Zu den Grenzen und Gestaltungsmöglichkeiten des Erbschaftsvertrages ZErb 2004, 206; *Dietsch* Freiwillige Grundstücksversteigerungen -materiellrechtliche und beurkundungsverfahrensrechtliche Aspekte NotBZ 2000, 322; *Duhnkrack/Hellmann* Der Side Letter – Zur rechtlichen Bedeutung von Nebenabreden ZIP 2003, 1425; *Eckardt* Die Aufhebung des Grundstückskaufvertrags JZ 1996, 934; *Egerland* Gegenseitige Grundstücksübertragung auf den Todesfall als Gestaltungsmittel zur Verminderung von Erbschaftsteuer- und Pflichtteilsansprüchen NotBZ 2002, 233; *Eisele* Formerfordernisse bei mehraktigen Rechtsgeschäften DNotZ 1996, 835; *Frank* Die Beurkundung des zusammengesetzten Grundstücksgeschäfts NotBZ 2003, 211; *Geißel* Der Teilflächenverkauf MittRhNotK 1997, 333; *Grziwotz* Grundstückskaufverträge – Aufnahme und Gestaltung von Maklerklauseln MDR 2004, 61; *Hagen* Entwicklungstendenzen zur Beurkundungspflicht bei Grundstücksverträgen DNotZ 1984, 267; *Harke* Formzweck und Heilungsziel WM 2004, 357; *ders* Wie weit reicht die Vermutung von § 311c BGB? ZfIR 2004, 891; *Hartmann* Die Aufspaltung des Bauträgervertrages in Kauf- und Werkvertrag MittRhNotK 2000, 11; *Heckschen* Die Formbedürftigkeit mittelbarer Grundstücksgeschäfte (1987); *Heidrich* Keine Nachlassspaltung bei Miteigentumsanteil im Rahmen einer Erbengemeinschaft an Grundstück in der DDR NJW 2004, 178; *Hüffer* Aktiengesetz, 8. Aufl, München (2008); *Kanzleiter* Keine Heilung einer Realteilungsvereinbarung der Käufer durch ihren Erwerb als Miteigentümer, Anm LMK 2003, 44; *ders* Ausreichende Bezeichnung der noch nicht vermessenen Teilfläche in einem Grundstückskaufvertrag NJW 2000, 1919; *ders* Die Beurkundungsbedürftigkeit des Verknüpfungswillens bei zusammenhängenden Rechtsgeschäften DNotZ 2004, 178; *Keim* Zur Formbedürftigkeit bei einer Verbindung von einem Bauvertrag mit einem Grundstückskaufvertrag, Anm RNotZ 2003, 44; *ders* Salvatorische Klauseln in notariellen Grundstückskaufverträgen – Retter in der Not oder überflüssiges Anhängsel? ZfIR 2003, 661; *ders* § 313 BGB und die Beurkundung zusammengesetzter Verträge DNotZ 2001, 827; *ders* Die Heilung formnichtiger Vorverträge über Grundstücksveräußerungen analog § 311b Abs.1 BGB? DNotZ 2005, 324; *Körte* Handbuch der Beurkundung von Grundstücksgeschäften (1990); *Kohler* Anwendungsgrenzen des § 314 BGB bei obligatorischen Berechtigungen zum Vorteil eines Grundstücks DNotZ 1991, 362; *Korte* Zum Beurkundungsumfang des Grundstücksvertrages und damit in Zusammenhang stehender Rechtsgeschäfte DNotZ 1984, 3; *Kremer* Die Gesellschaft bürgerlichen Rechts im Grundstücksverkehr RNotZ 2004, 239; *Kues* Die vorweggenommene Ausgleichung lebzeitiger Zuwendungen unter künftigen Erben als Vertrag im Sinne von § 312 Abs 2 BGB ZEV 2001, 13; *Kulke* Anwendbarkeit des § 312 Abs 1 BGB auf Bürgschaftsverträge bei Erberwartung des einkommens- und vermögenslosen Bürgen ZEV 2000, 298; *Lichtenberger* Zum Umfang des Formzwangs und zur Belehrungspflicht DNotZ 1988, 531; *Limmer* Erbschaftsverträge nach § 312 BGB – Bestandsaufnahme und Neuorientierung DNotZ 1998, 927; *Lüttmann/Breyer* Notarielle Beurkundung von Schiedsvereinbarungen? ZZP 119, 475 (2006); *Maaß* Zur Formbedürftigkeit des gesetzlichen Vorkaufsrecht des Mieters NotBZ 2000, 301; *Maier-Reimer* Die Form verbundener Verträge NJW 2004, 3741; *Medicus* Leistungsfähigkeit und Rechtsgeschäft ZIP 1989, 817; *Mertens* Die Reichweite gesetzlicher Formvorschriften im BGB JZ 2004, 431; *Müller* Beurkundungsbedürftigkeit der Änderung und Aufhebung von Kaufverträgen über Grundstücke und grundstücksgleiche Rechte MittRhNotK 1988, 243; *Otto* Einseitige Abhängigkeit eines Bauvertrags vom Grundstückskauf, Anm NotBZ 2002, 298; *Petzoldt* Beurkundungszwang im Gesellschaftsrecht wegen § 313 BGB BB 1975, 905; *Philippsen* Die Hinwirkungspflichten des Notars bei Verbraucherverträgen in § 17 Abs 2a BeurkG NotBZ 2003, 137; *Pohlmann* Die Heilung formnichtiger Verpflichtungsgeschäfte durch Erfüllung (1992); *ders* Zur rechtlichen Einheit von Grundstückskaufvertrag und Bauvertrag, Anm EWiR 2003, 147; *ders* Keine Formbedürftigkeit einer als solcher nicht beurkundungsbedürftigen Vereinbarung EWiR 2000, 323; *Reithmann* Von der Belehrung zur Vertragsgestaltung NotBZ 2007, 14; *Rieger* Zur Auflösung einer Erbengemeinschaft durch Abschichtung DNotZ 1999, 64; *Schlüter* Die gemeinnützige GmbH GmbHR 2002, 535; *Schmidt* Erbteilsabtretung, Miterbenabfindung und Anwachsung bei der Erbengemeinschaft AcP 205, 305 (2005); *ders* Ehegatten-Miteigentum oder "Eigenheim-Gesellschaft"? AcP 182, 481 (1982); *ders* Mobilisierung des Bodens – Grundbuch und Gesellschaftsrecht NJW 1996, 3325; *Schmidt-Troschke* Beurkundungspflicht und Zustimmungserfordernisse nach § 1365 BGB bei Aufhebung oder nachträglicher Änderung von Grundstückskaufverträgen NotBZ 2002, 157; *Schmucker* Die »Entstehungsgeschichte« der Ergänzung von § 17 Abs 2a

BeurkG DNotZ 2002, 510; *ders* Das verbundene Geschäft und seine Auswirkungen auf den Umfang der Beurkundungspflicht DNotZ 2002, 900; *Schulte-Thoma* Zubehörveräußerung bei Grundstückskaufverträgen RNotZ 2004, 61; *Seeger* Die »einseitige Abhängigkeit« – zum Umfang der Beurkundungsbedürftigkeit zusammengesetzter Grundstücksgeschäfte MittBayNot 2003, 11; *Specks* Heilung von Formmängeln gemäß §311b Abs 1 Satz 2 (§313 Satz 2 BGB aF) und § 15 Abs 4 Satz 2 GmbHG RNotZ 2002, 193; *Schwanecke* Formzwang des § 313 S 1 BGB bei Durchgangserwerb von Grundeigentum NJW 1984, 1585; *Thode* Immobilienrecht 2000, Köln (2001); *Tiedtke* Sittenwidrigkeit der Bürgschaft eines nahen Angehörigen des Hauptschuldners bei krasser finanzieller Überforderung des Bürgen NJW 1999, 1209; *Ulmer/Löbbe* Zur Anwendbarkeit des § 313 BGB im Personengesellschaftsrecht DNotZ 1998, 711; *Volmer* Die Neuordnung des verbundenen Immobiliengeschäfts MittBayNot 2002, 336; *v Campe* Teilflächenverkauf, Bestimmtheitsgrundsatz und Leistungsbestimmungsrecht in der neueren Rechtsprechung NotBZ 2003, 41; *ders* Zum Bestimmtheitserfordernis bei der Bezeichnung von Grundstücksteilflächen DNotZ 2000, 109; *ders* Teilflächenverkauf, Bestimmtheitsgrundsatz und Leistungsbestimmungsrecht in der neueren Rechtsprechung NotBZ 2003, 41; *v Westphalen* Immobilien-Leasing-Verträge – einige Aspekte zur notariellen Praxis MittBayNot 2004, 13; *Wagner* Zum Beurkundungserfordernis einer Verrechnungsabrede in einem Grundstückskaufvertrag NotBZ 2000, 230; *Wochner* Zur Beurkundungsbedürftigkeit von Stiftungsgeschäften bei Übertragung von Grundeigentum auf die Stiftung DNotZ 1996, 773; *Woinar* Neuregelung der Umsatzsteuer bei Grundstücksgeschäften NotBZ 2004, 249; *Wolf* Rechtsgeschäfte im Vorfeld von Grundstücksübertragungen DNotZ 1995, 179; *ders* Unter welchen Voraussetzungen bedarf der Vertrag über die Errichtung eines Fertighauses auf einem noch zu erwerbenden Grundstück der notariellen Beurkundung? DNotZ 1994, 773; *Wolfsteiner* Wird ein formnichtiger Gesellschaftsvertrag durch Auflassung und Eintragung geheilt? DNotZ 2003, 626; *ders* Bauherrenmodelle in der notariellen Praxis DNotZ 1979, 579; *Wufka* Formfreiheit oder Formbedürftigkeit der Genehmigung von Grundstücksverträgen, der Ausübung von Wiederkaufs-, Vorkaufs- und Optionsrechten sowie der Anfechtung, des Rücktritts und der Wandelung? DNotZ 1990, 339; *Zimmer* Die Ausbietungsgarantie in der notariellen Praxis NotBZ 2002, 55; *Zugehör/Ganter/Hertel* Handbuch der Notarhaftung, 2. Aufl, Münster (2009).

1 **A. Normzwecke. I. Schutzrichtungen.** Die seit der Schuldrechtsmodernisierung in § 311b zusammengefassten Bestimmungen (früher §§ 310 bis 313) dienen im Ergebnis dem Schutz der Vertragsfreiheit (*Erman/Grziwotz* § 311b Rn 1). Äußerlich besehen, setzen sie ihr dazu freilich inhaltliche Schranken (Abs 2, Abs 4) bzw flankieren materielle Grenzen der Vertragsfreiheit durch Formvorschriften (Staud/*Wufka* § 311b Rn 2). § 311b Abs 1 verfolgt (in der Ursprungsfassung als § 313 ausschließlich) den Schutz des Eigentümers vor übereilter Hergabe von **Grundbesitz** durch Einschaltung eines zwingenden Beurkundungsverfahrens. Darin trifft sich die Bestimmung mit Abs 3 (früher § 311), der sich auf Verpflichtungen zur Übertragung des Vermögens im Ganzen oder einen Bruchteil bezieht, und zugleich mit Abs 2 (vormals § 310), dem generellen Verbot, **künftiges Vermögen** ganz oder teilw oder dessen vollständige Nutzung (durch Nießbrauch) wegzuversprechen. Denn traditionell war und ist Grundvermögen wesentlicher Vermögensbestandteil und zugleich **Erwerbsquelle** in die Zukunft.

2 **II. Umsetzung im Beurkundungsverfahren.** Die in Abs 2 wie auch Abs 4 ausgesprochenen **Verbote** schützen die künftige Handlungsfreiheit der Beteiligten (vgl MüKo/*Krüger* § 311b Rn 87). Bestimmte Rechtsgestaltungen werden nicht zugelassen, weil sie typischerweise Ausdruck einer Unterlegenheit und unter Ausnutzung einer Zwangslage oder Unerfahrenheit entstanden sein können (*Limmer* DNotZ 1998, 927, 930 zu § 312 aF). In anderen, wiederum losgelöst vom Einzelfall abstrahierten Fällen (Abs 1, Abs 3, Abs 5) erscheint das Verbot übermäßig. Kompensierend übernimmt die Beurkundungspflicht wesentliche Schutzaufgaben. Die Beurkundung dient der **Rechtssicherheit** über das Vereinbarte. Aus Gründen des Rechtsfriedens kann sie im Ausnahmefall (Abs 1 S 2) dann auch zurücktreten.

3 Im Einzelnen werden dem Beurkundungsverfahren die folgenden Funktionen zugesprochen (vgl jurisPK/*Ludwig* § 311b Rn 3):

- **Übereilungsschutz, Warnfunktion:** Die Vertragsparteien sollen davor bewahrt werden, übereilt die vom Gesetzgeber als besonders folgenschwer erkannten Verpflichtungen einzugehen. Schon der Umstand, bestimmte Verträge nur vor dem Notar schließen zu können, weist die Beteiligten auf die potentielle Tragweite dieser Geschäfte hin. Damit verliert auch ein späterer Einwand an Gewicht, der andere Vertragsteil habe die beurkundete Vereinbarung als unwichtige Formsache dargestellt (BGH Urteil v. 17.10.2007 – XII ZR 96/05). Eine verfahrensrechtliche Verstärkung findet dieser Aspekt für Verbrauchergeschäfte in § 17 Abs 2a BeurkG, wonach der Verbraucher idR einen Vertragsentwurf vierzehn Tage vor Beurkundung zur Durchsicht erhält (kein Wirksamkeitserfordernis).
- **Beweisfunktion:** Durch das Verfahren der notariellen Beurkundung wird für die getroffene Vereinbarung Beweis geschaffen. Die notarielle Urkunde hat die Vermutung der Richtigkeit und Vollständigkeit für sich (§ 415 ZPO). Gegenbeweis ist zulässig, aber nur dahin, dass der Beurkundungsvorgang unrichtig beurkundet sei. Das Auseinanderfallen von objektiver Erklärung und wirklichem Willen der Erklärenden ist allein nach bürgerlichrechtlichen Grundsätzen (Irrtumsanfechtung oder falsa demonstratio) zu beurteilen (BGHZ 71, 260). Nur bei festgestellten Verfahrensfehlern kommt freie Beweiswürdigung in Betracht (§ 419 ZPO vgl NJW 1994, 2768 = MDR 1994, 912).

- **Gültigkeitsgewähr:** Die beweisrechtliche Annahme, dass der Wille der Vertragsparteien richtig, vollständig und wirksam gefasst ist, kann sich stützen auf die korrespondierende Pflicht der Urkundsperson zur Klärung des Sachverhalts, Erforschung des Willens der Beteiligten und ihre Formulierungspflicht (§ 17 BeurkG). Die »vollkommene Urkunde« (*Lerch* BeurkG § 17 Rn 1) entspricht (materiell wie formell) dem Gesetz und dem wahren Willen der Beteiligten. Die Urkundsperson vergewissert sich über die Identität und ggf ordnungsgemäße Vertretung der Parteien (§§ 9, 10, 17 BeurkG). Zweifel an der Geschäftsfähigkeit würde sie vermerken (§ 11 BeurkG).
- **Betreuungsfunktion:** Das Beurkundungsverfahren sichert die fachkundige Beratung durch einen unparteiischen Dritten (BGH NJW 1995, 448 = MDR 1995, 609). Bei Gefahr persönlicher Haftung (§ 19 BNotO) belehrt der Notar über die rechtliche Tragweite der in Aussicht genommenen Erklärungen (§ 17 BeurkG). Dazu sieht er das Grundbuch ein (§ 21 BeurkG). Er weist hin auf behördliche oder gerichtliche Genehmigungserfordernisse und gesetzliche Vorkaufsrechte (§§ 18–20 BeurkG). Generell hat er zu prüfen, ob der erstrebte rechtliche Erfolg eintritt (*Reithmann* DNotZ 1969, 70, 81).
- **Gestaltende Beratung:** Insbes die Haftungsrechtsprechung zur Belehrung über vom Laien nicht zu erkennende, ungesicherte Vorleistungen (etwa BGH MDR 1998, 501; BGH NJW-RR 2004, 1071, dazu *Armbrüster/Krause* NotBZ 2004, 325) hat die Belehrungspflichten erweitert hin zu einer »gestaltenden Beratung« (auch sog »doppelte Belehrung«). Der Notar kann sich nicht darauf beschränken, auf solche Risiken hinzuweisen, er muss auch etwaige wirtschaftlich gleichwertige, rechtlich sicherere Alternativgestaltungen vorstellen, wenn er dafür eine Realisierungschance sehen kann (BGH NJW 2006, 3065 = MDR 2007, 30). Das ist allerdings noch keine »planende Beratung« (*Reithmann* NotBZ 2008, 14, 16). Eine solche kann das Beurkundungsverfahren nicht leisten: »Schutzmittel ist die Dokumentation des Vereinbarten, nicht dessen, was eine Partei besser vereinbart hätte« (BGH NJW-RR 2003, 1136 = MDR 2003, 735).
- **Keine Beratungsaufgabe** hat der Notar auch hinsichtlich der wirtschaftlichen Erwartungen der Beteiligten und etwaiger steuerlicher Folgen (ausf *Ganter* in Zugehör/Ganter/Hertel, Handbuch der Notarhaftung, Rn 1078, 1084). Dennoch kann auch hier das Verfahren den Beteiligten Bedenkzeiten schaffen (»cooling down«) und sie veranlassen, weiteren externen Rat einzuholen.
- **Öffentliche Interessen:** Anknüpfend an die Amtstätigkeit des Notars wird die Erfüllung unterschiedlichster fiskalischer bzw. öffentlicher Meldepflichten sichergestellt (Staud/*Wufka* § 311b Rn 2).

III. Typisierung und Auslegung. Die Beurkundungspflicht, insbes des Abs 1, wirkt sich in weiten Teilen verbraucherschützend aus (daher für eine Berücksichtigung dieses Aspekts bei der Auslegung der Formvorschriften Erman/*Grziwotz* § 311b Rn 14, 53). Es handelt sich dennoch um keine Norm des Verbraucherschutzes. Die Vorschrift dient vielmehr Interessen der Verkäufer- wie der Käuferseite (BGH NJW-RR 2003, 1136 = MDR 2003, 735). Dabei geht das Gesetz streng typisierend vor. Ist der **abstrakte Tatbestand** einer Grundstücksveräußerung erfüllt, kommt es für die Bejahung der Beurkundungspflicht nicht darauf an, ob es sich um eine wirtschaftlich relevante Flächengröße handelt (zB die sog »Straßengrundabtretungen«, s auch BGHZ 16, 334) oder ob die Vertragsparteien selbst Experten des Grundstücksrechts sind (jurisPK/*Ludwig* § 311b Rn 6). Eine Zustimmung des Erblassers macht die Anwendung von Abs 4 oder Abs 5 S 2 nicht entbehrlich (BGH NJW 1995, 448 = MDR 1995, 609). Umgekehrt reicht die Vergleichbarkeit der Schutzinteressen nicht zur Anwendung des Abs 1, wenn eine Erwerbs- oder Veräußerungspflicht nicht von Grundstücken, sondern von Anteilen an grundbesitzenden Gesellschaften (BGH NJW 1998, 376 = MDR 1998, 55) oder nicht rechtsgeschäftlich, sondern gesetzlich kraft Auftragsrechts begründet wird (BGHZ 127, 168, str). Die Anwendung im Fall der Gesetzesumgehung bleibt aber möglich (Palandt/*Grüneberg* 311b Rn 5; *Ulmer/Löbbe* DNotZ 1998, 711). 4

Innerhalb der Tatbestandsmerkmale fließen die Schutzziele durchaus in die **Auslegung** der Norm ein. Die Heilungswirkung des Abs 1 S 2 knüpft auch nach der Rechtsänderung vom 01.01.1973 allein an den Eigentumswechsel an und fragt nicht danach, ob auch die Erwerber- und sonstige Pflichten erfüllt sind. Der BGH folgert aus dem erweiterten Schutzzweck aber jedenfalls, dass die Heilungswirkung eines Erfüllungszusammenhangs zwischen formunwirksamer Vereinbarung, Auflassung und Umschreibung bedarf (BGH NJW 2004, 3626). Um Auslegung des Willens der Beteiligten geht es bei der Ermittlung, von welchen Absprachen sie das beurkundungspflichtige Geschäft abhängig gemacht haben. Ihr rechtsgeschäftlicher Wille bestimmt insofern zugleich mittelbar die Reichweite der Beurkundungspflicht. Das stellt den Formzwang als solchen aber nicht zur Disposition der Parteien (vgl RGZ 97, 222; 103, 298; BGH NJW 1987, 1069 = MDR 1987, 303). 5

B. Anwendungsbereiche. I. Grundstücksvertrag (Abs 1). 1. Vertragsgegenstand: Grundstück. Die in Abs 1 angesprochene Verpflichtung betrifft ein konkretes, zumindest aus einem größeren Kreis konkretisierbares Grundstück (MüKo/*Kanzleiter* § 311b Rn 12; differenzierend jurisPK/*Ludwig* § 311b Rn 35; es dürfte letztlich darauf ankommen, dass aus Sicht des Verpflichteten keine Wahl bleibt). Es muss nicht Grundstück im Rechtssinn sein (diese Frage wird erst relevant für die bei der Beurkundung zu wahrende Bestimmtheit). Abs 1 meint vielmehr auch Mehrheiten von Grundstücken, reale und ideelle **Teile** von Grundstücken. Grundstücksbestandteile (§§ 93–96), die erst auf den Fall ihrer Trennung vom Grundstück als selbständige bewegliche Sache oder verkehrsfähiges Recht verkauft werden, fallen nicht unter Abs 1 (BGH v 20.10.1999 – VIII ZR 335/98, NJW 6

2000, 504), ebenso wenig Mobilien, die erst nach Veräußerung zB durch Einbau ihre rechtliche Selbständigkeit verlieren. Dem Grundstück gleichgestellt sind **Wohnungs- und Teileigentum** (§ 4 Abs 3 WEG, BayObLG DNotZ 1999, 212), **Erbbaurecht** einschließlich Wohnungs- und Teilerbbaurecht (§ 11 ErbbauRG; § 30 WEG), **Bergwerkseigentum** (§ 9 BBergG) und das **Gebäudeeigentum** nach dem ZGB-DDR (Art 231 § 5 EGBGB). Es kommt nicht darauf an, ob einer der Vertragsbeteiligten **Eigentümer** oder verfügungsbefugt ist (München NJW 1984, 243). Ist auf den Verkauf ausländischer Grundstücke deutsches Recht anwendbar, gilt auch Abs 1 (BGHZ 73, 391, dort auch zur Heilung nach S 2). Das anwendbare Recht bestimmt bei **Auslandsbezug** Art 11 EGBGB (aus jüngerer Zeit dazu KG KG-Report 2005, 847; Frankfurt aM OLGR 2000, 112; Nürnberg NJW-RR 1997, 1484). Bedenken gegen Auslandsbeurkundung mehren sich in Hinblick auf den Schutzstandard des Beurkundungsverfahrens insbes für Verbraucherverträge (Erman/*Grziwotz* § 311b Rn 17).

7 Der **Anspruch** auf Übertragung des Eigentums ist dem Grundstückseigentum nicht gleichgestellt (BGHZ 89, 41; krit *Donau* MDR 1958, 532; Sonderregelung in § 3 Abs 1 S 2 VermG für Rückübertragungs-, nicht für Entschädigungsansprüche). Etwas anderes gilt nach hM für das **Anwartschaftsrecht** (zu den Voraussetzungen BGHZ 106, 108) des Auflassungsempfängers (BGHZ 83, 395, 400). Auch die Bestellung eines **Vorkaufsrechts** und die Verpflichtung hierzu werden der Verpflichtung zur Veräußerung gleichgestellt (BGH NJW 2003, 1940; BGH NJW-RR 1991, 205).

8 Ungeachtet der Wertverhältnisse greift die Beurkundungspflicht, sobald in einer **Sachgesamtheit** auch nur ein Grundstück enthalten ist. Steht es dagegen im Eigentum einer **Gesamthand** oder einer **juristischen Person** und werden **Anteile** daran verkauft, greift Abs 1 nicht (BGHZ 86, 367; BGH NJW 1998, 376; Düsseldorf OLGR 2007, 253 = NJW-Spezial 2007, 320). Auch die **Anwachsung** des Gesellschaftsvermögens beim letzten verbleibenden Gesellschafter bzw Erwerber aller Anteile fällt nicht unter Abs 1, da sie sich von Gesetz wegen vollzieht. Die so genannte »**Abschichtung**« einer Erbengemeinschaft (krit insg *Schmidt* AcP 205 [2005], 305) ist dann auch zwar nicht wegen ihres Verpflichtungsgehalts nach Abs 1 (dafür aber beachtliche Teile der Lit, *Rieger* DNotZ 1999, 64, 77 mwN), wohl aber als Verfügungsgeschäft nach § 2033 Abs 1 S 2 beurkundungspflichtig (jurisPK/*Otto* § 2033 Rn 32 mwN). Zu Formfreiheit für Verpflichtung und Erfüllung tendiert hier jedoch BGHZ 138, 8 (eindeutig LG Köln NJW 2003, 2993), wo nur auf Grund einer Grundstücksübertragung als Gegenleistung die Beurkundungspflicht – insoweit zutr aus Abs 1 – bejaht wird. Ausnahmen gelten bei »bewusster« **Gesetzesumgehung** (BGH aaO; Hamm NJW-RR 2000, 1020; Frankfurt aM NJW-RR 1996, 1123). Für deren Annahme genügt nicht, dass die Grundstücksverwaltung alleiniger Gesellschaftsgegenstand ist (anders mit beachtlichen Gründen die Lit, so *Schmidt* AcP 182 [1982], 481, 510f; *ders* ZIP 1998, 2; *Heckschen* Die Formbedürftigkeit mittelbarer Grundstücksgeschäfte, 1987, 153; *Löbbe/Ulmer* DNotZ 1998, 711) oder das Gesellschaftsvermögen im Wesentlichen aus Grundbesitz besteht (BGH NJW 1998, 376). Die verbraucherschützende Funktion des Beurkundungsverfahrens mag auch hier (für geschlossene **Immobilenfonds, Publikumsgesellschaften**; dazu BGH NJW 1978, 2505) zu einer Neubewertung führen (Erman/*Grziwotz* § 311b Rn 14). Entgegen der Rspr sollte Abs 1 unabhängig von subjektiven Voraussetzungen einer Gesetzesumgehung jedenfalls auf die Veräußerung aller Anteile einer Gesellschaft angewandt werden, die gerade zu dem Zweck gegründet wurden, eine leichtere »Mobilisierung des Bodens« zu bewirken (*Schmidt* NJW 1996, 3325; jurisPK/*Ludwig* § 311b Rn 46, zu Heilungsmöglichkeiten Rn 50 f). Andererseits darf nicht verkannt werden, dass der Gesetzgeber selbst neuerdings den Grundstücksverkehr auf gesellschaftsrechtliche Gleise setzt (REIT-Gesetz v 28.05.2007 BGBl I S 914).

9 **2. Verpflichtungsvertrag.** Zur Beurkundungspflicht des gesamten Vertrags führt die (wenigstens befristete, BGH NJW-RR 2004, 952) **Bindung** an Veräußerung oder Erwerb. Das ist für jede Verpflichtung und jeden Vertragsgegenstand gesondert zu prüfen. Ist zB neben der Abtretung des Eigentumsverschaffungsanspruchs (oder der Verpflichtung dazu) auch ein originärer Anspruch auf Eigentumsverschaffung begründet, unterliegt der Vertrag Abs 1 (Staud/*Wufka* § 311b Rn 28), ebenso wenn der Zessionar sich dabei zum Erwerb verpflichtet (Palandt/*Grüneberg* § 311b Rn 68). Gemeint ist stets die schuldrechtliche Verpflichtung. Sie kann in einem gegenseitig oder einseitig verpflichtenden Vertrag (Kauf, Tausch, Schenkung, Ausstattung, Auseinandersetzung von Gemeinschaften) ebenso enthalten sein wie in den einseitigen Rechtsgeschäften Auslobung und Stiftung (Staud/*Wufka* § 311b Rn 59; *Wochner* DNotZ 1996, 773; anders für das Stiftungsgeschäft Schleswig DNotZ 1996, 770). Auch der Verkauf im Verfahren der freiwilligen Grundstücksversteigerung unterliegt der Formvorschrift (BGHZ 138, 339 = NJW 1998, 2350); je nach Ausgestaltung kann das auch für den Einlieferungsvertrag zwischen Eigentümer und Auktionator gelten (*Dietsch* NotBZ 2000, 322; jurisPK/*Ludwig* § 311b Rn 159 ff). Beim Vertragsschluss durch **Angebot und Annahme** sind beide Willenserklärungen beurkundungspflichtig.

10 Abs 1 ist andere Vorschrift im Sinn des § 57 VwVfG. Öffentlich-rechtliche Verträge (§ 54 S 1 VwVfG) fallen daher in den Anwendungsbereich (BVerwGE 70, 247). Fehlerquelle ist die Beurkundungspflicht insbes für zahlreiche **städtebauliche Verträge** (§ 11 Abs 1 BauGB) wie freiwillige Baulandumlegung, Erschließungsverträge (BGHZ 58, 386; schulmäßig: Schleswig NotBZ 2008, 40 m Anm *Grziwotz*) und Durchführungsverträge zum Vorhaben- und Erschließungsplan. Die Beurkundungspflicht greift auch ein, sobald die Behörde in privilegierten Verfahren wie zB bei Enteignungen das förmliche Verfahren zugunsten einer Konsensregelung verlässt (BGHZ 88, 165).

Es kommt nicht darauf an, ob es sich um eine **Haupt- oder Nebenverpflichtung** handelt oder ob die Vereinbarung unter eine vom Willen des Verpflichteten unabhängige Bedingung gestellt ist (Erman/*Grziwotz* § 311b Rn 4; zur Wollensbedingung RGZ 72, 385 und zur Wahlschuld jurisPK/*Ludwig* § 311b Rn 99). Ausgenommen sind Verpflichtungen, die unmittelbar aus dem **Gesetz** folgen, so die Auseinandersetzung einer Gemeinschaft, wenn sie – was die Ausnahme sein wird – vollständig den Regeln des § 752 folgt (BGH NJW 2002, 2560) oder die Ausübung eines Übernahmerechts aus § 1477 Abs 2 (Palandt/*Grüneberg* § 311b Rn 17). Der BGH gelangt aber auch in einem Fall des § 2120 zur Beurkundungspflicht der Zustimmung des Nacherben zu einer Veräußerung (BGH MDR 1972, 496, krit insoweit Staud/*Wufka* § 311b Rn 71). Ein **außergerichtlicher Vergleich** kann bestehende Pflichten erstmals begründen oder zumindest verschärfen und unterliegt dann ebenso wie Anerkenntnis und **Bestätigung** (§ 141) der Beurkundungspflicht. Für Bindungen von Todes wegen hat das Erbrecht Vorrang (Palandt/*Grüneberg* § 311b Rn 16). In ständiger Rspr sieht der BGH auch die Pflicht eines **Beauftragten**, das in mittelbarer Stellvertretung für den Auftraggeber erworbene Grundstück herauszugeben, allein gesetzlich (§ 667) begründet, so dass der Erwerbsauftrag unter diesem Gesichtspunkt nicht beurkundungspflichtig sei (BGH NJW 1981, 1267; BGHZ 85, 245; BGHZ 127, 168; zur Kritik s jurisPK/*Ludwig* § 311b Rn 120; *Armbrüster* DZWir 1997, 281). 11

Die Ausübung von **Gestaltungsrechten** wird formfrei zugelassen (*Wufka* DNotZ 1990, 339, 354). Bedenklich ist allerdings, dass die Rspr die Ausübung eines Vorkaufsrecht ebenso behandelt (zum gesetzlichen **Mietervorkaufsrecht** BGHZ 144, 357; krit jedenfalls de lege ferenda *Rieger* DNotZ 2002, 768; *Maaß* NotBZ 2000, 301). Die Ausübung eines zuvor wirksam begründeten Leistungsbestimmungsrechts (§ 315) begründet keine neuen Abs 1 unterliegende Pflichten (*Wolf* DNotZ 1995, 179, 183), ebenso die einer durch Vertrag von der anderen Seite als **Ankaufsrecht** bindend eingeräumten **Option** (BGH NJW-RR 1996, 1167) und die Einforderung der Verpflichtungen aus einem hinreichend bestimmten **Vorvertrag** (BGH NJW 2006, 2843; s auch BGH NJW 1978, 2505 zu einem Anspruch kraft Satzungsrecht). Voraussetzung ist dabei stets, dass sich vorausgehend der eine Vertragsteil bereits auf Erwerb bzw Veräußerung und der Optionsberechtigte sich jedenfalls auf den Inhalt des möglichen Vertrags festgelegt hatte (BGH MDR 1963, 37; BGH NJW-RR 1996, 1167). Diese Vereinbarungen sind ihrerseits beurkundungspflichtig (BGHZ 97, 147 = NJW 1986, 1983). War nur ein Angebot abgegeben, bedarf die Optionsausübung als Annahme der Beurkundung. Unschädlich ist, wenn sich der gebundene Teil bis zur Ausübung durch den anderen einen **Widerruf** vorbehält (Befristung), der Widerruf selbst wie auch der vorbehaltene Widerruf eines Widerrufs selbst ist formfrei (NJW-RR 2004, 952 = NotBZ 2004, 337 m Anm *Ludwig*). Ein »letter of intent« begründet letztendlich noch keine Bindung (*Wolf* DNotZ 1995, 179, 193; differenzierend jurisPK/*Ludwig* § 311b Rn 133). 12

Übernimmt ein **Schuldübernehmer** Pflichten im Sinn des Abs 1 als eigene, so unterliegt dies, nicht jedoch die isolierte Übernahme sonstiger Leistungspflichten, der Gegenleistung oder einer **Bürgschaft** der Beurkundungspflicht (BGH NJW 1996, 2503; BGH NJW-RR 1988, 1196). 13

Es genügt, wenn **mittelbarer Zwang** zur Veräußerung oder zum Erwerb eines Grundstücks und dadurch eine wirtschaftliche Bindung begründet wird (BGH NJW 1970, 1915; NJW 1979, 307; BGHZ 76, 43, 46 = NJW 1980, 829). Dieser Zwang wird bejaht, wenn für wenigstens einen Vertragsteil bei Unterbleiben des Geschäfts bei einer ex-ante Betrachtung gewichtige wirtschaftliche Nachteile (zu Abgrenzungsfragen *Hagen* DNotZ 1984, 267, 271) vereinbart werden (BGH NJW 1990, 390). Beispiele sind **Vertragsstrafen**, Ausbietungsgarantien (dazu Zimmer NotBZ 2002, 55), Anzahlungen mit Verfallklausel und erfolgsunabhängige Berater- oder **Maklerprovisionen** (BGH EWiR 1990, 131). Bindungsentgelte im Rahmen einer Reservierungsvereinbarung führen jedenfalls ab einer Schwelle von 10 % der üblichen Erfolgsprovision zur Beurkundungspflicht (BGHZ 103, 235 = NJW 1988, 1716). Unbedenklich ist ein Aufwandsersatz, soweit er nicht auf Grund eines Nachweisverzichts wie eine Vertragsstrafe wirkt (BGH NJW 1980, 1622). Vorleistungen in Hinblick auf den erwarteten Vertrag führen nicht zwingend zum Bindungsdruck (BGHZ 76, 43). Für **Planungs- und Bauaufträge** im Vorfeld kommt es auch darauf an, ob sie dem anderen Vertragsteil zugute kommen (Düsseldorf NJW-RR 1993, 667; Köln, NJW-RR 1990, 1112; Hamm MDR 1993, 537; Hamm NJW-RR 1992, 1100). **Hausbau-** und **Fertighauskaufvertrag** sind beurkundungspflichtig, wenn dadurch ein Zwang zum Erwerb eines bestimmten Grundstücks erzeugt wird (*Wolf* DNotZ 1994, 773, 774; BGH NJW 1994, 721, wo der Erwerbsdruck allerdings im Ergebnis verneint wird; München NJW 1984, 243), häufiger aber, weil sie rechtlich zu einer Einheit mit dem Grundstücksgeschäft verknüpft sind. 14

3. Verpflichtungsinhalt. Die Verpflichtung muss sich auf eine Änderung der **dinglichen Zuordnung** des Grundstücks richten. Dabei ist es gleichgültig, ob der Wechsel zwischen den Vertragspartnern oder unter Beteiligung eines Dritten erfolgt (BGHZ 92, 164) oder ob Beteiligte bei Sondervermögen auf beiden Seiten des Geschäfts beteiligt sind (Erman/*Grziwotz* § 311b Rn 9; KG NJW-RR 1987, 1321; zur Ehegatteninnengesellschaft s BGH NJW 1974, 2278) und wie sich die Zuordnungsänderung vollziehen soll (zB auch Ersteigerungsauftrag und Ausbietungsgarantie, BGHZ 85, 245, 250; BGHZ 110, 319, 321; s aber auch BGH ZIP 1992, 1538). Kein Rechtsträgerwechsel liegt vor bei gesellschaftsrechtlicher Umwandlung. Die Negation, dh eine Verpflichtung, ein Grundstück nicht zu verkaufen oder zu erwerben, unterliegt nicht Abs 1 (soweit sie sich nicht als mittelbare Veräußerungsverpflichtung erweist, dazu jurisPK/*Ludwig* § 311b Rn 102; BGH DNotZ 1966, 363), ebenso der Verzicht auf ein Wiederkaufsrecht (BGHZ 103, 175). Anders gewertet wird für die 15

Verpflichtung, einen Berichtigungsanspruch auf Wiedereintragung als Eigentümer nicht geltend zu machen (Palandt/*Grüneberg* § 311b Rn 7 mN). Die **Belastung** eines Grundstücks als solche unterliegt abgesehen von § 11 ErbbauRG und dem Fall der Einräumung eines dinglichen Vorkaufsrechts oder der Verpflichtung hierzu (BGH NJW 2003, 1940; BGH NJW-RR 1991, 205) nicht Abs 1.

16 **Gesellschaftsverträge** und Beitritt zu einer Gesellschaft sind beurkundungspflichtig, wenn sich ein Gesellschafter bei Gründung oder mit seinem Eintritt verpflichtet, als **Sacheinlage** oder als sonstige Nebenpflicht das Eigentum an einem Grundstück zu übertragen (BGH WM 1967, 610; NJW-RR 1992, 614) oder ein bestimmtes Grundstück von der Gesellschaft zu erwerben (BGH NJW 1978, 2505). Es reicht, wenn der Gesellschaft schuldrechtlich ein Verwertungsrecht versprochen und dazu eine bedingte Übereignungspflicht vereinbart wird (Hamm MDR 1994, 843). Die Einbringung ausschließlich zur Nutzung (»quoad usum«) oder dem Werte nach (»quoad sortem«) ist nicht beurkundungspflichtig (jurisPK/*Ludwig* § 311b Rn 56; Hamburg NJW-RR 1996, 803; das erlaubt eine Umdeutung formnichtiger Einbringung, so Erman/*Grziwotz* § 311b Rn 19 mN). Werden Erwerb oder Veräußerung bestimmter Grundstücke als **Gesellschaftszweck** vereinbart, ist dies beurkundungspflichtig, nach einer teilw bestrittenen Rspr jedoch dann nicht, wenn der Grundstückserwerb allg Zweckangabe ist (BGH NJW 1998, 376; BGH NJW 1996, 1279; ebenso bereits *Schwanecke* NJW 1984, 1585; zur Kritik *Heckschen* Die Formbedürftigkeit mittelbarer Grundstücksgeschäfte 1987 S 138; *Petzoldt* BB 1975, 905, 907). Nach zu Recht bestrittener Rspr soll die Beurkundungspflicht für die Satzung einer Genossenschaft nicht deshalb greifen, weil sich die zu gründende Gesellschaft zur Übereignung von ihr zuzuweisender Eigentumswohnungen an ihre Mitglieder verpflichtet (BGH MDR 1973, 751; dagegen Staud/*Wufka* § 311b Rn 127 f m zahlr wN).

17 Mit der Erteilung einer **Vollmacht** wird allein noch keine Erwerbs- oder Veräußerungspflicht begründet. Es gilt vielmehr auch für grundstücksbezogene Vollmachten der Grundsatz der Formfreiheit, § 167 Abs 2 (BGH BB 1965, 847; BGH NJW 1979, 2306; Schleswig MDR 2000, 1125; für das Grundbuchverfahren beachte jedoch § 29 Abs 1 GBO). Er ist nach allg Ansicht allerdings durchbrochen, wenn sich die Erteilung der Vollmacht »nur als das äußere Gewand darstellt, in das die Verpflichtung zur Eigentumsübertragung oder zum Erwerb eingekleidet« ist, und damit mit Vollmachtserteilung bereits eine rechtliche oder tatsächliche Bindung des Eigentümers herbeigeführt wird (BGH BB 1965, 847 = WM 1965, 1001). Für die Auflassungsvollmacht kommt das nur dann in Betracht, wenn sie mit der auf das schuldrechtliche Geschäft bezogenen Vollmacht zu einer Einheit verbunden ist (KG Berlin DNotZ 1986 290; zur Heilungsproblematik in diesen Fällen Schleswig NJW-RR 2001, 733). Stets formpflichtig ist die **unwiderrufliche Vollmacht.** Dabei kommt es nicht darauf an, ob die Vollmacht eigene Geschäftsabschlüsse des Vollmachtgebers verdrängen soll (RGZ 108, 127) oder ob die Widerruflichkeit zeitlich eingeschränkt ist (Karlsruhe NJW-RR 1986, 100). Die Widerruflichkeit bestimmt sich nach dem Grundgeschäft (§ 168 S 2), es unterliegt selbst bereits Abs 1, wenn darin die Veräußerungs- oder Erwerbsverpflichtung zum Ausdruck kommt (die Vollmacht selbst muss dann nicht mehr in jedem Fall beurkundet werden, jurisPK/*Ludwig* § 311b Rn 70). Im Zweifel ist eine Vollmacht widerruflich. Die Befreiung des Bevollmächtigten von § 181 ist – soweit sie nicht schon selbst Verpflichtungscharakter hat (vgl BGH BB 1965, 847 = WM 1965, 1001 und Erman/*Grziwotz* § 311b Rn 34) – jedenfalls ein gewichtiges Indiz für eine unwiderrufliche Erteilung der Vollmacht (BGH NJW 1952, 1210). Auch die formal widerrufliche Vollmacht kann wegen der mit ihr vereinbarten faktischen Bindung (Vertragsstrafen, Weisungsrechte) beurkundungspflichtig sein. Insoweit entscheiden die Umstände des Einzelfalls, zB kann es darauf ankommen, in wessen Interesse die Vollmacht erteilt ist (BayObLG DNotZ 1981, 567) oder von wem sie formuliert wurde (Zweibrücken Rpfleger 1982, 216). Die **Genehmigung** eines vollmachtlos geschlossenen Grundstücksvertrags ist nach gefestigter Rspr (von § 29 Abs 1 GBO abgesehen) formfrei möglich (BGHZ 125, 218).

18 **II. Verträge über das eigene Vermögen (Abs 2, Abs 3). 1. Vertragsgegenstand: Das eigene Vermögen und Bruchteile davon.** Abs 2, 3 handeln von Verpflichtungen betreffend das **eigene** (RGZ 79, 282) Vermögen einer Person (zur wirtschaftlichen Verflechtung jurisPK/*Ludwig* § 311b Rn 320), und zwar das **Aktivvermögen** (RGZ 69, 283, 285; RGZ 69, 416; RGZ 82, 273, 277). Auf Art und Umfang einer versprochenen Gegenleistung kommt es nicht an. Soweit einzelne Vermögensstücke von verhältnismäßig untergeordnetem Wert für Abs 3 außer Acht bleiben können, ist auch für diese Relation allein auf die Aktivwerte abzustellen (RGZ 82, 273, 277; RGZ 137, 349).

19 Das »**gesamte Vermögen**« ist stets betroffen, wenn über die Aktiva »in Bausch und Bogen« verhandelt wird (RGZ 94, 314; BGH NJW 1991, 353). Problematisch wird die Einordnung, wenn die Beteiligten anstelle einer solchen Generalisierung zur Aufzählung greifen und dabei (von untergeordneten Positionen abgesehen) nicht alle Vermögenswerte greifen. Denn Einzelgegenstände, auch wenn sie objektiv das ganze Vermögen ausmachen, sind nach feststehender Rspr nicht erfasst (RGZ 69, 416, 420; RGZ 94, 314, 315; BGH BB 1958, 648; BGH NJW 1991, 353; anders Teile der Lit, etwa Erman/*Grziwotz* § 311b Rn 91 mN). Es soll dann auf die Auslegung des Parteiwillens ankommen: War die Aufzählung *pro toto* gemeint, greift § 311b, war sie bewusst abschließend, gelten die Beschränkungen dieser Norm nicht (RGZ 76, 1, 3; RGZ 94, 314, 315; BGH NJW 1991, 355). In intensiver Analyse der höchstrichterlichen Rspr zeigt *Ludwig* (jurisPK/*Ludwig* § 311b Rn 322 ff), dass beim Unternehmensverkauf durch eine Kapitalgesellschaft in der Form des sog. »**asset deal**«

zumeist mit Anwendbarkeit des Abs 3 zu rechnen ist (vgl auch *Hüffer* Aktiengesetz 7. Aufl 2006 § 179a Rn 16; anders wohl *Böttcher/Grewe* NZG 2005, 951, 954; *Beisel/Klumpp* Der Unternehmenskauf 4. Aufl 2003 Rn 75. Ein **Bruchteil** des Vermögens iSd § 311b setzt voraus, dass er in einer Quote oder einem Prozentsatz ausgedrückt wird. **Einzelgegenstände** (zu Urheberrechten RGZ 140, 231, 253) sind auch hier nicht gemeint, auch wenn sie einen ganz erheblichen Wert ausmachen, ebenso wenig Sondervermögen (Personengesellschaften einschließlich der GbR als Vertragsbeteiligte haben aber eigenes Vermögen, str, wie hier jurisPK/*Ludwig* § 311b Rn 341) und Sachgesamtheiten (BGH WM 1976, 744). Die enge Betrachtung stößt zu Recht auf Kritik. Unter Abs 2 sollte daher auch fallen, wenn alle Vermögenspositionen einer bestimmten Gattung betroffen sind (jurisPK/*Ludwig* § 311b Rn 304: »alle künftigen Geschäftsforderungen«, anders die hM, etwa Palandt/*Grüneberg* § 311b Rn 60). 20

Künftiges Vermögen ist Versprechensgegenstand iSd Abs 2, wenn das gesamte zu einem bestimmten in der Zukunft liegenden Stichtag vorhandene oder ab diesem Zeitpunkt in fernerer Zukunft noch zu erwerbende Vermögen betroffen sein soll. Ausgehend vom Schutzzweck (oben Rn 3) wird erwogen, Verträge auf das beim eigenen Versterben vorhandene Vermögen natürlicher Personen auszunehmen (*Egerland* NotBZ 2002, 233, 235), für sie hat aber das erbrechtliche Instrumentarium Vorrang. In der GmbH-Satzung gilt es wegen Abs 2 als unzulässig, das Vermögen für den Fall der Auflösung einem Dritten zuzusprechen (MüKo/*Krüger* § 311b Rn 89). Bei der (steuerlich) gemeinnützigen GmbH schafft das erhebliche Probleme (zu Recht für Anwendung der vereinsrechtlichen **Anfallklausel** des § 45 daher jurisPK/*Ludwig* § 311b Rn 294). 21

2. Verpflichtungsvertrag. Neben Verträgen reichen schuldrechtliche Verpflichtungen (nicht Verfügungsverträge) aus einseitigem Rechtsgeschäft, wie zB die Auslobung nach § 657. Für Erbverträge (§§ 1941, 2274-2300a) und Eheverträge (Einbringung des gesamten Vermögens in die Gütergemeinschaft gem § 1416 Abs 1 S 2) gelten spezielle Regeln (zur ehebedingten Zuwendung s Staud/*Wufka* § 311b Rn 6). Ausgenommen sind auch Verschmelzung und Vermögensübertragung nach dem Umwandlungsgesetz (§§ 4 Abs 1, 176 UmwG). 22

3. Verpflichtungsinhalt. Die Verpflichtung richtet sich auf **Übertragung**, wenn ein **Rechtsträgerwechsel** gewollt ist. Er liegt vor bei Sicherungsübereignung und Sicherungsabtretung (*Schlüter* GmbHR 2002, 535, 538). Nicht gleichgestellt werden nach ganz überwiegender Auffassung die Verpfändung (RGZ 72, 116, 118; aA jurisPK/*Ludwig* § 311b Rn 298) und die Verwaltungstreuhand. Die Aufnahme von **Darlehen** oder die Übernahme einer **Bürgschaft** richten sich nicht in dieser Weise auf eine Vermögensübertragung, selbst wenn im Fall der Inanspruchnahme aller Voraussicht nach das gesamte pfändungsfreie Vermögen eingesetzt werden muss (BGHZ 107, 92; BGH NJW 1989, 1665; *Medicus* ZIP 1989, 817, 818; aA Stuttgart NJW 1988, 833 und differenzierend Erman/*Grziwotz* § 311b Rn 86). Bestellung eines **Nießbrauchs** meint nicht nur das dingliche Recht iSd § 1030. Entscheidend ist die weitgehende Einschränkung der Nutzungsbefugnis auf Seiten des Verpflichteten (jurisPK/*Ludwig* § 311b Rn 298 mit Hinweis auf BGHZ 25, 1). 23

III. Verträge über den Nachlass eines lebenden Dritten (Abs 4, Abs 5). 1. Vertragsgegenstand. Zur Nichtigkeit führt (abgesehen von Abs 5) der Vertrag über den **Nachlass** eines bei Vertragsschluss lebenden oder von den Beteiligten jedenfalls als lebend gedachten Dritten (differenzierend jurisPK/*Ludwig* § 311b Rn 372 ff), der nicht in Person bestimmt sein muss (MüKo/*Krüger* § 311b Rn 116). Auf seine Zustimmung kommt es nicht an (BGHZ 37, 319). **Bruchteile** des Nachlasses werden gleichgestellt, Verträge über **Einzelgegenstände** aus dem Nachlass jedoch nur dann, wenn sie den bei Vertragsschluss voraussichtlichen Nachlass praktisch erschöpfen (hM, BGHZ 26, 320; *Ballhaus* in: BGB-RGRK, § 312 aF Rn 3; Palandt/*Grüneberg* § 311b Rn 71; gegen jede Einbeziehung von Einzelgegenständen ua *Damrau* ZErb 2004, 206; wiederum anders jurisPK/*Ludwig* § 311b Rn 384: Jede Verpflichtung, die der Schuldner nur aus Mitteln des Nachlasses bestreiten kann). Ausdrücklich einbezogen sind Verträge über den **Pflichtteil** oder **Vermächtnisse**. Eine Vorerbschaft fällt nicht in den Nachlass des Vorerben, so dass Verträge über die **Nacherbenanwartschaft** zwischen Vor- und Nacherbfall möglich sind (BGHZ 37, 319, 326). Der Pflichtteilsergänzungsanspruch fällt insoweit unter Abs 4, als er sich gegen den Erben richtet. 24

2. Verpflichtungsvertrag. Erfasst sind alle **Verträge**, mit denen auf die erbrechtliche Beteiligung eines künftigen gesetzlichen oder gewillkürten Erben eingewirkt werden soll. Nichtig sind daher die Verpflichtung zur Annahme oder Ausschlagung der Erbschaft, zum Verzicht auf die Anfechtung eines Testamentes oder Erbvertrages und ebenso Auseinandersetzungsabsprachen wegen der künftigen Erbengemeinschaft. Nicht unter das Verbot fallen güterrechtliche Verträge und Erbverträge. Nichtig ist aber auch in ihnen ein Leistungsversprechen, dessen Höhe nach dem Wert des Nachlasses eines Dritten bestimmt wird (BGHZ 26, 320, 324). **Vollmachten** des künftigen Erben an einen Dritten werden weitgehend zugelassen, sofern sie nicht der Umgehung des Verbots dienen, was bei Unwiderruflichkeit (Palandt/*Grüneberg* § 311b Rn 71) und Beschränkung auf den erwarteten Nachlass anzunehmen ist. Häufig wird hier das Kausalgeschäft nichtig sein und auf die Vollmacht durchschlagen (Soerg/*Wolf* § 312 aF Rn 6). 25

3. Verpflichtungsinhalt. Weiter als in Abs 1–3 werden Verpflichtungen aller Art erfasst. Das wirkt sich aus besonders bei der Bestellung von **Sicherheiten**: Verpflichtung zur Verpfändung (*Limmer* DNotZ 1998, 927, 933) wie auch Sicherungsübereignung oder -abtretung der Erbschaft, eines Erbteils oder eines (künftigen) 26

Nachlassgegenstands (*Kulke* ZEV 2000, 298, 300, 304). Zur Diskussion über die Wirksamkeit von Personalsicherheiten im Kontext des Abs 4 infolge der Bürgschafts-Rspr des BGH (*Tiedtke* NJW 1999, 1209) s ausf jurisPK/*Ludwig* § 311b Rn 379 ff. Neben dem Verpflichtungsgeschäft werden **Verfügungen** (BGHZ 37, 319) der Bestimmung unterstellt (Abtretung von Erbteilen oder Pflichtteilsansprüchen, Verzichte, vorweggenommener Erlass, vgl dazu BGHZ 134, 60). Abs 4 verhindert zu Lebzeiten des Erblassers **Feststellungsklagen** über die Erbfolge (Koblenz FamRZ 2003, 542).

27 **4. Ausnahme: Vertrag unter künftigen gesetzlichen Erben.** Als Ausnahme lässt Abs 5 zu Lebzeiten des Erblassers getroffene schuldrechtliche Vereinbarungen für einen beschränkten Personenkreis zu. Sämtliche Vertragsparteien, einschließlich begünstigter Dritter iSd § 328 (Erman/*Grziwotz* § 311b Rn 96), des sog **Erbschaftsvertrags**, müssen im Zeitpunkt des Vertragsschlusses zu den in §§ 1924–1936, § 10 LPartG bestimmten **gesetzlichen Erben** zählen. Zur Mitwirkung des Erblassers selbst s BGH NJW 1995, 448. Nicht erforderlich ist, dass sie zum Zeitpunkt des Vertragsschlusses tatsächlich zur Erbfolge berufen wären (RG RGZ 98, 330; BGH NJW 1956, 1151; einschränkend jurisPK/*Ludwig* § 311b Rn 394 ff) oder dass sie später tatsächlich erben.

28 Vertragsgegenstand kann auch ein **testamentarischer Erbteil** sein (BGHZ 104, 279). Der »**gesetzliche Erbteil**« in Abs 5 S 1 bildet aber nach hM in diesen Fällen und bei Verträgen über **Vermächtnisse** eine betragsmäßige Obergrenze für Erbschaftsverträge (dagegen *Limmer* DNotZ 1998, 927, 937). Inhaltlich können insbes geregelt werden: Die künftige Auseinandersetzung des Nachlasses einschließlicher gegenständlicher Zuteilungen, die Verpflichtung zur Annahme oder Ausschlagung der Erbschaft (»Entsagungsvertrag«), die Anrechnung lebzeitiger Zuwendungen an einen von mehreren Erben, Regelungen über den Ausgleich lebzeitiger Schenkungen (*Kues* ZEV 2001, 13). Zulässig sind die Verpflichtungen, ein Testament nicht anzufechten oder eine Erbschaft nicht auszuschlagen (*Damrau* ZErb 2004, 206, 211), ferner Regelungen über die Herausnahme einzelner Gegenstände aus der Pflichtteilsberechnung oder Wertansätze. Das **Erfüllungsgeschäft** zu einem verpflichtenden Vertrag iSd Abs 5 muss nicht stets nach dem Tode des künftigen Erblassers geschlossen werden, so bei der Verpflichtung, mit dem Erblasser einen Erbverzichtsvertrag abzuschließen. Besondere praktische Bedeutung hat der Erbschaftsvertrag, wenn der Erblasser rechtlich oder faktisch nicht in der Lage ist, an einer Vereinbarung (Erbvertrag, Erbverzicht, Pflichtteilsverzicht, Zuwendungsverzicht) mit den künftigen Erben mitzuwirken.

29 **C. Rechtsfolgen. I. Beurkundungspflicht des Grundstücksvertrags (Abs 1), des Vertrags über das gegenwärtige Vermögen (Abs 3) und des Erbschaftsvertrags (Abs 5 S 2).** Zum Beurkundungsverfahren s die Kommentierung zu § 128 sowie §§ 6-26 BeurkG und die Spezialliteratur dazu (Kurzdarstellung LexisNexis/*Otto* BeurkG). Der gerichtliche Vergleich ersetzt die notarielle Beurkundung (§ 127a). **1. Beurkundungsumfang.** Enthält das Rechtsgeschäft auch nur eine beurkundungspflichtige Verpflichtung, so unterliegen »**sämtliche Vereinbarungen**, aus denen sich der schuldrechtliche Vertrag« (resp das einseitige Rechtsgeschäft) »nach dem Willen der Beteiligten zusammensetzen soll« dem Formzwang (BGHZ 85, 315; BGH NJW-RR 1998, 1740). Er erstreckt sich nicht nur auf die essentialia negotii, sondern auch auf alle sonstigen Nebenbestimmungen, die nach dem Willen der Erklärenden Wirksamkeitsvoraussetzung des Geschäfts sein und Rechtswirkungen herbeiführen (BGHZ 85, 315; NJW 1979, 1495) sollen. Ist ein Teil nicht beurkundet, so liegt grds Nichtigkeit des gesamten Rechtsgeschäfts (§ 125) vor; allerdings kann der beurkundete Teil nach § 139 aufrechterhalten bleiben.

30 **2. Einzelheiten und Bestimmtheit.** Der Vertrag (ebenso Vorvertrag, zu diesem BGH NJW 1986, 2820; NJW 2001, 1285) muss die **Vertragsparteien** erkennen lassen (KG Berlin NJW-RR 2002, 883). Werden Dritte begünstigt, gilt das auch für diese. Ersatzweise kann einem Beteiligten oder einem Dritten ein Benennungs- oder Eintrittsrecht eingeräumt werden (Erman/*Grziwotz* § 311b Rn 46). Der Eintritt des Dritten ist formgebunden (BGH NJW 1996, 2503).

31 Die Bestimmung des **Vertragsgegenstandes** macht Probleme, wenn er beim Grundstücksverkauf (noch) nicht grundbuch- oder wenigstens katastermäßig bezeichnet werden kann (ausf *v Campe* NotBZ 2003, 41). Er muss dann in der Urkunde wenigstens so genau beschrieben sein, dass ein außenstehender Dritter auf Grund der Beschreibung die Grenzen des veräußerten **Grundstücksteils** einwandfrei und unschwer feststellen kann (*Geißel* MittRhNotK 1997, 333, 335). Auf Umstände außerhalb der Urkunde kann nach neuerer Auffassung aber zurückgegriffen werden, wenn sie wenigstens in der Urkunde angedeutet sind (*Kanzleiter* NJW 2000, 1919, 1920). Es reicht, wenn sich die Beteiligten darauf einigen, die Bestimmung des genauen Grenzverlaufs der späteren Durchführung zu überlassen (BGHZ 150, 334 = NJW 2002, 2247). Angabe der Flächengröße allein genügt nicht, es gibt aber keinen allg Vorrang einer Planeinzeichnung vor zusätzlich gemachten Größenangaben (*Böhmer* MittBayNot 1998, 329; aA Palandt/*Grüneberg* § 311b Rn 26). Der Plan muss nicht maßstäblich sein (BGHZ 150, 334; anders noch BGH NJW-RR 1999, 1030). Für den Grundbuchvollzug muss das Grundstück in der Auflassung oder einer sog Identitätserklärung (*Schöner/Stöber* Grundbuchrecht 13. Aufl 2004 Rn 888) bezeichnet werden. Genaue Bezeichnung (§ 28 GBO) der betroffenen Grundstücke ist auch beim asset-deal (Rn 19) jedenfalls für den späteren Vollzug unentbehrlich (Palandt/*Grüneberg* § 311b Rn 27a, s auch BGH Urt v 25. Januar 2008 – V ZR 79/07). Fehler der **beurkundungsrecht-**

lichen Bestimmtheit werden mit Eintragung (Abs 1 S 2) geheilt. Hatten sich die Beteiligten hingegen in Wahrheit über eines der *Essentialia* des Rechtsgeschäfts noch gar **nicht geeinigt** *und* auch kein Leistungsbestimmungsrecht gewollt (*v Campe* DNotZ 2000, 109; BGH NJW-RR 1988, 970; Einschränkung beim Angebot: Karlsruhe NJW-RR 1989, 19), fehlt es schon an einem der Heilung zugänglichen Vertrag (BGHZ 150, 334 = NJW 2002, 2247; *Kanzleiter* NJW 2000, 1919; *Baldus* NotBZ 2003, 67; jurisPK/*Ludwig* § 311b Rn 11; weniger differenziert noch BGH NJW 1988, 1262). In der Praxis dürfte das die Ausnahme sein, zumal die Andeutungstheorie an dieser Stelle nicht gilt (jurisPK/*Ludwig* § 311b Rn 18 mit Hinweis auf BGH NJW-RR 1987, 458). Ist ein Bestimmungsberechtigter nicht feststellbar, gilt § 316, wenn nicht die Auslegung ergibt, dass der Vermesser (§ 317) entscheidet (jurisPK/*Ludwig* § 311b Rn 15).

Die **Abrede über eine Unentgeltlichkeit (Schenkung)** bzw die Bestimmung der **Gegenleistung** ist notwendiger Inhalt des zweiseitigen Rechtsgeschäfts. Wurde ein bestimmter **Geldbetrag** vereinbart, muss er auch beziffert angegeben werden (alternativ denkbar: Leistungsbestimmungsrecht, BGH DNotZ 1968, 480). Es genügt nicht die Angabe, dass der Kaufpreis »bereits bezahlt« sei (Staud/*Wufka* § 311b Rn 163). Wird bewusst ein falscher Preis angegeben, so liegt der klassische Fall des »**Schwarzkaufs**« vor: Das tatsächlich Gewollte ist nicht beurkundet, kann also allenfalls nach Abs 1 S 2 wirksam werden, das objektiv Beurkundete ist nicht gewollt, also nichtig (§ 117), eine auf dieser Grundlage bestellte Vormerkung ist unwirksam (BGHZ 54, 56; anders bei – zB aus Steuergründen – unrichtiger Verteilung von Kaufpreisteilen: BGH NJW-RR 2002, 1527). Soll ein Preis erst später festgelegt oder durch einen Dritten (§ 317) bestimmt werden, ist diese Abrede zu beurkunden (Hamm NJW 1976, 212). Ebenso **Vorauszahlungen** und **Verrechnungsabreden** (BGHZ 85, 315, 318; NJW 1994, 720; NJW 2000, 2100 m Anm *Wagner* NotBZ 2000, 230). Zahlungsmodalitäten sind zu beurkunden, wenn sie rechtliche Bindungen erzeugen sollen (Düsseldorf DNotZ 1973, 602; Palandt/*Grüneberg* § 311b Rn 28). Zusatzentgelte (zB an einen von mehreren Verkäufern) oder Nutzungsentgelte für den Zeitraum vor/nach Kaufpreiszahlung sind mit dem Hauptgeschäft zu beurkunden, ebenso Regelungen über die Übernahme von Steuern, Provisionen, Transaktions- und Finanzierungskosten, sobald sie von gesetzlichen Modellen (etwa § 448) abweichen. Eine **Option zur Umsatzsteuer** muss gem § 9 Abs 3 UStG im Grundstückskaufvertrag beurkundet werden (*Woinar* NotBZ 2004, 249). Andere **Gegenleistungen** iwS wie die Einräumung dinglicher Rechte, von Renten oder Pflegeleistungen sind zu beurkunden, auch soweit sie keine geldliche Belastung bilden (Erman/*Grziwotz* § 311b Rn 47). 32

Zusatzvereinbarungen, die »aus der Sicht der Kaufvertragsparteien ein nicht unwesentlicher Gesichtspunkt zur **Ausbalancierung von Leistung und Gegenleistung** sind«, unterliegen dem Beurkundungserfordernis (München OLGR 2002, 346). Entscheidend ist, dass sie die betreffende Frage bei Vertragsschluss für regelungsbedürftig hielten. Ob sie den Vertragsschluss von der konkreten Absprache abhängig gemacht hätten, ist erst im Rahmen des § 139 bei Prüfung etwaiger Teilnichtigkeit von Bedeutung (jurisPK/*Ludwig* § 311b Rn 179; MüKo/*Kanzleiter* § 311b Rn 50). Beispiele sind Bedingungen, vertragliche Rücktrittsrechte, Sicherungsabreden, besondere Modalitäten der Übergabe, Beschaffenheitsvereinbarungen oder Garantien. Der in besonderer Urkunde geschlossene **Schiedsvertrag** (§ 1031 Abs 3 ZPO) soll § 311b nicht unterliegen (*Lüttmann/Breyer* ZZP 2006, 475; zum alten Recht BGHZ 69, 260; aA Staud/*Wufka* § 311b Rn 196). 33

Entbehrlich ist die förmliche Bezugnahme, wenn Schriftstücke (insbes Pläne) ausschließlich erläuternd der Urkunde beigefügt werden, ohne eigenen **Regelungsgehalt** zu beanspruchen (vgl BGH NJW 1989, 164). Bei Eintritt in ein **bestehendes Rechtsverhältnis** bzw. Schuldübernahme kann nur die Verpflichtung hierzu eigene Rechtswirkungen erzeugen. Dagegen ist der Inhalt vorgefundener Rechtsbeziehungen, in welche der Verpflichtete eintreten soll (oder in die er kraft Gesetzes auch ohne Beurkundung ohnehin eintritt, zB § 566), nicht beurkundungsbedürftig (BGHZ 125, 235). Bei der wohnungseigentumsrechtlichen **Teilungserklärung** kommt es daher darauf an, ob der Aufteilungsplan schon vollzogen und die Gemeinschaftsordnung, in die der Erwerber regelmäßig eintreten soll, durch Grundbucheintragung in Vollzug gesetzt ist (BGH NJW 1979, 1498). 34

Werden Bau- oder Sanierungspflichten übernommen, so sind eine etwaige **Bau(leistungs)beschreibung** und ggf auch Baupläne und Teilungserklärungen mit zu beurkunden (BGHZ 162, 157 = NJW 2005, 1356; BGHZ 149, 326 = BGH NJW 2002, 1050), nicht jedoch ein Bodengutachten, das nicht als Beschaffenheitsvereinbarung herangezogen wird (BGH NJW-RR 2003, 1136). Zum Beurkundungsverfahren s § 13a BeurkG (Verweis auf andere Urkunden) und § 9 Abs 1 S 3 BeurkG (Einbeziehung von Plänen). 35

3. Verknüpfte Verträge. Zum beurkundungspflichtigen Gesamtkonzept der Beteiligten kann es auch gehören, dass neben dem nach § 311b beurkundungspflichtigen Vertrag zwischen ihnen oder mit einem Dritten ein weiteres, einem anderen Vertragstyp zugehöriges Rechtsverhältnis, auch ein ganzes Vertragsbündel begründet wird (»**zusammengesetzter Vertrag**«, *Lichtenberger* DNotZ 1988, 531, 533). Die grds anerkannte Vermutung, dass die Urkunde abschließend und ein etwaiges weiteres Rechtsgeschäft (beurkundet oder nicht) unabhängig davon sein soll (BGHZ 101, 393; BGH NJW-RR 1990, 340; BGHZ 76, 43), ist widerlegt mit Feststellung eines **Verknüpfungswillens** (*Seeger* MittBayNot 2003, 11). Er wird vom Tatrichter ermittelt und muss in der Urkunde nicht angedeutet sein (BGH NJW-RR 1989, 198). Es reicht, wenn nur einer der Vertragspartner einen Einheitswillen erkennen lässt und der andere Partner ihn anerkennt oder zumindest hinnimmt (BGHZ 101, 393, BGHZ 78, 346; BGH NJW 1987, 1069). Maßgeblich ist nicht wirtschaftliche, sondern allein rechtliche Abhängigkeit (BGH NJW 2002, 1792). Traditionell wurde die noch heute in Krit 36 und Gerichtsentscheidungen vorangetragene Formel des »miteinander Stehen und Fallens sämtlicher Geschäfte« herangezogen (BGHZ 89, 41; 76, 43; BGH NJW 1987, 1069; krit seit jeher *Korte* DNotZ 1984, 3, 11). Gemessen an den Grundsätzen der aktuellen Rspr (zur Entwicklung *Keim* DNotZ 2001, 827) ist sie in zweierlei Hinsicht missverständlich. **Abhängigkeit des formpflichtigen Geschäfts** von einem anderen ist notwendig, aber auch hinreichend (BGH NJW 2000, 951; NJW 2001, 226; NJW 2002, 2559; NJW-RR 2003, 1565; missverständlich wiederum der Rückgriff auf die überholte Leerformel in BGH NJW 2004, 3330), es kommt nicht darauf an, ob auch das andere Geschäft etwa iSd § 139 vom Grundstücksvertrag abhängt (jurisPK/*Ludwig* § 311b Rn 200). Ein im Vorgriff auf einen bestimmten Grundstückserwerb geschlossener Bauvertrag ist also formfrei wirksam (BGH NJW 2002, 2559; anders MüKo/*Kanzleiter* § 311b Rn 54). Welche Folgen das Nichtzustandekommen (auch wegen etwaiger Formunwirksamkeit) des Grundstücksvertrags auf ihn hat, ist mit materiellrechtlichen Instrumenten zu klären (anders LG Berlin BauR 2005, 1329; wohl auch *Wochner* in: Thode Immobilienrecht 2000, 55, 64). Häufig wird sich dabei erweisen, dass Wirksamwerden des Grundstücksgeschäfts stillschweigend vereinbarte Bedingung des Bauvertrags ist (jurisPK/*Ludwig* § 311b Rn 202). Nicht die zeitliche Reihenfolge der Verträge, sondern die Abhängigkeit des Grundstücksvertrags entscheidet (*Pohlmann* EwiR 2000, 323).

37 Ob es ausreicht, im Grundstücksvertrag die **bloße Abhängigkeit von dem weiteren Vertrag zu beurkunden oder ob der Inhalt des Geschäfts beurkundet** (dh ggf bestätigt) werden muss, ist hoch streitig (vgl *Lichtenberger* DNotZ 1988, 531, 541; *Hartmann* MittRhNotK 2000, 11, 14; *Frank* NotBZ 2003, 211, 213). Das dürfte vom Einzelfall abhängen (*Otto* NotBZ 2002, 298, 300). Denn maßgebend ist mE die Intensität der gewollten Verknüpfung (vgl auch BGH NJW 1996, 2792). Sollen alle Einzelheiten des anderen Vertrags auf den beurkundungspflichtigen Vertrag durchschlagen, sind sie mit ihm zu beurkunden. Ist im beurkundungspflichtigen Vertrag dagegen nur ein Rücktrittsrecht gewollt für den Fall, dass das andere scheitert, muss der erstere den zweiten Vertrag auch nur insoweit wiedergeben, als es zur verlässlichen Bestimmung des Rücktrittsgrundes erforderlich ist. Ebenso kann es sein, dass nur *essentialia* des anderen Vertrages für den formpflichtigen Vertrag geltungsbestimmend sein sollen, dann genügt deren Beurkundung. Grds reicht es nicht, beide Verträge isoliert voneinander zu beurkunden, sondern die Bestimmungen, an die angeknüpft wird, müssen (ggf durch Bezugnahme, § 13a BeurkG) in den formpflichtigen Vertrag inkorporiert werden (BGH NJW-RR 2003, 1565). Etwas anderes muss aber wiederum dann gelten, wenn die Beteiligten nur den *Abschluss* des einen Vertrages vom anderen abhängig machen, nicht das weitere Vertragsschicksal. Dies kann auch ohne beurkundete »Verknüpfungsabrede« sichergestellt werden, zB indem der Notar erst nach Unterschrift aller Beteiligter unter beiden Verträgen unterschreibt (*Kanzleiter* DNotZ 2004, 178, 184 ff; problematisch insoweit BGH NJW-RR 2003, 1565).

38 **Einzelfälle:** Ist die Übernahme der Kaufpreisbürgschaft durch einen Dritten für den Verkäufer Abschlussvoraussetzung, so muss sie zusammen mit dem Grundstückskaufvertrag beurkundet werden (BGH NJW 1962, 586). Ein Bauwerkvertrag kann eine unmittelbare oder mittelbare Verpflichtung zu Veräußerung oder Erwerb des Eigentums an einem Grundstück beinhalten (BGHZ 76, 43). Zu Bauherrenmodellen s *Wolfsteiner* DNotZ 1979, 579 und zu Baubetreuungsverträgen BGHZ 101, 393; Düsseldorf OLGR 2001, 335. Rückvermietung des Vertragsgegenstandes, Vor- oder Ankaufsrechte zugunsten von Mietern und Pächtern, Mietkaufmodelle und Immobilienleasing. Verkauf von Unternehmen und Betriebsgrundstück (BGH NJW 1979, 915).

39 **4. Abweichungen von Wille und Erklärung.** Die bewusste falsche Erklärung führt zur Nichtigkeit (§ 117). Haben die Vertragsparteien dagegen Vertragsinhalte irrtümlich objektiv falsch bezeichnet, aber einen anderen gemeinsamen (subjektiven) Willen (»***falsa demonstratio***«), so ist dieser wahre Wille entscheidend (BGH NJW-RR 1993, 373), so zB beim in der Urkunde vergessenen, aber dennoch mitverkauftem Grundstück (BGHZ 87, 150). Im Vertragstext nicht erfasste Regelungsgegenstände müssen in ihm wenigstens angedeutet sein. Dabei geht die Auslegung beurkundungspflichtiger Verträge in zwei Schritten vor: Zunächst wird das Rechtsgeschäft unter Einbeziehung aller maßgeblichen (bewiesenen) Umstände nach dem Empfängerhorizont ausgelegt. Dann ist zu prüfen, ob die außerhalb der Urkunde liegenden Umstände in der Urkunde einen, wenn auch unvollkommenen Ausdruck gefunden haben (BGHZ 63, 359; BGHZ 87, 150; BGH NJW 1996, 2792). Erweist es sich, dass Beteiligte eine konkrete rechtsgeschäftliche Vereinbarung *bewusst* nicht in der Urkunde festgehalten haben, so kann aber auch deren **Andeutung** in der Urkunde dem Formerfordernis nicht genügen (jurisPK/*Ludwig* § 311b Rn 166; vgl BGHZ 69, 266; NJW-RR 2001, 953).

40 **5. Änderung und Aufhebung.** Die **Änderung** beurkundungspflichtiger Verträge unterliegt im Grundsatz derselben Form. Beim Grundstücksgeschäft (wenn nicht gerade eine Rückgabepflicht oder ein Wiederkaufsrecht eingefügt werden soll) gilt dies nicht mehr nach erklärter **Auflassung**, auf Eintragung oder Eintragungsantrag kommt es nicht an (BGH NJW 1985, 266; s aber auch BGH NJW 1973, 37; krit Erman/*Grziwotz* § 311b Rn 59 mwN). Die Rspr lässt zahlreiche weitere Ausnahmen zu (krit Staud/*Wufka* § 311b Rn. 199–201; MüKo/*Kanzleiter* § 311b Rn 58). Anschließend an BGHZ 66, 270 sollen nur solche Änderungen dem Formzwang unterliegen, die Veräußerungs- oder Erwerbspflichten verschärfen (München OLGR 2001, 307). Eine weitere Ausnahme gilt für die ebenso schwer abgrenzbare »Behebung von Abwicklungsschwierigkeiten« (BGH NJW 2001, 1932; NJW 1982, 434; NJW 1986, 2759; anders zB *Müller* MittRhNotK 1988, 243, 247: ergänzende Vertragsauslegung, dazu aber *Hagen* DNotZ 1984, 267, 277). Formfrei sind danach zB: Festlegung auf Direktzah-

lung statt Anderkonto (BGH NJW 1998, 1482); Modalitäten bei Ausübung eines Wiederkaufsrechts (BGHZ 140, 218) und Verlängerung der Ausübungsfrist (BGH NJW 1973, 37); nachträgliche Regelungen für den Fall verspäteten Baubeginns (BGH NJW 2001, 1932). Formpflichtig sind dagegen: Teilerlass, Herabsetzung oder Erhöhung des Kaufpreises, soweit dies nicht auf gesetzlichen Ansprüchen beruht (BGH NJW 1982, 434; Palandt/*Grüneberg* § 311b Rn 41); Verlängerung der Frist für ein Rücktrittsrecht (BGH NJW 1988, 3263).

Die Aufhebung ist nur so lange formfrei möglich, als mit dem Aufhebungsvertrag nicht seinerseits beurkundungsbedürftige Verpflichtungen ausgelöst werden (BGHZ 83, 395; NJW-RR 2005, 241). Der Grundstückskäufer verpflichtet sich **nach Auflassung und Eintragung** iSd Abs 1 mit der Rückabwicklung wiederum zu einem Eigentumswechsel (BGHZ 127, 168). Das Anwartschaftsrecht des Auflassungsempfängers ist, wenigstens sobald er selbst den Eintragungsantrag gestellt hat oder eine Vormerkung eingetragen ist, dem Vollrecht hier gleichgestellt (BGH NJW-RR 1988, 265; einschränkend BGHZ 127, 173). Umgangen wird die Formpflicht hier, wenn man formfreie Beseitigung des Anwartschaftsrechts durch Rücknahme des Eintragungsantrags oder Löschung der Vormerkung genügen lässt (in diese Richtung aber wohl BGH NJW 1993, 3323; Hamm DNotZ 1991, 149; krit *Eckhardt* JZ 1996, 934). 41

II. Nichtigkeit und Heilungsmöglichkeiten. 1. Nichtigkeit. Nicht beurkundete, aber beurkundungspflichtige Geschäfte (§ 125) wie auch die in Abs 2, Abs 4 generell ausgeschlossenen Verträge sind nichtig. Die Nichtigkeitsfolge ist ungeachtet des Willens der Prozessparteien von Amts wegen zu berücksichtigen (BGH MDR 1969, 468). Zur Teilnichtigkeit s § 139, die Vorschrift gelangt aber nur zur Anwendung, wenn die Beteiligten sich über die Formbedürftigkeit einer Abrede nicht bewusst waren (oben Rn 32; BGHZ 45, 376). Teilnichtigkeit nur des Vertrages über das künftige Vermögen wird angenommen, wenn ein Vertrag über gegenwärtiges und künftiges Vermögen beurkundet ist (jurisPK/*Ludwig* § 311b Rn 306). Unter Lebenden nach Abs 2, Abs 4 nichtige Verträge können bei Beteiligung des Erblassers in einen Erbverzichtsvertrag (§ 2346 Abs 1), Zuwendungsverzicht (§ 2352) oder Erbvertrag (§§ 2274–2299) umzudeuten sein (BGHZ 8, 23). Bei Formmängeln nach Abs 3, Abs 5 S 2 kommt eine Heilung nicht in Betracht, nach Lage des Einzelfalls denkbar ist lediglich die Heilung grundstücksbezogener Teile des Geschäfts nach Abs 1 S 2, was aber die Umdeutung in Einzelrechtsgeschäfte voraussetzt (Staud/*Wufka* § 31b Abs 3 Rn 22). 42

2. Heilung im Fall des Abs 1 S 2. Praktische Bedeutung hat die **Heilungsmöglichkeit** für formnichtige Grundstücksgeschäfte insbes für die Fälle unrichtiger oder unvollständiger Beurkundung. Ist nämlich das Verpflichtungsgeschäft gar nicht beurkundet, wird schon der Notar die Beurkundung der Auflassung ablehnen (§ 925a BGB, s auch § 20 GBO). Darüber hinaus ist der Notar aber auch nicht verpflichtet, bei nachträglich erkannter Unrichtigkeit der Beurkundung an der Heilung mitzuwirken (§ 14 Abs 2 BNotO; § 4 BeurkG), zB durch Herausgabe von Ausfertigungen der bereits erklärten Auflassung zu einem Schwarzkauf (Jena OLGR 1999, 355; NotBZ 1998, 239). Die Ausnahmebestimmung heilt ausschließlich Formfehler, ist der Verpflichtungsvertrag auch aus anderen Gründen nichtig, so bleibt es dabei. Formnichtige Vollmachten (Palandt/*Grüneberg* § 311b Rn 46 mN) oder Gesellschaftsverträge (BGHZ 22, 312, 317; differenzierend *Wolfsteiner* DNotZ 2003, 626) sollen der Heilung zugänglich sein. Über § 311b hinausgehende Formfehler werden nicht geheilt (zu § 2347 Abs 2 Düsseldorf NJW-RR 2002, 584). 43

Voraussetzungen sind **rechtswirksame Auflassung** (dabei besteht regelmäßig keine Geschäftseinheit mit dem formnichtigen Verpflichtungsvertrag) und Eintragung des Eigentumswechsels an dem veräußerten Grundstück. Beide müssen sich als Erfüllung der formnichtig erklärten Verpflichtung darstellen (BGH NJW 1983, 1543; NJW 1996, 395; zu mehreren Vertragsgrundstücken BGH NJW 2000, 2017), auf Erbringung der Gegenleistung kommt es demggü nur beim Grundstückstausch an. Enthält der nichtige Vertrag über den Eigentumswechsel hinaus weitere das Grundstückseigentum betreffende Folgeverpflichtungen (Teilung und Weiterveräußerung), werden diese mit dem ersten Eigentumswechsel nicht wirksam (BGH NJW 2002, 2560; anders zur Rückübereignungspflicht BGH NJW 1975, 206). 44

Die Auflassung muss subjektiv auf Erfüllung der gesamten Verpflichtung zielen (BGH NJW 2004, 3330), dabei ist unerheblich, ob den Beteiligten mittlerweile die Formnichtigkeit der Verpflichtung bekannt geworden ist (BGH NJW 1975, 205). Dieser Erfüllungswille muss seit der Verpflichtung bis zur Auflassung ununterbrochen bestanden haben (unschädlich, wenn einzelne Bestimmungen den Beteiligten nicht stets präsent waren: BGH NJW 1985, 2423). Das wird tendenziell vermutet (vgl BGH NJW-RR 1993, 522; str), jedenfalls muss ein entgegenstehender Wille erkennbar geäußert worden sein (BGH NJW-RR 1994, 317). Die Heilungswirkung erstreckt sich grds auf den gesamten formnichtigen Vertrag (BGH NJW 1985, 2423). Sie greift ex nunc (BGHZ 82, 398), das führt dazu, dass eine für den jetzt wirksamen Anspruch eingetragene Vormerkung sich gegen zwischenzeitliche Eintragungen (oder im Insolvenzfall, § 103 InsO) nicht durchsetzen kann (BGHZ 54, 56; BGH NJW 1983, 1543). Im Innenverhältnis ist dagegen häufig davon auszugehen, dass sich die Beteiligten so stellen wollten, als sei der Vertrag von Anfang an wirksam (BGHZ 82, 398; s aber für Mängelansprüche auch BGHZ 138, 195; NJW 1989, 2050 und dazu *Specks* RNotZ 2006, 193, 206). 45

Entspr Anwendung findet S 2 in Fällen, in denen sich auch das formpflichtige Geschäft nicht unmittelbar auf Auflassung und Eintragung richtet. Bei einem beurkundungsbedürftigen **Vorvertrag** tritt Heilung bereits mit Beurkundung des **Hauptvertrages** ein, soweit die beiden Verträge inhaltlich korrespondieren (Palandt/ 46

Grüneberg § 311b Rn 52; BGH NJW 2004, 3626; NJW-RR 1993, 522). Das gilt auch, wenn laut Vorvertrag ein Dritter begünstigt sein sollte und nunmehr in Erfüllung des Vorvertrags mit diesem beurkundet wird (BGHZ 82, 398; *Keim* DNotZ 2005, 324). Die formunwirksame Verpflichtung zur Zahlung einer Vertragsstrafe wird mit Beurkundung des zugesagten Vertrages geheilt (BGH NJW 1987, 1628). Die formunwirksame Verpflichtung zur Bestellung eines dinglichen Vorkaufsrechts heilt durch Einigung (§ 873 Abs 1) und Eintragung im Grundbuch (BGH DNotZ 1968, 93). Etwas anderes gilt für das schuldrechtliche Vorkaufsrecht und Wiederkaufsrecht (BGH NJW 2000, 1332; jurisPK/*Ludwig* § 311b Rn 256). Ein formpflichtiger Ersteigerungsauftrag wird mit Zuschlag wirksam (BGHZ 85, 245, fraglich, soweit dort auch noch der – hier nur berichtigende – Grundbucheintrag genannt wird, dazu jurisPK/*Ludwig* § 311b Rn 250/252).

47 **3. Ausnahmsweise Unbeachtlichkeit des Formmangels aus Treu und Glauben.** Aus Billigkeitserwägungen kann die Berufung auf einen Formmangel nur in seltenen Ausnahmen verwehrt sein. Die Nichtanerkennung des Vertrages müsste für die betroffene Partei zu schlechthin untragbaren Ergebnissen führen, die Anforderungen gehen über die Grundsätze der Verwirkung hinaus (BGH NJW 2004, 3330; NJW 1996, 2503). In Betracht kommen einerseits Existenzgefährdung dessen, der seinerseits im Wesentlichen bereits geleistet hat (BGHZ 12, 286; 20, 172; 87, 237; 119, 387; 124, 321; NJW 1972, 1189), andererseits eine besonders schwere Treupflichtverletzung des Vertragspartners, der von der Nichtigkeit wusste (BGHZ 48, 396; BGH MDR 1996, 821). Die Grundsätze gelten auch für Beurkundungsfehler nach Abs 5 S 2 (BGH NJW 1995, 448). In Fällen der Beurkundungspflicht auf Grund mittelbarer Verpflichtung oder bindenden Auftrags wurde wegen der Schutzrichtung des Abs 1 dem anderen Vertragsteil verwehrt, die Nichtigkeit geltend zu machen (BGHZ 85, 245; BGHZ 127, 168 NJW 1996, 1960 NJW-RR 1994, 317).

§ 311c Erstreckung auf Zubehör. **Verpflichtet sich jemand zur Veräußerung oder Belastung einer Sache, so erstreckt sich diese Verpflichtung im Zweifel auch auf das Zubehör der Sache.**

1 **A. Regelungsgehalt.** Die Bestimmung (vor der Schuldrechtsmodernisierung: § 314) enthält eine widerlegbare **Auslegungsregel** (Düsseldorf NJW-RR 1994, 1038) und **Beweislastnorm** (AG Esslingen NJW-RR 1987, 750). Sie dient im Zweifel der Erhaltung wirtschaftlicher Einheiten (*Harke* ZfIR 2004, 891, 892). Die Vorschrift gilt für alle schuldrechtlichen **Veräußerungspflichten** aus Vertrag oder einseitigem Rechtsgeschäft, so insbes Kauf, Tausch oder Schenkung, ferner **Belastungen** von Sachen (§ 90) aller Art. Sie wird auf Miete und Pacht entspr angewandt (BGH NJW 2000, 354; BGHZ 65, 86). Für Verfügungsgeschäfte gilt dagegen allein § 926 Abs 1 S 2, für das Vermächtnis § 2164. Der **Zubehörbegriff** folgt §§ 97, 98. Eine entspr Anwendung des § 311c wird diskutiert bei fehlendem räumlichen Bezug iSd § 97 (Soerg/*Wolf* § 313 aF Rn 5; gegen jede Analogiefähigkeit *Kohler* DNotZ 1991, 362). Die Rspr bejaht eine Analogie bei »zubehörähnlicher Verbindung«, so früher für gewerbliche Schutzrechte bei Betriebsveräußerung (RGZ 112, 242, 247, s § 27 MarkenG), Dividendenkupons zur Aktie (RGZ 77, 333) und (nach alter Rechtslage) die anteilige Instandhaltungsrücklage zu einem Wohnungseigentum (Düsseldorf NJW-RR 1994, 1038). Abgelehnt wurde die Analogie für die Übernahme von Erschließungskosten (BGH NJW 1993, 2232) und Rübenlieferungsrechte (BGHZ 111, 110) neben dem Verkauf eines Grundstücks. Die Zubehöreigenschaft muss im Zeitpunkt des Vertragsschlusses bestehen (BGH NJW 2000, 354). Es kommt hingegen – anders als bei § 926 – nicht darauf an, dass Eigentum an verkaufter oder belasteter Sache und dem Zubehör in einer Hand sind (Düsseldorf NJW 1992, 3246).

2 **B. Rechtsfolge.** Die Vermutung spricht dafür, dass Zubehör bei einem Veräußerungsvertrag mitveräußert ist und bei einer Belastung einer Sache in den Haftungsverband fällt. Wenn die Beteiligten es bei ihr belassen wollen, ist eine ausdrückliche Beurkundung des Mitverkaufs (auch Andeutung) oder die Feststellung einer Inventarliste nicht zwingend (BGH NJW 2000, 354), praktisch aber doch in vielen Fällen zu empfehlen (*Schulte-Thoma* RNotZ 2004, 61, 66). Der Begünstigte muss im Prozess die Tatsachen behaupten und beweisen, aus denen sich die Vermutungswirkung ergibt, also insbes die Umstände, die eine Zubehöreigenschaft begründen. Gelingt der – mögliche – Beweis des Gegenteils nicht, so kommt eine Anfechtung wegen Irrtums nach § 119 in Betracht.

Untertitel 2 Besondere Vertriebsformen

§ 312 Widerrufsrecht bei Haustürgeschäften. **[1] Bei einem Vertrag zwischen einem Unternehmer und einem Verbraucher, der eine entgeltliche Leistung zum Gegenstand hat und zu dessen Abschluss der Verbraucher**

1. durch mündliche Verhandlungen an seinem Arbeitsplatz oder im Bereich einer Privatwohnung,
2. anlässlich einer vom Unternehmer oder von einem Dritten zumindest auch im Interesse des Unternehmers durchgeführten Freizeitveranstaltung oder
3. im Anschluss an ein überraschendes Ansprechen in Verkehrsmitteln oder im Bereich öffentlich zugänglicher Verkehrsflächen

bestimmt worden ist (Haustürgeschäft), steht dem Verbraucher ein Widerrufsrecht gemäß § 355 zu. Dem Verbraucher kann anstelle des Widerrufsrechts ein Rückgaberecht nach § 356 eingeräumt werden, wenn zwischen dem Verbraucher und dem Unternehmer im Zusammenhang mit diesem oder einem späteren Geschäft auch eine ständige Verbindung aufrechterhalten werden soll.

[2] Die erforderliche Belehrung über das Widerrufs- oder Rückgaberecht muss auf die Rechtsfolgen des § 357 Absatz 1 und 3 hinweisen.

[3] Das Widerrufs- oder Rückgaberecht besteht unbeschadet anderer Vorschriften nicht bei Versicherungsverträgen oder wenn

1. **im Fall von Absatz 1 Nummer 1 die mündlichen Verhandlungen, auf denen der Abschluss des Vertrags beruht, auf vorhergehende Bestellung des Verbrauchers geführt worden sind oder**
2. **die Leistung bei Abschluss der Verhandlungen sofort erbracht und bezahlt wird und das Entgelt 40 Euro nicht übersteigt oder**
3. **die Willenserklärung des Verbrauchers von einem Notar beurkundet worden ist.**

Literatur *Ende/Klein* Grundzüge des Vertriebsrechts im Internet, München (2001); *Finke* Der Fernabsatz von Finanzdienstleistungen an Verbraucher (2004); *Fischer/Machunsky* Haustürwiderrufsgesetz, 2. Aufl Neuwied ua (1995); *Härting* Fernabsatzgesetz, Köln (2000); *Micklitz/Pfeiffer/Tonner/Willingmann* Schuldrechtsreform und Verbraucherschutz, Baden-Baden (2001); *Micklitz/Tonner* Vertriebsrecht, Baden-Baden (2002); *Roßnagel* Recht der Multimedia-Dienste (1999).

A. Allgemeines. § 312 Abs 1 übernahm im Zuge der Schuldrechtsmodernisierung wörtlich die Formulierung 1 des § 1 HausTWG aF über den Anwendungsbereich der Vorschriften über das Haustürgeschäft. Die Ausnahmen vom Anwendungsbereich des § 1 Abs 2 HausTWG aF finden sich in § 312 Abs 3 wieder. Dieser integriert zudem § 6 HausTWG aF über Versicherungsverträge. Neu aufgenommen wurde § 312 Abs 2, der die Belehrungspflichten beim Haustürgeschäft teilw mit denen beim Fernabsatzvertrag harmonisiert. Die Verlängerung der Widerrufsfrist im Fall nicht ordnungsgem Belehrung des § 2 HausTWG aF wurde durch eine harmonisierte Regelung in § 355 Abs 3 ersetzt (s § 355 Rz 9 f). Nur einige Monate nach der Einstellung der Regelungen des HausTWG aF ins BGB erfuhr das Recht der Haustürgeschäfte Änderungen durch das OLG-Vertretungsänderungsgesetz (BGBl 2002 I, 2850). Eine erneute Überarbeitung ist im Zuge der Umsetzung der Verbraucherkredit-RL 2008/48/EG zu erwarten, nachdem die Bundesregierung diese nutzen will, um einige Unklarheiten zu beseitigen und einige Schwierigkeiten insb bei Internet-Auktionen zu reduzieren (BRDrs 848/08 vom 07.11.2008).

§ 312 dient der **Umsetzung der Haustürgeschäfte-RL 85/577/EWG** und ist daher gemeinschaftskonform 2 auszulegen. Die Vorschrift geht aber in ihrem Anwendungsbereich über die RL hinaus, so dass sich die Frage stellt, ob sie auch in ihrem überschießenden Anwendungsbereich richtlinienkonform auszulegen ist. Der BGH hat dies in seiner Umsetzung des *Heininger*-Urteils des EuGH (s § 312a Rz 2) zu Recht ausdrücklich bejaht (BGH DB 2002, 1262; dafür auch *Ulmer* ZIP 2002, 1080, 1082; dagegen etwa *Edelmann* BKR 2002, 80, 81; *Habersack/Mayer* WM 2002, 253, 257; *Rohe* BKR 2002, 575, 576; *Wolf* BKR 2002, 614).

Auf EG-Ebene steht eine Überarbeitung der RL 85/577/EWG bevor. Im Zuge der geplanten Konsolidierung 3 des EG-Verbraucherrechts soll nicht nur das Widerrufsrecht der verschiedenen RL harmonisiert (s § 355 Rz 1), sondern auch der Anwendungsbereich des Rechts der Haustürgeschäfte modifiziert werden. Dazu legte die Kommission im Oktober 2007 das Konsultationspapier »Discussion Paper on the Review of Directive 85/577/EEC« vor. Im Oktober 2008 folgte der Vorschlag einer RL über Verbraucherrechte (KOM (2008) 614 endg). Dieser ist auf die vollständige Harmonisierung ua des Rechts der Haustürgeschäfte ausgerichtet und würde daher verbraucherfreundlichere nationale Regelungen verbieten. Allerdings regt sich bereits heftiger Widerstand, so dass die Zukunft des Vorhabens ungewiss ist und auf eine Kommentierung der Änderungen im Folgenden verzichtet wird.

B. Definition des Haustürgeschäfts. Die in § 1 Abs 1 HausTWG aF enthaltene Beschreibung des Anwen- 4 dungsbereichs des HausTWG aF wurde durch die Einfügung der Klammer als Legaldefinition des Haustürgeschäfts ausgestaltet. Der Begriff ist eigentlich zu eng, hat sich aber eingebürgert und ist für Verweisungen handhabbar. Der Anwendungsbereich des Haustürgeschäfts ist in persönlicher und sachlicher Hinsicht sowie hinsichtlich der Umstände des Vertragsschlusses begrenzt. **I. Persönlicher Anwendungsbereich.** Haustürgeschäfte finden nur zwischen Verbrauchern iSd § 13 und Unternehmern iSd § 14 statt (zur Abgrenzung zuletzt BGH NJW 2008, 435).

II. Sachlicher Anwendungsbereich. Im sachlichen Anwendungsbereich wurde die von der RL 85/577/EWG 5 abw Formulierung beibehalten, wonach Verträge, die eine entgeltliche Leistung zum Gegenstand haben, Haustürgeschäfte sein können (ausf *Fischer/Machunsky* § 1 Rn 20 ff; *Micklitz/Tonner* Rn 24 ff). Entgeltlichkeit liegt nur dann nicht vor, wenn der Verbraucher eine Leistung erhält, ohne selbst dafür ein Entgelt entrichten zu müssen (BGH NJW 1993, 1594; WM 2003, 605, 606). In den Anwendungsbereich fallen im Anschluss an das Urteil des EuGH in der Rechtssache *Dietzinger* (EuGHE 1998, I-1199), dem der BGH gefolgt ist (BGH LM § 1 HWiG Nr 31), auch Bürgschaften, da diese akzessorisch zu einer Leistung des Unternehmers, idR aus einem Verbraucherkreditvertrag, sind. Die Einschränkung, dass nur Bürgschaften, die für Verbraucherverträge erteilt werden, unter § 312 fallen (so noch BGH LM § 1 HWiG Nr 31), hat der BGH nach Kritik aus der Lit (zB *Bydlinski/Klauninger* ZEuP 1998, 1010; *Pfeiffer* ZIP 1998, 1129, 1132; *Kröll* DZWir 1998, 426; *Edelmann* VuR 1998, 179, 182) ausdrücklich aufgegeben (BGH NJW 2006, 846; NJW 2007, 2110). Auch auf Sicherungsverträge findet § 312 Anwendung (BGH NJW 1996, 55).

6 Unmittelbar durch § 312 (so BGH DB 2001, 1775; Rostock WM 2001, 1413, 1414) oder über die Umgehungsvorschrift des § 312f (so BGH MDR 1997, 440; LG Bonn MDR 1998, 337) werden auch Mitgliedschaften in Genossenschaften, Vereinen oder Gesellschaften erfasst, wenn trotz der gesellschaftsrechtlichen Konstruktion die Erbringung einer entgeltlichen Leistung vorliegt (vgl auch *Krohn/Schäfer* WM 2000, 112 ff; *H P Westermann* ZIP 2002, 189, 195 ff). Dies gilt insbes dann, wenn der Zweck des Vertragsschlusses vorrangig in der Anlage von Kapital besteht und nicht darin, Mitglied einer Gesellschaft zu werden (BGH NJW-RR 2005, 180; 2005, 627; 2005, 1217). Trotz dieser gefestigten Rspr hat der BGH die Frage jüngst in der Rechtssache *E Friz* dem EuGH vorgelegt (BGH WM 2008, 1026), weil von ihrer Beantwortung abhängt, ob die RL 85/577/EWG hinsichtlich der Rechtsfolgen des Widerrufs maßgeblich ist (s § 357 Rz 4). Keine Voraussetzung ist, dass der Unternehmer die entgeltliche Leistung erbringt. Dies kann auch umgekehrt sein, wenn etwa der Unternehmer an der Haustür Gebrauchtwaren aufkauft (so auch MüKo/*Masuch* Rn 24) oder ein Recht zur Nutzung des Grundstücks des Verbrauchers zum Aufbau eines Funkmasts erwirbt.

7 **III. Situativer Anwendungsbereich.** Auch die **Umstände** des Vertragsschlusses wurden unverändert aus § 1 HausTWG übernommen. Der situative Anwendungsbereich erfasst diejenigen Situationen, in denen der Verbraucher nicht mit einer Ansprache durch einen Verkäufer rechnen muss und in denen er deshalb überrumpelt wird (vgl auch den vierten Erwägungsgrund der RL). Dies ist aber nicht die einzige Schutzrichtung des Rechts der Haustürgeschäfte. Die andere Schutzrichtung geht dahin, den Verkäufer vor Situationen zu bewahren, in denen ein psychologischer Kaufzwang aufgebaut wird, dem der Verbraucher sich nicht entziehen kann, ohne unhöflich oder undankbar zu wirken. Solche Situationen können unerwartet sein, das ist aber nicht notwendigerweise der Fall. Typisch ist dies bei sog Kaffeefahrten (*Fischer/Machunsky* § 1 Rn 68 ff; *Micklitz/Tonner* Rn 30 ff). **1. Privatwohnungen und Arbeitsplatz.** Erfasst werden zunächst der Vertragsschluss in der Privatwohnung eines Verbrauchers und der Vertragsschluss am Arbeitsplatz des Verbrauchers. Der Begriff der Privatwohnung ist weit zu verstehen. Er umfasst den gesamten Wohnbereich, der dem Verbraucher zum dauernden Aufenthalt dient, einschließlich Hausflur und Garten sowie Parkplätze. Maßgeblich ist, dass der Verbraucher in diesem Bereich nicht auf ein geschäftliches Ansprechen vorbereitet und daher in seiner Entschließungsfreiheit eingeengt ist (BGH BB 2006, 515). Auch eine Baustelle sah die instanzgerichtliche Rspr als Wohnraum an (AG Ettenheim NJW-RR 2004, 1429).

8 Der Vertragsschluss muss in der **Wohnung »eines Verbrauchers«** erfolgen, was die Wohnung eines anderen Verbrauchers einschließt (BGH NJW-RR 2005, 635). Damit werden gleichzeitig sog Partykäufe erfasst, wie sie von einzelnen Firmen des Direktvertriebs praktiziert werden. Dabei ist die Schutzrichtung bei Partykäufen eine leicht andere als bei unbestellten Vertreterbesuchen. Es geht auch hier nicht so sehr darum, dass der Verbraucher nicht mit einer Ansprache durch den Verkäufer oder seinen Vermittler bzw seine Vermittlerin, etwa die Gastgeberin, rechnen muss, sondern dass ein psychologischer Kaufzwang aufgebaut wird, dem sich der Verbraucher nicht entziehen kann, ohne unhöflich oder undankbar zu erscheinen. Die Rspr hat selbst Vertragsabschlüsse in der **Privatwohnung des Gewerbetreibenden oder des Vermittlers** als Haustürgeschäfte angesehen, wenn der Verbraucher diese Wohnung aus privatem Anlass aufsucht und der Unternehmer erst im Verlauf des Besuchs auf geschäftliche Verhandlungen umschwenkt (BGH WM 2006, 1669). Hier wird wieder Schutz vor dem unerwarteten Verkaufsgespräch gewährt. Hingegen gilt dies nicht, wenn der Verbraucher die Privatwohnung eines Anlageberaters zu geschäftlichen Zwecken aufsucht, auch wenn dies auf einen unerbetenen Telefonanruf hin erfolgt (LG Coburg VuR 2002, 449). Nicht erfasst sind auch die Geschäftsräume des Ehepartners. Auch eine Umgehung iSd § 312f S 2 liegt nicht vor, wenn der Verbraucher dort ein geschäftliches Gespräch erwarten muss (BGH BB 2006, 515).

9 § 312 Abs 1 S 1 Nr 1 deckt auch solche Vertragsschlusskonstellationen ab, die darauf beruhen, dass sich der Verbraucher an seinem **Arbeitsplatz** überraschend einem Gewerbetreibenden ggü sieht, der ihm Waren verkaufen oder Dienstleistungen erbringen will. Zum Arbeitsplatz gehört nach der Rspr des BGH auch das Betriebsgelände (BGH NJW 2007, 2110; ebenso BAG ZIP 2004, 1561). Vom Wortlaut nicht erfasst ist – anders als bei der Privatwohnung – die Konstellation, dass einem Verbraucher am Arbeitsplatz seines Kollegen ein entspr Vertragsangebot unterbreitet wird. Der BGH lehnte eine erweiternde Auslegung erst im Februar 2007 ausdrücklich ab (BGH NJW 2007, 2106). Ebenso abgelehnt hat die Rspr die Anwendung des § 312 Abs 1 S 1 Nr 1 auf arbeitsrechtliche Verträge, insbes Aufhebungsverträge am Arbeitsplatz des Arbeitnehmers, da diese nicht vom Zweck der §§ 312 ff, den Verbraucher bei bestimmten Vertriebsmethoden zu schützen, erfasst seien (BAG ZIP 2004, 1561, 1564 ff mwN).

10 **2. Freizeitveranstaltungen.** § 312 Abs 1 S 1 Nr 2 schützt den Verbraucher bei Vertragsabschluss auf einer Freizeitveranstaltung. Der **EuGH** hat die beiden **konstitutiven Voraussetzungen** benannt: (1) Der Ausflug muss an einem Ort geschlossen worden sein, an den sich der Verbraucher zum Zwecke des Vertragsschlusses begeben hat und der in nicht unbeträchtlicher Entfernung von seinem Wohnsitz liegt und (2) der Ausflug

muss vom Gewerbetreibenden selbst organisiert sein, was dann der Fall ist, wenn die Initiative zum Ausflug vom Gewerbetreibenden ausgegangen ist, indem dieser den Verbraucher durch Briefe und/oder Anrufe an einen bestimmten Ort eingeladen und ihm dabei den Tag, die Uhrzeit und den Ort des Treffens angegeben hat (EuGHE 1999, I-2195 Rn 35 f). Über die RL hinaus kommt es nach § 312 Abs 1 S 1 Nr 2 nicht darauf an, ob die Freizeitveranstaltung vom Unternehmer oder von einem Dritten organisiert wird, solange die Freizeitveranstaltung auch im Interesse des Unternehmers organisiert wird. Maßgeblich ist hier weniger das Überraschungsmoment als der psychologische Kaufzwang, der aus dem Fehlen einer Ausweichmöglichkeit auf einer Reise (dazu *Pluskat* WRP 2003, 18 ff), aber auch einem Gefühl von Dankbarkeit ggü dem Gastgeber resultieren kann.

Auch eine **Einordnung von Verbrauchermessen als Freizeitveranstaltung** iSd § 312 Abs 1 S 1 Nr 2 wurde häufig diskutiert. Nach der mittlerweile gefestigten Rspr des BGH ist eine Verbrauchermesse allerdings üblicherweise nicht mit einer Freizeitveranstaltung vergleichbar (BGH NJW 2002, 3100; 2004, 362 m Anm *Rott* LMK 2004, 18). Eine Freizeitveranstaltung zeichnet sich nach Auffassung des BGH dadurch aus, dass Freizeitangebote und Verkaufsangebote derart organisatorisch miteinander verwoben sind, dass der Kunde im Hinblick auf die Ankündigung und die Durchführung der Veranstaltung in eine freizeitlich unbeschwerte Stimmung versetzt wird und sich dem auf einen Geschäftsabschluss gerichteten Angebot nur schwer entziehen kann. Diese Kriterien sieht der BGH bei Verbrauchermessen als nicht erfüllt an. Der Besucher einer Verbrauchermesse müsse sich trotz der gebotenen Unterhaltung jedenfalls dann des kommerziellen Charakters der Veranstaltung bewusst und damit auf Verkaufsgespräche eingestellt sein, wenn der Schwerpunkt der Veranstaltung auf der Leistungsschau liege. Implizit stellt der BGH auf den durchschnittlich informierten, aufmerksamen und verständigen Verbraucher, an dem der EuGH seine lauterkeitsrechtliche Rspr ausrichtet, ab. Hinsichtlich der Organisation der Veranstaltung habe der Verbraucher, anders als auf einer Kaffeefahrt, die Möglichkeit, einer konkreten Ansprache durch einen Unternehmer auszuweichen, indem er in der anonymen Masse untertaucht. Auch Gruppenzwang oder Dankbarkeit weckten bei einer Verbrauchermesse nicht das Gefühl, einem Verkaufsunternehmen verpflichtet zu sein, zumal der Verbraucher, anders als bei einer Kaffeefahrt, einen angemessenen Eintrittspreis entrichtet habe. Dies sollte freilich den Blick auf die weiterhin notwendige Einzelfallbetrachtung nicht verstellen. Auch auf einer Verbrauchermesse kann eine dem Haustürgeschäft vergleichbare Situation geschaffen werden, etwa wenn die Ansprache des Verbrauchers in einem klar zu Vergnügungszwecken abgegrenzten Bereich erfolgt. 11

Dem weiteren Problem der Verbrauchermessen, dass dem Verbraucher häufig **fälschlich ein überragend günstiger** und nur auf dieser Messe verfügbarer **Verkaufspreis** suggeriert wird (vgl nur BGH NJW 2002, 3100), ist nicht mit § 312, sondern mit dem Recht der unlauteren Werbung zu begegnen. Der deutsche Gesetzgeber hat allerdings bei der Neufassung des UWG keinen Individualschutz eingeführt. Die Rspr muss darüber hinaus immer wieder Fälle entscheiden, in denen der Verbraucher Verträge in ähnl Situationen wie den ausdrücklich genannten abschließt, zB auf Veranstaltungen in den Geschäftsräumen des Unternehmers. Die Gerichte erwiesen sich dabei bislang als verbraucherfreundlich. Zu den Freizeitveranstaltungen gehören nach der Rspr auch die in der jüngeren Vergangenheit bei Fitness-Centern vorkommenden Veranstaltungen, bei denen der Verbraucher einen Gewinn abholen soll und bei dieser Gelegenheit einen Vertrag unterschreibt (AG Eschweiler VuR 2005, 398; AG Bad Iburg NJW-RR 2007, 1353). 12

3. Verkehrsmittel und öffentliche Verkehrsflächen. Ebenfalls erfasst ist der Vertragsschluss im Anschluss an ein überraschendes Ansprechen in Verkehrsmitteln oder im Bereich öffentlich zugänglicher Verkehrsflächen. Hinsichtlich der lauterkeitsrechtlichen Zulässigkeit ist die Rspr hier mittlerweile großzügiger geworden (vgl zum sog Anreißen BGH NJW 2004, 2593 m Anm *Rott* LMK 2004, 211). Entspr hat das Widerrufsrecht an Bedeutung gewonnen. Entscheidend ist, dass der Verbraucher mit dem Angebot nicht rechnen musste. Damit entfällt das Widerrufsrecht beim Vertragsschluss auf Märkten und Messen (Stuttgart NJOZ 2003, 996), aber auch bei der Bewirtung in der Bahn oder auf dem Schiff. 13

4. Bestimmen. Der **Begriff des »Bestimmens«** ist weiter als von der RL 85/577/EWG ausdrücklich gefordert (vgl Frankfurt aM WM 2002, 545, 547; LG Bremen WM 2002, 1450, 1453) und wird von der Rspr ebenfalls großzügig ausgelegt (etwa Stuttgart WM 1999, 2305, 2307; 1999, 2310, 2312 f). Die Regelung trägt der Tatsache Rechnung, dass auch bei einem gewissen zeitlichen Abstand die Ursache des Vertragsschlusses noch in der Überrumpelung des Verbrauchers zu suchen ist. Nach der Rspr des BGH reicht es aus, dass der spätere Vertrag ohne die bes Umstände der ersten Kontaktaufnahme nicht oder nicht so wie geschehen zustande gekommen wäre und der bestimmende Einfluss der Vertragsanbahnungssituation zur Zeit der Abgabe der Willenserklärung noch fortwirkte (BGHZ 131, 385). Dafür ist grds der Verbraucher beweispflichtig, wobei beim Vertragsschluss in der Haustürsituation im Regelfall von einem Bestimmen auszugehen ist. Ein enger zeitlicher Zusammenhang ist nach der jüngsten BGH-Rspr nicht zwingend erforderlich (BGH WM 2003, 1370; BB 2006, 1409). Allerdings spricht ein enger zeitlicher Zusammenhang zwischen dem Ansprechen in einer Haustürsituation und dem Vertragsschluss für ein Fortwirken des Überraschungsmoments (BGH NJW 2003, 1390), während dies bei einem sehr langen Zeitraum nur noch unter bes Umständen der Fall sein kann (abl BGH BB 2006, 1409 (drei Wochen); Köln WM 2000, 2139 (sechs Wochen); Frankfurt aM ZIP 2004, 260 (acht Monate)). 14

15 **C. Widerrufsrecht und Ausnahmen.** Bei Haustürgeschäften hat der Verbraucher ein Widerrufsrecht nach § 355, wenn es sich nicht um einen Versicherungsvertrag handelt oder eine in den Nrn 1 bis 3 des § 312 Abs 3 genannte Fallgestaltung vorliegt. Letztere wurden identisch aus § 1 Abs 2 HausTWG aF übernommen. Ein Ausschluss des Widerrufsrechts kann sich darüber hinaus aus § 312a ergeben. Für **Versicherungsverträge** bestand schon seit langem ein Widerrufsrecht nach dem VVG, das allerdings hinter dem Schutz des Widerrufsrechts bei Haustürgeschäften zurückgeblieben war. Mit der Neuregelung des Versicherungsvertragsrechts zum 01.01.2008 wurde das Widerrufsrecht in § 8 VVG neu geregelt und erweitert. Der bes Gerichtsstand für Haustürgeschäfte des § 29c ZPO gilt dagegen auch bei Versicherungsverträgen (LG Landshut NJW 2003, 1197 aA Jena VuR 2009, 66).

16 Von **großer praktischer Relevanz** ist die Ausnahme der **vorherigen Bestellung** nach Nr 1, bei der die **Gefahr provozierter Besuchswünsche** besteht. Erforderlich ist zunächst schon aus dem Sinn und Zweck der Regelung, dass dem Verbraucher bewusst ist, dass es bei dem Besuch zu Vertragsverhandlungen kommen soll. Nur dann kann das Überraschungsmoment entfallen. Ein Besuch zum Zweck der Information reicht nicht aus (BGHZ 110, 308, 310; NJW 1999, 575; Hamm NJOZ 2003, 892). Selbst ein Hausbesuch zum Zwecke der Unterbreitung eines Angebots soll den Vertragsschluss vor Ort nicht decken (LG Rottweil VuR 2008, 70). Darüber hinaus muss sich die Bestellung gerade auf den in der Haustürsituation zustande gekommenen Vertragsschluss beziehen. Das ergibt sich schon aus der RL 85/577/EWG und wird von der deutschen Rspr restriktiv beurteilt. So liegt keine Ausnahme nach § 312 Abs 3 Nr 1 vor, wenn eine steuerliche Beratung bestellt ist, dann aber ein Existenzgründungsbericht erstellt wird (BGH NJW 2008, 435). Provozierte Bestellungen wertet die Rspr nicht als Bestellungen iSd § 312 Abs 3 Nr 1. Dies gilt insbes, wenn die Bestellung bei einem Anruf des Unternehmers (BGH NJW 1990, 181; Köln NJW 1988, 1985) oder bei einem ersten Besuch (Brandenburg MDR 1998, 206; Köln VuR 1990, 56) erfolgt.

17 **Bagatellgeschäfte** mit einem Wert von nicht mehr als 40 Euro erfasst § 312 Abs 3 Nr 2. Voraussetzung ist, dass das Entgelt noch in der Haustürsituation vollständig entrichtet wird. Ein Ausschluss besteht darüber hinaus bei **notarieller Beurkundung** nach Nr 3, was insbes im Zusammenhang mit Realkreditverträgen einschl sein kann. Hier bleibt darauf hinzuweisen, dass die RL 85/577/EWG eine solche Ausnahmeregelung nicht vorsieht. Insoweit sollte § 312 Abs 3 Nr 3 teleologisch auf Verträge, die unter Art 3 Abs 2 lit a) der RL 85/577/EWG fallen, reduziert werden (so auch *Fischer/Machunsky* § 1 Rn 276; *Micklitz/Tonner* Rn 76; dagegen *Habersack* ZIP 2001, 353 ff; MüKo/*Masuch* Rn 108; offen gelassen in Karlsruhe WM 2001, 2002, 2003). Dies gilt auch, nachdem mit Wirkung vom 01.08.2002 eine bes Schutzvorschrift für vor dem Notar geschlossene Verbraucherverträge iSd § 310 Abs 3 in § 17 Abs 2a BeurkG (dazu *Grziwotz* ZIP 2002, 2109 ff) eingefügt wurde (aA *Althammer* BKR 2003, 280 ff). Die Verpflichtung des Notars ist eine Amtspflicht, deren Nichteinhaltung zur Haftung des Notars nach § 19 Abs 1 BNotO führt. Die Wirksamkeit des Vertrags bleibt dagegen unberührt (vgl auch *Meinhof* NJW 2002, 2273, 2275), so dass der Verbraucher noch immer nicht das durch die RL 85/577/EWG verliehene Recht, sich vom Vertrag zu lösen, genießt. Der BGH hat eine richtlinienkonforme Reduktion freilich unter Hinweis auf den eindeutigen Wortlaut des § 312 Abs 3 Nr 3 ebenso abgelehnt wie eine Vorlage beim EuGH (BGH ZIP 2003, 1082 f; dagegen zu Recht *Pfeiffer* LMK 2004, 17 f). In Betracht kommt daneben im Einzelfall die Anwendung des Umgehungsverbots des § 312 f in Fällen, in denen eine notarielle Beurkundung nicht kraft Gesetzes erforderlich ist (vgl Stuttgart WM 1999, 2305, 2308; Frankfurt aM WM 2002, 545, 548; MüKo/*Masuch* § 312 Rn 109; dagegen *Habersack* ZIP 2001, 353, 357 f).

18 **D. Belehrung.** Die Belehrung über das Widerrufsrecht muss zunächst den **Anforderungen des § 355 Abs 2 S 1** genügen (s § 355 Rz 13 ff). Darüber hinaus muss der Unternehmer den Verbraucher gem § 312 Abs 2 auf die Rechtsfolgen des § 357 Abs 1 und 3 hinweisen, damit der Verbraucher sich nicht überraschenden Forderungen seitens des Unternehmers ausgesetzt sieht. Die Hinweispflicht erfasst sämtliche Rechtsfolgen des Widerrufs mit Ausnahme der eventuellen Pflicht zur Tragung der Rücksendungskosten nach § 357 Abs 2 S 3, die dem Verbraucher ohnehin nur vertraglich auferlegt werden können (vgl auch AnwK/*Ring* Rn 24 ff). Die Belehrung muss auch die **Rechte des Verbrauchers** enthalten. Dazu gehört, dass auch der Unternehmer die empfangenen Leistungen zurückzugewähren und ggf gezogene Nutzungen herauszugeben hat (BGH NJW 2007, 1946). Belehrt der Unternehmer über ein Widerrufsrecht, das objektiv nicht gegeben ist, so ist dies zwar nicht unbedingt als freiwillige Einräumung eines vertraglichen Widerrufsrechts anzusehen (vgl München WM 2003, 1324; aA BGH NJW 1982, 2313). Der Verbraucher kann daraus aber einen Schadensersatzanspruch aus §§ 311 Abs 2, 241 Abs 2, 280 Abs 1 herleiten, der auf Vertragsaufhebung gerichtet sein kann. Eine gewisse Erleichterung will die Bundesregierung zukünftig durch die Anfügung eines Satzes erreichen, nach dem der Hinweis auf Rechtsfolgen dann nicht erforderlich sein soll, wenn diese Rechtsfolgen gar nicht eintreten können.

19 **E. Einschaltung eines Vertreters.** Bedient sich der Unternehmer eines Vertreters, so ist ihm eine Haustürsituation des Vertreters auch dann zuzurechnen, wenn er diese nicht kannte. Auf Vorlage des Bremen stellte der EuGH in der Rechtssache *Crailsheimer Volksbank* fest, dass die RL 85/577/EWG kein subjektives Element in ihrem Anwendungsbereich vorsehe (EuGHE 2005, I-9273 Rn 42 ff). Hintergrund war eine Rspr des BGH, nach der sich die Zurechnung der Haustürsituation nach § 123 richtete. Wurde der Verbraucher durch eine

Person, die im Lager des Unternehmers (nach deutscher Terminologie) steht, zum Vertragsschluss bestimmt, so war diese Situation dem Unternehmer zuzurechnen. Führte hingegen ein unabhängiger Dritter, insbes also ein unabhängiger Vermittler, die Haustürsituation herbei, so sollte dies dem Unternehmer nur zuzurechnen sein, wenn dieser die Handlungen des Dritten gekannt habe oder hätte kennen müssen (zB BGH NJW 2003, 424, 425). Der BGH passte seine Rspr im Anschluss an die Entscheidung des EuGH an (BGH NJW 2006, 497; 2006, 1340; ZIP 2006, 940).

Erteilt der Verbraucher dagegen an der Haustür einem **Vertreter eine Vollmacht** und schließt dieser anschließend einen Vertrag, so soll nach der Rspr entspr § 166 Abs 1 nicht die Haustürsituation, sondern die Situation des Vertragsschlusses zwischen dem Vertreter und dem Unternehmer maßgeblich sein (BGH ZIP 2000, 1152, 1154 f; 1155, 1156 f; 2003, 1082). Zwar kann der Geschäftsbesorgungsvertrag mit dem Vertreter und damit auch die diesem erteilte Vollmacht widerrufen werden. Dem Unternehmer soll aber bei Gutgläubigkeit der Schutz des § 172 zugute kommen (BGH ZIP 2000, 1152, 1154 f; Karlsruhe WM 2001, 2002, 2003). Der Verbraucher wird durch diese Konstruktion seines Schutzes durch § 312 beraubt (vgl auch *Hoffmann* NJW 2001, 421 f; *Kulke* ZBB 2000, 407 ff), was mit dem Gemeinschaftsrecht nicht vereinbar ist (vgl *Rott* FS Stauder, 405, 418 ff). Ein ähnl Problem im Recht der Verbraucherdarlehen (BGH JZ 2001, 829, m abl Anm *Derleder*; Frankfurt aM MDR 2000, 1182) hat der Gesetzgeber dadurch behoben, dass er das Schriftformerfordernis in § 492 Abs 4 ausdrücklich auf die Vollmacht zum Abschluss eines Verbraucherdarlehens erstreckt und in § 494 Abs 1 an die Nichtbeachtung die Rechtsfolge der unheilbaren Nichtigkeit der Vollmacht geknüpft hat (BTDrs 14/7052, 201). Auch im Recht der Haustürgeschäfte muss eine Gesamtbetrachtung der Umstände des Vertragsschlusses zu dem Ergebnis führen, dass jedenfalls dann, wenn der Unternehmer diese Umstände kannte, kennen musste oder hätte kennen können, der vom Vertreter abgeschlossene Vertrag nach § 312 vom Verbraucher widerrufen werden kann (Stuttgart WM 1999, 2305, 2308; Oldenburg VuR 2002, 322; sowie Nürnberg ZIP 2000, 267, zu Beratungspflichten bei Einschaltung von Kreditvermittlern; vgl auch *Lange/Frank* WM 2000, 2364 ff; *Möller* ZIP 2002, 333 ff). Der Schutzgedanke der §§ 492 Abs 4, 494 Abs 1 kann erg herangezogen werden. Eine gewollte unterschiedliche Behandlung der beiden Fälle kann nicht angenommen werden, da die Vorschriften über die Vollmacht im Verbraucherdarlehen erst in der Endphase des Gesetzgebungsverfahrens in das BGB aufgenommen wurden. 20

F. Beweislast. Die Beweislast für das Vorliegen einer Haustürsituation trägt der Verbraucher. Der Unternehmer kann dessen Angaben nicht pauschal mit Nichtwissen bestreiten, wenn er sich eines Vertreters bedient hat (LG Bremen BKR 2002, 952). 21

§ 312a Verhältnis zu anderen Vorschriften.

Steht dem Verbraucher zugleich nach Maßgabe anderer Vorschriften ein Widerrufs- oder Rückgaberecht nach § 355 oder § 356 dieses Gesetzes oder nach § 126 des Investmentgesetzes zu, ist das Widerrufs- oder Rückgaberecht nach § 312 ausgeschlossen.

A. Allgemeines. 312a enthält die früher in § 5 Abs 2, Abs 3 und Abs 4 HausTWG aF enthaltenen Vorrangregelungen. Die aktuelle Fassung der Vorschrift wurde mit dem OLG-Vertretungsänderungsgesetz eingeführt und trat am 01.08.2002 in Kraft, nachdem die im Schuldrechtsmodernisierungsgesetz enthaltene Regelung nicht im Einklang mit der RL 85/577/EWG gestanden hatte. 1

B. Vorrangige Regelungen. Vorrangig sind alle Regelungen, nicht nur des BGB, nach deren Maßgabe dem Verbraucher ein Widerrufs- oder Rückgaberecht nach § 355 oder § 356 oder nach § 126 InvG (dazu *Nickel* ZBB 2004, 197, 202 f) zusteht. Ein Widerrufs- oder Rückgaberecht nach § 355 oder § 356 besteht bei Fernabsatzverträgen nach § 312d, bei Teilzeit-Wohnrechteverträgen nach § 485, bei Verbraucherdarlehen, Finanzierungshilfen und Ratenlieferungsverträgen nach den §§ 495, 499 Abs 1, 500, 501, 503, 505 Abs 1 S 1 und bei Fernunterrichtsverträgen nach § 4 Abs 1 FernUSG. Allerdings ist das Widerrufs- oder Rückgaberecht des § 312 nach § 312a nur ausgeschlossen, wenn sich aus einer der anderen genannten Vorschriften im konkreten Fall tatsächlich ein Widerrufs- oder Rückgaberecht nach den §§ 355 oder 356 oder nach § 126 InvG ergibt. Damit wird die zuvor bestehende Schwierigkeit vermieden, dass auf Vorrangregeln verwiesen wurde, die ihrerseits im konkreten Fall kein Widerrufs- oder Rückgaberecht vorsahen. Virulent war das Problem bei an der Haustür abgeschlossenen Immobiliardarlehensverträgen geworden, für die § 5 Abs 2 HausTWG wie § 312a aF auf das Recht des Verbraucherkredits verwies, das seinerseits das Widerrufsrecht bei diesen Verträgen ausschloss. In der Rechtssache *Heininger* (EuGHE 2001, I-9945) stellte der EuGH für **Realkreditverträge** klar, dass der Verbraucher nicht durch nationale Vorrangregelungen der Rechte, die ihm die RL 85/577/EWG verleiht, beraubt werden dürfe. Schon zuvor hatte er in der Rechtssache *Travel Vac* (EuGHE 1999, I-2201) verdeutlicht, dass selbst da, wo das Gemeinschaftsrecht ein spezielles Widerrufsrecht für bes Vertragstypen wie **Teilzeit-Wohnrechteverträge** vorsieht, die Regelungen der RL 85/577/EWG kumulativ anwendbar bleiben, weil sie einen anderen Regelungsgehalt, nämlich den Schutz des Verbrauchers in bestimmten Vertragsabschlusssituationen, bezwecken. § 312a aF musste nach dem Urteil des EuGH in der Rechtssache *Heininger* dahingehend teleologisch reduziert werden, dass er nur Anwendung fand, wo die genannten anderen Vorschriften ebenfalls ein Widerrufsrecht des Verbrauchers vorsehen, das ihm zumindest den Mindestschutz 2 gewährt, den die RL 85/577/EWG verlangt (grundlegend BGH DB 2002, 1262; vgl auch *Hoffmann* ZIP 2002, 145, 150; *Staudinger* NJW 2002, 653, 655). Mit der Änderung durch das OLG-Vertretungsänderungsgesetz wurde die nach Gemeinschaftsrecht erforderliche Klarstellung vorgenommen. Die Regelung ist im Zusammenhang mit der Streichung des § 491 Abs 3 Nr 1 idF vom 01.01.2002 zu sehen, der den Ausschluss des Widerrufsrechts bei Immobiliendarlehensverträgen vorsah. Der Widerruf an der Haustür abgeschlossener Immobiliardarlehensverträge erfolgt damit nach den für Verbraucherdarlehen geltenden Vorschriften. So soll verhindert werden, dass Immobiliardarlehensverträge unterschiedlichen Regelungen unterfallen, je nachdem welche Vertriebsform der Darlehensgeber verwendet (vgl den Bericht des Rechtsausschusses, BTDrs 14/9266, 44). Die **jüngste Generation von EG-Richtlinien vermeidet derartige Konkurrenzprobleme**, indem sie klare Konkurrenzregeln schafft. Ein Bsp ist Art 14 (5) der neuen Verbraucherkredit-RL, der dem dortigen Widerrufsrecht Vorrang vor dem der RL 85/577/EWG einräumt, allerdings wieder nur, wenn das Widerrufsrecht im konkreten Fall gegeben ist (*Rott* WM 2008, 1104, 1111).

3 Verleiht die nach § 312a grds spezielle Vorschrift kein Widerrufsrecht, so bleibt das Widerrufsrecht nach § 312 erhalten. Ein Bsp dafür ist ein an der Haustür abgeschlossener Verbraucherdarlehensvertrag, auf den das Widerrufsrecht des § 495 nach § 491 Abs 2 keine Anwendung findet. Dasselbe muss gelten, wo das spezielle Widerrufs- oder Rückgaberecht in seiner Ausgestaltung hinter den Anforderungen der RL 85/577/EWG zurückbleibt. Ein Bsp dafür bietet § 503, der die Ersetzung des Widerrufsrecht durch ein Rückgaberecht unter erleichterten Voraussetzungen, nämlich auch außerhalb einer bestehenden oder geplanten ständigen Geschäftsverbindung, zulässt und damit dem Verbraucher weniger Schutz gewährt als § 312 Abs 1 S 2, der Art 3 lit. c) ii) der RL 85/577/EWG umsetzt. Auch § 4 Abs 2 FernUSG über das Erlöschen des Widerrufsrechts bei vollständiger Erfüllung, spätestens aber nach sechs Monaten, ist nicht anzuwenden (so auch *Fischer* VuR 2002, 193, 196 f; *Wildemann* VuR 2003, 90 ff). In diesen Fällen ist weiterhin eine teleologische Reduktion des § 312a angezeigt. Hingegen fällt der Vorrang der spezielleren Regelung nicht etwa weg, wenn zunächst ein gleichwertiges Widerrufsrecht bestand, dies aber wegen Nichteinhaltung der Ausübungsvoraussetzungen weggefallen ist.

4 **C. Reichweite des Vorrangs.** Die Konkurrenzregelung des § 312a bezieht sich ihrem klaren Wortlaut nach nur auf das **Widerrufs- bzw. Rückgaberecht**. Die Zuständigkeitsvorschrift des § 29c ZPO ist nicht berührt (BTDrs 14/7052, 191), so dass die Regelung des § 29c ZPO, nach der das Gericht ausschließlich zuständig ist, in dessen Bezirk der Verbraucher zur Zeit der Klageerhebung seinen Wohnsitz oder hilfw seinen gewöhnlichen Aufenthalt hat, bei allen Streitigkeiten aus Haustürgeschäften, für die der Anwendungsbereich nach § 312 eröffnet ist, Anwendung findet, und dies ohne Rücksicht darauf, ob die Anspruchsgrundlage aus dem Recht der Haustürgeschäfte stammt (BGH NJW 2003, 1190).

§ 312b Fernabsatzverträge.

[1] Fernabsatzverträge sind Verträge über die Lieferung von Waren oder über die Erbringung von Dienstleistungen, einschließlich Finanzdienstleistungen, die zwischen einem Unternehmer und einem Verbraucher unter ausschließlicher Verwendung von Fernkommunikationsmitteln abgeschlossen werden, es sei denn, dass der Vertragsschluss nicht im Rahmen eines für den Fernabsatz organisierten Vertriebs- oder Dienstleistungssystems erfolgt. Finanzdienstleistungen im Sinne des Satz 1 sind Bankdienstleistungen sowie Dienstleistungen im Zusammenhang mit einer Kreditgewährung, Versicherung, Altersversorgung von Einzelpersonen, Geldanlage oder Zahlung.

[2] Fernkommunikationsmittel sind Kommunikationsmittel, die zur Anbahnung oder zum Abschluss eines Vertrags zwischen einem Verbraucher und einem Unternehmer ohne gleichzeitige körperliche Anwesenheit der Vertragsparteien eingesetzt werden können, insbesondere Briefe, Kataloge, Telefonanrufe, Telekopien, E-Mails sowie Rundfunk, Tele- und Mediendienste.

[3] Die Vorschriften über Fernabsatzverträge finden keine Anwendung auf Verträge

1. **über Fernunterricht (§ 1 des Fernunterrichtsschutzgesetzes),**
2. **über die Teilzeitnutzung von Wohngebäuden (§ 481),**
3. **über Versicherungen sowie deren Vermittlung,**
4. **über die Veräußerung von Grundstücken und grundstücksgleichen Rechten, die Begründung, Veräußerung und Aufhebung von dinglichen Rechten an Grundstücken und grundstücksgleichen Rechten sowie über die Errichtung von Bauwerken,**
5. **über die Lieferung von Lebensmitteln, Getränken oder sonstigen Haushaltsgegenständen des täglichen Bedarfs, die am Wohnsitz, am Aufenthaltsort oder am Arbeitsplatz eines Verbrauchers von Unternehmern im Rahmen häufiger und regelmäßiger Fahrten geliefert werden,**
6. **über die Erbringung von Dienstleistungen in den Bereichen Unterbringung, Beförderung, Lieferung von Speisen und Getränken sowie Freizeitgestaltung, wenn sich der Unternehmer bei Vertragsschluss verpflichtet, die Dienstleistungen zu einem bestimmten Zeitpunkt oder innerhalb eines genau angegebenen Zeitraums zu erbringen,**

7. die geschlossen werden
a) unter Verwendung von Warenautomaten oder automatisierten Geschäftsräumen oder
b) mit Betreibern von Telekommunikationsmitteln auf Grund der Benutzung von öffentlichen Fernsprechern, soweit sie deren Benutzung zum Gegenstand haben.

[4] Bei Vertragsverhältnissen, die eine erstmalige Vereinbarung mit daran anschließenden aufeinander folgenden Vorgängen oder eine daran anschließende Reihe getrennter, in einem zeitlichen Zusammenhang stehender Vorgänge der gleichen Art umfassen, finden die Vorschriften über Fernabsatzverträge nur Anwendung auf die erste Vereinbarung. Wenn derartige Vorgänge ohne eine solche Vereinbarung aufeinander folgen, gelten die Vorschriften über Informationspflichten des Unternehmers nur für den ersten Vorgang. Findet jedoch länger als ein Jahr kein Vorgang der gleichen Art mehr statt, so gilt der nächste Vorgang als der erste Vorgang einer neuen Reihe im Sinne von Satz 2.

[5] Weitergehende Vorschriften zum Schutz des Verbrauchers bleiben unberührt.

A. Allgemeines. § 312b übernahm im Zuge der **Schuldrechtsmodernisierung** § 1 FernAbsG aF im Wesentlichen unverändert. Die Legaldefinitionen des § 1 Abs 1 und Abs 2 FernAbsG aF wurden inhaltsgleich in § 312b Abs 1 und 2 wiedergegeben. Von den Ausnahmebestimmungen erfuhr lediglich § 1 Abs 3 Nr 3 FernAbsG aF eine Änderung, nach der keine Ausnahme mehr für Darlehensvermittlungsverträge iSd § 655a gilt. Das Günstigkeitsprinzip des § 1 Abs 4 FernAbsG aF ging in § 312c Abs 4 auf (s § 312c Rz 26). Eine Harmonisierung mit den Regelungen über Haustürgeschäfte und denen über den elektronischen Geschäftsverkehr ist nur zT erfolgt. **Weitere Veränderungen** erfuhr die Vorschrift durch die Umsetzung der RL 2002/65/EG über den Fernabsatz von Finanzdienstleistungen (dazu *Rott* BB 2005, 53 ff). Hier zeigt sich das Bestreben des deutschen Gesetzgebers, eine möglichst harmonische nationale Regelung zu schaffen. Allerdings beeinflusst die Integration der Finanzdienstleistungen auch die Auslegung der Regeln zum allg Fernabsatzrecht in bes Maße. Im Gegensatz zur RL 97/7/EG folgt die RL 2002/65/EG nämlich dem Konzept der Vollharmonisierung, das lediglich durch einige wenige Optionen bei den Ausnahmen vom Widerrufsrecht und durch die Öffnungsklausel des Art 4 (2) im Bereich der Informationspflichten abgemildert wird. Das Gemeinschaftsrecht legt damit gleichzeitig Mindest- und Höchststandard für die Auslegung des nationalen Rechts fest. Eine Parallelregelung für die ebenfalls von der RL 2002/65/EG erfassten Versicherungsverträge wurde in das VVG aufgenommen (dazu *Schneider* VersR 2004, 696 ff). Sie wurde im Zuge der VVG-Reform in die §§ 7 ff VVG integriert. Auch im Fernabsatzrecht wird die **Überprüfung des Verbraucher-Acquis** auf EG-Ebene zu Veränderungen führen. Die Kommission hat bereits in ihrem Umsetzungsbericht aus dem Jahre 2006 angedeutet, dass mehr Harmonisierung angestrebt wird (KOM (2006) 514 endg, 4). 1

B. Definition. Die Definition des Fernabsatzvertrags entspricht fast wörtlich Art 2 (1) der RL 97/7/EG, mit der Ausnahme, dass der Unternehmer die Beweislast dafür trägt, dass er kein für den Fernabsatz organisiertes Vertriebs- oder Dienstleistungssystem unterhält. **I. Persönlicher Anwendungsbereich.** Fernabsatzverträge finden nur zwischen Unternehmern iSd § 14 und Verbrauchern iSd § 13 statt. Die in Erwägungsgrund (29) der RL 2002/65/EG angesprochene mögliche Erweiterung des Schutzbereichs auf gemeinnützige Organisationen oder auf Existenzgründer nahm der deutsche Gesetzgeber nicht vor. In der Praxis insbes der eBay- und anderer Internetauktionen problematisch sind Fälle, in denen sich Händler als Verbraucher tarnen, um dem fernabsatzrechtlichen Widerrufsrecht zu entgehen. Beruft sich der Verbraucher auf sein Widerrufsrecht, so obliegt ihm der Beweis, dass sein Vertragspartner Unternehmer ist (vgl LG Hof CR 2003, 854). Im Einzelnen wird diskutiert, welche Beweiserleichterungen dem Verbraucher zur Verfügung stehen sollen (vgl Koblenz BB 2006, 126, 127 (Beweislastumkehr); LG Mainz NJW 2006, 783; *Mankowski* VuR 2004, 79, 81; *Leible/Wildemann* K&R 2005, 26, 28 (Anscheinsbeweis); *Szczesny/Holthusen* NJW 2007, 2586, 2590 (Indizienbeweis)). Gleichzeitig stellt das Verschweigen der Unternehmereigenschaft eine unlautere Geschäftspraxis iSd § 3 Abs 3 iVm Anhang Nr 23 UWG dar. 2

Umgekehrt kann der Unternehmer als Händler einer Bestellung im Internet nicht in jedem Fall zweifelsfrei entnehmen, ob der Besteller Verbraucher oder Unternehmer ist. Der BGH entschied im Dezember 2004, ein Verbraucher, der bei Vertragsschluss behauptet, als Unternehmer zu handeln, verhalte sich widersprüchlich, wenn er sich anschließend auf die Regeln des Verbrauchsgüterkaufs der §§ 474 ff berufe (BGH NJW 2005, 1045, 1046; zust *Wertenbruch* LMK 2005, 49; *Lorenz* NJW 2005, 1889, 1895; krit *Halfmeier* GPR 2005, 184). Für das Fernabsatzrecht dürfte dasselbe gelten, auch wenn klar ist, dass der zwingende (s § 312 f) Verbraucherschutz nicht dadurch umgangen werden kann, dass der Verbraucher im Vertrag als Unternehmer bezeichnet wird (AG Zeven DAR 2003, 379; vgl auch *Müller* NJW 2003, 1975, 1979). 3

II. Sachlicher Anwendungsbereich. Von den §§ 312b ff erfasst sind **Verträge über die Lieferung von Waren** sowie die **Erbringung von Dienstleistungen**. Damit wurden die gemeinschaftsrechtlichen Begriffe »Ware« und »Dienstleistung« übernommen, die damit auch im Lichte des Gemeinschaftsrechts auszulegen sind. Die Abgrenzung zwischen Waren und Dienstleistungen ist im Rahmen des § 312d Abs 3 relevant, da nur bei Dienstleistungen ein vorzeitiges Erlöschen des Widerrufsrecht möglich ist (s § 312d Rz 12). Außerdem unterscheidet sich der Beginn der Widerrufsfrist bei Waren und Dienstleistungen (s § 312d Rz 3). Die Ausnahme für nach Kundenspezifikation hergestellte Leistungen des § 312d Abs 4 Nr 1 gilt nur für Waren. Da das deut- 4 sche Recht jeweils den Mindestanforderungen der RL 97/7/EG genügen muss und die Vorschriften für die Lieferung von Waren und für die Erbringung von Dienstleistungen an unterschiedlichen Stellen jeweils günstiger sind als die jeweils andere Kategorie, ist eine genaue Zuordnung erforderlich.

5 Der **Begriff der Ware** (dazu in Bezug auf das Primärrecht Grabitz/Hilf/*Voß* Art 23 EGV Rn 11 ff) ist weiter als der iÜ im BGB verwendete Begriff »Sache«. Waren iSv § 312b sind zunächst bewegliche Sachen und Wertpapiere (*Riehm* Jura 2000, 509; *Lorenz* JuS 2000, 839; *Härting* § 1 Rn 53). Der Kauf von Software, die auf Datenträgern verkörpert ist, unterfällt dem Warenbegriff. Ob dies auch gilt, wenn die Programme (oder Filme oder sonstige Leistungen) mittels Download über das Internet erbracht werden, ist umstr (für Warenkauf *Härting* § 1 Rn 53 f; Staud/*Thüsing* Rn 16; wohl auch *Schmitt* CR 2001, 838, 843; für Dienstleistung *Pauly* MMR 2005, 811, 812; in Bezug auf das Primärrecht auch Grabitz/Hilf/*Voß* Art 23 EGV Rn 12). Zeitungsanzeigen sind durch die Verkörperung in der Zeitung körperliche Gegenstände iSd EG-rechtlichen Warenbegriffs, so dass der Anzeigenvertrag – auch wenn die »Ware« an Dritte (die Leser) geliefert wird – als Vertrag über eine Warenlieferung iSd § 312b zu behandeln ist (*Rath-Glawatz/Dietrich* AfP 2000, 505, 506 f). Auch Strom-, Gas- und Wasserlieferungen sind unter den Warenbegriff zu subsumieren (BGH ZIP 2009, 1013; *Härting* § 1 Rn 52; Staud/*Thüsing* Rn 15).

6 **Dienstleistungen** sind alle Leistungen, die Gegenstand eines Dienst-, Werk- oder Geschäftsbesorgungsvertrags sein können, solange sie in der bes Vertriebsart Fernabsatz vermarktet werden (BTDrs 14/2658, 30). Erfasst sind daher auch die Internetberatung oder per Internet angebahnte Beratung durch einen Rechtsanwalt (*Baum/Trafkowski* CR 2001, 459, 460; *Bürger* JZ 2002, 671 f) und Maklerverträge iSd § 652 (*Neises* NZM 2000, 889, 890; aA *Moraht* NZM 2001, 883, 883 f), daneben der weite Bereich der Telekommunikationsdienstleistungen (vgl BGH NJW 2005, 3636; NJW 2006, 286) und der Mehrwertdienste (vgl *Härting* CR 2003, 204), insoweit (nicht nur) Telefonsex. **Schwierig** ist die **Zuordnung** bei Verträgen, die sowohl eine Warenlieferung als auch eine Dienstleistung vorsehen, etwa Verträge über den Zugang zum Internet, bei denen Hardware mitgeliefert wird, ohne die die Dienstleistung nicht erbracht werden kann. Einen solchen Vertrag wertete das AG Hamburg als Vertrag über die Erbringung einer Dienstleistung (AG Hamburg 21.06.2007 Az 6 C 177/07). Maßgeblich sollte der Schwerpunkt der Leistung sein. Beim DSL-Vertrag scheint dieser entgegen der Wertung des AG Hamburg eher in der Bereitstellung der Telekommunikationsdienstleistung zu liegen.

7 In den Anwendungsbereich aufgenommen wurde der **Fernabsatz von Finanzdienstleistungen**, so dass auf diesen die Regeln über den allg Fernabsatzvertrag Anwendung finden, sofern nichts anderes bestimmt ist. § 312b Abs 1 stellt deshalb klar, dass Finanzdienstleistungen eine Subkategorie der Dienstleistungen sind, und beschreibt sie entspr der Definition des Art 2 lit b) der RL 2002/65/EG als Bankdienstleistungen sowie Dienstleistungen im Zusammenhang mit einer Kreditgewährung, Versicherung, Altersversorgung von Einzelpersonen, Geldanlage oder Zahlung. Der Begriff der Wertpapiere taucht nicht auf, wird aber von der Geldanlage erfasst.

8 **III. Situativer Anwendungsbereich.** Ein Fernabsatzvertrag setzt den ausschließlichen Gebrauch von Fernkommunikationsmitteln voraus. Letztere sind in § 312b Abs 2 als Kommunikationsmittel, die zur Anbahnung oder zum Abschluss eines Vertrags zwischen einem Verbraucher und einem Unternehmer ohne gleichzeitige körperliche Anwesenheit der Vertragsparteien eingesetzt werden können, beschrieben und schließen Briefe, Kataloge, Telefonanrufe, Telekopien, E-Mails sowie Rundfunk, Tele- und Mediendienste ein (ausf *Micklitz/Tonner* Rn 36 f). Umgekehrt liegt kein Fernabsatzvertrag vor, wenn die späteren Vertragsparteien auch nur im Stadium der Vertragsanbahnung beide körperlich anwesend waren, wenn etwa ein telefonisch abgeschlossener Vertrag im Wege eines Hausbesuchs vorbereitet wurde oder der Verbraucher die Ware zunächst im Kaufhaus untersucht hat (vgl *Schmittmann* K&R 2003, 385, 386), was ihm freilich kaum nachzuweisen sein dürfte. Hier kann allerdings das Recht des Haustürgeschäfte eingreifen (s § 312 Rz 7). Auf die Vertragsdurchführung ausschließlich mit Fernkommunikationsmitteln kommt es hingegen nicht an (falsch AG Wiesloch JZ 2002, 671).

9 Auch wenn **persönlich anwesende Vertreter oder sonstige Repräsentanten** des Unternehmers in den Vertragsschluss eingeschaltet sind, die nähere Auskünfte über die angebotenen Waren oder Dienstleistungen geben können, liegt kein Fernabsatzvertrag vor. Unschädlich ist dagegen der Einsatz eines Boten, der die Ware gemeinsam mit der Annahmeerklärung überbringt, wie dies beim **Postident-Verfahren** der Deutschen Post AG der Fall ist, da ein solcher Bote über keinerlei eigenen Verhandlungsspielraum verfügt und daher einem Fernkommunikationsmittel gleichzusetzen ist (vgl BGH BB 2004, 2599; Schleswig NJW 2004, 231). In vielen Fällen kommt es allerdings auf die Auslieferung auch gar nicht mehr an, weil der Vertragsschluss bereits durch die Versendung der Ware erfolgt und der Zugang der Annahme durch Entgegennahme der Ware nach § 151 gar nicht erforderlich ist (vgl *Fischer* BB 2004, 2601).

10 Ein **organisiertes Vertriebssystem** des Lieferers liegt jedenfalls dann vor, wenn der Lieferer seinen gesamten Vertrieb oder zumindest relevante Segmente seines Vertriebes auf den Fernabsatz ausgerichtet hat. Hierüber entscheidet die Verteilung der personellen und sachlichen Ausstattung, des Umsatzes und der Marktanteile innerhalb der beiden Vertriebsformen (*Freund* FS Horn S 245). Bedient sich ein Unternehmer einer Internet-Plattform zum Absatz seiner Waren, so unterliegt er dem Fernabsatzrecht (LG Memmingen NJW 2004, 2389; LG Stendal 23.01.2007 Az 22 S 138/06). Der Lieferer muss sich auch den Anschein des organisierten Fernab-

satzsystems zurechnen lassen, den er in Katalogen, elektronischen Aussendungen, »Homepages« im Internet, Fernsehspots etc gesetzt hat (*Reich* EuZW 1997, 575, 583).

C. Konkurrenzen und Ausschluss. **§ 312b Abs 3** statuiert Ausnahmen, in denen das gesamte Fernabsatzrecht der §§ 312c und 312d keine Anwendung findet. Darüber hinaus sieht § 312d Fälle vor, in denen zwar die Informationspflichten des § 312c zu erfüllen sind, aber kein Widerrufsrecht besteht (s § 312d Rz 4 ff). Nach § 312b Abs 3 Nr 1 und 2 gehen die Regelungen des **FernUSG** über Fernunterrichtsverträge und die §§ 481 ff über Teilzeit-Wohnrechteverträge den Regelungen über Fernabsatzverträge vor. Bei dem Ausschluss für Fernunterrichtsverträge ist im Lichte des *Heininger*-Urteils (s § 312a Rz 2) eine **teleologische Reduktion** vorzunehmen, soweit die Vorschriften, auf die verwiesen wird, den Vorgaben der RL 97/7/EG nicht genügen. Ein Bsp ist § 4 Abs 2 FernUSG, der trotz fehlender oder nicht ordnungsgem Belehrung das Erlöschen der Widerrufsfrist nach beidseitiger vollständiger Erfüllung ermöglicht, während Art 6 (3) der RL 97/7/EG eine Verlängerung der Widerrufsfrist auf mindestens drei Monate und sieben Tage verlangt. Die Regelung über den Vorrang der Vorschriften über Teilzeit-Wohnrechteverträge ist dagegen von Art 13 (2) der RL 97/7/EG gedeckt (vgl *Ring* S 73 f). 11

Kumulativ anwendbar sind dagegen die Vorschriften über Fernabsatzverträge und **Pauschalreiseverträge nach § 651a ff**, soweit die Letzteren nicht unter § 312b Abs 3 Nr 6 fallen (vgl dazu *Härting* § 1 Rn 190 f). Bei einer Kollision der Informationspflichten gehen allerdings diejenigen des Reisevertragsrechts vor (vgl BTDrs 14/2658, 35, zu § 1 FernAbsG aF). Ebenfalls kumulativ anwendbar sind die Vorschriften über Telemedien nach dem Telemediengesetz (TMG). Ausgeschlossen sind die Vorschriften über Fernabsatzverträge gem § 312b Abs 3 Nr 3 bei **Versicherungsverträgen** und deren **Vermittlung**. Die Vorschrift hatte zunächst sämtliche Finanzdienstleistungen erfasst, wurde aber auf Grund der Einbeziehung von Finanzdienstleistungen im Zuge der Umsetzung der RL 2002/65/EG geändert. Der Fernabsatz von Versicherungen bleibt ausgeschlossen, weil sich der Gesetzgeber für eine Regelung im VVG entschieden hat (s Rz 1). Die in sich geschlossene Regelung im VVG soll der Transparenz und damit primär dem Verbraucherschutz dienen. Nicht unter § 312b Abs 3 Nr 3 fällt ein Vertrag zur Erstellung einer Analyse zur Senkung der Beiträge zur privaten Krankenversicherung (AG Hannover NJW 2007, 781). 12

Die Ausnahmen des § 312b Abs 3 Nr 4 bis 7 wurden identisch aus § 1 Abs 3 FernAbsG aF übernommen. 13
§ 312b Abs 3 Nr 4 betrifft **Grundstücksgeschäfte**, die nach deutschem Recht auf Grund des Formerfordernisses des § 311b ohnehin nicht im Wege des Fernabsatzes geschlossen werden können. Ebenfalls ausgenommen sind Verträge über die Errichtung von Bauwerken. Nicht betroffen sind dagegen Verträge über die Reparatur von Bauwerken sowie Verträge über die Miete von Immobilien. Die Ausnahme des § 312b Abs 3 Nr 5 für Verträge über die **Lieferung von Lebensmitteln, Getränken oder sonstigen Haushaltsgegenständen des täglichen Bedarfs** findet nur Anwendung, wenn diese Produkte am Wohnsitz, am Aufenthaltsort oder am Arbeitsplatz eines Verbrauchers von Händlern im Rahmen häufiger und regelm Fahrten geliefert werden. In anderen Fällen wird bei Lebensmitteln regelm die Ausnahmeregelung des § 312d Abs 4 Nr 1 über Waren, die schnell verderben können und für die deshalb zwar die Informationspflichten des § 312c gelten, aber nicht das Widerrufsrecht des § 312d Abs 1, eingreifen. Probleme mit der Regelung sind nicht bekannt geworden.

Eine wirtschaftlich erheblich bedeutsamere partielle Ausnahme gilt nach § 312b Abs 3 Nr 6 für Verträge 14
über die Erbringung von **Dienstleistungen in den Bereichen Unterbringung, Beförderung, Lieferung von Speisen und Getränken sowie Freizeitgestaltung**, wenn sich der Lieferer bei Vertragsschluss verpflichtet, die Dienstleistungen zu einem bestimmten Zeitpunkt oder innerhalb eines genau angegebenen Zeitraums zu erbringen. Liegt gleichzeitig eine Pauschalreise vor, so gewährt das Pauschalreiserecht immerhin Schutz in Form von Informationspflichten. Die Ausnahme geht aber weit über den Anwendungsbereich des Pauschalreiserechts hinaus. Zu den Beförderungsverträgen zählt nach Auffassung des EuGH in der Rechtssache *easyCar* auch die Miete eines Kraftfahrzeugs (EuGHE 2005, I-1947). Zur Begründung verwies der EuGH darauf, dass der Widerruf des Verbrauchers den Vermieter in unverhältnismäßiger Weise belasten könnte, insbes in dem Fall, dass eine Dienstleistung bestellt worden ist und diese Bestellung kurz vor dem für die Erbringung der Dienstleistung vorgesehenen Zeitpunkt vom Verbraucher storniert wird. An diese weite Auslegung sind die deutschen Gerichte allerdings auf Grund der Tatsache, dass die RL 97/7/EG nur den fernabsatzrechtlichen Mindeststandard festlegt, nicht gebunden (für Übertragung auf § 312b Abs 3 Nr 6 *Ultsch* ZEuP 2006, 170, 188). Das Kriterium des **»genau angegebenen Zeitraums«** schließlich ist nicht erfüllt, wenn ein Gutschein, der sich auf eine solche Dienstleistung bezieht, mit einer Einlösefrist versehen ist (AG Hamburg VuR 2008, 79).

§ 312b Abs 3 Nr 7 lit a) nimmt Vertragsschlüsse unter Verwendung von **Warenautomaten** und **automatisierten Geschäftsräumen** vom Anwendungsbereich aus. Vertragsschlüsse im Internet sind durch den Begriff der automatisierten Geschäftsräume nicht generell erfasst (LG Hamburg CR 2001, 475). Die in § 312b Abs 3 Nr 7 lit b) verankerte Ausnahme betrifft **Verträge mit Betreibern von Telekommunikationsmitteln** auf Grund der Benutzung von öffentlichen Fernsprechern. Bei diesen wird die Dienstleistung sofort erbracht, so dass ein höchst kurzfristig vorhandenes Widerrufsrecht sofort erlischt (vgl BGH NJW 2006, 1971). Aufgrund des § 312b Abs 3 Nr 7 lit b) entfallen aber auch die Informationspflichten des § 312c. Auf Hotlines, zB Anwalt-Hotlines, ist die Vorschrift nicht anwendbar (*Baum/Trafkowski* CR 2001, 459, 461). 15

16 § 312b Abs 4 trifft in Umsetzung des Art 1 (2) der RL 2002/65/EG eine Regelung für **längerfristige Geschäftsbeziehungen.** Bei diesen Verträgen würde es einen erheblichen Aufwand verursachen, müssten die relevanten Informationen bei jedem einzelnen Vorgang im Rahmen dieser Geschäftsbeziehung erteilt werden. Deshalb wird hier die Erstvereinbarung zum Bezugspunkt gemacht, für die allein die Vorschriften über den Fernabsatz gelten. Als Erstvereinbarung nennt Erwägungsgrund (17) beispielhaft den Kontoeröffnungsvertrag, den Kreditkartenvertrag oder den Depotvertrag, als Vorgänge die einzelnen Transaktionen wie Einzahlungen, Abhebungen und Transaktionen von Wertpapieren. Zu nennen sind auch Überweisungsverträge im Rahmen eines Girovertrags (vgl auch *Koch/Maurer* WM 2002, 2481, 2490). Nicht erfasst sind andersartige Vorgänge, die die erste Vereinbarung um neue Komponenten erweitern, wie etwa die Erweiterung eines Kontoführungsvertrag um die Komponente Online-Banking (Erwägungsgrund (17) der RL) oder der Abschluss eines Kreditkartenvertrags (*Finke* S 37). Eine neuerliche Information wird auch erforderlich und ein neuerliches Widerrufsrecht besteht, wenn Bewegungen im Abstand von über einem Jahr erfolgen, da dann der notwendige zeitliche Zusammenhang zwischen der Erstvereinbarung und der neuerlichen Transaktion nicht mehr gewahrt ist.

17 Ähnl gilt bei gleichartigen Vorgängen, bei denen kein derartiger Rahmenvertrag besteht, wie etwa bei Zeichnungen neuer Anteile desselben Investmentfonds. Hier sind nach § 312b Abs 4 S 2 die Informationspflichten nur für den ersten Vorgang zu erfüllen. Das Widerrufsrecht und der Anspruch auf Übermittlung der Vertragsbedingungen bleiben dagegen für jeden einzelnen Vorgang erhalten (vgl *Finke* S 38 f). Der Gesetzgeber hat die Neuregelung auf alle Fernabsatzverträge erstreckt. Entspr Erwägungen finden sich im Erwägungsgrund (10) der RL 97/7/EG, wo auf den »Gesamtvorgang, der sukzessive und gleichartige Vorgänge umfasst«, abgestellt wird. Sie dürften daher gemeinschaftsrechtlich zulässig sein und dem in Art 2 (1) dieser RL verwendeten Vertragsbegriff entsprechen (zweifelnd *Finke* S 128 f). § 312b Abs 4 S 2 hat im allg Fernabsatzrecht allerdings einen engen Anwendungsbereich (zu möglichen Fällen vgl *Pauly* MMR 2005, 811, 815). Dies ergibt sich bereits daraus, dass sich eine der zu erteilenden Kerninformationen auf die wesentlichen Eigenschaften der Ware oder Dienstleistung bezieht. Wo diese sich unterscheiden, können keine gleichartigen Vorgänge vorliegen. Eine Rahmenvereinbarung eines Versandhändlers mit einem Kunden dürfte daher regelm ausscheiden.

18 Wieder aufgenommen wurde mit § 312b Abs 5 nF eine allg Konkurrenzvorschrift, wie sie vor der Schuldrechtsmodernisierung mit § 1 Abs 4 FernAbsG aF bestanden hatte. Diese bezieht sich insbes auf Verbraucherdarlehensverträge iSd § 491 und auf das Anlegerschutzrecht und statuiert das Günstigkeitsprinzip.

§ 312c Unterrichtung des Verbrauchers bei Fernabsatzverträgen. **[1] Der Unternehmer hat dem Verbraucher rechtzeitig vor Abgabe von dessen Vertragserklärung in einer dem eingesetzten Fernkommunikationsmittel entsprechenden Weise klar und verständlich und unter Angabe des geschäftlichen Zwecks die Informationen zur Verfügung zu stellen, für die dies in der Rechtsverordnung nach Artikel 240 des Einführungsgesetzes zum Bürgerlichen Gesetzbuche bestimmt ist. Der Unternehmer hat bei von ihm veranlassten Telefongesprächen seine Identität und den geschäftlichen Zweck des Kontakts bereits zu Beginn eines jeden Gesprächs ausdrücklich offen zu legen.**

[2] Der Unternehmer hat dem Verbraucher ferner die Vertragsbestimmungen einschließlich der Allgemeinen Geschäftsbedingungen sowie die in der Rechtsverordnung nach Artikel 240 des Einführungsgesetzes zum Bürgerlichen Gesetzbuche bestimmten Informationen in dem dort bestimmten Umfang und der dort bestimmten Art und Weise in Textform mitzuteilen, und zwar

1. **bei Finanzdienstleistungen rechtzeitig vor Abgabe von dessen Vertragserklärung oder, wenn auf Verlangen des Verbrauchers der Vertrag telefonisch oder unter Verwendung eines anderen Fernkommunikationsmittels geschlossen wird, das die Mitteilung in Textform vor Vertragsschluss nicht gestattet, unverzüglich nach Abschluss des Fernabsatzvertrags;**
2. **bei sonstigen Dienstleistungen und bei der Lieferung von Waren alsbald, spätestens bis zur vollständigen Erfüllung des Vertrags, bei Waren spätestens bis zur Lieferung an den Verbraucher.**

Eine Mitteilung nach Satz 1 Nummer 2 ist entbehrlich bei Dienstleistungen, die unmittelbar durch Einsatz von Fernkommunikationsmitteln erbracht werden, sofern diese Leistungen in einem Mal erfolgen und über den Betreiber der Fernkommunikationsmittel abgerechnet werden. Der Verbraucher muss sich in diesem Falle aber über die Anschrift der Niederlassung des Unternehmers informieren können, bei der er Beanstandungen vorbringen kann.

[3] Bei Finanzdienstleistungen kann der Verbraucher während der Laufzeit des Vertrags jederzeit vom Unternehmer verlangen, dass ihm dieser die Vertragsbestimmungen einschließlich der Allgemeinen Geschäftsbedingungen in einer Urkunde zur Verfügung stellt.

[4] Weitergehende Einschränkungen bei der Verwendung von Fernkommunikationsmitteln und weitergehende Informationspflichten auf Grund anderer Vorschriften bleiben unberührt.

§ 1 Informationspflichten bei Fernabsatzverträgen. **[1] Der Unternehmer muss dem Verbraucher gemäß § 312c Absatz 1 des Bürgerlichen Gesetzbuchs folgende Informationen zur Verfügung stellen:**

1. **seine Identität, anzugeben ist auch das öffentliche Unternehmensregister, bei dem der Rechtsträger eingetragen ist, und die zugehörige Registernummer oder gleichwertige Kennung,**

2. die Identität eines Vertreters des Unternehmers in dem Mitgliedstaat, in dem der Verbraucher seinen Wohnsitz hat, wenn es einen solchen Vertreter gibt, oder die Identität einer anderen gewerblich tätigen Person als dem Anbieter, wenn der Verbraucher mit dieser geschäftlich zu tun hat, und die Eigenschaft, in der diese Person gegenüber dem Verbraucher tätig wird,
3. die ladungsfähige Anschrift des Unternehmers und jede andere Anschrift, die für die Geschäftsbeziehung zwischen diesem, seinem Vertreter oder einer anderen gewerblich tätigen Person gemäß Nummer 2 und dem Verbraucher maßgeblich ist, bei juristischen Personen, Personenvereinigungen oder -gruppen auch den Namen eines Vertretungsberechtigten,
4. wesentliche Merkmale der Ware oder Dienstleistung sowie darüber, wie der Vertrag zustande kommt,
5. die Mindestlaufzeit des Vertrags, wenn dieser eine dauernde oder regelmäßig wiederkehrende Leistung zum Inhalt hat,
6. einen Vorbehalt, eine in Qualität und Preis gleichwertige Leistung (Ware oder Dienstleistung) zu erbringen, und einen Vorbehalt, die versprochene Leistung im Fall ihrer Nichtverfügbarkeit nicht zu erbringen,
7. den Gesamtpreis der Ware oder Dienstleistung einschließlich aller damit verbundenen Preisbestandteile sowie alle über den Unternehmer abgeführten Steuern oder, wenn kein genauer Preis angegeben werden kann, über die Grundlage für seine Berechnung, die dem Verbraucher eine Überprüfung des Preises ermöglicht,
8. gegebenenfalls zusätzlich anfallende Liefer- und Versandkosten sowie einen Hinweis auf mögliche weitere Steuern oder Kosten, die nicht über den Unternehmer abgeführt oder von ihm in Rechnung gestellt werden,
9. Einzelheiten hinsichtlich der Zahlung und der Lieferung oder Erfüllung,
10. das Bestehen oder Nichtbestehen eines Widerrufs- oder Rückgaberechts sowie die Bedingungen, Einzelheiten der Ausübung, insbesondere Namen und Anschrift desjenigen, gegenüber dem der Widerruf zu erklären ist, und die Rechtsfolgen des Widerrufs oder der Rückgabe, einschließlich Informationen über den Betrag, den der Verbraucher im Fall des Widerrufs oder der Rückgabe gemäß § 357 Absatz 1 des Bürgerlichen Gesetzbuchs für die erbrachte Dienstleistung zu zahlen hat,
11. alle spezifischen, zusätzlichen Kosten, die der Verbraucher für die Benutzung des Fernkommunikationsmittels zu tragen hat, wenn solche zusätzlichen Kosten durch den Unternehmer in Rechnung gestellt werden, und
12. eine Befristung der Gültigkeitsdauer der zur Verfügung gestellten Informationen, beispielsweise die Gültigkeitsdauer befristeter Angebote, insbesondere hinsichtlich des Preises

[2] Bei Fernabsatzverträgen über Finanzdienstleistungen muss der Unternehmer dem Verbraucher gemäß § 312c Absatz 1 des Bürgerlichen Gesetzbuchs ferner folgende Informationen zur Verfügung stellen:

1. die Hauptgeschäftstätigkeit des Unternehmers und die für seine Zulassung zuständige Aufsichtsbehörde,
2. gegebenenfalls den Hinweis, dass sich die Finanzdienstleistung auf Finanzinstrumente bezieht, die wegen ihrer spezifischen Merkmale oder der durchzuführenden Vorgänge mit speziellen Risiken behaftet sind oder deren Preis Schwankungen auf dem Finanzmarkt unterliegt, auf die der Unternehmer keinen Einfluss hat, und dass in der Vergangenheit erwirtschaftete Erträge kein Indikator für künftige Erträge sind,
3. die vertraglichen Kündigungsbedingungen einschließlich etwaiger Vertragsstrafen,
4. die Mitgliedstaaten der Europäischen Union, deren Recht der Unternehmer der Aufnahme von Beziehungen zum Verbraucher vor Abschluss des Fernabsatzvertrags zugrunde legt,
5. eine Vertragsklausel über das auf den Fernabsatzvertrag anwendbare Recht oder über das zuständige Gericht,
6. die Sprachen, in welchen die Vertragsbedingungen und die in dieser Vorschrift genannten Vorabinformationen mitgeteilt werden, sowie die Sprachen, in welchen sich der Unternehmer verpflichtet, mit Zustimmung des Verbrauchers die Kommunikation während der Laufzeit dieses Vertrags zu führen,
7. einen möglichen Zugang des Verbrauchers zu einem außergerichtlichen Beschwerde- und Rechtsbehelfsverfahren und gegebenenfalls die Voraussetzungen für diesen Zugang und
8. das Bestehen eines Garantiefonds oder anderer Entschädigungsregelungen, die nicht unter die Richtlinie 94/19/EG des Europäischen Parlaments und des Rates vom 30. Mai 1994 über Einlagensicherungssysteme (ABl. EG Nummer L 135 Satz 5) und die Richtlinie 97/9/EG des Europäischen Parlaments und des Rates vom 3. März 1997 über Systeme für die Entschädigung der Anleger (ABl. EG Nummer L 84 Satz 22) fallen.

[3] Bei Telefongesprächen hat der Unternehmer dem Verbraucher gemäß § 312c Absatz 1 des Bürgerlichen Gesetzbuchs nur Informationen nach Absatz 1 zur Verfügung zu stellen, wobei eine Angabe gemäß Absatz 1 Nummer 3 nur erforderlich ist, wenn der Verbraucher eine Vorauszahlung zu leisten hat. Satz 1 gilt nur, wenn der Unternehmer den Verbraucher darüber informiert hat, dass auf Wunsch weitere

Informationen übermittelt werden können und welcher Art diese Informationen sind, und der Verbraucher ausdrücklich auf die Übermittlung der weiteren Informationen vor Abgabe seiner Vertragserklärung verzichtet hat.

[4] Der Unternehmer hat dem Verbraucher gemäß § 312c Absatz 2 des Bürgerlichen Gesetzbuchs folgende Informationen in Textform mitzuteilen:

1. die in Absatz 1 genannten Informationen,

2. bei Finanzdienstleistungen auch die in Absatz 2 genannten Informationen,

3. bei der Lieferung von Waren und sonstigen Dienstleistungen ferner

a) die in Absatz 2 Nummer 3 genannten Informationen bei Verträgen, die ein Dauerschuldverhältnis betreffen und für eine längere Zeit als ein Jahr oder für unbestimmte Zeit geschlossen sind, sowie

b) Informationen über Kundendienst und geltende Gewährleistungs- und Garantiebedingungen.

Zur Erfüllung seiner Informationspflicht nach Absatz 1 Nummer 10 über das Bestehen des Widerrufs- oder Rückgaberechts kann der Unternehmer das in § 14 für die Belehrung über das Widerrufs- oder Rückgaberecht bestimmte Muster verwenden. Soweit die Mitteilung nach Satz 1 durch Übermittlung der Vertragsbestimmungen einschließlich der Allgemeinen Geschäftsbedingungen erfolgt, sind die Informationen nach Absatz 1 Nummer 3 und 10, Absatz 2 Nummer 3 sowie Satz 1 Nummer 3 Buchstabe b in einer hervorgehobenen und deutlich gestalteten Form mitzuteilen.

1 **A. Allgemeines.** § 312c enthält Regelungen über die Unterrichtung des Verbrauchers bei Fernabsatzverträgen, die zuvor in § 2 FernAbsG aF enthalten waren, gestaltete sie aber deutlich um, womit die Regelung an Klarheit gewinnen sollte. Im Zuge der Umsetzung der RL 2002/65/EG wurde die Regelung gründlich überarbeitet. § 312c Abs 1 bezieht sich auf die vorvertraglichen Unterrichtungspflichten, während § 312c Abs 2 die nachvertraglichen Unterrichtungspflichten regelt. Die Einzelheiten finden sich in der BGB-InfoV, die auf Grund Art 240 EGBGB erlassen wurde. Die Regelungen des § 2 Abs 3 S 3 und 4 FernAbsG aF wurden unverändert in § 312c Abs 3 übernommen. § 312c Abs 4 fasst die Konkurrenzregelungen der §§ 2 Abs 1 S 3 und 2 Abs 4 FernAbsG aF zusammen.

2 **B. Vorvertragliche Informationspflichten.** Die vorvertraglichen Informationspflichten ergeben sich aus § 312c Abs 1, Art 240 Nr 1 EGBGB und § 1 Abs 1 bis 3 BGB-InfoV. **I. Die einzelnen Informationspflichten.** § 1 BGB-InfoV kennt in Abs 1 vorvertragliche Informationspflichten, die bei allen Fernabsatzverträgen zu erfüllen sind, und in Abs 2 solche, die bei Verträgen über den Fernabsatz von Finanzdienstleistungen noch hinzutreten. Dabei wurde die Liste des § 1 Abs 1 BGB-InfoV – gegen den Widerstand des BR (vgl BTDrs 15/2946, 33 f) – erheblich verlängert. Die Bundesregierung war der Auffassung, dass dadurch ein Mehr an Verbraucherschutz erreicht werde, das den Aufwand auf Seiten der Unternehmer deutlich überwiege. Umgekehrt wurden bisherige Bestandteile der Liste des § 1 Abs 1 BGB-InfoV auf Finanzdienstleistungen erstreckt, obwohl die RL 2002/65/EG dies nicht verlangt, aber nach ihrem Art 4 (2) zulässt (vgl zum Ganzen *Rott* BB 2005, 53, 55 ff). Eine Sonderregelung für Telefongespräche trifft § 312c Abs 1 S 2. **1. Generelle Informationspflichten nach § 1 Abs 1 BGB-InfoV.** § 1 Abs 1 Nr 1 betrifft die **Identität des Unternehmers**, das öffentliche Unternehmensregister, bei dem der Rechtsträger eingetragen ist, und die zugehörige Registernummer oder gleichwertige Kennung. Bei natürlichen Personen sind Vor- und Nachname zu nennen (KG GRUR 2007, 328; ZGS 2008, 277). Die Pflicht zur Angabe der Registriernummer sah der Gesetzgeber gerade mit Blick auf die Einführung elektronischer Register (vgl RL 2003/58/EG, umgesetzt durch das Gesetz über elektronische Handelsregister und Genossenschaftsregister sowie das Unternehmensregister (EHUG), BGBl 2006 I, 2553) für den Verbraucher als so erheblich an, dass sie im Zuge der Umsetzung der RL 2002/65/EG auf alle Fernabsatzverträge erstreckt wurde. Bei Telemedien ergibt sich die Informationspflicht zudem aus § 5 Nr 4 TMG.

3 Nach Nr 2 sind **Vertreter** oder andere gewerbliche Personen als der Anbieter anzugeben, wenn der Verbraucher mit diesen geschäftlich zu tun hat. In Betracht kommen hier vor allem die Niederlassungen, die für die Betreuung der jeweiligen Kunden zuständig sind. Dies bedeutet aber nicht, dass der Unternehmer im Staat des Verbrauchers einen Vertreter haben muss (vgl *Härting/Schirmbacher* CR 2002, 809, 811). Konsequenterweise ist nach Nr 3 zusätzlich zu der ladungsfähigen Anschrift des Unternehmers, für die ein Postfach nicht genügt (vgl Hamburg NJW 2004, 1114), jede Anschrift, die für die Geschäftsbeziehung zwischen diesem, seinem Vertreter oder einer anderen gewerblich tätigen Person gem Nr 2 und dem Verbraucher maßgeblich ist, anzugeben. Bei juristischen Personen, Personenvereinigungen oder -gruppen muss zudem der Name eines Vertretungsberechtigten mitgeteilt werden.

4 Nach Nr 4 sind Informationen über die **wesentlichen Merkmale der Ware oder Dienstleistung** zur Verfügung zustellen, nicht über alle Details (vgl LG Magdeburg NJW-RR 2003, 409, 410). Darüber hinaus muss darüber informiert werden, wie der Vertrag zustande kommt. Dazu ist der »angestrebte Verlauf« des Vertragschlusses zu verdeutlichen (BTDrs 14/7052, 209). Insbes ist der Verbraucher darauf hinzuweisen, welche Handlung seinerseits Bindungswirkung – sei es gem § 145 als Angebot oder als Annahme – hat. Die Regelung wurde auf Fernabsatzverträge über Finanzdienstleistungen erstreckt, auch wenn die RL 2002/65/EG die Information über das Zustandekommen des Vertrags nicht vorschreibt. Dasselbe gilt für die Information über die Ersetzungsbefugnis in Nr 6. Die Nr 5 und 6 betreffen die Mindestlaufzeit des Vertrags bei Dauerschuld- oder

Wiederkehrschuldverhältnissen und den Vorbehalt der Erbringung einer gleichartigen Leistung bei Nichtverfügbarkeit der bestellten Leistung.

Eine Anpassung erfuhr im Zuge der Umsetzung der RL 2002/65/EG die Nr 7. Danach muss der Unternehmer über den **Gesamtpreis der Ware oder Dienstleistung** einschließlich aller Preisbestandteile informieren. Weiter gilt dies für diejenigen Steuern, die über ihn selbst abgeführt werden. Hinsichtlich weiterer Steuern oder Kosten, die nicht über den Unternehmer abgeführt oder von ihm in Rechnung gestellt werden, muss der Unternehmer nach Nr 8 nur darauf hinweisen, dass sie anfallen könnten, nicht aber selbst ermitteln, ob dies der Fall ist. Ebenfalls informieren muss der Unternehmer nach Nr 8 über eventuelle Liefer- und Versandkosten, wozu aber nicht erforderlich ist, dass diese auf der abschließenden Bestellübersicht aufgeführt werden, wenn die Information anderweitig klar und deutlich erfolgt ist (BGH NJW 2006, 211). 5

In den Kreis der vorvertraglichen Informationen bei allen Fernabsatzverträgen wurden in Nr 10 auch die näheren Informationen über das Bestehen oder Nichtbestehen eines **Widerrufs- oder Rückgaberechts sowie die Modalitäten** der Ausübung und der Rückabwicklung überführt, die früher erst in der Mitteilung nach § 312c Abs 2 auftauchen mussten. Die Aufnahme der Information über das Nichtbestehen eines Widerrufs resultiert aus der gestiegenen Bekanntheit des Widerrufsrechts beim Verbraucher und soll falsche Erwartungen des Verbrauchers verhindern (vgl auch *Micklitz/Schirmbacher* EUREDIA 2003, 457, 473). Ist die Auskunft des Anbieters, es bestehe kein Widerrufsrecht, falsch, so läuft die Widerrufsfrist natürlich nicht, so dass der Verbraucher auch nach Jahren noch widerrufen kann (s § 355 Rz 9). Schon in diesem Stadium sind der Name und die Anschrift desjenigen, ggü dem der Widerruf zu erklären ist, mitzuteilen. Zudem müssen Informationen über den Betrag, den der Verbraucher im Falle des Widerrufs oder der Rückgabe gem § 357 Abs 1 für die erbrachte Dienstleistung zu zahlen hat, zur Verfügung gestellt werden. Letztere Regelung bedeutet gleichzeitig einen Fortschritt im allg Fernabsatzrecht, wo eine derartige Verpflichtung bisher nicht ausdrücklich bestand. Allerdings wird dem Unternehmer die Nennung eines exakten Betrags regelm nicht möglich sein, da im Vorfeld nicht abzusehen ist, welcher Teil der vereinbarten Dienstleistung erbracht werden wird (vgl BTDrs 15/2946, 26). Der Begriff »Informationen über den Betrag« ist deshalb so zu verstehen, dass für den Verbraucher absehbar bzw berechenbar sein muss, wie viel ihn welcher Teil der vereinbarten Dienstleistung kosten wird. 6

Dass der Verbraucher auch auf die Rechtsfolge des § 312d Abs 3 Nr 1, das **Erlöschen des Widerrufsrechts bei vorzeitiger Ausführung der Dienstleistung**, hinzuweisen ist, kommt in § 1 Abs 1 Nr 10 BGB-InfoV nur undeutlich zum Ausdruck. § 2 Abs 3 S 2 Nr 1 FernAbsG aF verlangte dies noch ausdrücklich. § 1 Abs 3 Nr 1 BGB-InfoV aF sprach dann noch von der Information des Verbrauchers über den »Ausschluss« des Widerrufs- oder Rückgaberechts. Diese Formulierung ist zugunsten der Formulierung »Bestehen oder Nichtbestehen« eines Widerrufsrechts entfallen, wohingegen § 312d Abs 3 vom »Erlöschen« spricht. Der Begründung des Gesetzesentwurfs ist aber nicht zu entnehmen, dass damit eine inhaltliche Änderung verbunden sein sollte. Die RL 2002/65/EG verlangt in Art 3 (1) Nr 3 lit a) die Information über das »Nichtbestehen eines Widerrufsrechts«, zu dem in der Terminologie der RL auch der Ausschluss wegen vorzeitiger Erfüllung des Art 6 (2) lit c) gehört. In richtlinienkonformer Auslegung ist der Verbraucher also auch über das Erlöschen seines Widerrufsrechts bei Erbringung von Dienstleistungen vor Ablauf der Widerrufsfrist zu informieren (so bereits LG Hamburg CR 2001, 475). Mit anderen Worten ist der Verbraucher sowohl über das Bestehen als auch über das mögliche Erlöschen zu unterrichten (so auch *Pauly* MMR 2005, 811, 815). Dem entspricht auch der Hinweis in Fußnote 9 des Musterformulars der Anlage 2 zu § 14 Abs 1 und 3 BGB-InfoV. Fehlt dieser Hinweis, so kann sich ein Anspruch auf Vertragsaufhebung aus §§ 311 Abs 2, 241 Abs 2, 280 Abs 1 ergeben (s § 312d Rz 15). 7

Nach Nr 11 sind nicht mehr alle **über den Grundtarif hinaus gehenden Kosten** anzugeben, sondern nur die spezifischen, zusätzlichen Kosten, die dem Verbraucher für die Benutzung des Fernkommunikationsmittels *durch den Unternehmer* in Rechnung gestellt werden. Kosten, die vom Betreiber des Telefondienstes in Rechnung gestellt werden, sind also nicht mehr zu nennen, selbst wenn der Unternehmer an ihnen indirekt partizipiert (vgl dazu LG Frankfurt aM K&R 2002, 432). Allerdings ist nach Nr 8 zumindest ein Hinweis auf mögliche weitere Kosten, zu denen auch die Kosten für die Benutzung des Fernkommunikationsmittels zu zählen sind, die nicht durch den Unternehmer in Rechnung gestellt werden, erforderlich (vgl BTDrs 15/3483, 54; zu Zweifeln an der Richtlinienkonformität vgl *Rott* BB 2005, 53, 56). Zuletzt muss der Unternehmer nach Nr 12 über eine **Befristung der Gültigkeitsdauer der zur Verfügung gestellten Informationen**, zu denen ua die Gültigkeitsdauer befristeter Angebote gehört, informieren. 8

2. Informationen nur bei Finanzdienstleistungen. Die in § 1 Abs 2 BGB-InfoV aufgeführten Informationen müssen nur Anbieter von Finanzdienstleistungen erteilen. Sie beruhen auf der Umsetzung des Art 3 (1) Nr 1 lit a) und e), Nr 2 lit c), Nr 3 lit c), e), f) und g) sowie Nr 4 lit a) und b) der RL 2002/65/EG. Teilw ergeben sie nur bei Finanzdienstleistungen einen Sinn, zT wollte die Bundesregierung die Anbieter von Waren und sonstigen Dienstleistungen nicht noch weiter belasten, ohne dazu rechtlich gezwungen zu sein (BTDrs 15/2946, 26). Ergänzend zu § 1 Abs 1 BGB-InfoV muss der Unternehmer seine Hauptgeschäftstätigkeit und die für seine Zulassung zuständige Aufsichtsbehörde nennen. Die Nennung der Hauptgeschäftstätigkeit soll für den Verbraucher erkennbar machen, ob er es mit einem Spezialisten auf dem Gebiet oder einem Anbieter, der nur nebengeschäftlich Finanzdienstleistungen vertreibt, zu tun hat (vgl *Härting/Schirmbacher* 9

DB 2003, 1777, 1779; *Micklitz/Schirmbacher* EUREDIA 2003, 457, 467 f), wobei die alleinige Beschäftigung mit einem speziellen Typ von Finanzdienstleistungen natürlich nicht zwingend auf Expertise auf diesem Gebiet hinweist.

10 Wichtig erscheint die Nr 2, die sich auf **risikobehaftete bzw Schwankungen unterworfene Finanzinstrumente** bezieht. Hier muss der Unternehmer auf die Risiken hinweisen und auch deutlich machen, dass in der Vergangenheit erwirtschaftete Erträge kein Indikator für künftige Erträge sind. Damit wird ein beliebtes Werbeinstrument der Fondsanbieter zunichte gemacht (vgl auch *Micklitz/Schirmbacher* EUREDIA 2003, 457, 471). Nach Nr 3 muss der Verbraucher über die durch die RL nicht harmonisierten vertraglichen Kündigungsbedingungen einschließlich etwaiger Vertragsstrafen informiert werden.

11 Nr 4 und 5 BGB-InfoV befassen sich mit dem **Internationalen Privat- und Zivilprozessrecht**, ohne dieses selbst zu regeln. Die Vorschriften sind unklar, was aber der RL zu verdanken ist, aus der sie unverändert übernommen wurden. Zunächst muss der Unternehmer darüber informieren, welches Recht eines EG-Mitgliedstaats er der Aufnahme von Beziehungen zum Verbraucher vor Abschluss des Fernabsatzvertrags zugrunde legt. In der Lit wird teilw davon ausgegangen, dass die Regelung auf das Herkunftslandsprinzip des Art 3 (1) der E-Commerce-RL 2000/31/EG abziele (so *Felke/Jordans* WM 2004, 166, 167), das aber erstens nur bei elektronischem Geschäftsverkehr und zweitens nur im außervertraglichen Bereich maßgeblich ist (vgl *Heiss* IPRax 2003, 100, 103). Ein Wahlrecht des Unternehmers impliziert die Vorschrift nicht, denn dieses ist nach den Regeln des IPR nicht gegeben (so auch *Heiss* IPRax 2003, 100, 103; aA *Härting/Schirmbacher* CR 2002, 809, 812). Damit muss der Anbieter zur Erfüllung seiner Informationspflicht das nach den Regeln des IPR anwendbare Recht ermitteln (vgl auch MüKo/*Wendehorst* Rn 57). Dies ist auch deshalb wichtig, weil der Anbieter auch über das Bestehen oder Nichtbestehen eines Widerrufsrechts informieren muss, was er im Falle des optionalen Ausschlusses des Widerrufsrechts nach Art 6 (2) der RL 2002/65/EG nur dann kann, wenn er weiß, welches Recht auf den Vertrag Anwendung finden wird. Für den Verbraucher ergibt sich der Vorteil, dass er im grenzüberschreitenden Verkehr auch bei Abwesenheit einer Rechtswahlklausel darauf aufmerksam gemacht wird, dass er mit einer anderen Rechtsordnung konfrontiert ist. In jedem Fall wird der Anbieter also mit einer Rechtsauskunft belastet (vgl auch *Heiss* IPRax 2003, 100, 103). Dabei muss er allerdings nur darüber informieren, an welchem Recht er sich nach seinem Rechtsverständnis redlicherweise orientiert. Eine Garantie für richtige Rechtsauskunft wäre angesichts des zeitlich unbeschränkten Widerrufsrechts bei Verstoß gegen irgendeine Informationspflicht nicht akzeptabel (so auch *Finke* S 49).

12 Ebenfalls zu informieren ist der Verbraucher nach Nr 5 über eine **Rechtswahlklausel oder eine Gerichtsstandsvereinbarung**. Enthält der Vertrag derartige Klauseln nicht, so muss der Anbieter auch keine Rechtsauskunft über das anwendbare Recht oder das zuständige Gericht erteilen (so auch *Heiss* IPRax 2003, 100, 102; aA *Härting/Schirmbacher* DB 2003, 1777, 1780). Die Art 13 und 17 EuGVVO setzen Gerichtsstandsvereinbarungen mit Versicherungsnehmern und mit Verbrauchern allerdings Grenzen (vgl *Micklitz/Rott* EuZW 2001, 325, 329 ff), und die Wirkung von Rechtswahlklauseln, die den Verbraucher des Schutzes seiner Rechtsordnung berauben, kann ebenfalls beschränkt sein (vgl *Heiss* IPRax 2003, 100, 101 f).

13 Eine neue Variante zur **Behandlung des bekannten Sprachenproblems** bietet Nr 6, nach der der Anbieter den Verbraucher über die Sprachen, in welchen die Vertragsbedingungen und die in dieser Vorschrift genannten Vorabinformationen mitgeteilt werden, sowie die Sprachen, in welchen sich der Unternehmer verpflichtet, mit Zustimmung des Verbrauchers die Kommunikation während der Laufzeit dieses Vertrags zu führen, informieren muss. Natürlich kann ein Anbieter von Finanzdienstleistungen, jedenfalls im Internet, die Fülle der geforderten Informationen nicht in jeder Sprache vorhalten. Deshalb macht es Sinn mitzuteilen, in welchen Sprachen diese verfügbar sind, so dass Verbraucher, die keine ausreichenden Kenntnisse einer dieser Sprachen haben, von der Kontaktaufnahme mit diesem Anbieter Abstand nehmen können. Dies gilt aber nicht, wenn der Anbieter gezielt einen konkreten Markt oder gar einen konkreten Verbraucher anspricht, denn § 312 Abs 1 verlangt, dass die vorvertraglich zu übermittelnden Informationen »klar und verständlich« sind. Dies schließt ihre sprachliche Verständlichkeit ein (ausf *Rott* ZVglRWiss 98 (1999), 382, 405 ff). Würde man es genügen lassen, dass der Unternehmer in irgendeiner – dem Verbraucher möglicherweise überhaupt nicht verständlichen – Sprache darüber informiert, in welcher Sprache er seine Informationspflichten zu erfüllen gedenkt, würde das zu einem Zirkelschluss führen. Eine freie Sprachenwahl lässt sich Nr 6 also nicht entnehmen. Von großer Bedeutung scheint hingegen das zweite Element dieser Informationspflicht zu sein. Für den Verbraucher dürfte es ein wichtiges Auswahlkriterium sein zu wissen, in welcher Sprache er mit dem Anbieter in Zukunft kommunizieren kann, falls Probleme auftreten sollten. Nr 7 und 8 schließlich betreffen einen möglichen Zugang des Verbrauchers zu einem **außergerichtlichen Beschwerde- und Rechtsbehelfsverfahren** und ggf die Voraussetzungen für diesen Zugang und das Bestehen eines Garantiefonds oder anderer Entschädigungsregelungen. Beides muss aber vom Unternehmer nicht eingerichtet werden.

14 **3. Sonderregelung für Telefongespräche.** Für **Telefongespräche** trifft **§ 1 Abs 3 BGB-InfoV eine Sonderregelung**. Sie sieht bei telefonischem Kontakt aus Praktikabilitätsgründen den Verzicht auf eine Reihe von Informationen vor. Diese müssen erst bei der Übermittlung der Vertragsbedingungen und Vorabinformationen (s Rz 27) erteilt werden. Hier geht die deutsche Umsetzung deutlich über die Mindestanforderungen der RL 2002/65/EG hinaus. Entbehrlich sind die in § 1 Abs 2 BGB-InfoV genannten Informationen, die sich auf

den **Fernabsatz von Finanzdienstleistungen** beziehen. Auch die Informationen des § 1 Abs 1 Nr 3 BGB-InfoV über die ladungsfähige Anschrift des Unternehmers und andere relevante Anschriften muss nur erteilt werden, wenn der Verbraucher eine Vorauszahlung zu leisten hat. Allerdings gilt die Regelung nur dann, wenn der Unternehmer den Verbraucher informiert hat, dass auf Wunsch weitere Informationen übermittelt werden können und welcher Art diese Informationen sind, und der Verbraucher ausdrücklich darauf verzichtet hat, dass ihm diese Informationen vor Abgabe seiner Vertragserklärung übermittelt werden. Auch ein Teilverzicht ist nach dem Sinn und Zweck der Vorschrift möglich. Die Beweislast für diese Auskunft und den Verzicht liegt beim Unternehmer. Dieser wird den Beweis nur führen können, wenn er das Telefongespräch aufzeichnet. Hierfür wird er wiederum das Einverständnis des Verbrauchers einholen müssen.

II. Allgemeine Anforderungen. Die Informationen müssen **rechtzeitig** vor Vertragsschluss erteilt werden. 15 Das Kriterium der Rechtzeitigkeit hängt von den Umständen des Einzelfalls ab (*Härting* CR 2000, 691, 692; *Fuchs* ZIP 2000, 1273, 1277; aA *Micklitz/Tonner* Rn 32, die grds eine Frist von drei Tagen fordern). Nach der Rspr soll die Information in der Hörfunkwerbung selbst dann noch nicht erforderlich sein, wenn dort das Angebot konkret bezeichnet wird, solange die Information unmittelbar nach der Kontaktaufnahme durch den Kunden erfolgt (vgl BGHZ 155, 301). Bei der streitgegenständlichen Telefonauskunft ist dies aber erst im Wege einer telefonischen Ansage der Fall, wenn der Kunde bereits die Nummer der Auskunft gewählt hat. Eine informierte Entscheidung ist zu diesem Zeitpunkt kaum noch möglich (krit auch *Busche* JR 2004, 235, 236 f; ebenso *Härting* CR 2003, 204, 206). Umgekehrt darf die Information auch nicht zu früh erfolgen, damit sie ihre Wirkung entfalten kann (vgl etwa Hamburg CR 2006, 854, 855).

Formerfordernisse werden, anders als für die nachvertraglichen Informationspflichten, nicht aufgestellt, die 16 Information muss aber klar und verständlich sein. Da eine »Mitteilung« der Information nicht erforderlich ist, kann diese sowohl telefonisch, postalisch oder per E-Mail als auch mittels einer Internet-Seite erfolgen (vgl KG NJW 2006, 3215; *Fuchs* ZIP 2000, 1273, 1277). Hinsichtlich der Klarheit und Verständlichkeit der Information kommt es auf das verwendete Kommunikationsmittel an, denn § 312c Abs 1 stellt das Erfordernis auf, dass die Information in einer dem verwendeten Kommunikationsmittel entspr Weise klar und verständlich sein muss. Die Rspr verlangt nicht dieselbe Deutlichkeit wie bei der Widerrufsbelehrung nach § 355 Abs 2 S 1 (s § 355 Rz 13). Vielmehr soll es genügen, wenn die Information über das Widerrufsrecht in Allg Geschäftsbedingungen eingebettet ist (vgl KG NJW 2006, 3215). Anders ist dies dann bei der nachvertraglichen Information in Textform (s Rz 21). Nichtsdestotrotz muss auch die Information nach § 312c Abs 1 in einem hinreichend großen Schriftgrad und nicht in an unvermuteter Stelle auftauchen (vgl Hamburg NJW 2004, 1114, 1116). Eine Verpflichtung, alle denkbaren Kommunikationsmittel zur Verfügung zu halten, lässt sich der Vorschrift nicht entnehmen (Hamburg OLGR 2008, 505).

III. Rechtsfolgen bei Verstoß. Eine Sanktionierung des Verstoßes gegen die vorvertraglichen Informations- 17 pflichten des § 312c Abs 1 erfolgt nicht ausdrücklich. Eine solche kann zunächst in Form von Unterlassungsklagen nach § 2 Abs 2 Nr 1 UKlaG oder § 8 UWG durch Verbraucherverbände oder Konkurrenten erreicht werden, denn ein Verstoß gegen § 312c Abs 1 erfüllt gleichzeitig den Tatbestand des § 4 Nr 11 UWG (zB Hamburg CR 2006, 854, 855; Düsseldorf VuR 2008, 55, 58; Zweibrücken MMR 2008, 257). Zudem kann der Verstoß gegen § 312c Abs 1 einen Schadensersatzanspruch in Form der Aufhebung des Vertrags nach den §§ 311 Abs 2, 241 Abs 2, 280 Abs 1 auslösen, insbes wenn dem Verbraucher ausnahmsw kein Widerrufsrecht zusteht, so dass er einen Schaden nicht durch den Widerruf des Vertrags abwenden kann (vgl auch *Ende/Klein* S 169 ff; MüKo/*Wendehorst* Rn 139; aA wohl *Härting* CR 2000, 691, 695).

C. Nachvertragliche Informationspflichten und Mitteilung der Vertragsbestimmungen. Die nachvertragli- 18 chen Informationspflichten sind in § 312c Abs 2, Art 240 Nr 2 und 3 EGBGB und § 1 Abs 4 BGB-InfoV geregelt. Die Regelung wurde im Zuge der Umsetzung der RL 2002/65/EG um eine Verpflichtung zur Mitteilung der Vertragsbestimmungen einschließlich der Allg Geschäftsbedingungen ergänzt. **I. Mitteilung der Vertragsbestimmungen.** In Umsetzung des Art 5 (1) der RL 2002/65/EG muss der Unternehmer die Vertragsbestimmungen einschließlich der AGB übermitteln. Dies gilt für alle Arten von Fernabsatzverträgen; eine unbillige Belastung der Unternehmer konnte der Gesetzgeber darin nicht erkennen (BTDrs 15/2946, 2). Unter den Vertragsbestimmungen ist nur der eigentliche Vertragstext unter Ausschluss der mitzuteilenden zusätzlichen Informationen zu verstehen (BTDrs 15/2946, 2). Auf die Anforderungen an die Einbeziehung von AGB hat die Regelung keinen Einfluss. Diese können auch weiterhin nach § 305 einbezogen werden, ohne dass die Mitteilung in Textform erfolgt, wenn nur die Möglichkeit besteht, in zumutbarer Weise von ihnen Kenntnis zu nehmen (BTDrs 15/2946, 2).

II. Informationspflichten. Zusätzlich trifft den Unternehmer nach § 312c Abs 2 S 1, Art 240 Nr 2 und 3 19 EGBGB, § 1 Abs 4 BGB-InfoV die Pflicht zur Übermittlung von Informationen in der Textform des § 126b. Erfasst sind sämtliche in § 1 Abs 1 BGB-InfoV und bei Finanzdienstleistungen zudem die in § 1 Abs 2 BGB-InfoV genannten Informationen, einschließlich derer, auf deren telefonische Übermittlung der Verbraucher ggf nach § 1 Abs 3 BGB-InfoV verzichtet hat. Die früheren Ausnahmen für die Kosten, die dem Verbraucher durch die Nutzung der Fernkommunikationsmittel entstehen, und für die Gültigkeitsdauer befristeter Angebote sind im Zuge der Umsetzung der RL 2002/65/EG entfallen. Hinzu kommen gem § 1 Abs 4 S 1 Nr 3 BGB-InfoV bei Verträgen über die Lieferung von Waren und sonstigen Dienstleistungen wie bisher Informationen über den Kundendienst und Gewährleistungs- und Garantiebedingungen sowie bei Dauerschuldverhältnissen Informationen über Kündigungsbedingungen, die in Anlehnung an die Neuregelung für Finanzdienstleistungen noch ergänzt wurden durch Informationen über Vertragsstrafen bei Kündigung des Dauerschuldverhältnisses durch den Verbraucher. Die Übermittlung kann in den AGB erfolgen, wie dies regelm geschieht. Dann allerdings sind die Informationen nach § 1 Abs 1 Nr 3 (wesentliche Merkmale der Ware oder Dienstleistung) und Nr 10 (Widerrufsrecht), Abs 2 Nr 3 (vertragliche Kündigungsbedingungen) sowie Abs 4 S 1 Nr 3 lit b) (Kundendienst und Gewährleistungs- und Garantiebedingungen) in hervorgehobener und deutlich gestalteter Form mitzuteilen. Letzteres ist nach der RL 2002/65/EG zwar nicht erforderlich, aber angesichts der Informationsfülle sicher sinnvoll (vgl auch *Micklitz/Schirmbacher* EUREDIA 2003, 457, 467).

20 **III. Allgemeine Anforderungen.** § 312c Abs 2 enthält im Gegensatz zu Abs 1 nicht die Gebote der Klarheit und Verständlichkeit. Auch § 1 Abs 4 BGB-InfoV formuliert diese nicht ausdrücklich. Lediglich § 1 Abs 3 BGB-InfoV verlangt, wie erwähnt, dass eine Reihe von Informationen in hervorgehobener und deutlich gestalteter Form mitgeteilt werden muss. Daraus kann aber nicht geschlossen werden, dass für die übrigen nach § 312c Abs 2 iVm Art 240 EGBGB, § 1 Abs 4 BGB-InfoV zu erteilenden Informationen keinerlei Klarheits- und Verständlichkeitsvoraussetzungen gelten. Schon der Begriff »Informationspflichten« impliziert, dass der Verbraucher die Möglichkeit haben muss, vom Inhalt der Informationen Kenntnis zu nehmen. Ein Minimum an Klarheit und Verständlichkeit ist dafür Voraussetzung. Dies gebietet schon die Auslegung im Licht des Gemeinschaftsrechts (so im Ergebnis auch *Micklitz/Tonner* Rn 49). Insbes erfordert das Verständlichkeitsgebot auch die Verwendung einer dem Verbraucher verständlichen Sprache (vgl LG Köln, VuR 2002, 250, sowie *Rott* ZVglRWiss 99 (2000), 382, 400 ff; *Kamanabrou* WM 2000, 1417, 1422 f; *Marx* WRP 2000, 1227, 1232; *Mankowski* VuR 2001, 359 ff).

21 Die Informationen sind in **Textform** zu übermitteln. Der aus Art 5 (1) der RL 97/7/EG übernommene Begriff des »dauerhaften Datenträgers« des § 361a Abs 3 aF wurde gestrichen. Die Übermittlung einer Erklärung in Textform erfordert nach § 126b, dass die Erklärung in einer Urkunde oder auf andere zur dauerhaften Wiedergabe in Schriftzeichen geeignete Weise abgegeben, die Person des Erklärenden genannt und der Abschluss der Erklärung durch Nachbildung der Namensunterschrift oder anders erkennbar gemacht werden muss. Ggü dem Begriff des dauerhaften Datenträgers stellt sie zwei zusätzliche Voraussetzungen auf, nämlich die Benennung der Person des Erklärenden und die Erkennbarkeit des Abschlusses der Erklärung. Die Textform schließt die bloße Bereithaltung der zu übermittelnden Information auf einer Internet-Seite, die das München in einer zu großzügigen Auslegung des Begriffs des dauerhaften Datenträgers zugelassen hatte (München CR 2001, 401), aus, da § 126b die Abgabe und den Zugang der Erklärung verlangt, so dass jedenfalls eine an den Verbraucher adressierte Erklärung vorliegen muss (vgl BTDrs 14/7052, 195; KG NJW 2006, 3215; Hamburg CR 2006, 854; LG Kleve NJW-RR 2003, 196; *Micklitz/Tonner* Rn 57; AnwK/*Ring* Rn 51; aA LG Flensburg MMR 2006, 686, 687). Dies steht im Einklang mit der Definition in Art 2 lit f) der RL über den Fernabsatz von Finanzdienstleistungen an Verbraucher, wonach ein dauerhafter Datenträger jedes Medium, das es dem Verbraucher gestattet, *an ihn persönlich gerichtete* Informationen derart zu speichern, dass er sie in der Folge für eine für die Zwecke der Informationen angemessene Dauer einsehen kann, und das die unveränderte Wiedergabe der gespeicherten Informationen ermöglicht, ist.

22 **Schriftform** kann nach §§ 499 Abs 1, 500 oder 501 iVm § 492 Abs 1 S 1 ausnahmsw erforderlich sein, wenn ein Fernabsatzvertrag gleichzeitig den Vorschriften über die dort geregelten Finanzierungshilfen unterfällt, während bei Ratenlieferungsverträgen die Schriftform nach § 505 Abs 2 S 2 ersetzt werden kann. Allerdings schafft die neue Verbraucherkredit-RL die Schriftform für Verbraucherkreditverträge und andere Finanzierungshilfen zukünftig ab. Hinsichtlich des **Zeitpunkts der Übermittlung** unterscheidet der Gesetzgeber, wie auch die zugrunde liegenden RL, zwischen Finanzdienstleistungen und anderen Geschäften. Im Falle der Finanzdienstleistungen verlangt § 312c Abs 2 Nr 1 die Mitteilung der Vertragsbedingungen und der zusätzlichen Informationen rechtzeitig bevor der Verbraucher durch einen Fernabsatzvertrag oder durch ein Angebot gebunden ist. Eine Ausn gilt nur, wenn der Vertrag auf Ersuchen des Verbrauchers mittels eines Fernkommunikationsmittels geschlossen wurde, das die Vorlage der Vertragsbedingungen und der zusätzlichen Informationen in Papierform oder auf einem dauerhaften Datenträger nicht gestattet. Dies betrifft insbes den telefonischen Vertragsschluss, aber auch den Vertragsschluss mittels Geräten, deren Anzeigekapazitäten beschränkt sind (vgl *Pauly* MMR 2005, 811 ff). In einem solchen Fall ist die Übermittlung unverzüglich nach Vertragsschluss nachzuholen.

23 Für die übrigen Fernabsatzverträge bleibt es bei der ursprünglichen Regelung, die sich nun in § 312c Abs 2 Nr 2 findet. Bei nicht zur Lieferung an Dritte bestimmten Waren hat der Unternehmer die Informationen spätestens zum Zeitpunkt der Lieferung zu übermitteln. Bei Dienstleistungen verbleibt es bei der Übermittlung »rechtzeitig während der Erfüllung«. Bei Dienstleistungen, die mit der Anlieferung einer Ware verknüpft sind, etwa wenn Hardware geliefert wird, damit eine Telekommunikationsdienstleistung erbracht werden kann, genügt die Übermittlung zusammen mit der Ware. Wird die Dienstleistung unmittelbar durch Einsatz von Fernkommunikationsmitteln erbracht, zB bei Mehrwertdiensten (vgl *Härting* CR 2003, 204, 206; *Pauly* MMR 2005, 811, 814), entfällt nach § 312c Abs 2 S 2 die Pflicht zur Bestätigung der Informationen. Diese wäre praktisch auch kaum zu erfüllen. Allerdings muss sich der Verbraucher in diesem Fall nach § 312c Abs 2 S 3 zumindest über die Anschrift der Niederlassung des Unternehmers informieren können, bei der er

Beanstandungen vorbringen kann, eine Information, die ihm nach § 312c Abs 1 Nr 1 iVm Art 240 EGBGB, § 1 Abs 1 Nr 1 und 2 BGB-InfoV vorvertraglich ohnehin zur Verfügung gestellt werden muss.

IV. Rechtsfolgen bei Verstoß. Gesetzlich geregelt ist in § 312d Abs 2, dass die **Widerrufsfrist nicht vor Erfüllung der Informationspflichten** des § 312c Abs 2 zu laufen **beginnt**. Je nachdem, ob sich die Nichterfüllung oder der Fehler auf das Widerrufsrecht bezieht oder eine andere Information betrifft, endet das Widerrufsrecht gem. § 355 Abs 3 S 1 nach sechs Monaten oder gem. § 355 Abs 3 S 3 überhaupt nicht (s § 355 Rz 9 ff). Daneben kommen auch hier wieder Unterlassungsklagen nach § 2 Abs 2 Nr 1 UKlaG oder § 8 UWG durch Verbraucherverbände oder Konkurrenten und Schadensersatzansprüche nach den §§ 311 Abs 2, 241 Abs 2, 280 Abs 1 in Betracht, Letzteres insbes dann, wenn dem Verbraucher ausnahmsw kein Widerrufsrecht zusteht, so dass er einen Schaden nicht durch den Widerruf des Vertrags abwenden kann (s Rz 7). Für die **fehlende Übermittlung der Vertragsbestimmungen** gilt die Verlängerung der Widerrufsfrist nicht, da § 312d Abs 2 sich nur auf die Informationspflichten bezieht und § 312c Abs 2 die beiden Punkte sprachlich klar voneinander trennt. Hier bleibt zunächst der Erfüllungsanspruch bestehen. Darüber hinaus sind auch hier Unterlassungsklagen nach § 2 Abs 2 Nr 1 UKlaG oder § 8 UWG möglich. Schadensersatzansprüche sind nur schwer vorstellbar. 24

D. Anspruch auf Übermittlung der Vertragsbedingungen in einer Urkunde. In Umsetzung von Art 5 (3) S 1 der RL 2002/65/EG räumt § 312c Abs 3 (ausschließlich) dem Verbraucher beim Fernabsatz von Finanzdienstleistungen das Recht ein, jederzeit während der Laufzeit des Vertrags die Vertragsbestimmungen einschließlich der AGB in einer Urkunde verlangen. Dies geht über die für den elektronischen Geschäftsverkehr in § 3 Nr 2 BGB-InfoV verankerte Information über die Speicherung und das Zugänglichmachen des Vertragstextes (s § 312e Rz 11) hinaus. Der **Begriff der Urkunde** knüpft an **§ 126** an und meint den in der RL verwendeten, im deutschen Recht aber nicht gebräuchlichen Begriff der Papierform. Eine Unterschrift des Unternehmers ist, anders als bei der Schriftform des § 126, nicht erforderlich. Kosten sollen nach dem Willen des Gesetzgebers dafür nicht anfallen (vgl BTDrs 15/2946, 22); auf eine ausdrückliche Aufnahme des Begriffs »kostenfrei« wurde aber verzichtet. Nach Auffassung der Bundesregierung kann der Anspruch nur einmal, allerdings zu einem beliebigen Zeitpunkt, geltend gemacht werden. Mit der einmaligen Zurverfügungstellung der Urkunde erfülle der Unternehmer seine Verpflichtung aus § 312c Abs 3 iSd § 362 Abs 1, so dass sie erlösche (vgl BTDrs 15/2946, 37; aA wohl *Micklitz/Schirmbacher* EUREDIA 2003, 457, 483, die den Anbieter nur einmal mit den Kosten der Übermittlung belasten wollen, aber die mehrfache Anforderung der Vertragsbedingungen für zulässig halten). 25

E. Konkurrenzen/Sonderregeln für Telefongespräche. Die Informationspflichten des § 312c schließen weitergehende Informationspflichten nach anderen Vorschriften oder Gesetzen, insbes solche nach § 312e (s § 312e Rz 10 ff), nicht aus. Die Vorschrift setzt voraus, dass die Anwendbarkeit der Vorschriften über Fernabsatzverträge nicht ohnehin ausgeschlossen ist. § 312c Abs 4 regelt lediglich die Konkurrenz materieller Informationspflichten, bezieht sich dagegen nicht auf das Widerrufsrecht. Der Vorrang des Widerrufsrechts bei Verbraucherdarlehen in § 312d Abs 5 berührt das parallele Bestehen der jeweiligen Informationspflichten nicht. 26

Eine dem Lauterkeitsrecht zuzuordnende Regelung trifft der im Zuge der Umsetzung der RL 2002/65/EG überarbeitete § 312c Abs 1 S 2. Danach hat der Unternehmer bei von ihm veranlassten Telefongesprächen seine Identität und den geschäftlichen Zweck des Kontakts bereits zu Beginn des Gesprächs ausdrücklich offen zu legen. Vom Unternehmer veranlasst sind nicht nur Anrufe des Unternehmers selbst, sondern auch Anrufe, die der Verbraucher auf Aufforderung des Unternehmers tätigt. Häufig wird sich der Verbraucher in letzterer Konstellation des geschäftlichen Zwecks bewusst sein; das muss aber nicht so sein, wenn der Verbraucher etwa zurückruft, ohne den Zweck des Erstanrufs des Unternehmers zu kennen. Der in § 312c Abs 1 S 2 aF verwendete Begriff »Vertrag« wurde zu Recht durch den des »Kontakts« ersetzt, da zum Zeitpunkt des Anrufs noch unsicher und auch irrelevant ist, ob je ein Vertrag zustande kommt (vgl LG Magdeburg NJW-RR 2003, 409). Eine Sanktionierung dieser Verpflichtung erfolgt bisher nicht über das Widerrufsrecht des Verbrauchers. Es besteht aber die Möglichkeit von Verbands- oder Konkurrentenklagen nach § 2 Abs 2 Nr 3 UKlaG und § 8 UWG. 27

§ 312d Widerrufs- und Rückgaberecht bei Fernabsatzverträgen.

[1] Dem Verbraucher steht bei einem Fernabsatzvertrag ein Widerrufsrecht nach § 355 zu. Anstelle des Widerrufsrechts kann dem Verbraucher bei Verträgen über die Lieferung von Waren ein Rückgaberecht nach § 356 eingeräumt werden.

[2] Die Widerrufsfrist beginnt abweichend von § 355 Absatz 2 Satz 1 nicht vor Erfüllung der Informationspflichten gemäß § 312c Absatz 2, bei der Lieferung von Waren nicht vor dem Tage ihres Eingangs beim Empfänger, bei der wiederkehrenden Lieferung gleichartiger Waren nicht vor dem Tage des Eingangs der ersten Teillieferung und bei Dienstleistungen nicht vor dem Tage des Vertragsschlusses.

[3] Das Widerrufsrecht erlischt bei einer Dienstleistung auch in folgenden Fällen:

1. **bei einer Finanzdienstleistung, wenn der Vertrag von beiden Seiten auf ausdrücklichen Wunsch des Verbrauchers vollständig erfüllt ist, bevor der Verbraucher sein Widerrufsrecht ausgeübt hat,**

2. bei einer sonstigen Dienstleistung, wenn der Unternehmer mit der Ausführung der Dienstleistung mit ausdrücklicher Zustimmung des Verbrauchers vor Ende der Widerrufsfrist begonnen hat oder der Verbraucher diese selbst veranlasst hat.

[4] Das Widerrufsrecht besteht, soweit nicht ein anderes bestimmt ist, nicht bei Fernabsatzverträgen

1. zur Lieferung von Waren, die nach Kundenspezifikation angefertigt werden oder eindeutig auf die persönlichen Bedürfnisse zugeschnitten sind oder die auf Grund ihrer Beschaffenheit nicht für eine Rücksendung geeignet sind oder schnell verderben können oder deren Verfalldatum überschritten würde,

2. zur Lieferung von Audio- oder Videoaufzeichnungen oder von Software, sofern die gelieferten Datenträger vom Verbraucher entsiegelt worden sind,

3. zur Lieferung von Zeitungen, Zeitschriften und Illustrierten,

4. zur Erbringung von Wett- und Lotterie-Dienstleistungen,

5. die in der Form von Versteigerungen (§ 156) geschlossen werden oder

6. die die Lieferung von Waren oder die Erbringung von Finanzdienstleistungen zum Gegenstand haben, deren Preis auf dem Finanzmarkt Schwankungen unterliegt, auf die der Unternehmer keinen Einfluss hat und die innerhalb der Widerrufsfrist auftreten können, insbesondere Dienstleistungen im Zusammenhang mit Aktien, Anteilsscheinen, die von einer Kapitalanlagegesellschaft oder einer ausländischen Investmentgesellschaft ausgegeben werden, und anderen handelbaren Wertpapieren, Devisen, Derivaten oder Geldmarktinstrumenten.

[5] Das Widerrufsrecht besteht ferner nicht bei Fernabsatzverträgen, bei denen dem Verbraucher bereits auf Grund der §§ 495, 499 bis 507 ein Widerrufs- oder Rückgaberecht nach den §§ 355 oder 356 zusteht. Bei solchen Verträgen gilt Absatz 2 entsprechend.

[6] Bei Fernabsatzverträgen über Finanzdienstleistungen hat der Verbraucher abweichend von § 357 Absatz 1 Wertersatz für die erbrachte Dienstleistung nach den Vorschriften über den gesetzlichen Rücktritt nur zu leisten, wenn er vor Abgabe seiner Vertragserklärung auf diese Rechtsfolge hingewiesen worden ist und wenn er ausdrücklich zugestimmt hat, dass der Unternehmer vor Ende der Widerrufsfrist mit der Ausführung der Dienstleistung beginnt.

1 **A. Allgemeines.** § 312d übernahm im Wesentlichen § 3 FernAbsG aF, gestaltete die Regelung aber übersichtlicher. Die Vorschrift wurde im Zuge der Umsetzung der RL 2002/65/EG erheblich überarbeitet. § 312d Abs 1 regelt das Widerrufsrecht sowie das in § 3 Abs 3 FernAbsG aF vorgesehene Rückgaberecht, § 312d Abs 2 die Widerrufsfrist. Die Regelung über die Verlängerung der Widerrufsfrist im Falle nicht ordnungsgem Belehrung wurde harmonisiert und in § 355 Abs 3 eingestellt (s § 355 Rz 9 ff). Die Ausnahmeregelung für Dienstleistungen, die bereits vor Ablauf der Widerrufsfrist ausgeführt werden, findet sich in § 312d Abs 3. Die Ausnahmen vom Widerrufsrecht des § 3 Abs 2 FernAbsG aF wurden zunächst unverändert in § 312d Abs 4 übernommen. § 312d Abs 4 Nr 6 wurde mit der Umsetzung der RL 2002/65/EG angefügt. Durch das OLG-Vertretungsänderungsgesetz wurde eine Konkurrenzregelung für im Fernabsatz geschlossene Verbraucherdarlehensverträge in § 312d Abs 5 eingestellt. § 312d Abs 6 enthält eine Spezialregelung über die Folgen des Widerrufs eines Vertrags über den Fernabsatz von Finanzdienstleistungen.

2 **B. Widerrufsrecht und Rückgaberecht.** Der Verbraucher hat gem § 312d Abs 1 ein **Widerrufsrecht nach § 355**, das im Falle der Lieferung von Waren unter den Voraussetzungen des **§ 356** durch ein **Rückgaberecht** ersetzt werden kann. Ggü der harmonisierten Regelung des § 355 trifft § 312d einige Sonderregelungen. Die Widerrufsfrist beginnt nur zu laufen, wenn zusätzlich zu der Belehrung des § 355 Abs 2 S 1 über das Widerrufsrecht die weiteren Informationspflichten des § 312c Abs 2 erfüllt werden. Zu diesen können im Fall eines im Wege des elektronischen Geschäftsverkehrs abgeschlossenen Fernabsatzvertrag noch die in § 312e Abs 1 aufgeführten Informationspflichten hinzutreten (s § 312e Rz 10).

3 Bei **Verträgen über die Lieferung von Waren** beginnt die **Frist**, abw von § 355 Abs 2 S 1, erst mit dem Tag des Eingangs beim Empfänger zu laufen. Beim Kauf auf Probe iSd § 454 muss nach der Rspr zudem die Probezeit abgelaufen sein, so dass der Vertrag überhaupt bindend geworden ist (BGH ZIP 2004, 1157). Bei Sukzessivlieferungsverträgen ist der Tag des Eingangs der ersten Teillieferung maßgeblich (ausf *Micklitz/Tonner* Rn 10 ff). Dies hat zur Folge, dass bei den weiteren Teillieferungen kein Widerrufsrecht mehr besteht. Nach dem Sinn und Zweck der RL, dem Verbraucher die Möglichkeit der Prüfung einzuräumen, setzt dies freilich voraus, dass es sich um homogene Produkte handelt (zB einzelne Bände einer Enzyklopädie, nicht hingegen unterschiedliche Bücher eines Buchclubs, vgl Staud/*Thüsing* Rn 27), nicht lediglich um eine Vielzahl von Produkten, die in einem zeitlichen Abstand geliefert werden (vgl auch KOM (2006) 514 endg, 12). Bei Verträgen über die Erbringung von Dienstleistungen gilt der Tag des Vertragsschlusses oder der Zeitpunkt der Belehrung, je nachdem, welcher später liegt. Bis zur **Streichung des Erfordernisses der gesonderten Unterschrift** in § 355 Abs 2 S 2 im Zuge der Änderungen durch das OLG-Vertretungsänderungsgesetzes (s § 355 Rz 21) sah § 312d Abs 2 aF eine Ausnahme von diesem Erfordernis vor. Da das Unterschriftserfordernis nun allg nicht mehr besteht, konnte die Ausnahmeregelung entfallen.

C. Ausnahmen vom Widerrufsrecht. Keinerlei Änderungen haben sich durch das Schuldrechtsmodernisierungsgesetz bei den Ausnahmen vom Widerrufsrecht ergeben. Mit dem OLG-Vertretungsänderungsgesetz wurde § 312d Abs 5 angehängt, im Zuge der Umsetzung der RL 2002/65/EG § 312d Abs 4 Nr 6 und Abs 6. Hier ist zu beachten, dass für die Ausnahmefälle des § 312d Abs 4 und 5 die Informationspflichten des § 312c uneingeschränkt gelten. § 312d Abs 4 Nr 1 betrifft **speziell nach Kundenwünschen angefertigte Waren** sowie **Waren, die auf Grund ihrer Beschaffenheit nicht für eine Rücksendung geeignet** sind oder schnell verderben können oder deren Verfallsdatum überschritten wurde. Speziell auf Kundenwünsche zugeschnittene Dienstleistungen (zur Abgrenzung s § 312b Rz 4 ff) sind nach dem klaren Wortlaut der Vorschrift nicht erfasst (vgl *Baum/Trafkowski* CR 2001, 459, 461). Nicht jede Wahlmöglichkeit des Kunden hinsichtlich der Eigenschaften der Ware macht diese zu einer speziell nach Kundenwünschen angefertigte Ware. So soll nach dem Willen des Gesetzgebers ein Kfz, dessen Ausstattung vom Kunden bestimmt wird, nicht unter § 312d Abs 4 Nr 1 fallen (*Schmidt-Räntsch* VuR 2000, 427, 432). Dasselbe gilt im Falle eines individuell zusammengestellten Computer (vgl BGHZ 154, 239; AG Schönebeck VuR 2008, 356; zust *Fischer* DB 2003, 1103 f; aA noch *Gaertner/Gierschmann* DB 2000, 1601, 1603). Maßgeblich ist, ob die Anfertigung ohne großen Aufwand und Wertverlust wieder rückgängig gemacht werden kann und ob die Ware andernfalls in einem Maße individualisiert ist, dass sie so nicht mehr ohne nur unter erheblichem Preisnachlass abgesetzt werden kann, wofür der Unternehmer die Beweislast trägt (vgl BGHZ 154, 239). 4

Das **Kriterium der Eignung für eine Rücksendung** hat nichts mit dem Wertverlust durch die Ingebrauchnahme zu tun, der in § 357 Abs 3 Nr 1 geregelt ist, sondern allein damit, ob die Waren durch den Versand selbst unbrauchbar werden (Dresden CR 2001, 819, 820). Die Rücksendung ist zB bei Software unproblematisch möglich (*Roth/Schulze* RIW 1999, 924, 928; *Micklitz/Tonner* Rn 29 f; aA *Schmitt* CR 2001, 838, 844; *Schmittmann* K&R 2003, 385, 390). Unmaßgeblich ist auch, ob Waren noch originalverpackt sind (Jena GRUR-RR 2006, 283). Sinn des Widerrufsrechts ist es ja gerade, dass der Verbraucher die Sache prüfen kann, wozu er sie zunächst auspacken muss. Dass das Widerrufsrecht bei **schnell verderblichen Waren** wie Lebensmitteln oder Schnittblumen ausgeschlossen ist, ist sachgerecht. Hier kommt im Einzelfall eine Umgehung nach iSd § 312f in Betracht, sollten Unternehmer ein Ablaufdatum gezielt nutzen, um dem Widerrufsrecht auszuweichen. 5

Die Lieferung von **Audio- und Videoaufzeichnungen** sowie von **Software** ist vom Widerrufsrecht ausgenommen, sofern die gelieferten Datenträger vom Verbraucher entsiegelt wurden, § 312d Abs 4 Nr 2. Damit soll verhindert werden, dass der Verbraucher sich durch Kopieren den vollen Wert der gelieferten Ware einverleiben kann, ohne nach einem Widerruf dafür bezahlen zu müssen. Online überlassene Software fällt ebenso wenig unter diese Vorschrift (vgl auch *Pauly* MMR 2005, 811, 814; krit *Schmitt* CR 2001, 838, 844; aA *Dethloff* Jura 2003, 730, 735, die § 312d Abs 4 Nr 2 bis 4 analog anwenden will) wie Software, die bereits auf einem Computer aufgespielt ist, der vom Verbraucher in Betrieb genommen wird (vgl LG Frankfurt aM CR 2003, 412). Allerdings gibt es bei Software technische Möglichkeiten, ihre Verwendbarkeit zu beschränken, indem ihr etwa ein Verfalldatum oder eine beschränkte Zahl von Ausführungen impliziert wird. Sinnvoll wäre zudem eine teleologische Reduktion der Vorschrift für Fälle, in denen die gelieferte Software, zB im Internet, kostenlos erhältlich ist (so auch LG Memmingen K&R 2004, 359; offen gelassen von Dresden CR 2001, 819, 820), denn andernfalls könnte ein Unternehmer die Lieferung von Datenträgern wie zB Festplatten dadurch vom Widerrufsrecht ausschließen, dass er die Datenträger mit unbedeutender Software versieht (vgl auch AG Schönebeck VuR 2008, 356, 357). Notfalls kann die Umgehungsregelung des § 312f Anwendung finden. 6

§ 312d Abs 4 Nr 3 nimmt die Lieferung von **Zeitungen, Zeitschriften** und **Illustrierten** aus, nicht aber von Büchern oder Filmkalendern (Hamburg NJW 2004, 1114, 1115). Auch hier gilt, dass sich der Verbraucher den Wert der Lieferung vollständig einverleiben könnte, ohne zu bezahlen. Das früher einschl Widerrufsrecht bei Abonnementverträgen nach dem VerbrKrG besteht nach dem neuen § 505, der auf Verträge über einen Nettodarlehensbetrag von bis zu 200 Euro keine Anwendung findet, in aller Regel nicht mehr (vgl *Peukert* VuR 2002, 347). Die Ausnahme findet keine Anwendung auf elektronische Zeitungen, sog E-Zines (vgl *Schmitt* CR 2001, 838, 845; aA MüKo/*Wendehorst* Rn 35). Eine **Ausn** besteht nach § 312d Abs 4 Nr 4 für **Wett- und Lotteriedienstleistungen**. Sie soll verhindern, dass der Verbraucher den Vertrag widerruft, wenn er nicht gewonnen hat. Die Vorschrift ist allerdings überflüssig, weil in solchen Fällen das Widerrufsrecht bereits wegen der Erbringung der Dienstleistung erlischt. Ist dies noch nicht geschehen, so besteht keine Veranlassung, dem Verbraucher die Möglichkeit zu nehmen, seinen Entschluss noch einmal zu überdenken. 7

Nach § 312d Abs 4 Nr 5 ist das Widerrufsrecht bei Verträgen, die in der Form von **Versteigerungen** geschlossen werden, ausgeschlossen. Umstr war die Anwendbarkeit letzterer Vorschrift auf Internet-Auktionen, bei denen der Vertrag nicht, wie in § 156 vorgesehen, durch den Zuschlag eines Auktionators, sondern durch eine (vorherige) Annahmeerklärung des Verkäufers zustande kommt, wie dies etwa bei eBay der Fall ist (dafür *Schrader* MMR 2001, 767, 768; für analoge Anwendung *Hoffmann/Höpfner* EWS 2003, 107; gegen den Ausschluss des Widerrufsrechts *Härting* § 3 Rn 97; *Ring* S 84 f; *Fuchs* ZIP 2000, 1273, 1276; *Leible/Sosnitza* K&R 2002, 89). Der BGH hat ein Widerrufsrecht mit Blick auf die ausdrückliche Erwähnung des § 156 in § 312d Abs 4 Nr 5 abgelehnt (BGH NJW 2005, 53; vgl auch BTDrs 14/2658, 33, zu § 1 Abs 3 Nr 7 lit c) FernAbsG 8 aF). Die Kommission hat die Frage allerdings in ihrer Mitteilung zur Umsetzung der RL 97/7/EG neu aufgeworfen (KOM (2006) 514 endg, 8). Im Vergleich der EG-Mitgliedstaaten steht die deutsche Regelung eher allein (vgl *Hoffmann/Höpfner* EWS 2003, 107, 112 f).

9 § 312d Abs 4 Nr 6 schließt das Widerrufsrecht bei Verträgen aus, die die Lieferung von **Waren** oder die Erbringung von **Finanzdienstleistungen** zum Gegenstand haben, deren **Preis auf dem Finanzmarkt Schwankungen** unterliegt, auf die der Unternehmer keinen Einfluss hat und die innerhalb der Widerrufsfrist auftreten können. Gemeint ist hier die reguläre Widerrufsfrist von zwei Wochen nach § 355 Abs 1 S 2. Dadurch soll Spekulation auf Kosten des Unternehmers verhindert werden. Der deutsche Gesetzgeber hatte bei der Umsetzung der RL 97/7/EG hinsichtlich der Lieferung von Waren von der Ausnahmemöglichkeit keinen Gebrauch gemacht, dies aber im Zuge der Umsetzung der RL 2002/65/EG nachgeholt. Gemeint sind insbes Edelmetalle (BTDrs 15/2946, 22). Zu den von § 312d Abs 4 Nr 6 erfassten Finanzdienstleistungen gehören nach Art 6 (2) lit a) der RL 2002/65/EG insbes Dienstleistungen im Zusammenhang mit Aktien, Anteilsscheinen, die von einer Kapitalanlagegesellschaft oder einer ausländischen Investmentgesellschaft ausgegeben werden, und andere handelbare Wertpapiere, Devisen, Derivate oder Geldmarktinstrumente. Von diesen zählt § 312d Abs 4 Nr 6 aber nur einige beispielhaft (»insbes«) auf, womit nach Auffassung des Gesetzgebers ein Kompromiss zwischen der Unüblichkeit solcher Bsp im deutschen Recht und der Transparenz der Regelung gefunden wurde. Nicht erfasst werden dürften Anlagen, die weniger kurzfristigen Schwankungen unterliegen, wie geschlossene Immobilienfonds.

10 § 312d Abs 5 sieht eine Ausnahme für **Fernabsatzverträge**, für die ein **Widerrufs- oder Rückgaberecht nach den Vorschriften über Verbraucherdarlehensverträge** besteht, vor. Damit soll eine kumulative Anwendbarkeit der beiden Regime (dazu München BB 2001, 2442, zu § 1 Abs 4 FernAbsG aF) verhindert werden. Bei Teilzeit-Wohnrechtverträgen stellt sich das Konkurrenzproblem nicht, da die Vorschriften über Fernabsatzverträge auf diese gem § 312b Abs 3 Nr 2 ohnehin keine Anwendung finden. Die Vorrangregelung erfolgte parallel zu der entspr Konkurrenzregelung bei Haustürgeschäften, gilt aber nach Art 229 § 8 Abs 1 S 1 Nr 2 EGBGB erst für Schuldverhältnisse, die nach dem 01.11.2002 entstanden sind. Aufgrund von Art 6 (1) der Fernabsatz-RL 97/7/EG und Art 6 (1) der RL 2002/65/EG darf die Widerrufs- oder Rückgabefrist bei Fernabsatzverträgen erst mit Erfüllung aller Informationspflichten, die in § 312c Abs 2 eingestellt wurden, beginnen. Diese zwingende gemeinschaftsrechtliche Vorgabe gilt auch für im Fernabsatz geschlossene Verbraucherdarlehen. Die Umsetzung dieser Vorgabe wird durch § 312d Abs 5 S 2 sichergestellt.

11 § 312d Abs 6 betrifft die **Folgen des Widerrufs** eines Vertrags über den **Fernabsatz von Finanzdienstleistungen**. Die Verpflichtung zur Bezahlung einer erbrachten Finanzdienstleistung ergibt sich bereits aus § 357 Abs 1 S 1 iVm § 346 Abs 2 Nr 1. Art 7 der RL 2002/65/EG weist aber die Besonderheit auf, dass der Verbraucher nach erfolgtem Widerruf den anteiligen Preis für die Finanzdienstleistung nur dann zu zahlen hat, wenn er vorher auf diese Rechtsfolge hingewiesen worden ist und dem Leistungsbeginn durch den Unternehmer zugestimmt hat. Diese qualifizierten Voraussetzungen des Art 7 wurden in § 312d Abs 6 umgesetzt. Für den Hinweis auf die Pflicht zur anteiligen Zahlung und für die Zustimmung des Verbrauchers zum Leistungsbeginn ist der Unternehmer beweispflichtig (BTDrs 15/2946, 23).

12 **D. Erlöschen des Widerrufsrechts.** § 312d Abs 3 übernahm die Regelung des § 3 Abs 1 S 3 Nr 2 FernAbsG aF. Sie sieht unter bestimmten Voraussetzungen das **Erlöschen des Widerrufsrechts** vor, allerdings nur bei **Verträgen über die Erbringung von Dienstleistungen** (s zur Abgrenzung § 312b Rz 4 ff). Mit der Umsetzung der RL 2002/65/EG wurde die Vorschrift aufgespaltet. Die Stellung des Verbrauchers wurde dadurch verbessert, dass das Widerrufsrecht beim Fernabsatz von Dienstleistungen, die nicht Finanzdienstleistungen sind, nur erlischt, wenn er der Ausführung der Dienstleistung ausdrücklich zugestimmt oder diese selbst veranlasst hat. Ein Abstellen auf die objektive Interessenlage der Parteien (so noch *Fuchs* ZIP 2000, 1273, 1284; *Härting* § 3 Rn 59) ist damit nicht möglich. Die Neuregelung verhindert den unbewussten Verlust des Widerrufsrechts durch den Verbraucher (vgl dazu AG Hannover NJW 2007, 781).

13 Bei **Finanzdienstleistungen** erlischt das Widerrufsrecht nach § 312d Abs 3 Nr 1 nur, wenn der Vertrag von *beiden* Seiten auf ausdrücklichen Wunsch des Verbrauchers vollständig erfüllt ist, bevor der Verbraucher sein Widerrufsrecht ausgeübt hat. Die Beweislast für den ausdrücklichen Wunsch des Verbrauchers liegt beim Anbieter. Die Aufnahme einer Klausel, die die Zustimmung des Verbrauchers bestätigt, in die AGB des Unternehmers ist nach § 309 Nr 12 lit b) unwirksam. Bei **sonstigen Dienstleistungen** muss der Unternehmer mit ausdrücklicher Zustimmung des Verbrauchers mit der Ausführung der Dienstleistung begonnen haben. Wann dies der Fall ist, ist insb bei Telekommunikationsdienstleistungen wie der Bereitstellung von DSL umstr. Hier muss von Vorbereitungshandlungen abgegrenzt werden. Das AG Montabaur (VuR 2008, 355) sah schon den Antrag auf Aufschaltung des DSL-Anschlusses als Beginn der Ausführung an. Dies ist abzulehnen, maßgeblich ist vielmehr die Freischaltung selbst, so dass der Verbraucher die Leistung in Anspruch nehmen kann (vgl auch BaRoth/*Schmidt-Räntsch* Rn 28). Alternativ muss der Verbraucher die Ausführung der Dienstleistung selbst veranlasst haben. Dies ist insb bei Downloads aus dem Internet oder bei der Auslösung von Dienstleistungen wie R-Gesprächen durch bestimmte Tastenkombinationen per Telefon möglich.

14 § 312d Abs 3 sieht **keine Sonderbehandlung für teilbare Dienstleistungen oder Dauerschuldverhältnisse** vor, etwa Dienstleistungen im Telekommunikationsbereich (vgl auch Palandt/*Grüneberg* Rn 7a; BaRoth/

Schmidt-Räntsch Rn 28). Damit würde der Verbraucher mit dem Beginn der Ausführung möglicherweise langfristig gebunden. Damit würde freilich der Schutzzweck der Vorschrift, die den Unternehmer vor nicht kompensierten Dienstleistungen bewahren will, überzogen. Dieser Schutzzweck ist schon erreicht, wenn dem Verbraucher (nur) ein Lösungsrecht ex nunc gewährt wird, so dass der Unternehmer für bereits erbrachte Dienstleistungen entschädigt wird (so auch AG Elmshorn NJW 2005, 2404 f; AG Montabaur VuR 2008, 355, 356; AG Berlin-Mitte, VuR 2009, 152; MüKo/*Wendehorst* Rn 56; Staud/*Thüsing* Rn 36).

Auf die **Rechtsfolge des § 312d Abs 3** ist der **Verbraucher nach § 1 Abs 1 Nr 10 BGB-InfoV hinzuweisen.** 15
Auch bei Unterbleiben der Information nach § 1 Abs 1 Nr 10 BGB-InfoV erlischt nach Ansicht des BGH aber das Widerrufsrecht (BGH NJW 2006, 1971). Allerdings kann in diesem Fall ein Anspruch auf Vertragsaufhebung aus §§ 311 Abs 2, 241 Abs 2, 280 Abs 1 folgen (so auch MüKo/*Wendehorst* Rn 62).

§ 312e Pflichten im elektronischen Geschäftsverkehr. **[1] Bedient sich ein Unternehmer zum Zwecke des Abschlusses eines Vertrags über die Lieferung von Waren oder über die Erbringung von Dienstleistungen eines Tele- oder Mediendienstes (Vertrag im elektronischen Geschäftsverkehr), hat er dem Kunden**

1. **angemessene, wirksame und zugängliche technische Mittel zur Verfügung zu stellen, mit deren Hilfe der Kunde Eingabefehler vor Abgabe seiner Bestellung erkennen und berichtigen kann,**
2. **die in der Rechtsverordnung nach Artikel 241 des Einführungsgesetzes zum Bürgerlichen Gesetzbuche bestimmten Informationen rechtzeitig vor Abgabe von dessen Bestellung klar und verständlich mitzuteilen,**
3. **den Zugang von dessen Bestellung unverzüglich auf elektronischem Wege zu bestätigen und**
4. **die Möglichkeit zu verschaffen, die Vertragsbestimmungen einschließlich der Allgemeinen Geschäftsbedingungen bei Vertragsschluss abzurufen und in wiedergabefähiger Form zu speichern.**

Bestellung und Empfangsbestätigung im Sinne von Satz 1 Nummer 3 gelten als zugegangen, wenn die Parteien, für die sie bestimmt sind, sie unter gewöhnlichen Umständen abrufen können.

[2] Absatz 1 Satz 1 Nummer 1 bis 3 findet keine Anwendung, wenn der Vertrag ausschließlich durch individuelle Kommunikation geschlossen wird. Absatz 1 Satz 1 Nummer 1 bis 3 und Satz 2 finden keine Anwendung, wenn zwischen Vertragsparteien, die nicht Verbraucher sind, etwas anderes vereinbart wird.

[3] Weitergehende Informationspflichten auf Grund anderer Vorschriften bleiben unberührt. Steht dem Kunden ein Widerrufsrecht gemäß § 355 zu, beginnt die Widerrufsfrist abw von § 355 Absatz 2 Satz 1 nicht vor Erfüllung der in Absatz 1 Satz 1 geregelten Pflichten.

Verordnung über Informationspflichten nach Bürgerlichem Recht

Abschnitt 2 Informationspflichten bei Verträgen im elektronischen Geschäftsverkehr

§ 3 BGB-InfoV Kundeninformationspflichten des Unternehmers bei Verträgen im elektronischen Geschäftsverkehr. **Bei Verträgen im elektronischen Geschäftsverkehr muss der Unternehmer den Kunden gemäß § 312e Absatz 1 Satz 1 Nummer 2 des Bürgerlichen Gesetzbuchs informieren**

1. **über die einzelnen technischen Schritte, die zu einem Vertragsschluss führen,**
2. **darüber, ob der Vertragstext nach dem Vertragsschluss von dem Unternehmer gespeichert wird und ob er dem Kunden zugänglich ist,**
3. **darüber, wie er mit den gemäß § 312e Absatz 1 Satz 1 Nummer 1 des Bürgerlichen Gesetzbuchs zur Verfügung gestellten technischen Mitteln die Eingabefehler vor Abgabe der Bestellung erkennen und berichtigen kann,**
4. **über die für den Vertragsschluss zur Verfügung stehenden Sprachen und**
5. **über sämtliche einschlägigen Verhaltenskodizes, denen sich der Unternehmer unterwirft, sowie die Möglichkeit eines elektronischen Zugangs zu diesen Regelwerken.**

A. Allgemeines. § 312e dient der Umsetzung der Art 10 und 11 der E-Commerce-RL 2000/31/EG. Die spezi- 1
fischen Pflichten des Anbieters sind in § 3 BGB-InfoV geregelt. Anders als die anderen Regelungen zu bes Vertriebsformen ist § 312e keine rein verbraucherrechtliche Regelung, sondern betrifft das Verhältnis von Unternehmern und »Kunden«. Die RL 2000/31/EG dient neben der Erhöhung des Verbraucherschutzniveaus (Erwägungsgründe (10) und (11)) vor allem der Verwirklichung des Binnenmarkts (Erwägungsgrund (3)). Dazu soll Rechtssicherheit für Internetanbieter und Verbraucher hergestellt werden, was ua zur Folge hat, dass die RL in ihrem Regelungsbereich dem Prinzip der Vollharmonisierung folgt. Der Umsetzungs- und Auslegungsspielraum auf nationaler Ebene ist entspr gering.

2 **B. Anwendungsbereich.** § 312e findet Anwendung, wenn sich ein Unternehmer zum Zwecke des Abschlusses eines Vertrags über die Lieferung von Waren oder über die Erbringung von Dienstleistungen eines Tele- oder Mediendienstes bedient. **I. Persönlicher Anwendungsbereich.** Die Beschränkung auf den in § 14 legal definierten Unternehmer wurde von Anfang an kritisiert, seine Übereinstimmung mit dem in der RL 2000/31/EG verwendeten Begriff des Diensteanbieters bezweifelt (vgl *Hassemer* MMR 2001, 635, 638 f; KompaktKomm/*Micklitz* § 312e Rn 11). **Diensteanbieter** iSd Art 10 und 11 der RL 2000/31/EG ist gem deren Art 2 lit b) jede natürliche oder juristische Person, die einen Dienst der Informationsgesellschaft anbietet. Merkmal eines »Dienstes der Informationsgesellschaft« (iSd RL 98/34/EG idF der RL 98/48/EG) ist zwar, dass die Dienstleistung »in der Regel gegen Entgelt« erbracht wird (*Hoeren* MMR 1999, 191, 193; *Spindler* ZUM 1999, 775, 776). Denkbar sind jedenfalls **Zwischenbereiche**, in denen sich der Dienstanbieter zwar eines Dienstes der Informationsgesellschaft bedient, also Dienstleistungen im elektronischen Geschäftsverkehr auch – regelm – gegen Entgelt erbringt, im konkreten Fall aber nicht gewerblich oder sonst selbständig beruflich iSd § 14 Abs 1 handelt. Hier ist eine richtlinienkonforme Auslegung angezeigt. Entscheidend für die Unternehmereigenschaft ist das Auftreten am Markt. Damit ist auch der Hochschullehrer, der kostenpflichtige Leistungen auf seiner Homepage anbietet, Unternehmer (KompaktKomm/*Micklitz* § 312e Rn 11). Der »Kunde« iSd § 312e kann sowohl Verbraucher als auch Unternehmer sein (BTDrs 14/6040, 169). Grds sind die Pflichten des § 312e ggü allen Kunden zu erfüllen. Sie können aber ggü Nicht-Verbrauchern weitgehend, wenn auch nicht vollständig abbedungen werden (s Rz 22).

3 **II. Sachlicher Anwendungsbereich.** Der **Begriff des Tele- und Mediendienstes** setzt den gemeinschaftsrechtlichen Begriff des Dienstes der Informationsgesellschaft (vgl zu diesem *Hoeren* MMR 1999, 192 ff; *Spindler* ZUM 1999, 775; KompaktKomm/*Micklitz* § 312e Rn 21 f) um. Der Begriff der **Teledienste** war früher in § 2 Abs 1 TDG aF definiert als elektronische Informations- und Kommunikationsdienste, die für eine individuelle Nutzung von kombinierbaren Daten wie Zeichen, Bilder oder Töne bestimmt sind und denen eine Übermittlung mittels Telekommunikation zugrunde liegt. Von dem Teledienstbegriff erfasst sind nur solche Angebote, die mittels Telekommunikation iSd TKG übertragen werden. Dabei ist irrelevant, ob die Daten durch Kabel- oder Funkübertragung übermittelt werden (Roßnagel/*Spindler* § 2 TDG Rn 17). In Abs 2 der Norm wurden ua Telebanking, Datenaustausch, Datendienste, Angebote zur Nutzung des Internet, Telespiele und Angebote von Waren und Dienstleistungen in elektronisch abrufbaren Datenbanken mit interaktivem Zugriff und unmittelbarer Bestellmöglichkeit als Bsp genannt. Nach § 2 Abs 3 TDG aF war die Telediensteigenschaft von der Frage eines Entgelts unabhängig. **Mediendienst** ist laut § 2 Abs 1 MDStV aF ein an die Allgemeinheit gerichteter Informations- und Kommunikationsdienst. Auch der MDStV enthielt in § 2 Abs 2 eine beispielhafte Aufzählung von unter Abs 1 zu subsumierenden Diensten. Mediendienste sind demnach insbes: Angebot von Fernseheinkauf (Teleshopping), Verteildienste, bei denen bestimmte Informationen verbreitet werden, Videotext, aber auch Abrufdienste, bei denen bestimmte Darbietungen auf Anforderung übermittelt werden, mit Ausnahme solcher Dienste, bei denen der individuelle Datenaustausch im Vordergrund steht. Wesentlicher Unterschied zwischen Medien- und Telediensten ist die Ausrichtung an die Allgemeinheit im Unterschied zur individuellen Nutzung (Roßnagel/*Meier* § 2 MDStV Rn 24).

4 **Eingeschränkt** wird der **Anwendungsbereich** dadurch, dass der Tele- oder Mediendienst zum Abschluss eines Vertrags verwendet werden muss. Bloße Verteildienste fallen damit aus dem Anwendungsbereich der Vorschrift heraus (BTDrs 14/6040, 171). Nur, wenn ein Bindungswille des Unternehmers vorliegt, der über die bloße Information hinausgeht, handelt der Unternehmer zum Zwecke des Vertragsschluss iSd § 312e. Ein solcher Bindungswille ist anzunehmen, wenn der Einsatz der Fernkommunikationstechnik auf die Abgabe eines Angebotes durch den Verbraucher abzielt, es sich also um eine *invitatio ad offerendum* oder sogar ein Angebot iSd § 145 handelt (*Micklitz* EuZW 2001, 133, 138). Daran fehlt es auch beim Teleshopping, bei dem die Interaktionsmöglichkeit nicht gegeben ist (vgl *Boente/Riehm* Jura 2002, 222, 226). Der intendierte Vertrag muss auf die Lieferung von Waren oder die Erbringung von Dienstleistungen gerichtet sein (dazu § 312b Rz 4 ff).

5 **C. Pflichten des Unternehmers und andere inhaltliche Regelungen.** Der Regelungsgehalt des § 312e Abs 1 und 2 folgt keiner bestimmten Systematik, sondern enthält einzelne Punkte, die der Gemeinschaftsgesetzgeber für wichtig gehalten hat, um das Vertrauen der Kunden in den elektronischen Geschäftsverkehr zu erhöhen. **I. Mittel zur Eingabekorrektur.** Nach § 312e Abs 1 S 1 Nr 1 hat der Unternehmer angemessene, wirksame und zugängliche technische Mittel zur Verfügung zu stellen, mit deren Hilfe der Kunde Eingabefehler vor Abgabe seiner Bestellung erkennen und berichtigen kann. Über die Art und Weise, wie dies erfolgen kann, ist der Kunde nach § 312 Abs 2 iVm § 3 Nr 3 BGB-InfoV zu informieren (s Rz 6). Offensichtlicher Zweck der Vorschrift ist es, den Kunden vor Fehlern bei der Eingabe vertragsrelevanter Daten zu schützen, da bei Online-Rechtsgeschäften jedweder Übereilungsschutz fehlt. Die Daten werden häufig schnell und ggf versehentlich per Mausklick abgeschickt, bevor der Kunde sie noch einmal gründlich geprüft hat.

6 Ein **Eingabefehler** iSd § 312e Abs 1 S 1 Nr 1 liegt vor, wenn der Kunde bei der Nutzung des Teledienstes etwas eingibt, was er so nicht eingeben wollte. Häufig wäre hier ein Anfechtungsrecht nach § 119 Abs 1 wegen eines Erklärungs- oder Inhaltsirrtums gegeben (*Grigoleit* WM 2001, 597, 602), das allerdings einen Schadensersatzanspruch nach § 122 auslösen könnte. Darauf kommt es aber nicht an. Vielmehr muss die Korrektur vor dem Hintergrund des intendierten Übereilungsschutzes auch bei einem Motivirrtum möglich

sein. Es soll schlicht verhindert werden, dass der Kunde – ggf versehentlich – die Bestellung abschickt, ohne sie endgültig geprüft zu haben. Die Korrekturmöglichkeit muss sämtliche Elemente der Bestellung erfassen, einschließlich der persönlichen Daten des Kunden, der Lieferadresse, der Kreditkartennummer etc.

Die **Korrekturmöglichkeit** setzt zunächst voraus, dass dem Kunden die Möglichkeit gegeben wird, seine Bestellung noch einmal einzusehen. Dies muss in einer Weise geschehen, dass der Durchschnittsnutzer ohne Mühe den Inhalt seiner Bestellung erkennen kann. Erkennt der Kunde einen Eingabefehler, so muss er die Möglichkeit haben, die fehlerhafte Eingabe durch eine Zutreffende zu ersetzen. Dazu müssen ihm angemessene, wirksame und zugängliche Mittel zur Verfügung gestellt werden. Dies beinhaltet, dass der Kunde die Korrektur mit demselben Medium vornehmen kann, also nicht etwa eine (womöglich kostenpflichtige) Telefonnummer wählen muss, um seinen Fehler zu korrigieren. Bei Bestellungen im Internet muss die Bestellung daher entweder auf der Seite, auf der dem Kunden die Bestellung noch einmal gezeigt wird, eine Korrektur möglich sein oder er muss auf die ursprüngliche Seite zurückgeführt werden, um seine Angaben dort korrigieren zu können. Allerdings darf der Kunde nicht ohne Not dazu gezwungen werden, einen langwierigen Bestellvorgang über viele Seiten hinweg erneut durchzuführen, soweit dies technisch vermieden werden kann (aA wohl *Glatt* ZUM 2001, 390, 395). Hier ist zu berücksichtigen, dass der Kunde eine kostenträchtige Internetverbindung nutzen könnte. Auch darf für die Korrektur vom Unternehmer keine Gebühr erhoben werden. Auf der anderen Seite schützt das Kriterium der »Angemessenheit« nicht nur den Kunden, sondern auch den Unternehmer vor zu hohen Anforderungen. 7

Ob die **berichtigte Eingabe** ihrerseits auf Eingabefehler durch den Kunden **kontrolliert** werden können muss, oder ob der Kunde an die berichtigte Eingabe endgültig gebunden ist, regelt § 312e Abs 1 S 1 Nr 1 nicht ausdrücklich. Dies ist aber zu bejahen, zumal es für den Anbieter keinen Aufwand begründet. Es ist durchaus denkbar, dass der Kunde zunächst einen Eingabefehler entdeckt und diesen berichtigt, bevor er im dritten Durchgang weitere Fehler sieht. Dem Kunden ist die Möglichkeit einzuräumen, seine Eingaben mehrfach zu berichtigen. 8

Fehlt die Korrekturmöglichkeit und schließt der Kunde deshalb einen Vertrag, den er andernfalls nicht oder nicht so geschlossen hätte, so steht ihm ein Schadensersatzanspruch aus §§ 311 Abs 2, 241 Abs 2, 280 Abs 1 zu, der im Einzelfall auch auf die folgenlose Aufhebung des Vertrags gerichtet sein kann (aA *Frings* VuR 2002, 390, 397, nach dem gar kein Vertrag zustande kommt). 9

II. Informationspflichten. Die RL 2000/31/EG sieht eine Reihe von »Informationen« vor, die dem Verbraucher klar, verständlich und unzweideutig vor Abgabe seiner Bestellung erteilt werden müssen. § 312e Abs 1 S 1 Nr 2 verweist insoweit auf die Ermächtigung nach Art 241 EGBGB zum Erlass einer einschl Verordnung, von der der Gesetzgeber mit § 3 BGB-InfoV Gebrauch gemacht hat. Die dort genannten Informationen müssen nach § 312e Abs 1 S 1 Nr 2 rechtzeitig vor Abgabe der Bestellung übermittelt werden, und dies muss klar und verständlich erfolgen. **1. Die einzelnen Informationspflichten.** Gem § 3 Nr 1 BGB-InfoV ist der Kunde über die einzelnen technischen Schritte, die zum Vertragsschluss führen, zu informieren. Auch wenn die Vorschrift nur von den »technischen Schritten« spricht, so setzt sie doch voraus, dass gleichzeitig rechtlich geklärt wird, wie und zu welchem Zeitpunkt der Vertragsschluss erfolgt (vgl *Micklitz* EuZW 2001, 133, 141). Der Unternehmer hat den Kunden also darüber aufzuklären, welche technische Handlung zu einer rechtlichen Bindung – sei es als Antrag oder Annahme – führt (vgl LG Berlin CR 2003, 63). Die Vorschrift weist Ähnlichkeiten mit dem fernabsatzrechtlichen § 1 Abs 1 Nr 3 BGB-InfoV auf (vgl *Härting* MDR 2002, 61, 63), wonach der Kunde darüber zu informieren ist, »wie der Vertrag zustande kommt« (s § 312c Rz 4), dh auch wo die Suche nach Informationen endet und der Bestellvorgang beginnt (vgl *Ernst* VuR 1999, 397, 404). Zusätzlich ist dem Kunden mitzuteilen, welche anderen *rechtlichen* Schritte – insbes seitens des Unternehmers – für den Vertragsschluss erforderlich sind (vgl *Spindler* ZUM 1999, 775, 790). 10

Nach § 3 Nr 2 BGB-InfoV hat der Unternehmer in Umsetzung des Art 10 (1) lit b) der RL 2000/31/EG den Kunden darüber zu informieren, ob der **Vertragstext *nach* dem Vertragsschluss gespeichert** wird und ob er dem Kunden zugänglich ist. Es geht dabei nicht um die Erfüllung der Verpflichtung aus § 312e Abs 1 Nr 4, dem Kunden die Möglichkeit zu verschaffen, die Vertragsbestimmungen einschließlich etwaiger Allg Geschäftsbedingungen bei Vertragsschluss abzurufen und in wiedergabefähiger Form zu speichern, sondern um die darüber hinaus gehende Speicherung nach Vertragsschluss (vgl auch *Micklitz/Ebers* VersR 2002, 641, 649). Eine Pflicht zur Speicherung trifft den Unternehmer nicht (vgl *Grigoleit* NJW 2002, 1151, 1157; *Härting* MDR 2002, 61, 63). Auch liegt es in seiner freien Entscheidung, einen ggf gespeicherten Vertrag dem Kunden zukünftig zugänglich zu machen. Etwas anderes kann sich freilich bei Verträgen über den Fernabsatz von Finanzdienstleistungen aus § 312c Abs 3 ergeben. 11

Der **Hinweis** muss **klar und deutlich** sein, die Formulierung, dass die für die Geschäftsabwicklung nötigen Daten unter Einhaltung der datenschutzrechtlichen Bestimmungen gespeichert würden, reicht dafür nicht aus (LG Stuttgart NJW-RR 2004, 911). Teilt der Unternehmer dem Kunden mit, dass der Vertragstext gespeichert und zukünftig dem Kunden verfügbar ist, so muss auch deutlich werden, wie lange dies der Fall ist. Löscht der Unternehmer den Vertragstext unangekündigt dennoch, so stellt dies eine Pflichtverletzung dar. Der Kunde mag nämlich auf Grund dieser Information davon absehen, den Vertrag selbst zu speichern. Die möglicherweise eintretende Beweisnot muss durch eine Beweislastumkehr kompensiert werden. 12

13 § 3 Nr 3 BGB-InfoV regelt die Verpflichtung des Unternehmers, den Kunden darüber zu informieren, wie er mit den gem § 312e Abs 1 S 1 Nr 1 zur Verfügung gestellten technischen Mitteln Eingabefehler erkennen und berichtigen kann. Die technischen Mittel müssen in ihrer Funktionsweise auch erklärt werden. Dabei darf der Unternehmer von einem durchschnittlich verständigen Nutzer ausgehen, was bereits in § 312e Abs 1 S 1 Nr 1 zu implizieren ist. Nach § 3 Nr 4 BGB-InfoV muss der Unternehmer »**über die für den Vertragsschluss zur Verfügung stehenden Sprachen**« informieren. Die Verwendung einer bestimmten Sprache ist dagegen nicht vorgesehen (*Grigoleit* WM 2001, 597, 603; *Micklitz* EuZW 2001, 133, 141). Es handelt sich daher um echte Informationspflicht. Aus den zur Verfügung stehenden Sprachen kann sich der Kunde diejenige heraussuchen, die ihm am besten vertraut ist (*Grigoleit* WM 2001, 597, 603). Ihrem Sinn und Zweck nach, dem Verbraucher eine informierte Entscheidung zu ermöglichen, entfällt die Informationspflicht, wenn nur die eine Sprache zur Verfügung steht, in der die Internetseite gestaltet ist (vgl KompaktKomm/*Micklitz* § 312e Rn 56).

14 Die Verpflichtung des Unternehmers aus Art 10 (2) der RL 2000/31/EG, dem Kunden mitzuteilen, welchen einschl **Verhaltenskodizes** er sich unterworfen hat und wo diese auf elektronischem Wege zugänglich sind, ist in § 3 Nr 5 BGB-InfoV umgesetzt. Gemeint sind Regelwerke, denen sich der Unternehmer freiwillig und unabhängig vom Vertragsschluss mit dem konkreten Kunden unterwirft, um die bes Qualität des Unternehmens bzw der vertriebenen Produkte zu dokumentieren (BTDrs 14/6040, 171). In Art 2 lit f) der späteren RL 2005/29/EG über unlautere Geschäftspraktiken wird der Begriff »Verhaltenskodex« definiert als eine Vereinbarung oder ein Vorschriftenkatalog, die bzw der nicht durch die Rechts- und Verwaltungsvorschriften eines Mitgliedstaates vorgeschrieben ist und das Verhalten der Gewerbetreibenden definiert, die sich in Bezug auf eine oder mehrere spezielle Geschäftspraktiken oder Wirtschaftszweige auf diesen Kodex verpflichten. Solche Regelwerke sind etwa die Verhaltenregeln für die Werbepraxis im Internet und in Online-Diensten, die Internationalen Verhaltensregeln für die Werbepraxis der Internationalen Handelskammer oder die RL des Zentralverbandes der deutschen Werbewirtschaft (ZAW). Nicht erfasst sind mangels Freiwilligkeit Berufsordnungen der freien Berufe. Diese sind aber nach § 5 Abs 1 Nr 5 TMG anzugeben.

15 Auch hier **bestimmt die Regelung nicht**, dass sich der **Unternehmer bestimmten Regelwerken zu unterwerfen hat** oder ob der Kunde aus einer Unterwerfung bestimmte Rechte herleiten kann, sondern sie statuiert lediglich eine Informationspflicht, aus der der Selbstbindungswille des Unternehmers und der Inhalt der Regelung hervorzugehen hat (*Micklitz* EuZW 2001, 133, 141). Erg ist darauf hinzuweisen, dass die Nichteinhaltung von Verpflichtungen, die der Unternehmer im Rahmen von Verhaltenskodizes eingegangen ist, eine Irreführung iSd § 5 Abs 1 Nr 6 UWG darstellt. Die **Information über die elektronische Zugänglichkeit** kann sich auf die Angabe einer eigenen oder fremden Internetseite beschränken, auf der Verhaltenskodex abrufbar ist.

16 **2. Allgemeine Anforderungen.** Gem. § 312e Abs 1 S 1 Nr 2 sind die Informationspflichten rechtzeitig vor Abgabe der Bestellung mitzuteilen. Im Interesse einer einheitlichen Auslegung ist der Begriff der **Rechtzeitigkeit** in § 312e in gleicher Weise auszulegen wie in § 312c Abs 1 (s § 312c Rz 15). Maßgeblich ist allerdings der Sinn und Zweck der einzelnen Informationspflicht. Im Idealfall bekommt der Kunde die Informationen in dem Augenblick, in dem er sie benötigt. Erforderlich ist stets, dass der Kunde noch in der Lage ist, die ihm übermittelten Informationen zu verarbeiten und seinen Entscheidungsprozess darauf einzustellen. Die Informationen des § 3 BGB-InfoV sind klar und verständlich mitzuteilen. Hier gilt dasselbe wie bei § 312c (s 312c Rz 16).

17 **III. Eingangsbestätigung.** § 312e Abs 1 S 1 Nr 3 verpflichtet den Unternehmer, den Zugang der Bestellung des Kunden unverzüglich, dh ohne schuldhaftes Zögern (s § 121 Abs 1) und damit idR sofort (vgl *Dethloff* Jura 2003, 730, 732) auf elektronischem Wege zu bestätigen. Mit der Vorschrift wird Art 11 (1), erster Spiegelstrich, der RL 2000/31/EG umgesetzt. Die Vorschrift dient der schnellen Information des Kunden darüber, ob seine Bestellung den Adressaten auch erreicht hat. Automatische Empfangsbestätigungen genügen den Anforderungen der Vorschrift (*Lopez-Tarruella* CMLR 38 (2001), 1337, 1369). Nicht geregelt wird damit das Zusammenspiel von Antrag und Annahme (*Micklitz* EuZW 2001, 133, 141; *Dethloff* Jura 2003, 730, 732 f).

18 Allerdings können **Eingangsbestätigung und Annahme** durch den Unternehmer durchaus **in einer Erklärung** zusammengefasst werden. In der Praxis stellt sich daher die Abgrenzungsfrage, wann eine Erklärung lediglich als Eingangsbestätigung iSd § 312e Abs 1 S 1 Nr 3 und wann sie (zusätzlich) als Annahme iSd § 147 anzusehen ist. Hier ist vom objektiven Empfängerhorizont auszugehen, wobei zugunsten des Unternehmers eine reine Eingangsbestätigung nicht als Annahme ausgelegt werden darf, weil ihn § 312e Abs 1 S 1 Nr 3 andernfalls zur sofortigen Annahme zwingen würde. Maßgeblich ist der Wortlaut der Erklärung im Einzelfall (vgl den Überblick bei *Stockmar/Wittwer* CR 2005, 118, 120 ff). Dabei ist die instanzgerichtliche Rspr uneinheitlich (vgl nur LG Gießen NJW-RR 2003, 1206; LG Hamburg EWiR 2004, 739; AG Butzbach NJW-RR 2003, 54 (jeweils nur Eingangsbestätigung), aber Frankfurt aM MDR 2003, 677; LG Köln VuR 2003, 277 (Annahme)). Als riskant hat es sich erwiesen, die Ausführung der Bestellung anzukündigen (Frankfurt aM MDR 2003, 677; LG Köln VuR 2003, 277), während der Unternehmer auf der sicheren Seite ist, wenn er in der Erklärung deutlich macht, dass die Bestellung erst noch bearbeitet werden muss oder gar explizit mitteilt, dass diese Erklärung noch keine Annahme darstellt (vgl auch *Lubitz* K&R 2004, 116, 117). Auf **elektronischem Wege** kann nur so zu verstehen sein, dass sich der Unternehmer eines Tele- oder Mediendienstes

bedienen muss. Regelm wird dies eine E-Mail sein. Problematisch ist der Inhalt der Vorschrift, wenn der Unternehmer die E-Mail-Adresse des Kunden nicht kennt, was bspw dann der Fall sein kann, wenn die Bestellung im Web-Interface des Unternehmers aufgegeben wurde. Praktisch behelfen sich die Internet-Anbieter regelm so, dass der Kunde verpflichtet wird, eine E-Mail-Adresse anzugeben.

IV. Zugangsregelung. Nach § 312e Abs 1 S 2 gelten Bestellungen und Empfangsbestätigungen als zugegangen, wenn der jeweilige Empfänger sie unter gewöhnlichen Umständen abrufen kann. Die Vorschrift entspricht der zuvor hM zum Zugang von E-Mails unter § 130 (vgl BTDrs 14/6040, 172), dient aber der Transparenz, die der EuGH im Verbraucherrecht fordert (vgl nur EuGHE 2001, I-3541). Rechtlich handelt es sich um eine gesetzliche Zugangsfiktion (*Lehmann* EuZW 2000, 517, 519). 19

V. Abrufbarkeit und Speicherung der Vertragsbedingungen. Nach § 312e Abs 1 S 1 Nr 4 hat der Unternehmer dem Kunden die Möglichkeit zu verschaffen, bei Vertragsschluss die Vertragsbestimmungen einschließlich der Allg Geschäftsbedingungen abzurufen und in wiedergabefähiger Form zu speichern. Die Vorschrift setzt Art 10 (3) der RL um. Der Unternehmer hat dazu die Datensätze so aufzubereiten, dass der Kunde sie ohne weiteres auf seinen Heimcomputer herunterladen kann. Hierzu muss er eine allg zugängliche Software verwenden (vgl *Kamanabrou* CR 2001, 421, 424 f). Dagegen besteht keine Verpflichtung des Unternehmers sicherzustellen, dass der Kunde die AGB auch tatsächlich abgespeichert hat. 20

VI. Ausnahmen und Abdingbarkeit. § 312e Abs 2 S 1 befreit den Unternehmer von der Informationspflicht des § 312e Abs 1 S 1 Nrn 1 bis 3, wenn der Vertrag *ausschließlich* durch individuelle Kommunikation geschlossen wurde, also nicht etwa auf eine Internetpräsentation zurückgeht. Dies ist beim Vertragsschluss allein durch E-Mails der Fall (*Gierschmann* DB 2000, 1315, 1318), aber auch beim Vertragsschluss im Online-Chat. Beruht der Vertragsschluss nicht auf dem Online-Angebot des Unternehmers, sondern wird die E-Mail lediglich als beschleunigte Form des herkömmlichen Briefes durch Unternehmer und Kunden eingesetzt, so sollen die bes Gefahren des elektronischen Geschäftsverkehrs nicht vorliegen (BTDrs 14/6040, 172; ebenso *Grigoleit* NJW 2002, 1151, 1152; krit *Micklitz* EuZW 2001, 133, 138). Allerdings kommt es nicht allein auf Angebot und Annahme an. Die Ausnahme greift schon dann nicht, wenn die Vertragsanbahnung durch eine Internetseite erfolgt (vgl Erwägungsgrund (39) der RL sowie *Spindler* MMR-Beil 7/2000, 4, 11; aA *Glatt* ZUM 2001, 390, 391 f). 21

In jedem Fall bleibt die Verpflichtung aus § 312e Abs 1 S 1 Nr 4 bestehen, dem Vertragspartner die Möglichkeit zu verschaffen, die Vertragsbestimmungen einschließlich der Allg Geschäftsbedingungen bei Vertragsschluss abzurufen und in wiedergabefähiger Form zu speichern. Auch die Zugangsregelung des § 312e Abs 1 S 2 findet Anwendung. Die Vorschrift des § 312e Abs 2 S 2 beinhaltet keine Ausnahme, sondern macht die Anforderungen des Abs 1 S 1 Nr 1 bis 3 und die Zugangsregelung des § 312 Abs 1 S 2 **abdingbar**, wenn der Kunde kein Verbraucher iSd § 13 ist. Erhalten bleibt wiederum die Verpflichtung aus § 312e Abs 1 S 1 Nr 4, dem Vertragspartner die Möglichkeit zu verschaffen, die Vertragsbestimmungen einschließlich der Allg Geschäftsbedingungen bei Vertragsschluss abzurufen und in wiedergabefähiger Form zu speichern. 22

D. Rechtsfolgen bei Verstoß gegen die aus § 312e Abs 1 resultierenden Pflichten. Nach § 312e Abs 3 S 2 beginnt die Widerrufsfrist eines auf Grund einer anderen Vorschrift bereits bestehenden Widerrufsrechts erst mit der Erfüllung der in Abs 1 S 1 Nr 1 bis 4 geregelten Pflichten. Erfüllt der Unternehmer seine Pflichten nicht, erlischt das – regelm über das Fernabsatzrecht – begründete Widerrufsrecht nach § 355 Abs 3 S 1 sechs Monate nach Vertragsschluss (s § 355 Rz 11). Allerdings besteht durchaus nicht bei jedem Vertrag im elektronischen Geschäftsverkehr ein fernabsatzrechtliches oder sonstiges Widerrufsrecht. Dieses kann zB nach § 312d Abs 4 ausgeschlossen sein. Die Regelung des § 312e Abs 3 S 2 entfaltet schon deshalb keine Ausschlusswirkung (vgl BTDrs 14/6040, 173). Die über § 312e Abs 3 S 2 hinausgehenden Rechtsfolgen richten sich nach dem Allg Schuldrecht (ausf Diskussion bei KompaktKomm/*Micklitz* § 312e Rn 67 ff). insbes ruft die Verletzung der vorvertraglichen Pflichten des § 312e Abs 1 Schadensersatzansprüche des Kunden nach den §§ 311 Abs 2, 241 Abs 2, 280 Abs 1 hervor, die auch auf die kosten- und folgenlose Aufhebung des Vertrags gerichtet sein können, wenn der Verstoß kausal für den Vertragsschluss war (vgl supra zu den einzelnen Pflichten). Allerdings ist auch hier eine zeitliche Sperrwirkung des § 355 Abs 3 anzunehmen (s auch § 355 Rz 12). Schließlich besteht die Möglichkeit der Unterlassungsklage nach § 2 Abs 2 Nr 2 UKlaG bzw nach § 8 UWG. 23

E. Konkurrenzen. § 312e Abs 3 S 1 stellt klar, dass weitergehende Informationspflichten auf Grund anderer Vorschriften unberührt bleiben. Klargestellt werden soll insbes, dass die Pflichten im elektronischen Geschäftsverkehr die fernabsatzrechtlichen Informationspflichten aus § 312c nicht verdrängen, sondern zu diesen hinzutreten (BTDrs 14/6040, 173). Daneben bleiben auch die Informationspflichten aus § 242, Informationspflichten bei speziellen Vertragstypen wie dem Reisevertrag und diejenigen des Telemediengesetzes (TMG) unberührt. Insbes die Informationspflichten aus § 5 TMG, die zum großen Teil auf Art 5 der RL 2000/31/EG beruhen, sind für den Unternehmer im elektronischen Geschäftsverkehr zu beachten. 24

§ 312f Abweichende Vereinbarungen.

Von den Vorschriften dieses Untertitels darf, soweit nicht ein anderes bestimmt ist, nicht zum Nachteil des Verbrauchers oder Kunden abgewichen werden. Die Vorschriften dieses Untertitels finden, soweit nicht ein anderes bestimmt ist, auch Anwendung, wenn sie durch anderweitige Gestaltungen umgangen werden.

1 § 312f S 1 fasste § 5 Abs 4 HausTWG aF und § 5 Abs 1 FernAbsG aF zusammen und erstreckte das Verbot abw Vereinbarungen zum Nachteil des Verbrauchers auf Verträge im elektronischen Geschäftsverkehr nach § 312e. Ebenfalls zusammengefasst und auf Verträge im elektronischen Geschäftsverkehr erstreckt wurden die Umgehungsverbote der §§ 5 Abs 1 HausTWG aF und 5 Abs 2 FernAbsG aF. Nach § 312f S 1 sind die §§ 312 bis 312e als **einseitig zwingendes Recht** ausgestaltet, von dem zwar zugunsten des Vertragspartners des Unternehmers, nicht aber zu dessen Nachteil abgewichen werden darf, sofern nicht ein anderes bestimmt ist. Derartige Vereinbarungen sind ebenso unwirksam wie Klauseln, nach denen der Vertragspartner des Unternehmers auf seine Rechte verzichtet (BTDrs 14/2658, 45; *Fischer/Machunsky* § 5 Rn 43). § 312f S 2 soll verhindern, dass die zwingenden Vorschriften zum Schutz des Verbrauchers oder Kunden der §§ 312 bis 312e durch **anderweitige Gestaltungen umgangen** werden. Die Vorschrift ermöglicht es der Rspr, funktional vergleichbare Direktvertriebsmethoden, in denen der Verbraucher ebenso schutzwürdig ist wie in den gesetzlich ausdrücklich geregelten Fällen, rechtlich wie Fälle der §§ 312 ff zu behandeln. Dogmatisch betrachtet wird das Umgehungsverbot erst relevant, wenn die Auslegung der §§ 312 ff nicht zum gewünschten Ergebnis führen kann, insbes weil der Wortlaut der Vorschrift dieses Ergebnis nicht trägt. Gerade im Recht der Haustürgeschäfte wurden die teleologische Auslegung und das Umgehungsverbot in der Praxis der Gerichte aber beinahe austauschbar verwendet, so etwa die Rspr zum an der Haustür vereinbarten Beitritt zu einer Gesellschaft oder Genossenschaft (s § 312 Rz 6). Diskutiert wird § 312f auch im Zusammenhang mit der notariellen Beurkundung von Haustürgeschäften in Fällen, in denen das Gesetz keine notarielle Beurkundung verlangt (s § 312 Rz 17). Das Umgehungsverbot macht den Rückgriff auf Analogien unnötig (ausf *Gramlich/Zerres* ZIP 1998, 1299 ff).

Untertitel 3 Anpassung und Beendigung von Verträgen

§ 313 Störung der Geschäftsgrundlage. [1] Haben sich Umstände, die zur Grundlage des Vertrags geworden sind, nach Vertragsschluss schwerwiegend verändert und hätten die Parteien den Vertrag nicht oder mit anderem Inhalt geschlossen, wenn sie diese Veränderung vorausgesehen hätten, so kann Anpassung des Vertrags verlangt werden, soweit einem Teil unter Berücksichtigung aller Umstände des Einzelfalles, insbesondere der vertraglichen oder gesetzlichen Risikoverteilung, das Festhalten am unveränderten Vertrag nicht zugemutet werden kann.
[2] Einer Veränderung der Umstände steht es gleich, wenn wesentliche Vorstellungen, die zur Grundlage des Vertrags geworden sind, sich als falsch herausstellen.
[3] Ist eine Anpassung des Vertrags nicht möglich oder einem Teil nicht zumutbar, so kann der benachteiligte Teil vom Vertrag zurücktreten. An die Stelle des Rücktrittsrechts tritt für Dauerschuldverhältnisse das Recht zur Kündigung.

Literatur *Berger/Filgut* Material Adverse-Change-Klauseln in Wertpapiererwerbs- und Übernahmeangeboten WM 2005, 253; *Canaris* Die Reform des Rechts der Leistungsstörungen JZ 2001, 499; *Dauner-Lieb/Dötsch* Prozessuale Fragen rund um § 313 BGB NJW 2003, 921; *Eidenmüller* Der Spinnerei-Fall, Die Lehre von der Geschäftsgrundlage nach der Rechtsprechung des Reichsgerichts und im Lichte der Schuldrechtsmodernisierung Jura 2001, 824; *Horn* Vertragsdauer, in: BMJ (Hrsg) Gutachten und Vorschläge zur Überarbeitung des Schuldrechts – Band 1 (1981), S 551; *Kießling/Becker* Die Teilkündigung von Dauerschuldverhältnissen WM 2002, 578; *Köhler* Die Lehre von der Geschäftsgrundlage als Lehre von der Risikobefreiung, in: Canaris/Henrich (Hrsg) Festgabe 50 Jahre BGH (2000), S 295; *Michalski* Zur Rechtsnatur des Dauerschuldverhältnisses JA 1979, 401; *Oertmann* Die Geschäftsgrundlage (1921); *Oetker* Das Dauerschuldverhältnis und seine Beendigung (1994); *Picot/Duggal* Unternehmenskauf: Schutz vor wesentlich nachteiligen Veränderungen der Grundlage der Transaktion durch sogenannte MAC-Klauseln DB 2003, 2635; *Riesenhuber* Vertragsanpassung wegen Grundlagenstörung – Dogmatik, Gestaltung und Vergleich BB 2004, 2697; *Teichmann* Strukturveränderung im Recht der Leistungsstörungen nach dem Regierungsentwurf eines Schuldrechtsmodernisierungsgesetzes DB 2001, 1485; *Zimmer* Das neue Recht der Leistungsstörungen NJW 2002, 1.

1 **A. Zweck.** Mit § 313 wurde eine eigenständige gesetzliche Regelung unter der amtlichen Überschrift »Störung der Geschäftsgrundlage« für das gleichnamige, bislang im Grundsatz von Treu und Glauben nach § 242 verankerte Institut des **Wegfalls der Geschäftsgrundlage** geschaffen. Die Wurzeln reichen auf das gemeinrechtliche Institut der *clausula rebus sic stantibus* zurück, die ihre Rechtfertigung in der Vorstellung fand, dass Verträge bzw eine Verpflichtung nur unter dem selbstverständlichen und stillschweigend vereinbarten Vorbehalt eingegangen würden, dass die maßgeblichen Verhältnisse unverändert blieben (MüKo/*Roth* Rn 42). Es geht also darum, die Fälle einer interessengerechten Lösung zuzuführen, in denen Verträge durch nachträglich eintretende oder bekannt werdende Umstände so schwerwiegend gestört sind, dass ihre unveränderte Durchführung unter Berücksichtigung aller Umstände des Einzelfalles, insbes auch der vertraglichen oder gesetzlichen Risikoverteilung, nicht mehr zumutbar erscheinen (BTDrs 14/6040, 175). Die Regelung

bezweckt im Falle einer im Zweifel **restriktiv anzunehmenden** nicht vorhergesehenen, schwerwiegenden Störung der Grundlage eines Vertrags den Ausgleich zwischen dem Beharrungs- und Erfüllungsinteresse der einen mit dem Anpassungs- und Beendigungsinteresse der anderen Partei. Mit § 313 wird wie durch § 275 der Grundsatz der Vertragstreue (*pacta sunt servanda*) im Interesse der Vertragsgerechtigkeit eingeschränkt (so BGH NJW 1976, 565, 566; 1977, 2262, 2263; aA PWW/*Medicus* Rn 2).

B. Systematik. Die Norm folgt in ihren Voraussetzungen der bisherigen ungeschriebenen Konzeption. Sie löst sich jedoch in der Rechtsfolgenseite von der bisherigen Praxis, indem eine Störung der Geschäftsgrundlage nur noch auf Einrede beachtlich ist und nicht wie bisher von Amts wegen zu berücksichtigen ist. Des Weiteren wird als Rechtsfolge ein Anspruch auf Anpassung festgeschrieben. In § 313 Abs 1 wird der nachträgliche Wegfall der Geschäftsgrundlage erfasst. Dabei wird die »Leerformel« der Rspr (erstmals in RGZ 168, 121, 126 f; zurückgehend auf *P Oertmann* Die Geschäftsgrundlage, 1921) aufgegriffen, jedoch objektiver in ihrer Formulierung gefasst. Dadurch soll allerdings kein Bruch mit der bisherigen Rspr vorgenommen werden (BTDrs 14/6040, 176). In § 313 Abs 2 ist das ursprüngliche Fehlen der Geschäftsgrundlage auf Grund einer Fehleinschätzung der Parteien der in Abs 1 erfassten Änderung objektiver Umstände nach Vertragsschluss gleichgestellt. 2

Abs 2 beruht daher vordergründig allein auf **subjektiven Tatbestandsmerkmalen**. Gleichwohl sollte Abs 1 nicht mit der objektiven und Abs 2 mit der subjektiven Geschäftsgrundlage gleichgestellt werden und hieraus ein Unterschied zwischen beiden Fällen abgeleitet werden (MüKo/*Roth* Rn 43 f). Bereits der Wortlaut des Abs 1 verdeutlicht, dass es auch hier bei der Bestimmung dessen, was zur Geschäftsgrundlage geworden ist, maßgeblich auf die Vorstellungen der Parteien, also subjektive Elemente ankommt. Andererseits setzt Abs 2 die Feststellung des Fehlens objektiver Umstände, welche die Parteien bei Vertragsschluss als gegeben angenommen haben, voraus. Beide Absätze kombinieren daher objektive und subjektive Elemente bei ihren Voraussetzungen miteinander. Das verbindende subjektive Element und somit die Rechtfertigung für die Gleichstellung ist, dass auch Abs 1 voraussetzt, dass die Parteien bei Kenntnis des späteren Wegfalls der Geschäftsgrundlage den Vertrag (so) nicht abgeschlossen hätten. In Abs 3 ist schließlich als subsidiäre (sekundäre) Rechtsfolge ggü dem Anspruch auf Anpassung ein Rücktrittsrecht kodifiziert. 3

Auf eine **Kodifikation der aus der bisherigen Rspr** abgeleiteten, anerkannten Fallgruppen wurde hingegen verzichtet. Vielmehr sind mit der »Grundlage des Vertrags«, Veränderungen der Umstände in »schwerwiegender« Weise, »wesentliche« Vorstellungen stellen sich als falsch heraus und einer Partei kann das Festhalten am unveränderten Vertrag nicht »zugemutet« werden, zahlreiche wertungsoffene Begriffe auf der Tatbestandsebene kodifiziert, die sich aber über die Unzumutbarkeit auch auf der Rechtsfolgenseite (»Anpassung«) auswirken. Die Norm ist somit einer Anwendung durch bloße Subsumtion nicht zugänglich. Die so entstandene Generalklausel ist als Ausnahmevorschrift weiterhin restriktiv zu handhaben. Die Anwendung des § 313 verlangt nach einer umfassenden und differenzierenden Interessenabwägung dahingehend, welcher Partei das Risiko einer Störung der Geschäftsgrundlage zugeordnet bzw neu zugeordnet wird, wobei – wie bei jeder Abwägung – der überzeugenden und offenen Bewertung der kollidierenden Interessen anhand anerkannter Werte und Wertungsgrundsätze bes Bedeutung für die Akzeptanz der Anpassung oder Vertragsbeendigung im jeweiligen Einzelfall zukommt. Dabei kann und muss auf die aus der bisherigen Rspr bekannten Fälle und die dort niedergelegten allg Werte, Wertungen und Wertungsgrundsätze bei der Konkretisierung von § 313 zurückgegriffen werden. 4

C. Anwendbarkeit sowie parteiautonome Anpassungsregelungen und Abbedingung. I. Anwendbarkeit nur auf Verträge. § 313 Abs 1 begrenzt die Anwendbarkeit der Norm auf Verträge. Wegen der größeren Praxisrelevanz bei Verträgen wurde von einer umfassenderen Regelung des Instituts im Anschluss an § 242 ausdrücklich abgesehen (BTDrs 14/6040, 175). Auch zukünftig wird es im Wesentlichen um eine Anwendung auf schuldrechtliche Austauschverträge gehen. Die Regelung ist aber auch auf unvollkommen zweiseitig und einseitig verpflichtende sowie sachen-, familien- und erbrechtliche Verträge anwendbar. Der § 313 kann auch auf Verträge angewandt werden, die nach dem Recht der DDR abgeschlossen wurden (BGHZ 120, 10, 22; 128, 320, 321 f). Bei öffentlich-rechtlichen Verträgen sind die Sonderregelungen in § 60 VwVfG und § 59 SGB X vorrangig. Schließlich ist § 313 dann nicht anwendbar, wenn durch seine Anwendung eine spezielle gesetzliche Regelung oder der mit ihr verwirklichte Schutzzweck durchkreuzt würde, wie bspw der Schutz der schwangeren ArbNin nach dem MuSchG etwa durch eine Vertragsauflösung (LAG Saarbrücken NJW 1966, 2138). Zu weiteren vorrangigen Spezialvorschriften vgl Rz 39. Eine **entspr Anwendung auf einseitige Rechtsgeschäfte** wird von der hM **abgelehnt** (BGH NJW 1993, 850 – testamentarisches Vermächtnis; Düsseldorf ZEV 1996, 466; offen lassend dagegen BAG NJW 1992, 2173, 2175). 5

II. Ausschluss durch Vereinbarung/Vorrang parteiautonomer Anpassungsregelung. § 313 ist grds nicht unmittelbar abdingbar. Dies resultiert aus seiner Begründung im Gedanken von Treu und Glauben (§ 242), der als zwingend angesehen wird. Allerdings kann seine Anwendung oder besser das Ergebnis seiner Anwendung durch parteiautonome Regelungen über die konkrete Risikoverteilung bzw zur Übernahme eines Risikos durch eine Partei maßgeblich beeinflusst werden. Hierfür spricht schon sein Wortlaut mit dem ausdrücklichen Verweis auf die vertragliche Risikoverteilung als bei der Einzelfallbewertung zu berücksichtigender 6

Umstand. Schließlich hat der durch Auslegung zu ermittelnde Vertragsinhalt grds Vorrang ggü der nicht zum Vertragsinhalt gehörenden, sondern diesen unterlegenden bzw motivierenden Geschäftsgrundlage (Palandt/*Grüneberg* Rn 10). Grenze für solche direkt auf die Frage der Zumutbarkeit des Festhaltens am Vertrag durchschlagenden Risikoverteilungsvereinbarungen ist § 138.

7 Aufgrund des grds **Vorrangs der Durchsetzung des Vertragsinhalts**, der notfalls auch im Wege **ergänzender Vertragsauslegung** gem §§ 133, 157 zu ermitteln ist, sind zum Vertragsinhalt gehörende parteiautonome Anpassungsregelungen vorrangig zu berücksichtigen (Palandt/*Grüneberg* Rn 10). Eine Anpassung bzw Beendigung des Vertrags nach § 313 scheidet demnach aus, wenn eine Regelung für den Fall eines Wegfalls, des Fehlens oder der Änderung von bestimmten Umständen vorhanden bzw durch Auslegung zu ermitteln ist (BGHZ 16, 4, 8; 81, 143; 90, 69, 74; NJW 2005, 205, 206). Solche Anpassungs- oder Beendigungsregelungen (auch Neu- oder Nachverhandlungsklauseln), die bspw als Material-Adverse-Change-Klauseln (MAC clause) vor allem aus Unternehmenskaufverträgen bekannt sind, haben daher Vorrang vor § 313, schließen die gesetzliche Regelung in ihrem Anwendungsbereich aus (*Berger/Filgut* WM 2005, 253; *Picot/Duggal* DB 2003, 2635).

8 **D. Voraussetzungen.** Nach § 313 Abs 1 ist Voraussetzung für einen Anspruch auf Anpassung zunächst, dass sich die zur Grundlage des Vertrags gewordenen **Umstände schwerwiegend geändert** haben und die Parteien den Vertrag nicht oder mit einem anderen Inhalt abgeschlossen hätten, wenn sie die Veränderung vorausgesehen hätten. Nach Abs 2 wird diesem Fortfall bzw dieser Änderung der auf dem ersten Blick objektiven Vertragsgrundlage der Fall gleichgestellt, dass wesentliche Vorstellungen der Parteien, die zur Grundlage des Vertrags geworden sind, sich im Nachhinein als falsch herausstellen. Logische Voraussetzung ist, dass der Vertrag wirksam zustande gekommen ist.

9 **I. Begriff der Geschäfts- bzw Vertragsgrundlage.** Der **Begriff der Geschäftsgrundlage** war und ist umstr (hierzu ausf Soerg/*Teichmann* § 242 Rn 208 ff). Die **Rspr** vertrat einen sog subjektiven Begriff. Danach sind dies alle nicht zum Vertragsinhalt erhobenen, aber bei Vertragsschluss zutage getretenen gemeinschaftlichen Vorstellungen der Vertragsparteien oder die dem Geschäftspartner erkennbaren und von ihm nicht beanstandeten Vorstellungen einer Partei vom Vorhandensein, künftigen Eintritt oder Fortbestand gewisser Umstände, auf denen der Geschäftswille der Parteien aufbaut (vgl BGHZ 25, 390, 392; 89, 226, 231; 131, 209, 214; 133, 281, 293; NJW 1953, 1585). In der **Lit** werden dagegen alternative Begriffsbestimmungen vertreten, die allesamt aber auch nicht zu einer abschließenden und befriedigenden Lösung führen (zusammenfassend AnwK/*Krebs* § 313 Rn 23 ff, 28). Trotz der objektiveren Prägung des Abs 1 wollte der Gesetzgeber keine Entscheidung treffen, was er auch durch den an die Vorstellungen der Vertragsparteien anknüpfenden Abs 2 verdeutlicht (BTDrs 14/6040, 176). Insbes sollte kein Bruch zur bisherigen Rspr vollzogen werden. So soll Abs 2 ausdrücklich der Kodifikation der von der Rspr anerkannten und in der Lit als Wegfall der subjektiven Geschäftsgrundlage diskutierten Fälle des gemeinsamen Motivirrtums dienen (zu letzterem vgl *Medicus* BR Rn 162 mwN). Eine stringente Unterscheidung zwischen »subjektiver und objektiver Geschäftsgrundlage« und/oder zwischen »großer und kleiner Geschäftsgrundlage« sollte nicht fortgeschrieben werden (zu den Begriffen Palandt/*Grüneberg* Rn 3 ff; gegen die Unterscheidung von »großer und kleiner Geschäftgrundlage« bereits *Medicus* AT Rn 859; *Horn* in BMJ (Hrsg.), Gutachten und Vorschläge zur Überarbeitung des Schuldrechts – Band 1, 1981, 551, 577). Auch die teilw als »Wegfall der großen Geschäftgrundlage« bes behandelten Fälle der **Vertragsstörung durch Kriege**, Inflationen, Naturkatastrophen, Revolutionen und viele andere mehr lassen sich hinreichend durch die in der Rspr entwickelten Fallgruppen erfassen und lösen (vgl Rz 17 ff). Im Prinzip sollte eine Annäherung bzw ein Versuch der Bestimmung vom Gesetzeswortlaut ausgehend vorgenommen werden, bei der die bisherige Rspr angemessen berücksichtigt wird.

10 Bereits bei der Annäherung an die Bedeutung und den Inhalt des Begriffs der Geschäftsgrundlage nach Abs 1 und Abs 2 wird erkennbar, dass es bei der Bestimmung dessen, was zur Geschäftsgrundlage geworden ist, wie bisher maßgeblich auf ein **Zusammenspiel von objektiven und subjektiven Momenten** ankommt (vgl sogleich Rz 12 ff). Häufig wurden bestimmte Umstände und Vorstellungen nur deshalb als Geschäftsgrundlage angenommen, weil deren Änderung, Fehlen bzw Störung so gravierend war, dass ein Festhalten der Parteien am unveränderten Vertrag nicht mit Treu und Glauben zu vereinbaren war. Auch in den beiden durch das SMG geschaffenen Tatbeständen ist eine derartige Rückkopplung der Störung, nämlich ihre Bedeutung für die Gewichtung bestimmter Umstände, angelegt. Gleichzeitig wirkt sich das Kriterium der Unzumutbarkeit eines Festhaltens am unveränderten Vertrag auf die Frage der Erheblichkeit der Störung aus, denn nur eine solche Störung, die ein Festhalten unzumutbar erscheinen lässt, wird auch erheblich sein und umgekehrt. Da sich die Zumutbarkeit vor allem mit Blick darauf bestimmt, was nach Ansicht eines objektiven Betrachters von einer durchschnittlichen Vertragspartei in der konkreten Lage »auszuhalten« erwartet werden kann, kommt dann wiederum ein objektives Element ins Spiel.

11 Nicht zur Geschäftgrundlage gehört in jedem Fall der ausdrücklich oder zumindest durch Auslegung zu ermittelnde Vertragsinhalt. Die Auslegung (auch die ergänzende Vertragsauslegung) ist grds vorrangig ggü § 313 (MüKo/*Roth* Rn 130 ff). Dabei ist jedoch eine Zuordnung im Grenzbereich zwischen dem noch in normativ ergänzender Auslegung feststellbaren Vertragsinhalt und der nur dem Vertrag zugrunde liegenden

Geschäftsgrundlage schwierig und wirkt daher oft willkürlich (anschauliche Beispiele in BGHZ 126, 226, 242; DB 1972, 1527). Eine vorrangige Problemlösung durch ergänzende Vertragsauslegung kommt nur dort in Frage, wo ein entspr Wille der Parteien für eine vertragliche Regelung feststellbar ist. Bietet der tatsächlich zutage getretene Wille keinen Anhalt oder Ansatzpunkt für eine Problemlösung, so ist eine ergänzende Auslegung im Parteiwillen nicht mehr möglich und somit der Weg über § 313 zu beschreiten (BGH NJW 1982, 2236, 2237; 1990, 1723, 1725; *Köhler* FG 50 Jahre BGH, 295, 304).

1. Geschäftsgrundlage nach Abs 1. Abs 1 stellt zunächst auf die Änderung der Umstände ab, die zur Grundlage des Vertrags geworden sind. Mit dem Bezug auf die **»Umstände«** legt dies nahe, dass Abs 1 die Fälle der »objektiven Geschäftsgrundlage« in sich aufnehmen soll. Bestätigt wird dies dadurch, dass Abs 1 weiter auf deren Änderung nach Vertragsschluss abstellt, sodass nur objektive Umstände betroffen sein können, da eine bloße Änderung der Absichten, Beweggründe etc nach Vertragsschluss nicht zu einem durch die gesetzliche Regelung legitimierten Anpassungsbedarf führen kann (so wohl auch MüKo/*Roth* Rn 43). Vielmehr haben es bei einer Änderung der gemeinsamen Zielsetzungen nur die Parteien allein in der Hand, durch eine einvernehmliche Vertragsänderung ihre geänderten Vorstellungen zu verwirklichen. Gleichwohl griffe man zu kurz, würde man Abs 1 rein objektiv interpretieren und bestimmen. Die Beantwortung der Frage, ob die Umstände zur Geschäftsgrundlage geworden sind, ist nur durch eine Gewichtung möglich. Diese kann zwar grds auch noch auf objektiver Grundlage erfolgen. Wie Abs 1 aber weiterhin erkennen lässt, muss die Geschäftsgrundlage solche Umstände erfassen, die dazu geführt hätten, dass »die Parteien den Vertrag nicht oder mit anderem Inhalt geschlossen hätten, wenn sie diese Veränderung vorausgesehen hätten«. Es kommt also bereits bei der **Bewertung bzw gewichtenden Einordnung der objektiven Umstände** als Geschäftsgrundlage auf die **Sicht der Parteien** an. Darüber hinaus enthält dieser Passus als implizite Aussage (und Voraussetzung), dass die Parteien die Änderung dieser Umstände nicht vorausgesehen haben, also nicht einmal für möglich hielten. Daraus wird erkennbar, dass auch im Rahmen der Bestimmung der Geschäftsgrundlage iSd Abs 1 nicht vollkommen losgelöst von den (subjektiven) Vorstellungen und Annahmen der Vertragsparteien vorgegangen werden kann, selbst wenn letztlich nur die Änderung objektiver Umstände nach Vertragsschluss erfasst wird. 12

Was zur Geschäftsgrundlage geworden ist, muss letztlich in jedem **konkreten Einzelfall** festgestellt werden. 13 Bei ehebezogenen Zuwendungen wird aber ganz allg der Fortbestand der Ehe als Geschäftsgrundlage angesehen (BGHZ 127, 48, 51 ff; 128, 126, 133; NJW 1997, 2747). Dabei ist jedoch zu berücksichtigen, dass eine Rückabwicklung beim gesetzlichen Güterstand vorrangig nach den hierfür vorgesehenen gesetzlichen Regelungen vorzunehmen ist (für eine Ausn vgl BGHZ 115, 132, 135 ff). Dabei handelt es sich im Kern um einen objektiven Umstand (Bestehen der Ehe), der sich nach Vertragsschluss ändert, sodass diese Fälle eher dem Abs 1 zuzuschlagen sind. Zwar handelt es sich auch um eine fehlerhafte Vorstellung der Parteien vom weiteren Schicksal ihrer Ehe. Es handelt sich aber nicht um fehlerhafte Vorstellungen der Parteien über die objektiven Umstände zum Zeitpunkt des Vertragsschlusses, sondern um fehlerhafte Vorstellungen über die Veränderung dieser objektiven Umstände. Zweifellos macht dieser Gedanke deutlich, dass der Übergang zu Abs 2 gleitend sein kann, da es eben auch im Abs 1 auf subjektive Momente in Form der Vorhersehbarkeit der Änderung ankommt. Des Weiteren wird man die Fälle der objektiven Äquivalenzstörung, die vor allem in der AufwertungsRspr des RG ausgeprägt wurden (RGZ 103, 328, 331; 107, 78, 86), hier einordnen können. Aber auch hier wurde neben der auf objektiven Umständen (bspw Geldentwertung, Wirtschaftskrise) beruhenden und objektiv feststellbaren Veränderung des wirtschaftlichen Gleichgewichts des Vertrags, wesentlich darauf abgestellt, dass die Parteien ursprünglich von einer Äquivalenz von Leistung und Gegenleistung sowie deren allenfalls unwesentlicher Änderung ausgingen; sog subjektive Äquivalenz (BGH WM 1968, 1248; BB 1970, 1191). Ausn hat die Rspr hiervon nur in Geschäften mit Versorgungscharakter gemacht, bei denen allein das nachträglich eingetretene objektive Missverhältnis ausreichte (BGH WM 1973, 839; 1975, 1131). Da es eben in diesen Fällen der nachträglichen Äquivalenzstörung maßgeblich auch auf die Vorstellungen und Einschätzungen der Parteien ankommt, ist auch in diesen Fällen der Übergang zu Abs 2 gleitend (so wohl auch MüKo/*Roth* Rn 54).

2. Geschäftsgrundlage nach Abs 2. Während das Vorstellungsbild der Parteien auch bei Abs 1 in Form der 14 »Vorhersehung bestimmter Entwicklungen« eine gewisse Rolle spielt, werden die **»wesentlichen Vorstellungen«** der Parteien zum Zeitpunkt des Vertragsschlusses in Abs 2 zur Geschäftsgrundlage selbst erhoben. Er scheint daher auf den ersten Blick die sog »subjektive Geschäftgrundlage« iSd bisherigen Unterscheidung zu erfassen. Allerdings enthält auch der Abs 2 objektive Elemente. So muss es sich um »wesentliche Vorstellungen« handeln, die zudem zur Geschäftgrundlage geworden sind. Dies setzt eine Gewichtung der Vorstellungen voraus, die selbst auch anhand objektiver Kriterien vorgenommen wird. Des Weiteren reflektieren die Vorstellungen, wenn auch in den Fällen des Abs 2 falsch, wie sich im Nachhinein herausstellt, die objektiven Umstände, beziehen sich somit auf sie. Um »wesentlich« zu sein, müssen sich die Vorstellungen logisch auch auf für den Vertragsschluss wesentliche Umstände beziehen, und zwar müssen sie – in der Vorstellungswelt der Parteien – so bedeutend gewesen sein, dass der Vertrag ansonsten nicht oder nicht mit diesem Inhalt abgeschlossen worden wäre. Andernfalls sind die auf die tatsächlich nicht oder nicht so bestehenden

Umstände bezogenen gemeinsamen Vorstellungen nicht als Geschäftgrundlage anzusehen (in diesem Sinne wohl auch MüKo/*Roth* Rn 45).

15 Ohne dass dies in Abs 2 ausdrücklich angesprochen wird, muss es sich um die **gemeinsamen Vorstellungen** der Vertragsparteien, wie bspw in den Fällen des gemeinsamen Motivirrtums, zumindest aber um die der anderen Partei erkennbaren (für den Vertragsschluss wesentlichen) Vorstellungen einer Partei (BGH ZIP 2006, 765), wie bspw in bestimmten Fällen des Fortfalls des Verwendungszwecks, handeln. Völlig einseitige, nicht erkennbar gemachte Vorstellungen, Absichten, Motive und Annahmen sind grds nicht geeignet, eine Geschäftgrundlage bzw ein Recht zur Anpassung des Vertrags zu begründen. Bereits bei den der anderen Partei erkennbaren Vorstellungen nur einer Partei befindet man sich bei der Frage der Zuweisung von Risiken, die vor allem im Rahmen der Zumutbarkeit eines Festhaltens am Vertrag, »so wie er ist«, bes Gewicht erlangen. Hier muss grds gelten, dass derjenige das Risiko von (Fehl-)Vorstellungen zu tragen hat, der die Vorstellung in seinem Innern verborgen hält.

16 Entspr zu den Fällen, in denen die Parteien die **Veränderung der Umstände vorausgesehen** haben und die deshalb aus dem Anwendungsbereich des Abs 1 herausfallen, werden von Abs 2 die Fälle nicht erfasst, in denen die Vorstellungen der Parteien zutr sind. Die Rspr hat freilich die Fälle des fehlenden oder unvollständigen Bewusstseins im Rahmen der Grundsätze zum Wegfall der Geschäftsgrundlage erfasst, in denen das Fehlen von Umständen relevant wird, deren Vorhandensein man für den Vertrag in seiner konkreten Ausgestaltung sinnvoller oder selbstverständlicher Weise voraussetzt, oder umgekehrt, in denen Umstände tatsächlich vorliegen, deren Nichtbestehen gemeinsam und übereinstimmend von den Parteien angenommen wurde (BGHZ 131, 209, 215). Hieran wird wohl festzuhalten sein (BGH NJW-RR 2006, 699; MüKo/*Roth* Rn 45). Teilw arbeitet die Rspr hier auch mit der Fiktion einer Vorstellung der Parteien vom Fortbestand des *status quo* (BGH NJW 2004, 3106). Die häufig vorgebrachte Argumentation, dass die Parteien eine angemessene Regelung in den Vertrag aufgenommen hätten, wenn sie die Änderung vorausgesehen hätten, passt in den Fällen des Abs 2 nur sehr bedingt, und gleichwohl kann die betroffene Partei bei fehlenden Vorstellungen schutzwürdiger sein (MüKo/*Roth* Rn 55; BGH NJW-RR 2006, 699).

17 **II. Schwerwiegende Veränderung nach Vertragsschluss bzw Vorstellungen stellen sich als falsch heraus.** Des Weiteren muss die Geschäftsgrundlage erheblich gestört sein. Dies wird in Abs 1 dadurch ausgedrückt, dass sich die, die Geschäftsgrundlage bildenden Umstände »schwerwiegend verändert« haben, und in Abs 2, dass sich die »wesentlichen Vorstellungen als falsch herausstellen«. Während es nach Abs 1 um die tatsächliche Veränderung von Umständen nach Vertragsschluss geht, die demnach objektiv feststellbar sein muss, wird durch Abs 2 diese scheinbar klare Lösung wieder aufgegeben. Die nach Abs 2 erfassten Fälle sich als fälschlich erweisender Vorstellungen, beziehen sich auch und gerade auf tatsächliche Umstände und Entwicklungen. Eine klare Trennung wird daher nicht möglich sein.

18 Entscheidend ist, dass das (subjektive oder objektive) **Vertragsprogramm gestört** wird, indem ein relevanter Umstand wegfällt, sich ändert, ungewollt eintritt, von Anfang an fehlt oder entgegen den Vorstellungen der Parteien ausbleibt (AnwK/*Krebs* Rn 30). Obwohl nach Abs 1 eine Änderung »nach Vertragsschluss« gegeben sein muss, worauf in Abs 2 logisch verzichtet wird, kann dieses Kriterium daher auch hier keine Relevanz haben. In der Gesetzesbegründung (BTDrs 14/6040, 174) macht es konsequenterweise keinen Unterschied, wenn von »nachträglich eingetretenen oder bekannt gewordenen Umständen« gesprochen wird. Wann eine erhebliche Störung der Geschäftsgrundlage vorliegt, ist nicht generell zu beantworten, sondern wertend in jedem Einzelfall zu ermitteln. Es kann dabei jedoch auf die aus der Rspr entwickelten Fallgruppen zurückgegriffen werden.

19 **1. Äquivalenzstörung.** Aus der bisherigen Rspr bekannt sind hier zunächst die Fälle der sog Äquivalenzstörung. Danach gehört die »Vorstellung« von der Gleichwertigkeit bei gegenseitigen Verträgen zur Geschäftsgrundlage, selbst wenn sie bei den Verhandlungen nicht bes zum Ausdruck gekommen ist (BGH, NJW 1962, 250, 251). Das Interesse, für seine Leistung eine angemessene Gegenleistung zu erhalten, muss zwar grds jede Partei bei der Verhandlung selbst wahrnehmen. Das ausgehandelte Äquivalenzverhältnis ist aber dann gestört, wenn unvorhersehbare Umstände eine erhebliche Entwertung der Gegenleistung oder eine erhebliche Erschwerung der Leistungserbringung zur Folge haben; vgl zu weiteren Voraussetzungen der subjektiven Seite Rz 14. Deutlich ist jedoch die Tendenz der Rspr, die Zumutbarkeitsschwelle hoch anzusetzen, wobei teilw auf subjektive Erwägungen zur Begründung zurückgegriffen wird, nämlich die Parteien hätten das Risiko vorausgesehen oder voraussehen können (MüKo/*Roth* Rn 148).

20 **Einzelfälle:** So hat die Rspr eine Anpassung von Erbbaurechtsverträgen (BGHZ 90, 227, 229; 119, 220, 222 mwN; NJW 1992, 2088, 2088 f; abgelehnt in BGHZ 86, 167, 171; NJW 1976, 846, 846 f) und Miet- und Pachtverträgen über längere Laufzeit (BGH NJW-RR 1999, 237; abl BGH NJW 1976, 142, 143; BGH BB 1977, 1574 – langfristiger Fernwärmevertrag) und für Unterhalts- und sonstige Verträge mit Versorgungscharakter schon bei im Verhältnis geringerer Geldentwertung (BGHZ 61, 31, 35 ff; 105, 243, 245; unter Betonung, dass es keine starre Grenze hierfür gibt BGH NJW 1986, 2054, 2055) auch bei normaler, jedoch bei Vertragsschluss in ihrem Ausmaß nicht vorhergesehener Inflation vorgenommen. In den Fällen der Leistungserschwerung hat grds der Schuldner allein das »Aufwandsrisiko« zu tragen (für den Sachleistungs-

schuldner vgl BGHZ 129, 236, 253; BGH NJW 1969, 233; für den Geldschuldner BGH NJW 1983, 1489, 1490). Die Grenze soll jedoch in den Fällen der sog wirtschaftlichen Unmöglichkeit erreicht sein (zu den strengen Voraussetzungen BGH BB 1956, 254; Anpassung vorgenommen in RGZ 102, 272, 273, 275 f – um 60 % gestiegene Herstellungskosten; RGZ 57, 116, 118; BGH NJW 1969, 233; BGH NJW 1994, 515, 516 – »Porsche 959«). Schwierig ist hier die Abgrenzung zum nach der Gesetzesbegründung vorrangigen § 275 Abs 2 (BTDrs 14/6040, 130, 176); vgl Rz 41.

2. Zweckstörung Abs 2. Über Abs 2 erfasst sind als praktisch wichtigste Fälle der subjektiven Fehlvorstellungen die sog Zweckstörungsfälle. Sie sind klar von den nach Unmöglichkeitsrecht zu behandelnden Fällen der anderweitigen Zweckerreichung oder des Zweckfortfalls zu unterscheiden. Grds hat der Gläubiger einer Leistung allein das Risiko der Verwendbarkeit einer vertragsgem Leistung zu tragen (vgl BGHZ 74, 370, 374; NJW 2000, 1714, 1716). Ausn hiervon werden nur gemacht, wenn die Partei erkennbar Gewinn aus der Zweckbestimmung zieht, die Gegenpartei erkennbar für die Realisierung des Zwecks mitverantwortlich ist oder es sonst ungerecht wäre, den Gläubiger allein die Nachteile der Störung tragen zu lassen (zusammenfassend AnwK/*Krebs* Rn 42). 21

Aus der Rspr sind hier der sog »**Fertighausfall**« (BGH JZ 1966, 409) und der sog »**Automatenaufstellfall**« (BGH LM § 242 Bb Nr 51) bekannt. Keine erhebliche Störung liegt hingegen beim Kauf von Bauerwartungsland vor, wenn es später kein Bauland wird (BGHZ 74, 370, 373 ff; Ausn in KG NJW-RR 1998, 663, 665, wo das Scheitern allerdings dem Verkäufer zugerechnet wurde). Auch das Nichteintreten gemeinsamer Gewinnerwartungen von Vermieter und Mieter bei Vermietung eines Ladenlokals stellt keine wesentliche Störung des Geschäftsgrundlage dar (BGH ZIP 2000, 1530, 1532; NJW 2000 1714, 1716). Eine erhebliche Störung wird regelm bei den sog ehebezogenen Zuwendungen bei Scheitern der Ehe angenommen, wobei hier auch eine Zuordnung zu Abs 2 nahe liegt (vgl auch zur entspr Rspr bereits Rz 13). Bei wettbewerbsrechtlichen Unterwerfungserklärungen wurde ein Wegfall der Geschäftsgrundlage angenommen, wenn das betreffende Verhalten durch Gesetzes- oder Rechtsprechungsänderung nicht mehr als wettbewerbswidrig anzusehen ist (Düsseldorf WRP 1995, 223, 225; Köln WRP 1984, 433). Gleiches gilt, wenn ohne die Erklärung wegen Wegfalls der Klagebefugnis oder Aktivlegitimation der Berechtigte nicht mehr gegen den Verpflichteten vorgehen kann (BGHZ 133, 316, 319 ff – »Altunterwerfung I«). 22

3. Gemeinsamer Motivirrtum. Weitere wichtige und in ihrer Behandlung **umstr Fallgruppe** des Wegfalls der subjektiven Geschäftsgrundlage sind die Fälle des sog **gemeinsamen Motivirrtums**, die jedenfalls als Fälle des Abs 2 einzuordnen sind. Hier haben sich die Parteien gemeinsam über Umstände oder die Rechtslage geirrt und der Irrtum war für ihre Willensbildung wesentlich: Dies ist in der Rspr bspw bei einer fehlerhaften Vorstellung hinsichtlich der Sittenwidrigkeit eines Kredites (BGHZ 99, 333, 337), hinsichtlich des gemeinsamen Irrtums der Verjährung einer Forderung im Rahmen eines Vergleichs (BGH NJW 1986, 1348, 1349), wobei sich hier zusätzlich die bes Problematik der Zulässigkeit der Berufung auf die Grundsätze über das Fehlen der Geschäftsgrundlage stellte, beim gemeinsamen Irrtum über die Arbeitnehmereigenschaft einer Partei (BGH NJW 1987, 918) oder beim gemeinsamen Irrtum über die Umsatzsteuerpflicht (Nürnberg NJW 1996, 1479 f) angenommen. 23

Bekanntester Anwendungsfall ist der **gemeinsame Kalkulationsirrtum** (BGH NJW 1995, 1425, 1428). Allerdings wird auch ohne gemeinsame Fehlkalkulation eine Störung angenommen und eine Anpassung des Vertrags vorgenommen, wenn der Irrtum des Erklärenden erkennbar war, die Gegenseite nicht schutzwürdig und ein Festhalten am Vertragsinhalt unzumutbar ist (BGH NJW 1998, 3192, 3194; Düsseldorf NJW-RR 1996, 1419, 1420). In diesen Fällen wird bekanntlich aber auch immer wieder eine vorrangige Anwendung der Vorschriften über die Anfechtung wegen Irrtums diskutiert. Gerade beim gemeinsamen Motivirrtum zeigt sich durch das Abstellen auf die fehlerhaften Vorstellungen, die zur Geschäftgrundlage geworden sind, die durch die Bedeutung der subjektiven Komponente in der gesamten Geschäftsgrundlagenproblematik aufgeworfene Frage nach der Abgrenzung zum Recht der Irrtumsanfechtung; hierzu vgl Rz 40. 24

III. Unzumutbarkeit des Festhaltens am Vertrag/Interessenabwägung. Die erhebliche Störung der Geschäftgrundlage muss das Festhalten am Vertrag für eine Partei unzumutbar machen. Dies ergibt sich nicht bereits aus dem Vorliegen einer »schwerwiegenden Störung«, sondern ist positiv durch eine wertende Folgenbetrachtung festzustellen. Nach der Rspr sind hier hohe Anforderungen zu stellen. Das Festhalten am Vertrag muss zu untragbaren, mit Recht und Gerechtigkeit nicht mehr zu vereinbarenden Ergebnissen führen (BGHZ 2, 176, 188 f; 84, 1, 9; 133, 281, 295; OGHZ 1, 62, 68). Für die Bestimmung der Zumutbarkeitsgrenze hat eine **Abwägung aller Umstände des Einzelfalls** stattzufinden, in die vor allem die Art des Vertrags, die resultierende Risikoverteilung und die Art der Störung einfließen. 25

1. Beachtung der Risikoverteilung. Wichtigstes Kriterium ist die vertraglich getroffene oder gesetzlich vorausgesetzte Risikoverteilung. Hat die durch die Störung belastete Partei das Risiko für diese Störung im Vertrag übernommen und ist möglicherweise hierfür sogar eine »Risikoprämie« vereinbart worden, so ist es grds zumutbar, sie hieran festzuhalten (RGZ 100, 134, 136; BGHZ 129, 236, 253; NJW 1969, 233). Wurde hingegen ein bestimmtes Risiko von den Parteien positiv erkannt und sind sie irrig davon ausgegangen, es sei 25a ausgeräumt und daher nicht regelungsbedürftig, so ist der Anwendungsbereich des § 313 eröffnet (BGHZ 112, 259, 261). Bei der Ermittlung einer vertragskonformen Risikozuweisung muss bes Sorgfalt aufgewandt werden, da die Vertragsanpassung idR zugleich eine Neuzuweisung dieses Risikos zu Lasten der anderen Partei bedeutet. Schon mit Blick auf die aus der Privatautonomie resultierende prinzipielle Eigenverantwortung der Privatrechtssubjekte darf der Gegenpartei nicht nachträglich der Vorteil eines glücklichen Geschäftsabschlusses auf Grund der ihr günstigen Risikozuweisung wieder zunichte gemacht werden.

26 Ist eine **vereinbarte Risikoübernahme** auch nicht durch Auslegung feststellbar, so kann sich die Risikotragung aus den Grundgedanken der allg gesetzlichen Risikoverteilung ergeben. Dies gilt insbes bei **Geschäften mit spekulativem Charakter**, bei denen beiden Parteien die Spekulationsrisiken wohl bekannt sind. Als typische Vertragsrisiken sind aber auch die **Bonität des Hauptschuldners bei der Bürgschaft** (BGHZ 104, 240, 242 mwN), die spätere Bebaubarkeit beim Kauf von Bauerwartungsland (BGHZ 74, 370, 373 ff) oder die Lebenserwartung bei einem Rentenvertrag anzusehen. Der allg gesetzlichen Wertung werden auch die Grundsätze entnommen, dass der Schuldner das sog »**Aufwandsrisiko**«, der Gläubiger das **Verwendungsrisiko**, der Geldschuldner die Finanzierbarkeit und der Gläubiger einer Geldleistung das Entwertungsrisiko zu tragen hat. Ein Festhalten an diesen Grundsätzen ist jedoch nur solange möglich, wie sich die Umstände des konkreten Falls noch im Rahmen des typischen, vom Gesetz noch berücksichtigten Störungsausmaßes halten (BGHZ 77, 194, 198 f – Erbbauzins; BGH NJW 1991, 1478, 1479 – »Salome«).

27 **2. Vorhersehbarkeit.** Eng mit der Frage der Risikoverteilung verbunden bzw die Zuweisung eines Risikos maßgeblich beeinflussend ist die Frage, ob eine oder sogar beide **Parteien die Störung vorausgesehen** haben oder voraussehen konnten. War die Störung ihrer Art nach bei Vertragsschluss vorhersehbar, so ist es dem belasteten Teil grds zumutbar, am Vertrag festgehalten zu werden. Er hätte sich bei Abschluss des Vertrags selbst hinreichend vor der später eingetretenen Störung absichern können (BGHZ 74, 370, 373 ff; WM 1965, 843, 845; 1972, 656 f). War die Störung zwar objektiv vorhersehbar, kann man von einer Zumutbarkeit des Festhaltens aber nur solange ausgehen, wie diese sich im Rahmen des typischerweise zu erwartenden hält. Änderungen der Rechtslage durch Gesetz oder Rspr, Kriege, Katastrophen etc sind in aller Regel nicht vorhersehbar. Dieser Grundsatz trifft schließlich auch in den Fällen nicht immer zu, in denen die Parteien gar keine Vorstellungen hatten und die betroffene Partei noch schutzwürdiger erscheinen kann (BGH NJW-RR 2006, 699; vgl bereits Rz 16).

28 **3. Zurechenbarkeit der Störung.** Ein weiteres Kriterium, das auf die Zuweisung eines Risikos durchwirken kann, ist die Zurechenbarkeit der Störung. Wer die **Störungslage** zumindest **freiverantwortlich herbeigeführt** hat, dem ist ein Festhalten grds eher zuzumuten, da er aus seiner Handlung keinen Nutzen ziehen soll (zu solchen Fällen vgl BGHZ 129, 297, 310; NJW 1992, 427, 428; NJW-RR 1993, 880, 881; ZIP 1993, 234, 237; NJW 2002, 3695; NJW-RR 2005, 1506). Hat hingegen die Gegenpartei die Veränderung der bei Vertragsschluss vorhandenen Umstände oder die fehlerhaften Vorstellungen der sich auf § 313 berufenden oder sogar beider Parteien, welche zur Geschäftsgrundlage geworden sind, verursacht, ist ihr die Vertragskorrektur oder -beendigung eher zumutbar. Andererseits handelt es sich auch hierbei nur um einen Aspekt in der Abwägung. Sollte es nämlich bspw so sein, dass die eine Vertragsanpassung verlangende Partei die Veränderung als wahrscheinlich vorausgesehen hat oder bei Anwendung der zu erwartenden Sorgfalt hätte voraussehen oder hätte sie die Fehlvorstellung vermeiden können, so war von ihr zu erwarten, dass sie mit Blick hierauf angemessen im Vertrag vorsorgt, bspw durch Aufnahme einer Anpassungs- bzw Nachverhandlungsregelung oder einer Bedingung. Selbstverständlich hat dieser Aspekt allerdings ein untergeordnetes Gewicht, wenn die betroffene Vertragspartei in einer solchen Situation auf Grund einer (nachweisbar) schwächeren Verhandlungsposition derartige Vorsorgeregelungen nicht in den Vertrag hineinverhandeln konnte. Dies macht deutlich, dass es letztlich auch hier auf die Frage der angemessenen Zurechnung des Risikos der Störung der Geschäftsgrundlage nach anerkannten Wertungsgesichtspunkten ankommt.

29 **4. Gesamtabwägung.** Die genannten Kriterien können allerdings nicht allein die Antwort auf die Zumutbarkeitsfrage (hinsichtlich des »Ob« einer Vertragsanpassung) geben, sondern sind vielmehr untereinander und mit den gesamten Begleitumständen abzuwägen. Darüber hinaus sind gesetzliche Wertungen und öffentliche Interessen, wie zB das Nominalprinzip, die hinreichende eigenverantwortliche Versorgung oder die wirtschaftliche Belastbarkeit zu beachten (AnwK/*Krebs* Rn 38; MüKo/*Roth* Rn 61 ff).

30 **E. Rechtsfolgen. I. Anspruch auf Anpassung.** Sind die Voraussetzungen gegeben, so kann die durch die Störung belastete Partei gem § 313 Abs 1 Anpassung des Vertrags verlangen. Die bislang umstr Frage nach der Rechtsfolge (vgl hierzu MüKo/*Roth* Rn 81 ff) ist durch die Norm somit zugunsten der Anspruchslösung entschieden. Es wird damit der Regelung in § 60 Abs 1 S 1 VwVfG gefolgt. Zwar ist der Vorrang einer Neu- bzw Umgestaltung des Vertragsinhalts in Hinblick auf die Störung wünschenswert. Die gesetzliche Regelung hat aber eine Lösung für die Fälle anzubieten, in denen sich die Parteien nicht auf eine konkrete Anpassung einigen können. Daher ist der Anspruchslösung der Vorzug gegeben worden. Entspr der Herstellungstheorie zur Vollziehung der bisherigen kaufrechtlichen Wandelung können aber sogleich die aus der Anpassung resultierenden Rechte geltend gemacht werden (BTDrs 14/6040, 176) und muss nicht zunächst auf das Einverständ-

nis der anderen Partei mit der Vertragsänderung (Urteilswirkung nach § 894 ZPO) geklagt werden. Hier löst sich der Gesetzgeber freilich von der Rspr zur Vorbildnorm in § 60 Abs 1 S 1 VwVfG, wo nach ständiger Rspr die Leistungsklage auf Anpassung zu erheben ist (BVerwG NVwZ 1996, 171, 173). Die klagende Partei trägt dadurch allerdings erkennbar das Risiko, ob sie mit ihren Überlegungen zur konkreten Ausgestaltung der angemessenen Anpassung, auf denen ihr Antrag beruht, die richterliche Bewertung des Anpassungsbedarfs trifft (MüKo/*Roth* Rn 86, 94).

Offen ist die inhaltliche Determinierung, da im Gesetz durch das Wort »**soweit**« als Maßstab wiederum auf die Unzumutbarkeit des Festhaltens am unveränderten Vertrag abgestellt wird. Das bedeutet aber gleichzeitig, dass der Vertrag nur soweit zu ändern ist, bis er einen für beide Parteien zumutbaren Rechte- und Pflichtenkatalog enthält. Es ist also im Rahmen der Prüfung dessen, wie der Vertrag auf die Störung anzupassen ist, dh konkret welchen geänderten Inhalt er erhält, die Zumutbarkeit der Änderung für die andere, nicht die Anpassung begehrende Partei zu überprüfen. Durch die mit dem Wort »soweit« vorgenommene Rückkopplung auf die Zumutbarkeit kommt es wiederum auf eine Einzelfallbetrachtung unter Berücksichtigung aller tatsächlichen Umstände sowie der den gesetzlichen und vertraglichen Bestimmungen zu entnehmenden Risikoverteilung an, vgl auch Rz 25 f. 31

1. Keine Neuverhandlungspflicht. Dem Anpassungsanspruch ist **keine Neuverhandlungspflicht vorgeschaltet** und kann auch nicht aus dem Anspruch selbst gezogen werden, wenngleich der Versuch einer Verhandlungslösung dienlich ist (AnwK/*Krebs* Rn 54). Dies ist freilich str (für eine Neuverhandlungspflicht: Palandt/*Grüneberg* Rn 41; *Riesenhuber* BB 2004, 2697; hM gg Neuverhandlungspflicht: *Dauner-Lieb/Dötsch* NJW 2003, 921, 925; *Teichmann* BB 2001, 1491; MüKo/*Roth* Rn 93). Die Verpflichtung zur Neuverhandlung würde eine bloße Formalie bedeuten, da die wünschenswerte parteiautonome Lösung des Anpassungsbedarfs konstruktiv nur auf Grund eines entspr Willens der Parteien möglich ist. Dann werden sie sich aber ohnehin über die Anpassung des Vertrags verständigen, sodass es in den Fällen, in denen eine parteiautonome Anpassung (einzig) realistisch erscheint, einer gesetzlichen Determination der Neuverhandlungspflicht nicht bedarf. Die eine Neuverhandlung ablehnende Partei erlangt dadurch auch keine Nachteile. Entgegen dem BGH ist in solchen Fällen auch bei einem berechtigten Anpassungsverlangen kein sofortiger Rücktritt oder Kündigung durch die Partei zulässig, welche die Anpassung verlangt (BGH NJW 1969, 233, 234; aA zu Recht *Köhler* FG 50 Jahre BGH – Band 1, 2001, 295, 308 f). Freilich kann die unverzügliche Mitwirkung an Anpassungsverhandlungen uU je nach dem Inhalt des Schuldverhältnisses und den Umständen des Einzelfalls eine (Neben-)Pflicht mit Blick auf § 242 sein und ihre Verletzung zum Schadensersatz gem § 280 Abs 1 oder gar §§ 280 Abs 1, 282, 280 Abs 3 führen, ein Vertretenmüssen vorausgesetzt, sowie zum Rücktritt nach § 324 berechtigen. Hierbei wird es sich aber nur um seltene Ausn handeln. 32

2. Umfang der Anpassung. Inhalt und Ausmaß der **Anpassung bestimmen sich nach den Umständen des konkreten Einzelfalls.** Sie ist jedoch nur insoweit vorzunehmen, als sie zur Wiederherstellung der Zumutbarkeit der weiteren Durchführung des Vertrags erforderlich ist (BGH JZ 1952, 145, 146; OGHZ 1, 62, 69). Insbes ist die Zumutbarkeit der Änderung des Vertrags für die Gegenseite zu berücksichtigen. Es gilt der Grundsatz des geringstmöglichen Eingriffs, dh einer möglichst interessengerechten Verteilung des unerwartet eingetretenen Risikos bei möglichst geringem Eingriff in die ursprüngliche Regelung (BGH DtZ 1996, 23). Durch die Regelung in § 313 Abs 1 als Grundsatz und durch die subsidiäre Regelung in § 313 Abs 3 wird entspr der bisher hM sichergestellt, dass eine Aufhebung des Vertrags durch Rücktritt oder bei Dauerschuldverhältnissen durch Kündigung nur in Betracht kommt, wenn eine Anpassung nicht möglich oder nicht zumutbar ist. Hinsichtlich der Zumutbarkeit ist hier eine von der Voraussetzungsebene klar zu trennende, allein die alternativen Anpassungsmöglichkeiten in Ansatz bringende Abwägung erforderlich. 33

Grds kommt nur eine **Anpassung** für noch nicht abgewickelte Vertragsverhältnisse und nur **für die Zukunft** in Betracht, da ein Wegfall der Geschäftsgrundlage bei voll erfüllten Geschäften nicht mehr von Einfluss ist (BGH NJW 1983, 2143; 1996, 992). Dieser Grundsatz wird aber mit Blick auf die Abwägung der betroffenen Interessen für bestimmte Ausn durchbrochen (BGHZ 131, 209, 216), bspw für die Fälle der ehebezogenen Zuwendungen (MüKo/*Roth* Rn 72). Der Zeitpunkt, zu dem die Vertragsanpassung vorgenommen wird bzw ab dem die Vertragsanpassung Wirkung entfaltet, lässt sich nicht allgemeingültig oder schematisch bestimmen, sondern ist ebenfalls eine Frage der Interessenbewertung. Während die Interessen der die Anpassung begehrenden Partei regelm darauf gehen werden, die Anpassungswirkungen möglichst nahe an den Eintritt des die Anpassung rechtfertigenden Ereignisses heran zu legen, können die schützenswerten Interessen der anderen Partei (bspw die mangelnde bzw eingeschränkte Vorhersehbarkeit/Erkennbarkeit) für einen späteren Eintritt der Anpassungswirkungen sprechen. Dies führt dazu, dass die Gerichte eher eine Anpassung des Vertrags für die Zukunft gewähren, wenn und soweit, wie regelm anzunehmen, die Rückwirkung die andere Partei unzumutbar belastet, was wiederum immer dann eher gegeben sein wird, je weiter die Anpassung zurückreichen soll (BGHZ 58, 355; NJW 1983, 2143). IdR wird eine Zäsur in der Schutzwürdigkeit der anderen Partei jedoch zu dem Zeitpunkt gesetzt, in dem sie das erste Mal vom Anpassungsbegehren der von der Störung betroffenen Partei erfährt (so zu Recht MüKo/*Roth* Rn 78). 34

35 **II. Beendigung des Vertrags nach § 313 Abs 3.** Liegen die Voraussetzungen des Abs 3 vor, so ist eine entspr Gestaltungserklärung notwendig (BGHZ 133, 316, 328). Die **Vertragsbeendigung** ist auch nach dem Wortlaut des Gesetzes weiterhin nur die ***ultima ratio.*** Allerdings kann dies zu zeitlichen Problemen führen, wenn sich erst nach längeren Verhandlungen, eventuell sogar erst im Gerichtsverfahren die Unmöglichkeit der Anpassung herausstellt. Freilich kann dann noch durch Ausübung des Gestaltungsrechts die Beendigung des Vertrags herbeigeführt werden. Gleichwohl tritt die Gestaltungswirkung erst mit Zugang der Gestaltungserklärung ein, sodass dies zu einem erheblichen Zeitverlust führen kann. Eine quasi »vorbeugende« alternative Beendigungserklärung ist mit Blick auf die Bedingungsfeindlichkeit von Gestaltungserklärungen grds nicht zulässig. Es bleibt natürlich die Möglichkeit der sofortigen Aussprache des Rücktritts/der Kündigung, da die durch die Störung benachteiligte Partei eine zumutbare Anpassung nicht für möglich hält. Dann trägt sie aber das Risiko, dass das Gericht eine zumutbare Anpassung erkennt. Hierbei dürfte es sich aber um das im Rahmen der Anpassung ohnehin bestehende Risiko handeln, dass der Antrag der benachteiligten Partei auf die geänderte (angepasste) Leistung zu weit geht. Eine Beschleunigung mit Blick auf die Klarstellung ist auch bei Dauerschuldverhältnissen nicht über eine entspr Anwendung des § 314 Abs 3 erreichbar, sodass die Anpassung innerhalb einer angemessenen Frist zu begehren ist. Das Gesetz hat ausdrücklich hierauf verzichtet, was insofern Sinn macht, als sich gerade bei Dauerschuldverhältnissen die gesamte Qualität einer Vertragsstörung erst nach einiger Zeit erkennen lässt (aA MüKo/*Roth* Rn 99: »offener Wertungswiderspruch«, aber wegen der gesetzgeberischen Entscheidung iE ebenfalls keine entspr Anwendung zulassend).

36 Ist das Gericht zu einer für beide Parteien zumutbaren Anpassung gelangt, so ist jedenfalls der durch die Störung benachteiligten Partei der Weg zur Vertragsbeendigung nach Abs 3 versperrt. Da im Rahmen der Anpassung auch die Interessen der anderen Partei berücksichtigt werden müssen, insbes mit Blick darauf, ob ihr die Neuverteilung des Risikos, die regelm zu ihren Lasten geht, nach Treu und Glauben zumutbar ist, steht ihr konsequenterweise **kein Wahlrecht zwischen Annahme der Vertragsänderung und einseitiger Beendigung** des Vertrags zu. Ob ein solches Wahlrecht in Ausnahmefällen Ausdruck des geringstmöglichen Eingriffs darstellt, erscheint zumindest zweifelhaft (anders offenbar MüKo/*Roth* Rn 98 unter Verweis auf frühere Rspr). Ist einer Partei (also auch der nicht durch die Störung benachteiligten Partei) eine bestimmte Anpassung oder keine Anpassung zumutbar, hat diese zu unterbleiben und ist allenfalls der benachteiligten Partei entspr dem Wortlaut des § 313 Abs 3 ein Recht zur einseitigen Beendigung des Vertrags zu geben.

37 Im Falle eines **Dauerschuldverhältnisses** wird für die **Kündigung** auf **§ 314** Bezug genommen, sodass auch die Befristung nach § 314 Abs 3 gilt. Hierbei muss aber beachtet werden, dass die Frist selbstverständlich erst ab Kenntnis von der Unmöglichkeit/Unzumutbarkeit der Anpassung läuft. Es handelt sich um eine Rechtsfolgenverweisung (MüKo/*Roth* Rn 145), sodass nicht nochmals des Vorliegen eines wichtigen Grundes nachgewiesen werden muss, da eine Zumutbarkeitsprüfung bereits im Rahmen des § 313 Abs 1 stattfindet, wobei die dort angestellten Erwägungen aber auch auf die Rechtsfolgen der Kündigung im konkreten Einzelfall fortwirken können. Mit Blick darauf, dass die gesamte Rechtsfolgenseite auf dem Grundsatz des geringstmöglichen Eingriffs basiert, sind auch für die Wirkung der Vertragsbeendigung Konsequenzen zu ziehen, dh es können bspw auch beim Rücktritt eine (zeitliche) Begrenzung der Rücktrittsfolgen (eventuell sogar nur *ex nunc*) oder bei Dauerschuldverhältnissen eine Auslauffrist oder sogar ein zeitlicher Aufschub zugunsten der Beobachtung der tatsächlichen Folgen der Vertragsstörung geboten sein. Neben Rücktritt und Kündigung kann hier bei Handelsgesellschaften sogar eine Auflösungsklage erforderlich sein (BGHZ 10, 44, 51), wobei hier ohnehin der Anwendungsbereich des § 313 ggü den Änderungsregeln mit Blick auf die erhöhte gesellschafts- und verbandsrechtliche Treuepflicht, insbes Änderungsklagen und Ausschlüsse nicht abschließend geklärt ist (vgl nur MüKo/*Roth* Rn 117 ff).

38 **F. Verjährung.** Der Anpassungsanspruch unterliegt der regelm Verjährung gem **§§ 195, 199** und verjährt damit regelm in drei Jahren ab Ende des Jahres, in dem der Berechtigte Kenntnis von den relevanten Umständen erlangte oder hätte erlangen können. Die Entstehung des Anspruchs auf Anpassung ist wegen der subjektiven Voraussetzung der Kenntnis vom Anspruch nach § 199 Abs 1 Nr 2 vor allem für den Lauf der kenntnisunabhängigen Höchstfrist nach § 199 Abs 4 relevant. Weil der Anspruch auf Anpassung mit der Störung entsteht, ist in den Fällen des § 313 Abs 2 auf den Zeitpunkt des Vertragsschlusses und in den Fällen des § 313 Abs 1 auf den Zeitpunkt des Eintritts der Veränderung der Umstände abzustellen. Da nach der Entscheidung des Gesetzgebers § 313 als Einrede ausgestaltet ist, kommt der von der Störung benachteiligten Partei im Rahmen der Verteidigung gegen eine Klage auf die unangepasste Leistung nach Eintritt der Verjährung der § 215 über § 273 zugute. Ggf früher kann der Anspruch auf Anpassung bereits durch ein längeres Zuwarten gem § 242 verwirkt sein (AnwK/*Krebs* Rn 58). Bei längerem Zuwarten wird das Festhalten am Vertrag aber als zumutbar erscheinen können, ein Anspruch mithin nicht mehr bestehen, sodass diese Fälle häufig bereits ohne Zuhilfenahme von § 242 gelöst werden können. Mit Blick auf eine entspr Anwendung des § 218 wird auch das Rücktrittsrecht gem § 313 Abs 3 innerhalb der Verjährungsfrist für den Anspruch auf Anpassung auszuüben sein (MüKo/*Roth* Rn 109).

39 **G. Verhältnis des § 313 zu anderen Regelungen. I. Vorrang von speziellen Sonderregeln.** Die Regelung in § 313 über die Störung der Geschäftsgrundlage tritt zu zahlreichen anderen gesetzlichen Regelungen in Kon-

kurrenz. Sie ist grds nachrangig ggü gesetzlichen Sonderregelungen für Geschäftsgrundlagenprobleme, auch wenn in ihnen lediglich Teilaspekte erfasst werden. Ausn, in denen erg auf die allg Regelung zurückgegriffen werden kann, sind aber möglich (BGH NJW 1990, 572; Karlsruhe NJW 1989, 2136). Derartige Sonderregelungen finden sich insbes in §§ 314, 321, 490, 519, 528 und 530 (Karlsruhe NJW 1989, 2136: abschließende Regelung in ihrem tatbestandlichen Bereich; aber Ausn bei ehebedingten Zuwendungen: BGH NJW 1992, 238), 543, 569, 593, 594e, 605, 626, 650, 651j, 723, 775 Abs 1 Nr 1 und 2, 779 (BGH NJW 2000, 2497: *lex specialis* nur für den dort geregelten Fall, sodass § 313 iÜ anwendbar bleibt), 1301, 1612a, 2077, 2079; Art 79 CISG; §§ 16, 17 BetrAVG; § 12 ArbEG, § 41a VVG; § 36 UrhG; § 60 VwVfG; § 59 SGB X.

II. Verhältnis zum Anfechtungsrecht. Durch die zahlreichen subjektiven Elemente, nämlich die Fehlvorstellungen der Parteien, besteht eine bes Nähe zum Irrtumsrecht. Es verwundert daher nicht, dass in den letzten Jahren eine Eingrenzung der Geschäftsgrundlagenlehre vor allem mit Blick auf das Irrtumsrecht versucht wurde (hierzu MüKo/*Roth* Rn 53). Durch § 313 Abs 2 ist zukünftig der gemeinsame Motivirrtum ein Anwendungsfall für die Anpassung (BGHZ 25, 390; NJW 2002, 292; 2005, 2069) und konkurriert dadurch in einem Teilbereich mit den Irrtumsregeln. Die Aufnahme der Regelung in § 313 sollte jedoch nicht die Möglichkeit einer Anfechtung nach §§ 119 Abs 1 und 2, 123, 2078 f ausschließen, was auf Grund des oftmals nur einseitigen Anpassungsinteresses auch wenig sachgerecht wäre. Vielmehr sprechen europäische Rechtsvereinheitlichung und der Grundsatz, dass jeder für die Folgen seiner Irrtümer und ihre Korrektur selbst verantwortlich ist, für einen Vorrang des Irrtumrechts (ebenso AnwK/*Krebs* Rn 11). Im Rahmen des gemeinsamen Motivirrtums stellt sich die Abgrenzungsfrage regelm nicht, da der Motivirrtum über eine verkehrswesentliche Eigenschaft nach § 119 Abs 2 das Anfechtungsrecht gibt und in den praktisch wichtigsten Fällen nach § 434 Abs 1 S 1 dann die Mängelgewährleistung Vorrang sowohl vor § 313 als auch vor der Irrtumsanfechtung hat (MüKo/*Roth* Rn 138). In den Fällen des gemeinsamen Irrtums nach § 119 Abs 1 wird regelm ohnehin das übereinstimmend Gewollte (*falsa demonstratio non nocet*; Auslegung nach §§ 133, 157) maßgeblich sein. 40

III. Verhältnis zum Unmöglichkeitsrecht. Ein wichtiger Problemkreis ist die Abgrenzung der Anwendung des § 313 von den Regeln zur Unmöglichkeit in § 275 Abs 1 bis 3. Im Verhältnis zur Unmöglichkeit ist insbes die Abgrenzung zu § 275 Abs 2 und 3 und in den Zweckstörungsfällen zu Abs 1 problematisch. Die Fälle der sog wirtschaftlichen Unmöglichkeit und der Unmöglichkeit aus Gewissensgründen sind nicht von § 275 Abs 2 und 3 erfasst, sondern sachgerechter über § 313 zu lösen. IÜ sind auch die § 275 Abs 2 und 3 ggü der in der Rechtsfolge flexibleren Regelung des § 313 eher restriktiv zu handhaben (Palandt/*Grüneberg* Rn 12, 32, 35; *Canaris* JZ 2001, 499, 501; *Zimmer* NJW 2002, 1, 3; MüKo/*Roth* Rn 140 sowie § 275 Rn 64), was auch der früheren Rspr entspricht, die im Grenzbereich eher zur Anwendung der Grundsätze über den Wegfall der Geschäftgrundlage tendierte. 41

IV. Verhältnis zur außerordentlichen Kündigung nach § 314 und speziellen Kündigungsregeln. Die Umstände, deren Änderung eine Störung der Geschäftgrundlage iSd § 313 ausmacht, können grds auch einen wichtigen Grund iSd § 314 darstellen (aA offenbar MüKo/*Roth* Rn 141, iE aber wie hier). Grds gilt, dass § 313 Abs 1 und 2 mit seinen weniger einschneidenden Rechtsfolgen Vorrang ggü den speziellen Kündigungsrechten hat. Eine Beendigung des Vertrags nach § 313 Abs 3 darf andererseits nicht dazu dienen, erhöhte Voraussetzungen der speziellen Kündigungsregeln zu unterlaufen oder eine versäumte (dh verfristete) Kündigung über § 313 Abs 3 doch noch möglich zu machen (MüKo/*Roth* Rn 143). IÜ vgl auch § 314 Rz 25. 42

V. Verhältnis zum Gewährleistungsrecht. Darüber hinaus wird die Anwendung des § 313 durch die gesetzlichen Gewährleistungsregeln ausgeschlossen (BGHZ 98, 103; NJW 2003, 1318). Bei den Gewährleistungsregeln ist entspr der bisherigen Rspr zum Wegfall der Geschäftgrundlage, bei Leasingverträgen bei der mangelbedingten Rückabwicklung des Kaufs durch den Leasingnehmer weiterhin über § 313 eine Lösung zu suchen (hierzu vgl nur BGHZ 68, 118, 126; 114, 57, 61). Auch bei anderen Verträgen ohne gesetzliche Gewährleistungsvorschriften bietet § 313 flexible Mittel. Der Unternehmenskauf wird dagegen künftig ausschließlich über die kaufrechtlichen Gewährleistungsregeln zu handhaben sein. 43

VI. Verhältnis zum Bereicherungsrecht. Schließlich steht § 313 in **Konkurrenz zur sog Zweckverfehlungskondiktion** (*condictio causa non secuta*) nach § 812 Abs 1 S 2 Alt 2, ggü der das Verhältnis nach wie vor umstritten ist (vgl hierzu nur MüKo/*Roth* Rn 138; Erman/*Westermann*, § 812 Rn 51 f). Die Rspr scheint hier dem Wegfall der Geschäftgrundlage grds Vorrang einzuräumen, da sie in der Rechtsfolge die freiere Berücksichtigung aller Umstände erlaubt und damit eine größere Flexibilität gegeben ist (BGHZ 84, 1, 10; BAG NJW 1987, 918). Als vertraglichem Rechtsbehelf ist § 313 aber jedenfalls ggü dem Bereicherungsrecht grds Vorrang einzuräumen (AnwK/*Krebs* Rn 20). 44

H. Prozessuales. Nach der Gesetzesbegründung soll weiterhin **unmittelbar auf die angepasste Leistung geklagt** werden können. Es bleibt aber grds auch die Feststellungsklage möglich (BGH NJW 2006, 699: als Minus zum Leistungsantrag), was bspw in den Fällen der Feststellung der Vertragsbeendigung nach erfolgter Kündigung praktisch relevant wird. Die klagende Partei trägt in den Fällen der Leistungsklage erkennbar das Risiko, ob sie mit ihrem Antrag, der auf ihren Überlegungen zur angemessenen Anpassung beruht, die rich- 45 terliche Bewertung des Anpassungsbedarfs trifft. Der Klage auf Aufnahme von Anpassungsverhandlungen wird dagegen regelm das Rechtsschutzbedürfnis fehlen. Die klagende Partei befindet sich bei der Stellung des Antrags bes im Spannungsverhältnis des teilw Unterliegens und der Verpflichtung zur Stellung eines bestimmten Antrags. Dies gilt insbes dann, wenn auf Zustimmung der anderen Partei in eine Vertragsänderung geklagt wird, da hier die begehrte Vertragsänderung iS eines Vertragsangebotes inhaltlich vollständig konkretisiert sein muss. Das Gericht ist hier aber gem §§ 139, 263 ZPO verpflichtet, auf eine sachdienliche Antragsstellung und Antragsänderung hinzuwirken (BGH NJW 1978, 615). Bei Zahlungsanträgen kann des Weiteren überlegt werden, in Parallele zu den Schmerzensgeldfällen eine Klage auf den »angemessenen« oder »vom Gericht zu bestimmenden« Geldbetrag zuzulassen (BGHZ 71, 276; NJW 2005, 1360).

46 Der Gesetzgeber hat dahingehend eine Umgestaltung vorgenommen, dass nunmehr die Störung der Geschäftsgrundlage nicht mehr von Amts wegen zu berücksichtigen ist, sondern als Einrede ausgestaltet ist, dh von der betroffenen und die Anpassung begehrenden Partei ausdrücklich geltend zu machen ist (BTDrs 14/6040, 176). Die von der Störung benachteiligte Partei kann § 313 über § 273 **einredeweise gegen ein Klage auf die unangepasste Leistung** geltend machen. Die Partei, die sich auf § 313 beruft, trägt nach allg Grundsätzen die Beweislast für alle Umstände, aus denen sich die Störung der Geschäftsgrundlage ergibt; die andere Partei trägt hingegen die Beweislast dafür, dass ihr Recht gleichwohl unberührt bleibt.

§ 314 Kündigung von Dauerschuldverhältnissen aus wichtigem Grund.

[1] Dauerschuldverhältnisse kann jeder Vertragsteil aus wichtigem Grund ohne Einhaltung einer Kündigungsfrist kündigen. Ein wichtiger Grund liegt vor, wenn dem kündigenden Teil unter Berücksichtigung aller Umstände des Einzelfalls und unter Abwägung der beiderseitigen Interessen die Fortsetzung des Vertragsverhältnisses bis zur vereinbarten Beendigung oder bis zum Ablauf einer Kündigungsfrist nicht zugemutet werden kann.

[2] Besteht der wichtige Grund in der Verletzung einer Pflicht aus dem Vertrag, ist die Kündigung erst nach erfolglosem Ablauf einer zur Abhilfe bestimmten Frist oder nach erfolgloser Abmahnung zulässig. § 323 Absatz 2 findet entsprechende Anwendung.

[3] Der Berechtigte kann nur innerhalb einer angemessenen Frist kündigen, nachdem er vom Kündigungsgrund Kenntnis erlangt hat.

[4] Die Berechtigung, Schadensersatz zu verlangen, wird durch die Kündigung nicht ausgeschlossen.

1 **A. Zweck und Systematik.** In § 314 ist durch das SMG die auf v Gierke (JherJb 64 (1914), 355 ff) zurückgehende außerordentliche Kündigung für Dauerschuldverhältnisse in einer allg Norm kodifiziert. Sie war bereits seit langem in der Rspr allg anerkannt (RGZ 65, 37, 38; 128, 1, 16; 160, 361, 366; BGHZ 50, 312, 315; BGH, NJW 1951, 836; 1989, 1482, 1483; 1991, 1828, 1829). Auch in der Lit wurde ihrer Anerkennung einhellig zugestimmt (vgl nur MüKo/*Kramer* Einl §§ 241–432 Rn 100; Staud/*Schmidt* § 242 Rn 1385; Soerg/*Wolf* § 305 Rn 20). Durch dieses Institut wird bei Dauerschuldverhältnissen dem Bedürfnis Rechnung getragen, dass auch ohne ausdrückliche Regelung eines Kündigungsrechtes, aber auch bei bestehendem befristeten Kündigungsrecht, eine sofortige Auflösung (grds mit *ex-nunc*-Wirkung) des Vertragsverhältnisses bei schwerwiegenden Beeinträchtigungen der einen Partei durch die andere ermöglicht werden muss. Dogmatisch wurde das Kündigungsrecht entweder mit einer Gesamtanalogie zu §§ 626, 723 begründet (RGZ 128, 16; BGHZ 9, 157, 161; 29, 171; 41, 104, 108; 50, 312, 314; BGH, NJW 1999, 177; MüKo/*Kramer* Einl §§ 241–432 Rn 129) oder unmittelbar aus dem Grundsatz von Treu und Glauben in § 242 abgeleitet (RGZ 169, 203, 206; BGHZ 9, 157, 161; BGH, NJW-RR 1991, 1266, 1267; Staud/*Schmidt* § 242 Rn 1385; Erman/*Jendrek* § 554a Rn 10). Alternativ wurde noch auf einen allg Rechtssatz (RGZ 140, 264, 275) oder eine entspr Anwendung des § 626 (BGHZ 82, 354, 359) abgestellt. Die gesetzliche Regelung in § 314 entspricht im Wesentlichen dem Vorschlag im Abschlussbericht der Schuldrechtskommission (BMJ (Hrsg), Abschlussbericht, 1992, S 152 ff) und nimmt weitestgehend den derzeitigen Entwicklungsstand ins Gesetz auf. Im Vergleich zum Abschlussbericht der Schuldrechtskommission wurde lediglich auf die Regelung zur Rückabwicklung bereits erbrachter Leistungen verzichtet. Durch die generalklauselartige Fassung wurde die Möglichkeit der weiteren Fortentwicklung des Instituts geschaffen.

2 Abs 1 enthält den Grundtatbestand der außerordentlichen Kündigung, wobei S 2 eine ausfüllungsbedürftige Legaldefinition des wichtigen Grundes enthält, während der Begriff des Dauerschuldverhältnisses weiterhin undefiniert bleibt. Für den Fall, dass der wichtige Grund in einer Pflichtverletzung besteht, statuiert Abs 2 das grds Erfordernis einer vorrangigen Abmahnung vor Beendigung des Vertrags. In Abs 3 wird schließlich festgelegt, dass das außerordentliche Kündigungsrecht innerhalb einer angemessenen Frist nach Erlangung der Kenntnis vom Kündigungsgrund ausgeübt werden muss, damit in absehbarer Zeit Klarheit über das Schicksal des Vertragsverhältnisses hergestellt wird. Abs 4 übernimmt aus § 325 den Grundsatz (dort für das Rücktrittsrecht), dass Schadensersatzansprüche neben das Recht zur außerordentlichen Kündigung treten.

3 **B. Abweichende Vereinbarungen/Privatautonome Ausgestaltung.** Hinter der Regelung (früher das Rechtsinstitut) der außerordentlichen Kündigung steht die bereits vor dem SMG in der Rspr geprägte grds Annahme, dass es sich hierbei um zwingendes Recht handelt (so auch BTDrs 14/6040, 176), auch wenn dies

anders als bspw in § 569 Abs 5 nicht ausdrücklich festgehalten ist. Dies bedeutet, dass die Geltung des § 314 grds nicht durch Parteivereinbarung abbedungen werden kann. Dies gilt nicht nur für AGB, in denen gem § 307 wegen des Leitbildcharakters ein Ausschluss unwirksam ist (BGH NJW 1989, 1673, 1674). Auch ein Ausschluss des außerordentlichen Kündigungsrechts durch Individualvereinbarung ist nur in ganz seltenen Ausnahmefällen wirksam, bspw wenn der Ausschluss nur aus einem bes Grund und auf Grund bes Verhältnisse für eine begrenzte Zeit wirksam (BGH BB 1973, 819) ist.

Zulässig sind jedoch **Vereinbarungen zur konkreten Ausgestaltung des außerordentlichen Kündigungsrechts.** Vor allem in Verträgen in der Wirtschaft, durch die eine dauerhafte Beziehung zwischen den Partnern begründet wird, ist es üblich und für die Vertragsgestaltung empfehlenswert, bestimmte konkrete Situationen als »wichtigen Grund« explizit zu vereinbaren (ebenfalls als zulässig angesehen bei AnwK/*Krebs* Rn 50 und BaRoth/*Unberath* Rn 26). Üblich sind hier die Vereinbarung eines außerordentlichen Kündigungsrechtes für die Fälle, in denen sich die Beteiligungs- und/oder Kontrollverhältnisse bei einer Partei ändern (sog *change-of-control clause*), Einstellung oder Übertragung des Geschäftsbetriebs, in Lizenzverträgen über gewerbliche Schutzrechte für den Fall, dass der Lizenznehmer das lizenzierte Schutzrecht angreift, oder wenn über das Vermögen einer Partei das Insolvenzverfahren eröffnet wird, wobei in diesem Fall §§ 119, 103 InsO nach wohl hM Grenzen für die Wirksamkeit setzen. Durch derartige Regelungen darf allerdings nicht bezweckt werden, das außerordentliche Kündigungsrecht für nicht explizit geregelte Fälle auszuschließen (so auch MüKo/*Gaier* Rn 4) oder durch die implizite Statuierung einer Erheblichkeitsschwelle über die vom Gesetz mit dem »wichtigen Grund« vorausgesetzte hinaus zu erschweren. Die parteiautonome Ausgestaltung des außerordentlichen Kündigungsrechts darf auch sonst nicht zu einer unzumutbaren Erschwerung seiner Ausübung durch den Berechtigten führen oder dazu, dass er von seiner Ausübung abgehalten wird oder absieht (BGH NJW 2000, 2983, 2984). So wird vertreten, dass keine überhöhten formalen Anforderungen an die Ausübung durch die Kündigungserklärung über die noch zulässige Vereinbarung von Schrift- oder Textform hinaus aufgestellt werden dürfen (Staud/*Preis* § 626 Rn 42). Unzulässig sind aber Regelungen über Abfindungszahlungen im Falle der außerordentlichen Kündigung, welche die Ausübung des Kündigungsrechts wirtschaftlich unattraktiv machen (BGH NJW 2000, 2983, 2984). Zulässig sind jedoch uU Regelungen zur Risikoverteilung in Bezug auf den Eintritt bestimmter Umstände (MüKo/*Gaier* Rn 4), wobei ohnehin die im Vertrag getroffene Risikoverteilung, die regelm durch Auslegung gem §§ 133, 157 zu ermitteln ist, im Rahmen der Zumutbarkeitserwägungen beim wichtigen Grund zu berücksichtigen sind (vgl hierzu Rz 9 ff). 4

C. Voraussetzungen des Abs 1. Für das Bestehen eines außerordentlichen Kündigungsrechts setzt § 314 Abs 1 S 1 voraus, dass ein Dauerschuldverhältnis aus wichtigem Grund nicht mehr fortgeführt werden kann, was § 626 Abs 1 Hs 1 aF entspricht. Beide Voraussetzungen des Kündigungsrechts sind in § 314 Abs 1 nur sehr unbestimmt gefasst bzw nicht weiter definiert und müssen daher durch Rspr und Lehre ausgefüllt werden. Dabei kann auf den Erkenntnisstand vor dem SMG rekurriert werden. 5

I. Dauerschuldverhältnis. Auf eine Definition des Begriffs »Dauerschuldverhältnis« hat der Gesetzgeber ganz verzichtet, um Abgrenzungsschwierigkeiten zu vermeiden und künftige Entwicklungen nicht zu beeinträchtigen, und auch weiterhin der Rspr und Lehre insbes im Rahmen von Grenzfällen zur Ausfüllung zu überlassen (BTDrs 14/6040, 177). Der Begriff war aber auch bereits vor dem SMG in §10 Nr 3, 11 Nr 1 und 12 AGBG erwähnt. Es wird herkömmlich dahingehend definiert, dass es sich nicht in der Vornahme einer einmaligen Erfüllungshandlung erschöpft, sondern sein Gegenstand die Verpflichtung zu einem fortlaufenden Tun, Unterlassen oder sonstigen Verhalten ist (Soerg/*Teichmann* § 241 Rn 6; *Michalski* JA 1979, 401, 402; *H Oetker* Das Dauerschuldverhältnis und seine Beendigung, 1994, 134 ff). Das Charakteristische für ein Dauerschuldverhältnis ist in Abgrenzung zu anderen Schuldverhältnissen, dass bei ihm fortwährend neue Leistungs- und Schutzpflichten entstehen, sodass dem zeitlichen Moment eine bes Bedeutung zukommt, und es deshalb das Risiko umfasst, dass die Vertragsparteien den letztlich geschuldeten Leistungsumfang und die Umstände der Leistungserbringung regelm bei Vertragsschluss nicht vollständig übersehen können (BGHZ 133, 316, 321; MüKo/*Gaier* Rn 5). Zum Ausgleich dieses Risikos sieht das Gesetz ein Lösungsrecht für die durch bes Umstände (»wichtiger Grund«) unzumutbar belastete Partei vor, das als einseitiges Gestaltungsrecht ausgeübt werden muss und mit Blick auf die vorstehende zeitliche Komponente grds nur in die Zukunft wirkt (zu dieser Rechtsfolge noch unter Rz 22). Eine bes persönliche Vertrauensbeziehung setzt das Dauerschuldverhältnis nach hM (AnwK/*Krebs* Rn 5; MüKo/*Gaier* Rn 5) zwar nicht voraus. Regelm werden im Rahmen eines Dauerschuldverhältnisses aber die Parteien sich gegenseitig ein gewisses Vertrauen entgegenbringen, sodass eine Zerrüttung dieses (persönlichen) Vertrauensverhältnisses ein wesentlicher Gesichtspunkt der Zumutbarkeitserwägungen im Rahmen der Prüfung des Vorliegens eines wichtigen Grundes ist, aber auch mit Blick auf die Ausn vom Erfordernis einer vorherigen Abmahnung im Falle einer Pflichtverletzung (Abs 2) bes Bedeutung gewinnt. 6

Allg anerkannt ist die begriffslogische Zuordnung bei den gesetzlichen Dauerschuldverhältnissen, wie **Miete, Pacht, Leihe, Darlehen** (BGH DB 1980, 1163, 1164; BGH NJW 1986, 1928), **Dienstvertrag, Verwahrung, Gesellschaftsvertrag, Versicherungsvertrag, Girovertrag** (Köln NJW-RR 1992, 1522) und **Tarifvertrag** (BAG NZA 1997, 830; 1998, 1008, 1009). Als Dauerschuldverhältnisse werden aber auch die nicht gesetzlich 7 normierten Verträge, wie Leasing (Soerg/*Teichmann* § 241 Rn 6), Factoring (BGH NJW 1980, 44), Franchising (BGH NJW 1999, 1177, 1178; BGHZ 133, 316, 320), Lizenzvertrag, Projektsteuerungsvertrag (BGH NJW 2000, 202), Belegarztvertrag (BGH NJW 1972, 1128) und wettbewerbsrechtliche Unterlassungsverträge (BGHZ 133, 316, 320; BGH NJW 2000, 3645) angesehen. Ein Dauerschuldverhältnis wird bspw auch bei Wärmeversorgungsverträgen (BGHZ 64, 288, 293), Verlagsverträgen (BGH NJW 1990, 1989) und Wartungs- und Pflegeverträgen (BGHZ 122, 63, 66) angenommen. Weiterhin wird auch der Rahmenvertrag diesem Begriff zugeordnet (BGH WM 2000, 1198, 1201). Wenn nicht ohnehin als ARGE organisiert, sodass der entspr Gesellschaftsvertrag ein Dauerschuldverhältnis ist, wird man bei längerfristigen Kooperationen für Bau- oder Anlagen-Projekte mit komplexen gegenseitigen Verpflichtungen ebenfalls das Vorliegen eines Dauerschuldverhältnisses genau prüfen müssen (hierfür AnwK/*Krebs* Rn 13). Kauf, Werkvertrag, Bürgschaft und Maklervertrag können nach ihrer jeweiligen Ausgestaltung aber ebenso ein Dauerschuldverhältnis darstellen (Palandt/*Grüneberg* Rn 2; MüKo/*Gaier* Rn 6). So ist eine Bürgschaft auf unbestimmte Zeit als Dauerschuldverhältnis anzusehen (BGH NJW 1985, 3007, 3008; 1986, 2308, 2309). Kein Dauerschuldverhältnis ist ein Vertrag mit der Verpflichtung zur Bestellung eines Wohnrechts, da das Kausalgeschäft lediglich die einmalige Bestellung des dinglichen Rechts beinhaltet (BGH NJW-RR1999. 376, 377). Auch ein Dienstvertrag ist nicht als Dauerschuldverhältnis anzusehen, wenn er lediglich die Erbringung einer einmaligen Einzelleistung zum Gegenstand hat (BGH NJW 1989, 1479).

8 Problematisch und umstr ist die Zuordnung beim **Ratenlieferungsvertrag** und beim **Sukzessivlieferungsvertrag**. Da es beim Ratenlieferungsvertrag idR von vornherein um die Lieferung einer einheitlichen Leistung geht bzw der Leistungsumfang bereits bei Vertragsschluss festgelegt ist, macht hier regelm nur die vollständige Rückabwicklung im Wege des Rücktritts Sinn. Daher ist er nicht als Dauerschuldverhältnis anzusehen, was allerdings eine Beschränkung der Wirkungen des Rücktritts auf die zukünftigen Lieferungen in Ausnahmefällen nicht ausschließt (ebenso AnwK/*Krebs* Rn 6). Bei Sukzessivlieferungsverträgen wird eine Einordnung bereits durch die unterschiedlichen Begriffsverständnisse selbst begründet (Überblick bei *H Oetker* Das Dauerschuldverhältnis und seine Beendigung, 1994, 175 f mwN.). Zusammenfassend lässt sich hier sagen, dass dieser nur dann den Dauerschuldverhältnissen zugeordnet wird, wenn sein Gegenstand die Belieferung mit einer bei Vertragsschluss noch nicht konkret bestimmten Gesamtmenge ist (Bierlieferungsvertrag, Verträge über die Versorgung mit Strom, Wasser oder Gas, Just-in-time-Vertrag). Eine Einordnung im konkreten Einzelfall erfolgt aber in aller Regel, wie auch bei sonstigen Langzeitverträgen mit Blick darauf, ob über die Kündigung oder über einen Rücktritt sachgerechtere Ergebnisse zu erzielen sind. Entscheidend ist, ob sich ein Vertragsteil durch den Vertrag zur andauernden Leistungsbereitschaft verpflichtet hat, sodass die zeitliche Komponente gerade die Unkalkulierbarkeit des Leistungsumfangs begründet und es aus diesem Grunde gerechtfertigt erscheint, dem Verpflichteten das außerordentliche Kündigungsrecht zu geben (BGH NJW-RR 2000, 1560, 1562; MüKo/*Gaier* Rn 7). Bei diesen Verträgen wird man daher besser auch von Dauerlieferungsverträgen sprechen. Ein Dauerschuldverhältnis wird daher bei Alleinvertriebsverträgen (BGH NJW 1986, 124, 125), Wasser- und Energiebezugsverträgen (BGHZ 64, 288, 293) sowie Zulieferverträgen mit Just-in-time-Verpflichtung bzw Verpflichtung zu ständiger Lieferbereitschaft angenommen.

9 **II. Wichtiger Grund.** Um ein außerordentliches Kündigungsrecht zu begründen, muss des Weiteren ein wichtiger Grund hierfür vorliegen. Zur Begriffsbestimmung formuliert § 314 Abs 1 S 2 nur sehr allg, dass unter Berücksichtigung aller Umstände des Einzelfalls und unter Abwägung der beiderseitigen Interessen die Fortsetzung des Verhältnisses bis zur vereinbarten Beendigung oder bis zum Ablauf der Kündigungsfrist für den kündigenden Teil nicht zumutbar ist. Aufgrund des Erfordernisses einer umfassenden Abwägung aller Umstände unter Berücksichtigung der Interessen beider Parteien führt die allein aus Sicht der kündigenden Partei bestehende Unzumutbarkeit des Fortsetzens noch keinen wichtigen Grund, wenn die andere Vertragspartei ein erhebliches Interesse an der Fortsetzung hat (BTDrs 14/6040, 178). Es muss im Rahmen der Abwägung des Beendigungsinteresses des kündigenden Teils mit dem Fortsetzungsinteresse des anderen Teils unter Berücksichtigung aller Umstände des konkreten Einzelfalls eine Prognoseentscheidung gefällt werden. Anknüpfungspunkt wird regelm die Verletzung einer Pflicht aus dem Schuldverhältnis sein, wobei ein Verschulden hierbei weder erforderlich noch ausreichend ist (BTDrs 14/6040, 178). Das eigene pflichtwidrige Verhalten der kündigenden Partei schließt das Vorliegen eines wichtigen Grundes nicht *per se* aus (LG Hamburg NJW-RR 2005, 187, 188). Die Pflichtwidrigkeit ist jedoch im Rahmen der Gesamtwürdigung gebührend zu berücksichtigen (BGHZ 44, 271, 275), sodass eine weit überwiegende Verantwortlichkeit entspr § 326 Abs 6 ein Kündigungsrecht regelm ausschließt (MüKo/*Gaier* Rn 10). Stammen die Umstände, derentwegen gekündigt werden soll, allein aus der Sphäre des kündigenden Vertragsteils, hat er bspw im Vertrag das Risiko für ihren Eintritt übernommen, so kann er aus ihnen grds kein außerordentliches Kündigungsrecht ableiten (BGHZ 136, 161, 164; NJW-RR 2002, 1273). Eine Ausn kann aber bestehen, wenn ein bes enges Vertrauensverhältnis besteht, das über das Vertrauen in die dauerhafte Leistungsfähigkeit bzw Liquidität bei gewöhnlichen Austauschverhältnissen hinausgeht (BGH NJW 2005, 1360, 1362).

10 Bedeutendster Umstand, der einen wichtigen Grund darstellen und damit zu einem Kündigungsrecht führen kann, ist die **Pflichtverletzung des anderen Teils**. Auch hier bedarf es entspr der Legaldefinition einer umfassenden Abwägung. Mit Blick auf die Rspr zum Recht vor dem SMG lassen sich aber Gesichtspunkte für die geforderte Abwägung herausarbeiten. Des Weiteren lassen sich die Wertentscheidungen im Rahmen der Voraussetzungen und Ausgestaltung des Rücktrittsrechts in § 323 heranziehen (MüKo/*Gaier* Rn 11). Wichtige Kriterien können bei der Abwägung der Vertragszweck und seine Gefährdung, die Vertragsart und Art, Anzahl und Dauer der/des störenden respektive verletzenden Ereignisse(s) sein. Begründen mehrere Pflichtverletzungen für sich noch nicht die Unzumutbarkeit der Fortführung des Verhältnisses, so können sie aber in ihrer Gesamtschau einen wichtigen Grund darstellen. Ist der Vertragszweck objektiv nicht mehr zu erreichen oder seine Erreichung gefährdet (BGHZ 45, 372; BGH NJW 1981, 1666, 1667; BAG BB 1997, 601 f; NJW 1994, 1894 bei der Verletzung von Hauptpflichten; bei Zahlungsrückständen BGH NJW-RR 1991, 242) oder nur mit unverhältnismäßigem Aufwand (BGHZ 41, 104, 108) möglich, kann die Fortführung unzumutbar sein. Es sind hierbei aber die vorrangigen Unmöglichkeitsregeln in §§ 275 Abs 1 bis 3 und 326 Abs 1 zu beachten. Entfällt daher die Gegenleistungsverpflichtung bereits nach § 326 Abs 1, so besteht keinerlei Bedürfnis mehr für eine außerordentliche Kündigung. Auch iÜ erscheint es sachgerecht, in derartigen Fällen die Unmöglichkeitsregeln anzuwenden, sodass eine Kündigung nur in den Fällen des § 326 Abs 5 anstelle des Rücktritts möglich ist, in den Fällen des §§ 326 Abs 2, 323 Abs 6 (entspr Anwendung) hingegen ausgeschlossen ist (MüKo/*Gaier* Rn 11).

Ist nach der Art des Vertrags eine **intensive vertrauensvolle Zusammenarbeit erforderlich**, wie bei Dienst- 11 und Arbeitsverhältnissen (BGH NJW-RR 1995, 1058, 1059), Handelsvertreterverträgen (BGH NJW-RR 2001, 677, 678) oder Gesellschaftsverträgen (BGH NJW 2000, 3491, 3492), so kann die Störung der Vertrauensgrundlage durch eine Pflichtverletzung (Haupt-, Neben- oder Schutzpflicht) eine Fortführung unzumutbar machen. Auch hier bedarf es aber immer einer umfassenden Gesamtabwägung aller Umstände und der beiderseitigen Interessen, wobei ein bes Schwerpunkt auf die das Vertrauen ausmachenden Faktoren zu legen ist (BGH NJW 2000, 202). Die Vertrauensgrundlage kann auch bereits durch den begründeten Verdacht einer Pflichtverletzung so erheblich gestört sein, dass eine Fortsetzung der Beziehung unzumutbar erscheint (BGH NJW 1990, 41, 42). Dies ist bes naheliegend bei einer Straftat oder sonstigen schwerwiegenden Pflichtverletzungen (BGH NJW 1977, 1777, 1778; BAG NJW 1995, 1110, 1111). Eine Kündigung ist jedoch nur zulässig, wenn sich die Begründetheit des Verdachts nicht aufklären lässt und die Vertrauenslage bereits nachhaltig beeinträchtigt ist. Stellt sich der Verdacht später als unbegründet heraus, fällt also der Kündigungsgrund nachträglich weg, hat das grds keine Auswirkungen auf die Wirksamkeit der Kündigung. Schadensersatzansprüche des gekündigten Teils sind aber sehr wohl möglich. Im Einzelfall kann sich zudem aus Treu und Glauben (§ 242) die Pflicht zur Wiederaufnahme des Verhältnisses ergeben (BAG NZA 1997, 1340, 1343). Wird allerdings der wirtschaftliche Erfolg des Vertrags durch die Zerrüttung der Vertrauenslage nicht beeinträchtigt, so wird idR noch kein wichtiger Grund vorliegen (AnwK/*Krebs* Rn 13).

Die **Gefahr eines bedeutenden wirtschaftlichen Nachteils** allein kann dann eine Fortsetzung unzumutbar 12 machen, wenn die durch die Beendigung der anderen Partei entstehenden Nachteile durch andere Umstände, wie zB das Bereitstellen eines Ersatzmieters hinreichend kompensiert werden (Staud/*Schmidt* § 242 Rn 1421 ff). Andererseits sind bei Gefälligkeitsverhältnissen keine zu hohen Anforderungen an das Vorliegen eines wichtigen Grundes zu stellen (MüKo/*Gaier* Rn 12), sodass bereits vernünftige Gründe eine außerordentliche Kündigung rechtfertigen können (BGH NJW 1986, 978, 980). Die Veränderung von Umständen oder der Eintritt von unvorgesehenen Umständen sind grds geeignet, einen wichtigen Grund darzustellen und somit zu einem außerordentlichen Kündigungsrecht nach § 314 zu führen. In diesen Fällen steht das außerordentliche Kündigungsrecht in Konkurrenz zur Regelung über den Wegfall der Geschäftgrundlage in § 313, deren Verhältnis zueinander noch nicht abschließend geklärt ist (vgl hierzu Rz 25).

D. Erfordernis einer Abhilfefrist oder einer Abmahnung nach Abs 2. Durch § 314 Abs 2 soll sichergestellt 13 werden, dass ebenso wie der Rücktritt nach § 323 Abs 1 die Kündigung aus wichtigem Grund bei Verletzung von Pflichten aus einem Vertrag grds erst nach Ablauf einer zur Abhilfe bestimmten angemessenen Frist oder nach Abmahnung zulässig ist. Sowohl Abmahnung als auch das Setzen einer Abhilfefrist haben eine Warn- und Ankündigungsfunktion und sollen dem gekündigten Teil eine zweite Chance zur Erfüllung seiner Vertragspflichten bieten (zur ausschließlichen Hinweisfunktion bei Leitungsorganen einer Gesellschaft BGH NJW 2000, 1638, 1639, unter Verweis darauf, dass das Abmahnerfordernis zunächst im Arbeitsrecht aus Sozialgesichtspunkten zugunsten der abhängigen Beschäftigten entwickelt worden war). Sie bieten aber zugleich eine sichere Prognosegrundlage für die Berechtigung einer Kündigung, da die Fortsetzung eines Verhaltens trotz Abmahnung oftmals erst die Erheblichkeit der Pflichtverletzung begründet (AnwK/*Krebs* Rn 30). Das Abmahnerfordernis oder das Erfordernis der Setzung einer Abhilfefrist soll also wie beim Rücktrittsrecht durch das Fristsetzungserfordernis dem Schuldner eine letzte Chance geben, zur Erfüllung seiner vertraglichen Pflichten zurückzukehren.

Ob eine Abmahnung oder die Setzung einer Abhilfefrist erforderlich ist, hängt von der Art der betroffenen 14 Pflichtverletzung ab. Eine **Abmahnung** ist immer dann auszusprechen, wenn die Pflichtverletzung bereits beendet ist und ihr daher nicht mehr abgeholfen werden kann. Aus ihrer Funktion ergibt sich, dass sie inhaltlich in deutlicher und klarer Weise das beanstandete Verhalten und die Absicht, das Verhältnis im Wiederholungsfalle zu beenden, für den Vertragspartner erkennbar machen muss (Palandt/*Weidenkaff* Vorb v § 620 Rn 41; MüKo/*Gaier* Rn 16). Die Abmahnung im Rahmen der außerordentlichen Kündigung nach § 314 muss allerdings, anders als die Abmahnung in Vorbereitung einer außerordentlichen Kündigung im Arbeitsrecht, entspr dem Wortlaut der Norm keine ausdrückliche Androhung der Kündigung enthalten (Erman/*Hohloch* Rn 8; MüKo/*Gaier* Rn 16; aA Bamberger/Roth/*Unberath* Rn 18; AnwK/*Krebs* Rn 21). Dies wird auch von der Gesetzesbegründung getragen, wonach im Rahmen des § 323 bewusst auf die aus § 326 aF bekannte Ablehnungsandrohung als Voraussetzung des Rücktrittsrecht verzichtet wurde (BTDrs 14/6040, 184). Diese Wertung des Gesetzgebers ist auch auf das außerordentliche Kündigungsrecht für die Fälle einer vergleichbaren Interessenlage in Dauerschuldverhältnissen übertragbar, zumal die Folgen auf Grund der grds *ex-nunc*-Wirkung der Kündigung weniger einschneidend als beim Rücktritt sind. Die Abmahnung muss allerdings erkennen lassen, dass es dem Abmahnenden ernst ist (BAG NZW 2005, 459, 461). Zwar besteht für die Abmahnung anders als für die Kündigung gem § 314 Abs 3 keine Ausschlussfrist (Staud/*Preis* § 626 Rn 111). Ein längeres Zuwarten über die angemessene Kündigungsfrist hinaus wird aber idR die Fortsetzung zumutbar erscheinen lassen. Das Gleiche gilt für eine längere Phase des Wohlverhaltens nach einer erfolgten Abmahnung, sodass je nach den Umständen des Einzelfalls zu bestimmen ist, ob vor dem Ausspruch der Kündigung eine erneute Abmahnung erforderlich ist (AnwK/*Krebs* Rn 38).

15 Eine **Frist zur Abhilfe** ist immer dann zu setzen, wenn die Pflichtverletzung noch andauert. Die Abhilfefrist muss wie bei § 323 Abs 1 angemessen sein, wobei die zu kurz bemessene Abhilfefrist auch hier eine angemessene Frist in Gang setzt (BGH NJW 1985, 2460). Die Frist ist für ihre Angemessenheit so zu bemessen, dass dem Schuldner tatsächlich ermöglicht wird, der Pflichtverletzung abzuhelfen, wobei allerdings das Interesse des Gläubigers an einer schnellen Abhilfe ausreichend zu berücksichtigen ist. Wie bei der Abmahnung muss der Gläubiger die verletzte Pflicht klar und deutlich benennen und dem anderen Teil eindeutig zu erkennen geben, welches Verhalten von ihm verlangt wird. Auch bei der Setzung einer Frist zur Abhilfe kann ein längeres Zuwarten nach der Pflichtverletzung ein Festhalten am Vertrag als zumutbar erscheinen lassen.

16 Auch für die Voraussetzungen, unter denen die Bestimmung einer **Abhilfefrist oder eine Abmahnung** entbehrlich ist, wird durch die Bezugnahme auf § 323 Abs 2 in § 314 Abs 2 S 2 ein Gleichlauf hergestellt. Anwendungsfälle werden zB eine nachhaltige Zerrüttung des Vertrauensverhältnisses sein, sodass davon auszugehen ist, dass auch die Abmahnung oder Aufforderung zur Abhilfe innerhalb einer angemessenen Frist nicht zur Wiederherstellung des Vertrauens führt bzw führen kann (BGH NJW 2004, 873, 874; 2001, 677, 679). Der Verweis auf die Entbehrlichkeit der Fristsetzung nach § 323 Abs 2 Nr 2 im Falle eines Fixgeschäfts ist dann anwendbar, wenn beiden Vertragsparteien klar ist, dass der Vertrag mit der termingerechten Erbringung der geschuldeten Leistungen stehen und fallen soll, wie bspw bei Just-in-time-Verträgen (BGHZ 110, 88, 96). Bildet der wichtige Grund zugleich einen Umstand, der zum Wegfall bzw der Änderung der Geschäftsgrundlage führt, so kann ebenfalls eine Entbehrlichkeit der Abmahnung oder Setzung einer Abhilfefrist gegeben sein (AnwK/*Krebs* Rn 22). Hier ist dann wiederum das Konkurrenzverhältnis zwischen § 313 und § 314, insbes mit Blick auf die beim Wegfall der Geschäftsgrundlage vorrangige Anpassung des Vertrags zu beachten (vgl hierzu Rz 25).

17 **E. Fristgerechte Kündigungserklärung.** Die Kündigung muss als Gestaltungsrecht fristgerecht ausgeübt werden.

18 **I. Kündigungserklärung.** Die Kündigungserklärung ist eine einseitige, empfangsbedürftige und grds formfreie Willenserklärung (Palandt/*Weidenkaff* Vorb v § 626 Rn 32). Mit ihr muss der Wille zur außerordentlichen Kündigung für einen objektiven Erklärungsempfänger hinreichend klar und zweifelsfrei ausgedrückt werden, wobei das Wort »Kündigung« nicht verwendet werden muss (MüKo/*Hesse* Vor § 620 Rn 76). Als Gestaltungserklärung ist sie grds bedingungsfeindlich. In Ausnahmefällen kann sie mit einer Bedingung verbunden werden kann, wenn die Klarheit und Bestimmtheit der Kündigung dadurch nicht beeinträchtigt wird (BGHZ 97, 264, 267; MüKo/*Hesse* Vor § 620 Rn 80). Eine Ausn ist jedoch für den Fall anerkannt, dass der Bedingungseintritt allein vom Willen des Gekündigten abhängig ist, sog Potestativbedingung (BAG NJW 1968, 2078), sowie für Rechtsbedingungen. Schließlich ist eine Ausn nach hM auch für die Fälle zugelassen, in denen der Erklärungsgegner mit der Bedingung einverstanden ist (MüKo/*Gaier* Rn 18; AnwK/*Krebs* Rn 40). Letzteres kann selbstverständlich nur dann gelten, wenn keine Interessen von dritten Personen betroffen sind.

19 Bei **mehreren Beteiligten** muss die Kündigungserklärung grds **allen** Beteiligten **zugehen** und von allen zur Kündigung Berechtigten gemeinsam ausgesprochen werden (BGHZ 144, 371, 379). Möglich ist aber eine sog **subjektive Teilkündigung**, dh das Dauerschuldverhältnis soll bei mehreren Partnern nicht mit allen beendet werden (AnwK/*Krebs* Rn 44). Umstritten ist die Frage, ob eine Teilkündigung im Rahmen des § 314 in der Form möglich ist, dass – wie bspw in § 489 Abs 1 ausdrücklich vorgesehen – der Vertrag nur mit Blick auf einen Teil der Rechte und Pflichten aufrecht erhalten wird (zust *Kießling/Becker* NJW 2002, 578, 582; wohl auch AnwK/*Krebs* Rn 44; dagegen: MüKo/*Gaier* Rn 19). Die Rspr hat eine solche Teilkündigung bspw bei einem Bauträgervertrag (BGHZ 96, 275, 280) und bei einem Darlehensvertrag (BGH NJW 1999, 2269, 2270) zugelassen, wobei sie vom Grundsatz der Unzulässigkeit der Teilkündigung ausgeht (BGH NJW 1993, 1320, 1322; und in den vorstehend genannten Entscheidungen). Der grds Unzulässigkeit einer solchen Teilkündigung ist zuzustimmen. Zum einen könnte der Kündigende durch eine Teilkündigung einseitig das ausgehandelte Rechte- und Pflichten-Programm nachträglich zu Lasten des Gegners verändern. Dieser Gesichtspunkt ist allenfalls dann nicht betroffen, wenn es sich um eine Teilkündigung eines abtrennbaren Rechtsgeschäfts bei einem aus mehreren Rechtsgeschäften bestehenden Dauerschuldverhältnis handelt. Aber auch dann erscheint eine sachgerechtere und die Interessen aller Vertragsparteien berücksichtigende Behandlung über § 313 möglich und angezeigt, durch den das Gesetz gerade die Möglichkeit für eine angemessene Vertragsanpassung eröffnet (MüKo/*Gaier* Rn 19). Dieser Verweis zeigt auch, dass allenfalls dann eine Kündigung – dann aber eine Beendigung des gesamten Vertrags – erfolgen kann, wenn eine Anpassung nicht zumutbar ist. Das Kündigungsrecht steht nur dem zur Kündigung berechtigten Vertragsteil zu, ist weder abspaltbar noch (isoliert) übertragbar (BaRoth/*Unberath* Rn 20; AnwK/*Krebs* Rn 40). Eine Vertretung bei der Abgabe der Kündigungserklärung ist unter den Voraussetzungen der §§ 164 ff zulässig, wobei §§ 174, 180 bes beachtet werden müssen.

II. Kündigungsfrist. Der bisherigen Rspr folgend ist nach § 314 Abs 3 die Kündigung nur **innerhalb** einer **angemessenen Zeit** seit Kenntnis vom Kündigungsgrund möglich. Aufgrund der Vielgestaltigkeit der Dauerschuldverhältnisse wurde ausdrücklich auf **eine bestimmte Kündigungsfrist verzichtet** (BTDrs 14/6040, 178). Eine Verallgemeinerung der Frist des § 626 Abs 2 ist somit nicht möglich, weshalb im jeweiligen Einzelfall konkret die angemessene Frist durch Abwägung zwischen dem Interesse des Kündigenden an Überlegungszeit und dem Klärungsinteresse des Gekündigten zu ermitteln ist (AnwK/*Krebs* Rn 24). Dabei ist ua zu berücksichtigen, ob eine intensive Prüfung der Rechtslage erforderlich ist (BGHZ 133, 331, 335 f – Kündigung von Altunterwerfungen im Wettbewerbsrecht) oder ob eine Willensbildung in einem Entscheidungsgremium oder -organ vorbereitet und herbeigeführt werden muss (BayObLG NJW-RR 2000, 676, 678; MüKo/*Gaier* Rn 20). Auf der anderen Seite muss mit Blick auf die Frage der Zumutbarkeit eines Festhaltens und mit Blick auf eine möglichst kurzfristige Herstellung klarer Verhältnisse ein längeres Zuwarten des Kündigenden berücksichtigt werden. So hat die Rspr bei Vertragshändlerverträgen (BGH NJW 1994, 722, 723), Handelsvertreterverträgen (BGH WM 1999, 1986, 1989) und Kreditverträgen (Karlsruhe NJW-RR 2001, 1492, 1493) die Grenze regelm bei zwei Monaten angenommen. 20

Der Lauf der Kündigungsfrist **beginnt** erst **mit positiver Kenntnis vom Kündigungsgrund** (BAG NJW 1978, 723, 724), wobei hierfür die alleinige Kenntnis eines nicht zur Kündigung berechtigten Organs grds nicht ausreichend ist (BGH NJW 1993, 463, 464). Bei einem aus mehreren Mitgliedern bestehenden Entscheidungsorgan gelten allerdings die Grundsätze der Wissenszurechnung (MüKo/*Gaier* Rn 21). Für den Lauf der Frist kommt es auf die umfassende und sichere **Tatsachenkenntnis**, nicht auf die entspr rechtliche Würdigung des Sachverhalts mit dem Schluss auf das Bestehen des Kündigungsrechts an (BGH NJW 1996, 1403). Dem Verdacht des Vorliegens eines Sachverhalts, aus dem sich ein Kündigungsrecht ableiten kann, ist aber mit der gebotenen Eile nachzugehen und dieser ist nach Möglichkeit bis zum Vorliegen einer sicheren und umfassenden Tatsachenkenntnis aufzuklären (BGH NJW 1999, 1986, 1989; BAG NJW 1994, 1675, 1976). 21

F. Rechtsfolgen der wirksamen Kündigung. Die wirksame Kündigung **beendet das Dauerschuldverhältnis für die Zukunft**, wirkt also *ex nunc* (BGH NJW-RR 2001, 383). Eine Rückabwicklung bereits ausgetauschter Leistungen findet nicht statt, da der beendete Vertrag für den Leistungsaustausch einen Rechtsgrund iSd § 812 Abs 1 bietet (BGH NJW 1982, 2553, 2554). Dies bedeutet auch, dass bereits entstandene und fällige Leistungspflichten, sofern noch nicht erfüllt, grds weiter zu erfüllen sind. Hat der Kündigende **bereits vorgeleistet**, kann er nur über einen ausdrücklich nach § 314 Abs 4 zugelassenen Schadensersatzanspruch (nur bei Schadensersatz statt der ganzen Leistung) Kompensation oder nach Bereicherungsrecht, sofern nach dem gekündigten Vertrag nicht geschuldet, eine **Rückerstattung erlangen**. Bei geschuldeten Vorleistungen wird eine entspr Anwendung des § 628 Abs 1 S 3 erwogen (Erman/*Hohloch* Rn 20; MüKo/*Gaier* Rn 23; aA AnwK/*Krebs* Rn 46: nur nach Bereicherungsrecht). Die Beendigung erfolgt grds fristlos, wobei der Kündigende aber auch die Möglichkeit hat, eine Auslauffrist zu gewähren. Dabei muss allerdings beachtet werden, dass aus der Gewährung einer zu langen Auslauffrist sich das Festhalten am Vertrag nicht doch noch als zumutbar erweist. Nach hL kann sich aus § 242 im Einzelfall ausnahmsw die Pflicht zur Gewährung einer sozialen Auslauffrist ergeben (AnwK/*Krebs* Rn 47; Palandt/*Grüneberg* Rn 10; Erman/*Hohloch* Rn 17; BaRoth/*Unberath* Rn 24; aA MüKo/*Gaier* Rn 22). Die Rspr scheint hier eine solche Pflicht zur Gewährung einer Auslauffrist aus Rechtssicherheitsgründen abzulehnen, da andernfalls keine Klarheit über den Zeitpunkt der Vertragsbeendigung bestünde, wenn der Kündigende selbst nicht gewillt ist, eine Auslauffrist zu gewähren (BGH NJW 1999, 946 zu § 89a HGB). Dies erscheint vorzugswürdig, da bei der Voraussetzung des wichtigen Grundes ohnehin bereits Zumutbarkeitserwägungen unter Berücksichtigung der beiderseitigen Interessen anzustellen sind. 22

G. Schadensersatz. Schließlich wird in § 314 Abs 4 – parallel zur Regelung in § 325 – klargestellt, dass durch die Kündigung das Recht zur Geltendmachung von Schadensersatz nicht ausgeschlossen ist. Dies kann wegen der *ex nunc*-Wirkung der Kündigung für bereits entstandene Schadensersatzansprüche, insbes einen bereits entstandenen Verzögerungsschaden ohnehin keinen Zweifeln unterliegen. Die Klarstellung ist daher vor allem für Schadensersatzansprüche bestimmt, die aus derselben Pflichtverletzung herrühren, die auch den wichtigen Grund für die Kündigung lieferte. Der Kündigungsgegner kann, ein Vertretenmüssen der Pflichtverlet- 23 zung vorausgesetzt (nach § 280 Abs 1 S 2 vermutet), beim Schadensersatz statt der Leistung nach §§ 280 Abs 1, 281, 280 Abs 3 zum Ersatz des sog Kündigungsschadens verpflichtet sein (BGH NZM 2005, 340). Die Voraussetzungen laufen durch den Verweis in § 314 Abs 2 auf § 323 Abs 2, der wiederum weitestgehend mit § 281 Abs 2 abgestimmt ist, weitgehend parallel. Beim zu ersetzenden Schaden ist auf die entgangenen Gegenleistungen unter Abzug der ersparten Aufwendungen sowie einer Ausgleichung weiterer Vorteile abzustellen (BGHZ 94, 180, 194), wobei lediglich der Zeitraum bis zur nächstmöglichen ordentlichen Beendigung des Vertrags berücksichtigt werden darf (BGHZ 122, 9, 14 f). Der große Schadensersatz, über den eine schadensersatzrechtliche Rückabwicklung des Vertrags erreicht wird (§ 281 Abs 5), kann auch im Fall der Kündigung nur unter den Voraussetzungen des § 281 Abs 1 S 2 (fehlendes Interesse an der erfolgten Teilleistung) erreicht werden.

24 **H. Konkurrenzen.** Die allg Auffangregelung über die außerordentliche Kündigung in § 314 tritt in Konkurrenz zu zahlreichen anderen gesetzlich vorgesehenen Rechtsbehelfen. Im Verhältnis zu **§ 323** verdrängt § 314 diesen in seinem Anwendungsbereich (BTDrs 14/6040, 177). Die zahlreichen Vorschriften des BGB und anderer Gesetze, in denen die Kündigung aus wichtigem Grund bei einzelnen Dauerschuldverhältnissen bes. geregelt ist, sollen als *leges speciales* Vorrang vor der allg Regelung in § 314 haben. Dies sind vor allem **§§ 543, 569, 626, 723; §§ 89a, 133 HGB**. Nicht generell und einheitlich lässt sich die Frage beantworten, ob auf die allg Regelungen in § 314 erg zurückgegriffen werden kann, wenn eine speziellere Kündigungsregelung einschl ist und nicht wie in § 490 Abs 3 eine ausdrückliche Konkurrenzregelung vorhanden ist. Ist die speziellere Regelung als abschließend zu verstehen, ist ein Rückgriff auf § 314 grds ausgeschlossen, sodass bspw die durch die Neuregelung des Mietrechts in §§ 543, 569 aufgenommenen Kündigungsregelungen einem Rückgriff entgegenstehen und die starre Zwei-Wochen-Frist des § 626 Abs 2 nicht durch einen Rückgriff auf § 314 Abs 2 aufgeweicht werden darf (MüKo/*Gaier* Rn 9).

25 Beim nachträglichen Eintritt von unvorhergesehenen Umständen kommt es bei einer **Überschneidung mit § 313** zum Wegfall der Geschäftsgrundlage. Hier wird zT der generelle Vorrang des § 314 bei Dauerschuldverhältnissen (*Eidenmüller* Jura 2001, 824, 832) vertreten, wohingegen § 313 Abs 3 S 2 für einen Vorrang der gestuften Regelung (zunächst Versuch der Vertragsanpassung) des § 313 spricht (BTDrs 14/6040, 177). Die hM vertritt eine vermittelnde Lösung, wonach § 314 immer dann angewendet wird, wenn eine Vertragsbeendigung herbeigeführt werden soll (Palandt/*Grüneberg* Rn 9; MüKo/*Gaier* Rn 14; BGHZ 133, 363, 369 zum Verhältnis der Rechtsinstitute vor ihrer Kodifikation durch das SMG). Ist den Parteien ein Festhalten an dem angepassten Vertrag zumutbar, soll hingegen eine außerordentliche Kündigung ausgeschlossen sein (AnwK/*Krebs* Rn 19; Erman/*Hohloch* Rn 16). Dann aber erscheint es passender, von einem grds Vorrang des § 313 in diesen Fällen auszugehen, da § 313 Abs 3 S 2 ohnehin die Kündigung (nur) vorsieht, wenn eine für beide Parteien zumutbare Vertragsanpassung nicht möglich ist (so wohl auch MüKo/*Roth* § 313 Rn 141). Freilich nimmt man dem anpassungswilligen Vertragsteil dann das Druckmittel zur Setzung einer Frist, nach der er die Kündigung aussprechen kann.

26 **I. Prozessuales.** Nach den allg **Darlegungs- und Beweislastregeln** muss der Kündigende sämtliche Tatsachen substantiiert vortragen, aus denen sich sein Kündigungsrecht ergibt. Dabei ist ein Nachschieben von Kündigungsgründen im Prozess grds möglich (BAG NJW 2002, 162, 163; BGH NJW-RR 1992, 292, 293), sofern ihre Zurückhaltung allein aus prozesstaktischen Gründen nicht treuwidrig erscheint (BGHZ 27, 220, 225). Entscheidend ist auch beim **Nachschieben von Kündigungsgründen**, dass sie – unabhängig von ihrer Kenntnis beim Kündigenden – bereits bei Ausspruch der Kündigung vorlagen und die Kündigung rechtfertigen. Eine Umkehr der Darlegungs- und Beweislast besteht in den Fällen, in denen der wichtige Grund in einer üblen Nachrede oder falschen Verdächtigung besteht (AnwK/*Krebs* Rn 51; MüKo/*Gaier* Rn 27). Kommt es für den wichtigen Grund auch auf das Vertretenmüssen einer Pflichtverletzung an, so ist auf § 280 Abs 1 S 2 zurückzugreifen. Aufgrund des Erfordernisses einer umfassenden Abwägung im Einzelfall im Rahmen der Prüfung des Vorliegens eines wichtigen Grundes ist dieser Aspekt nur bei einer eingeschränkten revisionsrechtlichen Nachprüfung eröffnet (BGH NJW 1990, 2889, 2890; NJW-RR 2001, 677, 678). Es wird lediglich die Einhaltung der Grenzen und Grundsätze der Abwägung überprüft, also ob bspw ein abwägungsrelevanter Gesichtpunkt vollständig unberücksichtigt geblieben ist.

Untertitel 4 Einseitige Leistungsbestimmungsrechte

§ 315 Bestimmung der Leistung durch eine Partei.

[1] Soll die Leistung durch einen der Vertragsschließenden bestimmt werden, so ist im Zweifel anzunehmen, dass die Bestimmung nach billigem Ermessen zu treffen ist.

[2] Die Bestimmung erfolgt durch Erklärung gegenüber dem anderen Teil.

[3] Soll die Bestimmung nach billigem Ermessen erfolgen, so ist die getroffene Bestimmung für den anderen Teil nur verbindlich, wenn sie der Billigkeit entspricht. Entspricht sie nicht der Billigkeit, so wird die Bestimmung durch Urteil getroffen; das Gleiche gilt, wenn die Bestimmung verzögert wird.

Literatur *Dauner-Lieb/Langen* Band 2: Schuldrecht Tb 1: §§ 241–610, 2. Aufl Bonn (2005); *Herberger/Martinek/Rüßmann/Weth* BGB Band 2.1 Schuldrecht (Teil 1: §§ 241–432), 2. Aufl Saarbrücken (2004); *Medicus* Schuldrecht I, Allgemeiner Teil, 14. Aufl München (2003); *Stappert* Zivilrechtliche Überprüfung von Strompreisen und Netznutzungsentgelten NJW 2003, 3177.

A. Allgemeines. I. Normzweck. Voraussetzung für das Vorliegen eines wirksames Schuldverhältnisses ist die **Bestimmtheit** oder zumindest die **Bestimmbarkeit** der geschuldeten **Leistung** (Müko/*Kramer* § 241 Rn 4 ff zum Bestimmtheitserfordernis). Die Parteien müssen zum einen überblicken können, worauf sie sich einlassen, zum anderen ist die Bestimmtheit der vertraglichen Leistungen aber auch für die Durchsetzung der vertraglichen Ansprüche erforderlich, weil der Richter nicht von sich aus den Inhalt der vertraglichen Leistung bestimmen kann, sondern entspr dem Grundsatz der Privatautonomie auf die Willensbestimmung der Parteien angewiesen ist, wofür nach dem Grundsatz in § 311 Abs 1 in erster Linie die vertragliche Einigung in Betracht kommt. 1

Die **Leistung** ist **hinreichend bestimmbar**, wenn die Leistung nach **objektiven Maßstäben**, zB ein Marktpreis, ermittelt werden kann. Das Bestimmtheitserfordernis ist aber auch dann erfüllt, wenn die Bestimmung einer Vertragspartei (§§ 315, 316) oder eines Dritten (§§ 317–319) als einseitiges Gestaltungsrecht obliegen soll. Erforderlich ist, dass sich die Parteien ausdrücklich oder konkludent darüber geeinigt haben, dass eine Bestimmung erfolgen soll und wem das Bestimmungsrecht zusteht (RGZ 90, 28). Fehlt eine Einigung in Bezug auf die Person des Bestimmungsberechtigten, kann § 316 eingreifen. Lässt sich diese Lücke auch danach nicht schließen, ist der Vertrag auf Grund eines offenen Einigungsmangels nach § 154 Abs 1 unwirksam. 2

Ist somit einer Vertragspartei ein solches Leistungsbestimmungsrecht eingeräumt, ohne dass der Bestimmungsmaßstab festgelegt ist, hat § 315 den weiteren Zweck, Richtlinien für die Ausübung des Bestimmungsrechts vorzugeben. Nach § 315 Abs 1 hat die Bestimmung der Leistung nach **billigem Ermessen** zu erfolgen. Insofern enthält § 315 nur eine **Auslegungsregel** und lässt abw Vereinbarungen zu. Neben der Auslegungsregel (§ 315 Abs 1) bestimmt § 315 Abs 2, dass die Bestimmung durch Erklärung gegenüber dem anderen Teil zu erfolgen hat. Sofern die Ausübung nach billigem Ermessen zu erfolgen hat, regelt § 315 Abs 3 die Rechtsfolgen einer fehlerhaften oder verzögerten Bestimmung. § 315 will hier als weiteren Zweck die Kontrolle der Ermessensausübung durch das Gericht und die Ersetzung einer unbilligen Ermessensausübung durch eine im Wege des Urteils getroffene billige Ermessensentscheidung ermöglichen (§ 315 Abs 3 S 2). Das Gericht kontrolliert in diesen Fällen also die Billigkeit der privaten Ermessensentscheidung. Mit dieser **gerichtlichen Billigkeitskontrolle** schützt § 315 den Vertragspartner des Bestimmungsberechtigten, typischerweise den sozial Schwächeren. Der Grund besteht darin, dass mangels Einigung über die »Leistung« die »Richtigkeitsgewähr« des Vertrags fehlt. 3

§ 315 stellt in gewisser Hinsicht die **Grundnorm** zu §§ 316–319 dar, weil die anderen Normen auf sie Bezug nehmen. § 316 setzt eine Unbestimmtheit der Leistung nach § 315 voraus und enthält eine Auslegungsregel für den Bestimmungsberechtigten bei gegenseitigen Verträgen. §§ 317–319 gehen ebenfalls von der Unbestimmtheit des Leistungsinhalts aus, setzen aber im Unterschied zu §§ 315, 316 voraus, dass das Bestimmungsrecht nicht von einer Vertragspartei, sondern von einem **Dritten** ausgeübt wird, und modifizieren für diesen Fall die Grenzen der Ermessensausübung in § 319. Die Leistungsbestimmung durch einen Dritten erfolgt meist vor dem Hintergrund, dass die Parteien eine besonders vertrauenswürdige und sachkundige Person über den Leistungsinhalt entscheiden lassen. Auch hier stellt das Gesetz für den Fall, dass zwischen den Parteien kein Maßstab für die Leistungsbestimmung getroffen wurde, eine Zweifelsregelung auf, nach der die Bestimmung **nach billigem Ermessen** zu treffen ist. 4

II. Anwendungsbereich. Das Bestimmungsrecht kann sich je nach Parteivereinbarung auf die Leistung bzw Gegenleistung als solche (zB Leistungs- und Preisvorbehalte), auf die Person des Vertragspartners (RGZ 20, 37; 24, 66), auf die Anpassung des Vertrags an veränderte Verhältnisse (BGH DB 1976, 670; Palandt/*Grüneberg* Rn 2) oder auf die Ergänzung von Vertragsbedingungen oder Leistungsmodalitäten, zB Zeit und Ort der Leistung, beziehen (Palandt/*Grüneberg* Rn 8 ff zu den Einzelfällen). Als Vertragsverhältnis kommen grds **alle Vertragstypen** in Betracht, wobei § 315 nicht nur auf den Hauptvertrag, sondern auch bereits im Rahmen eines Vorvertrags anwendbar ist (RGZ 66, 121). 5

Nicht unter die §§ 315 ff fallen die dem Schuldner überlassene Bestimmung von **untergeordneten Modalitäten der Leistung** (zB Art der Versendung; Stunde der Leistung). Hierfür ist nicht erst eine Erklärung nach § 315 Abs 2 gegenüber dem anderen Teil nötig. Vielmehr kann der Schuldner einfach in der von ihm beabsichtigten Form leisten, wobei § 242 die Grenze des Zulässigen vorgibt. Entspricht die Leistung nicht Treu und Glauben, ist sie nicht die geschuldete Leistung und führt daher nicht zu einer Erfüllung (*Medicus* SchuldR I Rn 199). 6

Der **Anwendungsbereich** des § 315 reicht über seinen Wortlaut hinaus. § 315 bindet die Gestaltungsmacht des Berechtigten an billiges Ermessen und unterwirft die von ihm getroffene Bestimmung einer gerichtlichen Billigkeitskontrolle. Dies dient damit dem Schutz des anderen Vertragspartners, typischerweise des sozial Schwächeren. Den in § 315 enthaltenen »Schutzgedanken« (BGHZ 38, 186) haben Lehre und Rspr dazu verwendet, um aus § 315 auch in anderen Bereichen eine **Schranke gegen den Missbrauch privatautonomer** 7

Gestaltungsmacht abzuleiten (Palandt/*Grüneberg* Rn 2). Vor dem Inkrafttreten des AGBG wurde eine gerichtliche Inhaltskontrolle Allg Geschäftsbedingungen teilw unter Anwendung des § 315 (zusammen mit § 242) vorgenommen. Mit Inkrafttreten des AGBG bzw heute der §§ 305 ff war vor allem eine entspr Anwendung des § 315 Abs 3 weitgehend entbehrlich. In den Rechtsgebieten, in denen jedoch die §§ 305 ff (speziell die 307 ff) nicht gelten, vor allem im Vereins- und im Gesellschaftsrecht, ist § 315 zusammen mit § 242 Grundlage der richterlichen Inhaltskontrolle. Ein wichtiger Anwendungsbereich des § 315 liegt auch im **Arbeitsrecht**, soweit es um die Festlegung von Arbeits- und Urlaubszeit oder Entgelt geht. Das einseitige Bestimmungsrecht des Arbeitgebers, etwa bei Gratifikationen oder in Bezug auf das Direktionsrecht, unterliegt einer Billigkeitskontrolle. Dass der Arbeitgeber sein Direktionsrecht nur im Rahmen des billigen Ermessens ausüben darf, ist jetzt durch den für alle Arbeitsverhältnisse geltenden § 106 GewO iVm § 6 Abs 2 GewO klargestellt (Palandt/*Grüneberg* Rn 2 mwN). Von Bedeutung ist § 315 auch im Kreditsicherungsrecht bei der Zinsanpassung und bei der Sicherungsfreigabe. Die Rspr unterwirft auch heute noch die **Tarife von Monopolbetrieben** für Leistungen der **Daseinsvorsorge**, auf deren Inanspruchnahme der andere Teil angewiesen ist, einer Kontrolle nach § 315 (BGH NJW 2007, 1672; 2005, 2919, 2920; *Büdenbender* NJW 2007, 2945), etwa Flughafentarife (BGH NJW-RR 1997, 1019), Gasanschlusskosten (BGH NJW 1987, 1828), Stromtarife (BGH NJW-RR 1992, 183; 2003, 1449; *Stappert* NJW 2003, 3177) oder Abwasserentgelte (BGH NJW 1992, 172); einer Inhaltskontrolle unterliegen dagegen die Tarife der Deutschen Telekom (BGH NJW 1998, 3188; Palandt/*Heinrichs* § 307 Rn 15); ausgeschlossen ist § 315 jedoch, wenn die Berechnungsfaktoren für eine Preisänderung vertraglich so bestimmt sind, dass sich der geänderte Preis ohne einen Ermessensspielraum berechnen lässt (**automatische Preisgleitklausel**, BGH NJW 2007, 7, 10). § 315 kann mit anderen wirtschaftsrechtlichen Prüfungsmöglichkeiten kollidieren (BGHZ 164, 336 zu §§ 19 Abs 4, 20 Abs 1 2 GWB). Nach Ansicht des BGH sollen dann für das Entgelt öffentlich-rechtliche Maßstäbe gelten (BGH NJW 2005, 1772). Sogar bei einer Auslegung kommt § 315 in Betracht, obwohl sie keinen Vertrag darstellt (etwa beim »Versprechen einer angemessenen Belohnung«). Entsprechend soll § 315 gelten, wenn ein Recht zu einseitiger Leistungsbestimmung auf Gesetz beruht (BGH NJW 2007, 2540).

8 **III. Keine inhaltliche Veränderung durch die Schuldrechtsreform.** Die §§ 315 ff blieben im Rahmen der Schuldrechtsreform unverändert. Eingefügt wurde lediglich vor § 315 die Überschrift »Untertitel 4 Einseitige Leistungsbestimmungsrechte« und die nunmehr amtlichen Überschriften. Das einseitige Leistungsbestimmungsrecht steht nun unter dem Titel »Begründung, Inhalt und Beendigung« im Abschnitt »Schuldverhältnisse aus Verträgen«. An der Gesetzeslage und an den systematischen Bedenken zum Standort dieser Vorschriften hat sich nichts geändert (Staud/*Rieble* Rn 2 ff).

9 **B. Voraussetzungen. I. Einräumung eines Bestimmungsrechts.** § 315 setzt zunächst die (ausdrückliche oder konkludente) **Vereinbarung eines Bestimmungsrechts** zugunsten einer Vertragspartei voraus. Das Bestimmungsrecht kann sich außer aus **Vertrag** auch aus **Gesetz** (zB § 12 Abs 3 ArbEG für den Arbeitgeber (BGHZ 126, 120), § 6 EnWG 1998 bei der Bestimmung eines Nutzungsentgeltes (BGH NJW 2008, 2175)) ergeben. § 315 gilt daher nicht, wenn der Vertrag statt einer betragsmäßigen Festlegung des Entgelts auf einen allgemeinen Tarif verweist (BGH NJW 2007, 1672) oder die Berechnungsfaktoren für eine Preisänderung vertraglich so bestimmt sind, dass bei der Berechnung des geänderten Preises kein Ermessensspielraum besteht (BGH NJW 2007, 210). Auf **faktische Bestimmungsrechte**, die weder auf einer vertraglichen noch auf einer gesetzlichen Grundlage beruhen, ist § 315 nicht anwendbar (Soerg/*Wolf* Rn 30). Tarife für Leistungen der **Daseinsvorsorge**, auf deren Inanspruchnahme der andere Teil angewiesen ist, sind aber einer Kontrolle nach § 315 unterworfen, sofern eine Monopolstellung des Versorgungsunternehmens oder ein Anschluss- und Benutzungszwang besteht (Palandt/*Grüneberg* Rn 4 mwN).

10 **AGB** enthalten häufig Bestimmungsrechte hinsichtlich des Preises, zB den Vorbehalt endgültiger Preisfestsetzung oder »Preis freibleibend«, oder des genauen Leistungsinhalts (insbes Vorbehalte zur näheren Bestimmung von Leistungsgegenstand oder -umfang). Durch AGB können aber Leistungs- und Preisbestimmungsrechte des Verwenders nur in den Grenzen von §§ 308 Nr 4, 309 Nr 1 und § 307 begründet werden (BaRoth/*Gehrlein* Rn 3 mwN vgl speziell zum Bestimmungsrecht und den Grenzen nach §§ 309, 308 und 309 PWW/*Medicus* Rn 14 ff mwN). In Bezug auf Anpassungsklauseln in AGB wird verlangt, dass der Kunde die maßgebenden Kostenelemente prüfen könne, dass das Gewicht dieser Elemente für den Preis angegeben sei und dass die Erhöhung des Kostenfaktors durch die Verringerung anderer Kosten ausgeglichen werden könne (BGH ZIP 2007, 914 auch zu der Frage nach einem Ausgleich durch ein Lösungsrecht des Kunden; weiterhin DB 2005, 2813); § 315 soll nicht direkt anwendbar sein für den **anfänglich vereinbarten Preis** (BGH ZIP 2007, 912; PWW/*Medicus* Rn 2a). Die einseitige Mietanpassung für Wohnraum ist durch § 557 beschränkt.

11 **II. Bestimmungsmaßstab. 1. Im Zweifel »billiges Ermessen«.** Sofern die Parteien keine inhaltliche Festlegung für das Bestimmungsrecht getroffen haben, ergibt sich der Maßstab aus der **Auslegungsregel** des § 315 Abs 1, nach der **im Zweifel** die Bestimmung nach **billigem Ermessen** zu erfolgen hat. Ist jedoch das Bestimmungsrecht durch AGB zugewiesen, ist das Bestimmungsrecht nicht nur im Zweifel, sondern auf Grund von § 307 Abs 1, 2 Nr 1 stets nach billigem Ermessen zu treffen. Die Entscheidung entspricht billigem Ermessen, wenn die festgelegte Leistung unter Berücksichtigung der beiderseitigen Interessen und des in ähnl Fällen

Üblichen angemessen erscheint (BGHZ 41, 279). Zu beachten ist, dass der Bestimmungsmaßstab dem Bestimmenden einen **gewissen Spielraum** eröffnet, dh dass es nicht bloß »eine« richtige Entscheidung gibt (BGH NJW-RR 1991, 1248, 1249; BGHZ 41, 271, 280; vgl. zum Kontrollmaßstab einer Tariferhöhung durch Versorgungsunternehmen *Büdenbender* NJW 2007, 2945, 2949 ff). So ist bei der Festsetzung eines Entgeltes insbes der Wert der Leistung maßgeblich, zB bei einem Gutachten neben der aufgewandten Arbeit auch die wirtschaftliche Bedeutung (BGH NJW-RR 1992, 182, 183). Der Richter, der auf Grund des § 315 Abs 3 S 2 an die Stelle des Bestimmungsberechtigten tritt, sollte dagegen nicht bis zur Grenze gehen, sondern sich »tunlich in der Mitte halten« (Müko/*Gottwald* Rn 30 mwN).

2. Freies Ermessen/Freies Belieben. Ist dem Bestimmungsberechtigten »**freies Ermessen**« eingeräumt worden, hat der Bestimmungsberechtigte mehr Spielraum, der nur durch §§ 138, 242 begrenzt ist. Die §§ 315, 316 sind nicht anwendbar. Eine Ersetzung durch Urteil nach § 315 Abs 3 wird nicht zugelassen, da das Gericht in diesem Fall keine Entscheidung nach billigem Ermessen treffen darf (PWW/*Medicus* § 315 Rn 7 mwN; **a**A Müko/*Gottwald* § 315 Rn. 32). Im Falle der Leistungsbestimmung nach dem »**freien Belieben**« soll die Bestimmung keinen Schranken unterliegen. Bei derartigen weitreichenden Bestimmungsrechten ist jedoch genau zu prüfen, ob eine vertragliche Bindung tatsächlich gewollt ist (Erman/*Hager* Rn 19). Steigert der Gläubiger auf Grund seiner Entscheidungsfreiheit die Verpflichtung für den Schuldner ins Unermessliche, etwa bei **Willkür**, sind die sich aus §§ 134, 138, 226 oder § 242 ergebenden Grenzen überschritten (PWW/*Medicus* Rn 8). Auf der anderen Seite könnte sich der Schuldner von jeder Verpflichtung befreien, so dass es an einem durch die Leistung bestimmten Schuldverhältnis fehlt. Die gerichtliche Prüfung erfolgt hier – ebenso wie beim Bestimmungsmaßstab des »freien Ermessens« – nur im Hinblick auf offenbare, sich einem sachkundigen Betrachter sofort aufdrängende Unbilligkeit. 12

III. Objektive Beurteilungsmaßstäbe. § 315 ist nicht anwendbar, wenn die zu erbringende Leistung durch objektive Beurteilungsmaßstäbe festgelegt ist (BGH NJW 1975, 1117). Besondere gesetzliche Auslegungsregeln gehen vor. So wird beim Dienst-, Werk- und Maklervertrag, wenn die Höhe der Vergütung nicht bestimmt ist, die taxmäßige, bei Fehlen einer taxmäßigen, die übliche Vergütung geschuldet (§§ 612 Abs 2, 632 Abs 2, 653 Abs 2, 354 Abs 2). Fehlt jedoch eine übliche Vergütung, gilt aber § 315 (BGH NJW 2006, 2472, 2473; NJW-RR 2005, 762, 765). Für Kauf und Miete bestehen keine derartigen Bestimmungen. Wird zum Tages-, Laden-, Markt- oder üblichen Preis verkauft, erfolgt die betragsmäßige Festlegung notfalls durch das Gericht. Die Entscheidung des Gerichts hat hier feststellenden und nicht – wie bei § 315 Abs 3 – gestaltenden Charakter. Entspr gilt für die Ermittlung des Honorars nach GOÄ oder HOAI (BGHZ 120, 137), beim Verkauf zum Verkehrswert (BGH NJW 1989, 2129), bei Verpachtung von Kleingärten zum angemessenen Entgelt iSv § 18 Abs 2 S 2 BKleingG (BGHZ 117, 396) oder bei der Vermietung zur ortsüblichen Miete (BGH NJW-RR 1992, 517). Es kann jedoch auch bei Verwendung eines objektiven Maßstabs ein durch § 315 zu füllender Spielraum verbleiben. Die §§ 315 sind regelmäßig anwendbar, wenn die Parteien ein »angemessenes« Entgelt vereinbart haben; Entspr gilt, wenn Begriffe wie Billigkeit und Zumutbarkeit verwendet werden (BGHZ 41, 275; Palandt/*Grüneberg* Rn 6 mwN). Soll das Bestimmungsrecht durch eine Vertragspartei gemeinsam mit einem Dritten ausgeübt werden, sind statt § 315 die §§ 317 ff anwendbar. 13

IV. Sondervorschriften. Sondervorschriften für die Festsetzung des Honorars enthalten § 5 Abs 2 GOÄ und § 16 HOAI sowie § 14 RVG, die das Merkmal des billigen Ermessens kennen. So kann etwa der Arzt im Rahmen der ärztlichen Gebührenordnung sein Honorar bemessen; eine Anwendung der §§ 612 Abs 2, 632 Abs 2 würde zur Bestimmung nicht ausreichen. Weitere Sonderregeln enthalten § 16 BetrAVG zur Anpassung der laufenden Leistungen der betrieblichen Altersversorgung, § 9a ErbbRVO zur Erhöhung des Erbbauzinses, § 660 zur Auslobung, § 2156 zum Vermächtnis und § 375 HGB zum Spezifikationshandelskauf. 14

C. Ausübung des Bestimmungsrechts. I. Formloses Gestaltungsrecht. Das Recht einer Vertragspartei, die Leistung nach § 315 einseitig zu bestimmen, ist ein **Gestaltungsrecht**, das durch eine **einseitige, empfangsbedürftige Willenserklärung** gegenüber der anderen Vertragspartei ausgeübt wird. Sie konkretisiert den Leistungsinhalt und ist unwiderruflich (BGH NJW 2002, 1424). Sie kann aber vom Berechtigten nach § 119 ff angefochten werden. Die Parteien können auch vereinbaren, dass die Bestimmung durch Verfügung von Todes wegen getroffen werden soll (BGH NJW-RR 1986, 165). Die Gestaltungserklärung bedarf grds **keiner Form**, dh sie ist durch schlüssiges Verhalten möglich. Wohl aber kann der Vertrag, aus dem das Bestimmungsrecht erfolgt formbedürftig sein (Müko/*Gottwald* Rn 34). Dies ist etwa der Fall, wenn einer der Beteiligten Gefahr läuft, durch die Bestimmung des anderen Teils ein Grundstück veräußern oder erwerben zu müssen. Die Bestimmung bedarf keiner Begründung. Doch kann im Streit um die Billigkeit der Bestimmung eine Begründung nachgeholt werden müssen (PWW/*Medicus* Rn 5). Im Falle der wirksamen Ausübung des Bestimmungsrechts nach § 315 Abs 2 enthält das Schuldverhältnis den Inhalt, der mit der Bestimmung festgelegt wird. Nach hM handelt es sich dabei um eine Rechtsgestaltung, nicht lediglich um eine Rechtsfeststellung. 15

II. Bestimmungsrecht des Gläubigers. Steht das Bestimmungsrecht dem Gläubiger zu, ist er zur Vornahme der Bestimmung verpflichtet (Erman/*Hager* Rn 16). Der zur Leistungsbestimmung verpflichtete Gläubiger gerät in Annahmeverzug, wenn er es nicht ausübt, obwohl der Schuldner sich zur Leistung bereit erklärt hat 16 bzw ihn zur Leistungsbestimmung auffordert (HK-BGB/*Schulze* Rn 9). Der Schuldner gerät vorher nicht in Verzug. Hat der Gläubiger nach billigem Ermessen zu entscheiden, kann der Schuldner nach § 315 Abs 3 S 2, 2 Hs auf richterliche Gestaltung klagen. Ist das freie Belieben des Gläubigers maßgebend, ist die Klage auf Vornahme der Bestimmung zu richten. Die Auslegung der Vereinbarung kann aber ergeben, dass das Bestimmungsrecht – ebenso wie beim Spezifikationshandelskauf (§ 375 HGB) – im Falle des Verzugs auf den Schuldner übergehen soll (Staud/*Rieble* Rn 67 mwN).

17 **III. Bestimmungsrecht des Schuldners.** Steht dem Schuldner das Leistungsbestimmungsrecht zu, so konkretisiert er mit der Leistungsbestimmung seine eigenen Vertragspflichten. Zur Vornahme ist er verpflichtet. Ein Verzug mit der Bestimmung begründet eine eigenständige Schadensersatzpflicht (§§ 280 Abs 2 iVm 286). Die Klage ist, wenn der Schuldner nach billigem Ermessen zu bestimmen hat, nach § 315 Abs 3 S 2, 2 Hs auf richterliche Gestaltung zu richten, in anderen Fällen auf Vornahme der Bestimmung. Wegen der Möglichkeit einer gerichtlichen Bestimmung nach § 315 Abs 3 S 1 berechtigt die Verzögerung den Gläubiger nicht zum Vorgehen nach § 281 oder zum Rücktritt. Verzug mit der Leistung selbst tritt erst ein, wenn das Gericht anstelle des Schuldners die Leistung bestimmt hat (BGH LM Nr 11). Die Auslegung kann aber ergeben, dass das Bestimmungsrecht – ähnl beim Spezifikationshandelskauf (§ 375 HGB) – iF des Verzugs dem Gläubiger zufallen soll.

18 **IV. Bestimmung durch das Gericht.** Grundsätzlich ist es nicht möglich, das Gericht zu dem Dritten (§ 317) zu bestimmen. Die Rspr hat jedoch Ausnahmen zugelassen. So soll ausnahmsweise in Anpassungsklauseln vereinbart werden, dass die Neufestsetzung iF einer Nichteinigung entspr §§ 315 Abs 3, 319 unmittelbar durch Urteil erfolgen soll (Müko/*Gottwald* Rn 42), etwa bei Festsetzung des Erbbauzinses (BGH NJW 1995, 1360) und bei Anpassung von Gehältern, wenn das für die Anpassung vorgesehene Schiedsgericht wegen Mängeln des Schiedsvertrags nicht tätig wird (BGH NJW 1998, 1388; Palandt/*Grüneberg* Rn 14).

19 **D. Gerichtliche Billigkeitskontrolle. I. Unverbindlichkeit der Leistungsbestimmung.** Hat der Bestimmungsberechtigte die Leistungsbestimmung nicht nach billigem Ermessen vorgenommen, führt dies zur **Unverbindlichkeit der Bestimmung** (§ 315 Abs 3 S 1). Das gilt auch, wenn die Bestimmung mit behördlicher Genehmigung getroffen wurde (BGH NJW 2006, 684, 686). Die Unverbindlichkeit iSv § 315 Abs 3 S 1 ist jedoch **nicht** gleichbedeutend mit der **Nichtigkeit** (Müko/*Gottwald* Rn 44), sondern eine besondere Art der Unwirksamkeit. Sie ist zunächst wirksam und bindet den Erklärenden. Die andere Vertragspartei kann also im Falle einer unbilligen Leistungsbestimmung nicht vom Vertrag zurückzutreten, sondern sie muss eine (abw) gerichtliche Entscheidung auf Leistungsbestimmung durch das Gericht herbeiführen (§ 315 Abs 3 S 2; BGH NJW 1996, 1054, 1055; RGZ 103, 414, 415); möglich ist auch die Erhebung einer Einrede. Der Schuldner kann, wenn er höhere Zahlungen bereits geleistet hat, diese nach § 812 Abs 1 S 1 Hs 1 zurückfordern.

20 **II. Klagerecht des Betroffenen.** Die Annahme der einstweiligen Wirksamkeit wird dahingehend korrigiert, dass der Beklagte sich gegen eine vom Kläger unbillige Forderung wehren kann, indem er es auf eine Leistungsklage ankommen lässt, ohne dass die Forderung zunächst gerichtlich herabgesetzt worden ist; eine Widerklage ist nicht erforderlich (BGH NJW 1983, 1778). Das Gericht weist dann die Leistungsklage ab, soweit es nach § 315 Abs 3 S 2 selbst korrigiert hätte. Das Gericht gestaltet also inzident, welche Leistung billig ist, ohne hierüber zunächst ein Gestaltungsurteil zu erlassen (BGH NJW 2000, 2896). Entspr kann der Kläger, dem gegenüber der Beklagte unbillig bestimmt hat, die für billig gehaltene Leistung einklagen. Das Gericht gestaltet auch hier inzident, indem es das von ihm für billig Gehaltene zuspricht (BGHZ 41, 271, 280); eine vorherige Feststellung dessen, was billigem Ermessen entspricht oder einer Zustimmung dazu, bedarf es nicht. Die Klage unterliegt **keiner Ausschlussfrist** (zur möglichen Verwirkung BGHZ 97, 220; Müko/*Gottwald* Rn. 47). Daneben bleibt jedoch weiter die Möglichkeit für den Bestimmungsgegner, die gerichtliche Bestimmung unabhängig von einer Leistungsklage vorsorglich herbeizuführen. Die Leistung wird in diesen Fällen erst mit der Rechtskraft des Urteils fällig (BGH NJW 2006, 2474). Auch für den Verjährungsbeginn und den Schuldnerverzug ist die Rechtskraft des Urteils maßgeblich. Aus der vertraglichen Abrede kann sich aber ergeben, dass die Leistung rückwirkend neu festgesetzt werden soll (BGH NJW-RR 2003, 1355, 1358; Palandt/*Grüneberg* Rn 17 mwN).

21 **III. Prüfungs- und Entscheidungskompetenz des Gerichts.** Die Bestimmung erfolgt durch das Gericht selbst, also nicht durch den Vertragspartner auf Veranlassung des Gerichts. Inhaltlich entspricht die gerichtliche Bestimmung nach § 315 Abs 3 S 2 aber nicht dem, was der Bestimmungsberechtigte hätte tun können, denn der diesem zustehende Ermessenspielraum wird dem Gericht nicht zugestanden. Vielmehr soll es sich »tunlich in der Mitte halten« (Müko/*Gottwald* Rn 30; im Ergebnis auch BGHZ 94, 98, 104 für die Vergütung eines Immobilienmaklers). Die Regelung des § 315 Abs 3 ist auf den Maßstab des »billigen Ermessens« zugeschnitten, wird jedoch zT bei Vereinbarung eines anderen, objektiven Kriteriums für analog anwendbar erklärt, so dass die Klage auf Leistungsbestimmung zulässig ist. Ist jedoch dem Bestimmungsberechtigten eine Bestimmung nach »freien Belieben« zugebilligt, scheidet eine gerichtliche Festsetzung mangels eines Kontrollmaßstabs aus; hier kann nur die Unwirksamkeit der Bestimmung festgestellt werden. Abzustellen ist dabei auf die Sachlage zu dem **Zeitpunkt**, zu dem die Bestimmung hätte getroffen werden sollen; bei laufen-

den oder wiederkehrenden Leistungen ist für die Zukunft auf den Zeitpunkt der letzten mündlichen Tatsachenverhandlung abzustellen (Müko/*Gottwald* Rn 50).

E. Beweislast. Die Vertragspartei, die das Recht zur Leistungsbestimmung für sich beansprucht, ist **beweispflichtig** für die Vereinbarung des Bestimmungsrechts. Der Bestimmungsberechtigte trägt auch die Beweislast dafür, ob anstelle des in § 315 Abs 1 vorgesehenen billigen Ermessens ein anderer (weiterer) Ermessenspielraum vereinbart wurde. Dies gilt auch bei der Anwendung des § 315 Abs 3 gegen Monopolunternehmen der Daseinsvorsorge für die Angemessenheit der Bestimmung kraft »Sachnähe« (PWW/*Medicus* Rn 13). Der Bestimmungsberechtigte hat auch darzulegen und zu beweisen, dass die von ihm getroffene Bestimmung der Billigkeit entspricht (BGH WM 2003, 1732; BGHZ 115, 1687). 22

F. Anwendungsfelder nachträglicher Leistungsbestimmung nach § 315. Altenheim: Erhöhung des Entgelts (Karlsruhe NJW-RR 1988, 1402; Palandt/*Grüneberg* Rn 8 mwN). **Arbeitsverhältnis:** Ausgestaltung des Bereitschaftsdienstes (BAG DB 1990, 2026); Festsetzung der konkreten Urlaubszeit durch den Arbeitgeber (BGH DB 1971, 295), Festsetzung von Nachtschichten (BAG NZA 2005, 359); Kürzung der Arbeitszeit wegen Kinderbetreuung (BAG NJW 1996, 2750); Widerruf von Leistungszulagen (BAG DB 1996, 1880); Versetzung von Arbeitnehmern (BAG NJW 1997, 78); Regelungen zur Anwesenheit in Dienstgebäuden (BAG NJW 1996, 1770, 1771). Zuweisung einer Ersatztätigkeit während der Schwangerschaft (BAG NJW 2001, 1517), Auswahlentscheidung iF einer Kündigung, soweit nicht bereits § 1 Abs 3 KSchG eingreift (BAG NZA 2006, 558, 562), Eingruppierung in Vergütungsgruppe, soweit sie keine reine Rechtsanwendung ist (BAG DB 1983, 2313), Bewilligung von Altersteilzeit (LAG Berlin NZA-RR 2005, 329), Anpassung des Ruhegehalts nach § 16 BetrAVG (BAG NZA 2004, 944); Gewährung von Betriebsrenten an geschiedenen Ehegatten des Arbeitnehmers aus Billigkeitsgründen (BAG DB 1982, 1779); Anrechnung von anderen Einkünften auf die betriebliche Altersversorgung (BAG DB 1983, 289); Regelungen über das Erlöschen der Mitgliedschaft in einer Pensionskasse (BAG ZIP 1994, 148); Wahlrecht des Arbeitnehmers hinsichtlich eines arbeitsfreien Tages (BAG NJW 1983, 2600); Festsetzung des Honorars der Mitglieder von Einigungsstellen (BAG NJW 1981, 1192). **Banken:** Zulässig sind an unüberschaubare Entwicklungen des Kapitalmarkts geknüpfte Zinsänderungsklauseln (BGHZ 97, 212, 216 ff), Überziehungszinsen (BGH NJW 1992, 1753); ermessensunabhängig ist die Verpflichtung der Bank zur Freigabe nicht mehr benötigter Sicherheiten (BGH NJW 1998, 671), der Sicherungsgeber kann unter den freizugebenden Gegenständen wählen (BaRoth/*Gehrlein* Rn 4 mwN; vgl PWW/*Medicus* Rn 2, 16 mwN zu Zinsanpassungsklauseln). **Honorare von Freiberuflern**: Bei Ärzten besteht ein einseitiges Bestimmungsrecht in Bezug auf das Honorar, wenn vereinbart ist, dass die Vergütung der Leistung außerhalb der ärztlichen Gebührenordnung GOÄ erfolgen soll (Frankfurt NJW 1977, 1497, 1498). Bei einem Architekten bzw einem Bauingenieur ist von einem einseitigen Bestimmungsrecht auszugehen, wenn die HOAI wegen der Besonderheiten des Auftrags nicht damit vereinbar ist (jurisPK/*Stickelbrock* Rn 33). **Preisfestsetzungen** und **Preisänderungen:** Die Klausel »Preise freibleibend« gibt dem Verkäufer die Befugnis, den Preis unter Berücksichtigung der Marktlage nach billigem Ermessen zu bestimmen (RGZ 103, 415); der Vorbehalt einer Preisänderung ist im Zweifel ebenso auszulegen (Palandt/*Grüneberg* Rn 9 mN). **Genossenschaften**: Festsetzung des Entgelts für Leistungen der Genossen (BGH WM 1983, 1006). **Gesellschaftsrecht**: Bestimmungsrecht hinsichtlich der Art der Auseinandersetzung (RGZ 114, 393; Koblenz NZG 2006, 66); Festsetzung einer Tantieme, für die die vorgesehene Bemessungsgrundlage noch nicht erarbeitet worden ist (BGH NJW-RR 1994, 1055). **Grundstücksverkehr**: Bestimmung des Erwerbspreises durch Baugenossenschaft (RGZ 156, 216); Anpassung des Erbbauzinses (§ 9a ErbbRVO; Palandt/*Grüneberg* Rn 9 mN); Festsetzung der Überbaurente durch Gemeinde (BGHZ 65, 399). **Krankenhaus**: Widerruf eines chefärztlichen Liquidationsrechts (BAG NJW 1978, 1699); keine gerichtliche Überprüfung der durch Verwaltungsakt festgesetzten Pflegesätze (BGHZ 73, 114; 105, 161). **Miete**: Verteilungsmaßstab der Miete (Düsseldorf, NJW-RR 2000, 1681) und Nebenkosten (Koblenz NJW-RR 1990, 1038); LG Frankfurt NJW-RR 2000, 226); Zusammenfassung mehrerer Gebäude zu einer Abrechnungseinheit für Nebenkosten ((BGH NJW 2005, 3135, 3137). **Versicherungsvertrag**: Anpassung der Prämien (BGHZ 119, 59; BVerfG VersR 2000, 214, aA Köln, VersR 1999, 87). **Versorgungsverträge:** Die Rspr bejaht das Vorliegen einer einseitigen Leistungsbestimmung bei Versorgungsunternehmen mit rechtlicher und tatsächlicher Monopolstellung, zB Wasserversorgung (BGH NJW 2003, 3131); Abwassergebühren (BGHZ 115, 311); Flughafenbenutzungstarife (BGH NJW-RR 1997, 1019), Gasanschlusskosten (BGH NJW 1987, 1828), Stromtarife (BGH NJW-RR 2003, 1449; NJW-RR 1992, 183; hierzu *Stappert* NJW 2003, 3177), Abwasserentgelte (BGH NJW 1992, 172). Dies gilt nicht nur für Sonderabnehmer, sondern auch für Tarifkunden (BGH NJW 1987, 1828), nicht aber für Individualvereinbarungen (BGH NJW-RR 1990, 1204). Keiner Inhaltskontrolle unterliegen die Tarife der Deutschen Telekom (BGH NJW 1998, 3188) oder der deutschen Strom- und Gasversorger (BGH NJW 2007, 1672; Palandt/*Grüneberg* Rn 4 mN); dagegen sind einseitige Tariferhöhungen an § 315 zu messen, soweit der Kunde diese längere Zeit unbeanstandet hingenommen hat (BGH NJW 2007, 2540). **Vertragsstrafen**: Bestimmung durch Gegner bei wettbewerbsrechtlicher Unterwerfungserklärung (BGH NJW 1985, 2021). 23

§ 316 Bestimmung der Gegenleistung. Ist der Umfang der für eine Leistung versprochenen Gegenleistung nicht bestimmt, so steht die Bestimmung im Zweifel demjenigen Teil zu, welcher die Gegenleistung zu fordern hat.

1 **A. Zweck/Anwendungsbereich.** § 316 enthält eine gesetzliche **Auslegungsregel** sowohl hinsichtlich der Wirksamkeit des Vertrags, indem im Zweifel von der Annahme eines Bestimmungsrechts ausgegangen wird, als auch hinsichtlich der Person des Bestimmungsberechtigten, wenn bei unbestimmtem Umfang der Gegenleistung die Person des Bestimmungsberechtigten im Vertrag nicht vereinbart worden ist. § 316 trägt damit der allg Verkehrsanschauung Rechnung, dass insbes Verträge über Dienst- und Werkleistungen höherer Art als gültig anzusehen sind, auch wenn über die Vergütung keine Vereinbarung getroffen worden ist. Der **Zweck** des § 316 besteht somit darin, die Nichtigkeit von Verträgen zu verhindern, die aus dem Fehlen einer Bestimmung über die Gegenleistung bzw der Person des Bestimmungsberechtigten folgen müsste (§ 154). Im Anwendungsbereich des CISG verdrängt Art 55 CISG die Regelung des § 316 (BGH NJW 1990, 3077). Die Regelung bezieht sich vornehmlich auf **gegenseitige Verträge** (§§ 320 ff), findet aber auch ausnahmsw Anwendung auf einen nicht gegenseitigen Vertrag, zB einen Maklervertrag, bei dem eine Gegenleistung verlangt werden kann (BGHZ 94, 98, 100; BaRoth/*Gehrlein* Rn 1). In dem (gegenseitigen) Vertrag muss die Leistung umfassend (nach Art und Umfang) bestimmt sein. Die Gegenleistung muss der Art nach festgelegt sein, darf jedoch hinsichtlich des Umfangs weder ausdrücklich noch konkludent bestimmt sein noch sich auf Grund dispositiven Rechts nach objektiven Maßstäben ermitteln lassen. Der Umfang der Gegenleistung darf sich auch nicht auf Grund gesetzlicher Vorschriften (§§ 612 Abs 2, 632 Abs 2, 653 Abs 2), sonstiger objektiver Auslegungskriterien bzw durch eine erg Vertragsauslegung ermitteln lassen (BGHZ 94, 98, 101). § 316 ist nicht anwendbar, wenn das Bestimmungsrecht dem Schuldner zustehen soll. § 316 ist auch dann nicht anwendbar, wenn die Auslegung ergibt, dass keiner Partei ein Bestimmungsrecht zustehen soll oder dass die Festsetzung durch den Schuldner der Gegenleistung oder durch das Gericht erfolgen soll (Palandt/*Grüneberg* Rn 2 mwN). Die Parteien können, da § 316 nur eine Auslegungsregel aufstellt, eine abw Vereinbarung treffen.

2 **B. Rechtsfolgen/Beweislast.** Das Bestimmungsrecht steht danach im Zweifel dem Gläubiger der Gegenleistung zu, also dem Verkäufer, Arbeitnehmer, Gutachter, Werkunternehmer, Vermieter oder Versicherer (vgl zum Vergütungsanspruch des Gutachters, BGH NJW 1966, 539). Da § 316 nur eine Ergänzung zu § 315 darstellt, gelten die dort bestimmten Rechtsfolgen. Das Bestimmungsrecht ist also im Zweifel nach billigem Ermessen auszuüben (§ 315 Abs 1). Dem anderen Teil stehen die Rechte aus § 315 Abs 3 S 2 zu. Der Gläubiger trägt die **Beweislast** dafür, dass die Gegenleistung dem Umfang nach nicht bestimmt ist (vgl zur Abrede, über den genauen Umfang der Gegenleistung werde man sich schon einigen, BGH NJW-RR 1988, 971; BGHZ 71, 284 zur Vereinbarung einvernehmlicher Preisanpassungen).

§ 317 Bestimmung der Leistung durch einen Dritten. [1] **Ist die Bestimmung der Leistung einem Dritten überlassen, so ist im Zweifel anzunehmen, dass sie nach billigem Ermessen zu treffen ist.**

[2] **Soll die Bestimmung durch mehrere Dritte erfolgen, so ist im Zweifel Übereinstimmung aller erforderlich; soll eine Summe bestimmt werden, so ist, wenn verschiedene Summen bestimmt werden, im Zweifel die Durchschnittssumme maßgebend.**

1 **A. Bedeutung.** Auf Grund der Vertragsfreiheit können die Parteien eines Schuldverhältnisses die Bestimmung der geschuldeten Leistung einem oder mehreren Dritten überlassen, insbes im Hinblick auf deren Sachkunde und vor dem Hintergrund einer neutralen Festlegung der Leistung, im Rahmen dessen die beiderseitigen Interessen Berücksichtigung finden. § 317 enthält eine **Auslegungsregel**, dass die Leistungsbestimmung durch den Dritten iZ – ebenso wie bei § 315 – nach **billigem Ermessen** zu erfolgen hat. Ob das Bestimmungsrecht einem Dritten zusteht und welchem Dritten es zusteht, wird nicht durch § 317 geregelt, sondern muss aus der vertraglichen Vereinbarung entnommen werden. § 317 regelt nur den inhaltlichen Maßstab für die Ausübung des Bestimmungsrechts. § 317 Abs 2 enthält eine Regelung darüber, was gelten soll, wenn mehrere bestimmungsberechtigte Dritte unterschiedliche Bestimmungen treffen. Möglich ist es auch, dass die Parteien auf Grund des Grundsatzes der Vertragsfreiheit die Bestimmung in das freie Ermessen oder Belieben des Dritten stellen (vgl § 319 Abs 2). In AGB können Bestimmungsrechte nur dann wirksam vereinbart werden, wenn die Interessen des Verwendungsgegners ausreichend gewahrt sind (Palandt/*Grüneberg* § 307 Rn 144 mwN). Das Leistungsbestimmungsrecht eines Dritten baut auf dem Leistungsbestimmungsrecht nach § 315 auf. Die §§ 317–319 enthalten jedoch **Sonderbestimmungen** für die Leistungsbestimmung durch einen Dritten. Während § 317 die **inhaltlichen Maßstäbe** für die Leistungsbestimmung betrifft, regelt § 318 die Ausübung der Leistungsbestimmung durch Erklärung des Dritten und deren etwaiger Anfechtung. § 319 regelt die Unverbindlichkeit der von Dritten getroffenen Bestimmung im Falle der offenbaren Unbilligkeit und enthält Vorschriften über die Ersetzung der Bestimmung durch gerichtliches Urteil.

B. Dritter. Nach der Auslegungsregel des § 317 Abs 1 ist Voraussetzung, dass die Parteien vertraglich die Bestimmung der Leistung einem Dritten übertragen haben. Regelm wird eine solche Vereinbarung durch eine **Schiedsgutachterklausel** getroffen (vgl im Folgenden unter C zu den vier Arten von Schiedsgutachten). Sie kann aber auch nachträglich als isolierte Abrede zustande kommen. **Dritter** kann **jede natürliche oder juristische Person** sein, sofern der Dritte **bestimmbar** ist. Zulässig ist eine Übertragung der Auswahl des Dritten auf eine Industrie- und Handelskammer, auf den Präsidenten des OLG, auf eine Behörde oder eine sonstige neutrale Stelle. Die Beauftragung des Dritten nur durch eine Partei ist unschädlich, wenn klargestellt ist, dass das Schiedsgutachten für beide Parteien erstellt werden soll (BGH DNotZ 2005, 709). Eine **Behörde** kann nicht als Dritter iSd Vorschrift tätig werden, wenn sie bereits kraft Gesetzes zur Entscheidung berufen ist (BGHZ 73, 114, zB zur Festsetzung von Krankenhauspflegesätzen). Außerhalb ihres Zuständigkeitsbereichs und soweit die Gefahr einer Interessenkollision nicht besteht, kann sie jedoch als Dritter tätig werden. Auch ein **Gericht** scheidet im Rahmen seiner gesetzlichen Zuständigkeit grds als Dritter iSv § 317 aus, weil sein gesetzlicher Aufgabenbereich nicht der Parteidisposition unterliegt (BGH NJW 1995, 1360; bereits schon RGZ 139, 232, 237). Es ist aber zur Entscheidung berechtigt und verpflichtet, wenn Art und Umfang der Leistung durch Auslegung zu ermitteln sind. In Anpassungsklauseln können die Parteien dem Gericht iF der Nichteinigung ausnahmsw auch eine rechtsgestaltende Leistungsbestimmung übertragen. Im **Arbeitsrecht** sind paritätisch besetzte, weisungsfreie Gremien als Dritte iSv § 317 anzusehen (BAG DB 1996, 2630); dagegen greift § 315, wenn das Bestimmungsrecht einem Arbeitgeberverband eingeräumt ist, da in diesem Fall der Dritte einer Partei näher steht (BAG DB 1988, 1273); dem ist zuzustimmen, da nach der Konzeption des BGB der Dritte neutral sein soll (vgl § 319 Abs 2). 2

C. Leistungsbestimmung. I. Schiedsgutachtervertrag. 1. Allgemeines. Es gibt **mehrere Arten** von **Schiedsgutachten**. Der Schiedsgutachtervertrag ist von dem Rechtsverhältnis der Parteien, dass das Bestimmungsrecht des Dritten enthält, zu unterscheiden. Bei dem Schiedsgutachtervertrag, dh dem Rechtsverhältnis der Parteien zum Schiedsgutachter, handelt es sich um einen Geschäftsbesorgungsvertrag iSv § 675, der mit der Bestellung des Dritten durch dessen Annahme zustande kommt. Der Schiedsgutachtervertrag ist, wie alle Dauerschuldverhältnisse, nach § 626 außerordentlich kündbar (AnwK/*Wagner* § 317 Rn 20). 3

2. Anfängliche Leistungsbestimmung. Die Vertragsschließenden übertragen dem Dritten die Befugnis, die Leistung oder Leistungsmodalität zu bestimmen und dadurch das **Rechtsverhältnis rechtsgestaltend** zu ergänzen. Erfordert diese Bestimmung eine gewisse Sachkunde und berufen die Parteien hierzu einen Sachverständigen, ist dieser Schiedsgutachter. Das Bestimmungsrecht kann die Höhe eines Entgelts oder die Laufzeit eines Vertrags betreffen. Es handelt sich um ein sog regelndes rechtsbegründendes bzw vertragsergänzendes **Schiedsgutachten iwS**. Die **§§ 317 ff** sind **unmittelbar anwendbar**. Seine Leistungsbestimmung ist nach billigem Ermessen zu treffen. 4

3. Vertragsanpassung. Der Dritte kann bei **Änderung der Verhältnisse** mit einer Vertragsanpassung beauftragt werden. So kann er zB bei längerer Laufzeit eines Miet- oder Pachtvertrags beauftragt werden, den Mietzins oder sonstige Vertragsbedingungen neu festzulegen; Entspr gilt bei einem Erbbaurechtsvertrag im Falle einer Anpassung des Erbbauzinses (BGH NJW 2001, 28, 1930; vgl Müko/*Gottwald* Rn 30 mwN). Maßgebender Zeitpunkt für die Leistungsbestimmung in Anpassungsfällen ist im Zweifel der Zugang des Änderungsverlangens (BGH NJW 1978, 154). Die **§§ 317 ff** sind auch hier **unmittelbar anwendbar**. 5

4. Rechtsklärendes oder rechtsfeststellendes Schiedsgutachten. Die Vertragsparteien haben die Leistung zwar objektiv bestimmt, jedoch ist ihnen der konkrete Vertragsinhalt verborgen geblieben, weil zur Bestimmung eine gewisse Sachkunde erforderlich ist. Insoweit ist die Leistung des Dritten nicht nach billigem Ermessen zu treffen, sondern **objektiv richtig** entspr der vertraglichen Vereinbarung. Es handelt sich um ein sog **rechtsklärendes bzw rechtsfeststellendes** Schiedsgutachten. Der Gutachter soll bspw die Höhe der ortsüblichen oder der angemessenen Miete (BGH NJW 1975, 1557) oder den banküblichen Zinssatzes feststellen. Hierzu gehören auch die Feststellung des Verkehrswerts eines Grundstücks (BGH WM 75, 256) sowie die Wertfeststellung von Gesellschaftsanteilen (BGH ZIP 1988, 162; WM 1986, 1384). Es handelt sich um ein **Schiedsgutachtens ieS**. 6

5. Sachverständigengutachten. Statt ein rechtsklärendes bzw rechtsfeststellendes Schiedsgutachten zu erstellen ist es in der Praxis häufiger die Aufgabe des Schiedsgutachters, als Sachverständiger Schäden festzustellen und Bewertungen vorzunehmen. Auf Grund seiner Sachkunde hat er **Tatsachen festzustellen** oder Unterlagen zu beschaffen, auf Grund derer die Vertragsparteien die Vertragsleistung bestimmen können. Hierzu zählen bspw die Ermittlung der Schadenshöhe (BGH NJW 71, 1455), die Feststellung des Schätzpreises für in Zahlung genommenen PKW (BGH NJW 1983, 1855), die Feststellung von Reparaturmängeln (LG Nürnberg NJW 1976, 972), die Bestimmung der Baukosten (BGH NJW 1974, 896) oder die Bestimmung des Zeitwerts einer Leasingsache (LG Frankfurt NJW-RR 1988, 1132), die Ermittlung eines Kausalzusammenhangs (BGH NJW 1975, 1047) sowie die Ermittlung des Werts eines Unternehmens (Müko/*Gottwald* Rn 32; BaRoth/*Gehrlein* Rn 8 mwN). Es handelt sich um ein **Beweisgutachten** oder um ein Tatbestandselemente feststellendes Schiedsgutachten. Auch diese Fallgruppe zählt zu den sog **Schiedsgutachten ieS**. Bei einem Schiedsgutachten 7 ieS hat der Schiedsgutachter keine Entscheidung nach billigem Ermessen, sondern eine richtige Entscheidung zu treffen. Ihm steht kein Ermessen im Sinne einer Wahlfreiheit zu, sondern ein Beurteilungsspielraum, der sich je nach seinen Aufgaben auf tatsächliche Umstände oder aus den anzuwendenden Rechtsbegriffen ergeben kann. Die **§§ 317 ff** sind daher zwar nicht unmittelbar, jedoch **analog anwendbar.** An die Stelle der offenbaren Unbilligkeit tritt die offenbare Unrichtigkeit (Müko/*Gottwald* Rn 38). Die gerichtliche Überprüfung ist insoweit unbeschränkt zulässig, es sei denn, die Parteien hätten darauf verzichtet.

8 **II. Schiedsvertrag.** Der Schiedsgutachtervertrag ieS und iwS ist von der förmlichen Schiedsvereinbarung (§ 1025 ZPO) zu unterscheiden. Die Funktion des bestellten Schiedsrichters besteht darin, einen Streit zwischen zwei Parteien anstelle des staatlichen Gerichts durch **Schiedsspruch** zu entscheiden (§ 1054 ZPO). Dieser Schiedsspruch hat die Wirkung eines rechtskräftigen Urteils (§ 1055 ZPO). Eine gerichtliche Aufhebung kann nur bei Vorliegen ganz bestimmter Gründe erfolgen (§ 1059 ZPO). Ansonsten wird er für vollstreckbar erklärt. Demgegenüber unterliegt ein Schiedsgutachten einer gerichtlichen Kontrolle.

9 Die **Abgrenzung** ist manchmal schwierig. Die von den Parteien verwendeten Bezeichnungen, zB Schiedsrichter, Schiedsmann, Gutachter oder Sachverständiger erlauben vielfach keine zuverlässigen Rückschlüsse. Auch die unterschiedliche Aufgabenstellung (Entscheidung eines Rechtsstreits, Feststellung eines Tatbestandsmerkmals) ermöglicht nicht immer eine eindeutige Abgrenzung. So kann etwa die Anpassung von Leistungen aus einem Dauerschuldverhältnis oder die Regelung einer Auseinandersetzung einem Schiedsgericht, aber auch einem Schiedsgutachter übertragen werden (BGHZ 48, 25, 30). Entscheidend ist, welche Wirkung die Feststellung nach dem Willen der Parteien haben soll (Erman/*Hager* § 315 Rn. 12). Soll eine Überprüfung auf offenbare Unrichtigkeit (Unbilligkeit) einer gerichtlichen Kontrolle zugänglich sein, handelt es sich um ein Schiedsgutachten. Soll eine derartige Überprüfung ausgeschlossen sein, handelt es sich um einen Schiedsvertrag (BGHZ 48, 25). Im Zweifel ist der weniger weitgehende Schiedsgutachtervertrag anzunehmen. Preisrichter sind keine Schiedsgutachter, sondern haben eine dem Schiedsrichter angenäherte Rechtsstellung (BGHZ 17, 366).

10 **III. Leistungsbestimmung durch mehrere Dritte.** § 317 Abs 2 regelt den Fall, dass die Leistung durch mehrere Dritte bestimmt werden soll. Da nach § 317 Abs 1 die Bestimmung im Zweifel nach billigem Ermessen zu treffen ist, können mehrere Bestimmungsberechtigte verschieden entscheiden. Nach § 317 Abs 2, 2 Hs soll, wenn es um die Bestimmung eines Betrages geht, im Zweifel der Durchschnitt maßgebend sein (zB A bestimmt 60, B 70, C 77; es gilt dann 69). Ist dagegen eine rechnerische Lösung unmöglich, verlangt § 317 Abs 2 im Zweifel Übereinstimmung. Gelingt keine Einigung, erfolgt nach § 319 Abs 1 S 2, da die Bestimmung wegen Unbilligkeit nicht gelungen ist, die Bestimmung durch Urteil (BGH NJW 82, 1878; BGH NJW 64, 2401; Müko/*Gottwald* Rn 23).

11 **D. Verfahrensfragen.** Der Schiedsgutachter ist in der Gestaltung des Verfahrens frei. Dies gilt sowohl für den Schiedsgutachter ieS als auch iwS. Die §§ 1025 ff ZPO sind weder direkt noch analog anwendbar (RGZ 152, 201). Es besteht insbes kein Ablehnungsrecht (§ 1036 ZPO). Die Parteien können es jedoch durch vertragliche Abrede begründen (BGH NJW 1972, 827); dieses ist dann aber nicht im Verfahren nach § 1037 ZPO geltend zu machen, sondern durch fristlose Kündigung des Schiedsgutachtervertrags auszuüben. Befangenheit kann auch ein wichtiger Grund zur Kündigung des Schiedsgutachtervertrags sein (BGH DB 1980, 967). Die Kosten des Schiedsgutachtens haben die Parteien im Zweifel je zur Hälfte zu tragen.

§ 318 Anfechtung der Bestimmung.

[1] Die einem Dritten überlassene Bestimmung der Leistung erfolgt durch Erklärung gegenüber einem der Vertragsschließenden.
[2] Die Anfechtung der getroffenen Bestimmung wegen Irrtums, Drohung oder arglistiger Täuschung steht nur den Vertragsschließenden zu; Anfechtungsgegner ist der andere Teil. Die Anfechtung muss unverzüglich erfolgen, nachdem der Anfechtungsberechtigte von dem Anfechtungsgrund Kenntnis erlangt hat. Sie ist ausgeschlossen, wenn 30 Jahre verstrichen sind, nachdem die Bestimmung getroffen worden ist.

1 § 318 Abs 1 entspricht für die Ausübung des Bestimmungsrechts im Wesentlichen § 315 Abs 2. Der Gesetzgeber betrachtet die Bestimmungserklärung des Dritten ebenso wie die Parteibestimmung nach § 315 Abs 2 nicht lediglich als Wissens-, sondern als **einseitige, empfangsbedürftige** und **unwiderrufliche Willenserklärung**, auf welche grds die Vorschriften des Allgemeinen Teils des BGB Anwendung finden. Sie ist für die Parteien verbindlich, sofern sie nicht angefochten (§ 318 Abs 2) oder durch Urteil (§ 319) aufgehoben wird. Bis dahin ist die Bestimmung für die Parteien verbindlich (Palandt/*Grüneberg* § 317 Rn 1 mwN). Grds gelten die **allg Anfechtungs- und Nichtigkeitsregeln**. Danach stünde das Anfechtungsrecht dem Dritten zu. Die Anfechtungsgründe ergeben sich aus §§ 119, 120, 123, jedoch mit der Maßgabe, dass § 123 Abs 2 nicht anwendbar ist (Staud/*Rieble* § 317 Rn 10 hM). Da der Dritte jedoch von seiner Erklärung nicht betroffen ist, gewährt § 318 Abs 2 nun den Parteien das Anfechtungsrecht in Bezug auf das Schuldverhältnis. Das bedeutet, dass die von der Willenserklärung des Dritten benachteiligte Partei eine fremde Willenserklärung anfechten kann. Die Anfechtung muss entgegen § 124 nicht in Jahresfrist, sondern unverzüglich nach der Entdeckung

erfolgen. Wenn eine Partei selbst die Täuschung oder Drohung verübt hat, ist sie im Hinblick auf § 242 nicht zur Anfechtung berechtigt. Die wirksame Anfechtung vernichtet die Bestimmungserklärung mit rückwirkender Kraft (§ 142 Abs 1). Der Dritte muss die Bestimmung erneut vornehmen. Tut er dies nicht, erfolgt die Bestimmung durch Urteil nach § 319 Abs 1 S 2, 2 Hs Ist die Bestimmung nach § 319 Abs 1 S 1 unverbindlich, hat die Partei die Wahl, ob sie anfechten oder gem § 319 Abs 1 vorgehen will. Bei mehreren Bestimmungsberechtigten genügt ein Anfechtungsgrund bei einem von ihnen; eine Anfechtung wirkt auch gegenüber den anderen Bestimmungsberechtigten (Palandt/*Grüneberg* Rn 2 mwN).

§ 319 Unwirksamkeit der Bestimmung; Ersetzung.

[1] Soll der Dritte die Leistung nach billigem Ermessen bestimmen, so ist die getroffene Bestimmung für die Vertragsschließenden nicht verbindlich, wenn sie offenbar unbillig ist. Die Bestimmung erfolgt in diesem Falle durch Urteil; das Gleiche gilt, wenn der Dritte die Bestimmung nicht treffen kann oder will oder wenn er sie verzögert.
[2] Soll der Dritte die Bestimmung nach freiem Belieben treffen, so ist der Vertrag unwirksam, wenn der Dritte die Bestimmung nicht treffen kann oder will oder wenn er sie verzögert.

A. Zweck. § 319 Abs 1 regelt ähnl wie § 315 Abs 3 die **richterliche Kontrolle** im Falle der Leistungsbestim- 1
mung durch Dritte und die zur Aufrechterhaltung des Vertrags vorgesehene richterliche Ersatzleistungsbestimmung. Diese Norm bietet einen Ausgleichsmechanismus dagegen, dass Dritte die Leistung in unbilliger Weise bestimmen oder den Vollzug des Vertrags durch eine fehlende Bestimmung verhindern oder verzögern. In diesen Fällen müssen die Parteien den Dritten nicht auf eine erstmalige oder erneute Leistungsbestimmung verklagen oder einen anderen Dritten mit einer Leistungsbestimmung beauftragen, sondern können zur Vereinfachung eine gerichtliche Leistungsbestimmung beantragen. Im BGB sind – dem § 319 inhaltlich entspr – Regelungen in § 660 Abs 1 bei der Auslobung für die Verteilung der Belohnung unter mehreren Prätendenten und in § 2048 für die Erbauseinandersetzung unter Hinzuziehung eines Dritten enthalten. § 2156 ordnet für die Bestimmung des Inhalts eines Vermächtnisses durch den Beschwerten oder einem Dritten generell die entspr Anwendung der §§ 315–319 an. Sondervorschriften sind in den §§ 9a ErbbRVO und §§ 84, 189 VVG enthalten.

B. Inhalt. I. Offenbare Unbilligkeit. Während die Leistungsbestimmung der anderen Vertragspartei nach 2
§ 315 Abs 3 nicht verbindlich ist und ersetzt werden kann, wenn sie nicht der Billigkeit entspricht, kann die Leistungsbestimmung eines Dritten nur dann korrigiert und ersetzt werden, wenn sie »**offenbar unbillig**« ist. Der Grund für die Differenzierung besteht darin, dass bei einer Leistungsbestimmung durch einen Dritten, der regelm auf Grund seiner besonderen Sachkunde ausgewählt worden ist, eine größere Gewähr für die Richtigkeit besteht als bei der Leistungsbestimmung durch eine Partei. Der Dritte hat regelm kein eigenes Interesse am Inhalt der Bestimmung, so dass ein Missbrauch hier weniger zu befürchten ist (PWW/*Medicus* Rn 1). Wie bei § 315 Abs 3 führt dies nicht zur Nichtigkeit, sondern nur zu einer Anfechtbarkeit im Klagewege, dh die getroffene Bestimmung bleibt zunächst wirksam und bindet die Vertragsparteien solange, bis im Klagewege die getroffene Bestimmung im Urteil durch eine anderweitige richterliche Bestimmung ersetzt wird.

Offenbar unbillig ist eine Bestimmung, wenn sie objektiv in grober Weise gegen die Grundsätze von Treu 3
und Glauben verstößt und sich ihre Unbilligkeit einer unbefangenen und sachkundig urteilenden Person – nicht notwendigerweise aber jedermann – sofort aufdrängt (BGH NJW 2001, 3775; 1991, 2761; BAG NZA 2005, 1059, 1063; PWW/*Medicus* § 319 Rn 2), etwa dann, wenn wesentliche Umstände gar nicht berücksichtigt sind, insbes die Entwicklung am betreffenden Markt außer Acht gelassen oder die Erhöhung des Bodenwertes bei der Anpassung des Erbbauzinses für ein gewerbliches Grundstück gar nicht berücksichtigt worden sind (BGH NJW 2001, 1928, 1930; 1996, 453). Fehleinschätzungen von 20 % – 25 % sind hinzunehmen (BGH NJW 1991, 2761). Ein Verschulden des Dritten ist nicht erforderlich. Die **Beweiserhebung** muss sich darauf richten, ob die Unbilligkeit für einen Sachkundigen offenbar ist (RGZ 96, 62). Maßgebend für die Feststellung, ob die Bestimmung offenbar unbillig ist, ist allein das **Ergebnis**, nicht die Art und Weise ihres Zustandekommens. Ob der Dritte bei seiner Entscheidung alle Erkenntnisquellen genutzt hat oder zur Erwägungen angestellt hat, ist nicht entscheidend. Es ist daher unschädlich, wenn der Dritte auf einem falschen Weg zu einem billigen Ergebnis gelangt. Allerdings können auch **schwerwiegende Begründungsmängel** unabhängig vom Ergebnis zur Unverbindlichkeit des Gutachtens führen, so etwa wenn das Gutachten keine nachprüfbare Begründung enthält oder wenn seine Erwägungen wegen seiner Lückenhaftigkeit nicht überprüfbar sind (BGH NJW 2001, 1928; WM 1998, 628; Köln NJW-RR 1997, 1412; Palandt/*Grüneberg* Rn 5 ff mwN). Auch die nachträglich erkannte **Befangenheit des Schiedsgutachters** oder seine Abhängigkeit von einer Partei führen zur Unverbindlichkeit des Gutachtens (BGH MDR 1994, 885), zB wenn er etwa nur eine Partei anhört. Keine Bindung löst ein Schiedsgutachten aus, dass über die vertraglich gestellte Aufgabe hinausgeht (RGZ 45, 350, 352).

II. Freies Belieben. § 319 Abs 1 ist (nur durch Individualvereinbarung, nicht durch AGB) abdingbar, dh die 4
Parteien können eine Korrektur schon bei einfacher Unbilligkeit vorsehen und – wie § 319 Abs 2 zeigt – dem

Dritten die Bestimmung sogar nach dem (gefährlichen) freien Belieben überlassen. Hier kann diese nicht durch Urteil ersetzt werden, weil die Parteien sich hier gerade dem Dritten anvertrauen wollen. Doch kann auch diese Bestimmung nach §§ 134, 138 nichtig sein (PWW/*Medicus* Rn 4).

5 **III. Zeitpunkt der Beurteilung.** Maßgebender Zeitpunkt für die Beurteilung der offenbaren Unbilligkeit ist der **Zeitpunkt der Gutachtenerstattung.** Bei der Überprüfung ist daher von der Sachlage und den Erkenntnismöglichkeiten zu dieser Zeit auszugehen, den die Parteien dem Gutachter unterbreitet haben; nicht maßgebend ist der Zeitpunkt der gerichtlichen Entscheidung über die Verbindlichkeit (BGH NJW 1979, 1885).

6 **IV. Schiedsgutachten ieS.** § 319 Abs 1 ist unmittelbar auf Schiedsgutachten iwS und entspr auf Schiedsgutachten ieS anzuwenden. Da letztere nicht rechtsgestaltend wirken, ist nicht die Billigkeit der Bestimmung, sondern die Richtigkeit maßgebend für die Verbindlichkeit. Die Bestimmung des Dritten ist unverbindlich, wenn sie **offenbar unrichtig** ist (BGHZ 43, 376). Die Unrichtigkeit ist offenbar, wenn sie sich einem sachkundigen und unbefangenen Beobachter zumindest nach einer Überprüfung aufdrängt (BGH NJW 1979, 1885), zB bei der Wertberechnung eines Grundstückes die fehlende Berücksichtigung von Vergleichspreisen von Nachbargrundstücken oder Verwendung falscher Bewertungsmaßstäbe (BGHZ 9, 198).

7 **C. Gerichtliche Bestimmung der Leistung.** Ist die Leistungsbestimmung auf Grund offenbarer Unbilligkeit bzw Unrichtigkeit unverbindlich, kann sie nach § 319 Abs 1 S 2, 2 Hs durch ein **rechtsgestaltendes Urteil** ersetzt werden; insoweit gilt das zu § 315 Abs 3 S 2 Gesagte. Eine gerichtliche Leistungsbestimmung durch Urteil hat auch dann zu erfolgen, wenn der Dritte die Bestimmung nicht treffen kann (zB im Todesfall vgl BGHZ 57, 52) oder sie verzögert; Verzögerung setzt dabei keinen Verzug, sondern nur eine objektive Verspätung voraus (BaRoth/*Gehrlein* Rn 6 mwN).

8 Für die **Klage** gilt entspr § 315 Abs 3 S 2. Es besteht keine Ausschlussfrist, jedoch kann der Berechtigte sein Recht nach § 242 verwirken. Im Fall einer unverbindlichen Bestimmung kann sich die Klage des Gläubigers unmittelbar auf die Leistung richten, die bei verbindlicher Bestimmung geschuldet wird. Klagt der Gläubiger auf die durch den Dritten bestimmte Leistung, kann der Schuldner die Unverbindlichkeit einredeweise geltend machen (HK-BGB/*Schulze* Rn 5 mwN).

9 Bei einer Bestimmung, die nach **freiem Belieben** zu treffen ist (§ 319 Abs 2), ist diese grds verbindlich und kann nicht durch Urteil ersetzt werden; diese Bestimmung kann jedoch nach §§ 134, 138 unwirksam sein. Kann oder will der Dritte die Bestimmung nicht treffen, oder verzögert er sie, sieht das Gericht keine gerichtliche Leistungsbestimmung vor, da es an einem objektiven Maßstab fehlt; der Vertrag ist in diesen Fällen vielmehr unwirksam.

10 **D. Beweislast.** Die **Beweislast** für die offenbare Unbilligkeit oder Unrichtigkeit der Leistungsbestimmung durch den Dritten trägt die Partei, die sich darauf beruft. Sie hat substantiiert Tatsachen vorzutragen, aus denen sich schlüssig die offenbare Unbilligkeit bzw Unrichtigkeit ergibt. UU kann zur Vorbereitung der gerichtlichen Auseinandersetzung einer Partei ein Auskunftsanspruch aus § 242 gegen die andere Partei, aber auch gegen den Gutachter, zustehen (Palandt/*Grüneberg* Rn 7 mwN).

Titel 2 Gegenseitiger Vertrag

§ 320 Einrede des nicht erfüllten Vertrags.

[1] Wer aus einem gegenseitigen Vertrag verpflichtet ist, kann die ihm obliegende Leistung bis zur Bewirkung der Gegenleistung verweigern, es sei denn, dass er vorzuleisten verpflichtet ist. Hat die Leistung an mehrere zu erfolgen, so kann dem einzelnen der ihm gebührende Teil bis zur Bewirkung der ganzen Gegenleistung verweigert werden. Die Vorschrift des § 273 Absatz 3 findet keine Anwendung.

[2] Ist von der einen Seite teilweise geleistet worden, so kann die Gegenleistung insoweit nicht verweigert werden, als die Verweigerung nach den Umständen, insbesondere wegen verhältnismäßiger Geringfügigkeit des rückständigen Teiles, gegen Treu und Glauben verstoßen würde.

Literatur *Altmeppen* Schadensersatz wegen Pflichtverletzung – Ein Beispiel für die Überhastung der Schuldrechtsreform DB 2001, 1131; *ders* Nochmals: Schadensersatz wegen Pflichtverletzung, Anfängliche Unmöglichkeit und Aufwendungsersatz im Entwurf des Schuldrechtsmodernisierungsgesetzes, DB 2001, 1821; *Canaris* Die Reform des Rechts der Leistungsstörungen JZ 2001, 499; *ders* Schadensersatz wegen Pflichtverletzung, Anfängliche Unmöglichkeit und Aufwendungsersatz im Entwurf des Schuldrechtsmodernisierungsgesetzes DB 2001, 1815; *ders* Zur Bedeutung der Kategorie der »Unmöglichkeit« für das Recht der Leistungsstörungen, in: Schulze/Schulte-Nölte (Hrsg) Schuldrechtsreform vor dem Hintergrund des Gemeinschaftsrechts, Tübingen (2001), S 43; *ders* Die von beiden Seiten zu vertretende Unmöglichkeit, FS Lorenz (2004), S 147; *Ernst/Gsell* Kaufrichtlinie und BGB ZIP 2001, 1410; *Faust* Von beiden Teilen zu vertretende Unmöglichkeit JuS 2001, 133; *Grigoleit* Leistungspflichten und Schutzpflichten, FS Canaris (2007), S 275; *Gröschler* Die Pflicht des Verkäufers zur Aufklärung über Mängel nach neuem Kaufrecht NJW 2005, 1601; *Gsell* Kaufrechtsrichtlinie und Schuldrechtsmodernisierung JZ 2001, 65; *Joussen* Arbeitsrecht und Schuldrechtsreform NZA 2001, 750; *Knütel* Zur Schuldrechtsreform NJW 2001, 1519; *Looschelders* Die Verteilung des Schadens bei beiderseits zu vertretender Unmöglichkeit – OLG Frankfurt aM NJW-RR 1995, 435, JuS 1999, 949; *Löwisch* Zweifelhafte Folgen des geplanten Leistungsstörungsrechts für das Arbeitsvertragsrecht NZA 2001, 465; *Müller/Matthes* Notwendigkeit einer richtlinienkonformen Bestimmung und Leistung in § 323 Abs 5 BGB bei Teilschlechtleistung und Teilleistung AcP 204, 732; *Münch* Die »nicht wie geschuldet« erbrachte Leistung und sonstige Pflichtverletzungen Jura 2002, 361; *Otto* Die Grundstrukturen des neuen Leistungsstörungsrechts Jura 2002, 1; *Roth* Sondertagung Schuldrechtsmodernisierung – Kongressbeitrag europäischer Verbraucherschutz und BGB JZ 2001, 475; *Unberath* Die richtlinienkonforme Auslegung am Beispiel der Kaufrechtsrichtlinie ZEuP 2005, 5.

A. Allgemeines zu den Vorschriften für den «gegenseitigen Vertrag» in den §§ 320 bis 326. Wie aus der 1
Überschrift des 2. Titels des 3. Abschnitts zu entnehmen ist, handelt es sich bei den §§ 320 bis 326 um Sondervorschriften für gegenseitige Verträge. Sie tragen der wesengemäßen Abhängigkeit bzw **synallagmatischen Verknüpfung** der Verpflichtungen der Vertragsparteien Rechnung. Der Anwendungsbereich der §§ 320 bis 326 ist daher auf gegenseitige Verträge beschränkt. Mit der Reform des Leistungsstörungsrechts durch das SMG hat sich die Bedeutung dieser Sondervorschriften verringert (MüKo/*Emmerich* Vor § 320 Rn 1). So sind die Regelungen zum Schadensersatzanspruch in §§ 325 und 326 aF durch die für alle Schuldverhältnisse (allgemeinen) geltenden Vorschriften der §§ 280, 281 und 283 ersetzt. Die Besonderheiten des gegenseitigen Vertrags sind dort allerdings im Rahmen der Bestimmung des Schadensersatzes statt der Leistung nach der Differenz- oder Surrogationsmethode beachtlich, da die synallagmatische Verknüpfung fortdauert, wenn die Schadensersatzpflicht an die Stelle der ursprünglichen Leistungsverpflichtung tritt, was freilich nur bei einem Vorgehen nach der Surrogationsmethode gilt. Das Gleiche gilt, wenn nach § 285 das stellvertretende *commodum* verlangt wird. Das in §§ 323, 324 und 326 Abs 5 geregelte Rücktrittsrecht ist unabhängig von einem Verschulden, wobei zudem anders als im alten Recht nach §§ 323 und 324 nicht mehr die Verletzung einer gerade im Gegenseitigkeitsverhältnis stehenden (Leistungs-)Pflicht verlangt wird. Im Gegensatz zu dieser vollständigen Umgestaltung der §§ 323 bis 326 wurden die Regelungen über die Einrede des nicht erfüllten Vertrags in §§ 320 bis 322 mit Ausn der Unsicherheitseinrede nicht durch das SMG geändert.

Der **Begriff und das Wesen des gegenseitigen Vertrags** steht im Mittelpunkt der Sondervorschriften in 2
§§ 320 bis 326 und bestimmt ihren Anwendungsbereich. Trotz der umfangreichen Neuregelungen in diesem Titel ist der Begriff unverändert geblieben. Das erste Wesensmerkmal des gegenseitigen oder zweiseitigen Vertrags ist, dass beide Parteien sich vertraglich zu einer Leistung verpflichten. Dieses Merkmal unterscheidet den gegenseitigen Vertrag von einseitig verpflichtenden Verträgen, wie bspw dem Schenkungsversprechen (§ 518). Der gegenseitige Vertrag ist darüber hinaus dadurch charakterisiert, dass die beiderseitigen Verpflichtungen in einem Abhängigkeitsverhältnis zueinander stehen – die eine Partei verspricht der anderen die Leistung gerade um der Gegenleistung willen (Palandt/*Grüneberg* Einf v § 320 Rn 5). Die Gegenleistung stellt sich bei den gegenseitigen Verträgen als Entgelt für die Leistung dar (BGH NJW 2006, 2773, 2775). Sie sind auf einen Austausch der beiderseitigen Leistungen gerichtet, wobei zwischen zumindest einzelnen der beiderseitigen Leistungsverpflichtungen eine Zweckbindung nach dem Grundsatz *»do ut des«* besteht (MüKo/*Emmerich* Vor § 320 Rn 5). Aus dieser Zweckbindung der beiderseitigen Verpflichtungen zur Leistung ergibt sich das wesensgemäße Abhängigkeitsverhältnis, das auch als **Synallagma** bezeichnet wird. Es unterscheidet die gegenseitigen Verträge von den unvollkommen zweiseitigen Verträgen, wie bspw Leihe (§ 598), Auftrag (§ 662) oder unentgeltliche Verwahrung (§ 688).

Die **Zweckbindung der beiderseitigen Verpflichtung** zur Leistung mit Blick auf ihren Austausch bedeutet 3
jedoch nicht, dass jeder Austauschvertrag notwendigerweise über die synallagmatische Verbindung der beiderseitigen Leistungsverpflichtungen verfügen muss. Es kann auch lediglich eine konditionale Verbindung durch eine Bedingung, die Rechtsgrund iSd § 812 Abs 1 S 1 ist, oder eine kausale Verknüpfung, die nur unter dem Gesichtspunkt des § 812 Abs 1 S 2 Alt 2 beachtlich ist, bestehen (Palandt/*Grüneberg* Einf v § 320 Rn 7). Hierbei handelt es sich jedoch um seltene Fälle der Verknüpfung der sich gegenüberstehenden Leistungsverpflichtungen; das Gesetz selbst verdeutlicht durch die Sondervorschriften der §§ 320 bis 326, dass der gegenseitige Vertrag, dh die synallagmatische Verknüpfung der beiderseitigen Leistungsverpflichtungen, den Regelfall darstellt (MüKo/*Emmerich* Vor § 320 Rn 12).

Obwohl im Kern auf das Synallagma (= Austausch) abstellend, kann der **Begriff des gegenseitigen Vertrags** 4
nicht mit dem des Austauschvertrags gleichgesetzt werden, da bspw auch der Gesellschaftsvertrag ein gegenseitiger Vertrag ist, wobei ggf Modifikationen in der Anwendung der §§ 320 bis 326 zu machen sind (hM: BGH NJW 1951, 308; MüKo/*Emmerich* Vor § 320 Rn 7 mwN; PWW/*Medicus* vor § 320 Rn 8; aA Erman/*Westermann* Vor § 320 Rn 14).

Hauptbeispiele für einen **gegenseitigen Vertrag** sind der Kauf, die Miete, der Werk-, Dienst- sowie Darle- 5
hens- und Sachdarlehensvertrag. Weitere gegenseitige Verträge sind auch jenseits der gesetzlich geregelten oder in der Verkehrspraxis typischen Verträge denkbar. Es ist lediglich vorausgesetzt, dass nach dem übereinstimmenden Parteiwillen ein Gegenseitigkeitsverhältnis der beiderseitigen Leistungsverpflichtungen wie vor-

stehend beschrieben besteht. Wegen der Fortdauer der synallagmatischen Verpflichtung in den Fällen, in denen der Schadensersatz statt der Leistung gem §§ 281 und 283 an die Stelle einer der beiderseitigen Verpflichtungen tritt oder nach § 285 das stellvertretende *commodum* verlangt wird, finden die §§ 320 ff auch dann noch grds Anwendung (MüKo/*Emmerich* Vor § 320 Rn 29). Jedenfalls nicht erfasst werden die gesetzlichen Schuldverhältnisse, da bei diesen gerade kein Vertrag vorliegt. Eine Ausn bildet jedoch die entspr Anwendung der §§ 320 ff im Verhältnis des vollmachtlosen Vertreters zum anderen Teil, wenn dieser nach § 179 Abs 1 Erfüllung verlangt (BGHZ 15, 102, 104). Auch im Rückgewährschuldverhältnis sind die §§ 320 ff nicht anwendbar wie sich insbes im Gegenschluss aus § 348 ergibt. Das gilt selbst dann, wenn es infolge eines Rücktritts nach §§ 323, 324 entstanden ist (Palandt/*Grüneberg* Einf v § 320 Rn 11). Auch auf die Rückabwicklung nichtiger gegenseitiger Verträge sind die §§ 320 ff nicht anwendbar (BGH NJW 2005, 884, 887).

6 **B. Zweck des § 320.** Die Regelung zum Leistungsverweigerungsrecht in **§ 320 ist durch das SMG unverändert geblieben**. Die Einrede des nicht erfüllten Vertrags ist Ausfluss des durch den gegenseitigen Vertrag begründeten funktionellen Synallagmas (vgl hierzu Rz 2). In diesem Sinne verfolgt die Regelung in § 320 zwei Zwecke. Zum einen gibt sie dem vom Vertragspartner auf Erfüllung in Anspruch genommenen Schuldner einer Leistungsverpflichtung im gegenseitigen Vertrag mit der Einrede das **Druckmittel** in die Hand, auf die gleichzeitige Erbringung der ihm ggü geschuldeten (synallagmatisch mit seiner Leistungsverpflichtung verknüpften) Gegenleistung zu bestehen (BGHZ 54, 244, 249; NJW 2004, 3541, 3542; Staud/*Otto* (2004) Rn 1). Gleichzeitig erfüllt die Norm eine gewisse **Sicherungsfunktion**, weil sie dem Schuldner grds ermöglicht, einen Ausfall mit seinem Anspruch auf die Gegenleistung trotz Erfüllung seiner Leistungsverpflichtung zu verhindern, da er zur Erbringung seiner Leistung nicht ohne Angebot der Gegenleistung gezwungen werden kann (RGZ 129, 228, 230; MüKo/*Emmerich* Rn 2). Aufgrund dieser Doppelfunktion kann die Einrede des nicht erfüllten Vertrags anders als die Einrede nach § 273 **nicht durch Sicherheitsleistung abgewendet** werden, wodurch sich auch der ausdrückliche Ausschluss der Anwendbarkeit des § 273 Abs 3 in § 320 Abs 1 S 3 erklärt. Die Einrede des § 320 hat wesensgemäß freilich nur suspensiven Charakter und stellt keinen endgültigen Zustand her. Dies ist *sedes materiae* der Vorschriften zum Rücktrittsrecht in § 323 und 326 Abs 5.

7 **C. Voraussetzungen des Einrederechts nach § 320 Abs 1. I. Gegenseitiger Vertrag.** Die Einrede des nicht erfüllten Vertrags setzt zunächst das Bestehen eines wirksamen gegenseitigen Vertrags voraus. Zum Begriff des gegenseitigen Vertrags vgl Rz 2 ff. Ungeschriebene Voraussetzung ist selbstverständlich die Wirksamkeit des Vertrags. Andernfalls würden weder die beiderseitigen Leistungsverpflichtungen noch ihre erforderliche und erst durch die wirksame vertragliche Einigung begründete synallagmatische Verknüpfung existieren.

8 **II. Verpflichtung im Gegenseitigkeitsverhältnis.** Die Einrede des nicht erfüllten Vertrags nach § 320 kann, ohne dass dies ausdrücklich erwähnt ist, nur in Bezug auf die im Gegenseitigkeitsverhältnis stehenden Verpflichtungen, also die unmittelbar synallagmatisch miteinander verknüpften Verpflichtungen erhoben werden. Das heißt, dass die (Gegen-)Leistungsverpflichtung des anderen Teils, auf die der Einredende sein Leistungsverweigerungsrecht stützt, im Gegenseitigkeitsverhältnis mit der Leistungsverpflichtung stehen muss, deren Erfüllung er gerade verweigert. Macht der andere Teil (Gläubiger) eine nicht im Gegenseitigkeitsverhältnis stehende Leistungsverpflichtung geltend, so kann der Schuldner ggf nur die Einrede des § 273 erheben (BaRoth/*Grothe* Rn 3; Palandt/*Grüneberg* Rn 4). Die Abgrenzung kann im einzelnen Fall schwierig sein und ist im Wege der Auslegung des Vertrags gem §§ 133, 157 vorzunehmen. Regelmäßig wird das Gegenseitigkeitsverhältnis bei den sog Hauptleistungsverpflichtungen der Parteien vorliegen. Entscheidend ist der vertraglich perpetuierte Parteiwille, sodass auch »klassische« Nebenleistungspflichten in die Abhängigkeit von der Erfüllung der Gegenleistung gebracht und damit in das von § 320 geforderte Gegenseitigkeitsverhältnis gehoben werden können (MüKo/*Emmerich* Rn 31). Da die entspr synallagmatische Verknüpfung auch dann grds fortbesteht, wenn an die Stelle der ursprünglichen Leistungsverpflichtung ein Sekundäranspruch tritt (vgl Rz 1, 5), stehen auch die entspr Ansprüche auf Nacherfüllung, das stellvertretende *commodum* sowie auf den Schadensersatz statt der Leistung, sofern nach der Surrogationsmethode vorgegangen wird, sodann im Gegenseitigkeitsverhältnis. Soll die Leistung vereinbarungsgemäß nicht an den Vertragspartner, sondern an einen Dritten bewirkt werden, besteht gleichwohl das Leistungsverweigerungsrecht, solange die Gegenleistung nicht erbracht wurde (RGZ 65, 48). Es besteht auch dann (fort), wenn der Schuldner die Gegenforderung abgetreten hat (BGH NJW 1995, 187, 188; NJW-RR 2007, 1612). Das Leistungsverweigerungsrecht des Mieters wegen eines Mietmangels geht jedoch mit der Veräußerung der Mietsache durch den Vermieter unter (BGH NZM 2006, 696).

9 Bei den **entgeltlichen**, im Besonderen Teil geregelten **Vertragstypen** stehen die Verpflichtung zur Zahlung des Entgelts (Kaufpreis; Werklohn; Mietzins; Dienst- bzw Arbeitslohn) mit der typisierenden Hauptleistung des anderen Teils (Ablieferung der Kaufsache; Werkherstellung und -übergabe; Überlassung der Mietsache; Erbringung des Dienstes bzw der Arbeitsleistung) regelm im Gegenseitigkeitsverhältnis. Bei Arbeitsverträgen nimmt die hM des Weiteren ein Gegenseitigkeitsverhältnis auch zwischen der Arbeitsleistung und der Fürsorgepflicht des Arbeitgebers (§ 618) an (BAG NJW 1964, 883; BaRoth/*Grothe* Rn 3 mwN). Beim Mietvertrag besteht darüber hinaus ein Gegenseitigkeitsverhältnis zwischen der Mangelbeseitigungspflicht des Vermieters und der Verpflichtung des Mieters zur Zahlung des Mietszinses sowie zwischen der vom Mieter übernomme-

nen Verpflichtung zur Vornahme von Schönheitsreparaturen und der beim Vermieter nach § 535 Abs 1 S 2 verbleibenden weitergehenden Reparaturpflicht (BGH NJW-RR 1997, 265). In Sukzessiv- oder Dauerlieferverträgen sowie Rahmenlieferverträgen wird eine Gegenseitigkeitsverhältnis iSd § 320 Abs 1 auch in Bezug auf etwaige Forderungen aus anderen (Teil-)Leistungen im Rahmen der vertraglichen Beziehung wegen der Einheitlichkeit des Schuldverhältnisses eine Gegenseitigkeit angenommen (BGH NJW-RR 2007, 325, 327).

III. Nichterfüllung der wirksamen und fälligen Gegenleistung. Die Einrede des nicht erfüllten Vertrags kann nur aufgrund einer im Gegenseitigkeitsverhältnis stehenden wirksamen und fälligen Gegenforderung begründet werden (BGH NJW 2006, 2773). Die Einrede nach § 320 soll daher in den Fällen ausgeschlossen sein, in denen dem anderen Teil die Erbringung der eigenen Leistung, also derjenigen, auf die die Gegenforderung gerichtet ist, **unmöglich** ist (MüKo/*Emmerich* Rn 35). Das wird damit begründet, dass in diesen Fällen der Anspruch des anderen Teils auf die Leistung, gegen den die Einrede erhoben werden soll, ohnehin nach § 326 Abs 1 S 1 erloschen ist. Dies trifft jedoch in dieser Generalität nicht zu, sofern man – wie die hM in den Fällen der zu vertretenden Unmöglichkeit einer der beiden im Synallagma stehenden Sachleistungen – dem Gläubiger der unmöglichen Leistung die Berechnung seines Schadensersatzes statt der Leistung nach der Surrogationsmethode weiterhin eröffnet. Ausschl für diese Fälle muss die Anordnung des § 326 Abs 1 S 1 konsequenter Weise korrigiert, nämlich für nicht anwendbar erklärt werden (vgl § 326 Rz 3; MüKo/*Ernst* § 326 Rn 13 f – teleologische Reduktion). Dann tritt jedoch der Anspruch auf den Schadensersatz statt der Leistung nach §§ 280 Abs 1, 283, 280 Abs 3 an die Stelle der Gegenforderung und unterliegt der gleichen synallagmatischen Verknüpfung (Palandt/*Grüneberg* Rn 5). Der § 320 bleibt demnach bei vom anderen Teil zu vertretender Unmöglichkeit der Leistung, die Gegenstand der Gegenforderung ist, und bei einem Vorgehen des Gläubigers der Gegenforderung nach der Surrogationsmethode anwendbar, da er sich damit zur weiteren Erbringung seiner Leistung entschieden hat und zu dieser auch verpflichtet bleibt. Bedeutend wird dies freilich nur in den Fällen, in denen keine der beiderseitigen Leistungsverpflichtungen des gegenseitigen Vertrags, wie bspw beim Tausch, auf eine Geldleistung gerichtet ist. Besteht Streit darüber, ob die Erbringung der Leistung, die Gegenstand der Gegenforderung ist, unmöglich geworden ist, so kann die Einrede bis zur Klärung dieser Frage jedenfalls erhoben werden (BGH WM 1956, 314). Ist hingegen die Erbringung der vom anderen Teil geforderten Leistung unmöglich geworden, so ist § 320 nicht anwendbar. Zum einen kann der Schuldner den Ausschluss bzw die Undurchsetzbarkeit des Anspruchs auf die von ihm zu erbringende Leistung nach § 275 Abs 1 bis 3 geltend machen. Zum anderen ist ihm bei zu vertretender Unmöglichkeit seiner Leistung im Falle des Vorgehens des anderen Teils nach der Surrogationsmethode die Einrede nach § 320 wegen eigener Vertragsuntreue abgeschnitten (zu dieser Voraussetzung sogleich Rz 13). 10

Die Einrede des § 320 kann nicht mehr geltend gemacht werden, wenn die Gegenforderung bereits gem § 362 erfüllt wurde, da sie bzw das sie begründende Schuldverhältnis dann erloschen ist. Dabei genügt die teilw Erfüllung grds ebenso wenig wie die Schlechterfüllung (BGHZ 54, 249; Palandt/*Grüneberg* Rn 8). Eine **Teilleistung** kann der Gläubiger der Gegenforderung zudem gem § 266 zurückweisen und über die Einrede des nicht erfüllten Vertrags auf vollständiger Erfüllung bestehen. In den Fällen der Schlechtleistung tritt ein nach den gesetzlichen Gewährleistungsregeln ggf bestehender Nacherfüllungsanspruch (§§ 439, 635) an die Stelle der ursprünglichen Gegenforderung und ist wie dieser Gegenstand der synallagmatischen Verknüpfung, sodass die Einrede des § 320 bestehen kann (vgl Rz 1, 5; Jauernig/*Stadler* Rn 7). Eine Grenze wird für die unvollständige bzw nicht-vertragsgem Erfüllung der Gegenleistung nur durch § 320 Abs 2 und § 641 Abs 3 gesetzt (vgl noch Rz 20). Eine Sonderregelung ist in § 320 Abs 1 S 2 für die Fälle aufgestellt, in denen die teilbare Leistung durch den Schuldner gem § 420 an **mehrere Gläubiger** zu erbringen ist. Hier kann der Schuldner jedem Gläubiger ggü den diesem geschuldeten Leistungsteil solange zurückhalten, bis die gesamte Gegenleistung vollständig an den Schuldner erbracht wurde. Der Schuldner muss sich auch dann nicht auf einen isolierten Austausch der anteiligen Leistungs- und Gegenleistung mit dem einzelnen Gläubiger einlassen, wenn die Gläubiger ihrerseits nach § 420 eine auf sie aufgeteilte Gegenleistung schulden. Der § 320 Abs 1 S 2 findet jedoch keine Anwendung, wenn die Personenmehrheit als »anderer Teil« gesamtschuldnerisch zur Erbringung der Gegenleistung verpflichtet ist (§ 428) oder sie Gesamtgläubiger in Bezug auf die geschuldete Leistung sind (§ 431). 11

Des Weiteren kann die Gegenforderung wegen des Ablaufs einer Ausschlussfrist erloschen sein, sodass die Einrede nicht mehr fortbesteht (BGH DB 1974, 586). Dagegen kann die Einrede des nicht erfüllten Vertrags gem § 215 auch dann geltend gemacht werden, wenn der Anspruch auf die Gegenleistung zwar in der Zwischenzeit verjährt ist und vor dessen Verjährung bereits einmal eine Zurückbehaltungslage bestand, dh die vom anderen Teil geltend gemachte Forderung und die Gegenforderung sich vor Eintritt der Verjährung wirksam und fällig gegenüber standen. 12

IV. Eigene Vertragstreue des Schuldners. Nach hM enthält § 320 für die Einrede des nicht erfüllten Vertrags die ungeschriebene Voraussetzung der eigenen Vertragstreue des Schuldners (BGH NJW 2002, 3541, 3542 f). Dieses zusätzliche Erfordernis wird zum einen aus dem allgemeinen Gedanken des Rechtsmissbrauchs abgeleitet, vor allem mit Blick auf die Regelung in § 320 Abs 2 (Palandt/*Grüneberg* Rn 6). Andere begründen dieses ungeschriebene Tatbestandmerkmal mit dem Verbot des *venire contra factum proprium* (so wohl MüKo/ 13

Emmerich Rn 37). Da der Zweck der Einrede des nicht erfüllten Vertrags lediglich die Suspension des Leistungsaustausches bewirken soll, ist sie nicht anwendbar, wenn der Schuldner sich vom Vertrag vollständig lösen will (BGH NJW 2002, 3541, 3542 f). Will der Schuldner dies erreichen, muss er nach §§ 281 und 323 vorgehen. Das Gleiche gilt, wenn sich der Vertrag als undurchführbar erweist. Gibt der Schuldner hingegen im Rahmen seiner Leistungsverweigerung zu erkennen, sich eigentlich vom Vertrag lösen zu wollen, läuft er Gefahr, dass dies als ernsthafte und endgültige Erfüllungsverweigerung gewertet wird, mit der Folge, dem anderen Teil ein sofortiges Rücktrittsrecht gem § 323 Abs 2 und einen Anspruch auf Schadensersatz statt der Leistung nach §§ 280 Abs 1, 281 Abs 2, 280 Abs 3 zu liefern.

14 Der Schuldner kann die Einrede des nicht erfüllten Vertrags wegen eigener Vertragsuntreue insbes auch dann nicht mehr erheben, wenn er sich im **Schuldnerverzug** mit der Erbringung der von ihm geschuldeten Leistung befindet (BGH NJW-RR 1995, 564, 565; BaRoth/*Grothe* Rn 5). Der Schuldner hat, wenn er sich im Schuldnerverzug befindet, bereits gezeigt, dass er sich nicht vertragsgem verhalten will, da er ja nur dann in Schuldnerverzug gerät, wenn er die Leistung trotz Vorleistungsverpflichtung nicht zum hierfür einvernehmlich bestimmten Zeitpunkt vorab erbringen will oder aber trotz eines den Annahmeverzug begründenden Angebots der Gegenleistung durch den anderen Teil nicht erbringen will. Ist der Anspruch auf die Leistung gegen den Schuldner nämlich nicht durchsetzbar, da bspw einredebehaftet, gerät der Schuldner nicht in Schuldnerverzug (§ 286 Rz 8). Der Eintritt des Schuldnerverzugs ist umgekehrt daher auch solange ausgeschlossen, solange dem Schuldner das Leistungsverweigerungsrecht nach § 320 zusteht. Das bedeutet, dass keine Partei im gegenseitigen Vertrag, sofern sie nicht gerade vorleistungspflichtig ist, in Verzug gerät, solange die andere Partei die von ihr geschuldete Leistung nicht bei der Mahnung in einer den Annahmeverzug begründenden Weise angeboten hat (BGH NJW-RR 2003, 1318). Dies ist vom Sinn und Zweck des § 320 und dem Wesen des funktionellen Synallagmas gedeckt, wonach grds keine Partei des gegenseitigen Vertrags von der anderen zur Erbringung der von ihr geschuldeten Leistung gezwungen werden kann, sofern die im Synallagma stehende Gegenleistung nicht bewirkt bzw zur Bewirkung angeboten wird. Andernfalls würde der Schuldner zu einer Vorleistung gezwungen, zu der er sich nicht verpflichtet hat. Hingegen hat der vorleistungspflichtige Schuldner nur unter den Voraussetzungen des § 321 die Möglichkeit, die Leistung zu verweigern. Das bedeutet, dass dieser in Schuldnerverzug gerät, sollte sie nicht zum vereinbarten Leistungszeitpunkt leisten und auch nicht die Voraussetzungen des § 321 vorliegen. Der Verzug des vorleistungspflichtigen Schuldners wird allerdings automatisch geheilt, wenn und soweit der andere Teil durch eine Erfüllungsverweigerung das Ende der Vorleistungspflicht bewirkt, sodass § 320 einschl seiner den Verzug verhindernden Wirkung wieder Anwendung findet (BGH NJW-RR 1987, 1158, 1159; MüKo/*Emmerich* Rn 46). Darüber hinaus kann keine der Parteien im gegenseitigen Vertrag die Einrede des nicht erfüllten Vertrags auf Umstände stützen, die erst nach Eintritt ihres Schuldnerverzugs eingetreten sind (BGH NJW-RR 1995, 564, 565). Ist der Schuldner in Schuldnerverzug geraten, erlangt er die Einrede des nicht erfüllten Vertrags nur durch ein Angebot seiner Leistung in einer den Annahmeverzug des Gläubigers begründenden Weise zurück, wobei regelm ein tatsächliches Angebot erforderlich sein wird (BGHZ 116, 244, 249 f). Nur dann kann der Gläubiger der Leistung erkennen, dass der Schuldner (wieder) zur Erbringung der Leistung bereit ist (MüKo/*Ernst* § 286 Rn 23 mwN). Der Annahmeverzug des Gläubigers schließt den Schuldnerverzug aus (MüKo/*Emmerich* Rn 39).

15 Hingegen ist der **Annahmeverzug des Schuldners** im Hinblick auf die Leistung des anderen Teils, die Gegenstand der Gegenforderung ist, nach hM keine die Einrede des § 320 ausschließende Vertragsuntreue. In diesen Fällen kann der Gläubiger trotz Bestehens der Einrede des § 320 gem §§ 274 Abs 2, 322 Abs 3 die Bewirkung der Leistung im Wege der Zwangsvollstreckung erreichen (vgl hierzu § 322 Rz 7). Der Gläubiger (»der andere Teil«) ist hierdurch zum einen hinreichend geschützt und zum anderen wird allein durch das Bestehen des Annahmeverzugs die synallagmatische Verknüpfung von Leistung und Gegenleistung nicht gelöst (BGHZ 90, 354, 358; 116, 244, 248). Der Schuldner darf auch im Falle des Annahmeverzugs während des Erkenntnisverfahrens nicht zur unbedingten Leistung verurteilt werden, sondern allenfalls das Bestehen des Annahmeverzugs festgestellt werden, was der Gläubiger sinnvoller Weise auch entspr beantragen wird.

16 **D. Rechtsfolgen.** Das Leistungsverweigerungsrecht nach § 320 begründet entspr seines Wortlautes eine **Einrede.** Der Gesetzgeber hat sich erkennbar für die Einredetheorie entschieden. Das bedeutet, dass der Schuldner sein Einrederecht inner- oder außerprozessual ausdrücklich oder konkludent grds geltend machen muss (BGHZ 116, 244, 250). Andernfalls kann das Bestehen der Einrede nicht die rechtsgestaltende Wirkung der nur noch eingeschränkten Durchsetzbarkeit des Anspruchs des Gläubiger nach § 322 Abs 1 zeitigen, dh der Schuldner wird unbedingt zur Leistung verurteilt. Die Erhebung der Einrede ist eine einseitige empfangsbedürftige Willenserklärung (MüKo/*Emmerich* Rn 44). Die Betätigung des enstpr Willens zur Ausübung ist im Wege der Auslegung zur ermitteln, wobei dies relativ weitgehend auch im schlichten Klageabweisungsantrag ersehen werden kann (BGH NJW 1999, 53; 2006, 2839, 2842). Leistet der Schuldner trotz Bestehens des Leistungsverweigerungsrechts, übt also die Einrede nicht aus, so ist er auch bei Unkenntnis ihres Bestehens nicht berechtigt, seine Leistung nach § 813 zu kondizieren, da dieser nur bei dauernden Einreden eingreift (BGH NJW 1963, 1869). Die Ausgestaltung des Leistungsverweigerungsrechts als Einrede hat auch zur Folge, dass sie keinen Einfluss auf die Verjährung hat, sie insbes nicht hemmt. Dies ergibt sich daraus, dass sie in § 204 gerade nicht als Hemmungsgrund aufgeführt wird und § 205 für die Hemmungswirkung ein zwischen den Parteien vereinbartes Leistungsverweigerungsrecht verlangt.

17 Auch ohne Erhebung der Einrede kommt der Schuldner bei bloßem Bestehen des Leistungsverweigerungsrechts nach § 320 nach hM nicht in Schuldnerverzug (vgl Rz 14). Entspr der Argumentation zum Schuldnerverzug können auch ohne Ausübung des Leistungsverweigerungsrechts allein bei seinem Bestehen mangels Fälligkeit iSd § 291 und § 355 HGB keine Prozess- und Fälligkeitszinsen gefordert werden (BGHZ 55, 198, 200; 61, 42, 46; Erman/*Westermann* Rn 17). Auch § 390 knüpft für das Aufrechnungsverbot allein an das Bestehen des Leistungsverweigerungsrechts an (BGH NJW 2001, 287, 288; 2002, 3541, 3542). Der § 390 greift allerdings trotz Erhebung der Einrede des § 320 bspw dann nicht, wenn die sich gegenüber stehenden Ansprüche gleichartig sind, aus demselben gegenseitigen Vertrag herrühren und beiderseits noch nicht erfüllt sind (RGZ 119, 1, 4 f) oder wenn sich derjenige, der sich auf die Einrede berufen hat, im Annahmeverzug befindet (BGH MDR 1959, 386).

18 **E. Ausschluss des Einrederechts. I. Vorleistungspflicht.** Der vorleistungspflichtige Schuldner kann sich grds nicht auf die Einrede des § 320 berufen, solange seine Vorleistungspflicht fortbesteht. Er ist mit Blick auf das Leistungsverweigerungsrecht des § 321 jedoch nicht schutzlos. Sofern sich aus der vertraglichen oder gesetzlichen Regelung, welche die Vorleistungspflicht begründet, ergibt, dass die Gegenleistung notwendig erst nach der Erbringung der Leistung des vorleistungspflichtigen Schuldners fällig wird (sog **beständige Vorleistungspflicht**; MüKo/*Emmerich* Rn 26), versteht sich dies mit Blick auf das Erfordernis des Bestehens einer wirksamen und fälligen Gegenforderung von selbst. Sind hingegen für die synallagmatisch verbundene Vorleistung und Nachleistung unabhängig voneinander feste Fälligkeitstermine bestimmt und die Fälligkeit der Nachleistung gerade nicht von der Bewirkung der Vorleistung abhängig (sog **unbeständige Vorleistungspflicht**), dann ist die Einrede des § 320 lediglich in der Zeit ausgeschlossen, in der nur die Vorleistungspflicht fällig ist, und in diesem Zeitraum allenfalls § 321 anwendbar (BGH NJW-RR 1989, 1356, 1357; Erman/*Westermann* Rn 19; BaRoth/*Grothe* Rn 11). Sind sowohl die Vorleistung als auch die Nachleistung fällig, dann kann das Leistungsverweigerungsrecht des § 320 wieder bestehen (BGH NJW 1986, 1164; 2005, 388).

19 Eine **Vorleistungspflicht** kann sich aus der vertraglichen Abrede oder aus dem Gesetz ergeben. Aus § 320 ist der Grundsatz zu entnehmen, dass keine Partei ohne weiteres zur Vorleistung verpflichtet ist, sondern die synallagmatisch verknüpften Leistungen grds gleichzeitig zu bewirken sind (**gesetzliches Leitbild**). Freilich ist dies in den unter Rz 22 dargestellten Grenzen mit Blick auf die Vertragsfreiheit disponibel, wobei die Annahme einer Vorleistungspflicht grds zurückhaltend erfolgen sollte, da sie einen Verzicht auf das Leistungsverweigerungsrecht des § 320 Abs 1 bedeutet sowie Kredit gewährenden Charakter hat (BGH NJW 2002, 1788). Eine vertraglich vereinbarte Vorleistungspflicht kann sich aber aus vor allem im Handels- und Wirtschaftsverkehr gebräuchlichen Klauseln ergeben, wie bspw »netto Kasse gegen Faktura« (RGZ 106, 294, 299; BGHZ 23, 131), »Zahlung nach Eintreffen der Ware« (RG SeuffA 81 (1927) Nr 25, S 43 f – Vorleistungspflicht des Verkäufers) oder »cash on delivery« (BGH NJW 1985, 550), oder aus der Vereinbarung der Nachnahme (MüKo/*Emmerich* Rn 24; aA Erman/*Westermann* Rn 20). Das Gesetz sieht Vorleistungspflichten bspw für den Dienstverpflichteten (§ 614), den Werkunternehmer (§ 641), den Verwahrer (§ 699) vor. Beim Mietvertrag ist im Fall der Fahrnis- und der reinen Grundstücksmiete der Vermieter nach § 579 Abs 1 vorleistungspflichtig, während ansonsten der Mieter vorleistungspflichtig ist (§§ 556b, 579 Abs 2). Die Vorleistungspflicht des Werkunternehmers beschränkt sich aber bis zum Zeitpunkt der Abnahme (§§ 640, 641) und ist durch § 632a über Abschlagszahlungen in Bezug auf die abschlagspflichtigen Werkteile zeitlich weiter beschränkt. Nach der Abnahme ist die Mängelbeseitigung und Zahlung eines (Rest-)Werklohns gem § 320 Zug-um-Zug abzuwickeln (BGHZ 61, 42, 45; 90, 344, 357).

20 **II. Treu und Glauben, insbesondere Unverhältnismäßigkeit nach Abs 2.** Das Leistungsverweigerungsrecht ist ausgeschlossen, wenn seine Ausübung gg den Grundsatz von Treu und Glauben verstoßen würde. Diese allg Grenze der Rechtsausübung ist für den bes Fall der teilw Leistung in § 320 Abs 2 niedergelegt, wobei hier eine geringe Konkretisierung des Grundsatzes von Treu und Glaubens auf den Aspekt der Unverhältnismäßigkeit vorgenommen wird. Umgekehrt ist dem Abs 2 aber auch zu entnehmen, dass auch bei teilw Leistung durch den anderen Teil der Schuldner grds seine (Gegen-)Leistung vollständig verweigern kann (BGHZ 54, 249; NJW 1997, 939) – eben bis zur Grenze von Treu und Glauben.

21 Im Rahmen der Anwendung der Sonderregelung des § 320 Abs 2 bedarf es einer umfassenden Abwägung. Das weite Ermessen des Gerichts bei der Anwendung des Ausschlussgrundes (BGHZ 56, 312, 316) wird auch durch die Hervorhebung des Aspektes der verhältnismäßigen Geringfügigkeit des rückständigen Teils nicht ausgeschaltet. Des Weiteren ist zu beachten, dass der Schuldner das Angebot lediglich eines Teils der Gegenleistung durch den anderen Teil, dessen Annahme nach § 362 Abs 1 teilw Erfüllung des Anspruchs bewirken würde, nach § 266 bis zur Grenze von Treu und Glauben zurückweisen darf. Hat der Schuldner berechtigt nach § 266 das Angebot der Teilleistung zurückgewiesen, ist er nach § 320 Abs 1 zu Verweigerung seiner Leistung berechtigt. § 320 Abs 2 betrifft nur den Fall, dass der Schuldner die angebotene teilw Gegenleistung annimmt und diesbezüglich bereits Erfüllung bewirkt wurde. Die teilw Leistung iSd § 320 Abs 2 umfasst sowohl die Teilleistung in Form der Mankolieferung als auch die Schlechtleistung. Für den Werkvertrag ist

für den Fall der mangelhaften Leistung nach der Abnahme des Werkes vorrangig die Regelung des § 641 Abs 3 zu beachten, wonach er einen angemessenen Teil des Werklohns zurückhalten kann (sog Druckzuschlag). Der in § 641 Abs 3 perpetuierte Rechtsgedanke wird nach hM auf die Fälle der mangelhaften Lieferung der Kaufsache mit Blick auf die Mangelbeseitigungskosten übertragen, sodass der Käufer etwa ihr Doppeltes bis Dreifaches vom Kaufpreis abziehen und zurückbehalten darf (Palandt/*Grüneberg* Rn 11; MüKo/*Emmerich* Rn 55; Staud/*Otto* (2004) Rn 33). Übertragen wird der Rechtsgedanke auch auf den Mietvertrag (OLG Naumburg NZM 2001, 100, 101 f; LG Hamburg NJW 1984, 494), wobei hier auch der Rechtsgedanke des § 536b dann zu beachten ist (BGH NJW-RR 2007, 1021). Dabei ist die Beschränkung des Zurückhaltungsbetrags durch die Rspr vor allem mit Blick darauf vorgenommen worden, dass in diesen Fällen an sich die Einrede des § 320 Abs 1 den gesamten nach Minderung herabgesetzten Mietzins erfassen würde, das Leistungsverweigerungsrecht jedoch wiederum seine Grenze in § 320 Abs 2 finden würde (MüKo/*Emmerich* Rn 10). Bei Zahlungsrückständen und -verzug des Stromkunden gilt die Sonderregelung des § 19 Abs 2 Strom GVV, wonach der Energieversorger nach vorheriger Androhung die Stromversorgung einstellen kann, wenn nicht nur mit einer vorübergehenden Zahlungsschwierigkeit und nicht die hinreichende Aussicht besteht, dass die Zahlungsrückstände in überschaubarer Zeit zurückgeführt werden.

22 **F. Abweichende Vereinbarung.** Die Regelung über das Leistungsverweigerungsrecht nach § 320 ist grds **disponibel**, sodass es durch Individualvereinbarung abbedungen werden kann. Praktisch häufigster Fall ist die Vereinbarung einer Vorleistungspflicht eines Vertragspartners (vgl Rz 18). In AGB ist im nichtkaufmännischen Verkehr nach § 309 Nr 2 lit a der Ausschluss unwirksam. Für Gewährleistungsansprüche ist darüber hinaus **§ 309 Nr 8 lit b, dd** zu beachten. Der formularmäßige Ausschluss des Leistungsverweigerungsrechts sollte wegen des in § 320 niedergelegten Leitbildgedankens (**§§ 307 Abs 2, 310 Abs 1**) auch zwischen Unternehmern grds unwirksam sein, sofern er nicht durch bes sachliche Gründe ausnahmsw gerechtfertigt ist. Im Widerspruch zum Rechtsgedanken des Klauselverbots in **§ 309 Nr 2 lit a**, das gerade auch Umgehungen ausschließen soll, misst die Rspr Vorleistungsklauseln nur an § 307 Abs 2 und erkennt sie teilw als wirksam an, sofern sie durch beliebige sachliche Gründe ausreichend gerechtfertigt sind (BGHZ 100, 157, 161 f; NJW 2006, 3134; krit Staud/*Otto* (2004) Rn 5; MüKo/*Emmerich* Rn 56).

23 **G. Prozessuales.** Da das Leistungsverweigerungsrecht in § 320 als **Einrede ausgestaltet** ist, muss es – abgesehen von den unter Rz 17 ausgeführten bes *ipso iure*-Wirkungen – außer- oder innerprozessual erhoben werden, damit es seine aufschiebenden Rechtsfolgen zeitigt. Freilich genügt es für die Berücksichtigung im gerichtlichen Verfahren, wenn sich aus dem Sachvortrag, gleich von welcher Partei, die berechtigte außergerichtliche Ausübung entnehmen lässt. Eine unbedingte Verurteilung des Schuldners (Beklagten) ist dann nicht mehr, auch nicht durch Versäumnisurteil möglich. Da die Einrede den Vortrag neuen Tatsachenstoffs notwendig macht, kann sie nicht erstmals in der Revisionsinstanz geltend gemacht werden (BGH NJW-RR 1993, 774, 776). Wer die Einrede erhebt (im Prozess regelm der Beklagte), muss das Vorliegen ihrer Voraussetzungen grds nach allg **Beweislastgrundätzen** darlegen und beweisen, da es sich um eine den Einredenden begünstigende Tatsache handelt (Baumgärtel/*Striemer* Rn 1). Der klagende Gläubiger, der auf unbedingte Verurteilung beharrt, kann dies vor allem mit dem Einwand tun, die Gegenforderung sei bspw durch Erfüllung erloschen oder der (verklagte) Schuldner sei vorleistungspflichtig. Für beide Umstände trägt der klagende Gläubiger dann im Prozess die Darlegungs- und Beweislast (Palandt/*Grüneberg* Rn 14). Im Falle des Einwandes der Erfüllung kann dem klagenden Gläubiger aber uU der § 363 zu Hilfe kommen, sodass der Schuldner dann die Unvollständigkeit der von ihm angenommenen Gegenleistung darlegen und beweisen muss (RGZ 57, 399, 400; MüKo/*Emmerich* Rn 58 mwN). Schließlich kann sich der klagende Gläubiger auf den Ausschluss des Leistungsverweigerungsrechts nach § 320 Abs 2 berufen, für dessen Voraussetzungen er aber ebenfalls darlegungs- und beweisbelastet ist (BGHZ 54, 244, 249; 56, 312, 316).

§ 321 Unsicherheitseinrede.

[1] Wer aus einem gegenseitigen Vertrag vorzuleisten verpflichtet ist, kann die ihm obliegende Leistung verweigern, wenn nach Abschluss des Vertrags erkennbar wird, dass sein Anspruch auf die Gegenleistung durch mangelnde Leistungsfähigkeit des anderen Teils gefährdet wird. Das Leistungsverweigerungsrecht entfällt, wenn die Gegenleistung bewirkt oder Sicherheit für sie geleistet wird.

[2] Der Vorleistungspflichtige kann eine angemessene Frist bestimmen, in welcher der andere Teil Zug um Zug gegen die Leistung nach seiner Wahl die Gegenleistung zu bewirken oder Sicherheit zu leisten hat. Nach erfolglosem Ablauf der Frist kann der Vorleistungspflichtige vom Vertrag zurücktreten. § 323 findet entsprechende Anwendung.

1 **A. Zweck/Systematik.** In Anlehnung an § 321 aF wurde als Sondervorschrift für gegenseitige Verträge die **Unsicherheitseinrede für den Vorleistungspflichtigen** beibehalten und entspr der geübten Kritik neu gestaltet (BTDrs 14/6040, 178 f). Diese bes Einrede ist notwendig, da § 320 für den Vorleistungspflichtigen nicht anwendbar ist. Nicht abschließend geklärt ist der hinter § 321 stehende Grundgedanke. Überwiegend wird angenommen, dass es sich in erster Linie um eine partielle Rezeption der Lehre *clausula rebus sic stantibus*

handelt (Palandt/*Heinrichs* Rn 1; MüKo/*Emmerich* Rn 3; Prot I, 631 ff). Daneben wird noch darauf verwiesen, dass § 321 als Ausprägung des Synallagmas angesehen wird, da gegenseitige Verträge auf einen Leistungsaustausch angelegt sind und daher bei Gefährdung bzw Unsicherheit des Erhalts der Gegenleistung die Vorleistungspflicht einer Vertragspartei nicht mehr anerkannt werden könne (BaRoth/*Grothe* Rn 1 mwN). Letztlich lässt auch dieser Ansatz aber die Nähe und den Ursprung der Vorschrift in der Lehre vom Wegfall der Geschäftgrundlage deutlich erkennen. Dies muss schließlich beim Verhältnis zu § 313 berücksichtigt werden; vgl Rz 15.

Im durch das SMG umgestalteten § 321 wird nunmehr auch der Fall einbezogen, dass der Vorleistungspflichtige sich über eine bereits bei Vertragsschluss vorhandene schlechte Vermögenslage des Vorleistungsberechtigten geirrt hat. Nach altem Recht war der Vorleistungspflichtige im Falle des Vorliegens der Gefährdungslage bereits im Zeitpunkt des Vertragsschlusses nur unbefriedigend auf die Anfechtung wegen Eigenschaftsirrtums (§ 119 Abs 2) verwiesen. Einen erkennbaren sachgerechten Grund für diese Unterscheidung gibt es nicht, zumal dem Vorleistungspflichtigen, der ungeprüft eine solche Verpflichtung eingeht, nicht das Recht eingeräumt werden sollte, nachträglich diese über eine Anfechtung vollständig zu beseitigen (BTDrs 14/6040, 179). Des Weiteren stellt § 321 Abs 1 S 1 nunmehr allg auf eine Gefährdung der Gegenleistung unabhängig von einer Verschlechterung der Vermögenslage ab. In Abs 2 hat das bislang durch die Rspr aus § 242 abgeleitete Rücktrittsrecht im Falle eines Schwebezustandes infolge der Erhebung der Einrede Eingang in das Gesetz gefunden (BGHZ 11, 80, 85; 112, 287, 289). 2

B. Voraussetzungen des Einrederechts nach § 321 Abs 1. I. Vorleistungspflicht aus gegenseitigem Vertrag. Die Einrede des § 321 ist nur auf gegenseitige Verträge anwendbar, bei dem eine Partei zur Vorleistung verpflichtet ist. Durch diese erste Voraussetzung wird vor allem auch der **Anwendungsbereich** des § 321 bestimmt (MüKo/*Emmerich* Rn 4). Unerheblich ist, ob die Vorleistungspflicht auf Gesetz oder Vertrag beruht (Palandt/*Grüneberg* Rn 2). Es werden allerdings allein die Leistungspflichten der Parteien erfasst, die im Austausch- oder Gegenseitigkeitsverhältnis stehen, sodass § 321 im Gegensatz zu den reformierten Rücktrittsvorschriften in §§ 323, 324 weiterhin eine Unterscheidung zwischen synallagmatischen und anderen Leistungspflichten voraussetzt. Eine Ausdehnung des Einrederechts auf Zug-um-Zug-Leistungen, insbes mit Blick auf Vorbereitungshandlungen, wurde ausdrücklich abgelehnt (BTDrs 14/6040, 179 f). Bei bes umfangreichen und aufwändigen Vorbereitungshandlungen einer Partei wird man aber eine analoge Anwendung des § 321 erwägen können (Staud/*Otto* (2004) Rn 8; MüKo/*Emmerich* Rn 4). 3

II. Gefährdung der Gegenleistung durch mangelnde Leistungsfähigkeit des anderen Teils. Es muss des Weiteren eine objektive Gefährdung des Anspruchs auf die Gegenleistung durch einen Mangel in der Leistungsfähigkeit des anderen Teils bestehen. Unerheblich ist, worauf die mangelnde Leistungsfähigkeit beruht. Im Gegensatz zu § 321 aF wurde auf die Einschränkung darauf, dass gerade in den Vermögensverhältnissen des anderen Teils eine wesentliche Verschlechterung eingetreten ist, verzichtet. Dies wird aber auch weiterhin den Hauptanwendungsfall der Unsicherheitseinrede darstellen (BaRoth/*Grothe* Rn 4; Palandt/*Grüneberg* Rn 5), wenn auch zu beachten ist, dass durch das SMG der Anwendungsbereich auch auf sonstige drohende Leistungshindernisse erweitert wurde. Auch nach der **Abtretung** kommt es grds allein auf die Leistungsfähigkeit des ursprünglichen Vorleistungsberechtigten, des Zedenten an, da er ja weiterhin zur Erbringung der Gegenleistung verpflichtet bleibt (BGH WM 1958, 1545). Anders ist dies nur, wenn wie bei einer Vertragsübernahme der Zessionar neben dem Erwerb des Rechts auf die Vorleistung gleichzeitig auch die Verpflichtung zur Erbringung der Gegenleistung vom Zedenten übernimmt. Dann kommt es künftig nur noch auf seine Leistungsfähigkeit an (MüKo/*Emmerich* Rn 25). 4

Für die **Feststellung einer Verschlechterung der Vermögensverhältnisse** kann auf die bisherige Rspr rekurriert werden. Diese wird bei der Ergreifung von Zwangsvollstreckungsmaßnahmen oder die Zerschlagung einer begründeten Aussicht auf die Gewährung eines wichtigen Kredits (BGH NJW 1964, 99, 100), die Hingabe ungedeckter Schecks (BGH NJW 1985, 2696) oder die Einstellung der Zahlung von Leasingraten (Frankfurt aM NJW 1977, 200) anzunehmen sein. Als sonstige Umstände werden in der Gesetzesbegründung ua Leistungshindernisse genannt, die sich aus Ex- oder Importverboten ergeben, aus Kriegsereignissen, Zusammenbrüchen bzw Insolvenzen von Zulieferern, aber auch aus der Krankheit des Vorleistungsberechtigten oder seiner für die Erbringung der Gegenleistung wichtigen Mitarbeiter ergeben (BTDrs 14/6040, 179). Als weitere sonstige Umstände können auch der Verlust von Produktionsstätten durch Brand oder Naturkatastrophen, der unvorhersehbare unbefristete Streik bei einem Zulieferer oder beim Vorleistungsberechtigten, Unterlassen oder Unmöglichkeit der Beschaffung einer für die Produktion notwendigen Lizenz oder auch die Verwendung ungeeigneter Materialien und Produktionsmittel einen Mangel in der Leistungsfähigkeit des Vorleistungsberechtigten begründen (Staud/*Otto* (2004) Rn 18). 5

Aus der mangelnden Leistungsfähigkeit muss die **tatsächliche Gefährdung des Anspruchs auf die Gegenleistung** resultieren. Hierfür ist eine objektiv wirtschaftliche Betrachtung (dh entspr der Verkehrsauffassung) gefordert, sodass eine übertriebene Besorgnis des Vorleistungspflichtigen außer Betracht zu bleiben hat (BGH NJW 1964, 99). Die Gefährdungslage muss tatsächlich vorliegen, sodass auch der vom Vorleistungsberechtigten zurechenbar gesetzte Anschein nicht ausreichend ist (BTDrs 14/6040, 179). Auch eine Verschlechterung 6 der Vermögensverhältnisse führt dann nicht zu einer Gefährdung des Anspruchs auf die Gegenleistung, wenn für diese ausreichende Sicherheiten bestellt sind (RGZ 53, 244, 246; 65, 185, 192). Dieser Fall ist nunmehr zudem als ausdrücklicher Ausschluss des Einrederechts in § 321 Abs 1 S 2 genannt. Eine Gefährdung soll wie bisher bereits in den Fällen angenommen werden, in denen zwar nicht das Ausbleiben der Gegenleistung droht, wohl aber eine zu erwartende vertragswidrige Beschaffenheit von einigem Gewicht (BTDrs 14/6040, 179). Von § 321 werden somit auch die Schlechtleistungsfälle erfasst. Allein der Anschein einer Gefährdung wird allerdings auch weiterhin nicht ausreichen (Hamm NJW 1984, 1307 f). Das Risiko eine Leistungsgefährdung zu Unrecht anzunehmen, soll beim Vorleistungspflichtigen verbleiben; eine ungerechtfertigte Verweigerung der Vorleistung begründet eine Pflichtverletzung, für die er nach §§ 280 ff einzustehen hat (BTDrs 14/6040, 179). Für die Beurteilung ist auf den Zeitpunkt der Fälligkeit der Vorleistung abzustellen (BaRoth/*Grothe* Rn 7; Palandt/*Grüneberg* Rn 7). Eine vor dem Fälligkeitszeitpunkt bestehende Gefährdung des Anspruchs auf die Gegenleistung ist grds unerheblich, sofern sie bis zum Eintritt der Fälligkeit der Vorleistung beseitigt wird (MüKo/*Emmerich* Rn 19).

7 **III. Erkennbarwerden nach Vertragsabschluss.** Das Einrederecht wird aber auf Umstände begrenzt, die erst nach Vertragsschluss erkennbar wurden. Dies setzt aber zugleich eine sorgfältige Überprüfung der Leistungsfähigkeit des Vorleistungsberechtigten durch den Vorleistungspflichtigen voraus, denn der Vorleistungspflichtige trägt das Risiko, dass die Gefährdungslage bereits bei Vertragsschluss für ihn erkennbar war. Es soll verhindert werden, dass der Vorleistungspflichtige leichtfertig eingegangene Vorleistungsverpflichtungen über die Berufung auf § 321 nach Vertragsschluss wieder korrigieren kann (BTDrs 14/6040, 179). Die vom Vorleistungspflichtigen zu verlangende Sorgfalt bestimmt sich entspr § 276 im Einzelfall, wobei insbes zu beachten ist, ob es sich um eine Privatperson oder um einen Gewerbetreibenden handelt und ob der Vorleistungspflichtige damit vertraut ist, mit derartigen Risiken umzugehen (BaRoth/*Grothe* Rn 5; Erman/*Westermann* Rn 5). Mit Blick darauf, dass § 321 kein Reuerecht für den Vorleistungspflichtigen darstellen soll, sind wie bei der Annahme einer Gefährdungslage auch bei der Prüfung ihrer Erkennbarkeit strenge Anforderungen zu stellen (MüKo/*Emmerich* Rn 11).

8 **C. Rechtsfolgen.** Liegen die Voraussetzungen des § 321 Abs 1 S 1 vor, so verfügt der Vorleistungspflichtige über eine **dilatorische Einrede**. Sofern der Vorleistungsverpflichtete die Einrede geltend macht, gilt partiell, nämlich nur für den Vorleistungsberechtigten wieder die Regelung des § 320 (MüKo/*Emmerich* Rn 21). Das bedeutet, dass der Vorleistungsberechtigte mit einer Klage nur noch die Verurteilung des Vorleistungsverpflichteten zur Leistung Zug-um-Zug erreichen kann (BaRoth/*Grothe* Rn 9; Erman/*Westermann* Rn 11), also auch seinen Klageantrag entspr formulieren muss, wenn er eine Teilabweisung vermeiden will. Eine Verurteilung zur Leistung gg Sicherheitsleistung kommt hingegen nicht in Betracht, da es sich bei ihr nur um ein Abwendungsrecht handelt, von dem der Vorleistungsberechtigte jederzeit bis zum Leistungsaustausch Gebrauch machen kann (MüKo/*Emmerich* Rn 21 mwN).

9 Nach hM **schließt** der bloße **Bestand des Einrederechts** nach § 321 den **Verzug** des Vorleistungspflichtigen **aus** (BaRoth/*Grothe* Rn 9; Staud/*Otto* (2004) Rn 35; aA *Gernhuber* Schuldverhältnis § 15 IV 6a, 7). Dies wird nur insofern zutreffen, als ein Hinweis auf des Bestehen des Einrederechts den Eintritt des Verzugs des Vorleistungspflichtigen mangels Vertretenmüssens gem § 286 Abs 4 hindern wird (MüKo/*Emmerich* Rn 23; zust PWW/*Medicus* Rn 10).

10 Zur **Verhinderung eines Schwebezustandes** nach Erheben der Unsicherheitseinrede ist in § 321 Abs 2 ein **Rücktrittsrecht** des Vorleistungspflichtigen vorgesehen, das dem Nachfristmodell des durch Abs 2 S 3 in Bezug genommenen § 323 folgt. Danach muss der Vorleistungspflichtige dem Vorleistungsberechtigten zur Bewirkung der Gegenleistung oder zur Leistung der Sicherheit Zug-um-Zug gegen die Vorleistung eine angemessene Frist gesetzt haben, wodurch diese bisherige, nur richterlich entwickelte Möglichkeit im Gesetz festgeschrieben wird (BTDrs 14/6040, 180 weist ausdrücklich auf die gleiche Lösung in Art 83 Abs 2 des schweizerischen OR hin). Durch den Verweis auf die Regelungen in § 323 wird im Falle einer ernsthaften und endgültigen Erfüllungsverweigerung des Vorleistungsberechtigten ein sofortiges Rücktrittsrecht des Vorleistungspflichtigen nach § 321 Abs 2 S 2 begründet. Für die Fristsetzung gelten die entspr Ausführungen bei § 281 und § 323. Durch § 321 Abs 2 wird ausdrücklich kein Anspruch auf die Gegenleistung Zug-um-Zug gg Bewirkung der (Vor-)Leistung begründet (BTDrs 14/6040, 180). Das bedeutet, dass der Vorleistungspflichtige bei den regelm anzunehmenden beständigen Vorleistungsverpflichtungen keinen Verzug des Vorleistungsberechtigten begründen kann und auch nicht nach §§ 280 Abs 1, 281, 280 Abs 3 und § 323 vorgehen kann (MüKo/*Emmerich* Rn 32). Tritt der Vorleistungspflichtige zurück und hat er bereits Teilleistungen erbracht, so ist ihm nach § 242 oder mit Blick auf den grds Teilrücktritt (§ 323 Abs 1 S 2) ein Anspruch auf die Teilvergütung zu geben (BGH NJW 1985, 2696). Auch bei der ernstlichen und endgültigen Erfüllungsverweigerung wird vorgeschlagen, dem Vorleistungspflichtigen mit Blick auf § 323 Abs 4 die Möglichkeit des Vorgehens nach § 281 und § 323 zu geben (Staud/*Otto* (2004) Rn 47, 55; MüKo/*Emmerich* Rn 34).

11 **D. Ausschluss oder Wegfall.** Nach Abs 1 S 2 entfällt entspr dem § 321 aF das Leistungsverweigerungsrecht, wenn die Gegenleistung bewirkt oder Sicherheit für sie geleistet ist. Der Vorleistungsberechtigte kann ferner die Einrede entkräften, wenn er gem § 321 Abs 2 S 1 iVm §§ 232 ff eine Sicherheitsleistung bewirkt. Die

Sicherheit kann nach diesen Vorschriften auch durch die Stellung eines Bürgen bewirkt werden, da eine § 273 Abs 3 S 2 entspr Regelung fehlt. Ist die Sicherheit bewirkt, kann der Vorleistungsberechtigte wieder die Verurteilung des Vorleistungspflichtigen zur unbedingten Erbringung der Vorleistung erreichen (BaRoth/*Grothe* Rn 8; Erman/*Westermann* Rn 8).

Hat der Vorleistungsverpflichtete seinen **Anspruch auf die Gegenleistung abgetreten**, so ist die Einrede nach § 321 für ihn ausgeschlossen. Für eine Sicherung der Gegenforderung in seiner Person besteht dann kein Bedürfnis mehr. Auch der Zessionar hat kein solches Sicherungsbedürfnis (Staud/*Otto* (2004) Rn 43), sofern er nicht auch die Vorleistungspflicht übernimmt. Dann wird es aber auf sein Verhältnis zum Vorleistungsberechtigten ankommen (MüKo/*Emmerich* Rn 26). 12

Das Einrederecht nach § 321 Abs 1 ist – wie auch das Rücktrittsrecht nach § 321 Abs 2 – des Weiteren dann ausgeschlossen, wenn die **Vorleistung bereits erbracht** wurde. Dies gilt auch dann, wenn die Gefährdungslage bereits vor und bei der Vorleistung bestand und der Vorleistungspflichtige keine Kenntnis von seinem Einrederecht hatte (BGHZ 112, 279, 287). Der Vorleistungspflichtige kann das Vorgeleistete auch nicht kondizieren, da § 321 Abs 1 keine Einrede iSd § 813 Abs 1 S 1 ist (Erman/*Westermann* Rn 3). Die Einrede kann aber noch bis zum Eintritt des Leistungserfolgs erhoben werden (MüKo/*Emmerich* Rn 4; BaRoth/*Grothe* Rn 11). 13

Bei **Mietverträgen** besteht das Einrederecht nur bis zur Übergabe der Wohnung. Nach der Übergabe wird § 321 durch die mietrechtlichen Sonderregelungen verdrängt. Diese sollen verhindern, dass der Vermieter dem vorleistungsberechtigten Mieter bei einer Verschlechterung von dessen Vermögenslage nicht unter Verweis auf § 321 die Mietsache nachträglich wieder entziehen kann (Staud/*Otto* (2004) Rn 4; Erman/*Westermann* Rn 3; MüKo/*Emmerich* Rn 6). Bei Dienst- und Arbeitsverträgen wird § 321 nach der In-Vollzug-Setzung durch das außerordentliche Kündigungsrecht verdrängt (Soerg/*Wiedemann* Rn 10 ff mwN). 14

E. Abweichende Vereinbarung. Das Einrederecht nach § 321 ist als dispositive Regelung grds abbedingbar. Dies kann auch dadurch erfolgen, dass der Vorleistungspflichtige die Gefahr einer Verschlechterung der Leistungsfähigkeit des Vorleistungsberechtigten ausdrücklich oder konkludent übernommen hat (MüKo/Emmerich Rn 36). Die Beurteilung des Ausschlusses des Einrederechts nach § 321 durch AGB ist noch nicht abschließend geklärt, insbes ob es sich bei ihm um einen Leitgedanken iSd § 307 Abs 2 handelt. Die Rspr steht dagegen der Ausweitung des Anwendungsbereich auch auf weitere Forderungen des Vorleistungspflichtigen gg den Vorleistungsberechtigten mit Blick auf §§ 307, 308 Nr 3 grds zurückhaltend ggü (BGHZ 112, 279, 283 ff; Palandt/*Grüneberg* Rn 2). 15

F. Konkurrenzen/Prozessuales. Die Regelung des § 321 steht in **Konkurrenz zu § 313**, hat als speziellere Regelung allerdings Vorrang. Anders liegt das Verhältnis zur Anfechtung nach § 119 Abs 2. Der Gesetzgeber ist von einer parallelen Anwendbarkeit ausgegangen (BTDrs 14/6040, 179). Das **Anfechtungsrecht muss nach § 121** unverzüglich ausgeübt werden und hat mit der Schadensersatzverpflichtung nach § 122 und der bereicherungsrechtlichen Rückabwicklung nach §§ 812, 142 andere Konsequenzen, sodass die Voraussetzung des Rücktrittrechts nach § 321 Abs 2 regelm nicht unterlaufen werden. Daher ist der Annahme eines Nebeneinanders von Anfechtungs- und Rücktrittsrecht zuzustimmen. Das Einrederecht nach § 321 kann **außergerichtlich und gerichtlich ausgeübt** werden. Hierzu bedarf es grds keiner vorherigen Ankündigung (Soerg/*Wiedemann* Rn 36). Allerdings wird die Einrede im Prozess nur dann berücksichtigt, wenn eine der Parteien deren außergerichtliche Ausübung vorträgt (MüKo/*Emmerich* Rn 21, 36). Für das Vorliegen der Voraussetzungen des Einrederechts trägt grds der Vorleistungspflichtige die Beweislast, wie auch dafür, dass eine Sicherheitsleistung des Vorleistungsberechtigten nicht ausreicht. Der Vorleistungsberechtigte muss den Vortrag, seine Leistungsfähigkeit habe sich zwischenzeitlich wieder verbessert, beweisen. 16

§ 322 Verurteilung zur Leistung Zug-um-Zug.

[1] Erhebt aus einem gegenseitigen Vertrag der eine Teil Klage auf die ihm geschuldete Leistung, so hat die Geltendmachung des dem anderen Teil zustehenden Rechts, die Leistung bis zur Bewirkung der Gegenleistung zu verweigern, nur die Wirkung, dass der andere Teil zur Erfüllung Zug um Zug zu verurteilen ist.

[2] Hat der klagende Teil vorzuleisten, so kann er, wenn der andere Teil im Verzug der Annahme ist, auf Leistung nach Empfang der Gegenleistung klagen.

[3] Auf die Zwangsvollstreckung findet die Vorschrift des § 274 Absatz 2 Anwendung.

A. Zweck/Systematik. Der § 322 ist durch das SMG unverändert geblieben. Er enthält die prozessuale Konsequenz aus der Entscheidung der »Väter des BGB« für die Einredetheorie (MüKo/*Emmerich* Rn 1). Die Bestimmung ist dem § 274 nachgebildet und bezweckt wie dieser, auch in der Zwangsvollstreckung (§§ 726 Abs 2, 756, 765 ZPO) den Leistungsaustausch Zug-um-Zug nach erfolgter Einrede (hier des nichterfüllten Vertrags) sicherzustellen. § 322 ist in Abs 2 durch eine Regelung für den Vorleistungspflichtigen ergänzt. Für den Fall, dass der Beklagte sich im Annahmeverzug befindet, verweist § 322 Abs 3 auf § 274 Abs 2, sodass der Kläger trotz der Verurteilung zur Leistung Zug-um-Zug ohne vorherige Erbringung der von ihm geschuldeten Leistung die Zwangsvollstreckung gg den Beklagten betreiben kann. 1

2 **B. Urteil auf Erfüllung Zug-um-Zug nach § 322 Abs 1.** Wegen seiner systematischen Stellung bezieht sich § 322 Abs 1 auf die beiden Einrederechte nach § 320 und § 321 (BaRoth/*Grothe* Rn 2). § 322 Abs 1 regelt die prozessualen Folgen der Ausübung der beiden im gegenseitigen Vertrag bestehenden Einreden. Sie führen dazu, dass der Kläger nur eine Verurteilung des Beklagten zur Leistung Zug-um-Zug erreicht. Dies setzt keinen entspr Antrag einer der Parteien voraus, sondern nur eine solche Verurteilung darf durch das Gericht erfolgen, wenn der Beklagte sie – als echte Einrede – außergerichtlich oder im Prozess geltend macht und die Geltendmachung im Verfahren durch eine Partei vorgetragen wird (BGHZ 116, 244, 251; NJW 2006, 2839, 2842). Etwas anderes gilt auch nicht, wenn sich der Beklagte bereits in Annahmeverzug befindet, da dies gem §§ 274 Abs 2, 322 Abs 3 nur in der Zwangsvollstreckung zu Vorteilen führt (Köln NJW-RR 1995, 499, 500); vgl Rz 7. Beantragt der Kläger die unbedingte Verurteilung des Beklagten zur Leistung und hält er auch nach Einführung der Geltendmachung der Einrede in den Prozess an diesem Antrag fest, so unterliegt er zu einem Teil und ist seine Klage teilw abzuweisen (Erman/*Westermann* Rn 2). Es handelt sich bei der Verurteilung zur Leistung »Zug-um-Zug« nicht um ein *aliud*, sondern ein Minus ggü dem Antrag auf unbedingte Leistung (BGHZ 117, 1, 3). Auch der Beklagte muss die Verurteilung entspr § 322 Abs 1 nicht ausdrücklich in seinen Antrag aufnehmen, sondern kann einfach die Klageabweisung beantragen iVm der Geltendmachung einer der beiden Einreden im Sachvortrag, um sie zu erreichen (BGH NJW 1999, 53). Da die Einreden den Vortrag neuen Tatsachenstoffs notwendig machen, können sie nicht erstmals in der Revisionsinstanz geltend gemacht werden (BGH NJW-RR 1993, 774, 776).

3 Die richtige, an die Geltendmachung der Einrede angepasste Antragstellung kann freilich **Kostenvorteile** haben. Auch wenn der Beklagte eine der Einreden erstmals im Prozess geltend macht, ist regelm eine Kostenentscheidung nach § 92 ZPO angemessen (BGHZ 117, 1, 3). Dem kann der Kläger entgehen und eine Kostenentscheidung nach § 91 ZPO erreichen, wenn er nach Erhebung der Einrede im Prozess seinen Antrag entspr einschränkt oder von vorneherein die Einrede des Beklagten im Antrag berücksichtigt (Hamm MDR 1978, 402, 403). Der Kläger hat gem § 93 ZPO die gesamten Kosten zu tragen, wenn der Beklagte keinen Anlass zur Klage gegeben hat und den mit der Klage geltend gemachten Anspruch unter Vorbehalt der Einrede des § 320 »sofort« anerkennt (Staud/*Otto* (2004) Rn 16; MüKo/*Emmerich* Rn 13). Die Regelung des § 322 Abs 1 führt auch bei der **Teilklage** grds dazu, dass die Verurteilung zur Teilleistung nur »Zug-um-Zug« gg die gesamte geschuldete Gegenleistung erfolgt (BGHZ 56, 312, 316). Das gilt auch dann, wenn der Beklagte bei Klage auf die vollständige geschuldete Leistung hin ein Teilanerkenntnis abgibt und sich ggü dem Rest auf eine der Einreden beruft (MüKo/*Emmerich* Rn 8). Eine Ausn ist in beiden Fällen nur dann zu machen, wenn ein Fall des § 320 Abs 2 vorliegt (BGH NJW 1962, 628).

4 Durch die **Ausübung der Einrede** wird **die Gegenforderung nicht** zum **Streitgegenstand** (BGHZ 117, 1, 3). Daher erwächst die Entscheidung des Gerichts auch nur hinsichtlich des mit der Klage geltend gemachten Anspruchs in Rechtskraft (PWW/*Medicus* Rn 5; MüKo/*Emmerich* Rn 11). Der Beklagte kann daher auch nicht die Zwangsvollstreckung aus dem Urteil mit der Zug-um-Zug-Verurteilung gg den Kläger wegen seiner Gegenforderung betreiben (BGHZ 117, 1, 3). Hierzu muss der Beklagte die entspr Widerklage erheben, kann aber auch noch nach Rechtskraft der Zug-um-Zug-Verurteilung gg ihn selbst Klage gerichtet auf den Gegenanspruch erheben. Dem Urteil im ersten Prozess kommt für die letztgenannte Klage keine präjudizielle Wirkung zu (str; MüKo/*Emmerich* Rn 11; aA Ermann/*Westermann* Rn 5 f). Auch der Kläger kann nach hM nach Rechtskraft der Zug-um-Zug-Verurteilung erneut auf unbedingte Leistung klagen, wenn sich herausstellt, dass der Beklagte die Unmöglichkeit der Gegenleistung zu vertreten hat (§ 326 Abs 2), sofern nicht bereits im ersten Urteil auch eine rechtskräftige Entscheidung über den weitergehenden unbedingten Anspruch vorlag (BGHZ 117, 1, 4 ff).

5 Der **Streitwert** richtet sich auch bei Ausübung einer der Einreden grds gem §§ 3, 6 ZPO nur nach dem Wert des mit der Klage geltend gemachten Anspruchs und der Wert der Gegenforderung bleibt außer Betracht (BGH NJW-RR 1996, 828, 829). Zur Abwehr unbilliger Ergebnisse kann hiervon eine Ausn gemacht werden, wenn im Rechtsstreit allein um die wesentlich niedrigere Gegenforderung gestritten wird. Dann kann der Streitwert an deren Wert orientiert werden, jedoch nie über den Wert der Klageforderung (BGH NJW 1982, 1048, 1049). Sowohl der Kläger als auch der Beklagte können das Rechtsmittel auf die Entscheidung über die Einrede beschränken (Soerg/*Wiedemann* Rn 22). Geschieht dies, so bestimmt sich der Beschwerdewert allein nach dem Wert der Gegenforderung (BGH NJW-RR 1991, 1083). Erweist sich das Urteil in der Rechtsmittelinstanz nur hinsichtlich des mit der Klage geltend gemachten Anspruchs als falsch, obwohl der Beklagte das Rechtsmittel auf die Entscheidung über die Einrede beschränkt hat, kann es zur Verhinderung einer zwischenzeitlichen Zwangsvollstreckung aus dem unbedingten Urteil geboten sein, das Urteil insg aufzuheben (BGHZ 45, 287, 289).

6 **C. Vorleistungsverpflichtung des Klägers, § 322 Abs 2.** Reagiert der Vorleistungsberechtigte in den Fällen des § 321 auch auf die Fristsetzung durch den Vorleistungspflichtigen nicht, so hat dieser nach § 321 Abs 2 an sich nur die Möglichkeit, die Schwebelage durch die Ausübung des Rücktritts zu beenden. Der Anspruch auf die Gegenleistung wird bei den die Regel bildenden beständigen Vorleistungspflichten erst nach Vornahme der Vorleistung fällig. Dies hat zur Folge, dass eine vom Vorleistungspflichtigen auf die Gegenleistung erhobene Klage als »zur Zeit unbegründet« abgewiesen würde, selbst wenn sich die Vorleistungspflicht nur aus

seinem eigenen Vortrag ergibt (BGHZ 61, 42, 44). Die Klage auf künftige Leistung schafft hier wegen ihrer engen Voraussetzungen nach § 259 Abs 2 ZPO nur geringfügig eine Erleichterung (MüKo/*Emmerich* Rn 17). Als Lösung bietet § 322 Abs 2 dem Vorleistungspflichtigen die Möglichkeit, auf Leistung nach Empfang der Gegenleistung zu klagen. Hierzu muss er den Annahmeverzug des Vorleistungsberechtigten vortragen und ggf beweisen. Es gelten auch hier die §§ 293 bis 297 für die Voraussetzungen des Annahmeverzugs (BGHZ 116, 244, 249 f), sodass auch ein wörtliches Angebot der Mängelbeseitigung durch den Unternehmer ausreicht, um sodann gem § 322 Abs 2 erfolgreich auf Zahlung des Werklohns nach Empfang der Mängelbeseitigung zu klagen (BGHZ 149, 289, 292 ff). Idealerweise formuliert der Vorleistungspflichtige seinen Antrag entspr § 322 Abs 2, wobei auch ein unbeschränkter Antrag bei entspr Sachvortrag unschädlich ist (MüKo/*Emmerich* Rn 17).

D. Zwangsvollstreckung aus der Zug-um-Zug-Verurteilung, §§ 274 Abs 2, 322 Abs 3. Die Regelung des §§ 274 Abs 2, 322 Abs 3 ist nur mit Blick auf die Bestimmungen über die Zwangsvollstreckung aus einem Urteil, dass zur **Leistung Zug-um-Zug gg Erhalt der Gegenleistung** verurteilt, zu verstehen. Diese sollen verhindern, dass der Schuldner im Wege der Zwangsvollstreckung eine Vorleistung erbringen muss, zu der er nicht verpflichtet ist. Nach § 726 Abs 2 ZPO wird in diesen Fällen zwar – abgesehen von den Urteilen auf Abgabe einer Willenserklärung, die nach § 894 Abs 1 S 2 ZPO bes behandelt werden – die Vollstreckungsklausel ohne weiteres erteilt. Für den Beginn der Zwangsvollstreckung treffen dann §§ 756, 765 ZPO bes Voraussetzung mit Blick auf die Erbringung der Gegenleistung. So muss der Gerichtsvollzieher nach § 756 Abs 1 – entspr gilt nach § 765 Nr 1 ZPO für das Vollstreckungsgericht – dem Vollstreckungsschuldner die Gegenleistung des Vollstreckungsgläubigers in einer den Annahmeverzug begründenden Weise anbieten. Dies kann nur durch den Nachweis des Annahmeverzugs des Vollstreckungsschuldners durch öffentliche oder öffentlich beglaubigte Urkunde und die Zustellung einer Abschrift ersetzt werden (§§ 756 Abs 1, 765 Nr 1 ZPO). Dabei ist unerheblich, wann der Annahmeverzug des Vollstreckungsschuldners eingetreten ist (BaRoth/*Grothe* Rn 7; Erman/*Westermann* Rn 8). Lag der Annahmeverzug in Bezug auf die Gegenleistung bereits während des Erkenntnisverfahren vor, so empfiehlt sich die Aufnahme eines entspr, in Erweiterung des § 256 ZPO anerkannten Antrags auf Feststellung des Annahmeverzugs (BGHZ 149, 289, 294). Es genügt aber auch, wenn der Annahmeverzug »liquide« (dh ohne komplizierte rechtliche Erwägungen zu erfordern) in der Begründung des Vollstreckungstitels oder eines anderen Urteils festgestellt wird (BGH NJW 1982, 1048, 1049). Das hier Gesagte gilt auch für die Fälle der Verurteilung auf Leistung nach Empfang der Gegenleistung, da sich § 322 Abs 3 auf beide vorstehenden Absätze bezieht, sodass die entspr (bedingten) Urteile in der Zwangsvollstreckung gleich zu behandeln sind (MüKo/*Emmerich* Rn 23). 7

§ 323 Rücktritt wegen nicht oder nicht vertragsgemäß erbrachter Leistung.

[1] Erbringt bei einem gegenseitigen Vertrag der Schuldner eine fällige Leistung nicht oder nicht vertragsgemäß, so kann der Gläubiger, wenn er dem Schuldner erfolglos eine angemessene Frist zur Leistung oder Nacherfüllung bestimmt hat, vom Vertrag zurücktreten.

[2] Die Fristsetzung ist entbehrlich, wenn

1. **der Schuldner die Leistung ernsthaft und endgültig verweigert,**
2. **der Schuldner die Leistung zu einem im Vertrag bestimmten Termin oder innerhalb einer bestimmten Frist nicht bewirkt und der Gläubiger im Vertrag den Fortbestand seines Leistungsinteresses an die Rechtzeitigkeit der Leistung gebunden hat oder**
3. **besondere Umstände vorliegen, die unter Abwägung der beiderseitigen Interessen den sofortigen Rücktritt rechtfertigen.**

[3] Kommt nach der Art der Pflichtverletzung eine Fristsetzung nicht in Betracht, so tritt an deren Stelle eine Abmahnung.

[4] Der Gläubiger kann bereits vor dem Eintritt der Fälligkeit der Leistung zurücktreten, wenn offensichtlich ist, dass die Voraussetzungen des Rücktritts eintreten werden.

[5] Hat der Schuldner eine Teilleistung bewirkt, so kann der Gläubiger vom ganzen Vertrag nur zurücktreten, wenn er an der Teilleistung kein Interesse hat. Hat der Schuldner die Leistung nicht vertragsgemäß bewirkt, so kann der Gläubiger vom Vertrag nicht zurücktreten, wenn die Pflichtverletzung unerheblich ist.

[6] Der Rücktritt ist ausgeschlossen, wenn der Gläubiger für den Umstand, der ihn zum Rücktritt berechtigen würde, allein oder weit überwiegend verantwortlich ist, oder wenn der vom Schuldner nicht zu vertretende Umstand zu einer Zeit eintritt, zu welcher der Gläubiger im Verzug der Annahme ist.

A. Allgemeines und Systematik der §§ 323 bis 326. Im gegenseitigen Vertrag hat der Gläubiger wegen der synallagmatischen Verknüpfung der beiderseitigen Leistungsverpflichtungen (hierzu vgl § 320 Rz 1 ff) ein **Interesse** daran, **bei Störungen der Erfüllung des Vertrags** durch den Schuldner relativ unproblematisch Gewissheit darüber zu erlangen, ob er die Leistung noch annehmen muss und zur Gegenleistung verpflichtet bleibt (PWW/*Medicus* Rn 1). Dieser Gedanke wird im modernisierten Schuldrecht mit § 323 eingeführt. Da über den Schadensersatz statt der Leistung *de facto* die gleiche Lage geschaffen werden kann wie über das 1

Institut des Rücktritts, überrascht es nicht, dass es sich bei **§§ 323, 324** um nahezu **vollständig parallel laufende Komplementärnormen zu §§ 281, 282** handelt. Ihnen liegen die gleichen Erwägungen zugrunde, so dass im Wesentlichen auf die zu diesen Schadensersatzregelungen gemachten Ausführungen verwiesen werden kann. Entscheidende Voraussetzung für ein Rücktrittsrecht ist wiederum ein wesentlicher bzw erheblicher Verstoß gegen den (hier: gegenseitigen) Vertrag. Wie in §§ 281 bis 283 wird nicht unspezifisch auf den Einheitsbegriff der Pflichtverletzung abgestellt, sondern an die verschiedenen Leistungsstörungstypen (Leistungsverzögerung, Schlechtleistung, Verletzung einer sonstigen Pflicht aus § 241 Abs 2) angeknüpft und eine ihrem Wesen entspr Regelung der Rücktrittsvoraussetzungen geschaffen. In den Fällen der Unmöglichkeit wird in § 326 Abs 1 der Grundsatz der Befreiung von der Gegenleistungsverpflichtung aufgestellt, da hier das Rücktrittsrecht grds reine Förmelei wäre. In § 325 wird schließlich klargestellt, dass Rücktritt und Schadensersatz nebeneinander möglich sind.

2 **B. Zweck/Systematik des § 323.** In § 323 ist die Vertragsauflösung durch Rücktritt als Rechtsbehelf des Gläubigers im gegenseitigen Vertrag (wie in § 281 für den Schadensersatz statt der Leistung) für die praktisch häufigsten Fälle der **Verzögerung der Leistung** und die **Schlechtleistung** geregelt. Dabei wird parallel zur Regelung über den Schadensersatz statt der Leistung das sog Nachfristverfahren verwendet und auf diese Leistungsstörungsfälle beschränkt.

3 **C. Voraussetzungen des Rücktrittsrechts nach Abs 1. I. Gegenseitiger Vertrag.** Die **verletzte Pflicht zur Leistung** muss zunächst **aus** einem **gegenseitigen Vertrag** stammen. Durch diese Voraussetzung wird zugleich der Anwendungsbereich des § 323, der wesensgemäß für die Notwendigkeit eines Rücktrittsrechts ist, bestimmt (vgl Rz 1 und § 320 Rz 1 ff). Der gegenseitige Vertrag ist dadurch charakterisiert, dass die beiderseitigen Verpflichtungen in einem Abhängigkeitsverhältnis zueinander stehen – die eine Partei verspricht der anderen die Leistung um der Gegenleistung willen (Palandt/*Grüneberg* Einf v § 320 Rn 5). Sie sind auf einen Austausch der beiderseitigen Leistungen gerichtet, wobei zwischen den beiderseitigen Leistungsverpflichtungen eine Zweckbindung nach dem Grundsatz »*do ut des*« besteht. Die Gegenleistung stellt sich bei den gegenseitigen Verträgen als Entgelt für die Leistung dar (BGH NJW 2006, 2773, 2775). Zum Begriff des gegenseitigen Vertrags vgl auch § 320 Rz 2-5. **Hauptbeispiele** für einen gegenseitigen Vertrag sind der Kauf, die Miete, der Werk-, Dienst- sowie Darlehens- und Sachdarlehensvertrag. Bei den Dauerschuldverhältnissen unter den gegenseitigen Verträgen wird allerdings regelm das Kündigungsrecht nach § 314 dem Rücktrittsrecht nach §§ 323, 324 zumindest nach ihrer In-Vollzug-Setzung vorgehen. Weitere gegenseitige Verträge sind auch jenseits der gesetzlich geregelten oder in der Verkehrspraxis typischen Verträge denkbar, sofern nach dem übereinstimmenden Parteiwillen ein Gegenseitigkeitsverhältnis der beiderseitigen Leistungsverpflichtung, also deren synallagmatische Verknüpfung besteht. Dies ist jedoch nicht für das Rückgewährschuldverhältnis gegeben, selbst wenn es infolge eines Rücktritts nach §§ 323, 324 entstanden ist (vgl § 320 Rz 5; Palandt/*Grüneberg* Einf v § 320 Rn 11).

4 **II. Verletzung der Pflicht zur Leistung/Vertragsverletzung. 1. Fälliger und durchsetzbarer Anspruch auf die Leistung.** Die betroffene Leistung muss im Zeitpunkt der Nachfristsetzung fällig sein; zur Ausn des Rücktrittsrechts vor Fälligkeit nach § 323 Abs 4 vgl noch Rz 20. Dies ist wie bei § 281 Abs 1 S 1 auch dem Wortlaut von § 323 Abs 1 zu entnehmen. Die Fälligkeit bestimmt sich nach § 271. Sie ist also im Zweifel, dh sofern keine Fälligkeitsabrede zwischen den Parteien vereinbart wurde, sofort fällig. Als ungeschriebene Voraussetzung verlangt § 323 Abs 1 wie 281 Abs 1 S 1 und § 286 für den Verzug zudem, dass die Leistung zum Zeitpunkt der Nachfristsetzung durchsetzbar ist, obwohl nur von »fälliger Leistung« gesprochen wird (Palandt/*Grüneberg* Rn 11; MüKo/*Ernst* Rn 47 f). Der Gläubiger kann das Rücktrittsrecht demnach nicht durch die Setzung einer Nachfrist begründen, wenn seinem Anspruch auf die Leistung eine dauernde oder aufschiebende Einrede entgegensteht. Hierzu gelten die entspr Ausführungen zum Erfordernis eines fälligen, vollwirksamen und einredefreien Anspruchs auf die Leistung bei § 286, auf die verwiesen wird. Auch im Rahmen des § 323 gilt, dass etwaige Einreden, die wie bspw § 273 für ihre Beachtlichkeit ihre Erhebung voraussetzen, wie beim Verzug durch den Schuldner im Zeitpunkt der Nachfristsetzung erhoben sein müssen. Ansonsten genügt wie bspw bei der Einrede des § 320 allein ihr Bestehen, da diese nicht durch einen vorherigen Rücktritt unterlaufen werden soll (Erman/*Westermann* Rn 10 mwN).

5 Bei § 323 genügt, dass der Schuldner die Leistung aus einem gegenseitigen Vertrag nicht oder nicht wie geschuldet erbracht hat. Daraus wird erkennbar, dass die verletzte Pflicht auf eine Leistung gehen muss, also eine solche nach § 241 Abs 1 ist. Dies ist auch systematisch aus § 324, der das Rücktrittsrecht bei der Verletzung einer Pflicht nach § 241 Abs 2 regelt. Der Wortlaut des § 323 Abs 1 macht aber auch deutlich, dass anders als beim § 326 aF die verletzte Leistungspflicht nicht notwendig selbst im Gegenseitigkeitsverhältnis stehen muss. Das SMG hat bewusst auf das Erfordernis der Verletzung einer synallagmatischen (Leistungs-)Pflicht verzichtet (BTDrs 14/6040, 183). Freilich wird es sich wegen des Erfordernisses einer Leistungspflicht nach § 241 Abs 1 regelm auch um eine synallagmatische Pflicht handeln, zwingend erforderlich ist dies jetzt allerdings nicht mehr (PWW/*Medicus* Rn 12; MüKo/*Ernst* Rn 13). Daher ist § 323 bspw auch dann anwendbar, wenn der Käufer die verkaufte Sache nicht abnimmt oder abruft (BGH NJW 1972, 99; Palandt/*Grüneberg* Rn 10).

2. Nichtleistung/Leistungsverzögerung. In seiner ersten Alternative stellt Abs 1 auf einen Fall der Verzögerung der Leistung durch den Schuldner ab. Trotz der weiten Wortwahl »erbringt ... der Schuldner eine fällige Leistung nicht ...« wird – wie in § 281 Abs 1 S 1 – auch hier nur die Leistungsverzögerung erfasst. Dies lässt sich nicht aus dem Wortlaut der Norm allein, sondern erst systematisch aus dem Regelungszusammenhang der §§ 281 bis 283 sowie §§ 323, 324 und 326 erschließen und wird logisch auch durch die Sinnlosigkeit einer Nachfristsetzung bei nicht behebbaren Leistungshindernissen untermauert (BTDrs 14/6040, 183 f). Durch den Terminus der Nichtleistung ist aber sowohl das gänzliche als auch das teilw Ausbleiben der Leistung erfasst. Das bedeutet insbes, dass in den Fällen, in denen zur Leistung auch der Leistungserfolg (bspw Übereignung) gehört, auch dieser eingetreten sein muss (PWW/*Medicus* Rn 13). Anders als in § 326 Abs 1 S 1 aF reicht aber die bloße, also auch die unverschuldete Leistungsverzögerung aus; es muss kein Verzug des Schuldners vorliegen. Damit ist der Gesetzgeber der langjährigen rechtspolitischen Forderungen nachgekommen (BTDrs 14/6040, 184). Gleichwohl wird in der Setzung einer Nachfrist zur Vornahme der Leistung in aller Regel eine (konkludente) Mahnung zu erkennen sein. Bei Zweifeln über den Grund des Ausbleibens der Leistung, also ob etwa die Leistung unmöglich ist und der Gläubiger deshalb bereits gem § 326 Abs 1 von der Gegenleistung befreit ist, kann sich der Gläubiger über die Fristsetzung wie bei § 281 Klarheit verschaffen. 6

3. Nicht-vertragsgem Leistung/Schlechtleistung. Den Fällen der Leistungsverzögerung werden – wie in § 281 Abs 1 S 1 – die Fälle gleichgestellt, in denen der Schuldner »nicht wie geschuldet« leistet. § 323 Abs 1 spricht allerdings mit Blick auf den gegenseitigen Vertrag davon, dass die Leistung »nicht vertragsgem« erbracht wird. Inhaltlich ändert dies freilich nichts, da auch hier darauf abgestellt wird, dass der Schuldner mit der erbrachten Leistung die durch das vertragliche Schuldverhältnis oder mit Blick auf das ergänzende Gesetzesrecht gestellten Anforderungen nicht erfüllt (PWW/*Medicus* Rn 14). 7

Das **Rücktrittsrecht** in § 323 Abs 1 **ersetzt für das Kauf- und Werkvertragsrecht funktional die Wandlung** und integriert so das Gewährleistungsrecht in das allg Leistungsstörungsrecht. Von der Schlechtleistung wird dabei die Verletzung jeder leistungsbezogenen Pflicht erfasst, also auch einer nicht im Synallagma stehenden Nebenleistungspflicht, die dazu führt, dass die Leistung »nicht vertragsgem« erbracht wird (BTDrs 14/6040, 184). Dabei ist jedoch zu beachten, dass § 323 nach dem Gefahrübergang nur über die Verweisungsnormen in § 437 und 634 zur Anwendung kommt und deshalb die kürzeren Verjährungsfristen über § 218 anzuwenden sind. Obwohl vom Wortlaut umfasst, sind die Fälle der irreparablen Schlechtleistung abw über §§ 323 Abs 1 und 5, 326 Abs 5 und Abs 1 S 2, (275,) 440, 437 Nr 2 bzw 634 Nr 3, 636 zu behandeln, wobei in § 326 Abs 5 die Verweisung auf § 323 unter der Maßgabe der Entbehrlichkeit der Fristsetzung getroffen wird. In diesen Fällen hätte das Fristsetzungserfordernis mangels Nachholbarkeit der geschuldeten Leistung ohnehin keinen Sinn (BTDrs 14/6040, 184). Es kann aber wie bei § 281 bei bestehenden Zweifeln des Gläubigers, ob Unmöglichkeit vorliegt, über die Fristsetzung auf praktikable Weise für Klarheit gesorgt werden. 8

III. Erfolglose Setzung einer angemessen Nachfrist oder Abmahnung. 1. Fristsetzung. Der Gläubiger kann das Recht zum Rücktritt in den Fällen des § 323 Abs 1 nur über das erfolglose Verstreichen einer dem Schuldner zuvor gesetzten, angemessenen Frist für die Leistung oder Nacherfüllung erreichen. Es wird das Fristsetzungserfordernis aus § 326 aF übernommen, wenngleich unter Verzicht auf die Ablehnungsandrohung. Die Setzung der Frist ist wie bei § 281 keine Willenserklärung, sondern eine geschäftsähnliche Handlung (Palandt/*Heinrichs* § 281 Rn 9). Es gelten im Wesentlichen die Ausführungen zur Fristsetzung bei § 281 entsprechend. Die Frist muss vom Gläubiger ggü dem Schuldner gesetzt werden, wobei hier auf beiden Seiten Vertreter handeln können. Die Fristsetzung muss mit der eindeutigen, unmissverständlichen und ernstlichen Aufforderung zur Leistung bzw Nacherfüllung verbunden sein (Palandt/*Grüneberg* Rn 13). Hierzu gehört es auch, dass der betroffene Anspruch bzw die betroffene Leistung hinreichend genau bezeichnet wird (PWW/*Schmidt-Kessel* § 281 Rn 5), wobei sich der Grad der Genauigkeit bzw Bestimmtheit nach den Umständen des Einzelfalls richtet (PWW/*Medicus* Rn 17; MüKo/*Ernst* Rn 61). Die bloße Aufforderung an den Schuldner, sich über seine Leistungsbereitschaft zu erklären reicht ebenso wenig, wie die Aufforderung, unverzüglich oder umgehend zu leisten; vgl § 281. Ebenso wenig wie eine erhebliche **Zuvielforderung** den Verzug begründen kann, schließt sie auch nach Treu und Glauben (§ 242) das Rücktrittsrecht nach § 323 aus (Palandt/*Grüneberg* Rn 13). Sofern für die Vornahme der Leistung die Mitwirkung des Gläubigers erforderlich ist, muss er die Mitwirkungshandlung vornehmen oder im Rahmen der Fristsetzung ihre Vornahme anbieten (BGH NJW 1996, 1745). Im gegenseitigen Vertrag muss der Gläubiger zur Vermeidung der Einrede des § 320 zudem die Gegenleistung in einer den Annahmeverzug begründenden Weise anbieten (BGHZ 116, 244, 249; Palandt/*Grüneberg* Rn 15). Andernfalls ist die Nachfrist nach hM nicht wirksam gesetzt. Die Fristsetzung kann formfrei erfolgen. Es empfiehlt sich aber mit Blick auf die Beweismöglichkeit, eine schriftliche Erklärung vorzunehmen oder die Textform zu wählen. 9

2. Angemessenheit. Die Angemessenheit bestimmt sich wiederum nach den **Umständen des konkreten Einzelfalls**, wobei man auf die Konkretisierungen durch Rspr und Lit zu § 326 aF zurückgreifen kann. Es ist eine nach Stunden, Tagen, Wochen etc bestimmte Frist oder ein bestimmter Kalendertag als Fristende zu setzen, schon mit Blick auf die Überprüfbarkeit ihrer Angemessenheit. Sie muss so lang sein, dass der Schuldner die Leistung tatsächlich noch erbringen kann; sie muss ihm jedoch nicht ermöglichen, erst mit der Leistungser- 10 bringung zu beginnen (BGH, NJW 1985, 323, 857 zu § 326 aF). Es handelt sich eben bei der Fristsetzung um **die Einräumung einer »letzten Chance«** für den Schuldner zu leisten (BGH NJW 2005, 1348, 1350). Für die Bestimmung und Überprüfung der Angemessenheit der gesetzten Frist gelten objektive Maßstäbe (BGH NJW 1985, 2640, 2641). Es sind nicht nur die Interessen des Schuldners zu berücksichtigen, sondern auch die des Gläubigers (MüKo/*Ernst* Rn 70). Dabei kann ins Gewicht fallen, ob sich der Gläubiger zuvor im Annahmeverzug befand, da der Schuldner grds nicht ständig leistungsbereit sein muss (BGH NJW 2007, 2761 Rn 9). Wie bei § 281 Abs 1 S 1 und in Fortsetzung der bisherigen Rspr zu § 326 aF wird durch die Setzung einer unangemessen kurzen Frist eine angemessene in Gang gesetzt, soweit nicht der Gläubiger deutlich macht, es komme ihm gerade auf die kurze Frist an (BTDrs 14/6040, 138; BGH NJW 1996, 1814). Macht der Gläubiger deutlich, dass er die Frist nur zum Schein setzt oder gibt er zu erkennen, dass er die Leistung nach einer längeren, aber angemessenen Frist nicht mehr abnimmt, wird die vorstehende Annahme zu seinen Gunsten nicht eingreifen (PWW/*Medicus* Rn 19).

11 **3. Zeitpunkt der Fristsetzung.** Wegen ihrer Warnfunktion ist, obwohl nicht ausdrücklich geregelt, die Fristsetzung erst ab Fälligkeit zulässig, sodass eine Fristsetzung vor Fälligkeit grds unwirksam ist. Anhaltspunkt hierfür ist auch der Wortlaut der Regelung. Dabei ist aber wie im Rahmen von § 326 aF eine Kombination mit der Fälligkeitsbegründung, zB durch Rechnungsstellung oder Lieferung möglich (BGH NJW-RR 1990, 442, 444; vgl auch § 281). Zu den Fällen einer Erfüllungsverweigerung vor Fälligkeit durch den Schuldner vgl sogleich, Rz 20.

12 **4. Erfolglosigkeit.** Erfolglos abgelaufen ist die Frist entspr dem bisherigen Verständnis zu § 326 aF, wenn der Schuldner die Leistungshandlung innerhalb der Frist nicht vorgenommen hat. Ausreichend ist grds die Vornahme der Leistungshandlung innerhalb der Frist, auch wenn der Erfolg erst nach Ablauf der Frist eintritt (BGHZ 12, 267, 268 f). Das gilt nur dann nicht, wenn der Schuldner von vorneherein den Erfolg schuldet. Der Schuldner hat dann oder in den Fällen, in denen der Gläubiger in der Fristsetzung das Eintreffen der Leistung innerhalb der Frist deutlich voraussetzt, die Leistungshandlung so rechtzeitig vorzunehmen, dass bei normalem Lauf der Dinge der Leistungserfolg fristgemäß eintritt bzw der Gläubiger die Leistung innerhalb der Frist erhält (PWW/*Medicus* Rn 24). Bei nur kurzer Überschreitung der Frist kann in Härtefällen die Geltendmachung des Rücktrittsrechts nach § 242 ausgeschlossen sein, vgl § 281. Eine erneute Fristsetzung kommt in den Fällen, wo innerhalb einer gesetzten Frist schlecht oder nur teilw geleistet wird und der Gläubiger diese defizitäre Leistung annimmt, nicht in Betracht; hier ist die ursprünglich gesetzte Frist erfolglos abgelaufen (*Canaris* DB 2001, 1815, 1816; PWW/*Schmidt-Kessel* § 281 Rn 9; PWW/*Medicus* Rn 25; aA *Altmeppen* DB 2001, 1331, 1332; DB 2001, 1821, 1822; Palandt/*Heinrichs* § 281 Rn 12; MüKo/*Ernst* Rn 88: »Einzelbetrachtung«). Eine Nacherfüllung durch den Verkäufer wird jedoch nicht deshalb erfolglos, weil sie mit erheblichen Unannehmlichkeiten verbunden war, wenn sie iÜ in der Sache erfolgreich ist (*Gsell* JZ 2001, 65, 70; *Roth* JZ 2001, 475, 489).

13 **5. Abmahnung statt Fristsetzung.** Entspr § 281 Abs 3 kann die Nachfrist gem § 323 Abs 3 durch eine Abmahnung ersetzt werden, wenn nach der Art der Pflichtverletzung (idR bei Unterlassungspflichten) eine Nachfristsetzung nicht in Betracht kommt. Das Erfordernis der Fristsetzung für die Leistungsvornahme oder Nacherfüllung macht dort keinen Sinn, wo die Verpflichtung des Schuldners auf ein Unterlassen gerichtet ist, wie zB bei einem Wettbewerbsverbot. Die Abmahnung ist hier als Äquivalent für die Warnfunktion der Fristsetzung anzusehen. Wie im Rahmen von § 314 Abs 2 verlangt die Abmahnung nach einer ernsthaften Aufforderung an den Schuldner, künftig keine gleichartigen Pflichtverletzungen vorzunehmen. Wie die Nachfristsetzung ist auch die Abmahnung formfrei möglich, wobei sich auch hier zu Beweiszwecken die Schriftform oder die Textform empfehlen.

14 **D. Entbehrlichkeit der Nachfristsetzung nach Abs 2.** In § 323 Abs 2 werden weitgehend parallel zu § 281 Abs 2 Fälle normiert, in denen der Rücktritt auch ohne Nachfristsetzung möglich ist, da dies auch bei grundsätzlicher Behebbarkeit des Leistungshindernisses nur Sinn hat, wenn der Schuldner erfüllungsbereit ist und wenn noch ein Leistungsinteresse beim Gläubiger besteht. Hinzu treten die außerhalb von Abs 2 für Kauf- und Werkvertrag geregelten Ausnahmen vom Fristsetzungserfordernis in §§ 440, 636.

15 **I. Ernsthafte und endgültige Erfüllungsverweigerung nach Nr 1.** In Nr 1 wird die Fallgruppe der ernsthaften und endgültigen Erfüllungsverweigerung wie in § 281 Abs 2 Alt 1 aus der Rspr zu §§ 284, 326 aF übernommen. Dadurch soll der Notwendigkeit des Gleichlaufs zwischen den Regelungen zum Rücktritt und zum Schadensersatz statt der Leistung Rechnung getragen werden. Zur Konkretisierung kann hier ebenfalls auf Rspr und Lit zu §§ 326, 284 aF zurückgegriffen werden (BGHZ 49, 56, 59 f.; 65, 372, 377; 104, 6, 13 f). Mit Blick auf die weit reichenden Folgen der Begründung eines sofortigen Rücktrittsrechts sind strenge Anforderungen zu stellen (PWW/*Medicus* Rn 28). Rechtliche Zweifel des Schuldners an seiner Verpflichtung (BGH DB 1971, 103) oder die Stundungsbitte unter Hinweis auf die vorübergehende Leistungsunfähigkeit (RGZ 66, 430, 431) werden grds nicht ausreichen. IÜ wird auf die entspr Ausführungen bei § 281 verwiesen.

II. Einfaches Fixgeschäft nach Nr 2. Über § 281 Abs 2 hinausgehend wird in § 323 Abs 2 Nr 2 der Fall des **einfachen bzw relativen Fixgeschäfts** als weitere Ausn vom Fristsetzungserfordernis ausdrücklich aufgeführt. Dass dessen Besonderheiten gleichwohl im Rahmen von § 281 Abs 2 Alt 2 zu berücksichtigen sind, wurde bereits dargestellt. Dadurch soll die Auslegungsregel des § 361 aF entspr § 376 HGB nunmehr als gesetzliches Rücktrittsrecht wegen Pflichtverletzung durch Terminüberschreitung erfasst sein. Durch § 323 Abs 2 Nr 2 werden dabei insbes auch die in § 326 Abs 2 aF geregelten Fälle erfasst, in denen das bes Interesse an zeitgemäßer Lieferung durch Bestimmung eines Liefertermins oder einer Lieferfrist im Vertrag so herausgehoben worden ist, dass von einem Fixgeschäft ausgegangen werden kann. Zweifel wirken sich gg die Annahme einer Fixabrede aus (PWW/*Medicus* Rn 29). Hierfür genügt nicht lediglich, dass die Leistungszeit genau bestimmt ist (BGH NJW 2001, 2878). Durch die insoweit unerhebliche Abweichung von der in der Rspr geläufigen Formel, wonach die Einhaltung der Leistungszeit so wesentlich sein muss, »dass mit der zeitgerechten Leistung das Geschäft stehen und fallen soll« (BGHZ 110, 88, 96), soll keine inhaltliche Änderung herbeigeführt werden (BTDrs 14/6040, 185 f). Auf einen entspr Lieferwillen weisen vor allem Klauseln **wie »fix«, »genau«, »präzis«, »prompt« und »spätestens«** zusammen mit einer bestimmten Lieferzeit hin (Palandt/*Grüneberg* Rn 20). Als Fixgeschäft wird regelm die Beförderung mit einem Flugzeug angesehen (Düsseldorf NJW-RR 1997, 930, Frankfurt aM NJW-RR 1997, 1136). Auf ein Verschulden der Nichteinhaltung der in der Fixabrede bestimmten Leistungszeit kommt es nicht an (Palandt/*Grüneberg* Rn 21). Die Grenze zur Unmöglichkeit ist freilich bei Vorliegen eines absoluten Fixgeschäft überschritten, wenn die bestimmte absolute Leistungszeit (Weihnachtsmänner, Osterhasen) nicht eingehalten wird. 16

III. Generalklausel in Nr 3. Nach Nr 3 ist eine Fristsetzung auch entbehrlich, »**wenn besondere Umstände vorliegen**, die unter Abwägung der beiderseitigen Interessen eine sofortige Geltendmachung des Schadensersatzanspruchs rechtfertigen.« Dieser Auffangtatbestand schafft als Generalklausel – wie in § 281 Abs 2 Alt 2 und § 286 Abs 2 Nr 4 –Bewertungsspielräume für die Gerichte und soll in erster Linie die Fälle des § 326 Abs 2 aF erfassen, wobei nunmehr auf die beiderseitigen Interessen abzustellen ist (BTDrs 14/6040, 186). Zur Konkretisierung lässt sich auch hier auf die Anwendungsfälle im Rahmen des § 326 aF in der Rspr abstellen. (RG JW 1920, 47; BGH LM § 326 (Ed) Nr 3; BGH WM 1957, 1342, 1343 f.) Die Gesetzesbegründung nennt als Anwendungsfall selbst den Just-in-time-Vertrag (BTDrs 14/6040, 140), der freilich eher der Nr 2 zuzuordnen ist (PWW/*Medicus* Rn 31). Etwas strengere Anforderungen können sich aber daraus ergeben, dass nunmehr die beiderseitigen Interessen abzuwägen sind, während im Rahmen des früheren Rechts bei § 326 Abs 2 aF zwar Verzug des Schuldners notwendig war, es jedoch »nur« auf Interessewegfall beim Gläubiger ankam. Da bei der Zusicherung einer Eigenschaft der Schuldner erklärt, ohne Weiteres für alle Folgen aus ihrem Fehlen einzustehen, ist eine Fristsetzung in diesen Fällen entbehrlich. Ebenso ist es regelm in den Fällen des arglistigen Verschweigens eines Mangels, denn dem Gläubiger kann bei *dolosem* Verhalten des Schuldners ein Leistungsempfang bzw eine Nacherfüllung von diesem kaum zugemutet werden (BGH NJW 2007, 835, 836; AnwK/*Dauner-Lieb* § 281 Rn 21 f). Die Vertrauensbasis wird hier regelm nachhaltig zerstört sein. 17

IV. Entbehrlichkeitsgründe außerhalb von Abs 2. Eine Entbehrlichkeit der Fristsetzung ist zusätzlich in **§§ 440, 636** vorgesehen. Nach deren nahezu identischem Wortlaut ist eine Fristsetzung zur Nacherfüllung nicht erforderlich, wenn der Schuldner diese verweigert hat, sie fehlgeschlagen oder dem Gläubiger unzumutbar ist. Obwohl diese Gründe ausdrücklich neben § 323 Abs 2 gestellt werden, sind Überschneidungen denkbar. Bes problematisch ist, ob man im Rahmen des Verbrauchsgüterkaufs mit Blick auf Art 3 Abs 5 VerbrGütKaufRL nicht generell von einem Rücktrittsrecht auch ohne Fristsetzung ausgehen sollte (*Ernst/Gsell* ZIP 2000, 1410, 1418; *Gsell* ZIP 2001, 65, 67 f; *Knütel* NJW 2001, 2519). In deren Anwendungsbereich wird man daher in richtlinienkonformer Auslegung wohl auch ohne ausdrückliche Fristsetzung des Käufers beim Nacherfüllungsbegehren einen »Fehlschlag« annehmen müssen, wenn der Verkäufer innerhalb der angemessenen Frist nichts unternimmt (Unberath ZEuP 2005, 5, 28 über § 323 Abs 2 Nr 3; aA Palandt/*Grüneberg* Rn 22). Der Gesetzgeber hat freilich im Fristsetzungserfordernis keinen Richtlinienverstoß erkannt (BTDrs 14/6040, 222 zu § 437). 18

E. Rechtsfolge: »Rücktrittsrecht«. Nach fruchtlosem Verstreichen der vom Gläubiger gesetzten Frist bzw bei Entbehrlichkeit der Fristsetzung sofort mit Eintritt des die Entbehrlichkeit begründenden Grundes ist der Gläubiger berechtigt, vom Vertrag durch Erklärung zurückzutreten. In § 323 wird auf eine dem § 326 Abs 1 S 2 aF entspr Regelung verzichtet, die den Gläubiger nach erfolglosem Ablauf der Frist allein auf die Sekundäransprüche verwies. Das Rücktrittsrecht entsteht also neben dem Anspruch auf Erfüllung. Erst wenn das Rücktrittsrecht ausgeübt wird, erlischt der Erfüllungsanspruch, da das Schuldverhältnis in ein Rückabwicklungsverhältnis umgewandelt wird. Einer dem § 281 Abs 3 vergleichbaren Regelung bedarf es daher nicht. Die gewisse unsichere Schwebelage für den Schuldner bis zur Ausübung eines Rechtes durch den Gläubiger wird ebenso wie in § 281 Abs 3 durch die Möglichkeit der jederzeitigen, die Schwebelage beendenden Erfüllung gerechtfertigt (BTDrs 14/6040, 185). Auch der Gläubiger kann also bis zur Ausübung des Rücktrittsrechts noch die Erfüllung verlangen. Tut er dies, muss er grds nicht erneut eine Nachfrist setzen, sofern er dann doch noch vom Vertrag zurücktreten will (BGH NJW 2006, 1198; PWW/*Medicus* Rn 41a). Eine Einschränkung kann sich allenfalls in Extremfällen aus § 242 mit Blick auf ein widersprüchliches Verhalten ergeben. Die Folgen nach erklärtem Rücktritt richten sich nach §§ 346 bis 348. In § 323 Abs 4 ist eine Ausn vom Fällig- 19 keitserfordernis nach § 323 Abs 1 geregelt und in § 323 Abs 5 S 1 ist eine bes Voraussetzung für den Rücktritt vom ganzen Vertrag bei Teilleistung aufgestellt. Dagegen handelt es sich bei § 323 Abs 5 S 2 um einen Ausschluss des Rücktritts bei nur unerheblicher Schlechtleistung.

20 **I. Rücktritt vor Fälligkeit.** In § 323 Abs 4 wird klargestellt, dass der Gläubiger bereits vor Fälligkeit zum Rücktritt berechtigt ist, wenn offensichtlich ist, dass die Voraussetzungen für das (sofortige) Rücktrittsrecht – mithin eine Pflichtverletzung durch den Schuldner die auch den Anforderungen des Abs 2 genügt – eintreten werden. Die Regelung übernimmt somit die Rspr zum sog vorweggenommenen Vertragsbruch in das Gesetz (BGH NJW 1986, 843). Zumeist handelte es sich hierbei um die bisher entweder unter § 326 Abs 1 aF oder über pFV behandelten Fälle der beharrlichen Erfüllungsverweigerung vor Fälligkeit. Aufgrund der einschneidenden Folgen für das Vertragsverhältnis, nämlich die Möglichkeit zum sofortigen Rücktritt noch vor Fälligkeit, sind hohe Anforderungen an die von § 323 Abs 4 verlangte Prognoseentscheidung zu stellen. Für seine Anwendung muss mit an Sicherheit grenzender Wahrscheinlichkeit feststehen, dass die Voraussetzungen des Rücktrittsrechts eintreten werden (Palandt/*Grüneberg* Rn 23). Es wird sich hier um die vorfällige ernsthafte und endgültige Erfüllungsverweigerung durch den Schuldner handeln. Des Weiteren wird § 323 Abs 4 eingreifen, wenn der Schuldner bspw auch kurze Zeit vor dem Fertigstellungstermin für eine Werkleistung noch nicht mit den Arbeiten hieran begonnen hat, obwohl nach seinen eigenen Angaben hierfür ein weitaus längerer Zeitraum erforderlich ist als die noch bis zum vereinbarten Termin verbleibende Zeit, sodass mit Sicherheit nicht mehr mit einer fristgerechten Leistungserbringung zu rechnen ist.

21 **II. Rücktritt vom ganzen Vertrag bei Teilleistung nach Abs 5.** In § 323 Abs 5 S 1 wird für Teilleistungen mittelbar der Grundsatz des Teilrücktritts aufgestellt. Ähnl wie in § 281 Abs 1 S 3 für das Recht, Schadensersatz statt der ganzen Leistung bei Teilleistung fordern zu können, wird als weiteres Erfordernis der Interessefortfall gefordert. »Nur« wenn der Gläubiger an der erbrachten Teilleistung kein Interesse hat, kann er vom ganzen Vertrag zurücktreten. Die Regelung entspricht funktional den §§ 280 Abs 2, 325 Abs 1 S 2, 326 Abs 1 S 3 aF, die ebenfalls in den Teilleistungsfällen den Interessewegfall als weitere Voraussetzung aufstellten. Auf die Rspr hierzu kann demnach zurückgegriffen werden. Zu beachten ist, dass § 323 Abs 5 S 1 nur auf die Fälle der quantitativen Nichtleistung anzuwenden ist (Celle ZGS 2004, 74; Palandt/*Grüneberg* Rn 24; PWW/*Medicus* Rn 35). Hieran ändern auch die Regelungen in §§ 434 Abs 3 und 636 Abs 2 S 3 nichts (aA AnwK/*Dauner-Lieb* Rn 40). Sofern der Gläubiger ein Interesse an der Teilleistung hat, was bei einer unteilbaren Leistung logisch grds ausgeschlossen ist, zerfällt der Vertrag in zwei Teile (BGHZ 36, 318). Das bedeutet auch, dass der Gläubiger den der Teilleistung entspr Teil der Gegenleistung erbringen muss. Ist die Gegenleistung unteilbar, ist ebenfalls grds nur ein Rücktritt vom ganzen Vertrag möglich (BGH NJW 2000, 1332, 1333). Abw von den Voraussetzungen des §§ 323 Abs 5 S 1 kann der Gläubiger auch über eine Zurückweisung der Teilleistung nach § 266 zu einem Rücktritt vom ganzen Vertrag gelangen (PWW/*Medicus* Rn 34).

22 **F. Ausschluss des Rücktrittsrechts. I. Ausschluss bei unerheblicher Schlechtleistung nach § 323 Abs 5 S 2.** Parallel zu § 281 Abs 1 S 3 wird nach § 323 Abs 5 S 2 für den Fall der Schlechtleistung der Rücktritt dann ausgeschlossen, wenn diese nur auf einer unerheblichen Pflichtverletzung beruht. Für die Unerheblichkeit soll auf die zur Bagatellgrenze in § 459 Abs 1 S 2 aF entwickelte Rspr abgestellt werden (BTDrs 14/6040, 231 zu § 437; dagegen MüKo/*Ernst* Rn 243; PWW/*Medicus* Rn 36). Der Wortlaut geht aber vom Regelfall der Zulässigkeit des Rücktritts vom ganzen Vertrag nach erfolglosem Ablauf der Frist aus. Ist dies ausnahmsw nicht möglich, kann der Käufer anders als bisher trotz des unerheblichen Mangels mindern (§§ 437 Nr 2, 441 Abs 1).

23 Eine Schwierigkeit kann sich wie bei § 281 Abs 1 S 3 mit Blick auf den in §§ 434 Abs 3, 633 Abs 2 S 3 enthaltenen weiten Sachmangelbegriff ergeben, der auch eine Minderleistung umfasst. Bei dieser wird es auch hier nicht auf die Unerheblichkeit iSd Abs 5 S 2, sondern auf einen Interessefortfall beim Käufer bzw Besteller ankommen, da ansonsten die Regelung des Abs 5 S 1 für die praktisch häufigsten Fälle völlig entwertet würde. Teilw wird vorgeschlagen danach zu unterscheiden, ob die Mankolieferung verdeckt, dh die geringe Menge als vollständige Leistung geliefert wird (dann § 323 Abs 5 S 2) oder ganz offen nur eine Mankolieferung vorgenommen wird und die Parteien übereinstimmend nur von einer Teillieferung ausgehen (dann § 323 Abs 5 S 2) (MüKo/*Ernst* Rn 216; PWW/*Medicus* Rn 36). Eine solche Unterscheidung trägt aber die Unwägbarkeiten der Forschung im Subjektiven, sodass sie nicht praktikabel erscheint. Ebenfalls schwierig ist parallel zu § 281 die Behandlung der sog Teilschlechtleistung (zB von 100 Flaschen Wein sind 10 Flaschen mit Glycol versetzt). Auch hier erscheint eine Anwendung des Abs 5 S 1 grds sachgerechter. Trotz der Schlechtleistung weist diese Fallgestaltung größere Ähnlichkeit zur Interessenlage in den Teilleistungsfällen auf. Teilw wird angenommen, dass Abs 5 S 1 und Abs 5 S 2 in diesen Fällen nebeneinander anwendbar sind (MüKo/*Ernst* Rn 256 mwN; aA BaRoth/*Grothe* Rn 42 mwN).

24 Die Prüfung der Erheblichkeit der Schlechtleistung verlangt nach einer **umfassenden Interessenabwägung** (Nürnberg NJW 2005, 2019, 2020). Von einer erheblichen Pflichtverletzung ist regelm bei Arglist des Schuldners auszugehen (BGH NJW 2006, 1960). IÜ ist vor allem auf den Aufwand der Mängelbeseitigung im Verhältnis zum Wert der Leistung sowie bei unbehebbaren Mängeln auf die funktionale und ästhetische Beeinträchtigung abzustellen. Feste Grenzen insbes für die Erheblichkeit mit Blick auf die Mängelbeseiti-

gungskosten bzw die Wertminderung lassen sich nicht abschließend bestimmen (MüKo/*Ernst* Rn 243: 20 bis 50 %; *Gröschler* NJW 2005, 1601, 1604: 10 %; *Müller/Matthes* AcP 204 (2004), 732, 748: 15 %). In der Rspr wurde eine Erheblichkeit bspw noch nicht angenommen, wenn die Kosten unter 5 % blieben (BGH NJW 2005, 3490, 3493; Düsseldorf NJW-RR 2004, 1060). Auch hier kann die Grenze bei Hinzutreten weiterer Umstände aber auch niedriger angesetzt werden (LG Karlsruhe NJW-RR 2005, 1368: 3,7 %). Eine Unerheblichkeit ist aber auch dann anzunehmen, wenn bspw der Benzinverbrauch weniger als 10 % über den Herstellerangaben liegt (BGH NJW 2007, 2111) oder wenn die Sollgeschwindigkeit lediglich um 2,2 % nicht erreicht wird (Düsseldorf NJW 2005, 3504). Die Schlechtleistung ist auch dann unerheblich iSd § 323 Abs 5 S 2, wenn der Mangel innerhalb kurzer Zeit verschwindet oder ohne bes Aufwand durch den Gläubiger selbst beseitigt werden kann. Allerdings kann auch der nicht auszuräumende Verdacht eines schwerwiegenden Mangels bereits genügen (Palandt/*Grüneberg* Rn 32).

II. Ausschluss nach Abs 6. Durch § 323 Abs 6 wird der bisher für die **Unmöglichkeit der Leistung** in § 324 aF geregelte Fall der Verantwortung des Gläubigers für die Pflichtverletzung aufgegriffen. Allerdings wird die dortige Lösung dahingehend verallgemeinert und erweitert, dass nicht mehr auf Unmöglichkeit, sondern auf die Pflichtverletzung abgestellt wird und bereits eine weit überwiegende Mitverantwortung des Gläubigers dafür ausreicht, das Entstehen eines Rücktrittsrechts für ihn zu verhindern. Damit soll die im geltenden Recht umstrittene Frage gesetzlich geklärt werden, wie sich eine Mitverantwortung des Gläubigers auswirkt, und durch das erhöhte Erfordernis der »weit überwiegenden Verantwortung« eine dem § 254 zugrunde liegende Wertung übertragen (BTDrs 14/6040, 187). Durch die erhöhten Anforderungen an die Mitverantwortung des Gläubigers wird insoweit wiederum der Gleichlauf mit dem Schadensersatz statt der Leistung hergestellt. Darüber hinaus ist in Abs 6 auch der Annahmeverzug des Gläubigers als Ausschlussgrund aus § 324 Abs 2 aF übernommen. Für das Bestehen des Annahmeverzugs gelten §§ 293 bis 298. 25

III. Ausschluss nach § 218. Ein **weiterer Ausschluss des Rücktrittsrechts** bzw die Unwirksamkeit des Rücktritts ist in § 218 für den Fall vorgesehen, dass der **Anspruch** auf die Leistung oder der Nacherfüllungsanspruch **verjährt** ist und der Schuldner die Einrede erhebt. Dadurch wird auch der als Gestaltungsrecht eigentlich unverjährbare Rücktritt (mittelbar) verjährbar gestellt. Systematisch hätte die Regelung sicher in den Zusammenhang des § 323 gehört. 26

G. Abweichende Vereinbarung. Auch bei der Regelung in § 323 handelt es sich grds um **dispositives Gesetzesrecht.** Eine Ausn enthält § 475 für den Verweis auf das Rücktrittsrecht infolge einer mangelhaften Lieferung im Verbrauchsgüterkauf. Vor allem für die Abbedingung in AGB und bei vorformulierten Klauseln eines Unternehmers ggü einem Verbraucher (§ 310) bestehen zahlreiche Einschränkungen der Parteiautonomie. Nach § 309 Nr 4 kann sich der Verwender nicht von dem Erfordernis einer Nachfristsetzung entlasten. Einschränkungen für den Ausschluss des Rücktrittsrechts ggü dem Verwender unter bestimmten Voraussetzungen sind in § 309 Nr 8a und 8b lit bb enthalten. Nach § 308 Nr 2 darf sich der Verwender keine unbestimmt lange oder nicht hinreichend bestimmte Nachfrist vorbehalten. Durch die zentrale Stellung, die das Rücktrittsrecht nach dem SMG im Leistungsstörungsrecht hat, kann auch erwogen werden, ob es nicht einen Leitgedanken iSd § 307 Abs 2 enthält. Jedenfalls sind aber Ergänzungen wie das Erfordernis einer Ablehnungsandrohung oder die Befristung der Ausübung des Rücktrittsrechts zulässig (MüKo/*Ernst* Rn 267 f). 27

H. Prozessuales. Nach allg Beweislastgrundsätzen hat der Gläubiger die Voraussetzungen des Rücktrittsrechts nach § 323 darzulegen und ggf zu beweisen. Das Gleiche gilt für seine Fähigkeit und Bereitschaft zur Erbringung der Gegenleistung (PWW/*Medicus* Rn 47). Für die Ausschlussgründe in § 323 Abs 5 S 2 und § 323 Abs 6 trägt der Schuldner die Beweislast. Wie bei § 281 besteht auch bei § 323 die Möglichkeit, nach §§ 255 Abs 1, 510b ZPO die Frist durch das Gericht bspw im Urteil bestimmen zu lassen. Der § 510b ZPO gilt nur im amtsgerichtlichen Verfahren für den Fall, das die geschuldete Leistung in der Vornahme einer Handlung besteht. Die »Entschädigung« iSd § 510b ZPO soll aber erweiternd auch auf den Rücktritt bzw die resultierenden Rückgewähransprüche angewandt werden (MüKo/*Ernst* Rn 274a). 28

§ 324 Rücktritt wegen Verletzung einer Pflicht nach § 241 Absatz 2. **Verletzt der Schuldner bei einem gegenseitigen Vertrag eine Pflicht nach § 241 Absatz 2, so kann der Gläubiger zurücktreten, wenn ihm ein Festhalten am Vertrag nicht mehr zuzumuten ist.**

A. Zweck/Systematik. § 324 enthält **entspr** der Sonderregelung für den Schadensersatz statt der Leistung in **§ 282** ein Rücktrittsrecht des Gläubigers bei Verletzung einer nicht leistungsbezogenen, sonstigen Pflicht iSd § 241 Abs 2. Wie bei § 282 macht in diesen Fällen die Verwendung des Nachfristverfahrens keinen Sinn. Bei der Verletzung einer sonstigen Pflicht des gegenseitigen Vertrages muss das Rücktrittsrecht aber ebenfalls von anderen, bes Voraussetzungen abhängig gemacht werden, da nicht jede Pflichtverletzung als solche bereits zu einem Recht des Gläubigers zur Vertragsauflösung führen darf. Dies würde zu einem Wertungswiderspruch zu § 323 führen, bei dem die Leistungspflichten unmittelbar betroffen sind und zudem grds die erfolglose Setzung einer Nachfrist verlangt wird. Um den Gleichlauf mit der Schadensersatzregelung in § 282 herzustel- 1 len, wird daher auch in § 324 entscheidend auf die Zumutbarkeit – hier aber des »Festhaltens am Vertrag« – abgestellt. Mit Blick darauf, ein verschuldensunabhängiges Rücktrittsrecht für jede Art der Pflichtverletzung zu schaffen, ist auch bei § 324 im Gegensatz zu § 282 auf die Voraussetzung des Vertretenmüssens der Verletzung der Pflicht nach § 241 Abs 2 verzichtet worden. § 324 ist somit wie § 282 aus sich heraus **selbständig zu interpretieren** und die bisherige Rspr kann nur bedingt herangezogen werden. Bisweilen wird gar vertreten, die Norm sei neben § 323 bedeutungslos, da die Fälle des § 324 stets eine »nicht vertragsgem« Leistung darstellen, die bereits in § 323 erfasst seien (Palandt/*Heinrichs* SMG-Ergb § 324 Rn 2: »überflüssig, aber unschädlich«; ähnl nunmehr Palandt/*Grüneberg* Rn 1; aA zu Recht PWW/Medicus Rn 1).

2 **B. Voraussetzungen. I. Gegenseitiger Vertrag (Anwendungsbereich).** Wie bei § 323 setzt das Rücktrittsrecht nach § 324 von seinem Wesen her, aber auch von seinem Wortlaut her einen gegenseitigen Vertrag voraus. Der Anwendungsbereich des § 324 wird freilich für Dauerschuldverhältnisse, die für die Verletzung der Pflichten nach § 241 Abs 2 anfälliger sind, durch das Kündigungsrecht nach § 314 verdrängt (Palandt/*Grünerberg* Rn 1; PWW/*Medicus* Rn 2).

3 **II. Verletzung einer sonstigen Pflicht iSd § 241 Abs 2.** Entspr § 282 ist für das Rücktrittsrecht die Verletzung einer sonstigen, nicht leistungsbezogenen Nebenpflicht nach § 241 Abs 2 aus dem gegenseitigen Vertrag notwendig, die ein Festhalten des Gläubigers am Vertrag »unzumutbar« erscheinen lässt. Hier liegt das reformierte Leistungsstörungsrecht wiederum ganz auf der Linie von Art 64 Abs 1 lit a CISG, der einen »fundamentalen Vertragsbruch« als Voraussetzung für das Rücktrittsrecht fordert. Erfasst wird nur die Verletzung einer sonstigen Pflicht nach § 241 Abs 2. In Abgrenzung zu §§ 281, 283 ergibt sich, dass es sich nur um nicht leistungsbezogene Nebenpflichten aus einem Schuldverhältnis handelt. Sie werden schlagwortartig als Schutzpflichten bezeichnet, gehen aber wegen der weiten Fassung des § 241 Abs 2 über sie hinaus. Sie sollen primär das Integritätsinteresse des Gläubigers schützen. Als klassische Fälle einer Schutzpflichtverletzung wird die Beschädigung von absoluten Rechtsgütern des Gläubigers anlässlich der Leistungserbringung erfasst. Durch die weite Fassung des § 241 Abs 2 (Rechte und Interessen) liegen aber zB auch schwere Beleidigungen durch den Schuldner (RGZ 149, 379 ff), rassistische Bemerkungen oder das Absingen unanständiger Lieder im Anwendungsbereich des § 324. Beim Anwaltsvertrag kann dies bereits in der Erregung des Verdachts strafbarer Handlungen liegen (BGH NJW 1995, 1954 f).

4 Ist der **Schutz eines Rechts, Rechtsguts oder Interesses** gerade Gegenstand der **Hauptleistungspflicht**, wie in Bewachungs- oder Beratungsverträgen, handelt es sich nicht um eine sonstige Pflicht iSd § 241 Abs 2, sondern um die Leistungspflicht iSd § 241 Abs 1. Dann ist allein § 323 anwendbar (PWW/*Medicus* Rn 2; *Grigoleit* FS Canaris (2007) I 275, 296 f). Schwierig kann die Abgrenzung wiederum in Fällen sein, in denen sowohl der Schutz als auch die sachgerechte Inbetriebnahme intendiert ist (zB dient die mitzuliefernde Gebrauchsanweisung für die Bohrmaschine sowohl ihrer sachgerechten Inbetriebnahme als auch dem Schutz ihres Betreibers). Hier wird man eine sachgerechte Einordnung von der Nachholbarkeit der pflichtigen Handlung her treffen müssen (AnwK/*Dauner-Lieb* Rn 7).

5 **III. Unzumutbarkeit des Festhaltens am Vertrag.** Weitere Voraussetzung des Rücktrittsrechts ist die Unzumutbarkeit des Festhaltens am Vertrag. Dabei handelt es sich um eine Wertungsfrage, so dass eine Abwägung aller Umstände des Einzelfalls stattzufinden hat. Es sind wie bei § 282 grds hohe Anforderungen an die Unzumutbarkeit zu stellen. Die Pflichtverletzung muss den Empfang der für sich genommen korrekten Leistung durch den Schuldner für den Gläubiger unerträglich machen (BTDrs 14/6040, 141 zu § 282). Das an sich bei der Verletzung einer Pflicht nach § 241 Abs 2 lediglich betroffene Integritätsinteresse wird (regelm) hinreichend durch den einfachen Schadensersatz nach § 280 Abs 1 befriedigt (MüKo/*Ernst* Rn 7). Bei weniger gravierenden Pflichtverletzungen ist, obwohl nicht ausdrücklich in § 324 vorgesehen, grds zunächst eine Abmahnung erforderlich. Es darf gleichwohl nicht aus dem Blick geraten, dass § 324 auf die generelle Voraussetzung der Abmahnung verzichtet (aA Soerg/*Gsell* Rn 18), sodass eine Abmahnung allenfalls bei weniger schwerwiegenden Verletzungen einer Pflicht nach § 241 Abs 2 die Unzumutbarkeit im Falle einer Wiederholung der Pflichtverletzung begründen kann (AnwK/*Dauner-Lieb* Rn 9; MüKo/*Ernst* Rn 7). Auf die Voraussetzung der »Wesentlichkeit« der Pflichtverletzung wurde wie in § 282 im Laufe des Gesetzgebungsverfahrens verzichtet, da es von der Unzumutbarkeit umfasst sei (BTDrs 14/6040, 142 zu § 282).

6 Das Rücktrittsrecht nach § 324 verlangt **kein Vertretenmüssen der Pflichtverletzung** durch den Schuldner. Gleichwohl wird ein erheblicher Verschuldensvorwurf in die Zumutbarkeitsprüfung einfließen müssen. Der ursprüngliche Verweis auf § 323 Abs 5 (jetzt Abs 6) in § 324 S 2 RegE sollte sicherstellen, dass auch hier die Fälle, in denen das Risiko der Pflichtverletzung der Gläubigersphäre entstammt, einen Rücktritt ausschließen. Dieser Verweis ist im Gesetzgebungsverfahren ersatzlos gestrichen worden. Allerdings wird die Mitverantwortlichkeit des Gläubigers für die Pflichtverletzung im Rahmen der Zumutbarkeit zu berücksichtigen sein (*Münch* Jura 2002, 361, 372).

7 **C. Rechtsfolge: Rücktrittsrecht des Gläubigers.** Schon vom Wortlaut her (»nicht mehr zuzumuten«) kann § 324 nicht mehr angewendet werden, wenn die Leistung bereits vollständig erbracht worden ist. Zwar geht es in § 324 anders als in § 282 wörtlich um die Zumutbarkeit des weiteren Festhaltens am Vertrag. Dies legt

ein Verständnis nahe, dass die Einräumung eines Rechts zur Auflösung und Rückabwicklung des gesamten Vertrags bezweckt ist. Allerdings ist die (Teil-)Leistung an sich korrekt erbracht worden, so dass eine Liquidation des ganzen Schuldverhältnisses ohne weiteres in diesen Fällen nicht sachgerecht erscheint. Es geht bei § 324 im Kern um die Zumutbarkeit der weiteren Vertragsdurchführung, während über die bereits korrekt erbrachten Teilleistungen nichts ausgesagt wird. Im Falle einer bereits erfolgten Teilleistung ist daher grds nur ein Rücktritt nach § 324 hinsichtlich des noch ausstehenden Leistungsteils zulässig (MüKo/*Ernst* Rn 12). Denn nur insoweit ist prinzipiell durch die Pflichtverletzung das für den Leistungsaustausch erforderliche Vertrauensverhältnis zerstört (PWW/*Medicus* Rn 6). In Parallele zur Komplementärnorm des § 282 kann aber auch hier unter den gleichen Voraussetzungen wie in § 323 Abs 5 S 1 ein Bedürfnis des Gläubigers für einen Rücktritt vom ganzen Vertrag bestehen, sodass diese Regelung entspr auch im Rahmen von § 324 angewendet werden sollte (ebenso Palandt/*Grüneberg* Rn 5 mwN; strenger insofern AnwK/*Dauner-Lieb* § 282 Rn 8). Zusätzlich kann eine Ausn vom grds Teilrücktritt in den hiervon nicht erfassten Fällen, in denen das Misstrauen auch auf die schon erbrachten Leistungen bezieht, gemacht werden (PWW/*Medicus* Rn 6).

Das **Rücktrittsrecht** ist grds **nicht befristet**. Es kann aber der Rechtsgedanke des § 314 Abs 3 entspr angewendet werden (MüKo/*Ernst* Rn 14; Soerg/*Gsell* Rn 25). Bei einem längeren Zuwarten des Gläubigers kann auch an eine Verwirkung gedacht werden. Lässt sich der Gläubiger in Kenntnis seines Rücktrittsrechts auf den weiteren Vollzug des Vertrags ein, so steht der späteren Ausübung des Rücktrittsrechts die Einrede des widersprüchlichen Verhaltens gem § 242 entgegen oder wird der weitere Vollzug zumutbar erscheinen (so Begründung bei Palandt/*Grüneberg* Rn 5). Die Folgen nach Ausübung des Rücktritts richten sich nach den §§ 346 ff. 8

D. Prozessuales. Die Beweislast für die Voraussetzungen des Rücktrittsrechts nach § 324 trägt grds der Gläubiger. Dies umfasst auch die Unzumutbarkeit des weiteren Festhaltens am Vertrag. Allerdings wird, sofern die Unzumutbarkeit durch ein Vertretenmüssen der Pflichtverletzung durch den Schuldner mitbegründet wird, hierfür die Beweislastumkehr nach § 280 Abs 1 S 2 angewandt werden können (MüKo/*Ernst* Rn 15; Soerg/*Gsell* Rn 20; Staud/*Otto* (2004) Rn 77). Hinsichtlich der Verjährung wird – selbst mit Blick darauf, dass die Pflichtverletzung gerade nicht die Hauptleistungspflicht betrifft – eine Kopplung an die Verjährung des Hauptanspruchs nach § 218 angenommen (Soerg/*Gsell* Rn 26 mwN). Regelmäßig wird diese aber von geringer Bedeutung sein, da das Rücktrittsrecht nach einem der in Rz 10 genannten Gründe ausgeschlossen sein wird (MüKo/*Ernst* Rn 16: Verwirkung). 9

§ 325 Schadensersatz und Rücktritt. **Das Recht, bei einem gegenseitigen Vertrag Schadensersatz zu verlangen, wird durch den Rücktritt nicht ausgeschlossen.**

A. Zweck/Systematik. Durch § 325 soll klargestellt werden, dass anders als in §§ 325, 326 aF künftig **Schadensersatz statt der Leistung**, also nach früherer Terminologie der Nichterfüllungsschaden auch **neben und nach erfolgten Rücktritt** geltend gemacht werden kann. Die **praktische Bedeutung** der Regelung des § 325 liegt darin, dass anders als bisher der Gläubiger zunächst über den Rücktritt eine Rückgewähr seiner eigenen Leistung erreichen kann und trotzdem noch etwaige Mehrkosten eines Deckungsgeschäfts als Schadensersatz statt der Leistung oder über § 284 seine unnützen Aufwendungen vom Schuldner ersetzt verlangen kann (BTDrs 14/6040, 93). Der Verweis in § 325 umfasst alle Schadensersatzarten, so dass insbes auch der Ersatz des Verzögerungsschadens über §§ 280 Abs 1, 286, 280 Abs 2 neben und nach Rücktritt verlangt werden kann. Dies entspricht dem bisherigen Verhältnis von Rücktritt nach § 326 aF zum Anspruch auf Ersatz des Verzugsschadens nach § 286 aF (BGHZ 88, 46, 48f; zweifelhafte spätere Einschränkung durch BGH NJW 1990, 2068, 2069; 1998, 3268, 3269). Der unmittelbar aus der Pflichtverletzung herrührende Schaden (insbes bei § 324 relevant) kann also ebenfalls nach einem Rücktritt als sog einfacher Schadensersatz nach § 280 Abs 1 verlangt werden. Die Regelung des § 325 hat freilich zu einem Meinungsstreit in der Frage der Berechnungsmethode des Schadensersatzes statt der Leistung geführt, insbes darüber, wie der Rücktritt den Inhalt des Anspruchs auf Schadensersatz statt der Leistung beeinflusst. 1

B. Berechnung des Schadensersatzes statt der Leistung bei Kumulation mit Rücktritt. Hinsichtlich der Berechnung des Schadensersatzes statt der Leistung sind grds sowohl die Differenzmethode als auch die Surrogationsmethode zulässig. Richtigerweise ist nach erfolgtem Rücktritt die Berechnung nur noch nach der Differenzmethode möglich (PWW/*Medicus* Rn 3). Mit dem Rücktritt hat der Gläubiger den Vertrag in ein Rückgewährschuldverhältnis verwandelt und die Grundlage für den Leistungsaustausch (insbes für die Erbringung der Gegenleistung), den die Berechnung nach der Surrogationsmethode voraussetzt, ist entfallen (MüKo/*Ernst* Rn 6 ff; Soerg/*Gsell* Rn 14 ff, 18). Die Festlegung des Gläubigers auf die Differenzmethode nach erklärtem Rücktritt entwertet auch nicht etwa die Regelung in § 325, da eine Kombination zwischen Schadensersatz statt der Leistung und Rücktritt gerade vorgenommen wird. Vor Erklärung des Rücktritts hat der Gläubiger dagegen die freie Wahl zwischen den Berechnungsmethoden, und ist nicht etwa auf die Surrogationsmethode festgelegt. Um eine schadensrechtliche Rückabwicklung durch Vorteilsausgleichung oder Ähnl zu vermeiden, ist in dem Verlangen des Schadensersatzes statt der Leistung berechnet nach der Differenzme- 2 thode aber immer auch zugleich ein konkludenter Rücktritt nach §§ 323, 324, 326 Abs 5 zu sehen (MüKo/*Ernst* Rn 22). Erklärt der Gläubiger hingegen, dass er trotz der Forderung des nach Differenzmethode berechneten Schadensersatzes statt der Leistung nicht vom Vertrag zurückgetreten sei, so ist er auf die fortbestehende Verpflichtung zur Erbringung der Gegenleistung und die Berechnung nach der Surrogationsmethode zu verweisen. Ein mehrmaliges Hin- und Herwechseln zwischen beiden Berechnungsmethoden ist ausgeschlossen. Ein Übergang von der Surrogationsmethode zur Differenzmethode ist einmal möglich. Ein Übergang von der Differenzmethode zur Surrogationsmethode ist wegen des zumindest konkludent erklärten Rücktritts ausgeschlossen. Das einmal ausgeübte Gestaltungsrecht ist seinem Wesen nach auch nicht durch einen Widerruf der Rücktrittserklärung nachträglich wieder rückgängig zu machen (MüKo/*Ernst* Rn 23; aA MüKo/*Emmerich* Vor § 281 Rn 18; Soerg/*Gsell* Rn 31).

3 Ein weiteres **Problem** wirft die Kombination von Schadensersatz statt der Leistung mit dem Rücktritt in den Fällen auf, in denen das (vermögensrechtliche) **Interesse des Gläubigers an der Rückgewähr** der Leistung, **durch die Vorschriften der Rücktrittsfolgen nach § 346 nicht vollständig abgedeckt** wird (MüKo/*Ernst* Rn 10). Dies kann etwa dann der Fall sein, wenn der Schuldner die vom Gläubiger bereits erbrachte Gegenleistung ganz oder teilw nicht zurückgewähren kann und der nach § 346 Abs 2 zu leistende Wertersatz das (vermögensrechtliche) Interesse des Gläubigers an seiner Gegenleistung nicht vollständig kompensiert. Hier wird man eine **Korrektur der gesetzlichen Rücktrittsfolgen durch einen entspr Schadensersatzanspruch** zulassen müssen, will man nicht zu der Schlechterstellung des Gläubigers durch Ausübung des Rücktrittsrechts gelangen, die § 325 vermeiden will (MüKo/*Ernst* Rn 10; PWW/*Medicus* Rn 5). Hiergegen kann auch nicht der abschließende Charakter der Regeln in §§ 346 bis 348 eingewandt werden (so aber Staud/*Otto* (2004) Rn 28). Im Grunde handelt es sich auch in diesem Fall um eine konsequente Durchführung der Differenzmethode, die eine Gegenüberstellung der Vermögenslagen voraussetzt, bei der der durch den Wertersatz nicht kompensierte Vermögensverlust im Differenzschaden berücksichtigt wird. Des Weiteren stellt sich die Frage, ob der Gläubiger über §§ 346 Abs 1, 347 Abs 1 Nutzungen ersetzt verlangen kann, die er selbst nicht gezogen hätte. Diese hätte er nach § 249 Abs 1 nicht im Rahmen des Schadensersatzes erhalten. Hier sollte es bei den Regeln des Rücktrittsfolgenrechts verbleiben (PWW/*Medicus* Rn 5). Eine Korrektur mit Blick auf § 249 Abs 1, die nur darauf hinauslaufen würde, dass der Gläubiger keinen Anspruch auf die Nutzungen hätte, würde wiederum dem hinter § 325 stehenden Zweck zuwiderlaufen.

4 In den **Teilstörungsfällen** (Teilleistung oder Schlechtleistung) ist konsequenter Weise nur ein einheitliches Vorgehen des Gläubigers möglich (MüKo/*Ernst* Rn 27 f). Das bedeutet, dass der Gläubiger nur entweder den Schadensersatz statt der Leistung mit dem Teilrücktritt oder die Geltendmachung des Schadensersatzes statt der ganzen Leistung mit dem Rücktritt vom ganzen Vertrag kombinieren kann. Er erhält dann seine etwaig bereits erbrachte Gegenleistung zurück, im Falle des Teilrücktritts allerdings nur anteilig, sowie den jeweils nach der Differenzmethode berechneten Schadensersatz statt der Leistung. Tritt der Gläubiger hingegen vom ganzen Vertrag zurück, hat er die bereits erhaltene Leistung nach den Rücktrittsfolgenregeln in §§ 346 bis 348 zurückzugewähren und kann dafür »nur« den Schadensersatz statt der ganzen Leistung fordern. Sofern man Schadensersatz statt der Leistung und statt der ganzen Leistung mit der aus dem bisherigen Recht bekannten Unterscheidung zwischen »kleinem« und »großen« Schadensersatz gleichsetzen will, ist ein permanentes Hin- und Herwechseln zwischen beiden nun nicht mehr möglich, da es sich eben nicht mehr lediglich um bloße Berechnungsmethoden ein und desselben Nichterfüllungsschadens handelt.

5 **C. Auswirkungen einer Abtretung.** Fraglich ist, wie sich die Abtretung des Anspruchs auf die Leistung oder des Anspruchs auf die Gegenleistung im Falle einer Leistungsstörung auf die Berechtigung zum Rücktritt und den Anspruch auf den Schadensersatz statt der Leistung auswirkt. Ist der Anspruch auf die Leistung nach seiner Abtretung gestört, so ist wie nach dem bisherigen Recht der Zessionar zur Setzung der Nachfrist sowohl iSd § 323 als auch des § 281 berechtigt (BGHZ 114, 360, 365 f zum alten Recht). Nach fruchtlosem Verstreichen der gesetzten Frist ist an sich nur der Zedent zum Rücktritt berechtigt, während der Anspruch auf den Schadensersatz statt der Leistung nur durch den Zessionar, der ja Inhaber der gestörten Forderung ist, geltend gemacht werden kann. Um dieses Auseinanderfallen zu vermeiden, sollte bei der Annahme einer (konkludenten) Mitabtretung auch der Rücktrittsbefugnis großzügig verfahren werden (MüKo/*Ernst* Rn 30). Im Falle einer Sicherungsabtretung wird man hingegen die Rücktrittsbefugnis beim Zedenten belassen und ihm hinsichtlich des Anspruchs auf den Schadensersatz statt der Leistung eine Einzugsermächtigung geben müssen, solange der Sicherungsfall nicht eingetreten ist (MüKo/*Ernst* Rn 32). Die Berechnung des Schadens richtet sich konsequent nur nach seiner Person (BGHZ 128, 371, 376 ff). Fallen hingegen Rücktrittsbefugnis und Berechtigung zur Forderung des Schadensersatzes statt der Leistung auseinander, so sind zwei Fälle zu unterscheiden. Tritt der Zedent zurück, kann der Schuldner dem Zessionar, der an sich den vollen Schadensersatz statt der Leistung verlangen kann, da er nichts erspart, nach § 407 entgegenhalten, dass er seinem ursprünglichen Schuldner nur zum Differenzschaden verpflichtet war (Staud/*Otto* (2004) Rn 46; Soerg/*Gsell* Rn 33). Tritt der Zedent nicht zurück und macht der Zessionar den Schadensersatz statt der Leistung geltend, so kann der Schuldner unter den Voraussetzungen des § 406 mit einem in einer Geldschuld bestehenden Anspruch auf die Gegenleistung aufrechnen (MüKo/*Ernst* Rn 31). Andernfalls ist nur in den jeweiligen Verhältnissen zu liquidieren.

Ist nur der Anspruch auf die Gegenleistung abgetreten, ändert dies nichts an der Berechtigung des Gläubigers, dem vertragsbrüchigen Schuldner des gestörten Anspruchs auf die Leistung ggü die Nachfrist nach §§ 323, 281 zu setzen. Der Schuldner bleibt dem Gläubiger ggü trotz der Abtretung seines Anspruchs auf die Gegenleistung schließlich weiterhin zur Erbringung der geschuldeten Leistung verpflichtet. Den Rücktritt wird der Gläubiger nach fruchtlosem Verstreichen der gesetzten Nachfrist ebenfalls nur ggü dem vertragsbrüchigen Schuldner ausüben können, der ursprünglich sein (alleiniger) Vertragspartner war (Soerg/*Gsell* Rn 35). Besonderheiten ergeben sich für den Gläubiger, der den Rücktritt ausübt und somit seinen Schadensersatzanspruch nach der Differenzmethode berechnet, nur, wenn er die Gegenleistung bereits an den Zessionar erbracht hat. Dann wird er diese nicht vom Zessionar zurück verlangen können, sondern ist auf den Wertersatz nach § 346 Abs 2 durch den (vertragsbrüchigen) Schuldner angewiesen, da das Rückgewährschuldverhältnis nur mit seinem ursprünglichen Vertragspartner entsteht (MüKo/*Ernst* Rn 33; Staud/*Otto* (2004) Rn 49). 6

D. Prozessuales. Kombiniert der Gläubiger den Schadensersatz statt der Leistung mit dem Rücktritt, macht er zwei unterschiedliche Ansprüche geltend. Hinsichtlich des Schadensersatzes geht er nach § 280 Abs 1, 281, 280 Abs 3 und hinsichtlich der Rückforderung der Gegenleistung nach §§ 346 Abs 1, 323 vor. Es handelt sich bei der klageweisen Geltendmachung beider Ansprüche – nämlich wenn er Schadensersatz statt der Leistung berechnet nach der Differenzmethode nach erfolgter Gegenleistung mit der Klage verlangt – um zwei Streitgegenstände, also eine objektive Klagehäufung (MüKo/*Ernst* Rn 37). 7

§ 326 Befreiung von der Gegenleistung und Rücktritt beim Ausschluss der Leistungspflicht.

[1] Braucht der Schuldner nach § 275 Absatz 1 bis 3 nicht zu leisten, entfällt der Anspruch auf die Gegenleistung; bei einer Teilleistung findet § 441 Absatz 3 entsprechende Anwendung. Satz 1 gilt nicht, wenn der Schuldner im Fall der nicht vertragsgemäßen Leistung die Nacherfüllung nach § 275 Absatz 1 bis 3 nicht zu erbringen braucht.

[2] Ist der Gläubiger für den Umstand, auf Grund dessen der Schuldner nach § 275 Absatz 1 bis 3 nicht zu leisten braucht, allein oder weit überwiegend verantwortlich oder tritt dieser vom Schuldner nicht zu vertretende Umstand zu einer Zeit ein, zu welcher der Gläubiger im Verzug der Annahme ist, so behält der Schuldner den Anspruch auf die Gegenleistung. Er muss sich jedoch dasjenige anrechnen lassen, was er infolge der Befreiung von der Leistung erspart oder durch anderweitige Verwendung seiner Arbeitskraft erwirbt oder zu erwerben böswillig unterlässt.

[3] Verlangt der Gläubiger nach § 285 Herausgabe des für den geschuldeten Gegenstand erlangten Ersatzes oder Abtretung des Ersatzanspruchs, so bleibt er zur Gegenleistung verpflichtet. Diese mindert sich jedoch nach Maßgabe des § 441 Absatz 3 insoweit, als der Wert des Ersatzes oder des Ersatzanspruchs hinter dem Wert der geschuldeten Leistung zurückbleibt.

[4] Soweit die nach dieser Vorschrift nicht geschuldete Gegenleistung bewirkt ist, kann das Geleistete nach den §§ 346 bis 348 zurückgefordert werden.

[5] Braucht der Schuldner nach § 275 Absatz 1 bis 3 nicht zu leisten, kann der Gläubiger zurücktreten; auf den Rücktritt findet § 323 mit der Maßgabe entsprechende Anwendung, dass die Fristsetzung entbehrlich ist.

A. Zweck/Systematik. Gesondert geregelt werden in § 326 die Fälle der **Befreiung des Schuldners von der Leistung in Natur wegen Unmöglichkeit** (§ 275 Abs 1 bis 3). Hier macht nicht nur die Nachfristsetzung keinen Sinn, sondern mutet auch die Einräumung eines Rücktrittsrechts akademisch und gekünstelt an, da es im Kern lediglich um das Schicksal der Gegenleistungsverpflichtung geht (*Canaris* in: Schulze/Schulte-Nölke, Die Schuldrechtsreform vor dem Hintergrund des Gemeinschaftsrechts (2001), 43, 54). 1

B. Voraussetzungen. Auf der Seite der Voraussetzungen verlangt § 326 Abs 1 lediglich, dass der Schuldner nach **§ 275 Abs 1 bis 3** nicht zu leisten braucht. In den Fällen des § 275 Abs 1 ergibt sich von selbst, dass der Schuldner nicht zu leisten braucht. In den Fällen des § 275 Abs 2 und 3 setzt dies voraus, dass der Schuldner die entspr Einrede ausgeübt hat (BTDrs 14/6040, 188). Dem Schuldner soll der neuen Konzeption der Unmöglichkeitsregeln zufolge in den Fällen des § 275 Abs 2 und 3 die Möglichkeit geschaffen werden, sich über eine überobligationsmäßige Leistung den Anspruch auf die Gegenleistung zu erhalten, was in der Praxis aber nur selten vorkommen wird. Der Verweis auf § 275 Abs 1 bis 3 macht aber auch deutlich, dass es unerheblich ist, ob es sich um eine objektive oder subjektive Unmöglichkeit handelt. Des Weiteren erhellt aus dem Wortlaut des § 326 Abs 1, dass es auf ein Vertretenmüssen oder Nichtvertretenmüssen der Unmöglichkeit durch den Schuldner nicht ankommt. Diese Entscheidung des Gesetzgebers ist als solche hinzunehmen und grds nicht, da als sachlich verfehlt und korrekturbedürftig angesehen, durch komplizierte Unterscheidungen zu korrigieren (PWW/*Medicus* Rn 6; so aber MüKo/*Ernst* Rn 26 f, 29, 94 ff). Allenfalls in den seltenen Fällen der gegenseitig geschuldeten Sachleistungen ist eine teleologische Reduktion bei vom Schuldner zu vertretender Unmöglichkeit zu erwägen, da durch § 326 Abs 1 dem Gläubiger der unmöglich gewordenen Sachleistung auch die Möglichkeit der Erbringung der (Gegen-)Sachleistung und damit im Grunde die Möglichkeit eines 2

Vorgehens nach der Surrogationsmethode genommen wird (Palandt/*Grüneberg* Rn 2a; so wohl auch die Zielrichtung bei MüKo/*Ernst* Rn 13, 26 f, 29, 94 ff). Hier erscheint eine Ungleichbehandlung mit den nach § 323 und § 281 zu behandelnden Fällen einer zu vertretenden Leistungsverzögerung durch den Schuldner hinsichtlich seiner Sachleistung nicht begründbar.

3 **C. Rechtsfolge. I. Untergang des Gegenleistungsanspruchs nach Abs 1/Minderung bei Teilunmöglichkeit.** § 326 Abs 1 S 1 Hs 1 übernimmt die Regelung des § 323 Abs 1 S 1 Hs 1 aF und ordnet für sämtliche Fälle der Unmöglichkeit den Untergang des Gegenleistungsanspruchs an; zum Vorschlag einer teleologischen Reduktion vgl Rz 2. Der grds Untergang des Gegenleistungsanspruchs tritt nur dann nicht ein, wenn der Gläubiger zum Zeitpunkt des Eintritts der Unmöglichkeit bereits die Gegenleistungs- bzw Preisgefahr trägt. Zu diesen Ausnahmefällen vgl sogleich Rz 6. Es erlischt nach § 326 Abs 1 S 1 aber nur der Anspruch auf die Gegenleistung und nicht das vertragliche Schuldverhältnis im Ganzen (München NJW-RR 1996, 48). Dies bildet im Falle des Vertretenmüssens oder der Forderung des stellvertretenden *commodum* die entspr rechtliche Grundlage. Der Schuldner kann seine etwaig bereits zur Vorbereitung der unmöglich gewordenen Leistung gemacht Aufwendungen grds nicht ersetzt verlangen. In Ausnahmefällen kann aber an eine entspr Anwendung des § 645 gedacht werden (Palandt/*Grüneberg* Rn 7).

4 Für die Fälle der **Teilunmöglichkeit** ist freilich nur ein teilw Freiwerden sachgerecht, so dass § 326 Abs 1 S 1 Hs 2 folgerichtig grds nur eine Minderung der Gegenleistung entspr § 441 Abs 3 vorsieht. Dies entspricht § 323 Abs 1 S 1 Hs 2 aF. Das sofortige Rücktrittsrecht für die Fälle der Teilunmöglichkeit bei fehlendem Interesse des Gläubigers an der Teilleistung ist im Rahmen des Gesetzgebungsverfahrens in den Verweis in § 326 Abs 5 auf § 323 vorgesehen. Nach der angeordneten Minderung ist die Gegenleistung bei Teilunmöglichkeit in dem Verhältnis herabzusetzen, wie der Wert der ganzen Leistung zum Wert der Gegenleistung im Zeitpunkt des Vertragsschlusses (BGH NZM 2005, 755) stand.

5 Nach § 326 Abs 1 S 2 gilt die Befreiung von der Gegenleistung nach S 1 nicht für die Fälle einer **Schlechtleistung**, bei der eine Nacherfüllung unmöglich ist (irreparable Schlechtleistung). Für diese wird ebenfalls in § 326 Abs 5 auf die Regelungen zum Rücktrittsrecht nach § 323 verwiesen; vgl sogleich Rz 11, 13. Zweck dieser Regelung ist es, die Ausgestaltung der Minderung in § 441 als Gestaltungsrecht durch die Anordnung der Minderung von Gesetzes wegen für die Teilleistungsfälle in § 326 Abs 1 S 1 Hs 2 nicht zu entwerten (BTDrs 14/6040, 189). Im Ergebnis hat der Gläubiger die Möglichkeit, unter den Voraussetzungen der §§ 326 Abs 5, 323 Abs 5 vom Vertrag zurückzutreten oder bei Kauf- und Werkvertrag die Gegenleistung durch Erklärung gem §§ 441, 638 zu mindern.

6 **II. Ausnahmen vom Untergang des Gegenleistungsanspruchs.** Eine Ausn vom gesetzlich angeordneten Untergang des Gegenleistungsanspruch wird in Übernahme und Erweiterung des § 324 aF nach § 326 Abs 2 für die Fälle gemacht, in denen der Gläubiger die Unmöglichkeit weit überwiegend zu verantworten hat oder sich im Annahmeverzug befindet. Der Schuldner muss sich aber gem Abs 2 S 2 in diesen Fällen wie bisher das durch die Nichtleistung Ersparte und/oder die durch den Wegfall der eigenen Leistungspflicht entstehenden oder erlangten Vorteile (auch die böswillig nicht erlangten) anrechnen lassen. Dies gilt jedoch nicht für die vom Schuldner ersparten Aufwendungen durch eine Selbstvornahme durch den Gläubiger, weil sonst das Recht zur zweiten Andienung insbes beim Kauf unterlaufen würde (BGH NJW 2005, 1348; Palandt/*Grüneberg* Rn 13; aA München MDR 2007, 259). Eine Ausn vom Untergang des Gegenleistungsanspruchs nach § 326 Abs 1 S 1 kann sich aber auch aus weiteren Spezialvorschriften ergeben, nach denen bereits die Gegenleistungsgefahr als auf den Gläubiger übergegangen gilt.

7 **1. Alleinige oder weit überwiegende Verantwortung des Gläubigers.** Mit der Formulierung »allein oder weit überwiegend verantwortlich« soll der Grad an Mitverantwortung des Gläubigers umschrieben werden, bei dem nach § 254 auch der Schadensersatzanspruch des Gläubigers ausgeschlossen ist (BTDrs 14/6040, 187 zu § 323). Dadurch soll wiederum der Gleichlauf zwischen dem Anspruch auf Schadensersatz statt der Leistung und der Befreiung von der Gegenleistungsverpflichtung – sei es durch Rücktritt oder *ipso iure* nach § 326 Abs 1 S 1 – hergestellt werden. Für die Frage, was der Gläubiger im Einzelfall zu verantworten hat, kann auf die Erkenntnisse zu § 324 Abs 1 aF rekurriert werden. Dabei kommt eine unmittelbare Anwendung der §§ 276 bis 278 jedoch nicht in Betracht, da diese nur von einem Vertretenmüssen des Schuldners sprechen. Man wird aber mit Blick darauf, dass es um eine (Mit-)Verantwortung des Gläubigers an der Unmöglichkeit der Leistung ankommt, nicht um ihre entspr Anwendung umhin kommen (PWW/*Medicus* Rn 14). Insbes muss sich der Gläubiger entspr § 278 ein Verschulden seiner Erfüllungsgehilfen zurechnen lassen. Weniger tauglich erscheint mit Blick auf die ausdrückliche Nennung des Annahmeverzugs als alternativen Grund für die Aufrechterhaltung des Gegenleistungsanspruchs das Abstellen auf eine erforderliche Mitwirkungshandlung des Gläubigers bei der Erfüllung (so etwa aber MüKo/*Ernst* Rn 55). Der Gläubiger kann für die Unmöglichkeit allein verantwortlich sein, wenn er die Gefahr für einen bestimmten Umstand (Leistungshindernis) nach der vertraglichen Risikoverteilung übernommen hat (BGH NJW 1998, 2284, 2286). Klassischer Fall einer alleinigen Verantwortung des Gläubigers ist die Fertigstellung des Werkes durch den Besteller (BGH NJW-RR 1995, 357).

Unterhalb der Schwelle der »weit überwiegenden Mitverantwortung«, die nach § 326 Abs 2 zur Aufrechterhaltung des Gegenleistungsanspruchs führt, gelten die alten Streitfragen zur Schadensteilung bei der beiderseitig zu vertretenden Unmöglichkeit (*Looschelders* JuS 1999, 949 ff; *Faust* JuS 2001, 133 ff). Diese sind auch weiterhin der Rspr und Lit zur Lösung überlassen worden. Dies wird nach hM (*Canaris* FS E. Lorenz, 147; BaRoth/*Grothe* Rn 25; Palandt/*Grüneberg* Rn 15 jeweils mN) dahingehend gelöst, dass der Gläubiger einen Anspruch auf Schadensersatz statt der Leistung gegen den Schuldner nach §§ 280 Abs 1, 283, 280 Abs 3 hat, der jedoch um seinen Mitverschuldensgrad nach § 254 zu kürzen ist. Der Gegenleistungsanspruch erlischt grds nach § 326 Abs 1. Der Schuldner kann seinen im Untergang des Gegenleistungsanspruchs bestehenden Schaden wegen der schuldhaften Verletzung einer Nebenpflicht durch den Gläubiger nach § 280 Abs 1 ersetzt verlangen, wobei er sich sein Mitverschulden nach § 254 ebenfalls anrechnen lassen muss. Streitig ist, ob der Schadensersatz statt der Leistung sowohl nach der Surrogationsmethode als auch nach der Differenzmethode berechnet werden kann (dagegen Frankfurt aM NJW-RR 1995, 435; differenzierend die Ansichten in der Lit). Sofern nach der Surrogationsmethode vorgegangen wird, muss jedenfalls eine wertende Korrektur vorgenommen werden, sodass sichergestellt ist, dass der Gesamtschaden in der Relation der Mitverantwortungsanteile getragen wird. Hier ist freilich vieles noch offen. 8

2. Annahmeverzug. In § 326 Abs 2 ist in sachlicher Übernahme aus § 324 Abs 2 aF das Aufrechterhalten des Gegenleistungsanspruchs angeordnet, wenn die Unmöglichkeit der Leistung zu einem Zeitpunkt eintritt, in dem sich der Gläubiger mit der Annahme in Verzug befand. Dies gilt jedoch nur, soweit der Schuldner die Unmöglichkeit der Leistung nicht oder wegen der Haftungsmilderung in § 300 Abs 1 nur leicht fahrlässig zu vertreten hat (AnwK/*Dauner-Lieb* Rn 10). 9

3. Sonstige abweichende Gefahrtragungsregeln. Darüber hinaus enthalten auch weiterhin die Gefahrtragungsregeln in §§ 446, 447 Ausnahmen von der Befreiung des Gläubigers von seiner Gegenleistungsverpflichtung. Zu beachten ist dabei allerdings, dass die Gefahrtragungsregel für den Versendungskauf beim Verbrauchsgüterkauf nach § 474 Abs 2 keine Anwendung findet. Weitere von § 326 Abs 1 abw Gefahrtragungsregeln befinden sich für den Werkvertrag in §§ 640, 644, 645, beim Dienst- und Arbeitsvertrag, für den Erbschaftskauf in § 2380 sowie in § 56 S 1 ZVG für den Grundstückserwerb in der Zwangsversteigerung. 10

III. Sonderfälle: Teilunmöglichkeit und irreparable Schlechtleistung. Durch einen Verweis in § 326 Abs 5 auf § 323 unter der Maßgabe, dass eine Fristsetzung entbehrlich ist, wurde für die Fälle der Teilunmöglichkeit und irreparablen Schlechtleistung ein sofortiges Rücktrittsrecht für den Gläubiger geschaffen. Der erst im Gesetzgebungsverfahren aufgenommene Abs 5 soll insbes die ursprünglich nur für die Schlechtleistung vorgesehene Regelung des auch in Fällen irreparabler Schlechtleistung zulässigen Rücktritts in § 326 Abs 1 S 3 RegE ersetzen (BTDrs 14/7052, 193). Daneben soll er ausweislich der Begründung auch eine Regelung für den Fall bieten, dass der Gläubiger den Umstand der Nichtleistung (Unmöglichkeit oder Leistungsverzögerung) nicht genau kennt. Da der Verweis aber unter der Maßgabe gemacht wird, dass eine (in diesen Fällen sinnlose) Nachfristsetzung nicht notwendig ist, geht es im Kern allein um die in § 323 Abs 5 aufgestellten, zusätzlichen Voraussetzung für den Rücktritt bei Teil- und Schlechtleistung. Da § 326 Abs 5 eine Rechtsgrundverweisung auf den gesamten § 323 beinhaltet, ist der Rücktritt in den Fällen des § 323 Abs 6 auch in den von § 326 Abs 5 erfassten Fällen ausgeschlossen. 11

1. Teilunmöglichkeit. Bei einer Teilunmöglichkeit ist nach § 326 Abs 1 S 1 Hs 2 grds nur eine Minderung der Gegenleistung entspr § 441 Abs 3 vorgesehen. Der Verweis auf § 323 geht wegen der Maßgabe der Entbehrlichkeit der Fristsetzung im Kern allein auf die Anordnung, dass die weitere Voraussetzung des Rücktrittsrechts in § 323 Abs 5 S 1 für die Teilleistungsfälle gegeben ist. Bei der Teilunmöglichkeit kommt es also darauf an, ob ein Interessefortfall hinsichtlich der Teilleistung beim Gläubiger vorliegt. Im Ergebnis entspricht dies der noch im RegE in § 326 Abs 1 S 2 Hs 2 für die Fälle der Teilunmöglichkeit aufgestellten Sonderregelung. Die Erwägungen zu dieser Regelung (BTDrs 14/6040, 188) können demnach ohne weiteres herangezogen werden. Hierfür kann wie in § 323 Abs 5 die bisherige Rspr zu §§ 280 Abs 2, 325 Abs 1 S 2, 326 Abs 1 S 3 aF herangezogen werden; vgl § 323 Rz 21. 12

2. Irreparable Schlechtleistung. Durch den zunächst sehr unklar anmutenden Verweis in § 326 Abs 5 wird gerade für die Fälle irreparabler Schlechtleistung auf das Rücktrittsrecht nach § 323 verwiesen (BTDrs 14/7052, 193). Für sie sichert § 326 Abs 1 S 2 darüber hinaus, dass die in den Gewährleistungsregeln nunmehr als Gestaltungsrecht ausgestaltete Minderung (§§ 437 Nr 2, 441 Abs 1 und §§ 634 Nr 3, 638 Abs 1) nicht bereits nach § 326 Abs 1 S 1 Hs 2 *ipso iure* eintritt und dadurch das Gewährleistungsrecht ausgehöhlt wird (BTDrs 14/6040, 189). Das allg Leistungsstörungsrecht wird durch diese Regelung und den Verweis in § 326 Abs 5 mit den Gewährleistungsregeln abgestimmt. Für die Fälle der irreparablen Schlechtleistung kommt es nach den in Bezug genommenen § 323 Abs 5 S 2 auf die Erheblichkeit der Pflichtverletzung (bzw des Mangels) an, wobei diese durch den Wortlaut der Regelung grds vermutet wird. Vgl zu den Parallelen mit § 323 Abs 5 die Ausführungen unter § 323 Rz 22 ff. 13

14 **3. Problemfälle.** Durch den Verweis auf § 323 werden die Abgrenzungsprobleme in den Fällen einer Minderleistung und Teilschlechtleistung, die durch den weiten Sachmangelbegriff (§§ 434 Abs 3, 633 Abs 2 S 3) in § 323 Abs 5 verursacht werden, auch in die Fälle der Unmöglichkeit hineingetragen. Zur Lösung dieser Fälle vgl § 323 Rz 25.

15 **IV. Forderung des stellvertretenden *commodum* durch den Gläubiger.** In § 326 Abs 3 wird die Regelung des § 323 Abs 2 aF zum Einfordern des stellvertretenden *commodum* (§ 285) inhaltlich identisch übernommen und sprachlich nur den neuen Regelungen angepasst. Danach ist die Gegenleistung entspr der Minderungsvorschrift im Kaufrecht (§ 441 Abs 3) herabzusetzen, wenn der Gläubiger von seinem Wahlrecht auf das Surrogat Gebrauch macht und dieses weniger wert ist als der eigentlich geschuldete Leistungsgegenstand. Die Gegenleistung wird jedoch nicht entspr angepasst, wenn das Surrogat höherwertig ist.

16 **V. Rückgewähr der bereits erbrachten Gegenleistung.** Hingegen wird durch den Verweis in § 326 Abs 4 auf die §§ 346 bis 348 für die Rückführung der nach § 326 Abs 1 S 1 nicht geschuldeten, aber bereits erbrachten Gegenleistung eine entscheidende Änderung zu § 323 Abs 3 aF vorgenommen. Dieser verwies hierfür auf das Bereicherungsrecht und ließ dadurch den Entreicherungseinwand (§ 818 Abs 3) seitens des Schuldners zu. Die Anwendung des Rücktrittsrechts sei grds sachgerechter und generell besser auf die Rückabwicklung gescheiterter Verträge zugeschnitten (BTDrs 14/6040, 189). Es ist aber gerade im Arbeitsrecht nicht völlig ausgeschlossen, dass ausnahmsw die Rücktrittsregeln nicht angemessen sind. Hieran ist vor allem zu denken, wenn der ArbN sein Entgelt als Vorleistung erhalten hat, ihm die Arbeitsleistung jedoch unmöglich wird (*Löwisch* NZA 2001, 465, 467 auch mit weiteren Beispielsfällen; *Joussen* NZA 2001, 750, 755). Solche Ausnahmefälle können aber entweder über § 242 (*Joussen* ebenda) oder über eine teleologische Reduktion des Abs 4, die zwangsläufig zur Anwendung des milderen Bereicherungsrechts (Möglichkeit des Einwands der Entreicherung nach § 818 Abs 3) führe (*Canaris* JZ 2001, 499, 509), gelöst werden. Endgültig überzeugen kann diese Korrekturbedürftigkeit des reformierten Rechts für ganze Sachbereiche jedoch nicht.

17 **D. Abweichende Vereinbarung.** Der § 326 ist ebenfalls als dispositives Gesetzesrecht abbedingbar. Dies gilt im Grundsatz auch für AGB (PWW/*Medicus* Rn 25). Im Handelsverkehr finden sich bspw über die Incoterms 2000 oder Handelsbräuche zahlreiche Verschiebungen der Gegenleistungsgefahr, sodass § 326 Abs 1 ausgeschlossen ist. Allerdings setzt § 307 Abs 2 S 1 dem Verwender dahingehend eine Grenze, dass er die Gegenleistung nicht behalten darf, wenn er seine eigene Leistung nicht oder weit überwiegend nicht erbracht hat (BGH NJW 1984, 2162, 2163). Weitere Einschränkungen sind § 309 Nr 8 und § 308 Nr 3 zu entnehmen (MüKo/*Ernst* Rn 111).

18 **E. Prozessuales.** Will der Gläubiger nach §§ 326 Abs 5, 323 Abs 5 vom Vertrag sofort zurücktreten, dann muss er im Streitfall das Vorliegen von Unmöglichkeit beweisen. Dies ist wegen der Einreden des § 275 Abs 2 und 3 (Verbot widersprüchlichen Verhaltens nach Erhebung der Einrede) an sich nur hinsichtlich der Fälle des § 275 Abs 1 problematisch. Zur Sicherheit ist er daher bei Zweifeln über das Ausbleiben der geschuldeten Leistung auf den Weg nach § 323 über die Nachfristsetzung zu verweisen. Der Schuldner trägt hingegen die Darlegungs- und Beweislast für die alleinige oder weit überwiegende Verantwortung des Gläubigers nach § 326 Abs 2 S 1 Alt 1 (PWW/*Medicus* Rn 27; differenzierend MüKo/*Ernst* Rn 118). Des Weiteren hat der Schuldner in den Fällen des § 326 Abs 2 S 1 Alt 2 ggf zu beweisen, dass die Unmöglichkeit zu einem Zeitpunkt eingetreten ist, als der Gläubiger sich im Annahmeverzug befand sowie, dass er die Unmöglichkeit nicht vorsätzlich oder grob fahrlässig verursacht hat (BGH WM 1975, 917, 920). Die Verpflichtung zum Entlastungsbeweis ergibt sich mit Blick auf den in § 280 Abs 1 S 2 enthaltenen Rechtsgedanken (aA Palandt/*Grüneberg* Rn 14: Vertretenmüssen iSd § 300 Abs 1 durch Gläubiger zu beweisen). Hinsichtlich des § 326 Abs 2 S 2 trägt der Gläubiger die Beweislast für die Anrechungsvoraussetzungen (BGH NJW 1991, 167).

§ 327 *(aufgehoben)*

Titel 3 Versprechen der Leistung an einen Dritten

§ 328 Vertrag zugunsten Dritter. **[1] Durch Vertrag kann eine Leistung an einen Dritten mit der Wirkung bedungen werden, dass der Dritte unmittelbar das Recht erwirbt, die Leistung zu fordern. [2] In Ermangelung einer besonderen Bestimmung ist aus den Umständen, insbesondere aus dem Zwecke des Vertrags, zu entnehmen, ob der Dritte das Recht erwerben, ob das Recht des Dritten sofort oder nur unter gewissen Voraussetzungen entstehen und ob den Vertragschließenden die Befugnis vorbehalten sein soll, das Recht des Dritten ohne dessen Zustimmung aufzuheben oder zu ändern.**

Literatur *Bayer* Der Vertrag zugunsten Dritter (1995); *Canaris* Die Reichweite der Expertenhaftung gegenüber Dritten ZHR 163 (1999), 206; *ders* Die Haftung des Sachverständigen zwischen Schutzwirkungen für Dritte und Dritthaftung aus culpa in contrahendo JZ 1989, 603; *ders* Schutzwirkungen zugunsten Dritter bei

»Gegenläufigkeit der Interessen« JZ 1995, 441; *ders* Die Vertrauenshaftung im Lichte der Rechtsprechung des Bundesgerichtshofs, in: 50 Jahre Bundesgerichtshof (2000), 129; *Elfring* Drittwirkungen der Lebensversicherung (2003); *Fikentscher* Schuldrecht, 10. Aufl, Berlin (2006); *Finger* Vollmacht auf den Todesfall/über den Tod hinaus und Vertrag zugunsten Dritter auf den Todesfall WRP 1981, 9; *ders* Der Vertrag zugunsten Dritter auf den Todesfall JuS 1969, 309; *ders* Die Formfragen beim Vertrag zugunsten Dritter auf den Todesfall WM 1970, 374; *Grunewald* Die Haftung des Experten für seine Expertise gegenüber Dritten AcP 1987, 285; *Hadding* Schuldverhältnis und Synallagma beim Vertrag zu Rechten Dritter, FS Gernhuber (1993), S 153; *Haferkamp* Der Vertrag mit Schutzwirkung für Dritte nach der Schuldrechtsreform – ein Auslaufmodell? in: Dauner-Lieb/Konzen/Schmidt, Das neue Schuldrecht in der Praxis 2002, 171 ff; *Harder* Das Valutaverhältnis beim Vertrag zugunsten Dritter auf den Todesfall FamRZ 1976, 418; *Heilmann* Der Vertrag zugunsten Dritter – ein schuldrechtliches Verfügungsgeschäft NJW 1968, 1853; *Heiseke/Larenz* Zur Schutzwirkung eines Schuldvertrages gegenüber dritten Personen NJW 1960, 77; *Hoffmann* Der Vertrag zugunsten Dritter von Todes wegen AcP 1959/60, 178; *Honsell* Die Haftung für Gutachten und Auskunft unter besonderer Berücksichtigung von Drittinteressen, FS Medicus (1999), S 211; *Hopt* Dritthaftung für Testate NJW 1987, 1745; *Karampatzos* Vom Vertrag mit Schutzwirkung für Dritte zur deliktischen berufsbezogenen Vertrauenshaftung (2004); *Klein* Haftungsbeschränkungen zugunsten und zu Lasten Dritter und ihre Behandlung in der Schuldrechtsreform JZ 1997, 390; *Köndgen* Die Einbeziehung Dritter in den Vertrag, in: Karlsruher Forum (1998), 3; *Lange* Falsche Auskunftserteilung und Haftung NJW 1998, 1697; *Larenz* Lehrbuch vom Schuldrecht, 3. Aufl, München (1959); *Liedel* Dasselbe oder das gleiche – Sukzessivberechtigungen angesichts neuerer Entscheidungen des BayObLG DNotZ 1991, 855; *Lorenz* Die Einbeziehung Dritter in vertragliche Schuldverhältnisse – Grenzen zwischen vertraglicher und deliktischer Haftung JZ 1960, 108; *Martiny* Pflichtenorientierter Drittschutz beim Vertrag mit Schutzwirkung für Dritte JZ 1996, 19; *Mayer* Ausgewählte erbrechtliche Fragen des Vertrags zugunsten Dritter DNotZ 2000, 905; *Müller-Feldhammer* Die Lebensversicherung in der Insolvenz des Versprechensempfängers NZI 2001, 343; *Muscheler* Entziehung der elterlichen Vermögenssorge beim Vertrag zugunsten Dritter auf den Todesfall WM 2004, 981; *ders* Vertrag zugunsten Dritter auf den Todesfall und Erbenwiderruf WM 1994, 921; *Papanikolaou* Schlechterfüllung beim Vertrag zugunsten Dritter (1997); *Peters* Die Lebensversicherung als echter Vertrag zugunsten Dritter MDR 1995, 659; *Picker* Gutachterhaftung – Außervertragliche Einstandspflichten als innergesetzliche Rechtsfortbildung, FS Medicus (1999), S 397; *Reinicke/Reinicke* Lebensversicherung und Nachlassgläubiger NJW 1956,1053; *Schlechtriem* Schutzpflichten und geschützte Personen, FS Medicus (1999) S 529; *Schmitz* Die Vertragshaftung des Wirtschaftsprüfers und Steuerberaters gegenüber Dritten DB 1989, 1909; *Strauch* Verträge mit Drittschutzwirkung JuS 1982, 823; *Westermann* Vertragliche Dritthaftung im neuen Schuldrecht, FS Honsell (2002), S 37; Wieser Prozessrechts-Kommentar zum BGB, 2. Aufl, Köln (2002).

A. Allgemeines. Die Norm regelt in Abs 1 die Möglichkeit von Vertragspartnern eine Leistung vertraglich an einen Dritten zu vereinbaren, woraus dem Dritten eine eigene Forderung entstehen soll. Sie stellt eine Durchbrechung der grds im Schuldverhältnis herrschenden Zweipersonenbeziehung (Gläubiger und Schuldner) dar, vgl § 241. Hintergrund ist die Ermöglichung und Gewährleistung einer Vermögensübertragung des Versprechenden direkt an den Dritten ohne auf eine Übertragung zunächst an den Versprechensempfänger und anschließend von diesem an den Dritten, sog Zwischenerwerb, angewiesen zu sein. Die Vorschrift betrifft in Abs 1 sog echte Verträge zugunsten Dritter, also ohne seine Mitwirkung zustande gekommene Verträge mit denen ein eigenes Forderungsrecht des Dritten begründet wird. Abs 2 ist lediglich eine Auslegungsregel. 1

B. Regelungsgehalt. I. Vertrag zugunsten eines Dritten. 1. Vertrag. Die Vorschrift erlaubt durch Vertrag eine Leistung an einen Dritten mit der Wirkung zu bedingen, dass der Dritte ein eigenes Forderungsrecht erwirbt. Diese sog Drittbegünstigtenabrede ist eine atypische inhaltliche Gestaltung eines Verpflichtungsvertrags (RGZ 150, 129, 133; MüKo/*Gottwald* § 328 Rn 20). Einer entspr Abrede ist jeder schuldrechtliche Verpflichtungsvertrag zugänglich, etwa Kauf-, Miet-, Werk-, Dienstvertrag. Stellung und Wortlaut des Gesetzes ergeben, dass das Gesetz nur von der Begründung schuldrechtlicher Ansprüche durch Vertrag zugunsten Dritter ausgeht, dabei aber bzgl der Arten des Rechts keine Unterschiede macht. Der Anwendungsbereich der Rechtsfigur ist damit auch mit Rücksicht auf die Notwendigkeit arbeitsteiligen Wirtschaftens zumindest bei privatautonomer Begründung weit zu ziehen (vgl *Erman* § 328 Rn 1). Der Vertrag kann sich auf eine Leistung beziehen, die schon vorher geschuldet war, oder auf eine solche, die erst in dem Vertrage versprochen wird (vgl *Heilmann* NJW 1968, 1853 f). Ein gewöhnlicher Zweiparteienvertrag kann also auch nachträglich zu einem Vertrag zugunsten eines Dritten umqualifiziert werden, indem die Parteien die Erfüllungsvereinbarung dahin modifizieren, dass nunmehr Leistung an den Dritten geschuldet wird (MüKo/*Gottwald* § 328 Rn 19; Staud/*Jagdmann* § 328 Rn 21). Da damit nach Abs 1 ein schuldrechtliches Verhältnis begründet oder verändert wird, bleibt eine vertragliche Abrede jedoch in beiden Fällen notwendig. **a) Anwendung der Vorschriften auf hoheitliche Maßnahmen.** Die Vorschriften der §§ 328 ff sind auf hoheitliche Maßnahmen nicht, auch nicht entspr, anwendbar. Dies betrifft insbes die Fälle durch Auflagen ergänzter Verwaltungsakte; zB kein Recht der Mieter aus Verwaltungsakt gegen den Bauherrn (BGH NJW 1957, 668); öffentlich-rechtliche Verpflichtung des Haftpflichtversicherers hinsichtl Rückgriff auf Versicherte (Oldenburg NJW 1974, 2

2133); abw Düsseldorf VersR 1968, 243; vgl auch *Ebel* NJW 1975, 1765 ff. Anders sieht es in den Fällen von öffentlich-rechtlichen Verträgen aus (§ 62 VwVfG).

3 **b) Anwendung auf schuldrechtliche Verträge/Erbvertrag.** Die Stellung der Norm im Gesetz sowie auch der Wortlaut vermutet eine Anwendung der Vorschriften der Verträge zugunsten Dritter nur auf **schuldrechtliche Verträge** (vgl oben Rn 2). Aus diesem Grund finden die Vorschriften der §§ 328 ff auf dingliche Verträge keine unmittelbare Anwendung. Gegen eine Analogie spricht der zwingende und ausschließliche Charakter der Vorschriften des Sachenrechts; diese erfordern für die rechtsgeschäftliche Entstehung oder Übertragung dinglicher Rechte eine sich zwischen dem zur Verfügung über das Recht Berechtigten und dem Rechtserwerber vollziehende Einigung, schließen dadurch also den unmittelbaren Rechtserwerb eines Dritten – soweit nicht ein Stellvertretungsverhältnis vorliegt – aus (RGRK/*Ballhaus* § 328 Rn 6). Eine analoge Anwendung der Vorschrift ist deshalb problematisch aber nicht von vornherein abzulehnen; so wird auch argumentiert, dass die Voraussetzungen einer Analogie von Fall zu Fall geprüft werden müssen (Erman/*Westermann* § 328 Rn 3 mit Bsp und wN Rn 2). Der **Erbvertrag** ist kein Vertrag zugunsten eines Dritten, weil dem Bedachten vor dem Erbfall kein Anspruch zusteht (BGHZ 12, 115, 119; MüKo/*Gottwald* § 328 Rn 4), vielmehr wird ein erbrechtlicher Berufungsgrund oder Rechtstitel geschaffen. Ein solcher Vertrag kann deshalb ohne die Zustimmung des Bedachten von den Vertragsteilen wieder aufgehoben werden (BGHZ 12, 119 ff = JZ 1954, 439 mit Anm *Coing*).

4 **c) Form.** Es gelten ausschließlich die **Regeln des jeweiligen Grundgeschäfts**, dh nach dem zwischen Versprechendem und Versprechensempfänger geschlossenen Vertrag (BGHZ 54, 145). Gleiches gilt für unentgeltliche Zuwendungen im Verhältnis Versprechensempfänger und Drittem (BGHZ 54, 145). Bedeutung erlangen die Formvorschriften in den Fällen der Leistung auf den Todesfall. Soll also der Dritte im Valutaverhältnis eine Schenkung erlangen, so bedeutet die Zuwendung des Anspruchs eine Vollziehung, die die Form des § 518 entbehrlich macht (RG 128, 189, eingehend zur Problematik vgl auch *Finger* WM 1970, 374). Die Form des Deckungsverhältnisses entscheidet sich nach dem Grundgeschäft.

5 **2. Schuldrechtlicher Verpflichtungsvertrag.** Besonderheiten hinsichtlich des schuldrechtlichen Verpflichtungsgeschäftes ergeben sich insoweit, da noch nicht abschließend geklärt ist, ob durch die Einigung zweier Personen zugunsten eines Dritten über ein Recht verfügt werden kann. Die Rspr lässt weder dingliche Verfügungen (vgl dazu Rn 3) noch schuldrechtliche (etwa Erlassvertrag BGHZ 126, 261, 266 = NJW 1994, 2483; RGZ 127, 126, 128) oder Abtretung (Frankfurt VersR 1984, 755; LAG Düsseldorf BB 1958, 1169; anders RGZ 124, 135, 139) zugunsten Dritter zu. Der **Erlassvertrag** mit der Wirkung des Erlöschens der Forderung kann nur zwischen dem Gläubiger und dem Schuldner und nicht zwischen dem Gläubiger und einem anderen zugunsten des Schuldners als Dritten abgeschlossen werden; ebenso wenig ist dies durch einen Vergleich möglich (RGZ 127, 126, 128). Möglich ist als Gegenstand des Forderungsrechts des Dritten aber der durch Vertrag zugunsten Dritter begründete Anspruch, die Nichtgeltendmachung der gegen den Dritten zustehenden Forderung (BGHZ 126, 261, 266 = NJW 1994, 2483). Der Dritte kann dann, wenn die Forderung gegen ihn eingeklagt werden soll, die Einrede gegen die Forderung des Gläubigers erheben (RGZ 127, 126, 129). Bei der **Abtretung** wird eine unmittelbare Anwendung der Vorschriften der §§ 328 ff ausgeschlossen, jedoch besteht die Möglichkeit einer analogen Anwendung (MüKo/*Gottwald* § 328 Rn 183; Erman/*Westermann* § 328 Rn 3; *Bayer* Vertrag zugunsten Dritter S 203 f). Würde eine Anwendung versagt bleiben, müsste zwangsläufig ein Schuldverhältnis mit dem Dritten neu begründet werden, was zu einem Verlust der Nebenrechte führen würde, die so ohnehin gem § 401 auf den Dritten übergingen (*Bayer* Vertrag zugunsten Dritter S 203 f).

6 **3. Zugunsten eines Dritten.** Gem § 328 Abs 1 kann durch Vertrag eine Leistung an einen Dritten bedungen werden, woraus der Dritte ein **unmittelbares Forderungsrecht** erwirbt. Dieses Recht beschränkt sich aber nur auf Forderungsrechte zugunsten des Dritten. Verpflichtungen können dem Dritten ohne dessen Mitwirkung nicht auferlegt werden (RGZ 111, 178; BGHZ 61, 359, 361). **a) Dritter.** Dritter kann jede natürliche oder juristische Person sein. Der Dritte muss bei Vertragsschluss noch nicht bestimmt sein; es genügt Bestimmbarkeit (BGH NJW-RR 2008, 683; RG 106, 126; 117, 149; BGHZ 93, 271, 274; *Holdoch* JZ 1958, 724, 725; AnwK/*Preuß* § 328 Rn 8; MüKo/*Gottwald* § 328 Rn 24; Erman/*Westermann* § 328 Rn 6). Auch der nasciturus oder die noch nicht gezeugte natürliche Person (Palandt/*Grüneberg* § 328 Rn 2), [einschließlich hypothekarischer Sicherstellung (RG 65, 277; vgl Erman/*Westermann* § 328 Rn 6)] sowie aufschiebend bedingte Berechtigung des Dritten (BGH NJW 1987, 114; vgl Erman/*Westermann* § 328 Rn 6). Da der Dritte das Forderungsrecht ohne eigene Mitwirkung erlangt, kommt es auf seine Geschäftsunfähigkeit nicht an; daher kann auch ein Geschäftsunfähiger durch einen zu seinen Gunsten abgeschlossenen Vertrag die Forderung unmittelbar erwerben, jedoch nicht ausschlagen (§ 333, nur mit Vertreter RGRK/*Ballhaus* § 328 Rn 23). Es kann auch eine Mehrzahl von Personen berechtigt werden, allerdings immer nur im Rahmen des Umfangs der versprochenen Leistung (BGH 159, 1, 9 f) und unter Berücksichtigung der Grenzen der Zumutbarkeit (vgl Erman/*Westermann* § 328 Rn 6). Ebenfalls können Rechte für erst geplante juristische Personen vereinbart werden (Palandt/*Grüneberg* § 328 Rn 2; BGH 129, 305; München NJW 2000, 1423). Teilweise wird die Begründung eines Auflassungsanspruchs für den jeweiligen Eigentümer eines anderen Grundstücks mit Hinweis auf die Rechtssprechung des RG zugelassen (RG 128, 249 f, *Palandt* § 328 Rn 2; MüKo/*Gottwald* § 328 Rn 24; krit dazu Erman/*Westermann* § 328 Rn 6; *Liedel* DNotZ 1991, 860).

b) Gegenstand des Forderungsrechts. Gegenstand der Forderung, die für den Dritten begründet wurde, kann **jede Leistung** gem § 241 sein; sowohl als auch Unterlassen. Auch eine vertragliche Nebenleistung kann Gegenstand des für den Dritten begründeten Forderungsrechtes sein (BGH NJW 1975, 344). Im Gegensatz zum Vertrag mit Schutzwirkung, muss es sich lediglich um eine vertragliche Leistung handeln (BGH NJW 1975, 344). Als Gegenstand des Forderungsrechts kommt auch der durch Vertrag zugunsten des Dritten begründete Anspruch in Betracht, dass eine Vertragspartei ihre gegen den Dritten zustehende Forderung nicht einklagt (vgl Rn 6 mwN). Nicht von § 328 umfasst werden die Fälle, wenn sich die Begünstigung des Dritten in der Einbeziehung der von den Vertragsparteien vereinbarten Haftungsfreistellung oder Haftungsbeschränkung erschöpft (vgl BGHZ 22, 109; BGH NJW 1962, 388, 389). Vorausgesetzt wird schließlich, dass die an den Dritten zu erbringende Leistung im Vertrag bestimmt bzw bestimmbar bezeichnet ist (RG HRR 1933 Nr 1412; vgl RGRK/*Ballhaus* § 328 Rn 17). 7

c) Forderungserwerb des Dritten. Der **Dritte erwirbt das Recht ohne eigene Mitwirkung** unmittelbar, er braucht also weder die Annahme des Versprechens erklären, noch braucht er überhaupt dem Vertrage beizutreten (RG 71, 324). Er kann aber nach § 333 das erworbene Recht zurückweisen (so ganz hM: RG 71, 324 f; MüKo/*Gottwald* § 328 Rn 3; Staud/*Jagmann* Vorbem zu § 328 Rn 4). Nach hM erwirbt der Dritte sein Forderungsrecht originär in seiner Person, also ohne Durchgangserwerb des Versprechensempfängers (BGHZ 91, 288, 291 (hM); aA. *Hoffmann* AcP 1959/60, 178, 195). Durch die Zuweisung einer den Dritten lediglich begünstigenden Rechtsposition, die er nicht zu behalten braucht, wird die Selbstbestimmung des Dritten nicht beeinträchtigt, und Versprechender und Versprechensempfänger unterstellen sich seinem diesbezüglichen Entschluss, erweitern also nicht ihre Privatautonomie auf seinen Zuständigkeitsbereich (Erman/*Westermann* § 328 Rn 7). Es macht rechtskonstruktiv auch keinen Unterschied, ob die Vertragsparteien von vornherein eine Drittbegünstigung vereinbart haben oder ob sie nachträglich einen Vertrag zugunsten des Dritten schließen, nachdem zunächst ein Forderungsrecht des Versprechensempfängers begründet war (mwN AnwK/*Preuß* § 328 Rn 10). 8

II. Die verschiedenen Rechtsbeziehungen. Der echte Vertrag zugunsten eines Dritten ist genau genommen in drei verschiedene Rechtsbeziehungen einzuteilen. Man kann gliedern in das Verhältnis zwischen den beiden Vertragschließenden (Deckungs- oder Außenverhältnis), das Verhältnis zwischen dem Versprechendem und dem Dritten und dem Verhältnis zwischen Versprechensempfänger und Drittem (Valutaverhältnis). **1. Verhältnis zwischen Versprechendem und Versprechensempfänger (Deckungs- oder Außenverhältnis).** Hierbei handelt es sich um das maßgebliche Schuldverhältnis, aus dem sich die Forderungen und sonstigen Rechte der Beteiligten sowie der Inhalt etwaiger Nebenpflichten ergeben (AnwK/*Preuß* § 328 Rn 3). Das Deckungsverhältnis enthält den Rechtsgrund für die Leistung des Versprechenden; es ist bestimmend für die Rechtsnatur und die Wirksamkeitsvoraussetzungen des Vertrages zugunsten des Dritten (AnwK/*Preuß* aaO). Die Besonderheit des Deckungsverhältnisses besteht darin, dass die Leistung nicht an den Vertragspartner, sondern an den Dritten zu erbringen ist und von diesem auch selbständig eingefordert werden kann (vgl Rn 13 ff). 9

2. Verhältnis zwischen Versprechendem und Drittem. Das Verhältnis zwischen dem Versprechenden und Dritten, auch Vollzugsverhältnis, begründet kein bes Vertragsverhältnis, sondern vielmehr ein **vertragsähnliches Schuldverhältnis** (BGHZ 9, 316, 318). Der Dritte erwirbt lediglich ein aus dem Vertragsverhältnis zwischen dem Schuldner und dem Versprechensempfänger abgespaltenes Forderungsrecht (BGHZ 54, 145, 147). Welche Rechtsstellung dem Dritten tatsächlich zukommt, richtet sich nach der Vereinbarung zwischen dem Versprechenden und dem Versprechensempfänger. Die dem Schuldner obliegenden Nebenpflichten bestehen auch ggü dem Dritten (BGHZ 9, 316, 318; BGH NJW 2005, 3778). Der Dritte hat ebenfalls die vertraglichen Nebenpflichten eines Gläubigers zu erfüllen, die bei Verletzung eine Haftung aus cic nach sich ziehen (BGH aaO). 10

3. Verhältnis zwischen Versprechensempfänger und Drittem (Valutaverhältnis). Ein Vertragsverhältnis oder auch nur Schuldverhältnis wird zwischen dem Versprechensempfänger und dem Dritten nicht begründet. Man findet in diesem Verhältnis eher den Rechtsgrund der Zuwendung (BGHZ 91, 288, 290; BaRoth/*Janoschek* § 328 Rn 9). Die Entstehung und der Fortbestand des durch den Vertrag zwischen Versprechendem und Versprechensempfänger begründeten Forderungsrecht des Dritten ist von dessen Beziehung zu dem Versprechensempfänger grds unabhängig; im Einzelfall kann jedoch das Bestehen eines Vertragsverhältnisses zwischen Versprechensempfänger und Drittem Geschäftsgrundlage für die Begründung des Forderungsrechts des Dritten sein (RGRK/*Ballhaus* § 328 Rn 30). Das Valutaverhältnis kann vertraglicher oder gesetzlicher Natur sein (MüKo/*Gottwald* § 328 Rn 28); es kann vor oder nach Begründung des Forderungsrechts des Dritten bestehen (AnwK/*Preuß* § 328 Rn 6). Von den Rechtsbeziehungen zwischen Versprechensempfänger und Drittem hängt es iÜ ab, ob der Versprechensempfänger gehalten ist, dem Dritten den ihm zugedachten Vorteil zu belassen, oder ob er ihm diesen wieder entziehen kann, beispielsweise nach den §§ 812 ff mit der Behauptung, er habe sich mit der Zuwendung an den Dritten von einer Schuld an diesen befreien wollen, diese Schuld habe aber nicht bestanden oder sei bereits auf anderem Wege getilgt gewesen (RGRK/*Ballhaus* § 328 Rn 30). 11

12 **III. Parteiwille und Geschäftszweck Abs 2.** Die Vertragsschließenden bestimmen, ob der Dritte ein eigenes Forderungsrecht erlangt, somit also ein echter Vertrag zugunsten Dritter vorliegt, ob er es sofort oder unter gewissen Voraussetzungen erwirbt und ob das Recht aufgehoben oder geändert werden kann (vgl Rn 13). Der Wille der Vertragsschließenden ist deshalb in erster Linie der vertraglichen Vereinbarung zu entnehmen. Fehlt es an solch einer Bestimmung, ist die Auslegungsregel des Abs 2 heranzuziehen. Danach ist aus dem Geschäftszweck der Parteiwille zu ermitteln, wobei alle Umstände, auch die Verkehrssitte in Betracht zu ziehen sind (RGZ 56, 292; 147, 42). Ist eine Drittbegünstigungsabrede in Allg Geschäftsbedingungen enthalten, kann es sich um eine überraschende Klausel (§ 305c) handeln (Haftungsbegrenzung zugunsten eines Dritten BGH DStR 2004, 563, 564 f). Abzustellen ist dabei nicht auf die einseitigen Vorstellungen des Versprechenden, sondern auf die objektiven Gegebenheiten und auf den mit dem Vertrag verfolgten Zweck (RGRK/*Ballhaus* § 328 Rn 35; BGH GRUR 1974, 335).

13 **C. Der Vertrag mit Schutzwirkung zugunsten Dritter.** Als bes Rechtsfigur des Vertrages zugunsten Dritter gibt es die Rechtsfigur des Vertrages mit Schutzwirkung zugunsten Dritter (Ausdruck von *Larenz* Schuldrecht Band 1, 3. Aufl, 156 ff; *Larenz* NJW 1960, 78). Im Unterschied zum echten Vertrag zugunsten Dritter ist hier nicht vertragsmäßige Leistung oder eine vertragliche Nebenleistung an den Dritten zu erbringen (vgl Rz 7), vielmehr wird der Dritte lediglich in die Vertragswirkungen hinsichtlich der vertraglichen Verhaltenspflichten (Obhuts- und Sorgfaltspflichten) einbezogen. Es handelt sich dabei um eine bes Art der Drittberechtigung, die dem begünstigten Dritten bei Verletzung dieser Verhaltenspflichten einen eigenen vertraglichen Anspruch auf Ersatz des ihm entstandenen Schadens zubilligt (BGH NJW 2006, 830, 835; NJW 2008, 2245). Nach der Schuldrechtsmodernisierung findet sich eine Regelung derartiger Schuldverhältnisse in § 311 Abs 3 S 1; das Charakteristische der Schutzpflicht ggü dem einbezogenen Dritten ist jedoch die – von § 311 Abs 3 sonst nicht vorausgesetzte – Anbindung an ein zwischen zwei anderen Personen bestehendes Schuldverhältnis (im Weiteren vgl AnwK/*Preuß* Vorbem §§ 328 ff Rn 9). War der Vertrag ein Akt der Fürsorge für den Dritten oder ist aus sonstigen Gründen ausschließlich im Interesse des Dritten kontrahiert worden, kann idR ein Rechtserwerb bejaht werden; eine entspr Vermutung besteht jedoch nicht, vgl auch §§ 329, 330 (Palandt/*Grüneberg* § 328 Rn 3). **I. Rechtsgrundlage.** Die Rspr begründet die Rechtsgrundlage mit ergänzender Vertragsauslegung gem §§ 133, 157 (BGHZ 56, 269; BGH NJW 1984, 356), die hM in der Lit leitet die Grundlage aus § 242 und damit aus Gesetz her (mwN BGHZ 56, 269, 273). Ob ein Vertrag mit Schutzwirkung vorliegt, ist jedoch eine Frage des Einzelfalls; womit konkrete Voraussetzungen für eine Einbeziehung des Dritten in den Schutzbereich eines Schuldverhältnisses der Prüfung zugrunde zu legen sind (vgl BGH NJW 1984, 356; NJW-RR 1986, 485).

14 **II. Begünstigter Personenkreis. 1. Leistungsnähe.** Nach der Rspr des BGH kommt eine Ausdehnung der Schutzwirkungen eines Vertrages auf Dritte nur in engen Grenzen in Betracht (BGHZ 51, 91, 96; BGH NJW 1975, 867, 868). Für die Einbeziehung des Dritten wird somit vorausgesetzt, dass der Dritte bestimmungsgemäß mit der Leistung in Berührung kommt, dass ihm der Gläubiger in dem Bereich, indem diese Berührung stattfindet, fürsorge- und obhutspflichtig ist, und dass dies beides auch dem Schuldner erkennbar ist (BGHZ 49, 351, 354; 56, 269, 273 = NJW 1996, 2927; Palandt/*Heinrichs* § 328 Rn 16; MüKo/*Gottwald* § 328 Rn 108, 110; vgl auch BGH NJW 2001, 3115, 3116). Zu berücksichtigen sind deshalb auch die Folgen einer Schlechterstellung der Hauptleistungspflicht (MüKo/*Gottwald* § 328 Rn 108). Entgegengesetzt ist nicht jede Nebenpflicht geeignet, eine drittschützende Wirkung nach sich zu ziehen, sondern es muss sich um eine auf die (angebahnte) Leistungspflicht bezogene Nebenpflicht handeln (BHGZ 133, 168, 173 f = NJW 1996, 2928).

15 **2. Einbeziehungsinteresse.** Von Drittschutz ist auszugehen, wenn der Gläubiger aus einer bes Rechtsbeziehung heraus für »Wohl und Wehe« des Dritten mitverantwortlich ist und ihm Schutz und Fürsorge schuldet (BGHZ 49, 351, 354; 56, 269, 273 = NJW 1996, 2927), dies insbes aus einer objektiven Interessenlage heraus. Ein entspr Interesse des Gläubigers, Dritte in den Schutzbereich des Vertrages einzubeziehen, kann sich aber auch auf Grund sonstiger bestehender Geschäfts- oder Vertrauensbeziehungen zwischen dem Gläubiger und dem Dritten ergeben (mwN vgl AnwK/*Preuß* Vorbem §§ 328 ff Rn 14). Darüber hinaus besteht Drittschutz auch dann, wenn der Gläubiger an der Einbeziehung des Dritten in den Schutzbereich des Vertrages ein bes Interesse hat und der Vertrag dahin ausgelegt werden kann, dass der Vertragsschutz in Anerkennung dieses Interesses auf den Dritten ausgedehnt werden soll (BGH NJW 1998, 1948; NJW-RR 2006, 611). Die Rspr erkennt hiernach eine bes Berufs- und Expertenhaftung ggü einem Dritten an (BGH NJW 2004, 3420, 3421). Schutzpflichten sind danach etwa anzunehmen im Lastschriftverfahren (BGHZ 69, 82) oder Giroverkehr (NJW-RR 1999, 1123). Zu beachten ist jedoch, dass nur solange der Schuldner subjektiv erkennen bzw vorhersehen kann, welche Personen in den Schutzbereich des Vertrages einbezogen werden, ihm die Haftung ggü dem Dritten zuzumuten ist (MüKo/*Gottwald* § 328 Rn 116). Die sachgerechte Abgrenzung des geschützten Personenkreises ist das Korrektiv, um eine uferlose, nicht mehr versicherbare Haftung ggü Nichtvertragsparteien zu verhindern (vgl AnwK/*Preuß* Vorbem §§ 328 ff Rn 15).

16 **D. Prozessuales.** Der Dritte kann sein Forderungsrecht gegen den Versprechenden klagweise geltend machen. Gleiches steht dem Versprechensempfänger gem § 335 gegen den Versprechenden zu. Versprechensempfänger und Dritter sind dabei keine notwendigen Streitgenossen iSv § 62 ZPO (MüKo/*Gottwald* § 335

Rn 3; AnwK/*Preuß* § 328 Rn 21). Der Versprechende wird auf die Möglichkeit der Widerklage gegen den unbeteiligten Gläubiger verwiesen (AnwK/*Preuß* § 328 Rn; Staud/*Jagmann* § 355 Rn 27; *Wieser* Prozessrechtskommentar zum BGB § 328 Rn 17). In der Regel beschränkt sich die Rechtskraft auf die Prozessparteien, um den Widerstreit zwischen den Interessen Dritter nicht mit den Folgen eines zwischen anderen Parteien geführten Rechtsstreits zu vermeiden (BGH NJW 1952, 178). Wiederholte Klageerhebung von Versprechensempfänger und Drittem ist ohne Bindungswirkung des Gerichts an den Vorprozess möglich (*Wieser* Prozessrechtskommentar zum BGB § 328 Rn 11, 13). Der Versprechende kann sich dabei auf Einwendungen, die ihm im Prozess gegen den Versprechensempfänger rechtskräftig aberkannt wurden, nicht nach §§ 429 Abs 3, 425 Abs 2 erfolgreich berufen (so ganz hM MüKo/*Gottwald* § 335 Rn 3; MüKo-ZPO/*Gottwald* § 325 Rn 75; *Wieser* Prozessrechtskommentar zum BGB § 328 Rn 15; aA BGHZ 3, 385, 389 ff = NJW 1952, 178; Palandt/*Heinrichs* § 335 Rn 1).

§ 329 Auslegungsregel bei Erfüllungsübernahme. **Verpflichtet sich in einem Vertrag der eine Teil zur Befriedigung eines Gläubigers des anderen Teils, ohne die Schuld zu übernehmen, so ist im Zweifel nicht anzunehmen, dass der Gläubiger unmittelbar das Recht erwerben soll, die Befriedigung von ihm zu fordern.**

A. Allgemeines. Die Norm regelt einen Auslegungstatbestand für den Fall der Erfüllungsübernahme. Wenn 1
also derjenige, der einem Schuldner die Befriedigung dessen Gläubiger verspricht, die Schuld aber nicht übernimmt, ist von einer Erfüllungsübernahme auszugehen. Im Zweifel hat der Gläubiger aus der Erfüllungsübernahme iSe unechten Vertrages zugunsten Dritter keinen eigenen Anspruch gegen den Versprechenden. Die Vereinbarung der Erfüllungsübernahme verschafft lediglich dem Versprechensempfänger gegen den Versprechenden einen Anspruch auf Freistellung von der Verbindlichkeit des Dritten (AnwK/*Preuß* § 329 Rn 1).

B. Erfüllungsübernahme. Nach der Vorschrift ist eine Vereinbarung zwischen Schuldner und einem Dritten 2
möglich, wonach der Dritte die Schuld übernimmt, also an seiner Stelle Schuldner wird (Schuldübernahme §§ 414 ff). Für das Wirksamwerden einer solchen Übereinkunft ist jedoch **die Genehmigung des Gläubigers notwendig** (§ 415 Abs 1 S 1). Im Unterschied dazu ist zwischen diesen auch eine Vereinbarung möglich, wonach der Dritte sich dem Schuldner ggü verpflichtet, den Gläubiger zu befriedigen oder dafür zu sorgen, dass der Schuldner vom Gläubiger nicht in Anspruch genommen wird, die sog Erfüllungsübernahme des § 329. Im Gegensatz zum Schuldbeitritt und zur Schuldübernahme tritt der Dritte nicht iSe Schuldnerwechsels an die Stelle des bisherigen Schuldners, der Gläubiger erhält also keine Rechte aus der Erfüllungsübernahme. Wenn einem anderen als dem Schuldner die Erfüllung der Schuld versprochen wird, ist ebenfalls nur von einer Erfüllungsübernahme auszugehen (RG 114, 298; *Stoll* JW 1927, 121 Ziff 3; BGH ZIP 1993, 123 zum Leasing). Ob Erfüllungsübernahme oder der weitergehende Schuldbeitritt gewollt ist, durch den neben den bisherigen ein weiterer Schuldner tritt, hängt vom Parteiwillen ab; die Vermutung spricht für Erfüllungsübernahme, doch müssen alle Umstände berücksichtigt werden (BGH NJW 1980, 2126; vgl Erman/*Westermann* § 329 Rn 2). Die Erfüllungsübernahme kann auch durch ein selbständiges, formbedürftiges Schuldversprechen (§780) geschehen (RG 58, 200).

C. Vermutung gegen unmittelbaren Rechtserwerb. Nach der Vorschrift ist bei einer Erfüllungsübernahme 3
im Zweifel nicht anzunehmen, dass der Gläubiger ein unmittelbares Forderungsrecht gegen den Versprechenden erwerben soll. Dagegen erlangt der Schuldner als Versprechensempfänger einen Anspruch auf Befreiung von seiner Schuld. Deshalb und sofern nichts Anderweitiges vereinbart ist, kann der Schuldner nicht auf Leistung an den Gläubiger sondern nur auf Befreiung von der Verbindlichkeit klagen (BGH NJW 1996, 1051, 1052). Sofern der Schuldner bereits erfüllt hat, wandelt sich der Befreiungsanspruch in einen Erstattungsanspruch (MüKo/*Gottwald* § 328). Die in § 329 enthaltene **Vermutung** gegen das Vorhandensein eines Vertrages zugunsten eines Dritten ist **beseitigt**, wenn erweislich beide Parteien übereinstimmend beabsichtigen, dem Gläubiger ein unmittelbares Recht zuzuwenden (RGZ 65, 166). Da der Leistungsinhalt »Schuldbefreiung« nur dem Schuldner gewährt werden kann, ist nach hM eine Abtretung oder Pfändung des Anspruchs nicht möglich (BGHZ 12, 136 = BGH NJW 1954, 795; MüKo/*Gottwald* § 329 Rn 15; Palandt/*Heinrichs* § 329 Rn 6; AnwK/*Preuß* § 329 Rn 5). Zulässig ist dagegen die Abtretung an den Gläubiger mit der Folge, dass der Befreiungsanspruch sich in einen Leistungsanspruch umwandelt; dementsprechend der Gläubiger den Befreiungsanspruch pfänden lassen kann (AnwK/*Preuß* § 329 Rn 5; vgl BGH NJW 1994, 49, 50).

§ 330 Auslegung bei Leibrentenvertrag. **[1] Wird in einem Leibrentenvertrag die Zahlung der Leibrente an einen Dritten vereinbart, ist im Zweifel anzunehmen, dass der Dritte unmittelbar das Recht erwerben soll, die Leistung zu fordern.**

[2] Das Gleiche gilt, wenn bei einer unentgeltlichen Zuwendung dem Bedachten eine Leistung an einen Dritten auferlegt oder bei einer Vermögens- oder Gutsübernahme von dem Übernehmer eine Leistung an einen Dritten zum Zwecke der Abfindung versprochen wird.

1 **A. Allgemeines.** Die Vorschrift stellt eine **bes Auslegungsregel** ggü den allg Bestimmungen des § 328 Abs 2 dar. Danach soll bis zum Beweis des Gegenteils angenommen werden, dass ein unmittelbarer Rechtserwerb des Dritten gewollt ist. In den drei genannten Fällen gilt die Vermutung, dass die Parteien einen echten Vertrag zugunsten eines Dritten geschlossen haben. IÜ gelten die allg Grundsätze der §§ 328 Abs 2, 331 (MüKo/*Gottwald* § 330 Rn 1, 2). Die in § 330 aF urspr an 1. Stelle genannte Lebensversicherung ist mit Rücksicht auf die Neuregelung im VVG (vgl §§ 159 f VVG aF) durch Art. 3 des Gesetzes vom 23.11.2007 (BGBl I S 2631) gestrichen worden; die zur Lebensversicherung ergangene Rechtsp kann jedoch auf die verbleibenden drei Anwendungsfälle übertragen werden (PWW/*Medicus* Rn 2).

2 **B. Leibrentenvertrag/Unentgeltliche Zuwendung.** Beim Leibrentenversprechen schafft § 330 eine widerlegbare Vermutung, dass bei Zahlung an einen anderen als den Vertragspartner ein Vertrag zugunsten Dritter vorliegt, dessen Erwerb richtet sich nach § 331 I; iÜ gelten §§ 759 ff (vgl Erman/*Westermann* § 330 Rn 10). Hierbei wird dem Bedachten eine Leistung an einen Dritten auferlegt, wie etwa Schenkung unter Auflage. Die unentgeltliche Zuwendung ist jedoch im Gegensatz zur Schenkung weitergehend in dem Sinne, so werden auch unverzinsliche Darlehen oder die Leihe darunter gefasst (Staud/*Jagmann* § 330 Rn 53). Es kommt dabei wesentlich auf die Beziehung zwischen Versprechensempfänger und Versprechendem (Deckungsverhältnis) an, ob eine unentgeltliche Zuwendung vorliegt; auf das Valutaverhältnis kommt es nicht an, da allein das Deckungsverhältnis über die Entstehung des Forderungsrechts des Dritten entscheidet (Palandt/*Grüneberg* § 330 Rn 8a).

3 **C. Vermögens- oder Gutsübernahme.** Bei Vermögens- oder Gutsübernahmevertrag wird vorausgesetzt, dass von dem Übernehmer eine Leistung an einen Dritten zum Zwecke der Abfindung versprochen wird (vgl § 311b Abs 3). In der Folge erwirbt der Dritte nach der Auslegungsregel des S 2 im Zweifel ein Forderungsrecht gegen den Übernehmer. Das Forderungsrecht entsteht regelmäßig mit der Übergabe. Dem Zweck der Abfindung dient die Leistung, wenn der bedachte Dritte ein möglicher Miterbe ist; eine unzureichende Abfindung führt zu Ansprüchen aus §§ 2325, 2329 (Palandt/*Grüneberg* § 330 Rn 9).

§ 331 Leistung nach Todesfall.

[1] Soll die Leistung an den Dritten nach dem Tod desjenigen erfolgen, welchem sie versprochen wird, so erwirbt der Dritte das Recht auf die Leistung im Zweifel mit dem Tod des Versprechensempfängers.

[2] Stirbt der Versprechensempfänger vor der Geburt des Dritten, so kann das Versprechen, an den Dritten zu leisten, nur dann noch aufgehoben oder geändert werden, wenn die Befugnis dazu vorbehalten worden ist.

1 **A. Allgemeines.** Die Vorschrift ist eine § 330 **ergänzende Auslegungsregel**. Sie bestimmt in welchem Zeitpunkt der Dritte, der nach Inhalt des Vertrages berechtigt sein soll, die Leistung zu verlangen, das Forderungsrecht erwirbt. Wurde demnach durch Auslegung nach §§ 328 Abs 2, 330 ein eigenes Forderungsrecht des Dritten, mit Leistung nach dem Tod des Versprechensempfängers, ermittelt, so erwirbt der Dritte nach § 331 erst mit dem Tod dessen das Leistungsrecht. Durch Vertrag zugunsten Dritter kann danach dem Dritten ein schuldrechtlicher Anspruch auch dann wirksam zugewendet werden, wenn es sich im Verhältnis zwischen Versprechensempfänger und dem Dritten (Valutaverhältnis) um eine **unentgeltliche (schenkweise) Zuwendung** handelt und der **Anspruchserwerb des Dritten erst mit dem Tode des Versprechensempfängers** eintreten soll (mwN BGH NJW 1975, 1360; NJW 2004, 767). IÜ gilt die Vorschrift auch für alle sonstigen Fälle mit Fälligkeit der Leistung bei Tod des Versprechensempfängers, zB bei Gesellschaftsvertrag mit Recht zugunsten Dritter, Zahlungsauftrag an die Bank (mwN vgl Erman/*Westermann* § 331 Rn 1). Formvorschriften wie, §§ 518 Abs 1 oder 2301 müssen nicht eingehalten werden. Diese sind allein für das Valutaverhältnis maßgebend (BGH NJW 1975, 1360), zumindest für den Fall, dass die Zuwendung dem Dritten schon zu Lebzeiten des Versprechensempfängers versprochen ist (vgl BGH aaO). Für die Auslegung der Einigung gelten die Auslegungsregeln der §§ 133, 157; die Auslegungsregeln für letztwillige Verfügungen sind nicht entspr anwendbar (BGH NJW 2004, 767, 768; Erman/*Westermann* § 331 Rn 1).

2 **B. Rechtsstellung der Beteiligten. I. Zeitpunkt des Rechtserwerbs.** Soll die Leistung an den Dritten erst nach dem Tod des Versprechensempfängers bewirkt werden, erwirbt er dieses Recht im Zweifel erst mit Eintritt des Todesfalls (RGZ 80, 177). Bis dahin erlangt der begünstigte Dritte durch einen Vertrag zugunsten eines Dritten auf den Todesfall keine gesicherte Rechtsposition (etwa Anwartschaft) sondern lediglich eine Hoffnung auf künftigen Erwerb (RGZ 51, 404) oder eine Erwerbsaussicht (AnwK/*Preuß* § 331 Rn 5; aA München ZIP 1990, 1505, 1506).

3 **II. Stellung des Dritten bis zum Tod des Versprechensempfängers.** Bis zum Tod des Versprechensempfängers ist der Anspruch dessen Vermögen zuzuordnen, er kann frei über ihn verfügen. Die künftige Forderung kann bis dahin bereits abgetreten werden (Staud/*Jagmann* § 331 Rn 9; AnwK/*Preuß* § 331 Rn 5). Der einer solchen Abtretung zugrunde liegende schuldrechtliche Vertrag ist auch nicht gem § 311b Abs 2 nichtig, da die Vorschrift auf Verträge über einzelne Vermögensgegenstände keine Anwendung findet (BGH WM 1976, 744,

745; vgl AnwK/*Preuß* § 331 Rn 5). Der Anspruch ist verpfändbar; bei Insolvenz des Versprechensempfängers fällt der Anspruch aus dem Vertrag in die Insolvenzmasse (zum Anspruch bei Insolvenz des Versprechensempfängers vgl Staud/*Jagmann* § 331 Rn 9). Bei Vorversterben des Dritten steht das Recht uneingeschränkt dem Versprechensempfänger zu (BGH NJW 1993, 2171). Besonderheiten ergeben sich aber, wenn der Erwerb des Dritten unter der aufschiebenden Bedingung stehen soll, dass er den Zuwendenden überlebt (vgl dazu Erman/*Westermann* § 331 Rn 3, 4).

III. Stellung des Dritten nach dem Tod des Versprechensempfängers. Mit dem Tode des Versprechensempfängers erwirbt der Dritte das Forderungsrecht gegen den Versprechenden originär. Es ist damit dem Zugriff der Nachlassgläubiger entzogen. Im Verhältnis Versprechender und Dritter wird die vertragliche Verpflichtung erfüllt und kann nachträglich durch die Erben nicht mehr geändert werden. Nur bei Fehlen einer Drittbegünstigungsabrede fällt die Forderung in den Nachlass. Eine Pfändung oder Verpfändung des Anspruchs zu Lebzeiten des Versprechensempfängers berühren das Recht des Dritten nur dann, wenn das Pfandrecht vor der Begünstigung des Dritten entstanden ist, wenn der Dritte der Verpfändung zugestimmt hat oder wenn seine Begünstigung vor dem Tod des Versprechensempfängers aufgehoben ist (München WM 1964, 778, 779). 4

Gesichert ist der Rechtserwerb im Verhältnis zu den Erben des Versprechensempfängers nur bei **Wirksamkeit des Valutaverhältnisses**, nur wenn dieses zwischen ihm und dem Versprechensempfänger als causa für die mittelbare Zuwendung des Versprechensempfängers besteht (BGH NJW 1995, 1082, 1084; Hamm NJW-RR 1996, 1328; MüKo/*Gottwald* § 331 Rn 6). Ist das Valutaverhältnis unwirksam handelt es sich um eine rechtsgrundlose Zuwendung, die von den Erben kondiziert werden kann. Insoweit besteht die Möglichkeit entweder der Abtretung des Anspruchs gegen den Versprechenden oder auch der Herausgabe der Leistung durch den Dritten nach Erfüllung zu verlangen. Eine Pflicht zur Rückabwicklung kann sich ebenfalls aus § 313 ergeben (Palandt/*Grüneberg* § 331 Rn 5; BGH 128, 125, 133; krit Hamm NJW-RR 2002, 1605). Die Geltendmachung der Unwirksamkeit erfolg ggü dem Dritten, nicht ggü dem Versprechenden. Für die Anfechtung gelten die § 119 ff und nicht §§ 2078 ff (BGH NJW 2004, 767). Das grds **Gelten schuldrechtlicher Regelungen** schließt die Anwendung erbrechtlicher Vorschriften auf das Valutaverhältnis nicht aus (MüKo/*Gottwald* § 331 Rn 11; AnwK/*Preuß* § 331 Rn 11; aA *Mayer* DNotZ 2000, 905, 918 f), etwa die Zuwendung an den Dritten als Vermächtnis zu gestalten (krit *Muscheler* WM 1994, 921, 938). 5

IV. Tod des Versprechensempfängers vor der Geburt des Dritten. Für den Fall, dass der begünstigte Dritte zu dem Zeitpunkt des Todes des Versprechensempfängers noch nicht geboren ist, gilt Abs 2, wonach der Ungeborene oder noch nicht Erzeugte eine unentziehbare Anwartschaft erlangt, die mit der Geburt zum Vollrecht erstarkt (Palandt/*Grüneberg* § 331 Rn 6). 6

§ 332 Änderung durch Verfügung von Todes wegen bei Vorbehalt.

Hat sich der Versprechensempfänger die Befugnis vorbehalten, ohne Zustimmung des Versprechenden an die Stelle des in dem Vertrag bezeichneten Dritten einen anderen zu setzen, so kann dies im Zweifel auch in einer Verfügung von Todes wegen geschehen.

A. Allgemeines. Grundsätzlich herrscht die Regel, dass eine einseitige Drittbestimmung durch eine empfangsbedürftige Willenserklärung ggü dem Versprechenden zu erfolgen hat. Abweichend von diesem Grundsatz können die Parteien vereinbaren, dass dem Versprechensempfänger im Vertrag das Recht vorbehalten ist, ohne Zustimmung des Versprechenden an die Stelle des im Vertrage bezeichneten Dritten einen anderen zu setzen. Für diesen Fall stellt die Vorschrift eine Auslegungsregel dar, so dass der Dritte im Zweifel auch durch Verfügung von Todes wegen (Testament, Erbvertrag) eingesetzt werden kann. Es handelt sich um eine Ausnahmevorschrift zu den §§ 130 ff (MüKo/*Gottwald* § 332 Rn 2). 1

B. Die Auslegungsregel. Die Vorschrift greift nur, wenn die Parteien nicht anderes vereinbart haben. Probleme bereiten die Fälle, in denen sich der Versicherungsträger in den allg Lebensversicherungsbedingungen eine schriftliche Änderungsanzeige vorbehält. In diesen Fällen tritt die Auslegungsregel des § 332 zurück. Die Vorlage des Testaments beim Versicherer nach dem Tod des Erblassers genügt in diesen Fällen nicht (BGH NJW 1993, 3133, 3134), da zu diesem Zeitpunkt der Rechtserwerb des ursprünglich benannten Dritten bereits vollzogen ist (AnwK/*Preuß* § 332 Rn 2). Ist die Benennung des Dritten durch Verfügung von Todes wegen unwirksam, weil Versprechender und Versprechensempfänger diese Form der Benennung ausgeschlossen hatten, kann in der abweichenden Bestimmung ein Widerruf des Schenkungsangebots im Valutaverhältnis gesehen werden, der dem Dritten jedoch spätestens gleichzeitig mit der Schenkungsofferte durch den Versprechenden zugehen muss (vgl MüKo/*Gottwald* § 332 Rn 3; Düsseldorf ZEV 1996, 142, 143). 2

C. Valutaverhältnis. Die Benennung des Dritten in der Verfügung von Todes wegen verschafft keine erbrechtliche causa im Valutaverhältnis. Der Dritte erlangt lediglich einen Leistungsanspruch gegen den Versprechenden. Die letztwillige Benennung ändert an dem Erwerb des Bezugsberechtigten auf Grund des Vertrages, also unter Lebenden, nichts; der Anspruch wird also nicht Teil des Nachlasses (Erman/*Westermann* § 332 Rn 1, Staud/*Jagmann* § 332 Rn 5). 3

§ 333 Zurückweisung des Rechts durch den Dritten. Weist der Dritte das aus dem Vertrag erworbene Recht dem Versprechenden gegenüber zurück, so gilt das Recht als nicht erworben.

1 **A. Allgemeines.** Da niemandem der Rechtserwerb gegen seinen Willen aufgedrängt werden darf (vgl §§ 516, 1942 I), bietet der § 333 eine Möglichkeit, den nach § 328 ohne Zutun des Dritten erfolgten Rechtserwerb wieder rückgängig zu machen. Im Wege der Auslegung des Vertrages zugunsten eines Dritten sind mögliche Konsequenzen im Deckungsverhältnis zu ermitteln.

2 **B. Zurückweisungsrecht.** Ob dem Dritten das Recht im Zeitpunkt der Zurückweisung bereits angefallen sein muss, ist zweifelhaft. So kann der Dritte sich vor Anfall verpflichten, von dem ihm zugedachten Recht keinen Gebrauch zu machen (RGZ 101, 306; aA mit Arg einer schuldrechtlichen Verpflichtung, das Recht nach Anfall nicht anzunehmen, vgl BGH NJW 1993, 3133, 3135). Die Zurückweisung erfolgt durch einseitige empfangsbedürftige Willenserklärung ggü dem Versprechenden (BGH NJW 1999, 1110, 1112). Die Zurückweisung ist ausgeschlossen, wenn der Dritte das ihm zugefallene Recht bereits angenommen hatte; Annahme ist jedes Verhalten des Dritten, das auf sein Einverständnis mit dem Rechtserwerb schließen lässt (Erman/*Westermann* § 333 Rn 2). Welcher Erklärungswert der Annahme einer Teilleistung zukommt, ist eine Frage des Einzelfalls (Staud/*Jagmann* § 333 Rn 19). Eine Ausschlussfrist für die Zurückweisung des Leistungsrechts besteht nicht, die Vertragsparteien können allerdings vereinbaren, dass dem Dritten eine angemessene Erklärungsfrist gewährt werden soll (mwN AnwK/*Preuß* § 333 Rn 4).

3 **C. Wirkung der Zurückweisung.** Wird das Recht zurückgewiesen, wird ein rückwirkender Wegfall des Rechts ausgelöst (RG 71, 324) – das Recht gilt als nicht erworben. Inwieweit sich die Zurückweisung auf das Deckungsverhältnis auswirkt, ist durch Auslegung des Vertrages zu ermitteln. Möglich ist dabei die Benennung eines anderen Dritten gem § 332 oder auch das Selbstforderungsrecht des Versprechensempfängers, wobei an die Stelle dessen ggf die Erben treten.

§ 334 Einwendungen des Schuldners gegenüber dem Dritten. Einwendungen aus dem Vertrag stehen dem Versprechenden auch gegenüber dem Dritten zu.

1 **A. Allgemeines.** Die Vorschrift regelt in Ergänzung zu § 328 Abs 1 die **rechtliche Beziehung zwischen Versprechendem und Drittem** Der Dritte hat ein Forderungsrecht aus dem zu seinen Gunsten abgeschlossenen Vertrag zwischen Versprechendem und Versprechensempfänger. Vorhandene Mängel können sich somit nur auf dieses Vertragsverhältnis beziehen, so dass dem Versprechenden aus dem Dreiecksverhältnis keine Nachteile erwachsen. Dem Versprechenden stehen somit die Einwendungen aus dem Vertrag auch dem Dritten ggü zu, nicht jedoch aus dem Valutaverhältnis (BGHZ 54, 145, 156). Möglich sind Vereinbarungen der Vertragsparteien einerseits hinsichtlich eines Einwendungsausschlusses oder andererseits hinsichtlich der Zulässigkeit von Einwendungen aus anderen Schuldverhältnissen (Erman/*Westermann* § 334 Rn 3). Eine vergleichbare Regelung stellt § 404 dar.

2 **B. Zulässige Einwendungen.** Der Dritte kann dem Versprechenden alle **Einwendungen aus dem Vertrag entgegenhalten**, unabhängig davon, ob sie von vornherein bestanden oder sich aus einer nachträglichen Vertragsverletzung ergeben haben (MüKo/*Gottwald* § 334 Rn 2; Staud/*Jagmann* § 334 Rn 3). Zu den sich aus dem Vertrag ergebenden Einwendungen gehören alle Einreden, rechtshindernden und rechtsvernichtende Einwendungen. Möglich ist auch die Beanstandung, eine Leistung sei gar nicht versprochen worden (BGH WM 1973, 1289, 1291). Keine Anwendung findet § 334 in den Fällen, bei denen die Voraussetzung der Einwendung nachträglich entsteht, wie etwa Stundung oder Erlass, da hierdurch in die unaufhebbare Stellung des Dritten eingegriffen würde (vgl Erman/*Westermann* § 334 Rn 5; Staud/*Jagmann* § 334 Rn 26). Ausgeschlossen ist ebenfalls die Aufrechnung mit einer Forderung des Versprechenden gegen den Versprechensempfänger, da es sich nicht um eine Einwendung aus dem Vertrag handelt (RGRK/*Ballhaus* § 334 Rn 6); anders verhält es sich aber bei der Beziehung zwischen Versprechendem und Drittem (RGRK/*Ballhaus* aaO). Soweit der Anspruch aus dem Vertragsverhältnis verjährt ist, greift die Verjährungseinrede auch ggü dem Dritten; es obliegt jedoch dem Dritten die Verjährungshemmung zu bewirken (MüKo/*Gottwald* § 334 Rn 3).

3 **C. Rückabwicklung.** Grundsätzlich hat die Abwicklung in Anlehnung an die **Grundsätze der bereicherungsrechtlichen Rückabwicklung** im Dreiecksverhältnis stattzufinden (Staudinger/*Jagmann* § 334 Rn 30 f). Probleme bereiten die Fälle, in denen das Deckungsverhältnis unwirksam oder fehlerhaft ist. Diese Frage regelt sich nach den Umständen des Einzelfalls (mwN BGHZ 58, 184, 187). Maßgeblich ist insbes der Zweck, den die Beteiligten nach ihrem zum Ausdruck kommenden Willen verfolgt haben, ob bereicherungsrechtlich als Leistungsempfänger der Versprechensempfänger oder der Dritte zu behandeln ist (BGH aaO; krit *Canaris* NJW 1972, 1196). Eine Rückforderung gem §§ 812 ff scheidet jedenfalls aus, wenn das Rechtsverhältnis zwischen Versprechensempfänger und Drittem sowie auch das Deckungsverhältnis zum Zeitpunkt der Leistung Bestand haben (BGHZ 5, 281). Sofern eine der Vertragsparteien vom Vertrag zurücktritt, steht dem Versprechenden ein vertraglicher Rückgewähranspruch zu, § 346, wenn er seinerseits bereits geleistet hat, mit dem

Arg, dass die Drittbegünstigungsabrede ein eigenes Forderungsrecht des Dritten begründet (AnwK/*Preuß* § 334 Rn 4). Zu beachten ist jedoch, dass die rückabzuwickelnde Vertragsbeziehung nur im Verhältnis zum Versprechensempfänger besteht, woraus Ansprüche gegen diesen konstruiert werden könnten (*Fikentscher* Schuldrecht Rn 255; *Esser/Schmidt* Schuldrecht B I AT Teilband 2 § 36 III 2; vgl AnwK/*Preuß* § 334 Rn 4).

§ 335 Forderungsrecht des Versprechensempfängers. Der Versprechensempfänger kann, sofern nicht ein anderer Wille der Vertragsschließenden anzunehmen ist, die Leistung an den Dritten auch dann fordern, wenn diesem das Recht auf die Leistung zusteht.

A. Allgemeines. Bei der Vorschrift handelt es sich um eine Auslegungsregel in Ergänzung zu § 328 Abs 1 nach der im Zweifel bei einem echten Vertrag zugunsten Dritter der Versprechensempfänger berechtigt sein soll, die Leistung des Dritten aus eigenem Recht zu verlangen. 1

B. Regelungsgehalt. Das Forderungsrecht aus § 335 ist ein eigenes, selbständiges Forderungsrecht des Versprechensempfängers (BGH NJW 1974, 502) und nicht eine bloße Einziehungsermächtigung (so hM, vgl Hamm NJW-RR 1996, 1157). Das Forderungsrecht ist nicht höchstpersönlich und daher auch vererblich und abtretbar (mwN Erman/*Westermann* § 335 Rn 3). Nicht von der Vorschrift erfasst werden die Fälle der Aufrechnung, da im Verhältnis zum Versprechenden keine Gegenseitigkeit vorliegt (*Lange* NJW 1965, 657, 662; MüKo/*Gottwald* § 335 Rn 3). Das Recht erstreckt sich auch auf etwaige Folgeansprüche (HK-BGB/*Schulze* § 335 Rn 1; Palandt/*Heinrichs* § 335 Rn 2; Jauernig/*Vollkommer* § 335 Rn 2); insb auf Schadensersatzansprüche wegen Schlecht- oder Nichterfüllung (Palandt/*Heinrichs* § 335 Rn 2). Für den Fall, dass der Versprechende eine dingliche Rechtsänderung an einem Grundstück schuldet, kann der Anspruch auf Leistung an den Dritten durch Vormerkung gesichert werden (BGH NJW 1974, 502; Erman/*Westermann* § 335 Rn 3; Jauernig/*Vollkommer* § 335 Rn 2). 2

C. Prozessuales. Der Dritte und der Versprechensempfänger wirken durch Mahnung, Fristsetzung und Klage konkurrierend auf das Schuldverhältnis ein (BaRoth/*Janoschek* § 335 Rn 1). Ein eigenes Interesse an der Geltendmachung des Anspruchs braucht der Versprechensempfänger nicht nachweisen. Nach der Vorschrift hat derjenige, der die Mitberechtigung des Versprechensempfängers bestreitet, die Beweislast für das ausschließliche Recht des Dritten. 3

Titel 4 Draufgabe, Vertragsstrafe

§ 336 Auslegung der Draufgabe. [1] **Wird bei der Eingehung eines Vertrages etwas als Draufgabe gegeben, so gilt dies als Zeichen des Abschlusses des Vertrags.**
[2] **Die Draufgabe gilt im Zweifel nicht als Reugeld.**

Literatur *Popp* Schadensersatz und Vertragsstrafe bei Arbeitsvertragsbruch NZA 1988, 455; *Roth* Geltungserhaltende Reduktion im Privatrecht JZ 1989, 411; *Weyer* Verteidigungsmöglichkeiten des Unternehmers gegenüber einer unangemessen hohen Vertragsstrafe BauR 1988, 28; *Zweigert/Kötz* Einführung in die Rechtsvergleichung, 3. Aufl Tübingen (1996).

Unter Draufgabe (auch »Angeld« oder »Handgeld« genannt) versteht man die **Hingabe einer Leistung als Beweiszeichen für den Vertragsschluss**. Hierbei handelt es sich regelm um einen Geldbetrag (BaRoth/*Janoschek* Rn 1; Hk-BGB/*Schulze* Rn 1). Der Wert der Draufgabe ist häufig gering. Notwendig ist dies aber nicht. Eine sehr hohe Draufgabe kann im Hinblick auf § 338 teilw bereits den Charakter einer Vertragsstrafe annehmen (MüKo/*Gottwald* Rn 7). Insofern kann es hier zu Abgrenzungsschwierigkeiten kommen, die durch (ergänzende) Vertragsauslegung zu bewerkstelligen sind. Von den Rechtsfolgen her begründet die Draufgabe die (widerlegliche) Vermutung für den Abschluss des Vertrages, vgl § 292 ZPO (PWW/*Medicus* § 338 Rn 3; BaRoth/*Janoschek* Rn 1; Hk-BGB/*Schulze* Rn 1). Ob der Vertrag tatsächlich zustande gekommen ist, beurteilt sich allerdings nach allg Regeln. Die Draufgabe heilt daher weder Willensmängel, noch ersetzt sie die gesetzlich vorgeschriebene Form (BaRoth/*Janoschek* Rn 1; Palandt/*Grüneberg* § 338 Rn 1; Erman/*Westermann* Rn 1). 1

Der geleistete Gegenstand geht regelm in das **Eigentum des Empfängers** über. Denkbar ist aber auch die Überlassung einer Sache zum bloßen Gebrauch (BaRoth/*Janoschek* Rn 1). In Anlehnung an das gemeine Recht ist im Zweifel anzunehmen, dass eine zur Sicherung eines formbedürftigen Vertragsschlusses bei mündlicher Einigung gegebene Draufgabe verfällt, wenn ihr Geber den formellen Vertragsabschluss ablehnt (Erman/*Westermann* Rn 1). Ansonsten gilt, dass bei Unwirksamkeit des Vertrags auch die Nebenabrede über die Draufgabe nicht wirksam abgegeben wurde, so dass sie nach §§ 812 ff zurückgefordert werden kann (RGZ 53, 237, 238; BaRoth/*Janoschek* Rn 1). Wird der Vertrag einvernehmlich aufgehoben, regelt § 337 Abs 2 die Rückgabepflicht. § 336 Abs 2 bestimmt, dass die Draufgabe im Zweifel nicht als Reuegeld, dh nicht als ein 2 mit dem Verfall des Geleisteten erkauftes Rücktrittsrecht anzusehen ist. Daher ist der Gebende im Zweifel nicht berechtigt, vom Vertrag zurückzutreten. Besteht dieses Recht nach der getroffenen Vereinbarung doch, gilt § 353. In Bezug auf Gaben des **Verlöbnisses** enthält **§ 1301 eine Sonderregelung**. Die heute weit verbreitete Anzahlung (zB auf den Kaufpreis) ist nicht als Draufgabe zu werten, denn sie kennzeichnet nicht nur den Vertragsschluss als Symbol, sondern dient zugleich der teilw Erfüllung eines geschlossenen Vertrages durch die Bezahlung einer ersten Rate (PWW/*Medicus* § 338 Rn 2; MüKo/*Gottwald* Rn 6).

§ 337 Anrechnung oder Rückgabe der Draufgabe. [1] **Die Draufgabe ist im Zweifel auf die von dem Geber geschuldete Leistung anzurechnen oder, wenn dies nicht geschehen kann, bei der Erfüllung des Vertrags zurückzugeben.**
[2] **Wird der Vertrag wieder aufgehoben, so ist die Draufgabe zurückzugeben.**

1 § 337 regelt den **Ausgleich** der durch die Draufgabe bewirkten Vermögensverschiebung und zwar für den **Fall der Erfüllung und der Aufhebung des Vertrages** (MüKo/*Gottwald* Rn 1). Die Nichterfüllung wird durch die in § 338 getroffene Regelung erfasst. § 337 bestimmt, dass die Draufgabe ohne weitere Absprache regelm (entgegen dem eigentlichen Wortsinn des Wortes der Draufgabe) keine Zugabe iSe über die vertragsmäßige Leistung hinausgehende Zusatzgabe darstellt, sondern ein bloßes »Angeld« (PWW/*Medicus* § 338 Rn 1; Palandt/*Grüneberg* § 338 Rn 4; krit insoweit MüKo/*Grunewald* Rn 2). Daher ist die Draufgabe grds auf die geschuldete Leistung anzurechnen. Ist dies nicht möglich, ist sie bei Erfüllung des Vertrags zurückzugewähren, da der Empfänger durch sie nicht zusätzlich bereichert werden soll. Mit dieser Regelung hat sich der Gesetzgeber für die Vorgaben des römisch-gemeinen Rechts entschieden und insoweit gegen die deutschrechtliche Auffassung, die einen weit verbreiteten gegenteiligen Gebrauch (insbes im Gesinderecht) für sich ins Feld führen konnte (Prot I S 771–774). Insgesamt schützt die Regelung den Geber (PWW/*Medicus* § 338 Rn 1). Allerdings enthält § 337 Abs 1 nur eine Auslegungsregel (Erman/*Westermann* Rn 1; MüKo/*Gottwald* Rn 1). Eine Rückgewährpflicht entsteht nach § 337 Abs 2 im Zweifel aber nicht nur bei Erfüllung, sondern auch bei einverständlicher Aufhebung des Vertrages. Dies gilt nur dann nicht, wenn die Voraussetzungen des § 338 vorliegen oder die Parteien etwas anderes vereinbart haben. Wird der Vertrag zwar nicht aufgehoben, aber wegen Leistungsstörungen nicht durchgeführt, so ist die anrechnungsfähige Draufgabe als Teilleistung auf den Erfüllungsanspruch zu behandeln (MüKo/*Gottwald* Rn 6). Die nicht anrechnungsfähige Draufgabe muss in diesem Fall gem der Grundregeln in § 337 Abs 1 zurückgegeben werden. Die Rückgabepflicht ist eine aus dem Vertragsverhältnis entspringende Obligation, so dass es keines Rückgriffs auf das Bereicherungsrecht bedarf (Palandt/*Grüneberg* § 338 Rn 4; Hk-BGB/*Schulze* Rn 1, MüKo/*Gottwald* Rn 4; aA wohl Erman/*Westermann* Rn 1).

§ 338 Draufgabe bei zu vertretender Unmöglichkeit der Leistung. Wird die von dem Geber geschuldete Leistung infolge eines Umstands, den er zu vertreten hat, unmöglich oder verschuldet der Geber die Wiederaufhebung des Vertrags, so ist der Empfänger berechtigt, die Draufgabe zu behalten. Verlangt der Empfänger Schadensersatz wegen Nichterfüllung, so ist die Draufgabe im Zweifel anzurechnen oder, wenn dies nicht geschehen kann, bei der Leistung des Schadensersatzes zurückzugeben.

1 § 338 beinhaltet eine Fallgruppe, in der die Draufgabe verloren gehen kann. Insofern stellt die Regelung eine **Ausn** zu dem in **§ 337** angelegten **Rückgewähranspruch** dar (PWW/*Medicus* Rn 6). Hat der Geber die Unmöglichkeit der Leistung oder die Vertragsaufhebung zu vertreten, darf der Empfänger die Draufgabe nach § 338 behalten. Gleiches soll für die schuldhafte Veranlassung des Rücktritts des anderen Teils gelten (Erman/*Westermann* Rn 1). Es handelt sich bei den von § 338 geregelten Situationen um sog »Verfallstatbestände« (Hk-BGB/*Schulze* Rn 1; Palandt/*Grüneberg* Rn 5). Da die Draufgabe nach § 338 S 2 (in Parallele zu § 340 Abs 2) auf einen eventuell bestehenden Schadensersatzanspruch anzurechnen ist, stellt sie zugleich eine Mindestentschädigung dar (Hk-BGB/*Schulze* Rn 1; Palandt/*Grüneberg* Rn 5). Hier nähert sich die Draufgabe funktional der Vertragsstrafe an, so dass eine analoge Heranziehung des § 343 denkbar ist (MüKo/*Gottwald* Rn 1; PWW/*Medicus* Rn 6). § 338 S 1 gilt im Fall der §§ 275, 323, setzt aber ein Vertretenmüssen voraus. Dieses bestimmt sich nach § 276. Verlangt der Empfänger Schadensersatz wegen Nichterfüllung (jetzt gem §§ 281 ff Schadensersatz statt der Leistung genannt), ist die Draufgabe nach § 338 S 2 entweder anzurechnen oder zurückzugewähren. Diese Regelung ist folgerichtig, da die Schadensersatzleistung an die Stelle der Leistung tritt (PWW/*Medicus* Rn 6; Palandt/*Grüneberg* Rn 6). Kein Verfall tritt ein bei Ausübung eines vorbehaltenen Rücktrittsrechts (Erman/*Westermann* Rn 1).

§ 339 Verwirkung der Vertragsstrafe. Verspricht der Schuldner dem Gläubiger für den Fall, dass er seine Verbindlichkeit nicht oder nicht in gehöriger Weise erfüllt, die Zahlung einer Geldsumme als Strafe, so ist die Strafe verwirkt, wenn er in Verzug kommt. Besteht die geschuldete Leistung in einem Unterlassen, so tritt die Verwirkung mit der Zuwiderhandlung ein.

A. Allgemeines. I. Begriff und Bedeutung der Vertragsstrafe. Das Vertragsstrafeversprechen beinhaltet ein aufschiebend bedingtes Versprechen, eine Strafe in Form eines Geldbetrages (§ 339) oder einer anderen Leistung (§ 342) zu zahlen (Hk-BGB/*Schulze* Rn 1; MüKo/*Gottwald* Vor § 339 Rn 1). Der Gesetzgeber des BGB hat der Vertragsstrafe eine doppelte Funktion beigemessen. Sie dient einerseits als Druckmittel gegen den Schuldner, um die Erfüllung der Verpflichtung zu sichern und künftige Pflichtverletzungen zu verhindern (sog Präventivfunktion, vgl dazu BGH NJW 2000, 2106, 2107; Frankfurt aM MDR 1985, 934; Hk-BGB/*Schulze* Rn 1). Andererseits soll sie dem Gläubiger im Fall des Eintritts einer Leistungsstörung die Schadensersatzforderung insoweit sichern, als sie einen beweisfreien Mindestersatz des Schadens garantieren soll (sog Schadensfunktion, vgl Hk-BGB/*Schulze* Rn 1). Durch diese Zielrichtung unterscheidet sich die Vertragsstrafe maßgeblich vom sog »Reugeld«, das dem Schuldner lediglich die Möglichkeit einräumt, sich vom Vertrag zu lösen (§ 353). Die Vertragsstrafe wird bes häufig im Zusammenhang mit **Konkurrenzverboten** und **wettbewerbsrechtlichen Unterlassungspflichten** vereinbart (BGHZ 130, 292). Häufig anzutreffen ist sie aber auch in der Bauwirtschaft (BGH NJW-RR 1989, 916 ff). Eine nicht unerhebliche Bedeutung kommt ihr daneben in den Konstellationen zu, in denen der Schaden (zB wegen § 253 Abs 1) nicht ersatzfähig ist (Hk-BGB/*Schulze* Rn 2) oder einer Pauschalierung auf Grund möglicher Beweisschwierigkeiten bedarf. 1

II. Problematik. Die Vereinbarung einer Vertragsstrafe geht der Schuldner in dem Glauben ein, er werde seine vertragliche Pflicht erfüllen können. Da das Vertragsstrafeversprechen dem Gläubiger ein über die gesetzlichen Rechtsbehelfe hinausgehendes Instrument in die Hand gibt, (wirtschaftlichen) Druck auf den Schuldner auszuüben, der bei sehr hohen Vertragsstrafen ruinöse Züge tragen kann, stellt sich für den Gesetzgeber die Problematik der Begrenzung. **1. Begrenzung durch § 343.** Das BGB selbst sieht in § 343 Abs 1 die richterliche Herabsetzung einer überhöhten Vertragsstrafe vor. 2

2. Begrenzungstatbestände im Übrigen. Über die richterliche Herabsetzungsmöglichkeit nach § 343 hinaus sind verschiedene Sonderregelungen zu beachten. **a) AGB.** So erklären die §§ 305 ff für ihren Geltungsbereich Vertragsstrafen, die ein Nichtunternehmer in einer Klausel verspricht, für unwirksam (§ 309 Nr 6). § 309 Nr 6 gilt jedoch nicht für Arbeitsverträge. Hier bleibt lediglich die Heranziehung des § 307 als allg Ausformung von § 242. Allerdings können die von § 309 Nr 6 vorgegebenen Bewertungsmaßstäbe für sonstige (wirtschaftlich abhängig) Beschäftigte herangezogen werden. Deshalb werden Vertragsstrafeversprechen in AGB-Form auch dann als unwirksam angesehen, wenn sie einem freien Mitarbeiter oder (abhängigen) Subunternehmer abgenötigt werden (BGH NJW 2003, 1864, 1865; MüKo/*Gottwald* Vor § 339 Rn 12). Hinzuweisen ist in diesem Zusammenhang zusätzlich darauf, dass das bloße Ausfüllen der Höhe der Vertragsstrafe aus ihr noch keine Individualvereinbarung macht (Köln NJW-RR 1988, 654, 655). Für die Pauschalierung von Schadensersatzansprüchen muss § 309 Nr 5 beachtet werden. Schadenspauschalen sind danach zulässig, wenn sie den Durchschnittsschaden oder eine gewöhnliche Wertminderung erfassen wollen. Wenn die Vereinbarung dieses Niveau übersteigt, ist sie unbeachtlich. 3

b) Kaufmann. Wird die Vertragsstrafe durch einen Kaufmann versprochen, ist sie grds wirksam. Bei einer unangemessenen Benachteiligung bietet lediglich § 307 eine Korrekturmöglichkeit (BGHZ 153, 311 ff; MüKo/*Gottwald* Vor § 339 Rn 13; Staud/*Rieble* Rn 47, 51). Hierbei gilt: Eine verschuldensunabhängige Vertragsstrafe in AGB-Form verstößt auch bei Kaufleuten grds gegen die Anforderungen des § 307 (LG Aachen NJW-RR 1987, 948; MüKo/*Gottwald* Vor § 339 Rn 14). 4

c) Erhöhtes Beförderungsentgelt. Wird für die unzulässige, weil erschlichene Beförderung in öffentlichen Verkehrsmitteln eine Vertragsstrafe verlangt, ist dieses Entgelt zwar von der förmlichen Einbeziehung nach § 305 Abs 2 befreit (§ 305a Nr 1), es verstößt aber nicht prinzipiell gegen § 309 Nr 6 (Soerg/*Lindacher* Rn 16; MüKo/*Gottwald* Vor § 339 Rn 15). 5

d) Miete. Durch die Sonderregelung des § 555 ist eine Vereinbarung (AGB oder Individualabrede), durch die sich ein Vermieter von Wohnraum eine Vertragsstrafe vom Mieter versprechen lässt, unwirksam (AG Schöneberg ZMR 1999, 489; Staud/*Rieble* Rn 67; MüKo/*Gottwald* Vor § 339 Rn 16). Wohnungsvermittler und Auftraggeber können hingegen eine Vertragsstrafe vereinbaren (§ 4 WoVermG), allerdings ist diese der Höhe nach begrenzt. Sie darf nicht über 10% des vereinbarten Entgelts liegen, höchstens aber 25 Euro betragen (Staud/*Rieble* Rn 68; MüKo/*Gottwald* Rn 16). Im gewerblichen Mietrecht ergeben sich Begrenzungsmöglichkeiten für das Vertragsstrafeversprechen nur auf der Grundlage der §§ 138, 307. Die strengen Grenzen, die für Vertragsstrafen in Bauverträgen gelten, sollen keine Anwendung finden (BGHZ 154, 171 ff). 6

e) Familien- und Erbrecht. Für den Bereich des Familien- und Erbrechtes gelten einige Sonderregelungen. So bestimmt § 1297 Abs 2, dass ein Verlöbnis nicht durch eine Vertragsstrafe gesichert werden kann (BGHZ 34, 80, 85). Verträge, die in die Testierfreiheit eingreifen und deshalb nach § 2302 rechtlich unbeachtlich sind, können ebenfalls nicht durch ein Versprechen der Zahlung einer Vertragsstrafe abgesichert werden (MüKo/*Gottwald* Vor § 339 Rn 18). 7

f) Arbeitsvertrag. Für formularmäßige Vertragsstrafeklauseln in AGB kann lediglich § 307 (als Ausformung des § 242) herangezogen werden. Die Inhaltskontrolle nach § 307 (früher § 9 AGBG) ist hier in neuerer Zeit verschärft worden. Zentral ist dabei die Frage, ob das Verhältnis von vereinbarter Vertragsstrafe zum Gewicht des Verstoßes richtig bemessen wurde (BGH NJW 1998, 2000; BGH JZ 1997, 1112; Jena MDR 1999, 993; 8

Erman/*Westermann* Rn 1). Bes Einschränkungen werden vertreten für die Verwendungen von Vertragsstrafen in (öff-rechtl) Ausbildungsverträgen (*Koch* DÖV 1998, 141).

9 **g) Treuhandanstalt.** Bes umstritten ist die Gültigkeit von Vertragsstrafen, die anlässlich von Unternehmensverkäufen der Treuhandanstalt bzw BvS zur Durchsetzung der mit der Privatisierung der Treuhandunternehmen verfolgten Zwecke vereinbart wurden; umfassend zum Streitstand Erman/*Westermann* Rn 2.

10 **B. Regelungsinhalt. I. Anwendungsbereich.** § 339 bezieht sich nicht auf das selbständige Strafversprechen, das in § 343 Abs 2 einen gesetzlichen Niederschlag gefunden hat, sondern auf eine unselbständige Strafabrede, die der Sicherung einer anderen Verbindlichkeit dient (»echte Vertragsstrafe«). Das in § 339 geregelte Vertragsstrafeversprechen ist deshalb akzessorischer Natur (Erman/*Westermann* Rn 4; Hk-BGB/*Schulze* Rn 3). Die Akzessorietät kommt bes deutlich in § 344 zur Geltung, denn dort ist geregelt, dass im Fall der Unwirksamkeit des Leistungsversprechens auch das sie sichernde Vertragsstrafeversprechen hinfällig ist.

11 **II. Tatbestandliche Voraussetzungen.** Die Vertragsstrafe setzt eine wirksame Abrede zwischen Schuldner und Gläubiger voraus (Hk-BGB/*Schulze* Rn 9). Dabei muss sich der Schuldner derart verpflichten, dass er bei nicht oder nicht gehöriger Erfüllung seiner Leistung die Vertragsstrafe zu bewirken hat. Zu den Begrenzungen vgl die Darstellungen unter Rz 3 ff. Einschränkungen ergeben sich insbes aus §§ 307, 309 Nr 6, 555, 1297 Abs 2 BGB, §§ 75c, 75d HGB; § 2 V Nr 1 FernUSG, § 4 WoVermG. **1. Vertragsstrafeversprechen.** Die Vertragsstrafe muss von einer Seite der anderen versprochen worden sein. Dies erfordert eine Einigung der Parteien über die Bedingung für das Entstehen des Strafanspruchs sowie über den Gegenstand und die Höhe (bzw die Bemessungsgrundlage), vgl dazu BGH BB 1990, 2143; Hamburg MDR 2000, 513; Erman/*Westermann* Rn 3; Hk-BGB/*Schulze* Rn 9. Inhalt der einzuhaltenden Hauptverbindlichkeit, auf die sich das Strafversprechen bezieht, kann grds jede Art der Verpflichtung sein. Umfasst wird ein positives Tun, aber auch ein Unterlassen. Regelm ist dem Vertragsstrafeversprechen die Strafhöhe entnehmbar. Eine zunächst unbestimmte Strafe ist aber zulässig, denn ihre Festlegung kann gem §§ 315, 316 auch durch den Gläubiger erfolgen oder gem § 317 einem Dritten überantwortet werden (krit für staatl Gericht BGH BB 1978, 12; WM 1971, 165; Palandt/*Grüneberg* Rn 5; vgl aber nun Hamburg JZ 1963, 172; Erman/*Westermann* Rn 3; MüKo/*Gottwald* Rn 28). Die gerichtliche Kontrolle der Höhe der festgesetzten Vertragsstrafe nach § 315 Abs 3 und § 319 Abs 1 geht der Herabsetzung nach § 343 vor (MüKo/*Grüneberg* Rn 29).

12 **2. Form des Versprechen und Genehmigungserfordernis.** Ein besonderes Formerfordernis besteht nicht. Ist allerdings der Hauptvertrag formbedürftig, bedarf auch das an ihn »angeleinte« Vertragsstrafeversprechen der Form des Hauptgeschäfts (Erman/*Westermann* Rn 1; Hk-BGB/*Schulze* Rn 9; MüKo/*Gottwald* Rn 22). Bei Wettbewerbsverboten, die durch die Strafklausel flankiert werden sollen, folgt das Schriftformerfordernis aus § 74 Abs 1 HGB, bei Grundstückskaufverträgen aus § 311b. Die Fehlerfolge ergibt sich aus § 125. Ein ähnl Wirksamkeitserfordernis wie die evtl Formvorgabe für den Hauptvertrag, stellt ein gesetzlicher Genehmigungszwang dar, der für den Hauptvertrag besteht (Erman/*Westermann* Rn 1).

13 **3. Akzessorietät der Vertragsstrafe.** Da die Vertragsstrafe gem § 339 als ein akzessorisches Instrument angelegt ist, muss eine rechtliche Primärverbindlichkeit zum Zeitpunkt ihrer Geltendmachung bestehen. Nicht nur die anfängliche Nichtigkeit der Hauptverbindlichkeit (zB wg §§ 125, 134, 138, 305 ff), sondern auch ein Entfallen zB auf Grund Rücktritts oder einer Kündigung schließt daher die Geltendmachung des Strafanspruchs aus (BGH NJW 1962, 1340; Erman/*Westermann* Rn 4; Hk-BGB/*Schulze* Rn 19). Als Primärverbindlichkeit können sowohl vertragliche als auch gesetzliche Obligationen fungieren (BGH NJW 1993, 1786, 1787; Palandt/*Grüneberg* Vor § 339 Rn 2; MüKo/*Gottwald* Rn 17). Keine erforderliche Grundlage für ein Vertragsstrafeversprechen besteht bei einem schwebend unwirksamen Rechtsgeschäft. Sofern es rückwirkend genehmigt wird, löst es die Vertragsstrafe nur ex nunc aus (Staud/*Rieble* Rn 110 f; MüKo/*Gottwald* Rn 17).

14 **4. Verwirkung.** Verwirkt ist die Vertragsstrafe nach § 339 S 1 im Fall der **Nichterfüllung oder** der **nicht gehörigen Erfüllung. a) Beispiele für Verwirkungstatbestände.** Nicht gehörig erfüllt wird insbes im Fall des Schuldnerverzugs, dh bei nicht fristgerechter Erfüllung einer Handlungspflicht. In diesem Fall müssen alle Voraussetzungen des § 286 bis auf den nicht notwendigerweise vorliegenden Schaden (dieser kann pauschaliert werden) vorliegen (BGH NJW 1969, 461, 462; Staud/*Rieble* Rn 134; MüKo/*Gottwald* Rn 32). Im Fall des Verzuges kann sich der Schuldner gem § 287 S 2 befreien, aber nur, wenn er nachweist, dass ihn am Eintritt des Leistungshindernisses kein Verschulden trifft (BGH NJW 1999, 1108, 1109). Dem Verzug des Schuldners an der Leistungserbringung steht die von ihm zu vertretende Unmöglichkeit nach § 339 S 1 gleich (Palandt/*Grüneberg* Rn 1; Staud/*Rieble* Rn 138; Soerg/*Lindacher* Rn 4; MüKo/*Gottwald* Rn 138).

15 **b) Verschulden.** Sowohl für die Haftung aus Schuldnerverzug als auch bei der Unmöglichkeit der Leistung ist zur Verwirkung der Vertragsstrafe ein **Verschulden des Schuldners erforderlich** (Palandt/*Grüneberg* Rn 3; Erman/*Westermann* Rn 7). Trotz des missverständlichen Wortlauts des § 339 hat sich seit BGH NJW 1972, 1893 iÜ die Ansicht durchgesetzt, dass die Verschuldensvoraussetzung sowohl für die Verwirkung der Vertragsstrafe durch positives Tun als auch durch Unterlassen gilt (PWW/*Medicus* Rn 2) Denn das für § 229 maßgebliche Schutzbedürfnis des Schuldners ist bei einem Unterlassen nicht geringer einzuschätzen als bei einer positiven Handlungspflicht. Für die Definition des Verschuldens wird an den in § 276 festgelegten Maßstab anzuknüpfen sein, wonach für Vorsatz und Fahrlässigkeit gehaftet wird. Für Kaufleute gelten gem § 347

Abs 1 HGB bes Anforderungen. **aa) Disposition über Verschuldensanforderung.** Die Parteien können jedoch zu jeder Zeit einen anderen Sorgfaltsmaßstab iS »qualifizierter Verschuldensanforderungen« vereinbaren. Das geht jedenfalls bei der Individualvereinbarung bis hin zum Ausschluss der Notwendigkeit eines bestehenden Sorgfaltspflichtverstoßes (BGH NJW 1971, 883; 1979, 105; 1982, 759; NJW-RR 1997, 686, 688; Palandt/*Grüneberg* Rn 3). In diesem Fall hat die Vertragsstrafeabrede eine Garantiefunktion (Erman/*Westermann* Rn 7; MüKo/*Gottwald* Rn 35). Wird solch eine Abrede durch AGB vereinbart, ist diese nur bei Bestehen bes sachlicher Gründe (BGH NJW-RR 1991, 1013, 1015; Naumburg VIZ 2004, 246; Hamm OLGE 1989, 461; Erman/*Westermann* Rn 7; Staud/*Coester-Waltjen* § 309 Nr 6 Rn 26; MüKo/*Gottwald* Rn 35) zulässig, iÜ kann sie in dieser Form nicht wirksam vereinbart werden (Frankfurt aM BauR 1999, 51, 53; Kemper BauR 2001, 1015, 1016; Palandt/*Grüneberg* Rn 3; MüKo/*Gottwald* Rn 35).

bb) Zurechnung des Verschuldens von Hilfspersonen. Soweit **Hilfspersonen** sorgfaltspflichtwidrig das Leistungshindernis herbeigeführt haben, wird ihr Verhalten dem Schuldner nach § 278 zugerechnet, der im Fall einer Verschuldenshaftung dafür einstehen muss (BGH NJW 1986, 127; 1987, 3253; Palandt/*Grüneberg* Rn 3; MüKo/*Gottwald* Rn 36; einschr *Köhler* FS Gernhuber 1993, S 207, 218 ff; aA iSe Haftung nur bei jur Pers und Gesamthandsgesellschaften Soerg/*Lindacher* Rn 19). Dies gilt auch für selbständige Erfüllungsgehilfen (BGH NJW 1998, 3342, 3343; 1988, 1907; 1987, 3253; MüKo/*Gottwald* Rn 36). Die Haftung kann jedoch abbedungen werden. 16

c) Tatbestandskorrektur durch den Grundsatz von Treu und Glauben. Der **Grundsatz von Treu und Glauben** führt zu einer breitflächigen **Korrektur des § 339** (Erman/*Westermann* Rn 6). Er bewirkt eine Ausdehnung von Vertragsstrafen auf Umgehungstatbestände, andererseits führt er uU dazu, dass nach dem Einzelfall der Gläubiger gehalten sein kann, die Vertragsstrafe trotz ihrer Verwirkung nicht einzufordern, wenn der Schuldner nachträglich die Leistung ohne großen Zeitverzug und ohne dass ein Nachteil für den Gläubiger entstanden ist, erbringt (sog »Verfallbereinigung«, vgl Hamm NJW-RR 1993, 1383, 1384; Erman/*Westermann* Rn 6; MüKo/*Gottwald* Rn 44; *Knütel* AcP 175, 44 ff) oder die Vertragsverletzung sehr gering ausfällt (Erman/*Westermann* Rn 6). Auch eine lange Duldung des verbotenen Verhaltens kann die Geltendmachung des Strafanspruchs ausschließen (Frankfurt aM BB 1996, 2165; Erman/*Westermann* Rn 6). § 242 steht zudem einer rechtsmissbräuchlichen Handhabung des Strafversprechens entgegen. Dies gilt insbes dann, wenn der Gläubiger das vertragswidrige Verhalten des Schuldners provoziert oder er sich selbst in erheblichem Maße treuwidrig verhalten hat (BGH NJW-RR 1991, 568, 569; NJW 1984, 919, 920; NJW 1971, 1126; Naumburg VIZ 2004, 246, 247; LAG Köln NZA-RR 1999, 350; Erman/*Westermann* Rn 6; Hk-BGB/*Schulze* Rn 12; MüKo/*Gottwald* Rn 45; Staud/*Rieble* Rn 169 stellt insoweit auf § 162 ab). 17

III. Rechtsfolgen. Rechtsfolge des § 339 ist das Entstehen des Strafanspruchs. Voraussetzungen, Inhalt und Höhe des Strafanspruchs bestimmen sich nach der Vereinbarung, erg können die Regeln der Auslegung (§§ 133, 157) herangezogen werden (Palandt/*Grüneberg* Rn 5). Die Auslegung ist häufig auch Grundlage für die Entscheidung, ob bei mehrmaliger Verletzung der gesicherten Verpflichtung jeder Verstoß einen Strafanspruch auslöst oder nicht (BGH NJW 2001, 2622; Palandt/*Grüneberg* Rn 6; Hk-BGB/*Schulze* Rn 13; Erman/*Westermann* Rn 3). Dabei ist idR davon auszugehen, dass die Strafe, auch wenn keine natürliche Handlungseinheit vorliegt, nicht für jede einzelne Tat, sondern nur einmal verwirkt ist (BGH NJW 2001, 2622; Hamm NJW-RR 1990, 1197; Frankfurt aM NJW-RR 1992, 620; PWW/*Medicus* Rn 6). Ist für den Erfüllungsanspruch eine Ausschlussfrist vorgesehen, gilt sie idR auch für die Geltendmachung des Vertragsstrafeversprechens (BGH NJW 1970, 1915, 1916; Erman/*Westermann* Rn 1; Palandt/*Grüneberg* Vor § 339 Rn 3; Soerg/*Lindacher* Rn 7; Staud/*Rieble* Rn 28). Aus diesem Grunde kann ein Arbeitgeber, der den Anspruch auf die Arbeitsleistung nicht innerhalb der tariflichen Ausschlussfrist geltend macht, später nicht mehr die für den Fall des Vertragsbruchs vereinbarte Vertragsstrafe fordern (MüKo/*Gottwald* Rn 23). Die Verjährungsfrist für die Geltendmachung von Ansprüchen richtet sich regelm nach der Hauptverbindlichkeit, soweit das Erfüllungsinteresse gesichert wird, andernfalls gelten die §§ 195, 199 (BGHZ 130, 292, 295 f; Hk-BGB/*Schulze* Rn 13). Der Anspruch auf die verwirkte Vertragsstrafe ist selbständig abtretbar. Dies gilt allerdings nur für den Fall des Eintritts der Verwirkung. Vor der Verwirkung ist auf Grund der akzessorischen Natur eine isolierte Abtretung unmöglich, vgl § 401 (Hk-BGB/*Schulze* Rn 13). 18

C. Prozessrechtliche Erwägungen. Als Folge der Akzessorietät kann ein Anspruch auf Grund eines Vertragsstrafeversprechens bei Verwirkung in denselben Gerichtsständen wie die Hauptforderung geltend gemacht werden (Hamm NJW 1990, 652, 653; Hk-BGB/*Schulze* Rn 14; Palandt/*Grüneberg* Vor § 339 Rn 2; MüKo/*Gottwald* Rn 25; für einen eigenen Erfüllungsort der Vertragsstrafe Staud/*Rieble* Rn 249). Die Sicherung durch ein Vertragsstrafeversprechen schließt ein Rechtsschutzbedürfnis für die Unterlassungsklage und den Antrag gem § 890 ZPO nicht aus (BGH NJW 1980, 1843). Ein Überblick zu Vertragsstrafen im grenzüberschreitenden Verkehr findet sich bei *Berger* RIW 1999, 401 ff. 19

§ 340 Strafversprechen für Nichterfüllung. **[1] Hat der Schuldner die Strafe für den Fall versprochen, dass er seine Verbindlichkeit nicht erfüllt, so kann der Gläubiger die verwirkte Strafe statt der Erfüllung verlangen. Erklärt der Gläubiger dem Schuldner, dass er die Strafe verlange, so ist der Anspruch auf Erfüllung ausgeschlossen.**
[2] Steht dem Gläubiger ein Anspruch auf Schadensersatz wegen Nichterfüllung zu, so kann er die verwirkte Strafe als Mindestbetrag des Schadens verlangen. Die Geltendmachung eines weiteren Schadens ist nicht ausgeschlossen.

1 **A. Allgemeines.** Die §§ 340 und 341 regeln das Verhältnis zwischen den Ansprüchen auf Erfüllung, Schadensersatz und Vertragsstrafe (Palandt/*Grüneberg* Rn 1). Dabei wird der Schutz des Schuldners dadurch sichergestellt, dass der Gläubiger für das gleiche Interesse entweder nur die Strafe oder nur die Leistung bzw Schadensersatz für die Nichtleistung verlangen darf (Erman/*Westermann* Rn 1).

2 **B. Regelungsinhalt. I. Anwendungsbereich.** § 340 gilt, wenn die Strafe für den Fall der (gänzlichen oder teilw) Nichterfüllung versprochen worden ist (PWW/*Medicus* § 341 Rn 1; Erman/*Westermann* Rn 2). § 341 betrifft hingegen den Fall der nichtgehörigen Erfüllung. Ist nicht eindeutig, auf welche Leistungsstörung das Strafversprechen zielt, muss die Abgrenzung der Anwendungsbereiche von §§ 340, 341 durch Auslegung erfolgen (RGZ 112, 366 ff; BAG NJW 1971, 2008). Erfasst die Strafhöhe auch den Nichterfüllungsschaden (jetzt Schadensersatz statt der Leistung, §§ 280 Abs 1, 3 iVm 281 ff) gilt § 340 (Bamberg ZMR 1999, 414; Palandt/*Grüneberg* Rn 2). Ein Strafversprechen, das sich auf eine Nichterfüllung bezieht, soll jedoch iZw auch bei nicht gehöriger Erfüllung anwendbar sein (Palandt/*Grüneberg* Rn 2).

3 **II. Wahlrecht des Gläubigers, seine Ausübung und Folgen. 1. § 340 Abs 1.** Für den Fall der Nichterfüllung der durch das Strafversprechen gesicherten Leistungsverpflichtung wird dem Gläubiger in § 340 Abs 1 ein Wahlrecht zwischen der Erfüllung und der bereits verwirkten Vertragsstrafe iSe elektiven Konkurrenz (PWW/*Medicus* § 341 Rn 4; Palandt/*Grüneberg* Rn 4; MüKo/*Gottwald* Rn 9; Hk-BGB/*Schulze* Rn 2) zugesprochen. Erst durch die Ausübung des Wahlrechts mittels einer einseitigen rechtsgeschäftlichen Erklärung wird der Strafanspruch erfüllbar (sog verhaltener Anspruch, BAG NJW 1970, 1147; Palandt/*Grüneberg* Rn 6; Erman/*Westermann* Rn 3). Der Schuldner hat keine Möglichkeit, die Entscheidung des Gläubigers zu beeinflussen oder ihm eine Frist zu setzen. Er kann auch nicht durch Zahlung der Strafe den Erfüllungsanspruch beseitigen. Für den Fall, dass der Gläubiger die Strafe wählt, hat dies allerdings das Erlöschen des Erfüllungsanspruchs zur Folge, der Gläubiger kann mithin keine Erfüllung mehr verlangen (PWW/*Medicus* § 341 Rn 4; Palandt/*Grüneberg* Rn 4; Hk-BGB/*Schulze* Rn 2). Bei gegenseitigen Verträgen ergibt die Auslegung iVm dem synallagmatischen Verhältnis der Ansprüche (vgl § 323) idR, dass der Ausschluss des Erfüllungsanspruchs zugleich zum Erlöschen des Gegenleistungsanspruchs führt (PWW/*Medicus* § 341 Rn 7; Erman/*Westermann* Rn 1; MüKo/*Gottwald* Rn 13; Palandt/*Grüneberg* Rn 5), das ist jedoch Auslegungsfrage (Anhaltspunkt: Strafhöhe). Wählt der Gläubiger hingegen die Erfüllung, soll er im Umkehrschluss zu § 340 Abs 1 S 2 noch nicht gebunden sein (RG SeuffA 68, 121; RG JW 13, 2319; Erman/*Westermann* Rn 4). Bis zur Annahme der Leistung als Erfüllung kann er noch sein Begehren wechseln, erst danach ist die Geltendmachung eines Strafschadensersatzanspruches ausgeschlossen.

4 **2. § 340 Abs 2.** § 340 Abs 2 betrifft den Fall, dass der Gläubiger statt des primären Leistungsanspruchs nur noch einen Anspruch auf Schadensersatz statt der Leistung hat (§§ 280 Abs 1, Abs 3, 281–283). Ein Wahlrecht besteht für den Gläubiger auch hier, insofern als er entweder Schadensersatz wegen Nichterfüllung oder Zahlung der Vertragsstrafe verlangen kann. Auf den Nachweis eines Schadens kommt es in diesem Fall nicht an (RGZ 103, 99 ff; BGH NJW 1975, 163; PWW/*Medicus* § 341 Rn 6; Palandt/*Grüneberg* Rn 7; Erman/*Westermann* Rn 2). § 340 Abs 2 stellt lediglich klar, dass dann, wenn der Gläubiger die Strafe als Mindestentschädigung wählt, es ihm nach § 340 Abs 2 S 2 unbenommen bleibt, daneben einen weitergehenden Schaden geltend zu machen (vgl dazu BGH DB 1955, 380 ff; BAG BB 1970, 1049). Im Einzelfall kann die Auslegung jedoch ergeben, dass der Anspruch auf höheren Schadensersatz ausgeschlossen sein soll (Düss MDR 1994, 1186).

§ 341 Strafversprechen für nicht gehörige Erfüllung. **[1] Hat der Schuldner die Strafe für den Fall versprochen, dass er seine Verbindlichkeit nicht in gehöriger Weise, insbesondere nicht zu der bestimmten Zeit, erfüllt, so kann der Gläubiger die verwirkte Strafe neben der Erfüllung verlangen.**
[2] Steht dem Gläubiger ein Anspruch auf Schadensersatz wegen der nicht gehörigen Erfüllung zu, so findet die Vorschrift des § 340 Absatz 2 Anwendung.
[3] Nimmt der Gläubiger die Erfüllung an, so kann er die Strafe nur verlangen, wenn er sich das Recht dazu bei der Annahme vorbehält.

1 **A. Allgemeines.** § 341 regelt die Konkurrenzen zwischen Erfüllungs-, Straf- und Schadensersatzanspruch für den Fall, dass die Vertragsstrafe an die Bedingung einer nicht gehörigen Erfüllung durch den Schuldner geknüpft ist (Hk-BGB/*Schulze* Rn 1). Damit erfasst die Norm insbes die Fälle der verspäteten Leistung und der Schlechtleistung. Ist nicht eindeutig, auf welche Leistungsstörung das Strafversprechen zielt (Nichterfül-

lung, § 340 oder nicht gehörige Erfüllung, § 341), muss die Abgrenzung der Anwendungsbereiche der Regelungen durch Auslegung erfolgen (RGZ 112, 366 ff; BAG NJW 1971, 2008).

B. Regelungsinhalt. Gem § 341 Abs 1 kann der Gläubiger (anders als bei § 340 Abs 1) die Strafe neben der Erfüllung verlangen, sog Kumulation (Palandt/*Grüneberg* Rn 1). Entspr gilt, wenn an die Stelle des Erfüllungsanspruchs ein Schadensersatzanspruch statt der Leistung getreten ist (RGZ 94, 207 ff; BGH NJW 1963, 1197; Palandt/*Grüneberg* Rn 1). Der Grund hierfür ist, dass der Schadensersatz gem § 341 eine andere Funktion als nach § 340 hat: In § 340 handelt es sich um Schadensersatz statt der Leistung. Hier ist der Schadensersatz ein Surrogat für die völlige Nichterbringung der Leistung. Anders ist dies bei § 341, wonach nur die Ordnungsgemäßheit der Leistung gesichert werden soll (Hk-BGB/*Schulze* Rn 1; PWW/*Medicus* § 341 Rn 2). In jedem Fall muss sich der Gläubiger jedoch gem § 341 Abs 3 bei Annahme der Leistung die Strafe vorbehalten, ansonsten erlischt der Anspruch aus Gründen der Rechtssicherheit und zwar ohne, dass beim Gläubiger ein entspr Verzichtswille oder ein Erklärungsbewusstsein dieses Inhalts zu fordern wäre (BGHZ 97, 224, 227; Palandt/*Grüneberg* Rn 3; PWW/*Medicus* § 341 Rn 9). Eine **Ausn von dem Erfordernis des Vorbehalts** ist auch nicht für den Fall zu machen, dass sich der Schuldner wegen der Vertragsstrafe notariell der sofortigen Zwangsvollstreckung unterworfen hat (BGHZ 73, 243, 246 ff; Erman/*Westermann* Rn 3). Gleiches gilt für den Fall, dass der Gläubiger den Anspruch bereits durch Streitverkündung bzw Aufrechnung geltend gemacht hat (BGH NJW 1977, 1293; 1983, 384) oder über den Strafanspruch eine vollstreckbare Urkunde ausgefertigt wurde (BGH NJW 1979, 1163). Das Erfordernis des Vorbehalts wird – anders als bei § 640 Abs 2 – eng ausgelegt (BGHZ 33, 236, 237 ff; BGH NJW 1977, 897; 1985, 305, 309 ff; Erman/*Westermann* Rn 3). 2

§ 342 Andere als Geldstrafe. **Wird als Strafe eine andere Leistung als die Zahlung einer Geldsumme versprochen, so finden die Vorschriften der §§ 339 bis 341 Anwendung; der Anspruch auf Schadensersatz ist ausgeschlossen, wenn der Gläubiger die Strafe verlangt.**

Gem der Regelung sind die §§ 339–341 auch dann heranzuziehen, wenn die Strafe in einer anderen Leistung als einer Geldsumme besteht. Eine Änderung nimmt der Gesetzgeber für diesen Fall nur insoweit vor, als das Strafverlangen, wenn es nicht auf eine Geldleistung zielt, abw von §§ 340 Abs 2, 341 Abs 2 den Ersatz weiteren Schadens ausschließt. Insoweit kommt der Regelung nicht nur die Funktion einer Klarstellung des Anwendungsbereichs von §§ 339 ff zu, sondern auch der Begrenzung der Ansprüche. Die in § 342 nicht erwähnten §§ 343 ff gelten ohnehin auch für andere als Geldstrafen. 1

§ 343 Herabsetzung der Strafe. **[1] Ist eine verwirkte Strafe unverhältnismäßig hoch, so kann sie auf Antrag des Schuldners durch Urteil auf den angemessenen Betrag herabgesetzt werden. Bei der Beurteilung der Angemessenheit ist jedes berechtigte Interesse des Gläubigers, nicht bloß das Vermögensinteresse, in Betracht zu ziehen. Nach der Entrichtung der Strafe ist die Herabsetzung ausgeschlossen.**
[2] Das Gleiche gilt auch außer in den Fällen der §§ 339, 342, wenn jemand eine Strafe für den Fall verspricht, dass er eine Handlung vornimmt oder unterlässt.

A. Allgemeines. § 343 regelt den Schuldnerschutz hinsichtlich der Höhe der Vertragsstrafe, der durch die Herabsetzungsmöglichkeit auf Grund richterlicher Billigkeitskontrolle sichergestellt werden soll (Hk-BGB/*Schulze* Rn 1). Aufgrund der Intention der Norm handelt es sich um zwingendes Recht, das der Disposition nicht offen steht (BGHZ 5, 133, 136; BGH NJW 1952, 623; 1968, 1625; Palandt/*Grüneberg* Rn 2a; Erman/*Westermann* Rn 3). 1

B. Regelungsinhalt. I. Anwendungsbereich. Die Regelung ist auf alle (wirksamen) Strafversprechen anwendbar. Schon aus der Existenz des § 343 folgt, dass das Versprechen nicht allein auf Grund der unangemessenen Höhe nichtig ist (RGZ 114, 307 ff; BGHZ 3, 193 ff). Um Nichtigkeit – ggf gem § 138 – annehmen zu können, müssen noch weitergehende, dh bes Umstände in Bezug auf Inhalt, Beweggrund oder Zweck der Abrede hinzutreten (RGZ 114, 307 ff; BGH LM Nr 1b; WM 1971, 441, 443; *Weyer* BauR 1988, 28, 29 f; Palandt/*Grüneberg* Rn 3; Erman/*Westermann* Rn 1). Bsp: Knebelung und Verpflichtung durch Ehrenwort (RGZ 68, 229 ff); Gefährdung der wirtschaftlichen Existenz (RGZ 85, 100 ff); Ausnutzung wirtschaftlicher Macht (RGZ 90, 181 ff); Koppelung mit familienrechtlichen Pflichten (RGZ 158, 300 ff); Verfallklausel, die nach ihrer Ausgestaltung mit den Zwecken der Vertragsstrafe offensichtlich unvereinbar ist (BGH NJW-RR 1993, 247). § 343 stellt an sich einen Fall der geltungserhaltenden Reduktion dar (*Roth* JZ 1989, 411, 417 f; Erman/*Westermann* Rn 1). Diese Methode ist bei **AGB** unanwendbar. Bei unverhältnismäßig hohen Strafversprechen in AGB-Form ist deshalb nicht § 343 in Ansatz zu bringen, sondern § 307 (MüKo/*Gottwald* Rn 9), wobei sich die Sanktion nicht in der bloßen Herabsetzung der Strafe erschöpft, sondern die Unwirksamkeit der gesamten Klausel bedingt (BGHZ 85, 315 ff; BAG NZA 2004, 727; 2005, 1053; 2006, 34). Insofern ist darauf hinzuweisen, dass § 309 Nr 6 keine abschließende Regelung zur Vertragsstrafe in AGB-Form enthält (Erman/*Westermann* Rn 1). Hinsichtlich der einzelnen Grenzwerte bei Strafversprechen in AGB-Form ist aber noch vieles umstritten und »im Fluss« (eine Übersicht geben PWW/*Medicus* Rn 15; Palandt/*Grüneberg* 2

Rn 4; MüKo/*Gottwald* Rn 9). Bedeutsam und hier hervorzuheben sind insbes die für **Bau-AGB** geltenden Grenzwerte: Hier muss eine tageweise berechnete Strafe wegen Leistungsverspätung regelm durch eine Obergrenze beschränkt werden. Dabei sind sowohl der Tagessatz wie auch diese Grenze kontrollfähig (BGH NJW 2000, 2106, 2107; PWW/*Medicus* Rn 15). Als Obergrenze sind bis zu BGH NJW 87, 380 0,1 % täglich, höchstens 10 % für zulässig gehalten worden. BGH NJW 2000, 2106, 2107 billigt 5 % als Höchstgrenze zu und missbilligt zugleich einen Tagessatz von 0,5 %. BGHZ 153, 311 hält 10% als Obergrenze für unzulässig, gewährt aber für Altverträge einen gewissen Vertrauensschutz. Für **Kaufleute** – auch Scheinkaufleute (vgl Stuttgart MDR 2005, 518) – stellt § 348 HGB eine explizite Sonderregelung dar, so dass § 343 verdrängt und nur ganz eingeschränkt auf § 242 bzw § 307 als Auffangregel und weiteres Korrekturinstrument zurückgegriffen werden kann (BGH NJW 1954, 998; 1998, 1144, 1147; BGH DB 1961, 1690; Erman/*Westermann* Rn 8; Hk-BGB/*Schulze* Rn 2; Palandt/*Grüneberg* Rn 9). Entscheidend für die Beurteilung der Kaufmannseigenschaft ist der Zeitpunkt der Versprechensabgabe (BGH NJW 1952, 623; 1954, 998). Sondervorschriften enthalten ferner die §§ 75c Abs 1 S 2, 75d HGB. **Keine Anwendung** findet § 343 auf **Reuegeldvereinbarungen, Betriebsbußen und Vereinsstrafen** (Palandt/*Grüneberg* Rn 2; Hk-BGB/*Schulze* Rn 2).

3 **II. Tatbestandliche Voraussetzungen.** Die richterliche Herabsetzungsmöglichkeit der Strafe setzt nach **§ 343 Abs 1** zunächst das Vorliegen eines wirksamen Vertragsstrafeversprechens, eine verwirkte, aber noch nicht entrichtete Strafe sowie die unverhältnismäßige Höhe derselben voraus. Der Schuldner muss dann einen Antrag auf Herabsetzung oder Aufhebung der Strafe stellen, wobei hieran keine strengen Anforderungen zu knüpfen sind (Palandt/*Grüneberg* Rn 6). Eine Einrede oder bloße Anregung an das Gericht im Hinblick auf eine Herabsetzung, die selbst nicht einmal beziffert sein braucht, genügt (BGH NJW 1968, 1625). Die auf Grund der og Umstände bestehende Antragsbefugnis des Schuldners ist jedoch weder abtretbar noch pfändbar (LG Hannover NJW 1959, 1279). In **§ 343 Abs 2** ist das selbständige Strafversprechen angesprochen. Es unterscheidet sich von der echten Vertragsstrafe durch das Fehlen einer Primärpflicht und ist damit nicht akzessorisch ausgestaltet (PWW/*Medicus* Rn 16). Die Strafe ist hier nicht an die Nicht- oder Schlechterfüllung einer Leistungspflicht gebunden, sie wird vielmehr für die (nicht geschuldete) Vornahme oder Unterlassung einer Handlung versprochen. § 343 Abs 2 stellt insofern lediglich klar, dass es auch beim selbständigen Strafversprechen eine Herabsetzungsmöglichkeit gibt.

4 **III. Rechtsfolge.** § 343 ermöglicht die richterliche **Herabsetzung der Vertragsstrafe auf eine angemessene Höhe** durch Gestaltungsurteil. Dabei zielt das Urteil auf die der Billigkeit entspr Neufestlegung der Strafe. Wird ihr Umfang ermäßigt, so gilt der im Urteil festgestellte Betrag als von Anfang an geschuldet. Welcher Betrag angemessen ist, hat der Richter unter **Abwägung aller Umstände des Einzelfalls** zu ermitteln (Palandt/*Grüneberg* Rn 7; Erman/*Westermann* Rn 3; MüKo/*Gottwald* Rn 17a). Einzustellen in die Abwägung sind zum einen auf Seiten des Gläubigers die Erfordernisse der Sicherung seines Erfüllungsinteresses einschließlich der Funktion der Strafe als Druck- und Abschreckungsmittel (BGH NJW 1983, 942; Frankfurt aM GRUR-RR 2004, 375) sowie ggf die Notwendigkeit einer Pauschalierung aus Beweissicherungsgründen (BGH NJW 1994, 45). Andererseits ist beim Schuldner die **Art und die Schwere des Verstoßes** zu berücksichtigen (BGH NJW 1994, 45, 46 f; NJW-RR 2002, 608; LG Berlin NJW 1996, 1142; MüKo/*Gottwald* Rn 17a; Palandt/*Grüneberg* Rn 7; aA Staud/*Rieble* Rn 81). Gleiches gilt für den **Verschuldensgrad** (BGH NJW 1983, 941, 942 f; Staud/*Rieble* Rn 78; MüKo/*Gottwald* Rn 17a; Erman/*Westermann* Rn 3; *Bötticher* ZFA 1970, 38 ff) und seine **wirtschaftliche Lage** (RGZ JW 15, 136; RGZ 103, 99 ff; Palandt/*Grüneberg* Rn 7). Einzubeziehen ist aber auch seine Leistungsfähigkeit, wobei auch die Möglichkeit der Schadensverlagerung auf einen Dritten, wenn dieser ihm zum Ersatz des Schadens verpflichtet ist, nicht außer Acht gelassen werden darf (RGZ 86, 28 ff; Erman/*Westermann* Rn 3).

5 **C. Prozessrechtliche Erwägungen.** Die Entscheidung über die Herabsetzung kann einem Schiedsgericht übertragen werden (RG ZAkDR 37, 655; Palandt/*Grüneberg* Rn 2a; *Bötticher* ZFA 1970, 32). Sie erfolgt in jedem Fall durch rechtsgestaltendes Urteil, das auf Klage oder Einrede ergeht. Der Schuldner trägt die Beweislast für die Umstände, aus denen sich die Unverhältnismäßigkeit ergeben soll (BGH GRUR 1953, 264; LAG BaWü DB 1963, 1224). Ob eine unangemessen hohe Vertragsstrafe vorliegt, ist Tatfrage, die der zur Entscheidung des Falles berufene Richter bewerten muss; revisibel ist nur, ob der Tatrichter von richtigen rechtlichen Gesichtspunkten bei der Gesamtwürdigung des Sachverhaltes ausgegangen ist (BGH LM § 339 Nr 2; BGH NJW 1994, 45; 1983, 941, 943; 1969, 461; BAG NJW 1971, 2007; MüKo/*Gottwald* Rn 21; Staud/*Rieble* Rn 94).

§ 344 Unwirksames Strafversprechen.

Erklärt das Gesetz das Versprechen einer Leistung für unwirksam, so ist auch die für den Fall der Nichterfüllung des Versprechens getroffene Vereinbarung einer Strafe unwirksam, selbst wenn die Parteien die Unwirksamkeit des Versprechens gekannt haben.

1 § 344 bringt die **Akzessorietät der Vertragsstrafe** zum Ausdruck (Palandt/*Grüneberg* Rn 1). Die Norm will verhindern, dass eine vom Gesetz für ungültig erklärte Verpflichtung mit dem mittelbaren Zwang des Strafversprechens ausgestattet – quasi über Umwege – zur Geltung gebracht werden kann (PWW/*Medicus* Rn 1;

Erman/*Westermann* Rn 1). Die Unwirksamkeit der Hauptverbindlichkeit schlägt hiernach direkt auf das Strafversprechen durch und dies selbst dann, wenn die Parteien die Unwirksamkeit der Hauptverbindlichkeit kannten.

§ 345 Beweislast. Bestreitet der Schuldner die Verwirkung der Strafe, weil er seine Verbindlichkeit erfüllt habe, so hat er die Erfüllung zu beweisen, sofern nicht die geschuldete Leistung in einem Unterlassen besteht.

§ 345 birgt eine Bestätigung für den allg geltenden Grundsatz, dass bei der Verpflichtung zu einem positiven Tun der Schuldner die Erfüllung auch dann zu beweisen hat, wenn der Gläubiger aus der Nichterfüllung Rechte herleitet (BGH NJW 1969, 875; Palandt/*Grüneberg* Rn 1; MüKo/*Gottwald* Rn 1). Anders ist dies nur bei einem Unterlassen (MüKo/*Gottwald* Rn 1), hier hat der Gläubiger die Zuwiderhandlung zu beweisen (BGH NJW-RR 1995, 1243, 1244; BGHZ 119, 387, 391). Die in § 345 klargestellte Beweislastregel gilt auch für die nichtgehörige Erfüllung (Palandt/*Grüneberg* Rn 1; MüKo/*Gottwald* Rn 1), jedoch ist § 363 zu beachten. 1

Titel 5 Rücktritt; Widerrufs- und Rückgaberecht bei Verbraucherverträgen

Untertitel 1 Rücktritt

§ 346 Wirkungen des Rücktritts. [1] Hat sich eine Vertragspartei vertraglich den Rücktritt vorbehalten oder steht ihr ein gesetzliches Rücktrittsrecht zu, so sind im Fall des Rücktritts die empfangenen Leistungen zurückzugewähren und die gezogenen Nutzungen herauszugeben.

[2] Statt der Rückgewähr oder Herausgabe hat der Schuldner Wertersatz zu leisten, soweit

1. die Rückgewähr oder die Herausgabe nach der Natur des Erlangten ausgeschlossen ist,

2. er den empfangenen Gegenstand verbraucht, veräußert, belastet, verarbeitet oder umgestaltet hat,

3. der empfangene Gegenstand sich verschlechtert hat oder untergegangen ist; jedoch bleibt die durch die bestimmungsgemäße Ingebrauchnahme entstandene Verschlechterung außer Betracht.

Ist im Vertrag eine Gegenleistung bestimmt, ist sie bei der Berechnung des Wertersatzes zugrunde zu legen; ist Wertersatz für den Gebrauchsvorteil eines Darlehens zu leisten, kann nachgewiesen werden, dass der Wert des Gebrauchsvorteils niedriger war.

[3] Die Pflicht zum Wertersatz entfällt,

1. wenn sich der zum Rücktritt berechtigende Mangel erst während der Verarbeitung oder Umgestaltung des Gegenstandes gezeigt hat,

2. soweit der Gläubiger die Verschlechterung oder den Untergang zu vertreten hat oder der Schaden bei ihm gleichfalls eingetreten wäre,

3. wenn im Fall eines gesetzlichen Rücktrittsrechts die Verschlechterung oder der Untergang beim Berechtigten eingetreten ist, obwohl dieser diejenige Sorgfalt beobachtet hat, die er in eigenen Angelegenheiten anzuwenden pflegt.

Eine verbleibende Bereicherung ist herauszugeben.

[4] Der Gläubiger kann wegen Verletzung einer Pflicht aus Absatz 1 nach Maßgabe der §§ 280 bis 283 Schadensersatz verlangen.

Literatur *Brüggemeier/Schmidt* Grundkurs Zivilrecht, 7. Aufl (2006); *Lorenz/Riehm* Lehrbuch zum neuen Schuldrecht, München (2002); *Micklitz/Pfeiffer/Tonner/Willingmann* Schuldrechtsreform und Verbraucherschutz, Baden-Baden (2001); *Schmidt E* Das Schuldverhältnis (2004).

A. Allgemeines. Der Rücktritt hat das Ziel, die vor dem Vertragsschluss bestehende Rechtslage wiederherzustellen, indem er die durch den Vertrag begründeten primären Leistungspflichten, soweit sie nicht erfüllt sind, erlöschen lässt und iÜ für beide Vertragsteile eine **Pflicht zur Rückgewähr der empfangenen Leistungen** auslöst (BTDrs 14/6040, 189). In den **§§ 346 ff** werden die **Wirkungen des Rücktritts** grundlegend geregelt. Dabei wird durch § 346 Abs 1 als Grundwertung für das gesamte Rücktrittsfolgenrecht das gesetzliche Rücktrittsrecht dem vertraglichen ausdrücklich gleichgestellt. Einschränkungen von diesem Grundsatz werden nur in Einzelregelungen (§§ 346 Abs 3 Nr 1 und 3, 347 Abs 1 S 2, 350 und §§ 353, 354) gemacht. Sie **privilegieren den Inhaber eines gesetzlichen Rücktrittsrechts**, der im Gegensatz zum Berechtigten aus einem vertraglichen Rücktrittsrecht sein Rücktrittsrecht nicht von vornherein kennt. 1

B. Rücktrittsrechte. Wesentliche Voraussetzung für die Anwendung des Rücktrittsfolgenrechts ist die **wirksame Ausübung eines Rücktrittsrechts.** Das Rücktrittsrecht kann auf Grund Vertrags oder Gesetzes bestehen. **I. Vertragliches Rücktrittsrecht.** § 346 Abs 1 spricht von der Konstellation, dass sich eine Vertragspartei den Rücktritt vertraglich vorbehalten hat und meint damit die vertragliche Vereinbarung eines Rücktritts- 2 rechts. Das Recht kann sowohl ausdrücklich verabredet worden sein als sich auch erst im Wege der Auslegung (§§ 133, 157) aus dem Vertrag ergeben. Weit verbreitet sind klauselartige Rücktrittsrechte im Handelsrecht (vgl AnwK/*Hager* Rn 3). Hier können sich Rücktrittsrechte ausnahmsw auch unabhängig von einer vertraglichen Vereinbarung kraft Handelsbrauchs ergeben (so LG Hamburg NJW-RR 2004, 699 zur Buchung von Hotelzimmern durch Reiseveranstalter im norddeutschen Raum; abl Frankfurt aM NJW-RR 2001, 1498 zum Fichtelgebirge). Die Vereinbarung eines Rücktrittsrechts ist in den Schranken des § 308 Nr 3 auch in AGB zulässig. Der Rücktrittsgrund muss danach sachlich gerechtfertigt und im Vertrag angegeben sein. Daneben ist § 309 Nr 4 zu beachten.

3 **II. Gesetzliche Rücktrittsrechte.** Durch § 346 Abs 1 sind die gesetzlichen Rücktrittsrechte den vertraglichen nunmehr gleichgestellt. Das gesetzliche Rücktrittsrecht hat durch die Schuldrechtsreform eine erhebliche Aufwertung erfahren. So ist als wesentlicher Rechtsbehelf im allg Leistungsstörungsrecht in §§ 323, 324, 326 Abs 5 ein verschuldensunabhängiges Rücktrittsrecht vorgesehen. Auf die §§ 346 ff wird auch im Rahmen des kauf- und des werkvertraglichen Gewährleistungsrechts in § 437 Nr 2 und § 634 Nr 3 verwiesen. In § 503 Abs 2 findet sich ein Rücktrittsrecht des Unternehmers bei Zahlungsverzug des Verbrauchers bei Teilzahlungsgeschäften. Des Weiteren ist bei der Regelung zur Störung der Geschäftsgrundlage in § 313 Abs 3 S 1 die Vertragsauflösung durch Rücktritt als subsidiärer Rechtsbehelf vorgesehen.

4 **III. Sonstige Rechtsfolgenverweise.** IÜ wird auch sonst im BGB an vielen Stellen für die Rückabwicklung auf das Rücktrittsfolgenrecht der §§ 346 ff verwiesen. Ein derartiger Verweis ist in **§ 281 Abs 5** für die Rückgewähr bereits erfolgter Leistungen beim Schadensersatz statt der ganzen Leistung und in **§ 326 Abs 4** für die bereits erfolgte Gegenleistung im Falle der Befreiung von der Gegenleistungsverpflichtung nach **§ 326 Abs 1** enthalten. Auf einen Teil des Rücktrittsfolgenrechts wird in **§§ 439 Abs 4, 441 Abs 4, 635 Abs 4, 638 Abs 4** im Rahmen der Nacherfüllung durch Ersatzlieferung und bei der Minderung verwiesen, wenn diese eine Rückabwicklung erforderlich machen. Schließlich richtet sich – mit gewissen Einschränkungen – die Rückabwicklung nach Ausübung eines **Widerrufsrechts** bei Verbraucherverträgen gemäß **§ 357 Abs 1 S 1** nach den §§ 346 ff.

5 **C. Pflichten im Rückabwicklungsverhältnis.** Durch den Rücktritt wird der Vertrag in ein Rückgewährschuldverhältnis umgewandelt (BGHZ 88, 46, 48; BGH NJW 1998, 3268 f). Nach § 346 Abs 1 sind im Falle des Rücktritts sowohl die empfangenen Leistungen als auch die gezogenen Nutzungen zurückzugewähren. Ohne dass dies ausdrücklich im Gesetz als Wirkung geregelt wäre, befreit der Rücktritt von den ursprünglichen vertraglichen Verpflichtungen (BTDrs 14/6040, 194). Parteien des Rückgewährschuldverhältnisses sind die Vertragspartner. Daran ändert sich auch nichts, wenn zB auf Bitten des Käufers die Sache direkt an einen Dritten ausgeliefert wurde. Ebenso wie im Bereicherungsrecht ist nach § 346 Abs 1 im Drei- und Mehr-Personen-Verhältnis grds »übers Eck« abzuwickeln (AnwK/*Hager* Rn 15). Eine Ausnahme gilt freilich für den Widerruf des verbundenen Vertrags iSd § 358 Abs 3 (s § 358 Rz 13). **I. Rückgewährpflicht.** Die Rückgewährpflicht nach § 346 Abs 1 ist auf das auf Grund des Vertrags konkret Geleistete beschränkt (BGHZ 97, 264, 265 f). Dies gilt auch dann, wenn eine Schuld durch eine »Leistung an Erfüllungs statt« erfüllt wurde. Die Rückgewährpflicht bezieht sich dann auf die konkret empfangene Leistung und nicht etwa auf die ursprünglich geschuldeten Leistungen. Praktische Relevanz gewinnt diese Frage vor allem bei der Inzahlungnahme des gebrauchten Fahrzeugs im Rahmen des Autokaufs (vgl BGH MDR 2008, 561 in Fortführung seiner früheren Rspr). Hat der ersatzweise hingegebene Gegenstand zwischenzeitlich an Wert verloren, so ist ggf nach § 346 Abs 2 Wertersatz zu leisten (AnwK/*Hager* Rn 18). Bei Geldleistungen wird grds die Rückgewähr des Geldwerts geschuldet (BGH NJW 2006, 211, 213), es sei denn das konkrete Wertzeichen war Vertragsgegenstand (zB eine Sammlermünze). Eine Gutschrift genügt als abstraktes Schuldversprechen iSd § 780 den Anforderungen nicht (BGH NJW 2006, 211, 213). Bei Gebrauchsüberlassungsverträgen ist das Empfangene in der Gebrauchsmöglichkeit zu sehen, deren Wert mangels Rückgabemöglichkeit nach § 346 Abs 2 zu ersetzen ist.

6 **II. Herausgabe von Nutzungen.** Des Weiteren sind nach § 346 Abs 1 die **tatsächlich gezogenen Nutzungen** zu ersetzen. Nicht gezogene Nutzungen können nur unter den zusätzlichen Voraussetzungen des § 347 Abs 1 einen Wertersatzanspruch auslösen, wenn dies den Regeln einer ordnungsgemäßen Wirtschaft zuwider lief. Regelm können die **Nutzungen nicht *in natura* herausgegeben** werden, sondern es ist ihr **Wert zu ersetzen.** Dabei soll es auf das Maß der Abnutzung ankommen (vgl BTDrs 14/6040, 193), worunter nicht die äußerlich feststellbaren Gebrauchsschäden, sondern der Wertverzehr verstanden werden soll (so Nr 69 der Stellungnahme des BR, BTDrs 14/6857, 22, den der Rechtsausschuss übernommen hat, vgl BTDrs 14/7052, 193).

7 Der **Wert** zB der vorübergehenden Benutzung eines Fahrzeugs ist nicht exakt berechenbar und deshalb analog § 287 Abs 2 ZPO zu schätzen. Auch ohne eine entspr Klarstellung durch den Gesetzgeber geht die Rspr weiterhin davon aus, dass bei **langlebigen Gebrauchsgütern** auf die **zeitanteilige lineare Wertminderung**, also auf den Anteil der tatsächlichen Nutzung an der prognostizierten Lebensdauer der Ware, abzustellen ist (vgl zu § 346 aF BGHZ 115, 47, 53 f; BGH WM 1996, 176). Anknüpfungspunkte für die Bemessung der Gebrauchsvorteile sind der Kaufpreis und der vom Käufer zu vergütende Teil des Gebrauchswerts, den er durch die tatsächliche Benutzung des Fahrzeugs aufgezehrt hat (vgl *Reinking/Eggert* Rn 317). Im Falle der **Nutzung eines Kfz** verwendet die **Rspr** die folgende Formel: Die Nutzungsvergütung beträgt bei einer voraussichtlichen Gesamtfahrleistung von 150.000 km 0,67 % des Kaufpreises je gefahrene 1.000 km. Bei

einer Gesamtlaufleistung von 200.000 km verringert sie sich auf 0,5 % (Celle NJW-RR 2007, 353; Koblenz NJW-RR 2007, 1291; vgl auch *Reinking/Eggert* Rn 321), bei einer Gesamtlaufleistung von 250.000 km auf 0,4 % (LG Köln 15.05.2008 Az 37 O 1054/07). Hingegen bleibt zB die Wertminderung unberücksichtigt, die unabhängig von einer Nutzung des Wagens allein dadurch eintritt, dass ein Pkw zum Straßenverkehr zugelassen wird und deshalb nicht mehr als »neu« angesehen werden kann. Dies ergibt sich *e contrario* aus der Vorschrift zum Wertersatz in § 346 Abs 2 S 1 Nr 3.

III. Abwicklungsmodalitäten. Nicht ausdrücklich geregelt ist der **Erfüllungsort** für die Rückgewährpflichten. Beim **vertraglichen Rücktrittsrecht** ist dieser vorrangig auf Grundlage der Parteiabrede zu ermitteln. Liegt keine ausdrückliche Parteivereinbarung vor, so erscheint es überzeugend, danach zu differenzieren, ob der Rücktritt auf einer Pflichtverletzung des anderen Teils beruht. In diesem Fall ist es sachgerecht, dass die Leistung an dem Ort zurückzugewähren ist, an dem sie sich bestimmungsgemäß befindet (vgl Staud/*Kaiser* Rn 83), wie dies auch beim gesetzlichen Rücktrittsrecht der Fall ist. Andernfalls begünstigt das Rücktrittsrecht einseitig den Rückgewährschuldner, so dass es dem Parteiwillen typischerweise entspricht, dass dieser das Empfangene wenigstens beim Rücktrittsgegner zurückzuerstatten hat (vgl Staud/*Kaiser* Rn 83; *Annuss* JA 2006, 184, 185). Beim **gesetzlichen Rücktrittsrecht** ist der Leistungsort für die Erfüllung des Rückgabeanspruchs aus § 346 Abs 1 ist nach gefestigter Rspr mangels vorrangiger Parteivereinbarung der Ort, an dem sich die Sache vertragsgem befindet (so BGHZ 87, 109; Stuttgart MDR 1999, 469). Daran hat auch die Schuldrechtsreform nichts geändert (ausf *Thürmann* NJW 2006, 3457, 3460 f). Jedenfalls für den Rücktritt auf Grund eines Sachmangels der Kaufsache hat die Rspr bereits entschieden, dass der Verkäufer die gelieferte Sache auch dann beim Käufer abholen muss, wenn der Käufer sie ursprünglich beim Verkäufer abgeholt hat (so AG Menden NJW 2004, 2171). Für das **Widerrufsrecht** trifft **§ 357 Abs 2 S 1** eine **spezielle Regelung**. Die **Kosten der Rückgabe** fallen dem Rückgewährschuldner zur Last (vgl Staud/*Kaiser* § 346 Rn 80; *Annuss* JA 2006, 184, 185). Soweit der Rücktrittsgegner die Sache wieder abholen muss, fallen für den Zurücktretenden keine Kosten an und der Rücktrittsgegner trägt auch die Gefahr der Zerstörung oder Verschlechterung beim Rücktransport. Dies ist jedenfalls dann sachgerecht, wenn das gesetzliche Rücktrittsrecht auf einer (zumindest objektiven) Pflichtverletzung des Vertragspartners beruht. Für das Widerrufsrecht sieht § 357 Abs 2 S 2 wiederum Abweichungen vor (s § 357 Rz 8 ff). 8

IV. Verletzung der Rückgewährpflicht, § 346 Abs 4. § 346 Abs 4 enthält lediglich die Klarstellung, dass für Schadensersatzansprüche ausschließlich die Vorschriften des allg Leistungsstörungsrechts maßgebend sind, wenn eine Pflicht aus Abs 1 verletzt wird. Die Pflichten nach Abs 1 entstehen allerdings erst durch die wirksame Erklärung des Rücktritts, die das Rückabwicklungsverhältnis begründet. Der Verweis in § 346 Abs 4 erfasst also lediglich Leistungsstörungen im Rückabwicklungsverhältnis, nachdem ein Vertragspartner sein ihm zustehendes Rücktrittsrecht wirksam ausgeübt hat. Kommt der Schuldner seiner Rückgewährpflicht nicht nach, kann der Gläubiger unter den Voraussetzungen der §§ 280 Abs 1 und 3, 281 oder 283 Schadensersatz statt der Leistung verlangen oder unter den Voraussetzungen des Verzugs den Ersatz seines Verzögerungsschadens nach §§ 280 Abs 1 und 2, 286 fordern. Die für die Befreiung von der Wertersatzpflicht in § 346 Abs 3 geregelten Fälle gelten für die Verpflichtung zum Schadensersatz nicht, insbes ist eine Anwendung der Haftungsreduzierung in § 346 Abs 3 Nr 3 nicht übertragbar (so auch *Lorenz/Riehm* Rn 434). 9

Vom Verweis in § 346 Abs 4 werden die Fälle der Beschädigung und Zerstörung des zurück zu gewährenden Gegenstands *vor* der Ausübung nicht erfasst. Eine erste Zäsur erfährt das Schuldverhältnis aber bereits durch die Erlangung der Kenntnis vom Rücktrittsgrund und damit von der Möglichkeit einer späteren Rückgewährpflicht. Die bloße Kenntnis des Rücktrittsgrundes begründet jedoch noch nicht das Rückgewährschuldverhältnis, für das der Verweis in § 346 Abs 4 gilt. Nach Kenntniserlangung ist der Rückgewährschuldner ggü seinem Vertragspartner allerdings möglicherweise zu stärkerer Rücksichtnahme verpflichtet (vgl BTDrs 14/6040, 195; *Kamanabrou* NJW 2003, 30, 31; dagegen *Kaiser* JZ 2001, 1057, 1063). Während ein **Teil der Lit** auch insoweit § 364 Abs 4 direkt oder analog anwenden will, erscheint eine **Sorgfaltspflicht nach § 241 Abs 2** aus dem ursprünglichen Vertrag überzeugender (vgl *Lorenz* NJW 2005, 1889, 1893), mit der Folge eines Anspruchs aus **§ 280 Abs 1**. Der Schaden des Rückgewährgläubigers würde sich dann allerdings erst durch den Rücktritt realisieren. Einige Autoren wollen den Rücktrittsberechtigten allerdings schon dann haften lassen, wenn er das **Rücktrittsrecht fahrlässig nicht erkennt**. Gegen diese Ansicht spricht, dass ein Vertragspartner, der mit der störungsfreien Durchführung des Vertrags rechnet, nicht nach Gründen für das Gegenteil suchen muss. Eine vermittelnde Ansicht lässt die Pflicht bei grob fahrlässiger Unkenntnis des Rücktrittsgrunds entstehen (so *Kamanabrou* NJW 2003, 30, 31). Im **Konkurrenzverhältnis zur Wertersatzpflicht nach § 346 Abs 2** gebührt Letzterer der Vorrang. Mit Blick auf die Intention des Gesetzgebers, ein umfassendes System der Wertersatzpflicht für solche die Rückgewähr der empfangenen Leistungen beeinträchtigende Umstände zu schaffen, wird man von einem abschließenden Charakter der Regelungen in § 346 Abs 2 und 3 ausgehen müssen (so auch *Lorenz/Riehm* Rn 434). 10

V. Wertersatzpflicht bei Unmöglichkeit der Rückgewähr. Anders als nach § 351 aF ist auch im Falle des verschuldeten Untergangs der Leistung beim Rücktrittsberechtigten ein Rücktritt nicht mehr ausgeschlossen. Nach § 346 Abs 2 und 3 kann an die Stelle der empfangenen und nach Rücktritt gemäß § 346 Abs 1 zurück zu gewährenden Leistung ein verschuldensunabhängiger Wertersatzanspruch des Rückgewährgläubigers treten. In § 346 11

Abs 2 S 1 werden für den Ausgleich durch Wertersatz drei Fälle benannt. Die Aufzählung dieser Fallgruppen ist aber nicht abschließend. Vielmehr kommt in der Vorschrift ein allg Rechtsgedanke des Inhalts zum Ausdruck, dass der Rückgewährschuldner in allen Fällen, in denen ihm die Rückgewähr der empfangenen Leistung unmöglich ist, zum Wertersatz verpflichtet ist (BGH MDR 2008, 561 mwN). Der Wertersatzanspruch ist **verschuldensunabhängig ausgestaltet**, dh er entsteht auch dann, wenn die gelieferte Ware ohne jedes Verschulden des Verbrauchers zerstört oder beschädigt wurde. Bei § 346 Abs 2 handelt es sich damit um eine reine Gefahrtragungsregel. **1. Ausschluss der Rückgewähr nach der Natur der Sache.** In Anknüpfung und Erweiterung des Rechtsgedankens des § 346 S 2 aF (vgl BTDrs 14/6040, 195 f) besteht nach **Nr 1** eine Wertersatzpflicht, wenn die Rückgewähr oder die Herausgabe nach der Natur des Erlangten ausgeschlossen ist. Die Regelung findet vor allem für **geleistete Dienste** und für die **Überlassung einer Sache** Anwendung. Sie gilt aber auch für Leistungen, bei denen schon § 346 S 2 aF analog angewendet wurde, zB bei **Werkverträgen über Bauwerke**, aber auch bei **Verträgen über unkörperliche Werke** wie Konzerte, Reisen oder Gutachten (Staud/*Kaiser* Rn 101).

12 Problematisch ist die Anwendung der Wertersatzpflicht auf **Nutzungen**. Entspr der früheren Abgrenzung zwischen § 346 S 2 aF und § 347 S 2 aF iVm § 987 (dazu BGH NJW 1998, 3355, 3357) wird man § 346 Abs 2 S 1 Nr 1 nur auf Nutzungen anwenden, die **als Hauptleistungen eines Vertrags** zu ziehen waren (AnwK/*Hager* Rn 30; *Gaier* WM 2002, 1, 5). Anderenfalls würden die Voraussetzungen des § 347 Abs 1 S 1 für den Ersatz nicht gezogener Nutzungen, insbes die Regeln der ordnungsgemäßen Wirtschaft, entwertet. Nutzungen nach Rücktritt sind ebenfalls nur über § 347 Abs 1 S 1 zu ersetzen.

13 **2. Anderweitige Verwendung.** Ausweislich der Gesetzesbegründung greift **Nr 2** den Rechtsgedanken der §§ 352, 353 aF auf, wandelt die Ausschlussregelung aber in eine Wertersatzpflicht um und erweitert sie auf den Rücktrittsgegner (BTDrs 14/6040, 195). Danach wird eine Wertersatzpflicht begründet, soweit der Schuldner den empfangenen Gegenstand verbraucht, veräußert, belastet, verarbeitet oder umgestaltet hat. Als **Verbrauch** wird man in Anlehnung an § 92 den bestimmungsgemäßen tatsächlichen Verbrauch (Verzehren von Lebensmitteln; Verbrennen des Heizmaterials) definieren können. Abzugrenzen ist davon der Gebrauch der Sache (insb mit Blick auf § 346 Abs 2 S 1 Nr 3).

14 Die Begriffe **Veräußerung** und **Belastung** meinen jeweils den dinglichen Rechtsvorgang. Ein Anwendungsfall ist die Veräußerung eines beim Neuwagenkauf in Zahlung gegebenen Gebrauchtwagens, der vor dem Rücktritt des Neuwagenkäufers vom Händler weiterveräußert wird (vgl Saarbrücken MDR 2006, 227, 228; OLGR 2007, 773). Der dingliche Erwerbsvorgang muss allerdings wirksam sein. Daher wird als Veräußerung zwar die Übereignung an sich anzusehen sein, nicht jedoch die nach § 935 Abs 1 fehlgeschlagene Übereignung einer gestohlenen Sache (weitere Beispiele bei AnwK/*Hager* Rn 34). Beide Tatbestandsmerkmale sind allerdings mit Blick auf die Interessen des Rücktrittsberechtigten dahingehend einschränkend auszulegen, dass die Rückgewähr dem Wertersatz vorgeht, so dass der Anspruch auf Wertersatz erst besteht, wenn der Rückgewährschuldner die Veräußerung oder Belastung nicht rückgängig machen und die gelieferte Sache im ursprünglichen Zustand zurückgewähren kann (vgl BGHZ 178, 182; abl Derleder NJW 2009, 1034 ff). Umgekehrt ist der Rücktrittsgegner nicht verpflichtet, eine Veräußerung oder Belastung rückgängig zu machen, sondern kann auch sofort Wertersatz leisten. Ob dem Rücktrittsberechtigten, der erst nach Ausübung seines Rücktrittsrechts erfährt, dass die von ihm gelieferte Sache beim Rücktrittsgegner untergegangen ist, gleichwohl das Recht zuzubilligen ist, die Rücktrittserklärung rückgängig zu machen, soll wie bisher Rspr und Lehre überlassen bleiben (BTDrs 14/6040, 195).

15 Die Begriffe der **Verarbeitung und der Umgestaltung** sind nach **§ 950 Abs 1 S 1** auszulegen. Anders als nach § 352 aF kommt es zwar nicht ausdrücklich auf die Herstellung einer Sache anderer Art an; man wird es in der Sache aber auch hier fordern müssen, da nicht jede unbedeutende Veränderung zur Wertersatzpflicht führen darf (AnwK/*Hager* Rn 35; Staud/*Kaiser* Rn 137).

16 **3. Verschlechterung.** Die Regelung der Nr 3 tritt an die Stelle der §§ 347, 350 und 351 aF und ist als Auffangvorschrift zu verstehen, kommt also ggü Nr 1 und 2 nur nachrangig zur Anwendung. **Untergang** bezeichnet die vollständige Vernichtung der Sachsubstanz. Als Verschlechterung ist jede nachteilige Beeinträchtigung der Substanz oder Funktionstüchtigkeit zu verstehen (Saarbrücken OLGR 2007, 773; MüKo/*Gaier* Rn 41). Mit **Verschlechterung** ist dagegen, wie § 346 Abs 2 S 1 Nr 3 Hs 2 zu erkennen gibt, nicht die Abnutzung durch die bestimmungsgemäße Ingebrauchnahme gemeint, sondern nur weitergehende Beeinträchtigungen des herauszugebenden Gegenstandes (BTDrs 14/6040, 193, 196; Saarbrücken OLGR Saarbrücken 2007, 773). Der praktisch häufigste Fall der Abnutzung durch bestimmungsgemäße Ingebrauchnahme ist der Wertverlust des Neuwagens durch die Erstzulassung. Das ist insoweit konsequent, als § 347 Abs 1 eine Art Obliegenheit des Schuldners statuiert, nach den Regeln einer ordnungsgemäßen Wirtschaft Nutzungen zu ziehen. Kommt er dieser Obliegenheit nach, so darf ihm das nicht dadurch zum Nachteil gereichen, als daraus ein Wertersatzanspruch resultiert (vgl *Schwab* JuS 2002, 630, 631). § 357 Abs 3 trifft für das Widerrufsrecht eine abweichende Regelung (s § 357 Rz 21 ff).

17 **4. Andere Fälle der Unmöglichkeit.** Andere Fälle der Unmöglichkeit wie den Diebstahl der Sache beim Rückgewährschuldner oder die Verbindung oder Vermischung erwähnt das Gesetz nicht. Allerdings sind hier die Nr 2 und 3 entspr anzuwenden, da in diesen Vorschriften der Grundsatz zum Ausdruck kommt, dass der

Rückgewährschuldner grds das Zufallsrisiko zu tragen hat (vgl *Arnold* Jura 2002, 154, 157; *Annuss* JA 2006, 184, 186; AnwK/*Hager* Rn 37). Der BGH hat auch die Befreiung von einer Verbindlichkeit, die ohne die Mitwirkung eines Dritten nicht wiederhergestellt werden kann, unter § 346 Abs 2 S 1 gefasst (BGHZ 175, 286; BGHZ 178, 182).

5. Bemessung des Wertersatzes. Nach **§ 346 Abs 2 S 2** ist für die Höhe des Wertersatzes in erster Linie die im Vertrag bestimmte Gegenleistung zu Grunde zu legen; soweit eine solche Bestimmung fehlt, sind die objektiven Wertverhältnisse maßgebend. Dies gilt auch beim Tauschvertrag, dort kommt es auf den Geldwert der Gegenleistung an (BGH NJW 2009, 1068, 1069). Notfalls ist der Wert der Gegenleistung nach § 287 ZPO zu schätzen (BGH NJW 2009, 1068, 1069). Begründet wird dies damit, dass die subjektiven Wertvorstellungen der Parteien fortwirken (vgl BGH NJW 2009, 1068, 1070; *Brüggemeier/Schmidt* Rn 939) und diese von der Störung, die zum Rücktritt führt, nicht betroffen sei. Diese Begründung trifft allerdings nicht in allen Fällen zu. Insbes beim Rücktritt auf Grund eines Mangels der Sache wäre ein Festhalten am vereinbarten Preis nicht sachgerecht, weil bereits das Äquivalenzverhältnis gestört ist (dazu bereits Nr 71 der Stellungnahme des BR, BTDrs 14/6857, 22; vgl auch BGH NJW 2009, 1068, 1070). Hier müsste der Käufer den gesamten Kaufpreis der mangelhaften und daher minderwertigen Sache als Wertersatz leisten. Die Regelung des § 346 Abs 2 S 2 lässt aber eine **notwendige Differenzierung** zu, denn die vereinbarte Gegenleistung ist bei der Berechnung des Wertersatzes lediglich »zugrunde zu legen«. In den Fällen der mangelhaften Lieferung bzw Werkherstellung bietet sich eine Minderung der Gegenleistung entspr § 441 Abs 3 bzw § 638 Abs 2 an, um den Wertersatz zu bestimmen (vgl *Gaier* WM 2002, 1, 9; *E Schmidt* Rn 181). Eine Abweichung von der vereinbarten Gegenleistung ist darüber hinaus beim Widerruf eines Haustür- oder Fernabsatzgeschäfts angezeigt (s § 357 Rz 19). Hingegen hat der BGH die Anwendbarkeit des § 346 Abs 2 S 2 für den Rücktritt wegen Zahlungsverzugs des Schuldners nach § 323 ausdrücklich bestätigt (BGH NJW 2009, 1068, 1069 f). 18

Nachträglich ist **§ 346 Abs 2 Hs 2 angefügt worden**, wonach im Falle des Wertersatzes für den Gebrauchsvorteil eines Darlehens nachgewiesen werden kann, dass der Wert des Gebrauchsvorteils niedriger war. Der Gesetzgeber hatte bei ihrer Schaffung den Widerruf eines Verbraucherdarlehens im Blick, für dessen Rückabwicklung in § 357 auf die §§ 346 ff verwiesen wird (vgl BTDrs 14/9266, 45). Für den Wertersatz des nicht »in Natur« herauszugebenden Gebrauchsvorteils war nach der zunächst geltenden Regelung des § 346 Abs 2 S 2 der Vertragszins anzusetzen. Der Verbraucher sei daher trotz ausgeübten Widerrufs im wirtschaftlichen Ergebnis immer so gestellt, wie er ohne den Widerruf stünde. Diese Begründung überzeugt zwar nur bedingt, da Wertersatz für den Gebrauchsvorteil nur für den Zeitraum bis zum Widerruf zu leisten ist, der Vorteil des Widerrufs aber in der Lösungsmöglichkeit des Verbrauchers zu sehen ist (vgl auch *Meinhof* NJW 2002, 2273, 2275). In aller Regel wird dem Verbraucher aber auch nicht der erforderliche Nachweis eines geringeren Werts des Gebrauchsvorteils gelingen, so dass auch der praktische Wert des Zusatzes bezweifelt werden kann. Im Umkehrschluss versteht die hM § 346 Abs 2 S 2 allerdings dahin gehend, dass die **Gegenleistung grds den Wertersatz bestimmt** und Ausn einer bes Begründung bedürfen. Das gilt auch für den Wertersatz im Falle der Weiterveräußerung eines in Zahlung gegebenen Altfahrzeugs (Staud/*Kaiser* Rn 155), und dies, obwohl es allg üblich ist, in solchen Fällen einen überhöhten Preis zu vereinbaren. So hielt es das OLG Saarbrücken zwar für gut vorstellbar, dass dieser Preis den objektiven Wert überstieg, meinte aber, am eindeutigen Gesetzeswortlaut führe kein Weg vorbei (Saarbrücken MDR 2006, 227, 228; OLGR 2007, 773). 19

VI. Ausschluss der Verpflichtung zum Wertersatz. § 346 Abs 3 S 1 sieht **Ausnahmetatbestände** vor, bei deren Vorliegen die Pflicht zum Wertersatz entfällt. In diesen Ausnahmetatbeständen leben alte Spezialvorschriften, wenn auch modifiziert, wieder auf. Verbleibt dem Rücktretenden allerdings eine Bereicherung, so ist diese nach § 346 Abs 3 S 2 herauszugeben. **1. Mangelentdeckung bei Verarbeitung.** § 346 Abs 3 S 1 Nr 1 statuiert eine Ausn für den Fall, dass sich der zum Rücktritt berechtigende **Mangel erst während der Verarbeitung oder Umgestaltung des Gegenstands gezeigt** hat. Vornehmlich geht es hier um Fälle von Sachmängeln im Kaufrecht (§ 437 Nr 2) und im Werkvertragsrecht (§ 634 Nr 3). Durch die Verarbeitung oder Umgestaltung des Gegenstands wird seine Herausgabe iSd § 346 Abs 1 unmöglich. Die Ausnahmevorschrift entstammt dem früheren kaufrechtlichen § 467 S 1 Hs 2 aF. Sie findet primär beim gesetzlichen Rücktrittsrecht Anwendung und trägt der verschuldensabhängigen Mängelhaftung im Kauf- und Werkvertragsrecht Rechnung. Daher wird auch angenommen, dass die Vorschrift analog auf sämtliche anderen Fälle anwendbar ist, in denen der **Mangel erst bei bestimmungsgemäßer Verwendung**, insbes bei Vermischung oder auch Verbrauch, zutage tritt (*Arnold* Jura 2002, 154, 158; *E Schmidt* Rn 182; MüKo/*Gaier* Rn 49; Palandt/*Grüneberg* Rn 11; Staud/*Kaiser* Rn 167 f). So soll in dem Fall, in dem ein Teil eines mehrgängigen Menüs bereits verspeist wurde, der Gast den Verzehr aber abbricht, als er eine Schnecke im Salat entdeckt (dazu AG Burgwedel NJW 1986, 2647), § 346 Abs 3 S 1 Nr 1 analoge Anwendung finden (Staud/*Kaiser* § 346 Rn 167). 20

2. Vom Gläubiger zu vertretende oder bei diesem ebenso eingetretene Verschlechterung. Mit **Nr 2** sind Fälle erfasst, die nach § 350 aF nicht zum Ausschluss des Rücktrittsrechts führten. Der Rechtsgedanke ist entspr der Rspr, dass der Untergang oder die Verschlechterung der Sache nicht zu Lasten des Rückgewährschuldners gehen darf, wenn sie der **andere Teil zu vertreten** hat (vgl BGHZ 78, 216, 222 ff) oder der Schaden beim anderen Teil ebenso eingetreten wäre, erweitert worden. Der Begründung des Gesetzesentwurfs ist zu entnehmen, dass hier die Fälle im Vordergrund stehen, in denen ein Sachmangel zum Untergang der 21

Sache geführt hat (BTDrs 14/6040, 196). Da die Haftung des Verkäufers für Sachmängel verschuldensunabhängig gegeben ist, geht es in § 346 Abs 3 S 1 Nr 2 Alt 1 nicht um ein »Vertretenmüssen« iSd § 276, sondern um eine Zuweisung von Verantwortlichkeiten. Die vertragliche Risikoverteilung wirkt im Rückabwicklungsverhältnis fort (vgl *Gaier* WM 2002, 1, 10; Jauernig/*Stadler* Rn 7). Darüber hinaus besteht keine Wertersatzpflicht, wenn der Untergang auf einer vom Gläubiger zu vertretenden Handlung beruht. Der Begriff des Vertretenmüssens wird hier jedoch nicht so weit gehen wie in den Sachmangelfällen. Wie im alten Recht wird man hierfür eine Parallele zur Auslegung des Begriffs in §§ 323 Abs 6, 326 Abs 2 ziehen müssen (vgl AnwK/*Hager* Rn 46). In der zweiten Alternative ist der Wertersatz ausgeschlossen, wenn die **Verschlechterung oder der Untergang beim Gläubiger gleichfalls eingetreten wäre**. In erster Linie werden somit Fälle des Untergangs auf Grund höherer Gewalt von dieser Alternative erfasst, wie zB die Zerstörung durch ein Unwetter (vgl *Schwab* JuS 2002, 630, 634; krit *Kaiser* JZ 2001, 1057, 1060). Die Beweislast für den alternativen Kausalverlauf liegt beim Rückgewährschuldner.

22 **3. Beachtung der eigenüblichen Sorgfalt.** Durch § 346 Abs 3 S 1 **Nr 3** wird – nur für das gesetzliche Rücktrittsrecht – die dem § 346 Abs 2 zugrunde liegende Gefahrtragungsregelung zugunsten des Rückgewährschuldners modifiziert. Die Wertersatzpflicht des gesetzlich zum Rücktritt Berechtigten entfällt, wenn der Untergang oder die Verschlechterung trotz der Beobachtung der eigenüblichen Sorgfalt eingetreten ist. Die Grundsätze des § 277 sind anwendbar (Karlsruhe NJW 2008, 925 mwN). Die Obergrenze der Privilegierung liegt gem § 277 bei grob fahrlässigem Verhalten. In der Praxis scheint § 346 Abs 3 S 1 Nr 3 bislang kaum Probleme bereitet zu haben (*Lorenz* NJW 2005, 1889, 1893). Die **Begrenzung** auf Verschlechterung und Untergang ist allerdings **zu eng**. Mit Blick auf den Willen des Gesetzgebers, eine generelle Privilegierung des Rücktrittsberechtigten vorzunehmen (BTDrs 14/6040, 196), ist § 346 Abs 3 S 1 Nr 3 auch in den Fällen der Veräußerung, des Verbrauchs und der Belastung anzuwenden (vgl *Kaiser* JZ 2001, 1057, 1062).

23 Den Ausschlag für die Bevorzugung der Interessen des Rücktrittsberechtigten gibt nach dem Willen des Gesetzgebers, dass der **andere Vertragsteil regelm für den Rücktrittsgrund verantwortlich** ist. Die Haftungsbegrenzung auf die eigenübliche Sorgfalt endet nach ihrem Wortlaut nicht in dem Moment, in dem der Rücktrittsgrund offenbar wird, privilegiert also auch noch den Rücktrittsberechtigten, der sein gesetzliches Rücktrittsrecht kennt (krit *Krebs* DB 2000 Beil 14, 1, 13; *Willingmann/Hirse* VuR 2001, 99, 105; *Arnold* Jura 2002, 154, 158). Auch insoweit wird zT eine teleologische Reduktion gefordert (so zB *Schwab* JuS 2002, 630, 635), die aber angesichts der anders lautenden Ratio der Norm, an die Verantwortlichkeit für den Rücktrittsgrund anzuknüpfen, von der hM abgelehnt wird (so etwa *Kamanabrou* NJW 2003, 30, 31; *Lorenz* NJW 2005, 1889, 1893; Palandt/*Grüneberg* Rn 13b; *Annuss* JA 2006, 184, 188). In diesen Fällen kommt aber unter den Voraussetzungen des § 346 Abs 4 ein Schadensersatzanspruch des Rücktrittsgegners in Betracht (so *Gaier* WM 2002, 1, 11). Auch ein Anspruch auf das stellvertretende commodum nach § 285 soll nach dem Willen des Gesetzgebers bestehen (BTDrs 14/6040, 194).

24 Auf das **vertragliche Rücktrittsrecht findet § 346 Abs 3 S 1 Nr 3** – insoweit konsequent – **grds keine Anwendung**. Hier bleibt es damit bei der verschuldensunabhängigen Haftung des Rückgewährschuldners auf Wertersatz. Eine Anwendung des § 346 Abs 3 S 1 Nr 3 auf das vertragliche Rücktrittsrecht erscheint aber in den Fällen sinnvoll, in denen gleichzeitig die Voraussetzungen eines gesetzlichen Rücktrittsrechts vorliegen bzw das vertragliche Rücktrittsrecht letztlich eine Nachbildung des gesetzlichen Rücktrittsrechts wegen Leistungsstörung darstellt (vgl Palandt/*Grüneberg* Rn 13; MüKo/*Gaier* Rn 54; Staud/*Kaiser* Rn 186 mwN; *Annuss* JA 2006, 184, 188). Auch beim **Widerrufsrecht greift die Privilegierung des § 346 Abs 3 S 1 Nr 3 grds nicht ein**. Sie gilt aber nach **§ 357 Abs 3 S 3** dann, wenn der Verbraucher nicht ordnungsgemäß über sein Widerrufsrecht belehrt wurde und auch sonst keine Kenntnis von diesem hat.

25 **4. Bereicherungsausgleich.** Eine etwa **verbleibende Bereicherung** hat der Schuldner in allen Fällen des Entfallens der Wertersatzpflicht gem **§ 346 Abs 3 S 2** nach Bereicherungsrecht heraus zu gegeben. Dabei soll es sich um eine **Rechtfolgenverweisung** handeln (BTDrs 14/6040, 196), wobei das Verhältnis zu den allg Regeln noch nicht abschließend geklärt ist. Allerdings spricht nichts dagegen, dass ab Kenntnis des Rückgewährschuldners iSd § 819 Abs 1 der Entreicherungseinwand nach § 818 Abs 3 ausgeschlossen ist und hinsichtlich der Herausgabe nach den allg Regeln gehaftet wird.

26 **VII. Verjährung.** Während das Rücktrittsrecht selbst nicht verjährbar ist (beachte aber § 218), unterliegen die aus den Rückabwicklungsverhältnis resultierenden Pflichten selbstverständlich der Verjährung. Dabei richtet sich die Verjährungsfrist nicht nach den für den ursprünglichen Vertrag geltenden Regeln zB des § 438, sondern den allg Vorschriften der §§ 195 ff (BGH NJW 2007, 674, 677 mwN; aA etwa *Wagner* ZIP 2002, 789, 790 ff). Eine analoge Anwendung des § 438 lehnte der BGH in Ermangelung einer Regelungslücke ausdrücklich ab. In Anwendung der bisherigen Rspr (BGHZ 58, 121, 122 f; 86, 313, 319 f) sind aber die längeren Verjährungsfristen des § 196, zB beim Rücktritt von einem Grundstückskaufvertrag, heranzuziehen (AnwK/*Hager* Rn 25).

§ 347 Nutzungen und Verwendungen nach Rücktritt. [1] **Zieht der Schuldner Nutzungen entgegen den Regeln einer ordnungsmäßigen Wirtschaft nicht, obwohl ihm das möglich gewesen wäre, so ist er dem Gläubiger zum Wertersatz verpflichtet. Im Fall eines gesetzlichen Rücktrittsrechts hat der Berechtigte hinsichtlich der Nutzungen nur für diejenige Sorgfalt einzustehen, die er in eigenen Angelegenheiten anzuwenden pflegt.**
[2] **Gibt der Schuldner den Gegenstand zurück, leistet er Wertersatz oder ist seine Wertersatzpflicht gemäß § 346 Absatz 3 Nummer 1 oder 2 ausgeschlossen, so sind ihm notwendige Verwendungen zu ersetzen. Andere Aufwendungen sind zu ersetzen, soweit der Gläubiger durch diese bereichert wird.**

A. Regelungsinhalt. Nach § 347 Abs 1 S 1 hat der Rückgewährschuldner nicht **gezogene Nutzungen zu vergüten**, sofern er diese nach den Regeln einer ordnungsgemäßen Wirtschaft hätte ziehen können. Die gezogenen Nutzungen sind bereits nach § 346 Abs 1 herauszugeben bzw notfalls nach § 346 Abs 2 ihr Wert zu ersetzen. Für den Begriff der Nutzungen gilt § 100. **I. Regeln der ordnungsgemäßen Wirtschaft.** Es sind nur die Nutzungen zu vergüten, die der Rückgewährschuldner nach den Regeln der ordnungsgemäßen Wirtschaft hätte ziehen können und müssen. Dabei ist auf den Zweck des Vertrags abzustellen und der Wertersatz auf solche Nutzungen zu beschränken, die dem vertragsmäßigen Gebrauch entsprochen hätten (Staud/*Kaiser* Rn 9; *Kaiser* JZ 2001, 1057, 1067). Danach liegt eine Nutzung, die mit Gefahren verbunden ist oder die durch den Vertrag gar nicht gestattet ist, nicht im Rahmen der ordnungsgemäßen Wirtschaft. So muss ein Auto nicht täglich gefahren werden (AnwK/*Hager* Rn 2; veraltet LG Mainz NJW-RR 1986, 350 – mind 55 km pro Tag). Dagegen muss der fällige Mietzins eingezogen oder ein Mietvertrag verlängert werden (AnwK/*Hager* Rn 2; Staud/*Kaiser* Rn 8). Nicht entscheidend ist allein die Möglichkeit zur Ziehung der Nutzung (BGHZ 39, 186, 187, zu § 987). 1

II. Kein Erfordernis des Vertretenmüssens. Da das Gesetz den Begriff des Vertretenmüssens grds nur im technischen Sinn verwenden soll, stellt § 347 Abs 1 S 1 darauf ab, ob es dem Schuldner möglich gewesen wäre, die Nutzungen zu ziehen (BTDrs 14/6040, 197; so schon BGH NJW 1984, 2973, 2938). Es kommt also nicht auf eine subjektive Vorwerfbarkeit an, vielmehr ist ein objektiver Maßstab anzusetzen (*Gaier* WM 2002, 1, 6). Allerdings kann dies erst ab Kenntnis vom Rücktrittsrecht gelten; davor ist wiederum ein untechnisches Verschulden erforderlich (vgl AnwK/*Hager* Rn 3). 2

III. Privilegierung beim gesetzlichen Rücktrittsrecht. Der Rückgewährschuldner beim gesetzlichen Rücktrittsrecht wird durch § 347 Abs 1 S 2 privilegiert. Im Falle des gesetzlichen Rücktritts sind die Regeln der ordnungsmäßigen Wirtschaft für die Begründung einer Wertersatzpflicht des Berechtigten kein geeignetes Kriterium, so dass diese entspr dem § 346 Abs 3 S 1 Nr 3 zugrunde liegenden Rechtsgedanken nur dann eintreten soll, wenn der Rückgewährschuldner die eigenübliche Sorgfalt bei der Ziehung von Nutzungen nicht beachtet hat (BTDrs 14/6040, 197). Auch hier wäre wie bei § 346 Abs 3 S 1 Nr 3 an eine Analogie für den Fall zu denken, dass ein vertragliches Rücktrittsrecht durch eine Pflichtverletzung des anderen Teils ausgelöst wird (s § 346 Rz 24). 3

IV. Keine gesetzliche Verzinsungspflicht. Eine Zinspflicht nach dem Vorbild des § 347 S 3 aF sieht § 347 Abs 1 hingegen nicht mehr vor. Vielmehr wird wegen der Interessengerechtigkeit auf eine bes Zinspflicht ganz verzichtet und nach § 347 Abs 1 S 1 darauf abgestellt, welche Verzinsung nach den Regeln einer ordnungsmäßigen Wirtschaft dem Schuldner als Nutzung zu erzielen möglich gewesen wäre (BTDrs 14/6040, 197; BGH NJW 2007, 1346; krit *Kohler* JZ 2001, 325, 335). 4

B. Verwendungsersatz. § 347 Abs 2 gibt dem Rückgewährschuldner in Übereinstimmung mit dem bisherigen Recht einen **Anspruch auf den Ersatz notwendiger Verwendungen**, allerdings erstreckt er sich auch auf gewöhnliche Erhaltungskosten (BTDrs 14/6040, 197; BGH NJW 2007, 674, 678). Voraussetzung für diesen Anspruch ist die Rückgabe des Gegenstandes oder die Leistung von Wertersatz, soweit diese Verpflichtung nicht nach § 346 Abs 3 S 1 Nr 1 oder 2 ausgeschlossen ist. Bei einem Ausschluss der Wertersatzpflicht nach § 346 Abs 3 S 1 Nr 3 kommt ein Verwendungsersatz nach § 347 Abs 2 S 1 dagegen nicht in Betracht. In diesem Fall können Aufwendungen nur über § 347 Abs 2 S 2 ersetzt werden, wenn durch sie diejenigen Nutzungen erst möglich sind, die nach § 346 Abs 1 herauszugeben sind, oder wenn sie trotz partieller Beschädigung der Sache deren Restwert noch erhöhen (ausf *Kaiser* JZ 2001, 1057, 1068). Ein bes Ersatz der Verwendungen kommt dann jedoch nicht in Betracht, wenn diese bei der Ermittlung der Nutzungsentschädigung bereits als Minderungsposten berücksichtigt worden sind. **I. Verwendungsbegriff.** Der Begriff der Verwendungen wird identisch zu § 994 gebraucht, wonach darunter jede Maßnahme zu verstehen ist, die der Erhaltung, Wiederherstellung oder Verbesserung der Sache dient (BGHZ 10, 171, 177; 41, 156, 160; 41, 341, 345; 131, 220, 222 f; NJW 2002, 3478). Ob auch sachändernde Aufwendungen als Verwendungen anzusehen sind, ist umstr. Der BGH vertritt einen engen Verwendungsbegriff, wonach die Maßnahme nur darauf abzielen darf, den Bestand der Sache zu erhalten, wiederherzustellen oder zu verbessern, wobei allerdings die Bebauung eines Grundstücks dazu gehören kann (BGHZ 10, 171, 177; 41, 157, 160 f; 41, 341, 346; NJW 2002, 3478; dagegen MüKo/*Medicus* § 994 Rn 10). 5

II. Notwendigkeit. Nach § 347 Abs 2 S 1 werden nur die notwendigen Verwendungen ersetzt. Als »notwendig« werden alle Verwendungen angesehen, die zur Erhaltung oder ordnungsgemäßen Bewirtschaftung der Sache erforderlich sind (BGHZ 64, 333, 339; 131, 220, 223). Das können sowohl Kosten für die Erhaltung der 6

Existenz der Sache bzw die Fütterung von Tieren (BGH NJW 2007, 674, 678) als auch für die Reparatur einer Sache bzw eine tierärztliche Behandlung (BGH NJW 2007, 674, 678) und ihre Unterbringung und Lagerung sein (BGH NJW 1978, 1256, 1257; Oldenburg NJW-RR 1995, 150, 151). Nicht notwendig in diesem Sinne sind nach der Rspr der Abriss vorhandener Baulichkeiten und die Errichtung eines neuen Gebäudes, insbes gilt dies auch für einen Bau auf fremden Grund und Boden (BGH NJW 2002, 3478).

7 **III. Verjährung.** Der Verwendungsersatzanspruch entsteht mit der Rückgabe des Gegenstands und verjährt als eigenständiger Anspruch aus Rückgewährschuldverhältnis nach den allg Regeln der §§ 195 ff (BGH NJW 2007, 674, 678).

8 **IV. Nützliche Aufwendungen.** Andere Aufwendungen kann der Rückgewährschuldner nach der als abschließend zu verstehenden Regelung des § 347 Abs 2 S 2 nur nach den **Regelen des Bereicherungsrechts** herausverlangen. Da es um den Ersatz von Aufwendungen geht, wird man den Begriff weiter als den der Verwendung zu verstehen haben. Er wird auch Maßnahmen erfassen, welche die Sache ihrem Wesen nach verändern (AnwK/*Hager* Rn 10). Wegen der Weite des Begriffs und des fehlenden Filters des § 994 Abs 2 stellt sich hier in bes Weise das Problem der aufgedrängten Bereicherung (AnwK/*Hager* Rn 10; *Gaier* WM 2002, 1, 7; *Arnold* Jura 2002, 154, 160).

§ 348 Erfüllung Zug-um-Zug. Die sich aus dem Rücktritt ergebenden Verpflichtungen der Parteien sind Zug um Zug zu erfüllen. Die Vorschriften der §§ 320, 322 finden entsprechende Anwendung.

1 Die Vorschrift setzt nicht voraus, dass das ursprüngliche Verhältnis ebenfalls Zug um Zug zu erfüllen war. Der Verweis in S 2 ist aber ausdrücklich auf die §§ 320, 322 beschränkt, so dass die übrigen Vorschriften der §§ 320 ff keine Anwendung finden. Die Regelung ist AGB-fest (s § 309 Nr 2 lit a). Die Vorschrift bezieht sich auf alle aus dem Rücktritt ergebenden Verpflichtungen der Parteien. Nicht nur die Rückgabe der jeweils empfangenen Leistungen erfolgt Zug um Zug, sondern auch der Ersatz von Nutzungen (BGH NJW 2006, 2839, 2842) und der Wertersatz. Auch für den Anspruch auf Ersatz von Verwendungen sollte dies gelten, obwohl dieser Anspruch erst durch die Rückgabe der Sache überhaupt fällig wird (ebenso PWW/*Medicus* § 347 Rn 10). Soweit sich Geldforderungen, insbes ein Rückzahlungsanspruch und ein Anspruch auf Wertersatz, gegenüberstehen, werden die Parteien freilich nach den §§ 387 ff aufrechnen.

§ 349 Erklärung des Rücktritts. Der Rücktritt erfolgt durch Erklärung gegenüber dem anderen Teile.

1 Der Rücktritt erfolgt durch einseitige, empfangsbedürftige Willenserklärung. Er kann ausdrücklich oder konkludent erklärt werden, wird mit Zugang wirksam und ist grds bedingungsfeindlich (BGHZ 32, 375, 383). Eine Ausnahme gilt, wie bei anderen Gestaltungsrechten, wenn die Bedingung für den Rücktrittsgegner keine untragbare Ungewissheit über den neuen Rechtszustand schafft, insbes bei Rechtsbedingungen, aber auch bei Bedingungen, deren Eintritt allein vom Willen des Erklärungsempfängers abhängt (BGH NJW 1986, 2245). Als Gestaltungsrecht ist das Rücktrittsrecht unverjährbar (beachte aber § 218).

§ 350 Erlöschen des Rücktrittsrechts nach Fristsetzung. Ist für die Ausübung des vertraglichen Rücktrittsrechts eine Frist nicht vereinbart, so kann dem Berechtigten von dem anderen Teil für die Ausübung eine angemessene Frist bestimmt werden. Das Rücktrittsrecht erlischt, wenn nicht der Rücktritt vor dem Ablauf der Frist erklärt wird.

1 Grund für die Vorschrift ist, dass dem möglichen Rücktrittsgegner eines unbefristeten Rücktrittsrechts, das als Gestaltungsrecht nicht der Verjährung unterliegt, die Möglichkeit gegeben werden soll, Rechtssicherheit herzustellen. Dazu muss er dem Rücktrittsberechtigten eine angemessene Frist bestimmen. Diese Fristbestimmung stellt eine empfangsbedürftige geschäftsähnliche Handlung dar. Erklärt der Rücktrittsberechtigte den Rücktritt nicht vor Ablauf der Frist, so erlischt das Rücktrittsrecht. Maßgeblich ist der Zugang der Rücktrittserklärung. Die Angemessenheit der Frist hängt vom Zweck ab, der mit der Einräumung des Rücktrittsrechts verfolgt wird. Die Setzung einer zu kurzen Frist löst den Lauf einer angemessenen Frist aus (Palandt/*Grüneberg* Rn 2).

§ 351 Unteilbarkeit des Rücktrittsrechts. Sind bei einem Vertrag auf der einen oder der anderen Seite mehrere beteiligt, so kann das Rücktrittsrecht nur von allen und gegen alle ausgeübt werden. Erlischt das Rücktrittsrecht für einen der Berechtigten, so erlischt es auch für die übrigen.

1 § 351 hat aus § 356 aF den **Grundsatz der Unteilbarkeit des Rücktrittsrechts** übernommen, der allerdings vertraglich abdingbar ist (MüKo/*Gaier* Rn 6; Staud/*Kaiser* Rn 13). Der Grund liegt in der Gestaltungswirkung des Rücktritts, die nur für alle Beteiligten gleichermaßen gelten kann. **Mehrere Beteiligte** können sich aus einer **Gesamtschuldnerschaft oder Gesamtgläubigerschaft** iSd §§ 421, 428, aus einer Gesamthand auf

Schuldner- oder Gläubigerseite, aus **einer Teilschuldnerschaft oder Teilgläubigerschaft** iSd § 420 oder aus einer Mitgläubigerschaft iSd § 432 ergeben. Eine Haftung ohne Beteiligung am Vertrag löst die Folgen des § 351 nicht aus (Staud/*Kaiser* Rn 3).

Die **Ausübung des Rücktrittsrechts von allen** Beteiligten bzw **gegen alle** Beteiligte setzt keine Gleichzeitigkeit voraus. Vielmehr wird der Rücktritt jeweils mit dem Zugang der letzten Rücktrittserklärung wirksam. Eine aktive oder passive Stellvertretung iSd § 164 Abs 1 und 3 ist möglich. Nach § 351 S 2 führt bereits das Erlöschen des Rücktrittsrechts für einen der Berechtigten zum **Erlöschen für alle Berechtigten**, weil auch in dieser Situation das Vertragsverhältnis nicht mehr einheitlich umgestaltet werden kann. Dazu muss das einzelne Erlöschen allerdings rechtlich möglich sein, woran es etwa bei gesamthänderischen Rücktrittsrechten fehlt. Der umgekehrte Fall des Erlöschens nur gegen einen Rücktrittsgegner ist nicht geregelt. Es spricht aber nichts dagegen, § 351 S 2 auf diesen Fall analog anzuwenden (MüKo/*Gaier* Rn 3; Staud/*Kaiser* Rn 12). 2

§ 352 Aufrechnung nach Nichterfüllung. Der Rücktritt wegen Nichterfüllung einer Verbindlichkeit wird unwirksam, wenn der Schuldner sich von der Verbindlichkeit durch Aufrechnung befreien konnte und unverzüglich nach dem Rücktritt die Aufrechnung erklärt.

Die Vorschrift bezieht sich auf den Fall, dass der Gläubiger in einer bestehenden Aufrechnungslage den Rücktritt wegen Nichterfüllung nach § 323 erklärt und die Forderung, mit der der Schuldner hätte aufrechnen hätte können, zum Erlöschen bringt. In dieser Lage ermöglicht § 352 dem Schuldner noch nach dem Rücktritt die Aufrechnung, die freilich den Voraussetzungen der §§ 387 ff genügen muss, und erweitert auf diese Weise ihre Rückwirkung. Durch die Wirkung des § 389 wird wiederum der Rücktrittsgrund rückwirkend beseitigt, so dass der Rücktritt unwirksam wird. Die Aufrechnung muss unverzüglich iSd § 121 Abs 1 S 1 nach Zugang der Rücktrittserklärung erfolgen. 1

§ 353 Rücktritt gegen Reugeld. Ist der Rücktritt gegen Zahlung eines Reugeldes vorbehalten, so ist der Rücktritt unwirksam, wenn das Reugeld nicht vor oder bei der Erklärung entrichtet wird und der andere Teil aus diesem Grunde die Erklärung unverzüglich zurückweist. Die Erklärung ist jedoch wirksam, wenn das Reugeld unverzüglich nach der Zurückweisung entrichtet wird.

Die Vertragsparteien können vereinbaren, dass der **Rücktritt vom Vertrag nur gegen Zahlung eines sog Reugelds** möglich ist, das sich von der Vertragsstrafe dadurch unterscheidet, dass es bei entspr Vereinbarung unabhängig von einer Pflichtverletzung anfällt. Liegt eine solche Vereinbarung vor, so kann der Rücktrittsgegner den Rücktritt unverzüglich iSd § 121 zurückweisen, wenn das Reugeld nicht vor oder bei der Erklärung, also bis zu deren Zugang, entrichtet wird. Die Zurückweisung muss auf den Grund der Nichtzahlung verweisen und ist ihrerseits empfangsbedürftig. Sie führt dazu, dass das vertraglich eingeräumte Rücktrittsrecht erhalten bleibt. Im Gegenzug kann der Rücktrittsberechtigte durch unverzügliche (§ 121) Zahlung des Reugelds die Erklärung mit Rückwirkung auf deren Zugang wirksam machen. 1

§ 354 Verwirkungsklausel. Ist ein Vertrag mit dem Vorbehalte geschlossen, dass der Schuldner seiner Rechte aus dem Vertrage verlustig sein soll, wenn er seine Verbindlichkeit nicht erfüllt, so ist der Gläubiger bei dem Eintritte dieses Falles zum Rücktritte von dem Vertrage berechtigt.

Die Vorschrift enthält eine **Auslegungsregel für Verwirkungsklauseln**, die entgegen ihrem Wortlaut lediglich ein Rücktrittsrecht mit sich bringen sollen, dessen Ausübung die in den §§ 346 ff festgelegten Rechtsfolgen nach sich zieht. Der Schuldner geht also bei Nichterfüllung seiner Rechte nicht automatisch (durch Eintritt einer auflösenden Bedingung iSd 158 Abs 2) verlustig. Die Regelung ist freilich abdingbar (BGH NJW 1972, 1893). Die Vorschrift findet nur Anwendung, wenn der **Schuldner sämtlicher Rechte aus dem Vertrag verlustig sein soll.** Soll er nur einen Teil seiner Rechte verlieren, kann allerdings eine Vertragsstrafenregelung iSd §§ 339 ff vorliegen. Ist die Vertragsstrafenregelung in AGB enthalten, so gilt § 309 Nr 6. § 354 setzt seinem eindeutigen Wortlaut nach nicht voraus, dass der Schuldner die Nichterfüllung der Verbindlichkeit zu vertreten hat. Eine entspr frühere Rspr des BGH (NJW 1981, 1600) ist daher überholt (vgl MüKo/*Gaier* Rn 4; Staud/*Kaiser* Rn 8). 1

Untertitel 2 Widerrufs- und Rückgaberecht bei Verbraucherverträgen

§ 355 Widerrufsrecht bei Verbraucherverträgen. [1] **Wird einem Verbraucher durch Gesetz ein Widerrufsrecht nach dieser Vorschrift eingeräumt, so ist er an seine auf den Abschluss des Vertrags gerichtete Willenserklärung nicht mehr gebunden, wenn er sie fristgerecht widerrufen hat. Der Widerruf muss keine Begründung enthalten und ist in Textform oder durch Rücksendung der Sache innerhalb von zwei Wochen gegenüber dem Unternehmer zu erklären; zur Fristwahrung genügt die rechtzeitige Absendung.**

[2] Die Frist beginnt mit dem Zeitpunkt, zu dem dem Verbraucher eine deutlich gestaltete Belehrung über sein Widerrufsrecht, die ihm entsprechend den Erfordernissen des eingesetzten Kommunikationsmittels seine Rechte deutlich macht, in Textform mitgeteilt worden ist, die auch Namen und Anschrift desjenigen, gegenüber dem der Widerruf zu erklären ist, und einen Hinweis auf den Fristbeginn und die Regelung des Absatz 1 Satz 2 enthält. Wird die Belehrung nach Vertragsschluss mitgeteilt, beträgt die Frist abweichend von Absatz 1 Satz 2 einen Monat. Ist der Vertrag schriftlich abzuschließen, so beginnt die Frist nicht zu laufen, bevor dem Verbraucher auch eine Vertragsurkunde, der schriftliche Antrag des Verbrauchers oder eine Abschrift der Vertragsurkunde oder des Antrags zur Verfügung gestellt werden. Ist der Fristbeginn streitig, so trifft die Beweislast den Unternehmer.
[3] Das Widerrufsrecht erlischt spätestens sechs Monate nach Vertragsschluss. Bei der Lieferung von Waren beginnt die Frist nicht vor dem Tag ihres Eingangs beim Empfänger. Abweichend von Satz 1 erlischt das Widerrufsrecht nicht, wenn der Verbraucher nicht ordnungsgemäß über sein Widerrufsrecht belehrt worden ist, bei Fernabsatzverträgen über Finanzdienstleistungen ferner nicht, wenn der Unternehmer seine Mitteilungspflichten gemäß § 312c Absatz 2 Nummer 1 nicht ordnungsgemäß erfüllt hat.

Literatur *Brönneke* Widerrufsrecht und Belehrungspflichten (2009); *Finke* Der Fernabsatz von Finanzdienstleistungen an Verbraucher (2004); *Fischer/Machunsky* Haustürwiderrufsgesetz, 2. Aufl Neuwied ua (1995); *Härting* Fernabsatzgesetz, Köln (2000); *Micklitz/Pfeiffer/Tonner/Willingmann* Schuldrechtsreform und Verbraucherschutz, Baden-Baden (2001); *Micklitz/Tonner* Vertriebsrecht, Baden-Baden (2002); *Reinking/Eggert* Der Autokauf, 9. Aufl (2005).

1 **A. Allgemeines.** Die §§ 355 und 357 basieren auf dem im Jahre 2000 im Zuge der Umsetzung der **Fernabsatz-RL 97/7/EG** eingeführten § 361a aF und führen dessen Harmonisierungsansätze (dazu *Rott* VuR 2001, 78 ff; *von Koppenfels* WM 2001, 1360 ff) weiter. § 355 Abs 1 enthält die Rechtsnatur und die Ausübung des Widerrufsrechts, während § 355 Abs 2 die Regelung der Fristberechnung übernahm. § 355 Abs 3 sieht eine harmonisierte Vorschrift über das Erlöschen des Widerrufsrechts im Falle fehlender oder nicht ordnungsgem Belehrung über das Widerrufsrecht vor. Erhebliche Änderungen erfuhr § 355 durch das **OLG-Vertretungsänderungsgesetz**, mit dessen Art 25 die Vorgaben der *Heininger*-Entscheidung des EuGH umgesetzt, aber auch darüber hinausgehende Neuerungen eingeführt wurden. Ergänzend führte das BMJ mit der Zweiten Verordnung zur Änderung der BGB-Informationspflichten-Verordnung vom 01.08.2002 (BGBl 2002 I, 2958) ein **Muster für die Widerrufsbelehrung** ein. § 355 Abs 3 wurde im Zuge der Umsetzung der **RL 2002/65/EG** ergänzt. Eine erneute Überarbeitung ist im Zuge der Umsetzung der Verbraucherkredit-RL 2008/48/EG zu erwarten, die die Bundesregierung nutzen will, um einige Unklarheiten zu beseitigen und einige Schwierigkeiten insb bei Internet-Auktionen zu reduzieren (BRDrs 848/08 vom 07.11.2008). IÜ plant die Kommission, die verschiedenen Widerrufsrechte auf EG-Ebene zu harmonisieren und die entspr Regelungen vollständig zu harmonisieren, so dass kein Spielraum mehr für weiter gehenden nationalen Verbraucherschutz verblieben würde (vgl KOM (2008) 614 endg); einen bewertenden Überblick zu den geplanten Änderungen liefert *Brönneke* Widerrufsrecht und Belehrungspflicht (2009).

2 **B. Bestehen und Rechtsnatur des Widerrufsrechts.** § 355 findet nur Anwendung, wenn in einer anderen Vorschrift ein Widerrufsrecht nach dieser Vorschrift eingeräumt, also auf § 355 verwiesen wird. Dies ist der Fall in **§ 312 Abs 1** bei Haustürgeschäften, in **§ 312c Abs 1** bei Fernabsatzverträgen, in **§ 485 Abs 1** bei Teilzeit-Wohnrechteverträgen, in **§ 495 Abs 1** bei Verbraucherdarlehen, in den **§§ 499 Abs 1, 500 und 501 iVm § 495 Abs 1** bei Finanzierungshilfen, in **§ 505 Abs 1** bei Ratenlieferungsverträgen und in **§ 4 Abs 1 FernUSG** (idF der Bekanntmachung vom 04.12.2000, BGBl I, 1670) bei Fernunterrichtsverträgen, nicht dagegen bei dem in § 312a erwähnten § 126 InvG sowie bei § 8 VVG.

3 § 355 Abs 1 übernimmt die mit § 361a aF eingeführte Konzeption der **schwebenden Wirksamkeit** des Vertrags, die das Widerrufsrecht als an das Rücktrittsrecht angenähertes Gestaltungsrecht ausgestaltet, mit dem sich der Verbraucher *ex nunc* vom Vertrag lösen kann (ausf *Bülow* ZIP 1999, 1293 ff; *von Koppenfels* WM 2001, 1360, 1363 ff; krit *Mankowski* WM 2001, 793 ff). Dies hat zur Folge, dass beide Vertragsparteien sofort die jeweilige Leistung verlangen können. Lediglich § 486 macht hiervon eine Ausnahme, indem er ein Anzahlungsverbot für Timesharing-Verträge statuiert. Eine weitere wichtige Konsequenz hat die Konzeption im Zwangsvollstreckungsrecht, nämlich in dem Fall, dass der Verbraucher den Vertrag erst widerruft, nachdem bereits ein unanfechtbares Urteil gegen ihn ergangen ist, aber bevor dieses vollstreckt ist. Unter dem früheren Konzept der schwebenden Unwirksamkeit verweigerte der BGH dem Verbraucher den Schutz der Vollstreckungsgegenklage mit dem Argument, der Widerruf stelle keine »neue Tatsache« iSd § 767 Abs 2 ZPO dar, weil lediglich ein noch nicht wirksam zustande gekommener Vertrag endgültig nicht zustande gekommen sei (BGH NJW 1996, 57). Diese ohnehin nur schwer mit dem Gemeinschaftsrecht vereinbare Auslegung (vgl *Heiderhoff* ZEuP 2001, 276, 285 ff) ist unter § 355 Abs 1 nicht mehr zu halten, da der Widerruf jetzt einen voll wirksamen Vertrag beseitigt (*K Schmidt* JuS 2000, 1096 ff; MüKo/*Masuch* Rn 33).

C. Form der Ausübung. Der Widerruf kann in der **Textform** des § 126b oder durch **Rücksendung der gelieferten Sache** erfolgen. Er muss nicht als »Widerruf« bezeichnet werden, vielmehr genügt es, wenn deutlich zum Ausdruck gebracht wird, dass der Verbraucher den Vertragsschluss nicht mehr gegen sich gelten lassen will (BGH NJW 1993, 128, 129; 1996, 1964; dazu auch *Martis/Meinhof* MDR 2004, 4, 5). Eine Begründung muss der Widerruf nicht enthalten. Ein zusätzliches Erfordernis stellte bis zum Inkrafttreten des OLG-Vertretungsänderungsgesetz § 495 Abs 2 S 1 aF für Verbraucherdarlehensverträge auf, bei denen der Verbraucher das Darlehen bereits empfangen hat. Dieses musste binnen zwei Wochen zurückgezahlt werden. Diese Regelung wurde durch eine zeitlich befristete Regelung in § 506 Abs 2 ersetzt, nach der die Rückzahlungspflicht binnen zwei Wochen nur bei bes schriftlicher Vereinbarung galt. Seit dem 01.07.2005 ist nach § 506 nF auch eine solche Vereinbarung nicht mehr zulässig. 4

D. Widerrufsfrist. Die reguläre Widerrufsfrist beträgt **zwei Wochen**. Sie berechnet sich nach den §§ 187 Abs 1, 188 Abs 2. Für ihre Einhaltung ist die Absendung des Widerrufs in Textform bzw die Absendung der Sache maßgeblich. Dennoch muss der Widerruf als empfangsbedürftige Willenserklärung zugehen, um wirksam zu werden. Die Beweislast für die rechtzeitige Absendung und für den Zugang liegt beim Verbraucher (Bamberg VuR 2002, 33); in der Praxis ergeben sich hier erhebliche Schwierigkeiten (vgl dazu *Faustmann* VuR 2007, 8). Im Falle eines Verlusts der Widerrufserklärung kann der Verbraucher diese wie nach früherem Recht unverzüglich wiederholen (vgl *Härting* Anh § 3 Rn 28). 5

Der **Beginn der Widerrufsfrist** verlangt die Mitteilung einer deutlich gestalteten Belehrung des Verbrauchers über sein Widerrufsrecht (s Rz 13 ff). Diese Regelung bekräftigte der EuGH in der Rechtssache *Heininger* für Haustürgeschäfte (s Rz 9). Über den Zeitpunkt der Belehrung gibt § 355 Abs 2 zwar keine Auskunft. Die Orientierung am Zweck der Vorschrift, die Entscheidungsfreiheit des Verbrauchers zu sichern, sowie die Auslegung im Lichte des Art 4 Abs 2 S 2 lit a) der RL 85/577/EWG machen aber deutlich, dass die Belehrung grds zum Zeitpunkt des Vertragsschlusses erfolgen muss und nicht vorher erfolgen darf (ausf BGH BKR 2002, 872). Abweichende Regelungen des Fristbeginns treffen § 312d Abs 2 für Fernabsatzverträge, § 312e Abs 3 für Verträge im elektronischen Geschäftsverkehr, § 485 Abs 4 für Teilzeit-Wohnrechteverträge sowie § 4 Abs 1 S 2 und § 9 FernUSG für Fernunterrichtsverträge. Der Unternehmer muss im Streitfall den Beginn der Widerrufsfrist beweisen. 6

Belehrt der Unternehmer den Verbraucher nach Vertragsschluss, so verlängert sich die Widerrufsfrist nach § 355 Abs 2 S 2 auf einen Monat. Für die Frage, was »nach Vertragsschluss« bedeutet, ist nach dem klaren Wortlaut der Vorschrift auf den exakten Zeitpunkt des Vertragsschlusses abzustellen (aA *Artz* BKR 2002, 603, 607, der unter Verweis auf den Fristbeginn nach § 187 Abs 1 danach differenziert, ob die Belehrung noch am Tag des Vertragsschlusses oder danach erfolgt). Die Regelung gilt nach Art 229 § 8 Abs 2 EGBGB auch für Verträge, die vor dem 01.08.2002 abgeschlossen wurden. Praktisch relevant wurde dies bei eBay-Versteigerungen, wo die Belehrung zwar im Internet verfügbar, aber nicht in Textform mitgeteilt wurde (vgl KG VuR 2006, 402; Hamburg CR 2006, 854, 855). Hier greift die verlängerte Widerrufsfrist ein; gleichzeitig ist eine Widerrufsbelehrung, die von der zweiwöchigen Frist ausgeht, unrichtig, so dass die Widerrufsfrist mangels ordnungsgem Belehrung gar nicht zu laufen beginnt. Die Bundesregierung plant allerdings, dies durch eine Sonderregelung für Fernabsatzverträge zu ändern. Danach soll auch die unverzüglich (iSd § 121) nach Vertragsschluss mitgeteilte Widerrufsbelehrung den Beginn der regulären Widerrufsfrist auslösen, vorausgesetzt, die Belehrung über den Widerruf nach § 1 Abs 1 Nr 10 BGB-InfoV war für den Verbraucher verfügbar. 7

§ 355 Abs 2 S 2 ist mit dem Mindestschutz der einschl Richtlinien vereinbar, da diese die Frage der Nachbelehrung nicht regeln, jedenfalls aber **keine spezifische Sanktion für den Fall der nicht ordnungsgem Belehrung** bei Vertragsschluss verlangen (aA *Tonner* BKR 2002, 856, 858). Problematisch ist hingegen die Vereinbarkeit mit der auf Vollharmonisierung ausgelegten RL 2002/65/EG, die nur die zweiwöchige Widerrufsfrist kennt, aber keine Verlängerung auf einen Monat bei verspäteter Belehrung vorsieht. Hier wird in der Lehre eine richtlinienkonforme Reduktion des § 355 Abs 2 S 2 im Sinne seiner Nichtanwendung auf Verträge über den Fernabsatz von Finanzdienstleistungen gefordert (so *Finke* S 186; *Domke* BB 2006, 61 f). 8

Unbegrenzt verlängert sich die Widerrufsfrist, wenn der Verbraucher nicht ordnungsgem über sein Widerrufsrecht belehrt worden ist. Diese mit dem OLG-Vertretungsänderungsgesetz eingeführte Regelung stellte eine Reaktion auf das ***Heininger*-Urteil** des EuGH vom 13.12.2001 (EuGHE 2001, I-9945, m Bespr *Hoffmann* ZIP 2002, 145 ff; *Reich/Rörig* EuZW 2002, 87 ff; *Rott* VuR 2002, 49 ff; *Staudinger* NJW 2002, 653 ff) dar. Dort erklärte der EuGH, dass die Widerrufsfrist nach Art 5 (1) der Haustürwiderrufs-RL 85/577/EWG erst zu laufen beginnt, wenn der Gewerbetreibende den Verbraucher ordnungsgem über sein Widerrufsrecht belehrt hat, und deshalb auch nicht enden kann, wenn dies nicht erfolgt ist (anders nun für bereits vollständig abgeschlossene Vorgänge das Urteil *Hamilton*, EuGHE 2008, I-2383). Selbst eine Fristverlängerung auf ein Jahr wies der EuGH unter Berufung auf den klaren Wortlaut der RL zurück. Der zum 01.01.2002 eingeführte Wortlaut des § 355 Abs 3 S 1 aF ließ eine richtlinienkonforme Auslegung nicht zu. Die Vorschrift musste jedenfalls für Haustürgeschäfte geändert werden. Zugunsten der Beibehaltung einer harmonisierten Regelung erstreckte der Gesetzgeber die Regelung auf andere Verträge, bei denen der Verbraucher ein Widerrufsrecht hat. Die unbegrenzte Verlängerung gilt allerdings grds nicht bei Verstößen gegen die Verpflichtung, dem Verbraucher andere Informationen als die über das Bestehen eines Widerrufsrechts mitzuteilen. Eine Ausnahme macht insoweit § 355 Abs 3 S 3 Hs 9

2 für den Fernabsatz von Finanzdienstleistungen, weil die zugrunde liegende RL 2002/65/EG strengere Anforderungen aufstellt. Hier genügt jeder Verstoß gegen die Mitteilungspflichten nach § 312c Abs 2 Nr 1. Dasselbe gilt für die neue Verbraucherkredit-RL (vgl *Rott* WM 2008, 1104, 1111).

10 Die *Beweislast für den Fristbeginn* und damit implizit für die ordnungsgem Belehrung des Verbrauchers liegt nach der Grundregel des § 355 Abs 2 S 4 beim Unternehmer. Die Regelung gilt laut Art 229 § 8 Abs 1 S 2 EGBGB für Verträge, die nach dem 31.12.2001 abgeschlossen wurden. Eine Kompensation der Unternehmer für die angehobene Sanktionierung einer nicht ordnungsgem Belehrung soll durch eine Erhöhung der Rechtsklarheit im Bereich der Anforderungen an eine ordnungsgem Belehrung erfolgen. Zu diesem Zweck hat das BMJ von der Verordnungsermächtigung des Art 245 EGBGB Gebrauch gemacht und ein **Muster für eine ordnungsgem Widerrufs- oder Rückgabebelehrung erstellt.** Eine Verpflichtung zur Verwendung dieses Musters besteht, anders als in einigen anderen EG-Mitgliedstaaten, nicht.

11 Wird der Verbraucher ordnungsgem über sein **Widerrufsrecht** belehrt, so **erlischt** das Widerrufsrecht gem § 355 Abs 3 S 1 **spätestens nach sechs Monaten.** Eine solche Fristverlängerung kommt in Betracht, wo spezialgesetzlich angeordnet ist, dass die Nichtbeachtung *anderer* Informationspflichten dazu führt, dass die Widerrufsfrist nicht zu laufen beginnt, wie dies in den §§ 312d Abs 2, 312e Abs 3 S 2 und 485 Abs 4 der Fall ist. Der Fristbeginn hängt wiederum davon ab, ob ein Vertrag über die Lieferung von Waren oder die Erbringung von Dienstleistungen vorliegt. In letzterem Fall läuft die Frist ab Vertragsschluss, in ersterem ab Lieferung der Ware. Damit wird verhindert, dass die Widerrufsfrist vor Erhalt der Lieferung ablaufen kann, und ein Gleichlauf mit der Regelung über den Beginn der regulären Widerrufsfrist erreicht. Bei Sukzessivlieferungen bleibt die Lieferung der ersten Teillieferung auch für den Beginn der verlängerten Frist maßgeblich (vgl auch BTDrs 14/2658, 43). Eine **Fristverlängerung** auf einen Monat als Sanktion in Fällen, in denen der in § 482 bezeichnete Prospekt nicht oder nicht in der vorgeschriebenen Sprache ausgehändigt wurde, sieht **§ 485 Abs 3** für **Teilzeit-Wohnrechteverträge** vor. Eine Sonderregelung trifft auch § 4 Abs 2 FernUSG, nach dem das Widerrufsrecht bei vollständiger beiderseitiger Erfüllung erlischt.

12 Eine **faktische Verlängerung** der Widerrufsfrist über einen Anspruch aus *culpa in contrahendo* nach **§§ 311 Abs 2, 241 Abs 2 iVm § 280** auf Vertragsaufhebung scheint demgegenüber ausgeschlossen. Die klare gesetzgeberische Entscheidung zugunsten der Begrenzung der Widerrufsfrist entfaltet eine Sperrwirkung in Situationen, in denen das vorvertragliche Fehlverhalten allein in der fehlenden oder nicht ordnungsgem Belehrung des Verbrauchers liegt (so auch *Micklitz/Tonner* § 312c Rn 131). Zwar erwähnt der Regierungsentwurf bei den Informationspflichten des § 312e ausdrücklich die Möglichkeit eines Anspruchs aus cic nach den §§ 311 Abs 2, 241 Abs 2 iVm § 280 Abs 1 (BTDrs 14/6040, 173, sowie ausf *Grigoleit* WM 2001, 597 ff), der dann mangels gegenteiliger Regelung nicht der Frist des § 355 Abs 3, sondern der dreijährigen Verjährungsfrist des § 195 unterfiele (vgl auch *Hildenbrand* NJW 1998, 2940, 2941, zum TzWrG aF). Er bleibt aber explizit vage darin, den verschiedenen denkbaren Pflichtverletzungen mögliche Rechtsfolgen zuzuordnen. **Zusätzliche Sanktionen** in Form von Geldbußen oder entspr Strafandrohungen sieht das deutsche Recht nicht vor. Dies könnte einen Verstoß gegen Art 4 (3) der RL 85/577/EWG und Art 11 (1) der Richtlinien 97/7/EG und 2002/65/EG, die über den Nicht-Beginn der Widerrufsfrist hinaus weitere »geeignete Maßnahmen zum Schutz des Verbrauchers« bzw »geeignete und wirksame Mittel« für den Fall der Nichtbelehrung verlangen, darstellen (dazu *Rott* VuR 2002, 49, 52).

13 **E. Belehrung über die Rechte des Verbrauchers.** Nach § 355 Abs 2 S 1 müssen dem Verbraucher bei der Belehrung über sein Widerrufsrecht seine Rechte deutlich gemacht werden (ausf *Martis/Meinhof* MDR 2004, 4, 6 ff). Die Belehrung muss **Namen und Anschrift** desjenigen, ggü dem der Widerruf zu erklären ist, und einen Hinweis auf den Fristbeginn und die Regelung des Abs 1 S 2 enthalten. Der Verwender kann bei der Belehrung auf ein Muster des BMJ zurückgreifen. Entschließt sich der Unternehmer, das Muster des BMJ nicht zu verwenden, so muss er nach § 14 Abs 4 BGB-InfoV in der Belehrung seine ladungsfähige Anschrift angeben, wie dies nach § 1 Abs 1 Nr 2 BGB-InfoV bei Fernabsatzverträgen ohnehin der Fall ist. Die **Angabe eines Postfachs genügt** dafür **nicht** (Koblenz NJW 2006, 919, 920). Für § 355 Abs 2 S 1 hatte der BGH dies zunächst anders gesehen (vgl BGH DB 2002, 1317; zust Koblenz NJW 2005, 3430, 3431; abl *Stillner* VuR 2002, 79, 83).

14 Die Verwendung des Plurals, »**seine Rechte**«, legt es nahe, dass die Belehrung mehr als nur das Widerrufsrecht erfassen soll. Bei Haustürgeschäften und Fernabsatzverträgen ergibt sich das bereits aus § 312 Abs 2 bzw § 1 Abs 1 Nr 10 BGB-InfoV, die zusätzlich eine Belehrung über die Rechtsfolgen des Widerrufs verlangen. Dasselbe kann bei anderen Vertragstypen, auf die § 355 Anwendung findet, aus § 355 Abs 2 S 1 abgeleitet werden. Zu der Belehrung über die Rechte des Verbrauchers gehört daher auch hier die Belehrung darüber, dass auch der Unternehmer die empfangenen Leistungen zurückzugewähren und ggf gezogene Nutzungen herauszugeben hat (BGH NJW 2007, 1946). Für eine solche Lesart spricht, dass das Muster für die Widerrufsbelehrung (s Rz 18 ff) eine Belehrung über die Rechtsfolgen des Widerrufs für alle Verträge, für die ein Widerrufsrecht nach § 355 besteht, vorsieht.

15 Die **Belehrung** muss **deutlich gestaltet** sein und dem Verbraucher entspr den Erfordernissen des eingesetzten Kommunikationsmittels seine Rechte deutlich machen. Ersteres Kriterium bezieht sich auf die **optische Gestaltung**, während das zweite Kriterium die **Transparenz** der Belehrung betrifft (AnwK/*Ring* Rn 29). Wo mehrere Widerrufsrechte nebeneinander bestehen, muss auch dies deutlich zum Ausdruck gebracht werden; die Belehrung muss allen Widerrufsrechten genügen (vgl BGH BB 2004, 1702). Das Kriterium der deutlichen Gestaltung ist an die Formulierung des § 2 Abs 1 S 1 HausTWG aF vor der Änderung im Zuge der Umsetzung der RL 97/7/EG angelehnt; lediglich der Begriff »drucktechnisch« ist aufgrund der Möglichkeit nicht gedruckter Belehrungen entfallen (vgl auch BGH WM 2003, 205). Daher bietet sich eine Übernahme der Auslegung des § 2 Abs 1 S 1 HausTWG aF an (BGH NJW 2002, 3396, 3397). Die Rspr stellt hohe Anforderungen an die deutliche Gestaltung. Der Verbraucher muss »unübersehbar« auf sein Widerrufsrecht hingewiesen werden (vgl BGH NJW 1987, 125, 126; NJW 1996, 1964, 1965). Das LG Hamburg verlangt dafür eine Hervorhebung durch Farbe, größere Lettern, Sperrschrift oder Fettdruck (LG Hamburg VuR 2008, 69). Selbst Absetzung im Text durch durchgezogene Linien oder Fettdruck kann unzureichend sein, wenn auch andere Passagen eines Vertrags ähnl gestaltet sind und die Belehrung im Konvolut des Vertrags gleichsam untergeht (BGH NJW 1996, 1964, 1965; VuR 2004, 339). Den Abdruck der Widerrufsbelehrung auf der Rückseite des Vertrags lässt der BGH allerdings zu, selbst wenn sich auf der Vorderseite des Formulars kein Hinweis auf diese Widerrufsbelehrung findet (BGH WM 2003, 205).

Auch dass die Belehrung inhaltlich klar, verständlich und vollständig sein muss, war **bereits unter § 1 HausTWG aF** ständige Rspr, die auf die Verpflichtung des Unternehmers, dem Verbraucher »seine Rechte deutlich zu machen«, übertragen werden kann. Die Anforderungen der Rspr sind auch hier streng (vgl BGH NJW 1993, 1013; Celle WM 2000, 816, zu § 7 Abs 2 VerbrKrG aF; LG Hamburg VuR 1999, 47, 48; *Fischer/Machunsky* § 2 Rn 19), die Rspr geht von einem regelm rechtsunkundigen Verbraucher aus (vgl BGH NJW 2002, 3396, 3398). So genügt die Formulierung, der Lauf der Widerrufsfrist beginne »nicht jedoch, bevor die auf Abschluss des Vertrages gerichtete Willenserklärung vom Auftraggeber abgegeben wurde«, nicht dem Deutlichkeitsgebot des § 355 Abs 2 S 1 (BGH BB 2002, 2148). Dasselbe gilt für die Formulierung, die Frist beginne »frühestens mit Erhalt einer in Textform noch gesondert mitzuteilenden Widerrufsbelehrung«, wenn im Fernabsatz nach § 312d Abs 2 S 1 die Frist erst mit Erhalt der Ware zu laufen beginnt (Düsseldorf VuR 2008, 55, 58). Die Formulierung »Die Frist beginnt frühestens mit Erhalt der Ware und dieser Belehrung« wurde als Verstoß gegen das Transparenzgebot des § 307 gewertet (München K&R 2008, 620). Die Belehrung über die Frist muss deren Ende ebenso deutlich machen wie die Tatsache, dass die Absendung des Widerrufs zur Fristwahrung genügt (vgl BGH NJW 1996, 1964, 1965; VuR 2004, 339, zu § 5a VVG). Auch muss die Belehrung die Form der Ausübung des Widerrufs erläutern (vgl BGH VuR 2004, 339, zu § 5a VVG), wobei nach Ansicht des München nicht erforderlich ist, dass der Unternehmer den Begriff »Textform« erläutert (München NJW-RR 2005, 573). Wie detailliert über die Rechtsfolgen des Widerrufs belehrt werden muss, hat der BGH jüngst offen gelassen. Er hat aber deutlich gemacht, dass jedenfalls eine Belehrung über die »wesentlichen Rechte«, die sich aus dem Widerruf ergeben, erfolgen muss (BGH NJW 2007, 1946). 16

Für den **Vertragsschluss im Internet** entschied das Frankfurt aM (MMR 2001, 529), dass die Anforderungen des § 355 Abs 2 S 1 nur erfüllt seien, wenn der Verbraucher die **Belehrung aufrufen** muss, **bevor er einen Vertrag schließt**. Ein Link reiche auch dann nicht, wenn er deutlich sichtbar sei. Eine derart strikte Handhabung geht nach einhelliger Meinung in der Lit über die Erfordernisse der Vorschrift hinaus (vgl nur *Fuchs* ZIP 2000, 1273, 1277; *Kamanabrou* WM 2000, 1417, 1422; *Mankowski* CR 2001, 767, 771 f; *Lorenz* NJW 2001, 2230), wenn sie auch für den Unternehmer den sichersten und einen technisch leicht gangbaren Weg darstellt. 17

Zum Zweck der Erleichterung der ordnungsgem Belehrung kann der Unternehmer gem § 14 BGB-InfoV ein **Muster** verwenden, das das BMJ mit der Zweiten VO zur Änderung der BGB-InfoV in deren Anlage 2 eingestellt hat und das vom Unternehmer auf die Einzelheiten des Vertrags zuzuschneiden ist. Die Möglichkeit abweichender Gestaltungen verbleibt dem Unternehmer nur hinsichtlich des Formats und der Schriftgröße. Daneben kann er Zusätze wie seine Firma oder sein Kennzeichen anbringen. Hingegen kann er zusätzliche Informationen, die er etwa bei Fernabsatzverträgen oder bei Verträgen im elektronischen Geschäftsverkehr erteilen muss, nicht in das Muster für die Widerrufsbelehrung integrieren, ohne die Vorteile des § 14 BGB-InfoV zu verlieren. Das **Muster konkretisiert die Belehrungspflicht**, durch seine Einhaltung soll der Unternehmer den Anforderungen des § 355 Abs 2 und der diesen erg Vorschriften des BGB genügen. Dies bezieht sich sowohl auf die Form als auch auf den Inhalt der Belehrung. **Problematisch** ist der **Text** des Musters insoweit, als er **einige Fehler** enthält (vgl *Masuch* NJW 2002, 2931 ff; *ders* BB 2005, 344 ff; *Marx/Bäuml* WRP 2004, 162, 164). Wegen der inhaltlichen Fehler haben bereits einige Instanzgerichte das Formular für mit höherrangigem Recht unvereinbar erklärt und seine Benutzung als nicht ordnungsgem Belehrung gewertet (so LG Halle VuR 2006, 411; zweifelnd Koblenz, NJW 2006, 919, 920; vgl auch *Masuch* NJW 2002, 2931, 2932; *ders* BB 2005, 344 ff; aA *Bodendiek* MDR 2003, 1, 3). Der BGH hat die Frage mangels Entscheidungserheblichkeit bisher offen gelassen (BGH NJW 2007, 1946). Das BMJ hat die Musterbelehrung jedenfalls mit Wirkung zum 01.04.2008 überarbeitet (BGBl 2008 I, 292). Für Belehrungen, die den bislang gültigen Mustern entsprechen, gilt nach dem neuen § 16 BGB-InfoV eine Übergangsfrist bis zum 01.10.2008. Endgültig soll das Problem – ohne inhaltliche Verbesserung – im Zuge der Umsetzung der Verbraucherkredit-RL dadurch gelöst werden, dass der Muterbelehrung Gesetzesrang verliehen wird, so dass Gerichte sie nicht mehr als mit höherem Recht unvereinbar unbeachtet lassen können. 18

19 Hinsichtlich der **Belehrung über die Rechtsfolgen des Widerrufs** ist auch das neue Formular mE zu allgemein gehalten. Über die in § 357 Abs 1 und 3 geregelten Rechtsfolgen des Widerrufs muss der Unternehmer den Verbraucher nach § 312 Abs 2 bei Haustürgeschäften und nach § 312c Abs 1 iVm § 1 Abs 1 Nr 10 BGB-InfoV bei Fernabsatzverträgen informieren (s auch Rz 15). Jedenfalls bei der Information über eventuellen Wertersatz für die Nutzung der gelieferten Sache und für die Ingebrauchnahme der Sache ist eine Belehrung, die lediglich den Gesetzestext wiederholt, nicht aber auf die Rechtsfolgen im konkreten Einzelfall eingeht, indem sie dem Verbraucher einen Hinweis auf die drohende finanzielle Belastung gibt, nicht angemessen (skeptisch bereits *Grigoleit* NJW 2002, 1151, 1156; aA *Bodendiek* MDR 2003, 1, 3). Ob eine Belehrung, die dem Muster in Anlage 2 der BGB-InfoV entspricht, auch automatisch den Anforderungen des § 1 BGB-InfoV entspricht, wird nicht deutlich, da § 14 Abs 1 BGB-InfoV nur die Anforderungen des § 355 Abs 2 und der diesen erg Vorschriften des BGB, nicht aber die Anforderungen der BGB-InfoV erwähnt. Dies stellt aber zweifellos ein Versehen dar, da aus dem Zusammenhang deutlich wird, dass dem Unternehmer ein umfassendes Formular zur Belehrung über das Widerrufsrecht zur Verfügung gestellt wird. In diesem Fall würde auch die Erfüllung der Anforderung des § 1 Abs 3 Nr 1 BGB-InfoV, den Verbraucher über die Rechtsfolgen des Widerrufs eines Fernabsatzvertrags zu informieren, fingiert. Dies ist mE mit der gebotenen gemeinschaftskonformen Auslegung des § 357, der eine konkrete, einzelfallbezogene Information über die drohende Haftung des Verbrauchers verlangt, nicht zu vereinbaren. Die Befreiungswirkung des § 14 Abs 1 BGB-InfoV kann auch deshalb wegen Verstoßes gegen höherrangiges Recht nicht eingreifen.

20 **Zusätzliche** inhaltliche **Belehrungserfordernisse** stellen einige Sondervorschriften auf, insbes § 312 Abs 2 bei Haustürgeschäften, § 312c iVm Art 240 EGBGB, § 1 BGB-InfoV bei Fernabsatzverträgen, § 358 Abs 5 bei verbundenen Geschäften, § 485 Abs 2 iVm Abs 5 S 2 bei Teilzeit-Wohnrechteverträgen und § 495 Abs 2 S 3 bei Verbraucherdarlehen.

21 Die Belehrung kann in **Textform** erteilt werden; aus diesem Grund wurde die frühere Formulierung »aushändigen« durch »mitteilen« ersetzt. Die Schriftform bleibt als höhere Form zulässig, ohne dass dies erwähnt werden müsste. Sie muss den Namen und die Anschrift desjenigen, ggü dem der Widerruf zu erklären ist, sowie einen Hinweis auf die Widerrufsfrist und die Regelung des § 355 Abs 1 S 2, also auf die Form der Ausübung des Widerrufs sowie darüber, dass der Widerruf nicht begründet werden muss, enthalten. **Weggefallen** ist mit dem Inkrafttreten des OLG-Vertretungsänderungsgesetzes das zum 01.01.2002 eingeführte **Erfordernis**, dass die **Belehrung vom Verbraucher gesondert unterschrieben** oder mit einer qualifizierten elektronischen Signatur versehen werden muss. Eine Ausnahme sah schon zuvor § 312d Abs 2 für Fernabsatzverträge vor. Gemeinschaftsrechtlich ist die Streichung unproblematisch, da die relevanten EG-RL ein Unterschriftserfordernis nicht vorsehen. Die generelle Aufhebung auch für den Fall der Belehrung bei Vertragsschluss senkt den Schutz des Verbrauchers unnötig ab, indem sie den unaufmerksamen Verbraucher eines Sicherungsmechanismus beraubt (so auch *Artz* BKR 2002, 603, 607; *Fischer* VuR 2002, 309, 312). Die Regelung gilt für Verträge, die nach dem 01.08.2002 abgeschlossen wurden. Für ältere Verträge gilt das Unterschriftserfordernis. Verlangen andere Vorschriften die Schriftform des Vertrags (so § 484 Abs 1 für Teilzeit-Wohnrechteverträge, § 492 Abs 1 für Verbraucherdarlehensverträge, § 499 Abs 1 iVm § 492 Abs 1 für Finanzierungshilfen, § 500 iVm § 492 Abs 1 für Finanzierungsleasingverträge, § 501 iVm § 492 Abs 1 für Teilzahlungsgeschäfte und § 505 Abs 2 für Ratenlieferungsverträge), so waren bis zum 01.08.2002 getrennte Unterschriften unter den Vertrag und unter die Widerrufsbelehrung erforderlich.

22 **F. Aushändigung der Vertragsurkunde.** Die Aushändigung einer Vertragsurkunde an den Verbraucher ist nur noch erforderlich, wenn der Vertrag **Schriftform** iSd § 126 voraussetzt. Dies ist nur noch selten der Fall, nachdem das Gesetz über den elektronischen Geschäftsverkehr die Schriftform fast durchgängig durch die Textform ersetzt hat. In Betracht kommt die Regelung noch bei Bürgschaften für Verbraucherverträge, die nach dem Urteil des EuGH in *Dietzinger* Haustürgeschäfte iSd § 312 sein können, sowie bei Teilzeit-Wohnrechteverträgen, Verbraucherdarlehensverträgen, Finanzierungshilfen, Finanzierungsleasingverträgen, Teilzahlungsgeschäften und Ratenlieferungsverträgen, vgl §§ 484 Abs 1, 492 Abs 1 S 2, 499 Abs 1, 500, 501, 505 Abs 2.

§ 356 Rückgaberecht bei Verbraucherverträgen.

[1] Das Widerrufsrecht nach § 355 kann, soweit dies ausdrücklich durch Gesetz zugelassen ist, beim Vertragsschluss auf Grund eines Verkaufsprospekts im Vertrag durch ein uneingeschränktes Rückgaberecht ersetzt werden. Voraussetzung ist, dass
1. im Verkaufsprospekt eine deutlich gestaltete Belehrung über das Rückgaberecht enthalten ist,
2. der Verbraucher den Verkaufsprospekt in Abwesenheit des Unternehmers eingehend zur Kenntnis nehmen konnte und
3. dem Verbraucher das Rückgaberecht in Textform eingeräumt wird.

[2] Das Rückgaberecht kann innerhalb der Widerrufsfrist, die jedoch nicht vor Erhalt der Sache beginnt, und nur durch Rücksendung der Sache oder, wenn die Sache nicht als Paket versandt werden kann, durch Rücknahmeverlangen ausgeübt werden. § 355 Absatz 1 Satz 2 findet entsprechende Anwendung.

1 **A. Allgemeines.** § 356 Abs 1 setzt voraus, dass eine andere Vorschrift die Ersetzung des Widerrufsrechts durch ein Rückgaberecht zulässt. Dies sehen § 312 Abs 1 S 2 für Haustürgeschäfte, § 312d Abs 1 S 2 für Fernabsatzgeschäfte und § 503 Abs 1 für Teilzahlungsgeschäfte vor. Die Ersetzung ist nur bei Verträgen aufgrund

eines Verkaufsprospekts zulässig, den der Verbraucher in Abwesenheit des Unternehmers eingehend zur Kenntnis nehmen konnte. In diesem Verkaufsprospekt muss eine deutlich gestaltete Belehrung über das Rückgaberecht enthalten sein, das dem Verbraucher dann in der Textform des § 126b eingeräumt werden muss. Für die Auslegung des Begriffs der deutlich gestalteten Belehrung kann auf § 355 Abs 2 zurückgegriffen werden (so auch *Micklitz/Tonner* Rn 7). Auch hier kann der Unternehmer nach § 14 Abs 2 BGB-InfoV auf ein Muster des BMJ zurückgreifen, das als Anlage 3 zur BGB-InfoV abgedruckt ist und die Erfüllung der Belehrungspflicht bewirkt (zur Vereinbarkeit mit Art 245 EGBGB s § 355 Rz 19). Eine Unterschrift des Verbrauchers unter die Belehrung über das Rückgaberecht fordert § 356 wie bisher nicht. Der Verzicht auf die Schriftform des § 361b Abs 1 aF resultiert daraus, dass nicht nur gedruckte Kataloge, sondern auch Internet-Präsentationen als Verkaufsprospekte anerkannt werden (vgl BTDrs 14/2658, 48). Dem Unternehmer soll in solchen Fällen die Mitteilung erleichtert werden. Ein praktischer Unterschied ergibt sich bei Verträgen über die Lieferung von Waren kaum, da die Mitteilung über das Rückgaberecht dort auch in schriftlicher Form zusammen mit der Lieferung der Sache und damit zu dem frühesten Zeitpunkt, in dem die Rückgabefrist zu laufen beginnen kann, erfolgen kann.

B. Ausübung des Rücktrittsrechts. Grundsätzlich ist das Rückgaberecht durch **Rücksendung der Sache** auszuüben. Nur wenn die Sache nicht als Paket versandt werden kann, genügt ein Rücknahmeverlangen. Die Deutsche Post AG befördert nur Pakete mit einem Gewicht bis zu 20 kg. Die Zumutbarkeit der Inanspruchnahme eines privaten Paketdienstes wird bislang in der Lehre verneint (vgl MüKo/*Masuch* Rn 27 Fn 68; Staud/*Kaiser* Rn 38). Ob diese Sonderstellung der Deutschen Post AG angesichts der Aufgabe des Beförderungsmonopols im Paketbereich aufrechtzuerhalten ist, scheint fraglich. Allerdings hat diese für den Verbraucher den Vorzug, über Filialen zu verfügen. Nicht zumutbar dürfte es nämlich sein, zu Geschäftszeiten zu Hause auf einen privaten Paketdienst warten zu müssen. Das Rücknahmeverlangen muss in entspr Anwendung von § 355 Abs 1 S 2 in Textform übermittelt werden. Nicht Gesetz geworden ist ein Vorschlag des BR, wonach ein Rücknahmeverlangen auch dann genügen sollte, wenn die Sache ins Ausland verschickt werden müsste (vgl Nr 74 der Stellungnahme des BR, BTDrs 14/6857, 22). Die Rückgabefrist entspricht der Widerrufsfrist. Maßgeblich ist in entspr Anwendung des § 355 Abs 1 S 2 Hs 2 die Absendung der Ware bzw des Rücknahmeverlangens. Abweichend von § 355 Abs 2 S 1 beginnt die reguläre Widerrufsfrist nicht mit der ordnungsgem Belehrung des Verbrauchers, sondern erst mit dem Erhalt der Sache zu laufen. Diese Regelung wirkt sich bei Haustürgeschäften aus, während sie für Fernabsatzverträge nach § 312d Abs 2 ohnehin gilt. Eine Regelung darüber, wer die **Kosten der Rücksendung** zu tragen hat, trifft § 356 nicht. Aus § 357 Abs 2 S 1 ergibt sich, dass dies grds der Unternehmer ist. Die Regelung des § 357 Abs 2 S 3 findet ihrem eindeutigen Wortlaut nach keine Anwendung auf die Rückgabe, so dass keine Möglichkeit besteht, die Kosten dem Verbraucher aufzuerlegen (vgl auch *Flume* ZIP 2000, 1427, 1429; AnwK/*Ring* Rn 19; MüKo/*Masuch* Rn 5). Dies könnte sich in Zukunft ändern, denn der Regierungsentwurf zur Umsetzung der Verbraucherkredit-RL (BRDrs 848/08) sieht vor, dass das Rückgaberecht hinsichtlich der Folgen der Rückgabe dem Widerruf gleichgestellt werden soll. 2

§ 357 Rechtsfolgen des Widerrufs und der Rückgabe.

[1] Auf das Widerrufs- und das Rückgaberecht finden, soweit nicht ein anderes bestimmt ist, die Vorschriften über den gesetzlichen Rücktritt entsprechende Anwendung. § 286 Absatz 3 gilt für die Verpflichtung zur Erstattung von Zahlungen nach dieser Vorschrift entsprechend; die dort bestimmte Frist beginnt mit der Widerrufs- oder Rückgabeerklärung des Verbrauchers. Dabei beginnt die Frist im Hinblick auf eine Erstattungspflicht des Verbrauchers mit Abgabe dieser Erklärung, im Hinblick auf eine Erstattungsverpflichtung des Unternehmers mit deren Zugang.

[2] Der Verbraucher ist bei Ausübung des Widerrufsrechts zur Rücksendung verpflichtet, wenn die Sache durch Paket versandt werden kann. Kosten und Gefahr der Rücksendung trägt bei Widerruf und Rückgabe der Unternehmer. Wenn ein Widerrufsrecht nach § 312d Absatz 1 Satz 1 besteht, dürfen dem Verbraucher die regelmäßigen Kosten der Rücksendung vertraglich auferlegt werden, wenn der Preis der zurückzusendenden Sache einen Betrag von 40 Euro nicht übersteigt oder wenn bei einem höheren Preis der Sache der Verbraucher die Gegenleistung oder eine Teilzahlung zum Zeitpunkt des Widerrufs noch nicht erbracht hat, es sei denn, dass die gelieferte Ware nicht der bestellten entspricht.

[3] Der Verbraucher hat abweichend von § 346 Absatz 2 Satz 1 Nummer 3 Wertersatz für eine durch die bestimmungsgemäße Ingebrauchnahme der Sache entstandene Verschlechterung zu leisten, wenn er spätestens bei Vertragsschluss in Textform auf diese Rechtsfolge und eine Möglichkeit hingewiesen worden ist, sie zu vermeiden. Dies gilt nicht, wenn die Verschlechterung ausschließlich auf die Prüfung der Sache zurückzuführen ist. § 346 Absatz 3 Satz 1 Nummer 3 findet keine Anwendung, wenn der Verbraucher über sein Widerrufsrecht ordnungsgemäß belehrt worden ist oder hiervon anderweitig Kenntnis erlangt hat.

[4] Weitergehende Ansprüche bestehen nicht.

1 **A. Allgemeines.** § 357 fasste die in § 361 Abs 2 aF enthaltenen Rechtsfolgen der Ausübung des Widerrufs- und des Rücktrittsrechts zusammen, gestaltete diese aber grundlegend um. Die Regelung lehnt sich im Grundsatz an die Regelung der Rechtsfolgen des Rücktritts an, sieht aber einige bedeutsame Ausnahmen vor. Änderungen erfuhr sie im Bereich der Kosten der Rücksendung bei der Umsetzung der RL 2002/65/EG. Die Regelung ist nach § 357 Abs 4 abschließend.

2 **B. Umwandlung in Abwicklungsverhältnis.** Aus dem Verweis auf die Vorschriften über das gesetzliche Rücktrittsrecht ergibt sich, dass der Vertrag durch den Widerruf des Verbrauchers in ein Rückabwicklungsverhältnis umgewandelt wird. Die ursprünglichen Leistungspflichten müssen nicht mehr erfüllt werden (vgl *Gaier* WM 2002, 1, 3 f).

3 **C. Rückerstattung von Zahlungen durch den Unternehmer.** Die Grundregelung des Rückerstattungsanspruchs ergibt sich aus § 357 Abs 1 S 1 iVm § 346 Abs 1. Der Unternehmer hat die empfangenen Zahlungen zurückzugewähren. Verzugszinsen kann der Schuldner nach § 288 Abs 1 iVm § 286 Abs 3 verlangen. Danach kann der Verzug des Unternehmers durch Mahnung herbeigeführt werden. Mahnt der Verbraucher den Unternehmer nicht, so kommt der Unternehmer nach 30 Tagen automatisch in Verzug. Maßgeblich für diese 30-Tage-Frist ist, anders als für die Wahrung der Widerrufsfrist, nicht die Absendung, sondern der Zugang des Widerrufs (*Flume* ZIP 2000, 1427, 1429). Eine Verallgemeinerung des Anzahlungsverbots des § 486 für Teilzeit-Wohnrechteverträge, das die Entstehung von Rückzahlungsansprüchen im Vorfeld verhindert hätte, wurde nicht vorgenommen. Unabhängig vom Verzug des Unternehmers kann der Rückerstattungsanspruch nach § 357 Abs 1 S 1 iVm § 346 Abs 1 zu verzinsen sein, wenn der Unternehmer entspr Nutzungen gezogen hat. Hat er dies nicht getan, so kommt eine Verzinsung nach § 357 Abs 1 S 1 iVm § 347 Abs 1 S 2 in Betracht, wenn der Unternehmer die eigenübliche Sorgfalt nicht beachtet hat. Die automatische Verzinsungspflicht des § 347 S 3 aF sieht § 347 Abs 1 nicht mehr vor (*Gaier* WM 2002, 1, 5 f). Aufwendungsersatz schuldet der Unternehmer nach § 357 Abs 1 S 1 iVm § 347 Abs 2 für notwendige Verwendungen des Verbrauchers sowie für andere Aufwendungen, soweit er durch diese bereichert wird.

4 **Besonderheiten** ergeben sich, wenn der **Verbraucher einen Treuhandvertrag abschließt**, aufgrund dessen er dann an einer Kapitalanlagegesellschaft beteiligt wird. In solchen Fällen sieht die Rspr aufgrund einer wirtschaftlichen Betrachtungsweise nicht den Treuhänder, sondern die Anlagegesellschaft als Rückabwicklungsschuldnerin an (so etwa BGH DB 2001, 1775; zust *Louven* BB 2001, 1807; ausf *H P Westermann* ZIP 2002, 240, 244 f). Nach der jüngsten Rspr sollen zugunsten der Einheit des Gesellschaftsrechts die Grundsätze der fehlerhaften Gesellschaft Anwendung finden, so dass keine Rückabwicklung *ex tunc*, sondern eine Auseinandersetzung *ex nunc* nach gesellschaftsrechtlichen Grundsätzen erfolgt. Der Widerruf führt dann zur Kündigung der Mitgliedschaft und löst einen Anspruch auf Auszahlung des Auseinandersetzungsguthabens nach § 738 Abs 1 aus (BGH DB 2001, 1775; zust *Louven* BB 2001, 1807 ff; *Edelmann* DB 2001, 2434, 2436; *Schäfer* JZ 2002, 249 ff; *H P Westermann* ZIP 2002, 240, 244 f. Anders noch BGH BB 1997, 596). Hat eine Gesellschaft in der ggf jahrelangen Widerrufsfrist ihr Kapital verloren, so kann dieser Anspruch im Einzelfall wertlos sein. Mit dem Grundsatz der Effektivität des dem Verbraucher durch die RL 85/577/EWG gewährten Schutzes ist diese Rechtsfolge – mit Blick auf die Rechtssache *Heininger* auch nach Jahren – nicht zu vereinbaren, so dass eine Abwicklung nach gesellschaftsrechtlichen Grundsätzen im Einzelfall gemeinschaftsrechtswidrig sein kann (so auch *Hahn/Brockmann* VuR 2002, 164, 168 f; für einen Vorrang des Verbraucherschutzes vor den Interessen der Gesellschaft auch Rostock WM 2001, 1413, 1415; für den Fall der stillen Gesellschaft auch Thüringer OLG DB 2003, 766). Der BGH hat die Frage jüngst in der Rechtssache *E Friz* dem EuGH vorgelegt (BGH WM 2008, 1026).

5 **D. Rückerstattung von Leistungen durch den Verbraucher.** Ebenfalls nach § 357 Abs 1 S 1 iVm § 346 Abs 1 hat der Verbraucher, der sein Widerrufsrecht ausübt, empfangene Leistungen zurückzugewähren. Nach § 357 Abs 2 S 1 muss dies durch Rücksendung erfolgen, wenn die Sache durch Paket versandt werden kann (dazu § 356 Rz 2). Hat der Verbraucher stattdessen ein Rückgaberecht, so muss er die empfangene Sache ohnehin nach § 356 Abs 2 zurücksenden, um dieses auszuüben. Kann die Sache nicht als Paket versandt werden, so muss der Unternehmer sie abholen, gleich ob der Verbraucher ein Widerrufs- oder Rückgaberecht hat (vgl Nr 75 der Stellungnahme des BR, BTDrs 14/6857, 23). Die Rücksendung muss nicht in der Originalverpackung erfolgen, selbst eine entspr Bitte des Unternehmers ist nach der Rspr unwirksam nach § 307 (Hamm NJW-RR 2005, 1582; LG Frankfurt aM WRP 2005, 920).

6 Dies gilt auch für **Alternativleistungen**, die sich der Unternehmer vorbehalten hat, denn § 357 Abs 2 S 3 befreit den Verbraucher nur von der Pflicht zur Tragung der Rücksendungskosten, nicht aber von der Rücksendungspflicht selbst. Alternativleistungen, die sich der Unternehmer nicht vertraglich vorbehalten hat, muss der Verbraucher zwar nach § 241a Abs 3 herausgeben, aber nicht zurücksenden. Gänzlich unbestellte Waren kann der Verbraucher nach § 241a Abs 1 behalten, sofern die Leistung nicht irrtümlich an ihn erfolgte. Falschlieferungen müssen ebenfalls nicht nach § 357 Abs 2 zurückgesandt werden, da ihre Verweigerung keinen Widerruf erfordert (aA wohl *Berger* Jura 2001, 289, 292).

7 Hat der Verbraucher als **Darlehensnehmer Geld empfangen**, so ist dieses nach § 357 Abs 1 S 1 iVm § 346 Abs 1 zurückzuerstatten. Nach der Schrottimmobilien-Rspr des BGH ist ein Darlehen auch dann empfangen

und muss zurückerstattet werden, wenn der Betrag nicht an den Verbraucher, sondern an einen Dritten geflossen ist, insbes an den Vertragspartner eines verbundenen Vertrags (zB BGH WM 2002, 2501; BB 2006, 1130, 1134; aA noch der II. Senat des BGH, zB BGHZ 159, 294, 306 f). Abgestellt wird dabei auf die entspr Weisung des Verbrauchers. Damit wird die Rspr mit der zum Empfang eines Darlehens nach § 488 parallelisiert (dazu BGH WM 1985, 663). Der EuGH hat die Konformität dieser Sichtweise mit dem Gemeinschaftsrecht in der Rechtssache *Schulte* bestätigt (EuGHE 2005, I-9215). Die **zurückzuerstattende Darlehenssumme** ist nach der Rspr des BGH **sofort fällig** (BGH WM 2002, 2501, 2503). Die Lehre hat dies mit dem Hinweis darauf, dass der Verbraucher damit letztlich schlechter steht, als wenn er gar nicht widerrufen hätte, kritisiert und für gemeinschaftsrechtswidrig gehalten (zB *Fischer* DB 2005, 2507, 2509 f). Der EuGH hat diese Rspr in *Schulte* im Grundsatz für zulässig gehalten, aber Einschränkungen für den Fall gemacht, dass der Verbraucher nicht ordnungsgem über sein Widerrufsrecht belehrt wurde (EuGHE 2005, I-9215).

E. Kosten und Gefahr von Hin- und Rücksendung. § 357 Abs 2 S 2 und 3 befassen sich mit den Kosten und der Gefahr der Rücksendung. Der Unternehmer trägt nach § 357 Abs 2 S 2 stets die **Gefahr und grds auch die Kosten der Rücksendung**. Dem Verbraucher dürfen nur bei Fernabsatzverträgen unter bestimmten Voraussetzungen die Rücksendungskosten vertraglich auferlegt werden, und auch das nur, wenn die gelieferte Ware der bestellten Ware entspricht. In der Praxis erfolgt die vertragliche Vereinbarung durch Aufnahme einer entspr Klausel in die Allg Geschäftsbedingungen des Unternehmers. Die Möglichkeit einer solchen vertraglichen Vereinbarung besteht immer, wenn der Wert der zurückzusendenden Ware 40 Euro nicht übersteigt. Andernfalls besteht die Möglichkeit nur, wenn der Verbraucher die Gegenleistung oder eine Teilzahlung noch nicht erbracht hat, nicht aber bei Vorkasse. Die Regelung wurde im Zuge der Umsetzung der RL 2002/65/EG eingefügt (dazu *Rott* BB 2005, 53, 60 f). Sie ersetzte eine sehr umstr Regelung, die nicht am Wert der einzelnen Ware, sondern der gesamten Bestellung angesetzt hatte (vgl *Kamanabrou* WM 2000, 1417, 1420; *Gaertner/Gierschmann* DB 2000, 1601, 1604). Die Kostentragungsregelung für die Lieferung nicht bestellter Waren gilt nur für solche Alternativleistungen, die sich der Unternehmer vertraglich vorbehalten hat; andernfalls besteht schon keine Rücksendungspflicht (s Rz 5). 8

Für das **Auseinanderfallen von Bestellung und Lieferung** ist nach der negativen Formulierung des § 357 Abs 2 S 3 der Verbraucher beweispflichtig. Für die Rückgabe gilt die Möglichkeit des § 357 Abs 2 S 3, die Kosten der Rücksendung auf den Verbraucher abzuwälzen, nach dessen eindeutigem Wortlaut weiterhin nicht. Soweit der entspr Paketbeförderungsdienst dies zulässt, kann der Verbraucher die Ware unfrei zurücksenden. Ob der Verbraucher andernfalls die gelieferte Ware zurückhalten kann, bis der Unternehmer ihm einen Vorschuss für die Rücksendungskosten gegeben hat, lässt sich der gesetzlichen Regelung nicht entnehmen (dafür *Bülow/Artz* NJW 2000, 2049, 2052, die § 669 analog anwenden wollen; dagegen *H Roth* JZ 2000, 1013, 1018; *Berger* Jura 2001, 289, 293). Der Höhe nach sind die dem Verbraucher ggf zu erstattenden Rücksendekosten nicht auf den günstigsten Tarif beschränkt, denn § 357 Abs 2 spricht von den »regelmäßigen« Kosten der Rücksendung. Eine entspr AGB-Klausel ist unwirksam (vgl LG Düsseldorf VuR 2002, 452). 9

Nicht ausdrücklich geregelt ist das **Schicksal der Hinsendekosten**, also die Kosten für die Versendung der Ware an den Verbraucher, nach Widerruf. Diese werden idR nur bei der Lieferung einer Ware im Wege des Fernabsatzes anfallen, sind aber auch beim Haustürgeschäft denkbar, wenn die Ware erst anschließend geliefert werden soll. Darüber, ob diese Kosten dem Verbraucher auferlegt werden können, sind sich die deutschen Instanzgerichte uneinig (dafür Nürnberg NJW-RR 2005, 1581, dagegen Karlsruhe VuR 2008, 75; LG Karlsruhe MMR 2006, 245; vgl auch *Schröder* VuR 2006, 115 ff; *Eichelberger* VuR 2008, 167 ff). § 448 Abs 1 ist bei einem Verbrauchsgüterkauf nach § 474 Abs 2 nicht einschlägig (vgl Karlsruhe VuR 2008, 75, 77). Ein selbständiger Versendungsvertrag wäre als Umgehungsgeschäft iSd § 312f nichtig (vgl Karlsruhe VuR 2008, 75, 77). Der BGH hat die Frage mittlerweile dem EuGH vorgelegt (BGH ZIP 2008, 2367). 10

F. Wertersatz für die Benutzung der gelieferten Sache. Die Regelung des § 361a Abs 2 S 6 aF, nach der der Verbraucher die Gebrauchsüberlassung und die Benutzung der gelieferten Ware zu vergüten hatte, findet sich in § 357 nicht mehr. Stattdessen verweist § 357 Abs 1 S 1 auf § 346, der in Abs 1 die Herausgabe der gezogenen Nutzungen vorsieht. Für Timesharing-Verträge besteht nach § 485 Abs 5 eine Ausnahme. Auch bei Fernunterrichtsverträgen ist gem. § 4 Abs 3 FernUSG kein Nutzungsentgelt zu entrichten. 11

Nutzungen sind nach der Legaldefinition des § 100 die Früchte einer Sache oder eines Rechts sowie die Vorteile, welche der Gebrauch der Sache oder des Rechtes gewährt. Der Verbraucher muss also nur die Vorteile des tatsächlichen Gebrauchs der gelieferten Sache vergüten, nicht aber den bloßen Besitz. Darüber hinaus kann er dem Unternehmer nach § 357 Abs 1 S 1 iVm § 347 Abs 1 S 2 zum Wertersatz verpflichtet sein, wenn er entgegen den Regeln einer ordnungsgem Wirtschaft Nutzungen nicht gezogen hat, obwohl ihm das möglich gewesen wäre, und dabei die eigenübliche Sorgfalt nicht beachtet hat. Der Verbrauch der Sache ist keine Nutzung, wie sich aus dem systematischen Zusammenhang mit § 346 Abs 2 Nr 2 ergibt, der den Verbrauch der Veräußerung, Belastung, Weiterverarbeitung und Umgestaltung gleichstellt (krit *Kaiser* JZ 2001, 1057, 1066). Nicht durch die Nutzung, sondern durch andere Handlungen des Verbrauchers wie etwa die Zulassung eines Kfz bedingte Wertminderungen fallen nicht unter § 346 Abs 1 (vgl auch *Gaier* WM 2002, 1, 6), sondern unter § 357 Abs 1 Nr 1 (s Rz 23 ff). 12

13 Mit dem Begriff der **Gebrauchsvorteile** iSd § 100 wird ein objektiver Maßstab zugrunde gelegt. Die Vorschrift wird bislang dahingehend ausgelegt, dass der erzielbare Mietzins abzüglich Gewinn und Gemeinkosten als Maßstab herangezogen werden kann (vgl BTDrs 14/6040, 193). Aus der Begründung des RegE lässt sich ersehen, dass es bei der Auslegung des § 346 Abs 1 auf das Maß der Abnutzung ankommen soll, wobei darunter nicht die äußerlich feststellbaren Gebrauchsschäden, sondern der Wertverzehr verstanden werden soll (vgl BTDrs 14/7052, 193). Der Unternehmer kann also nur seinen Schaden aus der Benutzung liquidieren, aber keinen Gewinn durch eine faktische Vermietung der gelieferten Ware ziehen (vgl *Gorris/Schmittmann* BB 2001, 2345, 2346 f). Dabei ist bei langlebigen Gebrauchsgütern auf die zeitanteilige lineare Wertminderung abzustellen, also auf den Anteil der tatsächlichen Nutzung an der prognostizierten Lebensdauer der Ware (*Gaier* WM 2002, 1, 6). Anknüpfungspunkte für die Bemessung der Gebrauchsvorteile sind der Kaufpreis und der vom Käufer zu vergütende Teil des Gebrauchswertes, den er durch die tatsächliche Benutzung des Fahrzeugs aufgezehrt hat (*Reinking/Eggert* Rn 317). Die Rspr verwendet die folgende Formel: Die Nutzungsvergütung beträgt bei einer voraussichtlichen Gesamtfahrleistung von 150.000 km 0,67 % des Kaufpreises je gefahrene 1.000 km. Bei einer Gesamtlaufleistung von 200.000 km verringert sie sich auf 0,5 %. Aus dieser Formel errechnete etwa das LG Zweibrücken im Falle eines Mercedes Benz E Klasse 270 CDI zum Kaufpreis von 53.957,40 Euro, der 36.033 km gefahren wurde, einen Nutzungsersatz in Höhe von 9.721,34 Euro (LG Zweibrücken SVR 2005, 188).

14 Ist die **Herausgabe der Nutzung nach der Natur des Erlangten nicht möglich**, so hat der Schuldner gem. § 346 Abs 2 Nr 1 Wertersatz zu leisten. Dieser orientiert sich grds an der vereinbarten Gegenleistung (s Rz 14 f). Für Darlehen führte der Gesetzgeber in § 346 Abs 2 S 2 Hs 2 eine Sonderregelung ein, nach der nachgewiesen werden kann, dass der Wert der Gebrauchsvorteile geringer als die vereinbarte Gegenleistung war. Dieser Nachweis sollte allerdings beim verbraucherrechtlichen Widerrufsrecht allgemein, nicht nur bei Darlehensverträgen, zulässig sein (s dazu Rz 24).

15 **Kritik:** In der Lehre wird vielfach bezweifelt, dass die **Belastung des Verbrauchers mit einer Nutzungsentschädigung** bei Fernabsatzverträgen mit Art 6 (2) der RL 97/7/EG vereinbar ist (*Micklitz* ZEuP 1999, 875, 887; *Micklitz/Reich* BB 1999, 2093, 2095; *Tonner* BB 2000, 1413, 1416; *Brüggemeier/Reich* BB 2001, 213, 215; dagegen *Gößmann* MMR 1998, 88, 90 f; *Grigoleit* NJW 2002, 1151, 1154 f). Der österreichische OGH hat eine vergleichbare Regelung des österreichischen Rechts unbeanstandet gelassen und die Frage der Richtlinienkonformität nicht dem EuGH vorgelegt (OGH VuR 2006, 242; dazu *Rott* VuR 2006, 218 ff). Das AG Lahr fasste im Oktober 2007 als erstes deutsches Gericht einen Vorlagebeschluss zum EuGH (AG Lahr MMR 2008, 271). ME stellt die Nutzung einer Sache während der Widerrufsfrist die Inanspruchnahme einer über die bloße Begutachtung hinaus gehende zusätzlichen Leistung dar, die auch dem Verbraucher, der eine Ware im Ladengeschäft des Unternehmers erwirbt, nicht unbedingt gestattet ist. Die Gleichstellung des Verbrauchers im Fernabsatz mit dem Verbraucher, der eine Ware im Ladengeschäft erwirbt – dieser Vergleich findet sich nun auch im Muster für die Widerrufsbelehrung in der Anlage 2 zur BGB-InfoV – erfordert daher keine vollständige Freistellung von der Verpflichtung, dem Unternehmer einen Schaden zu ersetzen, der aus der Benutzung der Ware resultiert. Der Verbraucher ist dadurch geschützt, dass er gem. § 312 Abs 2 bzw § 1 Abs 3 Nr 1 BGB-InfoV über diese Rechtsfolge informiert werden muss. Zu einer ausreichenden Information gehört dabei, dass ihm die finanzielle Belastung durch die Benutzung der Ware konkret mitgeteilt wird, so dass er eine informierte Entscheidung darüber treffen kann, ob er die Ware während der Widerrufsfrist nutzen will (s auch Rz 30). Unterbleibt diese Information, so steht dem Verbraucher aus *culpa in contrahendo* gem. §§ 311 Abs 2, 241 Abs 2, 280 Abs 1 ein Anspruch auf Freistellung von der Verpflichtung zur Herausgabe der gezogenen Nutzungen zu. Ein Verzicht auf sein Widerrufsrecht, der nach Art 12 (1) der RL 97/7/EG unzulässig wäre, ist darin im Regelfall angesichts der im Vergleich zum Preis der Leistung niedrigen Wertersatzsumme nicht zu sehen.

16 **G. Wertersatz für Verlust oder körperliche Verschlechterung.** Hinsichtlich des Wertersatzes für Verlust und körperliche Verschlechterung ist danach zu ***differenzieren***, ob der **Verbraucher** ordnungsgem **über sein Widerrufsrecht belehrt wurde oder nicht**. Die grds Regelung der Haftung für den Untergang oder die Beschädigung der gelieferten Ware wurde aus den Vorschriften über das Widerrufsrecht herausgenommen und durch einen Verweis auf die neu geregelten Rechtsfolgen des Rücktritts in § 346 ersetzt. Der Verbraucher haftet nach § 357 Abs 1 S 1 iVm § 346 Abs 2 S 1 Nr 3 verschuldensunabhängig für die Verschlechterung oder den Untergang des empfangenen Gegenstands. Die für das gesetzliche Rücktrittsrecht vorgesehene Sonderregelung des § 346 Abs 3 Nr 3 wird für das Widerrufsrecht bei ordnungsgem Belehrung durch § 357 Abs 3 S 3 ausdrücklich ausgeschlossen. Die Regelung ist mit Art 6 (2) der RL 97/7/EG nicht zu vereinbaren. Die Gefahr des zufälligen Untergangs beim Verbraucher ist, anders als die Benutzung der gelieferten Ware, unvermeidbar mit der Natur des Fernabsatzes verbunden. Die Haftung für den zufälligen Untergang der Ware stellt den Verbraucher im Fernabsatz schlechter als den Verbraucher, der das Ladengeschäft eines Unternehmers aufsucht, um ggf Waren zu erwerben und dort vor dem Erwerb der Ware nicht für deren zufälligen Untergang haftet (*Tonner* BB 2000, 1413, 1416; *Brüggemeier/Reich* BB 2001, 213, 219). Die nach § 312b und § 312c iVm § 1 Abs 1 Nr 10 BGB-InfoV erforderliche Verpflichtung zum Hinweis auf die Pflicht des Verbrauchers zum Wertersatz für Verlust oder körperliche Verschlechterung hat das OLG Zweibrücken für so wichtig erachtet,

dass ein Verstoß gegen die Hinweispflicht unter § 4 Nr 11 UWG fällt und nicht etwa den Wettbewerb nur unerheblich beeinträchtigt (Zweibrücken MMR 2008, 257). Nach § 357 Abs 3 S 3 iVm § 346 Abs 3 S 1 Nr 3 haftet der Verbraucher, der nicht ordnungsgem über sein Widerrufsrecht belehrt wurde und auch keine anderweitige Kenntnis erlangt hat, für eigenübliche Sorgfalt iSd § 277. Nach der negativen Formulierung des § 357 Abs 3 S 3 trägt der Unternehmer die Beweislast für die ordnungsgem Belehrung des Verbrauchers (vgl auch die Stellungnahme Nr 79 des BR, BTDrs 14/6857, 24).

Im Lichte des Urteils des EuGH in der Rechtssache ***Heininger*** ist es allerdings zweifelhaft, ob dem Verbraucher, der sein Widerrufsrecht nicht kennt, überhaupt die Haftung für den Verlust oder die Beschädigung einer gelieferten Sache auferlegt werden darf. Der EuGH verdeutlicht, dass ein Verbraucher, der seines Widerrufsrechts nicht gewahr ist, eines erhöhten Schutzes bedarf, während der Unternehmer, der gegen seine Verpflichtung zur Belehrung des Verbrauchers verstoßen hat, gerade nicht schutzbedürftig ist. Daher sollte etwa ein Verbraucher, der einen Fehlkauf getätigt hat und die gekaufte Sache wegwirft, nicht für den Verlust haften müssen, wenn er später erfährt, dass er den Vertrag hätte widerrufen können (ausf *Rott* VuR 2001, 78, 82). Dies ließe sich in Fällen, in denen das Nichtkennen des Widerrufsrechts kausal für die Zerstörung der Sache ist, über einen Anspruch des Verbrauchers auf Freistellung von der Haftung über *culpa in contrahendo* nach §§ 311 Abs 2, 241 Abs 2, 280 erreichen. 17

§ 357 Abs 1 S 1 iVm § 346 Abs 2 S 2 sieht vor, dass in den Fällen des § 346 Abs 2 S 1 eine im Vertrag bestimmte **Gegenleistung bei der Berechnung des Wertersatzes zugrunde zu legen** ist. Die hM versteht § 346 Abs 2 S 2 dahin gehend, dass die Gegenleistung grds den Wertersatz bestimmt und Ausn einer bes Begründung bedürfen (aus der Rspr etwa Saarbrücken MDR 2006, 227, 228). Gestützt wird dies insbes durch die nachträglich zum 01.08.2002 eingeführte Regelung des § 346 Abs 2 S 2 Hs 2, die im Falle des Wertersatzes für den Gebrauchsvorteil eines Darlehens dem Rücktrittsschuldner den Beweis eröffnet, dass der Wert des Gebrauchsvorteils niedriger war als die Gegenleistung. Im Umkehrschluss wird gefolgert, dass das für andere Gegenstände nicht gilt (*Lorenz* NJW 2005, 1889, 1893; MüKo/*Masuch* Rn 25; Staud/*Kaiser* Rn 13; krit *Motsch* JR 2002, 221, 224 f; abl *Arnold/Dötsch* NJW 2003, 187, 188). 18

Nach der Begründung des BR soll eine **Abweichung** bei der Rückabwicklung von Verträgen im Fall der **Lieferung einer mangelhaften Sache** möglich sein, weil dort das Äquivalenzverhältnis gestört sei (vgl Nr 71 der Stellungnahme des BR, BTDrs 14/6857, 22). Eine solche Störung des Äquivalenzverhältnisses kann aber auch bei Haustürgeschäften oder Fernabsatzverträgen (dazu *Schinkels* ZGS 2005, 179, 183 f) eintreten. Gerade bei Haustürgeschäften ist häufig die fehlende Angemessenheit der Gegenleistung wegen des Überraschungsmoments und der mangelnden Auswahl ein Grund für den Widerruf des Vertrags (vgl den 4. Erwägungsgrund der RL 85/577/EWG; ebenso *Arnold/Dötsch* NJW 2003, 187, 188). Die vertraglich vereinbarte Gegenleistung kann daher **nur** der Ausgangspunkt der Betrachtung sein. Sie muss dort relevant sein, wo der Unternehmer unterhalb des objektiven Werts verkauft, denn der Unternehmer darf durch den Verlust der Sache nicht besser gestellt werden als bei der normalen Durchführung des Vertrags. Die vereinbarte Gegenleistung darf aber dort nicht herangezogen werden, wo sie den objektiven Wert der Sache übersteigt, denn dies würde den Vorgaben des Gemeinschaftsrechts zuwider laufen, nach denen der Verbraucher aus allen seinen Verpflichtungen entlassen werden muss (*Grigoleit* NJW 2002, 1151, 1154). 19

H. Haftung für Verschlechterung durch Ingebrauchnahme. In § 357 Abs 3 S 1 wurde eine Haftung für Verschlechterung durch bestimmungsgem Ingebrauchnahme eingeführt, die nach § 361a Abs 2 S 6 Hs 2 aF ausgeschlossen war. Das BMJ war der Ansicht, § 361a Abs 2 S 6 Hs 2 aF habe das Risiko für Verschlechterungen durch Ingebrauchnahme einseitig auf den Unternehmer verlagert. Anders als bei Haustürgeschäften kann der Unternehmer bei Fernabsatzgeschäften die Lieferung der Ware vor Ablauf der Widerrufsfrist nicht vermeiden, weil erst diese die Widerrufsfrist in Gang setzt. Ebenso wenig konnte er nach der alten Regelung die für den Verbraucher kostenlose Ingebrauchnahme durch den Verbraucher vermeiden. Die Ingebrauchnahme einer neuen Ware bedeutet gleichzeitig, dass sie anschließend nicht mehr neu ist, sondern gebraucht. Allein diese Tatsache führt iA zu einem Wertverlust, der bei einzelnen Produkten erheblich ist. Der Entwurf des BMJ nannte das Bsp Kraftfahrzeuge, die bereits durch die Erstzulassung einen Wertverlust von 20% erleiden (vgl auch *Schmidt-Räntsch* VuR 2000, 427, 433). 20

§ 357 Abs 3 differenziert zwischen der **Ingebrauchnahme zu Prüfungszwecken und der Ingebrauchnahme zum Zwecke der Benutzung**. Nur für Wertminderungen durch bestimmungsgem Ingebrauchnahme zum Zwecke der Benutzung haftet der Verbraucher. Nach der Begründung des Regierungsentwurfs hat der Ausschluss der Haftung für die Ingebrauchnahme zu Prüfungszwecken im wesentlichen klarstellende Funktion, da die bloße Prüfung einer Sache ohnehin kaum zu einer Wertminderung führen könne (BTDrs 14/6040, 200; aA *Aigner/Hofmann* MMR 2001, Beil 8, 30, 31, mit Bsp). 21

Das **Auspacken oder Entsiegeln** der Ware führt damit keinesfalls zur Haftung. Dies ist schon erforderlich, um die Sache nur zu betrachten oder zu begutachten. Die Kosten für die Wiederverpackung und Neuauszeichnung der Sache hat damit auch nach der Neuregelung der Unternehmer zu tragen. Dasselbe gilt nach der Begründung des Regierungsentwurfs für das Anprobieren von Kleidung, das Durchblättern eines Buchs oder eine Probefahrt mit einem Kraftfahrzeug auf Privatgelände (vgl BTDrs 14/6040, 200). Die Abgrenzung kann iE schwierig sein. Die Beweislast dafür, dass die Ingebrauchnahme lediglich zu Prüfungszwecken 22 erfolgte, liegt nach der negativen Formulierung der Vorschrift beim Verbraucher. Allerdings dürfte dies nur bei erheblicher Abnutzung der gelieferten Ware zu Schwierigkeiten führen.

23 Die **Zulassung eines Kraftfahrzeugs**, die der Entwurf des SMG als Hauptproblem nannte, wurde vom BMJ nicht unter den Begriff der Ingebrauchnahme zu Prüfzwecken subsumiert. Allerdings ist zu bezweifeln, ob sich die Zulassung eines Kraftfahrzeugs als solche, also ohne jegliche anschließende Nutzung, als »Ingebrauchnahme« auslegen lässt oder nur eine Vorbereitungshandlung zur anschließenden Ingebrauchnahme darstellt, zu der es dann aber vielleicht nicht mehr kommt. Die Zulassung eines Kraftfahrzeugs, das nicht benutzt werden soll, mit dem alleinigen Ziel der Schädigung des Unternehmers, wird man als rechtsmissbräuchlich iSd § 242 oder als sittenwidrige Schädigung iSd § 826 betrachten können.

24 Die Rechtsfolge des § 357 Abs 3 S 1 tritt zum Schutz des Verbrauchers nur ein, wenn er auf sie sowie auf eine Möglichkeit, sie zu vermeiden, **hingewiesen** wurde. Der Hinweis auf die Haftung für die Ingebrauchnahme der Sache muss **in Textform** erfolgen. Das Erfordernis der gesonderten Unterschrift des Verbrauchers bzw seine elektronische Signatur der Belehrung, das mit dem OLG-Vertretungsänderungsgesetz gestrichen wurde, war ohnehin nicht in § 357 Abs 3 S 1 übernommen worden. Aufgrund der erheblichen Risiken, denen der Verbraucher durch § 357 Abs 3 ausgesetzt ist, verlangt die instanzgerichtliche Rechtsprechung (Saarbrücken OLGR 2007, 773; LG Dresden NJOZ 2007, 5043) einen deutlich gestalteten Hinweis auf die Haftung.

25 Inhaltlich muss die Belehrung zum Schutze des Verbrauchers **spezifizieren, was als Ingebrauchnahme** anzusehen ist. Nur so hat der Verbraucher die Möglichkeit, Ansprüche des Unternehmers zu vermeiden. Diese Spezifikation kann nur produktbezogen erfolgen. Der Regierungsentwurf nennt das Bsp eines Hinweises darauf, dass der Verbraucher ein Buch zwar zur Prüfung des Inhalts und der Fehlerfreiheit aus der Verpackung nehmen und auch durchblättern darf, dass aber eine darüber hinausgehende Nutzung zur Haftung für den Wertverlust führen kann. Weiter scheint erforderlich, dass der Verbraucher über den Umfang seiner potentiellen Haftung in Kenntnis gesetzt wird (so auch *Marx/Bäuml* WRP 2004, 162, 166 f; aA LG Flensburg MMR 2006, 686). Der Verbraucher kann sonst die drohende Haftung leicht unterschätzen. So sprach das LG Trier im Juli 2004 einem Unternehmer aufgrund einer dem § 357 Abs 3 entspr Vertragsbestimmung nach Rückgabe eines Ford Transit einen Schadensersatzanspruch in Höhe von 3.000 € zu (LG Trier NJOZ 2004, 3887, 3889). Davon, dass es jedem Verbraucher klar sein muss, dass gerade ein neues Kraftfahrzeug durch die Erstzulassung im Straßenverkehr erheblich an Wert verliert *und* dass er diesen Wertverlust im Falle des Widerrufs seinem Vertragspartner ersetzen muss, wie das LG Trier meint, kann wohl auch bei Zugrundelegung des vom EuGH entwickelten Leitbild des mündigen Verbrauchers keine Rede sein. Die Bundesregierung ging in der Tat davon aus, dass dem Verbraucher zB mitgeteilt werden müsse, dass die Zulassung eines Kraftfahrzeugs regelm einen Wertverlust von 20% mit sich bringt.

26 Durch eine **verbraucherfreundliche Auslegung** des Inhalts der Hinweispflicht auf die Rechtsfolge der Ingebrauchnahme muss sichergestellt werden, dass der Verbraucher das Haftungsrisiko nur in vollem Bewusstsein nicht nur der rechtlichen, sondern vor allem der finanziellen Konsequenzen einer Ingebrauchnahme auf sich nimmt. Im Einzelfall dürfte die Abgrenzung schwierig sein, so dass an diesen inhaltlichen Erfordernissen viele Ansprüche von Unternehmern scheitern dürften. Das vom BMJ ausgearbeitete **Muster für die Widerrufsbelehrung**, mit dessen Verwendung der Unternehmer seinen diesbezüglichen Pflichten genügen soll (s § 355 Rz 18), erfüllt diese Anforderungen an eine ordnungsgem Belehrung über die Haftung bei Ingebrauchnahme der gelieferten Sache nicht. Es muss insoweit als nicht im Einklang mit der Ermächtigungsgrundlage des Art 245 Nr 1 EGBGB angesehen werden.

27 Die **Belehrung** muss **spätestens bei Vertragsschluss** erfolgen. Der Verbraucher, der die bestellte Sache tatsächlich in der Widerrufsfrist zu nutzen beabsichtigt, kann dann gleich vom Vertragsschluss Abstand nehmen. Die Diskrepanz, die zu dem Zeitpunkt der Bereitstellung der übrigen Informationen nach § 312c Abs 2 besteht, ist zugunsten der Möglichkeit des Verbrauchers, eine in jeder Hinsicht informierte Entscheidung zu treffen, hinzunehmen (aA *Steins* WM 2002, 53, 55). Die Regelung geht derjenigen des § 312c Abs 2 vor, so dass sie auch bei Fernabsatzverträgen Anwendung findet (KG GRUR-RR 2008, 131; MMR 2008, 541; Köln GRUR-RR 2008, 88; Stuttgart ZGS 2008, 197; aA Hamburg MMR 2007, 660; LG Flensburg MMR 2006, 686, 687). Auch hier genügt also die lediglich im Internet eingestellte Belehrung nicht den Anforderungen, so dass insbes in den Ebay-Fällen die Haftung für Verschlechterung durch Ingebrauchnahme nicht eintritt (vgl KG MMR 2008, 541). Ist diese Haftung dennoch in der Widerrufsbelehrung als Rechtsfolge aufgeführt, so ist die Widerrufsbelehrung insoweit unrichtig; die Widerrufsfrist beginnt nicht zu laufen (s § 355 Rz 7). Auch insoweit will die Bundesregierung die Rechtslage korrigieren und die unverzüglich nach Vertragsschluss erteilte Belehrung der Belehrung bei Vertragsschluss gleichstellen.

28 Die Belehrung muss auch einen **Hinweis auf die Möglichkeit, die Haftung zu vermeiden**, enthalten. Selbstverständlich lässt sich die Haftung für die Ingebrauchnahme der Sache dadurch vermeiden, dass man die Sache nicht in Gebrauch nimmt. Eine Alternative scheint nicht zu bestehen (so auch AnwK/*Ring* Rn 28; zur Unschärfe der Formulierung auch *Marx/Bäuml* WRP 2004, 162, 166 f). Die Formulierung des Musters für die Widerrufsbelehrung in Anlage 2 zur BGB-InfoV lautet: »Im Übrigen können Sie die Wertersatzpflicht vermeiden, indem Sie die Sache nicht wie ein Eigentümer in Gebrauch nehmen (...)«. Die Begründung des Regierungsentwurfs bestätigt dies, indem sie das Bsp des Erwerbers eines Kraftfahrzeugs liefert, der darauf hinzuweisen ist, dass er die Haftung nur vermeiden kann, wenn er das Kraftfahrzeug eben nicht zulässt, bevor er sicher ist, dass er es behalten will. Dies ist so selbstverständlich, dass es nicht gesetzlich festgehalten werden müsste.

Kritik: Die Regelung wird in der Lehre trotz einiger Verbesserungen im Verlauf des Gesetzgebungsverfahrens als **gemeinschaftsrechtlich problematisch** angesehen (vgl nur *Micklitz* ZEuP 1999, 875, 887; *Micklitz/Reich* BB 1999, 2093, 2095; *Tonner* BB 2000, 1413, 1416; *Brüggemeier/Reich* BB 2001, 213, 215). Die RL 97/7/EG stellt in Art 12 (1) klar, dass der Verbraucher auf sein Widerrufsrecht nicht verzichten kann. Eine Ausn gilt nur für den Fall, dass der Unternehmer mit Zustimmung des Verbrauchers vor Ablauf der Widerrufsfrist seine Dienstleistung erbringt. Für die Lieferung von Waren, die durch die Ingebrauchnahme einen hohen Wertverlust erleiden, ist eine Ausnahmeregelung hingegen nicht vorgesehen. In der Sache räumt § 357 Abs 3 S 1 dem Verbraucher eine Art Wahlrecht ein: Er kann auf die Ingebrauchnahme der Sache verzichten oder aber die Sache in Gebrauch nehmen, muss dann aber im Falle seines Widerrufs Ersatz für die Wertminderung leisten. Im Falle der wiederholt erwähnten Kraftfahrzeuge wird dies kein Verbraucher tun, denn der Widerruf würde ihn schon bei einem Kleinwagen mehrere tausend Euro kosten (vgl auch *Artz* JbjZRWiss 2001, 227, 252; *Brüggemeier/Reich* BB 2001, 213, 219 (Vertragsabschlusszwang); Dresden CR 2001, 819, 820 (Aushöhlung des Widerrufsrechts)). Dasselbe gilt für ein Buch, das nach seiner Benutzung praktisch unverkäuflich ist. Letztlich hängt die Vereinbarkeit mit dem Gemeinschaftsrecht vom **Begriff der »Lieferung«** in Art 6 der RL 97/7/EG ab. Dieser umfasst nicht zwingend auch die Zulassung der Nutzung der Sache (aA wohl *Schmidt-Räntsch* VuR 2000, 427, 433). Deshalb steht mE Art 6 (2) der RL 97/7/EG einer Regelung, nach der der Verbraucher die gelieferte Ware während der Widerrufsfrist zwar folgenlos prüfen, aber nicht folgenlos nutzen darf, nicht entgegen. Da auch der Verbraucher, der eine Ware im Laden erwerben will, keinen Anspruch auf deren vorherige Benutzung hat, wäre der Erwerber im Fernabsatz nicht schlechter gestellt (so auch *Steins* WM 2002, 53, 55). Eine erfolgversprechende Marketingstrategie dürfte eine solche Lösung allerdings nicht darstellen. 29

I. Wertersatz für erbrachte Dienstleistungen. Nach § 357 Abs 1 S 1 iVm § 346 Abs 2 S 1 Nr 1 ist der Wert einer vor Ablauf der Widerrufsfrist erbrachten Dienstleistung zu vergüten. Ausnahmen sehen § 485 Abs 5 für Teilzeit-Wohnrechteverträge und § 4 Abs 3 FernUSG für Fernunterrichtsverträge vor. Auch hier ist die vereinbarte Gegenleistung nach § 357 Abs 1 S 1 iVm § 346 Abs 2 S 2 der Berechnung des Wertersatzes zugrunde zu legen, und auch hier kann die vereinbarte Gegenleistung nur den Ausgangspunkt dieser Berechnung darstellen (s Rz 18). Keinesfalls mit dem Gemeinschaftsrecht vereinbar wäre es, wenn der Verbraucher trotz seines Widerrufs einen überhöhten Preis als Gegenleistung entrichten müsste (vgl Düsseldorf WM 1991, 1998, 2001). Die Vorschrift verhindert faktisch, dass der Verbraucher sich gänzlich von einem Vertrag lösen kann, den er nach reiflicher Überlegung aus welchem Grund auch immer nicht mehr will. Damit steht die Regelung im Widerspruch zu den RL 85/577/EWG und 94/47/EG, die anders als die RL 97/7/EG keine Ausnahme für die vorzeitige Ausführung von Dienstleistungen vorsehen. Die Regelung ist auch nicht sachgerecht: Der Unternehmer hat es bei diesen Verträgen in der Hand, das Risiko der nutzlosen Erbringung von Dienstleistungen zu vermeiden, indem er den Ablauf der Widerrufsfrist abwartet (vgl auch *Roth* JZ 2000, 1013, 1017). Dies ist auch in AGB möglich, s § 308 Nr 1. Es gilt erst recht beim Fernabsatz, wo der Unternehmer das Widerrufsrecht durch Einholung der ausdrücklichen Zustimmung des Verbrauchers beseitigen kann. In der Lehre wird für die letztere Konstellation eine teleologische Reduktion der Vorschrift gefordert (so *Schinkels* ZGS 2005, 179, 181). 30

§ 358 Verbundene Verträge.

[1] Hat der Verbraucher seine auf den Abschluss eines Vertrags über die Lieferung einer Ware oder die Erbringung einer anderen Leistung durch einen Unternehmer gerichtete Willenserklärung wirksam widerrufen, so ist er auch an seine auf den Abschluss eines mit diesem Vertrag verbundenen Verbraucherdarlehensvertrags gerichtete Willenserklärung nicht mehr gebunden.

[2] Hat der Verbraucher seine auf den Abschluss eines Verbraucherdarlehensvertrags gerichtete Willenserklärung wirksam widerrufen, so ist er auch an seine auf den Abschluss eines mit diesem Verbraucherdarlehensvertrag verbundenen Vertrags über die Lieferung einer Ware oder die Erbringung einer anderen Leistung gerichtete Willenserklärung nicht mehr gebunden. Kann der Verbraucher die auf den Abschluss des verbundenen Vertrags gerichtete Willenserklärung nach Maßgabe dieses Untertitels widerrufen, gilt allein Absatz 1 und sein Widerrufsrecht aus § 495 Absatz 1 ist ausgeschlossen. Erklärt der Verbraucher im Falle des Satz 2 dennoch den Widerruf des Verbraucherdarlehensvertrags, gilt dies als Widerruf des verbundenen Vertrags gegenüber dem Unternehmer gemäß Absatz 1.

[3] Ein Vertrag über die Lieferung einer Ware oder die Erbringung einer anderen Leistung und ein Verbraucherdarlehensvertrag sind verbunden, wenn das Darlehen ganz oder teilweise der Finanzierung des anderen Vertrags dient und beide Verträge eine wirtschaftliche Einheit bilden. Eine wirtschaftliche Einheit ist insbesondere anzunehmen, wenn der Unternehmer selbst die Gegenleistung des Verbrauchers finanziert, oder im Falle der Finanzierung durch einen Dritten, wenn sich der Darlehensgeber bei der Vorbereitung oder dem Abschluss des Verbraucherdarlehensvertrags der Mitwirkung des Unternehmers bedient. Bei einem finanzierten Erwerb eines Grundstücks oder eines grundstücksgleichen Rechts ist

eine wirtschaftliche Einheit nur anzunehmen, wenn der Darlehensgeber selbst das Grundstück oder das grundstücksgleiche Recht verschafft oder wenn er über die Zurverfügungstellung von Darlehen hinaus den Erwerb des Grundstücks oder grundstücksgleichen Rechts durch Zusammenwirken mit dem Unternehmer fördert, indem er sich dessen Veräußerungsinteressen ganz oder teilweise zu Eigen macht, bei der Planung, Werbung oder Durchführung des Projekts Funktionen des Veräußerers übernimmt oder den Veräußerer einseitig begünstigt.

[4] § 357 gilt für den verbundenen Vertrag entsprechend. Im Falle des Absatz 1 sind jedoch Ansprüche auf Zahlung von Zinsen und Kosten aus der Rückabwicklung des Verbraucherdarlehensvertrags gegen den Verbraucher ausgeschlossen. Der Darlehensgeber tritt im Verhältnis zum Verbraucher hinsichtlich der Rechtsfolgen des Widerrufs oder der Rückgabe in die Rechte und Pflichten des Unternehmers aus dem verbundenen Vertrag ein, wenn das Darlehen dem Unternehmer bei Wirksamwerden des Widerrufs oder der Rückgabe bereits zugeflossen ist.

[5] Die erforderliche Belehrung über das Widerrufs- oder Rückgaberecht muss auf die Rechtsfolgen nach den Absätzen 1 und 2 Satz 1 und 2 hinweisen.

1 **A. Allgemeines.** § 358 enthält eine harmonisierte Regelung des **Widerrufs bei verbundenen Geschäften.** Mit ihr kam der Gesetzgeber Forderungen nach einer Vereinheitlichung der Regelungen über verbundene Verträge nach (vgl *Krebs* DB 2000, Beil 14, 1, 26; *Rott* VuR 2001, 79 f). § 358 Abs 1 fasste die §§ 4 FernAbsG aF und 6 TzWrG aF zusammen und erstreckte die Regelung auf Haustürgeschäfte, bei denen zuvor keine derartige Regelung bestand. Inhaltliche Änderungen ergeben sich sonst nicht. § 358 Abs 2 übernahm die Regelung des § 9 Abs 2 VerbrKrG aF und erstreckte sie auf verbundene Verträge über die Erbringung einer anderen Leistung als der Lieferung einer Ware. Ausnahmeregelungen sieht § 491 Abs 3 vor. Die Definition des verbundenen Vertrags findet sich, ebenfalls vereinheitlicht, in § 358 Abs 3. § 358 Abs 4 regelt die Wirkungen des Widerrufs, § 358 Abs 5 die Erweiterung der Belehrungspflichten. Die Regelung ist nach § 4 Abs 1 S 3 FernUSG auf Fernunterrichtsverträge entspr anwendbar. Mit dem OLG-Vertretungsänderungsgesetz wurde in § 358 Abs 3 S 3 eine Sonderregelung für die Finanzierung des Erwerbs eines Grundstücks oder eines grundstücksgleichen Rechts eingeführt.

2 **B. Widerruf des finanzierten Geschäfts.** § 358 Abs 1 sieht vor, dass sich der Widerruf eines finanzierten Vertrags auf den mit diesem Vertrag verbundenen Verbraucherdarlehensvertrag erstreckt. Der Begriff des Verbraucherdarlehensvertrags ist auf Verträge iSd § 491 beschränkt. Wie bisher sind aber auch Zahlungsaufschübe, Finanzierungshilfen, Finanzierungsleasingverträge und Teilzahlungsgeschäfte über Verweisungen in den §§ 499 Abs 1, 500 und 501 erfasst. Erforderlich ist ein »wirksamer« Widerruf, dh ein Widerruf, der die Tatbestandsvoraussetzungen des § 355 erfüllt. § 358 Abs 1 ist mit § 358 Abs 4 S 1 zusammen zu lesen, der die Rückabwicklung des Darlehensvertrags nach § 357 anordnet und gleichzeitig sicherstellt, dass dem Verbraucher aus der Rückabwicklung des Darlehensvertrags keine Kosten oder Zinsen auferlegt werden dürfen. Ein gesonderter Widerruf nur des finanzierten Vertrags unter Aufrechterhaltung des finanzierenden Vertrags ist nicht möglich. Der Verbraucher kann also nicht von günstigen Finanzierungskonditionen profitieren, indem er einen zu finanzierenden Vertrag sowie einen Verbraucherdarlehensvertrag schließt und anschließend nur den finanzierten Vertrag widerruft.

3 Auf finanzierte Verträge, in denen das Widerrufsrecht durch ein Rückgaberecht ersetzt wurde, muss die Regelung entspr angewendet werden, auch wenn die Ausübung des Rückgaberechts in § 358 Abs 1 nicht erwähnt ist. Die Auslassung stellt ein gesetzgeberisches Versehen dar, denn § 358 Abs 5 ordnet an, bei der Belehrung über das Rückgaberecht auf die Rechtsfolge des § 358 Abs 1 hinzuweisen.

4 **C. Widerruf des Verbraucherdarlehensvertrags.** Den Fall des Widerrufs des Verbraucherdarlehensvertrags erfasst § 358 Abs 2. Die Vorschrift ist in ihrem Anwendungsbereich auf **Fälle** beschränkt, in denen der **Verbraucher den finanzierten Vertrag nicht widerrufen kann.** Andernfalls gilt ein Widerruf des Verbraucherdarlehensvertrags nach § 358 Abs 2 S 3 als Widerruf des verbundenen Vertrags über die Lieferung einer Ware oder die Erbringung einer anderen Leistung. Nach der Änderung des § 358 Abs 3 durch das OLG-Vertretungsänderungsgesetz muss dies auch für verbundene Verträge über den Erwerb eines Grundstücks oder eines grundstücksgleichen Rechts gelten, denn andernfalls würde die Definition des verbundenen Geschäfts bei solchen Verträgen keinen Sinn ergeben (für eine Erfassung von Grundstückskaufverträgen über den Begriff der Erbringung einer anderen Leistung dagegen *Hoffmann* ZIP 2002, 1066, 1071 f). Die fehlende Anpassung des § 358 Abs 2 stellt wohl ein Versehen des Gesetzgebers dar. Der Verbraucher kann also über § 358 Abs 2 von finanzierten Verträgen frei kommen, die er nicht widerrufen könnte, wenn sie nicht mit einem Darlehensvertrag verbunden wären, etwa von Fernabsatzverträgen, für die nach § 312b Abs 3 oder § 312d Abs 4 kein Widerrufsrecht besteht (vgl Dresden CR 2001, 819, 820, zu § 8 Abs 2 S 2 VerbrKrG aF). Auch die notarielle Beurkundung des finanzierten Vertrags ändert daran nichts (vgl BGH BB 2006, 1130, 1132). Ist der finanzierte Vertrag ein Beitritt zu einer Gesellschaft, so greifen bei der akzessorischen Rückabwicklung nach § 358 Abs 2 auch die Grundsätze der fehlerhaften Gesellschaft, anders als nach der Rspr des BGH zum unmittelbaren Widerruf des Gesellschaftsbeitritts (s § 357 Rz 4) nicht ein (vgl BGH BB 2006, 1130,

1132). Andererseits wirkt der Widerruf des Darlehensvertrags sich nicht zwingend auf den finanzierten Vertrag aus. Ein gesonderter Widerruf eines Darlehensvertrags, mit dessen Bedingungen man nach reiflicher Überlegung unzufrieden ist, obwohl man das mit dem Darlehensvertrag finanzierte Produkt behalten möchte, ist möglich (vgl Brandenburg Urt v 28.03.2007 Az 4 U 148/06; PWW/*Medicus* Rn 19; Palandt/*Grüneberg* Rn 8; aA MüKo/*Habersack* Rn 22). Anderes gilt nur, wenn der Verbraucher gleichzeitig ein Widerrufsrecht hinsichtlich des finanzierten Vertrags hat, da das Widerrufsrecht des Verbrauchers nach § 495 Abs 1 durch § 358 Abs 2 S 2 ausdrücklich ausgeschlossen wird. In diesem letzteren Fall gilt der Widerruf nach § 358 Abs 2 S 3 dann als Widerruf des finanzierten Vertrags iSd § 358 Abs 1.

D. Verbundener Vertrag. § 358 Abs 3 definiert den verbundenen Vertrag in Übereinstimmung mit § 9 Abs 1 S 2 VerbrKrG aF (dazu ausf *Heermann* AcP 200, 1 ff), verallgemeinert die Regelung aber, indem Verbraucherdarlehensverträge nunmehr mit allen Verträgen über die Lieferung einer Ware oder die Erbringung einer anderen Leistung verbunden werden können. Die Restschuldversicherung behandelt die Rechtsprechung nicht als einen mit dem versicherten Darlehensvertrag verbundenen Vertrag (Köln WM 2009, 793; Oldenburg, WM 2009, 796; aA Rostock NJW-RR 2005, 1416; LG Hamburg VuR 2008, 111). Die Kriterien der vollständigen oder teilw Finanzierung des anderen Vertrags und der wirtschaftlichen Einheit mit der dazu gehörigen Definition in § 358 Abs 3 S 2 wurden unverändert übernommen. § 358 Abs 3 S 1 stellt als doppelte Voraussetzung des verbundenen Vertrags auf, dass der **Verbraucherdarlehensvertrag ganz oder teilw der Finanzierung des Vertrags über die Lieferung einer Ware oder die Erbringung einer anderen Leistung** dient und dass beide eine wirtschaftliche Einheit bilden. 5

Der **Begriff der wirtschaftlichen Einheit** wird unterschiedlich beurteilt, je nachdem ob es sich um die Finanzierung des Erwerbs eines Grundstücks oder eines grundstücksgleichen Rechts oder um ein sonstiges Finanzierungsgeschäft handelt. Außerhalb des Grundstückserwerbs und damit auch beim Erwerb von Immobilienfonds ist eine wirtschaftliche Einheit nach § 358 Abs 3 S 2 insbes anzunehmen, wenn der Unternehmer selbst die Gegenleistung des Verbrauchers finanziert, oder im Falle der Finanzierung durch einen Dritten, wenn sich der Darlehensgeber bei der Vorbereitung oder dem Abschluss des Verbraucherdarlehensvertrags der Mitwirkung des Unternehmers bedient. Hintergrund dieser Regelung waren Versuche, den Käufer und Darlehensnehmer durch künstliche Aufspaltung eines einheitlichen Lebensvorgangs in zwei Verträge seines Schutzes zu berauben. Die offensichtlichste Form ist die in der ersten Alternative des § 358 Abs 3 S 2 angesprochene, in der der Verkäufer keinen (einheitlichen) Abzahlungskauf vereinbart, sondern zwei Verträge mit dem Verbraucher schließt. Eine Weiterentwicklung bestand darin, dass Unternehmer ihre eigenen Finanzierungsinstitute gründeten, die dann als selbständige juristische Personen nicht mehr personenidentisch waren. Nach der heutigen Regelung der zweiten Alternative des § 358 Abs 3 S 2 ist maßgeblich, dass die beiden Verträge aus Sicht des Verbrauchers eine Einheit bilden (BGH NJW 1992, 2560, 2562). Das ist stets dann der Fall, wenn der Händler Formulare des Darlehensgebers vorhält oder diesen empfiehlt. Es ergibt sich auch daraus, dass das Darlehen an den Erwerb einer bestimmten Ware oder Dienstleistung gebunden ist (vgl iE MüKo/*Habersack* Rn 36 ff). 6

Eine **Sonderregelung zugunsten der Kreditwirtschaft** wurde mit dem OLG-Vertretungsänderungsgesetz für den finanzierten Kauf eines Grundstücks oder grundstücksgleichen Rechts eingeführt. Für diese Geschäfte war zuvor die Anwendbarkeit des § 358 in § 491 Abs 3 Nr 1 aF gänzlich ausgeschlossen gewesen (aA *Hoffmann* ZIP 2002, 1066, 1071). Dasselbe galt zuvor unter § 3 Abs 2 Nr 2 VerbrKrG aF (vgl BGH DB 2002, 1262, 1265 f; WM 2002, 2501; zust *Ulmer* ZIP 2002, 1080, 1083; dagegen LG Bremen WM 2002, 1450, 1454 f, das eine teleologische Reduktion des § 3 Abs 2 Nr 2 VerbrKrG aF annahm. Ebenso *Hoffmann* ZIP 2002, 1066, 1070; *Fischer* DB 2002, 1266, 1267; *ders* VuR 2002, 309, 313. Für eine analoge Anwendung des § 9 VerbrKrG aF im Recht der Haustürgeschäfte *Tonner* BKR 2002, 856, 860). Lediglich in Ausnahmefällen hatte die Rspr auch bei Immobiliardarlehen unter Berufung auf § 242 eine wirtschaftliche Einheit angenommen (vgl insb BGH WM 2002, 1287, 1288, mwN; abl BGH BB 2004, 738). 7

Im Bereich der **Haustürgeschäfte** hielt ein erheblicher Anteil des Schrifttums diese enge Betrachtung für gemeinschaftsrechtswidrig (zB *Fischer* VuR 2003, 134 ff). Insbes wurde darauf verwiesen, dass der Widerruf eines auf den Erwerb eines Grundstücks gerichteten, an der Haustür abgeschlossenen Verbraucherdarlehensvertrags faktisch unmöglich gemacht werde, wenn der Verbraucher die mit dem Darlehen erworbene Immobilie behalten müsse, so dass das Gemeinschaftsrecht, die Annahme eines verbundenen Geschäfts verlange. Konsequenz dieser Sichtweise wäre gewesen, dass der Verbraucher nicht das Darlehen zurückzahlen, sondern stattdessen dem Darlehensgeber die Immobilie übereignen müsste (vgl nur die mittlerweile überholte Rspr des II. Senats des BGH zu Immobilienfonds, BGH ZIP 2004, 1402). Auf Vorlage des LG Bochum (NJW 2003, 2612, 2614 f) und des Bremen (ZIP 2004, 1253, 1256) lehnte der EuGH diese Sichtweise nicht unerwartet ab, weil die RL 85/577/EWG, anders als die späteren Richtlinien über Teilzeitwohnrechte und Fernabsatzverträge, das verbundene Geschäft nicht regelte (EuGHE 2005, I-9215 Rn 101; EuGHE 2005, I-9273 Rn 49; dazu statt vieler *Hoffmann* ZIP 2005, 1985 ff; *Derleder* BKR 2005, 442; *Hoppe/Lang* ZfIR 2005, 800 ff; *Rott* GPR 2006, 25 ff). Dies gelte auch dann, wenn der Verbraucher nicht ordnungsgem belehrt worden sei. Zwar verlange Art 4 (3) der RL 85/577/EWG, geeignete Maßnahmen zum Schutz des Verbrauchers vorzusehen Dies muss aber konstruktiv nicht über die Rechtsfigur des verbundenen Geschäfts gelöst werden. Denkbar wäre auch 8 die Annahme eines Schadensersatzanspruchs wegen Verletzung einer Nebenpflicht, § 241 Abs 2 iVm § 280 Abs 1 (vgl nur *Reich* FS Derleder S 127, 138 ff; *Fischer* DB 2005, 2507, 2510 f; *Rott* GPR 2006, 25, 26; mit abl Tendenz BGH BB 2006, 1588, 1591 f mwN). Der BGH nahm diese Vorlage auf und lehnte in der Folge weiterhin die Erstreckung des Widerrufs des Verbraucherdarlehensvertrags auf das finanzierte Immobiliengeschäft ab (ausf Begründung in BGH BB 2006, 1588, 1590). Auch einen Schadensersatzanspruch aus cic lehnte er jedenfalls für den Fall ab, dass der Immobilienkaufvertrag zeitlich vor dem widerrufenen Darlehensvertrag abgeschlossen wurde, so dass sein Abschluss rein zeitlich betrachtet auch bei rechtzeitigem Widerruf des Darlehensvertrags nicht mehr hätte vermieden werden können (BGH BB 2006, 1588, 1592; aA etwa *Derleder* BKR 2005, 442, 449; *Knops* WM 2006, 70, 73 f; *Schwintowski* VuR 2006, 5, 6; *Staudinger* NJW 2005, 3521, 3523). Im Gegenzug verschärfte der BGH allerdings die Eigenhaftung der mit einem Wissensvorsprung ausgestatteten kreditgebenden Bank im Falle eines institutionalisierten Zusammenwirkens mit einem Verkäufer, der den Verbraucher arglistig getäuscht hat (vgl BGH BB 2006, 1588, 1593 ff).

9 Auf dem deutschen Kreditmarkt bedienen sich auf Immobiliardarlehen spezialisierte Kreditinstitute in der Mehrzahl der Fälle in irgendeiner Weise des Immobilienverkäufers, um den Darlehensvertrag anzubahnen. Regelm würde damit ein verbundenes Geschäft vorliegen (vgl den Bericht des Rechtsausschusses, BTDrs 14/9266, 46). Gleichzeitig wird davon ausgegangen, dass dem Verbraucher bei Grundstücksgeschäften in aller Regel bewusst ist, dass Verkäufer und Darlehensgeber nicht identisch sind (vgl BGH NJW 1980, 41, 42; NJW 2002, 3065, 3066; krit *Rörig* MDR 2002, 894, 895). Deshalb wurde die Regelung restriktiv ausgestaltet und auf zwei abschließend (»nur«) aufgeführte Fallgruppen, die zweite davon mit drei Unterfällen, beschränkt, so dass auch weiterhin nur in Ausnahmefällen ein verbundenes Geschäft angenommen werden kann (vgl *Koch* WM 2002, 1593, 1598 f). Nach § 358 Abs 3 S 3 liegt ein verbundenes Geschäft zunächst vor, wenn der Darlehensgeber selbst das Grundstück oder das grundstücksgleiche Recht verschafft. Darunter fallen Konstellationen, in denen der Darlehensgeber gleichzeitig Veräußerer ist (vgl auch *Becher* BKR 2002, 931, 933), eine Vollmacht für die Veräußerung des Grundstücks hat oder eine Maklertätigkeit ausübt, der Kontakt des Verbrauchers mit dem Veräußerer also über den Darlehensgeber erfolgt. Voreigentum der Bank ist aber nicht erforderlich, es genügt, dass etwa aufgrund von Verfügungsmöglichkeiten der Bank über das Grundstück aus Sicht des Käufers der Eindruck entsteht, er würde Grundstück und Darlehen aus einer Hand bekommen (so *Becher* BKR 2002, 931, 933). Ebenso dürften Fälle erfasst sein, in denen ein Vermittler gezielt sowohl für den Darlehensgeber als auch für den Veräußerer tätig ist und die jeweiligen Leistungen in Verbindung zueinander vertreibt, so dass Darlehensgeber und Veräußerer dem Verbraucher als Einheit entgegen treten (Oldenburg VuR 2002, 322; LG Bremen WM 2002, 1450, 1455 f, zust *Reiter/Methner* VuR 2002, 316 ff; wohl auch *Becher* BKR 2002, 931, 936).

10 Ein verbundenes Geschäft liegt auch vor, wenn der **Darlehensgeber den Erwerb über die Darlehensvergabe hinaus durch Zusammenwirken mit dem Unternehmer fördert**. Dies kann auf dreierlei Art erfolgen, die wiederum nach dem Wortlaut der Vorschrift (»indem«) abschließend sind: (1) Der Darlehensgeber kann sich die Veräußerungsinteressen des Unternehmers ganz oder teilw zu Eigen machen. Dieses Kriterium ist unklar. Es findet sich in der Rspr zu § 9 VerbrKrG aF oder § 242 nicht und wird auch in den Gesetzgebungsmaterialien nicht konkretisiert. Sicherlich genügen die mittelbaren Vorteile, die sich der Darlehensgeber dadurch verspricht, dass der Abschluss des Kaufvertrags zum Abschluss eines Darlehensvertrags führen wird, nicht (*Koch* WM 2002, 1593, 1598, zu § 242). Eine bes Verbindung lässt sich aber aus einer Bürgschaft des Darlehensgebers für die Verbindlichkeiten des Darlehensnehmers aus dem Kaufvertrag ableiten (vgl BGH NJW 1980, 41, 43; aA *Becher* BKR 2002, 931, 933). (2) Der Darlehensgeber kann bei der Planung, Werbung oder Durchführung des Projekts Funktionen des Veräußerers übernehmen. Mit dieser Fallgruppe wurde die Rspr des BGH zu § 242 (BGH NJW 1980, 41, 43; NJW-RR 1992, 879, 882; NJW 2000, 3065, 3066) kodifiziert, auf die deshalb für die Auslegung des § 358 Abs 3 S 3 zurückgegriffen werden kann. Die Bezugnahme auf die Übernahme von Funktionen des Veräußerers ist flexibel und kann als Auffangtatbestand verwendet werden (*Schmidt-Räntsch* ZIP 2002, 1000, 1102; aA *Rohe* BKR 2002, 575, 578, und *Becher* BKR 2002, 931, 934, die für eine restriktive Auslegung plädieren). Darunter fällt etwa die Bestärkung oder Herbeiführung der Kaufentscheidung des Verbrauchers zB dadurch, dass der Kreditgeber dem Verbraucher ggü den Eindruck erweckt, das Projekt mit positivem Ergebnis geprüft zu haben (BGH NJW 1992, 2560, 2562; ebenso *Rohe* BKR 2002, 575, 579). (3) Schließlich liegt ein Zusammenwirken vor, wenn der Darlehensgeber den Veräußerer einseitig begünstigt. Auch dieses Kriterium ist ohne Vorbild in der Rspr und wird in den Gesetzgebungsmaterialien nicht erläutert. Denkbar ist dies, wenn der Darlehensgeber sowohl den Verbraucher als auch den Veräußerer, zB einen Bauträger, finanziert, und daran interessiert ist, dass dieser zur Erfüllung seiner höheren Verpflichtungen ggü der Bank solvent bleibt (aA wohl *Becher* BKR 2002, 931, 933).

11 In **anderen Fallgestaltungen** liegt aufgrund des Worts »nur« in § 358 Abs 3 S 3 kein verbundenes Geschäft vor. Die Regelung entfaltet auch eine Sperrwirkung ggü § 242, da sie die unter § 242 entwickelten Grundsätze kodifiziert, soweit der Gesetzgeber dies wollte. Sie ist aufgrund ihrer mangelnden Flexibilität kaum als verbraucherfreundlich einzustufen. Das finanzierende Kreditinstitut kann aber im Einzelfall aus *culpa in contrahendo* gem § 311 Abs 2 Nr 1, Abs 3 in Anspruch genommen werden.

E. Belehrung über das Widerrufs- und Rückgaberecht. Die nach § 355 Abs 2 erforderliche Belehrung über das Widerrufs- oder Rückgaberecht muss, wie schon nach § 9 Abs 2 S 2 VerbrKrG aF und § 4 Abs 1 S 2 FernAbsG aF, darauf hinweisen, dass der Widerruf des einen Vertrags jeweils zur Folge hat, dass der Verbraucher auch an den anderen Vertrag nicht mehr gebunden ist. 12

F. Rechtsfolgen des Widerrufs. Die Rechtsfolgen des Widerrufs verbundener Verträge bestimmen sich gem § 358 Abs 4 S 1 entspr § 357, wobei der Darlehensgeber im Falle des Widerrufs des verbundenen Vertrags entgegen § 357 Abs 1 S 1 iVm §§ 346 Abs 1, 347 Abs 1 S 2 keine Zinsen und auch keine Erstattung von Kosten aus der Rückabwicklung verlangen kann. Wird hingegen der Verbraucherdarlehensvertrag selbst widerrufen, so gelten nach dem eindeutigen Wortlaut der Vorschrift die üblichen Rückabwicklungsregeln der §§ 357, 346 f, die im Einzelfall zur Erstattung von Zinsen führen können (s § 357 Rz 7). 13

Die Frage, ob der Darlehensgeber oder der Vertragspartner des finanzierten Vertrages der richtige Ansprechpartner des Verbrauchers bei der Rückabwicklung der verbundenen Verträge ist, regelt § 358 Abs 4 S 3. Inhaltlich vereinigte die Vorschrift die Regelung des § 9 Abs 2 S 3 VerbrKrG aF mit denen der §§ 4 Abs 2 S 3 FernAbsG aF und 6 Abs 2 S 3 TzWrG aF, die gleichzeitig auf Haustürgeschäfte erstreckt wurden. Der relevante Zeitpunkt ist der, in dem das Darlehen dem Unternehmer zufließt. Bis zu diesem Zeitpunkt muss der Verbraucher sich sowohl mit dem Unternehmer als auch mit dem Darlehensgeber auseinandersetzen, anschließend nur noch mit dem Darlehensgeber, der zur Rückerstattung geleisteter Zahlungen verpflichtet, aber auch zur Rückforderung der gelieferten Ware berechtigt ist (vgl näher *Härting* § 4 Rn 34 ff; *Kamanabrou* WM 2000, 1417, 1425). Bis zu seiner Kenntnis vom Zufluss der Kreditsumme beim Vertragspartner des finanzierten Vertrages und damit dem Wechsel seines Rückerstattungsgläubigers wird der Verbraucher nach § 412 iVm § 407 von seiner Leistung frei. 14

§ 359 Einwendungen bei verbundenen Verträgen. **Der Verbraucher kann die Rückzahlung des Darlehens verweigern, soweit Einwendungen aus dem verbundenen Vertrag ihn gegenüber dem Unternehmer, mit dem er den verbundenen Vertrag geschlossen hat, zur Verweigerung seiner Leistung berechtigen würden. Dies gilt nicht, wenn das finanzierte Entgelt 200 Euro nicht überschreitet, sowie bei Einwendungen, die auf einer zwischen diesem Unternehmer und dem Verbraucher nach Abschluss des Verbraucherdarlehensvertrags vereinbarten Vertragsänderung beruhen. Kann der Verbraucher Nacherfüllung verlangen, so kann er die Rückzahlung des Darlehens erst verweigern, wenn die Nacherfüllung fehlgeschlagen ist.**

A. Allgemeines. Der Einwendungsdurchgriff des früheren § 9 Abs 3 VerbrKrG wurde mit dem Hinweis auf ihre systematische Nähe zu § 358 im unmittelbaren Anschluss in § 359 untergebracht. Inhaltlich wurde er auf alle Arten von verbundenen Verträgen, insbes also auch auf Verträge über die Erbringung von Dienstleistungen erstreckt, aber in seiner Struktur nicht verändert. Ausnahmeregelungen sieht § 491 Abs 2 vor. Der Rückforderungsdurchgriff wurde vom Gesetzgeber nicht in § 359 verankert und kann sich allenfalls in Ausnahmefällen aus § 242 ergeben (vgl *Fuchs* AcP 199 (1999), 307, 323 ff). Grundsätzlich ist allerdings davon auszugehen, dass die bewusste Nichtberücksichtigung des Rückforderungsdurchgriffs in § 359 Sperrwirkung entfaltet. Eine Rspr des II. Senats des BGH, der einen Rückforderungsdurchgriff analog § 358 Abs 4 S 3 angenommen hat (vgl BGHZ 156, 46; 159, 294; dazu *Bülow* WM 2004, 1257 ff; *Fischer* DB 2004, 1651 ff; *Lenenbach* WM 2004, 501 ff) gab der BGH ausdrücklich auf (BGHZ 167, 239; abl auch MüKo/*Habersack* Rn 75). 1

B. Recht der Verweigerung der Rückzahlung des Darlehens. Der Verbraucher kann dem Darlehensgeber ggü die Rückzahlung des Darlehens aufgrund aller Einwendungen verweigern, die ihm ggü dem Unternehmer aus dem finanzierten Vertrag zustehen würden. Die Regelung erfasst Einwendungen aus dem Leistungsstörungsrecht und aus Schadensersatzansprüchen (vgl *Micklitz/Tonner* Rn 6), aber auch die Einrede der Verjährung (BGH BB 2001, 2440). **Keine Anwendung** findet die Regelung bei Verbraucherdarlehensverträgen unterhalb der Bagatellgrenze von 200 Euro und auf nachträgliche Änderungen des finanzierten Vertrags, auf die der Darlehensgeber keinen Einfluss hat. Maßgeblich ist die Darlehenssumme, nicht der Betrag der geltend gemachten Einwendung. In sprachlich veränderter Form wurde § 359 S 3 aus **§ 9 Abs 3 VerbrKrG aF** übernommen, da sich das der Regelung zugrunde liegende Kaufrecht geändert hat. Die Regelung bezieht sich auf die Nacherfüllung iSd § 439, die wie zuvor die Beseitigung des Mangels oder die Lieferung einer mangelfreien Sache erfasst, und sieht den Einwendungsdurchgriff erst vor, wenn die Nacherfüllung fehlgeschlagen ist. In Fällen, in denen die Nacherfüllung unmöglich iSd § 275 oder nicht zumutbar iSd § 439 Abs 3 ist, greift § 359 S 3 nicht ein. 2

§§ 360, 361 *(weggefallen)*

Abschnitt 4 Erlöschen der Schuldverhältnisse

Titel 1 Erfüllung

§ 362 Erlöschen durch Erfüllung. **[1] Das Schuldverhältnis erlischt, wenn die geschuldete Leistung an den Gläubiger bewirkt wird.**
[2] Wird an einen Dritten zum Zwecke der Erfüllung geleistet, so findet die Vorschrift des § 185 Anwendung.

Literatur *Binder*, Die Inzahlungnahme gebrauchter Sachen vor und nach der Schuldrechtsreform am Beispiel des Autokaufs Alt gegen Neu NJW 2003, 393; *Bülow* Grundfragen der Erfüllung und ihrer Surrogate JuS 91, 531; *Dücker v* Erfüllung einer Geldschuld durch Banküberweisung WM 1999, 1257; *Ernst* Die Zurückweisung der Ware NJW 1997, 896; *Gernhuber* Die Erfüllung und ihre Surrogate, in: Gernhuber (Hrsg) Handbuch des Schuldrechts in Einzeldarstellungen, Bd 3, 2. Aufl (1994); *Gößmann* Aspekte der ec-Karten-Nutzung WM 1998, 1264; *Kümpel* Rechtliche Aspekte der neuen Geldkarte als elektronische Geldbörse WM 1997, 1037; *Meder* Sonderstellung des Insolvenzverwalters im Einzugsermächtigungsverfahren NJW 2005, 637; *Pfeiffer* Die Geldkarte – ein Problemaufriss NJW 1997, 1036; *Wenzel* Rechtliche Zulässigkeit einer Hinterlegung nach § 372 BGB durch eine Behörde Rpfleger 2003, 109.

1 **A. Allgemeines. I. Überblick und Normstruktur.** Die §§ 362–397 behandeln das Erlöschen der **Schuldverhältnisse ieS.** Darunter ist der **einzelne schuldrechtliche Anspruch** zu verstehen (BGHZ 97, 197, 199). Die genannten Erlöschensgründe haben aber mittelbar Auswirkungen auf das **Schuldverhältnis iwS**, mit dem die Gesamtheit der Rechtsbeziehungen zwischen Gläubiger und Schuldner bezeichnet wird. Da es idR mehrere Ansprüche umfasst, endet das Schuldverhältnis iwS noch nicht durch die Erfüllung oder das Erlöschen eines einzelnen Anspruchs, es sei denn, dass sein Gegenstand nur ein Anspruch ist. Grds endet ein Schuldverhältnis iwS erst dann, wenn alle Leistungspflichten einschließlich der aus dem Schuldverhältnis hervorgegangenen Ersatz- und Abwicklungspflichten erfüllt oder erloschen sind. Durch einen Aufhebungsvertrag, der über den Erlassvertrag hinausgehend das Schuldverhältnis iwS betrifft, kann dieses zum Erlöschen gebracht werden. Der Aufhebungsvertrag hat vor allem bei Dauerschuldverhältnissen praktische Bedeutung.

2 Das Erlöschen des Schuldverhältnisses bedeutet, dass es beendet wird oder wegfällt. Die §§ 362 ff beziehen sich auf das Erlöschen durch **Befriedigung des Leistungsinteresses des Gläubigers.** Grundtatbestand ist die in § 362 geregelte **Erfüllung.** Diese Vorschrift enthält die grundlegende Anordnung, dass das Schuldverhältnis erlischt, wenn die geschuldete Leistung bewirkt wird. Daneben kennt das Gesetz die **erfüllungsähnl Fälle** der Leistung an Erfüllungs statt und der Leistung erfüllungshalber. Weiterhin kann der Schuldner ein Schuldverhältnis durch **Erfüllungssurrogate** zum Erlöschen bringen. Das Gesetz regelt als Erfüllungssurrogate speziell die Hinterlegung unter Rücknahmeverzicht (§§ 372–386) und die Aufrechnung (§§ 387–396). Schließlich kann der Gläubiger dem Schuldner die Forderung erlassen (§ 397 Abs 1) oder deren Nichtbestehen als negatives Schuldanerkenntnis vertraglich anerkennen (§ 397 Abs 2). Die Parteien können auf Grund des Grundsatzes der Vertragsfreiheit **weitere Erlöschenstatbestände** für das Schuldverhältnis vereinbaren. Dabei kann es sich um eine **Verrechnungsabrede** (teilw wird diese auch als Aufrechnungsvertrag bezeichnet) handeln (BGHZ 94, 132; NJW-RR 2003, 1358; PWW/*Pfeiffer* Rn 2 mwN). Auch die »Hinterlegung« auf ein Notaranderkonto kann Erfüllungswirkung haben, wenn die Parteien dies ausnahmsw vereinbaren (BGHZ 87, 156). Die Parteien können die einzelne Forderung auch durch einen Aufhebungsvertrag, der über den Erlassvertrag das Schuldverhältnis iwS betrifft, zum Erlöschen bringen. Das **Schuldverhältnis** setzt begrifflich voraus, dass sich (mindestens) **zwei verschiedene Personen** als Gläubiger und Schuldner gegenüberstehen (BGHZ 115, 122). Es erlischt daher, wenn sich Forderung und Schuld in einer Person vereinigen, dh wenn die Forderung im Wege der Gesamt- oder Einzelrechtsnachfolge entweder auf den Schuldner oder auf den Gläubiger übergeht (»**Konfusion**«, vgl Müko/*Wenzel* Vor § 362 Rn 4).

3 Ein Schuldverhältnis kann aber auch erlöschen, **ohne** dass das **Leistungsinteresse** des Gläubigers **befriedigt** wird, etwa als Folge einer Anfechtung (§ 142), einer Kündigung, eines Widerrufs, eines Rücktritts oder wegen Unmöglichkeit (§ 275, 326 Abs 1); weiterhin kann ein Schuldverhältnis auch durch nicht rechtsgeschäftliche Tatbestände, wie den Eintritt einer auflösenden Bedingung (§ 158 Abs 2), durch Zeitablauf (§ 163) oder durch Tod bei höchstpersönlichen Verpflichtungen (§§ 613, 673, 759 Abs 1, 1061, 1586) erlöschen. **Keine Erlöschensgründe** sind Einwendungen gegen den Anspruch, zB Verwirkung (§ 242) oder dauerhafte Einreden, zB die Verjährung. Sie führen nicht zu einem Erlöschen des Anspruchs, sondern hindern nur seine Durchsetzbarkeit. Anders als bei einer erloschenen Forderung kann dieser noch erfüllt werden; die §§ 362 gelten hier nicht. Der (ersatzlose) **Wegfall des Schuldners** oder Gläubigers führt zum Erlöschen des Schuldverhältnisses, da eine juristische Leistungsbeziehung nur bestehen kann, solange ein Gläubiger oder ein Schuldner vorhanden ist (Müko/*Wenzel* Vor § 362 Rn 5). Dies ist aber wegen §§ 1922, 1967 nur bei juristischen Personen vorstellbar, da bei natürlichen Personen, abgesehen von den höchstpersönlichen Forderungen bzw Schulden, nach deren Tod der Erbe in die Rechtsstellung des Erblassers tritt (§§ 1922, 1967).

Erforderlich ist, dass die Rechtspersönlichkeit vollständig erloschen ist; die Löschung im Register genügt wegen ihrer nur deklaratorischen Bedeutung nicht (BGH NJW 1968, 297). Auch der Wegfall des Gläubigers würde zum Erlöschen des Schuldverhältnisses führen. Ein solcher Fall kommt aber auch bei juristischen Personen des Privatrechts nicht in Betracht, weil sie trotz Löschung im zuständigen Register so lange fortbestehen, als sie noch Inhaber von irgendwelchen Vermögenswerten sind (vgl hierzu Müko/*Wenzel* Vor § 362 Rn 5). Die **Novation** ist ein weiterer – im BGB nicht geregelter – Erlöschensgrund ohne Leistung des Schuldners oder eines Dritten. Sie ist die vertragliche Begründung eines neuen Schuldverhältnisses unter gleichzeitiger Aufhebung eines früheren Schuldverhältnisses, wobei die neue Rechtsbeziehung die alte ersetzt (Müko/*Wenzel* Vor § 362 Rn 6).

II. Wirkung des Erlöschens. Erlöschen iSd §§ 362 ff bedeutet, dass das Schuldverhältnis ieS beendet wird und wegfällt. Die Erfüllung begründet, anders als die Verjährung (§ 214), keine bloße Einrede, sondern ist als **rechtsvernichtende Einwendung** vAw im Prozess zu berücksichtigen. Das erloschene Schuldverhältnis wirkt aber als Rechtsgrund für die empfangene Leistung (§ 812) fort. Für den Gläubiger ergibt sich im Verhältnis der Parteien daraus die Berechtigung, die Leistung behalten zu dürfen. Durch einen Verzicht kann das Erlöschen nicht wieder rückgängig gemacht werden. Seiner Wiederherstellung bedarf es vielmehr einer Neubegründung (Müko/*Wenzel* Vor § 362 Rn 9). 4

B. Anwendungsbereich. Die Vorschrift gilt im Schuldrecht und darüber hinaus für alle **auf Erbringung einer Leistung** gerichteten Ansprüche, dh also für Forderungen (§ 241 Abs 1). Sie umfasst **Haupt- und Nebenleistungspflichten**, soweit diese auf eine Leistung zB eine Auskunft, gerichtet sind (Zweibrücken WM 1998, 1776). Nicht von der Vorschrift erfasst werden dagegen die – von den Haupt- und Nebenleistungspflichten zu unterscheidenden – **Schutz- und Verhaltenspflichten** (§ 241 Abs 2), die nicht in den Anwendungsbereich der §§ 362 ff fallen (Müko/*Wenzel* Vor § 362 Rn 1 ff; PWW/*Pfeiffer* Rn 4). Letztere sind nicht durch Leistung oder ein Erfüllungssurrogat zu erfüllen, sondern solange zu beachten, wie die von Treu und Glauben beeinflusste Sonderverbindung zwischen den Parteien besteht. Sie werden – wie oben erwähnt – als ein dienendes Element des Schuldverhältnisses mit dessen Ende funktionslos, so dass ihr Erlöschen mit dem Erlöschen des Schuldverhältnisses iwS zusammenfällt (Staud/*Olzen* Einl zu §§ 362 ff Rn 4 mwN; Müko/*Wenzel* § Vor 362 Rn 1). Diese Vorschrift gilt – vorbehaltlich etwaiger Besonderheiten oder bes Regeln auch für **öffentlich-rechtliche Forderungen**, zB für die Zahlung von Gerichtskosten (Brandenburg NJW 2007, 1470). 5

C. Bewirken der geschuldeten Leistung. I. Begriff der Leistung. Erfüllung bedeutet Tilgung der Schuld durch Bewirken der geschuldeten Leistung. Unter einer Leistung iSd Vorschrift ist aber nicht die Leistungshandlung, sondern der **Leistungserfolg** zu verstehen (BGH 12, 268; 87, 162; Palandt/*Grüneberg* Rn 2 mwN). Wenn dieser von zusätzlichen Voraussetzungen abhängt und dieselben ausbleiben zB Eintragung im Grundbuch, ist der Schuldner nicht frei geworden, sondern muss seine Leistungshandlung ggf wiederholen. Das mit einer Treuhandabrede verbundene Hin- und Herzahlen einer Bargeldeinlage ist keine Erfüllung; dies tritt erst mit der endgültigen Auskehrung des Betrags an die GmbH ein (BGH NJW 2006, 509, 906; NJW-RR 2006, 1630; Palandt/*Grüneberg* Rn 2 mwN). Eine Erfüllung tritt nicht ein, wenn sich der Erfolg unabhängig von der Leistungshandlung des Schuldners einstellt, zB wenn die zu enteisende Maschine von selbst wieder auftaut. Dies gilt auch dann, wenn der Leistungserfolg auf Kosten des Schuldners ohne dessen Mitwirkung eingetreten ist, zB eine Überweisung ohne Auftrag ausgeführt worden ist. Der Schuldner wird zwar frei, allerdings nicht wegen Erfüllung, sondern wegen Zweckerreichung als Sonderfall der Unmöglichkeit. Daher kann der Schuldner auch nicht die Gegenleistung verlangen, sondern allenfalls eine Teilvergütung oder Aufwendungsersatz (AnwK/*Avenarius* Rn 1 mwN). Es ist allerdings nicht erforderlich, dass der Leistungserfolg alleine auf das Handeln des Schuldners zurückzuführen ist. Die Schuld erlischt, wenn der Gläubiger das ihm übertragene Eigentum in gutem Glauben erworben hat. 6

II. Geschuldete Leistung. Die Erfüllung setzt voraus, dass **diejenige Leistung** erbracht wird, die nach dem Inhalt des Schuldverhältnisses **geschuldet** ist (München BB 2006, 2210). Die Leistung muss mit anderen Worten so erbracht werden, wie sie geschuldet ist. Ihr Inhalt ergibt sich aus dem zu erfüllenden Schuldverhältnis. Für den Leistungsort gilt § 269 ZPO und für die Leistungszeit § 271. Zur Leistung verpflichtet und berechtigt ist der **Schuldner**. Die Leistung kann, abgesehen von höchstpersönlichen Leistungen, auch durch einen Erfüllungsgehilfen (§ 278) oder einen Dritten (§§ 267 Abs 1, 268) erbracht werden. Wird eine **andere, mangelhafte oder unvollständige Leistung** erbracht, tritt keine Erfüllung ein. Nimmt der Gläubiger gleichwohl an, ist er dafür beweispflichtig, dass die Leistung nicht obligationsmäßig war (§ 363). Nach §§ 640 Abs 2, 377 HGB können auch materiellrechtliche Nachteile, zB insbes Verlust der Mängelrechte, entstehen. Keine Erfüllung tritt ein, wenn der Gläubiger die nach dem Inhalt des Schuldverhältnisses erforderliche Annahme verweigert, unabhängig davon, ob sie berechtigt war oder nicht; eine unberechtigte Annahmeverweigerung führt zu einem Annahmeverzug (§§ 293 ff). 7

III. Person des Leistungsempfängers. 1. Leistung an den Gläubiger. Die Leistung muss grds **an den Gläubiger** bewirkt werden. Erfüllung tritt nur ein, wenn der Gläubiger zur Annahme der Leistung befugt ist. Diese Empfangszuständigkeit deckt sich, wie die §§ 1812, 1813, 362 Abs 2 zeigen, mit der Verfügungsmacht. 8

Die Leistung an den Gläubiger befreit daher nicht, wenn ihm die Verfügungsmacht über die Forderung entzogen ist (zB §§ 136, 2211; § 829 ZPO, § 23 ZVG, §§ 80, 82 InsO). Geschäftsunfähigen fehlt die Empfangszuständigkeit. Auch dem beschränkt Geschäftsfähigen fehlt die zur Annahme der Leistung erforderliche Empfangszuständigkeit. Wird die geschuldete Sache an ihn übereignet, erwirbt er zwar Eigentum, da der Eigentumserwerb lediglich rechtliche Vorteile bringt, die Forderung erlischt aber nicht, es sei denn, dass eine Einwilligung des gesetzlichen Vertreters vorliegt oder dieser die Annahme der Leistung ausdrücklich oder durch schlüssiges Verhalten genehmigt (Müko/*Wenzel* Rn 15 str). Die Leistung an den Gläubiger liegt auch vor, wenn die **Leistung an seine Zahl- oder Empfangsstelle** erfolgt. Das kann zB eine Bank oder ein mit Empfangsvollmacht (vgl § 167) ausgestatteter Vertreter sein; Duldungs- oder Anscheinsvollmacht ist möglich (PWW/*Pfeiffer* Rn 10 mwN).

9 **2. Leistung an einen Dritten. Ausnahmsweise** kann aber auch die Leistung **an einen Dritten** (§ 362 Abs 2) befreiende Wirkung haben, wenn er vom Gläubiger ermächtigt ist, die Leistung im eigenen Namen in Empfang zu nehmen (§ 362 Abs 2) oder wenn ihm an der Forderung ein Nießbrauch- oder Pfandrecht zusteht (§§ 1074, 1282; §§ 835, 836 Abs 1 ZPO). Eine Ermächtigung, die Leistung im eigenen Namen anzunehmen besteht insbes bei allen Arten der Anweisung (§ 783), also auch beim Scheck. Die Ermächtigung zur Leistung an den Dritten kann widerruflich und unwiderruflich erteilt werden. Leistet der Schuldner an einen **Nichtberechtigten**, den er gutgläubig für empfangsberechtigt hält, wird er grds nicht frei. Sein guter Glaube wird nur in bes geregelten Fällen geschützt (vgl §§ 169, 370, 407, 408, 893, 951, 2019, 2111, 2366, 2367; Müko/*Wenzel* Rn 17 mwN; Palandt/*Grüneberg* Rn 4). Die Leistung an einen Nichtberechtigten hat dann befreiende Wirkung, wenn der Gläubiger sie nachträglich genehmigt oder wenn einer der beiden anderen Fälle des § 185 Abs 2 eintritt, wenn also der Dritte Forderungsinhaber wird oder der Gläubiger den Dritten beerbt und für diese Nachlassverbindlichkeiten unbeschränkt haftet (§ 362 Abs 2, 185 Abs 2). Eine (stillschweigende) Genehmigung ist idR anzunehmen, wenn der Gläubiger gegen den Dritten Klage auf Herausgabe des Leistungsgegenstandes erhebt (§ 816 Abs 2). Über § 362 Abs 2 hinaus kann sich die Befugnis zur Leistung an einen Dritten aus einem Anspruchsübergang ergeben. Neben der Abtretung kommt hierfür auch ein gesetzlicher Anspruchsübergang in Betracht. Entsprechendes hat die Rspr auch ohne ausdrücklichen angeordneten zivilrechtlichen Anspruchsübergang in steuerrechtlichen Fällen angenommen. Es entfaltet daher Erfüllungswirkung ggü dem Werkunternehmer, wenn der Besteller auf Grund einer ausnahmsw Inanspruchnahme durch das Finanzamt die Umsatzsteuer direkt an das Finanzamt abführt (BGH BB 2001, 2024); ebenso ist es bei Abführung der Lohn- und Kirchensteuer durch den Arbeitgeber (BGH WM 1966, 758; (PWW/*Pfeiffer* Rn 10 mwN).

10 **IV. Erfüllung als objektive Tatbestandsfolge der Leistung.** Umstritten ist, ob das Bewirken der Leistung genügt, um das Schuldverhältnis zum Erlöschen zu bringen, oder ob zum Tatbestand der Erfüllung noch ein subjektives Tatbestandsmerkmal – eine Willenseinigung der Parteien oder jedenfalls ein Erfüllungswille des Schuldners – gehört. Nach der überwiegenden Meinung in Rspr und Schrifttum (BGH NJW 2007, 3488; BGH NJW 92, 2698, 2699; 1991, 1294; Staud/*Olzen* Vor § 362 ff Rn 14; Müko/*Wenzel* Rn 11; Palandt/*Grüneberg* Rn 1 mwN; Erman/*Westermann* Rn 3 ff; *Medicus* Schuldrecht I § 23 IV 3), die die sog **Theorie der realen Leistungsbewirkung** vertritt, tritt die Erfüllung als objektive Tatbestandsfolge der Leistung ein, ohne dass es eines weiteren subjektiven Merkmals bedarf. Es reicht demnach aus, wenn die Leistung einer bestimmten Forderung zugerechnet werden kann (BGH NJW 2007, 3488: unmittelbare Leistung des Subunternehmers an Auftraggeber). Es bedarf insbes keiner vertraglichen Vereinbarung, dass ein bestimmter Gegenstand oder eine bestimmte Handlung als Erfüllung dienen soll. Die früher vertretene **Vertragstheorie und die Zweckerreichungstheorie**, die für die Erfüllung eine vertragliche Vereinbarung zwischen Gläubiger und Schuldner forderten, haben sich mit Recht nicht durchgesetzt; ansonsten wäre § 366 ersatzlos entbehrlich, wenn die Erfüllung eine Einigung zwischen Gläubiger und Schuldner über die Tilgung der Schuld voraussetzen würde. Ebenso bedarf es auch nicht des Elements der finalen Zweckbestimmung der Erfüllungshandlung, wie dies die **Theorie der finalen Leistungsbewirkung** (*Gernhuber* Die Erfüllung und ihre Surrogate § 5 II; *Bülow* JuS 1991, 531) annimmt. Die erforderliche Zweckbestimmung ist, soweit der Rechtsverkehr auf sie angewiesen ist, zunächst schon im Leistungsbegriff selbst enthalten (hiervon ausgehend etwa BGH NJW 1984, 721). Zudem sieht das Gesetz zugunsten des Schuldners und des Gläubigers voluntative Elemente vor, die aber am grds Ausreichen der realen Vornahme der Leistung nichts ändern. So kann der Schuldner nach § 366 Abs 1 den Eintritt der Erfüllungswirkung durch eine Tilgungsbestimmung final steuern. Das beinhaltet die Befugnis, den Eintritt der Erfüllungswirkung einer Zahlung durch eine negative Zweck- und Tilgungsbestimmung zu verhindern. Erklärt der Schuldner, die zur Erfüllung einer bestimmten Forderung geeignete Leistung solle nicht deren Erfüllung dienen, dann bleibt diese bestehen (BGH WM 1972, 1276). Auch der Gläubiger kann den Eintritt der Erfüllungswirkung beeinflussen, indem er sich iSv § 363 für oder gegen eine Annahme entscheidet (PWW/*Pfeiffer* Rn 6).

11 **D. Inhalt und Vornahme der Leistung. Geldschulden** sind grds durch **Barzahlung** zu erfüllen (BGH NJW 1993, 2237, 2239), dh durch Einigung und Übergabe der erforderlichen Banknoten und Münzen. Der Schuldner darf Geldschulden auch durch **Banküberweisung** (§ 676a) bezahlen, sofern der Gläubiger seine

Bankverbindung mit Kontonummer auf verkehrsübliche Weise (zB auf Geschäftsbriefen, Rechnungen, Mahnungen oder vergleichbaren Dokumenten) angegeben hat (BGH NJW-RR 2004, 1281; BGHZ 98, 24, 30; Staud/*Olzen* Vorbem zu §§ 362 ff Rn 33). Entsprechendes gilt, wenn der Gläubiger in der Vergangenheit Überweisungen widerspruchslos hingenommen hat. Eine Verkehrssitte, dass der Schuldner allein auf Grund des Umstandes, dass der Gläubiger ein Girokonto hat, davon ausgehen kann, dass dieser mit einer Zahlung durch Überweisung einverstanden ist, besteht nicht (PWW/*Pfeiffer* Rn 11); etwas anderes gilt im kaufmännischen Verkehr (BGH NJW 1953, 897; str aA *Dücker* WM 1999, 1257, 1263, der auf das Einverständnis des Gläubigers auch unter Nichtkaufleuten verzichten will). Teilt der Gläubiger dem Schuldner ein bestimmtes Girokonto mit, hat die Überweisung auf ein anderes als das angegebene Konto grds keine Tilgungswirkung (BGH NJW-RR 2004, 1281; BGHZ 98, 24; Hamm VersR 2007, 485), sofern der Gläubiger diese Zahlung nicht nachträglich als Leistung an Erfüllung statt nach § 364 Abs 1 genehmigt (Köln NJW-RR 1991, 50). In bestimmten Fällen kann Schweigen nachträglich auch als Zustimmung zu werten sein oder (zugunsten des Schuldners) § 242 zur Anwendung kommen (BGH NJW-RR 2004, 1281; NJW 1991, 3209). Teilt der Gläubiger dem Schuldner eine neue Bankverbindung mit, hat eine Überweisung auf das frühere Konto keine Tilgungswirkung mehr. Der Gläubiger muss aber jedenfalls auf diese Änderung so hinweisen, dass sie vom Schuldner nicht übersehen werden kann. Überweist der Schuldner den geschuldeten Geldbetrag, ohne dem Gläubiger die notwendige Information über den Verwendungszweck der Zahlung mitzuteilen (zB Nichtmitteilung der Rechnungsnummer auf dem Überweisungsformular), tritt die Erfüllung erst ein, wenn diese Information nachgeliefert wird (Palandt/*Grüneberg* Rn 9 mwN; AnwK/*Avenarius* Rn 15 mwN).

Die **Banküberweisung** (§ 676a) ist Erfüllung, nicht Leistung an Erfüllungs statt (Frankfurt NJW 1998, 387; Palandt/*Grüneberg* Rn 9 mwN; Müko/*Wenzel* Rn 22 mwN str, aA BGH NJW 1953, 897; Hamm NJW 1988, 2115). Leistungsempfänger ist der Gläubiger. Die Bank, die nach Weisung des Schuldners handelt, ist nicht Dritter iSd § 362 Abs 2, sondern Zahlstelle des Gläubigers (BGH NJW 2007, 914; 1985, 2700; BGHZ 69, 186, 189; 53, 139, 142; vgl BGH BB 2008, 1741 zur Erfüllung einer Kaufpreisschuld durch die einen Immobilienerwerb finanzierende Bank). Erfüllung tritt nach hM in dem Zeitpunkt ein, in dem die Empfängerbank den überwiesenen Betrag dem Konto des Gläubigers gutschreibt (§ 676 f); eine Mitteilung an den Gläubiger oder eine Annahme durch den Gläubiger ist nicht erforderlich BGH NJW 1988, 1320). Die Buchung muss aber endgültig geworden sein. Das ist im belegbegleitenden und im beleglosen Überweisungsverkehr der Fall, wenn die Bank die Daten der Gutschrift zur vorbehaltlosen Bekanntgabe an den Empfänger bereitgestellt hat, dh also **Abrufpräsenz** besteht (BGH NJW 2000, 805; BGHZ 103, 143, 147; Staud/*Olzen* Vorbem zu §§ 362 ff Rn 41). Die bloße Eingabe in die EDV reicht jedenfalls nicht aus, auch nicht im Falle einer bankinternen Überweisung (BGHZ 103, 143, 146; AnwK/*Aveniarius* Rn 17). Eine Buchung auf dem Konto pro diverse ist keine Erfüllung (Hamm NJW 1987, 55), ebenso wenig die Buchung auf einem Sparkonto (Hamm NJW 1987, 70) oder auf dem Konto eines Dritten (Palandt/*Grüneberg* Rn 10 mwN). Bei einer Überweisung auf ein aufgelöstes Konto tritt Erfüllung ein, sobald durch eine entspr Buchung ein Anspruch des Gläubigers gegen die Bank begründet worden ist (Palandt/*Grüneberg* Rn 10). Wird vereinbarungsgem auf ein Konto gezahlt, über das beide Parteien verfügen dürfen, ist es eine Frage der Auslegung, ob die Erfüllung mit der Gutschrift eintritt oder erst mit der Auszahlung an den Gläubiger (BGH NJW 1999, 210). Die Zahlung eines Kaufpreises auf ein Notaranderkonto führt grds nicht zur Erfüllung weil sie nur Sicherungszwecken dienen soll (hM vgl nur BGH NJW 1998, 2135; AnwK/*Aveniarius* § 362 Rn 18 mwN). 12

Andere Formen der bargeldlosen Zahlung, zB elektronische Zahlung mit der PIN (**POS-System**), Zahlung mit **Geldkarte**, entfalten grds keine Erfüllungswirkung, sondern sind, vorbehaltlich einer abw Vereinbarung, eine Leistung erfüllungshalber (BGH NJW-RR 2001, 1430: Scheck; BGHZ 96, 182: Wechsel; zur Geldkarte: *Pfeiffer* NJW 1997, 1036, Palandt/*Grüneberg* Rn 12 mwN; s auch zu § 364, Rn 11). Die Bank gibt während der Transaktion ggü dem Händler ein abstraktes Schuldversprechen ab oder garantiert die Zahlung (PWW/*Pfeiffer* § 364 Rn 17, nach dem beim POZ-Verfahren (Point-of-sale-Verfahren ohne Zahlungsgarantie) lediglich eine Einzugsermächtigung erteilt wird; ders NJW 1997, 1036; *Gößmann* WM 1998, 1270). Entspr gilt, wenn im **Internet** mit Kreditkarte unter Verwendung einer verschlüsselten digitalen Unterschrift (SET) gezahlt wird. Der Händler erlangt hier eine vergleichbare Rechtsposition wie bei einer Gutschrift. Die hL (*Pfeiffer* NJW 1997, 1036, *Kümpel* WM 1997, 1037) betrachtet die Entstehung von Buchgeld aber nicht als Erfüllung, sondern – wie erwähnt – als Leistung erfüllungshalber, weil das Buchgeld von der Bank des Schuldners noch zur Bank des Händlers transferiert werden muss (vgl ausf § 364 Rn 12 ff). 13

Bei Zahlungen im **Lastschriftverfahren** (§ 676 f) wird dem Gläubiger die Befugnis eingeräumt, über die Buchposition des Kontoinhabers zu verfügen. Er muss versuchen, aus dieser Berechtigung heraus Befriedigung zu erlangen. Insofern weist die Einräumung oder Abbuchungsbefugnis Züge einer Leistung erfüllungshalber auf. Als »rückläufige Überweisung« zielt sie aber unmittelbar auf Erfüllung. Diese tritt erst mit endgültiger Gutschrift auf dem Konto ein. Sie liegt im Abbuchungsverfahren vor, wenn der Betrag dem Gläubigerkonto gutgeschrieben wurde und das Schuldnerkonto belastet wurde, weil alsdann kein Widerspruch gegen die Abbuchung möglich ist (BGH DB 1978, 1826). Im häufiger vorkommenden **Einzugsermächtigungsverfahren** kommt es auf die Genehmigung der Lastschrift durch den Kontoinhaber an (BGHZ 167, 171). Infolge des bestehenden Widerspruchsrechts, tritt Erfüllung erst mit Ablauf der Widerrufsfrist oder mit 14

Genehmigung des Schuldners ein (BGH NJW-RR 2007, 118; NJW 2005, 675, 676). Abweichende Vereinbarungen sind möglich, ergeben sich aber noch nicht aus der Lastschriftvereinbarung als solcher (BGH ZIP 2007, 2273). Ferner kann sich die Endgültigkeit daraus ergeben, dass die Schuldnerbank das Einlösungsrisiko übernommen hat, wobei ein Wille der Schuldnerbank zu einer solchen Risikoübernahme regelm nicht vorliegt (BGH NJW 1979, 2143; PWW/*Pfeiffer* § 364 Rn 13 mwN). Bei elektronischer Zahlung im **POZ-Verfahren**, dh ohne Verwendung der PIN, handelt es sich lediglich um eine Sonderform des Lastschriftverfahrens (*Gößmann* WM 1998, 1270; Palandt/*Grüneberg* Rn 11 mwN; s auch zu § 364 Rz 12).

15 **E. Sonderfälle. I. Leistung vor Entstehen des Anspruchs.** Die Leistung vor Entstehung des Anspruchs kann entweder die Funktion einer **Vorausleistung**, eines Darlehens oder einer Sicherheitsleistung haben. Die Vorausleistung bewirkt, dass der Anspruch im Moment seiner Entstehung (in derselben logischen Sekunde) infolge der Anrechnung bereits erlischt, sofern jedoch die Parteien dies vereinbart haben (BGHZ 85, 315, 318; BGH NJW 1986, 248). Die Vereinbarung einer Vorausleistung kann unwirksam sein, wenn sie mit der zwingenden Ausgestaltung des betreffenden Anspruchs unvereinbar ist (Palandt/*Grüneberg* Rn 13 mwN); Entspr gilt für formularmäßige Vorauserfüllungsabreden bei Finanztermingeschäften (BGH NJW 1987, 3181).

16 **II. Leistung unter Vorbehalt.** Der Schuldner kann auch durch eine Leistung »unter Vorbehalt« ordnungsgem erfüllen, wenn er nur die Wirkungen des § 814 ausschließen und sich den Anspruch aus § 812 vorbehalten will und er das Nichtbestehen der Forderung beweist (BGH NJW 2007, 1269; 1984, 2826). Anders liegt der Fall, wenn der Schuldner unter der Bedingung des Bestehens der Forderung leistet und dem Gläubiger weiterhin die Beweislast für das Bestehen der Forderung aufbürdet (BGH NJW 1999, 494). Eine Leistung mit einem solchen Vorbehalt darf der Gläubiger zurückweisen; nimmt der Gläubiger aber eine solche Leistung an, kann darin aber ein Einverständnis mit dem Vorbehalt liegen (BGH NJW 1989, 162; Palandt/*Grüneberg* Rn 14 mwN).

17 **III. Befriedigung im Wege der Zwangsvollstreckung.** Die Forderung erlischt auch, wenn sie im Rahmen der Zwangsvollstreckung befriedigt wird (§§ 815 Abs 3, 819, 897 ZPO). Ob die Erfüllung auf Grund des § 362 oder der Vorschriften der ZPO eintritt, ist für die Praxis ohne Bedeutung. Im Rahmen der Zwangsvollstreckung ist die Zahlung aus einem vorläufig vollstreckbaren Titel keine endgültige Erfüllungsleistung, dh die Tilgung bleibt vielmehr bis zur Rechtskraft der Entscheidung in der Schwebe. Gleiches gilt, wenn der Schuldner offenbar leistet, um die Vollstreckung aus einem noch nicht rechtskräftigen Titel abzuwenden. Die Forderung besteht hier vorläufig weiter, jedoch beendet die Leistung den Schuldnerverzug und ggf die Pflicht zur Zahlung von Prozesszinsen (Palandt/*Grüneberg* Rn 15 mwN).

§ 363 Beweislast bei Annahme der Erfüllung.

Hat der Gläubiger eine ihm als Erfüllung angebotene Leistung als Erfüllung angenommen, so trifft ihn die Beweislast, wenn er die Leistung deshalb nicht als Erfüllung gelten lassen will, weil sie eine andere als die geschuldete Leistung oder weil sie unvollständig gewesen sei.

1 **A. Allgemeines. I. Normzweck.** Grundsätzlich trägt der Schuldner **bis zur Annahme** als Erfüllung die **Darlegungs- und Beweislast** dafür, dass er durch seine Leistungshandlung eine mangelfreie Leistungshandlung angeboten oder erbracht hat (BGH NJW 1986, 2570). Das gilt sowohl für die Tatsache der Leistung als auch dafür, dass sie obligationsmäßig war. Nur bei Unterlassungspflichten hat der Gläubiger die Zuwiderhandlung zu beweisen. Bei Beratungs- Aufklärungs- und Verhaltenspflichten trägt der Gläubiger die Beweislast, wenn unklar ist, ob er vom Schuldner richtig und vollständig informiert worden ist (BGH NJW 1992, 1697; 1987 1322; 1985, 264); Entspr gilt, wenn der Gläubiger behauptet, es habe kein Beratungsgespräch stattgefunden (BGH NJW 1996, 2571). Anderes gilt, wenn die Gegenseite vorleistungspflichtig ist; verweigert sie die Vorleistung so muss sie die Mangelhaftigkeit der angebotenen Gegenleistung beweisen. § 363 bestimmt eine **Beweislastumkehr**, die dann eintritt, wenn der Gläubiger die angebotene Leistung **als Erfüllung angenommen** hat. In diesem Fall muss er den Beweis des Gegenteils, also Nichterfüllung, abw oder unvollständige Leistung (BaRoth/*Dennhardt* Rn 4; Müko/*Wenzel* Rn 3) erbringen. Die Beweislastumkehr ist eine Ausprägung des Verbots widersprüchlichen Verhaltens (Staud/*Olzen* Rn 2). § 363 bedeutet für den Gläubiger keine unzumutbare Belastung, da er sich durch Prüfung und ggf. durch Zurückweisung der Leistung vor Nachteilen schützen kann.

2 **II. Anwendungsbereich.** Diese Vorschrift gilt für **alle Forderungen**, die iSv § 362 erfüllt werden können. Erfasst werden nicht nur einmalige Sach- und Geldleistungen, sondern auch Leistungen aus dauernden Gebrauchsüberlassungen, etwa aus Miet-, Pacht-, Leasing- oder Leihverträgen. Ihr Anwendungsbereich erfasst hier insbes die anfängliche Besitzüberlassung an den Gläubiger (BGH NJW 1985, 2328: Miete; NJW-RR 1990, 1462: Leasing). Sie gilt ferner für unkörperliche Leistungen werk- und dienstvertraglicher Art, zB Beratungsleistungen (BGH NJW 1986, 2570). Im Falle des §§ 437 Nr 1, 439 und 634 Nr 1, 635 kommt es darauf an, ob die zum Zwecke der Nacherfüllung angediente Leistung angenommen wurde (PWW/*Pfeiffer* Rn 2).

B. Annahme. Eine Annahme der angebotenen Leistung als Erfüllung ist dann gegeben, wenn das Verhalten des Gläubigers darauf schließen lässt, dass er die Leistung als im Wesentlichen schuldgerechte Erfüllung ansieht (RGZ 59, 378; BGH NJW 1958, 1724). Eine ausdrückliche Erklärung ist dabei ebenso wenig erforderlich wie sein Wille, das Schuldverhältnis zum Erlöschen zu bringen. Die Annahme als Erfüllung entspricht in ihren Voraussetzungen der Abnahme (§ 640), dh sie setzt die körperliche Entgegennahme der Leistung und die Billigung der im Wesentlichen ordnungsgem Erfüllung voraus. Im Unterschied zur Abnahme ist sie jedoch **kein Rechtsgeschäft**, sondern ein tatsächlicher Vorgang. Da sich ihre Wirkung auf eine Beweislastumkehr beschränkt, wird sie auch nicht als geschäftsähnl Handlung eingestuft; sie ist demzufolge auch nicht anfechtbar. 3

Ob eine Leistung **als Erfüllung angenommen** wird, ist eine Frage der Auslegung des Erklärungsverhaltens des Gläubigers. Es kommt maßgebend darauf an, ob der Gläubiger zu erkennen gibt, dass er die Leistung als solche entgegenzunehmen bereit ist (PWW/*Pfeiffer* Rn 4 mwN). Die Rüge einzelner Mängel schließt die Annahme als Erfüllung nicht aus, ebenso wenig ein allg Vorbehalt, dass die Vertragsmäßigkeit der Leistung nicht anerkannt werde (RGZ 66, 277, 282 ff; 71, 23). Bei Empfangsbestätigungen, Quittungen oder Übernahmebescheinigungen kommt es darauf an, ob sich aus ihnen über die Bestätigung des Erhalts der Leistung hinaus auch die erforderliche Billigung ergibt. Dies ist typischerweise dann der Fall, wenn der Gläubiger bestätigt, einen Gegenstand für eine bestimmte Schuld ordnungsgem erhalten zu haben. Die Rspr hat § 363 angewandt auf Übernahmebestätigungen bei Leasingverträgen (BGH NJW-RR 1990, 1462; NJW 1988, 204). Bestätigt der Gläubiger den Empfang verpackter Ware, liegt hierin noch keine Bestätigung, dass der Inhalt unbeschädigt ist. Die Annahme eines Gegenstandes zur Prüfung reicht nicht aus (RGZ 66, 282; *Ernst* NJW 1997, 900). 4

Bei **Geldschulden** wird im Rechtsverkehr auf eine Annahme als geschuldete Leistung geschlossen, wenn der Gläubiger den Betrag entgegennimmt und nachzählt (BGH NJW 1984, 721; PWW/*Pfeiffer* Rn 5). Im Falle der Gebrauchsüberlassung wird meist der widerspruchslose Eigengebrauch, die Vermietung oder Veräußerung eine Annahme als Erfüllung darstellen (BGH NJW 1985, 2328). Bei Beratungsleistungen kann die Billigung des Beratungsgesprächs ausreichen (BGH NJW 1986, 2570). 5

C. Rechtsfolge. Die Rechtsfolge des § 363 besteht in der **Umkehr der Beweislast** für das Vorliegen einer ordnungsgem Erfüllung. Nach der Annahme einer Leistung als Erfüllung hat derjenige, der aus einer unzureichenden oder auch mangelhaften Erfüllung Rechte herleitet, diese auch darzulegen und zu beweisen. Behauptet zB der Gläubiger nachträglich die Unvollständigkeit der Leistung, muss er das Fehlen bestimmter Leistungsteile beweisen (PWW/*Pfeiffer* Rn 7). Die Beweislastumkehr führt nicht zu einem Verlust materieller Rechte. Dem Gläubiger bleiben alle Rechte, die ihm wegen der nicht ordnungsgem Leistung zustehen (BGH NJW 1988, 204; RGZ 57, 337). Sie bewirkt auch kein Erlöschen iSv § 362 (BGH NJW 1996, 1207). § 363 gilt nur im Verhältnis zwischen Gläubiger und Schuldner. In **Dreipersonenverhältnissen**, etwa beim Leasing, bleiben Dritte unberührt. So kann sich zB der Lieferant ggü dem Leasinggeber nicht auf eine Übernahmebestätigung des Leasingnehmers berufen (BGH NJW 1988, 204). 6

§ 364 Annahme als Erfüllungs statt. **[1] Das Schuldverhältnis erlischt, wenn der Gläubiger eine andere als die geschuldete an Erfüllungs statt annimmt.**

[2] Übernimmt der Schuldner zum Zweck der Befriedigung des Gläubigers diesem gegenüber eine neue Verbindlichkeit, so ist im Zweifel nicht anzunehmen, dass er die Verbindlichkeit an Erfüllungs statt übernimmt.

A. Leistung an Erfüllungs statt. Durch Parteivereinbarung kann dem Schuldner die Befugnis eingeräumt sein, das Schuldverhältnis durch eine andere als die geschuldete Leistung zum Erlöschen zu bringen. Diese kann – wie in § 364 Abs 1 geregelt – bei der Erfüllung getroffen werden oder aber der Leistung vorausgehen und bereits bei Begründung der Schuld zustande kommen (BGHZ 89, 126). Ist die Vereinbarung vor der Erfüllung getroffen worden, begründen die Parteien eine **Ersetzungsbefugnis** des Schuldners, dh der Schuldner ist befugt, sich von der weiteren bestehenden Schuld durch eine andere Leistung zu befreien. Macht der Schuldner hiervon Gebrauch, so erlischt das Schuldverhältnis nicht durch Erfüllung, sondern nach § 364 durch Leistung an Erfüllung statt, zB bei der Inzahlungnahme eines Gebrauchtwagens als an die Stelle der Kaufpreiszahlung tretende Leistung (BGHZ 46, 338; 89, 126). Ohne eine Vereinbarung braucht sich der Gläubiger auf eine Leistung an Erfüllungs statt nicht einzulassen (PWW/*Pfeiffer* Rn 1). 1

Während es sich hinsichtlich der Ersetzungsbefugnis der **Rechtsnatur** nach unstreitig um eine Vertragsergänzung in der Gestalt einer auf die Erfüllung bezogenen Hilfsabrede handelt (BGH NJW 1984, 329), ist die Rechtsnatur der Annahme als Leistung an Erfüllungs statt nicht abschließend geklärt. Die frühere hM ging davon aus, es handele sich um einen entgeltlichen Austauschvertrag, bei dem der Gläubiger gegen Hingabe der Leistung an Erfüllungs statt auf seine Forderung verzichte (BGHZ 46, 338, 342; vgl mwN nur Staud/*Olzen* Rn 7 mwN). Heute wird diese Auffassung in Frage gestellt, da sie konstruktiv nicht erforderlich und kompliziert ist. Zwischen der vorherigen und späteren Vereinbarung über die Zulässigkeit einer Leistung an Erfüllungs statt braucht nicht differenziert zu werden (BGH NJW 84, 329), so dass insoweit eine auf die 2

Erfüllung bezogene Ergänzungsabrede anzunehmen ist. Ob ein **Dritter** zur Vereinbarung einer Leistung an Erfüllungs statt befugt ist, hängt von der Reichweite seiner Vertretungsmacht ab. **Gegenstand** der Leistung an Erfüllungs statt können Leistungen jeder Art sein, dh Sachen, Ansprüche gegen Dritte, aber auch Dienst- und Werkleistungen. Zum Zwecke der Schuldtilgung kann im Wege der **Novation** auch eine Forderung zwischen den Vertragspartnern neu begründet und an die Stelle der alten gesetzt werden. In diesen Fällen liegt typischerweise eine Leistung an Erfüllungs statt vor. Das Schuldverhältnis erlischt jedoch erst, wenn das neue Schuldverhältnis wirksam entstanden ist.

3 Die **Erfüllungswirkung** des an Erfüllungs statt gegebenen Gegenstandes bestimmt sich bei etwaigen Leistungsstörungen in Bezug auf diesen Gegenstand nach den allg Regeln und beseitigt die Erfüllungswirkung nicht ohne weiteres. Die Leistung an Erfüllungs statt hat die gleiche **Wirkung** wie die Erfüllung, dh es erlöschen sowohl die Hauptleistungspflicht als auch die akzessorischen Nebenrechte, zB Bürgschaften, Pfandrechte. Bei Leistungsstörungen auf Seiten des Schuldners gilt § 365, dh er haftet nach Leistungsstörungs-, Sach- und Rechtsmängelhaftungsvorschriften (Hamm NJW-RR 1988, 266). Besteht die zu erfüllende Forderung nicht, oder fällt sie durch Rücktritt weg, hat der Gläubiger die Leistung an Erfüllungs statt zurückzugewähren und nicht etwa den angerechneten Betrag zu vergüten (BGHZ 89, 126; *Binder* NJW 2003, 393).

4 **B. Leistung erfüllungshalber. I. Inhalt.** Während bei der Leistung an Erfüllungs statt die Forderung mit dem Bewirken der geschuldeten Leistung erlischt, tritt bei der Leistung erfüllungshalber die Erfüllungswirkung erst ein, wenn sich der Gläubiger aus dem Geleisteten befriedigt. Ob eine Leistung an Erfüllungs statt oder erfüllungshalber vorliegt, hängt von den Vereinbarungen der Parteien ab, deren Inhalt im Zweifel durch Auslegung zu ermitteln sind (BGHZ 116, 283). Übernimmt der Schuldner ggü dem Gläubiger eine neue Verbindlichkeit, so ist nach der Auslegungsregel nach § 364 Abs 2 anzunehmen, dass im Zweifel eine Leistung erfüllungshalber anzunehmen ist. Sie begründet eine dilatorische Einrede gegen die Hauptforderung (BGHZ 116, 278). Unter § 364 Abs 2 fallen vor allem die Hingabe von **Wechseln** (BGHZ 96, 186) und **Schecks** (BGH NJW 1982, 1946), bei welchen Erfüllung mit deren Einlösung oder Gutschrift eintritt (BGH NJW 1995, 3386). Soll nach dem Willen der Parteien ein Rückgriff auf die ursprüngliche Forderung ausgeschlossen sein, ist eine Leistung an Erfüllungs statt zu bejahen. Überträgt oder begründet der Schuldner einen Anspruch gegen einen Dritten, gilt § 364 Abs 2 nicht; auch hier ist iZw eine Leistung erfüllungshalber anzunehmen, so auch bei Zahlung mit Kreditkarte, mit ec-Karte (im POS-System) oder mit Geldkarte oder bei Bestellung eines Akkreditivs.

5 **II. Wirkung. 1. Erfüllungssurrogat.** Das ursprüngliche Schuldverhältnis bleibt mit allen Sicherheiten bestehen, und der Gläubiger hat eine **zusätzliche Befriedigungsmöglichkeit**. Welche Rechte er hinsichtlich des erfüllungshalber gegebenen Gegenstandes hat, hängt von den getroffenen Abreden ab. Entsprechend der Parteiabrede erlangt der Gläubiger meistens treuhänderisch das Eigentum bzw ein sonstiges Vollrecht an dem erfüllungshalber geleisteten Gegenstand, um diesen vor dem Zugriff anderer Gläubiger des Schuldners zu sichern (ähnl einer Sicherungsübereignung bzw Sicherungszession). Der Gläubiger ist iZw verpflichtet, sich vorrangig und mit verkehrsüblicher Sorgfalt aus dieser erfüllungshalber gegebenen Leistung zu befriedigen (BGHZ 96, 193). Zwischen den Parteien besteht ein Rechtsverhältnis eigener Art, das einem Auftrag ähnelt. Der Gläubiger ist nicht verpflichtet, eine Klage mit zweifelhaften Erfolgsaussichten zu erheben. Hat er ohne Zustimmung des Schuldners einen Vergleich geschlossen, muss er darlegen, warum die volle Durchsetzung des Anspruchs nicht möglich war (RGZ 160, 1). Im Verhältnis zwischen Gläubiger und Schuldner gilt aber nicht § 365, da der Gläubiger auf die ursprüngliche Forderung zurückgreifen kann. Wegen des Auftragscharakters der Beziehung hat der Gläubiger einen erzielten Mehrerlös, soweit nichts anderes vereinbart ist, an den Schuldner nach § 667 analog herauszugeben (BGH NJW 1984, 2573; Staud/*Olzen* Rn 25).

6 **2. Stundung.** Mit der Leistung erfüllungshalber ist nach hM eine Stundung der **ursprünglichen Forderung** verbunden, die entweder mit der Erfüllung oder dadurch endet, dass der Versuch der anderweitigen Befriedigung misslingt (BGH NJW 1992, 684; Palandt/*Grüneberg* Rn 8). Es kann aber nicht ohne weiteres angenommen werden, dass der Gläubiger auf die Rechte aus einem bereits eingetretenen oder drohenden Verzug verzichten will. Die Auslegung wird daher häufig dazu führen, dass keine Stundung, sondern ein vorübergehender Ausschluss der Klag- und Vollstreckbarkeit gewollt ist. Die Forderung erlischt, wenn und soweit der Gläubiger die geschuldete Leistung aus dem erfüllungshalber angenommenen Gegenstand erlangt hat (BGH NJW 1986, 424).

7 **3. Erfüllung.** Zahlt der Schuldner mit Scheck oder Wechsel, tritt mit deren Einlösung durch Barzahlung oder Gutschrift Erfüllung ein (BGH NJW 1995, 3386), bei Zahlung durch Kredit- oder Geldkarte auf Grund der Überweisung des Kartenausgebers an das Vertragsunternehmen.

8 **C. Abgrenzung zur Leistung sicherheitshalber.** Abzugrenzen ist die Leistung erfüllungshalber von der Leistung sicherheitshalber (§§ 223, 232 ff). Die Hingabe eines anderen Leistungsgegenstandes statt des Geschuldeten kann auch den Zweck haben, die noch bevorstehende Erfüllung der Forderung abzusichern, etwa in Form der Sicherungsübereignung, Verpfändung oder Sicherungszession. Wird der andere Gegenstand nur sicherheitshalber hingegeben, ist die Rangfolge der geplanten Schritte umgekehrt wie bei der Leistung erfül-

lungshalber. Die ursprüngliche Forderung bleibt bestehen und soll auch auf die von Anfang an beabsichtigte Weise erfüllt werden. Der Gläubiger soll sich nur dann durch Verwertung des Ersatzgegenstandes befriedigen dürfen, wenn die Erfüllung ausbleibt.

D. Einzelne Fallkonstellationen. I. Abtretung. Die Abtretung einer Forderung gegen einen Dritten erfolgt häufig **erfüllungshalber**. Das gilt auch bei Abtretung einer Grundschuld. Ein Gläubiger, dem eine Forderung erfüllungshalber abgetreten ist, hat zunächst aus der neuen Forderung mit verkehrsüblicher Sorgfalt seine Befriedigung zu erreichen (PWW/*Pfeiffer* Rn 13 mwN). Stellt sich heraus, dass diese Forderung nicht einziehbar ist, kann der Gläubiger Zahlung Zug-um-Zug gegen Rückabtretung der erfüllungshalber an ihn abgetretenen Forderung verlangen (BGH WM 1969, 371). Der Gläubiger muss sich nicht auf eine Klage mit zweifelhaften Erfolgsaussichten einlassen (Dresden MDR 2002, 817); hierfür kann es ausreichen, wenn der Dritte ernsthafte Einwendungen gegen die abgetretene Forderung erhebt (PWW/*Pfeiffer* Rn 13 mwN). 9

II. Scheck. Die Hingabe eines Schecks ist **grds als Leistung erfüllungshalber** anzusehen (BGHZ 131, 66; Staud/*Olzen* Rn 58). Sie bedeutet regelm die Übernahme einer neuen Verbindlichkeit durch den Schuldner, obwohl der Scheck nicht angenommen werden kann und damit keine neue Forderung begründet wird (Art 4 ScheckG). Es reicht aber zur Begründung einer Scheckforderung gegen den Schuldner die unabdingbare Rückgriffshaftung des Ausstellers (BGH JZ 1977, 302 ff). Der Gläubiger ist verpflichtet, zunächst aus dem Scheck vorzugehen. Erfüllung tritt erst mit Einlösung des Schecks durch Barzahlung oder Gutschrift ein (BGH NJW-RR 2007, 1118; NJW 1995, 3386). Die Begebung eines Schecks begründet die Einrede der Scheckhingabe (BGH NJW 1996, 1961). Sie entfällt, wenn die Befriedigung aus dem Scheck nicht vertragsgem erlangt werden kann, insbes bei Nichteinlösung des Schecks bei Vorlage (BGH NJW-RR 2001, 1430). Möchte der Gläubiger die eigentlich geschuldete Leistung verlangen (z.B. aus Kauf- oder Werkvertrag), besteht dieser Anspruch Zug um Zug gegen Rückgabe des Schecks. Der Gläubiger trägt nach § 270 Abs 1 die Verlustgefahr. Geht der Scheck verloren, kann dem Anspruch des Gläubigers eine dauernde Einrede entgegenstehen, etwa wenn der Scheck durch die bezogene Bank mit Wirkung gegen den Aussteller eingelöst wurde (BGH NJW 2000, 3344); auf ein Verschulden des Gläubigers in Bezug auf den Scheckverlust kommt es nicht an (PWW/*Pfeiffer* Rn 14 mwN). 10

III. Wechsel. Ebenso wie der Scheck wird auch der **Wechsel** regelm erfüllungshalber gegeben. Der Gläubiger, der einen Wechsel angenommen hat, ist verpflichtet, seine Befriedigung zunächst aus diesem zu versuchen. Demzufolge kann der Schuldner ggü der Kausalforderung die – der Stundung entspr – Einrede der Wechselhingabe erheben. Dieser Einwand entfällt erst, wenn der Versuch der Befriedigung aus dem Wechsel fehlgeschlagen ist. Da die Wechselschuld eine Holschuld ist, liegt ein Fehlschlagen (erst) dann vor, wenn der Wechsel nach Verfall ohne Erfolg zur Zahlung vorgelegt worden ist (BGHZ 96, 182). Etwas gilt beim sog Akzeptantenwechselverfahren, bei dem der Schuldner einen vom Gläubiger ausgestellten Wechsel annimmt und sich durch Diskontierung Barmittel verschafft. Erfüllung tritt – wie beim Scheck – erst mit Einlösung des Schecks durch Barzahlung oder Gutschrift ein (BGH NJW-RR 2007, 1118; NJW 1995, 3386)Der Erfüllungswirkung durch Barzahlung steht es nicht entgegen, dass der Gläubiger der diskontierten Bank als Wechselschuldner haftet (BGHZ 97, 197; PWW/*Pfeiffer* Rn 15; Staud/*Olzen* Rn 30). 11

IV. Zahlungskarten. Seit Anfang der 90er Jahre wurde von den Kreditinstituten der elektronische Zahlungsverkehr geschaffen. Bei der Zahlung mit **ec-Karte** ist im **POS-Verfahren** (Point of Sale) und im **POZ-Verfahren** (Point-of-sale-Verfahren ohne Zahlungsgarantie) zu unterscheiden. Bei beiden Systemen können Waren und Dienstleistungen an automatisierten Kassen des Handels und Dienstleistungsgewerbes unter Benutzung der ec-Karte bargeldlos bezahlt werden. Der **Unterschied** besteht darin, dass sich der Kunde bei den POS-Kassen durch die Eingabe seiner persönlichen Geheimzahl (PIN) legitimiert, während das POZ-System lediglich die Unterschrift des Karteninhabers auf dem Belastungsbeleg erfordert. 12

Im **POS-Verfahren** begründet der ordnungsgem Einsatz der ec-Karte am elektronischen Zahlungsterminal unter Verwendung der PIN ein **abstraktes Schuldversprechen** des Kreditinstituts gegenüber der Akzeptanzstelle (§ 780, Müko/*Wenzel* § 362 Rn 20; Staud/*Olzen* Vorbem zu §§ 362 ff Rn 79 ff); dieses wird **erfüllungshalber** angenommen. Beim **POZ-Verfahren** verpflichtet sich das Kreditinstitut dagegen gerade nicht zur Zahlung. Hier wird im Kassenterminal des Handels- und Dienstleistungsunternehmens unter Verwendung der auf dem Magnetsreifen der ec-Karte gespeicherten Daten eine **Lastschrift** erstellt, auf Grund derer der eingegebene Betrag vom Konto des Karteninhabers eingezogen wird. Der Karteninhaber unterschreibt auf dem Kassenbeleg sowohl eine **Einzugsermächtigung** als auch eine Entpflichtung des kartenausgebenden Instituts von dem Bankgeheimnis. Die elektronische Kartenabfrage überprüft ferner online, ob die Karte gesperrt ist. Die Lastschrift kann zurückgegeben werden, sei es mangels Deckung auf dem Konto des Karteninhabers, aber auch bei einem Widerspruch gegen die Belastungsbuchung. Es gelten die allg Grundsätze bei Lastschriftverfahren. 13

Zahlt der Schuldner unter Verwendung einer **Kreditkarte**, gelten ähnl Grundsätze wie bei der Zahlung mit ec-Karte. Beteiligte im Universalkreditkartensystem sind der Kartenherausgeber, der Karteninhaber sowie das Vertragsunternehmen. Die kartenausgebende Bank (oder das Kreditkartenunternehmen) gibt bei der Trans- 14 aktion gegenüber dem Händler bzw Akzeptanzunternehmen ein **abstraktes Schuldversprechen** ab oder garantiert die Zahlung (BGHZ 150, 286; BGH NJW-RR 2005, 1570; *Gößmann* WM 1998, 1270; *Pfeiffer* NJW 1997, 1038). Sie verspricht dem Akzeptanzunternehmen diejenigen Zahlungen zu leisten, denen eine formell ordnungsgem Kartenzahlung zugrunde liegt. Dem Schuldner steht daraufhin die Einrede der Kartenzahlung zu. Der Gläubiger muss versuchen, Befriedigung aus dem abstrakten Schuldversprechen zu erlangen. Der Händler erlangt eine ähnl Rechtsposition wie im Falle der Banküberweisung nach endgültiger Gutschrift. Trotzdem nimmt die hM hier keine Erfüllung, sondern eine **Leistung erfüllungshalber** an (BGH NJW-RR 2001, 1430; Palandt/*Grüneberg* § 362 Rn 5 ff; BaRoth/*Dennhardt* § 362 Rn 21 ff; *Pfeiffer* NJW 1997, 1036), wohl deshalb, weil der Anspruch aus dem abstrakten Zahlungsversprechen neben den Anspruch aus dem Grundgeschäft tritt und weil die Zahlung durch die Bank mit zeitlicher Verzögerung erfolgt (*Gößmann* WM 1998, 1270). Entsprechendes gilt für die **Geldkarte** und **Zahlungen im Internet mit Kreditkarte** unter Verwendung einer verschlüsselten digitalen Unterschrift (SET). Auch hier erlangt der Händler eine vergleichbare Rechtsposition wie im Falle der Banküberweisung nach endgültiger Gutschrift. Die hL wertet die Entstehung von Buchgeld aber auch hier nicht als Erfüllung, sondern als **Leistung erfüllungshalber** (*Pfeiffer* NJW 1997, 1039; *Kümpel* WM 1997, 1037; Staud/*Olzen* Vorbem zu §§ 362 ff Rn 88 mwN).

15 **V. Lastschrift- und Einzugsermächtigungsverfahren.** Eine praktisch relevante Sonderform bargeldloser Zahlung stellt das **Lastschriftverfahren** dar, innerhalb dessen man die Einziehungsermächtigung und das Abbuchungsverfahren unterscheidet. Im Gegensatz zur Überweisung wird die Zahlung nicht durch den Schuldner, sondern durch den Gläubiger eingeleitet und damit aus der qualifizierten Schickschuld (§ 270) eine Holschuld gemacht. Die Spitzenverbände des Kreditgewerbes haben das Lastschriftverfahren (Lastschriftabkommen in der Fassung vom 1.2.02; abgedruckt in Baumbach/Hopt/*Hopt* Nebengesetze (10)) einheitlich geregelt. Bei Zahlung im Lastschriftverfahren (§ 676 f) wird dem Gläubiger die Befugnis eingeräumt, über die Buchposition des Kontoinhabers zu verfügen. Er muss versuchen, aus dieser Berechtigung Befriedigung zu erlangen. Insofern hat die Einräumung einer Einzugsermächtigung oder Abbuchungsbefugnis Merkmale einer **Leistung erfüllungshalber**. Als »rückläufige« Überweisung zielt sie aber unmittelbar auf Erfüllung, die allerdings erst mit endgültiger Belastung des Schuldnerkontos eintritt. Im praktisch bedeutsameren Einzugsermächtigungsverfahren kann sich die Endgültigkeit daraus ergeben, dass die Schuldnerbank das Einlösungsrisiko übernommen hat (PWW/*Pfeiffer* Rn 13; AnwK/*Aveniarius* § 362 Rn 20; der Wille der Schuldnerbank zu einer solchen Risikoübernahme wird regelm nicht vorliegen; s auch zu § 362 Rn 14) oder die hier geltende sechswöchige Widerrufsfrist verstrichen ist bzw der Schuldners eine Genehmigung erteilt hat (BGH NJW 2005, 675, 676; aA *Meder* NJW 2005, 637).

16 **VI. Inzahlungnahme eines Gebrauchtwagens beim Neuwagenkauf.** Nimmt der Verkäufer beim Neuwagenkauf den gebrauchten Wagen des Käufers in Zahlung, kommen in der Praxis vor allem zwei Vertragsgestaltungen vor, die sich insbes bei der Behandlung von Leistungsstörungen unterscheiden. Hat der Verkäufer den gebrauchten Wagen endgültig unter Anrechnung des hierfür angesetzten Kaufpreises übernommen, handelt es sich nach Rspr und hL regelm um einen **einheitlichen Kaufvertrag mit Ersetzungsbefugnis** nach §§ 364 Abs 1, 365 (BGHZ 89, 126; Hk-BGB/*Schulze* Rn 5 ff). Dies wird auch bejaht, wenn der Verkäufer des Neufahrzeugs den noch laufenden Kredit für das Altfahrzeug übernimmt (BGH NJW 2008, 2028) oder wenn statt Kauf für das Neufahrzeug ein Leasingvertrag abgeschlossen wird (BGH NJW 2003, 505). Ist der Neuwagen mangelhaft, kann der Käufer seine allgemeinen Rechte geltend machen. Tritt er vom Kaufvertrag nach §§ 437 Nr 2, 323 Abs 1 zurück, erhält er neben dem in bar entrichteten Kaufpreis den in Zahlung gegebenen Altwagen zurück. Er erhält nur dann den Verrechnungspreis statt der Herausgabe des Gebrauchtwagens, wenn er den großen Schadensersatzanspruch im Rahmen der §§ 437 Nr 3, 281 bzw 283 wählt. Entsprechendes gilt für die Inzahlungnahme beim Finanzierungsleasing (BGH NJW 2003, 506). Ist demgegenüber der Gebrauchtwagen mangelhaft, kann der Verkäufer nach § 365 iVm §§ 437 Nr 3, 323 den Rücktritt beschränkt auf die Erfüllungsvereinbarung erklären. Der Käufer muss dann den vollen Preis bar bezahlen (Hk-BGB/*Schulze* Rn 6).

17 Nach der **anderen Gestaltungsform**, die in der Praxis wegen **§ 25a UStG** an Bedeutung gewonnen hat, kommt es zum Abschluss zweier Verträge, eines Kaufvertrages über den Neuwagen und eines Vertrages über das gebrauchte Kfz als **Agenturvertrag** (§ 675, BGH NJW 1978, 1482) oder **Kommissionsvertrag** (BGH NJW 1980, 2190). Der Agenturvertrag beinhaltet zugleich die Vereinbarung eines Mindesterlöses für den Gebrauchtwagen sowie die Vereinbarung einer Stundung in Bezug auf den Neuwagenpreis in dieser Höhe und eine Verrechnungsabrede für den Verkaufserlös (BGH NJW 1982, 1699). Tritt der Käufer vom Vertrag wegen Mangelhaftigkeit des Neuwagens zurück, erhält er neben dem von ihm gezahlten Barpreis nur dann den Mindestpreis, wenn der Altwagen bereits verkauft ist (Hk-BGB/*Schulze* Rn 7). Ansonsten ist der Altwagen an den Käufer zurückzugeben; der Agenturvertrag entfällt im Wege der Kündigung bzw. nach den Grundsätzen über die Störung der Geschäftsgrundlage (§ 313). Der Verkäufer kann den Agenturvertrag nur aus wichtigem Grund kündigen, so dass dann die Stundungsvereinbarung entfällt und der Käufer den Restkaufpreis zahlen muss.

§ 365 Gewährleistung bei Hingabe an Erfüllungs statt. **Wird eine Sache, eine Forderung gegen einen Dritten oder ein anderes Recht an Erfüllungs stattgegeben, so hat der Schuldner wegen eines Mangels im Recht oder wegen eines Mangels der Sache in gleicher Weise wie ein Verkäufer Gewähr zu leisten.**

A. Allgemeines/Anwendungsbereich. § 365 ordnet als Ergänzung zu § 364 zum **Schutz des Gläubigers**, der eine Leistung **an Erfüllungs statt** annimmt, die Haftung des Schuldners für Leistungsstörungen nach dem Kaufrecht an. Leistet der Schuldner eine Sache, eine Forderung oder ein sonstiges Recht an Erfüllungs statt, treffen ihn daher die gleichen Pflichten wie einen Verkäufer (§§ 434 ff). Nach der Schuldrechtsreform kennt das Gesetz – jedenfalls begrifflich – keine von der Nichterfüllung zu unterscheidende Gewährleistung mehr. § 365 ist deshalb nun als Verweis auf die Leistungsstörungs-, Sach- und Rechtsmängelhaftung des Verkäufers zu verstehen (PWW/*Pfeiffer* Rn 1). § 365 gilt für Fälle der Leistung an Erfüllungs statt, nicht für Leistungen erfüllungshalber. Diese Vorschrift setzt voraus, das es sich bei dem betreffenden **Leistungsgegenstand** um eine Sache, eine Forderung oder ein anderes Recht handelt, da nur für solche ersatzweise gegebenen Leistungsgegenstände der Verweis auf die Verkäuferhaftung sinnvoll ist. § 365 findet keine Anwendung, wenn die Leistung in der Herstellung eines unkörperlichen Werks oder in der Erbringung einer Dienstleistung besteht. Hat ein Dritter die Leistung an Erfüllungs statt erbracht, trifft ihn die Gewährleistungspflicht. 1

B. Haftung des Verkäufers. Den Schuldner trifft die **Haftung** für **Sach- und Rechtsmängel** nach §§ 434 ff und bei **sonstigen Pflichtverletzungen** aus §§ 280 ff (*Binder* NJW 2003, 393). Die ursprüngliche Forderung des Gläubigers lebt damit zwar nicht unmittelbar wieder auf, jedoch ist der Schuldner zu ihrer Wiederherstellung verpflichtet. Im Prozess kann der Gläubiger unmittelbar auf Erfüllung der wieder einzuräumenden ursprünglichen Forderung klagen (BGHZ 46, 342). Leistet der Schuldner überhaupt nicht (§§ 281 Abs 1, 323 Abs 1), fehlt es an einer Leistung an Erfüllungs statt; es bleibt bei den für die eigentlich geschuldete Leistung geltenden Pflichtverletzungen (PWW/*Pfeiffer* Rn 5). Bei der Leistung von gebrauchten Sachen an Erfüllungs statt, insbes bei der **Inzahlungnahme eines Gebrauchtwagens beim Neuwagenkauf**, ist der spezifische Fehlerbegriff zu beachten. Gebrauchte Sachen sind trotz verschleißbedingter Mängel dann nicht fehlerhaft, wenn es sich um einen Verschleiß handelt, mit dem der Gläubiger nach Alter und allg ersichtlichem Zustand rechnen musste. Erklärt der Gläubiger wegen der Mangelhaftigkeit der hingegebenen Sache nach §§ 323, 437, 434, 365 den Rücktritt, so erfasst dieses Recht nur das Gebrauchtwagengeschäft. Die **Rückabwicklung** beschränkt sich auf die Rückgängigmachung der mit der Hingabe des Altwagens eingetretenen Rechtsfolgen. Ist beim Kauf eines Fahrzeugs der vom Käufer in Zahlung gegebene Gebrauchtwagen mangelhaft, so kann der Verkäufer grds Zahlung des Kaufpreises gegen Rückgabe des Gebrauchtwagens auch insoweit verlangen, als er durch die Inzahlungnahme des Fahrzeugs des Käufers getilgt werden sollte (BGHZ 46, 338; krit *Medicus* BR Rn 756; Staud/*Olzen* Rn 30 ff). 2

§ 366 Anrechnung der Leistung auf mehrere Forderungen. **[1] Ist der Schuldner dem Gläubiger aus mehreren Schuldverhältnissen zu gleichartigen Leistungen verpflichtet und reicht das von ihm Geleistete nicht zur Tilgung sämtlicher Schulden, so wird diejenige Schuld getilgt, welche er bei der Leistung bestimmt.**
[2] Trifft der Schuldner keine Bestimmung, so wird zunächst die fällige Schuld, unter mehreren fälligen Schulden diejenige, welche dem Gläubiger geringere Sicherheit bietet, unter mehreren gleich sicheren die dem Schuldner lästigere, unter mehreren gleich lästigen die ältere Schuld und bei gleichem Alter jede Schuld verhältnismäßig getilgt.

A. Allgemeines. I. Zweck. Hat der Gläubiger mehrere Forderungen gegen den Schuldner, so kann Zweifel darüber bestehen, worauf die Leistung anzurechnen ist, insbes wenn die erbrachte Leistung nicht zur Erfüllung aller Forderungen ausreicht oder der Schuldner nur einen Teilbetrag gezahlt hat. Zwar muss der Schuldner im Endeffekt alles zahlen, jedoch ist diese Frage von praktischer Bedeutung, da die verschiedenen Forderungen unterschiedlich gesichert oder unterschiedlich zu verzinsen sein können; eine Zinsforderung ist wegen § 284 Abs 1 sogar regelm überhaupt unverzinslich. Unterschiede können auch in Bezug auf die Verjährung bestehen. Letztlich kann eine Forderung auch bestritten sein, während andere unbestritten und problemlos durchsetzbar sind. Eine Zuordnung ist erforderlich, damit insoweit Erfüllung eintreten kann. Nach § 366 Abs 1 kann der Schuldner für jede Leistung – mit Ausnahme nach § 267 sowie in der Zwangsvollstreckung – bestimmen, auf welche Forderung sie erbracht werden soll (BGHZ 91, 375). Nimmt der Schuldner keine Leistungsbestimmung vor, greift die Reihenfolge der Tilgung nach § 366 Abs 2 ein. 1

II. Voraussetzungen. 1. Identität der Parteien. Es muss sich um Forderungen **desselben Gläubigers gegen denselben Schuldner** handeln, dh der Gläubiger der verschiedenen Forderungen muss identisch sein. Der Erwerbsgrund ist gleichgültig. Bei Leistungen an unterschiedliche Gläubiger wird § 366 nur entspr angewandt, wenn der Schuldner an verschiedene Gläubiger mit befreiender Wirkung ggü allen Gläubigern leisten kann, zB nach einer stillen Teilabtretung, wie sie beim verlängerten Eigentumsvorbehalt vorliegt (§§ 362 Abs 2, 185, 407; BGHZ 47, 168, 170; PWW/*Pfeiffer* Rn 2 ff mwN). 2

3 **2. Gleichartige Leistungen.** Voraussetzung einer Leistungszuordnung nach § 366 ist die Verpflichtung des Schuldners ggü dem Gläubiger zu gleichartigen Leistungen. Bei nicht gleichartigen Leistungen kann sich bereits aus der Art der erbrachten Leistung ergeben, welche Forderung erfüllt werden soll. Das Merkmal der Gleichartigkeit ist in § 366 ebenso zu verstehen wie in § 387. Sie betrifft in erster Linie **Geldschulden**, aber auch sonstige Gattungsschulden (Staud/*Olzen* Rn 24).

4 **3. Mehrere Schuldverhältnisse.** Das Bestehen mehrerer Schuldverhältnisse erfordert die Selbstständigkeit der einzelnen Forderungen im Verhältnis zueinander. Als selbstständig gelten die Forderungen auch, wenn sie auf demselben Schuldverhältnis iwS beruhen, so zB bei mehreren Mietzinsraten (BGHZ 91, 379), mehreren Krediten (BGH WM 1982, 329) oder mehreren Honorarforderungen (BGH NJW 1997, 516, 517), nicht aber, wenn eine Forderung aus mehreren Einzelpositionen besteht. Heilungskosten und Schmerzensgeld wegen desselben Unfalls sind nach der Neuregelung des § 253 nur noch verschiedene Rechnungsposten innerhalb eines einheitlichen Anspruchs, so dass eine Zurechnung von Teilleistungen über § 366 jetzt nicht mehr notwendig ist. § 366 ist entspr anwendbar, wenn mehrere rechtlich verselbstständigte Teile einer Forderung bestehen, zB im Falle einer Teilabtretung oder Teilklage (BGH NJW-RR 1991, 169, 170; ausf Müko/*Wenzel* Rn 2 mwN). Die Vorschrift gilt im Falle unterschiedlicher **Hauptforderungen**. Für das Verhältnis der Hauptforderung zu den Nebenforderungen (Zinsen und Kosten) ist nicht § 366, sondern § 367 maßgebend. Die Regelung des § 366 erfasst – wie § 362 – auch **Forderungen außerhalb des Schuldrechts**. Die Vorschrift gilt etwa für die Frage, ob bei einer Sicherungsgrundschuld auf die Forderung oder auf die Grundschuld gezahlt wird (BGH NJW 1997, 2046) oder wenn eine Grundschuld mehrere Forderungen gegen verschiedene Schuldner sichert (BGH NJW 1999, 2043; NJW-RR 1995, 1257). Sie ist auch auf öffentlich-rechtliche Forderungen entspr anwendbar, etwa auf die Zahlung von Sozialversicherungsforderungen. Dies gilt auch dann, wenn die Zahlung durch einen Insolvenzverwalter erfolgt. Im Steuerecht gilt § 225 AO (PWW/*Pfeiffer* Rn 7).

5 **4. Leistung des Schuldners.** Nach dem Wortlaut **erfasst § 366** die Erfüllung durch Leistung. Diese Vorschrift gilt für alle Fälle, in denen dieselbe Leistung **objektiv** zur Tilgung verschiedener Forderungen geeignet ist, dh also etwa auch für Abschlagszahlungen. § 366 umfasst auch die Leistung an Erfüllungs statt und die Leistung erfüllungshalber. Diese Regelung ist auch bei Erfüllungssurrogaten anwendbar (BGH-Report 2004, 1140; PWW/*Pfeiffer* Rn 10 mwN). **§ 366 Abs 1** gilt **nicht** bei der Verwertung von Sicherheiten oder in der Zwangsvollstreckung. Hier hat der Schuldner kein Bestimmungsrecht (BGHZ 140, 391). Ein Forderungseinzug im Wege der Zwangsvollstreckung liegt allerdings nicht vor, soweit ein Drittschuldner im Anschluss an einen Pfändungs- und Überweisungsbeschluss die gepfändete Forderung freiwillig erfüllt. 366 Abs 2 enthält dagegen einen auch für die Sicherheitenverwertung geltenden Rechtsgedanken. Soweit mehrere Forderungen gesichert sind, kann der Gläubiger den Verwertungserlös zunächst auf diejenige Forderung verrechnen, welche die geringere Sicherheit bietet (BGH NJW 1997, 2514). § 366 Abs 2 kann auch für die Verrechnung von Vollstreckungserlösen herangezogen werden, soweit keine Spezialregeln eingreifen (Karlsruhe NJW-RR 2002, 1158; PWW/*Pfeiffer* Rn 10 mwN).

6 **B. Bestimmung durch den Schuldner.** Die Tilgungsbestimmung des Schuldners ist eine **einseitige empfangsbedürftige Willenserklärung** (BGHZ 106, 163). Sie kann ausdrücklich oder konkludent erfolgen und ist nach allg Regeln auszulegen. Die Anfechtung wegen Irrtums ist möglich (BGHZ 106, 163, 166). Der **Widerspruch** des Gläubigers gegen die Tilgungsbestimmung ist grds unerheblich, sofern nicht der Schuldner nachträglich zustimmt. Nimmt der Gläubiger unter Widerspruch gegen die Tilgungsbestimmung die Leistung nicht an, gerät er bei Vorliegen der weiteren Voraussetzungen in Annahmeverzug nach §§ 293 ff. Der Schuldner ist bei der Bestimmung grds frei. Die Tilgungsbestimmung muss **bei der Leistung** erfolgen (BGH NJW-RR 2004, 405; BGHZ 140, 391). Festlegungen nach dem Zeitpunkt der Leistung sind nur wirksam, wenn dem Schuldner bei der Leistung eine spätere Bestimmung gestattet ist (BGH ZIP 2007, 1612; BGHZ 51, 157, 160 ff). Eine vorherige Vereinbarung kann aber bereits die Tilgungsreihenfolge des § 366 Abs 2 ausschließen und eine endgültige Bestimmung treffen, so dass sie für den Schuldner verbindlich ist; das gilt selbst dann, wenn sie sich im Ergebnis zu Lasten eines Dritten (Sicherungsgeber) auswirkt (BGHZ 91, 379). **Formularmäßige Vereinbarungen** sind wegen Verstoßes gegen § 307 Abs 1 unwirksam, wenn sie dem Gläubiger das Recht geben, die Leistung nach seiner Wahl mit einer Forderung zu verrechnen (BGH NJW 1999, 2043). In AGB kann aber eine konkrete Reihenfolge für die Tilgung festgelegt werden, sofern diese auf die Belange beider Parteien Rücksicht nimmt (BGHZ 91, 380).

7 **C. Gesetzliche Tilgungsreihenfolge. I. Überblick.** Fehlt es an einer einseitigen Tilgungsbestimmung oder an einer Tilgungsvereinbarung nach § 366 Abs 1, so geht das Bestimmungsrecht nicht auf den Gläubiger über (Brandenburg NJW-RR 2007, 1310). Es kommt vielmehr die gesetzliche Tilgungsreihenfolge nach § 366 Abs 2 zur Anwendung. § 366 Abs 2 enthält eine Reihe von Merkmalen, nach denen die Tilgungswirkung zu bestimmen ist, wobei diese Kriterien grds der Reihe nach zu prüfen sind (BGH WM 1980, 744). So kann ein nachrangiges Kriterium, selbst wenn es in bes Deutlichkeit vorliegt, das vorrangige Merkmal nicht verdrängen. § 366 Abs 2 gilt nicht, soweit **spezielle Regelungen** eingreifen. Im Sozialversicherungsrecht gilt die Beitragszahlungsverordnung v 22.05.1989 idF v 20.05.1997 (BGBl I S 1137). Danach kann der Arbeitgeber

bestimmen, dass vorrangig die Arbeitnehmeranteile getilgt werden. Fehlt sie, sind Zahlungen je zur Hälfte auf die Arbeitgeber- und Arbeitnehmeranteile anzurechnen (BGH NJW 1998, 1484); für die Anwendung des § 366 Abs 2 ist daher kein Raum mehr (Müko/*Wenzel* Rn 6 mwN). Im Steuerrecht enthält § 225 AO eine vergleichbare Regelung. Bei der Zwangshypothek bestimmt zwar der Gläubiger die Verteilung des Hypothekenbetrages auf mehrere Grundstücke (§ 867 Abs 2 ZPO). Für die Tilgung bleibt es aber beim Bestimmungsrecht des Schuldners (BGH NJW 1991, 2022). Insolvenzrechtliche Bevorrechtigungen sind vorrangig (BGH NJW 1981, 761).

II. Kriterien. Die in § 366 Abs 2 gesetzlich festgelegte Tilgungsreihenfolge kommt dann zur Anwendung, 8 wenn der Schuldner von seinem Bestimmungsrecht keinen Gebraucht macht. Sie beruht auf dem mutmaßlichen vernünftigen Willen des Schuldners. Sie darf daher korrigiert werden, wenn sie ausnahmsw zu einem mit den Interessen des Schuldners offensichtlich nicht zu vereinbarenden Ergebnis führt. So sind zB bei Versicherungsverhältnissen Prämienzahlungen iZw so anzurechnen, dass für den Schuldner ein Anspruch auf Teilversicherungsschutz entsteht oder aufrechterhalten wird (Müko/*Wenzel* Rn 12 mwN). Nach der gesetzlichen Reihenfolge ist zunächst die **fällige** Schuld (§ 271) zu tilgen. Es kommt dabei auf den Zeitpunkt an, von dem ab der Gläubiger die Leistung verlangen kann, nicht auf die Erfüllbarkeit.

Sind bereits mehrere Schulden fällig und reicht die Leistung nicht zur Befriedigung des Gläubigers aus, so 9 verdient sein Tilgungsinteresse den Vorrang, vor allem, weil der Schuldner eine Tilgungsbestimmung hätte treffen können. Deshalb soll die Leistung auf diejenige Schuld angerechnet werden, die dem Gläubiger die **geringere Sicherheit** bietet. Dies ist wertend unter Berücksichtigung rechtlicher und wirtschaftlicher Kriterien zu entscheiden, wobei insbes die Forderungen miteinander verglichen werden. Die höhere Sicherheit wird sich häufig aus dem Bestehen eines Sicherungsrechts ergeben, zB einer Bürgschaft, oder bei Mithaftung mehrerer Gesamtschuldner. Aus dem Vergleich kann sich ergeben, dass zB eine durch eine letztrangige Hypothek gesicherte Forderung weniger sicher sein kann, als eine Forderung, für die sich eine Großbank verbürgt hat. Auch dass eine Forderung eher verjährt, wird unter dem Gesichtpunkt der Sicherheit berücksichtigt (PWW/*Pfeiffer* Rn 24 mwN). Bei Sozialversicherungsbeiträgen besteht häufig eine größere Sicherheit bei den vom Arbeitgeber abzuführenden Arbeitnehmeranteilen, weil der Arbeitgeber diese nur treuhänderisch einbehält und ihre Nichtabführung deshalb unter bes Strafandrohung steht (PWW/*Pfeiffer* Rn 24 ff mwN).

Nächstes Kriterium ist die **Lästigkeit** für den Schuldner, die nach den mit der Nichterfüllung verbundenen 10 Rechtsfolgen, insbes dem Gewicht der damit verbundenen Nachteile zu beurteilen ist. Bes nachteilig sind zB höhere Zinsen bei Verzugseintritt, eine Vertragsstrafe, eine bereits eingetretene Rechtshängigkeit oder die drohende Kündigung eines Dauerschuldverhältnisses. Letztlich stellt § 366 Abs 2 auf das **Alter** der Schuld ab, soweit diese nicht schon unter dem Gesichtpunkt der Sicherheit wegen der Verjährung zu einem Rangunterschied führt. Das Alter bestimmt sich nach dem Entstehungszeitpunkt, nicht nach der Fälligkeit oder des Zeitpunkts des Erwerbs durch Abtretung (BGH NJW 1991, 2630). Deshalb kommt den durch Aufspaltung einer ursprünglich einheitlichen Forderung entstandenen Forderungen grds der gleiche Rang zu. Wenn alle diese Kriterien versagen (was allerdings kaum der Fall sein dürfte), entscheidet § 366 Abs 2 aE schließlich für eine **verhältnismäßige Tilgung**, zB je zu einem Viertel aller gleichberechtigten Schulden.

D. Beweislast. Die Beweislast für das Eingreifen von § 366 ergibt sich erst aus einem Zusammenwirken mit 11 § 362. Soweit die Leistung des Schuldners unstreitig oder nachgewiesen ist, muss der Gläubiger, wenn er die Leistung auf eine andere Forderung anrechnen will, deren Bestehen beweisen. Erbringt der Gläubiger diesen Beweis, muss der Schuldner darlegen, warum die Leistung auf die streitige Forderung anzurechnen ist (BGH NJW-RR 1993, 1015; PWW/*Pfeiffer* Rn 27 mwN). Dies gilt auch für den Bürgen, wenn er anstelle des Hauptschuldners in Anspruch genommen wird. Wer sich auf eine vom Gesetz abw Anrechnungsvereinbarung beruft, ist für diese beweispflichtig.

§ 367 Anrechnung auf Zinsen und Kosten.

[1] Hat der Schuldner außer der Hauptleistung Zinsen und Kosten zu entrichten, so wird eine zur Tilgung der ganzen Schuld nicht ausreichende Leistung zunächst auf die Kosten, dann auf die Zinsen und zuletzt auf die Hauptleistung angerechnet.
[2] Bestimmt der Schuldner eine andere Anrechnung, so kann der Gläubiger die Annahme der Leistung ablehnen.

A. Bedeutung und Anwendungsbereich. Für mehrere selbstständige Hauptforderungen untereinander und 1 für das Verhältnis einer selbstständigen Forderung zu den Nebenforderungen einer anderen Hauptschuld gilt § 366. Diese Regelung ergänzt nun § 366 in Bezug auf das **Verhältnis** von **Hauptforderung, Zinsen** und **Kosten**, falls die Leistung nicht zur Tilgung der Forderung ausreicht. Das einseitige Bestimmungsrecht des Schuldners ist hier ausgeschlossen. Der **Anwendungsbereich** entspricht demjenigen des § 366. § 367 kann auch im öffentlichen Recht zur Anwendung kommen, so zB wenn neben Sozialversicherungsbeiträgen Kosten geschuldet werden (BGH MDR 1968, 917) sowie bei der Verwertung von Sicherheiten in der Zwangsvollstreckung. Insolvenzrechtliche Verteilungsregeln sind vorrangig (BGH NJW 1985, 3064).

2 Für **Verbraucherdarlehensverträge** bestimmt § 497 Abs 3 S 1 eine andere Reihenfolge der Tilgung als § 367. Danach sind Leistungen zunächst auf die Kosten der Rechtsverfolgung, dann auf die Hauptforderung und erst danach auf die Zinsen anzurechnen. Die nach dem Verzugseintritt angefallenen Zinsen müssen zudem nach § 497 Abs 2 auf einem gesonderten Konto verbucht werden. Das begünstigt den Schuldner, weil der Zinsrückstand unverzinslich ist (§ 289 S 1) und auch nur eine beschränkte Schadensersatzpflicht nach sich zieht (§ 497 Abs 2 S 2); danach bleibt also der den Schuldner am wenigsten belastende Posten bis zuletzt offen. Nach § 506 sind diese Festlegungen nicht abdingbar. Ist der Kreditvertrag nach § 138 unwirksam, ist jede Rate, die der Verbraucher in Unkenntnis der Unwirksamkeit zahlt, auf das Kapital und auf die Kreditkosten anzurechnen. § 367 gilt nicht im Kontokorrentverhältnis, weil kontokorrentpflichtige Zahlungen erst bei Saldierung berücksichtigt werden (BGHZ 77, 256, 262).

3 **B. Tilgungsverrechnung/Abweichende Bestimmung.** Findet § 367 Anwendung, gilt die Reihenfolge Kosten, Zinsen, Hauptforderung. **Kosten** sind Aufwendungen, die dem Gläubiger aus der Durchsetzung des Anspruchs entstanden sind (zB Wechsel-, Prozess- und Vollstreckungskosten). Für die **Zinsen** gilt grds die allg Begriffsbestimmung, dh die für die Überlassung des Kapitals verlangte gewinn- und umsatzunabhängige, aber von der Laufzeit bestimmte Vergütung (BGH NJW 1979, 540). § 367 ist auch anwendbar, wenn die Zinsen als Nebenforderung auf Ersatz des entgangenen Gewinns gerichtet sind. Kreditgebühren werden aber idR abw von § 367 nur pro rata mit der Kreditsumme getilgt (BGHZ 91, 59). Die Parteien können das Bestimmungsrecht hinsichtlich der Zinsen und Kosten oder einen von § 367 abw Verrechnungsmodus vereinbaren (BGHZ 91, 55), was auch stillschweigend geschehen kann. Trifft der Schuldner eine **abw Tilgungsbestimmung**, etwa dadurch, dass er ausdrücklich unter Vorbehalt zahlt (Köln NJW-RR 1998, 955), darf der Gläubiger die Teilleistung des Schuldners ablehnen, ohne in Gläubigerverzug zu geraten. Nimmt der Gläubiger an, so gilt die Bestimmung durch den Schuldner (BGHZ 80, 269).

§ 368 Quittung. **Der Gläubiger hat gegen Empfang der Leistung auf Verlangen ein schriftliches Empfangsbekenntnis (Quittung) zu erteilen. Hat der Schuldner ein rechtliches Interesse, dass die Quittung in anderer Form erteilt wird, so kann er die Erteilung in dieser Form verlangen.**

1 **A. Rechtliche Bedeutung. I. Rechtsnatur.** Der Schuldner benötigt ein Beweismittel, um das Erlöschen der Schuld durch Erfüllung nachweisen zu können. Diesem Bedürfnis trägt das Gesetz dadurch Rechnung, dass es dem Schuldner einen Anspruch auf ein schriftliches Empfangsbekenntnis des Gläubigers (Quittung) einräumt (Palandt/*Grüneberg* Rn 1). Die Quittung ist eine schriftliche Erklärung des Gläubigers, dass er die Leistung empfangen habe. Die Quittung ist das Bekenntnis einer Tatsache. Sie ist kein Rechtsgeschäft, sondern eine Wissenserklärung (**Realakt**). Dass die Quittung ihrer Rechtsnatur nach ein Realakt ist, schließt nicht aus, dass ihr im Einzelfall eine weitergehende Bedeutung zukommt. So kann in ihr, wenn sie ohne Gegenleistung gegeben wird, ein Erlassvertrag (§ 397) enthalten sein. Sie kann auch als negativer Anerkenntnisvertrag zu verstehen sein. Die sog **Ausgleichsquittung**, die insbes bei der Beendigung von Arbeitsverhältnissen erteilt wird, ist idR kein reines Empfangsbekenntnis, sondern zugleich rechtsgeschäftliches Anerkenntnis oder Verzicht, oft verbunden mit einem Vergleich. Ein Empfangsbekenntnis beinhaltet dagegen keine Erklärung, dass das Leistungsinteresse befriedigt worden ist, keine Annahme nach § 363 und auch keine Abnahme nach iSv § 640 (AnwK/*Avenarius* Rn 2 mwN; Müko/*Wenzel* Rn 2 mwN).

2 **II. Inhalt.** Eine Quittung (oder Empfangsbekenntnis) ist jedes Dokument, das den Erhalt der Leistung bestätigt. Es kann sich sowohl auf den Erhalt einer Geldzahlung als auch auf den Empfang von Sachleistungen beziehen. § 368 gilt grds auch bei Kleingeschäften; uU kann ein Anspruch auf eine Quittung bei Bargeschäften über Sachen von ganz geringem Wert wegen § 226 ausgeschlossen sein. Auf die Bezeichnung kommt es nicht an. Eine ordnungsgem Quittung muss allerdings erkennen lassen, für welche Forderung sie ausgestellt wird. Die zB in Leasingverträgen üblicherweise vereinbarte Übernahmebestätigung stellt kein Schuldanerkenntnis (§ 781) dar, sondern lediglich eine Quittung iSd § 368 (BGH NJW 1993, 1381; 1988, 204). Gleiches gilt bei Mietverträgen. Nach der Privatisierung der Deutschen Post ist der Posteinlieferungsschein nicht mehr als öffentliche Urkunde iSd § 418, sondern als Quittung anzusehen, deren Beweiswirkung sich nach § 416 ZPO beurteilt.

3 **III. Form.** Der Gläubiger hat die Quittung in **Schriftform** nach § 126 oder in elektronischer Form (§ 126 Abs 3, 126) zu erteilen. Erforderlich ist eine eigenhändige Unterschrift oder eine qualifizierte elektronische Signatur (§§ 126 Abs 3, 126a). Der Gläubiger genügt seiner Pflicht durch ein gestempeltes oder mit einer faksimilierten Unterschrift versehenem Dokument nicht (BGH NJW-RR 1988, 881); ein bloßer Kassenbon oder ein EDV-Ausdruck genügen danach ebenfalls nicht. Der Schuldner kann die Erteilung der Quittung in **anderer Form** nur verlangen, wenn ein bes rechtliches Interesse hieran besteht. Hauptanwendungsfall ist die öffentliche Beglaubigung von Quittungen, die zum Zwecke einer Eintragung im Grundbuch, insbes bei Löschungen und Umschreibungen von Grundstücksbelastungen benötigt werden (§ 29 GBO, §§ 1114, 1167). Diese »löschungsfähigen Quittungen« sind Quittungen iSd § 368 in öffentlicher oder in öffentlich beglaubigter Form, mit der die Tilgung des darin bezeichneten Grundpfandrechts durch den Grundsstückseigentümer

bestätigt wird (BGHZ 114, 330; PWW/*Pfeiffer* Rn 14 mwN). Damit kann der Eigentümer die Löschung des Grundpfandrechts oder die Berichtigung des Grundbuchs durch seine Eintragung als neuer Grundpfandgläubiger erreichen. Hiervon zu unterscheiden ist die sog Löschungsbewilligung, die sich inhaltlich auf die Erklärung des Gläubigers beschränkt, er bewillige die Löschung eines bestimmten Grundpfandrechts. Sie ermöglicht damit zwar die Löschung eines Rechts, ist jedoch ggü einer löschungsfähigen Quittung sowohl ihrem Inhalt als auch ihrer rechtlichen Wirkung nach ein Minus und unterfällt nicht dem § 368 (BGHZ 114, 330; PWW/*Pfeiffer* Rn 14).

IV. Wirkung. Durch das Ausstellen der Quittung schafft der Gläubiger nach § 416 ZPO ein **Beweismittel** gegen sich selbst. Nach § 416 ZPO erbringt sie als privatschriftliche Urkunde den **formellen** (unwiderleglichen) **Beweis** dafür, dass der Gläubiger den Erhalt bestätigt hat. Bestreitet dieser die Echtheit dieser Unterschrift, muss der Schuldner seine Leistung beweisen, zB durch Zeugen, Bankauszüge etc. Für die **materielle Beweiskraft** gilt der Grundsatz der freien Beweiswürdigung durch das Gericht. Das Ausstellen der Quittung lässt jedoch idR den Schluss zu, dass der Schuldner auch tatsächlich erfüllt hat (BGH NJW 1988, 206). Dieser Schluss kann bei einer Bankquittung auch zulässig sein, wenn sie keine eigenhändige Unterschrift enthält (BGH NJW-RR 1988, 881; Staud/*Olzen* Rn 20). Der Gläubiger kann jedoch den Gegenbeweis erbringen. Hierfür reicht es aus, wenn die Überzeugung des Gerichts vom Empfang der Leistung erschüttert wird. Das gilt auch für eine Quittung, die ein Geschäftsunfähiger ausgestellt hat. Macht der Gläubiger geltend, dass die Quittung nur zum Schein ausgestellt worden sei, so trägt er hierfür die Beweislast. Im Falle einer Einzahlungsquittung einer Bank, der ein hoher Beweiswert zuerkannt wird (Köln ZIP 1993, 1156), ist der Gegenbeweis erst geführt, wenn der Empfang unwahrscheinlich ist (BGH NJW-RR 1988, 881; WM 1979, 1157). Ist die Quittung jedoch im Voraus erteilt worden (**Vorausquittung**), braucht der Gläubiger nur zu beweisen, dass die Quittung ohne vorherigen oder gleichzeitigen Empfang der Leistung erteilt worden ist. Der Schuldner muss die nachträgliche Leistung beweisen. Hat der Gläubiger dem Schuldner die Quittung über einen längeren Zeitraum belassen, spricht dies für eine spätere Leistungserbringung des Schuldners (Staud/*Olzen* Rn 21). 4

B. Anspruch auf die Quittung. Der Anspruch besteht nur im Falle der **Erfüllung** (§ 362) oder der **Leistung an Erfüllungs statt** (§ 364 Abs 1), nicht dagegen bei Aufrechnung oder Hinterlegung (Palandt/*Grüneberg* Rn 6 mwN). Er besteht auch bei Teilleistungen, sofern der Gläubiger diese angenommen hat. Unerheblich ist, wer die Leistung erbracht hat. So kann auch der Dritte, der nach § 267 für den Schuldner leistet, eine Quittung verlangen (Staud/*Olzen* Rn 18). Es handelt sich um einen **verhaltenen Anspruch**, dh dass er nur auf Verlangen des Schuldners zu erfüllen ist (§ 368 S 1). Verweigert der Gläubiger die Erteilung einer Quittung, kann der Schuldner auf Erteilung der Quittung klagen und in analoger Anwendung des § 894 ZPO auch vollstrecken. Er hat zudem ein Zurückbehaltungsrecht (§ 273). Selbst im Falle einer Vorleistungspflicht gerät er nicht in Schuldnerverzug, sondern der Gläubiger in Annahmeverzug (RGZ 82, 25, 27; PWW/*Pfeiffer* Rn 2 mwN). Die Quittung kann aber auch **nach Erbringen der Leistung** verlangt bzw eingeklagt werden. Gegenüber einer Klage auf Quittungserteilung ist allerdings regelm die negative Feststellungsklage (§ 256 ZPO) der günstigere Weg, weil das Feststellungsurteil über weitergehende Rechtskraft verfügt. Der Gläubiger hat ggü dem Anspruch des Schuldners auf Erteilung der Quittung kein Zurückbehaltungsrecht wegen anderer Forderungen aus dem Schuldverhältnis, sondern darf die Quittung nur zurückhalten, um seinen Anspruch auf Vorschuss der Quittungskosten nach § 369 durchzusetzen. 5

§ 369 Kosten der Quittung.

[1] Die Kosten der Quittung hat der Schuldner zu tragen und vorzuschießen, sofern nicht aus dem zwischen ihm und dem Gläubiger bestehenden Rechtsverhältnis sich ein anderes ergibt.
[2] Treten infolge einer Übertragung der Forderung oder im Wege der Erbfolge an die Stelle des ursprünglichen Gläubigers mehrere Gläubiger, so fallen die Mehrkosten den Gläubigern zur Last.

§ 369 bestimmt, dass der **Schuldner** grds die Kosten der Quittung zu tragen und **vorzuschießen** hat, weil sie in seinem Interesse ausgestellt wird. Der Gläubiger kann, solange der Schuldner seiner Vorschusspflicht nicht nachgekommen ist, die Erteilung der Quittung zurückhalten, ohne dass er in Gläubigerverzug gerät. Aus dem Schuldverhältnis kann sich ergeben, dass der Gläubiger die Kosten der Quittung zu tragen hat. Das ist bei Schuldverhältnissen anzunehmen, die ausschließlich im Interesse des Gläubigers begründet worden sind, etwa bei der unentgeltlichen Verwahrung (§ 690) oder beim Auftrag (§§ 662, 670). Nach § 369 Abs 1 beschränkt sich der Anspruch des Gläubigers für das Ausstellen der Quittung auf Beglaubigungs- Beurkundungs- und Übersendungskosten sowie ähnl Aufwendungen. Ein darüber hinausgehendes Entgelt kann der Gläubiger (für seine Arbeitsleistung) nicht verlangen (BGHZ 124, 254; 114, 330); darüber hinausgehende Banken-AGB verstoßen gegen § 307 Abs 1 (AnwK/*Avenarius* Rn 1 mwN). Kosten, die durch eine Vervielfältigung der Gläubigerzahl (auf Grund einer Übertragung oder Vererbung des Anspruchs) entstehen, gehen nach § 369 Abs 2 zu Lasten des Gläubigers. Dies gilt ebenso für Kosten, die ihre Ursache in der Sphäre des Gläubigers haben, etwa zusätzliche Aufwendungen wegen Geschäftsunfähigkeit oder Krankheit des Gläubigers (Müko/*Wenzel* Rn 2). 1

§ 370 Leistung an den Überbringer der Quittung. **Der Überbringer einer Quittung gilt als ermächtigt, die Leistung zu empfangen, sofern nicht die dem Leistenden bekannten Umstände der Annahme einer solchen Ermächtigung entgegenstehen.**

1 **A. Allgemeines.** In der Übergabe einer Quittung an den Überbringer liegt je nach Fallgestaltung die Erteilung einer Inkassovollmacht, die Bestellung zum Empfangsboten oder eine sonstige Ermächtigung zum Empfang der Leistung (§§ 362 Abs 2, 185). Selbst wenn eine solche Ermächtigung nicht erteilt ist, hat die Leistung des Schuldners, der nicht an den Gläubiger, sondern an den Überbringer einer (echten) Quittung leistet, schuldbefreiende Wirkung. Das Risiko des Missbrauchs der Quittung trifft insoweit den Gläubiger, der durch die Ausstellung der Quittung im Voraus den Missbrauch ermöglicht hat. Der Überbringer der Quittung gilt aber kraft Gesetzes als zum Empfang der Leistung berechtigt, wenn der Leistende (berechtigterweise) gutgläubig war. § 370 **schützt** damit den **leistenden Schuldner** und damit den durch die Quittung geschaffenen **Rechtsschein** (BGHZ 40, 297, 304; Staud/*Olzen* Rn 1). Nach § 370 wird aber lediglich der an den Überbringer Leistende geschützt; werden Dritte durch eine unrichtige Quittung zu nachteiligen Vermögensdispositionen veranlasst, können Ansprüche aus §§ 280 Abs 1, 826 in Betracht kommen (Palandt/*Grüneberg* Rn 1).

2 **B. Regelungsinhalt. I. Echte Quittung.** Der Anwendungsbereich des § 370 setzt eine vom Gläubiger oder seinem Vertreter eigenhändig unterschriebene oder mit einer qualifizierten elektronischen Signatur versehene **Quittung** voraus. Die Quittung muss **echt** sein. Wer an den Überbringer einer gefälschten oder verfälschten Quittung leistet, wird nicht geschützt. Dagegen ist § 370 anwendbar, wenn ein vom Gläubiger unterschriebenes Blankett abredewidrig ausgefüllt und dann als Quittung vorgelegt wird. Der Rechtsschein ist dem Aussteller der Quittung nur zuzurechnen, wenn dieser geschäftsfähig ist, dh ist die Quittung von einem Geschäftsunfähigen oder von einem beschränkt Geschäftsfähigen ohne Zustimmung des gesetzlichen Vertreters ausgefüllt worden, hat die Leistung an den Überbringer keine befreiende Wirkung. Der Schutz des Geschäftsunfähigen hat insoweit den Vorrang (BGH NJW 1977, 622).

3 **II. Leistung an den Überbringer.** Befreiende Wirkung hat nur die **Leistung an den Überbringer** der Quittung, nicht die Leistung an denjenigen, der sich auf eine bereits übermittelte Quittung bezieht. Die Quittung muss bei in Empfangnahme der Leistung vorgelegt, nicht aber übergeben werden. Wer an einen Empfänger leistet, der sich nur auf eine zuvor übermittelte Quittung beruft, ist nicht geschützt. Die nachträgliche Ausstellung und Übersendung der Quittung genügt nicht (Palandt/*Grüneberg* Rn 3 mwN). Der Schuldner wird dann nicht frei, wenn die Quittung gestohlen oder sonst abhanden gekommen ist. Soweit der Gläubiger schuldhaft zur Fälschung beigetragen hat, zB durch nachlässige Verwahrung der Quittungsformulare, kommen Schadensersatzansprüche des Leistenden gegen den Gläubiger nach § 280 Abs 1 in Betracht (Palandt/*Grüneberg* Rn 2 mwN). § 370 gilt nur, wenn an den Überbringer die geschuldete Leistung erbracht wird. Leistungen an Erfüllung statt und alle anderen Erfüllungssurrogate werden nicht geschützt (Palandt/*Grüneberg* Rn 5 mwN; Müko/*Wenzel* Rn 5; differenzierend PWW/*Pfeiffer* § 368 Rn 3 mwN, wenn bereits eine Ersetzungsbefugnis des Schuldners vereinbart ist).

4 **III. Bösgläubigkeit des Leistenden.** Der Schutz des § 370 entfällt bei **Bösgläubigkeit** des Leistenden, dh wenn er positiv weiß, dass der Überbringer der Quittung nicht berechtigt ist, die Leistung entgegenzunehmen. Kennenmüssen reicht nicht. Ausreichend ist die Kenntnis der entspr Tatsachen; ob er die richtigen Folgerungen gezogen hat, ist unerheblich. Die **Beweislast** für die Voraussetzungen der Bösgläubigkeit und die fehlende rechtsgeschäftliche Empfangsberechtigung trägt der Gläubiger. Leistet ein Dritter für den Schuldner, kommt es für den Ausschluss der Rechtsscheinwirkung in diesem Fall allein auf die Kenntnis des Dritten an (Staud/*Olzen* Rn 9; AnwK/*Avenarius* Rn 4 mwN).

§ 371 Rückgabe des Schuldscheins. **Ist über die Forderung ein Schuldschein ausgestellt worden, so kann der Schuldner neben der Quittung Rückgabe des Schuldscheins verlangen. Behauptet der Gläubiger, zur Rückgabe außerstande zu sein, so kann der Schuldner das öffentlich beglaubigte Anerkenntnis verlangen, dass die Schuld erloschen sei.**

1 **A. Regelungsinhalt.** Ist der Schuldschein durch Erlöschen der Schuld unrichtig geworden, hat der **Schuldner** ein berechtigtes Interesse an der Rückgabe des Schuldscheins. Der Schuldschein soll nicht mehr als Beweismittel oder in sonstiger Weise gegen ihn verwendet werden können. Der Schuldner hat daher neben dem Anspruch auf Erteilung der Quittung (§ 368) einen **Anspruch auf Rückgabe** des Schuldscheins. Ein weiterer Zweck dieser Regelung besteht darin, im allg Verkehrsinteresse einer missbräuchlichen Verwendung von Schuldscheinen entgegenzuwirken. Der **Schuldschein** ist eine **Urkunde**, die eine Schuld begründet oder bestätigt und die der Schuldner zum Beweis für das Bestehen der Schuld ausgestellt hat. Der Schuldschein muss vom Schuldner unterschrieben und geeignet sein, für sich allein den Inhalt der Schuld zu beweisen. Schuldschein iSv § 371 können eine Bürgschaftsurkunde (München NJW-RR 1998, 992), eine Urkunde über eine Sicherungsabtretung oder eine Sicherungsübereignung oder der Hinterlegungsschein sein. Ein Schuldgrund muss nicht angegeben sein. Urkunden mit Wertpapierqualität fallen nicht unter § 371, sondern unter-

liegen den speziellen Regeln des Wertpapierrechts. Der Schuldschein ist **kein Wertpapier**, da der Gläubiger seine Forderung auch ohne Schuldschein geltend machen kann und der Schuldner nicht bloß an den Inhaber zu leisten braucht; es ist auch nicht erforderlich, wie es zB die §§ 799 ff für die Inhaberschuldverschreibung vorsehen, ihn in einem Aufgebotsverfahren für kraftlos erklären zu lassen.

B. Beweiskraft. Der Schuldschein dient dem Interesse des Gläubigers, das Bestehen der Schuld beweisen zu können. Dem Schuldschein kommt als Privaturkunde **formelle Beweiskraft** zu (§ 416 ZPO). Hinsichtlich der materiellen Beweiskraft gilt der Grundsatz der freien Beweiswürdigung (§ 286 ZPO). Für den Gläubiger begründet der Besitz des Schuldscheins ein gewichtiges Beweisanzeichen dafür, dass die Forderung entstanden ist und noch besteht. Ist der Schuldner im Besitz des Schuldscheins, ist dies ein Indiz für das Erlöschen der Schuld. Legt der Gläubiger einen Darlehensschuldschein vor, begründet dies eine – widerlegbare – Vermutung für die Darlehensgewährung. In dem Schuldschein, der den Empfang des Darlehens bestätigt, kann aber zugleich ein kausales oder abstraktes Schuldanerkenntnis liegen. In diesem Fall trägt der Schuldner die volle Beweislast dafür, dass die Darlehensschuld nicht entstanden ist (BGH NJW 1986, 2572). 2

C. Voraussetzungen der Rückgabepflicht. Der Anspruch auf Rückgabe des Schuldscheins besteht nicht nur bei Erfüllung, sondern in allen Fällen des Erlöschens der Schuld (insbes Hinterlegung, Aufrechnung, Erlass). § 371 findet nach seinem Normzweck entspr Anwendung, wenn die Schuld nicht entstanden oder infolge einer Anfechtung untergegangen ist. Die Rückgabepflicht besteht nur bei Verlangen des Schuldners und nur Zug um Zug gegen Leistung. Es handelt sich – wie bei § 368 – um einen **verhaltenen Anspruch**, der nur bei Geltendmachung durch den Schuldner fällig wird. Der Anspruch richtet sich idR gegen den Gläubiger. Da dem Gläubiger nach § 952 das Eigentum an dem Schuldschein zusteht und er dieses nicht unmittelbar durch die Tilgung verliert, erhält der Schuldner einen **schuldrechtlichen Anspruch** auf Herausgabe des Schuldscheins. Besitzt ein Dritter den Schuldschein, so ist dieser zur Herausgabe verpflichtet. Allein der Schuldner ist anspruchsberechtigt, auch bei einer Leistung durch Dritte nach § 267. Etwas anderes gilt nur dann, wenn ein gesetzlicher Forderungsübergang stattgefunden hat. Durch ihn erwirbt der Dritte das Eigentum an dem Schuldschein (§ 952), so dass ihm neben dem dinglichen Herausgabeanspruch aus § 985 zugleich der schuldrechtliche Herausgabeanspruch aus § 402 (§ 412) zusteht. Der Schuldner hat in **analoger Anwendung** des § 371 nach Erfüllung auch einen Anspruch auf Herausgabe der vollstreckbaren Ausfertigung eines Titels, wenn die Unzulässigkeit der Zwangsvollstreckung unstreitig ist oder auf Grund einer Vollstreckungsgegenklage (§ 767 ZPO) rechtskräftig feststeht (BGHZ 127, 148). 3

D. Anspruch auf Anerkenntnis. Erklärt der Gläubiger, dass er den Schuldschein nicht zurückgeben kann, muss er auf Verlangen des Schuldners nach § 371 S 2 ein **öffentlich beglaubigtes Anerkenntnis** abgeben, dass die Schuld erloschen sei (§ 129). Die Kosten des Anerkenntnisses hat der Gläubiger zu tragen. Der Schuldner braucht sich nicht auf ein Anerkenntnis verweisen lassen, sondern kann auf Rückgabe des Schuldscheins klagen. Wird der Schuldschein später wieder gefunden, kann der Schuldner einem erneuten Leistungsverlangen des Gläubigers das Anerkenntnis entgegenhalten (AnwK/*Avenarius* § 370 Rn 5 mwN). 4

Titel 2 Hinterlegung

§ 372 Voraussetzungen. Geld, Wertpapiere und sonstige Urkunden sowie Kostbarkeiten kann der Schuldner bei einer dazu bestimmten öffentlichen Stelle für den Gläubiger hinterlegen, wenn der Gläubiger im Verzug der Annahme ist. Das Gleiche gilt, wenn der Schuldner aus einem anderen in der Person des Gläubigers liegenden Grund oder infolge einer nicht auf Fahrlässigkeit beruhenden Ungewissheit über die Person des Gläubigers seine Verbindlichkeit nicht oder nicht mit Sicherheit erfüllen kann.

A. Allgemeines. I. Überblick und Zweck. Die §§ 372 ff ermöglichen es dem Schuldner, sich durch **Hinterlegung** bei der hierfür zuständigen öffentlichen Stelle von seiner Verbindlichkeit zu befreien, wenn er diese wegen eines aus der Sphäre des Gläubigers stammenden Grundes nicht oder nicht mit Sicherheit erfüllen kann (BGHZ 145, 352 Palandt/Grüneberg Einf vor § 372 Rn 1). Eine Hinterlegung iSd §§ 372 ff besteht aber nur, wenn eine bewegliche Sache geschuldet wird, nicht dagegen bei Dienst- und Werkverträgen. Bei Grundstücken hat der Schuldner im Falle des Annahmeverzuges ein Recht zur Besitzaufgabe (§ 303) (Palandt/Grüneberg Einf vor § 372 Rn 1). Wenn sich die Sache nicht zur Hinterlegung eignet, soll der Schuldner sie durch **Selbsthilfeverkauf** zu Geld machen und dann den Erlös hinterlegen können; durch den Selbsthilfeverkauf wird also eine Hinterlegung ermöglicht. In der Praxis ist die Hinterlegung bei Geldschulden selten. Die §§ 372 ff betreffen nur die **Hinterlegung als Erfüllungssurrogat** (BGHZ 145, 352; BGH NJW 1969, 1662). Der Schuldner ist **berechtigt** (nicht verpflichtet), sich statt durch Erfüllung durch Hinterlegung von seiner Leistungspflicht zu befreien. Der Gläubiger oder im Falle des Prätendentenstreits die Gesamtheit der Gläubiger sind nicht berechtigt, Hinterlegung zu verlangen. Die Hinterlegung ist Erfüllungssurrogat, wenn die Rücknahme ausgeschlossen ist (§ 378). An die Stelle des ursprünglichen Anspruchs tritt der Anspruch auf 1

Herausgabe gegen die Hinterlegungsstelle. Ausnahmsweise kann auch ein Dritter zur Hinterlegung befugt sein, wenn er auch zur Erfüllung berechtigt ist, etwa auf Grund des § 268 (RGZ 120, 205, 211). Die §§ 372 ff regeln die **materiellrechtliche Erfüllungswirkung.** In **verfahrensrechtlicher** Hinsicht ist die **HintO** vom 10.03.1937 maßgebend (zur HintO vgl *Bülow/Mecke/Schmidt* HintO 4 Aufl 2005). Daneben gibt es **zahlreiche Situationen**, in denen eine entspr **Verpflichtung** zur Hinterlegung besteht (vgl im Folgenden zu II). Die § 372 ff werden **entspr** angewendet, wenn der Schuldner zur Tilgung **öffentlich-rechtlicher Verbindlichkeiten** verpflichtet ist (BGHZ 32, 273 zur Hinterlegung von Enteignungsentschädigung(Staud/*Olzen* Vorbem zu §§ 372 ff Rn 9 mwN).

2 **II. Andere Fälle der Hinterlegung. 1. Hinterlegung als Erfüllung.** Ob die Hinterlegung selbst Inhalt der geschuldeten Leistung ist, kann sich aus der **Vereinbarung** ergeben. Daneben gibt es **mehrere Regelungen**, in denen eine entspr **Verpflichtung zur Hinterlegung** besteht, insbes § 432 Abs 1 S 2 (Bewirken einer unteilbaren Leistung zugunsten gemeinschaftlicher Gläubiger), § 660 Abs 2 Hs 2 (bei einer Auslobung haben mehrere am Erfolg mitgewirkt), § 1077 Abs 2 S 2 Hs 2 (Gläubiger und Nießbraucher verlangen Leistung), § 1281 S 2 Hs 2 (Gläubiger und Pfandgläubiger verlangen Leistung), § 2039 S 2 (Geltendmachung von Nachlassansprüchen durch Miterben) sowie in § 2114 S 2 (Geltendmachung von Forderungen durch den Vorerben) (Staud/*Olzen* Vorbem zu §§ 372 ff Rn 4 mwN). Bei diesen Normen erfolgt die Hinterlegung zwar auch zum Zwecke der Befreiung von einer Verbindlichkeit, jedoch beruht die **schuldtilgende Wirkung der Hinterlegung** aber nicht auf den §§ 372 ff, sondern folgt unmittelbar aus den § 362 Abs 1, da der Schuldner zur Hinterlegung verpflichtet ist. Die Hinterlegung stellt das Bewirken der geschuldeten Leistung dar. Sie ist also nicht Erfüllungssurrogat, sondern Erfüllung mit der Folge, dass die §§ 372 ff keine Anwendung finden. Dies gilt aber nur dann, wenn der Schuldner bei Hinterlegung auf die Rücknahme verzichtet (Palandt/*Grüneberg* Einf v § 372 Rn 2); anderenfalls hätte er die Möglichkeit, jederzeit die Verfügungsbefugnis über den Gegenstand zurückzuerlangen und dies kann dann nicht »Bewirken der Leistung« iSd § 362 sein. Der Anspruch setzt aber idR ein entspr Verlangen des Gläubigers voraus (verhaltener Anspruch; RGZ 52, 141, 144). Es gelten grds die §§ 362 ff. Soweit jedoch nicht die schuldtilgende Wirkung in Frage steht, können uU die §§ 372 ff analog angewendet werden (Staud/*Olzen* Vorbem zu §§ 372 ff Rn 5 mwN).

3 **2. Hinterlegung als Sicherheit.** In anderen Fällen dient die Hinterlegung nicht der Schuldtilgung, sondern Sicherungszwecken. Auf die Hinterlegung zu Sicherungszwecken sind die §§ 372 **weder unmittelbar noch analog anwendbar** (BGH NJW-RR 2005, 712). Es gelten die §§ 232 ff und für die Hinterlegung aus prozessualen Gründen die §§ 108 ff ZPO. Eine Hinterlegung zur Sicherheitsleistung kann sich aus materiellrechtlichen Gründen ergeben (insbes aus den §§ 257 S 2, 258 S 2, 273 Abs 3, 321, 775 Abs 2, 1051, 1218, 1389). Von Bedeutung ist ferner die Sicherheitsleistung durch Hinterlegung nach § 106a StPO und § 241 AO (Staud/*Olzen* Vorbem zu §§ 372 ff Rn 6 mwN). Die §§ 372 ff sind auch nicht anwendbar auf eine Hinterlegung zur Sicherheitsleistung nach den Vorschriften der ZPO. Hier ist etwa der Forderungsprätendentenstreit nach § 75 ZPO zu nennen, weiterhin die Sicherheitsleistung gem §§ 108 ff ZPO, die Sicherheitsleistung im Rahmen der vorläufigen Vollstreckbarkeit nach §§ 707 ff ZPO, den Arrest nach §§ 921 S 2, 923 ZPO sowie den Fall des § 853 ZPO, wenn eine Forderung mehrfach gepfändet wurde. In diesem Zusammenhang sind ebenfalls die Hinterlegung eines bei der Schlussverteilung im Insolvenzverfahren zurückbehaltenen Betrags nach § 198 InsO oder die Hinterlegung als Sicherheitsleistung im Zwangsversteigerungsverfahren zu erwähnen. Die Hinterlegung zur Sicherheitsleistung kann allerdings auf Antrag des Schuldners in eine Hinterlegung mit schuldbefreiender Wirkung umgewandelt werden (Müko/*Wenzel* Rn 23).

4 **3. Hinterlegung beim Notar.** Auch die Hinterlegung bei einem Notar (§ 23 BNotO) ist vorbehaltlich einer entspr ausdrücklichen Vereinbarung der Parteien **keine schuldbefreiende Hinterlegung** nach §§ 372 ff (BGH NJW 1994, 1403, 1404; 1983, 1605). Die §§ 372 ff finden nur auf privatrechtliche Schuldverhältnisse Anwendung, während der Notar als unparteiischer Betreuer für sämtliche Parteien seine **Amtspflichten** erfüllt (§ 23 BNotO). Eine analoge Anwendung kommt auch nicht in Betracht, weil die notarielle Hinterlegung kein Erfüllungssurrogat, sondern die geschuldete Leistung ist. Entsprechendes gilt, wenn auf ein Anderkonto gezahlt wurde (AnwK/*Preuß* Rn 19 ff mwN). Auch hier handelt es sich nicht um eine Hinterlegung idS, so dass nicht die in §§ 378, 379 genannten Wirkungen (als Erfüllungssurrogat) eintreten. Die Parteien können aber etwas anderes vereinbaren (BGH NJW 1983, 1606), dass bereits diese Zahlung die vertraglich geschuldete Erfüllung bewirkt und die Wirkung des § 362 herbeiführt (BGHZ 87, 156). Die §§ 372 ff sind für die Aufbewahrung durch den Notar insoweit von Bedeutung, als ihre Wertmaßstäbe sinngem zur Beurteilung der Frage herangezogen werden können, ob der Notar seine Amtspflichten verletzt hat. Dementspr ist er berechtigt, einen ihm übergebenen Kaufpreis zu hinterlegen, sofern die Voraussetzungen der §§ 372 ff gegeben sind, unter denen auch der Schuldner nach §§ 372 ff hinterlegen darf (Staud/*Olzen* Vorbem zu §§ 372 ff Rn 8 mwN).

5 **B. Voraussetzungen. I. Hinterlegungsrecht des Schuldners.** Voraussetzung der Hinterlegung ist zunächst, dass der Schuldner berechtigt ist, die Leistung zu erbringen. Der **Anspruch** muss daher fällig (§ 271), zumindest aber **erfüllbar** sein. Eine Verpflichtung zur Hinterlegung besteht nicht, es sei denn, sie besteht auf Grund

einer gesetzlichen Regelung oder einer entspr Parteivereinbarung. Soweit dies nicht der Fall ist, kann kein Gläubiger auf Hinterlegung klagen. Ein **Dritter** ist grds nicht zur Hinterlegung berechtigt. § 372 spricht vom Hinterlegungsrecht des Schuldners. § 267 erlaubt dem Dritten die Erfüllungsleistung, nicht jedoch das Erfüllungssurrogat zu erbringen. Anderenfalls wäre § 268 Abs 2 nicht verständlich, der ausdrücklich auf die Möglichkeit der Hinterlegung oder Aufrechnung hinweist (RGZ 120, 205, 211). **Ausnahmsweise** wird dem Dritten ein Hinterlegungsrecht zugebilligt, wenn er nach § 268 Abs 2 oder nach §§ 1171, 124 ablöseberechtigt ist. Die Hinterlegung durch einen Gesamtschuldner wirkt nach § 422 auch für die übrigen Schuldner, die Hinterlegung für einen Gesamtgläubiger gegen die übrigen (§ 429 Abs 3). Ist der Schuldner ausnahmsw zur Teilleistung iSv § 266 berechtigt, ist auch eine Teilhinterlegung statthaft (BGH MDR 1962, 120; AnwK/*Preuß* Rn 7). Die Hinterlegung muss beim **Amtsgericht** erfolgen; in Sonderfällen (§§ 27–30 HintO) können auch andere Institute, vor allem die Deutsche Bundesbank und die Landeszentralbanken, als Hinterlegungsstellen in Betracht kommen. Darüber hinaus können auch die Parteien eine Hinterlegung bei einer anderen Stelle vereinbaren, da insg die Rechtswirkungen der §§ 372 ff durch Vertrag herbeigeführt werden können.

II. Hinterlegungsfähige Gegenstände. Hinterlegungsfähige Gegenstände sind nur Geld, Wertpapiere, 6
Urkunden und Kostbarkeiten. **Geld** sind die gesetzlich und gesetzlich zugelassenen Zahlungsmittel, gleich ob Papier- oder Hartgeld. Auch ausländisches Geld kann hinterlegt werden (§ 7 Abs 2 HintO). **Wertpapiere** sind Urkunden, bei denen der Besitz des Papiers Voraussetzung für die Ausübung des Rechts ist. Legitimationspapiere (§ 808) sind keine Wertpapiere iSd §§ 372 ff, aber als **Urkunden** hinterlegungsfähig. Zu den Urkunden zählen auch Handakten und Vollmachtsurkunden. **Kostbarkeiten** sind bewegliche Sachen, die unverderblich und leicht aufzubewahren sind und deren Wert nach der Verkehrsauffassung im Verhältnis zu Größe und Gewicht, verglichen mit anderen Sachen bes hoch ist (RGZ 116, 113, 114; Müko/*Wenzel* Rn 3), insbes Schmuckstücke, Edelsteine, Kunstgegenstände und seltene Bücher. Den Maßstab für die Einordnung bildet die Verkehrauffassung, nicht die subjektive Einschätzung des Hinterlegers. Hierzu kann auf den gleich lautenden Begriff in § 702 verwiesen werden. Danach sind etwa ein Andenken, ein Talisman oder ein Schlüssel nicht hinterlegungsfähig, ebenso nicht Tiere, Pelzmäntel oder Videokassetten (Palandt/*Grüneberg* Rn 3 mwN). Wird eine nicht hinterlegungsfähige Sache geschuldet, kann sie der Schuldner unter den Voraussetzungen des § 383 öffentlich versteigern lassen und den Erlös hinterlegen (**Selbsthilfeverkauf**). Beim Handelskauf nach § 373 HGB kann der Verkäufer im Falle des Annahmeverzugs des Gläubigers jede »Ware« unabhängig von ihrer Hinterlegungseignung nach § 372, nicht nur bei Gericht, sondern auch »in einem öffentlichen Lagerhaus oder sonst in sicherer Weise« hinterlegen.

III. Hinterlegungsgründe. 1. Parteivereinbarung/Annahmeverzug. Ein Recht auf Hinterlegung besteht 7
nur, wenn der Schuldner aus einem der drei in § 372 genannte Gründe nicht in der Lage ist, seine Leistung zu erbringen. Auch wenn kein gesetzlicher Hinterlegungsgrund vorliegt, kann die Hinterlegung auf Grund einer entspr Parteivereinbarung schuldbefreiende Wirkung haben. Ein Hinterlegungsgrund ist der **Annahmeverzug** des Gläubigers (§§ 293 ff), der tatsächlich vorliegen muss; guter Glaube reicht nicht aus. Trotz vorliegenden Annahmeverzugs kann eine Hinterlegung uU wegen Verstoß gegen § 242 rechtswidrig sein. Das ist etwa dann der Fall, wenn der Gläubiger die Ordnungsmäßigkeit der Leistung deshalb nicht überprüfen kann, weil der Schuldner eine ihm obliegende Auskunftspflicht verletzt hat. Sonderreglungen für die Hinterlegung im Gläubigerverzug finden sich in § 373 HGB, ferner im Frachtgeschäft zu Land und zu Wasser (§ 429 Abs 3 HGB, vgl Staud/*Olzen* Rn 10 mwN).

2. Andere in der Person des Gläubigers liegende Leistungshindernisse. Der Schuldner kann weiterhin zur 8
Hinterlegung berechtigt sein, wenn er aus einem anderen in der **Person des Gläubigers liegenden Grund** nicht oder nicht mit Sicherheit erfüllen kann. Dieser Hinterlegungsgrund betrifft die Fälle, in denen die Person des Gläubigers zwar bekannt ist und kein Annahmeverzug vorliegt, der Leistung aber andere tatsächliche oder rechtliche Hindernisse entgegenstehen, zB wenn der Gläubiger geschäftsunfähig oder beschränkt geschäftsfähig ist und kein gesetzlicher Vertreter vorhanden ist oder wenn sein Aufenthaltsort unbekannt oder wenn er als verschollen gilt. Nicht ausreichend ist, wenn sich der Wohnsitz des Gläubigers im Ausland befindet (RGZ 151, 116, 121).

3. Ungewissheit über die Person des Gläubigers. Der Schuldner ist darüber hinaus zur Hinterlegung 9
berechtigt, wenn er seine Verbindlichkeit wegen einer nicht auf Fahrlässigkeit beruhenden **Ungewissheit über die Person des Gläubigers** nicht oder nicht mit Sicherheit erfüllen kann. Der Begriff des Gläubigers ist dabei unter dem Aspekt des Schutzzwecks weit zu verstehen und erfasst auch Insolvenzverwalter, Nachlasspfleger und Testamentsvollstrecker. Die Ungewissheit kann bereits **bei Begründung** des Schuldverhältnisses entstehen, etwa wenn unklar ist, wer Vertragspartner geworden ist (zB die GmbH oder der Alleingesellschafter) oder im Falle des § 823, wem die beschädigte Sache gehört. Regelmäßig entsteht die Unsicherheit aber **nach Begründung** des Schuldverhältnisses durch Rechtsnachfolge. Dabei kann es sich um eine Gesamtrechtsnachfolge im Wege des Erbrechts (§ 1922) oder um eine Einzelrechtsnachfolge handeln, zB weil sich Zessionar und Zedent als Gläubiger bezeichnen oder der Gläubiger die Forderung mehrfach abgetreten hat. Ungewissheit besteht zB, wenn kein Rechtsnachfolger auftritt, etwa wenn die Erben des Gläubigers unbekannt

sind. Meistens geht es aber darum, dass **mehrere Forderungsprätendenten** Anspruch auf die Leistung erheben. Hierdurch wird aber nicht in jedem Fall ein Hinterlegungsrecht begründet (PWW/*Pfeiffer* Rn 14 zum Prätendentenstreit). Erforderlich ist, dass begründete Zweifel über die Person des Gläubigers vorliegen, wobei die Anforderungen an die Prüfungspflicht des Schuldners nicht allzu streng sein dürfen. Nach der Rspr müssen bei einer Prüfung mit verkehrsüblicher Sorgfalt objektiv verständliche Zweifel bestehen, und für den Schuldner muss es auf Grund der Gesamtumstände nicht zumutbar sein, die Zweifel auf eigene Gefahr zu beheben (BGH NJW-RR 2005, 712; 2004, 656; NJW 1997, 1501, 1502). Der Schuldner ist nicht verpflichtet, auf eigene Kosten Rechtsrat einzuholen (Staud/*Olzen* Rn 11). Hat er eine Rechtsabteilung, muss er aber deren Rat einholen (BGH NJW 2003, 1809). Der Schuldner darf auf die Auskunft eines Rechtskundigen, der die Lage als zweifelhaft bezeichnet hat, grds vertrauen. Besonderheiten gelten bei einem Notar. Er muss die Rechtslage umfassend prüfen und darf nur in Ausnahmefällen hinterlegen (Hamm DNotZ 1994, 120); Entspr gilt bei der öffentlichen Hand.

10 Verlangen mehrere Gläubiger aus verschiedenen Rechtsgründen eine Leistung, zB der Verkäufer nach §§ 323, 346 Rückgabe der Sache, der angeblich bestohlene Eigentümer der Sache aus § 985 Herausgabe, kommt § 372 nicht zur Anwendung (BGH NJW-RR 2007, 687; Palandt/*Grüneberg* Rn 6 mwN). Darüber hinaus ist der Schuldner zur Hinterlegung auch berechtigt, wenn zu seinen Gunsten die Vorschriften anwendbar sind, die die **gutgläubige Leistung an einen Nichtberechtigten schützen** (zB §§ 370, 407, 409, 893, Art 16 WG). In diesen Fällen kann er nicht nur hinterlegen, wenn die Anwendung der Schutzvorschriften zweifelhaft ist, sondern auch, wenn er der Gefahr einer erneuten Inanspruchnahme nicht ernsthaft ausgesetzt ist (BGH NJW 2001, 232). Anderenfalls würde der Schuldner mittelbar zur Leistung an den Scheinberechtigten gedrängt.

11 **C. Formelles Hinterlegungsrecht. I. Allgemeines.** Die verfahrensrechtliche und justizverwaltungsrechtliche Seite der Hinterlegung ist in der HintO zum 01.04.1937 (BGBl III 300–15) mit DVO v 12.03.1937 und 24.11.1937 geregelt, zB im Hinblick auf die Herausgabe des hinterlegten Gegenstandes. Die Hinterlegung ist als ein **öffentlich-rechtliches** (justizverwaltungsrechtliches) **Verwahrungsverhältnis** zwischen der Hinterlegungsstelle und den Beteiligten des Hinterlegungsverfahrens ausgestaltet (BGHZ 95, 109, 114). Soweit seine öffentlich-rechtliche Natur nicht entgegensteht, sind die Grundsätze des Verwahrungsvertrags zugunsten Dritter, vor allem die §§ 278, 280 entspr anwendbar (BGH NJW 1990, 1231 st Rspr), nicht aber die §§ 700, 607 Abs 1, 245. Für Schadensersatzansprüche aus der Hinterlegung steht gem § 40 Abs 2 VwGO der ordentliche Rechtsweg offen (Palandt/*Grüneberg* Einf § 372 Rn 8). **Zuständig** für die Hinterlegungsgeschäfte sind die Amtsgerichte als Hinterlegungsstellen (§ 1 Abs 2 HintO; funktionell der Rechtspfleger (§ 30 RPflG), und die Justizverwaltungskassen als Hinterlegungskassen. § 5 HintO ordnet in Übereinstimmung mit § 372 an, dass zur Hinterlegung nur Geld, Wertpapiere, sonstige Urkunden sowie Kostbarkeiten angenommen werden.

12 **II. Begründung des Hinterlegungsverhältnisses.** Das Hinterlegungsverhältnis ist ein öffentlich-rechtliches Verwahrungsverhältnis. Es wird durch einen **Verwaltungsakt**, die Annahmeverfügung (§ 6 HintO) iVm der Übergabe der zu hinterlegenden Sache begründet. **Beteiligte** des Hinterlegungsverfahrens sind der Hinterleger, es sei denn, er hat auf sein Rücknahmerecht verzichtet (§ 376 Abs 2 Nr 1) sowie alle Personen, die nach dem Hinterlegungsantrag als Empfangsberechtigte in Betracht kommen; der Hinterleger kann auch im Falle des Rücknahmeverzichts nachträglich weitere mögliche Empfangsberechtigte nennen. Das Hinterlegungsverhältnis ist auch dann wirksam, wenn die materiellrechtlichen Voraussetzungen der Hinterlegung nicht vorliegen.

13 **III. Öffentlich-rechtlicher Herausgabeanspruch.** Durch die Hinterlegung entsteht ein öffentlich-rechtlicher Anspruch auf **Herausgabe der Hinterlegungsmasse** gegen die Hinterlegungsstelle, wobei die Herausgabe auf Grund einer Verfügung der Hinterlegungsstelle auf Antrag erfolgt (§ 12 HintO). Hierzu muss das Rücknahmerecht des Schuldners (§ 376) ausgeschlossen sein. Berechtigter ist der Gläubiger, bei einer Mehrheit von Prätendenten der wahre Berechtigte. Verfahrensrechtlich setzt die Herausgabe grds die Zustimmung aller Beteiligten oder die Vorlage einer rechtskräftigen Entscheidung voraus, die die Empfangsberechtigung des Antragsstellers mit Wirkung gegen alle Beteiligten feststellt (§ 13 Abs 2 HintO). Eine Aufrechnung ist der Hinterlegungsstelle auf Grund ihrer treuhänderischen Funktion nicht gestattet (BGHZ 95, 109, 114). Sofern **mehrere Forderungsprätendenten** vorhanden sind, muss der Beteiligte, der Herausgabe verlangt, im Falle des Bestreitens Klage gegen den anderen Forderungsprätendenten, der nicht freiwillig in die Herausgabe einwilligt, auf Einwilligung zur Auszahlung an sich klagen; Anspruchsgrundlage ist § 812 Abs 1 S 1 (BGH NJW 2000, 291, 294; 1990, 716), da es sich bei der vermeintlichen Gläubigerstellung im Verhältnis zur Hinterlegungsstelle um eine vermögensrechtliche Position handelt, die in sonstiger Weise auf Kosten des materiell Berechtigten ohne Rechtsgrund erlangt wurde (BGHZ 35, 165, 170; 109, 240, 244; Staud/*Olzen* Vorbem zu §§ 372 ff Rn 17). Es ist nicht erforderlich, dass der Kläger als Berechtigter bei der Hinterlegungsstelle benannt ist (BGH NJW-RR 1994, 847). Entscheidend ist das materielle Recht, wer einen Rechtsgrund für das Behaltendürfen hat, so dass Fristsetzungen der Hinterlegungsstelle dafür nach § 16 HintO ohne Bedeutung sind. Bei Abtretung des Herausgabeanspruches gegen die Hinterlegungsstelle an einen Dritten geht die genannte bereicherungsrechtliche Position gegen die übrigen Forderungsprätendenten mit über (BGHZ 35, 165, 170; Müko/*Wenzel* Rn 29).

IV. Rechtsbehelfe. Gegen die Entscheidungen der Hinterlegungsstelle ist die Dienstaufsichtsbeschwerde und anschließend der Antrag auf gerichtliche Entscheidung nach § 23 EGGVG der zulässige Rechtsbehelf (§ 3 Abs 1 und 2 HintO). Ist der Antrag auf Herausgabe durch eine Entscheidung des Präsidenten des AG oder des LG abgelehnt, kommt es nicht zu einem Verfahren vor dem OLG-Präsidenten, sondern unmittelbar zu einem Verfahren vor einem ordentlichen Gericht (§ 3 Abs 3 S 1). Der Antrag nach § 23 EGGVG ist in diesem Fall nicht statthaft. Die bes Zuweisung an den ordentlichen Rechtsweg beruht auf dem Umstand, dass das Hinterlegungsverfahren ursprünglich als privatrechtliches Verhältnis ausgestaltet worden war. Die Zuweisung gilt auch dann, wenn statt der Herausgabe des hinterlegten Gegenstandes Schadensersatz verlangt wird (Palandt/*Grüneberg* Einf v § 372 Rn 7). 14

D. Sonstige Wirkungen der Hinterlegung. Als Erfüllungssurrogat wirkt die Hinterlegung nur dann, wenn die entspr Voraussetzungen vorliegen, dh wenn sie als solche berechtigt war und eine Hinterlegungsbefugnis des Schuldners bestand. Die Hinterlegung kann den Schuldner von seiner Verbindlichkeit nach § 378 von seiner Schuld nur dann befreien, wenn das Rücknahmerecht des Schuldners nach § 376 Abs 2 ausgeschlossen ist. Die widerrufliche Hinterlegung verschafft dem Schuldner nur das Recht, den Gläubiger auf die hinterlegte Sache zu verweisen; sie begründet nach § 379 Abs 1 eine Einrede. Die **dinglichen Wirkungen** der Hinterlegung sind in den §§ 372 ff nicht geregelt. Die dinglichen Wirkungen unterscheiden sich nach Art des hinterlegten Gegenstandes. Gesetzliche oder gesetzlich zugelassene Zahlungsmittel gehen in das Eigentum des jeweiligen Bundeslandes über (§ 7 Abs 1 HintO). Sonstige Zahlungsmittel (zB ausländische Währungen) werden nach § 7 Abs 2 HintO unverändert aufbewahrt, können allerdings – wenn die Verfahrensbeteiligten zustimmen – in gesetzliche oder gesetzlich zugelassene Zahlungsmittel umgetauscht werden. Diese gehen dann in Staatseigentum über. Dagegen werden Wertpapiere, sonstige Urkunden und Kostbarkeiten unverändert aufbewahrt (§ 9 Abs 1). Die Eigentumsverhältnisse ändern sich bei diesen Gegenständen durch die Hinterlegung nicht. **Geld**, welches in Staatseigentum übergegangen ist, wird nach Maßgabe des § 8 HintO verzinst; diese werden nach Kalendermonaten berechnet. Ihr Lauf beginnt mit dem ersten Tag des auf die Einzahlung folgenden Monats und endet mit dem Ablauf des der Auszahlungsverfügung folgenden Monats. Die Zinsen werden mit Ablauf des Kalenderjahres fällig oder, wenn das Geld vorher herausgegeben worden ist, mit der Herausgabe. Bei Wertpapieren übernimmt die Hinterlegungsstelle im Rahmen der in § 10 HintO genannten Voraussetzungen und Grenzen eine **Geschäftsbesorgungsfunktion**, zu der die Einlösung fälliger Zins- und Gewinnanteilsscheine oder die Beschaffung von neuen Zins- und Gewinnanteilsscheinen sowie hierzu herausgegebenen Erneuerungsscheinen gehören (PWW/*Pfeiffer* Rn 27). 15

§ 373 Zug-umZug-Leistung. **Ist der Schuldner nur gegen eine Leistung des Gläubigers zu leisten verpflichtet, so kann er das Recht des Gläubigers zum Empfang der hinterlegten Sache von der Bewirkung der Gegenleistung abhängig machen.**

Die Hinterlegung als Erfüllungssurrogat ist nach ihrem **Zweck** darauf ausgerichtet, die Parteien möglichst nicht anders zu behandeln als im Falle der Erfüllung. § 373 dient diesem Ziel in den Fällen der **Zug-um-Zug** Leistung und soll eine Schlechterstellung des Schuldners verhindern. Der Schuldner kann, soweit er nicht vorleistungspflichtig ist, in diesen Fällen die Herausgabe der hinterlegten Sache davon abhängig machen, dass die Gegenleistung erbracht wird (Müko/*Wenzel* Rn 1). Dem auf Sicherung des Zurückbehaltungsrechts entspr Zweck der Vorschrift erfasst sie neben den Fällen des § 320 auch die Zurückbehaltungsrechte gem § 273 und § 369 HGB, auch wenn das Zurückbehaltungsrecht nur wegen einer Nebenleistungspflicht des Gläubigers besteht. Der Schuldner kann diesen Vorbehalt im Hinterlegungsantrag oder später erklären, solange sein Rücknahmerecht noch nicht ausgeschlossen ist (§ 376 Abs 2). Die Hinterlegung berührt nicht das Recht des Schuldners, die von ihm beanspruchte Gegenleistung im Wege der Klage geltend zu machen. Die Hinterlegungsstelle hat das Bestehen des Zurückbehaltungsrechts nicht zu überprüfen. **Andere Vorbehalte** sind grds nicht zulässig. Macht der Schuldner die Hinterlegung von anderen Vorbehalten oder Bedingungen (§ 158) abhängig, weist die Hinterlegungsstelle seinen Antrag zurück; nimmt sie trotzdem an, muss sie ihn beachten, ohne das aber die Wirkung des §§ 378, 379 eintritt. 1

§ 374 Hinterlegungsort; Anzeigepflicht. [1] **Die Hinterlegung hat bei der Hinterlegungsstelle des Leistungsortes zu erfolgen; hinterlegt der Schuldner bei einer anderen Stelle, so hat er dem Gläubiger den daraus entstehenden Schaden zu ersetzen.**

[2] Der Schuldner hat dem Gläubiger die Hinterlegung unverzüglich anzuzeigen; im Falle der Unterlassung ist er zum Schadensersatz verpflichtet. Die Anzeige darf unterbleiben, wenn sie untunlich ist.

A. Hinterlegungsort. Leistungsort und damit Ort der Hinterlegung ist derjenige, an dem der Schuldner die **Leistungshandlung** vorzunehmen hat, grds also sein Wohnort (§ 269). Es kommt nicht darauf an, wo der Leistungserfolg eintreten soll. Der Wohnsitz des Schuldners bleibt auch dann Leistungsort (Ort der Hinterlegung), wenn er den Leistungsgegenstand auf seine Kosten und Gefahr an den Wohnsitz des Gläubigers zu übersenden hat (§ 270 Abs 1, § 270 Abs 4; Palandt/*Grüneberg* Rn 1; Müko/*Wenzel* Rn 1). **Hinterlegungsstel-** 1

len sind die **Amtsgerichte** (§ 1 Abs 2 HintO). Hinterlegt der Schuldner an einem anderen als dem Leistungsort, berührt das die Wirksamkeit der Hinterlegung nicht. Auch verfahrensrechtliche Hindernisse bestehen nicht. Da die HintO keine Vorschriften über die örtliche Zuständigkeit enthält, kann der Schuldner – von Fällen des Rechtsmissbrauchs abgesehen – bei jedem Amtsgericht hinterlegen.

2 **B. Hinterlegungsanzeige.** Die Anzeige nach § 374 Abs 2 S 1 ist **keine Voraussetzung** für die Wirksamkeit der Hinterlegung (BGH WM 1960, 112). Sie muss unverzüglich, dh ohne schuldhaftes Zögern (§ 121 Abs 1) und formfrei abgegeben werden. Kommen als Gläubiger mehrere Personen in Betracht, besteht die Anzeigepflicht ggü allen Prätendenten. Der Hinterlegungsschein braucht nicht beigefügt werden. Da die Anzeige nicht auf Rechtsfolgen gerichtet ist, handelt es sich nicht um ein Rechtsgeschäft, sondern um eine geschäftsähnl Handlung (PWW/*Pfeiffer* Rn 3, aA Staud/*Olzen* Rn 6). Verletzt der Schuldner seine Anzeigepflicht, lässt das die Wirksamkeit der Hinterlegung unberührt. Er macht sich allerdings **schadensersatzpflichtig** (§ 374 Abs 2 S 1 Hs 2); auf ein Verschulden des Schuldners kommt es nicht an. Der Schaden des Gläubigers kann darin bestehen, dass er den hinterlegten Gegenstand verspätet erhält oder dass er seinen Anspruch gegen die Hinterlegungsstelle nicht mehr durchsetzen kann. Nach § 11 HintO ist die Hinterlegungsstelle nach erfolgloser Aufforderung ermächtigt, die Gläubiger im Namen und auf Kosten des Schuldners zu benachrichtigen. Wann die Anzeige **untunlich** ist, entscheidet sich nach dem Grundsatz von Treu und Glauben, etwa dann, wenn sie öffentlich zugestellt werden müsste (§ 132 Abs 2) sowie uU auch dann, wenn die Voraussetzungen der öffentlichen Zustellung nicht vorliegen, die entstehenden Kosten aber wegen der großen Zahl der möglicherweise Berechtigten oder wegen Schwierigkeiten bei der Ermittlung von Anschriften unverhältnismäßig sind (Müko/*Wenzel* Rn 2; Staud/*Olzen* Rn 10).

§ 375 Rückwirkung bei Postübersendung.

Ist die hinterlegte Sache der Hinterlegungsstelle durch die Post übersendet worden, so wirkt die Hinterlegung für die Zeit der Aufgabe der Sache zur Post zurück.

1 Übermittelt der Schuldner die Sache mit der Post oder einem anderen Zustellunternehmen, treten die Schuldbefreiung nach § 378 und die Folgen des § 379 bereits **rückwirkend** für den Zeitpunkt der Aufgabe ein, sofern die Sache tatsächlich bei der Hinterlegungsstelle eingeht. Die Gefahr der Verschlechterung trägt während des Transports wegen der Rückwirkung der Gläubiger (§ 379 Abs 2). Bis zum Eintreffen der zu hinterlegenden Sache trägt allerdings der Schuldner die Gefahr für den Untergang der Sache, sofern sich nicht aus den §§ 300 Abs 2, 326 Abs 2 etwas anderes ergibt.

§ 376 Rücknahmerecht.

[1] Der Schuldner hat das Recht, die hinterlegte Sache zurückzunehmen.
[2] Die Rücknahme ist ausgeschlossen,
1. **wenn der Schuldner der Hinterlegungsstelle erklärt, dass er auf das Recht zur Rücknahme verzichtet,**
2. **wenn der Gläubiger der Hinterlegungsstelle die Annahme erklärt,**
3. **wenn der Hinterlegungsstelle ein zwischen dem Gläubiger und dem Schuldner ergangenes rechtskräftiges Urteil vorgelegt wird, das die Hinterlegung für rechtmäßig erklärt.**

1 **A. Rücknahmerecht.** Der Schuldner kann die hinterlegte Sache grds jederzeit zurücknehmen, sofern dies nicht nach § 376 Abs 2 ausgeschlossen ist. Die Tatbestände des § 376 Abs 2 sehen einen Ausschluss der Rücknahme in drei Fällen vor und lösen damit zugleich die Rechtsfolgen des § 378 aus. Das Rücknahmerecht ist ein **Gestaltungsrecht**, das ggü der Hinterlegungsstelle zu erklären ist. Die Hinterlegung hat, solange sie widerruflich ist, keine befreiende Wirkung. Sie gibt dem Gläubiger einen auflösend bedingten Herausgabeanspruch und dem Schuldner das Rücknahmerecht oder das Verweisungsrecht des § 379. Der Widerruf ist gegenüber der Hinterlegungsstelle zu erklären. Das öffentlich-rechtliche Hinterlegungsverhältnis wird in ein **Abwicklungsverhältnis** umgewandelt. Der Hinterleger erwirbt dadurch einen von den dinglichen Rechtsverhältnissen unabhängigen öffentlich-rechtlichen Herausgabeanspruch gegen die Hinterlegungsstelle, der ebenfalls im ordentlichen Rechtsweg geltend gemacht werden kann. Der Ausschluss des Rücknahmerechts hat zur Folge, dass der Schuldner von seiner Verbindlichkeit frei wird (§ 378) und der **Herausgabeanspruch** des Gläubigers gegen die Hinterlegungsstelle unbedingt wird. Das gilt auch dann, wenn die Verbindlichkeit nicht besteht. Der Gläubiger ist allerdings in diesem Fall zur Einwilligung in die Rückgabe verpflichtet.

2 **B. Ausschluss des Rücknahmerechts.** Nach § 376 Abs 2 Nr 1 kann der Schuldner die Sache nicht zurücknehmen, wenn er ggü der Hinterlegungsstelle darauf verzichtet hat. Der Verzicht ist eine einseitige, empfangsbedürftige Willenserklärung iSd § 130 Abs 3, die den Herausgabewillen erkennen lässt. Durch den Verzicht scheidet er aus dem Kreis der nach §§ 12 ff HintO Empfangsberechtigten aus, sofern er nicht unter Vorbehalt des § 373 hinterlegt hat. Er behält allerdings die Befugnis, weitere mögliche Gläubiger zu benennen (BGH NJW 1960, 1003). Für die Herausgabe der Sache an den Gläubiger ist aber seine Einwilligung nicht mehr erforderlich (§ 13 Abs 2 Nr 1 HintO). Nach § 376 Abs 2 Nr 2 ist eine Rücknahme weiterhin ausgeschlossen, wenn der Gläubiger ggü der Hinterlegungsstelle die Annahme erklärt. Die Annahmeerklärung ist

eine einseitige, empfangsbedürftige **Willenserklärung**. Annahmeberechtigt ist nur derjenige, den der Schuldner ggü der Hinterlegungsstelle als Gläubiger bestimmt hat. Hat der Schuldner wegen Ungewissheit über die Person des Gläubigers zugunsten mehrerer hinterlegt, ist das Rücknahmerecht dann ausgeschlossen, wenn einer der möglichen Gläubiger annimmt. Der **Ausschluss des Rücknahmerechts** nach § 376 Abs 2 Nr 3 setzt ein **rechtskräftiges Urteil** voraus, dass die Hinterlegung für rechtsmäßig erklärt. Es kann sich um Feststellungs- oder Zwischenfeststellungsurteil handeln und auch um ein Urteil, das die Klage des Gläubigers wegen der Hinterlegung nach § 379 abweist. Es muss aber stets in einem Rechtsstreit zwischen Schuldner und Gläubiger ergangen sein; ein Urteil aus einem Prätendentenstreit reicht nicht aus (Palandt/*Grüneberg* Rn 4 mwN).

§ 377 Unpfändbarkeit des Rücknahmerechts. **[1] Das Recht zur Rücknahme ist der Pfändung nicht unterworfen.**

[2] Wird über das Vermögen des Schuldners das Insolvenzverfahren eröffnet, so kann während des Insolvenzverfahrens das Recht zur Rücknahme auch nicht von dem Schuldner ausgeübt werden.

A. Allgemeines. Da die (schuldtilgende und dingliche) Wirkung der Hinterlegung erst mit dem Ausschluss 1
des Rücknahmerechts eintritt, könnte ein anderer Gläubiger dieses Recht vorher pfänden und sich überweisen lassen, um die Hinterlegung zu widerrufen und den hinterlegten Gegenstand an sich zu ziehen. Diese Möglichkeit wird durch § 377 ausgeschlossen. § 377 Abs 1 erklärt nämlich das **Rücknahmerecht** als Gestaltungsrecht für **nicht pfändbar**, weil die mit der Hinterlegung begonnene Befriedigung des Gläubigers durch Zwangsvollstreckungsmaßnahmen nicht verhindert werden soll. Da die Unpfändbarkeit den Interessen des Gläubigers dient, ist auch eine rechtsgeschäftliche Übertragung des Rücknahmerechts ausgeschlossen (Staud/*Olzen* Rn 5). Das ergibt sich, da das Rücknahmerecht kein Anspruch ist, aus der in § 413 bestimmten entspr Anwendung des § 400.

B. Zulässige Rechtshandlungen im Insolvenzverfahren/Anwendungsbereich. Nach § 36 InsO fällt es auch 2
nicht in die Insolvenzmasse. Der Schuldner ist wegen des Verbots in § 377 Abs 2 gleichfalls nicht zur Rücknahme berechtigt, sofern nicht der hinterlegungsbegünstigte Gläubiger zustimmt. Dieses Recht lebt erst nach Beendigung des Insolvenzverfahrens wieder auf. Unberührt bleibt das Recht des Schuldners, auf die Rücknahme zu verzichten (§ 376 Abs 2 Nr 1) und das Recht des Gläubigers, die Hinterlegung anzunehmen (§ 376 Abs 2 Nr 2). Macht der Gläubiger seine Forderung im Insolvenzverfahren geltend, kann ihm der Verwalter die Einrede der Hinterlegung entgegenhalten (Müko/*Wenzel* Rn 2). Unberührt bleibt das Recht des Insolvenzverwalters oder anderer Gläubiger, die Hinterlegung anzufechten (Staud/*Olzen* Rn 11 mwN). Das Pfändungsverbot des § 377 bezieht sich nach seinem Schutzzweck nur auf das **Rücknahmerecht** nach § 376 Abs 1. § 377 ist dann nicht anwendbar, wenn der Schuldner die Sache aus einem anderen rechtlichen Grund als § 376 Abs 1 herausverlangen kann und die Befriedigung des Gläubigers daher nicht erreichbar ist. Der (allerdings nur theoretisch bedeutsame) Herausgabeanspruch des Schuldners, der durch die Rücknahmeerklärung begründet wird, ist pfändbar und übertragbar. Dies gilt auch für das Rücknahmerecht des Schuldners aus § 382 Hs 2 und den Bereicherungsanspruch des Schuldners bei Nichtbestehen der Forderung (Hk-BGB/*Schulze* Rn 1).

§ 378 Wirkung der Hinterlegung bei ausgeschlossener Rücknahme. **Ist die Rücknahme der hinterlegten Sache ausgeschlossen, so wird der Schuldner durch die Hinterlegung von seiner Verbindlichkeit in gleicher Weise befreit, wie wenn er zur Zeit der Hinterlegung an den Gläubiger geleistet hätte.**

A. Allgemeines. § 378 bestimmt die entscheidende Wirkung der Hinterlegung im Verhältnis zwischen 1
Schuldner und Gläubiger, wenn die Rücknahme ausgeschlossen ist und rechtfertigt damit die Einordnung der rechtmäßigen Hinterlegung als **Erfüllungssurrogat**. Diese Norm wird durch § 379 ergänzt. Die Hinterlegung hat schuldbefreiende Wirkung, wenn das Rücknahmerecht des Schuldners aus einem der in § 376 Abs 2 genannte Gründe erloschen ist. § 378 bezieht sich auf die **rechtmäßige Hinterlegung**, dh es muss im Zeitpunkt der Hinterlegung ein Hinterlegungsgrund nach § 372 bestanden haben oder die Hinterlegung vereinbart worden sein. Die **unrechtmäßige Hinterlegung**, dh wenn die Voraussetzungen der § 372 fehlen, führt nur dann zu einer Erfüllungswirkung, wenn der Gläubiger die Hinterlegung **annimmt** (§ 376 Abs 2 Nr 2). Umstritten ist, ob die Schuldbefreiung auch hier rückwirkend oder erst mit Annahme eintritt; eine Auslegung dürfte im Zweifel dafür sprechen, dass er die unrechtmäßige Hinterlegung erst vom Zeitpunkt seiner Erklärung gegen sich gelten lassen will (Müko/*Wenzel* Rn 4). § 378 ist **entspr anwendbar**, wenn die Parteien die Hinterlegung bei einem Notar oder einer anderen Stelle durch vertragliche Abreden der Hinterlegung iSd §§ 372 ff gleichgestellt haben. § 378 ist weiterhin analog anzuwenden, wenn die Hinterlegung Gegenstand der Schuld ist, dh wenn die Hinterlegung Erfüllung und kein Erfüllungssurrogat ist (vgl Müko/*Wenzel* Rn 5).

B. Rechtsfolgen. Durch die unwiderrufliche Hinterlegung wird der Schuldner von seiner Verbindlichkeit **mit** 2
Wirkung ex tunc befreit, so als hätte er zur Zeit der Hinterlegung geleistet (BGH NJW-RR 2006, 334). Die

Schuldbefreiung setzt voraus, dass der Gläubiger im Hinterlegungsantrag zumindest als einer der Empfangsberechtigten benannt worden ist (BGH NJW-RR 2007, 989, 991; 2005, 712). Der Schuldner wird auch dann von seiner Verbindlichkeit befreit, wenn er der Hinterlegungsstelle den wahren Gläubiger erst später benennt (BGH NJW-RR 1989, 200). Die **weiteren Folgen** sind ua das Freiwerden akzessorischer Sicherheiten, insbes von Bürgschaften und Pfandrechten. Zinsen, Vertragsstrafen und anderen Verzugsfolgen fallen weg, und zwar rückwirkend vom Zeitpunkt der Hinterlegung an. Die Beweislast für die Erfüllung trägt der Schuldner (§ 363). Da die Hinterlegung die geschuldete Leistung noch nicht in einem tatsächlichen Sinne bewirkt, tritt Beweislastumkehr nach § 363 auch bei unwiderruflicher Hinterlegung erst mit Aushändigung des hinterlegten Gegenstandes an den Gläubiger ein; vorher kann der Gläubiger ihn nicht prüfen (Staud/*Olzen* Rn 22).

§ 379 Wirkung der Hinterlegung bei nicht ausgeschlossener Rücknahme.

[1] Ist die Rücknahme der hinterlegten Sache nicht ausgeschlossen, so kann der Schuldner den Gläubiger auf die hinterlegte Sache verweisen.
[2] Solange die Sache hinterlegt ist, trägt der Gläubiger die Gefahr und ist der Schuldner nicht verpflichtet, Zinsen zu zahlen oder Ersatz für nicht gezogene Nutzungen zu leisten.
[3] Nimmt der Schuldner die hinterlegte Sache zurück, so gilt die Hinterlegung als nicht erfolgt.

1 **A. Allgemeines.** § 379 dient dem **Schutz des Schuldners**, solange die Hinterlegung keine schuldtilgende Wirkung entfaltet (§ 378). Dies entspricht der Billigkeit, da der Gläubiger die Hinterlegung jederzeit durch Annahme (§ 376 Abs 2 S 2) unwiderruflich machen und auf diese Weise die auflösende Bedingung, unter der der Herausgabeanspruch des Schuldners steht, zum Wegfall bringen kann. § 379 setzt wie § 378 eine rechtmäßige Hinterlegung voraus, so dass insoweit die Ausführungen zu § 378 gelten.

2 **B. Rechtsfolgen.** Der Schuldner kann den Gläubiger nach § 379 Abs 1 auf die hinterlegte Sache verweisen. Er hat insoweit ein vorübergehendes Leistungsverweigerungsrecht, das im Prozess als **Einrede** geltend zu machen ist. Bereits sein Bestehen hindert den Eintritt des Verzugs, führt aber nicht zu einer Hemmung der Verjährung. Diese Einrede kann nach §§ 768, 1137, 1211 auch von Bürgen und Verpfändern geltend gemacht werden. Sie stellt dagegen kein Verzicht auf das Rücknahmerecht dar (§ 376 Abs 2 Nr 1). Nach § 379 Abs 2 trägt der Gläubiger während der Hinterlegung die **Preis- bzw Gegenleistungsgefahr** (Staud/*Olzen* Rn 10). Der Gläubiger bleibt zur Gegenleistung verpflichtet, auch wenn die Sache während der Hinterlegung untergeht oder verschlechtert wird. Die in § 379 Abs 2 aufgeführten weiteren Wirkungen der widerruflichen Hinterlegung treten kraft Gesetzes ein, ohne dass es einer Einrede des Schuldners bedarf. Während der Zeit, in der die Sache hinterlegt ist, braucht der Schuldner weder Zinsen noch Ersatz für nicht gezogene Nutzungen zu leisten (§ 379 Abs 2). Hat der Schuldner wegen Annahmeverzuges hinterlegt, ist § 379 Abs 2 ohne Bedeutung, da die in dieser Regelung bestimmten Rechtsfolgen nach §§ 301, 302 schon mit dem Annahmeverzug eintreten.

3 **C. Rücknahme der hinterlegten Sache.** Macht der Schuldner von seinem Rücknahmerecht durch Erklärung ggü der Hinterlegungsstelle Gebrauch, entfallen sämtliche Wirkungen der Hinterlegung **rückwirkend**. Das Merkmal der Rücknahme wird als Anknüpfung an § 376 Abs 2 Nr 1 verstanden, so dass es auf die Ausübung des Rücknahmerechts und nicht auf die tatsächliche Herausgabe durch die Hinterlegungsstelle ankommt (Palandt/*Grüneberg* Rn 4). Damit entsteht der Rechtszustand wieder, der vor der Hinterlegung bestand (zB keine Hinterlegungseinrede, Zinszahlungspflicht und Verpflichtung zum Nutzungsersatz, Staud/*Olzen* Rn 13). Wirksam bleibt allerdings ein Anerkenntnis auf Grund der Anzeige nach § 374 Abs 2 und der damit verbundene Neubeginn der Verjährung (§ 212 Abs 1 Nr 1).

§ 380 Nachweis der Empfangsberechtigung.

Soweit nach den für die Hinterlegungsstelle geltenden Bestimmungen zum Nachweis der Empfangsberechtigung des Gläubigers eine diese Berechtigung anerkennende Erklärung des Schuldners erforderlich oder genügend ist, kann der Gläubiger von dem Schuldner die Abgabe der Erklärung unter denselben Voraussetzungen verlangen, unter denen er die Leistung zu fordern berechtigt sein würde, wenn die Hinterlegung nicht erfolgt wäre.

1 Ob eine Freigabeerklärung des Schuldners erforderlich ist, richtet sich nach dem formellen Hinterlegungsrecht. § 13 Abs 2 S 1 sieht sie grds vor, sofern der Schuldner nicht auf sein Rücknahmerecht verzichtet hat. Mit der Bezeichnung eines bestimmten Gläubigers bei der Hinterlegung erklärt sich der Schuldner aber idR zugleich mit der Herausgabe an diesen Gläubiger einverstanden. Die Freigabeerklärung des Schuldners ist daher nur dann erforderlich, wenn die Empfangsberechtigung des Gläubigers zweifelhaft ist (Müko/*Wenzel* Rn 5). Hat der Schuldner auf sein Rücknahmerecht **verzichtet** (§ 376 Abs 2 Nr 1), bedarf es ohnehin keiner Freigabeerklärung mehr, da er kein Beteiligter im Hinterlegungsverfahren mehr ist. Seine Freigabeerklärung ist nur dann erforderlich, wenn er ein Zurückbehaltungsrecht nach § 373 geltend gemacht hat oder wenn er das Bestehen der Forderung nach der Hinterlegung bestreitet (RGZ 87, 382). Der Gläubiger muss ggü der Hinterlegungsstelle den Nachweis führen, dass er der wirkliche Berechtigte ist. Er trägt auch für das Bestehen der Forderung, wegen der hinterlegt worden ist, die Beweislast.

§ 381 Kosten der Hinterlegung. Die Kosten der Hinterlegung fallen dem Gläubiger zur Last, sofern nicht der Schuldner die hinterlegte Sache zurücknimmt.

Die Vorschrift regelt nur die **Kostentragungspflicht** der Parteien untereinander. Sie gilt nur für die rechtmäßige oder vom Gläubiger anerkannte Hinterlegung. Hintergrund ist, dass das Leistungshindernis des Schuldners aus der Gläubigersphäre stammt und sich daraus das Hinterlegungsrecht ergibt. Die Kostenpflicht ggü der Hinterlegungsstelle bestimmt sich nach den Justizverwaltungskostengesetzen der Länder. Kostenschuldner ist danach grds der Hinterleger. Der Gläubiger hat die Kosten nur zu tragen, wenn die Hinterlegung rechtmäßig war oder wenn sie wegen der von ihm erklärten Annahme einer rechtmäßigen Hinterlegung gleichsteht. Beweispflichtig ist der Schuldner. § 381 Hs 2 hat nur klarstellende Bedeutung. Bei **Annahmeverzug** des Gläubigers ergibt sich seine Kostentragungspflicht aus § 304. Im Falle einer **Rücknahme** der hinterlegten Sache (§ 379 Abs 3) gilt die Hinterlegung als nicht erfolgt, so dass der Schuldner die Kosten zu tragen hat. 1

§ 382 Erlöschen des Gläubigerrechts. Das Recht des Gläubigers auf den hinterlegten Betrag erlischt mit Ablauf von 30 Jahren nach dem Empfang der Anzeige von der Hinterlegung, wenn nicht der Gläubiger sich vorher bei der Hinterlegungsstalle meldet; der Schuldner ist zur Rücknahme berechtigt, auch wenn er auf das Recht zur Rücknahme verzichtet hat.

Diese Vorschrift betrifft den öffentlich-rechtlichen Herausgabeanspruch des Gläubigers ggü der Hinterlegungsstelle. Sie sieht für den Anspruch des Gläubigers eine **materiell-rechtliche Ausschlussfrist** von 30 Jahren vor. Die Verjährungsvorschriften sind nicht anwendbar. Diese Frist beginnt mit dem Zugang der Hinterlegungsanzeige (§ 374 Abs 2), wenn die Anzeige untunlich war, mit der Hinterlegung. Mit dem Anspruch gegen die Hinterlegungsstelle erlischt nach hM zugleich auch die **Forderung gegen den Schuldner**, sofern diese Wirkung nicht schon zuvor nach § 378 eingetreten ist. Durch das Erlöschen des Anspruchs des Gläubigers wird die Hinterlegungsstelle nicht von ihrer Herausgabepflicht frei. Der Schuldner kann vielmehr auch nach Ablauf der Frist von 30 Jahren nach § 382 Hs 2 die hinterlegte Sache herausverlangen, und zwar auch dann, wenn er auf sein Rücknahmerecht verzichtet hat; dieser Anspruch ist – anders als das Rücknahmerecht – abtretbar, pfändbar und fällt in die Insolvenzmasse. Für die Stellung eines begründeten Antrags auf Rückgabe gilt aber nach § 19 HintO eine Ausschlussfrist von einem weiteren Jahr (PWW/*Pfeiffer* Rn 4 mwN). Anschließend fällt die Hinterlegungsmasse nach § 23 HintO zugunsten des Staates. 1

§ 383 Versteigerung hinterlegungsfähiger Sachen. [1] Ist die geschuldete bewegliche Sache zur Hinterlegung nicht geeignet, so kann der Schuldner sie im Falle des Verzugs des Gläubigers am Leistungsort versteigern lassen und den Erlös hinterlegen. Das Gleiche gilt in den Fällen des § 372 Satz 2, wenn der Verderb der Sache zu besorgen oder die Aufbewahrung mit unverhältnismäßigen Kosten verbunden ist.
[2] Ist von der Versteigerung am Leistungsort ein angemessener Erfolg nicht zu erwarten, so ist die Sache an einem geeigneten anderen Ort zu versteigern.
[3] Die Versteigerung hat durch einen für den Versteigerungsort bestellten Gerichtsvollzieher oder zu Versteigerungen befugten anderen Beamten oder öffentlich angestellten Versteigerer öffentlich zu erfolgen (öffentliche Versteigerung). Zeit und Ort der Versteigerung sind unter allgemeiner Bezeichnung der Sache öffentlich bekannt zu machen
[4] Die Vorschriften der Absätze 1 bis 3 gelten nicht für eingetragene Schiffe und Schiffsbauwerke.

A. Allgemeines. Der Zweck des § 383 besteht darin, dem Schuldner eine **erweiterte Möglichkeit zur Hinterlegung** zu verschaffen, obwohl die als Leistung geschuldete Sache nach § 372 zur Hinterlegung nicht geeignet ist. Daher werden dem Schuldner der **Selbsthilfeverkauf** im Wege der **öffentlichen Versteigerung** und die Hinterlegung des Gelderlöses gestattet. Der Selbsthilfeverkauf bewirkt im Gegensatz zur Hinterlegung, dass der Gläubiger die geschuldete Sache einbüßt und nur den (oft im Wert geringeren) Verkaufserlös bekommt. Die §§ 383 ff begründen für den Schuldner eine Ermächtigung, über die dem Gläubiger gehörende Sache zu verfügen. Da hierin eine erhebliche Beeinträchtigung des Gläubigers liegt, muss diese Regelung auf Fälle mangelnder Schutzbedürftigkeit des Gläubigers oder eines überwiegenden Veräußerungsinteresses des Schuldners beschränkt bleiben. 1

B. Voraussetzungen des Selbsthilfeverkaufs. Das Gesetz gestattet den Selbsthilfeverkauf nur bei **beweglichen Sachen**. Bei Grundstücken und eingetragenen Schiffen und Schiffsbauwerken hat der Schuldner lediglich das Recht zur Besitzaufgabe (§ 303). Gleichgültig ist, ob der Schuldner zur Übereignung oder nur zur Herausgabe verpflichtet ist. Der Schuldner ist zum Selbsthilfeverkauf berechtigt, wenn sich der Gläubiger im **Annahmeverzug** (§ 372 S 1, §§ 293 ff) befindet. Liegt dagegen kein Annahmeverzug vor, sondern ein Hinterlegungsgrund nach § 373 S 2 vor, ist der Selbsthilfeverkauf nur bei **drohendem Verderb** der Sache oder **unverhältnismäßigen Aufbewahrungskosten** zulässig. Beim **Handelskauf** gilt im Falle des Annahmeverzugs 2 des Gläubigers der erweiterte Selbsthilfeverkauf nach § 373 HGB. Daneben muss die Versteigerung dem Gläubiger grds angedroht werden (§ 384 Abs 1). Die Benachrichtigung von der Versteigerung ist allerdings keine Voraussetzung für die Rechtmäßigkeit des Selbsthilfeverkaufs; ihr Unterlassen löst lediglich eine Schadensersatzpflicht des Schuldners aus. Der Schuldner trägt die **Beweislast** für die Erfüllung der Voraussetzungen des Selbsthilfeverkaufs und für die Einhaltung der Vorschriften über die Durchführung (Staud/*Olzen* Rn 21).

3 **C. Öffentliche Versteigerung.** Bei Vorliegen der Voraussetzungen eines Selbsthilfeverkaufs ist der Schuldner zur öffentlichen Versteigerung berechtigt. Eine Legaldefinition der öffentlichen Versteigerung enthält § 383 Abs 3, auch über § 383 hinaus. Ihre Merkmal sind erstens die Ausführung der Versteigerung durch eine hierzu befugte, öffentlich bestellte Person (Gerichtsvollzieher, Notare und die nach § 34b Abs 5 GewO bestellten Personen) und die Öffentlichkeit der Versteigerung selbst. Öffentlich ist eine Versteigerung dann, wenn sie für jedermann zugänglich ist (BGH NJW 90, 899; Palandt/*Grüneberg* Rn 4). Es gilt § 156. Auf § 383 Abs 3 verweisen etwa §§ 445, 474 Abs 1 S 2, 935 Abs 2, 1219 Abs 1 und 1235.

4 **D. Rechtsfolgen.** Durch den **rechtmäßigen** Selbsthilfeverkauf wandelt sich der Anspruch des Gläubigers in eine Geldforderung auf den Erlös um (Palandt/*Grüneberg* Rn 6). Der rechtmäßige Selbsthilfeverkauf berechtigt den Schuldner nach dem Gesetzeswortlaut, den Erlös zu hinterlegen und dadurch die Schuld zu tilgen (§§ 378, 379). Er kann aber auch durch Zahlung des Erlöses oder durch Aufrechnung tilgen.

5 **E. Unrechtmäßiger Selbsthilfeverkauf.** Entspricht der Selbsthilfeverkauf nicht den Voraussetzungen des § 383, dann ist er unrechtmäßig. Der Selbsthilfeverkauf ist darüber hinaus unrechtmäßig, wenn wesentliche, zum Schutz des Gläubigers bestimmte Vorschriften verletzt sind, etwa wenn die Versteigerung nicht öffentlich oder nicht ordnungsgem bekannt gemacht, nach § 384 nicht angedroht oder durch einen nicht zugelassenen Versteigerer durchgeführt worden ist. Handelt es sich aber nur um die Verletzung instruktioneller Vorschriften, etwa bei einer Versteigerung an einem anderen Ort als dem Leistungsort oder wenn der Versteigerer die für ihn maßgebenden Verwaltungsvorschriften nicht beachtet hat, führt dies nicht zur Unrechtmäßigkeit der Versteigerung (Staud/*Olzen* Rn 17, 18). Die Versteigerung an einem anderen Ort begründet aber eine Schadensersatzpflicht des Schuldners (RGZ 96, 116; 110, 168); dieser trägt die Beweislast, dass am richtigen Ort kein höherer Erlös hätte erzielt werden können (RGZ 110, 268, 270). Der unrechtmäßige Selbsthilfeverkauf führt nicht zum Freiwerden nach § 378, sondern allenfalls nach § 275 Abs 1. Er begründet eine Schadensersatzpflicht des Schuldners gem § 283 iVm § 280 Abs 3; die Haftungsmilderung des § 300 Abs 1 kommt nicht zum Tragen. Unabhängig vom Verschulden kann sich aus § 285 ein Anspruch auf Herausgabe des Erlöses ergeben.

§ 384 Androhung der Versteigerung. **[1] Die Versteigerung ist erst zulässig, nachdem sie dem Gläubiger angedroht worden ist; die Androhung darf unterbleiben, wenn die Sache dem Verderb ausgesetzt und mit dem Aufschub der Versteigerung Gefahr verbunden ist.**

[2] Der Schuldner hat den Gläubiger von der Versteigerung unverzüglich zu benachrichtigen; im Falle der Unterlassung ist er zum Schadensersatz verpflichtet.

[3] Die Androhung und die Benachrichtigung dürfen unterbleiben, wenn sie untunlich sind.

1 Die **Androhung** soll dem Schuldner Gelegenheit geben, die Versteigerung noch zu verhindern und sich die Sache zu erhalten. Sie hat rechtzeitig zu erfolgen und ist eine **geschäftsähnl, empfangsbedürftige Erklärung**, die den allg Regeln über Willenserklärungen unterliegt (RGZ 94, 140, 143). Das Erfordernis der vorherigen Androhung gilt unabhängig von der Frage, wer die Versteigerung durchführt. Eine bes Form ist vom Gesetz nicht vorgeschrieben. Die Androhung ist Voraussetzung für die Durchführung des Selbsthilfeverkaufs. Eine **Benachrichtigung** von der erfolgten Versteigerung ist ein **Realakt** und keine geschäftsähnl Handlung (PWW/*Pfeiffer* Rn 2; aA Staud/*Olzen* Rn 4). Ihre Vornahme ist keine Voraussetzung für die Rechtmäßigkeit des Selbsthilfeverkaufs. Der Schuldner macht sich allerdings schadensersatzpflichtig, wenn sie nicht unverzüglich erfolgt (§§ 383 Abs 2 Hs 2). Der Schuldner muss im Streitfall beweisen, dass Androhung und Benachrichtigung erfolgt sind oder dass sie **untunlich** waren, etwa dann, wenn sie mit unverhältnismäßigen Kosten, unzumutbaren Verzögerungen oder sonst unzumutbaren Schwierigkeiten verbunden sind (PWW/*Pfeiffer* Rn 3).

§ 385 Freihändiger Verkauf. **Hat die Sache einen Börsen- oder Marktpreis, so kann der Schuldner den Verkauf aus freier Hand durch einen zu solchen Verkäufen öffentlich ermächtigten Handelsmakler oder durch eine zur öffentlichen Versteigerung befugte Person zum laufenden Preis bewirken.**

1 Diese Vorschrift lässt einen freihändigen Verkauf zu, wenn die Sache ausnahmsw einen Börsen- oder Marktpreis hat; das Verfahren zur Ermittlung des Börsenpreises ist in den §§ 24 ff BörsenG geregelt. Für das Bestehen eines Marktpreises ist es nicht ohne weiteres ausreichend, dass es sich um marktgängige Ware handelt. Vielmehr muss die Ware in so großem Umfang gehandelt werden, dass aus der Menge der geschlossenen Geschäfte auf einen Durchschnittspreis geschlossen werden kann (RGZ 34, 117, 120). Der freihändige Ver-

kauf einer Sache, die keinen Börsen- oder Marktpreis hat, ist nicht rechtmäßig. § 385 regelt nur die Art des Verkaufs eigenständig; iÜ gelten die §§ 383, 384. Die Parteien können eine freihändige Verwertung auch **vereinbaren** (BGHZ 77, 139). Mit dieser Regelung, nach der nur bes qualifizierte Personen den Verkauf durchführen dürfen, soll gewährleistet sein, dass ein Gegenstand nicht unter Preis verschleudert wird, sondern ein angemessener (mindestens durchschnittlicher) Erlös erzielt wird. Ein **Verstoß** gegen diese Vorschrift führt zur Rechtswidrigkeit des Selbsthilfeverkaufs. Dies vereitelt nicht nur die Erfüllungswirkung, sondern kann zudem auch einen Schadensersatzanspruch des Schuldners nach §§ 280 Abs 1, 283, 275 Abs 1 und Abs 4 auslösen. Allerdings kommt dem Schuldner bei Annahmeverzug des Gläubigers die Haftungsbegrenzung auf grobes Verschulden nach § 300 Abs 1 zugute, soweit es um den Ersatz für den Verlust oder teilw Verlust (Beschädigung) der Sache geht (Köln NJW-RR 1995, 52; PWW/*Pfeiffer* Rn 2).

§ 386 Kosten der Versteigerung. Die Kosten der Versteigerung oder des nach § 385 erfolgten Verkaufs fallen dem Gläubiger zur Last, sofern nicht der Schuldner den hinterlegten Erlös zurücknimmt.

§ 386 ist eine Parallelregelung zu § 381. Sie gilt nur für das **Verhältnis der Parteien untereinander**. Der 1
Schuldner haftet ggü dem Versteigerer als Auftraggeber. Die Kostenpflicht des Gläubigers besteht nur dann, wenn der Selbsthilfeverkauf rechtmäßig war. Sie beruht – wie § 381 – auf der Erwägung, dass die Kosten durch Gründe verursacht sind, die aus dem Risikobereich des Gläubigers stammen. Zu den Kosten des Selbsthilfeverkaufs gehören neben den Gebühren des Versteigerers auch die Kosten der Androhung, der öffentlichen Bekanntmachung, der Benachrichtigung (§§ 383, 384), die Mehrwertsteuer sowie das Honorar des eingeschalteten Maklers (BGH WM 1980, 778; Müko/*Wenzel* Rn 1).

Titel 3 Aufrechnung

§ 387 Voraussetzungen. Schulden zwei Personen einander Leistungen, die ihrem Gegenstand nach gleichartig sind, so kann jeder Teil seine Forderung gegen die Forderung des anderen Teils aufrechnen, sobald er die ihm gebührende Leistung fordern und die ihm obliegende Leistung bewirken kann.

A. Allgemeines. Die Aufrechnung ermöglicht die wechselseitige Tilgung gegenseitiger, gleichartiger, einrede- 1
freier und fälliger bzw erfüllbarer Forderungen durch eine empfangsbedürftige Willenserklärung (**einseitiges Rechtsgeschäft**). Die Forderung des Aufrechnungsgegners, gegen die aufgerechnet wird, bezeichnet man als Hauptforderung (Passivforderung) und die Forderung, mit der aufgerechnet wird, als Gegenforderung (Aktivforderung bzw. Aufrechnungsforderung). Von der einseitig erklärten Aufrechnung sind die vertraglich vereinbarte Verrechnung, teilw auch als Aufrechnungsvertrag bezeichnet, die ebenfalls eine wechselseitige Tilgung bewirkt, die rein rechnerisch durchgeführte Anrechnung zur Ermittlung der Anspruchshöhe, das Kontokorrent, das zur »Lähmung« der einzelnen Forderungen führt und das – mangels Gegenseitigkeit oder Gleichartigkeit in Betracht kommende – Zurückbehaltungsrecht zu unterscheiden (vgl unter B). Die Aufrechnung zielt auf eine vereinfachte, abgekürzte Erfüllung gegenseitiger gleichartiger Ansprüche ab. Da eine Erfüllung beider Forderungen unwirtschaftlich wäre, gestattet das Gesetz die »Kurzabwicklung« (Jauernig/*Stürner* Rn 2). Der Gläubiger der Gegenforderung erhält eine Art »**Selbstvollstreckungsrecht**«, das mit dem staatlichen Gewaltmonopol vereinbar ist (BGHZ 99, 36; 130, 76, 80). Die Aufrechnung hat damit eine Sicherungs- und Vollstreckungsfunktion, die vor allem beim Vermögensverfall des Aufrechnungsgegners von Bedeutung ist (BaRoth/*Dennhardt* Rn 1). Dem Gläubiger der Hauptforderung wird damit ein **Erfüllungssurrogat** aufgezwungen. Die Aufrechnung ist auch im **öffentlichen Recht** und gegen eine öffentlich-rechtliche Forderung möglich (BGHZ 5, 352; BVerwG NJW 1983, 776; BHF NVwZ 1984, 199; BSGE 1975, 283). Die Vorschriften des BGB gelten entspr, soweit sie nicht durch Besonderheiten oder Sondervorschriften des öffentlichen Rechts verdrängt werden; maßgebend ist im Zweifel das für die zu tilgende Forderung maßgebende Recht (PWW/*Pfeiffer* Rn 2 mwN). Über die Gläubigerstellung bestimmt demnach das öffentliche Recht; der Bund ist danach Teilgläubiger des Umsatzsteueranspruchs (BGH DB 2007, 1860). Erfolgt sie danach öffentlich-rechtlich, kann sie ähnl wie ein öffentlich-rechtlicher Vertrag aus einer Position der Gleichordnung – als verwaltungsrechtliches Gestaltungsgeschäft durch Willenserklärung – heraus erklärt werden oder hoheitlich in einen Verwaltungsakt eingekleidet werden (BGH NJW-RR 2004, 1432; BVerwG NJW 1983, 776; PWW/*Pfeiffer* Rn 2 mwN). Im **Internationalen Privatrecht** richten sich die Zulässigkeit und Wirkung der Aufrechnung im Streitfall nach dem Statut der Hauptforderung (vgl Art 32 Abs 1 Nr 4 EGBGB, AnwK/*Wermeckes* Rn 48 mwN). Dies gilt auch für die Aufrechnung gegen Ansprüche, die auf das CISG (UN-Kaufrecht) Anwendung findet (Düsseldorf NJW-RR 1997, 822, 823).

B. Abgrenzung zu anderen Rechtsgestaltungen. I. Verrechnungsabrede (Aufrechnungsvertrag). Die Par- 2
teien können nach dem Grundsatz der Vertragsfreiheit über die im Gesetz vorgesehenen Fälle des Erlöschens eines Schuldverhältnisses hinaus weitere Tatbestände vereinbaren. Hierunter fällt auch eine Verrechnungsab-

rede, mitunter auch als **Aufrechnungsvertrag** bezeichnet. Es handelt sich nicht um einen gegenseitigen Erlassvertrag, sondern um einen **Erfüllungsersetzungsvertrag** (Palandt/*Grüneberg* Rn 19). Für die Verrechnung kommt es nicht darauf an, ob die Voraussetzungen der Aufrechnung, etwa Gegenseitigkeit, Gleichartigkeit, Vollwirksamkeit und Fälligkeit der Gegenforderung sowie Erfüllbarkeit der Hauptforderung, vorliegen. Anders als beim Kontokorrent verlieren die wechselseitigen Ansprüche durch den Aufrechnungsvertrag nicht ihre Selbstständigkeit (BGH NJW-RR 2007, 705). Ausreichend ist, dass die Parteien über die zu verrechnenden Forderungen verfügen können. Bezieht sich der Vertrag auf künftige Forderungen, so ist die Erlöschenswirkung aufschiebend bedingt und sie werden im Zeitpunkt ihrer Entstehung getilgt (PWW/*Pfeiffer* Rn 4 mwN). Bei solchen aufschiebend bedingten Aufrechnungsverträgen kann es zu Konflikten mit späteren Pfändungen kommen. Besteht eine Forderung nicht, ist der Aufrechnungsvertrag insoweit unwirksam (BGH NJW 1998, 978, 979), es sei denn, dass die Forderung durch den Vertrag neu begründet oder in zulässiger Weise anerkannt wird.

3 Die Verrechnung führt regelm zum **Erlöschen der Forderung**. Das lässt, wenn nicht weitere Vereinbarungen hinzutreten, die sonstigen Modalitäten der Erfüllung unberührt. Welche Modalitäten für die Verrechnung gelten, hängt von den Vereinbarungen der Parteien ab. Regelmäßig ist im Falle einer vereinbarten Verrechnung gewollt, dass einander ggü stehende Forderungen zu dem von den Parteien vereinbarten Zeitpunkt erlöschen, ohne dass es hierfür einer weiteren Erklärung einer Seite bedarf (BGH NJW-RR 2003, 1358; BGHZ 94, 132;). Der Aufrechnungsvertrag hat große praktische Bedeutung. Sein Anwendungsbereich reicht von Alltagsgeschäften bis zum Clearinggeschäft im zwischenstaatlichen Handel. Derartige Abreden kommen auch in Form von Konzernverrechnungsklauseln vor. Dies gilt sowohl für den Fall, dass ein konzernangehöriges Unternehmen zur Aufrechnung mit eigenen Forderungen auch gegen Forderungen des Vertragspartners anderer konzernangehöriger Unternehmen berechtigt sein soll, wie auch für den umgekehrten Fall, dass ein Konzernunternehmen befugt ist, eigene Verbindlichkeiten durch Verrechnung mit Forderungen anderer konzernangehöriger Unternehmen gegen denselben Vertragspartner zu tilgen (BGHZ 81, 15, 17; WM 1966, 651, 652; PWW/*Pfeiffer* Rn 6). Insolvenzrechtliche Aufrechnungsschranken sind entspr heranzuziehen (BGHZ 81, 15).

4 **II. Anrechnung/Einbehaltung.** Während sich bei der Aufrechnung zwei selbstständige Forderungen gegenüberstehen, sind bei Anrechnung von einem Anspruch unselbstständige Abrechnungsposten innerhalb eines **einheitlichen Anspruchs** in Abzug zu bringen. Einen Gegenanspruch gibt es hier nicht. Das Gesetz erwähnt die Anrechnung in §§ 326 Abs 2 S 2, 537 Abs 1 S 2, 615 S 2, 616 S 2 und 649 S 2. Um Anrechnung geht es aber auch bei der Vorteilsausgleichung (hierzu PWW/*Medicus* § 249 Rn 72 ff), der Schadensermittlung nach der Differenztheorie und der Anwendung der Saldotheorie (hierzu PWW/*Leupertz* § 818 Rn 29 ff) im Rahmen der bereicherungsrechtlichen Rückabwicklung gegenseitiger Verträge (AnwK/*Wermeckes* § 389 Rn 5 mwN). Die Anrechnung findet **von Amts wegen** statt ohne dass es einer entspr Parteierklärung bedarf. Die Differenzierung zwischen Aufrechnung und Anrechnung ist deshalb wichtig, weil gesetzlichen Aufrechnungsverbote weder unmittelbar noch analog anwendbar sind (BGH NJW 1962, 1909) und können auch nicht durch die Annahme eines Verrechnungsverhältnisses umgangen werden (BGH NJW 2005, 2771).

5 **III. Kontokorrent.** Das Kontokorrent nach § 355 HGB bewirkt, dass die hiervon erfassten Einzelforderungen in eine laufende Rechnung eingestellt und dort verrechnet werden. Die Einzelforderungen werden hierdurch während der laufenden Rechnungsperiode »gelähmt«. Sie können also grds nicht einzeln geltend gemacht und zur Aufrechnung genutzt werden. Sie finden Eingang in das am Ende der Rechnungsperiode zu erteilende Salodoanerkenntnis. Eine Aufrechnungsmöglichkeit, die hinsichtlich einer Einzelforderung im Kontokorrent ggü einer Forderung außerhalb des Kontokorrents bestand, bleibt aber als Sicherheit nach dem Sicherheitsbegriff des § 356 HGB für die Saldoforderung erhalten (PWW/*Pfeiffer* Rn 7 mwN).

6 **IV. Zurückbehaltungsrecht.** Die Aufrechnung unterscheidet sich von dem Zurückbehaltungsrecht durch ihre schuldtilgende Wirkung. Soweit die Voraussetzungen einer Aufrechnung vorliegen, ist für die Geltendmachung eines Zurückbehaltungsrechtes nach § 273 kein Raum. Die Ausübung eines Zurückbehaltungsrechts wird dann regelm in eine Aufrechnungserklärung umgedeutet (BGH NJW 2000, 278). Vertragliche Aufrechnungsverbote schließen regelm auch ein tatbestandsmäßig gegebenes Zurückbehaltungsrecht aus.

7 **C. Voraussetzungen. I. Überblick.** Voraussetzung für eine Aufrechnung ist, dass eine **Aufrechnungslage** (§ 387) vorliegt und die Aufrechnung gesetzlich oder vertraglich **nicht ausgeschlossen** ist. Erforderlich ist weiterhin eine **Aufrechnungserklärung (§ 388)**. § 387 nennt die Voraussetzungen für eine Aufrechnungslage. Hierzu zählen die Gegenseitigkeit der zur Aufrechnung stehenden Forderung, ihre Gleichartigkeit, ihre Vollwirksamkeit sowie die Erfüllbarkeit der Gegenforderung. Maßgebend ist der Zeitpunkt des Zugangs der Aufrechnungserklärung (BAG NJW 1968, 813). Ein rechtlicher Zusammenhang zwischen den Forderungen (Konnexität) ist nicht erforderlich. Auch auf die Liquidität der Gegenforderung kommt es materiellrechtlich nicht an, ebenso wenig wie auf die unterschiedliche Höhe der Ansprüche sowie auf die Identität zwischen Leistungs- und Ablieferungsort (Palandt/*Grüneberg* Rn 3 mwN). Die **Rechtsfolge** der Aufrechnung besteht darin, dass die aufgerechneten Forderungen ex tunc erlöschen, soweit sie sich decken (§ 389 vgl dort). Die **Darlegungs- und Beweislast** richtet sich nach allg Regeln. Der **Aufrechnende** hat die Voraussetzungen der

wirksamen Aufrechnung darzulegen und zu **beweisen**. Der Aufrechnungsgegner hat die Beweislast für Tatsachen, aus denen sich ein Ausschluss der Aufrechnung ergibt.

II. Gegenseitigkeit der Forderungen. 1. Eigene Forderung des Schuldners. Gegenseitigkeit bedeutet, dass es sich um Forderungen zwischen denselben Personen handelt. Der Aufrechnende muss zugleich Gläubiger der Gegenforderung und Schuldner der Hauptforderung, der Aufrechnungsgegner zugleich Gläubiger der Hauptforderung und Schuldner der Gegenforderung sein. Der Begriff »Gegenseitigkeit« hat nicht die Bedeutung wie bei § 320, sondern ist iSv »Wechselseitigkeit« zu verstehen. Mit der Aufrechnung entzieht der Aufrechnende dem Aufrechnungsgegner dessen Forderung, um sich hierdurch eigenmächtig zu befriedigen; der Gläubiger darf sich aber nur aus dem Vermögen seines Schuldners befriedigen. Bei der Gegenforderung muss es sich daher um eine **eigene Forderung des Schuldners** handeln. Der Schuldner kann nicht mit der Forderung eines Dritten aufrechnen, auch dann nicht, wenn der Forderungsinhaber zustimmt oder der Aufrechnende Verfügungsmacht hat (BGH NJW-RR 1988, 1150). Der Gläubiger braucht nicht zu dulden, dass der Schuldner die Passivforderung mit anderen als eigenen Forderungen durch Aufrechnung zum Erlöschen bringt, und zwar schon deshalb, weil er ansonsten die Rückwirkungsfolgen (§ 389) hinnehmen müsste. So kann zB ein Gesamtschuldner nicht mit einer Forderung eines anderen Gesamtschuldners aufrechnen (§ 422 Abs 2), der Ehegatte nicht mit der Forderung des anderen oder der Gesamthänder nicht mit der Forderung der Gesamthand (§§ 719 Abs 1, 2040 Abs 1). Auch der Bürge kann nicht mit der Forderung des Hauptschuldners aufrechnen (BGH NJW 1957, 986), wohl aber mit der Bürgschaftsschuld (RGZ 53, 404; er hat aber das Leistungsverweigerungsrecht aus § 770 Abs 2). Anderes gilt, wenn der Gläubiger gleichfalls einverstanden ist (Palandt/*Grüneberg* Rn 5 mwN); in diesem Fall liegt nämlich ein Aufrechnungsvertrag vor. Der Schuldner kann gegen den Willen des Gläubigers mit einer fremden Forderung nur aufrechnen, wenn er sie sich abtreten lässt (Hk-BGB/*Schulze* Rn 4). 8

2. Aktivforderung gegen den Gläubiger. Die Gegenforderung muss sich stets **gegen den Gläubiger der Hauptforderung** richten. Gegen die unteilbare Forderung mehrerer Gläubiger (§ 432) kann nicht mit einer Gegenforderung gegen nur einen der Gläubiger aufgerechnet werden (BGH NJW 1969, 839 ff); zulässig ist dagegen die Aufrechnung gegen eine Gesamtforderung nach § 428 mit einer Forderung gegen einen der Gesamtgläubiger (BGHZ 55, 33), soweit keine abw Abrede getroffen worden ist (BGH NJW 1979, 2038 ff). Der Schuldner kann gegen eine Gesellschaftsforderung lediglich mit einer Forderung gegen die Gesellschaft, nicht jedoch mit einer Forderung gegen einen der Gesellschafter aufrechnen (§ 719 Abs 2). Gegen eine Forderung des Verwalters einer Wohnungseigentümergemeinschaft kann nicht mit einer Forderung gegen einzelne Eigentümer aufgerechnet werden. Gegen eine AG oder GmbH kann nicht mit einer Forderung gegen den sie beherrschenden Gesellschafter aufgerechnet werden (BGHZ 26, 31, 33). Keine eigene Rechtspersönlichkeit hat die Insolvenzmasse. Die Aufrechnung durch einen Insolvenzverwalter mit einer Masseforderung ist zunächst unzulässig; sie kann erst im Verteilungsverfahren gegen die Masse geltend gemacht werden (BGH NJW 1987, 1691; PWW/*Pfeiffer* Rn 13). 9

3. Ausnahmen. Vom Erfordernis der Gegenseitigkeit ergeben sich **Ausnahmen** aus gesetzlichen Regelungen zum Schuldnerschutz (§ 406, 409, 566d) sowie aus allg Rechtsgrundsätzen. Dass mit einer Forderung eines Dritten aufgerechnet werden kann, wenn der Gläubiger zustimmt, ergibt sich daraus, dass es sich hier um einen Aufrechnungsvertrag handelt. Die Berufung auf die formale Verschiedenheit zwischen Gläubiger der Hauptforderung und Schuldner der Gegenforderung kann gegen den Grundsatz von Treu und Glauben (§ 242) verstoßen. Bei einer Inkassozession kann der Schuldner ohne die Beschränkungen des § 406 mit Forderungen des Zedenten aufrechnen. Entsprechendes gilt im Rahmen des § 242 für alle Treuhandverhältnisse mit strenger Weisungsbindung, insbes in Strohmannfällen. Die Aufrechnungsbefugnis steht aber nur dem Schuldner, nicht aber dem Treuhänder zu (BGH NJW 1989, 2387). Die Rspr hält trotz § 392 Abs 2 HGB die Aufrechnung des Vertragspartners eines Kommissionärs gegen eine Kommissionsforderung für zulässig (BGH NJW 1969, 276 str). Gegen eine Forderung einer AG oder GmbH kann mit einer Forderung gegen ihren Alleingesellschafter nur im Ausnahmefall der Durchgriffshaftung aufgerechnet werden (BGHZ 26, 33 ff; Hk-BGB/*Schulze* Rn 6). 10

III. Gleichartigkeit. 1. Begriff und Bedeutung. Die Aufrechnungslage setzt weiter voraus, dass die wechselseitig geschuldeten Leistungen ihrem tatsächlichen inhaltlichen Gegenstand nach gleichartig sind. Dieses Erfordernis besteht deshalb, weil sich der Aufrechnende als Gläubiger aus dem Vermögen seines Schuldners nur das nehmen darf, was ihm kraft seiner Forderung zusteht. Zwei Forderungen sind gleichartig, wenn diese beide auf Leistungen gerichtet sind, die derselben Gattung angehören. Wann eine Gleichartigkeit vorliegt, bestimmt sich nach der **Verkehrsanschauung**. Unterschiede in den Leistungsmodalitäten, etwa hinsichtlich der Verzinsung und des Erfüllungsortes, hindern die Aufrechnung nicht (BGHZ 16, 124, 127; Staud/*Gursky* Rn 68 ff). Forderungen des öffentlichen Rechts und des Privatrechts können grds miteinander aufgerechnet werden. Unerheblich ist auch eine unterschiedliche Zweckbindung; auch auf die Gleichwertigkeit kommt es nicht an. 11

2. Einzelfälle. Gleichartigkeit ist denkbar bei **Geldschulden** und Gattungsschulden vertretbarer Sachen, jedoch kommt die Wechselseitigkeit praktisch nur bei Geldschulden vor. **Gleichartig** sind auch die Ansprü- 12 che auf Herausgabe von Geld, etwa auf Grund eines Auftrags bzw Geschäftsbesorgung erlangten Geldbetrags (BGH NJW 1995, 1426) und auf Einwilligung in die Auszahlung von hinterlegtem Geld (BGH NJW-RR 1989, 174). Gleichartig sind Geldsummen- und Geldwertschulden (zB Schadensersatzforderung, Unterhalts-, Zugewinnausgleichs oder Pflichtteilsanspruch), Werkvergütungs-, und Aufwendungsersatz- bzw Vorschussansprüche (§§ 637 Abs 3, § 13 Nr 5 Abs 2 VOB), auch wenn der Aufrechnende den Vorschussanspruch durch Abtretung erlangt hat (BGH NJW-RR 1989, 406, 407; AnwK/*Wermeckes* Rn 24 mwN). Eine Insolvenzforderung oder eine Masseforderung können gleichartig sein (BGHZ 100, 222). Gleichartig sind auch Zahlungsansprüche des Privatrechts und des öffentlichen Rechts (BGHZ 5, 352; BGH WM 1965, 346; hierzu PWW/*Pfeiffer* Rn 14 mwN), unabhängig von der Verfahrensart, der sachlichen Zuständigkeit und vom Rechtsweg, wobei im letztgenannten Fall eine Aussetzung geboten sein kann. Eine Konnexität, wie sie beim Zurückbehaltungsrecht verlangt wird, ist nicht erforderlich, soweit sich nicht aus der Natur des Schuldverhältnisses etwas anderes ergibt (Hk-BGB/*Schulze* Rn 9, 13).

13 **Nicht gleichartig** sind Geldforderungen in verschiedenen Währungen, es sei denn, dem Schuldner steht die Ersetzungsbefugnis des § 244 Abs 1 zu (Hk-BGB/*Schulze* Rn 7). Ebenso sind der Zahlungsanspruch des Verkäufers und der Nacherfüllungsanspruch des Käufers nicht gleichartig (BGH NJW 1996, 1056). Nicht gleichartig mit Geldforderungen sind zB auch der gegen eine Bank gerichtete Anspruch auf Erteilung einer Kontogutschrift (BGH NJW 1978, 699 ff), der Anspruch auf Stellung einer Bankbürgschaft, ein Zahlungsanspruch und ein Anspruch auf Duldung der Zwangsvollstreckung aus Hypothek bzw Grundschuld (§§ 1147, 1192 Abs 1). Die Gleichartigkeit der Forderungen muss grds **zum Zeitpunkt der Aufrechnungserklärung** bestehen; nur ausnahmsw genügt die Gleichartigkeit im Zeitpunkt der Aufrechnungslage (BGHZ 2, 308; 35, 253).

14 **IV. Vollwirksamkeit, Fälligkeit und Durchsetzbarkeit der Aufrechnungsforderung.** Die Gegenforderung, mit der aufgerechnet wird, muss **voll wirksam und fällig** sein (BGH NJW 1951, 599; (Palandt/*Grüneberg* Rn 11 mwN). Es muss sich um eine Forderung handeln, deren Erfüllung erzwungen werden kann und der keine rechtshindernden und rechtsvernichtenden Einwendungen und sonstige Einreden (§ 390) mit Ausnahme der Verjährung (§ 215) entgegenstehen. Auf die Werthaltigkeit der Aufrechnungsforderung kommt es nicht an. Hat der Schuldner die Forderung bereits für eine andere Aufrechnung genutzt und dadurch verbraucht, kann sie nicht mehr für eine Aufrechnung verwendet werden.

15 Die bloße Erfüllbarkeit genügt im Unterschied zur Hauptforderung nicht. Dies erklärt sich dadurch, dass wegen der Vollstreckungsfunktion der Aufrechnung nur solche Forderungen zur Aufrechnung geeignet sein sollen, die rechtlich einklagbar sind und somit bei Vorliegen der verfahrensrechtlichen Voraussetzungen im Wege der Zwangsvollstreckung durchgesetzt werden können (Staud/*Gursky* Rn 125 ff). **Nicht aufrechenbar** sind daher Ansprüche aus Spiel oder Wette, aufschiebend bedingte, zukünftige oder gestundete sowie erloschene Ansprüche, zB nach Fristablauf oder nach Eintritt einer auflösenden Bedingung. Nicht ausgeschlossen ist die Aufrechnung dagegen bei einer auflösenden Bedingung vor deren Eintritt. Die Anfechtbarkeit allein hindert die Aufrechnung nicht. Wird sie allerdings erklärt, entfällt rückwirkend mit der Gegenforderung auch die Aufrechnungsklage. Hat der Anfechtende die Aufrechnung erklärt, kann jedoch seine Aufrechnung als Bestätigung iSv § 144 anzusehen sein, so dass ihm die Anfechtungsbefugnis fehlt (Hk-BGB/*Schulze* Rn 9). Der Gebührenanspruch eines Rechtsanwalts ist erst von der Rechnungserteilung nach § 10 Abs 1 RVG an aufrechenbar.

16 Die **Beweisbarkeit** einer Forderung ist keine Voraussetzung der Aufrechnung. Ihr Bestehen kann inzident geprüft werden, wenn der Gläubiger der Hauptforderung diese geltend macht. Nur ausnahmsw ist es treuwidrig, wenn der Schuldner mit einer Forderung die Aufrechnung erklärt, deren Feststellung langwierige Beweisaufnahmen erfordern, obwohl er verpflichtet ist, für eine klare Abrechnung zu sorgen. Die Darlegungs- und **Beweislast** für das Bestehen, die Vollwirksamkeit und Inhaberschaft der Forderung trifft grds den Schuldner, soweit sich nicht aus der gesetzlichen Ausgestaltung von Voraussetzungen und Einwendungen etwas anderes ergibt (BGH NJW 1983, 2018; PWW/*Pfeiffer* Rn 16).

17 **V. Erfüllbarkeit der Hauptforderung.** Die Hauptforderung muss bestehen und erfüllbar sein. **Erfüllbarkeit** liegt danach vor, wenn der Schuldner leisten kann, so dass der Gläubiger die Annahme der Leistung nicht verweigern darf, ohne in Annahmeverzug zu geraten (PWW/*Pfeiffer* Rn 17 mwN). Sie fällt nach § 271 häufig mit der Fälligkeit zusammen, kann jedoch auch früher eintreten (§ 271 Abs 2). Dies folgt wiederum aus dem Gesetzeswortlaut des § 387, der verlangt, dass der aufrechnende Schuldner »die ihm obliegende Leistung bewirken kann.« Eine Aufrechnung ist daher auch gegen gestundete, auflösend bedingte, anfechtbare oder sonst einredebehaftete Forderung möglich. Es bleibt der privatautonomen Entscheidung des Schuldners überlassen, ob er seine vollwertige Forderung zum Zwecke der Tilgung einer ohnehin nicht durchsetzbaren Verbindlichkeit einsetzen will oder nicht. Demnach kann auch gegen eine Forderung aus Spiel und Wette (§ 762 Abs 1 S 2) aufgerechnet werden. Hat der Schuldner die Aufrechnung in Unkenntnis einer dauernden Einrede erklärt, kommt ein Rückforderungsanspruch nach § 813 Abs 1 in Betracht. Mangels Erfüllbarkeit ist dagegen eine Aufrechnung gegen aufschiebend bedingte oder künftige Forderungen nicht möglich, da sie noch nicht entstanden sind. Der Insolvenzverwalter darf eine Forderung, bis sie in der Insolvenz angemeldet, geprüft und zur Tabelle festgestellt ist, nicht befriedigen und kann jedenfalls bis zur Feststellung die ihm

obliegende Leistung nicht bewirken (BGHZ 100, 222 zum früheren Konkursrecht Palandt/*Grüneberg* Rn 12 mwN; BaRoth/*Dennhardt* Rn 29).

D. Aufrechnungsausschluss und Aufrechnungsschranken. I. Gesetzliche Ausschlüsse. In zahlreichen Fällen ist die Aufrechnung durch Gesetz ausgeschlossen oder beschränkt. Derartige Verbote lassen sich nicht durch die Geltendmachung eines Zurückbehaltungsrechtes umgehen, da der Gesetzeszweck hierdurch vereitelt würde. Für die Anrechnung und die Einbehaltung gelten die Aufrechnungsverbote nicht. Ob die gesetzlichen Aufrechnungsverbote auch den Aufrechnungsvertrag betreffen, hängt davon ab, wessen Interessen durch den Aufrechnungsausschluss geschützt werden sollen. Wird allein der Aufrechnungsgegner geschützt, so steht es diesem frei, nach Eintritt der Aufrechnungslage auf den ihm zugedachten Schutz zu verzichten und sich mit einer vertragsmäßigen Verrechnung einverstanden zu erklären. 18

Ausgeschlossen ist die Aufrechnung mit einer einredebehafteten Forderung nach § 390 S 1, gegen eine beschlagnahmte Forderung, sofern nicht bereits im Zeitpunkt der Beschlagnahme bereits eine Aufrechnungsmöglichkeit bestand (§ 392), gegen eine Forderung aus unerlaubter Handlung (§ 393), gegen eine unpfändbare Forderung (§ 394 S 1) und gegen die Forderung einer Gebietskörperschaft, wenn für die einander gegenüberstehenden Forderungen verschiedene Kassen zuständig sind (§ 395). Weitere **gesetzliche Schranken** oder einen Aufrechnungsausschluss enthalten etwa § 556b Abs 2, 556d S 2, § 890 HGB, § 66 Abs 1 S 2, 114 Abs 2 S 2 Hs 2, 278 Abs 3 AktG, § 19 Abs 2 S 2 GmbHG, § 22 Abs 5 GenG, § 96 InsO, § 26 VAG und § 43 RVG (vgl ausf Staud/*Gursky* Rn 157 ff; Müko/*Schlüter* Rn 56 ff). In Einzelfällen kann die Berufung auf ein gesetzliches Aufrechnungsverbot wegen Rechtsmissbrauch nach **Treu und Glauben** (§ 242) unzulässig sein (Müko/*Schlüter* § 394 Rn 13 ff). 19

II. Vertragliche Ausschlüsse. 1. Allgemeines. Vertragliche Aufrechnungsverbote können grds, soweit keine gesetzlichen Vorschriften entgegenstehen, ausdrücklich oder stillschweigend (BGHZ 139, 325, 331, Müko/*Schlüter* Rn 59) – in den Grenzen der §§ 307, 309 Nr 3 auch formularmäßig – vereinbart werden. Sie haben **verfügende Wirkung** (BGH NJW 1984, 357). Sie sind nach ihrem Sinn und Zweck auszulegen (BGH NJW 2005, 2771). Die Annahme eines **stillschweigenden Haftungsausschlusses** setzt – sofern dieses nicht ohnehin aus der Eigenart des Schuldverhältnisses folgt – zumindest voraus, dass sich die Vertragspartner der Möglichkeit einer Aufrechnung bzw deren maßgeblicher Umstände bewusst gewesen sind (Müko/*Schlüter* Rn 59). Aufrechnungsverbote enthalten etwa **Handels- und Barzahlungsklauseln** wie zB »Kasse gegen Verladedokumente« (BGH NJW 76, 852), »Netto Kasse gegen Rechnung und Verladepapiere« (BGH NJW 1954, 1561; 1957, 827), »cash on delivery« (BGH NJW 1985, 550) oder das Dokumentenakkreditiv (BGHZ 14, 61, 23, 131; 60, 262). Auch sonst kann in einer Abrede über eine bestimmte Art und Weise der Leistung ein Aufrechnungsausschluss liegen, etwa wenn eine Sachleistung gegen Scheckübergabe vereinbart wird (Köln NJW 1987, 262). Auch **prozessuale Abreden** können einen Aufrechnungsausschluss beinhalten, wenn für die Gegenforderung die ausschließliche Zuständigkeit eines ausländischen Gerichts vereinbart oder wenn für die Gegenforderung ein Schiedsgericht zuständig ist (Palandt/*Grüneberg* Rn 14 mwN). 20

2. Natur des Schuldverhältnisses. Die Aufrechnung kann über die gesetzlich oder vertraglich geregelten Fälle hinaus im Einzelfall ausgeschlossen sein, wenn die Natur des Schuldverhältnisses oder der Zweck der geschuldeten Leistung die Aufrechnung als mit Treu und Glauben (§§ 157, 242) unvereinbar erscheinen lässt (BGH NJW 2002, 1130, 1132; 2000, 948, 950; Müko/*Schlüter* Rn 60). Dies betrifft im Bes Auftrags-, Treuhand-, Hinterlegungs- oder Darlehensverhältnisse (AnwK/*Wermeckes* Rn 42 ff). Aus der Natur des Treuhandverhältnisses und aus dem Sinn und Zweck des Auftrags- bzw. Geschäftsbesorgungsvertrags folgt grds, dass weder der Treuhänder noch der Beauftragte gegen den Herausgabeanspruch des Treugebers oder Auftraggebers aus §§ 667, 675 mit Gegenforderungen aufrechnen darf, die ihren Grund nicht in dem Treuhandvertrag oder dem Auftrag und den damit verbundenen Aufwendungen haben. Banken können grds ggü ihren Kunden nur mit Gegenforderungen aufrechnen, die sie im Rahmen einer **bankmäßigen Geschäftsverbindung** erworben haben (BGH NJW-RR 1988, 173). Der Leistungszweck hindert auch die Aufrechnung ggü dem Anspruch des Leasingnehmers gegen den Leasinggeber auf Herausgabe von Leistungen des Kaskoversicherers, die zur Reparatur erforderlich sind (BGHZ 93, 396 ff). Gegen Ansprüche auf Kautionsrückzahlung ist eine Aufrechnung zwar grds möglich (BGHZ 101, 252), nicht jedoch bei einer überhöhten Mietkaution (LG Bremen NJW-RR 1993, 19 str; hierzu Palandt/*Grüneberg* Rn 15 mwN). Die Aufrechnung ist dagegen zulässig bei Ansprüchen aus einer Festgeldanlage (BGH NJW 1987, 846), bei Ansprüchen aus § 667 gegen den RA mit Honorarforderungen aus anderen Aufträgen (BGH NJW 1995, 1426); etwas anderes gilt, wenn der RA das Geld als Treuhänder entgegengenommen hat (BGH WM 2003, 92; weitere Bsp in Palandt/*Grüneberg* Rn 16 mwN). 21

3. Schranken. Schranken für vertragliche Aufrechnungsverbote ergeben sich zB aus § 556b Abs 2, und § 392 Abs 2, aber auch aus allg Rechtsgrundsätzen. Mit einer unbestrittenen, rechtskräftig festgestellten oder entscheidungsreifen Forderung kann trotz eines formularmäßigen Verbots aufgerechnet werden (§ 309 Nr 3); für Kaufleute ergibt sich dies aus § 307 Abs 1, 310 Abs 1 S 2 (BGHZ 107, 189). Im Insolvenzverfahren tritt das vertragliche Aufrechnungsverbot zurück (BGH NJW 1975, 442; 1981, 762; 1984, 357). Führt das Aufrech- 22 nungsverbot dazu, dass der Schuldner seine Gegenforderung wegen eines nachträglichen Vermögensverfalls (auch bereits vor der Insolvenz) des Gläubigers nicht mehr durchsetzen kann, wird jener idR ungeachtet des Verbots aufrechnen können (BGH NJW-RR 1987, 883). Die Berufung auf das vertragliche Aufrechnungsverbot verstößt gegen § 242, wenn die Gegenforderung auf einer vorsätzlichen, unerlaubten Handlung beruht (BGH ZIP 1985, 926). Anders liegt es, wenn zur Aufklärung der angeblichen unerlaubten Handlung eine umfangreiche, in ihrem Ergebnis zweifelhafte Beweisaufnahme erforderlich ist. Bei einer Gegenforderung aus vorsätzlichen Vertragsverletzungen hängt es von den Umständen im Einzelfall ab, ob das Aufrechnungsverbot zurücktritt. Das Aufrechnungsverbot ggü einer Mietkaution entfällt, wenn der Vermieter nach Vertragsende für die Abrechnung hinreichend Zeit gehabt hat (BGH NJW 1972, 721); nach Ablauf dieser Frist, die längstens 6 Monate beträgt, entsteht umgekehrt ein Aufrechnungsverbot zum Nachteil des Vermieters.

§ 388 Erklärung der Aufrechnung.

Die Aufrechnung erfolgt durch Erklärung gegenüber dem anderen Teil. Die Erklärung ist unwirksam, wenn sie unter einer Bedingung oder einer Zeitbestimmung abgegeben wird.

1 **A. Aufrechnungserklärung.** Die Aufrechnung vollzieht sich, auch wenn sich zwei zur Aufrechnung geeignete Forderungen gegenüberstehen, nicht von selbst. Es muss zu der Aufrechnungslage noch eine **Aufrechnungserklärung** hinzukommen (§ 388 S 1). Die Aufrechnungserklärung ist eine **einseitige empfangsbedürftige Willenserklärung**, die ausdrücklich oder konkludent »gegenüber dem anderen Teil« erklärt werden muss (BGHZ 37, 244; BVerfG NJW-RR 1993, 765); unter den Voraussetzungen des § 407 besteht aber auch die Möglichkeit, die Erklärung an den bisherigen Gläubiger zu richten. Als **Gestaltungsrecht** ist sie unwiderruflich, bedingungsfeindlich und darf nicht befristet abgegeben werden (§ 388 S 2). Unwirksam ist die im Voraus für den Fall der Entstehung der Gegenforderung abgegebene Aufrechnungserklärung, ebenso die Aufrechnung ohne eine behördliche Genehmigung. Die wegen Fehlens der Aufrechnungsvoraussetzung oder wegen eines Verstoßes gegen ein Aufrechnungsverbot vorgenommene Aufrechnung muss nach Wegfall des Verbots wiederholt werden (BGH NJW 1984, 357). Als einseitiges Rechtsgeschäft gestattet die Aufrechnung keinen Schwebezustand, wie aus § 182 Abs 3 zu folgern ist, so dass sie nicht schwebend unwirksam sein kann.

2 **B. Prozessaufrechnung.** Auf die im Prozess erklärte Aufrechnung lassen sich diese Grundsätze nicht ohne weiteres übertragen, da insoweit ihre »**Doppelnatur**« zu berücksichtigen ist. Sie ist materielles Rechtsgeschäft und Prozesshandlung zugleich (BGHZ 22, 23). Die materiellrechtlichen Wirkungen treten nur ein, wenn die Prozesshandlung wirksam ist (BGH NJW-RR 1991, 157); umgekehrt entfaltet die Prozessaufrechnung aber auch keine Wirkung, wenn die materiellrechtlichen Voraussetzungen fehlen. Der Aufrechnende kann daher seine Gegenforderung noch anderweitig verwenden. Unzulässig kann die Aufrechnung zB nach § 296, 533 ZPO und nach § 767 Abs 2 ZPO sein. Durch Rücknahme wird die Aufrechnung auch materiellrechtlich unwirksam; der Widerruf muss aber ggü dem Gericht erklärt werden. Wird der Aufrechnungseinwand berücksichtigt, bleibt aber erfolglos, weil das zugrunde liegende Vorbringen unsubstantiiert oder verspätet war, kann die aberkannte Forderung wegen § 322 Abs 2 ZPO nicht mehr anderweitig geltend gemacht werden (BGHZ 36, 319).

3 Im Prozess kann die Aufrechnung hilfsw für den Fall erklärt werden, dass das Gericht die Hauptforderung als begründet ansieht (RGZ 97, 269, 273). Diese **Hilfsaufrechnung** bzw Eventualaufrechnung ist nach hM trotz § 388 S 2 zulässig (Hk-BGB/*Schulze* Rn 2). Es handelt sich hier nicht um eine wirkliche Bedingung, sondern nur um eine in Zukunft in Aussicht stehende Aufklärung eines bereits jetzt bestehenden Zustandes. Das bedeutet, dass die Aufrechnungserklärung hier nicht von einem zukünftigen ungewissen Ereignis iSv einer echten Bedingung, sondern von einer bloßen Rechtsbedingung abhängt. Im Zweifel ist jede im Rechtstreit erklärte Aufrechnung bloße Hilfsaufrechnung. Das Gericht darf die Hilfsaufrechnung erst berücksichtigen, wenn es die Klageforderung nicht nur für schlüssig, sondern auch für begründet hält (RGZ 167, 257, 258). Falls zur Entscheidung über die Hauptforderung eine Beweisaufnahme erforderlich ist, die zur Aufrechnung gestellte Forderung aber liquide ist, muss das Gericht die angebotenen Beweise erheben. Nach der sog **Beweiserhebungstheorie** kann das Gericht bei einer Hilfsaufrechnung somit nicht die Begründetheit der Klageforderung dahin stehen lassen und allein auf Grund der Hilfsaufrechnung die Klage abweisen (Müko/*Schlüter* Rn 4 mwN), sondern hat durch Beweisaufnahme die Begründetheit der Klageforderung zu überprüfen und – im Falle ihres Bestehens – die Klage dann wegen des Erlöschens der Hauptforderung bzw Passivforderung auf Grund der zu Recht erklärten Aufrechnung abzuweisen. Eine sofortige Abweisung der Klage auf Grund der Aufrechnung ist nur möglich, wenn der Beklagte die anspruchsbegründenden Behauptungen nicht mehr bestreitet und seine Verteidigung auf die Aufrechnung stützt (RGZ 167, 258).

4 **C. Prozessuales. Unterschiedliche Rechtswegzuständigkeiten** stehen der Entscheidung über die Aufrechnung bei unstreitigen Gegenforderungen nicht entgegen. Bei streitigen Gegenforderungen kann und muss das Zivilgericht über die Gegenforderung auch dann entscheiden, wenn für diese die Gerichte der freiwilligen Gerichtsbarkeit, die Familien- oder Arbeitsgerichte zuständig sind; entspr gilt im umgekehrten Fall. Anders ist es dagegen im Verhältnis der Zivilgerichte zu den Gerichten der allg und bes Verwaltungsgerichtsbarkeit

und umgekehrt. Im Verhältnis zwischen Zivilgerichten und Gerichten der Verwaltungsgerichtsbarkeit führen sie zur Aussetzung des Verfahrens nach §§ 148, 302 ZPO, um das Urteil des zuständigen Gerichts abzuwarten (Palandt/*Grüneberg* Rn 5 mwN). Die **Rechtskraft des Urteils** erfasst nach § 322 Abs 2 auch die Entscheidung über die zur Aufrechnung gestellte Gegenforderung, aber nur bis zur Höhe der Klageforderung. Dies gilt für die im klagestattgebenden Urteil enthaltene Entscheidung, die Gegenforderung bestehe nicht. In Rechtskraft erwächst aber auch der im klageabweisenden Urteil enthaltene Ausspruch, die an sich begründete Gegenforderung sei durch Aufrechnung verbraucht (RGZ 161, 172; BGH NJW 1962, 907). Die Aufrechnung begründet dagegen keine **Rechtshängigkeit** der Gegenforderung (BGHZ 57, 242). Die zur Aufrechnung gestellte Forderung kann daher anderweitig eingeklagt werden; ebenso kann die rechtshängige Forderung in einem anderen Prozess aufgerechnet werden (BGH NJW 1997, 2601; 1999, 1179; Palandt/*Grüneberg* Rn 6 mwN).

§ 389 Wirkung der Aufrechnung. **Die Aufrechnung bewirkt, dass die Forderungen, soweit sie sich decken, als in dem Zeitpunkt erloschen gelten, in welchem sie zur Aufrechnung geeignet einander gegengetreten sind.**

A. Wirkung der Aufrechnung. Das Bestehen einer Aufrechnungslage an sich führt noch nicht zum Erlöschen 1 der gegenseitigen Ansprüche, sondern erfolgt erst mit der Aufrechnungserklärung. Die rechtsgestaltende Wirkung der Aufrechnungserklärung (§ 388) liegt im **Erlöschen** der Forderung, soweit sie sich decken, und zwar rückwirkend zu dem Zeitpunkt, in dem sie sich das erste Mal aufrechenbar gegenüberstanden. Wegen des Erlöschens mit **Wirkung ex tunc** entfallen rückwirkend auch etwaige Verzugsfolgen, Vertragsstrafen oder Zinspflichten (BGHZ 80, 278 ff); diese Wirkung gilt auch im öffentlichen Recht. Der Schuldner kann hierauf Geleistetes nach § 812 Abs 1 S 1 2 Alt zurückfordern (Palandt/*Grüneberg* Rn 2 mwN). Die Aufrechnung eines Gesamtschuldners mit seiner Gegenforderung wirkt nach § 422 Abs 1 S 2 auch für die übrigen Schuldner der Hauptforderung. Dieselbe Wirkung entfaltet eine Aufrechnung mit einer Gegenforderung, deren Schuldner ein Gesamtgläubiger ist, auch den anderen Gesamtgläubigern ggü (§ 422 Abs 1 S 2 iVm § 429 Abs 3 S 1). Bei Ansprüchen mit **veränderlicher Höhe** (zB Schadensersatz für Aktien mit schwankendem Kurswert) ist die Höhe im Zeitpunkt des Eintritts der Aufrechnungslage entscheidend (BGH NJW 1958, 1040; aA Müko/*Schlüter* Rn 8). Erhöhungen bis zum Zeitpunkt des Zugangs der Aufrechnungserklärung sind aber zu berücksichtigen, wenn allein der Gläubiger der Schadensersatzforderung zur Aufrechnung berechtigt ist.

B. Bedeutung der Aufrechnungslage. Hat der Schuldner in Unkenntnis seines Aufrechnungsrechts geleistet, 2 steht ihm kein Bereicherungsanspruch zu. Er zahlt auf keine Nichtschuld, da erst die Aufrechnungserklärung den Anspruch zum Erlöschen bringt. § 813 ist weder direkt noch analog anwendbar. Die Aufrechnungslage verhindert nicht den Verzugseintritt. Die Verzugsfolgen entfallen durch Aufrechnungserklärung mit ex tunc Wirkung (BGH NJW 1988, 258). Allerdings stehen sich die beiderseitigen Forderungen nicht »objektiv völlig fremd gegenüber« (BGH NJW 1951, 599; Palandt/*Grüneberg* Rn 4 mwN). Das Gesetz knüpft an das Bestehen einer Aufrechnungslage wichtige Rechtsfolgen, ua in §§ 215, 352, 392, 406, 543 Abs 2 S 3, § 94 InsO und begründet für Mithaftende uU ein **Leistungsverweigerungsrecht**, wenn sich der Gläubiger durch Aufrechnung befriedigen kann (§§ 770 Abs 2, 1137 Abs 1 S 1, 1211 Abs 1 S 1, § 129 Abs 3 HGB; BGHZ 38, 127); dieses Recht steht auch den Miterben zu (BGH NJW 1963, 244).

§ 390 Keine Aufrechnung mit einredebehafteter Forderung. **Eine Forderung, der eine Einrede entgegensteht, kann nicht aufgerechnet werden.**

§ 390 ergänzt und konkretisiert das in § 387 enthaltene Prinzip, dass die zur Aufrechnung verwendete **Aktivforderung vollwirksam** sein muss, um als Aufrechnungsforderung genutzt zu werden. Der Gläubiger einer 1 einredebehafteten Forderung soll diese nicht durch Aufrechnung im Wege der Selbsthilfe durchsetzen können. Hingegen ist die Aufrechnung gegen eine einredebehaftete Forderung zulässig. Das Bestehen einer Einrede hindert die Erfüllbarkeit nicht. Die Vorschrift bezieht sich nur auf **vernichtende und aufschiebende Einreden des materiellen Rechts**, nicht dagegen auf prozessrechtlich begründete Einreden (RGZ 123, 348, 349). Die Aufrechnung ist ausgeschlossen, wenn die Einrede besteht; ihre Geltendmachung wird nicht vorausgesetzt (BGH NJW 2000, 288). So schließt zB ein Zurückbehaltungsrecht nach § 273 die Aufrechnung aus, es sei denn, der Zurückbehaltende befindet sich im Annahmeverzug (BGH MDR 1959, 386) oder das Zurückbehaltungsrecht sichert die Forderung, die durch die Aufrechnung erfüllt werden soll (BGH NJW 1990, 3212). Ebenso ist die Aufrechnung durch die Einrede des § 320 gehindert, sofern diese nicht von beiden Parteien gleichermaßen erhoben werden kann. Will der Schuldner nach § 406 ggü dem Neugläubiger mit einer Gegenforderung gegen den Altgläubiger aufrechnen, schließen auch die dem Altgläubiger zustehenden Einreden die Aufrechnung aus (BGH NJW 1961, 1966). § 390 gilt auch für die Einrede nach § 615 S 2, für die Einreden der groben Unbilligkeit beim Zugewinnausgleich (§ 1381 Abs 1), für die beschränkte Erbenhaftung (§ 1990 Abs 1) bei der Aufrechnung gegen eine Forderung des Erben, nicht hingegen bei der Aufrechnung gegen Nachlassforderungen (Hk-BGB/*Schulze* § 388 Rn 2); auf die Anfechtbarkeit ist § 390 dagegen nicht anwendbar.

§ 391 Aufrechnung bei Verschiedenheit der Leistungsorte. **[1] Die Aufrechnung wird nicht dadurch ausgeschlossen, dass für die Forderungen verschiedene Leistungs- oder Ablieferungsorte bestehen. Der aufrechnende Teil hat jedoch den Schaden zu ersetzen, den der andere Teil dadurch erleidet, dass er infolge der Aufrechnung die Leistung nicht an dem bestimmten Orte erhält oder bewirken kann. [2] Ist vereinbart, dass die Leistung zu einer bestimmten Zeit an einem bestimmten Orte erfolgen soll, so ist im Zweifel anzunehmen, dass die Aufrechnung einer Forderung, für die ein anderer Leistungsort besteht, ausgeschlossen sein soll.**

1 § 391 Abs 1 S 1 stellt klar, dass die Aufrechnung auch dann zulässig ist, wenn für die beiderseitigen Leistungen **verschiedene Leistungs- und Ablieferungsorte** bestehen. Derartige Unterschiede in den Leistungsmodalitäten beeinträchtigen die erforderliche Gleichartigkeit nicht. Leistungsort ist der Ort, an dem der Schuldner die Leistungshandlung zu erbringen hat. Ablieferunsgort (Erfüllungsort) ist dagegen der Ort, an dem – bei Bring- und Schickschulden – der Leistungserfolg eintreten soll (Staud/*Gursky* Rn 2). Da der Aufrechnende durch § 391 Abs 1 S 1 einen Vorteil erlangt, da er aufrechnen darf, ist es jedoch angemessen, dem Aufrechnungsgegner die Nachteile zu ersetzen, die dieser durch die erweiterte Aufrechnungsmöglichkeit erleidet. Daher sieht § 391 Abs 1 S 2 vor, dass der Aufrechnende dem Aufrechnungsgegner den **Schaden** zu ersetzen hat, den die Abweichung von dem ursprünglichen Leistungsort adäquat kausal verursacht hat. § 391 Abs 2 enthält eine **Auslegungsregel** für die Fälle, in denen Leistungszeit und Leistungsort vertraglich festgelegt sind (tempo-loco-Geschäft). Die Leistung soll gerade in der bestimmten Weise zur Verfügung stehen (zB als Reisegeld); die Aufrechnung würde einem solchen Vertragszweck nicht genügen. Die Regelung gilt daher nicht, wenn sich Leistungszeit und Leistungsort aus dispositivem Recht ergeben (BGH NJW 1999, 1179, 1180).

§ 392 Aufrechnung gegen beschlagnahmte Forderung. **Durch die Beschlagnahme einer Forderung wird die Aufrechnung einer dem Schuldner gegen den Gläubiger zustehenden Forderung nur dann ausgeschlossen, wenn der Schuldner seine Forderung nach der Beschlagnahme erworben hat oder wenn seine Forderung erst nach der Beschlagnahme und später als die in Beschlag genommene Forderung fällig geworden ist.**

1 **A. Allgemeines.** Diese Regelung bezweckt den Erhalt der Haftungsmasse (BGH NJW-RR 2005, 1029, 1031). Sie betrifft die Beschlagnahme der Hauptforderung (Passivforderung), gegen die aufgerechnet werden soll. Dem Schuldner ist nicht nur die Erfüllung, sondern auch die Aufrechnung verboten. Unter Beschlagnahme ist vor allem die Pfändung der Forderung durch einen Dritten zu verstehen. Die Pfändung beinhaltet das Gebot an den Gläubiger dieser Forderung, sich jeder Verfügung darüber zu enthalten, und das Verbot an den Forderungsschuldner, an den Gläubiger zu zahlen (§ 829 Abs 1 ZPO). Diese Anordnungen sind deshalb erforderlich, weil die Leistung (nach Überweisung der Forderung, § 835 ZPO) an den Pfändenden statt an den alten Gläubiger gelangen soll. Von dem Verbot der Aufrechnung sind allerdings die Fälle ausgenommen, in denen zum Zeitpunkt der Beschlagnahme bereits die Aufrechnungslage (§ 389) bestand oder der Schuldner zumindest eine begründete Aussicht auf Anrechnung hatte (in Parallele zu § 406). Danach ist also eine Aufrechnung gegen eine beschlagnahmte Forderung zulässig. Es genügt, dass sie im Zeitpunkt der Beschlagnahme die Gegenforderung dem Grunde nach bestand, sofern sie spätestens mit der Hauptforderung fällig geworden ist (BGH JZ 1978, 799). Eine Forderung, der ein Zurückbehaltungsrecht entgegensteht, gilt iSv § 392 als nicht fällig (BGH NJW-RR 2004, 525). Sonderregeln enthalten §§ 1124, 1125; für das Insolvenzverfahren sind die §§ 94–96 InsO zu beachten.

2 **B. Aufrechnungsvertrag.** Ein **Aufrechnungsvertrag,** der nach der Beschlagnahme geschlossen wurde, ist ggü dem Pfändungsgläubiger unwirksam. Ein früher geschlossener Aufrechnungsvertrag ist dagegen ohne Beschränkung des § 392 wirksam, da die Beschlagnahme die Forderung nur in dem Zustand erfassen kann, in dem sie sich befindet. Der danach maßgebende Grundsatz der Priorität gilt auch für den Kleinverkehr des täglichen Lebens (Müko/*Schlüter* Rn 6). Bei Lohnpfändungen ergibt aber der Rechtsgedanke des § 850h ZPO, dass der Arbeitnehmer nach der Pfändung nicht mehr berechtigt ist, seine Vergütung von den für den Arbeitgeber vereinnahmten Beiträgen abzuziehen (Palandt/*Grüneberg* Rn 2).

§ 393 Keine Aufrechnung gegen Forderung aus unerlaubter Handlung. **Gegen eine Forderung aus einer vorsätzlich begangenen unerlaubten Handlung ist die Aufrechnung nicht zulässig**

1 **A. Allgemeines. I. Zweck.** Der Zweck des § 393 besteht darin, dass der durch eine vorsätzliche unerlaubte Handlung Geschädigte in angemessener Frist, ohne sich mit Gegenansprüchen des Schädigers im Rahmen einer Aufrechnung auseinandersetzen zu müssen, zu seinem Recht kommt (RGZ 154, 334, 338; BGH NJW 1987, 2997, 2998; Staud/*Gursky* Rn 1). Ohne eine solche Regelung könnte der Gläubiger einer nicht zu realisierenden Forderung dem Schuldner in gleicher Höhe einen Schaden zufügen, zB durch Verprügeln, ohne zivilrechtliche Nachteile befürchten zu müssen, indem er die Aufrechnung erklärt. § 393 schließt daher die Aufrechnung gegen eine Hauptforderung aus unerlaubter Handlung aus.

II. Anwendungsbereich. Die Vorschrift bezieht sich auf die **Hauptforderung** und richtet sich gegen den Schädiger. Dagegen steht es dem Geschädigten frei, mit der Deliktsforderung (dann: Gegenforderung) aufzurechnen; ein dem entgegenstehendes vertragliches Aufrechnungsverbot ist regelm unbeachtlich. Dieses Verbot gilt auch für juristische Personen, die für die vorsätzliche unerlaubte Handlung ihres Organs haftet (BGH NJW 2007, 2490; BayObLG MDR 1985, 231). Die Vorschrift stellt allein auf den Entstehungsgrund der Forderung, nicht auf die Person des Schuldners ab. Deshalb gilt sie auch für Fälle der Rechtsnachfolge und Mithaftung; sie findet ua Anwendung auf den Schuldübernehmer, auf den nach § 25 HGB haftenden Geschäftsübernehmer (RGZ 154, 334, 339) und auf den Bürgen. § 393 ist **zwingendes Recht** und kann auch nicht durch die Geltendmachung eines Zurückbehaltungsrechts umgangen werden. Unwirksam ist auch ein Aufrechnungsvertrag, in dem die Aufrechnung gegen künftige Forderungen aus vorsätzlicher unerlaubter Handlung vorgesehen ist; zulässig ist allerdings eine Vereinbarung über bereits entstandene Forderungen. Stehen sich zwei Forderungen aus unerlaubter Handlung gegenüber, gilt das Aufrechnungsverbot für beide Forderungen (RGZ 123, 5, 7; Celle NJW 1981, 766 ff; aA Hk-BGB/*Schulze* Rn 1; BaRoth/*Dennhardt* Rn 7, nach denen § 393 jedenfalls dann nicht gelten soll, wenn beide Forderungen aus einem einheitlichen Lebensverhältnis resultieren). 2

B. Voraussetzungen. I. Unerlaubte Handlungen. Unerlaubte Handlungen sind alle Tatbestände des Deliktsrechts (**§§ 823 ff**) und der privatrechtlichen Spezialvorschriften; Strafbarkeit ist nicht erforderlich. Nicht unter § 393 fallen Schadensersatzansprüche wegen Verletzung vertraglicher Verpflichtungen (BGH NJW 1975, 1119), solange nicht daneben ein deliktsrechtlicher Anspruch zumindest dem Grunde nach besteht (BGH NJW 1967, 2013; 1999, 714); bloße Konkurrenz ist ausreichend, auch wenn sich der andere Teil nur auf Vertrag beruft und der deliktische Anspruch verjährt ist (BGH NJW 1977, 529). So kann zB ein RA, der aus dem Gesichtspunkt der Vertragsverletzung wegen Veruntreuung von Mandantengeldern auf Schadensersatz in Anspruch genommen wird, nicht mit einer Gebührenforderung aufrechnen (BGH NJW 1967, 2012, 2013). Unter § 393 fällt auch der Anspruch des Dienstherrn gegen den Beamten wegen vorsätzlicher Verletzung von Dienstpflichten, nicht aber der Anspruch aus § 717 Abs 2 (RGZ 76, 408) oder § 600 Abs 2, 302 Abs 4 ZPO. Der Schuldner muss **vorsätzlich** im zivilrechtlichen Sinne, also mit Wissen und Wollen des rechtswidrigen Erfolgs bei Bewusstsein der Rechtswidrigkeit gehandelt haben (§ 276); ausreichend ist bedingter Vorsatz (Staud/*Gursky* Rn 7). 3

II. Folgeschäden. Das Verbot des § 393 erstreckt sich auch auf Ersatzansprüche wegen **Folgeschäden**, die unmittelbar mit der unerlaubten Handlung zusammenhängen, wie zB der Anspruch auf Verzugszinsen, einschließlich der Kostenerstattungsansprüche aus der gerichtlichen Geltendmachung des Anspruchs (Karlsruhe MDR 1969, 483), und zwar auch dann, wenn sie durch eine Unterlassungsklage entstanden sind (Köln NJW-RR 1990, 829). 4

C. Beweislast. Die Darlegungs- und Beweislast für den Vorsatz und die weiteren Voraussetzungen des § 393 hat diejenige Partei zu tragen, die sich auf diesen Ausnahmetatbestand beruft (BGH NJW 1994, 253). Der andere Teil muss sich aber über die Vorgänge, die sich in seinem Wahrnehmungsbereich abgespielt haben, substantiiert erklären (BGH NJW 1999, 714). 5

§ 394 Keine Aufrechnung gegen unpfändbare Forderung.

Soweit eine Forderung der Pfändung nicht unterworfen ist, findet die Aufrechnung gegen die Forderung nicht statt. Gegen die aus Kranken-, Hilfs- oder Sterbekassen, insbesondere aus Knappschaftskassen und Kassen der Knappschaftsvereine, zu beziehenden Hebungen können jedoch geschuldete Beträge aufgerechnet werden.

A. Allgemeines. § 394 ergänzt wegen der Vollstreckungsfunktion der Aufrechnung die gesetzlichen Pfändungsverbote und dient der **Sicherung des Existenzminimums.** Der Gläubiger einer unpfändbaren Forderung soll die Leistung in natura und nicht in Gestalt der Befreiung von der Gegenforderung erhalten. Mit der Grundregel in § 394 S 1 soll vor allem im **öffentlichen Interesse** erreicht werden, dass der Gläubiger der unpfändbaren Forderung nicht den Sozialkassen und der Allgemeinheit zur Last fällt. Der Staat darf die wirtschaftliche Existenzvernichtung des Schuldners nicht unterstützen. Diese Vorschrift ist deshalb **zwingendes Recht** (RGZ 146, 401) und kann auch nicht durch die Geltendmachung eines Zurückbehaltungsrechts umgangen werden, wenn dieses – wie regelm bei Geldforderungen – wirtschaftlich auf eine Aufrechnung hinausliefe. Bes praktische Bedeutung hat die Vorschrift im Bereich des Arbeitsrechts für den Schutz des Arbeitsentgelts. Ist die Hauptforderung dagegen auf einen Sozialversicherungsträger übergegangen (§ 116 Abs 1 SGB X), greift der Schutzzweck des § 394 nicht mehr, so dass der Aufrechnungsausschluss entfällt (BGHZ 35, 326 ff; PWW/*Pfeiffer* Rn 1; aA BAG DB 1979, 1850). § 394 verbietet aber nur die Aufrechnung gegen eine unpfändbare (Haupt-)Forderung. Die Aufrechnung mit einer solchen (Gegen-)Forderung ist dagegen zulässig. Unwirksam ist vor allem auch ein Aufrechnungsvertrag (BGH ZIP 1999, 666). Mit dem Abschluss einer Aufrechnungsvereinbarung nach Fälligkeit der (Haupt-) Forderung verzichtet der Gläubiger der Hauptforderung uU auf seinen Schutz (Hk-BGB/*Schulze* Rn 3). 1

2 **B. Voraussetzung.** Voraussetzung des Aufrechnungsverbots ist das **Bestehen eines Pfändungsverbots** im Zeitpunkt der Fälligkeit der Forderung. Pfändungsverbote ergeben sich vor allem aus §§ 850 bis 850k, 851 ZPO. Für bedingt pfändbare Forderungen des § 850b ZPO ist die Aufrechnung ausgeschlossen, solange das Vollstreckungsgericht die Pfändung nicht zugelassen hat (BGHZ 31, 217). Das Pfändungsverbot besteht nach § 851 Abs 1 ZPO iVm § 399 Var 1 auch für unübertragbare Forderungen. Auch höchstpersönliche Ansprüche sind nicht übertragbar und damit unpfändbar (BVerWG NJW 1997, 3256 – Beihilfeanspruch).

3 **Ausnahmen** vom Aufrechnungsverbot enthält zunächst § 394 S 2. Nach § 394 S 2 kann eine Kranken-, Hilfs- oder Sterbekasse gegen die an sich nach § 850b Abs 1 Nr 4 unpfändbaren Versicherungsforderungen (»Hebungen«) mit den vom Berechtigten geschuldeten Beiträgen (nicht mit sonstigen Ansprüchen) aufrechnen. Weitere Ausnahmen vom Aufrechnungsverbot enthalten § 51 Abs 2 S 2 BRRG, § 84 Abs 2 S 2 BBG und die §§ 51 Abs 1, 52 SGB I. Daneben kann die Berufung auf ein Aufrechnungsverbot gegen **Treu und Glauben** verstoßen, etwa bei der Aufrechnung mit Schadensersatzansprüchen, soweit diese aus demselben Lebensverhältnis entstammen, etwa beim Arbeitsverhältnis (BGH NJW 1960, 1590; 1965, 70). Gegenüber Unterhaltsansprüchen kann mit Forderungen wegen zuviel gezahlten Unterhalts aufgerechnet werden, nicht aber ggü Unterhaltsansprüchen, die weit hinter dem Existenzminimum zurückbleiben (Karlsruhe NJW-RR 2002, 1158) und auch nicht ggü unpfändbaren Rentenansprüchen des Erben mit Gegenansprüchen wegen einer vorsätzlichen Schädigung durch den Erblasser (BGH NJW-RR 1990, 1499; Palandt/*Grüneberg* Rn 2 mwN).

4 **C. Beweislast.** Die Darlegungs- und Beweislast richtet sich nach allg Regeln. Derjenige, der sich auf das Aufrechnungsverbot beruft (idR der Aufrechnungsgegner als Gläubiger der unpfändbaren Hauptforderung), hat die Voraussetzungen des Pfändungs- und mithin des Aufrechnungsverbots darzulegen und zu beweisen. Dem (aufrechnenden) Schuldner der Hauptforderung obliegt die Darlegungs- und Beweislast für den Ausnahmetatbestand des § 394 S 2 und den Einwand des Rechtsmissbrauchs.

§ 395 Aufrechnung gegen Forderungen öffentlich-rechtlicher Körperschaften.

Gegen eine Forderung des Bundes oder eines Landes sowie gegen eine Forderung einer Gemeinde oder eines anderen Kommunalverbands ist die Aufrechnung nur zulässig, wenn die Leistung an dieselbe Kasse zu erfolgen hat, aus der die Forderung des Aufrechnenden zu berichtigen ist.

1 Die Aufrechnung ist grds unabhängig davon möglich, ob es sich bei der Haupt- und Gegenforderung um privatrechtliche oder öffentlich-rechtliche Forderungen handelt (Palandt/*Grüneberg* Rn 1 mwN). § 395 erhöht aber die Anforderungen an die Gegenseitigkeit für die Aufrechnung gegen Forderungen öffentlich-rechtlicher Körperschaften. Eine Aufrechnung gegen eine – privatrechtliche oder öffentlich-rechtliche – Forderung der öffentlichen Hand ist nur im Falle einer **qualifizierten Gegenseitigkeit** zulässig. Hierzu muss sich die Aufrechnungsforderung gegen dieselbe Kasse richten, bei der auch die Hauptforderung zu begleichen ist, dh es gilt das **Erfordernis der Kassenidentität** von Haupt- und Gegenforderung. **Kassen** iSv § 395 sind alle Amtsstellen der öffentlich-rechtlichen Körperschaft, die selbstständig Gelder verwalten, also Einnahmen entgegennehmen und Ausgaben tätigen und hierüber amtliche Bücher führen. Die Identität muss grds zum Zeitpunkt der Aufrechnungserklärung vorliegen. Ist die ursprüngliche Kasse weggefallen, kann nach Treu und Glauben eine erweiterte Aufrechnung in Betracht kommen (BGHZ 2, 300). Die Vorschrift gilt nur für die Aufrechnung des Schuldners. Öffentlich-rechtliche Körperschaften können ohne die Beschränkung des § 395 auch gegen solche Forderungen aufrechnen, die an sich bei einer anderen Kasse derselben Körperschaft zu erfüllen gewesen wären (AnwK/*Wermeckes* Rn 1 mwN).

2 § 395 ist unmittelbar anwendbar, wenn die Hauptforderung bei der Aufrechnung eine privatrechtliche Forderung des Bundes, eines Bundeslandes oder einer Gemeinde oder eines sonstigen Kommunalverbandes ist. Auf öffentlich-rechtliche Haupt- und Gegenforderungen sind die §§ 387 ff und damit auch § 395 **entspr anwendbar**, soweit nicht spezialgesetzliche Regelungen oder die Rechtsnatur bzw der Zweck der öffentlich-rechtlichen Forderung, etwa bei Geldstrafen oder Geldbußen, entgegenstehen. So enthält zB § 226 Abs 3 AO eine Sonderregelung für die Aufrechnung gegen Steuerforderungen. Danach kann nur mit unbestrittenen oder rechtskräftig festgestellten Gegenforderungen aufgerechnet werden; auf die Identität der für beide Ansprüche zuständigen Kassen kommt es nicht an (BFH 2007, 1514; BB 1990, 342). § 395 schränkt die Aufrechnungsmöglichkeit des Fiskus nicht ein (AnwK/*Wermeckes* Rn 3 mwN).

§ 396 Mehrheit von Forderungen.

[1] **Hat der eine oder der andere Teil mehrere zur Aufrechnung geeignete Forderungen, so kann der aufrechnende Teil die Forderungen bestimmen, die gegeneinander aufgerechnet werden sollen. Wird die Aufrechnung ohne eine solche Bestimmung erklärt oder widerspricht der andere Teil unverzüglich, so findet die Vorschrift des § 366 Absatz 2 entsprechende Anwendung.**

[2] **Schuldet der aufrechnende Teil dem anderen Teil außer der Hauptleistung Zinsen und Kosten, so findet die Vorschrift des § 367 entsprechende Anwendung.**

A. Überblick. Diese Vorschrift regelt Fallgestaltungen, in denen entweder eine Aktivforderung (Gegenforderung) mehreren Passivforderungen (Hauptforderungen), mehrere Aktivforderungen einer Passivforderung oder aber mehrere Aktivforderungen mehreren Passivforderungen gegenüberstehen. § 396 regelt somit die **Forderungsmehrheit** bei **Haupt- und Aufrechnungsforderungen** (BGH NJW 2004, 2230, 2232). Sie ist auch auf das Verhältnis von selbstständigen Forderungsteilen (zB Mietzinsraten) anwendbar. Die Vorschrift enthält für die Aufrechnung parallele Regelungen zu den Erfüllungsvorschriften der §§ 366, 367. Dabei trägt § 396 dem Umstand Rechnung, dass die Initiative zur Tilgung der Aufrechnungsforderung vom Schuldner, also vom Gläubiger der Aufrechnungsforderung ausgeht. 1

B. Reihenfolge der Aufrechnung. Die Reihenfolge der Aufrechnung bestimmt sich nach § 396 Abs 1 S 1 in erster Linie nach der **Erklärung des Aufrechnenden.** Fehlt eine derartige Erklärung oder widerspricht der Aufrechnungsgegner unverzüglich (§ 121 Abs 1 S 1), gilt nach § 396 Abs 1 S 2 die Reihenfolge des § 366 Abs 2 entspr: Fälligkeit, geringere Sicherheit, Lästigkeit, Alter, verhältnismäßige Tilgung der verbleibenden Forderungen. So kommt bei mehreren Forderungen die nach § 215 zulässige Aufrechnung mit einer verjährten Forderung vorrangig zum Zuge, weil sie die geringere Sicherheit bietet (BGH NJW 1987, 181, 182). 2

Das **Widerspruchsrecht** besteht nur, wenn er **selbst hätte aufrechnen können** (Palandt/*Grüneberg* Rn 1). Der Widerspruch wird ausgeübt durch eine empfangsbedürftige Willenserklärung. Dieser führt dazu, dass der Eintritt der Wirkung der Bestimmung verhindert wird. Er kann daher vom Zessionar nicht für die beim Zedenten verbliebenen Forderungen ausgeübt werden. Ist eine der Hauptforderungen verjährt, ist iZw anzunehmen, dass sich die Aufrechnung primär gegen die nicht verjährten Forderungen richten soll. Schuldet der Aufrechnende auch Zinsen und Kosten, so enthält die Aufrechnungserklärung, die die Zinsen und Kosten nicht erwähnt, keine von § 367 abw Bestimmung (BGH NJW 1981, 1729; Palandt/*Grüneberg* Rn 1). Für die Bestimmung durch den Schuldner gilt nach Rechtsnatur und Voraussetzungen das Gleiche wie für die Tilgungsbestimmung nach § 366 Abs 1. Die Aufrechnung mit der Bestimmung, die Hauptforderung solle vor den Zinsen und Kosten getilgt werden, ist unwirksam, wenn der Gegner ablehnt (Staud/*Gursky* Rn 49); auf Aufrechnungsverträge ist § 396 nicht anwendbar (RGZ 132, 221). 3

Titel 4 Erlass

§ 397 Erlassvertrag; negatives Schuldanerkenntnis. [1] **Das Schuldverhältnis erlischt, wenn der Gläubiger dem Schuldner durch Vertrag die Schuld erlässt.**

[2] Das Gleiche gilt, wenn der Gläubiger durch Vertrag mit dem Schuldner anerkennt, dass das Schuldverhältnis nicht bestehe.

A. Überblick. Erlass und negatives Schuldanerkenntnis sind spezielle Formen des vertraglichen Verzichts auf eine Leistung, die als **Erfüllungssurrogate** zum Erlöschen des Schuldverhältnisses führen. Durch den **Erlassvertrag** (§ 397 Abs 1) können die Parteien eine einzelne Forderung, also ein **Schuldverhältnis ieS aufheben**. Damit erlischt nicht zwingend auch das Schuldverhältnis iwS. Zur Aufhebung des Schuldverhältnisses als Ganzes, idR bei Dauerschuldverhältnissen, bedarf es vielmehr eines Aufhebungsvertrags. Ein Unterfall des Erlasses ist das **negative Schuldanerkenntnis** nach § 397 Abs 2, mit dem der Gläubiger anerkennt, dass ein Schuldverhältnis nicht besteht. Die Beweislast für den Erlass oder das negative Schuldanerkenntnis trägt der Schuldner (BGH NJW-RR 1992, 1388). 1

B. Erlass. I. Vertrag zwischen Gläubiger und Schuldner. Durch den Erlass verzichtet der Gläubiger auf einen schuldrechtlichen Anspruch. Erforderlich ist hierfür der Abschluss eines (abstrakten Verfügungs-)**Vertrages** über die Aufhebung einer Forderung **zwischen Gläubiger und Schuldner** (BGH NJW 1987, 3202); einen einseitigen Verzicht auf schuldrechtliche Forderungen sieht das Gesetz nicht vor. Der Gläubiger muss zudem befugt sein, auf die Forderung zu verzichten. Die Forderung, die erlassen werden soll, muss bestehen. Es genügt, dass sie bedingt oder befristet entstanden oder dem Rechtsgrund nach angelegt ist. Bei Bestimmbarkeit und Verfügungsmacht im Zeitpunkt des Entstehens der Forderung ist auch der Erlass einer künftigen Forderung möglich (BGH NJW-RR 1993, 1111; aA RGZ 148, 257, 262), wobei teilw statt eines Erlasses eine Vereinbarung über die Nichtentstehung der Forderung angenommen wird. Auf eine künftige Forderung kann verzichtet werden. Der Erlass einer bereits erloschenen Forderung ist nicht mehr möglich, kann aber ggf in ein konstitutiv-kausales negatives Schuldanerkenntnis umgedeutet werden. 2

Ein **einseitiger Verzicht** kommt dagegen in Betracht für **Einreden** (zB § 768) und **Gestaltungsrechte** (§§ 376 Abs 2 Nr 1, 671 Abs 3). **Dingliche Rechte** werden nach den hierfür geltenden Regeln aufgehoben; regelm reicht eine einseitige Erklärung (§§ 875, 928, 959, 1064, 1255). Auch auf einen Eigentumsvorbehalt kann der Inhaber einseitig verzichten (BGH NJW 1958, 1231). Entsprechendes gilt für das Prozessrecht (§§ 295, 306, 346, 515 ZPO) und das öffentliche Recht (§§ 227, 261 AO, § 59 BHO). Die **Restschuldbefreiung** nach §§ 286 ff InsO ist nicht auf das Erlöschen der Forderung gerichtet. Vielmehr wandelt sich die Forderung in eine unvollkommene, nicht mehr einklagbare (aber erfüllbare) Verbindlichkeit. Wirtschaftlich kann das glei- 3 che Ergebnis durch ein unbefristetes Stillhalteabkommen (**pactum de non petendo**) erreicht werden, das nicht auf das Erlöschen der Forderung, sondern dem Schuldner lediglich eine **Einrede** gibt, die der Klagbarkeit der Forderung entgegensteht. Das »pactum de non petendo« ist zu Gunsten Dritter zulässig. Es kann auch unbefristet sein. Jedoch liegt bei Parteiabreden, die unbefristet den Verzicht auf die Einforderung des Anspruchs festlegen, im Zweifel die Annahme eines Erlassvertrages nahe.

4 **II. Anforderungen.** Der Abschluss eines Erlassvertrages bedarf grds **keiner Form** (BGH NJW 2002, 429). Dies gilt auch dann, wenn dieser schenkweise erfolgt oder die Begründung der Forderung formbedürftig ist (Palandt/*Grüneberg* Rn 5 mwN). Der Erlassvertrag kann daher auch **konkludent** zustande kommen. Erforderlich ist, dass das Verhalten des Gläubigers eindeutig dessen Willen erkennen lässt, seine Forderung aufzugeben. An die Feststellung eines solchen Willens sind strenge Anforderungen zu stellen. Es ist ein Erfahrungssatz, das ein **Erlass nicht zu vermuten** ist und im Zweifel **eng** auszulegen ist. Die Rückgabe eines Schuldscheins oder die Erteilung einer Quittung lassen idR auf diesen Aufgabewillen schließen, die Rücksendung einer Bürgschaftsurkunde jedoch nur bei weiteren Anhaltspunkten (Dresden BB 1999, 497). Das Erlassangebot bedarf der Annahme durch den anderen Teil. Bei einem Angebot des Gläubigers liegen idR die Voraussetzungen des § 151 vor, so dass die Annahmeerklärung nicht empfangsbedürftig ist. Übermittelt zB der Schuldner ein Angebot über einen Teilerlass und sendet er gleichzeitig einen Scheck über den Betrag, den er zu zahlen bereit ist, kommt möglicherweise hinsichtlich des Restbetrags durch die vorbehaltlose Einlösung des Schecks konkludent ein Teilerlassvertrag zustande. Der Gläubiger kann diese **Erlassfalle** vermeiden, indem er vor Einlösung des Schecks die Ablehnung des Erlassangebots erklärt (Koblenz NJW 2003, 758; Hk-BGB/*Schulze* Rn 3; Palandt/*Grüneberg* Rn 7 zu weiteren Einzelfällen). Hier wird man aber wohl bei verständiger Würdigung auf Seiten des Gläubiger nur ausnahmsw einen Willen zum Verzicht auf die noch offene Forderung annehmen können (BGH NJW 2001, 2324).

5 **III. Unwirksamkeit des Erlasses.** Der Erlass ist unwirksam, soweit er **unverzichtbare Ansprüche** betrifft. So kann zB auf das Anfechtungsrecht nach § 123 nicht im Voraus verzichtet werden (BGH NJW 2007, 1058). Verzichtseinschränkungen für Unterhaltsansprüche enthalten §§ 1360a Abs 3, 1614 Abs 1, 1615. Auf den Tariflohn kann ein Verzicht nur in den Schranken des § 4 Abs 4 TVG erklärt werden (Palandt/*Weidenkaff* § 611 Rn 69). Weitere Verzichtsverbote ergeben sich aus § 2 Abs 3 BBesG, 12 EFZG, 13 Abs 1 S 3 BUrlG, 50 AktG, 9b Abs 1 S 1, 19 Abs 2 S 1, 25, 43 Abs 3 S 2 GmbHG, 34 Abs 5 GenG. Ein in AGB erklärter Verzicht ist uU wegen Verstoßes gegen § 307 Abs 1 unwirksam.

6 **IV. Rechtsfolge.** Als **Verfügung** wirkt der Erlassvertrag unmittelbar **schuldtilgend.** Wegen der Abstraktheit tritt Schuldtilgung auch ein, wenn das dem Erlass zugrunde liegende Kausalgeschäft unwirksam ist (BGH NJW 2002, 429). Fehlt dieser Rechtsgrund oder fällt er später weg, besteht ein Anspruch auf Wiederbegründung der Forderung in gehöriger Form nach § 812 Abs 1 S 1 Alt 1. Liegt dem Erlass als Kausalgeschäft eine Schenkung (§ 516) zugrunde, bewirkt die Erfüllung des Schenkungsversprechens nach § 518 Abs 2 durch den Erlass die Heilung eines Formmangels (PWW/*Pfeiffer* Rn 2 mwN). Grundgeschäft und Erlass können von den Parteien zu einer Einheit nach § 139 mit der Folge verbunden werden, dass sich die Unwirksamkeit des Grundgeschäfts auch auf den Erlass erstreckt.

7 **C. Negatives Schuldanerkenntnis. I. Anerkenntnisvertrag.** Das Anerkenntnis, das das Schuldverhältnis nicht bestehe, ist eine Unterform des Erlasses. Dieses sog negative Schuldanerkenntnis nach § 397 Abs 2 erfordert ebenfalls einen **Vertrag** zwischen Gläubiger und Schuldner. Diese Vorschrift bezieht sich nur auf das konstitutiv abstrakte negative Schuldanerkenntnis. Als abstraktes Rechtsgeschäft bedarf das negative Schuldanerkenntnis eines Rechtsgrundes. Dieser kann in einer Schenkung, einem Vergleich oder in einer auf das bestehende Rechtsverhältnis bezogenen Durchführungsabrede liegen. Es ist ebenso wie der Erlassvertrag **nicht formbedürftig.** Das negative Schuldanerkenntnis ist anders als das positive (§ 781), aber ebenso wie der Erlass formfrei. Anders als das im Falle des formbedürftigen **positiven Schuldanerkenntnis** (§ 781) sah der Gesetzgeber hier keine bes Gefahren für den Gläubiger, denen durch eine Formvorschrift hätte begegnet werden müssen (Müko/*Schlüter* Rn 12). Ein negatives Schuldanerkenntnis kann auch durch eine stillschweigende Erklärung erteilt werden, jedoch gelten auch hier – wie beim Erlass – strenge Anforderungen an die Feststellung eines Verzichtswillens des Gläubigers. Die Unterscheidung zwischen konstitutivem und deklaratorischem Schuldanerkenntnis ist auch beim negativen Schuldanerkenntnis begrifflich möglich. Da jedoch auch das konstitutive Anerkenntnis keiner Form bedarf, kommt dieser Differenzierung keine große praktische Bedeutung zu.

8 **II. Einzelfälle.** Ein negatives Schulanerkenntnis kann ua in einer **Ausgleichsquittung** (bei der Beendigung des Arbeitsverhältnisses, vgl BAG NJW 2004, 3445), in der Gutschrift auf einem Kontoauszug (Düsseldorf ZIP 1992, 1462) oder in einer negativen Provisionsklausel (Düsseldorf NJW-RR 1995, 1524) enthalten sein. Das Protokoll über die Rückgabe einer Miet- oder Leasingsache kann ein negatives Schuldanerkenntnis im Hinblick auf nicht aufgeführte erkennbare Mängel sein; unberührt bleiben aber Schadensersatzansprüche wegen verspäteter Räumung (Celle DB 1997, 2215; Müko/*Schlüter* Rn 13; Palandt/*Grüneberg* Rn 11 mwN).

9 Demgegenüber ist die **Entlastung** im Gesellschafts- und Vereinsrecht ein einseitiges, keine Annahme bedürftiges Rechtsgeschäft (Palandt/*Grüneberg* Rn 12 mwN). Sie lässt die dem über die Entlastung beschließenden

Organ bekannten oder erkennbaren Ersatzansprüche erlöschen (RGZ 115, 371; BGHZ 97, 384). Die Entlastung des Verwalters durch die Wohnungseigentümergemeinschaft hat die gleiche Wirkung. Für die GmbH gelten Beschränkungen in §§ 9b Abs 1 S 1, 43 Abs 3 S 2 GmbHG. Keinen Forderungsverzicht enthält die Entlastung iF der AG (§ 120 Abs 2 S 2 AktG) sowie bei öffentlich-rechtlichen Körperschaften (BGHZ 106, 201). Außerhalb des Vereins- und Gesellschaftsrecht kann die Entlastung ein negatives Schuldanerkenntnis darstellen. Von einem **Vergleich** unterscheidet sich das negative Schuldanerkenntnis dadurch, dass beide Parteien nicht gegenseitig nachgeben (§ 779 Abs 1). Der Erlass und das negative Schuldanerkenntnis werden aber nicht selten im Rahmen eines Vergleichs vereinbart, wobei der Vergleich die Rechtsgrundlage ist.

III. Rechtsfolgen. Die Rechtsfolge des negativen Schuldanerkenntnisses ist das Erlöschen der Forderung. Bei einem unwirksamen Kausalgeschäft, zB infolge einer Anfechtung, kann der Gläubiger das Schuldanerkenntnis kondizieren. Hatte der Gläubiger Kenntnis von dem Bestehen oder möglichen Bestehen der Forderung, beruht das Anerkenntnis regelm auf einer Schenkung (§ 516) oder einem Vergleich (§ 779). Eine Kondiktion ist idR ausgeschlossen, da sich der Rechtsgrund des Anerkenntnisses dann aus §§ 518 bzw 779 ergibt (und der Kondiktion § 814 entgegensteht). Ein Anspruch aus § 812 Abs 1 ist dagegen gegeben, wenn dem negativen Schuldanerkenntnis ein unwirksames Kausalgeschäft zugrunde liegt oder wenn die Parteien fälschlicherweise annehmen, das die Forderung bereits erloschen sei, sie also das Nichtbestehen also nur feststellen wollten. Der Gläubiger muss jedoch das Bestehen der Forderung und seinen Irrtum beweisen (Palandt/*Grüneberg* Rn 10 mwN). 10

Abschnitt 5 Übertragung einer Forderung

Checkliste: Zession = Abtretung (§§ 398–413)

I. Vertragsschluss, §§ 398 ff	§ 398	→	Rn 1 ff
1. Parteien			
a. Feststehenmüssen von Zedent und Zessionar	§ 398	→	Rn 4
b. Problem: Blankozession	§ 398	→	Rn 5
2. Forderung(en) als zu übertragender Vertragsgegenstand	§ 398	→	Rn 1
a. Besondere Ausgestaltungsformen:	§ 398	→	Rn 17 ff
aa. Stille Zession	§ 398	→	Rn 17
bb. Sicherungsabtretung	§ 398	→	Rn 19
cc. Inkasso	§ 398	→	Rn 21
dd. Sicherungsabtretung	§ 398	→	Rn 3, 19
ee. Abtretung iRd verlängerten Eigentumsvorbehalts	§ 398	→	Rn 3
b. Abgrenzung zur bloßen Einziehungsermächtigung	§ 398	→	Rn 3
3. Form	§ 398	→	Rn 5
a. Grundsatz der Formfreiheit	§ 398	→	Rn 14
b. Besondere Formerfordernisse in Einzelfällen	§ 398	→	Rn 16
4. Bestehen der Forderung(en) und Verfügungsbefugnis	§ 398 § 405	→	Rn 13
II. Hinderungsgründe für den wirksamen Forderungsübergang	§ 398 *§ 400*	→	Rn 6 ff
1. Kollission von Globalzession und gesetzlichem EVB	§ 398 *§ 138*	→	Rn 10, 7
2. Übersicherung bei Sicherungsabtretung	§ 398 *§ 138*	→	Rn 11 f
3. Vertraglicher Abtretungsausschluss	§ 399	→	Rn 4
a. Bsp: Kontokorrent	§ 399	→	Rn 5
b. Problem: Abtretung an Finanzinvestor	§ 399	→	Rn 6
4. Inhaltsänderung der Forderung beim Übergang	§ 399	→	Rn 2 f
a. Höchstpersönliche Ansprüche	§ 399	→	Rn 2
b. Änderung des geschuldeten Leistungsverhaltens	§ 399	→	Rn 3
5. Verstoß der Abtretung gegen § 134	§ 399 *§ 203 StGB*	→	Rn 8
6. Unpfändbare Forderungen	§ 400 *§§ 850 ff ZPO*	→	Rn 1

III.	**Rechtsfolge der wirksamen Abtretung**	§ 398	→	Rn 21 f
	1. Wechsel der Gläubigerstellung bzgl Forderung	§ 398	→	Rn 22
	2. Wechsel sekundärer Gläubigerrechte	§ 398 *§ 401*	→	Rn 23
	3. Auskunftspflicht, Urkundenauslieferung	§ 402	→	Rn 1 ff
	4. Pflicht zur Beurkundung der Abtretung in öffentlicher Urkunde	§ 403	→	Rn 1
	5. Übergang akzessorischer Neben- und Vorzugsrechten	*§ 401*		
IV.	**Potentielle Einwendungen des Schuldners gegenüber Zessionar**	*§§ 404 ff*		
	1. Einwendungen, die vor Abtretung schon bestehen	§ 404	→	Rn 1 ff
	2. Aufrechnung gegenüber neuem Gläubiger	§ 406	→	Rn 1 ff
	3. Rechtshandlungen gegenüber dem bisherigen Gläubiger	§ 407	→	Rn 1 ff
	4. Mehrfache Abtretung	§ 408	→	Rn 1 ff
	5. Abtretungsanzeige	§ 409	→	Rn 1 ff
	6. Aushändigung der Abtretungsurkunde	§ 410	→	Rn 1
V.	**Beweislast** Keine Besonderheiten gegenüber allg Regelungen			

§ 398 Abtretung. **Eine Forderung kann von dem Gläubiger durch Vertrag mit einem anderen auf diesen übertragen werden (Abtretung). Mit dem Abschluss des Vertrags tritt der neue Gläubiger an die Stelle des bisherigen Gläubigers.**

Literatur *Bunte* Mandatsbedingungen der Rechtsanwälte und das AGB-Gesetz NJW 1981, 2657; *Denck* Die Anzeige der Legalzession nach § 117 Abs 4 AFG durch das Arbeitsamt gegenüber dem Arbeitgeber DB 1979, 892; *Dornis/Förster* Die Unterwerfung: Rechtsnatur und Rechtsnachfolge GRUR 2006, 195; *Ganter* Die ursprüngliche Übersicherung WM 2001, 1; *ders* Aktuelle Probleme des Kreditsicherungsrechts WM 2006, 1081; *Hennrichs* Kollisionsprobleme bei (Voraus-)Abtretung zukünftiger Forderungen JZ 1993, 225; *Jauernig* Zur Akzessorietät bei der Sicherungsübertragung NJW 1982, 268; *Klüwer/Meister* Forderungsabtretung und Bankgeheimnis WM 2004, 1157; *Koch* Abtretbarkeit von Darlehensforderungen im Lichte des AGB-Rechts, BKR 2006, 182; *Neef* Zur Kollision von Vorauszessionen WM 2005, 2365; *Nobbe* Bankgeheimnis, Datenschutz und Abtretung von Darlehensforderungen WM 2005, 1537; *Olshausen von* Rechtskraftwirkungen von Urteilen über Gegenforderungen bei der Forderungszession JZ 1976, 85; *Paulus* Überlegungen zur Zulässigkeit einer Abtretung von Honoraransprüchen von Anwälten an Anwälte NJW 2004, 21; *Pick* Einwendungen bei dem gegenseitigen Vertrag nach Abtretung der Forderung AcP 172 (1972) 39; *Reuter* Die unfassbare »Neue Beweglichkeit« – BAG NJW 1985, 85, JuS 1986, 19; *Saar* Zur Rechtsstellung des Schuldners nach § 354a Satz 2 HGB ZIP 1999, 988; *Schalast* Das Risikobegrenzungsgesetz – Konsequenzen für die Kreditvergabe und für Kredittransaktionen BB 2008, 2190; *Schwab* Globalsicherheiten und Freigabeklauseln vor dem Großen Senat WM 1997, 1883; *Schwenzer* Zession und sekundäre Gläubigerrechte AcP 182 (1982) 214; *Schwintowski/Schantz* Grenzen der Abtretbarkeit grundpfandrechtlich gesicherter Darlehensforderungen NJW 2008, 472; *Summer* Cui bono – oder – Kritische Überlegungen zum Vorschlag einer Streichung des § 411 BGB ZRP 1995, 402; *Wagner* Vertragliche Abtretungsverbote im System zivilrechtlicher Verfügungshindernisse, Tübingen (1994); *Zimmermann, Steffen* Geierfonds erwerben ungekündigte Darlehensverträge und Grundschulden BKR 2008, 95.

1 **A. Zweck und Bedeutung der Regelung.** Von einer Abtretung spricht man, wenn eine Forderung rechtsgeschäftlich auf einen neuen Inhaber übertragen wird (PWW/*Müller* Rn 1). Über die Abtretung können gem §§ 398 ff grds **alle privatrechtlichen Forderungen** als umlauffähige Bestandteile des Vermögens am Güteraustausch teilhaben (MüKo/*Roth* Rn 1; Hk-BGB/*Schulze* Rn 1; Palandt/*Grüneberg* Rn 1). Neben die Abtretung als rechtsgeschäftlich begründetem Forderungsübergang tritt die Übertragung der Forderung kraft gesetzlicher Anordnung (sog »*cessio legis*«). Für diese verweist § 412 weitgehend auf die §§ 398 ff. Dem Forderungsübergang kraft Gesetzes wird derjenige kraft gerichtlicher Anordnung und Verwaltungsakt gleichgestellt (PWW/*Müller* Rn 1).

2 **B. Anwendungsbereich.** Die Regelungen der §§ 398 ff gelten für alle rechtsgeschäftlichen Übertragungen von abtretbaren Forderungen aus dem Bereich des Privatrechts (Palandt/*Grüneberg* Rn 1). **I. Sondervorschriften für öffentlich-rechtliche Forderungen.** Abtretbar sind zwar grds auch Forderungen auf Grund öffentlichrechtlicher Ansprüche (BGH ZIP 1995, 1698), hierfür gelten aber in erster Linie öffentlich-rechtliche Sondervorschriften (vgl etwa § 46 AO und § 53 SGB I), die in ihrem Anwendungsbereich die §§ 398 ff verdrängen (BSozG NJW 1959, 2087; BFH WM 1973, 1007; Palandt/*Grüneberg* Rn 2).

II. Abgrenzung zur Einziehungsermächtigung. Keine Anwendung finden die §§ 398 ff auf die bloße Einziehungsermächtigung. Sie schafft für den Empfänger lediglich ein schuldrechtlich wirkendes Recht zur zwangsweisen Einziehung der Forderung in eigenem Namen, ohne dass auf den so Ermächtigten das Recht selbst übergeht (BGHZ 4, 153, 164; 82, 283, 288; Erman/*Westermann* Rn 37; PWW/*Müller* Rn 22). Die Abgrenzung zur Inkassozession richtet sich danach, ob nach dem durch Auslegung zu ermittelnden Inhalt des Geschäfts die Beteiligten die durch die Abtretung herbeigeführte »überschießende Außenstellung« des Treuhänders wollen und hinnehmen können (dann Inkassozession), oder ob – etwa im Hinblick auf die Widerruflichkeit der Rechtsmacht – eine bloße Ermächtigung als gewolltes Institut näher liegt (BGH WM 1985, 613; Erman/*Westermann* Rn 37). Eine unwirksame Abtretung kann jedoch gem § 140 ggf in eine wirksame Einziehungsermächtigung umgedeutet werden (Erman/*Westermann* Rn 37). Gestützt wird die Zulässigkeit der Einziehungsermächtigung auf § 185. Zur gerichtlichen Geltendmachung (sog **gewillkürte Prozessstandschaft**) ist der Einziehungsermächtigte nur dann befugt, wenn er ein schutzwürdiges Interesse daran geltend machen kann (BGH NJW 1980, 991). IdR ist dieses zu verneinen, wenn es sich beim Einziehungsermächtigten um eine vermögenslose GmbH handelt (BGHZ 96, 151 ff; NJW 2003, 2231; PWW/*Müller* Rn 22). Praktisch relevant wird die Einziehungsermächtigung iRd **Sicherungsabtretung** und des **verlängerten Eigentumsvorbehaltes**, bei der Ermächtigung des Bauträgers zur Geltendmachung etwaiger Mängelansprüche des Bauherrn (BGHZ 70, 389, 393 ff), zur Ausfüllung der Verwalterbefugnisse im Zusammenhang mit der Wahrnehmung der Rechte der Wohnungseigentümergemeinschaft (BGHZ 74, 258, 267; 81, 35, 37). Sie wird ferner angewandt vom Forderungsverkäufer zur Durchsetzung abgetretener Forderung iRe entspr »**Rückermächtigung**«. Außerdem ist sie bedeutsam für den herrschenden Gesellschafter bei Einziehung von Ansprüchen der beherrschten Gesellschaft (BGH NJW 1965, 1962). 3

C. Regelungsinhalt. I. Tatbestandliche Voraussetzungen. Die Abtretung der Forderung vollzieht sich im Wege der bloßen **Einigung** zwischen dem bisherigen und dem neuen Gläubiger. Anders als bei der Übertragung von Eigentum muss kein weiterer Publizitätstatbestand (wie Besitzerlangung oder Eintragung, vgl §§ 929, 873) hinzutreten, damit die Forderung übergehen kann. Es bedarf hierzu auch keiner Benachrichtigung oder gar Mitwirkung des Schuldners (MüKo/*Roth* Rn 2; BaRoth/*Rohe* Rn 26; Erman/*Westermann* Rn 1). Dessen Interessen werden durch verschiedene Schuldnerschutzvorschriften (§§ 404–410) ausreichend geschützt (PWW/*Müller* Rn 7). Legt der Schuldner Wert auf das Ausbleiben eines Gläubigerwechsels, so kann er in den Grenzen der §§ 399 BGB, 354a HGB ein Abtretungsverbot vereinbaren. **1. Parteien. a) Grundsatz.** Parteien des Abtretungsvertrages (sog Zession) sind der Altgläubiger (Zedent), der die Forderung überträgt, und der Neugläubiger (Zessionar), der neuer Inhaber der Forderung werden soll. 4

b) Problem: Blankozession. Der Abtretungsvertrag muss beide Parteien grds erkennen lassen. Eine Abtretung zugunsten Dritter ist nicht möglich (MüKo/*Roth* Rn 30; Palandt/*Grüneberg* Rn 4). Rechtlich zulässig ist dagegen die sog Blankozession. Str ist nur, wie sie einzuordnen ist. Bei einer Blankozession stellt der Zedent eine Abtretungsurkunde »blanko« aus und ermächtigt ihren Empfänger, sich selbst oder einen Dritten als Zessionar zu bestimmen (RGZ 90, 279 ff; Hk-BGB/*Schulze* Rn 4). Probleme bereitet der Umgang mit dieser Konstellation deshalb, weil die Blankozession häufig dazu dient, Forderungen zum Schutz gegen Einzel- und Gesamtvollstreckung aus dem Vermögen des Zedenten zu entfernen. Nach der Rspr stellt die blanko ausgefüllte Abtretungsurkunde eine bloße Ermächtigung des Empfängers zur Weiterverfügung über die Forderung dar (RGZ 90, 278 ff; BGHZ 22, 132 ff), wobei der Zedent die Gläubigerstellung nicht vor Ausfüllung der Urkunde verliert, weil der zur Verfügung Ermächtigte seine Verfügungsmacht noch nicht eingesetzt hat. Nach einer anderen Ansicht (*Blomeyer* FS Rabel Bd 1, 1959, S 307, 329) handelt der Urkundsempfänger, der die Blanko-Abtretung mit der Eintragung des Abtretungsempfängers in eine bestimmte Bahn lenken soll, als vollmachtloser Vertreter seines unbekannten Rechtsnachfolgers, dessen Genehmigung auf das Datum der Ausstellung der Zessionsurkunde zurückwirkt. Im ersten Fall bliebe die Forderung bis zur Ausfüllung der Urkunde sachenrechtlich dem Zedenten zugeordnet, im letzen Fall wäre sie aus seinem Vermögen mit ex nunc-Wirkung ausgeschieden und somit dem Zugriff der Gläubiger entzogen. Haltbar ist allein erster Lösungsweg. Hierfür sprechen sowohl rechtsdogmatische Erwägungen (vor Ausfüllung der Abtretungsurkunde ist nicht klar, wer Zedent werden soll) als auch Gründe der Rechtssicherheit und des notwendigen Gläubigerschutzes (iE ebenso Palandt/*Grüneberg* Rn 4; MüKo/*Roth* Rn 32; Hk-BGB/*Schulze* Rn 4). 5

2. Inhalt der Abtretung. Die Abtretungsvereinbarung ist auf den **Übergang der vollen Gläubigerstellung** gerichtet (MüKo/*Roth* Rn 19). Ist dies nicht gewollt, sondern vielleicht nur die Übertragung einer Einziehungsermächtigung, so handelt es sich nicht um eine Abtretung iS der §§ 398 ff (RGZ 90, 273, 276; BGH WM 1960, 259, 261; MüKo/*Roth* Rn 19). Probleme bereitet in diesem Zusammenhang immer wieder die Abgrenzung der fiduziarischen (treuhänderischen) Abtretung, die etwa im Rahmen einer Sicherungsabtretung – zu einem vollständigen Gläubigerwechsel führen soll, von der bloßen Ermächtigung zur Einziehung der Ansprüche. Ist die Einigung der Parteien insoweit nicht eindeutig, bedarf es einer Abgrenzung der unterschiedlichen Tatbestände durch (erg, vgl §§ 133, 157) Auslegung. Im Zweifel ist nach hM von einer (Sicherungs-) Abtretung auszugehen (Erman/*Westermann* Rn 30; Soerg/*Zeiß* Rn 19). Soweit ein vollständiger Gläubigerwechsel angestrebt ist, bereitet es keine Probleme, wenn die Abtretung der Forderung unter einer 6 aufschiebenden oder auflösenden Bedingung (§ 158) erfolgt (BGH NJW 1952, 337 ff; 56, 790 ff; LG Frankfurt aM NJW 2004, 3430; BayOblG NJW-RR 1995, 1297; Palandt/*Grüneberg* Rn 1; Hk-BGB/*Schulze* Rn 3). **a) Bestimmtheit.** Gegenstand des Abtretungsvertrages muss jedoch stets eine bestimmte (oder zumindest bestimmbare) Forderung sein (Hk-BGB/*Schulze* Rn 5). Das bedeutet, dass nach dem Inhalt der Einigung klar sein muss, welche Forderungen von wem auf wen übergehen (Düsseldorf WM 1995, 1112; Erman/*Westermann* Rn 10). Die insoweit auch konkludent mögliche Einigungserklärung muss diesbzgl im Zweifelsfall ausgelegt werden (§§ 133, 157). Unstr dürfte danach die Bewertung sein, dass in einem Fall, in dem sich die abgetretene Forderung auf mehrere Anspruchsgrundlagen stützt, die Abtretung im Zweifel alle Anspruchsgrundlagen erfasst, so dass insoweit dem Bestimmtheitserfordernis Genüge getan ist (BGH NJW 1999, 715). (Zum **Factoring** vgl die Vorschriften zum Rechtskauf in §§ 453 ff)

7 **b) Zweifelsfälle. aa) Vorausabtretung und Globalzession.** Nach §§ 398 ff können auch **zukünftige Forderungen** abgetreten werden (RGZ 67, 168 ff; 136, 102 ff; 140, 250 ff; BGHZ 30, 151 ff; 53, 63; 108, 98, 105; Staud/*Busche* Rn 63; BaRoth/*Rohe* Rn 5; Erman/*Westermann* Rn 11). Spätere Verfügungen sind bei Wirksamkeit dieser Abtretung dann gegenstandslos (sog Prioritätsprinzip, BGHZ 32, 361, 363; 104, 351, 353; BGH NJW 2005, 1192, 1193; krit *Neef* WM 2005, 2365 ff). Voraussetzung für diese sog Vorausabtretung ist allerdings, dass Forderung und Schuldner im Augenblick der Wirkung der Abtretung, dh des Entstehens der Forderung, zumindest bestimmbar sind (BGHZ 71, 75, 78; 108, 98, 105; BGH WM 1989, 1086 ff; BGH NJW 2000, 276; BaRoth/*Rohe* Rn 7; Erman/*Westermann* Rn 11). Einer erneuten Willensübereinstimmung zwischen Zedent und Zessionar bedarf es dann im Zeitpunkt des Entstehens der Forderung nicht mehr. Bei genügender Bestimmbarkeit der Vorausabtretung zukünftiger Forderungen schafft bereits der Abtretungsvertrag für den Zessionar eine gesicherte Position, die durch anderweitige Abtretung nicht mehr beeinträchtigt wird (BGHZ 33, 367, 370; BGH NJW 1982, 2371), wohl aber noch durch Nichtentstehung der abgetretenen Forderung scheitern kann (BGHZ 88, 205, 206; Erman/*Westermann* Rn 11). Wenn die Vorausabtretung von Forderungen alle (oder eine Mehrheit von) Forderungen umfasst, spricht man von einer Globalzession (BGHZ 98, 303, 314; BGH NJW 1999, 940; BaRoth/*Rohe* Rn 8). Sie bereitet hinsichtlich des Bestimmtheitserfordernisses keine Probleme, wenn nach dem Inhalt der Einigung entweder *alle* (bzw genau umschriebene, individualisierbare) Forderungen übergehen. Dem **Bestimmtheitserfordernis** genügt insofern auch die Abtretung aller Forderungen aus einem *bestimmten Zeitraum*, selbst wenn einzelne (ihrerseits bestimmbare) Forderungen ausgenommen worden sind (BGH WM 1966, 13). Gleiches gilt für die Begrenzung der Abtretung auf Forderungen aus einem *bestimmten Rechtsgeschäft* (RG JW 32, 3760), aus bestimmten *Arten von Rechtsgeschäften* (RGZ 155, 26, 30; BGHZ 30, 149, 151; BGH WM 1961, 350, 351) oder gegen bestimmte Schuldner (BGH NJW 1999, 940). Keine hinreichende Bestimmtheit liegt vor, wenn ein Wechsel im abgetretenen Forderungsbestand eintritt und kein eindeutiges »Nachrückverfahren« festgelegt worden ist (BGHZ 71, 75, 78 f; BaRoth/*Rohe* Rn 8).

8 **bb) Maximalzession/Mantelzession/Teilabtretung.** Probleme hinsichtlich der Bestimmtheit bereitet nicht selten die sog **Maximalzession.** Bei ihr wird aus einer Mehrheit von Forderungen eine Summe abgetreten, die dem (zu sichernden) Anspruch des Zessionars gegen den Zedenten entspricht. Eine solche (rein summenmäßige) Begrenzung des abgetretenen Forderungsbestandes, die unklar lässt, welche Forderungen von der Zession erfasst sind, ist zu unbestimmt und daher unwirksam (BGH WM 1968, 1054; BGH NJW 1978, 1050). Dingliche Sicherheit gewinnt der Berechtigte hierdurch nicht (BaRoth/*Rohe* Rn 12). Ein Nachschieben einer Forderung anstelle der durch Erfüllung weggefallenen ist durchführbar durch einen als **Mantelzession** bezeichneten Rahmenvertrag über abzutretende zukünftige Forderungen, wobei aber die Abtretungswirkung erst durch einen Akt nach ihrer Entstehung (etwa die Übergabe von Rechnungsdurchschriften, vgl LG Berlin WM 1984, 225) eintritt. Möglich ist bei teilbaren Rechten auch eine **Teilabtretung**, durch die mehrere selbständige, unter sich gleichartige Forderungen entstehen (BGH NJW 1966, 655; 1969, 40). Allerdings muss die Aufteilung unter Zedenten und Zessionar genügend klar sein (Rostock NZG 2001, 945; Erman/*Westermann* Rn 10).

9 **cc) Abtretungsvereinbarung in AGB-Form und sonstige Anwendung von AGB-Recht.** Eine Abtretung ist zudem im Wege entspr Vereinbarung in AGB-Form möglich. Doch sind die Schutzvorschriften der §§ 305 ff zu beachten, insbes §§ 305 Abs 2, Abs 3 und 305c Abs 1 für die Einbeziehung in den Vertrag, § 307 für die inhaltliche Angemessenheit. Auf diese Weise wird die formularmäßige Zession strenger beurteilt, was sich vor allem bei der Globalzession auswirkt (BGHZ 94, 105 ff; 98, 303; 109, 240; MüKo/*Roth* Rn 15; restriktiv zu Abtretungsklauseln in Anwaltsvollmacht OVG Münster NJW 1987, 3029; Palandt/*Heinrichs* § 307 Rn 149; *Bunte* NJW 1981, 2657, 2660). Die soziale Schutzbedürftigkeit des Zedenten fällt vor allem bei der **Sicherungszession von Lohn- und Gehaltsansprüchen** ins Gewicht und führt hier ua auch zu Differenzierungen nach dem Vertragstypus: bei Kreditaufnahme wird sie eher als zulässig erachtet als bei Miete, Kauf und verwandten Geschäften (vgl dazu BGHZ 108, 98 ff; BGH NJW 1992, 2626; Frankfurt aM NJW 1986, 2712; Nürnberg NJW-RR 1990, 1461; Celle NJW-RR 1994, 562; LG Heilbronn WM 1991, 2058; LAG Bremen BB 1966, 535; LG Düsseldorf BB 1967, 118; LAG Berlin BB 1968, 84; MüKo/*Roth* Rn 15). Im Zusammenhang mit der **Abtretung von Darlehensrückzahlungsforderungen an einen Finanzinvestor** wurde etwa vom LG Hamburg (18. Zivilkammer, Beschluss v. 09.07.2008, Az: 318 T 183/07) jüngst vertreten: In dem Fall, in dem

der Darlehensnehmer der Bank zur Absicherung der Darlehensforderung eine Buchgrundschuld bestellt und zugleich die Unterwerfung unter die sofortige Zwangsvollstreckung in den belasteten Grundbesitz und sein gesamtes Vermögen erklärt hat, ist zwar die Abtretung der Grundschuld an den Finanzinvestor (selbst wenn es sich um kein Bankinstitut handelt) wirksam. Angesichts des in neuerer Zeit aufgetretenen Phänomens des massenhaften Verkaufs von Krediten durch Banken an Finanzinvestoren stellt die in der Form des § 794 Abs 1 Nr 5 ZPO abgegebene formulierte **Unterwerfungserklärung** wegen des damit verbundenen Missbrauchspotentials aber eine **unangemessene Benachteiligung des Schuldners iSd § 307 Abs 1 S 1** dar. Mangels einer ordnungsgemäßen Vollstreckung darf daher **keine Vollstreckungsklausel** erteilt werden (aA etwa *Schwintowski/Schantz* NJW 2008, 472 ff: Nichtigkeit der gesamten Abtretung bereits wegen Inhaltsänderung der Forderung).

dd) Kollision von Globalzession und zeitlich nachfolgendem verlängerten Eigentumsvorbehalt. Bei der Abtretung gilt der Prioritätsgrundsatz, nach dem die erste (wirksame) Abtretung Wirkungen zeitigt und spätere Abtretungen über dieselbe(n) Forderung(en) ins Leere gehen (BGHZ 30, 147, 151). Aber die Sicherungsinteressen des Warenlieferanten werden in der Höhe der Lieferung und ihrer wirtschaftlichen Surrogate grds als schützenswert betrachtet. Nach hM ist deshalb eine zeitlich **vorrangige Globalzession zugunsten der Bank** wegen Gläubigerbenachteiligung bzw Verleitung des Zedenten zum Vertragsbruch insoweit als **sittenwidrig** und nichtig anzusehen (§ 138 bzw § 307), als sie Forderungen erfasst, die der Schuldner seinen Lieferanten auf Grund eines verlängerten Eigentumsvorbehaltes (regelm) abtreten muss (st Rspr BGHZ 30, 149, 152 f; NJW 1960, 1716; 1971, 372; 1979, 365; 1998, 303, 315). Nicht sittenwidrig ist eine Globalzession, wenn der verlängerte Eigentumsvorbehalt auf Grund einer dinglichen Teilverzichtsklausel den Vorrang hat (BGHZ 98, 303, 314). Eine schuldrechtliche Teilverzichtsklausel genügt nicht (BGHZ 72, 307, 310). 10

3. Abstraktheit. Die Abtretung ist als **sachenrechtliches Verfügungsgeschäft** vom Kausalgeschäft streng zu trennen (MüKo/*Roth* Rn 13, 23, 25; BaRoth/*Rohe* Rn 27). Mängel des Kausalgeschäftes lassen die Wirksamkeit der Abtretung nach dem Abstraktionsprinzip grds unberührt (RGZ 87, 68, 71 ff; 102, 385, 386 ff; BaRoth/*Rohe* Rn 27; Palandt/*Grüneberg* Rn 3). Wurde die Forderung zur Sicherung eines Anspruches abgetreten und liegt ein Fall der anfänglichen Übersicherung vor, die – sofern sie in AGBs vereinbart ist – gegen § 307, ansonsten gegen § 138 verstößt, schlägt die Nichtigkeit des schuldrechtlichen Sicherungsgeschäftes auf das dingliche Geschäft, dh die Abtretung, durch (sog Doppelmangel). Die Rechtsfolge der Nichtigkeit umfasst das dingliche Rechtsgeschäft in vollem Umfang, also nicht nur hinsichtlich des überschießenden Volumens (*Ganter* WM 2001, 1, 6; BaRoth/*Rohe* Vor § 398 Rn 18). Vor dem Hintergrund dieser gravierenden Rechtsfolge ist allerdings die **anfängliche Übersicherung** von der **nachträglichen Übersicherung** zu unterscheiden. Die Abgrenzung vollzieht sich danach, ob die Übersicherung von Anfang an vorlag oder erst später (zB durch nachträgliche Begleichung der Forderung) eingetreten ist, weil kein entspr Freigabemechanismus für »überschüssige« Sicherheiten vereinbart wurde. Im Fall der nachträglichen Übersicherung soll die Sicherungsabtretung nicht unwirksam sein, denn dies entspricht nicht dem in dieser Situation als schützenswert angesehenen Interesse des Sicherungsnehmers. Um auch den Sicherungsgeber (Zedent) zu schützen, wird allerdings angeführt, dass sich aus dem Sicherungsvertrag (ansonsten aus § 812) ein schuldrechtlicher Freigabeanspruch bzgl der Übersicherung ergebe (BGHZ GrS 137, 212 ff; BaRoth/*Rohe* Vor § 398 Rn 20). Der Freigabeanspruch entsteht grds, wenn das Sicherungsinteresse 150% des maßgeblichen Schätzwerts der Sicherheiten erreicht hat. Bei teilw Übersicherung hat der Sicherungsnehmer ein Wahlrecht, welche von mehreren selbständigen Sicherheiten er freigibt (BGH NJW-RR 2003, 45 f). 11

Das **Sicherungsinteresse** errechnet sich aus den Beträgen der Deckungshöchstgrenze und dem Abschlag auf den Nominalwert der Sicherheiten. Die Deckungshöchstgrenze ist bei 110% der Kreditsumme anzusiedeln, wobei in Anlehnung an die Regelung des § 171 Abs 1 S 2, Abs 2 S 1 InsO 10% Verwertungskosten pauschal zu berücksichtigen sind (BaRoth/*Rohe* Vor § 398 Rn 21). Der **Wert der Sicherheiten** bemisst sich bei Forderungen zunächst aus dem Nominalwert (BaRoth/*Rohe* Vor § 398 Rn 22). Von diesem Wert ist in Anlehnung an § 237 ein Abschlag iHv 1/3 für die Realisierungsrisiken in der Verwertung vorzunehmen (BGHZ GrS 137, 212 ff; *Schwab* WM 1997, 1883, 1890). Im Einzelfall bleibt der Nachweis offen, dass dieser Abschlag den bes Verhältnissen der Branche oder des Sicherungsgebers nicht gerecht wird (BaRoth/*Rohe* Vor § 398 Rn 22). Für die Abweichungsnotwendigkeit trägt derjenige, der daraus einen Vorteil zieht, die Beweislast, wobei er konkrete Erfahrungstatsachen darzulegen hat (BGHZ GrS 137, 212 f; zu weiteren Einzelheiten vgl BaRoth/*Rohe* Vor § 398 Rn 19 ff). 12

4. Bestehen der Forderung und Übertragbarkeit. Die wirksame Abtretung setzt weiter voraus, dass die abzutretende Forderung besteht und der Zedent die Verfügungsmacht darüber besitzt (PWW/*Müller* Rn 10 f). Die Verfügungsbefugnis fehlt ua dann, wenn über das Vermögen des Schuldners das Insolvenzverfahren eröffnet wurde. Hat der Schuldner also etwa Forderungen auf Vergütung gegen die kassenärztliche Vereinigung abgetreten oder verpfändet, so ist eine solche Verfügung unwirksam, soweit sie sich auf Ansprüche bezieht, die auf nach Eröffnung des **Insolvenzverfahrens** erbrachte ärztliche Leistungen beruhen (vgl §§ 91, 114 InsO; § 85 SGB V; BGH v 11.05.2006 – IX ZR 247/03). Ein gutgläubiger Erwerb einer Forderung findet mangels Rechtsscheinsbasis grds nicht statt (MüKo/*Roth* Rn 28; BaRoth/*Rohe* Rn 5). Eine Ausn von diesem Grundsatz wurde lediglich in § 405 für den Fall der Publizitätswirkung einer Urkunde konzipiert und 13 ist in engen Grenzen nur noch bei wertpapierrechtlichen Forderungen und nach den Grundsätzen des »Mitreißens der Forderung« im Anwendungsbereich des § 1138 anerkannt (wenn Forderung und Hypothek sonst auseinanderfallen würden). Neben dem Bestehen der Forderung in der Person des Zedenten ist zudem die Übertragbarkeit der Forderung erforderlich. An diesem Erfordernis fehlt es, wenn die Forderung höchstpersönlicher Natur ist (BVerwG NJW 1997, 3256, 3257), wenn die Übertragung nur unter Inhaltsänderung erfolgen kann (§ 399 Abs 1) oder vertraglich mit dinglicher Wirkung ausgeschlossen worden ist (§ 399 2. Alt; vgl Begrenzung in § 354a HGB). Gleiches gilt, wenn die Forderung nicht der Pfändung unterliegt (§ 400).

14 **5. Form. a) Grundsatz.** Eine Form ist für den Abtretungsvertrag nicht vorgesehen. Der Abtretungsvertrag ist grds formlos, dh auch ohne Rücksicht auf die Entstehungserfordernisse des abgetretenen Rechts, gültig (BGHZ 89, 41, 46; BGH NJW 1994, 1344, 1346; MüKo/*Roth* Rn 13; BaRoth/*Rohe* Rn 21; Hk-BGB/*Schulze* Rn 3). Bsp hierfür sind etwa die formlose Abtretung eines Anspruches auf Auflassung (RGZ 53, 270 ff; 111, 130 ff; BGHZ 89, 41, 46; Staud/*Busche* Rn 19) oder die formlose Abtretung der mit Ausübung eines Vorkaufsrechts entstandenen Ansprüche (RGZ 108, 113 ff; 155, 172, 176).

15 **b) Legitimations- und Wertpapiere.** Auch **Sparkassenguthaben** sind ohne Übertragung des Sparkassenbuches abtretbar (RGZ 89, 402; Hk-BGB/*Schulze* Rn 3), da das Recht an der Forderung hier nicht dem Legitimationspapier nachfolgt, sondern umgekehrt das Eigentum am Buch dem Inhaber der Forderung zusteht (vgl § 952 Abs 2). Hiervon zu trennen sind Ansprüche aus **Inhaberpapieren.** Diese sind überhaupt nicht gem §§ 398 ff abtretbar; sie folgen dem Primat des Sachenrechts. Der Forderungsübergang vollzieht sich bei ihnen als Annex zur Übertragung des Papiers gem § 929 (Hk-BGB/*Schulze* Rn 3; BaRoth/*Rohe* Rn 22; Erman/*Westermann* Rn 9). Bei **Orderpapieren** (wie Wechsel oder Scheck; vgl Art 11 Abs 1 WG, § 14 Abs 1 ScheckG, § 363 HGB) steht neben der praktisch ganz überwiegenden Indossierung die Möglichkeit der Abtretung offen. Dazu ist allerdings die Übergabe des Papiers erforderlich (RGZ 119, 217 ff; BGHZ 104, 145, 149 f; BaRoth/*Rohe* Rn 22; Soerg/*Zeiß* Rn 2). Ansonsten sind alle **Rektapapiere** (sog Namenspapiere) außerhalb der grundpfandrechtlichen Sicherungsformen idR formlos durch Abtretung (§§ 398 ff) übertragbar (RGZ 89, 402; BGH WM 1987, 1038; Oldenburg WM 1998, 2239, 2240f; Hk-BGB/*Schulze* Rn 3; BaRoth/*Rohe* Rn 22).

16 **c) Ausnahmen von der Formfreiheit der Abtretung.** Das Gesetz normiert aber auch Ausn von dem Grundsatz der formlosen Abtretbarkeit von Forderungen. Eine davon beinhaltet § 1153 Abs 2 (§ 1192 Abs 1). Infolge der untrennbaren Verbindung von Forderung und Hypothek bedarf es zur Übertragung einer hypothekarisch gesicherten Forderung der Einhaltung der in § 1154 beschriebenen Anforderungen (schriftliche Abtretungserklärung und Übergabe des Hypothekenbriefes bzw – statt der schriftlichen Abtretungserklärung – Umtragung im Grundbuch). Gleiches gilt auf Grund der Verweisung in § 1192 Abs 1 für die Grundschuld.

17 **II. Besondere Ausgestaltungsformen. 1. Die stille Zession.** Weil die Abtretung nicht die Offenlegung des Gläubigerwechsels ggü dem Schuldner voraussetzt, ist auch eine sog stille Zession zulässig (RGZ 133, 234, 242; BGH NJW 1958, 457 ff; MüKo/*Roth* Rn 19; Palandt/*Grüneberg* Rn 6). Bei der stillen Zession, die insbes im Rahmen der Sicherungsabtretung, der sog Diskontierung von Buchforderungen und dem verlängerten Eigentumsvorbehalt stattfindet, wird die Benachrichtigung des Schuldners ausgeschlossen und der Zedent behält ein schuldrechtlich vereinbartes Einziehungsrecht (BGH NJW 1986, 977; BGH NJW-RR 2001, 422) mit der Folge, dass seine Klage die Verjährung der abgetretenen Forderung unterbricht (BGH WM 1999, 1065, 1066). Die Mitteilungs- und Einziehungsbefugnisse springen erst dann auf den Schuldner über, wenn sich bei ihm ein Bedürfnis zur Realisierung seiner ihm zur Sicherheit übertragenen Forderung aktualisiert hat. Wann dies der Fall ist, ist durch Auslegung zu ermitteln. Im Zweifel ist dies mit dem Verzug des Zedenten anzunehmen (RGZ 142, 139 ff; Erman/*Westermann* Rn 7). Die Auslegung der Vereinbarung (§§ 133, 157) ist auch entscheidend für die Beantwortung der Frage, ob überhaupt eine stille Zession gewollt ist oder nicht.

18 **2. Die fiduziarische Abtretung.** Bei der fiduziarischen Abtretung wird eine Forderung übertragen, wobei Zedent und Zessionar durch ein schuldrechtlich wirkendes Treuhandverhältnis verbunden sind. Bedeutsam ist dieses Treuhandverhältnis vor allem für die Zwangsvollstreckung. Denn wie auch sonst bei fiduziarischen Rechtsverhältnissen ist im Fall der Zwangsvollstreckung nicht die äußere Zugehörigkeit der Forderung entscheidend, sondern die dem Treueverhältnis entspr materielle Vermögenseinordnung. Dies führt im Fall der Zwangsvollstreckung/Insolvenz zu einem Widerspruchs-, Aussonderungs- bzw Absonderungsrecht (Erman/*Westermann* Rn 31).

19 **3. Sicherungsabtretung.** Die Sicherungsabtretung ist eine Übertragung von Forderungen als abstrakte Verfügung im Wege der §§ 398 ff, der **schuldrechtlich ein Sicherungsvertrag** zu Grunde liegt, wonach ein Anspruch des Zessionars gegen den Zedenten gesichert werden soll (Erman/*Westermann* Rn 32). Sicherungshalber abgetretene Rechte begründen nichtakzessorische fiduziarische Sicherheiten (BGHZ 137, 212, 218). Die Sicherungsabtretung erfolgt grds formlos und wird dem Schuldner der abgetretenen Forderung idR nicht angezeigt (stille Zession). Die Parteien können die Sicherungsabtretung durch Vereinbarung einer aufschiebenden oder auflösenden Bedingung an den Bestand der zu sichernden Forderung binden und so akzessorietätsähnlich ausgestalten. Ob das gewollt ist, ist Auslegungsfrage (BGH NJW 1986, 997), idR aber nicht vereinbart (BGH NJW 2000, 957, 958; anders BGH NJW 1982, 275, 276). Mit der Sicherungszession scheidet die Forderung zwar im Rechtssinne aus dem Vermögen des Zedenten aus, wirtschaftlich gehört sie aber weiter-

hin dazu. Der Sicherungsgeber darf die Forderung weiterhin einziehen (§ 185 Abs 1), bei der stillen Zession mit dem Recht, Leistung an sich, bei der offenen Zession mit der Befugnis, Leistung an den Zessionar zu verlangen (BGHZ 140, 175, 181; BGH NJW 1999, 2210, 2111; 2002, 1568, 1569).

Der Sicherungsnehmer darf mit den abgetretenen Forderungen nur unter **Wahrung des Sicherungszwecks** verfahren (BGH NJW 2003, 1182, 1183), dh erst bei Nichterfüllung der gesicherten Forderung die Sicherheit verwerten. Die Verwertung bestimmt sich dabei nach der (AGB-)Sicherungsabrede (RGZ 143, 113, 116; BGH NJW 1980, 226). Der Sicherungsgeber verliert seine Einziehungsermächtigung auch ohne ausdrückliche Regelung im Sicherungsvertrag mit Eröffnung des Insolvenzverfahrens, nicht jedoch bereits mit dem Eintritt einer finanziellen Krise oder der Stellung des Insolvenzantrags (BGHZ 144, 192, 198 f; BGH WM 2006, 1018, 1019). Der im Vorfeld der Eröffnung des Insolvenzverfahrens stattfindende Widerruf der Einziehungsermächtigung durch den Sicherungsnehmer ist zwar wirksam (BGHZ 82, 283, 290 f), verstößt aber gegen die Sicherungsabrede und verpflichtet ebenso wie eine vorzeitige Offenlegung zum Schadensersatz (BGH NJW 1994, 2754 f; PWW/*Nobbe* § 1273 Rn 29). Nach Verwertungsreife (dh bei Verzug des Sicherungsgebers mit der Erfüllung der gesicherten Forderung, RGZ 142, 139, 141; BGHZ 108, 98, 106), darf der Sicherungsnehmer die Sicherungsabtretung offen legen und die Forderung einziehen bzw anderweitig verwerten. Der Sicherungsnehmer kann dabei im Wege der Drittschadensliquidation auch einen Verzugsschaden des Zedenten liquidieren (BGHZ 128, 371, 378). Soweit der eingezogene Betrag die gesicherte Forderung übersteigt, hat er den Übererlös an den Sicherungsgeber herauszugeben (BGHZ 128, 371, 374; PWW/*Nobbe* § 1273 Rn 31). 20

4. Inkassozession. Bei der Inkassozession ist die Einziehung der nach §§ 398 ff abgetretenen Forderung zugunsten des Zedenten Zweck ihrer Übertragung auf den Neugläubiger. Der Zessionar ist in der Ausübung seiner Rechtsstellung treuhänderisch gebunden, so dass bei Vollstreckungsmaßnahmen gegen ihn der Zedent intervenieren kann (Erman/*Westermann* Rn 36). Der Zessionar genießt vermögensrechtlichen Schutz in Bezug auf § 771 ZPO und § 47 InsO. Die Eröffnung des Insolvenzverfahrens über das Vermögen des Zedenten beendet nach §§ 115, 116 InsO das Treuhandverhältnis (PWW/*Müller* Rn 21). 21

D. Rechtsfolge. I. Grundsatz. Die wirksame Abtretung führt zum Gläubigerwechsel. Der Zedent hört auf, Gläubiger zu sein. Der Zessionar übernimmt diese Position unmittelbar mit dem Vertragsschluss. Dieser Umstand ist entscheidend für die Zwangsvollstreckung gegen einen der beiden; denn ist der Forderungsübergang beim Zedenten eingetreten, geht die Pfändung bei ihm ins Leere (Erman/*Westermann* Rn 28). Mit dem Übergang der Forderung, die als Gesamtheit (auch hinsichtlich aller ihr unterlegten Anspruchsgrundlagen) transferiert wird, vollzieht sich zugleich ein automatischer Wechsel von Neben- und Sicherungsrechten (§ 401). Die Abtretung führt nur zu einer Auswechselung des Gläubigers, auf die Forderung selbst hat sie keinen Einfluss (BaRoth/*Rohe* Rn 34). Sie ändert daher nichts an deren Rechtsnatur und Inhalt. Gleiches gilt für den Bestand des zu Grunde liegenden Rechtsverhältnisses (BGHZ 75, 24 ff; JZ 1998, 255; Erman/*Westermann* Rn 28). Es bleiben alle mit der Forderung verbundenen Vereinbarungen und Durchsetzungswege erhalten, soweit sie nicht in höchstpersönlichen Eigenschaften des Forderungsinhabers begründet sind (BaRoth/*Rohe* Rn 34). 22

II. Zuordnung sekundärer Gläubigerrechte. Die Zuordnung sekundärer Gläubigerrechte richtet sich bei der Abtretung danach, dass der wirtschaftliche Erfolg des Übergangs der Forderung auf den Zessionar erreicht wird und beim Zedenten nur so viel an Rechten verbleibt, wie es aus Gründen des Schuldnerschutzes (§ 404) oder einer fortbestehenden persönlichen Bindung des Schuldverhältnisses für ihn nötig ist. Zu unterscheiden hinsichtlich des anvisierten wirtschaftlichen Erfolges sind in diesem Zusammenhang etwa Fälle der Abtretung im Rahmen einer Vertragsübernahme, eines Forderungskaufs, einer Sicherungs- und Inkassozession etc (Erman/*Westermann* Rn 29). Dies führt für die verschiedenen Situationen zu mannigfachen Differenzierungen (*Schwenzer* AcP 182, 214 ff). Einzelfälle: Das Anfechtungsrecht belässt die hM wegen des Persönlichkeitsbezuges beim Zedenten (*Schwenzer* AcP 182, 214, 248; Erman/*Westermann* Rn 29). Nicht einheitlich gehandhabt wird die Zuordnung der Einreden, des Rücktritts wegen Sachmangels sowie des Nichterfüllungs- und Verzugsschadens (vgl dazu Erman/*Westermann* Rn 29). Hier ist folgendermaßen zu differenzieren: Mit der Abtretung stehen dem Zessionar die Schadensersatzansprüche aus Pflichtverletzung nach §§ 280 ff zu (BGH NJW 1985, 2640, 2641). Dies schließt die Befugnis zur Vornahme solcher Handlungen oder Abgabe von Erklärungen ein, die Voraussetzung für die Geltendmachung von Leistungsstörungsrechten sind, wie die Mahnung nach § 286 Abs 1 oder die Fristsetzung bzw Abmahnung gem §§ 281 f, 323 (BGH NJW 1985, 2640, 2641; 1987, 2075; *Seetzen* AcP 169, 352, 366 ff; BaRoth/*Rohe* Rn 37). Auch Ersatzansprüche aus Gewährleistung werden idR zumindest mitabgetreten (BaRoth/*Rohe* Rn 37). Gestaltungsrechte, welche das Schuldverhältnis zwischen Zedent und Schuldner insg betreffen (Anfechtung, Rücktritt) verbleiben jedoch – sofern sie in der Person des Zedenten begründet wurden – grds beim Abtretenden (BGH NJW 1985, 2640, 2641; BaRoth/*Rohe* Rn 40; *Schwenzer* AcP 182, 214, 218, 224; aA *Seetzen* AcP 169, 352, 366; Palandt/*Heinrichs* Rn 18 ff), es sei denn, sie werden gesondert mitabgetreten (BGH NJW 1985, 2640, 2641 f). Allerdings ist der Zedent ggü dem Zessionar aus dem Abtretungsvertrag verpflichtet, solche Rechte nur im gegenseitigen Einvernehmen auszuüben (BaRoth/*Rohe* Rn 40). 23

24 **E. Darlegungs- und Beweislast.** Die Darlegungs- und Beweislast für die Abtretung trägt grds der Zessionar, der, gestützt auf sie, aus dem Anspruch vorgeht (BGH NJW 1983, 2018; Erman/*Westermann* Rn 42; PWW/Müller Rn 32).

§ 399 Ausschluss der Abtretung bei Inhaltsänderung oder Vereinbarung.

Eine Forderung kann nicht abgetreten werden, wenn die Leistung an einen anderen als den ursprünglichen Gläubiger nicht ohne Veränderung ihres Inhalts erfolgen kann oder wenn die Abtretung durch Vereinbarung mit dem Schuldner ausgeschlossen ist.

1 **A. Zweck und Bedeutung der Regelung.** Die Regelung des § 399 sorgt dafür, dass die Übertragbarkeit und damit die Umlauffähigkeit von Forderungen nicht schrankenlos ist. Unter zwei Gesichtspunkten werden Einschränkungen statuiert: Sowohl der Inhalt der Leistung als auch eine Parteivereinbarung können zum Ausschluss der Abtretbarkeit führen (PWW/*Müller* Rn 1; Palandt/*Grüneberg* Rn 1; MüKo/*Roth* Rn 7). § 399 enthält keine abschließende Regelung. Weitere Abtretungsverbote ergeben sich ua aus §§ 400, 473, 717, § 134 iVm Verbotsgesetzen wie § 203 StGB und aus dem Grundsatz von Treu und Glauben (PWW/*Müller* Rn 2; Hk-BGB/*Schulze* Rn 1). Kraft der Verweisung des § 412 gilt § 399 auch für den gesetzlichen Forderungsübergang.

2 **B. Regelungsinhalt.** § 399 statuiert den Ausschluss der Abtretung bei Inhaltsänderung oder Vereinbarung. **I. Inhaltsänderung.** Auf Grund des Inhalts der Leistung (§ 399, 1. Alt) ist eine Forderung unabtretbar, wenn die Leistung an einen anderen als den ursprünglichen Gläubiger notwendig mit einer Veränderung einherginge. Zu unterscheiden sind hier Fälle, in denen die Leistung spezifisch mit der Person des Gläubigers verknüpft ist (sog höchstpersönliche Ansprüche), und die Fälle, in denen sich durch die Abtretung das geschuldete Leistungsverhalten ändern würde. **1. Höchstpersönliche Ansprüche.** Zu den höchstpersönlichen Ansprüchen zählen die Ansprüche auf **Ausführung eines Auftrags** (§ 664 Abs 2), **Ansprüche von Gesellschaftern gem § 717**, der Anspruch auf **Unterlassung der Ehrverletzung** (Palandt/*Grüneberg* Rn 6; RG HRR 33, 919) und der **Urlaubsanspruch** (BAG AP § 611 Urlaubsrecht Nr 3, 7, 17, 42; Hk-BGB/*Schulze* Rn 2; MüKo/*Roth* Rn 10). Der Anspruch auf Urlaubsabgeltung wird dagegen abtretbar, wenn er zu einem Zahlungsanspruch geworden ist (BAG BB 2001, 2378). Unabtretbar wegen der Personenbindung sind auch Ansprüche auf **Beihilfe** (BVerwG NJW 1997, 3256 f), **Berufsunfähigkeitsrente** (KG VersR 2003, 490; Oldenburg NJW-RR 1994, 479), Ansprüche auf **Dienstleistungen** (§§ 613 Abs 1 S 2, 664 Abs 2), auf **Unterhalt in Natur** (Hk-BGB/*Schulze* Rn 2), auf **Darlehensrückzahlung**, wenn das Kündigungsrecht aus § 489 personenbezogen beschränkt wurde (Köln NJW 2000, 295), und **Mietkaution** (Düsseldorf ZMR 2000, 211). Gleiches gilt für den Anspruch auf **Gebrauchsüberlassung** (RGZ 134, 96 ff), auf **Prozesskostenvorschuss nach § 1360a Abs 4** (Ausn: Abtretung an Anwalt oder Gerichtskasse, BGHZ 94, 316, 322), **Rückzahlung wegen Bedürftigkeit des Schenkers** (Köln NJW 2000, 295), aus einem **Vorvertrag** auf Vertragsschluss, für ein Vorkaufsrecht (BGH NJW-RR 1991, 526; MüKo/*Roth* Rn 12) und einen **Unterlassungsanspruch aus einer Preisbindung** (Hk-BGB/*Schulze* Rn 2). Auch der Anspruch auf **Schuldbefreiung** kann nur an den Gläubiger der zu tilgenden Schuld (ausnahmsw auch an den für die Schadensregulierung zuständigen Versicherer) abgetreten werden (PWW/*Müller* Rn 4; Palandt/*Grüneberg* Rn 4). IÜ sind **Freistellungsansprüche** unabtretbar (Frankfurt VersR 1995, 1360; Staud/*Busche* Rn 37; MüKo/*Roth* Rn 15). Nur an den Geschäftsnachfolger abtretbar ist der Anspruch aus einem Wettbewerbsverbot (RGZ 96, 172 ff; 102, 129 ff), das Belegungsrecht aus einem Werkfördervertrag (BGH NJW 1972, 2036) und der Unterlassungsanspruch wegen Verletzung des Rechts am eingerichteten Gewerbebetrieb (*Reuter* JuS 1986, 19, 21).

3 **2. Änderung des geschuldeten Leistungsverhaltens.** Die **Zweckbindung der Leistung** schränkt die Abtretbarkeit des Anspruchs weiter ein, bei Auskunftsansprüchen gegen die Bank (BGH NJW 1989, 1601), Ansprüchen aus § 528 (BGH NJW 1995, 323; Hk-BGB/*Schulze* Rn 3), Ausgleichsforderungen aus § 8 Abs 3 S 2 HausRVO (Köln NJW-RR 1993, 1031), zweckgebundene Erschließungskosten (Hamm NJW-RR 1992, 22), zweckgebundene Subventionen (OVG Weimar NVwZ-RR 2004, 781) sowie bei zweckgebundenen Ansprüchen des Treuhänders gegen den Treugeber (BGH NJW 1991, 2906). Uneingeschränkt abtretbar sind dagegen trotz ihrer Zweckgebundenheit Ansprüche auf das Tagesguthaben im Rahmen eines Girovertrages (BGHZ 84, 374 ff; Erman/*Westermann* Rn 6) sowie Ansprüche auf Arbeitnehmersparzulagen (Hk-BGB/*Schulze* Rn 3).

4 **II. Parteivereinbarung. 1. Grundsatz.** Schuldner und Gläubiger können eine (stillschweigende) **Vereinbarung** darüber treffen, dass die **Forderung nicht abgetreten werden soll (sog *pactum de non credendo*)** oder an die Abtretung gewisse Erschwerungen (wie etwa Zustimmungen, Anzeige an den Schuldner) knüpfen, vgl § 399, 2. Alt. Solche Abtretungsverbote können auch in **Tarifverträgen** und **Betriebsvereinbarungen** enthalten sein (BAG AP § 399 Nr 1, 4, 8; LAG Köln NZA-RR 2006, 365). Die Rspr beanstandet Abtretungsverbote auch bei AGB-Vereinbarungen nicht (BGHZ 77, 274 ff; 102, 293, 300; 112, 387 ff). Die Parteivereinbarung über die Nichtabtretbarkeit dient dem Interesse des Schuldners an einer klaren und übersichtlichen Vertragsabwicklung (PWW/*Müller* Rn 1). Sie bedarf **keiner Form**, aus Beweisgründen ist sie aber anratenswert. Der vertragliche Abtretungsausschluss kann bei Begründung der Forderung, aber auch später erfolgen (Hk-BGB/*Schulze* Rn 5); er kann sich auf bereits bestehende oder erst zukünftig entstehende Forderungen erstrecken (RGZ 97, 78 ff; Palandt/*Grüneberg* Rn 8; PWW/*Müller* Rn 9). Inhaltlich ist er auf einen dinglich wirkenden

Ausschluss des Forderungsübergangs gerichtet. Unanwendbar ist § 399 daher, wenn das Abtretungsverbot nur schuldrechtliche Wirkungen zeitigen soll (BGH NJW 1982, 2769).

2. Einzelfälle. a) Kontokorrent/Verschwiegenheit/Unterlassung. Mitenthalten ist der Abtretungsausschluss in der **Kontokorrentvereinbarung** (BGH NJW 1978, 538; *Gotthold* WM 1982, 233; MüKo/*Roth* Rn 31), uU auch in der Vereinbarung einer Verschwiegenheitspflicht (Düsseldorf NJW-RR 1994, 438) oder einem vertraglichen Unterlassungsanspruch mit Unterwerfungsvereinbarung (*Dornis/Förster* GRUR 2006, 195, 197). 5

b) Darlehensrückzahlung und Grundschuld. Problem: Seit einigen Jahren verkaufen deutsche Banken und Sparkassen notleidende Kredite zum Zwecke ihrer Refinanzierung. Für die betroffenen Kreditnehmer, die oftmals erst nach dem Verkauf davon erfahren, hat dies zT gravierende Folgen. So kann es passieren, dass plötzlich ein Finanzinvestor als neuer Gläubiger agiert und Rückzahlung verlangt, mit Zwangsvollstreckung droht und diese sogar durchführt. In der Praxis ist dies häufig der Fall, wenn der Focus des neuen Gläubigers – wie beim Finanzinvestor üblich – in der schnellen Verwertung der Sicherheit und Beitreibung von Kapital liegt. In jedem Fall verschlechtert sich die Situation der Schuldner bereits dadurch, dass nach dem Auslaufen der Zinsbindungsfrist vom Finanzinvestor Kredite üblicherweise nur zu stark überhöhten Zinsen angeboten werden und für die Betroffenen eine Ausweichmöglichkeit nicht in Sicht ist. Um dieser für die betroffenen Schuldner nachteiligen Situation rechtlich »Herr« zu werden, wurden in der Lit und Rspr unterschiedliche Ansätze diskutiert. Zunächst war dabei die Frage von Interesse, ob die **Abtretung der Kreditforderung bereits gegen das Bankgeheimnis oder gar gegen das Bundesdatenschutzgesetz verstößt.** Wäre das der Fall, dann wäre die Forderung bereits wegen Verstoßes gegen eine gesetzliche Vorgabe unabtretbar. Mit Urteil vom 27.02.2007 (BGH XI ZR 195/07 = NJW 2007, 2106 = MDR 2007, 786 = BKR 2007, 503) hat der BGH diese Frage jedoch verneint. 6

In gleicher Weise wurde durch den BGH (aaO) auch die Annahme eines **konkludenten Abtretungsverbotes** ausgeschlossen. Das Gericht schloss sich damit einer breiten Meinung in der Lit und Rspr an (so etwa schon früher: Celle WM 2004, 1384; Stuttgart ZIP 2005, 1777; Köln NJW-RR 2006, 263; Erman/*Westermann* Rn 8a; *Nobbe* WM 2005, 1537; *Ganter* WM 2006, 1081, 1089; aA Frankfurt aM NJW 2004, 3266; 2005, 3266; *Koch* BKR 2006, 182; Hk-BGB/*Schulze* Rn 5; offen gelassen PWW/*Müller* Rn 10; Unabtretbarkeit angedacht in Parallele zu den Honorarfällen, letztlich aber abgelehnt MüKo/*Roth* Rn 29). Das Gericht (aaO) lehnte einen konkludenten Abtretungsausschluss ab, »weil dies den für den Kunden erkennbaren berechtigten Interessen der Bank an einer freien Zession der Darlehensforderung zum Zwecke der Refinanzierung oder Risiko- und Eigenkapitalentlastung entgegenstehe«. Verneint wurde ein *pactum de non credendo* auch vor dem Hintergrund des **Bankgeheimnisses**, wobei man darauf hinwies, dass die **Verschwiegenheitspflicht rein »schuldrechtliche Wirkung«** zeitige und keine dingliche Wirkung erzeugen könne. Dem ist insoweit entgegenzutreten, als es kein Naturgesetz dergestalt gibt, dass eine Vereinbarung nur schuldrechtliche Wirkung nach sich ziehen könne. § 399 ist ja gerade ein Beleg dafür, dass entspr Vereinbarungen mit dinglicher Wirkung auch in konkludenter Form (als Annex zu anderen Regelungen – hier dem Bankgeheimnis) möglich sind. Richtigerweise kommt es daher hinsichtlich der zu eruierenden Rechtsfolge auf die Auslegung der Vereinbarung an (§§ 133, 157). Dabei ist – und diesen Aspekt lässt das Judikat des BGH in bedauernswerter Weise vermissen – auf die zu gewichtende Interessenlage *beider* Parteien abzustellen. Insofern ist auch das Kundeninteresse in Bezug zu nehmen, wobei die Kunden (für die Bank erkennbar) im Regelfall in besonderem Maße an einem Abtretungsausschluss interessiert sind. Über das erkennbare Kundeninteresse hinaus setzt das Kreditinstitut geradezu einen entspr Vertrauenstatbestand für die Unabtretbarkeit, wenn es sich (wie etwa die vielen **Sparkassen**; vgl insoweit das abzulehnende Urteil des OLG Schleswig-Holstein, Urt v 18.10.2007, 5 U 19/07) als bes »kundennahe Hausbank für den kleinen Mann« geriert und hiermit Marketing betreibt. Bei einer Abtretung handelt die Bank dann insofern widersprüchlich. Der Gesetzgeber ist letztlich jedoch dieser Argumentation durch die Regelung der Abtretungspraxis der Banken mit dem sog **Risikobegrenzungsgesetz** (vom 12. 08. 2008, BGBl I, S 1666) entgegen getreten, so dass sie leider nicht mehr aufrechterhalten werden kann (grundlegend dazu *Schalast* BB 2008, 2190). 7

Nicht berücksichtigt durch die BGH-Rspr (und damit auch durch die darauf folgende Gesetzgebung, die das Risikobegrenzungsgesetz hervorbrachte) wurde jedoch der in der Lit weiter vorgebrachte (neue) Ansatz der Annahme einer **Unabtretbarkeit wegen Inhaltsänderung (§ 399 Alt 1)**. Bei dieser käme es nicht mehr auf das Vorliegen oder Nichtvorliegen eines (wirksamen) vertraglichen Abtretungsausschlusses an, weil der Forderungsübergang (für den Schuldner bes günstig) schon von vornherein qua gesetzlicher Anordnung gehindert ist, falls eine Inhaltsänderung der übergehenden Forderung anzunehmen wäre. *Schwintowski/Schantz* (NJW 2008, 472 ff) sahen etwa in der Abtretung der Kreditforderung durch die Bank an ein Unternehmen, das keine Bank (sondern ein beliebiger Finanzinvestor) ist, eine Inhaltsänderung, die scheitern müsse, weil sie den Schuldner unbotmäßig belasten würde und § 399 Alt 1 dies gerade verhindern will. In seinem vorbenannten Urteil hatte sich der BGH mit dieser Frage – wie gesagt – noch nicht auseinandergesetzt, so dass hier noch genügend Diskussions- und Gestaltungsspielraum für die Rspr und die Lit besteht (abl zeigte sich allerdings schon LG Nürnberg-Fürth, 10. Zivilkammer, Urt v 25.02.2008, 10 O 11030/06). ME spricht sehr viel für diesen neuen verbraucherschützenden Ansatz (zu weiteren Einwänden gegen die Abtretung von Darlehensrückzahlungsforderung und Grundschuld vgl auch München ZIP 2008, 478; LG Hamburg, Beschl v 09.07.2008, Az: 318 T 183/07; *Zimmermann* BKR 2008, 95, 99). 8

9 c) **Honoraransprüche.** Wegen der Verschwiegenheitspflicht der **Ärzte** und Zahnärzte (BGHZ 115, 123 ff), **Rechtsanwälte** (BGHZ 122, 115 ff; NJW 1993, 2795; 2001, 2462), Rechtsbeistände (LG München NJW-RR 2004, 437), **Steuerberater** (BGH NJW 1996, 2087) und Vertreter vergleichbarer Berufsgruppen, die Kenntnis von privaten und persönlichen Geheimnissen ihrer Vertragspartner erlangen (vgl § 203 Abs 1 StGB), ergibt sich auch hier ein grds Abtretungsverbot kraft konkludenter Vereinbarung, das durch § 134 iVm § 203 Abs 1 Nr 3 StGB (BGH NJW 1993, 1638; 1996, 2087) und § 242 gestützt wird (PWW/*Müller* Rn 10; Hk-BGB/*Schulze* Rn 5). Hiervon sind nur zwei Einschränkungen zu machen: So hat der BGH jüngst mit Blick auf § 49b Abs 4 S 1 BRAO entschieden (BGH Az.: IX ZR 189/05, BeckRS 2007, 05023), dass die **Abtretung einer Anwaltsgebührenforderung an einen anderen Rechtsanwalt** auch ohne Zustimmung des Mandanten wirksam sei, weil der Abtretungsempfänger als Rechtsanwalt nach besagter Vorschrift selbst zur Verschwiegenheit verpflichtet sei und somit dem Schutzbedürfnis des Klienten genügend Rechnung getragen werde (so auch MüKo/*Roth* Rn 26; PWW/*Müller* Rn 10; aber immer noch nicht unstr vgl *Paulus* NJW 2004, 21 ff). Das Abtretungsverbot gilt über diesen Tatbestand hinaus ganz generell auch dann nicht, wenn der betroffene Schuldner der Abtretung **zustimmt** oder dem Zessionar die Geheimnisse bereits bekannt waren (BGHZ 115, 123 ff; Erman/*Westermann* Rn 8; PWW/*Müller* Rn 10). Für die Zustimmung des Patienten genügt etwa die Unterzeichnung einer Patientenkarte vor Behandlungsbeginn, wenn diese »unübersehbar« den Hinweis auf die aus organisatorischen Gründen über die Verrechnungsstelle laufende Abrechnung enthält (AG Neuß NJW 1992, 1564; Erman/*Westermann* Rn 8); nicht genügend ist hierfür allerdings der bloße Hinweis, die Daten würden zur Abrechnung der Patientenrechnungen weitergegeben (Karlsruhe NJW 1998, 831).

10 d) **GmbH-Geschäftsführer.** Die Zession von **Gehaltsforderungen eines GmbH-Geschäftsführers** wird trotz § 85 GmbHG für möglich erachtet, da hier typischerweise keine Betriebsgeheimnisse offenbart werden müssen (BGB ZIP 1996, 1341); dies gilt auch für Tantiemen (BGH NJW 2000, 1329; Erman/*Westermann* Rn 8a).

11 **III. Nebenrechte.** Nicht selbständig abtretbar sind **Nebenrechte soweit sie akzessorisch ausgestaltet** sind und insofern als bloße Hilfsrechte gelten (MüKo/*Roth* Rn 18; Hk-BGB/*Schulze* Rn 4). Der Anwendungsbereich dieses Ausschlussgrundes stimmt spiegelbildlich mit **§ 401** überein. Die Hilfsrechte gehen danach automatisch mit Abtretung der Hauptforderung auf den Zessionar über (PWW/*Müller* Rn 6). Nicht selbständig übertragbar, weil als akzessorisches Hilfsrecht ausgestaltet, sind etwa der Anspruch aus Bürgschaft (BGH NJW 1985, 2528; 1991, 3025; ZIP 2002, 886, 888; Düsseldorf WM 2003, 1318), aus Hypothek (§ 1153) und Pfandrecht (§ 1250 Abs 1), Vormerkung (BGH NJW 1994, 2947), der Anspruch auf Rechnungslegung (RG JW 31, 525) und auf Erteilung der Quittung (Köln OLGZ 1971, 153), akzessorische Gestaltungsrechte (BGH NJW 1973, 1794), der Anspruch aus § 894 und aus § 985 (PWW/*Müller* Rn 7; Palandt/*Grüneberg* Rn 7). Selbständig übertragbar sind dagegen Ansprüche auf Zinsen und Vertragsstrafen (RGZ 86, 218, 219; PWW/*Müller* Rn 6; Palandt/*Grünberg* Rn 7).

12 **C. Rechtsfolge des Abtretungsverbots. I. Grundsatz.** Rechtsfolge des Abtretungsverbots ist der Ausschluss des Übergangs der Forderung mit dinglicher Wirkung als Ausn zu § 137 (BGH NJW 1978, 813; 1988, 1210; Frankfurt aM NJW 2004, 3266; Erman/*Westermann* Rn 3; MüKo/*Roth* Rn 45; Hk-BGB/*Schulze* Rn 7; PWW/*Müller* Rn 16; aA *E Wagner* Vertragliche Abtretungsverbote im System zivilrechtlicher Verfügungshindernisse 1994, S 77 ff, 403 ff). Mangels eines Übergangs gehört die Forderung weiter zum Vermögen des Zedenten und kann daher auch bei ihm gepfändet werden (BGH NJW 1988, 1210; 1990, 109). Wird ein Abtretungsausschluss im Hinblick auf eine künftig erst entstehende Forderung vereinbart, so wird sie von einer vorherigen Abtretung im Rahmen einer Globalzession oder eines verlängerten Eigentumsvorbehaltes nicht erfasst, da die Forderung dann als von vornherein unabtretbar entsteht (BGHZ 27, 306, 309; PWW/*Müller* Rn 16; MüKo/*Roth* Rn 32; aA *Hennrichs* JZ 1993, 225, 230). Die Unwirksamkeit des Forderungsübergangs kann sowohl vom Schuldner als auch von jedem anderen Betroffenen geltend gemacht werden (BGH NJW 1971, 1311; Palandt/*Grüneberg* Rn 11). Genehmigt der Schuldner nachträglich die zunächst unwirksame Abtretung, liegt darin das Angebot zum Abschluss eines Änderungsvertrages, die Abtretung wird dann allerdings nur ex nunc wirksam (BGH NJW 1988, 1210; 2006, 1800, 1802; Hk-BGB/*Schulze* Rn 7; str). Das gilt auch dann, wenn die Abtretung nicht gänzlich ausgeschlossen, sondern von der Zustimmung des Schuldners abhängig gemacht wurde (BGH NJW 1990, 109; Palandt/*Grüneberg* Rn 11).

13 **II. Ausnahme.** Anders als § 399 hat das Abtretungsverbot nach **§ 354a HGB nur schuldrechtliche Wirkung.** Die Sondervorschrift wurde 1994 in das HGB eingeführt und erfasst Abtretungsverbote unter Kaufleuten, die nach dem 29.07.1994 vereinbart wurden (Schleswig NJW-RR 2001, 818; nach aA ist das Entstehen der Forderung nach diesem Stichtag ausreichend, so Köln DB 1997, 2169; offengelassen von BGH NJW 2001, 1724). Bedeutsam ist in diesem Zusammenhang, dass trotz des möglichen Forderungsübergangs bei Zuwiderhandlung der Schuldner nach § 354a S 2 HGB mit befreiender Wirkung an den Zedenten leisten kann, selbst wenn er die Abtretung kennt, womit § 407 Abs 1 eingeschränkt wird. Der Leistung gleichzustellen sind erfüllungsähnliche Handlungen wie Aufrechnung und Verrechnung (*Saar* ZIP 1999, 988, 991 f; Hk-BGB/*Schulze* Rn 8). Der 7. Zivilsenat des BGH (Urteil v 13.11.2008) entschied im Zusammenhang mit der nur schuldrechtlichen Wirkung des Abtretungsverbotes unter Kaufleuten jüngst, dass trotz Wirksamkeit der dinglichen Abtretung in Bezug auf § 354a HGB der Schuldner in Kenntnis der Abtretung mit dem Zedenten keinen Vergleich schließen kann, nach dem die Forderung ganz oder teilw nicht mehr geltend gemacht werden kann.

§ 400 Ausschluss bei unpfändbaren Forderungen. **Eine Forderung kann nicht abgetreten werden, soweit sie der Pfändung nicht unterworfen ist.**

§ 400 regelt das **Abtretungsverbot für unpfändbare Forderungen.** Dieses bezweckt – ebenso wie die Pfändungsverbote selbst (vgl dazu §§ 850 ff ZPO) – die Erhaltung eines Mindestunterhalts für den Einzelnen (RG 146, 401 ff; BGHZ 4, 153, 155; 125, 116, 122; PWW/*Müller* Rn 1; Palandt/*Grüneberg* Rn 1; BaRoth/*Rohe* Rn 1; Hk-BGB/*Schulze* Rn 1) und entlastet im Hinblick auf sonst zu gewährende Sozialleistungen zugleich die öffentlichen Kassen. § 400 bezieht sich auf die einzelgesetzlich normierten Pfändungsverbote. Besondere Bedeutung erlangen hier die §§ 850 ff ZPO. Das Vollstreckungsverbot des § 89 InsO begründet allerdings kein Abtretungshindernis iSd § 400 (BGHZ 125, 116, 123 f). Auch Steuererstattungsansprüche sind gem § 46 AO abtretbar und pfändbar (PWW/*Müller* Rn 3). Vor dem Hintergrund des Schutzzweckcharakters ist die Norm ebenso wie das Aufrechnungsverbot des § 394 nicht abdingbar (BGHZ 4, 153, 155; BaRoth/*Rohe* Rn 1; Erman/*Westermann* Rn 1). 1

Über seinen Wortlaut hinaus, der nur die Abtretung erfasst, fallen auch ihr **wirtschaftlich gleichstehende Surrogate** wie Einziehungsermächtigungen (RGZ 146, 398, 401 f; BGHZ 4, 153, 164 ff) oder ihr gleichstehende »Verwaltungsvereinbarungen« über unpfändbares Einkommen (Celle OLGZ 1971, 344, 345) in den erweiterten Anwendungsbereich des Abtretungsverbots (Palandt/*Grüneberg* Rn 1; Hk-BGB/*Schulze* Rn 1). Teleologisch einzuschränken ist die Regelung allerdings dann, wenn der Zessionar dem Zedenten eine wirtschaftlich gleichwertige Leistung verschafft (BGHZ 4, 153 ff; 59, 109, 115; 127, 354, 356; BAG NJW 2001, 1443). Lohnforderungen können daher an die Gewerkschaft abgetreten werden, wenn diese Streikunterstützung zahlt (BAG NJW 1980, 1652). Gleiches gilt für die Zession des Anspruches aus § 528 Abs 1 an den Sozialhilfeträger (BGH NJW 1995, 323), die Abtretung des Anspruchs auf rückständigen Kindesunterhalt an die Mutter, wenn diese das Kind unterhalten hat (Bremen NJW-RR 2002, 361). Keine gleichwertige Leistung im Sinne der Unterhaltssicherung ist die ärztliche Behandlung (LG München II NJW 1976, 1796; differenzierend LG Frankenthal NJW-RR 1989, 1352). Gleiches gilt nach der Rspr des BAG auch für die Überlassung von Wohnraum (BAG NJW 2001, 1443, 1444). Der **Anspruch auf Insolvenzgeld** (§§ 183 ff SGB III) kann nur mit Zustimmung des Arbeitsamts abgetreten werden (BSG ZIP 1995, 935; BaRoth/*Rohe* Rn 7; *Hauser/Hawelka* ZIP 1998, 1261). Eine gegen § 400 verstoßende Abtretung ist nichtig (RG JW 17, 34; BGHZ 4, 153, 155; BGH NJW 1988, 919, 820; BaRoth/*Rohe* Rn 9; Erman/*Westermann* Rn 1). § 400 gilt gem § 412 auch für den gesetzlichen Forderungsübergang. Grds führt daher § 400 iVm § 412 zur Unmöglichkeit des Forderungsübergangs kraft Gesetzes. Dieser Grundsatz ist jedoch teleologisch auf die Fälle zu begrenzen, in denen es im Interesse des Gläubigerschutzes erforderlich ist. Das ist zu verneinen bei der *cessio legis* nach § 116 SGB X, §§ 93, 94 SGB XII, § 6 EFZG (PWW/*Müller* Rn 9). 2

§ 401 Übergang der Neben- und Vorzugsrechte. **[1] Mit der abgetretenen Forderung gehen die Hypotheken, Schiffshypotheken oder Pfandrechte, die für sie bestehen, sowie die Rechte aus einer für sie bestellten Bürgschaft auf den neuen Gläubiger über.**
[2] Ein mit der Forderung für den Fall der Zwangsvollstreckung oder des Insolvenzverfahrens verbundenes Vorzugsrecht kann auch der neue Gläubiger geltend machen.

A. Allgemeines. Nach § 401 gehen mit der Abtretung der Forderung die für sie bestehenden **Neben- und Vorzugsrechte** automatisch mit über. Die Norm dient dazu, dem Zessionar den wirtschaftlichen Vollwert der abgetretenen Forderung zu verschaffen (BaRoth/*Rohe* Rn 1), indem Haupt- und Nebenrechte zusammengehalten werden, zumal die isolierten Nebenrechte in der Hand des Zedenten idR wertlos würden (Erman/*Westermann* Rn 1). Die Regelung ist allerdings abdingbar (Erman/*Westermann* Rn 7; Hk-BGB/*Schulze* Rn 1). Die Parteien des Abtretungsvertrages können daher den Übergang der Nebenrechte ausschließen (BGH NJW 1991, 3025) oder erweitern (Palandt/*Grüneberg* Rn 1). 1

B. Regelungsinhalt. I. § 400 Abs 1. § 400 Abs 1 regelt ausdrücklich den automatischen Übergang von **Hypotheken** (§ 1153), Schiffshypotheken und **Pfandrechten an beweglichen Sachen** (§ 1250), **Rechten** (§ 1273), **Registerpfandrechten** (§ 98 Abs 2 Gesetz über Rechte an Luftfahrzeugen) und der **Bürgschaft**. Entspr anzuwenden ist die Regelung über ihren Wortlaut hinaus auf **weitere unselbständige Sicherungsrechte** wie die sichernde Schuldmitübernahme (BGH NJW 1972, 437, 439; 2000, 575; PWW/*Müller* Rn 3), die Vormerkung (BGHZ 25, 16, 23; NJW 1994, 2947, 2948), die Erfüllungsübernahme (RGZ 65, 170 ff; Palandt/*Grüneberg* Rn 4; MüKo/*Roth* Rn 9; PWW/*Müller* Rn 3), den Anspruch auf Bestellung einer Hypothek oder einer Sicherungshypothek nach § 648 (Dresden NJW-RR 2000, 96), sonstige akzessorische Sicherungsrechte (Hamm OLGZ 1981, 21), den Auszahlungsanspruch für den Kaufpreis auf einem Notaranderkonto (BGH NJW 1998, 2135). Erfasst wird nach str Auffassung auch der Anspruch auf das **kaufmännische Zurückbehaltungsrecht** (Palandt/*Grüneberg* Rn 4; Hk-BGB/*Schulze* Rn 2; aA Erman/*Westermann* Rn 3). Hilfsrechte, die zur Geltendmachung der Forderung erforderlich sind, wie zB Ansprüche auf Auskunft- und Rechnungslegung (Köln ZEV 2000, 231; München VersR 1985, 846; LG Itzehoe WM 1988, 994) sowie die Genehmigung im Hinblick auf den Anspruch aus § 816 Abs 1 (BGH NJW 1971, 1452), trifft das gleiche 2

Schicksal. Dies entspricht regelm dem Parteiwillen sowie dem Erfordernis der Rechtssicherheit (BaRoth/*Rohe* Rn 5). **Keine Hilfsrechte** und daher nicht vom automatischen Forderungsübergang erfasst, sind **Gestaltungsrechte**, die das Schuldverhältnis iwS betreffen (wie Anfechtungs- und Rücktrittsrechte, vgl dazu Hk-BGB/*Schulze* Rn 2); etwas anderes gilt nur für forderungsbezogene Gestaltungsrechte wie das Recht zur Setzung einer Nachfrist gem §§ 281, 323 (zu § 326 aF BGHZ 114, 360, 365 f; NJW 1985, 2640, 2641), das Wahlrecht, die Ersetzungsbefugnis des Gläubigers sowie für die Fälligkeitskündigung (BGH NJW 1973, 1793, 1794; NJW-RR 2006, 1091, 1094). Nicht unter § 401 fallen auch selbständige (nichtakzessorische) Sicherungsrechte wie die Grundschuld (RGZ 135, 272, 274; BGH NJW 1974, 100, 101), das Sicherungs- bzw Vorbehaltseigentum (BGHZ 42, 53, 56), die Sicherungsrentenschuld (Köln NJW 1990, 3214), die Bankgarantie (BGH NJW 1997, 461), der selbständige Garantievertrag (§§ 414, 415, BGH NJW 1972, 437, 439; 2000, 575; WM 2000, 126; BaRoth/*Rohe* Rn 6) oder eine zur Sicherung abgetretene Forderung (BGHZ 78, 137, 143). Der Neugläubiger erhält aber regelm nach dem Gedanken des § 401 Abs 1 einen **schuldrechtlichen Anspruch auf Übertragung der nichtakzessorischen Sicherheit** (BGHZ 42, 53, 56 f; 80, 228, 233; 110, 41, 43; NJW-RR 1995, 589; PWW/*Müller* Rn 5; aA MüKo/*Roth* Rn 14).

3 **II. § 400 Abs 2.** Zu den Vorzugsrechten, die mit der Forderung rechtlich verbunden und gem § 401 Abs 2 von der Abtretung mit erfasst sind, vgl § 804 Abs 2 ZPO, §§ 49 ff InsO, § 805d ZPO. Persönliche Vorzugsrechte, wie etwa der Anspruch auf Prozesskostenhilfe, gehen nicht mit über (Erman/*Westermann* Rn 6). Auf den gesetzlichen Forderungsübergang ist § 400 entspr § 412 anwendbar (BGH NJW 1966, 1912; 1972, 439; Palandt/*Grüneberg* Rn 2).

§ 402 Auskunftspflicht; Urkundenauslieferung.

Der bisherige Gläubiger ist verpflichtet, dem neuen Gläubiger die zur Geltendmachung der Forderung nötige Auskunft zu erteilen und ihm die zum Beweis der Forderung dienenden Urkunden, soweit sie sich in seinem Besitz befinden, auszuliefern.

1 **A. Allgemeines.** Die Regelung knüpft an typisierte Nebenpflichten aus dem Kausalgeschäft der Abtretung an (Palandt/*Grüneberg* Rn 1; Ermann/*Westermann* Rn 1). Die in § 402 benannten Hilfspflichten des Zedenten sollen dem Zessionar ermöglichen, die Forderung tatsächlich geltend machen zu können (BGH ZIP 1988, 1346; Erman/*Westermann* Rn 1; PWW/*Müller* Rn 1). Wegen der Anknüpfung an das Kausalgeschäft entfallen die Ansprüche aus § 402, wenn dieses nichtig ist (Staud/*Busche* Rn 1; MüKo/*Roth* Rn 2; PWW/*Müller* Rn 1). Die Vorschrift ist allerdings dispositiv, dh, dass die Parteien die Nebenpflichten aus § 402 erweitern, einschränken oder ganz ausschließen können (PWW/*Müller* Rn 1). Soweit das zwingende Recht der Auskunftserteilung und Urkundenweitergabe entgegensteht, ist zusätzlich ein Einverständnis des Schuldners erforderlich (Palandt/*Grüneberg* Rn 1; *Klüwer/Meister* WM 2004, 1157; *Nobbe* WM 2005, 1537).

2 **B. Regelungsinhalt. I. Auskunftserteilung.** Die Auskunftspflicht des Zedenten nach § 402, 1. Alt umfasst jeden Umstand, über den Kenntnis erforderlich ist, um die Forderung (und ein mit ihr übergehendes Nebenrecht) durchsetzen zu können (Palandt/*Grüneberg* Rn 2). Sie besteht auch, wenn der Zedent die Information selbst erst nach der Abtretung erhält (Hk-BGB/*Schulze* Rn 1). Regelinhalt der Auskunftspflicht sind: Leistungsort, Leistungszeit sowie Wohnsitz und Aufenthaltsort des Schuldners und – soweit bekannt – dessen wirtschaftliche Verhältnisse. Wird die Auskunft fahrlässig falsch erteilt, haftet der Zedent dem Zessionar für den Schaden, der aus der falschen Bezeichnung des Schuldners entsteht (Hamm OLGRp 1999, 221; Erman/*Westermann* Rn 1). Der Zedent muss dem Zessionar allerdings grds nicht im Voraus mitteilen, welche Einwendungen der Schuldner ihm ggü potentiell erheben kann (BGH NJW 2000, 2276); idR besteht eine diesbzgl Auskunftspflicht erst bei Erhebung der Einrede/Einwendung des Schuldners vor Übertragung der Forderung bzw bei gezielter Nachfrage des Zessionars im Zuge der Zession (BGH NJW 2000, 3780; Palandt/*Grüneberg* Rn 2; Hk-BGB/*Schulze* Rn 2; Erman/*Westermann* Rn 4). Ein Ausschluss der Auskunftspflicht erfordert grds eine ausdrückliche Vereinbarung (BGH NJW 1993, 2796; Hk-BGB/*Schulze* Rn 2).

3 **II. Urkundenübergabe.** Von der zudem nach § 402, 2. Alt bestehenden Auslieferungspflicht von zum Beweis der Forderung dienenden Urkunden sind alle im Zusammenhang zur Forderung und Nebenrechnung stehenden Schriftstücke erfasst, die der Zedent im unmittelbaren oder mittelbaren Besitz hat. Ist die Übergabe der Urkunde bereits konstitutive Voraussetzung der Zession selbst, hat § 402 nur deklaratorische Bedeutung. Die Verpflichtung nach § 402 zur Auslieferung von Urkunden ist angesichts des Eigentumsübergangs am Schuldschein gem § 952 iÜ nur für solche Schriftstücke von Bedeutung, die keine Schuldscheine iSd Regelung darstellen. Hierzu gehören etwa Unterlagen des Bauträgers, Architekten oder Bauunternehmers sowie Abnahmeprotokolle, die für Baumängelrechte bedeutsam sein können (BGH NJW-RR 1989, 467; Hamm MDR 1976, 43; PWW/*Müller* Rn 3; Erman/*Westermann* Rn 5). Gleiches gilt im Zusammenhang mit abgetretenen Mängelrechten für ein etwaig vorhandenes Leistungsverzeichnis, Ausschreibungsunterlagen, Zeichnungen, Schlussrechnungen und die Korrespondenz (BGH NJW-RR 1989, 467; Palandt/*Grüneberg* Rn 3). § 402, 2. Alt begründet nur eine Pflicht zur Besitzeinräumung, nach § 242 ist darüber hinaus eine Pflicht zur Eigentumsverschaffung zu bejahen, wenn keine berechtigten Interessen des Zedenten entgegenstehen (PWW/*Müller* Rn 3). Bei einer Teilabtretung hat der Zedent die Wahl zwischen

zeitweiser Überlassung oder beglaubigter Abschrift (Erman/*Westermann* Rn 7; aA PWW/*Müller* Rn 3: nur beglaubigte Abschrift). § 402 gilt gem § 412 auch für den gesetzlichen Forderungsübergang. Es entsteht hier, falls nicht schon ein anderes Schuldverhältnis existiert, ein auf die Nebenpflichten beschränktes Schuldverhältnis (PWW/*Müller* Rn 1; MüKo/*Roth* Rn 3).

§ 403 Pflicht zur Beurkundung.

Der bisherige Gläubiger hat dem neuen Gläubiger auf Verlangen eine öffentlich beglaubigte Urkunde über die Abtretung auszustellen. Die Kosten hat der neue Gläubiger zu tragen und vorzuschießen.

1 § 403 eröffnet dem Zessionar die Möglichkeit einer eindeutigen Legitimation, derer er gem § 410 zur Geltendmachung des abgetretenen Anspruchs ggü dem Schuldner auch bedarf (PWW/*Müller* Rn 1; Palandt/*Grüneberg* Rn 1). Bzgl der **Form** (öffentliche Beglaubigung) gilt **§ 129**. Der Inhalt der Urkunde ergibt sich aus dem Zweck: Der Abtretungsvorgang ist aufzuführen und die abgetretene Forderung muss der Identität nach genau bezeichnet werden (PWW/*Müller* Rn 2); beim gesetzlichen Forderungsübergang, für den § 403 entspr gilt (§ 412), muss dieser anerkannt werden. Der Anspruch besteht auch dann, wenn der **Zedent die Abtretung nach § 409 angezeigt** hat, da die Urkunde ein sichereres Beweismittel ist und die anderweitige Verfügung über die Forderung und ihre Durchsetzung entscheidend erleichtert (Staud/*Busche* Rn 11; Erman/*Westermann* Rn 1; Palandt/*Grüneberg* Rn 1). Die Pflicht zur Beurkundung der Abtretung entfällt erst nach rechtskräftiger Feststellung der Zession, da dann das Urteil entspr Beweis für den Forderungsübergang liefert (Erman/*Westermann* Rn 1). Die **Kosten** hat nach § 403 S 2 der Zessionar zu tragen, da die Ausstellung der Urkunde in seinem Interesse erfolgt. Bis zur Auszahlung des Kostenvorschusses hat der Zedent ein Zurückbehaltungsrecht nach § 273 (Palandt/*Grüneberg* Rn 1; Ermann/*Westermann* Rn 3; Hk-BGB/*Schulze* Rn 1). Eine abw Regelung zur Kostentragung nach § 403 S 2 enthält § 1154 Abs 1 S 2 für die Abtretung einer hypothekarisch gesicherten Forderung.

§ 404 Einwendungen des Schuldners.

Der Schuldner kann dem neuen Gläubiger die Einwendungen entgegensetzen, die zur Zeit der Abtretung der Forderung gegen den bisherigen Gläubiger begründet waren.

1 **A. Allgemeines.** § 404 bewirkt, dass die **Rechtsstellung des Schuldners** bei der Zession **nicht tangiert** wird (PWW/*Müller* Rn 1; Palandt/*Grüneberg* Rn 1). Dies entspricht dem Grundsatz, dass der an dem Forderungsübergang nicht beteiligte Schuldner geschützt wird, indem er keine Änderung des Forderungsinhalts zu befürchten braucht (BGH NJW 2006, 219, 220; Erman/*Westermann* Rn 1; Hk-BGB/*Schulze* Rn 1). § 404 ist nachgiebiges Recht. Durch Vereinbarung kann eine andere Regelung getroffen werden (Erman/*Westermann* Rn 8); etwas anderes gilt gem § 496 nur beim Verbraucherdarlehensvertrag. Sofern eine Abweichung von § 404 möglich ist, kann die Vereinbarung in AGB-Form erfolgen, da der so getroffene Einwendungsausschluss weder überraschend noch unangemessen iSd §§ 305c Abs 1, 307 ist (Schleswig WM 1991, 453; BaRoth/*Rohe* Rn 18). Nur bei offensichtlichem oder liquide beweisbarem Rechtsmissbrauch kann sich der Begünstigte nicht auf den AGB-Einwendungsausschluss berufen (LG Berlin NJW 1986, 1939; LG Aachen NJW-RR 1994, 1009; BaRoth/*Rohe* Rn 18). § 404 gilt nicht nur für rechtsgeschäftliche Abtretungen, sondern auch für die richterliche Überweisung und den Forderungsübergang kraft Gesetzes (Palandt/*Grüneberg* Rn 1).

2 **B. Regelungsinhalt. I. Einwendung.** Die Regelung zielt auf den Erhalt der **Einwendungen** aus der Rechtsbeziehung zwischen dem Zedenten und dem Schuldner. Der Einwendungsbegriff ist dabei weit zu verstehen (Palandt/*Grüneberg* Rn 2; Erman/*Westermann* Rn 2). Erfasst werden alle rechtshindernden Einwendungen (wie §§ 104, 125, 134, 138), als auch alle rechtsvernichtenden Einwendungen (wie Anfechtung, Rücktritt, Aufrechnung, Erfüllung). Selbst der Einwand der unzulässigen Rechtsausübung gem § 242 ist eingebunden (zB bei Verwirkung, BGH NJW 2006, 220). § 404 bezieht sich daneben auf materielle und prozessuale Einreden. Einreden im ersteren Sinne sind etwa: der Ablauf einer Ausschlussfrist (BAG VersR 1969, 337), die aus §§ 320, 273 folgenden Einreden des nicht erfüllten Vertrages und des Zurückbehaltungsrechts (BGH NJW 1996, 1057; BGH NJW-RR 1994, 880), die Einrede der Verjährung (RGZ 138, 159 ff; BGH NJW-RR 1993, 1112), die Einrede der Freistellungsverpflichtung (BGH NJW 1985, 1768 f), die Einrede der Bereicherung des ursprünglichen Gläubigers und die Einrede aus einem Einwendungsdurchgriff beim verbundenen Geschäft (AG Neuruppin VuR 2000, 313; Erman/*Westermann* Rn 3). Eine prozessuale Einrede ist zB die des Schiedsvertrags (RGZ 56, 182 ff; 146, 55 ff). Nach dem Sinn und Zweck des § 404 lässt eine etwaige Gutgläubigkeit des Zessionars hinsichtlich der betreffenden Einrede das Recht des Schuldners nicht entfallen (anders als bei § 405), sie ist also grds unerheblich. Einreden aus der Beziehung zwischen Zedent und Zessionar kann der Schuldner aber nicht gem § 404 geltend machen, dies gilt insbes für ein etwaiges Rückforderungsrecht des Zedenten. Etwas anderes gilt jedoch für Einwendungen gegen die Wirksamkeit der Abtretung (PWW/*Müller* Rn 1), die erhoben werden können. Einreden des Schuldners aus eigenem Recht schließt § 404 ebenfalls nicht aus (BGH NJW 2001, 1859; Köln ZIP 1987, 907).

3 **II. Zur Zeit der Abtretung begründet.** Der Schuldner ist nach § 404 vor einer Verschlechterung seiner Rechtsstellung im Zuge der Abtretung nur dann geschützt, wenn die Einwendung zum Zeitpunkt der Zession bereits bestand (Erman/*Westermann* Rn 2). Erforderlich ist danach, dass sie zumindest dem Rechtsgrund nach im Schuldverhältnis angelegt war (BGHZ 25, 27, 29 ff; 58, 327 ff; 64, 122; 93, 71, 79 ff; BGH NJW-RR 2004, 1347, 1348; Staud/*Busche* Rn 10; Erman/*Westermann* Rn 5; Hk-BGB/*Schulze* Rn 3); Tatsachen, die zur Wirksamkeit der Einwendung erforderlich sind sowie etwaige rechtsgestaltende Erklärungen können später nachfolgen (BGHZ 25, 27, 29; BaRoth/*Rohe* Rn 8). Im Fall der Notwendigkeit einer rechtsgestaltenden Erklärung, die das Schuldverhältnis insg betrifft, muss diese nach hM dem Zedenten (Köln NJW-RR 1996, 43; BaRoth/*Rohe* Rn 13) erklärt werden. Nach der Gegenansicht kann sie wahlweise auch ggü dem Zessionar erklärt werden (vgl Hinweis bei Erman/*Westermann* Rn 5; einschränkend Brandenburg NJW-RR 1998, 1584; *Pick* AcP 172, 39, 52; PWW/*Müller* Rn 4: nur wenn der Zedent nicht mehr existiert oder unerreichbar ist). Will der Schuldner nach §§ 281, 323 vorgehen, so muss er die Frist dem Zedenten setzen (PWW/*Müller* Rn 3). Die bei der Abtretung bestehenden Verjährungs- und andere Fristen laufen fort (RGZ 124, 114 ff; BGH NJW 1973, 702; Palandt/*Grüneberg* Rn 5; Erman/*Westermann* Rn 5). Kommt es für den Verjährungsbeginn auf subjektive Momente an (§ 199), ist vor dem Forderungsübergang auf die Person des Zedenten, danach auf die des Zessionars abzustellen (BGHZ 48, 181, 183; NJW 1973, 702 f; PWW/*Müller* Rn 5).

4 **III. Kein Einwendungsverzicht.** Hat der Schuldner auf die **Geltendmachung der Einwendung** vor der Abtretung ggü dem Zedenten (RGZ 71, 32 ff) oder dem Zessionar (BGH NJW 1970, 321) **verzichtet**, so ist dieser Einwendungsverzicht auch ggü dem neuen Gläubiger wirksam (Palandt/*Grüneberg* Rn 7; Erman/*Westermann* Rn 8). Häufig gibt der Schuldner auf Verlangen des Neugläubigers eine Erklärung ab, dass er die Abtretung »bestätige«, »sie annehme« oder die »Forderung anerkenne«. Dann ist durch Auslegung unter Berücksichtigung der Interessenlage zu ermitteln, ob es sich bei einer derartigen Abtretungsbestätigung um eine bloße Wissenserklärung (BGH NJW 1978, 44; WM 1985, 1177) oder um ein deklaratorisches Schuldanerkenntnis (BGH NJW 1970, 321; 1983, 1904) handelt (Erman/*Westermann* Rn 9; Hk-BGB/*Schulze* Rn 4). Eine bloße Wissenserklärung löst bei unvollständiger oder falscher Antwort eine Haftung des Schuldners aus. Gibt der Schuldner dagegen ein deklaratorisches, also das Bestehen der Schuld bestätigendes Anerkenntnis ab, ist es hinsichtlich des Ausschlusses von Einwendungen eng auszulegen (BGH NJW 1973, 39; 1973, 2019; 1983, 1904; PWW/*Müller* Rn 7; Palandt/*Grüneberg* Rn 7; Hk-BGB/*Schulze* Rn 4). IdR schließt es nur Einwendungen aus, die der Schuldner kannte oder mit denen er rechnete (BGH NJW 1970, 321; 1973, 2019; 1983, 1903, 1904; PWW/*Müller* Rn 7; BaRoth/*Rohe* Rn 16; Palandt/*Grüneberg* Rn 7). Typisch für einen umfassenden Einwendungsausschluss ist allerdings der Erwerb von Forderungen im Rahmen der Kreditkartenzahlung (BaRoth/*Rohe* Rn 18).

5 **C. Rechtsfolge.** Rechtsfolge des § 404 ist, dass der Schuldner dem Zessionar alle Einwendungen (Einreden) entgegensetzen kann, die bereits vor der Abtretung bestanden und sich somit gegen die Geltendmachung der Forderung durch den Neugläubiger wehren kann (BaRoth/*Rohe* Rn 13). Leistet der Schuldner trotz seiner Einwendungen an den Zessionar, steht ihm uU ein Anspruch aus §§ 812, 813 zu (Hk-BGB/*Schulze* Rn 5).

§ 405 Abtretung unter Urkundenvorlegung.

Hat der Schuldner eine Urkunde über die Schuld ausgestellt, so kann er sich, wenn die Forderung unter Vorlegung der Urkunde abgetreten wird, dem neuen Gläubiger gegenüber nicht darauf berufen, dass die Eingehung oder Anerkennung des Schuldverhältnisses nur zum Schein erfolgt oder dass die Abtretung durch Vereinbarung mit dem ursprünglichen Gläubiger ausgeschlossen sei, es sei denn, dass der neue Gläubiger bei der Abtretung den Sachverhalt kannte oder kennen musste.

1 § 405 ist eine **Ausnahmevorschrift** (Palandt/*Grüneberg* Rn 1). Sie ermöglicht in begrenztem Umfang den gutgläubigen Erwerb einer Forderung. Anknüpfungspunkt ist der mit der Ausstellung der Urkunde durch den Schuldner gesetzten Rechtsschein ihres Bestehens (Erman/*Westermann* Rn 1). Zugunsten eines gutgläubigen Zessionars sind in diesem Fall die Einwendungen des Scheingeschäfts (§ 117) und der Vereinbarung der Unabtretbarkeit (§ 399) ausgeschlossen. Erforderlich ist allerdings eine gewisse inhaltliche Qualität der Urkunde: Sie muss zum Beweis des Bestehens der Forderung und der Gläubigerstellung bestimmt worden sein; eine nur gelegentliche Erwähnung dieser Umstände in einem Schriftstück anderer Bestimmung genügt nicht (PWW/*Müller* Rn 2; Palandt/*Grüneberg* Rn 3; Erman/*Westermann* Rn 2; Hk-BGB/*Schulze* Rn 1). Erforderlich ist ferner, dass die Urkunde vom Schuldner ausgestellt und durch ihn in den Rechtsverkehr entlassen wurde (PWW/*Müller* Rn 2).

2 **Keine Zurechnung des gesetzten Rechtsscheins** findet statt, wenn die **Urkunde gestohlen** wurde oder **verloren** gegangen ist (MüKo/*Roth* Rn 6; Hk-BGB/*Schulze* Rn 1; *Weimar* MDR 1968, 556, 557). Eine Urkundenübergabe ist nicht erforderlich, ausreichend zur Hervorrufung des Rechtsscheins ist bereits ihre Vorlage. Diese muss allerdings bei der Abtretung stattfinden, was bedeutet, dass ein zeitlich enger Zusammenhang mit der Abtretung notwendig ist (PWW/*Müller* Rn 3; Palandt/*Grüneberg* Rn 3). Eine Vorlage zu früherer Zeit wird man dann ausreichen lassen können, wenn die Urkunde und der auf sie gegründete Vertrauenstatbestand bei

der Abtretung unverändert fortbesteht (PWW/*Müller* Rn 3; MüKo/*Roth* Rn 7; Staud/*Busche* Rn 11; aA RGZ 111, 47 ff). Nicht geschützt wird der Zessionar trotz Urkundsvorlage, wenn er bösgläubig ist. Dies ist der Fall, wenn er die Einwendungen kannte oder zumindest kennen musste (aber sie ihm infolge von einfacher oder grober Fahrlässigkeit nicht gegenwärtig waren). Nach der Negativformulierung des § 404 wird die Gutgläubigkeit des Zessionars vermutet (Erman/*Westermann* Rn 2; Hk-BGB/*Schulze* Rn 2). Auf den gesetzlichen Forderungsübergang ist § 405 nicht anwendbar, wohl aber auf die Verpfändung und auf die Abtretung anderer Rechte, vgl § 413 (RGZ 111, 46, 47; PWW/*Müller* Rn 1; Palandt/*Grüneberg* Rn 2). Die Regelung des § 405 erstreckt sich neben der Hauptforderung auch auf Neben- und Vorzugsrechte, soweit diese nach § 401 mit übergehen (PWW/*Müller* Rn 1).

§ 406 Aufrechnung gegenüber dem neuen Gläubiger. Der Schuldner kann eine ihm gegen den bisherigen Gläubiger zustehende Forderung auch dem neuen Gläubiger gegenüber aufrechnen, es sei denn, dass er bei dem Erwerb der Forderung von der Abtretung Kenntnis hatte oder dass die Forderung erst nach der Erlangung der Kenntnis und später als die abgetretene Forderung fällig geworden ist.

A. Allgemeines. § 406 gewährleistet hinsichtlich der geregelten Aufrechnungssituation, dass der Schuldner durch die Abtretung grds nicht schlechter steht (Hk-BGB/*Schulze* Rn 1). Damit folgt die Regelung der gleichen Intention wie §§ 407 f (MüKo/*Rohe* Rn 1). Durch § 406 wird dem Schuldner auch ggü dem neuen Gläubiger – in gewissen Grenzen – eine Aufrechnungsmöglichkeit trotz fehlender Gegenseitigkeit der Forderungen zugestanden. Die Regelung legt zugleich fest, dass die Aufrechnungserklärung (anders als bei den übrigen Gestaltungsrechten) nicht ggü dem Zedenten, sondern ggü dem Zessionar abzugeben ist (Düsseldorf NJW-RR 2001, 1025; MüKo/*Rohe* Rn 4; Palandt/*Grüneberg* Rn 1). § 406 gilt auch für den gesetzlichen Forderungsübergang nach § 412 (BGH NJW 1961, 1966). Beim Verbraucherdarlehen wird die Regelung durch § 496 Abs 1 halbzwingend ausgestaltet. Hier sind die Vorgaben des § 406 nicht zum Nachteil des Verbrauchers abänderbar, iÜ ist die Norm jedoch dispositiv ausgestaltet (MüKo/*Rohe* Rn 1). Auf Grundpfandrechte findet § 406 kraft ausdrücklicher gesetzlicher Regelung in §§ 1156 S 1, 1192 keine Anwendung. Eine Sonderregelung trifft § 96a BRAGO. Gleiches gilt für § 43 RVG. Im Falle des § 354a HGB sind die Einschränkungen des 2. HS des § 406 nicht anwendbar (BGH NJW-RR 2005, 624). Etwaige (Rückgriffs-) Ansprüche des Zessionars gegen den Zedenten richten sich nach § 816 Abs 2 analog sowie dem zwischen ihnen bestehenden Kausalverhältnis (Hk-BGB/*Schulze* Rn 5; Palandt/*Grüneberg* Rn 4). 1

B. Regelungsinhalt. § 406 erhält dem Schuldner die Aufrechnungsbefugnis, wenn die Aufrechnungslage (§ 389) bereits bestand, als er von der Abtretung Kenntnis erlangte (MüKo/*Rohe* Rn 1). Darüber hinaus schützt er den Schuldner aber auch dann, wenn sich aus der bei Kenntniserlangung bestehenden Rechtslage ohne die Abtretung bis zur Fälligkeit der abgetretenen Forderung eine Aufrechnungslage entwickelt hätte (BGH NJW 1990, 2544; 2005, 3574, 3576; Palandt/*Grüneberg* Rn 5). **I. Aufrechnung durch den Schuldner nach Abtretung.** Gem § 406 kann der Schuldner nach Abtretung der Hauptforderung mit einer gegen den Zedenten als Schuldner gerichteten Forderung auch ggü dem Zessionar aufrechnen, sofern nicht eine der Einschränkungen des 2. HS gegeben ist. 2

II. Ausschluss der Aufrechnung. Voraussetzung für den Erhalt der Aufrechnungsmöglichkeit gegen den Zessionar mit einer gegen den Zedenten begründeten Forderung nach § 406, 2. HS, 1. Alt ist, dass der Schuldner beim Erwerb der Gegenforderung **keine Kenntnis von der bereits vollzogenen Abtretung gehabt** hat. Für den »Erwerb« der Gegenforderung genügt es, dass ihre rechtliche Grundlage im Zeitpunkt der Kenntniserlangung bereits angelegt war (BGH NJW 1972, 1193; 1974, 2001; 1975, 1022; 1980, 584; Hamburg MDR 2000, 1186; MüKo/*Rohe* Rn 10). Unbedingtheit und Gleichartigkeit brauchen noch nicht vorzuliegen (BGH NJW 1954, 795; 1956, 257; 1961, 1966). Bei vorhandener Kenntnis von der Abtretung ist der Schuldner nach der Wertung des § 406, 2. HS, 1. Alt nicht schutzwürdig (Hk-BGB/*Schulze* Rn 3). Die Kenntnis von der Abtretung der Hauptforderung steht der Kenntnis von der Vorausabtretung derselben gleich (BGHZ 66, 384, 386 f; NJW 2002, 2865; PWW/*Müller* Rn 4; aA Köln NJW-RR 2001, 539). Schutzwürdig ist der Schuldner nach der Wertung des § 406, 2. HS, 2. Alt aber auch dann nicht, wenn er die Gegenforderung erst nach Erlangung von der Kenntnis der Abtretung der Hauptforderung erwirbt, wobei die Gegenforderung später als die abgetretene Forderung fällig wird. In diesem Fall musste der Schuldner trotz Nichtkenntnis von der Abtretung bei Erwerb seiner Gegenforderung wegen der späten Fälligkeit derselben stets damit rechnen, ohne Aufrechnungsmöglichkeit erfüllen zu müssen (PWW/*Müller* Rn 5; Hk-BGB/*Schulze* Rn 3). Die Aufrechnung bleibt im Fall der bestehenden Kenntnis von der Abtretung der Hauptforderung bei Erwerb der Gegenforderung nur dann möglich, wenn die zur Aufrechnung gestellte Gegenforderung spätestens gleichzeitig mit der abgetretenen Forderung fällig wird (BGHZ 35, 317, 326) und spätestens dann gleichartig ist (BGHZ 19, 153, 158). Besteht ggü der Hauptforderung ein Zurückbehaltungsrecht, so gilt sie nicht als fällig iSv § 406 (BGHZ 58, 327, 331). Demnach kann mit einer Gegenforderung aufgerechnet werden, die ein Zurückbehaltungsrecht vermittelt, auch wenn sie später als die Hauptforderung fällig wird (BGH NJW 1996, 1056, 1058; MüKo/*Rohe* Rn 11). 3

4 **C. Rechtsfolge/Prozessrechtliche Erwägungen.** Liegen die Positivvoraussetzungen des § 406 vor und greift kein genannter Ausschlussgrund, ist der Schuldner zur Aufrechnung nach der Abtretung ggü dem Zessionar berechtigt. Infolge der wirksamen Aufrechnung erlischt die auf den Zessionar übergegangene Forderung gemeinsam mit der Gegenforderung gegen den Zedenten (Hk-BGB/*Schulze* Rn 6). Die **Beweislast** für das Vorliegen der Ausschlussgründe nach § 406 trägt der Zessionar (Staud/*Busche* Rn 50; PWW/*Müller* Rn 8). Der Schuldner hat nur die Voraussetzungen der Aufrechnung zu beweisen (MüKo/*Rohe* Rn 13; Palandt/*Grüneberg* Rn 5; Hk-BGB/*Schulze* Rn 8).

§ 407 Rechtshandlungen gegenüber dem bisherigen Gläubiger.

[1] Der neue Gläubiger muss eine Leistung, die der Schuldner nach der Abtretung an den bisherigen Gläubiger bewirkt, sowie jedes Rechtsgeschäft, das nach der Abtretung zwischen dem Schuldner und dem bisherigen Gläubiger in Ansehung der Forderung vorgenommen wird, gegen sich gelten lassen, es sei denn, dass der Schuldner die Abtretung bei der Leistung oder der Vornahme des Rechtsgeschäfts kennt.

[2] Ist in einem nach der Abtretung zwischen dem Schuldner und dem bisherigen Gläubiger anhängig gewordenen Rechtsstreit ein rechtskräftiges Urteil über die Forderung ergangen, so muss der neue Gläubiger das Urteil gegen sich gelten lassen, es sei denn, dass der Schuldner die Abtretung bei dem Eintritt der Rechtshängigkeit gekannt hat.

1 **A. Allgemeines.** Die Regelung dient ähnlich wie § 406 dem Schuldnerschutz. Da die Abtretung keine Unterrichtung oder Mitwirkung des Schuldners voraussetzt, ist es ein Gebot der Gerechtigkeit, dass alle Rechtshandlungen, die der Schuldner in Unkenntnis der Abtretung ggü dem Zedenten vornimmt, im Verhältnis zum Zessionar wirksam sind (PWW/*Müller* Rn 1; Palandt/*Grüneberg* Rn 1). Den Schuldnerschutz stellt § 407 Abs 1 insofern her, als der Schuldner, wenn er in Unkenntnis der Abtretung an den bisherigen (und damit den falschen) Gläubiger leistet oder mit dem Zedenten ein Rechtsgeschäft vornimmt, dies mit entspr Wirkung ggü dem Zessionar tut, sofern er sich darauf beruft. § 407 Abs 2 erweitert den Schutz des Schuldners auf einen Rechtsstreit, der nach der Abtretung anhängig geworden ist (Hk-BGB/*Schulze* Rn 1). Auf den gesetzlichen Forderungsübergang findet § 407 gem § 412 entspr Anwendung (BGHZ 19, 177 ff; 131, 274 ff; PWW/*Müller* Rn 1). Das Gleiche gilt für die richterliche Überweisung (Erman/*Westermann* Rn 10). Für Ansprüche aus Wertpapieren lässt sich § 407 allerdings nicht instrumentalisieren, da der Schuldner in diesem Fall nur gegen Vorlage des Papiers zu leisten braucht und an dessen Inhaber mit befreiender Wirkung leisten kann, so dass die von § 407 intendierte bes Schutzbedürftigkeit des Schuldners fehlt (PWW/*Müller* Rn 1; Palandt/*Grüneberg* Rn 2). Das gilt auch für das Sparbuch als bes Legitimationspapier, wenn die Sparkasse nach ihren Bedingungen nur gegen Vorlage des Buches leisten durfte (Hamm WM 1984, 801; Düsseldorf NJW-RR 1991, 1337). Zum str Verhältnis von § 407 BGB und § 354a HGB vgl Erman/*Westermann* Rn 3a.

2 **B. Regelungsinhalt. I. Rechtshandlungen nach § 407 Abs 1.** Geht die Forderung durch eine wirksame Abtretung über, weiß der Schuldner hiervon aber nichts und leistet daher an den Zedenten (und nicht an den Zessionar) oder trifft ein Rechtsgeschäft mit ihm, ist er insofern geschützt, als sich der Zedent diese Leistung wie eine an ihn bewirkte anrechnen lassen muss. **1. Leistung.** »Leisten« iSd § 407 Abs 1 kann der Schuldner nicht nur durch Erfüllung gem § 362 an den bisherigen Gläubiger (RGZ 111, 303 ff) oder dessen Bank als Zahlstelle (BGH NJW 1979, 371); möglich ist auch eine Leistung an Erfüllungs statt oder erfüllungshalber, sobald diesbzgl Befriedigung erzielt wird (Palandt/*Grüneberg* Rn 4; Hk-BGB/*Schulze* Rn 2). Geschützt ist grds nur der Schuldner. Eine Schutzerstreckung auf den Dritten findet nur ausnahmsw statt, etwa wenn der Dritte die Leistung gem § 267 für den Schuldner erbringt, weil er ein Ablösungsrecht besitzt, Erwerber eines Handelsgeschäftes nach § 25 Abs 1 HGB ist oder als Bürge leistet (Erman/*Westermann* Rn 10; Hk-BGB/*Schulze* Rn 2; Palandt/*Grüneberg* Rn 3).

3 **2. Rechtsgeschäft.** Geschützt nach § 407 Abs 1 ist der Schuldner aber nicht nur im Falle einer Leistung an den Zedenten, sondern auch bei der **Vornahme eines Rechtsgeschäftes in Ansehung der Forderung**, welches er in Unkenntnis der Abtretung mit diesem vornimmt. Das Merkmal des Rechtsgeschäfts ist weit auszulegen. Es kann ein ein- oder mehrseitiges sein. Im letzteren Fall ist es unerheblich, von wem die Initiative dazu ausgeht (PWW/*Müller* Rn 3; Erman/*Westermann* Rn 3). Rechtsgeschäfte idS sind insbes: Erlass, Stundung (Köln VersR 1998, 1269), Vergleich und Zwangsvergleich (RGZ 125, 410), Kündigung (Düsseldorf WM 1980, 95), Aufrechnung (Schleswig NJW-RR 2004, 717) und Aufrechnungsvertrag (BGH NJW 1985, 2409) sowie ein zu Lasten des Zessionars gehender Aufhebungs- und Änderungsvertrag (BGH NJW 1990, 1785; Saarbrücken ZIP 2001, 1318; Hk-BGB/*Schulze* Rn 3; Palandt/*Grüneberg* Rn 4). Darüber hinaus ist § 407 Abs 1 auch auf geschäftsähnliche Handlungen wie etwa Mitteilungen gem § 416 (RGZ 67, 414) und das Anbieten der Leistung als Voraussetzung des Annahmeverzugs anwendbar (Palandt/*Grüneberg* Rn 4). Geht ein zwischen Zedent und Schuldner vorgenommenes Rechtsgeschäft allerdings zu Lasten des Schuldners, so hat es nicht die Wirkung, dass es über § 407 auch dem neuen Gläubiger zu Gute kommt. Dies betrifft insbes die Mahnung oder Kündigung durch den Zedenten, die infolge fehlender Gläubigerstellung und der eindeutigen Schutzzweckrichtung des § 407 unwirksam sind (RGZ 125, 408, 409 ff; BGHZ 52, 150, 153 f; 111, 84, 91; PWW/*Müller* Rn 3; Palandt/*Grüneberg* Rn 4).

3. Fehlende Kenntnis von der Abtretung. Geschützt in seinem Vertrauen, dass der Zedent noch der richtige Ansprechpartner bzgl etwaiger Dispositionen über die Forderung ist, ist der Schuldner aber nur insoweit, als er von der Abtretung noch keine Kenntnis erlangt hat. Ihm schadet diesbzgl bereits die positive Kenntnis der Tatsachen, die den Übergang der Forderung begründen (PWW/*Müller* Rn 5). Die Kenntnis von dem Abtretungstatbestand muss die Person des Zessionars nicht umfassen (MüKo/*Roth* Rn 14; PWW/*Müller* Rn 5); auch eine entspr rechtliche Würdigung der Tatsachenkenntnis ist nicht erforderlich (RGZ 102, 387; BGH LM Nr 7; Oldenburg WM 1986, 1278; Hk-BGB/*Schulze* Rn 4). Ein bloßes Kennenmüssen genügt jedoch noch nicht (RGZ 135, 247, 251; BGHZ 135, 39, 42; NJW-RR 2004, 1145, 1147; PWW/*Müller* Rn 5; Erman/*Westermann* Rn 5). Nach einer Abtretungsanzeige des Zedenten ist der Schuldner allerdings idR bösgläubig (RGZ 102, 387 ff; Köln VersR 1994, 114; Hk-BGB/*Schulze* Rn 4). Für eine seitens des Zessionars abgegebene Abtretungsanzeige gilt dies nur, falls der Zessionar vertrauenswürdig ist (BGHZ 102, 74 ff; Hamm VersR 1985, 582; Palandt/*Grüneberg* Rn 6). Zweifel des Schuldners an der (wirksamen) Abtretung entlasten ihn iÜ nur, wenn sie objektiv begründbar sind (RGZ 88, 6 ff; Palandt/*Grüneberg* Rn 6), bspw wenn der Schuldner annehmen durfte, die Beteiligten hätten die Abtretung rückgängig gemacht (BGH NJW 1982, 1372; Hk-BGB/*Schulze* Rn 4) oder wenn er von einem Streit zwischen Zedent und Zessionar über die Wirksamkeit der Abtretung weiß, sofern ihm nicht ersichtlich ist, dass die vom Zedenten erhobenen Einwände gegen die Wirksamkeit der Abtretung abwegig sind (BGH NJW 2001, 231; NJW-RR 2004, 1145). Eine Pflicht des Schuldners, eigene Erkundungen einzuholen, besteht nicht (Düsseldorf WM 1975, 397; Oldenburg VersR 1975, 415; Erman/*Westermann* Rn 5). Der für die Kenntnis maßgebliche Zeitpunkt ist nach richtiger Ansicht derjenige der Vornahme der Leistungshandlung und nicht erst der des Eintritts des Leistungserfolges (BGHZ 105, 358, 360; NJW-RR 2004, 1145, 1147 f; PWW/*Müller* Rn 9; Palandt/*Grüneberg* Rn 6; Hk-BGB/*Schulze* Rn 4; BaRoth/*Rohe* Rn 17). Der Schuldner, der zwischenzeitlich von der Abtretung erfährt, ist damit nicht verpflichtet, den Leistungserfolg zu verhindern, etwa einen Überweisungsauftrag zu stornieren (BGHZ 105, 358, 360 ff; PWW/*Müller* Rn 9). 4

II. Prozess nach § 407 Abs 2. § 407 Abs 2 trifft eine Regelung für den Fall, dass der Schuldner in einen Prozess mit dem Zedenten hinsichtlich dessen Forderung verwickelt ist und der **Schuldner** dabei **von der bereits vor Klageinlegung erfolgten Abtretung keine Kenntnis** hat. Zum Schutz des Schuldners muss dann auch der neue Gläubiger das in diesem Prozess ergehende Urteil gegen sich gelten lassen. Bei einer Klageinlegung vor erfolgter Abtretung ist nicht § 407 Abs 2 heranzuziehen, hier ist auf die Regelungen der §§ 265, 325 ZPO abzustellen (PWW/*Müller* Rn 13; Erman/*Westermann* Rn 7; Palandt/*Grüneberg* Rn 10; falsch bzw missverständlich insofern Hk-BGB/*Schulze* Rn 7). Der **Zedent** bleibt nach erfolgter Abtretung in dieser Situation **auch weiterhin aktiv legitimiert**, muss jedoch seinen Antrag nach hM auf Leistung an den Zessionar umstellen (sog Relevanztheorie RGZ 56, 308 ff; 167, 321 ff; BGHZ 26, 31, 37; NJW 1958, 98; 1979, 924; PWW/*Müller* Rn 13; Erman/*Westermann* Rn 7; Palandt/*Grüneberg* Rn 10). § 407 Abs 2 schützt den Schuldner aber nur, wenn er bei Eintritt der Rechtshängigkeit von der erfolgten Abtretung noch nichts wusste. Eine spätere Kenntnis schadet ihm allerdings nicht. Bei Abtretung nach Rechtskraft des Urteils und Kenntniserlangung muss der Schuldner die Abtretung bei der Zahlung nach str Ansicht berücksichtigen (RGZ 84, 289 ff; Erman/*Westermann* Rn 9). Dem ist der BGH (in BGH NJW 2001, 231) zwar mit dem Argument entgegengetreten, § 407 habe auf die Rechtsbeziehungen des Schuldners zu dem aus dem Titel vollstreckenden Zedenten keinen Einfluss, so dass es sich auch nicht um einen nach § 767 Abs 2 ZPO relevanten Umstand handeln könne. Die dem Schuldner durch den BGH angebotene Hinterlegung entgegen dem Inhalt des Vollstreckungstitels ist jedoch zweifelhaft (Erman/*Westermann* Rn 9). 5

C. Rechtsfolge/Beweislast. Vor dem Hintergrund der Schutzzweckintention besteht für den Schuldner nach § 407 Abs 1 eine **Wahlmöglichkeit** (BGHZ 52, 150, 154; 102, 68, 71; 145, 352, 357; PWW/*Müller* Rn 4; Palandt/*Grüneberg* Rn 5; MüKo/*Roth* Rn 10; Hk-BGB/*Schulze* Rn 6; aA Dresden NJW-RR 1996, 444; krit auch Staud/*Busche* Rn 8; BaRoth/*Rohe* Rn 19): Er kann sich auf die **wahre Rechtslage** berufen und infolge der fehlenden Forderungszuständigkeit des Zedenten eine bereicherungsrechtliche Rückabwicklung von ihm verlangen (BGH NJW 2001, 231; BaRoth/*Rohe* Rn 22; Palandt/*Grüneberg* Rn 5). Er kann sich aber auch darauf zurückziehen, dass die von ihm an den Zedenten erbrachte **Leistung** oder ein entpr Rechtsgeschäft dem Zessionar ggü **Wirkungen zeitigt**. Dann muss ein Innenausgleich zwischen Zedent und Zessionar erfolgen, der sich nach § 816 Abs 2 sowie dem Kausalverhältnis regelt (Palandt/*Grüneberg* Rn 3). An eine einmal getroffene Wahl ist der Schuldner jedoch gebunden (BaRoth/*Rohe* Rn 19). Das Urteil, das in dem Rechtsstreit zwischen Schuldner und Zedent über die Forderung ergeht, bindet bei Vorliegen der Voraussetzungen des § 407 Abs 2 in dem Umfang, wie es nach § 322 ZPO den Zedenten betrifft, auch den Zessionar (BGHZ 35, 168 ff; Hk-BGB/*Schulze* Rn 8). Im Unterschied zu § 325 ZPO wirkt die Rechtskraft des Urteils im Fall des § 407 Abs 2 jedoch nur zugunsten des Schuldners, nicht zugunsten des Zessionars (Palandt/*Grüneberg* Rn 11; *Olshausen* JZ 1976, 85). Der Zessionar trägt die **Beweislast** für die Bösgläubigkeit des Schuldners (PWW/*Müller* Rn 10; Hk-BGB/*Schulze* Rn 10). Hat der Schuldner eine Abtretungsanzeige oder -urkunde erhalten, spricht hierfür ein Anscheinsbeweis (BGHZ 135, 39, 43; NJW-RR 2004, 1145, 1147; Palandt/*Grüneberg* Rn 9; Hk-BGB/*Schulze* Rn 10). 6

§ 408 Mehrfache Abtretung. **[1] Wird eine abgetretene Forderung von dem bisherigen Gläubiger nochmals an einen Dritten abgetreten, so findet, wenn der Schuldner an den Dritten leistet oder wenn zwischen dem Schuldner und dem Dritten ein Rechtsgeschäft vorgenommen oder ein Rechtsstreit anhängig wird, zugunsten des Schuldners die Vorschrift des § 407 dem früheren Erwerber gegenüber entsprechende Anwendung.**
[2] Das Gleiche gilt, wenn die bereits abgetretene Forderung durch gerichtlichen Beschluss einem Dritten überwiesen wird oder wenn der bisherige Gläubiger dem Dritten gegenüber anerkennt, dass die bereits abgetretene Forderung kraft Gesetzes auf den Dritten übergegangen sei.

1 **A. Allgemeines.** Unter bestimmten Voraussetzungen kommt es auch durch § 408 zu einem über § 407 hinausgehend ausgebauten Schuldnerschutz (PWW/*Müller* Rn 1; BaRoth/*Rohe* Rn 1). Die Regelung protegiert bei einer mehrfachen Abtretung den Schuldner, wenn er in Unkenntnis der vorherigen (wirksamen) Abtretung an den Zweitzessionar leistet oder ein Rechtsgeschäft vornimmt. Soweit nach dem Prioritätsprinzip die erste Abtretung wirksam war, dem Schuldner diese jedoch unbekannt geblieben ist und deshalb eine Leistung an den scheinbar berechtigten Zweitzessionar erfolgt, muss der Erstzessionar diese Leistung gegen sich gelten lassen (PWW/*Müller* Rn 1). Die durch § 408 getroffene Anordnung ist lediglich auf den Schutz des Schuldners gerichtet. Er kann sich auf diese Vorschrift berufen, muss es aber nicht (PWW/*Müller* Rn 1; aA Staud/*Busche* Rn 8). Die Privilegierung des § 408 erstreckt sich auch auf Situationen, in denen der Schuldner auf Grund eines gerichtlichen Beschlusses oder eines Anerkenntnisses an den Scheinberechtigten leistet (Hk-BGB/*Schulze* Rn 1). Gem § 412 findet die Norm überdies auf den Forderungsübergang kraft Gesetzes entspr Anwendung (Erman/*Westermann* Rn 2; BaRoth/*Rohe* Rn 2).

2 **B. Regelungsinhalt. I. Leistung bzw Rechtshandlung ggü dem Zweitzessionar nach § 408 Abs 1.** § 408 Abs 1 erfordert eine **mehrfache Abtretung** einer Forderung, wobei der Forderungsübergang schon durch die erste Zession wirksam vollzogen wurde, so dass die zweite Abtretung ins Leere ging (Erman/*Westermann* Rn 1; BaRoth/*Rohe* Rn 3). Durch das Wissen um die zweite Abtretung wird für den Schuldner, der von der ersten Zession nichts weiß, regelm der Rechtsschein des wirksamen Forderungsüberganges gesetzt. Leistet der Schuldner dann im berechtigten Vertrauen auf die Rechtsinhaberschaft des Zweitzessionars, wird er wie im Fall des § 407 geschützt (BaRoth/*Rohe* Rn 4; Palandt/*Grüneberg* Rn 1). Voraussetzung des Schuldnerschutzes ist, dass der Schuldner keine Kenntnis von der (allein) wirksamen Abtretung an den Erstzessionar hat (BGHZ 100, 36, 46; PWW/*Müller* Rn 2). Das Gesetz knüpft den Schutz nicht an eine bestimmte, vom ursprl Gläubiger ausgehende Handlung ggü dem Schuldner, zB Abtretungsanzeige oder Urkundenvorlage (BGH MDR 1967, 398; Erman/*Westermann* Rn 1). Entscheidend ist, dass der Schuldner auf die Wirksamkeit der Zweitabtretung vertraut hat und dies auch durfte (PWW/*Müller* Rn 2).

3 Die **vertrauensbegründenden Umstände**, die zugunsten des Schuldners hinsichtlich der Wirksamkeit der Zweitabtretung Beachtung verdienen, sind weit auszulegen, so dass sich das berechtigte Vertrauen an die wirksame (Zweit-) Zession bei ihm bereits auf die Information von der Abtretung durch den Zedenten, den Zessionar oder einen Dritten stützen kann (BGH WM 1967, 88, 89; Erman/*Westermann* Rn 1; BaRoth/*Rohe* Rn 4). Nur wenn der Schuldner Kenntnis von der Erstabtretung besitzt, ist er nicht geschützt. Diesbzgl ist es allerdings gleichgültig, auf welchem Wege er die Kenntnis erlangt und wie sicher diese ist (BGH WM 1967, 88, 89; PWW/*Müller* Rn 2; Palandt/*Grüneberg* Rn 1). § 408 Abs 1 bezieht sich zum einen auf die Leistung des Schuldners an den Zweitzessionar, die auch im Hinblick auf den Erstzessionar (als eigentlichen Forderungsinhaber) mit schuldbefreiender Wirkung erfolgen soll. Sie gilt kraft ausdrücklicher Klarstellung aber auch für das mit dem Dritten vorgenommene Rechtsgeschäft oder einen anhängigen Rechtsstreit. § 408 Abs 1 gilt selbst dann, wenn die zweite Abtretung unter einer Rechtsbedingung erfolgte, dass keine Erstabtretung vorausgegangen ist (BGH NJW 1989, 899; BaRoth/*Rohe* Rn 3; Hk-BGB/*Schulze* Rn 1). Daneben ist § 408 Abs 1 anwendbar, wenn eine gepfändete Forderung abgetreten wird und der Schuldner von der Pfändung nichts weiß (Hk-BGB/*Schulze* Rn 1; Palandt/*Grüneberg* Rn 1). Sind dem Schuldner mehrere kollidierende Abtretungen bzw Pfändungen bekannt, so soll er in seinem Vertrauen auf die Priorität einer Abtretung bzw Pfändung vor der anderen (Pfändung) nach höchstrichterlicher Rspr nicht geschützt sein (BGHZ 100, 36, 47; ebenso BaRoth/*Rohe* Rn 5).

4 **II. Überweisung durch gerichtlichen Beschluss bzw Anerkenntnis nach § 408 Abs 2.** Wie § 408 Abs 2 zeigt, ist es aber auch möglich, dass sich das berechtigte Vertrauen auf die Forderungsinhaberschaft des mit der Forderung an zweiter Stelle Bedachten auf eine gerichtliche Überweisung einer Forderung (vgl § 835 ZPO) oder auf ein Anerkenntnis des bisherigen Gläubigers dem Dritten ggü stützen kann. IdS schützt § 408 Abs 2 den Schuldner, wenn die Forderung bereits (wirksam) abgetreten wurde und danach ein gerichtlicher Beschluss oder ein Anerkenntnis des Zedenten den Dritten zu Unrecht als Berechtigten ausweist und der Schuldner deshalb an diesen scheinbar berechtigten Dritten in Unkenntnis der Abtretung leistet (Hk-BGB/*Schulze* Rn 2). Die bloße Pfändung oder ein Zahlungsverbot rechtfertigen die Heranziehung des § 408 Abs 2 allerdings noch nicht (Hildesheim NJW 1988, 1916; PWW/*Müller* Rn 3; Palandt/*Grüneberg* Rn 2). Entspr anzuwenden ist die Regelung jedoch, wenn nach der Abtretung eine *cessio legis* stattfindet und der Zedent

diese anerkennt (Hk-BGB/*Schulze* Rn 2; Palandt/*Grüneberg* Rn 2). Unerheblich soll es sein, in welcher Form das Anerkenntnis (mündlich oder schriftlich) abgegeben wird (BGHZ 111, 298, 302; PWW/*Müller* Rn 3). Str ist zudem, ob der Schuldner geschützt wird, wenn er in Unkenntnis der Abtretung ohne ein Anerkenntnis des Gläubigers an den aus einer Legalzession scheinbar Berechtigten leistet (gegen den Schutz AnwK/*Eckardt* Rn 4; Palandt/*Grüneberg* Rn 2; aA MüKo/*Roth* Rn 13).

§ 409 Abtretungsanzeige.

[1] Zeigt der Gläubiger dem Schuldner an, dass er die Forderung abgetreten habe, so muss er dem Schuldner gegenüber die angezeigte Abtretung gegen sich gelten lassen, auch wenn sie nicht erfolgt oder nicht wirksam ist. Der Anzeige steht es gleich, wenn der Gläubiger eine Urkunde über die Abtretung dem in der Urkunde bezeichneten neuen Gläubiger ausgestellt hat und dieser sie dem Schuldner vorlegt.
[2] Die Anzeige kann nur mit Zustimmung desjenigen zurückgenommen werden, welcher als der neue Gläubiger bezeichnet worden ist.

A. Allgemeines. Die Regelung dient dem Schutz des Schuldners, wenn eine **Abtretungsanzeige oder Abtretungsurkunde fälschlicherweise den Eindruck der wirksamen Abtretung** erweckt (PWW/*Müller* Rn 1; Hk-BGB/*Schulze* Rn 1). Der Schutz wird dadurch hergestellt, dass der – wegen der Unwirksamkeit des Forderungsübergangs – tatsächlich weiterhin berechtigte Gläubiger Rechtshandlungen des Schuldners ggü dem Scheinzessionar gegen sich gelten lassen muss (BaRoth/*Rohe* Rn 1). Die Vorschrift gilt über § 412 auch für den gesetzlichen Forderungsübergang (PWW/*Müller* Rn 1). Die Anwendung des § 409 auf die Legalzession setzt allerdings voraus, dass die Abtretungsanzeige oder Urkunde vom Zedenten herrührt. Eine Anzeige des scheinbaren Legalzessionars bietet keine ausreichende Rechtsscheinsbasis, es sei denn, dass die Anzeige im Einzelfall dem Zedenten zuzurechnen ist (*Denck* DB 1979, 892; BaRoth/*Rohe* Rn 7; aA LAG Düsseldorf DB 1978, 1087). Der Anwendungsbereich des § 409 erstreckt sich iÜ auch auf öffentl-rechtl Ansprüche (BaRoth/*Rohe* Rn 3; PWW/*Müller* Rn 1), etwa für solche aus der Sozialversicherung (BSozG NJW 1959, 2087), Versorgungsbezüge (BSozG NJW 1960, 264) und dem BEG (BGH MDR 1965, 119) sowie auf Erklärungen über das Bezugsrecht aus einem Versicherungsvertrag (RGZ 154, 99, 109; BaRoth/*Rohe* Rn 6). Die auf den Rechtsschein der Anzeige/Urkunde rekurrierende Regelung ist unanwendbar, wenn die Abtretung bereits gegen ein gesetzliches Verbot verstößt (BAG NJW 1991, 2038; Oldenburg NJW-RR 1994, 480; LG Stuttgart NJW-RR 1993, 672). 1

B. Regelungsinhalt. § 409 setzt voraus, dass eine Zession nicht wirksam erfolgt ist. Infolge der unwirksamen Abtretung ist der Gläubiger weiterhin Forderungsinhaber, so dass nur er, nicht aber der Scheingläubiger ein Forderungsrecht hat. Die Leistung an den Scheingläubiger entfaltet aber auf Grund des Rechtsscheins der Abtretungsanzeige oder Abtretungsurkunde befreiende Wirkung (Hk-BGB/*Schulze* Rn 3). Inhaltlich muss der vermeintliche Neugläubiger bezeichnet, die Anzeige an den Schuldner, die Urkunde an den Zessionar gerichtet sein (PWW/*Müller* Rn 2). **I. Abtretungsanzeige.** Die für den Schuldner rechtsscheinserzeugende Abtretungsanzeige seitens des wahren Gläubigers (vgl dazu BGHZ 100, 36, 46) stellt eine rechtsgeschäftliche Handlung dar (PWW/*Müller* Rn 2; Erman/*Westermann* Rn 2; Palandt/*Grüneberg* Rn 3). Insofern setzt sie die Geschäftsfähigkeit des Zedenten voraus (MüKo/*Roth* Rn 9; Hk-BGB/*Schulze*, str). Sie kann formfrei erfolgen; allerdings entfaltet nur eine schriftl Anzeige die Wirkung nach § 410 Abs 2. Die Abtretungsanzeige kann als rechtsgeschäftliche Erklärung entspr §§ 119 ff angefochten werden (BaRoth/*Rohe* Rn 5; Erman/*Westermann* Rn 2). Bei der Rücknahme der Abtretungsanzeige, die gem § 409 Abs 2 die Zustimmung des Scheingläubigers voraussetzt, entfällt der Schutz des § 409 für die Zukunft (ex nunc). Von der Rücknahme der Anzeige an muss der Schuldner an den Gläubiger leisten. 2

II. Abtretungsurkunde. Die Abtretungsurkunde wurde in ihrer Wirkung der Abtretungsanzeige gleichgestellt. Erforderlich ist, dass sie vom wahren Gläubiger ausgestellt und von diesem willentlich in den Rechtsverkehr entlassen wird, so dass sie dem Schuldner vom Scheingläubiger vorgelegt werden kann (Erman/*Westermann* Rn 2; Hk-BGB/*Schulze* Rn 2). Sie bedarf lediglich der einfachen Schriftform (Palandt/*Grüneberg* Rn 3); die Vorlage einer Fotokopie genügt diesen Anforderungen nicht (PWW/*Müller* Rn 2; MüKo/*Roth* Rn 7; aA BSG MDR 1996, 293; VG Düsseldorf VA 2001, 171). 3

III. Gutgläubigkeit des Schuldners. Str ist, ob eine Gutgläubigkeit des Schuldners als ungeschriebenes Tatbestandsmerkmal erforderlich ist (verneinend RGZ 126, 183; BGHZ 29, 82; BaRoth/*Rohe* Rn 9; wohl auch PWW/*Müller* Rn 3; aA Staud/*Busche* Rn 29). Gegen die Heranziehung des § 409, wenn der Schuldner positiv weiß, dass die Abtretungsanzeige unrichtig ist, spricht der § 409 legitimierende Rechtsschein, der jedenfalls bei entspr Wissen des Schuldners erschüttert ist. 4

C. Rechtsfolge/Prozessuale Überlegungen. Der **Schuldner** kann sich auf **§ 409 berufen** und mit befreiender Wirkung an den in der Anzeige oder Urkunde bezeichneten Zessionar leisten (BGHZ 56, 339, 346) oder diesem ggü aufrechnen (BGH NJW 1978, 2025). Er muss es aber nicht (PWW/*Müller* Rn 3), denn der Abtretungsanzeige kommt keinerlei konstitutive Wirkung zu (BGHZ 64, 117, 119). Der Scheinzessionar erwirbt keine Rechte an der Forderung. Dem Gläubiger steht es weiterhin zu, über diese zu verfügen und sie auch 5 einzuklagen (BGHZ 64, 117, 119; BGH NJW 1978, 2025). Jedoch hat der Schuldner ein Zurückbehaltungsrecht (§ 273), solange die nach § 409 Abs 2 erforderliche Zustimmung des Scheinzessionars fehlt (BGHZ 64, 117, 121; PWW/*Müller* Rn 3) bzw eine Inanspruchnahme des Schuldners durch den Scheinzessionar nicht mit Sicherheit auszuschließen ist (BGHZ 56, 339, 349). Der Ausgleich zwischen dem wahren Berechtigten und dem Scheingläubiger richtet sich nach § 816 (BaRoth/*Rohe* Rn 10; Palandt/*Grüneberg* Rn 2). Die **Beweislast** für die Anzeige trägt der Schuldner. Der Gläubiger muss demggü die wirksame Zurücknahme der Abtretungsanzeige beweisen (Erman/*Westermann* Rn 5; Hk-BGB/*Schulze* Rn 5). Gem § 935 ZPO besteht bei Anzeigenmissbrauch die Möglichkeit einer einstweiligen Verfügung (PWW/*Müller* Rn 4).

§ 410 Aushändigung der Abtretungsurkunde.

[1] Der Schuldner ist dem neuen Gläubiger gegenüber zur Leistung nur gegen Aushändigung einer von dem bisherigen Gläubiger über die Abtretung ausgestellten Urkunde verpflichtet. Eine Kündigung oder eine Mahnung des neuen Gläubigers ist unwirksam, wenn sie ohne Vorlegung einer solchen Urkunde erfolgt und der Schuldner sie aus diesem Grund unverzüglich zurückweist.
[2] Diese Vorschriften finden keine Anwendung, wenn der bisherige Gläubiger dem Schuldner die Abtretung schriftlich angezeigt hat.

1 Die Regelung soll dem Schuldner den Schutz des § 409 einschließlich der dazu gehörigen Beweismittel sichern (BaRoth/*Rohe* Rn 1; Erman/*Westermann* Rn 1). Aus diesem Grunde räumt § 410 Abs 1 S 1 dem **Schuldner** ein **Leistungsverweigerungsrecht** ein, auf das § 274 entspr anwendbar ist (BGH NJW 1969, 1110; 1986, 977; Celle OLGR 2004, 445; Hk-BGB/*Schulze* Rn 1; Erman/*Westermann* Rn 2). Vor Aushändigung der Abtretungsurkunde braucht der Schuldner hinsichtlich der ihm zustehenden Einrede nicht zu leisten. Über dieses Leistungsverweigerungsrecht hinaus gewährt § 410 aber keinen eigenständigen Anspruch auf Herausgabe der Abtretungsurkunde (PWW/*Müller* Rn 1; Palandt/*Grüneberg* Rn 1). Die Urkunde hat den Anforderungen der §§ 126, 126a zu genügen; eine öffentliche Beglaubigung kann der Schuldner (anders als der Zessionar, § 403) aber nicht verlangen (Hk-BGB/*Schulze* Rn 1; Palandt/*Grüneberg* Rn 2). Eine bloße Fotokopie ist nicht ausreichend (LAG Düsseldorf MDR 1995, 612; MüKo/*Roth* Rn 5; PWW/*Müller* Rn 2). IÜ besitzt die Urkunde quittungsähnliche Eigenschaft (BGH NJW 1993, 1469; Palandt/*Grüneberg* Rn 2).

2 Der **Nachweis der Abtretung** kann – sofern die Herausgabe der Abtretungsurkunde (etwa wegen Todes des Zedenten) unmöglich ist – nach dem Sinn und Zweck der Vorschrift auch durch eine **andere funktional gleichwertige Legitimationsurkunde** erfolgen (BGH WM 1982, 706; BaRoth/*Rohe* Rn 3; Erman/*Westermann* Rn 1). Erforderlich ist, dass diese (Ersatz-) Urkunde geeignet ist, den Schuldner vor der Gefahr einer zweifachen Inanspruchnahme zu schützen. Hat der Schuldner durch eine schriftliche Abtretungsanzeige des Zedenten bereits eine beweisbare Absicherung hinsichtlich der Abtretung und neuen Gläubigerschaft erhalten, bedarf er keiner erneuten Sicherung durch die Einräumung eines Leistungsverweigerungsrechtes, § 410 Abs 2 (BaRoth/*Rohe* Rn 1; Palandt/*Grüneberg* Rn 2). Die Voraussetzungen des § 410 Abs 2 sind auch dann erfüllt, wenn der Schuldner die Abschrift einer Abtretungsurkunde erhält, die in seiner Gegenwart protokolliert wurde (BGH WM 1969, 1416, 1417; BaRoth/*Rohe* Rn 6). Besondere Anforderungen werden an die Wirksamkeit einer Kündigung oder Mahnung durch den Zessionar gestellt. Kann sich dieser nicht durch die Vorlage einer Abtretungsurkunde legitimieren, ist der gesamte Vorgang bei unverzüglicher (§ 121) Zurückweisung durch den Schuldner unwirksam. Entspr Anwendung findet diese Vorschrift auf andere Gestaltungsrechte (zur Aufrechnung BGH NJW 1958, 666; allg BaRoth/*Rohe* Rn 4; Palandt/*Grüneberg* Rn 2; Hk-BGB/*Schulze* Rn 2). Erhebt der Schuldner nachträglich die Einrede aus § 410, wird der Verzug ex nunc geheilt (Palandt/*Grüneberg* Rn 2). Die Beweislast für die Vorlage der Urkunde oder der schriftlichen Anzeige trägt der Gläubiger. Der Schuldner hat hingegen die unverzügliche Zurückweisung zu beweisen (Erman/*Westermann* Rn 3; PWW/*Müller* Rn 3; Staud/*Busche* Rn 12; Hk-BGB/*Schulze* Rn 3). Gem § 412 ist die Norm auf den Forderungsübergang kraft Gesetzes (Aushändigung einer von dem bisherigen Gläubiger ausgestellten Urkunde mit Anerkennung des Forderungsübergangs) entspr anwendbar (BaRoth/*Rohe* Rn 2).

§ 411 Gehaltsabtretung.

Tritt eine Militärperson, ein Beamter, ein Geistlicher oder ein Lehrer an einer öffentlichen Unterrichtsanstalt den übertragbaren Teil des Diensteinkommens, des Wartegelds oder des Ruhegehalts ab, so ist die auszahlende Kasse durch Aushändigung einer von dem bisherigen Gläubiger ausgestellten, öffentlich oder amtlich beglaubigten Urkunde von der Abtretung zu benachrichtigen. Bis zur Benachrichtigung gilt die Abtretung als der Kasse nicht bekannt.

1 Die Regelung beinhaltet eine besondere Schutzvorschrift zugunsten der öffentlichen Hand. Sie dient der Sicherung der Kassenbeamten gegen Fehlzahlungen und der Erleichterung einer geordneten Kassenführung (PWW/*Müller* Rn 1). IdS stellt § 411 S 1 ggü § 410 erhöhte Anforderungen an die auszuhändigende Urkunde. § 411 S 2 fingiert die von §§ 406, 407 geforderte Gutgläubigkeit (BaRoth/*Rohe* Rn 1; Hk-BGB/*Schulze* Rn 1). Die Abtretung ist auch ohne die förmliche Urkunde wirksam (BGHZ 11, 298, 302; BaRoth/*Rohe* Rn 1; Erman/*Westermann* Rn 1); allerdings hat die öffentliche Kasse bis zu der Vorlage der Urkunde in der hier

festgelegten Form (zur öffentl Beglaubigung vgl § 65 BeurkG) ein Leistungsverweigerungsrecht und gilt bis zu diesem Zeitpunkt als gutgläubig (Palandt/*Grüneberg* Rn 2). Bedeutsam ist, dass die Regelung über den Wortlaut hinaus, der sich nur auf bestimmte Personen bezieht, auch auf Arbeiter und Angestellte des öffentlichen Dienstes entspr angewandt wird (BAG DB 1966, 1936; BaRoth/*Rohe* Rn 2; MüKo/*Roth* Rn 7; Palandt/*Grüneberg* Rn 1). Allerdings wird an der Regelung durch die Lit hinsichtlich der ihr zu Grunde liegenden einseitigen Privilegierung des öffentlichen Dienstes durchweg – in zutr Weise – Kritik geübt (vgl dazu Hk-BGB/*Schulze* Rn 1; Erman/*Westermann* Rn 1; Palandt/*Grüneberg* Rn 1; *Summer* ZRP 1995, 402 ff). Bei gesetzlichem Forderungsübergang wird der Dienstherr nicht nach § 411 geschützt, sondern im Rahmen von § 408, also wenn der alte Gläubiger den Forderungsübergang anerkannt hat und der öffentliche Dienstherr gutgläubig ist (BGHZ 11, 298 ff; PWW/*Müller* Rn 2; Erman/*Westermann* Rn 1).

§ 412 Gesetzlicher Forderungsübergang. **Auf die Übertragung einer Forderung kraft Gesetzes finden die Vorschriften der §§ 399 bis 404, 406 bis 410 entsprechende Anwendung.**

§ 412 postuliert die **entspr Anwendung der Abtretungsvorschriften** auf den **gesetzlichen Forderungsübergang** (sog *cessio legis*). Ausgenommen von der analogen Heranziehung sind lediglich die spezifisch auf den rechtsgeschäftlichen Verkehr ausgerichteten §§ 398, 405 und 411 (MüKo/*Roth* Rn 13). Angeordnet wird ein gesetzlicher Forderungsübergang bspw durch folgende Bestimmungen: §§ 268 Abs 3, 426 Abs 2, 774 Abs 1, 1143 Abs 1, 1225, 1249, 1607 Abs 2 S 2, Abs 3, 1608 S 3 BGB, § 326 Abs 2 InsO, §§ 67, 69, 118 VVG, § 6 EFZG, § 59 RVG, § 116 SGB X, § 94 Abs 1 SGB XII, § 91 BSHG, § 7 UVG, § 87a BBG, § 52 BRRG (PWW/*Müller* Rn 2; Erman/*Westermann* Rn 1; Palandt/*Grüneberg* Rn 1). Gleichgestellt sind dem gesetzlichen Forderungsübergang der Forderungsübergang kraft Hoheitsakt (Bsp: § 835 ZPO, § 50 Abs 1 SGB I, § 90 BSHG, vgl dazu BAG NJW 1971, 2094; BGH ZIP 2003, 1771; Celle NZG 2004, 613) und die Gesamtrechtsnachfolge unter Lebenden nach §§ 613a, 1416 (PWW/*Müller* Rn 4). Keine Anwendung findet § 412 bei der erbrechtlichen Gesamtrechtsnachfolge gem § 1922 (Erman/*Westermann* Rn 2; Hk-BGB/*Schulze* Rn 1; Palandt/*Grüneberg* Rn 1). Das Gleiche gilt für den Eintritt in die Rechte und Pflichten aus einem Mietverhältnis gem § 566 (BGH NJW 2000, 2346). Str ist die Anwendung des § 412 auf § 20 Abs 1 Nr 1 UmwG (dafür Erman/*Westermann* Rn 2; zurückhaltend MüKo/*Roth* Rn 15; PWW/*Müller* Rn 4; Palandt/*Grüneberg* Rn 1). 1

§ 413 Übertragung anderer Rechte. **Die Vorschriften über die Übertragung von Forderungen finden auf die Übertragung anderer Rechte entsprechende Anwendung, soweit nicht das Gesetz ein anderes vorschreibt.**

A. Allgemeines. Gem § 413 können auch andere Rechte als Forderungen Gegenstand von Verfügungen sein. Sie werden entspr den Regelungen für Forderungen übertragen. Zur Übertragung genügt grds eine formlose Willenseinigung zwischen den Parteien (Erman/*Westermann* Rn 5; Palandt/*Grüneberg* Rn 1). Allerdings finden die §§ 399 ff auf die Übertragung anderer Rechte als Forderungen nur subsidiär Anwendung (§ 413, 2. HS). Vor diesem Hintergrund ist die praktische Bedeutung der Vorschrift relativ gering (Erman/*Westermann* Rn 6). Eingeschränkt wird ihr Geltungsbereich schon dadurch, dass Sachenrechte nach den §§ 873, 925, 929, 1154, 1192 übergehen (PWW/*Müller* Rn 2). Auch die Übertragung des Anwartschaftsrechts als Vorstufe zum Vollrecht folgt diesen Regelungen (BGH NJW 1958, 1163; 1968, 493; 1970, 699; PWW/*Müller* Rn 2). 1

B. Regelungsinhalt. Sonstige Rechte iSd § 413 sind aber das **Nutzungsrecht am Urheberrecht** (das Urheberrecht selbst ist nicht übertragbar, § 29 UrhG) sowie die gewerblichen Schutzrechte (Hk-BGB/*Schulze* Rn 1). Spezielle Regelungen enthalten § 13 GebrMG, § 15 PatG. Der Übertragbarkeit nach § 413 unterfallen zudem **selbständige Gestaltungsrechte**. Hierzu zählen das Aneignungsrecht, das Wiederkaufsrecht (MüKo/*Roth* Rn 11) und das Recht, die Rückauflassung des an den Ehegatten übertragenen Grundstücks zu verlangen (BGH NJW 2003, 1858). Hinsichtlich der unselbständigen Gestaltungsrechte ist weiter zu differenzieren: Hilfsrechte, die der Ausübung oder Durchsetzung der Forderung dienen (Bsp: die Erklärung der Fälligkeitskündigung, das Gläubigerwahlrecht, die Ersetzungsbefugnis) sind untrennbar mit der Forderung verbunden und werden mit dieser auf den neuen Gläubiger übertragen, vgl § 401 (PWW/*Müller* Rn 7; BaRoth/*Rohe* Rn 3). Andere unselbständige Gestaltungsrechte, die der Umgestaltung des gesamten Schuldverhältnisses dienen (Bsp: Vertragskündigung, vgl Naumburg NJW-RR 2001, 423; Widerrufs- und Rücktrittsrecht, s BGH NJW 1973, 1793, 1794; 1985, 2640, 2641) sind nicht wesensmäßig mit dem Hauptrecht verbunden, so dass sie nicht nach § 401 automatisch mit übergehen. Sie können gem § 413 selbständig abgetreten werden (BaRoth/*Rohe* Rn 2; PWW/*Müller* Rn 8; Staud/*Busche* Rn 13). Ist eine selbständige Übertragung der vertragsbezogenen Gestaltungsrechte nicht feststellbar, so verbleiben sie beim Zedenten und können von diesem ausgeübt werden (BGH NJW 1985, 2640, 2641 f). 2

Str ist, ob das **Anfechtungsrecht selbständig nach § 413 übertragbar** ist. Dafür streitet seine Ähnlichkeit zu den anderen vertragsbezogenen Gestaltungsrechten (PWW/*Müller* Rn 8; Palandt/*Grüneberg* Rn 10), dagegen sein höchstpersönlicher Einschlag (Staud/*Busche* Rn 14). Abtretbar sind aber das Recht auf Nachbesserung (BGHZ 96, 146 ff) und Minderung (BGHZ 95, 250 ff). Zu den übertragbaren Rechten nach § 413 zählen auch 3

Mitgliedschaftsrechte von Vereinen und Personengesellschaften (§§ 38, 719). Für **Anteile an Kapitalgesellschaften** gelten die Spezialvorschriften der § 68 AktG, § 15 GmbHG. Die Übertragung eines Unternehmens als Ganzes oder als Teil eines Gesamtunternehmens fällt nicht unter § 413, da dieses weder eine Sache noch ein Recht, sondern ein Inbegriff von Vermögensgegenständen darstellt, so dass nur die Übertragung in der für die Einzelrechte geltenden Form möglich ist (BGH NJW 1968, 392; BaRoth/*Rohe* Rn 2; Erman/*Westermann* Rn 1). **Unabtretbar** nach § 413 sind auch **Familien- und Erbrechte mit höchstpersönlichem Einschlag** (PWW/*Müller* Rn 4; Palandt/*Grüneberg* Rn 2; Hk-BGB/*Schulze* Rn 1). Die Verfügung eines Miterben über seinen Anteil ist in § 2033 geregelt.

Abschnitt 6 Schuldübernahme

§ 414 Vertrag zwischen Gläubiger und Schuldner. Eine Schuld kann von einem Dritten durch Vertrag mit dem Gläubiger in der Weise übernommen werden, dass der Dritte an die Stelle des bisherigen Schuldners tritt.

§ 415 Vertrag zwischen Schuldner und Übernehmer. [1] Wird die Schuldübernahme von dem Dritten mit dem Schuldner vereinbart, so hängt ihre Wirksamkeit von der Genehmigung des Gläubigers ab. Die Genehmigung kann erst erfolgen, wenn der Schuldner oder der Dritte dem Gläubiger die Schuldübernahme mitgeteilt hat. Bis zur Genehmigung können die Parteien den Vertrag ändern oder aufheben.

[2] Wird die Genehmigung verweigert, so gilt die Schuldübernahme als nicht erfolgt. Fordert der Schuldner oder der Dritte den Gläubiger unter Bestimmung einer Frist zur Erklärung über die Genehmigung auf, so kann die Genehmigung nur bis zum Ablauf der Frist erklärt werden; wird sie nicht erklärt, so gilt sie als verweigert.

[3] Solange nicht der Gläubiger die Genehmigung erteilt hat, ist im Zweifel der Übernehmer dem Schuldner gegenüber verpflichtet, den Gläubiger rechtzeitig zu befriedigen. Das Gleiche gilt, wenn der Gläubiger die Genehmigung verweigert.

Literatur *Brox/Walker* Allgemeines Schuldrecht, 31. Aufl München (2006); *Brox/Walker* Besonderes Schuldrecht, 31. Aufl München (2006); *Herberger/Martinek/Rüßmann/Weth* BGB Band 2.1 Schuldrecht (Teil 1: §§ 241–432), 2. Aufl Saarbrücken (2004); *Medicus* Schuldrecht I, Allgemeiner Teil, 14. Aufl München (2003); *Medicus* Bürgerliches Recht, 20. Aufl München (2004); *Medicus* Schuldrecht – Allgemeiner Teil, 17. Aufl München (2006); *Stappert* Zivilrechtliche Überprüfung von Strompreisen und Netznutzungsentgelten, NJW 2003, 3177.

1 **A. Allgemeines.** Die §§ 414–415 und die sie erg §§ 416–418 regeln die **befreiende** (= privative) **Schuldübernahme**. Sie führt unter Wahrung der Identität der Schuld zu einem **Schuldnerwechsel**. Der Altschuldner (bzw Erstschuldner) wird in diesem Fall von seiner Schuld befreit. An seine Stelle tritt der Übernehmer (bzw Dritte) als neuer Schuldner. Sie wird **praktisch bedeutsam** im Zusammenhang mit der Übertragung von Sondervermögen, wie zB Grundstücken, die mit einer Hypothek zur Sicherung einer persönlichen Forderung belastet sind.

2 Für den Schuldübernahmevertrag ist stets das Einverständnis des Gläubigers erforderlich, weil für diesen der Wert seiner Forderung maßgebend von der Verlässlichkeit und Leistungsfähigkeit des Schuldners abhängt (BGH NJW-RR 2001, 988 ff). Das Gesetz sieht demnach **zwei Wege** vor: Der **Übernahmevertrag** kann einmal von dem **Gläubiger und** dem **Übernehmer** (ohne Mitwirkung des Schuldners) nach § 414 geschlossen werden. Nach § 415 kann eine Schuldübernahme aber auch zwischen Schuldner und Übernehmer **vertraglich vereinbart** werden. Die Wirksamkeit dieser vertraglichen Abrede hängt jedoch von der **Genehmigung des Gläubigers** ab. Die Schuldübernahme bedarf der **Abgrenzung** in verschiedene Richtungen. Sie ist zu unterscheiden von der Vertragsübernahme, der kumulativen Schuldübernahme (Schuldbeitritt, Schuldmitübernahme), der Bürgschaft, dem Garantievertrag, dem Kreditauftrag, der Erfüllungsübernahme und der Patronatserklärung (vgl zu E). Bei **Auslandsberührung** gelten für alle Formen der Schuldübernahme und auch für die abzugrenzenden Rechtsinstitute die Kollisionsregeln der Art 27 ff EGBGB für vertragliche Schuldverhältnisse.

3 **B. Vertrag zwischen Gläubiger und Übernehmer. I. Zustandekommen und Rechtsnatur.** Der **Übernahmevertrag** wird in diesem Fall von dem **Gläubiger und** dem **Übernehmer** (ohne Mitwirkung des Schuldners) nach § 414 geschlossen. Diese Form der Schuldübernahme kommt in der Praxis nur selten vor. Sofern die Schuldbefreiung keine Schenkung des Neuschuldners an den Altschuldner darstellt, muss der Neuschuldner ein Entgelt erhalten. Dieses wird regelm von dem befreiten Altschuldner stammen, dh zum Abschluss des die Entgeltvereinbarung enthaltenden Grundgeschäfts müssen also Neu- und Altschuldner ohnehin zusammen-

wirken. In der Praxis wird daher häufiger zwischen dem Schuldner und dem Dritten (Übernehmer) ein Übernahmevertrag abgeschlossen mit Genehmigung durch den Gläubiger nach § 415 (vgl unter C).

Der **Schuldübernahmevertrag** zwischen Gläubiger und Übernehmer hat eine **Doppelnatur**. Dieser Vertrag beinhaltet eine abstrakte Verfügung über das Forderungsrecht. Zugleich handelt es sich insoweit auch um ein Verpflichtungsgeschäft, da der Übernehmer eine Verbindlichkeit ggü dem Gläubiger eingeht (Müko/*Möschel* § 414 Rn 2 mwN; PWW/*H F Müller* § 415 Rn 2). Die befreiende Schuldübernahme bildet als rechtsgeschäftliche Schuld das Gegenstück zur Abtretung nach §§ 398 ff. Hier wird nicht der Gläubiger ausgetauscht, sondern der Schuldner. Für sein Zustandekommen gelten die allg Vertragsgrundsätze. Im Einzelfall ist ggf durch **Auslegung** zu ermitteln, ob die Parteien dieses oder einen Schuldbeitritt (= kumulative Schuldübernahme) vereinbart haben. Es muss auf Grund der möglichen Gefährdung des Gläubigers sein **Schuldentlassungswille deutlich** nach außen erkennbar geworden sein, wobei hier – wie sich aus der gesetzlichen Wertung des § 415 Abs 2 S 2 ergibt – hohe Anforderungen zu stellen sind (Müko/*Möschel* § 414 Rn 3). Das bedeutet, dass ein zulässiger Schluss in dieser Richtung unter Berücksichtigung der Gesamtumstände, insbes der wirtschaftlichen Interessen der Parteien und des Zwecks der Vereinbarung, möglich sein muss. Sofern der Wille des Gläubigers, den Schuldner aus seiner Verpflichtung zu entlassen, nicht deutlich feststellbar ist, ist zum Schutz des Gläubigers anderenfalls von einem ihn begünstigenden Schuldbeitritt auszugehen (BGH NJW 83, 679); den Gläubiger trifft keine Pflicht zur ausdrücklichen Ablehnung der Schuldentlassung (§ 416 Abs 1 S 2 e contrario). Es kann grds **jede Schuld** übernommen werden. Im Falle einer Zusage, alle Schulden zu übernehmen, kann sich der Übernehmer nicht darauf berufen, er habe eine bestimmte Verbindlichkeit nicht gekannt oder der Gläubiger sei eine andere Person. 4

II. Keine Zustimmung des Schuldners/Form. Diese Form der Schuldübernahme bedarf nicht der Zustimmung des Schuldners. Dieser wird mithin ohne seine Mitwirkung von der Schuld befreit. Entgegen teilw verbreiteter Auffassung (BaRoth/*Rohe* §§ 414, 415 Rn 5; Erman/*Westermann* § 414 Rn 1) steht ihm kein Zurückweisungsrecht zu. Ein solches Zurückweisungsrecht ist vom Gesetz nicht vorgesehen. Es lässt sich auch nicht – anders bei der Auslobung – in Analogie zu § 333, 2176 begründen (vgl Müko/*Möschel* § 414 Rn 6; Staud/*Rieble* § 414 Rn 9; Palandt/*Grüneberg* § 414 Rn 1). Die Zurückweisung durch den Schuldner würde nämlich dem Gläubiger den schon erworbenen Anspruch gegen den Schuldübernehmer wieder entziehen. Diese Besonderheit stellt einen ausreichenden Grund für die unterschiedliche rechtliche Behandlung dar. Hinzu kommt, dass der bisherige Schuldner nicht einmal die Erfüllung durch einen Dritten nach § 267 verhindern kann und daher »kein Recht auf die Forderung« hat. Die privative Schuldübernahme bedarf **grds keiner Form** (RGZ 59, 23, 233). Etwas anderes gilt jedoch, wenn spezielle Formvorschriften für die Begründung der übernommenen Verpflichtung gelten, zB Vorschriften, die den Schutz des Schuldners bezwecken (§§ 311b Abs 1, 492, § 766; vgl Staud/*Rieble* § 414 Rn 60; PWW/*H F Müller* § 415 Rn 10, 13). 5

C. Vertrag zwischen Schuldner und Übernehmer mit Zustimmung des Gläubigers. I. Rechtsnatur. Nach § 415 kann eine Schuldübernahme auch zwischen Schuldner und Übernehmer **vertraglich vereinbart** werden. Die Wirksamkeit dieser vertraglichen Abrede hängt jedoch von der **Genehmigung des Gläubigers** ab. Die rechtliche Konstruktion in § 415 ist streitig. Nach der sog **Verfügungstheorie** verfügen Schuldner und Übernehmer auf Grund des Vertrags als Nichtberechtigte über die Forderung des Gläubigers iSv § 185 und begründen zugleich eine mit der ursprünglichen Schuld inhaltsgleiche Verpflichtung des Übernehmers (hM: RGZ 134, 185, 187; BGHZ 31, 321, 326, 60, 621; Jauernig/*Stürner* §§ 414, 415 Rn 2; Palandt/*Grüneberg* § 415 Rn 1 mwN). Die MM, die die Angebots- bzw Vertragstheorie vertritt, nimmt einen dreiseitigen Vertrag an. Sie sieht erst in der Mitteilung nach § 415 Abs 1 S 2 ein Angebot an den Gläubiger über die Schuldübernahme, das dieser durch seine Genehmigung mit ex nunc Wirkung annimmt. Diese Theorie ist mit Wortlaut, Systematik und Entstehungsgeschichte des Gesetzes unvereinbar (Müko/*Möschel* § 415 Rn 2 mwN zu den Vertretern dieser Theorie). 6

II. Voraussetzungen. 1. Übernahmevertrag zwischen Schuldner und Übernehmer. Der Vertrag zwischen dem Schuldner u dem Übernehmer ist **abstrakt und grds formlos** wirksam. Der Schuldübernahmevertrag bedarf nur dann einer bestimmten Form, wenn spezielle Formvorschriften für die Begründung der übernommenen Verpflichtung gelten, die dem Schutz des Schuldners dienen. Aus dem Vertrag muss **erkennbar** sein, dass es sich um eine befreiende Schuldübernahme und nicht bloß um einen Schuldbeitritt oder um eine Erfüllungsübernahme handeln soll. Der **Wille zum Schuldnerwechsel** muss deutlich erkennbar sein (BGH WM 1978, 351). Wird eine durch eine Hypothek gesicherte Forderung in Anrechnung auf den Kaufpreis übernommen, ist iZw eine befreiende Schuldübernahme zu bejahen (st Rspr seit RGZ 75, 338, 340; Palandt/*Grüneberg* § 415 Rn 2 mwN). 7

2. Zustimmung des Gläubigers. a) Genehmigung. Die Wirksamkeit des Schuldübernahmevertrages ist nach § 415 Abs 1 von der Genehmigung des Gläubigers abhängig. Die Genehmigung ist eine nachträgliche Zustimmung zu einer Verfügung von Nichtberechtigten iSv § 185 Abs 2. Sie setzt nach § 415 Abs 1 S 2 die **Mitteilung** der Schuldübernahme von einer der Vertragsparteien voraus (BGH WM 1991, 558, 559), da die Schuldner es in der Hand haben sollen, wann sie die zur endgültigen Wirksamkeit führende Genehmigung des Gläubigers herbeiführen wollen. Nach § 415 Abs 1 S 2 und 3 kann der Gläubiger den Übernahmevertrag 8 nicht bereits dann genehmigen, wenn er anderweitig hiervon Kenntnis erlangt hat. § 415 Abs 2 S 2 gestattet es, durch Fristsetzung eine rasche Entscheidung des Gläubigers über die Genehmigung herbeizuführen. Bei der Mitteilung handelt es sich um eine geschäftsähnl, empfangsbedürftige, nicht form- und fristgebundene Erklärung. Diese kann auch durch konkludentes Handeln zum Ausdruck gebracht werden (RGZ 125, 101, 104). Die übernommene Schuld und die Person müssen allerdings aus der Erklärung eindeutig hervorgehen. Im Falle des § 53 ZVG genügt die Mitteilung, dass das Grundstück unter Fortbestand der Hypothek zugeschlagen wurde (RG JW 29, 733). Nicht ausreichend ist die Mitteilung eines Vertrags, dessen Gültigkeit gleichzeitig bestritten wird (RGZ 119, 418, 421; PWW/*H F Müller* § 415 Rn 4 mwN).

9 Die **Genehmigung** ist **formfrei**, und zwar auch dann, wenn der Übernahmevertrag ausnahmsw formbedürftig ist (§ 182 Abs 2). Die Genehmigung kann auch konkludent erklärt werden, zB durch Klageerhebung gegen den Übernehmer (BGH WM 1975, 331; RGZ 107, 215, 216) oder Schuldner (BGH WM 75, 331; Düsseldorf NGZ 2007, 273, 276); der Klageerhebung steht ein gegen den Übernehmer gerichteter Leistungsbescheid gleich (BVerw DVBl 2007, 1449). An die Annahme eines konkludenten Einverständnisses sind allerdings strenge Anforderungen zu stellen. Nicht ausreichend ist bloßes Schweigen auf die Anzeige der Schuldübernahme (BGH NJW 1983, 678; vgl PWW/*H F Müller* § 415 Rn 5 mwN).

10 **b) Einwilligung.** Die Zustimmung kann neben der (nachträglichen) Genehmigung des Gläubigers (§ 184) auch – entgegen des Wortlauts des § 415 – in Form der **Einwilligung** erfolgen (BGH NJW 1998, 1645; 1996, 194). Diese ist jedoch nach § 183 bis zum Abschluss des Übernahmevertrages widerruflich. Eine **Mitteilung** nach § 415 Abs 1 S 2 ist in diesem Fall nicht erforderlich. Den Schuldner trifft aber grds die schuldrechtliche Nebenpflicht zur Mitteilung, deren schuldhafte Verletzung ihn schadensersatzpflichtig machen kann. Zu beachten ist, dass eine generelle Vermutung, dass der Gläubiger, der mit einer Vorgründungsgesellschaft kontrahiert, damit einverstanden ist, dass die persönliche Haftung der Gesellschafter mit Entstehung der GmbH entfällt, nicht gegeben ist (BGH NJW 1998, 1645). **Einwilligungsklauseln** sind nur in den Grenzen der §§ 309 Nr 10, 307 wirksam (PWW/*H F Müller* § 415 Rn 9 mwN; Müko/*Möschel* § 415 Rn 9; Palandt/*Grüneberg* § 415 Rn 3 mwN).

11 **Nachfolgeklauseln** in einem Bierlieferungsvertrag enthalten iZw keine Zustimmung zu einer befreienden Übernahme der Darlehensschuld durch den Geschäftsnachfolger (BGH NJW-RR 2001, 987). Eine generelle Vermutung, dass der Gläubiger, der mit einer Vorgründungsgesellschaft in der Annahme, es handele sich um eine GmbH, kontrahiert, damit einverstanden ist, dass die persönliche Haftung der Gesellschafter mit Entstehung der GmbH entfällt, ist nicht gegeben (BGH NJW 1998, 1645).

12 **D. Rechtsfolgen. I. Schuldnerwechsel.** Durch den Übernahmevertrag wird der **Übernehmer neuer Schuldner der Forderung**, während die Verpflichtung des bisherigen Schuldners entfällt. Der Inhalt der Forderung des Gläubigers ändert sich dadurch nicht. Eine im öffentlichen Recht wurzelnde Forderung büßt durch einen vertraglichen Schuldnerwechsel ihren öffentlich-rechtlichen Charakter nicht ein und kann von der Behörde daher weitgehend im Wege des Leistungsbescheids geltend gemacht werden (BVerwG DVBl 2007, 1449; PWW/*H F Müller* § 415 Rn 11). Hinsichtlich des Fortbestands von Neben- und Vorzugsrechten ist § 418 zu beachten. Möglich ist auch die Übernahme einer rechtshängigen Verpflichtung. Die Schuldübernahme ist keine prozessuale Rechtsnachfolge iSd §§ 265, 325, 727 ZPO (BGHZ 61, 140 ff; NJW 1998, 1645, 1646), da sich der Gläubiger (Kläger) den Schuldner als beklagte Partei erhalten kann, indem er die Mitwirkung bei der Schuldübernahme ablehnt (BGHZ 61, 140 ff).

13 **II. Schwebezustand bis zur Genehmigung.** Bei einer Schuldübernahme nach § 415 besteht bis zur Genehmigung ein **Schwebezustand.** Der Gläubiger hat auch nach Zugang der Mitteilung gegen den Übernehmer keine Rechte. Die Parteien können bis zur Genehmigung den Vertrag modifizieren oder aufheben. Jede der Vertragsparteien kann dem Gläubiger eine Frist für die Genehmigung setzen (§ 415 Abs 2 S 2). Bei mehrfacher Fristsetzung ist die zuerst gesetzte Frist maßgebend. Eine Zahlungsaufforderung ist idR keine Erklärung iSd § 415 Abs 2 S 2 (Düsseldorf NZG 2007, 273, 276). Wird die Genehmigung nicht rechtzeitig erteilt bzw schweigt der Gläubiger, so gilt sie als verweigert. Die **Verweigerung der Genehmigung** kann auch konkludent erfolgen, etwa durch Bestreiten der Wirksamkeit des Übernahmevertrags (BGH NJW 1996, 926). Sie setzt nicht voraus, dass der Gläubiger eine Mitteilung nach § 415 Abs 1 S 2 erhalten hat. Im Innenverhältnis ist der Übernehmer iZw zur rechtzeitigen Befriedigung des Gläubigers verpflichtet.

14 **III. Genehmigung/Genehmigungsverweigerung.** Mit der **Genehmigung** wird die Schuldübernahme nach § 184 Abs 1 **ex tunc wirksam.** Dies gilt grds auch dann, wenn über das Vermögen des Schuldners das Insolvenzverfahren eröffnet worden ist (RGZ 134, 185, 187), vorausgesetzt jedoch, dass im Zeitpunkt der Genehmigung noch eine genehmigungsfähige Verfügung vorliegt (BGH NJW-RR 2002, 191). Hat der Gläubiger die Genehmigung verweigert (§ 415 Abs 3 S 2) oder gilt sie als verweigert (§ 415 Abs 2 S 2), führt dies zur **endgültigen Unwirksamkeit** des Schuldübernahmevertrages (RGZ 139, 118, 127). Die abgelehnte Genehmigung kann grds nicht nachgeholt werden. Die gescheiterte Schuldübernahme gilt iZw nach § 415 Abs 3 als Erfüllungsübernahme nach § 329; etwas anderes gilt im Falle einer abw Risikoverteilung (BGH ZIP 1999, 1389, 1390; NJW 1991, 1822).

E. Abgrenzung zu anderen Rechtsinstituten. I. Vertragsübernahme. 1. Allgemeines. Von der Schuldübernahme ist die Vertragsübernahme zu unterscheiden. Das BGB regelt im Allgemeinen Schuldrecht den Erwerb einzelner Forderungen (§§ 398 ff) bzw die Übernahme einzelner Schulden (§§ 414 ff), nicht allerdings den Eintritt in ein Vertragsverhältnis als Ganzes. Im Gegensatz zur befreienden Schuldübernahme (§§ 414, 415 ff), bei der der Neuschuldner lediglich eine Schuld einer Vertragspartei übernimmt, tritt er bei der Vertragsübernahme vollständig an deren Stelle. Diese Übernahme der Rechtsposition umfasst Forderungen, Verbindlichkeiten und möglicherweise auch Gestaltungsrechte. Es findet hier eine **Auswechselung der Vertragspartei** statt, dh es geht also um die Übertragung einer Gläubiger-Schuldner-Position eines Schuldverhältnisses auf einen bislang außen stehenden Dritten (BGH NJW 1985, 2528). Für eine Auswechselung der Vertragspartei besteht ein praktisches Bedürfnis. So wird zB bei einer Geschäftsübernahme der Übernehmer regelm in die sich auf das Geschäft beziehenden Verträge (Warenlieferung, Miete) eintreten und den Veräußerer aus diesen Verträgen entlassen wollen. Das BGB hat dieses Bedürfnis in mehreren speziellen Fällen anerkannt und grds einen Übergang kraft Gesetz angeordnet. 15

2. Gesetzliche Vertragsübernahme. Eine **gesetzliche** Vertragsübernahme ist vom Gesetz in den Fällen vorgesehen, in denen ein bes Bedürfnis nach einer Vertragsübernahme besteht (§§ 566, 578, 581 Abs 2, 613a, 1251, § 20 Abs 1 Nr 1, 131 Abs 1 Nr 1 UmwG, 95 VVG). 16

Der klassische Fall eines gesetzlich angeordneten Vertragsübergangs ist die **Auswechselung eines Vermieters** nach **§ 566 ff.** Wenn der Vermieter (oder entspr der Verpächter, § 581 Abs 3) das vermietete Grundstück nach der Überlassung an den Mieter an einen Dritten veräußert, »so tritt der Erwerber an die Stelle des Vermieters in die sich während der Dauer seines Eigentums aus dem Mietverhältnis ergebenden Rechte und Verpflichtungen ein« (§ 566 Abs 1, 578). Die §§ 567b, 578 erweitern das auf die Veräußerung vor Überlassung, wenn der Erwerber ggü dem Vermieter die Erfüllung der Vermieterpflichten übernimmt; hier erhält also der Vertrag Erwerber-Vermieter Wirkung auch für den Mieter. Nach § 566 Abs 2 wird aber der Vermieter zunächst nicht völlig aus seinen vertraglichen Pflichten entlassen, sondern er haftet wie ein selbstschuldnerischer Bürge. Diese Haftung erlischt jedoch, wenn der Mieter auf eine Mitteilung des Vermieters von dem Eigentumsübergang hin nicht zum nächstmöglichen Termin kündigt. 17

Von großer praktischer Bedeutung ist auch der **Eintritt eines Betriebserwerbers** im Falle des Betriebsübergangs in die Rechtsposition des bisherigen Arbeitgebers nach **§ 613a.** Diese auf dem Gemeinschaftsrecht beruhende Vorschrift bezweckt den Fortbestand des Arbeitsverhältnisses (§ 613a Abs 4). Sie soll außerdem sicherstellen, dass die Arbeitsbedingungen durch den Betriebsübergang nicht tangiert werden (§ 613a Abs 1 S 2-4). Jeder betroffene Arbeitnehmer kann dem Übergang des Arbeitsverhältnisses innerhalb einer bestimmten Frist widersprechen. In diesem Fall bleibt zwar das Arbeitsverhältnis mit dem bisherigen Arbeitgeber grds bestehen, jedoch besteht für ihn das Risiko einer betriebsbedingten Kündigung durch den Arbeitgeber. Im Rahmen der Anwendung dieser komplexen Regelung ist stets das Gebot richtlinienkonformer Auslegung zu berücksichtigen. 18

3. Rechtsgeschäftliche Vertragsübernahme. Die Zulässigkeit der – gesetzlich nicht geregelten – rechtsgeschäftlichen Vertragsübernahme ergibt sich aus dem Grundsatz der Privatautonomie. Sie setzt die Mitwirkung der drei Parteien voraus. Sie kann dabei in Form eines »dreiseitigen Vertrages« (BGHZ 65, 49, 52 ff; 142, 23, 30) oder durch Vertrag zwischen dem ausscheidenden oder eintretenden Vertragspartner unter Zustimmung des anderen Teils erfolgen (BGHZ 95, 88; NJW-RR 2005, 958; Müko/*Möschel* Vor § 414 Rn 3). Die Zustimmung kann ausdrücklich oder konkludent erteilt werden; ebenso ist eine Erteilung im Voraus möglich. In AGB enthaltene Zustimmungsklauseln stehen unter der Inhaltskontrolle nach § 309 Nr 10 (vgl BGH NJW 1998, 2286 zur unangemessenen Benachteiligung iSd § 307 durch eine Nachfolgeklausel in einem Bierlieferungsvertrag). Der Übernahmevertrag bewirkt, dass der Vertrag iÜ unverändert zwischen den neuen Vertragsparteien fortgesetzt wird. Im Anwendungsbereich des CISG (= UN-Kaufrechts) ist eine solche Vertragsübernahme möglich (Art 29 ff CISG). Der Übernahmevertrag bedarf der Form des übernommenen Vertrages (BGHZ 72, 394, 396). Die Zustimmung des nicht an der Vereinbarung Beteiligten ist allerdings formfrei möglich (vgl hierzu PWW/*H F Müller* § 398 Rn 29). **Beispiele** aus der Rspr für Vertragsübernahmen: **Arbeitsvertrag** (BAG NJW 1973, 822); **Bierbezugsvertrag** (BGH NJW 1998, 2286); **Mietvertrag** (BGH NJW 1978, 2504; 1998, 531; MDR 2005, 920), **Eintritt des Leasinggebers in den vom Leasingnehmer abgeschlossenen Kaufvertrag** (BGHZ 96, 302 ff); **Pachtvertrag** (BGH LM Nr 16 zu § 581); **Personengesellschaftsvertrag** (BGHZ 44, 229 ff); **Sukzessivlieferungsvertrag** (BGH WM 1973, 498). 19

II. Schuldbeitritt. 1. Begriff. Eine Schuld kann auch in der Weise übernommen werden, dass der Übernehmer neben dem bisherigen Schuldner in das Schuldverhältnis eintritt; man spricht von einem **Schuldbeitritt** (= **Schuldmitübernahme** = **kumulative Schuldübernahme**). Im bisherigen Schuldverhältnis treten keine Änderungen ein. Ein derartiger Beitritt hat vornehmlich Sicherungsfunktion. Da der Gläubiger die Leistung nach dem Parteiwillen nur einmal erhalten soll, liegt der Fall einer freiwillig begründeten **Gesamtschuldnerschaft** vor. 20

21 **2. Gesetzlicher Schuldbeitritt.** Gesetzlich vorgesehen ist der Schuldbeitritt in § 546 Abs 3 (überlassene Mietsache), § 613a Abs 2 (Betriebsübergang), § 2382 (Erbschaftskauf); § 25 HGB (Firmenfortführung), § 28 HGB (Geschäftseintritt), § 130 HGB (Gesellschaftseintritt); § 115 Abs 1 S 1 VVG (Anspruch gg (Kfz-)Haftpflichtversicherer); § 28 Abs 2 S 2 VerlG (Übertragung von Verlagsrechten) und § 53 ZVG (Haftung des Erstehers für die persönliche Forderung).

22 **3. Rechtsgeschäftlicher Schuldbeitritt.** Die Möglichkeit zum rechtsgeschäftlichen Schuldbeitritt ist nicht gesetzlich geregelt, aber als Minus zur Schuldübernahme als reiner Verpflichtungsvertrag nach § 311 Abs 1 gewohnheitsrechtlich anerkannt (hM, vgl Erman/*Westermann* vor § 414 Rn 6; Müko/*Möschel* Vor § 414 Rn 10 mwN; Jauernig/*Stürner* vor §§ 414, 415 Rn 2). Eine rechtsgeschäftlich begründete Schuldmitübernahme kommt – ähnl wie eine befreiende Schuldübernahme – entweder durch Vertrag zwischen Beitretendem und dem Gläubiger oder durch Vertrag zwischen Schuldner und Beitretendem zustande. Im zuletzt genannten Fall bedarf es im Gegensatz zur befreienden Schuldübernahme keiner Zustimmung des Gläubigers, weil dieser einen zusätzlichen Schuldner erhält und dadurch nicht schlechter gestellt wird. Es handelt sich um einen echten Vertrag zugunsten Dritter iSd § 328 mit dem Inhalt der vorhandenen Verbindlichkeit (BGHZ 72, 246 (250)).

23 Ob eine Schuldübernahme oder ein Schuldbeitritt gewollt ist, ist eine **Auslegungsfrage**. Im Zweifel ist ein Schuldbeitritt anzunehmen. Dies bedeutet, dass ein Entlassungswille des Gläubigers positiv festgestellt werden muss. Anders ist es nur bei der Übernahme hypothekarisch gesicherter Schulden. Aus § 416 Abs 1 folgt die gegenteilige Auslegungsregel. Eine wegen der fehlenden Genehmigung des Gläubigers gescheiterte Schuldübernahme kann regelm nicht in einen Schuldbeitritt durch Vertrag zugunsten Dritter umgedeutet werden, da dies der Auslegungsregel des § 415 Abs 3 widersprechen würde. Die Interpretation der verweigerten Genehmigung wird durch diese Vorschrift vorgegeben. Entspr zur rechtsgeschäftlichen Vertragsübernahme gibt es auch einen – nicht im BGB geregelten – **Vertragsbeitritt.** Hier tritt neben den einen Vertragspartner aus derselben Vertragsseite mit gleichen Rechten und Pflichten ein weiterer, zB der Ehepartner des bisherigen Mieters. Notwendig ist hier jedoch das Einverständnis aller drei Beteiligter, also insbes auch des Beteiligten auf der anderen Vertragsseite, da es ihm regelm nicht gleichgültig sein kann, dass ihm nun ein weiterer Berechtigter gegenübersteht (*Medicus* SchuldR I Rn 817).

24 Nach der Rspr ist der Schuldbeitritt grds **formfrei** wirksam (st Rspr seit RGZ 59, 232, 233; BGH NJW 1991, 3095, 3098; 1993, 584; Müko/*Möschel* Vor § 414 Rn 13 mwN), sofern nicht eine für die Schuldverpflichtung geltende Formvorschrift den Schutz des Schuldners bezweckt (BGH NJW 1993, 584; 1991, 3095, 3098; Jauernig/*Stürner* vor § 414 Rn 2). Zu beachtende Formvorschriften sind insbes §§ 311b Abs 1, 492 (BGHZ 133, 71; 134, 94, 97 ff), § 518 und § 4 Abs 1 RVG. Nicht eingehalten zu werden braucht die Form bei § 781 mit der Begründung, dass Formzweck die Rechtssicherheit und nicht der Schuldnerschutz sei (BGH NJW 1993, 584). Der Schuldbeitritt eines Verbrauchers (§ 13) zu einem Kreditvertrag bedarf der Form des § 492, gleichgültig, ob es sich um einen Verbraucherdarlehen oder um einen gewerblichen Kredit handelt (BGH NJW 2000, 3133). Der Schuldbeitritt als öffentlich-rechtlicher Vertrag bedarf der Schriftform (VGH München NJW 1990, 1006 mit Anm *Arndt*).

25 Inhaltlich kann sich ein Schuldbeitritt auf jede hinreichend bestimmte Verpflichtung beziehen, auch wenn sie für eine **zukünftig entstehende oder bedingte Verpflichtung** vereinbart wird (BGH NJW 1993, 308), zB für künftige Schuldsalden auf einem Bankkonto. Der Schuldbeitritt kann sich auch auf ein Dauerschuldverhältnis beziehen. **Grenzen** setzen jedoch die §§ 305 ff und § 138. Klauseln, durch die der Beitretende die Haftung für alle bestehenden und zukünftigen Forderungen übernimmt, verstoßen regelm gegen die §§ 305c Abs 1, 307 (BGH NJW 1996, 249). Ein formularmäßig vereinbarter Schuldbeitritt unterliegt iÜ der **Inhaltskontrolle** nach § 307 (BaRoth/*Rohe* §§ 414, 415 Rn 31 mwN).

26 **4. Rechtsfolgen.** Die Rechtsfolge des Schuldbeitritts ist das Entstehen einer **Gesamtschuldnerschaft** nach den §§ 421 ff zwischen Altschuldner und Beitretendem (BGHZ 109, 317). Es liegen Einzelverpflichtungen vor, die bei Begründung der Gesamtschuld, also zZ des Beitritts, nach dem Willen der Vertragsschließenden inhaltsgleich und insoweit voneinander abhängig sind. § 417 Abs 1 formuliert den gleichen Rechtsgedanken für die privative Schuldübernahme. Das bedeutet, dass ein Beitritt ins Leere geht, wenn die Schuld, die mit übernommen wird, nicht besteht oder wenn sie durch Anfechtung seitens des Altschuldners (auch nach dem Schuldbeitritt) rückwirkend weggefallen ist (BGH NJW 1987, 1669).

27 Da die Verpflichtungen des Übernehmers **im Zeitpunkt des Beitritts** mit denen des Schuldners inhaltsgleich sind, kann der Übernehmer dem Gläubiger in entspr Anwendung des § 417 Abs 1 **alle Einwendungen** aus dem Verhältnis zwischen Gläubiger und Schuldner entgegenhalten, die im Zeitpunkt seines Eintritts begründet waren, zB die Einrede der Verjährung (BGH NJW 1993, 1915; BGHZ 85, 346, 349). Er kann die Unwirksamkeit des Beitritts insbes wegen des Widerrufs nach §§ 355, 495 geltend machen. Das Widerrufsrecht als Verbraucher besteht auch dann, wenn der Kreditnehmer selbst gewerblich tätig ist (BGHZ 133, 71 ff); für den Beginn der Widerrufsfrist ist der Zeitpunkt seiner Beitrittserklärung maßgeblich. Besteht die mit übernommene Verbindlichkeit nicht, so geht der Beitritt ins Leere (BGH NJW 1987, 1698, 1699). **Nach dem Beitritt** entwickeln sich die Schuldverhältnisse unabhängig voneinander, mit Ausnahme der gesamt wirkenden Tatsachen iSd §§ 422–424 (BGHZ 58, 251, 255; NJW 1986, 252). Beim Übereinkommen zwischen Beitretendem

und Schuldner gilt entgegen § 417 Abs 2 die Einwendungserstreckung des § 334 (BGH WM 1959, 16, 22; 1973, 1289, 1291; PWW/*H F Müller* § 415 Rn 14).

III. Bürgschaft und Schuldbeitritt. Im Gegensatz zur Schuldübernahme und zum Schuldbeitritt haftet der Bürge akzessorisch für die fremde Schuld des Hauptschuldners, während beim Schuldbeitritt der Beitretende die Schuld als eigene übernimmt (Jauernig/*Stürner* vor § 414 Rn 3). Die Gemeinsamkeit zwischen Schuldbeitritt und Bürgschaft besteht darin, dass dem Gläubiger eine zusätzliche Sicherheit gegen einen Mithaftenden verschafft wird. Bei der Abgrenzung ist zu prüfen, ob mit der Zusage eine selbstständige Schuld begründet werden sollte. Dies ist durch **Auslegung unter Berücksichtigung der unterschiedlichen Interessen** zu ermitteln. Nach der hM ist ein gewichtiges Indiz für einen formfreien Schuldbeitritt **ein eigenes wirtschaftliches oder rechtliches Interesse** des Übernehmers. Bei verbleibenden Zweifeln ist von einer Bürgschaft auszugehen. Nur wenn ein eigenes rechtliches oder wirtschaftliches Interesse vorliegt, kann auf Grund des Eigeninteresses auf die Warnfunktion des § 766 verzichtet werden (BGH NJW 1981, 47; Müko/*Möschel* Vor § 414 Rn 21 mwN; PWW/*H F Müller* § 415 Rn 16; *Brox/Walker* BesSchR § 35 Rn 22). Für einen Bürgen, der häufig aus Gefälligkeit für einen anderen einstehen will, sieht § 766 zu seinem Schutz das Erfordernis der Schriftform vor. Zu beachten ist, dass ein Schuldbeitritt eines Familienmitgliedes zu einem Bankkredit – ebenso wie bei der Bürgschaft – bei hohem Risiko sittenwidrig sein kann, wenn der Beitretende kein eigenes wirtschaftliches Interesse hat (BVerfG NJW 1994, 38 ff; 1996, 2021; BGHZ 146, 42 ff; 120, 272; Müko/*Möschel* Vor § 414 Rn 16 mwN). Soweit Formfragen keine Rolle spielen, zB bei Kaufleuten (§ 350 HGB), ist bei der Auslegung auch zu beachten, dass der Schuldbeitritt im Verhältnis zur Bürgschaft nicht per se ungünstiger ist (zB hinsichtlich der Haftung für Zinsen und Kosten). Im Zweifel ist allerdings eine Bürgschaft anzunehmen (BGH NJW 1986, 580; BaRoth/*Rohe* §§ 414, 415 Rn 47). 28

IV. Garantievertrag. Die Zulässigkeit des Garantievertrages ergibt sich aus dem Grundsatz der Vertragsfreiheit (§ 311 Abs 1). Mit einem (**formfreien) Garantievertrag** verpflichtet sich der Dritte, unabhängig von dem Bestehen einer Verbindlichkeit, ggü dem Gläubiger für den **Eintritt eines bestimmten Erfolgs** einzustehen oder die Haftung für einen künftigen, noch nicht entstandenen Schaden zu übernehmen (BGH WM 1982, 632; NJW 1958, 1438). 29

V. Patronatserklärung. Bei der Vergabe von Krediten an Konzerntochtergesellschaften kommt der sog Patronatserklärung neben Bürgschaften oder Garantien der Konzernmuttergesellschaft praktische Bedeutung zu. Welche Sicherheit diese bietet, hängt von dem Inhalt ab. Rechtlich unverbindlich ist die **»weiche« Patronatserklärung**, aus der sich ein Einstandswille nicht erkennen lässt, während die **»harte« Patronatserklärung** jedenfalls zwar keine direkte Verpflichtung ggü den Gläubiger begründet, jedoch eine entspr Verpflichtung schafft, die Konzerntochtergesellschaft finanziell entspr auszustatten. 30

VI. Kreditauftrag. Merkmal eines Kreditauftrags (§ 778) ist, dass sich der Darlehensgeber (als Auftragnehmer) vertraglich dem Auftraggeber ggü verpflichtet, einem Dritten Kredit zu gewähren. § 778 sieht als **Rechtsfolge** vor, dass der Auftraggeber dem Auftragnehmer für die aus der Kreditgewährung entstehende Verbindlichkeit des Dritten als Bürge haftet. War ein »Auftragnehmer« (Gläubiger) dem Dritten bereits zur Kreditgewährung verpflichtet oder ist die Zahlungsforderung bereits entstanden, kommt ein Kreditauftrag nicht in Betracht (Müko/*Möschel* Vor § 414 Rn 24 mwN). 31

VII. Erfüllungsübernahme. Bei der Erfüllungsübernahme (§ 329) **verpflichtet sich** ein **Dritter ggü** dem **Schuldner**, dessen Schuld ggü dem Gläubiger zu erfüllen. Sie begründet – im Unterschied zur befreienden Schuldübernahme und zum Schuldbeitritt – keinen Anspruch des Gläubigers gegen den Dritten. Es handelt sich lediglich um eine **obligatorische Verbindlichkeit** eines Dritten ggü einem Schuldner auf Befreiung von der Verbindlichkeit. Der Gläubiger kann sich somit nach wie vor nur an seinen Schuldner halten. Wichtigster Anhaltspunkt für die **Auslegung** ist die Bewertung des Sicherungsinteresses des Gläubigers und des Übernahmeinteresses von Schuldner oder Dritten durch die Beteiligten. Stehen diese im Vordergrund, so spricht dies für eine privative oder kumulative Schuldübernahme. Die nicht genehmigte Schuldübernahme ist im Zweifel als Erfüllungsübernahme gültig (§ 415 Abs 3; vgl Müko/*Möschel* Vor § 414 Rn 25). 32

§ 416 Übernahme einer Hypothekenschuld.

[1] Übernimmt der Erwerber eines Grundstücks durch Vertrag mit dem Veräußerer eine Schuld des Veräußerers, für die eine Hypothek an dem Grundstück besteht, so kann der Gläubiger die Schuldübernahme nur genehmigen, wenn der Veräußerer sie ihm mitteilt. Sind seit dem Empfang der Mitteilung sechs Monate verstrichen, so gilt die Genehmigung als erteilt, wenn nicht der Gläubiger sie dem Veräußerer gegenüber vorher verweigert hat; die Vorschrift des § 415 Absatz 2 Satz 2 findet keine Anwendung.

[2] Die Mitteilung des Veräußerers kann erst erfolgen, wenn der Erwerber als Eigentümer im Grundbuch eingetragen ist. Sie muss schriftlich geschehen und den Hinweis enthalten, dass der Übernehmer an die Stelle des bisherigen Schuldners tritt, wenn nicht der Gläubiger die Verweigerung innerhalb der sechs Monate erklärt.

[3] Der Veräußerer hat auf Verlangen des Erwerbers dem Gläubiger die Schuldübernahme mitzuteilen. Sobald die Erfüllung oder Verweigerung der Genehmigung feststeht, hat der Veräußerer den Erwerber zu benachrichtigen.

1 **A. Allgemeines. I. Bedeutung.** Nach § 442 Abs 2 hat der Veräußerer eines Grundstücks, wenn nichts anderes vereinbart ist, eine auf dem Grundstück lastende Hypothek zu beseitigen. In der Praxis übernimmt jedoch der Käufer häufig die »Hypothek« vom Veräußerer unter Anrechnung auf den Kaufpreis, wenn eine solche zur Sicherung einer Forderung bestellt worden ist. Übereignet der Veräußerer das Grundstück an den Erwerber, so wird dieser mit dem Eigentumserwerb auch (dinglicher) Schuldner der Hypothek, während der Veräußerer (persönlicher) Schuldner der Forderung bleibt. Ziel des Veräußerers und des Erwerbers wird es regelm sein, dass der Erwerber auch persönlicher Schuldner der Forderung wird. § 416 Abs 1 S 2 erleichtert und vereinfacht die – für eine Schuldübernahme – nach § 415 notwendige Genehmigung, mit der eine unerwünschte Trennung zwischen dinglicher und persönlicher Forderung des Hypothekengläubigers nach Möglichkeit vermieden werden soll (RGZ 128, 71). Dieser Zweck wird erreicht durch die Fiktion der Genehmigung der Schuldübernahme. Bei Verträgen solchen Inhalts ist iZw anzunehmen, dass mit der Übernahme der Hypothek zugleich eine Übernahme der persönlichen Schuld (befreiende Schuldübernahme) gewollt ist. Diese Vorschrift trägt dem Umstand Rechnung, dass bei dinglich gesicherten Forderungen typischerweise die Person des Schuldners und dessen Vermögensverhältnisse für den Gläubiger von geringerer Bedeutung sind, da ihm das Grundstück weiter als Haftungsgrundlage zur Verfügung steht. Die Vorschrift schließt es allerdings – trotz des missverständlichen Wortlauts in Abs 1 S 1 »nur« – nicht aus, dass die Schuld auch nach Maßgabe der §§ 414, 415 übernommen werden kann, dh ohne Vorliegen der Voraussetzungen des § 416 (RGZ 63, 42, 50 ff; Müko/*Möschel* Rn 2 mwN allg M).

2 **II. Anwendungsbereich.** § 416 setzt voraus, dass der **Veräußerer** des Grundstücks zugleich der **persönliche Schuldner** ist. Der Anwendungsbereich des § 416 ist nicht auf Hypotheken, einschließlich der Hypothekenvormerkung, beschränkt. Er erstreckt sich auch auf Grundschulden, nicht jedoch auf die Übernahme einer Ausbietungsgarantie (Braunschweig MDR 1962, 736; Müko/*Möschel* Rn 4 mwN; Soerg/*Zeiss* Rn 2 mwN). Für bestehen bleibende Hypotheken in der Zwangsversteigerung gilt § 416 gem § 53 Abs 1; § 53 Abs 2 ZVG verweist auf § 416 ausdrücklich auch für Grund- und Rentenschulden; dagegen ist § 416 auf Schiffshypotheken nicht anwendbar.

3 **B. Mitteilung/Genehmigung.** Die Mitteilung nach § 416 muss vom Veräußerer ausgehen, schriftlich erfolgen und den Hinweis auf die Genehmigungsfiktion (§ 416 Abs 2 S 2) enthalten. Der Veräußerer kann sich in Bezug auf die Mitteilung aber vertreten lassen oder eine Mitteilung durch Dritte genehmigen. Die Mitteilung nach § 416 kann erst nach Eintragung des Erwerbers im Grundbuch erfolgen. Späterer Verlust des Eigentums ist unschädlich (RGZ 56, 203). Zumindest im Zeitpunkt des Eigentumserwerbs muss das Grundpfandrecht bestanden haben. Es genügt jedoch, wenn das Recht zwar noch nicht eingetragen, aber bereits vorgemerkt ist (Müko/*Möschel* Rn 4). Die Mitteilung muss dem Gläubiger zugehen. Erwirbt der Empfänger die Forderung erst später, so wird die Erklärung nachträglich wirksam. Hat der Empfänger die Forderung bereits abgetreten, so gilt zugunsten des Veräußerers § 407 (PWW/*H F Müller* Rn 3). Sämtliche der vorgenannten Voraussetzungen sind zwingend. Im Unterschied zu § 415 gilt **Schweigen** nach Ablauf von 6 Monaten ab Empfang der Mitteilung als Genehmigung. Die **Verweigerung der Genehmigung** muss ggü dem Veräußerer eindeutig erklärt werden (Palandt/*Grüneberg* Rn 5 mwN). Während des Schwebezustandes und bei Verweigerung gilt § 415 Abs 3. Eine vor der Mitteilung erklärte Verweigerung ist ohne Belang.

4 **C. Pflichten nach Abs 3.** Der Erwerber hat das abdingbare Recht, vom Veräußerer zu verlangen, dass dieser dem Gläubiger die Schuldübernahme mitteilt und so die 6-Monatsfrist in Gang setzt. Er kann weiterhin verlangen, dass dieser ihn über die Erteilung bzw die Verweigerung informiert. Im Falle der Verletzung der Pflichten nach § 416 Abs 3 macht sich der Veräußerer möglicherweise schadensersatzpflichtig. Will der Gläubiger nach Verweigerung der Genehmigung die Zwangsvollstreckung betreiben, muss er den Veräußerer unverzüglich benachrichtigen (PWW/*H F Müller* Rn 4).

§ 417 Einwendungen des Übernehmers.

[1] Der Übernehmer kann dem Gläubiger die Einwendungen entgegensetzen, welche sich aus dem Rechtsverhältnis zwischen dem Gläubiger und dem bisherigen Schuldner ergeben. Eine dem bisherigen Schuldner zustehende Forderung kann er nicht aufrechnen.
[2] Aus dem der Schuldübernahme zugrunde liegenden Rechtsverhältnis zwischen dem Übernehmer und dem bisherigen Schuldner kann der Übernehmer dem Gläubiger gegenüber Einwendungen nicht herleiten.

1 **A. Einwendungen aus dem Verhältnis Gläubiger/Altschuldner.** Der Übernehmer bzw Neuschuldner übernimmt die Schuld so, wie sie vor der Übernahme bestand. Diesem Umstand trägt § 417 Rechnung. Dieser tritt an die Stelle des bisherigen Schuldners. Er übernimmt die Schuld in derselben Beschaffenheit einschließlich fälliger Nebenverpflichtungen, zB Verzugszinsen. Der Übernehmer kann zu seinem Schutz dem Gläubiger ggü solche Einwendungen geltend machen, die ihm im Zusammenhang mit der Schuldübernahme gegen

den Gläubiger unmittelbar erwachsen sind. Der Gläubiger muss sich Einwendungen aus seinem Rechtsverhältnis mit dem bisherigen Schuldner entgegenhalten lassen (§ 417 Abs 1), zB eine Stundung der Forderung, ein Erlass, Zurückbehaltungsrechte oder die Mangelhaftigkeit eines evt zwischen beiden bestehenden Grundgeschäfts (Müko/*Möschel* Rn 4 Jauernig/*Stürner* Rn 2), die zum Zeitpunkt der Übernahme begründet gewesen waren. Der Begriff der **Einwendung** ist ebenso wie bei **§ 404** in weitem Sinne zu verstehen. Er umfasst rechtshindernde und rechtsvernichtende Einwendungen sowie dauernde, aufschiebende und prozessuale Einreden. UU kommen auch Gegenansprüche aus § 280 Abs 1 iVm § 241 Abs 2 in Betracht (BGH WM 1990, 839). Der Übernehmer kann auch mit einer eigenen Forderung gegen die übernommene Verpflichtung aufrechnen. Der Gläubiger soll durch die Schuldübernahme keine rechtlichen Vorteile erlangen. Im Grundverhältnis zwischen Gläubiger und Übernehmer begründen Mängel des Grundgeschäfts die Einrede aus § 821.

B. Einwendungen aus dem Kausalvertrag. Dagegen kann der Übernehmer keine Einwendungen aus seinem Rechtsverhältnis zum Schuldner, das der Schuldübernahme zugrunde liegt herleiten (§ 417 Abs 2; Abstraktionsprinzip), zB einen Rücktritt vom Kausalgeschäft. § 417 Abs 2 besagt demnach, dass Einwendungen aus dem Grundverhältnis zwischen Altschuldner und Übernehmer das Rechtsgeschäft der Schuldübernahme als abstraktes Verfügungsgeschäft grds nicht berühren. Gestaltungsrechte gehen nur insoweit über, als sie sich ausschließlich auf die übernommene Verbindlichkeit beziehen, zB das Wahlrecht nach § 262. Die meisten Gestaltungsrechte sind jedoch mit der Stellung des bisherigen Schuldners als Vertragspartei verbunden, zB Kündigung oder Rücktritt, und verbleiben daher bei diesem, sofern er sie dem Übernehmer nicht eigens durch Vereinbarung übertragen hat. Allenfalls hat der Übernehmer einen Anspruch auf Ausübung des Gestaltungsrechts; solange der Schuldner das Gestaltungsrecht nicht ausübt, kann er jedoch die Möglichkeit der Geltendmachung dem Gläubiger nicht entgegenhalten (Hk-BGB/*Schulze* Rn 2). § 417 Abs 1 S 2 schließt die Aufrechnung mit Forderungen des Altschuldners aus, da hierdurch die übernommene Schuld aus dem Vermögen des Altschuldners getilgt würde. Durch § 417 Abs 2 wird die Abstraktheit zwischen der Schuldübernahme und dem Grundgeschäft zwischen Übernehmer und bisherigem Schuldner deutlich. Die Abstraktheit schließt es aber nicht aus, dass Grundgeschäft und Schuldübernahme an dem gleichen Fehler leiden (Fehleridentität), so dass der Mangel, der die Nichtigkeit des Grundgeschäftes begründet, auch zur Nichtigkeit der Schuldübernahme führen kann. Es besteht auch die Möglichkeit, diese beiden Rechtsgeschäfte als Einheit (§ 139) miteinander zu verbinden (BGHZ 31, 321, 323; aA Müko/*Möschel* Rn 12), wobei an die Annahme einer solchen Abrede strenge Anforderungen zu stellen sind. Nicht zur Anwendung kommen idR die Regeln über den Wegfall der Geschäftsgrundlage (PWW/*H F Müller* Rn 4 mwN). 2

C. Einwendungen aus dem Übernahmevertrag. Nicht speziell geregelt ist die Behandlung von Einwendungen aus dem Übernahmevertrag. Nach hM kann der Übernehmer alle Einwendungen geltend machen, die die Wirksamkeit der Übernahme betreffen, da die wirksame Übernahme Voraussetzung für seine Haftung ist. Zulässig sind Einwendungen gem §§ 117, 118, 134, 138 oder wegen Dissens gegen die Gültigkeit des abstrakten Schuldübernahmevertrags oder forderungsvernichtende Einwendungen wie zB Erfüllung, Erlass oder Aufrechnung mit einer dem Übernehmer gegen den Gläubiger zustehenden eigenen Forderung. Auch die Einrede nach § 273 kommt in Betracht. Bei der Anfechtung wegen arglistiger Täuschung nach § 123 durch den Schuldner ist dieser im Fall des § 414 Dritter nach § 123 Abs 2; es bedarf danach der Bösgläubigkeit des Gläubigers. Bei § 415 ist der täuschende Schuldner selbst Erklärungsgegner, so dass es auf die Redlichkeit des Gläubigers nicht ankommt (BGHZ 31, 321, 324 ff; BaRoth/*Rohe* Rn 10 mwN; PWW/*H F Müller* Rn 5). 3

§ 418 Erlöschen von Sicherungs- und Vorzugsrechten.

[1] Infolge der Schuldübernahme erlöschen die für die Forderung bestellten Bürgschaften und Pfandrechte. Besteht für die Forderung eine Hypothek oder eine Schiffshypothek, so tritt das Gleiche ein, wie wenn der Gläubiger auf die Hypothek oder die Schiffshypothek verzichtet. Diese Vorschriften finden keine Anwendung, wenn der Bürge oder derjenige, welchem der verhaftete Gegenstand zur Zeit der Schuldübernahme gehört, in diese einwilligt.
[2] Ein mit der Forderung für den Fall des Insolvenzverfahrens verbundenes Vorzugsrecht kann nicht im Insolvenzverfahren über das Vermögen des Übernehmers geltend gemacht werden.

A. Allgemeines. I. Bedeutung. Blieben bei einer Schuldübernahme Nebenrechte, zB Bürgschaften oder Pfandrechte bestehen, dann würde damit die Rechtsstellung der Personen beeinträchtigt, die ein solches Nebenrecht bestellt haben. § 418 bezweckt den **Schutz von Sicherungsgebern** vor einer Risikoerhöhung bei der befreienden Schuldübernahme, da der Übernehmer weniger solvent sein kann. Mit der Auswechselung des Schuldners verändert sich somit ihr Risiko, vom Gläubiger in Anspruch genommen zu werden. Da die Schuldübernahme ohne ihr Zutun erfolgt, müssen sie geschützt werden. § 418 berücksichtigt diese Interessen. § 418 beeinträchtigt nicht den Übergang der übernommenen Schuld, sondern wirkt sich nur auf die bestellten Sicherheiten aus. Grundsätzlich werden die Drittsicherungsgeber von ihrer Haftung frei, dh Bürgschaften und Pfandrechte (an beweglichen Sachen) für die übernommene Forderung erlöschen (§ 418 Abs 1 S 1) und die Hypothek geht auf den Eigentümer über (§ 418 Abs 1 S 2, 1168 Abs 1). Der Gläubiger verliert also seine Rechte. Er ist aber auch nicht schutzwürdig, da ohne seine Zustimmung (§§ 414, 415) eine Schuldübernahme 1 nicht möglich ist. Andererseits bedarf der Bürge bzw Pfandrechtsbesteller dann keines Schutzes, wenn er in die Schuldübernahme einwilligt. Daher bleiben bei einer Einwilligung die genannten Rechte bestehen (§ 418 Abs 1 S 3).

2 **II. Anwendungsbereich.** § 418 erfasst alle akzessorischen Sicherungsrechte (Bürgschaften und Pfandrechte), ist aber darüber hinaus auch entspr anwendbar auf die Vormerkung, die Sicherungsgrundschuld (BGHZ 115, 244) sowie auf weitere selbstständige Sicherungsrechte, zB Sicherungsübereignung, Sicherungsabtretung (BGH WM 1992, 1315), Vertragsübernahme (Hamm WM 1990, 1152; Müko/*Möschel* Rn 1), Schiffshypotheken und Registerpfandrechte an Luftfahrzeugen, nicht jedoch auf gesetzliche Pfandrechte, da die Regelung von »bestellten« Sicherheiten spricht, dh diese bleiben bestehen (Hk-BGB/*Schulze* Rn 1 str mwN). § 418 ist auf den Schuldbeitritt nicht anwendbar, da hier der Altschuldner weiter verpflichtet bleibt.

3 **B. Einwilligung des Sicherungsgebers.** Das Sicherungsrecht erlischt, wenn der Sicherungsgeber in die Schuldübernahme nicht eingewilligt hat; anderenfalls bleibt es bestehen (§ 418 Abs 1 S 3 iVm § 183). Für die Forderung bestellte Bürgschaften und Pfandrechte erlöschen. Für die Einwilligung eines Bürgen ist die Form des § 766 erforderlich (Hamm WM 1990, 1155; Müko/*Möschel* Rn 6 str). Eine nachträgliche Zustimmung (Genehmigung) nach § 184 führt nicht zum Fortbestand der Haftung; die Sicherheit muss neu bestellt werden (Palandt/*Grüneberg* Rn 1 str). § 418 Abs 1 S 2 besagt, dass beim Erlöschen eines Grundpfandrechtes nachgehende Rechte nicht aufrücken, weil das Grundpfandrecht auf den Grundstückseigentümer übergeht (§ 418 Abs 1 S 2 iVm § 1168 Abs 1).

4 **C. Erlöschen eines Vorzugsrechtes.** § 418 Abs 2 diente ursprünglich dem Schutz der übrigen Gläubiger des Übernehmers im Insolvenzfall. Diese Regelung verdeutlicht, dass das Recht auf bevorzugte Befriedigung schuldnerspezifisch ist. Der Gläubiger selbst bedarf keines Schutzes, da er seinen Schuldner und damit das Vorzugsrecht nie ohne Zustimmung verliert. Die Regelung hat aber an praktischer Bedeutung verloren, seit die Vorrechte in der (alten) KO (§§ 61 ff) durch die §§ 38 ff InsO abgeschafft sind. Anwendbar bleibt die Vorschrift auf Absonderungsrechte (§§ 49–51 InsO) und Vorrechte an bes Vermögensmassen, wie zB nach § 35 HypBG.

§ 419 *weggefallen*

Abschnitt 7 Mehrheit von Schuldnern und Gläubigern

§ 420 Teilbare Leistung. **Schulden mehrere Personen eine teilbare Leistung oder haben mehrere eine teilbare Leistung zu fordern, so ist im Zweifel jeder Schuldner nur zu einem gleichen Anteil verpflichtet, jeder Gläubiger nur zu einem gleichen Anteil berechtigt.**

1 **A. Allgemeines. I. Struktur und Bedeutung der §§ 420–432.** Das Grundmodell des Schuldverhältnisses im BGB geht vom Zweipersonenverhältnis aus, dh das sich jeweils nur eine Person auf Schuldner- und Gläubigerseite befindet. Ein spezieller Fall der Mehrheit von Gläubigern besteht beim echten Vertrag zugunsten Dritter. Nach § 335 kann idR auch der Versprechensempfänger vom Schuldner Leistung an den Dritten verlangen. Die §§ 420–432 enthalten nun Regeln für die Fälle, in denen auf **Schuldner- und Gläubigerseite mehrere Personen** beteiligt sind. Zunächst wird in § 420 eine Bestimmung für die Schuldner- und Gläubigermehrheit bei teilbaren Leistungen vorangestellt (**Teilschuld, Teilgläubigerschaft**). Die **Gesamtschuld** als den praktisch bedeutsamsten Fall der Schuldnermehrheit regeln die §§ 421–427, 431. Die §§ 428–430 regeln die **Gesamtgläubigerschaft.** Die **gemeinschaftliche Berechtigung** nach § 432 betrifft den praktisch wichtigen Fall der Mehrheit von Gläubigern, für den die Bezeichnung **Mitgläubigerschaft** geprägt wurde (Soerg/*Wolf* Vor § 420 Rn 1). Nicht geregelt in diesem 7. Abschnitt sind die Fälle der **gemeinschaftlichen Schuld.** Schuldverhältnisse, bei denen mehrere Personen berechtigt oder verpflichtet sind, lassen sich – vorbehaltlich der erforderlichen Differenzierungen und Überschneidungen – auf drei Grundformen reduzieren: **Teilschuldverhältnis, Gesamtschuldverhältnis** und **Gemeinschaftsschuldverhältnis.**

2 **1. Gläubigermehrheiten. a) Teilgläubigerschaft.** Teilgläubigerschaft liegt vor, wenn mehreren Gläubigern eine Forderung, die im Regelfall für den Schuldner eine rechtliche Einheit bildet, in der Weise zusteht, dass jeder von ihnen einen realen Teil der Forderung geltend machen kann (*Brox/Walker,* Allg SchuldR, § 36 Rn 4). Nach der Auslegungsregel des § 420 Alt 2 ist jeder Gläubiger nur zu einem gleichen Teil berechtigt (**Teilgläubigerschaft**). Teilbar sind idR nur Leistungen von Geld und andere vertretbare Sachen, dh die Leistung muss ohne Wertminderung und ohne Benachteiligung des Leistungszwecks in Teilleistungen zerlegt werden können. Die Forderung wird in ihrer Gesamtheit nur geltend gemacht, wenn alle Gläubiger kumulativ ihre Anteile nebeneinander oder nacheinander geltend machen. Die Teilgläubigerschaft ist daher ein Unterfall der kumulativen Gläubigerschaft, bei denen die einzelnen Forderungen nebeneinander bestehen (Soerg/*Wolf* Vor § 420 Rn 2). Die Rechtsstellung des einzelnen Gläubigers ist grds unabhängig von der des anderen Gläubigers, so dass grds jeder Teilgläubiger bzgl seines Teils Erfüllung verlangen und die Sekundäransprüche wegen Nichterfüllung

ausüben kann. Es können jedoch zwischen ihnen Verbindungen bestehen, soweit sie auf einem einheitlichen Vertrag beruhen. Die Teilgläubigerschaft ist (ebenso wie die Teilschuld) praktisch selten, obwohl es keine dem § 427 entspr Vermutung zugunsten einer anderen Form der Gläubigermehrheit in den §§ 428 ff, 432 gibt. Diese Form der Gläubigermehrheit ist häufig für den Schuldner nachteilig, weil es ihm idR leichter fallen wird, die Leistung en bloc zu erbringen, da er hier nicht die Aufteilung berechnen und überprüfen muss; er muss auch ggf zu unterschiedlichen Zeiten und an unterschiedlichen Orten aktiv werden, um seine geschuldete Verpflichtung zu erfüllen (vgl *Medicus* SchuldR I Rn 784). Daher wird auch bei an sich teilbaren Leistungen vielfach eine rechtliche Unteilbarkeit angenommen (Soerg/*Wolf* Vor §§ 420 ff Rn 2 mwN).

b) Gesamtgläubigerschaft. Charakteristisch für eine Gesamtgläubigerschaft ist, dass jeder Gläubiger die ganze Forderung geltend machen kann, der Schuldner aber insges nur einmal an den Gläubiger seiner Wahl leisten muss. Im Unterschied zur Teilgläubigerschaft ist diese Form für den Schuldner bequem und für den Gläubiger gefährlich. Geregelt ist dieses Gegenstück zur Gesamtschuldnerschaft in den §§ 428–430. Anders als im Fall der Gesamtschuldnerschaft ist die Gesamtgläubigerschaft nach § 428 S 1 in der Praxis selten, da sich der Schuldner seiner Verpflichtung durch eine Leistung an jeden der Gesamtgläubiger entledigen kann und demzufolge die anderen Gläubiger das Risiko der Durchsetzung der Ausgleichansprüche nach § 430 im Innenverhältnis zu tragen haben. Keine Gesamtgläubigerschaft liegt vor, wenn eine Forderung mit dem Recht eines Dritten belastet ist, so zB beim Nießbrauch (§ 1077) und Pfandrecht (§ 1281). 3

c) Gemeinschaftliche Gläubigerschaft. Die gemeinschaftliche Gläubigerschaft (auch **Mitgläubigerschaft** genannt) ist der **praktisch wichtigste Fall der Gläubigermehrheit**. Die Forderung steht hier allen Gläubigern gemeinschaftlich in der Weise zu, dass der Gläubiger nur Leistung an alle verlangen kann und der Schuldner nur an alle gemeinschaftlich leisten kann. Gesetzlich geregelt ist sie im Falle der unteilbaren Leistung in § 432. In diesen Zusammenhang gehören auch Ansprüche, die sich auf den Gegenstand einer Bruchteilsgemeinschaft beziehen (§§ 741 ff) sowie Gesamthandsforderungen (§§ 1415 ff, 2032 ff); soweit Sonderregeln bestehen, gehen diese § 432 vor. 4

2. Schuldnermehrheiten. a) Teilschuld. Schulden mehrere eine teilbare Leistung, so ist iZw jeder Schuldner zu einem gleichen Teil verpflichtet (§ 420 Alt 1). Der Gläubiger hat ggü jedem Schuldner einen selbstständigen Anspruch auf den von ihm geschuldeten Teil der Leistung. Die Gesamtleistung ergibt sich für den Gläubiger nur, wenn er jeden Anteil gegen den jeweiligen Schuldner geltend macht. Die Teilschuld ist ein Unterfall der kumulativen Schuld, bei der mehrere Schuldner selbstständig nebeneinander eine von jedem voll geschuldete und nicht anderen Schuldnern anrechenbare Leistung schulden (Soerg/*Wolf* Vor § 420 Rn 8). Nach § 420 Alt 1 soll die Teilschuldnerschaft bei einer Schuldnermehrheit die Regel sein. Die Aufteilung einer Verbindlichkeit in mehrere Teilschulden wird jedoch regelm den Belangen des Gläubigers nicht gerecht. Die Durchsetzung seiner Forderung ist ihm erschwert, weil er gegen alle Teilschuldner vorgehen muss. Zudem trägt er das Risiko, wenn die Forderung von einem Teilschuldner nicht eingefordert werden kann. Daher ordnet das Gesetz in den praktisch wichtigsten Fällen der Schuldnermehrheit, nämlich bei **vertraglichen (§ 427)** und **deliktischen (§ 840) Ansprüchen**, zum Schutz der Gläubiger die **gesamtschuldnerische Haftung** an. Die praktische Bedeutung der in § 420 Alt 1 enthaltenen Auslegungsregel ist demzufolge gering, da Teilschulden lediglich dann bestehen, wenn sie vertraglich vereinbart werden. 5

b) Gesamtschuld. Die Gesamtschuld (§§ 421–427, 431) stellt den praktisch wichtigsten Fall der Schuldnermehrheit dar. Sie ist dadurch gekennzeichnet, dass jeder Schuldner zur Erbringung der **ganzen Leistung** verpflichtet ist, der Gläubiger jedoch die Leistung nur einmal fordern darf (BGHZ 65, 226; 26, 102). Ein Gesamtschuldverhältnis ist zwingend dann gegeben, wenn mehrere Schuldner eine unteilbare Leistung zu erbringen haben (§ 431). Aber auch bei teilbaren Leistungen ist die Gesamtschuld häufig anzutreffen. Im Interesse des Gläubigers begründet das Gesetz entgegen der Regel des § 420 vorwiegend gesamtschuldnerische Verpflichtungen in Fällen der Schuldnermehrheit, insbes bei vertraglichen (§ 427) und deliktischen Ansprüchen (§ 840). Eine Gesamtschuld kann auch nachträglich begründet werden, zB durch Schuldbeitritt (Staud/*Noack* § 421 Rn 51). 6

c) Gemeinschaftliche Schuld. aa) Inhalt. Im Unterschied zu den anderen Formen der Schuldnermehrheit ist die gemeinschaftliche Schuld gesetzlich nicht geregelt. Sie hat – ebenso wie die Teilschuld – keine große praktische Bedeutung. Bei einer gemeinschaftlichen Schuld hat der Gläubiger mehrere Schuldner, die sein einheitliches Gesamtinteresse nicht in Teilen, aber auch nicht jeder ganz, sondern nur im **gemeinschaftlichen Zusammenwirken** befriedigen sollen. Eine gemeinschaftliche Schuld ist zB anzunehmen, wenn sich mehrere Musiker zur Durchführung einer Konzertveranstaltung verpflichten (Palandt/*Grüneberg* Überbl v § 420 Rn 9). Aufgrund der Unteilbarkeit der Leistung, die nur alle gemeinsam erbringen können, schuldet der einzelne Musiker nur seine Mitwirkung an der gemeinschaftlich zu erbringenden Leistung, d.h. es besteht keine Verpflichtung dahingehend, dass die anderen Mitglieder des Streichquartetts oder der ein einzelner Musiker (bei Ausfall der anderen) alleine spielt. In diesem Fall wird damit auch für M, X und Y die Leistungserbringung unmöglich, so dass der gesamte Anspruch nach § 275 Abs 1 BGB untergegangen ist. Sie kann aber auch aus rechtlichen Gründen gegeben sein, zB wenn mehrere Miteigentümer einen Notweg zu dulden haben 7

(BGHZ 36, 187, 189). Die Pflicht zur Mitwirkung an der Gesamterfüllung muss gegen jeden einzelnen Schuldner – wie bei der Teilschuld – geltend gemacht werden. Eine Schadensersatzpflicht besteht nur für eigenes Verschulden (BAG NJW 1974, 2255; AnwK/*Völzmann-Stickelbrock* Vor §§ 420 ff Rn 9 mwN).

8 **bb) Sonderform: Gesamthandsschuld.** Eine Sonderform der gemeinschaftlichen Schuld ist gegeben, wenn mehrere Personen von vornherein in ihrer gesamthänderischen Verbundenheit schulden (**Gesamthandsschuld**). Das BGB kennt drei Grundformen von Gesamthandsgemeinschaften, dh die Gesellschaft bürgerlichen Recht (§ 705), die Gütergemeinschaft (§ 1425) und die Erbengemeinschaft (§ 2032). Hier steht ein Vermögen (zB Gesellschaftsvermögen, Gesamtgut bei ehelicher Gütergemeinschaft, der ungeteilte Nachlass der Miterbengemeinschaft) mehreren Personen gemeinschaftlich zur gesamten Hand zu. Das Gesamthandsvermögen ist von dem Privatvermögen der einzelnen an der Gesamthand beteiligten Personen getrennt. Diesen steht nur ein Anteil an dem zweckgebundenen Sondervermögen insgesamt, nicht aber an den einzelnen dazu gehörenden Gegenständen (Sachen, Forderungen) zu; auch kann der einzelne Beteiligte nicht über einen zum Sondervermögen gehörenden Gegenstand verfügen. Dem Gläubiger steht hier zunächst das gesamthänderisch gebundene Vermögen als Zugriffsobjekt zur Verfügung. Daneben haften alle Gesamthänder persönlich, und zwar als Gesamtschuldner, so § 1437 Abs 2 für die Gütergemeinschaft, § 2058 für die Erbengemeinschaft, § 128 HGB für die OHG bzw § 128 HGB analog für die GbR (BGHZ 146, 341, 358; Palandt/*Grüneberg* § 714 Rn 11).

9 **B. Inhalt.** § 420 enthält **zwei gesetzliche Vermutungen** für teilbare Schulden bzw Ansprüche (»Leistungen«). Zum einen haften mehrere Schuldner im Zweifel nur **anteilig** bzw können mehrere Gläubiger nur anteilig Leistung fordern. Zum anderen sind die auf den einzelnen Schuldner bzw Gläubiger entfallenden Anteile im Zweifel gleich hoch (»**Kopfprinzip**«). Eine Leistung ist **teilbar**, wenn sie ohne Wertminderung und ohne Beeinträchtigung des Leistungszwecks in Teile zerlegt werden kann (RGZ 155, 306, 313; Müko/*Bydlinski* Rn 4 mwN), vor allem Geld oder bestimmte Mengen vertretbarer Sachen iSv § 91, zB 500 Liter Heizöl oder 200 Küken. **Unteilbar** sind dagegen Ansprüche auf Herausgabe einer einzelnen Sache (zB eines Tieres) auf Übertragung dinglicher Rechte, Unterlassungs- und Auskunftspflichten sowie andere Leistungen, die aus tatsächlichen oder rechtlichen Gründen ein Zusammenwirken der Schuldner erfordern (BGH NJW 1957, 793).

10 **Teilschulden** sind etwa die Verpflichtungen aus einem Bauvertrag, wenn künftige Wohnungseigentümer die Bauarbeiten gemeinsam vergeben (BGHZ 75, 26, 28 ff). Ebenso liegt eine Teilschuld vor bei der Errichtung mehrerer Bauwerke auf einem Grundstück für mehrere Auftraggeber (BGHZ 76, 86, 90); etwas anderes gilt, wenn eine Auftragserteilung durch eine Bauherrengemeinschaft erfolgt und kein Wohnungs- oder Teileigentum gebildet werden soll (BGH NJW-RR 1989, 465); Teilschulden entstehen weiterhin im Falle der Buchung einer Gruppenreise (Klassenfahrt) ggü dem Veranstalter (Frankfurt aM NJW 1986, 1941, 1942), bei Sammelbestellungen von Heizöl unter Angabe der Namen der Besteller und der Abnahmemenge (LG Augsburg NJW-RR 2004, 852), im Rahmen der Verpflichtung zum Ausgleich nach § 906 Abs 2 S 1 bei mehreren Störern nach Maßgabe der von ihnen verursachten Beeinträchtigung (BGHZ 72, 289, 297) sowie bei der Verlustdeckungshaftung der Gesellschafter einer Vor-GmbH. Die Teilschuldnerschaft ist bes angeordnet in § 1606 Abs 3 S 1 für die Unterhaltspflicht mehrerer gleich naher Verwandter; abw von § 420 haften sie nicht nach Kopfteilen, sondern nach Maßgabe ihrer Erwerbs- und Vermögensverhältnisse (PWW/*H F Müller* Rn 3 mwN; AnwK/*Völzmann-Stickelbrock* Rn 5 mwN); ein weiterer Fall ist die privilegierte Erbenhaftung nach der Nachlassteilung (§ 2060).

11 **Teilgläubigerschaft** nimmt die Rspr etwa an bei einem Anspruch der Ehegatten aus § 812 auf Rückzahlung aus einem sittenwidrigen Ratenkreditvertrag (BGH NJW 1979, 164, 165), bei dem in einer Summe ausgedrückten Unterhalt für mehrere Gläubiger (PWW/*H F Müller* Rn 4) sowie – gesetzlich angeordnet – in § 1109 Abs 1 S 2 Hs 1 bei Grundstücksteilung für teilbare Leistungen aus einer Reallast. Ansonsten ist die Teilgläubigerschaft selten, da nicht nur der Leistungsgegenstand, sondern auch das Verhältnis der Gläubiger untereinander berücksichtigt wird. So wird eine Leistung im rechtlichen Sinne unteilbar sein, wenn auf Grund des Rechtsverhältnisses zwischen den Gläubigern eine gemeinschaftliche Empfangszuständigkeit besteht, so zB bei Mietzinszahlungen an Miteigentümer eines Grundstücks (BGH WM 1983, 604; PWW/*H F Müller* Rn 2). Hier liegt dann keine Teilgläubigerschaft, sondern Mitgläubigerschaft vor. Eine an sich teilbare Leistung wird weiterhin dann für unteilbar gehalten, wenn dieses Rechtsverhältnis einer Teilung entgegensteht, zB alle Forderungen auf Leistung an eine Gesamthandsgemeinschaft (Gütergemeinschaft, Erbengemeinschaft, GbR) und bei Bruchteilsgemeinschaften, wenn die Einziehung der Forderung zur Verwaltung des gemeinschaftlichen Gegenstandes gehört und diese Verwaltung den Teilhabern nach § 744 Abs 1 nur gemeinschaftlich zusteht (Soerg/*Wolf* Rn 5 mwN).

12 **C. Rechtliche Behandlung.** Die einzelnen Teilschulden bzw Teilforderungen bleiben trotz ihrer grds Selbstständigkeit miteinander verbunden. So können Gestaltungsrechte, wie zB Anfechtung, Rücktritt (§ 351 S 1), Minderung (§ 441 Abs 2) oder eine Kündigung nur von allen erklärt werden (§ 351). Bei gegenseitigen Verträgen kann die Einrede des nicht erfüllten Vertrages nach § 320 Abs 1 S 2 nur gemeinsam geltend gemacht werden (BGH NJW 1976, 1931; Erman/*Ehmann* Rn 19). Im Prozess sind Teilschuldner und Teilgläubiger einfache Streitgenossen (§ 59 ZPO).

§ 421 Gesamtschuldner. Schulden mehrere eine Leistung in der Weise, dass jeder die ganze Leistung zu bewirken verpflichtet, der Gläubiger aber die Leistung nur einmal zu fordern berechtigt ist (Gesamtschuldner), so kann der Gläubiger die Leistung nach seinem Belieben von jedem der Schuldner ganz oder zu einem Teil fordern. Bis zur Bewirkung der ganzen Leistung bleiben sämtliche Schuldner verpflichtet.

A. Allgemeines. § 420 enthält eine **Legaldefinition** der Gesamtschuld. Der Gläubiger kann bei gesamtschuldnerisch haftenden Schuldnern die Leistung von jedem Schuldner nach seinem Belieben ganz oder teilw fordern. Er kann aber die Leistung nur einmal beanspruchen. Die Gesamtschuldnerschaft ist daher für den Gläubiger die sicherste und günstigste Form der Schuldnermehrheit. Er kann damit seine Forderung durchsetzen, solange nur ein Schuldner leistungsfähig ist und damit das Risiko des Ausfalls eines Schuldners auf den Leistenden verlagern. Die **Entstehungsgründe** für die Gesamtschuld werden allerdings nicht in § 421 geregelt, sondern werden vorausgesetzt, und finden sich in einzelnen gesetzlichen Bestimmungen oder beruhen auf vertraglichen Vereinbarungen. Dass mehrere Personen demselben Gläubiger gleiche Leistungen schulden, kommt häufiger vor, ohne dass eine Gesamtschuld mit ihren bes Rechtsfolgen vorzuliegen braucht. Die Merkmale einer Gesamtschuld müssen deshalb zur Abgrenzung ggü anderen Erscheinungen präzisiert werden. 1

B. Entstehung. I. Vertragliche Vereinbarung. Ein anerkannter Entstehungsgrund für eine Gesamtschuld ist die gemeinschaftliche rechtsgeschäftliche Verpflichtung mehrerer als Gesamtschuldner. Die Parteien können ausdrücklich vereinbaren, dass der Gläubiger nach seinem Belieben von jedem Schuldner ganz oder teilw Leistung verlangen kann und dass die Leistung eines Schuldners auch die übrigen Schuldner von ihrer Pflicht befreit. So kann eine Gesamtschuld zB im Wege eines Schuldbeitritts nachträglich begründet werden (Staud/*Noack* § 421 Rn 51; Müko/*Bydlinski* Rn 18; Soerg/*Wolf* Vor § 421 Rn 27 ff.; *Medicus* SchuldR I Rn 815). Im rechtsgeschäftlichen Bereich ist die Auslegungsregel in § 427 von großer Bedeutung. Danach wird bei der gemeinschaftlichen Verpflichtung mehrerer Personen zu einer teilbaren Leistung im Zweifel vermutet, dass sie als Gesamtschuldner haften wollen. Unerheblich ist, ob sich die Verpflichtung aus einem umfassenden Vertrag oder aus mehreren aufeinander Bezug nehmenden Einzelvereinbarungen ergibt (BGH NJW 1959, 2161; RGZ 70, 405, 410). Bei **§ 427** handelt es sich zwar nicht um eine gesetzliche Anordnung, jedoch um eine **gesetzliche Auslegungsregel**. Die in § 427 getroffene Vermutung ist jedoch widerlegbar, dh auch wenn die Vertragsparteien sich nicht ausdrücklich gegen eine Gesamtschuld ausgesprochen haben, kann sich aus den Umständen des Einzelfalles ergeben, dass jedenfalls eine Gesamtschuld mit ihren speziellen Wirkungen nicht gewollt war. Haben sich zB mehrere Bauherren aus Kostengründen zur Errichtung einer Wohnungseigentumsanlage zusammengeschlossen und schließen mit dem Unternehmer einen entspr Bauvertrag, kann aus der bes Risikolage heraus angenommen werden, dass jeder Bauherr nur in Höhe seines späteren Miteigentumsanteils haften will. Dieser Umstand ist für den Bauunternehmer erkennbar, so dass abw von § 427 eine Teilschuld vereinbart ist (BGHZ 76, 86, 90; 75, 26, 28 ff). 2

II. Gesetzliche Anordnung. In zahlreichen Fällen ergibt sich das Vorliegen einer Gesamtschuld aus einer gesetzlichen Anordnung. Von großer Bedeutung ist die Anordnung der gesamtschuldnerischen Haftung in **§ 840**. Sind für den aus einer unerlaubten Handlung entstandenen Schaden mehrere nebeneinander verantwortlich, haften sie dem Geschädigten als Gesamtschuldner. Verletzen A und B den C bei einer Prügelei, so ist jeder von ihnen dem C nach §§ 823 Abs 1, 830 zum Ersatz des ganzen Schadens verpflichtet. Nach § 840 Abs 1 haften A und B dem C als Gesamtschuldner. Soweit A dem C Schadensersatz leistet, wird B von seiner Verpflichtung frei. Eine gesamtschuldnerische Haftung tritt insbes auch bei Nebentätern ein, dh wenn mehrere Personen unabhängig voneinander eine Schadensursache gesetzt haben (Palandt/*Sprau* § 840 Rn 2). Schulden mehrere Personen eine unteilbare Leistung, so haften sie nach § 431 unabhängig vom Rechtsgrund als Gesamtschuldner und nicht als Teilschuldner, zB wenn Miteigentümer eines Grundstücks zur Auflassung verpflichtet sind. Weitere Fälle der Gesamtschuld finden sich in §§ 42 Abs 2 S 2, 53, 54 S 2, 86 S 1, 88 S 3, 89 Abs 2, § 613a Abs 2 S 1, 651b Abs 2, 769, 1108 Abs 2, 1357 Abs 1 S 2, 1437 Abs 2 S 1, 1459 Abs 2 S 1, 1664 Abs 2, 2058, 2219 Abs 2, 2382 Abs 1 S 1, 2385, § 93 Abs 2 S 1 AktG, § 43 Abs 2 GmbHG, § 25 Abs 1 S 1 HGB sowie §§ 128, 161 Abs 2, 130 Abs 1 HGB (zu beachten ist allerdings, dass zwischen der OHG und ihren Gesellschaftern allerdings keine Gesamtschuld besteht, vgl. hierzu AnwK/*Völzmann-Stickelbrock* Rn 14 mwN), § 8 Abs 1 PartGG, §§ 78 Abs 1, 95 Abs 2, 115 Abs 1 S 4 VVG, § 5 ProdHaftG, § 100 Abs 4 S 1 ZPO, § 44 Abs 1 S 1 AO. 3

III. Allgemeiner Tatbestand der Gesamtschuld. 1. (Mindest)Voraussetzungen nach dem Gesetzeswortlaut. Über die vertragliche Vereinbarung oder die gesetzliche Anordnung hinaus sind weitere Fälle möglich, in denen mehrere Schuldner nebeneinander jeweils zur gesamten Leistung verpflichtet sind, der Gläubiger aber erkennbar nur einmal fordern darf. Bis heute ist umstritten, ob und welche weiteren Voraussetzungen erfüllt sein müssen, um zwei Schuldner zu echten Gesamtschuldnern iSv § 421 zu machen. § 421 ist mittlerweile als allg Begründungstatbestand anerkannt (*Brox/Walker* Allg SchuldR § 37 Rn 7 mwN). Nach dem Wortlaut **§ 421 S 1** liegt eine Gesamtschuld vor, wenn mehrere eine Leistung in 4 der Weise schulden, dass jeder von ihnen die ganze Leistung zu bewirken verpflichtet und der Gläubiger die Leistung nur einmal zu fordern berechtigt ist. Der Rechtsgrund der Verpflichtung braucht nicht identisch zu sein. § 426 bestimmt eine Ausgleichspflicht der Gesamtschuldner untereinander als Rechtsfolge und § 422 die wechselseitige Tilgungswirkung (§ 422). Aus dem Wortlaut des § 421 lassen sich vier Voraussetzungen entnehmen.

5 **2. Schuldnermehrheit.** § 421 S 1 setzt voraus, dass sich der Anspruch des Gläubigers gegen **mehrere Schuldner** richtet. Das Gesamtschuldverhältnis ist jedoch nicht davon abhängig, dass jeder Schuldner die Leistung auch tatsächlich insges erbringen kann, da selbst anfängliches Unvermögen das Entstehen einer Verpflichtung nach § 311a Abs 1 nicht hindert (BGH NJW 85, 2643, 2644). Jeder der Schuldner muss dabei – im Unterschied insbes zur Teilschuld – **zur Erbringung der ganzen Leistung verpflichtet** sein. Daran fehlt es, wenn die Schuldner die Leistung nur gemeinschaftlich erbringen können. Keine Schuldnermehrheit liegt vor, wenn mehrere Personen eine identische Leistung an unterschiedliche, miteinander nicht verbundene Gläubiger zu erbringen haben (BGH NJW 1994, 443). An einer Schuldnermehrheit fehlt es auch bei Haupt- und Subunternehmern, da der Besteller nur Ansprüche gegen den Hauptunternehmer hat (BGH NJW 1981, 1779).

6 **3. Einmaliges Forderungsrecht.** Der Gläubiger darf von jedem Schuldner die Leistung **nur einmal fordern** können. Keine Gesamtschuld, sondern eine Kumulation von Schuldnern liegt zB vor, wenn der Gläubiger die benötigten Waren vorsichtshalber bei zwei Lieferanten bestellt (Staud/*Noack* Rn 42 ff.; Hk-BGB/*Schulze* Rn 2). Besteht bei unterlassenen Schönheitsreparaturen ein Anspruch des Vermieters gegen den früheren und den neuen Mieter, bestimmt nicht § 421, sondern die Auslegung des Vertrags, ob eine Anspruchskumulation oder eine Gesamtschuld vorliegt; regelm ist eine Anspruchskumulation anzunehmen, da der Vermieter den Altmieter durch den Vertrag mit dem Neumieter nicht entlasten will (BGH NJW 1968, 491; Palandt/*Grüneberg* Rn 5 str; aA LG Kassel NJW 1975, 1842).

7 **4. Pflicht zur gesamten Leistung.** In Abgrenzung zur Teilschuld ist der Schuldner nicht nur zu anteiliger Befriedigung verpflichtet, sondern schuldet die ganze Leistung. Bei unterschiedlichem Umfang der Verpflichtungen ist eine Gesamtschuld gegeben, soweit sich die Pflichten decken (BGHZ 52, 39, 45; PWW/*H F Müller* Rn 4).

8 **5. Identität des Leistungsinteresses.** Die Schuldner dürfen nur eine Leistung schulden. Die Verpflichtungen müssen auf dasselbe Leistungsinteresse gerichtet sein. Eine völlige Identität von Leistungsinhalt und -umfang ist nicht erforderlich; ausreichend ist eine an der Grenze zur inhaltlichen Gleichheit liegende **bes enge Verwandtschaft** (BGH NJW 1965, 1175). Auch kann die eine Forderung bedingt oder befristet sein, die andere nicht (PWW/*H F Müller* Rn 5 mwN zur Rspr). Ein **ungleiches Leistungsinteresse** besteht hingegen bei persönlicher Schuld und Grundschuld (BGHZ 105, 154 ff). Entspr gilt für die Ansprüche des Bauherren gegen Architekt und Bauunternehmer auf Errichtung des Bauwerks (BGHZ 39, 261, 264) sowie dem Anspruch des Kindes auf Betreuungsunterhalt gegen die Mutter sowie dem Schadensersatzanspruch wegen vermehrter Bedürfnisse gegen den Schädiger nach § 843 (BGHZ 159, 318, 320 PWW/*H F Müller* Rn 6 mwN zur Rspr).

9 **C. Gleichstufigkeit als Zusatzkriterium.** Nach der überwiegenden Ansicht ist die Legaldefinition der Gesamtschuld zu weit gefasst, da nach dem Wortlaut auch Schuldnermehrheiten erfasst würden, auf die die Rechtsfolgen der §§ 422–426 nicht passen; insbes bestehen Bedenken, dass bei »zufälliger« Schuldnermehrheit dem Annahmeverzug Gesamtwirkung beizumessen ist oder gar ein Ausgleich ermöglicht wird. Als Abgrenzungskriterium sind **der einheitliche Schuldgrund, die Zweckgemeinschaft und die Gleichstufigkeit** genannt worden (Staud/*Noack* Rn 16 ff; *Brox/Walker* Allg SchuldR § 37 Rn 9; die Lehre von einheitlichen Schuldgrund kann als überholt angesehen werden, da sie sich insbes nicht mit § 769 vereinbaren lässt). Nach heute hM ist die **Gleichstufigkeit der Verpflichtungen** erforderlich (BGH NJW 2007, 1208; BGHZ 155, 265; 137, 76, 82; 106, 313, 319; Müko/*Bydlinski* Rn 12 ff, Palandt/*Grüneberg* Rn 7; BaRoth/*Gehrlein* Rn 8). Vor allem in der älteren Rspr wurde als zusätzliches Merkmal ein innerer Zusammenhang der Haftungsgründe i.S einer »Zweckgemeinschaft« zwischen den Schuldnern gefordert (BGH NJW 1965, 1175; NJW 1954, 1153). Das Erfordernis der Zweckgemeinschaft wurde jedoch im Laufe der Zeit so weit gefasst, dass es sich in der Sache mit dem Erfordernis des gleichen Leistungsinteresses deckte und daher »ins Leere lief«. Es bedeutete damit nicht mehr als die Befriedigung desselben Leistungsinteresses, so dass der BGH die Verwendung dieses Begriffs wegen seiner Unbestimmtheit stillschweigend aufgegeben hat, dh das Merkmal der Zweckgemeinschaft wurde soweit ausgedehnt, dass es praktisch mit der Identität zusammenfiel (BGHZ 137, 76, 82; 106, 313, 120, 50, 56; 108, 179, 182; Palandt/*Grüneberg* Rn 6; *Medicus* SchuldR I Rn 798; *Wendehorst* S 505, 511; krit bereits BGH NJW 1972, 1802; NJW 1969, 1165). Dass ein Gesamtschuldner möglicherweise im Innenverhältnis alleine verpflichtet ist, schließt eine Gesamtschuld noch nicht aus. Gleichstufigkeit ist danach u.a. zu bejahen bei mehreren Verursachern desselben Schadens, wie etwa bei Nebentätern oder vergleichbaren Konstellationen (*Brox/Walker* § 37 Rn 10 mwN). Der Begriff Gleichstufigkeit drückt also präziser aus, worum es geht. Nur gleichstufige bzw gleichrangige Verpflichtungen bilden eine Gesamtschuld.

D. Rechtsfolgen. Der Gläubiger kann jeden der Gesamtschuldner **wahlweise** ganz oder teilw in Anspruch nehmen (»**Paschastellung**« des Gläubigers). § 421 S 2 stellt klar, dass dies solange gilt, bis der Gläubiger vollständig befriedigt ist. Das Wahlrecht des Gläubigers bei der Inanspruchnahme ist nur in **Ausnahmefällen** auf Grund von Treu und Glauben (§ 242) eingeschränkt (BGH WM 2007, 1700; Palandt/*Grüneberg* Rn 12). Der Gläubiger handelt aber nicht bereits dann rechtsmissbräuchlich, wenn er den einen Gesamtschuldner verklagt, während im Innenverhältnis, zB auf Grund eines Freistellungsanspruches, der andere alleine haftet (BGH WM 2007, 1700, 1702; NJW 1991, 1289; 89, 2386). Haften etwa Architekt und Bauunternehmer für einen Mangel als Gesamtschuldner, kann der Bauherr frei wählen, gegen wen er vorgehen will. Haften allerdings der Arbeitgeber und ein Dritter (unmittelbarer Schädiger) als Gesamtschuldner, muss sich der Arbeitnehmer in erster Linie an den Dritten halten. Entspr gilt im umgekehrten Fall bei gesamtschuldnerischer Haftung des Arbeitnehmers und eines Dritten. Der Gläubiger handelt etwa dann rechtsmissbräuchlich iSv § 242, wenn er eine dingliche Sicherheit aufgibt, die bei Inanspruchnahme des anderen Gesamtgläubigers auf ihn übergegangen wäre (BGH NJW 1983, 1423; PWW/*H F Müller* Rn 11). Im **öffentlich-rechtlichen Bereich** tritt an die Stelle des freien Beliebens das pflichtgemäße Ermessen, dh Behörden haben zB die Auswahl des Gesamtschuldners nach pflichtgemäßem Ermessen zu treffen (BVerwG NJW 1993, 1667; Müko/*Bydlinski* Rn 77). Auch im **Insolvenzverfahren** eines Gesamtschuldners kann der Gläubiger seine Forderung bis zur vollständigen Befriedigung geltend machen (§§ 43, 44 InsO). Ein Gesamtschuldverhältnis besteht nur in dem Umfang, in dem sich die Verpflichtungen der Schuldner decken (BGHZ 52, 45). Im Innenverhältnis erfolgt ein Ausgleich zwischen den Gesamtschuldnern entspr ihrer Verpflichtungen nach § 426. 10

E. Prozessuales. Der Gläubiger kann gegen mehrere Gesamtschuldner gemeinsam klagen. In diesem Fall sind sie einfache Streitgenossen nach § 59 ZPO. Der Gläubiger kann die Schuldner aber auch in getrennten Verfahren verklagen, obwohl dadurch Mehrkosten entstehen. Jeder Gesamtschuldner haftet aber nur für die Kosten der gegen ihn gerichteten Rechtsverfolgung (BGH NJW 2003, 2980; BGHZ 90, 910). Durch das gegen einen Gesamtschuldner ergehende Urteil sind die am Rechtsstreit unbeteiligten Gesamtschuldner nicht beschwert (BayObLG NJW-RR 1998, 1164, 1165). Ebenso wenig kommt der Verurteilung eines Gesamtschuldners – vom Fall der Streitverkündung abgesehen – für den Regressanspruch im Innenverhältnis Rechtskraftwirkung zu (Düsseldorf NJW-RR 1992, 922). 11

§ 422 Wirkung der Erfüllung.

[1] Die Erfüllung durch einen Gesamtschuldner wirkt auch für die übrigen Schuldner. Das Gleiche gilt von der Leistung an Erfüllungs statt, der Hinterlegung und der Aufrechnung.
[2] Eine Forderung, die einem Gesamtschuldner zusteht, kann nicht von den übrigen Schuldnern aufgerechnet werden.

A. Allgemeines. § 422 behandelt – wie §§ 423 und § 424 – Tatsachen, die zugunsten aller Gesamtschuldner wirken (Gesamtwirkung); jeder kann sich auf sie ggü dem Gläubiger berufen. § 422 Abs 1 ordnet für die Erfüllung durch einen Gesamtschuldner Gesamtwirkung an. Das bedeutet, dass die Leistung auch für die anderen Schuldner wirkt. Dieses ist die Konsequenz daraus, dass der Gläubiger nach dem Wesen der Gesamtschuld die Leistung nur einmal zu fordern berechtigt ist. Dadurch wird eine ungerechtfertigte Bereicherung des Gläubigers verhindert. § 422 ist **zwingendes Recht**. Die Abrede zwischen Gläubiger und einem Gesamtschuldner in der Form, dass die Leistung Einzelwirkung haben soll, ist unwirksam (BGH VersR 1884, 327). Unwirksam ist auch die Abrede, nach der sich der Leistende die Forderung gegen die anderen Gesamtschuldner abtreten lässt (BGH NJW 1963, 2067; Palandt/Grüneberg Rn 1 mwN). 1

B. Erfüllung und Erfüllungssurrogate. Die Erfüllung hat grds Tilgungswirkung für alle, es sei denn, sie erfolgt unter einer Bedingung oder sonstiger Beschränkung. Nach § 422 Abs 1 S 1 haben die **Teilerfüllung** (§ 266) und die **Erfüllung durch Dritte** (§§ 267, 268) die gleiche Wirkung wie die Erfüllung, soweit sie zulässig ist oder angenommen wurde. Nach § 422 Abs 1 S 2 wirken auch alle Erfüllungssurrogate, wie etwa die Leistung an Erfüllungs Statt (§ 364), die unwiderrufliche Hinterlegung (§§ 372 ff) und die Aufrechnung zugunsten der übrigen Gesamtschuldner. Eine Leistung erfüllungshalber hat erst dann Erfüllungswirkung, wenn die erfüllungshalber eingegangene Verbindlichkeit erfüllt wird. Davor kann sich der Gläubiger an die anderen Gesamtschuldner halten, soweit nicht etwas anderes vereinbart ist. Bei der **Aufrechnung** ist nach § 422 Abs 2 zu beachten, dass ein Gesamtschuldner wegen fehlender Gegenseitigkeit nicht mit einer Forderung eines anderen Gesamtschuldners gegen die Forderung des Gläubigers aufrechnen kann, sondern nur mit einer eigenen Gegenforderung. Dass ein Gesamtschuldner die Möglichkeit zur Aufrechnung hat, gibt den übrigen kein Leistungsverweigerungsrecht. Dem als Gesamtschuldner in Anspruch genommenen Miterben steht aber wegen eines Gegenanspruchs der Erbensgemeinschaft nach §§ 770 Abs 2, 129 Abs 3 HGB analog ein Leistungsverweigerungsrecht zu (BGHZ 38, 122, 126, NJW 1991, 97; Staud/*Noack* Rn 27; Müko/*Bydlinski* Rn 11). 2

C. Rechtsfolgen. Infolge der Gesamtwirkung der Erfüllung kann der Gläubiger also keinen der Gesamtschuldner mehr in Anspruch nehmen. Leistet ein weiterer Gesamtschuldner trotz allem auf die nicht mehr bestehende Schuld, kann er die Leistung nach §§ 812 ff zurückverlangen. Die Forderung erlischt jedoch nur, 3 soweit der leistende Gesamtschuldner keinen Ausgleichsanspruch gegen die anderen Gesamtschuldner geltend machen kann. Nach § 426 Abs 2 S 1 geht die Forderung des Gläubigers gegen die übrigen Schuldner auf den Gesamtschuldner über, der den Gläubiger befriedigt, soweit er im Innenverhältnis von den anderen Ersatz verlangen kann (BGHZ 103, 72, 76).

§ 423 Wirkung des Erlasses. **Ein zwischen dem Gläubiger und einem Gesamtschuldner vereinbarter Erlass wirkt auch für die übrigen Schuldner, wenn die Vertragsschließenden das ganze Schuldverhältnis aufheben wollen.**

1 **A. Allgemeines.** Ein Erlassvertrag zwischen einem Gläubiger und allen Gesamtschuldnern hebt die Gesamtschuld insges auf. Auch der Erlassvertrag mit einem Gesamtschuldner kann nach § 423 als eine Art Vertrag zugunsten Dritter diese Gesamtwirkung haben. § 423 enthält damit einen speziellen Fall eines Verfügungsvertrags zugunsten Dritter, den der BGH zwar als zulässig ansieht, jedoch als allg Rechtsfigur nicht anerkennen will (BGHZ 41, 94). Es ist jedoch möglich, dass die Erlasswirkung auf den Schuldner beschränkt sein soll, mit dem der Erlassvertrag geschlossen worden ist. Ob ein Erlassvertrag Gesamtwirkung haben soll, ist ggf durch Auslegung (§§ 133, 157) anhand des Vertragsinhalts zu ermitteln; aus der Norm an sich ergibt sich nicht, wann ein Gesamtaufhebungswille vorliegt bzw zu vermuten ist.

2 **B. Gesamtwirkung.** Der Erlass hat Gesamtwirkung, wenn die Vertragsschließenden das ganze Schuldverhältnis aufheben wollen. Hierfür spricht iZw, wenn der Erlass gerade mit dem Gesamtschuldner vereinbart wird, der im Innenverhältnis allein verpflichtet ist (Hamm NJW-RR 1998, 486; LG Stuttgart NJW-RR 1994, 1398). Der Erlass des Geschädigten ggü dem Schädiger auf Schadensersatz wirkt nach § 115 Abs 1 S 4 VVG auch zugunsten des Haftpflichtversicherers (Köln VersR 1969, 1027; Jauernig/*Stürner* § 421 Rn 2). Gesamtwirkung kann auch angenommen werden bei einem Teilungsabkommen mit Regressverzicht (BGH NJW 1984, 1819, 1820). Dagegen hat ein Teilerlass eines Anspruchs ggü der Tochter nach Scheidung der Ehe iZw keine Wirkung zugunsten des geschiedenen Ehemannes (BGH NJW-RR 2003, 73).

3 **C. Einzelwirkung.** Einzelwirkung tritt dann ein, wenn nur die Entlassung des Vertragspartners aus der Haftung bezweckt ist, jedoch die Ansprüche des Gläubigers gegen die anderen Gesamtschuldner bestehen bleiben sollen (BGH NJW-RR 2005, 34 ff; NJW 2000, 1942, 1943; 1972, 929). Der BGH geht bei Fehlen bes Anhaltspunkte von einer Einzelwirkung aus (BGH NJW-RR 2005, 34 ff; NJW 2000, 1942, 1943). Die Gesamtschuldner können im Falle einer Inanspruchnahme durch den Gläubiger ihrerseits auf Grund von § 426 Ausgleichansprüche gegen den Gesamtschuldner geltend machen, der den Erlassvertrag abgeschlossen hat (BGH NJW 1986, 1097, 1098). Einzelwirkung hat der bestätigte Insolvenzplan (§ 254 Abs 2).

4 **D. Beschränkte Gesamtwirkung.** Möglich ist auch eine Vereinbarung, dass der vertragsschließende Schuldner von seiner Verpflichtung ggü dem Gläubiger und seiner Ausgleichspflicht im Innenverhältnis **endgültig freigestellt** wird (BGH NJW-RR 2005, 34; NJW 2000, 1942, 1943) und der Gläubiger weiterhin seine Ansprüche gegen die anderen Gesamtschuldner behält; sein Anspruch verringert sich jedoch um den Anteil, den der begünstigte Gesamtschuldner im Innenverhältnis als Ausgleichsleistung zu erbringen gehabt hätte; ein Regress gegen den begünstigten Gesamtschuldner scheidet aus. Eine beschränkte Gesamtwirkung ist iZw gewollt, wenn der nur mit einem Gesamtschuldner geschlossene Vergleich dessen Verpflichtung endgültig erledigen soll (PWW/*H F Müller* Rn 4 mwN). Auch ein Teilungsabkommen zwischen einem Sozialversicherungsträger und einem Haftpflichtversicherer ist iZw dahingehend auszulegen, dass dem Sozialversicherungsträger Ansprüche gegen etwaige Zweitschädiger nur hinsichtlich der von diesem im Innenverhältnis zu tragenden Quote verbleiben sollen (BGH MDR 1977, 36). Entspr gilt in Bezug auf die Entlassung eines von zwei Mietern aus dem Mietvertrag bei gleichzeitiger Anmietung einer anderen Anlage desselben Vermieters.

5 **E. Grenzen der Gestaltungsfreiheit bei Personengesellschaften.** Besonderheiten sind beim Erlass ggü dem Gesellschafter einer Personengesellschaft bzw ggü der Gesellschaft zu beachten. Zwischen Gesellschaft und persönlich haftendem Gesellschafter besteht kein echtes Gesamtschuldverhältnis. Aufgrund der Akzessorietät der Gesellschafterschuld ist ein Erlass ggü einer Personengesellschaft unter Fortbestehen der Gesellschafterschuld wirkungslos, es sei denn, dass der Gesellschafter zustimmt (BGH WM 1975, 974; BGHZ 47, 346); Entspr gilt jetzt für die GbR (Palandt/*Grüneberg* Rn 5 mwN). Möglich ist allerdings ein Erlass ggü dem Gesellschafter unter Aufrechterhaltung der Forderung gegen die Personengesellschaft (BGH BB 1971, 975).

§ 424 Wirkung des Gläubigerverzugs. **Der Verzug des Gläubigers gegenüber einem Gesamtschuldner wirkt auch für die übrigen Schuldner.**

1 Der Gläubigerverzug (§§ 293 ff) ggü einem Gesamtschuldner wirkt zugunsten aller Gesamtschuldner (**Gesamtwirkung**). Diese Bestimmung hat ihren Grund in § 422. Da die Gesamtschuldner bei Annahme der Leistung durch den Gläubiger frei geworden wären, sollen ihnen wenigstens die Vorteile des Gläubigerverzugs zuteil werden; § 424 ist dispositiv. Der Annahmeverzug tritt auch ein, wenn der im Innenverhältnis völlig freigestellte

Gesamtschuldner, etwa der Versicherer statt des deliktisch handelnden Täters, die Leistung, anbietet (Staud/*Noack* Rn 4). Der Gläubiger kann den Annahmeverzug mit Gesamtwirkung beenden, indem er die zu seiner Beendigung notwendigen Handlungen ggü demjenigen Gesamtschuldner vornimmt, der den Annahmeverzug herbeigeführt hat (Palandt/*Grüneberg* Rn 1; Hk-BGB/*Schulze* Rn 1). Eine Vornahme ggü allen Gesamtschuldnern ist nicht erforderlich, da lediglich auf Rechtsfolgenseite die Wirkungen auf alle erstreckt werden. Ggü anderen Gesamtschuldnern hat die Erklärung der Annahmebereitschaft nur Einzelwirkung und lässt den Gläubigerverzug insges nicht entfallen (Staud/*Noack* Rn 9 ff mwN; PWW/*H F Müller* Rn 2).

§ 425 Wirkung anderer Tatsachen.

[1] Andere als die in den §§ 422 bis 424 bezeichneten Tatsachen wirken, soweit sich nicht aus dem Schuldverhältnis ein anderes ergibt, nur für und gegen den Gesamtschuldner, in dessen Person sie eintreten.
[2] Dies gilt insbesondere von der Kündigung, dem Verzug, dem Verschulden, von der Unmöglichkeit der Leistung in der Person eines Gesamtschuldners, von der Verjährung, deren Neubeginn, Hemmung und Ablaufhemmung, von der Vereinigung der Forderung mit der Schuld und von dem rechtskräftigen Urteil.

A. Allgemeines. Die Vorschrift enthält eine Auslegungsregel, dass andere als in den §§ 422–424 benannten Umstände nur Einzelwirkung haben (BGHZ 44, 229, 233), es sei denn, aus dem Schuldverhältnis ergibt sich ausnahmsw Gesamtwirkung. Diese Vorschrift verdeutlicht, dass die zu einer Gesamtschuld verbundenen Forderungen, abgesehen von der bestehenden Tilgungsgemeinschaft, selbstständige Forderungen sind. Sie dient dem Schutz des Gesamtschuldners. Belastende Tatsachen und ihre Folgen wirken sich nicht zu Lasten der anderen Schuldner aus. Umgekehrt kommen Einreden des einen aber auch den anderen nicht zugute. § 425 betrifft nur solche Tatsachen, die nach Begründung der Gesamtschuld eingetreten sind (BGH NJW 1987, 2863, 2864). Die Auflistung der in Abs 2 genannten einzelnen Fälle, denen Einzelwirkung zukommt, ist nicht abschließend (Staud/*Noack* § 424 Rn 9 ff mwN). 1

B. Regelbeispiele des Abs 2. I. Kündigung. Die in Abs 2 angeführte Einzelwirkung der Kündigung betrifft nach hM nur den Sonderfall der Fälligkeitskündigung in den Fällen §§ 286 Abs 2 Nr 2, 488 Abs 3, die das Schuldverhältnis in seinem Bestand unberührt lässt (BGH NJW 1989, 2383), nicht dagegen die Kündigung zur Beendigung eines Dauerschuldverhältnisses, dh eines Miet-, Pacht-, Dienst- oder Arbeitsvertrages. Eine formularmäßige Abbedingung der Einzelwirkung verstößt gegen § 307 (BGHZ 108, 98, 101 zu § 9 AGBG aF). Die Kündigung zur Beendigung eines Dauerschuldverhältnisses muss dagegen allen Gesamtschuldnern ggü und von allen Gesamtschuldnern gemeinsam erklärt werden (BGH NJW 2002, 2866; BGHZ 96, 302, 310; 26, 102, 103 ff; Hamm NJW-RR 2000, 714; AnwK/*Völzmann-Stickelbrock* Rn 5 mwN); anderenfalls ist sie unwirksam. Erforderlich ist eine einheitliche Kündigung beim Darlehensvertrag (BGH NJW 2002, 2866, wobei nur ggü einem Darlehensnehmer ein wichtiger Grund bestehen muss), beim Gruppenarbeitsverhältnis, bei einem einheitlichen Arbeitsverhältnis mit mehreren Arbeitgebern (BAG NJW 1984, 1703, 1705) und beim Mietvertrag, dh das Kündigungsrecht kann nur von mehreren Mietern oder von mehreren Vermietern ausgeübt werden (BGHZ 96, 310). Dementspr begründet die Insolvenz nur eines Mieters kein Kündigungsrecht des Vermieters (BGHZ 26, 104). Ein mit einem Mieter geschlossener Aufhebungsvertrag wird erst durch die Zustimmung der anderen Mieter wirksam (Hk-BGB/*Schulze* Rn 2). 2

II. Verzug und Unmöglichkeit. Es gerät nur derjenige Gesamtschuldner in Verzug, bei dem die Voraussetzungen des § 286 erfüllt sind. Die Mahnung ggü dem Haftpflichtversicherer hat nach § 10 Abs 4 AKB Gesamtwirkung zu Lasten des Versicherers. Verlangt ein Gläubiger ggü einem der in Verzug befindlichen Gesamtschuldner Schadensersatz statt der Leistung nach §§ 280 Abs 3, 281, 282, ändert dies an dem Inhalt der Schuld der anderen Gesamtschuldner nichts (RGZ 140, 10, 18; RGZ 65, 26, 28), und zwar auch dann, wenn der Gläubiger alle Schuldner in Verzug gesetzt hat (PWW/*H F Müller* Rn 3 mwN). Sind mehrere Gesamtschuldner in Verzug, wird aber nur einer verklagt, ist nur dieser zur Kostenerstattung verpflichtet (BGH NJW 1990, 909 ff). Objektive Unmöglichkeit hat Gesamtwirkung, dh der Primäranspruch erlischt ggü allen Gesamtschuldnern. Unvermögen hat dagegen Einzelwirkung, dh sie befreit nur den jeweils betroffenen Schuldner (§ 275). 3

III. Verschulden. Der Verschuldensvorwurf hat grds Einzelwirkung. Er ist als Voraussetzung für bestimmte Rechtsfolgen, zB für Schadensersatzansprüche wegen Pflichtverletzung (§§ 280, 283, 311a), von Bedeutung. Er wird grds jedem Gesamtschuldner persönlich zugerechnet, doch kann sich auch hier aus dem Schuldverhältnis etwas anderes ergeben. Das Mitverschulden eines Erfüllungsgehilfen des Geschädigten wirkt zugunsten aller Gesamtschuldner, auch zugunsten derjenigen, die allein aus Delikt haften (BGHZ 90, 90). Das Verschulden des einen Gesamtschuldners ist ggf nach §§ 31, 278, 831 das Verschulden dem/den anderen Gesamtschuldnern zuzurechnen (AnwK/*Völzmann-Stickelbrock* Rn 9 mwN). Eine Personengesellschaft muss sich das Verschulden des geschäftsführenden Gesellschafters ggf nach § 31 analog zurechnen lassen; ihre Gesellschafter haften als Gesamtschuldner, auch wenn sie selbst kein Schuldvorwurf trifft (BGHZ 154, 88, 93 ff; abw für die Partnerschaftsgesellschaft vgl § 8 Abs 2 PartGG). 4

5 **IV. Verjährung.** Der Eintritt der Verjährung sowie deren Hemmung, Ablaufhemmung sowie Neubeginn sind für jeden der Gesamtschuldner getrennt zu berechnen (BGH NJW 2000, 1940; 1977, 1879; 2000, 964; AnwK/*Völzmann-Stickelbrock* Rn 13 mwN), dh sie hat **Einzelwirkung.** Dies gilt auch für die gesamtschuldnerische Haftung einer juristischen Person, ihrer Organe und Mitarbeiter (BGH NJW 2001, 964 ff). Einen Gleichlauf der Verjährungsfrist für die gesamtschuldnerische Haftung von Haftpflichtversicherer und Haftpflichtigem ordnet § 115 Abs 2 VVG an. Auch für die **Verwirkung** eines Anspruchs gilt **grds Einzelwirkung** (BGH NJW-RR 2002, 478).

6 **V. Konfusion/Rechtskraft.** Der Gesamtschuldner, der die Forderung des Gläubigers erwirbt, muss seinen Ausgleichsbetrag abziehen (§ 426). Da er als Rechtsnachfolger auch das Liquiditätsrisiko übernimmt, kann er die verbleibende Gläubigerforderung nur anteilig gegen die anderen Gesamtschuldner geltend machen, dh andere Gesamtschuldner haften nur pro rata (Palandt/*Grüneberg* Rn 7; differenzierend Staud/*Noack* Rn 67 ff). Die Rechtskraft eines Urteils beschränkt sich nach § 325 ZPO auf die Parteien (**Einzelwirkung**). Daher kann der Gläubiger auch bei einem klageabweisenden Urteil gegen einen Gesamtschuldner den anderen verklagen (PWW/*H F Müller* Rn 9). Die Einzelwirkung wird auch durch § 129 HGB (BGH NJW 1981, 176) zu Lasten von Gesellschaftern der OHG durchbrochen, nicht allerdings ggü ausgeschiedenen Gesellschaftern. Das bedeutet, dass nach § 129 HGB das Urteil gegen die Gesellschaft zu Ungunsten der aktiven Gesellschafter wirkt, nicht aber ggü ausgeschiedenen Gesellschaftern.

7 **C. Weitere Tatsachen.** Die **Abtretung** der Forderung gegen nur einen Gesamtschuldner ist möglich, jedoch nur mit Zustimmung des einen Schuldners, da zwischen Zedent und Zessionar ein der Gesamtgläubigerschaft ähnl Rechtsverhältnis entsteht und eine Gesamtgläubigerschaft nur mit Einverständnis durch den Schuldner begründet werden kann (Hamm NJW-RR 1998, 486; Palandt/*Grüneberg* Rn 9; Hk-BGB/*Schulze* Rn 3; aA Staud/*Noack* Rn 93; PWW/*H F Müller* Rn 10). Eine **Änderungsvereinbarung** wirkt nur für und gegen den Gesamtschuldner, mit dem die Vereinbarung geschlossen worden ist (RGZ 102, 399); auch ein Mieterhöhungsverlangen nach § 558 hat grds nur Einzelwirkung. Für den **Rücktritt** gilt das Gleiche wie für die Kündigung von Dauerschuldverhältnissen. Dieser kann nach § 351 nur einheitlich ggü sämtlichen Gesamtschuldnern erklärt werden; ausreichend ist dabei, wenn seine Voraussetzungen in der Person eines Gesamtschuldners vorliegen (BGH NJW 1976, 1932; Hamm WM 1987, 105). Entspr gilt bei **anderen Gestaltungsrechten**, zB Anfechtung (BGHZ 96, 302, 310). Das Erlöschen eines Anspruchs durch **Ablauf der Ausschlussfrist** hat lediglich Einzelwirkung. Das Fälligwerden einer Forderung hat nach § 41 InsO grds Einzelwirkung (BGH NJW 2000, 1408 zu § 65 KO), ebenso die Erfüllungsablehnung des Insolvenzverwalters (§ 103 Abs 2 InsO). Einzelwirkung haben weiterhin die **Rechtshängigkeit** und die **Pfändung** (BGH NJW-RR 1998, 2904).

§ 426 Ausgleichungspflicht; Forderungsübergang.

[1] Die Gesamtschuldner sind im Verhältnis zueinander zu gleichen Teilen verpflichtet, soweit nicht ein anderes bestimmt ist. Kann von einem Gesamtschuldner der auf ihn entfallende Betrag nicht erlangt werden, so ist der Ausfall von den übrigen zur Ausgleichung verpflichteten Schuldnern zu tragen.

[2] Soweit ein Gesamtschuldner den Gläubiger befriedigt und von den übrigen Schuldnern Ausgleichung verlangen kann, geht die Forderung des Gläubigers gegen die übrigen Schuldner auf ihn über. Der Übergang kann nicht zum Nachteil des Gläubigers geltend gemacht werden.

1 **A. Allgemeines.** § 426 enthält eine Regressregelung, mit der gewährleistet sein soll, dass die Lasten zwischen den Gesamtschuldnern gerecht verteilt werden. Der leistende Gesamtschuldner hat im Innenverhältnis Ausgleichsansprüche gegen die anderen Gesamtschuldner, soweit er über die ihn treffende Quote geleistet hat. § 426 stellt diesem Gesamtschuldner zwei selbstständige Ansprüche zur Verfügung, die Ausgleichsforderung nach § 426 Abs 1 sowie die ursprüngliche Gläubigerforderung, die nach § 426 Abs 2 im Wege der cessio legis auf den Leistenden übergeht. Neben dieser doppelten Anspruchsgrundlage können mitunter noch weitere Anspruchsgrundlagen in Betracht kommen, etwa ein zwischen den Gesamtschuldnern bestehendes Vertragsverhältnis (zB Auftrag, Gesellschaft) oder vertragsähnliche Rechtsbeziehungen (zB GoA); so kann zB die Verletzung von Pflichten in diesem Ausgleichsverhältnis zu Ansprüchen auf Schadensersatz nach §§ 280 ff führen.

2 **B. Ausgleichsanspruch (§ 426 Abs 1 S 1). I. Mitwirkungsanspruch auf Befriedigung.** Der Ausgleichanspruch entsteht als selbstständiger Anspruch bereits mit der Begründung der Gesamtschuld und nicht erst mit der Befriedigung des Gläubigers (hM BGHZ 114, 117, 122; 35, 317, 325; 23, 361, 363). Ist die Gesamtschuld fällig, muss jeder Gesamtschuldner an der Befriedigung mitwirken. Dieser **Mitwirkungsanspruch** besteht schon vor Erbringung der eigenen Leistung. Er setzt die Fälligkeit der Gesamtschuld voraus und ist auf Befreiung von dem Teil der Schuld gerichtet, den der Mitschuldner im Innenverhältnis zu tragen hat (BGH NJW 1986, 3131, 3132; BGHZ 47, 157, 166; Müko/*Bydlinski* Rn 70 ff). Der **Befreiungsanspruch** auf Leistung an den Gläubiger kann im Klagewege durchgesetzt und nach § 887 ZPO notfalls auch vollstreckt werden. Er gibt auch dem berechtigten Gesamtschuldner ggü Forderungen des pflichtigen Gesamtschuldners ein Zurückbehaltungsrecht nach § 273 (BGHZ 91, 73, 79). Verstößt ein Gesamtschuldner schuldhaft gegen diese Pflicht, ist er den anderen Gesamtschuldnern ggü zu Schadensersatz, zB aus §§ 280 Abs 1 u 2, 286, ver-

pflichtet (BGHZ 155, 265, 271). Der Ausgleichsberechtigte kann uU auch die Prozesskosten als Schadensersatz geltend machen (BGH NJW 1974, 694).

II. Ausgleich des Geleisteten. Nach der **Befriedigung des Gläubigers** wandelt sich der Schuldbefreiungsanspruch in einen **Anspruch auf Ausgleich** des Geleisteten um, soweit der Schuldner mehr geleistet hat, als er im Innenverhältnis zu tragen verpflichtet ist (BGH NJW 1986, 1097; Hamm NJW 2002, 1054), berechnet nach dem fälligen Teil der Gesamtschuld.. Unerheblich ist, ob der leistende Gesamtschuldner vom Gläubiger in Anspruch genommen wurde oder aus eigenem Antrieb, etwa zur Erhaltung von Sicherheiten, geleistet hat (BGH NJW 1980, 339, 340). § 426 Abs 1 S 1 gibt damit nicht nur den Verteilungsmaßstab an, sondern stellt, was sich aus dem Wortlaut nicht ohne weiteres entnehmen lässt, auch eine Anspruchsgrundlage dar. 3

Mitbürgen u andere gesamtschuldnerisch haftende Sicherungsgeber können Ausgleich auch dann verlangen, wenn sie weniger als den auf sie entfallenden Teil geleistet haben (BGHZ 23, 364; NJW 1986, 3132), es sei denn, der Hauptschuldner fällt vollständig aus (BGH NJW 1986, 1097). Inhaltlich ist der Erstattungsanspruch auf eine **Geldleistung** gerichtet. Dies ist unproblematisch, wenn bereits die Forderung des Gläubigers eine Geldforderung gewesen ist; ansonsten ist der Wert der Leistung zu beziffern (BGHZ 43, 227, 234; Staud/*Noack* Rn 32). Der Ausgleich findet nur hinsichtlich der gemeinsamen Schuld statt (BGHZ 12, 213; NJW 1966, 1262, 1263). Prozesskosten aus dem Rechtsstreit mit dem Gläubiger sind nicht ausgleichsfähig (BGHZ 155, 265); werden die Gesamtschuldner gemeinsam verklagt, tragen sie die Kosten im Innenverhältnis nicht nach der Ausgleichsquote, sondern idR nach Kopfteilen. Die Ausgleichspflicht beschränkt sich auf den vom Ausgleichsschuldner zu tragenden Anteil. 4

Kann der leistende Gesamtschuldner Ausgleich von mehreren anderen Gesamtschuldnern verlangen, haften diese ihrerseits im **Rückgriffsverhältnis nicht als Gesamtschuldner** (BGHZ 55, 344, 349; 6, 3, 25; RGZ 136, 275, 286 ff; 84, 415, 426; **a**A Müko/*Bydlinski* Rn 30), sondern jeder von ihnen ist dem Ausgleichsberechtigten nur entspr seiner Haftung im Innenverhältnis zum Ausgleich verpflichtet. Das bedeutet, dass mehrere Ausgleichspflichtige entspr ihren Anteilen als **Teilschuldner** iSv § 420 Abs 1 haften (Staud/*Noack* Rn 27; Ausnahme zB Art 47 Abs 1 u 3 WG). Das ergibt sich aus dem Wortlaut des § 426 Abs 1 S 1 (»zu gleichen Teilen«). Mit dieser Regelung soll erreicht werden, dass der in Regress genommene Gesamtschuldner das volle Insolvenzrisiko im Hinblick auf die dann noch verbliebenen weiteren Regressgegner trägt. 5

Als selbstständiger Anspruch unterliegt der Ausgleich nach § 426 Abs 1 S 1 grds einer **eigenständigen Verjährung** nach § 195 (BGHZ 58, 216, 218; Staud/*Noack* Rn 13 ff mwN; AnwK/*Völzmann-Stickelbrock* Rn 3 jeweils mwN). Nur ausnahmsw kann eine anderweitige Verjährungsregelung für die Gläubigerforderung auf den Ausgleichsanspruch durchgreifen (zB Ausnahmefall des Art 32 CMR: BGH NJW-RR 1990, 1509). Die Frist beginnt frühestens, wenn der begünstigte Gesamtschuldner an den Gläubiger geleistet hat (§ 199 Abs 1 Nr 1; iE BTDrs 14/7052, S 195). Befriedigt ein **Gesellschafter** einer GbR oder OHG/KG die Forderung eines Dritten, muss er primär versuchen, Befriedigung aus dem Gesellschaftsvermögen zu erlangen. Die Mitgesellschafter kann er nur hilfsw aus § 426 und zudem nur in Höhe ihrer jeweiligen Verlustbeteiligung (**Haftung pro rata**) in Anspruch nehmen (BGHZ 103, 76). 6

III. Umfang des Ausgleichs. 1. Grundsatz: Haftung nach Kopfteilen. Die Gesamtschuldner haften im Innenverhältnis **zu gleichen Teilen** (»Kopfteilen«). In der Praxis ergibt sich häufig ein anderer Verteilungsmaßstab aus einer gesetzlichen Anordnung, aus einem zwischen den Gesamtschuldnern bestehenden vertraglichen (zB Dienst- oder Arbeitsvertrag, Auftrag, Gesellschaftsverhältnis) oder quasivertraglichen Schuldverhältnis (zB GoA) oder aus dem Inhalt und Zweck des jeweiligen Rechtsgeschäfts. Die **Haftung zu gleichen Teilen** nach § 426 Abs 1 S 1 ist damit im Prinzip eine **Ausnahme** und nicht mehr als eine bloße Hilfsregel (Palandt/*Grüneberg* Rn 7). Aufgrund der Festlegung der Haftung zu gleichen Teilen als gesetzlicher Regelfall ist jedoch der Gesamtschuldner, der sich auf eine andere Verteilung im Innenverhältnis beruft, hierfür **beweispflichtig** (BGH NJW 1988, 134). **Beispiele** für die Verteilung nach Kopfteilen sind etwa: Vorschusspflicht des Klägers und des Beklagten ggü dem Schiedsrichter (BGHZ 55, 344, 349), mehrere gemeinsam verklagte Gesamtschuldner hinsichtlich der Prozesskosten (BGH NJW 1974, 693, 694), nach § 528 rückgewährpflichtige Beschenkte (BGHZ 137, 77); BRep und Beschäftigungsstelle eines Zivildienstleistenden, wenn sie gemeinsam für dessen Fehlverhalten einzustehen haben (BGHZ 152, 380, 390; PWW/*H F Müller* Rn 5). 7

2. Abweichende gesetzliche Regelungen. Gesetzliche Ausgleichsregeln zwischen den Gesamtschuldnern enthält das Gesetz in §§ 840 Abs 2 u 3, 841, 1833 Abs 2, 46 S 2 BNotO, §§ 78 Abs 2 S 1, 116 VVG, § 5 Abs 2 ProdHaftG, §§ 17 Abs 1 S 1, Abs 2, 18 Abs 3 StVG, § 41 LuftVG, § 13 Abs 1 S 1 HaftpflG, § 33 Abs 2 AtomG, § 93 AMG, §§ 110, 736 HGB sowie Art 46 ScheckG und Art 49 WG. Das Grundprinzip ist, dass derjenige, der nach außen für fremdes Verschulden haftet, im Innenverhältnis grds freizustellen ist (Müko/*Bydlinski* Rn 21), zB hat bei einer gesamtschuldnerischen Haftung der Verrichtungsgehilfe neben dem Geschäftsherrn (§ 840 Abs 1) im Innenverhältnis der Verrichtungsgehilfe den Schaden alleine zu tragen (§ 840 Abs 2). Nach hM ist im Verhältnis mehrerer Schädiger der Rechtsgedanke des § 254 heranzuziehen (NGH NJW 1983, 623). Die Höhe des Ausgleichsanspruchs hängt davon ab, inwieweit der Schaden vorwiegend von dem einen oder dem anderen Gesamtschuldner verursacht worden ist. Das Maß der Verursachung und des Verschuldens des einen Teils kann im Einzelfall dazu führen, ihm den gesamten Schaden aufzuerlegen (st Rspr seit RGZ 75, 251, 256; 8

BGHZ 17, 214, 222; 59, 97, 103; *Brox/Walker* Allg SchuldR § 37 Rn 19; *Medicus* SchuldR I Rn 683). So unterliegt etwa derjenige, der lediglich eine Aufsichtspflicht verletzt, ggü dem unmittelbaren Täter idR keiner Ausgleichspflicht (BGH NJW 1980, 2348; 2005, 2309, 2310). Entspr gilt auch im Verhältnis des bauaufsichtspflichtigen Architekten und dem Bauunternehmer, der ein Gerüst fehlerhaft errichtet hat (BGH NJW 1971, 752, 753). Nach den Grundsätzen der betriebsbedingten (früher: gefahrgeneigten) Arbeit kann sich im Verhältnis zum Arbeitnehmer eine alleinige Verpflichtung des Arbeitgebers ergeben.

9 **3. Abweichender vertraglicher Verteilungsmaßstab.** Aus einem Vertrag oder vertragsähnl Rechtsverhältnis ergibt sich idR ein abw Verteilungsmaßstab. Dieser kann unterschiedlich hohe Anteile, aber auch eine völlige Freistellung einzelner Gesamtschuldner vorsehen. Beruht das Gesamtschuldverhältnis auf einem **gemeinsam abgeschlossenen Rechtsgeschäft** (§ 427), dann haben die Gesamtschuldner idR auch eine Abrede über den internen Ausgleich getroffen. Fehlt es an einer ausdrücklichen Vereinbarung, kann sich eine solche aus den Umständen des Einzelfalls ergeben.

10 Unter **Gesellschaftern** bestimmt sich der Ausgleich im Regelfall nach dem Beteiligungsverhältnis an der Gesellschaft (BGH NJW-RR 1989, 685; BGHZ 47, 165; Müko/*Bydlinski* Rn 15). Das Verhältnis ihrer Gesellschaftsbeteiligung kann selbst dann maßgeblich sein, wenn sie im Gläubigerinteresse Bürgschaften eingegangen sind. Der Ausgleichsberechtigte muss sich zunächst an die Gesellschaft halten. Erst wenn von dieser keine Befriedigung zu erlangen ist, kann er seine Mitgesellschafter pro rata in Anspruch nehmen (BGH WM 2007, 2290, 2291; BGHZ 103, 72, 76; 37, 299). Für ein Darlehen ist intern ausgleichspflichtig, wem der Betrag zufließt oder sonst zugute kommt. Rechtsverfolgungskosten, die aus Binnenstreitigkeiten zwischen Wohnungseigentümern entstanden sind, werden unter den kostenpflichtigen Wohnungseigentümern abw von § 426 Abs 1 S 1 nach Miteigentumsanteilen aufgeteilt (BGHZ 171, 335 ff). Der Umfang der Ausgleichspflicht bei mehreren Mitbürgen kann durch eine Rangvereinbarung mit dem Gläubiger (BGH NJW 1986, 3131: Ausfallbürgschaft), der Stellung zum Hauptschuldner (BGHZ 88, 185, 190) oder im Falle der Höchstbetragsbürgschaft nach dem Verhältnis der verschiedenen Höchstbeträge zueinander bestimmt werden (BGHZ 137, 292 ff). Im Verhältnis zu seinem Arbeitgeber hat idR der Arbeitnehmer allein die Lohnsteuerschuld ggü dem Fiskus zu tragen; eine sog Nettolohnvereinbarung ist aber zulässig (BAG NJW 2004, 3588). Bei Grundstückskaufverträgen ist grds davon auszugehen, dass die Vertragsparteien typischerweise den Erwerber mit der Grundsteuer belasten wollen (PWW/*H F Müller* Rn 7).

11 Zwischen gesamtschuldnerisch haftenden **Ehegatten** wird § 426 nicht durch die ehegüterrechtlichen Vorschriften verdrängt (BGH NJW 2006, 2623; 1983, 1845). Das Ausgleichsverhältnis wird aber durch die eheliche Lebensgemeinschaft überlagert (BGH NJW 2005, 2307; 2000, 1944; vgl Palandt/*Grüneberg* Rn 9 ff mwN). Wenn ein Ehegatte allein über Einkommen verfügt, während der andere die Haushaltsführung übernommen hat, entfällt grds die Ausgleichspflicht (BGH NJW 1995, 653). Bei Erwerbstätigkeit beider Ehegatten ist der Umfang der Ausgleichspflicht von der Höhe der beiden Einkommen abhängig (BGH NJW-RR 1989, 67; Hk-BGB/*Schulze* Rn 8). Bei einem **Scheitern der Ehe** (Scheidungsantrag oder endgültige Trennung) entfällt dagegen die Sonderbeziehung auf Grund der ehelichen Lebensgemeinschaft ex nunc. Das bedeutet, dass für die nunmehr erbrachten Leistungen grds ein hälftiger Ausgleichsanspruch besteht; für die bis dahin erbrachten Leistungen ändert sich nichts. Der Ausgleich geht dem Zugewinnausgleich vor. Ausgleichsmaßstab ist bei Immobilien regelm das Verhältnis der Miteigentumsanteile (PWW/*H F Müller* Rn 9) bzw eine einvernehmliche (auch konkludente) Regelung der Verwendung und des Verbleibs angeschaffter Gegenstände (AnwK/*Völzmann-Stickelbrock* Rn 8 ff). Im Innenverhältnis trägt daher ein Ehepartner die Belastung alleine, wenn er Alleineigentümer ist (BGH FamRZ 1997, 487). Dagegen ist eine konkludente anderweitige Bestimmung entgegen diesem Grundsatz anzunehmen, wenn zB der Nichteigentümer die Verpflichtungen jahrelang alleine trägt (Oldenburg NJW-RR 2005, 1018). Ferner besteht keine Ausgleichspflicht bei der Tilgung eines Kredits, wenn ein Ehegatte diesen für seinen Gewerbebetrieb aufgenommen hat (Hamm FamRZ 1994, 960). Bei einem Darlehen ist derjenige intern ausgleichspflichtig, dem der Betrag zugute gekommen ist. Eine Ausgleichspflicht eines Ehegatten ist ausgeschlossen, wenn der Kredit für den Gewerbebetrieb eines Ehegatten aufgenommen worden ist. Bei einem Hausratskredit ist idR ein hälftiger Ausgleich angemessen. Bei einem PKW-Kredit kann der Ehepartner, der den PKW seit der Trennung alleine nutzt, keinen Ausgleichsanspruch geltend machen (Hk-BGB/*Schulze* Rn 8). Bei einer **nichtehelichen Lebensgemeinschaft** ist ein Ausgleich bei finanziellen Leistungen des erwerbstätigen Partners auf einen gemeinschaftlich aufgenommenen Kredit durch den Partner, der die Haushaltsführung übernommen hat, nicht sachgerecht (BGHZ 77, 55, 59). Für die nach der Trennung fällig werdenden Raten besteht aber grds ein hälftiger Ausgleichsanspruch, auch wenn vorher die Raten alleine von einem Partner getragen wurden (PWW/*H F Müller* Rn 10).

12 **4. Haftungseinheit.** Eine wichtige Ausnahme von der Verteilung nach Köpfen ergibt sich bei Vorliegen einer sog Haftungseinheit. Mehrere Gesamtschuldner können aus **rechtlichen oder tatsächlichen Gründen** eine Haftungseinheit bilden. Das bedeutet, dass auf sie im Verhältnis zu den anderen Gesamtschuldnern nur eine gemeinsame Quote entfällt. Hinsichtlich der Quote, die auf die Haftungseinheit entfällt, haften die Schuldner, die die Haftungseinheit bilden, den anderen Gesamtschuldnern im Innenverhältnis als Gesamtschuldner. Sie werden also für den Ausgleich so behandelt, als wären sie eine Person (BGH NJW 1996, 2023, 2024;

BGHZ 61, 213, 218; PWW/*H F Müller* Rn 13 mwN). Die Leistung eines Mitglieds einer Haftungseinheit bringt auch die Ausgleichspflicht der anderen zum Erlöschen. Unter ihnen findet kein Gesamtschuldnerausgleich nach § 426 statt; vielmehr kommt bei Zuvielleistung ein Bereicherungsanspruch nach § 812 in Betracht. **Beispiele**: Halter und Fahrer eines Kfz (BGH NJW 2006, 896; 1966, 1262); Geschäftsherr und Erfüllungs- bzw Verrichtungsgehilfe (BGHZ 54, 283, 285), mehrere Schädiger, deren Verhalten sich in demselben Schadensbeitrag ausgewirkt hat; Aufsichtspersonen und zu beaufsichtigende Personen (§§ 823, 832); Wohnungseigentümer im Verfahren nach dem WEG (BayObLG NJW-RR 2001, 158), Streitgenossen für den an den Schiedsrichter zu zahlenden Vorschuss; eine Haftungseinheit kann auch der Geschädigte mit einem Schädiger bilden (BGHZ 61, 213, 218).

IV. Ausfallregelung (§ 426 Abs 1 S 2). Der Ausgleich zwischen den Gesamtschuldnern funktioniert nur dann, wenn jeder der Schuldner seinen Anteil tragen kann. Fehlt es daran, soll nach § 426 Abs 1 S 2 der Ausfall eines Gesamtschuldners, insbes wegen Zahlungsunfähigkeit, von den übrigen zur Ausgleichung verpflichteten Schuldnern zu tragen sein. Das bedeutet, dass sich in diesem Fall der Anteil der verbleibenden Schuldner entspr erhöht, natürlich auch der des Ausgleichsberechtigten. Die Zahlungsunfähigkeit wird idR schon durch einen vergeblichen Vollstreckungsversuch nachgewiesen. Dass es zur Eröffnung eines Insolvenzverfahrens kommt, ist nicht erforderlich. Der zahlungsunfähige Gesamtschuldner wird allerdings wegen § 426 Abs 1 S 2 nicht endgültig befreit. Er bleibt den übrigen Gesamtschuldnern vielmehr in Höhe seiner Quote verpflichtet, uU macht er sich durch die unterbliebene Leistung schadensersatzpflichtig. 13

C. Gesetzlicher Forderungsübergang (§ 426 Abs 2). Im Falle der Befriedigung des Gläubigers durch einen Gesamtschuldner erlischt die Forderung nicht (BGH NJW 1991, 97, 98), sondern geht nach § 426 Abs 2 im Wege des gesetzlichen Forderungsübergangs (**cessio legis**) im Umfang der Ausgleichspflicht nach § 426 Abs 1 auf diesen über. Der Forderungsübergang tritt ein, wenn der Gesamtschuldner den Gläubiger ganz oder teilw befriedigt hat. Die Hauptbedeutung der sog verstärkenden Legalzession liegt in dem Übergang der dem Gläubiger bestellten Sicherheiten. Vereinbarungen, dass die Gläubigerforderung nicht nur in Höhe des Ausgleichs, sondern voll übergehen soll, sind, da sie zu Lasten der Gesamtschuldner gehen, unwirksam (BGHZ 17, 214, 222). Hat ein Gesamtschuldner den **Gläubiger nur teilw befriedigt**, kann der gesetzliche Forderungsübergang nicht zum Nachteil des Gläubigers geltend gemacht werden (§ 426 Abs 2 S 2). Das bedeutet, dass der restliche beim Gläubiger verbliebene Anspruch dem nach § 426 Abs 2 S 1 übergegangenen Anspruch, zB im Insolvenzverfahren oder bei der Befriedigung aus einem Grundstück, vorgeht (iErg BGH NJW 2003, 1036, 1037; Palandt/*Grüneberg* Rn 13a). § 426 Abs 2 S 2 schließt es aber nicht aus, dass der Gesamtschuldner den Rechtsübergang zum Nachteil anderer selbstständiger Forderungen des Gläubigers geltend macht (BGH NJW 2003, 1036). Ferner kann der Gläubiger den Vorrang regelm nicht geltend machen, wenn er einen Abfindungsvergleich mit dem Gesamtschuldner abgeschlossen und dieser die vereinbarte Summe voll bezahlt (PWW/*H F Müller* Rn 22 mwN). 14

Die **cessio legis** nach § 426 Abs 2 hat den **Vorzug**, dass etwaige an der Gläubigerforderung bestehende Sicherungsrechte (z.B. Hypotheken, Pfandrechte) dem befriedigenden Gesamtschuldner erhalten bleiben (§§ 412, 401, hierzu *Kropholler* § 426 Rn 5); sie dienen damit der **Sicherung des Rückgriffanspruchs**. Der Forderungsübergang hat auch prozessuale Vorteile, indem er sich etwa auf die für die übergegangene Forderung geltenden Gerichtsstands- und Schiedsklauseln berufen kann oder einen Antrag auf Titelumschreibung (§ 727 ZPO) beantragen kann. Dem leistenden Gesamtschuldner stehen damit **zwei Ansprüche nebeneinander** zu, zum einen der Ausgleichsanspruch nach § 426 Abs 1, zum anderen der nach § 426 Abs 2 übergegangene Anspruch des Gläubigers (BGH NJW 1981, 681). Der Gesamtschuldner hat die Wahl, ob er aus dem übergegangenen Anspruch oder aus der Ausgleichsforderung nach § 426 Abs 1 vorgehen will. Beide Ansprüche sind insoweit miteinander verbunden, als sie nur zusammen abgetreten werden können (BGHZ 17, 222; Staud/*Noack* Rn 130). Beschränkungen und inhaltliche Änderungen des Ausgleichsanspruchs erstrecken sich uU auch auf die übergegangene Forderung. Einwendungen und Einreden beeinflussen den anderen Anspruch jeweils grds nicht, sondern nur bei entspr Vereinbarung (Palandt/*Grüneberg* Rn 13 mwN). 15

D. Haftungsfreistellung und Ausgleichspflicht. I. Problemstellung. Bes Probleme ergeben sich beim Rückgriff, wenn zugunsten einer von mehreren Personen, die nach den dargestellten Grundsätzen als »Gesamtschuldner« haften müssten, eine Haftungsbeschränkung, ein Haftungsausschluss oder ein Haftungsverzicht (bereits bei Entstehung der Ansprüche) besteht. Solche können sich aus einer vertraglichen Abrede oder aus einer gesetzlichen Regelung, zB §§ 708, 1359, 1664 Abs 1, §§ 104, 105 SGB VII oder § 46 Beamtenversorgungsgesetz, ergeben. Die §§ 422–425 beziehen sich demgegenüber auf die **nachträgliche Veränderung der Schuld**. Zu beachten ist, dass die vertragliche Vereinbarung eines Haftungsausschlusses oder einer Haftungsbeschränkung **nach Entstehung** der Gesamtschuld nicht die Ausgleichspflicht zwischen den Schädigern berührt, es sei denn, es ist ausnahmsw Gesamtwirkung gewollt (BGH NJW 2000, 1942, 1943; BGHZ 58, 216, 218). 16

II. Vertragliche Haftungsprivilegierung. Die Rspr wählt bei der vertraglichen Haftungsprivilegierung eine Lösung, die sich grds **zu Lasten des haftungsprivilegierten Schädigers** auswirkt. Der Geschädigte hat den ungekürzten Anspruch gegen den nicht privilegierten Schädiger. Dieser kann jedoch von dem privilegierten 17

Mitschädiger Ausgleich nach § 426 Abs 1 verlangen, dh er kann trotz der im Außenverhältnis nicht vorliegenden Gesamtschuld Regreß nehmen; das Gesamtschuldverhältnis wird fingiert. Zahlt der Dritte im oben genannten Bsp dem geschädigten Beifahrer vollständig Ersatz für den erlittenen Schaden, kann er von dem privilegierten Erstschädiger einen Ausgleich in Höhe von 10.000 € verlangen. Der Nachteil dieser von der **Rspr favorisierten Lösung** der **Fiktion der Gesamtschuld** besteht darin, dass der privilegierte Schuldner iErg trotz der Haftungsfreistellung einen Teil des Schadens selber tragen muss. Er steht damit iErg schlechter, als wenn er für den Schadenseintritt alleine verantwortlich gewesen wäre. Um dieses merkwürdige Ergebnis zu vermeiden, ist dem Erstschädiger seinerseits grds der Rückgriff beim Gläubiger zu ermöglichen. Es kommt damit zu einem »Regresskreisel« (BGH NJW-RR 2004, 1243, 1245; NJW 1983, 216, 219 ff; hierzu Müko/*Bydlinski* Rn 57). Gegen diese Lösung spricht jedoch nicht nur, dass sie umständlich ist, sondern auch, dass der Erstschädiger etwa im Prozess, um in den Genuss der Haftungsprivilegierung zu kommen, versuchen müsste, sich selbst als Alleinverursacher darzustellen. In der **überwiegenden Lit** (*Medicus* SchuldR I Rn 807; *ders* BürgR Rn 933; BaRoth/*Gehrlein* Rn 12; *Larenz* § 37 III; Müko/*Bydlinski* Rn 57; *Brox/Walker* Allg SchuldR § 37 Rn 24) wird daher vorgeschlagen, den Anspruch des Gläubigers gegen den nichtprivilegierten Schädiger von vornherein um den Verantwortungsteil des privilegierten Schädigers zu kürzen; der Geschädigte soll gleich die Folgen seines Haftungsverzichts tragen. Dass der Gläubiger damit einen Teil seines Schadens selber tragen muss, rechtfertigt sich aus der von ihm selbst mit dem Erstschädiger vereinbarten Haftungsfreistellung (Palandt/*Grüneberg* Rn 16, 17)

18 **III. Gesetzliche Haftungsprivilegierung.** Ein gesetzlicher Haftungsausschluss kann etwa bei einem **Arbeitsunfall** (§ 104 SGB VII), einem **Dienstunfall** eines Beamten (§ 46 Beamtenversorgungsgesetz) oder bei einer Arbeitnehmerhaftung wegen schadensgeneigter Arbeit gegeben sein. Erleidet zB Arbeitnehmer A bei einem Arbeitsunfall, der von seinem Arbeitskollegen S1 (Erstschädiger) und dem betriebsfremden S2 (Zweitschädiger) fahrlässig verursacht worden ist, körperliche Schäden, ist S1 nach den §§ 104 ff SGB VII nicht zum Ersatz des Personenschadens verpflichtet. Soweit jedoch die Berufsgenossenschaft B dem A Leistungen auf Grund des Unfalls erbringt, geht der Schadensersatzanspruch des A gegen S2 nach § 116 SGB X auf B über. Macht B den auf sie übergegangenen Schadensersatzanspruch gegen S2 geltend, gehen in diesen Fällen sowohl die Rspr als auch die Lit davon aus, dass sich die Haftung des Zweitschädigers auf seinen Verantwortungsteil beschränkt. Das bedeutet, dass der auf die Berufsgenossenschaft übergegangene Schadensersatzanspruch des Verletzten gegen den Zweitschädiger auf das beschränkt ist, was dieser ohne die Regelung der §§ 104 ff SGB VII im Innenverhältnis endgültig hätte leisten müssen, dh der Zweitschädiger ist »in Höhe des Verantwortungsteils« freigestellt, der auf den Erstschädiger im Innenverhältnis entfiele, wenn man seine Haftungsprivilegierung hinweg denkt (BGHZ 155, 205, 213; 103, 338 ff; 61, 51, 53 ff). Die Beschränkung der Haftung des Zweitschädigers beruht dabei auf dem Gedanken, dass einerseits die haftungsrechtliche Privilegierung nicht durch eine Heranziehung unterlaufen werden soll, es aber andererseits im Hinblick auf die Absicherung des Geschädigten durch eine gesetzliche Unfallversicherung nicht gerechtfertigt wäre, den Schaden alleine tragen zu lassen. Eine von dem privilegierten Schädiger zugunsten des Zweitschädigers eingegangene Freihaltungsverpflichtung beeinflusst nicht dessen Außenhaftung. (BGHZ 110, 114, 117 ff; PWW/*H F Müller* Rn 25).

19 Die Anspruchskürzung greift auch bei einem **Schulunfall**, wenn die Haftung des Mitschädigers nach § 106 SGB VII ausgeschlossen ist, sowie bei einem durch einen nach § 46 BeamtVG begünstigten Beamten u einem nicht privilegierten Schädiger verursachten **Dienstunfall** (BGH NJW 1985, 2261). Wenn der Schaden durch einen nach § 86 Abs 3 VVG oder § 116 Abs 6 SGB X haftungsbegünstigten **Angehörigen** des Verletzten und einem Mitschädiger verursacht worden ist, beschränken sich die Regressansprüche des Versicherers bzw Sozialversicherungsträgers gegen den Zweitschädiger auf dessen Haftungsanteil (BGHZ 54, 256 ff; 73, 191, 195; vgl Staud/*Noack* Rn 143 ff). Ebenso muss der Kaskoversicherer beim Regress gegen den Mitschädiger den Haftungsanteil des berechtigten Fahrers abziehen. Diese Lösung **zu Lasten des Gläubigers** ist gerechtfertigt, da der Ausfall durch sozialverscherungsrechtliche Ansprüche ausgeglichen wird (vgl BGH, NJW 2003, 2984 »Gitterbox«, in der erstmals zu Auswirkungen der Haftungsfreistellung des Schädigers nach § 106 Abs 3 Alt 3 SGB VII bei der Inanspruchnahme eines nicht selbst auf der gemeinsamen Betriebsstätte tätigen Unternehmers als Zweitschädiger Stellung genommen wurde; ebenfalls hierzu BGH NVZ 2004, 188 »Spritze im Müllsack«).

20 Bei den **gesetzlichen Haftungsbeschränkungen auf »eigenübliche Sorgfalt«** (§§ 708, 1359, 1664 Abs 1), die allerdings für den Straßenverkehr nicht gelten, hat der BGH den Zweitschädiger für den gesamten Schaden haften lassen (BGH NJW 2004, 2892; Palandt/*Grüneberg* § 420 Rn 18). Dieser ist dann wegen fehlender Zurechenbarkeit kein Gesamtschuldner. So bürdete der BGH in dem »Spielplatzfall«, bei dem sich ein Kind wegen Verschulden der Stadt und seiner Eltern auf einer Rutsche verletzte, der Stadt endgültig den gesamten Schaden auf, da die Haftung der Eltern ggü dem Kind nach § 1664 Abs 1 wegen des gesetzlichen milderen Haftungsmaßstabs »eigenübliche Sorgfalt« ausgeschlossen sei. Der Vater (Erstschädiger) habe danach bereits den haftungsbegründenden Tatbestand nicht erfüllt, so dass er kein Schuldner und damit auch kein Gesamtschuldner ist mit der Folge der vollen Haftung des Zweitschädigers. Zur Begründung dieser Abweichung von den eben genannten Grundsätzen hat der BGH auf den Schutzzweck dieser Norm hingewiesen. Die § 1664 Abs 1 dienen zum einen dem Familienfrieden, werden zum anderen aber auch dem Umstand gerecht, dass

eine ununterbrochene Anwendung der im Verkehr erforderlichen Sorgfalt auch im ganz privaten Bereich von keinem Menschen erwartet werden kann (BGHZ 103, 338, 346 ff; hierzu *Medicus* BürgR, Rn 932 ff; *ders* Rn 808). In der Rspr ist offen, ob diese Grundsätze auch in den §§ 708, 1359 angewendet werden (*Medicus* SchuldR I Rn 808 befürwortend für § 1359). Entschärft wird die Problematik dadurch, dass die genannten Vorschriften nach neuerer Rspr des BGH auf den praktisch bes wichtigen Bereich der Haftung bei Verkehrsunfällen im Straßenverkehr nicht anwendbar sind, dh bei Verkehrsunfällen wird das Gesamtschuldverhältnis durch die §§ 708, 1359 und 1664 nicht gestört (BGHZ 46, 316; 63, 51, 57 ff); gegen Gesellschafter, Ehegatten und Eltern bestehen Ausgleichsansprüche nach allg Grundsätzen.

§ 427 Gemeinschaftliche vertragliche Verpflichtung. **Verpflichten sich mehrere durch Vertrag gemeinschaftlich zu einer teilbaren Leistung, so haften sie im Zweifel als Gesamtschuldner.**

A. Allgemeines. Diese Bestimmung enthält für gemeinschaftlich übernommene (teilbare) Verpflichtungen 1
die widerlegbare Vermutung gesamtschuldnerischer Haftung. Diese Auslegungsregel verdrängt als lex specialis die gegenteilige Vermutung des § 420, sofern die teilbare Leistung auf gemeinschaftlicher vertraglicher Verpflichtung beruht und schränkt den Anwendungsbereich des § 420 erheblich ein. Ergibt sich dagegen aus der Vertragsauslegung die Vereinbarung einer Teilschuldnerschaft, ist § 427 nicht anzuwenden. § 427 findet entspr Anwendung auf einseitige Rechtsgeschäfte (Staud/*Noack* Rn 7, zB einseitige Schuldversprechen wie etwa Auslobung) sowie über § 683 auch für Verpflichtungen aus GoA (BGH VersR 1967, 55, 56; aA Staud/*Noack* Rn 8). Ist der Vertrag nichtig, ist § 427 nicht anwendbar. Jeder **Schuldner haftet dem Gläubiger nach § 812 nur auf das von ihm Erlangte** (hM Hamm **NJW 1981, 877, 878;** Palandt/*Grüneberg* Rn 3; Staud/*Noack* Rn 74 ff, PWW/*H F Müller* Rn 4). Dies gilt auch bei rückwirkender Beseitigung des Vertrags durch Anfechtung. Ist das Erlangte Gesamthandsvermögen geworden, ist § 431 anzuwenden. Dagegen beruhen Verpflichtungen aus Rücktritt und Minderung auf einer gemeinschaftlichen Verpflichtung durch einen wirksamen Vertrag und sind daher Gesamtschulden (hM vgl nur Hk-BGB/*Schulze* Rn 2).

B. Voraussetzungen. Voraussetzung für die Anwendbarkeit der Auslegungsregel ist, dass sich die Schuldner 2
gemeinschaftlich vertraglich ggü einem Gläubiger zu der teilbaren Leistung wirksam verpflichtet haben. Eine gemeinschaftliche Verpflichtung liegt nicht nur bei einem gleichzeitigen Vertragsabschluss vor, sondern auch bei gesondert abgeschlossenen Verträgen, sofern diese subjektiv wirtschaftlich oder rechtlich eine Einheit bilden (BGH NJW 1959, 2161).

§ 428 Gesamtgläubiger. **Sind mehrere eine Leistung zu fordern berechtigt, dass jeder die ganze Leistung fordern kann, der Schuldner aber die Leistung nur einmal zu bewirken verpflichtet ist (Gesamtgläubiger), so kann der Schuldner nach seinem Belieben an jeden der Gläubiger leisten. Dies gilt auch dann, wenn einer der Gläubiger bereits Klage auf die Leistung erhoben hat.**

A. Allgemeines. Die Gesamtgläubigerschaft nach § 428 bildet das Gegenstück zur Gesamtschuld (§ 421). Sie 1
ist dadurch gekennzeichnet, dass ein Schuldner ggü mehreren Gläubigern zur Erbringung einer Leistung verpflichtet ist, die Leistung aber nur einmal bewirken muss und jeder Gläubiger berechtigt ist, die ganze Leistung zu fordern. Als Nachweis der Erfüllung genügt die Quittung eines Gläubigers (Palandt/*Grüneberg* § 427 Rn 2 mwN). Der Schuldner kann frei wählen, an welchen Gläubiger er leistet, auch wenn ein anderer bereits Klage erhoben hat oder die Zwangsvollstreckung betreibt. Der einzelne Gläubiger kann über seine Forderung isoliert verfügen, dh sie auf einen Dritten übertragen (BGHZ 29, 363, 364), die aber durch die Einheitlichkeit der Tilgungswirkung miteinander verbunden sind. Evtl Gestaltungsrechte, zB das Wahlrecht nach § 843 Abs 2, müssen von den Gesamtgläubigern gemeinsam ausgeübt werden (BGHZ 59, 187 ff). Die Umwandlung einer Gesamtgläubigerforderung in eine Mitgläubigerschaft bedarf der Zustimmung des Schuldners und aller Gesamtgläubiger (BGH NJW 1991, 420; Staud/*Noack* Rn 49 ff); sie kann aber auf Grund einer formularmäßigen Ermächtigung ohne Zustimmung der anderen Gesamtgläubiger zulässig sein.

B. Entstehungsgründe. Die Gesamtgläubigerschaft entsteht kraft Gesetz oder auf Grund vertraglicher 2
Abrede. Es besteht hierfür – anders als bei der Gesamtschuld – keine Vermutung (BGH NJW 1984, 1357), sondern stellt – auch in Betracht der mit ihr verbundenen Gläubigerrisiken – die Ausnahme dar. Die Gesamtgläubigerschaft kann aber aus praktischen Gründen zu bejahen sein, wenn eine Mitgläubigerschaft wegen der Kenntnis von Person und Aufenthalt aller Gläubiger oder eine Teilgläubigerschaft wegen Veränderlichkeit der Aufteilung für den Schuldner mit Schwierigkeiten verbunden ist (Müko/*Bydlinski* Rn 9; Palandt/*Grüneberg* Rn 1). Die Gesamtgläubigerschaft dient nämlich nicht nur dem Gläubigerinteresse, indem er die Leistung insges und nicht nur – wie bei der Teilgläubigerschaft nach § 420 2 Hs – den ihm im Innenverhältnis zustehenden Teil an sich selbst allein verlangen kann, sondern auch dem Schuldnerinteresse, indem sie den Schuldner von dem Risiko befreit, an den falschen Gläubiger zu zahlen und dadurch nicht in voller Höhe befreit zu werden (Erman/*Ehmann* Rn 2).

3 **C. Gesamtgläubigerschaft kraft Gesetzes.** Die Gesamtgläubigerschaft ist **gesetzlich angeordnet** in §§ 525 Abs 2, 2151 Abs 3. Gesamtgläubiger sind ferner mehrere Mitbürgen, die von einem anderen Bürgen Ausgleichsansprüche geltend machen (RGZ 117, 5), mehrere Kostengläubiger aus einem Kostenfestsetzungsbeschluss (BGH Rpfleger 1985, 322) und mehrere Sozialversicherungsträger bei einem Anspruchsübergang nach § 116 Abs 1 S 1 SGB X (anders nur bei teilw Übergang nach § 86 VVG). Gesamtgläubigerschaft besteht ferner bzgl der Mitberechtigung von Ehegatten nach § 1357 (Staud/*Noack* Rn 63 str). **Keine Gesamtgläubigerschaft** liegt vor bei Schadensersatzansprüchen von Hinterbliebenen bei Tötung (BGH NJW 1972, 1716, 1717), bzgl des Steuererstattungsanspruchs zusammen veranlagter Ehegatten (LG Stuttgart NJW-RR 1992, 647; LG Düsseldorf NJW-RR 1986, 1333; Staud/*Noack* Rn 72) oder bei Unterhaltsansprüchen mehrerer Berechtigter trotz Geltendmachung in einem Rechtstreit.

4 **D. Gesamtgläubigerschaft kraft Vertrag.** Die vertragliche Begründung einer Gesamtgläubigerschaft muss sich aus der getroffenen Vereinbarung ergeben, da es keine dem § 427 bei der Gesamtschuld entspr Vermutung gibt. Regelmäßig ist diese anzunehmen bei der Errichtung eines Oder-Kontos mit Einzelzeichnungsberechtigung, wie es insbes von Ehegatten gewählt wird, bei dem im Gegensatz zum Konto mit gemeinsamer Verfügungsberechtigung (Und-Konto) jeder Kontoinhaber verfügungsbefugt ist (BGHZ 95, 185, 187; 93, 315, 320 ff). Abbedungen ist allerdings das freie Wahlrecht, vielmehr muss die Bank an den Fordernden leisten. Gesamtgläubiger sind weiterhin die Inhaber eines »Oder-Depots« (PWW/*H F Müller* Rn 2; BGH NJW 1997, 1434, 1435). Auch Ehegatten, die gemeinsam einen Bausparvertrag abgeschlossen haben oder Rückzahlung einer Mietkaution für die gemeinsame Wohnung verlangen, sind idR Gesamtgläubiger. Auch bei dem Absender und Empfänger hinsichtlich der Ansprüche gegen Frachtführer nach § 421 HGB ist Gesamtgläubigerschaft anzunehmen (BGH NJW 1999, 1110, 1112). Keine Gesamtgläubigerschaft, sondern **Mitgläubigerschaft** besteht dagegen bei den Honoraransprüchen einer Rechtsanwaltssozietät (BGH NJW 1996, 2859), bei Forderungen eines Gläubigerpools (BGH NJW 1991, 2629), da hier nicht die Gesellschafter, sondern die GbR selbst Inhaber der Rechte ist; Entspr gilt für die Ansprüche einer Wohnungseigentümergemeinschaft (BGHZ 163, 154, 158 ff).

5 **E. Dingliche Gesamtberechtigung.** Bei (beschränkt) dinglichen Rechten kann eine dingliche Gesamtberechtigung iSv § 428 bestehen: Eigentum (Palandt/*Grüneberg* Rn 49), Nießbrauch (BGH NJW 1981, 176, 177), Wohnrecht (BGHZ 46, 253; NJW 1996, 2153), Hypothek (BGHZ 29, 365), Grundschuld (BGH NJW 1975, 445), Erbbaurecht (LG Bielefeld Rpfleger 1985, 248; aA Staud/*Noack* Rn 111), Reallast (BayObLG Rpfleger 1975, 300), Vormerkung (sofern man hierin ein dingliches Recht sieht, Hamm NJW-RR 2006, 162). Im Grundbuch ist diese Rechtszuständigkeit nach § 47 GBO zu dokumentieren, etwa durch den Zusatz »als Gesamtberechtigte iSv § 428« (BGH NJW 1981, 176).

6 **F. Prozessuales.** Der einzelne Gesamtgläubiger kann die Forderung in vollem Umfang einklagen und vollstrecken. Die Klageerhebung ist neben einer rechtshängigen Klage eines anderen Gesamtgläubigers möglich. Klageerhebung und Vollstreckung haben auf das Wahlrecht des Schuldners, wie § 428 S 2 zeigt, keinen Einfluss. Die Klage wird durch Erfüllung an einen anderen Gläubiger unbegründet; dies führt zur Erledigung der Hauptsache iSv § 91a ZPO. In der Zwangsvollstreckung kann der Einwand der Erfüllung durch die Vollstreckungsgegenklage (§ 767 ZPO) geltend gemacht werden. Klagen mehrere Gesamtgläubiger, sind sie einfache Streitgenossen nach § 59 ZPO (PWW/*H F Müller* Rn 7).

§ 429 Wirkung von Veränderungen.

[1] Der Verzug eines Gesamtgläubigers wirkt auch gegen die übrigen Gläubiger.

[2] Vereinigen sich Forderung und Schuld in der Person eines Gesamtgläubigers, so erlöschen die Rechte der übrigen Gläubiger gegen den Schuldner.

[3] Im Übrigen finden die Vorschriften der §§ 422, 423, 425 entsprechende Anwendung. Insbesondere bleiben, wenn ein Gesamtgläubiger seine Forderung auf einen anderen überträgt, die Rechte der übrigen Gläubiger unberührt.

1 **A. Allgemeines.** Als Gegenstück zu § 424 bestimmt diese Vorschrift, welchen Tatsachen bei der Gesamtgläubigerschaft Gesamtwirkung zukommt. Sie geht vom Grundsatz der Einzelwirkung aus (§ 429 Abs 3 iVm § 425); forderungsverändernde Ereignisse haben nur dann Gesamtwirkung, wenn diese bes angeordnet ist.

2 **B. Anordnung der Gesamtwirkung.** § 429 Abs 1 ordnet – ebenso wie § 424 – bei Gläubigerverzug grds Gesamtwirkung an. Da die Erfüllung Gesamtwirkung hat, muss der durch den Erfüllungsversuch begründete Annahmeverzug gegen alle Gläubiger wirken. Gerät ein Gläubiger in Annahmeverzug, hat der Schuldner mithin alle Vorteile der §§ 300 ff ggü allen Gläubigern. Er kann sich nach § 428 den Gläubiger aussuchen, an den er leisten will. Anders als nach § 425 Abs 2 bei der Gesamtschuld führt das Zusammenfallen von Schuldner- und Gläubigerposition zum Erlöschen der Rechte der übrigen Gesamtgläubiger (Gesamtwirkung), da der Schuldner sonst nach § 428 die Leistung an sich selbst wählen könnte, sobald er einer der Gesamtgläubiger geworden ist. Im Verhältnis zu den anderen Gesamtgläubigern gilt aber die Ausgleichspflicht nach § 430. Bei

Befriedigung eines Gläubigers durch **Erfüllung, Leistung an Erfüllungs statt, Hinterlegung** oder **Aufrechnung** erlöschen die Forderungsrechte aller Gläubiger (§ 429 Abs 3 iVm § 422), da der Schuldner nur einmal zu leisten hat. Ein **Erlass** der Forderung durch einen Gesamtgläubiger hat nur dann Gesamtwirkung, wenn der vereinbarende Gläubiger eine **entspr Verfügungsbefugnis** besitzt (BGH NJW 1986, 1862) und nach dem Inhalt des Erlassvertrages das gesamte Schuldverhältnis aufgehoben werden soll; eine so weitreichende Verfügungsbefugnis ergibt sich nach hM nicht bereits aus der Verweisung des § 429 Abs 3 auf § 423 (BGH NJW 1986, 1861, 1862; Müko/*Bydlinski* Rn 5). **Andere** schuldverändernde Umstände haben wegen des Verweises auf § 425 grds nur Einzelwirkung, zB Schuldnerverzug (Staud/*Noack* § 430 Rn 47 ff), Urteil (BGH NJW 1986, 1047; 1984, 126, 127), Verjährung (BGH NJW 1985, 1151, 1152) und die Versäumung von Ausschlussfristen (BGH NJW 1979, 2039). Wenn ein Gesamtgläubiger seine **Forderung** an einen Dritten **abtritt**, lässt dies die Ansprüche der übrigen Gläubiger nach § 429 Abs 3 S 2 unberührt. Auch die **Pfändung** der Forderung bei einem Gesamtgläubiger hat keinen Einfluss auf die Rechte der anderen; diesen steht daher auch kein Widerspruchsrecht zu (PWW/*H F Müller* § 432 Rn 5).

§ 430 Ausgleichungspflicht der Gesamtgläubiger. **Die Gesamtgläubiger sind im Verhältnis zueinander zu gleichen Teilen berechtigt, soweit nicht ein anderes bestimmt ist.**

A. Allgemeines. Die Vorschrift regelt als Gegenstück zu § 426 den **Ausgleich unter den Gesamtgläubigern.** 1
In erster Linie sind die Gläubiger nach Maßgabe ihres Innenverhältnisses zum Ausgleich verpflichtet. Nur soweit sich aus dem Innenverhältnis keine andere Aufteilung (aus Gesetz oder Vereinbarung) ergibt, greift die von § 430 vorgesehene Berechtigung zu gleichen Teilen (Kopfteilen). Darlegungs- und beweispflichtig für Abweichungen von dem Grundsatz »Anteilsverteilung nach Köpfen« ist derjenige, der sich darauf beruft (BGH NJW 1990, 705).

B. Regelungsinhalt. Die Ausgleichspflicht entsteht grds, wenn ein Gesamtgläubiger mehr als den ihm insges 2
zustehenden Anteil erhalten hat. Diese Ausgleichsregelung im Innenverhältnis begründet eine selbstständige Anspruchsgrundlage (Zweibrücken NJW 1991, 1835). Der Regressanspruch ist allerdings nicht – wie bei § 426 Abs 2 – durch eine cessio legis gesichert. Vollstreckt einer der Gesamtgläubiger gegen den Schuldner und pfändet dabei mehr, als ihm im Innenverhältnis zusteht, können die anderen Gesamtgläubiger Drittwiderspruchsklage nach § 771 ZPO erheben. Eine Berechtigung der Gesamtgläubiger zu gleichen Anteilen nach § 430 besteht regelm bei Oder-Konten von Ehegatten. Dagegen besteht beim Oder-Depot von Wertpapieren keine Vermutung für hälftiges Eigentum der Ehegatten (BGH NJW 1997, 1434; Frankfurt aM NJW-RR 2005, 87; Einzelheiten Staud/*Noack* Rn 29 ff); hier sind die Eigentumsverhältnisse für das Oder-Depot maßgebend. Eine andere Verteilung als die von § 430 vorgesehene wird nicht bereits durch den Umstand begründet, dass nur ein Ehegatte ein Einkommen erzielt. Überlässt ein Ehegatte dem anderen eine Wohnung, an der ihnen ein gemeinsames Wohnrecht iSv § 1093 zusteht, kann er jedoch keinen Ausgleich nach § 430 verlangen (BGH NJW 1996, 2154). Zwischen Partnern einer nichtehelichen Lebensgemeinschaft bestehen idR entspr Ausgleichspflichten hinsichtlich beigetriebener Forderungen bzw hinsichtlich einer vor Trennung vom Gemeinschaftskonto abgehobenem Betrag (Düsseldorf NJW-RR 1999, 1091; Hk-BGB/*Schulze* Rn 2). Dagegen ist der Gläubiger iF einer Gesamtgläubigerschaft nach § 2151 Abs 3 S 3 nicht zu einem Ausgleich nach § 430 verpflichtet. Nach § 117 S 2 SGB X hat der Ausgleich zwischen mehreren Sozialversicherungsträgern nach dem Verhältnis der erbrachten Leistungen zu erfolgen (BGHZ 28, 68, 76; BGH NJW 1989, 2622).

§ 431 Mehrere Schuldner einer unteilbaren Leistung. **Schulden mehrere eine unteilbare Leistung, so haften sie als Gesamtschuldner.**

§ 431 stellt für unteilbare Leistungen nicht nur eine Vermutung auf, sondern ordnet ohne Rücksicht auf den 1
Rechtsgrund zwingende Gesamtschuld an (Palandt/*Grüneberg* § 431 Rn 1; BaRoth/*Gehrlein* Rn 1, aA Staud/*Noack* Rn 2; Müko/*Bydlinski* Rn 2, Erman/*Ehmann* Rn 1, letztere sehen in § 431 eine Auslegungsregel). IErg handelt es sich aber um eine begriffliche Frage, da jedenfalls Übereinstimmung dahingehend besteht, dass bei Unteilbarkeit der Leistung eine Behandlung als Teilschuld nicht vereinbart werden kann. So schulden zB mehrere Mieter die Rückgabe der Mietsache nach § 546 Abs 1 als gleiche unteilbare Leistung (BGHZ 131, 176, 183).
Soweit die Schuldner die Leistung jedoch nur gemeinsam erbringen können, ist allerdings zu prüfen, ob 2
nicht die – in den Rechtsfolgen im Gegensatz zur Gesamtschuld weniger strenge – gemeinschaftliche Schuld vorliegt, bei der die Schuld nur von allen Schuldnern gemeinsam erbracht werden kann. Im Gesetz ist die gemeinschaftliche Schuld für Gesamthandsgemeinschaften vorgesehen. Bei einer Gesellschaft (§ 705), Gütergemeinschaft (§ 1415) und Erbengemeinschaft (§ 2032 Abs 1) sind die Beteiligten gemeinschaftliche Schuldner von Forderungen gegen das Sondervermögen, das ihnen zur gesamten Hand zusteht. Diese gemeinschaftliche Haftung hinsichtlich des Sondervermögens schließt es aber grds nicht aus, dass der Schuldner daneben auch mit seinem – gesamthänderisch nicht gebundenen – Privatvermögen haftet, und zwar idR als Gesamtschuldner (§§ 427, 431, 1437 Abs 2 S 1, 2058, 128 S 1 HGB). Das Vorliegen einer gemeinschaftlichen Schuld kann sich auch aus der Art der vertraglichen Vereinbarung ergeben zB wenn sich die Schuldner zur gemein-

samen Herstellung eines Werkes verpflichten (Hk-BGB/*Schulze* Rn 3 mwN). Auch im Falle der Umwandlung in eine teilbare Schuld bleibt die einmal begründete Gesamtschuld bestehen.

§ 432 Mehrere Gläubiger einer unteilbaren Leistung. [1] **Haben mehrere eine unteilbare Leistung zu fordern, so kann, sofern sie nicht Gesamtgläubiger sind, der Schuldner nur an alle gemeinschaftlich leisten und jeder Gläubiger nur die Leistung an alle fordern. Jeder Gläubiger kann verlangen, dass der Schuldner die geschuldete Sache für alle Gläubiger hinterlegt oder, wenn sie sich nicht zur Hinterlegung eignet, an einen gerichtlich zu bestellenden Verwahrer abliefert.**
[2] **Im Übrigen wirkt eine Tatsache, die nur in der Person eines der Gläubiger eintritt, nicht für und gegen die übrigen Gläubiger.**

1 **A. Allgemeines.** Können mehrere Personen eine unteilbare Leistung fordern, kann Gesamtgläubigerschaft (§ 428) oder Mitgläubigerschaft (§ 432) vorliegen. Da die Gesamtgläubigerschaft jedoch praktisch selten anzunehmen ist, liegt **regelm** die **Mitgläubigerschaft** vor. Charakteristisch hierfür ist, dass jeder Schuldner nur an alle Gläubiger gemeinsam leisten kann und der einzelne Gläubiger seinerseits nicht Leistung an sich, sondern auch nur an alle gemeinsam verlangen kann. § 432 ist daher anwendbar, wenn aus tatsächlichen oder rechtlichen Gründen unteilbare Leistungen vorliegen (BGH NJW 1996, 1407, 1409) und nicht (ausnahmsw) Gesamtgläubigerschaft iSv § 428 vorliegt. Das Forderungsrecht für jeden Gläubiger nach § 432 Abs 1 verhindert nachteilige Folgen, wenn ein Gläubiger sich nicht daran beteiligt, die Forderung geltend zu machen. Man unterscheidet die Bruchteilsgemeinschaft, die Gesamthandsgemeinschaft und die einfache gemeinschaftliche Berechtigung.

2 **B. Arten der Mitgläubigerschaft. I. Bruchteilsgemeinschaft.** Bei einer Bruchteilsgemeinschaft (§§ 741 ff) erstreckt sich die anteilige Berechtigung auch auf die der Gemeinschaft erwachsenen Forderungen (sog einfache Forderungsgemeinschaft). Die Zweckbindung begründet rechtliche Unteilbarkeit selbst dann, wenn bei natürlicher Betrachtung Teilung möglich ist (BGH NJW 1958, 1723; 2001, 231, 233). Für das Innenverhältnis zwischen den Teilhabern gelten die §§ 741 ff, während sich das Außenverhältnis zum Schuldner nach § 432 bestimmt. **Beispiele**: Kaufpreisanspruch mehrerer Verkäufer (BGH NJW 1998, 1483); Darlehensrückzahlungsanspruch mehrerer Darlehensgeber; Gewährleistung bei mehreren Auftraggebern (BGHZ 94, 117, 119); Geltendmachung des dinglichen Herausgabeanspruchs (BGH NJW 1993, 935, 937; RGZ 119, 163) sowie für sonstige rechtlich unteilbare Ansprüche wegen Eigentumsverletzung (BGHZ 79, 245, 248; BGH NJW 1993, 727, 728), etwa bei Schadensersatzansprüchen, die auf der Verletzung gemeinschaftlichen Eigentums beruhen (BGH NJW 1984, 796). Unter § 432 fallen auch Ansprüche von Ehegatten auf Abschluss eines Grundstückskaufvertrags (BayObLGZ 1992, 131, 136) oder Ansprüche auf Rückübertragung einer Grundschuld (BGH NJW 1986, 2108, 2110; AnwK/*Völzmann-Stickelbrock* Rn 9 mwN).

3 **II. Gesamthandsgemeinschaften.** Bei Gesamthandsgemeinschaften ergibt sich die rechtliche Unteilbarkeit der Forderungen daraus, dass diese einem gesamthänderisch gebundenen Sondervermögen zustehen. Mitgläubiger sind daher auch die Mitglieder einer ehelichen Gütergemeinschaft (§§ 1416 ff) – auch in Form einer fortgesetzten Gütergemeinschaft (§§ 1458 ff) – und einer Erbengemeinschaft (§§ 2032) hinsichtlich der zum Gesamthandsvermögen gehörenden Forderungen. § 432 ist anwendbar, soweit keine Sonderregeln (§§ 1422, 2039) eingreifen. Bei den (teil-)rechtsfähigen Personengesellschaften greift § 432 nicht ein, da nicht die Gesellschafter, sondern die Gesellschaft selbst Gläubiger der Forderung ist. Dies gilt auch für die GbR, seitdem ihr der BGH im Wege richterlicher Rechtsfortbildung die Teilrechtsfähigkeit zuerkannt hat (BGHZ 146, 341, 343 ff).

4 **III. Einfache gemeinschaftliche Berechtigung.** § 432 gilt auch dann, wenn mehrere Gläubiger Anspruch auf eine unteilbare Leistung haben, ohne dass zwischen ihnen eine Bruchteils- oder Gesamthandsgemeinschaft besteht. Diese Gestaltung ist nur von geringer praktischer Bedeutung. Sie kann etwa vorliegen, wenn Eigentümer und Besitzer gemeinsam durch eine unerlaubte Handlung geschädigt worden sind. Als weiteres Bsp wird im Schrifttum die Bestellung einer Taxe angeführt; hier dürfte es sich jedoch idR um eine Gelegenheitsgesellschaft handeln.

5 **C. Rechtsfolgen. I. Leistung an alle Gläubiger.** Nach § 432 Abs 1 S 1 kann **jeder** Gläubiger auch hinsichtlich seines Anteils keine Leistung an sich, sondern **nur Leistung an alle** verlangen. Mangels Gegenseitigkeit kann der Schuldner (da er an alle gemeinschaftlich zu leisten hat) mit einem nur gegen einen einzelnen Gläubiger bestehenden Gegenanspruch **nicht aufrechnen** (BGH NJW 1984, 1356, 1357; 1969, 839, 840; Zweibrücken NJW-RR 1997, 973). Erfüllung tritt nur bei Leistung an alle Gläubiger ein; die Leistung an nur einen Gläubiger befreit den Schuldner grds nicht; anderes gilt ausnahmsw nach § 242, wenn die Erbringung an einen Gläubiger eine ohnehin beabsichtigte Auseinandersetzung nur vorwegnimmt und die Leistung an alle Gläubiger nur bloßer Formalismus wäre, so etwa für eine Erbengemeinschaft (vgl Koblenz NJW-RR 2005, 2679). Die Leistung an einen Gläubiger hat ausnahmsw auch dann Erfüllungswirkung, wenn er zur Empfangnahme bevollmächtigt ist oder dadurch die Interessen aller Gläubiger befriedigt werden (Zweibrücken NJW-RR

1997, 973; Staud/*Noack* Rn 39). Der Ausgleich zwischen den Gläubigern richtet sich nach dem Innenverhältnis, hilfsw nach §§ 741 ff (BGH NJW 1982, 928; Palandt/*Grüneberg* Rn 11).

II. Hinterlegung. Jeder Gläubiger hat nach § 432 Abs 1 S 2 das Recht, für alle Gläubiger **befreiende Hinterlegung** der geschuldeten Sache nach § 372 zu verlangen; die Hinterlegung hat dann Erfüllungswirkung, wenn sie unter Rücknahmeverzicht erfolgt (§§ 376 Abs 2 Nr 1, 378, 362). Ist eine Erbengemeinschaft Teilhaberin einer Miteigentümergemeinschaft, so steht nach § 2039 Abs 1 S 2 dieses Recht (Anspruch auf Hinterlegung für die Erbengemeinschaft) auch einem Erben zu (BGH NJW 1983, 2020). 6

III. Wirkung von Tatsachen. Ebenso wie § 425 für die Gesamtschuld und § 429 Abs 2 für die Gesamtgläubigerschaft ordnet § 432 Abs 2 für Tatsachen, die in der Person des Gläubigers eintreten, auch bei der Mitgläubigerschaft **grds Einzelwirkung** an. Dies gilt jedoch nur für wenige Tatsachen, so etwa für die Verjährung und ihre Hemmung, den Erlass (BGH WM 2004, 46) und die Konfusion. Ebenso erstreckt sich die Rechtskraft eines Urteils gegen einen Mitgläubiger nicht auf die anderen Mitgläubiger (RGZ 119, 169). Beruht die Mitgläubigerschaft auf einem Rechtsgeschäft, wirken Anfechtung, Kündigung und Rücktritt hingegen für alle Gläubiger, es sei denn, dem Handelnden fehlt hierfür die erforderliche Vertretungsmacht. Das Wissen eines Gläubigers wird den anderen zugerechnet. In Annahmeverzug geraten die Mitgläubiger nur dann, wenn das ordnungsgemäße Angebot an alle ergangen ist (AnwK/*Völzmann-Stickelbrock* Rn 7 mwN). 7

D. Prozessuales. Klagt nur einer der Mitgläubiger, handelt er nach überwiegender Auffassung – jedenfalls bei Gesamthandsgemeinschaften – in gewillkürter Prozessstandschaft auf Grund einer Ermächtigung der Gesellschaft. Bei Bruchteilsgemeinschaften und sonstiger gemeinschaftlicher Berechtigung ist dagegen von einer eigenen Prozessführungsbefugnis auszugehen. Nach überwiegender Auffassung sind Mitgläubiger im Falle einer gemeinsamen Klage lediglich einfache und nicht notwendige Streitgenossen, da keine einheitliche Entscheidung ergehen muss (BGHZ 92, 351, 353; AnwK/*Völzmann-Stickelbrock* Rn 14 mwN). Eine Rechtskrafterstreckung eines von einem oder gegen einen Gläubiger erstrittenen Urteils auf die Mitgläubiger findet nicht statt (RGZ 119, 163, 169). Haben die Gläubiger gemeinsam einen Titel erwirkt, kann die nachfolgende Zwangsvollstreckung auch von einem Mitgläubiger alleine betrieben werden, sofern die Leistung auch den anderen Gläubigern unmittelbar zugute kommt, etwa bei Ansprüchen auf Mängelbeseitigung (Zweibrücken NJW-RR 1997, 973; AnwK/*Völzmann-Stickelbrock* Rn 15 mwN). 8

Abschnitt 8 Einzelne Schuldverhältnisse

Titel 1 Kauf, Tausch

Untertitel 1 Allgemeine Vorschriften

Checkliste: Kaufvertrag (§§ 433–480)

I.	**Vorfrage: Klärung Rechtsgeltungsanspruch der §§ 433 ff**		
	1. Geltung des deutschen Rechts	*§ 433* *Art 27, 29 EGBGB*	
	2. UN-Kaufrecht und Gemeinschaftsrecht	§ 433	→ Rn 65 ff
	3. Besondere Vertriebsformen mit zusätzlichen Anforderungen bei Haustürgeschäften, Fernabsatzverträgen, im E-Commerce	§ 433 *§§ 312 ff*	→ Rn 17
	4. Abgrenzung zum Deliktsrecht	§ 433	→ Rn 19
II.	**Vertragsschluss**	§ 433	→ Rn 2, 68
	1. Klärung der Vertragsparteien	§ 433	→ Rn 6
	a. Verbrauchsgüterkauf (Unternehmer = Verkäufer/Verbraucher = Käufer)	§ 433 *§§ 474 ff*	→ Rn 6
	b. Handelskauf (Kaufleute)	§ 433 *§§ 343, 373 ff HGB*	→ Rn 7, 67
	c. Subsidiäre Anwendung des Allg Kaufrechts	§ 433	→ Rn 6
	2. Vertragserklärungen (Angebot/Annahme)	*§§ 145 ff* *§ 308 Nr 1*	
	a. Rechtsbindung gewollt oder invitatio ad offerendum?	§ 433 *§§ 145 ff*	→ Rn 2
	b. Abgabe und Zugang (Regelung möglich)	*§ 130* *§ 308 Nr. 5, 8*	

c. Zu beachtende Nichtigkeitsgründe	§ 433	→	Rn 4
	§ 125		
	§ 134		
	§ 138		
	§§ 307 ff		
3. Form	*§ 433*	→	Rn 3 ff
a. Grundsatz der Formfreiheit	§ 433	→	Rn 3
b. Ausnahmen durch lex specialis	§ 433	→	Rn 3, 27
aa. Grundstückskaufvertrag	*§ 311b*		
bb. Kaufvertrag nach ErbbauVO	*§ 11 ErbbauVO*		
cc. Kaufvertrag über Wohnungseigentum	*§ 4 Abs 3 WEG*		
4. Kaufgegenstand	§ 433	→	Rn 8 ff
a. bewegliche Sache	§ 433	→	Rn 8
b. Tiere	§ 433	→	Rn 8
c. unbewegliche Sache	§ 433	→	Rn 27
d. Gas, Wasser, Elektrizität	§ 433	→	Rn 8
e. Software	§ 433	→	Rn 10
f. Unternehmen	§ 453	→	Rn 38 ff
g. Forderungen, immaterielle Güter und Rechte (Factoring)	§ 433	→	Rn 9
	§ 453		
5. Sonderformen (Kauf auf Probe, Wiederkauf, Vorkauf)	*§§ 454 ff*		
	§§ 456 ff		
	§§ 463 ff		
III. Kaufpreis	§ 433	→	Rn 44 ff
1. Regelbarer Preiserhöhungsvorbehalt	§ 433	→	Rn 46 ff
	§ 309 Nr 1		
2. Regelbarer Preisnachlass («Skonto»)	§ 433	→	Rn 50
3. Zahlungsziel (Vorauszahlung/Stundung)	§ 433	→	Rn 57 f
	§ 271		
4. Regelung der Zahlungsweise	§ 433	→	Rn 49 ff
a. Barzahlung	§ 433	→	Rn 49 f
b. Überweisung und Lastschrift	§ 433	→	Rn 51 f
	§ 362 (364)		
c. Kreditkartenzahlung	§ 433	→	Rn 53
d. Scheck, Wechsel, Akkreditiv	§ 433	→	Rn 59 f
e. Zahlung durch Verrechnung (Inzahlungnahme)	§ 433	→	Rn 54 f
f. Aufrechnung	§ 433	→	Rn 56
	§§ 387 ff		
5. Inzahlungnahme von Gebrauchtwagen	§ 433	→	Rn 54
IV. Regelung der Nebenkosten (Lieferung, Verpackung, Kosten für Notar etc)	*§ 448*		
	§ 453 Abs 2		
V. Regelung von Lieferung und ggf Änderungsvorbehalten			
1. Sukzessiv-, Ratenlieferungs-, Rahmenlieferungsvertrag	§ 433	→	Rn 13
2. Just-in-time-Lieferung	§ 433	→	Rn 43
3. Nachfristvorbehalt zur Lieferung in AGB	*§ 308 Nr 2*		
4. Rücktrittsvorbehalt in AGB	*§ 308 Nr 3*		
5. Änderungsvorbehalt (Ersatzlieferung)	*§ 308 Nr 4*		
VI. Potentielle Sicherungsmittel			
1. pauschalierter Schadensersatz	§ 433	→	Rn 21
	§ 437 Nr 3		
	§ 309 Nr 5		
	§ 348 HGB		
2. Eigentumsvorbehalt/Anwartschaft	§ 433	→	Rn 26, 27
	§ 449		
3. Sicherungsübereignung	§ 433	→	Rn 22, 26
	§ 930		

4. Sicherungsabtretung der Weiterverkaufsforderungen	*§ 433* *§ 449* §§ 398 ff	
5. Auflassungsvormerkung	§ 433 *§§ 883 ff*	→ Rn 27
6. Grundpfandrechte (Hypothek, Grundschuld)	§ 433 *§ 1113* *§ 1191*	→ Rn 55
7. Aufrechnungsverbot gegen Kaufpreisforderung	§ 433 *§§ 390 ff* *§ 1191*	→ Rn 56
8. Garantie	*§ 433* *§ 443* *§ 477*	→ Rn 31
VII. Leistungsstörungen	§ 433 *§§ 280 ff* *§§ 437 ff*	→ Rn 5 ff
1. Nichtleistung (Unmöglichkeit der Vertragserfüllung)	*§ 275* *§ 311a* *§ 280* *§ 283*	
2. Zuspätleistung (Schuldnerverzug bei der Vertragserfüllung)	*§ 280 I, II* *§ 281* *§ 286*	
3. Schlechtleistung (Lieferung einer mangelhaften Kaufsache)	*§ 280 I* *§ 281 I* *§ 323* *§§ 437 ff*	
a. Sachmangel	§ 434	→ Rn 8 ff
b. Rechtsmangel	§ 435	→ Rn 1 ff
c. differenziertes Rechtsfolgensystem		
aa. Primär: Nacherfüllung	§ 433 *§ 437 Nr 1* *§ 439*	→ Rn 5
bb. Sekundär: Minderung, Rücktritt, Schadensersatz, Ersatz vergeblicher Aufwendungen	*§ 437 Nr 2, 3* *§ 440* *§ 441*	
4. Sonstige Obliegenheits- und Pflichtverletzungen	§ 433 *§ 241* *§ 242*	→ Rn 32 ff
a. Nebenpflichten	§ 433 *§ 311 II* *§ 241*	→ Rn 32 ff
aa. Vertragsanbahnungsphase	§ 433 *§ 311 II* *§ 241*	→ Rn 33, 64
bb. Lieferpflicht für Ersatzteile	§ 433	→ Rn 33
cc. Obhuts- und Schutzpflichten	§ 433	→ Rn 34 f
dd. Warnhinweise	§ 433	→ Rn 35
ee. Aufklärungspflichten	§ 433 *§§ 119 ff*	→ Rn 36 ff
ff. Bedienungsanleitung	§ 433	→ Rn 38
gg. Dokumente/Rechnung	§ 433	→ Rn 39
b. Obliegenheiten (für Kaufleute)	§ 433 *§ 377 HGB*	→ Rn 40 ff

VIII. Haftungsausschlüsse und -modifizierungen			
1. Gesetzliche Haftungsausschlüsse			
a. Kaufmännische Rügepflicht	§ 433 *§ 377 HGB*	→	Rn 40 ff
b. Kenntnis des Käufers oder grobe Fahrlässigkeit	§ 442	→	Rn 1 ff
2. Vertragliche Haftungsausschlüsse			
a. Allg Grenze der Arglist und Übernahme einer Garantie	§ 444	→	Rn 1 ff
b. Besonderheit im Verbrauchsgüterkauf: Haftungseinschränkung nur bzgl Schadensersatz möglich	§ 433 *§ 475 I* *§ 474*	→	Rn 1
c. IÜ: Kein Haftungsausschluss in AGB bei neuen Sachen möglich	*§ 309 Nr 8b*		
IX. Regelung der Verjährung			
1. Gesetzliche Regelungen			
a. Lieferanspruch (3 Jahre)	*§ 195* *§ 199*		
b. Gewährleistungsrechte (2 Jahre)	§ 438	→	Rn 1 ff
2. Besonderheit: Regelung durch die Parteien in AGB (Problem: Verjährungsverkürzung nur eingeschränkt möglich)	*§ 309 Nr 8b ff*		
3. Besonderheit: Verbrauchsgüterkauf (Verjährungsverkürzung nur eingeschränkt möglich)	*§ 475 Abs 2*		
4. Verjährung des Rückgriffsanspruches	*§ 479* *§ 478*		
X. Regelung der Beweislast			
1. im Verbrauchsgüterkauf bzgl Mangelhaftigkeit (Mangelvermutung bei Mangelauftritt innerhalb von sechs Monaten)	§ 476	→	Rn 1 ff
2. Allg Regelungsmöglichkeit in AGB	*§ 309 Nr 12*		

§ 433 Vertragstypische Pflichten beim Kaufvertrag.

[1] Durch den Kaufvertrag wird der Verkäufer einer Sache verpflichtet, dem Käufer die Sache zu übergeben und das Eigentum an der Sache zu verschaffen.

[2] Der Käufer ist verpflichtet, dem Verkäufer den vereinbarten Kaufpreis zu zahlen und die gekaufte Sache abzunehmen.

Literatur *Augenhofer* Beweislastumkehr und Unzumutbarkeit der Nacherfüllung ZGS 2004, 385; *Auktor* Die Verjährung der Gewährleistungsrechte bei mangelhafter Nacherfüllung nach § 439 BGB NJW 2003, 120; *Auktor/Mönch* Nacherfüllung – nur noch auf Kulanz? NJW 2005, 1686; *Ball* Die Nacherfüllung beim Autokauf NZV 2004, 217; *Balthasar/Bolten* Untergang der verkauften Sache – Unmöglichkeit oder Ersatzlieferungsanspruch ZGS 2004, 411; *Bartenbach/Bartenbach* Schutzrechtsverkauf und Lizenzierung von Schutzrechten und Know-how nach der Schuldrechtsreform MDR 2003, 1270; *Berger* Der Beschaffenheitsbegriff des § 434 Abs 1 BGB JZ 2004, 276; *Bitter/Meidt* Nacherfüllungsrecht und Nacherfüllungspflicht des Verkäufers im neuen Schuldrecht ZIP 2001, 2114; *Boerner* Kaufrechtliche Sachmängelhaftung und Schuldrechtsreform ZIP 2001, 2264; *Bolthausen/Rinker* »Kettengewährleistung« als Folge des Schuldrechtsmodernisierungsgesetzes? ZGS 2006, 12; *Borgwardt* Rez zu: Zulieferverträge und Qualitätsicherung (RWS-Skript 229) von Michael Martinek, Köln (1991), ZIP 1992, 966; *Brors* Zu den Konkurrenzen im neuen Kaufgewährleistungsrecht WM 2002, 1780; *Brüggemeier* Zur Reform des deutschen Kaufrechts – Herausforderungen durch die EG-Verbrauchsgüterkauflichtlinie JZ 2000, 529; *ders* Das neue Kaufrecht des Bürgerlichen Gesetzbuches – Eine kritische Bestandsaufnahme WM 2002, 1376; *Büdenbender* Das Kaufrecht nach dem Schuldrechtsreformgesetz (Teil II) DStR 2002, 361; *ders* Der Nacherfüllungsanspruch des Käufers – Wahlschuld oder elektive Konkurrenz AcP 205 (2005) 386; *Bütter/M Tonner* Übertragung von Darlehensforderungen und Bankgeheimnis – Anmerkungen zur jüngeren Rechtsprechung ZBB 2005, 165; *Canaris* Schuldrechtsmodernisierung 2002, München (2002); *ders* Schadensersatz wegen Pflichtverletzung, anfängliche Unmöglichkeit und Aufwendungsersatz im Entwurf des Schuldrechtsmodernisierungsgesetzes DB 2001, 1815; *ders* Die Reform des Rechts der Leistungsstörungen JZ 2001, 499; *ders* Das allgemeine Leistungsstörungsrecht im Schuldrechtsmodernisierungsgesetz ZRP 2001, 329; *ders* Die Neuregelung des Leistungsstörungs- und des Kaufrechts – Grundstrukturen und Problemschwerpunkte, in: Egon Lorenz (Hrsg), Karlsruher Forum 2002, 2003, S 5; *ders* Die Nacherfüllung durch Lieferung einer mangelfreien Sache beim Stückkauf JZ 2003, 831; *ders* Begriff und

Tatbestand des Verzögerungsschadens im neuen Leistungsstörungsrecht ZIP 2003, 321; *Derleder* Der Wechsel zwischen den Gläubigerrechten bei Leistungsstörungen und Mängeln NJW 2003, 998; *ders* Sachmängel- und Arglisthaftung nach neuem Schuldrecht NJW 2004, 969; *ders* Der Bauträgervertrag nach der Schuldrechtsmodernisierung – Die Auswirkungen auf die Sachmängelgewährleistung NZBau 2004, 237; *ders* Das Outsourcing notleidender Bankkredite und seine rechtlichen Grenzen VuR 2007, 81; *ders* Zu den Sanktionen des Eigentumsvorbehalts bei Leistungsstörungen auf der Käuferseite ZHR 139 (1975), 20; *Dauer-Lieb/Dötsch* Schuldrechtsreform – Haftungsgefahren für Zwischenhändler nach neuem Recht? DB 2001, 2535; *Derleder* Der Wechsel zwischen den Gläubigerrechten bei Leistungsstörungen und Mängeln NJW 2003, 998; *ders* Sachmängel- und Arglisthaftung nach neuem Schuldrecht NJW 2004, 969; *ders* Der Bauträgervertrag nach der Schuldrechtsmodernisierung – Die Auswirkungen auf die Sachmängelgewährleistung NZBau 2004, 237; *Diederichsen* Die Entwicklung der Produzentenhaftung VersR 1984, 797; *Eggert* Die Fabrikneuheit von Kraftfahrzeugen DAR 2004, 327; *Eidenmüller* Rechtskauf und Unternehmenskauf ZGS 2002, 290; *Ernst/Gsell* Kritisches zum Stand der Schuldrechtsmodernisierung ZIP 2001, 1389; *Ensthaler* Haftungsrechtliche Bedeutung von Qualitätssicherungsvereinbarungen NJW 1994, 817; *Faust* Grenzen des Anspruchs auf Ersatzlieferung bei der Gattungsschuld ZGS 2004, 252; *Fleischer/Körber* Due diligence und Gewährleistung beim Unternehmenskauf BB 2001, 841; *Forster* Die Verjährung der Mängelansprüche beim Kauf von Baumaterialien NZBau 2007, 479; *Gaier* Die Verkäuferhaftung für Angaben zur Rentierbarkeit eines Immobilienkaufs nach der BGH-Rechtsprechung ZfIR 2004, 225; *Gaul* Schuldrechtsmodernisierung und Unternehmenskauf ZHR 166 (2002), 35; *Gramer/Thalhofer* Hemmung oder Neubeginn der Verjährung bei Nachlieferung durch den Verkäufer ZGS 2006, 250; *Grigoleit/Herresthal* Grundlagen der Sachmängelhaftung im Kaufrecht JZ 2003, 118; *Grigoleit/Riehm* Der mangelbedingte Betriebsausfallschaden im System des Leistungsstörungsrechts JuS 2004, 745; *Gronstedt/Jörgens* Die Gewährleistungshaftung bei Unternehmensverkäufen nach dem neuen Schuldrecht ZIP 2002, 52; *Gruber* Montagefehler und fehlerhafte Montageanleitung im neuen Kaufrecht VuR 2002, 121; *Grundmann* Verbraucherrecht, Unternehmensrecht, Privatrecht – warum sind sich UN-Kaufrecht und EU-Kaufrechts-Richtlinie so ähnlich? AcP 202 (2002) 40; *Grunewald* Just-in-time-Geschäfte – Qualitätssicherungsvereinbarungen und Rügelast NJW 1995, 1777; *Grützner/Schmidl* Verjährungsbeginn bei Garantieansprüchen NJW 2007, 3610; *Gsell* Kaufrechtsrichtlinie und Schuldrechtsmodernisierung JZ 2001, 65; *Gutzeit* Gibt es einen kaufrechtlichen Ausbesserungsanspruch? NJW 2007, 956; *Haas* Entwurf eines Schuldrechtsmodernisierungsgesetzes: Kauf- und. Werkvertragsrecht BB 2001, 1313; *Haedicke* Die Mängelbeseitigungspflicht des Verkäufers bei fehlerhafter Montageanleitung ZGS 2006, 55; *Hassemer* Kaufverträge nach der Schuldrechtsreform – Vertragsgestaltung gegenüber Verbrauchern und im Handelsgeschäft ZGS 2002, 95; *Häublein* Der Beschaffenheitsbegriff und seine Bedeutung für das Verhältnis der Haftung aus culpa in contrahendo zum Kaufrecht NJW 2003, 388; *Heinemann/Pickartz* Die Nacherfüllung beim Stückkauf ZGS 2003, 149; *Heinemann/Ramsauer* Weiterfresserschäden und gestörter Gesamtschuldnerausgleich Jura 2004, 198; *Hermanns* Garantien beim Unternehmens- und Anteilskaufvertrag – Gestaltungsmöglichkeiten und Formulierungsvorschläge ZIP 2002, 696; *Herresthal* Die Grenzen der richtlinienkonformen Rechtsfortbildung im Kaufrecht WM 2007, 1354; *Hirte* Zivil- und kartellrechtliche Schranken für Wettbewerbsverbote im Zusammenhang mit Unternehmensveräußerungen ZHR 154 (1990) 443; *Hoeren/Martinek* (Hrsg) Systematischer Kommentar zum Kaufrecht, Recklinghausen (2002); *Hoffmann* Verbrauchsgüterkaufrechtsrichtlinie und Schuldrechtsmodernisierungsgesetz ZRP 2001, 347; *Honsell* Das Anfechtungsrecht des Verkäufers bei einem Irrtum über die Urheberschaft eines Gemäldes JZ 1989, 44; *Hölters* (Hrsg) Handbuch des Unternehmens- und Beteiligungskaufs, 6. Aufl Köln (2005); *Huber* Die Praxis des Unternehmenskaufs im System des Kaufrechts AcP 202 (2002) 179; *ders* Der Nacherfüllungsanspruch im neuen Kaufrecht NJW 2002, 1004; *Huber* Der Nacherfüllungsanspruch im neuen Kaufrecht NJW 2002, 1004; *Huber/Faust* Schuldrechtsmodernisierungsgesetz, München (2002); *Jaensch* Die Störung der Nacherfüllung im Kaufrecht Jura 2005, 649; *Jaques* Haftung des Verkäufers für arglistiges Verhalten bei Unternehmenskauf – zugleich eine Stellungnahme zu § 444 BGB nF BB 2002, 417; *Jobe* Verkauf und Abtretung von Kreditforderungen und das Bankgeheimnis ZIP 2004, 2415; *Kilian* Anmerkung zu BGH Beschluss V ZR 249/05 v 08.12.2006, MittBayNot 2007, 311; *Knott* Unternehmenskauf nach der Schuldrechtsreform NZG 2002, 249; *Köhler* Zur Funktion und Reichweite der gesetzlichen Gewährleistungsausschlüsse JZ 1989, 761; *Köster* Konkurrenzprobleme im neuen Kaufmängelrecht Jura 2005, 145; *Langenbucher* Kredithandel nach dem Risikobegrenzungsgesetz NJW 2008, 3169; *Leenen* Die Neugestaltung des Verjährungsrechts durch das Schuldrechtsmodernisierungsgesetz DStR 2002, 34; *Lehmann* Die Haftung für Werbeangaben nach neuem Schuldrecht DB 2002, 1090; *Lehr* Die neuen Incoterms 2000 VersR 2000, 548; *Leible/Sosnitza* Grundfälle zum Recht des Eigentumsvorbehalts JuS 2001, 449; *Loewenheim* Handbuch des Urheberrechts, München (2003); *Lorenz* Rücktritt, Minderung und Schadensersatz wegen Sachmängeln im neuen Kaufrecht: Was hat der Verkäufer zu vertreten? NJW 2002, 2497; *ders* Schadensersatz statt der Leistung, Rentabilitätsvermutung und Aufwendungsersatz im Gewährleistungsrecht NJW 2004, 26; *ders* Nacherfüllungskosten und Schadensersatz nach neuem Schuldrecht – was bleibt vom Dachziegel-Fall? ZGS 2004, 408; *ders* Schuldrechtsreform 2002: Problemschwerpunkte drei Jahre danach NJW 2005, 1889; *ders* Nacherfüllungsanspruch und Obliegenheiten des Käufers: Zur Reichweite des »Rechts zur zweiten Andienung« NJW 2006, 1175; *ders* Arglist und Sachmangel – Zum Begriff der Pflichtverletzung in § 323 V 2 BGB

NJW 2006, 1925; *Magnus* 25 Jahre UN-Kaufrecht ZEuP 2006, 96; *Mansel* Die Neuregelung des Verjährungsrechts NJW 2002, 89; *Maultzsch* Der Ausschluss der Beweislastumkehr gem § 476 BGB aE NJW 2006, 3091; *Medicus* Die Leistungsstörungen im Neuen Schuldrecht JuS 2003, 521; *ders* Die Leistungsstörungen im neuen Schuldrecht JuS 2003, 528; *Merkt* Due Diligence und Gewährleistung beim Unternehmenskauf BB 1995, 1041; *Mertens* Culpa in contrahendo beim zustande gekommenen Kaufvertrag nach der Schuldrechtsreform AcP 203 (2003) 818; *Micklitz* Ein einheitliches Kaufrecht für Verbraucher in der EG? EuZW 1997, 232; *Müggenborg* Der Kauf von Altlastengrundstücken nach der Schuldrechtsmodernisierung NJW 2005, 2810; *Mülbert* Das inexistente Anwartschaftsrecht und seine Alternativen AcP 202 (2002) 912; *Müller/Hempel* Nebenpflichten des Verkäufers unter besonderer Berücksichtigung der Verjährung AcP 205 (2005) 246; *Nobbe* Bankgeheimnis, Datenschutz und Abtretung von Darlehensforderungen WM 2005, 1537; *ders* Der Verkauf von Krediten ZIP 2008, 97; *Oechsler* Praktische Anwendungsprobleme des Nacherfüllungsanspruchs NJW 2004, 1825; *Pahlow* Der Rechtsmangel im Kaufrecht – § 435 BGB JuS 2006, 289; *Pammler* Zum Ersatzlieferungsanspruch beim Stückkauf NJW 2003, 1992; *Pfeiffer* Unkorrektheiten bei der Umsetzung der Verbrauchsgüterkaufrichtlinie in das deutsche Recht, Teil 1: Sachmangelbegriff – Hierarchie statt Kumulation der Mangelkriterien ZGS 2002, 94; *ders* Unkorrektheiten bei der Umsetzung der Verbrauchsgüterkaufrichtlinie in das deutsche Recht, Teil 4: Rücktritt und Minderung bei erfolgreicher Nacherfüllung ZGS 2002, 390; *Piltz* INCOTERMS 2000 – ein Praxisüberblick RIW 2000, 485; *ders* Neue Entwicklungen im UN-Kaufrecht NJW 2007, 2159; *Raiser* Zum Recht des Eigentumsvorbehalts NJW 1953, 217; *Reifner* Der Verkauf notleidender Verbraucherdarlehen BKR 2008, 142; *Reinking* Die Haftung des Autoverkäufers für Sach- und Rechtsmängel nach neuem Recht DAR 2002, 15; *Rieger* Die Richtlinie zu bestimmten Aspekten des Verbrauchsgüterkaufs und der Garantien für Verbrauchsgüter vor dem Hintergrund des geltenden Rechts VuR 1999, 287; *Riesenhuber* Kein Zweifel für den Verbraucher JZ 2005, 829; *H Roth* Anm zu BGH Urteil V ZR 173/05 v 24.03.2006, JZ 2006, 1026; *Saenger* Zum Beginn der Verjährungsfrist bei kaufrechtlichen Gewährleistungsansprüchen NJW 1997, 1945; *Schaub* Beratungsvertrag und Sachmängelgewährleistung nach der Schuldrechtsmodernisierung AcP 202 (2002) 757; *Schäfer/Pfeiffer* Die EG-Richtlinie über den Verbrauchsgüterkauf, Gesetzgeberische Alternativen und wirtschaftliche Folgen ihrer Umsetzung in deutsches Recht ZIP 1999, 1829; *Schellhammer* Das neue Kaufrecht – Die Sachmängelrechte des Käufers MDR 2002, 301; *Schinkels* Zum Vorrang der nach dem Vertrag vorausgesetzten Verwendung (§ 434 Abs 1 Satz 2 Nr 1 BGB) vor damit unvereinbaren Beschaffenheitsangaben – Ausschlachtfahrzeuge und Bastlerfahrzeuge nur auf besonderen Verbraucherwunsch ZGS 2004, 226; *D Schmidt* Die Beschaffenheit der Kaufsache, Dogmatik und vertragliche Gestaltung von Vereinbarungen und Garantien der Beschaffenheit BB 2005, 2763; *K Schmidt* Unternehmer – Kaufmann – Verbraucher, Schnittstellen im Sonderprivatrecht und Friktionen zwischen §§ 13, 14 BGB und §§ 1 ff HGB BB 2005, 837; *Schmidt-Räntsch* Gedanken zur Umsetzung der kommenden Kaufrechtsrichtlinie ZEuP 1999, 294; *Schroeter* Das Wahlrecht des Käufers im Rahmen der Nacherfüllung NJW 2006, 1761; *ders* Das Recht zur zweiten Andienung im System des Schuldrechts AcP 207 (2007) 28; *Schulze/Ebers* Streitfragen im neuen Schuldrecht (Teil 3) JuS 2004, 462; *Schulze/Kienle* Der Kauf unter Eigentumsvorbehalt – eine Kehrtwende des Gesetzgebers? NJW 2002, 2842; *Schur* Der Anspruch des Käufers auf Schadensersatz wegen eines Sachmangels ZGS 2002, 243; *Schwintowski/Schantz* Grenzen der Abtretbarkeit grundpfandrechtlich gesicherter Darlehensforderungen NJW 2008, 472; *Singer* Fehler beim Kauf – Zum Verhältnis von Mängelgewährleistung, Irrtumsanfechtung und culpa in contrahendo, in: Canaris/Heldrich/Hopt/Roxin/Schmidt/Widmaier (Hrsg) 50 Jahre Bundesgerichtshof, Festgabe aus der Wissenschaft, Band I: Bürgerliches Recht, München (2000) S 381 ff; *ders* Zur Preisbildung und zu den Aufklärungspflichten beim Münzhandel JZ 2001, 195; *Spickhoff* Der Nacherfüllungsanspruch des Käufers: Dogmatische Einordnung und Rechtsnatur BB 2003, 589; *Steinmann* Abdingbarkeit der Wareneingangskontrolle in Qualitätssicherungsvereinbarungen BB 1993, 873; *Stoppel* Das System des Wiederkaufsrechts unter besonderer Berücksichtigung der Mängelhaftung durch den Wiederkäufer JZ 2007, 218; *Tamm* Das Grünbuch der Kommission zum Verbraucheracquis und das Modell der Vollharmonisierung – eine kritische Analyse EuZW 2007, 756; *Terrahe* Haftungs- und Deckungssituation für Aus- und Einbaukosten nach dem neuen Kaufrecht VersR 2004, 680; *Thode* Die wichtigsten Änderungen im BGB-Werkvertragsrecht: Schuldrechtsmodernisierungsgesetz und erste Probleme – Teil 1 NZBau 2002, 297; *Tiedtke* Ablieferung der Kaufsache und Verjährungsbeginn der Gewährleistungsansprüche NJW 1988, 2578; *ders* Verjährungsbeginn der Gewährleistungsansprüche JZ 1996, 549; *ders* Zur Rechtsprechung des BGH auf dem Gebiet des Kaufrechts – Teil 1 JZ 2008, 395; *Tiedtke/Schmitt* Probleme im Rahmen des kaufrechtlichen Nacherfüllungsanspruchs (Teil I) DStR 2004, 2016; *dies* Probleme im Rahmen des kaufrechtlichen Nacherfüllungsanspruchs (Teil II) DStR 2004, 2060; *dies* Der Anwendungsbereich des kaufrechtlichen Schadensersatzes statt der Leistung nach §§ 437 Nr 3, 280 Abs1 und 3, 281 Abs1 BGB BB 2005, 615; *Thode* Die wichtigsten Änderungen im BGB-Werkvertragsrecht: Schuldrechtsmodernisierungsgesetz und erste Probleme – Teil 1 NZBau 2002, 297; *Tonner* Die Rolle des Verbraucherrechts bei der Entwicklung eines europäischen Zivilrechts JZ 1996, 533; *Tonner/Tamm* Der Vorschlag einer Richtlinie über Rechte der Verbraucher und seine Auswirkungen für das nationale Recht JZ 2009, 277; *Triebel/Hölzle* Schuldrechtsreform und Unternehmenskaufverträge BB 2002, 521; *Ullrich/Ulbrich* Das Bevorraten von Ersatzteilen BB 1995, 371; *Unberath* Die richtlinienkonforme Auslegung am Beispiel der Kaufrechtsrichtlinie ZEuP 2005, 5; *Wagner* Die Verjährung gewährleistungsrechtlicher Rechtsbehelfe nach neuem Schuldrecht ZIP 2002, 789; *Weigl* Die Auswirkungen der Schuldrechtsreform auf den Unternehmenskauf DNotZ 2005, 246; *Weiler* Haftung für Werbeangaben nach neuem Kaufrecht WM 2002, 1784; *ders* Culpa in contrahendo, Anfechtung und Kaufrecht – alte Konkurrenzfragen in neuem Licht ZGS 2002, 249; *Weitnauer* Der Unternehmenskauf nach neuem Kaufrecht NJW 2002, 2511; *Wenzel* Kaufrechtliche Probleme in der Unternehmenspraxis und Lösungsvorschläge DB 2003, 1887; *Wertenbruch* Gefahrtragung beim Versendungskauf nach neuem Schuldrecht JuS 2003, 625; *ders* Die Incoterms – Vertragsklauseln für den internationalen Kauf ZGS 2005, 136; *ders* Zivilrechtliche Haftung beim Handel mit Umwelt-Emissionsrechten ZIP 2005, 516; *Westermann* Das neue Kaufrecht einschließlich des Verbrauchsgüterkaufs JZ 2001, 530; *ders* Due Diligence beim Unternehmenskauf ZHR 169 (2005) 248; *Graf v Westphalen* Ein Stein des Anstoßes – § 444 BGB nF ZIP 2001, 2107; *ders* Beschaffungsrisiko – Vertretenmüssen – Haftung des Verkäufers auf Schadensersatz ZGS 2002, 154; *ders* Einige Anmerkungen zu den AGB für den Verkauf von fabrikneuen und gebrauchten Kraftfahrzeugen ZGS 2002, 214; *M Wolf/Kaiser* Die Mängelhaftung bei Unternehmenskauf nach neuem Recht DB 2002, 411; *Wufka* Formfreiheit oder Formbedürftigkeit der Genehmigung von Grundstücksverträgen, der Ausübung von Wiederkaufs-, Vorkaufs- und Optionsrechten sowie der Anfechtung, des Rücktritts und der Wandelung? DNotZ 1990, 339; *Zerres* Die Bedeutung der Verbrauchsgüterkauf-Richtlinie für die Europäisierung des Vertragsrechts: Eine rechtsvergleichende Untersuchung am Beispiel des deutschen und englischen Kaufrechts, München (2006); *Zirkel* Das Verhältnis zwischen Zulieferer und Assembler – eine Vertragsart sui generis? NJW 1990, 345.

A. Allgemeines. Die Vorschrift normiert die Hauptpflichten der Vertragsparteien eines Kaufvertrags. § 433 1
ist **dispositiv**, darf aber nicht soweit abbedungen werden, dass die im Gesetz genannten Hauptpflichten auf Null reduziert werden. So ist ein Vertrag, bei dem der »Käufer« keinen Kaufpreis entrichten muss, ebenso wenig noch ein Kaufvertrag wie ein Vertrag, bei dem der »Käufer« niemals Eigentum erlangen soll. Jenseits dieser Extreme eröffnet die Vorschrift jedoch einen **weiten Raum für die Vertragsgestaltung**, zB durch Hinausschieben des Eigentumsübergangs oder durch Modifikationen der Kaufpreiszahlungspflicht, auf die im Folgenden eingegangen wird. Allerdings ist zu beachten, dass die Vorschriften für den Verbrauchsgüterkaufvertrag zwingend sind (§ 475 Rz 4 ff). **I. Das Regelungsprogramm. 1. Hauptpflichten.** In den Vorschriften über die vertraglichen Schuldverhältnisse enthält die jeweils erste Norm die Beschreibung der **Hauptpflichten** der beiden Parteien, die sich im Gegenseitigkeitsverhältnis (Synallagma) gegenüberstehen. Das Synallagma hat Bedeutung vor allem für die Rechte aus § 320, denn nur bei einer nicht erfüllten Hauptpflicht besteht ein Leistungsverweigerungsrecht der anderen Partei (unten Rz 29). Der Verkäufer schuldet nach Satz 1 die **Übergabe der Kaufsache** und die **Verschaffung des Eigentums** daran (unten Rz 25 ff), während der Käufer nach S 2 den **Kaufpreis** entrichten und die Sache abnehmen muss (unten Rz 61 ff). Ein Anspruch auf die Erfüllung der jeweiligen Hauptpflichten besteht, wenn ein wirksamer Kaufvertrag abgeschlossen wurde; die beiden Sätze der Vorschrift sind die entspr Anspruchsgrundlagen.

2. Voraussetzung: Vertragsschluss. Voraussetzung eines Anspruchs nach § 433 S 1 oder S 2 ist ein wirksamer 2
Vertragsschluss zwischen den Parteien. Das Kaufrecht regelt nicht selbst, wann dies der Fall ist – anders als das UN-Kaufrecht, das auch Regeln über den Vertragsschluss enthält (unten Rz 68) –, vielmehr sind die **Regeln des AT** des BGB über den Vertragsschluss anzuwenden, dh die §§ 145 ff. In der Auslage von Waren im Schaufenster, in Katalogen und in Internet-Seiten ist kein Angebot im Rechtssinne zu sehen, vielmehr eine bloße **invitatio ad offerendum**, denn dem Verkäufer kann in diesem Stadium noch kein Rechtsbindungswille unterstellt werden (MüKo/*Westermann* Rn 32). Das Angebot geht bei derartigen Fällen regelm vom Käufer aus. Beim Kauf im Selbstbedienungsladen wird teilw vertreten, dass das Angebot bereits im Bereitlegen der Ware im Regal liegt, teilw wird auch darin lediglich eine invitatio gesehen (Überblick bei MüKo/*Westermann* Rn 33). Größere praktische Bedeutung hat diese Frage aber nicht, wie schon daraus ersichtlich ist, dass es dazu keine Rspr gibt.

Auch die anderen auf den Vertrag zugeschnittenen Vorschriften des AT kommen zur Anwendung. ZB kann 3
auch ein Kaufvertrag unter einer **Bedingung** abgeschlossen werden, § 158. Das ist bes wichtig, wenn die Übergabe der Kaufsache unter der Bedingung der vollständigen Bezahlung des Kaufpreises erfolgt (unten § 449). Für die Vertragsgestaltung wichtig ist, dass es ohne einen wirksamen Vertragsschluss keine vertraglichen Ansprüche geben kann. Die Regeln über den Vertragsschluss sind zwingend und können im Vertrag nicht abw geregelt werden. Kaufverträge sind grds **formfrei** möglich. Schriftform und Textform haben nur dann Bedeutung, wenn sie vereinbart sind. Für den Grundstückskauf gilt dagegen zwingend die notarielle Form nach § 311b (siehe dort). Diese ist auch gem § 11 ErbbauVO und § 4 Abs 3 WEG anzuwenden.

Ob es zu einem Vertragsschluss kommt, hängt allein vom Willen der Parteien ab. Für den Abschluss gilt die 4
Vertragsfreiheit, die im Bereich des Kaufrechts durch Kontrahierungszwänge nicht eingeschränkt ist (vgl auch MüKo/*Westermann* vor § 433 Rn 10). Dagegen ist die Inhaltsfreiheit vielfältig und differenzierend beschränkt, vor allem, aber nicht nur, im Verbrauchsgüterkauf. Insb kommen auch die §§ 134 und 138 zur Anwendung. Für das Kaufrecht relevant sind etwa Verstöße gegen das RDG, die zur **Nichtigkeit** des Kaufvertrags gem **§ 134** führen. Dem BGH zufolge bedarf derjenige, der ausschließlich oder hauptsächlich die rechtliche Abwicklung eines Grundstückserwerbs oder Fondsmodells im Rahmen eines Steuersparmodells

betreibt, der Erlaubnis nach Art 1 § 1 RBerG (jetzt: §§ 10 ff RDG). Ein ohne diese Erlaubnis abgeschlossener Geschäftsbesorgungsvertrag ist grds nichtig und damit auch die dem Geschäftsbesorger erteilte Abschlussvollmacht für den Grundstückskaufvertrag (BGHZ 145, 265, 269 ff; BGH NJW 2005, 668; 2006, 1957; 2007, 1813; NJW-RR 2007, 1199; 2008, 66; NJW 2008, 845). Dagegen sind Verstöße gegen das UWG oder die PrAngV keine Nichtigkeitsgründe (BGHZ 110, 175), ebenso wenig Folgeverträge eines gegen § 1 GWB verstoßenden Kartells (MüKo/*Westermann* Rn 49). **§ 138** wurde auf den Kauf eines Radarwarngerätes angewendet, weil dessen Benutzung eine Ordnungswidrigkeit nach § 13 Abs 1b StVO sei. Bereits der Kauf als Vorbereitungshandlung sei rechtlich zu missbilligen (BGH NJW 2005, 1490). Bzgl des Preises gilt die Rspr, wonach ein Preis, der das Doppelte des Marktpreises übersteigt, sittenwidrig ist (unten Rz 44). Auch im Bereich der §§ 134 und 138 können abw Ergebnisse nicht mittels Vertragsgestaltung erreicht werden. Es gilt also, Vertragsinhalte, die gegen ein gesetzliches Verbot verstoßen oder sittenwidrig sind, als solche zu identifizieren und zu vermeiden.

5 **3. Das weitere Regelungsprogramm.** Während § 433 sich mit dem vereinbarungsgem durchzuführenden Kaufvertrag befasst, widmen sich die Vorschriften ab § 434 Vertragsstörungen, wobei sich das Kaufrecht auf Rechtsfolgen wegen eines Mangels konzentriert. In §§ 434 und 435 wird zunächst definiert, was ein **Mangel** ist (Sachmangel bzw Rechtsmangel), während § 437 aufführt, welche Rechte dem Käufer im Falle eines Mangels zustehen. Das sind die in den folgenden Vorschriften geregelten Rechte, nämlich die Nacherfüllung und die Minderung. Darüber kommen die Schadensersatzansprüche und das Rücktrittsrecht aus dem Schuldrecht AT zur Anwendung, auf die § 437 verweist. Der Käufer kann die **Rechtsfolgen** nicht beliebig geltend machen, vielmehr muss er zunächst Nacherfüllung gem § 439 verlangen. Erst wenn diese scheitert, kann er zurücktreten, § 323, den Kaufpreis mindern, § 441, oder Schadensersatz statt der Leistung verlangen, § 281. Inwieweit von diesem Regelungsprogramm durch Vertragsgestaltung abgewichen werden kann, wird bei den jeweiligen Normen erörtert.

6 **II. Persönlicher Anwendungsbereich.** Der persönliche Anwendungsbereich des Kaufrechts ist zweigeteilt. Grds gelten die §§ 433 ff für jede natürliche oder juristische Person, die an einem Kaufvertrag als Verkäufer oder Käufer beteiligt ist. Das Kaufrecht unterliegt insoweit der Dispositivität, die nur dann eingeschränkt ist, wenn Allg Geschäftsbedingungen verwendet werden. AGB eines Kaufvertrags unterfallen auch dann der Kontrolle nach den §§ 305 ff, wenn der Käufer kein Verbraucher ist. Diese Einschränkung der Dispositivität hat nicht unerhebliche praktische Bedeutung für die Vertragsgestaltung. Für **Verbrauchsgüterkaufverträge** enthalten die §§ 474 ff Sondervorschriften, von denen die Beweislastregelung des § 476 erhebliche praktische Bedeutung hat. Darüber hinaus machen sie das allg Kaufrecht im Anwendungsbereich der §§ 474 ff zugunsten des Verbrauchers **zwingend**, § 475 Abs 1, und schränken dadurch die Vertragsgestaltung erheblich ein. Nicht jeder Kaufvertrag eines Verbrauchers fällt jedoch unter die §§ 474 ff, sondern nur Verträge über bewegliche Güter (§ 474 Rz 4). Des Weiteren sind auch Verträge zwischen Verbrauchern nicht von §§ 474 ff erfasst.

7 Das Kaufrecht enthält nicht nur für Verträge zwischen Unternehmern und Verbrauchern (business to consumer, b 2 c) erg Regeln, sondern auch für Verträge zwischen Kaufleuten (business to business, b 2 b). Sie sind in den §§ 373 ff HGB als **Handelskauf** geregelt. Die wichtigste dieser Vorschriften statuiert Rüge- und Anzeigeobliegenheiten, bei deren Nichteinhaltung der Käufer seine Rechte wegen eines Mangels verliert, § 377 HGB (unten Rz 40 ff). Es gibt also ein »Sonderprivatrecht« nicht nur für Verbraucher, sondern auch für Kaufleute (vgl *K Schmidt* BB 2005, 837). Dabei ist allerdings zu beachten, dass der Unternehmer-Begriff nach § 14 weiter ist als der Kaufmanns-Begriff des § 1 HGB (§ 14 Rn 12). Auch b 2 b -Verträge unterliegen der AGB-Kontrolle. Zwar gelten die Klauselverbotskataloge der §§ 308 und 309 nur zugunsten von Verbrauchern, § 310, jedoch wendet die Rspr ihre Wertentscheidungen über die Generalklausel des § 307 auch auf Verträge zwischen Unternehmern an (§ 310 Rz 8). Im Handelskauf herrscht also nicht eine völlig uneingeschränkte Vertragsfreiheit, dh auch hier müssen Grenzen der Vertragsgestaltung beachtet werden.

8 **III. Sachlicher Anwendungsbereich.** Der sachliche Anwendungsbereich ist auf den Kauf von **Sachen** begrenzt. Das BGB regelt in § 90, was eine Sache ist, nämlich ein körperlicher Gegenstand. Eine Unterscheidung zwischen beweglichen und unbeweglichen Sachen findet nicht statt, dh die Vorschriften sind auch auf den **Immobilienkauf** anwendbar. Anders ist dies beim Verbrauchsgüterkauf, der nur bewegliche Sachen umfasst (§ 474 Rz 4). Die wesentlichen Bestandteile (§§ 93 ff) sind mitverkauft (PWW/*D Schmidt* Rn 8), im Zweifel auch das Zubehör (§§ 97, 98; MüKo/*Westermann* Rn 11). **Tiere** sind zwar keine Sachen, gelten aber gem § 90a als Sachen. Einige Grundsatzentscheidungen des BGH zum neuen Kaufrecht hatten mit Tieren als Kaufgegenstand zu tun (§ 476 Rz 20). Auch mehrere **zusammengehörende Sachen** (Sofa und Sessel; PC mit Monitor und Drucker) können *einen* Kaufgegenstand bilden mit der Folge, dass ein Mangel eines Teiles einen Mangel der Sachgesamtheit bildet. Verkauft werden können ferner **künftige Sachen**, wobei das klassische Bsp Holz auf dem Stamm ist (BGH MDR 1958, 334). Schließlich sind **Energielieferungsverträge** Kaufverträge (seit RGZ 117, 315; aus der BGH-Rspr BGHZ 59, 503 [Wasser]; VersR 1972, 153 [Gas]; NJW 1986, 3195 [Wärme]. Auch Stromlieferungsverträge wurden schon immer nach Kaufrecht behandelt (BGHZ 23, 175). Seit der Schuldrechtsreform kann man Strom unproblematisch als sonstigen Gegenstand iSd § 453 ansehen (§ 453 Rz 12).

Nach § 453 sind die kaufrechtlichen Vorschriften auf den **Rechtskauf** »entsprechend« anzuwenden. Die Vorschrift ist ein Resultat der Schuldrechtsreform. Es kommt daher heute im Gegensatz zur früheren Rechtslage auf die Unterscheidung aus praktischer Sicht nicht mehr an, jedenfalls nicht hinsichtlich der Rechtsfolgen. Insoweit muss man sich bei der Vertragsgestaltung keine Gedanken machen und kann zB bei einem Unternehmenskauf Sachwerte und gewerbliche Schutzrechte gewissermaßen in einem Atemzug nennen. Allerdings unterscheiden sich der Sach- und der Rechtsmangelbegriff. Als Sachkauf wird die Übertragung eines Anwartschaftsrechts angesehen (Staud/*Beckmann* Rn 7). Dies ergibt sich auch aus § 453 Abs (§ 453 Rz 8). Bsp für Rechte, die Gegenstand eines Rechtskaufs sein können, sind **immaterielle Güter**. Dies sind vor allem, aber nicht nur, die gewerblichen Schutzrechte, sondern darüber hinaus zB ein Patent vor seiner Anmeldung, das Nutzungsrecht an einem Urheberrecht und Rechte aus anderen lizenzähnl Verträgen wie etwa know-how-Verträge (§ 453 Rz 8). Abzugrenzen ist der Kaufvertrag ferner von **unentgeltlichen Geschäften**. Die Übereignung einer Sache ohne Gegenleistung ist eine Schenkung. Die Privatautonomie geht nicht so weit, dass im Rahmen eines Kaufvertrags die Kaufpreiszahlung abbedungen werden kann, da sonst die Formvorschriften für die nicht vollzogene Schenkung unterlaufen würden. Dies gilt auch für einen Kaufpreis, der weit unter dem Wert der Sache bleibt, da hier von einer gemischten Schenkung, dh teilw Unentgeltlichkeit, auszugehen ist. 9

Gravierender ist die Abgrenzung zum **Werkvertragsrecht**. Sie ist beim Erwerb von bebauten Grundstücken relevant. Vor der Schuldrechtsreform hat der BGH weitgehend Werkvertragsrecht angewendet, sogar bei fertig gestellten Gebäuden, wenn nur noch unbedeutende Kleinigkeiten fehlten (BGHZ 68, 372; 108, 164, 167). Diese Rspr war dadurch motiviert, dass der BGH den Erwerber vor der kurzen kaufrechtlichen Verjährungsfrist schützen wollte, die nach § 477 aF nur ein Jahr betrug. Außerdem gewährte das Kaufrecht kein Nachbesserungsrecht. Diese Gründe sind durch die Schuldrechtsreform weggefallen, denn nunmehr sind die Verjährungsfristen gleich und die Rechtsfolgen bei einem Mangel stark angenähert. Gewisse Unterschiede bestehen freilich immer noch, insb steht das Wahlrecht bei der Nacherfüllung im Kaufrecht dem Käufer, im Werkvertragsrecht dagegen dem Unternehmer zu. Der BGH hat konsequenterweise die Abgrenzung zu Gunsten des Werkvertragsrechts verschoben: Werkvertragsrecht ist (nur) dann anzuwenden, wenn der Veräußerer eine Herstellungsverpflichtung übernommen hat, die nach Art und Umfang mit Neubauverpflichtungen vergleichbar ist, ansonsten gilt Kaufrecht (BGHZ 164, 225; BGH NJW 2005, 1115). Zumindest beim Verkauf schlüsselfertiger Häuser oder Wohnungen muss man sich bei der Vertragsgestaltung im Gegensatz zur früheren Rechtslage daher am Kaufrecht orientieren. Schließlich spielt die Abgrenzung zum Werkvertragsrecht bei **Software-Verträgen** eine Rolle (MüKo/*Westermann* vor § 433 Rn 22 f). Verträge über den Erwerb von Standard-Software gelten als Verträge über den Kauf eines Rechts, Verträge über Software, die nach den Erfordernissen des Bestellers erst noch zu programmieren ist, dagegen als Werkvertrag (zu den Einzelheiten § 453 Rz 11). 10

IV. Verpflichtungs- und Verfügungsgeschäft. Auf Grund des Abstraktionsprinzips des BGB wird der Käufer allein mit dem Abschluss des Kaufvertrags nicht automatisch Eigentümer der Sache. Der Verkäufer ist zur Eigentumsverschaffung lediglich verpflichtet. Allein dieses Verpflichtungsgeschäft regelt § 433 (zur Rolle des Abstraktionsprinzips auch MüKo/*Westermann* vor § 433 Rn 6). Das Kaufrecht befasst sich aber nicht mit der Erfüllung der Verpflichtung, nämlich der vom Verkäufer geschuldeten **Eigentumsverschaffung**. Diese richtet sich nach sachenrechtlichen Vorschriften, bei beweglichen Sachen nach § 929, dh der Einigung der Parteien, dass das Eigentum übergehen soll, und der Übergabe. Bei unbeweglichen Sachen erfolgt die Eigentumsverschaffung gem § 873 durch Einigung, die in diesem Falle meist Auflassung genannt wird, und Eintragung ins Grundbuch. 11

Das **Abstraktionsprinzip** führt dazu, dass ein wirksamer Kaufvertrag auch über Sachen abgeschlossen werden kann, die nicht im Eigentum des Verkäufers stehen. Dies ist selbstverständlich, wenn die Parteien davon ausgehen, dass sich der Verkäufer die Sache erst noch beschaffen muss, aber auch kann. Ein Kaufvertrag ist aber auch dann wirksam, wenn sich der Verkäufer das Eigentum nicht verschaffen kann. Er kann dann zwar seine Verpflichtung aus dem Kaufvertrag nicht erfüllen, was aber nicht zur Unwirksamkeit des Kaufvertrags führt. Der Käufer ist vielmehr statt des nicht zu realisierenden Erfüllungsanspruchs auf seine Sekundär-Rechtsbehelfe angewiesen, zB einen Schadensersatzanspruch wegen Unmöglichkeit, § 283. Ein Kaufvertrag ist auch dann nicht unwirksam, wenn der Verkäufer **zweimal dieselbe Kaufsache veräußert**. Der Verkäufer kann zwar nur einen der beiden Verträge erfüllen, was aber an der Wirksamkeit des anderen Vertrags nichts ändert. Der Käufer im nicht erfüllten Vertrag ist auf die Sekundär-Rechtsansprüche angewiesen, ohne beeinflussen zu können, welchen der beiden Verträge der Verkäufer erfüllt. Dass ein automatischer Eigentumsübergang mit dem Abschluss des Kaufvertrags nicht stattfindet, erleichtert Sicherungsvereinbarungen. Die Parteien können nämlich disponieren, wann das Eigentum übergeht, insb den **Eigentumsübergang** bis zur vollständigen Kaufpreiszahlung **aufschieben**. Die bloße Übergabe gem § 929 führt dann nicht zum Eigentumsübergang, wenn es am Willen zu übereignen fehlt. Daher ist eine bloße Besitzverschaffung möglich, ohne dass der Verkäufer sein Eigentum verliert. 12

V. Sukzessivlieferungsvertrag. Ein Kaufvertrag muss sich nicht notwendigerweise in einem einmaligen Austausch von Kaufsache und Kaufpreis erschöpfen. Vielmehr kann die Lieferung von Sachen auch über einen bestimmten Zeitraum erstreckt werden. Dabei ist zu unterscheiden, ob Art und Umfang der einzelnen Liefe- 13 rungen sowie die Lieferzeitpunkte von vornherein festgelegt werden. Dann spricht man von einem Sukzessivlieferungsvertrag. Es handelt sich dabei um einen einzigen Vertrag, nicht um eine Vielzahl von Verträgen bezogen auf die einzelne Lieferung. Der Sukzessivlieferungsvertrag ist kein Dauerschuldverhältnis (Staud/*Beckmann* vor § 433 Rn 102; MüKo/*Westermann* vor § 433 Rn 39). Wird ein Sukzessivlieferungsvertrag zwischen einem Verbraucher (§ 13) und einem Unternehmer (§ 14) abgeschlossen, handelt es sich um einen **Ratenlieferungsvertrag**, auf den die Vorschrift des § 505 anzuwenden ist. Die Rahmenbedingungen können auch flexibilisiert werden. So kann dem Kunden unter näher zu bestimmenden Umständen ein Recht auf Abruf eingeräumt werden, das auch mit einer Verpflichtung zum Abruf von Mindestmengen innerhalb eines bestimmten Zeitraums kombiniert werden kann. Soll allein dem Kunden überlassen bleiben, welche Mengen er abruft, liegt kein Sukzessivlieferungsvertrag ieS vor, sondern ein bloßer **Rahmenvertrag**, bei dem dann einzelne Verträge zu den im Rahmenvertrag festgelegten Bedingungen durch den Abruf und die anschließende Lieferung abgeschlossen werden. Dies ist zB bei Energielieferungsverträgen eine sinnvolle Gestaltung, aber auch bei anderen Waren, bei denen beim Käufer ein längerfristiger, aber iE nicht genau vorherzusehender Bedarf besteht.

14 **B. Verhältnis zu anderen Normbereichen.** Für die Vertragsgestaltung ist wichtig, dass die hier erläuterten Normkomplexe **nicht ausgeschlossen** werden können. Dies gilt aber nicht für das Deliktsrecht (unten Rz 19 f). Sollen vertragliche Schadensersatzansprüche soweit zulässig ausgeschlossen oder beschränkt werden (dazu Erl zu § 309 Nr 7), ist stets daran zu denken, dass auch der deliktische Anspruch entspr beschränkt werden muss. **I. Anfechtung. 1. Grundsatz: §§ 119 Abs 1, 123 anwendbar.** Grds kommen die Anfechtungsrechte auch für die Willenserklärungen, mit denen ein Kaufvertrag zustande kommt, zur Anwendung. Das gilt für den **Inhalts- und Erklärungsirrtum** gem § 119 Abs 1 und für die arglistige Täuschung gem § 123 uneingeschränkt, und zwar sowohl für die Willenserklärung des Verkäufers wie die des Käufers. Dieser Grundsatz hat bei der Anfechtung wegen einer **arglistigen Täuschung** eine erhebliche Bedeutung im Kaufrecht, wobei in der Rspr die Fälle des Gebrauchtwagenhandels dominieren. Da bei gebrauchten Waren die Verjährung auch ggü Verbrauchern auf ein Jahr ab Übergabe verkürzt werden kann, hat der Käufer ein Interesse daran, auf das Rechtsmittel der Anfechtung wegen der für ihn günstigeren Fristen (ein Jahr ab Kenntnis, § 124) zurückgreifen zu können. Zwar muss er dann statt eines Mangels iSd § 434 Arglist gem § 123 nachweisen, doch hat die Rspr durch die Statuierung von **Aufklärungspflichten** zahlreiche Möglichkeiten geschaffen, dass dieser Nachweis geführt werden kann, da die Arglist auch in einem Verschweigen bestehen kann. So darf der Verkäufer nicht ins Blaue hinein Behauptungen aufstellen. Wenn sich für den Verkäufer, sofern er Fachmann ist, aufdrängt, dass das Fahrzeug einen Unfall gehabt haben könnte, muss er Verdachtsmomenten nachgehen und diese offenbaren. Er muss eine äußerliche Untersuchung durchführen (Einzelheiten bei § 434 Rz 59 ff, dort auch Rspr-Nachw).

15 **2. § 119 Abs 2 nicht anwendbar.** Dagegen ist § 119 Abs 2 jedenfalls für die Willenserklärung des Käufers nicht anwendbar. Dieser bis auf die Rspr des RG (RGZ 61, 171; 135, 339, 340; 138, 354, 356) zurückgehende Grundsatz erklärt sich daraus, dass die Rechtsbehelfe des Käufers lex specialis sind und in ihren Voraussetzungen, insb in der Verjährungsfrist des § 438, die meistens kürzer ist als die Frist nach § 121 (maximal zehn Jahre), nicht durch die Geltendmachung eines Eigenschaftsirrtums unterlaufen werden sollen. Dies entsprach der ganz hM vor der Schuldrechtsreform (BGHZ 16, 54, 57; 34, 32, 34; *Reinicke/Tiedtke* Rn 792 mN). Zwar hätte die Verlängerung der kaufrechtlichen Verjährungsfrist in § 438 Anlass geben können, diese Ansicht zu überdenken, doch hat die hM im Anschluss an eine Bemerkung in der Begründung des RegE, wonach sich das Konkurrenzverhältnis bzgl des § 119 Abs 2 durch die Neuregelung nicht ändere (BTDrs 14/6040 S 210), beibehalten (Staud/*Beckmann* Vorbem Rn 18; MüKo/*Westermann* vor § 433 Rn 3; *Reinicke/Tiedtke* Rn 793). Die Rspr hatte noch keine Gelegenheit, sich dazu zu äußern.

16 Von der Nichtanwendbarkeit des § 119 Abs 2 für den Käufer werden aber **Ausnahmen** gemacht, und zwar dann, wenn ein Mangel nicht vorliegt, gleichwohl aber ein Irrtum über eine verkehrswesentliche Eigenschaft. Dies nahm der BGH in einem Fall an, in dem das Baujahr eines Kfz zwar nicht zum Vertragsgegenstand gemacht wurde, der Käufer sich aber – nachweisbar – über das **Baujahr geirrt** hatte. Dies sei kein bloßer Motivirrtum, sondern ein Irrtum über eine verkehrswesentliche Eigenschaft (BGHZ 72, 252 – Baujahr-Fall; ähnl BGHZ 78, 216 – Mähdrescher-Fall). Dem kann durch Vertragsgestaltung nur dadurch begegnet werden, dass genaue Beschaffenheitsvereinbarungen getroffen werden (§ 434 Rz 11). Dagegen bleibt es beim Ausschluss des § 119 Abs 2, wenn der Käufer Mängelrechte deswegen nicht geltend machen kann, weil sie wirksam abbedungen sind (BGH NJW 1975, 970, 972). Dem **Verkäufer** steht dagegen ein **Anfechtungsrecht gem § 119 Abs 2** zu. Dies hat der BGH für den Verkauf eines vermeintlich gefälschten Bildes, das tatsächlich echt war, entschieden (BGH NJW 1988, 2597 – Duveneck-Fall; dazu *Honsell* JZ 1989, 44). Bis zur Schuldrechtsreform nahm die hM an, dass der Ausschluss der Anfechtbarkeit gem § 119 Abs 2 erst ab Gefahrübergang gelte (BGHZ 34, 32, 35 ff). Seit der Schuldrechtsreform will die überwiegende Meinung in der Lit nunmehr auch vor Gefahrübergang den Rückgriff auf § 119 Abs 2 nicht erlauben (Staud/*Beckmann* Vorbem Rn 18; MüKo/*Westermann* § 437 Rn 53; *Reinicke/Tiedtke* Rn 793, jeweils mwN). Der BGH hatte noch keine Gelegenheit, sich dazu zu äußern.

II. Besondere Vertriebsformen. Die Vorschriften über bes Vertriebsformen gem §§ 312 ff kommen uneingeschränkt zur Anwendung. So kann ein Kaufvertrag ein **Haustürgeschäft** darstellen und unter den Voraussetzungen des § 312 widerrufbar sein. Das Gleiche gilt für den Kaufvertrag, der im **Fernabsatz** geschlossen wurde, § 312b. Bes wichtig ist die Vorschrift über **verbundene Geschäfte**, § 358. Ist ein Kaufvertrag mit einem Verbraucherdarlehensvertrag zu einer wirtschaftlichen Einheit verbunden, so erstreckt sich der Widerruf des Darlehensvertrags gem § 495 auf den Kaufvertrag. Der Kaufvertrag ist dann gem §§ 357, 346 rückabzuwickeln. Jede mit einem Kaufvertrag verbundene Finanzierungsabrede birgt also die Gefahr der Widerrufbarkeit des gesamten Geschäfts, sofern der Käufer ein Verbraucher ist. Umgekehrt kann die Nichtigkeit des Kaufvertrags (oben Rz 4) zur Rückabwicklung des Darlehensvertrags führen (BGH NJW 2008, 845). 17

III. Wegfall der Geschäftsgrundlage. Bei der Anwendung der Grundsätze über den Wegfall der Geschäftsgrundlage gem § 313 ist Vorsicht geboten (zu den Voraussetzungen § 313 Rz 8 ff). Grds trägt der Käufer das Risiko, dass der Kaufgegenstand seinen Erwartungen entspricht und kann dieses Risiko nicht auf die andere Partei verschieben, so wie sich der Verkäufer seiner Verschaffungspflicht nicht mit dem Hinweis darauf entziehen kann, dass sich die Beschaffung eines der Beschaffenheitsvereinbarung entspr Gegenstandes wesentlich schwieriger als gedacht gestaltet. Der BGH hat zur Rechtslage vor der Schuldrechtsreform erklärt, dass die Anwendung der Grundsätze über den Wegfall der Geschäftsgrundlage durch die Sonderregelungen der §§ 459 ff aF ausgeschlossen seien, soweit es sich um Fehler oder Eigenschaften des Kaufobjektes handelt (BGH NJW 1986, 2824). Das gilt auch nach der Schuldrechtsreform und der Kodifizierung des Wegfalls der Geschäftsgrundlage in § 313. Demgem hat die höchstrichterliche Rspr nur in **wenigen Ausnahmefällen** einen Wegfall der Geschäftsgrundlage in einem kaufrechtlichen Zusammenhang durchgreifen lassen. Angenommen wurde dies für die von beiden Parteien vorausgesetzte Löschungsbewilligung eines grundpfandrechtlich gesicherten Gläubigers (BGH NJW 1993, 1641) sowie in zwei älteren Urteilen, denen recht spezielle Sachverhalte zugrunde lagen (BGH WM 1967, 561; 1966, 475). 18

IV. Deliktsrecht. Deliktische Ansprüche gem §§ 823 ff können neben kaufrechtlichen Ansprüchen unbeschränkt geltend gemacht werden. Das deutsche Recht geht von einer **Anspruchskonkurrenz** von vertraglichen und deliktischen Ansprüchen aus. Deliktische Ansprüche bei einem kaufrechtlichen Sachverhalt hatten früher eine größere Bedeutung als heute, da vor der Schadensrechtsreform Schmerzensgeld nur nach §§ 823, 847 gefordert werden konnte und sich außerdem die Verjährungsfristen wegen der kurzen Frist nach § 477 aF erheblich unterschieden. Auch heute noch kann die allg Verjährungsfrist, die auch für das Deliktsrecht gilt, länger sein als die nach § 438 geltende, jedoch sind die Unterschiede bedeutend kürzer und seltener als früher (§ 438 Rz 5). Die nach der Schuldrechtsreform kurzfristig auflebende Debatte, ob die deliktische Verjährungsfrist auf die kaufrechtliche »zurückgestutzt« werden sollte, wenn Ansprüche zwischen den Parteien eines Kaufvertrags geltend gemacht werden (dafür *Mansel* NJW 2002, 89, 95), ist wieder abgeebbt, ohne dass sich an der hM (unterschiedliche Berechnung der Verjährungsfristen) etwas geändert hätte (gegen *Mansel* etwa *Reinicke/Tiedke* Rn 863). Die **»Flucht ins Deliktsrecht«** kann überdies durch geeignete Vertragsgestaltung **unterbunden** werden. Grds können zulässige Beschränkungen für die vertragliche Haftung auch auf den deliktischen Anspruch erstreckt werden. Dies gilt zumindest im Kaufrecht. Der deliktische Anspruch ist eher im Verhältnis zum Hersteller relevant, zu dem keine vertragliche Beziehung besteht. Allerdings muss der Verkäufer deutlich machen, dass er auch den deliktischen Anspruch regeln will. Im Zweifel gilt die contra-proferentem-Regel des AGB-Rechts (§ 305c Rz 8) mit der Folge, dass dem Käufer der deliktische Anspruch uneingeschränkt zusteht. 19

Die Voraussetzungen eines deliktischen Anspruchs sind bei der Einschaltung von Hilfspersonen schwieriger zu beweisen, da bei einem vertraglichen Anspruch der Schuldner gem § 278 für jeden Erfüllungsgehilfen haftet, bei einem deliktischen Anspruch aber nur bei einem **Verrichtungsgehilfen**, § 831. Verrichtungsgehilfe ist nur, wer weisungsabhängig ist (PWW/*Schaub* § 831 Rn 7 mN). Außerdem kann sich der Schuldner für den Verrichtungsgehilfen exkulpieren, wenn er ihn sorgfältig ausgewählt und überwacht hat. Schließlich kann bei einem deliktischen Anspruch nur der aus der Verletzung eines der in der Vorschrift aufgezählten Rechtsgüter erwachsene Schaden geltend gemacht werden, nicht aber – anders als bei einem vertraglichen Schadensersatzanspruch – ein reiner Vermögensschaden. Praktisch ist daher heute die »Flucht ins Deliktsrecht« weitgehend überflüssig. 20

V. Vertragliche Schadensersatzansprüche. Die Abgrenzung zwischen kaufvertraglichen Schadensersatzansprüchen iSd Verweises in § 437 Nr 2 und vertraglichen Schadensersatzansprüchen, die sich allein aus dem Schuldrecht AT ergeben, wird bei § 437 erörtert (§ 437 Rz 25 ff). Die Abgrenzung ist höchst komplex und wegen der immer noch bestehenden Unterschiede bei den Verjährungsfristen von Bedeutung. Vertragliche Schadensersatzansprüche unterliegen auch beim Verbrauchsgüterkaufvertrag der Dispositivität, allerdings in den Grenzen der §§ 307 ff (§ 475 Rz 21 ff). Jedenfalls ist hier der Spielraum für die Vertragsgestaltung erheblich größer. 21

C. Pflichten des Verkäufers. I. Übergabepflicht. Das Gesetz unterscheidet die Pflicht des Verkäufers zur Übergabe des Kaufgegenstandes und zur Eigentumsverschaffung. Diese Trennung hat den Vorteil, dass Übergabe und Eigentumsverschaffung zeitlich nicht zusammenfallen müssen und dadurch die Konstruktion des vorbehaltenen **Sicherungseigentums** erleichtert wird (Erl zu § 449). Der Käufer wird vielfach den Kaufgegen- 22 stand benötigen, um den Kaufpreis zu erwirtschaften, so dass die Übergabe wirtschaftlich notwendig ist. Er ist aber nicht unbedingt auf die formale Eigentümerposition angewiesen, so dass die Aufschiebung der Eigentumsverschaffung – nicht der Übergabe – sich anbietet. Für den Käufer reicht vielfach der bloße unmittelbare Besitz. Dieses Ergebnis kann durch Vertragsgestaltung unproblematisch erreicht werden.

23 Übergabe bedeutet **Verschaffung des unmittelbaren Besitzes**, wozu die Einräumung der tatsächlichen Sachherrschaft gem § 854 Abs 1 erforderlich ist (zu diesem Begriff PWW/*Prütting* § 854 Rn 3). Es handelt sich um einen Realakt; die Übergabe kann daher nicht selbständig angefochten werden (*Reinicke/Tiedtke* Rn 194). Der Käufer muss nicht notwendigerweise in Person mitwirken. Es reicht aus, wenn ein Besitzdiener, § 855, oder ein Besitzmittler, § 868, für ihn tätig wird (PWW/*D Schmidt* Rn 18). Dies gilt auch für den Verkäufer (Staud/*Beckmann* Rn 70; MüKo/*Westermann* Rn 52). Die Verschaffung bloß mittelbaren Besitzes reicht nicht aus (Staud/*Beckmann* Rn 73). Beim Versendungskauf ist die Übergabe an die Transportperson nicht genügend, der Käufer muss vielmehr in der Lage sein, den Kaufgegenstand am Bestimmungsort an sich zu nehmen (BGHZ 1, 4, 6). Weitere **Einzelfälle:** Bei Vereinbarung eines Eigentumsvorbehalts wird der Käufer unmittelbarer Fremdbesitzer und besitzt auf Grund eines Besitzmittlungsverhältnisses für den Verkäufer (BGH NJW 1971, 1038, 1039). Bei einer Eigentumswohnung umfasst die Übergabepflicht auch die Verschaffung von Mitbesitz an gemeinschaftlichen Einrichtungen und Ausstattungen (BGH WM 1971, 1251). Je nach den Umständen kann der Verkäufer im Rahmen der Übergabepflicht zur Verpackung der Ware verpflichtet sein (BGH NJW 1983, 1496, 1497; NJW 1976, 1253).

24 Die Modalitäten der Übergabe sind freilich **dispositiv.** Wenn ein Eigentumsübergang gewollt ist, ohne dass der unmittelbare Besitzer wechselt (Bsp: der bisherige Eigentümer soll noch Besitzer bleiben; der Kaufgegenstand ist an einen Dritten vermietet), so ist dies in Abweichung von der gesetzlichen Übergabe durch die Vereinbarung der Einräumung mittelbaren Besitzes möglich. Der Eigentumserwerb erfolgt dann nach §§ 930, 931. Möglich ist auch, entgegen der gesetzlichen Regelung die **Übergabe an einen Dritten** zu vereinbaren, der nicht Besitzdiener oder -mittler des Käufers ist. Dies ist dann sinnvoll, wenn etwa der Käufer ein Händler ist und den Kaufgegenstand weiter veräußern will, ohne Zwischeneigentum zu erwerben. Durch die Übergabe der Kaufsache an den Dritten wird sowohl die Übergabepflicht des Herstellers wie des Händlers erfüllt (BGH NJW 1986, 1166, 1167). Statt einer Vereinbarung im Kaufvertrag kann dieses Ergebnis auch durch Abtretung des Übergabeanspruches an den Dritten erreicht werden (Staud/*Beckmann* Rn 70).

25 **II. Eigentumsverschaffungspflicht.** Es ist zu unterscheiden, ob bewegliche oder unbewegliche Sachen verkauft werden. **1. Bewegliche Sachen.** Die Eigentumsverschaffungspflicht wird gem § 929 erfüllt, dh durch Einigung und Übergabe. Sie ist ohne Mitwirkung des Käufers nicht möglich. Der Verkäufer wird zwar idR Eigentümer sein, dies ist aber nicht erforderlich. Eine Verfügungsbefugnis, zB auf Grund einer Vollmacht, genügt. Es reicht auch aus, wenn ein Dritter auf Anweisung des Verkäufers dem Käufer das Eigentum verschafft. Dann geht das Eigentum direkt von dem Dritten auf den Käufer über. Beim sog **Streckengeschäft** (Staud/*Beckmann* Rn 77; MüKo/*Westermann* vor § 433 Rn 43; BaRoth/*Faust* Rn 37) vermeidet der Verkäufer eine eigene Lagerhaltung und weist seinen Lieferanten an, die Kaufsache direkt an seinen Abkäufer zu liefern. Hier sind zwei Kaufverträge hintereinander geschaltet, nämlich zwischen Lieferanten und Verkäufer (Händler) und zwischen Verkäufer und Käufer. Der Händler muss bei dieser Konstruktion nicht notwendigerweise Eigentum erwerben, ein **Durchgangserwerb** ist aber auch nicht ausgeschlossen. Im Zweifel nimmt die Rspr einen Durchgangserwerb des Händlers an (BGH NJW 1986, 1166). Für die Vertragsgestaltung ist wichtig, konkrete Vereinbarungen zu treffen, bspw wenn verhindert werden soll, dass ein Gläubiger des Verkäufers auf die Kaufsache zugreifen kann. Der Verkäufer kann sich zur Erfüllung seiner Eigentumsverschaffungspflicht eines **Erfüllungsgehilfen** bedienen. Das kann auch der Lieferant im Streckengeschäft sein. Dessen Stellung als Verkäufer des Händlers schließt nicht aus, dass er im Verhältnis zwischen Händler und dessen Abkäufer als Erfüllungsgehilfe des Händlers tätig wird. Ansonsten kommt als Erfüllungsgehilfe die Transportperson in Betracht. Auch seitens des Käufers kann ein Erfüllungsgehilfe eingeschaltet sein.

26 Die Eigentumsverschaffungspflicht ist auch erfüllt, wenn der Käufer **gutgläubig** gem §§ 932 ff das Eigentum erwirbt (BGH WM 1957, 634 = NJW 1957, 537 (Ls); PWW/*D Schmidt* Rn 24). Auch hier bestätigt sich, dass der Käufer Eigentum erwerben kann, ohne dass der Verkäufer Eigentümer sein muss. Der ursprüngliche Eigentümer muss seine Rechte beim Verkäufer suchen und hat keine Ansprüche gegen den Käufer. Gibt der Käufer das Eigentum gleichwohl an den ursprünglichen Eigentümer zurück, so resultieren daraus keine Ansprüche gegen den Verkäufer (Staud/*Beckmann* Rn 81; MüKo/*Westermann* Rn 58). Die sofortige Eigentumsverschaffungspflicht kann vertraglich durch einen **Eigentumsvorbehalt** modifiziert werden. Hiervon wird man immer dann Gebrauch machen, wenn die Kaufpreiszahlung gesichert werden muss. Ein Eigentumsvorbehalt tritt nicht automatisch ein, wenn der Kaufpreis gestundet wird, also von der gesetzlichen Zug-um-Zug-Regelung abgewichen wird. Er muss vereinbart werden. Die Dispositivität der Vorschrift erlaubt derartige Modifikationen. Hierauf wird ausf bei § 449 eingegangen.

27 **2. Unbewegliche Sachen.** Bei unbeweglichen Sachen erfolgt die Eigentumsverschaffung durch Einigung (Auflassung, § 873) und Eintragung (§ 925). Den Verkäufer trifft die Pflicht, alles für die Eintragung des Käufers Erforderliche zu unternehmen (RGZ 113, 405; BGH WM 1971, 936). Er muss daher notwendige Erklärungen ggü dem Grundbuchamt abgeben – den Eintragungsantrag selbst hat allerdings der Käufer zu stellen. Ferner

muss der Verkäufer dafür sorgen, dass er selbst voreingetragen ist. Es sind allerdings Konstellationen vorstellbar, bei denen dies nicht möglich ist, etwa wenn der Verkäufer als Zwischenhändler tätig ist und lediglich einen notariellen Kaufvertrag mit dem Voreigentümer abgeschlossen hat, ohne selbst einen Eintragungsantrag zu stellen, weil er das Grundstück weiterverkaufen will, sei es durch Abtretung seiner Rechte aus dem Vertrag mit dem Voreigentümer, sei es durch einen weiteren notariell zu beurkundenden Kaufvertrag. In diesem Fall muss der Verkäufer für die Zustimmung des zuletzt eingetragenen Voreigentümers sorgen (RGZ 113, 403, 405; 118, 100, 102). Der (noch) nicht eingetragene Verkäufer kann dem BGH zufolge nicht ohne weiteres ein eigenes **Anwartschaftsrecht** übertragen. Der BGH lässt für die Entstehung des Anwartschaftsrechts die bloße Auflassung nicht genügen, sondern verlangt darüber hinaus den Eintragungsantrag (BGHZ 45, 186, 191; 49, 197, 200, 201; 83, 395; 89, 41, 44; krit *Reinicke/Tiedtke* Rn 204). Allerdings reicht auch eine eingetragene **Auflassungsvormerkung** (BGHZ 83, 395). Ohne den Eintragungsantrag bzw die Vormerkung hat er keine dingliche Rechtsposition erreicht, die er weiter übertragen könnte. Wer ein Grundstück von einem nicht eingetragenen Verkäufer kauft, sollte also darauf achten, dass zumindest eine Vormerkung eingetragen ist. Umgekehrt sollte der nicht eingetragene Verkäufer darauf achten, dass er für eine seriöse Weiterveräußerung eine Vormerkung braucht.

III. Pflicht zu mangelfreier Lieferung. Der Verkäufer kann nur mit einer mangelfreien Sache erfüllen. Dies steht seit der Schuldrechtsreform ausdrücklich im Gesetz, Abs 1 S 2. Damit wird einer der »klassischen« Theorienstreitigkeiten endgültig beendigt. Die jetzige Rechtslage entspricht der schon seit langem überwiegend vertretenen **Erfüllungstheorie**, wonach nur mit einer mangelfreien Sache erfüllt werden kann, während die Gewährleistungstheorie dem Verkäufer auch die Erfüllung mit einem mangelhaften Kaufsache erlaubte und den Käufer auf die Gewährleistungsansprüche verwies (Staud/*Beckmann* Rn 89; MüKo/*Westermann* Rn 59). Für Rechtsmängelansprüche und Ansprüche bei Gattungsschulden ergab sich die Erfüllungstheorie bereits vor der Schuldrechtsreform aus dem Gesetz; die Verankerung der Erfüllungstheorie in Abs 1 hat daher überwiegend nur klarstellende Funktion. **28**

Der Käufer braucht also die Erfüllung mit einer mangelhaften Kaufsache nicht anzunehmen. Er verletzt mit einer Weigerung weder seine Abnahmepflicht (Rz 88) noch gerät er in Gläubigerverzug (§ 294); ein Gefahrübergang tritt nicht ein. Der Käufer verliert auch nicht sein Leistungsverweigerungsrecht gem § 320, dh er kann die Bewirkung der Gegenleistung verweigern, wenn ihm lediglich eine mangelhafte Kaufsache angeboten wird, ohne bzgl des Zahlungsanspruchs in Schuldnerverzug zu geraten. Er muss die mangelhafte Kaufsache auch nicht etwa annehmen, um bestimmte Rechte geltend zu machen. Ist eine mangelfreie Lieferung etwa unmöglich, so hängt die Geltendmachung eines Schadensersatzanspruchs nach § 283 nicht von einer vorherigen Abnahme ab. Vielmehr kann der Käufer entscheiden, ob er Schadensersatz wegen Unmöglichkeit geltend macht oder auf Lieferung der mangelhaften Sache besteht und dann, falls eine Reparatur nicht möglich ist, den »kleinen« Schadensersatz gem § 281 verlangt (BaRoth/*Faust* Rn 42). **29**

Der Käufer braucht die Sache auch dann nicht abzunehmen, wenn sie zwar nachbesserungsfähig ist, eine Nachlieferung aber nicht möglich ist. Sein Erfüllungsanspruch besteht weiter; er kann darauf bestehen, dass der Verkäufer nachbessert, bevor er liefert. Davon soll nur dann gem § 242 eine Ausn gelten, wenn der Transportaufwand für die bereits angelieferte, mangels Abnahme zurückzunehmende und nach Nachbesserung erneut anzuliefernde Sache unverhältnismäßig hoch ist (BaRoth/*Faust* Rn 40). Nimmt der Käufer freilich den mangelhaften Kaufgegenstand ab, so verwandelt sich der Erfüllungsanspruch in den **Nacherfüllungsanspruch** gem § 439, der ein modifizierter Erfüllungsanspruch ist. Der Käufer hat nur noch die aus dem System der Mängelrechte sich ergebenden Ansprüche. Die Gefahr geht gem § 446 über, und ein Zurückbehaltungsrecht nach § 320 besteht nicht mehr. Gleichwohl wird sich der Käufer häufig »sehenden Auges« für die Abnahme einer mangelhaften Kaufsache entscheiden, wenn er die Kaufsache dringend benötigt, weil er die Voraussetzungen für einen Deckungskauf im Rahmen des Schadensersatzanspruchs nach § 281 oder einen Rücktritt nach § 323 so schnell nicht herbeiführen kann, denn beide Vorschriften verlangen eine Nachfristsetzung. **30**

Ist neben dem Kaufvertrag ein **Garantievertrag** iSd § 443 abgeschlossen, so ist zu unterscheiden: Handelt es sich um eine Herstellergarantie, so hat der Käufer aus der Garantie ausschließlich Ansprüche gegen den Hersteller. Er kann die Sache also nicht zurückweisen, wenn sie zwar mängelfrei ist, aber nicht etwa vereinbarten weitergehenden Garantieansprüchen entspricht (MüKo/*Westermann* Rn 61). Eine Verkäufergarantie ist dagegen als Abrede des Kaufvertrags anzusehen mit der Folge, dass der Käufer bei Nichterfüllung der Verkäufergarantie nicht abnehmen muss (vgl auch § 443 Rz 3). **31**

IV. Nebenpflichten. 1. Allgemeines. Nebenpflichten des Verkäufers spielen eine erhebliche Rolle. Sie können entweder im Vertrag ausdrücklich enthalten sein oder sich aus Treu und Glauben gem § 242 ergeben (§ 242 Rz 44 ff). Wie generell im Vertragsrecht, so hat die Rspr auch im Kaufrecht umfangreich von der Möglichkeit Gebrauch gemacht, ungeschriebene Nebenpflichten aus § 242 abzuleiten. Die Nichteinhaltung einer Nebenpflicht führt zu einer Schadensersatzpflicht nach §§ 280 Abs 1, 241 Abs 2. Da die Rspr die Nebenpflichten ex post erst im Streitfall aus dem Vertrag ableitet, empfiehlt es sich, bei der Vertragsgestaltung **Nebenpflichten auszuformulieren** bzw soweit gewünscht und zulässig auszuschließen, um unliebsame Überra- **32**

schungen über das Bestehen von Pflichten in einem etwaigen Rechtsstreit zu vermeiden. Eine abschließende Auflistung von Nebenpflichten, die weitere Pflichten ausschließt, wird jedoch kaum gelingen.

33 Nebenpflichten ergeben sich nicht nur aus dem Vertrag, sondern können bereits in der **Vertragsanbahnungsphase** eingreifen. Es handelt sich dann entweder um eine Haftung aus §§ 311 Abs 2, 241 Abs 2, der früheren culpa in contrahendo, oder um eine Haftung aus §§ 280 Abs 1, 241 Abs 2, der früheren positiven Vertragsverletzung. Daneben kommen auch nachvertragliche Nebenpflichten in Betracht, jedoch eher ausnahmsw, und zwar vor allem dann, wenn es bei technischen Gebrauchsgütern um einen »after-sales-service« geht und etwa **Lieferpflichten für Ersatzteile** in Rede stehen (Staud/*Beckmann* Rn 122 f). Der Verkäufer sollte derartige Pflichten im Vertrag regeln, da die Lit – bislang nicht die Rspr – dazu neigt, eine Pflicht zur Ersatzteilversorgung zumindest für einige Jahre auch ohne ausdrückliche Abrede anzunehmen (MüKo/*Westermann* Rn 71; *Eckert/Maifeld/Matthiessen* Rn 447; *Ullrich/Ulbrich* BB 1995, 371, 372). Wenn der »after-sales-service« vom Hersteller übernommen wird, sollte der Verkäufer dem Käufer entspr Ansprüche ggü dem Hersteller einräumen, was natürlich nur möglich ist, wenn er innerhalb der Absprache über das Vertriebssystem dazu ermächtigt ist.

34 **2. Obhuts- und Schutzpflichten.** Nebenpflichten sind einmal einzuteilen in Obhuts- und Schutzpflichten einerseits und in Aufklärungspflichten andererseits. Bei den Obhutspflichten geht es um das generelle Gebot für die Vertragsparteien und somit auch für den Verkäufer, auf die **Rechtsgüter seines Vertragspartners**, die in seinen Einflussbereich gelangen, **Rücksicht zu nehmen** und sie nicht zu verletzen. Dabei sind vor allem Gesundheit und Eigentum des Käufers gemeint, wenn sich der Käufer in das Geschäftslokal des Verkäufers begibt. Es spielt keine Rolle, ob die Verletzung bereits im vorvertraglichen Stadium erfolgt oder erst bei oder nach Vertragsschluss. Die früher unter cic erfassten Fälle der vorvertraglichen Haftung sind heute als Haftungstatbestände in §§ 311 Abs 2, 241 Abs 2 geregelt, während die vertragliche Haftung, früher positive Vertragsverletzung, sich seit der Schuldrechtsreform aus §§ 280 Abs 1, 241 Abs 2 ergibt. In anderen Worten, es kann keinen Unterschied machen, ob der Käufer bereits beim Betreten des Geschäftslokals oder bei dessen Verlassen, nachdem er einen Kauf getätigt hat, auf einem Gemüseblatt (BGHZ 66, 51) oder auf einer Bananenschale (BGH NJW 1962, 33, 34) ausrutscht (beide Fälle zur cic).

35 Diese Obhutspflichten sind relativ unproblematisch und Haftungsbeschränkungen durch Vertragsgestaltung kaum zugänglich. Allenfalls sind **Warnhinweise** auf bes gefährliche Bereiche des Geschäftslokals angebracht, bei deren Missachtung durch den (potentiellen) Käufer die Haftung entfallen kann. Die vorvertragliche bzw vertragliche Haftung steht neben der deliktischen Haftung gem § 823. Beide stehen, soweit die Voraussetzungen erfüllt sind, in Anspruchskonkurrenz. Der Weg über die (vor)vertragliche Haftung wird für den Käufer häufig leichter zu gehen sein, weil ihm einmal die Beweislastumkehr des § 280 Abs 1 S 2 zu Hilfe kommt, und weil zum anderen Ladenangestellte oder anderes Personal Erfüllungsgehilfen des Verkäufers gem § 278 sind, während bei einer deliktischen Haftung sich der Verkäufer auf die Exkulpationsmöglichkeit für Verrichtungsgehilfen gem § 831 S 2 berufen kann.

36 **3. Aufklärungspflichten.** Aufklärungspflichten betreffen die Eigenschaften der Kaufsache. Auch sie können sowohl auf das vorvertragliche wie das vertragliche Stadium zurückgehen. Aus dem vorvertraglichen Verkaufsgespräch wird sich jedoch eine Beschaffenheitsvereinbarung oder zumindest eine nach dem Vertrag vorausgesetzte Verwendung ergeben, so dass bei einem Nichtvorliegen der Beschaffenheit ein **Mangel** gem § 434 gegeben ist mit der Folge, dass die kaufrechtlichen Mängelrechte eingreifen und es des Rückgriffs auf außerkaufrechtliche Rechtsbehelfe nicht bedarf (zur Abgrenzung oben Rz 14 ff). Als selbständige Anspruchsgrundlage haben Schadensersatzansprüche wegen Verletzung einer Aufklärungspflicht daher dann Bedeutung, wenn Angaben gerade nicht gemacht wurden, sie jedoch zu verlangen waren. Wann dies der Fall ist, lässt sich jedoch nicht sinnvoll allg beschreiben. Vielmehr muss auf den einzelnen Kaufvertragstyp zurückgegriffen werden. Dies erfolgt im Zuge der vorliegenden Kommentierung im Zusammenhang mit der speziellen Erläuterung des Immobilien–, des Unternehmens– und des Autokaufs.

37 Gerade bei diesen spezifischen Kaufverträgen entfalten Aufklärungspflichten ihre Bedeutung, nicht zuletzt deswegen, weil diese Kaufgegenstände wenig standardisiert sind (beim Autokauf jedenfalls der Gebrauchtwagenkauf), so dass es auf die Beschreibung im Einzelfall stärker ankommt als bei Massengütern, bei denen sich die objektive Soll-Beschaffenheit leichter feststellen lässt. Wird zB ein Haus verkauft und stellt sich heraus, dass es feucht ist, liegt ein Mangel vor. Wird jedoch von vornherein ein feuchtes Haus verkauft, entspricht die Feuchtigkeit der Beschaffenheitsvereinbarung. Eine **sorgfältige Aufklärung** führt daher zu einer erheblichen Reduzierung des Risikos, wegen eines Mangels haften zu müssen. Bei der Vertragsgestaltung muss daher genau bedacht werden, worüber aufzuklären ist.

38 Bei **technischen Gebrauchsgütern** folgt aus den Aufklärungspflichten, dass der Kaufsache eine **Bedienungsanleitung** beiliegen muss. Fehlt diese oder ist sie unrichtig, steht dem Käufer bei Bedienungsfehlern ein Schadensersatzanspruch zu. Allerdings wird die Bedienungsanleitung häufig vom Hersteller stammen. Dann resultieren Ansprüche gegen den Hersteller aus § 823 Abs 1 oder dem ProdHG (zu Einzelheiten und zur verbleibenden Verkäuferhaftung § 443 Rz 29 ff). Aus der Komplexität der Kaufsache kann auch eine Pflicht des Verkäufers folgen, den Käufer oder sein Personal in den Gebrauch der Sache einzuweisen (BGH NJW-RR 1999, 1285, 1286: EDV-Anlage; BGHZ 47, 312, 315 f: Betonmischmaschine; BGH NJW 1983, 392).

Der Verkäufer muss die Sache bis zur Übergabe ordnungsgem **verwahren** (LG Köln NJW-RR 1999, 1285; MüKo/*Westermann* Rn 66); eine Versicherungspflicht besteht aber nur ausnahmsw (BGH NJW 1991, 1675, 1676). Ferner muss der Verkäufer die für die Rechtsverhältnisse bzgl der Kaufsache relevanten **Dokumente** übergeben (*Eckert/Maifeld/Matthiessen* Rn 442). Schließlich ist er zur **Rechnungsstellung** verpflichtet; ist der Käufer zum Vorsteuerabzug berechtigt, ergibt sich ein Anspruch auf eine Rechnung, die die Umsatzsteuer ausweist, aus § 14 UStG. Der Verkäufer ist grds nicht dazu verpflichtet, den Käufer darüber aufzuklären, ob der erworbene Gegenstand für die vom Käufer beabsichtigten Zwecke geeignet ist. Allein der Käufer trägt das **Verwendungsrisiko.** Dies kann auch dann nicht dem Verkäufer überbürdet werden, wenn ihm der Verwendungszweck bekannt ist. 39

4. Sonstige Pflichten. IÜ spielen in erster Linie Untersuchungspflichten eine Rolle. Sie bestehen jedoch nicht grds, sondern nur, wenn sie sich aus einer Vereinbarung, einer Verkehrssitte oder den bes Umständen des Falles ergeben (Staud/*Beckmann* Rn 103). Eine bes Rolle spielt dies vor allem im Gebrauchtwagenhandel (§ 434 Rz 59 ff) sowie wegen § 377 HGB im Handelskauf. Nach **§ 377 HGB** muss der Käufer Mängel unverzüglich **rügen**, wenn er seine Gewährleistungsrechte nicht verlieren will. Dies ist keine Pflicht, sondern eine bloße Obliegenheit, hat aber im Handelskauf erhebliche Bedeutung. Die Mängelrüge gilt nicht nur für offenkundige, sondern auch für verdeckte Mängel, sofern sie sich bei einer Untersuchung zeigen, die bei ordnungsgem Geschäftsgang tunlich ist. So ist insb bei gleichartigen Massengütern anerkannt, dass Stichproben genommen werden. Werden die Stichproben durch die Untersuchung zerstört, genügt eine geringe Anzahl (BGH NJW 1977, 1150: 5 Stichproben bei Lieferung von 2.400 Konservendosen ausreichend). Ähnl muss auch für originalverpackte Ware gelten, die üblicherweise originalverpackt weiter verkauft wird. Gelieferte Maschinen müssen in Gang gesetzt werden; ggf muss ein längerer Probelauf vorgenommen werden (MüKo-HGB/*Grunewald* § 377 HGB Rn 45; *Eckert/Maifeld/Matthiessen* Rn 906). Bei Markenware, der Zertifikate von neutraler oder staatlicher Seite beiliegen, entfällt die Untersuchungspflicht nicht (Köln MDR 1957, 233; *Grunewald* NJW 1995, 1777, 1779; vgl auch zur Rügeobliegenheit nach dem UN-Kaufrecht unten Rz 70). 40

Die Mängelrüge muss **unverzüglich** erfolgen, dh gem § 121 ohne schuldhaftes Zögern. Dabei sind Handelsbräuche zu beachten. Es kommt auf den Einzelfall an. Bei leicht verderblicher Ware sind kurze Fristen einzuhalten (München BB 1957, 663: zwei Tage bei Obst zu lang), während bei aufwendigen Untersuchungsverfahren eine längere Frist angemessen ist (Koblenz NJW-RR 2004, 1553; München NJW-RR 2001, 712; Saarbrücken OLGR 2001, 239). Obwohl § 377 Abs 4 HGB nur vom rechzeitigen Absenden der Rüge spricht, verlangt der BGH auch deren Zugang; lediglich das Verzögerungsrisiko ist dem Käufer abgenommen (BGHZ 101, 53; MüKo-HGB/*Grunewald* § 377 HGB Rn 62 ff; PWW/*Ahrens* § 130 Rn 4; abl *Eckert/Maifeld/Matthiessen* Rn 927). 41

§ 377 HGB ist **dispositiv**, dh Rügepflichten und -fristen können durch Vertragsgestaltung sowohl verschärft wie erleichtert werden. Dabei sind jedoch Grenzen zu beachten. Es ist zulässig, die Rügefrist zu konkretisieren. Sie darf jedoch nicht so kurz werden, dass dem Käufer praktisch keine angemessene Reaktionszeit bleibt (BGHZ 115, 326: drei Tage ohne Rücksicht auf die Erkennbarkeit). Die Rspr hat sich bislang noch nicht zu der Frage geäußert, ob generelle Ausschlussfristen für verborgene Mängel vereinbart werden können. Die Lit hat dazu sehr unterschiedlich Stellung genommen. Es wird vertreten, dass derartige Klauseln unzulässig sind (Baumbach/*Hopt* § 377 Rn 51; *Eckert/Maifeld/Matthiessen* Rn 938), nach aA ist eine Rügefrist für verdeckte Mängel zulässig, wenn sie nicht kürzer als die Verjährungsfrist ist (MüKo-HGB/*Grunewald* § 377 Rn 119). Für die Vertragsgestaltung bedeutet dies, dass von einer Erstreckung der Rügefrist auf verborgene Mängel, also Mängel, die bei gehöriger Untersuchung nicht entdeckt werden können, abzusehen ist. 42

Hat der Käufer eine starke Marktstellung, stellt sich die Frage, ob die Rügepflicht gänzlich abbedungen werden kann. Ein Interesse des Verkäufers an einer derartigen Vereinbarung besteht vor allem bei einer **just-in-time-Lieferung**, bei der keine Zeit für eine Untersuchung der gelieferten Ware bleibt. Üblicherweise versucht man dann, die Rügepflicht durch eine **Qualitätssicherungsvereinbarung** zu ersetzen (vgl auch Rz 63). Die noch überwiegende Meinung geht davon aus, dass auch bei einer Qualitätssicherungsvereinbarung § 377 HGB grds gilt und deswegen abbedungen werden muss (*Zirkel* NJW 1990, 345; *Borgwardt* ZIP 1992, 966, 968; *Steinmann* BB 1993, 873, 876 ff). Dies ist dem BGH zufolge jedoch jedenfalls dann unzulässig, wenn auch die Rügepflicht für offensichtliche Mängel abbedungen ist (BGH NJW 1991, 2633, 2634). Aus dem Urteil kann nicht ohne weiteres der Umkehrschluss gezogen werden, dass es zulässig ist, die Rügepflicht bei verdeckten Mängeln vollständig abzubedingen. Vorsichtshalber sollte man deswegen auch bei Bestehen einer Qualitätssicherungsvereinbarung für offensichtliche Mängel eine »unverzügliche« Frist iSd § 377 und für verdeckte Mängel eine längere Frist vereinbaren, die aber kürzer als die Verjährungsfrist ist. 43

D. Pflichten des Käufers. I. Kaufpreiszahlung. 1. Höhe des Kaufpreises. a) Marktpreis. In einem marktwirtschaftlichen System kann es keine Regelungen über die Höhe des Kaufpreises geben. Diesen festzulegen, ist Ausdruck der Vertragsfreiheit der Parteien. Auch deutliche Abweichungen vom Marktpreis fallen unter die Vertragsfreiheit. Grenzen sind erst erreicht, wenn die Kaufpreisvereinbarung sittenwidrig gem § 138 ist. Dies ist allerdings nur ganz selten der Fall. Die Rspr hat die Formel entwickelt, dass ein sog wucherähnl Tatbestand vorliegt, wenn der Preis um mehr als das Doppelte vom durchschnittlichen Marktpreis abweicht. Diese 44

Formel ist für den Grundstückskauf entwickelt worden (seit BGH WM 1980, 597; später ua WM 1992, 441, 442; 1997, 1155 f; zuletzt BGHZ 154, 47) und hat im Ratenkredit erhebliche Bedeutung erlangt (seit BGH NJW 1983, 1421; vgl auch BGHZ 104, 104; 110, 338). Außerhalb des Grundstückskaufs hat der BGH einmal einen Automatenaufstellvertrag (NJW-RR 1998, 1065) und zum andern einen Kaufvertrag über Sondermünzen (NJW 2000, 1254, 1255, dazu *Singer* JZ 2001, 195) nach diesem Kriterium für sittenwidrig erklärt.

45 Eine **rechtlich nicht kontrollierte Preisvereinbarung** ist nur auf Märkten mit **funktionierendem Wettbewerb** legitimiert. Bei Märkten mit Wettbewerbsbeschränkungen ist es Aufgabe der Kartellbehörden, wettbewerbliche Verhältnisse und damit den Rahmen für marktwirtschaftlich legitime Preise mit den Mitteln des GWB herzustellen. Insb kommt die Preismissbrauchsaufsicht ggü marktbeherrschenden Unternehmen gem § 19 GWB in Betracht. Ein Anspruch eines einzelnen Käufers auf eine Herabsetzung eines wirksam vereinbarten Kaufpreises folgt daraus freilich nicht; eine Verzahnung zwischen Wettbewerbsrecht und Vertragsrecht gibt es nicht. Ob sich dies dadurch ändern wird, dass das GWB sich immer mehr von einem staatlichen Aufsichtsrecht zu einem Rechtsgebiet, das Einzelnen Ansprüche gewährt, entwickelt, ist eine andere Frage.

46 **b) Preiserhöhungsvorbehalte.** Der einmal vereinbarte Preis ist grds bindend, pacta sunt servanda. Der Verkäufer übernimmt das Risiko, die Leistung zu dem vereinbarten Preis erbringen zu können, auch wenn er bei Vertragsschluss möglicherweise nicht alle preisbildenden Faktoren überschaut. Möchte er dieses Risiko nicht tragen, bspw weil zwischen Vertragsschluss und Lieferung ein längerer Zeitraum liegt, muss er einen Preisänderungsvorbehalt vereinbaren. Als Ausn vom Prinzip des pacta sunt servanda sind Preisänderungsvorbehalte eng auszulegen. Sie sind jedoch grds möglich, unterliegen aber, wenn sie in AGB vereinbart sind, der Kontrolle nach §§ 309 Nr 1 und 307.

47 Nach § 309 Nr 1 sind **kurzfristige Preiserhöhungsklauseln** nicht zulässig. Das Gesetz verbietet sie, wenn zwischen Vertragsschluss und Lieferung nicht mehr als vier Monate liegen. Eine Klausel, die dies nicht beachtet, ist insg unzulässig (Verbot der geltungserhaltenden Reduktion). Aus § 309 Nr 1 darf aber nicht der Umkehrschluss gezogen werden, dass längerfristige Preiserhöhungsklauseln unbeschränkt zulässig seien. Diese tauchen vor allem in der Form auf, dass der Verkäufer bei einem langfristigen Liefervertrag seinen am Tag der Lieferung geltenden Listenpreis vereinbaren möchte, der zum Zeitpunkt des Vertragsschlusses noch unbestimmt ist (**Tagespreisklausel**). Dies ist grds möglich, denn die Bestimmung des Preises darf dem Verkäufer vorbehalten bleiben. Der Preis ist dann gem § 315, dh nach billigem Ermessen, zu treffen. Der BGH hat dazu Grundsätze aufgestellt. Danach muss die Klausel genaue Kriterien angeben, wie der Bestimmungsberechtigte vorzugehen hat. Werden diese Kriterien nicht eingehalten (der BGH räumt ein, dass dies in der Tat schwierig sein kann, BGHZ 82, 21), ist der anderen Vertragspartei ein **Lösungsrecht** jedenfalls dann zu gewähren, wenn die Preiserhöhung über der Steigerungsrate der durchschnittlichen Lebenshaltungskosten liegt (BGHZ 90, 69; ohne Bezug auf die Lebenshaltungskosten bereits BGHZ 82, 21). Da diese Rate schwer abzuschätzen ist, ist eine Klausel nur dann »wasserdicht«, wenn sie auch für den Fall einer ganz geringen Inflationsrate vorsorgt, also praktisch in jedem Fall ein Lösungsrecht einräumt. Ob unter diesem Blickwinkel Klauseln, die ein Lösungsrecht erst ab einer Preiserhöhung von mehr als 5 % gewähren, Bestand haben können, muss bezweifelt werden, ist von der Rspr allerdings noch nicht entschieden worden.

48 Die Klausel »**Preise freibleibend**« bedeutet lediglich, dass der anbietende Verkäufer bis zur Annahme nicht gebunden sein will. Will er zu einem höheren Preis abschließen, so muss er von seinem Vorbehalt Gebrauch machen und dem Käufer ein neues Angebot machen, über dessen Annahme der Käufer frei entscheiden kann. Mit einem Preiserhöhungsvorbehalt im Rahmen des Zulässigen steht sich der Verkäufer besser.

49 **2. Gesetzliche Grundregel: Barzahlung.** § 433 Abs 2 geht vom Prinzip der Barzahlung aus. Der Kaufpreis ist durch die Übereignung von Geldzeichen zu bezahlen. Wenn keine bes Vereinbarung über die Art und Weise der Kaufpreiszahlung erfolgt, sind beide Parteien berechtigt und verpflichtet, bar zu zahlen bzw Barzahlung zu akzeptieren und können andere Arten der Kaufpreiszahlung verweigern. Selbst die schlichte Form der Kaufpreiszahlung durch Überweisung bedarf daher einer Regelung im Vertrag. Selbstverständlich führt eine einvernehmliche Kaufpreiszahlung durch Überweisung auch dann zum Erlöschen der Schuld, wenn sie nicht im Vertrag vorgesehen war. Die Parteien haben dann den Kaufvertrag nachträglich (stillschweigend) ergänzt. Dies kann auch dadurch geschehen, dass sich die Angabe einer Bankverbindung oder eine Skonto-Klausel erst auf der Rechnung befindet.

50 Im Geschäftsverkehr ist es weitgehend üblich, dass der Käufer bei »Barzahlung« (worunter nicht nur Barzahlung ieS, sondern jede Zahlung innerhalb einer kurzen Frist verstanden wird) einen »**Skonto**« genannten Prozentsatz des Kaufpreises vom Rechnungsbetrag abzieht (vgl auch PWW/*D Schmidt* Rn 39). Darauf besteht jedoch kein grds Anspruch, vielmehr muss der Käufer, der einen Skonto-Abzug vornehmen will, dies zum Gegenstand der Vertragsgespräche machen und auf eine entspr Regelung dringen. Eine Skonto-Abrede besteht zB in der Formulierung »Kasse … %«, womit sofortige Fälligkeit gemeint ist. Es kann auch eine Frist vereinbart werden, etwa »Kasse … % bei Zahlung innerhalb von 30 Tagen nach Rechnungsdatum«. Für die Einhaltung der Frist reicht die rechtzeitige Absendung eines Schecks aus (BGH NJW 1998, 1302). Ein Skonto-Abzug kann sich jedoch auch aus der **Verkehrssitte** ergeben (Staud/*Beckmann* Rn 125; *Eckert/Maifeld/Matthiessen* Rn 1192). Der Verkäufer kann ihn dann durch geeignete Klauseln ausschließen, zB »netto

Kasse«. Die Parteien sollten daher auf jeden Fall eine Regelung über einen möglichen Skonto-Abzug in den Vertrag aufnehmen, und zwar auch dann, wenn sie ihn ausschließen wollen.

3. Überweisung und Lastschrift. a) Überweisung. Die Bezahlung der Kaufpreisschuld durch Überweisung ist nur dann zulässig, wenn sie vereinbart ist (BGHZ 98, 24, 30). Die Vereinbarung muss allerdings nicht ausdrücklich erfolgen, es reicht aus, wenn der Verkäufer seine Bankverbindung auf der Rechnung angibt. Allerdings darf der Käufer nicht auf jedes ihm bekannte Konto zahlen, sondern nur auf das im konkreten Zusammenhang des Kaufvertrags angegebene. Der Verkäufer kann ein Interesse daran haben, seinen Zahlungsverkehr nur über ein bestimmtes Konto abzuwickeln. Umgekehrt ist der Käufer bei der bloßen Angabe einer Kontoverbindung nicht verpflichtet, sich dieses Zahlungswegs zu bedienen. Er kann auch bar zahlen. Wenn der Verkäufer eine Bar-Zahlung ausschließen will, muss er dies ausdrücklich vereinbaren. Die Kaufpreiszahlung durch Überweisung führt nicht zu einer bloßen Leistung an Erfüllungs statt, § 364 Abs 1, sondern zu einer **Erfüllung** nach § 362 (hM: BaRoth/*Dennhardt* § 362 Rn 22; PWW/*Pfeiffer* § 362 Rn 11; Palandt/*Grüneberg* § 362 Rn 9; *Eckert/Maifeld/Matthiessen* Rn 1236). Sie tritt erst mit vorbehaltloser Gutschrift ein (BGHZ 6, 121; BGH NJW 1971, 380 f). Es ist str, welcher Zeitpunkt für die Rechtzeitigkeit der Zahlung maßgeblich ist. Nach hM ist die Anweisung des Käufers an seine Bank maßgeblich (BGH NJW 1964, 499; 1969, 875; BaRoth/*Unberath* § 270 Rn 17; Palandt/*Heinrichs* § 270 Rn 7; *Eckert/Maifeld/Matthiessen* Rn 1237). Eine aA schließt jedoch aus §§ 676a, 676b, dass es sich seit Inkrafttreten dieser Vorschriften um eine Bringschuld handelt, weil der Käufer den Eintrag des Zahlungsbetrags bei der Empfängerbank schuldet (Staud/*Beckmann* Rn 130). 51

b) Lastschrift. Bei einer Lastschriftvereinbarung wird die Kaufpreisschuld zur Holschuld. Die Erfüllung tritt mit Einlösung der Lastschrift ein. Nach dem Lastschriftabkommen der Banken kann der Schuldner innerhalb von sechs Wochen widerrufen. Die Bank muss den Widerruf beachten, ohne dessen Berechtigung zu überprüfen (BGHZ 74, 300, 304; 95, 103, 106; 101, 153, 156). Bei einem unberechtigten Widerruf lebt der Zahlungsanspruch wieder auf (iE Staud/*Beckmann* Rn 131; *Eckert/Maifeld/Matthiessen* Rn 1239 f). 52

4. Kreditkartenzahlung. Die Funktion der Kreditkarte wird iE bei § 676h erläutert. Zwischen Kartenausgeber, Vertragsunternehmen (Verkäufer) und Kreditkarteninhaber (Käufer) besteht ein Dreiecksverhältnis, wobei die Rolle des Emittenten auf mehrere Unternehmen verteilt sein kann. Auf Grund des Vertrags mit dem Emittenten ist das Vertragsunternehmen verpflichtet, dem Kreditkarteninhaber die Zahlung mit der Kreditkarte zu ermöglichen. Daraus wird geschlossen, dass es sich um einen **Vertrag zu Gunsten Dritter** gem § 328 handelt, so dass der Kreditkarteninhaber einen Anspruch gegen das Vertragsunternehmen hat, mit der Kreditkarte bezahlen zu können (BGHZ 114, 241; Staud/*Beckmann* Rn 137; *Eckert/Maifeld/Mathiessen* Rn 1243). Durch die Bezahlung mit der Kreditkarte verschafft der Kreditkarteninhaber (Käufer) dem Vertragsunternehmer (Verkäufer) einen Zahlungsanspruch gegen den Kartenausgeber, der inzwischen nach hM als **abstraktes Schuldversprechen** angesehen wird (BGH NJW-RR 2004, 481; NJW 2002, 2234, 2235). Dieser Anspruch ist als Leistung erfüllungshalber anzusehen (Staud/*Beckmann* Rn 137; *Eckert/Maifeld/Mathiessen* Rn 1243). 53

5. Zahlung durch Verrechnung. a) Inzahlungnahme von Gebrauchtwagen. Beim Kauf eines neuen Fahrzeugs gibt häufig der Käufer sein gebrauchtes Fahrzeug beim Verkäufer in Anrechnung auf den Kaufpreis »in Zahlung«. Die Rspr sieht hierin einen **Kauf mit »Ersetzungsbefugnis«** (seit BGHZ 46, 338; 89, 126, 128; 128, 11, 115; 175, 286). Der Käufer ist danach berechtigt, den vereinbarten Teil des Kaufpreises durch Hingabe des gebrauchten Fahrzeugs zu begleichen. Das hat zur Folge, dass es den Kaufvertrag nicht berührt, wenn das gebrauchte Fahrzeug zwischen Vertragsschluss und Lieferung des neuen Fahrzeugs beschädigt wird oder untergeht. Der Käufer des Neufahrzeugs muss in diesem Falle den Kaufpreis vollständig in bar bezahlen. Die Rspr nimmt selbst dann einen einheitlichen Kaufvertrag an, wenn der Händler einen noch laufenden Kredit für das in Zahlung gegebene Fahrzeug ablöst (BGHZ 175, 286). Ob diese Lösung interessegerecht ist, muss bezweifelt werden (so auch *Reinking/Eggert* Rn 648). Der Entschluss des Käufers, ein Neufahrzeug zu erwerben, hängt davon ab, dass er einen Teil des Kaufpreises durch die Hingabe des Altwagens bestreiten kann. Das weiß auch der Verkäufer. Lösungen in der Lit, die einen Tauschvertrag mit Barzuzahlung annehmen (*Reinking/Eggert* Rn 649), sind deswegen vorzugswürdig. 54

b) Übernahme von Grundpfandrechten. Beim Immobilienkauf wird häufig die Übernahme von grundpfandrechtlich gesicherten Schulden unter Anrechnung auf den Kaufpreis vereinbart. Genehmigt der Gläubiger die Schuldübernahme nicht, so ist nach § 415 Abs 3 der Übernehmer dem Schuldner ggü verpflichtet, den Gläubiger zu befriedigen. Der BGH hat aber angenommen, dass sich durch Auslegung des Kaufvertrags auch ergeben kann, dass der Käufer den entspr Betrag an den Verkäufer nachzahlen muss (BGH NJW 1991, 1822, 1824). Möchte der Verkäufer dieses Ergebnis vermeiden, bedarf es einer ausdrücklichen Vereinbarung. Besteht die übernommene Schuld nicht, so kann der Verkäufer nicht Nachzahlung des ersparten Betrags verlangen (BGH WM 1970, 505). 55

6. Aufrechnung. Nach §§ 387 ff kann der Käufer die Kaufpreisforderung auch durch Aufrechnung zum Erlöschen bringen, § 389. Will der Verkäufer eine Aufrechnung ausschließen, muss er dies vereinbaren. In AGB 56 ist ein derartiger Ausschluss allerdings nur im Rahmen des § 309 Nr 3 möglich, dh eine Aufrechnung mit unbestrittenen oder rechtskräftig festgestellten Forderungen darf nicht ausgeschlossen werden. Dies gilt grds auch im kaufmännischen Verkehr (BGHZ 91, 375). Jedoch ist str, welche Auswirkung dies auf die im kaufmännischen Verkehr üblicherweise verwendeten Kurz-Klauseln hat, mit denen die Aufrechnung ausgeschlossen wird. Insb dient die COD-Klausel (cash on delivery) oder die Klausel »Kasse gegen Dokumente« dem Aufrechnungsausschluss. Während der BGH meint, dass bei Verwendung dieser Klauseln die Aufrechnung mit unbestrittenen oder rechtskräftig festgestellten Klauseln ausdrücklich zugelassen werden muss, wird in der Lit vertreten, dass sich dieses Ergebnis durch Auslegung der Klauseln erreichen lässt (Ulmer/Brandner/Hensen/*Hensen* § 309 Nr 3 Rn 12). Für die Vertragsgestaltung gilt daher im Zweifel, es auch im kaufmännischen Verkehr nicht bei der Kurz-Klausel zu belassen.

57 **7. Vorauszahlung und Stundung. a) Vorauszahlung.** Der Kaufvertrag ist ein typisches Austauschschuldverhältnis, deswegen kommt das Zug-um-Zug-Prinzip des § 320 zur Anwendung. Der Kaufpreis wird nach der gesetzlichen Regelung im Zweifel gem § 271 »sofort«, dh bei Vertragsschluss, spätestens aber Zug um Zug gegen Erbringung der Gegenleistung fällig. Letzteres ist eine Einrede, auf die sich der Käufer berufen muss. Wünscht der Verkäufer eine Vorauszahlung, muss er dies vereinbaren. Die Rspr hat bislang keine ernsthaften Bedenken gegen Vorauszahlungsklauseln in AGB erhoben, jedenfalls nicht im Zusammenhang mit Kaufverträgen, obwohl der Gerechtigkeitsgehalt des Zug-um-Zug-Prinzip des § 320 durchaus zu den »wesentlichen Grundgedanken der gesetzlichen Regelung« iSd § 307 Abs 2 Nr 1 gehört, von denen in AGB nicht abgewichen werden darf. Im kaufmännischen Verkehr sind zahlreiche Kurz-Klauseln wie »Kasse gegen Faktura« oder »Kasse gegen Dokumente« üblich, mit denen der Käufer verpflichtet wird, die Kaufsache zu bezahlen, ohne sie vorher in Augenschein nehmen zu können (vgl auch PWW/*D Schmidt* Rn 42). Das Problem dabei besteht darin, dass er etwaige Rügerechte erst geltend machen kann, wenn er schon gezahlt hat. Die Rspr schränkt daher die Vorleistungspflicht vorsichtig ein, nämlich dann, wenn der Käufer über Beweisunterlagen verfügt, die mit Sicherheit oder großer Wahrscheinlichkeit erkennen lassen, dass die Ware nicht vertragsgem ist (BGH WM 1987, 503, 505).

58 **b) Stundung.** Auch eine Hinausschiebung der Zahlung ist eine Abweichung von der Grundregel des § 271, wonach die Zahlung sofort zu erfolgen hat, und bedarf daher der Vereinbarung. Üblich sind **Zahlungsziele**, die auf der Rechnung vermerkt werden, etwa ein Kalenderdatum oder eine auf das Rechnungsdatum oder den Rechnungseingang bezogene Frist.

59 **8. Besonderheiten im Handelsverkehr. a) Wechsel und Scheck.** Die Zahlung durch Wechsel bedarf der Vereinbarung; auch durch wiederholte frühere Wechselbegebung entsteht keine Verpflichtung, künftig eine Zahlung durch Wechsel zu akzeptieren (BGHZ 87, 27, 32). Die Wechselhereinnahme erfolgt erfüllungshalber. Durch Auslegung kann sich aber auch ergeben, dass sie an Erfüllungs statt erfolgt. Bei Begebung an Erfüllungs statt erlischt die Kaufpreisschuld in Höhe der Wechselsumme. Bei Begebung erfüllungshalber wird dagegen die Fälligkeit der Kaufpreisforderung lediglich hinausgeschoben. Sie lebt wieder auf, wenn feststeht, dass aus dem Wechsel keine Befriedigung zu erlangen ist (BGHZ 92, 182, 193; krit zu dieser Konstruktion Staud/*Beckmann* Rn 134). Die Kaufpreisforderung erlischt erst, wenn der Wechsel eingelöst ist und dem Verkäufer keine wechselrechtlichen Rückgriffansprüche mehr drohen. Auch ein **Scheck** kann grds nur erfüllungshalber begeben werden. Die Kaufpreisschuld geht erst unter, wenn der Betrag vorbehaltlos dem Konto des Verkäufers gutgeschrieben ist (RGZ 109, 35).

60 **b) Akkreditiv.** Wird ein Akkreditiv vereinbart, verpflichtet sich der Käufer, eine Bank anzuweisen, den Kaufpreis an den Verkäufer zu zahlen, idR unwiderruflich. Die Bank wird dadurch unmittelbar und abstrakt verpflichtet, den Kaufpreis an den Verkäufer zu zahlen (RGZ 107, 9; 144, 136; BGHZ 60, 262). Die Akkreditivstellung erfolgt im Zweifel erfüllungshalber (BGH BB 1956, 546). Die Vereinbarung, ein Akkreditiv zu stellen, wird als Hauptleistung mit Fixcharakter angesehen, so dass der Verkäufer ohne Mahnung zurücktreten kann (RGZ 102, 55; BGH WM 1958, 456).

61 **II. Abnahme.** Nach Abs 2 ist der Käufer zur Abnahme der Kaufsache verpflichtet. Darunter wird die tatsächliche Hinwegnahme der Kaufsache verstanden, so dass der Verkäufer von der Sache entlastet ist (RGZ 53, 161 f; 56, 173; 171, 297; BGH NJW 1972, 99; PWW/*D Schmidt* Rn 43: Realakt). Der Kaufgegenstand muss beim Verkäufer vorhanden sein und zur körperlichen Wegnahme bereit stehen (RGZ 53, 163; 56, 176). Er muss vertragsgem sein (RGZ 53, 70, 73; BGH BB 1957, 92). Eine mangelhafte Sache braucht der Käufer nicht abzunehmen. Bei **Grundstücken** besteht die Abnahme in der Entgegennahme der Auflassung (RGZ 53, 70; BGH NJW-RR 1989, 651). Die Abnahmeverpflichtung ist **dispositiv**; ein Kaufvertrag kann auch ohne Abnahmeverpflichtung wirksam sein (Staud/*Beckmann* Rn 153). Dies muss dann ausdrücklich vereinbart werden. Die Rechtsfolgen einer zu Unrecht verweigerten Abnahme bestehen zum einen darin, dass der Käufer in Gläubigerverzug gerät. Darüber hinaus befindet er sich wegen der nicht erfüllten Abnahmepflicht in Schuldnerverzug. Der Verkäufer ist weiterhin zur Leistung verpflichtet. Er kann auf Abnahme klagen oder sich durch Hinterlegung oder Selbsthilfeverkauf von seiner Leistungspflicht befreien. Die Abnahmepflicht wird allg als Nebenpflicht angesehen, die im Einzelfall auch zur

Hauptpflicht werden kann (Staud/*Beckmann* Rn 163; MüKo/*Westermann* Rn 78). Die Abnahme ist vom **Abruf** zu unterscheiden (MüKo/*Westermann* Rn 80).

III. Nebenpflichten. 1. Gesetzliche Nebenpflichten. Neben der Abnahmepflicht, die als Nebenpflicht zu qualifizieren ist, enthält das Gesetz einige Kostentragungspflichten zu Lasten des Käufers, die als Nebenpflichten anzusehen sind (Staud/*Beckmann* Rn 172), nämlich die Lastentragung ab Übergabe, § 446 Abs 1 S 2, und die sich aus § 448 ergebenden Kostentragungspflichten (Abnahme- und Versendungskosten, Abs 1, Beurkundungskosten bei Grundstücken, Abs 2). 62

2. Ausdrückliche Nebenpflichten. Die Parteien sind frei, weitere Nebenpflichten des Käufers ausdrücklich zu vereinbaren. Dazu kann die Pflicht gehören, ein **Akkreditiv** zu stellen (Rz 60). Bei **Vertriebsbindungspflichten** sind die Schranken zu beachten, die sich aus Art 81 EG und den zu Art 81 Abs 3 EG ergangenen Gruppenfreistellungsverordnungen ergeben. Ein weiteres umfangreiches Feld für die Vereinbarung von Nebenpflichten sind **Qualitätssicherungsvereinbarungen**, mit denen Hersteller ihren Zulieferern Vorgaben machen (Staud/*Beckmann* mN; vgl auch Rz 43). Auch hier sind gewisse rechtliche Grenzen zu beachten. So geht es um die Rügepflichten nach § 377 HGB, die der Hersteller (Käufer) in den Bereich des Zulieferers verlagern möchte, um Freistellungen einer Haftung für Produktfehler und um die Zutrittsrechte des Herstellers zum Betrieb des Zulieferers. Klare Grenzen für zulässige Vereinbarungen sind noch nicht erkennbar, so dass auf die Spezialliteratur verwiesen werden muss (*Ensthaler* NJW 1994, 817; *Grunewald* NJW 1995, 1777; *Steinmann* BB 1993, 873). 63

3. Pflichten auf Grund von Treuepflicht. Ungeschriebene Nebenpflichten ergeben sich aus § 242 (§ 242 Rz 13). Man kann sie ebenso wie die Nebenpflichten des Verkäufers (Rz 32 ff) in vorvertragliche, vertragliche und nachvertragliche Pflichten einteilen. Bei den vorvertraglichen Pflichten geht es vor allem um **Offenbarungspflichten**. Allg Offenbarungspflichten bestehen nicht; der Käufer ist nur dann dazu verpflichtet, wenn auf Grund der Einzelumstände der Verkäufer Aufklärung erwarten konnte (BGH BB 1967, 651; NJW 1970, 655). Dies ist insb bei einer dauerhaften Geschäftsbeziehung anzunehmen. Zu den vertraglichen Treuepflichten gehört die **Obhutspflicht**. Der Käufer hat Waren, die er zurückzugeben beabsichtigt, aufzubewahren (RGZ 98, 69). Die Kosten der Aufbewahrung hat der Verkäufer zu tragen (§ 693 analog). Nachvertragliche Treuepflichten sind nur ganz vereinzelt vorstellbar (Staud/*Beckmann* Rn 185; MüKo/*Westermann* Rn 86). 64

E. Globalisierung und Vergemeinschaftung. I. UN-Kaufrecht. In einer globalisierten Welt kann mit einem nationalen Kaufrecht allein das Bedürfnis der Teilnehmer am Rechtsverkehr nicht erfüllt werden. Ohne ein **Internationales Einheitsrecht** bedarf es einer Rechtswahl, die eine der Parteien zum Verzicht auf ihr Heimatrecht zwingt. Wenn keine Rechtswahl stattfindet, muss nach komplizierten Regeln im Streitfall das anwendbare Recht ermittelt werden. Bei umfangreichen Lieferverträgen werden die Parteien zwar entspr umfangreiche Verträge abschließen, die mögliche spätere Streitpunkte möglichst vollständig ex ante regeln. Aber auch dann stellt sich die Frage, an welchen Maßstäben sich derartige Verträge orientieren sollen. Mit anderen Worten, es besteht ein hohes Bedürfnis nach einem Internationalen Einheitsrecht im Bereich des Kaufvertrags (zur aktuellen Bedeutung des UN-Kaufrechts *Magnus* ZEuP 2006, 96 ff). Internationales Einheitsrecht entsteht durch den Abschluss völkerrechtlicher Verträge zwischen Staaten. Um in einem Staat Wirksamkeit zu entfalten, muss ein derartiges Übereinkommen in Kraft getreten sein, was idR die Ratifikation durch eine Mindestzahl von Staaten voraussetzt, und zum anderen von dem jeweiligen Staat selbst ratifiziert worden sein. Für das Internationale Kaufrecht gibt es ein derartiges Übereinkommen, nämlich das UN-Kaufrecht. Es wird häufig auch mit seiner englischen Abkürzung **CISG** (Convention on the International Sale of Goods) oder nach seinem Abschluss-Ort als Wiener Kaufrecht bezeichnet. 65

1. Entstehungsgeschichte. Das UN-Kaufrecht wurde 1980 in Wien gezeichnet, dh man hatte sich zu diesem Zeitpunkt auf einen Vertragstext geeinigt. Im Jahre 1988 trat es in Kraft, nachdem die erforderliche Mindestzahl von Ratifikationen durch die Vertragsstaaten vorlag. Für Deutschland trat es am 01.01.1991 in Kraft, für die DDR war es schon am 01.01.1990 in Kraft getreten. Inzwischen ist das UN-Kaufrecht weltweit ratifiziert, darunter von allen führenden Industriestaaten mit Ausn von Großbritannien. Vorläufer des UN-Kaufrechts waren die **Haager Kaufgesetze**, die sich jedoch nicht durchsetzen konnten. Auf Grund der zentralen Rolle des Kaufrechts für den Welthandel gab es Bemühungen um ein Internationales Einheitsrecht schon länger, jedoch scheiterten diese am Rückgang des Welthandels durch die Weltwirtschaftskrise von 1929 und letztlich am Zweiten Weltkrieg. Eine grundlegende rechtsvergleichende Untersuchung zum Kaufrecht ist in jenen Jahren von *Ernst Rabel* (Warenkauf I 1936; II 1958) vorgelegt worden. Das UN-Kaufrecht ist Vorbild für die Reform von Kaufrecht weltweit. Sowohl die deutsche Schuldrechts-Reformkommission als auch die EU-Verbrauchsgüterkauf-RL haben sich am UN-Kaufrecht orientiert, so dass in Deutschland nunmehr ein gewisser Gleichlauf zwischen dem Kaufrecht im BGB und dem UN-Kaufrecht besteht. Man darf die Übereinstimmungen jedoch nicht überschätzen. 66

2. Anwendungsbereich. Das UN-Kaufrecht gilt **nicht** für Kaufverträge, die **zu privaten Zwecken** abgeschlossen werden. Damit ist es komplementär zur EU-Verbrauchsgüterkauf-RL, die gerade nur für derartige Verträge gilt. Offenbar bedeutet es für den Inhalt eines Kaufvertrages doch keinen so fundamentalen Unter- 67 schied, ob er zwischen Unternehmen und Verbrauchern oder nur zwischen Unternehmen abgeschlossen wird. Ferner gilt das UN-Kaufrecht nur für **Kaufverträge über Waren**. Dazu zählen auch Computerprogramme. Damit wird derselbe sachliche Anwendungsbereich erreicht wie nach der EU-Verbrauchsgüterkauf-RL. Ausgeschlossen sind demzufolge Immobilienkaufverträge, ferner auch Rahmenverträge wie etwa Vertriebshändlerverträge. Das UN-Kaufrecht gilt nur für **grenzüberschreitende Sachverhalte** und nur dann, wenn das zur Anwendung berufene nationale Recht das UN-Kaufrecht ratifiziert hat. Dann geht das internationale Einheitsrecht vor, Art 3 Abs 2 EGBGB. Die Parteien können die Anwendung des UN-Kaufrechts ausdrücklich oder konkludent ausschließen. Wird jedoch lediglich vereinbart: »Es gilt deutsches Recht«, so ist damit auch das UN-Kaufrecht eingeschlossen. Wird dagegen vereinbart »Es gilt das BGB«, so ist das UN-Kaufrecht konkludent ausgeschlossen. Es gilt also ein opt-out, kein opt-in.

68 **3. Vertragsschluss.** Das UN-Kaufrecht enthält auch Regeln über den Vertragsschluss, also über Materien, die im BGB im AT geregelt sind. Ein Vertrag kommt durch **Angebot und Annahme** zustande; dies entspricht in etwa dem deutschen Recht, unterscheidet sich jedoch erheblich vom englischen Recht, weswegen Großbritannien das UN-Kaufrecht nicht ratifiziert hat. Wie gem § 130 ist der **Zugang** erforderlich, Art 15 Abs 1 UN-Kaufrecht. Es kann jedoch bis zur Annahme widerrufen werden, Art 16 Abs 1 UN-Kaufrecht. Dagegen enthält das UN-Kaufrecht keine Regeln über Anfechtung, Vertretung und Verjährung. Wenn diese Fragen eine Rolle spielen, muss man auf das BGB zurückgreifen. Dies bedeutet für die Vertragsgestaltung, dass man diese Fragen entweder vollständig regeln oder prüfen muss, welche nationale Rechtsordnung zur Anwendung kommt. Im Zweifel sollte man – trotz UN-Kaufrecht – eine Rechtswahlklausel aufnehmen. Außerhalb von Verbraucher- und Arbeitsverträgen besteht Rechtswahlfreiheit, Art 27 EGBGB. Für die Einbeziehung von AGB besteht ein interessanter Unterschied zum deutschen Recht: Die AGB müssen nämlich beigefügt werden, um wirksam zu werden.

69 **4. Pflichten von Verkäufer und Käufer.** Der Verkäufer hat die Pflicht zur Lieferung **vertragsgem Ware**, Art 35. Die Ware muss den Anforderungen des Vertrags entsprechen. Haben die Parteien nichts anderes vereinbart, kommt ein Kriterienkatalog nach Abs 2 zur Anwendung. Die Vorschrift ist das Vorbild für Art 2 der Verbrauchsgüterkauf-RL und damit für § 434. Der Verkäufer haftet dabei auch für seine Lieferanten. Der Käufer ist zur Zahlung des Kaufpreises verpflichtet.

70 **5. Pflichtverletzung des Verkäufers.** Der Verkäufer haftet für jede Beschaffenheitsabweichung. Dazu zählen auch eine Mengenabweichung und ein aliud. Grds spielt es keine Rolle, ob die Abweichung wesentlich oder unwesentlich ist. Den Käufer trifft eine **Rügeobliegenheit**, Art 38. Er muss die Ware untersuchen, ggf auch eine Probeverarbeitung (Karlsruhe BB 1998, 393, 394: Klebefolie) oder eine Probeinbetriebnahme (Oldenburg IHR 2001, 112) vornehmen. Bei Kleiderstoffen muss eine Wasch- und Bügelprobe erfolgen (LG Berlin IHR 2003, 228). Die Fristen, die dabei einzuhalten sind – Art 39 verlangt eine angemessene Frist –, sind Gegenstand lebhafter Rspr. Verderbliche Ware muss sofort untersucht werden. Im internationalen Blumenhandel muss die Mängelanzeige am Tag der Empfangnahme erfolgen (Saarbrücken NJW-RR 1999, 780), ebenso bei lebendem Vieh (Schleswig IHR 2003, 20) Bei komplexeren Waren werden aber großzügigere Fristen gewährt. Es hat sich dabei ein Mittelwert von drei bis vier Arbeitstagen bis zu einer Woche herausgebildet (*Piltz* NJW 2007, 2159, 2162 mN).

71 Dem Käufer kommt zu Hilfe, dass nach Art 38 Abs 2 und 3 die Untersuchungspflicht im Falle einer Beförderung, Umleitung oder Weiterleitung der Ware erst am Bestimmungsort einsetzt, wobei im Falle der Weiterleitung der Verkäufer gewusst haben muss, dass der Käufer Zwischenhändler ist (Staud/*Magnus* Art 38 CISG Rn 62). Darüber hinaus sind Art 38 und 39 dispositiv, dh die Vertragsparteien können die Rügefrist selbst festlegen. Ebenso empfiehlt es sich, die Modalitäten der Untersuchung vertraglich zu regeln. Als Rechtsfolgen bei einer Pflichtverletzung sieht das UN-Kaufrecht die **Kaufpreisreduzierung** in Art 50 und die **Vertragsaufhebung** in Art 49 vor. Die Vertragsaufhebung ist aber nur bei einer wesentlichen Vertragswidrigkeit und nach Setzung einer angemessenen Frist zulässig. Zwar sieht man hier deutlich die Parallelen zur EU-Verbrauchsgüterkauf-RL und zur deutschen Schuldrechtsreform, doch liegen die Schwellen für eine Vertragsaufhebung nach UN-Kaufrecht höher, weil es keinen so großzügigen Verzicht auf die Nachfristsetzung wie gem § 440 vorsieht.

72 Schließlich gibt es einen Anspruch auf **Schadensersatz**, Art 79. Dieser folgt im Wesentlichen Vorstellungen aus dem englischen Rechtskreis. So wird kein Verschulden vorausgesetzt; es ist lediglich der Einwand höherer Gewalt möglich. Der Sache nach ist aber auch das deutsche Recht auf dem Weg zu einer ähnl Lösung, wenn in § 280 Abs 1 zwar am Verschuldenserfordernis festgehalten wird, andererseits aber eine Beweislastumkehr zu Lasten des Verkäufers vorgenommen wird. Die Unterschiede sind zwar noch vorhanden, werden aber graduell. Größere Unterschiede bestehen dagegen zum deutschen Recht beim Umfang des zu ersetzenden Schadens. Das englische Recht ist nämlich seit Alters her durch eine Vorhersehbarkeitsregel geprägt, dh unvorhersehbare Schäden werden nicht erstattet. Es folgt daher nicht dem »alles-oder-nichts«-Prinzip, dem § 249 unterliegt und das nur mühsam durch den Einwand des Mitverschuldens gem § 254 etwas flexibilisiert wird.

II. Verbrauchsgüterkauf-RL. 1. Entstehungsgeschichte und Zusammenhang mit dem Verbraucherrecht der Gemeinschaft. Die Verbrauchsgüterkauf-RL gehört zu den jüngeren gemeinschaftsrechtlichen Verbraucherschutz-Richtlinien. Nachdem die Gemeinschaft zunächst – aus rechtssystematischer Sicht betrachtet – eher Randfragen im Verbraucherrecht geregelt hat, betrat sie erstmals mit der RL über missbräuchliche Vertragsklauseln von 1993 Materien, die zu Kernfragen des Vertragsrechts der Mitgliedstaaten gehören, und mit der Verbrauchsgüterkauf-RL von 1999 einen Bereich, der in der Vertragsrechtsordnung jeden Mitgliedstaates eine zentrale Rolle spielt (zu dieser Entwicklung von den Rändern zum Kern des Vertragsrechts *Tonner* JZ 1996, 533). In dieser Hinsicht bildet sie den Abschluss der ersten Generation der verbraucherrechtlichen Richtlinien. 73

Die Verbrauchsgüterkauf-RL ist am UN-Kaufrecht orientiert, unterscheidet sich aber bzgl des Umfangs der geregelten Materien erheblich von diesem. Zwar hat der Begriff der **Vertragsgemäßheit** gem Art 2 der RL eine gewisse Ähnlichkeit mit Art 35 UN-Kaufrecht, und auch das System der Rechtsfolgen mit dem Grundgedanken des Rechts der zweiten Andienung durch den Verkäufer ist dem UN-Kaufrecht nachgebildet. Die RL enthält aber keine Regeln über den Vertragsschluss und den Schadensersatz. Die RL will Schadensersatzansprüche im Kaufrecht damit keineswegs ausschließen, sondern sie verweist insoweit ausdrücklich auf das Recht der Mitgliedstaaten. Auch der Vertragsschluss ist nach mitgliedstaatlichem Recht zu bestimmen. Der Gemeinschaftsgesetzgeber hat auf diese Weise davon Abstand genommen, zentrale Begriffe des Vertragsrechts, die über den Regelungsbereich eines einzelnen Vertragstyps hinausgehen, anlässlich einer auf einen einzelnen Vertragstyp bezogenen RL zu harmonisieren. Offenbar hatte er Zweifel, ob dies auf der Ebene des Verbrauchervertragsrechts überhaupt möglich ist und nicht vielmehr einer allg Harmonisierung des Vertragsrechts überlassen bleiben muss. Diese ist nun mit dem Gemeinsamen Referenzrahmen angelaufen (Einl Rz 48 ff). 74

Die Vorarbeiten zu der Verbrauchsgüterkauf-RL waren ambitionierter. Sowohl das vorhergehende Grünbuch (KOM (93) 509) als auch der Vorschlag (KOM (95) 520) wollten den gesamten »after-sale-service« abdecken und insb **Garantien** regeln. »Garantie« ist ein schillernder Begriff, da er nicht deutlich macht, ob es nur um eine etwas verstärkte Gewährleistung des Verkäufers geht, oder ob dem Kunden unabhängig vom Kaufvertrag Rechte gegen den Hersteller eingeräumt werden. Die ursprünglichen Vorschläge hatten durchaus diesen weiten Aspekt im Auge, wollten also über die Vertragsbeziehung zwischen Käufer und Verkäufer hinausgehen. Dies ließ sich aber nicht durchhalten; die schließlich verabschiedete RL bezieht sich nur auf das Kaufrecht ieS und enthält mit Art 6 lediglich eine rudimentäre Aussage zur Herstellergarantie (§ 477 Rz 1). 75

Nach den Plänen der EU-Kommission soll die Verbrauchsgüterkauf-RL zusammen mit der Fernabsatz-RL, der Haustürwiderrufs-RL und der RL über missbräuchliche Vertragsklauseln in einer **RL über Verbraucherrechte** aufgehen. Die Kommission hat dazu einen Vorschlag vorgelegt (KOM (2008) 614), der einem **Vollharmonisierungsansatz** folgt, dh dem Umsetzungsgesetzgeber wären keinerlei Abweichungen gestattet. Ob sich dieses Prinzip durchsetzen wird, bleibt abzuwarten; jedenfalls ist mit einer neuerlichen Überarbeitung des Kaufrechts in absehbarer Zeit zu rechnen (krit zu den Vollharmonisierungsplänen *Tonner/Tamm* JZ 2009, 277 ff). 76

2. Anwendungsbereich. Der persönliche Anwendungsbereich der RL wird durch Art 2 iVm den Begriffsbestimmungen nach Art 1 Abs 2 festgelegt. Es handelt sich um einen Vertrag zwischen einem **Verbraucher** und einem Verkäufer. »Verbraucher« ist gem Art 1 Abs 2 lit a der RL jede **natürliche Person**, die im Rahmen der unter die RL fallenden Verträge zu einem Zweck handelt, der nicht ihrer beruflichen oder gewerblichen Tätigkeit zugerechnet werden kann. Es war zweifelhaft, ob die Beschränkung auf natürliche Personen sinnvoll ist, zumal wenn die übrigen Voraussetzungen vorliegen, eine Gewinnerzielungsabsicht also nicht vorliegt, jedoch hat der EuGH allen Tendenzen, den Anwendungsbereich weiter zu fassen, eine klare Absage erteilt (EuGH Slg 1997, I-3788, 3800 – Benincasa). IÜ finden sich die Elemente des Verbraucherbegriffs der Verbrauchsgüterkauf-RL in § 13 (*Tamm* § 13 Rz 11 ff). 77

Der sachliche Anwendungsbereich ergibt sich aus dem in Art 1 Abs 2 lit b definierten Begriff der **Verbrauchsgüter.** Dieser ist wesentlich enger als der Begriff des Kaufes iSd § 433, denn er umfasst nur bewegliche körperliche Gegenstände, dh sowohl der Immobilienkauf wie der Rechtskauf fallen nicht unter die Verbrauchsgüterkauf-RL. Darüber hinaus ist er noch weiter eingeschränkt, denn Art 1 Abs 2 lit b enthält drei Ausnahmen, nämlich Güter, die auf Grund von Zwangsvollstreckungsmaßnahmen oder anderen gerichtlichen Maßnahmen verkauft werden sowie Wasser, Gas und Strom. Damit ist der gesamte Energielieferungsbereich ausgeklammert. Nach Art 1 Abs 3 können die Mitgliedstaaten auch Verbrauchsgüter ausnehmen, die in einer öffentlichen Versteigerung verkauft werden. Darunter fällt aber nicht der Verkauf über E-Bay, da die »öffentliche Versteigerung« die Möglichkeit der persönlichen Anwesenheit des Verbrauchers voraussetzt. 78

Auf der anderen Seite ist der sachliche Anwendungsbereich weiter, denn nach Art 1 Abs 4 fallen auch Verträge über **herzustellende Verbrauchsgüter** unter die RL. Bei der Umsetzung der RL hat der deutsche Gesetzgeber nicht etwa den Anwendungsbereich auf die in Art 1 Abs 4 der RL geregelten Werklieferungsverträge erweitert, er hat vielmehr den § 651 so umformuliert, dass er den Vorgaben des Art 1 Abs 4 der RL entspricht. Da § 651 auf das Kaufrecht verweist, ist ein richtlinienkonformes Ergebnis hergestellt worden. IÜ gibt es auf der Rechtsfolgenseite einen Unterschied zwischen Kauf- und Werkvertragsrecht, da im Werkvertragsrecht anders als im Kaufrecht dem Unternehmer das Wahlrecht bei der Nacherfüllung zusteht, was mit der RL nicht vereinbar wäre. Wegen des Verweises des § 651 auf das Kaufrecht spielt dies aber keine Rolle. 79

80 **3. Begriff der Vertragsgemäßheit.** Verbrauchsgüter haben gem Art 2 der RL vertragsgem zu sein. Der Begriff der Vertragsgemäßheit folgt Art 35 Abs 1 UN-Kaufrecht (oben Rz 69) und damit dem englischen Rechtskreis. Der Mangelbegriff des BGB mit der Unterscheidung zwischen Fehler und dem Fehlen einer wesentlichen Eigenschaft (§ 459 aF) musste daher aufgegeben werden, obwohl sich viele Elemente des alten Mangelbegriffes auch in dem Begriff der Vertragsgemäßheit wiederfinden. Art 2 Abs 2 der RL spricht ebenso wie Art 35 Abs 2 des UN-Kaufrechts von Vermutungen, wann die Vertragsgemäßheit vorliegt. Es handelt sich dabei aber nicht um Vermutungen iS einer Beweislastregelung, sondern um die Beschreibung von Tatbestandsmerkmalen (Grundmann/Bianca/*Grundmann* Art 2 Rn 17 f). Da Art 2 in § 434 umgesetzt ist, kann bzgl der einzelnen Merkmale auf die dortige Kommentierung verwiesen werden. Es handelt sich dabei um subjektive Kriterien. Wenn diese nicht zu ermitteln sind, ist auf die Üblichkeit abzustellen. Erweiternd stellt Art 2 Abs 2 lit d auf die **vernünftigen Erwartungen des Verbrauchers** ab und kodifiziert damit einen Begriff, der als Leitbild zunächst für die gesamte RL vorgesehen war (KOM (93) 509), aber in der verabschiedeten Fassung nur als Ergänzung der Üblichkeit auftaucht (zu den vernünftigen Verbrauchererwartungen allg *Rösler*, Europäisches Konsumentenvertragsrecht S 190 ff; krit *Riesenhuber* JZ 2005, 829). Des Weiteren bezieht die Vorschrift die durch die **Herstellerwerbung** erweckten Erwartungen des Verbrauchers ein, Art 2 Abs 4. Damit geht sie nicht nur über das UN-Kaufrecht hinaus, sondern auch über eine enge Beschränkung des Kaufaktes auf das Vertragsverhältnis zwischen Verkäufer und Käufer. Vielmehr kommt die gesamte Absatzkette in den Blick. Der – wirtschaftliche gesehene – »Vorverkauf« durch Herstellerwerbung, der dem Verkäufer (Händler) zugute kommt, führt dazu, dass der Verkäufer dafür auch haften muss.

81 **4. Rechtsfolgen.** Rechte wegen einer Vertragswidrigkeit können geltend gemacht werden, wenn die Vertragswidrigkeit im **Zeitpunkt der Lieferung** vorliegt, Art 3 Abs 1. Nach Erwägungsgrund 14 sollen die Mitgliedstaaten dadurch aber nicht zu einer Anpassung der Regeln über den Gefahrübergang gezwungen werden (Grundmann/Bianca/*Bianca* Art 3 Rn 15). Die Schuldrechtsreform konnte es daher beim Anknüpfen an die Übergabe belassen, § 449. Art 3 Abs 2 räumt dem Verkäufer zunächst in Übereinstimmung mit dem UN-Kaufrecht das »**Recht der zweiten Andienung**« in der Form eines Nachbesserungs- oder Nachlieferungsanspruchs ein. Anders als im UN-Kaufrecht steht das Wahlrecht aber dem Verbraucher zu. Scheitert die Nachbesserung oder Ersatzlieferung, so kann der Verbraucher **mindern oder zurücktreten**, Art 3 Abs 5. Ein Rücktritt bei einer geringfügigen Vertragswidrigkeit ist wie im UN-Kaufrecht ausgeschlossen, Art 3 Abs 6. Auf Einzelheiten wird im Rahmen der Kommentierung der Umsetzungsvorschrift, § 439, eingegangen. Die Verbrauchsgüterkauf-RL äußert sich nicht zu Schadensersatzansprüchen. Diese werden, soweit sie nach nationalem Recht bestehen, gem Art 8 Abs 1 »nicht berührt«. Selbstverständlich spielen kaufrechtliche Schadensersatzansprüche in allen Mitgliedstaaten eine erhebliche Rolle. Die Verbrauchsgüterkauf-RL weist daher eine nicht unbedeutende Lücke auf (Grundmann/Bianca/*Grundmann* Art 8 Rn 1) – anders als UN-Kaufrecht, das den Schadensersatz umfangreich regelt (oben Rz 72). Auch im Vorschlag einer RL über Verbraucherrechte (KOM (2008) 614) wird diese Lücke nicht geschlossen.

82 **5. Sonstige Regelungen.** Ferner schreibt die RL in Art 5 eine **zweijährige Verjährung** vor (§ 438 Rz 1), wovon es eine Ausn für gebrauchte Verbrauchsgüter gibt. Art 6 enthält Standards für **Garantien** (§ 477 Rz 1), und Art 7 erklärt die Vorschriften für zugunsten des Verbrauchers **zwingend**. Das bedeutet, dass – abgesehen von der Verjährung – kein Unterschied zwischen neuen und gebrauchten Verbrauchsgütern gemacht werden darf. Das deutsche AGB-Recht beschränkt sich dagegen auf neue Güter, § 309 Nr 8 lit b, und erlaubte vor der Umsetzung der Verbrauchsgüterkauf-RL einen Haftungsausschluss bei gebrauchten Sachen auch ggü Verbrauchern (seit BGHZ 74, 383, 386). Art 8 Abs 2 schließlich enthält die in den bisherigen Richtlinien übliche **Mindeststandardklausel** (zur Funktion der Mindeststandardklauseln Einl Rz 43; für ihre Beibehaltung *Tamm* EuZW 2007, 756).

83 **III. Die Umsetzung durch die Schuldrechtsreform.** Die gem Art 11 Abs 1 bis zum 1. Januar 2002 gebotene Umsetzung der RL veranlasste den Gesetzgeber, die Schuldrechtsreform des Jahres 2001 in Angriff zu nehmen und bei dieser Gelegenheit die Ergebnisse der Schuldrechtsreform-Kommission des Jahres 1991 aufzugreifen sowie zahlreiche verbraucherrechtliche Nebengesetze ins BGB zu integrieren (s dazu die Einleitung zum Kommentar). Dabei musste der Gesetzgeber zwei Vorentscheidungen treffen: **1. Kein vom allg Kaufrecht getrenntes Verbrauchsgüterkaufrecht.** Es wäre mit den Vorgaben der Verbrauchsgüterkauf-RL vereinbar gewesen, diese RL mehr oder weniger 1:1 umzusetzen und sie neben die bestehenden kaufrechtlichen Vorschriften des BGB zu setzen, sei es in einem Sondergesetz, sei es als neuen Abschnitt im Anschluss an die bestehenden Vorschriften, ohne diese zu ändern. Dieser Weg ist in vielen Mitgliedstaaten gegangen worden. So hat das Vereinigte Königreich eine Regulation erlassen, die Sale and Supply of Goods to Consumers Regulation 2002, die die RL 1:1 umsetzt, ohne das Kaufrecht iÜ anzupassen. Die Rechte der Verbraucher sind auch nicht auf die Regulation beschränkt, so dass schwierige Abgrenzungsfragen auftauchen (*Zerres* Die Bedeutung der Verbrauchsgüterkauf-RL für die Europäisierung des Vertragsrechts S 98 ff). In Frankreich hat man ebenfalls die RL nicht in die kaufrechtlichen Vorschriften des Code civil umgesetzt, sondern in den Code de la consommation, ohne das Kaufrecht iÜ zu ändern. Erst neuerdings denkt man über eine Reform

des Code civil nach (*Fauvarque-Casson* ZEuP 2007, 428). In Deutschland dagegen war von Anfang an unstreitig, dass man nicht zwei Kaufrechtsordnungen nebeneinander haben wollte. Das setzte aber voraus, dass das Kaufrecht des BGB an die RL auch über deren persönlichen und sachlichen Anwendungsbereich hinaus im Wege »überschießender Umsetzung« angepasst wurde. Der Gesetzgeber ist diesen Weg gegangen, allerdings nicht mit letzter Konsequenz, denn er fügte doch noch einen **bes Abschnitt über Verbrauchsgüterkaufverträge** in das Kaufrecht ein, in dem einige wenige Vorschriften stehen, die man für das allg Kaufrecht als zu weitgehend empfand. Die wichtigste davon ist der zwingende Charakter des Kaufrechts für Verbraucherverträge, § 475 Abs 1.

2. »Große« Lösung. Wesentlich mehr Streit bestand darüber, ob der Gesetzgeber sich auf eine Umsetzung der Verbrauchsgüterkauf-RL durch Einpassung in das Kaufrecht des BGB beschränken oder ob er die Vorschläge der Schuldrechtsreform-Kommission berücksichtigen und auch das Leistungsstörungsrecht im Schuldrecht AT reformieren sollte. Man sprach von »kleiner« bzw »großer« Lösung. Bekanntlich hat sich die große Lösung durchgesetzt. Dies erscheint auch ex ante allein sinnvoll, denn das Kaufrecht ist derart mit den Rechtsbehelfen aus dem Leistungsstörungsrecht verzahnt, dass eine isolierte Reform allein der §§ 433 ff wahrscheinlich zu zahlreichen Brüchen mit dem Schuldrecht AT geführt hätte. 84

IV. Künftige Entwicklungstendenzen. Mit weiteren Änderungen im Kaufrecht ist dank der Auswirkungen des Gemeinschaftsrechts zu rechnen. Zum einen wird die Verbrauchsgüterkauf-RL im Rahmen der Überarbeitung des Verbraucheracquis revidiert werden. Zum andern arbeitet die Kommission an einem »**Gemeinsamen Referenzrahmen**«, mit dem wichtige Prinzipien des Vertragsrechts für die Gemeinschaft in einem optionalen Modell festgelegt werden sollen (Einl Rz 48 ff). Dieser Referenzrahmen wird auch und gerade im Kaufrecht Auswirkungen haben. Dabei ist von einer weiteren Angleichung an das UN-Kaufrecht auszugehen. Mit einer gewissen Wahrscheinlichkeit werden dabei auch Schadensersatzansprüche geregelt. Da diese im BGB nicht im Kaufrecht selbst, sondern im Schuldrecht AT kodifiziert sind, wird der Gesetzgeber erneut im Schuldrecht AT eingreifen müssen. 85

Die **Überarbeitung der Verbrauchsgüterkauf-RL** und der Gemeinsame Referenzrahmen werden sich wechselseitig beeinflussen. Jedoch wird nur die geplante RL über Verbraucherrechte den Gesetzgeber zum Tätigwerden veranlassen, da der Referenzrahmen nicht als förmliches Gemeinschaftsrecht gedacht ist, sondern als ein Regelungsmodell, dessen sich die Parteien bedienen können, aber nicht müssen (opt-in-Lösung). Es besteht insofern also kein Umsetzungsbedarf. Sollte die Gemeinschaft ihre Absicht wahrmachen, das Minimalstandardprinzip aufzugeben und zur sog Vollharmonisierung übergehen, werden sich schwierige Fragen der Einpassung in das Kaufrecht des BGB stellen (krit *Tonner/Tamm* JZ 2009, 277 ff). 86

§ 434 Sachmangel.

[1] Die Sache ist frei von Sachmängeln, wenn sie bei Gefahrtragung die vereinbarte Beschaffenheit hat. Soweit die Beschaffenheit nicht vereinbart ist, ist die Sache frei von Rechtsmängeln,

1. wenn sie sich für die nach dem für den Vertrag vorausgesetzte Verwendung eignet,

2. wenn sie sich für die gewöhnliche Verwendung eignet und eine Beschaffenheit aufweist, die bei Sachen der gleichen Art üblich ist und die der Käufer nach der Art der Sache erwarten kann.

Zu der Beschaffenheit nach Satz 2 Nummer 2 gehören auch Eigenschaften, die der Käufer nach den öffentlichen Äußerungen des Verkäufers, des Herstellers (§ 4 Absatz 1 und 2 des Produkthaftungsgesetzes) oder seines Gehilfen insbesondere in der Werbung oder bei der Kennzeichnung über bestimmte Eigenschaften der Sache erwarten kann, es sei denn, dass der Verkäufer die Äußerung nicht kannte und auch nicht kennen musste, dass sie im Zeitpunkt des Vertragsschlusses in gleichwertiger Weise berechtigt war oder dass sie die Kaufentscheidung nicht beeinflussen konnte.

[2] Ein Sachmangel ist auch dann gegeben, wenn die vereinbarte Montage durch den Verkäufer oder dessen Erfüllungsgehilfen unsachgemäß durchgeführt worden ist. Ein Sachmangel liegt bei einer zur Montage bestimmten Sache ferner vor, wenn die Montageanleitung mangelhaft ist, es sei denn, die Sache ist fehlerfrei montiert worden.

[3] Einem Sachmangel steht es gleich, wenn der Verkäufer eine andere Sache oder eine zu geringe Menge liefert.

A. Allgemeines. § 434 ist nicht nur deswegen eine der bedeutendsten Vorschriften des Kaufrechts, weil in ihm die wichtigste Voraussetzung für Ansprüche des Käufers bei nicht ordnungsgem Vertragserfüllung geregelt ist, er ist auch bereits bei der **Vertragsgestaltung von hoher Relevanz**. Das Leistungsversprechen des Verkäufers muss nämlich so präzise beschrieben werden, dass sich nach Erfüllung nicht herausstellt, dass der Verkäufer für etwas haftet, für das er eigentlich gar nicht einstehen wollte. Mit anderen Worten, auf eine genaue Beschaffenheitsvereinbarung ist größter Wert zu legen. **I. Der Mangelbegriff im System des Kaufrechts.** Wesentlicher Inhalt der kaufrechtlichen Vorschriften des BGB sind die Rechtsbehelfe des Käufers bei einer mangelhaften Lieferung. Dazu muss zunächst einmal definiert werden, was ein Mangel ist, dh es müssen die Voraussetzungen für Rechtsbehelfe geklärt werden. Diese Aufgabe erfüllt § 434. Neben dem in § 434 definierten **Sachmangel** enthält das BGB in § 435 eine Vorschrift über den **Rechtsmangel**. Der Unterschied zwischen Sach- und Rechtsmangel ist seit der Schuldrechtsreform weniger bedeutend, da seitdem die Rechts- 1 folgen bei beiden Mängelarten dieselben sind. Der Mangelbegriff ist auch deswegen wichtig, weil nur mit einer mangelfreien Sache erfüllt werden kann (§ 433 Rz 28 ff).

2 Die **Mängelrechte**, also die Rechtsfolgen bei einem Mangel iSd §§ 434 oder 435, sind in den §§ 437 ff geregelt, wobei § 437 sie aufzählt und auf die Einzelregelungen verweist. Die Mängelrechte sind zwar die wichtigsten Rechte, die einem Käufer zustehen können, aber nicht die einzigen. Inwieweit dem Käufer sonstige Rechte zustehen, wurde oben erörtert (§ 433 Rz 14 f). § 434 Abs 1 weist eine **hierarchische Struktur** auf (*Eckert/Maifeld/Matthiessen* Rn 291; zur Vereinbarung dieser Struktur mit der Verbrauchsgüterkauf-RL unten Rz 4 ff). An der Spitze steht die Beschaffenheitsvereinbarung, § 434 Abs 1 S 1. Fehlt bereits eine vereinbarte Beschaffenheit, muss der Rest des § 434 Abs 1 jedenfalls nach der Struktur der Vorschrift nicht mehr geprüft werden. Sonst muss weiter eingegangen werden auf § 434 Abs 1 S 2 Nr 1, wonach ein Mangel vorliegt, wenn sich die Sache nicht für die nach dem Vertrag vorausgesetzte Verwendung eignet. Ist auch diese Voraussetzung nicht erfüllt, muss schließlich auf § 434 Abs 1 S 2 Nr 2 eingegangen werden, der auf die gewöhnliche Verwendung abstellt.

3 Die drei Voraussetzungen sind hintereinander gestaffelt. Abs 1 S 2 kommt nur zum Zuge, wenn kein Mangel gem Abs 1 S 1 vorliegt, und Abs 1 S 2 Nr 2 ist nur anzuwenden, wenn weder Abs 1 S 1 noch S 2 Nr 1 gegeben sind. Eine trennscharfe Abgrenzung ist nicht immer möglich, insb nicht zwischen der Beschaffenheitsvereinbarung gem Abs 1 S 1 und der nach dem Vertrag vorausgesetzten Verwendung gem S 2 Nr 1. Beides sind subjektive Kriterien, die gewöhnliche Verwendung gem S 2 Nr 2 ist dagegen ein objektives Merkmal. Da das letztgenannte Kriterium nur eingreift, wenn die Voraussetzungen der zuvor genannten Merkmale nicht erfüllt sind, kann man wie nach früherem Recht von einem **subjektiven Mangelbegriff** sprechen, der dann, wenn die subjektiven Kriterien nicht vorliegen, durch ein objektives Kriterium aufgefüllt wird (MüKo/*Westermann* Rn 5; Hk-BGB/*Saenger* Rn 7). Die Verbrauchsgüterkauf-RL zwingt nach hier vertretener Ansicht jedoch dazu, auf jeden Fall auch die objektive Verwendung nicht aus dem Auge zu verlieren (unten Rz 6).

4 **II. Gemeinschaftsrechtlicher Hintergrund.** Der Mangelbegriff wurde durch die Schuldrechtsreform völlig umgestaltet. Dies war auf die Verbrauchsgüterkauf-RL zurückzuführen, an die das Kaufrecht durch die Schuldrechtsreform angepasst wurde (§ 433 Rz 73 ff). § 434 setzt Art 2 der Verbrauchsgüterkauf-RL um, der nicht von einem Mangel, sondern in Übereinstimmung mit dem UN-Kaufrecht von der Vertragsgemäßheit der Güter spricht. Art Abs 2 führt wie § 434 Abs 1 die drei Kriterien der Beschaffenheit (hier Beschreibung genannt), des vorausgesetzten Gebrauchs (hier angestrebten Zwecks genannt) und der gewöhnlichen Verwendung auf, so dass man auch hier von einem subjektiven Begriff sprechen kann, der nur hilfw objektiv zu bestimmen ist (Grundmann/Bianca/*Grundmann* Art 2 Rn 8; *Zerres* Die Bedeutung der Verbrauchsgüterkauf-RL für die Europäisierung des Vertragsrechts S 54). An das Kriterium der Üblichkeit ist das Merkmal der vernünftigen Erwartung des Verbrauchers angehängt, Art 2 Abs 2 lit d (zum Konzept der legitimen Erwartungen *Micklitz* EuZW 1997, 232). Die Kriterien für die Vertragsgemäßheit sind als »Vermutungen« ausgestaltet. Sie sind jedoch keine Vermutungen im rechtstechnischen Sinne mit Folgen zur Beweislast (Grundmann/Bianca/*Grundmann* Art 2 Rn 17). IÜ gibt Art 2 die Regelungen zur Relevanz der Herstellerwerbung und zur Montage vor.

5 § 434 muss **richtlinienkonform** ausgelegt werden. Das gilt auch für den überschießenden Teil der Umsetzung, also Fälle außerhalb des Verbrauchsgüterkaufs, da man sonst zu einer gespaltenen Auslegung käme, die vermieden werden soll. In der Lit wird problematisiert, ob die hierarchische Struktur des § 434 mit Art 2 der RL vereinbar ist, da nach Erwägungsgrund 8 die vier Elemente **kumulativ** gelten. Vertragsgemäßheit würde auch bei fehlender Eignung für den gewöhnlichen Gebrauch fehlen, auch wenn das Verbrauchsgut der Beschaffenheitsvereinbarung entspräche. Daraus schließt ein Teil der Lit, dass ein hierarchisches Verständnis der vier Elemente mit der RL nicht vereinbar sei, vielmehr stets alle vier Elemente vorliegen müssen (*Hassemer* ZGS 2002, 95, 96 f; *Pfeiffer* ZGS 2002, 94 f; *Schinkels* ZGS 2004, 226, 227). Überwiegend wird jedoch vertreten, dass der Satz aus dem Erwägungsgrund 8 dem Verständnis einer hierarchischen Reihenfolge nicht im Wege stehe (Staud/*Beckmann* Rn 39; Grundmann/Bianca/*Grundmann* Art Rn 9; PWW/*D Schmidt* Rn 11; *Unberath* ZEuP 2005, 5, 9 ff).

6 Dem ist nicht zuzustimmen. Zwar relativiert Erwägungsgrund 8 gleich mit dem nächsten Satz die Aussage einer starren kumulativen Anwendung, denn danach ist es vorstellbar, dass ein bestimmtes Element auf Grund der Umstände des betreffenden Falles offenkundig unanwendbar ist. Wenn aus der Entstehungsgeschichte abgeleitet wird, dass sich der Begriff der Vertragsgemäßheit immer stärker von der Bezugnahme auf die legitimen Verbrauchererwartungen als eines objektiven Kriteriums in Richtung auf die der Vertragsfreiheit und dem UN-Kaufrecht stärker entspr Beschaffenheitsvereinbarung als eines subjektiven Kriteriums entwickelt habe (*Unberath* ZEuP 2005, 5, 11 f) und daher auch Unterschreitungen des üblichen Standards vereinbart werden können (Grundmann/Bianca/*Grundmann* Art 2 Rn 9), wird dabei übersehen, dass das Kumulationsgebot aus methodischen Gründen zwingend zu beachten ist und sich die legitimen Verbrauchererwartungen auch in der verabschiedeten RL befinden, nämlich in Zusammenhang mit dem objektiven Kriterium des Art 2 Abs 2 lit d.

7 IdR wird es sich um ein Scheinproblem handeln, denn es kommt darauf an, wie genau die verkaufte Sache beschrieben ist. Das Problem soll vor allem bei gebrauchten Sachen oder bei Sachen, die auf Grund einer

Beschädigung zu einem ermäßigten Preis verkauft werden, von Relevanz sein. Eine gebrauchte Sache weist auch objektiv Merkmale auf, die darauf zurückzuführen sind, dass sie gebraucht ist. Es handelt sich nicht um einen Widerspruch zwischen einer subjektiven Beschaffenheitsvereinbarung (»gebraucht«) und der üblichen Qualität, bei deren Bestimmung nicht außer Acht gelassen wurde, dass die Sache objektiv gebraucht ist. Man gelangt also auch dann zu akzeptablen Ergebnissen, wenn man das Kumulationsgebot des Erwägungsgrundes 8 beachtet. Immerhin hat das Kumulationsgebot den Vorteil zu verhindern, dass mit Hilfe einer Beschaffenheitsangabe eine unzulässige Haftungsbeschränkung versucht wird.

B. Mangelbegriff. I. Beschaffenheitsvereinbarung. 1. Eigenschaften, die der Kaufsache anhaften. Der Begriff »Beschaffenheit« in Abs 1 S 1 wird weder im Gesetz noch in der Begr zum RegE des Schuldrechtsmodernisierungsgesetzes definiert. Da der Mangelbegriff nicht enger sein soll als der frühere nach § 459 aF (BTDrs 14/6040 S 212), kommt alles in Betracht, was die Rspr nach früherem Recht als Fehler (§ 459 Abs 1 aF) oder als zusicherungsfähige Eigenschaft iSd § 459 Abs 2 aF angesehen hat. Unter eine Beschaffenheit fallen daher zunächst alle Eigenschaften, die der Kaufsache unmittelbar physisch anhaften, zB Hausschwamm, Ungenießbarkeit von Lebensmitteln, nicht funktionsfähige Teile eines elektrischen Gerätes, das Gewicht, aber auch die Größe (zur Grundstücksgröße BaRoth/*Faust* Rn 21, der BGH NJW 1991, 912, wonach die Grundstücksgröße nur im Falle einer Zusicherung Vertragsbestandteil wird, für obsolet hält). Viele Unklarheiten, die der Begriff der Beschaffenheit aufwirft, sind noch nicht von der Rspr entschieden worden, so dass man sich – auch in der Praxis – auf die Literaturmeinungen stützen muss. In der früheren Rspr spielte die Unterscheidung zwischen Fehler und Fehlen einer zugesicherten Eigenschaft wegen der unterschiedlichen Rechtsfolgen eine erhebliche Rolle. Das ist heute nicht mehr der Fall, beides geht vielmehr im Begriff der Beschaffenheit auf. Gleichwohl müssen die auf § 459 aF gestützten Urteile herangezogen werden, um den Beschaffenheitsbegriff aufzufüllen. 8

Zur Beschaffenheit gehören alle physischen Merkmale der Kaufsache, die ihr **auf Dauer** anhaften und Einfluss auf ihren Wert haben (wertbildende Faktoren, *Eckert/Maifeld/Matthiessen* Rn 299). Dazu zählt die Rspr Alter (BGH NJW 1995, 2159, 2160), die örtliche Lage eines Grundstücks (BGH NJW 1973, 1234, 1235) oder die Eigenschaft als Unfallwagen wegen des daraus resultierenden merkantilen Minderwerts (BGH NJW 1983, 2242, 2243). **Str** und höchstrichterlich noch nicht entschieden ist, ob das vor der Schuldrechtsreform verlangte **Merkmal der Dauer** beizubehalten ist. Dies wird überwiegend abgelehnt (Staud/*Matusche-Beckmann* Rn 46; BaRoth/*Faust* Rn 24; *D Schmidt* BB 2005, 2763, 2766 f; PWW/*D Schmidt* Rn 25; *Reinicke/Tiedtke* Rn 312; aA *U Huber* AcP 202, 179, 228). In der Tat dürfte es sich dabei um ein Überbleibsel aus der alten Rechtslage handeln. Dagegen wird allg verlangt, dass die Eigenschaft gegenwärtig, dh zum Zeitpunkt des Gefahrübergangs, vorliegen muss (BaRoth/*Faust* Rn 25; Staud/*Matusche-Beckmann* Rn 47; aA *Knott* NZG 2002, 249, 251). Mit Ausn einer OLG-Entscheidung, die der traditionellen Sicht folgt (Hamm NJW-RR 2003, 1360 f), hat sich die Rspr zu dieser Frage noch nicht positioniert. Es spricht einiges für die weite Auffassung, weil sich die Schuldrechtsreform bewusst von dem engen Begriff der Zusicherung gelöst und am UN-Kaufrecht bzw der Verbrauchsgüterkauf-RL orientiert hat, die diese Einschränkungen nicht kennen. 9

2. Umweltbeziehungen. Daneben hat die Rspr stets anerkannt, dass die sog Umweltbeziehungen der Kaufsache einen Mangel begründen können (RGZ 148, 286, 294; BGHZ 114, 263, 266; BGH NJW 2001, 65). Darunter sind die tatsächlichen, rechtlichen, sozialen und wirtschaftlichen Beziehungen der Kaufsache zur Umwelt zu verstehen, also **Umstände, die außerhalb der Sache selbst liegen**, soweit sie ihren Grund in der Sache haben und nach der Verkehrsanschauung für die Brauchbarkeit und den Wert der Sache von Bedeutung sind. Damit ist zunächst erfasst, was unter zusicherungsfähige Eigenschaften nach § 459 Abs 2 aF fiel. Die diesbzgl Rspr kann also herangezogen werden. Die Eigenschaften müssen aber nicht mehr zugesichert werden, sondern es genügt ihre bloße Vereinbarung. 10

Die bisherige Rspr hat die Umweltbeziehungen nur dann als Eigenschaften erfasst, wenn sie ihren **Ursprung in der Sache selbst** hatten. Ein Teil der Lit will an dieser Einschränkung auch nach der Schuldrechtsreform festhalten (BaRoth/*Faust* Rn 23; Erman/*Grunewald* Rn 3; *Grigoleit/Herresthal* JZ 2003, 118, 124; *Gaul* ZHR 166, 35, 51 f). Ein anderer Teil sieht jedoch durch die Schuldrechtsreform die Möglichkeit eröffnet, dass die Parteien alles, was sie für richtig halten, zum Gegenstand einer Beschaffenheitsvereinbarung machen können. Es muss sich nur um eine Anforderung an die Kaufsache handeln (*Berger* JZ 2004, 276, 278 ff, *Reinicke/Tiedtke* Rn 300 ff; *D Schmidt* BB 2005, 2763, 2764 f; PWW/*D Schmidt* Rn 19 mwN in Rn 18; *Singer* FS 50 Jahre BGH 2000 S 381 ff). Einschränkend wird vertreten, dass sich dies nur auf die Beschaffenheitsvereinbarung, nicht aber auf die Eignung zur vertraglich vorausgesetzten oder gewöhnlichen Eignung bezieht (Hk-BGB-*Saenger* Rn 9). 11

3. Einzelfälle. Die Rspr zu den Umweltbeziehungen der Kaufsache wird beim **Gebrauchtwagenkauf** relevant. Insofern wird sie unten (Rz 59 ff) erläutert. Darüber hinaus spielt sie beim **Grundstückskauf** eine Rolle (unten Rz 47). Der klassische Anwendungsfall sind Angaben über den Mietvertrag eines vermieteten Grundstücks (seit RG JW 1912, 910). Weitere Entscheidungen betreffen die freie Aussicht (RGZ 161, 330), Fluglärm wegen der Lage des Grundstücks in einer Einflugschneise (Köln NJW-RR 1995, 531), öffentlich-rechtliche Bau- oder Nutzungsbeschränkungen (BGH WM 1969, 273; WM 1970, 162). Auch die Altlasten-Fälle gehören 12 hierunter (BGH NJW 2001, 64; unten Rz 51). In anderen Fällen wurde der Bezug zur Sache verneint, nämlich bzgl des Zinssatzes einer auf dem Kaufgrundstück lastenden Hypothek (RG JW 1909, 48) und der Ertragsfähigkeit des Grundstücks beim Kauf einer Grundschuld (RGZ 149, 235). In diesen Fällen wäre nach der hier präferierten Meinung heute anders zu entscheiden.

13 Außerhalb der zuvor genannten Bereiche wurde ein Mangel bejaht bei einem **unechten Bild** (RGZ 114, 239; 135, 440; BGH NJW 1980, 1619, 1621; 1993, 2103). Zuschreibungen bei einem Bild durch einen Sachverständigen können zu einer Beschaffenheitsvereinbarung führen (BGH NJW 1972, 1658; zurückhaltend Hamm NJW 1995, 2640). Ein bestimmter Katalogwert kann eine Eigenschaft eines Bildes sein (Stuttgart NJW 1969, 610), die aber auch zu einer Anfechtung führen kann (BGH NJW 1988, 2597). Eine Gesetzessammlung oder eine technische Anleitung muss sich auf dem aktuellen Stand befinden (Stuttgart NJW-RR 1995, 565); der Inhalt einer »Nottestamentmappe« muss rechtlich korrekt sein (BGH NJW 1973, 843).

14 Ein Mangel wurde ferner angenommen bei **Formaldehyd** in Möbeln (LG Frankfurt aM NJW-RR 1991, 225), bei Quecksilber in einem Gerät (BGH NJW 2000, 331), bei Baustoffen, deren Eigenschaften der bestimmungsgem Verwendung entgegen stehen (BGH NJW-RR 1996, 951; NJW 1981, 1269), für einen kurzlebigen Polsterstoff für Eichenmöbel (Schleswig MDR 1981, 402), nicht eingehaltene Sicherheitsstandards (BGH NJW 1985, 1769), die längere Nutzung des Gegenstands als Ausstellungsstück (Hamm DB 1983, 710; aA Düsseldorf NJW-RR 1991, 1564). Bei **gebrauchten Anlagegütern** können unzutr Angaben über Alter oder Baujahr einen Mangel begründen (BGH BB 1981, 12; NJW 1995, 955). Wie bei Gebrauchtwagen führen Verschleißerscheinungen nicht zu einem Mangel.

15 **4. Vereinbarung.** Die Beschaffenheit muss schließlich vereinbart werden. Sie kann **ausdrücklich oder konkludent** erfolgen und kann sich auch aus einem Handelsbrauch ergeben (BGH NJW 1996, 836). Die Vereinbarungen müssen nicht in der Vertragsurkunde selbst niedergelegt sein; es reichen Angaben auf einem Verkaufsschild (BGHZ 87, 302, 305 für einen Fahrzeugkauf). Ein bes hoher oder niedriger Preis ist kein Indikator für eine bestimmte Beschaffenheit (BaRoth/*Faust* Rn 41; Staud/*Matusche-Beckmann* Rn 55; aA Erman/*Grunewald* Rn 15; MüKo/*Westermann* Rn 12). Einseitige Vorstellungen des Käufers reichen auch dann nicht für eine Beschaffenheitsvereinbarung, wenn sie dem Verkäufer bekannt sind (BaRoth/*Faust* Rn 41; MüKo/*Westermann* Rn 12).

16 **II. Nach dem Vertrag vorausgesetzte Verwendung.** Statt sich über die Beschaffenheit der Kaufsache zu verständigen, können die Parteien auch eine Vereinbarung über die Verwendung treffen. Dann ist die Sache mangelhaft, wenn sie nicht für den Verwendungszweck tauglich ist, Abs 1 S 2 Nr 1 (*Reinicke/Tiedtke* Rn 318). Auch hier reicht keine bloße Verwendungsabsicht des Käufers, auch wenn sie dem Verkäufer bekannt ist. Vielmehr müssen die Parteien den Zweck zum Inhalt des Vertrages gemacht haben (RGZ 70, 82, 86; BGHZ 16, 55; BGH NJW 1984, 2289; 1986, 659 f; 1987, 2511; allg Ansicht auch für das neue Recht, etwa BaRoth/*Faust* Rn 50; Staud/*Matusche-Beckmann* Rn 61; *Eckert/Maifeld/Matthiessen* Rn 316). Teilw wird es aber für ausreichend gehalten, wenn der Verwendungszweck lediglich Geschäftsgrundlage wurde (RGZ 131, 343, 352; BGH BB 1961, 305; krit Staud/*Matusche-Beckmann* Rn 61). Die Schuldrechtsreform hat diese Frage bewusst offen gelassen (RegE, BTDrs 14/6040 S 213).

17 Die Vereinbarung eines Verwendungszwecks kann mit einer Beschaffenheitsvereinbarung in Konflikt geraten, etwa wenn die Kaufsache auf Grund der Beschaffenheitsvereinbarung für die vereinbarte Verwendung nicht tauglich ist. Wendet man streng die Hierarchie der Elemente des Mangelbegriffes an, wäre die Kaufsache nicht mangelhaft. Zu Recht geht man aber davon aus, dass die Sache idR beiden Anforderungen genügen muss (BaRoth/*Faust* Rn 48; aA PWW/*D Schmidt* Rn 37). Dieses Ergebnis will man durch Auslegung des Kaufvertrags gewinnen, was im Einzelfall naturgem auch den Vorrang einer der beiden Elemente bedeuten kann, etwa wenn eine verwendungstaugliche Sache nicht der Beschaffenheitsvereinbarung entspricht (*Reinicke/Tiedtke* Rn 324; MüKo/*Westermann* Rn 16). Dieses Ergebnis ergibt sich jedoch bereits zwingend auf Grund des Gebots der kumulativen Anwendung nach Erwägungsgrund 8 der Verbrauchsgüterkauf-RL (Rz 5 ff).

18 **III. Übliche Beschaffenheit. 1. Grundlagen.** Das (objektive) Kriterium des Abs 1 S 2 Nr 2 besteht aus drei Elementen: Die Sache muss sich für die gewöhnliche Verwendung eignen, sie muss eine übliche Beschaffenheit aufweisen, und sie muss den Erwartungen entsprechen, die der Käufer haben kann. Die drei Elemente müssen kumulativ vorliegen (MüKo/*Westermann* Rn 18; Staud/*Matusche-Beckmann* Rn 66; *Eckert/Maifeld/Matthiessen* Rn 319). Abs 1 S 2 Nr 2 wird als Auffangkriterium bezeichnet, wenn es an den subjektiven Kriterien (Beschaffenheitsvereinbarung, Vereinbarung über den Verwendungszweck) fehlt (MüKo/*Westermann* Rn 18; Staud/*Matusche-Beckmann* Rn 68). Das entspricht zwar der Systematik der Vorschrift, steht aber im Widerspruch zu dem aus der Verbrauchsgüterkauf-RL folgenden Kumulationsgebot für alle Elemente des Mangelbegriffs (oben Rz 5). Im Gegensatz zu der hier vertretenen Ansicht geht die überwiegende Meinung jedoch davon aus, dass die hierarchische Struktur der Vorschrift trotz des Kumulationsgebots beibehalten werden kann und Abs 1 S 2 Nr 2 deswegen nur dann zur Anwendung kommt, wenn keine subjektiven Vereinbarungen getroffen wurden.

2. Gewöhnliche Verwendung. Die gewöhnliche Verwendung ist nach der Verkehrsanschauung am **Erwartungshorizont eines durchschnittlichen Käufers** zu beurteilen, der die gekaufte Sache mit anderen Sachen der gleichen Gattung vergleicht (*Reinicke/Tiedtke* Rn 327; *Eckert/Maifeld/Mathiessen* Rn 323; vgl auch BaRoth/*Faust* Rn 57). Bzgl der Auslegung des Merkmals gewöhnliche Verwendung kann danach zu differenzieren sein, ob der Käufer Verbraucher gem § 13 ist oder nicht (Staud/*Matusche-Beckmann* Rn 69; für Differenzierung nach Nutzergruppen auch PWW/*D Schmidt* Rn 51). Die Eignung zur üblichen Verwendung kann auch dann fehlen, wenn sie allen Produkten des betreffenden Typs fehlt (*Reinking* DAR 2002, 15, 16). In den Vergleich sind die im Wettbewerb stehenden Produkte einzubeziehen, wobei aber nicht auf den jeweils höchsten technischen Stand abgestellt werden darf (BaRoth/*Faust* Rn 59; *Eckert/Maifeld/Mathiessen* Rn 323). Eine Unterscheidung zwischen neuen und gebrauchten Sachen ist an dieser Stelle nicht zu machen; auch eine gebrauchte Sache muss funktionstauglich sein (BaRoth/*Faust* Rn 58; Staud/*Matusche-Beckmann* Rn 71). Schließlich muss die Verwendung am Ort der Lieferung rechtlich zulässig sein (BaRoth/*Faust* Rn 61; Staud/*Matusche-Beckmann* Rn 73; *Eckert/Maifeld/Mathiessen* Rn 324). 19

3. Übliche Beschaffenheit. Die Kaufsache muss auch die übliche Beschaffenheit aufweisen. Ebenso wie bei der gewöhnlichen Verwendung ist dabei auf den **Horizont des Durchschnittskäufers** abzustellen (BaRoth/*Faust* Rn 64). Eine übliche Beschaffenheit kann fehlen, auch wenn der übliche Verwendungszweck erreicht wird (Staud/*Matusche-Beckmann* Rn 74). Bei der Beschaffenheit ist danach zu differenzieren, ob die Sache gebraucht oder neu ist (RegE, BTDrs 14/6040 S 214). Mangels anderweitiger Vereinbarungen ist eine neue Sache geschuldet (BGH NJW 2000, 2018; NJW 2004, 160), auch wenn eine gebrauchte Sache den üblichen Verwendungszweck erfüllen würde. Anders als bei Abs 1 S 2 Nr 1 kann sich die übliche Beschaffenheit auch aus der Preisklasse ergeben (BaRoth/*Faust* Rn 60; Staud/*Matusche-Beckmann* Rn 76; PWW/*D Schmidt* Rn 53). Abzustellen ist auf die **durchschnittliche gebräuchliche Verwendung** (BGH NJW 2007, 1351; Düsseldorf NJW 2006, 2858; Koblenz NJW 2007, 1828; Stuttgart NJW 2007, 612). Eine geringe Wahrscheinlichkeit, dass ein Reitpferd klinische Symptome entwickeln werde, die es als Reitpferd ungeeignet machen, hält der BGH für unbeachtlich (NJW 2007, 1351, 1352). Der BGH hat auch dann einen Mangel angenommen, wenn wegen der Herkunft der Verdacht einer Qualitätsminderung bestehe, der Verdacht aber nicht mit vertretbaren Mitteln aufgeklärt werden könne (BGHZ 52, 51 ff – Hasenfleisch I). 20

4. Erwartungen des Käufers. Nach Abs 1 S 2 Nr 2 aE ist auch die Beschaffenheit heranzuziehen, die der Käufer nach der Art der Sache erwarten kann. Die Vorschrift geht auf Art 2 Abs 2 lit d der Verbrauchsgüterkauf-RL zurück, wo von Erwartungen die Rede ist, die der Verbraucher vernünftigerweise haben kann. Da bereits die übliche Verwendung und die übliche Beschaffenheit aus der Sicht des Durchschnittskäufers zu bestimmen sind (Rz 20), kommt der Erweiterung durch die Erwartungen des Käufers nur dann Bedeutung zu, wenn es um Erwartungen in einem konkreten Einzelfall geht. Ein Teil der Lit sieht in dem Kriterium eine Einschränkung ggü der Üblichkeit; durch die Erwartungen soll die Beschaffenheit bzw die Verwendung nicht ggü der üblichen Beschaffenheit erweitert werden, da bereits die übliche Beschaffenheit zur Mängelfreiheit führe (BaRoth/*Faust* Rn 73; *Reinicke/Tiedtke* Rn 329). Dem kann nicht zugestimmt werden, vielmehr sind die beiden Elemente alternativ heranzuziehen (Grundmann/Bianca/*Grundmann* Art 2 Rn 30 für die zugrunde liegende Richtlinienvorschrift). Es darf nicht übersehen werden, dass das **Konzept der vernünftigen Verbrauchererwartungen** während der Entstehung der Verbrauchsgüterkauf-RL zwar zurückgedrängt, aber nicht völlig eliminiert wurde, so dass es in dem verbleibenden Anwendungsbereich, nämlich Art 2 Abs 2 lit d, eine eigenständige Bedeutung haben muss (*Grundmann* weist auf die für das europäische Schuldvertragsrecht charakteristische vorvertragliche Informationsordnung hin, Grundmann/Bianca/*Grundmann* Rn 32). 21

IV. Haftung für Herstellerwerbung. 1. Grundlagen. Abs 1 S 3 enthält eine Ergänzung zu Abs 1 S 2 Nr 2. Danach gehören zu der Beschaffenheit nach Abs 1 S 2 Nr 2, also zur üblichen Beschaffenheit, auch Eigenschaften, die der Käufer nach den öffentlichen Äußerungen des Verkäufers, Herstellers (§ 4 Abs 1 und 2 ProdHG) oder seines Gehilfen insb in der Werbung oder bei Kennzeichnung über bestimmte Eigenschaften der Sache erwarten kann. Diese Vorschrift dient der korrekten Umsetzung von Art 2 Abs 2 lit d der Verbrauchsgüterkauf-RL, indem der Wortlaut fast vollständig übernommen wurde. Die Regelung nimmt darauf Rücksicht, dass die Kaufentscheidung im vorvertraglichen Bereich auf Grund derartiger Äußerungen fällt und sich der Käufer darauf verlässt, dass sich diese Äußerungen in der Beschaffenheit der Kaufsache wiederfinden. In einer arbeitsteiligen Wirtschaft übernimmt der Hersteller den »Vorverkauf« der Waren durch Werbung. Daraus folgt, dass, wie *Grundmann* sich ausdrückt, moderne Vermarktungsformen eine Vorverlagerung der Bindungswirkung erforderlich machen (*Grundmann* AcP 202, 40, 46 f), und zwar ohne Rücksicht darauf, ob die Äußerungen vom Verkäufer (Händler) oder Hersteller stammen. Die RL hatte ursprünglich Rechte des Verbrauchers ggü dem Hersteller weitergehend regeln wollen, insb im Bereich des after-sales-service. Die Regelung über die Äußerungen des Herstellers ist ein Überbleibsel dieser Bemühungen. 22

Freilich reicht die praktische Bedeutung des S 3 nur dann über die anderen Elemente des Mangelbegriffes hinaus, wenn eine auf eine Eigenschaft der Kaufsache bezogene Äußerung des Herstellers nicht schon zur Beschaffenheitsvereinbarung zwischen Verkäufer und Käufer gemacht wurde oder lediglich die objektive Beschaffenheit der Sache konkretisiert. Letzteres wird häufig der Fall sein, wenn Funktionsbeschreibungen 23 des Herstellers der Ware beiliegen, die Eigenschaften und der Verwendungszweck der Sache aber nicht Gegenstand der Verkaufsgespräche war. Dann wird man davon ausgehen, dass sich das Verkaufsgespräch konkludent auf die Beschreibung des Herstellers bezog, so dass es des Umweges über S 3 nicht bedarf.

24 Ein viel diskutiertes Bsp sind Herstellerangaben über den **Kraftstoffverbrauch.** Der BGH hat bereits vor der Schuldrechtsreform dafür eine Haftung des Verkäufers gem § 459 Abs 2 aF angenommen, also wegen des Fehlens zugesicherter Eigenschaften (BGHZ 132, 55; BGH NJW 1997, 2590; *Rieger* VuR 1999, 289). Heute wird man eine konkludente Beschaffenheitsvereinbarung durch Bezugnahme auf die Herstelleräußerungen gem S 1 annehmen können. Letztlich kann dahin stehen, ob derartige Fälle unter S 1 oder S 3 fallen.

25 **2. Hersteller.** S 3 bezieht sich nicht nur auf Äußerungen des Herstellers, sondern auch des Verkäufers. Dies kann Bedeutung für Äußerungen des Verkäufers im vorvertraglichen Stadium entfalten. Die Definition des Herstellers nimmt auf das ProdHG Bezug. Damit werden auch der **Teilehersteller** und der **Importeur**, der die Ware in den Geltungsbereich des Vertrags über den Europäischen Wirtschafsraums gebracht hat, einbezogen. Auch Äußerungen von Gehilfen können relevant werden. Dies können auch selbständige sein, zB Werbeagenturen (BaRoth/*Faust* Rn 79; Staud/*Matusche-Beckmann* Rn 86).

26 **3. Öffentliche Aussagen.** Um Einfluss auf die vereinbarte oder übliche Beschaffenheit nehmen zu können, müssen die Aussagen in öffentlichen Äußerungen getroffen werden. Der wichtigste Anwendungsfall ist die **Werbung**, wobei der Begriff weit zu ziehen ist. Broschüren, in denen der Kaufgegenstand näher erläutert wird (*Lehmann* DB 2002, 1090; *Weiler* WM 2002, 1784), fallen ebenso wie Beschreibungen im Internet darunter. Dagegen sind Äußerungen in individuellen Verkaufsgesprächen nicht erfasst, jedoch Werbung in einem geschlossenen Personenkreis, zB Fachhändler (*Weiler* WM 2002, 1784, 1786; BaRoth/*Faust* Rn 81). Die Werbung muss sich an einen unbestimmten Personenkreis richten. Sie kann über ein Medium wie Zeitungen, Zeitschrift, Rundfunk, Fernsehen oder Werbebanner im Internet (PWW/*D Schmidt* Rn 61) erfolgen, aber auch direkt in einer Veranstaltung. Der Käufer muss nicht selbst bei einer derartigen Veranstaltung zugegen gewesen sein (BaRoth/*Faust* Rn 82; aA *Weiler* WM 2002, 1784, 1786). Die Werbung muss sich auf bestimmte Eigenschaften des Kaufgegenstandes beziehen; damit werden **allg Werbeanpreisungen ausgeschlossen** (BaRoth/*Faust* Rn 83; *Eckert/Maifeld/Mathiessen* Rn 328); es muss sich vielmehr um nachprüfbare Tatsachen handeln. Neben der Werbung bezieht sich die Vorschrift auf die Kennzeichnung. Hierunter fallen Kataloge oder eine der Kaufsache beigefügte Warenbeschreibung (Staud/*Matusche-Beckmann* Rn 84).

27 **4. Ausschluss der Haftung.** Die Erklärungen des Herstellers erweitern das Haftungsrisiko des Verkäufers, ohne dass dieser an dem Zustandekommen der Erklärungen beteiligt gewesen sein muss (vgl auch *Brüggemeier* WM 2002, 1376, 1378). Andererseits profitiert der Verkäufer von der Herstellerwerbung. Das Gesetz begrenzt jedenfalls das aus der Zurechnung der Herstelleräußerungen resultierende Risiko, indem Abs 1 S 3 aE von der von der Verbrauchsgüterkauf-RL zugelassenen Möglichkeit Gebrauch macht, die Haftung des Verkäufers durch **Berichtigung** der Äußerungen mittels ähnl effizienter, dh in ähnl öffentlich wirksamer Weise wie die Werbeaussagen, entfallen zu lassen.

28 Allerdings lässt das Gesetz offen, wie die **Gleichwertigkeit** iSd Vorschrift bemessen werden soll, ob bspw die Publikation durch dasselbe Medium erfolgen oder welches inhaltliche Gewicht der Aussage zukommen soll. »Gleichwertig« bedeutet, dass die Berichtigung dort erfolgen soll, wo auch die werbliche Anpreisung geschehen ist (aA *Eckert/Maifeld/Mathiessen* Rn 336: Zeitungsanzeige kann durch Werbespot im Rundfunk korrigiert werden). Die Berichtigung muss auf die ursprüngliche Aussage Bezug nehmen (BaRoth/*Faust* Rn 82; *Reinicke/Tiedtke* Rn 336; aA *Weiler* WM 2002, 1784, 1786; PWW/*D Schmidt* Rn 66). Auch klärt das Gesetz nicht, ob der Käufer von einer Berichtigung Kenntnis erlangt haben muss. Jedoch erscheint eine Pflicht eines Kaufinteressenten, der von einer öffentlichen Äußerung des Herstellers weiß, bis zum Abschluss des Kaufvertrags auf berichtigende Äußerungen zu warten, übertrieben.

29 Weitere Ausnahmen von der Haftung des Verkäufers, wofür der Verkäufer die Beweislast trägt (»es sei denn«), enthält ebenfalls Abs 1 S 3 aE, wonach der Verkäufer auch dann nicht haftet, wenn er die **Äußerung nicht kannte** und auch nicht kennen musste. Damit soll sich nur der Verkäufer entlasten können, der die Werbeaussage weder kannte noch kennen musste. Der Verkäufer muss also nachweisen, dass seine Unkenntnis auch nicht auf Fahrlässigkeit beruht. Er ist verpflichtet, für ihn ohne weiteres zugängliche Werbemaßnahmen im Fernsehen und Radio, der Tagespresse sowie in für seinen Verkaufsgegenstand einschlägigen Fachpublikationen zu verfolgen. Der Nachweis der fehlenden Kenntnis oder der unverschuldeten Unkenntnis wird ihm daher selten gelingen (BaRoth/*Faust* Rn 85; Staud/*Matusche-Beckmann* Rn 89; PWW/*D Schmidt* Rn 67; *Eckert/Maifeld/Mathiessen* Rn 337). Außerdem haftet der Verkäufer dann nicht, wenn er nachweist, dass die Kaufentscheidung durch die betreffende Äußerung nicht beeinflusst werden konnte. Dieser Nachweis dürfte dem Verkäufer angesichts der Verbreitung der Werbung über die Medien nur schwer gelingen. Jedenfalls fehlt es an der Möglichkeit der Beeinflussung, wenn der Käufer die Äußerung nachweislich nicht kannte (Staud/*Matusche-Beckmann* Rn 91).

30 **C. Unsachgemäße Montage und Montageanleitung. I. Unsachgemäße Montage.** Abs 2 ist eine Umsetzung von Art 2 Abs 5 der Verbrauchsgüterkauf-RL. Er enthält zwei Tatbestände, nämlich eine unsachgem Montage, S 1, und eine mangelhafte Montageanleitung, S 2. Aufmerksamkeit erregt hat die Vorschrift vor allem

wegen ihres S 2, der auch als IKEA-Klausel bezeichnet wird (ausf *Gruber* VuR 2002, 121). Voraussetzung für S 1 ist, dass die Montage vereinbart wurde. Dadurch, dass der Montagemangel im Kaufrecht geregelt ist, wurde die Frage obsolet, inwieweit bei einem Kaufvertrag mit Montagevereinbarung ein typengemischter Kauf- und Werkvertrag oder zumindest ein Kaufvertrag mit werkvertraglichen Elementen vorliegt. Es ist nun geklärt, dass Kaufrecht auch dann Anwendung findet, wenn der Aufwand für die Montage den Wert der Kaufsache erreicht oder übersteigt (Palandt/*Putzo* Rn 41; zust Staud/*Matusche-Beckmann* Rn 95). Dies ist zB bei der Installation einer Standard-Software denkbar. Selbst wenn man einen Werkvertrag annähme, würde häufig § 651 vorliegen, der auf die kaufrechtlichen Vorschriften verweist (BaRoth/*Faust* Rn 90). Die Montage ist eine **Hauptpflicht** (Palandt/*Putzo* Rn 40; Staud/*Matusche-Beckmann* Rn 93). Ob die Montage unsachgem ist, bestimmt sich nach den Kriterien des Abs 1, dh sie ist unsachgem, wenn sie nicht der vereinbarten oder üblichen Beschaffenheit oder dem vorausgesetzten oder üblichen Verwendungszweck entspricht (Staud/*Matusche-Beckmann* Rn 97).

Die Vorschrift erweitert die Haftung des Verkäufers, allerdings nur geringfügig. Ein Mangel wegen einer unsachgem Montage liegt allein deshalb vor, weil die Montage unsachgem ist. Es kommt nicht darauf an, ob durch die unsachgem Montage die Kaufsache die vereinbarte Beschaffenheit nicht hat oder der Verwendungszweck beeinträchtigt ist. Allerdings dürften Fälle, in denen eine unsachgem Montage die vereinbarte Beschaffenheit oder die Verwendung nicht beeinträchtigt, selten sein, denn eine Montage, die dazu führt, dass die Sache der Beschaffenheitsvereinbarung und/oder dem Verwendungszweck entspricht, dürfte nur ausnahmsw unsachgem sein. So besteht die Bedeutung des S 1 in erster Linie darin klarzustellen, dass ein Kaufvertrag mit Montageverpflichtung vollständig dem Kaufrecht unterfällt. 31

II. Montageanleitung. 1. Allgemeines. Eine weitergehendere Bedeutung hat dagegen Abs 2 S 2, die eigentliche »**IKEA-Klausel**«. Die Vorschrift setzt voraus, dass eine zur Montage bestimmte Sache verkauft wird. Dies ist der Fall, wenn die Sache aus Einzelteilen besteht, die untereinander verbunden werden müssen, oder wenn sie mit den Sachen des Käufers oder eines Dritten verbunden werden oder installiert werden muss (Staud/*Matusche-Beckmann* Rn 101; MüKo/*Westermann* Rn 31). Die Vorschrift kommt auch dann zur Anwendung, wenn der Käufer die Sache weiterverkauft und in dem Kaufvertrag mit seinem Abnehmer eine Montageverpflichtung übernimmt, zu deren Erfüllung er sich der Monatageanleitung seines Lieferanten bedienen will (Staud/*Matusche-Beckmann* Rn 100). Auch hier stellt sich die Frage, inwieweit die Vorschrift über Abs 1 hinausgeht. Das Vorhandensein einer Montageanleitung beim Kauf einer vom Käufer zusammenzubauenden Sache wird häufig Gegenstand einer Beschaffenheitsvereinbarung sein. Wenn die Sache ohne Montageanleitung nicht zusammenzubauen ist, entspricht eine ohne Montageanleitung gelieferte Sache auch nicht der nach dem Vertrag vorausgesetzten Verwendung, denn der Käufer hat nicht beliebige Einzelteile gekauft, sondern eine zusammenbaufähige Gesamtheit von Gegenständen. Man wird sogar sagen können, dass eine Montageanleitung üblicherweise beizuliegen hat. Da die spezialgesetzliche Regelung nun aber vorhanden ist, muss man sich bei einem Mangel auf Abs 2 und nicht auf Abs 1 beziehen. Für die Vertragsgestaltung gilt also, dass bei zusammenbau- oder einbaubedürftigen Sachen stets eine Montageanleitung beizulegen ist. 32

2. Anforderungen an Montageanleitung. Die Montageanleitung muss den Durchschnittsverkäufer in die Lage versetzen, die Kaufsache nach Maßgabe der Anleitung zusammenzubauen (Staud/*Matusche-Beckmann* Rn 103; MüKo/*Westermann* Rn 34). Dabei darf allerdings nicht auf einen ideellen Durchschnittskäufer abgestellt werden, vielmehr ist er nach dem **Kundenkreis des jeweiligen Verkäufers** zu bestimmen. Ein Verkäufer, der nur an Fachleute liefert, darf an das Verständnis seiner Montageanleitungen höhere Anforderungen stellen als ein Verbrauchermarkt. »Durchschnittskäufer« heißt, dass die Montageanleitung für die große Mehrheit der Käufer verständlich sein muss. *Faust* schlägt vor, es für einen Mangel ausreichen zu lassen, wenn 10–15 % der Käufer die Montageanleitung nicht verstehen (BaRoth/*Faust* Rn 97). 33

Die Montageanleitung wird idR in gedruckter Form vorliegen. Eine Internet-Version ist nur dann ausreichend, wenn der Kaufvertrag unter Benutzung dieses Mediums geschlossen wurde. Eine mündliche Anleitung reicht trotz fehlenden Formzwangs im Gesetz nicht aus, da die Anleitung dem Käufer im Zeitpunkt der Montage zur Verfügung stehen muss (aA Palandt/*Putzo* Rn 48; Staud/*Matusche-Beckmann* Rn 105). Die Montageanleitung muss **verständlich** sein. Dies gilt auch für die verwendete **Sprache**, dh es muss die am Ort des Vertragsschlusses allg gesprochene Sprache verwendet werden (Palandt/*Putzo* Rn 48; Staud/*Matusche-Beckmann* Rn 105). Wenn der Käufer diese Sprache nicht versteht, ist es seine Sache, die Aushändigung einer ihm verständlichen Montageanleitung zum Gegenstand des Kaufvertrags zu machen. In der Praxis werden immer mehr reine **Piktogramme** verwendet, offenbar um Übersetzungskosten und den Druck mehrsprachiger Anleitungen zu vermeiden. Die Verständlichkeit von Piktogrammen darf nicht hinter der von sprachlichen Erklärungen zurückbleiben; im Zweifel muss eine sprachliche Montageanleitung verwendet werden. 34

3. Fehlende Montageanleitung. Abs 2 S 2 spricht nur von einer mangelhaften, nicht von einer fehlenden Montageanleitung. Der Sinn der Vorschrift erfordert aber, dass der Verkäufer auch für eine fehlende Montageanleitung haftet. Inhalt des Vertrags ist, dass der Käufer Einzelteile erhält, die er zusammenbauen kann. Dieses Ziel wird mit einer fehlenden Montageanleitung noch stärker verfehlt als mit einer mangelhaften Anleitung. S 2 ist daher **analog** anzuwenden (*Reinicke/Tiedtke* Rn 351). Dies wirkt sich letztlich zugunsten 35 des Verkäufers aus, da er so in den Genuss der Haftungsbeschränkung nach S 2 aE kommt (Rz 37). Andernfalls würde er für die fehlende Anleitung nach Abs 1 haften (so Palandt/*Putzo* Rn 48, Staud/*Matusche-Beckmann* Rn 107; im Erg wie hier BaRoth/*Faust* Rn 99; vgl auch *Brüggemeier* WM 2002, 1376, 1378).

36 **4. Bedienungsanleitung.** In der Lit ist vorgeschlagen worden, die Vorschrift analog auf Bedienungs-, Gebrauchs- und Wartungsanleitungen anzuwenden, weil hier die gleiche Interessenlage vorliege (*Büdenbender* DStR 2002, 361, 362; Erman/*Grunewald* Rn 58). Dies wird jedoch überwiegend **abgelehnt**, wobei zur Begründung angeführt wird, die fehlende oder unzureichende Bedienungsanleitung führe bereits zu einem Mangel nach Abs 1 (BaRoth/*Faust* Rn 96; abl auch *Boerner* ZIP 2001, 2264; Palandt/*Putzo* Rn 48; Staud/*Matusche-Beckmann* Rn 106; MüKo/*Westermann* Rn 36).

37 **5. Fehlerfreie Montage.** Gelingt es dem Käufer, die Sache trotz mangelhafter Montageanleitung zusammenzubauen, so kann er einen **Anspruch nicht geltend machen**, Abs 2 S 2 aE. Der Mangel hat sich dann nicht in der Sache selbst manifestiert. Es kommt nicht darauf an, wer die Montage durchgeführt hat. Die fehlerfreie Montage ist ein Ausschlussgrund für die zunächst bestehende Haftung (MüKo/*Westermann* Rn 35; Staud/*Matusche-Beckmann* Rn 108). Ist die Sache zum häufigeren Auf- und Abbau bestimmt, kommt ein Mangel freilich auch dann in Betracht, wenn der erste Aufbau fehlerfrei gelingt (MüKo/*Westermann* Rn 35). Der Käufer ist nicht verpflichtet, die Montage zu versuchen. Unterlässt er die Montage wegen der Unverständlichkeit der Anleitung, stehen ihm Ansprüche gleichwohl zu.

38 **6. Rechtsfolgen.** Die Rechtsfolgen richten sich nach § 437. Im Falle des Abs 2 S 1 schuldet der Verkäufer daher im Wege der Nacherfüllung eine **neue Montage**. Etwas komplizierter ist es bei der Montageanleitung nach S 2, da hier die Kaufsache infolge der misslungenen Montage beschädigt sein kann. Grds schuldet der Verkäufer im Wege der Nacherfüllung eine **korrekte Montageanleitung**. Ist dies nicht möglich oder ist die Nacherfüllung gem § 440 unzumutbar, greifen die weiteren Käuferrechte bis hin zum Rücktritt ein. Ist die Sache dagegen beschädigt worden oder wäre die Demontage nur mit unverhältnismäßigem Aufwand möglich, schuldet der Verkäufer eine neue Sache mit korrekter Montageanleitung (MüKo/*Westermann* Rn 37; Staud/*Matusche-Beckmann* Rn 113).

39 **D. Aliud und Mengenabweichung. I. Aliud.** Es bereitet erhebliche Probleme, eine Falschlieferung (aliud) von der Schlechterfüllung (peius) abzugrenzen. Wird bspw ein weißer Schrank bestellt und ein brauner geliefert, stellt sich die Frage, ob ein brauner Schrank eine andere Gattung darstellt als ein weißer Schrank, oder ob der gelieferte braune Schrank ein mangelhafter weißer Schrank ist. Die Frage hat erhebliche Bedeutung, weil bei einer Falschlieferung dem Käufer der Erfüllungsanspruch bliebe, bei einer Schlechtlieferung er hingegen auf die sich aus § 437 ergebenden Rechte angewiesen ist. Die Schuldrechtsreform hat die Frage dadurch gelöst, dass in Abs 3 die Falschlieferung der Schlechtlieferung gleichgestellt ist, eine Falschlieferung also ein Mangel ist. Die Gleichstellung soll auch bei Extremabweichungen gelten (»Karpfen statt Gänse«, RegE, BTDrs 14/6040 S 216). Zu den verbleibenden Problemen gehört die Frage, ob Abs 3 unterschiedslos beim Gattungs- und beim Stückkauf anzuwenden ist. Die Vorschrift ist zwar in erster Linie auf den Gattungskauf zugeschnitten, soll nach überwiegender Ansicht aber auch beim **Stückkauf** Anwendung finden. Dies wird damit begründet, dass der Wortlaut der Norm eine Ausn für den Stückkauf nicht ersichtlich macht, der Gesetzgeber die Unterscheidung zwischen Stück- und Gattungskauf überflüssig machen wollte und auch die Verbrauchsgüterkauf-RL eine derartige Unterscheidung nicht kennt (BaRoth/*Faust* Rn 107 mwN; aA *Canaris* SMG S XXIII).

40 Unstr liegt eine erfüllungsgeeignete Falschlieferung nur dann vor, wenn der Verkäufer mit der Lieferung seine Verbindlichkeit aus dem Kaufvertrag erfüllen wollte (**Tilgungsbestimmung**, RegE BTDrs 14/6040 S 216). Damit ist eine falsche Lieferung, die auf eine Verwechslung zurückzuführen ist, kein aliud iSd Abs 3 und führt nicht zur wenn auch mangelhaften Erfüllung (BaRoth/*Faust* Rn 109; Staud/*Matusche-Beckmann* Rn 114). Der Käufer kann bei einem aliud die Mängelrechte nach § 437 geltend machen. Er kann aber auch das aliud als Erfüllung akzeptieren und schuldet dann lediglich den Kaufpreis. Dazu wird er vor allem bei einem **höherwertigen aliud** neigen. Die Frage ist dann, ob der Verkäufer das aliud wieder herausverlangen und stattdessen vertragsgem erfüllen kann. Grds gilt Abs 3 auch bei einem höherwertigen aliud, so dass Erfüllung eingetreten ist, ohne dass der Kaufpreis angepasst wird. Der Verkäufer soll jedoch seine Tilgungsbestimmung anfechten können, so dass er dann kondizieren kann (BaRoth/*Faust* § 437 Rn 204 ff, 206; anders *Reinicke/Tiedtke* Rn 369 ff).

41 **II. Zuweniglieferung.** Der Gesetzgeber der Schuldrechtsreform hat in Abs 3 die Zuweniglieferung der Falschlieferung gleichgestellt. Maßgeblich dafür war die Überlegung, dass der Käufer ein Interesse an einer einheitlichen Lieferung haben kann, etwa wenn er mit (Farb-)Unterscheiden bei einer teilw Nachlieferung rechnen muss (RegE, BTDrs 14/6040 S 211). Die Vorschrift bezieht sich nur auf gleichartige Sachen und kommt dann nicht zur Anwendung, wenn von mehreren Teilen einzelne fehlen (BaRoth/*Faust* Rn 112). Auch hier muss eine Tilgungsbestimmung vorliegen (BaRoth/*Faust* Rn 113). Die Lit will überwiegend die Gleichstellung von Zuwenig- und Schlechtlieferung auf das allg Leistungsstörungsrecht übertragen (BaRoth/*Faust* Rn 115; Staud/*Matusche-Beckmann* Rn 123 mwN; aA *Canaris* ZRP 2001, 329, 334 f). Damit können bei einer Zuweniglieferung auch die allg Rechtsbehelfe, insbes Schadensersatz nach §§ 280 und 281, angewendet wer-

den, ohne dass es des Rückgriffs auf die Vorschriften über Teilleistungen wie §§ 281 Abs 1 S 2, 323 Abs 5 S 1 bedarf. Eine Erstreckung der Vorschrift auf eine **Zuviellieferung** wird überwiegend **abgelehnt** (MüKo/*Westermann* Rn 43; Staud/*Matusche-Beckmann* Rn 121; BaRoth/*Faust* Rn 117). Zur Begründung wird neben dem Wortlaut angeführt, dass der Käufer eines zusätzlichen Schutzes – die Ausweitung des Anwendungsbereichs würde ihm ein Recht auf Abholung der zuviel gelieferten Ware gewähren – nicht bedarf. Die Vorschrift über die Lieferung unbestellter Ware würde besser passen (Staud/*Matusche-Beckmann* Rn 121). Eine **teilw Schlechtleistung** wird der Zuweniglieferung gleichgestellt (RegE, BTDrs 14/6040 S 186 f), da es für die Anwendung der Vorschrift keinen Unterschied ausmache, ob ein bestimmter Prozentsatz der Ware überhaupt nicht oder schlecht geliefert würde.

E. Mängel in einzelnen Vertragstypen. In diesem Abschnitt wird für wichtige Kaufvertragstypen ein Überblick gegeben, was die Rspr als Mangel angesehen hat. Es handelt sich dabei regelm um einen objektiven Mangel iSd heutigen Abs 1 S 2 Nr 2. Für die **Vertragsgestaltung** seitens des Verkäufers ist wichtig, derartige **Mängel in die Beschaffenheitsvereinbarung aufzunehmen**, wenn der Verkäufer dafür nicht haften will. Damit darf allerdings nicht eine unzulässige Umgehung der Mängelhaftung bewirkt werden. Bspw darf man ein nicht bewohnbares Gebäude nicht als »Wohnhaus« verkaufen, auch wenn im Vertrag erwähnt wird, dass es Feuchtigkeitsschäden aufweist. Desgleichen darf ein gebrauchtes Fahrzeug nicht als solches verkauft werden, wenn es nicht mehr fahrtauglich ist, auch wenn einzelne, auch schwerwiegende Mängel, im Vertrag genannt werden. Der Verwendungszweck muss immer noch erreicht werden können, dh das gebrauchte Fahrzeug muss auf jeden Fall noch fahren können. Selbstverständlich muss es möglich sein, auch ein nicht fahrbereites Fahrzeug oder ein durchfeuchtetes Gebäude zu verkaufen. Es muss dann aber bereits in der Bezeichnung der Kaufsache deutlich von einem »nicht fahrbereiten Fahrzeug« oder einem »nicht bewohnbaren Gebäude« die Rede sein. 42

Für den Käufer dient die nachfolgende **Mängelübersicht** dazu festzustellen, ob er im Einzelfall Mängelrechte geltend machen kann. Für die Vertragsgestaltung bedeutet die Anerkennung eines Mangels zwar zunächst, dass der Käufer gewissermaßen auf der sicheren Seite ist, dh er muss nicht darauf dringen, dass ein Wohngebäude als »trocken« oder ein Gebrauchtwagen als »fahrbereit« bezeichnet wird. Aufgrund der Vielzahl der denkbaren Fallgestaltungen und auch, weil bei älteren Urteilen nicht immer sicher ist, ob sich ein Gericht auch heute noch davon beeindrucken lässt, muss der Käufer jedoch ein Interesse daran haben, dass die Beschaffenheit und der Verwendungszweck des Kaufsache so genau beschrieben wird, dass es nicht darauf ankommt, im Konfliktfall auf objektive Merkmale iSd Abs 1 S 2 Nr 2 zurückgreifen zu müssen. 43

I. Immobilienkauf. 1. Substanzmängel. Ist die Wohnung kleiner als vereinbart, liegt darin ein Mangel (BGH NJW 1991, 912). Der BGH stellte seinerzeit auf eine Zusicherung gem 459 Abs 2 aF ab; heute ist die Grundstücksgröße Gegenstand einer Beschaffenheits- bzw Verwendungsvereinbarung (MüKo/*Westermann* Rn 52). Fehlender Zugang kann ebenfalls ein Mangel sein (BGH NJW 1979, 33). Die Unbewohnbarkeit der Räume eines Hauses ist ein Mangel (BGH WM 1989, 414). Bei Feuchtigkeit reicht bereits Kellerfeuchtigkeit und sogar die mangelhafte Isolierung der Kellerwände gegen Feuchtigkeit, um einen Mangel anzunehmen (BGH NJW-RR 1992, 333; BGH WM 1987, 1285, 1286). Hausschwamm ist ein klassischer Mangel (seit RG JW 1904, 359; BGH NJW 1961, 1860; BGH WM 1963, 865; NJW-RR 1987, 1415), auch Trockenfäule (BGH NJW 1961, 1860). Den Verkäufer trifft diesbzgl eine Aufklärungspflicht (KG MDR 2006, 200; BGH NJW-RR 2003, 772: in concreto verneint, weil Käufer die Umstände kannte). Selbst über den Verdacht von Hausschwamm muss aufgeklärt werden (BGH WM 1968, 1220; NJW-RR 2003, 772). Auch der Befall mit Ungeziefer reicht für einen Mangel aus (Stuttgart NJW-RR 1995, 754: Hausbock und Schaben; KG NJW-RR 1989, 972; Hamburg OLGR 2004, 423: Kakerlaken in einem Teil der Wohnanlage). 44

Wird konventionelle Bauweise vereinbart, darf das Haus kein Fertighaus sein (Düsseldorf NJW 1989, 2001). Eine fehlerhafte Imprägnierung, die eine Geruchsbelästigung oder gar Gesundheitsschäden auslöst, ist ein Mangel (Saarbrücken NJW-RR 1987, 470). **Formaldehyd**-Fälle haben die Rspr in größerem Umfang beschäftigt, allerdings mehr im Mietrecht. Für den Grundstückskauf werden Werte oberhalb von 0,1 ppm als Mangel anerkannt (Düsseldorf NJW-RR 1991, 1495). Auch eine andauernde starke Geruchsbelästigung, die mit einer Gesundheitsgefährdung verbunden ist, führt zu einem Mangel (Nürnberg NJW-RR 1993, 1300). Eine unter einem Anbau vorhandene und mit Schutt und Fäkalienmasse gefüllte Fäkaliengrube stellt einen Mangel dar (BGH NJW-RR 1989, 650). Das Gleiche gilt für eine nicht funktionierende **Entwässerungsanlage** eines Miethauses (BGH MDR 1968, 224) und eine nicht funktionsfähige Heizungsanlage (Hamm NJW-RR 2000, 651). Mangels anderweitiger Vereinbarung können beim Kauf einer Eigentumswohnung die übrigen Wohnungen gewerblich genutzt werden (Hamburg NJW-RR 1989, 1497). Ebenso ist es kein Mangel, wenn ein frei stehendes Haus nach dem Bebauungsplan inmitten eines Gewerbegebietes liegt (Celle OLGZ 1980, 380). 45

Ist ein Haus wesentlich **älter**, als die Parteien annehmen, liegt ein Mangel vor ((Hamm OLGR 2001, 101). Die frühere Nutzung als »Swinger-Club« wie auch sonst ein schlechter Ruf infolge früherer Nutzung führen dagegen nicht zu einem Mangel (Hamm NJW-RR 2002, 283). Ein nicht erreichter **Mietertrag** wurde vor der Schuldrechtsreform nur dann als Mangel anerkannt, wenn er zugesichert wurde (BGH WM 1980, 1456; NJW 1993, 1385). Bewusst falsche Angaben über die Miethöhe wurden nach § 463 S 2 aF analog behandelt (BGH 46

GE 2008, 983 noch zur alten Rechtslage). Heute wird man eine Beschaffenheitsvereinbarung über den Mietertrag verlangen müssen (Rz 12). Einen bloß üblichen Mietertrag oder ein Abstellen auf die Käufererwartungen wird man nicht ausreichen lassen dürfen. Der Mietertrag kann sich durch nicht vorhergesehene Entwicklungen zu schnell ändern, als dass man dem Verkäufer dafür haften lassen kann, wenn er nicht ausdrücklich durch eine Beschaffenheitsvereinbarung zu erkennen gibt, für den Mietertrag einstehen zu wollen. Insb bei Renditeobjekten muss der Käufer mit gewissen Ertragseinbußen rechnen, vor denen er sich nur durch konkrete Vereinbarungen mit dem Verkäufer schützen kann (vgl BGH NJW 1980, 1457). Die Zahlungsfähigkeit der Mieter und die Dauer eines bestehenden Mietverhältnisses können im Zusammenhang mit einer Ertragsvereinbarung ebenfalls Gegenstand eines Mangels sein (BGH NJW-RR 1990, 280; abl BaRoth/*Faust* Rn 23), ebenso Zahlungsverzögerungen seitens der Mieter (Celle NJW-RR 1999, 280). Eine Haftung kann sich auch aus cic oder aus § 280 Abs 1 ergeben (Rechtsprechungsübersicht bei *Gaier* ZfIR 2004, 225 ff).

47 **2. Umweltbeeinträchtigungen. Lärmimmissionen** infolge der Lage in der Einflugschneise eines Flughafens bedeuten einen Mangel (Köln NJW-RR 1995, 531). Ein viel erörtertes Thema sind **Altlasten**. Sie führen grds zu einer Haftung (BGH NJW 1996, 586: Gülle-Grube mit Lackresten; BGH NJW 1995, 1549; BGH NJW 1991, 2900: wilde Müllkippe; Karlsruhe NJW 1991, 1836). Abgesehen vom Mangel trifft den Verkäufer eine Pflicht, ungefragt über Altlasten aufzuklären (BGHZ 132, 30, 34; BGH NJW 2001, 64). Dies gilt nur dann nicht, wenn der Käufer den Mangel hätte selbst wahrnehmen können (BGH NJW-RR 1994, 967). Schon der bloße Verdacht auf Altlasten ist ein Sachmangel (München NJW 1995, 2566; NJW-RR 1999, 455; Düsseldorf NJW 1996, 3284; *Müggenberg* NJW 2005, 2810). Fehlende **Sichtfreiheit** kann ein Mangel sein (BGH WM 1971, 1382). Klassischer Ausgangsfall ist die Venusberg-Entscheidung des RG (RGZ 161, 330). Umweltbeeinträchtigungen können bei **Eigentumswohnungen** eine Rolle spielen, wenn es sich um andere Teile der Anlage als die verkaufte Wohnung handelt. So ist die Anlage eines car port durch andere Eigentümer als Mangel eingestuft worden (Hamm OLGR 2000, 120). Wird die Wohnung als komplett renoviert verkauft, liegt ein Mangel vor, wenn akuter Sanierungsbedarf am Gemeinschaftseigentum besteht (Köln NotBZ 2005, 300). Schikanöses Verhalten von Nachbarn begründet dagegen nicht ohne weiteres einen Mangel (BGH NJW 1991, 1675).

48 **3. Verwendungsbeschränkungen aus rechtlichen Gründen.** Ein **ohne Baugenehmigung** errichtetes Gebäude ist mangelhaft. Dies gilt auch für ein Gebäude, das auf einem zur Bebauung nicht zugelassenen Grundstück errichtet wird (BGH WM 1985, 230: Wochenendhaus in Landschaftsschutzgebiet; BGH NJW 1986, 2824: Jagdhaus als Wochenendhaus; BGH NJW 2001, 65: Nutzbarkeit nur durch einen bestimmten Personenkreis). Eine Reihe von Entscheidungen beschäftigt sich mit einem nicht genehmigten Ausbau des Hauses. Hier liegt regelm ein Mangel vor: Dies gilt für den Ausbau eines Trockenspeichers zu einer Wohnung, den Ausbau von lediglich als Hobbyräumen genehmigten Kellerräumen (BGH WM 1977, 1088; BGH NJW 1987, 2511). Ein Mangel liegt allerdings trotz Baurechtswidrigkeit nicht vor, wenn eine rechtsverbindliche behördliche Erklärung vorliegt, die dem Käufer die gesicherte Befugnis gibt, die Anlage auf Dauer zu nutzen (BGH NJW-RR 1987, 457: Entwässerungsanlage; BGH NJW 1979, 2243). Resultiert aus einer fehlenden Genehmigung eine beschränkte Vermietbarkeit, ist auch dies ein Mangel (BGH NJW 1987, 2511). Der BGH nahm einen Rechtsmangel an, wenn auf Grund der Bauplanung die Enteignung des Grundstücks droht (BGH NJW 1983, 275). Ein Mangel liegt auch vor, wenn ein vom Verwendungszweck erfasster Umbau aus denkmals- (Saarbrücken OLGR 1996, 692) oder naturschutzrechtlichen Gründen (BGH WM 1969, 273; Düsseldorf NJW-RR 1992, 87; Naumburg OLG-NL 2002, 156) nicht möglich ist.

49 Ein Mangel liegt ferner vor, wenn zwar kein Grundstück mit einem baurechtswidrigen Gebäude verkauft wird, aber ein Grundstück mit einem **baurechtswidrigen Verwendungszweck** (»Baugrundstück«). Baubeschränkungen, die dem vertraglichen Verwendungszweck widersprechen, führen zu einem Mangel (BGH NJW 1979, 34; WM 1994, 2200; BGHZ 117, 159: als Bauland verkauftes Grundstück in militärischem Schutzbereich); dies gilt auch bei Baulasten (Düsseldorf NJW-RR 1992, 87; Karlsruhe NJW 1992, 1104). Eine frühere, jetzt aber nicht mehr beanstandete Baurechtswidrigkeit begründet keinen Mangel (Hamm NJW-RR 2000, 651).

50 Der Käufer muss gegen eine den Verwendungszweck beschränkende behördliche Entscheidung nicht den Verwaltungsrechtsweg beschreiten, sondern kann sich an den Verkäufer halten (BGH NJW 1992, 1384 f). Fehlt die behördliche Schlussabnahme, begründet dies nicht ohne weiteres einen Fehler (Hamm NJW-RR 2000, 1184). Die **Grunderwerbsteuerfreiheit** ist keine gewöhnliche Beschaffenheit (BGHZ 114, 263). Bei »Zusagen« des Verkäufers über behördliche Entscheidungen, auf die er keinen Einfluss hat, ist streng zu prüfen, ob der Verkäufer dafür wirklich einstehen wollte (BGH NJW 1987, 2513).

51 **4. Besonderheiten bei zu bebauenden Grundstücken.** Eine alte Sielleitung kann einen Mangel begründen (BGH NJW 1965, 532). Ein Grundstück muss grds **tragfähig** sein (BGHZ 117, 164). Wird die bevorstehende oder mögliche **Erschließung** vereinbart, führt deren Fehlen zu einem Mangel (BGH NJW 1987, 2513). Wird durch Bodenverseuchungen oder **Altlasten** oder eine unzureichende Entwässerung eine Bebauung verhindert, liegt ebenfalls ein Mangel vor (BGH DB 1968, 1172: Entwässerung; BGH ZIP 1991, 1292: Verseuchung; Karlsruhe NJW 1991, 137: Verseuchung; BGH NJW-RR 1989, 650: Jauchegrube unter Wohnhaus; BGH NJW 1993, 1643: Grundwasserspiegel). Ist die Gemeinde der Verkäufer, so ist ihr die

Kenntnis eines Sachbearbeiters ihres mit dem Verkauf nicht befassten Bauaufsichtsamts über schlechten Baugrund nicht zuzurechnen (BGHZ 117, 104).

II. Autokauf. 1. Neuwagen. a) Fabrikneu. Ganz im Mittelpunkt der Rspr steht die Frage, wann ein neues Fahrzeug als »neu« bzw »fabrikneu« bezeichnet werden darf. Der BGH hat dafür vier Kriterien aufgestellt (grundlegend BGH DAR 2003, 510; früher schon BGH NJW 1980, 1097 f; BGH DAR 2000, 82; ausf *Eggert* DAR 2004, 327 ff): Das Fahrzeug darf, abgesehen von der Überführungsfahrt (dazu München DAR 1965, 272), noch nicht benutzt worden sein, es muss noch unverändert hergestellt werden, es darf keine durch eine etwaige Standzeit bedingten Mängel haben, und die Stand- bzw Lagerzeit darf nicht mehr als ein Jahr betragen (zur Standzeit zuletzt BGH NJW 2004, 160; Köln DAR 2005, 9). Auch wenn dasselbe Modell noch hergestellt wird, so ist das ausgelieferte Fahrzeug doch nicht mehr »neu«, wenn eine neue Serie mit technischen Verbesserungen ausgestattet ist, die über geringfügige Änderungen hinausgehen (BGH NJW 1980, 2128; München DAR 1965, 272; Zweibrücken MDR 1970, 325; Düsseldorf NJW 1971, 622; Hamm NJW-RR 1991, 505 f; Köln NJW-RR 1990, 955 f). Als mehr als nur eine geringfügige Änderung ist ein um 50 % vergrößerter Tank angesehen worden (Köln DAR 2005, 87 f; abl MüKo/*Westermann* Rn 57). Maßgeblicher Zeitpunkt ist die Produktionsumstellung (BGH ZIP 2003, 1755). Die Kriterien für die Bezeichnung »fabrikneu« gelten auch, wenn das Fahrzeug (lediglich) als Neuwagen bezeichnet ist (BGH NJW 2000, 2018; 2004, 160). Wenn verlangt wird, dass das Fahrzeug dem neuesten technischen Stand entsprechen muss (Zweibrücken NJW-RR 1998, 1211; Düsseldorf NJW-RR 1993, 57), so bedeut dies lediglich, dass es keine dem technischen Stand widersprechenden Merkmale aufweist, nicht aber, dass es alle nach dem technischen Stand möglichen Merkmale hat (*Reinking/Eggert* Rn 241). 52

Nicht ganz unerhebliche Beschädigungen werden demgem als Mangel angesehen (Oldenburg DAR 1992, 380), eine Standzeit von weniger als einem Jahr dagegen nicht; darüber müsse auch nicht aufgeklärt werden (Nürnberg NZV 1991, 269: neun Monate). Ein Fahrzeug mit ausgebesserten Lackschäden und einer ungeklärten Laufleistung von 200 km ist nicht mehr fabrikneu (BGH NJW 1980, 2127, anders Stuttgart MDR 2000, 1315). Ein Fahrzeug, das eine Laufleistung von 85 km aufweist und als Vorführwagen benutzt wurde, ist nicht mehr neu (BGH BB 1967, 1268). Bei einem **Jahreswagen** darf zwischen Herstellung und Erstzulassung nicht mehr als ein Jahr liegen (BGH NJW 2006, 2694). Wusste der Käufer, dass er ein Fahrzeug aus der Vorserie erwirbt, was sich in einem erheblichen Preisnachlass niederschlägt, kann er nicht mit einer Standzeit von höchstens zwölf Monaten rechnen (Köln DAR 2005, 9). 53

Bei der Frage, ob eine bereits erfolgte **Zulassung** die Neuwagen-Eigenschaft beseitigt, muss berücksichtigt werden, dass sog graue Importe, also Importe von einem Vertragshändler in einem anderen EU-Mitgliedstaat, uU eine pro-forma-Zulassung notwendig machen. Diese »grauen« Importe sind wettbewerbspolitisch erwünscht, wie die Regelungen in der Kfz-VO (EG) Nr 1400/2002 verdeutlichen: Querlieferungen an Händler, die nicht Vertragshändler sind, dürfen nicht unterbunden werden, ebenso wenig Lieferungen an Endverbraucher, Art 4 Abs 1 lit c und d VO (EG) Nr 1400/2002. Durch zu strikte Anforderungen an den Begriff »neu« würde man derartige Importe erheblich erschweren, weil die Fahrzeuge nicht mehr als neu verkauft werden könnten, und damit das Regelungsziel der VO konterkarieren. Der BGH hat daraus die Konsequenz gezogen und im Gegensatz zur bisherigen Rspr eine **Tageszulassung** für unschädlich in Bezug auf die Neuheit erklärt, wenn das Fahrzeug innerhalb von maximal zwei Wochen nach der Erstzulassung verkauft wird (BGH NJW 2005, 1422). Damit ist die bisherige gegenteilige Rspr (Karlsruhe NJW 1971, 1809; Dresden NJW 1999, 1036; Naumburg NJW-RR 2001, 461) überholt. Eine Erstzulassung außerhalb der vom BGH gezogenen engen Grenzen schließt freilich weiterhin die Neuheit auch dann aus, wenn das Fahrzeug nicht gefahren wurde. 54

b) Fehlende Herstellergarantie. Das **Fehlen einer üblichen Herstellergarantie** ist **kein Mangel**, kann aber eine Haftung wegen Verletzung einer Nebenpflicht begründen (BGH NJW 1996, 2025, 2026). Auch hier ist die bes Situation bei den sog grauen Importen zu berücksichtigen. Ein Hersteller könnte versucht sein, die Herstellergarantie auf Fahrzeuge zu beschränken, die der Kunde direkt bei einem Vertragshändler erworben hat, um damit die Geschäfte von Händlern außerhalb des Vertriebssystems zu beeinträchtigen. Doch das verhindert die VO (EG) Nr 1400/2002, nach deren Erwägungsgrund 17 Hersteller und Händler vereinbaren müssen, dass zugelassene Werkstätten Gewähr, unentgeltlichen Kundendienst und Kundendienst im Rahmen von Rückrufaktionen in Bezug auf jedes im Gemeinsamen Markt verkaufte Kraftfahrzeug der betroffenen Marke zu leisten haben (vgl auch *Reinking/Eggert* Rn 618). Allerdings folgt daraus kein Individualanspruch des Kunden gegen eine Vertragswerkstatt, die nicht mit dem Verkäufer identisch ist. 55

c) Geräusche. Unübliche Geräusche sind in erheblichem Umfang als Mangel akzeptiert worden (Nürnberg DAR 1994, 364; München DAR 1994, 362: Resonanzgeräusche und Vibrationen mit einer Pegelerhöhung von 4-6 dB; Köln VersR 1993, 888: Klopf- und Schabgeräusche; Düsseldorf OLGR 1993, 140: laute Windgeräusche; Hamm NJW 1977; 809: treckerähnl Geräusche im Bereich des Getriebes). 56

d) Weitere Mängel. Als **weitere Mängel** sind anerkannt worden häufiges Nichtanspringen des Motors (Nürnberg DAR 1980, 345) und das Ausgehen des Motors beim Bremsen (BGH WM 1994, 703, 705); Undichtigkeit 57 der Karosserie (Koblenz DAR 1993, 348; Celle OLGR 1996, 100; Saarbrücken NJW-RR 1997, 1423); Neufahrzeug mit sechs Jahre alten Winterreifen (Düsseldorf NZV 1994, 433); nicht vollständige Abriegelbarkeit der Zuluft im Fußraum (Celle OLGR 1998, 221; vgl auch den Überblick bei *Reinking/Eggert* Rn 232).

58 **e) Überhöhter Kraftstoffverbrauch.** Ein **Kraftstoffverbrauch**, der von den Angaben des Herstellers abweicht, hat wiederholt die Rspr beschäftigt (vgl bereits oben Rz 24). Grds wird ein überhöhter Kraftstoffverbrauch als Mangel anerkannt (BGHZ 132, 55; BGH NJW 1997, 2590). Der BGH legte dabei den sog Drittelmix als Berechnungsmethode fest, nämlich eine Mischung aus Stadtverkehr, einer konstanten Geschwindigkeit von 90 km/h und einer solchen von 120 km/h jeweils bei betriebswarmen Motor. In BGHZ 132, 55 wurde eine Überschreitung von 13 % beanstandet, in BGH NJW 1997, 2590 eine solche von 10 %. Man war sich nach dieser Entscheidung darüber einig, dass ein Mehrverbrauch von unter 10 % tolerabel ist (BGH aaO, *Reinking/Eggert* Rn 250). In der Lit wird vertreten, dass nach dem Wegfall der Erheblichkeitsschwelle durch die Schuldrechtsreform ein geringerer Grenzwert zugrunde zu legen ist (*Reinking/Eggert* Rn 251). Der BGH hält nunmehr einen Mehrverbrauch von weniger als 10 % für unerheblich, so dass das Rücktrittsrecht entfällt (BGH NJW 2007, 2111). Entscheidend ist nach der letztgenannten BGH-Entscheidung der Durchschnittswert der drei Fahrzyklen, sog Euro-Mix. Aufgrund der PKW-Energieverbrauchskennzeichnungsverordnung sind Verkäufer neuer PKW verpflichtet, über den Kraftstoffverbrauch und über CO_2-Emissionen durch Hinweise am Fahrzeug und Aushang am Verkaufsort zu informieren (BGBl I 2004 S 1037).

59 **2. Gebrauchtwagen.** Bei Gebrauchtwagen war **bis zur Schuldrechtsreform ein Haftungsausschluss** möglich. Dies hatte die Rspr ausdrücklich anerkannt (BGHZ 74, 383). Um die Härte dieser Entscheidung abzumildern, nahm die Rspr jedoch zahlreiche **Aufklärungspflichten** des Gebrauchtwagenhändlers an, bei deren Verletzung entweder eine Haftung nach cic oder sogar eine Anfechtungsmöglichkeit wegen arglistiger Täuschung eingriff, und war mit der Annahme von **Zusagen** iSd § 459 Abs 2 aF relativ großzügig. Der Käufer eines gebrauchten Fahrzeugs war also trotz des Haftungsausschlusses keineswegs schutzlos. Die Rspr hatte sich daher vor der Schuldrechtsreform selten mit Mängeln ieS auseinanderzusetzen, denn dies hätte die Einräumung der Gewährleistungsrechte vorausgesetzt, wozu für die Verkäufer angesichts der eindeutigen Rechtslage kein Anlass bestand.

60 Durch die Vorgaben der Verbrauchsgüterkauf-RL und ihre Umsetzung durch die Schuldrechtsreform hat sich die Rechtslage grundlegend geändert. Ein **Haftungsausschluss** in einem Kaufvertrag über gebrauchte Sachen ist nunmehr in einem Vertrag zwischen einem Unternehmer und einem Verbraucher **nicht mehr zulässig**. Die Haftung kann daher nur noch bei Kaufverträgen zwischen Unternehmen und zwischen Privaten ausgeschlossen werden. Für den Verbrauchervertrag ist die bisherige Rspr nur noch bedingt aussagekräftig, da nunmehr zu entscheiden ist, wann bei einem Gebrauchtfahrzeug ein Mangel vorliegt. Dabei ist die Unterscheidung von erheblichen und unerheblichen Mängeln von Bedeutung, da der Käufer bei letzteren gem § 323 Abs 5 S 2 nicht zurücktreten kann.

61 In der Vertragsgestaltungspraxis setzten alsbald Überlegungen ein, wie zu verhindern sei, dass der Verkäufer einer gebrauchten Sache haften müsse, als ob die Sache neu sei. Dabei ist von der Beschaffenheitsvereinbarung gem Abs 1 Gebrauch zu machen (vgl bereits oben Rz 8 ff). Eine als gebraucht verkaufte Sache ist nicht neu und kann daher auch nicht die Eigenschaften einer neuen Sache haben. Allerdings reicht es nicht, mit pauschalen Formulierungen wie »verkauft wie beschaffen« oder »zum Zeitpunkt des Vertragsschlusses bekannte Mängel sind bekannt« zu arbeiten. Derartige Klauseln sind keine Beschaffenheitsvereinbarung, sondern ein unzulässiger Haftungsausschluss (*Reinking/Eggert* Rn 1213). Auch bei Klauseln wie »Bastlerfahrzeug« oder »Fahrzeug zum Ausschlachten« ist zur Vorsicht zu raten. Sie könnten ebenfalls als unzulässiger Haftungsausschluss verstanden werden, zumal wenn das Fahrzeug tatsächlich noch betriebsbereit ist (*Reinking/Eggert* Rn 1216). Ein wichtiges Indiz ist in diesem Zusammenhang immer der Preis. Beschaffenheitsvereinbarungen mit Vorbehalt (»laut Fahrzeugbrief«) sind ebenfalls nicht unproblematisch, denn sie könnten den Angaben unzulässigerweise ihre Verbindlichkeit nehmen (*Reinking/Eggert* Rn 1217). Letztlich dürfte der Gebrauchtwagenverkäufer noch mit **Zustands- und Befundberichten** am besten fahren (*Reinking/Eggert* Rn 1218) – oder er verlässt sich darauf, dass normale Verschleißerscheinungen keinen Mangel begründen und die Rspr die legitimen Käuferwartungen (Rz 21) vernünftig eingrenzen wird. Es wird mit einer noch so überlegt formulierten Beschaffenheitsvereinbarung nicht gelingen, vollständige Rechtssicherheit herzustellen – wie die Rspr vor der Schuldrechtsreform trotz des akzeptierten Haftungsausschlusses genügend Schlupflöcher für eine Haftung des Gebrauchtwagenverkäufers fand.

62 In den meisten Fällen wird man das, was als Gegenstand der Aufklärungspflicht angesehen wurde, nunmehr als Mangel zu betrachten haben. So muss ein Gebrauchtwagen, abgesehen von Bagatellschäden, mangels abw Beschaffenheitsvereinbarung **unfallfrei** sein (BGH NJW 1967, 1222 f; 1977, 1914 f; 1982, 1386). Die bisherige Rspr nahm an, dass der Verkäufer auch ungefragt über einen Unfall informieren musste (BGHZ 63, 382; 74, 383; BGH NJW 1982, 1386; Karlsruhe DAR 2002, 167; Frankfurt aM OLGR 2001, 29). Lediglich bei **Bagatellschäden** entfiel diese Pflicht (BGH NJW 2008, 53; 1983, 2242). Wegen des möglichen merkantilen Minderwerts muss ein Unfallschaden auch dann angegeben werden, wenn er beseitigt ist (BGHZ 29, 148; BGH NJW 1982, 1386; Brandenburg OLGR 1995, 89; Frankfurt aM OLGR 2001, 29). Der Gebrauchtwagenhändler hat

selbst einen bloßen Unfallverdacht zu offenbaren, der sich ihm aufdrängt, wenn er als Fachmann das Fahrzeug einer einfachen Untersuchung unterzieht (BGHZ 63, 382; 74, 383; NJW 1983, 217). Die Grenze zur wegen § 323 Abs 5 S 2 relevanten Unerheblichkeit ist dann überschritten, wenn der merkantile Minderwert mehr als 1 % des Kaufpreises beträgt (BGH NJW 2008, 1517).

Die Zusage, das Fahrzeug sei **fahrbereit**, enthält keine Haltbarkeitsgarantie. Vielmehr wird dadurch nur vereinbart, dass das Fahrzeug nicht mit verkehrsgefährdenden Mängeln behaftet ist, die seine Zulassung zum Straßenverkehr in Frage stellen. Darüber hinaus sei das Vorhandensein der technischen Voraussetzungen für den Betrieb des Fahrzeugs gewährleistet (BGHZ 122, 256; BGH NJW 2007, 759). Während die Rspr früher von einer Zusage ausging, um den im Prinzip zulässigen Haftungsausschluss zu umgehen, wird man heute von einer Beschaffenheitsvereinbarung sprechen müssen (*Tiedtke* JZ 2008, 395, 398). 63

Ein **Austauschmotor** begründet keinen Mangel (BGH BB 1969, 2082). Vorsicht ist jedoch bei der Verwendung des Begriffs »Austauschmotor« im Vertrag geboten, denn es gibt Urteile, wonach bei einem Austauschmotor das Motorgehäuse und alle beweglichen Teile ersetzt werden müssen; die beweglichen Teile und sonstigen Aggregate müssen durch Neuteile ersetzt werden (Frankfurt aM DAR 1992, 221; Bremen DAR 1968, 128; Karlsruhe DAR 1975, 155). Entspricht der Motor nicht diesen Kriterien, sollte man von einem generalüberholten Motor sprechen. Fehlende **Fahrbereitschaft** führt zu einem Mangel (BGH NJW 1993, 1854), dagegen begründen normale Abnutzungs- und **Verschleißerscheinungen** keinen Mangel (BGH NJW 2006, 434; Hamburg MDR 1983, 406; Koblenz MDR 1986, 316; Düsseldorf OLGR 2000, 508; Bamberg DAR 2001, 357). Nach heutigem Recht ergibt sich dies bereits aus der Beschaffenheitsvereinbarung »Gebrauchtwagen«, so dass es für dieses Ergebnis keines Haftungsausschlusses bedarf. Dagegen können überdurchschnittliche Verschleißerscheinungen einen Mangel bedeuten (Hamm OLG 1992, 353). Erhebliche **Korrosions- und Durchrostungserscheinungen** begründen jedoch an alten Fahrzeugen keinen Mangel (Frankfurt aM DAR 1989, 463; Schleswig DAR 1989, 147). 64

Zum neuen Recht wurde als Mangel bewertet der Bruch der Ventilfeder eines Zylinders bei einem 11 Jahre alten Fahrzeug (Köln DAR 2004, 91) sowie ein milchiger Scheinwerfer (Celle NJW 2004, 3566). Abgelehnt wurde ein Mangel wegen eines Risses am Zylinderkopf, der während der Nutzung zu einem Motorausfall führte (Bremen OLGR 2004, 319), sowie ein defekter Auspuff und undichte Stoßdämpfer (Celle NJW 2004, 3566). Das früher heftig diskutierte Thema der Korrosionen (Rspr-Nachweise bei *Reinking/Eggert* Rn 1226) führte nach der Schuldrechtsreform zu keinen weiteren obergerichtlichen Entscheidungen. Wie ausgeführt, trägt der Käufer auch ohne Haftungsausschluss das Risiko von Verschleißerscheinungen. Die Schwierigkeit besteht darin zu ermitteln, was »normaler« Verschleiß ist. Als Kriterien hatte die Rspr vor der Schuldrechtsreform das, »was bei einem Fahrzeug des betreffenden Typs angesichts des Alters und seiner Laufleistung normalerweise zu beobachten ist«, genannt (OLG Karlsruhe NJW-RR 1988, 1138, von *Reinking/Eggert* Rn 1228 unter Angabe zahlreicher weiterer OLG-Entscheidungen als repräsentativ bezeichnet). Das sind die objektiven Elemente des heutigen Abs 1 S 2 Nr 2. Vorab ist jeweils zu fragen, ob sich für die Frage des Verschleißes nicht aus den Merkmalen des Abs 1 S 1 und Abs 1 S 2 Nr 2 etwas Abweichendes ergibt. Bei einer entspr Beschaffenheitsvereinbarung kann der Verkäufer sowohl für normalen Verschleiß haften als auch umgekehrt für außergewöhnliche Verschleißerscheinungen nicht haften. 65

Für **außergewöhnliche Verschleißerscheinungen** haftet der Verkäufer mangels abw Vereinbarungen (Düsseldorf OLGR 1992, 220; Saarbrücken NJW-RR 1996, 1325). Je älter ein Fahrzeug ist, desto eher muss der Käufer damit rechnen, dass Wartungsintervalle nicht eingehalten und Verschleißteile nicht ausgetauscht wurden (Köln VersR 1997, 1019: Zahnriemen). **Unfallschäden** (vgl auch oben Rz 62). Ein Unfallschaden führt dann nicht zu einem Sachmangel, wenn darüber aufgeklärt wurde (BGH NJW 1983, 2242). Nach heutiger Terminologie wäre die Eigenschaft »Unfallwagen« Gegenstand einer Beschaffenheitsvereinbarung. Dass Bagatellschäden unerheblich sind (BGH NJW 1982, 1386), kann nach Wegfall der Erheblichkeitsschwelle des § 459 Abs 1 S 2 aF nicht mehr vertreten werden. Bei einem derartigen Schaden ist aber der Rücktritt ausgeschlossen, § 323 Abs 5 S 2. Auch bei einer sachgerechten Reparatur hat das Fahrzeug einen Mangel (BGHZ 29, 148; NJW 1982, 1386; 1978, 261). Dies liegt in der geringeren Wertschätzung eines reparierten Fahrzeugs begründet. Erst recht ist ein nicht fachgerecht repariertes Fahrzeug mangelhaft (Hamm DAR 1996, 499). 66

Als Sachmangel kommen weiterhin in Betracht ein höheres **Alter** als das angegebene (Karlsruhe NJW 2004, 2456; Nürnberg ZGS 2005, 239), eine höhere Zahl von Vorhaltern und Vorbesitzern (Düsseldorf 8. 8. 2003 – 1 W45/03, zit bei *Reinking/Eggert* Rn 1255), ein falscher **Kilometerstand** (Düsseldorf OLGR 1993, 81; Köln NJW-RR 1986, 988; Zweibrücken DAR 1986, 89); fehlende Betriebserlaubnis (BGHZ 10, 242), die zB durch Fahrwerksveränderungen (Tieferlegung: BGH NJW-RR 1991, 870; Koblenz NJW-RR 2004, 344) oder Reifenumrüstungen (BGH NJW 1978, 2241; NJW-RR 1991, 870) verursacht sein kann. Schließlich ist die **fehlende Zulassungseignung** ein Mangel (Köln NJW-RR 1992, 1147; Hamburg DAR 1992, 378), die daraus resultieren kann, dass die Angaben im Kfz-Brief und am Fahrzeug nicht übereinstimmen (BGHZ 10, 242; Zweibrücken DAR 1985, 59) oder dass in das Fahrzeug ein **nicht typgerechter Motor** eingebaut ist, der mit der Betriebszulassung in Widerspruch steht, so dass diese erlischt (BGH NJW 1983, 217; 1985, 967). 67

III. Software-Kauf. 1. Handbuch. Früher ging man davon aus, dass ein verständliches und deutschsprachiges Handbuch zum Lieferumfang gehört, auch wenn dies nicht ausdrücklich vereinbart war (Celle NJW 68

1993, 433; Frankfurt aM DB 1992, 1232; Karlsruhe CR 1991, 410; Köln MDR 1995, 245). Heute wird man dagegen eine verständliche Dialogführung im Programm für ausreichend halten müssen (so im Ansatz bereits BGH NJW 1993, 461: Handbuch nur, wenn dies nicht der Fall ist).

69 **2. Allgemeine Mängel.** Ein Mangel wurde bei einer unzureichenden Speicherkapazität der Festplatte angenommen, die den vertragsgem Gebrauch nicht ermöglicht (Köln NJW 1991, 2156), bei einem Programmablauf, der zu unkontrollierten Zeichenübertragungen führt (Düsseldorf WM 1989, 459) und bei häufigem Abstürzen (Köln NJW 1988, 2477 f). Die Rspr bejahte ferner einen Mangel bei Fehlern eines Programms, die zu einem nur provisorischen und beschränktem Gebrauch der Anlage führten (BGHZ 102, 135, 141), bei einer fehlenden einwandfreien Interaktion zwischen einem Standardprogramm und einem Standarddrucker (Nürnberg CR 1993, 359), fehlender Kompatibilität zwischen Hard- und Software (Düsseldorf WM 1989, 459, 462; Köln NJW-RR 1997, 557; München NJW-RR 1988, 436), fehlender Updatefähigkeit (Hamm NJW 1991, 2155) und bei einer Programmsperre gegen unbefugtes Kopieren durch das Vorenthalten des Passwortes bei Verkauf an einen Wiederverkäufer (Celle NJW-RR 1993, 432; ähnl BGH NJW 1987, 2004 f; NJW-RR 2000, 393). Eine Software muss auf gesetzgeberische Vorgaben eingestellt sein (Hamm NJW-RR 1995, 941) und quellcodekompatibel sein (Frankfurt aM NJW-RR 1997, 555).

70 Dagegen wurde eine periodische Programmsperre gegen unbefugte Benutzung akzeptiert, wenn das Programm bei sachgem Handhabung störungsfrei lief (BGH NJW 1981, 2684; Köln CR 1994, 217). Eine beim Kauf erkennbare und in Kauf genommene anlagebedingte Leistungseinschränkung und Bedienerunfreundlichkeit führt ebenfalls nicht zu einem Mangel (Düsseldorf CR 1987, 173). Eine mangelnde Kompatibilität mit anderer Software (hier: Scanner-Programm einer Kasse und Warenbewirtschaftungsprogramm) ist dann kein Mangel, wenn die Inkompatibilität nicht von der Kaufsache ausgeht (Köln NJW 1992, 1772). Zu akzeptieren sind auch eine hohe Geräuschentwicklung, wenn sie innerhalb der angegebenen Toleranzwerte liegt (Köln NJW 1993, 3143), und der Einbau älterer Hardware-Teile, sofern dadurch nicht der Gebrauch beeinträchtigt wird (Düsseldorf EWiR 1993, 555).

71 **3. Mängel in bestimmten Programmen.** Für Programme für **Arztpraxen** wurde entschieden, dass Programme, mit denen keine Quartalsabrechnungen zu erstellen sind (BGH NJW 1985, 129 f), und Programme, die von Dritten nicht akzeptierte Aufkleber für Krankenscheine erstellen, obwohl dies vereinbart war (BGH NJW 1982, 696), mangelhaft sind. Ein Mangel ist es auch, wenn Umlaute bei einem Programm, das zur Konvertierung einer vorhandenen Adressdatei dienen sollte, als Fragezeichen wiedergegeben werden (München CR 1990, 646, 648), ferner, wenn ein **Lohnbuchhaltungsprogramm** Durchschnittslöhne und den Umlagebeitrag für das rentenpflichtige Bruttogehalt nicht ausrechnen kann (Schleswig ZIP 1982, 457). Schließlich wurden Programme für mangelhaft erklärt, die unzutr Mahnungen oder Rechnungen erstellen (Köln CR 1992, 153 f) und solche für die Finanzbuchhaltung, die keine Belege erstellen oder unterschiedliche Positionen zu einem Gesamtbetrag addieren können (LG Bielefeld CR 1989, 915).

72 **IV. Unternehmenskauf. 1. Mängel an einzelnen Teilen.** Es ist umstr, ob ein Mangel an einer zur verkauften Gesamtheit des Unternehmens gehörenden Sache zu einem Mangel des Unternehmens als Ganzem führt. Vor der Schuldrechtsreform ging man davon aus, dass dies nicht notwendigerweise so sein müsse (BGH NJW 1970, 556). Ein Mangel, der bzgl des einzelnen Gegenstandes wesentlich iSd § 459 aF war, muss nicht unbedingt bezogen auf das Unternehmen als Ganzem wesentlich sein. Nach der Schuldrechtsreform wird vertreten, dass nunmehr auch ein Mangel bei einer einzelnen Sache relevant sein könne, denn § 434 kennt die Unterscheidung zwischen wesentlich und unwesentlich nicht mehr. Vielmehr wird der Unterschied erst bei den Rechtsfolgen, nämlich beim Rücktritt, relevant. Die Rechtsfolge bei einem Mangel an einer einzelnen Sache, nämlich der Nacherfüllungsanspruch gem § 439, sei angemessen (Staud/*Matusche-Beckmann* Rn 145; vgl auch MüKo/*Westermann* § 453 Rn 44 f sowie unten § 453 Rz 43). Die höchstrichterliche Rspr hat das Thema aber noch nicht aufgreifen können.

73 **2. Fehlen einzelner Teile.** Beim Fehlen einzelner Teile gilt grds dasselbe wie bei deren Mängeln. Dies kann grds einen Mangel begründen (BGH NJW 1970, 556; BGH NJW 1979, 33) und gilt auch für Mängel mitverkaufter Rechte (BGH WM 1974, 312). Auch hier gibt es nach der Schuldrechtsreform keinen Anlass zur Zurückhaltung, da nunmehr auch unwesentliche Mängel erfasst werden und damit auch geringe Quantitätsmängel einen Mangel darstellen.

74 **3. Ertrag und Umsatz.** Rspr und Lit hatten vielfach die Frage zu beantworten, ob ein Mangel des gekauften Unternehmens auch dann vorliegt, wenn der Verkäufer bestimmte Angaben zu Umsatz und Ertrag gemacht hatte, die sich später als nicht erzielbar herausstellten. Vor der Schuldrechtsreform ging man davon aus, dass kein Mangel (Fehler gem § 459 Abs 1 aF) vorlag, weil Umsatz und Ertrag dem Unternehmen nicht unmittelbar anhaften (RGZ 67, 86; BGH DB 1970, 42; BGH WM 1988, 1404; NJW-RR 1996, 429). Nur ausnahmsw wurde eine Haftung wegen Fehlens einer zugesicherten Eigenschaft (§ 459 Abs 2 aF) angenommen (BGH NJW 1990, 1658; 1995, 1547; 1999, 1404, 1405; NJW-RR 1996, 429). Stattdessen entnahm die Rspr eine Haftung aus der Figur der Haftung bei Vertragsschluss (culpa in contrahendo).

75 Mit der Schuldrechtsreform dürfte die »**Flucht der Rspr in die cic**« allerdings an Bedeutung eingebüßt haben. Bereits im RegE (BTDrs 14/6040 S 242) wird davon ausgegangen, dass die Gründe, die den BGH dazu

veranlasst haben, **keinen Bestand mehr haben**, da nunmehr der Käufer ein Nachbesserungsrecht hat, ihm ferner ein Schadensersatz auf Grund der kaufrechtlichen Mängelrechte auch bei leichter Fahrlässigkeit des Verkäufers hinsichtlich der Falschangabe zustehen kann und für die Ansprüche nicht mehr die kurze sechsmonatige Verjährungsfrist gem § 477 Abs 1 aF einschlägig ist, sondern die Zwei-Jahresfrist nach § 438 Abs 1 Nr 3. Es spricht daher viel dafür, Angaben über Ertrag und Umsatz generell als Beschaffenheitsmerkmale iSd Abs 1 S 1 anzusehen (BaRoth/*Faust* § 453 Rn 30; *Gronstedt/Jörgens* ZIP 2002, 52, 55; *Wolf/Kaiser* DB 2002, 411, 414; *Triebel/Hölzle* BB 2002, 521, 525; aA *Jaques* BB 2002, 417, 418; vgl auch § 453 Rz 44) Angesichts dieser klaren Positionierung der Lit ist es nur noch eine Frage der Zeit, dass sie auch von der Rspr aufgegriffen wird.

§ 435 Rechtsmangel. Die Sache ist frei von Rechtsmängeln, wenn Dritte in Bezug auf die Sache keine oder nur die im Kaufvertrag übernommenen Rechte gegen den Käufer geltend machen können. Einem Rechtsmangel steht es gleich, wenn im Grundbuch ein Recht eingetragen ist, das nicht besteht.

A. Begriff. I. Begriff. Neben einem Sachmangel kann der Käufer auch einen Rechtsmangel geltend machen. 1 Beim Rechtsmangel haftet der Verkäufer nur für den Bestand des Rechts (**Verität**), nicht für seine Bonität. Die Rechtsfolgen sind jedoch seit der Schuldrechtsreform dieselben, so dass die Abgrenzung seitdem an Bedeutung verloren hat. Die Verpflichtung des Verkäufers, die Sache auch frei von Rechtsmängeln zu verschaffen, wird bereits in § 433 Abs 1 S 2 bei der Definition der vertragstypischen Pflichten festgeschrieben (§ 433 Rz 28), während § 435 nur noch den Rechtsmangel als solchen näher beschreibt. An dessen grds Definition änderte die Schuldrechtsreform nichts, so dass insoweit auch auf ältere Rspr zurückgegriffen werden kann. Er ist auch weiterhin dann gegeben, wenn der Verkäufer dem Käufer nicht die Rechtsstellung am Kaufgegenstand verschafft, die nach dem Vertrag vorgesehen war (*Reinicke/Tiedtke* Rn 392), während der Sachmangelbegriff an einer Eigenschaft der Sache anknüpft (§ 434 Rz 8 ff). Dies gilt auch dann, wenn das Recht den Käufer tatsächlich nicht in der von ihm vorgesehenen Verwendung der Sache beeinträchtigt, dh das Recht muss nur potentiell dazu geeignet sein, den Käufer in der ungestörten Ausnutzung der ihm gebührenden Rechtsposition zu tangieren. Es reicht also eine objektive Beeinträchtigung unabhängig vom vereinbarten Verwendungszweck (Staud/*Matusche-Beckmann* Rn 4). Nicht erforderlich ist somit auch die tatsächliche Geltendmachung des Rechts ggü dem Käufer. § 435 gilt nicht nur bei einem Sach-, sondern auch bei einem **Rechtskauf**. Praktisch wichtig ist dies etwa beim Erwerb von Immaterialgüterrechten (§ 453 Rz 20 ff). Die Vorschrift bezieht sich auch auf mitverkauftes Zubehör (RGZ 57, 1).

II. Verbleibende Bedeutung der Abgrenzung zum Sachmangel. Während die Rechtsfolgen bei einem Sach- 2 und einem Rechtsmangel gleich sind, so gibt es doch noch einen gewichtigen Unterschied, nämlich bzgl des **Zeitpunktes**, ab dem die Mängelrechte greifen. Beim Sachkauf ist dies der Gefahrübergang, § 446, der mit der Übergabe erfolgt. Beim Rechtsmangel ist dagegen auf den **Eigentumsübergang** bzw die **Rechtsübertragung** abzustellen (BGHZ 113, 106, 113). Bei einer aufschiebend bedingten Übertragung (Eigentumsvorbehalt) ist dies der Zeitpunkt des Bedingungseintritts. Allerdings kann durch das Recht eines Dritten auch das in aller Regel schon vorher bestehende Anwartschaftsrecht des Käufers beeinträchtigt sein (vgl auch BGH NJW 1961, 1552, 1552).

III. Bedeutung der Verbrauchsgüterkauf-RL. Der Gesetzgeber der Schuldrechtsreform hat die Rechtsfolgen 3 von Sach- und Rechtsmangel ua auch deswegen in Übereinstimmung gebracht, weil er damit die Verbrauchsgüterkauf-RL umsetzen wollte (*Schmidt-Räntsch* ZEuP 1999, 294, 301; vgl auch *Brüggemeier* JZ 2000, 529, 530). Die RL kennt zwar den Begriff des Rechtskaufs nicht, doch geht die überwiegende Meinung zu Recht davon aus, dass der umfassende Begriff der **Vertragsgemäßheit** in Art 2 der RL auch den **Rechtsmangel** iSd deutschen Verständnisses umfasst (Grundmann/Bianca/*Grundmann* Art 2 Rn 14; *Rieger* VuR 1999, 287, *Schäfer/Pfeiffer* ZIP 1999, 1829, 1832; aA PWW/*D Schmidt* Rn 4; zweifelnd BaRoth/*Faust* Rn 4; ihm folgend Staud/*Matusche-Beckmann* Rn 7).

B. Rechte Dritter. I. Dingliche Rechte. In den Anwendungsbereich des § 435 fallen zunächst alle dinglichen 4 Rechte. Bei beweglichen Sachen spielen neben dem **Eigentum** das **Pfandrecht** und der **Nießbrauch** eine Rolle. Wichtig ist auch, dass das **Anwartschaftsrecht** darunter fällt. Dies folgt aus seiner Definition als wesensgleiches Minus zum Volleigentum. Bei Grundstücken sind außerdem die **Grundpfandrechte**, Grunddienstbarkeiten (BGH NJW 1974, 1552; BGH DNotZ 1993, 689), beschränkte persönliche Dienstbarkeiten (BGH NJW 2000, 803), ferner die Auflassungs- und Belastungsvormerkung relevant (RGZ 149, 362). Ferner ist das dingliche **Vorkaufsrecht** ein Anwendungsfall des § 435, im Hinblick auf § 28 Abs 3 BauGB jedoch nicht das gemeindliche Vorkaufsrecht (BGHZ 97, 298). Auch ausländische Rechte können zu einem Rechtsmangel führen (BGH NJW 1992, 362: ausländisches Registerpfandrecht). Dingliche Rechte eines Dritten können auch beim **Kauf von Forderungen** oder sonstigen Rechten eingreifen. Zu denken ist insoweit insb an Pfandrecht und Nießbrauch (Staud/*Matusche-Beckmann* Rn 12; MüKo/*Westermann* Rn 3).

5 **II. Obligatorische Rechte.** Obligatorische Rechte führen dann zu einem Recht eines Dritten iSd Vorschrift, wenn aus ihnen ein Recht zum Besitz auch ggü dem Käufer folgt. Das ist iW im **Miet- und Pachtrecht** der Fall, weil sich wegen §§ 566 bzw 581 Abs 2 das Miet- bzw Pachtverhältnis mit dem Erwerber fortsetzt (»Kauf bricht nicht Miete«) (BGH WM 1962, 556; WM 1987, 1371; NJW-RR 1988, 79; NJW 1991, 2700; WM 1991, 2166 f). Dies gilt auch bei einer Verlängerungsoption (BGH NJW 1998, 534) oder wenn die Miete länger dauert, als im Kaufvertrag angegeben wurde (BGH NJW 1991, 2700). Außerhalb des Mietrechts spielt das **Zurückbehaltungsrecht eines Dritten**, das gem § 986 Abs 2 auch ggü dem Käufer geltend gemacht werden kann, eine Rolle (RGZ 99, 56). Ferner fällt auch ein schuldrechtliches Vorkaufsrecht unter § 435 (RGZ 133, 76; zust Palandt/*Putzo* Rn 8; MüKo/*Westermann* Rn 7; aA Staud/*Matusche-Beckmann* Rn 14).

6 **III. Immaterialgüterrechte.** Weiterhin können Immaterialgüterrechte Rechte eines Dritten iSd § 435 sein. Dies folgt schon daraus, dass sie dingliche Rechte sind. Anerkannt ist dies für das **Patentrecht** (RGZ 163, 1, 8; BGH NJW 1973, 1546), wobei die bekannt gemachte Patentanmeldung dem eingetragenen Patent gleichsteht (BGH NJW 1973, 1546), das **Gebrauchs- und Geschmacksmusterrecht** (zu letzterem Düsseldorf GRUR 1993, 968) und das Urheberrecht (Hamm NJW-RR 1992, 1201), das streng genommen kein Immaterialgüterrecht ist, aber auch ein dingliches Recht beinhaltet. Dies ist zB der Fall, wenn beim Verkauf einer EDV-Anlage die mitgelieferte Standardsoftware eine Raubkopie ist. Ferner gehören dazu die heute im MarkenG geregelten Kennzeichenrechte, nämlich außer der **Marke** auch das **Unternehmenskennzeichen** gem § 5 Abs 2 MarkenG und Werktitel, § 5 Abs 3 MarkenG. Der Schutz erfasst darüber hinaus Verbietungsrechte, die sich aus dem **allg Persönlichkeitsrecht** ergeben (BGHZ 110, 196, 200: Boris Becker). Sofern der **erg Leistungsschutz** nach dem UWG dem Verletzten ein Recht auf Unterlassung der Weiterveräußerung gewährt, ist dies zwar kein dingliches Recht, aber für einen Rechtsmangel ausreichend (BGH GRUR 1992, 448).

7 **IV. Gesetzliche Beschränkungen, insb öffentlich-rechtliche Baubeschränkungen.** Allg gesetzliche Beschränkungen der Nutzbarkeit des erworbenen Kaufgegenstandes führen grds nicht zu einem Mangel, sondern sind Ausdruck der Sozialbindung des Eigentums (Staud/*Matusche-Beckmann* Rn 22). Sie können aber zu einem Sachmangel führen, wenn sie im Widerspruch zur Beschaffenheitsvereinbarung stehen oder mit der vereinbarten Verwendung nicht vereinbar sind (§ 434 Rz 48). Für einen Rechtsmangel bleibt daher nur ein eher schmaler Anwendungsbereich. Der Unterschied kann aber trotz der gleichen Rechtsfolgen nicht vollständig auf sich beruhen, da für den Zeitpunkt des Eingreifens der Mängelrechte unterschiedliche Kriterien gelten (Rz 2).

8 Die Frage wirkt sich vor allem bei **öffentlich-rechtlichen Baubeschränkungen** aus. Die fehlende Bebaubarkeit eines Grundstücks ist ein Baumangel (BGH WM 1986, 1189; Einzelheiten § 434 Rz 48 ff). Dies gilt auch für ein trotz fehlender Bebaubarkeit errichtetes Gebäude. Auch Baulasten begründen allenfalls einen Sachmangel (BGH BB 1965, 1291; NJW 1978, 1429; Düsseldorf NJW-RR 1992, 87; aA Hamm NJW-RR 1989, 524; Staud/*Matusche-Beckmann* Rn 30).

9 Für einen Rechtsmangel bleiben lediglich noch **öffentlich-rechtliche Einziehungs- und Beschlagnahmebefugnisse** übrig (BGH NJW 1991, 915, 916), zB §§ 73 ff StGB oder §§ 401 ff AO (Staud/*Matusche-Beckmann* Rn 32; BaRoth/*Faust* Rn 18). Auch die **Sozialbindung einer Wohnung** kann einen Mangel darstellen (BGH NJW 2000, 1256). Findet aber die Beschlagnahmebefugnis ihren Grund in der Gefährlichkeit der Sache (BGH NJW 1972, 1462: Salmonellenverdacht; BGH NJW 1989, 218: Glykolwein; BGHZ 90, 198, 202: fehlende Typ-Prüfung eines Baukrans), liegt kein Rechts-, sondern ein Sachmangel vor. Eine Rückausnahme besteht dann, wenn die Verwendbarkeit zum vertraglich vorausgesetzten Gebrauch nicht beeinträchtigt ist, die Beschlagnahmebefugnis aber gleichwohl besteht (BGH NJW 1991, 915: Heizölbeimischung bei Dieselkraftstoff).

10 **C. Haftungsausschlüsse und -beschränkungen.** § 435 ist dispositiv (BGHZ 11, 24). Dies gilt lediglich bei Verbrauchsgüterkaufverträgen nicht, § 475 Abs 1 (§ 475 Rz 4 f). Auch die Pflicht zur Eigentumsverschaffung kann nicht abbedungen werden (Palandt/*Putzo* Rn 3). Eine Haftungsbeschränkung kann in der Weise vereinbart werden, dass für das Nichtvorhandensein bestimmter einzelner Rechte Dritter nicht gehaftet werden soll; es kann aber auch ein völliger Haftungsausschluss für sämtliche Rechte vereinbart werden (BGHZ 11, 16, 24). Bei der Vertragsgestaltung ist zu beachten, dass die Haftungseinschränkung ausdrücklich erfolgt. Die Rspr akzeptiert aber uU auch einen konkludenten Haftungsausschluss, nämlich wenn das Risiko des Bestehens von Rechten Dritter im Kaufpreis zum Ausdruck kommt oder wenn das Geschäft ein spekulatives Element aufweist (RGZ 112, 333; 163, 8; BGHZ 8, 222, 234).

11 Häufig wird vereinbart, dass der Käufer die auf dem Grundstück ruhenden **Belastungen unter Anrechnung auf den Kaufpreis** übernimmt. Es liegt dann insoweit Erfüllung vor (vgl auch § 433 Rz 55). Genau genommen werden Verkäufer und Käufer eine Schuldübernahme einer grundpfandrechtlich gesicherten Darlehensschuld gem § 414 vereinbaren. Diese Konstruktion setzt voraus, dass der Käufer nicht gleichzeitig Rechte wegen eines Rechtsmangels geltend machen kann, wenn der Gläubiger aus dem Grundpfandrecht vorgeht. Es muss also insoweit ein Haftungsausschluss vereinbart werden. Der Käufer wird ein Interesse daran haben, dass wichtige Bedingungen eines grundpfandrechtlich abgesicherten Darlehens, das er übernimmt, auch im Verhältnis zum Verkäufer verbindlich geregelt werden. Man geht heute davon aus, dass der Verkäufer für derartige vereinbarte Eigenschaften haftet (BGH NJW 1991, 1809; MüKo/*Westermann* Rn 5: Staud/*Matusche-Beckmann* Rn 42).

Genehmigt der Dritte die Schuldübernahme nicht, so gilt § 415 Abs 3, dh der Käufer ist dem Verkäufer ggü verpflichtet, den Gläubiger rechtzeitig zu befriedigen. Das Solvenzrisiko des Käufers bleibt also beim Verkäufer. Eine derartige Konstruktion sollte daher davon abhängig gemacht werden, dass die **Genehmigung des Gläubigers** vorliegt, dh die Genehmigung sollte entweder vor Vertragsschluss herbeigeführt werden oder der Vertrag sollte unter der aufschiebenden Bedingung der Genehmigung geschlossen werden. Ist eine Genehmigung ungewiss, sollte die Konstruktion einer Kaufpreistilgung durch Anrechnung der Belastungen vermieden werden – es sei denn, der Verkäufer ist willens, das Solvenzrisiko des Käufers zu tragen. 12

D. Im Grundbuch eingetragene Rechte, S 2. Rechte, die nicht bestehen, können keinen Rechtsmangel iSd S 1 bedeuten, auch wenn sie im Grundbuch eingetragen sind. Gleichwohl können sie wegen des öffentlichen Glaubens des Grundbuchs die Rechtsposition des Käufers erheblich erschweren. Das Gesetz stellt daher in S 2 eingetragene, aber nicht bestehende Rechte den Rechten gem S 1 gleich. Dabei sind nicht nur Rechte gemeint, die am öffentlichen Glauben des Grundbuchs teilhaben, sondern auch inhaltlich **unzulässige Eintragungen**, die zu faktischen Erschwerungen des Käufers, etwa beim Weiterverkauf, führen (RGZ 88, 22; BaRoth/*Faust* Rn 24; MüKo/*Westermann* Rn 12). Auch eine unrichtige Vormerkung kann zu einem Rechtsmangel nach S 2 führen (RGZ 149, 195, 197). 13

Der Verkäufer ist daher verpflichtet, derartige Eintragungen löschen zu lassen. Er schuldet ein »**sauberes Grundbuch**« (MüKo/*Westermann* Rn 11). Kommt er seiner Verpflichtung bis zum Gefahrübergang nicht nach, so hat der Käufer wie beim Sachmangel und wie bei S 1 die Rechte aus § 437, dh er kann sich auch mit einer Minderung begnügen (MüKo/*Westermann* Rn 14) und die unrichtigen Eintragungen im Grundbuch stehen lassen bzw auf eigene Kosten beseitigen. Werden die Eintragungen im Zuge der Erfüllung oder der Nacherfüllung gem § 439 beseitigt, so trägt der Verkäufer die Kosten. Der Käufer muss den Verkäufer ggf zur Geltendmachung des Grundbuchberichtigungsanspruchs ermächtigen (BaRoth/*Faust* Rn 24; Staud/*Matusche-Beckmann* Rn 49). 14

§ 436 Öffentliche Lasten von Grundstücken.

[1] **Soweit nicht anders vereinbart, ist der Verkäufer eines Grundstücks verpflichtet, Erschließungsbeiträge und sonstige Anliegerbeiträge für die Maßnahmen zu tragen, die bis zum Tage des Vertragschlusses bautechnisch begonnen sind, unabhängig vom Zeitpunkt des Entstehens der Beitragsschuld.**

[2] **Der Verkäufer eines Grundstücks haftet nicht für die Freiheit des Grundstücks von anderen öffentlichen Abgaben und von anderen öffentlichen Lasten, die zur Eintragung in das Grundbuch nicht geeignet sind.**

A. Funktion der Vorschrift. I. Abs 2. Abs 2 bildet den »klassischen« Teil der Vorschrift, der vor der Schuldrechtsreform den gesamten Inhalt der Bestimmung ausmachte. Er weist das Risiko des Vorhandenseins nicht eintragungsfähiger öffentlicher Belastungen des Grundstücks dem Käufer zu. Abs 2 hat nur (noch) geringe praktische Bedeutung, da Belastungen, die jeden Eigentümer gleichermaßen treffen, ohnehin keinen Rechtsmangel darstellen. Die Vorschrift hat daher nur klarstellende Bedeutung (BaRoth/*Faust* Rn 8). 1

II. Abs 1. Auch wenn die Risikoverteilung nach Abs 2 eindeutig ist – der Käufer hat das Risiko öffentlich-rechtlicher Beschränkungen zu tragen – so hat er doch ein Interesse zu wissen, welche Lasten beim Kauf auf ihn zukommen. Jeder Grundstückskäufer muss damit rechnen, dass er grundsteuerpflichtig wird, aber so eindeutig liegt die Sache nicht immer. Insbes **Anlieger- und Erschließungskosten** haben in der Vergangenheit eine große Rolle gespielt, da die Beitragsbescheide häufig erst längere Zeit nach Abschluss der Bauarbeiten erlassen werden. Es kommt daher vor, dass der Käufer mit den Kosten für zum Zeitpunkt des Kaufvertrags bereits abgeschlossene Arbeiten belastet wird, mit denen er nicht unbedingt rechnen musste. Dies wird zu Recht als unbillig angesehen, denn der Käufer ist zwar Nutznießer der Anlieger- und Erschließungsarbeiten, aber er konnte die Kosten nicht in seine Kalkulation für die Grundstückserwerbskosten einbeziehen. Deswegen hat der Gesetzgeber der Schuldrechtsreform eine Lösung eingeführt, die auf einer weit verbreiteten notariellen Praxis beruht: Die Kosten soll letztlich der tragen, der **zum Zeitpunkt des bautechnischen Beginns** Grundstückseigentümer war. Das bedeutet, dass der Verkäufer nach Durchführung des Grundstücksgeschäfts uU noch mit Belastungen rechnen muss, aber er kann sich darauf einstellen, da ihm die Durchführung der Anlieger- und Erschließungsarbeiten bekannt ist. 2

B. Erschließungs- und Anliegerbeiträge. I. Definition. Was Erschließungsbeiträge sind, ist in §§ 127 ff BauGB geregelt. Danach können die Gemeinden Erschließungsbeiträge erheben, § 127 BauGB, die nach endgültiger Herstellung fällig sind, § 133 Abs 2 BauGB. **Beitragspflichtiger** ist, wer im Zeitpunkt des Beitragsbescheids Grundstückseigentümer ist, § 134 BauGB. Anliegerbeiträge sind darüber hinaus auch andere öffentlich-rechtliche Beiträge, durch die die Kosten öffentlicher Einrichtungen auf die Grundstückseigentümer im Einzugsbereich der Einrichtungen umgelegt werden (RegE, BTDrs 14/6040 S 218 f). Das bezieht sich auf Strukturmaßnahmen der öffentlichen Hand wie Straßen, Parkflächen, Entsorgungsanlagen, Grünanlagen oder Spielplätze, soweit sie nach Maßgabe des Kommunalabgabenrechts von den Eigentümern zu erstatten sind (MüKo/*Westermann* Rn 2). 3

4 Abs 1 ändert nichts daran, dass der **jeweilige Eigentümer** gem § 134 BauGB Gebührenschuldner ist. Abs 1 regelt lediglich das **Innenverhältnis** zwischen Verkäufer und Käufer. Der Käufer muss also uU trotz Abs 1 den Beitrag an die Gemeinde bezahlen und hat dann lediglich einen Freistellungs- bzw Erstattungsanspruch gegen den Verkäufer, falls der bautechnische Beginn vor Vertragsschluss lag. Damit trägt der Käufer auch das Insolvenzrisiko des Verkäufers. Falls sich bei Vertragsschluss abzeichnet, dass ein derartiger Anspruch entstehen wird, ist bei der Vertraggestaltung daher ggf auf dessen Sicherung zu achten.

5 **II. Bautechnischer Beginn.** Der »bautechnische Beginn« stell auf den **tatsächlichen Beginn** der Bauarbeiten ab, also nicht auf die Auftragvergabe oä. Beginn ist der »erste Spatenstich« (BaRoth/*Faust* Rn 6; Staud/*Matusche-Beckmann* Rn 9; PWW/*D Schmidt* Rn 7). Damit wählt der Gesetzgeber ein handfestes Kriterium: Die Parteien können auf Grund einer zeitnah vor dem Vertragsschluss durchgeführten Besichtigung des Grundstücks feststellen, welche Erschließungsmaßnahmen noch zu Lasten des Verkäufers gehen und diese Verteilung bei der Festlegung des Kaufpreises berücksichtigen (aA zur Praktikabilität MüKo/*Westermann* Rn 4; ihm folgend Staud/*Matusche-Beckmann* Rn 9). Aufgrund der **Dispositivität** der Vorschrift können sie die Verteilung der Kosten intern auch anders regeln (unten Rz 8).

6 **C. Freiheit von Abgaben und Lasten.** Abs 2 hat gegenüber § 436 aF erheblich an Bedeutung verloren, da die Erschließungs- und Anliegerbeiträge nunmehr einer speziellen Regelung in Abs 1 unterliegen. Öffentliche Abgaben und Lasten iSd Abs 2 sind Leistungen, die aus dem Grundstück zu erbringen sind (BGH NJW 1990, 111 f). Sie sind abzugrenzen von Abgaben, bei denen eine der Parteien des Kaufvertrags lediglich persönlicher Abgabenschuldner ist. Diese fallen nicht unter Abs 2. Auf Grund dieser Einschränkungen bleibt als einziger wesentlicher Anwendungsbereich für Abs 2 die **Grundsteuer** übrig, denn Schuldner der Grundsteuer ist der jeweilige Eigentümer. Dabei gilt eine Stichtagsregelung für das gesamte Kalenderjahr. Die Steuerschuld trifft denjenigen, der am 1. Januar Eigentümer ist. Ein unterjähriger Eigentümerwechsel hat darauf keinen Einfluss. Wollen die Parteien den Käufer ab Eintragung oder zu einem anderen Zeitpunkt zur Tragung der Grundsteuer verpflichten, so müssen sie dies vereinbaren (unten Rz 10).

7 IÜ ist Abs 2 noch für die Kehr- und Überprüfungsgebühr des Schornsteinfegers relevant. (BaRoth/*Faust* Rn 9). Dagegen sind die **Grunderwerbsteuer**, die **Müllabfuhrgebühren** und die Schneeräum- und Streupflichten (zu letzteren BGH NJW 1990, 111 f) persönlicher Natur und **fallen nicht unter Abs 2** (Staud/*Matusche-Beckmann* Rn 15). Für die Müllabfuhrgebühren wird dies teilw anders gesehen (MüKo/*Westermann* Rn 5; PWW/*D Schmidt* Rn 9). Auch öffentlich-rechtliche **Bau- und Nutzungsbeschränkungen** fallen nicht unter Abs 2. Sie können jedoch einen Sachmangel begründen (§ 434 Rz 48 ff). Liegen die Voraussetzungen des Abs 2 nicht vor, kommen uU ein Schadensersatzanspruch wegen mangelnder Aufklärung, eine Anfechtung oder – auch auf den Anwendungsbereich des Abs 1 bezogen, wenn beide Parteien von einem wesentlich niedrigeren Erschließungskostenbeitrag ausgegangen sind – eine Störung der Geschäftsgrundlage in Betracht (Staud/*Matusche-Beckmann* Rn 18 ff). Diese Rechtsbehelfe werden jedoch nur ausnahmsweise eingreifen, da die Existenz und die Höhe von öffentlichen Abgaben und Lasten grundsätzlich im Risikobereich des Käufers liegen (so auch MüKo/*Westermann* Rn 5).

8 **D. Abweichende Vereinbarungen. I. Abs 1.** Die Vorschrift ist dispositiv, so dass die Parteien die gesetzlich vorgesehene Lastenverteilung anders vornehmen können (dazu *Brambring* DNotZ 2001, 590, 615; *Wilhelm* NJW 2003, 1420 ff). Insbes sind sie nicht gehindert, einen anderen Zeitpunkt als den »bautechnischen Beginn« für die Relevanz der Erschließungs- und Anliegerbeiträge gem Abs 1 zu vereinbaren. Da nach hier vertretener Ansicht der »bautechnische Beginn« ein hinreichend klarer Begriff ist (Rz 5), sollte man davon nicht abweichen. Es kann sich aber im Einzelfall als zweckmäßig erweisen, den bautechnischen Beginn nicht, wie im Gesetz vorgesehen, auf den Zeitpunkt des Vertragsschlusses zu beziehen, sondern auf einen **anderen Zeitpunkt**, etwa auf einen früheren, wenn die wesentlichen Vertragsverhandlungen bereits einige Zeit vor der notariellen Beurkundung abgeschlossen waren, oder auf einen späteren, wenn vorhersehbar ein längerer Zeitraum zwischen Vertragsschluss und Eintragung liegen wird. Denkbar ist auch, dass die Parteien sich etwa die zwischen Vertragsschluss und Eintragung anfallenden Kosten teilen. Dabei sollte jedoch stets auf den bautechnischen Beginn Bezug genommen werden, nicht auf den Erlass des Beitragsbescheids, da dessen Zeitpunkt für die Parteien nicht kalkulierbar ist. Der Verkäufer kann mit dem Käufer auch vereinbaren, dass der Käufer die Beiträge vollständig übernimmt, obwohl sie nach § 436 vom Verkäufer zu tragen wären, und ihn von seiner Zahlungspflicht gegenüber der Gemeinde freistellt (BGH NJW 1993, 2796 f; Hamm NJW-RR 1989, 335). Eine solche Vereinbarung kann nur im Innenverhältnis Wirksamkeit entfalten. Andernfalls müsste der Verkäufer diese Kosten in den Kaufpreis einkalkulieren. Die Parteien können jedoch ein Interesse daran haben, den Kaufpreis zB aus steuerlichen Gründen möglichst niedrig zu halten.

9 Finden sich im Vertrag keine eindeutigen Regelungen, kann auch die Auslegung zu einem von der gesetzlichen Regelung abweichenden Ergebnis führen. Bei einem als »**erschlossen**« verkauften Grundstück ist davon auszugehen, dass den Käufer keine rückständigen Erschließungskosten treffen (MüKo/*Westermann* Rn 7). Wird ein Grundstück als nicht erschlossen verkauft und dies im Preis berücksichtigt, sollte auf jeden Fall eine Regelung über die Lastentragungspflicht zu Lasten des Käufers erfolgen, um zu verhindern, dass der Verkäu-

fer wegen eines »bautechnischen Beginns« kurz vor Vertragsschluss überraschenderweise nach der gesetzlichen Regelung mit den Erschließungsbeiträgen belastet wird (MüKo/*Westermann* Rn 3).

II. Abs 2. Auch Abs 2 ist dispositiv (BGH NJW 1993, 2796, 2797). Natürlich können die Parteien nicht über gesetzliche Steuertatbestände disponieren und einen anderen Steuerschuldner vereinbaren. Vereinbarungen können nur das Innenverhältnis betreffen. Da aber nach der Schuldrechtsreform Abs 2 iW nur noch für die **Grundsteuer** relevant ist, dürfte wenig Veranlassung bestehen, eine vom Gesetz abweichende Lösung zu vereinbaren. Die Parteien könnten jedoch ein Interesse daran haben, die Abgabentragungspflicht intern abweichend zu regeln, wenn der Verkäufer bereits ab Zeitpunkt des Vertragsschlusses aus der Steuerschuld jedenfalls im Ergebnis entlassen sein möchte. Einer Vereinbarung bedarf es auch, wenn der Käufer bereits ab Eintragung die Grundsteuer im Innenverhältnis tragen soll, da der ursprüngliche Eigentümer bis Jahresende Steuerschuldner bleibt (oben Rz 6). 10

III. Gemeinde als Verkäufer. Für eine Gemeinde als Verkäufer ist die **Dispositivität eingeschränkt**. Sie kann nicht einfach auf öffentliche Lasten verzichten. Dies ergibt sich aus dem Rechtsstaatsprinzip (BaRoth/*Faust* Rn 12; Staud/*Matusche-Beckmann* Rn 17). Erwächst ein Beitragsbescheid in Rechtskraft, ist eine vertragliche Freistellung der Gemeinde von den Beitragspflichten unbeachtlich (BGH NJW 1987, 773 f für eine verwaltungsgerichtliche Entscheidung über den Beitragsbescheid). 11

§ 437 Rechte des Käufers bei Mängeln.

Ist die Sache mangelhaft, kann der Käufer, wenn die Voraussetzungen der folgenden Vorschriften vorliegen und soweit nicht ein anderes bestimmt ist,

1. **nach § 439 Nacherfüllung verlangen,**
2. **nach den §§ 440, 323 und 326 Absatz 5 von dem Vertrag zurücktreten oder nach § 441 den Kaufpreis mindern und**
3. **nach den §§ 440, 280, 281, 283 und 311a Schadensersatz oder nach § 284 Ersatz vergeblicher Aufwendungen verlangen.**

A. Allgemeines. § 437 regelt die Rechte des Käufers aus **Sach- und Rechtsmängeln** durch Rechtsgrundverweise auf allgemeines und kaufrechtliches Leistungsstörungsrecht. Die Regelung enthält keine eigenständige Anspruchsgrundlage (PWW/*D Schmidt* Rn 1; MüKo/*Westermann* Rn 1). § 437 ist durch das **Schuldrechtsmodernisierungsgesetz** (BGBl I 2001 S 3137) neu in das BGB eingefügt worden und hat das bisherige Gewährleistungsrecht der §§ 462, 463, 480 aF und §§ 440, 441 aF abgelöst. Die Regelung beruht auf **Art 3 Verbrauchsgüterkauf-RL** und **Art 46 ff CISG**. Die dort zum Ausdruck kommende Reihenfolge der Rechtsbehelfe des Käufers ergibt sich bei § 437 im Zusammenspiel mit § 323 und § 281 (MüKo/*Westermann* Rn 4). Danach ist der **Nacherfüllungsanspruch** grds vorrangig vor Rücktritt, Minderung und Schadensersatz geltend zu machen (Rz 2). § 437 gilt sowohl für den Sach- als auch den Rechtskauf (§ 453). Bei **Sachmängeln** beginnt die Geltung der Vorschrift mit **Gefahrübergang** (str: **so** Palandt/*Weidenkaff* § 433 Rn 2; MüKo/*Westermann* Rn 6; PWW/*D Schmidt* Rn 3; **aA**: BGH NJW 2006, 434: es gilt § 363). Vor Gefahrübergang ist das allgemeine Leistungsstörungsrecht anwendbar. Bei **Rechtsmängeln** kommt es auf den Zeitpunkt der Eigentumsverschaffung an (§ 435 Rz 2). § 437 ist anwendbar auf Sach- und Rechtsmängel. **Unbehebbare Mängel** unterliegen ab Gefahrübergang nicht mehr unmittelbar § 311a Abs 2, sondern nur über die Rückverweisung in Nr 3 (str: so Erman/*Grunewald* vor § 437 Rn 8; PWW/*D Schmidt* Rn 6; **aA**: Palandt/*Heinrichs* § 280 Rn 17; MüKo/*Westermann* Rn 22). § 437 ist grds abdingbar; bei AGB sind die Grenzen des § 310 Abs 1 unter Berücksichtigung von § 309 Nrn 5, 8 zu beachten. Zwingend anwendbar ist § 437 beim Verbrauchsgüterkauf (§ 475 Abs 1). 1

B. Inhalt. Nach § 433 Abs 1 S 2 hat der Verkäufer die Hauptleistungspflicht, dem Käufer die Sache frei von Sach- und Rechtsmängeln zu verschaffen (§ 433 Rz 28). Verletzt der Verkäufer diese Pflicht, hat er das Recht auf Lieferung einer mangelfreien Sache (Recht zur zweiten Andienung). Der primäre Anspruch des Käufers bei Mängeln ist daher der Nacherfüllungsanspruch. Der Vorrang der Nacherfüllung ergibt sich aus dem Zusammenspiel mit Nr 2 (§ 323) und Nr 3 (§ 281): Erst wenn die Frist zur Nacherfüllung erfolglos verstrichen ist, kann der Käufer die weiteren Gewährleistungsrechte und -ansprüche geltend machen (BGH NJW 2005, 1348; 2006, 988; Palandt/*Weidenkaff* Rn 4; PWW/*D Schmidt* Rn 15; *Lorenz* NJW 2006, 1175). Gegenstand des Nacherfüllungsanspruches ist die Lieferung einer mangelfreien Kaufsache im Wege der Nachbesserung oder Ersatzlieferung (§ 439 Rz 3). Es handelt sich um **Gestaltungsrechte**, die der Käufer nur alternativ geltend machen kann (§ 441 Abs 1). Für den Rücktritt wird – mit Ausnahme von § 440 – auf das allg Leistungsstörungsrecht verwiesen. Die in § 441 geregelte Minderung entspricht weitgehend der Regelung in § 462 aF. Nr 3 verweist – wie Nr 2 für den Rücktritt und mit Ausnahme des § 440 – auf das allg Leistungsstörungsrecht. Der Anspruch auf Schadens- und Aufwendungsersatz ist gleichrangig zu Rücktritt und Minderung (»und«). 2

C. System der Gewährleistungsansprüche. I. Nacherfüllung. Bzgl des Nacherfüllungsanspruchs verweist § 437 Nr 1 auf § 439. Es handelt sich um eine Rechtsgrundverweisung (s Kommentierung zu § 439). 3

4 **II. Rücktritt.** Für das Rücktrittsrecht knüpft § 437 Nr 2 Alt 1 an die Voraussetzungen und Rechtsfolgen des im allg Leistungsstörungsrecht geregelten Rücktrittsrechts an (s Kommentierung zu § 323). Allerdings sind **kaufrechtliche Besonderheiten** zu beachten. Der Käufer kann nach Fristsetzung zur Nacherfüllung zurücktreten, wenn die Frist erfolglos abgelaufen ist. Im Unterschied zur **Wandelung** des alten Kaufrechts (§ 462 aF) ist das Rücktrittsrecht kein Anspruch, sondern ein **Gestaltungsrecht**; damit ist die Mitwirkung des Verkäufers (§ 465 aF) nicht mehr erforderlich. Voraussetzung des Rücktritts ist eine **nicht vertragsgem Leistung (§ 323 Abs 1 Alt 2)**, also eine **Schlechtleistung** in Form eines behebbaren Sach- oder Rechtsmangels. Ist **nach Vertragsschluss** ein **unbehebbarer Mangel** aufgetreten, so ist der Verkäufer nach **§ 275 Abs 1** von der Nacherfüllungspflicht frei, wobei das Rücktrittsrecht des Käufers aus § 326 folgt. War ein solcher Mangel schon bei Vertragsschluss vorhanden, richten sich die Rechtsfolgen nach § 311a (MüKo/*Westermann* Rn 9).

5 Das **Rücktrittsrecht ist ausgeschlossen**, wenn der Mangel iS des § 323 Abs 5 S 1 **unerheblich** ist. Für den Schadensersatzanspruch des Käufers trifft § 281 Abs 1 S 3 eine vergleichbare Regelung insofern, als im Falle eines unerheblichen Mangels der Käufer nur den »kleinen Schadensersatzanspruch« geltend machen kann. **Eine Pflichtverletzung ist unerheblich**, wenn sie so geringe Ausmaße hat, dass »das Leistungsinteresse des Gläubigers im Grunde nicht gestört ist« (BTDrs 14/6040 S 140). Die Feststellung der Unerheblichkeit erfordert eine **umfassende Interessenabwägung**, bei der zu berücksichtigen ist, welchen Kostenaufwand die Beseitigung eines Mangels mit sich bringt (Bagatelle) und wie hoch die Verkehrsauffassung im Einzelfall die Beeinträchtigung der Tauglichkeit zum gewöhnlichen Gebrauch einschätzt. Ist diese Beeinträchtigung erheblich, so schadet es nicht, dass der Fehler im Verhältnis zum Wert der Kaufsache prozentual nur eine geringfügige Minderung ausmacht (MüKo/*Westermann* Rn 11). Ein Umstand, über den der Verkäufer **arglistig getäuscht** hat, ist stets erheblich (str, **so**: BGHZ 167, 19; **aA**: *H Roth* JZ 2006, 1026; *Lorenz* NJW 2006, 1925). **Beispiele für Unerheblichkeit:** Ein Reparaturaufwand von 1 % (BGH NJW 2005, 3490), 1,63 % des Kaufpreises bei Hausbockbefall eines Hauses (KG NJW-RR 1989, 972, zu §§ 459 ff aF), ein Mehrverbrauch bei Neuwagen von weniger als 10 % (BGH NJW 2007, 2111) bzw von 3,03 % (LG Ravensburg NJW 2007, 2127). **Erheblichkeit:** Ein Mehrverbrauch eines Kfz von 13 % (BGHZ 132, 55 zu §§ 459 ff aF), zu altes Baujahr (Nürnberg ZGS 2005, 239), Überschreitung des garantierten Kilometerstandes um 8,37 % (Rostock NJW 2007, 3290).

6 Die Fristsetzung muss sich auf den konkreten Mangel beziehen. Das Fristsetzungserfordernis ist mit den Vorgaben der Verbrauchsgüterkauf-RL nur vereinbar bei richtlinienkonformer Auslegung, wonach einem Verbraucher ein Recht zum Rücktritt nach Ablauf einer angemessenen Frist auch ohne Fristsetzung gestattet ist, anderen Käufern dagegen nicht (PWW/*D Schmidt* Rn 23; *Lorenz* NJW 2005, 1889; *Herresthal* WM 2007, 1354). Art 3 Abs 3 S 3 der Verbrauchsgüterkauf-RL sieht nämlich eine Fristsetzung nicht vor, sondern es kommt nur darauf an, ob der Verkäufer »innerhalb einer angemessenen Frist Abhilfe geschaffen hat« (Art 3 Abs 3 S 3). Mit dem wirksam erklärten Rücktritt treten die Rücktrittsfolgen ein. Ein Wahlrecht zwischen Rücktritt und Minderung steht dem Käufer nicht mehr zu, nachdem er sich für ein Gestaltungsrecht entschieden hat (str: **so** *Derleder* NJW 2003, 998; **aA**: PWW/*D Schmidt* Rn 25; Palandt/*Weidenkaff* Rn 27; AG Kamen ZGS 2005, 200).

7 **III. Minderung.** Bzgl der Minderung nach § 437 Nr 2 handelt sich um eine Rechtsgrundverweisung auf § 441 (s dortige Kommentierung).

8 **IV. Schadensersatz.** Ausgangspunkt des Schadensersatzanspruches nach § 437 Nr 3 ist die Verletzung der Pflicht des Verkäufers zur mangelfreien Lieferung (§ 433 Abs 1 S 2) und der Schädigung des Käufers durch einen Mangel. Nr 3 unterscheidet nach der Art des geltend gemachten Schadens zwischen »**Schadensersatz statt der Leistung**« (§§ 437 Nr 3, 280 Abs 1, 3) und »**Schadensersatz neben der Leistung**« (§§ 437 Nr 3, 280 Abs 1). Was unter diesen Begriffen zu verstehen ist und wie sie abzugrenzen sind, ist umstr. Teilw werden beide Arten des geltend gemachten Schadens mit den im alten Schuldrecht gebräuchlichen Begriffen »**Schadensersatz wegen Nichterfüllung**« (für »Schadensersatz statt der Leistung«) und »**Mangelfolgeschaden**« (für »Schadensersatz neben der Leistung«) gleichgestellt (Palandt/*Heinrichs* § 281 Rn 17). Daraus wird gefolgert, dass der Käufer bei einem Schadensersatz wegen Nichterfüllung so zu stellen sei, wie er bei ordnungsgemäßer Leistung stünde. Der geltend gemacht Schaden sei der **Mangelschaden**. Schäden an anderen Rechtsgütern des Käufers seien **Mangelfolgeschäden**. Dagegen wird – zutreffend – eingewandt, dass die herkömmlichen Begriffe mit der Systematik des neuen Schadensrechts nicht mehr vereinbar seien (*Tiedtke/Schmitt* BB 2005, 615; *Lorenz* NJW 2002, 2497). Der Anspruch auf »Schadensersatz statt der Leistung« ist demnach allein der Schaden, der auf dem **endgültigen Ausbleiben der Leistung** beruht. Kann der Schaden dagegen nicht durch eine Nacherfüllung beseitigt werden, handelt es sich um einen »Schadensersatz neben der Leistung.« Dies entspricht auch dem Willen des Gesetzgebers (BTDrs 14/6040, 94; aA MüKo/*Westermann* Rn 21). Die Schadensersatzansprüche des Käufers wegen Verletzung der Pflicht zur mangelfreien Leistung lassen sich folgendermaßen systematisieren: *Schadensersatz statt der Leistung:* anfängliche Unmöglichkeit der Nacherfüllung (§§ 434, 437 Nr 3, 311a Abs 2); nachträgliche Unmöglichkeit der Nacherfüllung (§§ 434, 437 Nr 3, 280 Abs 1 und 3, 283) und Nichtleistung der Nacherfüllung nach Fristsetzung (§§ 434, 437 Nr 3, 280 Abs 1 und 3, 281), *Schadensersatz neben der Leistung:* Verzug mit der Nacherfüllung (§§ 434, 437 Nr 3, 280 Abs 1 und 2, 286); sonstige Schäden, die durch mangelhafte Leistung entstanden sind (§§ 434, 437 Nr 3, 280 Abs 1).

D. Typische Beispiele für schadensrechtlich relevante Leistungsstörungskonstellationen. Die Konstellationen der Leistungsstörung im Kaufrecht können unterschiedlich sein. **I. Verletzung der Pflicht zur mangelfreien Lieferung (§ 433 Abs 1 S 2). 1. Die Unmöglichkeit der Nacherfüllung (unbehebbarer Mangel).** Bei Unmöglichkeit der Nacherfüllung geht der Anspruch auf Leistungserbringung unabhängig vom Verschulden des Verkäufers unter (§ 275 Abs 1), wohingegen der Anspruch auf Gegenleistung bestehen bleibt (§ 326 Abs 1 S 2), dem Käufer aber ein Rücktrittsrecht zusteht, § 326 Abs 5. Lag das Leistungshindernis bereits bei Vertragsschluss vor, ist anfängliche Unmöglichkeit gegeben, so dass sich der Schadensersatzanspruch des Käufers nach §§ 437 Nr 3, 311a Abs 2 richtet. Tritt das Leistungshindernis erst nach Vertragsschluss ein, ist nachträgliche Unmöglichkeit gegeben. Der Schadensersatzanspruch ergibt sich dann aus §§ 437 Nr 3, 280 Abs 1 und 3, 283. 9

a) **Anfängliche Unmöglichkeit.** Für einen **Schadensersatzanspruch aus §§ 437 Nr 3, 311a Abs 2** ist erforderlich, dass beide Arten der Nacherfüllung unmöglich sind. Dem Verkäufer wird vorgeworfen, sich nicht hinreichend über seine eigene Leistungsfähigkeit informiert zu haben. Um sich zu entlasten, muss der Verkäufer darlegen und beweisen, dass er das Leistungshindernis bei Vertragsschluss nicht kannte und seine Unkenntnis nicht zu vertreten hat (§ 311a Abs 2 S 2; vgl BGH NJW 2005, 2852). Auf das **Vertretenmüssen** in § 311a Abs 2 ist § 276 Abs 1 S 1 mit seinen Haftungsmilderungen und Haftungsverschärfungen anwendbar (BTDrs 14/6857 S 54). Wenn sich der Verkäufer gem § 311a Abs 2 S 2 entlasten kann, wird gelegentlich eine **Haftung analog § 122** angenommen (*Canaris* JZ 2001, 499, 507; vgl aber FS Heldrich 2005, 11, 28 f). Da ein Anspruch aus § 311a Abs 2 aber Verschulden voraussetzt, § 122 jedoch verschuldensunabhängig ist, führt die analoge Anwendung des § 122 zu einer Umgehung des Verschuldenserfordernisses. Die analoge Anwendung des § 122 auf § 311a Abs 2 S 2 scheidet daher aus (PWW/*Medicus* § 311a Rn 19; Palandt/*Grünberg* § 311a Rn 15). 10

b) **Nachträgliche Unmöglichkeit.** Bei **nachträglicher Unmöglichkeit der Nacherfüllung** ergibt sich ein **Anspruch auf Schadensersatz statt der Leistung** aus §§ 437 Nr 3, 280 Abs 1 und 3, 283. Darunter fallen Schäden, die auf einem endgültigen Ausbleiben der Leistung infolge der Unmöglichkeit beruhen. Sind die Schäden dagegen auf die mangelhafte Leistung zurückzuführen, ergibt sich die Anspruchsgrundlage aus **§§ 437 Nr 3, 280 Abs 1** (vgl Rz 14). 11

c) **Verschulden des Verkäufers.** Die Schadensersatzhaftung des Verkäufers setzt voraus, dass der Verkäufer den Mangel zu vertreten hat (§§ 280 Abs 1 S 2, 311a Abs 2 S 1). Ist der Mangel von Anfang an unbehebbar, muss sich das Verschulden auf die Kenntnis oder die schuldhafte Unkenntnis der Unbehebbarkeit beziehen (§ 311a Abs 2 S 2; vgl PWW/*D Schmidt* Rn 52). Wird der Mangel erst nach der Lieferung unbehebbar, ist darauf abzustellen, ob der Verkäufer den Mangel beheben kann (*Lorenz* NJW 2002, 2497, 2501; *Tiedtke/Schmitt* BB 2005, 615, 621). 12

2. Verzögerung der Nacherfüllung durch den Verkäufer (behebbarer Mangel). Ist der Mangel durch Nacherfüllung behebbar, verzögert der Verkäufer aber die Nacherfüllung, dann kann der Käufer nach **erfolglosem Ablauf** einer dem Verkäufer gesetzten Frist **Schadensersatz statt der Leistung** (§§ 437 Nr 3, 280 Abs 1 und 3, 281) oder Ersatz der übrigen Schäden, die infolge der Mangelhaftigkeit der Sache entstanden sind (§§ 437 Nr 3, 280 Abs 1), verlangen. Der **Verzögerungsschaden** ist nach §§ 437 Nr 3, 280 Abs 1 und 2, 286 zu ersetzen. Die Abgrenzung der einzelnen Anspruchsgrundlagen zählt zu den bes Streitpunkten zu Nr 3. 13

a) **Ausfallschäden.** Umstr ist, nach welcher Anspruchsgrundlage Ausfallschäden zu ersetzen sind. Unter einem (Nutzungs-)Ausfallschaden wird die Einbuße verstanden, die der Käufer erleidet, weil er die Sache infolge eines Mangels nicht oder nicht planmäßig nutzen kann (*Grigoleit/Riehm* JuS 2004, 745). Dazu werden drei Auffassungen vertreten: (1.) der Ausfallschaden stellt einen **Schadensersatzanspruch statt der Leistung** dar (*Huber/Faust* Kap 13 Rn 108); (2.) der Ausfallschaden stellt einen **Verzögerungsschaden** dar (*Grigoleit/Riehm* JuS 2004, 745, 747; *Schur* ZGS 2002, 243, 244; Palandt/*Weidenkaff* Rn 36); (3.) der Ausfallschaden begründet einen **einfachen Schadensersatzanspruch** aus §§ 437 Nr 3, 280 Abs 1 (**hM**: BTDrs 14/6040 S 225; MüKo/*Ernst* § 280 Rn 58; *Medicus* JuS 2003, 528; *Lorenz* NJW 2002, 2497, 2501; *ders* NJW 2005, 1889, 1891; *Canaris* ZIP 2003, 321, 323 ff). Die besseren dogmatischen wie teleologischen Gründe sprechen für die **hM** (MüKo/*Ernst* § 280 Rn 55 ff; *Lorenz* NJW 2005, 1889, 1891 mwN). 14

b) **Verletzung des Integritätsinteresses.** Wenn Schäden aus der Verletzung des Integritätsinteresses des Käufers durch den Verzug des Verkäufers verursacht werden, gilt Verzugshaftung. Ansonsten ist § 280 unabhängig von Nacherfüllungsfristen nach **ganz hM** anwendbar (PWW/*D Schmidt* Rn 34; Palandt/*Weidenkaff* Rn 35; MüKo/*Westermann* Rn 34; *Medicus* JuS 2003, 521; **aA** *Oechsler* NJW 2004, 1825, 1829 f). 15

3. Mangelbedingter Minderwert und ähnl Schäden. Diese Schäden, die auf der Nachbesserung beruhen, sind als Schadensersatz statt der Leistung ersatzfähig (PWW/*D Schmidt* Rn 39; *Tiedtke/Schmitt* BB 2005, 615, 618). 16

4. Mangelhafte Nacherfüllung. Die Nacherfüllung durch den Verkäufer kann dazu führen, dass weitere Schäden beim Verkäufer entstehen. Umstr ist, ob der Käufer dem Verkäufer eine Frist zur Nacherfüllung setzen muss. So soll bei einer mangelhaften Lieferung innerhalb der zur Erfüllung gesetzten Frist eine nochmalige Fristsetzung entbehrlich sein (*Canaris* DB 2001, 1815, 1816; AnwK/*Dauner-Lieb* § 281 Rn 18). Nach **hM** ist grds eine **nochmalige Fristsetzung zur Nachbesserung** erforderlich, weil die mangelhafte Nacherfüllung eine andere Leistungsstörung darstellt (MüKo/*Ernst* § 323 Rn 86 ff; Palandt/*Heinrichs* § 281 Rn 2). Eine Fristsetzung kann aber gem § 281 Abs 2 Alt 2 entbehrlich sein. 17

18 **II. Verschulden des Verkäufers. 1. Allgemeines.** Jede Schadensersatzhaftung des Verkäufers nach §§ 280, 281–283, 311a Abs 2 setzt voraus, dass der Verkäufer den Mangel zu vertreten hat (vgl BTDrs 14/6040 S 210; BGHZ 163, 234, 238 f). Anknüpfungspunkt ist die **Pflicht zur mangelfreien Lieferung** (§ 433 Abs 1 S 2). Der Verkäufer hat es entweder zu vertreten, dass der Mangel eingetreten ist oder er hat es zu vertreten, dass der Mangel bis zur Lieferung nicht beseitigt wurde; bloße Kenntnis oder zu vertretende Unkenntnis des Mangels bei Vertragsschluss oder bei Lieferung genügt nicht. Verschulden von **Erfüllungsgehilfen** wird dem Verkäufer über § 278 zugerechnet. Ein **Verschulden des Herstellers** muss sich der Verkäufer nicht zurechnen lassen, denn der Hersteller ist nicht Erfüllungsgehilfe des Verkäufers (BGH NJW 1968, 2238, 2239; BTDrs 14/6040 S 210; Palandt/*Heinrichs* § 278 Rn 13; krit *Brüggemeier* WM 2002, 1376, 1382; MüKo/*Grundmann* § 278 Rn 31). Ist der Hersteller jedoch zugleich Verkäufer, haftet er für alle zu vertretenden Mängel aus dem von ihm verantworteten Herstellungsprozess. Für **Zulieferer** als Erfüllungsgehilfen haftet der Hersteller dann, wenn er ihnen den gesamten Herstellungsprozess überlässt (PWW/*D Schmidt* Rn 48 mwN; krit BaRoth/*Faust* Rn 86 f).

19 **2. Garantieübernahme (§ 276 Abs 1S 1 Alt 1) und Beschaffungsrisiko (§ 276 Abs 1 S 1 Alt 2). a) Garantieübernahme.** Eine verschuldensunabhängige Haftung des Verkäufers kann aus der Übernahme einer Garantie folgen. Ob eine Garantie übernommen wurde und welche Reichweite ihr zukommt, muss durch Auslegung ermittelt werden. Erforderlich ist der Wille des Verkäufers, unabhängig von einem Verschulden bei Mängeln des Kaufgegenstands Schadensersatz zu leisten (Einstandswille; zur Rechtslage nach altem Kaufrecht: BGH NJW 1983, 217; 1985, 967; BGHZ 135, 393, 396). Die Funktion der Garantieübernahme entspricht bei Sachmängeln weitgehend der Eigenschaftszusicherung nach §§ 459 Abs 2, 463 S 1 aF (PWW/*Schmidt-Kessel* § 276 Rn 28).

20 **b) Beschaffungsrisiko.** Ob sich das **Beschaffungsrisiko** beim Gattungskauf auf die Fehlerfreiheit der Kaufsache bezieht, ist **umstr. Überwiegend** wird angenommen, dass eine verschuldensunabhängige Haftung nicht die Fehlerfreiheit der Kaufsache umfasst (*Dauner-Lieb/Dötsch* DB 2001, 2535, 2536; *Leenen* DStR 2002, 34, 37; Palandt/*Heinrichs* § 276 Rn 32). Teilweise wird eine Übernahme des Beschaffungsrisikos nur für Mangelschäden angenommen (*Canaris* DB 2001, 1815 f; *ders* ZRP 2001, 329, 335) oder für alle Schäden abgeleitet (*Medicus* JuS 2003, 521, 528; *Graf v Westphalen* ZGS 2002, 154, 157 f). Richtigerweise wird davon auszugehen sein, dass der Käufer nur dann verschuldensunabhängig für die Mangelfreiheit der konkreten Sache einzustehen hat, wenn er eine entspr Garantie übernommen hat (BaRoth/*Faust* Rn 81).

21 **3. Verzögerungsschaden/Nebenpflichten des Verkäufers.** Der Verkäufer hat die Verzögerung der Nacherfüllung zu vertreten, wenn er eine **Garantie** übernommen hat (§ 276 Abs 1 S 1 Alt 1). Hat der Verkäufer eine Garantie nur in Bezug auf die Nacherfüllung übernommen, ist durch **Auslegung** zu klären, ob sie sich auch auf Verzögerungen der Nacherfüllung erstreckt. Entspr ist bei der Übernahme eines Beschaffungsrisikos zu verfahren: hat der Verkäufer nur das Risiko übernommen, zur (Ersatz-)Beschaffung überhaupt in der Lage zu sein, oder hat er auch das Risiko übernommen, nicht zur umgehenden Beschaffung in der Lage zu sein. Letzteres dürfte praktisch kaum der Fall sein, da der Verkäufer den Verzugseintritt verhindern kann, indem er nach dem Ersatzlieferungsverlangen umgehend leistet (BaRoth (online)/*Faust* Rn 148). Die Nebenpflichten des Verkäufers stehen zwar nicht im Gegenseitigkeitsverhältnis des § 320, dienen jedoch ebenso der Herbeiführung des Leistungserfolgs wie die Hauptleistungspflichten. Zu den Nebenleistungspflichten gehören die von § 241 Abs 2 erfassten Schutz- und Verhaltenspflichten, die eine Vertragspartei bei Vertragsdurchführung ggü der anderen Vertragspartei zu beachten hat (PWW/*D Schmidt* Rn 53). Dies sind insbes Auskunfts- und Instruktionspflichten.

22 **III. Abgrenzung zu anderen Rechtsbehelfen des Käufers. 1. Anfechtung. a) § 119 Abs 2.** Bei Eingreifen der Gewährleistungsvorschriften kann der **Käufer** nicht wegen eines **Irrtums über eine verkehrswesentliche Eigenschaft** anfechten, denn das Gewährleistungsrecht enthält sowohl für Sach- als auch für Rechtsmängel abschließende Sonderregelungen im Hinblick auf Verjährung, Rückabwicklung, Ausschluss und Fristsetzung. Die Anfechtung nach § 119 Abs 2 ist erst ab **Gefahrübergang** ausgeschlossen (**hM**, so: BGHZ 16, 54; 34, 32; 60, 319; BGH WM 1977, 118; BGHZ 78, 216, 218; Stuttgart NJW-RR 1998, 2547; PWW/*D Schmidt* Rn 69; **aA** – mit Blick auf die Wertung des § 442 Abs 1 S 2: *Köster* Jura 2005, 145, 147; AnwK/*Büdenbender* Rn 104; Palandt/*Putzo* Rn 54). Hat sich der **Verkäufer** über eine verkehrswesentliche Eigenschaft der Sache geirrt, kann er grds nach § 119 Abs 2 anfechten, es sei denn, er will sich dadurch der Gewährleistung ggü dem Käufer entziehen (BGH NJW 1988, 2597; PWW/*D Schmidt* Rn 70). Bei einem **Doppelirrtum** sind die Grundsätze über den Wegfall der Geschäftsgrundlage (§ 313) anzuwenden, da es nicht gerechtfertigt erscheint, nur dem Anfechtenden die Schadensersatzpflicht aus § 122 aufzuerlegen (BGH NJW 1986, 1348; 2001, 226; Palandt/*Heinrichs* § 119 Rn 21a).

23 **b) § 119 Abs 1/§ 123.** Eine Anfechtung wegen **Erklärungs- oder Inhaltsirrtums** durch den Käufer ist auch nach Gefahrübergang möglich (BGH ZIP 2005, 531, 532; MüKo/*Westermann* Rn 55). Hat der Verkäufer den Käufer **arglistig getäuscht** oder ihn **bedroht**, hat der Käufer ein Wahlrecht, ob er die Anfechtung seiner Willenserklärung erklärt oder Gewährleistungsrechte geltend macht (**hM**: Rostock OLGR 2006, 925; LG Gießen NJW-RR 2005, 493; Palandt/*Weidenkaff* Rn 54; PWW/*D Schmidt* Rn 71; **aA**: *H Roth* JZ 2006, 1026). **Macht der Käufer Gewährleistungsrechte geltend**, dann wirkt sich die Arglist des Verkäufers folgendermaßen aus: (1.) die Pflichtverletzung ist immer erheblich (§§ 323 Abs 5 S 2, 281 Abs 1 S 3); (2.) der Verkäufer kann sich nicht nach § 280 Abs 1 S 2 entlasten; (3.) die Gewährleistung kann nicht nach §§ 442, 444 ausgeschlossen

werden; (4.) bei öffentlicher Pfandversteigerung gibt es keine gesetzliche Haftungsbeschränkung (§ 445); eine Berufung auf Verletzung der Untersuchungs- und Rügepflicht beim Handelskauf scheidet aus (§ 377 Abs 5 HGB); die Gewährleistungsansprüche verjähren innerhalb der regelm Verjährungsfrist (§§ 438 Abs 3, 195).

Der Käufer kann im Falle der **Arglist** des Verkäufers neben einem Schadensersatzanspruch aus **§§ 437 Nr 3, 280 Abs 1** nicht auch einen Schadensersatzanspruch aus **§§ 311 Abs 2, 241 Abs 2, 280 Abs 1** geltend machen, da das Gewährleistungsrecht bereits weitgehend auf das allgemeine Schuldrecht verweist und sich die Verjährung nach den allg Regeln richtet (str; vgl *Häublein* NJW 2003, 388, 391; *Derleder* NJW 2004, 969; *Schulze/Ebers* JuS 2004, 463; *Köster* Jura 2005, 145, 148; *Weiler* ZGS 2002, 249, 254; Palandt/*Heinrichs* § 311 Rn 26; zur Rechtslage vor der Schuldrechtsreform: BGH NJW 1992, 2564). 24

2. Allgemeine Regeln der Leistungsstörung. Liegen die Voraussetzungen für die Geltendmachung von Gewährleistungsrechten vor, sind die allgemeinen Regeln der Leistungsstörung neben dem Gewährleistungsrecht nicht anwendbar, da die Nrn 2 und 3 auf die allg Vorschriften verweisen, so dass die Voraussetzungen für die Verkäuferhaftung identisch sind (**hM**: Palandt/*Heinrichs* § 311 Rn 17; AnwK/*Krebs* § 311 Rn 33; *Brors* WM 2002, 1780). Kompliziert ist das Verhältnis zwischen Gewährleistungsrecht und einem **Schadensersatzanspruch aus cic** (§§ 311 Abs 2, 241 Abs 2). Nach **st Rspr zum alten Recht** blieb ein auf Eigenschaften der Kaufsache bezogenes fahrlässiges Verhalten des Verkäufers bei Vertragsschluss für **Sachmängel** außer Betracht (BGHZ 60, 319; 88, 130, 134; 114, 263, 266), wobei es unerheblich war, ob eine Beschaffenheitsvereinbarung oder Eigenschaftszusicherung vorlag (BGHZ 114, 263, 266); eine Ausnahme bestand nur bei Vorsatz des Verkäufers (BGH NJW 1992, 2564, 2565; 1995, 2159, 3160). Bei **Rechtsmängeln** war ein Schadensersatzanspruch aus cic dagegen nicht ausgeschlossen (BGH NJW 1985, 2697, 2698; 2001, 2875). 25

Für das **neue Recht** wird zunehmend die **Sperrwirkung des Gewährleistungsrechts** auf Vorsatz und Rechtsmängelhaftung ausgedehnt (**str**; so Palandt/*Heinrichs* § 311 Rn 25 ff; *Canaris*, Karlsruher Forum 2002, 87 f; *Mertens* AcP 203, 818, 826 ff; *Schaub* AcP 202, 757, 782 f; *Schulze/Ebers* JuS 2004, 462, 463; *Weiler* ZGS 2002, 249, 254 f; **aA**: *Häublein* NJW 2003, 388, 391; BaRoth/*Faust* Rn 190). 26

Ein **Anspruch aus cic** wird in folgenden Fällen **nicht durch Gewährleistungsrecht gesperrt**: (1.) der Verkäufer veranlasst den Käufer schuldhaft durch Angaben, die nicht die Beschaffenheit der Kaufsache betreffen, zum Vertragsschluss. (2) Bei Vorliegen einer Beschaffenheitsvereinbarung oder einer Verwendungszweckabrede kann ein Anspruch aus cic ein Fehlverhalten des Verkäufers auch dann erfassen, wenn es um Umstände der Kaufsache geht, die nicht Gegenstand der Beschaffenheitsvereinbarung oder Zweckabrede geworden sind (MüKo/*Westermann* Rn 59; *Canaris*, Karlsruher Forum 2002, 89). (3) Der Verkäufer hat entweder im Rahmen eines selbständigen Beratungsvertrages oder im Zuge der Erfüllung von Nebenpflichten den Grund dafür gesetzt, dass der Käufer eine seine Interessen absichernde Beschaffenheitsvereinbarung oder Verwendungszweckabrede nicht getroffen hat (MüKo/*Westermann* Rn 59; *Canaris*, Karlsruher Forum 2002, 90). 27

3. Geschäftsführung ohne Auftrag und Bereicherungsrecht. Der Käufer kann Ansprüche im Zusammenhang mit Mängeln nicht auf **Geschäftsführung ohne Auftrag** stützen, da die Gewährleistungsvorschriften abschließend sind (BGH NJW 2005, 1348, 1350; 2005, 3211, 3212; Palandt/*Weidenkaff* Rn 58; PWW/*D Schmidt* Rn 78; **aA**: *Oechlser* NJW 2004, 1825, 1826). Das Gewährleistungsrecht geht grds auch dem **Bereicherungsrecht** vor, da das Vorliegen eines Sach- oder Rechtsmangels nicht die Rechtsgrundlosigkeit der Kaufpreiszahlung begründet. Etwas anderes gilt, wenn der arglistig getäuschte Käufer den Kaufvertrag wirksam angefochten hat (MüKo/*Westermann* Rn 63). 28

4. Deliktsrecht. Zwischen den Gewährleistungsrechten und §§ 823 ff besteht echte Anspruchskonkurrenz. In der Lieferung einer mangelfreien Sache liegt noch keine Eigentumsverletzung, da der Käufer von vornherein nur Eigentum an einer mangelfreien Sache erworben hat. Für eine Anwendbarkeit des Deliktsrechts war nach st Rspr zum **alten Recht** nur Raum, wenn sich der Mangel, der zunächst nur einen Teil der Kaufsache erfasst hat, nach Gefahrübergang auf weitere Teile der Kaufsache ausgedehnt hat (»**Weiterfressermangel**«, BGHZ 117, 183, 187 ff; 138, 230, 234 ff; 146, 144, 148; Stuttgart NJW-RR 2002, 25, 26; **aA**: *Diederichsen* VersR 1984, 797). Ein Bedürfnis für die Anwendbarkeit des Deliktsrechts neben dem Gewährleistungsrecht ergab sich aus der unterschiedlichen Verjährung (§ 195 aF: drei Jahre bei Deliktsrecht, § 477 Abs 1 aF: sechs Monate bei Sachmangel). Mit der **Schuldrechtsreform** ist der erhebliche Unterschied in der Verjährung aufgehoben worden, doch ist damit die Rspr zum Weitfressermangel nicht obsolet geworden, da Gewährleistungsrechte nach wie vor mit Deliktsrecht konkurrieren und auch die Verjährung unterschiedlich ist (MüKo/*Ernst* § 280 Rn 78; *Heinemann/Ramsauer* Jura 2004, 198; **aA**: *Lorenz/Riehm* Rn 582; *Köster* Jura 2005, 145, 150). 29

§ 438 Verjährung der Mängelansprüche. **[1] Die in § 437 Nummer 1 und 3 bezeichneten Ansprüche verjähren**

1. in 30 Jahren, wenn der Mangel

a) in einem dinglichen Recht eines Dritten, auf Grund dessen Herausgabe der Kaufsache verlangt werden kann, oder

b) in einem sonstigen Recht, das im Grundbuch eingetragen ist,

besteht,

2. in fünf Jahren
a) bei einem Bauwerk und
b) bei einer Sache, die entsprechend ihrer üblichen Verwendungsweise für ein Bauwerk verwendet worden ist und dessen Mangelhaftigkeit verursacht hat,
und
3. im Übrigen in zwei Jahren.
[2] Die Verjährung beginnt bei Grundstücken mit der Übergabe, im Übrigen mit der Ablieferung der Sache.
[3] Abweichend von Absatz 1 Nummer 2 und 3 und Absatz 2 verjähren die Ansprüche in der regelmäßigen Verjährungsfrist, wenn der Verkäufer den Mangel arglistig verschwiegen hat. Im Falle des Absatzes 1 Nummer 2 tritt die Verjährung jedoch nicht vor Ablauf der dort bestimmten Frist ein.
[4] Für das in § 437 bezeichnete Rücktrittsrecht gilt § 218. Der Käufer kann trotz einer Unwirksamkeit des Rücktritts nach § 218 Absatz 1 die Zahlung des Kaufpreises insoweit verweigern, als er auf Grund des Rücktritts dazu berechtigt sein würde. Macht er von diesem Recht Gebrauch, kann der Verkäufer vom Vertrag zurücktreten.
[5] Auf das in § 437 bezeichnete Minderungsrecht finden § 218 und Absatz 4 Satz 2 entsprechend Anwendung.

1 **A. Allgemeines.** Die Norm enthält **eigenständige Verjährungsregeln** für das Gewährleistungsrecht und erfasst neben den Gewährleistungsansprüchen (§ 437 Nr 1 und 3) die Gewährleistungsrechte (§ 437 Nr 2). Sie ersetzt die regelm Verjährungsfrist von drei Jahren (§ 195) und deren Beginn (§ 199) durch eine regelm Verjährungsfrist von zwei Jahren (Abs 1 Nr 3), deren Lauf unter den Voraussetzungen des Abs 2 beginnt. Die Vorschrift wurde durch das **Schuldrechtsmodernisierungsgesetz** (BGBl I 2001 S 3137) neu in das BGB aufgenommen und setzt **Art 5 der Verbrauchsgüterkauf-RL** um, wonach kein Mitgliedsstaat eine Verjährung von weniger als zwei Jahren vorsehen darf. Sie ersetzt **§ 477 aF**, dessen Gewährleistungsfrist einhellig als zu kurz empfunden wurde (*Lorenz/Riehm* Rn 549).

2 **B. Regelungsinhalt. I. Anwendungsbereich.** Der **Anwendungsbereich** des § 438 erstreckt sich auf den Sach- und Rechtskauf (§ 453) und erfasst sowohl Sach- als auch Rechtsmängel (BTDrs 14/6040 S 226 f). Die **Aliud-Lieferung**, auf die der Sachmangel begrifflich erstreckt wird (§ 434 Abs 3), unterliegt der zweijährigen Verjährungsfrist (AnwK/*Büdenbender* Rn 11). Damit ist die hM zum alten Recht, die eine aliud-Lieferung der Nichterfüllung zuordnete, obsolet geworden. **1. Gewährleistungsansprüche.** § 438 gilt für den **Nacherfüllungsanspruch** des Käufers aus §§ 437 Nr 1, 439 sowie für die von § 437 Nr 3 erfassten **Schadensersatzansprüche** einschließlich des Anspruchs auf Aufwendungsersatz. Die in § 437 Nr 3 genannten Ansprüche erfassen sowohl **Mangelschäden** als auch **Mangelfolgeschäden**. Letztere beruhen auf der Verletzung **kaufrechtlicher Nebenpflichten**, die von § 438 erfasst werden, sofern sie im Zusammenhang mit der Beschaffenheit der Kaufsache stehen (PWW/*D Schmidt* Rn 3; *Lorenz/Riehm* Rn 555; *Mansel* NJW 2002, 89, 95; **aA**: BaRoth/*Faust* Rn 9; Palandt/*Weidenkaff* Rn 3; *Müller/Hempel* AcP 205, 246). Das entspricht der Rspr zum alten Kaufrecht, wonach Schadensersatzansprüche aus pFV **mit Bezug zur Mängelgewährleistung** (heute: §§ 437 Nr 3, 280 Abs 1) von der kaufrechtlichen Verjährung erfasst waren (RGZ 53, 200, 203; BGHZ 77, 215, 219; 87, 88, 92 f). Kaufrechtliche Nebenpflichten unterliegen der **allgemeinen Verjährung**, wenn sie sonstiges Fehlverhalten des Verkäufers betreffen (BGHZ 66, 208: »Batterien«; PWW/*D Schmidt* Rn 3: fehlende Sorgfalt bei der Anlieferung). Auch ein **selbständiger Beratungsvertrag**, der eine eigenständige Vertragsgrundlage neben dem Kaufvertrag ist, unterliegt der Verjährung nach §§ 195 ff (PWW/*D Schmidt* Rn 77; MüKo/*Westermann* Rn 10; **zum alten Kaufrecht** vgl BGHZ 140, 111; BGH NJW 1999, 1540).

3 **2. Gewährleistungsrechte.** Rücktritt und Minderung (§ 437 Nr 2) unterliegen als **Gestaltungsrechte** nicht der Verjährung (vgl § 194 Abs 1). Für das Rücktrittsrecht verweist Abs 4, für das Minderungsrecht Abs 5 auf § 218 Abs 1 S 1, wonach Rücktritt bzw Minderung unwirksam sind, wenn der Nacherfüllungsanspruch verjährt ist und der Verkäufer sich auf die Unwirksamkeit des Rücktritts beruft. Ist der Mangel **unbehebbar**, besteht kein der Verjährung unterliegender Nacherfüllungsanspruch (§ 275 Abs 1), so dass auf die **hypothetische Verjährung** eines »**fiktiven**« **Nacherfüllungsanspruches** abzustellen ist (§ 218 Abs 1 S 2; vgl BGHZ 170, 31 Rn 15). Aus Abs 4 S 2, §§ 218 Abs 2, 214 Abs 2 erhält der Käufer das Recht, die Zahlung des Kaufpreises vollständig zu verweigern, wenn Mängel nach Eintritt der Verjährung auftreten. Hat der Käufer den Kaufpreis bereits gezahlt, kann er ihn nicht mehr zurückfordern (§§ 218 Abs 2, 214 Abs 2). Umgekehrt kann der Verkäufer, der den Kaufpreis zurückerstattet hat, diesen nicht mehr unter Berufung auf die Unwirksamkeit des Rücktritts zurückfordern. Verweigert der Käufer die Kaufpreiszahlung, kann der Verkäufer die Kaufsache zurückverlangen, ist dann aber dazu verpflichtet, schon erhaltene Teilbeträge des Kaufpreises dem Käufer zurückzuerstatten (**Abs 4 S 3**). Entsprechendes gilt nach Abs 5 für die **Minderung**. Der **Anspruch auf Rückerstattung des Kaufpreises nach erklärtem Rücktritt** unterliegt der regelm Verjährungsfrist des § 195, die frühestens mit Erklärung des Rücktritts beginnt (BGHZ 170, 31, Rn 35–37).

4 **3. Sonstige Ansprüche. a) cic.** Grundsätzlich unterliegen Schadensersatzansprüche aus cic (§§ 311 Abs 2, 280 Abs 1, 241 Abs 2) der Sperrwirkung des Gewährleistungsrechts (vgl § 437 Rz 25). Kommt ein Schadensersatz-

anspruch aus cic ausnahmsweise zur Anwendung, so unterfällt er der kaufrechtlichen Verjährung nach Abs 1 Nr 3 nur, soweit ein Bezug zur Beschaffenheit der Kaufsache besteht (vgl Rz 2) und der Verkäufer nicht arglistig gehandelt hat (PWW/*D Schmidt* Rn 4). Ansonsten unterliegen Schadensersatzansprüche aus cic der regelm Verjährung nach §§ 195 ff.

b) Ansprüche aus Deliktsrecht. Verletzt der Verkäufer neben dem Äquivalenzinteresse des Käufers auch dessen Integritätsinteresse, so kann der Käufer neben den in § 437 Nr 3 genannten Schadensersatzansprüchen auch Schadensersatz aus Deliktsrecht verlangen, wenn der eingetretene Schaden mit dem ursprünglichen Mangelunwert nicht **stoffgleich** ist. Vor der Schuldrechtsreform bestand schon wegen der sehr kurzen Verjährung gewährleistungsrechtlicher Ansprüche nach § 477 aF (sechs Monate bei beweglichen Sachen) das Bedürfnis, Schadensersatzansprüche wegen Verletzung des Integritätsinteresses der Verjährung nach § 852 Abs 1 aF (drei Jahre) zu unterwerfen (vgl § 437 Rz 15 mwN). Mit der Schuldrechtsreform ist die Konkurrenz zwischen Schadensersatzansprüchen aus Gewährleistungs- und Deliktsrecht nicht obsolet geworden, da die kaufrechtlichen Gewährleistungsvorschriften nicht abschließend sind und Ansprüche aus § 437 Nr 3 und §§ 823 ff nach wie vor unterschiedlich verjähren (MüKo/*Ernst* § 280 Rn 78; *Heinemann/Raumsauer* Jura 2004, 198; Palandt/*Weidenkaff* Rn 3; **aA** für Sachschäden: *Mansel* NJW 2002, 89). 5

c) Ansprüche aus mangelhafter Nacherfüllung. Führt der Verkäufer die Nacherfüllung durch, so ist das gleichbedeutend zur Hemmung der Verjährung auf Grund Verhandlungen (§ 203 S 1: BGHZ 164, 196; *Wagner* ZIP 2002, 789; *Auktor/Mönch* NJW 2005, 1686; *Gramer/Thalhofer* ZGS 2006, 250; offengelassen in Celle NJW 2006, 2643). In der Nacherfüllung liegt nur dann ein **Anerkenntnis iSd § 212 Abs 1 Nr 1**, das zum Neubeginn der Verjährung führt, wenn der Verkäufer zu erkennen gibt, dass er nicht nur aus Kulanz oder Kundenpflege handelt, sondern dem Anspruch des Käufers auf Nacherfüllung nachkommen will (BGHZ 164, 196; Celle NJW 2006, 2643; Koblenz NJW-RR 2007, 272; *Auktor/Mönch* NJW 2005, 1686, 1687 f). Der Neubeginn der Verjährung bezieht sich ausschließlich auf den konkreten Mangel, nicht jedoch auf die Kaufsache selbst; für diese bleibt es bei der normalen Verjährung, insbes ist § 438 Abs 2 nicht anwendbar (PWW/*D Schmidt* § 439 Rn 17; *Auktor* NJW 2003, 120; *Bolthausen/Rinker* ZGS 2006, 12). 6

II. Verjährungsfrist von 30 Jahren (Abs 1 Nr 1). Nach Abs 1 Nr 1 verjähren Ansprüche wegen eines Mangels, der in einem dinglichen Recht eines Dritten besteht, auf Grund dessen Herausgabe der Kaufsache verlangt werden kann (lit a), oder der in einem sonstigen Recht besteht, das im Grundbuch eingetragen ist (lit b). Die Regelung bezieht sich entgegen ihrem Wortlaut nicht nur auf den Sachkauf, sondern wird auch analog auf **Rechtsmängel** angewendet, sofern sie zum Entzug der Nutzung führen (PWW/*D Schmidt* Rn 14). IÜ verbleibt es bei der regelm kaufrechtlichen Verjährung von zwei Jahren (BGHZ 164, 196, 211; BaRoth/*Faust* Rn 17). **1. Dingliche Herausgabeansprüche (lit a).** Die Vorschrift erfasst Herausgabeansprüche eines Dritten aus ErbbauR (§§ 11 Abs 1 S. 1 ErbbauVO, 985 BGB), aus Nießbrauch (§ 1036 Abs 1), Wohnungsrecht (§§ 1093 Abs 1 S 2, 1036 Abs 1), Dauerwohnrecht (§§ 34 Abs 2 WEG, 985 BGB) oder Pfandrechten an beweglichen Sachen (§§ 1227, 985). Umstr ist, ob der Herausgabeanspruch des Eigentümers aus § 985 einbezogen wird. Wird Abs 1 Nr 1 analog auf Rechtsmängel angewendet, gehört der Herausgabeanspruch aus § 985 nicht dazu, da das Eigentum eines Dritten an der Kaufsache keinen Rechtsmangel darstellt; die Lieferung des Eigentums unterliegt § 433 Abs 1 S 1 (str, so: BGH WM 2007, 2393; Karlsruhe NJW 2005, 989; BaRoth/*Faust* § 435 Rn 15; PWW/*D Schmidt* § 435 Rn 2; MüKo/*Westermann* § 435 Rn 1; **aA:** *Canaris* JZ 2003, 831; *Pahlow* JuS 2006, 289). 7

2. Im Grundbuch eingetragene Rechte (lit b). Erfasst werden alle in Abt II und III des Grundbuchs eingetragenen **konstitutiven Rechte**, beispielsweise Grundpfandrechte oder Dienstbarkeiten (Palandt/*Weidenkaff* Rn 7; PWW/*D Schmidt* Rn 16). 8

III. Verjährungsfrist von 5 Jahren (Abs 1 Nr 2). 1. Bauwerke (lit a). Die Vorschrift führt einen verjährungsrechtlichen Gleichklang zwischen kaufrechtlicher und werkvertragsrechtlicher Verjährung (§ 634a) herbei. Dabei wird unter einem **Bauwerk** eine unbewegliche, durch Verwendung von Arbeit und Material in Verbindung mit dem Erdboden hergestellte Sache verstanden (BGHZ 57, 60, 61). Unerheblich ist, ob das Bauwerk neu oder alt ist, ferner ist nicht von Belang, ob es sich um einen Hoch- oder Tiefbau handelt (Hoeren/Martinek/*Wolff* Rn 14). 9

Umstr ist, ob die Regelung die **bisherige Rspr** zum **Erwerb neu errichteter Häuser oder Eigentumswohnungen** obsolet macht. Nach altem Recht richteten sich Gewährleistungsansprüche des Erwerbers neu errichteter Häuser oder Eigentumswohnungen nach Werkvertragsrecht, unabhängig davon ob das Bauwerk bei Vertragsschluss bereits fertig gestellt war oder nicht und ob die Parteien den Vertrag als Kaufvertrag bezeichnet hatten (**Bauträgervertrag**: BGH NJW 1985; 1551; BGH NJW 1986, 925; vgl den Überblick bei *Derleder* NZBau 2004, 237). Damit sollte dem Erwerber eines neu errichteten Bauwerks dieselbe fünfjährige Verjährungsfrist gewährt werden, die dem Erwerber eines noch zu erstellenden Bauwerkes nach § 638 Abs 1 aF zustand. Da im Zuge der Schuldrechtsreform die Verjährungsfristen für Bauwerke im Kauf- und Werkvertragsrecht angeglichen worden sind (vgl § 634a Abs 1 Nr 2) besteht kein Grund mehr, die Verjährung von Bauträgerverträgen über Werkvertragsrecht zu regeln (so auch MüKo/*Westermann* Rn 15; BaRoth/*Faust* Rn 20; **aA**: *Thode* NZBau 2002, 297; *Derleder* NZBau 2004, 237 unter Verweis auf das Selbstbeseitigungsrecht des Bestellers nach § 634 Nr 2). 10

11 **2. Mangelhaftes Baumaterial (lit b).** Die praktisch wichtige Vorschrift dient dem Schutz der Bauhandwerker. Ohne die Regelung würden Bauhandwerker gegenüber ihren Vertragspartnern aus dem Werkvertrag fünf Jahre haften (§ 634a Abs 1 Nr 2), auf der anderen Seite könnten sie den Lieferanten des mangelhaften Baumaterials nur zwei Jahre lang aus § 438 Abs 1 Nr 3 in Anspruch nehmen. Die Vorschrift schließt insoweit eine Gewährleistungslücke und führt zur Angleichung von Verjährungsfristen in Werkvertrags- und Kaufrecht.

12 Zum Geltungsbereich der Vorschrift gehören alle Sachen, die als Baustoffe oder Bauteile üblicherweise für ein Bauwerk verwendet werden (PWW/*D Schmidt* Rn 18; *Forster* NZBau 2007, 479) und auch tatsächlich für die Errichtung eines Bauwerkes verwendet worden sind (Palandt/*Weidenkaff* Rn 10), wobei es unerheblich ist, ob die Sachen für einen Neubau, für die Renovierung eines Altbaus oder den Umbau verwendet werden (BaRoth/*Faust* Rn 25; MüKo/*Westermann* Rn 20). Ob der Einbau während des Laufes der Zweijahresfrist von Abs 1 Nr 3 stattfinden muss, ist umstr, aber wohl zu bejahen, da anderenfalls ein bereits verjährter Anspruch durch bloßen Einbau in ein Bauwerk wieder aufleben würde (*Mansel* NJW 2002, 89, 94). Auch kann das Baumaterial zwar mangelhaft sein, weil es nicht den vertraglichen Vereinbarungen entspricht, aber keinen Mangel des Bauwerks begründen, etwa weil der Mangel sich nicht auf das Bauwerk selbst auswirkt. In diesem Fall verbliebe es bei der Zwei-Jahres-Frist des § 438 I Nr 3. Ist die Frist abgelaufen, ohne dass die Sache für ein Bauwerk verwendet worden ist, sind die Gewährleistungsansprüche verjährt (*Mansel* aaO; **so auch** BaRoth/*Faust* Rn 26; PWW/*D Schmidt* Rn 18; **aA:** MüKo/*Westermann* Rn 21; *Forster* NZBau 2007, 479, 480 ff).

13 Die verwendeten Sachen müssen zur **Mangelhaftigkeit des Bauwerkes** führen. Eine Mangelhaftigkeit des Bauwerks ist immer dann anzunehmen, wenn die Abweichung der Ist-Beschaffenheit des Materials von der Soll-Beschaffenheit sich im Bauwerk auswirkt, unabhängig davon, ob dieses noch objektiven Standards genügt (BaRoth/*Faust* Rn 27; **aA:** MüKo/*Westermann* Rn 20; Erman/*Grunewald* Rn 10).

14 **IV. Verjährungsfrist von zwei Jahren (Abs 1 Nr 3).** Die zweijährige Verjährungsfrist kommt als **Auffangtatbestand** immer dann zur Anwendung, wenn die Voraussetzungen der speziellen Regelungen in Abs 1 Nr 1 und 2 und Abs 3 nicht gegeben sind.

15 **V. Verjährungsbeginn (Abs 2).** Die Verjährung beginnt bei Grundstücken mit der **Übergabe**, ansonsten mit der **Ablieferung** der Sache. **1. Übergabe von Grundstücken.** Die Übergabe setzt voraus, dass der Verkäufer dem Käufer einverständlich den Besitz am Grundstück überträgt. Ein Übergabesurrogat (§§ 930, 931) genügt nicht (*Tiedtke* JZ 1996, 549; BaRoth/*Faust* (online) Rn 29). Dies gilt auch für **Rechtsmängel**, obgleich hier beispielsweise der Zeitpunkt der Eigentumseintragung im Grundbuch näherliegend ist (BTDrs 14/6040 S 229; BaRoth/*Faust* aaO).

16 **2. Ablieferung.** Die **Ablieferung** setzt voraus, dass der Verkäufer die Sache aus seiner Verfügungsgewalt entlässt und sie im Rahmen seiner Erfüllungspflicht aus § 433 Abs 1 S 1 so in den Machtbereich des Käufers verbringt, dass dieser die Verfügungsgewalt über die Sache erlangt und dadurch die Möglichkeit erhält, sie zu untersuchen (vgl § 377 Abs 1 HGB; *Lorenz/Riehm* Rn 553; BGHZ 93, 338, 345; zu **Standardsoftware** vgl BGH WM 2000, 485; BGH NJW 2000, 1415). Bei einer **Holschuld** ist die Sache abgeliefert, wenn der Verkäufer die Sache bei Dritten, nicht aber bei sich selbst, zur Abholung bereitgestellt hat. Bei einer **Bringschuld** liegt Ablieferung vor, wenn die Sache dem Käufer an dessen Wohn- bzw Geschäftssitz ausgehändigt worden ist. Bei der **Schickschuld** ist die Ablieferung gegeben, wenn die Sache am Bestimmungsort angekommen ist und der Käufer darüber informiert worden ist, so dass die Verjährungsfrist auch ohne tatsächliche Entgegennahme durch den Käufer zu laufen beginnt (*Tiedtke* NJW 1988, 2578). Schuldet der Verkäufer die Lieferung einer **Mehrheit von Sachen**, beginnt die Verjährung mit der Lieferung der letzten Sache zu laufen. Hat sich der Verkäufer zur **Einweisung** des Käufers verpflichtet, beginnt die Verjährung erst mit dem Ende der Einweisung (BaRoth/*Faust* (online) Rn 33; Köln NJW-RR 1995, 1457). Entspr gilt, wenn der Verkäufer sich verpflichtet hat, die Sache zu installieren oder zu montieren. Haben die Parteien **Zug um Zug-Lieferung** vereinbart, reicht das Angebot der Besitzverschaffung gegen Erbringung der Zug um Zug-Leistung aus, da vom Verkäufer nicht verlangt werden kann, dass er auf sein Zurückbehaltungsrecht verzichtet, um die Verjährung in Gang zu setzen (BGH NJW 1988, 2608; BaRoth/*Faust* (online) Rn 30; **aA:** MüKo/*Westermann* Rn 25; *Saenger* NJW 1997, 1945; *Tiedtke* NJW 1988, 2578; *ders* JZ 1996, 549).

17 **VI. Arglist des Verkäufers (Abs 3).** Verschweigt der Verkäufer arglistig einen Mangel, verjähren die Gewährleistungsansprüche aus Abs 1 Nr 2 und Nr 3 in der regelm Verjährungsfrist des § 195. Der Beginn der Verjährung bemisst sich dann nicht mehr an Abs 2, sondern an § 199. Zum arglistigen Vorspiegeln der Mängelfreiheit vgl § 442 Rz 10.

§ 439 Nacherfüllung. **[1] Der Käufer kann als Nacherfüllung nach seiner Wahl die Beseitigung des Mangels oder die Lieferung einer mangelfreien Sache verlangen.**

[2] Der Verkäufer hat die zum Zwecke der Nacherfüllung erforderlichen Aufwendungen, insbesondere Transport-, Wege-, Arbeits- und Materialkosten zu tragen.

[3] Der Verkäufer kann die vom Käufer gewählte Art der Nacherfüllung unbeschadet des § 275 Absatz 2 und 3 verweigern, wenn sie nur mit unverhältnismäßigen Kosten möglich ist. Dabei sind insbesondere der Wert der Sache in mangelfreiem Zustand, die Bedeutung des Mangels und die Frage zu berücksichti-

gen, ob auf die andere Art der Nacherfüllung ohne erhebliche Nachteile für den Käufer zurückgegriffen werden könnte. Der Anspruch des Käufers beschränkt sich in diesem Fall auf die andere Art der Nacherfüllung; das Recht des Verkäufers, auch diese unter den Voraussetzungen des Satzes 1 zu verweigern, bleibt unberührt.
[4] Liefert der Verkäufer zum Zwecke der Nacherfüllung eine mangelfreie Sache, so kann er vom Käufer Rückgewähr der mangelhaften Sache nach Maßgabe der §§ 346 bis 348 verlangen.

A. Allgemeines. § 439 regelt das primäre Gewährleistungsrecht des Käufers auf Nacherfüllung durch den Verkäufer und das Recht zur zweiten Andienung durch den Verkäufer. Die Vorschrift wurde durch das **Schuldrechtsmodernisierungsgesetz** (BGBl I 2001, 3137) in das BGB eingefügt und beruht weitgehend auf den Vorgaben des **Art 3 Abs 2 und 3 Verbrauchsgüterkauf-RL** (RL 1999/44/EG des Europäischen Parlaments und Rates vom 25. Mai 1999). Der Käufer hat gegen den Verkäufer einen **Nacherfüllungsanspruch**, der nach **Wahl** des Käufers entweder auf die **Mängelbeseitigung** oder die **Lieferung einer mangelfreien Sache** gerichtet ist. Der Anspruch unterliegt den Verjährungsregeln des § 438. § 439 ist anwendbar auf **Sach- und Rechtsmängel** (BTDrs 14/6040 S 231; BaRoth/*Faust* Rn 7). Auf den **Rechtskauf** findet er über § 453 entspr Anwendung. Der Nacherfüllungsanspruch ist ausgeschlossen, wenn ein Fall der §§ 275, 439 Abs 3 vorliegt, wenn der Käufer für den Mangel allein oder überwiegend verantwortlich ist oder wenn die Sache zu einem Zeitpunkt mangelhaft geworden ist, in dem der Käufer im Annahmeverzug war (BaRoth/*Faust* Rn 7). § 439 ist im Falle eines **Verbrauchsgüterkaufes** zwingend (§ 475 Abs 1 S 1), im Falle des Unternehmerregresses dann, wenn dem Rückgriffsgläubiger kein gleichwertiger Ausgleich eingeräumt worden ist (§ 478 Abs 4). Eine Einschränkung der **Abdingbarkeit durch AGB** kann sich aus § 309 Nr 8 lit b aa und cc – ee und aus § 310 Abs 1 ergeben (PWW/*D Schmidt* Rn 7). Ansonsten ist die Vorschrift disponibel. 1

B. Nacherfüllung (Abs 1). I. Begriff und Rechtsnatur/Voraussetzungen. § 439 versteht unter »Nacherfüllung« sowohl die Mängelbeseitigung als auch die Nachlieferung einer neuen, mangelfreien Kaufsache. Es handelt sich um einen **modifizierten Erfüllungsanspruch des Käufers**, der sich nicht mehr nur auf die Leistung als solche, sondern auf **Nachlieferung** oder **Nachbesserung** richtet (*Oechsler* NJW 2004, 1825; Palandt/*Weidenkaff* Rn 1; BaRoth/*Faust* Rn 6; PWW/*D Schmidt* Rn 9). Die Kaufsache muss **bei Gefahrübergang** mit einem **Sachmangel** (§ 434) oder bei **Erwerb** mit einem **Rechtsmangel** (§ 435) behaftet sein. Der Nacherfüllungsanspruch **erlischt** mit wirksamer Erklärung von Rücktritt oder Minderung (PWW/*D Schmidt* Rn 10; Celle NJW-RR 2007, 353, 354). Die Gewährleistung darf nicht **ausgeschlossen** sein. Ausschlussgründe können sich aus §§ 275 Abs 2 und 3, 439 Abs 3, 442, 444 ergeben (Palandt/*Weidenkaff* Rn 15; *Bitter/Meidt* ZIP 2001, 2114, 2119; PWW/*D Schmidt* Rn 13). Der Anspruch ist **fällig**, wenn der ursprüngliche Erfüllungsanspruch fällig geworden wäre (BaRoth/*Faust* Rn 12; AnwK/*Büdenbender* Rn 2; *Huber* NJW 2002, 1004, 1005 Fn 8; **aA**: Erman/*Grunewald* Rn 12). 2

II. Rechtsfolge. 1. Grundsätzliches. Der Käufer kann vom Verkäufer entweder die **Beseitigung des Mangels** oder die **Lieferung einer mangelfreien Sache** verlangen. Der Verkäufer ist verpflichtet, den Mangel in der Form, in der er bei Gefahrübergang vorlag, zu beseitigen, wobei die Entscheidung, wie die Nacherfüllung ausgeführt wird, beim Verkäufer liegt (MüKo/*Westermann* Rn 8; *Schroeter* NJW 2006, 1761, 1762; **aA**: Dauner-Lieb/Konzen/K Schmidt/*Jacobs*, 371, 377). **Verschlechtert** sich die Kaufsache zwischen Gefahrübergang und Erbringung der Nacherfüllung, so hat der Verkäufer im Rahmen der Nacherfüllung auch die Verschlechterung zu beseitigen (BaRoth/*Faust* Rn 14 f; AnwK/*Büdenbender* Rn 27; *Haedicke* ZGS 2006, 55, 58 f; MüKo/*Westermann* Rn 8 f; *Tiedtke/Schmitt* DStR 2004, 2060, 2062; **aA**: Erman/*Grunewald* Rn 2). Hat der Käufer die Sache inzwischen eingebaut, schuldet der Verkäufer nicht die erneuten Einbaukosten; diese können nur verlangt werden, wenn die Voraussetzungen des § 281 vorliegen (BGH NJW 2008, 2837). 3

Mit Blick auf **Art 3 Abs 4 Verbrauchsgüterkauf-RL** kommt als **Erfüllungsort** nur der **Belegenheitsort** der Kaufsache im Zeitpunkt der Nacherfüllung in Betracht. Eine vom Käufer herbeigeführte Ortsveränderung ist also im Rahmen der Nacherfüllung zu beachten, so dass der Käufer **grundsätzlich** im Fall der Nacherfüllung durch Lieferung einer mangelfreien Sache den **Ausbau der mangelhaften Kaufsache** aus einer anderen Sache, in die sie bestimmungsgemäß eingebaut worden ist, verlangen kann (Ba/Roth/*Faust* Rn 32; MüKo/*Westermann* Rn 13; *Lorenz* ZGS 2004, 408; NJW 2005, 1889; NJW 2007, 1; *Schneider/Katerndahl* NJW 2007, 2215; *Schneider* ZGS 2008, 177; *Terrahe* VersR 2004, 680; *Witt* ZGS 2008, 369; BGH NJW-RR 2008, 724; Frankfurt aM ZGS 2008, 315; Köln NJW-RR 2006, 677; Karlsruhe ZGS 2004, 432; **zum alten Kaufrecht**: BGHZ 87, 104, 109 »Dachziegel«; **aA**: *Ayad/Hesse* BB 2008, 1926; AnwK/*Büdenbender* Rn 27; Erman/*Grunewald* Rn 5; *Katzenstein* ZGS 2009, 29; *Skamel* NJW 2008, 2820; *Thürmann* NJW 2006, 3457). 4

Nicht erfasst vom Nacherfüllungsanspruch werden Schäden, die vom Mangel unabhängig sind und die nach der allg Regel des § 446 S 1 in den **Risikobereich des Käufers** fallen (BaRoth/*Faust* Rn 16). Auch Schäden, die an **anderen Sachen des Käufers** entstehen und die nur über **§ 437 Nr 3** ersatzfähig sind, werden vom Nacherfüllungsanspruch nicht erfasst (BaRoth/*Faust* Rn 17; BGHZ 96, 221, 224 f). 5

Hat der Käufer **Veränderungen an der Kaufsache** vorgenommen und die Sache dadurch **verbessert**, kann der Käufer vom Verkäufer im Falle der Nachlieferung eine derart beschaffene Sache verlangen, da der Käufer 6 durch die Nacherfüllung in die Lage versetzt werden soll, mit der Kaufsache so zu verfahren, als sei sie mangelfrei gewesen. Der Verkäufer hat somit den Zustand herzustellen, in dem sich die Kaufsache zum Zeitpunkt der Nacherfüllung befände, wäre sie mangelfrei gewesen (**str**; so BaRoth/*Faust* Rn 18; Karlsruhe ZGS 2004, 432, 433; *Ball* NZV 2004, 217, 218; *Terrahe* VersR 2004, 680, 682; **aA**: Köln ZGS 2006, 77, 78; AnwK/*Büdenbender* Rn 27; *Haedicke* ZGS 2006, 55, 59 f; *Lorenz* ZGS 2004, 408; *Tiedtke/Schmitt* DStR 2004, 2060, 2062; PWW/*D Schmidt* Rn 14).

7 **2. Rechtsnatur des Wahlrechts.** Umstr ist, ob es sich bei dem Wahlrecht des Käufers um eine **Wahlschuld** (so AnwK/*Büdenbender* Rn 15 ff; *Büdenbender* AcP 205 (2005), 386 ff; *Schellhammer* MDR 2002, 301; *Jaensch* Jura 2005, 649, 653 f; Erman/*Grunewald* Rn 6) oder um einen **Fall elektiver Konkurrenz** handelt (so *Ball* NZV 2004, 217, 219; *Canaris*, Karlsruher Forum 2002, 75 f; MüKo/*Westermann* Rn 4 f; *Spickhoff* BB 2003, 589, 591 ff; *Tiedtke/Schmitt* DStR 2004, 2016 f; *Wenzel* DB 2003, 1887, 1891; PWW/*D Schmidt* Rn 20). Die besseren Gründe sprechen für eine **elektive Konkurrenz** zwischen Nachbesserung und Nachlieferung, da bei einer Wahlschuld die Entscheidung des Käufers bindend wäre (§ 263 Abs 2), was seine Rechtsposition vor allem bei Scheitern der gewählten Art der Nacherfüllung erheblich schwächen würde (BaRoth/*Faust* Rn 9).

8 Der Käufer hat daher ein **ius variandi**. Er kann auch nach Gebrauch seines Wahlrechts seine Wahl noch wechseln, wenn die Nacherfüllung mit der gewählten Art nicht mehr möglich ist. Der Käufer kann Nachbesserung oder Nachlieferung zwar nicht kumulativ, wohl aber alternativ geltend machen, bis der Verkäufer dem Nacherfüllungsverlangen nachgekommen ist. Eine Bindung des Käufers an die Wahl der Nacherfüllung tritt erst ein, wenn der Verkäufer in der gewählten Form nacherfüllt hat, den Käufer in Bezug auf die gewählte Form der Nacherfüllung in Annahmeverzug versetzt hat oder wenn der Verkäufer rechtskräftig zu einer Form der Nacherfüllung verurteilt wurde. Hat sich der Käufer für eine Form der Nacherfüllung entschieden, kann er sein Wahlrecht für eine **angemessene Frist** iSv §§ 281 Abs 1 S 1, 323 Abs 1 nicht ausüben, damit der Verkäufer Zeit genügend erhält, in der vom Käufer gewählten Form nachzuerfüllen (Verbot des **venire contra factum proprium**; vgl *Ball* NZV 2004, 217, 219; *Spickhoff* BB 2003, 589, 592 f; *Tiedtke/Schmitt* DStR 2004, 2016, 2017; *Jaensch* Jura 2005, 649, 654; PWW/*D Schmidt* § 439 Rn 20).

9 **III. Ausschluss.** Der Anspruch auf Nacherfüllung ist ausgeschlossen, wenn die Nacherfüllung unmöglich ist (§ 275 Abs 1), der Verkäufer sie berechtigterweise verweigert (§§ 275 Abs 2 und 3, 439 Abs 3) oder die Parteien die Nacherfüllung vertraglich ausgeschlossen haben (vgl Rz 2). **1. Unmöglichkeit.** Nach **§ 275 Abs 1** ist die Nacherfüllungspflicht des Verkäufers ausgeschlossen, soweit die Nacherfüllung unmöglich ist (BTDrs 14/6040 S 232; Braunschweig NJW 2003, 1053, 1054). Ob dies der Fall ist, muss für Nachbesserung und Nachlieferung gesondert festgestellt werden. **a) Unmöglichkeit der Nachlieferung.** Bei der Nachlieferung ist zwischen **Stück- und Gattungskauf** zu unterscheiden. **aa) Stückkauf.** Nach **altem Kaufrecht**, das zwischen Stück- und Gattungskauf differenzierte (§ 480 aF), gehörte bei einem Stückkauf die Lieferung einer anderen als der geschuldeten Sache nicht zum Pflichtenprogramm des Verkäufers. Diese Unterscheidung ist im Zuge der Schuldrechtsmodernisierung beseitigt worden (*Schulze/Ebers* JuS 2004, 462, 463). Das **neue Kaufrecht** hat die Unterscheidung zwischen Stück- und Gattungskauf aufgehoben. Es schließt daher einen Anspruch auf Nachlieferung bei einem Stückkauf grundsätzlich nicht aus, da die Pflicht zur mangelfreien Leistung (§ 433 Abs 1 S 2) und der daran anknüpfende Nacherfüllungsanspruch auf dem Gedanken beruhen, dass der Verkäufer das Leistungsinteresse des Käufers durch die Lieferung **einer** mangelfreien Sache zu befriedigen hat (**hM**, so: Palandt/*Putzo* Rn 15; *Balthasar/Bolten* ZGS 2004, 411, 414; BGH NJW 2006, 2839; **aA**: *Lorenz/Riehm* Rn 505; *Heinemann/Pickartz* ZGS 2003, 149; *Faust* ZGS 2004, 252, 258). Ob eine Ersatzlieferung bei einem Stückkauf in Betracht kommt, ist allein nach dem durch **Auslegung** (§§ 133, 157) zu ermittelnden **Willen der Vertragsparteien** bei Vertragsschluss zu beurteilen (Palandt/*Putzo* Rn 15). Demnach ist eine Ersatzlieferung möglich, wenn die Kaufsache nach der Vorstellung der Parteien im Falle ihrer Mangelhaftigkeit durch eine gleichartige und gleichwertige ersetzt werden kann (BGH NJW 2006, 2839, 2841; **aA**: *Pammler* NJW 2003, 1992; *Bitter/Meidt* ZIP 2001, 2114, 2119 – **vertretbare Sache, § 91 BGB**). Ist Gegenstand des Kaufvertrages die Lieferung einer **individuellen Sache**, ist der Anspruch auf Nacherfüllung bei Unmöglichkeit ausgeschlossen (§ 275 Abs 1). Umgekehrt ist der Verkäufer beim Kauf von **Massenwaren** regelm zur Ersatzlieferung verpflichtet.

10 **bb) Gattungskauf.** Die Ersatzlieferung ist so lange möglich, wie die Gattung besteht. Zu beachten sind hier die Besonderheiten, die sich bei einer beschränkten Gattungsschuld oder einer Vorratsschuld ergeben können (PWW/*D Schmidt* Rn 24).

11 **b) Unmöglichkeit der Nachbesserung.** Die Nachbesserung ist unmöglich, wenn die Sache mit einem unbehebbaren Mangel behaftet ist. **Bsp**: Ein Unfallwagen wird als Neuwagen verkauft (BGHZ 168, 64 Rn 17); die Mängelbeseitigung hat weitere Mängel zur Folge (BGHZ 163, 234; **aA**: *Gutzeit* NJW 2007, 956: Nachrangiger Anspruch des Käufers auf Ausbesserung).

12 **2. Verweigerungsrecht des Verkäufers (Abs 3).** Abs 3 gewährt dem Verkäufer eine **Einrede** ggü der vom Käufer beanspruchten Art der Nacherfüllung (BTDrs 14/6040 S 232; BGH NJW 2006, 1195 Rn 26). Dem Verkäufer soll durch die Einrede die Möglichkeit vorbehalten bleiben, die vom Käufer gewählte Art der Nacherfüllung auch mit überobligatorischen Anstrengungen vorzunehmen. Deshalb kann der Käufer nicht unter

Hinweis auf Abs 3 wegen unverhältnismäßiger Kosten der Nacherfüllung sogleich die Minderung des Kaufpreises erklären, ohne zuvor dem Verkäufer zumindest Gelegenheit zur Nacherfüllung gegeben zu haben (BaRoth/*Faust* Rn 38; PWW/*D Schmidt* Rn 26; *Schroeter* AcP 207, 28). **a) §§ 275 Abs 2 und 3.** Der Verkäufer hat nach dem Wortlaut des Abs 3 S 1 (»unbeschadet«) die Möglichkeit, die Nacherfüllung wegen unverhältnismäßigen Aufwandes (§ 275 Abs 2) oder bei persönlicher Leistungserbringung wegen unverhältnismäßigen Aufwands (§ 275 Abs 3) zu verweigern. Die Leistungsverweigerungsrechte aus § 275 Abs 2 und 3 sind Einreden, die nur berücksichtigt werden, wenn sich der Verkäufer darauf beruft. Macht der Verkäufer von der Einrede Gebrauch, geht der Nacherfüllungsanspruch des Käufers unter.

b) Unverhältnismäßige Kosten (Abs 1, S 1 und 2). Die Unverhältnismäßigkeitsschwelle des Abs 3 liegt unterhalb der von § 275 Abs 2 und 3, die der Unmöglichkeit nach § 275 Abs 1 sehr nahe kommen (**str**, so BTDrs 14/6040 S 232; *Bitter/Meidt* ZIP 2001, 2114, 2120; *P Huber* NJW 2002, 1004; **aA**: MüKo/*Westermann* Rn 26). Für die Unverhältnismäßigkeit der Kosten ist **nicht** danach zu differenzieren, ob die Unverhältnismäßigkeit **relativ** (Unverhältnismäßigkeit einer Art der Nacherfüllung im Verhältnis zur anderen) oder **absolut** (Unverhältnismäßigkeit der Nacherfüllung im Vergleich mit dem Leistungsinteresse des Käufers) ist, **da Abs 3 beide Arten regelt** (**str**, so Palandt/*Putzo* Rn 16a; Hk/*Saenger* Rn 5; Erman/*Grunewald* Rn 7; jurisPK/*Pammler* Rn 52 ff; **aA**: BaRoth/*Faust* Rn 36; PWW/*D Schmidt* Rn 28 ff). Für die Beurteilung der Frage, wann **unverhältnismäßig hohe Kosten** vorliegen, kommt es auf den **Einzelfall** an; für die Bewertung spielen der **Wert der Sache im mangelfreien Zustand** (BTDrs 14/6040 S 232; jurisPK/*Pammler* Rn 4; Braunschweig NJW 2003, 1053), die **Bedeutung des Mangels,** ob dem Verkäufer **Verschulden** vorgeworfen werden kann (BaRoth/*Faust* Rn 45; jurisPK/*Pammler* Rn 56) und die Frage, ob auf die **andere Art der Nacherfüllung ohne erhebliche Nachteile für den Käufer** zurückgegriffen werden kann, eine Rolle. Problematisch sind daher als »**Faustformel**« gedachte **Prozentgrenzen**, nach denen Kosten der Nacherfüllung unverhältnismäßig hoch sein sollen. So wird von einer **relativen Unverhältnismäßigkeit** ausgegangen, wenn die Kosten der gewählten Art der Nacherfüllung die Kosten der anderen Art um mehr als 25% (*Henssler/v Westphalen* Rn 27), 20% (LG Ellwangen NJW 2003, 517) oder 10% (*Bitter/Meidt* ZIP 2001, 2114) übersteigen. Für eine **absolute Unverhältnismäßigkeit** werden unterschiedliche Prozentsätze angegeben. So wird angenommen, dass dem Verkäufer noch Nacherfüllungskosten in Höhe von 100% (*P Huber* NJW 2002, 1004) oder sogar 150% (*Bitter/Meidt* ZIP 2001, 2114) des Wertes der mangelfreien Sache zumutbar sind (kritisch dazu *Ball* NZV 2004, 217). 13

c) Richtlinienkonforme Auslegung. In einem Vorlagebeschluss an den EuGH stellt der BGH (NJW 2009, 1660) die Frage, ob **Art 3 Abs 3 Unterabs 1 und 2** der **Verbrauchsgüterkauf-RL** dahin auszulegen sind, dass sie der Regelung in § 439 Abs 3 entgegenstehen, wenn die Abhilfe dem Verkäufer Kosten verursachen würde, die verglichen mit dem Wert des Verbrauchsgutes ohne die Vertragswidrigkeit und der Bedeutung der Vertragswidrigkeit unzumutbar (absolut unverhältnismäßig) sind. Für den Fall, dass diese Frage vom EuGH bejaht wird, stellt sich die Frage, ob Art 3 Abs 3 Unterabs 3 der Verbrauchsgüterkauf-RL dahin auszulegen ist, dass der Verkäufer im Falle der Ersatzlieferung die Kosten des Ausbaus des vertragswidrigen Verbrauchsguts aus einer Sache, in die der Verbraucher das Verbrauchsgut gem dessen Art und Verwendungszweck eingebaut hat, auf sich nehmen muss. **Absolute Unverhältnismäßigkeit** kam in dem zugrunde liegenden Fall in Betracht, weil eine Nacherfüllung durch Mängelbeseitigung technisch ausgeschlossen war und dem Verkäufer durch Lieferung der mangelfreien Kaufsache und dem Ausbau der mangelhaften Kaufsache Kosten entstanden wären, die mehr als 150% des Werts der mangelfreien Kaufsache und mehr als 200% des mangelbedingten Minderwerts der mangelhaften Kaufsache betragen hätten (*Bitter/Meidt* ZIP 2001, 2114; BGH NJW 2009, 1660). Dieses Ergebnis könnte im Widerspruch zu Art 3 Abs 3 der Verbrauchsgüterkauf-RL stehen, wonach der Verbraucher im Falle der Vertragswidrigkeit des gelieferten Vertragsgutes unentgeltliche Nachbesserung oder unentgeltliche Ersatzlieferung nur verlangen kann, wenn dies nicht unmöglich oder unverhältnismäßig ist (Unterabs 1), was der Fall ist, wenn die Abhilfe Kosten verursachen würde, die für den Verkäufer verglichen mit der alternativen Abhilfemöglichkeit unzumutbar wäre (**relative Unverhältnismäßigkeit**). Soweit auf die absolute Unverhältnismäßigkeit abgestellt wird, stellt sich daher die Frage, ob sich Abs 3 unter den Begriff der Unmöglichkeit in Art 3 Abs 3 Unterabs 1 subsumieren lässt. Dies erscheint naheliegend, da die Verbrauchsgüterkauf-RL den Begriff der Unmöglichkeit nicht definiert und somit möglicherweise der Ausfüllung durch das nationale Recht überlässt (*Kirsten* ZGS 2005, 66; MüKo/*Lorenz* Vor § 474 Rn 18; AnwK/*Pfeiffer* Art 3 Kauf-RL Rn 12). Andernfalls bliebe nur die Option, § 439 Abs 3 **richtlinienkonform** auszulegen. Das bedeutet, dass Abs 3 dahin eingeschränkt anzuwenden ist, dass die dort geregelte absolute Unmöglichkeit nur Fälle nach § 275 Abs 1 bis 3 erfasst (Staud/*Matusche-Beckmann* Rn 41; aA BaRoth/*Faust* Rn 53), wobei hier insbes die **faktische Unmöglichkeit** nach **§ 275 Abs 2** in Betracht kommt (BGH NJW 2009, 1660). Dann aber wären die Fälle der absoluten Unverhältnismäßigkeit sehr selten, da faktische Unmöglichkeit voraussetzt, dass zwischen dem für die Leistung erforderlichen Aufwand des Schuldners und dem Leistungsinteresse des Gläubigers ein **grobes Missverhältnis** besteht. Die Erwägungen des BGH zum »Dachziegelfall« (BGHZ 87, 104) lassen sich hier nicht heranziehen: Im »Dachziegelfall« ging es um Ausbau und Abtransport provisorisch verlegter Dachziegel, während es sich in dem dem Beschluss zugrunde liegenden Sachverhalt um einen Einbau der Kaufsache mit der Folge handelt, dass diese gem §§ 946, 93, 94 Abs 2 wesentlicher Bestandteil eines Gebäudes geworden sind (BGH NJW 2009, 1660). 14

15 **IV. Nutzungsersatz (Abs 4).** Liefert der Verkäufer im Rahmen der Nacherfüllung eine mangelfreie Sache, kann er nach dem bisherigen Wortlaut des Abs 4 vom Käufer **Nutzungsersatz** verlangen (§§ 346–348). Die Vorschrift ist mit **Art 3 Verbrauchsgüterkauf-RL nicht vereinbar**, da diese Regelung bestimmt, dass der Verbraucher vom Unternehmer die **unentgeltliche Nachbesserung** des Verbrauchsguts oder eine **unentgeltliche Ersatzlieferung** verlangen kann, sofern nicht die Erfüllung seiner Forderung unmöglich oder die Forderung unverhältnismäßig ist. Der Begriff »unentgeltlich« als solcher umfasst nach der Definition in **Art 3 Abs 4** »die für die Herstellung des vertragsgem Zustands des Verbrauchsgutes notwendigen Kosten, **insbes** Versand-, Arbeits- und Materialkosten«. Daraus folgt, dass die Aufzählung nicht abschließend ist; sie umfasst daher auch den Nutzungsersatz, den der Verbraucher im Falle der Nachlieferung an den Verkäufer zu zahlen hat (EuGH NJW 2008, 1433, Rn 43).

16 Eine **einschränkende Auslegung** des Abs 4 dahingehend, dass die Verweisung auf die Rücktrittsvorschriften nur dann einen Anspruch auf Nutzungsersatz begründet, wenn **kein Verbrauchsgüterkauf** (§§ 474 ff) vorliegt, war unter Berücksichtigung der **Bindung der Rechtsprechung an Recht und Gesetz** (Art 20 Abs 3 GG) nicht zulässig (BVerfGE 71, 81, 105; 95, 64, 93). Die Möglichkeit der Auslegung endete dort, wo sie mit dem **Wortlaut** und dem **klar erkennbaren Willen des Gesetzgebers**, wonach Abs 4 auf alle Kaufverträge Anwendung finden sollte, in Widerspruch trat (BGH NJW 2006, 3200; vgl auch BVerfGE 18, 97, 111; 98, 17, 45; 101, 312, 319). Am 16. 12. 2008 ist eine Änderung des **§ 474 Abs 2** in Kraft getreten, wonach § 439 Abs 4 auf Verbrauchsgüterkaufverträge mit der Maßgabe anzuwenden ist, dass Nutzungen nicht herauszugeben oder durch ihren Wert zu ersetzen sind (VollstrZustÜbk 2007G/BGBÄndG vom 10.12.2008, BGBl I 2399). Damit hat der Gesetzgeber Klarheit geschaffen: § 439 Abs 4 ist auf alle Kaufverträge, die nicht Verbrauchsgüterkaufverträge sind, wie bisher anzuwenden.

§ 440 Besondere Bestimmungen für Rücktritt und Schadensersatz.

Außer in den Fällen des § 281 Absatz 2 und des § 323 Absatz 2 bedarf es der Fristsetzung auch dann nicht, wenn der Verkäufer beide Arten der Nacherfüllung gemäß § 439 Absatz 3 verweigert oder wenn die dem Käufer zustehende Art der Nacherfüllung fehlgeschlagen oder ihm unzumutbar ist. Eine Nachbesserung gilt nach dem erfolglosen zweiten Versuch als fehlgeschlagen, wenn sich nicht insbesondere aus der Art der Sache oder des Mangels oder den sonstigen Umständen etwas anderes ergibt.

1 **A. Grundsätzliches.** Die Regelung enthält keine Anspruchsgrundlage, sondern erweitert die Tatbestände des Allg Schuldrechts für die Zulässigkeit von Schadensersatz statt der Leistung (§ 281 Abs 2) und Rücktritt (§ 323 Abs 2) **ohne vorherige Fristsetzung**. Der Käufer kann dem Verkäufer das Recht zur zweiten Andienung nehmen und sofort die in § 437 Nr 2 und 3 geregelten Gewährleistungsrechte wahrnehmen, wenn **drei kaufrechtsspezifische Voraussetzungen** vorliegen: Verweigerung, Fehlschlagen und Unzumutbarkeit der Nacherfüllung für den Käufer (AnwK/*Büdenbender* Rn 1; PWW/*D Schmidt* Rn 1; MüKo/*Westermann* Rn 1; *Schroeter* AcP 207, 28, 52 f). Nach S 2 wird ein Fehlschlagen der Nacherfüllung widerlegbar vermutet, wenn die Nachbesserung nach dem zweiten Versuch erfolglos geblieben ist. Die Vorschrift wurde durch das **Schuldrechtsmodernisierungsgesetz** (BGBl I 2001, 3137) in das BGB aufgenommen, sie setzt **Art 3 Abs 3 S 2 Verbrauchsgüterkauf-RL** um. § 440 ist abdingbar, es sei denn, es liegt ein **Verbrauchsgüterkauf** vor (§ 475 Abs 1 S 1).

2 **B. Voraussetzungen.** § 440 regelt **drei Fallgruppen**, bei denen der Käufer ohne vorherige Fristsetzung seine Gewährleistungsrechte aus § 437 Nr 2 und 3 geltend machen kann: Verweigerung der Nacherfüllung (§ 439 Abs 3), Fehlschlagen der Nacherfüllung (konkretisiert durch S 2) und Unzumutbarkeit für den Käufer. **I. Verweigerung der Nacherfüllung (§ 439 Abs 3).** Verweigert der Verkäufer berechtigter- oder unberechtigterweise (PWW/*D Schmidt* Rn 6) beide Arten der Nacherfüllung (§ 439 Rz 12 ff), ist für den Käufer eine Fristsetzung zur Nacherfüllung sinnlos, so dass er sofort seine Rechte aus § 437 Nr 2 und 3 geltend machen kann. Die Verweigerung setzt voraus, dass der Verkäufer eindeutig zum Ausdruck bringt, dass er seinen Vertragspflichten nicht nachkommen wird. Nicht ausreichend ist das bloße Bestreiten von Mängeln (BGH NJW 2006, 1195 Rn 24; KG ZGS 2007, 78).

3 **II. Fehlschlagen der Nacherfüllung (S 2).** Die Nacherfüllung ist fehlgeschlagen, wenn sie unzulänglich ist, ungebührlich durch den Verkäufer verzögert wurde oder misslungen ist. **Fehlschlagen** bedeutet Scheitern; der Begriff wurde aus § 11 Nr 10b AGBG übernommen (BTDrs 14/6040 S 233; BGH NJW 1994, 1004; *Haas* BB 2001, 1313, 1316), jedoch ist er im Rahmen des § 440 enger zu verstehen (PWW/*D Schmidt* Rn 10): (1) der Mangel ist nach Ablauf der vom Käufer gesetzten Frist nicht beseitigt (MüKo/*Westermann* Rn 10; München CR 2006, 582); (2) die Nacherfüllung ist vor Fristablauf im Verhältnis der zur Verfügung stehenden Zeit zum erforderlichen Arbeitsaufwand unmöglich (BaRoth/*Faust* Rn 32); (3) erfolglose Versuche des Verkäufers lassen eine Beseitigung der Mängel nicht erwarten und (4) bei der Nachbesserung sind neue Mängel entstanden (MüKo/*Westermann* Rn 10).

4 Je nach Art der Sache, des Mangels oder den sonstigen Umständen hat der Verkäufer **grundsätzlich zwei Nacherfüllungsversuche** (PWW/*D Schmidt* Rn 9; **aA** Palandt/*Weidenkaff* Rn 2. Hat der Verkäufer zwei erfolglose Versuche der Nachbesserung unternommen, stellt S 2 die **widerlegbare Vermutung** auf, dass die

Nachbesserung **gescheitert** ist. Das bedeutet nicht, dass der Käufer nach einem gescheiterten Nacherfüllungsversuch nochmals eine Frist setzen und dem Verkäufer eine zweite Chance zur Nachbesserung geben muss, vielmehr hat der Verkäufer innerhalb der vom Käufer (einmal) gesetzten Frist die Möglichkeit, zwei Nachbesserungsversuche zu unternehmen. Dabei handelt es sich nicht um eine starre Vorgabe, vielmehr entscheidet der **Einzelfall**: So kann bereits ein Nacherfüllungsversuch zu einem Fehlschlagen führen, ebenso kann sich ein Fehlschlagen erst nach drei Versuchen zeigen (München CR 2006, 582).

III. Unzumutbarkeit für den Käufer. Bei der Beurteilung der Unzumutbarkeit ist immer das Recht des Verkäufers zur zweiten Andienung zu berücksichtigen, so dass die Schwelle für das Vorliegen der Unzumutbarkeit nicht zu niedrig angesetzt werden darf (PWW/*D Schmidt* Rn 8), sie andererseits aber niedriger als die Schwelle des § 275 Abs 2 sein muss. Somit genügt allein der Umstand, dass ein Mangel gem §§ 434, 435 vorliegt, noch nicht. Grundsätzlich wird von einer Unzumutbarkeit auszugehen sein, wenn der Käufer nachhaltig das Vertrauen in eine sachgerechte Vertragserfüllung durch den Verkäufer verloren hat (AnwK/*Büdenbender* Rn 8). **Beispiele:** Arglistige Täuschung durch den Verkäufer (BGH NJW 2007, 835 Rn 12 f; *Schur* ZGS 2002, 243; AnwK/*Büdenbender* Rn 9; krit *Kilian* MittBayNot 2007, 311; *H Roth* JZ 2006, 1026; *Lorenz* NJW 2004, 26; BaRoth/*Faust* Rn 37), die Art des Mangels (Palandt/*Weidenkaff* Rn 8; BaRoth/*Faust* Rn 38), Verzögerung der Nutzung durch die Nacherfüllung, wenn dadurch der Wert für den Käufer erheblich reduziert wird (Palandt/*Weidenkaff* Rn 8 – beachte § 323 Abs 2 Nr 2), begründete Erwartung des objektiven Käufers, dass die Nacherfüllung ins Leere läuft (nur mit großer Vorsicht anzuwenden, da ansonsten Gefahr besteht, dass der Verkäufer sein Recht zur zweiten Andienung verliert; PWW/*D Schmidt* Rn 8) und sofortige Mängelbeseitigung auf Grund der Einzelfallumstände (Gesundheitsgefahr für Haustier: BGH NJW 2005, 3211; Essen NJW 2004, 527; *Augenhofer* ZGS 2005, 385, 390). 5

§ 441 Minderung.

[1] Statt zurückzutreten, kann der Käufer den Kaufpreis durch Erklärung gegenüber dem Verkäufer mindern. Der Ausschlussgrund des § 323 Absatz 5 Satz 2 findet keine Anwendung.

[2] Sind auf der Seite des Käufers oder auf der Seite des Verkäufers mehrere beteiligt, so kann die Minderung nur von allen oder gegen alle erklärt werden.

[3] Bei der Minderung ist der Kaufpreis in dem Verhältnis herabzusetzen, in welchem zur Zeit des Vertragsschlusses der Wert der Sache in mangelfreiem Zustand zu dem wirklichen Wert gestanden haben würde. Die Minderung ist, soweit erforderlich, durch Schätzung zu ermitteln.

[4] Hat der Käufer mehr als den geminderten Kaufpreis gezahlt, so ist der Mehrbetrag vom Verkäufer zu erstatten. § 346 Absatz 1 und § 347 Absatz 1 finden entsprechende Anwendung.

A. Grundlagen. I. Bedeutung/Anwendungsbereich. Die Minderung wird in § 437 Nr 2 als **Alternative zum Rücktrittsrecht** genannt und ist wie dieses nachrangig zum Erfüllungsanspruch. Wie das Rücktrittsrecht ist auch die Minderung ein **Gestaltungsrecht** (BTDrs 14/6040 S 234 f; vgl § 437 Rz 4). Der Käufer kann die Minderung im Falle eines Sachkaufes bei Vorliegen eines Sach- oder Rechtsmangels sowie im Falle eines Rechtskaufs (§ 453) geltend machen (PWW/*D Schmidt* Rn 2; Palandt/*Weidenkaff* Rn 1; BaRoth/*Faust* Rn 3). Die Vorschrift ist abdingbar. Ausgeschlossen ist dies im Falle eines **Verbrauchsgüterkaufes** (§ 475 Abs 1 S 1) sowie bei **Fehlschlagen der Nacherfüllung** (§ 309 Nr 8 lit b bb). 1

II. Verbrauchsgüterkauf-RL und Schuldrechtsmodernisierung. § 441 setzt **Art 3 Abs 5 Verbrauchsgüterkauf-RL** um, wonach dem Verbraucher auch bei **geringfügigen Mängeln** ein Minderungsrecht zusteht. Art 3 Abs 5 gewährt dem Verbraucher das Minderungsrecht unter den Voraussetzungen, dass der Verbraucher weder Anspruch auf Nachbesserung noch auf Ersatzlieferung hat (1. Spiegelstrich), der Verkäufer nicht innerhalb einer bestimmten Frist Abhilfe geschaffen hat (2. Spiegelstrich) oder wenn der Verkäufer nicht ohne erhebliche Unannehmlichkeiten für den Verbraucher Abhilfe geschaffen hat (3. Spiegelstrich). **Umstr** ist, ob § 441 den Anforderungen des **Art 3 Abs 5 3. Spiegelstrich** genügt, da § 441 eine Minderung nur zulässt, solange es nicht zur Nacherfüllung gekommen ist. Die Umsetzung des Art 3 Abs 5 im Zuge der Schuldrechtsmodernisierung ist jedoch **richtlinienkonform**, da der Gesetzgeber das Ziel der Verbrauchsgüterkauf-RL, etwaige **Äquivalenzverschiebungen** zu verhindern, konsequent verfolgt. Eine Minderung ist daher ausgeschlossen, wenn der Verkäufer **nacherfüllt** hat. Dem Käufer bleibt die Geltendmachung von Schadensersatzansprüchen insbes wegen Verzögerungsschadens aber unbenommen (Gebauer/Wiedmann/*Leible* S 384 f; PWW/*D Schmidt* Rn 4; *Westermann* JZ 2001, 530, 537; **aA**: BaRoth/*Faust* Rn 30 f; *Ernst/Gsell* ZIP 2001, 65, 70; *Hoffmann* ZRP 2001, 347; AnwK/*Pfeiffer* Kauf-RL Art 3 Rn 20; *Pfeiffer* ZGS 2002, 390, 392). Mit der Einführung des § 441 durch das **Schuldrechtsmodernisierungsgesetz** entfällt die nach § 465 aF erforderliche Mitwirkung des Verkäufers. 2

B. Voraussetzungen/Rechtsfolgen. Die Minderung erfolgt durch **Erklärung** gegenüber dem Verkäufer (Abs 1 S 1). Voraussetzung ist, dass der Käufer dem Verkäufer erfolglos eine **Frist zur Nacherfüllung** gesetzt hat und die **Voraussetzungen des Rücktritts** vorliegen (Abs 1 S 1: »Statt zurückzutreten …«). Anders als beim Rücktritt ist die Minderung auch bei **unerheblichen Pflichtverletzungen** nicht ausgeschlossen (Abs 1 3

S 2). Schließlich dürfen keine rechtsgeschäftlichen oder gesetzlichen Ausschlussgründe vorliegen (§§ 442, 445; § 377 HGB). Durch die Minderung wird der **Kaufpreis unmittelbar verändert** (Hoeren/Martinek/*Wolff* § 441 Rn 11; **aA**: *Schellhammer* MDR 2002, 301, 303).

4 **C. Berechnung.** Abs 3 regelt die Höhe der Minderung. Zur Aufrechterhaltung des **vertraglichen Äquivalenzverhältnisses** ist der vereinbarte Kaufpreis in dem Verhältnis herabzusetzen, in welchem zum Zeitpunkt des Verkaufs der Wert der Sache in mangelfreiem Zustand zu dem wirklichen Wert gestanden hätte (*Schellhammer* MDR 2002, 301, 303). Bei der Berechnung der Minderung sind vier Posten miteinander in Beziehung zu setzen: (1) vereinbarter Preis, (2) geminderter Preis, (3) geschuldeter Wert und (4) wahrer Wert der Sache. Der Wert ohne Mangel ist der Verkehrswert der Sache in der vom Verkäufer geschuldeten Beschaffenheit. Der wirkliche Wert ist der Wert der Sache in mangelfreiem Zustand. Ist die Sache wertlos, entfällt der Kaufpreis und der Käufer hat die Sache dem Verkäufer herauszugeben (PWW/*D Schmidt* Rn 16; Palandt/*Weidenkaff* Rn 16).

5 Details: Die **Berechnung** erfolgt formelmäßig wie folgt:

$$\frac{\text{geminderter Preis}}{\text{vereinbarter Preis}} = \frac{\text{wirklicher Wert}}{\text{Wert ohne Mangel}}$$

$$\text{geminderter Preis} = \frac{\text{wirklicher Wert} \times \text{vereinbarter Preis}}{\text{Wert ohne Mangel}}$$

6 **D. Rückzahlung des überzahlten Kaufpreises (Abs 4).** Hat der Käufer bereits den Kaufpreis gezahlt, gewähren ihm §§ 441 Abs 4, 346 Abs 1 einen **Rückforderungsanspruch** hinsichtlich des Mehrbetrages, wobei über §§ 346 Abs 1, 347 Abs 1 auch **Nutzungen** zu ersetzen sind.

§ 442 Kenntnis des Käufers.

[1] Die Rechte des Käufers wegen eines Mangels sind ausgeschlossen, wenn er bei Vertragsschluss den Mangel kennt. Ist dem Käufer ein Mangel infolge grober Fahrlässigkeit unbekannt geblieben, kann der Käufer Rechte wegen dieses Mangels nur geltend machen, wenn der Verkäufer den Mangel arglistig verschwiegen oder eine Garantie für die Beschaffenheit des Sache übernommen hat.

[2] Ein im Grundbuch eingetragenes Recht hat der Käufer zu beseitigen, auch wenn es der Käufer kennt.

1 **A. Funktion der Vorschrift.** Nach § 442 kann der Käufer **keine Mängelrechte** geltend machen, wenn er den Mangel **kennt.** Fällt ihm grobe Fahrlässigkeit bzgl seiner Unkenntnis zur Last, so differenziert die Vorschrift: Die Mängelrechte entfallen zwar grds auch in diesem Fall, jedoch haftet der Verkäufer im Falle arglistigen Verschweigens oder der Übernahme einer Beschaffenheitsgarantie. Man sieht in der Vorschrift eine Verwirklichung des Prinzips des venire contra factum proprium (BGH NJW 1989, 2050; Staud/*Beckmann* Rn 1): Wer eine Sache in Kenntnis um ihre Mängel kauft, kann hinterher nicht wegen eben dieser Mängel Rechte geltend machen. Andere meinen, der Sinn der Vorschrift bestehe darin, den Käufer anzuhalten, ihm bekannte Mängel vor Vertragsschluss anzusprechen und es nicht auf eine spätere Geltendmachung von Mängelrechten ankommen zu lassen (*Köhler* JZ 1989, 761 ff; BaRoth/*Faust* Rn 2). Bei der groben Fahrlässigkeit stellt sich die Frage, inwieweit der Käufer zu einer Untersuchung verpflichtet ist, obwohl es eine Untersuchungspflicht außerhalb des Handelskaufs eigentlich nicht gibt (unten Rz 6).

2 Die Vorschrift entspricht der **EG-Verbrauchsgüterkauf-RL.** Deren Art 2 Abs 3 sieht drei Ausschlussgründe für die Mängelrechte des Käufers vor: (1) Der Käufer hatte Kenntnis von der Vertragswidrigkeit, (2) er konnte vernünftigerweise nicht in Unkenntnis darüber sein und (3) der Verbraucher hat den Mangel selbst verschuldet. § 442 befindet sich etwas über dem Standard der RL, weil entgegen der RL bei Arglist und einer Beschaffenheitsgarantie die Haftung des Verkäufers trotz grober Fahrlässigkeit des Käufers vorgesehen ist. Wegen des Mindeststandardprinzips der RL ist dies zulässig.

3 In **Verbrauchsgüterkaufverträgen** ist die Vorschrift gem § 475 Abs 1 insofern **zwingend,** als eine abweichende Vereinbarung, die auf eine Schlechterstellung des Verbrauchers hinausläuft, unzulässig ist. Außerhalb von Verbrauchsgüterkaufverträgen ist die Vorschrift dispositiv. Eine Abbedingung des § 442 in AGB des Käufers wird allerdings gem § 307 für unzulässig gehalten (Staud/*Beckmann* Rn 61; MüKo/*S Lorenz* Rn 22).

4 **B. Kenntnis des Mangels. I. Kenntnis.** Kenntnis bedeutet, dass der Käufer weiß, dass durch den von ihm beobachteten Mangel der Wert oder die Tauglichkeit des Kaufobjektes beeinträchtigt wird (BGH NJW 1981, 2640; 1961, 1860; RGZ 149, 401). Die Vorschrift bezieht sich nur auf den jeweiligen konkreten Mangel und berührt die Rechte des Käufers wegen eines anderen Mangels, den er nicht erkannt hat, nicht (BGH NJW 1981, 2640). Dies kann jedoch nur dann gelten, wenn der unerkannte Mangel eine zusätzliche Beeinträchtigung des Wertes oder der Tauglichkeit zur Folge hat (BaRoth/*Faust* Rn 31). Dem Käufer wird die **Kenntnis eines Vertreters** gem § 166 Abs 1 zugerechnet (RGZ 131, 343, 355 f; vgl auch § 166 Rz 6 ff). Es kommt dabei nicht darauf an, ob der Vertreter auch Abschlussvollmacht hatte (Staud/*Beckmann* Rn 8). Bei einer Mehrheit von Käufern gilt § 442 nur zu Lasten des Käufers, der die Kenntnis hatte. Die übrigen Käufer behalten ihre

Rechte (Staud/*Beckmann* Rn 9). Ein bloßer **Verdacht genügt nicht** (BGH NJW 1961, 1860; 1990, 1108; PWW/*D Schmidt* Rn 7). Der Kenntnis eines Mangels ist es jedoch gleichzusetzen, wenn der Käufer mit seinem Vorliegen gerechnet und das Risiko, dass diese Annahme richtig ist, bewusst in Kauf genommen hat (BGH NJW 1979, 713 f; NJW 1990, 1108).

II. Mangel. Mit Mangel ist ein Mangel iSd § 434 gemeint. Die Kenntnis muss beim **Abschluss des Kaufvertrages** vorliegen (PWW/*D Schmidt* Rn 8). Normalerweise ist dies unproblematisch, doch gibt es einige bes Fallgestaltungen. So stellt sich insbes beim **formnichtigen Grundstückskaufvertrag**, dessen Formnichtigkeit durch Eintragung geheilt wird, die Frage, auf welchen Zeitpunkt abzustellen ist. Der BGH lässt die Frage offen und hält die Kenntnis des Käufers von einem Mangel jedenfalls dann für unschädlich, wenn der Käufer nicht weiß, dass der Vertrag unwirksam ist. Eine einzelne Entscheidung stellt auf den Zeitpunkt der Eintragung ab (Hamm NJW 1986, 136), was die Lit aber in dieser Pauschalität ablehnt (Staud/*Beckmann* Rn 15; *Köhler* JZ 1989, 765). Die Heilung wirkt auf den Zeitpunkt des Vertragsschlusses zurück. Wenn der Käufer nach vermeintlich wirksamem Vertragsschluss Kenntnis erlangte, aber von der Unwirksamkeit des Vertrags nichts wusste, besteht für ihn kein Anlass, die Heilung wegen des verdeckten Mangels zu verhindern. Deshalb darf ihm daraus auch kein Nachteil erwachsen. Bei einer **aufschiebenden Bedingung** kommt es auf den Vertragsschluss, nicht auf den Eintritt der Bedingung an (*Köhler* JZ 1989, 761, 765; Staud/*Beckmann* Rn 17). Auch bei einem Kauf, für den ein Widerrufsrecht gem § 355 besteht, ist der Zeitpunkt des Vertragsschlusses und nicht der Ablauf der Widerrufsfrist maßgebend (Staud/*Beckmann* Rn 18; MüKo/*S Lorenz* Rn 6; BaRoth/*Faust* Rn 7). 5

C. Grob fahrlässige Unkenntnis des Mangels. I. Grobe Fahrlässigkeit. Grobe Fahrlässigkeit ist nach der üblichen Definition die bes schwere Vernachlässigung der im Verkehr erforderlichen Sorgfalt (RGZ 131, 343, 355; BGHZ 10, 14, 16). Dabei taucht die Frage auf, ob zu der erforderlichen Sorgfalt eine **Untersuchung der Kaufsache** gehört. Das Handelskaufrecht kennt in § 377 HGB indirekt eine Untersuchungspflicht, indem der Käufer für nicht gerügte erkennbare Mängel seine Rechte verliert. Das allg Kaufrecht statuiert eine derartige Pflicht nicht; es ist daher Zurückhaltung geboten, sie über § 442 indirekt doch einzuführen (PWW/*D Schmidt* Rn 9). Darüber hinaus besteht die Rügepflicht nach § 377 HGB erst bei Lieferung der Ware, während § 442 auf den Zeitpunkt des Vertragsschlusses abstellt. Wenn der Käufer die Sache bei oder vor Vertragsschluss nicht zu Gesicht bekommt, kann auch keine Untersuchungspflicht bestehen. 6

Grob fahrlässig ist jedoch der Kauf eines **Gebrauchtfahrzeugs** ohne Besichtigung und Probefahrt (Celle NdsRpfl 1974, 83; Hamburg MDR 1971, 134; Düsseldorf DB 1972, 857; offen gelassen von BGHZ 83, 334, 337). Dies gilt zumindest für einen gewerblichen Käufer, ob auch für einen privaten, ist jedoch fraglich. Der gewerbliche Käufer handelt grob fahrlässig, wenn er trotz Mitteilung über einen Unfallschaden eine eingehende Untersuchung unterlässt (Schleswig MDR 2006, 629). Der Käufer muss keinen Fachmann hinzuziehen (Köln NJW 1973, 903). 7

Auch bei einem **Grundstückskauf** zum Preis von über 3 Mio DM soll der Käufer nicht in die Grund- und Bauakten Einsicht nehmen müssen (BGH NJW-RR 1988, 1290). Jedoch wird verlangt, dass das Grundstück besichtigt wird, wenn es in vertretbarer Nähe liegt (Hamm NJW-RR 1995, 336). Aus der ihm bekannten Unmöglichkeit baulicher Veränderungen muss der Käufer den Schluss ziehen, dass das Grundstück in einem Landschaftsschutzgebiet gelegen sein könnte (BGH WM 1985, 230). 8

Grobe Fahrlässigkeit wurde auch angenommen, wenn der **Sachverständige eines Auktionshauses** trotz bestehender Anhaltspunkte die Fälschung eines Bildes nicht bemerkte (LG Bielefeld NJW 1990, 1999). Bei einem **EDV-Programm** ist ein Probelauf geboten (Schleswig MDR 1982, 228; abl Erman/*Grunewald* Rn 15; MüKo/*Westermann* Rn 11). Ob bei einem **Unternehmenskauf** eine due diligence (dazu § 453 Rz 51 f) erforderlich ist, ist str (dafür *Merkt* BB 1995, 1041, 1047; dagegen *Fleischer/Körber* BB 2001, 841, 844 ff; *Huber* AcP 202, 179, 201; *Weitnauer* NJW 2002, 2511, 2516; vgl auch PWW/*D Schmidt* Rn 9). 9

II. Ausnahmen. 1. Arglistiges Verschweigen. Das Gesetz erhält dem Käufer die Mängelrechte, obwohl er grob fahrlässig den Mangel nicht kannte, in zwei Ausnahmesituationen. Die Mängelrechte bleiben bestehen, wenn der Verkäufer den Mangel arglistig verschwiegen hat. Ein arglistiges Verschweigen spielt vor allem dann eine Rolle, wenn **Offenbarungspflichten** bestehen. Das arglistige Verschweigen muss spätestens zum Zeitpunkt des Vertragsschlusses vorliegen. Wenn der Verkäufer den Mangel bei einem Verkaufsgespräch vor Vertragsschluss verschweigt und den Käufer bis zum Vertragsschluss nicht darüber aufklärt, reicht dies aus (vgl auch BaRoth/*Faust* Rn 25). 10

2. Beschaffenheitsgarantie. Gibt der Verkäufer eine Beschaffenheitsgarantie ab, so haftet er ebenfalls trotz einer grob fahrlässigen Unkenntnis des Käufers. Die Beschaffenheitsgarantie ist seit der Schuldrechtsreform in § 443 geregelt. Zuvor bezog sich die Vorschrift auf eine Zusicherung nach altem Recht. In Anschluss an den RegE (BTDrs 14/6040 S 236) wird in der Lit vertreten, dass deswegen ein weiteres Verständnis von Beschaffenheitsgarantie zugrunde zu legen sei als in § 443. So wird auf die Übernahme einer **verschuldensunabhängigen Einstandpflicht** abgestellt (MüKo/*Westermann* Rn 13; ähnl Staud/*Matusche-Beckmann* Rn 44). Praktische Auswirkungen, die sich etwa in Rspr niedergeschlagen hätten, haben diese begrifflichen Unterschiede jedoch bislang nicht erlangt. 11

12 **3. Besondere Probleme bei Rechtsmängeln.** Die Vorschrift gilt auch für Rechtsmängel. Von der Rspr anerkannt ist dies für das Eigentum (RGZ 52, 276) und das dingliche Vorkaufsrecht (RG JW 1922, 576). Sie gilt aber für alle Rechtsmängel (*Eckert/Maifeld/Mathiessen* Rn 780; PWW/*D Schmidt* Rn 2). Die Kenntnis des Käufers muss sich auch auf die rechtlichen Folgen der ihm bekannten Tatsachen beziehen (BGHZ 13, 341, 345; BGH NJW 1979, 713 f), wobei der Käufer die Rechtsfolgen nur im Kern erkennen muss (BGH NJW 1979, 713 f). Fehlende Kenntnis über den Umfang des Rechtsmangels schließt daher die Anwendbarkeit der Vorschrift aus. Dagegen liegt Kenntnis vor, wenn der Käufer über die rechtliche und wirtschaftliche Tragweite des Rechtsmangels im Unklaren geblieben ist (BGH NJW 1979, 713, 714 im Anschluss an RGZ 52, 167, 169). Der Rechtsmangel in der zitierten BGH-Entscheidung betraf ein Patentrecht, auf Grund dessen der Weiterverkauf von Motoröl in Dosen nicht möglich war.

13 **D. Besonderheiten bei Grundstückskaufverträgen. Im Grundbuch eingetragene Rechte**, deren Bestehen einen Rechtsmangel begründen würde, hat der Verkäufer nach Abs 2 auch dann zu beseitigen, wenn sie der Käufer kennt. Dies bezieht sich seit der Schuldrechtsreform auf alle Rechte, sodass auch Erzeugnisse, Zubehör und Bestandteile erfasst sind, auf die sich ein Grundpfandrecht gem § 1020 erstreckt (BGH WM 1961, 482, 484). Die Rspr wendet die Vorschrift analog auf den Verkauf **sämtlicher Anteile einer GmbH** an, deren ganzes Vermögen in einem Grundstück besteht (RGZ 120, 283; 122, 378; 126, 13, 15). Der Verkäufer muss für die **Löschung der Rechte** im Grundbuch sorgen. Dafür muss er eine Löschungsbewilligung gem § 19 GBO herbeiführen. In Betracht kommt auch eine Grundbuchberichtigung nach § 894. Die Eintragung eines Widerspruchs reicht nicht aus (Staud/*Matusche-Beckmann* Rn 60). Auch Abs 2 ist dispositiv, was vor allem dann praktische Bedeutung hat, wenn der Käufer eine Belastung unter Anrechnung auf den Kaufpreis übernehmen soll (dazu § 433 Rz 55).

14 **E. Rechtsfolgen.** Die Formulierung des Gesetzes, dass die Rechte wegen eines Mangels ausgeschlossen seien, ist etwas zu eng, denn der Käufer kann die Mangelhaftigkeit selbstverständlich auch nicht im Wege der **Einrede gem § 320** dem Zahlungsanspruch des Verkäufers entgegensetzen (allg Meinung, etwa MüKo/*Westermann* Rn 18; Staud/*Matusche-Beckmann* Rn 47). Dagegen sind Rechte aus § 285 und deliktische Ansprüche nicht ausgeschlossen (MüKo/*Westermann* Rn 19; Staud/*Matusche-Beckmann* Rn 47). Letztere können allerdings gem § 254 ggf gekürzt werden.

§ 443 Beschaffenheit und Haltbarkeitsgarantie.

[1] **Übernimmt der Verkäufer oder ein Dritter eine Garantie für die Beschaffenheit der Sache oder dafür, dass die Sache für eine bestimmte Dauer eine bestimmte Beschaffenheit behält (Haltbarkeitsgarantie), so stehen dem Käufer im Garantiefall unbeschadet der gesetzlichen Ansprüche die Rechte aus der Garantie zu den in der Garantieerklärung und der einschlägigen Werbung angegebenen Bedingungen gegenüber demjenigen zu, der die Garantie eingeräumt hat.**

[2] **Soweit eine Haltbarkeitsgarantie übernommen worden ist, wird vermutet, dass ein während ihrer Geltungsdauer auftretender Sachmangel die Rechte aus der Garantie begründet.**

1 **A. Funktion der Vorschrift. Garantien** sind weit verbreitet und vor allem bei **technischen Gebrauchsgütern** üblich. Dabei gewährt meistens der Hersteller eine Garantie, so dass der Kunde die Wahl hat, bei einer Funktionsunfähigkeit der Kaufsache entweder Rechte aus der Garantie gegen den Hersteller oder Mängelrechte gegen den Verkäufer geltend zu machen. Während die Mängelrechte gegen den Verkäufer seit Alters her umfassend im BGB geregelt sind, hat die Garantie trotz ihrer erheblichen praktischen Bedeutung bis zur Schuldrechtsreform keine Erwähnung im Gesetzestext des BGB gefunden.

2 Veranlasst durch die **EG-Verbrauchsgüterkauf-RL** hat der Gesetzgeber des Schuldrechtsmodernisierungsgesetzes zwei Vorschriften über die Garantie ins BGB aufgenommen, nämlich eine allg Vorschrift in § 443 und eine spezielle auf den Verbrauchsgüterkauf bezogene in § 477. Während der Verkäufer jedoch den gesetzlichen Mängelrechten des Käufers nicht ausweichen kann, unterliegt der Hersteller weiterhin **keinem Zwang, eine Garantie zu gewähren.** Dies ist seine freie, allein durch den Wettbewerb beeinflusste Entscheidung. Auch die Schuldrechtsreform hat **keinen Mindestinhalt** für ein Garantieversprechen eingeführt. § 443 lässt sich auf die Aussage verkürzen, dass, wer eine Garantieerklärung abgibt, für das einzustehen hat, was er verspricht. Da der Hersteller zu einer Garantie nicht verpflichtet ist, darf die Garantieerklärung einen beliebigen Inhalt haben. Dagegen gilt für die Garantie beim **Verbrauchsgüterkauf** etwas anderes: Wer eine Garantie ggü Verbrauchern abgibt, muss die in dieser Norm enthaltenen Standards einhalten (Erl zu § 477). Aus § 443 allein folgen daher keine Rechte des Käufers. Die Vorschrift gibt aber Anlass darauf einzugehen, was zu beachten ist, wenn eine Garantieerklärung vorliegt.

3 **B. Begriff. I. Verkäufer- und Herstellergarantie. 1. Verkäufergarantie.** Die Garantie kann vom Verkäufer, vom Hersteller oder einem Dritten stammen. In einer Verkäufergarantie werden die **kaufrechtlichen Ansprüche** des Käufers gegen den Verkäufer aus dem Kaufvertrag **erweitert** (unselbständige Garantie, Rz 9). So kann die »Garantiezeit« länger sein als die gesetzliche Verjährungsfrist, oder der Verkäufer kann für die Freiheit von Mängeln nicht nur für den Zeitpunkt der Übergabe, sondern auch für eine bestimmte Frist

danach einstehen wollen (im Einzelnen unten Rz 25 ff). Die Garantieabrede wird als Bestandteil des Kaufvertrags mit diesem wirksam (MüKo/*Westermann* Rn 6) und entfällt ggf auch mit dem Kaufvertrag, zB durch Anfechtung oder Rücktritt. Der Verkäufer kann ein Garantieversprechen nur insoweit an die Stelle der gesetzlichen Mängelrechte setzen, wie eine Abdingbarkeit der Mängelrechte zulässig ist. Im Verbrauchsgüterkaufvertrag müssen die gesetzlichen Mängelrechte mit Ausnahme der Schadensersatzansprüche dem Käufer jedoch uneingeschränkt erhalten bleiben (§ 475 Rz 4 ff), und auch beim Verkauf eines Unternehmers an einen anderen (b 2 b) sind sie nicht vollständig abdingbar (§ 444 Rz 10). IdR kann ein Garantieversprechen des Verkäufers die gesetzlichen Mängelrechte nur erweitern, nicht aber abändern. Es ist auch zu beachten, dass die Herausstellung des Begriffes »Garantie« eine zusätzliche Leistung ggü der mängelfreien Erfüllung des Kaufvertrags suggeriert, der eine bloße Modifikation durch ein Garantieversprechen nicht gerecht wird. Daraus, dass lediglich die Rechte aus dem Kaufvertrag erweitert werden, folgt, dass die **kaufrechtliche Verjährungsfrist**, § 438, gilt. Man spricht dann von einer unselbständigen Garantie. Der Verkäufer kann aber auch eine selbständige Garantie abgeben (Rz 10).

2. Herstellergarantie. Dagegen kommt bei einer Herstellergarantie neben dem Kaufvertrag ein zweiter, **selbständiger Vertrag** zwischen dem Hersteller und dem Käufer zustande (selbständige Garantie, Rz 10). Das Angebot zu diesem Vertrag besteht in der der Ware beiliegenden Garantieurkunde. Nach verbreiteter und zutr Ansicht verzichtet der Hersteller gem § 151 auf den Zugang der Annahmeerklärung durch den Käufer (MüKo/*Westermann* Rn 7 mN). Andere lassen eine einseitige Erkl genügen (*Gsell* JZ 2001, 65; PWW/*D Schmidt* Rn 14). Die Annahme liegt in der Entgegennahme der Garantieerklärung. 4

Der auf diese Weise zustande gekommene Vertrag ist ein Vertrag sui generis (PWW/*D Schmidt* Rn 11; *Eckert/Maifeld/Matthiessen* Rn 1360). Dies hat zur Folge, dass für ihn nicht die kaufrechtliche, sondern die **allg Verjährung,** §§ 195, 199, gilt (*Grützner/Schmidl* NJW 2007, 3610, 3612; PWW/*D Schmidt* Rn 11; abw jedoch die Rspr, unten Rz 28). Er beeinflusst die kaufrechtlichen Ansprüche des Käufers gegen den Verkäufer nicht. Der Inhalt der Garantieerklärung ist dem Garantiegeber überlassen. Dies entbehrt nicht der Logik, denn wenn schon die Garantie freiwillig ist, so kann man erst recht nicht ihren Inhalt vorschreiben. So wird der Garantiegeber häufig den Wunsch haben, die gesetzlichen Verjährungsfristen zu **modifizieren** und sie der kaufrechtlichen Verjährung anzunähern, etwa die gem § 195 dreijährige Verjährung auf zwei Jahre zu verkürzen und/oder sie mit der Übergabe beginnen zu lassen und nicht wie nach § 199 mit Kenntnis der anspruchsbegründenden Tatsachen. Dies ist möglich, ohne dass dadurch die Garantie ihren Charakter als selbständige Garantie verliert und zu einem Annex des Kaufvertrags wird. Es muss aber im Garantievertrag eindeutig vereinbart werden. 5

Die Garantieerklärung darf aber nicht dazu führen, dass die Mängelrechte gegen den Verkäufer beeinträchtigt werden. Ein zwingender Mindestinhalt ist allerdings im Verbrauchsgüterkauf vorgeschrieben (Erl zu § 477). Jedoch darf auch außerhalb des Verbrauchsgüterkaufs die Garantieerklärung des Herstellers nicht den Eindruck erwecken, sie trete an Stelle der Mängelrechte gegen den Verkäufer. Der Käufer hat also die **Wahl**, ob er aus der Garantie gegen den Hersteller oder aus den gesetzlichen Mängelansprüchen gegen den Verkäufer vorgehen will. 6

Allerdings werden Verkäufer und Hersteller häufig ein Interesse daran haben, selbst zu bestimmen, ob der Käufer aus der Herstellergarantie oder aus den Mängelrechten vorgehen können soll. So mag ein Vertriebssystem so aufgebaut sein, dass der Hersteller unabhängig von den Verkäufern einen Kundendienst unterhält, der auf Kosten des Verkäufers die Mängel beseitigt. Der Verkäufer braucht auf diese Weise nicht das technische Know how und die Einrichtungen, die Sache nachzubessern. Rückgriffansprüche nach § 478 sind nicht nötig, wenn von vornherein der Hersteller repariert. Diese durchaus sachgemäßen Überlegungen werden durchkreuzt, wenn der Käufer trotzdem den Verkäufer in Anspruch nehmen kann. Das Wahlrecht des Käufers ist aber im Verbrauchsgüterkauf gar nicht und außerhalb desselben nur in den Grenzen des § 309 Nr 8 lit b aa einschränkbar. Danach darf der Käufer zwar darauf verwiesen werden, zunächst die Rechte aus der Herstellergarantie in Anspruch zu nehmen. Der Verkäufer muss aber dafür einstehen, dass der Käufer letztlich zu einer mangelfreien Kaufsache gelangt. 7

3. Garantie durch einen Dritten. Auch ein Dritter kann als Garantiegeber auftreten. Dies kann dann der Fall sein, wenn der Hersteller im Hintergrund blieben soll, bspw weil er ein ausländischer Unternehmer ist und/oder ein anderer als der Hersteller mit seiner Marke für das Produkt wirbt. In diesen Fällen kann etwa der **Importeur**, der Alleinvertriebsberechtigte oder der Inhaber einer Handelsmarke die Garantieerklärung abgeben. Der Vertrag kommt wie beim Vertrag mit dem Hersteller zustande und ist ein Vertrag sui generis. 8

II. Unselbständige und selbständige Garantie. 1. Unselbständige Garantie. Die begriffliche Unterscheidung zwischen selbständiger und unselbständiger Garantie ist entgegen einer verbreiteten Ansicht (Staud/*Matusche-Beckmann* Rn 12; BaRoth/*Faust* Rn 12) nach wie vor wichtig, da daran die unterschiedlichen Rechtsfolgen anknüpfen (wie hier PWW/*D Schmidt* Rn 3, 9; *Eckert/Maifeld/Mathiessen* Rn 1364; *Grützner/Schmidl* NJW 2007, 3610, 3611). Eine unselbständige Garantie ist eine Erweiterung der kaufvertraglichen Rechte. Sie kann daher nur vom Verkäufer stammen (oben Rz 4). Da sie **Bestandteil des Kaufvertrags** ist, 9 gelten für sie die kaufvertragliche Verjährung (§ 438; aA *Grützner/Schmidl* NJW 2007, 3610, 3612) und die kaufvertraglichen Mängelrechte (§ 437). Der Verkäufer muss in den Vertragsbedingungen eindeutig klarstellen, inwieweit er eine Erweiterung der gesetzlichen Rechte einräumen will.

10 **2. Selbständige Garantie.** Eine selbständige Garantie ist dagegen Bestandteil eines vom Kaufvertrag **selbständigen Vertrags**. Sie wird idR vom Hersteller oder einem Dritten stammen (oben Rz 4), doch kann auch der Verkäufer eine selbständige Garantie abgeben. Dies ist eine Frage der Auslegung; iZw wird jedoch bei der Verkäufer-Garantie nur eine Erweiterung des Kaufvertrags gewollt sein. Auf die selbständige Garantie ist das **allg Verjährungsrecht** (§§ 195, 199) und im Garantiefall das **allg Leistungsstörungsrecht** (§§ 280 ff) anzuwenden. Auch hier ist eine genaue Gestaltung der Garantiebedingungen erforderlich, da der Garantiegeber häufig von den gesetzlichen Regelungen wird abweichen wollen. So passt zB § 281 häufig nicht, der dem Schuldner das Wahlrecht zwischen großem und kleinen Schadensersatz einräumt (vgl auch unten Rz 20 f).

11 **III. Beschaffenheits- und Haltbarkeitsgarantie. 1. Beschaffenheitsgarantie.** Das Gesetz unterscheidet zwischen einer Beschaffenheits- und einer Haltbarkeitsgarantie. Bei der Beschaffenheitsgarantie sagt der Garantiegeber zu, dass die Sache im **Zeitpunkt des Gefahrübergangs** eine bestimmte Beschaffenheit aufweist. Sofern es sich um eine Verkäufergarantie handelt, geht die Beschaffenheitsgarantie regelm kaum über die Haftung wegen eines Mangels hinaus, denn auch beim Mangel steht die Beschaffenheitsvereinbarung an der Spitze des Begriffs (§ 434 Rz 2).

12 Jedoch kann mit der Beschaffenheitsgarantie ein **verschuldensunabhängiges Einstehen** des Verkäufers verbunden sein, das auch einen Schadensersatzanspruch umfasst. Ob dies der Fall ist, hängt davon ab, ob die Voraussetzungen des § 276 erfüllt sind. Danach steht die **Übernahme einer Garantie** an der Stelle des Verschuldens, das ansonsten Regelvoraussetzung für § 276 ist. Die Garantieübernahme steht nach der Vorstellung des Gesetzgebers an der Stelle der zugesicherten Eigenschaften nach früherem Recht (BTDrs 16/6040 S 131 f), deren Fehlen gem § 463 aF einen verschuldensunabhängigen Schadensersatzanspruch zur Folge hatte. Es sollen die bisher zu § 463 entwickelten Fallgruppen auf § 276 übertragbar sein (MüKo/*Grundmann* § 276 Rn 175). Entscheidend ist, ob der Schuldner mit seiner Garantie dafür **einstehen** will, dass Schäden der geltend gemachten Art gerade nicht auftreten (BGHZ 59, 158, 160; 170, 86, 92; vgl auch PWW/*Schmidt-Kessel* § 276 Rn 28). So wurde im Klebstoff-Fall zugesagt, dass der Klebstoff zur Befestigung bestimmter Styroporplatten geeignet sei. Der Käufer sollte vor Schäden geschützt sein, die dadurch entstehen könnten, dass sie sich doch lösen (BGHZ 59, 158, 160). IZw ist ein Eindstandswille eher bei einer Beschaffenheits- als bei einer Haltsbarkeitsgarantie zu vermuten (BaRoth/*Faust* Rn 30).

13 Ferner ist denkbar, dass der Verkäufer für das Vorliegen bestimmter Beschaffenheitsmerkmale über die gesetzliche Frist nach § 438 hinaus einzustehen verspricht, sofern es sich um eine unselbständige Garantie handelt. Die Besonderheit einer Beschaffenheitsgarantie des Verkäufers ggü der gesetzlichen Mängelhaftung kommt also nur auf der Rechtsfolgenseite zum Tragen, wenn die Voraussetzungen einer garantiemäßigen Übernahme gem § 276 vorliegen.

14 Dagegen hat eine **Beschaffenheitsgarantie eines Herstellers** oder eines Dritten eine größere selbständige Bedeutung, denn der Hersteller bzw der Dritte würde im Gegensatz zum Verkäufer ohne die Garantieerklärung gar nicht haften. Es macht durchaus Sinn, eine Beschaffenheitsgarantie des Herstellers so zuzuschneiden, dass sie der gesetzlichen Mängelhaftung eines Verkäufers entspricht. Dies empfiehlt sich vor allem, wenn die Haftung aus der Herstellergarantie wirtschaftlich an die Stelle der Haftung des Verkäufers treten soll. Im Verbrauchsgüterkaufvertrag kann die Haftung des Verkäufers wegen § 475 Abs 2 ohnehin weder ausgeschlossen noch beschränkt werden (§ 477 Rz 1). Außerhalb dieses Bereichs ist es aber möglich, den Käufer zunächst auf die Inanspruchnahme des Herstellers aus dessen Garantie zu verweisen, aber nur, wenn er auf diesem Wege wenigstens die gleichen Ansprüche erhält, die er gegen den Verkäufer hätte. Diese Grenzen ergeben sich aus § 309 Nr 8 lit b aa, die auch im kaufmännischen Verkehr zu beachten sind (§ 309 Rz 7). Lediglich im Wege einer Individualvereinbarung kann man sich im kaufmännischen Verkehr darüber hinwegsetzen.

15 **2. Haltbarkeitsgarantie.** Die Haltbarkeitsgarantie ist im Gesetz selbst definiert. Danach garantiert der Verkäufer oder ein Dritter, dass die Sache für eine bestimmte Dauer eine bestimmte Beschaffenheit behält. Während bei der Mängelhaftung nur Mängel geltend gemacht werden können, die zum Zeitpunkt der Übergabe bestehen, fällt unter die Haltbarkeitsgarantie **jede während der bestimmten Frist auftauchende Abweichung** von der versprochenen Beschaffenheit unabhängig davon, ob der Grund bereits zum Zeitpunkt der Übergabe angelegt war. Das Gesetz spricht darüber hinaus in Abs 2 die **Vermutung** aus, dass jeder während der Geltungsdauer auftretende Sachmangel eine derartige Abweichung begründet. Der Garantiegeber muss also beweisen, dass ein Mangel nicht vom Käufer verursacht wurde (MüKo/*Westermann* Rn 23; PWW/*D Schmidt* Rn 19; *Maultzsch* NJW 2006, 3091, 3096). Es ist Sache des Garantiegebers, die Länge der Haltbarkeit festzulegen. Da die Haltbarkeitsfrist nichts mit der Verjährungsfrist gem § 438 zu tun hat, kann sie auch kürzer als diese sein.

16 Im Gegensatz zur Beschaffenheitsgarantie gewährt die Haltbarkeitsgarantie dem Käufer auch dann ggü den gesetzlichen Mängelrechten Vorteile, wenn sie vom Verkäufer stammt, denn der Verkäufer muss im Rahmen

der Mängelrechte für nach Gefahrübergang auftretende Mängel nicht einstehen. Erst recht ist naturgemäß eine Haltbarkeitsgarantie des Herstellers oder eines sonstigen Dritten für den Käufer von Vorteil.

3. Abgrenzung. Wegen der weitergehenden Folgen einer Haltbarkeitsgarantie muss der Versprechende darauf bedacht sein, sorgsam zu formulieren, wie weit er einzustehen beabsichtigt, vor allem, wenn er nur eine Beschaffenheitsgarantie übernehmen möchte. Am besten ist es, den Begriff Beschaffenheitsgarantie in die Erklärung zu übernehmen. Geht aus dem Wortlaut der Garantieerklärung nicht hervor, ob eine Beschaffenheits- oder eine Haltbarkeitsgarantie gemeint ist, so spricht insbes eine **fehlende Fristbestimmung** für eine bloße **Beschaffenheitsgarantie.** Auf der anderen Seite sind vor allem bei **technischen Gebrauchsgütern Haltbarkeitsgarantien** so verbreitet, dass der Garantiegeber ausdrücklich klarstellen muss, lediglich eine Beschaffenheitsgarantie einräumen zu wollen, wenn er sich nicht an einer Haltbarkeitsgarantie festhalten lassen will. 17

C. Rechte aus der Garantie. I. Garantieerklärung. Der Inhalt der Garantie ergibt sich in erster Linie aus der Garantieerklärung. Da weder der Verkäufer noch der Hersteller oder ein anderer Dritter zur Übernahme einer Garantie verpflichtet sind, kann er sie ggü der gesetzlichen Mängelhaftung sowohl im Hinblick auf die Voraussetzungen wie auf die Rechtsfolgen **beliebig einschränken.** Dies muss er aber deutlich machen. Eine unklare Formulierung wie »Wir übernehmen für unser Produkt eine zweijährige Garantie« würde im Zweifel so verstanden, dass für alle Sachmängel (vgl die Vermutung des Abs 2) eine Haltbarkeitsgarantie und nicht eine bloße Beschaffenheitsgarantie übernommen wird. Die Formulierung macht auch nicht deutlich, ob eine selbständige oder eine unselbständige Garantie gewollt ist, so dass bzgl der Rechtsfolgen Unklarheiten auftreten. **1. Unselbständige Garantie.** Eine unselbständige Garantie – im Zweifel würde man bei einer Verkäufergarantie vermuten, dass sie eine unselbständige Garantie ist – führt zu einer Erweiterung der Rechte des Käufers. Es gelten die in § 437 vorgesehenen Rechte für alle Fälle eines Mangels gem § 434, wobei aber die garantiemäßige Übernahme iSd § 276 an Stelle des für Schadensersatzansprüche sonst erforderlichen Verschuldens tritt (Rz 12), so dass der Garantiegeber **verschuldensunabhängig Schadensersatz** schuldet, soweit sein **Einstandswille** reicht. Wenn er diesen nicht deutlich einschränkt, läuft er Gefahr, wegen jeden Mangels verschuldensunabhängig Schadensersatz leisten zu müssen. 18

2. Selbständige Garantie. Auch eine selbständige Garantie – sie liegt stets bei einer Herstellergarantie vor (Rz 4) – kann zu einem verschuldensunabhängigen Schadenersatz führen. Bei Pflichtverletzungen kommen die §§ 280 und 280, 281 direkt zur Anwendung. An Stelle des Verschuldens steht wiederum die garantiemäßige Übernahme mit der Folge eines **verschuldensunabhängigen Schadensersatzes**, soweit der Einstandswille reicht. 19

3. Beschränkbarkeit. Der Garantiegeber ist aber keineswegs gezwungen, für alle Beschaffenheitsmerkmale eine Garantie zu übernehmen. Er kann – und sollte – entweder die Beschaffenheitsmerkmale, für die er einstehen will, aufzählen oder eine ausdrückliche Einschränkung bzgl der Beschaffenheitsmerkmale vornehmen, für die er nicht haften will. Dies ist zulässig, solange nicht der Eindruck erweckt wird, dass durch derartige Einschränkungen auch die gesetzliche Mängelhaftung des Verkäufers beschränkt werden soll (Rz 6). Es muss also stets klargestellt werden, dass die Rechte aus der Garantie zusätzlich zur gesetzlichen Verkäuferhaftung gelten. 20

Auch auf der **Rechtsfolgenseite** darf der Garantiegeber die eingeräumten Rechte im Vergleich zur gesetzlichen Mängelhaftung beliebig einschränken. So kann etwa entgegen § 439 ausschließlich ein Nachbesserungsrecht eingeräumt werden. Entgegen § 439 Abs 2 können dem Käufer Wege- oder Materialkosten auferlegt werden, wenn er die Garantie in Anspruch nimmt. Dies muss aber deutlich erklärt werden. Die Garantieerklärung ist regelm in AGB-Form abgefasst, so dass sie unter die §§ 305 ff fällt. Sie darf daher keine überraschenden Klauseln enthalten und muss dem Transparenzgebot entsprechen. Dies wird vor allem dadurch erreicht, dass deutlich und hervorgehoben erklärt wird, dass die gesetzliche Haftung des Verkäufers unberührt bleibt. Die Garantie führt freilich auch zu ggü den gesetzlichen Mängelrechten **zusätzlichen Rechten,** nämlich einem verschuldensunabhängiger Schadensersatzanspruch (Rz 12). Wenn der Garantiegeber dies vermeiden will, muss er den verschuldensunabhängigen Schadensersatzanspruch ausdrücklich ausschließen. 21

Jenseits der rechtlichen Zulässigkeit ist es jedoch wirtschaftlich nicht zweckmäßig, die mit der Garantie gewährten Rechte ggü den gesetzlichen Mängelrechten enger zu gestalten. Der Sinn zumal einer Herstellergarantie besteht darin, den »**after-sale-service**« zwischen Verkäufer und Hersteller so aufzuteilen, dass er vom Hersteller erbracht wird. Dieses Ziel wird nicht erreicht, wenn der Käufer dennoch den Verkäufer in Anspruch nimmt, weil er mit der Garantie nur weniger weitgehende Rechte erhält. Obwohl ein rechtlicher Zwang dazu nicht besteht, liegt es daher vielfach im Interesse von Verkäufer und Hersteller, einen Gleichlauf zwischen Rechten aus der Garantie und Mängelhaftung des Verkäufers herzustellen, um den Käufer auf die Inanspruchnahme der Garantie zu lenken. Wie ausgeführt, darf die vorherige Inanspruchnahme der Garantie nur außerhalb des Verbrauchsgüterkaufs verlangt werden und auch dann nur, wenn dieser Gleichlauf hergestellt ist (Rz 7). 22

II. Werbung. Zum Inhalt der Garantie ist dem Gesetz zufolge die »**einschlägige Werbung**« **heranzuziehen.** Unter »einschlägig« ist nicht nur zu verstehen, dass die Werbung vom Garantiegeber stammen muss, also bei 23 einer Verkäufergarantie vom Verkäufer und bei einer Herstellergarantie vom Hersteller (BaRoth/*Faust* Rn 20; PWW/*D Schmidt* Rn 16). Vielmehr ist zu berücksichtigen, dass die Verkaufsanstrengungen vom Hersteller und Verkäufer vielfach zusammen wirken und aufeinander abgestimmt sind. Deswegen reicht es aus, wenn der Käufer den Eindruck gewinnen muss, dass der Versprechende hinter der Werbung steht (so MüKo/*Westermann* Rn 13; zu eng mE BaRoth/*Faust* Rn 21, der die Vorschriften über die Einbeziehung der Herstellerwerbung in den Mangelbegriff des § 434 analog heranziehen will; zu weit dagegen Staud/*Matusche-Beckmann* Rn 38, die es ausreichen lassen will, wenn die Werbung sich auf die gekaufte Sache bezieht).

24 Die Werbung allein begründet noch keinen Garantieanspruch des **Käufers.** Notwendig ist eine Garantieerklärung, die zu einem Garantievertrag führt (oben Rz 4 f). Der Inhalt der Garantieerklärung ergibt sich freilich nicht nur aus der Garantieerklärung, sondern auch aus der Werbung. Dies folgt aus dem Wort »und« im Gesetz. Weitgehende **Aussagen in der Werbung können daher nicht in der Garantieerklärung eingeschränkt werden**; der Garantiegeber wird vielmehr an den Werbeaussagen festgehalten. Dabei dienen die Werbeaussagen nicht nur der (ergänzenden) Ausfüllung einer etwa nur vage formulierten Garantieerklärung, sie haben vielmehr selbständige Bedeutung. Das kann zu einem Widerspruch zwischen Garantieerklärung und Werbung führen. Da der Käufer sich sowohl auf die Garantieerklärung wie die Werbung berufen kann, steht ihm nach allg Ansicht (Staud/*Beckmann-Matusche* Rn 37; MüKo/*Westermann* Rn 14; BaRoth/*Faust* Rn 18) ein Wahlrecht zu. Er wird sich also im Zweifel auf die für ihn günstigere Möglichkeit berufen. Wer also eine Garantieerklärung abgibt, muss prüfen, ob eine auf das Produkt bezogene Werbung besteht, die den Eindruck erweckt, dass der Garantiegeber hinter der Werbung steht, und die Werbeaussagen mit dem Inhalt der Garantieerklärung abstimmen.

25 **D. Garantiefrist und Verjährung.** Garantiefrist und Verjährungsfrist sind voneinander **zu unterscheiden.** Zwar kann ausnahmsw die Garantie auch die Verjährungsfrist beeinflussen, und zwar dergestalt, dass die Garantiefrist lediglich eine **Verlängerung der gesetzlichen Verjährungsfrist** oder auch nur deren Bestätigung beinhaltet. Ob dies gemeint ist, muss durch Auslegung ermittelt werden (*Eckert/Maifeld/Mathiessen* Rn 1401). In Betracht kommt dies nur bei einer **unselbständigen Garantie**, die vom Verkäufer stammt, und zwar in erster Linie bei einer Haltbarkeitsgarantie.

26 Es sollte zweckmäßigerweise sowohl der Beginn wie die Länge der Frist festgelegt werden (»drei Jahre ab Übergabe der Kaufsache«). Es ist auch ein anderer **Fristbeginn** möglich, zB das Datum des Vertragsschlusses. Fehlt es an einer Vereinbarung, geht man vom Zeitpunkt des Gefahrübergangs aus (BTDrs 14/6040 S 237, 239; dem folgend Staud/*Matusche-Beckmann* Rn 29; BaRoth/*Faust* Rn 24). Falls die Länge der Frist nicht bestimmt ist, wendet die Lit im Zweifel die Verjährungsfrist an (Palandt/*Putzo* Rn 13; Staud/*Matusche-Beckmann* Rn 29).

27 IdR sind Garantiefrist und Verjährungsfrist strikt voneinander zu unterscheiden. Die Garantiefrist ist nicht gesetzlich geregelt. Sie gibt die Frist an, innerhalb der ein Mangel zutage treten kann – ohne Rücksicht darauf, ob er bei Übergabe schon (mehr oder minder versteckt) vorhanden war –, für den der Garantiegeber haften will. **Der Garantiefall setzt die gesetzliche Gewährleistungsfrist in Gang**, mit anderen Worten, der Beginn der Verjährungsfrist ist aufschiebend bedingt bis zum Eintreten eines Garantiefalls (RGZ 65, 119, 121; BGH BB 1961, 228; 1962, 234; 1979, 1932; BGHZ 75, 75, 81; NJW 1982, 2248; *Grützner/Schmidl* NJW 2007, 3610, 3613 f). Die Aussage »Es wird eine Garantie von zwei Jahren gewährt« ist also im Falle einer beweglichen Sache wie folgt zu lesen: »Für Mängel, die innerhalb von zwei Jahren nach Übergabe auftauchen, gewähren wir die nachfolgend beschriebenen Ansprüche innerhalb eines Zeitraums von zwei Jahren ab Auftauchen des Mangels.« Der Garantiegeber muss also bis kurz vor Ablauf von vier Jahren mit Garantieansprüchen rechnen. Er hat es aber in der Hand, durch Vereinbarung einer **Rügeobliegenheit** zu einem anderen Ergebnis zu gelangen. Dafür darf eine Frist nach Auftauchen eines Garantiefalls vereinbart werden, die deutlich kürzer ist als die Verjährungsfrist. Allerdings darf der Garantiegeber nicht die Kurzformel »Garantiefrist zwei Jahre« verwenden, und zwar auch in der Werbung nicht, denn die Werbung wird der Garantieerklärung zugerechnet (oben Rz 23).

28 Immerhin wendet die Rspr **nicht die allg Verjährungsregelung** der §§ 195, 199 an, und zwar auch dann nicht, wenn der Garantiegeber – anders als im oben genannten Beispiel – die Verjährung nicht geregelt hat. Bei einer selbständigen Garantie würde nämlich eigentlich die Drei-Jahres-Frist nach § 195 zur Anwendung kommen (so ein Teil der Lit, Palandt/*Putzo* Rn 23; MüKo/*Westermann* Rn 22; *Grützner/Schmidl* NJW 2007, 3610, 3612). Nach der Rspr gilt aber die Verjährungsfrist des Vertragstyps, auf den sich die Garantie bezieht, also bei einem Kaufvertrag **§ 438** und bei einem Werkvertrag **§ 634a** bzw die Vorgängervorschriften (vgl die Nachw Rz 27). Dies ist zwar eine pragmatische Lösung, dogmatisch überzeugend ist sie aber nicht, denn die selbständige Garantie ist ein eigenständiger Vertrag; zwischen Hersteller und Käufer besteht gerade kein Kaufvertrag. Da nur vereinzelte Entscheidungen des BGH vorliegen, die der BGH in jüngerer Zeit nicht mehr bestätigt hat, kann man auch nicht von einer st Rspr reden. Es ist also für den Garantiegeber Vorsicht geboten. Er sollte sich nicht darauf verlassen, mit einer zweijährigen Verjährung »davon zu kommen«, sondern vielmehr die von ihm für angemessen gehaltene Verjährungsfrist in den Garantiebedingungen regeln.

E. Verhältnis zu Mängelansprüchen gegen den Verkäufer. Die Rechte aus der Garantie und die Mängelrechte gegen den Verkäufer bestehen **unabhängig voneinander**. Deswegen beeinträchtigt die Garantie nicht die Mängelrechte und umgekehrt. Dabei tauchen aber zwei Probleme auf: Zum einen haben der Garantiegeber und der Verkäufer uU ein Interesse, dass der Kunde (zunächst) nur aus der Garantie vorgeht, und zum andern ist die Trennung zwischen den Ansprüchen aus der Garantie und den Mängelrechten für einen Käufer, der juristischer Laie ist, möglicherweise nicht klar. Ihm könnte verborgen bleiben, dass ihm ein Wahlrecht zusteht. 29

Die Mängelrechte gegen den Verkäufer können nicht vollständig ausgeschlossen werden, weil dem Kunden Rechte aus einer Garantie eingeräumt werden. Der Käufer kann allerdings darauf verwiesen werden, dass der Käufer zur Erfüllung von Nachbesserungsansprüchen sich der **Vertragswerkstätten des Herstellers** bedient. Diese werden dann als Erfüllungsgehilfen des Verkäufers tätig. Der Verkäufer trägt das Risiko, dass die Inanspruchnahme der Vertragswerkstätten für den Käufer unzumutbar iSd § 440 ist. 30

Außerhalb des Verbrauchsgüterkaufs kann man den Käufer zunächst zur Inanspruchnahme der Rechte aus der Garantie verpflichten. § 309 Nr 8 lit a erlaubt diesen Weg, lässt aber die Haftung des Verkäufers nach den gesetzlichen Vorschriften wieder aufleben, wenn diese Verweisung fehlschlägt. Wichtig ist, dass die Mängelrechte gegen den Verkäufer nicht schlechthin ausgeschlossen werden, sondern dem Käufer eindeutig das Recht eingeräumt wird, den Verkäufer in Anspruch zu nehmen, wenn er aus der Garantie nichts erlangt, was den Maßstäben des § 309 Nr 8 lit a entspricht. 31

Schließlich kann ein juristischer Laie die **Einräumung einer Garantie** leicht dahingehend **missverstehen**, dass die Rechte aus der Garantie **an die Stelle der Mängelrechte gegen den Verkäufer** treten sollen. Der Garantiegeber muss also eindeutig darauf **hinweisen,** dass dies nicht der Fall ist (BGH NJW 1988, 1726). Für den Verbrauchsgüterkauf ist dies in § 477 ausdrücklich vorgeschrieben. Der Hinweis sollte aber auch außerhalb des Verbrauchsgüterkaufs erfolgen, da die einschlägigen BGH-Entscheidungen vor der Schuldrechtsreform ergangen sind und keine Einschränkung auf Verbrauchsgüterkaufverträge enthalten. Letztlich ist der Garantiegeber gut beraten, in der Garantie die gleichen Rechte einzuräumen, die er als Verkäufer einräumen müsste, um den nicht ausschließbaren Rückgriff des Käufers auf den Verkäufer überflüssig zu machen. Der BGH hat zudem entschieden, dass Garantiebedingungen unwirksam sind, wenn sie nicht den Anforderungen an die kaufrechtlichen Mängelrechte genügen und nicht deutlich hervorgehoben ist, dass die Ansprüche gegen den Verkäufer daneben bestehen (BGH NJW 1988, 1726). Der Garantiegeber befindet sich also auf der sicheren Seite, wenn er seine Garantieerklärung so gestaltet, dass sie auch als kaufrechtliche Mängelrechte Bestand haben würden (vgl auch § 477 Rz 4). 32

§ 444 Haftungsausschluss.

Auf eine Vereinbarung, durch welche die Rechte des Käufers wegen eines Mangels ausgeschlossen oder beschränkt werden, kann sich der Verkäufer nicht berufen, soweit er den Mangel arglistig verschwiegen oder eine Garantie für die Beschaffenheit des Sache übernommen hat.

A. Funktion der Vorschrift. I. Wesentlicher Inhalt. Die Vorschrift enthält eine **zwingende Grenze für Haftungsausschlüsse und -beschränkungen**. Bei arglistigem Verschweigen eines Mangels und bei Übernahme einer Beschaffenheitsgarantie ist ein Haftungsausschluss nicht möglich, und zwar in jedem Kaufvertrag, also auch bei Kaufverträgen zwischen Unternehmern iSd § 14 (»b 2 b«). Die Anwendung der Vorschrift auf Beschaffenheitsgarantien in Unternehmenskaufverträgen hat nach der Schuldrechtsreform zu heftigen Diskussionen geführt (etwa *Graf v Westphalen* ZIP 2001, 2107; *Hermanns* ZIP 2002, 696; *Weitnauer* NJW 2002, 2511; *M Wolf/Kaiser* DB 2002, 411), jedoch sind die damit verbundenen Probleme lösbar, ohne dass es eines Eingriffs des Gesetzgebers bedurft hätte. 1

II. Überblick über Grenzen für Haftungsausschlüsse und -beschränkungen außerhalb von § 444. Die Vorschrift bildet nicht die einzige Grenze für Haftungsausschlüsse und -begrenzungen. Für den **Verbrauchsgüterkauf** sind gem **§ 475** Abweichungen von den gesetzlichen Mängelrechten des Käufers generell nicht zulässig, wohl aber kann der Schadensersatzanspruch modifiziert werden (§ 475 Rz 21 ff). Doch auch bei Kaufverträgen außerhalb des Verbrauchsgüterkaufs wird das Prinzip der Dispositivität nicht nur durch § 444 eingeschränkt. Freilich ist § 444 die einzige Vorschrift, die Grenzen für Haftungsausschlüsse auch für Individualverträge beinhaltet. 2

Werden für den Vertrag dagegen AGB verwendet, ist für Verträge außerhalb des Verbrauchsgüterkaufsvertrages **§ 309 Nr 8** zu beachten, der zwar nicht so weitgehend wie § 475 die Mängelrechte gänzlich der Dispositivität entzieht, sie aber doch einschränkt. Danach dürfen die Mängelrechte nicht durch einen ausschließlichen Verweis auf Ansprüche gegen Dritte ersetzt werden, die gesetzlichen Mängelrechte leben wieder auf, wenn ein vorrangig eingeräumtes Nachbesserungs- oder Nachlieferungsrecht nicht zum Erfolg führt, und schließlich sind der Verkürzung der Verjährungsfrist Grenzen gesetzt. Zwar gilt die Vorschrift gem § 310 formal nur für Verbraucherverträge, doch wendet die Rspr über die allg geltende Generalklausel des § 307 die genannten Grundsätze auch auf b 2 b-Verträge an, so dass im Ergebnis die Möglichkeiten der Abdingbarkeit der gesetzlichen Regelungen erheblich eingeschränkt sind. 3

4 **B. Haftungsausschluss- und -beschränkungsklauseln.** Der Haftungsausschluss bzw die Beschränkung sollte ausdrücklich erfolgen. Dabei können sowohl auf der Seite der Voraussetzungen wie der Rechtsfolgen Einschränkungen vorgenommen werden. So kann ein Haftungsausschluss nur für eine einzelne oder eine **beschränkte Zahl von Beschaffenheitsangaben** vorgenommen werden. Dies spielt vor allem beim Unternehmenskauf eine Rolle (Rz 10). Auf der Rechtsfolgenseite können bspw lediglich **Schadensersatzansprüche** ausgeschlossen oder beschränkt werden. Des Weiteren können die Ansprüche auf einen Nacherfüllungsanspruch gem § 439 reduziert werden, oder es kann der Nachbesserungs- oder der Nachlieferungsanspruch abbedungen werden.

5 Für die Auslegung sind nicht nur die einzelne Klausel, sondern auch die Verkehrssitte und der gesamte Vertragstext heranzuziehen (BGH NJW 1967, 32). Der Haftungsausschluss kann auch **konkludent** erfolgen (MüKo/*Westermann* Rn 5); allerdings muss für den Käufer erkennbar sein, dass seine Rechte ausgeschlossen bzw beschnitten werden (MüKo/*Westermann* Rn 4). Ein derartiger stillschweigender Haftungsausschluss ist etwa in einer Formulierung wie »Ramschkauf« zu sehen (Staud/*Matusche-Beckmann* Rn 5; zust MüKo/*Westermann* Rn 5; PWW/*D Schmidt* Rn 6). Dagegen ist in einen Verkauf zu einem Sonderpreis kein automatischer Haftungsausschluss hineinzudeuten. Der Verkäufer muss vielmehr ausdrücklich die Haftung ausschließen. Ist dies nicht möglich, zB in einem Verbrauchsgüterkauf (Rz 2) oder bei der Verwendung von AGB (Rz 3), bleibt nur übrig, über die Beschaffenheitsangabe (»Waren minderer Qualität«) die Haftung einzuschränken (§ 434 Rz 8 ff).

6 Verbreitete Formeln für einen Haftungsausschluss sind etwa »gekauft wie besichtigt unter Ausschluss jeder Gewährleistung« oder »wie es steht und liegt«. Sie sind als vollständiger Haftungsausschluss anerkannt (BGH NJW 1977, 1055 bzw BGHZ 74, 204, 210). Die Klausel »gekauft wie besichtigt« gilt dagegen lediglich als Haftungsausschluss für Mängel, die der Käufer ohne Zuhilfenahme eines Sachverständigen erkennen kann (BGHZ 74, 204, 210; vgl auch die Klauselübersicht bei PWW/*D Schmidt* Rn 10 ff).

7 **C. Arglist.** Der Verkäufer kann sich auf einen Haftungsausschluss nicht berufen, wenn er den Mangel arglistig verschwiegen hat. Der Begriff der Arglist entspricht § 123. Neben der Unzulässigkeit eines Haftungsausschlusses hat arglistiges Verschweigen die weitere Folge, dass nicht die (normalerweise kürzere) Verjährung nach § 438 Abs 1 gilt, sondern gem § 438 Abs 3 die **regelm Verjährungsfrist**. Dem Käufer, dem ggü der Verkäufer einen Mangel arglistig verschwiegen hat, steht zudem die **Wahl** zu, ob er den Kaufvertrag gem § 123 **anfechten** möchte oder ob er die ihm – trotz etwa entgegenstehender vertraglicher Vereinbarungen – uneingeschränkt zustehenden gesetzlichen **Mängelrechte** geltend machen will. Dieses Wahlrecht wird auch nicht etwa durch eine unterschiedliche Verjährung eingeschränkt, da § 438 Abs 3 für einen Gleichlauf der Verjährung sorgt. Der Käufer muss sich entscheiden, ob er sich vom Vertrag lossagen möchte oder nicht. Im ersten Fall wird er anfechten und erlangt gem §§ 812 ff seine schon erbrachten Leistungen zurück. Er kann sich aber auch dafür entscheiden, die Sache zu behalten und die gesetzlichen Mängelrechte geltend zu machen. Führt dies nicht zum Erfolg, gelangt er auf diesem Weg letztlich zum Rücktritt (§§ 437 Nr 2, 323 Abs 1). Der Rücktritt wird über §§ 346 ff abgewickelt, nicht über Bereicherungsrecht (§§ 812 ff).

8 Abzustellen für den Tatbestand der arglistigen Täuschung ist auf den **Zeitpunkt**, zu dem die haftungsbeschränkende Abrede getroffen wurde (MüKo/*Westermann* Rn 12; BaRoth/*Faust* Rn 14; PWW/*D Schmidt* Rn 7). § 166 kommt zur Anwendung, dh die Arglist eines Vertreters wird dem Vertretenen, also dem Verkäufer, zugerechnet.

9 **D. Übernahme einer Beschaffenheitsgarantie. I. Allgemeines.** Die Vorschrift erfasst sowohl die selbständige wie die unselbständige Garantie (*Eckert/Maifeld/Mathiessen* Rn 1369; MüKo/*Westermann* Rn 14). Auch bei der Übernahme einer Beschaffenheitsgarantie ist ein Haftungsausschluss bzw eine Beschränkung **unzulässig**. Die Beschaffenheitsvereinbarung steht an der Stelle der früheren Eigenschaftszusicherung (BTDrs 14/6040 S 131; § 443 Rz 12). Sie entspricht dem Begriff der Beschaffenheitsgarantie in **§ 443** (Staud/*Matusche-Beckmann* Rn 51). Daraus ergibt sich gem § 276, dass ein unbeschränkbarer verschuldensunabhängiger Schadensersatzanspruch die Folge sein kann. In der Lit wird teilw vertreten, die Vorschrift sei Ausdruck des **Verbots des venire contra factum proprium**, weil der Verkäufer dem Käufer mit dem Haftungsausschluss das zu nehmen versucht, was er ihm mit der Garantie gerade gegeben hat (*Gronstedt/Jörgens* ZIP 2002, 52, 57; *Hermanns* ZIP 2002, 696, 697; *Triebel/Hölzle* BB 2002, 521, 530 Fn 105; *M Wolf/Kaiser* DB 2002, 411, 419; *Eckert/Maifeld/Mathiessen* Rn 1411). Andere meinen, der Käufer könne durch den gleichzeitig vereinbarten Haftungsausschluss erkennen, dass der Verkäufer gerade nicht für bestimmte Angaben einstehen will; es sei eine Frage der **Vertragsauslegung**, wann der Verkäufer haften wolle (BaRoth/*Faust* Rn 18; ihm folgend Staud/*Matusche-Beckmann* Rn 52). Dem kann nur eingeschränkt zugestimmt werden. Aus der Vertragsauslegung muss sich ergeben, dass eine Beschaffenheitsgarantie nicht gewollt ist. Zu diesem Ergebnis kann auch ein gleichzeitig vereinbarter Haftungsausschluss führen. Liegt aber eine Beschaffenheitsgarantie vor, wäre es in der Tat ein venire contra factum proprium, dann einen Haftungsausschluss zu vereinbaren. Die Vertragsauslegung kann durchaus ergeben, dass eine Beschaffenheitsgarantie vereinbart ist, etwa wenn die entspr Zusagen im Vertrag oder in der Werbung herausgestrichen werden. Dieses Ergebnis kann nicht durch einen Haftungsausschluss in sein Gegenteil

verkehrt werden, wobei zu beachten ist, dass der Vorschrift ohnehin nur bei Individualvereinbarungen eine selbständige Bedeutung zukommt (Rz 2).

II. Insbesondere: Garantie im Unternehmenskauf. Die Vorschrift hat nach ihrem Inkrafttreten für erhebliche Unruhen wegen möglicher Auswirkungen auf Unternehmenskaufverträge gesorgt. In derartigen Verträgen übernimmt der Verkäufer üblicherweise eine Garantie für die Richtigkeit bestimmter **Unternehmenskennziffern** wie Umsätze oder Bilanzzahlen, beschränkt die Haftung dafür aber der Höhe nach. Es wurde befürchtet, dass diese Praxis wegen des in § 444 vorgesehenen Verbots eines Haftungsausschlusses oder einer Beschränkung nicht mehr zulässig sei (*Graf v Westphalen* ZIP 2001, 2107). In einer Flut von Stellungnahmen in der Lit wurde versucht, die bisherige Praxis zu retten und mit § 444 für vereinbar zu erklären (vgl die Nachw Rz 9). Dem ist im Erg zuzustimmen. Zunächst kann unproblematisch eine **Beschaffenheitsgarantie nur für einige Merkmale** gewährt werden (§ 443 Rz 5). Es steht den Parteien also frei zu vereinbaren, für welche Unternehmenskennziffern der Verkäufer eintreten soll. Etwas schwerer tut man sich mit der Begründung, warum auch die Haftungsbeschränkung zulässig sein soll. Hier wird iA argumentiert, dass die Garantie von vornherein nur in Höhe des vereinbarten Betrags entsteht (etwa MüKo/*Westermann* Rn 15; *Eckert/Maifeld/Mathiessen* Rn 1412). Dem ist jedenfalls insoweit zuzustimmen, wie die garantierten Unternehmenskennzahlen und die **Haftungsbeschränkung** deutlich im Zusammenhang, gewissermaßen als Paket, genannt werden, so dass für den Käufer von vornherein nicht der Eindruck entstehen kann, er erhalte eine unbegrenzte Haftung. Es ist einzuräumen, dass eine gewisse begriffliche Unschärfe zur Abgrenzung von den oben (Rz 9) beschriebenen venire-contra-factum-proprium-Fällen besteht, doch ist zu berücksichtigen, dass dem wegen der einhelligen Stellungnahmen im Schrifttum, denen iZw wohl auch der BGH folgen wird, keine praktische Bedeutung zukommt. 10

Eines zunächst geforderten **Eingriffs des Gesetzgebers** hätte es daher nicht bedurft. Der Gesetzgeber hat gleichwohl das Wort »wenn« durch »soweit« ausgetauscht, um zu unterstreichen, dass es durchaus Haftungsausschlüsse und Beschränkungen geben kann (G vom 02.12.2004, BGBl I S 3102). 11

§ 445 Haftungsbegrenzung bei öffentlichen Versteigerungen. **Wird eine Sache auf Grund eines Pfandrechts in einer öffentlichen Versteigerung unter der Bezeichnung als Pfand verkauft, so stehen dem Käufer Rechte wegen eines Mangels nur zu, wenn der Verkäufer den Mangel arglistig verschwiegen oder eine Garantie für die Beschaffenheit der Sache übernommen hat.**

Die Vorschrift überträgt die Bedingungen, unter denen ein Haftungsausschluss bzw eine Beschränkung gem § 444 möglich ist, auf öffentliche Versteigerungen. Der Haftungsausschluss tritt bereits ein, weil es sich um eine öffentliche Versteigerung handelt; er muss **nicht eigens vereinbart** werden. Ratio der Vorschrift ist, dass der Verkäufer bei einer Versteigerung die Sache nicht notwendigerweise kennt (Hamm DB 1985, 807, 808; Staud/*Beckmann* Rn 1; BaRoth/*Faust* Rn 1). Die Vorschrift gilt **für Sach- wie auch Rechtsmängel** (Staud/*Beckmann* Rn 2; MüKo/*Westermann* Rn 1; PWW/*D Schmidt* Rn 2). Sie bezieht sich auf einen Pfandverkauf gem § 1235 Abs 1. Aus der Formulierung »unter Bezeichnung als Pfand« ergibt sich, dass es auf das rechtsgültige Bestehen eines Pfands nicht ankommt. Es genügt die Bezeichnung als Pfand (Staud/*Beckmann* Rn 5). Ausgeschlossen ist die Anwendbarkeit der Vorschrift gem § 474 Abs 2 bei einem Verbrauchsgüterkauf (§ 474 Rz 17). 1

Ob die Anwendung der Vorschrift **rechtsmissbräuchlich** ist, wenn der Ersteher keine Möglichkeit hatte, die Sache zu besichtigen, ließ der BGH offen (BGHZ 96, 214: Besichtigungsmöglichkeit von zwei Stunden). Die Lit verneint die Frage (MüKo/*Westermann* Rn 2; BaRoth/*Faust* Rn 7; PWW/*D Schmidt* Rn 7). Deliktische Ansprüche schließt die Vorschrift nicht aus. Die Begriffe »Arglist« und »Beschaffenheitsgarantie« sind wie bei § 123 bzw § 443 (§ 443 Rz 11 ff) zu bestimmen. Bei einer Pfandveräußerung im Rahmen der **Zwangsvollstreckung** wird die Gewährleistung gem § 806 ZPO bzw bei Grundstücken gem § 56 S 3 ZVG ausgeschlossen. Ein Selbsthilfeverkauf gem § 383 Abs 3 fällt nicht unter die Vorschrift. 2

§ 446 Gefahr-und Lastenübergang. **Mit der Übergabe der verkauften Sache geht die Gefahr des zufälligen Untergangs und der zufälligen Verschlechterung auf den Käufer über. Von der Übergabe an gebühren dem Käufer die Nutzungen und trägt er die Lasten der Sache. Der Übergabe steht es gleich, wenn der Verkäufer in Verzug der Annahme ist.**

A. Funktion der Vorschrift. Die Vorschrift sieht vor, dass der Gefahrübergang auf den Käufer bereits mit der **Übergabe** eintritt. Bis zum Gefahrübergang hat der Käufer den ungeschmälerten Erfüllungsanspruch. Nimmt er eine mangelbehaftete Sache an – wozu er allerdings keineswegs verpflichtet ist –, so hat er danach nur noch **Nacherfüllungsansprüche** (§ 433 Rz 30). Mit der Übergabe ist nicht notwendigerweise die Eigentumsverschaffung verbunden. Zwar ist dies der Regelfall, wenn der Verkäufer seine Pflichten aus dem Kaufvertrag gem § 929 erfüllt, doch sind auch andere Fallkonstellationen von erheblicher praktischer Relevanz. Namentlich beim Verkauf unter Eigentumsvorbehalt und beim Grundstückskaufvertrag fallen Übergabe bzw Auflassung und Eigentumserwerb zeitlich auseinander. 1

2 Die Bedeutung des Gefahrübergangs besteht darin, dass zum Zeitpunkt des Gefahrübergangs, nämlich der Übergabe, die Kaufsache **mangelfrei** sein muss. Deswegen ist der Zeitpunkt des Gefahrübergangs für die Ausübung der Mängelrechte von entscheidender Bedeutung. Ein Mangel muss im Zeitpunkt des Gefahrübergangs vorgelegen haben. Den Käufer trifft dafür die **Beweislast**, und zwar auch dann, wenn der Mangel erst später in Erscheinung tritt. Die Beweislast ist also eine doppelte: Der Käufer muss nicht nur beweisen, dass überhaupt ein Mangel vorliegt, sondern auch, dass dies bereits zum Zeitpunkt des Gefahrübergangs der Fall war.

3 Davon gibt es eine allerdings wichtige Ausnahme: Bei **Verbrauchsgüterkaufverträgen** besteht – zwingend – eine **Beweislastumkehr** während der ersten sechs Monate nach Gefahrübergang, die in § 476 geregelt ist (vgl die Erläuterungen zu § 476). Außerhalb des Verbrauchsgüterkaufvertrags sind die Parteien nicht gehindert, eine dem § 476 entspr Beweislastregelung zu vereinbaren, denn § 446 ist – im Gegensatz zu § 476 – dispositiv. Es ist auch möglich, eine kürzere oder längere Frist vorzusehen oder dem Verkäufer die Möglichkeit eines Gegenbeweises zu nehmen, etwa indem man vereinbart, dass ein Mangel, der sich bis zu einem Zeitpunkt x nach Übergabe zeigt, als im Zeitpunkt der Übergabe vorhanden gilt. Derartige Vereinbarungen sind aber nur dann möglich, wenn der Käufer eine starke Position hat.

4 Darüber hinaus ist der Gefahrübergang auch für die Berechnung der **Verjährung** gemäß § 438 von Bedeutung. Zwar knüpft die Verjährungsfrist nicht an den Gefahrübergang, sondern bei beweglichen Sachen an die Ablieferung und bei unbeweglichen Sachen an die Übergabe an (§ 438 Rz 15 ff), doch fällt dieser Zeitpunkt in den meisten Fällen mit dem Gefahrübergang zusammen.

5 Mit dem Gefahrübergang geht die Sach- und Preisgefahr vom Verkäufer auf den Käufer über. Die **Sachgefahr** betrifft die Leistungspflicht, dh der Verkäufer kann sich vor Gefahrübergang nicht damit entlasten, dass die ursprünglich mangelfreie Sache zwischen Kaufabschluss und Übergabe zerstört oder beschädigt wurde und er somit nicht mehr zu leisten brauche. Er muss gleichwohl ordnungsgemäß erfüllen.

6 Im Zeitpunkt des Gefahrübergangs geht auch die **Preisgefahr** über. Sie betrifft die Gegenleistungspflicht. Bis zum Gefahrübergang muss der Käufer den Kaufpreis nicht entrichten, wenn der Verkäufer aus welchen Gründen auch immer nicht ordnungsgemäß erfüllt. Wenn der Kaufpreisanspruch nach den vertraglichen Vereinbarungen bereits fällig wäre, hat der Käufer den Einwand des nicht erfüllten Vertrags, § 320. Nach der Übergabe ist er aber dem Kaufpreiszahlungsanspruch des Verkäufers ausgesetzt, auch wenn der Kaufgegenstand untergeht oder beschädigt wird. Dies mag als selbstverständlich erscheinen, wenn der Käufer den Kaufgegenstand in Besitz hat, es gilt aber auch bei Annahmeverzug des Käufers, vgl S 3 (Rz 17).

7 Das Gesetz legt als Zeitpunkt des Gefahrübergangs die **Übergabe** fest. Dies ist nicht selbstverständlich, denkbar wäre auch der Zeitpunkt des Vertragsschlusses oder der Erfüllung (Staud/*Beckmann* Rn 6). Die Übergabe ist auch in der EG-Verbrauchsgüterkauf-RL und in Art 69 CISG (mit Sonderregelungen für den Gefahrübergang bei Einschluss einer Beförderung, Art 67 f) vorgesehen. Den Zeitpunkt der Übergabe zu bestimmen ist einfach, wenn dem Käufer der unmittelbare Besitz an einer beweglichen Sache verschafft wird. Probleme tauchen jedoch auf, wenn der Käufer nur mittelbaren Besitz erhält (Rz 15) oder wenn eine Beförderung in die Leistung eingeschlossen ist. Dann stellt sich die Frage, auf wessen Gefahr die Sache reist (dazu § 447 Rz 11 f).

8 § 446 ist **dispositiv**, und zwar auch für den Verbrauchsgüterkaufvertrag (PWW/*D Schmidt* Rn 6). Wenn man es nicht bei der gesetzlichen Regelung bewenden lassen will, bedarf es einer vertraglichen Bestimmung des Zeitpunktes der Übergabe. Statt der Übergabe kann ein anderes Kriterium vereinbart werden, zB das Datum des Vertragsschlusses. Die Übergabe ist im Regelfall jedoch angemessener, da sie einen Ausgleich der Interessen zwischen den Parteien bedeutet; eine Verschiebung würde bei einer Vorverlegung den Verkäufer und bei einem späteren Zeitpunkt den Käufer begünstigen. Vertragliche Vereinbarungen haben daher meistens den Zweck, die Übergabe zu präzisieren. So verwendet man bei **Unternehmenskaufverträgen** regelm eine **Stichtagsregelung** (§ 453 Rz 49). Bei **Grundstückskaufverträgen** wird ebenfalls der Zeitpunkt des Gefahrübergangs regelm vertraglich geregelt. Davon geht auch die Begründung zum Schuldrechtsmodernisierungsgesetz aus, das spezielle Regelungen für den Grundstückskauf gestrichen hat (BTDrs 14/6040 S 203). Vertragliche Regelungen sind auch erforderlich, wenn am Sitz des Käufers zu erfüllen ist, der Verkäufer aber das Beförderungsrisiko nicht übernehmen will.

9 Auch die **Rechtsfolgen** der Übergabe können abweichend geregelt werden. So kann der Gefahrübergang auf einen Zeitpunkt nach der Übergabe hinausgeschoben oder auch – über den Anwendungsbereich des § 447 hinaus – vorverlegt werden.

10 **B. Anwendungsbereich.** § 446 ist für jeden Kaufvertrag anwendbar unabhängig davon, ob es sich um einen **Sach- oder einen Rechtskauf** handelt, letzteres jedenfalls dann, wenn das verkaufte Recht zum Besitz der Sache berechtigt (MüKo/*Westermann* Rn 4; Staud/*Beckmann* Rn 9). Damit fallen auch **Unternehmenskaufverträge** in den Anwendungsbereich. Für Unternehmenskaufverträge wird die Übergabe freilich regelm durch eine Stichtagsvereinbarung (Closing) ersetzt (§ 453 Rz 49; vgl auch MüKo/*Westermann* Rn 4). Der Gefahrübergang findet damit unabhängig von einer konkreten Übergabe statt.

11 Die Vorschrift ist auf **Gattungs- und Stückschulden** gleichermaßen anwendbar. Bei einer Sache, die nicht mittlerer Art und Güte gem § 243 ist, muss freilich beachtet werden, dass eine Konkretisierung nicht eintritt,

so dass trotz zufälligem Untergangs bzw Verschlechterung des übergebenen Gegenstandes eine weitere Leistungspflicht aus der Gattung besteht (MüKo/*Westermann* Rn 9). Nimmt der Käufer den mangelhaften Gegenstand allerdings ab, so beschränken sich seine Rechte auf die Nacherfüllungsansprüche (§ 433 Rz 40).

Die Vorschrift gilt nur für den **zufälligen Untergang** bzw die Verschlechterung. Diese Beschränkung ist dem Begriff der Gefahr immanent. Zufall bedeutet, dass weder der Verkäufer noch der Käufer den Untergang bzw die Verschlechterung zu vertreten haben (Staud/*Beckmann* Rn 26). Der Begriff des Zufalls ist damit weiter als der der höheren Gewalt zu verstehen und nicht notwendigerweise auf ein von außen kommendes Ereignis beschränkt. Ansonsten gelten die allg Vorschriften, dh der Käufer hat ggf Schadensersatzansprüche wegen Unmöglichkeit, § 283, oder, bei einer Verschlechterung, aus §§ 280 oder 281. Besonders zu beachten sind die Folgen eines Annahmeverzugs des Käufers (Rz 17). 12

C. Voraussetzungen. I. Übergabe. 1. Erlangung der tatsächlichen Gewalt. Im Regelfall bedeutet die Übergabe Erlangung unmittelbaren Besitzes durch den Käufer. Die Übergabe muss nicht notwendigerweise zur Eigentumsverschaffung iSv § 929 führen; vielmehr kann die Eigentumsverschaffung **aufschiebend bedingt** sein, die Übergabe aber gleichwohl sofort die Wirkung des Gefahrübergangs auslösen (vgl RGZ 85, 320; Hamm NJW-RR 1987, 245). Dies hat wegen des weit verbreiteten Eigentumsvorbehalts erhebliche praktische Bedeutung (PWW/*D Schmidt* Rn 2). Davon zu unterscheiden ist die Situation, dass das obligatorische Geschäft selbst und nicht bloß die Eigentumsverschaffung aufschiebend bedingt erfolgt. Dann gilt § 446 bei Eintritt der Bedingung rückwirkend, ohne Bedingungseintritt gar nicht, da § 446 einen wirksamen Kaufvertrag voraussetzt (Staud/*Beckmann* Rn 13). Erforderlich ist aber stets, dass die Übergabe zum Zwecke der Erfüllung des Kaufvertrags erfolgt (RGZ 85, 320, 322). 13

Die Verschaffung **unmittelbaren Besitzes** richtet sich nach § 854. Nach dessen Abs 1 muss der Besitzer die tatsächliche Gewalt über die Sache erlangen. Ob dies der Fall ist, bemisst sich nach der Verkehrsanschauung (BGHZ 101, 188). Es muss erkennbar sein, dass die Sache im Besitz des Käufers oder dessen Besitzdieners ist (§ 855). Außerdem muss die Sachherrschaft auf eine gewisse Dauer angelegt sein (PWW/*Prütting* § 854 Rn 7). Praktisch weniger bedeutend ist § 854 Abs 2, wonach eine Einigung zwischen dem bisherigen Besitzer und dem Erwerbenden ausreicht, wenn der Erwerber in der Lage ist, die Gewalt über die Sache auszuüben (Holz im Wald). Es reicht dagegen nicht, wenn der Käufer eine im Besitz des Verkäufers stehende Sache abholen soll (BGH NJW 1979, 714 f). 14

2. Verschaffung mittelbaren Besitzes. Die Verschaffung mittelbaren Besitzes reicht für die Übergabe iSd § 446 nur dann aus, wenn lediglich eine Übereignung nach §§ 930, 931 geschuldet ist, zB bei einer vermieteten Sache. Ist der Verkäufer dagegen zu einem wenn auch späteren Zeitpunkt zur Übergabe verpflichtet, tritt der Gefahrübergang erst zu diesem Zeitpunkt ein (hM, Staud/*Beckmann* Rn 20; BaRoth/*Faust* Rn 8; MüKo/*Westermann* Rn 7). 15

3. Übergabe an Dritte. Ist die Übergabe an den Käufer im Vertrag durch die Übergabe an einen Dritten ersetzt, der in keiner besitzrechtlichen Beziehung zum Käufer steht, was regelm beim **Streckengeschäft** der Fall ist oder auf sonstige **Geheißpersonen** zutrifft (dazu § 433 Rz 25), so tritt der Gefahrübergang im Verhältnis zum Käufer bei der Übergabe an den Dritten ein. Die Übergabe an den Ditten muss auf Geheiß des Käufers erfolgen (BGH NJW 1973, 141; NJW 1974, 1132; Hamm NJW-RR 1987, 245). 16

II. Annahmeverzug. Der Gesetzgeber der Schuldrechtsreform fügte in das Kaufrecht – ebenso wie in das Werkvertragsrecht, § 644 Abs 1 S 2 – einen Satz ein, wonach der Annahmeverzug **der Übergabe gleichzustellen** ist. Damit bewirkt das Vorliegen der Voraussetzungen der §§ 293 ff über den Gläubigerverzug auch die Rechtsfolgen des Gefahrübergangs. Immerhin bedeutet § 446 S 3 ggü den allg Regeln über den Gläubigerverzug eine Klarstellung und Vereinfachung, weil insbes nicht zwischen Gattungsschulden und Stückschulden unterschieden werden muss. Da § 446 ggü den allg Vorschriften als lex specialis für Kaufverträge Vorrang genießt, muss nur noch festgestellt werden, ob Annahmeverzug gem §§ 294 (tatsächliches Angebot), 295 (wörtliches Angebot) oder 296 (Entbehrlichkeit des Angebots; zu den Einzelheiten vgl die Erl von *Tamm* zu diesen Vorschriften) vorliegt. Ist dies der Fall, gelten die Rechtsfolgen des (kaufrechtlichen) Gefahrübergangs (Rz 20). Da der Verkäufer nur mit einer mangelfreien Sache erfüllen kann, gerät der Käufer nicht in Annahmeverzug, wenn er eine mangelhafte Sache ablehnt (*Eckert/Maifeld/Mathiessen* Rn 365). 17

Die **allg Vorschriften** werden damit aber keineswegs verdrängt. § 446 befasst sich nämlich nur mit dem zufälligen Untergang oder der Verschlechterung, während sich die Rechtsfolgen aus einem Untergang oder einer Verschlechterung, die der Schuldner (= Verkäufer) zu vertreten hat, aus den allg Vorschriften ergeben. Maßgebliche Norm ist § 300, der im Annahmeverzug des Gläubigers aber zugunsten des Schuldners den anspruchsauslösenden Maßstab zur Begründung der Vorwerfbarkeit verengt (Ausschluss der Haftung für leichte Fahrlässigkeit). Nach dessen Abs 1 hat der Schuldner während des Annahmeverzugs Vorsatz und grobe Fahrlässigkeit zu vertreten. Bei einfacher Fahrlässigkeit wird der Schuldner dagegen frei, weil auch hier der Untergang bzw die Verschlechterung als zufällig angesehen werden. Bei Gattungsschulden tritt Gefahrübergang gem § 300 Abs 2 ein (zu den Einzelheiten vgl die Kommentierung von *Tamm*). 18

19 Auch die **Preisgefahr** geht bei Zufall infolge des Annahmeverzugs gemäß § 446 S 3 über. Außerhalb des Anwendungsbereichs des § 446, also bei verschuldetem Untergang bzw Verschlechterung, belässt im Annahmeverzug § 326 Abs 2 S 1 Alt 2 dem Schuldner (= Verkäufer) mit gewissen Einschränkungen den Gegenleistungsanspruch.

20 **D. Rechtsfolgen. I. Gefahrübergang.** Die Rechtsfolgen des Gefahrübergangs bestehen in dem schon beschriebenen **Übergang der Sach- und Preisgefahr** vom Verkäufer auf den Käufer. Beides hat bis zum Gefahrübergang der Verkäufer zu tragen, dh er trägt das Risiko, dass der Kaufgegenstand untergeht oder sich verschlechtert, auch wenn ihn daran kein Verschulden trifft, und er trägt das Risiko, die Gegenleistung nicht zu erlangen, wenn er wegen des Untergangs oder der Verschlechterung gar nicht oder nicht ordnungsgemäß erfüllen kann. Da der Käufer eine mangelbehaftete Sache nicht als Erfüllung anzunehmen braucht, besteht die Preisgefahr in vollem Umfang auch dann, wenn lediglich eine Verschlechterung eintritt. Der Verkäufer kann den Käufer nicht auf die Inanspruchnahme der Mängelrechte verweisen, wenn er nur noch eine verschlechterte, bspw beschädigte und irreparable, Sache anzubieten vermag. Erst nach dem Gefahrübergang trägt der Käufer die Sach- und Preisgefahr. Er muss also den vollen Kaufpreis auch dann entrichten, wenn die Sache zwar übergeben wurde, ihm das Eigentum aber noch nicht verschafft wurde, wenn sie untergeht oder sich verschlechtert (PWW/*D Schmidt* Rn 14).

21 **II. Nutzungen und Lasten.** Mit dem Gefahrübergang gebühren die Nutzungen dem Käufer. Nutzungen sind in § 100 definiert; es handelt sich um die **Früchte** einer Sache oder eines Rechts sowie um die **Gebrauchsvorteile**. Bes wichtig ist dies beim Kaufvertrag über ein vermietetes Grundstück, da mit dem Übergang des Grundstücks dem Erwerber auch die **Mieteinnahmen** zustehen. Regelm findet der Übergang vor der Vollendung des Erwerbs durch Eintragung ins Grundbuch statt. Erst zu diesem Zeitpunkt rückt gem § 566 jedoch der neue Eigentümer in die Stellung des Vermieters ein, so dass der Mieter bis zu diesem Zeitpunkt die Miete mit befreiender Wirkung an den bisherigen Eigentümer entrichten kann. Es empfiehlt sich daher, in den Kaufvertrag eine Vereinbarung aufzunehmen, wonach der Verkäufer dem Käufer seine Mietforderungen ab dem Zeitpunkt des Übergangs abtritt. Das Gleiche gilt auch beim Kauf eines **Gesellschaftsanteils.** Auch hier sollte vereinbart werden, dass die Gewinnansprüche unabhängig vom Zeitpunkt der Vollendung des Erwerbs ab einem bestimmten Stichtag dem Erwerber abgetreten werden. Auch die **Lasten** gehen mit dem Gefahrübergang über. Lasten können privatrechtlicher oder öffentlich-rechtlicher Natur und einmalig oder wiederkehrend (§ 103) sein. Sie müssen den Eigentümer als solchen treffen (Staud/*Beckmann* Rn 33). Die Lastentragung muss entweder im Vertrag geregelt sein oder sich aus § 436 ergeben. Keine Last ist die Streupflicht, weil sie eine persönlich zu erbringende Leistung betrifft (BGH NJW 1990, 111, 112).

§ 447 Gefahrübergang beim Versendungskauf.

[1] Versendet der Verkäufer auf Verlangen des Käufers die verkaufte Sache nach einem anderen Ort als den Erfüllungsort, so geht die Gefahr auf den Käufer über, sobald der Verkäufer die Sache dem Spediteur, dem Frachtführer oder der sonst zur Ausführung der Versendung bestimmten Person oder Anstalt ausgeliefert hat.

[2] Hat der Käufer eine besondere Anweisung über die Art der Versendung erteilt und weicht der Verkäufer ohne dringenden Grund von der Anweisung ab, so ist der Verkäufer dem Käufer für den daraus entstehenden Schaden verantwortlich.

1 **A. Funktion und Anwendungsbereich. I. Funktion.** Während § 446 auf den Grundfall abstellt, wonach der Verkäufer dem Käufer den Kaufgegenstand am Erfüllungsort übergibt, enthält § 447 eine Spezialregelung für die Versendung der Sache. § 447 greift nur ein, wenn die Sache auf Verlangen des Käufers an einen anderen Ort als den Erfüllungsort geliefert wird, Bestimmungsort und Erfüllungsort also auseinander fallen, sog **Distanzgeschäft.** In diesem Fall wird der **Gefahrübergang** auf den Zeitpunkt der Auslieferung der Sache an die Transportperson **vorverlegt.** Als ratio der Vorschrift wird angenommen, dass es unbillig sei, den Verkäufer haften zu lassen, wenn er eine ihm typischerweise nicht obliegende Leistung im Interesse des Käufers übernimmt (RGZ 88, 37 f; 96, 258 f; 99, 56, 58; zweifelnd Staud/*Beckmann* Rn 2).

2 **II. Keine Anwendung bei Verbrauchsgüterkauf.** Auf Grund der EG-Verbrauchsgüterkauf-RL darf die Vorschrift bei Verbrauchsgüterkaufverträgen nicht angewendet werden. Der deutsche Umsetzungsgesetzgeber hat dies in **§ 474 Abs 2** geregelt (§ 474 Rz 18). Im Verbrauchsgüterkauf findet der Gefahrübergang daher zwingend erst mit der Übergabe an den Käufer statt. Damit ist auch das früher vielfach erörterte Problem obsolet, ob § 447 im **Versandhandel** zur Anwendung kommt, jedenfalls soweit der Käufer ein Verbraucher ist. Praktisch kommt § 447 daher nur im Rechtsverkehr zwischen Unternehmen oder zwischen Verbrauchern zur Anwendung.

3 **III. Nur bei vom Erfüllungsort abw Bestimmungsort.** Doch auch dann, wenn beide Parteien Unternehmer iSd § 14 sind, kommt § 447 vielfach nicht zum Zuge. Dies gilt immer, wenn eine **Holschuld** vereinbart wurde. Erklärt sich der Verkäufer später gleichwohl zur Versendung bereit, so wird aus der Holschuld im Regelfall keine Bring-, sondern eine **Schickschuld.** Wenn allerdings eine **Bringschuld** vorliegt, greift die Vorschrift

nicht ein (BaRoth/*Faust* Rn 5), denn nur bei der Schickschuld fallen Leistungs- und Erfüllungsort auseinander, und dies ist das maßgebliche Kriterium für § 447 (iE Rz 7). War jedoch nichts anderes vereinbart, ist Leistungs- und Erfüllungsort der Wohnsitz des Käufers bzw der Sitz seiner gewerblichen Niederlassung, § 269.

IV. Abweichende Vereinbarungen. § 447 ist dispositiv, so dass die Parteien abw Vereinbarungen treffen können. So kann bspw der **Gefahrübergang** auch dann für den **Zeitpunkt der Auslieferung an eine Transportperson** festgelegt werden, wenn Erfüllungsort und Bestimmungsort zusammen fallen. Das führt zu einer Besserstellung des Verkäufers. Theoretisch kann umgekehrt der Gefahrübergang auch für eine Übergabe am Bestimmungsort festgelegt werden, wenn der Bestimmungsort nicht der Erfüllungsort ist. Das entspricht der für den Verbrauchsgüterkauf geltenden Regel nach § 474 Abs 2 iVm § 446, muss aber in Verträgen zwischen Unternehmen eigens vereinbart werden. Regelm wird in der Vereinbarung des Gefahrübergangs am Bestimmungsort jedoch auch eine Abrede über den Erfüllungsort zu erblicken sein, so dass § 447 nicht zur Anwendung kommt. 4

Im Handelsverkehr werden vielfach **Kurzklauseln** verwendet, die den Gefahrübergang in Zusammenhang mit dem Transport der Ware regeln. Bei inländischen Kaufverträgen sind Formulierungen wie »**ab Werk**«, »ab Lager« oä. gebräuchlich. Sie bedeuten, dass der Gefahrübergang mit der Bereitstellung und Konkretisierung der Ware eintritt (Staud/*Beckmann* Rn 46). Umgekehrt beinhaltet die Klausel »**Lieferung frei Haus**«, dass der Gefahrübergang erst mit der Ablieferung stattfindet und der Verkäufer mithin die Transportgefahr trägt (BGHZ 114, 284, 251). Die Klausel »frei« in Verbindung mit einem Ortsnamen bedarf dagegen der Auslegung an Hand weiterer Umstände (BGH NJW 1984, 567). 5

Im internationalen Handelsverkehr werden Klauseln wie **fas** (free alongside ship: Gefahrübergang, wenn die Waren längsseits des Schiffes geliefert sind) und **fob** (free on board: Gefahrübergang, wenn die Ware die Reling des Schiffes passiert, RGZ 106, 212) verwendet. Vor allem die fob-Klausel ist seit langem üblich. Sie wird idR nicht isoliert vereinbart, sondern als Bestandteil der Incoterms, so dass der Vertrag ohnehin nicht nach BGB-Kaufrecht abzuwickeln ist (Überblick über die aktuelle Entwicklung bei den Incoterms bei *Piltz* RIW 2000, 485; *Lehr* VersR 2000, 548; *Wertenbruch* ZGS 2005, 136). 6

B. Voraussetzungen. I. Versendung an einen anderen Ort als den Erfüllungsort. Erste Voraussetzung für die Vorverlegung des Zeitpunkts des Gefahrübergangs nach § 447 ist die Versendung an einen anderen Ort als den Erfüllungsort. Damit ist der Anwendungsbereich bereits wesentlich eingeschränkt; sind Bestimmungsort und Erfüllungsort identisch (so bei Hol- und Bringschuld), greift die Vorschrift nicht ein. Es muss also zunächst der Erfüllungsort ermittelt werden. »Ort« ist dabei nicht im geographischen Sinne zu verstehen (»Neustadt«), sondern meint die Adresse, so dass auch innerhalb derselben Gemeinde Versendungsort und Bestimmungsort auseinander fallen können, sog **Platzkauf** (Staud/*Beckmann* Rn 6; BaRoth/*Faust* Rn 6; PWW/*D Schmidt* Rn 10; str). 7

Der Erfüllungsort ergibt sich in erster Linie aus den **Parteivereinbarungen**, arg § 269 Abs 1 (Staud/*Beckmann* Rn 7). Es ist deshalb zu empfehlen, den Erfüllungsort klar im Kaufvertrag zu regeln, um nachträgliche Auslegungsprobleme zu vermeiden (»Erfüllungsort ist der Sitz des Verkäufers« bzw »Erfüllungsort ist der Sitz des Käufers«), wobei die jeweilige Adresse im Vertrag angegeben sein muss. Der Erfüllungsort kann **auch im Verbrauchsgüterkaufvertrag** frei geregelt werden. Als Erfüllungsort kommt auch ein vom Sitz der Vertragsparteien abweichender Ort, etwa der Bestimmungsort, in Betracht. Wenn ein vom Sitz des Käufers abw Bestimmungsort als Erfüllungsort gewählt wird, ist § 447 nicht anzuwenden. Es muss bei der Vereinbarung des Erfüllungsortes also bedacht werden, ob die Wirkung des § 447 (Vorverlegung des Gefahrübergangs) gewollt ist. 8

Ist kein Erfüllungsort im Vertrag vereinbart und ergeben sich aus dem Vertrag auch keine sonstigen Anhaltspunkte, welchen Ort die Parteien als Erfüllungsort gemeint haben könnten, so ist – und zwar erst dann, also wenn die Vertragsauslegung ergebnislos bleibt, – **§ 269** anzuwenden. »Erfüllungsort« ist iSv »Ort der Leistung« gem § 269 zu verstehen, also genau genommen der **Leistungsort** (MüKo/*Westermann* Rn 4; BaRoth/*Faust* Rn 5). Die Vorschrift ist klar als **subsidiär** nach vertraglichen Vereinbarungen und der Berücksichtigung der Umstände ausgestaltet. Aus diesem Grunde sollte man den Erfüllungsort auch dann vertraglich festlegen, wenn er nach dem Willen der Parteien mit § 269, der den Grundsatz der Holschuld festlegt, übereinstimmen soll, um auszuschließen, dass sich aus den – stets vorrangigen – Umständen nicht doch ergibt, dass ein anderer Erfüllungsort als die in § 269 vorgesehenen Orte zur Anwendung kommt. § 269 sieht im Zweifel in Abs 1 den Wohnsitz des Schuldners und bei einem gewerblichen Schuldner in Abs 2 dessen gewerbliche Niederlassung als maßgeblichen Ort vor (zu den Einzelheiten vgl die Erl zu § 269; vgl auch *Eckert/Maifeld/Mathiessen* Rn 189). 9

II. Auf Verlangen des Käufers. Der abw Bestimmungsort führt weiterhin nur dann zur Vorverlegung des Gefahrübergangs, wenn die Versendung »auf Verlangen des Käufers« erfolgt. Dieses Verlangen kann bereits ausdrücklich **im Kaufvertrag** seinen Ausdruck gefunden haben, und zwar entweder dadurch, dass ein bestimmter abweichender Bestimmungsort genannt wird, oder dadurch, dass dem Käufer vorbehalten wird, abw Bestimmungsorte nach Vertragsschluss zu benennen. (»Der Käufer kann den Verkäufer anweisen, den Kaufgegenstand 10 an einen von ihm zu bestimmenden Ort zu versenden.«) Dies sollte mit einer Vereinbarung über die Kosten verbunden werden (vgl die Erl zu § 448). Ein abw Bestimmungsort kann auch **nachträglich** vereinbart werden, und schließlich reicht eine **konkludente** Vereinbarung aus. § 447 greift aber nicht ein, wenn die Versendung ohne oder gegen den Willen des Käufers erfolgt (Staud/*Beckmann* Rn 10; BaRoth/*Faust* Rn 7).

11 **III. Auslieferung.** Für den Gefahrübergang ist schließlich erforderlich, dass die Kaufsache an die Transportperson »ausgeliefert« ist. Dazu muss der Verkäufer **alles seinerseits Erforderliche** unternehmen, um den Transport in Gang zu setzen. Er muss einen **Beförderungsvertrag** mit einem Beförderer abschließen und insbes diesem den Kaufgegenstand übergeben. Die Übergabe muss nicht notwendigerweise mit dem Beginn der Beförderung zusammenfallen (BGHZ 113, 106 = BGH NJW 1991, 915 f); es reicht aus, wenn der Beförderer die Kaufsache zum Zwecke der alsbaldigen Beförderung einlagert. Soll die Beförderung allerdings erst zu einem späteren Zeitpunkt erfolgen, ist in einer derartigen Lagerung ein selbständiger **Verwahrungsvertrag** zu sehen, der den Gefahrübergang noch nicht auslöst. Nach ganz hM kommt § 447 auch dann zur Anwendung, wenn der Verkäufer den Transport durch eigene Leute durchführt (Staud/*Beckmann* Rn 14; MüKo/*Westermann* Rn 16; BaRoth/*Faust* Rn 9; aA *Wertenbruch* JuS 2003, 625, 629).

12 Nicht selten wird der Bestimmungsort erst endgültig festgelegt, wenn sich die Kaufsache bereits **auf der Reise** befindet. Dann ist § 447 nicht direkt anwendbar, weil bei der Übergabe der Bestimmungsort noch nicht feststand und infolgedessen kein Gefahrübergang stattfand – es sei denn, dies ist vereinbart worden. Die Rspr wendet in diesem Fall die Vorschrift **analog** an, wobei der Gefahrübergang zum Zeitpunkt der Umleitungsanweisung an den Beförderer erfolgt (BGHZ 50, 32, 36 ff; zustimmend BaRoth/*Faust* Rn 19; PWW/*D Schmidt* Rn 9; abl Staud/*Beckmann* Rn 13). Es ist jedoch schwierig, auf diese Weise den Zeitpunkt des Gefahrübergangs festzustellen, so dass zu empfehlen ist, eine Vereinbarung herbeizuführen, wenn der Käufer die Entscheidung über den Bestimmungsort erst treffen möchte, wenn sich die Ware bereits auf der Reise befindet. Es kommt dann die Übergabe an die Transportperson in Betracht, ohne dass ein konkreter vom Erfüllungsort abweichender Bestimmungsort bereits zu diesem Zeitpunkt vereinbart werden müsste, oder der Zeitpunkt des Übergangs an den Käufer, was der Grundregel des § 446 entspräche.

13 **C. Folgen des Gefahrübergangs. I. Beschränkung auf Transportrisiko.** Dem Wortlaut der Vorschrift zufolge besteht die Rechtsfolge genau in dem Gefahrübergang, den auch § 446 in Bezug nimmt, so dass bzgl der Einzelheiten auf diese Vorschrift zu verweisen ist. Das bedeutet, dass die **Sach- und Preisgefahr** (§ 446 Rz 5 f) für zufälligen Untergang oder eine Verschlechterung vom Verkäufer auf den Käufer **übergeht**. Die **Rspr schränkt dies aber ein**, indem nur die aus dem Transportrisiko resultierende Gefahr übergehen soll (RGZ 93, 330; 323; 99, 56, 58; 114, 405, 407; BGH NJW 1965, 1324; zust BaRoth/*Faust* Rn 21). Das **Transportrisiko** wird dabei allerdings **weit gefasst**; so fällt etwa auch ein Untergang infolge Diebstahls darunter (RGZ 96, 258 f), ferner die Ablieferung an den falschen Empfänger (BGH NJW 1965, 1324) oder eine unzulässige Vermischung des Transportgutes (Dieselkraftstoff und Heizöl, BGHZ 113, 106, 113 = NJW 1991, 915). In der Lit wird diese Einschränkung überwiegend mit der Begründung abgelehnt, wenn der Käufer die Versendung verlange, müsse er dafür auch das volle Risiko übernehmen (Staud/*Beckmann* Rn 17; MüKo/*Westermann* Rn 19; PWW/*D Schmidt* Rn 14). Diese Auffassung hat auch für die Praxis Gewicht, da die letzte bestätigende Entscheidung des BGH inzwischen mehr als 15 Jahre zurückliegt. Annäherungen beider Auffassungen ergeben sich aber über die dargestellte weite Fassung des Transportrisikos durch den BGH. Wenn die Parteien sicher gehen wollen, dass der Gefahrübergang sich auf das Transportrisiko beschränkt oder auch gerade nicht, empfiehlt sich eine entspr Vereinbarung.

14 **II. Vertretenmüssen des Verkäufers.** Da sich § 447 wie § 446 nur auf den zufälligen Untergang bzw die Verschlechterung bezieht, stellt sich die Frage, wann der Verkäufer außerhalb des § 447 für Versäumnisse im Zusammenhang mit dem von ihm veranlassten Transport haftet. Die hM sieht den **Beförderer**, wenn er Dritter ist, **nicht als Erfüllungsgehilfen** des Verkäufers an, da er nicht in dessen Pflichtenkreis tätig ist, so dass aus Versäumnissen des Beförderers kein Anspruch des Käufers gegen den Verkäufer entsteht. Der Käufer trägt also die Risiken aus der Einschaltung der Transportperson, auch soweit diese die Transportperson selbst betreffen (RGZ 62, 331, 333; 101, 152 f; BGHZ 50, 32, 35; Staud/*Beckmann* Rn 28; BaRoth/*Faust* Rn 25). Dagegen ist str, ob dies auch für den **Transport durch den Verkäufer selbst** und seine Leute gilt (für Risikotragung des Verkäufers Staud/*Beckmann* Rn 30; MüKo/*Westermann* Rn 23, dagegen BaRoth/*Faust* Rn 26; PWW/*D Schmidt* Rn 11). Obgleich auch hier der Transport nicht vom Verkäufer ieS geschuldet wird und die eigenen Leute daher nicht im eigentlichen Sinne als Erfüllungsgehilfen handeln, wird auf Grund der Einwirkungsmöglichkeit des Verkäufers auf Nebenpflichten wie Obhuts- und Sorgfaltspflichten geschlossen.

15 Das Transportrisiko wird allerdings nur dann auf den Käufer verlagert, wenn der Versender **den Beförderer sorgfältig ausgewählt** (RGZ 99, 56, 58; 101, 152 f), mit ihm einen Beförderungsvertrag abgeschlossen (Staud/*Beckmann* Rn 20) und den Kaufgegenstand richtig verpackt (BGHZ 87, 91; BGH NJW 1968, 1929 f; WM 1983, 1155) und adressiert (BGHZ 50, 32, 36) hat. Die sorgfältige Auswahl der Transportperson betrifft eine **Obliegenheit** des Versenders, die zugleich Tatbestandsmerkmal für den Gefahrübergang ist. Eine Pflicht zum Abschluss einer Transportversicherung besteht nicht, es sei denn, dies ist vereinbart worden oder verkehrsüblich (Staud/*Beckmann* Rn 22; MüKo/*Westermann* Rn 21; BaRoth/*Faust* Rn 24).

D. Anweisungen des Käufers. Abs 2 enthält einen eigenen Schadensersatzanspruch für den Fall, dass der Verkäufer ohne dringenden Grund von Anweisungen des Käufers abweicht. Grds sind auch nachträgliche **Änderungen der Weisungen** des Käufers für den Verkäufer verbindlich (RGZ 103, 129). Nur bei einem dringenden Grund braucht der Verkäufer die Weisungen des Käufers nicht zu befolgen, was etwa dann der Fall ist, wenn die Befolgung der Weisung besonders gefährlich wäre (MüKo/*Westermann* Rn 22). Ein weisungswidriges Verhalten des Verkäufers führt zwar zum Schadensersatz, **beeinträchtigt aber nicht den Gefahrübergang** (MüKo/*Westermann* Rn 22; PWW/*D Schmidt* Rn 15). 16

E. Drittschadensliquidation bei Beschädigung durch Dritte. Beschädigt ein Dritter die Sache nach der Übergabe an die Transportperson, so wird zwar das Eigentum des Verkäufers beschädigt, das wirtschaftliche Risiko trägt aber wegen § 447 der Käufer. Der Verkäufer erleidet zwar eine Rechtsgutsverletzung, aber keinen Schaden, während beim Käufer zwar ein Schaden eintritt, es aber an einer Rechtsgutsverletzung fehlt. Dieses Auseinanderfallen ist eine Grundvoraussetzung für eine insoweit denkbare Drittschadensliquidation. In der Tat **erlaubt die hM dem Verkäufer, den Schaden des Käufers ggü dem Schädiger geltend zu machen** (RGZ 62, 331, 334; BGHZ 40, 91, 100; BGH VersR 1972, 1139; offen gelassen von BGHZ 49, 356; *Reinicke/Tiedtke* Rn 168; Erman/*Grunewald* Rn 14). ZT wird dem Verkäufer mit anderer Begründung ein Schadensersatzanspruch zugebilligt (Staud/*Beckmann* Rn 38 mN: eigener Schaden des Verkäufers in Höhe des Kaufpreises; unentschieden MüKo/*Westermann* Rn 27). In jedem Fall hat der Verkäufer den Schadensersatzanspruch gegen den Schädiger gem § **285** an den Käufer abzutreten (Staud/*Beckmann* Rn 38). 17

Seit der Transportrechtsreform gewährt **§ 421 HGB** dem Käufer einen eigenen Anspruch gegen den Frachtführer. Es braucht also nicht mehr der Umweg über die Drittschadensliquidation und § 285 gegangen zu werden. Die Rechtsnatur dieses Anspruchs ist str (vgl Staud/*Beckmann* Rn 39); manche, so der Gesetzgeber selbst (BTDrs 13/8445 S 55), halten ihn für einen gesetzlichen Fall einer Drittschadensliquidation. 18

§ 448 Kosten der Übergabe und vergleichbare Kosten.

[1] Der Verkäufer trägt die Kosten der Übergabe der Sache, der Käufer die Kosten der Abnahme und der Versendung des Sache nach einem anderen Ort als dem Erfüllungsort.

[2] Der Käufer eines Grundstücks trägt die Kosten der Beurkundung des Kaufvertrags und der Auflassung, der Eintragung ins Grundbuch und der zu der Eintragung erforderlichen Erklärungen.

A. Funktion der Vorschrift. I. Wesentlicher Inhalt. Die Vorschrift verteilt die bei der Vertragsdurchführung entstehenden Kosten auf die Parteien. Dabei hat der Verkäufer die Kosten der Übergabe zu tragen. Dies schließt in aller Regel die **Verpackungskosten** ein (Rz 3). Ist der Erfüllungsort nicht mit dem Sitz des Verkäufers identisch – so nur bei der Holschuld –, muss der Verkäufer die Ware auf seine Kosten zum Käufer bringen (Bringschuld) bzw zur Versendung aufgeben (Schickschuld). Nur wenn der Erfüllungsort und der Bestimmungsort auseinander fallen, also ein Fall des § 447 vorliegt, muss der Käufer die **Transportkosten** tragen. Die bis zur Auslieferung an die Transportperson anfallenden Kosten hat er freilich auch dann zu bezahlen. Der Käufer muss bei einer Schickschuld die Transportkosten übernehmen, wenn ein Fall des § 447 vorliegt. Bei einer Holschuld ist es ohnehin seine Sache, wie die Ware vom Sitz des Verkäufers weggeschafft wird. Ansonsten treffen ihn die allerdings nicht sehr bedeutenden **Abnahmekosten**. Bei **Grundstückskaufverträgen** hat grds der Käufer die Kosten zu tragen. Das Gesetz führt die Beurkundungs- und die Eintragungskosten an. Dies gilt auch für eine Auflassungsvormerkung. 1

II. Dispositivität. Die Vorschrift gilt nur im **Innenverhältnis** zwischen den Parteien. Aufgrund öffentlichrechtlicher oder gebührenrechtlicher Bestimmungen kann durchaus eine Partei zum Gebührenschuldner werden, die im Innenverhältnis nicht zur Kostentragung verpflichtet ist. Wird diese Partei von dem Dritten in Anspruch genommen, so ist ihr die andere Partei zum Ausgleich verpflichtet. Darüber hinaus ist die Vorschrift **dispositiv**. Dies gilt auch für den **Verbrauchsgüterkauf.** § 448 ist in § 475 Abs 1 nicht mit aufgeführt, was sich dadurch erklärt, dass Fragen der Übergabe und der Kostentragung von der EG-Verbrauchsgüterkauf-RL nicht erfasst werden. Es können also vollkommen andere Kostentragungsregelungen vereinbart werden. Im **internationalen Handelsverkehr** spielen dabei die **Incoterms** eine große Rolle (vgl § 447 Rz 6, wo die wichtigsten üblichen Kurzklauseln erwähnt sind). Bei **Grundstückskaufverträgen** wird meistens die gesetzliche Regelung übernommen. Es empfiehlt sich aus Klarstellungsgründen aber stets, eine Regelung in den Vertrag aufzunehmen, auch wenn nur die gesetzliche Regelung gelten soll. 2

B. Vom Verkäufer zu tragende Kosten. Der Verkäufer hat die **Übergabekosten** zu tragen. Das sind die Kosten, die bei der Aussonderung der Ware aus dem Lagerbestand des Verkäufers anfallen (Staud/*Beckmann* Rn 3), die Kosten der Lagerung bis zur Übergabe, die Transportkosten bis zum Übergabeort (RGZ 68, 43), soweit nicht die Sonderregeln über den Versendungskauf eingreifen und schließlich die Bereitstellungskosten. Dazu gehören bspw die Einfüllung von Heizöl in den Tank des Käufers (MüKo/*Westermann* Rn 5; BaRoth/*Faust* Rn 5); dies sind keine vom Käufer zu tragenden Abnahmekosten (zu diesen Rz 8). Auch die **Verpackungskosten** treffen den Verkäufer im Regelfall. Ob dies tatsächlich der Fall ist, muss jedoch durch Auslegung ermittelt werden (zu den Besonderheiten beim Versendungskauf § 447 Rz 15). Eine originalverpackte 3

Ware muss der Verkäufer nicht noch einmal einpacken. Die Ware muss sich in einem übernahmebereiten Zustand befinden; dazu gehört, dass der Käufer sie wegtransportieren kann, ohne sie seinerseits für den Abtransport vorbereiten zu müssen. **Zölle und andere Abgaben** treffen nach hM ebenfalls den Verkäufer (Staud/*Beckmann* Rn 5; PWW/*D Schmidt* Rn 5). Es ist daher zweckmäßig, eine Vereinbarung darüber zu treffen. Diese kann auch in einer der üblichen Kurzklauseln liegen (§ 447 Rz 6).

4 **C. Vom Käufer zu tragende Kosten bei beweglichen Sachen.** Der Käufer hat die Kosten der Abnahme zu tragen. Dazu zählen die Kosten der **Unterbringung** der Ware in einem (größeren) Lager oder die Kosten der **Untersuchung** der Ware (Staud/*Beckmann* Rn 7; MüKo/*Westermann* Rn 9; PWW/*D Schmidt* Rn 6). Hat der Verkäufer nach den Vereinbarungen der Parteien die Sache an einen anderen Ort als den Erfüllungsort zu versenden, so hat er seine Pflichten erfüllt, wenn er eine **zuverlässige Transportperson aussucht** und dieser die Sache **übergibt**. Damit geht gem § 447 die Gefahr über. Konsequenterweise ordnet § 448 an, dass der Verkäufer auch nur bis zu diesem Zeitpunkt die Kosten zu tragen hat, dh die Transportkosten fallen dem Käufer zur Last. Das gilt auch dann, wenn der Verkäufer auf Wunsch des Käufers die Versendung übernimmt; er kann dann die aufgewendeten Kosten vom Käufer verlangen (§ 670 analog; Staud/*Beckmann* Rn 8).

5 **D. Besondere Regelungen bei Grundstückskaufverträgen.** Bei einem Grundstückskauf trägt grds der Käufer die Kosten. § 448 Abs 2 sieht dies jedoch nicht so pauschal vor, sondern spricht von den Kosten der **Beurkundung** des Kaufvertrags und der **Auflassung**, der Eintragung ins Grundbuch und der zur **Eintragung** erforderlichen Erklärungen. Bei weiteren Kosten ist jeweils zu entscheiden, ob sie auch unter die Regelung fallen. Dies ist nach überwiegender Ansicht für die Kosten der Beurkundung und Eintragung einer **Auflassungsvormerkung** anzunehmen, bei der die Vorschrift analog angewendet wird (KG DNotZ 1957, 18; Schleswig JurB 1962, 589; Neustadt NJW 1964, 2117; Hamm NJW 1965, 303; Oldenburg NJW 1965, 1443; Staud/*Beckmann* Rn 24; MüKo/*Westermann* Rn 10; BaRoth/*Faust* Rn 8; aA Celle NdsRPfl 1966, 144; Braunschweig DNotZ 1955, 440). Für die **Kaufpreishypothek** ist die Frage in der Rspr nicht entscheiden und in der Lit str (Für Anwendung von § 448 Abs 2 Staud/*Beckmann* Rn 24, aA MüKo/*Westermann* Rn 12). Auch **Maklerkosten** oder die Kosten für die Errichtung eines **Notaranderkontos** fallen unter die Vorschrift (MüKo/*Westermann* Rn 12).

6 Bei der **Grunderwerbssteuer** sind zwar gem § 13 GrEStG beide Parteien Steuerschuldner, im Innenverhältnis ist jedoch § 448 Abs 2 analog anzuwenden, so dass der Käufer dem Verkäufer zum Ausgleich verpflichtet ist, falls dieser in Anspruch genommen wird. Dies wird aber nur selten der Fall sein, denn der Käufer hat ein Interesse an der Begleichung der Grunderwerbssteuerschuld, weil er sonst nicht eingetragen wird. Ebenso werden die Parteien selten vereinbaren, dass der Verkäufer die Grunderwerbssteuer zu tragen hat. Zulässig wäre dies aber. Wird dagegen pauschal vereinbart, dass der Käufer »die **Vertragskosten**« übernimmt, so umfasst dies auch die **Nebenkosten** (Staud/*Beckmann* Rn 22), also die Kosten für das Anderkonto, nicht aber Maklerkosten. Wählen die Parteien eine derartige Formulierung, so sollten sie sich überlegen, ob Kosten anfallen, die nicht in § 448 Abs 2 aufgeführt und keine Nebenkosten sind und diese besonders benennen, etwa die erwähnten Maklerkosten, soweit darüber im Kaufvertrag eine Regelung erwünscht ist.

7 **E. Klauseln.** Gängige Kurz-Klauseln, die aus den **Incoterms** stammen, wurden bereits beim Gefahrübergang erläutert (§ 446 Rz 6). Sie haben auch Bedeutung für die Kostentragung. Regelm muss der Verkäufer die Kosten bis zu dem in der Klausel geregelten Zeitpunkt des Gefahrübergang tragen (Staud/*Beckmann* Rn 17 ff).

§ 449 Eigentumsvorbehalt.

[1] Hat sich der Verkäufer einer beweglichen Sache das Eigentum bis zur Zahlung des Kaufpreises vorbehalten, so ist im Zweifel anzunehmen, dass das Eigentum unter der aufschiebenden Bedingung vollständiger Zahlung des Kaufpreises übertragen wird (Eigentumsvorbehalt).

[2] Aufgrund des Eigentumsvorbehalts kann der Verkäufer die Sache nur herausverlangen, wenn er vom Vertrag zurückgetreten ist.

[3] Die Vereinbarung eines Eigentumsvorbehalts ist nichtig, soweit der Eigentumsübergang davon abhängig gemacht wird, dass der Käufer Forderungen eines Dritten, insbesondere eines mit dem Verkäufer verbundenen Unternehmens, erfüllt.

1 **A. Funktion der Vorschrift. I. Wirtschaftliche Bedeutung des Eigentumsvorbehalts.** Der Käufer wird häufig nicht in der Lage sein, Zug um Zug gegen Übergabe der Kaufsache den Kaufpreis vollständig zu entrichten. Bei Konsumgütern mag er ein Interesse daran haben, im Wege »**vorgezogenen Konsums**« sich den Kaufpreis vom Verkäufer kreditieren zu lassen. Bei Wirtschaftsgütern wird der Käufer mit Hilfe der Kaufsache den **Kaufpreis erst erwirtschaften** müssen, sei es, dass die Kaufsache verarbeitet oder unverarbeitet weiter veräußert wird, sei es, dass es sich um ein Investitionsgut handelt, mit dessen Hilfe Waren erzeugt und verkauft werden sollen. Der Verkäufer wird sich auf den Kreditierungswunsch des Käufers häufig einlassen müssen, weil er sonst nicht zum Vertragsabschluss käme. Er wird sogar mit der Kreditierungsmöglichkeit werben, um sonst nicht mögliche Vertragabschlüsse zu erreichen.

Gibt der Verkäufer die Sache aus der Hand, ohne den Kaufpreis vollständig zu erhalten, muss er seinen **restlichen Kaufpreiszahlungsanspruch sichern**. Dem Käufer jedoch ist der Besitz an der Sache einzuräumen, weil er ohne die Sache den Kaufpreis nicht erwirtschaften kann. Die im deutschen Recht gängige Sicherungsform ist der **(einfache) Eigentumsvorbehalt** (EV). Der Verkäufer übergibt die Kaufsache an den Käufer, der Übergang des Eigentums erfolgt jedoch **aufschiebend bedingt** durch die vollständige Kaufpreiszahlung. Der Verkäufer bleibt Volleigentümer, was ihn vor allem in der Insolvenz des Käufers sichert. Andererseits kann er den Eigentumsübergang nicht mehr vereiteln, wenn der Käufer vertragsgem den Kaufpreis zahlt. Der Käufer erlangt nicht nur den unmittelbaren Besitz, sondern mit dem **Anwartschaftsrecht** eine starke dingliche Rechtsposition, die er seinerseits bspw als Kreditsicherheit verwenden kann. 2

Der einfache Eigentumsvorbehalt kommt freilich an seine Grenzen, wenn die Kaufsache verarbeitet, vermischt oder in ein Grundstück eingebaut wird. Damit endet kraft Gesetzes das Eigentum des Verkäufers, und es bedarf weitergehender Sicherungsformen. Die Praxis hat zu diesem Zweck den **verlängerten Eigentumsvorbehalt** entwickelt. Probleme entstehen auch dadurch, dass der EV **keiner Publizitätspflicht** unterliegt. Dadurch entstehen Kollisionsprobleme mit anderen Sicherungsrechten und Fragen des gutgläubigen Erwerbs. 3

II. Schutzzweck. Man ist heute davon abgerückt, die Sicherung des Kaufpreises als Schutzzweck der Vorschrift anzusehen, denn ob der Käufer den Kaufpreis wird entrichten können, hängt nicht davon ab, ob er oder noch der Verkäufer Eigentümer ist. Als Schutzzweck wird heute der **Schutz des Verkäufers vor unberechtigten Verfügungen des Käufers**, die eine etwaige Rückabwicklung des Kaufvertrags verhindern könnten, angenommen (BGHZ 54, 216). Eine moderne Auffassung spricht vom Schutz des Käufers. Der Verkäufer sei eigentlich erst Zug um Zug gegen Kaufpreiszahlung zur Übertragung des Eigentums verpflichtet; dadurch, dass er das Eigentum wenn auch aufschiebend bedingt bereits vorher übertrage, sei der Käufer vor Zwischenverfügungen des Verkäufers geschützt (BaRoth/*Faust* Rn 8). 4

III. Wesentlicher Inhalt. § 449 regelt nur einen Ausschnitt der mit dem EV zusammenhängenden Rechtsfragen. Die Vorschrift beschränkt sich auf den einfachen EV. In ihrem Abs 1 stellt sie die **Vermutung** auf, dass das Eigentum unter der Bedingung vollständiger Zahlung des Kaufpreises übertragen wird. Das erlaubt Kurz-Klauseln wie »Eigentum bis zur vollständigen Bezahlung vorbehalten«, die durch die Vermutungsregel ausgefüllt werden. Abs 2 **verhindert**, dass der Verkäufer von seinem **Vindikationsanspruch** Gebrauch macht, **ohne vom Vertrag zurückzutreten**. Damit wird gewährleistet, dass der Käufer nicht etwa Raten des Kaufpreises weiter zahlen muss, ohne im Besitz der Sache zu sein. Eine Vertragskonstruktion, wonach der Verkäufer bei unpünktlicher Ratenzahlung die Sache als Druckmittel an sich nehmen darf, ohne dass der Vertrag rückabgewickelt wird, ist also unzulässig. Abs 3 ist eine Frucht der Bemühungen, die »Wucherungen« des EV über den einfachen EV hinaus einzuschränken. Die Vorschrift **verbietet den Konzernvorbehalt**. Dagegen regelt sie den erweiterten und den verlängerten EV nicht. Diese bleiben ohne Stütze im Gesetz zulässig. Des Weiteren ist das **Anwartschaftsrecht** nicht geregelt, das aber im Zusammenhang mit dem EV eine erhebliche Rolle spielt. Obwohl es eigentlich eine sachenrechtliche Konstruktion sui generis ist, wird es daher hier mit kommentiert. 5

B. Anwendungsbereich. Die Vorschrift ist nur im Rahmen eines Kaufvertrags anwendbar. Ein EV kann nur an einer **beweglichen Sache** bestellt werden. Für **Immobilien** besteht das wirtschaftliche Äquivalent für den EV in der Möglichkeit, **Grundpfandrechte** zu Sicherungszwecken einzuräumen. Es kann auch ein schuldrechtlicher Rückgabeanspruch vereinbart werden, der durch eine Vormerkung gesichert wird (Staud/*Beckmann* Rn 7; BaRoth/*Faust* Rn 6). Aus der Beschränkung auf bewegliche Sachen folgt ferner, dass ein EV auch **nicht an Rechten oder Forderungen** bestehen kann. Daraus ergibt sich, dass der EV auch beim Unternehmenskauf ausscheidet. Jedenfalls kann er nicht für ein Unternehmen als Ganzes vereinbart werden, sondern nur für die zum Unternehmen gehörenden einzelnen beweglichen Sachen (BGH NJW 1968, 392 f zur Sicherungsübereignung). Auch ein **Warenlager** kann nicht pauschal für einen EV herangezogen werden (BGH NJW 1968, 392 f). Für **Zubehör** (§§ 97, 98) darf ein EV vereinbart werden, da es sonderrechtsfähig ist (Staud/*Beckmann* Rn 7). Hat ein Grundstückseigentümer Zubehör unter EV gekauft, fällt es nicht unter die Hypothekenhaftung gem § 1120, wohl aber das Anwartschaftsrecht. **Wesentliche Bestandteile** (§ 93) sind dagegen nicht sonderrechtsfähig, so dass sie auch nicht einem EV unterliegen können. 6

C. Begründung des Eigentumsvorbehalts. I. Allgemeines. Die Begründung eines EV unterliegt **keiner besonderen Form**. Er kann auch stillschweigend vereinbart werden (BaRoth/*Faust* Rn 12), jedoch ist zu empfehlen, ihn aus Beweisgründen schriftlich zu formulieren. Die Vereinbarung des EV erfolgt idR im Kaufvertrag (zur nachträglichen Vereinbarung Rz 12 f). Ist nichts weiter bestimmt, kommt die Auslegungsregel des Abs 1 zum Zuge. Sie betrifft den sachenrechtlichen Vertrag (Staud/*Beckmann* Rn 12) und besagt, dass die Übereignung durch die vollständige Bezahlung des Kaufpreises **aufschiebend bedingt** ist. Alternativ könnte eine auflösend bedingte Übereignung vereinbart werden. Dies ist aber nicht üblich; vielmehr entspricht die gesetzliche Auslegungsregel den praktischen Bedürfnissen, so dass im Regelfall kein Anlass besteht, von ihr abzuweichen. 7

8 **II. Die Rolle von AGB.** Ein (einfacher) EV ist **AGB-fest.** An seiner Zulässigkeit bestehen keine Zweifel, schon weil das Gesetz ihn vorsieht. Wenn er sich innerhalb der sonstigen Klauseln befindet, ist er daher auch nicht überraschend, da der Käufer, der den Kaufpreis bei Übergabe nicht vollständig bezahlt, mit einem EV rechnen muss. Das Gegenteil, der **Ausschluss eines EV in Einkaufsbedingungen,** unterliegt der Inhaltskontrolle nach § 307 Abs 2 Nr 1. Der Ausschluss wird für zulässig gehalten (BGHZ 78, 305, 307).

9 Befindet sich der EV innerhalb der sonstigen AGB, gelten die normalen **Einbeziehungsvoraussetzungen,** dh bei Verbraucherverträgen kommt § 305 Abs 2 zur Anwendung, während iÜ die Vertragsschlussregeln nach §§ 145 ff gelten. Zu Schwierigkeiten kann es dagegen kommen, wenn sich ein Aufdruck »Eigentum vorbehalten« auf Kassenzetteln, Auftragsbestätigungen oder Rechnungen befindet. Der EV ist nur dann wirksam in den Vertrag einbezogen, wenn er sich bereits in der Angebotserklärung befindet und die andere Vertragspartei dieses Angebot akzeptiert. Dies ist nicht der Fall, wenn der EV erst in der **Rechnung** enthalten ist, da diese erst nach Vertragsschluss erstellt wird. Ein EV in einer Auftragsbestätigung beinhaltet die Ablehnung eines Angebots ohne EV verbunden mit einem annahmebedürftigen neuen Angebot. Zwar ist die Annahme nicht allein im Schweigen zu sehen (BGHZ 18, 212, 216; 61, 287), jedoch kann die widerspruchslose Entgegennahme der Ware und erst recht ihre Verarbeitung eine Annahme darstellen (BGH NJW 1963, 1248; DB 1971, 2106). Das Gleiche gilt für einen **Kassenzettel.** Will der Käufer den EV verhindern, muss er also widersprechen.

10 Ein EV in den AGB des Verkäufers und eine **Abwehrklausel** in den Käufer-AGB (dazu auch PWW/*D Schmidt* Rn 12; *Eckert/Maifeld/Mathiessen* Rn 219), die den EV verhindern will, betrifft einen typischen Fall sich widersprechender AGB. Nach heute hM werden AGB, die einen Widerspruch enthalten, nur insoweit Vertragsbestandteil, wie sie sich nicht widersprechen, iÜ liegt Dissens vor, der aber nicht zur Unwirksamkeit des Geschäfts führt. Allerdings ist zu berücksichtigen, dass der Eigentumsübergang ein sachenrechtlicher Vorgang ist. Wenn der Verkäufer nicht bedingungslos übereignet, obwohl er schuldrechtlich mangels wirksamer Einbeziehung eines EV in den Vertrag dazu verpflichtet ist, findet eine bedingungslose Übereignung eben nicht statt (zum vertragswidrigen EV Rz 11).

11 **III. Nachträglicher Eigentumsvorbehalt. 1. Vertragswidriger Eigentumsvorbehalt.** Infolge des Abstraktionsprinzips kann ein vertragswidriger EV wirksam zustande kommen (BGH NJW 1982, 1749 f; 1979, 213, 1979, 2199). Der Verkäufer bleibt lediglich schuldrechtlich verpflichtet, unbedingt zu übereignen. Allerdings tritt auch die **sachenrechtliche Wirkung** nur dann ein, wenn der Vorbehalt spätestens bei der Übergabe **deutlich erklärt** wird. Dabei ist ein strenger Maßstab anzulegen (BGHZ 64, 395). Deshalb ist ein Vorbehalt auf einer **Rechnung,** die erst nach der Übergabe erstellt wird, zu spät (anders bei ständiger Geschäftsbeziehung Köln EWiR 1992, 733). Bei einem **Lieferschein** wird verlangt, dass er dem Käufer bei der Übergabe zugegangen sein muss (BGH NJW 1979, 213) und der Käufer in zumutbarer Weise von ihm Kenntnis nehmen konnte oder ihn ohnehin kannte (BGH NJW 1979, 2199). Die Übergabe eines Fahrzeugs ohne **Kraftfahrzeugbrief** ist ein hinreichend deutlicher Vorbehalt (BGH NJW 2007, 3488). Trotz der sachenrechtlichen Wirksamkeit hat der Verkäufer gegen seine vertraglichen Pflichten verstoßen mit der Folge, dass er ggf zum Schadensersatz verpflichtet ist (*Eckert/Maifeld/Mathiessen* Rn 223).

12 **2. Nachträglich vereinbarter Eigentumsvorbehalt.** Bei der nachträglichen Vereinbarung eines EV ist zu berücksichtigen, dass der Käufer bereits **Volleigentum** erworben hat und dieses auf den Verkäufer **rückübertragen** werden muss. Der BGH verlangt dafür eine Rückübereignung durch **Besitzkonstitut** gem § 930 und sodann die aufschiebend bedingte Übereignung vom Verkäufer an den Käufer (BGH NJW 1953, 217). Als Grundlage für das Besitzkonstitut ist eine Leihe erforderlich; der Kaufvertrag soll dafür nicht ausreichen. Die Lit begnügt sich dagegen mit einer Rückübertragung des um das Anwartschaftsrecht des Käufers gekürzten Eigentums (*Raiser* NJW 1953, 217; BaRoth/*Kindl* § 929 Rn 20; zust Staud/*Beckmann* Rn 26). Angesichts des beträchtlichen Alters der BGH-Entscheidung kann diese einfachere Lösung heute auch in der Praxis zu Grunde gelegt werden.

13 **D. Erlöschen des Eigentumsvorbehalts. I. Bedingungseintritt.** Der EV erlischt im Regelfall durch Eintritt der aufschiebenden Bedingung, dh der **vollständigen Zahlung des Kaufpreises.** Dazu gehören auch Zinsen und Nebenkosten sowie Steuern, sofern sie vom Käufer zu tragen sind (Staud/*Beckmann* Rn 31; MüKo/*Westermann* Rn 23; *Eckert/Maifeld/Mathiessen* Rn 263; aA Erman/*Grunewald* Rn 39). Annahme an Erfüllungs statt (§ 364), Hinterlegung unter Ausschluss der Rücknahme (§ 378) und **Aufrechnung** (§ 389) stehen dem Bedingungseintritt gleich (Staud/*Beckmann* Rn 31). Bei **Wechselhingabe** tritt die Bedingung erst mit der Wechseleinlösung ein (RGZ 140, 156). Gibt der Käufer dem Verkäufer einen **Scheck** und verschafft sich Deckung durch Diskontierung eines vom Verkäufer ausgestellten Wechsels (Scheck-Wechsel-Deckung), so soll dies allerdings nicht der Fall sein (BGHZ 56, 264). Um ein vorzeitiges Ende des EV zu vermeiden, wird empfohlen, den Eigentumsübergang an die Bedingung zu knüpfen, dass der Käufer den Wechsel einlöst (Staud/*Beckmann* Rn 32; MüKo/*Westermann* Rn 24).

14 **II. Weiterveräußerung.** Der EV erlischt weiterhin dadurch, dass der Käufer die Vorbehaltsware mit Zustimmung des Verkäufers oder ohne sie im Wege des gutgläubigen Dritterwerbs weiter veräußert. Im ersteren Fall kann dies durch eine **Ermächtigung des Verkäufers** geschehen (§ 185). Erfolgt die Weiterveräußerung im

normalen Geschäftsgang, etwa weil der Käufer ein Händler ist, und ist davon auszugehen, dass der Käufer den Kaufpreis aus dem Erlös des Weiterverkaufs bestreiten will und muss, so kommt der Verkäufer nicht umhin, eine derartige Ermächtigung zu erteilen. Will er auch über den Weiterverkauf hinaus gesichert sein, bedarf es daher eines **verlängerten Eigentumsvorbehalts**, bei dem die Forderungen aus dem Weiterverkauf im Voraus abgetreten werden und als Sicherheit dienen (Rz 30 ff).

Fehlt es an einer Ermächtigung des Verkäufers, das Eigentum zu übertragen, so kann der Abkäufer gleichwohl **gutgläubig** unbelastetes Eigentum erwerben (§§ 932 ff). Wegen der weiten Verbreitung des EV kann aber guter Glaube bei Veräußerungen im Geschäftsverkehr nicht ohne weiteres angenommen werden. Vielmehr trifft den Abkäufer eine **Nachforschungspflicht**, ob ein EV besteht. Bei Verletzung dieser Pflicht handelt er grob fahrlässig, so dass guter Glaube ausscheidet (st Rspr seit RGZ 141, 131; zuletzt BGHZ 10, 14; BGH WM 1968, 540; MDR 1970, 210; 1973, 44). Der Vorbehaltskäufer kann selbstverständlich auch sein bloßes Anwartschaftsrecht übertragen (dazu unten Rn 26). 15

III. Verbindung, Vermischung, Verarbeitung. Der EV erlischt auch durch Verbindung, Vermischung und Verarbeitung gem den §§ 946 ff. Das bedeutet zunächst einmal, dass alle Lieferanten von Baumaterialien durch deren Einbau ihr Eigentum trotz EV verlieren, wenn die Kaufsache **wesentlicher Bestandteil des Grundstücks** wird, was regelm der Fall ist. Der Begriff der wesentlichen Bestandteile ist sehr weit; er ist nicht ausgeschlossen, wenn die Sache ohne wesentliche Beschädigung wieder entfernt werden kann (vgl BGHZ 53, 324 für eine nachträglich eingebaute Ölheizungsanlage). Lieferanten von Baumaterialien sind also auf andere Sicherungsmittel als den (einfachen) EV angewiesen. Wichtig ist auch der Eigentumsverlust durch Verarbeitung gem § 950, der alle **Zulieferer von Halbfertigfabrikaten** oder Teilen betrifft. Der Verarbeiter erwirbt das Eigentum, es sei denn, die Wertdifferenz zwischen dem verarbeiteten Stoff und dem Wertzuwachs ist sehr gering. Dies wird bereits bei einer Wertdifferenz von 40 % angenommen (BGH BB 1972, 197). 16

IV. Verzicht. Der EV kann auch durch Verzicht enden. Der Verzicht beseitigt die aufschiebende Bedingung (MüKo/*Westermann* Rn 22). Ein derartiger Verzicht mit dinglicher Wirkung ist etwa in der Übersendung des **Kfz-Briefes** vom Verkäufer an den Käufer zu sehen (BGH NJW 1958, 1231; WM 1983, 1190). 17

E. Pflichten und Rechte des Verkäufers. I. Pflichten. 1. Besitzverschaffung. Der Verkäufer hat dem Käufer den Besitz zu verschaffen. Da der Verkäufer zunächst Eigentümer bleibt, wird der Käufer unmittelbarer Fremdbesitzer. Zwischen ihm und dem Verkäufer entsteht ein **Besitzmittlungsverhältnis** (§ 868). Der Kaufvertrag mit dem EV stellt ein solches dar. Der Verkäufer ist mittelbarer Eigenbesitzer (BGHZ 10, 69, 71; 34, 191; BGH JZ 1969, 433, in der Lit etwa Staud/*Beckmann* Rn 45; MüKo/*Westermann* Rn 26; PWW/*D Schmidt* Rn 18; *Eckert/Maifeld/Mathiessen* Rn 231). 18

2. Eigentumsverschaffung. Ferner besteht die Pflicht zur Eigentumsverschaffung. Die ganz hM geht davon aus, dass diese Pflicht erst mit dem **Erwerb des Volleigentums** durch den Käufer, also mit Bedingungseintritt, erfüllt ist (BGH NJW 1954, 1325 f; 1967, 2204; Staud/*Beckmann* Rn 46 mwN). Vertretbar wäre auch das Gegenteil (Pflichterfüllung mit bedingter Übergabe), da der Eintritt der Bedingung unabhängig vom Willen und weiteren Handlungen des Verkäufers ist. Für die hM spricht, dass der Verkäufer während des Schwebezustandes alles zu unterlassen hat, was den Bedingungseintritt vereiteln könnte (MüKo/*Westermann* Rn 27). 19

3. Besonderheiten bei der Rechtsmängelhaftung. Auch bei der Rechtsmängelhaftung taucht die Frage auf, ob für die Mängelfreiheit auf den Zeitpunkt der Übergabe oder den Eintritt der Bedingung abzustellen ist. Nach der Rspr ist der **Zeitpunkt der Eigentumsverschaffung** maßgeblich (BGH NJW 1961, 1252). Droht allerdings bereits vorher durch den Drittberechtigten eine Beeinträchtigung des Anwartschaftsrechts oder des Besitzes des Käufers, so hat der Verkäufer den Rechtsmangel zu beseitigen (BGH aaO). 20

II. Rechte. 1. Rücktrittsrecht. Will der Vorbehaltsverkäufer wegen eines Zahlungsverzugs des Käufers zurücktreten, so muss er die normale Rücktrittsvorschrift, also **§ 323**, einhalten. Einen erleichterten Rücktritt gibt es seit der Schuldrechtsreform nicht mehr. Der Verkäufer muss also insbes gem § 323 Abs 1 eine **Nachfrist** setzen. Die Nachfrist ist auch nicht nach § 323 Abs 2 Nr 3 entbehrlich, weil besondere Umstände vorliegen, die in dem Sicherungsbedürfnis des Verkäufers liegen (Staud/*Beckmann* Rn 50; ähnl MüKo/*Westermann* Rn 31). Damit würde faktisch ein vom Gesetzgeber nicht gewolltes sofortiges Rücktrittsrecht eingeführt. Das Sicherungsbedürfnis kann aber bei der Bemessung der Länge der Nachfrist Berücksichtigung finden (Staud/*Beckmann* Rn 50; *Schulze/Kienle* NJW 2002, 2842, 2843). Zur Abbedingung der Frist Rz 22. 21

2. Herausgabeverlangen nur bei Rücktritt. Abs 2 verbietet ein isoliertes Herausgabeverlangen ohne Rücktritt vom Vertrag. Der Käufer soll dadurch davor geschützt werden, den Vertrag noch vollständig erfüllen zu müssen, ohne die Kaufsache im Besitz zu haben. Die Schuldrechtsreform kodifiziert damit eine schon vorher bestehende Rspr (BGHZ 54, 214). Die grds **Dispositivität** der Vorschrift hat **Grenzen**. Uneingeschränkt kann von ihr nur durch Individualabreden abgewichen werden, und zwar auch in Verbraucherverträgen, da § 449 nicht zu den Normen gehört, die gem § 475 Abs 1 in Verbraucherverträgen zwingend sind. In AGB jedoch kommt der Gedanke des § 307 Abs 2 Nr 1 zum Tragen, wonach von wesentlichen Grundgedanken einer 22 gesetzlichen Regelung nicht abgewichen werden darf. Danach ist es nicht zulässig, in AGB das Prinzip »Keine Rücknahme ohne Rücktritt« zu durchbrechen (PWW/*D Schmidt* Rn 14; aA jedenfalls für den unternehmerischen Rechtsverkehr MüKo/*Westermann* Rn 38 mwN zum Streitstand). Darüber hinaus darf auch auf die Frist gem § 323 Abs 1 in AGB nicht verzichtet werden, denn nach § 309 Nr 4 ist die Freistellung von einem Nachfristerfordernis unwirksam. Dies gilt über die Generalklausel des § 307 auch für den kaufmännischen Verkehr (so zur Vorgängervorschrift des § 11 Nr 4 AGBG BGH NJW 1986, 843; aA *Schulze/Kienle* NJW 2002, 2842, 2844; ihnen folgend MüKo/*Westermann* Rn 38).

23 **3. Rücktritt und Verjährung.** Der Verkäufer kann den Vindikationsanspruch auch dann noch durchsetzen, wenn der Rücktritt wegen Verjährung eigentlich nicht mehr möglich wäre. Dies ergibt sich aus § 216 Abs 2 S 2, wonach bei vorbehaltenem Eigentum der Rücktritt auch erfolgen kann, wenn der gesicherte Anspruch verjährt ist (vgl auch MüKo/*Westermann* Rn 35 mwN).

24 **F. Rechte und Pflichten des Käufers, insbes das Anwartschaftsrecht. I. Rechtsnatur des Anwartschaftsrechts.** Der Käufer erwirbt mit der Übergabe und der bedingten Eigentumsverschaffung nicht nur Besitz an der Sache, sondern auch ein Anwartschaftsrecht. Damit ist seine Stellung stärker, als wenn er lediglich den Besitz sowie die allein von seiner Kaufpreiszahlung abhängige Aussicht auf das Volleigentum hätte. Das Anwartschaftsrecht wurde von der Rspr praeter legem entwickelt. Es wird als eine Vorstufe des Volleigentums bezeichnet (BGHZ 30, 3474, 377; 34, 122, 124); es käme einem echten beschränkten dinglichen Recht nahe (BGHZ 34, 122, 124). Am prägnantesten ist die ebenfalls auf den BGH zurückgehende Formulierung, es sei ein **wesengleiches Minus** zum Volleigentum (BGHZ 28, 16, 21). Die hL sieht das Anwartschaftsrecht als dingliches Recht an (Staud/*Beckmann* Rn 62 mN). Es ist jedoch kein absolutes Recht (BGHZ 10, 69, 72; PWW/*D Schmidt* Rn 15). Die Legitimität des Anwartschaftsrechts wird in Abständen immer wieder bezweifelt (zuletzt *Mühlbert* AcP 202, 912, 936 ff), ohne dass dies Auswirkungen auf die Praxis hätte. Überdies handelt es sich um eine Frage des Sachenrechts (vgl etwa PWW/*Prütting* § 929 Rn 15 ff, 21).

25 **II. Funktion.** Zwar hätte der Käufer auch ohne das Anwartschaftsrecht einen gewissen **Schutz vor Zwischenverfügungen des Verkäufers**, denn nach § 161 sind derartige Verfügungen – also insbes die Eigentumsübertragung an einen Dritten während der Schwebezeit – bei Bedingungseintritt unwirksam. Ggü dem Dritten kann sich der Käufer vor Bedingungseintritt auf sein Recht zum Besitz gem § 986 Abs 2 berufen, nach Bedingungseintritt wird er in entspr Anwendung von § 936 Abs 3 Eigentümer (Staud/*Beckmann* Rn 64 mN). Die Schutzverstärkung durch das Anwartschaftsrecht, das sogar zu einem eigenen **Vindikationsanspruch** führen soll (Staud/*Beckmann* Rn 65 mN), ist daher eher geringfügig. Das gilt auch dafür, dass aus dem Anwartschaftsrecht ein eigenes dinglich wirkendes Besitzrecht folgt (Staud/*Beckmann* Rn 66 mN), so dass der Käufer nicht nur ein bloßes Besitzrecht ggü dem Verkäufer hat, sondern ein ggü jedermann wirkendes Besitzrecht, und das Anwartschaftsrecht ein sonstiges Recht iSd § 823 Abs 1 ist (BGHZ 55, 20, 26; BGH NJW 1970, 699; vgl auch *Eckert/Maifeld/Mathiessen* Rn 235). Wichtiger ist wohl die wirtschaftliche Funktion des Anwartschaftsrechts. Es kann dem Käufer als **Kreditsicherheit** dienen. Er kann es verpfänden und insbes zur Sicherheit übertragen. Das Anwartschaftsrecht unterliegt auch den gesetzlichen Pfandrechten. Der Sicherungsnehmer darf es verwerten, indem er den Bedingungseintritt durch Zahlung des noch ausstehenden Teiles des Kaufpreises herbeiführt.

26 **III. Übertragung und Pfändung. 1. Übertragung.** Der Käufer kann das Anwartschaftsrecht übertragen, und zwar wie das Vollrecht **gem §§ 929 ff** (RGZ 140, 226; BGHZ 10, 69, 72; 28, 16, 21; 35, 85, 89; 56, 123, 126). Bei Bedingungseintritt erwirbt der Erwerber daher das Vollrecht, **ohne** dass ein **Durchgangserwerb** des Käufers eintritt (St Rspr seit BGHZ 28, 16, 22; 30, 374, 377; 35, 85, 87; 50, 45, 49). Eine Zustimmung des Verkäufers ist nicht erforderlich. Das Anwartschaftsrecht kann auch zur **Sicherheit** übertragen werden (MüKo/*Westermann* Rn 53). Dies geschieht durch **Besitzkonstitut** gem § 930 (BGHZ 20, 88 ff; 28, 16, 27; 56, 123, 126). Der Käufer kann ferner als **Nichtberechtigter** über das Vollrecht verfügen. Die Wirksamkeit hängt von einer Genehmigung nach § 185 ab. Schließlich kann der Erwerber das Vollrecht auch gutgläubig erwerben. Im Zweifel wird mit dem künftigen Vollrecht auch das gegenwärtige Anwartschaftsrecht übertragen (BGHZ 20, 88, 101).

27 Auch ein **gutgläubiger Erwerb** des Anwartschaftsrechts ist möglich. Dies kann geschehen durch Ersterwerb vom Vorbehaltsverkäufer, der nicht Eigentümer ist, oder durch Zweiterwerb, wenn ein Nichtberechtigter ein tatsächlich bestehendes Anwartschaftsrecht auf den Erwerber überträgt. Ein gutgläubiger Erwerb einer nicht bestehenden Anwartschaft wird dagegen überwiegend abgelehnt (Nachw bei Staud/*Beckmann* Rn 78; MüKo/*Westermann* Rn 64). Alle diese Fälle haben aber nur geringe praktische Bedeutung, wie sich schon aus der nicht vorhandenen Rspr ergibt.

28 **2. Pfändung.** Das Anwartschaftsrecht kann auch verpfändet und gepfändet werden. Die Pfändung erfolgt gem §§ 1204 ff (BGHZ 35, 85, 93). Bei der Pfändung ist nach hM eine **Doppelpfändung** notwendig (BGH NJW 1954, 1325; Staud/*Beckmann* Rn 82 mwN; PWW/*D Schmidt* Rn 16). Der Pfändungsbeschluss ist dem Verkäufer als Drittschuldner zuzustellen. Das Anwartschaftsrecht ist nach den Regeln der Rechtspfändung, §§ 857, 829 ZPO zu pfänden. Außerdem ist eine Sachpfändung erforderlich, weil sonst bei Bedingungseintritt

unbelastetes Eigentum in der Hand des Schuldners entsteht. In der Lit wird teilw entweder eine Rechtspfändung oder eine Sachpfändung für ausreichend gehalten (Nachw bei Staud/*Beckmann* Rn 82). Das gesetzliche **Vermieterpfandrecht** (BGH NJW 1965, 1475) erfasst ebenso wie das **Unternehmerpfandrecht** nach § 647 (§ 647 Rz 7) auch das Anwartschaftsrecht.

IV. Sonstige Rechte und Pflichten. Der Käufer hat im Verhältnis zum Verkäufer **Obhutspflichten**; er muss die Sache pfleglich behandeln und alles unterlassen, was die Eigentumsstellung des Verkäufers beeinträchtigen könnte (BGH NJW 1961, 1252). Der Käufer ist allerdings nicht verpflichtet, die Kaufsache zu versichern. Dies kann allerdings vereinbart werden. Eine **Übereignung an einen Dritten ohne Zustimmung des Verkäufers** ist nicht nur dinglich ohne Genehmigung des Verkäufers unwirksam, wenn die Voraussetzungen eines gutgläubigen Erwerbs nicht vorliegen (Rz 27), sie ist auch schuldrechtlich eine **Pflichtverletzung** des Käufers. 29

G. Besondere Formen des EV. I. Verlängerter EV. 1. Funktion. Einen einfachen Eigentumsvorbehalt zu vereinbaren, reicht im Wirtschaftsleben fast nie aus. Im Prinzip genügt ein einfacher EV nur, wenn der Käufer die Sache nicht weiter verarbeitet oder über sie nicht weiter verfügt. Sonst aber läuft der Verkäufer Gefahr, dass der einfache EV infolge Verarbeitung untergeht oder ein Abnehmer des Käufers gutgläubig Eigentum erwirbt. Der Verkäufer muss darauf Rücksicht nehmen, dass ein gewerblicher Käufer den Kaufpreis durch **Verarbeitung** oder **Weiterveräußerung** erwirtschaften und zu diesem Zwecke die Sache mit der Rechtsfolge der §§ 946 ff verarbeiten oder im Falle der Weiterveräußerung seinem Abnehmer Eigentum verschaffen können muss. Deswegen hat man für den Fall der Weiterveräußerung eine zusätzliche Sicherheit entwickelt: Der Verkäufer gestattet zwar dem Käufer, über die Sache zu verfügen, aber dafür tritt dieser seine künftigen Kaufpreiszahlungsansprüche gegen seine Abnehmer an den Verkäufer ab (sog **Vorausabtretungsklauseln**, Rz 31 ff). Bei einer Verarbeitung können die Parteien mit einer **Verarbeitungsklausel** bestimmen, dass der Verkäufer als Hersteller der neu entstandenen Sache gilt und damit daran Eigentum erwirbt (Rz 39). 30

2. Vorausabtretungsklauseln. a) Allgemeines. Die Vorausabtretung ist eine **Forderungsabtretung** iSd §§ 398 ff, so dass die Vorschriften dieses Abschnitts zur Anwendung kommen. Insbes muss ein etwa vereinbartes Abtretungsverbot gem § 399 Alt 2 beachtet werden (§ 399 Rz 4 ff). Eine trotzdem vorgenommene Abtretung ist unwirksam (BGHZ 108, 172, 176; BGH NJW 1988, 1210 f). Das Gleiche gilt für eine Vereinbarung, wonach eine Abtretung nur mit Zustimmung des Abnehmers zulässig ist. Jedoch ist **§ 354a HGB** zu beachten, wonach bei einem beiderseitigen Handelsgeschäft eine derartige Abtretung trotz Vereinbarung eines Abtretungsverbots wirksam ist, weil das Abtretungsverbot hier nur schuldrechtlich und nicht dinglich wirkt (vgl auch Erl zu § 399). 31

Da die Forderungsabtretung nur zur Sicherheit erfolgt, wird sie dem Abnehmer ggü nicht offen gelegt. Vielmehr ermächtigt der Verkäufer den Käufer, die **Forderung einzuziehen** (PWW/*D Schmidt* Rn 24). Eine derartige Ermächtigung kann auch stillschweigend erfolgen; insbes kann sie in der Ermächtigung zur Weiterveräußerung (Rz 36) enthalten sein (BGH NJW 1977, 2207 f). Der Verkäufer darf die Forderungsabtretung ggü dem Abnehmer erst dann offen legen, wenn der Sicherungsfall eingetreten ist, dh wenn der Käufer den Kaufpreis nicht vereinbarungsgemäß zahlt. Eine Offenlegung zu Unzeit wäre treuwidrig, da der Verkäufer damit die Kreditwürdigkeit des Käufers beeinträchtigt. Es ist aber zweckmäßig, im Vertrag zu regeln, wann der Verkäufer die Abtretung offen legen und die abgetretene Forderung geltend machen kann. 32

b) Bestimmtheitserfordernis. Eine Forderung muss bestimmt sein (allg dazu § 398 Rz 7). Dieses Erfordernis wirft bei der Vorausabtretung im Zusammenhang eines verlängerten EV Probleme auf, da bei der Vereinbarung noch nicht sicher ist, welche Forderungen zum Zeitpunkt einer etwaigen Geltendmachung durch den Sicherungsnehmer bestehen werden. Zunächst ist allg anerkannt, dass eine **Abtretung künftiger Forderungen**, also eine Vorausabtretung, **zulässig** ist (BGHZ 30, 151; 32, 369, in der Lit Staud/*Beckmann* Rn 100). Die höchstrichterliche Rspr hat die Anforderungen an die Bestimmtheit stark heruntergeschraubt; es reicht nicht nur aus, dass die **Forderung erst im Zeitpunkt ihrer Entstehung bestimmt** werden kann (BGHZ 7, 365; 26, 186, 189; 70, 86, 89 ff; 71, 75; 79, 16), darüber hinaus genügt bloße **Bestimmbarkeit** (BGHZ 7, 365, 368 f; 26, 185, 189). Klauseln wie »in Höhe des Wertes der Vorbehaltsware« (BGH NJW 1964, 149) oder »entspr dem Wert unserer Lieferung« (BGH NJW 1968, 1516; 1519) reichen aus (vgl auch *Eckert/Maifeld/Mathiessen* Rn 247). Das Problem besteht darin, dass der Käufer dem Verkäufer nicht seine volle Forderung ggü seinem Abnehmer abtreten will, sondern nur in Höhe des zu sichernden Kaufpreises. Dies muss in der Formulierung der Klausel deutlich werden. Die genannten Klauseln sollen diese Voraussetzung erfüllen, der Kaufpreis wird als »Wert« angesehen. Andernfalls entsteht eine möglicherweise unzulässige Übersicherung (Rz 38). 33

Eine Vorausabtretung kann auch mit einer **Weiterverarbeitungsklausel** (Rz 36, 39) kombiniert werden. Bei einer einfachen Verarbeitung ist die Abtretung der vollen Forderung wirksam (BGH NJW 1974, 1130 – Zerlegung von Schweinehälften). Bei einer komplexeren Verarbeitung darf sich die Forderungsabtretung auf die **Höhe des Anteilswertes** am (infolge der Verarbeitungsklausel entstandenen) Miteigentum des Verkäufers beziehen (BGHZ 64, 312). 34

35 Zu **unbestimmt** ist eine Forderungsabtretung vor allem dann, wenn aus ihr nicht ersichtlich ist, in welcher Höhe die Forderungen abgetreten sind, obwohl offensichtlich nicht eine vollständige Abtretung gemeint ist. Dies ist etwa dann der Fall, wenn »alle Werklohnforderungen« aus der Verarbeitung einer Vorbehaltsware ohne nähere Eingrenzungen abgetreten werden (BGH BB 1959, 355). Das Gleiche gilt für eine Klausel, wonach der Besteller »alle seine Ansprüche, die ihm aus Vertrag oder aus Gesetz nach §§ 812 ff erwachsen«, abtritt (BGH WM 1975, 977). Im Grunde verwendet der BGH recht weiche Kriterien bzgl der Bestimmbarkeit, um das Institut des verlängerten EV nicht zu gefährden, die erst dann zu einer Unzulässigkeit der Abtretung führen, wenn eine Übersicherung droht.

36 **c) Ermächtigung zur Weiterveräußerung.** Die Ermächtigung zur Weiterveräußerung (§ 185) umfasst die Weiterveräußerung **im ordnungsgemäßen Geschäftsverkehr**, zB das Verbauen von Baumaterialien durch einen Bauunternehmer (BGHZ 26, 178, 182; BaRoth/*Faust* Rn 26; PWW/*D Schmidt* Rn 23; *Eckert/Maifeld/Mathiessen* Rn 251). Nicht gedeckt ist die Veräußerung zu Sicherungszwecken (*Derleder* ZHR 139, 20, 38). Die Sicherungsübereignung und die Verpfändung können durch AGB des Verkäufers ausgeschlossen werden (Staud/*Beckmann* Rn 110). Kein ordnungsgemäßer Geschäftsverkehr liegt vor, wenn die Ware gegen Verrechnung des Kaufpreises auf eine bereits bestehende Schuld (BGH WM 1966, 924; 1968, 1145) oder auf der gleichen Handelsstufe (Großhändler an Großhändler) verkauft wird, um dringende Schulden zu bezahlen (BGH MDR 1970, 227). Auch eine Veräußerung im Zuge eines **sale and lease back** liegt nicht im Rahmen eines ordnungsgemäßes Geschäftsverkehrs (BGHZ 104, 129, 132).

37 Die Ermächtigung gilt nicht bei einem **Abtretungsverbot**, das mit dem Dritten vereinbart wurde und den potentiellen Forderungsübergang bei der Abtretung hindern würde (BGHZ 27, 306, 309; 30, 176, 181 f; 40, 156, 162; 55, 34, 37 f: 102, 293, 308). Der Verkäufer ist also ggü ihm unbekannten Abtretungsverboten in den Verträgen des Käufers mit seinen Abnehmern geschützt: ohne wirksame Abtretung keine wirksame Weiterveräußerungsbefugnis. Umgekehrt verlieren Abtretungsverbote dadurch häufig ihren Sinn; aus der Kombination von Vorausabtretung und Weiterveräußerungsbefugnis ist der Käufer schuldrechtlich gehalten, in den Verträgen mit seinen Abnehmern kein Abtretungsverbot aufzunehmen BGHZ 30, 176, 181; 40, 156, 162; 102, 293, 308; PWW/*D Schmidt* Rn 25). Der Verkäufer kann die Ermächtigung *widerrufen* (BGHZ 14, 114). Dies ist schuldrechtlich aber solange nicht zulässig, wie sich der Käufer vertragsgem verhält (BGH NJW 1969, 1171).

38 **d) Übersicherung/Freigabeklauseln.** Die Vorausabtretungen können zu einer Übersicherung führen. Während die Rspr früher dingliche Freigabeklauseln verlangte (BGHZ 120, 300, 302), gilt seit der Entscheidung des Großen Senats vom 27. 11. 1997 (BGHZ 137, 212; dazu *Leible/Sosnitza* JuS 2001, 449, 450), dass aus der zu Grunde liegenden Sicherungsabrede ein **Freigabeanspruch** folgt, ohne dass er ausdrücklich vereinbart sein muss. Abgesichert werden dürfen 110 % der Forderung, da Verwaltung und Verwertung der Sicherheit zu berücksichtigen sind. Der Freigabeanspruch greift ein, wenn der Schätzwert der maßgeblichen Sicherheiten 150 % der gesicherten Forderungen erreicht. Diese vom BGH für die Sicherungsübereignung entwickelten Grundsätze sind nach allg Ansicht auf den EV zu übertragen (BaRoth/*Faust* Rn 31; Staud/*Beckmann* Rn 122; *Leible/Sosnitza* JuS 2001, 449, 451). Ein verlängerter EV kann gem § 138 **sittenwidrig** sein, wenn er wie eine Globalzession ausgestaltet ist. Es gelten die allg Grundsätze über die Kollision einer Globalzession mit den Eigentumsvorbehalten anderer Lieferanten (seit BGHZ 30, 149, 153).

39 **3. Verarbeitungsklauseln.** Ein einfacher EV scheitert auch an der Verarbeitung der Kaufsache, da gem § 950 zwingend der Hersteller der neuen Sache deren Eigentümer wird. Man behilft sich damit, dass man in einer Verarbeitungsklausel den **Verkäufer** zum **(Mit-)Hersteller** erklärt (BGHZ 20, 159, 163; Staud/*Beckmann* Rn 124). Im Schrifttum wird verbreitet § 950 für dispositiv angesehen *(Leible/Sosnitza* JuS 2001, 449, 455, vgl auch *Reinicke/Tiedtke* Rn 1358, jeweils mwN) während eine Mindermeinung die Lösung über ein antizipiertes Besitzkonstitut gem §§ 929 S 1, 930 sucht (zB *Medicus* Rn 519). Der Verkäufer soll aber regelm nicht Alleineigentümer werden. Vielmehr wird üblicherweise ein Miteigentumsanteil des Verkäufers vereinbart, der dem Anteil des Wertes der gelieferten Sache an der neu hergestellten Sache entspricht (BGHZ 46, 117). Alleineigentum zu vereinbaren wäre eine unzulässige Übersicherung. Häufig wird im Zeitpunkt des Abschlusses des Kaufvertrags der Wert der neu herzustellenden Sache noch nicht feststellbar sein. Es genügt, den zu benennenden Wert der gelieferten Sache als Anteil zum Wert der herzustellenden Sache zu bezeichnen, ohne letzteren zu konkretisieren (BGH NJW 1964, 149 f).

40 Da der Käufer die neu hergestellte Sache idR weiter veräußern möchte (und muss, um den Kaufpreis bezahlen zu können), muss die **Verarbeitungsklausel** mit einer **Vorausabtretungsklausel** einschließlich Einziehungsbefugnis **kombiniert** werden. Wegen des Miteigentums ist auch eine **Weiterveräußerungsklausel** erforderlich. Gerade in diesen Fällen ist es wichtig, dass der Wert der sicherungshalber abgetretenen Forderung nicht die ursprüngliche Kaufpreisforderung übersteigt, weil sonst eine Übersicherung eintreten kann. Wegen des Bestimmbarkeitserfordernisses sollte die abgetretene Forderung nur bis zu 110 % der ursprünglichen Kaufpreisforderung abgetreten werden (Rz 33).

41 **II. Erweiterter Eigentumsvorbehalt. 1. Funktion.** Während beim verlängerten EV jeweils nur die Forderung aus einem konkreten Kaufvertrag gesichert wird, erstreckt der erweiterte EV den bereits bestehenden EV

zumeist nachträglich auch auf **Forderungen des Verkäufers aus anderen Rechtsgeschäften** mit dem Käufer. Dies wird grds für zulässig gehalten (BGHZ 98, 303, 307; 125, 83, in der Lit Staud/*Beckmann* Rn 127).

2. Kontokorrentvorbehalt. Der erweiterte EV kommt zunächst in der Form des Kontokorrentvorbehalts vor. Dabei wird vereinbart, dass der EV erst dann endet, wenn **sämtliche Forderungen aus der Geschäftsverbindung** getilgt sind, und zwar auch künftige Forderungen. Damit erlischt der Vorbehalt an den gelieferten Waren praktisch erst, wenn die Geschäftsbeziehung beendet wird. Trotz diese bedenklichen Weite, derentwegen er in der Lit gelegentlich für unzulässig gehalten wird (*Reinicke/Tiedtke* Rn 1347), erkennt ihn die Rspr an (BGH NJW 1964, 1788), und zwar auch dann, wenn er in AGB vereinbart wird (BGHZ 94, 111; 98, 307). 42

Auch auf den Kontokorrentvorbehalt ist die Rspr anzuwenden, wonach aus der zu Grunde liegenden Sicherungsabrede ein **Freigabeanspruch** abzuleiten ist, ohne dass es einer ausdrücklichen Freigabeverpflichtung bedarf (oben Rz 38; für die Übertragbarkeit auf den Kontokorrentvorbehalt *Leible/Sosnitza* JuS 2001, 556 f; Staud/*Beckmann* Rn 131; PWW/*D Schmidt* Rn 50). Kontokorrentvorbehalte sind restriktiv zu interpretieren (Staud/*Beckmann* Rn 132); insbes ist die contra-proferentem-Regel anzuwenden (§ 305c Rz 8). In Verbraucherverträgen darf sich der Kontokorrentvorbehalt nur auf Forderungen beziehen, die mit der konkreten Kaufsache zusammenhängen (Frankfurt aM NJW 1981, 130; Koblenz NJW-RR 1989, 1459, 1460; weitergehend *Eckert/Maifeld/Mathiessen* Rn 241: im nichtkaufmännischen Verkehr generell unzulässig). 43

3. Konzernvorbehalt. Dagegen ist ein Konzernvorbehalt gem Abs 3 **unzulässig**. Die Vorschrift geht auf eine Einfügung in die Vorgängervorschrift (§ 455 Abs 2 aF) im Jahre 1994 zurück und beendete den Streit um die Zulässigkeit des Konzernvorbehalts (offen gelassen etwa in BGHZ 104, 105, 112). Unter einem Konzernvorbehalt ist die Erstreckung eines EV auf Forderungen von Unternehmen zu verstehen, die mit dem Verkäufer gem § 15 AktG verbunden sind. 44

III. Weitergeleiteter und nachgeschalteter EV. Beim weitergeleiteten EV wird beim Weiterverkauf das Eigentum des ursprünglichen Verkäufers vorbehalten. Dies zwingt dazu, dessen EV ggü dem Abnehmer offen zu legen, weswegen ein **weitergeleiteter EV selten** verwendet wird (MüKo/*Westermann* Rn 95; Staud/*Beckmann* Rn 134). Bedeutender ist dagegen der **nachgeschaltete EV**. Er liegt vor, wenn der Käufer einer Vorbehaltsware seinerseits ggü seinem Abnehmer einen EV vereinbart (*Eckert/Maifeld/Mathiessen* Rn 261). Dies wird regelm mit einer Vorausabtretung und den sonstigen für einen verlängerten EV erforderlichen Klauseln (Rz 31 ff) sowohl im Verhältnis zwischen Verkäufer und Käufer wie zwischen Käufer und Abnehmer verbunden. Der Verkäufer verliert sein Eigentum dann, wenn entweder der Käufer ihm den Kaufpreis zahlt oder der Abnehmer an den Käufer. 45

§ 450 Ausgeschlossene Käufer bei bestimmten Verkäufen.

[1] Bei einem Verkauf im Wege der Zwangsvollstreckung dürfen der mit der Vornahme oder Leitung des Verkaufs Beauftragte und die von ihm zugezogenen Gehilfen einschließlich des Protokollführers den zu verkaufenden Gegenstand weder für sich persönlich oder durch einen anderen noch als Vertreter eines anderen kaufen.

[2] Absatz 1 gilt auch bei einem Verkauf außerhalb der Zwangsvollstreckung, wenn der Auftrag zu dem Verkauf auf Grund einer gesetzlichen Vorschrift erteilt worden ist, die den Auftraggeber ermächtigt, den Gegenstand für Rechnung eines anderen verkaufen zu lassen, insbesondere in den Fällen des Pfandverkaufs und des in den §§ 383 und 385 zugelassenen Verkaufs, sowie bei einem Verkauf aus einer Insolvenzmasse.

A. Funktion. Der Zweck der Vorschrift besteht darin, beim Erwerb einer Sache im Rahmen einer **Zwangsvollstreckung** oder eines vergleichbaren Verfahrens die **Unparteilichkeit der an der Verfahrensdurchführung beteiligten Personen** sicher zu stellen, indem diese vom Erwerb ausgeschlossen sind. Genau genommen, handelt es sich beim Erwerb in der Zwangsvollstreckung nicht um einen privatrechtlichen Kauf (hM: Staud/*Beckmann* Rn 2; BaRoth/*Faust* Rn 3), so dass »Kaufvertrag« im untechnischen Sinne zu verstehen ist. 1

B. Anwendungsbereich/Ausgeschlossene Personen. Unter Verkauf im Wege der Zwangsvollstreckung sind die **Versteigerung** sowie der **freihändige Verkauf** von beweglichen Sachen und Rechten nach den Vorschriften des Zwangsvollstreckungsrechts der ZPO zu verstehen. Auch die Zwangsvollstreckung von Grundstücken und grundstücksgleichen Rechten nach dem ZVG fällt darunter. Abs 2 erstreckt den Anwendungsbereich der Vorschrift auf andere Fälle eines Verkaufs auf Grund einer gesetzlichen Vorschrift. Derartige Vorschriften finden sich an vielen Stellen im Gesetz: Verkauf zum Zweck der **Auseinandersetzung** (§§ 731, 735, 1477, 1498, 2042), Versteigerung von **Fundsachen** (§§ 966, 979, 983), **Not- und Selbsthilfeverkauf** (§§ 383, 385, 966), **Pfandverkauf** (§§ 1219 ff) (Aufzählung nach BaRoth/*Faust* Rn 4; vgl auch die Aufzählung bei PWW/*D Schmidt* Rn 5). Außerhalb des BGB sind die Vorschriften über den Verkauf durch den Insolvenzverwalter von Bedeutung (§§ 159, 165 f, 173 InsO). Die von der Vorschrift erfassten Personen sind der **Gerichtsvollzieher** (§ 814 ZPO) oder eine andere mit der Versteigerung beauftragte Person (§ 825), ferner der **Richter oder Rechtspfleger** (§§ 844, 857 ZPO, 1 ZVG) sowie schließlich andere zugezogene Gehilfen wie der **Protokollführer** (Staud/*Beckmann* Rn 3). 2

§ 451 Kauf durch ausgeschlossenen Käufer. **[1] Die Wirksamkeit eines dem § 450 zuwider erfolgten Kaufs und der Übertragung des gekauften Gegenstandes hängt von der Zustimmung der bei dem Verkauf als Schuldner, Eigentümer oder Gläubiger Beteiligten ab. Fordert der Käufer einen Beteiligten zur Erklärung über die Genehmigung auf, so findet § 177 Absatz 2 entsprechende Anwendung.**
[2] Wird infolge der Verweigerung der Genehmigung ein neuer Verkauf vorgenommen, so hat der frühere Käufer für die Kosten des neuen Verkaufs sowie für einen Mindererlös aufzukommen.

1 Die Vorschrift regelt die **Rechtsfolgen** eines unter Verstoß gegen § 450 abgeschlossenen Kaufvertrags. Der Vertrag ist nicht etwa nichtig, sondern lediglich **schwebend unwirksam.** Dies bezieht sich nicht nur auf die obligatorische Ebene, sondern **auch** auf die **Verfügungsgeschäfte.** Um die Wirksamkeit herbeizuführen, muss daher nicht nur der Verkäufer genehmigen, sondern auch der Eigentümer, was natürlich nur dann eine Rolle spielt, wenn beide nicht identisch sind. Da § 450 nicht nur Kaufverträge im formalen Sinne erfasst (§ 450 Rz 2), spricht die Vorschrift allg von »Schuldner, Eigentümer oder Gläubiger«. Sinn der Vorschrift ist, dass die Genehmigung nur von den durch § 450 geschützten Personen herbeigeführt werden kann. Sind dies mehrere, ist die Genehmigung jedes einzelnen erforderlich (Staud/*Beckmann* Rn 1; PWW/*D Schmidt* Rn 2). Abs 2 sieht eine **Kostenerstattungspflicht des früheren Käufers** vor, falls ein erneuter Verkauf zu einem Mindererlös führt. Damit wird ein Verstoß gegen § 450 sanktioniert. Die Verpflichtung des früheren Käufers ist verschuldensunabhängig.

§ 452 Schiffskauf. **Die Vorschriften dieses Untertitels über den Kauf von Grundstücken finden auf den Kauf von eingetragenen Schiffen und Schiffsbauwerken entsprechende Anwendung.**

1 Seit der Schuldrechtsreform werden sämtliche im Kaufrecht enthaltenen Vorschriften über den Kauf von Grundstücken auch auf eingetragene Schiffe und Schiffsbauwerke erstreckt. Anzuwenden ist auch § 435 S 2, der ein **zu Unrecht eingetragenes Buchrecht** einem **Rechtsmangel** gleichstellt. Im Schiffsregister eingetragene Rechte sind als Buchrechte gem § 435 S 2 anzusehen. Ferner ist § 436 Abs 2 betroffen, da auf eingetragenen Schiffen besondere **öffentliche Lasten** und Abgaben ruhen können. Die Lit weist auf die Kanalsteuer gem § 14 SeeschifffahrtG hin (Staud/*Beckmann* Rn 5). Schließlich sind §§ 442 Abs 2 (Beseitigung von im Schiffsregister eingetragen Rechten, auch wenn der Käufer sie kennt) und 448 Abs 2 (Kosten der Eintragung des Eigentumsübergangs in das Schiffs- oder Schiffsbauregister) anzuwenden.

2 **Schiff** ist nach der Definition der Rspr jedes zur Fortbewegung auf oder unter Wasser und zur Beförderung von Personen oder Sachen geeignete Fahrzeug (BGHZ 76, 201, 203). Auch ein Schwimmbagger kann ein »Schiff« sein (BGH aaO), dagegen keine kleineren Segel- oder Ruderboote (Staud/*Beckmann* Rn 2). Ein **Schiffsbauwerk** ist in § 76 Abs 1 SchiffsRG definiert: Es ist ein auf einer Schiffswerft im Bau befindliches Schiff und kann ab einer bestimmten Größe in ein Schiffsbauregister eingetragen werden.

3 Die für die Vorschrift in Betracht kommenden Register sind gem dem SchiffsRG das **Seeschiffsregister**, das **Binnenschiffsregister** und das **Register für Schiffsbauwerke.** Die **Übereignung** eines Seeschiffs erfolgt nur durch Einigung (§ 2 SchiffsRG), die eines Binnenschiffs durch Einigung und Eintragung (§ 3 SchiffsRG). Eine entspr Regelung für in die Luftfahrzeugrolle eingetragene **Luftfahrzeuge** fehlt. Eine analoge Anwendung wird nur teilw befürwortet (BaRoth/*Faust* Rn 5; skeptisch MüKo/*Westermann* § 448 Fn 30).

§ 453 Rechtskauf. **[1] Die Vorschriften über den Kauf von Sachen finden auf den Kauf von Rechten und sonstigen Gegenständen entsprechende Anwendung.**
[2] Der Verkäufer trägt die Kosten der Begründung und Übertragung des Rechts.
[3] Ist ein Recht verkauft, das zum Besitz einer Sache berechtigt, so ist der Verkäufer verpflichtet, dem Käufer die Sache frei von Sach- und Rechtsmängeln zu übergeben.

1 **A. Allgemeines.** § 453 ist eine Vorschrift von **erheblicher praktischer Bedeutung**, weil dem Kauf von Rechten im Wirtschaftsleben eine große Bedeutung zukommt. Wer im Produktionsbereich unternehmerisch tätig ist, braucht nicht nur ein Betriebsgrundstück, Investitionsgüter und Rohstoffe, sondern auch für die Produktion eventuell ein Patent, für den Vertrieb eine Marke. Seine Forderungen will er nicht selbst durchsetzen, er verkauft sie lieber. Schließlich mag er sich aus Gründen der Produktionserweiterung ein schon bestehendes Unternehmen dazu kaufen wollen. Alle diese Vorgänge beruhen auf einem Rechtskauf, für den § 453 die zentrale Vorschrift im BGB darstellt.

2 Die wesentliche Aussage der Vorschrift steckt in seinem Abs 1. Danach gelten die §§ 433 ff, also die Vorschriften über den Sachkauf, auch für den Rechtskauf. Das wirkt sich vor allem auf der **Rechtsfolgenseite** aus, denn es greift § 437 mit seinen Verweisen auf die Sekundäransprüche im Falle eines Mangels ein. Für Schadensersatzansprüche hat dies zur Konsequenz, dass sie Verschulden des Verkäufers voraussetzen. Wünschen die Parteien eine Garantiehaftung, so muss dies ausdrücklich vereinbart werden. Anzuwenden ist auch der **Mangelbegriff** des § 434. Das verkaufte Recht ist Gegenstand einer Beschaffenheitsvereinbarung gem § 434 Abs 1 Nr 1 (*Reinicke/Tiedtke* Rn 1237). Dabei ist allerdings zu beachten, dass der Verkäufer lediglich den **Bestand des Rechts** schuldet (Staud/*Beckmann* Rn 6). Der von § 437 aF bekannte Grundsatz, wonach der

Verkäufer für die Verität, aber nicht die Bonität des Rechts einzustehen hat, gilt weiterhin, obwohl die Worte »haftet für den rechtlichen Bestand« so nicht mehr im Gesetzestext stehen. Besteht das Recht nicht, kommt das **allg Leistungsstörungsrecht**, vor allem § 311a, zur Anwendung (BaRoth/*Faust* Rn 12; *Eckert/Maifeld/Mathiessen* Rn 411). Gewährleistungsrecht wegen eines Mangels kommt dagegen in Betracht, wenn das verkaufte Recht nicht in dem festgelegten Umfang besteht (BaRoth/*Faust* Rn 10; Rz 19).

Die eigenständige Bedeutung der Vorschrift besteht vor allem darin, dass mit den Worten »Kauf von Rechten und sonstigen Gegenständen« ihr **Anwendungsbereich** umrissen wird. Während auf die Rechtsfolgen durch die Gleichstellung mit dem Sachkauf verwiesen wird, muss der Anwendungsbereich aus dem Telos der Norm selbst erschlossen werden. Dies ist für den Kernbereich wie den Kauf gewerblicher Schutzrechte (Rz 20 ff), den Forderungskauf (Rz 30 ff) und den Unternehmenskauf (Rz 38 ff) zwar unproblematisch, bedarf aber in Randbereichen einer genaueren Konturierung (Rz 6 ff). 3

Der Kauf »**sonstiger Gegenstände**« hat sein Hauptanwendungsfeld im Unternehmenskauf (Rz 38 ff). Ansonsten hat er zwar geringere Relevanz, ist aber keineswegs bedeutungslos. Vornehmlich dient dieser Teil der Vorschrift als Auffangbecken im Umfeld von Rechten, zB bei noch nicht patentierten Erfindungen. Ein weiteres wichtiges Beispiel ist die **Software** (Staud/*Beckmann* Rn 20; PWW/*D Schmidt* Rn 20), die nach hier vertretener Ansicht allerdings ein Recht iSd Abs 1 Alt 1 ist (Rz 11). 4

§ 453 ist **dispositiv**. Anders als ein Sachkauf ist ein Rechtskauf kaum ein Alltagsgeschäft, bei dem mangels abweichender Vereinbarungen das Gesetzesrecht anzuwenden ist. Ebenso wenig müssen zwingende verbraucherrechtliche Standards beachtet werden, da sich die Verbrauchsgüterkauf-RL und ihre Umsetzung nur auf bewegliche Sachen beziehen (§ 474 Rz 4). Der Rechtskauf basiert also in der ganz überwiegenden Zahl der Fälle auf privatautonom ausgestalteten Verträgen. Auch die AGB-Kontrolle tritt in ihrer Bedeutung zurück. Wichtig bei der Gestaltung eines Vertrags über einen Rechtskauf ist daher zu erkennen, welche Möglichkeiten der Vertragsgestaltung sich ergeben. Die Grenzen zulässiger Vereinbarungen spielen dagegen eine geringere Rolle als in anderen Bereichen des Vertragsrechts, obwohl sie natürlich nicht ignoriert werden dürfen. Als Beispiele für **privatautonome Gestaltung** sei hier nur darauf hingewiesen, dass die Verschuldensabhängigkeit der Schadensersatzansprüche durch eine verschuldensunabhängige **Garantiehaftung** ergänzt oder ersetzt werden kann (vgl auch BaRoth/*Faust* Rn 17; *Eckert/Maifeld/Mathiessen* Rn 412; § 444 Rz 9) und dass bei der Beschaffenheitsvereinbarung nicht beim bloßen Bestand des verkauften Rechts stehen geblieben werden muss. 5

B. Die einzelnen Elemente der Vorschrift. I. Anwendungsbereich, Abs 1. 1. Rechtskauf. Es gibt keine allg Definition der unter § 453 fallenden Rechte, jedoch besteht Einvernehmen darüber, dass der Begriff weit zu verstehen ist (Staud/*Beckmann* Rn 2; BaRoth/*Faust* Rn 2). Die bei weitem wichtigste Gruppe sind **Forderungen**. Sie werden durch Abtretung gem §§ 398 ff übertragen. Der Rechtskauf ist das Verpflichtungsgeschäft, das durch die Abtretung erfüllt wird. Es muss sich dabei nicht notwendigerweise um eine Geldforderung handeln. Bei Wertpapieren ist zu unterscheiden: Bei **Wertpapieren** im engeren Sinne ist nur die Übereignung des Papiers erforderlich, das Recht aus dem Papier folgt dem Recht am Papier. Bei »unechten« Wertpapieren ist es dagegen umgekehrt: Das Recht geht durch Abtretung über; der Zessionar hat einen Anspruch auf Herausgabe des Papiers, dh das Recht am Papier folgt dem Recht aus dem Papier (Staud/*Beckmann* Rn 56 f). Weiterhin kommen **Ansprüche** gem § 194 in Betracht (MüKo/*Westermann* Rn 3; PWW/*D Schmidt* Rn 5). 6

Übertragen werden können ferner **Sicherungsrechte**, und zwar sowohl isoliert als auch zusammen mit der gesicherten Forderung (MüKo/*Westermann* Rn 4). Erhebliche Bedeutung hat der Rechtskauf von Nutzungsrechten, und zwar vor allem dann, wenn das zu nutzende Recht selbst nicht oder jedenfalls nicht isoliert übertragen werden kann. So ist ein Nießbrauch gem § 1059 S 1 und eine beschränkte persönliche Dienstbarkeit gem § 1092 Abs 1 S 1 nicht übertragbar. Die Ausübung der betroffenen Rechte kann aber gleichwohl übertragen werden, wie der jeweilige S 2 in den beiden Vorschriften ausdrücklich klarstellt. Die Möglichkeit der Trennung zwischen nicht zulässiger Übertragung eines Rechts und der Übertragung eines Nutzungsrechts spielt vor allem bei höchstpersönlichen Rechten eine Rolle, etwa dem Namensrecht und dem Urheberrecht (Staud/*Beckmann* Rn 4). So ist ein Urheberrecht einschließlich seiner Verwertungsrechte nicht übertragbar. Die Möglichkeit, ein Nutzungsrecht an den Verwertungsrechten zu übertragen, ist jedoch von erheblicher wirtschaftlicher Bedeutung (Rz 23 ff). 7

Ohne den Umweg über das Nutzungsrecht können die **gewerblichen Schutzrechte** zum Gegenstand eines Rechtskaufs gemacht werden. Hier bietet sich ein weites Feld unterschiedlicher Gestaltung gem den Interessen der Parteien durch entspr Lizenzverträge an (unten Rz 23 ff). Weiterhin können sich die Parteien in einem Rechtskauf verpflichten, die **beschränkten dinglichen Rechte des BGB** (Pfandrecht, Grunddienstbarkeit, Hypothek, Grundschuld, Rentenschuld) und die ihnen ähnl außerhalb des BGB geregelten Rechte, namentlich das Erbbaurecht und das Dauerwohnrecht gem § 31 WEG zu übertragen. Das gilt auch für das **Anwartschaftsrecht** (MüKo/*Westermann* Rn 7). Dagegen ist das Wohnungseigentum kein Recht, sondern eine Sache, weil es aus dem Miteigentumsanteil am Grundstück und dem Sondereigentum an der Wohnung besteht (BaRoth/*Faust* Rn 2). 8

Schließlich können **öffentlich-rechtliche Konzessionen** unter den Rechtskauf fallen. Neben klassischen Fällen wie dem Bergbau dürfte die aktuelle Bedeutung dieser Möglichkeit eher bei **Umweltzertifikaten** liegen (*Wertenbruch* ZIP 2005, 516 ff). Der (iE gesetzlich geregelte) Handel mit Umweltzertifikaten beruht 9 im Prinzip auf den Regeln des Rechtskaufs. Auch sonstige öffentlich-rechtliche Rechte fallen unter die Vorschrift (PWW/*D Schmidt* Rn 5).

10 **2. Sonstige Gegenstände.** Als sonstige Gegenstände werden unkörperliche Objekte wie Know how, Domain-Adressen oder Erfindungen (BTDrs 14/6040 S 242) angesehen (MüKo/*Westermann* Rn 6). Ihre größte Bedeutung haben die »sonstigen Gegenstände« aber in Zusammenhang mit dem **Unternehmenskauf**. Darauf wird getrennt eingegangen (Rz 38). IÜ dürfte das **Know how** am Wichtigsten sein (dazu *Bartenbach/Bartenbach* MDR 2003, 1270), ein unscharfer Begriff, der dem BGH zufolge technische, kaufmännische und betriebliche Kenntnisse und Fähigkeiten zusammenfasst, die nicht offenkundig sind und werden sollen (BGH NJW 1960, 1999). Man könnte auch sagen, dass Know how der Mehrwert eines Unternehmens über die Summe des Wertes der Sachen und Rechte, aus denen es besteht, hinaus ist. »Know how« ist gewissermaßen die Bündelung der einzelnen Sachen und Rechte zu einem sinnvollen und funktionsfähigem Ganzen. Jedenfalls wird das Know how beim Unternehmenskauf regelm als ein eigenständiger Posten bewertet und bezahlt.

11 IÜ handelt es sich um Vorstufen eines Rechts. So ist zB die noch nicht patentierte **Erfindung** – auch nach patentrechtlichen Vorschriften – geschützt. Eine **Domain-Adresse** kann zu einem Unternehmenskennzeichen gem § 5 MarkenG erstarken oder namensrechtlichen Schutz genießen. Die im Zusammenhang mit dem Begriff der »sonstigen Gegenstände« viel zitierte **Software** (Staud/*Beckmann* Rn 53) wird als Werk iSd Urheberrechts anerkannt, so dass Software-Lizenzverträge nach urheberrechtlichen Vorschriften abgeschlossen werden können. Genau genommen handelt es sich daher bei Software nicht um einen Kauf sonstiger Gegenstände, sondern um Rechtskauf. Die Unschärfe der begrifflichen Trennung zwischen »Recht« und »sonstigem Gegenstand« kann aber hingenommen werden, weil sich die Rechtsfolgen nicht unterscheiden.

12 Obwohl eigentlich als Auffangvorschrift konzipiert (BaRoth/*Faust* Rn 23), dient die Vorschrift kaum als »Auffangbecken« für Kaufverträge, bei denen die Eigenschaft als Sachkauf wegen der mangelnden Verkörperung der verkörperten Sache zweifelhaft ist. Dies gilt vor allem für **Energie- und Wärmelieferungsverträge**. Man hatte auf diese Verträge bereits vor der Schuldrechtsreform Kaufrecht angewendet (BGHZ 23, 175 für die Energielieferung, Frankfurt aM NJW 1980, 2531 für die Wärmelieferung) und sich damit über die fehlende Körperlichkeit der elektrischen Energie hinweggesetzt. Ob es dabei bleiben kann, oder ob man wegen der Genauigkeit den Umweg über Abs 1 Alt 2 nehmen soll, spielt wegen der sich nicht unterscheidenden Rechtsfolgen eine untergeordnete Rolle (vgl auch Staud/*Beckmann* Rn 50).

13 **II. Kosten der Begründung und Übertragung, Abs 2.** Abs 2 ist von Bedeutung für die Übertragung von Rechten an Grundstücken, von GmbH-Anteilen und für die Eintragung von gewerblichen Schutzrechten. Dabei geht man von dem Grundgedanken aus, das die Vorschrift nichts über die Kostentragungspflicht für das **Verpflichtungsgeschäft** aussagt, sondern sich allein auf die Erfüllung bezieht (MüKo/*Westermann* Rn 15; Staud/*Beckmann* Rn 15). Werden Verpflichtungsgeschäft und Abtretung gemeinsam beurkundet und fallen die Kosten infolge dessen nur einmal an, gelten sie als Kosten für das Grundgeschäft; Abs 2 kommt nicht zur Anwendung (MüKo/*Westermann* Rn 15; BaRoth/*Faust* Rn 14). Über die Kosten für das Verpflichtungsgeschäft müssen sich die Parteien einigen, ansonsten tragen sie sie je zur Hälfte. Es ist auch eine von Abs 2 abweichende Regelung für die Kostentragungspflicht der Erfüllungshandlungen möglich.

14 Bei **Rechten an Grundstücken** wird allerdings im Anschluss an die Begründung zum RegE des Schuldrechtsmodernisierungsgesetzes von der Trennung zwischen Verpflichtungsgeschäft und Erfüllung abgewichen. Vielmehr wird auf § 448 Abs 2 zurückgegriffen, dessen Anwendbarkeit auf den Rechtskauf über den Generalverweis in § 453 Abs 1 angenommen wird (BTDrs 14/6040 S 242; dem folgend BaRoth/*Faust* Rn 15; MüKo/*Westermann* Rn 16). Demzufolge hat der Käufer die Kosten der Beurkundung und der Grundbucheintragung zu tragen. Dazu gehören auch die Kosten für den Antrag auf die Grundbucheintragung (BaRoth/*Faust* Rn 15; Staud/*Beckmann* Rn 15; vgl auch die Erl zu § 448 Abs 2). Beim **Erwerb eines GmbH-Anteils** wirkt sich dagegen die Differenzierung aus. Der Käufer trägt die Kosten der notariellen Beurkundung der Abtretung (§ 15 Abs 3 GmbHG), nicht aber die Kosten für das Grundgeschäft (§ 15 Abs 4 GmbHG).

15 Bei den **gewerblichen Schutzrechten** trägt nach allg Ansicht der Käufer die Kosten für die Eintragung in das jeweilige Register des Deutschen Patent- und Markenamtes (BaRoth/*Faust* Rn 14; Staud/*Beckmann* Rn 15). Begründet wird dies damit, dass die Rechte aus dem Recht, insbes die Ansprüche aus § 14 MarkenG bzw § 139 PatentG, bei Eingriffen Dritter in das Recht ohne die Eintragung nicht ausgeübt werden können (BaRoth/*Faust* Rn 14). Das Gleiche gilt auch für das Geschmacksmuster und das Gebrauchsmuster. Die Parteien können auch hier abweichende Vereinbarungen für die Kostentragung treffen.

16 **III. Recht, das zum Besitz der Sache berechtigt, Abs 3.** Wenn ein verkauftes Recht zum Besitz einer Sache berechtigt, knüpft Abs 3 daran eine Übergabepflicht bzgl der Sache an. Derartige Rechte sind unstr der Nießbrauch (§ 1059), das Wohnungsrecht (§ 1093 Abs 1), das ErbbauR und das DauerwohnR gem § 31 WEG. Auch das Anwartschaftsrecht fällt unter Abs 3, so dass der Vorbehaltsverkäufer für die Sachmängel des Kaufgegenstandes haftet. Ob Abs 3 auch für den Kauf eines Miet- oder Pachtrechts gilt, ist dagegen str (dafür MüKo/*Westermann* Rn 7; *Eidenmüller* ZGS 2002, 290, 291; aA BaRoth/*Faust* Rn 5; Staud/*Beckmann* Rn 16). Die Parteien sollten deshalb auf jeden Fall eine Regelung darüber treffen. Nach Abs 3 muss die Sache, zu deren Besitz das Recht berechtigt, frei von Sach- und Rechtsmängeln übergeben werden. Dabei ist aber zu

berücksichtigen, dass das Recht nur zum Besitz berechtigen soll. Die Sache muss daher nur insoweit frei von Rechtsmängeln sein, dass dem Rechtsinhaber der ungestörte Besitz möglich ist (MüKo/*Westermann* Rn 13).

C. Pflichten und Rechtsfolgen bei Pflichtverletzung. Der Käufer wird durch den Rechtskauf verpflichtet, das verkaufte Recht zu übertragen. Forderungen werden durch **Abtretung** übertragen, was gem § 398 formlos möglich ist, wenn nicht gesetzliche Formvorschriften eingreifen. Dabei ist vor allem § 873 zu beachten, der für die Einräumung bzw Übertragung von **Grundstücksrechten** die **Eintragung ins Grundbuch** verlangt. Da der Eintragungsantrag in öffentlich beglaubigter Form erfolgen muss (§ 29 GBO), wird man idR die Einräumung des Rechts in einer notariellen Urkunde erklären und den Notar beauftragen, den Eintragungsantrag zu stellen. Auch bei der Übertragung von Anteilen einer GmbH muss die notarielle Form beachtet werden, § 15 GmbHG. Der Verkäufer muss dem Käufer die Ausübung seines Rechts ermöglichen (Staud/*Beckmann* Rn 12; MüKo/*Westermann* Rn 9). Dabei können ihn unterschiedliche **Nebenpflichten** treffen. So muss er bei der Umschreibung von Rechten in Registern mitwirken (Patentregister, Markenregister, Handelsregister) (Beispiele bei Staud/*Beckmann* Rn 12). Etwa erforderliche Zustimmungen von Mitgesellschaftern oder sonstigen Organen sind beizubringen (PWW/*D Schmidt* Rn 6). Sofern es zur Nutzung eines Rechts erforderlich ist, sind Aufzeichnungen, Manuskripte oder Prototypen zu übergeben (MüKo/*Westermann* Rn 9). 17

Bei einer Pflichtverletzung ist zu unterscheiden, ob das allg Leistungsstörungsrecht oder die Rechte wegen eines Mangels zur Anwendung gelangen. Der Verkäufer hat für den **Bestand des Rechts** einzustehen (oben Rz 2); infolgedessen ist die Erfüllung unmöglich (§ 275), wenn das verkaufte Recht nicht existiert. Das gilt auch, wenn das Recht einem Dritten zusteht oder unübertragbar ist, zB weil es ein höchstpersönliches Recht ist (BaRoth/*Faust* Rn 12). In diesen Fällen steht dem Verkäufer ein Schadensersatzanspruch gem § 311a Abs 2 zu. Dieser Anspruch ist verschuldensabhängig, wobei § 311a Abs 2 S 2 allerdings eine Beweislastumkehr vorsieht. Es besteht aber keine Garantiehaftung, es sei denn, sie ist vereinbart worden. Tritt die Unmöglichkeit nach Vertragsschluss ein, ergibt sich der Schadensersatzanspruch aus §§ 280 Abs 2, 283. 18

Ob eine **Mängelhaftung** eingreift, hängt vom Einzelfall ab. Grundsätzlich besteht keine Einstandspflicht für die Bonität des Rechts, es sei denn es ist etwas anderes vereinbart worden (BGH ZIP 2004, 2382; BaRoth/*Faust* Rn 20; *Eidenmüller* ZGS 2002, 290, 293). Auch Aufklärungspflichten über die Bonität bestehen nicht (BGH DB 1975, 495). Genannt werden rechtliche Schwierigkeiten bei der Geltendmachung des verkauften Rechts (BGH NJW 1962, 1971 f), Einlagerückstände oder Nachschusspflichten bei der Veräußerung von Gesellschaftsanteilen, die Aufbietung eines Wertpapiers zum Zwecke der Kraftloserklärung (BaRoth/*Faust* Rn 11). 19

D. Einzelfälle. I. Gewerblicher Rechtsschutz und Urheberrecht. 1. Allgemeines. Die Übertragung von gewerblichen Schutzrechten und Nutzungsrechten an Urheberrechten hat eine erhebliche wirtschaftliche Bedeutung. Im Bereich des gewerblichen Rechtsschutzes stehen dabei das **Patentrecht** und das **Markenrecht** im Vordergrund. Während diese beiden Rechte übertragen werden können, ist dies für das **Urheberrecht** nicht möglich. Es ist ein höchstpersönliches Recht, so dass nur ein Nutzungsrecht am Urheberrecht eingeräumt werden kann. 20

Zu unterscheiden ist, ob sich der Verkäufer des Rechts endgültig von seinem Recht trennen oder es nur vorübergehend einem anderen überlassen will. Im erstgenannten Fall erfolgt die Übertragung durch **Abtretung** gem § 398 ff. Die Rechte müssen in den entspr Registern umgeschrieben werden. Dies ist aber nur für die gewerblichen Schutzrechte möglich. Man wird davon Gebrauch machen, wenn der Rechtsinhaber die Rechte in Zusammenhang mit einem Unternehmensverkauf übertragen will oder sich aus anderen Gründen aus dem Betrieb oder dem Betriebsteil, für den die Rechte gebraucht werden, definitiv zurückziehen will. 21

Abgesehen von diesen Fällen wird der Rechteinhaber aber regelm seine Rechte nicht endgültig aus den Hand geben wollen, sondern nach einem Weg suchen, sie optimal wirtschaftlich zu nutzen, auch wenn er dies nicht selbst kann, insbes weil ihm kein vollständiges Produktions- und Absatzsystem zur Verfügung steht, mit dem etwa ein auf einem Patent beruhendes und mit einer Marke versehenes Produkt hergestellt und vertrieben werden kann. Er wird dann Verträge über die Nutzung der Rechte, sog **Lizenzverträge**, abschließen, bei denen er selbst Inhaber des Rechts bleibt. Die Einräumung des Nutzungsrechts durch den ursprünglichen Rechteinhaber erfolgt in zwei juristischen Schritten, die allerdings in der gleichen juristischen Sekunde stattfinden. Zunächst gliedert der Rechtsinhaber aus seinem Recht das Nutzungsrecht aus, sodann überträgt er das Nutzungsrecht im Wege des Rechtskaufs, behält aber das Recht selbst, auch wenn dieses ohne das Nutzungsrecht gewissermaßen auf eine Hülle reduziert ist. Verkauft wird nicht das Recht selbst, sondern das Nutzungsrecht am Recht. Beim unveräußerlichen Urheberrecht ist von vornherein nur der Verkauf eines derartigen Nutzungsrechts möglich. 22

2. Lizenzen. Das Recht stellt eine Fülle von Möglichkeiten für die Übertragung von Nutzungsrechten zur Verfügung, die den individuellen Bedürfnissen nach einer Zusammenarbeit im Bereich von Produktion und Vertrieb zwischen selbständigen Unternehmen Rechnung trägt. Man fasst diesen Bereich als Lizenzvertragsrecht zusammen. Es ist im MarkenG in § 30, im PatentG in § 15 Abs 2 und im UrhG in § 31 (Überblick bei Loewenheim/*JB Nordemann* §§ 59 ff) geregelt. Das Markenrecht und das Patentrecht sprechen von »Lizenzen«, das Urheberrecht von »Nutzungsrechten«. 23

24 Den drei vorbenannten Vorschriften ist gemein, dass zwischen einer **ausschließlichen und einer einfachen Lizenz** bzw Nutzung unterschieden wird. Die Einräumung einer ausschließlichen Lizenz bzw Nutzung verleiht dem Inhaber des Nutzungsrechts eine dingliche Rechtsstellung (zum Urheberrecht Loewenheim/*Loewenheim/JB Nordemann* § 25 Rn 2 ff; zum Markenrecht *Fezer* § 30 Rn 7; zum Patentrecht *Benkard* § 15 Rn 34). Er kann Dritte und auch den Inhaber des Rechts selbst von der Nutzung ausschließen und hat die dem Rechteinhaber zustehenden Ausschließlichkeitsrechte gem § 14 MarkenG, § 139 PatentG und § 97 UrhG, insbes den in diesen Vorschriften vorgesehenen Unterlassungsanspruch, der üblicherweise nach vorheriger Abmahnung im einstweiligen Verfügungsverfahren durchgesetzt wird. Von der Einräumung eines einfachen Nutzungsrechts wird man dann Gebrauch machen, wenn nur eine einmalige Nutzung angestrebt wird und am Ausschluss der Nutzung durch Dritte kein Interesse besteht. Der klassische Fall ist die Einräumung von Aufführungsrechten gem § 19 UrhG. Im Urheberrecht sieht die überwiegende Meinung auch das einfache Nutzungsrecht als dingliches Recht (Loewenheim-*Loewenheim/JB Nordemann* § 25 Rn 7 mN über den Streitstand), ebenso für das Markenrecht (*Fezer* § 30 Rn 7). Im Patentrecht geht man von einer Rechtspacht aus (*Benkard* § 15 Rn 49). Auf jeden Fall kann der Rechteinhaber iÜ über das Recht weiterhin nach Gutdünken verfügen.

25 Aber auch die Einräumung eines **ausschließlichen Nutzungsrechts** bedeutet nicht notwendigerweise, dass der Rechteinhaber sein Recht vollständig und unumkehrbar aus der Hand gibt. Er kann es nämlich **zeitlich, räumlich und inhaltlich beschränken** (dazu im Einzelnen für das Urheberrecht Loewenheim/*JB Nordemann* § 60 Rn 21 ff; für das Markenrecht *Fezer* § 30 Rn 12 ff; für das Patentrecht *Benkard* § 15 Rn 35 ff). Von einer zeitlichen Beschränkung wird man regelm Gebrauch machen. Sie hat den Vorteil, dass der Vertrag ohne Kündigung beendet werden oder mit anderen Bedingungen fortgesetzt werden kann. Die Möglichkeit einer räumlichen Beschränkung ist vor allem für den Aufbau eines Vertriebssystems interessant. Auch wenn man in Lizenz produzieren lassen will, bietet sich die räumliche Beschränkung einer ausschließlichen Patentlizenz an.

26 Inhaltlich kann das Nutzungsrecht auf einzelne Verwertungsarten iSd § 15 UrhG begrenzt werden. Es hat sich aber eingebürgert, bei allen gewerblichen Schutzrechten eine Beschränkung auf eine oder mehrere **Nutzungsarten** vorzunehmen. Wegen der dinglichen Wirkung der Limitierung kann die Nutzungsart aber nicht nach Belieben bestimmt werden; sie muss vielmehr auch für einen Dritten hinreichend klar sein (Loewenheim/*JB Nordemann* § 27 Rn 2). Im Urheberrecht spricht die Rspr von einer konkreten technisch und wirtschaftlich eigenständigen Verwendungsform des Werkes (BGH GRUR 1997, 215, 217 – Klimbim; GRUR 1992, 310, 311 – Taschenbuchlizenz). Als eigenständige Nutzungsarten wurden zB anerkannt die Veröffentlichung eines Buches als Taschenbuch (BGH aaO), einer Zeitschrift auf CD-ROM (Hamburg CR 1999, 322, 323) oder die Verwertung von Musik in der Werbung (Hamburg GRUR 1991, 599, 600). Im Patentrecht kann die Lizenz auf einzelne der in § 9 PatG aufgeführten Benutzungsarten begrenzt werden (*Benkard* § 15 Rn 38).

27 **3. Zwingende Vorschriften.** Die Ausgestaltung der Lizenzverträge ist im Urhebervertragsrecht durch einige zwingende Vorschriften eingeschränkt. Der Urheber gilt als die schwächere Vertragspartei, dessen Vergütungsansprüche geschützt werden müssen. Die Vorschriften wurden durch die Urheberrechtsreform von 2001 verschärft. Nach § 32 UrhG hat der Urheber Anspruch auf eine angemessene Vergütung. § 32 UrhG bestimmt näher, was darunter zu verstehen ist. § 36 UrhG sieht vor, dass angemessene Vergütungen in Vergütungsregeln festzulegen sind, die von Vereinigungen von Urhebern und Werknutzern aufzustellen sind. Im Markenrecht und im Patentrecht fehlen entspr Regeln.

28 **4. Lizenzgebühr.** Die Regelung der Vergütung für die Lizenz unterliegt der Privatautonomie mit Ausnahme der genannten Vorschriften über ihre Angemessenheit. Dabei haben sich verschiedene Modelle herausgebildet. Der Verkäufer des Rechts kann am Risiko der Verwertung durch den Erwerber beteiligt werden oder auch nicht. Im letzten Falle wird man entweder eine Einmalzahlung (**Pauschalvergütung**, vgl Loewenheim/*Loewenheim/JB Nordemann* § 61 Rn 11 f) oder eine gleich bleibende wiederkehrende Zahlung in monatlichen oder größeren Abständen vereinbaren. Üblicher ist aber eine **Beteiligung am Erlös**. Dies kann in Form einer Gewinn- oder Umsatzbeteiligung erfolgen (Loewenheim/*Loewenheim/JB Nordemann* § 61 Rn 13 ff). Die Gewinnbeteiligung lässt den Verkäufer noch stärker am Risiko des Käufers teilhaben, denn ein großer Umsatz muss nicht notwendigerweise zu einem hohen Gewinn führen. Da der Käufer dem Verkäufer aber Rechnung legen muss, wird er vielfach eine bloße Umsatzbeteiligung vorziehen, um den Verkäufer nicht zu sehr Interna über seine Gewinnsituation offenbaren zu müssen.

29 **5. Wettbewerbsbeschränkungen.** Lizenzverträge können gegen Wettbewerbsrecht verstoßen, da sie leicht dazu benutzt werden können, Marktabschottungen in Vertriebsvereinbarungen zu unterstützen. Auf der Basis von Art 81 EGV hat sich daher ein eigenständiges Rechtsgebiet entwickelt. Dabei ist abzuwägen zwischen dem wettbewerblichen Nutzen von Lizenzvereinbarungen und ihren Nachteilen. Einerseits erschließen sie auch anderen als den Rechteinhabern die Nutzung von Werken iSd Urheberrechts bzw Patenten, andererseits lassen sich Ausschließlichkeitsvereinbarungen hervorragend zur Beschränkung von Wettbewerb, insbes zu Marktabschottungen im Rahmen von Vertriebssystemen benutzen. Damit ist das Spannungsverhältnis beschrieben, das vom Recht durch komplizierte Regelungen aufgelöst wird. Die wichtigste dieser Regeln ist die **Gruppenfreistellungs-Verordnung Technologietransfer** (VO (EG) Nr 772/2004, ABl EG L 123/11 v

27. 4. 2004). Sie enthält eine Fülle von Detailregelungen, die bei jedem Lizenzvertrag zu beachten sind und bestimmte Vereinbarungen erlauben und vom Verdikt der Wettbewerbsbeschränkung gem Art 81 Abs 1 EGV freistellen, und andere verbieten. Für die Vertragsgestaltung ergibt sich daraus, dass unbedingt ein kartellrechtlicher Spezialist heranzuziehen ist.

II. Forderungskauf. 1. Allgemeines. Gegenstand eines Rechtskaufs kann auch eine Forderung sein. Der Rechtskauf ist das Verpflichtungsgeschäft, das durch eine Abtretung gem § 398 erfüllt wird. Die Abtretung selbst ist ein vom Verpflichtungsgeschäft getrennt zu betrachtendes Verfügungsgeschäft (§ 398 Rz 13), wird jedoch häufig bereits zusammen mit dem Verpflichtungsgeschäft vereinbart, so dass der Unterschied zwischen der Verpflichtung – Rechtskauf gem § 453 – und der Verfügung – Abtretung gem § 398 – nicht offen zutage tritt. Dies gilt umso mehr, als für das Verfügungsgeschäft in Bezug auf den Übergang unkörperlicher Forderungen lediglich die Einigung erforderlich ist – anders etwa als bei § 929, wo noch die Übergabe als Publizitätsakt hinzutreten muss. Der Forderungskauf hat eine nicht unerhebliche wirtschaftliche Bedeutung. Ein Anwendungsfall ist allerdings weggefallen, da der BGH beim **Kreditkartengeschäft** entgegen der zuvor überwiegend vertretenen Ansicht nicht von einem Forderungskauf des Kreditkartenunternehmens, sondern von einem **abstrakten Schuldanerkenntnis** ausgeht (BGHZ 150, 286; 152, 75). Seine Hauptbedeutung hat der Forderungskauf in der Form des **Factoring.** In jüngster Zeit hat der Kauf von Kreditforderungen erhebliche Aufmerksamkeit erlangt und den Gesetzgeber auf den Plan gerufen (Rz 36). 30

2. Factoring. a) Allgemeines. Das Factoring bietet die Möglichkeit eines Forderungseinzugs mit Hilfe eines Factors, idR einer Bank. Dem Factor wird die Forderung vom Zedenten (Kunden) abgetreten, woraufhin der Factor sie gegen den Schuldner geltend macht. Der Kunde erhält sofort den Gegenwert der Forderung (MüKo/*Roth* § 398 Rn 164). Der Zedent hat dadurch den Vorteil, uU sogar vor der Fälligkeit seiner Forderung Liquidität zu erlangen. Factoring hat daher nicht bloß die Funktion, die Einziehung von Forderungen zu erleichtern – dafür würde eine reine Inkasso-Zession reichen (BGH NJW-RR 2001, 1420) –, sondern hat darüber hinaus eine Finanzierungsfunktion. Als Gegenleistung muss der Kunde auf einen Teil seiner Forderung verzichten, da der Factor Abzüge für seine Kosten, seinen Gewinn und ggf sein Risiko vornimmt. Für den Factor ist das Factoring ein professionelles (Bank-)Geschäft. Eine Erlaubnis zum Bankgeschäft nach dem KWG benötigt er jedoch nicht. 31

Zwar ist Factoring auch bzgl einer Einzelforderung möglich, doch ist dies nicht die Regel. Factor und Kunde schließen vielmehr normalerweise einen **Rahmenvertrag** ab, in dem sich der Kunde verpflichtet, dem Factor alle oder bestimmte Forderungen zum Kauf anzubieten. Es liegt damit eine Globalzession künftiger Forderungen vor. Falls die künftigen Forderungen noch nicht hinreichend bestimmt sind, kann auch eine Mantelzession anzunehmen sein (MüKo/*Roth* § 398 Rn 167; BaRoth/*Rohe* § 398 Rn 99). Inwiefern der Factor sich bereits im Rahmenvertrag verpflichtet, die Angebote anzunehmen, ist eine Frage der Ausgestaltung des Vertrags im Einzelfall und hängt von der Risikobereitschaft des Factors ab, auch »faule« Forderungen zu übernehmen, was zu einem höheren Abschlag führen würde. 32

b) Echtes Factoring. Das Risiko, die abgetretene Forderung ggü dem Schuldner realisieren zu können, trägt der Factor nur beim sog echten Factoring. Er übernimmt damit eine **Delkredere**-Funktion (BaRoth/*Rohe* § 398 Rn 100). Hier wird die Forderung endgültig abgetreten, und der Kunde behält den Gegenwert, auch wenn der Factor mit der Forderung ggü dem Schuldner ausfällt. Die Abschläge müssen deshalb vergleichsweise hoch sein. Der Factor kann sein Risiko nur dadurch steuern, dass er sich vorbehält, welche Forderungen er übernimmt, oder vom Kunden eine »Durchmischung« besserer und schlechterer Risiken verlangt und dafür Kriterien in die Rahmenvereinbarung aufnimmt. Nur das echte Factoring ist als **Rechtskauf** iSd § 453 anzusehen (BGHZ 69, 254; 100, 353, 358). 33

c) Unechtes Factoring. Beim unechten Factoring verbleibt das Risiko der Durchsetzung der Forderung beim Kunden. Der Factor behält sich vor, dem Kunden die **Forderung zurück zu übertragen** und sein Konto mit einem etwa bereits ausgezahlten Gegenwert für die Forderung zu belasten, falls die Forderung uneinbringlich ist. Im Gegenzug dafür sind beim unechten Factoring die Abzüge niedriger als beim echten Factoring. Das unechte Factoring stellt keinen Forderungskauf dar. Es wird als **Darlehensvertrag** angesehen, verbunden mit Elementen einer Geschäftsbesorgung (BGHZ 58, 364, 366), denn der Kunde (Zedent) erhält Liquidität zumindest während des Zeitraums, während dessen sich der Factor um die Einziehung der Forderung bemüht. 34

d) Kollision mit verlängertem Eigentumsvorbehalt. Wird, wie regelm, ein Rahmenvertrag geschlossen, gehen Zedent und Zessionar einen Vertrag über die Abtretung künftiger Forderungen ein. Dies ist grds möglich (§ 398 Rz 7). Es taucht aber dann das Problem auf, wie die Kollision einer derartigen Globalzession mit Forderungsabtretungen an Warenlieferanten aus verlängerten Eigentumsvorbehalten aufzulösen ist. Außerhalb des Factoring nimmt die Rspr bekanntlich eine Sittenwidrigkeit der Globalzession zu Gunsten der Bank an und bevorzugt auf diese Weise die Sicherung des Warenlieferanten, auch wenn die Verträge mit diesem später als der besicherte Darlehensvertrag geschlossen wurden (sog **Vertragsbruchtheorie**, BGH DB 1983, 2514, 2516; NJW 1991, 2144, 2145; 1999, 940 f). Diese Rspr wird jedenfalls **auf das echte Factoring nicht angewendet**, so dass es beim Prioritätsprinzip bleibt (BGHZ 69, 254; BGHZ 100, 153). Der Factor kann also sicher sein, dass ihm die in einem 35

Rahmenvertrag abgetretenen – ggf nur künftigen – Forderungen erhalten bleiben und nicht durch spätere Vereinbarungen mit Warenlieferenten verloren gehen. Dagegen wird beim **unechten Factoring die sog Vertragsbruchtheorie herangezogen**, auch wenn dies nicht ganz unbestr ist (BGHZ 82, 50, 61; 100, 353, 358; für die Mindermeinung MüKo/*Roth* § 398 Rn 177). Die Globalzession kann sich also in Konkurrenz zu anderen Abtretungen als unwirksam erweisen (§ 398 Rz 12 zur Vertragsbruchtheorie).

36 **3. Verkauf von Krediten.** In letzter Zeit sind Banken vermehrt dazu übergegangen, ihre Forderungen aus Darlehen gem § 453 zu verkaufen, und zwar sowohl notleidende wie vertragsgem bediente Kredite. Da die Zessionare idR ein Interesse an einer schnellen Verwertung der Forderungen haben und anders als banküblich bei Schwierigkeiten des Darlehensnehmers nicht in Verhandlungen über Prolongationsvereinbarungen oä einzutreten pflegen, taucht die Frage auf, ob derartige Forderungsverkäufe uneingeschränkt zulässig sind (umfassend *Derleder* VuR 2007, 81; *Reifner* BKR 2008, 142). Die Ansicht, es sei stillschweigend ein **Abtretungsausschluss** gem § 399 vereinbart worden, blieb in der Rspr vereinzelt (Frankfurt aM NJW 2004, 3266; Nachweise zur Gegenansicht und zur Lit § 399 Rz 6). Unabhängig davon wurde eingewendet, die Forderungsabtretung verletze das **Bankengeheimnis** und den **Datenschutz**, wobei allerdings daraus nicht die Nichtigkeit der Abtretung, sondern lediglich ein Schadensersatzanspruch gefolgert wird (*Jobe* ZIP 2004, 2415, 2418 ff; *Derleder* VuR 2007, 81, 86). Der BGH hat mit einer Entscheidung vom 27. 2. 2007 (BGHZ 171, 180; dazu *Schwintowski/Schantz* NJW 2008, 472) diese Argumente zurückgewiesen. Ein Abtretungsverbot gem § 399 werde weder stillschweigend vereinbart noch ergebe es sich aus dem Bankengeheimnis (letzteres entspricht der hM, KG NZG 2006, 706; Köln WM 2005, 2385, 2386; BaRoth/*Rohe* § 399 Rn 13; *Bütter/M Tonner* ZBB 2005, 165, 169 ff; *Nobbe* WM 2005, 1537, 1540 ff). Auch sei die Abtretung nicht gem § 134 wegen Verstoßes gegen das BDSG nichtig. Die Entscheidung erging für einen notleidenden Kredit. Nach Ansicht des Vorsitzenden des BGH-Senats, der die Entscheidung gefällt hat, greifen die Bedenken aus dem Bankengeheimnis und dem Datenschutz ggü vertragstreuen Darlehensnehmern jedoch durch (*Nobbe* ZIP 2008, 97). Nach derzeitiger Rechtslage müssen die Banken also in diesem Fall – und dh auch dann, wenn »gemischte« Portfolios übertragen werden sollen – die Zustimmung des Darlehensnehmers einholen. Nach hier vertretener Ansicht spricht entgegen dem BGH jedoch einiges dafür, unabhängig vom Eingreifen des Bankgeheimnisses einen stillschweigenden Abtretungsausschluss anzunehmen, jedenfalls solange der Vertrag ordnungsgemäß abgewickelt wird (*Derleder* VuR 2007, 81, 86; *Schwintowski/Schantz* NJW 2008, 472), sowie ausf *Tamm* § 399).

37 Nach Art 17 Abs 2 der neuen **Verbraucherkredit-RL** (RL 2008/48/EG, ABl EG Nr L 133/66 v 22. 5. 2008) muss der Verbraucher über eine Abtretung informiert werden. Das **Risikobegrenzungsgesetz** vom 12. 8. 2008 (BGBl I 1666; zusammenhängende Darstellung bei *Tamm* § 399; zum neuen Gesetz *Langenbucher* NJW 2008, 3169; krit zum Entwurf *Reifner* BKR 2008, 142, 152) löst das Problem nicht. Es enthält zwar Transparenzvorschriften für Abtretungen (Erl zu § 492a), äußert sich aber nicht dazu, wann Abtretungen zulässig sind, so dass darüber weiterhin die Rspr entscheiden muss, für Altfälle ohnehin. Es ist allerdings zu erwarten, dass die Banken für nicht abtretbare Darlehen einen Zinszuschlag verlangen werden.

38 **III. Unternehmenskauf. 1. Allgemeines: Verankerung in § 453.** Wer ein Unternehmen kauft, erwirbt nicht nur die **Sachen**, aus denen das Unternehmen besteht, seien es Betriebsgrundstücke, Warenlager, Rohstofflager oder die Büro- und Fabrikausstattungen. Mindesten genauso wichtig sind die **Rechte** des Unternehmens, seien es Patente und Marken, aber auch seine Forderungen. Der Wert eines Unternehmens besteht aber aus mehr als der Summe seiner Sachen und Rechte. Insbesondere die betriebstechnischen und kaufmännischen Fertigkeiten und der Ruf des Unternehmens spielen eine erhebliche Rolle für seinen Wert. Man spricht von seinem **good will**. Darüber hinaus möchte der Erwerber auf Grund der wichtigsten Unternehmenskennziffern wissen, mit welcher wirtschaftlichen Entwicklung er bei einem etwaigen Erwerb rechnen kann. Er wird also sorgfältig Bilanzen und weitere **Unternehmenskennziffern** prüfen (man spricht heute von due diligence, unten Rz 51) und sich die Richtigkeit der wichtigsten dieser Zahlen zusichern lassen.

39 Aus diesen Gründen war es vor der Schuldrechtsreform nicht einfach, den Unternehmenskauf in das Kaufrecht einzuordnen, insbes zu entscheiden, ob Sach- oder Rechtskauf vorlag. Man wandte das Recht über den Sachkauf entspr an, stützte aber einen wesentlichen Teil der Haftung auf cic. Der Gesetzgeber der Schuldrechtsreform stellte mit dem Begriff der »sonstigen Gegenstände« eine neue Grundlage für den Unternehmenskauf zur Verfügung (BTDrs 14/6040 S 242), da dieser nun eindeutig über § 453 im Kaufrecht verankert ist und insbes klargestellt ist, dass sowohl die Sach- wie die Rechtsmängelhaftung gilt. Die Umstellung auf die neue Rechtslage verursachte jedoch einige Schwierigkeiten, die noch nicht vollständig überwunden sind. In der Praxis erfolgt der Unternehmenskauf über **Formularverträge**, die außerhalb des BGB entwickelt wurden. Diese Verträge enthalten meist abschließende Regeln, die einen Rückgriff auf das BGB nicht erforderlich machen. Trotzdem können sie nicht immer aus sich selbst heraus ausgelegt werden und im Einzelfall auch Lücken aufweisen, so dass es einer Klärung bedarf, wie die Vertragsgestaltungen der Praxis an die Begrifflichkeit des BGB »andocken«.

40 **2. Asset deal und share deal.** Üblicherweise unterscheidet man den Kauf eines Unternehmens als Ganzem, der als asset deal bezeichnet wird, vom Kauf von Unternehmensanteilen, dem share deal (PWW/*D Schmidt* Rn 26 ff; Hölters-*Semler* VII Rn 3 ff). Im Prinzip ist die Unterscheidung unproblematisch, jedoch kann der

Kauf von Unternehmensanteilen dazu führen, dass der Käufer im wirtschaftlichen Ergebnis das Unternehmen als Ganzes erwirbt. Dann wird der Kauf wie ein asset deal behandelt; zur Abgrenzung hat die Rspr nähere Kriterien entwickelt (Rz 42).

Die Unterscheidung ist trotz der Gleichbehandlung von Sach- und Rechtsmängeln durch die Schuldrechtsreform weiterhin von Bedeutung (MüKo/*Westermann* Rn 20); eine erste Euphorie, dass die Unterscheidung überflüssig werde (in diese Richtung *Gaul* ZHR 166, 35, 39; *Gronstedt/Jörgens* ZIP 2002, 52, 55) hat sich inzwischen gelegt. Beim **asset deal** werden **»sonstige Gegenstände« iSd § 453** erworben; das ist, wie oben ausgeführt (Rz 10) eine Gesamtheit von Sachen und Rechten. Die einzelnen Vermögenswerte müssen im Vertrag aufgeführt werden (sachenrechtlicher Bestimmtheitsgrundsatz: PWW/*D Schmidt* Rn 27; *Eckert/Maifeld/Mathiessen* Rn 284). Für die »sonstigen Gegenstände« gilt das Kaufrecht einschließlich der Sachmängelhaftung nach Abs 1 »entsprechend«. Beim **share deal** erwirbt der Käufer dagegen den Gesellschaftsanteil, also ein Recht. Es gilt daher zunächst nur die auf das Recht bezogene **Rechtsmängelhaftung**. Der Verkäufer hat nur für das Bestehen des Rechts einzustehen (§ 435 Rz 1). (Sach-)Mängel des Unternehmens schlagen auf die Verität des Rechts grds nicht durch (BaRoth/*Faust* Rn 32). 41

Dies entspricht aber nicht unbedingt den Interessen des Käufers, der über die Gesellschaftsanteile ein Unternehmen erwerben und bei dessen Mangelhaftigkeit über Rechtsbehelfe verfügen will (Staud/*Beckmann* Rn 32). Die Rspr trägt dem Rechnung, indem ein Kauf von Anteilen dann nicht als ein bloßer Rechtskauf angesehen wird, sondern als ein Kauf des Unternehmens selbst, wenn der **Erwerb der Anteile wirtschaftlich zum Erwerb des Unternehmens führt**. Das ist dann der Fall, wenn der Käufer alle Anteile des Unternehmens übernimmt (seit RGZ 98, 289, 292; zuletzt BGHZ 138, 195, 205). Dieser Grundsatz gilt auch dann, wenn wenige Anteile bei einem Dritten verbleiben (BGHZ 65, 246, 251). Entscheidend ist allerdings der Anteilserwerb durch den konkreten Kauf, nicht die Stellung, die der Erwerber infolge etwa schon von ihm gehaltener Anteile erlangt (Naumburg NJW-RR 1995, 799). Als Schwelle kann der Erwerb einer satzungsändernden Mehrheit angesehen werden (Staud/*Beckmann* Rn 32; PWW/*D Schmidt* Rn 28). Allerdings hat der BGH selbst keine klare Grenze gezogen. Bei einer GmbH hat er einen Verkauf von 60 % nicht ausreichen lassen (BGH NJW 1980, 2408, 2409; weitergehend München DB 1998, 1321: 80 % sind ausreichend), woraus man den Schluss ziehen sollte, dass die satzungsändernde Mehrheit reichen muss. Nach aA soll aber die für ein aktienrechtliches Squeeze Out erforderliche Mehrheit von 95 % erreicht werden müssen (MüKo/*Westermann* Rn 24, ähnl BaRoth/*Faust* Rn 32). Der BGH jedenfalls hat 49 % (BGHZ 65, 246, 250) bzw 40 % (BGH NJW 2001, 2163, 2164) nicht ausreichen lassen. Auf Grund dieser unterschiedlichen Stellungnahmen ist zu konstatieren, dass für den Bereich zwischen 75 und 95 % Rechtsunsicherheit besteht, ob ein Unternehmenskauf oder ein bloßer Rechtskauf vorliegt. 42

3. Sachmangel und Rechtsmangel. Da Inhalt des Unternehmenskaufs der Kauf zahlreicher Einzelgegenstände ist, kann sich ein Sachmangel immer nur an diesen Einzelgegenständen zeigen. Der Mangel eines einzelnen Gegenstandes hat aber im Rahmen des Unternehmenskaufs ein geringeres Gewicht als wenn nur der Einzelgegenstand verkauft worden wäre, so dass nicht jeder Mangel eines Einzelgegenstandes zu einem Mangel des erworbenen Unternehmens führen muss. Die Rspr erkennt daher einen Mangel nur dann an, wenn er von solchem Gewicht ist, dass er zu einer Einbuße der Tauglichkeit des Unternehmens selbst führt (BGH WM 1970, 819, 821). In der Lit ist dafür der Begriff **Gesamterheblichkeitstheorie** entwickelt worden (Staud/*Beckmann* Rn 26), andere sprechen vom Durchschlagen des Mangels auf die Erwartungen des Käufers (MüKo/*Westermann* Rn 27). Auch **Quantitätsmängel** können einen Mangel darstellen, sei es, dass verkaufte Gegenstände nicht vollständig, sei es, dass eine bestimmte Art von Gegenständen gar nicht vorhanden sind (BGH WM 1974, 312: mitverkauftes Leergut). Dies zeigt, dass es sehr wichtig ist, genaue Inventarlisten zu erstellen. Nur dann kann ein Quantitätsmangel nachgewiesen werden. IÜ bleibt der Erfüllungsanspruch bzgl fehlender Gegenstände bestehen (MüKo/*Westermann* Rn 27). 43

Wenn **Unternehmenskennziffern** wie der Umsatz zum Gegenstand des Vertrags gemacht wurden, so ist darin früher nicht unbedingt ein Mangel gesehen worden, falls sie nicht zutrafen. Vielmehr wurde cic herangezogen (BGH NJW 1977, 1538 f; NJW-RR 1989, 306; 1996, 429). Die Rspr hatte noch keine Gelegenheit zu klären, ob statt der cic-Haftung jetzt eine Mängelhaftung wegen Verletzung einer **Beschaffenheitsvereinbarung** anzunehmen ist. Die Lit bejaht dies im Anschluss an die Begründung des RegE (BTDrs. 14/6040 S 242) ganz überwiegend (Staud/*Beckmann* Rn 30; BaRoth/*Faust* Rn 30; aA *Huber* AcP 202, 179, 224; für Beibehaltung der bisherigen Abgrenzung auch Hölters/*Semler* VII Rn 146 ff). Dem ist zuzustimmen, da der Begriff der Beschaffenheitsvereinbarung besser geeignet ist als das alte Recht, die Vereinbarung von Unternehmenskennziffern zu erfassen. 44

Bei **Rechtsmängeln** ist zu unterscheiden, ob sie dem Unternehmen als ganzem oder einzelnen Gegenständen oder mitverkauften Rechten anhaften. Nur erstere sind Rechtsmängel des Unternehmens, zB öffentlich-rechtliche Betriebsverbote oder ein Patentrecht eines Dritten, das die Produktion in dem Unternehmen unmöglich macht (BaRoth/*Faust* Rn 28). Dagegen wirken sich Rechtsmängel an einzelnen Gegenständen oder Rechten allenfalls als Sachmangel des Unternehmens aus, zB eine mitverkaufte, aber in Wahrheit nicht bestehende Marke (PWW/*D Schmidt* Rn 32). 45

46 **4. Rechtsfolgen.** Ein Anspruch wegen eines Sachmangels hängt nach neuem Recht von einer Beschaffenheitsvereinbarung ab. Auf eine ausdrückliche Zusicherung (§ 459 Abs 2 aF) kommt es nicht mehr an, ebenso wenig muss in großem Umfang wie früher auf die cic zurückgegriffen werden (MüKo/*Westermann* Rn 25; anders Hölters/*Semler* VII Rn 149). Die Rechtsfolgen des neuen Schuldrechts sind besser an die Bedürfnisse des Unternehmenskaufs angepasst als das frühere Recht (so auch *Weigl* DNotZ 2005, 246, 253), da ein **Rücktritt** nur noch bei einem erheblichen Mangel möglich ist, § 323 Abs 5 S 2. Damit kann das Rücktrittsrecht zurückgedrängt werden. Es wird vielfach als unpassend angesehen, da ein Unternehmenskauf kaum rückabzuwickeln ist, wenn der Betrieb des Unternehmens vom Käufer fortgesetzt wurde (MüKo/*Westermann* Rn 47; Hölters/*Semler* Rn 155). Es kann auch ausdrücklich **ausgeschlossen werden**, was iZw zu empfehlen ist (MüKo/*Westermann* Rn 48). Dagegen läuft das Minderungsrecht auf eine Reduzierung des Kaufpreises hinaus, was den Bedürfnissen der Parteien entspricht.

47 Eine **Nachbesserung** wird häufig scheitern. In der Variante der Nachlieferung ist sie ohnehin unmöglich (Hölters/*Semler* VII Rn 153), und in der Form der Nachbesserung kann sie gem § 440 unzumutbar sein (MüKo/*Westermann* Rn 44). Dem Käufer ist es etwa nicht zuzumuten, dass der Verkäufer in dem bereits übergebenen Betrieb noch Reparaturarbeiten durchführt. Daher steht beim Sachmangel bei einem Unternehmenskauf das **Minderungsrecht** ganz im Vordergrund (vgl auch MüKo/*Westermann* Rn 46). In der Praxis wird häufig ein **Nachteilsausgleichsanspruch** vereinbart (MüKo/*Westermann* Rn 45; *Weigl* DNotZ 2005, 246, 257 f). Er soll die Nachteile des Käufers aus nicht erfüllten Zusagen ausgleichen, insbes wegen erforderlicher Zusatzaufwendungen des Käufers oder vertragswidriger Gewinnminderungen. Ggf tritt er an die Stelle der gesetzlichen Ansprüche, die dann auszuschließen sind (*Weigl* aaO; vgl auch in Zusammenhang mit Garantien § 444 Rz 10).

48 Selbstverständlich spielen auch **Schadensersatzansprüche** eine Rolle, insbes in Zusammenhang mit einer Garantie. Der »kleine« Schadensersatzanspruch nach § 281 ist unproblematisch. Beim »großen« Schadensersatzanspruch taucht jedoch das Problem der schwierigen und im Regelfall nicht gewünschten Rückabwicklung auf. Die Vertragspraxis behilft sich damit, dass bei einem Schadensersatzanspruch statt der Leistung für das nicht zurückzugebende Unternehmen ein Abzugsposten vorzunehmen ist (vgl den Hinweis bei MüKo/*Westermann* Rn 51 mN).

49 **5. Pflichten des Verkäufers.** Der Verkäufer muss dem Käufer die Unternehmensgegenstände und die Rechte übertragen (zur Überleitung Hölters/*Semler* VII Rn 66 ff). Für den dinglichen Vollzug wird idR ein **Stichtag** vereinbart, **closing** genannt, was vor allem steuer- und bilanzrechtliche Gründe hat (MüKo/*Westermann* Rn 42; Hölters/*Semler* VII Rn 76). Den Verkäufer trifft darüber hinaus eine **Einweisungspflicht**; er muss den Käufer mit den technischen und organisatorischen Betriebsabläufen vertraut machen und ihn mit wichtigen Kunden, Lieferanten und Kreditgebern bekannt machen (Staud/*Beckmann* Rn 36).

50 Der Käufer wird häufig ein Interesse daran haben, dass der Verkäufer nicht in Wettbewerb zu ihm tritt. Aus diesem Grunde wird man ein **Wettbewerbsverbot** vereinbaren. Die Rspr nimmt es zwar auch ohne Vereinbarung aus Treu und Glauben an (BGHZ 16, 71, 76; vgl auch *Hirte* ZHR 154, 443 f), doch sollte man der Klarheit wegen, insbes wegen seiner Dauer, eine Vereinbarung treffen. Das Wettbewerbsverbot darf nicht unbefristet gelten (BGH WM 1989, 954, 956); eine Dauer von zwei Jahren wird als angemessen angesehen (ausf Staud/*Beckmann* Rn 40; Hölters-*Sedemund* VIII Rn 273 ff).

51 **6. Due diligence.** Es ist heute üblich, vor dem Abschluss eines Unternehmenskaufvertrags eine sog due diligence durchzuführen (ausf Hölters-*Semler* VII Rn 29 ff). Damit ist ein Prüfverfahren gemeint, in dem vom Käufer zur Verfügung gestellte Unterlagen im Hinblick auf die wirtschaftlich-technische Lage des Unternehmens vom Verkäufer oder seinen Beratern durchgesehen werden. Dazu werden umfangreiche **Check-Listen** eingesetzt (Muster zB bei Hölters-*Müller-Michaels* S 1327 ff). Der Verkäufer soll auf diese Weise vom Käufer genannte Unternehmenskennzahlen verifizieren und sich ein umfassendes Bild über die Lage des Unternehmens machen können. Doch auch dem Käufer nützt die due diligence: wenn der Verkäufer genau informiert ist, wird es ihm schwer fallen, bei unzutreffenden Unternehmenskennziffern Ansprüche geltend zu machen, da er mit dem Einwand rechnen muss, dass er die Tatsachen, aus denen sich die Unrichtigkeit ergibt, kannte oder hätte kennen müssen. Damit ist die Haftung gem § 442 ausgeschlossen.

52 An die due diligence schließen sich zwei rechtliche Probleme an. Zum einen stellt sich die Frage, ob die Parteien heute **verpflichtet** sind, eine **due diligence** durchzuführen, mit der Folge, dass sich der Käufer das, was er über eine due diligence hätte in Erfahrung bringen können, zurechnen lassen muss, so dass der Haftungsausschluss gem § 442 eingreift. Sie wird – noch – **verneint** (MüKo/*Westermann* Rn 60 mN). Zum andern geht es um die Frage, ob der Verkäufer, der bei der due diligence einen Mangel übersehen hat, wegen grober Fahrlässigkeit gem § 442 seinen Gewährleistungsanspruch verliert (ausf *Westermann* ZHR 169, 248, 260). Auch hier wird man § 442 nur ausnahmsweise eingreifen lassen können, wenn nämlich evidente Widersprüche zwischen der due diligence und den sonstigen Erklärungen des Verkäufers zutage treten (*Westermann* aaO; vgl auch Hölters/*Semler* VII Rn 39 ff).

53 **7. Besonderheiten bei Praxen von Freiberuflern.** Auch wenn ein Arzt oder Anwalt seine Praxis an einen Nachfolger verkauft, liegt ein Unternehmenskauf vor, der den og Regeln unterliegt (zur bes Ausgestaltung der

Verträge mit Patienten bzw Mandanten vgl *Tamm* Anhänge zu §§ 611 ff). Als Kennzeichen tritt hinzu, dass das Wichtigste an einer derartigen Praxis der Kundenstamm ist, dh der **Übergabe der Patienten- bzw Mandantenkartei** kommt bes Bedeutung zu. Dies ist jedoch **nicht ohne Zustimmung der Patienten bzw Mandanten** möglich, da das Patienten- bzw Mandantschaftsverhältnis gem § 203 StGB vor Offenbarung geschützt ist. Ein Unternehmenskauf, der dies missachtet, ist nach § 134 nichtig (BGH NJW 1992, 737, 739; 1999, 1404, 1406). Davon werden enge Ausnahmen gemacht, und zwar dann, wenn der Käufer die Angelegenheit bereits vorher als Mitarbeiter kennen gelernt hat (BGH NJW 1995, 2915) oder wenn der Verkäufer in der Kanzlei weiter mitarbeitet (BGH NJW 2001, 2462).

Untertitel 2 Besondere Arten des Kaufs

Kapitel 1 Kauf auf Probe

§ 454 Zustandekommen des Kaufvertrags. [1] Bei einem Kauf auf Probe oder auf Besichtigung steht die Billigung des gekauften Gegenstandes im Belieben des Käufers. Der Kauf ist im Zweifel unter der aufschiebenden Bedingung der Billigung geschlossen.

[2] Der Verkäufer ist verpflichtet, dem Käufer die Untersuchung des Gegenstandes zu gestatten.

A. Funktion der Vorschrift. I. Wesentlicher Inhalt. Die Vereinbarung eines Kaufs auf Probe setzt eine im Vergleich zu einem normalen Kaufvertrag starke Stellung des Käufers voraus. Der **Verkäufer** ist bereits **mit Abschluss des Kaufvertrags gebunden**, der **Käufer** jedoch erst durch die Billigung, die in seinem **Ermessen** steht und ohne Begründung verweigert werden kann. Je nach Ausgestaltung des Vertrags kann der Käufer die Sache innerhalb der Billigungsfrist bereits probeweise benutzen. Sein Entschluss, die Billigung auszusprechen, hängt aber nicht davon ab, ob der Gegenstand seinen Erwartungen entspricht, vielmehr kann der Käufer die Billigung auch verweigern, weil er den Gegenstand nicht mehr benötigt oder er ihn anderweitig günstiger erwerben kann. Ein Verkäufer wird sich auf einen Kauf auf Probe daher nur dann einlassen, wenn der Käufer eine starke Marktstellung hat und auf einen Kauf auf Probe dringt. 1

II. Dispositivität. Die Vorschrift steckt nur den Rahmen für den Kauf auf Probe ab. So ist es den Parteien überlassen, ob die **Kaufsache** dem Käufer bereits **während der Probezeit überlassen** wird. Nach Abs 1 S 2 gilt lediglich im Zweifel, dass der Kaufvertrag unter der aufschiebenden Bedingung der Billigung abgeschlossen wurde. Es kann also auch etwas anderes vereinbart werden, zB eine auflösende Bedingung. Versagt der Käufer die Billigung, so kann die daraus folgende Rückgabepflicht abbedungen werden (unten Rz 9). 2

B. Abgrenzungen. I. Erprobungskauf. Ein Erprobungskauf unterscheidet sich vom Kauf auf Probe dadurch, dass die **Billigung nicht im Belieben des Käufers** steht. IdR wird sich die Erprobung auf die Eignung der Kaufsache für die Zwecke des Käufers beziehen. Er kann die Billigung daher nur dann versagen, wenn die Sache nicht geeignet ist (BGH WM 1970, 877, 878; München NJW 1968, 109; Schleswig NJW-RR 2000, 1656). Je nach Ausgestaltung kann es sich um eine aufschiebende oder auflösende Bedingung handeln (Bsp für auflösend: Köln MDR 1995, 31). Es empfiehlt sich, im Vertrag näher zu regeln, unter welchen Umständen der Käufer die Sache zurückgeben kann. 3

II. Kauf mit Umtauschvorbehalt. Auch beim Kauf mit Umtauschvorbehalt hat der Käufer ein **beliebiges Rückgaberecht**, das er innerhalb einer zu vereinbarenden Frist ausüben kann. Im Gegensatz zum Kauf auf Probe entfällt mit der Rückgabe jedoch nicht der Kaufvertrag, vielmehr kann der Käufer lediglich die zunächst gewählte Sache durch eine andere Sache aus dem Sortiment des Verkäufers ersetzen, wobei es bei der ursprünglichen Preisvereinbarung bleibt. Man spricht daher zu Recht von einem Kauf mit **Ersetzungsbefugnis** (Staud/*Mader* vor § 454 Rn 5). Da der Verkäufer nicht verpflichtet ist, einen Umtauschvorbehalt einzuräumen, kann er ihn beliebig **einschränken**, etwa in zeitlicher Hinsicht oder in Bezug auf das Warensortiment, auf das sich die Ersetzungsbefugnis erstreckt. Auch Klauseln wie »Kein Umtausch bei Sonderangeboten« sind zulässig (*Eckert/Maifeld/Mathiessen* Rn 54). Der Verkäufer kann auch über eine bloße Ersetzungsbefugnis hinausgehen und dem Käufer ein freies Rücktrittsrecht einräumen. Dies wird er allerdings regelm an eine kurze Frist binden. 4

Der Kauf mit Umtauschvorbehalt spielt ggü **Verbrauchern** als Käufers eine große Rolle. Er ist so weit verbreitet, dass der Käufer vielfach ein Umtauschrecht erwartet, so dass zu erwägen ist, ähnl wie bei der Garantie in § 477 Mindeststandards des Umtauschrechts gesetzlich zu regeln. Jedenfalls muss der Verkäufer bei Einschränkungen des Umtauschrechts klarstellen, dass damit keine Einschränkung der gesetzlichen Mängelrechte gemeint ist. 5

III. Kauf zur Probe. Der Kauf zur Probe ist ein normaler, **unbedingter Kaufvertrag**. »Zur Probe« betrifft lediglich das Motiv des Käufers. Er macht damit deutlich, dass weitere Bestellungen davon abhängen, dass die Probe zu seiner Zufriedenheit ausfällt (vgl auch Staud/*Mader* vor § 454 Rn 10). Bezüglich der Probe bleibt es 6 aber bei dem Kaufvertrag, auch wenn dies nicht der Fall ist. Die Beschaffenheit der Probe gilt nicht automatisch für künftige Bestellungen; es kann aber bei künftigen Kaufverträgen darauf Bezug genommen werden.

7 **C. Voraussetzungen.** Es kommt nicht darauf an, ob die Parteien den Kaufvertrag ausdrücklich als »Kauf auf Probe« bezeichnet haben; ein Kauf auf Probe kann auch **schlüssig** vereinbart werden. Entscheidend ist, dass der Verkäufer einen Entschluss des Käufers erst nach einer Besichtigung erwarten kann (KG NJW 1974, 1954). Die Rspr nahm einen Kauf auf Probe ferner an bei einer Bezeichnung als »Testkoffer« (Köln NJW-RR 1996, 499) oder einer Übersendung von Waren zur »Auswahl« mit der Maßgabe, nicht verkaufte Waren zurückzusenden (LG Saarbrücken NJW-RR 1996, 953). Auch die Verwendung des Wortes »Gutbefund« im Kaufvertrag spricht für Kauf auf Probe (Düsseldorf BB 1973, 1372; vgl auch Hamm BB 1995, 1925).

8 **D. Billigung.** Die Billigung ist eine empfangsbedürftige Willenserklärung, die auch **schlüssig** erfolgen kann (RGZ 137, 297, 300). Der Käufer kann die Billigung einem Dritten überlassen (vgl Karlsruhe DB 1971, 2009). Da die Billigung im Belieben des Käufers steht, ist sie ebenso wie ihre Verweigerung nicht davon abhängig, dass der Käufer die Sache tatsächlich geprüft hat (RGZ 104, 275, 276) und schon gar nicht davon, ob ein Mangel vorliegt (RGZ 137, 297, 298). Eine Vereinbarung, dass die Verweigerung der Billigung zu **begründen** sei, ist **nicht zulässig** (BGH WM 1970, 877, 878; München NJW 1968, 109). Es liegt dann vielmehr ein Erprobungskauf vor (oben Rz 3).

9 Mit der Billigung wird der Kaufvertrag voll wirksam. Dies gilt sowohl bei einer aufschiebenden wie bei einer auflösenden Bedingung. Die **Gefahr** geht erst mit der Billigung über, weil § 446 einen unbedingten Kauf voraussetzt (BGH NJW-RR 2004, 1058 f; MüKo/*Westermann* Rn 7; PWW/*D Schmidt* Rn 13; zweifelnd Staud/*Mader* Rn 21). Nach der Billigung muss der Verkäufer nur die Sachmängel vertreten, die der Käufer nicht kannte oder nicht kennen musste (RGZ 94, 285, 287). Dies ergibt sich aus dem Rechtsgedanken des § 442 (Staud/*Mader* Rn 31). Versagt der Käufer die Billigung, so hat er die Sache auf seine Kosten **zurückzugeben**. Zweckmäßigerweise werden darüber im Vertrag genauere Regelungen getroffen. Eine unterlassene Rückgabe ist nicht als Billigung anzusehen, wohl aber soll der Käufer dann nach allg Ansicht neben der Herausgabe der Sache auch eine **Nutzungsentschädigung** leisten müssen (Staud/*Mader* Rn 32; MüKo/*Westermann* Rn 10; BaRoth/*Faust* Rn 9). Der Verkäufer darf die Sache bis zur Billigung oder deren Verweigerung nicht anderweitig veräußern (MüKo/*Westermann* Rn 6; Staud/*Mader* Rn 20).

10 **E. Untersuchungsrecht.** Nach Abs 2 hat der Käufer das Recht, die Sache zu untersuchen. Dies zu gestatten, ist eine **Hauptpflicht** des Verkäufers, bei deren Verletzung ggf ein Verzugsschadensersatzanspruch eingreift (Hamm BB 1995, 1925; Staud/*Mader* Rn 18). Änderungen an der Kaufsache im normalen Verlauf des Untersuchungsvorgangs hat der Verkäufer zu dulden, ebenso einen teilw Verbrauch, falls dies für die Untersuchung erforderlich ist (Staud/*Mader* Rn 17). Allerdings haftet der Käufer für **Wertminderungen**, die nicht aus einem normalen Untersuchungsablauf resultieren (BGHZ 119, 35). Die **Kosten der Untersuchung** hat der Käufer zu tragen, falls nichts anderes vereinbart ist. Eine Nutzungsentschädigung steht dem Verkäufer nicht zu (BGH NJW 1990, 450; Schleswig NJW-RR 2000, 1656). Auch insoweit ist eine abweichende Vereinbarung möglich.

§ 455 Billigungsfrist.

Die Billigung eines auf Probe oder auf Besichtigung gekauften Gegenstandes kann nur innerhalb der vereinbarten Frist und in Ermangelung einer solchen nur bis zum Ablauf einer dem Käufer von dem Verkäufer bestimmten angemessenen Frist erklärt werden. War die Sache dem Käufer zum Zwecke der Probe oder der Besichtigung übergeben, so gilt sein Schweigen als Billigung.

1 § 454 führt zu einer starken Stellung des Käufers, da bis zur Billigung nur der Verkäufer, nicht aber der Käufer an den Vertrag gebunden ist. Dies wird durch § 455 ausgeglichen: Der Verkäufer kann wenigstens dem Käufer eine **angemessene Frist** setzen, um der Ungewissheit über den Bestand des Kaufvertrags ein Ende zu setzen. Sinnvollerweise sollte bereits im Kaufvertrag eine Frist vereinbart werden, bis wann die Billigung oder eine Versagung der Billigung zu erklären ist. Das hat auch für den Käufer Vorteile, denn er setzt sich nicht der Gefahr aus, dass mangels Vereinbarung der Verkäufer eine angemessene Frist auslösen kann, bei der Streit über die Angemessenheit möglich ist. Setzt der Verkäufer eine nicht angemessene, **zu kurze Frist**, so soll dadurch eine angemessene Frist in Gang gesetzt werden (Staud/*Mader* Rn 2).

2 **Schweigen** gilt grds nicht als Billigung, so dass bei Fristablauf der schweigende Käufer nicht etwa gebilligt hat und der Vertrag voll wirksam ist. Davon macht die Vorschrift in S 2 allerdings eine wichtige Ausnahme: Ist die Sache übergeben worden, gilt das Schweigen doch als Billigung. Unter Übergabe ist eine **körperliche Übergabe** zu verstehen; eine Abtretung des Herausgabeanspruchs oder ein Besitzkonstitut reicht nicht aus (RGZ 137. 297, 299 f; Staud/*Mader* Rn 7). Es kann allerdings auch für andere Fälle als den der Übergabe vereinbart werden, dass Schweigen bei Fristablauf als Billigung gilt. Bittet der Käufer um **Fristverlängerung**, so nimmt ein Teil der Lit an, dass er innerhalb der ursprünglichen Frist noch billigen oder die Billigung verweigern kann (Staud/*Mader* Rn 6), während ein anderer Teil der Lit darin eine Verweigerung der Zustimmung verbunden mit einem neuen Angebot sieht (MüKo/*Westermann* Rn 4).

Kapitel 2 Wiederkauf

§ 456 Zustandekommen des Wiederkaufs. **[1] Hat sich der Verkäufer in dem Kaufvertrag das Recht des Wiederkaufs vorbehalten, so kommt der Wiederkauf mit der Erklärung des Verkäufers gegenüber dem Käufer, dass er das Wiederkaufsrecht ausübe, zustande. Die Erklärung bedarf nicht der für den Kaufvertrag bestimmten Form.**
[2] Der Preis, zu welchem verkauft worden ist, gilt im Zweifel auch für den Wiederkauf.

A. Funktion und Rechtsnatur. Das Wiederkaufsrecht kann für eine Vielzahl von Funktionen verwendet werden, die allerdings nur von beschränkter praktischer Bedeutung sind. Man kann damit dem Käufer ein **begrenztes Nutzungsrecht** an der Sache verschaffen (kein verdecktes Pachtgeschäft: LG Nürnberg-Fürth NJW-RR 1992, 17). Ferner kann dem Verkäufer durch Vereinbarung eines entspr höheren Wiederkaufspreises die Möglichkeit eingeräumt werden, eine Wertsteigerung zu realisieren (BGH NJW 1994, 2199; Hamm NJW-RR 1997, 847). Es kann auch zu **Sicherungszwecken** verwendet werden, was allerdings wegen der Möglichkeit der Sicherungsübereignung jedenfalls bei beweglichen Sachen kaum in Betracht kommt (MüKo/*Westermann* Rn 1). Außerdem wird diese Art der Sicherung für bedenklich gehalten (Staud/*Mader* Vorbem zu §§ 456 ff Rn 2). Etwas größere praktische Bedeutung hat die Ausnutzung des Wiederkaufsrechts zur **Durchsetzung einer bestimmten Nutzung** der verkauften Sache. Man kann etwa vereinbaren, dass ein Grundstück, das bebaut werden oder zum Wohnen benutzt werden soll, an den Verkäufer zurückzuübereignen ist, wenn der Käufer die versprochene und dinglich nicht durchsetzbare Nutzung unterlässt. Praktische Bedeutung hat dies in Verbindung mit **gesetzlichen Wiederkaufsrechten** (Rz 6). Die Rspr und ein Teil der Lehre sehen das Wiederkaufsrecht als **aufschiebend bedingten Kaufvertrag** an (BGHZ 38, 369, 381; NJW 2000, 1332, sowie BGHZ 58, 78, 80; früher schon das RG, RGZ 121, 367, 369). Ein anderer Teil der Lehre nimmt ein Gestaltungsrecht an (Nachw bei Staud/*Mader* Rn 6). 1

B. Voraussetzungen. Das Wiederkaufsrecht muss nicht zwangsläufig bereits im ursprünglichen Kaufvertrag begründet sein; es reicht auch eine **spätere Abrede** zwischen Verkäufer und Käufer aus. Jedenfalls muss es sich aber um eine vertragliche Abrede handeln (RGZ 126, 308, 311; BGH NJW 1951, 517), so dass auch die Form des § 311b zu beachten ist, falls es sich um einen Grundstückskauf handelt (RGZ 110, 327, 333). Das Wiederkaufsrecht kann an allen Gegenständen des Rechtsverkehrs ausgeübt werden (Staud/*Mader* Rn 2), so auch an Unternehmen, an GmbH-Anteilen (BGH BB 1958, 1108 f) oder an Aktien (BGH WM 1965, 356 ff). Es kann auch zu Gunsten eines Dritten bestellt werden (KG DNotI-Report 1996, 74, 75). Das Wiederkaufsrecht beinhaltet lediglich ein **schuldrechtliches Recht**, so dass es nicht ins Grundbuch eingetragen werden kann. Zulässig ist aber eine **Vormerkung** als schuldrechtlicher Anspruch (RGZ 125, 242, 247; BGHZ 58, 78, 82; BGH NJW 1980, 833; BayObLG NJW-RR 1986, 1209). Dadurch wird eine Verfügung, die das Wiederkaufsrecht vereiteln würde, relativ ggü dem Vormerkungsberechtigten unwirksam (§§ 883 Abs 2, 888). Nach hM ist das Wiederkaufsrecht **übertragbar** (BGH NJW 1991, 1948; NJW 2003, 1858 f; Staud/*Mader* Rn 8 – dort auch zum Streitstand in der Lit –; MüKo/*Westermann* Rn 9), unbestritten ist es vererbbar und pfändbar (Köln JR 1955, 225; PWW/*D Schmidt* Rn 7). 2

C. Ausübung des Wiederkaufsrechts. Es steht dem Berechtigten frei, ob er von seinem Wiederkaufsrecht Gebrauch macht. Eine Begründung muss er – mangels anderslautender Vereinbarung – nicht abgeben (MüKo/*Westermann* Rn 10). Freilich kann **Verwirkung** eintreten, wenn das zur Sicherung einer bestimmten Verwendung vereinbarte Wiederkaufsrecht mehr als 30 Jahre nach seiner Begründung ausgeübt wird (BGH NJW-RR 2006, 1452). Für den Wiederkauf ist kein neuer Vertragsschluss erforderlich; vielmehr stellt die Wiederkaufserklärung eine einseitige empfangsbedürftige Willenserklärung dar (Staud/*Mader* Rn 14). 3

Eine für den Kaufvertrag vorgesehene **Form**, etwa § 311b beim Grundstückskauf, muss beim Wiederkauf **nicht erneut** beachtet werden. Der Zweck der Formbedürftigkeit ist schon durch die Einhaltung der Form beim ursprünglichen Kaufvertrag gewahrt. S 2 stellt dies ausdrücklich klar. Dies hat insbes Bedeutung für § 311b (BGH NJW 2000, 1332; aA Staud/*Mader*, der im Anschluss an *Wufka* DNotZ 1990, 339, 350 ff S 2 durch § 311b derogiert sieht). Die Wiederkaufserklärung ist **bedingungsfeindlich** (Staud/*Mader* Rn 16). Zugelassen werden jedoch Eventualerklärungen für den Fall, dass eine Anfechtungserklärung nicht durchgreift (BGH NJW 1968, 2099). Nach Abs 2 ist der Wiederkaufspreis **iZw der ursprüngliche Kaufpreis.** Dieser ist nicht zu verzinsen (Staud/*Mader* Rn 24). Ein anderer Kaufpreis kann jedoch vereinbart werden. Eine Wertsteigerung kommt daher dem Käufer und Wiederverkäufer nicht zugute. Dies kann ausnahmsweise durchbrochen werden, wenn die Grundsätze des Wegfalls der Geschäftsgrundlage (§ 313) eingreifen. 4

D. Gesetzliche Wiederkaufsrechte. Es gibt einige gesetzliche Wiederkaufsrechte. Sie dienen dazu, eine bestimmte Nutzung der Kaufsache, idR des Grundstücks, sicherzustellen. Das Wichtigste ist in **§ 20 RSiedlG** geregelt. Danach hat ein **gemeinnütziges Siedlungsunternehmen** ein Wiederkaufsrecht, wenn der Ansiedler die Stelle ganz oder teilw veräußert, sie aufgibt oder nicht dauernd bewohnt (vgl auch BGHZ 57, 356, 358; 87, 238). Bei Abbruch einer Sanierung gibt es nach § 164 BauGB einen Anspruch auf Rückübertragung des früheren Eigentümers. 5

§ 457 Haftung des Wiederverkäufers. **[1] Der Wiederverkäufer ist verpflichtet, dem Wiederkäufer den gekauften Gegenstand nebst Zubehör herauszugeben.**
[2] Hat der Wiederverkäufer vor der Ausübung des Wiederkaufsrechts eine Verschlechterung, den Untergangs oder eine aus einem anderen Grund eingetretene Unmöglichkeit der Herausgabe des gekauften Gegenstandes verschuldet oder den Gegenstand wesentlich verändert, so ist er für den daraus entstehenden Schaden verantwortlich. Ist der Gegenstand ohne Verschulden des Wiederverkäufers verschlechtert oder ist er nur unwesentlich verändert, so kann der Wiederkäufer Minderung des Kaufpreises nicht verlangen.

1 Wenn der Wiederkäufer das Wiederkaufsrecht ausgeübt hat, stehen ihm alle Rechte eines Käufers, dem Wiederverkäufer alle Rechte eines Verkäufers zu (BGH NJW 2000, 1332). Der ursprüngliche Kaufvertrag wird vom BGH als »aufgelöst« angesehen (BGHZ 29, 110; Zweifel, ob diese Wortwahl dogmatisch bes geglückt ist, bei Staud/*Mader* Rn 1). Konsequenterweise lebt der ursprüngliche Kaufvertrag wieder auf, wenn der Wiederkäufer zurücktritt (BGH NJW 2000, 1332).

2 Die Vorschrift spricht im Gegensatz zu § 433 nicht von Übergabe und Eigentumsverschaffung, sondern von **Herausgabe**. Praktisch ist damit aber die Pflicht zur **Übergabe und Eigentumsverschaffung** gemeint (Staud/*Mader* Rn 3; dort auch zu den Gründen für die unterschiedliche Begriffswahl). Jedenfalls weist der Begriff »Herausgabe« nicht etwa auf einen dinglichen Anspruch hin. Darüber hinaus hat der Wiederkäufer einen Anspruch auf Herausgabe des **Zubehörs**, und zwar unabhängig davon, ob es zum Zeitpunkt des ursprünglichen Kaufvertrags schon vorhanden war (RGZ 126, 308, 314; MüKo/*Westermann* Rn 2; PWW/*D Schmidt* Rn 2).

3 Abs 2 modifiziert die Ansprüche des Wiederkäufers im Vergleich zu den Ansprüchen nach § 437 und beschränkt sie auf **Schadensersatzansprüche**. Bei einer Verschlechterung der Sache, ihrem Untergang und der Unmöglichkeit der Herausgabe haftet der ursprüngliche Käufer, wenn er schuldhaft gehandelt hat. Bei einer wesentlichen Veränderung der Sache gewährt das Gesetz einen verschuldensunabhängigen Schadensersatzanspruch. Ein Minderungsanspruch bei schuldloser Verschlechterung oder unwesentlicher Veränderung wird ausdrücklich ausgeschlossen. Bei unverschuldetem Untergang bleibt es bei der Regelung der §§ 275, 326 (Staud/*Mader* Rn 8). Abs 2 gilt für Verschlechterungen, den Untergang oder Veränderungen, die **vor der Ausübung des Wiederkaufsrechts** eingetreten sind. Danach gelten die normalen Regelungen (*Stoppel* JZ 2007, 218, 225; MüKo/*Westermann* Rn 4; PWW/*D Schmidt* Rn 3).

§ 458 Beseitigung von Rechten Dritter. **Hatte der Wiederverkäufer vor der Ausübung des Wiederkaufsrechts über den gekauften Gegenstand verfügt, so ist er verpflichtet, die dadurch begründeten Rechte Dritter zu beseitigen. Einer Verfügung des Wiederverkäufers steht eine Verfügung gleich, die im Wege der Zwangsvollstreckung oder der Arrestvollziehung oder durch den Insolvenzverwalter erfolgt.**

1 Da das Wiederkaufsrecht **keine dingliche Wirkung** hat, können dem Wiederkäufer keine Ansprüche gegen einen Dritten zustehen, dessen Rechte auf der Sache ruhen. Er hat nur einen schuldrechtlichen Beseitigungsanspruch gegen den Wiederverkäufer, falls dieser vor der Ausübung des Wiederkaufsrechts über die Sache verfügt hat. Die Verfügung kann in einer Veräußerung, einer Belastung, aber auch in einer schuldrechtlichen Einräumung von Rechten an Dritte, zB durch einen Mietvertrag, bestehen (Staud/*Mader* Rn 2). Erfüllt der Wiederverkäufer den Beseitigungsanspruch nicht, stehen dem Wiederkäufer **Ansprüche aus §§ 280, 281, bei Unmöglichkeit aus §§ 280, 283** zu (Staud/*Mader* Rn 2). Das Verschulden ist regelm in der Veräußerung bzw Belastung zu sehen (BaRoth/*Faust* Rn 3). S 2 stellt die **Zwangsversteigerung**, die Arrestvollziehung oder Verfügungen durch den Insolvenzverwalter der Verfügung durch den Wiederverkäufer gleich. Der Wiederverkäufer wird in diesen Fällen jedoch häufig zur Beseitigung nicht in der Lage sein, und bei Schadensersatzansprüchen wird es häufig am Verschulden fehlen. Nach hM kommt ein Schadensersatzanspruch nur dann in Betracht, wenn der Wiederverkäufer die Zwangsvollstreckung zu vertreten hat (Staud/*Mader* Rn 4; MüKo/*Westermann* Rn 4).

§ 459 Ersatz von Verwendungen. **Der Wiederverkäufer kann für Verwendungen, die er auf den gekauften Gegenstand vor dem Wiederkauf gemacht hat, insoweit Ersatz verlangen, als der Wert des Gegenstandes durch die Verwendungen erhöht ist. Eine Einrichtung, mit der er die herauszugebende Sache versehen hat, kann er wegnehmen.**

1 Nach § 456 Abs 2 erhält der Wiederverkäufer nur den **ursprünglichen Kaufpreis**. Zusätzlich spricht ihm § 459 einen Ersatzanspruch für Verwendungen zu. Dies kann konsequenterweise nur dann gelten, wenn es bei der Regelung des § 456 Abs 2 bleibt, dh der ursprüngliche Kaufpreis auch der Wiederkaufspreis ist, und dies nicht abbedungen wurde. Wenn der **Schätzwert** der Sache als Wiederkaufspreis zu zahlen ist, kommt § 459 nicht zur Anwendung (MüKo/*Westermann* Rn 1). Die Vorschrift beschränkt sich auf **werterhöhende Verwendungen**. Zweifelhaft ist, ob auch notwenige Verwendungen zu erstatten sind. Nach nicht unbestritte-

ner Ansicht ist nur auf die Werterhöhung abzustellen, unabhängig davon, ob die Verwendung notwendig war (Staud/*Mader* Rn 4; aA Palandt/*Putzo* Rn 1). Ein Teil der Lit will Aufwendungen, die die Sache ohne Not umgestalten, nicht ersetzen (MüKo/*Westermann* Rn 2; BaRoth/*Faust* Rn 3). Das **Wegnahmerecht** nach S 2 besteht unabhängig davon, ob die Einrichtung werterhöhend war (Staud/*Mader* Rn 6). Erfolgt durch die Wegnahme eine Wertminderung, so kann der Wiederkäufer Schadensersatzansprüche gem § 457 Abs 2 geltend machen. Führt die Einrichtung, die der Wiederverkäufer wegnehmen darf, dagegen zu einer Werterhöhung, so hat der Wiederverkäufer ein Wahlrecht, ob er die Einrichtung wegnehmen oder Wertersatz nach S 1 verlangen will (MüKo/*Westermann* Rn 4).

§ 460 Wiederkauf zum Schätzungswert. Ist als Wiederkaufpreis der Schätzungswert vereinbart, den der gekaufte Gegenstand zur Zeit des Wiederkaufs hat, so ist der Wiederverkäufer für eine Verschlechterung, den Untergang oder die aus einem anderen Grund eingetretene Unmöglichkeit der Herausgabe des Gegenstandes nicht verantwortlich, der Wiederkäufer zum Ersatz von Verwendungen nicht verpflichtet.

Wenn der Wiederkauf zum Schätzungswert vereinbart wird, entfällt für den Wiederkäufer die Gefahr einer zufälligen Verschlechterung der Sache, die er zu tragen hätte, wenn der ursprüngliche Kaufpreis zu zahlen wäre (vgl auch RGZ 126, 308, 314). Der Wiederverkäufer hat dafür **nicht** die in § 457 Abs 2 vorgesehenen **Schadensersatzansprüche**. Nach einer Stimme in der Lit soll ihm entgegen dem Wortlaut wenigstens ein Schadensersatzanspruch bei verschuldetem Untergang zustehen (MüKo/*Westermann* Rn 1, abl Staud/*Mader* Rn 1). Dagegen wird die Verantwortlichkeit des Wiederverkäufers allg dann bejaht, wenn er die Verschlechterung **arglistig** herbeigeführt hat (Staud/*Mader* Rn 2; ähnl BaRoth/*Faust* Rn 5). Die Verantwortlichkeit für **wesentliche Veränderungen** der Sache, die in der Vorschrift nicht genannt wird, bleibt bestehen (Staud/*Mader* Rn 1). Eine Klausel, wonach der Verkehrswert abzüglich 10 % gezahlt werden soll, ist zulässig (Oldenburg OLGR 2001, 34). 1

§ 461 Mehrere Wiederkaufsberechtigte. Steht das Wiederkaufsrecht mehreren gemeinschaftlich zu, so kann es nur im Ganzen ausgeübt werden. Ist es für einen der Berechtigten erloschen oder übt einer von ihnen sein Recht nicht aus, so sind die übrigen berechtigt, das Wiederkaufsrecht im Ganzen auszuüben.

Es spielt keine Rolle, ob die gemeinsame Berechtigung von vornherein bestanden hat oder nachträglich, etwa durch Erbgang, entstanden ist (Staud/*Mader* Rn 2; MüKo/*Westermann* Rn 1). Ebenso wenig steht es der Vorschrift entgegen, wenn die gemeinsam Berechtigten untereinander eine **Bruchteilsgemeinschaft** vereinbaren (BayObLG NJW-RR 1986, 1209). Eine auf den Bruchteilserwerb gerichtete **Vormerkung** lässt der BGH allerdings bei der parallelen Problematik des Vorkaufsrechts nicht zu (BGH NJW 1997, 3235). Die gemeinsam Berechtigten schulden den Kaufpreis als **Gesamtschuldner** gem § 421 (MüKo/*Westermann* Rn 1). In den Fällen des S 2 (Erlöschen, Nichtausübung) können die **verbleibenden Berechtigten** das Wiederkaufsrecht ausüben. Für die Nichtausübung ist allerdings eine Willensbekundung des betreffenden Berechtigten erforderlich (Staud/*Mader* Rn 5); bloße Nichtausübung reicht nicht. 1

§ 462 Ausschlussfrist. Das Wiederkaufsrecht kann bei Grundstücken nur bis zum Ablauf von 30, bei anderen Gegenständen nur bis zum Ablauf von drei Jahren nach der Vereinbarung des Vorbehalts ausgeübt werden. Ist für die Ausübung eine Frist bestimmt, so tritt diese an die Stelle der gesetzlichen Frist.

Die in der Vorschrift geregelte Frist ist eine Ausschlussfrist (BGHZ 47, 387, 390 f), keine Verjährungsfrist, dh sie kann weder gehemmt noch unterbrochen werden. Die Fristen des S 1 gelten nur, wenn die Parteien nicht selbst eine Frist vereinbaren. Ein **unbefristetes Wiederkaufsrecht** ist allerdings **unzulässig** (Düsseldorf Rpflger 1986, 255 f; Staud/*Mader* Rn 2, MüKo/*Westermann* Rn 1; PWW/*D Schmidt* Rn 2; aA BaRoth/*Faust* Rn 3). Fristen bis zur gesetzlichen Grenze von 30 Jahren in AGB hat die Rspr für unbedenklich erklärt (Koblenz MDR 1995, 1110; 20 Jahre: Oldenburg OLGR 2001, 34). Die Parteien können auch einen späteren Beginn der Frist vereinbaren und diesen an ein bestimmtes Ereignis knüpfen. Dann beginnt die Frist mit diesem »Wiederkaufsfall« (BayObLG MDR 1970, 139: Tod des Käufers). Wenn die **Ausübungsfrist vertraglich geändert** wird, muss die Ausübung nach § 311b notariell beurkundet werden, falls es sich um eine »Veränderung in rechtlich erheblicher Weise« handelt (BGH NJW 1996, 453). Die Berechnung der Frist knüpft dann an diese Änderung an (so jedenfalls Hamburg MDR 1982, 668). 1

Kapitel 3 Vorkauf

§ 463 Voraussetzungen der Ausübung. Wer in Ansehung eines Gegenstandes zum Kauf berechtigt ist, kann das Vorkaufsrecht ausüben, sobald der Verpflichtete mit einem Dritten einen Kaufvertrag über den Gegenstand geschlossen hat.

1 **A. Allgemeines; wirtschaftliche Bedeutung.** Das Vorkaufsrecht verleiht dem Vorkaufsberechtigten das Recht, zu denselben Bedingungen einen Kaufvertrag mit dem Verpflichteten abzuschließen, zu denen der Vorkaufsverpflichtete den Gegenstand an einen Dritten veräußern will. Vorkaufsrechte können rechtsgeschäftlich vereinbart werden oder kraft Gesetzes bestehen. Ihre wirtschaftliche Bedeutung haben sie bei **Grundstücksgeschäften** und bei der Veräußerung von **Gesellschaftsanteilen**; außerhalb dieses Bereiches spielen sie keine Rolle, obwohl das Gesetz theoretisch auch Vorkaufrechte an beweglichen Gegenständen zulässt.

2 Die wirtschaftliche Bedeutung eines Vorkaufsrechts besteht zum einen darin, dass ein **Erwerbsinteresse** des Vorkaufsberechtigten geschützt wird (Staud/*Mader* Vorbem zu §§ 463 ff Rn 2; MüKo/*Westermann* Rn 1). Der Vorkaufsberechtigte kann zwar den Eigentümer nicht zwingen, ihm die Sache zu übereignen – dann wäre an eine Option zu denken (Rz 10) –, aber er kann die Sache erwerben, wenn der Vorkaufsverpflichtete sich ohnehin von ihr trennen will. Dabei muss er sich zum Zeitpunkt der Vereinbarung des Vorkaufsrechts noch keine Gedanken darüber machen, ob er die Sache wirklich erwerben will, sondern kann darüber dann entscheiden, wenn der Vorkaufsfall eintritt. Das Erwerbsinteresse wird insbes durch gesetzliche Vorkaufsrechte gewahrt (Rz 13 ff); ein rechtsgeschäftliches Vorkaufsrecht im Erwerbsinteresse des Berechtigten ist selten; man wird dann eher die Form der Option wählen.

3 Zum andern kann das Vorkaufsrecht einem **Abwehrinteresse** dienen (Staud/*Mader* aaO), um das Eindringen außenstehender Dritter in eine Gemeinschaft oder eine Gesellschaft zu verhindern. Diese Überlegung spielt vor allem bei der Veräußerung von Gesellschaftsanteilen eine Rolle, wenn ein Vorkaufsrecht zu Gunsten der übrigen Gesellschafter besteht.

4 **Gesetzliche Vorkaufsrechte** haben eine große Relevanz, vor allem im Grundstücksverkehr. Hier ist in erster Linie das Vorkaufsrecht der Gemeinde nach §§ 24 ff BauGB zu beachten. Wenn der Vorkaufsberechtigte das Vorkaufsrecht ausübt, bleibt der Kaufvertrag mit dem Dritten wirksam, aber der Verkäufer und Vorkaufsverpflichtete kann ihn nicht mehr erfüllen. Dem Dritten stehen dann Sekundäransprüche zu, vor allem Schadensersatz (§§ 280, 281). Um dies zu vermeiden, muss in einen Grundstückskaufvertrag eine Klausel aufgenommen werden, die die Wirksamkeit des Kaufvertrags davon abhängig macht, dass der Vorkaufsberechtigte auf sein Vorkaufsrecht verzichtet. Stattdessen kann auch ein Rücktrittsrecht für den Fall der Ausübung der Vorkaufsberechtigung vereinbart werden (*Reinicke/Tiedtke* Rn 1109). Welche Konsequenzen sich daraus für den Kaufvertrag mit dem Vorkaufsberechtigten ergeben, ist umstr (Rz 17).

5 Die Bestellung des Vorkaufrechts an sich ist rechtlich nicht bes kompliziert. Die Probleme tauchen erst im Vertrag des Vorkaufsverpflichteten mit dem Dritten auf, wenn die Parteien versuchen, den Vertrag so zu gestalten, dass der Vorkaufsfall nicht eintritt. Grundsätzlich darf der Vorkaufsverpflichtete das Vorkaufsrecht **nicht vereiteln**. Der weitaus größte Teil der Rspr zum Vorkaufsrecht konzentriert sich auf die Frage, wann noch zulässige Vertragsgestaltungen vorliegen und wann unzulässigerweise des Vorkaufsrecht vereitelt wird (Rz 21).

6 **B. Vorkaufsrecht. I. Rechtsnatur.** Man bezeichnet das Vorkaufsrecht als einen **doppelt bedingten Kaufvertrag**. Die erste Bedingung sei der Eintritt des Vorkaufsfalls, also der Abschluss eines Kaufvertrags zwischen dem Vorkaufsverpflichteten und dem Dritten, und die zweite Bedingung die Vorkaufserklärung des Berechtigten gem § 464. Darüber hinaus ist das Vorkaufsrecht ein **Gestaltungsrecht**: Dem Vorkaufsberechtigten wird durch die Einräumung des Vorkaufsrechts das Recht eingeräumt, durch seine Vorkaufserklärung einen Kaufvertrag zustande zu bringen. Nach zutr Ansicht wird vertreten, dass sich die beiden Auffassungen nicht widersprechen, sondern ergänzen (Staud/*Mader* Vorbem zu §§ 463 ff Rn 30; MüKo/*Westermann* Rn 7; beide unter Bezug auf *Schurig* S 66 ff). Demzufolge lässt sich auch die Rspr für keine der beiden Theorien eindeutig vereinnahmen. Einige Entscheidungen werden der Lehre vom doppelt bedingten Kaufvertrag zugeordnet (BGHZ 29, 107, 109 f; BGH JZ 2000, 679), andere der Gestaltungsrechtsthorie (BGHZ 32, 375, 383; BGH JR 1977, 241). Eine praktische Bedeutung der unterschiedlichen Auffassungen ist nicht erkennbar (so auch BaRoth/*Faust* Rn 9; PWW/*D Schmidt* Rn 5).

7 Die Vereinbarung des Vorkaufsrechts bedarf der **Form**, die für den Kaufvertrag erforderlich ist (RGZ 72, 385; BGH WM 1957, 935 f; Staud/*Mader* Rn 6). Das Vorkaufsrecht **erlischt** durch Erlassvertrag gem § 397 zwischen Verpflichtetem und Berechtigten (BGHZ 60, 257; BGH WM 2003, 385, 388). Nach einer überzeugenden Mindermeinung genügt auch ein einseitiger Verzicht (MüKo/*Westermann* Rn 27; Staud/*Mader* § 464 Rn 23; *Schurig* S 174). Dies folgt aus der Rechtsnatur als Gestaltungsrecht.

8 **II. Abgrenzung zum dinglichen Vorkaufsrecht.** Eine Regelung des Vorkaufsrechts befindet sich nicht nur im Schuld-, sondern auch im Sachenrecht. Nach § 1094 kann ein Grundstück in der Weise belastet werden,

dass der Berechtigte dem Eigentümer ggü zum Vorkauf berechtigt ist. Auch das dingliche Vorkaufsrecht wird rechtsgeschäftlich begründet. Dabei ist allerdings nach hM die Form des § 311b zu beachten (BGH NJW-RR 1991, 305; zweifelnd MüKo/*Westermann* § 1094 Rn 7, der aber die Form wegen § 29 GBO bejaht). Die Parteien verpflichten sich dabei, ein dingliches Vorkaufsrecht zu bestellen, das durch Eintragung entsteht, während beim obligatorischen Vorkaufsrecht allein die Verpflichtung bzw die Berechtigung begründet werden. Der Berechtigte steht sich bei einem dinglichen Vorkaufsrecht besser als bei einem obligatorischen, da das dingliche Vorkaufrecht die Wirkung einer **Vormerkung** hat (§ 1098 Abs 2).

III. Andere Abgrenzungen. 1. Wiederkaufsrecht. Das Vorkaufsrecht ist zunächst vom Wiederkaufsrecht, §§ 456 ff, abzugrenzen. Der Wiederkaufsberechtigte hat eine stärkere Stellung als der Vorkaufsberechtigte (*Reinicke/Tiedtke* Rn 1107), da er sein Recht jederzeit, unabhängig von einem Vertragsschluss mit einem Dritten ausüben kann. Dafür kann das Wiederkaufsrecht nur dem ursprünglichen Verkäufer zustehen, während ein Vorkaufsrecht jedermann eingeräumt werden kann. 9

2. Option. Sodann ist das Vorkaufsrecht von der Option abzugrenzen. Die Option erlaubt dem Berechtigten, eine Wahl ohne Eintritt einer Bedingung auszuüben, also ohne Vorkaufsfall. Vielmehr entscheidet der Berechtigte nach eigenem Gutdünken, ob er die Option ausüben will. Durch die Option wird der Verkäufer, aber nicht der Käufer gebunden. Die Optionsvereinbarung kommt in erster Linie bei beweglichen Sachen in Betracht. Eine Option bedarf einer ausf vertraglichen Regelung; die theoretisch mögliche ergänzende Heranziehung des BGB-Vorkaufsrechts spielt daher kaum eine Rolle. 10

3. Ankaufsrecht/Vorhand. Weiterhin ist das Vorkaufsrecht vom Ankaufsrecht zu unterscheiden. Es betrifft einen Fall der Option. Mit dem Vorkaufsrecht hat es gemein, dass es für den Verpflichteten **von vornherein bindend** ist, unterscheidet sich jedoch dadurch, dass nicht zwangsläufig ein Vertragsschluss mit einem Dritten den »Vorkaufsfall« auslöst, sondern ein **beliebiges Ereignis**, das im Vertrag fixiert werden muss (MüKo/*Westermann* Rn 5). Während bei der Option die Ausübung des Rechts regelm im Belieben des Berechtigten steht, ist dies beim Ankaufsrecht nur dann der Fall, wenn dies ausdrücklich vereinbart wurde. Die beiden Begriffe gehen aber ineinander über. Von einer Vorhand spricht man, wenn der Verpflichtete für den Fall von Verkaufsabsichten verpflichtet ist, den Berechtigten zu informieren und mit ihm in **Vertragsverhandlungen** einzutreten (Staud/*Mader* Vorbem zu §§ 463 ff Rn 40; MüKo/*Westermann* Rn 4). 11

4. Vormiete und Vorpacht. Schließlich können Vorrechte auch bei Miete und Pacht vereinbart werden (Staud/*Mader* Vorbem zu §§ 463 ff Rn 38). Dies ist zwar nicht im Gesetz geregelt, doch sind die Vorschriften über den **Vorkauf entspr** auf Vormiet- und Vorpachtrechte anzuwenden (BGHZ 102, 237). 12

IV. Gesetzliche Vorkaufsrechte. 1. Vorkaufsrecht der Gemeinde. Das wichtigste gesetzliche Vorkaufsrecht ist das der Gemeinde gem §§ 24 ff BauGB. Nach § 24 Abs 1 BauGB umfasst es ua Grundstücke im Bereich eines Bebauungsplans, eines Sanierungsplans oder eines Flächennutzungsplans. Bei Wohnungseigentumsrechten und bei Erbbaurechten ist das Vorkaufsrecht ausgeschlossen (§ 24 Abs 2 BauGB). Die Gemeinde ist bei der Ausübung an das Gemeinwohl gebunden (§ 24 Abs 3 BauGB). § 26 BauGB schließt das Vorkaufsrecht bei Verkäufen an Ehegatten und nahe Verwandte aus (vgl auch § 470 Rz 1). 13

Der Verkäufer muss den Inhalt eines Kaufvertrags der Gemeinde **mitteilen** (§ 28 Abs 1 S 1 BauGB). Diese Vorschrift steht an Stelle des für das rechtsgeschäftliche Vorkaufsrecht geltenden § 469. Es reicht aus, wenn diese Pflicht vom Käufer übernommen wird. Regelm werden die Parteien den Notar damit beauftragen. Sie müssen sich sodann ein Zeugnis der Gemeinde über das Nichtbestehen oder die Nichtausübung eines Vorkaufsrechts verschaffen (sog **Negativattest**), denn ohne diesen Nachweis darf das Grundbuchamt den Eigentümerwechsel nicht eintragen (§ 28 Abs 2 S 2 und 3 BauGB). Die Gemeinde kann durch Bekanntmachung für bestimmte Gebiete im Voraus auf das Vorkaufsrecht verzichten (§ 28 Abs 5 BauGB). Dann ersetzt die Bekanntmachung das Negativattest. Das Vorkaufsrecht muss binnen zwei Monaten nach der Mitteilung ausgeübt werden (§ 28 Abs 2 BauGB). Überschreitet der vereinbarte Kaufpreis deutlich den Verkehrswert, kann der von der Gemeinde zu zahlende Kaufpreis herabgesetzt werden (§ 28 Abs 3 BauGB). 14

2. Siedlungsrecht/Miterbe. Das siedlungsrechtliche Vorkaufsrecht gem §§ 4 ff RSiedlG besteht zu Gunsten gemeinnütziger Siedlungsunternehmen an landwirtschaftlichen Grundstücken. Das Vorkaufsrecht kann nur dann ausgeübt werden, wenn das Grundstück der für den Verkehr mit landwirtschaftlichen Grundstücken geltenden Genehmigung nach § 9 GrdstVG unterfällt und ein Versagungsgrund nach dieser Vorschrift vorliegt (dazu BGHZ 116, 348). Weiterhin kennt das Erbrecht ein Vorkaufsrecht. Es ist in § 2034 enthalten, wonach ein Vorkaufsrecht des Miterben besteht, das sich allerdings nur auf den Anteil am Nachlass, nicht auf einzelne Nachlassgegenstände bezieht. Die Vorschrift hat den Zweck, die Erbengemeinschaft vor dem »Eindringen« Außenstehender zu schützen. 15

3. Mieter bei Wohnungseigentum. Schließlich gewährt § 577 dem Wohnungsmieter ein Vorkaufsrecht, wenn er Mieter einer Wohnung ist, an der Wohnungseigentum begründet ist und der Eigentümer seine Wohnung an einen Dritten verkaufen will. Nach dem Sinn der Vorschrift ist das Erwerbsinteresse des Mieters höher einzuschätzen als das eines beliebigen Dritten und soll zum Zuge kommen, wenn der ursprüngliche Eigentü- 16 mer an seinem Eigentum nicht mehr festhalten will. Der BGH wendet die Vorschrift entspr bei einer beabsichtigten **Realteilung** an (NJW 2008, 2257).

17 **C. Vorkaufsfall. I. Wirksamkeit des Vertrages.** Der Vorkaufsfall muss durch einen wirksamen Vertrag des Verpflichteten mit dem Dritten ausgelöst sein. Dabei kommen die üblichen Unwirksamkeitsgründe zum Zuge, wie Nichtigkeit wegen Gesetzesverstoßes gem § 134, Unwirksamkeit wegen Formverstoßes (§ 311b) oder Sittenwidrigkeit gem § 138 (BGH WM 1960, 551, 552). Tritt Heilung gem § 311b Abs 1 S 2 ein, so lebt auch das Vorkaufsrecht wieder auf (Staud/*Mader* Rn 25). Auch ein **Scheingeschäft** führt nicht zu einem Vorkaufsfall (RGZ 106, 320). Wird das Rechtsgeschäft mit dem Dritten infolge **Anfechtung** unwirksam, so liegt ebenfalls kein Vorkaufsfall vor. Ist das Geschäft jedoch bloß anfechtbar, jedoch nicht angefochten worden, so ist der Vorkaufsfall gegeben (BGHZ 67, 395). Das BGB unterscheidet grds zwischen Drittem und **Mitberechtigten** (Staud/*Mader* Rn 33). So löst der Verkauf eines ideellen Bruchteils an einen der übrigen Gemeinschafter keinen Vorkaufsfall aus (BayObLG BayNotZ 1981, 18), ebenso wenig eine Auseinandersetzung unter Miterben (BGH WM 1970, 321, 322). Diese sind keine Dritten.

18 **II. Rücktritt.** Etwas komplizierter liegen die Dinge, wenn das Rechtsgeschäft mit dem Dritten infolge der Ausübung eines vorbehaltenen Rücktritts nach §§ 346 ff rückabgewickelt werden soll. Das Rücktrittsrecht wirft vor allem dann Probleme auf, wenn es für den Fall vereinbart wird, dass der Berechtigte das Vorkaufsrecht ausübt. Tritt der Dritte zurück, so wird damit das Vorkaufsrecht des Berechtigten nicht beeinträchtigt (BGHZ 67, 395). Tritt dagegen der Verpflichtete zurück, so ist grds das Rücktrittsrecht zulässig, dieser behält freilich sein Vorkaufsrecht für künftige Fälle (MüKo/*Westermann* Rn 15; *Schurig* S 142 f). IZw setzt sich das Vorkaufsrecht durch; es kann nicht durch die Vereinbarung eines Rücktrittsrechts umgangen werden (zur relativen Unwirksamkeit des Rücktrittsrechts § 465 Rz 1). Auch eine **Aufhebungsvereinbarung** lässt den bereits eingetretenen Vorkaufsfall nicht entfallen (RGZ 106, 320, 323 f; 118, 5, 8).

19 **III. Bedingung; behördliche Genehmigung.** Des Weiteren lässt auch eine **aufschiebende Bedingung** den Vorkaufsfall nicht entfallen; er tritt mit der Bedingung ein (Staud/*Mader* Rn 29). Bei einer **auflösenden Bedingung** entfällt das Vorkaufsrecht dagegen mit Bedingungseintritt. Wird es vor Bedingungseintritt ausgeübt, so wird die Bedingung gem § 464 Abs 2 Bestandteil des Vertragsverhältnisses zwischen Berechtigtem und Verpflichteten (Staud/*Mader* aaO; MüKo/*Westermann* Rn 16; *Schurig* S 140). Bedarf der Kaufvertrag mit dem Dritten einer **behördlichen Genehmigung**, so gilt er bis zur Genehmigung als nicht abgeschlossen (hM: BGHZ 14, 1, 2; 32, 383, 388). Allerdings ist die Ausübung des Vorkaufsrechts vor Genehmigung mit Wirkung auf den Genehmigungszeitpunkt möglich (BGH NJW 1998, 2352).

20 **IV. Weitere Einzelfälle.** Als Vorkaufsfall wird der Erwerb eines ideellen Miteigentumsanteils angesehen (BGHZ 90, 174, 178). Einige Konstellationen werden durch die §§ 470 und 471 ausgeschlossen (vgl Erl zu diesen Vorschriften). Nicht als Vorkaufsfall werden **Tauschverträge** bewertet, auch dann nicht, wenn ein Ringtausch vorliegt (BGHZ 49, 7, 10). Ferner begründet eine **Schenkung** keinen Vorkaufsfall (RGZ 101, 99, 101; BGH WM 1957, 1162, 1164). Schließlich führt eine **Sacheinlage** in eine Gesellschaft nicht zu einem Vorkaufsfall (Staud/*Mader* Rn 15; MüKo/*Westermann* Rn 19).

21 **V. Vereitelung des Vorkaufsrechts.** Der Verpflichtete und der Dritte haben vielfach das Interesse, durch geeignete Vertragsgestaltung dem Berechtigten den Anreiz zu nehmen, sein Vorkaufsrecht auszuüben, und auf diese Weise den zwischen ihnen geschlossenen Vertrag durchzuführen. Eine derartige Vertragsgestaltung ist grds illegitim und führt dazu, dass der betreffende Vertrag als Kaufvertrag angesehen wird, auch wenn er nicht als solcher bezeichnet wird, und damit zum Eintritt des Vorkaufsfalles. Die Rspr bedient sich dabei des Ausdrucks des **Fremdkörpers**: Es sind Klauseln, die außerhalb der wechselseitigen Abhängigkeit von Leistung und Gegenleistung stehen und dem Berechtigten die Ausübung seines Rechts verleiden sollen (BGHZ 34, 200, 205; 77, 359; NJW 1995, 3183). Im Einzelnen kommt eine Vertragsgestaltung ohne formellen Kaufvertrag in Betracht, die einem Kaufvertrag praktisch gleichkommt (BGHZ 115, 335), die Bezeichnung als Erbvertrag (BGH NJW 1998, 2136), eine gemischte Schenkung (BGH NJW 1987, 890, 892). Die Bestellung eines Ausbeutungsrechts an einem Steinbruch auf 99 Jahre soll dagegen keinen Vorkaufsfall begründen (BGH NJW 2003, 3769).

§ 464 Ausübung des Vorkaufsrechts.

[1] Die Ausübung des Vorkaufsrechts erfolgt durch Erklärung gegenüber dem Verpflichteten. Die Erklärung bedarf nicht der für den Kaufvertrag bestimmten Form.

[2] Mit der Ausübung des Vorkaufsrechts kommt der Kauf zwischen dem Berechtigten und dem Verpflichteten unter den Bestimmungen zustande, welche der Verpflichtete mit dem Dritten vereinbart hat.

1 **A. Allgemeines.** Abs 1 sieht vor, dass das Vorkaufsrecht durch eine formfreie **Willenserklärung** ausgeübt wird. Diese Willenserklärung hat rechtsgestaltenden Charakter. Bei gesetzlichen Vorkaufsrechten ist das **Vorkaufsrecht der Gemeinde** gem § 26 Abs 2 S 1 BauGB durch **Verwaltungsakt** auszuüben. Dies hat Auswirkungen auf den Rechtsweg. Durch die Ausübung des Vorkaufsrechts entsteht nach Abs 2 ein **zweiter Kauf-**

vertrag zwischen Verpflichteten und Berechtigtem mit dem gesamten Inhalt des zwischen Verpflichteten und Drittem geschlossenen Vertrags. An diesem wesentlichen Grundsatz des Vorkaufsrechts sind nur wenige Randkorrekturen vorzunehmen. Des Weiteren bedarf es einiger Überlegungen, wer die vor Ausübung des Vorkaufsrechts entstandenen **Vertrags- und Maklerkosten** zu tragen hat (Rz 11 f). Dem Verpflichteten und dem Berechtigten steht es frei, von den Regelungen der Vorschrift im Wege der **Privatautonomie** abzuweichen, dh insbes im Gegensatz zu Abs 2 einen anderen Vertragsinhalt zu vereinbaren.

B. Ausübungserklärung, Abs 1. I. Willenserklärung. Die nach Abs 1 abzugebende Willenserklärung ist **empfangsbedürftig** (Staud/*Mader* Rn 1; PWW/*D Schmidt* Rn 2), dh sie wird erst wirksam, wenn sie gem § 130 zugegangen ist. Sie hat ferner gestaltende Wirkung und darf daher nicht mit einer Bedingung oder einem Widerrufsvorbehalt versehen sein (Staud/*Mader* Rn 2). Aus der **Gestaltungswirkung** folgt, dass mit dem Zugang der Willenserklärung der Kaufvertrag zwischen dem Verpflichteten und dem Berechtigten zustande gekommen ist. Der Verpflichtete sieht sich nunmehr mit zwei wirksamen Kaufverträgen konfrontiert. Wie bei einem sonstigen Doppelverkauf gibt es keine Regel, ob einer der beiden Verträge vorrangig zu erfüllen ist. Dem Verpflichteten steht es frei, welchen Vertrag er erfüllt; dem Vertragspartner des nicht erfüllten Vertrags schuldet er Schadensersatz statt der Leistung (§§ 280 Abs 3, 281; BaRoth/*Faust* Rn 5). Es ist zweckmäßiger, den Vertrag mit dem Berechtigten zu erfüllen, da der Verpflichtete im Vertrag mit dem Dritten Klauseln aufnehmen kann, die ihn für den Fall des Vorkaufsrechts vor Sekundäransprüchen des Dritten schützen (§ 463 Rz 4, § 465 Rz 3). 2

Nach Abs 1 S 2 ist die Erklärung **formfrei** wirksam. Das gilt nach dem Wortlaut auch und gerade dann, wenn der Abschluss eines derartigen Vertrags, insbes eines Grundstückskaufvertrags, eigentlich formbedürftig ist. Der Grund für die Formfreiheit liegt darin, dass der von der Formvorschrift bezweckte Schutz bereits bei der Vereinbarung des Vorkaufsrechts eingreifen muss und auch besteht (BaRoth/*Faust* Rn 3; zur Formbedürftigkeit der Vereinbarung über das Vorkaufsrecht § 463 Rz 7). Eine Mindermeinung stellt dagegen darauf ab, dass der Schutzzweck des § 311b auch die Erwerbsverpflichtung umfasst, die erst bei der Ausübung des Vorkaufsrechts eintritt (*Wufka* DNotZ 1990, 339, 351; ihm folgend Staud/*Mader* Rn 4). Die hM weist diese Ansicht mit dem Argument zurück, dass der Gesetzgeber der Schuldrechtsreform die Formfreiheit nach Abs 1 S 2 bestätigt hat (vgl BGHZ 144, 357; MüKo/*Westermann* Rn 2). Wird der Vertrag zwischen Verpflichteten und Berechtigten abgeändert (dazu Rz 10) bedarf es gleichwohl der notariellen Form des § 311b, ebenso für die Auflassung gem § 925 (PWW/*D Schmidt* Rn 3). 3

Nach hM ist die Willenserklärung unwirksam, wenn der Berechtigte es ablehnt, zugleich mit der Ausübung des Vorkaufsrechts in die Pflichten aus dem Vertrag einzutreten (BGH WM 1962, 1091, 1094; BGHZ 102, 237, 240 f; BaRoth/*Faust* Rn 2). Dies kann sich vor allem dann zu Lasten des Berechtigten auswirken, wenn dieser Anhaltspunkte für einen vorgeschobenen Preis hat (MüKo/*Westermann* Rn 3). 4

II. Besonderheiten bei gesetzlichen Vorkaufsrechten. Das wichtigste gesetzliche Vorkaufsrecht, das **Vorkaufsrecht der Gemeinde**, ist kraft gesetzlicher Anordnung in § 28 Abs 2 S 1 BauGB durch **Verwaltungsakt** auszuüben. Es ist daher erst dann betätigt und wirksam, wenn der Verwaltungsakt **bestandskräftig** geworden ist (Hamm NJW-RR 1994, 1042), und ist ggf auf dem Verwaltungsrechtsweg anzugreifen (OVG Koblenz NJW 1988, 1342; vgl auch BGH NJW 1989, 37). Der Verwaltungsakt wirkt **privatrechtsgestaltend**, denn mit seiner Bestandskraft ist der Kaufvertrag zwischen dem Verpflichteten und der Gemeinde zustande gekommen. Außerhalb des gemeindlichen Vorkaufsrechts nimmt die Rspr durchweg eine **rechtsgeschäftliche Willenserklärung** des Privatrechts an (BGHZ 36, 155, 157; 60, 275, 279 f; BGH MDR 1975, 565, 566), und zwar auch dann, wenn das Vorkaufsrecht einer Gebietskörperschaft zusteht. Die Gegenansicht wird nur in der Lit vertreten (Nachw bei Staud/*Mader* Rn 8). Das gesetzliche Vorkaufsrecht hat **Vorrang** vor einem rechtsgeschäftlichen Vorkaufsrecht (MüKo/*Westermann* § 463 Rn 13). 5

C. Wirkungen, Abs 2. I. Überleitung des Vertrags zwischen Verpflichtetem und Dritten. Die Ausübung des Vorkaufsrechts hat nach Abs 2 die Wirkung, dass ein vom Kaufvertrag zwischen Verpflichteten und Drittem unabhängiger Kaufvertrag zwischen dem Verpflichteten und dem Dritten zustande kommt. Es führt also nicht etwa zu einem Vertragseintritt des Berechtigten, vielmehr im Ergebnis zu zwei wirksamen Kaufverträgen (zu den Konsequenzen daraus Rz 1). Deswegen ist eine eigenständige Auflassung ggü dem Berechtigten erforderlich (Staud/*Mader* Rn 12). 6

Des Weiteren hat der Vertrag zwischen dem Verpflichteten und dem Berechtigten genau denselben Inhalt wie der Vertrag zwischen dem Verpflichteten und dem Dritten. Der Verpflichtete ist also geschützt: Die von ihm ausgehandelten Bedingungen des Vertrags mit dem Dritten müssen auch vom Berechtigten eingehalten werden. Allerdings muss er sich einen anderen Vertragspartner gefallen lassen. Das ist nicht ohne Bedeutung, da das Risiko, ob ein Vertragspartner die übernommenen Verpflichtungen erfüllt, von Vertragspartner zu Vertragspartner verschieden sein kann. Das Vorkaufsrecht wirkt sich also trotz der Überleitung des unveränderten Vertragsinhalts als Belastung des Verpflichteten aus. Der Berechtigte ist insofern geschützt, als es ihm freisteht, das Vorkaufsrecht auszuüben oder eben auch nicht. Er kauft die »Katze nicht im Sack«, denn auf Grund der Mitteilungspflicht gem § 469 ist er informiert, zu welchen Bedingungen er das Vorkaufsrecht ausüben kann. Das Vorkaufsrecht will dem Berechtigten nicht unter allen Umständen die Möglichkeit eines 7

Erwerbs verschaffen, wenn der bisherige Eigentümer Verkaufsabsichten hat (zum Schutz von Verpflichteten und Berechtigten durch Abs 2 auch Staud/*Mader* Rn 14 f; MüKo/*Westermann* Rn 5).

8 **II. Grenzen der Vertragsidentität.** Den Parteien steht es ohnehin frei, im Wege der Privatautonomie den Vertrag zu ändern. Doch sind auch dann, wenn sich die Parteien nicht darauf verständigen können, gelegentlich **Abänderungen** notwendig. So kann eine Vereinbarung über eine Aufrechnungsmöglichkeit nicht aufrecht erhalten bleiben; der Berechtigte muss bar bezahlen (BGH LM Nr 3 zu § 505 aF). Dagegen gehen bes Gewährleistungsvereinbarungen auf den Berechtigten über (Köln NJW-RR 1995, 1167). Bei einem »Freundschaftskauf« ist der »eigentliche« Kaufpreis gem § 315 zu ermitteln (BGH NJW 1987, 890, 892). Auch eine Fälligkeitsvereinbarung muss uU angepasst werden (BGH NJW 1983, 682; 1989, 37).

9 Bei der Anpassung macht die Rspr den »**Fremdkörpergedanken**« fruchtbar (vgl auch § 465 Rz 1). Klauseln, die zwischen Verpflichteten und Dritten nur deswegen vereinbart wurden, um den Berechtigten von der Ausübung des Vorkaufsrechts abzuschrecken, werden eliminiert. In der grundlegenden Entscheidung zum »Fremdkörpergedanken« ging es um eine Projektierungsgebühr (BGHZ 77, 359). In anderen Entscheidungen hat der BGH einen »Fremdkörper« freilich auch verneint, so für das Recht eines Vierten auf landwirtschaftliche Nutzung (BGH NJW-RR 1987, 396) und eine »Federführungsregelung« bei einer Erschließungsanlage (BGH NJW 1995, 3183). In der Rspr der Oberlandesgerichte wurden »Fremdkörper« bejaht bei Übernahme eines Pachtverhältnisses mit einem Dritten (Stuttgart ZMR 1998, 771), an den Dritten mitverkaufte Gegenstände (Koblenz OLGR 2000, 133) und bei einer Vertragsstrafe bei einem Weiterverkauf (Stuttgart OLGR 2001, 145). Es kommt jedoch immer auf den Einzelfall an.

10 **Vertragsänderungen**, die der Verpflichtete und der Dritte vornehmen, binden den Berechtigten bis zum Zeitpunkt des Zugangs seiner Erklärung, dass er das Vorkaufsrecht ausübe (RGZ 118, 5, 7; BGH NJW 1969, 1959, 1960; MüKo/*Westermann* § 463 Rn 29). Nach einer Ansicht in der Lit dagegen muss der Berechtigte derartige Änderungen nicht gegen sich gelten lassen (Staud/*Mader* Rn 18); eine andere Stimme will dem Berechtigten sogar ein Wahlrecht einräumen (*Schurig* S 170 f).

11 **III. Vertragskosten und Maklerkosten.** Vertragskosten sind vom Berechtigten zu tragen, und zwar immer dann, wenn im ursprünglichen Vertrag eine Kostentragungsklausel zu Lasten des Dritten vereinbart wurde. Dies gilt insbes für die **Beurkundungskosten** des Vertrags zwischen Verpflichteten und dem Dritten (BGHZ 87, 296, 301; BGH NJW 1982, 2068, 2069), aber auch für Kosten der Eintragung und Löschung einer **Vormerkung** (BGH NJW 1982, 2068, 2069; aA BaRoth/*Faust* Rn 10) sowie für **Vermessungsarbeiten** (BGH NJW 1994, 315, 316 f).

12 Beim **Maklerlohn** ist zu differenzieren: Hat der Verpflichtete den Makler beauftragt, so bleibt der Anspruch des Maklers bestehen, denn der Verpflichtete hat letztlich einen Kaufvertrag abgeschlossen (Staud/*Mader* Rn 20). Hat dagegen der Dritte den Makler beauftragt, entfällt der Maklerlohnanspruch, denn für den Dritten führten die Bemühungen des Maklers nicht zum Erfolg (RGZ 157, 243, 244; BGH NJW 1999, 2271). Häufig wird jedoch in den Kaufvertrag eine sog. **Maklerklausel** aufgenommen, wonach der Käufer dem Verkäufer verspricht, die Maklerkosten zu übernehmen. Diese ursprünglich vom Dritten übernommene Verpflichtung geht auf den Berechtigten über (BGHZ 131, 318). Zum Maklervertrag allg vgl die Kommentierung von *Gaedtke/Hansen* zu § 652 Rz 1 ff.

§ 465 Unwirksame Vereinbarungen.

Eine Vereinbarung des Verpflichteten mit dem Dritten, durch welche der Kauf von der Nichtausübung des Vorkaufsrechts abhängig gemacht oder dem Verpflichteten für den Fall der Ausübung des Vorkaufsrechts der Rücktritt vorbehalten wird, ist dem Vorkaufsberechtigten gegenüber unwirksam.

1 Die Vorschrift enthält eine Ausn von § 464 Abs 2. Danach sind bestimmte Vereinbarungen aus dem Vertrag zwischen Verpflichteten und Dritten dem Berechtigten ggü nicht wirksam, weil sie sein Vorkaufsrecht vereiteln würden. Dies wäre insbes dann gegeben, wenn ein **Rücktrittsvorbehalt** für den Fall der Ausübung des Vorkaufsrechts auch dem Berechtigten ggü wirksam wäre. Das Gleiche gilt für eine Vereinbarung, wonach der Vertrag mit dem Dritten nur unter der **Bedingung** zustande kommen soll, dass der Berechtigte das Vorkaufsrecht nicht ausübt (MüKo/*Westermann* Rn 1). Da die Vereinbarung nur dem Berechtigten ggü unwirksam ist, kann man von einer **relativen Unwirksamkeit** sprechen (Staud/*Mader* Rn 1). Vertragliche Rücktrittsrechte, die sich nicht auf das Vorkaufsrecht beziehen, sind jedoch zulässig (*Schurig* S 142, 154; Staud/*Mader* Rn 2).

2 Die Vorschrift ist erweiternd auf **Umgehungsfälle** anzuwenden. So kommt § 465 auch dann zur Anwendung, wenn die Wirksamkeit des Vertrags nicht von der Ausübung, sondern vom Bestehen des Vorkaufsrechts abhängig gemacht werden soll (BGH NJW 1987, 890, 893). Eine unzulässige Umgehung der Vorschrift sah der BGH auch im Abschluss eines Erlassvertrags mit einem vollmachtlosen Vertreter des Berechtigten mit dem Zweck, im Falle der Nichtgenehmigung des Erlasses die Unwirksamkeit des mit dem Erlassvertrag in Rechtseinheit gem § 139 stehenden Kaufvertrags geltend zu machen (BGHZ 110, 230).

Der Verpflichtete ist gleichwohl gut beraten, in den Vertrag mit dem Dritten einen Rücktrittsvorbehalt für den Fall der Ausübung des Vorkaufsrechts oder eine darauf bezogene Bedingung aufzunehmen, denn diese Klausel ist nur relativ im Verhältnis zum Berechtigten unwirksam, nicht aber im Verhältnis zum Dritten. Der Verpflichtete kann auf diese Weise zwar nicht verhindern, dass der Dritte das Vorkaufsrecht ausübt, er kann aber im Verhältnis zum Dritten durch den Rücktritt sich vor Sekundäransprüchen des Dritten, insbes Schadensersatzansprüchen, schützen (Staud/*Mader* Rn 5; MüKo/*Westermann* Rn 2; vgl auch § 464 Rz 2). 3

§ 466 Nebenleistungen.

Hat sich der Dritte in dem Vertrag zu einer Nebenleistung verpflichtet, die der Vorkaufsberechtigte zu bewirken außerstande ist, so hat der Vorkaufsberechtigte statt der Nebenleistung ihren Wert zu entrichten. Lässt sich die Nebenleistung nicht in Geld schätzen, so ist die Ausübung des Vorkaufsrechts ausgeschlossen; die Vereinbarung der Nebenleistung kommt jedoch nicht in Betracht, wenn der Vertrag mit dem Dritten auch ohne sie geschlossen sein würde.

Mit der Vereinbarung von Nebenleistungen kann Missbrauch betrieben werden, wenn sie dazu dienen, das Vorkaufsrecht zu vereiteln. Die Rspr eliminiert sie daher unter dem Gesichtspunkt des »**Fremdkörpers**« (§ 464 Rz 9). Auf der anderen Seite kann die Vereinbarung von Nebenleistungen im Vertrag zwischen Verpflichteten und Berechtigen auch **legitim** sein mit der Folge, dass es dem Verpflichteten nicht zuzumuten ist, den Vertrag mit dem Berechtigten zu akzeptieren, wenn dieser die Nebenleistung nicht erbringen kann. Die Vorschrift versucht, zwischen diesen beiden Polen einen **Mittelweg** zu finden. Grundsätzlich hat das Vorkaufsrecht Vorrang. Der Verpflichtete muss es sich daher gefallen lassen, auf Sekundäransprüche (Wertersatz) verwiesen zu sein, wenn der Berechtigte die Nebenleistung nicht erbringen kann und keine bes Umstände hinzutreten. Diese Umstände liegen vor, wenn die Nebenleistung nicht in Geld geschätzt werden kann. Für den **Schätzwert** wird teilw auf den Zeitpunkt der Erfüllung (Staud/*Mader* Rn 2), teilw auf den Verkehrswert zum Zeitpunkt der Ausübung des Vorkaufsrechts abgestellt (BaRoth/*Faust* Rn 4). Bei einer nicht in Geld ausdrückbaren Nebenleistung ist wiederum zu unterscheiden: Hing der Abschluss des Vertrags von der Nebenleistung ab, entfällt das Vorkaufsrecht. Wäre er dagegen auch ohne sie abgeschlossen worden, bleibt es dagegen beim Vorkaufsrecht. Der klassische Fall ist RGZ 131, 137, 140: Der Berechtigte hatte mit dem Dritten vereinbart, von ihm gepflegt zu werden. Das RG nahm an, dass der Vertrag ohne diese Vereinbarung nicht geschlossen worden wäre. 1

§ 467 Gesamtpreis.

Hatte der Dritte den Gegenstand, auf den sich das Vorkaufsrecht bezieht, mit anderen Gegenständen zu einem Gesamtpreis gekauft, so hat der Vorkaufsberechtigte einen verhältnismäßigen Teil des Gesamtpreises zu entrichten. Der Verpflichtete kann verlangen, dass der Vorkauf auf alle Sachen erstreckt wird, die nicht ohne Nachteil für ihn getrennt werden können.

§ 467 hat den Zweck zu verhindern, dass der Verpflichtete das Vorkaufsrecht dadurch vereitelt, dass er es mit anderen Gegenständen zu einem Gesamtpreis verkauft. Eine wirtschaftliche Einheit ist nicht erforderlich (RGZ 97, 282, 284; Staud/*Mader* Rn 2). Der Berechtigte kann auch in diesem Fall sein Vorkaufsrecht ausüben; der im Vertrag mit dem Dritten **nicht ausgewiesene Preis** muss dann als der »verhältnismäßige Teil« ermittelt werden. Der Verpflichtete kann durch diese Konstruktion aber auch einen Nachteil erleiden, weil der Vertrag mit dem Dritten »zerrissen« wird und die vom Vorkaufsrecht nicht erfassten Teile uU nur mit Schwierigkeiten selbständig veräußert werden können. Deshalb hat der Verpflichtete das Recht zu verlangen, dass unter bestimmten Umständen das Vorkaufsrecht auf alle Sachen erstreckt wird. Die Vorschrift spielt vor allem beim **Grundstückskauf** und beim Kauf von **Gesellschaftsanteilen** eine Rolle. 1

S 1 schließt zunächst aus, dass das Vorkaufsrecht etwa nicht ausgeübt werden kann, weil die dem Vorkaufsrecht unterliegende Sache zusammen mit anderen Sachen an einen Dritten veräußert wurde. Sodann sieht die Vorschrift vor, dass der im Vertrag für den Gegenstand, auf den sich das Vorkaufsrecht bezieht, nicht ausgewiesene Kaufpreis als »**verhältnismäßiger Teil**« des Gesamtpreises zu bestimmen ist. Dafür bietet sich an, den zu ermittelnden Preis zu dem Gesamtpreis ins Verhältnis zu ersetzen wie den Wert des Einzelgegenstandes zum Wert der insg verkauften Sachen, also $x : p = w_2 : w_1$ (Formel bei Staud/*Mader* Rn 3). Diese **schematische Berechnung** ist aber nur dann unproblematisch, wenn die übrig gebliebenen Sachen auch nach der Trennung noch den gleichen Wert haben wie als Bestandteil der zusammen verkauften Sachen. Häufig wird dies nicht der Fall sein, zB bei einem Restgrundstück, insbes aber bei Gesellschaftsanteilen (Rz 4). In diesen Fällen ist der **objektive Wert** anzusetzen (Karlsruhe NJW-RR 1996, 916 für ein vom Vorkaufsrecht erfasstes Teilgrundstück). Dieser Wert wird regelm höher liegen als der sich auf Grund der Formel ergebende Betrag. Beim **gemeindlichen Vorkaufsrecht** darf der Preis für ein Teilgrundstück nicht bereits durch den Verwaltungsakt festgelegt werden (VGH München NJW 2000, 531). 2

S 2 will den Verpflichteten schützen, auf den restlichen Gegenständen »sitzen zu bleiben«, ohne ihm mit seinem Begehren die Möglichkeit an die Hand zu geben, das Vorkaufsrecht grds zu vereiteln. Aus diesem Grunde darf sich der Verpflichtete nicht treuwidrig verhalten; insbes trifft ihn die **Beweislast**, dass die Sachen nicht ohne Nachteil getrennt werden können (Celle BB 1963, 1236: Hausgrundstück mit Mobiliar, das für 3 sich genommen schwer verkäuflich wäre). Der Berechtigte kann die Erstreckung auf sämtliche Sachen nicht dadurch verhindern, dass er dem Verpflichteten einen Nachteilsausgleich in Geld anbietet (MüKo/*Westermann* Rn 1). Falls die Voraussetzungen des S 2 vorliegen und der Verpflichtete sein Recht aus dieser Vorschrift wahrnimmt, hat der Berechtigte nur die Wahl, entweder alle Sachen zu übernehmen oder von der Ausübung des Vorkaufsrechts abzusehen (zum **Wahlrecht** RGZ 133, 76, 79 f; Staud/*Mader* Rn 7).

4 Das Problem, dass der übrig bleibende Teil nicht mehr den Wert hat, den er als Bestandteil der zusammen verkauften Sachen hätte, tritt insbes bei der Veräußerung von **Gesellschaftsanteilen** auf, die als Paket verkauft werden. Die restlichen Gesellschaftsanteile nehmen nicht mehr am **Paketzuschlag** teil. Wenn nichts anderes vereinbart ist, bleibt nichts anderes übrig, als auch hier den Wert der vom Vorkaufsrecht erfassten Anteile zu ermitteln. Dieser Wert wird jedoch niedriger sein als der Wertanteil bezogen auf das Paket. Umgekehrt wird der Dritte kein Interesse daran haben, die restlichen Anteile zu erwerben, weil er das Paket als Ganzes kaufen wollte. Die gesetzliche Regelung führt also zu einem Wertverlust für alle Beteiligten, wenn und weil das Paket aufgelöst werden muss. Es ist daher dringend zu raten, erg **Vereinbarungen** zu treffen (so auch MüKo/*Westermann* Rn 1). So muss das – übliche (§ 465 Rz 3) – Rücktrittsrecht für den Dritten im Vertrag enthalten sein. Es ist aber bereits bei der Gestaltung des Gesellschaftsvertrags zu berücksichtigen, inwiefern Vorkaufsrechte einzelner Gesellschafter Paket-Veräußerungen behindern können. Die Vorkaufsrechte müssen daher entspr beschränkt oder an Zustimmungen der übrigen Gesellschafter gekoppelt werden.

§ 468 Stundung des Kaufpreises.

[1] Ist dem Dritten in dem Vertrag der Kaufpreis gestundet worden, so kann der Vorkaufsberechtigte die Stundung nur in Anspruch nehmen, wenn er für den gestundeten Betrag Sicherheit leistet.

[2] Ist ein Grundstück Gegenstand des Vorkaufsrechts, so bedarf es der Sicherheitsleistung insoweit nicht, als für den gestundeten Kaufpreis die Bestellung einer Hypothek an dem Grundstück vereinbart oder in Anrechnung auf den Kaufpreis eine Schuld, für die eine Hypothek an dem Grundstück besteht, übernommen worden ist. Entsprechendes gilt, wenn ein eingetragenes Schiff oder Schiffsbauwerk Gegenstand des Vorkaufs ist.

1 Die Vorschrift stellt eine weitere Durchbrechung des Grundsatzes des § 464 Abs 2 dar (MüKo/*Westermann* Rn 1 spricht von Verfeinerung), wonach der Vertrag mit dem Dritten mit seinem gesamten Inhalt auf den Vertrag mit dem Berechtigten übergeht. Der Gesetzgeber sieht eine vom Verpflichteten dem Dritten eingeräumte Stundung als so persönlich an, dass der Berechtigte nicht in den Genuss der Stundung kommen soll. Der Hintergrund dafür liegt darin, dass die Zahlungsfähigkeit des Berechtigten möglicherweise anders zu beurteilen ist als die des Dritten. Daraus resultiert auch eine Einschränkung: Leistet der Berechtigte **Sicherheit**, gibt es keinen Grund, warum er sich nicht auf die Stundung berufen können soll. Der Berechtigte ist nicht gehindert, den Kaufpreis gleich zu zahlen, ohne den Weg über die Sicherheitsleistung zu gehen (MüKo/*Westermann* Rn 2). Der Grund, eine Sicherheitsleistung zu verlangen, entfällt auch dann, wenn der Kaufpreis durch eine **Hypothek** gesichert ist. Daraus erklärt sich die Einschränkung in Abs 2, die nicht nur für **Grundstücke**, sondern auch für **Schiffe** und Schiffbauwerke gilt. Gem § 98 Abs 2 des Gesetzes über Rechte an Luftfahrzeugen ist die Vorschrift auch für eingetragene **Luftfahrzeuge** anwendbar.

§ 469 Mitteilungspflicht, Ausübungsfrist.

[1] Der Verpflichtete hat dem Vorkaufsberechtigten den Inhalt des mit dem Dritten geschlossenen Vertrags unverzüglich mitzuteilen. Die Mitteilung des Verpflichteten wird durch die Mitteilung des Dritten ersetzt.

[2] Das Vorkaufsrecht kann bei Grundstücken nur bis zum Ablauf von zwei Monaten, bei anderen Gegenständen nur bis zum Ablauf einer Woche nach dem Empfang der Mitteilung ausgeübt werden. Ist für die Ausübung eine Frist bestimmt, so tritt diese an die Stelle der gesetzlichen Frist.

1 **A. Allgemeines.** Auch diese Vorschrift drückt das Spannungsverhältnis zwischen den Interessen des Verpflichteten und des Berechtigten aus. Der Berechtigte soll erfahren, dass ein **Vorkaufsfall** (§ 463 Rz 17 ff) vorliegt und er sein Vorkaufsrecht ausüben kann. Der Verpflichtete ist geschützt, indem er durch die Mitteilung eine sehr kurze **Ausschlussfrist** von zwei Monaten zur Ausübung des Vorkaufsrechts auslösen kann. Allerdings löst nur eine vollständige Mitteilung die Ausschlussfrist aus; zweckmäßigerweise ist der vollständige Kaufvertrag zu übermitteln. Praktische Bedeutung hat die Vorschrift im Grundstückskauf und beim Kauf von Gesellschaftsanteilen. Die Vorschrift ist **dispositiv**; abw Vereinbarungen wird man vornehmlich im Gesellschaftsrecht treffen. In den wichtigen Fällen des **gemeindlichen Vorkaufsrechts** gehen die Vorschriften des BBauG vor.

2 **B. Die einzelnen Tatbestandsmerkmale. I. Inhalt der Mitteilung.** Die Mitteilung ist **formfrei** möglich (BGH LM § 510 aF Nr 3). Sie setzt einen wirksamen Vertrag mit dem Dritten voraus (Vorkaufsfall, § 463 Rz 17). Dies schließt ein, dass eine etwa erforderliche **Genehmigung** erteilt ist (st Rspr seit BGHZ 14, 1, 5; 23, 342, 344; 32, 375, 383; zuletzt BGH NJW 1994, 315). Wird der Vertrag **geändert**, muss dies dem Berechtigten mitgeteilt werden. Die Ausschlussfrist knüpft an diese Mitteilung an; die frühere Mitteilung verliert

ihre Wirkung (BGH NJW 1973, 1365; aA BaRoth/*Faust* Rn 6, der dem Berechtigten ein Wahlrecht einräumen will). Die Mitteilung muss so ausf sein, dass der Berechtigte über alle für seine Entscheidung wesentlichen Punkte Klarheit hat (BayVGH BayVBl 2000, 594). Die Übersendung des Kaufvertrags ist nicht erforderlich, beinhaltet jedoch den sichersten Weg, dem Informationsanspruch des Berechtigten Genüge zu tun.

II. Wirkung der Mitteilung, insbes bei Unvollständigkeit. Da die Mitteilung nicht bloß die Ausschlussfrist in Gang setzt, sondern eine Pflicht darstellt, kann die Unterlassung der Mitteilung zu Schadensersatzansprüchen des Berechtigten aus § 280 führen (Staud/*Mader* Rn 2). Dies gilt auch für eine unvollständige Mitteilung (BGH WM 2003, 788). Wird das Vorkaufsrecht nicht innerhalb der Ausschlussfrist ausgeübt, erlischt es (MüKo/*Westermann* Rn 6). Der Berechtigte kann das Vorkaufsrecht aber auch geltend machen, ohne dass ihm eine Mitteilung zugegangen ist oder wenn er lediglich eine unvollständige Mitteilung erhalten hat. In diesem Fall beginnt lediglich die Ausschlussfrist nicht zu laufen. Der Berechtigte kann das Vorkaufsrecht so lange ausüben, wie es auf Grund des zwischen ihm und dem Verpflichteten bestehenden Vertrags nicht verjährt ist. 3

III. Dispositivität. Die Vorschrift ist dispositiv. Darauf weist bereits Abs 2 S 2 hin. Abweichende Vereinbarungen spielen vor allem in gesellschaftsrechtlichen Zusammenhängen eine Rolle. Die **Ausschlussfrist** kann **abbedungen** oder verlängert werden. In einem Gesellschaftsvertrag wird man die Art der Geltendmachung und die Einbeziehung der übrigen Gesellschafter ausf und unabhängig vom Gesetzestext regeln (MüKo/*Westermann* Rn 2). Dagegen bildet die Vorschrift für den Grundstücksverkehr ein geeignetes Muster. 4

C. Besonderheiten bei gesetzlichen Vorkaufsrechten. Für das gesetzliche Vorkaufsrecht der Gemeinde steht die Mitteilungspflicht in **§ 28 Abs 1 S 1 BauGB**. Danach ist der »Inhalt des Kaufvertrags« unverzüglich mitzuteilen; dies macht also in jedem Fall die Übermittlung des gesamten Kaufvertrags erforderlich. Immer wieder Schwierigkeiten bereitet die Frage, ob die Mitteilung an die Gemeinde schlechthin ausreicht, oder ob sie an die zuständige Dienststelle erfolgen muss. Dies spielt zB dann eine Rolle, wenn der Vertrag genehmigungsbedürftig ist. Die **Einholung der Genehmigung** kann dem BGH zufolge **nicht gleichzeitig als Mitteilung** iSd §§ 469 bzw 28 Abs 1 S 1 BauGB gesehen werden (BGHZ 23, 342, 348). Der BGH begründet dies damit, dass der noch nicht genehmigte Vertrag nicht mitteilungsfähig ist. Es soll aber ausreichen, wenn der Verpflichtete die Dienststelle darauf hinweist, dass es ihm auch um eine Erklärung zur Ausübung des gemeindlichen Vorkaufsrechts geht (Negativattest, § 463 Rz 14). Es muss sich nicht notwendigerweise um die für die Ausübung des Vorkaufsrechts zuständige Dienststelle handeln (BGHZ 60, 275, 288). ME ist die Rspr unnötig kompliziert. Die Gemeinde kann erkennen, dass der Verpflichtete, der Verkaufsabsichten hat, sowohl die Genehmigung wie das Negativattest benötigt. Da die Rspr aber in dem Genehmigungsantrag nicht pauschal auch eine Mitteilung iSd § 28 Abs 1 S 1 BauGB sieht, kann dem Verpflichteten nur empfohlen werden, das Negativattest getrennt von sonstigen Genehmigungen anzufordern. In der Praxis wird beides regelm vom beurkundenden Notar erledigt, der von den Parteien dazu beauftragt wird. 5

§ 470 Verkauf an gesetzlichen Erben. **Das Vorkaufsrecht erstreckt sich im Zweifel nicht auf einen Verkauf, der mit Rücksicht auf ein künftiges Erbrecht an einen gesetzlichen Erben erfolgt.**

Die Vorschrift privilegiert die **vorweggenommene Erbfolge** an einen gesetzlichen Erben. Ein typischerweise vereinbarter niedriger Kaufpreis soll nicht dem Berechtigten zugute kommen. Dessen Vorkaufsrecht geht ersatzlos unter; es setzt sich nicht ggü dem Erben fort. Die Vorschrift ist als Auslegungsregel konzipiert (»im Zweifel«). Sie ist **dispositiv**, was vor allem bei gesellschaftsrechtlichen Fragestellungen eine Rolle spielt (MüKo/*Westermann* Rn 1). Die Bestimmung gilt auch zu Gunsten des **gesetzlichen Vorkaufsrechts der Miterben** gem § 2034 (BGH LM Nr 3 zu § 2034) sowie zu Gunsten von **Lebenspartnern** nach dem LPartG (Staud/*Mader* Rn 4). Sie wird auch angewendet, wenn der Sohn eines Miterben in die Erbengemeinschaft eintritt (BGH LM Nr 3 zu § 2024) sowie beim Verkauf an den gesetzlichen Erben und dessen Ehegatten (RG JW 1925, 2128). Beim **gesetzlichen Vorkaufsrecht der Gemeinde** kommt die Vorschrift nicht zur Anwendung. Stattdessen gilt ein noch weitergehenderer Ausschluss des Vorkaufsrechts nach § 26 Nr 1 BauGB, der beim Verkauf an den Ehegatten oder an nahe Verwandte eingreift (vgl auch § 463 Rz 13). 1

§ 471 Kauf bei Zwangsvollstreckung oder Insolvenz. **Das Vorkaufsrecht ist ausgeschlossen, wenn der Verkauf im Wege der Zwangsvollstreckung oder aus einer Insolvenzmasse erfolgt.**

Die Vorschrift schließt das Vorkaufsrecht bei einem Verkauf im Wege der Zwangsvollstreckung und bei einem Verkauf durch den Insolvenzverwalter aus. Es **entfällt ersatzlos** (Staud/*Mader* Rn 8). Der Anwendungsbereich erstreckt sich auch auf die **gesetzlichen Vorkaufsrechte**, und zwar auf das Vorkaufsrecht des Miterben gem § 2034 (BGH NJW 1977, 37 f) und des Mieters gem § 577 (BGH NJW 1999, 2044). Zwar enthalten weder das BauGB noch das RSiedlG dem § 471 entspr Vorschriften, doch wird angenommen, dass das Vorkaufsrecht auch hier entfällt, wenn die Voraussetzungen des § 471 vorliegen (Staud/*Mader* Rn 2; für das gemeindliche Vorkaufsrecht LG Lübeck Rechtspfleger 1990, 159). Die Vorschrift ist zwingend (Staud/*Mader* 1

Rn 3; MüKo/*Westermann* Rn 2; BaRoth/*Faust* Rn 1). Probleme bereiten **Teilungsversteigerungen** nach §§ 180 ff ZVG. Im Prinzip besteht das Vorkaufsrecht in diesem Fall (Staud/*Mader* Rn 6; MüKo/*Westermann* Rn 4). Der BGH hält die Ausübung des Vorkaufsrechts jedoch für unzulässig, wenn ein bisheriger Miteigentümer den Zuschlag erhält (BGHZ 13, 133, 139) oder bei einem ideellen Grundstücksbruchteil, wenn der Zuschlag einem Miteigentümer erteilt wird, dessen eigener bisheriger Anteil nicht einem Vorkaufsrecht unterlag (BGHZ 48, 1, 4 f).

§ 472 Mehrere Vorkaufsberechtigte. Steht das Vorkaufsrecht mehreren gemeinschaftlich zu, so kann es nur im Ganzen ausgeübt werden. Ist es für einen der Berechtigten erloschen oder übt einer von ihnen sein Recht nicht aus, so sind die übrigen berechtigt, das Vorkaufsrecht im Ganzen ausüben.

1 Aus der Vorschrift ergibt sich ein Prinzip der **Unteilbarkeit des Vorkaufsrechts** (MüKo/*Westermann* Rn 1; Staud/*Mader* Rn 1). Die Vorkäufer haben eine »gesamthandsartige Berechtigung« (BGH NJW 1997, 3235, 3236). Seine größte praktische Bedeutung hat die Vorschrift beim gesetzlichen **Vorkaufsrecht der Miterben** gem § 2034. Das Recht kann nur dann wirksam ausgeübt werden, wenn die Miterben sich einig sind (BGH NJW 1982, 330); der Widerspruch auch nur eines Miterben macht die Rechtsausübung unmöglich, es sei denn, der Widerspruch wird rechtsmissbräuchlich erhoben, um die Ausübung des Widerrufsrechts zu verhindern (BGH LM § 2034 Nr 6). S 2 kann nicht das Recht des Miterben beschneiden, an der Willensbildung innerhalb der Gemeinschaft mitzuwirken (Staud/*Mader* Rn 5), so dass S 2 nur geringe praktische Bedeutung hat.

§ 473 Unübertragbarkeit. Das Vorkaufsrecht ist nicht übertragbar und geht nicht auf die Erben des Berechtigten über, sofern nicht ein anderes bestimmt ist. Ist das Recht auf eine bestimmte Zeit beschränkt, so ist es im Zweifel vererblich.

1 Die Vorschrift dient dem Schutz des Verpflichteten, der keinem Wechsel in der Person des Berechtigten ausgesetzt sein soll. Auch gesetzliche Vorkaufsrechte sind unübertragbar; dies gilt gem § 28 Abs 2 S 4 BauGB insbes für das Vorkaufsrecht der Gemeinde. Eine Übertragung entgegen § 473 ist nach der Rspr **relativ unwirksam**, kann aber durch Genehmigung des Verpflichteten wirksam werden (BGH WM 1963, 617). Die Vorschrift ist **dispositiv**. Deswegen kann man es nicht als unzulässige Umgehung von § 473 ansehen, wenn der Berechtigte sich verpflichtet, die Ansprüche nach Weisung eines Dritten geltend zu machen (BGH aaO).

Untertitel 3 Verbrauchsgüterkauf

§ 474 Begriff des Verbrauchsgüterkaufs. [1] Kauft ein Verbraucher von einem Unternehmer eine bewegliche Sache (Verbrauchsgüterkauf), gelten ergänzend die folgenden Vorschriften. Dies gilt nicht für gebrauchte Sachen, die in einer öffentlichen Versteigerung verkauft werden, an der der Verbraucher persönlich teilnehmen kann.
[2] Auf die in diesem Untertitel geregelten Kaufverträge ist § 439 Absatz 4 mit der Maßgabe anzuwenden, dass Nutzungen nicht herauszugeben oder durch ihren Wert zu ersetzen sind. Die §§ 445 und 447 finden auf die in diesem Untertitel geregelten Kaufverträge keine Anwendung.

Literatur siehe Literaturangaben bei § 433.

1 **A. Allgemeines. I. Systematische Stellung des Untertitels.** Der Untertitel enthält einen eigenen Abschnitt über den Verbrauchsgüterkauf. Damit ist aber keine separate abschließende Regelung des Verbrauchsgüterkaufs gemeint, vielmehr ergeben sich die Regelungen des Verbrauchsgüterkaufs aus den §§ 433 ff insg. Der Untertitel sieht lediglich Regelungen vor, die das allg Kaufrecht für das Verbrauchsgüterkaufrecht **ergänzen**. Diese Regelungstechnik ist dem Ansatz des Gesetzgebers der Schuldrechtsreform geschuldet, die Verbrauchsgüterkauf-RL (§ 433 Rz 73 ff) so weit wie möglich in das allg Kaufrecht des BGB zu integrieren und zu vermeiden, dass zwei getrennte Kaufrechtsordnungen entstehen, was bei der Umsetzung der Verbrauchsgüterkauf-RL in anderen Mitgliedstaaten durchaus geschehen ist. Vollständig ist dieses Konzept jedoch nicht aufgegangen. In der Verbrauchsgüterkauf-RL fanden sich einige Vorschriften, die der Umsetzungsgesetzgeber für den allg Kaufvertrag nicht für passend hielt, so dass er sich entschloss, sie doch in einem bes Untertitel zu regeln, dessen Anwendungsbereich auf den Verbrauchsgüterkauf beschränkt ist.

2 Dazu musste er zunächst den sachlichen und persönlichen **Anwendungsbereich** des Verbrauchsgüterkaufs abgrenzen. Dies ist Aufgabe des § 474. Die wichtigste Abweichung vom allg Kaufrecht besteht darin, dass die kaufrechtlichen Vorschriften für den Verbrauchsgüterkauf **zwingend** sind (§ 475 Abs 1). Wer als Unternehmer an Verbraucher verkauft, darf von den gesetzlichen Vorschriften – jedenfalls im Grundsatz – nicht abweichen (§ 475 Rz 4). Die größte praktische Bedeutung hat bislang die **Beweislastumkehr** bei Gefahrüber-

gang bezogen auf einen Sachmangel erlangt (§ 476). Hierzu gibt es inzwischen mehrere Entscheidungen des BGH (§ 476 Rz 14, 20).

II. Gemeinschaftsrechtlicher Hintergrund. Als Umsetzungsvorschriften der **EG-Verbrauchsgüterkauf-RL** von 1999 (Rz 1) stehen die Vorschriften nicht zur Disposition des mitgliedstaatlichen Gesetzgebers; andere Regeln würden ein Vertragsverletzungsverfahren der Europäischen Kommission oder Vorlagen der deutschen Gerichte an den EuGH zur Folge haben. Es gilt das Gebot der richtlinienkonformen Auslegung. Eine autonome Ausgestaltung des deutschen Gesetzgebers findet sich lediglich in den Vorschriften über den Rückgriff des Unternehmers in §§ 478 f, doch auch hier liegt ein Normbefehl der RL zugrunde, eine Regelung zu treffen, die dem Gesetzgeber allerdings einen Spielraum überlässt (Art 4; § 478 Rz 1). 3

B. Sachlicher Anwendungsbereich. Die Vorschrift grenzt den Anwendungsbereich entspr dem Regelungsbereich der Verbrauchsgüterkauf-RL ab. Eine engere Abgrenzung wäre gemeinschaftsrechtlich unzulässig, da die §§ 474 ff notwendiger Teil der Umsetzung der Verbrauchsgüterkauf-RL sind. Eine weitere Abgrenzung wäre dagegen auf Grund des Minimalstandardprinzips der RL möglich. **I. Bewegliche Sachen.** Der Untertitel gilt nur bei Verträgen über bewegliche Sachen. Dies entspricht der Definition des Art 1 Abs 2 lit b der RL, der von beweglichen körperlichen Gegenständen spricht. Damit fallen Grundstückskaufverträge sowie der Kauf von Rechten gem § 453 eindeutig nicht in den Anwendungsbereich. Dagegen ist **Zubehör** erfasst (Staud/*Matusche-Beckmann* Rn 25; MüKo/*S Lorenz* Rn 4; BaRoth/*Faust* Rn 4; aA PWW/*D Schmidt* Rn 7). Einige andere Konstellationen sind aber weniger eindeutig, weil die RL einige Ausnahmen enthält, die der Umsetzungsgesetzgeber nicht übernommen hat. Auf Grund des Minimalstandardprinzips war er dazu auch nicht verpflichtet, und deswegen müssen sie auch nicht im Wege richtlinienkonformer Auslegung in den Begriff der »beweglichen Sachen« hineingelesen werden. Gleichwohl gibt es eine Debatte über den sachlichen Anwendungsbereich. 4

1. Verkauf auf Grund von Zwangsvollstreckung und anderen gerichtlichen Maßnahmen. Nach § 806 ZPO bestehen bei der Zwangsvollstreckung in das bewegliche Vermögen keine Gewährleistungsansprüche. Art 1 Abs 2 lit b enthält eine korrespondierende Ausnahmeregel, so dass der Vorrang des § 806 ZPO vor der bürgerlich-rechtlichen Gewährleistung nicht gegen das Gemeinschaftsrecht verstößt. Dagegen haftet der Insolvenzverwalter. Für ihn gilt der Ausschluss nicht; er ist vom Umsetzungsgesetzgeber auch nicht beabsichtigt (BTDrs 14/6040 S 243). 5

2. Strom, Wasser und Gas. Auch Strom, Wasser und Gas dürfen nach der RL vom Anwendungsbereich ausgeschlossen werden, soweit Wasser und Gas nicht in einem begrenzten Volumen oder einer bestimmten Menge abgefüllt werden. Da Strom, Wasser und Gas bei leitungsgebundener Lieferung keine Sachen iSd § 90 sind, wären sie in Übereinstimmung mit dem Gemeinschaftsrecht vom Anwendungsbereich ausgeschlossen, ohne dass die Ausn ausdrücklich kodifiziert werden müsste. Der Umsetzungsgesetzgeber hat jedoch zu erkennen gegeben, dass er Wasser und Gas vom Anwendungsbereich der §§ 474 ff erfasst sieht, Strom dagegen nicht (BTDrs 14/6040 S 243; vgl auch MüKo/*S Lorenz* Rn 10). Es ist aber zweifelhaft, ob Gas und Strom, die sich in zahlreichen Anwendungsbereichen gegenseitig substituieren können, tatsächlich unterschiedlich behandelt werden sollten. Einige Autoren gehen daher von einer pauschalen Gleichbehandlung der beiden Energiearten aus, wobei teilw einheitlich die §§ 474 ff angewendet werden (Erman/*Grunewald* Rn 5; abl MüKo/*S Lorenz* Rn 10; Staud/*Matusche-Beckmann* Rn 33), teilw Verbrauchsgüterkaufrecht für alle Energiearten abgelehnt wird (Palandt/*Putzo* Vorb § 474 Rn 3). Zutreffend ist die erstgenannte Auffassung, da Strom kaufrechtlich seit langem wie eine Sache behandelt wird und dies auch für Gas gelten sollte (§ 453 Rz 12). 6

3. Software. Standard-Software ist jedenfalls dann als eine bewegliche Sache iSd § 474 anzusehen, wenn sie verkörpert ist, zB in Form einer CD-ROM. Häufig wird Software aber als **Download**-Möglichkeit zur Verfügung gestellt. Sie stellt dann einen »sonstigen« Gegenstand« gem § 453 dar (§ 453 Rz 11), so dass die allg kaufrechtlichen Vorschriften anzuwenden sind, genau genommen aber nicht die §§ 474 ff, da § 474 nur von »Sachen« spricht und die Erweiterung des § 453 nicht übernimmt. In der Lit wird diese Differenzierung zutreffenderweise überwiegend für unsachgemäß gehalten, da die Anwendbarkeit der §§ 474 ff nicht dadurch umgangen werden soll, dass die Software (nur) per Download zur Verfügung steht (Staud/*Matusche-Beckmann* Rn 35; MüKo/*S Lorenz* Rn 10; BaRoth/*Faust* Rn 9; aA *Reinicke/Tiedtke* Rn 722). Ergänzend wird ein Urteil des BGH herangezogen, der das AbzG analog für den Fall des Download angewendet hat (BGHZ 109, 97, 100). Die Verbrauchsgüterkauf-RL äußert sich zwar nicht ausdrücklich zur Standard-Software, jedoch sollte sie soweit wie möglich in Übereinstimmung mit dem UN-Kaufrecht ausgelegt werden, und dieses schließt Standard-Software ein, auch wenn sie nicht verkörpert ist (§ 433 Rz 67; vgl auch BaRoth/*Faust* Rn 9). Demgegenüber wird in der Lit die Ansicht vertreten, dass nicht verkörperte Standard-Software nicht in den Anwendungsbereich der RL fällt (Grundmann/Bianca/*Serrano* Art 1 Rn 33). Bei individuell angepasster Software bleibt es dagegen bei der Anwendung von Werkvertragsrecht (§ 433 Rz 10). Wenn die Voraussetzungen eines Werklieferungsvertrags gem § 651 vorliegen, kommt allerdings Kaufrecht einschl der §§ 474 ff zur Anwendung. 7

4. Werklieferungsvertrag. Da der sachliche Anwendungsbereich der Verbrauchsgüterkauf-RL nicht nur das Kaufrecht, sondern auch Werklieferungsverträge erfasst (Art 1 Abs 4), muss dieser Vorgabe auch das deutsche 8

Umsetzungsrecht entsprechen. Dies wird durch den Verweis in § 651 auf das Kaufrecht erreicht; damit sind auch die §§ 474 ff in Bezug genommen (MüKo/*S Lorenz* Rn 6).

9 **II. Ausnahme: Versteigerung.** Abs 1 S 2 schließt öffentliche Versteigerungen aus, bei denen der Ersteigerer persönlich teilnehmen kann. Die Möglichkeit zur Teilnahme reicht aus; die Ausn greift daher auch dann ein, wenn der Verbraucher über einen Vertreter erwirbt. Internet-Versteigerungen fallen also nicht unter die Ausn. Die Vorschrift setzt Art 1 Abs 3 der Verbrauchsgüterkauf-RL um. Geschützt werden sollen damit etwa **Fundsachen-Versteigerungen**, bei denen dem Versteigerer eine Haftung für die versteigerten Gegenstände nicht zuzumuten sei (Staud/*Matusche-Beckmann* Rn 38). Auch **Kunstauktionen** sind bei persönlicher Anwesenheit von der Ausn erfasst.

10 **C. Persönlicher Anwendungsbereich.** Die Vorschriften kommen nur bei Verträgen zwischen einem Verbraucher und einem Unternehmer zur Anwendung, dh nicht bei Verträgen zwischen Unternehmern wie auch zwischen Verbrauchern. Wer zB als Privatperson sein Fahrzeug veräußert, darf entgegen § 475 Abs 1 einen Haftungsausschluss vereinbaren. Die Begriffe »Verbraucher« und »Unternehmer« sind in § 13 und 14 definiert. Auf die dortigen Erl ist zu verweisen. Im Gegensatz zum BGB enthält das Gemeinschaftsrecht keine allgemeingültige Bestimmung dieser beiden Begriffe, sondern in jeder RL eine eigene.

11 **I. Verbraucher.** Nach Art 1 Abs 2 lit a der Verbrauchsgüterkauf-RL ist Verbraucher jede natürliche Person, die im Rahmen der unter die RL fallenden Verträge zu einem Zweck handelt, der nicht ihrer beruflichen oder gewerblichen Tätigkeit zugerechnet werden kann. Diese Formulierung wird von § 13 erfasst. Es gilt also auch für das Kaufrecht, dass nur eine **natürliche Person** Verbraucher sein kann. Der EuGH hat entschieden, dass dies nicht erweiternd ausgelegt werden kann (EuGH 22. 11. 2002 – C-541/99 und C-542/99, NJW 2002, 205 – Cape und Idealservice). Für das deutsche Recht folgt daraus, dass zwar die Mitglieder einer BGB-Gesellschaft Verbraucher sein können (BGHZ 149, 83; vgl § 13 Rz 26), nicht aber eine OHG. Daraus, dass § 13 nur die selbständige, nicht aber die unselbständige berufliche Tätigkeit ausgeschlossen hat (iE § 13 Rz 28), folgt für das Kaufrecht, dass jedenfalls der Kauf von Arbeitskleidung oder anderer Arbeitsgegenstände eines Arbeitnehmers unter das Verbrauchsgüterkaufrecht fällt.

12 Die **dual use** Problematik (dazu § 13 Rz 30) macht sich besonders im Verbrauchsgüterkaufrecht bemerkbar, da es dabei meistens um die Beschaffung von Gegenständen geht, die sowohl für die private wie die berufliche Nutzung gekauft werden. Grundsätzlich gilt, dass die überwiegende Nutzung den Ausschlag gibt (Staud/*Matusche-Beckmann* Rn 5; *Eckert/Maifeld/Mathiessen* Rn 70). Nicht erforderlich ist, dass das Handeln als Verbraucher für die andere Seite erkennbar ist. Daraus ergibt sich eine wenn auch geringe Überschneidung mit dem UN-Kaufrecht, das auch dann anwendbar ist, wenn der Verkäufer nicht erkennen kann, dass sein Vertragspartner ein Verbraucher ist (*Zerres* S 75 ff).

13 § 13 ist seinem Wortlaut nach nicht auf **Existenzgründer** anwendbar. Auch Art 1 der Verbrauchsgüterkauf-RL erfordert dies nicht. Wegen des Mindeststandardprinzips wäre es gleichwohl möglich, den Anwendungsbereich zu erweitern. Dies ist in der Lit mit guten Gründen gelegentlich auch vorgeschlagen worden (MüKo/*Micklitz* § 13 Rn 50 ff; vgl auch § 13 Rz 23; aA *Eckert/Maifeld/Mathiessen* Rn 71). Nachdem der BGH jedoch aus § 507, der den Existenzgründer ausdrücklich in den Anwendungsbereich des Verbraucherdarlehensrechts einbezieht, den Umkehrschluss gezogen hat, dass dies iÜ nicht gelte (BGH NJW 2005, 1273 ff), ist die Frage für die Praxis entschieden.

14 **II. Unternehmer.** Der Unternehmer ist in § 14 definiert (vgl die dortigen Erl). Die Verbrauchsgüterkauf-RL bezeichnet ihn in Art 1 Abs 2 lit c als Verkäufer. Im Gegensatz zu § 14 umfasst dieser Begriff auch den **unselbständig handelnden Verkäufer**. Daraus wird gelegentlich ein Umsetzungsdefizit abgeleitet (BaRoth/*Faust* Rn 12). Doch wird der unselbständige Verkäufer nur dann Vertragspartner des Verbrauchers, wenn er den Rechtsschein setzt, in Ausübung einer selbständigen Tätigkeit und nicht bloß als Vertreter des hinter ihm stehenden Verkäufers zu handeln (Staud/*Matusche-Beckmann* Rn 18). In diesem Fall greift aber § 14 ein.

15 **D. Keine Nutzungsherausgabe bei Rücktritt vom Kaufvertrag.** Abs 2 S 1 wurde durch G vom 10.12.2008 (BGBl I 2399) eingefügt (§ 439 Rz 16). Der Gesetzgeber reagierte damit auf das sog Quelle-Urteil des EuGH (EuGH 17.04.2008 – Rs C-404/06 – Quelle NJW 2008, 3200), mit dem dieser das in der Verbrauchsgüterkauf-RL gewährte Rücktrittsrecht des Verbrauchers so auslegte, dass der Verbraucher nicht mit einer Nutzungsherausgabe belastet werden darf. Genau diese Rechtsfolge ergab sich aber aus der Verweisung des § 439 Abs 4 auf § 346. Der BGH entschied daraufhin, dass im Wege richtlinienkonformer Auslegung Nutzungsherausgabe und Wertersatz nicht verlangt werden darf, wenn ein Verbraucher gem § 439 Abs 4 von einem Verbrauchsgüterkaufvertrag zurücktritt (BGH NJW 2009, 427). Dieses Ergebnis übernahm der Gesetzgeber in Abs 2.

16 Abs 2 S 1 nimmt nunmehr die Rechtsfolge der Nutzungsherausgabe und des Wertersatzes für Verbrauchsgüterkaufverträge aus. Der Gesetzgeber hat die Ausn so eng wie möglich gestaltet und sie deshalb nicht in § 439, sondern in § 474 eingefügt. Sie gilt nur im Anwendungsbereich der Verbrauchsgüterkauf-RL, der durch Abs 1 abgesteckt wird, und sie gilt nur bei einer Nachlieferung, wenn der Verbraucher die mangelhafte Sache zurückgibt. Tritt der Verbraucher dagegen zurück, weil die Nacherfüllung fehlgeschlagen ist, bleibt es bei der Anwendung von § 346, für alle anderen Kaufverträge ohnehin.

E. Ausgeschlossene Vorschriften, Abs 2. Abs 2 schließt zwei weniger bedeutsame Vorschriften des allg Kaufrechts für Verbrauchsgüterkaufverträge aus. **I. § 445.** § 445 sieht eine Haftungsbegrenzung bei **öffentlichen Versteigerungen** vor. Wegen Abs 1 S 2 käme die Vorschrift ohnehin nur bei der Versteigerung neuer Sachen zur Anwendung, wenn der Verbraucher nicht anwesend sein kann. Da aber in diesen Fällen eine Haftungsbeschränkung mit der Verbrauchsgüterkauf-RL nicht vereinbar wäre, ist der Ausschluss des § 445 für Verbrauchsgüterkaufverträge gemeinschaftsrechtlich zwingend. 17

II. § 447. Wichtiger ist der Ausschluss von § 447. Nach dieser Norm wird der Gefahrübergang beim **Versendungskauf** auf den Zeitpunkt der Übergabe der Kaufsache an die Transportperson vorverlegt. Dies ist für den Verbrauchsgüterkauf mit der Verbrauchsgüterkauf-RL nicht vereinbar, da die RL eine zwingende Regelung für den Gefahrübergang enthält, der keine Ausn für den Versendungskauf kennt (§ 447 Rz 2). Bei Verbrauchsgüterkaufverträgen richtet sich also der Gefahrübergang auch beim Versendungskauf nach § 446. 18

§ 475 Abweichende Vereinbarungen.

[1] **Auf eine vor Mitteilung eines Mangels an den Unternehmer getroffene Vereinbarung, die zum Nachteil des Verbrauchers von den §§ 433 bis 435, 437, 439 bis 443, sowie von den Vorschriften dieses Untertitels abweicht, kann der Unternehmer sich nicht berufen. Die in Satz 1 bezeichneten Vorschriften finden auch Anwendung, wenn sie durch anderweitige Gestaltungen umgangen werden.**

[2] **Die Verjährung der in § 437 bezeichneten Ansprüche kann vor Mitteilung eines Mangels an den Unternehmer nicht durch Rechtsgeschäft erleichtert werden, wenn die Vereinbarung zu einer Verjährungsfrist ab dem gesetzlichen Verjährungsbeginn von weniger als zwei Jahren, bei gebrauchten Sachen von weniger als einem Jahr führt.**

[3] **Die Absätze 1 und 2 gelten unbeschadet der §§ 307 bis 309 nicht für den Ausschluss oder die Beschränkung des Anspruchs auf Schadensersatz.**

A. Allgemeines. Abs 1 bildet die wichtigste Vorschrift des gesamten Untertitels, denn sie erklärt die Kaufrechtsvorschriften der §§ 433 ff mit wenigen Ausnahmen für den Verbrauchsgüterkaufvertrag für **zwingend**. Damit ist der wichtigste Unterschied zwischen einem allg Kaufvertrag und dem Verbrauchsgüterkaufvertrag bezeichnet: Es sind weniger materiell-rechtliche Unterschiede, sondern vielmehr der Grad der Abweichung vom Prinzip des dispositiven Vertragsrechts: Während für andere Kaufverträge als Verbrauchsgüterkaufverträge lediglich die AGB-Kontrolle nach §§ 305 ff eingreift – die jedoch auch eine nicht unerhebliche Abweichung von einer vollständigen Dispositivität bedeutet – ist beim Verbrauchsgüterkaufvertrag keinerlei Abweichung von den gesetzlichen Vorschriften mehr gestattet. Der Weg vom dispositiven zum zwingenden Vertragsrecht erreicht damit eine neue Dimension (ausf Einl Rz 43). Im Kaufrecht angestoßen ist er durch die Verbrauchsgüterkauf-RL, die den zwingenden Charakter ihrer Vorschriften in Art 7 festlegt. 1

Die Unabdingbarkeit gilt sowohl für die materiell-rechtlichen Vorschriften wie für die Verjährung. Die Vorschrift trennt beides. In Abs 1 werden die materiell-rechtlichen Vorschriften aufgeführt. Daraus ergibt sich, dass einige wenige Vorschriften der §§ 433 ff nicht vom zwingenden Charakter erfasst werden (Rz 4). Abs 1 S 2 enthält ein **Umgehungsverbot**. Abs 2 spricht die **Verjährung** an. Die durch Art 5 Abs 1 der Verbrauchsgüterkauf-RL verursachte und in § 438 umgesetzte Vervierfachung ggü der sechsmonatigen Verjährung nach § 477 aF ist eine der wichtigsten Änderungen im Kaufrecht durch die Schuldrechtsreform. Allerdings wird die Unabdingbarkeit der Zwei-Jahres-Frist durch die Möglichkeit abgemildert, bei **gebrauchten Sachen** die Verjährungsfrist auf ein Jahr herabzusetzen. Das bedeutet aber zweierlei: Erstens ist entgegen der früheren Rechtslage ein Haftungsausschluss für gebrauchte Sachen nicht mehr möglich, und zweitens muss die einjährige Verjährungsfrist vereinbart werden, sonst gilt die zweijährige Frist nach § 438. Auch die Regelungen des Abs 2 sind durch die Verbrauchsgüterkauf-RL vorgegeben. 2

Abs 3 hat demgegenüber nur klarstellende Bedeutung. Im Gegensatz zum UN-Kaufrecht regelt die Verbrauchsgüterkauf-RL keine **Schadensersatzansprüche**, sondern überlässt dies dem Recht der Mitgliedstaaten (Art 8 Abs 1 der RL). Infolgedessen bezieht sich das Gebot der Unabdingbarkeit gemäß Art 7 auch nicht auf Schadensersatzansprüche. Der deutsche Umsetzungsgesetzgeber wollte darüber nicht hinausgehen, weist aber ausdrücklich darauf hin, dass dies nicht bedeutet, dass Schadenersatzansprüche beliebig eingeschränkt werden dürfen. Vielmehr stehen sie unter der Kontrolle der AGB-Vorschriften. 3

B. Zwingendes Recht. I. Erfasste Vorschriften. Die in der Vorschrift aufgeführten kaufrechtlichen Vorschriften sind zu Gunsten des Verbrauchers zwingend. Davon zu Lasten des Verbrauchers abw Vereinbarungen führen nicht zur Nichtigkeit des Vertrags, sondern nur zur **Unwirksamkeit der entspr Klauseln**, an deren Stelle die gesetzliche Regelung tritt. Dieses aus dem AGB-Recht (§ 306) bekannte Prinzip gilt auch für Individualvereinbarungen. 4

Die Vorschrift nennt nicht das gesamte Kaufrecht. Nicht erfasst sind die den Grundstückskauf betreffende Vorschrift des § 436 sowie die §§ 444 bis 473. Die Vorschrift über den Gefahrübergang (§ 446) wird durch § 476 spezifiziert. Die Anwendung der speziellen Gefahrtragungsregel für den Versendungskauf, § 447, ist durch § 474 Abs 2 zwingend ausgeschlossen (§ 474 Rz 18; ausf Staud/*Matusche-Beckmann* Rn 8 f). Rechtskauf, Kauf auf Probe, Wiederkauf, Vorkauf und Tausch unterfallen nicht dem sachlichen Anwendungsbereich der 5

Verbrauchsgüterkauf-RL. Die entspr Vorschriften bleiben daher auch dann dispositiv, wenn ein Verbraucher und ein Unternehmer Vertragsparteien sind.

6 Der zwingende Charakter erfasst über die kaufrechtlichen Vorschriften ieS hinaus auch die Normen aus dem Schuldrecht AT, auf welche die in Abs 1 S 1 genannten Vorschriften verweisen. Von großer Bedeutung ist in diesem Zusammenhang § 437. Er verweist in Nr 2 auf die **Rücktrittsvorschrift** des § 323 und den damit korrespondierenden § 326 (§ 437 Rz 5 f). Diese beiden Vorschriften sind ebenfalls zwingend, wenn der Anwendungsbereich des Verbrauchsgüterkaufrechts eröffnet ist. Anders könnte die Vorgabe der Verbrauchsgüter-RL nicht erreicht werden, die das Rücktrittsrecht als zwingend vorschreibt. § 323 regelt jedoch nur einen gesetzlichen Rücktrittsgrund. Der wechselseitige Anspruch auf Rückgewähr der erbrachten Leistungen ergibt sich hingegen aus **§ 346**. Auch diese Vorschrift ist bei einem Verbrauchsgüterkauf richtlinienkonform anzuwenden. Dass dies ein größeres Problem bedeutet, wurde durch das sog Quelle-Urteil des EuGH deutlich (EuGH 17. 4. 2008 – C-404/06). Danach darf die in § 346 vorgesehene **Nutzungsentschädigung** bei der Rückgabe einer mangelhaften Sache, wenn der Verkäufer mit einer mangelfreien Sache nachliefert bei einem Verbrauchsgüterkauf nicht verlangt werden. Der deutsche Gesetzgeber hat darauf inzwischen reagiert (§ 474 Rz 15). Dagegen sind die Normen, auf die § 437 Nr 3 verweist, nicht zwingend, weil es sich um Schadensersatzansprüche handelt, die nach den Vorgaben der Verbrauchsgüterkauf-RL nicht zu den zwingenden Vorschriften zählen (Abs 3, unten Rz 21 ff).

7 **II. Zum Nachteil des Verbrauchers.** Genau genommen sind die in Abs 1 S 1 aufgeführten Vorschriften nur **halbzwingend**, denn sie verbieten nur eine Abweichung zum Nachteil des Verbrauchers. Den Verbraucher im Vergleich zu den gesetzlichen Vorschriften **begünstigende Vertragsgestaltungen** sind dagegen **zulässig**. Die einzelnen zwingend vorgesehenen Rechte müssen dem Verbraucher uneingeschränkt erhalten bleiben. Sie dürfen weder in AGB noch in Individualvereinbarungen verkürzt oder gar ausgeschlossen werden. Ihre Ausübung darf nicht an Fristen gekoppelt sein; **Rügefristen** kennt nur der Handelskauf (§ 377 HGB; gegen Rügefristen auch BaRoth/*Faust* Rn 7; Staud/*Matusche-Beckmann* Rn 23). Das Verbrauchsgüterkaufrecht ist insoweit strenger als das AGB-Kontrollrecht, das Rügepflichten auch ggü Verbrauchern grds erlaubt (Erl zu § 309 lit b ee). Selbst die Verbrauchsgüterkauf-RL eröffnet die Möglichkeit, Rügefristen zu Lasten des Verbrauchers zu vereinbaren (Art 5 Abs 2), doch hat der Umsetzungsgesetzgeber davon keinen Gebrauch gemacht. Die Rechtsposition des Verbrauchers darf weder durch ihn benachteiligende Beweislastregelungen noch durch die Auferlegung zusätzlicher Pflichten, zB der schriftlichen Anzeige eines Mangels, erschwert werden. Bei der Durchsetzung seiner Ansprüche ist der Verbraucher von Kosten freizuhalten; so darf er etwa nicht auf eine kostenpflichtige Telefon-Hotline verwiesen werden (Staud/*Matusche-Beckmann* Rn 26).

8 **III. Zeitpunkt.** Die Unabdingbarkeit gilt nur so lange, wie der Verbraucher den Mangel nicht kennt und ihm dem Unternehmer mitgeteilt hat. Danach sind **abw Vereinbarungen** möglich. Diese erfolgen im Wege eines Änderungsvertrages, dh der Verbraucher muss ihnen zustimmen. Der Gesetzgeber geht davon aus, dass der Verbraucher insoweit nicht schutzbedürftig ist, da der ursprüngliche Vertrag den zwingenden Vorschriften unterliegt und die Zustimmung zur Vertragsänderung freiwillig ist (zum Schutzzweck Staud/*Matusche-Beckmann* Rn 34). Abweichungen kommen in erster Linie bei der Nacherfüllung gem § 439 in Betracht. Die Mitteilung ist eine geschäftsähnliche Handlung und braucht nicht die Ankündigung der Geltendmachung von Ansprüchen zu enthalten (PWW/*D Schmidt* Rn 3). Erfährt der Unternehmer von einem Mangel, so kann er mit dem Verbraucher keine abw Vereinbarung treffen, da der Verbraucher ihm den Mangel nicht mitgeteilt hat (BaRoth/*Faust* Rn 15). Schlägt der vom Hersteller über den Mangel informierte Unternehmer bspw vor, dem Mangel durch eine Nachlieferung abzuhelfen, so verliert der Verbraucher sein Wahlrecht gem § 439 nicht, wenn er dem Vorschlag zugestimmt hat. Die Vertragsänderung war unzulässig, da der Verbraucher den Mangel nicht zuvor mitgeteilt hat. Daraus ergibt sich, dass die Möglichkeit nachträglicher Vereinbarungen an sehr enge Voraussetzungen gebunden ist, so dass es sich in der Praxis kaum lohnt, davon Gebrauch zu machen. Entspr gering ist die bisherige Bedeutung dieses Teils der Vorschrift.

9 **C. Umgehungsverbot.** Die Statuierung eines expliziten Umgehungsverbots ist von der Verbrauchsgüterkauf-RL nicht zwingend vorgesehen, der deutsche Gesetzgeber hat aber die Umsetzung verbraucherrechtlicher Richtlinien immer wieder mit einem ausdrücklich geregelten Umgehungsverbot verbunden (§§ 306a, 312 f S 2, 487 S 2). Aus gemeinschaftsrechtlicher Sicht ist dies wegen des Gebots der effektiven Umsetzung zu begrüßen. Im Kaufrecht hat das Umgehungsverbot eine nicht unerhebliche Bedeutung. Insbesondere wegen des seit der Schuldrechtsreform nicht mehr möglichen Haftungsausschlusses für **gebrauchte Güter** sehen sich viele Verkäufer veranlasst, durch eine geeignete **Beschaffenheitsvereinbarung** den Haftungsmaßstab herunter zu schrauben. Dies ist vom Ansatz her durchaus legitim, denn für eine gebrauchte und als solche bezeichnete Sache muss niemand haften, als wäre sie neu. Auf der anderen Seite besteht die Gefahr des Missbrauchs, indem durch eine bewusst negative Beschreibung die zwingende Haftung auch für gebrauchte Sachen umgangen wird.

10 Dadurch entsteht das schwierige Problem, zulässige Beschaffenheitsvereinbarungen von solchen abzugrenzen, die der **Haftungsumgehung** dienen (vgl auch BaRoth/*Faust* Rn 8). Allgemein kann man sagen, dass eine Beschreibung des Kaufgegenstandes mit seinen tatsächlich vorhandenen Merkmalen eine zulässige Beschaffenheitsvereinbarung darstellt, eine Wortwahl mit dem Ziel, die Haftung auszuschließen, dagegen nicht. Letz-

teres gilt für Formulierungen wie »Zustand der Ware bekannt« oder »gekauft wie gesehen« (Staud/*Matusche-Beckmann* Rn 54; BaRoth/*Faust* Rn 13). Eine Umgehungsabsicht ist nicht erforderlich (BGH NJW 2006, 1066, 1067). Wird ein Fahrzeug als »Bastlerfahrzeug zum Ausschlachten« verkauft, während es tatsächlich noch fahrbereit ist und auch ein dem entspr Preis vereinbart wird, liegt eine Umgehung vor (Oldenburg ZGS 2004, 75; *Reinking* DAR 2001, 10). Grds kann ein »Schlechtmachen« des Kaufgegenstandes in der Beschaffenheitsvereinbarung zu einer unzulässigen Umgehung führen (Staud/*Matusche-Beckmann* Rn 57). Eine Auffassung nimmt in diesen Fällen eine falsa demonstratio an (MüKo/*S Lorenz* Rn 8; zu Recht abl BaRoth/*Faust* Rn 8). Die Bezeichnung »2. Wahl« oder »mit kleinen Fehlern« bei Textilien ist mE zulässig (aA Staud/*Matusche-Beckmann* Rn 63, die eine Beschreibung verlangt, worin die »2. Wahl« bestehen soll). Hinsichtlich zulässiger Beschaffenheitsvereinbarungen vgl die Kommentierung zu § 434 (§ 434 Rz 8 ff).

Schlüpft die Person, die wirtschaftlich gesehen der Verkäufer ist, in die Rolle eines Vertreters, so kann eine Umgehung vorliegen. Dies wird für die im Gebrauchtwagenhandel früher weit verbreiteten **Agenturverträge** diskutiert (ausf Staud/*Matusche-Beckmann* Rn 45 ff; vgl auch MüKo/*S Lorenz* Rn 36). Beim Agenturvertrag nimmt der Gebrauchtwagenhändler die Stellung eines Vertreters des Alteigentümers des Fahrzeugs ggü dem Käufer ein. Der Kaufvertrag kommt zwischen dem Alteigentümer und dem Käufer zustande. Der BGH nimmt eine Sachwalterhaftung des Vermittlers aus cic an. Eine Haftung des Gebrauchtwagenhändlers wie ein Verkäufer greift jedoch erst dann ein, wenn er dem Käufer des Neufahrzeugs, der ein Altfahrzeug in Zahlung gibt, einen Mindestpreis garantiert und diese Summe bis zum Verkauf des Altfahrzeugs stundet (BGH NJW 2005, 1039, 1040; 2006, 1066, 1067; vgl auch für den Gebrauchtwagenhandel generell § 434 Rz 59 ff). Der Händler wird aber auch in diesem Fall nicht Verkäufer, sondern er haftet dem Käufer lediglich nach den Standards des Verbrauchsgüterkaufrechts, sofern er Unternehmer iSd § 14 und der Käufer Verbraucher gem § 13 ist (BGH NJW 2007, 759; Celle ZGS 2007, 79; Saarbrücken MDR 2006, 1108; in der Lit MüKo/*S Lorenz* Rn 36; BaRoth/*Faust* § 474 Rn 7; Staud/*Matusche-Beckmann* Rn 47, die die gegenteilige Position, zwei Kaufverträge anzunehmen, ablehnen; vgl auch PWW/*D Schmidt* § 474 Rn 4). 11

Ein **Leasing-Vertrag** fällt nicht in den sachlichen Anwendungsbereich der §§ 474 ff und beinhaltet daher kein Umgehungsgeschäft (BGH NJW 2006, 1066, 1067; BaRoth/*Faust* Rn 6). 12

D. Zwingende Verjährungsfrist. I. Anwendungsbereich. Abs 2 macht im Prinzip die zweijährige Verjährung gem § 438 zwingend. Eine Verkürzungsmöglichkeit gibt es nur bei gebrauchten Sachen (Rz 17). Neue Sachen dürfen nicht als gebraucht bezeichnet werden, um in den Genuss der Verjährungsverkürzung nach Abs 2 zu kommen (Staud/*Matusche-Beckmann* Rn 59). Sofern nach § 438 längere Verjährungsfristen bestehen – das kann im Rahmen des Verbrauchsgüterkaufs beim Kauf von Baumaterial der Fall sein (PWW/*D Schmidt* Rn 9; vgl aber unten Rz 16 und § 438 Rz 11 ff) – kann die Frist auf zwei Jahre verkürzt werden. Eine unzulässige Fristverkürzung liegt auch vor, wenn der Fristbeginn auf einen Zeitpunkt vor Übergabe vorverlegt wird (PWW/*D Schmidt* Rn 9). 13

Unproblematisch ist der Wortlaut des Abs 2 allerdings nur im Hinblick auf § 437 Nr 1. § 437 Nr 2 betrifft das Rücktritts- und das Minderungsrecht. Als Gestaltungsrechte können sie nicht einer ab Übergabe laufenden Verjährungsfrist unterliegen, doch führt § 218 dazu, dass der Anspruch unwirksam ist, wenn der Leistungs- oder Nacherfüllungsanspruch verjährt ist, also ab zwei Jahre nach Übergabe (§ 438 Rz 3). § 218 hat man auch auf Abs 2 iVm § 437 Nr 2 anzuwenden, so dass im Verbrauchsgüterkauf das Rücktritts- bzw Minderungsrecht zwingend für zwei Jahre ab Übergabe eingeräumt werden muss (ganz hM; vgl etwa Staud/*Matusche-Beckmann* Rn 72; BaRoth/*Faust* Rn 17). 14

Obwohl sich Abs 2 auf den gesamten § 437 bezieht, läuft der Verweis für § 437 Nr 3 ins Leere, denn diese Vorschrift betrifft Schadensersatzansprüche. Für diese Ansprüche gilt der Abs 2 gem Abs 3 nicht. Abs 3 verweist aber auf die AGB-rechtlichen Grenzen von Verjährungsverkürzungen (Rz 23). Andere Ansprüche, auf die die Regelverjährung der §§ 195, 199 anzuwenden wäre, unterliegen nicht dem Anwendungsbereich der §§ 474 ff, so dass sie im Rahmen des AGB-rechtlich Zulässigen verkürzt werden können. 15

II. Neue Sachen. Für neue Sachen lässt die Vorschrift keinen Spielraum für eine Verkürzung auf eine Verjährungsfrist von weniger als zwei Jahren. Lediglich längere Verjährungsfristen können **auf zwei Jahre verkürzt** werden. Dabei ist jedoch § 309 Nr 8 lit b ff zu beachten, der eine Verkürzung von Verjährungsfristen in **AGB** unter Kontrolle stellt. Nachdem das FoSiG die Privegierung der VOB/B gestrichen hat, darf die fünfjährige Frist bei Grundstücken und Baumaterialien nach § 438 nicht mehr auf zwei Jahre herabgesetzt werden. 16

III. Gebrauchte Sachen. Bei gebrauchten Sachen ist dagegen eine Verkürzung der Verjährungsfrist möglich, und zwar auf **ein Jahr**. Dies muss jedoch **vereinbart** sein, sonst gilt auch hier die zweijährige Frist gem § 438. Die Vorschrift geht zurück auf Art 7 Abs 1 S 2 der Verbrauchsgüterkauf-RL und ist als Ausgleich für die nicht ausschließbare Haftung für gebrauchte Sachen gedacht, die es vorher in vielen Mitgliedstaaten nicht gab. Da ein Verbraucher ohnehin Schwierigkeiten haben dürfte, nach mehr als einem Jahr nachzuweisen, dass ein Mangel bereits bei Übergabe vorlag, beinhaltet die Verkürzungsmöglichkeit keinen bes gravierender Nachteil für den Verbraucher. 17

18 **IV. Abgrenzung alt/neu.** Infolge der Unterschiede zwischen neuen und gebrauchten Sachen kommt es darauf an, wie diese voneinander abzugrenzen sind. Grundsätzlich ist eine Sache so lange neu, wie sie noch nicht in den **bestimmungsmäßigen Gebrauch** genommen wurde (Staud/*Matusche-Beckmann* Rn 81). Die Abgrenzung hat bes Bedeutung beim **Fahrzeugkauf.** Insoweit kann auf die Erläuterung zum Mängelbegriff verwiesen werden (§ 434 Rz 52 ff). Ein Fahrzeug verliert seine Neuheit nicht durch eine Tageszulassung oder durch einzelne Probefahrten. Ein Vorführwagen ist dagegen nicht mehr als »neu« zu bewerten.

19 Möbelstücke, die als **Ausstellungsstücke** dienten, sollen noch neu sein (Düsseldorf NJW-RR 1991, 1464; zweifelhaft). Nach richtiger Auffassung sind jedoch Sachen, die über einen längeren Zeitpunkt hinweg als Probe- oder Musterstücke verwendet wurden, nicht mehr neu (BaRoth/*Faust* Rn 15; Staud/*Matusche-Beckmann* Rn 83). Dies muss auch für Möbel gelten.

20 Bes schwierig gestaltet sich die Abgrenzung neu/gebraucht bei **Tieren.** Nachdem der BGH mehrfach im Zusammenhang mit § 476 über Tierfälle zu entscheiden hatte (§ 476 Rz 20 ff), kommt dieser Frage offenbar nicht nur akademische Bedeutung zu. Die Gesetzesbegründung will an der Unterscheidung festhalten (BTDrs 14/6040 S 245). Man wird nach der objektiven Gebrauchsbestimmung differenzieren müssen (Staud/*Matusche-Beckmann* Rn 89) und insbes danach, ob es sich um ein Haus- oder ein Nutztier handelt. Gebraucht ist danach ein Tier, wenn es erstmals seiner bestimmungsgemäßen Nutzung zugeführt wurde (BGH NJW 1986, 52: lebende Forellen; Schleswig ZGS 2006, 277, 278 f: 6 Monate altes Fohlen; LG Aschaffenburg NJW 1990, 915 f: 9 Wochen alte Welpen; ausf *Brückner/Böhme* MDR 2002, 1406, 1408; Staud/*Matusche-Beckmann* Rn 85–91; vgl auch PWW/*D Schmidt* Rn 10).

21 **E. Haftungsbeschränkungen bei Schadensersatzansprüchen. I. Grundsatz.** Im Gegensatz zum UN-Kaufrecht (§ 433 Rz 65 ff, 72; *Zerres* S 72 ff) regelt die **Verbrauchsgüterkauf-RL** keine Schadensersatzansprüche. Natürlich war auch dem Gemeinschaftsgesetzgeber bewusst, dass es in den Mitgliedstaaten kaufrechtliche Schadensersatzansprüche gibt; er wollte jedoch den grundlegenden Begriff des Schadensersatzes nicht vergemeinschaften, weil er dies als zu weitgehenden Eingriff in das Recht der Mitgliedstaaten angesehen hat. Deswegen werden ausdrücklich nach Art 8 Abs 1 der RL andere Ansprüche über die vertragliche oder außervertragliche Haftung nicht berührt. Die Vorschrift ist auf Schadensersatzansprüche gemünzt (Grundmann/Bianca/*Grundmann* Art 8 Rn 1).

22 Wegen des in Art 8 Abs 2 verankerten Mindeststandardprinzips der RL hätte der Umsetzungsgesetzgeber gleichwohl zwingende Schadensersatzvorschriften für den Verbrauchsgüterkauf vorsehen können. Er wollte aber die **Dispositivität des Kaufrechts** anlässlich der Umsetzung der RL so weit wie möglich erhalten. Deswegen sind alle Schadensersatzansprüche, auf die § 437 Nr 3 verweist, von § 475 Abs 2 ausgenommen, dh sie können abw ausgestaltet werden (§ 437 Rz 8 ff). Nach allg Ansicht muss dies auch für den **Aufwendungsersatzanspruch** nach § 284 gelten (Staud/*Matusche-Beckmann* Rn 100; MüKo/*S Lorenz* Rn 14).

23 **II. AGB-Kontrolle.** Dies bedeutet aber nicht, dass Schadensersatzansprüche beliebig eingeschränkt oder gar ausgeschlossen werden können. Sofern sie in AGB enthalten sind, stehen Abweichungen vom Gesetz unter der Kontrolle der §§ 307 ff. Abs 3 weist ausdrücklich darauf hin, auch wenn der Verweis nur deklaratorische Bedeutung hat. Nach **§ 309 Nr 7** sind Haftungsausschlüsse und -beschränkungen bei der **Verletzung von Leben, Körper und Gesundheit sowie bei groben Verschulden** unzulässig. Es besteht heute Einmütigkeit, dass aus dieser Vorschrift nicht der Umkehrschluss gezogen werden darf, dass Haftungsbeschränkungen ansonsten unbeschränkt zulässig seien. Vielmehr sind Haftungsausschlüsse und -beschränkungen bei **einfacher Fahrlässigkeit** am Maßstab des **§ 307** zu messen. Jedenfalls für Kardinalpflichten darf sich der Verwender in AGB nicht freizeichnen.

§ 476 Beweislastumkehr. **Zeigt sich innerhalb von sechs Monaten seit Gefahrübergang ein Sachmangel, so wird vermutet, dass die Sache bereits bei Gefahrübergangs mangelhaft war, es sei denn, diese Vermutung ist mit der Art der Sache oder des Mangels unvereinbar.**

1 **A. Funktion.** Rechte wegen eines Sachmangels kann der Käufer nur dann geltend machen, wenn der Mangel bereits bei **Gefahrübergang** vorlag, wie sich aus dem Wortlaut von § 476 ergibt. Den Käufer trifft dafür grds die **Beweislast** (§ 363), dh er muss nicht nur beweisen, dass die Sache mangelhaft ist, sondern darüber hinaus, dass der Mangel bereits im Zeitpunkt des Gefahrübergangs vorlag. Insoweit unterschieden sich Sachmängelrechte von einer Haltbarkeitsgarantie (§ 443 Rz 15 f). Der Käufer wird häufig in **Beweisnot** geraten, falls sich ein Mangel erst durch die Ingebrauchnahme der Sache zeigt. Während ein Kaufmann als Käufer die Sache regelmäßig anlässlich der Übergabe der Sache untersuchen wird und dazu zum Erhalt seiner Mängelrechte gem § 377 HGB auch verpflichtet ist, findet eine Untersuchung bei Verbrauchsgütern regelm nicht statt. Selbst technische Güter werden häufig originalverpackt übergeben und nicht einer Funktionsprobe unterzogen.

2 § 476 schützt deswegen den Verbraucher, indem das Gesetz eine **Vermutung** aufstellt, wonach der Sachmangel als bei **Gefahrübergang** bereits vorhanden gilt, wenn er sich innerhalb von sechs Monaten nach Gefahrübergang zeigt. Der Verbraucher kann also – im Prinzip jedenfalls – risikolos auf eine Untersuchung bei Gefahrübergang verzichten und verliert dennoch seine Mängelrechte nicht, wenn sich der Mangel innerhalb

der genannten Frist äußert. Das bedeutet aber nicht, dass er sich auf jeden Mangel berufen kann, der innerhalb der Frist auftaucht, vielmehr steht dem Verkäufer die Möglichkeit des **Gegenbeweises** zu.

Die Vorschrift geht auf die **EG-Verbrauchsgüterkauf-RL** zurück. Nach deren Art 5 Abs 3 wird »vermutet, dass Vertragswidrigkeiten, die binnen sechs Monaten nach der Lieferung des Gutes offenbar werden, bereits zum Zeitpunkt der Lieferung bestanden«. Die deutsche Umsetzungsgesetzgebung bezieht sich statt der Lieferung auf den Gefahrübergang. Da aber die Regelung über den Versendungskauf, § 447, im Verbrauchsgüterkauf nicht gilt (vgl § 474 Abs 2), ist dies – im Verbrauchsgüterkauf zwingend – gem § 446 die Übergabe. 3

Die Sechs-Monats-Frist ist ein **Kompromiss** zwischen den Interessen des Verbrauchers, der in Beweisnot geraten kann, was natürlich auch für Mängel gilt, die sich ab dem siebtem Monat zeigen, und den Interessen des Verkäufers, der naturgemäß nicht für Mängel haften will, die erst durch den Gebrauch der Sache entstanden sind. Solange nach früherem Recht die kurze sechsmonatige Verjährung des § 477 aF galt, entstanden selten Probleme, weil man innerhalb dieser Frist dem Verbraucher mit Anscheinsbeweisen helfen konnte und bei einem verhältnismäßig neuen Gegenstand der Schluss, dass der aufgetretene Mangel bereits bei Gefahrübergang vorgelegen haben muss, relativ häufig gezogen werden konnte. Angesichts der jetzt geltenden zweijährigen Verjährungsfrist ist es aber immer wahrscheinlicher, dass ein Mangel durch den Gebrauch der Sache aufgetreten ist, je länger der Zeitpunkt der Übergabe zurückliegt. **Ab dem siebten Monat ist der Verkäufer geschützt**, weil nun der Verbraucher nachweisen muss, dass der Mangel zum Zeitpunkt des Gefahrübergangs vorlag. 4

Die Vorschrift enthält aber keine starren Regelungen. So wie der Verkäufer innerhalb der ersten sechs Monate die Vermutung entkräften kann, kann der Käufer ab dem siebten Monat den – allerdings mit zunehmenden Zeitablauf immer schwieriger werdenden – **Nachweis der Mangelhaftigkeit bei Übergabe** führen. Noch flexibler wird die Regelung durch den zweiten Halbsatz, der **Ausschlusstatbestände** für die Beweislastumkehr enthält. Dadurch wird die Anwendung der Vorschrift nicht gerade einfacher. Sie hat erhebliche Bedeutung, was sich darin zeigt, dass zahlreiche Entscheidungen, auch solche des BGH, dazu vorliegen (Rz 13 ff). 5

Wie das gesamte Verbrauchsgüterkaufrecht ist auch § 476 **zwingend**. Außerhalb des Verbrauchsgüterkaufrechts kann eine dem § 476 entspr Vereinbarung nach Auffassung des BGH nicht abgeschlossen werden. Der BGH hält **§ 476** für eine auf den Verbrauchsgüterkauf zugeschnittene Sonderregelung, deren Inhalt **bei anderen Kaufverträgen gegen § 309 Nr 12 verstoßen würde** (BGHZ 164, 196, 207 f). 6

B. Voraussetzungen. I. Verbrauchsgüterkauf. Die Beweislastumkehr gilt nur dann, wenn die Parteien einen Verbrauchsgüterkaufvertrag abgeschlossen haben. Der Verbrauchsgüterkaufvertrag ist in § 474 Abs 1 definiert. Die Vorschrift kommt also **nicht** nur bei Verträgen **zwischen Unternehmern** nicht zur Anwendung, sondern auch beim Erwerb einer **Immobilie** durch einen Verbraucher (§ 474 Rz 4). Die Vorschrift gilt auch dann, wenn das Bestehen eines Mangels bei Gefahrübergang Vorfrage für andere Ansprüche ist (BGH NJW 2009, 580). 7

II. Sachmangel. Die Vorschrift gilt nur bei einem Sachmangel, **nicht** dagegen bei einem **Rechtsmangel**. Bei einem Rechtsmangel trifft den Verbraucher daher die Beweislast, dass der Mangel bereits bei Gefahrübergang vorlag. Im Gegensatz zu einem Sachmangel dürfte der Verbraucher bei einem Rechtsmangel regelm nicht in Beweisnot geraten. Die Frage, ob die Einschränkung auf Sachmängel gemeinschaftsrechtlich zulässig ist – die Verbrauchsgüterkauf-RL unterscheidet nicht zwischen Sach- und Rechtsmängeln, sondern spricht von der Vertragsgemäßheit der Ware (§ 433 Rz 74) –, hat daher nur akademische Bedeutung und braucht hier nicht vertieft zu werden. 8

III. Fristen. Die Frist beginnt mit dem **Gefahrübergang** und endet sechs Monate später. Der Fristbeginn richtet sich nach § 187 Abs 1, das Fristende nach § 188 Abs 2. § 193 (Fristverlängerung bis zum nächsten Werktag, wenn das Fristende auf einen Sonntag, einen Feiertag oder einen Sonnabend fällt) kommt nach ganz hM nicht zur Anwendung (Staud/*Matusche-Beckmann* Rn 21; MüKo/*S Lorenz* Rn 13; Ba/Roth/*Faust* Rn 6; PWW/*D Schmidt* Rn 5; aA Palandt/*Weinkaff* Rn 6). 9

In zwei Fällen ist nicht der ursprüngliche Gefahrübergang maßgebend, nämlich bei einem Montagefehler und bei der Nacherfüllung. Beim **Montagefehler** soll an den Abschluss der Montage anzuknüpfen sein (BaRoth/*Faust* Rn 6; Staud/*Matusche-Beckmann* Rn 22; *Eckert/Maifeld/Mathiessen* Rn 373), wovon vereinzelt eine Ausnahme gemacht wird, wenn die Montageanleitung selbst mangelhaft ist und deswegen dem Käufer die Montage misslingt; insoweit soll es bei § 446 bleiben (Staud/*Matusche-Beckmann* Rn 22). Bei der **Nacherfüllung** ist nach überwiegender Ansicht bei der Ersatzlieferung die Übergabe des Ersatzgegenstandes und bei der Nachbesserung der Abschluss der Nachbesserung der relevante Zeitpunkt (Staud/*Matusche-Beckmann* Rn 24; MüKo/*S Lorenz* Rn 12; BaRoth/*Faust* Rn 8). Nach aA beginnt die Frist nur für den konkreten Mangel neu zu laufen (PWW/*D Schmidt* Rn 5). 10

Mit dem Bezug der Vorschrift auf den Gefahrübergang wird nicht nur an die Übergabe, sondern auch an einen möglichen **Annahmeverzug** des Käufers angeknüpft (§ 446 Rz 17). Der Verkäufer muss die Voraussetzungen des Annahmeverzugs unabhängig von § 476 beweisen und damit auch die Mangelfreiheit der Sache zum Zeitpunkt des Verzugseintritts, da er mit einer mangelhaften Sache nicht erfüllen und damit auch kein Annahmeverzug entstehen kann (Staud/*Matusche-Beckmann* Rn 20 mwN; vgl auch § 293). Relevant wird 11 dies, wenn die Sechs-Monats-Frist seit Eintritt des Annahmeverzugs bereits verstrichen ist, die Frist ab einer späteren Übergabe jedoch noch nicht und der Käufer sich auf die Beweislastumkehr berufen will.

12 Gegen den Eintritt des Annahmeverzugs als Anknüpfungspunkt könnten **gemeinschaftsrechtliche Bedenken** bestehen, weil Art 5 Abs 3 der RL lediglich vom Zeitpunkt der Lieferung spricht. Die Regelung wird unter Berufung auf den RegE zum SchuldrechtsmodernisierungsG (BTDrs 14/6040 S 245) damit gerechtfertigt, dass die RL den Mitgliedstaaten ausdrücklich erlaubt, ihre Regelungen über den Gefahrübergang beizubehalten (Erwägungsgrund 14; etwa BaRoth/*Faust* Rn 7; PWW/*D Schmidt* Rn 5).

13 **IV. Beweislastumkehr.** Der Käufer muss nicht nachweisen, dass ein sich innerhalb der Sechs-Monats-Frist zeigender Mangel bereits bei Gefahrübergang vorhanden war. Insoweit greift die Beweislastumkehr. Er muss aber nachweisen, dass überhaupt ein Mangel vorhanden war (*Eckert/Maifeld/Mathiessen* Rn 370), in den Worten des BGH, ihn trifft die **Darlegungs- und Beweislast für die einen Sachmangel begründenden Tatsachen** (BGHZ 159, 215, Ls). Das ist nur dann unproblematisch, wenn der sich zeigende Mangel völlig identisch ist mit dem Mangel, der bereits bei Gefahrübergang vorhanden gewesen sein könnte.

14 Häufig, vor allem bei technischen Gütern, liegen die Dinge jedoch komplizierter. Die Sache mag zunächst funktioniert haben und nach einer Weile eine **nachträgliche Funktionsstörung** erleiden. Der Mangel, der sich iSd § 476 zeigt, ist die Funktionsstörung. Die Funktionsstörung lag aber beim Gefahrübergang in derartigen Fällen unstr noch nicht vor, so dass insoweit § 476 dem BGH zufolge nicht eingreift. Der Käufer muss vielmehr das Vorhandensein des die Funktionsstörung verursachenden Mangels beweisen, und nur für diesen greift die Vermutung des § 476 ein. Der Beweis wird aber häufig nicht gelingen oder zumindest ein kompliziertes Sachverständigen-Gutachten voraussetzen. Wenn der zugrunde liegende Mangel selbst nicht bewiesen werden kann, die Funktionsstörung aber den Schluss auf einen bestimmten Mangel zulässt, muss der Käufer nachweisen, dass eine andere Kausalität zwischen Mangel und Funktionsstörung ausgeschlossen ist (so BGHZ 159, 215, wo ein Motorschaden durch einen schadhaften Zahnriemen verursacht worden war, ein Fahrfehler des Käufers als Ursache aber nicht ausgeschlossen werden konnte).

15 Für die Praxis ist damit geklärt, dass stets **der die Funktionsstörung verursachende Mangel** (MüKo/*S Lorenz* Rn 4 spricht vom »Grundmangel«) **vom Käufer zu beweisen** ist. Der BGH hat seine grundlegende Entscheidung (BGHZ 159, 215) in den Tier-Fällen (Rz 20) inzwischen mehrfach bestätigt, so dass der Kritik daran derzeit für die Praxis keine Bedeutung zukommt. Immerhin sei erwähnt, dass nach *S Lorenz* der BGH verkenne, dass der Wortlaut des § 476 auf die Mangelhaftigkeit der Sache als solcher und nicht auf einen konkreten Mangel abstelle (MüKo/*S Lorenz* Rn 4; zustimmend BaRoth/*Faust* Rn 10 f). In der Tat geht der Wortlaut über die damit umgesetzte Vorschrift des Art 5 Abs 3 der EG-Verbrauchsgüterkauf-RL hinaus, die nur den konkreten Mangel im Auge hat, und auch die Auffassung, dass die enge Ansicht des BGH den intendierten Verbraucherschutz der Vorschrift stark einschränkt, erscheint zutreffend. Umgekehrt wird der Unternehmer durch diese Meinung nicht rechtlos gestellt, denn man wird immer noch verlangen können, dass der Käufer nachweist, dass die Funktionsstörung auf einen »Grundmangel« zurückzuführen und andere Ursachen auszuschließen sind, auch wenn der »Grundmangel« nicht näher spezifiziert werden muss.

16 **C. Ausschlusstatbestand.** Die Strenge einer Beweislastumkehr wird bereits durch die dargestellte Rspr beim Grundtatbestand der Vorschrift gemildert. Darüber hinaus wird sie durch den 2. Hs weiter relativiert, der eine Ausnahme vorsieht, wenn die **Vermutung mit der Art der Sache oder des Mangels unvereinbar** ist. Die Ausnahme dient der Korrektur unbilliger Ergebnisse und ist als Ausnahme eng auszulegen (MüKo/*S Lorenz* Rn 14). Ihre Voraussetzungen hat der Verkäufer zu beweisen (Staud/*Matusche-Beckmann* Rn 26; BaRoth/*Faust* Rn 4).

17 **I. Verderbliche Sachen.** Hs 2 wird zunächst auf verderbliche Waren, also insbes **Lebensmittel**, angewendet (MüKo/*S Lorenz* Rn 16; Ba/Roth/*Faust* Rn 4). Man kann aber auch der Meinung sein, dass ein »Mangel«, der nach Ablauf des Haltbarkeitsdatums in Erscheinung tritt, kein Mangel ist, so dass bereits die Voraussetzungen des Hs 1 nicht vorliegen und die normale Beweislastverteilung eingreift, dh dass der Käufer nachweisen muss, dass der Mangel schon bei Gefahrübergang vorlag. Andere stellen auf eine zumindest konkludente Beschaffenheitsvereinbarung ab (Staud/*Matusche-Beckmann* Rn 30).

18 **II. Gebrauchte Sachen.** Schon der RegE zum SchuldrechtsmodernisierungsG führte gebrauchte Sachen als einen wesentlichen Anwendungsfall für den Ausnahmetatbestand des Hs 2 an (BTDrs 14/6040 S 245). Dem folgte auch die Lit, wobei jedoch zu Recht darauf hingewiesen wird, dass damit kein genereller Ausschluss des § 476 für gebrauchte Sachen gemeint sein kann. Vielmehr seien der Grad der Abnutzung und die Art des Mangels relevant (MüKo/*S Lorenz* Rn 16). Ein normaler **Verschleiß** ist kein Indiz dafür, dass der Mangel bereits bei Gefahrübergang vorgelegen habe (Staud/*Matusche-Beckmann* Rn 31; *Eckert/Maifeld/Mathiessen* Rn 380).

19 ME sind angemessene Lösungen für gebrauchte Sachen nicht über § 476 Hs 2 zu suchen. Hs 2 setzt voraus, dass die Tatbestandsmerkmale der Vorschrift iÜ gegeben sind, insbes ein Mangel. Die notwendigen **Eingrenzungen** für die Haftung beim Verkauf gebrauchter Sachen sind über den **Mangelbegriff** zu suchen und insbes über die Beschaffenheitsvereinbarung (§ 434 Rz 8 ff). Normaler Verschleiß ist kein Mangel, auch wenn er zur Funktionsuntüchtigkeit der Kaufsache innerhalb der Gewährleistungsfrist führt (§ 434 Rz 61). Es bedarf dann keiner weiterer Korrekturen über § 476 Hs 2 – im Gegenteil: bei einem eng verstandenen Man-

gelbegriff bei gebrauchten Sachen besteht kein Anlass, § 476 Hs 1 nicht anzuwenden, wenn ein Mangel vorliegt. Auch der BGH ist bislang nicht den Weg über Hs 2 gegangen. In seiner Grundsatzentscheidung zu § 476, die ein gebrauchtes Fahrzeug betraf (BGHZ 159, 215), ließ er die Haftung an den fehlenden Voraussetzungen des Hs 1 scheitern (oben Rz 14 f), ohne dass Hs 2 eine Rolle spielte. Es ist daher damit zu rechnen, dass Hs 2 auch in Zukunft nur für Randkorrekturen benötigt wird.

III. Tiere. Die Rspr hat sich nach der Schuldrechtsreform im Rahmen von § 476 erstaunlich häufig mit Tie- 20
ren beschäftigen müssen. Leiturteil ist die Pferdeallergie-Entscheidung des BGH vom 29. 3. 2006 (BGHZ 167, 40). Auch hier wendet der BGH Hs 2 nur sehr behutsam an. Eine pauschale Anwendung auf ganze Fallgruppen würde dem Telos der Norm, dem Verbraucherschutz, widersprechen (Tz 26 unter Bezug auf BGH NJW 2005, 3490). Der BGH differenziert, wobei er auf die Art des Mangels abstellt. Bei einer **saisonal sichtbaren Allergie** kommt Hs 2 nicht zur Anwendung, dagegen bei einer **versteckten Krankheit**. Damit hat Hs 2 im Gegensatz zu den beiden zuvor erörterten Fallgruppen bei Tieren ein relevantes Anwendungsfeld, wobei jedoch die Grenzen in jedem Einzelfall abzustecken sind.

Um zur Anwendung von Hs 2 zu gelangen, muss also ermittelt werden, ob die Krankheit versteckt war. Dazu 21
hat sich inzwischen eine reichhaltige Judikatur entwickelt. Ein Ausschluss der Vermutung wurde angenommen von Oldenburg RdL 2005, 65 (»Weben« beim Pferd); Hamm RdL 2005, 65 (Beweislastumkehr bei Spat nur, wenn das Pferd bereits innerhalb der ersten sechs Monate gelahmt hat); LG Lüneburg RdL 2005, 66 (bloße Röntgenbefunde bei Spat reichen nicht); LG Verden RdL 2005, 176 (bei Borriolose eines Pferdes greift § 476 nicht); Celle RdL 2006, 209 (keine Beweislastumkehr bei Rückensymptomatik). Insg zeigen die Urteile, dass mit der Beweislastumkehr bei Tieren sehr zurückhaltend umgegangen wird. Allerdings muss die instanzgerichtliche Rspr im Lichte des (später ergangenen) BGH-Urteils gesehen werden, wonach eine Beweislastumkehr grds in Betracht kommt. Eine Rolle spielt auch die **Inkubationszeit** bei Krankheiten, da häufig nicht ermittelt werden kann, ob sich das Tier vor oder nach dem Gefahrübergang angesteckt hat (LG Essen ZGS 2004, 399: Parvovirose bei einem Hundewelpen vier Tage nach Übergabe).

§ 477 Sonderbestimmungen für Garantien.

[1] Eine Garantieerklärung (§ 443) muss einfach und verständlich abgefasst sein. Sie muss enthalten

1. **den Hinweis auf die gesetzlichen Rechte des Verbrauchers sowie darauf, dass sie durch die Garantie nicht eingeschränkt werden und**
2. **den Inhalt der Garantie und alle wesentlichen Angaben, die für die Geltendmachung der Garantie erforderlich sind, insbesondere die Dauer und den räumlichen Geltungsbereich des Garantieschutzes sowie Namen und Anschrift des Garantiegebers.**

[2] Der Verbraucher kann verlangen, dass ihm die Garantieerklärung in Textform mitgeteilt wird.

[3] Die Wirksamkeit der Garantieverpflichtung wird nicht dadurch berührt, dass eine der vorstehenden Anforderungen nicht erfüllt wird.

A. Funktion. Die Vorschrift dient der Umsetzung von Art 6 Abs 2, 3 und 5 der EG-Verbrauchsgüterkauf-RL, 1
die für eine Garantie des Verkäufers oder des Herstellers eines Verbrauchsguts ggü Verbrauchern bestimmte Standards aufstellen. Ein Verkäufer oder Hersteller ist nicht verpflichtet, eine Garantie zu übernehmen. Wenn er sich jedoch dazu entschließt, muss er sich an die in der Vorschrift normierten Voraussetzungen halten. Die Vorschrift baut auf § 443 auf. § 443 enthält die allg Regelungen über die Garantie. Insbes ergibt sich allein aus dieser Vorschrift, ob überhaupt eine Garantievereinbarung vorliegt. § 477 sieht dagegen **über § 443 hinausgehende Voraussetzungen** vor, die bei Garantien ggü Verbrauchern zusätzlich eingehalten werden müssen. Während § 443 außerhalb des b 2 c-Bereichs dispositiv ist, muss § 477 innerhalb seines Anwendungsbereichs (§ 474 Abs 1) stets als **zwingendes Recht** (§ 475 Abs 1) beachtet werden. Die Differenzierung zwischen Haltbarkeits- und Beschaffenheitsgarantien des § 443 (§ 443 Rz 11 ff) wird in § 477 nicht noch einmal aufgenommen. Die Vorschrift gilt für **alle Arten von Garantien** (Staud/*Matusche-Beckmann* Rn 7). Dies folgt bereits aus Art 6 der Verbrauchsgüterkauf-RL, der undifferenziert von Garantien spricht (vgl auch Grundmann/Bianca-*Malinvaud* Art 6 Rn 1; *Micklitz* EuZW 1999, 485, 488).

B. Einfache und verständliche Abfassung. Die Vorschrift verlangt in Abs 1, dass die Garantieerklärung ein- 2
fach und verständlich abgefasst ist. Dies geht auf Art 6 Abs 2 zweiter Spiegelstrich der Verbrauchsgüterkauf-RL zurück, der von einfachen und verständlichen Formulierungen spricht. Es dürfen also keine komplizierten Satzkonstruktionen verwendet werden (Staud/*Matusche-Beckmann* Rn 11). Dem juristischen Laien **nicht verständliche juristische Fachterminologie** ist zu vermeiden (*Eckert/Maifeld/Mathiessen* Rn 1419), ohne dass dies zu Lasten der juristischen Genauigkeit geht. Auch eine **übermäßige Länge** des Textes führt dazu, dass die Garantieerklärung nicht mehr »einfach und verständlich« ist. Abzustellen ist auf den Durchschnittsverbraucher des jeweiligen Adressatenkreises (MüKo/*S Lorenz* Rn 5). Aus der Formulierung »einfach und verständlich« ist auch abzuleiten, ob die Garantie im Geltungsbereich des BGB stets in **deutscher Sprache** abzufassen ist. Dies ist zwar meistens, aber nicht ausschließlich der Fall. Der deutsche Umsetzungsgesetzgeber hat nicht von der Möglichkeit des Art 6 Abs 4 der Verbrauchsgüterkauf-RL Gebrauch gemacht, der ihm erlaubt

hätte, eine Amtssprache der EG für Garantieerklärungen vorzuschreiben. In bestimmten Ausnahmefällen muss man auch Englisch als »einfache und verständliche« Sprache akzeptieren. Eine andere Sicht würde mit der Warenverkehrsfreiheit des Art 28 EGV in Konflikt geraten.

3 Der Umsetzungsgesetzgeber meint allerdings, dass Deutsch die einzige verständliche Sprache sei und schwächt dies nur für einfach gehaltene Teilgarantien beim PC-Kauf ab (BTDrs 14/6040 S 247). Angesichts der zunehmenden Bedeutung von **Internet-Käufen** und des gemeinschaftsrechtlichen Hintergrundes, wonach das EG-Sekundärrecht, die RL, im Lichte des Primärrechts, der Warenverkehrsfreiheit, auszulegen ist, muss Englisch zumindest dann als verständliche Sprache angesehen werden, wenn der Verbraucher die Bestellung auf einem www.-Formular in englischer Sprache abgegeben hat. Es ist allerdings zu bedenken, dass das Anklicken eines Formulars weniger Sprachfertigkeiten voraussetzt als das Verständnis von Garantiebedingungen. Entscheidend ist jeweils der Empfängerhorizont des Durchschnittsverbrauchers. Im Zweifel sollte daher eine Garantie stets in Deutsch abgefasst bzw ins Deutsche übersetzt werden. Umgekehrt kann nicht automatisch von einer Unzulässigkeit ausgegangen werden, wenn eine Garantie in englischer Sprache in Deutschland verwendet wurde.

4 **C. Pflichtangaben. I. Hinweise auf gesetzliche Rechte des Verbrauchers.** Abs 1 Nr 1 befasst sich mit dem Verhältnis der Garantieerklärung zu den **Gewährleistungsrechten** des Verbrauchers. Die Vorschrift verlangt, dass der Verbraucher darauf hingewiesen werden muss, dass seine gesetzlichen Rechte durch die Garantie nicht eingeschränkt werden dürfen. Diese Hinweispflicht ist von elementarer Bedeutung für die Verbrauchergarantie, denn ein juristischer Laie unterscheidet nicht zwischen Garantie und Gewährleistung und wird daher davon ausgehen, dass ihm die Garantie an Stelle der Gewährleistung gewährt wird, wenn er nicht unmissverständlich auf das Gegenteil hingewiesen wird. Die Rspr besteht daher darauf, dass der gewährleistungsrechtliche Standard, hinter den gem § 309 Nr 8 lit b nicht zurückgegangen werden darf, auch in Garantiebedingungen eingehalten wird, wenn dieser Hinweis nicht deutlich ist (BGH NJW 1988, 1726). An die Unübersehbarkeit und Verständlichkeit des Hinweises müssen daher hohe Anforderungen gestellt werden. Allerdings müssen nicht die einzelnen gesetzlichen Rechte aufgezählt werden (*Eckert/Maifeld/Mathiessen* Rn 1422). Im Zweifel sollten Garantiebedingungen ggü Verbrauchern daher so abgefasst werden, dass sie auch die Voraussetzungen einer kaufrechtlichen Mängelhaftung erfüllen.

5 Es kommt nicht nur auf den Wortlaut des Hinweises, sondern auch auf dessen **drucktechnische Gestaltung** an. Dabei kann man sich an der Rspr zur Hervorhebung der Widerrufsbelehrung nach § 355 orientieren. Vielfach wird der Hersteller ein System unterhalten wollen, nach dem der »**after sale service**« nur durch die Herstellergarantie, nicht aber durch eine daneben bestehende Mängelgewährleistung des Verkäufers erbracht wird. Dieses Ziel kann man rechtlich nicht vollständig erreichen. Zwar kann der Hersteller dem Verbraucher den Anreiz nehmen, den Verkäufer aus Gewährleistung in Anspruch zu nehmen, indem er in seiner Garantie die gewährleistungsrechtlichen Standards nicht nur erfüllt, sondern übererfüllt. Im Verbrauchsgüterkaufvertrag dürfen aber die Rechte des Käufers gegen den Händler nicht unter Verweis auf die Herstellergarantie ausgeschlossen oder auch nur von der vorherigen erfolglosen Inanspruchnahme der Garantie abhängig gemacht werden.

6 Dies ergibt sich bereits aus § 443 (§ 443 Rz 6). Während § 443 aber dispositiv ist und erlaubt, dass in AGB der Versuch einer vorherigen Inanspruchnahme aus der Herstellergarantie in den Grenzen des § 309 Nr 8 lit b verlangt wird, sind §§ 443 und 477 im Anwendungsbereich des Verbrauchsgüterkaufs (§ 474 Abs 1) **zwingend**. Es reicht, wenn allg auf die gesetzlichen Mängelrechte gegen den Verkäufer hingewiesen wird; sie müssen nicht iE aufgeführt werden (Staud/*Matusche-Beckmann* Rn 22).

7 **II. Informationspflichten des Garantiegebers.** Abs 1 Nr 2 verlangt in Umsetzung von Art 6 Abs 2 zweiter Spiegelstrich der Verbrauchsgüterkauf-RL, dass die Garantie insbes die Dauer und den räumlichen Geltungsbereich des Garantieschutzes sowie Namen und Anschrift des Garantiegebers enthält. Bei der Dauer muss auch der **Beginn der Garantiefrist** angegeben werden (»zwei Jahre ab Übergabe«) (Staud/*Matusche-Beckmann* Rn 25). Darüber hinaus muss der Garantiegeber die Bedingungen nennen, von denen die Inanspruchnahme der Garantie abhängt (Staud/*Matusche-Beckmann* Rn 24). Es ist zulässig, dass der Garantiegeber etwa eine regelm **Wartung** verlangt. Die Garantie kann auch davon abhängen, dass regelm Inspektionen in einer Vertragswerkstatt durchgeführt werden oder der Kunde sich eigenmächtiger Reparaturversuche enthält. Der **räumliche Geltungsbereich** kann nach Belieben eingeschränkt werden. So kann der Garantiegeber dem Kunden das Recht einräumen, jede beliebige Vertragswerkstatt für Garantiearbeiten aufzusuchen, er ist dazu aber nicht verpflichtet.

8 Der Garantiegeber kann auch verlangen, dass der Kunde im Garantiefall die Sache auf eigene Kosten an einen **Reparaturservice** einschickt. Eine solche Konstruktion der Garantiebedingungen empfiehlt sich aber nicht, weil der Kunde als Käufer ggü dem Verkäufer gem § 439 Abs 2 das Recht hat, dass Nachbesserungen kostenfrei durchgeführt werden. Der Kunde würde also im Zweifel seine Rechte als Käufer ggü dem Verkäufer geltend machen, was dem Sinn der Herstellergarantie, den »after sale service« auf den Hersteller zu verlagern, widersprechen würde. Darüber hinaus ist der Hinweis auf die gesetzlichen Rechte in Fällen, in den die Garantiebedingungen hinter dem Standard der gesetzlichen Verkäuferhaftung zurück bleiben, bes ernst zu nehmen.

D. Textform. Nach Abs 2 kann der Verbraucher verlangen, dass ihm die Garantieerklärung in Textform mitgeteilt wird. Art 6 Abs 3 der Verbrauchsgüterkauf-RL verlangt Schriftlichkeit oder einen anderen dauerhaften Datenträger. Der Begriff der Textform wurde in § 126b verankert und umfasst sowohl Papierform wie eine zur dauerhaften Wiedergabe in Schriftzeichen geeignete Form. Der Begriff Datenträger ist vermieden, weil es nicht auf die Verkörperung ankommt. Unter der dauerhaften Wiedergabe ist eine Form zu verstehen, deren Inhalt der Garantiegeber nicht mehr verändern kann, nachdem er ihn dem Verbraucher zur Verfügung gestellt hat. Diese Voraussetzungen werden von per **E-Mail** übersandten Garantiebedingungen erfüllt, ferner auch, obwohl dies kaum noch praktische Bedeutung haben dürfte, von einer CD-ROM. Die E-Mail muss den Text der Garantiebedingungen entweder selbst oder in einem attachment enthalten; ein Link auf die Web Seite des Garantiegebers reicht nicht aus. Sollte der Kunde über keinen E-Mail-Account verfügen, hat er Anspruch auf die Garantiebedingungen in Papierform (in diese Richtung auch MüKo/*S Lorenz* Rn 8). 9

Es genügt auch nicht, dem Kunden lediglich die Möglichkeit zu eröffnen, die Garantiebedingungen auf der Web Seite des Garantiegebers einzusehen (*Eckert/Maifeld/Mathiessen* Rn 1425), auch wenn er sie sich herunterladen kann. Die auf der Web Seite befindlichen Garantiebedingungen sind nachträglich veränderbar und erfüllen damit nicht die Voraussetzung einer dauerhaften Wiedergabe. Auf die **Möglichkeit des Herunterladens** darf der Kunde **nicht** verweisen werden, denn der Garantiegeber schuldet, die Garantiebedingungen in Textform mitzuteilen; eine Obliegenheit des Kunden, an der Mitteilung mitzuwirken, besteht nicht (so auch Staud/*Matusche-Beckmann* Rn 29). Davon abgesehen, könnte der Kunde in Beweisschwierigkeiten gelangen, ob ein etwa von ihm gefertigter Ausdruck wirklich dem seinerzeitigen auf der Web Seite vorhandenen Stand der Garantiebedingungen entspricht. Der Kunde könnte den Ausdruck überdies manipulieren; schon um dem vorzubeugen, sollte der Garantiegeber die Garantiebedingungen stets per E-Mail übersenden. 10

E. Wirksamkeit der Garantie, Sanktionen. Nach Abs 3 bleibt die Wirksamkeit der Garantie unberührt, wenn eine der Anforderungen der Abs 1 oder 2 nicht erfüllt ist. Damit soll verhindert werden, dass der Kunde keine Ansprüche aus der Garantie hat, wenn sich der Garantiegeber nicht an die Vorschrift hält. Sanktionen, den Garantiegeber zu veranlassen, die Vorschrift einzuhalten, sind aber nur schwach ausgeprägt. Zwar bestehen gem §§ 280, 311 Abs 2 **Schadensersatzansprüche**, die im Einzelfall auf Rückabwicklung des Vertrags gerichtet sein können (Staud/*Matusche-Beckmann* Rn 38), doch setzt letzteres gem § 324 Unzumutbarkeit voraus, was wohl selten zu bejahen ist (MüKo/*S Lorenz* Rn 13: eher fern liegend; aA Staud/*Matusche-Beckmann* Rn 38, die die de lege lata gegebenen Schadensersatzansprüche für ausreichend hält). Die Sanktionslücke wird auch nicht dadurch geschlossen, dass der Kunde auf jeden Fall die gesetzlichen Ansprüche gegen den Verkäufer hat, denn es ist der Hersteller, der das Vertrauen des Kunden in Anspruch genommen hat. Ansprüche gegen den Verkäufer können überdies uU nicht durchzusetzen sein, etwa wenn der Verkäufer zur Nachbesserung nicht in der Lage ist. Daneben können Verstöße gegen die Vorschrift im Wege der **Verbandsklagebefugnis** nach § 8 UWG und § 2 UKlaG abgemahnt werden. Darauf wies schon der RegE des SchuldrechtsmodernisierungsG hin (BTDrs 14/6040 S 247). Ein Verstoß gegen die Vorschrift ist gem § 4 Nr 11 UWG unlauterer Wettbewerb. 11

§ 478 Rückgriff des Unternehmers.

[1] Wenn der Unternehmer die verkaufte neu hergestellte Sachen als Folge ihrer Mangelhaftigkeit zurücknehmen musste oder der Verbraucher den Kaufpreis gemindert hat, bedarf es für die in § 437 bezeichneten Rechte des Unternehmers gegen den Unternehmer, der ihm die Sache verkauft hatte (Lieferant), wegen des vom Verbraucher geltend gemachten Mangels einer sonst erforderlichen Fristsetzung nicht.

[2] Der Unternehmer kann beim Verkauf einer neu hergestellten Sache von seinem Lieferanten Ersatz der Aufwendungen verlangen, die der Unternehmer im Verhältnis zum Verbraucher nach § 439 Absatz 2 zu tragen hatte, wenn der vom Verbraucher geltend gemachte Mangel bereits beim Übergang der Gefahr auf den Unternehmer vorhanden war.

[3] In den Fällen der Absätze 1 und 2 findet § 476 mit der Maßgabe Anwendung, dass die Frist mit dem Übergang der Gefahr auf den Verbraucher beginnt.

[4] Auf eine vor Mitteilung eines Mangels an den Lieferanten getroffene Vereinbarung, die zum Nachteil des Unternehmers von den §§ 433 bis 435, 437, 439 bis 443 sowie von den Absätzen 1 bis 3 und von § 479 abweicht, kann sich der Lieferant nicht berufen, wenn dem Rückgriffsgläubiger kein gleichwertiger Ausgleich eingeräumt wird. Satz 1 gilt unbeschadet des § 307 nicht für den Ausschluss oder die Beschränkung des Anspruchs auf Schadensersatz. Die in Satz 1 bezeichneten Vorschriften finden auch Anwendung, wenn sie durch anderweitige Gestaltungen umgangen werden.

[5] Die Absätze 1 bis 4 finden auf die Ansprüche des Lieferanten und der übrigen Käufer in der Lieferkette gegen die jeweiligen Verkäufer entsprechende Anwendung, wenn die Schuldner Unternehmer sind.

[6] § 377 des Handelsgesetzbuchs bleibt unberührt.

A. Allgemeines. I. Regelungszweck. § 478 regelt gemeinsam mit § 479 den Rückgriff des Unternehmers **(Letztverkäufers)** in einer Lieferkette. Die Regelung enthält einen Ausgleich dafür, dass dem Unternehmer, der von einem Verbraucher aus Gewährleistungsrecht für einen Mangel, den er nicht zu vertreten hat, in 1

Anspruch genommen wird, ein vertraglicher Ausschluss der Haftung ggü dem Verbraucher untersagt ist (§ 475) und er der Haftung somit nicht entgehen kann. § 478 erleichtert daher innerhalb der Distributionskette den Rückgriff gegen den Lieferanten (*Richter* AcP 206, 3, 13). Außerdem soll verhindert werden, dass der Letztverkäufer für Mängel haftet, ohne seinerseits Regress bei seinem Lieferanten nehmen zu können (**Regressfalle**). § 478 zielt daher darauf ab, die Gewährleistungsansprüche des Letztverkäufers mit denen des Verbrauchers zu »synchronisieren« (*Richter* AcP 206, 3, 14). Der praktische Nutzen der Vorschrift ist allerdings gering (PWW/*D Schmidt* § 478 Rn 1), auch wird die Bedeutung der Regressfalle bezweifelt (Dauner-Lieb/Konzen/K Schmidt/*K Schmidt* Das neue Schuldrecht in der Praxis S 427, 429 ff). § 478 ist durch das **Schuldrechtsmodernisierungsgesetz** neu in das BGB eingefügt worden. Die Vorschrift beruht auf **Art 4 der Verbrauchsgüterkauf-RL,** geht jedoch – insbes im Hinblick auf die Einschränkung der Vertragsfreiheit in Abs 4 – über die inhaltlichen Vorgaben des Art 4 voraus (*Richter* AcP 206, 3, 14 f.; MüKo/*S Lorenz* § 478 Rn 2; PWW/*D Schmidt* § 478 Rn 4).

2 **II. Inhalt.** § 478 enthält in Abs 2 einen eigenen **verschuldensunabhängigen Aufwendungsersatzanspruch**. Abs 4 schränkt, vergleichbar der Regelung in § 475, die Abdingbarkeit der Gewährleistungsrechte (einschließlich §§ 478 Abs 1–3, 479) ein. Abs 1 und 3 erleichtern dem Unternehmer die Geltendmachung der Gewährleistungsrechte aus § 437. Abs 5 erweitert den Anwendungsbereich auf die Lieferkette bis hin zum Hersteller, und Abs 6 stellt klar, dass **§ 377 HGB** unbeeinträchtigt neben § 478 gilt.

3 **B. Erleichterung der Mängelrechte (Abs 1 und 3). I. Voraussetzungen.** Voraussetzung für die Anwendbarkeit des § 478 ist, dass es sich bei dem Verkäufer um einen **Unternehmer** (§ 14) und dem Käufer um einen **Verbraucher** (§ 13) handelt, die einen **Verbrauchsgüterkaufvertrag** über eine **neu hergestellte Sache** geschlossen haben. Aufgrund eines **Mangels** der Sache muss der Letztverkäufer die mangelhafte Sache vom Verbraucher zurückgenommen haben oder einem Minderungsbegehren des Verbrauchers ausgesetzt gewesen sein. **1. Neu hergestellte Sache.** Gegenstand des Kaufvertrages muss eine **neu hergestellte Sache** sein. Diese Einschränkung geht mit den Vorgaben der Verkaufsgüterkauf-RL konform, da es bei gebrauchten Sachen regelm an einer Lieferkette fehlt und es somit nicht zu einem Durchreichen der zwingenden Ansprüche des Verbrauchers bis hin zum Hersteller (Abs 5) kommt (BTDrs 14/6040 S 248; PWW/*D Schmidt* § 478 Rn 6; MüKo/*S Lorenz* § 478 Rn 2; **aA** *Ernst/Gsell* ZIP 2001, 1389). Der Unternehmer muss die Sache bei einem Unternehmer (**Lieferant**, Abs 1) erworben haben. Bei einem Erwerb von einem Verbraucher ist § 478 daher nicht heranziehbar.

4 2. *Verbrauchsgüterkauf.* § 478 ist nur auf den **Verbrauchsgüterkauf** anwendbar. Das bedeutet, dass ein Regressanspruch nur bei **beweglichen Sachen**, nicht aber bei Immobilien oder sonstigen Gegenständen Anwendung findet. Weitere Voraussetzung ist, dass die Erleichterung der allg Mängelrechte (Abs 1, 3) und der Aufwendungsersatzanspruch (Abs 2) erst nach dem Abschluss des Verbrauchsgüterkaufs entstanden sein dürfen, da der Unternehmerregress die Folgen einer Inanspruchnahme des Verkäufers durch den Verbraucher aus einem Verbrauchsgüterkauf ausgleichen soll (PWW/*D Schmidt* § 478 Rn 9; Palandt/*Weidenkaff* § 478 Rn 3; **aA**: *Tröger* AcP 204, 115, 121 f.).

5 **3. Rücknahmepflicht auf Grund Mangelhaftigkeit. a) Rücknahme der Sache durch den Verkäufer.** Erforderlich ist, dass der Verkäufer die Sache **zurücknehmen musste**. § 478 ist folglich nicht anwendbar, wenn der Verkäufer die Sache **freiwillig** zurückgenommen hat. Weiteres Erfordernis ist, dass die Rücknahme auf Grund eines bei Gefahrübergang vorliegenden **Mangels der Sache** erfolgt ist (§ 434). Nicht ausreichend ist die Rückabwicklung eines Vertrages infolge Widerrufs nach § 355 oder Rückgabe infolge eines vertraglich vereinbarten Rücktrittsrechts. Eine **Rücknahmepflicht** kann sich in drei Fällen ergeben: Die mangelhafte Sache ist dem Verkäufer im Rahmen der **Nacherfüllung** zurückgegeben worden (§ 439 Abs 4), **Rücktritt** des Käufers (§§ 437 Nr 2, 323, 346), Rückgabe der Sache an den Verkäufer im Rahmen eines **großen Schadensersatzanspruches** (§§ 437 Nr 3, 280 Abs 1 und 3, 281 Abs 1 und 5). Über den Wortlaut des Abs 1 hinaus soll § 478 **analog** anwendbar sein auf Fälle, in denen der Verkäufer den Mangel durch Nachbesserung beseitigt hat (Hk-BGB/*Saenger* § 479 Rn 5; *Böhle* WM 2004, 1616, 1617; **aA** *Maultzsch* JuS 2002, 1171, 1172).

6 **b) Minderung.** Neben der Minderung (§§ 437 Nr 2, 441) ist § 478 auch anwendbar, wenn der Käufer den **kleinen Schadensersatzanspruch** geltend macht (§§ 440, 437 Nr 3, 280), da dieser in seinen Rechtsfolgen der Minderung gleichsteht.

7 **c) Beweislast.** Für die **Beweislast** hinsichtlich des **Vorliegens eines Mangels** erfasst gem Abs 3 die für den Verbrauchsgüterkauf geltende **Beweislastumkehr** (§ 476) auch den Vertrag zwischen (Letzt-)Verkäufer und Lieferanten. Dies gilt nur dann nicht, wenn die Voraussetzungen der §§ 478 Abs 3, 476 nicht vorliegen oder die Vermutung des § 476 widerlegt wird (Hk-BGB/*Saenger* § 479 Rn 6).

8 **4. Fristsetzung.** Unter den Voraussetzungen des Abs 1 entfällt das Fristsetzungserfordernis, das Voraussetzung für die Geltendmachung der Rechte aus § 437 ist. Das ist beispielsweise der Fall, wenn der Verkäufer die mangelhafte Sache vom Verbraucher zurückgenommen hat, da es in diesen Fällen regelm keinen Sinn macht, dem Lieferanten die Gelegenheit zur Nachbesserung zu geben (Hk-BGB/*Saenger* § 479 Rn 3).

9 **II. Einschränkung der Privatautonomie (Abs 4).** Die Regelung in Abs 4 S 1 entspricht weitgehend § 475 Abs 1. **Individualvereinbarungen** zwischen Unternehmer und Lieferanten sind danach grds nicht möglich,

soweit sie die Rechtsstellung des Unternehmers verschlechtern und ihn somit benachteiligen. Im Unterschied zu § 475 Abs 1 ist eine Individualvereinbarung zulässig, wenn dem Unternehmer ein **gleichwertiger Ausgleich** eingeräumt wird. Das Gesetz gibt keine Vorgaben, was darunter zu verstehen ist. Denkbar sollen **pauschale Abrechnungssysteme** sein, in denen zwar Einzelansprüche des Händlers aus Abs 2 ausgeschlossen werden, die aber insg den berechtigten Interessen des Handels Rechnung tragen sollen (BTDrs 14/6040, 249; *Matthes* NJW 2002, 2505, 2507; *Lorenz* NJW 2005, 1889, 1895; *Richter* AcP 206, 1, 14; PWW/*D Schmidt* § 478 Rn 28). Zulässig ist ein vertraglicher Ausschluss von **Schadensersatzansprüchen**, da diese von Art 3 der **Verbrauchsgüterkauf-RL** nicht erfasst werden. Bei einem Haftungsausschluss durch AGB ist § 307 zu berücksichtigen (PWW/*D Schmidt* § 478 Rn 29). Die Regelung in Abs 4 S 3 entspricht **§ 475 Abs 1 S 2**, es gelten die gleichen Maßstäbe. Dies gilt insbes für die »Zwischenschaltung« eines Verbrauchers zur Umgehung des persönlichen Anwendungsbereiches der Regressregelungen (s § 475 Rz 9 ff).

III. Lieferantenkette (Abs 5). Wird der Letztverkäufer von einem Verbraucher in Anspruch genommen, 10
kann der Letztverkäufer bei seinem Vertragspartner innerhalb der Lieferkette Regress nehmen. Entspr gilt für die **Zwischenhändler** innerhalb der Lieferkette, so dass die Mangelgewährleistung bis zum **Hersteller** durchgereicht werden kann. Der intensive Verbraucherschutz des neuen Kaufrechts soll nicht zu Lasten des Letztverkäufers und der Zwischenhändler gehen, sondern in letzter Konsequenz allein vom Hersteller getragen werden, der die Lieferkette durch seine Konstruktions-, Produktions- und Qualitätshoheit beherrscht (*Wagner/Neuenhahn* ZGS 2002, 399). Der Letztverkäuferregress innerhalb der Lieferkette endet somit beim Hersteller. Dieser kann auch nicht Rückgriff auf seine **Zulieferer** nehmen, da § 478 auf »die Sache« abstellt, nicht aber auf deren Elemente oder Bestandteile (*Matthes* NJW 2002, 2505, 2506; *Mankowski* DB 2002, 2419 ff; *Matusche-Beckmann* BB 2002, 2561, 2564 ff; *Ernst* MDR 2003, 4, 5; **aA** *Heß* NJW 2002, 253, 258 f; *Ball* ZGS 2002, 49, 52). Regelm werden Hersteller aber in ihren Einkaufsbedingungen mit Zulieferern Regelungen treffen, die den §§ 478, 479 entspr (*Wagner/Neuenhahn* ZGS 2003, 64 ff; ZGS 2002, 395, 397 ff).

IV. Uneingeschränkte Geltung des § 377 HGB (Abs 6). Ungeachtet der Regelung in § 478 kann der Letztver- 11
käufer seine Regressansprüche und den Anspruch auf Aufwendungsersatz (Abs 2) verlieren, wenn er § 377 HGB unterliegt und der **Rügeobliegenheit** nicht nachgekommen ist; in diesem Fall wird die Genehmigung fingiert (§ 377 Abs 2 HGB). Dies gilt auch für die Obliegenheit zur unverzüglichen Information, wenn der Letztverkäufer vom Verbraucher über einen Mangel informiert worden ist (PWW/*D Schmidt* § 478 Rn 31; MüKo/*S Lorenz* § 478 Rn 52; *Matthes* NJW 2002, 2505, 2508 f.) Die Regelung in Abs 6 ist sachgerecht, da regelm bei Ablieferung der Ware durch den Lieferanten deren weitere Verwendung noch nicht feststeht (Hk-BGB/*Saenger* § 479 Rn 7); sie ist auch richtlinienkonform, da die **Verbrauchsgüterkauf-RL** die Anwendung handelsrechtlicher Maßstäbe auf den Letztverkäuferegress nicht ausschließen wollte (PWW/*D Schmidt* § 478 Rn 31).

C. Aufwendungsersatzanspruch (Abs 2). Abs 2 enthält eine **eigene Anspruchsgrundlage.** Der Anspruch ist 12
unabhängig vom Aufwendungsersatzanspruch aus §§ 437 Nr 3, 284 und ist **verschuldensunabhängig**. Der Unternehmer kann beim Verkauf einer **neu hergestellten Sache** von seinem Lieferanten Ersatz der **Aufwendungen** verlangen, die der Unternehmer im Verhältnis zum Verbraucher gem. **§ 439 Abs 2** zu tragen hatte, soweit der Mangel bei Übergang der Gefahr auf den Unternehmer vorhanden war. Dem Unternehmer müssen **gesetzliche Mängelrechte** gegen seinen Lieferanten zustehen, die weder durch § 442 oder § 377 HGB ausgeschlossen sein dürfen (PWW/*D Schmidt* § 478 Rn 16). Dem Unternehmer ist ein Regress verwehrt, wenn er mit dem Verbraucher eine weitergehende Beschaffenheitsvereinbarung trifft als mit seinem Lieferanten (Handeln auf eigenes Risiko) oder die §§ 434 ff anfänglich oder nachträglich erweitert werden (PWW/*D Schmidt* § 478 Rn 16). Weitere Voraussetzung ist das Bestehen eines **einredefreien Anspruches** des Verbrauchers auf Nacherfüllung (§ 439 Abs 1) ggü dem Unternehmer und die **tatsächliche Erfüllung** der **Nacherfüllungspflicht** durch den Unternehmer. Nacherfüllungsmaßnahmen aus bloßer **Kulanz** begründen keinen Regressanspruch (MüKo/*S Lorenz* § 438 Rn 27). Gleiches gilt für unverhältnismäßige Aufwendungen, die den Unternehmer im Verhältnis zum Verbraucher nach § 439 Abs 3 zur Verweigerung der Nacherfüllung berechtigt hätten, sowie im Falle der **Verjährung** des Nacherfüllungsanspruchs. Aus der Begrenzung auf bereits getätigte Aufwendungen ergibt sich auch, dass weder ein Anspruch auf Vorschuss für Nachbesserungsaufwendungen noch ein Freistellungsanspruch des Unternehmers ggü dem Lieferanten in Betracht kommt (MüKo/*S Lorenz* § 478 Rn 27).

Bei den Aufwendungen muss es sich um Kosten handeln, die der Unternehmer zum Zwecke der Nacherfül- 13
lung gemacht hat, insbes Transport-, Wege-, Arbeits- und Materialkosten (*Marx* BB 2002, 2566; *Schubel* ZIP 2002, 2061, 2065 f). Die Kosten müssen gem § 439 Abs 2 **geschuldet**, dh zur Nacherfüllung **erforderlich** gewesen sein; die Kosten dürfen nicht die Unverhältnismäßigkeitsschwelle des § 439 Abs 3 überschreiten, da der Unternehmer in diesen Fällen die durch den Verbraucher gewählte Art der Nacherfüllung hätte verweigern können. **Ersatzfähig** sind die Kosten, die der Unternehmer für eine konkrete Nacherfüllung ggü dem Verbraucher aufbringen musste. **Gemeinkosten** (zB Vorhalten einer Werkstatt oder von Personal) sind grds nicht erfasst (PWW/*D Schmidt* § 478 Rn 17; **aA**: Palandt/*Weidenkaff* § 478 Rn 12). Soweit es sich aber ausschließlich um **Vorhaltekosten** für die Nacherfüllung handelt, wird eine Ersatzpflicht aus Abs 2 angenommen, da es sich um »antizipierten Gewährleistungsaufwand« handelt (*Tröger* ZGS 2002, 296, 297). Umge-

kehrt ist der Aufwendungsersatz für solche Aufwendungen **ausgeschlossen**, die bei hinreichender Vorsorge des Unternehmers nicht angefallen wären.

14 Der Letztverkäuferregress soll dem Unternehmer nicht erlauben, seine eigenen Vorkehrungen zur Mangelbeseitigung auf Kosten des Herstellers zu minimieren oder gar abzuschaffen (*Matthes* NJW 2002, 2505, 2509). Der Letztverkäufer kann die Nacherfüllung selbst vornehmen oder sie einem **Dritten** überlassen. In letzterem Fall stellt sich die Frage, ob der gesamte Aufwand des Dritten einschließlich seiner Gewinnmarge nach Abs 2 ersatzfähig ist. Dies ist möglich, da innerhalb der Regresskette der Hersteller **kein Recht auf eine zweite Andienung** hat, vielmehr der Letztverkäufer über die Eindeckung der Nacherfüllung selbst entscheidet (*Lepsius* AcP 207, 340, 355 f; MüKo/*S Lorenz* § 478 Rn 30; PWW/*D Schmidt* § 478 Rn 18; **aA**: *Böhle* NJW 2003, 3680 f; BaRoth/*Faust* § 478 Rn 20). Der Anspruch aus Abs 2 ist verschuldensunabhängig (BTDrs 14/6040 S 248 f; PWW/*D Schmidt* § 478 Rn 19; Palandt/*Weidenkaff* § 478 Rn 14).

§ 479 Verjährung von Rückgriffsansprüchen. **[1] Die in § 478 Absatz 2 bestimmten Aufwendungsersatzansprüche verjähren in zwei Jahren ab Ablieferung der Sache.**
[2] Die Verjährung der in den §§ 437 und 478 Absatz 2 bestimmten Ansprüche des Unternehmers gegen seinen Lieferanten wegen des Mangels einer an einen Verbraucher verkauften neu hergestellten Sache tritt frühestens zwei Monate nach dem Zeitpunkt ein, in dem der Unternehmer die Ansprüche des Verbrauchers erfüllt hat. Diese Ablaufhemmung endet spätestens fünf Jahre nach dem Zeitpunkt, in dem der Lieferant die Sache dem Unternehmer abgeliefert hat.
[3] Die vorstehenden Absätze finden auf die Ansprüche des Lieferanten und der übrigen Käufer in der Lieferkette gegen die jeweiligen Verkäufer entsprechende Anwendung, wenn die Schuldner Unternehmer sind.

1 **A. Allgemeines.** Wie § 478 verfolgt die Vorschrift den Zweck, den Unternehmer (**Letztverkäufer**) vor der sog **Regressfalle** zu bewahren (§ 478 Rz 1). Es soll verhindert werden, dass die Mängelrechte des Letztverkäufers verjährt sind, bevor sie bei einer verspäteten Geltendmachung durch den Verbraucher ggü dem Lieferanten geltend gemacht werden können (BTDrs 14/6040 S 250; PWW/*D Schmidt* § 479 Rn 1). Abs 1 regelt die Verjährung des Aufwendungsersatzanspruches (§ 478 Abs 2), Abs 2 ordnet eine Ablaufhemmung für Regressansprüche des Letztverkäufers an, die gem Abs 3 auf die gesamte Lieferkette bis hin zum Hersteller erstreckt wird. Zum **Anwendungsbereich** der Vorschrift s § 478 Rz 3–8. Zur **Abdingbarkeit** s § 478 Abs 4 und § 478 Rz 9.

2 **B. Verjährung des Aufwendungsersatzanspruches (Abs 1).** Der Aufwendungsersatzanspruch aus § 478 Abs 2 ist keines der in § 437 gewährten Gewährleistungsrechte, so dass mit Abs 2 eine **spezielle und abschließende Verjährungsregelung** getroffen werden musste. In Anlehnung an § 438 Abs 1 Nr 3 hat der Gesetzgeber eine Verjährungsfrist von zwei Jahren vorgesehen. Umstr ist, ob in Fällen, in denen der Gesetzgeber in § 438 eine längere Verjährung vorgesehen hat (Arglist des Verkäufers, Lieferung von Baumaterialien) auch der Aufwendungsersatzanspruch einer längeren Verjährung unterworfen ist. Mit Blick auf den eindeutigen Wortlaut des Abs 1 wird dies aber abzulehnen sein (PWW/*D Schmidt* § 479 Rn 5; Palandt/*Weidenkaff* § 479 Rn 4; *Tiedtke/Schmitt* ZIP 2005 681, 685; **aA**: BaRoth/*Faust* § 479 Rn 3; MüKo/*S Lorenz* § 479 Rn 5; Haas/Medicus/Rolland/Schäfer/Wendtland/*Haas* Kap 5 Rn 496). Die Verjährung beginnt mit der **Ablieferung** der Sache an den Letztverkäufer (BTDrs 14/6040 S 250); der Begriff »Ablieferung« entspricht dem in § 438 Abs 2 (PWW/*D Schmidt* § 479 Rn 5). Die Verjährungsregelung des Abs 2 **gilt nicht** für den Aufwendungsersatzanspruch aus §§ 437 Nr 3, 284.

3 **C. Ablaufhemmung (Abs 2).** Abs 2 modifiziert die Verjährung der Gewährleistungsansprüche des Letztverkäufers durch eine **Ablaufhemmung**. Die Verjährung tritt **frühestens zwei Monate** nach dem Zeitpunkt ein, in dem der Letztverkäufer die Ansprüche des Verbrauchers erfüllt hat. Die Ablaufhemmung tritt daher nicht ein, wenn der Verbraucher keine Gewährleistungsrechte hat (Palandt/*Weidenkaff* § 479 Rn 5) oder der Letztverkäufer ohne rechtliche Verpflichtung leistet (MüKo/*S Lorenz* § 479 Rn 14). Der Wortlaut des Abs 2 setzt jedoch nicht voraus, dass der Verbraucher Gewährleistungsrechte ggü dem Letztverkäufer geltend macht, so dass die Ablaufhemmung schon dann eintritt, wenn der Letztverkäufer die Sache an einen Verbraucher weiterverkauft hat (*Tiedtke/Schmitt* ZIP 2005, 681, 685 f.; *Ernst/Gsell* ZIP 2001, 1389, 1400; **aA** MüKo/*S Lorenz* § 479 Rn 13; PWW/*D Schmidt* § 479 Rn 6). Sind die Gewährleistungsansprüche des Letztverkäufers gegen die Lieferanten **bereits verjährt**, hilft die Ablaufhemmung nicht weiter, da durch sie nur eine bestehende Verjährung gehemmt, ein bereits verjährter Anspruch aber nicht wieder belebt werden kann (*Tiedtke/Schmitt* ZIP 2005, 681, 685; **aA** Erman/*Grunewald* § 479 Rn 2). Die Ablaufhemmung endet **spätestens fünf Jahre** nach dem Zeitpunkt, in dem der Lieferant dem Letztverkäufer die Sache abgeliefert hat. Der Begriff »Ablieferung« meint Ablieferung iSd § 438 Abs 2 Alt 2 an den Letztverkäufer (PWW/*D Schmidt* § 479 Rn 7).

4 **D. Lieferantenkette (Abs 3).** Abs 3 bestimmt, dass die Verjährungsfrist von Abs 1 und die Ablaufhemmung gem Abs 2 auf die Ansprüche der Lieferanten und der übrigen Zwischenhändler in der Lieferkette **entspr Anwendung** finden, wenn die Schuldner **Unternehmer** sind (§ 14). Voraussetzung ist, dass die Sache **beim jeweils regressierenden Unternehmer abgeliefert** worden ist (str, so MüKo/*S Lorenz* § 479 Rn 6; PWW/*D*

Schmidt § 479 Rn 8; **aA** Haas/Medicus/Rolland/Schäfer/Wendtland/*Haas* Kap 5 Rn 498 – Ablieferung beim Letztverkäufer). Im Ergebnis werden die Mängelrechte bis zum **Hersteller** durchgereicht. Eine Fortsetzung der Lieferkette bis hin zu den **Zulieferern** scheidet aus (s § 478 Rz 10).

Untertitel 4 Tausch

§ 480 Tausch. Auf den Tausch finden die Vorschriften über den Kauf entsprechende Anwendung.

A. Funktion. Der Tausch ist ein gegenseitig verpflichtender Schuldvertrag, dessen Gegenstand alles sein kann, was auch als Objekt eines Kaufvertrags in Betracht kommt, dh neben beweglichen und unbeweglichen Sachen auch Rechte (Staud/*Mader* Rn 7). 1

B. Anwendungsfälle und Abgrenzungen. Der Tausch ist abzugrenzen vom **Doppelkauf**, bei dem jeweils eine Sachleistung gegen Geld geschuldet wird und die Geldforderungen verrechnet werden (BGHZ 49, 7, 9). Ein Doppelkauf ist anzunehmen, wenn vermutlich das eine Geschäft auch ohne das andere getätigt worden wäre (BGHZ 83, 334; Staud/*Mader* Rn 12). Der Unterschied ist gering; beim Tausch stehen die beiden Sachleistungen im Gegenseitigkeitsverhältnis gem § 320, beim Doppelkauf ist dagegen § 273 anzuwenden (MüKo/*Westermann* Rn 2).Wenn die eine Leistung teils in einer Sache, teils in einer Geldzahlung bestehen soll, liegt nach der Rspr kein Tausch vor. Vielmehr handelt es sich um einen **Kauf mit Ersetzungsbefugnis** des Käufers (BGHZ 46, 338, 340). Dies spielt vor allem bei der Inzahlungnahme eines Gebrauchtwagens eine große Rolle (ausf § 433 Rz 54). Die Lit kritisiert diese Konstruktion zT heftig und möchte eine Typenkombination aus Tausch und Kauf annehmen (Staud/*Mader* Rn 14 mN, die hM verteidigend *Eckert/Maifeld/Mathiessen* Rn 28). Im internationalen Handelsverkehr hat der Tausch als **Barter-Geschäft** eine gewisse Bedeutung, und zwar dann, wenn der Käufer mangels Devisen den Kaufpreis nicht bezahlen kann und statt dessen seinerseits Waren liefert (MüKo/*Westermann* Rn 5). Ob wirklich Tausch vorliegt oder mehrere selbständige Kaufverträge, kommt auf den Einzelfall an. Ansonsten kommt der Tausch vor als **Praxistausch** von Ärzten und anderen Freiberuflern (BGHZ 16, 71, 74 f; BGH NJW 1959, 1584), als **Wohnungstausch** (wechselseitige Abtretung der Ansprüche aus den Mietverträgen und Verpflichtung zur Mietzahlung, Celle ZMR 1953, 119, 120; im Regelfall dürfte der Vermieter wohl auf dem Abschluss neuer Mietverträge bestehen) oder als Studienplatztausch (München NJW 1978, 701). 2

C. Anwendbare Vorschriften des Kaufrechts. Die Vorschrift sieht die entspr Anwendung der kaufrechtlichen Vorschriften vor. Dies ist weitgehend möglich. Eine Ausnahme gilt nur für die **Minderung**, wenn die eine Kaufsache mangelhaft ist und die andere Sache nicht in einer teilbaren Leistung besteht. Da der subjektive Wert der als mangelfrei gedachten, aber mangelhaften Kaufsache nicht durch einen Kaufpreis ausgedrückt wird, muss zunächst der objektive Wert ermittelt und von diesem ein Minderungsbetrag errechnet werden. Der Lieferant der mangelhaften Sache muss diesen Betrag in bar zahlen (RGZ 73, 143, 152; Staud/*Mader* Rn 17; MüKo/*Westermann* Rn 6; PWW/*D Schmidt* Rn 7). Ein Rücktritt führt zur Rückabwicklung auch der mangelfreien Gegenleistung (Hamm NJW-RR 1994, 882). 3

Titel 2 Teilzeit-Wohnrechteverträge

Checkliste: Teilzeitwohnrechtevertrag, sog Timesharing (§§ 481–487 BGB)

I. Vertragsschluss			
1. Vertragsparteien (Verbraucher/Unternehmer)	§ 481	→	Rn 2, 6
2. Vertragsinhalt	§ 481	→	Rn 7
3. Vertrags- und Prospektsprache	*§ 483*		
4. Schriftform	§ 484 *§ 125*	→	Rn 1 f
5. Abgrenzung zu sonstigen Verträgen/Vorschriften	§ 481	→	Rn 4
II. Pflichten			
1. Prospektaushändigungspflicht bei Nachfrage und Rechtsfolge bei Verstoß	§ 482	→	Rn 1, 2
2. Gesetzliche Vorgaben zur Vertrags- und Prospektsprache und Rechtsfolge bei Verstoß	§ 483	→	Rn 1, 2
3. Anzahlungsverbot	§ 486	→	Rn 2 ff
4. Unzulässigkeit abweichender Vereinbarungen zu Lasten des Verbrauchers/ Umgehungsverbot	§ 487	→	Rn 1, 2

III. Vertragsdurchführungshindernisse

1. Allgemeine Leistungsstörungen (Unmöglichkeit, Verzug, Schlechtleistung)	*§ 280*	
	§ 281	
	§ 286	
	§ 275	
	§ 241	
	§ 323	
	§ 311a	
2. Widerruf des Vertrages durch den Verbraucher und Rechtsfolgen	§ 485	→ Rn 2 f
	§ 357	
	§§ 346 ff	

IV. Beweislast

Keine Besonderheiten gegenüber allg Regeln

§ 481 Begriff des Teilzeit-Wohnrechtevertrags.

[1] Teilzeit-Wohnrechteverträge sind Verträge, durch die ein Unternehmer einem Verbraucher gegen Zahlung eines Gesamtpreises das Recht verschafft oder zu verschaffen verspricht, für die Dauer von mindestens drei Jahren ein Wohngebäude jeweils für einen bestimmten oder zu bestimmenden Zeitraum des Jahres zu Erholungs- oder Wohnzwecken zu nutzen. Das Recht kann ein dingliches oder anderes Recht sein und insbesondere auch durch eine Mitgliedschaft in einem Verein oder einen Anteil an einer Gesellschaft eingeräumt werden.

[2] Das Recht kann auch darin bestehen, die Nutzung eines Wohngebäudes jeweils aus einem Bestand von Wohngebäuden zu wählen.

[3] Einem Wohngebäude steht ein Teil eines Wohngebäudes gleich.

Literatur *Bütter* Immobilien-Time-Sharing und Verbraucherschutz (2000); *ders* Vorvertragliches Aufklärungsverschulden und AGB-Kontrolle bei Time-Sharing-Verträgen ZMR 1999, 73; *Kind* Die Suche nach dem Vergleichsmarkt: Zur Beurteilung der Sittenwidrigkeit bei Time-Sharing-Verträgen; *Tonner* Das Recht des Time-Sharing an Ferienimmobilien (1997).

1 **A. Allgemeines.** Der 2. Titel des 8. Abschnitts des zweiten Buchs des BGB regelt Teilzeit-Wohnrechteverträge (»Timesharing«). Die entspr Regelungen der §§ 481 bis 487 wurden erst durch das Schuldrechtsmodernisierungsgesetz im Zuge der hierdurch vorgenommenen Inkorporierung von privatrechtlichen Nebengesetzen in das BGB eingeführt. Die §§ 481 bis 487 lösen das vom 01.01.1997 bis zum 31.12.2001 geltende Teilzeit-Wohnrechtegesetz (TzWrG -Teilzeit-Wohnrechtegesetz vom 20.12.1996 (BGBl I S 2154) idF v 30.06.2000 (BGBl I S 957) ab. – Das TzWrG wiederum diente ebenso wie die an seine Stelle tretenden Vorschriften der §§ 481 bis 487 der Umsetzung der RL 94/47/EG des Europäischen Parlaments und des Rates vom 26.10.1994 zum Schutze der Erwerber im Hinblick auf bestimmte Aspekte von Verträgen über den Erwerb von Teilzeit-Nutzungsrechten an Immobilien (ABl EG Nr L 280 S 83). §§ 481 ff regeln ebenso wie das zuvor geltende TzWrG und die zugrunde liegende RL 94/47/EG nur ausgewählte Aspekte von Teilzeit-Wohnrechteverträgen.

2 Eingeschränkt sind von vornherein der persönliche und sachliche Anwendungsbereich der Vorschriften. Sie gelten nach § 481 Abs 1 nur für Verträge zwischen Verbrauchern und Unternehmern iSv §§ 13, 14 und sind damit Teil der **verbraucherschutzpolitischen Gesetzgebung** von EG und Mitgliedstaaten. Außerdem erfassen die Vorschriften nur bestimmte Nutzungsobjekte, nämlich Wohngebäude, nicht aber Teilzeitnutzungsrechte an beweglichen Sachen. Verzichtet hat der Gesetzgeber auf vertragsrechtliche Regelungen über die Leistungspflichten der Vertragsparteien, über Leistungsstörungen und Gewährleistung sowie über Begründung und Beendigung des Vertrags. Der Kern der Regelungen der §§ 481 ff liegt in der Einräumung eines nachvertraglichen Widerrufsrechts nach § 485 in Verbindung mit § 355. Unterstützt wird das Widerrufsrecht von ausgedehnten vorvertraglichen und vertraglichen Informationspflichten. Bei Teilzeit-Wohnrechteverträgen wird dies rechtstechnisch so umgesetzt, dass der Anbieter von Teilzeit-Wohnrechten einem Interessenten einen Prospekt überreicht, welcher die wesentlichen Angaben über das zu erwerbende Recht enthält (§ 482). Außerdem statuieren die Bestimmungen ein Schriftformgebot für den Vertrag selbst (§ 484) sowie umfängliche Mindestangaben über den Vertragsgegenstand als solchen. Diese Mindestangaben für Prospekt und Vertrag sind nicht im BGB, sondern in § 2 BGB-InfoV (abgedruckt und erläutert im Anhang zu § 482) geregelt. Ergänzt wird dies durch Vorschriften über die im Teilzeit-Wohnrechtevertrag und dem Informationsprospekt zu verwendende Sprache (§ 483) sowie durch ein Anzahlungsverbot während der Widerrufsfrist (§ 486). Insg enthalten die §§ 481 bis 487 also **drei zentrale Schutzinstrumente** zugunsten des Verbrauchers als Timesharing-Interessent: Der Erwerbsinteressent muss durch einen obligatorischen Prospekt mit vorgegebenen Mindestangaben umfassend über das Teilzeit-Nutzungsrecht informiert werden (Prospektzwang). Rechte und

Pflichten des Erwerbers müssen umfänglich im Vertrag dokumentiert werden (Vertragstransparenz). Schließlich erhält der Erwerber eine Lösungsmöglichkeit vom bereits abgeschlossenen Vertrag (Widerrufsrecht).

B. Umsetzung der Timesharing-RL 94/47/EG und praktische Bedeutung der Vorschriften. Die Umsetzung der §§ 481 ff in das BGB ist rechtstechnisch nicht gelungen. Der Gesetzgeber hat sich bereits beim TzWrG darauf beschränkt, in Umsetzung der Timesharing-RL 94/47/EG einzelne Aspekte der Nutzung von Teilzeit-Wohnrechten zu regeln. Die Einfügung eines zweiten Titels in den achten Abschnitt des zweiten Buchs des BGB erzeugt den ersten Anschein, als habe der Gesetzgeber eine solche vertragliche Typisierung von Teilzeit-Wohnrechteverträgen vorgenommen, wie dies ansonsten dem Regelungskonzept des achten Abschnitts im Recht der Schuldverhältnisse entspricht. Das Gegenteil ist jedoch der Fall. §§ 481 bis 487 formen weder das vertragliche Pflichtenprogramm der Vertragsparteien aus noch regeln diese Vorschriften Abschluss und Beendigung solcher Verträge. Die Vorschriften der §§ 481 bis 487 wirken daher als Fremdkörper im Recht der vertraglichen Schuldverhältnisse. Der Timesharing-Vertrag muss vielmehr auch nach der Inkorporierung des TzWrG in das BGB als gesetzlich nicht geregelter Vertragstyp angesehen werden. Die unvollständig anmutenden Regelungen sollten jedoch ausschließlich einen damals dringend benötigten effektiven Verbraucherschutz gewährleisten. Diesen Zweck haben die Vorschriften zweifellos erfüllt. Die Fälle, in denen Verbraucher von unseriösen Timesharing Anbietern übervorteilt werden, sind stark zurückgegangen. Die praktische Bedeutung der Vorschriften in der Rechtsanwendung ist heute sehr gering. 3

C. Anwendbarkeit allgemeiner Vorschriften. Wie der Standort der Vorschriften nahe legt, finden die allg Vorschriften des BGB uneingeschränkt Anwendung. Dazu gehören insbes die Vorschriften des BGB über Willenserklärungen (§§ 119 ff), Vertragsschluss (§§ 145 ff), über Schadensersatz bei Pflichtverletzungen nach §§ 280 ff, 311 sowie über Einbeziehung und Inhaltskontrolle von AGB (§§ 305 ff, vgl hierzu *Bütter* ZMR 1999, 73, 75 f). Die anzuwendenden Regeln über Leistungsstörungen und die Beendigung des Teilzeit-Wohnrechtevertrags hängen von der rechtlichen Ausgestaltung des Vertrags im Einzelnen ab (MüKo/*Franzen* Rn 4 ff). Vor Inkrafttreten des TzWrG (01.01.1997) hat die Rspr darüber hinaus die verbraucherschützenden Mechanismen des HaustürWG angewandt, falls Teilzeit-Wohnrechteverträge unter den situativen Anwendungsvoraussetzungen des HaustürWG zustande gekommen waren. Dieser Weg ist nach dem Inkrafttreten des TzWrG in seinem Anwendungsbereich wegen § 5 Abs 3 HaustürWG (entspricht § 312a) hinsichtlich des Widerrufsrechts verschlossen (MüKo/*Franzen* § 485 Rn 7). In der Praxis spielte die Unwirksamkeit von Timesharing-Verträgen nach § 138 unter dem Aspekt der schweren Äquivalenzstörung (grobes Missverhältnis von Leistung und Gegenleistung) als wucherähnl Geschäfte eine Rolle (BGHZ 125, 218, 227 ff). Nach der Rspr besteht ein grobes Missverhältnis, welches eine sittenwidrige Äquivalenzstörung indiziert, wenn der Wert der Gegenleistung knapp doppelt so hoch ist wie derjenige der Leistung (BGHZ 104, 102, 105). Als Vergleichsmarkt für die Bewertung der Leistung des Teilzeit-Wohnrechteanbieters zogen Instanzgerichte den Markt für Eigentumswohnungen und für Ferienmietwohnungen (Köln NJW-RR 1995, 1333, 1334 f; LG Duisburg NJW-RR 1995, 883, 884; LG Darmstadt VuR 1996, 342, 343; Frankfurt aM NZM 1999, 383; LG Paderborn VuR 1998, 92, 93; *Kind* NZM 1998, 943, 945), aber auch den Markt für vergleichbare Teilzeit-Wohnrechte (Düsseldorf NZM 1998, 43, 44 und 344) heran. Der BGH folgt einer vermittelnden Ansicht: Grds geht er vom Timesharing-Markt aus, zieht allerdings als Korrekturmaßstab den Markt für nach Qualität und Lage vergleichbare Eigentumswohnungen unter Berücksichtigung der übrigen Leistungen des Timesharing-Anbieters heran (BGHZ 125, 218, 227). Hinsichtlich der Kontrolle von AGB von Teilzeit-Wohnrechteverträgen standen in der instanzgerichtlichen Rspr Verstöße gegen das Transparenzgebot, insbes bei Treuhandmodellen, im Vordergrund (Köln NJW 1994, 59; Dresden NZM 2000, 207). Der BGH hält die vertragliche Ausgestaltung des Timesharings im Rahmen eines Treuhandmodells grds allerdings nicht für intransparent. Er hat jedoch eine Vertragsklausel als überraschend iSv § 305c eingestuft, nach welcher der Timesharing-Anbieter seine Pflicht zur Verschaffung eines Dauerwohnrechts nach § 31 WEG dadurch erfüllen kann, dass er dem Kunden lediglich die Eintragung in ein so genanntes Gemeinschaftsregister eines Treuhänders ermöglicht (BGHZ 130, 150, 159). Im Ergebnis spricht der BGH dem Verbraucher in solchen Fällen einen Anspruch auf Eintragung des Dauerwohnrechts nach § 31 WEG in das Grundbuch zu (vgl MüKo/*Franzen* Rn 16 f). 4

D. Zeitlicher Anwendungsbereich der §§ 481 ff. Der zeitliche Anwendungsbereich der §§ 481 bis 487 ergibt sich aus der Regelung der Übergangsvorschriften zum Schuldrechtsmodernisierungsgesetz (Art 229 § 5 EGBGB). Nach Art 229 § 5 S 1 EGBGB sind auf Schuldverhältnisse, die vor dem 01.01.2002 entstanden sind, das Bürgerliche Gesetzbuch und sonstige privatrechtliche Nebengesetze, unter anderem das TzWrG, in der bis zum 31.12.2001 geltenden Fassung anzuwenden. Für vor dem 01.01.2002 abgeschlossene Teilzeit-Wohnrechteverträge ist danach das TzWrG maßgeblich. Damit gilt für solche Verträge auch die Übergangsvorschrift des § 11 TzWrG. Deshalb ist auf Teilzeit-Wohnrechteverträge, die zwischen 01.01.1997 und 29.06.2000 abgeschlossen wurden, das TzWrG in seiner ursprünglichen Fassung vom 20.12.1996 (BGBl I S 2154) anzuwenden. Auf zwischen dem 30.06.2000 und 31.12. 2001 abgeschlossene Verträge wird das TzWrG in der in diesem Zeitraum geltenden Fassung angewandt (Neubekanntmachung BGBl 2000 I S 957). Für Teilzeit-Wohnrechteverträge, die vor dem 01.01.1997 abgeschlossen wurden, sind weder das TzWrG noch die §§ 481 ff maßgeblich. Diese Grundsätze hinsichtlich des zeitlichen Anwendungsbereichs der §§ 481 ff erfahren aller- 5 dings durch Art 229 § 5 S 2 EGBGB eine erhebliche Modifikation. Danach gilt die soeben skizzierte Rechtslage für Dauerschuldverhältnisse mit der Maßgabe, dass ab dem 01.01.2003 nur das BGB und die damit verbundenen privatrechtlichen Nebengesetze einschließlich der BGB-InfoV in der dann geltenden Fassung anzuwenden sind. Teilzeit-Wohnrechteverträge sind als Dauerschuldverträge anzusehen (vgl detailliert dazu MüKo/*Franzen* Vor § 481 Rn 20, 21).

6 **E. Voraussetzungen des Teilzeit-Wohnrechtevertrages.** § 481 Abs 1 S 1 regelt den sachlichen und personellen Anwendungsbereich der §§ 481 ff. Der Unternehmer hat dem Verbraucher ein Nutzungsrecht an einem Wohngebäude zu Erholungs- oder Wohnzwecken gegen Zahlung eines Gesamtpreises zu verschaffen. In der Praxis sind zT Konstruktionen anzutreffen, die eine vorgesehene Mindestlaufzeit von 3 Jahren für das Nutzungsrecht an dem Wohngebäude knapp unterschreiten, um dem Verbraucher die Rechte aus §§ 481 ff abzuschneiden. Anstatt eine Mindestlaufzeit zu normieren, erscheint deshalb die Anknüpfung an eine vertraglich sich »wiederholende Nutzung« sinnvoller.

7 **F. Vertragliche Gestaltungsformen.** § 481 Abs 1 S 2 stellt klar, dass die rechtliche Ausgestaltung des Nutzungsrechts und dessen Einordnung für die Anwendung der §§ 481 ff ohne Bedeutung ist. Als grds Gestaltungsformen kommen drei Grundmodelle in Betracht:

- das »schuldrechtliche Timesharing«, bei dem der Verbraucher einen schuldrechtlichen Anspruch gegen den Unternehmer auf den periodisch wiederkehrenden Gebrauch der Sache erhält;
- das »dinglich ausgestaltete Timesharing«, bei dem der Unternehmer dem Verbraucher ein dingliches Recht an der Immobilie überträgt; und schließlich
- das »mitgliedschaftlich begründete Timesharing«, bei dem das Nutzungsrecht aus dem mitgliedschaftlichen bzw gesellschaftsrechtlichen Rechtsverhältnis entspringt.

Der Markt für Teilzeitnutzungsrechte weist sämtliche Konstruktionen auf. Für Einzelheiten zu den Gestaltungsformen vgl *Bütter* Immobilien-Timesharing und Verbraucherschutz S 75 ff; *Tonner* Das Recht des Time-Sharing an Ferienimmobilien Rn 51 ff; MüKo/*Franzen* Rn 2 ff).

§ 482 Prospektpflicht bei Teilzeit-Wohnrechteverträgen.

[1] Wer als Unternehmer den Abschluss von Teilzeit-Wohnrechteverträgen anbietet, hat jedem Verbraucher, der Interesse bekundet, einen Prospekt auszuhändigen.

[2] Der in Absatz 1 bezeichnete Prospekt muss eine allgemeine Beschreibung des Wohngebäudes oder des Bestandes von Wohngebäuden sowie die in der Rechtsverordnung nach Art. 242 des Einführungsgesetzes zum Bürgerlichen Gesetzbuche bestimmten Angaben enthalten.

[3] Der Unternehmer kann vor Vertragsschluss eine Änderung gegenüber den im Prospekt enthaltenen Angaben vornehmen, soweit dies auf Grund von Umständen erforderlich wird, auf die er keinen Einfluss nehmen konnte.

[4] In jeder Werbung für den Abschluss von Teilzeit-Wohnrechteverträgen ist anzugeben, dass der Prospekt erhältlich ist und wo er angefordert werden kann.

1 **A. Normzweck.** § 482 statuiert für den Teilzeit-Wohnrechtevertrag einen »Prospektzwang« des Unternehmers. Die Bestimmung entspricht § 2 TzWrG. Allerdings wurden die Vorschriften über die Prospektsprache nach § 2 Abs 1 S 2-4 TzWrG einheitlich für Vertrag und Prospekt in § 483 eingestellt. § 482 regelt zusammen mit § 2 BGB-InfoV den Inhalt und die Form des auszuhändigenden Prospekts (vgl MüKo/*Franzen* Rn 9 ff). § 482 setzt Art 3 RL 94/47/EG um. Die Bestimmung soll eine möglichst frühzeitige Information des Verbrauchers über die wesentlichen Vertragsinhalte durch Überlassung eines Prospektes gewährleisten. Die Inhalte des Prospektes werden nach § 484 Abs 1 S 3 Bestandteil des späteren Teilzeit-Wohnrechtevertrages, obgleich die Prospektangaben in dem Vertrag erneut angegeben werden müssen. § 484 Abs 1 S 5 lässt hierbei die bloße Verweisung auf den Prospekt nicht genügen. Damit hat der Gesetzgeber einen anderen Weg gewählt als im Reisevertragsrecht, wo auf die Prospektangaben verwiesen werden darf (vgl § 6 Abs 4 BGB-InfoV).

2 **B. Rechtsfolge bei Verstößen.** Ein Unternehmer, der entgegen § 482 Abs 1 entweder keinen Prospekt oder diesen entgegen § 483 Abs 1 S 3 nicht in einer der geforderten Sprachen an den Verbraucher aushändigt, setzt sich einer auf einen Monat verlängerten Widerrufsfrist nach § 485 Abs 3 aus. Die Vorschriften der §§ 481 ff regeln allerdings nicht die Rechtsfolgen der Überlassung eines unvollständigen Prospekts, der nicht die Anforderungen des § 482 Abs 2 erfüllt. ZT wird vertreten, dass sich in diesem Fall die Widerrufsfrist ebenso nach § 485 Abs 3 verlängert (Staud/*Martinek* § 485 Rn 21 f; Hk-BGB/*Staudinger* § 485 Rn 4; Palandt/*Weidenkaff* § 485 Rn 6). Dagegen spricht jedoch, dass der Gesetzgeber die Sanktion des § 485 Abs 3 lediglich bei vollständigem Fehlen eines Prospektes festgesetzt hat. Soweit es sich lediglich um eine punktuelle Unvollständigkeit des Prospekts handelt, kommt eine Analogie nicht in Betracht. Daher ist in diesen Fällen § 485 Abs 3 nicht einschlägig (so auch MüKo/*Franzen* § 485 Rn 22). Weitergehende Rechtsfolgen nach allg Vorschriften (insbes §§ 280 Abs 1, 311 Abs 2) können bei Vorliegen der entspr Voraussetzungen ggf parallel in Betracht kommen (vgl zum Stand der Diskussion MüKo/*Franzen* Rn 15).

§ 483 Vertrags- und Prospektsprache bei Teilzeit-Wohnrechteverträgen. [1] **Der Vertrag ist in der Amtssprache oder, wenn es dort mehrere Amtssprachen gibt, in der vom Verbraucher gewählten Amtssprache des Mitgliedstaats der Europäischen Union oder des Vertragsstaats des Abkommens über den Europäischen Wirtschaftsraum abzufassen, in dem der Verbraucher seinen Wohnsitz hat. Ist der Verbraucher Angehöriger eines anderen Mitgliedstaats, so kann er statt der Sprache seines Wohnsitzstaats auch die oder eine der Amtssprachen des Staats, dem er angehört, wählen. Die Sätze 1 und 2 gelten auch für den Prospekt.**
[2] **Ist der Vertrag vor einem deutschen Notar zu beurkunden, so gelten die §§ 5 und 16 des Beurkundungsgesetzes mit der Maßgabe, dass dem Verbraucher eine beglaubigte Übersetzung des Vertrags in der von ihm nach Absatz 1 gewählten Sprache auszuhändigen ist.**
[3] **Teilzeit-Wohnrechteverträge, die Absatz 1 Satz 1 und 2 oder Absatz 2 nicht entsprechen, sind nichtig.**

Die Vorschriften über die Vertrags- und Prospektsprache in § 483 flankieren die Informationspflichten des 1
Teilzeit-Wohnrechte-Anbieters ggü dem Verbraucher. Sind die Pflichtangaben nach § 482 und § 2 BGB-InfoV nicht in einer für den Verbraucher verständlichen Sprache abgefasst, können sie ihren Zweck nicht erfüllen. Dies soll § 483 sicherstellen. Die Regelungsbedürftigkeit des Sprachenproblems ergibt sich im Bereich des Timesharing daraus, dass der Teilzeit-Wohnrechtemarkt ein typischerweise grenzüberschreitender ist, und damit die gewöhnlichen Aufenthaltsorte der Interessenten, die Niederlassungen der Anbieter sowie die Belegenheit der Objekte vielfach auf mehrere Staaten verteilt sind. § 483 Abs 3 ordnet die Nichtigkeit des Teilzeit-Wohnrechtevertrages an, wenn dieser nicht in einer zulässigen Sprache abgefasst ist. Nach dem Wortlaut tritt die Nichtigkeitsfolge aber erst ein, wenn der Verbraucher zuvor eine zulässige Sprache gewählt hat und diese bei der Abfassung des Vertrags nicht berücksichtigt wurde.

§ 484 Schriftform bei Teilzeit-Wohnrechteverträgen. [1] **Der Teilzeit-Wohnrechtevertrag bedarf der schriftlichen Form, soweit nicht in anderen Vorschriften eine strengere Form vorgeschrieben ist. Der Abschluss des Vertrags in elektronischer Form ist ausgeschlossen. Die in dem in § 482 bezeichneten, dem Verbraucher ausgehändigten Prospekt enthaltenen Angaben werden Inhalt des Vertrags, soweit die Parteien nicht ausdrücklich und unter Hinweis auf die Abweichung vom Prospekt eine abweichende Vereinbarung treffen. Solche Änderungen müssen dem Verbraucher vor Abschluss des Vertrags mitgeteilt werden. Unbeschadet der Geltung der Prospektangaben nach Satz 3 muss die Vertragsurkunde die in der in § 482 Absatz 2 bezeichneten Rechtsverordnung bestimmten Angaben enthalten.**
[2] **Der Unternehmer hat dem Verbraucher eine Vertragsurkunde oder Abschrift der Vertragsurkunde auszuhändigen. Er hat ihm ferner, wenn die Vertragssprache und die Sprache des Staates, in dem das Wohngebäude belegen ist, verschieden sind, eine beglaubigte Übersetzung des Vertrags in der oder einer zu den Amtssprachen der Europäischen Union oder des Übereinkommens über den Europäischen Wirtschaftsraum zählenden Sprache des Staates auszuhändigen, in dem das Wohngebäude belegen ist. Die Pflicht zur Aushändigung einer beglaubigten Übersetzung entfällt, wenn sich das Nutzungsrecht auf einen Bestand von Wohngebäuden bezieht, die in verschiedenen Staaten belegen sind.**

§ 484 Abs 1 S 1 schreibt vor, dass der Teilzeit-Wohnrechtevertrag schriftlich abgeschlossen werden muss 1
(§ 126). Das Schriftformerfordernis dient dazu, den Verbraucher vor übereilten Vertragsabschlüssen zu bewahren und ihn gleichzeitig hinreichend über die Vertragsbedingungen zu informieren. § 484 entspricht im Wesentlichen dem früheren § 3 TzWrG. Strengere Formerfordernisse auf Grund anderer Vorschriften bleiben von § 484 Abs 1 S 1 unberührt. Damit ist in erster Linie die notarielle Beurkundung angesprochen. Der Hauptanwendungsfall ist § 311b Abs 1 (MüKo/*Franzen* § 483 Rn 13). § 484 Abs 2 S 1 verpflichtet den Unternehmer, dem Verbraucher eine Vertragsurkunde im Original oder in einfacher Abschrift auszuhändigen. Damit soll gesichert werden, dass der Verbraucher auch bei nicht notariell beurkundeten Verträgen ein Exemplar des Vertragstexts stets zur Verfügung hat und sich seiner Rechte und Pflichten vergewissern kann. Nach allg Grundsätzen sind Teilzeit-Wohnrechteverträge, welche die vorgeschriebene Schriftform nicht beachten, nach § 125 S 1 nichtig. Verstößt der Unternehmer gegen die Pflicht aus § 484 Abs 2 S 1, bleibt der Vertrag mangels ausdrücklicher Regelung gleichwohl wirksam (MüKo/*Franzen* § 484 Rn 16; aA *Tonner* aaO Rn 226).

§ 485 Widerrufsrecht bei Teilzeit-Wohnrechteverträgen. [1] **Dem Verbraucher steht bei einem Teilzeit-Wohnrechtevertrag ein Widerrufsrecht nach § 355 zu.**
[2] **Die erforderliche Belehrung über das Widerrufsrecht muss auch die Kosten angeben, die der Verbraucher im Falle des Widerrufs gemäß Absatz 5 Satz 2 zu erstatten hat.**
[3] **Ist dem Verbraucher der in § 482 bezeichnete Prospekt vor Vertragsschluss nicht oder nicht in der in § 483 Absatz 1 vorgeschriebenen Sprache ausgehändigt worden, so beträgt die Frist zur Ausübung des Widerrufsrechts abweichend von § 355 Absatz 1 Satz 2 einen Monat.**

[4] Fehlt im Vertrag eine der Angaben, die in der in § 482 Absatz 2 bezeichneten Rechtsverordnung bestimmt werden, so beginnt die Frist zur Ausübung des Widerrufsrechts erst, wenn dem Verbraucher diese Angabe schriftlich mitgeteilt wird.

[5] Eine Vergütung für geleistete Dienste sowie für die Überlassung der Nutzung von Wohngebäuden ist abweichend von § 357 Absatz 1 und 3 ausgeschlossen. Bedurfte der Vertrag der notariellen Beurkundung, so hat der Verbraucher dem Unternehmer die Kosten der Beurkundung zu erstatten, wenn dies im Vertrag ausdrücklich bestimmt ist. In den Fällen der Absätze 3 und 4 entfällt die Verpflichtung zur Erstattung von Kosten; der Verbraucher kann vom Unternehmer Ersatz der Kosten des Vertrags verlangen.

1 **A. Normzweck.** § 485 dient der Umsetzung von Art 5 RL 94/47/EG. § 485 und Art 5 RL 94/47/EG räumen dem Verbraucher das Recht ein, seine auf den Abschluss eines Teilzeit-Wohnrechtevertrags gerichtete Willenserklärung zu widerrufen. Dieses Widerrufsrecht stellt die zentrale Regelung sowohl der RL 94/47/EG als auch der Bestimmungen der §§ 481 ff über Teilzeit-Wohnrechteverträge dar. Das Widerrufsrecht verfolgt damit einen doppelten Zweck: Zum einen geht es um die Einräumung einer Überlegungsfrist, damit der Verbraucher die übernommenen Verbindlichkeiten überprüfen und nach günstigeren Vertragsabschlussgelegenheiten Ausschau halten kann. Damit dient das Widerrufsrecht bei Teilzeit-Wohnrechteverträgen dem Schutz des Verbrauchers vor Übereilung. Insoweit ähnelt es dem Schutzgedanken des Widerrufsrechtes bei Verbraucherdarlehensverträgen nach § 495. Hinzu kommt der Aspekt des Schutzes vor Überrumpelung, um vielfach als anstößig empfundene Vertriebsmethoden von manchen Timesharing-Anbietern auszuschalten. Insoweit ist der Schutzzweck des Widerrufsrechts mit demjenigen bei Haustürgeschäften nach § 312 vergleichbar.

2 **B. Widerrufstatbestände.** § 485 enthält eine differenzierte Regelung über die Modalitäten des Widerrufsrechts in unterschiedlichen Konstellationen. Zunächst gewährt § 485 Abs 1 ein vorbehaltloses Widerrufsrecht, welches dem Verbraucher gem § 355 Abs 1 S 1, Abs 2 S 1 und 3 für die Dauer von zwei Wochen nach Aushändigung der Vertragsurkunde bzw Abschrift und ordnungsgem Belehrung über die Existenz des Widerrufsrechts zusteht. Zusätzlich knüpft § 485 Abs 4 den Beginn der Widerrufsfrist an die vollständige und zutr Aufnahme aller nach § 482 Abs 2 und § 2 Abs 1 und 3 BGB-InfoV vorgeschriebenen Angaben in den Vertrag. Darüber hinaus ordnet § 485 Abs 3 ein auf die Dauer von einem Monat verlängertes Widerrufsrecht an, wenn dem Verbraucher entgegen § 482 überhaupt kein Prospekt oder ein solcher in einer nicht in § 483 Abs 1 vorgesehenen Sprache ausgehändigt wurde. Schließlich enthält § 485 Abs 5 Regelungen hinsichtlich der Rückabwicklung des Vertrags bei Ausübung des Widerrufs, die teilw von den allg Vorschriften der §§ 357 ff abweichen. Für diesen Fall modifiziert § 485 Abs 2 die Anforderungen an die Belehrung über das Widerrufsrecht insoweit, als in der Belehrung die dem Verbraucher für den Fall des Widerrufs entstehenden Kosten angegeben werden müssen. Zu den Einzelheiten des Widerrufs und der Widerrufsbelehrung vgl MüKo/*Franzen* Rn 11–37.

3 **C. Rechtsfolgen des Widerrufs.** Der Widerruf beendet die schwebende Wirksamkeit des Teilzeit-Wohnrechtevertrages und begründet ein Rückgewährschuldverhältnis. Dieser dogmatischen Konzeption entspr ordnet § 357 Abs 1 an, dass die Vorschriften des Rücktrittsrechts (§§ 346 ff) für die Rückabwicklung des Vertrages angewandt werden müssen. Die Parteien sind daher verpflichtet, einander die empfangenen Leistungen zurückzugewähren. Abw von § 357 Abs 1 und 3 muss der Verbraucher nach § 485 Abs 5 S 1 weder die Überlassung der Nutzung von Wohngebäuden noch die Inanspruchnahme geleisteter Dienste vergüten. Entspr Nutzungsersatzansprüche des Unternehmers auf anderer Grundlage – etwa Bereicherungsrecht oder Eigentümer-Besitzer-Verhältnis – sind ebenfalls ausgeschlossen (MüKo/*Franzen* Rn 40). Durch § 485 Abs 5 S 1 soll der Verbraucher nicht von der Ausübung seines Widerrufsrechts abgehalten werden, weil er befürchtet, die bereits in Anspruch genommenen Leistungen bezahlen zu müssen. Kosten für die notarielle Beurkundung des Teilzeit-Wohnrechtevertrags muss der Verbraucher nach § 485 Abs 5 S 2 nur begleichen, wenn der Vertrag dies ausdrücklich vorsieht. Trotz einer vertraglich vereinbarten Übernahme der Notarkosten ist der Verbraucher nach § 485 Abs 5 S 3 nicht zur Kostenerstattung verpflichtet, wenn der Unternehmer keinen Prospekt oder einen solchen in der falschen Sprache ausgehändigt (§ 485 Abs 3) oder nicht alle vorgeschriebenen Pflichtangaben in den Vertrag aufgenommen hat (§ 485 Abs 4). Dem Verbraucher steht in diesen Fällen vielmehr ein Ersatzanspruch gegen den Unternehmer auf Ersatz der Kosten des Vertrages nach § 485 Abs 5 S 3 Hs 2 zu. Der Widerruf des Teilzeit-Wohnrechte-Vertrages erfasst nach § 358 Abs 1 S 1 auch einen Verbraucherdarlehensvertrag, der mit dem Teilzeit-Wohnrechtevertrag verbunden ist. Dies ist dann der Fall, wenn beide Verträge eine wirtschaftliche Einheit iSv § 358 Abs 3 bilden. Zu den Rechtsfolgen im Hinblick auf einen abgeschlossenen Tauschpoolvertrag s MüKo/*Franzen* Rn 46 f.

4 **D. Kollision zu anderen Widerrufsrechten.** Neben einem Widerrufsrecht nach § 485 kommen angesichts der Vertriebsmethoden grds auch andere Widerrufstatbestände in Betracht. Für Haustürgeschäfte nach § 312 hat der Gesetzgeber mit § 312a eine ausdrückliche Kollisionsregel geschaffen. Danach wird das Widerrufsrecht nach § 312 durch § 485 verdrängt. Dies gilt nur für das Widerrufsrecht als solches, so dass insbes die Gerichtsstandsregel für Haustürgeschäfte nach § 29c ZPO anwendbar bleibt (Begr zum TzWrG, BTDrs 13/4185 S 14 für § 7 HaustürWG). Für Teilzeit-Wohnrechteverträge, die unter den Voraussetzungen des Fernab-

satzes nach § 312b Abs 1 und 2 geschlossen werden, hat der Gesetzgeber mit § 312b Abs 3 Nr 2 eine vollständige Bereichsausnahme für Teilzeit-Wohnrechte-Verträge normiert; insoweit gelten also nur die Vorschriften der §§ 481 ff. Hat der Verbraucher einen Teilzeit-Wohnrechtevertrag und einen damit verbundenen (§ 358) Verbraucherdarlehensvertrag geschlossen, ist § 358 Abs 2 S 2 einschlägig. Diese Vorschrift führt hinsichtlich des Widerrufsrechts ebenfalls zu einem Vorrang des Widerrufrechts nach § 485.

E. Beweislast. Nach § 485 Abs 1 iVm § 355 Abs 2 S 4 trifft den Unternehmer die Beweislast hinsichtlich des Beginns der Widerrufsfrist. Die dem Unternehmer obliegende Darlegungs- und Beweislast bezieht sich auf alle Elemente, die mit diesem Umstand verbunden sind. Dazu gehören die ordnungsgem Widerrufsbelehrung, die Übergabe der Vertragsurkunde oder -abschrift sowie die Vollständigkeit der erforderlichen Angaben im Vertrag gem § 485 Abs 4. Das Fehlen solcher Umstände modifiziert jeweils den Beginn der Frist für die Ausübung des Widerrufs. 5

§ 486 Anzahlungsverbot bei Teilzeit-Wohnrechteverträgen. Der Unternehmer darf Zahlungen des Verbrauchers vor Ablauf der Widerrufsfrist nicht fordern oder annehmen. Für den Verbraucher günstigere Vorschriften bleiben unberührt.

A. Normzweck. § 486 verbietet Zahlungen des Verbrauchers während der Widerrufsfrist. Der Verbraucher soll frei von äußeren Einflüssen darüber entscheiden können, ob er das ihm nach § 485 zustehende Widerrufsrecht ausübt oder nicht. Im Fall des Widerrufs ist es für den Verbraucher häufig schwierig, eine bereits geleistete Anzahlung zurückzuerlangen. Das Anzahlungsverbot besteht nach § 486 S 1 bis zu dem Zeitpunkt, ab dem der Verbraucher im jeweiligen Einzelfall seine Willenserklärung zum Abschluss eines Teilzeit-Wohnrechtevertrages nicht mehr widerrufen kann. Die Anzahlungsverbotsfrist ist daher mit der jeweils anwendbaren Widerrufsfrist nach §§ 485, 355 identisch. Damit bezieht sich § 486 S 1 sowohl auf die regelm 14tägige Widerrufsfrist nach §§ 355 Abs 1 S 2, 485 Abs 1 als auch auf die Fälle der verlängerten einmonatigen Widerrufsfrist des § 485 Abs 3 sowie des verzögerten Fristbeginns nach § 485 Abs 4. 1

B. Rechtsfolgen bei Verstoß gegen das Anzahlungsverbot. §§ 481 ff enthalten ebenfalls keine ausdrückliche Regelung der Frage, welche Wirkungen ein Verstoß gegen § 486 S 1 durch den Unternehmer entfaltet. Zu unterscheiden sind zivilrechtliche, verwaltungsrechtliche und wettbewerbsrechtliche Folgen. In zivilrechtlicher Hinsicht ist zunächst festzuhalten, dass ein Verstoß gegen § 486 S 1 nicht zur Unwirksamkeit des gesamten Vertrags nach § 134 führt, weil das Fordern oder Annehmen der Anzahlung nur für den Unternehmer verboten ist. Hinsichtlich der Rückforderung der entgegen § 486 S 1 vom Verbraucher hingegebenen Anzahlung muss zwischen folgenden Konstellationen differenziert werden: Übt der Verbraucher das ihm zustehende Widerrufsrecht wirksam aus, wird der Vertrag nach § 357 und den sich aus § 485 Abs 5 ergebenden Modifikationen abgewickelt. Bei anderweitiger Unwirksamkeit des Teilzeit-Wohnrechtevertrags – etwa nach § 138 – steht diesem ein Rückforderungsanspruch aus §§ 812 Abs 1 S 1, 817 S 1 zu. Dabei kann sich der Unternehmer hinsichtlich der gesetzeswidrig angenommenen Anzahlung nicht auf einen Wegfall der Bereicherung berufen, da insoweit die verschärfte Haftung nach § 819 Abs 2 eingreift. Bei einem vollständig wirksamen Vertrag über den Erwerb eines Teilzeitwohnrechts könnte der Verbraucher zwar ebenfalls die Anzahlung gem §§ 812 Abs 1 S 1, 817 zurückverlangen, ist aber gleichzeitig einer sofortigen Rückforderung aus dem wirksamen Vertrag ausgesetzt; dem Unternehmer steht daher insoweit die »*dolo-petit*«-Einrede aus § 242 zur Seite. Darüber hinaus haftet der Unternehmer sowie ein von ihm mit der Abwicklung Beauftragter bei schuldhaftem Handeln nach allg Grundsätzen aus §§ 311 Abs 2, 3 iVm 280 Abs 134 und § 823 Abs 2; § 486 S 1 ist insoweit als Schutzgesetz iSv § 823 Abs 2 zu qualifizieren. In verwaltungsrechtlicher Hinsicht kann lediglich eine Untersagungsverfügung durch die Verwaltungsbehörde nach § 35 GewO bei sich wiederholenden Gesetzesverstößen des Anbieters von Teilzeitwohnrechten wegen Unzuverlässigkeit ausgesprochen werden. Der Vertrieb und die Vermittlung von Teilzeit-Wohnrechten sind nach § 34c Abs 5 Nr 6 GewO nicht genehmigungsbedürftig. Darüber hinaus kann ein Verstoß des Unternehmers gegen § 486 S 1 wettbewerbsrechtlich nach §§ 3, 5, 8 UWG sanktioniert werden. 2

C. Günstigere Vorschriften. Gleichzeitig bleiben bestehende Sonderregelungen hinsichtlich Bauträgern- und -betreuern nach der MaBV von § 34c Abs 5 Nr 6 GewO zugunsten des Verbrauchers unberührt. Danach kann sich der Verbraucher zur Sicherung seines für die Erstellung von Bauwerken genutzten Vermögens auf die über die Schutzmechanismen der §§ 481 ff hinausgehenden Sicherungsmöglichkeiten der MaBV (§§ 2 Abs 1, 3 Abs 2 MaBV) berufen. 3

§ 487 Abweichende Vereinbarungen. Von den Vorschriften dieses Titels darf nicht zum Nachteil des Verbrauchers abgewichen werden. Die Vorschriften dieses Titels finden, soweit nicht ein anderes bestimmt ist, auch Anwendung, wenn sie durch anderweitige Gestaltungen umgangen werden.

A. Normzweck/Abweichungsverbot. § 487 S 1 verbietet Abweichungen zum Nachteil des Verbrauchers und setzt gleichzeitig Art 8 RL 94/47/EG um. § 487 S 2 statuiert ein Umgehungsverbot zugunsten des Verbrau- 1 chers. Eine Abrede, die gegen § 487 S 1 verstößt, ist unwirksam. Sie wird durch die entspr gesetzliche Regelung ersetzt. Der Vertrag ist entgegen § 139 nicht im Ganzen nichtig, da eine Rückabwicklung über die dann anzuwendenden Vorschriften der ungerechtfertigten Bereicherung den Schutzzweck des Gesetzes unterlaufen würde (MüKo/*Franzen* Rn 6). Bei AGB gilt § 306.

2 **B. Umgehungsverbot.** Durch das Umgehungsverbot sollen Vertragsgestaltungen verhindert werden, die dem Verbraucher den Schutz der §§ 481 ff sowie anderer damit in Sachzusammenhang stehender verbraucherschützender Vorschriften (teilw) entziehen, obwohl nach Interessenlage und Zweck die Anwendung dieser Vorschriften geboten wäre. Bei einer festgestellten Umgehung finden die Vorschriften dieses Titels ungeachtet des Wortlauts der einzelnen Vorschrift trotzdem Anwendung. Ob eine Umgehung vorliegt, ist mit den methodischen Instrumentarien der analogen Rechtsanwendung und der teleologischen Reduktion festzustellen. Voraussetzung für eine Analogie ist zunächst die Feststellung einer planwidrigen Regelungslücke, für die teleologische Reduktion die Feststellung eines überschießenden Gesetzeswortlautes. Für Vertragsgestaltungen, bei denen eine Umgehung diskutiert wird, s MüKo/*Franzen* Rn 10 f.

Titel 3 Darlehensvertrag; Finanzierungshilfen und Ratenlieferungsverträge zwischen einem Unternehmer und einem Verbraucher

Untertitel 1 Darlehensvertrag

Checkliste: (Geld-)Darlehensvertrag (§§ 488–498)

I. Vorfrage: Klärung Rechtsgeltungsanspruch der §§ 488 ff			
1. Geltung des deutschen Rechts	§ 488	→	Rn 51 ff
2. Überlassung des Geldes »als Darlehen«?	§ 488	→	Rn 48
II. Vertragsschluss			
1. Klärung der Vertragsparteien	§ 488	→	Rn 2 ff
a. Darlehensgeber	§ 488	→	Rn 2
b. Darlehensnehmer	§ 488	→	Rn 3
c. Mehrheit von Vertragspartnern	§ 488	→	Rn 4 ff
aa. Mitdarlehensnehmer	§ 488	→	Rn 5
bb. Mitverpflichtete (Mithaftungsschuldner)	§ 488	→	Rn 5
d. Übertragbarkeit der Ansprüche aus dem Vertrag	§ 488	→	Rn 20
2. Vertragserklärungen (Angebot/Annahme)	*§§ 145 ff*		
a. Konsensualvertrag, ggf konkludenter Abschluss bei Dispositionskrediten	§ 488	→	Rn 6 ff
b. Ggf zu beachtende Nichtigkeitsgründe			
aa. Sittenwidrigkeit, § 138 BGB	§ 488	→	Rn 22 ff
bb. Verstoß gegen Verbotsgesetze, § 134 BGB	§ 488	→	Rn 34
cc. Fehlende vormundschaftsgerichtl Genehmigung, § 1822 Nr 8 BGB	§ 488	→	Rn 36
3. Form			
a. Geltung des Grundsatzes der Formfreiheit?	§ 488	→	Rn 8
b. Oder: Ausnahme?			
aa. Formbedürftigkeit durch verbundenes formbedürftiges Geschäft	§ 488	→	Rn 9
bb. Formbedürftigkeit nach § 492 Abs 1 bei Verbraucherdarlehen (siehe hierzu unten Ziffer IV)	§ 492	→	Rn 2 ff
4. Wesentliche Vertragspflichten			
a. Darlehensgeber	§ 488	→	Rn 12 ff
aa. Zurverfügungstellung des Darlehens an Darlehensnehmer als Wertverschaffungsschuld (Problem ggf Auszahlung an Dritte)	§ 488	→	Rn 12
bb. Grds. keine Aufklärungs- und Warnpflicht. Ausnahmen ggf. aus Treu und Glauben:	§ 488	→	Rn 13
(1) konkreter Wissensvorsprung des Darlehensgebers	§ 488	→	Rn 13
(2) Schaffung oder Begünstigung eines Gefährdungstatbestandes durch Darlehensgeber	§ 488	→	Rn 13
(3) Überschreitung der Kreditgeberrolle/schwerwiegender Interessenkonflikt	§ 488	→	Rn 13

b. Darlehensnehmer … § 488 → Rn 14 ff
aa. Abnahme des Darlehens; bei Verletzung ggf. Nichtabnahmeentschädigung … § 488 → Rn 14, 66
bb. Zinszahlung, falls vereinbart … § 488 → Rn 53 ff
cc. Zahlung von Nebenentgelten, falls vereinbart … § 488 → Rn 62 ff
dd. Rückzahlungspflicht … § 488 → Rn 70 ff
ee. Sicherheitenstellung, falls vereinbart … § 488 → Rn 15

III. Beendigung des Darlehensvertrages/Rückerstattung
1. Endfälligkeitsdarlehen (Fälligkeit zu einem bestimmten Rückzahlungstermin) … § 488 → Rn 70
2. Kündigungsdarlehen (Fälligkeit bei Kündigung durch Darlehensgeber) … § 488 → Rn 70
3. Systematik der Kündigungsrechte … § 488 → Rn 71 ff
a. Kündigungsrecht des Darlehensgebers
aa. Ordentliche Kündigung, § 488 Abs 3 (bei fehlender Parteivereinbarung) … § 488 → Rn 71
bb. Außerordentliche Kündigung, § 490 Abs 1 … § 490 → Rn 1 ff
cc. Außerordentliche Kündigung, § 314 BGB … § 490 → Rn 28 ff
dd. Wegfall der Geschäftsgrundlage, § 313 BGB … § 490 → Rn 32
b. Kündigungsrecht des Darlehensnehmers
aa. Ordentliche Kündigung, § 488 Abs 3 (bei fehlender Parteivereinbarung) … § 488 → Rn 71
bb. Ordentliche Kündigung, § 489 (abhängig von Art der Zinsvereinbarung) … § 489 → Rn 1 ff
cc. Vertragliches Kündigungsrecht in den Grenzen des § 489 Abs 4 (ggf vertragliche Erleichterungen für den Darlehensnehmer) … § 489 → Rn 19 ff
dd. Außerordentliche Kündigung (bei berechtigtem Interesse, Zahlung einer Vorfälligkeitsentschädigung), § 490 Abs 2 … § 490 → Rn 9 ff
ee. Außerordentliche Kündigung, § 314 BGB … § 490 → Rn 28 ff
ff. Wegfall der Geschäftsgrundlage, § 313 BGB … § 490 → Rn 32
4. Aufhebungsvertrag … § 490 → Rn 10

IV. Sonderregelungen für Verbraucherdarlehen … *§§ 491 ff*
1. Anwendbarkeit der §§ 492 ff BGB … § 491 → Rn 1 ff
a. Persönliche Voraussetzungen
aa. Darlehensgeber = Unternehmer (§ 14 BGB) … § 491 → Rn 2
bb. Darlehensnehmer = Verbraucher (§ 13 BGB) … § 491 → Rn 4 ff
b. Sachliche Voraussetzungen
aa. Rein privater Zweck des Darlehens oder für Existenzgründung bis 50000 € … § 491 → Rn 6; § 507
bb. Mischnutzung: kein Überwiegen der Nutzung des Darlehens für gewerbliche oder selbständige berufliche Zwecke … § 491 → Rn 7
cc. Entgeltlicher Darlehensvertrag (entsprechende Geltung bei Schuldbeitritt, -übernahme, Vertragsübernahme; <u>nicht</u> bei Bürgschaften) … § 491 → Rn 9 ff
c. Vollausnahmen (= keine Anwendbarkeit § 492 ff) … § 491 → Rn 11 ff
aa. Bagatellkredite bis 200 € … § 491 → Rn 12
bb. Vergünstigte Arbeitgeberdarlehen … § 491 → Rn 13
cc. Öffentliche Fördermittel … § 491 → Rn 14
d. Bereichsausnahmen (= Nichtgeltung einzelner Vorschriften der §§ 492 ff)
aa. Gerichtlich protokolliertes/notariell beurkundetes Darlehen (keine Geltung der §§ 492 bis 495, 358 Abs 2, 4, 5) … § 491 → Rn 15 ff
bb. Finanzierte Risikogeschäfte (keine Geltung der §§ 358 Abs 2, 4, 5, 359) … § 491 → Rn 20
2. Schriftformerfordernis, § 492 Abs 1 S 1 bis 4 … § 492 → Rn 2 ff
3. Pflichtangaben, § 492 Abs 1 S 5 Nr 1 bis 7 (Sanktionen bei Verstoß vgl § 494) … § 492 → Rn 11 ff
4. Unterrichtungspflicht bei Ablauf Zinsbindung, § 492a … § 492a → Rn 1 ff

5. Informationspflichten bei Überziehungskrediten, § 493	§ 493	→	Rn 2 ff
6. Widerrufsrecht des Darlehensnehmers, §§ 495, 355	§ 495	→	Rn 1 ff
7. Kein Verzicht auf Einwendungen im Falle der Abtretung, Informationspflicht bei Abtretung, keine Sicherung durch Scheck-/Wechselbegebung, § 496	§ 496	→	Rn 1 ff
8. Pauschalierung und Begrenzung des Verzugsschadens, Kontokorrentverbot, schuldnerfreundliche Tilgungsverrechnungsreihenfolge, § 497	§ 497	→	Rn 1 ff
9. Beschränkung der Kündigungsmöglichkeiten des Darlehensgebers bei Zahlungsverzug, § 498	§ 498	→	Rn 1 ff

V. Beweislast

Keine Besonderheiten gegenüber den allg Regelungen

§ 488 Vertragstypische Pflichten beim Darlehensvertrag.

[1] Durch den Darlehensvertrag wird der Darlehensgeber verpflichtet, dem Darlehensnehmer einen Geldbetrag in der vereinbarten Höhe zur Verfügung zu stellen. Der Darlehensnehmer ist verpflichtet, einen geschuldeten Zins zu zahlen und bei Fälligkeit das zur Verfügung gestellte Darlehen zurückzuerstatten.

[2] Die vereinbarten Zinsen sind, soweit nicht ein anderes bestimmt ist, nach dem Ablauf je eines Jahres und, wenn das Darlehen vor dem Ablauf eines Jahres zurückzuerstatten ist, bei der Rückerstattung zu entrichten.

[3] Ist für die Rückerstattung des Darlehens eine Zeit nicht bestimmt, so hängt die Fälligkeit davon ab, dass der Darlehensgeber oder der Darlehensnehmer kündigt. Die Kündigungsfrist beträgt drei Monate. Sind Zinsen nicht geschuldet, so ist der Darlehensnehmer auch ohne Kündigung zur Rückerstattung berechtigt.

Literatur *Achtert* Kündigungsrechte und Tarifwahl bei bonitätsabhängigen Zinsänderungsklauseln BKR 2007, 318; *Becher/Gößmann* Die Änderungen der Allg Geschäftsbedingungen der privaten Banken, Sparkassen und Landesbanken BKR 2002, 519; *Becher/Lauterbach* Darlehenskündigung nach § 490 Abs 2 BGB wegen günstiger Zinskonditionen? WM 2004, 1163; *Berger* Neuverhandlungs-, Revisions- und Sprechklausel im internationalen Wirtschaftsvertragsrecht RIW 2000, 1; *Bitter* Neues zur Pfändbarkeit des Dispositionskredits WM 2004, 1109; *ders* Pfändung des Dispositionskredits? WM 2001, 889; *Bodenbenner* Rechtsfolgen sittenwidriger Ratenkreditverträge JuS 2001, 1172; *Bohner* Kapitallebensversicherung als Kosten einer Versicherung im Sinne von § 4 Abs 1 S 4 Nr 1 f VerbrKrG WM 2001, 2227; *Brandts* Das Recht zur vorzeitigen Darlehenskündigung gem § 609a BGB unter besonderer Berücksichtigung des auslandsbezogenen Kreditgeschäfts Diss Berlin (1996); *Braun* Die Titulierung von Verzugszinsen nach dem Verbraucherkreditgesetz WM 1991, 1325; *Bruchner/Ott/Wagner-Widuwilt* Verbraucherkreditgesetz, 2. Aufl München (1994); *Bruchner* AGB-rechtliche Zulässigkeit von Zinsanpassungsklauseln BKR 2001, 16; *Budzikiewicz* Die Verjährung im neuen Darlehensrecht WM 2003, 264; *Bülow* Beweislast bei der Kündigung eines Verbraucherdarlehens durch einen Kaufmann NJW 1990, 2534; *ders* Rechtsnachfolge bei Verbraucherkreditverträgen ZIP 1997, 400; *ders* Beweislastfragen im Verbraucherkreditrecht NJW 1998, 3454; *Bütter/Aigner* Zur Abtretung einer Darlehensforderung unter Verstoß gegen das Bankgeheimnis Anm zum BGH Urt XI ZR 195/05 v 27.02.07 EWiR 2005, 161; *dies* Weder Bankgeheimnis noch Bundesdatenschutzgesetz stehen der wirksamen Abtretung von Darlehensforderungen entgegen BB 2007, 793; *Bütter/M Tonner* Übertragung von Darlehensforderungen und Bankgeheimnis ZBB 2005, 165; *Canaris* Wandlungen des Schuldvertragsrechts – Tendenzen zu seiner »Materialisierung« AcP 200 (2000) 273; *Canaris* Der Zinsbegriff und seine rechtliche Bedeutung NJW 1978, 1891; *ders* Kreditkündigung und –verweigerung gegenüber sanierungsbedüftigen Bankkunden ZHR 143 (1979) 113; *ders* HGB Großkommentar Bd 5 Bankvertragsrecht, 4. Aufl Berlin (2005); *Dauner-Lieb/Dötsch* Ein Kaufmann als Verbraucher? – Zur Verbrauchereigenschaft des Personengesellschafters DB 2003, 1666; *De Meo* Bankenkonsortien Diss München (1994); *Dehn* Zur Form des Schuldbeitritts zu einem Schuldanerkenntnis gem § 781 BGB WM 1993, 2115; *Derleder* Zur Ablösung eines sittenwidrigen Ratenkredits durch einen – für sich gesehen – nicht sittenwidrigen Folgekredit JZ 1987, 679; *ders* Transparenz und Äquivalenz bei bankvertraglicher Zinsanpassung WM 2001, 2029; *Drescher* Die »Technische Novelle« des Verbraucherkreditgesetzes WM 1993, 1445; *Ebenroth* Das Vertragsrecht der internationalen Konsortialkredite und Projektfinanzierungen JZ 1986, 731; *Ebenroth/Boujong/Thessinga* Bankrecht Handelsgesetzbuch, Das Kreditgeschäft, München (2001); *Eidenmüller* Die Banken im Gefangenendilemma – Kooperationspflichten und Akkordstörungsverbot im Sanierungsrecht ZHR 160 (1996) 343; *ders* Unternehmenssanierung zwischen Markt und Gesetz Köln (1999); *Fischer* Aktuelle höchstrichterliche Rechtsprechung zur Bürgschaft und zum Schuldbeitritt WM 2001, 1049; *Fleischer* Aktienrechtliche Zweifelsfragen der Kreditgewährung an Vorstandsmitglieder WM 2004, 1057; *ders* Corenants und Kapitalersatz ZIP 1998, 313; *Freitag* Die Beendigung des Darlehensvertrages nach dem Schuldrechtsmodernisierungsgesetz WM 2001, 2370; *Frisch* Die Haftung der Bank bei der Finanzierung eines Immobilienerwerbs EWiR 2001, 939; *Gruber* § 610 BGB und das valutierte Darlehen NJW 1992, 419; *Habersack* Verbraucherkredit- und Haustürgeschäfte nach der Schuldrechtsmodernisierung BKR 2001, 72; *ders* Zinsänderungsklauseln im Lichte des AGBG und des VerbrKrG WM 2001, 753; *Heidrich* Sittenwidrigkeit von Mithaftungsübernahmen naher Angehöriger auch bei geringeren Beträgen NJ 2007, 226; *v Heymann* Neuregelung des Kündigungsrechts nach § 247 BGB BB 1987, 415; *Hemmerde/v Rottenburg* Die Angabe von Kosten einer Versicherung im Kreditvertrag nach § 4 Abs 1 S 2 Nr 1 des Verbraucherkreditgesetzes WM 1993, 181; *Herresthal* Formbedürftigkeit der Vollmacht zum Abschluss eines Verbraucherdarlehens JuS 2002, 844; *Hilpert* Verstoß gegen das Bankgeheimnis? – zum Verkauf von Darlehensforderungen durch Banken DSB 2005, 11; *Hoeren/Oberscheid* Verbraucherschutz im Internet VuR 1999, 371; *Hopt/Mülbert* Die Darlehenskündigung nach § 609a BGB WM 1990, Sonderbeilage Nr 3; *Horn* Vertragsbindung unter veränderten Umständen – Zur Wirksamkeit von Anpassungsregelungen in langfristigen Verträgen NJW 1985, 1118; *Horn/Balzer* Zur Anwendbarkeit des Verbraucherkreditgesetzes auf Kreditvollmachten im Rahmen des Anlegerschutzrechts WM 2000, 333; *Jungmann* Auswirkungen der neuen Baseler Eigenkapitalvereinbarung (»Basel II«) auf die Vertragsgestaltung festverzinslicher Kredite WM 2001, 1401; *Jungmichel* Basel II und die möglichen Folgen WM 2003, 1201; *K Schmidt* Verbraucherbegriff und Verbrauchervertrag – Grundlagen des § 13 BGB JuS 2006, 4; *Kessal-Wulf* Unwirksamkeit der ohne vorherige Fristsetzung mit Kündigungsandrohung nach BGB § 498 Abs 1 erklärten Kündigung des Verbraucherdarlehensvertrages WuB I E 2 § 498 BGB 1.07; *Koch* Der Schutz des Eigenheims vor den Finanzinvestoren – Die Neuregelungen zur Verbesserung des Schuldner- und Verbraucherschutzes bei der Abtretung auch beim Verkauf von Krediten auf dem Prüfstand ZBB 2008, 232; *Koch/Maurer* Rechtsfragen des Online-Vertriebs von Bankprodukten WM 2002, 2443; *Köchling* Die Neuregelungen zu Kreditverkäufen im Risikobegrenzungsgesetz ZInsO 2008, 848; *Kollhosser/Schweitzer* Das neue gesetzliche Kündigungsrecht bei Darlehen JA 1987, 345; *Köndgen* Die Entwicklung des Bankkreditrechts in den Jahren 1995–1999 NJW 2000, 468; *ders* Darlehen, Kredit und finanzierte Geschäfte nach neuem Schuldrecht – Fortschritt oder Rückschritt? WM 2001, 1637; *Köndgen/Busse* Rechtsprechungsänderung zum Disagio- zivil- und steuerrechtliche Fragen zur Entgeltgestaltung beim Darlehen ZBB 1990, 214; *Krüger/Bütter* Recht der Bankentgelte: Nebenentgelte im Kreditgeschäft WM 2005, 673; *dies* Recht der Bankentgelte 2. Aufl Stuttgart (2004); *dies* Verzugsschadenberechnung bei Not leidenden Krediten nach der Schuldrechtsreform WM 2002, 2094; *Kulke* Schadensersatzanspruch gegen die Bank wegen fehlerhafter Beratung des Erwerbers einer Immobilie als Steuersparmodell bei offensichtlicher Sinnlosigkeit – Anm zu OLG Frankfurt/M ZfIR 2001, 982, 989; *ders* Verbraucherschutz bei Bürgenhaftung, Mithaftungsübernahme und Schuldbeitritt VuR 2007, 154; *Langenbucher* Vereinbarungen über den Zinssatz BKR 2005, 134; *Lass* Die bereicherungsrechtliche Rückabwicklung des nichtigen Darlehensvertrags WM 1997, 145; *Leube* Inhaltliche Anforderungen an die qualifizierte Mahnung nach § 499 I 1 Nr 2 BGB NJW 2007, 3240; *von der Linden* AGB-rechtliches Transparenzgebot bei Zinsanpassungsklauseln WM 2008, 195; *Lörcher* Die Anpassung langfristiger Verträge an veränderte Umstände DB 1996, 1269; *Lwowski* Die Regelung von Existenzgründungsdarlehen im Verbraucherkreditgesetz, FS Heinsius, Berlin (1991); *Lwowski/Bitter* Grenzen der Pfändbarkeit von Girokonten WM-Sonderheft v 09.05.94, 57; *Lwowski/Peters/Gößmann* Verbraucherkreditgesetz: Kreditverträge, Leasing, verbundenes Geschäft 2. Aufl Berlin (1994); *Madaus* Mithaftung für die Darlehensrückzahlung – Schuldbeitritt oder Vertragspartnerschaft? WM 2003, 1705; *Metz* Variable Zinsvereinbarungen bei Krediten und Geldanlagen BKR 2001, 21; *Mülbert* Bonitätsgestufte Zinsabreden in Festzinskrediten als eine Antwort auf Basel II WM 2004, 1205; *Münzberg* Fehler in § 11 Verbraucherkreditgesetz? WM 1991, 170; *Nawroth* Kündigung eines Verbraucherkreditvertrags trotz Teilzahlung nach Zahlungsverzug NJ 2005, 311; *Nittel* Nichtigkeit von Geschäftsbesorgungsvollmachten und ihre Auswirkungen auf Kreditverträge NJW 2002, 2599; *Nobbe* Bankrecht 2. Aufl Köln (1999); *ders* Rechtsprechung des Bundesgerichtshofs zu fehlgeschlagenen Immobilienfinanzierungen WM Sonderbeilage Nr 1 2007, 2; *ders* Verantwortlichkeit der Bank bei der Vergabe von Krediten und der Hereinnahme von Sicherheiten ZBB 2008, 78; *Obermüller* Kreditkündigung durch Banken angesichts einer Insolvenz ZInsO 2002, 97; *ders* Insolvenzrecht in der Bankpraxis 7. Aufl Köln (2007); *Ohletz* Bonitätsorientierte Zinsänderungsklauseln in Verträgen mit Verbrauchern und Unternehmern BKR 2007, 129; *Peters* Leasing und Verbraucherkreditgesetz WM 1992, 1797; *ders* Das Widerrufsrecht nach dem Verbraucherkreditgesetz DZWiR 1994, 353; *ders* Formbedürftigkeit der Vollmachten für die Aufnahme von Verbraucherkrediten WM 2000, 554; *Peters/Wehrt* Der Forward-Darlehensvertrag WM 2003 1509; *Pfeiffer* Vom kaufmännischen Verkehr zum Unternehmensverkehr NJW 1999, 169; *Reifner* Die Rückabwicklung sittenwidriger Ratenkreditverträge JZ 1984, 637; *ders* Der Verkauf notleidender Verbraucherdarlehen BKR 2008, 142; *Reinking/Nießen* Das Verbraucherkreditgesetz ZIP 1991, 85; *Riehm/Schreindorfer* Obligationenrecht (einschl ziviles Verbraucherschutzrecht) GPR 2008, 244; *Rösler* Forward-Darlehen und Darlehen mit Zins-Cap WM 2000, 1930; *Rösler/Lang* Zinsklauseln im Kredit- und Spargeschäft der Kreditinstitute – Probleme mit Transparenz, billigem Ermessen und Basel II ZIP 2006, 214; *Rösler/Wimmer* Zahlungsverpflichtungen und Zahlungsströme bei vorzeitiger Beendigung von Darlehensverträgen WM 2000, 165; *Rott* Die neue Verbraucherkredit-Richtlinie 2008/48/EG und ihre Auswirkungen auf das deutsche Recht WM 2008, 1104; *von Rottenburg* Die Reform des gesetzlichen Kündigungsrechts für Darlehen – statt Zinssatz-Fristenregelung – WM 1987, 1; *Schalast* Das Risikobegrenzungsgesetz – Konsequenzen für die Kreditvergabe und für Kredittransaktionen BB 2008, 2190; *Schimansky* Aktuelle Rechtsprechung des BGH zur krassen finanziellen Überforderung von Mithaftenden bei der Kreditgewährung

WM 2002, 2440; *ders* Zinsanpassung im Aktivgeschäft WM 2003, 1449; *Scholz* Das Verbraucherkreditgesetz DB 1991, 215; *Scholze* Das Konsortialgeschäft der deutschen Banken, Berlin (1973); *Schücking* Das Internationale Privatrecht der Banken-Konsortien WM 1996, 281; *Schürnbrand* Schuldbeitritt zwischen Gesamtschuld und Akzessorietät, Berlin (2003); *Schwörer* Lösungsklauseln für den Insolvenzfall 2. Aufl Köln (2002); *Seeger* Die »einseitige Abhängigkeit« – zum Umfang der Beurkundungsbedürftigkeit zusammengesetzter Grundstücksgeschäfte MittBayNot 2003, 11; *Seibert* Das Verbraucherkreditgesetz, insbesondere die erfassten Geschäfte aus dem Blickwinkel der Gesetzgebung WM 1991, 1445; *Sonnenhol* Änderungen der AGB-Banken zum 1. April 2002 WM 2002, 1259; *ders* Zur Unwirksamkeit einer Entgeltklausel für eine Löschungsbewilligung und zum Aushandeln einer Vereinbarung WuB IV C. § 9 AGBG 6.02; *Steindorff* Vorvertrag zur Vertragsänderung BB 1983, 1127; *Steiner* Vorsicht bei Treuhandauszahlungen von Darlehensvaluten Kreditwesen 1999, 421; *Steinmetz* Sittenwidrige Ratenkreditverträge in der Rechtspraxis auf der Grundlage der BGH-Rechtsprechung NJW 1991, 881, 88; *Steppeler* Bankentgelte 2. Aufl Stuttgart (2003); *Steppeler/Künzle* AGB Sparkassen 2. Aufl Stuttgart (2001); *Stupp/Mucke* Die Auswirkung kreativer Zins-Vereinbarungen auf die ordentlichen Kündigungsmöglichkeiten des Darlehensnehmers BKR 2005, 20; *Tiedtke* Die Haftung der Banken für unberechtigte Zusagen ihrer Sachbearbeiter WM 1993, 1228; *M Tonner* Sittenwidrigkeit von Ehegattenbürgschaften JuS 2000, 17; *ders* Neues zur Sittenwidrigkeit von Ehegattenbürgschaften JuS 2003, 325; *Ulmer* Wirksamkeitserfordernisse für Verbrauchervollmachten beim kreditfinanzierten Immobilienerwerb über Treuhänder BB 2001, 1365; *Ungewitter* § 11 I VerbrKrG als Vorschrift über den objektiven Schaden JZ 1994, 701; *van Gelder* Zur Kredittilgung über eine Kapitallebensversicherung oder einen Bausparvertrag, insbesondere zum Unterdeckungsrisiko WuB I E 1 Kreditvertrag 1.04; *Voglis* Kreditkündigung 2. Aufl München (2001); *Volmer* Zur Anwendung des Verbraucherkreditgesetzes auf die Vertragsübernahme WM 1999, 209; *Vortmann* Zu den Anforderungen an die Kündigung eines Verbraucherdarlehens EWiR 2007, 587; *Weber* Das Vorfälligkeitsentgelt bei vorzeitiger Rückzahlung eines Hypothekendarlehens NJW 1995, 2951; *Wenzel* Vorfälligkeitsausgleich bei Nichtabnahme oder vorzeitiger Beendigung langfristiger Hypothekarkredite ZfIR 2001, 93; *Wehrt* Zweifelsfragen der Vorfälligkeitsentschädigungsberechnung WM 2004, 401; *v Westphalen* Zur fristlosen Kündigung eines Verbraucherkreditvertrages bei Zahlungsrückständen BGHReport 2005, 615; *v Wilmowsky* Darlehensnehmer in Insolvenz, WM 2008, 1237; *Wimmer/Rösler* Vorfälligkeitsentschädigung bei vorzeitiger Beendigung von Darlehensverträgen WM 2005, 1873; *Wittig/Wittig* Das neue Darlehensrecht im Überblick WM 2002, 145; *Zahn* Neues Recht des Leasingvertrages durch das Verbraucherkreditgesetz DB 1991, 85.

1 **A. Allgemeines.** § 488 ist seit der Schuldrechtsreform die Grundnorm des Gelddarlehensrechts (früher §§ 607, 608, 609 aF). In den §§ 607 ff ist nunmehr nur noch das praktisch eher unbedeutende Sachdarlehen geregelt. § 488 findet Anwendung auf alle Arten des Gelddarlehens. Dazu gehört insbes auch das sog Verbraucherdarlehen gem § 491. In §§ 491 ff wird dieses jedoch besonderen erg Regelungen unterworfen. § 488 Abs 1 normiert den Darlehensvertrag als sog **Konsensualvertrag**, der unabhängig von der Auszahlung des Darlehens nach den allg Regelungen (§§ 133 ff, 145 ff) zustande kommt (BTDrs 14/6040, S 253; so entgegen dem Wortlaut auch bereits die hM zu § 607 aF, vgl Bankrechtshandbuch/*Lwowski* § 76 Rn 3). Die **Realvertragstheorie**, wonach der Darlehensvertrag erst mit Zurverfügungstellung des Darlehens geschlossen wird und den Darlehensnehmer einseitig verpflichtet, das Empfangene in Sachen von gleicher Art, Menge und Güte zurückzuerstatten (vgl RGZ 71, 117; 108, 150), ist damit endgültig überholt (PWW/*Schmid/Kessal-Wulf* Rn 1). Der Darlehensvertrag nach § 488 ist ein zweiseitiger Vertrag, durch den nicht nur der Darlehensnehmer zur Rückzahlung des Darlehens zzgl etwaiger Zinsen verpflichtet wird, sondern auch der Darlehensgeber schuldet hiernach die Auszahlung des Darlehens in der vereinbarten Höhe und zu den vereinbarten Bedingungen. Wie sich aus § 488 Abs 1 S 2 ergibt, geht der Gesetzgeber entspr der Rechtswirklichkeit nunmehr auch von der grds Entgeltlichkeit des Darlehens aus. Anders als in § 607 aF wird nunmehr die Pflicht des Darlehensnehmers zur Zinszahlung explizit erwähnt. In § 488 Abs 2 findet sich die frühere Regelung des § 608 aF weitgehend unverändert wieder, wobei jetzt durch die Formulierung deutlich wird, dass es den Normalfall darstellt, dass Zinsen geschuldet werden. In § 488 Abs 3 wurden die Regelungen aus § 609 aF ebenfalls weitgehend unverändert übernommen. Allerdings gilt jetzt abw von der früheren Gesetzesfassung eine einheitliche Kündigungsfrist von drei Monaten unabhängig von der Höhe des Darlehens. Abs 3 ist allerdings dispositiv und kann daher von den Parteien abw vertraglich geregelt werden, wovon insbes im Bankgeschäftsverkehr weitreichender Gebrauch gemacht wird.

2 **B. Darlehensvertrag, Abs 1. I. Vertragsparteien. 1. Darlehensgeber. Darlehensgeber** ist, wer nach dem rechtsgeschäftlichen Willen der Parteien den Darlehensvertrag schließt und sich zur Hingabe und Belassung der Darlehensvaluta verpflichtet sowie zu deren Rückforderung berechtigt sein soll (BGH WM 1965, 901, 904). Hierbei ist eine rein rechtliche Betrachtungsweise zugrunde zu legen. Wer wirtschaftlich an dem Vertrag auf Darlehensgeberseite ggf noch beteiligt ist, ist insofern unerheblich. Eine wirtschaftliche Beteiligung mehrerer Institute ist insbes im Bankdarlehensgeschäft regelm der Fall, ohne dass alle als Darlehensgeber Vertragspartner des Darlehensnehmers werden. Bei der Vergabe von öffentlichen Förderkrediten (zB der Kreditanstalt für Wiederaufbau, der Deutschen Ausgleichsbank oä) wird idR nur die Hausbank des Darlehensnehmers dessen Vertragspartner, obwohl die Darlehensvaluta als sog »durchlaufende Mittel« von dem jeweiligen

Förderinstitut zur Verfügung gestellt wird. Der Vertragsabschluss erfolgt gleichwohl nur zwischen Kunden und Hausbank, allerdings idR unter Einbeziehung bes Vertragsbedingungen des Förderinstituts (zB Zweckbindung des Darlehens etc). Zwischen der Hausbank und dem Förderinstitut bestehen gesonderte vertragliche Vereinbarungen, zB über die Frage der Verteilung des Ausfallrisikos, die aber für das Vertragsverhältnis zwischen Hausbank und Kunde nicht unmittelbar von Belang sind. Die Hausbank bleibt also selbst dann Vertragspartner des Kunden, wenn im Verhältnis zum Förderinstitut allein dieses das Kreditausfallrisiko trägt (vgl zu Treuhandkrediten und der Geltendmachung von Einwendungen aus dem Treuhandverhältnis gegen die Darlehensforderung BGH NJW 1974, 76; Bankrechtshandbuch/*Lwowski* § 76 Rn 19). Anders ist es allerdings zu beurteilen, wenn die Hausbank nur als Ansprechpartner für den Kunden und Übermittler von Erklärungen des eigentlichen Darlehensgebers fungiert. So liegt es zB bei der Vermittlung von Bauspardarlehen der mit der Hausbank als Kooperationspartner verbundenen Bausparkasse (zB Sparkasse – Landesbausparkasse, Volksbank – Schwäbisch Hall etc). Hier wird der Darlehensvertrag idR unmittelbar zwischen dem Kunden und der Bausparkasse abgeschlossen. Darlehensgeber ist daher die jeweilige Bausparkasse, während die Hausbank lediglich weisungsgebundener Vermittler und Zahlstelle ist. Zu unterscheiden ist hiervon jeweils die Situation bei den Sicherheitenverträgen. Hier ist es abw vom Darlehensvertrag denkbar, dass etwa die Hausbank zu ihren Gunsten bestellte Grundschulden ganz oder zT treuhänderisch für die darlehensgebende Bausparkasse hält. Vertragspartner des Sicherheitenvertrages sind in diesem Fall nur die Hausbank und der Kunde. Auch ist bei dieser Konstellation nur die Hausbank Gläubigerin der Grundschuld.

2. Darlehensnehmer. Darlehensnehmer ist, wer nach dem rechtsgeschäftlichen Willen der Parteien den Darlehensvertrag schließt und sich zur Rückerstattung des empfangenen Darlehens verpflichtet (MüKo/*Berger* Rn 12; Erman/*Saenger* Rn 3). Auch hier kommt es auf eine rein rechtliche und nicht auf eine wirtschaftliche Beurteilung an. Es ist daher etwa unerheblich, ob die Darlehensvaluta an einen Dritten, zB den Verkäufer der mit dem Darlehen finanzierten Sache, ausgezahlt wird. Dies geschieht auf Weisung und im Interesse des Darlehensnehmers, so dass nur dieser zur Rückzahlung des Darlehens verpflichtet bleibt (BGH WM 1966, 925; s zur ggf bestehenden Rückzahlungspflicht eines dem Darlehensnehmer vorgeschalteten Treuhänders BGH WM 1965, 1050, 1051 f). Für seine Eigenschaft als Vertragspartner ist es auch unerheblich, ob der Darlehensnehmer die Darlehensvaluta selbst nutzt oder nur als Strohmann für einen Dritten auftritt (BGH MDR 1978, 1003, 1003 f). 3

3. Mehrheit von Vertragspartnern. Als Darlehensgeber und/oder als Darlehensnehmer können mehrere Personen beteiligt sein. Sehr häufig ist dies der Fall auf Seiten des Darlehensnehmers, etwa im Verbraucherkreditgeschäft bei der gemeinsamen Kreditaufnahme durch Eheleute. Mehrere Darlehensnehmer haften der kreditgebenden Bank als Gesamtschuldner gem §§ 421, 427 für die Zahlung der Zinsen und Tilgung (BGH WM 1999, 2251; 1991, 445, 446); ausreichend ist hierfür idR schon die bloße Mitunterzeichnung des Darlehensvertrages (BGH WM 1971, 1411, 1412). Dies gilt auch, wenn die Darlehensvaluta nur an einen der Gesamtschuldner ausgezahlt wurde (Hamm WM 1992, 257). Eine solche Konstellation ergibt sich nunmehr regelm zB auch bei einer Auszahlung eines Darlehens an eine GbR, wenn neben dieser die Gesellschafter als Mitkreditnehmer verpflichtet wurden (zur Rechtsfähigkeit der GbR vgl BGH NJW 2001, 1056; NJW-RR 2006, 42 ff). Mehrere Darlehensnehmer haben im Falle der Inanspruchnahme durch den Darlehensgeber ggf untereinander einen Ausgleichsanspruch aus § 426 (BGH WM 1991, 1092, 1093 = unter Ehegatten; 1987, 984, 985; NJW 1963, 2067). Der Darlehensgeber ist grds nicht an etwaige Haftungsfreistellungen der Gesamtschuldner untereinander (dh im Innenverhältnis) gebunden und handelt bei einer Inanspruchnahme des im Innenverhältnis freigestellten Gesamtschuldners nicht rechtsmissbräuchlich (BGH WM 1991, 445). Eine solche Konstellation kann sich zB im Trennungsfall zwischen Eheleuten ergeben, wenn zwischen diesen im Innenverhältnis etwa im Rahmen der Scheidung vereinbart wird, dass ein bestimmtes Darlehen nur von einem der Beteiligten zurückgezahlt werden soll. Dies hindert die an einer solchen Vereinbarung nicht beteiligte Bank grds nicht, die Rückzahlung auch von dem anderen Ehepartner zu verlangen. Eine Vollmachtsklausel in einem Darlehensvertrag, durch die sich mehrere Darlehensnehmer gegenseitig bevollmächtigen sollen, mit Wirkung auch für die übrigen Darlehensnehmer wesentliche Erklärungen im Hinblick auf den Vertrag abzugeben bzw entgegenzunehmen, verstößt gegen § 307 Abs 1 (BGH NJW 1991, 923, 924; WM 1989, 1086, 1087). 4

Im Zusammenhang mit der Beteiligung mehrerer Darlehensnehmer ist für die Frage einer etwaigen Sittenwidrigkeit einer Mitverpflichtung nach § 138 Abs 1 zunächst danach zu differenzieren, ob die Beteiligten dem Vertrag als gleichberechtigte »**Mitdarlehensnehmer**« oder lediglich als »Mitverpflichtete« (Mithaftungsschuldner) beigetreten sind. Bei einem Mitdarlehensnehmer scheidet die Anwendung des § 138 Abs 1 wegen »strukturellen Ungleichgewichts« (s hierzu iE unten Rz 28 ff) von vornherein aus. Dies kommt nur bei der Übernahme einer Mithaftung, etwa durch den Ehepartner, in Betracht, da es sich insoweit um eine Absicherung des Darlehensrisikos handelt. Mitdarlehensnehmer ist nur, wer ein eigenes Interesse an der Kreditgewährung hat und über die Auszahlung und Verwendung des Darlehens mitentscheiden kann. Eine bloße Mithaftung liegt dagegen vor, wenn der Beitretende dem Darlehensgeber nicht als gleichberechtigter Darlehensnehmer ggü steht (BGH ZIP 2001, 189, 191; Dresden BKR 2007, 248 f; vgl auch *Madaus* WM 2003, 1705, 5

1706). Ein bloßes Indiz für die Einordnung ist die Bezeichnung im Darlehensvertrag. Es ist im Wege einer umfassenden Vertragauslegung unter Einbeziehung der Gesamtumstände (zB Verwendungszweck, Art der Sicherstellung und Person des Sicherungsgebers) zu klären, wie die Stellung weiterer Beteiligter auf Darlehensnehmerseite materiell einzuordnen ist (BGH WM 2004, 1083, 1084). So ist etwa die Ehefrau eines GmbH-Gesellschafters grds bloße Haftungsschuldnerin, wenn sie für das der GmbH gewährte Darlehen eine Mitverpflichtung übernimmt. Dies gilt ggf sogar dann, wenn dieser eine Stellung als leitende Angestellte bei der GmbH in Aussicht gestellt wurde, die GmbH-Gründung aber auf unrealistischen Gewinnerwartungen beruhte (BGH NJW 2005, 971 f). Wenn ein Darlehensvertrag für private Zwecke von Eheleuten gemeinsam abgeschlossen wird, ist zwar idR davon auszugehen, dass es sich um Mitdarlehensnehmer handelt. Allerdings kann auch hier eine Auslegung unter Bewertung der gesamten Umstände zu einem anderen Ergebnis führen. Auf Darlehensgeberseite sind insb bei sog Konsortialkrediten mehrere Banken beteiligt (vgl zum **Konsortialkredit** Bankrechtshandbuch/*Hadding* § 87 Rn 1; *Scholze* Das Konsortialgeschäft der deutschen Banken 1973; *De Meo* Bankenkonsortien 1994; *Ebenroth* JZ 1986, 731; *Früh* BuB Rn 3/333 ff). Insoweit ist es vom Einzelfall abhängig, ob die beteiligten Banken unmittelbar als Vertragspartner an dem Darlehensvertrag mit dem Darlehensnehmer beteiligt sind. Eine Auswechslung des Vertragspartners ist im Wege der einvernehmlichen Vertragsübernahme möglich. Dies erfolgt durch Abschluss eines Vertragsübernahmevertrages nach §§ 414, 415 (vgl zur Vertragsübernahme PWW/*Müller* § 398 Rn 27 f mwN; Palandt/*Heinrichs* § 398 Rn 38 f). Einen Anspruch gegen den Darlehensgeber auf Entlassung aus dem Darlehensvertrag gegen Eintritt eines Dritten hat der Darlehensnehmer nicht. Es kann unter engen Voraussetzungen allenfalls ausnahmsw eine Obliegenheit der Bank bestehen, einen gleichwertigen Kreditnehmer zu akzeptieren (vgl BGH WM 1990, 174, 176). Bei deren Verletzung könnte die Bank im Rahmen des § 490 Abs 2 S 3 ein Mitverschulden nach § 254 treffen, was bei der Bemessung einer Vorfälligkeitsentschädigung zu berücksichtigen wäre (vgl hierzu iE noch unten § 490 Rz 16 ff).

6 **II. Zustandekommen. 1. Konsensualvertrag.** Der Darlehensvertrag kommt nach den allg Regeln durch zwei gleichgerichtete Willenserklärungen, die insbes im Bankgeschäftsverkehr idR durch Unterzeichnung des Darlehensvertrages durch die Vertragsparteien (Darlehensgeber/-nehmer) oder durch Unterzeichnung eines Darlehensantrages durch den Kunden und eine von Vertretern der Bank unterzeichnete Kreditzusage durch das Kreditinstitut erklärt werden. Anders als dies nach dem Wortlaut des § 607 aF noch der Fall war, ist die Auszahlung des Darlehens für das Zustandekommen des Darlehensvertrages nunmehr bedeutungslos.

7 Die Willenserklärungen der Vertragsparteien können auch durch konkludentes Verhalten abgegeben werden. Dies erfolgt regelm zB bei der Inanspruchnahme von Überziehungs- oder Dispositionskrediten auf dem Girokonto. Das Kreditinstitut teilt dem Kunden schriftlich oder durch einen Hinweis im Kontoauszug mit, dass dem Kunden auf seinem Girokonto ein Dispositionskredit (Kreditrahmen) in bestimmter Höhe eingeräumt wurde (idR in Abhängigkeit von den monatlichen regelm Eingängen auf dem Konto, zB Gehaltszahlungen). Mit Inanspruchnahme des Kreditrahmens durch den Kunden erklärt dieser konkludent die Annahme des Angebotes des Kreditinstituts auf Abschluss eines Darlehensvertrages in der jeweiligen Höhe der Inanspruchnahme (vgl zu dem Folgeproblem der Pfändbarkeit offener Kreditlinien BGHZ 147, 193 f; BGH DZWiR 2004, 301 f; *Bitter* WM 2004, 1109 f; *ders* WM 2001, 889 f). Der Kunde ist sodann zur Rückzahlung und zur Zahlung von Zinsen (entspr Preisverzeichnis) gem § 488 Abs 1 S 2 verpflichtet. Auch ohne Bereitstellung einer offenen Kreditlinie kommt ein Darlehensvertrag nach § 488 zustande, wenn der Kunde durch eine Verfügung die Überziehung seines Girokontos verursacht und die Bank eine solche Überziehung zulässt. Letzteres kann entweder freiwillig erfolgen, indem die Bank sich etwa bewusst dafür entscheidet, eine bestimmte Abbuchung zB eines Schecks oder einer Lastschrift nicht rückgängig zu machen (sog »geduldete Überziehung«), oder indem der Kunde eine von der Bank nicht mehr rückgängig zu machende Verfügung zB mit seiner Kredit- oder Bankkarte trifft (sog »aufgedrängte Überziehung«; vgl hierzu auch Bankrechtshandbuch/*Lwowski* § 75 Rn 13 f; *Krüger/Bütter* Recht der Bankentgelte S 345 f; vgl zu den Begrifflichkeiten auch § 493 Rz 11).

8 **2. Form.** Das Gesetz schreibt für den Darlehensvertrag grds keine bes Form vor (vgl hierzu auch PWW/*Schmid/Kessal-Wulf* Rn 1), so dass dieser auch mündlich oder etwa auf elektronischem Wege per E-Mail geschlossen werden könnte. Anders ist dies bei Verbraucherdarlehen iSd § 491, auch wenn ein solches zum Zwecke der Existenzgründung aufgenommen wird, vgl § 507. Hier gilt gem § 492 die Schriftform, wobei ggü § 126 gewisse Erleichterungen eingeräumt werden (vgl hierzu iE § 492 Rz 2 ff). Besonderheiten bestehen gem § 493 hinsichtlich der Formanforderungen bei Überziehungskrediten an Verbraucher. Diese bedürfen nicht der Schriftform des § 492, sondern das Kreditinstitut treffen bestimmte Mitteilungspflichten (vgl hierzu iE die Kommentierung zu § 493). Bei bedeutsamen Darlehensgeschäften im Bankgeschäftsverkehr gilt zudem eine Vermutung dafür, dass die Parteien die Einhaltung der Schriftform angenommen haben (BGHZ 109, 197, 200).

9 In einzelnen Ausnahmefällen ist es denkbar, dass der Formzwang eines anderen Rechtsgeschäfts auf den Darlehensvertrag durchschlägt, wenn beide Geschäfte derart miteinander verbunden sind, dass sie nach dem Willen der Parteien »miteinander stehen und fallen sollen« (BGH WM 1986, 1561, 1563; 1986, 995, 996;

NJW 1985, 1020, 1021). Hiervon wird man im gewöhnlichen Bankgeschäftsverkehr aber grds nicht ausgehen können, selbst wenn zB ein formbedürftiger Grundstückskaufvertrag in unmittelbarem zeitlichen Zusammenhang mit dem Darlehensvertrag zur Finanzierung des Geschäft abgeschlossen wird (BGH WM 1986, 1561, 1563; 1984, 837, 838; BGH DNotZ 1985, 279 f; vgl aber BGH WM 1961, 353, wo ausnahmsw Formbedürftigkeit angenommen wurde; vgl hierzu auch Bankrechtshandbuch/*Lwowski* § 76 Rn 12; *Seeger* MittBayNot 2003, 11 f).

3. Beteiligung Dritter. Im Bankgeschäftsverkehr sind auf Darlehensgeberseite notwendigerweise Mitarbeiter der Bank als deren Vertreter iSd § 164 am Vertragschluss beteiligt. Diese handeln offenkundig im Namen der Bank und nicht im eigenen Namen. Problematisch kann im Einzelfall aber die hinreichende Vertretungsbefugnis der Mitarbeiter sein. Deren Umfang ist dem Kunden nicht bekannt und für ihn idR auch nicht ohne weiteres überprüfbar, obwohl er das Risiko des Bestehens hinreichender Vertretungsmacht trägt (vgl PWW/*Frensch* § 164 Rn 48 f). Die Kompetenzen der Mitarbeiter sind intern idR strikt geregelt, zB Einzel- oder Gesamtvertretungsbefugnis mit bestimmten anderen Mitarbeitern, Begrenzung nach Kredithöhe etc. Erfolgt eine Kreditzusage unter Verstoß gegen die eingeräumten Vertretungsbefugnisse, ist die Wirksamkeit des Vertrages zweifelhaft. Aus den Grundsätzen der Duldungs- oder Anscheinsvollmacht (vgl PWW/*Frensch* § 167 Rn 34 f) kann eine Vertretungsbefugnis nicht ohne weiteres hergeleitet werden. So reicht es bei einem größeren Darlehensgeschäft nicht aus, dass der unter Verstoß gegen seine Vertretungsbefugnisse allein auftretende Vertreter der Bank Filialleiter ist (Koblenz WM 1994, 1797, 1798 für einen Kredit über 48 TDM). Sofern mangels Rechtsscheinvollmacht der Vertrag nicht wirksam zustande gekommen ist und daher ein Primäranspruch des Kunden nicht besteht, kommt ggf ein Schadensersatzanspruch gegen die Bank aus §§ 280 Abs 1, 311 Abs 2 Nr 1 wegen vorvertraglicher Pflichtverletzung in Betracht (vgl Koblenz WM 1993, 1241, 1242; *Tiedtke* WM 1993, 1228, 1229). Das Verschulden des Mitarbeiters ist der Bank gem § 278 zuzurechnen. Der Kunde kann in einem solchen Fall das negative Interesse ersetzt verlangen, muss also ggf so gestellt werden, wie er stehen würde, wenn der Mitarbeiter ihn zutr über die fehlende Vertretungsmacht und das daraus resultierende Nichtzustandekommen des Vertrages aufgeklärt hätte. Der Bank wird ggf auch das Verschulden eines selbständigen Vermittlers gem § 278 zugerechnet, wenn dieser mit deren Wissen und Wollen Aufgaben im Rahmen der Darlehensvergabe übernimmt, die gewöhnlich ihr selbst obliegen (BGH VersR 2001, 188 f; BGH NJW 2001, 358, 359; BGH WM 1996, 2105; Stuttgart WM 1999, 844, 845 f; Saarbrücken OLGR 2005, 163 f). 10

Bei Auftreten eines Vertreters auf Seiten des Darlehensnehmers trägt der Darlehensgeber das Risiko der wirksamen Bevollmächtigung. Hinsichtlich der Offenkundigkeit des Vertreterhandelns gilt jedoch § 164 Abs 2, so dass im Zweifel der Handelnde zu beweisen hat, dass er als Vertreter eines Dritten aufgetreten ist (BGH WM 1975, 357). Hierbei gelten die Grundsätze des unternehmensbezogenen Geschäftes, so dass vermutet wird, dass ein Vertragsschluss mit dem jeweiligen Inhaber des Unternehmens und nicht mit dem persönlich Handelnden erfolgen soll (vgl BGH NJW 2000, 2984, 2985; NJW-RR 1997, 527, 528; PWW/*Frensch* § 164 Rn 33 mwN). Letzterem kommt insbes im Firmenkreditgeschäft Bedeutung zu, wo auch auf Darlehensnehmerseite regelm Vertreter von Unternehmen ggü der Bank auftreten. Zum Wirksamwerden eines ohne Vertretungsmacht abgeschlossenen Darlehensvertrages durch Bestätigung im Wege der Prolongation vgl Frankfurt aM OLGR 2005, 609 f. Bei Abschluss eines Verbraucherdarlehens gem § 491 durch einen Vertreter ist zu beachten, dass auch die Vollmacht, die der Darlehensnehmer zum Abschluss des Vertrages erteilt, der Schriftform des § 492 bedarf, vgl § 492 Abs 4 S 1 (BGH NJW 2001, 931 f; hierzu *Herresthal* JuS 2002, 844 f; *Peters* WM 2000, 554 f). Wird der Verwalter einer Wohnungseigentümergemeinschaft tätig, bedarf er für den Abschluss eines Darlehensvertrages für die WEG einer besonderen Vollmacht (BGH WM 1994, 161; vgl auch BGH WM 2005, 127, 132; 2004, 417, 421; Düsseldorf Urt v 07.04.2006 – I-16 U 113/05). 11

III. Inhalt des Vertrages. 1. Pflichten des Darlehensgebers. Der Darlehensgeber schuldet nach § 488 Abs 1 S 1 die Zurverfügungstellung eines »Geldbetrages in der vereinbarten Höhe«. Er ist damit zur »wertmäßigen Verschaffung eines Geldbetrages« (RegE zum SchuldrechtsmodernisierungsG, BTDrs 14/6040 S 253; *Mülbert* WM 2002, 465, 468) und nicht zur Übereignung von Geldscheinen oder -münzen verpflichtet. Es handelt sich also um eine sog »**Wertverschaffungsschuld**« (vgl PWW/*Schmidt-Kessel* § 245 Rn 9; BTDrs 14/6040, 253). Dies erfasst neben der Barauszahlung auch die Bereitstellung von Buchgeld, also die Valutierung des Darlehens durch Überweisung des Nettokreditbetrages auf ein Konto des Darlehensnehmers. Dies stellt heute den Regelfall im Bankgeschäftsverkehr dar. Für die Entstehung des Rückzahlungsanspruchs kommt es auf die Gutschrift auf dem Empfängerkonto an (BGHZ 6, 121, 125; für die ebenfalls ausreichende Gutschrift auf einem debitorischen Konto vgl Frankfurt aM WM 1988, 370). Eine Gutschrift auf einem bankinternen Konto, über das der Darlehensnehmer nicht verfügen kann, reicht dagegen nicht aus (BGH NJW 1987, 55; Bankrechtshandbuch/*Lwowski* § 76 Rn 52). Erfüllung tritt zugunsten des Darlehensgebers auch ein, wenn dieser das Darlehen – entspr einer Absprache mit dem Kunden – an einen Dritten auszahlt bzw überweist (vgl BGH NJW 2003, 422; WM 1997, 1658, 1659; MüKo/*Berger* Rn 32 f mwN; *Nobbe* Bankrecht Rn 486). Der die Darlehensvaluta erhaltende Dritte darf aber nicht nur verlängerter Arm des Darlehensgebers sein, was zB der Fall ist, wenn die Auszahlung an einen Kreditvermittler erfolgt, damit dieser als Beauftragter der Bank dieser vor Weiterleitung des Geldes Sicherheiten verschafft (BGH WM 1988, 1814; WM 1986, 933; MüKo/*Berger* 12

Rn 34; PWW/*Frensch* Rn 2). Das Gleiche gilt, wenn die Auszahlung an einen Notar auf dessen Anderkonto erfolgt, wenn dieser vor einer Weiterleitung des Geldes die von der Bank verlangten Auszahlungsbedingungen als Treuhandauftrag auszuführen hat (BGH WM 1998, 1869, 1870; 1994, 647, 648; Bankrechtshandbuch/*Lwowski* § 76 Rn 53). Bei mehreren Darlehensnehmern muss der Darlehensbetrag grds allen Darlehensnehmern zur Verfügung gestellt werden, dh zB auf ein Konto, über das alle Darlehensnehmer verfügen können, überwiesen werden (MüKo/*Berger* Rn 30 mwN). In der Praxis dürfte dieses Problem dadurch entschärft werden, dass im Darlehensvertrag mit allen Darlehensnehmern ein Auszahlungskonto vereinbart wird. Nach Gutschrift auf diesem Konto dürfte grds Erfüllung eingetreten sein, unabhängig davon, wie die Verfügungsmöglichkeiten auf diesem Konto geregelt sind. Bei Einräumung einer Kreditlinie (Dispositionskredit) erfolgt die Verschaffung des Darlehens erst mit Inanspruchnahme durch den Kunden im Wege der entspr Verfügung über das Konto durch Barauszahlung, Überweisung etc.

13 Den Darlehensgeber trifft grds keine (Neben-)Pflicht, den Darlehensnehmer über Risiken der Verwendung des Darlehens aufzuklären bzw ihn vor Verlusten zu warnen (BGH WM 1999, 678; WM 1997, 662; NJW 1996, 663). Auch ist die Bank ggü dem Darlehensnehmer grds nicht verpflichtet, dessen Kreditwürdigkeit und Leistungsfähigkeit zu prüfen. Dies tut die Bank allein im eigenen Interesse. Der Darlehensnehmer kennt seine finanziellen Möglichkeiten und muss diese bei der Darlehensaufnahme selbst hinreichend berücksichtigen. Hiervon ist grundsätzlich auch im Verbraucherkreditgeschäft auszugehen (vgl auch *Nobbe* ZBB 2008, 78 ff). In eng begrenzten Ausnahmefällen kann aber nach Treu und Glauben eine Aufklärungspflicht ggf in Betracht kommen. Dies ist etwa der Fall, wenn die Bank für sie erkennbar einen konkreten Wissensvorsprung vor dem Darlehensnehmer hat (st Rspr; BGH WM 2007, 1831; 1999, 678; 1997, 662; NJW 1997, 730; Karlsruhe Urt v 15.07.2008, 17 U 4/07; *Nobbe* WM Sonderbeilage Nr 1 2007, S 27 ff), wobei es neben positiver Kenntnis auch ausreichend sein dürfte, wenn sich die aufklärungsbedürftigen Tatsachen der Bank geradezu aufgedrängt haben, zB Kenntnis über zu erwartendes Scheitern des finanzierten Vorhabens auf Grund Manipulationen oder arglistiger Täuschung des Darlehensnehmers durch den Geschäftspartner. Des Weiteren kommt eine **Aufklärungspflicht** in Betracht, wenn die Bank für den Kunden einen zu den allg Risiken hinzutretenden Gefährdungstatbestand selbst geschaffen oder dessen Entstehen jedenfalls begünstigt hat (BGH WM 2004, 172, 173 mwN; ZIP 2003, 1240, 1242 f; WM 1999, 678; NJW 1997, 1361; Karlsruhe OLGR 2007, 100 f; *Kulke* ZfIR 2001, 982, 989 f; *Frisch* EWiR 2001, 939, 940). Das kann der Fall sein bei Verleitung eines unerfahrenen Kunden zur Spekulation in Aktien mit Kreditmitteln, fahrlässige Verursachung eines Irrtums auf Seiten des Kreditnehmers. Schließlich kommt eine Aufklärungspflicht auch dann in Betracht, wenn die Bank die Kreditgeberrolle überschreitet oder ein schwerwiegender Interessenkonflikt besteht (BGH Urt v 13.03.2007, XI ZR 159/05; BGHZ 168, 1 ff; 159, 294, 316; 161, 15, 20). Es soll aber zB keine Überschreitung der Kreditgeberrolle darstellen, wenn ein Geldinstitut mit dem Verkäufer einer Wohnanlage in ständiger Geschäftsbeziehung steht, den Erwerb der Mehrzahl der Wohnungen in einem Objekt finanziert oder wenn es die Auszahlung der Darlehensvaluta davon abhängig gemacht hat, dass der Darlehensnehmer einem Mietpool beitritt (Brandenburg Urt v 18.06.2008, 3 U 107/06). Im Zusammenhang mit der Sicherheitenverwaltung kann die Bank eine Nebenpflicht zum Schutz der Vermögensinteressen des Darlehensnehmers treffen, die zB dann verletzt wird, wenn sie den Kfz-Brief des ihr sicherungsübereigneten Pkw an den Käufer des Fahrzeuges ohne Rücksprache mit dem Darlehensnehmer und Sicherungsgeber und ohne Sicherstellung des Eingangs des Kaufpreises zur Tilgung der Restschuld aus dem Darlehen herausgibt (Celle OLGR 2006, 907 f).

14 **2. Pflichten des Darlehensnehmers.** Der Darlehensnehmer ist gem § 488 Abs 1 S 2 verpflichtet, den vereinbarten Zins zu zahlen und das Darlehen bei Fälligkeit zurückzuerstatten (zur Risikoverteilung bei unvollständiger Rückzahlung durch eine fällige Lebensversicherung Karlsruhe NJW 2003, 2322 f; hierzu *van Gelder* WuB I E 1 Kreditvertrag 1.04). Er ist grds auch verpflichtet, das Darlehen abzunehmen, wenn dies – wie im Bankgeschäftsverkehr üblich – vereinbart ist oder sich im Wege der Auslegung ergibt. Es kommt insoweit auf das für den Darlehensnehmer erkennbare Interesse des Darlehensgebers an der Abnahme des Darlehens an. Im Bankgeschäftsverkehr ist grds davon auszugehen, dass sich die Bank für die Darlehenshingabe entspr refinanzieren muss, so dass sie von dem Kunden auch eine vereinbarungsgem Abnahme erwarten kann. Anders ist dies etwa bei Dispositionskrediten, die die Bank dem Kunden ohne vorherige Vereinbarung auf dem Girokonto zur Verfügung stellt. Die Entgeltlichkeit des Darlehens allein ist insoweit nicht entscheidend (so aber Palandt/*Putzo* Rn 23; differenzierter MüKo/*Berger* Rn 67, 68). Auch dem ein zinsloses Darlehen gewährenden Darlehensgeber können im Zusammenhang mit der Darlehensgewährung Kosten (zB Abwicklungs- und Refinanzierungskosten) entstehen. Es wäre nicht sachgerecht, wenn diese mangels Abnahmepflicht von dem Darlehensnehmer im Falle einer schuldhaften Nichtabnahme nicht als Schadensersatz verlangt werden könnten. Dass unentgeltliche Darlehen gem Abs 3 S 3 vereinfacht zurückgezahlt werden können, steht dem nicht entgegen. Bei schuldhafter Weigerung des Darlehensnehmers steht dem Darlehensgeber bei einem verzinslichen Darlehen ein Schadensersatz (Nichtabnahmeentschädigung) in Höhe des abgezinsten Bruttozinses bis zur nächsten Kündigungsmöglichkeit des Darlehensnehmers zu, wobei ersparte Refinanzierungskosten abzuziehen sind (vgl hierzu auch unten Rz 66). Zinszahlungs- und Abnahmepflicht sind im Gegenseitigkeitsverhältnis mit der Überlassungspflicht des Darlehensgebers stehende (synallagmatische) Hauptleistungspflichten des Darlehensnehmers (BGH NJW 1991, 1817, 1818; 1991, 760, 761; RGZ 161, 52, 56; *Mülbert* AcP 192, 447,

455). Die Rückerstattungspflicht, die ebenfalls eine Hauptleistungspflicht des Darlehensnehmers darstellt, steht dagegen nicht im Gegenseitigkeitsverhältnis. Sie entsteht bereits mit Vertragsabschluss, wird jedoch erst zum vereinbarten Zeitpunkt bzw mit Kündigung des Darlehens fällig, allerdings nur soweit der Darlehensgeber das Darlehen zur Verfügung gestellt hat (sog betagter Anspruch, *Mülbert* AcP 192, 447, 464; *ders* WM 2002, 465, 469; MüKo/*Berger* Rn 43 mwN; aA Palandt/*Putzo* Rn 12: künftige Forderung). Fälligkeit tritt gem § 41 InsO auch im Falle der Insolvenz des Darlehensnehmers ein (*Obermüller* ZInsO 3/2002, 97, 102; *Canaris* Bankvertragsrecht Rn 1258).

Soweit im Darlehensvertrag die Stellung von Sicherheiten vereinbart wurde, hat der Darlehensnehmer auch **15** diese Verpflichtung zu erfüllen (vgl für Verbraucherdarlehen auch § 492 Abs 1 S 5 Nr 7, hierzu § 492 Rz 27). Dies erfolgt durch Abschluss der entspr gesonderten Sicherungsverträge und die Vornahme ggf erforderlicher weiterer Mitwirkungshandlungen (zB Abgabe der erforderlichen formbedürftigen Erklärungen zur Bestellung einer Grundschuld). Kommt der Darlehensnehmer dem nicht nach, besteht für den Darlehensgeber grds ein Recht zur Kündigung des Kreditvertrages aus wichtigem Grund (vgl auch Nr 26 AGB Sparkassen bzw Nr 19 AGB Banken, vgl zur Einschränkung des Kündigungsrechts nach § 242 MüKo/*Berger* Rn 64 mwN). Zudem ist die Bestellung der Sicherheiten im Bankgeschäftsverkehr idR auf Grund entspr Vereinbarung im Darlehensvertrag eine Auszahlungsvoraussetzung, die erfüllt sein muss, bevor der Kunde die Darlehensvaluta erhält. Der Darlehensnehmer kann seinerseits bei Fälligkeit die Rückzahlung des Darlehens gem § 273 von der Rückgewähr der gestellten Sicherheiten abhängig machen. Ohne entspr Vereinbarung der Besicherung im Darlehensvertrag hat der Darlehensgeber grds keinen Anspruch auf Stellung von Sicherheiten. Dies gilt insbes dann, wenn im Darlehensvertrag unter Rubrik »Sicherheiten« etwa »ohne«, »keine«, »blanko« oä vermerkt ist. Die Bank kann sich ggf für ein Sicherstellungsverlangen auf Nr 13 AGB Banken bzw Nr 22 AGB Sparkassen stützen, dies allerdings nur, soweit eine nachteilige Veränderung in den wirtschaftlichen Verhältnissen oder eine sonstige bei Vertragsabschluss nicht gegebene Erhöhung des Kreditrisikos eintritt. Unterbleibt die Vereinbarung einer Sicherstellung versehentlich, kann ein Anspruch auf Sicherheiten jedoch außerhalb des Anwendungsbereichs des § 494 Abs 2 S 6 bzw bei einem Darlehen über mehr als 50.000 € ggf aus einer Vertragsauslegung unter Berücksichtigung der Gesamtumstände oder aus einer konkludenten Vereinbarung folgen. Die kreditgebende Bank kann zum **Sicherheitenaustausch** verpflichtet sein, wenn eigene schutzwürdige Interessen hierdurch nicht berührt sind, zB bei Angebot gleichwertiger und geeigneter Austauschsicherheit (Stuttgart BKR 2007, 506).

Die Sicherungsverträge sind ggü dem Darlehensvertrag grds rechtlich selbständig. Im Sicherungsvertrag wird **16** mit dem Kunden eine Sicherungsabrede getroffen, durch die vereinbart wird, für welche Forderungen die Sicherheit ggf verwertet werden darf (vgl zur Beschränkung sog »weiter Zweckabreden« auf die bei ihrer Vereinbarung bestehende Forderungen BGHZ 102, 152, 158; BGH NJW 1998, 2815, 2816; 1996, 2369, 2370; 1995, 2553).

3. Sonstige Abreden. a) Zweckbindung. Grundsätzlich ist es Sache des Darlehensnehmers, wie er das emp- **17** fangene Darlehen verwendet. Er trägt das Verwendungsrisiko und darf das Geld daher auch für unvernünftige Ausgaben nutzen. Anders kann dies jedoch sei, wenn im Darlehensvertrag die Einhaltung einer bestimmten Zweckbindung vereinbart wurde. Dies wird stets der Fall sein, wenn die Verwendung des Darlehens Einfluss auf die Werthaltigkeit der gewährten Sicherheiten hat (zB Investition in eine beliehene Immobilie) oder bei zweckgebundenen Fördermitteln, bei denen die günstigen Konditionen gerade deshalb gewährt wurden, weil eine bestimme Investition damit erreicht werden soll (zB Existenzgründung, Energiesparmaßnahmen oä). In diesen Fällen ist die Bank aus wirtschaftlichem Eigeninteresse oder auf Grund ihrer eigenen vertraglichen Verpflichtungen, zB ggü dem das Darlehen refinanzierenden öffentlichen Förderinstitut (zB KfW), oder aber aus aufsichtsrechtlichen Gründen (vgl zB Rundschreiben zu den Mindestanforderungen für das Kreditgeschäft (MaK) der BaFin vom 20.12.2002) die zweckentspr Verwendung der Mittel in geeigneter Weise zu kontrollieren (zB Rechnungsvorlagen, Inaugenscheinnahmen). Es ist im Wege der Vertragsauslegung zu ermitteln, ob die Angabe eines Verwendungszwecks im Darlehensvertrag bereits eine Zweckbindung darstellen soll oder ob die Angabe etwa nur der Einordnung eines Vertrages als Verbraucherdarlehen (zB private oder für die selbständige berufliche Tätigkeit, vgl hierzu § 491 Rz 6 f) dienen soll. Bei Vereinbarung einer Zweckbindung greifen die Beschränkungen des § 399 Alt 1, so dass sowohl die Abtretbarkeit als auch die Verpfändbarkeit (§ 1274 Abs 2) des Auszahlungsanspruchs eingeschränkt sind. In der Folge entfällt damit gem § 851 Abs 1 ZPO auch dessen Pfändbarkeit (vgl BGHZ 94, 316, 322; MüKo/*Berger* Rn 10 mwN).

b) Kontoverbleibsklausel. Eine AGB-Klausel, wonach ein Darlehensnehmer verpflichtet sein soll, sein **18** Gehaltskonto bei der darlehensgewährenden Bank zu führen bzw im Falle einer Auflösung dieses Kontos die jeweilige Restschuld aus dem Darlehen zurückzuzahlen, ist gem § 307 Abs 1 unwirksam (Hamburg WM 1996, 105). Hierin besteht eine unangemessene Übersicherung der Bank und eine Beschränkung der wirtschaftlichen Bewegungsfreiheit des Kunden.

c) Auszahlungsklausel. Die in AGB enthaltene Klausel, dass die Valutierung des Darlehens an einen Treu- **19** händer für Rechnung und Gefahr des Darlehensnehmer erfolgen und eine Rückerstattungspflicht begründen soll, verstößt gegen § 307, da die Rückzahlungspflicht vom Empfang des Darlehens durch den Darlehensnehmer selbst abhängt (BGH NJW 1998, 3200; *Steiner* Kreditwesen 1999, 421).

20 **IV. Übertragbarkeit von Ansprüchen aus dem Darlehensvertrag.** Die Ansprüche aus dem Darlehensvertrag sind grds abtretbar (BGHZ 82, 182, 184; Palandt/*Putzo* Rn 25), sofern die Parteien die Abtretbarkeit nicht gem § 399 vertraglich ausgeschlossen haben oder sich eine Abtretungsbeschränkung aus der Zweckbindung des Darlehens ergibt (vgl Rz 17). Im Falle einer Abtretung durch den Darlehensnehmer bleibt dieser Vertragspartner und kann als solcher weiterhin auf Rückzahlung des Darlehens in Anspruch genommen werden (Palandt/*Putzo* Rn 25; MüKo/*Berger* Rn 149). Der zweifelhaften Ansicht in der Rspr, wonach der Abtretung der Ansprüche des Darlehensgebers aus dem Darlehensvertrag das Bankgeheimnis (vgl Nr 2 AGB Banken, Nr 1 AGB Sparkassen) entgegenstehen soll, da hieraus ein stillschweigend vereinbartes Abtretungsverbot folgen soll (Frankfurt aM WM 2004, 1386; LG Frankfurt aM Urt. v. 25.03.2004, 2/23 O 78/04; anders hM BGH BB 2007, 793 f mit zust Anm *Bütter/Aigner;* Köln 2005, 2385 f; LG Frankfurt aM ZIP 2005, 115; LG Koblenz ZIP 2005, 21; ausf hierzu *Bütter/M Tonner* ZBB 2005, 165 ff; *Bütter/Aigner* EWiR 2005, 161; *Hilpert* DSB 2005, 11 ff), ist durch die durch das Risikobegrenzungsgesetz (BGBl I 2008, 1666) erfolgte Ergänzung von § 492 Abs 1a und die Einfügung von § 496 Abs 2 endgültig der Boden entzogen worden. Hierdurch hat der Gesetzgeber (letztlich im Anschluss an BGH BB 2007, 793) selbst klargestellt, dass eine Abtretung der Ansprüche aus dem Darlehensvertrag durch den Darlehensgeber im Grundsatz zulässig ist, es sei denn, es gibt einen vertraglichen Abtretungsausschluss (§ 399). Ein solcher kann nunmehr auch im Bankkreditgeschäft mit Unternehmen vereinbart werden, da durch das **Risikobegrenzungsgesetz** auch § 354a HGB entsprechend geändert wurde. Nach dem neuen § 354a Abs 2 HGB ist ein solcher Abtretungsausschluss nicht mehr unbeachtlich. Für den Fall der Vereinbarung eines Abtretungsausschlusses gem § 399 bleibt der Darlehensgeber auch an den Darlehensnehmer gebunden, wenn der Kredit Not leidend wird (*Köchling* ZInsO 2008, 849; *Schalast* BB 2008, 2190, 2192). Dieses Ziel wurde vom Gesetzgeber mit dem Risikobegrenzungsgesetz auch verfolgt, denn Auslöser für die Regelungen war gerade der umstr Handel mit sog »**non-performing loans**« (vgl zum Hintergrund *Schalast* BB 2008, 2190 f). Gestützt wird dieses Ziel auch durch die auf das Risikobegrenzungsgesetz zurückgehende Ergänzung der Darlehensverträge in § 309 Nr 10, so dass jetzt auch eine AGB-Klausel in Darlehensverträgen, durch die eine Vertragsübernahme durch Dritte gestattet werden soll, unter den dort genannten Voraussetzungen unwirksam ist. (Zur weiteren Problematisierung der Abtretung von Rückzahlungsforderung an Finanzinvestoren vgl aber die Ausführungen in diesem Kommentar von *Tamm* § 398 Rz 7 ff).

21 Die vorstehenden Ausführungen zur Abtretbarkeit gelten gem § 851 Abs 1 ZPO für die Pfändung gleichermaßen (BGHZ 147, 193, 196). Die Pfändung in offene Kreditlinien (Dispositionskredite) ist nicht möglich, da es dem Darlehensnehmer obliegt, wann und in welcher Höhe er die Kreditlinie in Anspruch nimmt. Erst mit Abruf entsteht ein pfändbarer Anspruch auf Auszahlung des jeweiligen Darlehensbetrages. Bei dem Abruf handelt es sich jedoch um ein höchstpersönliches Recht, das nicht abtretbar und nicht pfändbar ist (BGH WM 2004, 517, 518; BGHZ 147, 193, 195; vgl hierzu auch *Bitter* WM 2004, 1109; *Lwowski/Bitter* WM-Sonderheft v 09.05.94, S 57, 70; MüKo/*Berger* Rn 150 f mwN). Bei sog »geduldeten Überziehungen«, bei denen das Konto ohne Kreditlinie überzogen oder ein bestehendes Limit überschritten werden, kommt eine Pfändung schon deswegen nicht in Betracht, weil der Darlehensvertrag und mit ihm ggf pfändbare Ansprüche überhaupt erst mit der Inanspruchnahme des Kontos zustande kommen (BGHZ 93, 315, 325; MüKo/*Berger* Rn 151; vgl zu den Begrifflichkeiten auch § 493 Rz 11).

22 **V. Unwirksamkeit des Vertrages. 1. Sittenwidrigkeit.** Ein Grund für die **Unwirksamkeit des Darlehensvertrags** kann dessen Sittenwidrigkeit gem § 138 Abs 1 sein (zur teilw Aufrechterhaltung nach dem Rechtsgedanken des § 139 vgl BGHZ 146, 37, 47, dazu krit MüKo/*Berger* Rn 148, 126 mwN; *Fischer* WM 2001, 1059). Das Sittenwidrigkeitsurteil bedarf einer Würdigung der Gesamtumstände zum Zeitpunkt des Zustandekommens des Vertrages (Inhalt, Zweck, Beweggründe der Parteien, sonstige Umstände des Vertragsschlusses). Hierbei ist die grds Risikoverteilung des Darlehensgeschäfts angemessen zu berücksichtigen. Da der Darlehensnehmer für seine persönliche Leistungsfähigkeit einzustehen hat, reicht seine mit der Darlehensaufnahme verbundene wirtschaftliche Überforderung nicht aus. Das Gleiche gilt im Grundsatz, wenn der Darlehensnehmer den Darlehensbetrag zu riskanten oder sittenwidrigen Zwecken verwendet. Denn die Darlehensaufnahme darf aus Sicht des Darlehensnehmers auch unvernünftig oder zu Spekulationszwecken erfolgen (BGHZ 114, 177, 182). Eine Sittenwidrigkeit kommt in diesen Fällen aber dann in Betracht, wenn jeweils weitere Umstände hinzukommen. Im Einzelnen sind insb die folgenden Fallgruppen zu berücksichtigen, die jedoch so nur für gewerbliche Darlehensgeber und nicht für private Gelegenheitsdarlehen gelten (vgl hierzu BGH NJW 1994, 1056; WM 1990, 1322, 1324).

23 **a) Auffälliges Missverhältnis von Leistung und Gegenleistung. aa) Objektiv.** Eine **Sittenwidrigkeit des Darlehensvertrages** kommt in Betracht, wenn die Leistung des Darlehensgebers – die zeitweilige Überlassung des Darlehensbetrages – objektiv in einem auffälligen Missverhältnis zu der vom Darlehensnehmer zu erbringenden Gegenleistung – insb Zinszahlung, Nebenentgelte – steht. Maßstab für die Beurteilung dieses Missverhältnisses ist der Vergleich zwischen dem vertraglichen effektiven Jahreszins (vgl § 492 Abs 2) und dem zum Zeitpunkt des Vertragsabschlusses marktüblichen Effektivzinssatz (BGHZ 104, 102, 104; 98, 174, 176; NJW 1990, 1599, 1600). Im Rahmen der Gesamtbetrachtung sind zudem alle weiteren Kosten des Kredi-

tes zu berücksichtigen, soweit sie nicht bereits im effektiven Jahreszinssatz berücksichtigt wurden. In Betracht kommen insoweit zB Kosten eines im Interesse der Bank tätigen Kreditvermittlers (BGH NJW 1988, 1661, 1662; 1991, 1810, 1811), einmalige Bearbeitungsentgelte, Entgelte für die Wertermittlung von Sicherheiten etc (vgl hierzu auch *Krüger/Bütter* Nebenentgelte im Kreditgeschäft WM 2005, 673 ff). Der Vergleichswert des marktüblichen Effektivzinssatzes ist dem statistischen Teil des Monatsberichts der Deutschen Bundesbank zu entnehmen. Maßgeblich ist insoweit der veröffentlichte Durchschnittszinssatz für vergleichbare Kredite, erhöht um ein einmaliges Bearbeitungsentgelt von 2,5 % des Kreditbetrages (BGHZ 128, 255, 256; 98, 174, 176; BGH NJW 1995, 1019, 1021 mwN; WM 1990, 1322, 1324; Dresden BB 2000, 480, 481; Köln NJW-RR 1997, 1549, 1549). Ein auffälliges Missverhältnis liegt idR vor, wenn der effektive Vertragszins den effektiven Vergleichszins absolut um 12 % oder relativ um 100 % übersteigt (BGHZ 110, 336, 340; 104, 102, 105; gilt auch für gewerbliche Darlehen BGHZ 128, 255, 266; Dresden BB 2000, 480, 481; zur Ermittlung des effektiven Jahreszinses nach der in der Rspr angewandten »Uniformmethode« vgl BGHZ 128, 255, 265, sowie bei Verträgen über 48 Monaten Laufzeit die Tabellen von *Sievi-Gillardon-Sievi* Effektivzinssätze für Ratenkredite; zu abw Methoden vgl MüKo/*Berger* Rn 113). Bereits ab 11 % (absolut) bzw 90 % (relativ) kommt eine Sittenwidrigkeit in Betracht, wenn die weiteren Bedingungen des Darlehens die Belastung des Darlehensnehmers faktisch ins Untragbare steigern, zB überhöhte Nebenentgelte, ggf auch Intransparenz des Vertrages hinsichtlich der tatsächlichen Kosten (BGHZ 104, 102, 105; MüKo/*Berger* Rn 117 mwN).

bb) Subjektiv. Der Darlehensgeber muss zudem die schwächere Position des Darlehensnehmers ausgenutzt oder sich jedenfalls leichtfertig der Erkenntnis verschlossen haben, dass dieser sich nur auf Grund seiner geschäftlichen Unkundigkeit bzw Unerfahrenheit oder unterlegenen Verhandlungsposition auf den für ihn nachteiligen Vertrag eingelassen hat (vgl PWW/*Ahrens* § 138 Rn 128). Der subjektive Tatbestand der Sittenwidrigkeit wird nach der Rspr vermutet, wenn ein Verbraucherdarlehen nach § 491 vorliegt (BGHZ 104, 102, 107; 98, 174, 178; Bamberg NJW-RR 2002, 264, 264 f). Der Darlehensgeber kann den ihm obliegenden Gegenbeweis ggf dadurch führen, dass er darlegt und beweist, dass der Darlehensnehmer sich in Kenntnis aller maßgeblichen Umstände für den ihn erheblich belastenden Vertrag entschieden hat. Hierfür können zB die bes Erfahrung des Kreditnehmers mit Geldgeschäften, dessen bes finanzielle Leistungsfähigkeit und Ausbildungsstand sprechen (vgl auch Bankrechtshandbuch/*Gundlach* § 82 Rn 60), nicht aber allein, dass der Darlehensnehmer den Kredit für Luxusanschaffungen verwendet hat (BGH NJW-RR 1990, 303, 304). Ferner könnte der Darlehensgeber sich ggf dadurch entlasten, dass er vorträgt und beweist, dass er keine Kenntnis bzw keine leichtfertige Unkenntnis von der unterlegenen Position des Darlehensnehmers hatte. 24

Ist der Darlehensnehmer kein Verbraucher, muss der sich auf die Sittenwidrigkeit berufende Darlehensnehmer grds auch die subjektive Seite der Sittenwidrigkeit darlegen und ggf beweisen (BGHZ 128, 255, 268; Düsseldorf MDR 1998, 523, 524; WM 1996, 1693, 1693). Anders kann dies wiederum dann sein, wenn das objektive Missverhältnis bes krass ist (BGH NJW 1994, 1275; NJW-RR 1991, 589). Hier wird man jedoch ein relatives Überschreiten des Marktzinses um mindestens 200 % (MüKo/*Berger* Rn 119) bzw bei einer geringeren Überschreitung eine erhebliche Belastung durch andere Bestimmungen des Vertrages verlangen müssen. 25

cc) Umschuldungen. Wird ein sittenwidriges Darlehen im Wege der Umschuldung mit einem Darlehen aus einem nicht sittenwidrigen Darlehensvertrag mit demselben Darlehensgeber abgelöst, folgt hieraus keine Unwirksamkeit des neuen Vertrages aus § 138 Abs 1, sondern insoweit muss eine getrennte Bewertung der beiden Verträge vorgenommen werden (vgl BGHZ 99, 333, 336). Dies erscheint nicht unbedenklich, da der Grund für den Abschluss des Zweitvertrages der sittenwidrige Erstvertrag war und hiermit der sittenwidrige Vorteil des Darlehensgebers hieraus jedenfalls teilw im Nachhinein »legalisiert« wird (zB wenn auch rückständige überhöhte Zinsen mit dem neuen Darlehen abgelöst werden). Sofern der Darlehensgeber die Sittenwidrigkeit des Erstvertrages gekannt hat und durch den Abschluss des Neuvertrages lediglich versucht, die Folgen der Sittenwidrigkeit (vgl hierzu noch unten Rz 37 ff) zu vermeiden, dürfte von einer Sittenwidrigkeit auch des Zweitvertrages auszugehen sein. Dies liegt auch bereits nahe, wenn sich der Darlehensgeber der Kenntnis von der Sittenwidrigkeit des Erstvertrages leichtfertig verschlossen hat. Soweit beide Parteien irrtümlich von der Wirksamkeit des Erstvertrages ausgegangen sind, kommt eine Vertragsanpassung nach den Grundsätzen des Wegfalls der Geschäftsgrundlage gem § 313 in Betracht (BGHZ 99, 333, 337; MüKo/*Berger* Rn 123). Erfolgt die Umschuldung durch einen anderen Darlehensgeber, dürfte eine Unwirksamkeit des Zweitvertrages nur denkbar sein bei positiver Kenntnis des Darlehensgebers von der Sittenwidrigkeit des Erstvertrages bzw wenn sich dessen Sittenwidrigkeit ihm geradezu aufdrängen musste (BGH NJW 1990, 1597, 1599). 26

b) Sittenwidrige Knebelung. Eine Sittenwidrigkeit des Darlehensvertrages kommt zudem dann in Betracht, wenn der Darlehensnehmer hierdurch seine wirtschaftliche Selbständigkeit und Entscheidungsfreiheit weitgehend verliert (BGHZ 83, 313, 316; 44, 158, 161; 19, 12, 18; BB 1999, 655, 656; NJW 1993, 1587; s aber BGHZ 19, 12, 18; 10, 228, 234, falls der Darlehensgeber auf Grund sorgfältiger Prüfung überzeugt ist, dass der Darlehensnehmer ausreichende Freiheiten behält). Dies ist insbes dann der Fall, wenn sich der Darlehensgeber im Vertrag weitreichende Mitwirkungsrechte hinsichtlich der wirtschaftlichen Betätigung des Darlehensnehmers einräumen lässt, zB Kontroll-, Informations- und Zustimmungsbefugnisse (BGH NJW 1993, 1587). 27

28 **c) Strukturelles Ungleichgewicht bei mithaftenden Darlehensnehmern. aa) Krasse finanzielle Überforderung des Mitschuldners.** Sofern neben dem Darlehensnehmer weitere Personen als Sicherheit eine Mithaftung übernommen haben, ohne selbst Darlehensnehmer geworden zu sein (Celle OLGR 2004, 275 f; vgl zur Abgrenzung Darlehensnehmer – Mitverpflichtete auch oben Rz 5), kommt eine Sittenwidrigkeit der Mitverpflichtung gem § 138 Abs 1 in Betracht, wenn objektiv ein krasses Missverhältnis zwischen der Leistungsfähigkeit des Mitschuldners und dem Verpflichtungsumfang vorliegt. Dies ist – in Anlehnung an die Rspr des BGH zur Sittenwidrigkeit von Bürgschaften (vgl BGH NJW 2001, 815, 816 f; PWW/*Ahrens* § 138 Rn 123) – der Fall, wenn dieser durch die Mitverpflichtung in einem Maße finanziell überfordert wird, das die auf diesem Wege vom Darlehensgeber erstrebte Sicherstellung des Darlehens als wirtschaftlich sinnlos erscheinen lässt. Eine derartige krasse finanzielle Überforderung liegt vor, wenn der Mitschuldner innerhalb der vertraglich festgelegten Kreditlaufzeit voraussichtlich nicht einmal die von den Darlehensvertragsparteien festgelegte Zinslast aus dem pfändbaren Teil seines Einkommens und Vermögens dauerhaft tragen kann. Pfändbares Vermögen, soweit es nicht durch dingliche Sicherheiten für andere Verbindlichkeiten des Mitschuldners haftet (BGHZ 151, 34, 38; *Schimansky* WM 2002, 2440), ist bei der Beurteilung der krassen Überforderung in der Weise zu berücksichtigen, dass der ermittelte Wert von der Darlehensschuld abgezogen wird. Nur wenn der pfändbare Teil des Einkommens des Mitschuldners die auf den so ermittelten Schuldbetrag entfallenden laufenden Zinsen voraussichtlich nicht abdeckt, liegt eine krasse Überforderung vor (BGHZ 146, 37, 42; 135, 66, 70; BGH BKR 2003, 157, 158; NJW 2002, 2634, 2635; ZIP 2002, 2249, 2250; grundlegend hierzu auch BVerfGE 89, 214; WM 1996, 948; vgl auch *M Tonner* JuS 2003, 325 ff mwN; zur Überforderung bei geringeren Darlehensbeträgen Dresden BKR 2007, 248 f; hierzu auch *Heidrich* NJ 2007, 226 f). Eine anderweitige Sicherstellung des Darlehens, für das der Mitschuldner die Mithaftung übernommen hat, werden bei der Ermittlung der wirtschaftlichen Überforderung nur insoweit in Abzug gebracht als sicher ist, dass Erlöse aus deren Verwertung auch dem Mitschuldner zugute kommen. Dies ist bereits dann nicht der Fall, wenn die Sicherheiten noch für weitere Verbindlichkeiten des Darlehensnehmers haften (BGH WM 2002, 1649, 1651). Die Möglichkeit der Restschuldbefreiung nach der Insolvenzordnung spielt für die Frage der krassen Überforderung keine Rolle (Celle MDR 2006, 1243; Frankfurt aM NJW 2004, 2392).

29 Wird das Darlehen, für das die Ehefrau des Darlehensnehmers die Mithaftung übernimmt, zum Erwerb einer Immobilie verwendet und wird die Ehefrau hälftige Miteigentümerin, kann dies dazu führen, dass der so erworbene wirtschaftliche Gegenwert die Anwendung des § 138 Abs 1 auf die Schuldübernahme hindert (Bremen OLGR 2006, 389 f). Wird die Ehefrau im Rahmen einer Umschuldung eines zuvor nur von ihrem Ehemann aufgenommenen Darlehens erstmals mitverpflichtet, kann der Sittenwidrigkeit wegen krasser finanzieller Überforderung entgegenstehen, dass die Mittel aus dem umzuschuldenden Altkredit für die gemeinsame Lebensführung der Eheleute verwendet worden und daher auch der Ehefrau zugute gekommen sind (Köln OLGR 2004, 385 f).

Liegt nach diesen Grundsätzen eine krasse wirtschaftliche Überforderung des Mitschuldners vor, die dieser darzulegen und ggf zu beweisen hat, kann grds auch davon ausgegangen werden, dass die finanzierende Bank als Darlehensgeber diese Überforderung bereits bei Vertragsschluss kannte oder jedenfalls grob fahrlässig nicht kannte (BGHZ 146, 37, 44; 135, 66, 70; NJW 2000, 1182; 1999, 58). Darauf, dass die Mitverpflichtung nur mit Blick auf eine künftige Vermögensverbesserung beim Mitschuldner vereinbart wurde, kann sich die darlehensgebende Bank nur dann erfolgreich zurückziehen, wenn bereits im Vertrag selbst angegeben wurde, welcher konkrete Vermögenszuwachs (zB bestimmte Erbschaft) Grund für die Haftungsübernahme sein soll (BGH NJW 1999, 58; dazu *M Tonner* JuS 2000, 17). Zusätzlich zu der krassen finanziellen Überforderung des Mitschuldners muss eine emotionale Verbundenheit mit dem Hauptschuldner (Darlehensnehmer) etwa auf Grund einer Ehe, Partnerschaft, Verwandtschaft oder einer sonstigen engen persönlichen Beziehung hinzukommen. Vgl zur entspr Anwendung dieser Grundsätze außerhalb des Bankgeschäftsverkehrs auf die Gewährung eines Darlehens durch eine Person im Rahmen ihrer gewerblichen oder selbständigen beruflichen Tätigkeit Brandenburg Urt v 07.05.2008, 3 U 63/07, unter Berufung auf BGH NJW 2002, 746.

30 Das Vorliegen der vorstehenden Umstände, die vom Mitschuldner darzulegen und ggf zu beweisen sind, begründet die widerlegbare Vermutung, dass sich der Mitschuldner auf den ihn wirtschaftlich deutlich überfordernden Vertrag nicht auf Grund einer vernünftigen Abwägung, sondern aus einer strukturellen Unterlegenheit heraus eingelassen hat, und dass der Darlehensgeber dies in sittenwidriger Weise ausgenutzt hat (BGHZ 137, 329, 335; 136, 347, 351; 125, 206, 210). Es ist Sache der klagenden Bank, diese Vermutung zu widerlegen (BKR 2003, 157, 158; keine Vermutung allerdings bei Geschwistern, vgl BGHZ 137, 329, 336, sowie im Verhältnis Arbeitgeber-Arbeitnehmer, BGH WM 2003, 2379). Dabei schließt selbst der Umstand, dass die mitverpflichtete Ehefrau des unternehmerisch tätigen Darlehensnehmers einen Teil der Kreditgespräche selbstständig geführt hat und auch sonst die kaufmännische Verantwortung für das Unternehmen trägt, ein Handeln aus emotionaler Verbundenheit nicht aus, weil nach der allg Lebenserfahrung auch erfahrene und geschäftsgewandte Personen aus emotionaler Verbundenheit zu ihrem Ehegatten Verbindlichkeiten eingehen, die sie finanziell krass überfordern (BGH BKR 2003, 157, 158; 2002, 628).

Der darlehensgebenden Bank bleibt jedoch die Möglichkeit nachzuweisen, dass der Mitschuldner tatsächlich als Mitdarlehensnehmer anzusehen ist, da er ein eigenes wirtschaftliches Interesse an dem Darlehen hat (vgl hierzu schon oben Rz 5; BGHZ 46, 37, 45; 125, 206, 216; 120, 272, 277). Des Weiteren ist grds das Interesse der darlehensgebenden Bank anzuerkennen, Vermögensverschiebungen vom Darlehensgeber auf seinen Ehepartner oder nahen Angehörigen durch dessen Mitverpflichtung vorzubeugen, wenn dieser Zweck im Vertrag hinreichend zum Ausdruck kommt, ua durch eine realistische Haftungsbeschränkung (BGHZ 151, 34, 40; 134, 42, 49; NJW 1999, 58, 60). Nur dann ist dieser Umstand geeignet, die vorstehende Vermutung zu widerlegen. 31

bb) Überrumpelung des Mitschuldners. Unabhängig von einer finanziellen Überforderung des Mitschuldners kann das Verhalten des Darlehensgebers bei der Mitverpflichtung gleichwohl im Wege einer Gesamtschau aller Umstände zu deren Sittenwidrigkeit nach § 138 Abs 1 führen, wenn sich hieraus ein strukturelles Ungleichgewicht zwischen den Vertragsparteien ergibt. So liegt es etwa dann, wenn die finanzierende Bank die persönliche Bindung zwischen Darlehensnehmer und Mitschuldner bewusst oder grob fahrlässig ausnutzt, um eine – wenn auch nicht krass überfordernde – Mitverpflichtung zu erreichen. Indizien für eine solche Ausnutzung sind zB die bewusste Verharmlosung des Risikos des Mitschuldners bei dessen geschäftlicher Unerfahrenheit (»nur Formsache«, »nur für die Akten«) oder der Appell der Bank an die Liebe oder Solidarität des Mitschuldners (BGHZ 125, 206, 210; 120, 272, 277; NJW 2001, 2466, 2467; 1999, 135; 1997, 52, 53; 1997, 52, 53; 1995, 1886, 1887; 1994, 1341, 1342; 1991, 923, 925). Anders ggf, wenn der Mitschuldner von dem Darlehen selbst profitiert (vgl BGH NJW-RR 2002, 1130, 1130; WM 1998, 2366, 2367). Von einer sittenwidrigen Überrumpelung kann zB auch dann ausgegangen werden, wenn der Mitarbeiter der Bank von dem Betreffenden anlässlich eines Hausbesuchs überraschend eine Mitverpflichtung verlangt und für den Fall der Ablehnung die Kündigung des Darlehensvertrages in Aussicht stellt, obwohl das Darlehen zunächst ohne die Mitverpflichtung ausgereicht wurde (BGH NJW 1997, 1981). 32

cc) Sittenwidrigkeit bei der Mitverpflichtung von Gesellschafter einer GmbH. Unter den vorstehenden Voraussetzungen kommt ggf auch die Sittenwidrigkeit der Mitverpflichtung von Mitgesellschaftern einer GmbH in Betracht, wenn zwischen dem wirtschaftlich beherrschenden Gesellschafter und dem mitverpflichteten Gesellschafter eine enge persönliche Bindung besteht. Ist der finanzierenden Bank bewusst oder muss sich ihr zumindest aufdrängen, dass der Mitschuldner nur wegen dieser Beziehung bereit ist, Mitgesellschafter zu sein und eine Mitverpflichtung zu übernehmen, ohne dass ein eigenes wirtschaftliches Interesse besteht, sind die vorstehenden Grundsätze zur Sittenwidrigkeit von Mitverpflichtungen entspr anzuwenden (BGHZ 137, 329, 334). Allerdings ist bei der Bewertung zu berücksichtigen, dass ein Kreditinstitut, das einer GmbH ein Darlehen gewährt, in aller Regel ein berechtigtes Interesse daran hat, die persönliche Haftung der Gesellschafter für Geschäftskredite zu verlangen. Die gängige Bankpraxis, die Gewährung von Geschäftskrediten davon abhängig zu machen, dass die Inhaber der Gesellschaft persönlich in vollem Umfang für die entstehenden Forderungen eintreten, ist rechtlich nicht zu beanstanden. Die Bank darf iA davon ausgehen, dass derjenige, der sich an einer Gesellschaft beteiligt, dies aus eigenen finanziellen Interessen tut und schon deshalb durch die Haftung kein ihm unzumutbares Risiko auf sich nimmt. Für den Kreditgeber besteht auch keine Veranlassung, von sich aus der Frage nachzugehen, aus welchen Gründen die Beteiligung an der Gesellschaft erfolgt und die Haftung für deren Schulden übernommen wird (BGHZ 137, 329, 334 ff mwN). 33

2. Weitere Unwirksamkeitsgründe. a) Nichtigkeit nach § 134. In Betracht kommt neben der Sittenwidrigkeit des Vertrages grds auch eine Unwirksamkeit wegen Verstoßes gegen eine Rechtsvorschrift, die den Darlehensvertrag wegen seines Inhalts oder der Art und Weise des Zustandekommen untersagt (vgl iE zu § 134 PWW/*Ahrens*). Gem § 134 iVm § 22 Abs 4 S 2 GenG nichtig sind zB Darlehen, die eine Genossenschaft einem Genossen zur Leistung seiner Geschäftseinlage gewährt (BGH NJW 1983, 1420). Nichtigkeit nach § 134 kommt ggf auch in Betracht, wenn der Vertrag unter Verstoß gegen §§ 1, 5 Gesetz über die Sicherung von Bauforderungen (offengelassen in BGH NJW 1986, 1104, 1105) oder § 31 Abs 4 InvG (MüKo/*Berger* Rn 91) geschlossen wird. Unwirksam gem § 134 ist auch ein Vertrag, der unter Verstoß gegen eine Verbotsnorm des Außenwirtschaftgesetzes zustande kommt (MüKo/*Berger* Rn 92). Keine Verbotsgesetze iSd § 134 sind dagegen: § 6 PAngV (*Steppeler* Bankentgelte Rn 27), §§ 4, 6 BSpKG (BGH WM 1989, 706, 707), §§ 11 Abs 2, 12 HypBG (BGH WM 1980, 862, 863), § 89 AktG (*Fleischer* WM 2004, 1057, 1066), § 53 InvG (MüKo/*Berger* Rn 91); §§ 1, 3 Nr 1 u 2, 13, 14, 15, 18, 32, 45, 46, 54 Abs 1 Nr 2 KWG (Staud/*Sack* § 134, Rn 179, 258; MüKo/*Berger* Rn 95 mwN; für § 3 Nr 3 KWG s dagegen Stuttgart NJW 1980, 1798; BGH WM 1995, 874). 34

In Betracht kam bislang auch eine Unwirksamkeit des Vertrages gem Art 1 § 1 RBerG (aF) iVm § 134 zB bei der Vorfinanzierung von Unfallschäden gegen Abtretung der Ersatzansprüche gegen den Schädiger, wenn die finanzierende Bank gleichzeitig die Besorgung der Schadensabwicklung als wesentliche Leistung mit übernimmt (BGHZ 61, 317, 322; BGH WM 2004, 1221, 1224; WM 1998, 923; Bankrechtshandbuch/*Lwowski*, § 76, Rn 35). Das Gleiche galt für die Übernahme der kompletten Abwicklung eines Immobiliengeschäfts für den Kunden im Rahmen eines Steuersparmodells (BGHZ 145, 265, 273; WM 2004, 21; *Nittel* NJW 2002, 2599, 2602; *Horn/Balzer* WM 2000, 333 f; MüKo/*Berger* Rn 93, 94). Unter der Geltung des neuen Rechtsdienstleistungsgesetz vom 12. Dezember 2007 (BGBl I, S 2840), das das RBerG abgelöst hat, dürfte es gem § 5 Abs 1 RDG darauf ankommen, ob es sich hierbei um eine »Nebenleistung« iSd Gesetzes handelt. 35

36 **b) Fehlende Genehmigung durch das Vormundschaftsgericht.** Gem § 1822 Nr 8 bedarf der Vormund für die Aufnahme eines Darlehens auf den Namen des Mündels der Genehmigung des Vormundschaftsgerichts. Bis dahin ist der Vertrag schwebend unwirksam, im Fall der Verweigerung wird dieser unwirksam. Dies gilt kraft entspr Verweisungen auf die vorstehende Norm auch für die Kreditaufnahme der Eltern für das Kind (§ 1643 Abs 1) und des Betreuers für den Betreuten (§ 1908i Abs 1).

37 **3. Rückabwicklung des nichtigen Darlehensvertrages.** Der aus den og Gründen ggf nichtige Darlehensvertrag ist nach den §§ 812 ff rückabzuwickeln. Der Darlehensgeber hat aus § 812 Abs 1 S 1, Alt 1 einen Anspruch auf Rückzahlung des an den Darlehensnehmer ausbezahlten Nettokreditbetrages (BGHZ 99, 333, 338; NJW 1995, 1152), und zwar in der vertraglich vereinbarten Zeitfolge (BGHZ 99, 333, 338; NJW 1989, 3217; vgl aber auch *Lass* WM 1997, 150). Vereinnahmte Bearbeitungsentgelte, etwaige Provisionen und Kreditvermittlerkosten stehen dem Darlehensgeber dagegen nicht zu (BGHZ 110, 336, 342; für direkte Zahlungen der Bank an den Vermittler vgl NJW 1983, 2692, 2693). Hat der Darlehensnehmer eine Restschuldversicherung abgeschlossen, deren Prämie aus dem Darlehen gezahlt wurde, hat der Darlehensgeber gegen den Darlehensnehmer einen bereicherungsrechtlichen Anspruch auf Zahlung der hälftigen Prämie, da der Versicherungsschutz beiden Parteien gleichermaßen zugute gekommen ist (BGH NJW 1983, 2692, 2693; 1982, 2436, 2437).

38 Gegen den bereicherungsrechtlichen Anspruch des Darlehensgebers auf Rückzahlung des Nettokreditbetrages kann sich der Darlehensnehmer nicht auf § 817 S 2 berufen, da ihm die Darlehensvaluta von Vornherein nur zur zeitweiligen Nutzung überlassen wurde (BGH WM 1999, 724; vgl aber BGH NJW 1998, 2895, 2896; 1995, 1152). Aus diesem Grunde kann der Darlehensnehmer sich insoweit auch nicht gem § 818 Abs 3 auf Entreicherung berufen, da ihm von Anfang an bekannt ist, dass er den Nettokreditbetrag zurückzahlen muss. Er ist bösgläubig iSd § 819 Abs 1 (BGHZ 115, 268, 270; MüKo/*Berger* Rn 130; anders der Geschäftsunfähige, vgl KG Berlin NJW 1998, 2911).

39 Einen Zinsanspruch hat der Darlehensgeber im Falle der Nichtigkeit des Vertrages dagegen nicht. Da das Kapitalnutzungsrecht anders als der Nettokreditbetrag endgültig bei dem Darlehensnehmer verbleiben sollte, steht einem Bereicherungsanspruch aus § 818 Abs 1, 2 die Regelung des § 817 S 2 entgegen. Der Darlehensgeber muss dem Darlehensnehmer daher das Kapital solange zinslos überlassen, wie dies nach dem (nichtigen) Vertrag der Fall gewesen wäre (BGH NJW 1998, 2895; 1995, 1152, 1153; MüKo/*Berger* Rn 129 mwN). Dem Darlehensgeber stehen jedoch aus §§ 280, 286 Zinsen zu, wenn der Darlehensnehmer mit der Rückzahlung des aus Bereicherungsrecht geschuldeten Nettokreditbetrages (bzw Teilen davon) in Verzug gerät (BGH NJW 1989, 3217, 3218).

40 Der Darlehensnehmer hat im Falle der Nichtigkeit des Darlehensvertrages gegen den Darlehensgeber aus § 812 Abs 1 S 1, Alt 1 einen Anspruch auf Rückerstattung aller an den Darlehensgeber geleisteten Zahlungen, die über die jeweils geschuldete Rückzahlung der Nettokreditanteile hinausgehen (BGH NJW 1983, 2692, 2693; 1987, 830; *Steinmetz* NJW 1991, 881, 884). Dies sind zB Zinszahlungen, Bearbeitungsentgelte, Vermittlungsprovisionen, die hälftige Prämie zur Restschuldversicherung, Verzugskosten. Da bei Tilgungsdarlehen jeweils monatlich ein Kapital- und Zinsanteil mit der fälligen Rate gezahlt wird, entsteht im Falle der Nichtigkeit des Vertrages auch monatlich ein bereicherungsrechtlicher Rückerstattungsanspruch hinsichtlich des nicht geschuldeten Betrages (BGHZ 99, 333, 338; *Bodenbenner* JuS 2001, 1175). Daneben hat der Darlehensnehmer einen Anspruch auf Verzinsung aller rechtsgrundlos geleisteten Zahlungen aus § 818 Abs 1, 2 bzw 818 Abs 4, 819 Abs 1, 292 (BGHZ 104, 337, 344; BGH NJW 2000, 1408, 1409; 1961, 452; *Steinmetz* NJW 1991, 881, 884; *Derleder* JZ 1987, 679, 681; *Reifner* JZ 1984, 637, 645).

41 Bei der Rückabwicklung sittenwidriger Darlehensverträge kommt die Saldotheorie nicht zur Anwendung, so dass eine Verrechnung der vorstehend genannten gegenseitigen bereicherungsrechtlichen Ansprüche nicht erfolgt (BGH NJW 1987, 181, 182; gem § 215 gilt dies für den Darlehensnehmer auch hinsichtlich bereits verjährter Rückerstattungsansprüche, vgl BGH NJW 1987, 181, 182; es gilt für beide Seiten die Frist des § 195, vgl *Budzikiewicz* WM 2003, 264, 270). Dies würde ansonsten dazu führen, dass der Darlehensnehmer den Nettokreditbetrag nicht wie ursprünglich vereinbart, zB in monatlichen Raten, zurückzahlen könnte. Allerdings können die gegenseitigen Ansprüche unter den Voraussetzungen der § 387 ff zur Aufrechnung gestellt werden (BGHZ 99, 333, 339; Bankrechtshandbuch/*Gundlach* § 82 Rn 153). Da eine Aufrechnung des Darlehensgebers nur hinsichtlich der fälligen Ansprüche möglich ist, bleibt dem Darlehensnehmer der Vorteil der Rückzahlung des Nettokreditbetrages entspr der ursprünglichen vertraglichen Vereinbarung auf diese Weise erhalten.

42 Hat der Darlehensgeber auf Weisung des Darlehensnehmers die Darlehensvaluta aus dem sittenwidrigen Vertrag an einen Dritten gezahlt, soll die Rückabwicklung grds innerhalb der Leistungsbeziehungen erfolgen (BGHZ 87, 393, 395; 61, 289, 291; 40, 272, 276; BGH ZIP 2003, 69, 70), es sei denn, dem Dritten war das Fehlen einer wirksamen Anweisung zwischen dem Darlehensgeber und -nehmer bekannt (BGHZ 67, 75, 78; 66, 362, 364; BGH ZIP 2003, 69, 71: dann Direktkondiktion des Darlehensgebers bei dem Dritten aus § 812 Abs 1 S 1, Alt 2). Im Falle einer unwirksamen Anweisung in Folge einer Sittenwidrigkeit des Darlehensvertrages dürfte jedoch unabhängig von der Kenntnis des Dritten stets eine Rückabwicklung im Verhältnis Darlehensnehmer und -geber sowie Darlehensgeber und Dritten anzunehmen sein (vgl zur Rückabwicklung bei

anfänglich unwirksamen Anweisungen PWW/*Leupertz* § 812 Rn 93 f mwN). In diesem Fall fehlt es an einem zurechenbar vom Darlehensnehmer gesetzten Rechtsschein einer Anweisung, so dass eine Leistung (und damit vorrangige Leistungsbeziehung) im Verhältnis Darlehensnehmer zu dem Dritten nicht vorliegt (MüKo/*Berger* Rn 134; PWW/*Leupertz* § 812 Rn 93, 94 mwN).

Zu etwaigen neben den bereicherungsrechtlichen Ansprüchen bestehenden Schadensersatzansprüchen des Darlehensnehmers gegen den Darlehensgeber aus §§ 280 Abs 1, 241 Abs 2, 311 Abs 2 Nr 1 vgl BGHZ 99, 101, 107; 111, 117, 124; 98, 174, 186. Soweit die Ansprüche des Darlehensgebers aus dem nichtigen Darlehensvertrag bereits durch ein Urteil oder Vollstreckungsbescheid tituliert wurden, besteht für den Darlehensnehmer nur noch die Möglichkeit der Rechtskraftdurchbrechung nach § 826. In Betracht kommt – allerdings in engen Grenzen – ein Anspruch auf Unterlassung der Zwangsvollstreckung aus dem Titel und dessen Herausgabe bzw auf Schadensersatz wegen Urteilsmissbrauchs (vgl hierzu iE BGHZ 40, 130, 134; BGH NJW-RR 1988, 957, 959; BGHZ 50, 115, 124; 112, 54, 58 f); 103, 44, 47; PWW/*Schaub* § 826 Rn 44 ff; MüKo/*Berger* Rn 136 ff mwN). 43

VI. Auswirkungen von Krise und Insolvenz des Darlehensnehmers. Grundsätzlich besteht für die Bank als Darlehensgeber im Falle einer wirtschaftlichen Krise des Darlehensnehmers keine Verpflichtung, diesem die gewährten Kredite zu belassen oder gar neue Gelder bereitzustellen (BGH WM 1983, 1038; Bankrechtshandbuch/*Häuser* § 85 Rn 61; MüKo/*Berger* Vor § 488 Rn 94 f). Der Darlehensnehmer trägt das wirtschaftliche Risiko des Gelingens seines mit dem Darlehen finanzierten Vorhabens selbst. Die Bank hat ihrerseits eine Verantwortung ggü ihren Geldgebern und ist daher gem § 18 KWG auch aufsichtsrechtlich verpflichtet, die Bonität ihrer Kreditnehmer laufend genau zu prüfen. Es bleibt daher grds der Bank überlassen, ob sie einem Not leidenden Unternehmen die gewährten Kredite weiterhin belässt oder diese außerordentlich kündigt und damit das Unternehmen »fallen lässt« (BGHZ 90, 381, 399; NJW 2001, 2632, 2633; vgl auch BGHZ 118, 171; MüKo/*Berger* Vor § 488 Rn 94 f). Es besteht daher grds auch keine Darlehensbelassungspflicht der Bank ggü dem sanierungsbedürftigen Unternehmen (aA mit unterschiedlichen Ansätzen, zB aus allg Treupflicht der Hausbank bzw Treu und Glauben: *Canaris* ZHR 143 (1979), 113, 133 f; *Eidenmüller* ZHR 160 (1996), 343, 373; *ders* Unternehmenssanierung S 551 f, 583 f; *Voglis* Kreditkündigung S 151; vgl auch *von Wilmowsky* WM 2008, 1237 ff). Anders ist dies ggf dann zu beurteilen, wenn sich die Bank im Rahmen eines Sanierungsplanes zur Kreditbelassung oder -gewährung verpflichtet, solange die Sanierung planmäßig verläuft und nicht nachträglich Aspekte bekannt werden, die eine substantiell andere Beurteilung der Sanierungsfähigkeit des Unternehmens erfordern (MüKo/*Berger* Vor § 488 Rn 96 mwN). Zur Beschränkung des Kündigungsrechts nach Treu und Glauben wegen einer »Kündigung zur Unzeit« s noch unten Rz 77. Zur etwaigen Haftung der Bank aus § 826 bei unterlassener Kündigung trotz Kenntnis der aussichtslosen Lage des Unternehmens vgl BGHZ 19, 12, 18; NJW 2001, 2632, 2633; WM 1985, 866; *Obermüller* Insolvenzrecht in der Bankpraxis Rn 5.30; *Fleischer* ZIP 1998, 313, 314. Zur Problematik der Lösungsklauseln für den Fall der Insolvenz bzw der Krise vgl BGHZ 96, 34, 36 f; 68, 379, 381; *Schwörer* Lösungsklauseln für den Insolvenzfall Rn 12 f; MüKo/*Berger* Vor § 488 Rn 100 f. 44

Die Rückzahlung des Darlehens oder die Gewährung von (weiteren) Sicherheiten im Vorfeld der Insolvenzeröffnung kann nach den §§ 130 f InsO anfechtbar sein (vgl hierzu *Obermüller* Insolvenzrecht in der Bankpraxis Rn 5.176 f; zur Sicherheitenbestellung BGHZ 123, 320, 323). 45

Mit Eröffnung des Insolvenzverfahrens endet gem § 116 InsO ein Kontokorrentvertrag und etwaige Überziehungskredite werden fällig. Nicht in Anspruch genommene Kreditlinien können nicht mehr ausgeschöpft werden (*Obermüller* ZInsO 2002, 96, 102). Bereits valutierte Darlehen werden gem § 41 InsO mit Eröffnung des Verfahrens fällig (vgl hierzu MüKo/InsO/*Lwowski/Bitter* § 41 Rn 7; *Obermüller* ZInsO 2002, 96, 102). Bei noch nicht valutierten Darlehen hat der Verwalter ein Wahlrecht nach § 107 InsO. Die Bank kann den Vertrag jedoch grds nach § 490 Abs 1 oder Nr 19 Abs 3 AGB Banken bzw Nr 26 Abs 2 AGB Sparkassen außerordentlich kündigen, jedenfalls sofern die Werthaltigkeit der vereinbarten Sicherheiten nicht mehr gleichermaßen gegeben ist (MüKo/*Berger* Vor § 488 Rn 105). 46

VII. Prozessuales. 1. Übergangsrecht. Das BGB in seiner neuen Fassung ist uneingeschränkt auf alle Darlehensverträge anwendbar, die ab dem 01.01.2002 geschlossen wurden. Auf Darlehensverträge, die vor dem 01.01.2002 zustande gekommen sind, ist gem Art 229 § 5 S 1 EGBGB das BGB in der bis dahin geltenden Fassung sowie das bis dahin noch bestehende Verbraucherkreditgesetz anzuwenden. Da es sich bei Darlehensverträgen um Dauerschuldverhältnisse handelt, ist dies allerdings gem Art 229 § 5 S 2 EGBGB zeitlich beschränkt bis zum 31.12.2002. Seit 01.01.2003 gilt daher auch für diese Verträge das BGB in seiner neuen Fassung. Für Zinsen ist zudem Art 229 § 7 EGBGB zu berücksichtigen. 47

2. Beweislast. Der auf Rückzahlung des Darlehens klagende Darlehensgeber hat den Abschluss des Darlehensvertrages sowie die Auszahlung des Darlehens an den Darlehensnehmer darzulegen und ggf zu beweisen (*Nobbe* Bankrecht Rn 491 f; gilt nach BGHZ 147, 203, 206 auch für den Fall der Klage des Darlehensnehmers gegen die Vollstreckung aus einer notariellen Urkunde über ein Darlehen; Beweislastumkehr bei Unterzeichnung eines Schuldscheines, vgl BGH NJW 1986, 2571; MüKo/*Berger* Rn 152). Eine gesetzliche Vermutung, dass die Kapitalüberlassung darlehensweise erfolgt ist, besteht nicht. Eine tatsächliche Vermutung kann sich 48 aber aus den Umständen des Einzelfalles ergeben (Koblenz NJW-RR 1998, 1516; Brandenburg Urt v 09.07.2008, 3 U 168/07 – Darlehen bei Zuwendungen im Familienkreis). Verteidigt sich der Darlehennehmer im Prozess nur mit einer Hauptaufrechnung, liegt hierin regelm das Zugeständnis nach § 288 ZPO, dass ein Darlehensrückzahlungsanspruch entstanden ist (BGH WM 1996, 1153). Der Darlehensgeber muss im Bestreitensfall auch für die von ihm behauptete Zinsvereinbarung Beweis antreten, sofern er eine über den gesetzlichen hinausgehenden Zins vorträgt (Palandt/*Putzo* Rn 39; Oldenburg NJW-RR 1995, 1452). Dies folgt daraus, dass § 488 nunmehr von der Verzinslichkeit des Darlehens als Grundsatz ausgeht.

49 Der Darlehensnehmer hat ggf zu beweisen, dass er den Rückzahlungsanspruch des Darlehensgebers bereits erfüllt hat bzw sonstige Einwendungen hiergegen bestehen (MüKo/*Berger* Rn 151). Macht der Darlehensnehmer geltend, er schulde einen niedrigeren als den gesetzlichen Zinssatz, so trägt er hierfür die Beweislast (Palandt/*Putzo* Rn 39).

50 **3. Verjährung.** Für die Verjährung der Ansprüche aus dem Darlehensvertrag gilt die dreijährige Frist des § 195, die gem § 199 Abs 1 mit dem Schluss des Jahres beginnt, in dem der Anspruch entstanden ist, und der Gläubiger von den anspruchsbegründenden Umständen Kenntnis erlangt hat bzw ohne grobe Fahrlässigkeit hätte erlangen müssen (*Budzikiewicz* WM 2003, 264, 265).

51 **4. Internationales Privatrecht.** Bei auslandsbezogenen Kreditverträgen (Wohnsitz der Parteien in verschiedenen Ländern) besteht nach Art 27 Abs 1 S 1 EGBGB für die Parteien die Möglichkeit, das für den Vertrag geltende Recht zu vereinbaren (BGHZ 73, 391, 393; 53, 189, 191). Ohne Rechtswahlklausel kommt bei solchen Kreditverträgen gem Art 28 Abs 1 EGBGB das Recht des Staates zur Anwendung, der die engsten Verbindungen zu dem Vertrag aufweist. Hierbei gilt die Vermutung des Art 28 Abs 2, dass dies der Staat ist, in dem der Schuldner der vertragscharakteristischen Leistung (Gewährung der Kapitalnutzung auf Zeit) bei Vertragsabschluss seinen Wohn- bzw Geschäftssitz hatte. Maßgeblich ist daher insoweit der Hauptsitz der kreditgebenden Bank (Düsseldorf RIW 2001, 64; NJW-RR 1995, 755, 756; München RIW 1996, 329, 330). Bei Konsortialkrediten ist auf den Konsortialführer abzustellen (*Schücking* WM 1996, 281, 283). Anders ist dies allerdings bei Verbraucherverträgen nach Art 29 Abs 1 EGBGB, für die gem Art 29 Abs 2 das Recht des Staates gilt, in dem der Verbraucher seinen gewöhnlichen Aufenthalt hat.

52 Unabhängig von der privatautonomen Rechtswahl der Parteien kann gem Art 29, Art 29a oder 34 EGBGB zwingendes deutsches Recht anwendbar sein (Kollisionsrecht). Vgl zur Geltung der deutschen Verbraucherschutzvorschriften BGHZ 123, 380, 384; LG Tübingen NJW-RR 1995, 1142 f; *Koch/Maurer* WM 2002, 2443, 2451; *Hoeren/Oberscheid* VuR 1999, 371, 386). Gem Art 34 EGBGB gelten zudem für alle Verträge solche Vorschriften des inländischen Rechts, die ohne Rücksicht auf eine Rechtswahl der Parteien einen Sachverhalt zwingend regeln. Dass eine Vorschrift nicht dispositiv ist, reicht insoweit nicht aus, sondern der Gesetzgeber muss auch eine Durchsetzung gegen ausländisches Recht gewollt haben (Palandt/*Heldrich* Art 34 Rn 3; MüKo/*Berger* Vor § 488 Rn 91). In Betracht kommen insb außenwirtschaftliche Verbote und Wettbewerbsbeschränkungen (vgl hierzu iE PWW/*Remien* Art 34 Rn 6 f). Im Darlehensrecht ist die unabdingbare Schuldnerschutzvorschrift des § 489 als eine solche Regelung anzusehen, die sich auch ggü ausländischem Recht durchsetzt (MüKo/*Berger* § 489 Rn 3 mwN).

53 **C. Zinsen, Abs 2. I. Begriff.** Eine gesetzliche Definition des Zinses existiert nicht. Zinsen sind die nach der Laufzeit bemessene, gewinn- und umsatzunabhängige Vergütung für die Möglichkeit der zeitweisen Nutzung des überlassenen Kapitals (BGHZ 80, 153, 166; NJW 1979, 541; 1209, 1211; *Canaris* NJW 1978, 1891, 1892; *Mülbert* AcP 192 (1992), 447, 498; *ders* WM 2002, 465, 471). Abs 2 setzte diesen **Zinsbegriff** voraus und regelt lediglich deren Fälligkeit. Eine bestimmte Art der Berechnung bzw Zahlung ist nicht erforderlich. Die Zinsen können daher fortlaufend zB monatlich, vierteljährlich oder jährlich, aber auch vorab für die gesamte Laufzeit des Darlehens gezahlt werden. Es muss auch keine prozentuale Berechnung der Zinsen vom Darlehensbetrag erfolgen (*Canaris* NJW 1978, 1891; PWW/*Schmidt-Kessel/Telkamp* § 246 Rn 5; Palandt/*Heinrichs* § 246 Rn 2; MüKo/*Berger* § 488 Rn 155; aA MüKo/*Grundmann* § 246 Rn 4). Anstelle von Geld können auch andere vertretbare Sachen als Zinszahlung vereinbart werden (PWW/*Schmidt-Kessel/Telkamp* § 246 Rn 5).

54 **II. Höhe, Anpassungsmöglichkeiten.** Das Gesetz geht nunmehr in § 488 Abs 1 S 2 von der Verzinslichkeit des Darlehens als Regelfall aus (BTDrs 14/6040 S 253; PWW/*Schmid/Kessal-Wulf* Rn 1; Palandt/*Putzo* Rn 18; MüKo/*Berger* Rn 55). Eine Unverzinslichkeit müsste vereinbart bzw eindeutig im Wege der Auslegung nach §§ 133, 157 zu ermitteln sein, wobei es für den Zinscharakter nicht darauf ankommt, wie die Parteien etwaige Entgelte bezeichnet haben (BGH NJW 1979, 808, 809; 1979, 540, 541; *Jungmann* WM 2001, 1401, 1403). Ist die Höhe der Zinsen nicht vereinbart, gilt der gesetzliche Zinssatz gem § 246 bzw. § 352 HGB. Der Zinssatz kann innerhalb der Grenzen des § 138 (vgl oben Rz 22 ff) zwischen den Parteien frei festgelegt werden. Dies kann zB auch in Abhängigkeit von dem Basiszinssatz gem § 247 oder einer anderen Bezugsgröße, zB der **Referenzzinssätze** »European Interbank Offered Rate« (**EURIBOR**) oder »Euro Overnight Index Average« (**EONIA**), erfolgen (MüKo/*Berger* Rn 171 mwN). Möglich ist zB auch die Vereinbarung einer Einmalzahlung oder – bei Beteiligungsdarlehen (partiarisches Darlehen, vgl MüKo/*Berger* Vor § 488 Rn 28) – die Verpflichtung zur Zahlung eines bestimmten Prozentsatzes des Gewinns oder Umsatzes eines Unternehmens.

Der Zinssatz kann fest, variabel (veränderlich) oder in Form einer Kombination dieser beiden Alternativen (anfänglicher Festzins für eine bestimmte Zeit und anschließend Übergang in einen variablen Zinssatz) vereinbart werden. Die **Zinsbindung** wirkt sich gem § 489 auf die Kündigungsmöglichkeiten aus. Sofern eine ausdrückliche Vereinbarung zur Zinsbindung nicht getroffen wurde, ist dies im Wege der Auslegung nach §§ 133, 157 zu ermitteln. Bei variablen Zinsen erfolgt die Anpassung idR entweder durch Ausnutzung eines vertraglich begründeten einseitigen Bestimmungsrecht nach § 315 (Zinsanpassungsklausel, vgl BGHZ 97, 212, 213; 40, 206, 217; WM 1999, 2545, 2547; *Krüger/Bütter* Recht der Bankentgelte S 296 ff) oder durch eine automatische Bindung des Zinssatzes an einen Referenzzinssatz, zB Basiszins, EURIBOR, EONIA (Zinsgleitklausel, *Rösler/Lang* ZIP 2006, 214 ff; Bankrechtshandbuch/*Bruchner* § 78 Rn 21a f; *Habersack* WM 2001, 753 f; MüKo/*Berger* Rn 172 f.). Das Bedürfnis der Kreditinstitute an einer regelm Anpassung der Zinssätze an die veränderten Marktbedingungen und die damit verbundenen Refinanzierungsmöglichkeiten der Banken ist inzwischen allg anerkannt (BGHZ 97, 212, 216 f). Im Rahmen von Zinsanpassungsklauseln nimmt die Bank gem § 315 nach billigem Ermessen durch einseitige, empfangsbedürftige und nur für die Zukunft geltende Willenserklärung eine **Zinsanpassung** vor, wenn sich die Refinanzierungskosten für Kredite der jeweiligen Art und Höhe am Markt verändert haben. Dies beinhaltet auch eine Verpflichtung zur Senkung des Zinssatzes (BGHZ 97, 212, 217; *Schimansky* WM 2003, 1449, 1451). Die Bank darf eine Veränderung der Zinsen auch nur im Falle der Veränderung der Refinanzierungsmöglichkeiten am Kapitalmarkt und nicht etwa zur Erhöhung der Gewinnspanne vornehmen (*Köndgen* WM 2001, 1637, 1640). Das bei Abschluss des Vertrages bestehende Äquivalenzverhältnis ist bei etwaigen Zinserhöhungen zu beachten und der ursprüngliche Unterschied zwischen dem Zinsniveau für vergleichbare Kredite und dem vereinbarten Zins fortzuschreiben (BGHZ 97, 212, 222 f; BGH BB 2009, 905; ZIP 2008, 1622 f; *Bruchner* BKR 2001, 16, 19; *Habersack* WM 2001, 753, 759; Bankrechtshandbuch/*Häuser* § 83 Rn 139a; *Derleder* WM 2001, 2029, 2033; *Metz* BKR 2001, 21, 25). Anpassungsbedarf nach oben oder unten dürfte jeweils bei einer Veränderung des Zinsniveaus der maßgeblichen Kredite um 0,25 % pa bestehen (*Bruchner* BKR 2001, 16, 19; *Derleder* WM 2001, 2029, 2033). Die Vereinbarung einer Anpassungsgrenze (Zins-Cap) ist möglich (*Rösler* WM 2000, 1930). Dem Darlehensnehmer ist in der **Zinsanpassungsklausel** ein Kündigungsrecht mit angemessener Abwicklungsfrist jedenfalls für den Fall einzuräumen, dass die Bank die Möglichkeit hat, neben der bloßen Zinshöhe auch weitere Vertragsbedingungen einseitig anzupassen (BGH NJW 1989, 1796, 1797; nur Zinshöhe: BGHZ 91, 212, 217 f). Richtigerweise wird man für die Wirksamkeit des einseitigen Bestimmungsrechts in AGB stets die Einräumung eines solchen Kündigungsrechts für den Darlehensnehmer verlangen müssen, da für diesen idR aus der Klausel nicht hinreichend deutlich hervorgeht, unter welchen konkreten Voraussetzungen er mit einer Erhöhung der Zinsen zu rechnen hat, und eine solche Transparenz in für den Durchschnittskunden verständlicher Weise auch nicht herzustellen sein dürfte (zu Transparenzanforderungen bei einseitigen Bestimmungsrechten auch das obiter dictum in BGH WM 1999, 2545, 2547; vgl auch MüKo/*Berger* Rn 175 f). Dies gilt entspr, wenn die Banken die Anpassung des Zinssatzes etwa von der Veränderung der Bonität des Darlehensnehmers abhängig machen wollen, wie es auf Grund der neuen Eigenkapitalanforderungen notwendig sein könnte (vgl Die neue Basler Eigenkapitalvereinbarung – »**Basel II**«; *Jungmichel* WM 2003, 1201; MüKo/*Berger* Vor § 488 Rn 49 mwN; gegen einen Transparenzverstoß bei bloßer Weitergabe der veränderten Kosten *von der Linden* WM 2008, 195), vgl zu den Folgen der Unwirksamkeit einer Zinsanpassungsklausel auch BGH ZIP 2008, 1622 ff. 55

III. Beginn und Ende der Zinspflicht, Fälligkeit, Disagio. Der Darlehensnehmer ist ab Erhalt des Darlehensbetrages zur Zahlung von Zinsen verpflichtet (BGH WM 1985, 686, 687; *Mülbert* WM 2002, 465, 471; PWW/*Schmid/Kessal-Wulf* Rn 3), wobei die Zinsen grds auf die jeweils noch bestehende Darlehensschuld zu berechnen sind (sog Zinsakzessorietät, BGHZ 106, 42, 47, im rechtlichen Bestand ist die Zinsschuld jedoch unabhängig von der Darlehensschuld, also zB auch allein abtretbar, *Mülbert* AcP 192 (1992), 447, 499 f; MüKo/*Berger* Rn 164 f; Palandt/*Putzo* Rn 20). Es gilt § 187 Abs 1, so dass der Eingangstag noch nicht zu verzinsen ist. Für den Tag der Rückzahlung sind dagegen Zinsen zu zahlen. In den Grenzen des § 138 können die Parteien hiervon abw Vereinbarungen treffen (BGH NJW-RR 1989, 947 f; NJW 1986, 2947). 56

Die Zinszahlungspflicht des Darlehensnehmers endet mit Beendigung des Darlehensvertrages durch Wirksamwerden einer ausgesprochenen Kündigung oder Ablauf der Laufzeit (BGH WM 2000, 718, 719). Kommt der Darlehensnehmer mit der Rückzahlung des Darlehensbetrages in Verzug, kann der Darlehensgeber grds nur noch die Zahlung des Verzugsschadens verlangen (BGHZ 104, 337, 338; vgl zur Verzugsschadenberechnung bei Not leidenden Krediten iE *Krüger/Bütter* WM 2002, 2094 f; *dies* Recht der Bankentgelte S 334 ff; MüKo/*Berger* Rn 208 ff; vgl hierzu auch die Kommentierung zu § 497). 57

Die Fälligkeit der Zinsen wird von den Parteien idR vertraglich geregelt (zB monatlich oder vierteljährlich). Da diese Vereinbarung der Parteien der Auslegungsregelung in Abs 2 vorgeht, hat diese kaum praktische Bedeutung. Fehlt es an einer Vereinbarung zur Fälligkeit der Zinsen, greift ausnahmsw Abs 2 ein, wonach Zinsen grds jährlich nachträglich bzw bei kürzerer Laufzeit bei Rückerstattung des Darlehensbetrages zu zahlen sind. Gegen die im Bankgeschäftsverkehr in AGB idR vereinbarte unterjährige Zinsfälligkeit (monatlich, vierteljährlich etc) bestehen allg keine Bedenken im Hinblick auf § 307, da eine jährlich nachträgliche Zinsberechnung am Jahresende nicht zu den wesentlichen Grundgedanken der gesetzlichen Regelung gehört 58

(BGHZ 106, 42, 47; NJW 1992, 503). Auch aus Transparenzgesichtspunkten ist dies nach der Rspr nicht zu beanstanden, da für den Kunden offensichtlich sein soll, dass die unterjährige Zinszahlung preiserhöhende Wirkung hat (BGHZ 112, 115, 118; 106, 42, 50; WM 1993, 2001, 2003; MüKo/*Berger* Rn 199 mwN). Es darf bezweifelt werden, dass der Durchschnittskunde sich dessen bewusst ist, dass und in welchem Ausmaß die unterjährige Zinsfälligkeit preiserhöhend wirkt. Aus Transparenzgesichtspunkten wäre jedoch ein Hinweis hierauf jedenfalls im Verbraucherkreditgeschäft durchaus sachgerecht (anders BGH WM 1993, 2001, 2002).

59 Wegen Intransparenz gem § 307 Abs 1 S 2 unwirksam sind idR dagegen AGB-Klauseln, nach denen die Zinsberechnung nicht von der jeweiligen Restschuld, sondern abhängig von dem Darlehenskapital am Schluss des Vorjahres erfolgen soll (BGHZ 112, 115, 119; 106, 42, 50; *Krüger/Bütter* aaO S 303 f). Der Durchschnittskunde ist damit überfordert zu erkennen, dass er auf Grund der **Zinsberechnungsklausel** für bereits getilgte Beträge weiterhin noch Zinsen zahlen muss, zumal dies auch in bes Maße seinen Erwartungen widerspricht (BGH WM 1990, 1367, 1368). Ob allein die Nennung des effektiven Jahreszinses ausreicht, um in solchen Fällen ausreichende Transparenz für den Kunden herzustellen (so MüKo/*Berger* Rn 200), ist zweifelhaft, da der Durchschnittskunde schon gar nicht erkennt, dass und wie die Regelung den Effektivzinssatz beeinträchtigt (krit insofern bereits *Krüger/Bütter* aaO S 309).

60 Die Parteien können vereinbaren, dass ein Teil des zurückzuzahlenden Darlehensbetrages nicht an den Darlehensnehmer ausgezahlt, sondern von dem Darlehensgeber einbehalten wird (sog **Disagio** oder **Damnum**). Wie ein solches Disagio rechtlich zu beurteilen ist, ist im Wege der Auslegung zu ermitteln (BGHZ 81, 124; BGH NJW-RR 1989, 947 f). Grds ist jedoch davon auszugehen, dass ein Disagio eine Zinsvorauszahlung als Ausgleich für einen niedrigeren Nominalzins und damit ein laufzeitabhängiges Entgelt darstellt (BGHZ 133, 355, 358; 111, 287, 290; WM 1998, 495, 496; 1993, 2003; *Köndgen* NJW 2000, 468, 474; PWW/*Schmid/Kessal-Wulf* Rn 3; MüKo/*Berger* Rn 202). Bei vorzeitiger Beendigung des Darlehensvertrages hat der Darlehensnehmer daher einen bereicherungsrechtlichen Anspruch auf anteilige Rückerstattung des Disagios, sofern die Vertragsbeendigung nicht auf dessen schuldhaftem Verhalten beruht (BGHZ 111, 287, 290; *Köndgen/Busse* ZBB 1990, 214 f; *Köndgen* NJW 2000, 468, 476; PWW/*Schmid/Kessal-Wulf* Rn 3). Das Disagio wird hierbei grds auf den Zeitraum einer etwaigen Zinsfestschreibung (BGHZ 111, 287, 289) bzw bei variablen Zinsen auf die Gesamtlaufzeit des Darlehens (Köln NJW-RR 1992, 375) verteilt und ist entspr anteilig zu erstatten, soweit die Parteien keine anderweitigen vertraglichen Regelungen getroffen haben (MüKo/*Berger* Rn 206 mwN; Palandt/*Putzo* Rn 34). Sofern der Darlehensvertrag einvernehmlich aufgehoben wird und hierbei eine Vorfälligkeitsentschädigung nach § 490 Abs 2 S 3 berechnet wird, ist der Erstattungsanspruch hinsichtlich des Disagios in die Berechnung der Vorfälligkeitsentschädigung einzubeziehen (BGHZ 133, 355, 359; MüKo/*Berger* Rn 205).

61 **IV. Nebenentgelte. 1. Einbeziehung und Wirksamkeit von Preisklauseln.** Zusätzlich zu den Zinsen werden im Bankgeschäftsverkehr regelm weitere einmalige oder laufende Entgelte vereinbart, die im Verbraucherdarlehensgeschäft gem § 492 Abs 1 Nr 4 im Vertrag iE aufzuführen sind. IÜ ergeben sich diese aus dem über Nr 12 AGB Banken bzw Nr 17 AGB Sparkassen einbezogenen Preisverzeichnis der Kreditinstitute (zu den Voraussetzungen der wirksamen Einbeziehung solcher Preisklauseln vgl iE *Krüger/Bütter* aaO S 41 ff). Nach st Rspr des BGH müssen sich solche Preisklauseln trotz der Beschränkung des § 307 Abs 3 einer Kontrolle dahingehend unterziehen, ob es sich hierbei tatsächlich um Entgelte für Dienstleistungen der Bank handelt oder ob hierdurch lediglich allg Betriebskosten (unzulässig) gesondert auf den Kunden abgewälzt werden sollen, ohne dass eine bes Leistung hierfür erbracht wird (vgl BGH WM 1999, 2245; 1999, 1271; 1997, 2298, 2299; 1997, 1663, 1664; hierzu ausf *Krüger/Bütter* aaO S 77 ff; *dies* Nebenentgelte im Kreditgeschäft WM 2003, 673 ff). Im letzteren Fall sind die jeweiligen Preisklauseln einer Inhaltskontrolle nach § 307 unterworfen und idR unwirksam, soweit es nicht ausnahmsw an einer den Kunden unangemessenen Benachteiligung fehlt (so etwa BGH NJW 2003, 1447, 1448; WM 1996, 1082).

62 **2. Einzelne Nebenentgelte im Kreditgeschäft. a) Kontoeröffnung und -führung.** Für den Vorgang der bloßen technischen Eröffnung eines Darlehenskontos kann das Kreditinstitut mit dem Kunden in AGB kein gesondertes Entgelt vereinbaren. Eine solche Regelung verstößt gegen § 307 Abs 1, 2 Nr 1, da es sich hierbei nicht um eine Dienstleistung für den Kunden handelt, sondern dies ein rein interner Vorgang ist, der insbes buchhalterischen Zwecken des Instituts selbst dient (so auch *Steppeler* Bankentgelte S 65; *Nobbe* WM Sonderbeilage Nr 1 2007, S 193). Auch die »Kontoführung« ist keine gesondert abrechenbare Dienstleistung für den Kunden. Unabhängig von der Art des Kontos ist der technische Vorgang der Kontoführung eine organisatorische Maßnahme des Kreditinstitutes, die der Erfüllung ihrer eigenen Buchhaltungsverpflichtung dient (*Krüger/Bütter* aaO S 285).

63 **b) Einmaliges Bearbeitungsentgelt bei Kreditvergabe.** Als im Grundsatz zulässig wurde bislang die gesonderte Berechnung eines einmaligen Bearbeitungsentgeltes für die im Zusammenhang mit der Kreditvergabe erbrachten Leistungen angesehen (BGH WM 1989, 1011 ff; WM 1985, 686, 688; 1981, 838, 839). In Betracht kommt hier als Gegenleistung des Kreditinstitutes allerdings wohl allenfalls die Beratungsleistung und ggf die Erstellung von Tilgungsplänen. Die Kosten der Vertragsformulare und das Ausfüllen derselben sowie die Prüfung der Kreditwürdigkeit des Kunden und die Bewertung von angebotenen Sicherheiten dürfte dagegen den allg Betriebskosten zuzuordnen sein, da hier eine bes Dienstleistung für den Kunden nicht erbracht wird, sondern dieser Aufwand im eigenen Interesse zum Schutz des Vermögens der Bank erfolgt. Im Ergebnis ist daher zweifelhaft, ob im Zusammenhang mit der Kreditvergabe überhaupt von einer gesondert zu vergütenden Dienstleistung des Darlehensgebers ausgegangen werden kann (krit zu Recht *Nobbe* WM Sonderbeilage Nr 1 2007, S 193). Unzulässig dürfte in diesem Zusammenhang in jedem Fall die nicht unübliche prozentuale Bindung des Bearbeitungsentgelts an die Höhe des Kreditbetrages sein (*Krüger/Bütter* aaO S 286 f; *Nobbe* WM Sonderbeilage Nr 1 2007, S 193; krit auch *Steppeler* Bankentgelt S 68 f; vgl auch BGH NJW 1997, 2875, 2878; 1997, 2878, 2879 zur Unzulässigkeit eines vom Aufwand unabhängigen Entgeltes für die Bearbeitung der vorzeitigen Abwicklung des Darlehensvertrages).

c) **Bearbeitungsentgelt bei Nichtzustandekommen des Darlehensvertrages.** Wird der Kreditantrag abgelehnt, weil die Bank nach Prüfung der Bonität und der angebotenen Sicherheiten zu dem Ergebnis kommt, dass sie das Risiko einer Kreditgewährung nicht eingehen will, sind die bis dahin ausgeführten Arbeiten ausschließlich zum Schutz der eigenen Vermögensinteressen des Instituts erfolgt. Eine Dienstleistung für den Kunden stellt dieser Vorgang nicht dar, so dass hierfür in einer AGB-Vereinbarung auch nicht wirksam ein gesondertes Entgelt vereinbart werden kann (*Krüger/Bütter* aaO S 289 f; so auch *Steppeler* Bankentgelte Rn 497). Dies wäre eine nach § 307 Abs 1, 2 unzulässige gesonderte Abwälzung von allg Betriebskosten, die das Kreditinstitut anderweitig einzukalkulieren hat. Das gilt auch, wenn der Kunde seinen Kreditantrag vor einer Entscheidung der Bank zurückzieht, da es widersprüchlich wäre, ein und denselben Vorgang im Falle der Ablehnung des Kreditantrages als Aufwand im eigenen Interesse des Kreditinstituts den allg Betriebskosten zuzuweisen und diesen bei Antragsrücknahme durch den Kunden nunmehr plötzlich als Leistung für den Kunden zu werten (*Krüger/Bütter* aaO S 290 f; aA *Steppeler* aaO Rn 495). In diesem Zusammenhang ist auch zu berücksichtigen, dass dem Kunden bei Verbraucherdarlehen gem § 495 ein Widerrufsrecht eingeräumt wird, dessen Ausübung nicht dadurch ausgehöhlt werden darf, dass dem Kunden sämtliche bis dahin aufgelaufenen Kosten des Kreditinstitutes auferlegt werden. 64

d) **Bereitstellungsprovision.** Regelm wird im Darlehensvertrag vereinbart, dass der Darlehensnehmer ab einem bestimmten Zeitpunkt eine Bereitstellungsprovision (teilw auch als »Bereitstellungszinsen« bezeichnet) zu zahlen hat, sofern er den bereit gehaltenen Darlehensbetrag nicht oder nicht vollständig abruft (zB 3 % jährlich des bereit gehaltenen Betrages). Die Bereitstellungsprovision stellt die zulässige Gegenleistung für die Bereithaltung der Darlehensvaluta dar, für die sich die Bank bereits am Kapitalmarkt refinanzieren muss (BGH WM 1994, 583; 1986, 156, 157; 1986, 578, 579; KG Berlin WM 2001, 2204, 2205; Hamm WM 1987, 105; Koblenz WM 1983, 802; Bankrechtshandbuch/*Bruchner* § 78 Rn 98; MüKo/*Berger* § 488 Rn 222; *Nobbe* WM Sonderbeilage Nr 1 2007, S 191). 65

e) **Nichtabnahmeentschädigung.** Nimmt der Darlehensnehmer die Darlehensvaluta entgegen der vertraglichen Vereinbarungen endgültig nicht mehr ab, ist der Darlehensgeber berechtigt, für diese Pflichtverletzung eine sog Nichtabnahmeentschädigung zu berechnen. Der Bank steht ein Schadensersatzanspruch statt der Leistung aus §§ 280 Abs 1, 3, 281 für den Zeitraum der geschützten Zinserwartung (dh bis zur ersten Kündigungsmöglichkeit für den Darlehensnehmer) in Höhe des entgangenen Nettozinsgewinns gem § 252 zu (BGHZ 146, 5, 12; NJW 1991, 1817; NJW-RR 1990, 432, 433; MüKo/*Berger* Rn 69 ff; *Köndgen* WM 2001, 1637, 1640; *Krüger/Bütter* aaO S 331 f). Die Berechnung des Schadens erfolgt entspr den Grundsätzen der Berechnung der Vorfälligkeitsentschädigung gem § 490 Abs 2 S 3 nach der sog Aktiv/Aktiv- oder der Aktiv/Passiv-Berechnungsmethode (vgl hierzu iE unten § 490 Rz 17 ff). 66

f) **Entgelt für die Änderung der Darlehensrate.** Bei der Ausübung eines einseitigen Zinsanpassungsrechts bei variablen Zinsen (vgl oben Rn 55) kann ein Entgelt für die sich hieraus zwangsläufig ergebende Änderung der Darlehensrate nicht verlangt werden. Eine in AGB vereinbarte »Gebühr« für diesen Fall würde gegen § 307 Abs 2 Nr 1, Abs 1 verstoßen, da die Bank im Falle einer Zinserhöhung ausschließlich im eigenen Interesse tätig wird und im Falle einer Zinssenkung lediglich ihrer vertragliche Pflicht zur Anpassung des Zinssatzes an die Marktverhältnisse nachkommt (*Krüger/Bütter* aaO S 332 ff; auch *Steppeler* aaO S 75, lehnt ein Entgelt hierfür ab). Anders stellt sich die Situation dar, wenn die Anpassung der Tilgungsleistung auf Wunsch des Kunden erfolgt. Ein solches Begehren stellt einen Antrag auf Abschluss eines Änderungsvertrages in Bezug auf den ursprünglichen Darlehensvertrag dar. Hierauf braucht sich das finanzierende Kreditinstitut nicht ohne Zahlung eines gesonderten Entgelts, mit dem der hierfür entstehende Aufwand abgedeckt werden kann, einlassen (*Nobbe* WM Sonderbeilage Nr 1 2007, S 192). 67

g) **Bewertung von Sicherheiten (insb Beleihungswertermittlung).** Im Kontext einer Kreditvergabe stellt sich auch die wichtige Frage, ob für den teilw sehr aufwändigen Vorgang der Bewertung einer Sicherheit ein gesondertes Entgelt berechnet werden darf. Der BGH hat in anderem Zusammenhang in zwei Entscheidungen jeweils ausdrücklich festgestellt, dass die Bank die ihr vom Kunden angebotenen Sicherheiten nicht im Kundeninteresse, sondern grds nur im eigenen Interesse zum Schutz des Vermögens prüft (BGH WM 1992, 977; WM 1982, 480, 481; ebenso LG Nürnberg-Fürth WM 1999, 1458, 1459). Dann kann es sich jedoch weder um eine entgeltpflichtige Dienstleistung noch um eine Aufwendungsersatz begründende Geschäftsbesorgung für den Kunden handeln (so auch *Nobbe* WM Sonderbeilage Nr 1 2007, S 194). Denn wie der BGH in seiner Entscheidung zu 68 den irregulären Geschäftsvorfällen klargestellt hat, können solche Tätigkeiten zum Schutz eigener Vermögensinteressen nicht gesondert abgerechnet werden. Vielmehr handelt es sich um anderweitig einzukalkulierende allg Betriebskosten (BGH WM 1997, 2298 ff; 1997, 2300 f; vgl ausf auch *Krüger/Bütter* aaO S 364 ff; *dies* WM 2003, 673, 678 f; vgl auch LG Stuttgart WM 2007, 1930 ff; LG Dortmund NJW-RR 1994, 305 ff zur Unwirksamkeit einer prozentualen Bindung der Kosten an den Darlehensbetrag; grds für Wirksamkeit eines solchen Entgeltes wohl München WM 2000, 130 ff, obwohl es davon ausgeht, dass die Prüfung der Sicherheiten ausschließlich im Interesse der Bank selbst erfolgt; s auch Naumburg WM 2004, 782 ff).

69 **h) Sicherheitenübertragung und -austausch.** Im Zusammenhang mit der Ablösung der Darlehensverbindlichkeiten des Kunden durch ein anderes Institut im Zuge eines Wechsels der Geschäftsverbindung wird auch eine Übertragung der bestehenden Sicherheiten auf die ablösende Bank erforderlich. Es ist sehr zweifelhaft, ob für diesen Vorgang dem Kunden ein gesondertes Entgelt berechnet werden darf. Wie der BGH in seiner Entscheidung zur »Löschungsbewilligungsgebühr« (BGH WM 1991, 1113 ff; ebenso LG Köln WM 2000, 1895 ff; Köln WM 2002, 853 ff; *Sonnenhol* WuB IV C. § 9 AGBG 6.02; *Steppeler* aaO Rn 162; *Krüger/Bütter* aaO S 370 ff) festgestellt hat, sind Abwicklungskosten bei der Freigabe von Sicherheiten nicht gesondert liquidierbar. Eine solche Situation liegt jedoch auch bei der Ablösung der Verbindlichkeiten durch ein anderes Institut vor. Die ursprünglich finanzierende Bank ist zur Freigabe der Sicherheiten verpflichtet. Dass der Aufwand für die Übertragung der Sicherheiten auf das neue Institut ein »Mehr« ggü der Rückübertragung der Sicherheiten auf den Sicherungsgeber ist, ist nicht überzeugend (so *Steppeler* aaO Rn 463). Anders ist nur die Person des »Begünstigten«. Im Gegensatz zu der Sicherheitenfreigabe bzw -übertragung nach Tilgung der Darlehensverbindlichkeiten ist der Austausch von Sicherheiten dann eine gesondert anrechenbare Leistung für den Kunden, wenn dieser für eine gewährte Sicherheit eine Ersatzsicherheit anbietet, da er über den bisher als Sicherheit geleisteten Vermögensgegenstand in anderer Weise verfügen will (*Nobbe* WM Sonderbeilage Nr 1 2007, S 192). Verlangt die Bank dagegen auf der Basis ihres vertraglichen Nachsicherungsrechts (Nr 22 AGB Sparkassen, Nr 13 AGB Banken) wegen einer Veränderung des besicherten Risikos bzw wegen zwischenzeitlich eingetretenen Wertverlustes beim Sicherungsgut eine Ersatzsicherheit, ist die Situation wiederum anders. Hier wird keine Dienstleistung für den Kunden erbracht, sondern die Bank schützt allein ihre eigenen Vermögensinteressen. Dies kann nicht mit einem Entgelt für den Kunden belegt werden.

70 **D. Rückerstattung, Abs 3. I. Fest-/Endfälligkeits- und Kündigungsdarlehen.** Wesen des Darlehens ist die Überlassung des Darlehensbetrages auf Zeit. In Abs 3 ist geregelt, wann Fälligkeit des Rückerstattungsanspruchs eintritt. Ist ein Termin für die **Rückzahlung des Darlehens** von den Parteien vereinbart worden (Fest- oder Endfälligkeitsdarlehen), endet das Recht des Darlehensnehmers zur Nutzung des Kapitals mit Ablauf dieses Termins. Fehlt es an einer solchen Vereinbarung, tritt die Fälligkeit gem Abs 3 S 1 mit Kündigung des Vertrages durch den Darlehensnehmer oder Darlehensgeber ein (Kündigungsdarlehen).

71 **II. Beendigung durch Kündigung. 1. Systematik der Kündigungsregelungen.** Bestimmungen zu Kündigungsrechten beim Darlehen finden sich in § 488 Abs 3 (ordentliche Kündigung durch Darlehensgeber oder -nehmer bei fehlender Parteivereinbarung), § 489 (ordentliches **Kündigungsrecht des Darlehensnehmers** abhängig von der Zinsvereinbarung), § 490 Abs 1 (außerordentliches Kündigungsrecht des Darlehensgebers), § 490 Abs 2 (außerordentliches Kündigungsrecht des Darlehensnehmers bei Festzinsvereinbarung), § 314 (allg außerordentliches Kündigungsrecht für beide Parteien) sowie § 313 (Vertragsanpassungs- bzw. Kündigungsrecht wegen Wegfalls der Geschäftsgrundlage). Daneben können die Parteien in den Grenzen des § 489 Abs 4 vertragliche Kündigungsrechte vereinbaren.

72 Die verschiedenen Kündigungsrechte bestehen im Grundsatz unabhängig voneinander. Speziellere Kündigungstatbestände gehen jedoch den allgemeineren vor (vgl MüKo/*Berger* Rn 4). Eine Kündigung nach § 488 Abs 3 S 1, die sowohl Darlehensgeber als auch Darlehensnehmer aussprechen können, ist daher nur möglich, wenn die Parteien keine Vereinbarungen für die Rückerstattung des Darlehens getroffen haben, was selten der Fall sein dürfte. Von großer praktischer Relevanz ist dagegen das weitere in § 489 geregelte ordentliche Kündigungsrecht. Dieses steht nur dem Darlehensnehmer zu und ist abhängig von den im Hinblick auf den Zinssatz getroffenen Parteivereinbarungen. Die Vereinbarung eines Festzinses für eine bestimmte Zeit beschränkt die Kündigungsmöglichkeiten des Darlehensnehmers gem § 489 Abs 1 (vgl iE noch Rn § 489 Rz 3 ff). Bei variablem Zins gilt gem § 489 Abs 2 wie auch nach § 488 Abs 3 lediglich eine Kündigungsfrist von drei Monaten. IÜ kann der Darlehensnehmer – unabhängig von den ordentlichen gesetzlichen oder vertraglichen Kündigungsrechten – stets außerordentlich kündigen, wenn die Voraussetzungen der §§ 490 Abs 2, 313 oder 314 vorliegen.

73 Der Darlehensgeber kann abgesehen von § 488 Abs 3 den Darlehensvertrag nur außerordentlich nach §§ 490 Abs 1 oder nach §§ 313, 314 kündigen, sofern nicht vertraglich etwas anderes vereinbart ist (vgl für den Bankgeschäftsverkehr etwa Nr 19 AGB Banken, Nr 26 AGB Sparkassen).

74 **2. Kündigungserklärung und -frist.** Die Kündigung ist in Abs 3 S 1 an keine bes Voraussetzungen geknüpft. Sie ist eine empfangsbedürftige Willenserklärung, die ab Zugang unwiderruflich und als Gestaltungsrecht bedingungsfeindlich ist (zulässig ist aber eine Kündigung mit dem Angebot, den Vertrag zu veränderten Konditionen fortzuführen, sog Änderungskündigung, vgl MüKo/*Berger* Rn 231 mwN). Sie wirkt im Zweifel zum

nächstmöglichen Zeitpunkt, sofern keine Zeitbestimmung enthalten ist. Eine ordentliche Kündigung vor Valutierung des Darlehens ist nicht möglich, da die Rückerstattungspflicht als Folge der Kündigung begriffsnotwendig die vorherige Auszahlung des Darlehens voraussetzt (BGH NJW 1983, 1543). Eine Erklärung mit Wirkung zum nächstmöglichen Zeitpunkt nach Valutierung ist jedoch auch vor Auszahlung möglich (Palandt/*Putzo* Rn 32; MüKo/*Berger* Rn 233). Die Kündigung kann auch konkludent durch Erhebung einer Klage auf Rückzahlung des Darlehens, durch die Einleitung von Zwangsvollstreckungsmaßnahmen gegen den Darlehensnehmer erklärt werden (BGH WM 1965, 767) oder durch die Erklärung der Aufrechnung mit dem Rückerstattungsanspruch (Palandt/*Putzo* Rn 32). Möglich ist auch die Kündigung nur eines Teils des Darlehens (BGH NJW 1999, 2269, 2270). Bei einer Mehrheit von Darlehensnehmern, die als Gesamtschuldner haften, kann die Kündigung grundsätzlich nur einheitlich gegenüber allen Darlehensnehmern erklärt werden, da der (einheitliche) Vertrag nicht mit einem Darlehensnehmer fortgeführt werden und gegenüber einem anderen beendet werden kann (BGH NJW 2002, 2866; Brandenburg Urt v 09.04.2008, 4 U 104/07).

Nach Abs 3 S 2 beträgt die Kündigungsfrist grds drei Monate. Die Frist beginnt mit Zugang der Kündigung 75
und wird nach §§ 187 Abs 1, 188 Abs 2 berechnet. Eine Differenzierung nach der Höhe des Darlehens wie in § 609 aF gibt es nicht mehr. Bei Kleindarlehen des täglichen Lebens kann im Einzelfall davon ausgegangen werden, dass die Parteien die Frist konkludent abbedungen haben, sofern nicht ohnehin Abs 3 S 2 gilt (MüKo/*Berger* Rn 235). Gibt der Kündigende in der Kündigungserklärung eine falsche Frist an, gilt im Zweifel die Kündigung zum nächstzulässigen Zeitpunkt, es sei denn, dass auf Grund der Umstände des Einzelfalles anzunehmen ist, dass die Kündigung nur für den bestimmten Zeitpunkt gelten sollte (Frankfurt aM NJW-RR 1990, 337; MüKo/*Berger* Rn 235).

3. Folgen der Kündigung. Mit Wirksamwerden der Kündigung tritt Fälligkeit des bis dahin betagten (ent- 76
standenen, aber nicht fälligen) Rückzahlungsanspruchs ein. Gleichzeitig ist auch der Darlehensvertrag beendet und wird zum Abwicklungsverhältnis (*Mülbert* AcP 192 (1992), 447, 488; *Gruber* NJW 1992, 419, 420). Der Darlehensgeber hat ab diesem Zeitpunkt grds keinen Anspruch mehr auf Zahlung der vertraglichen Zinsen, sondern nur noch auf Verzugsschaden gem §§ 280, 286, 288 (vgl zur Verzugsschadenberechnung bei Not leidenden Krediten iE *Krüger/Bütter* WM 2002, 2094 f; *dies* Recht der Bankentgelte S 334 ff; s hierzu auch die Kommentierung zu § 497).

4. Beschränkung des Kündigungsrechts nach Treu und Glauben. Das Kündigungsrecht kann ausnahmsw 77
gem § 242 nach Treu und Glauben beschränkt sein (Köln WM 1999, 1004, 1005; München BB 1997, 435, 436). Eine Kündigung darf daher nicht »zur Unzeit« ausgesprochen werden, dh zB unangekündigt, ohne dass der Vertragspartner damit rechnen musste und daher keine realistische Möglichkeit mehr hat, sich rechtzeitig anderweitig Kredit zu verschaffen. Insbes die Bank muss auf die berechtigten Belange des Kunden insoweit Rücksicht nehmen. Das Kündigungsrecht kann daher im Einzelfall für eine zumutbare Frist hinausgeschoben sein (vgl MüKo/Berger § 488 Rn. 237 ff). Bei einem tilgungsfrei gestellten Darlehen kann eine Kündigung nur wegen Verzuges mit Zinsraten gegen Treu und Glauben verstoßen (Schleswig-Holstein WM 2006, 1338 f). Nimmt der Darlehensgeber einen Zahlungsverzug über einen längeren Zeitraum hin, kann er eine Kündigung hierauf ggf nicht mehr stützen (Frankfurt aM Urt v 05.05.2008, 17 U 131/07).

III. Beendigung durch Zeitablauf. Haben die Parteien ein Festdarlehen vereinbart, tritt die Fälligkeit des 78
Rückzahlungsanspruchs ohne weiteres mit Ablauf der getroffenen Zeitbestimmung ein (BGH ZIP 1998, 2145; zum Kontokorrentkredit: BGH ZIP 2003, 1435, 1436). Die ordentliche Kündigung des Festdarlehens ist grds ausgeschlossen. Die Parteien können beim **Festdarlehen** sowohl die Rückzahlung der gesamten Darlehensvaluta zu einem bestimmten Zeitpunkt (**Endfälligkeitsdarlehen**) als auch eine ratenweise Tilgung vereinbaren. In beiden Fällen ist im Zweifel durch Auslegung zu ermitteln, ob die Parteien durch diese Vereinbarung das ordentliche Kündigungsrecht des Darlehensnehmers ausschließen wollten (BGH NJW 1970, 402). Sofern die Parteien ein Kündigungsrecht im Vertrag ausdrücklich vereinbart haben, ist nicht von einem Ausschluss auszugehen (BGH WM 1977, 834, 835). Ein Ausschluss des Kündigungsrecht ist jedoch dann anzunehmen, wenn der Zweck des Darlehens anderenfalls nicht erreicht werden könnte, zB Bauzwischenkredit, Kredit zur Vorfinanzierung eines Bauspardarlehens (MüKo/*Berger* Rn 240 mwN).

IV. Abweichende Vereinbarungen. Die Regelung des Abs 3 ist dispositiv. Den Parteien steht es daher frei, 79
vertraglich abw Bestimmungen zur Rückerstattung des Darlehens zu treffen. Dies ist insbes im Bankgeschäftsverkehr der Regelfall. § 489 Abs 4 setzt der Privatautonomie jedoch insoweit Grenzen. Die Kündigungsfrist des Abs 3 S 2 kann verkürzt oder ganz abbedungen werden (Köln WM 1999, 1004, 1005; im Bankgeschäftsverkehr geschehen durch Nr 19 AGB Banken, Nr 26 AGB Sparkassen; *Wittig/Wittig* WM 2002, 145, 147; MüKo/*Berger* Rn 240). Die Parteien können auch vereinbaren, dass das Kündigungsrecht für einen gewissen Zeitraum ausgeschlossen ist. Ein gänzlicher Ausschluss des Kündigungsrechts des Darlehensnehmers ist gem § 489 Abs 4 aber nicht möglich (BGH WM 1980, 380, 381).

V. Aufhebungsvertrag. Unabhängig von der Kündigung des Vertrages haben die Parteien jederzeit die Mög- 80
lichkeit, einen Aufhebungsvertrag zu schließen und hierin die weiteren Modalitäten der Vertragsbeendigung festzulegen, zB die Zahlung einer Vorfälligkeitsentschädigung (hierzu iE unten § 490 Rz 16 ff). Ein Aufhe-

bungsvertrag ist unabhängig davon möglich, ob der Darlehensvertrag für bestimmte oder unbestimmte Zeit geschlossen wurde (Palandt/*Putzo* Rn 17, 37).

81 **VI. Prozessuales.** Der Darlehensgeber hat im Zweifel zu beweisen, dass ein zur Verfügung gestellter Betrag als Darlehen und nicht aus einem anderen Rechtsgrund überlassen wurde (KG Berlin KGR 2007, 168; München FamRZ 2005, 1833). Ihn trifft auch die Beweislast dafür, dass der Rückerstattungsanspruch durch Ablauf der wirksam vereinbarten Laufzeit oder durch wirksame Kündigung fällig geworden ist. Im Hinblick auf die Kündigung hat er insb deren Erklärung, den Zeitpunkt des Zugangs und die ggf erforderlichen weiteren Tatsachen für die Wirksamkeit der Kündigung (zB wichtiger Grund bei der außerordentlichen Kündigung) zu beweisen (PWW/*Kessal-Wulf* Rn 6; Palandt/*Putzo* § 488 Rn 41). Der Darlehensnehmer hat zu beweisen, dass die Kündigung ausgeschlossen, unwirksam bzw noch nicht wirksam ist oder ihr der Einwand der unzulässigen Rechtsausübung aus § 242 entgegensteht (MüKo/*Berger* § 488 Rn 243).

§ 489 Ordentliches Kündigungsrecht des Darlehensnehmers.

[1] Der Darlehensnehmer kann einen Darlehensvertrag, bei dem für einen bestimmten Zeitraum ein fester Zinssatz vereinbart ist, ganz oder teilweise kündigen

1. wenn die Zinsbindung vor der für die Rückzahlung bestimmten Zeit endet und keine neue Vereinbarung über den Zinssatz getroffen ist, unter Einhaltung einer Kündigungsfrist von einem Monat frühestens für den Ablauf des Tages, an dem die Zinsbindung endet; ist eine Anpassung des Zinssatzes in bestimmten Zeiträumen bis zu einem Jahr vereinbart, so kann der Darlehensnehmer jeweils nur für den Ablauf des Tages, an dem die Zinsbindung endet, kündigen;

2. wenn das Darlehen einem Verbraucher gewährt und nicht durch ein Grund- oder Schiffspfandrecht gesichert ist, nach Ablauf von sechs Monaten nach dem vollständigen Empfang unter Einhaltung einer Kündigungsfrist von drei Monaten;

3. in jedem Fall nach Ablauf von zehn Jahren nach dem vollständigen Empfang unter Einhaltung einer Kündigungsfrist von sechs Monaten; wird nach dem Empfang des Darlehens eine neue Vereinbarung über die Zeit der Rückzahlung oder den Zinssatz getroffen, so tritt der Zeitpunkt dieser Vereinbarung an die Stelle des Zeitpunkts der Auszahlung.

[2] Der Darlehensnehmer kann einen Darlehensvertrag mit veränderlichem Zinssatz jederzeit unter Einhaltung einer Kündigungsfrist von drei Monaten kündigen.

[3] Eine Kündigung des Darlehensnehmers nach Absatz 1 oder Absatz 2 gilt als nicht erfolgt, wenn er den geschuldeten Betrag nicht binnen zwei Wochen nach Wirksamwerden der Kündigung zurückzahlt.

[4] Das Kündigungsrecht des Darlehensnehmers nach den Absätzen 1 und 2 kann nicht durch Vertrag ausgeschlossen oder erschwert werden. Dies gilt nicht bei Darlehen an den Bund, ein Sondervermögen des Bundes, ein Land, eine Gemeinde, einen Gemeindeverband, die Europäischen Gemeinschaften oder ausländische Gebietskörperschaften.

1 **A. Allgemeines.** Vgl zur Systematik der Kündigungsrechte sowie den Rechtsfolgen der Kündigung bereits oben § 488 Rz 71 ff. § 489 regelt ausschließlich die neben § 488 Abs 3 bestehenden weiteren ordentlichen **Kündigungsmöglichkeiten des Darlehensnehmers**. Für den Darlehensgeber ergeben sich aus dieser Vorschrift keine Kündigungsrechte. Die Kündigungsmöglichkeiten des Darlehensnehmers nach § 489 unterscheiden sich nach der Art der im Hinblick auf die Zinsen getroffenen Vereinbarungen (vgl hierzu auch *Stupp/Mucke* BKR 2005, 20 ff). Sie sind ganz überwiegend unabdingbar, vgl Abs 4. Im Wesentlichen gilt Folgendes:

- Abs 1 betrifft Darlehensverträge mit Festzinsvereinbarungen für einen bestimmten Zeitraum (Unveränderlichkeit des Zinssatzes auf Grund Parteivereinbarung).
  - Nr 1: Ende der Zinsbindung vor Rückzahlung des Darlehens. Kündigung mit einer Frist von einem Monat frühestens zum Ende der Zinsbindungsfrist. Bei Zinsbindungszeiträumen von bis zu einem Jahr Kündigung nur zum Ende der Bindungsfrist, also nicht mit Wirkung zu einem späteren Zeitpunkt.
  - Nr 2: Besonderheiten für nicht grundpfandrechtlich gesicherte Verbraucherdarlehen. Kündigungssperrfrist von sechs Monaten ab Empfang des Darlehens. Danach Kündigung mit einer Frist von drei Monaten.
  - Nr 3: Höchstfrist von zehn Jahren für alle Darlehensverträge. Danach in jedem Fall Möglichkeit der Kündigung mit einer Frist von sechs Monaten.
- Abs 2 betrifft nur Darlehensverträge mit veränderlichem (variablem) Zinssatz. Kündigung jederzeit unter Einhaltung einer Frist von drei Monaten.

Die Vorschrift dient dem Schuldnerschutz, indem sie den Darlehensnehmer vor einer zu langen Bindung an den Darlehensvertrag schützt und diesem damit die Möglichkeit erhält, ggf bessere Angebote am Markt wahrzunehmen (vgl aber zur faktischen Bindung des Darlehensnehmers an die finanzierende Bank in Folge von Vertragsbeendigungskosten *Krüger/Bütter* Recht der Bankentgelte S 163 ff).

2 Auf Gesellschafterdarlehen ist § 489 nur eingeschränkt anwendbar, da deren Rückzahlung gesellschaftsrechtlich als unzulässige Einlagenrückgewähr gewertet werden könnte. Solange dies der Fall ist, wäre eine Kündigung nach § 489 als unwirksam anzusehen, auch wenn die Voraussetzungen dieser Norm vorliegen (*Brandts* Vorzeitige Darlehenskündigung S 13; MüKo/*Berger* § 489 Rn 6).

B. Darlehensvertrag mit Festzinsabrede, Abs 1. I. Übereinstimmende Voraussetzungen. Abs 1 setzt zunächst voraus, dass ein Darlehensvertrag vorliegt, bei dem die Parteien für einen bestimmten Zeitraum einen festen Zinssatz vereinbart haben (zum Zinsbegriff vgl § 488 Rz 53). Der Zeitraum der Zinsfestschreibung muss nicht mit der Laufzeit des Darlehens übereinstimmen. Ausreichend ist daher, dass es sich zB um einen nur anfänglichen Festzinssatz handelt und nach Ablauf der Zinsbindungsfrist etwa der dann marktübliche Zinssatz als variabler Zinssatz gilt oder der Zins nach anderen Kriterien angepasst werden soll. Ebenfalls unter Abs 1 fallen Verträge, in denen gestaffelte Zinsvereinbarungen getroffen wurden, dh für bestimmte nacheinander liegende Zeiträume jeweils im Voraus feste Zinssätze vereinbart wurden. Die bloße Bestimmbarkeit des jeweils geltenden Zinssatzes reicht für eine Festzinsvereinbarung iSd Abs 1 dagegen nicht aus. Vereinbaren die Parteien zB einen festen Zinssatz, der jedoch unter bestimmten, im Vertrag genannten Voraussetzungen neu verhandelt werden muss, ist nicht Abs 1, sondern Abs 2 einschlägig. Da der Zweck der Norm Schuldnerschutz ist, muss dies unabhängig davon gelten, ob sich aus der **Neuverhandlungsklausel** ein einklagbarer Anspruch auf Einigung über einen neuen Zinssatz (soll der Fall sein, wenn hinreichende Kriterien im Vertrag genannt sind, vgl *Jungmann* WM 2001, 1401, 1405; *Berger* RIW 2000, 1, 7; *Lörcher* DB 1996, 1269, 1270; *Horn* NJW 1985, 1118, 1123; *Steindorff* BB 1983, 1127) oder lediglich eine Pflicht zum Verhandeln ergibt (aA MüKo/*Berger* § 489 Rn 8: Abs 2 nur bei Anspruch auf Einigung). Abs 1 ist auch dann nicht anwendbar, wenn eine Zinserhöhung für den Fall der Verschlechterung der Bonität des Kunden im Vertrag vorgesehen ist (MüKo/*Berger* Rn 7 f mwN; PWW/*Kessal-Wulf* Rn 2). Auch für solche Verträge kommt Abs 2 zur Anwendung, da die Voraussetzungen einer Zinsanpassung jederzeit eintreten können. 3

II. Kündigungstatbestände des Abs 1 iE. 1. Abs 1 Nr 1. a) Zinsbindung kürzer als Vertragslaufzeit. Der 1. Hs erfasst Darlehensverträge mit anfänglicher Festzinsvereinbarung. Eine Vereinbarung in diesem Sinne liegt vor, wenn die vereinbarte Festzinsphase vor der für die Rückzahlung bestimmten Zeit, also vor vollständiger Rückzahlung des Darlehens, endet und keine neue Vereinbarung über den Zinssatz getroffen worden ist. Es ist fraglich, welche Anforderungen an eine solche neue Vereinbarung zu stellen sind. Erfasst sind hiervon unzweifelhaft Fälle, in denen der Darlehensvertrag lediglich vorsieht, dass eine Neuverhandlung des Zinssatzes nach Ablauf der Festzinsvereinbarung zu erfolgen hat. Kommt eine solche Einigung nicht zustande, steht dem Darlehensnehmer das Kündigungsrecht aus Nr 1 zu. Solche Vereinbarungen sind jedoch insbes im Massengeschäft der Banken mit Privatkunden unüblich und unzweckmäßig. Regelmäßig wird daher bereits bei Abschluss eines Darlehensvertrages mit anfänglichem Festzins zusätzlich vereinbart, dass nach Ablauf der Festzinsperiode der dann übliche Zins für Darlehen mit veränderlichem Zins gelten soll, falls eine anderweitige Einigung über den Zinssatz nicht zustande kommt. Sofern dies als eine »neue Vereinbarung« iS der Norm anzusehen wäre, wäre das Kündigungsrecht aus Nr 1 nicht gegeben und der Darlehensnehmer könnte allenfalls nach Abs 2 kündigen, da es sich nun um einen Darlehensvertrag mit veränderlichem Zinssatz handelt. Hiervon ist indes nicht auszugehen. Entspr dem Sinn und Zweck der Vorschrift als Schuldnerschutznorm erfordert eine »neue Vereinbarung« iSd Nr 1 eine auf einem einverständlichen Zusammenwirken beruhende Vereinbarung einer konkreten neuen Zinsvereinbarung. Die Festlegung eines einseitigen Bestimmungsrechts der Bank bei Abschluss des Darlehensvertrages bzw die dem gleichkommende Vereinbarung eines Übergangs in ein Darlehen mit variablem Zins zu den von der Bank dann bestimmten Zinssätzen ist zwar zulässig und auch in AGB wirksam, schließt jedoch nicht das Kündigungsrecht des Darlehensnehmers nach Nr 1 aus (PWW/*Kessal-Wulf* Rn 2; MüKo/*Berger* Rn 9; aA Bankrechtshandbuch/*Bruchner* § 79 Rn 8; Soerg/*Häuser* § 609a Rn 10; *v Heymann* BB 1987, 415, 418; *v Rottenburg* WM 1987, 1, 3). In der Praxis ist dieses Problem im Massengeschäft der Kreditinstitute teilw dadurch entschärft, dass die Formularverträge regelm ein beiderseitiges Kündigungsrecht mit Monatsfrist auf den Zeitpunkt des Ablaufs der Zinsbindungsfrist vorsehen. In diesem Fall steht dem Darlehensnehmer unabhängig davon, was im Hinblick auf den Zinssatz nach Ablauf der Bindungsfrist iÜ vereinbart ist, ein Kündigungsrecht zu. Eine solche Regelung hat auch vor Abs 4 Bestand, da das Recht des Darlehensnehmers nicht verkürzt wird. 4

Verträge, bei denen die Zinsbindungsfrist mit der Laufzeit übereinstimmt, also mit Ablauf der Zinsbindungsfrist das Darlehen bereits vollständig getilgt ist oder das (Rest-)Darlehen dann zur Rückzahlung fällig wird, fallen nicht unter Nr 1, da es an einer Inkongruenz von Zinsfestschreibung und Laufzeit fehlt (vgl zu Kettenkreditverträgen BGH WM 1989, 740, 741; 1985, 8, 9). 5

Die Kündigungsfrist beträgt einen Monat. Sie kann frühestens mit Wirkung für den Ablauf des Tages erklärt werden, an dem die Zinsbindung endet. Möglich ist daher auch eine Kündigung mit Wirkung für einen späteren Zeitpunkt. Auch eine während der Zinsbindungsfrist zugehende Kündigung ist wirksam, wenn sie mit entspr Wirkung erklärt wurde. 6

b) Periodische Zinsanpassungen bis zu einem Jahr. Der 2. Hs erfasst Darlehensverträge mit vereinbarten festen periodischen Zinsanpassungszeiträumen von bis zu einem Jahr. Diese Regelung ist zB dann einschlägig, wenn eine Bindung des Vertragszinssatzes an einen bestimmten Referenzzinssatz vereinbart ist, der zu bestimmten Stichtagen im Jahr oder zumindest einmal jährlich der Marktlage angepasst wird (sog **Roll-over-Kredite**). In diesem Fall besteht für die jeweilige Zinsperiode eine Festzinsvereinbarung und das Darlehen kann vom Darlehensnehmer jeweils zum Ablauf der Periode unter Einhaltung einer Frist von einem Monat 7 gekündigt werden. Die jeweiligen Zinsperioden müssen nicht notwendig gleichlang sein, sondern können innerhalb des vorgegebenen Jahresrahmens variieren (PWW/*Kessal-Wulf* Rn 2). Wird die Jahresfrist allerdings überschritten, kommt nur eine Kündigung unter den Voraussetzungen des 1. Hs in Betracht (*Hopt/Mülbert* WM 1990, Sonderbeilage Nr 3, S 7; MüKo/*Berger* Rn 10).

8 Die Kündigungsfrist beträgt auch hier einen Monat. Abw vom 1. Hs kann die Kündigung nach dem 2. Hs aber nur mit Wirkung für den Ablauf des Tages, an dem die Zinsbindung endet, erklärt werden. Eine Kündigung mit Wirkung zu einem späteren Termin ist hier nicht zulässig. Auf die Kenntnis des nach Ablauf der jeweiligen Periode geltenden Zinssatzes kommt es weder für die Wirksamkeit der Kündigung noch für die Fristberechnung an. Die Monatsfrist gilt auch dann, wenn die Bank dem Darlehensnehmer innerhalb dieser Frist den neuen Zinssatz erst mitteilt (Palandt/*Putzo* Rn 11; MüKo/*Berger* Rn 11).

9 **2. Abs 1 Nr 2.** Nr 2 sieht einen bes Schutz für Verbraucher vor, sofern diese ein Darlehen aufgenommen haben, das nicht durch ein Grund- oder Schiffspfandrecht gesichert ist.

10 **a) Verbraucher.** Das Kündigungsrecht nach Nr 2 setzt zunächst als subjektive Komponente voraus, dass Darlehensnehmer ein Verbraucher iSd § 13 ist; also eine natürliche Person (einschließlich GbR und Erbengemeinschaft), die den Darlehensvertrag zu einem Zwecke abschließt, der weder ihrer gewerblichen noch ihrer selbständigen beruflichen Tätigkeit zugerechnet werden kann (vgl iE zum Verbraucherbegriff PWW/*Prütting* § 13 Rn 8 ff). Verbraucher in diesem Sinne ist daher auch ein Arbeitnehmer, der das Darlehen für berufliche Zwecke aufnimmt (zB Erwerb eines Pkw für die Anfahrt zum Arbeitsplatz), da es an einer »selbständigen« beruflichen Tätigkeit fehlt. Kein Verbraucher ist dagegen der Existenzgründer, der das Darlehen für seine selbständige Tätigkeit verwenden will (MüKo/*Berger* Rn 14). Entscheidend für die Zuordnung »privat« oder »gewerbliche/selbständige berufliche Tätigkeit« ist jeweils der objektive Zweck des Geschäfts, unabhängig von der geschäftlichen Erfahrung des Darlehensnehmers (BGH NJW 2005, 1273). Zur »Mischnutzung« vgl iE § 491 Rz 7. Die Angaben im Darlehensvertrag zum Zweck der Darlehensaufnahme sind nur als Indiz zu werten. Eine zum Nachteil des Darlehensnehmers in den Vertrag aufgenommene Zweckbestimmung würde das Kündigungsrecht wegen Abs 4 nicht ausschließen. Umgekehrt könnte sich der Darlehensnehmer bei einer falschen Zweckangabe gem § 242 nicht auf das Kündigungsrecht nach Abs 2 berufen (BGH ZIP 2005, 357; Bankrechtshandbuch/*Bruchner* § 79 Rn 14; MüKo/*Berger* Rn 19). Maßgebender Zeitpunkt ist der des Vertragsabschlusses. Verwendet der Verbraucher die Darlehensvaluta zu einem späteren Zeitpunkt abw von der ursprünglich tatsächlich bestehenden privaten Zweckbestimmung, ist dies für die Einordnung unerheblich (MüKo/*Berger* Rn 13; Palandt/*Putzo* Rn 7). Ob der Darlehensgeber Unternehmer oder Verbraucher ist, ist hier nicht relevant. Nr 2 ist daher weiter als § 491.

11 **b) Keine Sicherung durch Grund- oder Schiffspfandrecht.** Objektiv setzt das Kündigungsrecht nach Abs 1 Nr 2 voraus, dass das Darlehen nicht durch ein Grund- oder Schiffspfandrecht gesichert ist. Dies trägt dem Umstand Rechnung, dass Realkredite gewöhnlich langfristig ausgelegt und mit günstigen Zinsen gewährt werden. Die Banken müssen sich daher entspr langfristig refinanzieren. Für solche Darlehensverträge wäre daher auch bei einem Verbraucher auf Darlehensnehmerseite ein Kündigungsrecht mit der kurzen Frist der Nr 2 nicht sachgerecht, da eine für Konsumentenkredite typische Schutzbedürftigkeit des Darlehensnehmers nicht vorliegt (ähnl auch der dem § 491 Abs 3 Nr 1 zugrunde liegende Rechtsgedanke; vgl auch KG WM 2001, 2204; Stuttgart WM 1999, 1007, 1008). Zum Ausgleich besteht für Realkredite ein außerordentliches Kündigungsrecht nach § 490 Abs 2, wobei hier durch Zahlung einer Vorfälligkeitsentschädigung der der Bank entstehende Nachteil auszugleichen ist (vgl iE § 490 Rz 16 ff).

12 Aufgrund des vorstehenden Zwecks der Regelung genügt für den Ausschluss des Kündigungsrechts die schuldrechtliche Verpflichtung im Darlehensvertrag, ein Grund- oder Schiffpfandrecht als Sicherheit zu bestellen. Auf das Bestehen der dinglichen Sicherung bzw den Stand des grundbuchrechtlichen Verfahrens kommt es insoweit nicht an (vgl KG WM 2001, 2204, 2005; Stuttgart OLGR 99, 113; BTDrs 10/4741 S 23 zu § 609a aF; ebenso PWW/*Kessal-Wulf* Rn 3, Palandt/*Putzo* Rn 7; AnwK/*Reif* Rn 8; aA MüKo/*Berger* Rn 18 unter Berufung auf den Wortlaut der Norm: dingl Bestellung der Sicherheit bzw zumindest Eintragungsantrag erforderlich). Unabhängig davon dürfte sich ein praktisches Problem insoweit nicht stellen, da die Bestellung der Sicherheit (zumindest Eintragungsvormerkung) idR Auszahlungsvoraussetzung für das Darlehen ist.

13 Umstr ist, welche Anforderungen an die dingliche Sicherung genau zu stellen sind, damit das Kündigungsrecht der Nr 2 ausgeschlossen wird. Teilw wird vertreten, dass es auf Wert und Höhe der Sicherheit überhaupt nicht ankommt (Palandt/*Putzo* Rn 7), teilw, dass das Darlehen zumindest zu seinem überwiegenden Teil (PWW/*Kessal-Wulff* Rn 3) oder in vollem Umfang (MüKo/*Berger* Rn 19) dinglich gesichert sein muss, damit eine Kündigung nach Nr 2 nicht zulässig ist. Eine aA will eine teilw Kündigung des Darlehensvertrages zulassen, soweit die Sicherheit hinter dem Wert der Restschuld zurückbleibt (*v Heymann* BB 1987, 415, 419; *Kollhosser/Schweitzer* JA 1987, 345, 348; Soerg/*Häuser* § 609a Rn 14). Letztere Ansicht dürfte bereits mit dem Wortlaut der Norm nicht vereinbar sein, da Nr 2 nicht mit »soweit«, sondern mit »wenn« eingeleitet wird. Nach dem eingangs dargelegten Zweck der Regelung kommt ein Ausschluss des Kündigungsrechts nur dann in Betracht, wenn das Darlehen jedenfalls nominell vollständig durch ein Grund- oder Schiffspfandrecht

abgedeckt ist. Auf die Werthaltigkeit kommt es grds nicht an, da das Bestehen des Kündigungsrechts nicht von äußerlichen Unsicherheitsfaktoren wie die Wertentwicklung eines Beleihungsobjekts abhängig sein kann. Es dürfte jedoch ein Verstoß gegen Abs 4 vorliegen, wenn sich der Darlehensgeber eine von vornherein gänzlich wertlose Sicherheit in Form eines Grund- oder Schiffspfandrechts bestellen lässt, nur um das Kündigungsrecht der Nr 2 zu umgehen.

c) **Kündigungsfrist.** Nach Nr 2 besteht eine Kündigungssperrfrist von sechs Monaten ab vollständigen Erhalt des Darlehens (Teilvalutierungen reichen insoweit nicht aus). Erst nach Ablauf dieser Frist kann das Darlehen überhaupt gekündigt werden (also Zugang einen Tag nach Ablauf der Frist); und zwar mit einer Kündigungsfrist von drei Monaten. Dh die Kündigung ist frühestens mit Wirkung zum Ablauf von neun Monaten nach vollständiger Auszahlung möglich (PWW/*Kessal-Wulf* Rn 3; Palandt/*Putzo* Rn 12). Die Fristberechnung richtet sich nach §§ 187 Abs 1 (Auszahlungstag), 188 Abs 2, 3. 14

3. Abs 1 Nr 3. Nr 3 begrenzt die Bindung des Darlehensnehmers an den Darlehensvertrag und damit auch die geschützte Zinserwartung des Darlehensgebers (vgl § 490 Rz 17) für alle Arten von Festzinsdarlehen auf zehneinhalb Jahre. Jedes Festzinsdarlehen kann nach Ablauf einer Frist von zehn Jahren nach dem vollständigen Empfang der Darlehensvaluta unter Einhaltung einer Kündigungsfrist von sechs Monaten gekündigt werden. Dh der Kunde kann sich in jedem Fall nach zehneinhalb Jahren nach Erhalt des Darlehens vom Vertrag lösen, unabhängig davon, ob ggf eine noch längere Zinsbindung im Vertrag vereinbart wurde. Dies kann der Darlehensgeber wegen Abs 4 auch nicht dadurch umgehen, dass er bewusst einen kleinen Restbetrag des Darlehens nicht auszahlt, nur um die Frist nicht in Gang zu setzen (MüKo/*Berger* Rn 23). Treffen die Parteien während der Laufzeit des Darlehens eine neue Vereinbarung über den Zinssatz oder die Rückzahlungszeit (Prolongationsvereinbarung, zB kurze Zeit vor Ablauf der Zinsbindungsfrist wird für die Restschuld eine neue Zinsbindungsperiode mit aktuellem Zinssatz vereinbart), so tritt der Zeitpunkt dieser Vereinbarung für die Berechnung der 10-Jahres-Frist an die Stelle des Auszahlungszeitpunkts. 15

C. Darlehensvertrag mit variablen Zinsen, Abs 2. Abs 2 erfasst Darlehensverträge, bei denen auf Grund der Vereinbarung einer **Zinsanpassungs- oder Zinsgleitklausel** (vgl § 488 Rz 55) jederzeit eine Änderung des Zinssatzes erfolgen kann. Abzugrenzen ist dies insbes von einer zumindest vorübergehenden Festzinsvereinbarung iSd Abs 1 Nr 1. Bei Bindung des Zinssatzes an einen Referenzzinssatz ist entscheidend, ob dieser für bestimmte Zeiträume unveränderlich ist und nur zu bestimmten Stichtagen angepasst wird (zB Basiszinssatz gem § 247 Abs 1). In diesem Fall kommt Abs 1 Nr 1 und nicht Abs 2 zur Anwendung (PWW/*Kessal-Wulf* Rn 5; zu bonitätsabhängigen Zinsabreden vgl *Achtert* BKR 2007, 318 ff; *Ohletz* BKR 2007, 129 ff; *Rösler/Lang* ZIP 2006, 214 ff; *Langenbucher* BKR 2005, 134 ff; *Stupp/Mucke* BKR 2005, 20 ff; *Mülbert* WM 2004, 1205). Nur bei jederzeitiger Änderungsmöglichkeit kommt Abs 2 zur Anwendung. 16

Der Darlehensnehmer kann Verträge mit veränderlichen Zinsen im vorstehenden Sinne jederzeit unter Einhaltung einer Kündigungsfrist von drei Monaten kündigen. Eine Kündigungssperrfrist besteht insoweit nicht, so dass faktisch eine Mindestlaufzeit von drei Monaten besteht. Eine Teilkündigung ist nicht zulässig (*Ebenroth/Boujong/Thessinga* BankR IV Rn 135; PWW/*Kessal-Wulf* Rn 5). Ist nur ein Teil des Darlehens valutiert worden, ist eine Kündigung möglich und beschränkt sich auf diesen Teil (MüKo/*Berger* Rn 24; *Hopt/Mülbert* WM 1990, Sonderbeilage Nr 3, S 17). 17

D. Fiktion unterbliebener Kündigung, Abs 3. Abs 3 schützt den Darlehensgeber vor missbräuchlichen Kündigungen durch den Darlehensnehmer, der ohne diese Regelung darauf spekulieren könnte, dass der nach erfolgter Kündigung vom Darlehensgeber anstelle des Vertragszinssatzes zu berechnende Verzugsschaden für ihn günstiger ist. Durch die Fiktion des Abs 3 entfallen die Wirkungen einer zunächst wirksamen Kündigung von Anfang an (ex tunc), wenn der Darlehensnehmer den zur Rückzahlung fälligen Darlehensbetrag nicht binnen zwei Wochen nach Wirksamwerden der Kündigung zurückzahlt. Der Vertrag besteht in diesem Fall mit allen Rechten und Pflichten fort (Palandt/*Putzo* Rn 18; BaRoth/*Rohe* Rn 21). Für die Fristberechnung gelten §§ 187 Abs 1, 188 Abs 2. Zahlt der Darlehensnehmer nicht fristgerecht zurück, gilt kraft Gesetzes somit durchgängig wieder der vereinbarte Vertragszins, unabhängig davon, ob der ab Wirksamwerden der Kündigung zunächst berechnete Verzugszins höher oder niedriger gewesen ist (MüKo/*Berger* Rn 26). Für die Wahrung der Frist ist es ausreichend, dass der Darlehensnehmer das Geld vor Fristablauf abgesandt, also zB überwiesen hat, da es sich bei Geldschulden um qualifizierte Schickschulden im Sinne der §§ 270, 269 Abs 1 handelt (PWW/*Kessal-Wulf* Rn 7). Die Beweislast für die Einhaltung der Frist trägt der Darlehensnehmer (PWW/*Kessal-Wulf* Rn 7). Die Berufung eines Kreditinstituts auf eine dem § 489 Abs 3 entspr Regelung in den allgemeinen Darlehensbedingungen kann rechtsmissbräuchlich sein, wenn der Kreditnehmer den Kredit nur durch die begehrte Umschuldung zurückführen kann und hierzu die Einwilligung des Kreditinstituts erforderlich ist, über deren Erteilung gerade gestritten wird (Naumburg WM 2007, 1923). 18

E. Unabdingbarkeit, Abs 4. Die Kündigungsrechte des Darlehensnehmers gem Abs 1 und 2 sind nicht dispositiv. Entgegenstehende Vereinbarungen, dh solche, die die Kündigungsrechte ausschließen, erschweren oder von zusätzlichen Bedingungen abhängig machen sollen, sind nach Abs 4 S 1 iVm § 134 unwirksam. Das Gleiche gilt für Regelungen, die den Darlehensnehmer von einer Kündigung abhalten sollen, weil hierdurch 19 bes Nachteile drohen, zB Vertragsstrafe, unangemessene Vorfälligkeitsentschädigung, Ausschluss der Rückerstattung im Voraus zu viel gezahlter Zinsen, Erstattung von Bearbeitungskosten (vgl Palandt/*Putzo* Rn 19; MüKo/*Berger* Rn 30; vgl aber Karlsruhe WM 2008, 1551 f zur Zulässigkeit der Beschränkung der Ausübung der Kündigungsmöglichkeit des Darlehensnehmers durch vertragliche Vereinbarung mit einem Dritten). Änderungen zugunsten des Darlehensnehmers können dagegen ohne Einschränkung vereinbart werden, zB Verkürzung der Kündigungs- oder Kündigungssperrfristen. In diesem Fall kann der Darlehensgeber für den Fall der Kündigung jedoch auch die Zahlung einer Vorfälligkeitsentschädigung oder die Erstattung von Bearbeitungsaufwand vereinbaren (MüKo/*Berger* Rn 30).

20 Ausn von der Unabdingbarkeit der Kündigungsrechte bestehen nach Abs 4 S 2 nur dann, wenn auf Darlehensnehmerseite die dort genannten Körperschaften des öffentlichen Rechts stehen, nämlich der Bund, ein Sondervermögen des Bundes, ein Land, eine Gemeinde, ein Gemeindeverband, die Europäische Gemeinschaft oder eine ausländische Gebietskörperschaft (nicht: Anstalten und Stiftungen des öffentlichen Rechts, vgl Palandt/*Putzo* Rn 20). In diesem Fall können die Kündigungsrechte der Abs 1 und 2 beliebig eingeschränkt werden.

21 **F. Beweislast.** Der Darlehensnehmer trägt nach den allg Grundsätzen die Darlegungs- und Beweislast für alle Voraussetzungen des Bestehens eines Kündigungsgrundes, einschließlich der Verbrauchereigenschaft in Abs 1 Nr 2, für Wirksamkeit der Kündigungserklärung (insb Zugang und Einhaltung der jeweiligen Frist) sowie im Fall des Abs 3 für die Rechtzeitigkeit der Rückzahlung des Darlehens.

§ 490 Außerordentliches Kündigungsrecht. **[1] Wenn in den Vermögensverhältnissen des Darlehensnehmers oder in der Werthaltigkeit einer für das Darlehen gestellten Sicherheit eine wesentliche Verschlechterung eintritt oder einzutreten droht, durch die die Rückerstattung des Darlehens, auch unter Verwertung der Sicherheit, gefährdet wird, kann der Darlehensgeber den Darlehensvertrag vor Auszahlung des Darlehens im Zweifel stets, nach Auszahlung nur in der Regel fristlos kündigen.**
[2] Der Darlehensnehmer kann einen Darlehensvertrag, bei dem für einen bestimmten Zeitraum ein fester Zinssatz vereinbart und das Darlehen durch ein Grund- oder Schiffspfandrecht gesichert ist, unter Einhaltung der Fristen des § 489 Absatz 1 Nummer 2 vorzeitig kündigen, wenn seine berechtigten Interessen dies gebieten. Ein solches Interesse liegt insbesondere vor, wenn der Darlehensnehmer ein Bedürfnis nach einer anderweitigen Verwertung der zur Sicherung des Darlehens beliehenen Sache hat. Der Darlehensnehmer hat dem Darlehensgeber denjenigen Schaden zu ersetzen, der diesem aus der vorzeitigen Kündigung entsteht (Vorfälligkeitsentschädigung).
[3] Die Vorschriften der §§ 313 und 314 bleiben unberührt.

1 **A. Allgemeines.** Vgl zur Systematik der Kündigungsrechte bereits oben § 488 Rz 71 ff. Abs 1 gewährt dem Darlehensgeber bei allen Arten von Gelddarlehen ein außerordentliches Kündigungsrecht für den Fall, dass die Rückzahlung des Darlehens in Folge der Verschlechterung der wirtschaftlichen Verhältnisse des Darlehensnehmers oder eines Wertverfalls bei den gestellten Sicherheiten nicht mehr gesichert ist (zur Anwendbarkeit neben § 498 vgl Düsseldorf MDR 2006, 919; hierzu auch § 498 Rz 1). Ein solches Kündigungsrecht bestand auf Grund vertraglicher Vereinbarung der Banken in ihren AGB (vgl Nr 19 AGB Banken, Nr 26 Abs 2 AGB Sparkassen) auch bereits vor der Schuldrechtsreform, so dass die Regelung im Bankgeschäftsverkehr insbes für die Beurteilung der Wirksamkeit solcher AGB-Vereinbarungen eine praktische Relevanz erlangt (*Sonnenhol* WM 2002, 1259, 1265; *Freitag* WM 2001, 2370, 2374; *Köndgen* WM 2001, 1637, 1643). Abs 1 ist dispositiv, hat aber Leitbildcharakter im Rahmen des § 307 Abs 2 Nr 1 (MüKo/*Berger* Rn 23). Mit Abs 2 werden die vom BGH entwickelten Grundsätze zur außerordentlichen Beendigung von Festzinsdarlehen gegen Zahlung einer Vorfälligkeitsentschädigung gesetzlich geregelt (BTDrs 14/6040 S 254). In Abs 3 wird lediglich klargestellt, dass neben dem außerordentlichen Kündigungsrechten in § 490 auch die allg Vorschriften der §§ 313 (Wegfall der Geschäftsgrundlage) und 314 (außerordentliche Kündigung von Dauerschuldverhältnissen) anwendbar bleiben.

2 **B. Außerordentliches Kündigungsrecht des Darlehensgebers, Abs 1. I. Wesentliche Verschlechterung der Vermögensverhältnisse.** Der Eintritt oder der drohende Eintritt einer wesentlichen Verschlechterung der Vermögensverhältnisse des Darlehensnehmers kann – vorbehaltlich einer hierdurch bedingten Gefährdung des Rückerstattungsanspruchs (vgl hierzu Rz 5) – zu einem außerordentlichen Kündigungsrecht des Darlehensgebers führen. Die (drohende) Verschlechterung muss nach Abschluss des Vertrages eingetreten sein. Ist das Darlehen zu diesem Zeitpunkt noch nicht ausgezahlt, steht dem Darlehensgeber das Kündigungsrecht bei Vorliegen der weiteren Voraussetzungen stets zu, nach Auszahlung nur idR, vgl Abs 1 Hs 2. Für die Frage der wesentlichen Verschlechterung kommt es auf die objektive Vermögenssituation des Darlehensnehmers an. Die Kenntnis des Darlehensgebers ist insoweit nicht entscheidend. Ändert sich die Vermögenssituation des Darlehensgebers also nach Vertragsschluss nicht, werden dem Darlehensgeber aber bestimmte (negative) Umstände erst danach bekannt, so kommt eine Kündigung nach Abs 1 nicht in Betracht, sondern allenfalls eine Anfechtung nach § 119 Abs 2 bzw ggf § 123 (BGH NJW 2002, 3167; Bankrechtshandbuch/*Lwowski* § 76

Rn 24; PWW/*Kessal-Wulf* Rn 2). Des Weiteren könnte in diesem Fall ein Schadensersatzanspruch aus §§ 280 Abs 1, 311 Abs 2 Nr 1 gegeben sein, sofern der Darlehensnehmer hinsichtlich solcher Umstände eine Aufklärungspflicht hatte und dieser schuldhaft nicht nachgekommen ist oder diesbzgl sogar unrichtige Angaben gemacht hat. Da Abs 1 insoweit Leitbildfunktion im Rahmen des § 307 Abs 2 Nr 1 hat, wird die Wirksamkeit von AGB-Klauseln, die eine Ausdehnung des außerordentlichen Kündigungsrechts bewirken, hieran zu messen sein. Die Vereinbarung eines Kündigungsrechts für den Fall, dass die entscheidenden Umstände bereits bei Vertragsabschluss vorlagen, der Bank aber erst später bekannt werden, dürfte jedoch wirksam sein, da dies den Darlehensnehmer jedenfalls nicht unangemessen benachteiligen dürfte (hiervon geht offenbar auch MüKo/*Berger* § 490 Rn 2 aus; aA wohl PWW/*Kessal-Wulf* Rn 2).

Sind mehrere Darlehensnehmer beteiligt, ist es für ein Kündigungsrecht nach Abs 1 ggü allen Darlehensnehmern ausreichend, wenn die (drohende) Vermögensverschlechterung bei einem der Gesamtschuldner vorliegt. § 425 Abs 2 ist nicht anwendbar (München NJW-RR 1996, 370; PWW/*Kessal-Wulf* Rn 2; MüKo/*Berger* Rn 3). Für das Kündigungsrecht ist es entscheidend, ob sich die Vermögensverhältnisse des Darlehensnehmers konkret verschlechtert haben oder dies droht. Das ist im Wege einer Gesamtbetrachtung aller relevanten wirtschaftlichen Umstände zu ermitteln, wobei es auf ein Verschulden des Darlehensnehmers nicht ankommt. Die Verschlechterung der allg Konjunkturlage reicht insofern grds nicht aus, sofern sich dies nicht in den speziellen wirtschaftlichen Verhältnissen des Darlehensnehmers niederschlägt bzw dies konkret droht. Die Einleitung von Zwangsvollstreckungsmaßnahmen gegen den Darlehensnehmer oder der Antrag auf Ableistung bzw die Ableistung der eidesstattlichen Versicherung nach § 807 ZPO stellen idR ausreichende Gründe dar. In Betracht kommen ferner die dauerhafte Verschlechterung der Liquidität, die laufende und nicht nur unerhebliche Überziehung der eingeräumten Kreditlinie sowie erhebliche Umsatzeinbrüche (Frankfurt aM BKR 2003, 870; Hamm WM 1991, 402; BGH WM 1988, 1223; NJW 1986, 1928; WM 1960, 576). 3

Das Kündigungsrecht steht dem Darlehensgeber bereits dann zu, wenn die **Vermögensverschlechterung** droht, dh sich sichtbar abzeichnet (BTDrs 14/6040 S 254). Der bloße Verdacht einer Verschlechterung reicht nicht aus, vielmehr sind für eine solche Prognose belastbare objektive Anhaltspunkte zum Zeitpunkt der Kündigungserklärung erforderlich (*Freitag* WM 2001, 2370, 2373). 4

II. Drohender oder eingetretener Wertverfall bei den gestellten Sicherheiten. Ein Kündigungsgrund kann sich nach Abs 1 auch daraus ergeben, dass der Wertverfall bei einer für das Darlehen gestellten Sicherheit droht oder eingetreten ist. Dies kann bei einer Personalsicherheit (zB Bürgschaft, Mithaftung, Patronatserklärung) nur aus einer Verschlechterung der wirtschaftlichen Verhältnisse des Sicherungsgebers folgen (BTDrs 14/6857 S 64; krit hierzu *Mülbert* WM 2002, 465, 474). Bei einer Sachsicherheit (zB Grundschuld, Sicherungsübereignung) folgt dies aus einem Wertverlust des Sicherungsgegenstandes etwa auf Grund einer Beschädigung oder Zerstörung der zur Sicherheit übereigneten Sache oder eines erheblichen Verfalls der Immobilienpreise, von dem auch das konkrete beliehene Objekt betroffen ist. Erforderlich ist jedoch auch hier, dass durch den Wertverfall der Rückzahlungsanspruch gefährdet wird (s hierzu unten Rz 5). In der kreditwirtschaftlichen Praxis werden die Banken allerdings ohnehin auf ihr in den AGB (vgl Nr 13 Abs 2 AGB Banken, Nr 22 Abs 1 AGB Sparkassen) vereinbartes Nachsicherungsrecht zurückgreifen, aus dem ein Anspruch auf Bestellung neuer werthaltiger Sicherheiten folgt, ohne dass es auf eine Gefährdung des Rückzahlungsanspruchs ankommt. Für den Fall, dass der Darlehensnehmer dem binnen der zu setzenden Frist nicht nachkommt, ergibt sich aus Nr 19 Abs 3 AGB Banken bzw Nr 26 Abs 2 AGB Sparkassen ein außerordentliches Kündigungsrecht, so dass es eines Rückgriffs auf § 490 nicht bedarf. § 490 Abs 1 schränkt die in den AGB vereinbarten Möglichkeiten der Kreditinstitute auch nicht ein. Auch wenn der Regelung eine Leitbildfunktion im Rahmen des § 307 Abs 2 Nr 1 zukommt, dürfte die derzeitige AGB-Regelung der Banken und Sparkassen einer Überprüfung auf dieser Grundlage standhalten, da jedenfalls eine unangemessene Benachteiligung des Kunden durch das Nachsicherungsrecht und das außerordentliche Kündigungsrecht bei Nichterfüllung nicht begründet sein dürfte. 5

III. Gefährdung des Rückerstattungsanspruchs. Sowohl die (drohende) Verschlechterung der Vermögensverhältnisse des Darlehensnehmers als auch der Wertverfall einer Sicherheit begründet nur dann einen hinreichenden Grund für eine außerordentliche Kündigung des Darlehensvertrages nach Abs 1, wenn hierdurch der Rückzahlungsanspruch des Darlehensgebers nach § 488 Abs 1 S 2 tatsächlich gefährdet wird. Bei der Beurteilung der Gefährdungslage muss auch eine Verwertung etwaiger (weiterer) Sicherheiten berücksichtigt werden (vgl hierzu auch BTDrs 14/6857 S 32). Hierbei ist grds von dem bei einer zwangsweisen Verwertung der jeweiligen Sicherheit erzielbaren Wert auszugehen, da der Marktwert im Rahmen einer Sicherheitenverwertung idR nicht zu erzielen ist (MüKo/*Berger* Rn 9; vgl auch *Obermüller* ZInsO 2002, 97, 100). Ist das Darlehen also trotz (drohender) Verschlechterung der Vermögensverhältnisse oder des (drohenden) Wertverfalls einer (unter mehreren) Sicherheiten noch anderweitig ausreichend abgesichert, ist ein hinreichender Kündigungsgrund nicht gegeben (AG Köln NZI 2007, 666). Auch insoweit reicht der bloße Verdacht einer Gefährdung nicht aus, sondern es bedarf konkreter Anhaltspunkte, die diese Annahme aus Sicht der Bank rechtfertigen (MüKo/*Berger* Rn 8; *Freitag* WM 2001, 2370, 2374). Des Weiteren ist zu berücksichtigen, ob der Darlehensnehmer das Darlehen trotz eingetretenem oder drohendem Verfall des Wertes der Sicherheiten 6 auf Grund seiner intakten wirtschaftlichen Verhältnisse (Einkommen, freies Vermögen etc) weiterhin ordnungsgem bedienen kann. Auch in diesem Fall fehlt es idR an einer hinreichenden Gefährdung des Rückerstattungsanspruchs (PWW/*Kessal-Wulf* Rn 2). Die Bank wird sich in diesem Fall regelm jedoch ihres Nachsicherungsrechts aus Nr 13 bzw Nr 22 AGB bedienen, so dass sich ein Kündigungsgrund ggf aus einer Nichterfüllung dieses Anspruchs ergibt (Nr 19 Abs 3 bzw Nr 26 Abs 2).

7 **IV. Kündigungsrecht des Darlehensgebers.** Bei Vorliegen der vorstehenden Voraussetzungen steht dem Darlehensgeber ein außerordentliches fristloses Kündigungsrecht zu. Die Voraussetzungen des § 498 sind in diesem Fall für eine Kündigung nicht einzuhalten, da der Gesetzgeber § 490 hiervon unabhängig ausgestaltet hat (Düsseldorf MDR 2006, 919; PWW/*Kessal-Wulf* § 498 Rn 2; einschränkend MüKo/*Schürnbrand* § 498 Rn 22). Mit Ausübung des Kündigungsrechts durch Abgabe der empfangsbedürftigen Kündigungserklärung wird der Darlehensvertrag beendet und in ein Abwicklungsschuldverhältnis umgewandelt. Die Restschuld wird zur Rückzahlung fällig. Für die Frage der Wirksamkeit der Kündigung kommt es auf das objektive Vorliegen eines hinreichenden Kündigungsgrundes im Zeitpunkt der Kündigungserklärung an (BGH NJW 1986, 1928; WM 1985, 1493; ein Nachschieben von Gründen, die bereits bestanden, ist insoweit zulässig). Eine unwirksame außerordentliche Kündigung kann ggf als ordentliche Kündigung aufrechterhalten werden. Dies muss jedoch deutlich erklärt werden (MüKo/*Berger* Rn 21). Zur Aufrechterhaltung als ordentliche Kündigung können ggf auch nachträglich entstandene Gründe herangezogen werden. Der Darlehensgeber muss jedoch zu erkennen geben, dass er an der Kündigung festhalten und die Kündigung nunmehr auch auf diese Umstände stützen will. Zudem dürfen schutzwürdige Interessen des Darlehensnehmers nicht entgegenstehen, was zB der Fall sein kann, wenn der Darlehensgeber durch eigenes treuwidriges Verhalten den Kündigungsgrund herbeigeführt hat (BGH WM 1988, 195, 197).

8 Das Kündigungsrecht nach Abs 1 steht dem Darlehensgeber unter den og Voraussetzungen vor Valutierung stets zu, es sei denn zwischen den Parteien ist vertraglich (ausdrücklich oder konkludent) etwas Abweichendes vereinbart (daher nach dem Gesetzeswortlaut »im Zweifel stets«, vgl PWW/*Kessal-Wulf* Rn 3). Das Kündigungsrecht kann ggf dann nach § 242 eingeschränkt sein, wenn es sich um ein Sanierungsdarlehen handelt und der Bank bereits vor Vertragsabschluss klar gewesen ist, dass das Risiko des Scheiterns der Sanierung besteht (BGH WM 1997, 576). Nach Auszahlung des Darlehens soll das Kündigungsrecht nach dem Willen des Gesetzgebers nur »in der Regel« bestehen. Es ist daher im Einzelfall im Rahmen einer Gesamtabwägung zu prüfen, ob nicht auf Grund bes Umstände eine Ausn von der außerordentlichen Kündigung in Betracht kommt (LG Frankenthal ZIP 2006, 752 f). Dies kann etwa dann der Fall sein, wenn nur eine vorübergehende Vermögensverschlechterung vorliegt oder die Kündigung des in Rede stehenden Darlehens selbst erst zur Insolvenz des Darlehensnehmers führen würde, eine ratenweise Rückzahlung aber möglich wäre (BTDrs 14/6040 S 254; MüKo/*Berger* Rn 17 ff; Palandt/*Putzo* Rn 8; PWW/*Kessal-Wulf* Rn 3). Trotz dieser Einschränkungen ist aber zu berücksichtigen, dass bei Vorliegen der og Voraussetzungen der Regelfall das Bestehen des außerordentlichen Kündigungsrechts ist und die im Einzelfall in Rechnung zu stellenden Interessen des Darlehensnehmers dann zurückzustehen haben, wenn der Bank auf Grund der besonderen Gefährdungslage eine Belassung der Darlehensvaluta nicht mehr zumutbar ist (MüKo/*Berger* Rn 18 f; *Mülbert* WM 2002, 465, 474; BaRoth/*Rohe* Rn 14). Das außerordentliche Kündigungsrecht kann aber nicht auf einen Zahlungsrückstand gestützt werden, wenn die Bank diesen zunächst über einen längeren Zeitraum hingenommen hat (Frankfurt aM Urt v 05.05.2008, 17 U 131/07).

9 **C. Außerordentliches Kündigungsrecht des Darlehensnehmers, Abs 2. I. Allgemeines.** Abs 2 schafft eine Ausnahme von der aus § 489 Abs 1 Nr 2 folgenden langfristigen Bindung des Darlehensnehmers an ein grund- oder schiffspfandrechtlich gesichertes Festzinsdarlehen und gewährt diesem unter bestimmten Voraussetzungen ein außerordentliches Kündigungsrecht. Der Gesetzgeber wollte hiermit die beiden Grundsatzentscheidungen des BGH zur vorzeitigen Darlehensrückzahlung gegen Vorfälligkeitsentschädigung (BGHZ 136, 161 ff; WM 1997, 1799 ff) kodifizieren, ohne eine Änderung der hierdurch geschaffenen Rechtslage herbeizuführen (BTDrs 14/6040 S 254). Dem liegt der Gedanke zugrunde, dass das berechtigte Interesse des Darlehensnehmers an einer anderweitigen Verwertung des Sicherungsobjekts uU den Vorrang vor den Interessen des Darlehensgebers an einem Festhalten an dem Darlehensvertrag haben kann, wenn der Darlehensgeber aus der vorzeitigen Beendigung keine finanziellen Nachteile erleidet (MüKo/*Berger* Rn 23). Der Gesetzgeber hat jedoch den dogmatischen Ansatz des BGH, wonach dem Darlehensnehmer ein Anspruch auf Einwilligung des Darlehensgebers in eine vorzeitige Abwicklung des Darlehensvertrages zustehen soll, nicht unverändert umgesetzt, sondern sich für die Einräumung eines außerordentlichen Kündigungsrechts und einer sich daraus ergebenden Verpflichtung zur Zahlung einer Vorfälligkeitsentschädigung entschieden.

10 Soweit die Voraussetzungen des außerordentlichen Kündigungsrechts nach Abs 2 nicht vorliegen, besteht gleichwohl die Möglichkeit des Abschlusses eines Aufhebungsvertrages. Der Darlehensgeber wird sich auf den Abschluss eines solchen Vertrages idR aber nur dann einlassen, wenn der Darlehensnehmer ihm mind einen hierdurch entstehenden Verlust ausgleicht. Anders als die Vorfälligkeitsentschädigung gem Abs 2 S 3 ist ein solches Entgelt im Rahmen des Aufhebungsvertrages in den Grenzen des § 138 frei vereinbar (vgl BGH WM 2003, 1261, 1262; MüKo/*Berger* Rn 40 f mwN). Ein Anspruch auf Zahlung einer Vorfälligkeitsentschädigung

besteht jedoch dann nicht, wenn die Initiative zur Ablösung des Darlehens allein vom Darlehensgeber ausgeht (Frankfurt aM ZIP 2005, 2010).

Abzulehnen sind die Überlegungen, dem Darlehensgeber die Obliegenheit aufzuerlegen, einen angebotenen (kreditwürdigen) Ersatzkreditnehmer akzeptieren zu müssen, und dem Darlehensnehmer im Falle der Ablehnung ein außerordentliches Kündigungsrecht zuzusprechen (vgl auch MüKo/*Berger* Rn 41 ff mwN unter Verweis auf BGH WM 1990, 174, 176 und mietrechtliche Grundsätze aus BGH NJW 2003, 1246, 1247). Ein auf diesem Wege erzwungener Eintritt eines anderen Vertragspartners in einen dinglich gesicherten Darlehensvertrag ist mit der Privatautonomie auf Grund der Besonderheiten des Darlehensgeschäfts, bei dem es ganz erheblich um die persönliche Kreditwürdigkeit des Vertragspartners geht, nicht vereinbar. 11

II. Voraussetzungen des Kündigungsrechts. 1. Dinglich gesichertes Festzinsdarlehen. Trotz des Verweises auf § 489 Abs 1 Nr 2 ist Abs 2 auf alle Darlehensverträge und nicht nur auf Verbraucherdarlehen anwendbar. Voraussetzung ist jedoch, dass ein Festzinssatz vereinbart wurde und das Darlehen durch ein Grund- oder Schiffspfandrecht gesichert ist (vgl hierzu iE § 489 Rz 11 ff). 12

2. Bestehen eines berechtigten Interesses. Dem Darlehensnehmer steht nur dann ein Kündigungsrecht nach Abs 2 zu, wenn dessen berechtigte Interessen dies gebieten (so bereits BGHZ 136, 161, 166; vgl auch BTDrs 14/7052 S 200). Insoweit kommt es darauf an, dass ein Festhalten am Vertrag den Darlehensnehmer in seiner wirtschaftlichen Handlungsfreiheit in Bezug auf das Sicherungsobjekt in unzumutbarer Weise beeinträchtigen würde (MüKo/*Berger* Rn 25). 13

Zur Erläuterung wird in S 2 beispielhaft der Fall genannt, dass ein hinreichendes Bedürfnis des Darlehensnehmers an einer anderweitigen Verwertung des Sicherungsobjekts besteht. Dieses kann sich etwa daraus ergeben, dass der Darlehensnehmer das Grundstück zur Absicherung eines umfangreicheren Darlehens bei einer anderen Bank zwingend benötigt (BGH WM 1797, 1799). Ein berechtigtes Interesse kann ferner daraus folgen, dass der Darlehensnehmer zur Veräußerung des Objekts gezwungen ist, etwa in Folge von Scheidung, Krankheit, Arbeitslosigkeit oder Überschuldung (Naumburg WM 2007, 1923; MüKo/*Berger* Rn 26 mwN; einschränkend Köln WM 1999, 1167, 1168), oder wenn dieser eine günstige Verkaufsmöglichkeit wahrnehmen will (BGHZ 136, 161, 167). Nicht ausreichend ist dagegen der Wunsch nach einer Umschuldung mit günstigeren Zinskonditionen (BGH WM 2003, 1261, 1262; LG München WM 2005, 626; *Becher/Lauterbach* WM 2004, 1163, 1168; *Rösler/Wimmer* WM 2000, 165) oder nach vorzeitiger Tilgung (LG Bonn WM 2002, 2051, 2054; vgl aber Köln ZIP 2000, 308, 309 f). Außerhalb der wirtschaftlichen Nutzung des belasteten Objekts liegende Gründe sind stets nicht ausreichend (Köln BKR 2003, 500). 14

3. Einhaltung der Kündigungsfrist. Nach Abs 2 S 1 kann eine Kündigung nur unter Einhaltung der Frist des § 489 Abs 1 Nr 2 erfolgen. Es gilt also eine Kündigungssperrfrist von sechs Monaten ab vollständiger Auszahlung des Darlehens sowie eine anschließende Kündigungsfrist von drei Monaten (vgl iE § 489 Rz 14). 15

III. Rechtsfolgen der Kündigung. 1. Vertragsbeendigung und Fälligkeit. Mit Ausübung des außerordentlichen Kündigungsrechts durch empfangsbedürftige Kündigungserklärung wird der Vertrag beendet und in ein Abwicklungsschuldverhältnis umgewandelt. Gleichzeitig wird die Restschuld zur Rückzahlung fällig. 16

2. Anspruch auf Zahlung einer Vorfälligkeitsentschädigung. a) Allgemeines. Nach Abs 2 S 3 entsteht mit Kündigung außerdem ein Anspruch auf Zahlung einer Vorfälligkeitsentschädigung zum Ausgleich desjenigen Schadens, der dem Darlehensgeber aus der vorzeitigen Beendigung des Vertrages entsteht (MüKo/*Berger* Rn 34 weist zu Recht darauf hin, dass »Schaden« hier an sich nicht der richtige Begriff ist, da die von Abs 2 gedeckte Kündigung keine Pflichtverletzung darstellt; der Anspruch folgt jedoch denselben Regeln, vgl BGHZ 136, 161, 168 – »schadensersatzähnlich«). Auf diese Weise wird das Interesse des Darlehensgebers am Festhalten des Vertrages kompensiert, da ihm der durch die Kündigung ansonsten entgehende Gewinn in Form der Vorfälligkeitsentschädigung erhalten bleibt. Der Anspruch auf Zahlung der Vorfälligkeitsentschädigung muss vom Darlehensgeber notfalls gerichtlich durchgesetzt werden. Da die Entstehung des Anspruchs auf Zahlung der Vorfälligkeitsentschädigung vom Gesetzgeber nur als schuldrechtliche Folge der Kündigung ausgestaltet worden ist, hat dessen Erfüllung oder Nichterfüllung keine Auswirkungen auf die Wirksamkeit der Kündigung (BTDrs 14/7052 S 200). Der Darlehensgeber kann jedoch im Hinblick auf die Freigabe der Sicherheiten ein Zurückbehaltungsrecht aus §§ 273, 274 geltend machen (Frankfurt aM ZIP 2002, 67; vgl auch Frankfurt aM WM 2002, 1387, 1388 zur Sicherung des Anspruchs durch die für das Darlehen bestehenden Sicherheiten). Zur Höhe der Vorfälligkeitsentschädigung hat der Gesetzgeber bewusst keine konkreten Regelungen getroffen, da eine Festlegung aller Einzelheiten der Berechnung nicht für möglich gehalten wurde (BTDrs 14/6040 S 255; vgl hierzu auch *Wimmer/Rösler* WM 2005, 1873 ff). Zur Erstreckung der Haftung einer Grundschuld für den Anspruch auf Zahlung der Vorfälligkeitsentschädigung vgl Hamm WM 2005, 1265. 17

b) Berechnung der Vorfälligkeitsentschädigung. aa) Begrenzung des Anspruchs auf den Zeitraum der rechtlich geschützten Zinserwartung. Da die Vorfälligkeitsentschädigung den durch die Kündigung für den Darlehensgeber entstehenden Nachteil (entgehender Gewinn durch Zinsausfall) ausgleichen soll, ist der Anspruch unabhängig von der angewandten Berechnungsmethode stets auf den Zeitraum der rechtlich 18 geschützten Zinserwartung beschränkt. Dieser liegt gem § 489 Abs 1 Nr 3 bei maximal zehneinhalb Jahren (vgl § 489 Rz 15), sofern dem Darlehensnehmer nicht auf Grund vertraglicher Vereinbarungen eine frühere Beendigungsmöglichkeit (zB auch Sondertilgungsrechte) zusteht.

19 **bb) Aktiv/Aktiv-Methode. Ausgleich des Zinsmargenschadens.** Die Berechnung der Vorfälligkeitsentschädigung folgt den ursprünglich für die Ermittlung der Nichtabnahmeentschädigung aufgestellten Grundsätzen (vgl BGHZ 136, 161, 170; NJW 1998, 592, 593; MüKo/*Berger* Rn 34, § 488 Rn 67 ff). Nach der sog Aktiv/Aktiv-Methode kann der Darlehensgeber gem § 252 zunächst Ersatz des sog Zinsmargenschadens verlangen. Ob sich die Bank für die Gewährung des konkreten Darlehens bereits refinanziert hat oder nicht, ist insoweit unerheblich (BGH NJW 1991, 1817, 1818). Für die Ermittlung des im Zins für das gekündigte Darlehen enthaltenen Gewinnanteils der Bank kann diese von der konkreten Differenz zwischen dem mit dem Darlehensnehmer vereinbarten Zinssatz und den für die Refinanzierung dieses Darlehens entstehenden tatsächlichen Kosten ausgehen und diese um die anfallenden Bearbeitungskosten und die Risikoprämie bereinigen (BGH NJW 1991, 1817). Die verbleibende Marge steht der Bank für den Zeitraum der rechtlich geschützten Zinserwartung als Entschädigung zu. Alternativ kann sich die Bank für die Berechnung auf Grundlage der Beweiserleichterung des § 252 S 2 auch auf den für Kreditinstitute und Darlehen dieser Art typischen Durchschnittsgewinn beziehen (BGH WM 1991, 760, 761). In diesem Fall obliegt es dem Darlehensnehmer darzulegen und zu beweisen, dass im konkreten Fall ein geringerer Schaden entstanden ist (MüKo/*Berger* § 488 Rn 71). Maßgeblicher Zeitpunkt für die Berechnung ist der Tag der konkreten Rückzahlung des Darlehens (*Wehrt* WM 2004, 401, 408).

20 **cc) Ggf kumulativer Ausgleich des Zinsverschlechterungsschadens.** Neben dem **Zinsmargenschaden** kann der Darlehensgeber ggf zusätzlich einen sog **Zinsverschlechterungsschaden** verlangen, wenn sich dieser für die Gewährung des gekündigten Darlehens bereits konkret refinanziert hat und das Zinsniveau seit dem Vertragsabschluss erheblich gesunken ist (BGH WM 191, 760, 762). In diesem Fall kann die Bank das zu einem bestimmten Zinssatz für die Laufzeit des Darlehens »eingekaufte« und nun vom Darlehensnehmer zurückgezahlte Geld nur zu einem aus ihrer Sicht ungünstigeren Zinssatz erneut als Darlehen ausgeben. In diesem Fall verliert sie nicht nur die Gewinnmarge aus dem konkreten Geschäft, sondern hat einen zusätzlichen Nachteil auf Grund der nunmehr schlechteren Verwendungsmöglichkeiten. Ein Zinsverschlechterungsschaden kommt jedoch immer nur unter den vorstehenden Voraussetzungen in Betracht. Ist das Zinsniveau zB gestiegen, besteht ein solcher Schaden nicht (BGH NJW 1998, 592, 593). Ob die Bank sich in diesem Fall einen Vorteil aus einem Ersatzdarlehen auf ihre Entschädigung anrechnen lassen muss, ist fraglich. Dagegen spricht, dass die Vorfälligkeitsentschädigung kein Schadensersatzanspruch im eigentlichen Sinne ist (MüKo/*Berger* Rn 34; BaRoth/*Rohe* Rn 32 lehnen daher eine Anrechnung ab). Andererseits hat der Gesetzgeber den Anspruch zumindest als schadensersatzähnl ausgestaltet, so dass eine Überkompensation des Nachteils des Darlehnsgebers wie auch bei der Nichtabnahmeentschädigung nicht gewollt sein kann (nach BGH WM 1999, 840; *Nobbe* Bankrecht Rn 717 ist daher eine Vorteilsanrechnung geboten). So muss sich die Bank etwa auch den Vorteil aus einem Neugeschäft mit demselben Kunden und aus ihrer Sicht gleichen oder besseren Konditionen anrechnen lassen, da sie anderenfalls die Gewinne aus beiden Geschäften einstreichen würde (Zweibrücken BKR 2002, 1052, 1053 mit Anm *Rösler/Wimmer*).

21 **dd) Aktiv/Passiv-Methode.** Der Darlehensgeber kann die Vorfälligkeitsentschädigung auch nach der sog Aktiv/Passiv-Methode berechnen. Diese beruht auf einer gänzlich fiktiven Annahme der Wiederanlage des aus dem gekündigten Darlehen zurückerstatteten Geldes in sichere laufzeitkongruente Kapitalmarkttitel (BGHZ 146, 5, 10; 136, 161, 168 ff; WM 1997, 1799, 1801; *Wenzel* ZfIR 2001, 93, 100). Der Schaden ergibt sich hier aus einem Vergleich zwischen den vom Darlehensnehmer gezahlten Zinsen abzüglich der ggf nach § 287 ZPO zu schätzenden Bearbeitungs- und Risikoanteile mit dem aus der fiktiven Wiederanlage in laufzeitkongruenten Hypothekenbankpfandbriefen erzielbaren Zinsertrag (vgl iE BGHZ 146, 5, 10 ff).

22 **ee) Abzinsung.** Da dem Darlehensgeber bei der ursprünglich vereinbarten Abwicklung des Darlehensvertrages die Zahlungen idR in monatlichen oder vierteljährlichen Teilzahlungen zugeflossen wären und der Gewinn aus dem gesamten Vertragsverlauf im Falle der Zahlung einer Vorfälligkeitsentschädigung der Bank nunmehr in einer Summe zufällt, ist die Entschädigung unabhängig von der Berechnungsmethode auf den Tag der Zahlung abzuzinsen (BGHZ 136, 161, 168). Hierbei ist ein Zinssatz in derselben Höhe wie der Wiederanlagezins zugrunde zu legen (BGHZ 136, 161, 170; BGH WM 1991, 760, 762).

23 **ff) Berücksichtigung eines Disagios.** Bei der Berechnung des Schadens ist das unverbrauchte Disagio ein unselbständiger Rechnungsposten (BGH WM 1994, 1163, 1164). Da sich das bei Auszahlung des Darlehens fällige und einbehaltene Disagio ohne die vorzeitige Kündigung vollständig verbraucht, muss das Disagio als Teil der rechtlich geschützten Zinserwartung grds der Bank in vollem Umfang verbleiben (BGHZ 133, 355, 360; vgl auch MüKo/*Berger* Rn 34, § 488 Rn 208 ff mwN). Berechnet die Bank die Entschädigung nicht auf Basis des Nominalzinssatzes, sondern des Effektivzinssatzes, ist der unverbrauchte Teil des Disagios dagegen abzuziehen, da das Disagio im Effektivzinssatz enthalten ist (BGHZ 133, 355, 360; *Weber* NJW 1995, 2951, 2955).

gg) Bearbeitungsentgelt. Für die Ermittlung der Vorfälligkeitsentschädigung selbst kann die Bank ein Bearbeitungsentgelt verlangen und mit der Entschädigung zusammen geltend machen. Dieses muss sich am tatsächlichen Aufwand orientieren und kann nicht als Prozentsatz des Darlehensbetrages ermittelt werden (BGHZ 146, 5, 17; 136, 161, 171). 24

hh) Erteilung einer transparenten Abrechnung. Dem Darlehensnehmer ist eine transparente Abrechnung über die Ermittlung der Vorfälligkeitsentschädigung zu erteilen, die die entscheidenden Faktoren der Berechnung enthält, damit diesem eine Überprüfung möglich ist (BGHZ 146, 5, 16). 25

ii) Überzahlung. Soweit der Darlehensnehmer eine die tatsächlichen Nachteile des Darlehensgebers aus der vorzeitigen Kündigung übersteigende Vorfälligkeitsentschädigung gezahlt hat, steht diesem ein Anspruch auf Rückerstattung aus § 812 Abs 1 S 1 Alt 1 zu (MüKo/*Berger* Rn 36). 26

jj) Pauschalierung der Vorfälligkeitsentschädigung. Der Gesetzgeber hat davon abgesehen, eine Pauschalierung der Vorfälligkeitsentschädigung vorzusehen (vgl hierzu *Köndgen* WM 2001, 1637, 1644; *ders* NJW 2000, 468, 482). Etwaige Versuche, die Entschädigung in AGB zu pauschalieren, dürften idR an § 307 Abs 2 Nr 1 scheitern, da § 490 Abs 2 S 3 Leitbildfunktion hat und sich eine Pauschalierung angesichts der Komplexität der Berechnung jeweils von der im Einzelfall nach dem gewöhnlichen Verlauf zu erwartenden Einbuße des Darlehensgebers zum Nachteil des Kunden entfernen wird (MüKo/*Berger* Rn 37; vgl auch BGH NJW-RR 1999, 842; WM 1999, 840, 841; NJW 1998, 592, 593). 27

D. Kein Ausschluss der allg Regelungen, Abs 3. I. Allgemeines. Abs 3 stellt klar, dass die Regelung des § 490 nicht abschließend ist, sondern auch eine außerordentliche Kündigung nach § 314 bzw eine Anpassung bzw Beendigung des Vertrages nach den Grundsätzen vom Wegfall der Geschäftsgrundlage nach § 313 in Betracht kommen. Sind allerdings die Voraussetzungen des § 490 erfüllt, geht dieser als *lex specialis* den allgemeineren Vorschriften der § 313, 314 vor (Palandt/*Putzo* Rn 17; *Wittig/Wittig* WM 2002, 145, 149). 28

II. Anwendungsbereich des § 314. Eine Kündigung kann ggf auf § 314 gestützt werden, wenn Gründe vorliegen, die nicht unter die speziellere Vorschrift des § 490 fallen. In Betracht kommen insoweit insbes auch Umstände, die nicht einseitig in die Risikosphäre einer Partei fallen, zB Einführung von Devisen- und Kapitaltransferbeschränkungen, die einer Rückführung in der vertraglich vereinbarten Währung entgegen stehen (*Freitag* WM 2001, 2370, 2377), allerdings auch schwerwiegende Verstöße gegen vertragliche Haupt- oder Nebenpflichten, insbes Verzug mit der Erbringung des Kapitaldienstes (allerdings nicht bei berechtigter Zahlungsverweigerung, vgl BGH NJW 1981, 1666), oder Veränderungen in der Gesellschaftsstruktur des Darlehensnehmers, zB Gesellschafterwechsel, Kontrolländerung oä, sowie falsche oder unvollständige Angaben des Darlehensnehmers über seine Bonität (MüKo/*Berger* Rn 49, 52; BGH NJW 2003, 2674; WM 1985, 1437). Erforderlich ist jeweils, dass dem nach § 314 kündigenden Vertragspartner ein Festhalten am Vertrag bis zum Ende der Laufzeit nach Abwägung aller Umstände und unter Berücksichtigung der beiderseitigen Interessen nicht zumutbar ist. Ein Verschulden der anderen Partei ist zwar grds nicht erforderlich, ist jedoch bei der Frage der Zumutbarkeit des Festhaltens am Vertrag zu berücksichtigen (BGHZ 44, 271, 275). Umstände, die in den Risikobereich nur der kündigenden Partei fallen, müssen insoweit außer Betracht bleiben (BGHZ 136, 161, 164; 150, 365, 369; MüKo/*Berger* Rn 48; PWW/*Medicus* § 314 Rn 7 f). 29

Grds ist nach § 314 Abs 2 vor der Kündigung eine Abmahnung des Darlehensnehmers erforderlich, es sei denn ein Festhalten am Vertrag ist entspr § 323 Abs 2 von vornherein unzumutbar (Bankrechtshandbuch/*Bruchner* § 78 Rn 42; PWW/*Medicus* § 323 Rn 15 ff). 30

Die Kündigung kann im Einzelfall ausgeschlossen sein, wenn die Gründe bereits bei Vertragsabschluss bekannt waren bzw wenn sie sonst gegen Treu und Glauben verstoßen würde, etwa weil die Bank vorangehende Verstöße derselben Art bislang stets geduldet hat (MüKo/*Berger* Rn 54; Bankrechtshandbuch/*Bruchner* § 78 Rn 39). Kann der Darlehensnehmer den Vertrag nach § 314 kündigen, muss er keine Vorfälligkeitsentschädigung zahlen, da § 490 Abs 2 S 3 dann nicht zur Anwendung kommt (Karlsruhe OLGR 2001, 330; PWW/*Kessal-Wulf* Rn 1). 31

III. Anwendungsbereich des § 313. Nach Abs 3 bleiben auch die seit der Schuldrechtsreform in § 313 normierten Grundsätze über den Wegfall der Geschäftsgrundlage anwendbar (allg hierzu PWW/*Medicus* § 313 Rn 1 ff). Als Rechtsfolge kommt insoweit zunächst eine Anpassung des Vertrages und nachrangig eine Kündigung des Vertrages in Betracht. Eine bes praktische Relevanz der Regelungen im Bankgeschäftsverkehr dürfte allerdings nicht bestehen (MüKo/*Berger* Rn 68: »nur sehr eingeschränkt anwendbar«; vgl auch Palandt/*Putzo* Rn 18; BaRoth/*Rohe* Rn 18). 32

IV. Vertraglich vereinbarte Kündigungsrechte. Die vertraglich vereinbarten ordentlichen Kündigungsrechte in Nr 19 Abs 2 AGB Banken bzw Nr 26 Abs 1 AGB Sparkassen werden von § 490, der nur die außerordentliche Kündigung regeln soll, nicht erfasst und bleiben von diesem nach dem ausdrücklichen Willen des Gesetzgebers unberührt (BTDrs 14/6040 S 254; *Freitag* WM 2001, 2370, 2376). 33

Die in den AGB der Banken und Sparkassen in Nr 19 Abs 3 bzw Nr 21 Abs 2 vereinbarten außerordentlichen Kündigungsrechte konkretisieren die auch in §§ 490 und 314 zum Ausdruck kommenden allgemeinen Prinzi- 34 pien (MüKo/*Berger* Rn 61 mwN; Bankrechtshandbuch/*Bruchner* § 79 Rn 41 ff 2). Allerdings hat § 490 im Hinblick auf § 307 Abs 2 Nr 1 Leitbildfunktion, so dass sich die AGB-vertraglichen Kündigungsrechte hieran messen lassen müssen (vgl auch *Sonnenhol* WM 2002, 1259 ff; *Becher/Gößmann* BKR 2002, 519, 523 ff).

§ 491 Verbraucherdarlehensvertrag. **[1] Für entgeltliche Darlehensverträge zwischen einem Unternehmer als Darlehensgeber und einem Verbraucher als Darlehensnehmer (Verbraucherdarlehensvertrag) gelten vorbehaltlich der Absätze 2 und 3 ergänzend die folgenden Vorschriften.**

[2] Die folgenden Vorschriften finden keine Anwendung auf Verbraucherdarlehensverträge,

1. **bei denen das auszuzahlende Darlehen (Nettodarlehensbetrag) 200 Euro nicht übersteigt,**
2. **die ein Arbeitgeber mit seinem Arbeitnehmer zu Zinsen abschließt, die unter den marktüblichen Sätzen liegen,**
3. **die im Rahmen der Förderung des Wohnungswesens und des Städtebaus auf Grund öffentlichrechtlicher Bewilligungsbescheide oder auf Grund von Zuwendungen aus öffentlichen Haushalten unmittelbar zwischen der die Fördermittel vergebenden öffentlich-rechtlichen Anstalt und dem Darlehensnehmer zu Zinssätzen abgeschlossen werden, die unter den marktüblichen Sätzen liegen.**

[3] Keine Anwendung finden ferner

1. **§ 358 Absatz 2, 4 und 5 und die §§ 492 bis 495 auf Verbraucherdarlehensverträge, die in ein nach den Vorschriften der Zivilprozessordnung errichtetes gerichtliches Protokoll aufgenommen oder notariell beurkundet sind, wenn das Protokoll oder die notarielle Urkunde den Jahreszins, die bei Abschluss des Vertrags in Rechnung gestellten Kosten des Darlehens sowie die Voraussetzungen enthält, unter denen der Jahreszins oder die Kosten geändert werden können;**
2. **§ 358 Absatz 2, 4 und 5 und § 359 auf Verbraucherdarlehensverträge, die der Finanzierung des Erwerbs von Wertpapieren, Devisen, Derivaten oder Edelmetallen dienen.**

1 **A. Allgemeines.** Das in den §§ 488 bis 490 geregelte allg Darlehensrecht wird durch die bes Vorschriften für Verbraucherdarlehensverträge in §§ 492 bis 498 ergänzt. Die ursprünglich seit dem 01.01.1991 im **Verbraucherkreditgesetz** (VerbrKrG) geregelten Sondervorschriften wurden im Zuge der Schuldrechtsreform zum 01.01.2002 in das BGB integriert und neu systematisiert, ohne dass der Verbraucherschutz insoweit zurückgenommen werden sollte (BTDrs 14/6040 S 253). Der Begriff des Verbraucherdarlehens ist nunmehr enger gefasst worden als im VerbrKrG, in dessen Anwendungsbereich auch die übrigen Finanzierungshilfen (Leasing, Teilzahlung und Zahlungsaufschub) fielen. Der Oberbegriff des Verbraucherkredites ist nunmehr entfallen. Für die Finanzierungshilfen (§§ 499–504) und die Ratenlieferungsverträge (§ 505) wurden gesonderte Regelungsbereiche geschaffen. Abs 1 enthält eine Legaldefinition des Verbraucherdarlehens, während in Abs 2 und 3 Ausnahmetatbestände festgelegt werden. Die früher in § 3 VerbrKrG enthaltenen Ausnahmen sind ebenfalls reduziert worden (zuletzt durch Streichung der Ausnahmeregelung für Realkredite, vgl Art 25 OLG-VertretungsänderungsG v 23.07.2002, BGBl I, S 2850, für Verträge ab 01.11.2002; vgl zum Hintergrund MüKo/*Schürnbrand* § 491 Rn 5). § 491 geht auf eine europäische Verbraucherkredit-RL zurück (RL Nr 87/102/EWG v 12.12.1987, ABl Nr L 42, S 48) und dient dem Verbraucherschutz, vgl zu der neuen im April 2008 verabschiedeten und bis Mai 2010 in nationales Recht umzusetzende **Verbraucherkredit-RL** 2008/48/EG und ihre Auswirkungen auf das deutsche Recht *Rott* WM 2008, 1104 ff; *Riehm/Schreindorfer* GPR 2008, 244 ff.

2 **B. Verbraucherdarlehensvertrag, Abs 1. I. Unternehmereigenschaft des Darlehensgebers.** Nach der Legaldefinition des Abs 1 muss für die erg Anwendbarkeit der Sonderregelungen der §§ 492 ff ein entgeltlicher Darlehensvertrag zwischen einem Unternehmer als Darlehensgeber und einem Verbraucher als Darlehensnehmer vorliegen (so auch Art 1 Abs 2 lit a-c VerbrKr-RL). Zur Abgrenzung des persönlichen Anwendungsbereichs auf Darlehensgeberseite verweist Abs 1 auf den Unternehmerbegriff des § 14 (vgl hierzu PWW/*Prütting* § 14 Rn 6; MüKo/*Micklitz* § 14 Rn 3 ff). Dieser setzt voraus, dass der Darlehensgeber bei Abschluss des Darlehensvertrages gem § 14 Abs 1 in Ausübung seiner gewerblichen oder selbständigen beruflichen Tätigkeit handelt (PWW/*Kessal-Wulf* Rn 3; BGHZ 155, 240, 245). Auf die Rechtsform kommt es insoweit nicht an (PWW/*Prütting* § 14 Rn 6; MüKo/*Schürnbrand* Rn 10). Die gewerbliche oder selbständige berufliche Tätigkeit muss sich nicht speziell auf die Vergabe von Darlehen beziehen. Es reicht aus, dass dies im Rahmen einer solchen Tätigkeit erfolgt, die Darlehensvergabe also nicht rein privaten Charakter hat (BGH NJW 2003, 2742, 2744; PWW/*Kessal-Wulf* Rn 3; MüKo/*Schürnbrand* Rn 14: arg e Abs 2 Nr 2; Palandt/*Putzo* Rn 6). Gewinnerzielungsabsicht ist nicht erforderlich (BGHZ 155, 240, 245). Bei Kaufleuten gilt die Vermutungsregelung des § 344 HGB entspr (MüKo/*Schürnbrand* Rn 18; PWW/*Kessal-Wulf* Rn 3). Die zT vertretene Auffassung, dass die Regelung von ihrer Zielrichtung her auf § 14 nicht passe und etwa den privat handelnden Unternehmer unangemessen durch Auferlegung einer Beweislast bei Privatgeschäften benachteilige (so MüKo/*Micklitz* § 14 Rn 27; PWW/*Prütting* § 14 Rn 7; vgl auch *Pfeiffer* NJW 1999, 169; 173), ist vor dem Hintergrund des Schutzzwecks der Norm abzulehnen. Die Nichtanwendung des § 344 belastet den Verbraucher iE schwerer, da er dann stets die Zugehörigkeit des Darlehensgeschäfts zur gewerblichen Tätigkeit des Kaufmanns beweisen müsste. Für den unternehmerisch erfahrenen Kaufmann ist es dagegen leichter, im Einzelfall darzulegen und zu beweisen, dass er ein Privatgeschäft vorgenommen hat.

Aus Abs 2 Nr 3 folgt im Umkehrschluss, dass auch die Kreditvergabe durch die öffentliche Hand (direkt oder durch Zwischenschaltung öffentlich-rechtlicher oder privatrechtlicher Kreditinstitute) grds in den Anwendungsbereich des Abs 1 fällt (BGH ZIP 2003, 1495, 1496; NJW 2003, 2742, 2744; MüKo/*Schürnbrand* Rn 15 f mwN; aA Palandt/*Putzo* Rn 16). 3

II. Verbrauchereigenschaft des Darlehensnehmers. 1. Persönliche Voraussetzungen. a) Natürliche Person. Auf Darlehensnehmerseite muss ein Verbraucher iSd § 13 stehen (vgl hierzu allg PWW/*Prütting* § 13 Rn 8 ff; MüKo/*Micklitz* § 13 Rn 8 ff). Nach dem Gesetzeswortlaut muss dies zunächst eine natürliche Person sein. Die Einschaltung von (auch professionellen) Vertretern ist für die Einordnung als Verbraucherdarlehen unerheblich. Es kommt auf die Person des Vertragspartners an (BGH NJW-RR 1991, 1074; MüKo/*Schürnbrand* Rn 19). Nach dem Verbraucherschutzzweck der Norm ist hiervon auch eine GbR erfasst, wenn diese nur aus natürlichen Personen als Gesellschafter besteht und die Darlehensaufnahme nichtkommerziellen Zwecken dient (BGHZ 149, 80, 83; MüKo/*Schürnbrand* Rn 25; Palandt/*Putzo* Rn 7; aA PWW/*Prütting* § 13 Rn 8; *Mülbert* WM 2004, 905 ff; wohl auch *K Schmidt* JuS 2006, 4). In diesem Fall ist die Schutzbedürftigkeit der Gesellschaft in gleicher Weise gegeben, als wenn die Gesellschafter als bloße Mitkreditnehmer auftreten würden. Juristische Personen, Personenhandelsgesellschaften und gewerblich oder selbständig beruflich tätige GbRs kommen als Verbraucher nicht in Betracht (BGHZ 149, 80, 84; MüKo/*Schürnbrand* Rn 23 ff); grds auch nicht im Gründungsstadium (*Lwowski* FS Heinsius 1991 S 53; aA MüKo/*Schürnbrand* Rn 24). 4

b) Mehrheit von Vertragspartnern. Treten auf Darlehensnehmerseite mehrere Personen als Mitkreditnehmer (§ 427 BGB) auf, so ist für jeden gesondert zu prüfen, ob die Voraussetzungen des Abs 1 vorliegen (BGHZ 144, 370, 380; 133, 70, 76; PWW/*Kessal-Wulf* Rn 6). Dies gilt auch für die Darlehensaufnahme durch gesamthänderisch verbundene Personen, zB Eheleute in Gütergemeinschaft oder Erbengemeinschaften (MüKo/*Schürnbrand* Rn 26). Dass ein oder mehrere Darlehensnehmer gewerbliche oder selbständige berufliche Zwecke verfolgen, ist für die Verbrauchereigenschaft der anderen Darlehensnehmer unschädlich. Dies gilt auch für die Mitverpflichtung von GmbH-Geschäftsführern und Gesellschaftern zur Sicherstellung des Darlehensvertrages mit der GmbH, und zwar unabhängig davon, ob es sich zB um eine Mitverpflichtung des einzigen geschäftsführenden Gesellschafters einer Einmann-GmbH oder einen geschäftsführenden Mehrheitsgesellschafter handelt (vgl BGHZ 165, 43 f; 144, 370, 380; 133, 70, 77; NJW 1997, 1442, 1443; abl *Canaris* AcP 200 (2000), 273, 355; *Dauner-Lieb/Dötsch* DB 2003, 1666, 1667 f; MüKo/*Schürnbrand* Rn 36 f, da in solchen Fällen keine Schutzbedürftigkeit bestehe). In der Praxis dürfte daher vorsorglich auch eine entspr Behandlung mitverpflichteter Gesellschafter einer Personenhandelsgesellschaft angezeigt sein (differenzierend nach persönlich haftenden Gesellschaftern und Kommanditisten MüKo/*Schürnbrand* Rn 38). 5

2. Sachliche Voraussetzungen. a) Privater Zweck. Das maßgebliche Darlehen muss zudem privater Natur sein, darf also nicht für gewerbliche oder selbständige berufliche Zwecke aufgenommen worden sein (PWW/*Prütting* § 13 Rn 9). Es kommt insoweit auf den objektiven Zweck des Geschäfts an, der nach §§ 133, 157 aus dem Inhalt des Vertrages zu ermitteln ist (so bereits die Begr zu § 1 VerbrKrG, BTDrs 11/5462 S 17; vgl auch BGH NJW 2005, 1273). Fehlt es auch nach erfolgter Auslegung an einer ausdrücklichen oder konkludenten Zweckvereinbarung, ist bei natürlichen Personen von der Anwendbarkeit der §§ 491 ff auszugehen (MüKo/*Schürnbrand* Rn 34). Für die Abgrenzung zwischen unselbständiger Beschäftigung und selbständiger beruflicher Tätigkeit ist auf die in § 84 Abs 1 S 2 HGB genannten Kriterien zurückzugreifen (PWW/*Kessal-Wulf* Rn 5). Organmitglieder einer juristischen Person sind unselbständig Beschäftigte (BGH NJW 2006, 431; BGHZ 144, 370, 380; 133, 71, 78; 49, 30, 31 f). Die Verwaltung eigenen Vermögens ist dagegen grds privater Zweck, auch wenn diese eine erhebliche Höhe erreicht hat und Ziel der Tätigkeit eine weitere Mehrung des Vermögens ist (BGH NJW-RR 2000, 3496; BGHZ 149, 80, 86; 119, 252, 256; PWW/*Kessal-Wulf* Rn 5); für die Anwendbarkeit auf Existenzgründungsdarlehen vgl § 507. Der Darlehensnehmer, der dem Darlehensgeber nur einen privaten Zweck vortäuscht, kann sich gem § 506 Abs 1 S 2 nicht auf die §§ 491 ff berufen (BGH ZIP 2005, 357 f). 6

b) Mischnutzung. Es ist möglich, dass der Darlehensbetrag aus einem Darlehensvertrag teils für private und teils für gewerbliche oder selbständige berufliche Zwecke genutzt wird oder der Anschaffung eines Objekts dient, das teilw dem einen oder anderen Zweck (zB Mischnutzung von Auto oder Computer) zuzuordnen ist. In diesem Fall ist die Anwendbarkeit der §§ 491 ff nur dann zu verneinen, wenn sich ermitteln lässt, dass die gewerbliche oder selbständige berufliche Zweckbestimmung des Vertrages eindeutig überwiegt (ähnl PWW/*Schmidt-Kessal* Rn 4; Palandt/*Putzo* Rn 7; MüKo/*Schürnbrand* Rn 32). Im Zweifel ist jedoch von der Anwendbarkeit der Vorschriften über Verbraucherdarlehen auszugehen. Die Aufspaltung eines einheitlichen Darlehensvertrages im Falle einer unterschiedlichen (auch teilbaren) Nutzung der Darlehensvaluta in einen den §§ 491 ff unterfallenden Vertragsteil und einen nur den allg Darlehensvorschriften unterliegenden Teil ist abzulehnen (aA MüKo/*Schürnbrand* Rn 33; wohl auch PWW/*Schmidt-Kessal* Rn 4, jeweils unter Bezugnahme auf die Rspr zum AbzG für gemischten Kauf-Mietvertrag). Eine solche Aufspaltung und getrennte Erfüllung der Anforderungen der §§ 492 ff ist im Massengeschäft der Kreditinstitute praktisch nicht umsetzbar und dient auch nicht dem Verbraucherschutz, da eine hinreichende Transparenz solcher Verträge kaum herzustel- 7 len sein wird. Dies würde dem Sinn und Zweck der Vorschriften zuwiderlaufen. Sofern eine Trennung möglich (also nicht bei der Finanzierung eines gemischt genutzten Objekts) und gewollt ist, müssen zwei getrennte Darlehensverträge mit entspr Zweckbestimmung abgeschlossen werden.

8 **3. Maßgeblicher Zeitpunkt.** Für die Prüfung der Verbrauchereigenschaft des Darlehensnehmers ist jeweils auf den Zeitpunkt des Vertragsschlusses abzustellen (BGHZ 128, 156, 162). Bei einem späteren Schuldbeitritt ist insoweit der Abschluss dieses Vertrages maßgeblich. Wird die Darlehensvaluta später zu einem anderen Zweck verwendet, ist dies für die Einordnung unerheblich, es sei denn der private Zweck wurde bewusst vorgetäuscht (BGH ZIP 2005, 357).

9 **III. Entgeltlicher Darlehensvertrag.** Für die Anwendbarkeit der §§ 492 ff muss gem Abs 1 zudem ein »entgeltlicher Darlehensvertrag« vorliegen. Es muss daher zwischen Unternehmer und Verbraucher ein Darlehensvertrag nach § 488 Abs 1 abgeschlossen worden sein (Sachdarlehen nach § 607 sind nicht erfasst, vgl MüKo/*Schürnbrand* Rn 59). Zudem muss es sich um einen entgeltlichen Vertrag handeln, dh der Darlehensnehmer muss gem § 488 Abs 1 S 2, Abs 2 zur Zahlung von Zinsen (auch in Form eines Disagios) oder zu einer anderen Gegenleistung verpflichtet sein (Palandt/*Putzo* § 491 Rn 5; ein unerheblicher Kleinstbetrag reicht jedoch nicht, vgl Karlsruhe NJW-RR 2000, 1442, 1443). Ob die Gegenleistung marktkonform ist oder hinter den marktüblichen Zinsen zurückbleibt (zB bei öffentlich geförderten Darlehen) ist unerheblich, solange überhaupt ein Entgelt für die Kapitalnutzung geschuldet wird (MüKo/*Schürnbrand* Rn 53). Bei unentgeltlichen Darlehen bedarf der Darlehensnehmer nicht des Schutzes der §§ 492 ff. In welcher Form das entgeltliche Darlehen gewährt wird, ist unerheblich. In Betracht kommen daher neben Ratenkrediten auch Festdarlehen oder Kontokorrentkredite, nicht jedoch der sog Avalkredit, da es sich hierbei um einen Geschäftsbesorgungsvertrag handelt, der nicht unter § 488 fällt (Köln WM 1999, 726, 727).

10 Für den Schuldbeitritt, die befreiende Schuldübernahme und die Vertragsübernahme gelten die §§ 491 ff auf Grund der gleichen Schutzbedürftigkeit entspr (BGHZ 155, 240, 243; 133, 71, 74; NJW 2006, 431, 432; PWW/*Kessal-Wulf* Rn 6). Auf Bürgschaftsverträge sind die §§ 491 ff indes nicht entspr anwendbar (BGHZ 138, 321, 326; Düsseldorf WM 2007, 2009; Frankfurt aM ZGS 2007, 240; vgl auch EuGH NJW 2000, 1323; PWW/*Kessal-Wulf* Rn 9; MüKo/*Schürnbrand* § 491 Rn 75 ff; Palandt/*Putzo* Rn 12; aA *Kulke* VuR 2007, 154; krit. wegen der unterschiedlichen Behandlung des Schuldbeitritts *Schürnbrand* Schuldbeitritt zwischen Gesamtschuld und Akzessorietät 2003 S 58 ff; *Dehn* WM 1993, 2115, 2118).

11 **C. Ausnahmetatbestände.** Abs 2 betrifft Darlehensverträge, auf die die Vorschriften über Verbraucherdarlehen keine Anwendung finden, obwohl sie der Definition des Abs 1 entsprechen. Abs 3 nimmt weitere Darlehensverträge dagegen nur von der Anwendung bestimmter Vorschriften aus.

12 **I. Vollausnahmen, Abs 2. 1. Bagatellkredite, Nr 1.** Sofern der Nettodarlehensbetrag 200 € nicht übersteigt, finden die Vorschriften der §§ 492 ff keine Anwendung auf den Vertrag. Der **Nettodarlehensbetrag** ist in Nr 1 legal definiert als »das auszuzahlende Darlehen«. Hierbei handelt es sich um denjenigen Betrag, der nach Abzug von Entgelten, Auslagen sowie eines etwaigen Disagios tatsächlich zur Auszahlung an den Darlehensnehmer kommt (PWW/*Kessal-Wulf* Rn 10; MüKo/*Schürnbrand* Rn 83, § 492 Rn 39). Bei Kontokorrentkrediten iSd § 493 Abs 1 ist für die Anwendung von Nr 1 die Höhe des eingeräumten Kreditrahmens und nicht die tatsächliche Inanspruchnahme entscheidend. Anders ist dies aber bei nur geduldeten Überziehungen nach § 493 Abs 2. Hier kommt es auf die tatsächliche Inanspruchnahme an, da ein Kreditlimit nicht besteht (PWW/*Kessal-Wulf* Rn 10). Versucht der Darlehensgeber durch Aufteilung eines einheitlichen Darlehens auf mehrere Verträge (unter 200 €) die Anwendbarkeit der §§ 492 ff zu vermeiden, liegt hierin ein Umgehungsversuch iSd § 506 Abs 1 S 2, so dass die Vorschriften gleichwohl zur Anwendung kommen (MüKo/*Schürnbrand* Rn 84).

13 **2. Arbeitgeberdarlehen, Nr 2.** Ein Arbeitgeberdarlehen iSd Nr 2 liegt vor, wenn ein Arbeitgeber einem seiner derzeitigen oder ehemaligen Arbeitnehmer oder einem nahen Angehörigen eines solchen Arbeitnehmers (PWW/*Kessal-Wulf* Rn 13) ein entgeltliches Darlehen zu Konditionen gewährt, die unter den marktüblichen Sätzen liegen. Vergleichsmaßstab ist insoweit der effektive Jahreszins für Darlehen in vergleichbarer Höhe und mit vergleichbarer Laufzeit gem Zinsstatistik der Deutschen Bundesbank. Der vereinbarte effektive Jahreszins muss unterhalb der Streubreite solcher Darlehen liegen, damit die Ausnahme nach Nr 2 zur Anwendung kommt. Auf eine Gewinnerzielungsabsicht des Arbeitgebers kommt es für die Beurteilung nicht an (MüKo/*Schürnbrand* Rn 87; PWW/*Kessal-Wulf* Rn 13).

14 **3. Öffentliche Fördermittel für das Wohnungswesen oder den Städtebau, Nr 3.** Die Ausnahme der Nr 3 findet nur Anwendung auf Darlehensverträge, die unmittelbar zwischen der öffentlichen Hand als Darlehensgeber und dem Verbraucher auf Darlehensnehmerseite abgeschlossen werden. Die Stellvertretung der öffentlichen Hand durch ein Kreditinstitut ist insoweit unschädlich, soweit es beim unmittelbaren Vertragsschluss bleibt. Wird das Kreditinstitut dagegen selbst Vertragspartner, kommt die Ausnahmevorschrift der Nr 3 nicht zur Anwendung, auch wenn sich dieses für das Darlehen bei der öffentlichen Hand refinanziert (BGHZ 155, 240, 247). Des Weiteren ist wie bei Nr 2 erforderlich, dass die vereinbarten Zinsen unter den marktüblichen

Sätzen liegen (vgl Rz 13) und dass der Zweck des Darlehens die Förderung des Wohnungswesens oder Städtebaus ist (zB Darlehen nach § 42 ff II. WoBauG, vgl auch MüKo/*Schürnbrand* Rn 89). Eine analoge Anwendung von Nr 3 auf andere Förderdarlehen ist abzulehnen, da es sich um eine Ausnahmevorschrift handelt (PWW/*Kessal-Wulf* § 492 Rn 14).

II. Bereichsausnahmen, Abs 3. 1. Gerichtlich protokolliertes oder notariell beurkundetes Darlehen, Nr 1. a) Allgemeines. Abs 3 Nr 1 liegt der Gedanke zugrunde, dass die Mitwirkung des Gerichts bzw des Notars als neutrale Institutionen beim Abschluss des Darlehensvertrages bereits einen weitgehenden Verbraucherschutz bewirkt (BTDrs 11/5462 S 18). Nr 1 nimmt daher gerichtlich protokollierte bzw notariell beurkundete Darlehensverträge von der Geltung der §§ 492, 494 (Form- und Inhaltsvorschriften), § 493 (Vorschriften zum Überziehungskredit), § 495 (Widerrufsrecht) sowie §§ 358 Abs 2, 4, 5 (Wirkung des Widerrufs auf verbundene Verträge) aus. Aufgrund des Ausnahmecharakters der Vorschrift kommt eine analoge Anwendung auf privatschriftliche Vergleiche, Anwaltsvergleiche (§§ 796a ff ZPO) oder vor einem Schiedsgericht geschlossene Vergleiche (§ 794 Abs 1 Nr 4a ZPO) nicht in Betracht (PWW/*Kessal-Wulf* Rn 15; aA hins Schiedsgericht MüKo/*Schürnbrand* Rn 93; BaRoth/*Möller/Wendehorst* § 492 Rn 24). 15

b) Gerichtliches Protokoll. Erforderlich ist die Aufnahme des Darlehensvertrages in ein nach den Vorschriften der Zivilprozessordnung errichtetes gerichtliches Protokoll. Die Anforderungen an ein solches Protokoll ergeben sich aus den §§ 159 ff ZPO. Praktisch bedeutsam wird diese Ausnahmebestimmung etwa bei der Protokollierung von (Teilzahlungs-, Stundungs-)Vergleichen iSd § 794 Abs 1 Nr 1, sofern diese nicht unentgeltlich sind (vgl Abs 1). Ebenfalls von der Ausnahmeregelung erfasst sind die nach § 278 Abs 6 ZPO im Beschlusswege festgestellten Vergleiche zwischen den Parteien, da sich die Rechtsnatur solcher Vergleiche nicht von den herkömmlich protokollierten Vergleichen unterscheidet (*Thomas/Putzo* ZPO § 278 Rn 16). 16

c) Notarielle Urkunde. Die Anforderungen an eine notarielle Urkunde ergeben sich aus §§ 8 ff BeurkG. Der Notar ist gem §§ 14 Abs 1 S 2, 24 Abs 1 BeurkG beiden Seiten des Vertrages unparteiisch verpflichtet. Zudem hat er die Parteien nach § 17 BeurkG zu belehren. Dem Verbraucherschutz ist hierdurch hinreichend Genüge getan. Gleichwohl kommt ggf eine Umgehung nach § 506 S 2 in Betracht, wenn die notarielle Beurkundung des Darlehensvertrages allein den Ausschluss des Widerrufsrechts des Darlehensnehmers zum Ziel haben sollte (Stuttgart ZBB 1999, 244). 17

d) Erforderliche Mindestangaben. Anstelle der detaillierten Angaben gem § 492 sind in Darlehensverträgen, die unter die Ausnahmeregelung der Nr 1 fallen, nur der nominelle Jahreszins, die bei Abschluss des Vertrages in Rechnung gestellten Kosten des Darlehens sowie die Voraussetzungen, unter denen der Zins oder die Kosten geändert werden können, aufzuführen. Zu den Kosten gehören alle nicht laufzeitabhängigen Kosten, zB einmalige Bearbeitungsentgelte, Kosten einer Restschuldversicherung oder etwaige weitere Auslagen (vgl insoweit § 492 Rz 23, 29). Nicht aufzuführen sind die Gerichtskosten beim gerichtlichen Vergleich bzw die Notargebühren für die Beurkundung (BTDrs 11/5462 S 18; PWW/*Kessal-Wulf* Rn 15). 18

e) Rechtsfolgen bei Verstößen. Fehlen die vorstehend genannten Mindestangaben ganz oder teilw, lässt dies die Wirksamkeit des Darlehensvertrages unberührt. In diesem Fall greift jedoch die Ausnahmevorschrift der Nr 2 nicht ein, da die Mindestangaben als Tatbestandsvoraussetzungen formuliert sind (»Keine Anwendung finden …, wenn …«). Es bleibt daher in diesem Fall bei der Anwendung der §§ 492–495, 358 Abs 2, 4 und 5, mit der Konsequenz, dass der Darlehensnehmer den Vertrag zB nach §§ 495, 355 widerrufen kann, und zwar mangels Widerrufsbelehrung unbefristet (§ 353 Abs 3 S 3), und dass die Sanktionen des § 494 eingreifen (MüKo/*Schürnbrand* Rn 97). 19

2. Finanzierte Risikogeschäfte, Nr 2. Die Vorschriften über verbundene Verträge, §§ 358 Abs 2, 4, 5 und 359 sind nicht anwendbar, wenn Zweck des Verbraucherdarlehens der Erwerb von Wertpapieren, Devisen, Derivaten oder Edelmetallen ist. Der Gesetzgeber hat so unterbunden, dass der Darlehensnehmer den Darlehensvertrag widerruft und hierdurch über § 358 Abs 2 S 1 auch die Wirksamkeit des spekulativen Kaufvertrages aushebelt, wenn sich dieser noch während der Widerrufsfrist als für ihn nachteilig herausstellt (BTDrs 12/4526 S 13). Er bleibt also im Falle der Nr 2 trotz Widerrufs des Darlehensvertrages an sein hiermit finanziertes Spekulationsgeschäft gebunden. Wertpapiere iSd Nr 3 sind solche gem § 2 Abs 1 WpHG (Aktien, Schuldverschreibungen, Optionsscheine etc). Die Definition von Derivaten ergibt sich aus § 2 Abs 2 WpHG. Bei Devisen handelt es sich um Geld in ausländischer Währung. Edelmetalle sind zB Platin, Gold, Silber etc. Eine analoge Anwendung auf andere finanzierte Spekulationsgeschäfte ist abzulehnen, da es sich um eine Ausnahmevorschrift handelt (MüKo/*Schürnbrand* Rn 9). 20

D. Darlegungs- und Beweislast. Der sich auf die §§ 492 ff berufende Darlehensnehmer hat die Voraussetzungen des Abs 1 darzulegen und ggf zu beweisen. Ist er offenkundig nicht Unternehmer, kann im Zweifel von der Verbrauchereigenschaft ausgegangen werden (*Bülow* NJW 1998, 3454; Palandt/*Putzo* Rn 4). Im Hinblick auf das unternehmerische Handeln des Darlehensgebers bei der Darlehensvergabe kann sich der Verbraucher auf die Vermutung des § 344 HGB berufen, sofern der Darlehensgeber Kaufmann iSd HGB ist (s bereits oben Rz 2; PWW/*Kessal-Wulf* Rn 3; MüKo/*Schürnbrand* Rn 101; *Bülow* NJW 1990, 2534, 2535 f; aA 21

MüKo/*Micklitz* § 14 Rn 27). Den Darlehensgeber trifft die Darlegungs- und Beweislast für Umstände, aus denen die Nichtanwendbarkeit des Verbraucherdarlehensrechts folgt, zB Unentgeltlichkeit des Darlehens, Unternehmereigenschaft des Darlehensnehmers, Vereinbarung eines gewerblichen oder selbständigen beruflichen Verwendungszwecks (BTDrs 11/5462 S 17; MüKo-*Schürnbrand*, § 491, Rn 101). Der Darlehensgeber hat zudem die Umstände darzulegen und ggf zu beweisen, aus denen sich das Eingreifen einer der Ausnahmen des Abs 2 ergibt (Stuttgart VuR 1999, 157; PWW/*Kessal-Wulf* Rn 2).

§ 492 Schriftform, Vertragsinhalt. [1] **Verbraucherdarlehensverträge sind, soweit nicht eine strengere Form vorgeschrieben ist, schriftlich abzuschließen. Der Abschluss des Vertrags in elektronischer Form ist ausgeschlossen. Der Schriftform ist genügt, wenn Antrag und Annahme durch die Vertragsparteien jeweils getrennt schriftlich erklärt werden. Die Erklärung des Darlehensgebers bedarf keiner Unterzeichnung, wenn sie mit Hilfe einer automatischen Einrichtung erstellt wird. Die vom Darlehensnehmer zu unterzeichnende Vertragserklärung muss angeben:**
1. den Nettodarlehensbetrag, gegebenenfalls die Höchstgrenze des Darlehens,
2. den Gesamtbetrag aller vom Darlehensnehmer zur Tilgung des Darlehens sowie zur Zahlung der Zinsen und sonstigen Kosten zu entrichtenden Teilzahlungen, wenn der Gesamtbetrag bei Abschluss des Verbraucherdarlehensvertrags für die gesamte Laufzeit der Höhe nach feststeht, bei Darlehen mit veränderlichen Bedingungen, die in Teilzahlungen getilgt werden, einen Gesamtbetrag auf der Grundlage der bei Abschluss des Vertrags maßgeblichen Darlehensbedingungen,
3. die Art und Weise der Rückzahlung des Darlehens oder, wenn eine Vereinbarung hierüber nicht vorgesehen ist, die Regelung der Vertragsbeendigung,
4. den Zinssatz und alle sonstigen Kosten des Darlehens, die, soweit ihre Höhe bekannt ist, im Einzelnen zu bezeichnen, im Übrigen dem Grunde nach anzugeben sind, einschließlich etwaiger vom Darlehensnehmer zu tragender Vermittlungskosten,
5. den effektiven Jahreszins oder, wenn eine Änderung des Zinssatzes oder anderer preisbestimmender Faktoren vorbehalten ist, den anfänglichen effektiven Jahreszins; zusammen mit dem anfänglichen effektiven Jahreszins ist auch anzugeben, unter welchen Voraussetzungen preisbestimmende Faktoren geändert werden können und auf welchen Zeitraum Belastungen, die sich aus einer nicht vollständigen Auszahlung oder aus einem Zuschlag zu dem Darlehen ergeben, bei der Berechnung des effektiven Jahreszinses verrechnet werden,
6. die Kosten einer Restschuld- oder sonstigen Versicherung, die im Zusammenhang mit dem Verbraucherdarlehensvertrag abgeschlossen wird,
7. zu bestellende Sicherheiten.

[1a] Abweichend von Absatz 1 Satz 5 Nummer 2 ist kein Gesamtbetrag anzugeben bei Darlehen, bei denen die Inanspruchnahme bis zu einer Höchstgrenze freigestellt ist, sowie bei Immobiliardarlehensverträgen. Immobiliardarlehensverträge sind Verbraucherdarlehensverträge, bei denen die Zurverfügungstellung des Darlehens von der Sicherung durch ein Grundpfandrecht abhängig gemacht wird und zu Bedingungen erfolgt, die für grundpfandrechtlich abgesicherte Darlehensverträge und deren Zwischenfinanzierung üblich sind; der Sicherung durch ein Grundpfandrecht steht es gleich, wenn von einer Sicherung gemäß § 7 Absatz 3 bis 5 des Gesetzes über Bausparkassen abgesehen wird. Bei Immobiliardarlehensverträgen muss die vom Darlehensnehmer zu unterzeichnende Vertragserklärung auch einen deutlich gestalteten Hinweis darauf enthalten, dass der Darlehensgeber Forderungen aus dem Darlehensvertrag ohne Zustimmung des Darlehensnehmers abtreten und das Vertragsverhältnis auf einen Dritten übertragen darf, soweit nicht die Abtretung im Vertrag ausgeschlossen ist oder der Darlehensnehmer der Übertragung zustimmen muss.

[2] Effektiver Jahreszins ist die in einem Prozentsatz des Nettodarlehensbetrags anzugebende Gesamtbelastung pro Jahr. Die Berechnung des effektiven und des anfänglichen effektiven Jahreszinses richtet sich nach § 6 der Verordnung zur Regelung der Preisangaben.

[3] Der Darlehensgeber hat dem Darlehensnehmer eine Abschrift der Vertragserklärungen zur Verfügung zu stellen.

[4] Die Absätze 1 und 2 gelten auch für die Vollmacht, die ein Darlehensnehmer zum Abschluss eines Verbraucherdarlehensvertrags erteilt. Satz 1 gilt nicht für die Prozessvollmacht und eine Vollmacht, die notariell beurkundet ist.

1 **A. Allgemeines.** Zweck der Vorschrift ist die Herstellung von Transparenz im Hinblick auf die Preise des Darlehens und die weiteren für den Verbraucher relevanten (belastenden) Vertragsbestimmungen, um ihn insbes vor einer Verschleierung der tatsächlichen Kosten und Belastungen eines Darlehens zu schützen (BTDrs 11/5462 S 12, 19; vgl zur Entstehungsgeschichte MüKo/*Schürnbrand* Rn 6 ff). Dieser Schutz wird dadurch flankiert, dass dem Verbraucher gem §§ 495, 355 ein Widerrufsrecht zusteht, wenn er sich nach Beschäftigung mit den auszuhändigenden Vertragsunterlagen (vgl Abs 3) wieder vom Vertrag lösen will. Die Vorschrift enthält im Überblick folgende Regelungsbereiche:

- Abs 1
  - Nach den Sätzen 1-4 gilt eine ggü § 126 modifizierte Schriftform unter Ausschluss der elektronischen Form (§ 126a).
  - Nach S 5 muss der Vertrag zwingend eine Reihe von Pflichtangaben enthalten, zB Gesamtrückzahlungsbetrag, nominaler und effektiver Jahreszins sowie alle sonstigen Kosten des Vertrages etc.
- Abs 1a regelt Ausnahmen von der Angabe des Gesamtrückzahlungsbetrages für bestimmte Darlehensarten, insbes Immobiliardarlehen, das hier auch legal definiert wird, und begründet eine Hinweispflicht bzgl einer möglichen Abtretung bzw Übertragung des Vertrages durch die Bank auf einen Dritten.
- Abs 2 definiert den effektiven Jahreszins und gibt Vorgaben für die Berechnung.
- Abs 3 gibt dem Verbraucher einen Anspruch auf Aushändigung der Vertragsunterlagen.
- Abs 4 erstreckt die Formvorschriften und das Erfordernis der Pflichtangaben aus Abs 1, 2 auch auf Vollmachten zum Abschluss von Verbraucherdarlehen.

§ 492 gilt uneingeschränkt für Verbraucherdarlehen iSd § 491 Abs 1, wobei § 493 für Überziehungskredite Ausn verfügt. Auf Finanzierungsleasingverträge, Teilzahlungsgeschäfte sowie Zahlungsaufschub und sonstige Finanzierungshilfen findet die Vorschrift kraft Verweisung in den §§ 499 ff jeweils nur zT Anwendung. Die Sanktionen für die Nichteinhaltung des § 492 ergeben sich aus § 494. Bei Bausparverträgen dürfte § 492 erst bei Darlehensgewährung nach Zuteilung zur Anwendung kommen (vgl *Seibert* WM 1991, 1445, 1449).

B. Schriftform, Abs 1, Sätze 1 bis 4. I. Anforderungen des § 126 (S 1). 1. Vollständigkeitsprinzip. S 1 verweist durch die Anordnung der Schriftform für den Verbraucherdarlehensvertrag auf § 126. Hiernach gilt das sog »Vollständigkeitsprinzip«, wonach in der Vertragsurkunde alle Hauptpflichten sowie sämtliche Nebenabreden enthalten sein müssen, um Wirksamkeit zu erlangen (BGH NJW 2006, 681; PWW/*Ahrens* § 125 Rn 17; Palandt/*Heinrichs* § 125 Rn 7, jeweils mwN). Konkretisiert wird der Umfang der **Formbedürftigkeit beim Verbraucherdarlehen** durch Abs 1 S 5 Nr 1-7. 2

2. Integration gesonderter AGB erforderlich. Praktisch von bes Bedeutung ist auch, dass gesonderte – also nicht ohnehin in dem Vertragstext selbst enthaltene – AGB (zB AGB Banken bzw Sparkassen, etwaige Sonderbedingungen), die in den Vertrag einbezogen werden sollen, zum Bestandteil der Vertragsurkunde gemacht werden müssen. Hierbei ist eine Integration in den Vertragstext selbst oder eine feste körperliche Verbindung als Anlage zum Vertrag und nicht bloß ein Beifügen mittels Büroklammer oä erforderlich (vgl MüKo/*Schürnbrand* Rn 29 mwN; *Bruchner/Ott/Wagner-Widuwilt* § 4 VerbrKrG Rn 14). Die bloße Erfüllung des § 305 Abs 2 reicht wegen des bes Formerfordernisses des § 492 insofern nicht aus. 3

II. Modifikation des Schriftformerfordernisses. 1. Keine elektronische Form iSd § 126a (S 2). S 2 schließt die elektronische Form nach § 126a für die Erklärung beider Vertragspartner aus. 4

2. Ausnahme von der Einheitlichkeit der Urkunde (Sätze 3, 4). Nach dem Prinzip der Einheitlichkeit der Urkunde bedarf es zur Wahrung der Schriftform des § 126 der Aufnahme aller Erklärungen in eine Urkunde, die von beiden Vertragsparteien zu unterzeichnen ist (PWW/*Ahrens* § 125 Rn 7 f mwN). Für Verbraucherdarlehen reicht es nach S 3 dagegen aus, wenn abw von § 126 Abs 2 S 1 Antrag und Annahme in getrennten Urkunden niedergelegt und getrennt unterzeichnet werden. Sofern die Erklärung des Darlehensgebers maschinell erstellt wird, ist nach S 4 zudem sogar die eigenhändige Unterzeichnung seiner Erklärung entbehrlich. Zu beachten ist jedoch, dass die durch den Darlehensnehmer eigenhändig zu unterzeichnende Urkunde dem Darlehensgeber auch in der gebotenen Form zugehen muss. Es reicht daher nicht aus, wenn der Darlehensnehmer den Vertrag unterzeichnet und nur per Telefax übersendet (BGH NJW 2006, 681, 682; NJW 1997, 3169; NJW 1993, 1126). Ebenfalls nicht ausreichend ist es im Hinblick auf den Schutzzweck der Norm, wenn der Darlehensnehmer eine Blankounterschrift unter den erst noch auszufüllenden Vertrag leistet (BGH NJW-RR 2005, 1141). 5

III. Geltungsbereich. 1. Vertragsabschluss und -änderungen. Die Formvorschrift des § 492 gilt zunächst für den Abschluss des Verbraucherdarlehensvertrages. Hierbei ist auch zu beachten, dass die Vorschrift ggü jedem einzelnen Vertragspartner einzuhalten ist. Soll der Vertrag während der Laufzeit inhaltlich geändert werden, ist das Schriftformerfordernis des S 1 erneut zu beachten (BGH NJW 2006, 681, 682; PWW/*Kessal-Wulf* Rn 2). Dies gilt auch bei der Prolongation eines Verbraucherdarlehens zu denselben oder anderen Konditionen (zur Abgrenzung Prolongation – Neuabschluss vgl Frankfurt aM OLGR 2007, 536). Die Schriftform des S 1 ist hierbei auch unabhängig davon einzuhalten, ob das Kapitalnutzungsrecht bereits für den Verlängerungszeitraum von Anfang an dem Grunde nach zugesagt war und nur die künftigen Konditionen angepasst werden sollen (unechte **Abschnittsfinanzierung**) oder die Gesamtlaufzeit nicht von vornherein festgelegt wurde, sondern ein erneutes Kapitalnutzungsrecht erst durch eine neue Vereinbarung begründet werden soll (echte Abschnittsfinanzierung). Im ersten Fall liegt eine formbedürftige Vertragsanpassung vor, im letzteren Fall eine formbedürftige neue vertragliche Vereinbarung (vgl auch PWW/*Kessal-Wulf* Rn 2; MüKo/*Schürnbrand* Rn 19 ff). 6

Anders ist dies bei der bloßen Ausnutzung eines Leistungsbestimmungsrechts nach § 315 durch die Bank im Rahmen einer Zinsanpassungsklausel (vgl hierzu § 488 Rz 55). Dies stellt keine dem Formerfordernis des 7

§ 492 unterfallende Vertragsänderung dar. Wie aus S 5 Nr 5 folgt, hat der Gesetzgeber die Vereinbarung von Zinsanpassungsklauseln in Verbraucherdarlehensverträgen als zulässig angesehen und im Rahmen der Pflichtangaben dafür Sorge getragen, dass der Verbraucher über die Bedingungen der Ausübung hinreichend informiert ist. Damit ist dem Informationsbedürfnis des Verbrauchers auch ausreichend Rechnung getragen. Für die spätere Ausübung des Anpassungsrechts durch einseitige Erklärung besteht gem § 315 Abs 2 kein Formerfordernis, auch wenn der Vertrag selbst einem solchen unterliegt (PWW/*Medicus* § 315 Rn 4). Es ist angesichts der Regelung des S 5 Nr 5 auch nicht ersichtlich, dass hier eine planwidrige Regelungslücke vorliegt, die im Wege einer analogen Anwendung der Formvorschrift des S 1 geschlossen werden müsste (aA MüKo/*Schürnbrand* Rn 21, der eine schutzzweckbezogene Teilanalogie zu § 492 Abs 1 annimmt und die einseitige Änderung wie eine einvernehmliche Vertragsänderung behandelt wissen will). Es wäre auch nicht praxisgerecht, wenn die Kreditinstitute bei der einseitigen Anpassung von variablen Zinsen auf der Grundlage einer Zinsanpassungsklausel im Massengeschäft mit Verbrauchern jeweils schriftliche Änderungsvereinbarungen abschließen müssten. Der Verbraucher ist durch sein Recht, im Falle einer Zinserhöhung den Vertrag kündigen zu können (vgl hierzu § 488 Rz 55), und durch die ihm schon bei Vertragsabschluss zur Verfügung gestellten Informationen gem S 5 Nr 5 auch hinreichend geschützt.

8 **2. Schuldbeitritt und Schuldübernahme.** Der zur Sicherstellung des Darlehensvertrages erfolgende Schuldbeitritt unterliegt voll den Formvorschriften und Informationspflichten des § 492, da dieser einem Kreditvertrag bei wertender Betrachtung gleichzustellen ist (BGH NJW 2006, 431 mwN). Hierbei kommt es nicht darauf an, ob der Darlehensnehmer selbst Verbraucher ist. Insoweit ist allein auf den Beitretenden abzustellen (PWW/*Kessal-Wulf* Rn 2).

9 Bei einer Vertragsübernahme durch dreiseitigen Vertrag ist § 492 ebenfalls anwendbar. Das Formerfordernis des Übernahmevertrages folgt dem Formerfordernis des übernommenen Vertrages, so dass sich die Anwendung des § 492 bei Übernahme eines Verbraucherdarlehensvertrages bereits hieraus ergibt (BGH NJW 1999, 2664, 2665). Liegt kein Verbraucherdarlehen vor, ist aber der Übernehmende Verbraucher, greift § 492 ebenfalls ein, weil die Vertragsübernahme dem Abschluss eines Verbraucherdarlehens gleichzustellen ist (BGH NJW 1999, 2664, 2666). Erfolgt die Vertragsübernahme durch zweiseitigen Vertrag zwischen ursprünglichem Darlehensnehmer und dem neuen Darlehensnehmer unter bloßer Zustimmung des Darlehensgebers, sind die Vorschriften über Verbraucherdarlehen indes nicht anwendbar, da es in diesem Fall an einem Vertrag zwischen einem Unternehmer als Kreditgeber und einem Verbraucher als Kreditnehmer fehlt (Dresden NJ 2007, 130; offen gelassen in BGH NJW 1999, 2664, 2666; MüKo/*Schürnbrand* Rn 24; *Bülow* VerbrKrG § 1 Rn 62, § 4 Rn 29; *ders* ZIP 1997, 400, 403 f; *Volmer* WM 1999, 209, 211).

10 **3. Bürgschaftsübernahme.** § 492 ist nicht anwendbar auf Bürgschaftsverträge. Dies gilt unabhängig davon, ob die Bürgschaft von einem Verbraucher oder Unternehmer zur Sicherung eines Verbraucherdarlehens bzw von einem Verbraucher zur Sicherung eines sonstigen Darlehens übernommen wurde. Der BGH hat dies bislang allerdings nur für den letzteren Fall entschieden (BGH NJW 1998, 1939 ff; weitergehend aber bereits EuGH NJW 2000, 1323 ff; vgl auch PWW/*Kessal-Wulf* § 491 Rn 9). Anders als der Schuldbeitritt ist der Bürgschaftsvertrag dem Darlehensvertrag nicht gleichzusetzen. Es bestehen umfassende gesonderte gesetzliche Regelungen in den §§ 765 ff, die eigene ausreichende Schuldnerschutzvorschriften beinhalten (aA MüKo/*Schürnbrand* Rn 23).

11 **C. Pflichtangaben, Abs 1, S 5.** S 5 schreibt vor, welche Pflichtangaben in der von dem Verbraucher abgegebenen und diesem gem Abs 3 auszuhändigen Vertragserklärung enthalten sein müssen. Dies folgt prinzipiell bereits aus dem wegen des Schriftformerfordernisses des S 1 geltenden Vollständigkeitsprinzip des § 126 (vgl hierzu bereits oben Rz 2), wird hier jedoch zur Herstellung bestmöglicher Transparenz für den Verbraucher darlehensspezifisch konkretisiert. Der Zweck der Vorschrift erfordert zudem eine auf den Verbraucher abgestellte verständliche Formulierung und übersichtliche Darstellung (so bereits BGHZ 62, 42, 47). Die Nichteinhaltung der Vorgaben der Nr 1 bis 6 führt gem § 494 Abs 1 zur Nichtigkeit des Vertrages bzw im Falle der gleichwohl erfolgenden Auszahlung des Darlehens zu den Sanktionen des § 494 Abs 2 (vgl iE dort).

12 **I. Nettodarlehensbetrag bzw Höchstgrenze (Nr 1).** Der Begriff des Nettodarlehensbetrages ist legal definiert in § 491 Abs 2 Nr 1 als das auf Grund der vertraglichen Bestimmungen »auszuzahlende Darlehen«. Hierbei handelt es sich um denjenigen Betrag, der nach Abzug aller Einmalkosten tatsächlich zur Auszahlung an den Darlehensnehmer (bzw vereinbarungsgem an einen Dritten) gelangt. Von dem vereinbarten Darlehensbetrag (Nennbetrag) sind daher zur Errechnung des Nettodarlehensbetrags iSd Nr 1 zB einmalige Bearbeitungsentgelte, Auslagen (Spesen, Vermittlungsprovisionen), ein etwaiges Disagio (vgl zum Begriff § 488 Rz 60) sowie der Einmalbetrag für eine etwaige Restschuldversicherung abzuziehen. Sind solche für den Nettokreditbetrag relevanten Positionen bei Vertragsabschluss ausnahmsw noch nicht bezifferbar, sind diese in konkreter Form zumindest dem Grunde nach anzugeben (PWW/*Kessal-Wulf* Rn 4). Nicht ausreichend ist insofern die »salvatorische« Mitteilung, dass »weitere Kosten« anfallen können. Beim Zahlungsaufschub ist entspr der dem Verbraucher auf Grund des Aufschubes belassene, ohne diese Vereinbarung fällige Betrag anzugeben (MüKo/*Schürnbrand* Rn 40). Handelt es sich bei dem Darlehen um einen

Kreditrahmen (Dispo-, Kontokorrentkredit, andere revolvierende Kredite), ist die Angabe eines Gesamtbetrages nicht möglich, da eine »Auszahlung« des Darlehens im eigentlichen Sinne nicht erfolgt. Für diese Fälle sieht Nr 1 die Aufnahme der Höchstgrenze des Darlehens in die Vertragserklärung des Verbrauchers vor. Anzugeben ist insofern also die Höhe des eingeräumten Kreditrahmens einschließlich etwaiger mitkreditierter Einmalkosten (PWW/*Kessal-Wulf* Rn 4). Für Überziehungskredite iSd § 493 gilt dies auf Grund der Sondervorschrift des § 493 Abs 1 Nr 1.

II. Gesamtbetrag (Nr 2). 1. Begriff und Zweck. In Abgrenzung zum Nettokreditbetrag ist der Gesamtbetrag (Bruttodarlehensbetrag) die Summe der von dem Darlehensnehmer zu leistenden Teilzahlungen, die neben den Einmalkosten bei Darlehensgewährung auch die Zinsen und sonstigen Kosten enthält und daher idR deutlich über dem Nettodarlehensbetrag liegt. Der Gesamtbetrag entspricht dem auf Grund des Vertrages insg bestehenden Rückzahlungsanspruch des Darlehensgebers. Die Regelung gilt auch für Festdarlehen, die durch eine Einmalzahlung am Ende der Laufzeit (zB aus einer parallel anzusparenden Kapitallebensversicherung oder einem Bausparvertrag) zu tilgen sind (BGHZ 162, 20; 159, 270, 273; 149, 302, 206; PWW/*Kessal-Wulf* Rn 5; MüKo/*Schürnbrand* Rn 43 mwN). Sinn und Zweck dieser Vorschrift ist es, dem Verbraucher seine gesamte finanzielle Belastung aus der Kreditaufnahme in Form eines konkreten Geldbetrages vor Augen zu führen und ihm Preisvergleiche zu ermöglichen (vgl BRDrs 445/91 S 13; BGHZ 149, 302, 308; Bankrechtshandbuch/*Peters* § 81 Rn 78). Aus diesem Grunde sind bei endfälligen Darlehen, die tilgungsfrei gestellt sind und bei Fälligkeit durch Mittel aus einer parallel angesparten Kapitallebensversicherung bzw aus einem Bausparvertrag abgelöst werden sollen, auch die hierauf zu erbringenden Leistungen bei der Gesamtbetragsangabe zu berücksichtigen (BGH NJW 2002, 957; 2005, 985, 986 mwN). 13

2. Unveränderliche Konditionen. Der Gesamtbetrag steht nur bei Darlehen mit für die gesamte Vertragslaufzeit unveränderlichen Konditionen von Anfang an fest. Sollte in diesem Fall ausnahmsw die Berechnung weiterer sich auf die Höhe des Gesamtbetrages auswirkender Kosten in Betracht kommen, die bei Vertragsabschluss noch nicht abschließend beziffert werden können, so sind diese konkret dem Grunde nach anzugeben. 14

3. Veränderliche Konditionen. Bei Darlehen mit variablem Zinssatz, die in Teilzahlungen zu tilgen sind (BGH ZIP 2006, 1238; NJW-RR 2005, 354; 483), ist für die Berechnung des Gesamtbetrages auf die anfänglichen Konditionen abzustellen. Es wird insoweit für die Berechnung fingiert, dass der anfängliche Zins für die gesamte Laufzeit unveränderlich ist. Der Verbraucher ist im Vertrag darauf hinzuweisen, dass sich der angegebene Gesamtbetrag im Falle einer Zinssatzänderung ebenfalls verändern wird (BTDrs 12/4526 S 14; krit *Drescher* WM 1993, 1445, 1447; zur alten Rechtslage nach § 4 VerbrKrG vgl BGH NJW 2005, 1190: Angabepflicht nur, »wenn möglich«). Anders als der Wortlaut auf den ersten Blick nahe legt, gehören zu Darlehen, die in »Teilzahlungen zu tilgen sind«, auch endfällige Darlehen, die zB durch eine fällige Lebensversicherung in einer Summe abgelöst werden sollen (BGH ZIP 2004, 2373, 2374). 15

Bei Darlehen mit anfänglichem Festzins und anschließenden variablen Konditionen, die von der Bank auf der Basis des dann geltenden Marktzinses einseitig bestimmt werden oder einvernehmlich neu vereinbart werden müssen, ist ebenfalls ein Gesamtbetrag auf der Grundlage des anfänglichen Festzinssatzes zu berechnen und anzugeben. Es ist nicht ausreichend, einen (Teil-)Gesamtbetrag für die Dauer der Festzinsperiode und den Betrag der dann noch offenen Restschuld anzugeben (BGH ZIP 2004, 2373, 2374). 16

4. Einschränkung der Angabepflicht (Abs 1a S 1). a) Rahmenkredite. Nach Abs 1a S 1 gilt die Pflicht zur Gesamtbetragsangabe nicht bei Darlehen, bei denen die Inanspruchnahme bis zu einer Höchstgrenze freigestellt ist. Erfasst werden von dieser Ausnahmeregelung Rahmenkredite, die ausnahmsw in Teilzahlungen zu tilgen sind (Rahmenkredite, Kontokorrent-Ratenkredite; vgl PWW/*Kessal-Wulf* Rn 5; MüKo/*Schürnbrand* Rn 47), sowie solche, die auf Grund bes Konditionen nicht von § 493 erfasst sind. 17

b) Immobiliardarlehensverträge. Abs 1a nimmt auch die dort in S 2 legal definierten Immobiliardarlehensverträge (s hierzu iE unten Rz 33 ff) von der Pflicht zur Angabe eines Gesamtbetrages aus. 18

III. Art und Weise der Rückzahlung (Nr 3). 1. Darlehen mit Rückzahlungsvereinbarung. Nr 3 verpflichtet den Darlehensgeber unter Berücksichtigung der Verbraucherkredit-Änderungsrichtlinie 90/88/EWG des Rates vom 22. 02. 1990 (ABlEG Nr L 61/14) dazu, die Anzahl, die Zahlungstermine und die Höhe der einzelnen Zins- und Tilgungsraten in die Vertragserklärung des Verbrauchers aufzunehmen. Nicht erforderlich ist eine Aufschlüsselung der einzelnen Raten nach Zins- und Tilgungsanteilen, so dass die Beifügung eines Zins- und Tilgungsplanes nicht notwendig ist (BGH NJW-RR 2006, 1419, 1422). Eine Rückzahlungsvereinbarung iSd Nr 3 liegt auch bei einem endfälligen Darlehen vor, das durch eine Einmalzahlung in einer Summe abzulösen ist. In diesem Fall ist das Fälligkeitsdatum und die Art und Weise der Rückzahlung (Ablösung aus Lebensversicherungsvertrag oä) anzugeben (PWW/*Kessal-Wulf* Rn 6). 19

2. Fehlende Rückzahlungsvereinbarung. Sofern eine Vereinbarung über die Rückzahlung nicht getroffen wurde (zB bei nicht unter § 493 fallenden Kontokorrentkrediten, Kündigungsdarlehen), ist die Regelung der Vertragsbeendigung anzugeben, zB die Einzelheiten der Kündigungsmöglichkeiten (vgl BTDrs 11/5462 S 19; MüKo/*Schürnbrand* Rn 49; Palandt/*Putzo* Rn 11). Ein bloßer Hinweis auf die Kündigungsregelungen in den 20

Allg Geschäftsbedingungen reicht insoweit nicht aus (*Bruchner/Ott/Wagner-Widuwilt* § 4 VerbrKrG Rn 88; MüKo/*Schürnbrand* Rn 49 Fn 88; aA *Lwowski/Peters/Gößmann* VerbrKrG S 123).

21 **IV. Zinssatz und sonstige Kosten (Nr 4). 1. Zinssatz.** Nach Nr 4 ist in der Vertragserklärung des Verbrauchers der Zinssatz anzugeben (zum Begriff der Zinsen vgl § 488 Rz 53). Gemeint ist an dieser Stelle der Nominalzinssatz, der idR als Jahreszins, zT auch als Monatszins (insb bei kleineren Anschaffungsdarlehen) angegeben wird. Beides ist zulässig, da über die Pflichtangabe des effektiven Jahreszinses (Nr 5) hinreichende Vergleichbarkeit hergestellt wird (PWW/*Kessal-Wulf* Rn 7; *Bruchner/Ott/Wagner-Widuwilt* § 4 VerbrKrG Rn 91 f; MüKo/*Schürnbrand* Rn 50). Der Darlehensgeber kommt seiner Informationspflicht insoweit jedoch nur dann hinreichend nach, wenn er die Angabe des Zinssatzes nicht durch Verwendung missverständlicher Begriffe (»Darlehensgebühr« oä) zu verschleiern versucht (PWW/*Kessal-Wulf* Rn 7).

22 Bei veränderlichem Zins ist der anfängliche Nominalzinssatz anzugeben (MüKo/*Schürnbrand* Rn 50). Ferner ist mitzuteilen, unter welchen Voraussetzungen und in welchen Zeiträumen sich der Zinssatz verändern kann (s Nr 5). Hierzu gehört auch die Nennung eines etwaigen Referenzzinssatzes (zB Basiszins, EURIBOR, EONIA, vgl hierzu § 488 Rz 54; Palandt/*Putzo* Rn 12). Fehlt eine Angabe des Zinssatzes, ermäßigt sich der geschuldete Zins nach § 494 Abs 2 S 2 jedenfalls auf den gesetzlichen Zinssatz (vgl iE § 494 Rz 10).

23 **2. Sonstige Kosten.** Es sind ferner alle weiteren den Verbraucher treffenden Kosten der planmäßigen Abwicklung des Darlehensvertrages aufzuführen. Hierzu gehören zB ein einmaliges Bearbeitungsentgelt, Vermittlungsprovisionen (München WM 2001, 1215; Brandenburg WM 2000, 2103), Forward-Prämie und Cap-Prämie (vgl hierzu *Rösler* WM 2000, 1930; *Peters/Wehrt* WM 2003 1509, 1519), Wertermittlungskosten für Sicherheiten, Auslagen bei der Bestellung von Sicherheiten (Grundbuch- und Notarkosten uä). Zu Versicherungskosten vgl Nr 6 (unten Rz 29). Da nur die Kosten bei planmäßiger Abwicklung zu benennen sind, ist eine etwaige Vorfälligkeitsentschädigung oder ein möglicher Verzugsschaden für den Fall, dass das Darlehen Not leidend wird, nicht anzugeben (BGH NJW 1998, 602, 603; PWW/*Kessal-Wulf* Rn 7). Das Gleiche gilt für etwaige Kosten der Sicherheitenverwertung (Frankfurt aM OLGR 2008, 845). Nr 3 verlangt, dass die jeweiligen Kosten »im Einzelnen« bezeichnet werden, dh ihrer Art und Höhe nach konkret aufzuführen sind. Nur soweit die Höhe der Kosten bei Vertragsabschluss nicht bekannt ist, ist eine Angabe dem Grunde nach ausreichend, aber auch erforderlich (vgl BTDrs 12/4526 S 14). Versäumt der Darlehensgeber dies, werden die Kosten nach § 494 Abs 2 S 3 nicht geschuldet (vgl iE § 494 Rz 11).

24 **V. Effektiver Jahreszins (Nr 5, Abs 2). 1. Umfang der Angabepflicht.** Nr 5 verpflichtet den Darlehensgeber den effektiven Jahreszins anzugeben. Dieser ist in Abs 2 S 1 definiert als die in einem Prozentsatz des Nettodarlehensbetrages (vgl Nr 1) anzugebende Gesamtbelastung pro Jahr, wobei sich die Berechnung nach S 2 iE nach § 6 PAngV richtet (vgl hierzu noch Rz 27 ff). Der effektive Jahreszins ist für die Transparenz von zentraler Bedeutung, da dieser nicht nur für die Höhe der Gesamtbelastung, sondern insbes auch für die Vergleichbarkeit des Angebotes mit anderen Anbietern der entscheidende Maßstab ist (BTDrs 11/5462 S 19). Er ist als Prozentsatz mit zwei Dezimalstellen hinter dem Komma anzugeben und als »(anfänglicher) effektiver Jahreszins« zu bezeichnen. Leicht verständliche Abkürzungen sind erlaubt (BGH NJW-RR 1989, 233, Hamburg WM 1990, 416: »anfängl effekt Jahreszinssatz« bzw »anfängl eff Jahreszins«). Nicht ausreichend soll dagegen wegen fehlendem Bezug zum Berechnungszeitraum (Jahreszins) die Bezeichnung als »Effektivzinssatz« sein (BGH NJW 1996, 1759 zu § 4 PAngV; PWW/*Kessal-Wulf* Rn 8). Auch die Angabe der bloßen Berechnungsmethode oder der Verweis auf eine Tabelle, aus der dieser entnommen werden kann, reicht nicht aus (MüKo/*Schürnbrand* Rn 57). Hierbei ist es auch unerheblich, ob die Tabelle Teil der Vertragsurkunde selbst ist oder nicht. Es ist dem Verbraucher nicht zumutbar, diese zentrale Information selbst (zB in Abhängigkeit von Darlehenshöhe und Laufzeit) aus einer Tabelle herauszusuchen. Der effektive Jahreszins ist vielmehr für das jeweilige Darlehen konkret im Vertrag zu benennen.

25 Fehlt es an der Angabe des effektiven Jahreszinssatzes, wird nach § 494 Abs 2 S 2 nur der gesetzliche Zinssatz geschuldet.

26 **2. Besonderheiten bei variablen Konditionen.** Handelt es sich um ein Darlehen mit veränderlichen Konditionen, ist der anfängliche effektive Jahreszinssatz auf der Grundlage der bei Vertragsabschluss geltenden Bedingungen anzugeben. Des Weiteren ist mitzuteilen, unter welchen Voraussetzungen sich der Zinssatz oder andere preisrelevante Faktoren ändern können (vgl hierzu LG Dortmund ZIP 2001, 66; *Schimansky* WM 2003, 1449 ff; *Krüger/Bütter* Recht der Bankentgelte S 296 ff; vgl zu Zinsänderungsklauseln auch oben § 488 Rz 55). Ferner ist mitzuteilen, auf welchen Zeitraum Belastungen, die sich aus einer nicht vollständigen Auszahlung oder aus einem Zuschlag zu dem Darlehen ergeben (Disagio, Agio), bei der Berechnung des effektiven Jahreszinssatzes verrechnet werden. Fehlt es an diesen Angaben gem Nr 5, so entfällt gem § 494 Abs 2 S 5 für den Darlehensgeber die Möglichkeit, die preisbestimmenden Faktoren zum Nachteil des Verbrauchers zu ändern.

27 **3. Berechnung des effektiven Jahreszinssatzes (Abs 2 S 2).** Für die Berechnung des effektiven Jahreszinssatzes enthält Abs 2 S 2 eine dynamische Verweisung auf § 6 der Verordnung zur Regelung der Preisangaben (PAngV). Seit 01.09.2000 ist die taggenaue Berechnung nach der ISMA- (»International Securities Markets

Association«) bzw AIBD-Methode (»Association of International Bond Dealers«), die auf die 2. Änderungs-RL (RL 98/7/EG vom 16.02.1998, ABl Nr L 101 vom 01.04.1998, S 17) zurückgeht, maßgeblich. Die nachstehenden Vorgaben des § 6 PAngV sind mathematisch in einer als Anhang zu § 6 PAngV abgedruckte Formel umgesetzt worden (BGBl 2002 I 4197, 4203 f). In die Berechnung des effektiven Jahreszinssatzes sind gem § 6 Abs 3 PAngV neben dem Nominalzins insbes Bearbeitungsentgelte, Disagio, Agio, Provisionen und etwaige Cap- oder Forward-Prämien sowie die Kosten einer obligatorischen Restschuldversicherung einzubeziehen (PWW/*Kessal-Wulf* Rn 9; MüKo/*Schürnbrand* Rn 63 f). Nicht einzubeziehen sind dagegen die in § 6 Abs 3 Nr 1 bis 5 PAngV aufgeführten Kosten. Im Einzelnen gilt gem § 6 PAngV Folgendes:

§ 6 Kredite **28**

(1) Bei Krediten sind als Preis die Gesamtkosten als jährlicher Vomhundertsatz des Kredits anzugeben und als »effektiver Jahreszins« oder, wenn eine Änderung des Zinssatzes oder anderer preisbestimmender Faktoren vorbehalten ist (§ 1 Absatz 5), als »anfänglicher effektiver Jahreszins« zu bezeichnen. Zusammen mit dem anfänglichen effektiven Jahreszins ist auch anzugeben, wann preisbestimmende Faktoren geändert werden können und auf welchen Zeitraum Belastungen, die sich aus einer nicht vollständigen Auszahlung des Kreditbetrages oder aus einem Zuschlag zum Kreditbetrag ergeben, zum Zwecke der Preisangabe verrechnet worden sind.
(2) Der anzugebende Vomhundertsatz gemäß Absatz 1 ist mit der im Anhang angegebenen mathematischen Formel und nach den im Anhang zugrunde gelegten Vorgehensweisen zu berechnen. Er beziffert den Zinssatz, mit dem sich der Kredit bei regelmäßigem Kreditverlauf, ausgehend von den tatsächlichen Zahlungen des Kreditgebers und des Kreditnehmers, auf der Grundlage taggenauer Verrechnung aller Leistungen abrechnen lässt. Es gilt die exponentielle Verzinsung auch im unterjährigen Bereich. Bei der Berechnung des anfänglichen effektiven Jahreszinses sind die zum Zeitpunkt des Angebots oder der Werbung geltenden preisbestimmenden Faktoren zugrunde zu legen. Der anzugebende Vomhundertsatz ist mit der im Kreditgewerbe üblichen Genauigkeit zu berechnen.
(3) In die Berechnung des anzugebenden Vomhundertsatzes sind die Gesamtkosten des Kredits für den Kreditnehmer einschließlich etwaiger Vermittlungskosten mit Ausnahme folgender Kosten einzubeziehen:
a) Kosten, die vom Kreditnehmer bei Nichterfüllung seiner Verpflichtungen aus dem Kreditvertrag zu tragen sind;
b) Kosten mit Ausnahme des Kaufpreises, die vom Kreditnehmer beim Erwerb von Waren oder Dienstleistungen unabhängig davon zu tragen sind, ob es sich um ein Bar- oder Kreditgeschäft handelt;
c) Überweisungskosten sowie die Kosten für die Führung eines Kontos, das für die Tilgungszahlung im Rahmen der Rückzahlung des Kredits sowie für die Zahlung von Zinsen und sonstigen Kosten dienen soll, es sei denn, der Kreditnehmer hat hierbei keine angemessene Wahlfreiheit und diese Kosten sind ungewöhnlich hoch; diese Bestimmung gilt jedoch nicht für die Inkassokosten dieser Rückzahlungen oder Zahlungen, unabhängig davon, ob sie in bar oder auf eine andere Weise erhoben werden;
d) Mitgliedsbeiträge für Vereine oder Gruppen, die sich aus anderen Vereinbarungen als dem Kreditvertrag ergeben, obwohl sie sich auf die Kreditbedingungen auswirken;
e) Kosten für Versicherungen oder Sicherheiten; es werden jedoch die Kosten einer Versicherung einbezogen, die die Rückzahlung an den Darlehensgeber bei Tod, Invalidität, Krankheit oder Arbeitslosigkeit des Kreditnehmers zum Ziel haben, über einen Betrag, der höchstens dem Gesamtbetrag des Kredits, einschließlich Zinsen und sonstigen Kosten, entspricht, und die der Darlehensgeber zwingend als Bedingung für die Gewährung des Kredits vorschreibt.
(4) Ist eine Änderung des Zinssatzes oder sonstiger in die Berechnung des anzugebenden Vomhundertsatzes einzubeziehender Kosten vorbehalten und ist ihre zahlenmäßige Bestimmung im Zeitpunkt der Berechnung des anzugebenden Vomhundertsatzes nicht möglich, so wird bei der Berechnung von der Annahme ausgegangen, dass der Zinssatz und die sonstigen Kosten gemessen an der ursprünglichen Höhe fest bleiben und bis zum Ende des Kreditvertrages gelten.
(5) Erforderlichenfalls ist bei der Berechnung des anzugebenden Vomhundertsatzes von folgenden Annahmen auszugehen:
1. ist keine Darlehensobergrenze vorgesehen, entspricht der Betrag des gewährten Kredits 2000 Euro;
2. ist kein Zeitplan für die Tilgung festgelegt worden und ergibt sich ein solcher nicht aus den Vertragsbestimmungen oder aus den Zahlungsmodalitäten, so beträgt die Kreditlaufzeit ein Jahr;
3. vorbehaltlich einer gegenteiligen Bestimmung gilt, wenn mehrere Termine für die Aus- oder Rückzahlung vorgesehen sind, sowohl die Auszahlung als auch die Rückzahlung des Darlehens als zu dem Zeitpunkt erfolgt, der als frühestmöglicher Zeitpunkt vorgesehen ist.

(6) Bei einer vertraglich möglichen Neufestsetzung der Konditionen eines Kredits ist der effektive oder anfängliche effektive Jahreszins anzugeben.
(7) Wird die Gewährung eines Kredits allg von einer Mitgliedschaft oder vom Abschluss einer Versicherung abhängig gemacht, so ist dies anzugeben.
(8) Bei Bauspardarlehen ist bei der Berechnung des anzugebenden Vomhundertsatzes davon auszugehen, dass im Zeitpunkt der Kreditauszahlung das vertragliche Mindestsparguthaben angespart ist. Von der Abschlussgebühr ist im Zweifel lediglich der Teil zu berücksichtigen, der auf den Darlehensanteil der Bausparvertragssumme entfällt. Bei Krediten, die der Vor- oder Zwischenfinanzierung von Leistungen einer Bausparkasse aus Bausparverträgen dienen und deren preisbestimmende Faktoren bis zur Zuteilung unveränderbar sind, ist als Laufzeit von den Zuteilungsfristen auszugehen, die sich aus der Zielbewertungszahl für Bausparverträge gleicher Art ergeben.
(9) Bei Krediten, die auf einem laufenden Konto zur Verfügung gestellt werden, sind abweichend von Absatz 1 der Zinssatz pro Jahr und die Zinsbelastungsperiode anzugeben, wenn diese nicht kürzer als drei Monate ist und keine weiteren Kreditkosten anfallen.

29 **VI. Kosten von Versicherungen (Nr 6).** Nr 6 verpflichtet den Darlehensgeber, die Kosten von Versicherungen, die im sachlichen und zeitlichen Zusammenhang mit dem Verbraucherdarlehen abgeschlossen werden, im Vertrag konkret anzugeben. Hierzu gehören insbes die Prämien der Versicherung, aber auch alle weiteren Kosten, die hierfür zu zahlen sind (weiterführend *Hemmerde/v. Rottenburg* WM 1993, 181 ff). Das Gesetz nennt explizit die Kosten der oftmals neben dem Verbraucherdarlehen abgeschlossenen Restschuldversicherung, die insbes im Falle des Todes die noch verbleibende Restschuld abdecken soll und idR an den Darlehensgeber zur Sicherheit abgetreten wird. Bei Konsumentendarlehen ist es regelm üblich, dass der Darlehensgeber den Abschluss einer **Restschuldversicherung** zur Sicherheit als obligatorisch von dem Verbraucher verlangt und die Darlehensgewährung hiervon abhängig macht. In diesem Fall werden die Kosten der Restschuldversicherung mitkreditiert und erhöhen daher den (Brutto-)Darlehensbetrag. Die Prämie wird in diesen Fällen in Form einer Einmalzahlung mit Auszahlung des Darlehens vom Darlehensgeber direkt an den Versicherer geleistet. Da die Einmalprämie in diesen Fällen bereits in die Gesamtbetragsangabe nach Nr 2 und gem § 6 Abs 3 Nr 5 PAngV auch in die Berechnung des effektiven Jahreszinses eingeflossen ist, ist eine erneute Angabe der Kosten der Restschuldversicherung nicht mehr erforderlich (*Hemmerde/v Rottenburg* WM 1993, 181; MüKo/*Schürnbrand* Rn 70). Die Kosten einer nicht obligatorischen Restschuldversicherung, einer Risikolebensversicherung, einer Kaskoversicherung oder anderen Sachversicherung zur Absicherung des Risikos des Verlustes einer Sicherheit (zB Feuerversicherung) sind dagegen anzugeben, sofern der Abschluss im Zusammenhang mit dem Verbraucherdarlehen steht (vgl *Hemmerde/v Rottenburg* WM 1993, 181; vgl aber *Bohner* WM 2001, 2227). Das Gleiche gilt für eine vom Darlehensgeber abgeschlossene Delkredere-Versicherung, sofern deren Kosten auf den Verbraucher abgewälzt werden (MüKo/*Schürnbrand* Rn 71).

30 Sofern die konkrete Höhe der Kosten der Versicherungen bei Abschluss des Verbraucherdarlehens noch nicht feststehen, sind diese zumindest dem Grunde nach und – sofern möglich – die für die Berechnung der Prämien maßgeblichen Umstände sowie die Berechnungsmethode anzugeben (BTDrs 11/5462 S 19). Nicht angegebene Kosten werden nach § 494 Abs 2 S 3 nicht geschuldet.

31 **VII. Sicherheiten (Nr 7).** Nach Nr 7 ist die schuldrechtliche Verpflichtung des Verbrauchers, bestimmte, konkret zu benennende Sicherheiten für das Darlehen zu bestellen, in den formbedürftigen Vertrag selbst aufzunehmen. Die dingliche Bestellung der Sicherheit kann dagegen außerhalb des Darlehensvertrags in gesonderten Sicherheitenverträgen vorgenommen werden, was im Bankgeschäft auch der Regelfall ist. Letztere unterliegen nicht den Formvorschriften des § 492. Oftmals hat der Verbraucher im Rahmen der bestehenden Geschäftsbeziehung bereits für andere Finanzierungen bankübliche Sicherheiten zugunsten des Darlehensgebers bestellt (zB Grundschulden, Abtretung von Ansprüchen aus Kapitallebensversicherungen etc). Sollen diese auch für das neue Verbraucherdarlehen als Sicherheiten dienen, reicht es im Hinblick auf Nr 7 aus, wenn in dem neuen Darlehensvertrag pauschal auf deren Geltung auch für diesen Kredit hingewiesen wird (BTDrs 11/5462 S 20; BGH NJW 2002, 1199). Unabhängig davon hat der Darlehensgeber in diesem Fall dafür Sorge zu tragen, dass für die jeweiligen Sicherheiten eine neue Zweckabrede mit dem Verbraucher getroffen wird (vgl BGH NJW 1997, 2320), um die Haftung der Sicherheiten auch für das neue Darlehen sicherzustellen. Nicht im Vertrag angegebene Sicherheiten können vom Darlehensgeber nach § 494 Abs 2 S 6 nicht gefordert werden, sofern der Nettokreditbetrag 50.000 € nicht übersteigt.

32 **VIII. Angabepflicht bei Vertragsänderungen/Prolongationen.** Werden bereits bestehende Verbraucherdarlehen während der Laufzeit einvernehmlich geändert, sind die Anforderungen des § 492 grds auch für die Änderungsvereinbarung zu beachten (zum Schriftformerfordernis des Abs 1 s bereits oben Rz 2 ff). Handelt es sich um Änderungen, die sich auf die Konditionen gem S 5 Nr 1-7 auswirken, sind hinsichtlich der Änderungsvereinbarung auch die Angabepflichten nach S 5 zu beachten. Ist dies nicht der Fall oder geht es lediglich um eine Verlängerung des Darlehens zu gleichen Konditionen, dürfte ein Verweis auf den ursprünglichen Vertrag in der gesonderten Prolongationsvereinbarung und dessen Beifügung als Anlage ausreichend sein (MüKo/*Schürnbrand* Rn 19 unter Hinweis auf BGH NJW 1992, 2283, 2284).

33 **D. Immobiliardarlehensverträge (Abs 1a). I. Definition (Abs 1a S 2). 1. Allgemeine Voraussetzungen des Verbraucherdarlehens.** Nach der Legaldefinition des Abs 1a S 2 setzt ein **Immobiliardarlehensvertrag** zunächst das Vorliegen eines »Verbraucherdarlehensvertrages« voraus. Es müssen daher die allg Voraussetzungen des § 491 Abs 1 vorliegen. Anderenfalls kommen die Vorschriften über Verbraucherdarlehen bereits nicht zur Anwendung, so dass sich weitere Fragen insoweit nicht stellen.

34 **2. Abhängigkeit von grundpfandrechtlicher Absicherung.** Die Zurverfügungstellung des Darlehens muss von der Sicherung durch ein Grundpfandrecht abhängig gemacht worden sein. Nach dem Gesetzeswortlaut ist insoweit die Auszahlung des Darlehens und nicht der Abschluss des Darlehensvertrages gemeint (vgl auch BGH NJW 2002, 1199). Dies dürfte ohnehin dem praktischen Regelfall entsprechen, da im Darlehensvertrag zwar die schuldrechtliche Verpflichtung zur Bestellung einer grundpfandrechtlichen Sicherung angelegt wird (vgl auch oben zu Abs 1 S 5 Nr 7, Rz 31), die dingliche Bestellung des Rechts jedoch dem Vertragsabschluss gewöhnlich zeitlich nachfolgt, stets jedoch vor Auszahlung zu erfolgen hat (zumindest die Eintragung einer Vormerkung nach § 883). In Betracht kommen als Grundpfandrecht iSd Abs 1a S 2 Grundschulden und

Hypotheken, wobei letztere im Bankgeschäftsverkehr nur noch geringe praktische Bedeutung haben. Ob das Grundpfandrecht von dem Darlehensnehmer selbst oder einem abw Sicherungsgeber bestellt wird, ist genauso wenig von Belang wie die Rangstelle des Rechts im Grundbuch (BGH NJW 2005, 664; PWW/*Kessal-Wulf* Rn 13). Ebenfalls unerheblich für die Einordnung als Immobiliardarlehen ist es, ob das Grundpfandrecht bereits zuvor eingetragen war und ggf der Sicherung anderer Kredite oder einer Vorfinanzierung gedient hat. Erforderlich ist nur, dass die Auszahlung des neuen Darlehens von der Gewährung des Grundpfandrechts als Sicherheit auch für dieses Darlehen (durch eine neue Zweckabrede) abhängig gemacht wird (BGH NJW 2005, 2985, 2988; 2005, 664, 668). Nicht ausreichend ist dagegen die Abtretung des Rückgewähranspruchs einer nicht mehr oder nicht mehr vollständig valutierenden Grundschuld, da es sich insoweit nicht um eine dingliche Absicherung iSd Abs 1a S 2 handelt (PWW/*Kessal-Wulf* Rn 13). Die Verpflichtung zur Bestellung weiterer Sicherheiten für das Darlehen steht einer Einordnung als Immobiliardarlehen grds nicht entgegen (BGH ZIP 2004, 209; NJW 2003, 2093; NJW 2002, 3103, 3104). Das Darlehen muss jedoch so maßgeblich durch das Grundpfandrecht gesichert werden, dass die kreditgebende Bank ohne dessen Bestellung eine Auszahlung nicht vornehmen würde. Im Hinblick auf § 506 reicht es hierbei jedoch nicht aus, wenn das Grundpfandrecht im Vergleich zu weiteren zu bestellenden Sicherheiten wertmäßig eine nur völlig untergeordnete Rolle spielt (BGH WM 2003, 916, 917; München WM 2000, 130, 133; PWW/*Kessal-Wulf* Rn 13; MüKo/*Schürnbrand* Rn 79). Der Sicherung durch ein Grundpfandrecht steht es nach Abs 1a S 2 Hs 2 gleich, wenn von einer Sicherung gem § 7 Abs 3 bis 5 des Gesetzes über Bausparkassen abgesehen wird, insbes durch Erteilung einer sog »Negativerklärung« (Negativattest) nach § 7 Abs 4 Nr 1 BauSparkG (vgl auch Koblenz WM 1999, 2353):

§ 7 Sicherung der Forderungen aus Darlehen (BauSparkG)

(...) (3) Von einer Sicherung durch Grundpfandrechte kann abgesehen werden, wenn ausreichende anderweitige Sicherheiten gestellt werden (Ersatzsicherheiten).

(4) Von einer Sicherung durch Grundpfandrechte oder durch Ersatzsicherheiten kann abgesehen werden, wenn

1. der Darlehensnehmer sich gegenüber der Bausparkasse verpflichtet, eine mögliche Sicherung durch Grundpfandrechte nicht durch eine Verpfändung des als Pfandobjekt in Betracht kommenden Gegenstandes für eine andere Verbindlichkeit oder durch seine Veräußerung zu verhindern oder
2. bei einem Bauspardarlehen oder einem Darlehen nach § 4 Absatz 1 Nummer 1 eine Sicherung wegen der geringen Höhe des Darlehensbetrages nicht erforderlich erscheint.

(5) Von einer Sicherung kann abgesehen werden bei der Gewährung von Darlehen an

1. inländische Körperschaften und Anstalten des öffentlichen Rechts,
2. die Europäischen Gemeinschaften, ihre Mitgliedstaaten, andere Vertragsstaaten des Abkommens über den Europäischen Wirtschaftsraum und die Europäische Investitionsbank,
3. Regionalregierungen und örtliche Gebietskörperschaften der anderen Mitgliedstaaten der Europäischen Gemeinschaften oder der anderen Vertragsstaaten des Abkommens über den Europäischen Wirtschaftsraum, für die nach Artikel 7 der Richtlinie des Rates vom 18. Dezember 1989 über einen Solvabilitätskoeffizienten für Kreditinstitute die Gewichtung Null bekannt gegeben worden ist,
4. andere Darlehensnehmer, wenn für die Darlehen eine der in den Nummern 1 bis 3 bezeichneten Stellen die Gewährleistung übernommen hat. (...)

3. Übliche Vertragsbedingungen. Zusätzlich zu der grundpfandrechtlichen Absicherung ist es erforderlich, 35
dass das Darlehen zu Konditionen ausgereicht wird, die für solche Darlehensverträge üblich sind (Nürnberg OLGR 2008, 686). Charakteristisch für Immobiliardarlehen sind grds lange Laufzeiten und deutlich geringere Zinssätze als bei nicht grundpfandrechtlich gesicherten Darlehen (*Bruchner/Ott/Wagner-Widuwilt* § 3 VerbrKrG Rn 76 ff). Ob dies der Fall ist, ist im Wege einer Gesamtwürdigung des jeweiligen Darlehens, insbes unter Berücksichtigung von Laufzeit, Zinsen und Tilgung, zu entscheiden. Dabei stellen die in den Monatsberichten der Deutschen Bundesbank ausgewiesenen Zinssätze einen Anhaltspunkt für die Marktüblichkeit dar. Allerdings ist nicht jeder Kredit, der einen oberhalb der dort ausgewiesenen Streubreite liegenden effektiven Jahreszins vorsieht, schon deswegen von der Privilegierung ausgenommen. In diesem Fall kommt es weiter darauf an, ob das zu beurteilende Darlehen Besonderheiten aufweist, die eine Abweichung von den üblichen Sätzen rechtfertigen, zB ein erhöhtes Ausfallrisiko (ua auf Grund der Rangstelle des Grundpfandrechts), längere Zinsbindung oä (vgl BGH BKR 2004, 108, 111; WM 2003, 916, 917; 1999, 1555). Unerheblich ist der Verwendungszweck des Darlehens (PWW/*Kessal-Wulf* Rn 12; MüKo/*Schürnbrand* Rn 78). Auch auf die Einhaltung der Beleihungsgrenzen nach § 11 Abs 2 HypBkG (60 % des Grundstückswertes) bzw § 7 Abs 1 BauSparkG (80 %) kommt es nicht an (BGH WM 2003, 916, 917; 2001, 20, 21; 2000, 1245, 1247).

4. Gleichgestellte Zwischenfinanzierungen. Ebenfalls unter die Privilegierung des Abs 1a fallen Kredite, die 36
zwar die Voraussetzungen des S 2 nicht erfüllen, die aber von vornherein darauf angelegt sind, durch ein »echtes« Immobiliardarlehen abgelöst zu werden. Aufgrund des engen Zusammenhanges der Zwischenfinanzierung mit dem endgültigen Darlehen hat der Gesetzgeber es für angemessen erachtet, bereits die Zwischenfinanzierung mit einem Immobiliardarlehen gleichzusetzen (BTDrs 12/1836 S 14). Maßgeblich ist insoweit, dass die Zwischenfinanzierung lediglich der Überbrückung bis zur Auszahlung des Immobiliardarlehens dient, zB weil bei einer Baufinanzierung der endgültige Kapitalbedarf erst nach Bauabschluss feststeht, vorher

aber bereits Liquidität zur Bezahlung der Unternehmer nach Baufortschritt benötigt wird. Es ist daher zum einen zu prüfen, ob das endgültige Darlehen die Voraussetzungen des S 2 erfüllt und zum anderen, ob die Zwischenfinanzierung den Zweck hat, dieses Darlehen vorzufinanzieren. Ausreichend dürfte insoweit sein, dass der Zwischenkredit überwiegend durch ein Immobiliardarlehen abgelöst werden soll, so dass zB die geplante Ablösung eines Teils durch ein Personaldarlehen an der Privilegierung nichts ändern würde. Ob die Zwischenfinanzierung selbst bereits durch ein Grundpfandrecht gesichert ist, ist dagegen unerheblich.

37 **II. Umfang der Sonderstellung.** Durch das OLG-Vertretungsgesetz vom 23.07.2002 (BGBl I S 2850) hat die Behandlung der Immobiliardarlehen erhebliche Änderungen erfahren. Die früher in § 3 Abs 2 Nr 2 VerbrKrG und später gleichermaßen in § 491 Abs 3 Nr 1 enthaltenen weitgehenden Ausnahmeregelungen wurden deutlich eingeschränkt. Zuletzt wurde die Sonderstellung des Immobiliardarlehens auch durch das Risikobegrenzungsgesetz vom 18.08.2008 (BGBl I 2008, 1666) weiter eingeschränkt, indem § 498 Abs 3 abgeändert wurde (vgl hierzu auch § 498 Rz 14). Nunmehr gelten für Immobiliardarlehen im Vergleich zum »gewöhnlichen« Verbraucherdarlehen lediglich noch folgende Besonderheiten:
- Gemäß Abs 1 S 5 Nr 2 entfällt für Immobiliardarlehen das Erfordernis der Angabe eines Gesamtbetrages in der Vertragserklärung des Verbrauchers.
- Gemäß § 497 Abs 4 finden § 497 Abs 2 und 3 S 1, 2, 4, 5 (Kontokorrentverbot bei Zahlungsverzug des Verbrauchers, Tilgungsverrechnungsreihenfolge) keine Anwendung.
- Gemäß § 498 Abs 3 gelten bes Kündigungsvoraussetzungen (Zahlungsverzug mit zwei aufeinanderfolgenden Raten und zugleich mit mindestens 2,5 % des Nennbetrages).

Anders als vor Inkrafttreten der Änderungen durch das OLG-Vertretungsgesetz ist nunmehr auch beim Immobiliardarlehen die Ausübung eines Widerrufsrechts gem §§ 495, 355 möglich. Zudem finden die §§ 358, 359 (verbundene Verträge, Einwendungsdurchgriff) Anwendung und seit dem Inkrafttreten des Risikobegrenzungsgesetzes am 18.08.2008 gilt auch § 498.

38 **III. Hinweispflicht nach Abs 1a S 2.** S 2 wurde durch das am 18.08.2008 verkündete und in Kraft getretene Risikobegrenzungsgesetz (BGBl I 2008, 1666) eingefügt. Hiernach hat der Darlehensgeber bei Immobiliardarlehen durch einen »deutlich gestalteten Hinweis« im Vertrag hervorzuheben, dass eine Abtretung der Ansprüche aus dem Vertrag bzw eine Übertragung des gesamten Darlehensvertrages auf einen Dritten erfolgen kann. Eine solche Hinweispflicht entfällt nur, soweit die Abtretung bzw Übertragung vertraglich ausgeschlossen bzw von der Zustimmung des Darlehensnehmers abhängig gemacht worden ist. Der Gesetzgeber hat für die Ausgestaltung des Hinweises denselben Begriff verwendet wie in § 355, so dass hier auch entspr Anforderungen zu stellen sind (vgl hierzu im Einzelnen § 355 Rz 16). Zweck der Regelung ist es, dem Darlehensnehmer gerade bei den üblicherweise langfristigen Immobiliendarlehen die Möglichkeit der Abtretung bzw Übertragung des Vertrages deutlicher vor Augen zu führen und ihn ggf zu Verhandlungen mit dem Darlehensgeber über einen vertraglichen Abtretungsausschluss anzuhalten (*Schalast* BB 2008, 2190, 2192). Auf andere als die im Gesetz genannten rechtsgeschäftlichen Möglichkeiten des Übergangs von Ansprüchen des Darlehensgebers auf einen Dritten ist der Darlehensnehmer nicht hinzuweisen. Nur soweit ein Abtretungsausschluss gem § 399 mit dem Darlehensnehmer vereinbart wird, entfällt die Hinweispflicht. Soll nach den Vertragsbedingungen zB eine Abtretung ohne Zustimmung des Darlehensnehmers für den Fall möglich bleiben, dass er seinen Zahlungspflichten nicht nachkommt, so muss dies in einem Hinweis nach S 2 klargestellt werden. Bei Vereinbarung eines umfassenden Abtretungsausschlusses bleibt der Darlehensgeber iÜ auch an den Darlehensnehmer gebunden, wenn der Kredit Not leidend wird (*Köchling*, ZInsO 2008, 849; *Schalast* BB 2008, 2190, 2192). Dieses Ziel wurde vom Gesetzgeber mit dem Risikobegrenzungsgesetz auch gerade verfolgt, denn Auslöser für die Regelungen war der umstr Handel mit sog *»non-performing loans«* (vgl zum Hintergrund *Schalast* BB 2008, 2190 f). Ein Verstoß gegen die Hinweispflicht lässt die Wirksamkeit des Darlehensvertrages unberührt. Der Darlehensnehmer kann im Falle eines Schadens jedoch Ersatzansprüche gegen den Darlehensgeber geltend machen (*Schalast* BB 2008, 2190, 2192).

39 **E. Erklärungsabschrift für Darlehensnehmer, Abs 3.** Abs 3 verschafft dem Verbraucher einen Rechtsanspruch auf Aushändigung einer Abschrift der Vertragserklärungen des Darlehensgebers und des Verbrauchers. Gemäß § 355 Abs 2 S 3 beginnt die Widerrufsfrist des § 355 Abs 1 nicht vor Übergabe an den Verbraucher, was der Darlehensgeber im Zweifel zu beweisen hat. IÜ ist die Nichterfüllung dieser Verpflichtung jedoch folgenlos, insbes ist die Übergabe keine Wirksamkeitsvoraussetzung für den Verbraucherdarlehensvertrag (PWW/*Kessal-Wulf* Rn 1; MüKo/*Schürnbrand* Rn 86). Die Vorschrift soll insbes sicherstellen, dass dem Verbraucher alle notwendigen Informationen für die Entscheidung über die Ausübung des Widerrufsrechts nach § 355 zur Verfügung stehen. Die Übergabe eines unterzeichneten Exemplars ist nicht erforderlich.

40 **F. Stellvertretung beim Vertragsabschluss, Abs 4. I. Geltung der Formvorschriften des § 492 (Abs 4 S 1).** Erteilt ein Darlehensnehmer eine Vollmacht zum Abschluss eines Verbraucherdarlehensvertrages, so sind nach Abs 4 S 1 abw von § 167 Abs 2 aus Transparenzgründen bereits für die Vollmachtserteilung die Formvorschriften der Abs 1 und 2 zu beachten (vgl zum Hintergrund BTDrs 14/7052 S 201; MüKo/*Schürnbrand* Rn 88 f). Neben der nach Abs 1 S 1 geltenden Schriftform für die Vollmacht ist insbes zu beachten, dass auch die Pflicht-

angaben des Abs 1 S 5 in die Vollmacht selbst aufzunehmen sind. Praktisch bedeutet dies, dass die Vollmacht zum Abschluss des Vertrages erst dann erteilt werden kann, wenn diese Angaben feststehen. Diese können allerdings durch einen Vertreter des Verbrauchers ausgehandelt werden, ohne dass es bei dessen Bevollmächtigung auf die Einhaltung des Abs 4 ankommen würde. Erst für den Abschluss des Vertrages selbst müsste dem Vertreter eine gesonderte entspr gestaltete Vollmachtsurkunde erteilt werden. Besonders praktikabel ist diese Vorgehensweise freilich nicht. Schließt der Vertreter einen zugunsten des Verbrauchers von den Angaben in der Vollmacht abw Darlehensvertrag ab, ist dieser von einer wirksamen Vollmacht als gedeckt anzusehen, da dem Schutz des Verbrauchers als Sinn und Zweck des Abs 4 hinreichend Rechnung getragen ist (MüKo/*Schürnbrand* Rn 95). Der Verweis auf Abs 1 hat im Hinblick auf die dortigen Sätze 3 und 4 keine Bedeutung, da es sich bei der Vollmachtserteilung um ein einseitiges Rechtsgeschäft handelt. Mangels Verweises auf Abs 4 ist eine Anwendung der Vorschriften auf Finanzierungshilfen gem §§ 499 bis 502 nicht vorgesehen. Insoweit verbleibt es bei der Geltung des § 167 Abs 2 (BGH NJW 2001, 1931, krit hierzu *Ulmer* BB 2001, 1365 ff).

II. Folgen eines Verstoßes. Eine Nichtbeachtung des Abs 4 S 1 hat die Nichtigkeit der Vollmacht gem § 494 Abs 1 zur Folge. Der Bevollmächtigte handelt in diesem Fall als vollmachtloser Vertreter und haftet dem Vertragspartner nach § 179 persönlich auf Erfüllung oder Schadensersatz, falls der Verbraucher die nachträgliche Genehmigung des Vertrages verweigert. Die Genehmigung kann gem § 182 Abs 2 grds formfrei erteilt werden. Dies führt dazu, dass die Regelung des Abs 4 S 1 dadurch umgangen werden könnte, dass der Verbraucher den wegen § 494 Abs 1 von einem vollmachtlosen Vertreter geschlossenen Vertrag anschließend formfrei genehmigt (für Grundstückskaufvertrag vgl BGH NJW 1994, 1344). Auf diese Weise würde der Verbraucher im Zweifel von den Pflichtinhalten des Vertrages gem Abs 1 S 5 keine Kenntnis erlangen, wie es an sich Zweck der Regelung ist. IdR bliebe dem Verbraucher in diesem Fall jedoch der Schutz durch das Widerrufsrecht weiterhin erhalten, da gem § 355 Abs 3 S 3 die Frist mangels Belehrung nicht zu laufen beginnt. Es wäre allerdings in Betracht zu ziehen, dass eine wirksame Genehmigung des Vertrages nach § 182 in entspr Anwendung des Abs 4 S 1 die Kenntnis des Verbrauchers von den Pflichtangaben des Abs 1 S 5 voraussetzt (so MüKo/*Schürnbrand* Rn 97). Wird das Darlehen trotz der Nichtigkeit der Vollmacht ausgezahlt, tritt gem § 492 Abs 2 eine Heilung des Mangels ein. Abs 2 bezieht sich nach seiner Formulierung auch grds auf diesen Fall. Allerdings scheidet ein Wirksamwerden des Vertrages dann aus, wenn der Verbraucher bereits vor Auszahlung die Genehmigung des Vertrages ausdrücklich abgelehnt hat. Über § 494 Abs 2 kann der Vertrag nicht gegen den erklärten Willen des Verbrauchers geschlossen werden. Es verbleibt dann bei der Haftung des vollmachtlosen Vertreters nach § 179, soweit diese nicht durch § 179 Abs 3 ausgeschlossen ist. Dies dürfte regelm der Fall sein, da dem Darlehensgeber die Nichtigkeit der Vollmacht jedenfalls in Folge von Fahrlässigkeit unbekannt geblieben sein dürfte, wenn dieser sich die schriftliche Vollmacht nicht vorlegen lässt bzw diese nicht im Hinblick auf Abs 4 S 1 überprüft. Im Falle der Heilung des Vollmachtsmangels durch Auszahlung des Darlehens während der Schwebezeit, also nach Abschluss und vor einer Erteilung bzw Verweigerung der Genehmigung, wird der Vertrag zwar nachträglich gültig, allerdings mit den Sanktionen des § 494 Abs 2. Auch in diesem Fall ist zu beachten, dass die Frist für das Widerrufsrecht des Verbrauchers nicht zu laufen beginnt, ehe er ordnungsgem hierüber belehrt worden ist, vgl § 355 Abs 2, 3. 41

III. Ausnahmen (Abs 4 S 2). S 2 nimmt Prozessvollmachten (§§ 80 ff ZPO) und notarielle Vollmachten von den Formvorschriften des S 1, Abs 1, 2 aus. Für diese Vollmachten verbleibt es daher bei § 167 Abs 2, so dass die Pflichtangaben des Abs 1 S 5 grds nicht in die Vollmacht aufzunehmen sind. Der Anwendungsbereich der Prozessvollmachten erstreckt sich in diesem Zusammenhang allein auf den Abschluss von Verbraucherdarlehensverträgen im Rahmen eines gerichtlichen Verfahrens (§§ 81, 82 ZPO), etwa in einem gerichtlichen Vergleich. Die Freistellung notarieller Vollmachten läuft dem erklärten Ziel des Gesetzgebers zuwider, einer Umgehung der Schutzvorschrift des § 492 etwa durch Strukturvertriebe entgegenzuwirken (BTDrs 14/7052 S 201), die sich regelm solcher Vollmachten bedienen. Der Gesetzgeber hat versucht, dieses Problem dadurch zu entschärfen, dass durch das OLG-Vertretungsgesetz in § 17 Abs 2a BeurkG ein S 2 eingefügt wurde, wonach der Notar bei Verbraucherverträgen auf das persönliche Erscheinen des Verbrauchers hinwirken soll (BTDrs 14/9266 S 50 f). Sofern durch die Erteilung einer notariellen Vollmacht bewusst der § 492 Abs 1 S 5 umgangen werden soll, ist zudem an die Anwendung des § 506 Abs 1 S 2 zu denken (MüKo/*Schürnbrand* Rn 102). 42

Eine teleologische Reduktion des § 167 Abs 2 dahingehend, dass die Pflichtangaben des Abs 1 S 5 in die Vollmacht aufzunehmen sind, wird von der Rspr abgelehnt (BGH NJW 2001, 1931; 1997, 909, 910; 1996, 1467; Karlsruhe WM 2001, 356, 358; Frankfurt aM WM 2001, 353, 354). Nach anderer Ansicht soll jedenfalls dann im Wege der teleologischen Reduktion des § 167 Abs 2 von einer Verpflichtung zur Aufnahme der Angaben des Abs 1 S 5 in die Vollmacht auszugehen sein, wenn der Verbraucher durch die Erteilung der Vollmacht tatsächlich oder rechtlich bereits wie beim Vertragsschluss gebunden wird, etwa weil die Vollmacht unwiderruflich erteilt wurde oder der Bevollmächtigte »im Lager« des Darlehensgeber steht (MüKo/*Schürnbrand* Rn 88 mwN; Palandt/*Putzo* Rn 21; *Herresthal* JuS 2002, 844). Dies dürfte auch sachgerecht sein. Der Gesetzgeber hat allerdings trotz Kenntnis von dieser Problematik weder im Rahmen des Schuldrechtsmodernisierungsgesetzes 43 noch des OLG-Vertretungsgesetzes Anlass gesehen, eine Änderung des § 494 Abs 4 herbeizuführen, so dass die vorstehende Ansicht in der Praxis kaum noch vertretbar erscheint. Vollmachten, die vor Inkrafttreten des § 492 Abs 4 (01.01.2002) erteilt wurden, behalten weiterhin ihre Gültigkeit und können zum Abschluss von Neuverträgen eingesetzt werden, auch wenn sie den Vorschriften des Abs 4 nicht entsprechen (BTDrs 14/7052 S 201; Palandt/*Putzo* Rn 22; krit *Wittig/Wittig* WM 2002, 145, 152). Praktisch dürfte dies inzwischen allerdings kaum noch eine Rolle spielen.

§ 492a Unterrichtungspflichten während des Vertragsverhältnisses. **[1] Ist im Darlehensvertrag ein fester Zinssatz vereinbart und endet die Zinsbindung vor der für die Rückzahlung bestimmten Zeit, unterrichtet der Darlehensgeber den Darlehensnehmer spätestens drei Monate vor Ende der Zinsbindung darüber, ob er zu einer neuen Zinsbindungsabrede bereit ist. Erklärt sich der Darlehensgeber hierzu bereit, muss die Unterrichtung den zum Zeitpunkt der Unterrichtung vom Darlehensgeber angebotenen Zinssatz enthalten.**

[2] Der Darlehensgeber unterrichtet den Darlehensnehmer spätestens drei Monate vor Beendigung eines Darlehensvertrages darüber, ob er zur Fortführung des Darlehensverhältnisses bereit ist. Erklärt sich der Darlehensgeber zur Fortführung bereit, muss die Unterrichtung die zum Zeitpunkt der Unterrichtung gültigen Pflichtangaben aus § 492 Absatz 1 Satz 5 enthalten.

[3] Wurden Forderungen aus dem Darlehensvertrag abgetreten, treffen die Pflichten nach den Absätzen 1 und 2 auch den neuen Gläubiger, wenn nicht der bisherige Gläubiger mit dem neuen Gläubiger vereinbart hat, dass im Verhältnis zum Darlehensnehmer weiterhin allein der bisherige Darlehensgeber auftritt.

1 **A. Allgemeines.** Durch § 492a, der auf das **Risikobegrenzungsgesetz** vom 18.08.2008 zurückgeht (BGBl I 2008, 1666; vgl hierzu *Schalast* BB 2008, 2190 ff; *Koch* ZBB 2008, 232 ff), werden Unterrichtungspflichten des Darlehensgebers bei einem bereits laufenden Vertragsverhältnis eingeführt. Rechtzeitig vor Ablauf einer Zinsbindungsfrist bzw der Fälligkeit des (Rest-)Darlehens soll der Darlehensnehmer vom Darlehensgeber informiert werden, ob das Darlehensverhältnis fortgeführt werden kann und welche Konditionen aktuell gelten würden. Anliegen der Vorschrift ist die Erhöhung der Transparenz und die Eröffnung der Möglichkeit für den Darlehensnehmer, sich vorab auf dem Kapitalmarkt nach besseren Angeboten umsehen zu können. Ein Anspruch auf Fortsetzung des Darlehensvertrages ergibt sich aus der Vorschrift nicht. Für den Darlehensnehmer hat die Mitteilung des Darlehensgebers daher auch eine gewisse Warnfunktion dahingehend, sich ggf rechtzeitig um eine anderweitige Ablösung des Kredites zu kümmern. Die Vorschrift gilt für alle Darlehen, also nicht nur Immobiliardarlehen. Nicht anwendbar ist die Regelung allerdings auf bereits gekündigte Not leidende Darlehen, da hier die vertraglichen Zinsvereinbarungen auf Grund der Kündigung ohnehin bereits beendet sind und die Fortsetzung eines gewöhnlichen Darlehensverhältnisses nicht mehr in Betracht kommt (vgl auch *Schalast* BB 2008, 2190, 2192).

2 **B. Unterrichtungspflicht vor Ablauf einer Zinsbindung (Abs 1).** Ist in einem Darlehensvertrag ein anfänglicher (also ein vor Rückzahlung des gesamten Darlehens auslaufender) Festzins vereinbart, so hat der Darlehensgeber dem Darlehensnehmer spätestens drei Monate vor Ablauf der Zinsbindung mitzuteilen, ob er zu einer neuen Zinsfestschreibung bereit ist (S 1). Wenn dies der Fall ist, hat der Darlehensgeber dem Darlehensnehmer gleichzeitig den aktuell geltenden Zinssatz für ein solches Darlehen mitzuteilen (S 2). Gemeint ist mangels anderweitiger Angaben der Norminalzinssatz. Der Darlehensnehmer soll so in die Lage versetzt werden, etwaige Veränderungen, insbes Mehrkosten, in etwa abschätzen und Vergleichsangebote einholen zu können. Ob die bloße Mitteilung des Nominalzinssatzes für einen Marktvergleich insoweit ausreichend ist, erscheint allerdings eher zweifelhaft. Die Unterrichtspflicht gem Abs 1 besteht nach dem Wortlaut der Vorschrift auch dann, wenn im Darlehensvertrag bereits vereinbart ist, dass nach Ablauf der Zinsfestschreibung der dann aktuelle variable Zinssatz für Darlehen dieser Art gelten soll. Besondere Anforderungen an die Mitteilungspflicht werden im Gesetz nicht gestellt, so dass es dem Darlehensgeber überlassen ist, wie er die Unterrichtung vornimmt. Da eine Verletzung dieser Pflicht aber Schadensersatzansprüche des Darlehensnehmers auslösen kann, sollte der Darlehensgeber dies schon aus eigenen Schutzinteressen in geeigneter (schriftlicher oder elektronischer) Form tun. S 2 verpflichtet den Darlehensgeber nicht, bereits drei Monate vor Ablauf der Zinsfestschreibung ein bindendes rechtsgeschäftliches Angebot abzugeben. Vielmehr erschöpft sich die Unterrichtungspflicht in einer bloßen Information über die zu diesem Zeitpunkt aktuellen Konditionen. Es wäre angesichts der Vorlaufzeit von mindestens drei Monaten für den Darlehensgeber auch unangemessen, wenn ihm hier die Verpflichtung zur Abgabe eines bindenden Angebotes auferlegt werden würde. Der Darlehensgeber ist jedoch andererseits nach dem Wortlaut der Regelung auch nicht gehindert, ein verbindliches Angebot für die Zeit nach Ablauf der Zinsfestschreibung abzugeben, dessen Annahme auch mit einer kürzeren als der in S 2 genannten Zeitspanne befristet werden kann. Es bliebe dann dem Darlehensnehmer überlassen, ob er ein solches Angebot bereits innerhalb einer ggf gesetzten Frist annimmt oder ob er sich anderweitig orientieren will.

C. Unterrichtungspflicht vor Fälligkeit der Rückzahlungsforderung (Abs 2). Gem Abs 2 trifft den Darlehensgeber ebenfalls eine Unterrichtungspflicht spätestens drei Monate vor Fälligkeit der Rückzahlungsverpflichtung (S 1). Dies ist zB relevant bei einem Festdarlehen, das zu einem bestimmten Termin insgesamt zur Rückzahlung fällig ist, aber auch bei einem Tilgungsdarlehen, bei dem eine größere Schlussrate (»Ballonrate«) fällig wird. Sofern der Darlehensgeber bereit ist, das Darlehen fortzuführen, hat er gemäß S 2 in die Unterrichtung nach S 1 sämtliche Pflichtangaben nach § 492 Abs 1 S 5 bezogen auf die aktuell von ihm angebotenen Konditionen aufzunehmen (vgl zu den Einzelheiten § 492 Rz 11 ff). Auch insoweit sieht die Vorschrift kein verbindliches Angebot des Darlehensgebers vor (s hierzu bereits Rz 2). 3

D. Unterrichtungspflicht im Falle der Abtretung (Abs 3). Für den Fall, dass der Darlehensgeber die Ansprüche aus dem Darlehensvertrag an einen Dritten abtritt, stellt Abs 3 sicher, dass die Unterrichtungspflicht auch den neuen Gläubiger trifft. Dies gilt nur dann nicht, wenn der neue Gläubiger gegenüber dem Darlehensnehmer nicht in Erscheinung tritt, sondern auf Grund der Vereinbarung zwischen altem und neuem Gläubiger die Abwicklung des Vertrages mit dem Darlehensnehmer weiterhin dem alten Gläubiger obliegen soll. Dies ist zB im Falle einer sog »stillen Zession« gegeben. Dies korrespondiert mit der ebenfalls neu eingefügten Regelung des § 496 Abs 2 S 2. Nach der Gesetzesbegründung soll durch die Unterrichtungspflicht auch für den neuen Gläubiger verhindert werden, dass der Darlehensnehmer nur von dem alten Gläubiger, der nach Abtretung kein besonderes Interesse mehr an der Fortführung des Darlehens hat, (ggf bewusst ungünstige) Konditionen mitgeteilt bekommt. Vielmehr soll auch der neue Gläubiger, der eher an einer Fortführung interessiert sein dürfte, seine Konditionen mitteilen müssen. Ob diese Regelung im Bankgeschäftsverkehr tatsächlich praktische Relevanz erlangt, sei dahingestellt. 4

§ 493 Überziehungskredit.

[1] Die Bestimmungen des § 492 gelten nicht für Verbraucherdarlehensverträge, bei denen ein Kreditinstitut einem Darlehensnehmer das Recht einräumt, sein laufendes Konto in bestimmter Höhe zu überziehen, wenn außer den Zinsen für das in Anspruch genommene Darlehen keine weiteren Kosten in Rechnung gestellt werden und die Zinsen nicht in kürzeren Perioden als drei Monaten belastet werden. Das Kreditinstitut hat den Darlehensnehmer vor der Inanspruchnahme eines solchen Darlehens zu unterrichten über

1. die Höchstgrenze des Darlehens,
2. den zum Zeitpunkt der Unterrichtung geltenden Jahreszins,
3. die Bedingungen, unter denen der Zinssatz geändert werden kann,
4. die Regelung der Vertragsbeendigung.

Die Vertragsbedingungen nach Satz 2 Nummer 1 bis 4 sind dem Darlehensnehmer spätestens nach der ersten Inanspruchnahme des Darlehens zu bestätigen. Ferner ist der Darlehensnehmer während der Inanspruchnahme des Darlehens über jede Änderung des Jahreszinses zu unterrichten. Die Bestätigung nach Satz 3 und die Unterrichtung nach Satz 4 haben in Textform zu erfolgen; es genügt, wenn sie auf einem Kontoauszug erfolgen.

[2] Duldet das Kreditinstitut die Überziehung eines laufenden Kontos und wird das Konto länger als drei Monate überzogen, so hat das Kreditinstitut den Darlehensnehmer über den Jahreszins, die Kosten sowie die diesbezüglichen Änderungen zu unterrichten; dies kann in Form eines Ausdrucks auf einem Kontoauszug erfolgen.

A. Allgemeines. Auch im Bankgeschäftsverkehr mit Verbrauchern besteht das praktische Bedürfnis nach unkomplizierter und unbürokratischer Kreditvergabe und -inanspruchnahme, die sich mit den Formvorschriften des § 492 nicht ohne weiteres vereinbaren lassen. § 493 nimmt daher die klassischen Überziehungskredite auf Girokonten, die eine erhebliche praktische Bedeutung haben, von den Vorschriften des § 492 aus und beschränkt sich auf vereinfachte Informationspflichten für die Banken, um für den Verbraucher trotz einfacherer Abwicklung ein Mindestmaß an Transparenz zu erhalten (vgl BTDrs 11/5462 S 20). Da § 492 bei Überziehungskrediten nicht greift, finden auch die Sanktionen des § 494 keine Anwendung. Gemäß § 495 Abs 2 hat der Verbraucher im Hinblick auf solche Kredite auch kein Widerrufsrecht nach § 355. Dies ist allerdings ohnehin nicht erforderlich, weil der Verbraucher einen **Überziehungskredit** unabhängig von einer Kündigung jederzeit zurückführen und von einer weiteren Inanspruchnahme absehen kann. Die Vorschrift enthält im Überblick folgende Regelungsbereiche: 1

- Abs 1
  - In S 1 wird zunächst der »Überziehungskredit« im Sinne der Norm definiert.
  - S 2 bestimmt die Informationspflichten des Darlehensgebers vor der Inanspruchnahme eines vereinbarten Überziehungskredites.
  - Sätze 3 bis 5 regeln die inhaltlichen und formalen Voraussetzungen der Informationspflichten nach Inanspruchnahme des vereinbarten Überziehungskredites und bei Änderung der Konditionen.
- Abs 2
  - Abs 2 enthält bes Informationspflichten für den Darlehensgeber bei sog »geduldeten Überziehungen« (Inanspruchnahmen ohne vorherige Vereinbarung) von länger als drei Monaten Dauer.

2 **B. Überziehungskredit (Abs 1 S 1). I. Persönliche Voraussetzungen.** Anders als beim Verbraucherdarlehen nach § 491 Abs 1 muss auf Darlehensgeberseite nicht nur ein Unternehmer iSd § 14, sondern ein Kreditinstitut im Sinne der Legaldefinition des § 1 Abs 1 KWG beteiligt sein. Darlehensnehmer muss ein Verbraucher iSd § 13 sein. Es scheiden daher Überziehungskredite für eine bereits ausgeübte selbständige oder gewerbliche Tätigkeit von vornherein aus. Sind mehrere Personen Mitkontoinhaber und Vertragspartner des Kreditinstituts (sog »oder-« bzw »und-Konten«), sind die Voraussetzungen der Anwendbarkeit jeweils gesondert zu prüfen (vgl hierzu bereits § 491 Rz 5). Die Informationspflichten des § 493 sind ggü jedem Verbraucher als Vertragspartner gesondert zu erfüllen.

3 **II. Sachliche Voraussetzungen. 1. Laufendes Konto.** Bei dem »laufenden Konto« iSd Abs 1 S 1 hat der Gesetzgeber das gewöhnliche Lohn- und Gehaltskonto des Verbrauchers mit regelm Eingängen vor Augen gehabt (BTDrs 11/5462 S 20), das normalerweise als »Guthabenkonto« für den laufenden Zahlungsverkehr geführt wird, jedoch bei bes Kapitalbedarf gelegentlich und idR kurzfristig auch einmal »überzogen« wird (PWW/*Kessal-Wulf* Rn 2; MüKo/*Schürnbrand* Rn 13). Dem »laufenden Konto« liegt ein Girovertrag zwischen dem Kreditinstitut und dem Verbraucher gem § 676 f zugrunde. Nach den AGB der Banken und Sparkassen werden solche Girokonten zudem als Kontokorrent iSd § 355 HGB geführt (vgl zu den Einzelheiten PWW/*Fehrenbacher* § 676 f Rn 1 ff; Palandt/*Sprau* § 676 f Rn 1 ff). Das »laufende Konto« setzt also insbes regelm Eingänge, zB aus Lohn und Gehalt oder sonstigen Bezügen, und die Abwicklung des allg Zahlungsverkehrs über dieses Konto voraus. Ausreichend dürfte daher auch ein Konto sein, auf dem Mieteinnahmen und laufende Kosten für das Mietobjekt verbucht werden (MüKo/*Schürnbrand* Rn 13). Nicht unter den Begriff des »laufenden Kontos« fallen dagegen solche Girokonten, die zB extra zur Auszahlung eines Darlehens eingerichtet worden sind (LG Berlin WM 1999, 2156). Ebenfalls nicht erfasst sind nur vorübergehend eingerichtete sog »Baukonten«, die der Abwicklung der Zahlungen für ein Bauvorhaben dienen und bei denen ein Kreditrahmen eingerichtet ist (PWW/*Kessal-Wulf* Rn 2). Auch das vom Kartenunternehmen für den Verbraucher geführte Kreditkartenkonto ist nicht als »laufendes Konto« in diesem Sinne anzusehen, da diesem das typische Gepräge der regelm Verbuchung von Einnahmen und Ausgaben fehlt (MüKo/*Schürnbrand* Rn 14). Ein laufendes Konto im Sinne der Norm verliert allerdings nicht dadurch seinen Charakter als solches, dass der Verbraucher es dauerhaft überzieht und ggf seine Bezüge sodann auf ein anderes Konto umleitet (Palandt/*Putzo* Rn 6; MüKo/*Schürnbrand* Rn 15).

4 **2. Überziehung in bestimmter Höhe.** Dem Verbraucher muss des Weiteren das Recht eingeräumt worden sein, das Konto »in bestimmter Höhe zu überziehen«. Dies setzt die Festlegung eines bestimmten Betrages als Kreditrahmen voraus (Köln WM 1999, 1003; PWW/*Kessal-Wulf* Rn 3; MüKo/*Schürnbrand* Rn 16). Die Höhe orientiert sich idR an den auf dem Konto eingehenden monatlichen Bezügen (zB 2-3fache des durchschnittlichen Habenumsatzes, vgl BTDrs 11/5462 S 20) und wird ohne bestimmte Zweckbindung gewährt (PWW/*Kessal-Wulf* Rn 3). Die Inanspruchnahme und die Rückführung müssen ferner dem Verbraucher überlassen sein. Kontokorrentratenkredite, bei denen die ratenweise Rückführung des Kreditrahmens ähnl einem Teilzahlungsdarlehen vereinbart ist, werden daher nicht nach § 493 privilegiert (BTDrs 11/5462 S 19; MüKo/*Schürnbrand* Rn 14). Bei der Höhe des Überziehungskredits ist ferner die Ausnahmevorschrift des § 491 Abs 2 Nr 1 zu berücksichtigen. Auch § 493 kommt erst zur Anwendung, wenn die Bagatellgrenze von 200 € überschritten wird (MüKo/*Schürnbrand* Rn 4; PWW/*Kessal-Wulf* Rn 8).

5 **3. Eingeschränkte Gegenleistung.** Das Kreditinstitut darf für die Inanspruchnahme außer Zinsen keine weiteren Kosten in Rechnung stellen (zB einmaliges Bearbeitungsentgelt, Versicherungskosten, Vermittlungsprovisionen, Kosten einer etwaigen Sicherstellung etc). Dies bezieht sich jedoch allein auf Kosten der Inanspruchnahme des Überziehungskredites. Die Berechnung von Kontoführungsentgelten (zB für die Ausführung von Überweisungen, Daueraufträgen etc) ist insoweit unschädlich, da sie nichts mit dem Überziehungskredit als solchem zu tun hat, sondern die Vergütung anderer Leistungen beinhaltet (PWW/*Kessal-Wulf* Rn 3; Palandt/*Putzo* Rn 8; MüKo/*Schürnbrand* Rn 18). Die Abrechnungsperioden iSd § 355 HGB für die Zinsen dürfen nicht kürzer als drei Monate sein. Dies bezweckt einen Schutz des Verbrauchers vor einem übermäßigen Zinseszinseffekt und führt zudem dazu, dass der dem Verbraucher nach Abs 1 S 2 Nr 2 mitzuteilende Nominalzins nah an dem effektiven Jahreszinssatz liegt (BTDrs 11/5462 S 20; PWW/*Kessal-Wulf* Rn 3).

6 **C. Informationspflichten beim »vereinbarten Überziehungskredit« (Abs 1 Sätze 2 bis 5). I. Allgemeines.** Anstelle der Formvorschriften des § 492 bestehen beim Überziehungskredit bestimmte Informationspflichten, die sich dem Umfang nach zum einen nach dem Zeitpunkt (vor und nach Inanspruchnahme des Überziehungskredites) und zum anderen nach der Art der Überziehung (vereinbarte oder nur geduldete oder gar aufgedrängte Überziehung) richten.

7 **II. Informationspflichten vor der Inanspruchnahme (S 2).** Hat das Kreditinstitut mit dem Verbraucher einen Überziehungskredit im og Sinne vereinbart, muss sie diesen vor der ersten Inanspruchnahme über folgende Punkte unterrichten:

- Nr 1: Höchstgrenze des Darlehens. Dies ist der Geldbetrag, bis zu dem der Verbraucher sein laufendes Konto überziehen darf (vgl Rz 4).

- Nr 2: Jahreszins zum Zeitpunkt der Unterrichtung. Dies ist der nominelle Jahreszins entspr § 492 Abs 1 S 5 Nr 4 (BTDrs 5462 S 20; PWW/*Kessal-Wulf* Rn 4; Palandt/*Putzo* Rn 10; MüKo/*Schürnbrand* Rn 23).
- Nr 3: die Bedingungen, unter denen der Zinssatz geändert werden kann. Die Angabepflicht entspricht der in § 492 Abs 1 S 5 Nr 5 (vgl dort Rz 23). Ein Verweis auf die allg Regelung zur Anpassung variabler Zinsen in den AGB Banken bzw Sparkassen ist zulässig (MüKo/*Schürnbrand* Rn 24).
- Nr 4: Regelungen der Vertragsbeendigung. Diese Angabepflicht entspricht der in § 492 Abs 1 S 5 Nr 3 (vgl dort Rz 18). Ein Verweis auf die allg Kündigungsregelungen in den AGB Banken bzw Sparkassen ist zulässig (MüKo/*Schürnbrand* Rn 25; vgl allg zu den Voraussetzungen des Kündigungsrechts § 488 Rz 71 ff).

Anders als für die nachträgliche Unterrichtungspflicht in den Sätzen 3 und 4 fehlt es für die vorhergehende Information des Verbrauchers an einer Regelung der Form. Das Kreditinstitut kann daher frei entscheiden, wie es diese vornehmen will. Es muss jedoch berücksichtigen, dass es im Zweifel für die Einhaltung der Informationspflichten beweispflichtig ist, so dass von einer mündlichen Benachrichtigung abgesehen werden sollte. Das Kreditinstitut kann sich für die Unterrichtung des Verbrauchers zB auch auf einen Abdruck im Kontoauszug beschränken, wie es nach S 5 für die nachträgliche Information ausdrücklich vorgesehen ist. Soweit es sich nicht um individuelle Angaben (wie die Höchstgrenze) handelt, genügt auch ein Aushang in den für den Verbraucher zugänglichen Geschäftsräumen oder eine Aufnahme in die AGB bzw den Preisaushang. Es ist allerdings darauf zu achten, dass eine zumutbare Möglichkeit der Kenntnisnahme besteht (MüKo/*Schürnbrand* § 493 Rn 26; Palandt/*Putzo* § 493 Rn 12).

III. Informationspflichten nach und während der Inanspruchnahme (Sätze 3, 4). 1. Bestätigung der Vertragsbedingungen. a) Inhalt und Zeitpunkt. Spätestens nach der ersten Inanspruchnahme des eingeräumten Überziehungskredits hat das Kreditinstitut dem Verbraucher die vorstehenden Vertragsbedingungen gem S 2 zu bestätigen. Dem Verbraucher sollen hierdurch die wirtschaftlichen Konsequenzen der Überziehung nochmals vor Augen geführt werden. Der Inhalt entspricht der Informationspflicht vor Inanspruchnahme, wobei der zum Zeitpunkt der Bestätigung geltende Zinssatz anzugeben ist (PWW/*Kessal-Wulf* Rn 5). Die Vertragsbedingungen sind nur einmal zu bestätigen. Nimmt der Verbraucher den Überziehungskredit mehrfach in Anspruch, ist die Bestätigung daher nicht jedes Mal zu wiederholen (MüKo/*Schürnbrand* Rn 27). Die Bestätigung kann auch bereits zusammen mit der Unterrichtung nach S 2 vor der Inanspruchnahme erfolgen (PWW/*Kessal-Wulf* Rn 5; Palandt/*Putzo* Rn 13). Eine gesonderte Bestätigung nach Inanspruchnahme entfällt in diesem Fall. Eine bestimmte Frist für die Bestätigung nach der ersten Inanspruchnahme ergibt sich aus dem Gesetz nicht. Die Benachrichtigung hat jedoch nach dem Sinn und Zweck der Norm seitens des Kreditinstituts unverzüglich zu erfolgen. Bei einer Benachrichtigung des Verbrauchers über den Kontoauszug (S 5) muss erwartet werden, dass diese in dem auf die erste Inanspruchnahme des Überziehungskredits vereinbarungsgem folgenden Auszug erfolgt (PWW/*Kessal-Wulf* Rn 5). Wann der Kunde diesen abholt bzw am Kontoauszugsdrucker abfordert, ist für die Erfüllung der Bestätigungspflicht unerheblich. Das Kreditinstitut hat jedoch dafür Sorge zu tragen, dass dem Verbraucher die Informationen ggf per Post übermittelt werden, wenn er ersichtlich seine Kontoauszüge nicht innerhalb der üblichen Zeitspannen (4-6 Wochen) abfordert (PWW/*Kessal-Wulf* Rn 5; MüKo/*Schürnbrand* Rn 29). Diese Verfahrensweise ist ohnehin banküblich, wenn ein Kunde seine Kontoauszüge über einen längeren Zeitraum zB nicht ausdruckt, und liegt auch aus anderen Gründen im Interesse der Bank (zB zeitnahe Erhebung von Einwendungen gegen Buchungen auf dem Konto). 8

b) Form. Anders als bei der Unterrichtung nach S 2 schreibt S 5 für die nachträgliche Bestätigung die Textform nach § 126b vor (s zu den allg Anforderungen PWW/*Ahrens* § 126b Rn 1 ff; Palandt/*Heinrichs* § 126b Rn 1 ff). Neben einer schriftlichen Benachrichtigung per Brief oder Telefax kommen danach insbes Computer-Fax, E-Mail oder SMS in Betracht (PWW/*Ahrens* § 126b Rn 4). Denkbar wäre auch die Bereitstellung der Informationen auf der Internet-Seite des Kreditinstituts (zB im persönlichen Homebanking-Bereich des Verbrauchers). Voraussetzung für die Erfüllung der Textform nach § 126b ist in diesem Fall allerdings, dass es zu einem Herunterladen (Download) der Information als Datei auf den Computer des Verbrauchers kommt, weil diesem die Erklärung auf einem dauerhaften Datenträger zur Verfügung gestellt werden muss (LG Kleve NJW-RR 2003, 196). In allen Fällen der Nutzung elektronischer Medien müsste zudem ein zumindest konkludentes Einverständnis des Verbrauchers zur Nutzung dieser Informationswege durch das Kreditinstitut im Rahmen der Geschäftsverbindung vorliegen (PWW/*Ahrens* § 126b Rn 4; MüKo/*Schürnbrand* Rn 28). In der Praxis dürfte die in S 5, Hs 2 eröffnete Möglichkeit, den Verbraucher durch einen Ausdruck auf dem Kontoauszug über die Vertragsbedingungen zu informieren, am einfachsten sein. Da der Überziehungskredit per definitionem ein laufendes Konto voraussetzt, werden dem Verbraucher ohnehin Kontoauszüge erteilt. Hierüber ist eine Information technisch problemlos möglich (vgl hierzu iÜ bereits Rz 8). 9

2. Änderung des Jahreszinssatzes. Im Normalfall gilt für den Überziehungskredit ein veränderlicher Zinssatz, der vom Kreditinstitut auf Grund einer Zinsanpassungsklausel (vgl hierzu iE § 488 Rz 55) einseitig gem § 315 entspr den jeweiligen Marktzinssätzen für solche Kredit oder auf Grund einer Bindung an einen sich ändernden Referenzzinssatz regelm neu festgelegt wird. Aus diesem Grunde sieht S 4 vor, dass der Verbraucher über eine Änderung des Jahreszinssatzes jeweils zu unterrichten ist. Dies gilt nach dem Wortlaut allerdings nur, soweit dieser den Überziehungskredit zum Zeitpunkt der Änderung in Anspruch nimmt. Da auch 10 diese Unterrichtung idR gem S 5 über den Kontoauszug erfolgen dürfte (s hierzu oben Rz 8), dürfte es praktikabler und aus Transparenzgründen auch wünschenswert sein, alle Verbraucher unabhängig von einer Inanspruchnahme über eine Änderung des Zinssatzes zu informieren. Soweit die Änderung auf Grund einer Zinsanpassungsklausel im Wege einer einseitigen Erklärung gem § 315 erfolgt (was der Regelfall sein dürfte, vgl Nr 12 Abs 3 AGB Banken, Nr 17 Abs 2 AGB Sparkassen), hat das Kreditinstitut zur Sicherstellung der Wirksamkeit der Zinsänderung ohnehin den Zugang der Anpassungserklärung sicherzustellen (vgl § 488 Rz 55), so dass S 4 insoweit weitgehend leer läuft. S 4 dürfte daher in der Praxis schon aus diesem Grunde im Eigeninteresse des Kreditinstituts »miterfüllt« werden. IÜ gilt für den Zeitpunkt und die Form der Unterrichtung das zu S 3 bereits Gesagte (vgl Rz 8 f; enger PWW/*Kessal-Wulf* Rn 6, wonach im Rahmen des S 4 eine sofortige Unterrichtung ggf unter Verwendung eines bes Auszuges und einer Zugangssicherung verlangt wird).

11 **D. Informationspflichten bei »geduldeten Überziehungen« (Abs 2).** Im Bereich der Überziehungskredite sind systematisch drei Fallgruppen zu unterscheiden:

- ***»vereinbarte Überziehung«*** (Abs 1): eine solche liegt vor, wenn das Kreditinstitut *vor* Inanspruchnahme des Überziehungskredits mit dem Verbraucher eine Vereinbarung nach Abs 1 trifft und diesem einen bestimmten Kreditrahmen auf seinem laufenden Konto einrichtet, den er im Anschluss gelegentlich in Anspruch nimmt. Insoweit handelt es sich um einen Überziehungskredit iSd § 493 Abs 1.
- ***»geduldete Überziehung«*** (Abs 2): eine solche liegt vor, wenn der Verbraucher *ohne vorherige* Absprache mit dem Kreditinstitut sein laufendes Konto überzieht. Dies kann auch durch Überziehung eines bereits eingeräumten Kreditrahmens erfolgen. Das Kreditinstitut nimmt diese Überziehung bei der laufenden Überwachung des Kontos idR spätestens am Folgetag zur Kenntnis und entscheidet sodann im Nachhinein bewusst, diese Überziehung »zu dulden« und die Belastungen auf dem Konto (zB durch Lastschriften) nicht rückgängig zu machen (etwa durch eine Rückbuchung rückgabefähiger Belastungen »mangels Deckung«). Auch verzichtet das Kreditinstitut darauf, den Verbraucher zum Ausgleich des Kontos aufzufordern, da dieser über hinreichende Kreditwürdigkeit verfügt. Insoweit handelt es sich um eine geduldete Überziehung iSd § 493 Abs 2. Eine Abgrenzung zur »aufgedrängten Überziehung« ist im Einzelfall vorzunehmen. Nur wenn die Bank durch ihr Verhalten zu erkennen gibt, dass sie mit der Erhöhung der Kreditlinie einverstanden ist und mit der Duldung der Überziehung den (konkludenten) Antrag des Kunden auf Abschluss eines weiteren Kreditvertrages annimmt, kommt es zu einer neuen vertraglichen Bindung (Köln InVo 2004, 366).
- ***»aufgedrängte Überziehung«***: eine solche liegt vor, wenn der Verbraucher ohne vorherige Absprache und *gegen den Willen* des Kreditinstituts eine Überziehung des Kontos erzwingt, die die Bank auch im Nachhinein nicht akzeptieren will und den Verbraucher daher unverzüglich zum Kontoausgleich auffordert. Eine solche aufgedrängte Überziehung kann zB dadurch zustande kommen, dass der Verbraucher trotz fehlender Deckung mit seiner (noch nicht gesperrten) Bankkarte am Geldautomaten oder Zahlungsterminal oder via Online-Banking Verfügungen vornimmt und diese mangels Sperrvermerk in der EDV des Kreditinstituts nicht abgewiesen werden. Denkbar wäre auch eine Verfügung mittels Kreditkarte, wenn das Kreditinstitut ggü dem Vertragsunternehmen unabhängig von der Deckung des Kontos des Karteninhabers zur Einlösung verpflichtet ist. Ferner wäre denkbar, dass der Kunde über scheinbare Guthaben, die aus der Gutschrift von eingereichten Schecks und Lastschriften herrühren, verfügt und diese Gutschrift später wieder rückgängig gemacht werden müssen, weil diese beim Zahlungspflichtigen nicht eingelöst werden können. Bei einer »aufgedrängten Überziehung« kommt mangels vertraglicher Einigung überhaupt kein Darlehensvertrag zwischen Kreditinstitut und Kunde zustande (Bankrechtshandbuch/*Lwowski* § 75 Rn 15). Das Kreditinstitut hat insoweit auch keinen Anspruch auf einen vertraglichen Zins, sondern kann allenfalls einen Schadensersatzanspruch aus § 280 Abs 1 geltend machen, sofern eine Pflichtverletzung des Kunden vorliegt. Sobald die Bank den Kunden zur Rückführung der Überziehung auffordert und dieser in Verzug kommt, hat sie ggf einen Anspruch aus §§ 280 Abs 1, 286, 288 (*Krüger/Bütter* Recht der Bankentgelte S 343 ff; *dies* WM 2002, 2094, 2097 mwN). Eine zunächst »aufgedrängte Überziehung« kann jedoch uU zu einer »geduldeten Überziehung« werden, wenn das Kreditinstitut nicht unverzüglich tätig wird und den Kunden zum Kontoausgleich auffordert. In der Untätigkeit dürfte regelm eine nachträgliche Duldung der Überziehung zu sehen sein, die zu einem konkludent abgeschlossenen Darlehensvertrag führt (MüKo/*Schürnbrand* Rn 35; *Bruchner/Ott/Wagner-Wieduwilt* VerbrKrG § 5 Rn 76 ff; *Krüger/Bütter* aaO).

12 Abs 2 betrifft allein die Fallgruppe der »geduldeten Überziehung«. Für die »aufgedrängte Überziehung« ist mangels Darlehensvertrags § 493 gar nicht anwendbar, so dass Informationspflichten nicht in Betracht kommen. Für die geduldete Überziehung sieht Abs 2 eine Unterrichtungspflicht des Kreditinstituts vor, sobald die Überziehung mehr als drei Monate andauert. Kürzere Perioden sind nicht erfasst, auch nicht wenn sie in der Summe drei Monate übersteigen (PWW/*Kessal-Wulf* Rn 8; MüKo/*Schürnbrand* Rn 41). Ggf ist der Verbraucher aber mehrfach zu unterrichten, wenn er sein Konto mehrfach länger als drei Monate überzieht (so auch PWW/*Kessal-Wulf* Rn 8; *Bruchner/Ott/Wagner-Wieduwilt* VerbrKrG § 5 Rn 87; einschränkend MüKo/*Schürnbrand* Rn 41: nur bei veränderten Konditionen). Dem Verbraucher sind der nominelle Jahreszins und die

weiteren für die Überziehung ggf entstehenden Kosten mitzuteilen. Ferner ist er jeweils über etwaige Änderungen von Zinsen und Kosten zu unterrichten. Ein Ausdruck auf dem Kontoauszug reicht hier ebenfalls aus.

E. Folgen der Verletzung von Informationspflichten. Das Gesetz sieht bei einer Verletzung der Informationspflichten des § 493 keine Sanktionen vor. § 494 gilt nach seinem Wortlaut insoweit nicht, da dieser sich ausschließlich auf eine Verletzung der Formvorschriften des § 492 bezieht. Da der Gesetzgeber ganz bewusst auf eine bes Sanktionierung verzichtet hat, um eine Verteuerung der Zinsen und Entgelte im Girobereich zu vermeiden (vgl BTDrs 11/5462 S 42), und somit eine planwidrige Regelungslücke nicht vorliegt, kommt eine entspr Anwendung des § 494 auch nicht in Betracht (vgl auch MüKo/*Schürnbrand* Rn 32 f; aA wohl Palandt/*Putzo* § 494 Rn 10; *Schimansky* WM 2003, 1449, die von einer Anwendung des § 494 Abs 2 S 5 als Sanktion ausgehen). Der Verbraucher hat im Falle eines Schadens jedoch ggf Ansprüche aus § 280 Abs 1 wegen der Verletzung von Nebenpflichten aus dem Darlehensvertrag. Mitbewerber bzw Verbände könnten das Kreditinstitut zudem nach §§ 3, 8 UWG auf Unterlassung in Anspruch nehmen (vgl BTDrs 11/5462 S 42; MüKo/*Schürnbrand* Rz 33). 13

§ 494 Rechtsfolgen von Formmängeln.

[1] Der Verbraucherdarlehensvertrag und die auf Abschluss eines solchen Vertrags vom Verbraucher erteilte Vollmacht sind nichtig, wenn die Schriftform insgesamt nicht eingehalten ist oder wenn eine der in § 492 Absatz 1 Satz 5 Nummer 1 bis 6 vorgeschriebenen Angaben fehlt.

[2] Ungeachtet eines Mangels nach Absatz 1 wird der Verbraucherdarlehensvertrag gültig, soweit der Darlehensnehmer das Darlehen empfängt oder in Anspruch nimmt. Jedoch ermäßigt sich der dem Verbraucherdarlehensvertrag zugrunde gelegte Zinssatz (§ 492 Absatz 1 Satz 5 Nummer 4) auf den gesetzlichen Zinssatz, wenn seine Angabe, die Angabe des effektiven oder anfänglichen effektiven Jahreszinses (§ 492 Absatz 1 Satz 5 Nummer 5) oder die Angabe des Gesamtbetrags (§ 492 Absatz 1 Satz 5 Nummer 2, Absatz 1a) fehlt. Nicht angegebene Kosten werden vom Darlehensnehmer nicht geschuldet. Vereinbarte Teilzahlungen sind unter Berücksichtigung der verminderten Zinsen oder Kosten neu zu berechnen. Ist nicht angegeben, unter welchen Voraussetzungen preisbestimmende Faktoren geändert werden können, so entfällt die Möglichkeit, diese zum Nachteil des Darlehensnehmers zu ändern. Sicherheiten können bei fehlenden Angaben hierüber nicht gefordert werden; dies gilt nicht, wenn der Nettodarlehensbetrag 50000 Euro übersteigt.

[3] Ist der effektive oder der anfängliche effektive Jahreszins zu niedrig angegeben, so vermindert sich der dem Verbraucherdarlehensvertrag zugrunde gelegte Zinssatz um den Prozentsatz, um den der effektive oder anfängliche effektive Jahreszins zu niedrig angegeben ist.

A. Allgemeines. I. Lex specialis zu §§ 125, 139. § 494 ist eine die §§ 125, 139 verdrängende Sondervorschrift (LG Hamburg NJW-RR 1994, 246, 247; MüKo/*Schürnbrand* Rn 14 f; PWW/*Kessal-Wulf* Rn 1), die den Verbraucher bei Verstößen gegen § 492 besser stellen soll, als er bei einer anderenfalls aus § 125 folgenden vollständigen Nichtigkeit des Vertrages stünde. Die Vorschrift sieht daher in Abs 1 zwar grds die Nichtigkeit des Vertrages vor, eröffnet aber in Abs 2 eine »Heilungsmöglichkeit« für den Fall, dass der Verbraucher das Darlehen trotz Nichtigkeit des Vertrages in Anspruch nimmt. In diesem Fall wird der Verstoß gegen § 492 jedoch in Abhängigkeit von der jeweils fehlenden Angabe durch Anpassung des Vertrages sanktioniert, zB durch Ermäßigung des Zinssatzes oder Versagung eines Anspruchs auf Kosten oder die Gewährung von Sicherheiten. Allerdings zieht nicht jeder Formverstoß auch eine Sanktion nach sich. Verstöße, die für den Verbraucherschutz von geringerem Gewicht sind, bleiben ohne Folgen. Damit soll ein Kompromiss zwischen dem Interesse des Kreditnehmers an der Nutzung des Kapitals und demjenigen des Kreditgebers am Erhalt von Zinsen und Kosten erreicht werden (BTDrs 11/5462 S 21; BGH NJW 2006, 681, 683). 1

II. Unrichtigkeiten grundsätzlich nicht erfasst. Die Unrichtigkeit der nach § 492 Abs 1 S 5 erforderlichen Angaben ist von § 494 grds nicht erfasst. Allein für die zu niedrige Angabe des effektiven Jahreszinssatzes enthält Abs 3 eine bes Regelung. IÜ gilt, dass etwaige falsche Angaben Vertragsinhalt werden und die Wirksamkeit des Vertrages grds unberührt lassen (BGH NJW 2004, 154, 155). Anders ist dies allerdings dann zu sehen, wenn die Angaben so grob unrichtig sind, dass sie keinen Informationsgehalt mehr für den Verbraucher haben. Eine derart fehlerhafte Angabe steht einer fehlenden Angabe gleich, so dass insoweit § 494 entspr anzuwenden ist (so zu Recht MüKo/*Schürnbrand* Rn 12; *Bruchner/Ott/Wagner-Wieduwilt* VerbrKrG Rn 10 f). IÜ kann dem Verbraucher bei einem Verstoß gegen § 492 Abs 1 S 5 ggf ein Schadensersatzanspruch nach § 280 Abs 1 zustehen (PWW/*Kessal-Wulf* Rn 1; Palandt/*Putzo* Rn 12). 2

III. Anwendungsbereich, Verhältnis zu anderen Vorschriften. § 494 bezieht sich auf Verstöße gegen § 492, so dass sich der Anwendungsbereich der beiden Normen deckt (MüKo/*Schürnbrand* Rn 6; Palandt/*Heinrichs* Rn 2; PWW/*Kessal-Wulf* Rn 1). Zu beachten sind insoweit insbes auch die Ausnahmen des §§ 491, 493. Andere Unwirksamkeitsgründe, zB §§ 119, 123, 134 oder 138, bleiben von § 494 unberührt. Insoweit ist eine Heilung nach Abs 2 nicht möglich (PWW/*Kessal-Wulf* Rn 2). Im Hinblick auf das Widerrufsrecht nach §§ 495, 355 gilt, dass die Frist des § 355 Abs 1 – vorbehaltlich einer ordnungsgem Belehrung – erst dann zu 3 laufen beginnt, wenn ein etwaiger Formmangel nach § 494 geheilt wurde (PWW/*Kessal-Wulf* Rn 2; MüKo/*Schürnbrand* Rn 7; zum möglichen Widerruf bereits vor Heilung vgl *Peters* DZWiR 1994, 353, 354).

4 **B. Rechtsfolge des Verstoßes gegen § 492 (Abs 1). I. Verstoß gegen die Schriftform insgesamt.** Nach Abs 1 ist der Verbraucherdarlehensvertrag nichtig, wenn die Schriftform des § 492 Abs 1 S 1 insg nicht eingehalten worden ist. Dies ist der Fall bei mündlichem Vertragsschluss, aber zB auch bei fehlendem Zugang der Vertragserklärung des Verbrauchers in der gebotenen Form (vgl § 492 Rz 5) oder bei Abschluss des Vertrages in der nach § 492 Abs 1 S 2 ausgeschlossenen elektronischen Form. Unterbleibt es lediglich, einzelne Nebenabreden in den Darlehensvertrag aufzunehmen, greift § 494 Abs 1 dagegen nicht ein. Durch die Gesetzesformulierung (»...*Schriftform insgesamt*...«) wird klargestellt, dass nur die Nichteinhaltung der Form für den gesamten Vertrag die Nichtigkeitsfolge nach sich ziehen soll. IÜ bleibt der Vertrag wirksam und es gelten die allg Grundsätze des § 125, so dass auf Grund des Vollständigkeitsprinzips nicht in den Vertrag aufgenommene Abreden wegen Formmangels auch nicht Vertragsbestandteil werden. Für diese besteht auch keine Heilungsmöglichkeit nach Abs 2 (MüKo/*Schürnbrand* Rn 10). Etwas anderes gilt nach Abs 1 lediglich für die in § 492 Abs 1 S 5 Nr 1 bis 6 geregelten Abreden. Insoweit wird die Vorschrift des § 125 durch Abs 1 verbraucherdarlehensspezifisch modifiziert.

5 **II. Nichtigkeit einer Vollmacht.** Die Nichtigkeitsfolge ordnet Abs 1 gleichermaßen auch für die von dem Verbraucher zum Zwecke des Abschlusses eines Verbraucherdarlehensvertrages erteilte Vollmacht an. Auch insoweit gilt gem § 492 Abs 4 das Schriftformerfordernis sowie die Verpflichtung der Aufnahme der Angaben gem § 492 Abs 1 S 5 in die Vollmacht. Fehlt es hieran, ist die Vollmacht gem Abs 1 nichtig und der Vertreter handelt beim Abschluss des Verbraucherdarlehensvertrages in der Konsequenz ohne die erforderliche Vertretungsmacht. Die Wirksamkeit des Vertrages hängt in diesem Fall gem § 177 Abs 1 von der Genehmigung des Verbrauchers ab (vgl hierzu bereits § 492 Rz 36). Erteilt er diese noch vor Auszahlung des Darlehens, wird der Vertrag nach § 184 Abs 1 von Anfang an mit dem vereinbarten Inhalt wirksam. Eine Modifikation der Vertragskonditionen nach Abs 2 erfolgt in diesem Fall nicht (PWW/*Kessal-Wulf* Rn 3). Voraussetzung ist jedoch, dass sich der Verbraucher zumindest der Möglichkeit der Unwirksamkeit der Vollmacht bewusst ist und daher einen entspr Willen zur Genehmigung des Vertrages hinreichend deutlich (ggf auch konkludent) erklärt (BGHZ 154, 283, 288; BGH NJW 2004, 59). Anders ist es indes, wenn der Verbraucher das Darlehen trotz des Mangels der Vollmacht in Anspruch nimmt, etwa weil ihm dieser Mangel verborgen geblieben ist. In diesem Fall tritt nach Abs 2 eine »Heilung« dahingehend ein, dass der zuvor schwebend unwirksame Vertrag – vorbehaltlich einer etwaigen dann noch möglichen Ausübung des Widerrufsrechts nach §§ 495, 355 – wirksam wird, allerdings mit den Sanktionen des Abs 2 (s hierzu unten Rz 7 ff). Eine »Heilung« der formnichtigen Vollmacht ist dagegen nicht möglich (BTDrs 14/7052 S 202).

6 **III. Fehlen einer Angabe nach § 492 Abs 1 S 5 Nr 1 bis 6.** Der Verbraucherdarlehensvertrag ist nach Abs 1 auch dann nichtig, wenn eine der in § 492 Abs 1 S 5 Nr 1 bis 6 genannten Pflichtangaben in der Vertragserklärung des Verbrauchers fehlt. Eine Hinweispflicht bzgl fehlender Angaben besteht für den Darlehensgeber nicht (LG Kaiserslautern, Urt v 30.12.05, 2 O 400/05). Keine Nichtigkeit hat dagegen das Fehlen der Pflichtangabe des § 492 Abs 1 S 5 Nr 7 (zu bestellende Sicherheiten) zur Folge. Da § 494 als lex specialis den §§ 139, 125 vorgeht, kann aus dem Fehlen der Angabe über die zu bestellenden Sicherheiten auch nicht über diese Normen eine Nichtigkeit des Vertrages erreicht werden (MüKo/*Schürnbrand* Rn 13). Wie aus Abs 2 S 6 folgt, soll es nach dem Willen des Gesetzgebers vielmehr bei der Wirksamkeit des Vertrages bleiben, allerdings mit den dort genannten Sanktionen für den Darlehensgeber (vgl hierzu noch unten Rz 7 ff).

7 **C. Heilung und Modifikation der Konditionen bei Auszahlung (Abs 2). I. Allgemeines (Abs 2 S 1).** Nach Abs 2 wird der nach Abs 1 nichtige Verbraucherdarlehensvertrag trotz des Mangels (fehlende Form oder Pflichtangaben) gültig, soweit der Verbraucher das Darlehen empfängt bzw in Anspruch nimmt. Aus der Formulierung (»...*soweit*«) folgt, dass auch bei teilw Auszahlung oder Inanspruchnahme eine »teilw Heilung« des Vertrages in dieser Höhe erfolgt. Erforderlich ist jeweils, dass die Darlehensvaluta endgültig von dem Vermögen des Darlehensgebers in das des Darlehensnehmers übergegangen ist, wobei eine Auszahlung an einen Dritten auf Weisung des Darlehensnehmers ausreichend ist (BGHZ 167, 252 ff, 152, 331, 336; BGH ZIP 2006, 1238), es sei denn dieser steht noch im Lager des Darlehensgebers, zB von diesem eingesetzter Treuhänder (BGHZ 145, 44, 50; vgl hierzu auch § 488 Rz 13). Den Parteien muss nicht bewusst sein, dass durch die Auszahlung bzw Inanspruchnahme des Darlehens eine Heilung mit den Folgen des Abs 2 eintritt, so dass auch eine Anfechtung der Wirkungen ausscheidet (MüKo/*Schürnbrand* Rn 16; PWW/*Kessal-Wulf* Rn 2). Dies gilt auch unabhängig davon, ob sich diese eines Mangels nach Abs 1 bewusst waren oder nicht. Dass Abs 2 neben der »Auszahlung« alternativ auch die »Inanspruchnahme« des Darlehens als Heilungsvoraussetzung nennt, dürfte darauf zurückzuführen sein, dass auch Darlehensformen denkbar sind, bei denen der Darlehensnehmer unmittelbar selbst über das Darlehenskonto durch Überweisung oder anderweitigen Abruf verfügen kann, so dass eine willentliche »Auszahlung« seitens des Darlehensgebers ggf nicht erfolgt. Auf den klassischen Überziehungskredit kann die Formulierung indes nicht abzielen, da hierfür allein § 493 einschlägig ist. Von §§ 492, 494 erfasst sind dagegen Kontokorrentkredite, die wegen bes Konditionen nicht unter § 493 fallen (vgl § 493 Rz 5).

II. Wirkung gegenüber Mitdarlehensnehmer und Mitverpflichteten. Sind mehrere Personen als Gesamtschuldner Darlehensnehmer, so führt die vereinbarungsgem Auszahlung des Darlehens an einen der Gesamtschuldner zu einer Heilung iSd Abs 2 auch mit Wirkung für und gegen die übrigen Gesamtschuldner (so auch MüKo/*Schürnbrand* Rn 16). Sofern es sich um Mitdarlehensnehmer handelt, stehen diese nach § 428 im Hinblick auf die Auszahlung und die Rückforderung gleichberechtigt nebeneinander. Zahlt der Darlehensgeber entspr den gemeinsamen vertraglichen Vereinbarungen das Darlehen (ggf auch nur auf das Konto eines der Darlehensnehmer) aus, müssen dies alle Vertragspartner gleichermaßen für und gegen sich gelten lassen. Auf § 425 können sie sich insoweit nicht berufen, wenn sich der Darlehensgeber bei der Auszahlung an die Vereinbarungen in dem Darlehensvertrag gehalten hat. Anders ist dies bei der bloßen Mitverpflichtung zum Zwecke der Sicherstellung des Darlehens (vgl hierzu iE § 488 Rn 5). Hier kommt die Auszahlung des Darlehens nur dem Darlehensnehmer zugute, so dass eine Heilung ggü dem Beitretenden ausscheidet (BGHZ 155, 240, 248; 134, 94, 98). Diesem ggü könnte der Darlehensgeber sich allenfalls darauf berufen, dass ein Zurückziehen auf die Formnichtigkeit trotz Auszahlung gegen § 242 verstößt, sofern der Beitretende aus dem Darlehen über längere Zeit selbst Vorteile gezogen hat (BGHZ 155, 240, 248; 144, 370, 385; 142, 23, 24; PWW/*Kessal-Wulf* Rn 4). 8

III. Modifikation der Konditionen im Falle der Heilung (Abs 2 S 2 bis 6). 1. Überblick. Soweit der Vertrag nach Abs 2 S 1 gültig wird (vgl zur Möglichkeit des Widerrufs nach Heilung oben Rz 3), greifen folgende Sanktionen: 9

- Ermäßigung des Nominalzinssatzes auf den gesetzlichen Zinssatz (S 2) bei fehlender Angabe
  - des Nominalzinssatzes (§ 492 Abs 1 S 5 Nr 4)
  - des (anfänglichen) effektiven Jahreszinssatzes (§ 492 Abs 1 S 5 Nr 5) oder
  - des Gesamtbetrages (§ 492 Abs 1 S 5 Nr 2).
- Kein Anspruch auf nicht angegebene Kosten (S 3).
- Die von dem Verbraucher zu leistenden Teilzahlungen sind unter Berücksichtigung des ermäßigten Zinssatzes und der nicht geschuldeten Kosten vom Darlehensgeber neu zu berechnen (S 4).
- Keine Möglichkeit zur Änderung preisbestimmender Faktoren zum Nachteil des Verbrauchers bei fehlender Angabe der Änderungsvoraussetzungen (S 5).
- Kein Anspruch auf Bestellung nicht angegebener Sicherheiten, es sei denn der Nettodarlehensbetrag beträgt mehr als 50.000 € (S 6). Das Fehlen der Angabe der Sicherheiten nach Abs 1 führt allerdings nicht zur Nichtigkeit des Vertrages.

Leidet der Vertrag unter mehreren Mängeln, was zB zwangsläufig der Fall ist, wenn die Schriftform insg nicht eingehalten wurde oder die Vollmacht nichtig war (anders dagegen bei Genehmigung, hierzu Rz 5), so greifen die Sanktionen jeweils unabhängig voneinander kumulativ ein (BGH NJW 2006, 681; PWW/*Kessal-Wulf* Rn 1; MüKo/*Schürnbrand* Rn 26, 41; *Habersack* BKR 2001, 72, 74). Obwohl die Nichtigkeitsfolge in Abs 1 für das Fehlen aller in § 492 Abs 1 S 5 Nr 1 bis 6 aufgeführten Merkmale angeordnet wird, wird die Nichtangabe nicht aller dieser Punkte in Abs 2 im Falle der Heilung sanktioniert. Ohne direkte Folgen bleibt die Auslassung folgender Pflichtangaben:

- Angabe der Höchstgrenze des Darlehens (§ 492 Abs 1 S 5 Nr 1);
- Angabe der Art und Weise der Rückzahlung (§ 492 Abs 1 S 5 Nr 3) oder
- Angabe der Regelungen zur Vertragsbeendigung (§ 492 Abs 1 S 5 Nr 3);
- Angabe des Zeitraums der Verrechnung von Einmalkosten bei der Berechnung des effektiven Jahreszinssatzes (§ 492 Abs 1 S 5 Nr 5).

Zu den Konsequenzen der – abgesehen von Abs 3 (hierzu Rz 15) – von § 494 grds nicht erfassten Unrichtigkeit der Angaben vgl oben Rz 2.

2. Die Sanktionen iE. a) Ermäßigung des Nominalzinssatzes auf den gesetzlichen Zinssatz (S 2). Die Nichtangabe des Nominalzinssatzes, des (anfänglichen) effektiven Jahreszinssatzes oder des Gesamtbetrages (§ 492 Abs 1 S 5 Nr 4, 5, 2) führt bei Wirksamwerden des Vertrages durch Auszahlung und unterlassener Ausübung des Widerrufsrechts jeweils zur Ermäßigung des Nominalzinssatzes auf den gesetzlichen Zinssatz, also gem § 246 auf 4 %. § 352 HGB, der ggf bei Existenzgründern (vgl § 507) in Betracht käme, kommt dagegen nicht zur Anwendung. Dass in § 494 Abs 2 ein Klammervermerk mit § 246 nicht aufgenommen wurde, wie bei allen anderen Verweisungen auf den gesetzlichen Zinssatz, beruht auf einem Redaktionsversehen (BTDrs 14/6857 S 34; PWW/*Kessal-Wulf* Rn 6). Entspricht der Nominalzinssatz bereits dem gesetzlichen Zinssatz oder liegt dieser gar darunter, kommt eine Anpassung nicht in Betracht (MüKo/*Schürnbrand* Rn 28; PWW/*Kessal-Wulf* Rn 6). Sofern ein laufzeitabhängiges Disagio gewährt wurde, ist dies bei der Ermäßigung des Zinssatzes zu berücksichtigen, damit der Darlehensgeber die hierin liegende Zinsvorauszahlung nicht ungekürzt vereinnahmt (BGH NJW 2000, 2816). Es reicht für die Sanktionierung auch aus, dass der »anfängliche« Gesamtbetrag (im Falle veränderlicher Konditionen, vgl § 492 Abs 1 S 5 Nr 2) nicht genannt wird, obwohl dieser – anders als der anfängliche effektive Jahreszinssatz – in Abs 2 nicht explizit aufgeführt ist (PWW/*Kessal-Wulf* Rn 6). Der Darlehensnehmer hat einen Anspruch auf Rückerstattung auf Grund der Reduzierung des Zinssatzes ggf überzahlter Beträge. Ein Wahlrecht, überzahlte Beträge anstelle der Rücker- 10 stattung auf die Hauptforderung zu verrechnen, hat er dagegen nicht. Auch kann er nicht verlangen, die Ratenhöhe in Zukunft freiwillig beizubehalten und die Überzahlungen auf die Hauptforderung zu verrechnen (Saarbrücken ZGS 2007, 472; Dresden NJ 2007, 130).

11 **b) Versagung des Anspruchs auf Kosten (S 3).** Kommt der Darlehensgeber seiner Verpflichtung aus § 492 Abs 1 S 5 Nr 4, auch alle »sonstigen Kosten« des Darlehens zu benennen, nicht nach, hat er bei Wirksamwerden des Vertrages auf die Zahlung etwaiger nicht genannter Positionen keinen Anspruch (vgl zu den Kosten iE § 492 Rz 21). Dass nicht genannte Kosten, etwa bei der Berechnung des effektiven Jahreszinssatzes, einbezogen wurden, ändert an dieser Rechtsfolge nichts (MüKo/*Schürnbrand* Rn 29). Nicht erfasst werden von dieser Sanktion etwaige nicht genannte Beiträge auf eine vorfinanzierte Lebensversicherung. Dem Darlehensnehmer müsste anderenfalls gegen den Darlehensgeber ein Freistellungsanspruch gewährt werden, was dazu führen würde, dass dieser das von ihm gewährte Darlehen selbst tilgt (BGH NJW 2005, 985, 987; *Bohner,* WM 2001, 2227, 2229). Diese Rspr dürfte auch auf andere Versicherungen, die im Zusammenhang mit der Darlehensgewährung abgeschlossen wurden, zB Restschuldversicherungen (vgl § 492 Abs 1 S 5 Nr 6), anzuwenden sein. Der BGH hat in der vorstehenden Entscheidung klargestellt, dass die Vorschriften über Verbraucherdarlehen das Vertragsverhältnis zwischen Darlehensgeber und Verbraucher regeln und nicht in die Rechtsbeziehungen zu Dritten eingreifen sollen (BGH NJW 2005, 985, 987; aA die bis dahin hM in der Lit, vgl MüKo/*Schürnbrand* § 492 Rn 30 mwN). Die Sanktion des Abs 2 S 3 beschränkt sich daher ausschließlich auf Kosten, die der Darlehensnehmer dem Darlehensgeber hätte zahlen sollen (so auch PWW/*Kessal-Wulf* Rn 7).

12 **c) Neuberechnungsanspruch (S 4).** Soweit nach den Sätzen 2 oder 3 eine Veränderung der Konditionen des Vertrages eingetreten ist, hat der Darlehensnehmer aus S 4 einen Anspruch auf Neuberechnung der geschuldeten Teilzahlungen. Diese müssen entspr den neuen, für den Verbraucher günstigeren Bedingungen neu ermittelt werden. Dieser Anspruch des Darlehensgebers bezieht sich nach dem Wortlaut der Vorschrift jedoch nur auf die für die Zukunft zu leistenden Teilzahlungen. Eine rückwirkende Neuberechnung vom Zeitpunkt der ersten Zahlung an muss der Darlehensgeber nicht vornehmen, obwohl der Darlehensnehmer insoweit einen Rückerstattungsanspruch aus § 812 Abs 1 S 1 hat (BGH NJW-RR 2006, 1419, 1421 f). Der Darlehensnehmer muss den Anspruch auf Neuberechnung der Raten jedoch nicht geltend machen, sondern kann sich auch dafür entscheiden, die bisherigen (an sich zu hohen) Teilzahlungen fortzusetzen, um eine Verkürzung der Laufzeit zu erreichen (MüKo/*Schürnbrand* Rn 32; PWW/*Kessal-Wulf* Rn 8).

13 **d) Versagung des Anspruchs auf Anpassung von Konditionen zum Nachteil des Darlehensnehmers (S 5).** Der Darlehensgeber verliert die Möglichkeit, die preisbestimmenden Faktoren zum Nachteil des Darlehensnehmers anzupassen, wenn die Änderungsvoraussetzungen nicht angegeben wurden. Der Darlehensnehmer behält dagegen seinen Anspruch auf Änderung der Konditionen zu seinen Gunsten, insbes des Zinssatzes im Rahmen einer Zinsanpassungsklausel im Falle des gesunkenen Marktzinsniveaus (MüKo/*Schürnbrand* Rn 33; PWW/*Kessal-Wulf* Rn 9). Eine spätere Wiedererhöhung des Zinssatzes bis zu dem ursprünglichen Niveau dürfte allerdings zulässig sein (PWW/*Kessal-Wulf* Rn 9).

14 **e) Versagung des Anspruchs auf Sicherstellung (S 6).** Der Darlehensgeber hat keinen Anspruch auf Bestellung von Sicherheiten, wenn diese zuvor in der Vertragserklärung des Darlehensnehmers nicht angegeben wurden. Eine Ausnahme gilt zum Schutz des Darlehensgebers nur, wenn der Nettodarlehensbetrag nach § 492 Abs 1 S 5 Nr 1 über 50000 € liegt (vgl BTDrs 11/5462 S 18 f). Bei höheren Darlehen ist daher auch eine mündliche Absprache über zu bestellende Sicherheiten – auch im Hinblick auf § 125 – wirksam (MüKo/*Schürnbrand* Rn 35). Hat der Darlehensnehmer die Sicherheiten bereits bestellt, obwohl der Darlehensgeber wegen S 6 keinen Anspruch hierauf hat, steht dem Darlehensnehmer ein Rückgewähranspruch aus § 812 Abs 1 S 1 zu (so auch MüKo/*Schürnbrand* Rn 34; aA Dresden WM 2001, 1854, 1858; PWW/*Kessal-Wulf* Rn 12; offen gelassen in BGH WM 2002, 380, 381). Die Sicherheiten sind in diesem Fall ohne Rechtsgrund gewährt worden, da dieser in der konkreten schuldrechtlichen Verpflichtung nach § 492 Abs 1 S 5 Nr 7 liegt und nicht in der Darlehensgewährung als solcher (so aber PWW/*Kessal-Wulf* § 494 Rn 12). Mit dem Fehlen dieser Abrede wird das Darlehen zum Blankokredit, für den Sicherheiten nicht geschuldet sind. Dies gilt auch bereits vor Auszahlung des Darlehens, da der Vertrag trotz Fehlens der zu bestellenden Sicherheiten wirksam ist. Die Nichtigkeitsfolge des Abs 1 bezieht sich ausdrücklich nicht auf die Angabe der Sicherheiten nach § 492 Abs 1 S 5 Nr 7.

15 **D. Rechtsfolge bei fehlerhafter Angabe des effektiven Jahreszinses (Abs 3).** Die Unrichtigkeit von Pflichtangaben bleibt grds ohne nachteilige Folgen für den Darlehensgeber (vgl bereits Rz 2). Anders ist dies nach Abs 3 bei einer zu niedrigen Angabe des (anfänglichen) effektiven Jahreszinssatzes. In diesem Fall ist der Nominalzinssatz um die Differenz der absoluten Prozentpunkte zwischen dem richtigen (anfänglichen) effektiven Jahreszinssatz und dem zu niedrigen (anfänglichen) effektiven Jahreszinssatz zu ermäßigen (LG Stuttgart NJW 1993, 208; *Bruchner/Ott/Wagner-Wieduwilt* VerbrKrG Rn 50; MüKo/*Schürnbrand* Rn 38 PWW/*Kessal-Wulf* Rn 11), sofern die Abweichung nicht im Bagatellbereich (bis 0,05 %) liegt (LG Stuttgart NJW 1993, 208). Ist also der (anfängliche) effektive Jahreszinssatz zB um 0,5 % zu niedrig angegeben, ist der Nominal-

zinssatz um 0,5 % zu senken. Eine Senkung unterhalb des gesetzlichen Zinssatzes nach § 246 ist ausgeschlossen (BTDrs 11/5462 S 21; *Bruchner/Ott/Wagner-Wieduwilt* VerbrKrG Rn 51; MüKo/*Schürnbrand* Rn 39; PWW/*Kessal-Wulf* Rn 11; Palandt/*Putzo* Rn 12), da die zu niedrige Angabe keine nachteiligeren Folgen als deren gänzliches Fehlen haben kann (vgl Abs 2 S 2). Der Darlehensnehmer hat entspr Abs 2 S 4 einen Anspruch auf Neuberechnung der künftigen Teilzahlungen (PWW/*Kessal-Wulf* Rn 11; Palandt/*Putzo* Rn 12). Eine spätere Zinsanpassung auf der Grundlage einer Zinsanpassungsklausel ist möglich, beschränkt sich jedoch auf eine Anhebung auf der Basis des ermäßigten Nominalzinssatzes. Steigt also das Zinsniveau um 1,5 Prozentpunkte, kann der ermäßigte Nominalzinssatz nur um diesen Wert erhöht werden, so dass sich die ursprüngliche Sanktion auch bei einer Zinserhöhung fortsetzt. Eine Erhöhung von dem ermäßigten Zinssatz auf den dann geltenden Marktzins ist nicht möglich (MüKo/*Schürnbrand* Rn 38; Palandt/*Putzo* Rn 12).

§ 495 Widerrufsrecht. **[1] Dem Darlehensnehmer steht bei einem Verbraucherdarlehensvertrag ein Widerrufsrecht nach § 355 zu.**

[2] Absatz 1 findet keine Anwendung auf die in § 493 Absatz 1 Satz 1 genannten Verbraucherdarlehensverträge, wenn der Darlehensnehmer nach dem Vertrag das Darlehen jederzeit ohne Einhaltung einer Kündigungsfrist und ohne zusätzliche Kosten zurückzahlen kann.

A. Allgemeines. I. Systematik. Durch das Schuldrechtsmodernisierungsgesetz sind die ursprünglich in verschiedenen Gesetzen unterschiedlich geregelten Widerrufsrechte in den §§ 355 ff vereinheitlicht worden. Wie sich aus § 355 Abs 1 S 1 ergibt, ist für eine Anwendbarkeit dieser Vorschriften jedoch Voraussetzung, dass durch ein Gesetz ein Widerrufsrecht eingeräumt wird (zB §§ 495, 312, 312d). Sie sind daher nicht selbst Grundlage für das Bestehen eines Widerrufsrechts, sondern regeln nur dessen Ausgestaltung und Rechtsfolgen. § 495 bestimmt, dass und in welchem Umfang für Verbraucherdarlehensverträge ein Widerrufsrecht besteht. Die weiteren Einzelheiten ergeben sich kraft Verweisung in Abs 1 aus den §§ 355 ff, wobei § 356 auf Grund der Art des Vertrages bei Verbraucherdarlehen keine Anwendung findet (MüKo/*Schürnbrand* Rn 17). 1

II. Zweck der Vorschrift. Die Vorschrift dient in konsequenter Ergänzung des § 492 der Transparenz des Darlehensgeschäfts für den Verbraucher. Diesem soll durch das Widerrufsrecht ausreichend Zeit eingeräumt werden, sich mit den Vertragsinhalten, die ihm nach § 492 Abs 3 schriftlich zur Verfügung gestellt werden müssen, auseinandersetzen zu können (vgl auch BTDrs 11/5462 S 21). Er hat so die Möglichkeit, sich ggf nach weiteren günstigeren Angeboten umzusehen oder sich von neutraler Stelle erneut im Hinblick auf die einzugehenden Verpflichtungen beraten zu lassen. Erst wenn er nach Ablauf der Frist von zwei Wochen (§ 355 Abs 1 S 2) keinen Widerruf erklärt, ist er an die eingegangene vertragliche Verpflichtung abschließend gebunden. Bis dahin ist der Vertrag nur schwebend wirksam, begründet aber bereits gegenseitige Erfüllungsansprüche (PWW/*Kessal-Wulf* Rn 2). 2

III. Abdingbarkeit. Eine Abweichung zum Nachteil des Verbrauchers oder eine Umgehung durch eine anderweitige Vertragsgestaltung ist gem § 506 nicht zulässig. Das Widerrufsrecht darf also nicht ausgeschlossen oder erschwert werden. Bis zum 30.06.2005 konnte nach der bis zu diesem Zeitpunkt geltenden Fassung des § 506 vertraglich vereinbart werden, dass ein erklärter Widerruf als nicht erfolgt gilt, wenn der Verbraucher das Darlehen nicht binnen zwei Wochen zurückzahlt (so auch § 495 Abs 2 aF bis 30.10.2002). Zudem konnte bei Immobiliardarlehen vereinbart werden, dass ein Widerrufsrecht nicht bestehen soll. Da seit 01.07.2005 § 506 in der neuen Fassung gilt, die solche Ausnahmemöglichkeiten nicht mehr vorsieht, dürfte diese Übergangsregelung praktisch kaum noch relevant sein und allenfalls noch dort eine Rolle spielen, wo ein Widerruf wegen unterlassener Belehrung ggf noch jetzt erklärt werden könnte. 3

IV. Konkurrenzen. Unabhängig von dem Widerrufsrecht nach §§ 495, 355 kann der Verbraucher auch andere Einwendungen bzw Gestaltungsrechte nach allg Zivilrecht geltend machen, zB aus §§ 123, 134, 138 etc. Explizit geregelt ist nunmehr das Verhältnis zu dem kollidierenden Widerrufsrecht bei Haustürgeschäften. § 312a bestimmt insoweit, dass anderen einschlägigen Widerrufsrechten der Vorrang zukommt, so dass § 495 vorgeht. Das Gleiche gilt bei Fernabsatzverträgen gem § 312d Abs 5. 4

B. Widerrufsrecht. I. Anwendungsbereich (Abs 1). Ein Widerrufsrecht nach § 355 besteht gem Abs 1 grds für alle Verbraucherdarlehensverträge iSd § 491 (einschl Immobiliardarlehen iSd § 492 Abs 1a S 2), wobei die Ausnahmen des § 491 Abs 2 und Abs 3 Nr 1 zu beachten sind. Gem § 507 ist § 495 auch bei Existenzgründungskrediten anwendbar (vgl dort, Rz 3 ff). Aufgrund der Verweisungen in den §§ 499 ff besteht ein Widerrufsrecht auch für den Zahlungsaufschub und die sonstigen Finanzierungshilfen. Eine entspr Anwendung auf Bürgschaftsverträge kommt nicht in Betracht (Frankfurt ZGS 2007, 240). 5

II. Ausnahme (Abs 2). Kein Widerrufsrecht besteht nach Abs 2 für einen Überziehungskredit gem § 493 Abs 1 S 1, sofern der Darlehensnehmer diesen vertragsgem jederzeit ohne Kündigung und ohne zusätzliche Kosten zurückzahlen kann. Voraussetzung ist also zunächst, dass es sich um einen von § 493 Abs 1 S 1 erfassten Überziehungskredit handelt. Werden bereits diese Voraussetzungen nicht eingehalten, weil zB weitere Kosten berechnet oder eine kürzere Abrechnungsperiode als drei Monate vereinbart wurde, greift auch die 6

Ausnahmeregelung des Abs 2 nicht ein und dem Verbraucher steht ein Widerrufsrecht nach Abs 1 zu. Handelt es sich um einen solchen Überziehungskredit, muss für ein Eingreifen der Ausnahme nach Abs 2 des Weiteren jederzeit eine ordentliche fristlose Kündigung möglich sein, die Überziehung mithin jederzeit rückzahlbar sein. Außerdem darf die sofortige Rückzahlung keine zusätzlichen Kosten zur Folge haben (zB Ablöseentgelt, Vorfälligkeitsentschädigung oä). Unter diesen Voraussetzungen besteht für ein Widerrufsrecht kein Bedürfnis, da sich der Verbraucher ohnehin jederzeit durch Rückzahlung von dem Kredit befreien kann und hierdurch keinen zusätzlichen finanziellen Nachteil erleidet (BTDrs 11/5462 S 22). Das Gleiche gilt auch für die geduldete Überziehung iSd § 493 Abs 2, da es hier ebenfalls zu einem konkludenten Vertragsschluss kommt (vgl § 493 Rz 11) und ein Bedürfnis für ein Widerrufsrecht nicht besteht, sofern eine jederzeitige Rückzahlung möglich ist und hierfür keine zusätzlichen Kosten anfallen (MüKo/*Schürnbrand* Rn 10; PWW/*Kessal-Wulf* Rn 1; BaRoth/*Rohe* Rn 10; AnwK/*Reif* Rn 11).

7 **III. Voraussetzungen des Widerrufsrechts.** Die Einzelheiten des Widerrufsrechts ergeben sich aus § 355. Auf die dortige Kommentierung wird insoweit für die Einzelheiten verwiesen. Voraussetzung eines Widerrufsrechts ist eine zu widerrufende Willenserklärung des Verbrauchers, eine Widerrufserklärung durch den hierzu berechtigten Darlehensnehmer bzw Mithaftenden ggü dem Darlehensgeber (bzw dessen Empfangsboten, vgl Saarbrücken OLGR 2007, 773 – verbundenes Geschäft) sowie die Einhaltung der Widerrufsfrist von zwei Wochen, wobei diese nur bei ordnungsgem Belehrung in Lauf gesetzt wird.

8 **IV. Rechtsfolgen des Widerrufs.** Die Einzelheiten der Rechtsfolgen des erklärten Widerrufs ergeben sich aus § 357. Auf die dortige Kommentierung wird insoweit für die Einzelheiten verwiesen. Der wirksame Widerruf hat das Erlöschen der vertraglichen Leistungsansprüche zur Folge. Es entsteht ein Rückgewährschuldverhältnis zwischen den vormaligen Vertragsparteien. Die Einzelheiten richten sich gem §§ 357, 346 ff nach den Vorschriften über den Rücktritt. Gegenseitig empfangene Leistungen sind Zug um Zug zurückzugewähren. Bestellte Sicherheiten sind durch den Darlehensgeber ebenfalls nur Zug um Zug gegen Rückzahlung der Darlehensvaluta zzgl noch geschuldeter Zinsen zurückzuübertragen. Grds schuldet der Darlehensnehmer den vereinbarten Zins bis zur Rückzahlung, er kann aber nachweisen, dass der Wert der Darlehensüberlassung nur dem niedrigeren marktüblichen Zinssatz entsprochen hat (zur Höhe des geschuldeten Wertersatzes vgl iE BGH NJW-RR 1991, 1011; NJW 1985, 1554). Aus der Sicherungsabrede ergibt sich idR, dass die Ansprüche aus einer Rückabwicklung des Vertrages ebenfalls durch die bestellten Sicherheiten gedeckt werden sollen (BGH NJW 2004, 158). Nebenentgelte, zB einmaliges Bearbeitungsentgelt, Provisionen, Vermittlungsentgelte, Bereitstellungszinsen etc, werden nach Widerruf nicht geschuldet (Köln NJW-RR 1995, 1008; PWW/*Kessal-Wulf* Rn 9).

§ 496 Einwendungsverzicht, Wechsel- und Scheckverbot.

[1] Eine Vereinbarung, durch die der Darlehensnehmer auf das Recht verzichtet, Einwendungen, die ihm gegenüber dem Darlehensgeber zustehen, gemäß § 404 einem Abtretungsgläubiger entgegenzusetzen oder eine ihm gegen den Darlehensgeber zustehende Forderung gemäß § 406 auch dem Abtretungsgläubiger gegenüber aufzurechnen, ist unwirksam.

[2] Wird eine Forderung des Darlehensgebers aus einem Darlehensvertrag an einen Dritten abgetreten oder findet in der Person des Darlehensgebers ein Wechsel statt, ist der Darlehensnehmer unverzüglich darüber sowie über die Kontaktdaten des neuen Gläubigers gemäß § 1 Absatz 1 Nummer 1 bis 3 der BGB-Informationspflichten-Verordnung zu unterrichten. Die Unterrichtung ist bei Abtretungen entbehrlich, wenn der bisherige Darlehensgeber mit dem neuen Gläubiger vereinbart hat, dass im Verhältnis zum Darlehensnehmer weiterhin allein der bisherige Darlehensgeber auftritt. Fallen die Voraussetzungen des Satzes 2 fort, ist die Unterrichtung unverzüglich nachzuholen.

[3] Der Darlehensnehmer darf nicht verpflichtet werden, für die Ansprüche des Darlehensgebers aus dem Verbraucherdarlehensvertrag eine Wechselverbindlichkeit einzugehen. Der Darlehensgeber darf vom Darlehensnehmer zur Sicherung seiner Ansprüche aus dem Verbraucherdarlehensvertrag einen Scheck nicht entgegennehmen. Der Darlehensnehmer kann vom Darlehensgeber jederzeit die Herausgabe eines Wechsels oder Schecks, der entgegen Satz 1 oder 2 begeben worden ist, verlangen. Der Darlehensgeber haftet für jeden Schaden, der dem Darlehensnehmer aus einer solchen Wechsel- oder Scheckbegebung entsteht.

1 **A. Allgemeines. I. Zweck der Vorschrift.** Abs 1 schützt den Verbraucher davor, dass ihm durch eine vertragliche Vereinbarung das Recht abgeschnitten wird, nach einer Abtretung der Darlehensforderung durch den Darlehensgeber seine Einwendungen aus dem Vertrag auch ggü dem neuen Gläubiger geltend zu machen. Grds bleiben die Einwendungen des Schuldners ohnehin gem § 404 im Falle einer Abtretung erhalten. Es handelt sich hierbei allerdings um dispositives Recht (PWW/*Müller* § 404 Rn 7; Palandt/*Heinrichs* § 404 Rn 7), so dass ohne die Regelung in Abs 1 eine abw Vereinbarung mit dem Verbraucher getroffen werden könnte. Abs 1 macht § 404 daher im Bereich des Verbraucherdarlehensgeschäfts zu einer zwingenden Vorschrift. Die gleiche Wirkung entfaltet die Regelung im Hinblick auf § 406, der ebenfalls dispositiv ist

(Palandt/*Heinrichs* § 406 Rn 2). Die Möglichkeit des Schuldners zur Aufrechnung mit einer Gegenforderung gegen den bisherigen Gläubiger bleibt daher unter den Voraussetzungen des § 406 auch nach Abtretung der Forderung ggü dem neuen Gläubiger erhalten. § 405 bleibt von Abs 1 dagegen unberührt (MüKo/*Schürnbrand* Rn 6; PWW/*Kessal-Wulf* Rn 2; vgl zur praktisch kaum relevanten Erstreckung auf § 407 MüKo/*Schürnbrand* Rn 7). Abs 2 soll sicherstellen, dass der Darlehensnehmer umgehend über einen Wechsel des Gläubigers bzw Darlehensgebers informiert wird, damit er ggf seine Konsequenzen hieraus ziehen und sich um eine anderweitige Ablösung des Darlehens bemühen kann. Abs 3 schützt den Verbraucher vor den Nachteilen, die diesem dadurch drohen, dass er zur Sicherung der gegen ihn bestehenden Darlehensforderung eine Wechselverbindlichkeit eingeht oder einen Scheck begibt. Hintergrund dieser Regelung ist die wertpapierrechtliche Besonderheit, dass der Aussteller eines solchen Papiers nur noch sehr begrenzt Einwendungen gegen die abstrakte Wertpapierverbindlichkeit geltend machen kann. Die Darlegungs- und Beweislast würde sich zum Nachteil des Verbrauchers in einem Scheck- oder Wechselprozess umkehren und es könnten in einem solchen Prozess zunächst nur noch Einwendungen aus dem Papier selbst geltend gemacht werden. IÜ wäre der Verbraucher gezwungen, in einem Nachverfahren weitergehende Einwendungen geltend zu machen. Ggü einem Zweiterwerber des Papiers würden persönliche Einwendungen gegen den Darlehensgeber gänzlich verloren gehen. Dem soll das Wechsel- und Scheckverbot des Abs 3 vorbeugen.

II. Anwendungsbereich. Die Vorschrift gilt für alle Verbraucherdarlehensverträge gem § 491 und kraft Verweisung auch für Zahlungsaufschübe, Finanzierungshilfen nach § 499 sowie Finanzierungsleasingverträge nach § 500 und Teilzahlungsgeschäfte nach § 501; nicht dagegen für Ratenlieferungsverträge nach § 505 (PWW/*Kessal-Wulf* Rn 1; Palandt/*Heinrichs* Rn 2). Eine analoge Anwendung der Vorschrift auf abstrakte Schuldversprechen bzw Schuldanerkenntnisse nach §§ 780, 781 und auf die Unterwerfung unter die sofortige Zwangsvollstreckung in das gesamte Vermögen in einer notariellen Urkunde nach § 794 Abs 1 Nr 5 ZPO, wie bei der Grundschuldbestellung im Kreditgeschäft mit Banken üblich, erfolgt nicht (BGH BauR 2006, 1801; NJW 2005, 1576, 1578; PWW/*Kessal-Wulf* Rn 1). Insoweit fehlt es an einer planwidrigen Regelungslücke, da der Gesetzgeber die Vorschrift bewusst nur auf ein Wechsel- und Scheckverbot beschränkt hat (BTDrs 11/8274 S 22) Aus dem gleichen Grunde ist auch eine analoge Anwendung der Regelung auf die Bürgschaft abzulehnen (aA PWW/*Kessal-Wulf* Rn 1; MüKo/*Schürnbrand* Rn 10). Durch den banküblichen Verzicht des Bürgen auf dessen Einwendungen aus §§ 767, 768, 770 wird der Verbraucher zwar nachteilig beeinträchtigt, wenn der Bürge bei dem Verbraucher nach einer Inanspruchnahme durch den Darlehensgeber Regress nimmt. Der Verzicht auf solche Einwendungen ist jedoch bereits seit Jahrzehnten bankübliche Praxis und ist dem Gesetzgeber bei Erlass des § 10 VerbrKrG, der in § 496 fortgeführt wird, nicht verborgen geblieben. Gleichwohl wurde § 10 VerbrKrG und später § 496 nicht hierauf bezogen. Hierin liegt genauso wenig eine planwidrige Regelungslücke wie in der Auslassung der Unterwerfung unter die sofortige Zwangsvollstreckung, so dass eine analoge Anwendung auch insoweit ausscheidet. Anwendbar ist die Regelung dagegen auf Mitdarlehensnehmer sowie auf die der Darlehensschuld Beitretende (vgl hierzu bereits § 491 Rz 5; so auch MüKo/*Schürnbrand* Rn 10; PWW/*Kessal-Wulf* Rn 1; Palandt/*Heinrichs* Rn 2). 2

III. Abdingbarkeit. Eine Abweichung zum Nachteil des Verbrauchers oder eine Umgehung durch eine anderweitige Vertragsgestaltung ist gem § 506 unzulässig. 3

B. Kein Einwendungsverzicht (Abs 1). Abs 1 macht die §§ 404 und 406 im Bereich des Verbraucherdarlehensgeschäfts zu zwingenden Vorschriften (vgl hierzu bereits Rz 1). Ein Einwendungsverzicht ist unwirksam, unabhängig davon, ob dieser in AGB enthalten ist, individualvertraglich vereinbart wird oder im Wege einer einseitigen Verzichtserklärung erfolgt. Dies gilt sowohl für einen Verzicht im Falle der rechtsgeschäftlichen Abtretung als auch für den des gesetzlichen Forderungsübergangs (PWW/*Kessal-Wulf* Rn 2). Zudem ist es für das Eingreifen des Schutzes des Abs 1 unerheblich, ob der Verbraucher eine solche Vereinbarung mit dem Darlehensgeber (Zedent), mit dem Zessionar oder mit beiden gemeinsam schließt (MüKo/*Schürnbrand* Rn 8). Von Abs 1 erfasst werden über den Wortlaut hinaus nach dem Sinn und Zweck der Vorschrift auch solche Vereinbarungen, durch die der Verbraucher zwar nicht auf die Geltendmachung von Einwendungen verzichtet, diese jedoch abw von §§ 404, 406 erschwert wird, zB durch eine Umkehr der Beweislast oä Regelungen (MüKo/*Schürnbrand* Rn 9; PWW/*Kessal-Wulf* Rn 2). 4

C. Unterrichtungspflichten bei Abtretung (Abs 2). Abs 2 wurde durch das Risikobegrenzungsgesetz vom 18.08.2008 (BGBl I 2008, S 1666) eingeführt. Hiernach ist der Darlehensnehmer unverzüglich über eine (offene) Abtretung der Ansprüche aus dem Darlehensvertrag oder eine Vertragsübernahme zu informieren (S 1). Der Gesetzgeber hat es bewusst offen gelassen, wer jeweils die Unterrichtung vorzunehmen hat. Im Grundsatz geht er ausweislich der Gesetzesmaterialien zwar davon aus, dass die Verpflichtung zur Unterrichtung im Falle der Abtretung den Zedenten und im Falle der Vertragsübernahme den Übernehmenden als neuen Vertragspartner trifft. Es kann jedoch zwischen altem und neuen Gläubiger auch vertraglich abweichend geregelt werden, wer die Information des Darlehensnehmers vorzunehmen hat. Sofern die Information des Darlehensnehmers allerdings gänzlich unterbleibt, dürften sich etwaige Schadensersatzansprüche des Darlehensnehmers nach dem vorstehenden Grundsatz im Falle der Abtretung gegen den Zedenten und bei 5 der Vertragsübernahme gegen den Übernehmenden richten. Im Innenverhältnis der beiden Gläubiger kann dann ggf bei dem nach den vertraglichen Vereinbarungen für die Unterrichtung zuständigen alten bzw neuen Gläubiger Regress genommen werden (*Schalast* BB 2008, 2190, 2192). Der Darlehensnehmer ist zum einen über die Abtretung bzw Vertragsübernahme als solche zu informieren. Zudem sind ihm die Kontaktdaten des neuen Gläubigers mitzuteilen, damit er weiß, mit wem er es zu tun hat und an wen er sich für die weitere Abwicklung des Vertragsverhältnisses mit seinen Erklärungen zu wenden hat. Es sind daher entsprechend § 1 Abs 1 Nr 1 bis 3 der BGB-InfoV insbes dessen Identität (Firma, Name), die Unternehmensregisternummer, ggf die Identität eines Vertreters im Inland und die jeweiligen ladungsfähigen Anschriften anzugeben. Nach S 2 entfällt die Informationspflicht, solange der neue Gläubiger bzw neue Vertragspartner gegenüber dem Darlehensnehmer auf Grund der Vereinbarung mit dem alten Gläubiger bzw Vertragspartner nicht in Erscheinung treten soll (stille Zession bzw Treuhandvereinbarung). Nach S 3 ist die Unterrichtung nach S 1 aber nachzuholen, sobald die Voraussetzungen des S 2 nicht mehr vorliegen, dh die Abtretung offen gelegt oder eine etwaige Treuhandvereinbarung beendet wird.

6 **D. Wechsel- und Scheckverbot (Abs 3). I. Wechselverbot (S 1).** Abs 3 S 1 verbietet eine Verpflichtung des Darlehensnehmers bzw Mitverpflichteten (vgl Rz 2) zur Eingehung von Wechselverbindlichkeiten für die Ansprüche des Darlehensgebers aus dem Verbraucherdarlehen. Erfasst wird insofern jede Art wechselrechtlicher Verpflichtung, insb als Aussteller, Bezogener, Indossant oder Wechselbürge (München ZIP 2004, 991; PWW/*Kessal-Wulf* Rn 4; MüKo/*Schürnbrand* Rn 12). Ob der Darlehensnehmer die Übernahme einer solchen Verpflichtung freiwillig anbietet oder die Initiative von dem Darlehensgeber ausgeht, ist mit Blick auf den Schutzgedanken der Vorschrift für deren Anwendbarkeit unerheblich (MüKo/*Schürnbrand* § 496 Rn 15; PWW/*Kessal-Wulf* Rn 4). Das Verbot bezieht sich zudem auf alle Ansprüche aus dem Darlehensvertrag, also auch etwaige Nebenforderungen (Entgelte, Kosten etc) und Ansprüche, die sich aus einem etwaigen Verzug des Darlehensnehmers bei Not leidenden Krediten oder nach einem erklärten Widerruf aus §§ 346 ff ergeben (BTDrs 11/5462 S 25; MüKo/*Schürnbrand* Rn 13).

7 **II. Scheckverbot (S 2).** Abs 3 S 2 verbietet es dem Darlehensgeber, von dem Darlehensnehmer einen Scheck zum Zwecke der Sicherung der Ansprüche aus dem Darlehensvertrag entgegenzunehmen. Untersagt ist also nur die zweckentfremdete Begebung eines Schecks als Sicherungsmittel (zB Hingabe eines Schecks vor Fälligkeit der Forderung aus dem Darlehensvertrag). Möglich bleibt dagegen die Begleichung fälliger Forderungen aus dem Darlehensvertrag mittels eines Schecks (BTDrs 11/5462 S 25). In diesem Fall wird der Scheck nicht als Sicherungs-, sondern als Zahlungsmittel zweckgerecht eingesetzt. Ob die Einlösung des Schecks bei der bezogenen Bank zu einer Kreditinanspruchnahme in Form einer (eingeräumten oder geduldeten) Überziehung führt, ist insoweit unerheblich (PWW/*Kessal-Wulf* Rn 4).

8 **III. Folgen eines Verstoßes (Sätze 3, 4). 1. Herausgabeanspruch gegen den Darlehensgeber (S 3).** Eine entgegen den Sätzen 1 und 2 eingegangene wechsel- oder scheckrechtliche Verpflichtung ist wertpapierrechtlich gleichwohl wirksam (BTDrs 11/5462 S 25; München ZIP 2004, 991, 992). Nach S 3 steht dem Darlehensnehmer jedoch im Hinblick auf den Wechsel oder Scheck ein Herausgabeanspruch gegen den Darlehensgeber zu. Hiermit soll der Darlehensnehmer die Möglichkeit haben, weiteren Schaden, der ihm insb bei einer Weitergabe des Papiers an Dritte (vgl Rz 9) droht, abzuwenden. Denn anders als die wertpapierrechtliche Verpflichtung selbst sind die schuldrechtliche Verpflichtung zur Übernahme der wechsel- oder scheckrechtlichen Verpflichtung sowie die der Wechsel- oder Scheckbegebung jeweils zugrunde liegende Zweckvereinbarung, die das Bindeglied darstellt zwischen der Begebung des Papiers und der jeweiligen schuldrechtlichen Verbindlichkeit, die durch das Papier gesichert oder erfüllt werden soll, gem § 134 nichtig (PWW/*Kessal-Wulf* Rn 6). Neben dem Herausgabeanspruch aus S 3 besteht daher auch ein Anspruch aus § 812 Abs 1 S 1, der aber wegen der speziellen Regelung des S 3 praktisch bedeutungslos sein dürfte (MüKo/*Schürnbrand* Rn 25). Die Wirksamkeit des Darlehensvertrages iÜ bleibt hiervon gem § 139 unberührt, so dass die sonstigen gegenseitigen Verpflichtungen hieraus weiterhin bestehen bleiben (München ZIP 2004, 991, 992; PWW/*Kessal-Wulf* Rn 6; MüKo/*Schürnbrand* Rn 14; Palandt/*Putzo* Rn 8). Ein Zurückbehaltungsrecht kann der Darlehensgeber gegen den Herausgabeanspruch des Darlehensnehmers aus S 3 nach Treu und Glauben nicht geltend machen, da dies die Schutzfunktion des Scheck- und Wechselverbotes wirkungslos machen würde (MüKo/*Schürnbrand* Rn 26).

9 **2. Einreden gegen Ansprüche aus Wechsel/Scheck (S 3). a) Einreden gegen den Darlehensgeber (Ersterwerber).** Soweit der Darlehensgeber gegen den Darlehensnehmer aus dem verbotswidrig begebenen Wechsel oder Scheck Ansprüche gegen den Darlehensnehmer geltend macht, kann dieser deren Erfüllung entspr Abs 3 S 3 verweigern (München ZIP 2004, 991; BTDrs 11/5462 S 25; MüKo/*Schürnbrand* Rn 16).

10 **b) Einreden gegen Zweiterwerber.** Anders ist die Situation für den Darlehensnehmer allerdings, wenn der Darlehensgeber den Scheck oder Wechsel im Rahmen eines Verkehrsgeschäfts an einen Dritten überträgt. Wegen Art 17 WG bzw 22 ScheckG kann der Darlehensnehmer dem Zweiterwerber des Papiers Einwendungen aus dem Grundgeschäft mit dem Darlehensgeber grds nicht entgegenhalten, es sei denn, der Zweiterwerber hat beim Erwerb des Papiers bewusst zum Nachteil des Darlehensnehmers gehandelt.

3. Schadensersatzanspruch (S 4). Nach S 4 haftet der Darlehensgeber dem Darlehensnehmer für jeden Schaden, der diesem aus der Wechsel- oder Scheckbegebung entsteht. Dieser Anspruch schafft einen gewissen Ausgleich für den Darlehensnehmer, wenn dieser von einem Zweiterwerber eines Wechsels oder Schecks (vgl Rz 9) aus dem Papier in Anspruch genommen wird und diesem ggü wegen Art 17 WG bzw Art 22 ScheckG die Leistung nicht verweigern kann (MüKo/*Schürnbrand* Rn 28). Dem Darlehensnehmer sind verschuldensunabhängig (Garantiehaftung) sämtliche auf die verbotswidrige Begebung des Wechsels oder Schecks zurückgehende Schäden (zB Wechsel-, Schecksumme, Zinsen, außergerichtliche und gerichtliche Kosten etc) zu ersetzen (PWW/*Kessal-Wulf* Rn 7; AnwK/*Reif* Rn 7; Palandt/*Putzo* Rn 7; *Bruchner/Ott/Wagner-Wieduwilt* VerbrKrG Rn 30). 11

IV. Beweislast. Der Darlehensnehmer trägt für die Voraussetzungen des Herausgabeanspruchs aus Abs 3 S 3 bzw einer hierauf gestützten Einrede, mit der er sich gegen die Inanspruchnahme aus einem Wechsel oder Scheck verteidigt, die Darlegungs- und Beweislast. 12

§ 497 Behandlung der Verzugszinsen, Anrechnung von Teilleistungen.

[1] Soweit der Darlehensnehmer mit Zahlungen, die er auf Grund des Verbraucherdarlehensvertrags schuldet, in Verzug kommt, hat er den geschuldeten Betrag nach § 288 Absatz 1 zu verzinsen; dies gilt nicht für Immobiliardarlehensverträge. Bei diesen Verträgen beträgt der Verzugszinssatz für das Jahr zweieinhalb Prozentpunkte über dem Basiszinssatz. Im Einzelfall kann der Darlehensgeber einen höheren oder der Darlehensnehmer einen niedrigeren Schaden nachweisen.

[2] Die nach Eintritt des Verzugs anfallenden Zinsen sind auf einem gesonderten Konto zu verbuchen und dürfen nicht in ein Kontokorrent mit dem geschuldeten Betrag oder anderen Forderungen des Darlehensgebers eingestellt werden. Hinsichtlich dieser Zinsen gilt § 289 Satz 2 mit der Maßgabe, dass der Darlehensgeber Schadensersatz nur bis zur Höhe des gesetzlichen Zinssatzes (§ 246) verlangen kann.

[3] Zahlungen des Darlehensnehmers, die zur Tilgung der gesamten fälligen Schuld nicht ausreichen, werden abweichend von § 367 Absatz 1 zunächst auf die Kosten der Rechtsverfolgung, dann auf den übrigen geschuldeten Betrag (Absatz 1) und zuletzt auf die Zinsen (Absatz 2) angerechnet. Der Darlehensgeber darf Teilzahlungen nicht zurückweisen. Die Verjährung der Ansprüche auf Darlehensrückerstattung und Zinsen ist vom Eintritt des Verzugs nach Absatz 1 an bis zu ihrer Feststellung in einer in § 197 Absatz 1 Nummer 3 bis 5 bezeichneten Art gehemmt, jedoch nicht länger als zehn Jahre von ihrer Entstehung an. Auf die Ansprüche auf Zinsen findet § 197 Absatz 2 keine Anwendung. Die Sätze 1 bis 4 finden keine Anwendung, soweit Zahlungen auf Vollstreckungstitel geleistet werden, deren Hauptforderung auf Zinsen lautet.

[4] Die Absätze 2 und 3 Satz 1, 2, 4 und 5 gelten nicht für Immobiliardarlehensverträge.

A. Allgemeines. I. Zweck der Vorschrift. 1. Abs 1 – Pauschalierung und Begrenzung des Verzugsschadens.
Die Vorschrift soll den Verbraucher vor übermäßigen Verzugsfolgen schützen, falls er mit der Zahlung einzelner Raten in Rückstand geraten ist oder in Folge der Kündigung des Darlehens nach § 498 sogar der Gesamtbetrag durch den Darlehensgeber fällig gestellt worden ist (BTDrs 11/5462 S 13). Durch eine für den Verbraucher transparente Pauschalierung des Verzugsschadens auf fünf bzw zweieinhalb Prozentpunkte über dem Basiszinssatz wurden Unklarheiten bei der Berechnung des Verzugsschadens beseitigt (BTDrs 11/5462 S 25; vgl hierzu iE auch *Krüger/Bütter* Recht der Bankentgelte S 334 ff; *dies* WM 2002, 2094 ff). Gleichzeitig wurde der **Verzugsschaden** durch eine Bindung an den Basiszinssatz flexibel gestaltet, so dass eine automatische Anpassung an das Marktzinsniveau erfolgt. 1

2. Abs 2 – Schutz vor übermäßigem »Zinseszinseffekt«. Das in Abs 2 S 1 enthaltene Kontokorrentverbot für den anfallenden Verzugsschaden führt dazu, dass der sog »**Zinseszinseffekt**« – also die erneute Verzinsung des anfallenden Verzugsschadens – begrenzt werden kann. Durch die Verbuchung auf einem gesonderten (Unter-)Konto wird erreicht, dass der Verzugsschaden nicht mit der übrigen Forderung saldiert werden kann. Abs 2 S 2 begrenzt sodann die Verzinsung dieses Teils der Forderung auf den gesetzlichen Zinssatz und verhindert somit ein übermäßiges Ansteigen der Forderung aus dem Not leidenden Darlehen allein durch die Berechnung von Verzugsschäden. 2

3. Abs 3 – Schuldnerfreundliche Tilgungsverrechnungsreihenfolge. Die Regelung in Abs 3 verfolgt den selben Zweck, indem durch die Bestimmung einer von § 367 Abs 1 abw Tilgungsreihenfolge erreicht wird, dass der Verbraucher bei Teilleistungen zumindest nach Tilgung der Rechtsverfolgungskosten die Chance erhält, zunächst die Hauptforderung zu reduzieren (vgl auch BTDrs 11/5462 S 14). Dies wiederum führt zu einer Verminderung des hierauf anfallenden Verzugsschadens. Die Anwendung der Tilgungsreihenfolge des § 367 Abs 1 hat früher regelm dazu geführt, dass sich die Forderung aus dem Not leidenden Kredit trotz monatlicher Teilzahlungen weiter erhöht hat, weil der Schuldner lediglich einen Teil der laufenden Zinsforderung bedienen konnte, es aber nie zu einer Rückführung der Hauptforderung gekommen ist. Hiermit ist jedoch weder dem Gläubiger noch dem Schuldner gedient, da Letzterer kaum einen Anreiz hatte, die Zahlungen freiwillig fortzusetzen. So waren die Gläubiger ohnehin regelm gezwungen, auf einen Teil der (Zins-)Forde- 3 rung zu verzichten, um überhaupt Zahlungen zu erhalten, zumal wegen bestehender Pfändungsfreigrenzen auch im Wege der Zwangsvollstreckung oftmals keine Leistungen erzwungen werden können. Die Vorschrift schafft daher einen durchaus angemessenen Ausgleich der Interessen von Gläubigern und Schuldnern im Bereich der Not leidenden Verbraucherdarlehen. Damit der Gläubiger wegen einer drohenden Verjährung nicht gezwungen wird, Zwangsvollstreckungsmaßnahmen zur Verjährungsunterbrechung durchzuführen und damit zusätzliche Kosten zu produzieren, wird die Verjährung nach Abs 3 S 3 zumindest bis zu einer Höchstfrist von zehn Jahren zudem gehemmt.

4 **II. Anwendungsbereich.** Die Vorschrift findet grds auf alle Verbraucherdarlehensverträge, einschließlich Überziehungskredite (eingeräumte und geduldete Überziehungen), sowie kraft Verweisung in den §§ 499 ff auch auf Finanzierungshilfen Anwendung (MüKo/*Schürnbrand* Rn 6; Palandt/*Putzo* Rn 2). Eine entspr Anwendung ist geboten auf die bereicherungsrechtlichen Ansprüche des Darlehensgebers im Falle der Unwirksamkeit des Darlehensvertrages. Es wäre ein Wertungswiderspruch, wenn dem Darlehensnehmer zB bei Nichtigkeit des Vertrages wegen Sittenwidrigkeit der Schutz des § 497 nicht zu Teil werden würde und er damit schlechter stünde als im Falle der Wirksamkeit des Vertrages (so zu Recht MüKo/*Schürnbrand* Rn 7; vgl auch BGH NJW 1998, 2529, 2530; NJW-RR 1989, 622, 624). Dies gilt gleichermaßen für die Forderungen des Darlehensgebers aus §§ 346 ff nach Ausübung des Widerrufsrechts durch den Verbraucher, wenn dieser mit der Rückzahlung der bereits empfangenen Darlehensvaluta in Verzug gerät (MüKo/*Schürnbrand* aaO; *Bruchner/Ott/Wagner-Wieduwilt* VerbrKrG § 11 Rn 41). § 497 findet auch Anwendung auf mithaftende Gesamtschuldner (sowohl für Forderungen gegen Mitdarlehensnehmer als auch gegen Personen, die der Schuld nur beigetreten sind, vgl zur Abgrenzung § 488 Rz 5), soweit diese mit Zahlungen in Verzug sind (§ 425 ist zu beachten). Erforderlich ist jedoch jeweils, dass auch diesen ggü der persönliche Anwendungsbereich der §§ 491 ff eröffnet ist. Anderenfalls gelten die allg Vorschriften (insb §§ 286 ff, 367). Auf Bürgen findet die Vorschrift keine Anwendung. Kommt dieser mit seiner Verpflichtung aus dem Bürgschaftsvertrag in Verzug, bleibt es daher bei den allg Vorschriften (MüKo/*Schürnbrand* Rn 24, anders allerdings für Immobiliardarlehen), so dass der Bürge insbes nicht in den Genuss der Abs 2 und 3 kommt.

5 **III. Abdingbarkeit.** Eine Abweichung zum Nachteil des Verbrauchers oder eine Umgehung durch eine anderweitige Vertragsgestaltung ist gem § 506 unzulässig.

6 **B. Berechnung des Verzugsschadens (Abs 1). I. Höhe des Verzugsschadens. 1. Pauschalierung und Bindung an den Basiszinssatz (Sätze 1, 2).** In Abs 1 wird der dem Darlehensgeber zustehende Verzugsschaden unter Verweis auf § 288 Abs 1 auf fünf Prozentpunkte über dem (jeweiligen) Basiszinssatz pauschaliert. Für Immobiliardarlehen gilt ein ermäßigter Zinssatz von zweieinhalb Prozentpunkten über dem Basiszinssatz, da die Refinanzierungskosten der Bank insoweit geringer sind (BTDrs 14/6040 S 256). Eine andere abstrakte Berechnungsmethode für den Verzugsschaden ist nicht mehr zulässig (Zweibrücken ZIP 2000, 2198). Auch die Vereinbarung der Fortgeltung des Vertragszinssatzes trotz Zahlungsverzuges ist nicht zulässig, da dem Darlehensnehmer ein Recht auf Nutzung des Kredites nicht mehr zusteht, soweit Verzug eingetreten ist (BTDrs 11/5462 S 26; MüKo/*Schürnbrand* Rn 11, 22). Insoweit steht dem Darlehensgeber nur noch der Verzugsschaden zu (BGHZ 104, 337, 338; BGH ZIP 2004, 554, 557; 2003, 840, 842). Mit der jeweiligen Pauschale sind die Refinanzierungskosten und der Bearbeitungsaufwand des Darlehensgebers abgegolten (BTDrs 11/5462, S 26), so dass eine zusätzliche Inrechnungstellung etwaiger Kosten aus der Bearbeitung des Not leidenden Kredites nicht zulässig ist. Die Regelung des Abs 1 ist abschließend (MüKo/*Schürnbrand* Rn 22). Entscheidet sich der Darlehensgeber für die Anwendung der pauschalen Verzugsschadenberechnung des S 1 bzw 2, bewendet es bei dieser Pauschale. Er hat ansonsten im Anwendungsbereich des § 497 nur die Möglichkeit, nach S 3 den Schaden konkret zu berechnen, wobei ihn im Prozess die Darlegungs- und Beweislast trifft. Schon aus Kostengründen wird der Darlehensgeber hiervon in aller Regel absehen, da ohnehin zweifelhaft ist, ob die Forderung aus dem Not leidenden Kredit in voller Höhe durchsetzbar sein wird. Die **Verzugsschadenpauschale** des Abs 1 ist ein variabler Verzugszins, da dieser in § 288 Abs 1 an den sich verändernden Basiszinssatz gebunden ist. Dass dort anders als noch in § 11 Abs 1 VerbrKrG nicht von dem »jeweiligen« Basiszinssatz die Rede ist, steht dem nicht entgegen (PWW/*Schmidt-Kessel/Telkamp* § 288 Rn 4).

7 **2. Konkrete Schadensberechnung (S 3).** Die Schadenspauschalierung soll lediglich die Beweisprobleme des Darlehensgebers beseitigen, ist jedoch für keine der Parteien bindend (BGHZ 104, 337, 348). S 3 eröffnet daher sowohl dem Darlehensgeber als auch dem Darlehensnehmer die Möglichkeit, einen konkreten, von den og Pauschalen abw Schaden darzulegen und nachzuweisen. Eine Schätzung nach § 287 ZPO ist dagegen ausgeschlossen (Palandt/*Putzo* Rn 6). Wer sich auf einen konkreten abw Schaden berufen will, trägt daher die volle Beweislast. Dies macht es dem Verbraucher nahezu unmöglich, einen geringeren Schaden nachzuweisen, zumal dieser keinen Einblick in die Kalkulation des Darlehensgebers hat (PWW/*Kessal-Wulf* § 497 Rn 6; *Ungewitter* JZ 1994, 701, 706). Da die Verzugsschadenpauschalen der Sätze 2 und 3 jedoch zugunsten des Verbrauchers gut bemessen sind (vgl hierzu etwa MüKo/*Schürnbrand* Rn 10 mwN: »…Besserstellung des vertragsbrüchigen ggü dem vertragstreuen Schuldner…«), besteht insoweit in aller Regel auch kein Bedarf nach einer anderen Berechnung. Aus Sicht des Darlehensgebers mag eine konkrete Schadensberechnung zwar

praktisch durchführbar und im Zweifel auch nachweisbar sein. Angesichts der Tatsache, dass die Realisierung der gesamten Forderungen aus dem Not leidenden Kredit idR aber sehr zweifelhaft ist, steht der Aufwand einer konkreten Schadensberechnung im Normalfall nicht im Verhältnis zu dem möglichen zusätzlichen Verzugsschaden. Zudem müsste der Darlehensgeber seine interne Kalkulation für einen Nachweis offen legen.

3. Verzugsschaden außerhalb des § 497. a) Seit Inkrafttreten des § 288 (01.05.2000). Mit Inkrafttreten des § 288 hat sich für die danach abgeschlossenen Darlehensverträge außerhalb des Anwendungsbereichs des § 497 (insbes gewerbliches Darlehensgeschäft) die Frage der korrekten Verzugsschadenhöhe erledigt. Nach § 288 Abs 1 gilt auch insoweit die Pauschale von fünf Prozentpunkten über dem Basiszinssatz als nicht nachweisbedürftiger Mindestschaden im Falle des Verzuges. Nach § 288 Abs 4 kann der Darlehensgeber zusätzlich einen weitergehenden Schaden geltend machen, wobei er insoweit die volle Darlegungs- und Beweislast trägt. Dies wird idR dazu führen, dass es bei der Pauschale auch insoweit verbleibt. 8

b) Vor Inkrafttreten des § 288. Bereits vor dem Inkrafttreten des § 288 war nach der Rspr für Darlehensverträge mit Banken eine analoge Anwendung des § 11 Abs 1 VerbrKrG, der die Pauschale von fünf Prozentpunkten über dem Basiszinssatz für Verbraucherkredite (ohne Immobiliardarlehen) enthielt, möglich (BGH NJW 1998, 2529, 2530). Aus Vereinfachungsgründen ist hiervon in der Praxis auch regelm Gebrauch gemacht worden. Insofern ergibt sich daher auch für Altverträge kein Bedürfnis für die Anwendung eines anderen Verzugsschadenssatzes. Problematisch und umstritten war zwar vor Inkrafttreten des § 288 die Verzugsschadensberechnung für Immobiliardarlehen, da eine analoge Anwendung des § 11 Abs 1 nach der Rspr nicht zulässig war (BGH ZIP 1999, 1483; NJW 1992, 1620, 1621; 1992, 109; vgl iE auch *Krüger/Bütter* WM 2002, 2094 ff). Insoweit ist jedoch auch für die Zeit vor dem Inkrafttreten des § 288 die entspr Anwendung des § 497 Abs 1 S 2 (2,5 Prozentpunkte über dem Basiszinssatz) sachgerecht und zulässig (so auch MüKo/*Schürnbrand* Rn 12; vgl auch Schleswig ZIP 2002, 1575). 9

c) Abstrakte Verzugsschadenberechnung nach der früheren Rspr. Die Rspr vor Inkrafttreten des VerbrKrG (01.01.1991) hatte Grundsätze der Verzugsschadensberechnung für Not leidende Kredite entwickelt, die zwar außerhalb des Anwendungsbereichs des VerbrKrG für Altfälle bzw jetzt außerhalb des Anwendungsbereichs des § 497 formal weiterhin Geltung hat. Aus Praktikabilitätsgründen dürfte diese jedoch in der Praxis inzwischen keine Rolle mehr spielen. Hiernach konnte die Bank einen Verzugsschaden in Höhe des »marktüblichen Bruttosollzinssatzes« geltend machen (grundlegend BGHZ 104, 337 f; ausf hierzu auch *Krüger/Bütter* Recht der Bankentgelte S 334 ff; *dies* WM 2002, 2094 ff). Dieser wurde errechnet aus einem Durchschnittszinssatz aus dem gewichteten Kreditgeschäft der Bank, wobei insoweit anstelle der konkreten Sätze der jeweiligen Bank die üblichen Zinssätze für die jeweiligen Kreditarten nach der Bundesbankzinsstatistik zugrunde gelegt werden konnten. Vorübergehend kam für den Zeitraum der rechtlich geschützten Zinserwartung (vgl zum Begriff § 489 Rz 17) zudem eine Fortberechnung des Vertragszinssatzes in analoger Anwendung des § 628 Abs 2 in Betracht (vgl BGH WM 1989, 929, 932). Angesichts des mit diesen Berechnungen für die Bank verbundenen Aufwandes und der ohnehin zweifelhaften Durchsetzbarkeit der Verzugsschadenforderung sowie des Problems, dass es sich – anders als bei der an den Basiszinssatz gebundenen Pauschale des Abs 1 – um einen starren Verzugsschadensatz handelt, dürften diese Methoden jedoch der Vergangenheit angehören. 10

II. Verzug des Darlehensnehmers. Die Anwendung der Verzugsschadenpauschalen des Abs 1 setzt voraus, dass der Verbraucher mit der Rückzahlung des Darlehens ganz oder zT in Verzug iSd § 286 gerät. Dies ist bei der Nichtzahlung vereinbarter monatlicher Raten bereits nach § 286 Abs 2 Nr 1 der Fall, ohne dass es einer Mahnung oder eines Äquivalents nach § 286 Abs 1 bedürfte. IÜ muss das Darlehen erst gem § 498 fällig gestellt und der Darlehensnehmer zur Rückzahlung aufgefordert werden, um den Verbraucher auch mit dem restlichen geschuldeten Darlehen in Verzug zu setzen. Dies erfolgt entweder indem in der Kündigungserklärung die sofortige Rückzahlung verlangt wird, was einer Mahnung iSd § 288 Abs 1 S 1 entsprechen würde (MüKo/*Schürnbrand* Rn 13), oder indem in der Kündigung eine konkrete Rückzahlungsfrist gesetzt wird, nach deren Ablauf dann Verzug eintritt. § 286 Abs 3 ist auf den Anspruch auf Rückzahlung der Darlehensvaluta nicht anzuwenden, da es sich hierbei nicht um eine »Entgeltforderung« iSd Norm handelt, weil diese – anders als die Zinsforderung – nicht im Gegenseitigkeitsverhältnis steht (vgl *Krüger/Bütter* WM 2002, 2094, 2099; vgl auch § 488 Rz 14). Bei geduldeten Überziehungskrediten (vgl zum Begriff § 493 Rz 11) tritt Verzug mit der Aufforderung der Bank an den Verbraucher zum Ausgleich der Überziehung ein. Eine formale Kündigung ist insofern nicht erforderlich, da die Forderung ohnehin fällig ist. 11

III. Berechnungsgrundlage (»geschuldeter Betrag«). Die Verzugsschadenpauschale kommt zur Anwendung, soweit sich der Darlehensnehmer mit Zahlungen aus dem Darlehensvertrag in Verzug befindet. Auf die Summe dieser rückständigen Beträge (= »geschuldeter Betrag«) ist einheitlich die Verzugsschadenpauschale zu berechnen. Es sind daher bei Gesamtfälligstellung des Darlehens nach § 498 die Kapitalforderung, etwaige Zinsrückstände sowie Kostenforderungen zu einem einheitlichen Saldo (»Kündigungsforderung«) zusammenzufassen und ab Verzugseintritt gem Abs 1 zu verzinsen. Dies gilt gleichermaßen bei einem Rückstand mit einzelnen Raten. Auch hier sind die zum Zeitpunkt des Verzugseintritts aufgelaufenen Rückstände 12 zusammenzufassen und nach Abs 1 einheitlich zu verzinsen. Zinsanteile der rückständigen Raten sind nicht herauszurechnen (MüKo/*Schürnbrand* Rn 15). Anders ist dies jeweils mit dem auf Basis dieses einheitlichen Betrages anfallenden Verzugsschaden sowie der weiteren Kosten. Insoweit kommt Abs 2 zur Anwendung. Sofern – was der Regelfall sein dürfte – zum Zeitpunkt der Gesamtfälligstellung eines Darlehens bereits rückständige Einzelraten aufgelaufen und hierauf Verzugsschaden gem Abs 1 berechnet und gem Abs 2 gesondert geführt wurde, bleibt der insoweit bereits aufgelaufene Verzugsschaden als solcher gesondert bestehen und wird nicht etwa mit dem Kündigungssaldo zusammengefasst (*Bruchner/Ott/Wagner-Wieduwilt* VerbrKrG § 11 Rn 44). Dies würde gegen Abs 2 verstoßen.

13 **C. Besondere Abrechnungsmodalitäten im Verzugsfall (Abs 2). I. Kontokorrentverbot und Bildung von Unterkonten (Abs 2 S 1).** Abs 2 untersagt der Bank bei Not leidenden Verbraucherdarlehen (außer Verbraucherimmobiliendarlehen, vgl Abs 4) die Saldierung der nach Verzugseintritt anfallenden »Zinsen«. Gemeint ist hier »Verzugsschaden« iSd Abs 1, da Zinsen auf Beträge, mit denen sich der Darlehensnehmer in Verzug befindet, nicht mehr berechnet werden, weil es sich nicht mehr um eine vertragsgem Kapitalnutzung handelt. Der anfallende Verzugsschaden ist daher auf einem »gesonderten Konto« zu verbuchen. Praktisch dürfte insoweit (technisch) ein Unterkonto zu dem Hauptforderungskonto angelegt werden, auf dem der Verzugsschaden gesondert verbucht wird (PWW/*Kessal-Wulf* Rn 7). Ein weiteres Unterkonto ist anzulegen für die nach Verzugseintritt anfallenden »Kosten der Rechtsverfolgung«. Dies ist wegen der nach Abs 3 geltenden Tilgungsreihenfolge bei Teilzahlungen erforderlich. Eine Saldierung der Unterkonten »Hauptforderung«, »Verzugsschaden (Zinsen)« und »Kosten« nach § 355 HGB darf wegen der Regelung der Abs 2 und 3 nicht mehr erfolgen (LG Ansbach Beschluss v 07.02.2008, 1 S 1270/07; MüKo/*Schürnbrand* Rn 27). Die Führung der erforderlichen Unterkonten ist technisch durch den Einsatz entspr Forderungsabrechnungssoftware inzwischen unproblematisch, wenn auch für die Bank mit erhöhtem (nicht erstattungsfähigem) Aufwand verbunden. Für die korrekte Trennung in Hauptforderung, Zinsen und Kosten nach Abs 2 sowie für eine richtige Tilgungsverrechnung iSd Abs 3 trägt die Bank im Prozess zudem die Darlegungs- und Beweislast (MüKo/*Schürnbrand* Rn 27).

14 **II. Begrenzung des »Verzugsschadenszinses« (Abs 2 S 2).** S 2 begrenzt § 289 S 2 dahingehend, dass auf den (gesondert verbuchten) rückständigen Verzugsschaden iSd Abs 1 ein weiterer Verzugsschaden (im folgenden »**Verzugsschadenszins**«) nur in Höhe des gesetzlichen Zinssatzes (§ 246: 4 %) berechnet werden darf. Grds könnte der Darlehensgeber den Darlehensnehmer zur Zahlung des rückständigen Verzugsschadens mit einer Mahnung iSd § 286 auffordern und ihn so mit den rückständigen Beträgen in Verzug setzen. Dies hätte zur Folge, dass der Darlehensnehmer auch den insoweit entstehenden vollen Verzugsschaden zu ersetzen hätte. Dies verstößt nicht, wie § 289 S 2 klarstellt, gegen das Zinseszinsverbot des § 289 S 1 (PWW/*Schmidt-Kessel/Telkamp* § 289 Rn 2). Zugunsten des Darlehensnehmers begrenzt der Gesetzgeber in Abs 2 S 2 die Höhe des »Verzugsschadenszinses« auf den gesetzlichen Zinssatz von 4 %. Wie dieser Verzugsschadenszins zu verbuchen ist, regelt Abs 2 nicht ausdrücklich. Da es sich hierbei ebenfalls um Verzugsschaden handelt, dürfte Abs 2 S 1 zur Anwendung kommen, so dass für den Verzugsschadenszins an sich ein weiteres Unterkonto anzulegen wäre, um den vom Gesetzgeber nicht gewollten Zinseszinseffekt zu vermeiden. Es ist zweifelhaft, ob dies praktisch eine Rolle spielt, da es sich bei dem Verzugsschadenszins idR um Beträge im Cent-Bereich handeln dürfte, deren Berechnung und Realisierung für die Kreditwirtschaft irrelevant sein dürfte. Hierbei ist insbes zu berücksichtigen, dass der Darlehensgeber den Darlehensnehmer regelm zur Zahlung des aufgelaufenen Verzugsschadens gem Abs 1 auffordern müsste, um einen Verzug zu begründen (nach § 4 Abs 9 PAngV max alle drei Monate, vgl auch BGH WM 1993, 586, 589; MüKo/*Schürnbrand* Rn 27). Da er insoweit im Prozess die Darlegungs- und Beweislast trägt, müsste er dies zudem in geeigneter Art und Weise tun (zB Zustellungsnachweis für Mahnung wegen Zahlung des Verzugsschadens). Dies wäre angesichts der Höhe des Verzugsschadenszinses und der im Bereich der Not leidenden Kredite ohnehin sehr zweifelhaften Realisierbarkeit wirtschaftlich kaum sinnvoll.

15 **D. Verrechnung von Teilleistungen (Abs 3). I. Schuldnerfreundliche Verrechnungsreihenfolge (S 1).** Leistet der Darlehensnehmer auf den Not leidenden Kredit Teilzahlungen, müssen diese abw von der vertraglichen Vereinbarung bzw von § 367 vom Darlehensgeber zunächst auf die bereits aufgelaufenen und vom ihm verauslagten Kosten der Rechtsverfolgung, sodann auf den »geschuldeten Betrag« iSd Abs 1 und zuletzt auf die Zinsen iSd Abs 2 (Verzugsschaden) verrechnet werden (zum Zweck s oben Rz 3). Das Gleiche gilt, wenn der Darlehensgeber Teilbeträge im Wege der Zwangsvollstreckung beitreibt (MüKo/*Schürnbrand* Rn 31; *Braun* WM 1991, 1325; *Münzberg* WM 1991, 170, 172). Die jeweiligen »Forderungsblöcke« müssen durch die Teilleistungen zunächst vollständig getilgt sein, ehe eine Verrechnung auf den jeweils nachrangigen Teil erfolgen kann. Der Verbraucher wird hierdurch entlastet, da die höherverzinslichen Teile seiner Verbindlichkeit vorrangig durch seine Zahlungen getilgt werden. Dass die Rechtsverfolgungskosten abw von diesem Gedanken erstrangig getilgt werden, hat der Gesetzgeber damit begründet, dass diese Kosten von dem Gläubiger jeweils zur Durchsetzung seiner Ansprüche verauslagt werden müssen (BTDrs 11/5462 S 27). Ob dies vor dem hier zugrunde liegenden Gedanken des Schuldnerschutzes sinnvoll ist, mag bezweifelt werden, da die Beitreibungskosten erhebliche Größenordnungen erreichen können und insbes für Schuldner, die nur zu

kleinen Teilzahlungen in der Lage sind, ein »Motivationshindernis« darstellen. Die erstrangige Tilgung der verzinslichen Hauptforderung wäre daher – auch aus Gläubigersicht – sinnvoller gewesen. »Kosten der Rechtsverfolgung« iSd Norm sind solche, die für die Geltendmachung und Durchsetzung der Ansprüche des Darlehensgebers erforderlich sind und als Verzugsschaden nach §§ 280, 286 vom Darlehensnehmer zu ersetzen sind. Hierzu zählen insbes Prozess- und Vollstreckungskosten, nicht aber die allg Mehraufwendungen für die Verwaltung Not leidender Kredite, da diese Kosten bereits in der Verzugsschadenpauschale des Abs 1 enthalten sind. Für die weitere Anrechnung verweist S 1 auf den »übrigen geschuldeten Betrag« nach Abs 1 der Vorschrift. Gemeint sind daher diejenigen Beträge, mit denen sich der Darlehensnehmer im Verzug befindet und die daher einheitlich mit der Verzugsschadenpauschale des Abs 1 verzinst werden (vgl hierzu Rz 12). »Zinsen« iSd S 1 sind solche nach »Abs 2«, also der nach der Pauschale des Abs 1 berechnete und gesondert verbuchte Verzugsschaden. Der für den Fall des Verzuges mit dem Verzugsschaden hierauf anfallende »Verzugsschadenszins« (vgl Rz 14) ist in der Vorschrift nicht ausdrücklich erwähnt. Da nach Abs 3 die höher verzinslichen Teile der Forderung jedoch vorrangig getilgt werden sollen, sind Teilleistungen zunächst auf den Verzugsschaden und erst zuletzt auf den Verzugsschadenszins anzurechnen (so auch MüKo/*Schürnbrand* Rn 34; ausf zur Tilgungsverrechnungsreihenfolge auch *Krüger/Bütter* Recht der Bankentgelte S 354 ff; *dies* WM 2002, 2094 ff). Bestehen mehrere Darlehen des Verbrauchers, bestimmt sich die Reihenfolge der Anrechnung im Hinblick auf die verschiedenen Darlehen im Falle von Teilleistungen zunächst nach § 366, dh es kommt auf die Tilgungsbestimmung des Schuldners (zB durch Angabe der Konto-Nr) an (§ 366 Abs 1). Fehlt es hieran, greift die Reihenfolge des § 366 Abs 2 (vgl zu den Einzelheiten PWW/*Pfeiffer* § 366 Rn 21 ff). Innerhalb der »Forderungsblöcke« aus den einzelnen Darlehen greift dann jeweils die Verrechnungsreihenfolge des § 497 Abs 3.

II. Keine Zurückweisung von Teilzahlungen (S 2). Damit die Regelung in S 1 nicht leer läuft, bestimmt S 2 in Abweichung zu § 266, dass der Darlehensgeber nicht berechtigt ist, Teilleistungen zurückzuweisen. Der Darlehensgeber wäre anderenfalls in der Lage, nur die Zahlung des gesamten rückständigen Betrages (im Falle der außerordentlichen Kündigung wäre dies gar die gesamte Forderung aus dem Darlehen) zu akzeptieren. Diese (jedenfalls im Massengeschäft der Not leidenden Kredite wohl eher theoretische) Möglichkeit hat der Gesetzgeber durch S 2 zugunsten des Verbrauchers ausgeschlossen. 16

III. Abweichende Verjährungsregelungen (Sätze 3, 4). 1. Hemmung der Verjährung (S 3). Die Verkürzung der allg Verjährungsfrist des § 195 auf drei Jahre hat die Regelung in den Sätzen 3 und 4 erforderlich gemacht, um den Darlehensgeber nicht zu einer Titulierung seiner Ansprüche zu zwingen (BTDrs 14/6857 S 65 f). Die Verjährung der Ansprüche des Darlehensgebers auf Darlehensrückzahlung und Zahlung der Zinsen ist daher ab Verzugseintritt bis zu einer Titulierung dieser Ansprüche nach § 197 Abs 1 Nr 3-5 gehemmt (zur Folge vgl § 209). Für die Hemmung gilt jedoch eine Höchstfrist von zehn Jahren ab Entstehung der jeweiligen Forderung. Zu beachten ist insoweit aber auch § 217 (Verjährung der Zinsen mit der Hauptforderung). Unter »Zinsen« iSd Sätze 3, 4 sind sowohl die vor Verzugseintritt bereits aufgelaufenen rückständigen Zinsen als auch der nach Verzugseintritt angefallene Verzugsschaden nach Abs 1 zu verstehen. Dies folgt aus dem Zweck der Regelung (so auch MüKo/*Schürnbrand* Rn 38; AnwK/*Reif* Rn 10; aA wohl Palandt/*Putzo* Rn 13; PWW/*Kessal-Wulf* Rn 11), da anderenfalls wegen dieser Beträge eine Titulierung weiterhin erforderlich wäre. Ebenfalls in der vorstehenden Weise gehemmt ist die Verjährung des Anspruchs auf »Darlehensrückerstattung«. Dieser umfasst den Anspruch auf Zahlung der Darlehensraten bzw im Falle der Gesamtfälligstellung nach § 498 die gesamte zu zahlende Restschuld. Die Hemmung greift auch, wenn der Darlehensnehmer keinerlei Zahlungen geleistet hat, da einer einschränkenden Auslegung der Wortlaut entgegen steht (Köln WM 2007, 1324 u 1326; aA MüKo/*Schürnbrand* Rn 40). S 3 gilt auch im Rahmen eines Schuldbeitritts (Celle WM 2007, 1319). Art 229 § 9 Abs 1 S 1 Nr 2 EGBGB steht der Anwendbarkeit von Abs 3 auch bei vor dem 01.11.2002 entstandenen Schuldverhältnissen nicht im Wege, weil § 497 durch das OLG-Vertretungsänderungsgesetz lediglich in Abs 1 und Abs 4 neu gefasst wurde, so dass die Überleitungsvorschrift zum OLG-Vertretungsänderungsgesetz nur für die Anwendbarkeit dieser Bestimmungen von Bedeutung ist (Hamm WM 2007, 1328). 17

2. Ausschluss des § 197 Abs 2 (S 4). Nach § 197 Abs 2 verjährt der Anspruch auf Zahlung von (künftigen) Zinsen auch dann innerhalb der allg dreijährigen Frist, wenn dieser bereits tituliert wurde. Die Tilgungsverrechnungsreihenfolge des Abs 3 hätte daher zur Folge, dass der Darlehensgeber zu verjährungsunterbrechenden (§ 212) Vollstreckungsmaßnahmen gezwungen wäre, die iÜ wirtschaftlich sinnlos wären. Aus diesem Grunde erklärt S 4 die Vorschrift des § 197 Abs 2 im Hinblick auf die Ansprüche auf Zinsen für nicht anwendbar. Diese Zinsen verjähren daher – wie die titulierte Hauptforderung – gem § 197 Abs 1 in 30 Jahren. ZT wird unter Verweis auf den Zweck der Vorschrift (Schutz des Darlehensgebers vor nachteiligen Folgen des Abs 3) vertreten, die Regelung in S 4 im Wege der teleologischen Reduktion auf Fälle zu begrenzen, in denen die Verjährung des Anspruchs bei Fortgeltung des § 367 Abs 1 nicht eingetreten wäre (MüKo/*Schürnbrand* Rn 40). Danach soll es bei der kurzen Verjährungsfrist bleiben, wenn der Darlehensnehmer überhaupt keine Zahlungen leistet. Die Auffassung ist jedoch abzulehnen, da sie den Schutzgedanken des S 4 dadurch ins Gegenteil verkehren würde, dass sie dem Darlehensgeber erheblichen Zusatzaufwand aufbürden würde. Dieser müsste nämlich bei allen Not leidenden Darlehen regelm prüfen, inwieweit etwaige vom Schuldner geleis- 18 tete Teilzahlungen ausgereicht hätten, um im Falle einer Fortgeltung des § 367 Abs 1 eine Verjährung wegen der hierdurch (hypothetisch) erfolgten Tilgung der Zinsforderung auszuschließen. IÜ müssten verjährungsunterbrechende Maßnahmen eingeleitet werden, deren Kosten der Gläubiger zunächst zu verauslagen hätte (und auf denen er in vielen Fällen sitzen bleiben würde) und die die Verbindlichkeiten des Schuldners weiter erhöhen würden. Dies wäre weder aus Sicht des Gläubigers noch der Schuldners eine sinnvolle Folge.

19 **IV. Ausnahme für »Zinstitel« (S 5).** Die bes Regelungen der Sätze 1 bis 4 finden für Zahlungen auf Vollstreckungstitel (§ 794 ZPO), deren Hauptforderung auf Zinsen lautet (»Zinstitel«), keine Anwendung. Dies hat zur Folge, dass für Zahlungen auf einen solchen Titel die bes Reihenfolge des Abs 3 nicht greift, sondern die Verrechnung etwaiger Teilzahlungen (oder Erlöse aus der Zwangsvollstreckung) nach § 367 Abs 1 zunächst auf Kosten und – die als Hauptforderung titulierten – Zinsen erfolgen kann. Mit »Zinsen« sind hier Verzugsschaden iSd Abs 1 und Verzugsschadenszins iSd Abs 2 S 2 gemeint; Vertragszinsen sind dagegen ohnehin Teil des einheitlich zu behandelnden »geschuldeten Betrages« nach Abs 1 S 1 (PWW/*Kessal-Wulf* Rn 11; MüKo/*Schürnbrand* Rn 43). Der Begriff der »Hauptforderung« in S 5 ist prozessual zu verstehen (*Münzberg* WM 1991, 170, 175), so dass »Zinsen« im Titel nicht nur – wie üblich – als »Nebenforderung« geltend gemacht werden dürfen. Die Regelung hat lediglich klarstellende Funktion. Auch nach den allg Grundsätzen des Vollstreckungsrechts ist es für Zahlungen auf einen bestehenden Vollstreckungstitel unerheblich, ob diese mit dem materiellen Recht (hier Abs 3 S 1) übereinstimmen oder nicht (*Münzberg* WM 1991, 170, 172; *Braun* WM 1991, 165, 169; MüKo/*Schürnbrand* Rn 41 f; PWW/*Kessal-Wulf* Rn 12). Der Gesetzgeber wollte mit der Klarstellung in S 5 verhindern, dass der Gläubiger den Schuldner mit seinem Zinstitel zu Zahlungen veranlasst, um Vollstreckungsmaßnahmen abzuwenden, diese aber nicht auf den Titel, sondern auf die nicht titulierten sonstigen Forderungen aus dem Verbraucherdarlehen verrechnet, um den Titel zu erhalten (BTDrs 11/8274 S 22).

20 Ein Anreiz für Darlehensgeber, sich isolierte Zinstitel zu beschaffen, sollte damit gerade nicht geschaffen werden (BTDrs 11/8274 S 22). Es dürfte allerdings in der Praxis schwierig sein, dies prozessual zu verhindern, da solche Forderungen regelm im Wege des gerichtlichen Mahnverfahrens geltend gemacht werden dürften, wo eine inhaltliche Prüfung durch das Gericht nicht stattfindet. Unabhängig davon wäre es aber auch in einem gewöhnlichen streitigen Verfahren sehr zweifelhaft, ob eine gesonderte Titulierung der Zinsen unter Verweis auf Abs 3 S 1 abgelehnt werden könnte (so *Münzberg* WM 1991, 170, 174; PWW/*Kessal-Wulf* Rn 12; MüKo/*Schürnbrand* Rn 47: Klage soll unschlüssig sein, solange die vorrangig zu bezahlenden Positionen noch nicht getilgt sind). Wenn der Darlehensgeber einen fälligen und einredefreien Anspruch auf Zahlung der Zinsen hat, muss er diesen auch titulieren können. Dass insoweit aus Abs 3 eine materielle Einwendung herzuleiten sein soll, überzeugt nicht. Dies lässt sich aus den Gesetzesmaterialien nicht herleiten und steht auch im Widerspruch zu Abs 3 S 5 (vgl insoweit auch *Braun* WM 1991, 1325, 1326; dagegen *Münzberg* WM 1991, 170, 174). Dies gilt auch deshalb, weil die Verjährung der Zinsforderung nach Abs 3 S 3 nur für maximal zehn Jahre gehemmt ist. Dem Darlehensgeber kann es aber kaum verwehrt werden, seine Zinsansprüche zur Verhinderung der Verjährung zu titulieren und die drohende Verjährung auch danach durch Vollstreckungshandlungen abzuwenden, unabhängig davon, ob noch Teile der Hauptforderung und der Rechtsverfolgungskosten unbezahlt sind. Das Gleiche gilt, wenn der Darlehensgeber – wie aus Kostengründen durchaus üblich und sinnvoll – nur einen Teil seiner Hauptforderung nebst Verzugsschadenpauschale nach Abs 1 titulieren lässt. Die Titulierung des Verzugsschadens (hier als Nebenforderung) kann nicht verweigert werden, weil dies zur Folge hätte, dass damit Zahlungen auf titulierte Nebenforderungen vor Begleichung der gesamten (auch der nicht titulierten) Hauptforderung erzwungen werden könnte (so auch bereits *Braun* WM 1991, 165, 168 und 1325 ff; aA MüKo/*Schürnbrand* Rn 46). Zahlungen des Schuldners auf einen solchen Titel müssen in diesem Fall auch zunächst auf die titulierte Hauptforderung (»geschuldeter Betrag« iSd Abs 1) und im Anschluss auf die titulierten Zinsen (Verzugsschaden iSd Abs 1 und ggf Verzugsschadenszins nach Abs 2 S 2) erfolgen, unabhängig davon, ob noch weitere (nicht titulierte) Teile des »geschuldeten Betrages« unbezahlt sind. Werden Zinsen als Hauptforderung und daneben der geschuldete Betrag (oder Teile davon) ebenfalls als Hauptforderung tituliert (»gemischter Titel«), erscheint dagegen eine teleologische Reduktion des S 5 und eine Verrechnung von Teilzahlungen zunächst auf den titulierten »geschuldeten Betrag« und erst im Anschluss auf die als Hauptforderung titulierten »Zinsen« angezeigt (*Münzberg* WM 1991, 170, 175; PWW/*Kessal-Wulf* Rn 12; MüKo/*Schürnbrand* Rn 45).

21 **E. Ausnahmen für Immobiliardarlehen (Abs 4).** Nach Abs 4 findet der Abs 2 (gesonderte Verbuchung des Verzugsschadens) auf Immobiliardarlehen keine Anwendung.

§ 498 Gesamtfälligstellung bei Teilzahlungsdarlehen. **[1] Wegen Zahlungsverzugs des Darlehensnehmers kann der Darlehensgeber den Verbraucherdarlehensvertrag bei einem Darlehen, das in Teilzahlungen zu tilgen ist, nur kündigen, wenn**

1. der Darlehensnehmer mit mindestens zwei aufeinander folgenden Teilzahlungen ganz oder teilweise und mindestens zehn Prozent, bei einer Laufzeit des Verbraucherdarlehensvertrags über drei Jahre mit fünf Prozent des Nennbetrags des Darlehens oder des Teilzahlungspreises in Verzug ist und

2. der Darlehensgeber dem Darlehensnehmer erfolglos eine zweiwöchige Frist zur Zahlung des rückständigen Betrags mit der Erklärung gesetzt hat, dass er bei Nichtzahlung innerhalb der Frist die gesamte Restschuld verlange.

Der Darlehensgeber soll dem Darlehensnehmer spätestens mit der Fristsetzung ein Gespräch über die Möglichkeiten einer einverständlichen Regelung anbieten.

[2] Kündigt der Darlehensgeber den Verbraucherdarlehensvertrag, so vermindert sich die Restschuld um die Zinsen und sonstigen laufzeitabhängigen Kosten des Darlehens, die bei staffelmäßiger Berechnung auf die Zeit nach Wirksamwerden der Kündigung entfallen.

[3] Bei Immobiliardarlehensverträgen gilt Absatz 1 mit der Maßgabe, dass der Darlehensnehmer mit mindestens zwei aufeinanderfolgenden Teilzahlungen ganz oder teilweise und mindestens 2,5 Prozent des Nennbetrags des Darlehens in Verzug sein muss.

A. Allgemeines. I. Zweck der Vorschrift. Die Vorschrift soll klare Voraussetzungen der Zulässigkeit der **Kündigung eines Verbraucherdarlehens** durch den Darlehensgeber wegen Zahlungsverzuges schaffen und damit verhindern, dass dieser das Darlehen zu frühzeitig kündigt und den Darlehensnehmer dadurch in zusätzliche Schwierigkeiten bringt bzw dessen finanzielle Krise erst auslöst (BTDrs 11/5462 S 27). Die außerhalb des Anwendungsbereichs der Vorschrift geltenden Nr 19 AGB Banken bzw Nr 26 AGB Sparkassen sowie § 490 Abs 1 sehen für das Kündigungsrecht des Darlehensgebers geringere Voraussetzungen vor, die noch dazu von unbestimmten Rechtsbegriffen geprägt sind (vgl hierzu zB *Steppeler/Künzle* AGB Sparkassen S 376 ff; vgl auch oben zu § 490 Rz 1). Die Vorschrift ist in einer Zusammenschau mit § 497 zu sehen. Der Regelungskomplex soll für den Verbraucher die Voraussetzungen und Folgen einer Kündigung des Darlehens, die naturgem einen schweren Einschnitt in dessen wirtschaftliche Situation bedeutet, in ein möglichst erträgliches Maß bringen, ohne die Interessen des Darlehensgebers dabei aus dem Auge zu verlieren (vgl auch BTDrs 11/5462 S 13 f – »*Kampf gegen den modernen Schuldturm*«). Das Kündigungsrecht des Darlehensgebers gilt kraft dieser Vorschrift und muss nicht etwa vertraglich vorbehalten werden (*Reinking/Nießen* ZIP 1991, 85). Die Regelung konkretisiert das in § 314 geregelte allg außerordentliche Kündigungsrecht (MüKo/*Schürnbrand* Rn 9). Andere Kündigungsgründe, die nicht auf den Zahlungsverzug des Verbrauchers zurückgehen, bleiben neben § 498 anwendbar (Karlsruhe WM 2000, 1996, 2001; Hamm OLGR 1998, 277; PWW/*Kessal-Wulf* Rn 2). Das gilt insbes auch für § 490, da die dort genannten Kündigungsgründe vorliegen können, ohne dass der Verbraucher bereits mit Zahlungen in Verzug ist. In diesem Fall kann der Darlehensgeber unabhängig von den Voraussetzungen des § 498 kündigen (Düsseldorf MDR 2006, 919; PWW/*Kessal-Wulf* Rn 2; einschränkend Müko/*Schürnbrand* Rn 22). Vgl zum Verkauf Not leidender Verbraucherdarlehen durch die Bank *Reifner* BKR 2008, 142 ff. 1

II. Anwendungsbereich. Die Vorschrift findet grds auf alle Verbraucherdarlehensverträge (auch Immobiliardarlehen) Anwendung, sofern das Darlehen von dem Verbraucher in Teilzahlungen zurückzuzahlen ist. Da Abs 1 S 1 Nr 1 als Kündigungsvoraussetzung den Verzug mit mindestens zwei Teilzahlungen vorsieht, ist die Vorschrift letztlich aber nur auf solche Verbraucherdarlehen anwendbar, die in mindestens drei Teilzahlungen zurückzuführen sind (PWW/*Kessal-Wulf* Rn 1; Palandt/*Putzo* Rn 2). IÜ kommt es auf die Ausgestaltung des Vertrages nicht an, so dass auch Kontokorrentratenkredite, revolvierende Kredite uä erfasst sind (MüKo/*Schürnbrand* Rn 3). Sofern das Verbraucherdarlehen als Festdarlehen ohne laufende Tilgung vereinbart ist, parallel hierzu jedoch eine Kapitallebensversicherung oder ein Bausparvertrag angespart und nach Fälligkeit bzw Zuteilung zur Tilgung des Darlehens verwendet werden muss, ist § 498 nach wohl hM entspr anwendbar (BGHZ 111, 117, 120; Celle OLGR 2005, 72; noch offen gelassen in Dresden ZIP 2001, 1531, 1534; PWW/*Kessal-Wulf* Rn 1; MüKo/*Schürnbrand* Rn 5; Palandt/*Putzo* Rn 2; Jauernig/*Berger* Rn 2; *Scholz* DB 1991, 218). Für den Verzug kommt es dann neben den Zinszahlungen für das Darlehen auch auf die monatlichen Prämien bzw Beiträge an. Kraft Verweisungen in den §§ 499 ff ist die Regelungen zudem auf Teilzahlungsgeschäfte, Finanzierungsleasingverträge und sonstige Finanzierungshilfen entspr anwendbar, gem § 505 jedoch nicht auf Ratenlieferungsverträge. Eine Abweichung zum Nachteil des Verbrauchers oder eine Umgehung durch eine anderweitige Vertragsgestaltung ist gem § 506 unzulässig. 2

B. Besondere Kündigungsvoraussetzungen (Abs 1). I. Ratenrückstand (Abs 1 S 1 Nr 1). 1. Rückstand mit zwei aufeinander folgenden Raten. Eine Kündigung des Verbraucherdarlehens durch den Darlehensgeber ist nur zulässig, wenn der Verbraucher mit mindestens zwei aufeinander folgenden Teilzahlungen ganz oder teilw in Verzug (§ 286) ist. Es ist also nicht erforderlich, dass der Darlehensnehmer die Raten insg nicht leistet, sondern auch ein Verzug mit Teilen hiervon kann einen Kündigungsgrund des Darlehensgebers begründen, sofern der erforderliche Mindestbetrag (s hierzu sogleich Rz 6) erreicht wird. Aufgrund dieser für den Darlehensgeber zwingenden Regelung wäre es denkbar, dass ein Verbraucher die Kündigung des Darlehens dadurch zu umgehen versucht, dass er jeweils jede zweite Teilzahlung auf das Darlehen leistet. Trotz der erheblichen Zahlungsrückstände wäre es dem Darlehensgeber in diesem Fall mangels Verzuges mit »zwei aufeinander folgenden« Teilzahlungen verwehrt, eine Kündigung auszusprechen. Teilw wird insoweit vertreten, dass eine konkludente Verrechnungsabrede dahingehend vorliege, dass die Zahlungen jeweils auf die älteste noch offene Rate zu ver- 3 rechnen seien (PWW/*Kessal-Wulf* Rn 4; mit Einschränkungen MüKo/*Schürnbrand* Rn 12). Der Verbraucher wäre dann nicht in der Lage, durch eine hiervon abw einseitige Tilgungsbestimmung nach § 366 Abs 1 auf eine bestimmte Rate zu zahlen. Anders soll dies jedoch wiederum dann sein, wenn der Verbraucher auf eine bestimmte bereits titulierte Rate zur Abwendung der Zwangsvollstreckung zahlen wolle (PWW/*Kessal-Wulf* aaO). Auch wenn der Verbraucher auf diese Weise den ihm im Gesetz gewährten Schutz missbraucht, überzeugt diese Lösung nicht vollends. Die angenommene konkludente Verrechnungsabrede ist eine reine Fiktion, die vom Willen der Vertragsparteien so sicherlich nicht umfasst ist, da jedenfalls dem Verbraucher bei Vertragsabschluss eine solche Konstellation kaum auch nur bewusst sein dürfte. Es bedarf daher einer – auch formularmäßig wirksamen (vgl BGH ZIP 1991, 1054, 158; BGHZ 91, 375, 380) – vertraglichen Abrede, dass Zahlungen in Abweichung von § 366 Abs 1 in der vorstehenden Weise auf die jeweils älteste offene Rate verrechnet werden (so für den Fall, dass Verzug mit der Teilzahlung erst durch Mahnung eintritt, auch MüKo/*Schürnbrand* Rn 12). Fehlt es an einer solchen Vereinbarung, bleibt es bei der Regelung des § 366, so dass der Verbraucher grds auch eine abw Tilgungsbestimmung treffen kann. Missbrauchsfällen kann in der Praxis hinreichend damit begegnet werden, dass dem Verbraucher ggf im Prozess gem § 242 eine Berufung auf den Schutz des § 498 verwehrt wird, wenn er diesen in der oben beschriebenen Weise bewusst zum Nachteil des Darlehensgebers ausnutzt, um eine Kündigung zu vereiteln (so auch Palandt/*Putzo* Rn 5). Nimmt der Darlehensgeber einen Zahlungsverzug über einen längeren Zeitraum hin, kann er eine Kündigung hierauf ggf nicht mehr stützen (Frankfurt aM Urt v 05.05.2008, 17 U 131/07).

4 **2. Verzug mit einem Mindestbetrag.** Zusätzlich zu dem Rückstand mit zwei aufeinander folgenden Raten(-teilen) kann eine Kündigung des Verbraucherdarlehens nur dann wirksam erfolgen, wenn der Rückstand einen bestimmten Mindestbetrag erreicht. Einzubeziehen sind bei der Berechnung des Gesamtrückstandsbetrages aber nicht nur die aufeinander folgenden Rückstände, sondern es ist der gesamte Betrag zugrunde zu legen, mit dem sich der Verbraucher in Verzug befindet (PWW/*Kessal-Wulf* Rn 5). Bei einer Laufzeit des Darlehens von bis zu drei Jahren muss dieser Rückstand mindestens zehn Prozent des Nennbetrags des Darlehens bzw des Teilzahlungspreises (§ 502 Abs 1 S 1 Nr 2) erreichen, bei einer Laufzeit von über drei Jahren liegt die Grenze bei fünf Prozent. Hierbei reicht es für eine wirksame Kündigung aus, dass der Mindestbetrag zum Zeitpunkt der Androhung der Kündigung überschritten wurde. Selbst wenn der Verbraucher vor der Kündigungserklärung den Rückstand durch eine Teilzahlung unter den Mindestbetrag zurückführt, bleibt eine Kündigung möglich (BGH WM 2005, 459; *Nawroth* NJ 2005, 311; aA *von Westphalen* BGHReport 2005, 615). Der Begriff des »Nennbetrages« umfasst den Nettodarlehensbetrag iSd § 491 Abs 2 Nr 1 zzgl der mitkreditierten laufzeitunabhängigen Einmalkosten des Darlehens (einmaliges Bearbeitungsentgelt, Provisionen, Prämie einer Restschuldversicherung etc). Nicht hinzugerechnet werden die laufzeitabhängigen Kosten und solche, die nicht mitkreditiert wurden (BTDrs 11/5462 S 19; PWW/*Kessal-Wulf* Rn 5; MüKo/*Schürnbrand* Rn 13). Bei Rahmenkrediten ist insoweit auf die tatsächliche und nicht auf die höchstmögliche Inanspruchnahme abzustellen (PWW/*Kessal-Wulf* Rn 5).

5 **3. Kündigungserklärung.** Nach dem Wortlaut von S 1 ist zudem eine ausdrückliche Kündigungserklärung erforderlich, um den Vertrag zu beenden und die Kündigungsfolgen auszulösen. Die Vereinbarung einer Verfallsklausel, wonach die Beendigung automatisch bei Vorliegen der Voraussetzungen von S 1 eintreten soll, ist daher gem § 506 unwirksam (so bereits *Lwowski/Peters/Gößmann* VerbrKG S 231; Staud/*Kessal-Wulf* § 12 VerbrKG Rn. 7; vgl auch MüKo/*Schürnbrand* Rn 8 mwN). Aus Gründen des Schuldnerschutzes ist es notwendig, dass diesem durch den Zugang einer Kündigungserklärung, den der Darlehensgeber im Prozess darzulegen und ggf zu beweisen hat, vor Augen geführt wird, dass nunmehr der Vertrag beendet ist und die gesamte Restschuld zurückzuzahlen ist. Die Kündigungserklärung darf auch nicht bereits mit der Androhung gem S 1 Nr 2 verbunden werden, etwa in Form einer vorsorglichen, also aufschiebend bedingten Kündigung für den Fall, dass eine Zahlung des Rückstandes nicht erfolgt (LG Bonn WM 1997, 1528; offen gelassen von Dresden ZIP 2001, 1531, 1535; PWW/*Kessal-Wulf* Rn 6; MüKo/*Schürnbrand* Rn 20). Anderenfalls würde die Warnfunktion von S 1 Nr 2 leer laufen. Sie muss aber zeitnah nach Ablauf der Frist gem Nr 2 erklärt werden. Bei der Bemessung der Zeitspanne sind auch die Interessen des Darlehensgebers zu berücksichtigen, der bei einer zu kurzen Reaktionszeit der Rechtsunsicherheit überlassen würde, ob die zB nach fünf Tagen erklärte Kündigung noch wirksam ist oder die Androhung zunächst hätte wiederholt werden müssen. Dies würde der Praxis im Massengeschäft der Verbraucherdarlehen nicht gerecht werden. Je nach Umfang des Darlehens und der Umstände des Einzelfalls erscheint daher eine Zeitspanne von maximal zwei Wochen als angemessen (zu kurz MüKo/*Schürnbrand* Rn 21: »…lediglich eine Bedenkfrist von wenigen Tagen…«). Bei einer Mehrheit von Darlehensnehmern ist die Kündigung jedem einzelnen zuzustellen, um die Kündigungswirkungen jeweils auszulösen. Für die Berechtigung zur Kündigung des Vertrages genügt es allerdings, wenn die Kündigungsvoraussetzungen nur bei einem der Gesamtschuldner vorliegen (BGHZ 144, 370, 379; Celle OLGR 1997, 61; PWW/*Kessal-Wulf* Rn 6).

6 **II. Erfolglose Fristsetzung (Abs 1 S 1 Nr 2).** Bevor eine Kündigung erklärt werden kann, muss dies dem Verbraucher in der in S 1 Nr 2 genannten Weise angedroht werden, anderenfalls ist sie unwirksam (Celle WM 2007, 71 f; *Kessal-Wulf* WuB I E 2 § 498 1.07; *Leube* NJW 2007, 3240). Dies gilt auch, wenn an dem Ver-

trag neben einem Verbraucher auch Unternehmer beteiligt sind (BGH NJW 2000, 3133). Die Androhung darf erst erfolgen, wenn der Darlehensnehmer gem Nr 1 mit Zahlungen in Verzug geraten ist. Das Setzen einer Nachfrist ohne das Vorliegen der qualifizierten Voraussetzungen der Nr 1 ist nicht ausreichend und steht einer wirksamen Kündigung entgegen (BGH NJW 1996, 1814 zu § 326 aF; PWW/*Kessal-Wulf* Rn 6; MüKo/*Schürnbrand* Rn 15). Treten die Voraussetzungen nachträglich ein, muss die Androhung zunächst wiederholt werden, bevor eine Kündigung erfolgen kann. Soweit der Zahlungsverzug nicht ohnehin bereits nach § 286 Abs 2 Nr 1 eingetreten ist, können jedoch die verzugsbegründende Mahnung und Nachfristsetzung nach Nr 2 in einem Schreiben verbunden werden (BGH NJW-RR 1990, 442 zu § 326 aF; PWW/*Kessal-Wulf* Rn 6). Inhaltlich hat der Darlehensgeber dem Darlehensnehmer den exakten rückständigen Betrag mitzuteilen und ihn eindeutig und bestimmt aufzufordern, diesen binnen einer (keinesfalls entbehrlichen) Frist von mindestens zwei Wochen ab Zugang des Schreibens zu zahlen. Die Höhe des Rückstandes ist an dem Tag der Erstellung des Androhungsschreibens zu ermitteln; fehlerhafte Angaben führen zur Unwirksamkeit der Androhung und damit auch einer nachfolgenden Kündigung (BGH NJW-RR 2005, 1410; Celle NJW-RR 1997, 1144, 1146; *Vortmann* EWiR 2007, 587). Geringfügige Über- oder Unterschreitung des zutr rückständigen Betrages können jedoch nach Treu und Glauben unbeachtlich sein. Ferner hat der Darlehensgeber für den Fall der Nichtzahlung dem Verbraucher in eindeutiger Form mitzuteilen, dass er im Falle der Nichtzahlung die gesamte Restschuld verlangen wird. Allein die Androhung der Kündigung des Vertrages reicht nicht aus und führt zur Unwirksamkeit der Kündigung (Celle WM 2005, 1750 f). Dem Verbraucher soll hierdurch unmissverständlich klargemacht werden, dass es sich nunmehr um seine letzte Chance handelt, bevor eine Fälligstellung des Gesamtbetrages erfolgt (BTDrs 11/5462 S 27). Eine Angabe des Rückzahlungsbetrages für den Fall der Kündigung ist aber nicht erforderlich und wegen des idR weiter auflaufenden Verzugsschadens auch nicht sinnvoll.

Die Androhung bedarf einer bes Form. Da der Darlehensgeber im Prozess jedoch die Darlegungs- und Beweislast für die Kündigungsvoraussetzungen trägt, sollte diese schriftlich erfolgen und mit Zustellungsnachweis übermittelt werden. Bei einer Mehrheit von Darlehensnehmern ist die Androhung jedem einzelnen zuzustellen (PWW/*Kessal-Wulf* Rn 6). Der Darlehensnehmer kann eine Kündigung nur dann abwenden, wenn er den vollständigen rückständigen Betrag innerhalb der gesetzten Frist an den Darlehensgeber zahlt. Die Vornahme der Leistungshandlung (zB Veranlassung der Überweisung bei ausreichender Deckung) reicht für die Einhaltung der Frist aus (MüKo/*Schürnbrand* Rn 18). Die gesetzte Nachfrist ist zudem keine Ausschlussfrist, so dass ein späterer vollständiger Ausgleich des Rückstandes auch dann einer Kündigung entgegensteht, wenn diese zuvor noch nicht ausgesprochen worden ist. Ein auch geringfügiger verbleibender Rückstand rechtfertigt dagegen eine Kündigung. Eine Rechtsunsicherheit kann dem Darlehensgeber insoweit nicht zugemutet werden. 7

III. Gesprächsangebot (Abs 1 S 2). Der Darlehensgeber soll dem Verbraucher spätestens mit der Fristsetzung nach Nr 2 ein klärendes Gespräch mit dem Ziel einer einverständlichen Regelung anbieten, um eine Kündigung des Vertrages und die damit verbundenen einschneidenden Folgen für den Darlehensnehmer möglichst noch abzuwenden. Dem Darlehensnehmer soll hierdurch die Schwellenangst ein Stück weit genommen werden und es soll ihm noch einmal deutlich gemacht werden, dass es weiterhin möglich, aber auch geboten ist, mit dem Darlehensgeber aktiv eine persönliche Klärung herbeizuführen, zB in Form der Vereinbarung einer Stundung oder Anpassung der monatlichen Raten (BTDrs 11/5462 S 27 f). Das Gesprächsangebot des Darlehensgebers ist keine Kündigungsvoraussetzung (BGH NJW 2001, 1249). In welcher Form und mit welcher Zielrichtung dieses ggf erfolgt, bleibt den Vertragsparteien überlassen. Ob und ggf welche rechtlichen Folgen sich aus einer Unterlassung des Gesprächsangebots ableiten lassen, ist unklar (für eine schadensbewehrte Verpflichtung im Einzelfall MüKo/*Schürnbrand* Rn 19; für Auswirkungen auf die Schadensminderungspflicht des Darlehensgebers *Zahn* DB 1991, 85; Erman/*Saenger* § 12 VerbrKrG Rn 26). Der Gesetzgeber hat es ganz bewusst nicht als Kündigungsvoraussetzung und nur als Appell an den Darlehensgeber ausgestaltet (»...*soll*...«). Die Gesetzesformulierung spricht auch dagegen, dass hiermit eine Rechtspflicht für den Darlehensgeber festgelegt werden sollte, deren Verletzung etwaige Schadensersatzpflichten nach sich ziehen sollte (anderenfalls wäre die Formulierung »*hat*« anstatt »*soll*« erforderlich gewesen). Ein unterlassenes Gesprächsangebot hat daher weder auf die Wirksamkeit der Kündigung Einfluss noch löst es Schadensersatz- oder sonstige Pflichten des Darlehensgebers aus. 8

C. Rechtsfolgen der Kündigung (Abs 2). I. Entstehung eines Rückgewährschuldverhältnisses. Die unter Einhaltung der vorstehenden Voraussetzungen ausgesprochene Kündigung wird mit Zugang beim Darlehensnehmer wirksam und führt zur Umwandlung des Darlehensvertrages in ein Rückgewährschuldverhältnis. Das Recht des Verbrauchers auf Nutzung der ihm überlassenen Darlehensvaluta wird beendet und er ist zur Rückzahlung des gesamten – ggf nach Abs 2 noch zu bereinigenden – Darlehenskapitals verpflichtet. Gleichzeitig endet auch die Pflicht des Darlehensnehmers zur Zahlung des vertraglich vereinbarten Zinses. Ab Verzugseintritt ist er nunmehr zum Ausgleich des nach § 497 zu berechnenden Verzugsschadens verpflichtet (vgl hierzu iE bereits § 497 Rz 11 ff). Der Darlehensnehmer kommt mit der durch die Kündigung fällig gestellten Restschuld mit Zugang der Kündigung in Verzug, sofern darin die sofortige Rückzahlung verlangt wird. In 9 diesem Fall ist die Kündigung gleichzeitig als Mahnung iSd § 286 Abs 1 anzusehen, sofern dem Verbraucher in der Kündigung nicht noch eine weitere Zahlungsfrist gesetzt wird. In diesem Fall tritt Verzug erst mit Ablauf einer solchen Frist ein (BGHZ 103, 62, 66; 77, 60, 64; MüKo/*Schürnbrand* Rn 23).

10 **II. Bereinigung der Restschuld.** Bei einem nicht unerheblichen Teil der Verbraucherdarlehen werden die für die gesamte Laufzeit zu zahlenden Zinsen und ggf weitere laufzeitabhängige Kosten (zB Disagio) bei Vertragsabschluss im Voraus berechnet und auf die Restlaufzeit ganz oder zT verteilt. So wird zB die Summe der gesamten Zinsen zu dem Nettodarlehensbetrag addiert und das Ergebnis wird durch die Gesamtanzahl der Raten zur Ermittlung des monatlichen Kapitaldienstes geteilt. Da das Recht des Verbrauchers auf Nutzung des Kapitals durch die Kündigung beendet wird, muss in solchen Fällen die von ihm insg zurückzuzahlende Restschuld nach Abs 2 um diejenigen Zinsen und sonstigen laufzeitabhängigen Kosten bereinigt werden, die rechnerisch auf die Zeit nach Wirksamwerden der Kündigung entfallen (LG Berlin NJW-RR 2005, 1649; Köln NJW-RR 1993, 1016; LG Stuttgart NJW 1993, 208; Hamm NJW-RR 1987, 1142, hierzu zählt auch ein Disagio, BGHZ 133, 355, 358). Das Gesetz verlangt insoweit eine exakte »staffelmäßige« Rückrechnung. Es ist daher zu berücksichtigen, dass die in der Restschuld enthaltenen Zinsanteile nach der vertraglichen Vereinbarung in monatlichen Raten über die Laufzeit verteilt zurückbezahlt worden wären, sofern es nicht zu der außerordentlichen Kündigung gekommen wäre. Bei der Ermittlung der vom Darlehensnehmer nach Kündigung noch geschuldeten Restschuld sind diese Beträge jeweils auf den Kündigungsstichtag abzuzinsen. Hierbei ist auch zu berücksichtigen, dass die Zinsanteile an den Raten auf Grund der sich durch die monatlichen Zahlungen verringernden Kapitalschuld stetig abnehmen (MüKo/*Schürnbrand* Rn 26; PWW/*Kessal-Wulf* Rn 10). Eine Verringerung der Restschuld kommt aber immer nur dann in Betracht, wenn Zinsen oder andere laufzeitabhängige Kosten im Voraus berechnet wurden und in der vom Verbraucher nach Kündigung in einer Summe zu zahlenden Restschuld noch enthalten wären, obwohl sie nicht den Zeitraum bis zum Wirksamwerden der Kündigung betreffen. Sofern eine solche Vorausrechnung nicht erfolgt ist und die Restschuld nur die bis zur Kündigung angefallenen Zinsen und laufzeitabhängigen Kosten enthält, ist auch keine Rückrechnung erforderlich. Alle laufzeitunabhängigen Kosten, die idR bei Vertragsabschluss bzw mit Valutierung des Darlehens gezahlt werden, bleiben ohnehin unberührt, dh sie verbleiben ungeschmälert beim Darlehensgeber.

11 **D. Besonderheiten bei Immobiliardarlehen (Abs 3).** Abs 3 wurde mit Inkrafttreten des Risikobegrenzungsgesetzes (BGBl I 2008, S 1666) am 18.08.2008 dahingehend geändert, dass § 498 nunmehr insgesamt auch auf Immobiliardarlehen Anwendung findet. Vorher hatte Abs 3 die Immobiliardarlehen von den Regelungen der Abs 1 und 2 noch ganz ausgenommen. Letzteres galt auch nach § 3 Abs 2 Nr 2 VerbrKrG und bis 31.07.2002 auch nach § 491 Abs 3 Nr 1 aF. Nach den damaligen Gesetzesmaterialien sollten die Regelungen des § 498 auf langfristige grundpfandrechtlich gesicherte Darlehen nicht zugeschnitten sein und die Eintragung eines Grundpfandrechtes sollte bereits eine ausreichende Warnfunktion für den Darlehensnehmer haben (BTDrs 11/5462 S 18). Im Zusammenhang mit der Diskussion um das Risikobegrenzungsgesetz ist aber erkannt worden, dass insbes im Falle der Veräußerung des (dann oft bereits Not leidenden) Darlehensvertrages und des damit verbundenen Gläubigerwechsels das in den ursprünglichen Vertragspartner gesetzte Vertrauen, dass dieser das Immobiliardarlehen nicht schon bei kleineren Zahlungsrückständen kündigen und die Zwangsversteigerung des sichernden Grundstücks betreiben würde, bei einem neuen Vertragspartner enttäuscht werden könnte (so die Materialien zum Risikobegrenzungsgesetz). Unabhängig davon ist es zu begrüßen, dass auch Immobiliarverbraucherdarlehen nunmehr dem Schutz des § 498 unterfallen. Es war nämlich auch bislang nicht einzusehen, warum bei diesen für den Verbraucher idR sehr hohen Darlehensverpflichtungen, bei denen noch dazu das selbst genutzte Eigenheim als Sicherheit dient, ein geringerer Schutz gelten sollte als bei gewöhnlichen Verbraucherdarlehen. Für eine Kündigung von Immobiliardarlehen gelten daher nunmehr alle Voraussetzungen von Abs 1 und 2 gleichermaßen. Abs 3 modifiziert lediglich Abs 1 Nr 1 dahingehend, dass der Verbraucher mit zwei aufeinanderfolgenden Raten und gleichzeitig mit mind 2,5 % des Nennbetrages in Verzug sein muss, damit eine Kündigung erfolgen darf. Angesichts der Tatsache, dass es sich bei Immobiliardarlehen idR um höhere Nennbeträge handelt, dürfte daher nunmehr der Verzug mit deutlich mehr als zwei aufeinanderfolgenden Raten für eine Kündigung erforderlich sein. Gem Art 229 § 18 Abs 1 EGBGB ist Abs 3 nur auf solche Immobiliardarlehensverträge anwendbar, die nach dem 18.08.2008 geschlossen wurden, sowie auf bereits vorher bestehende Verträge, die aber nach dem 18.08.2008 vom Darlehensgeber auf einen Dritten übertragen werden.

Untertitel 2 Finanzierungshilfen zwischen einem Unternehmer und einem Verbraucher

§ 499 Zahlungsaufschub, sonstige Finanzierungshilfe.

[1] Die Vorschriften der §§ 358, 359 und 492 Absatz 1 bis 3 und der §§ 494 bis 498 finden vorbehaltlich der Absätze 2 und 3 entsprechende Anwendung auf Verträge, durch die ein Unternehmer einem Verbraucher einen entgeltlichen Zahlungsaufschub von mehr als drei Monaten oder eine sonstige entgeltliche Finanzierungshilfe gewährt.

[2] Für Finanzierungsleasingverträge und Verträge, die die Lieferung einer bestimmten Sache oder die Erbringung einer bestimmten anderen Leistung gegen Teilzahlungen zum Gegenstand haben (Teilzahlungsgeschäfte), gelten vorbehaltlich des Absatzes 3 die in den §§ 500 bis 504 geregelten Besonderheiten.
[3] Die Vorschriften dieses Untertitels finden in dem in § 491 Absatz 2 und 3 bestimmten Umfang keine Anwendung. Bei einem Teilzahlungsgeschäft tritt an die Stelle des in § 491 Absatz 2 Nummer 1 genannten Nettodarlehensbetrags der Barzahlungspreis.

A. Allgemeines. Die Schuldrechtsreform verzichtete zwar auf den Begriff des Kreditvertrags; der Anwen- 1
dungsbereich der Vorschriften zum Verbraucherkredit (§§ 488 ff) wird aber durch §§ 499–505 über Darlehensverträge hinaus erweitert auf Kredite in Form eines entgeltlichen Zahlungsaufschubs oder einer sonstigen entgeltlichen Finanzierungshilfe. Gleichzeitig wird die Reichweite der Anwendung des Verbraucherkreditrechts auf diese Kreditformen eingeschränkt bzw durch Sonderregelungen ergänzt. Mit dem Begriff der sonstigen Finanzierungshilfen dient § 499 darüber hinaus auch als Auffangnorm, die Umgehungen des Verbraucherkreditrechts verhindern helfen soll (s auch § 506 S 2). Die vorliegenden Vorschriften ersetzen entspr Regelungen im Verbraucherkreditgesetz (VerbrKrG), das 2002 aufgehoben wurde. Nach dem Willen des Gesetzgebers sollte die Neuregelung keine inhaltlichen Änderungen bewirken.

Die **§§ 499–505 sind leges speciales zu §§ 358, 359 und §§ 492** ff. Die Ausgliederung dieser Kreditformen in 2
einem eigenen Abschnitt hatte systematische Gründe und sollte nach dem Willen des Gesetzgebers die Übersichtlichkeit verbessern. Dies ist leider nicht optimal gelungen, da die Norm nur aus Verweisungen besteht. § 499 schreibt vor, in welchem Umfang die allg Normen des Verbraucherkreditrechts Anwendung finden. Für diejenigen Vorschriften, auf die nicht oder nur eingeschränkt verwiesen wird, enthalten die §§ 500-505 Regelungen, die in funktionaler Äquivalenz sicherstellen sollen, dass die Schutzzwecke des Verbraucherkreditrechts auch in den Vertragsgestaltungen der hier geregelten speziellen Kreditformen erfüllt werden.

B. Regelungsinhalt. I. Anwendungsbereich. § 499 regelt den entgeltlichen Zahlungsaufschub und die sonsti- 3
gen Finanzierungshilfen als bes Formen des Verbraucherkredits. Unter den Finanzierungshilfen bes erwähnt und geregelt werden Finanzierungsleasingverträge als Haupterscheinungsform der sonstigen Finanzierungshilfe sowie Teilzahlungsgeschäfte als Haupterscheinungsformen des Zahlungsaufschubs (Abs 2, §§ 500–504). Es werden nur Verträge erfasst, in denen ein Unternehmer (§ 14) einem Verbraucher (§ 13) eine Finanzierungshilfe einräumt. **1. Zahlungsaufschub.** Vereinbarungen über einen einseitigen Zahlungsaufschub werden in der Wirtschaft auch als Stundungsvereinbarungen, Stillhalteabkommen oder »pactum de non petendo« bezeichnet. Aus welchem Grundgeschäft sich die Zahlungsverpflichtung des Verbrauchers ergibt, spielt keine Rolle. Beim Zahlungsaufschub selbst muss es sich aber um einen zweiseitigen und gegenseitigen Vertrag handeln. Dies ergibt sich aus der Erforderlichkeit der Entgeltlichkeit. Der vereinbarte Zahlungsaufschub muss ein einseitiger sein. Nicht erfasst ist also der Fall, dass bei Verzögerung einer im Gegenseitigkeitsverhältnis stehenden Leistung des Unternehmens (zum Beispiel Lieferungsverzögerung) ein entspr Zahlungsaufschub gewährt wird.

Die Zahlung muss um mehr als drei Monate aufgeschoben werden. Die Frist beginnt mit dem Zeitpunkt, zu 4
dem die Zahlung aus dem Grundgeschäft fällig war, und endet mit dem neu vereinbarten Fälligkeitstermin. Beim erforderlichen Mindestaufschub handelt es sich um eine Bagatellgrenze. Bei Kettenstundungen ist deshalb grds die Gesamtdauer der Stundung maßgeblich. Dafür spricht auch § 506 S 2, der Umgehungen verhindern soll. Danach kommt es darauf an, ob es sich bei den aufeinander folgenden Aufschüben wirtschaftlich und tatsächlich betrachtet um mehrere Vorgänge oder um einen einheitlichen Vorgang handelt. Bei zeitlich eng zusammenhängenden Stundungen spricht eine Vermutung dafür, dass es sich sachlich um einen zusammenhängenden Lebenssachverhalt handelt. Eine bestimmte zeitliche Frist gibt es hierfür nicht; es kommt im Einzelfall sowohl auf die Länge des Zeitraums zwischen den Stundungen als auch auf den Anlass der Stundung an. Ein Zusammenhang liegt jedenfalls vor, wenn die Anlässe vergleichbar sind oder die Verlängerung durch Umstände erforderlich wird, die bei der ersten Stundung bereits absehbar waren (vgl auch PWW/*Kessal-Wulf* Rn 2). Eine Kettenstundung und damit ein einheitlicher wirtschaftlicher Vorgang liegen auch dann vor, wenn während des Zahlungsaufschubs oder nach Ablauf der ersten Zahlungsfrist eine befreiende Teilzahlung erfolgt, die Restzahlung aber weiterhin über einen Gesamtzeitraum von drei Monaten hinaus gestundet bleibt.

2. Sonstige Finanzierungshilfe. Finanzierungshilfen sind alle Geschäfte, in denen ein Unternehmer einem 5
Verbraucher für einen begrenzten Zeitraum zwar keinen Geldbetrag (vgl § 488), aber Vermögenswerte in anderer Form zur Verfügung stellt. Das Hinausschieben der Fälligkeit einer Zahlungsverpflichtung des Verbrauchers stellt deshalb keinen Kredit dar, soweit der Anbieter nicht in Vorleistung zu treten hat (Dresden ZIP 2000, 830). In der Abgrenzung zu reinen Kaufgeschäften kommt es einerseits darauf an, ob Gegenstand des Geschäfts der Vermögens- und Tauschwert ist oder ob es maßgeblich auf den Gebrauchswert ankommt. Nur im ersteren Fall handelt es sich um eine Finanzierungshilfe. Andererseits scheidet die Einordnung als Finanzierungshilfe aus, wenn der Vermögenswert endgültig und nicht nur auf Zeit zur Verfügung gestellt wird. Das Factoring ist ein reiner Kaufvertrag. Haftungshilfen (wie Hilfen für Bürgschaften oder Kreditaufträge (§ 778)) fallen ebenfalls nicht unter den Begriff der Finanzierungshilfe (BTDrs 11/5462 S 18). Die Finanzierungshilfe muss nicht unbedingt gewährt werden; auch eventuelle Finanzierungshilfen, bei denen bei

Vertragsschluss noch offen bleibt, ob der Verbraucher von der Option Gebrauch macht, fallen unter § 499 Abs 1. Auch eine vorzeitige Auszahlung von Arbeitsentgelt durch den Arbeitgeber ist eine Finanzierungshilfe.

6 **3. Finanzierungsleasing.** Eine sonstige Finanzierungshilfe ist zum Beispiel das Finanzierungsleasing, bei dem die Kaufpreisforderung erst fällig wird, wenn der Mieter-Käufer eine gewährte Kaufoption tatsächlich ausübt (BGH NJW 2002, 133). Kein Finanzierungsleasing, sondern ein Kaufvertrag, verbunden mit einem Kreditvertrag, liegt vor, wenn der Leasingnehmer von Anfang an damit rechnen kann, dass ihm die Sache bei einem störungsfreien Vertragsverlauf am Schluss endgültig verbleibt (BGH WM 1985, 635; Düsseldorf DB 1998, 494). Indizien für eine solche Gestaltung liegen vor bei einer ungewöhnlich kurzen Leasingzeit, wenn die Leasingsache am Ende der Laufzeit ohne Wert ist oder wenn der Lieferant auf Grund einer Vereinbarung mit dem Leasinggeber zu einer späteren Veräußerung des Leasingfahrzeugs berechtigt ist (vgl Koblenz NJW 1009, 151; *Reinicke/Tiedtke* Rn 1825f). Bei einem »verdeckten Abzahlungsgeschäft« kommen die §§ 491 ff ohne Einschränkung zur Anwendung (ausf *Reinicke/Tiedtke* aaO Rn 1817 ff). Um einen Leasingvertrag handelt es sich, wenn der Leasinggeber dem Leasingnehmer eine Sache oder Sachgesamtheit gegen ein Entgelt zum Gebrauch überlässt, wobei die Gefahr und Haftung für Instandhaltung, Sachmängel, Untergang und Beschädigung der Sache allein den Leasingnehmer trifft (BGH NZM 1998, 330); der Leasinggeber überlässt dafür seine Ansprüche gegen Dritte (insbes gegen den Lieferanten) dem Leasingnehmer (zum Herstellerleasing vgl BGH MDR 1993, 749). Bei einem auf bestimmte Zeit abgeschlossenen Leasingvertrag entsteht der Anspruch auf Zahlung sämtlicher Leasingraten als betagte (nicht: befristete) Forderung bereits mit Vertragsschluss (BGHZ 111, 84). Beim Finanzierungsleasing dienen die Ratenzahlungen des Leasingnehmers anders als bei einem Mietverhältnis nicht nur als Entgelt für die Gebrauchsüberlassung, sondern sollen auch den Kapitaleinsatz des Leasinggebers tilgen (BGH MDR 1998, 1284). Wesentlich für das Finanzierungsleasing ist die Vollamortisation. Der Leasinggeber erlangt sie typischerweise durch Verwertung des zurückgegebenen Fahrzeugs, ein Teil der Finanzierung wird also durch den Ausgleich des kalkulierten Restwerts erbracht. Dabei kommt es nicht darauf an, dass Aufwand und Kosten des Leasinggebers ganz überwiegend durch die Zahlungen des Leasingnehmers amortisiert werden. Vielmehr reicht es aus, dass ein so wesentlicher Teil durch die Zahlung der Leasingraten ausgeglichen wird, dass die Vollamortisation nach Rückgabe des Fahrzeugs ohne erneutes Verleasen an weitere Leasingnehmer (Operating-Leasing) durch anschließende Verwertung erreicht wird, eine Amortisationslücke für den Leasinggeber also nicht zu erwarten ist (BGH NJW 1998, 1637). Dieses Finanzierungsmoment fehlt dem Operating-Leasing (vgl zur Abgrenzung BGHZ 111, 95). Das Finanzierungsleasing kommt auch als »Fondsmodell«, »Kooperationsmodell« oder »Betreibermodell« vor. Eine gute Übersicht zum Leasing bietet die Kommentierung von *Pajunk* in diesem Kommentar als Anhang beim Mietvertrag.

7 **4. Teilzahlungsgeschäfte.** Für Teilzahlungsgeschäfte enthält Abs 2 eine Legaldefinition. Danach handelt es sich um Verträge, die die Lieferung einer bestimmten Sache oder die Erbringung einer bestimmten anderen Leistung gegen Teilzahlungen zum Gegenstand haben. Bestimmt ist eine Sache oder Leistung, wenn die Sache oder Leistung ohne weitere Wertungsentscheidung als Gegenstand des Vertrags zu identifizieren ist. Hierfür kommt nicht nur eine Stückschuld in Betracht; auch eine Gattungsschuld kann bestimmt in diesem Sinne sein. Gegenstand kann einerseits die Lieferung einer beweglichen Sache sein. Für dieses klassische Raten-/Teilzahlungsgeschäft enthalten §§ 502, 503 spezielle Regelungen. Gegenstand von Teilzahlungsgeschäften können aber auch andere (dienst- oder werkvertragliche) Leistungen sein (kreditierte Partnerschaftsvermittlung, s Dresden ZIP 2000, 830; Pauschalreisen; Ausbildungsverträge, s BGH NJW 1996, 1457; Werkverträge, s Brandenburg IBR 2004, 551; Lieferung und Errichtung eines Ausbauhauses gegen Teilzahlungen, s BGHZ 165, 325). Der finanzierte Kauf, bei dem Kaufvertrag und Darlehensvertrag verbunden sind (§ 358) ist kein Teilzahlungsgeschäft.

8 Auch auf die Lieferung mehrerer Sachen oder die Erbringung mehrerer Leistungen gegen Teilzahlungen findet § 499 Abs 2 Anwendung. Es muss sich jedoch um eine einzige Lieferung handeln. Sind mehrere Lieferungen von Sachen Gegenstand des Vertrags, so handelt es sich um einen Ratenlieferungsvertrag, für den § 505 gilt. Für die Lieferung muss mehr als eine Zahlung vereinbart sein; aus § 502 Abs 1 Nr 2 und 3 lässt sich schließen, dass die Anzahlung insofern nicht mitzuzählen ist, dass also neben der Anzahlung mindestens zwei weitere Zahlungen vereinbart sein müssen (so schon BGHZ 70, 378 für das AbzG). Erfolgt die Gegenleistung des Verbrauchers nicht in einer einzigen Zahlung, so besteht allerdings eine Vermutung für das Vorliegen einer Teilzahlungsabrede. Wird das gesamte Entgelt gestundet (evtl nach einer Anzahlung), so liegt zwar kein Teilzahlungsgeschäft vor; die Gefahr, dass beim Käufer wegen der Aufspaltung seiner Verpflichtung Fehlvorstellungen über seine Rechte und Pflichten und Fehleinschätzungen seines wirtschaftlichen Leistungsvermögens entstehen können, ist nicht gegeben (BGHZ 70, 378). Jedoch handelt es sich um einen Fall des Zahlungsaufschubs nach § 499 Abs 1.

9 Der Unternehmer muss einen Vermögenswert zur Verfügung gestellt haben. Ansparverträge, bei denen die Lieferung oder Leistung des Unternehmers erst nach Ansparung des Entgelts in Teilbeträgen erbracht wird, fallen nicht unter die Norm (BGHZ 70, 378). Die Annahme eines Teilzahlungsgeschäfts setzt voraus, dass die Fälligkeit der vom Verbraucher geschuldeten Zahlung ggü dem gesetzlichen Fälligkeitszeitpunkt gegen Zahlung eines Entgelts hinausgeschoben wird, um dem Verbraucher die Zahlung des vereinbarten Preises zu erleichtern. Dies liegt nicht vor, wenn bei einem Werkvertrag vereinbart ist, die Vergütung in drei Teilbeträ-

gen (Voraus- bzw Abschlagszahlungen) zu entrichten; hierdurch wird die nach § 641 Abs 1 mit der Abnahme eintretende Fälligkeit des Anspruchs auf Schlusszahlung nicht hinausgeschoben (BGHZ 165, 325).

Der Zahlungsaufschub bzw die Finanzierungshilfe muss gegen ein Entgelt des Verbrauchers gewährt werden. 10
Da es sich beim Finanzierungsleasing um einen Unterfall der sonstigen entgeltlichen Finanzierungshilfe und bei der Teilzahlungsabrede um einen Unterfall des entgeltlichen Zahlungsaufschubs handelt, setzt auch die Anwendung der § 499 Abs 2, §§ 500–504 Entgeltlichkeit voraus. Der Verbraucher muss also eine Gegenleistung versprochen, gewähren oder gewährt haben. Hierfür sind alle Gegenleistungen des Verbrauchers zu berücksichtigen. Die Gegenleistung kann, sie muss jedoch nicht in einer Zinszahlung oder sonstigen Zahlungsverpflichtung des Verbrauchers bestehen. Es kommt darauf an, ob dem Vertragspartner Mittel zur Verfügung gestellt werden, über welche er ohne das Geschäft nicht verfügte (BGH NJW 1996, 457 für eine Ratenzahlungsvereinbarung). Auch der Verzicht auf vermögenswerte Rechte oder Ansprüche kommt als Entgelt in Betracht. So werden Stundungsvereinbarungen oft im Kontext von außergerichtlichen Vergleichen abgeschlossen, in denen der Verbraucher zB auf eine weitere rechtliche Durchsetzung eines behaupteten Rechts verzichtet (vgl § 779; für gerichtliche Vergleiche § 492 Abs 3 Nr 2). Auf den Wert der Gegenleistung bzw die Höhe des Entgelts kommt es nicht an (Dresden ZIP 2000, 830). Für Teilzahlungsgeschäfte ergibt sich aus § 502 Abs 1 S 2 mittelbar eine Entgeltlichkeitsvermutung. Bewilligt der Verkäufer/Kreditgeber dem Käufer Ratenzahlungen, spricht der Beweis des ersten Anscheins für die Entgeltlichkeit der Kreditgewährung (Köln ZIP 1994, 776).

5. Entgeltlichkeit. Das Entgelt muss gerade für den Zahlungsaufschub bzw die Finanzierungshilfe gewährt 11
werden und dem Gläubiger zugute kommen. Es kommt darauf an, ob sich die laufzeitabhängigen Kreditkosten erhöhen (BTDrs 11/5462 S 17), was zB bei einer »Bearbeitungsgebühr« der Fall sein kann (BGH WM 1989, 1438). Rechtsverfolgungskosten wie Vergleichskosten, Inkassokosten oder die Verzugszinsen sind kein Entgelt gerade für den vereinbarten Aufschub bzw die Finanzierungshilfe. Auch die Gebühr, die an ein Kreditkartenunternehmen gezahlt wird, stellt kein Entgelt für den Zahlungsaufschub dar, der sich aus der Zeitdifferenz zwischen Zahlung und Abrechnung ergibt, sondern idR nur eine Gebühr für die Kreditkartenfunktion. Beim Null-Leasing, bei dem der Leasingnehmer den Leasinggegenstand zum Ende der Laufzeit erwerben kann, kommt es darauf an, ob für die Zahlungsverzögerung ein besonderes Entgelt (insg höherer Preis) verlangt wird. Kraftfahrzeugleasingverträge mit Kilometerabrechnung sind Finanzierungsleasingverträge und damit Kreditverträge in Form einer sonstigen Finanzierungshilfe, wenn der Vertrag den Leasingnehmer bei Rückgabe des Fahrzeugs zum Ausgleich eines etwaigen Fahrzeugminderwerts verpflichtet, selbst dann, wenn er einen Ausgleich für Mehr- oder Minderkilometer vorsieht. Denn ein etwaiger Minderwert wird namentlich durch eine höhere Laufleistung als vom Leasinggeber kalkuliert begründet, so dass auch in der Vergütung der Mehrkilometer eine Abgeltung des Minderwerts erfolgt (BGH NJW 1998, 1637).

6. Umfang der Anwendung (Abs 3). Die verbraucherschützenden Vorschriften dieses Untertitels sind auf den 12
Zahlungsaufschub und die sonstigen Finanzierungshilfen mit denselben Ausnahmen wie beim Verbraucherdarlehensvertrag anzuwenden. § 499 Abs 3 verweist insofern auf die Ausschlusstatbestände des § 491 Abs 2 und Abs 3 (s Kommentierung dort). Diese sind als Ausnahmetatbestände eng auszulegen. Dementspr finden die Vorschriften auf Bagatellkredite von bis zu 200 Euro keine Anwendung (§ 491 Abs 2 Nr 1). Dem auszuzahlenden Darlehen entspricht beim Zahlungsaufschub die Höhe der aufgeschobenen Zahlung. Bei der sonstigen Finanzierungshilfe kommt es auf die Gesamthöhe der Vermögenszuwendung des Unternehmers an. Bei Teilzahlungsgeschäften kommt es dementspr nach § 499 Abs 3 S 2 weder auf die Höhe der einzelnen Rate noch auf den Teilzahlungspreis oder die Gesamtsumme der Teilzahlungen an, sondern auf die Höhe des Barzahlungspreises (bzw im Zweifel auf den Marktpreis, s § 502 Abs 3 S 4). Entspr gilt beim Finanzierungsleasing. Ist ein Barzahlungspreis nicht genannt, ist nach § 491 Abs 2 Nr 1 auf den Anschaffungspreis abzustellen, den der Verbraucher hätte aufwenden müssen, wenn er die Sache selbst erworben hätte.

Die Ausnahmebestimmung für Arbeitgeberkredite unter den marktüblichen Sätzen (§ 491 Abs 2 Nr 2) erfasst 13
zB die vorzeitige Auszahlung des Entgelts (Finanzierungshilfe). Die Ausnahmebestimmung für öffentlich-rechtliche Förderkredite unter marktüblichen Sätzen, bei denen dem Verbraucher unmittelbar ein Vermögenswert zur Verfügung gestellt wird (§ 491 Abs 2 Nr 3), wird bei sonstigen Finanzierungshilfen kaum zur Anwendung kommen. Es muss sich um Vorzugskonditionen handeln. Für die Beurteilung der marktüblichen Sätze ist der effektive Jahreszins der streitigen Finanzierungshilfe mit dem effektivem Jahreszins zu vergleichen, der von einem Bankinstitut verlangt würde; dabei ist auf das untere Marktsegment abzustellen. Einige der in § 499 genannten Vorschriften finden auch keine Anwendung auf gerichtlich protokollierte oder notariell beurkundete Verträge, die den Anforderungen des § 491 Abs 3 Nr 2 genügen. Damit sind insbes Stundungen in gerichtlichen Vergleichen teilw ausgenommen. Stundungen in Anwaltsvergleichen nach § 796a ZPO werden jedoch erfasst. Bei Krediten zur Finanzierung von Risikogeschäften gilt § 491 Abs 3 Nr 3.

II. Rechtsfolgen. Auf die bes Kreditformen sind grds alle für Verbraucherdarlehen geltenden Vorschriften anzu- 14
wenden. Es gelten also (mit den Einschränkungen in § 499 Abs 2, §§ 500–504) die Vorschriften über die Form des Vertrages und Pflichtangaben im Vertrag (§ 492 Abs 1–3), Rechtsfolgen von Formverletzungen, Widerrufsrecht, Einwendungsverzicht, Wechselverbot, die Regelung über Verzugszinsen und die Anrechnung von Teilleistungen sowie die Regelung über Gesamtfälligstellung (§§ 494–498). Es handelt sich insoweit um Rechtsfolgenverweise.

Abs 1 nimmt lediglich die Vorschrift für Überziehungskredite in § 493 aus, der für den Zahlungsaufschub und sonstige Finanzierungshilfen nicht von Relevanz ist. Ausgenommen wurde auch § 492 Abs 4 (Vollmacht zum Abschluss von Kreditverträgen). § 499 Abs 1 erklärt auch die §§ 358, 359 für anwendbar. Soweit es sich bei den sonstigen Finanzierungshilfen um verbundene Verträge handelt, gelten die entspr Vorschriften zu Widerrufsrecht und Einwendungen einschließlich der Sonderregeln für Immobiliengeschäfte. Von praktischer Relevanz ist dies insbes für Finanzierungsleasingverträge und Teilzahlungsgeschäfte. Der Verbraucherschutz, auf den Abs 1 Bezug nimmt, wird für Finanzierungsleasingverträge und Teilzahlungsgeschäfte in den folgenden Normen modifiziert. Abs 2 verweist für den Umfang der Anwendung des Verbraucherkreditrechts auf Finanzierungsleasingverträge auf § 500, für den Umfang der Anwendung auf Teilzahlungsgeschäfte auf §§ 501–505. Die Angaben in den Verträgen und Vertragserklärungen, die Rechtsfolgen bei Formmängeln sowie das Widerrufsrecht werden damit an die Besonderheiten dieser Kreditformen angepasst. Die Vorschriften können nicht zu Lasten der Verbraucher abbedungen werden (§ 506 S 1). Sie gelten auch für Umgehungsgeschäfte (§ 506 S 2).

§ 500 Finanzierungsleasingverträge. Auf Finanzierungsleasingverträge zwischen einem Unternehmer und einem Verbraucher finden lediglich die Vorschriften der §§ 358, 359, 492 Absatz 1 Satz 1 bis 4, § 492 Absatz 2 und 3 und § 495 Absatz 1 sowie der §§ 496 bis 498 entsprechende Anwendung.

1 Für den Begriff des Finanzierungsleasingvertrages als Unterfall der sonstigen Finanzierungshilfe s die Kommentierung bei § 499 (Rz 6). § 500 modifiziert den Verbraucherschutz für Finanzierungsleasingverträge, indem nach dem Ausschlussprinzip einzelne Bestimmungen des Verbraucherkreditrechts für unanwendbar erklärt werden. Anzuwenden ist aber die Formvorschrift des § 492 Abs 1 S 1 bis 4. Die Schriftform gilt auch für Vorverträge. Der Formzwang bewirkt ua, dass ein laufender Leasingvertrag von einem Verbraucher nicht im Rahmen einer Internetersteigerung übernommen werden kann (Frankfurt aM Urt v 11.06.2008, 17 U 70/08). Der Verweis auf §§ 358, 359 geht im Leasingfall idR ins Leere, da der Kaufvertrag idR zwischen Leasinggeber und Lieferant abgeschlossen wird und nicht mit dem Leasingnehmer, die Anwendung kommt allenfalls dann in Betracht, wenn der Verbraucher beide Verträge selbst abschließt und der Leasinggeber in den Kaufvertrag eintritt (*Reinicke/Tiedtke* KaufR Rn 1837 ff; vgl BGH NJW 1986, 1744; Brandenburg VRR 2008, 345). Beim Finanzierungsleasing ist nach dem Gesetzeswortlaut insbes § 492 Abs 1 S 5 nicht anzuwenden. Dies hat zur Folge, dass die Vertragserklärung des Verbrauchers in diesem Fall nicht alle Angaben enthalten muss, die für einen wirksamen Verbraucherdarlehensvertrag erforderlich sind. Auch hat ein Formmangel des Finanzierungsleasingvertrags keine Nichtigkeit zur Folge (Unanwendbarkeit des § 494). Besteht eine Erwerbsoption, widerspricht dies jedoch Art 4 Abs 2 Nr 1a der Verbraucherkreditlinie 87/102/EWG. In richtlinienkonformer Auslegung dürfen also die Formvorschriften von der Anwendung auf Finanzierungsleasingverträge, die einen Eigentumserwerb des Leasingnehmers vorsehen, nicht ausgeschlossen sein (BGH NJW 2002, 133). Eine gute Übersicht zu den verschiedenen Leasingformen und die rechtliche Einordnung bietet die Kommentierung von *Pajunk* in diesem Kommentar, die sich im Anhang zum Mietrecht befindet.

§ 501 Teilzahlungsgeschäfte. Auf Teilzahlungsgeschäfte zwischen einem Unternehmer und einem Verbraucher finden lediglich die Vorschriften der §§ 358, 359, 492 Absatz 1 Satz 1 bis 4, § 492 Absatz 2 und 3, § 495 Absatz 1 sowie der §§ 496 bis 498 entsprechende Anwendung. Im Übrigen gelten die folgenden Vorschriften.

1 Eine Definition des Teilzahlungsgeschäfts als Unterfall des Zahlungsaufschubs findet sich in § 499 Abs 2 und 3. Die Norm modifiziert den Verbraucherschutz für Teilzahlungsgeschäfte, indem einzelne Bestimmungen des Verbraucherdarlehensrechts für unanwendbar erklärt werden. Es handelt sich um dieselben Vorschriften, die auch in § 500 für Finanzierungsleasingverträge genannt werden. An die Stelle der § 492 Abs 1 S 5, § 494 tritt aber für Teilzahlungsgeschäfte § 502 (Vertragsangaben und Rechtsfolgen von Formmängeln), an die Stelle des § 495 Abs 2 gelangt § 503 (Rückgaberecht).

§ 502 Erforderliche Angaben, Rechtsfolgen von Formmängeln bei Teilzahlungsgeschäften. [1] Die vom Verbraucher zu unterzeichnende Vertragserklärung muss bei Teilzahlungsgeschäften angeben
1. den Barzahlungspreis,
2. den Teilzahlungspreis (Gesamtbetrag von Anzahlung und allen vom Verbraucher zu entrichtenden Teilzahlungen einschließlich Zinsen und sonstiger Kosten),
3. Betrag, Zahl und Fälligkeit der einzelnen Teilzahlungen,
4. den effektiven Jahreszins,
5. die Kosten einer Versicherung, die im Zusammenhang mit dem Teilzahlungsgeschäft abgeschlossen wird,
6. die Vereinbarung eines Eigentumsvorbehalts oder einer anderen zu bestellenden Sicherheit.

Der Angabe eines Barzahlungspreises und eines effektiven Jahreszinses bedarf es nicht, wenn der Unternehmer nur gegen Teilzahlungen Sachen liefert oder Leistungen erbringt.
[2] Die Erfordernisse des Absatzes 1, des § 492 Absatz 1 Satz 1 bis 4 und des § 492 Absatz 3 gelten nicht für Teilzahlungsgeschäfte im Fernabsatz, wenn die in Absatz 1 Satz 1 Nummer 1 bis 5 bezeichneten Angaben mit Ausnahme des Betrags der einzelnen Teilzahlungen dem Verbraucher so rechtzeitig in Textform mitgeteilt sind, dass er die Angaben vor dem Abschluss des Vertrags eingehend zur Kenntnis nehmen kann.
[3] Das Teilzahlungsgeschäft ist nichtig, wenn die Schriftform des § 492 Absatz 1 Satz 1 bis 4 nicht eingehalten ist oder wenn eine der im Absatz 1 Satz 1 Nummer 1 bis 5 vorgeschriebenen Angaben fehlt. Ungeachtet eines Mangels nach Satz 1 wird das Teilzahlungsgeschäft gültig, wenn dem Verbraucher die Sache übergeben oder die Leistung erbracht wird. Jedoch ist der Barzahlungspreis höchstens mit dem gesetzlichen Zinssatz zu verzinsen, wenn die Angabe des Teilzahlungspreises oder des effektiven Jahreszinses fehlt. Ist ein Barzahlungspreis nicht genannt, so gilt im Zweifel der Marktpreis als Barzahlungspreis. Die Bestellung von Sicherheiten kann bei fehlenden Angaben hierüber nicht gefordert werden. Ist der effektive oder der anfängliche effektive Jahreszins zu niedrig angegeben, so vermindert sich der Teilzahlungspreis um den Prozentsatz, um den der effektive oder anfängliche effektive Jahreszins zu niedrig angegeben ist.

A. Allgemeines. § 492 Abs 1 S 5 gilt nicht für Teilzahlungsgeschäfte (§ 499 Abs 2, § 501). An seine Stelle tritt 1
§ 502 Abs 1, an die Stelle des § 494 kommt § 502 Abs 3 zum Zuge. Die Pflichtangaben werden im Vergleich mit § 491 Abs 1 S 5 lediglich auf die bes Bedingungen bei Teilzahlungsgeschäften angepasst; inhaltliche Veränderungen oder bes Schwerpunktsetzungen enthält die Vorschrift nicht.

B. Regelungsinhalt. I. Anwendungsbereich. 1. Pflichtangaben. Die Angaben zum Barzahlungs- und Teil- 2
zahlungspreis (Nr 1 und 2) dienen der Preistransparenz und sollen dem Verbraucher dabei helfen, die Mehrkosten des Teilzahlungsgeschäfts zu ermitteln. Der Barzahlungspreis entspricht dem Nettodarlehensbetrag (§ 492 Abs 1 S 5 Nr 1). Beim Barzahlungspreis handelt es sich um den Preis, den der Verbraucher entrichten müsste, wenn das Entgelt in voller Höhe spätestens bei Übergabe der Sache fällig würde. Skontoabzüge müssen außer Betracht bleiben. Einzubeziehen ist aber die Mehrwertsteuer, die ebenfalls vom Verbraucher finanziert werden muss (BGHZ 103, 287). Bei wirtschaftlich abhängigen Finanzierungsunternehmen ist für den Barzahlungspreis auf den Preis des herrschenden Unternehmens abzustellen. Für den Teilzahlungspreis enthält Nr 2 eine Legaldefinition. Es handelt sich um den Gesamtbetrag aus der Anzahlung, allen Teilzahlungen, der Mehrwertsteuer, Zinsen, Gebühren, Spesen, Provisionen, Bearbeitungskosten, einer Restschuldversicherung (Nr 5) oder sonstigen Kosten. Wird eine andere Sache in Zahlung gegeben, so ist die Anrechnung ebenfalls auszuweisen und in den Teilzahlungspreis einzubeziehen. Zum Teilzahlungspreis sind als sonstige Kosten alle Posten einzubeziehen, die für die Finanzierungshilfe anfallen, nicht aber Posten, die für weitere Leistungen in Rechnung gestellt werden, wie zB Versand- oder Transportkosten, Verzugszinsen und andere Verzugs-, Säumnis- oder Rechtsverfolgungskosten. Die Vorschrift enthält zwar keine Entsprechung zu § 492 Abs 1 S 5 Nr 2 Hs 2, wonach bei einem Kredit mit veränderlichen Bedingungen, der in Teilzahlungen getilgt wird, ein fiktiver Gesamtbetrag anzugeben ist; da es sich hierbei um eine Klarstellung handelt, kann sie aber zur Interpretation von Abs 1 Nr 2 herangezogen werden.

Generell gilt, dass die Pflichtangaben an die Besonderheiten des jeweiligen Teilzahlungsgeschäfts anzupassen 3
sind. Der Betrag der einzelnen Teilzahlungen ist immer konkret zu benennen (Nr 3); eine Angabe des prozentualen Anteils am Gesamtpreis reicht nicht aus. Es ist auch nicht ausreichend, die Berechnung des Teilzahlungspreises allein der Methode nach anzugeben und dem Verbraucher durch Beispiele zu erläutern. Der nach Nr 4 anzugebende effektive Jahreszins berechnet sich nach § 6 PAngV (s § 501, § 492 Abs 2). In Hinblick auf den häufigsten Fall des Teilzahlungsgeschäfts, den Ratenkauf, ist nach Nr 6 auch anzugeben, welche Sicherheit bestellt wird, insbes ob ein Eigentumsvorbehalt vereinbart ist. Sind zwischen Unternehmer und Verbraucher mehrere Teilzahlungsgeschäfte abgeschlossen, so müssen die Angaben nach Abs 1 jeweils für das einzelne Produkt gemacht werden. Es ist dann Sache des Verbrauchers, die Summe zu errechnen. Anders ist es, wenn mehrere Geschäfte zu einem neuen zusammengefasst und die Schuld neu berechnet wird, wenn also zB eine Restschuld mit Beträgen aus neuen Käufen zusammengefasst wird. In diesem Fall müssen die Pflichtangaben auch deutlich machen, ob bei getrennter Abrechnung weniger zu bezahlen wäre als durch die Zusammenfassung (BGH NJW-RR 1989, 1306).

2. Ratenzahlungsunternehmen. Ratenzahlungsunternehmen, die nur gegen Teilzahlungen Sachen liefern 4
oder Leistungen erbringen, müssen nach Abs 1 S 2 weder den Barzahlungspreis noch den effektiven Jahreszins angeben. Die Voraussetzungen für die Nicht-Angabe des Barzahlungspreises sind vom Unternehmer zu beweisen. In Hinblick auf § 506 S 2, der Umgehungsgestaltungen verhindern will, ist die Vorschrift eng auszulegen. Für die Annahme von Abs 1 S 2 reicht es nicht aus, wenn ein Hersteller, der auch Barzahlung ermöglicht, ein wirtschaftlich abhängiges Finanzierungsunternehmen ausgegliedert hat, das sich auf Teilzahlungsgeschäfte beschränkt.

5 **3. Fernabsatzgeschäfte (Abs 2).** Abs 2 führt die Vorschrift zum Versandhandel aus § 8 VerbrKrG fort und privilegiert Teilzahlungsgeschäfte im Fernabsatz. Hier sollen die Vorschriften über Schriftform und die Pflichtangaben in der Vertragserklärung nicht gelten und stattdessen Textform und eine einfache Mitteilung an den Verbraucher ausreichen. Danach kann es sogar ausreichen, wenn die Pflichtangaben in einer invitatio ad offerendum enthalten waren. Die Mitteilung muss so rechtzeitig erfolgen, dass der Verbraucher sie vor Abschluss des Vertrags zur Kenntnis nehmen und sich damit auseinandersetzen kann; der Verbraucher muss die Möglichkeit haben, sich dazu zu beraten (»eingehend«). Eine Zeitspanne von drei Tagen wird hierfür häufig ausreichend sein; je nach Umständen des Einzelfalls und den Vorkenntnissen des Verbrauchers kann die Frist auch länger oder kürzer bemessen werden. Wegen Verstoßes gegen die Anforderungen der Verbraucherkredit-RL (Art 4 RL 87/102/EWG bzw Art 10 RL 2008/48/EG) ist die Privilegierung allerdings als richtlinienwidrig einzuordnen; sie muss nicht angewandt werden.

6 **II. Rechtsfolgen fehlender Schriftform.** Abs 3 entspricht § 494 Abs 1-3. Rechtsfolge fehlender Angaben oder des Nichteinhaltens der Form ist die Nichtigkeit des Vertrags. Sie wird im Falle des Kaufs durch Übergabe geheilt. Auf die Eigentumsübertragung kommt es dabei nicht an, sondern nur darauf, dass der Verbraucher den unmittelbaren Besitz an der Sache erlangt. In anderen Fällen kann Heilung durch Leistungserbringung erfolgen. Im Falle werkvertraglicher Leistung ist hierfür die Abnahme maßgeblich; sie muss ausdrücklich oder konkludent erfolgen, die Anwendung des § 640 Abs 1 S 3 kommt nicht in Betracht. Heilung kann nur durch vollständige Leistung erfolgen; Teilleistungen sind nicht ausreichend. Wurden allerdings mehrere voneinander unabhängige Teilzahlungsgeschäfte abgeschlossen, die keinen Bezug zueinander haben, so kann bei jedem einzelnen Geschäft Heilung durch Leistung eintreten. Ist ein Barzahlungspreis nicht genannt, so gilt im Zweifel der Marktpreis als Barzahlungspreis. Dies ist der Preis, der für die entspr Waren der entspr Gattung am Erfüllungsort zur Erfüllungszeit im Durchschnitt zu zahlen ist. Hierfür ist allein auf objektive Kriterien abzustellen, unabhängig von den konkreten Umständen des Einzelfalls. Der Unternehmer kann die Bestellung von Sicherheiten nicht fordern, wenn er dies nicht in die Pflichtangaben aufgenommen hat (Abs 3 S 5). Dies gilt auch für den Eigentumsvorbehalt; der Unternehmer darf sich bei fehlender Angabe hierzu also nicht einseitig das Eigentum an der Sache vorbehalten; der Verbraucher kann dann auf unbedingter Übereignung bestehen. Die Sanktionen gelten nur für den Fall des Nichteinhaltens der Form; werden fehlerhafte Angaben gemacht, bleibt dies sanktionslos. Insbes sieht das Gesetz keine ausdrückliche Sanktion bei Angabe eines falschen, überhöhten Barzahlungspreises vor. Allerdings kann hier Abs 3 S 6 analog angewandt werden; maßgeblich wäre dann der wirkliche, üblicherweise geforderte Barzahlungspreis.

§ 503 Rückgaberecht, Rücktritt bei Teilzahlungsgeschäften.

[1] Anstelle des dem Verbraucher gemäß § 495 Absatz 1 zustehenden Widerrufsrechts kann dem Verbraucher ein Rückgaberecht nach § 356 eingeräumt werden.

[2] Der Unternehmer kann von einem Teilzahlungsgeschäft wegen Zahlungsverzugs des Verbrauchers nur unter den in § 498 Absatz 1 bezeichneten Voraussetzungen zurücktreten. Der Verbraucher hat dem Unternehmer auch die infolge des Vertrags gemachten Aufwendungen zu ersetzen. Bei der Bemessung der Vergütung von Nutzungen einer zurückzugewährenden Sache ist auf die inzwischen eingetretene Wertminderung Rücksicht zu nehmen. Nimmt der Unternehmer die auf Grund des Teilzahlungsgeschäfts gelieferte Sache wieder an sich, gilt dies als Ausübung des Rücktrittsrechts, es sei denn, der Unternehmer einigt sich mit dem Verbraucher, diesem den gewöhnlichen Verkaufswert der Sache im Zeitpunkt der Wegnahme zu vergüten. Satz 4 gilt entsprechend, wenn ein Vertrag über die Lieferung einer Sache mit einem Verbraucherdarlehensvertrag verbunden ist (§ 358 Absatz 2) und wenn der Darlehensgeber die Sache an sich nimmt; im Fall des Rücktritts bestimmt sich das Rechtsverhältnis zwischen dem Darlehensgeber und dem Verbraucher nach den Sätzen 2 und 3.

1 **A. Allgemeines.** Teilzahlungsgeschäfte zeichnen sich dadurch aus, dass die Finanzierung zum Erwerb eines bestimmten Produkts gewährt wird. Es handelt sich also von vornherein um verbundene Geschäfte. Statt des Widerrufsrechts kann dann auch ein Rückgaberecht gewährt werden. Die Norm verweist insofern auf § 356.

2 **B. Regelungsinhalt. I. Rückgaberecht (Abs 1).** Das Rückgaberecht ist nur auf Teilzahlungsgeschäfte über die Lieferung beweglicher Sachen anzuwenden. In diesen Fällen kann der Unternehmer dem Verbraucher anstelle des gesetzlichen Widerrufsrechts ein vertragliches Rückgaberecht anbieten. Dem Verbraucher kann auch ein Wahlrecht zwischen Widerruf und Rückgaberecht eingeräumt werden. Der Verweis auf § 356 ist eine Rechtsgrundverweisung; es müssen sämtliche Voraussetzungen des § 356 Abs 1 erfüllt sein, dh das Rückgaberecht muss uneingeschränkt sein, und für den Fall der Ausübung dürfen keine Erschwernisse wie eine Bearbeitungsgebühr vorgesehen sein. Für die Rechtsfolgen gilt § 357.

3 **II. Rücktritt des Unternehmers (Abs 2).** Bei Abs 2 handelt es sich um eine Auffangnorm. Der Rücktritt des Unternehmers wegen Zahlungsverzugs des Verbrauchers ist nur unter den gleichen Voraussetzungen wie die Gesamtfälligstellung möglich (§ 498 Abs 1). Der Unternehmer hat dabei idR ein Wahlrecht zwischen Rücktritt und Kündigung. Die wirksame Ausübung setzt aber voraus, dass ggü dem Verbraucher deutlich gemacht

wird, welches dieser Rechte ausgeübt werden soll. Auch eine mögliche Androhung muss insofern klar sein. § 350 gilt nur für ein vertragliches Rücktrittsrecht, zur Ausübung des Rechts kann also keine Frist durch den Verbraucher gesetzt werden; der Unternehmer muss sich jedoch dennoch innerhalb einer angemessenen Frist erklären.

III. Rücktrittsvermutung bei Rücknahme der gelieferten Sache. Nimmt der Unternehmer die Sache wieder 4 an sich, so gilt dies nach Abs 2 S 4 als Rücktritt. Die Norm soll (wie der frühere § 5 AbzG, auf den sie zurückgeht) den Verbraucher davor schützen, dass er Besitz und Nutzung der gelieferten Sache verliert, gleichwohl aber an den Kreditvertrag mit der daraus folgenden Zahlungspflicht gebunden bleibt (BTDrs 11/5462 S 28). Sie greift deshalb nur dann ein, wenn dem Verbraucher Besitz und Nutzung der gelieferten Sache tatsächlich entzogen werden. Es reicht die Wiederansichnahme eines Teils der Sache, soweit Wert oder Gebrauch der Gesamtsache dadurch wesentlich beeinträchtigt wird (Köln ZIP 1994, 1931). Der geschützte Verbraucher muss selbst Besitz und Nutzung der Sache inne gehabt haben. Haftet der Verbraucher lediglich als Gesamtschuldner mit einem Kreditnehmer, der nicht Verbraucher ist, bei dem sich aber die gelieferte Sache befindet, so findet die Vorschrift keine Anwendung, wenn der Kreditgeber die Sache wieder an sich nimmt (BGH NJW 2002, 133). Die Vorschrift ist nicht anzuwenden, wenn der Verbraucher selbst die Sache zur Nachbesserung oder Reparatur an den Unternehmer zurückgibt. Auch durch unaufgeforderte Rücksendung der Sache kann der Verbraucher die Rechtsfolgen nicht selbst herbeiführen (BGHZ 45, 113; Stuttgart NJW-RR 2002, 856).

Es ist nicht erforderlich, dass der Unternehmer selbst unmittelbaren Besitz erlangt. Es genügt, dass der Unter- 5 nehmer mittelbaren Besitz an der Sache oder den Sachwert erhält. Die Rücktrittsfiktion kann deshalb bereits eingreifen, wenn der Unternehmer die Herausgabe ernstlich verlangt (vgl BGH NJW 1965, 2399; 1984, 2294), wenn der Verbraucher die Sache nicht an den Unternehmer, sondern auf dessen Veranlassung an einen Dritten herausgeben muss (vgl BGHZ 55, 59) oder wenn der Unternehmer Schadensersatzansprüche oder Wertersatz ggü einem Dritten geltend macht (vgl BGH NJW 1984, 2294). Wiederansichnahme liegt nicht schon vor, wenn die Sache durch Anlegen des Pfandsiegels gepfändet wird. Die Voraussetzungen sind aber erfüllt, wenn der Unternehmer in die verkaufte Sache vollstreckt und ein Dritter sie ersteigert hat, oder wenn der Unternehmer die Sache zum Zweck der Vollstreckung einer Forderung an sich nimmt, unabhängig davon, aus welchem Grundverhältnis der Titel entstammt, aus dem vollstreckt wird. So handelt es sich um eine Wiederansichnahme durch den Unternehmer, wenn der Verbraucher zunächst den gekauften PKW zum Händler zurückbringt, der ihn für Rechnung des Verbrauchers verkaufen soll, der Unternehmer jedoch später den PKW beim Händler abholen lässt und ohne Mitwirkung des Verbrauchers verkauft (Karlsruhe NJW-RR 1989, 179). Nicht ausreichend ist es aber, wenn lediglich rückständige Raten verlangt und eingeklagt werden, oder wenn der Unternehmer die Sache aus einer Zwangsvollstreckung erwirbt, die von dritter Seite betrieben wurde.

Die Wiederansichnahme führt zu einer Fiktion der Rücktrittserklärung. Deren Wirkungen können auch 6 durch nachträgliche Freigabe oder Rückgabe der Sache nicht beseitigt werden (BGHZ 39, 100). Durch die Wiederansichnahme wird nur die Rücktrittserklärung ersetzt, nicht aber der Rücktrittsgrund. Im Fall eines unwirksamen Rücktritts durch den Kreditgeber kann der Kreditnehmer nach Wegnahme und Verwertung der finanzierten Sache seitens des Kreditgebers die Abwicklung des Kreditvertrags nach Bereicherungsrecht verlangen (Oldenburg NJW-RR 1996, 564). Eine Fiktion des Rücktritts tritt nicht ein, wenn sich Unternehmer und Verbraucher einigen, dass der gewöhnliche Verkaufswert der Sache im Zeitpunkt der Wegnahme vergütet wird. Die Einigung kann auch nach Wiederansichnahme der Sache stattfinden. Sie ist in AGB regelbar. Die Bemessung kann einem Sachverständigen überlassen werden (§ 813 Abs 1 S 2 und 3 ZPO). Ein einseitiges Leistungsbestimmungsrecht des Unternehmers ist hingegen unzulässig.

Der gewöhnliche Verkaufswert bestimmt sich entspr § 813 Abs 1 S 1 ZPO. Es handelt sich um den Verkaufs- 7 preis, der bei freihändigem Verkauf im Zeitpunkt des Wiederansichnehmens für die Sache am Sitz des Verbrauchers normalerweise durchschnittlich hätte erzielt werden können, wobei der Zustand der Sache zu berücksichtigen ist. Maßgebend ist der ggü dem Letztverbraucher erzielbare Verkaufspreis und nicht der Händlereinkaufspreis. Beim finanzierten Autokauf ist dies der Preis, den der Verkäufer/Kreditgeber bei Berücksichtigung aller Umstände des Einzelfalls am Gebrauchtwagenmarkt erzielen könnte (Stuttgart NJW-RR 1996, 563 f; Brandenburg Urt v 30.04.2008, 3 W 58/07). Ist der gewöhnliche Verkaufswert höher als die ausstehenden Ansprüche des Unternehmers, so darf der Verbraucher den Überschuss nach bereicherungsrechtlichen Grundsätzen herausverlangen oder für künftige Raten anrechnen. Liegt der gewöhnliche Verkaufswert unter dem rückständigen Betrag, ist er Teilleistung iSv § 497 Abs 3 S 2.

IV. Verbundene Verträge. Abs 2 S 4 gilt entspr, wenn ein Vertrag über die Lieferung einer Sache mit einem 8 Verbraucherdarlehensvertrag verbunden ist (§ 358 Abs 2) und wenn der Darlehensgeber die Sache an sich nimmt; im Fall des Rücktritts bestimmt sich das Rechtsverhältnis zwischen dem Darlehensgeber und dem Verbraucher nach den Sätzen 2 und 3.

§ 504 Vorzeitige Zahlung bei Teilzahlungsgeschäften. Erfüllt der Verbraucher vorzeitig seine Verbindlichkeiten aus dem Teilzahlungsgeschäft, so vermindert sich der Teilzahlungspreis um die Zinsen und sonstigen laufzeitabhängigen Kosten, die bei gestaffelter Berechnung auf die Zeit nach der vorzeitigen Erfüllung entfallen. Ist ein Barzahlungspreis gemäß § 502 Absatz 1 Satz 2 nicht anzugeben, so ist der gesetzliche Zinssatz (§ 246) zugrunde zu legen. Zinsen und sonstige laufzeitabhängige Kosten kann der Unternehmer jedoch für die ersten neun Monate der ursprünglich vorgesehenen Laufzeit auch dann verlangen, wenn der Verbraucher seine Verbindlichkeiten vor Ablauf dieses Zeitraums erfüllt.

1 Es handelt sich um eine spezielle Regelung für Teilzahlungsgeschäfte. Die Anwendung erfordert keine Kündigung des Vertrags. Für andere Kreditgeschäfte gilt § 489. Rechtsfolge der vorzeitigen Zahlung ist eine Minderung des Teilzahlungspreises insg. Er mindert sich um die Zinsen und sonstigen laufzeitabhängigen Kosten, die bei gestaffelter Berechnung auf die Zeit nach der vorzeitigen Erfüllung entfallen. Der Teilzahlungspreis wird auch zu diesem Zweck auf Grundlage des Barzahlungspreises berechnet. Dieser ist in den Fällen des § 502 Abs 1 S 2 (Ratenzahlungsunternehmen) nicht anzugeben; für diese Fälle sieht das Gesetz vor, dass der gesetzliche Zinssatz zu Grunde zu legen ist. Dem Unternehmer erlaubt S 3 die Einforderung von Zinsen für die ersten neun Monate, unabhängig von der Anzahl und Länge der Raten.

Untertitel 3 Ratenlieferungsverträge zwischen einem Unternehmer und einem Verbraucher

§ 505 Ratenlieferungsverträge. **[1] Dem Verbraucher steht vorbehaltlich des Satzes 2 bei Verträgen mit einem Unternehmer, in denen die Willenserklärung des Verbrauchers auf den Abschluss eines Vertrags gerichtet ist, der**

1. die Lieferung mehrerer als zusammengehörend verkaufter Sachen in Teilleistungen zum Gegenstand hat und bei dem das Entgelt für die Gesamtheit der Sachen in Teilzahlungen zu entrichten ist oder
2. die regelmäßige Lieferung von Sachen gleicher Art zum Gegenstand hat oder
3. die Verpflichtung zum wiederkehrenden Erwerb oder Bezug von Sachen zum Gegenstand hat,

ein Widerrufsrecht gemäß § 355 zu. Dies gilt nicht in dem in § 491 Absatz 2 und 3 bestimmten Umfang. Dem in § 491 Absatz 2 Nummer 1 genannten Nettodarlehensbetrag entspricht die Summe aller vom Verbraucher bis zum frühestmöglichen Kündigungszeitpunkt zu entrichtenden Teilzahlungen.

[2] Der Ratenlieferungsvertrag nach Absatz 1 bedarf der schriftlichen Form. Satz 1 gilt nicht, wenn dem Verbraucher die Möglichkeit verschafft wird, die Vertragsbestimmungen einschließlich der Allgemeinen Geschäftsbedingungen bei Vertragsschluss abzurufen und in wiedergabefähiger Form zu speichern. Der Unternehmer hat dem Verbraucher den Vertragsinhalt in Textform mitzuteilen.

1 Während beim Teilzahlungsgeschäft mehrere Raten für eine einzige Lieferung geschuldet sind, sind Gegenstand eines Ratenlieferungsvertrags nach § 505 mehrere Lieferungen von Sachen. Die Norm findet nur Anwendung auf Lieferungen beweglicher Sachen. Erfasst ist damit zB die in einem Franchisevertrag enthaltene Vereinbarung über die Verpflichtung des Franchisenehmers zum wiederkehrenden Bezug von Waren des Franchisegebers (BGHZ 128, 164). Eine analoge Anwendung auf Verträge über andere Leistungen, die dem Verbraucher ebenfalls über einen längeren Zeitraum verteilte Bindungen auferlegten, ist nicht möglich; der Gesetzeswortlaut ist insofern eindeutig und erlaubt keinen Schluss auf eine Gesetzeslücke (BGH NJW 2003, 1932 für ein Pay-TV-Abonnement). Die Vorschrift ist auch auf Werkverträge, bei denen die Vergütung in Teilbeträgen zu entrichten ist, weder direkt noch entspr anwendbar, soweit der Unternehmer nicht abgrenzbare Einzelteile schuldet (BGHZ 165, 325). Anders liegen Fälle, in denen der Unternehmer Bausätze zu liefern hat, mit denen der Verbraucher selbst ein Wohnhaus errichtet (vgl BGHZ 78, 375). Auch hier gelten die Ausnahmebereiche des § 491 Abs 2 und 3. Abs 1 S 3 legt insofern fest, wie sich die Bagatellgrenze von 200 Euro nach § 491 Abs 2 Nr 1 berechnet (Begründung Rechtsausschuss BTDrs 14/7052 S 203).

2 Von der Widerrufserklärung nach § 505 werden nur die Teile des Vertrages erfasst, die kreditrechtlicher oder kreditähnlicher Natur sind (BGHZ 128, 164 für Franchise). Nach Abs 2 S 2 und 3 kann der Ratenlieferungsvertrag anders als der Verbraucherdarlehensvertrag und die Kreditformen des Zahlungsaufschubs und der sonstigen Finanzierungshilfen in elektronischer Form abgeschlossen werden. Es besteht insofern ein Wahlrecht zwischen Schriftform und Speichermöglichkeit. Dies ist ein Erfordernis aus Art 9 der E-Commerce-RL, welches verlangt, dass Verträge in elektronischer Form geschlossen werden können und für Ratenlieferungsverträge keine Ausnahme zulässt.

Untertitel 4 Unabdingbarkeit, Anwendung auf Existenzgründer

§ 506 Unabdingbarkeit und Umgehungsverbot. Von den Vorschriften der §§ 491 bis 505 darf nicht zum Nachteil des Verbrauchers abgewichen werden. Diese Vorschriften finden auch Anwendung, wenn sie durch anderweitige Gestaltungen umgangen werden.

Die Norm stellt die einseitig zwingende Wirkung des Verbraucherkreditrechts klar und konkretisiert § 140. Von den verbraucherschützenden Normen der §§ 491–505 darf weder durch einseitiges Handeln noch in vertraglichen Vereinbarungen zum Nachteil des Verbrauchers abgewichen werden. Dies entspricht dem Sinn und Schutzzweck dieser Normen und ergibt sich idR schon durch Auslegung. 1

§ 507 Existenzgründer. Die §§ 491 bis 506 gelten auch für natürliche Personen, die sich ein Darlehen, einen Zahlungsaufschub oder eine sonstige Finanzierungshilfe für die Aufnahme einer gewerblichen oder selbständigen beruflichen Tätigkeit gewähren lassen oder zu diesem Zweck einen Ratenlieferungsvertrag schließen, es sei denn, der Nettodarlehensbetrag oder Barzahlungspreis übersteigt 50000 Euro.

A. Allgemeines. Die Norm erweitert den Anwendungsbereich des Verbraucherkreditrechts über das Verbraucherrecht hinaus auf Kreditverträge, die zum Zweck der Existenzgründung abgeschlossen werden. Sie wurde in der Schuldrechtsreform vom Rechtsausschuss vorgeschlagen (BTDrs 14/7052 S 203). Hintergrund ist, dass der bes rollenbezogene Schutz des Verbraucherkreditrechts von der Annahme ausgeht, dass außerhalb einer gewerblichen oder beruflichen Tätigkeit die Aufmerksamkeit sowie die Erfahrung der handelnden Personen zu gering sind, als dass annähernd gleichberechtigte Verhandlungen mit Unternehmen stattfinden könnten. Die Richtigkeitsannahme des frei ausgehandelten Vertrags gilt in diesen Fällen deshalb nur eingeschränkt. Unerfahrenheit und Unaufmerksamkeit und ein daraus folgendes Schutzbedürfnis bestehen jedoch nicht nur in der Verbraucherrolle. Der Verbraucherbegriff (§ 13) erfasst insofern nur näherungsweise die Fallgestaltungen, in denen tatsächlich ein entspr Schutzbedürfnis besteht. § 507 erweitert den Schutz bei der Kreditaufnahme deshalb auf Existenzgründer. 1

B. Regelungsinhalt. I. Existenzgründungsphase. § 507 findet Anwendung für Kredite zum Zweck der Aufnahme einer gewerblichen oder selbstständigen beruflichen Tätigkeit. Der Begriff der gewerblichen oder selbstständigen beruflichen Tätigkeit entspricht dem in §§ 13, 14 verwendeten Begriff. Die Phase der Existenzgründung kann dabei längere Zeit andauern. Die Abgrenzung zwischen der Gründungsphase und dem Zeitpunkt, zu dem die Tätigkeit bereits aufgenommen ist, bestimmt sich dabei danach, ab wann der Kreditnehmer als aktiver Teilnehmer auf dem Markt agiert. Maßgeblich ist also, ob werbend nach außen aufgetreten wird. Solange noch in den Erwerb von Grundkapital investiert wird, ist die Gründungsphase noch nicht abgeschlossen. Auch die Tatsache, dass eine Website zum Zweck der Acquise und des Vertriebs aufgebaut wurde, reicht wohl noch nicht aus. Die Gründungsphase wird aber abgeschlossen sein, wenn die gewünschte Rechtsform geschaffen wurde und ausreichende Infrastruktur zum tatsächlichen Auftreten am Markt vorliegt. Von ihrem Wortlaut her erfasst die Norm die Aufnahme neuer selbstständiger Tätigkeiten zusätzlich zu einer bereits ausgeübten gewerblichen oder selbstständigen beruflichen Tätigkeit. Sie schließt auch die wiederholte Existenzgründung nach Scheitern einer früheren selbstständigen Tätigkeit ein. Um ein Verbrauchergeschäft im Existenzgründungsstadium handelt es sich also auch dann, wenn der Verbraucher zwar bereits ein gewerbliches Unternehmen betreibt, die Kreditmittel aber zum Aufbau einer neuen, mit der ersten nicht in Zusammenhang stehenden gewerblichen oder selbständigen beruflichen Tätigkeit bestimmt sind (BGHZ 128, 164). 2

Der Zeitpunkt, zu dem die Zweckbestimmung des Kredits beurteilt wird, ist der Zeitpunkt des Vertragsschlusses. Auch bei einem Ratenlieferungsvertrag ist bei der Frage, ob die zu erwerbenden Sachen für eine bereits ausgeübte gewerbliche oder selbständige berufliche Tätigkeit bestimmt sind, nicht auf den Zeitpunkt der Erfüllung der Lieferungsverpflichtung, sondern auf den des Vertragsschlusses abzustellen (BGHZ 128, 164). Zu fragen ist nach dem Zweck, dem der jeweilige Vertrag zum Zeitpunkt seines Abschlusses diente. § 507 gilt nur, wenn der Vertrag durch eine natürliche Person abgeschlossen wird, die persönlich für die Zahlungsverpflichtung haftet. Die Norm gilt nicht bei Verträgen, die von Personen- oder Kapitalgesellschaften abgeschlossen werden. Der Schutz des § 507 kommt jedoch in Betracht, wenn der Kredit für die Gründung einer Personengesellschaft, einer GmbH oder einer anderen Kapitalgesellschaft aufgenommen wird. Denn auch in diesem Fall ist es die natürliche Person, die persönlich für die Vertragserfüllung haftet. 3

II. Obergrenze. Ab einer bestimmten Kreditsumme entfällt der Schutz des § 507. Das Gesetz geht in diesen Fällen davon aus, dass die Unerfahrenheit, die bei Existenzgründern vermutet werden kann, dadurch kompensiert wird, dass die hohen Summen Beratung und erhöhte Aufmerksamkeit nahe legen. Überschreiten mehrere Verträge insg die Obergrenze, so werden sie nicht addiert. Für die Berechnung gelten dieselben Grundsätze wie für die Berechnung der Bagatellsumme nach § 491 Abs 2 Nr 1. Dem auszuzahlenden Darlehen entspricht beim Zahlungsaufschub die Höhe der aufgeschobenen Zahlung, bei der sonstigen Finanzie- 4 rungshilfe kommt es auf die Gesamthöhe der Vermögenszuwendung des Unternehmers an. Bei Teilzahlungsgeschäften kommt es dementspr nach § 499 Abs 3 S 2 weder auf die Höhe der einzelnen Rate noch auf den Teilzahlungspreis oder die Gesamtsumme der Teilzahlungen an, sondern auf die Höhe des Barzahlungspreises. Bei Ratenlieferungsverträgen gilt § 505 Abs 1 S 3 auch für die Berechnung der in § 507 genannten Grenze (Begr des Rechtsausschusses, BTDrs 14/7052 S 203).

Titel 4 Schenkung

Checkliste: Schenkung (§§ 516–534)

I. Begriffe und Rechtsnatur			
1. Schenkung, § 516			
a. Unentgeltliches Rechtsgeschäft durch vereinbarte Zuwendung	§ 516	→	Rn 1, 6
b. Einseitig verpflichtender schuldrechtlicher Vertrag	§ 516	→	Rn 1, 9
2. Voraussetzungen			
3. Sonderformen			
a. Gemischte Schenkung, (str)	§ 516	→	Rn 13
b. Schenkung unter Auflage, §§ 525–527	§ 525	→	Rn 1 ff
c. Pflicht- und Anstandsschenkungen, § 534	§ 534	→	Rn 1 ff
II. Abgrenzung zu anderen Vertragsarten	§ 516	→	Rn 1, 8, 10 f
III. Form und Heilung der nicht eingehaltenen Form	§ 516	→	Rn 1
	§ 518	→	Rn 1 ff
IV. Haftung des Schenkers			
1. Haftung für Vorsatz und grobe Fahrlässigkeit	§ 521	→	Rn 1 ff
2. Haftung für Rechtsmängel	§ 523	→	Rn 1 ff
3. Haftung für Sachmängel	§ 524	→	Rn 1 ff
V. Verzugszinsen	§ 522	→	Rn 1
VI. Erlöschen eines Rentenversprechens	§ 520	→	Rn 1
VII. Widerruf der Schenkung, *§§ 530–534*			
1. Widerrufsgrund (schwere Verfehlung/grober Undank gegen Schenker oder nahen Angehörigen)	§ 530	→	Rn 3 ff
2. Widerrufserklärung	§ 531	→	Rn 1
3. Ausschluss des Widerrufs (Verzeihung, Verzicht, Pflicht- und Anstandsschenkung)	*§§ 532–534*		
VIII. Verarmung des Schenkers	§ 519	→	Rn 1 ff
	§ 528, 529	→	Rn 1 ff
IX. Schenkung unter Auflage	§ 525	→	Rn 1 ff
X. Beweislast			
1. Darlegungs- und Beweislast Schenkung			
a. Zahlungsklage	§ 516	→	Rn 15
b. Herausgabeklage	§ 516	→	Rn 15
2. Vollzug eines formnichtigen Schenkungsversprechens	§ 518	→	Rn 12

§ 516 Begriff der Schenkung. **[1] Eine Zuwendung, durch die jemand aus seinem Vermögen einen anderen bereichert, ist Schenkung, wenn beide Teile darüber einig sind, dass die Zuwendung unentgeltlich erfolgt.**

[2] Ist die Zuwendung ohne den Willen des anderen erfolgt, so kann ihn der Zuwendende unter Bestimmung einer angemessenen Frist zur Erklärung über die Annahme auffordern. Nach dem Ablauf der Frist gilt die Schenkung als angenommen, wenn nicht der andere sie vorher abgelehnt hat. Im Falle der Ablehnung kann die Herausgabe des Zugewendeten nach den Vorschriften über die Herausgabe einer ungerechtfertigten Bereicherung gefordert werden.

Literatur *Bork* Schenkungsvollzug mit Hilfe einer Vollmacht JZ 1988, 1059; *Jülicher* Vertragliche Rückfallklauseln, Widerrufsvorbehalte, auflösende Bedingung und Weiterleitungsklauseln in Schenkungsverträgen ZEV 1998, 201; *Windel* Die Verteilung der Befugnisse zur Entscheidung über Vermögenserwerb zwischen (Gemein)Schuldner und Konkurs-(Insolvenz-)verwalter bzw Vollstreckungsgläubiger nach geltendem und künftigem Haftungsrecht KTS 1995, 367.

A. Zweck und Anwendungsbereich. Bei der Schenkung handelt es sich um ein unentgeltliches Rechtsgeschäft. Sie ist ein einseitig verpflichtender schuldrechtlicher Vertrag. **§ 516 Abs 1** regelt die sog **Handschenkung**, bei der das Schenkungsversprechen (Verpflichtungsgeschäft) und die Erfüllung (Verfügungsgeschäft) zusammenfallen. **§ 516 Abs 2** erfasst den Fall, dass die Schenkung zunächst ohne Rechtsgrundabrede erfolgt und insoweit die Erfüllung dem Schenkungsversprechen vorausgeht. In beiden Fällen ist die Schenkung **formlos** gültig. Wird hingegen zunächst das Schenkungsversprechen abgegeben und soll sich die Erfüllung später anschließen, sieht der Gesetzgeber zum Schutz des Schenkers in **§ 518 Abs 1** die notarielle Beurkundung des Versprechens vor. Weitere Schutzvorschriften finden sich in den §§ 521–524, die die Haftung des Schenkers beschränken. Ihm stehen zudem die Notbedarfseinrede (§ 519) zu, ein Rückforderungsrecht wegen Verarmung (§§ 528, 529) sowie die Möglichkeit des Widerrufs der Schenkung wegen groben Undanks (§§ 530–534). Auch die Gläubiger des Schenkers werden privilegiert und dem Beschenkten eine unsicherere Rechtsposition als bei einem entgeltlichen Erwerb eingeräumt (§§ 816 Abs 1 S 2; 822; sa Erman/*Herrmann* Rn 1). 1

B. Begriffsmerkmale. I. Zuwendung. Eine Schenkung erfordert eine objektiv unentgeltliche **Zuwendung** und die **Einigung** der Vertragspartner darüber, dass die Zuwendung **unentgeltlich** erfolgen solle (BGH NJW-RR 1986, 866). Zuwendung ist die Hingabe von Vermögenswerten, durch die der Schenker die Substanz seines Vermögens vermindert und das Vermögen des Beschenkten entspr vermehrt (BGH NJW 1987, 2816; Jauernig/*Mansel* Rn 4, 5; Erman/*Herrmann* Rn 4; Hk-BGB/*Saenger* Rn 3; Palandt/*Weidenkaff* Rn 5). Sie kann durch ein Tun oder Unterlassen (zB Nichtunterbrechung der Verjährung, vgl Jauernig/*Mansel* Rn 4; Erman/*Herrmann* Rn 4; s aber § 517), durch Vornahme eines Rechtsgeschäfts (zB §§ 267; 328, 331; 397 f; 873, 925; 929) oder durch Realakt (zB §§ 946, 947) erfolgen (Staud/*Wimmer-Leonhardt* Rn 18; BaRoth/*Gehrlein* Rn 3). Als Zuwendungsgegenstand kommt ein einzelner übertragbarer Vermögensgegenstand aber auch das Vermögen des Schenkenden im Ganzen (§ 311b Abs 3) oder eine Erbschaft (§ 2385) in Betracht (PWW/*Hoppenz* Rn 5), nicht hingegen das künftige Vermögen (§ 311b Abs 2; MüKo/*Koch* Rn 5; Palandt/*Weidenkaff* Rn 5). Der Begriff der Zuwendung umfasst auch die Bestellung einer Sicherheit für eine fremde Schuld, zB Hypothek, oder die Leistung einer Bürgschaft (BGH MDR 1955, 283); ein konstitutives Schuldanerkenntnis (§ 781; BGH NJW 1980, 1158); die Übertragung eines Gesellschaftsanteils bzw die Aufnahme in eine Gesellschaft und Befreiung von der Einlagenschuld (iE str, s BGH NJW 1990, 2616; 1981, 1956; BGH WM 1967, 685; BFH ZEV 2002, 427; BFHE 188, 439; 168; 386; PWW/*Hoppenz* Rn 5; Palandt/*Weidenkaff* Rn 5). Nur ausnahmsweise kann auch in der Vereinbarung einer Gütergemeinschaft eine Zuwendung zu sehen sein (BGH NJW 1992, 558; FamRZ 1975, 572, 574; RGZ 87, 301, 304). Der Zuwendungsgegenstand muss nicht zuvor im Eigentum des Schenkers gestanden haben (s auch Rz 4; Jauernig/*Mansel* Rn 6; BaRoth/*Gehrlein* Rn 3). Ob bei der Hingabe von Geld zum Erwerb einer Sache das Geld oder die Sache zugewendet wurde, muss im Einzelfall, unter Beachtung des Willens der Parteien (§§ 133, 157), bestimmt werden (BGH NJW 1990, 2616; 1972, 247; 1952, 1171; BFH ZEV 2002, 427; DB 1985, 1568, 1569; Hamm FamRZ 2001, 546; RGZ 167, 199, 203). 2

II. Entreicherung. Die Zuwendung muss zu einer Entreicherung beim Zuwendenden führen (»aus seinem Vermögen«). Sein gegenwärtiges Vermögen muss **dauerhaft vermindert** werden (BGH NJW 1987, 2816; 1982, 820). Ein bloßer Verzicht auf einen möglichen Vermögenserwerb ist nicht ausreichend. An einer solchen Vermögensminderung mangelt es regelm bei der Gewährung von zinslosen Darlehen, unentgeltlicher Gebrauchsüberlassung einer Sache (BGH NJW 1987, 2816; 1985, 1553 f; 1985, 313 f; 1982, 820; Hamm NJW-RR 1996, 717; MüKo/*Koch* Rn 6; Palandt/*Weidenkaff* Rn 5; BaRoth/*Gehrlein* Rn 4; anders noch BGH NJW 1970, 941) und auch bei unentgeltlichen Arbeits- und Dienstleistungen (BGH NJW 1987, 2816), so dass hier grds keine Zuwendungen iSd Regelung vorliegen. Um eine Schenkung kann es sich jedoch dann handeln, wenn der Zuwendende seine Arbeitskraft oder die zur Nutzung überlassene Sache an anderer Stelle gegen ein Entgelt hätte einsetzen können, hierauf jedoch zugunsten des Bedachten verzichtet hat (str, BGH NJW 1987, 3

2816; s auch BGH NJW 1994, 2545 zu ehebezogenen Zuwendungen; aA MüKo/*Koch* Rn 6). Eine Schenkung kommt ebenfalls in Betracht, wenn der Leistende einen Vergütungsanspruch erlangt hat. Die erforderliche Vermögensverschiebung wäre dann in dem Erlass der Vergütungsschuld zu sehen und Schenkungsgegenstand wäre die ersparte Vergütung (BGH NJW 1987, 2816).

4 Der Bereicherungsgegenstand muss nicht in seiner konkreten Gestalt im Vermögen des Schenkers enthalten gewesen sein und wesensgleich in das des Beschenkten übergehen. Eine Entreicherung ist auch gegeben, wenn der Zuwendende dem Beschenkten Mittel überlässt, damit sich dieser den Schenkungsgegenstand verschafft (**mittelbare Schenkung**; BGH NJW 1990, 2616; 1972, 247; 1952, 1171; BFH NJW 2005, 927; ZEV 2002, 427; NJW 1989, 1110; RGZ 167, 199, 202 f; MüKo/*Koch* Rn 9; PWW/*Hoppenz* Rn 8; BaRoth/*Gehrlein* Rn 4). Die für eine Schenkung geforderte Entreicherung liegt auch vor, wenn der Schenker die Zuwendung an den Beschenkten über einen Dritten erbringt (Vertrag zugunsten Dritter, sonstige Anweisung an Dritte, zB Lebensversicherung, Bauspar- Sparguthaben) und diese insoweit ebenfalls mittelbar erfolgt (MüKo/*Koch* Rn 10; Staud/*Wimmer-Leonhardt* Rn 25; Erman/*Herrmann* Rn 5, 15; Jauernig/*Mansel* Rn 6).

5 **III. Bereicherung.** Der Beschenkte muss durch die Zuwendung bereichert sein. Ob dies der Fall ist, richtet sich nach **objektiven** Maßstäben. Auf eine Bereicherungsabsicht kommt es nicht an (RGZ 120, 253, 255 f; 95, 12, 14; 94, 322 f; 72, 188, 191; 70, 15, 16 f). Eine Bereicherung liegt vor, wenn bei wirtschaftlicher Betrachtung die Zuwendung materiell und dauerhaft und nicht nur vorübergehend oder formal eine Vermögensmehrung bewirkt (BGH NJW 2004, 1382; BFH NJW 2008, 1180; 1985, 760; 1985, 1111, 1112; RGZ 105, 305, 308; 62, 386, 390; MüKo/*Koch* Rn 11 f; Erman/*Herrmann* Rn 6). Die Zuwendung muss beim Empfänger entweder zur Mehrung der Aktiva (zB Eigentumserwerb, Forderungsabtretung) oder zur Minderung der Passiva, zB Schulderlass, pactum de non petendo (RGZ 67, 390, 391 f), Aufgabe der Minderung einer Sicherheit, private Schuldübernahme, geführt haben (Staud/*Wimmer-Leonhardt* Rn 27).

6 **IV. Einigung über die Unentgeltlichkeit.** § 516 Abs 1 fordert weiterhin eine Einigung darüber, dass die Zuwendung unentgeltlich erfolgt. Ob Unentgeltlichkeit vorliegt, ist zunächst objektiv zu bewerten. Subjektiv muss die Unentgeltlichkeit dann aber auch von den Parteien gewollt sein (»einig …, dass … unentgeltlich erfolgt«; BGH NJW 1992, 2566, 2567; 1992, 564 f; 1992, 283 f; 1990, 386 f; NJW-RR 1986, 866; WM 1967, 1131; NJW 1952, 1171; Hamm NJW-RR 1993, 1412 f). **1. Unentgeltlichkeit.** Unentgeltlich ist eine Zuwendung, die **nicht mit einer Gegenleistung** verbunden (BGH NJW-RR 1993, 1412 f; NJW 1992, 2566, 2567; 1992, 564 f; NJW-RR 1992, 238; 1990, 386; 1986, 866; Hamm NJW-RR 1993, 1412) und auch sonst nicht zur Tilgung einer Verbindlichkeit bestimmt ist (RGZ 125, 380, 383; 105, 246, 248; 62, 38, 44 f; Staud/*Wimmer-Leonhardt* Rn 31). Unentgeltlich heißt jedoch **nicht kostenlos** (RGZ 163, 348, 355; Palandt/*Weidenkaff* Rn 8; Erman/*Herrmann* Rn 7). Anfallende Gebühren, die der Beschenkte zu tragen hat, etwa Notar- oder Beurkundungsgebühren und Reisekosten, stehen der Unentgeltlichkeit einer Zuwendung nicht entgegen (Erman/*Herrmann* Rn 7; Hk-BGB/*Saenger* Rn 4). Bei einem bloßen Missverhältnis zwischen Leistung und Gegenleistung liegt noch keine Schenkung vor, es kann aber eine tatsächliche Vermutung für die Unentgeltlichkeit begründen (BGH NJW-RR 2005, 1718; NJW 2002, 2469, 2470; 1972, 1709, 1710; 1961, 604, 605; Palandt/*Weidenkaff* Rn 8; BaRoth/*Gehrlein* Rn 7). Nicht erforderlich ist, dass die Gegenleistung geldwerter oder vermögensrechtlicher Art ist. Sie kann auch immateriellen Charakter besitzen (BGH NJW 1999, 2962; NJW-RR 1990, 386; zur unbenannten Zuwendung und Schenkung unter Ehegatten su Rn 12), so zB bei Erbringung von Betreuungs- und Pflegeleistungen (Hamm NJW-RR 1993, 1412) oder – im Einzelfall – bei Einwilligung in eine Scheidung (BFH NJW 1968, 1543; 1967, 1535, 1536; MDR 1957, 26, 27; Staud/*Wimmer-Leonhardt* Rn 36).

7 **Unentgeltlichkeit** wurde zB **bejaht** bei belohnenden (remuneratorischen) Schenkungen, bei der der Empfänger eine rechtlich nicht geschuldete Zuwendung für eine von ihm erbrachte Leistung erhält, zB bei sportlichen Leistungen (München NJW 1983, 759) oder Pflegeleistungen (BGH NJW 1986, 1926 f; NJW-RR 1982, 436; Hamm NJW-RR 1995, 567; Düsseldorf OLGZ 1978, 323; zum Begriff und zur Abgrenzung s auch Jauernig/*Mansel* Rn 19); Spenden zur Förderung von privaten oder gemeinnützigen Zwecken im Verhältnis zwischen Spendenden und Empfänger (Hk-BGB/*Saenger* Rn 4; Palandt/*Weidenkaff* Rn 9); Prämienzahlungen auf Versicherungs- oder Bausparverträge zugunsten Dritter (BGH NJW 1965, 1913; Palandt/*Weidenkaff* Rn 9); finanziellen Zuwendungen zwischen Geliebten (BGH NJW 1984, 797); Abnahme von hochwertigen Abfallprodukten (BGH NJW 1985, 794); Zahlung von Trinkgeldern im Verhältnis zwischen Trinkgeldgeber und Trinkgeldempfänger (str, Palandt/*Weidenkaff* Rn 9; aA Jauernig/*Mansel* Rn 19); Zuwendung eines Kommanditanteils (BGH NJW 1990, 2616; Palandt/*Weidenkaff* Rn 9); Übertragung von Geschäftsanteilen bei stiller Gesellschaft, Beteiligung an einer Innengesellschaft (BGH NJW 1953, 138, 139) und bei Übertragung eines Anteils einer BGB-Gesellschaft (Frankfurt NJW-RR 1996, 1123; PWW/*Hoppenz* Rn 17). Von der Rspr **abgelehnt** wird die Unentgeltlichkeit jedoch bei Aufnahme in eine OHG (BGH NJW 1990, 2616; 1981, 1956; WM 1965, 359; NJW 1959, 1433; aA Staud/*Wimmer-Leonhardt* Rn 153; MüKo/*Koch* Rn 90f; PWW/*Hoppenz* Rn 17).

8 **Entgeltlichkeit**, und damit keine Schenkung, liegt weiterhin vor, wenn Leistung und Gegenleistung in wechselseitiger Abhängigkeit stehen und ein Anspruch auf die Gegenleistung besteht, sog **synallagmatische Ver-**

knüpfung (BGH NJW 1982, 436). Dies ist jedoch noch nicht bei einer bloßen Minderung des Wertes des Zugewendeten gegeben, etwa wenn bei einer unentgeltlichen Überlassung eines Grundstückes vom Beschenkten eine dingliche Belastung übernommen wird (BGH NJW 1993, 1577; 1989, 2122; Palandt/*Weidenkaff* Rn 8; PWW/*Hoppenz* Rn 16; zur Schenkung unter Auflage s §§ 525–527). Die Übertragung von Vermögen im Rahmen einer Vorwegnahme der Erbfolge kann entgeltlich sein (BGH NJW 1995, 1349; Palandt/*Weidenkaff* Rn 8). Grds nicht unentgeltlich ist der Abschluss eines Vergleichs, § 779 (BFHE 101, 136 ff; 58, 43, 48). Entgeltlichkeit ist auch gegeben, wenn für eine noch vorzunehmende Handlung eine Vergütung zugesagt wird, unabhängig davon, ob der andere Teil eine Verpflichtung zur Vornahme der Handlung übernimmt. Entgeltlichkeit ist ferner bei einer sog **konditionalen Verknüpfung** zu bejahen, bei der die Zuwendung unter der Bedingung einer Gegenleistung des Empfängers, die auch von einem Dritten geleistet werden kann, steht. Die – nicht geschuldete – Leistung des einen Teils ist hier Bedingung für die Verpflichtung der anderen Seite (BGH NJW 1982, 436; 1951, 268; RGZ 163, 348, 356; 88, 137, 138; zur **Schenkung unter Auflage** s §§ 525-527). Fordert der Zuwendende von vornherein erkennbar eine Vergütung, ohne dass ein rechtlicher Anspruch besteht, und wird diese an ihn geleistet, liegt ebenfalls keine Schenkung vor (BGH NJW 2005, 3710; 1992, 2566). Bei **kausalen Verknüpfungen**, bei denen die Zuwendung zu dem Zweck erfolgt, ein bestimmtes Verhalten – eine Leistung oder das Eingehen einer Verbindlichkeit – als Gegenleistung für die eigene Leistung zu bewirken, ist ebenfalls Entgeltlichkeit gegeben. Die Bewirkung der Leistung ist hier Geschäftsgrundlage für die Zuwendung (BGH NJW 2002, 2469; FamRZ 1970, 376, 377 f; MDR 1957, 26, 27; RGZ 112, 361, 368; 163, 348, 360; zur Abgrenzung zur **Zweckschenkung** s § 525 Rz 3; BGH NJW 1984, 233; 1999, 1623; Hk-BGB/*Saenger* Rn 4; Palandt/*Weidenkaff* Rn 8). Kausale Verknüpfungen und damit keine unentgeltlichen Zuwendungen wurden zB angenommen bei einer Gebäudeerrichtung unter Erwartung der Übertragung von Wohneigentum (BGH NJW 1992, 2566); Geldleistungen unter Erwartung späterer Betreuung (Hamm NJW-RR 1993, 1412) oder Zahlungen unter der Bedingung des Zusammenlebens in nichtehelicher Lebensgemeinschaft (Köln MDR 2001, 756). Freiwillige Sonderzahlungen des Arbeitgebers an den Arbeitnehmer sind regelm als Entgelt einzuordnen (BGH NJW 1997, 866; München FamRZ 1995, 1069; Hk-BGB/*Saenger* Rn 4).

2. Einigung. Die Parteien müssen sich über die Unentgeltlichkeit der Zuwendung geeinigt haben (sog Schen- 9
kungsabrede, vgl Palandt/*Weidenkaff* Rn 11; BGH NJW 1982, 1093). Die einseitige Zuwendungsabsicht von Seiten des Schenkers genügt nicht (Erman/*Herrmann* Rn 7; zur iÜ nicht erforderlichen Bereicherungsabsicht des Zuwendenden s Staud/*Wimmer-Leonhardt* Rn 41). Die Einigung bildet den **Rechtsgrund** der Schenkung (Staud/*Wimmer-Leonhardt* Rn 39; MüKo/*Koch* Rn 15). Die §§ 104 ff und §§ 145 ff finden Anwendung. Beschränkt Geschäftsfähige, für die die Schenkung einen **lediglich rechtlichen Vorteil** bildet, können diese annehmen (BaRoth/*Gehrlein* Rn 6). Über den Wortlaut der §§ 1929 Abs 2 S 2, 1795 Abs 1 Nr 1, 181 hinaus können auch Eltern ihren Kindern Geschenke anbieten und zugleich als deren Vertreter annehmen, wenn dies für die Kinder einen lediglich rechtlichen Vorteil bedeutet (BGH NJW 1978, 1879; 1972, 2262; BGHZ 15, 168; MüKo/*Koch* Rn 16; BaRoth/*Gehrlein* Rn 6). Lediglich rechtlich vorteilhaft sind dabei zB auch die Übertragung eines mit einem dinglichen Nießbrauch (RGZ 148, 321, 324; BayObLG NJW 1967, 1912, 1913) oder Grundpfandrecht (Frankfurt aM OLGZ 1981, 32; BayObLGZ 1979, 49) belasteten Grundstücks. Nicht lediglich rechtlich vorteilhaft ist hingegen die Schenkung von Wohneigentum, wenn sie mit dem Eintritt in den Verwaltungsvertrag verbunden ist (BGH NJW 1981, 109; Hamm NJW-RR 2000, 1611). Die Einigung erstreckt sich auf den Gegenstand der Zuwendung und deren Unentgeltlichkeit. Auf die Motive für die Zuwendung kommt es nicht an (siehe auch § 534; Erman/*Herrmann* Rn 7). Sie kann auch **konkludent** erfolgen (RGZ 111, 151, 152 f; MüKo/*Koch* Rn 15). Nicht ausreichend ist jedoch, wenn den Parteien das Fehlen einer Gegenleistung lediglich bekannt ist (BGH NJW 1981, 47). Eine Einigung liegt insbes dann nicht vor, wenn eine Partei irrtümlich annimmt, es bestehe eine schuldrechtliche Verpflichtung (RGZ 125, 380, 383; Palandt/*Weidenkaff* Rn 11; BaRoth/*Gehrlein* Rn 6; zur Vortäuschung s BGH NJW 1991, 560).

An einer Einigung über die Unentgeltlichkeit fehlt es regelm auch bei **unbenannten Zuwendungen unter** 10
Ehegatten (ehebedingte Zuwendungen). Bei diesen handelt es sich um ehebezogene Rechtsgeschäfte eigener Art zur Gestaltung der ehelichen Lebensgemeinschaft (hM u st Rspr; zB BGH NJW 1999, 2962; 1992, 564; s iE Staud/*Wimmer-Leonhardt* Rn 84; MüKo/*Koch* Rn 60 ff; BaRoth/*Gehrlein* Rn 9 ff). Sie basieren regelm auf der Vorstellung, dass die eheliche Lebensgemeinschaft Bestand hat und werden um der Ehe willen, als Beitrag zur Verwirklichung oder Ausgestaltung, Erhaltung oder Sicherung der ehelichen Lebensgemeinschaft erbracht (st Rspr, BGH NJW 2008, 3277; FamRZ 1998, 669, 670; NJW 1994, 2545 f; NJW-RR 1993, 1410; 1990, 386; 1988, 962; FamRZ 1982, 778 mwN). Im Ergebnis ist daher keine Schenkung gegeben. Um eine Schenkung kann es sich jedoch handeln, wenn sich die Ehepartner über die Unentgeltlichkeit geeinigt und dies ausdrücklich notariell vereinbart haben (BGH NJW 1983, 1611; Stuttgart NJW-RR 1988, 134; Frankfurt aM FamRZ 1986, 576; Staud/*Wimmer-Leonhardt* Rn 85; Palandt/*Weidenkaff* Rn 10). Schenkung kann auch gegeben sein, wenn ehefremde Zwecke verfolgt werden (BGH NJW 2008, 3277; 1992, 558 f; 1983, 1611; 1982, 2236; WM 1975, 927; München NJW-RR 2002, 3; Düsseldorf NJW-RR 1997, 1497 f; RGZ 87, 301, 303 f). Ob die Zuwendung um der Ehe willen geschah, ist tatrichterlich festzustellen (BGH NJW 2006, 2330). Soweit unbenannte Zuwendungen vorliegen, sind die Regelungen der §§ 516 ff nicht anwendbar (s aber §§ 530, 528).

Die familienrechtlichen Regelungen sind insoweit abschließend (Staud/*Wimmer-Leonhardt* Rn 88 mwN). Leben die Ehepartner im gesetzlichen Güterstand, sind die unbenannten Zuwendungen über den Zugewinnausgleich (§§ 1372 ff) abzugelten. Nur im Ausnahmefall erfolgt der Ausgleich über den Wegfall der Geschäftsgrundlage, § 313 (BGH NJW 1994, 2545; 1993, 385; 1991, 2553; 1982, 2236; 1982, 1093; 1977, 1234; 1976, 328; Naumburg NJW 2006, 2418). Im Güterstand der Gütertrennung erfolgt der Ausgleich hingegen nur über den Wegfall der Geschäftsgrundlage (BGH NJW-RR 1990, 834 f; NJW 1989, 1986; NJW-RR 1988, 962, 964). Im Außenverhältnis werden unbenannte Zuwendungen zum Schutz Dritter als Schenkung behandelt (str, BGH NJW 1992, 564; 1978, 1326; Staud/*Wimmer-Leonhardt* Rn 95; BaRoth/*Gehrlein* Rn 10 mwN; Jauernig/*Mansel* Rn 20). Entsprechendes gilt für ehebedingte Zuwendungen Dritter, etwa der Eltern oder Schwiegereltern an das Schwiegerkind (BGH WM 1998, 1088; NJW 1995, 1889; Koblenz NJW-RR 2006, 437; PWW/*Hoppenz* Rn 23). Zur Ehegatteninnengesellschaft s BGH NJW 2006, 1268; Staud/*Wimmer-Leonhardt* Rn 96; MüKo/*Koch* Rn 77 jeweils mwN.

11 In **nichtehelichen Lebensgemeinschaften** liegt keine Einigung über die Unentgeltlichkeit der Zuwendung vor, wenn die Zuwendung als Beitrag zur Verwirklichung der Lebensgemeinschaft geleistet wird (BGH NJW 2008, 3277; Düsseldorf NJW-RR 1997, 1497; Köln FamRZ 1997, 1113). Ein güterrechtlicher Ausgleich kommt nicht in Betracht. Ein Ausgleich von Ansprüchen kann uU über die ungerechtfertigte Bereicherung (Zweckverfehlung, § 812 Abs 1 S 2, 2. Alt) sowie nach den Grundsätzen über den Wegfall der Geschäftsgrundlage, § 313, erfolgen (nunmehr in Abkehr von seiner bisherigen Rechtsprechung BGH NJW 2008, 3277; sa BGH NJW 1991, 830; Naumburg NJW 2006, 2418; BaRoth/*Gehrlein* Rn 11). Bei Anschaffung gemeinsamer Vermögenswerte ist ein Ausgleich nach gesellschaftsrechtlichen Grundsätzen möglich, §§ 730 ff (BGH NJW 2008, 3277; 2006, 1268; NJW-RR 2003, 1658; NJW 1997, 3371; 1992, 906; 1986, 51; 1982, 2863; 1980, 1520).

12 **C. Einigung nach Zuwendungsvollzug, Abs 2.** Erfolgt die Zuwendung vor der schuldrechtlichen Einigung über die Unentgeltlichkeit, trifft § 516 Abs 2 eine Sonderregelung. In Betracht kommt diese Konstellation regelm nur, wenn eine Mitwirkung des Zuwendungsempfängers nicht erforderlich ist, zB bei Tilgung fremder Schulden. In der Mitwirkungshandlung wäre ansonsten eine – konkludente – Annahmeerklärung des Schenkungsangebots zu sehen (MüKo/*Koch* Rn 47). Die Zuwendung selbst ist danach als stillschweigendes Angebot auf Abschluss des Schenkungsvertrages einzuordnen (MüKo/*Koch* Rn 48; BaRoth/*Gehrlein* Rn 17). Die Annahme folgt grds nach den allg Regeln der §§ 146–149. Schweigen wäre danach als Ablehnung zu werten, es sei denn, § 151 ist einschlägig (RGZ 111, 151, 153). § 516 Abs 2 modifiziert die allg Regelungen dahingehend, dass er den Zuwendenden zunächst an sein Schenkungsangebot bindet, bis der Empfänger die Zuwendung annimmt. Er kann dem Zuwendungsempfänger aber auch eine gem § 516 Abs 2 S 1 angemessene Frist setzen und auf eine Entscheidung drängen. Der dadurch hervorgerufene Schwebezustand wird dann entweder durch die Annahme oder den Fristablauf beendet. Die Angemessenheit der Frist hängt von Art und Umfang der Zuwendung ab (Staud/*Wimmer-Leonhardt* Rn 192). Das Schweigen des Beschenkten gilt nach Fristablauf als Zustimmung (MüKo/*Koch* Rn 49). Lehnt der Beschenkte die Zuwendung ausdrücklich ab, erfolgt die Rückabwicklung nach bereicherungsrechtlichen Regelungen. § 516 Abs 2 S 3 enthält eine Rechtsfolgenverweisung (MüKo/*Koch* Rn 50). Bei der Ablehnung handelt es sich um eine empfangsbedürftige Willenserklärung, die den allg Regelungen folgt. § 516 Abs 2 ist nicht anwendbar bei gemischten Verträgen und bei einer Schenkung unter Auflage (Staud/*Wimmer-Leonhardt* Rn 197; Palandt/*Weidenkaff* Rn 12). Setzt die Annahme eine positive Handlung voraus, zB die Errichtung einer Urkunde, gilt die Regelung ebenfalls nicht (MüKo/*Koch* Rn 49; BaRoth/*Gehrlein* Rn 17).

13 **D. Gemischte Schenkung. I. Begriff.** Stehen Leistung und Gegenleistung objektiv in einem Missverhältnis und sind sich die Parteien darüber einig, dass die Wertdifferenz dem Empfänger unentgeltlich zugewendet werden soll, liegt eine gemischte Schenkung vor (BGH NJW-RR 1996, 754, 755; 1993, 773; NJW 1992, 2566, 2567; 1992, 558, 559; WM 1990, 1792; NJW 1982, 43; RGZ 163, 257, 259). Bestimmen die Parteien, dass es sich trotz des Missverhältnisses um einen entgeltlichen Vertrag handeln soll, etwa bei einem Notverkauf oder Freundschaftsangeboten, ist keine gemischte Schenkung gegeben (BGH NJW 2003, 510; WM 1990, 1790; FamRZ 1964, 429, 431; Staud/*Wimmer-Leonhardt* Rn 202; Erman/*Herrmann* Rn 16). Ist der überschießende Teil real teilbar, handelt es sich nicht um eine gemischte Schenkung sondern um zwei separate Verträge (MüKo/*Koch* Rn 34; BaRoth/*Gehrlein* Rn 12). Bei Übergabeverträgen, mit denen die künftige Erbfolge vorweggenommen wird, handelt es sich regelm um eine gemischte Schenkung (BaRoth/*Gehrlein* Rn 12; Jauernig/*Mansel* Rn 17; zur Abgrenzung zur Schenkung unter Auflage su § 525.

14 **II. Rechtliche Einordnung.** Die rechtliche Einordnung der gemischten Schenkung ist umstritten. Nach der **Einheitstheorie** bilden die verschiedenen Verträge einen zusammengeschmolzenen einheitlichen Vertrag, auf den die jeweiligen für die einzelnen Verträge geltenden Normen kumulativ Anwendung finden. Im Falle einer Normenkollision ist auf den Vertragszweck abzustellen und die entspr Norm anzuwenden (vgl Staud/*Wimmer-Leonhardt* Rn 205; MüKo/*Koch* Rn 36, 39 jeweils mwN). Die **Trennungstheorie** unterteilt in einen entgeltlichen und in einen unentgeltlichen Vertrag. Für jeden Teil gelten dann die jeweils entspr Vorschriften (vgl Staud/*Wimmer-Leonhardt* Rn 206; MüKo/*Koch* Rn 37 jeweils mwN). Die **Zweckwürdigungstheorie**

(gemilderte Trennungstheorie) stellt auf den von den Parteien erkennbar gewollten Vertragszweck ab. Je nachdem, ob die Unentgeltlichkeit oder die Entgeltlichkeit überwiegt, wendet sie die für den überwiegenden Teil geltenden Regelungen auf den gesamten Vertrag an oder teilt den Vertrag in einen entgeltlichen und unentgeltlichen Teil und wendet dann die für diese jeweils geltenden Regelungen an (hL, Staud/*Wimmer-Leonhardt* Rn 207; MüKo/*Koch* Rn 38, 39; BaRoth/*Gehrlein* Rn 13; Erman/*Herrmann* Rn 16). Der BGH hat sich keiner Meinung angeschlossen. Er stellt – unter Berücksichtigung der Parteiinteressen – auf den wirtschaftlichen Zweck der gemischten Schenkung ab und fragt danach, ob der entgeltliche oder unentgeltliche Charakter der Vertrages überwiegt (BGH NJW-RR 2001, 6; NJW 1990, 2616; 1972, 247; FamRZ 1967, 214; NJW 1959, 1363).

E. Prozessuales. Bei Zahlungsklagen trägt der Kläger für das Vorliegen des von ihm behaupteten entgeltlichen Vertrages (zB Kauf, Darlehen) die Darlegungs- und Beweislast, wenn der Beklagte einwendet, es habe sich um eine Schenkung gehandelt (BGH NJW-RR 2007, 488; NJW 1999, 2887; Hamm NJW 1978, 224; BaRoth/*Gehrlein* Rn 18; Palandt/*Weidenkaff* Rn 20; s aber § 518). Dies gilt grds auch, wenn der Kläger Ansprüche aus ungerechtfertigter Bereicherung geltend macht, hinsichtlich des – entgeltlichen – Rechtsgrundes. Wurde die vom Beklagten behauptete Schenkung jedoch erst durch Vollzug gem § 518 Abs 2 geheilt, hat er die Umstände zu beweisen, die zur Wirksamkeit des behaupteten Schenkungsversprechens führen (BGH FamRZ 2007, 386, 387; MüKo/*Koch* Rn 53; anders BGH NJW 1999, 2887, 2888). Bei Herausgabeklagen nach § 985 gilt für den Beklagten, der den Erwerb von Besitz und Eigentum durch Schenkung behauptet, § 1006 Abs 1. Der Kläger muss die behauptete Schenkung widerlegen. Gelingt ihm dies, greift für ihn die Fortdauervermutung des § 1006 Abs 2 (BGH NJW 1960, 1517; RGZ 156, 63, 64; MüKo/*Koch* Rn 51). **15**

Im Falle einer Schenkung nach § 516 Abs 2 muss der Beklagte, der die Schenkung behauptet, die Zuwendung und die Fristsetzung darlegen und beweisen. Der Kläger trägt die Beweislast für die Ablehnung innerhalb der Frist (MüKo/*Koch* Rn 53; BaRoth/*Gehrlein* Rn 18; Palandt/*Weidenkaff* Rn 18). Bei gemischten Schenkungen trägt derjenige die Beweislast, der sich auf die gemischte Schenkung beruft (Palandt/*Weidenkaff* Rn 20). Eine Beweiserleichterung durch tatsächliche Vermutung besteht dann, wenn ein objektives Missverhältnis von Leistung und Gegenleistung über ein geringes Maß deutlich hinausgeht. In den engen Grenzen der §§ 685 Abs 2, 1360b, 1620; § 5 S 2 LPartG besteht eine widerlegbare Schenkungsvermutung bei Leistungen zwischen nahen Angehörigen (BGH NJW 1995, 1349, 1350; 1987, 890, 892; Düsseldorf NJW-RR 2001, 1518; Staud/*Wimmer-Leonhardt* Rn 181). **16**

§ 517 Unterlassen eines Vermögenserwerbs. **Eine Schenkung liegt nicht vor, wenn jemand zum Vorteil eines anderen einen Vermögenserwerb unterläßt oder auf ein angefallenes, noch nicht endgültig erworbenes Recht verzichtet oder eine Erbschaft oder ein Vermächtnis ausschlägt.**

§ 517 stellt eine Negativdefinition auf und nennt drei Tatbestände, bei denen es sich nicht um eine Schenkung iSd § 516 handelt. Die Einschränkung bezweckt vor allem, Rückforderungsansprüche nach §§ 528 ff auszuschließen (MüKo/*Koch* Rn 1; Staud/*Wimmer-Leonhardt* Rn 1). Keine Schenkung liegt gem **§ 517 Var 1** vor, wenn jmd zum Vorteil eines anderen einen Vermögenserwerb unterlässt, etwa durch Nichtannahme eines Vertragsangebotes oder Unterlassung einer Anfechtung (BFH/NV 2004, 1511, zuvor FG Rheinland Pfalz DStRE 2002, 35 f zur Schenkungssteuer bei steuerlicher Zusammenveranlagung von Ehegatten; vgl auch Fallgruppen bei *Windel* KTS 1995, 367, 369 ff). Nach **§ 517 Var 2** ist keine Schenkung gegeben, wenn auf ein angefallenes, noch nicht endgültig erworbenes Recht verzichtet wird. Erfasst wird hiervon nach einhelliger Meinung der Verzicht auf ein aufschiebend bedingtes Recht (MüKo/*Koch* Rn 3; Staud/*Wimmer-Leonhardt* Rn 4; Erman/*Herrmann* Rn 2). Teilw abgelehnt wird die Anwendung jedoch bei einem Verzicht auf ein aufschiebend befristetes Recht (so Staud/*Wimmer-Leonhardt* Rn 4; Erman/*Herrmann* Rn 3; Palandt/*Weidenkaff* Rn 3; aA, bejahend: MüKo/*Koch* Rn 3 mwN). Gem **§ 517 Var 3** fällt auch die Ausschlagung einer Erbschaft oder eines Vermächtnisses nicht unter den Schenkungsbegriff. Die Regelung gilt nicht – und insoweit kann eine Schenkung vorliegen – bei einem unentgeltlichen Verzicht auf einen bereits entstandenen Pflichtteilsanspruch nach § 2317 Abs 1, da dieser mit dem Erbfall endgültig in das Vermögen des Berechtigten übergeht (hM, RGZ 77, 238, 240f; Palandt/*Weidenkaff* Rn 4; BaRoth/*Gehrlein* Rn 3; MüKo/*Koch* Rn 5; Staud/*Wimmer-Leonhardt* Rn 6; aA Windel KTS 1995, 367, 377). Bei einem Verzicht auf künftige Erb- und Pflichtteilsansprüche sowie Zuwendungen (§§ 2346, 2352) zu Lebzeiten des Erblassers liegt hingegen keine Schenkung vor (s BGH NJW 1991, 1610, 1611 bzgl AnfechtG; MüKo/*Koch* Rn 5; Staud/*Wimmer-Leonhardt* Rn 6). **1**

§ 518 Form des Schenkungsversprechens. [1] **Zur Gültigkeit eines Vertrags, durch den eine Leistung schenkweise versprochen wird, ist die notarielle Beurkundung des Versprechens erforderlich. Das gleiche gilt, wenn ein Schuldversprechen oder ein Schuldanerkenntnis der in den §§ 780, 781 bezeichneten Art schenkweise erteilt wird, von dem Versprechen oder der Anerkennungserklärung.**
[2] **Der Mangel der Form wird durch die Bewirkung der versprochenen Leistung geheilt.**

1 **A. Zweck der Regelung und Anwendungsbereich.** Die Beurkundungsregelung des § 518 bezweckt zunächst, den Schenker vor der Abgabe von übereilten Schenkungsversprechen zu schützen. Zudem sollen die Ernstlichkeit des Schenkungsversprechens und damit der Wille zur rechtsgeschäftlichen Bindung klargestellt werden. Ferner sollen Streitigkeiten über angebliche Schenkungen nach dem Tod des Schenkers verhindert sowie die Umgehung der Formvorschriften für Verfügungen von Todes wegen vermieden werden (BGH NJW 1970, 941; Staud/*Wimmer-Leonhardt* Rn 2; Erman/*Herrmann* Rn 1). § 518 gilt grds für alle Schenkungsversprechen, gleich welcher Art (Palandt/*Weidenkaff* Rn 1; BaRoth/*Gehrlein* Rn 1; Jauernig/*Mansel* Rn 3). Keine Anwendung findet die Regelung jedoch bei Handschenkungen (§ 516), da es hier eines solchen Schutzes nicht bedarf (MüKo/*Koch* Rn 1), sowie bei Schenkungsversprechen von Todes wegen, § 2301 (BGH NJW 1987, 840, 841; Palandt/*Weidenkaff* Rn 1; HK/*Saenger* Rn 1).

2 **B. Formzwang. I. § 518 Abs 1 S 1.** Das Schenkungsversprechen ist gem § 518 Abs 1 S 1 notariell zu beurkunden. Die Aufnahme in einen Prozessvergleich kann die Beurkundung ersetzen (§ 127a). Formbedürftig ist nur das **Versprechen**, es sei denn, dass für den gesamten Vertrag eine bestimmte Form angeordnet wurde (zB §§ 311b Abs 1, 3, 5; 2033 Abs 1; 2385 iVm 2371). Dann muss auch die Annahmeerklärung des Beschenkten notariell beurkundet werden (Staud/*Wimmer-Leonhardt* Rn 6; MüKo/*Koch* Rn 4; Palandt/*Weidenkaff* Rn 7). Das Leistungsversprechen muss insg beurkundet werden, dh auch Vorbehalte oder Auflagen des Schenkers unterliegen der Formvorschrift (Staud/*Wimmer-Leonhardt* Rn 6; BaRoth/*Gehrlein* Rn 3; aA Erman/*Herrmann* Rn 3). Jedoch ist eine gesonderte Beurkundung darüber, dass die Leistung schenkweise versprochen wurde bzw das Versprechen teilw schenkweise abgegeben wurde, nicht erforderlich (hM, KG Berlin MDR 2000, 147, 148; RGZ 101, 99, 101; 98, 124, 127 ff; MüKo/*Koch* Rn 4; aA Staud/*Wimmer-Leonhardt* Rn 6; krit Erman/*Herrmann* Rn 3). Wird das Schenkungsversprechen geändert (§ 311 Abs 1), ist eine Beurkundung nur notwendig, wenn mit der Änderung der Umfang der Zuwendungen und Leistungspflichten des Schenkers erweitert werden (Jauernig/*Mansel* Rn 3; Palandt/*Weidenkaff* Rn 5; Erman/*Herrmann* Rn 3).

3 **II. § 518 Abs 1 S 2.** Wird ein Schuldversprechen (§ 780) oder ein Schuldanerkenntnis (§ 781) zum Zwecke einer Schenkung abgegeben, ist das Versprechen bzw die Anerkennungserklärung gem § 518 Abs 1 S 2 ebenfalls zu beurkunden. Die Form ist auch einzuhalten, wenn das unentgeltliche Schuldversprechen oder -anerkenntnis erteilt wird, ohne dass dem abstrakten Schuldvertrag ein gesonderter Schenkungsvertrag vorausgeht (BGH NJW 1980, 1158; WM 1976, 1053; MüKo/*Koch* Rn 5; Palandt/*Weidenkaff* Rn 6). Die Regelung gilt entspr für andere abstrakte Schuldverhältnisse, zB bei Schenkung eines Schecks (BGH NJW 1978, 2027; WM 1975, 818) oder Wechselakzepts (RGZ 71, 289, 291 f; Staud/*Wimmer-Leonhardt* Rn 15; MüKo/*Koch* Rn 7; Jauernig/*Mansel* Rn 4).

4 **C. Formmangel und Heilung. I. Heilung.** Fehlt es an der vorgeschriebenen Form, ist die Schenkung grds nichtig (§ 125 S 1), es sei denn, der Formmangel wurde gem § 518 Abs 2 durch die Bewirkung der Leistung geheilt, dh die **Schenkung vollzogen** (zur Vermeidung der Nichtigkeitsfolge außerhalb des § 518 Abs 2 s MüKo/*Koch* Rn 9; Staud/*Wimmer-Leonhardt* Rn 16). Diese Heilungsmöglichkeit besteht nur, solange die (formnichtige) Einigung noch vorliegt (BGH NJW 1987, 840 f; Jauernig/*Mansel* Rn 5). Eine Heilung kann auch erfolgen, wenn dem Schenker der Formmangel unbekannt war. Der Vollzug muss jedoch freiwillig erfolgen (MüKo/*Koch* Rn 10; BaRoth/*Gehrlein* Rn 5). Wird durch den Vollzug des Rechtsgeschäfts ein anderer Formmangel geheilt (zB durch Auflassung und Eintragung gem § 311b Abs 1 S 1), so tritt nicht gleichzeitig eine Heilung nach § 518 Abs 2 ein (RGZ 73, 205, 208; aA Erman/*Herrmann* Rn 6). Durch den Vollzug der Schenkung wird nur der Formmangel des Schenkungsversprechens geheilt. Andere Mängel (zB Gültigkeitshindernisse nach §§ 119, 123, 134, 138) werden nicht beseitigt (Staud/*Wimmer-Leonhardt* Rn 25; Palandt/Weidenkaff Rn 8). Ein teilw Vollzug führt nur zur Heilung des entspr Teils (BGH NJW-RR 1986, 1133 f; NJW 1970, 941; 1959, 1746 f; MüKo/*Koch* Rn 15; Palandt/*Weidenkaff* Rn 9).

5 **II. Vollzug.** Die schenkweise versprochene Leistung ist bewirkt und damit die Schenkung vollzogen, wenn der Schenker alles getan hat, was von seiner Seite aus zum Erwerb des Schenkungsgegenstandes durch den Beschenkten erforderlich ist (BGH NJW 1970, 1638; 1970, 941). Die bloße Vorbereitung bzw Sicherung der Zuwendung ist für den Vollzug noch nicht ausreichend. Der Leistungserfolg muss jedoch noch nicht eingetreten sein, da mit Vornahme der **Leistungshandlung** der Zweck der Form erfüllt ist (hM, BGH NJW-RR 1989, 1282; NJW 1986, 2107 f; FamRZ 1985, 693, 696; NJW 1970, 1638, 1639; 1970, 941; Jauernig/*Mansel* Rn 6, 11; Palandt/*Weidenkaff* Rn 9; aA Erman/*Herrmann* Rn 5) Insoweit genügt auch ein bedingter oder befristeter Vollzug (§§ 158, 163) (hM, BGH FamRZ 1985, 693, 696; NJW 1975, 382; 1974, 2319, 2320; WM 1974, 450; NJW 1970, 1638; RGZ 128, 187, 189 f; differenzierend Erman/*Herrmann* Rn 5a; MüKo/*Koch* Rn 14). Die Leistung kann auch noch nach dem Tod des Schenkers, etwa durch die Erben, den Begünstigten selbst oder einen bevollmächtigten Dritten, bewirkt werden (BGH NJW 1987, 840 f; 1986, 2107; 1978, 2027; 1975, 382). Steht die Schenkung unter der Bedingung, dass der Beschenkte den Schenker überlebt, findet § 2301 Anwendung (BGH NJW 1987, 840, 841; s auch MüKo/*Koch* Rn 16 ff; *Bork* JZ 1988, 1059 ff).

6 **III. Beispiele.** Der Vollzug richtet sich nach dem Schenkungsgegenstand. Beispiele: **Bewegliche Sachen**: Eigentumsverschaffung gem §§ 929 ff (BGH NJW 1979, 714 f zur Vereinbarung eines Besitzkonstituts nach

§ 930); Erwerb des Anwartschaftsrechts uU ausreichend (vgl BGH WM 1974, 450; BGH MDR 1960, 1004); **nicht ausreichend:** bloße Besitzüberlassung, Nutzung (BGH NJW 1985, 1553; 1982, 820); Zusendung Kfz-Brief und Schlüsselübergabe (Karlsruhe MDR 2005, 1155 f).

Forderungen, Bank- und Sparguthaben: Abtretung (§§ 398, 1154), auch aufschiebend bedingt oder befristet 7 (BGH NJW-RR 1989, 1282; 1986, 1133 f; NJW 1983, 1487 f; München DNotZ 1974, 229) oder Gutschrift auf dem Konto des Beschenkten (BGH NJW 1994, 931; s auch BGHZ 21, 148, 150); Anspruch auf Auszahlung vom Konto des Schenkers (BGH NJW 1975, 382); Übereignung von hinterlegten Geld und Wertpapieren (BGHZ 41, 95); Postsparkassenvollmacht nach Tod des Schenkers (BGH NJW 1986, 2107); Anspruch gegen Bank nach Tod des Schenkers (WM 1976, 1130); Vertrag zugunsten Dritter – Errichtung Sparguthaben (BGH NJW 1967, 101); **nicht ausreichend:** Einziehungsermächtigung (Dresden OLGZ 39, 229); Mitbesitz (BGH NJW 1979, 714).

Gesellschaftsanteile: durch wirksame Anteilsübertragung (BGH NJW 1990, 2616) oder Beteiligung am 8 Gesellschaftsvermögen (BGH NJW 1990, 2618); **nicht ausreichend:** bloße Einbuchung eines Anteils am Geschäftsvermögen/Beitritt zur Innengesellschaft (BGH NJW 1953, 138, 139; 1952, 1412; BFHReport 2003, 119; Düsseldorf NZG 1999, 652; str, vgl Jauernig/*Mansel* Rn 11 mwN).

Grundstücke: Auflassung (§§ 925, 873) und Eintragungsbewilligung oder Eintragung einer Auflassungsvor- 9 merkung, § 883; Nicht erforderlich ist, dass Beschenkter Eintragungsantrag beim Grundbuchamt stellt (BGH NJW 1973, 40; BFH NJW-RR 2001, 618 f; NJW 1991, 2591; JZ 1980, 817; DB 1979, 1443 f; FG Nürnberg DStRE 2008, 102 f). **nicht ausreichend:** unwiderrufliche postmortale Vollmacht zur Abgabe der Auflassungserklärung (BGH NJW 1974, 2319, 2320).

Rechte: Gestattung der Aneignung bei Holzeinschlagsrecht (BGH NJW-RR 2005, 1718); Prämienzahlung 10 oder Beitrag bei Versicherungs- und Bausparverträgen (BGH NJW 1965, 1913; zur Bezugsberechtigung aus Lebensversicherungsvertrag s BGH NJW 1975, 1360). **Nicht ausreichend:** Versprechen von Prämienzahlung bei Versicherungsvertrag (Braunschweig VersR 1962, 701 f); Abrede zwischen Gläubiger und Schuldner über Forderungsübertragung durch Gläubiger an Dritten (RGZ 161, 6, 9).

Scheck: mit Einlösung (BGH NJW 1978, 2027; WM 1975, 818), auch noch nach Tod des Schenkers (BGH 11 NJW 1978, 2027; **nicht ausreichend:** Scheckhingabe (BGH WM 1971, 443, 444).

D. Prozessuales. Für den Vollzug eines formnichtigen Schenkungsversprechens trägt der Beschenkte die 12 Beweislast (BGH NJW-RR 2007, 488; NJW 1986, 2107). Die Beweislast bzgl § 518 Abs 1 S 2 trägt derjenige, der sich zu seinen Gunsten auf den Formzwang beruft (BGH WM 1976, 1053).

§ 519 Einrede des Notbedarfs. **[1] Der Schenker ist berechtigt, die Erfüllung eines schenkweise erteilten Versprechens zu verweigern, soweit er bei Berücksichtigung seiner sonstigen Verpflichtungen außerstande ist, das Versprechen zu erfüllen, ohne dass sein angemessener Unterhalt oder die Erfüllung der ihm kraft Gesetzes obliegenden Unterhaltspflichten gefährdet wird.**

[2] Treffen die Ansprüche mehrerer Beschenkten zusammen, so geht der früher entstandene Anspruch vor.

A. Voraussetzungen. Wurde die Schenkung noch nicht vollzogen, kann der Schenker bei Vorliegen der in 1 **§ 519 Abs 1** benannten **Bedürftigkeit** die Einrede des Notbedarfs erheben. Für die Einrede nach § 519 darf die Schenkung noch nicht vollzogen sein. Nach Vollzug gelten §§ 528, 529. Weiterhin setzt sie eine **Gefährdung** des angemessenen Unterhalts des Schenkers oder die Erfüllung der ihm kraft Gesetz obliegenden Unterhaltspflichten (§§ 1360 ff, 1569 ff; 1601 ff) voraus, wenn er sein Schenkungsversprechen erfüllt. Angemessener Unterhalt meint den angemessenen Bedarf iSd §§ 1603, 1610 Abs 1 (BGH NJW 2000, 3488). Für die Gefährdung reicht es aus, dass begründete Besorgnis besteht und ernstlich damit zu rechnen ist, dass die Mittel des Schenkers künftig nicht mehr ausreichen werden. Der Notbedarf muss noch nicht eingetreten sein (BGH NJW 2001, 1207; NJW 2000, 728; Staud/*Wimmer-Leonhardt* Rn 6; wie § 529 Abs 2, vgl dort Rz 4). Sonstige Verpflichtungen des Schenkers, die sich auf dessen Vermögen beziehen, sind zu berücksichtigen (Hk-BGB/*Saenger* Rn 2; Palandt/*Weidenkaff* Rn 4). Eigene Unterhaltsansprüche des Schenkers bleiben hingegen außer Betracht (MüKo/*Koch* Rn 2; Staud/*Wimmer-Leonhardt* Rn 7). Wann und wodurch der Notbedarf entstanden ist, ist für die Einrede unerheblich (BGH NJW 2001, 1207; Staud/*Wimmer-Leonhardt* Rn 9; MüKo/*Koch* Rn 2).Treffen mehrere Schenkungen zusammen, besteht gem **§ 519 Abs 2** eine Rangfolge nach dem zeitlichen Entstehen des Schenkungsanspruchs (zur str Rechtslage, wenn sich der Schenker irrig nicht an die Rangfolge hält, vgl MüKo/*Koch* Rn 5 mwN; Staud/*Wimmer-Leonhardt* Rn 21a). Gleichzeitig entstandene Ansprüche sind gleichmäßig zu kürzen (hM, Hk-BGB/*Saenger* Rn 3; Palandt/*Weidenkaff* Rn 5; Staud/*Wimmer-Leonhardt* Rn 23; aA Erman/*Herrmann* Rn 4, Wahlrecht).

B. Prozessuales. Der Schenker trägt die **Beweislast** für das Vorliegen der tatbestandlichen Voraussetzungen 2 des § 519, zu denen nicht nur die Notbedarfssituation sondern auch das Vorliegen der Schenkung gehört (BGH NJW-RR 1986, 866). Die Einrede führt dazu, dass die Klage gegen den Schenker ganz oder teilw (»soweit«) als zZ unbegründet abgewiesen wird (BGH NJW 2005, 3638). Bei unteilbaren Leistungen darf der

Schenker bei teilw Ablehnung die gesamte Leistung verweigern (MüKo/*Koch* Rn 3; Staud/*Wimmer-Leonhardt* Rn 14). Str ist, ob der Beschenkte dann den Notbedarf – analog § 528 Abs 2 – durch Zahlung eines entspr Betrages beheben kann (bejahend: Staud/*Wimmer-Leonhardt* Rn 14; abl: MüKo/*Koch* Rn 3). Fallen die Voraussetzungen für den Notbedarf weg, kann nochmals Klage erhoben werden. Die Beweislast für den Wegfall obliegt dem Beschenkten (Palandt/*Weidenkaff* Rn 3; Staud/*Wimmer-Leonhardt* Rn 18). Bei Eintritt des Notbedarfs nach dem rechtskräftigen Urteil aber vor der Vollstreckung kann die Einrede über § 767 ZPO geltend gemacht werden (Erman/*Herrmann* Rn 3; MüKo/*Koch* Rn 3; Staud/*Wimmer-Leonhardt* Rn 16, 18).

§ 520 Erlöschen eines Rentenversprechens. **Verspricht der Schenker eine in wiederkehrenden Leistungen bestehende Unterstützung, so erlischt die Verbindlichkeit mit seinem Tod, sofern nicht aus dem Versprechen sich ein anderes ergibt.**

1 § 520 begrenzt die Dauer von Schenkungsversprechen für wiederkehrende Unterstützungsleistungen auf die **Lebzeit des Schenkers.** Erfasst werden zB Geldrenten (§ 759). Für die Zuwendung eines bestimmten Kapitalbetrags, der in Teilzahlungen geleistet wird, gilt die Regelung jedoch nicht (Staud/*Wimmer-Leonhardt* Rn 5; HK/*Saenger* Rn 1; PWW/*Hoppenz* Rn 2). Auf bereits fällige, rückständig gewordene Rentenbeträge findet § 520 ebenfalls keine Anwendung. Diese sind Nachlassverbindlichkeiten (§ 1967; Jauernig/*Mansel* Rn 1; Erman/*Herrmann* Rn 1; Palandt/*Weidenkaff* Rn 1). Nicht nur der Tod des Schenkers, auch der **Tod des Beschenkten** beendet im Zweifel die Verbindlichkeit. In diesen Fällen ist der Unterstützungszweck nicht mehr gegeben (MüKo/*Koch* Rn 1; Staud/*Wimmer-Leonhardt* Rn 5; Erman/*Herrmann* Rn 1; Jauernig/*Mansel* Rn 1; s auch BFH NJW 1986, 292 f). Auch der Bürge wird bei Tod des Schenkers befreit, da dann die Hauptschuld erloschen ist (§ 767 Abs 1 S 1). Je nach Auslegung des Übernahmevertrages kann Entsprechendes auch bei einer Schuldübernahme gelten (MüKo/*Koch* Rn 2; Erman/*Herrmann* Rn 1). Bei § 520 handelt es sich um eine **Auslegungsregel** (»sofern«). Die Regelung ist vertraglich abdingbar. Aus den Umständen des Schenkungsversprechens kann sich ebenfalls anderes ergeben. Die Beweislast im Falle eines abweichenden Schenkungsversprechens trägt der Beschenkte (Palandt/*Weidenkaff* Rn 1; MüKo/*Koch* Rn 1).

§ 521 Haftung des Schenkers. **Der Schenker hat nur Vorsatz und grobe Fahrlässigkeit zu vertreten.**

1 **A. Zweck.** Dem Schenker kommt wegen seiner Uneigennützigkeit das **Haftungsprivileg** des § 521 zugute. Die Regelung ist abdingbar. Bis zur Grenze des § 276 Abs 3 kann die Haftung beschränkt werden. Unter Beachtung der in § 518 vorgeschriebenen Form ist eine Erweiterung möglich (BaRoth/*Gehrlein* Rn 1).

2 **B. Anwendungsbereich.** Der **persönliche** Anwendungsbereich des § 521 erfasst den Schenker und (analog) dessen Rechtsnachfolger (insbes Erben), Mitschuldner und Bürgen (Palandt/*Weidenkaff* Rn 3). Der erleichterte Haftungsmaßstab gilt auch für die Haftung für Erfüllungsgehilfen (RGZ 65, 17, 20). In **sachlicher** Hinsicht gilt das Haftungsprivileg des § 521 grds für alle Leistungsstörungen, soweit keine Sonderregelungen eingreifen (zB §§ 523, 524; 287, 292 iVm 987 ff), so bei Unmöglichkeit (§§ 280, 283, 311a) einschließlich anfänglicher subjektiver Unmöglichkeit (BGH NJW 2000, 2101 seit Schuldrechtsmodernisierung wegen § 311a Abs 2 1 überholt); Verzug (§§ 280 Abs 2, 286); Rechtshängigkeitshaftung (§ 292); pVV (§§ 280 Abs 1, 241 Abs 2); cic (§§ 280 Abs 1, 311 Abs 2, 3, 241 Abs 1, s aber u Rz 3) und auch im Falle einer verbotswidrigen Schenkung (§ 134). Bei Schenkung eines Kommanditanteils kommt § 521 zur Anwendung, wenn es im konkreten Fall um das Rechtsverhältnis aus dem Schenkungsvertrag geht (BGH BB 1990, 1507, 1508). § 521 kommt auch bei der Handschenkung zur Anwendung (hM, MüKo/*Koch* Rn 2; Staud/*Wimmer-Leonhardt* Rn 4).

3 Der Maßstab des § 521 gilt im Rahmen der Rechts- und Sachmängelhaftung nicht, soweit die §§ 523, 524 Sonderregelungen treffen. Dies betrifft auch die Haftung für **Mangelfolgeschäden** (str, BaRoth/*Gehrlein* Rn 5; Palandt/*Weidenkaff* § 524 Rn 6; Erman/*Herrmann* § 524 Rn 2; aA MüKo/*Koch* Rn 7; Staud/*Wimmer-Leonhardt* Rn 11 mwN). Für die Haftung nach eingetretenem Verzug (§ 287) gilt die Privilegierung ebenfalls nicht (str, MüKo/*Koch* Rn 3; Palandt/*Weidenkaff* Rn 4; Erman/*Herrmann* Rn 2; aA PWW/*Hoppenz* Rn 2; BaRoth/*Gehrlein* Rn 4). Bei Verletzung vorvertraglicher und vertraglicher Schutzpflichten findet der Haftungsmaßstab des § 521 nur Anwendung, wenn die Schutzpflicht im Zusammenhang mit dem Schenkungsgegenstand steht, dh dem **Erfüllungsinteresse** des Beschenkten dient. Andernfalls, bei Schutzpflichten, die auf das Integritätsinteresse des Beschenkten zielen, gilt der Maßstab des § 276 (str, BGH NJW 1985, 794; MüKo/*Koch* Rn 4 ff mwN; BaRoth/*Gehrlein* Rn 5; aA Staud/*Wimmer-Leonhardt* Rn 11; Jauernig/*Mansel* Rn 1). Steht der Schaden mit dem Schenkungsgegenstand im Zusammenhang, schlägt das Haftungsprivileg auch auf Ansprüche des Beschenkten aus unerlaubter Handlung durch (BGH NJW 1985, 794; 1971, 1131, 1132; 1967, 42; 1954, 145; MüKo/*Koch* Rn 6; aA Staud/*Wimmer-Leonhardt* Rn 12 ff). Auf andere unentgeltliche Rechts- oder Gefälligkeitsverhältnisse findet § 521 keine entspr Anwendung (hM, BGH VersR 1967, 157 f; MDR 1966, 138; NJW 1965, 907 f; VersR 1963, 955; BGHZ 21, 102, 110; LG Mainz NJW 1988, 2116; RGZ 145, 390, 394 f; MüKo/*Koch* Rn 8; Palandt/*Weidenkaff* Rn 4; Jauerning/*Mansel* Rn 1).

§ 522 Keine Verzugszinsen. **Zur Entrichtung von Verzugszinsen ist der Schenker nicht verpflichtet.**

§ 522 befreit den Schenker von der Zahlung von Verzugszinsen nach §§ 288, 290 und §§ 353, 352 HGB (PWW/*Hoppenz* Rn 1; Erman/*Herrmann* Rn 1). Die Regelung gilt nicht für Ansprüche nach §§ 280 Abs 2, 286 bzw §§ 291, 292 (MüKo/*Koch* Rn 1; Staud/*Wimmer-Leonhardt* Rn 1). Selbst bei Vorsatz und grober Fahrlässigkeit ist er zur Entrichtung nicht verpflichtet (Palandt/*Weidenkaff* Rn 1; Staud/*Wimmer-Leonhardt* Rn 1). § 522 besteht auch zugunsten der Rechtsnachfolger des Schenkers, insbes der Erben (Staud/*Wimmer-Leonhardt* Rn 3). 1

§ 523 Haftung für Rechtsmängel. **[1] Verschweigt der Schenker arglistig einen Mangel im Recht, so ist er verpflichtet, dem Beschenkten den daraus entstehenden Schaden zu ersetzen.**
[2] Hatte der Schenker die Leistung eines Gegenstandes versprochen, den er erst erwerben sollte, so kann der Beschenkte wegen eines Mangels im Recht Schadensersatz wegen Nichterfüllung verlangen, wenn der Mangel dem Schenker bei dem Erwerb der Sache bekannt gewesen oder infolge grober Fahrlässigkeit unbekannt geblieben ist. Die für die Haftung des Verkäufers für Rechtsmängel geltenden Vorschriften des § 433 Absatz 1 und der §§ 435, 436, 444, 452, 453 finden entsprechende Anwendung.

A. Zweck und Anwendungsbereich. §§ 523, 524 regeln abschließend die Haftung des Schenkers bei Vorliegen von Rechts- oder Sachmängeln. Es handelt sich um Sonderregelungen zu §§ 280 Abs 1, 276 Abs 1 S 1 (Hk-BGB/*Saenger* Rn 1). Sie folgen dem Grundgedanken, dass der Schenker die Sache nur so weiterzugeben hat, wie sie bei ihm vorhanden ist oder er sie erlangen kann und er nicht mehr leisten soll, als er selbst hat (Staud/*Wimmer-Leonhardt* Rn 4; Erman/*Herrmann* Rn 2, § 524 Rn 2; Palandt/*Weidenkaff* Rn 1, § 524 Rn 1; BaRoth/*Gehrlein* Rn 3; MüKo/*Koch* § 524 Rn 1). Die Haftungsregelungen sind abdingbar, so dass die Haftung verschärft oder gemildert werden kann. Bei einer Verschärfung ist die Form des § 518 zu beachten (BGH NJW 1982, 818; MüKo/*Koch* Rn 9, § 524 Rn 5; Staud/*Wimmer-Leonhardt* Rn 18). Zudem gilt der Verschuldensmaßstab des § 276, nicht der des § 521 (MüKo/*Koch* Rn 9; sa § 521). Die Terminologie ist nicht dem SMG angepasst worden (hierzu insbes MüKo/*Koch* Rn 1, § 524 Rn 1; Staud/*Wimmer-Leonhardt* Rn 2, § 524 Rn 1). § 523 bestimmt die Haftung des Schenkers für Rechtsmängel (§ 435) des Schenkungsgegenstands (Sachen und Rechte). Die Regelung gilt für Spezies- und Gattungsschulden (MüKo/*Koch* Rn 1; Erman/*Herrmann* Rn 1; BaRoth/*Gehrlein* Rn 1). Eine Haftung aus pVV (§ 280 Abs 1, 241 Abs 2) iVm § 521 kommt in Betracht, wenn der Schenker im Falle des § 523 Abs 1 den Rechtsmangel nach Vertragsschluss oder im Falle des § 523 Abs 2 nach Erwerb verursacht (Staud/*Wimmer-Leonhardt* Rn 17; BaRoth/*Gehrlein* Rn 2; Erman/*Herrmann* Rn 4). 1

B. Anwendungsvoraussetzungen und Haftung. I. § 523 Abs 1. § 523 Abs 1 kommt zur Anwendung, wenn sich der Zuwendungsgegenstand bereits **im Vermögen des Schenkers** befindet (Erman/*Herrmann* Rn 2; Hk-BGB/*Saenger* Rn 1). Er haftet dann ggü dem Beschenkten auf Ersatz des Vertrauensschadens, wenn er das Vorliegen eines Rechtsmangels arglistig (§ 444) verschweigt, zB für Aufwendungen auf den Gegenstand oder versäumte Erwerbsmöglichkeiten (BGH NJW 1982, 818 f). Schuldet der Schenker eine Gattungsschuld, hat der Beschenkte analog § 524 Abs 2 S 1 einen Anspruch auf Lieferung eines mangelfreien Gegenstandes, wenn sich ein solcher noch im Vermögen des Schenkers befindet (MüKo/*Koch* Rn 3; Erman/*Herrmann* Rn 4; BaRoth/*Gehrlein* Rn 2). Für den Zeitpunkt des Vorliegens der Arglist ist der Zeitpunkt des Vertragsschlusses maßgeblich (BaRoth/*Gehrlein* Rn 2). Für das Vorliegen des Rechtsmangels kommt es auf den Zeitpunkt des Schenkungsvollzugs an (Palandt/*Weidenkaff* Rn 2; PWW/*Hoppenz* Rn 1; BaRoth/*Gehrlein* Rn 2: Vertragsschluss und Gefahrübergang). Der Anspruch kann entfallen, wenn der Beschenkte den Mangel kennt (Palandt/*Weidenkaff* Rn 2). 2

II. § 523 Abs 2. Muss der Schenker den Zuwendungsgegenstand **erst erwerben**, gilt Abs 2. Der Schenker haftet dann bei Kenntnis über das Vorliegen des Rechtsmangels bzw bei grob fahrlässiger Unkenntnis (Abs 2 S 2). Die Haftung entspricht der eines Verkäufers, Abs 2 S 1. Als ungeschriebene Tatbestandsvoraussetzung fordern einige die Behebbarkeit des Mangels (PWW/*Hoppenz* Rn 2; BaRoth/*Gehrlein* Rn 1). Liegen die Voraussetzungen vor, haftet der Schenker auf das Erfüllungsinteresse (Staud/*Wimmer-Leonhardt* Rn 15; BaRoth/*Gehrlein* Rn 3). Umstritten ist, inwieweit dem Beschenkten auch ein Anspruch auf Verschaffung eines mangelfreien Gegenstandes bzw auf Beseitigung des Mangels zusteht. Einige bejahen dies uneingeschränkt (Staud/*Wimmer-Leonhardt* Rn 15 f), andere gewähren einen solchen Anspruch nur bis zum Gefahrübergang (MüKo/*Koch* Rn 6; BaRoth/*Gehrlein* Rn 3). Dem Beschenkten muss jedoch die Beseitigung des Mangels unter zumutbaren Anstrengungen unschwer möglich sein (MüKo/*Koch* Rn 6; Staud/*Wimmer-Leonhardt* Rn 15 f; Erman/*Herrmann* Rn 4). 3

C. Prozessuales. Für die Verjährung gilt § 438 analog (MüKo/*Koch* Rn 8; Staud/*Wimmer-Leonhardt* Rn 20). Die Beweislast für das Vorliegen des Rechtsmangels und des Verschuldens des Schenkers trägt der Beschenkte (MüKo/*Koch* Rn 2; Staud/*Wimmer-Leonhardt* Rn 17). Der Schenker trägt die Beweislast für die Kenntnis des Beschenkten vom Vorliegen des Rechtsmangels (Staud/*Wimmer-Leonhardt* Rn 21). 4

§ 524 Haftung für Sachmängel. **[1] Verschweigt der Schenker arglistig einen Fehler der verschenkten Sache, so ist er verpflichtet, dem Beschenkten den daraus entstehenden Schaden zu ersetzen.**
[2] Hatte der Schenker die Leistung einer nur der Gattung nach bestimmten Sache versprochen, die er erst erwerben sollte, so kann der Beschenkte, wenn die geleistete Sache fehlerhaft und der Mangel dem Schenker bei dem Erwerb der Sache bekannt gewesen oder infolge grober Fahrlässigkeit unbekannt geblieben ist, verlangen, dass ihm anstelle der fehlerhaften Sache eine fehlerfreie geliefert wird. Hat der Schenker den Fehler arglistig verschwiegen, so kann der Beschenkte statt der Lieferung einer fehlerfreien Sache Schadensersatz wegen Nichterfüllung verlangen. Auf diese Ansprüche finden die für die Gewährleistung wegen Fehler einer verkauften Sache geltenden Vorschriften entsprechende Anwendung.

1 **A. Zweck und Anwendungsbereich.** § 524 regelt die Haftung des Schenkers bei Vorliegen eines Sachmangels gem § 434 (Fehler, Bestimmung des Fehlerbegriffs im Einzelnen str, vgl insbes MüKo/*Koch* Rn 2; Staud/*Wimmer-Leonhardt* Rn 1). Die Regelung gilt nicht bei Übernahme von Garantien. Diese können jedoch im Rahmen einer vertraglichen Haftungserweiterung (zur Form s § 523 Rz 1, § 518) übernommen werden (Erman/*Herrmann* Rn 1; BaRoth/*Gehrlein* Rn 1; Palandt/*Weidenkaff* Rn 3). Die Rechtsfolgen bestimmen sich dann nach dem jeweiligen Inhalt des Schenkungsvertrages und sind ggf durch Auslegung zu ermitteln (MüKo/*Koch* Rn 5; Staud/*Wimmer-Leonhardt* Rn 2; Jauernig/*Mansel* Rn 2; Hk-BGB/*Saenger* Rn 1). Für Mängel, die im Fall des § 524 Abs 1 nach Abschluss des Schenkungsvertrages aber noch vor Schenkungsvollzug (Gefahrübergang) auftreten, haftet der Schenker nach § 280 Abs 1 iVm § 521 (MüKo/*Koch* Rn 2; Staud/*Wimmer-Leonhardt* Rn 8). Im Fall des § 524 Abs 2 kommt ein Anspruch gem §§ 280 Abs 1 iVm § 521 in Betracht, wenn der Mangel erst nach Erwerb der Sache aber noch vor Schenkungsvollzug entsteht (MüKo/*Koch* Rn 3; Jauernig/*Mansel* Rn 4; aA Erman/*Herrmann* Rn 4: nach Schenkungsvollzug).

2 **B. Anwendungsvoraussetzungen und Haftung. I. § 524 Abs 1.** § 524 Abs 1 ist zum einen anwendbar, wenn der Schenker den Schenkungsgegenstand **im Besitz** hat, zum anderen aber auch, wenn er eine Speziessache erst **noch beschaffen** muss. Liegt ein Sachmangel vor, haftet der Schenker gem § 524 Abs 1, wenn er den Mangel arglistig verschweigt. Maßgeblicher Zeitpunkt für das Vorliegen des Sachmangels ist der Zeitpunkt des Schenkungsvollzugs (Palandt/*Weidenkaff* § 524 Rn 5; BaRoth/*Gehrlein* Rn 2: Gefahrübergang). Für die Arglist kommt es auf den Zeitpunkt des Vertragsschlusses an (BaRoth/*Gehrlein* Rn 2). Der Schenker hat dann den Vertrauensschaden zu ersetzen (Staud/*Wimmer-Leonhardt* Rn 5). Nach hM haftet er zudem auf Ersatz von **Mangelfolgeschäden** (Palandt/*Weidenkaff* Rn 6; Jauernig/*Mansel* Rn 1; Erman/*Herrmann* Rn 2; aA MüKo/*Koch* Rn 2; Staud/*Wimmer-Leonhardt* Rn 6). Weitere Mängelansprüche (insbes Ersatz des Erfüllungsinteresses) werden von der Regelung nicht erfasst (Palandt/*Weidenkaff* Rn 6; Hk-BGB/*Saenger* Rn 1). Deliktische Ansprüche berührt § 524 Abs 1 nicht (BaRoth/*Gehrlein* Rn 2; Hk-BGB/*Saenger* Rn 1; Jauernig/*Mansel* Rn 1). Hat der Beschenkte vom Vorliegen des Mangels Kenntnis, kann der Anspruch entfallen (Staud/*Wimmer-Leonhardt* Rn 7).

3 **II. 524 Abs 2.** § 524 Abs 2 S 1 kommt zur Anwendung, wenn der Schenker eine zu verschenkende Gattungssache erst **noch erwerben** muss. Hat er im Zeitpunkt des Erwerbs vom Vorliegen eines Mangels Kenntnis bzw grob fahrlässige Unkenntnis, kann der Beschenkte eine fehlerfreie Sache verlangen (entspr Nacherfüllung gem § 439), soweit er den Mangel mit zumutbaren Mitteln unschwer hätte vermeiden können (Erman/*Herrmann* Rn 3; BaRoth/*Gehrlein* Rn 3). Ansonsten beschränkt sich dessen Anspruch auf Übereignung der mangelhaften Sache (MüKo/*Koch* Rn 3; Staud/*Wimmer-Leonhardt* Rn 11). Hat der Schenker hingegen den Mangel arglistig verschwiegen, kann er gem § 524 Abs 2 S 2 statt Nacherfüllung Schadensersatz statt der Leistung (Schadensersatz wegen Nichterfüllung) verlangen. Für das Vorliegen des Sachmangels kommt es auf den Zeitpunkt des Erwerbs der Sache an (Palandt/*Weidenkaff* Rn 7). Maßgeblicher Zeitpunkt für das arglistige Verschweigen ist der Gefahrübergang auf den Schenker (MüKo/*Koch* Rn 3; BaRoth/*Gehrlein* Rn 3). Im Ergebnis haftet der Schenker gem § 524 Abs 2 S 3 entspr der kaufrechtlichen Gewährleistungsvorschriften, dh insbes sind §§ 442, 438, 437 Nr 1, 439 anwendbar. Soweit es auf ein Verschulden ankommt, gilt § 521 (Palandt/*Weidenkaff* Rn 9). § 519 bleibt anwendbar, so dass sich der Schenkende auch auf sein Leistungsunvermögen berufen kann (Palandt/*Weidenkaff* Rn 8; Jauernig/*Mansel* Rn 4; Hk-BGB/*Saenger* Rn 1).

4 **C. Prozessuales.** Die Verjährung richtet sich nach den Regelungen des § 438 (MüKo/*Koch* Rn 4; Staud/*Wimmer-Leonhardt* Rn 15). Die Beweislast für das Vorliegen des Mangels trägt der Beschenkte (MüKo/*Koch* Rn 2).

§ 525 Schenkung unter Auflage. **[1] Wer eine Schenkung unter einer Auflage macht, kann die Vollziehung der Auflage verlangen, wenn er seinerseits geleistet hat.**
[2] Liegt die Vollziehung der Auflage im öffentlichen Interesse, so kann nach dem Tod des Schenkers auch die zuständige Behörde die Vollziehung verlangen.

1 **A. Zweck und Anwendungsbereich. I. Begriff und Rechtsnatur.** Die §§ 525–527 regeln die Schenkung unter Auflage. Bei der Auflage handelt es sich um eine der Schenkung zugefügte **Nebenbestimmung**, die den Beschenkten zu einer Leistung (§ 241 Abs 1) verpflichtet. Diese muss nicht notwendig aus der Zuwendung

selbst erbracht werden. Sie soll aber auf der Grundlage und aus dem Wert der Zuwendung erfolgen (BGH NJW 1982, 818 f; BFH NJW 1986, 1009; BaRoth/*Gehrlein* Rn 2). Die Leistung ist auf keine bestimmte Art begrenzt. Sie kann in einem Tun oder Unterlassen bestehen, materiell oder immateriell sein (BayObLG NJW 1974, 1142; MüKo/*Koch* Rn 2; PWW/*Hoppenz* Rn 1; Hk-BGB/*Saenger* Rn 2). Die Auflage muss keinen Nebenzweck verfolgen, sondern kann den Hauptzweck bzw das Hauptmotiv der Schenkung darstellen (RGZ 60, 238, 240; BaRoth/*Gehrlein* Rn 2). Zu wessen Gunsten die Auflage erfüllt werden soll, ist für die Einordnung nicht von Bedeutung. Sie kann im Interesse des Beschenkten, des Schenkers oder eines Dritten erbracht werden (BGH FamRZ 1970, 185, 186; München NJW 1974, 1142; RGZ 60, 238, 240; MüKo/*Koch* Rn 3). Sind Zuwendung und Auflage wertmäßig gleich, verhindert dies nicht notwendig das Vorliegen einer Schenkung (Jauernig/*Mansel* Rn 2; BaRoth/*Gehrlein* Rn 3). Ist der Beschenkte entspr des subjektiven Parteiwillens nach Erfüllung der Auflage zumindest noch geringfügig bereichert, genügt dies, um eine Schenkung zu bejahen (RGZ 105, 305, 308 f; 62, 386, 389; 60, 238, 240; BaRoth/*Gehrlein* Rn 3; MüKo/*Koch* Rn 4, 5).

Bei der gesamten Zuwendung handelt es sich um eine Schenkung (BGH NJW 1959, 1363; RGZ 60, 238, 2
240 ff). Daher bedarf auch die Auflage der **Form** des § 518. Mangelt es an der Form, ist die gesamte Schenkung nichtig (Palandt/*Weidenkaff* Rn 2; Jauernig/*Mansel* Rn 1; zweifelnd Erman/*Herrmann* Rn 2). Eine fingierte Annahme nach § 516 Abs 2 S 2 ist nicht möglich (MüKo/*Koch* Rn 1; BaRoth/*Gehrlein* Rn 2). Verstößt die Auflage gegen § 134 oder § 138, ist sie ebenfalls nichtig. Ob dann auch die Schenkung nichtig ist, bestimmt sich nach § 139 (München NJW 1974, 1142; Staud/*Wimmer-Leonhardt* Rn 32; Palandt/*Weidenkaff* Rn 4; PWW/*Hoppenz* Rn 1). Da dem Beschenkten mit der Auflage eine Leistungspflicht auferlegt wird, liegt kein lediglich vorteilhaftes Rechtsgeschäft nach § 107 vor (BFH NJW 1977, 456; Hamm OLGZ 1978, 422, 425; MüKo/*Koch* Rn 3; zur steuerlichen Behandlung s § 7 Abs 1 Nr 2 ErbStG).

II. Abgrenzung. 1. Zweckschenkung. Bei einer Zweckschenkung soll ein über die Zuwendung hinausgehen- 3
der Zweck erreicht werden. Im Gegensatz zur Schenkung unter Auflage wird jedoch keine vertragliche Einigung über eine einklagbare Verpflichtung getroffen. Die Zweckerreichung bleibt nur Geschäftsgrundlage der Schenkungsabrede. Ausreichend, aber auch notwendig ist dafür eine – ggf stillschweigende – tatsächliche Willensübereinstimmung der Beteiligten über den verfolgten Zweck (BGH NJW-RR 1991, 1154; NJW 1984, 233; 1973, 612; 1966, 540; Saarbrücken OLGR 1998, 449; Düsseldorf NJW-RR 1996, 517; Köln NJW-RR 1996, 518; NJW 1994, 1540). Ein Anspruch auf Vollziehung besteht hingegen nicht (Jauernig/*Mansel* Rn 4; Palandt/*Weidenkaff* Rn 11). Die Rückabwicklung im Falle einer Zweckverfehlung erfolgt über § 812 Abs 1 S 2 Alt 2 (aA Wegfall der Geschäftsgrundlage; diff Staud/*Wimmer-Leonhardt* Rn 16; MüKo/*Koch* Rn 8; zu Schenkungen der Eltern an ein Kind oder Schwiegerkind in Erwartung des Fortbestands der Ehe s Köln NJW 1994, 1540; Düsseldorf NJW-RR 1996, 517; aA Oldenburg NJW 1994, 1539 f: Wegfall der Geschäftsgrundlage). Tendenziell dient die Zweckschenkung eher den Interessen des Beschenkten, die Auflagenschenkung hingegen den Interessen des Schenkers oder eines Dritten (MüKo/*Koch* Rn 8; Erman/*Herrmann* Rn 6; BaRoth/*Gehrlein* Rn 7).

2. Entgeltlicher Vertrag. Die Abgrenzung zwischen Schenkung unter Auflage und entgeltlichem Vertrag (zB 4
Kaufvertrag, Werkvertrag) richtet sich danach, ob nach dem Parteiwillen Leistung und Gegenleistung in einem solchen Verhältnis stehen, dass die Auflage die Leistung nur einschränkt oder iSe Ausgleichs einander gleichgestellt werden (Köln NJW 1994, 1540 f; RGZ 60, 238, 241). Ein entgeltlicher Vertrag liegt vor, wenn die Leistung als Ausgleich für die Zuwendung – im Austausch Leistung gegen Gegenleistung – erfolgt (RGZ 112, 210, 211; Palandt/*Weidenkaff* Rn 7; Jauernig/*Mansel* Rn 2). Indiz sind die zur Erfüllung der Auflage erforderlichen Aufwendungen, wobei jedoch Gleichwertigkeit nicht gleich Entgeltlichkeit bedeuten muss (Hk-BGB/*Saenger* Rn 2). Die Leistung selbst soll der Zuwendungsempfänger aus seinem eigenen Vermögen erbringen. Bei der Auflagenschenkung hingegen soll der Beschenkte die zu erbringende Leistung nicht aus seinem Vermögen, sondern auf der Grundlage und aus dem Wert der Zuwendung erbringen (BGH NJW 1989, 1100 f; 1982, 818 f; BFH DB 1963, 1486; Jauernig/*Mansel* Rn 2; BaRoth/*Gehrlein* Rn 7).

3. Gemischte Schenkung, Auftrag, Treuhandvertrag. Die **gemischte Schenkung** setzt sich aus einem teilw 5
entgeltlichen und teilw unentgeltlichen Vertrag zusammen. Der Zuwendungsempfänger erbringt hier für einen bestimmten wertmäßigen Teil der Zuwendung eine Gegenleistung aus seinem Vermögen. Dieser Teil wird nicht geschenkt. Bei der Schenkung unter Auflage handelt es sich hingegen um nur einen Schenkungsvertrag (BGH NJW 1949, 260, 261; RGZ 112, 210, 212; Palandt/*Weidenkaff* Rn 8). Der Beschenkte erbringt zudem eine Leistung aus dem Wert des Schenkungsgegenstandes. Die **Auflage** schränkt die Schenkung lediglich ein bzw mindert sie in ihrem Wert, stellt aber keine Gegenleistung dar (BGH NJW 1989, 2122; 1982, 818; 1952, 20f; BFH NJW 1986, 1009 f; Köln NJW 1994, 1540 f; RGZ 112, 210, 212). Soll der Zuwendungsempfänger nichts von der Zuwendung behalten, sondern sie an einen Dritten weitergeben oder zugunsten anderer verwenden, liegt ein Auftrag (BGH NJW 2004, 1382, 1383) – ggf mit treuhänderischer/fiduziarischer Abrede – bzw ein **Treuhandvertrag** vor (BGH NJW 2004, 1382, 1383; RGZ 105, 305, 308 f; Palandt/*Weidenkaff* Rn 10; MüKo/*Koch* Rn 6).

6 **B. Anspruchsvoraussetzungen/Prozessuales.** § 525 Abs 1 gewährt dem Schenker einen **Anspruch auf Vollziehung** der Auflage. Zuvor muss jedoch die Schenkung geleistet worden sein. Die Erfüllung der Auflage ist insoweit durch die Erfüllung der Schenkung aufschiebend bedingt (allgM, Staud/*Wimmer-Leonhardt* Rn 34; MüKo/*Koch* Rn 13; PWW/*Hoppenz* Rn 6; aA Erman/*Herrmann* Rn 4: Anspruchsvoraussetzung). Die Parteien können die Vorleistungspflicht des Schenkers vertraglich durch eine Vereinbarung zu einer Leistung Zug um Zug abbedingen oder eine Vorleistungspflicht vereinbaren (Staud/*Wimmer-Leonhardt* Rn 36; BaRoth/*Gehrlein* Rn 5). **Anspruchsberechtigt** sind der Schenker sowie seine Rechtsnachfolger. Dies gilt auch, wenn durch die Auflage Interessen eines Dritten gefördert werden (Staud/*Wimmer-Leonhardt* Rn 38). Ein Dritter, zu dessen Gunsten die Auflage vereinbart wurde, kann ebenfalls die Vollziehung verlangen, §§ 328, 330 S 2 (Frankfurt aM WM 1987, 1248; MüKo/*Koch* Rn 14). Dient die Auflage dem öffentlichen Interesse, kann gem § 525 Abs 2 nach dem Tod des Schenkers neben den Erben auch die entspr zuständige Behörde die Vollziehung der Auflage verlangen. Der Anspruch der Behörde besteht unabhängig vom Anspruch der Erben. Erben und Behörde sind dann Gesamtgläubiger (Staud/*Wimmer-Leonhardt* Rn 45; MüKo/*Koch* Rn 15; BaRoth/*Gehrlein* Rn 6). Die **Beweislast** für den Vollzug der Schenkung (Bedingungseintritt) trägt der die Vollziehung der Auflage verlangende Schenker (MüKo/*Koch* Rn 13; PWW/*Hoppenz* Rn 8; BaRoth/*Gehrlein* Rn 5). Bis zu ihrer Erfüllung kann die Auflage durch einstweilige Verfügung gesichert werden (§§ 935, 940; BaRoth/*Gehrlein* Rn 5; MüKo/*Koch* Rn 13).

§ 526 Verweigerung der Vollziehung der Auflage.

Soweit infolge eines Mangels im Recht oder eines Mangels der verschenkten Sache der Wert der Zuwendung die Höhe der zur Vollziehung der Auflage erforderlichen Aufwendungen nicht erreicht, ist der Beschenkte berechtigt, die Vollziehung der Auflage zu verweigern, bis der durch den Mangel entstandene Fehlbetrag ausgeglichen wird. Vollzieht der Beschenkte die Auflage ohne Kenntnis des Mangels, so kann er von dem Schenker Ersatz der durch die Vollziehung verursachten Aufwendungen insoweit verlangen, als sie infolge des Mangels den Wert der Zuwendung übersteigen.

1 **A. Zweck und Anwendungsbereich.** § 526 normiert einen Sonderfall des Wegfalls der Geschäftsgrundlage, § 313. Die Regelung basiert auf dem Gedanken, dass der Beschenkte nicht mehr leisten solle, als er durch die Schenkung erhält (vgl Staud/*Wimmer-Leonhardt* Rn 2). Er soll durch den Vollzug der Auflage nicht ärmer werden als er ohne Schenkung gewesen wäre (BGH NJW 1982, 818 f; RGZ 112, 210, 213). Ist der Schenkungsgegenstand mangelhaft und liegt er daher wertmäßig unter den Aufwendungen, die zur Vollziehung der Auflage erforderlich sind, räumt die Regelung dem Beschenkten in S 1 ein Leistungsverweigerungsrecht bzw in S 2 einen Aufwendungsersatzanspruch ein. § 526 gilt entspr, wenn die Parteien Zuwendungen und Auflage wertmäßig falsch eingeordnet haben oder sich die Werte nachträglich infolge einer Inflation verändern (BFH BB 1989, 1473 f; RGZ 120, 237, 240 f; 112, 210, 213 f). Die Rechte aus § 526 bestehen unabhängig davon, ob der Schenker aus allg Regelungen (§§ 521 ff) haftet. Der Beschenkte kann sie neben weiteren Gewährleistungsansprüchen (§§ 523, 524) geltend machen (BGH NJW 1982, 818 f).

2 **B. Anwendungsvoraussetzungen.** § 526 S 1 verlangt zunächst einen **Rechts- oder Sachmangel** (s §§ 523, 524; Palandt/*Weidenkaff* Rn 1; MüKo/*Koch* Rn 2, eingehend zum Mangelbegriff jurisPK/*Sefrin* Rn 7 f). Dessen Vorliegen muss dazu führen, dass der Wert der Zuwendung die Höhe der zur Vollziehung der Auflage erforderlichen Aufwendungen nicht erreicht und insoweit ein **Fehlbetrag** entsteht. Abzustellen ist dabei auf die Differenz zwischen den für die Erfüllung der Auflage erforderlichen Aufwendungen (Kosten der Auflage) und dem Wert des durch den Mangel geminderten Schenkungsgegenstands. Fehlbetrag meint nicht den Gesamtbetrag der durch den Mangel verursachten Wertminderung (BaRoth/*Gehrlein* Rn 1; JurisPK/*Sefrin* Rn 9; Staud/*Wimmer-Leonhardt* Rn 4). Der Mangel muss für den entstandenen Fehlbetrag kausal sein (»durch«, MüKo/*Koch* Rn 2). Maßgeblicher Zeitpunkt für das Vorliegen des Mangels ist nach überwiegender Meinung der Zeitpunkt des Schenkungsvollzugs (hM, MüKo/*Koch* Rn 2; aA Erman/*Herrmann* Rn 2: Schenkungsvereinbarung). Zudem darf der Beschenkte den Mangel nicht kennen.

3 **C. Rechtsfolgen. I. Leistungsverweigerungsrecht, § 526 S 1.** Wurde die Auflage noch nicht vollzogen, gewährt § 526 S 1 dem Beschenkten das Recht, bis zum Ausgleich des Fehlbetrags seine Leistung zu verweigern. Es handelt sich um eine **aufschiebend bedingte** Einrede (Erman/*Herrmann* Rn 1; Staud/*Wimmer-Leonhardt* Rn 6; aA auflösend bedingte Einrede: Palandt/*Weidenkaff* Rn 3). Der Beschenkte kann die Einrede ggü jedem Vollziehungsberechtigten erheben, dh auch ggü einem durch die Auflage begünstigten Dritten (§ 334) oder der zuständigen Behörde (Staud/*Wimmer-Leonhardt* Rn 7). Hatte der Beschenkte bei Annahme des Geschenks Kenntnis vom Vorliegen des Mangels (§ 442), **entfällt** die Einrede, da er in diesen Fällen nicht mehr schutzwürdig ist (Palandt/*Weidenkaff* Rn 3; Zeitpunkt der Begründung der Auflagenverpflichtung: Staud/*Wimmer-Leonhardt* Rn 8; BaRoth/*Gehrlein* Rn 2; Zeitpunkt der Schenkungsvereinbarung: Erman/*Herrmann* Rn 2; PWW/*Hoppenz* Rn 2).

4 **II. Aufwendungsersatzanspruch, § 526 S 2.** Hat der Beschenkte die Auflage vollzogen, ohne den Mangel zu kennen, steht ihm gem § 526 S 2 ein **eigenständiger** Aufwendungsersatzanspruch zu. Dieser Anspruch

besteht nur ggü dem Schenker, nicht jedoch ggü dem durch die Auflage Begünstigten (Palandt/*Weidenkaff* Rn 5; Staud/*Wimmer-Leonhardt* Rn 12; MüKo/*Koch* Rn 4). Der Umfang des Anspruchs bestimmt sich danach, inwieweit die erbrachten Aufwendungen den Wert der Zuwendung übersteigen. Die allg gesetzlichen Bestimmungen (insbes §§ 256, 257) gelten auch für den Anspruch nach § 526 S 2 (Staud/*Wimmer-Leonhardt* Rn 11; jurisPK/*Sefrin* Rn 11). Kannte der Beschenkte bei Vollzug der Auflage das Vorliegen des Mangels (nicht notwendig Kenntnis des sich ergebenden Missverhältnisses), wird hierin ein **Verzicht** auf die Geltendmachung des Anspruchs gesehen (Staud/*Wimmer-Leonhardt* Rn 10). Fahrlässige Unkenntnis schadet nicht (MüKo/*Koch* Rn 4; Staud/*Wimmer-Leonhardt* Rn 10).

D. Prozessuales. Das Leistungsverweigerungsrecht aus § 526 S 1 muss im Prozess geltend gemacht werden, da es sich um eine Einrede handelt, die nicht von Amts wegen berücksichtigt wird (jurisPK/*Sefrin* Rn 14). Hinsichtlich der Voraussetzungen des § 526 S 1 trägt der Beschenkte die Beweislast bzgl des Mangels und Fehlbetrags (BaRoth/*Gehrlein* Rn 1; Palandt/*Weidenkaff* Rn 2; Erman/*Herrmann* Rn 5). Dem Schenker bzw Vollziehungsberechtigten obliegt die Beweislast für die Kenntnis des Mangels (str, BaRoth/*Gehrlein* Rn 2; PWW/*Hoppenz* Rn 3; MüKo/*Koch* Rn 2; Staud/*Wimmer-Leonhardt* Rn 10 mwN; aA Erman/*Herrmann* Rn 5; Palandt/*Weidenkaff* Rn 2: Beschenkte). Beim Aufwendungsersatzanspruch nach § 526 S 2 hat der Beschenkte seine Unkenntnis vom Vorliegen des Mangels bei Vollzug zu beweisen (BaRoth/*Gehrlein* Rn 3; PWW/*Hoppenz* Rn 3; Palandt/*Weidenkaff* Rn 2; MüKo/*Koch* Rn 4; Staud/*Wimmer-Leonhardt* Rn 10 mwN). 5

§ 527 Nichtvollziehung der Auflage.

[1] Unterbleibt die Vollziehung der Auflage, so kann der Schenker die Herausgabe des Geschenkes unter den für das Rücktrittsrecht bei gegenseitigen Verträgen bestimmten Voraussetzungen nach den Vorschriften über die Herausgabe einer ungerechtfertigten Bereicherung insoweit fordern, als das Geschenk zur Vollziehung der Auflage hätte verwendet werden müssen. [2] Der Anspruch ist ausgeschlossen, wenn ein Dritter berechtigt ist, die Vollziehung der Auflage zu verlangen.

A. Zweck und Anwendungsbereich. Wird die Auflage nicht bzw teilw nicht vollzogen (zum Erfüllungsanspruch s § 525), gewährt § 527 dem Beschenkten ein Rückforderungsrecht. Es handelt sich um einen Sonderfall der Störung der Geschäftsgrundlage, § 313 (BGH NJW-RR 2006, 699; Palandt/*Weidenkaff* Rn 1). § 527 ist abdingbar. Ein Rücktrittsrecht des Schenkers kann insoweit auch vertraglich vereinbart werden. Den Anspruch aus § 527 kann der Auflagenberechtigte statt seines primären Erfüllungsanspruchs aus § 525 wählen. Er besteht zudem neben etwaigen Schadensersatzansprüchen (§§ 280, 281, 283, 286), die jedoch häufig am Erfordernis des Schadensnachweises scheitern werden (MüKo/*Koch* Rn 1; Staud/*Wimmer-Leonhardt* Rn 1, 13; Palandt/*Weidenkaff* Rn 2). Da es sich bei § 527 um eine Sonderregelung handelt, sind innerhalb des Regelungsbereiches weitere gesetzliche Rückforderungsansprüche des Schenkers, insbes aus § 812 Abs 1 S 2, 2. Alt, § 530 (Widerruf) und § 313 (Wegfall der Geschäftsgrundlage), ausgeschlossen (BGH NJW-RR 2006, 699; 1990, 386; NJW 1952, 620; MüKo/*Koch* Rn 4; Palandt/*Weidenkaff* Rn 2). Außerhalb des Anwendungsbereiches des § 527 sind diese nach hM jedoch anwendbar (BGH NJW-RR 2006, 699, 700; FamRZ 2005, 337 f; NJW-RR 1990, 386, 387; NJW 1972, 247, 248; WM 1968, 474 f; FamRZ 1969, 28, 29; 1968, 247, 249; NJW 1953, 1585; Stuttgart NJW-RR 1988, 134, 135; MüKo/*Koch* Rn 3; zur aA s Düsseldorf NJW 1966, 550, 551). 1

B. Anspruchsvoraussetzungen. Bezüglich der Voraussetzungen verweist § 527 S 1 auf die für das Rücktrittsrecht bei gegenseitigen Verträgen geltenden Voraussetzungen, dh auf § 323 (Verzug) bzw § 326 Abs 5 (Unmöglichkeit). Ein Verschulden ist nicht erforderlich (str, MüKo/Koch Rn 2; Staud/*Wimmer-Leonhardt* Rn 4; aA jurisPK/*Sefrin* Rn 5 ff; BaRoth/*Gehrlein* Rn 1). **Anspruchsberechtigt** ist nur der Schenker bzw sein Rechtsnachfolger (Erbe, § 1922), nicht hingegen ein durch die Auflage begünstigter Dritter (Staud/*Wimmer-Leonhardt* Rn 3; Palandt/*Weidenkaff* Rn 3). § 527 Abs 2 schließt den Anspruch jedoch aus, wenn daneben noch ein Dritter vollziehungsberechtigt ist. Es handelt sich um eine **rechtshindernde** Einrede (Palandt/*Weidenkaff* Rn 4). Nach hM kann Dritter auch die zuständige Behörde iSd § 525 Abs 2 sein (Staud/*Wimmer-Leonhardt* Rn 7; PWW/*Hoppenz* Rn 1; HK-BGH/*Saenger* Rn 5). Weiterhin ist der Anspruch gem § 323 Abs 6 (ggf iVm § 326 Abs 5) ausgeschlossen, wenn der Schenker (Gläubiger) die Nichtvollziehung der Auflage zu vertreten hat (Staud/*Wimmer-Leonhardt* Rn 8; MüKo/*Koch* Rn 2). War die Auflage aufschiebend bedingt und fällt die Bedingung aus, schließt dies den Anspruch ebenfalls aus (Staud/*Wimmer-Leonhardt* Rn 9). 2

C. Rechtsfolgen. Liegen die Voraussetzungen vor, steht dem Schenker gem § 527 Abs 1 ein Anspruch auf Herausgabe des Geschenkes insoweit zu, als es zur Vollziehung der Auflage hätte verwendet werden müssen (Celle NdsRpfl 2006, 97). Einen Mehrwert darf der Beschenkte behalten (Erman/*Herrmann* Rn 3; BaRoth/*Gehrlein* Rn 1). Die Herausgabe erfolgt nach bereicherungsrechtlichen Regeln (**Rechtsfolgenverweis** auf §§ 818 ff). War das Geschenk in seiner gesamten Substanz zur Erfüllung der Auflage einzusetzen, ist es insges herauszugeben. Eine teilw Herausgabe kommt in Betracht, soweit nur ein real abtrennbarer Teil zu verwenden war (MüKo/*Koch* Rn 3; Erman/*Herrmann* Rn 3; Palandt/*Weidenkaff* Rn 5; zur gemischten Schenkung sa RGZ 68, 326, 329; Staud/*Wimmer-Leonhardt* Rn 11). Sollte das Geschenk nur seinem Wert nach zur Erfüllung der Auflage verwendet werden, steht dem Schenker ein Wertersatzanspruch gem § 818 Abs 2 zu (MüKo/ 3

Koch Rn 3). Fällt jedoch die Bereicherung weg, bevor der Beschenkte von der Rückforderung Kenntnis erlangt, entfällt dieser Anspruch gem §§ 818 Abs 3, 819 Abs 1 (MüKo/*Koch* Rn 3). Ein Anspruch auf Wertersatz nach § 818 Abs 2 kommt ebenfalls in Betracht, wenn die Herausgabe des Geschenks unmöglich ist (BGH NJW 1981, 2687 zur Herausgabe eines Grundstückes; Staud/*Wimmer-Leonhardt* Rn 12). Str ist, ob bei immateriellen Auflagen etwas herausgegeben werden muss (bejahend, unter Anwendung von § 812 Abs 1 S 2, 2. Alt: Staud/*Wimmer-Leonhardt* Rn 14; verneinend: MüKo/*Koch* Rn 4; BaRoth/*Gehrlein* Rn 2; Palandt/*Weidenkaff* Rn 5; verneinend aber vermittelnd, falls im Ergebnis unbefriedigend: Erman/*Herrmann* Rn 3).

4 **D. Prozessuales.** Die Darlegungs- und Beweislast für die Nichtvollziehung der Auflage durch den Beschenkten trägt der Schenker. Abweichende Vereinbarungen sind von der Partei zu beweisen, die sich darauf beruft (Staud/*Wimmer-Leonhardt* Rn 18; MüKo/*Koch* Rn 3).

§ 528 Rückforderung wegen Verarmung des Schenkers.

[1] Soweit der Schenker nach der Vollziehung der Schenkung außerstande ist, seinen angemessenen Unterhalt zu bestreiten und die ihm seinen Verwandten, seinem Ehegatten, seinem Lebenspartner oder seinem früheren Ehegatten oder Lebenspartner gegenüber gesetzlich obliegende Unterhaltspflicht zu erfüllen, kann er von dem Beschenkten die Herausgabe des Geschenkes nach den Vorschriften über die Herausgabe einer ungerechtfertigten Bereicherung fordern. Der Beschenkte kann die Herausgabe durch Zahlung des für den Unterhalt erforderlichen Betrags abwenden. Auf die Verpflichtung des Beschenkten findet die Vorschrift des § 760 sowie die für die Unterhaltspflicht der Verwandten geltende Vorschrift des § 1613 und im Falle des Todes des Schenkers auch die Vorschrift des § 1615 entsprechende Anwendung.
[2] Unter mehreren Beschenkten haftet der früher Beschenkte nur insoweit, als der später Beschenkte nicht verpflichtet ist.

1 **A. Zweck und Anwendungsbereich.** Der Schenker soll seinen Unterhalt aus eigenen Mitteln **selbst bestreiten** und seine gesetzlichen Unterhaltspflichten ggü Verwandten und Ehegatten erfüllen können (BGH NJW 2001, 2084; 1991, 1824; 1986, 1606, 1607). Sieht er sich nach Vollziehung der Schenkung hierzu außerstande, gewährt ihm § 528 das Recht, den Schenkungsgegenstand herauszuverlangen (zur Rückforderung vor Vollziehung der Schenkung s § 519). Damit soll zugleich eine Inanspruchnahme der Allgemeinheit für den Notbedarf des Schenkers verhindert werden (BGH NJW 2001, 2084). Das Rückforderungsrecht nach § 528 haftet der Schenkung **von Anfang an** als Risiko an. Es entsteht nicht erst mit Eintreten der die Rückforderung begründenden Tatsachen, sondern wird durch die Verarmung des Schenkers ausgelöst (BGH FamRZ 2004, 357; NJW 2003, 2449 f; Palandt/*Weidenkaff* Rn 1). Es handelt sich um einen Sonderfall des Wegfalls der Geschäftsgrundlage, § 313 (BGH NJW 1991, 1824). Außerhalb des Anwendungsbereiches des § 528 sind die Regelungen des § 313 anwendbar (s zB BGH NJW 1990, 386; sa Nachweise zu § 527 Rn 2; PWW/*Hoppenz* Rn 1). Auf Pflicht- und Anstandsschenkungen (§ 534) findet § 528 keine Anwendung. Die Regelung ist zudem nicht anwendbar, wenn es sich beim Schenker um eine juristische Person handelt (MüKo/*Koch* Rn 4; BaRoth/*Gehrlein* Rn 1).

2 Stirbt der Schenker, **erlischt** der Rückforderungsanspruch aus § 528 nicht, sofern er zuvor vom Schenker geltend gemacht oder abgetreten wurde oder der Schenker durch die Inanspruchnahme von Leistungen Dritter zu erkennen gegeben hat, dass er ohne Rückforderung des Geschenks nicht in der Lage ist, seinen Unterhalt zu erfüllen (BGH NJW 2001, 2084, 2085 f; 1991, 1824; 1985, 1606 f; Staud/*Wimmer-Leonhardt* Rn 26 f). In diesen Fällen kann der Anspruch vom Erben weiterverfolgt werden. Hat der Schenker hingegen nicht von seinem Rückforderungsrecht Gebrauch gemacht und sich gegen die Inanspruchnahme des Beschenkten entschieden, erlischt der Anspruch grds mit dem Tod des Schenkers (BGH NJW 2001, 2084, 2085 f). Anderes gilt jedoch, wenn der Schenker **Sozialhilfe** beansprucht hat. Dann geht der Rückforderungsanspruch mit dem Tod das Schenkers auch dann nicht unter, wenn der Anspruch nicht zu Lebzeiten abgetreten oder auf einen Sozialhilfeträger übergeleitet worden ist (BGH NJW 2003, 2449 f; 2001, 2084, 2085 f). Die Überleitung des Anspruchs kann gem § 93 SGB XII (zuvor § 90 BSHG) auch noch nach dem Tod des Schenkers erfolgen und der Anspruch vom Sozialhilfeträger geltend gemacht werden (BaRoth/*Gehrlein* Rn 4; MüKo/*Koch* Rn 13, 28 ff, jeweils mwN; aA Erman/*Herrmann* Rn 6). Stirbt der Beschenkte vor Verarmung des Schenkers, besteht der Anspruch ggü dessen Erben (§§ 1922, 1967; BGH NJW 1991, 2558; Palandt/*Weidenkaff* Rn 3).

3 **B. Anspruchsvoraussetzungen.** Der Anspruch setzt, anders als der Anspruch nach § 519, zunächst den **Vollzug** der Schenkung voraus. Weiterhin muss ein **Notbedarf** bestehen. Der Notbedarf kann vor oder nach Vollziehung der Schenkung **eingetreten** sein (BGH NJW 2007, 60, 62), er muss jedoch vorliegen. Eine bloße Gefährdung des künftigen Unterhalts ist nicht ausreichend (BGH NJW 2007, 60, 62; 2003, 2449 f; Staud/*Wimmer-Leonhardt* Rn 7). Keine Voraussetzung ist, dass der Notbedarf durch die Schenkung verursacht worden ist (BGH NJW 2007, 60, 62; 2005, 670 f).

4 Hinsichtlich der Voraussetzungen des Notbedarfs verlangt § 528, dass der Schenker nicht in der Lage ist, seinen angemessenen Unterhalt zu bestreiten und seine gesetzlichen Unterhaltspflichten (§§ 1360 ff; 1569 ff; 1601 ff; 1615l) zu erfüllen (sa BGH NJW 2001, 1207 f). Vertragliche Unterhaltspflichten bleiben dabei außer

Betracht (PWW/*Hoppenz* Rn 2; BaRoth/*Gehrlein* Rn 2). Ob ein Schenker nach Vollziehung der Schenkung nicht mehr in der Lage ist, seinen Unterhalt zu bestreiten, richtet sich nach den Vorgaben des **Unterhaltsrechts**, auf deren Begrifflichkeiten § 528 Abs 1 S 1 Bezug nimmt. Der Schenker ist danach außerstande, sich selbst zu unterhalten, wenn er seinen Bedarf weder aus Einkommen noch aus Verwertung von Vermögen decken kann (BGH NJW 2005, 670 f; 2003, 1384, 1386). Die Unterhaltsbedürftigkeit sowie Unterhaltspflichten des Schenkers richten sich nach den für das Unterhaltsverhältnis zwischen Schenker und Beschenkten maßgeblichen Regelungen. Besteht zwischen diesen kein Unterhaltsverhältnis, können die für den Elternunterhalt geltenden Regelungen herangezogen werden (BGH NJW 2003, 1384; 2001, 1207; 2000, 3488 zu § 529 Abs 2; PWW/*Hoppenz* Rn 2).

Für die Prüfung, ob ein Notbedarf des Schenkers besteht, sind dessen Aktivvermögen und die Kosten für dessen eigenen angemessenen Unterhalt gegenüberzustellen. Dem **Aktivvermögen** des Schenkers müssen gesicherte Erwerbsaussichten und Einkommensmöglichkeiten hinzugerechnet werden (BaRoth/*Gehrlein* Rn 2; Palandt/*Weidenkaff* Rn 5). Ebenfalls zu berücksichtigen sind zumutbare Erwerbsmöglichkeiten des Schenkers (hM, BGH NJW 1996, 987; Staud/*Wimmer-Leonhardt* Rn 9). Der Schenker ist verpflichtet, sein Aktivvermögen in seiner Substanz zu verwerten, soweit dies nicht ganz unwirtschaftlich ist (BGH NJW 1996, 987; Koblenz NJW-RR 2004, 1375, 1376: Vermietung Hausgrundstück bei vorbehaltenem Wohnrecht; Staud/*Wimmer-Leonhardt* Rn 9; Hk-BGB/*Saenger* Rn 2). Der Nießbrauch gehört wegen § 1059 S 1 jedoch nicht zum verwertbaren Vermögen. Eigene gesetzliche Unterhaltsansprüche des Schenkers bleiben unberücksichtigt (BGH NJW 1991, 1824; 1986, 1606; Erman/*Herrmann* Rn 2; Palandt/*Weidenkaff* Rn 5). **Angemessener Unterhalt** (wie § 1610 Abs 1) meint den Unterhalt, der objektiv der Lebensstellung des Schenkers nach der Schenkung angemessen ist (BGH NJW 2003, 1384; MüKo/*Koch* Rn 3). Sonstige Verbindlichkeiten (vgl § 519) bleiben unberücksichtigt. Weitere Gläubiger verlieren damit ihren Vorrang (Staud/*Wimmer-Leonhardt* Rn 10; MüKo/*Koch* Rn 3). Stellt sich nach dem Vergleich heraus, dass der Unterhalt des Schenkers bzw (und/oder) die Erfüllung der ihm obliegenden Unterhaltspflichten nicht nur gefährdet sondern beeinträchtigt ist, liegt ein Notbedarf vor (BGH NJW 1996, 987). Bezieht der Schenker Sozialhilfe, kann dies ein Indiz für dessen Notbedarf sein (BGH NJW 1996, 987). 5

Die Schenkung muss **werthaltig** sein. Dabei ist es ausreichend, wenn das Geschenk grds geeignet ist, den angemessenen Unterhalt und die Erfüllung bestehender Unterhaltspflichten sicherzustellen. Es schadet nicht, wenn es lediglich zeitweise nicht zum Unterhalt verwendet werden kann (BGH NJW 2007, 60: Nießbrauchsvorbehalt; PWW/*Hoppenz* Rn 3a). Kann hingegen der Schenker den Schenkungsgegenstand nicht für seinen Unterhalt beanspruchen, sondern hat er ihn an einen Dritten weiterzugeben, ist der Rückforderungsanspruch nicht gegeben (BGH NJW 2001, 1063; BaRoth/*Gehrlein* Rn 2; Palandt/*Weidenkaff* Rn 5). Ebenso scheidet der Anspruch aus, wenn der in ein Pflegeheim umgezogene Schenker eines Hausgrundstückes ein ihm nach der Schenkung verbliebenes dingliches Wohnrecht wirtschaftlich nutzen kann (Koblenz NJW-RR 2004, 1375; BaRoth/*Gehrlein* Rn 2). 6

C. Rechtsfolgen. I. Herausgabe, § 528 Abs 1 S 1. Hinsichtlich der Rechtsfolgen verweist § 528 Abs 1 S 1 auf das Bereicherungsrecht. Es handelt sich um eine **Rechtsfolgenverweisung**. Die bereicherungsrechtlichen Voraussetzungen bestimmen Art und Umfang des schenkungsrechtlichen Rückforderungsanspruchs (BGH NJW 2001, 1207, 1208; Staud/*Wimmer-Leonhardt* Rn 17). Ebenso finden die Regelungen zur verschärften Haftung nach §§ 818 Abs 4, 819 Anwendung (BGH NJW 2003, 2449; 1992, 2415). Der Anspruch des Schenkers aus § 528 Abs 1 S 1 richtet sich nur auf Herausgabe dessen, was der Schenker zur Behebung seiner Bedürftigkeit benötigt (»soweit«). Der Rückforderungsanspruch besteht daher lediglich in dem Umfang, in welchem der Schenkungsgegenstand zur Deckung des angemessenen Unterhalts erforderlich ist (BGH NJW 2003, 2449 f; 1991, 1824; 1985, 2419, 2420). Grundsätzlich ist der Schenkungsgegenstand in Natur gem § 812 Abs 1 S 1 herauszugeben (BGH NJW 2001, 1063 f). Ist der eingetretene Notbedarf jedoch geringer als der Wert des Schenkungsgegenstandes, so kann der Schenker bei einem teilbaren Schenkungsgegenstand nur den entspr Bruchteil herausverlangen (BGH NJW 1996, 987; 1985, 2419, 2420; BVerwG NJW 1992, 3312). Handelt es sich um ein unteilbares Geschenk, zB ein Grundstück, ist der Anspruch von vornherein nur auf die – ggf wiederkehrende – Zahlung eines der jeweiligen Bedürftigkeit des Schenkers entspr Wertanteils (§ 818 Abs 2) gerichtet (st Rspr, BGH NJW 2005, 670; 2003, 2449 f; 2001, 1063 f; 1985, 1606 f). Bei wiederkehrenden Leistungen (zB Heimunterbringungs- bzw Pflegekosten) besteht ein Anspruch auf die regelm wiederkehrenden Leistungen in der dem Bedarf entspr Höhe, bis der Wert des Geschenks erschöpft ist (BGH NJW 2003, 2449 f; 2001, 1063 f; 1996, 987; 1992, 3312; BVerwG NJW 1992, 3312). 7

Der Beschenkte kann dem Rückgabeanspruch den Einwand der Entreicherung entgegenhalten, § 818 Abs 3, wenn das Geschenk ohne Ersatz verbraucht wurde (BGH NJW 2001, 1063; 1995, 323). Der Anspruch entfällt auch, wenn das Geschenk objektiv wertlos ist (MüKo/*Koch* Rn 5; BaRoth/*Gehrlein* Rn 3). Freiwillige Betreuungs- und Pflegeleistungen können hingegen nicht geltend gemacht werden (str, BGH NJW 1998, 537; BaRoth/*Gehrlein* Rn 3; aA Erman/*Herrmann* Rn 3). 8

II. Ersetzungsbefugnis, § 528 Abs 1 S 2. Der Beschenkte hat gem § 528 Abs 1 S 2 die Möglichkeit, die Herausgabe des Geschenks abzuwenden, indem er den für den Unterhalt erforderlichen Betrag zahlt. Der Rückforderungsanspruch des Schenkers wandelt sich dann in einen **Unterhaltsanspruch** um. Voraussetzung 9 ist, dass sich der Anspruch auf Herausgabe nicht auf eine aus Geld bestehende Zuwendung bezieht. Ist der Anspruch von vornherein auf Geldleistung, Wertersatz bzw Zahlung wiederkehrender Unterhaltsleistungen gerichtet, kommt eine Ersetzungsbefugnis nicht in Betracht (BGH NJW 1998, 537, 538; 1996, 987, 988; Staud/*Wimmer-Leonhardt* Rn 28). Str ist, ob dieser der Höhe nach auf den **Wert des Geschenks** begrenzt ist (verneinend: BaRoth/*Gehrlein* Rn 5; bejahend: MüKo/*Koch* Rn 22; Erman/*Herrmann* Rn 4). Hat sich der Beschenkte für die Zahlung entschieden, kann er später nicht mehr auf die Herausgabe des Geschenkes ausweichen (BaRoth/*Gehrlein* Rn 5). Für den Unterhaltsanspruch gilt S 3, der auf § 760 (Leibrenten) verweist. Damit wird eine dreimonatige Vorauszahlung festgelegt. Aus den Verweisen auf §§ 1613, 1615 ergibt sich, dass für die **Vergangenheit** grds kein Unterhalt gezahlt werden soll (MüKo/*Koch* Rn 24). Die Verweisungen finden nur auf die dem Beschenkten nach § 528 Abs 1 S 2 zustehende Befugnis zur Rentenzahlung Anwendung, nicht jedoch für die in S 1 bestimmte Forderung des Schenkers, da sich nur die Regelung in S 2 auf Rentenzahlungen des in S 3 behandelten Inhalts bezieht (BGH NJW 1985, 2419, 2420; MüKo/*Koch* Rn 24). Die Ersetzungsbefugnis kommt nach Ansicht der Rspr nicht in Betracht, wenn der Anspruch auf Zahlung für einen vergangenen Zeitraum der Unterhaltsbedürftigkeit gerichtet ist (BGH NJW 1986, 1606; 1986, 1926; 1985, 2419). Die Lit steht dem ablehnend ggü und legt die Verweisungsnorm des S 3 restriktiv aus. Sie schlägt vor, dass der Unterhalt, der in der Vergangenheit liegt, in einer Summe gezahlt werden solle und der ab Ausübung der Ersetzungsbefugnis zukünftige Unterhalt in Rentenform gem § 760 (Staud/*Wimmer-Leonhardt* Rn 31; MüKo/*Koch* Rn 25; BaRoth/*Gehrlein* Rn 5).

10 **D. Mehrere Beschenkte, Abs 2.** Mehrere Beschenkte haften nach der Rangordnung des § 528 Abs 2 (hierzu BGH NJW 1991, 1824). Die Rückabwicklung erfolgt in umgekehrter Reihenfolge und beginnt mit der Inanspruchnahme des später Beschenkten (BGH NJW 1998, 537). Gleichzeitig Beschenkte haften gleichrangig nebeneinander, entspr § 421 (BGH NJW 1991, 1824). Die interne Ausgleichspflicht erfolgt nach § 426 Abs 1 (BGH NJW 1998, 537; 1991, 1824).

11 **E. Prozessuales.** Die Darlegungs- und Beweislast bzgl der Voraussetzungen des Rückforderungsanspruchs trägt der Schenker. Bezüglich des Notbedarfs muss er darlegen und beweisen, inwieweit er seinen angemessenen Lebensunterhalt nicht bestreiten kann (BGH NJW-RR 2003, 53, 54; NJW 1995, 1349, 1350). Maßgeblicher Zeitpunkt für die Bestimmung des Notbedarfs ist der Schluss der mündlichen Verhandlung in der Tatsacheninstanz (BGH NJW 2007, 60, 62; 1986, 1606; MüKo/*Koch* Rn 35). Bei Überleitung des Anspruchs auf **Sozialhilfeträger** kommt es auf die Einkommens- und Vermögenslage des Schenkers im Zeitpunkt des Antrags auf Sozialhilfe bzw im Zeitpunkt der Bewilligung an (BGH NJW 2003, 2449: Antrag; BGH NJW 2005, 670: Bewilligung; BGH NJW 1986, 1606: offen gelassen). Der Beschenkte hat den Wegfall der Bereicherung (§ 818 Abs 3) zu beweisen (BGH NJW 1995, 323; 1992, 2415). Der Anspruch verjährt regelm nach 3 Jahren, §§ 195, 199 Abs 1 (Palandt/*Weidenkaff* Rn 6; MüKo/*Koch* Rn 34; zum Verhältnis der 10-Jahres Frist des § 529 Abs 1 s § 529 Rz 3; zur 30-jährigen Verjährung vor der Schuldrechtsmodernisierung s BGH NJW 2001, 1063 ff zu aF §§ 195, 197; ausf Staud/*Wimmer-Leonhardt* Rn 51 f).

§ 529 Ausschluss des Rückforderungsanspruchs.

[1] Der Anspruch auf Herausgabe des Geschenkes ist ausgeschlossen, wenn der Schenker seine Bedürftigkeit vorsätzlich oder durch grobe Fahrlässigkeit herbeigeführt hat oder wenn zur Zeit des Eintritts seiner Bedürftigkeit seit der Leistung des geschenkten Gegenstandes zehn Jahre verstrichen sind.

[2] Das gleiche gilt, soweit der Beschenkte bei Berücksichtigung seiner sonstigen Verpflichtungen außerstande ist, das Geschenk herauszugeben, ohne dass sein standesmäßiger Unterhalt oder die Erfüllung der ihm kraft Gesetzes obliegenden Unterhaltspflichten gefährdet wird.

1 **A. Zweck und Anwendungsbereich.** In den in § 529 genannten drei Fällen hält der Gesetzgeber eine Inanspruchnahme des Beschenkten für **unbillig**. Er schließt daher die Rechte des Schenkers aus § 528 aus (BGH NJW 2003, 1384, 1386). Es handelt sich jeweils um **anspruchshemmende** Einreden (hM, BGH NJW 2005, 3638; 2003, 2449; 2001, 1207 jeweils zu § 529 Abs 2; Erman/*Herrmann* Rn 1; BaRoth/*Gehrlein* Rn 1; str bzgl Abs 1, zum Meinungsstand s MüKo/*Koch* Rn 6; Staud/*Wimmer-Leonhardt* Rn 13 jeweils mwN). Die Einreden gelten sowohl für § 528 Abs 1 S 1 als auch für Abs 1 S 2. Die Grundsätze nach Treu und Glauben (§ 242) bleiben daneben anwendbar (BGH NJW 2001, 1207, 1208; Hamm NJW-RR 1993, 1412 f; MüKo/*Koch* Rn 5; Palandt/*Weidenkaff* Rn 1; PWW/*Hoppenz* Rn 1).

2 **B. Einreden. I. § 529 Abs 1, 1. Alt.** Gegen den Herausgabeanspruch des Schenkenden aus § 528 kann gem § 529 Abs 1, 1. Alt geltend gemacht werden, der Schenker habe seine Notsituation vorsätzlich oder grob fahrlässig **selbst herbeigeführt** (zu Vorsatz und grober Fahrlässigkeit s § 276). Dies ist zB der Fall bei Trunksucht, Verschwendung, Glücksspiel, leichtsinniger Spekulation (BGH NJW 2003, 1384, 1386; 2001, 1207, 1209; MüKo/*Koch* Rn 2; Erman/*Herrmann* Rn 2; Palandt/*Weidenkaff* Rn 1; PWW/*Hoppenz* Rn 4) oder auch bei mutwilligem Verzicht auf eine Erwerbstätigkeit (Staud/*Wimmer-Leonhardt* Rn 4; BaRoth/*Gehrlein* Rn 2), nicht hingegen bei sozialadäquaten Schenkungen oder Spenden (BGH NJW 2003, 1384, 1387). Ob diese Voraussetzungen vorliegen, sind im wesentlichen Tatfragen (BGH NJW 2003, 1384, 1386). Hat der Schenker

mit seinem baldigen Ableben gerechnet, kann eine grobe Fahrlässigkeit ausscheiden (BGH NJW 2003, 1384, 1387). Die Bedürftigkeit des Schenkers muss **nach Schenkungsvollzug** eingetreten sein (hM, aA Erman/*Herrmann* Rn 2). Nicht ausreichend ist, wenn sie erst in Zukunft einzutreten droht (BGH NJW 2000, 728; Staud/*Wimmer-Leonhardt* Rn 5). Die Bedürftigkeit des Schenkers darf zudem für den Beschenkten **nicht vorhersehbar** gewesen sein (BGH NJW 2003, 1384, 1387; MüKo/*Koch* Rn 2; Palandt/*Weidenkaff* Rn 2; Jauernig/*Mansel* Rn 5; BaRoth/*Gehrlein* Rn 2). Lag die Bedürftigkeit bereits vor Schenkungsvollzug vor, ist der Beschenkte nicht schutzwürdig und § 529 Abs 1, 1. Alt nicht anwendbar.

II. § 529 Abs 1, 2. Alt. § 529 Abs 1, 2. Alt gewährt eine Einrede dann, wenn die Bedürftigkeit erst **zehn Jahre** 3
nach Leistung eintritt. Die Frist beginnt, sobald vom Schenker alles für den **Vollzug** notwendige getan wurde (hM, BGH NJW 2001, 1063; 2000, 728, 729; Köln FamRZ 1986, 988; Staud/*Wimmer-Leonhardt* Rn 8; aA: Erman/*Herrmann* Rn 2: Handschenkung oder Leistungsbewirkung iSv §§ 518 Abs 2, 362 Abs 1; MüKo/*Koch* Rn 3: Leistungserfolg; zum Vollzugsbegriff s.o. § 518). Die Bedürftigkeit muss bereits **eingetreten** sein. Nicht ausreichend ist, wenn sie erst zukünftig droht. Treten vor Ablauf der 10-Jahresfrist Umstände ein, die eine Vermögenserschöpfung zur Folge haben, zB die Einweisung in ein Heim, kann sich der Schenker bei fortlaufender Bedürftigkeit auch nach Ablauf der Frist auf § 528 berufen (BGH NJW 2005, 3638; 2000, 728, 729; MüKo/*Koch* Rn 3). Nicht ausreichend ist, wenn diese Umstände vor Ablauf der Frist eintreten, die Bedürftigkeit jedoch erst nach Ablauf der Frist besteht (BGH NJW 2000, 728, 729; PWW/*Hoppenz* Rn 4; Palandt/*Weidenkaff* Rn 2). Wurde innerhalb der 10-Jahresfrist ein vorübergehendes Bedürfnis gedeckt (zB Krankenhausrechnung) und entsteht nach Ablauf der Frist ein neues Bedürfnis, kann sich der Schenker nicht mehr auf den Rückforderungsanspruch nach § 528 berufen werden (Staud/*Wimmer-Leonhardt* Rn 7; MüKo/*Koch* Rn 3). Die 10-Jahresfrist steht in Konkurrenz zu der den Beschenkten begünstigenden regelm dreijährigen Verjährungsfrist der §§ 195, 199 Abs 1. Tritt die Verjährung bereits vor Ablauf der 10-Jahresfrist ein, kann § 529 Abs 1 2. Alt gegenstandslos werden (Staud/*Wimmer-Leonhardt* Rn 9; Erman/*Herrmann* Rn 2; zum Verhältnis von § 529 Abs 1 2. Alt und aF §§ 195, 197 vgl BGH NJW 2001, 1063).

III. § 529 Abs 2. § 529 Abs 2 erlaubt dem Beschenkten, gegen den Herausgabeanspruch des Schenkers die 4
eigene Bedürftigkeit geltend zu machen (zur Bedürftigkeit der Erben s BGH NJW 2001, 1207). Standesgemäßer Unterhalt meint angemessener Unterhalt (s zB Wortlaut in §§ 519; 528 Abs 1; 1603 Abs 1; 1610 Abs 1; BGH NJW 2005, 3638; 2000, 3488; Düsseldorf FamRZ 1984, 887, 888; Hamm FamRZ 1993, 1436). Das Gesetz stellt ebenso wie bei § 519 auf die Gefährdung ab. Der Notbedarf muss auch bei der Einrede nach § 529 Abs 2 noch nicht vorliegen. Es muss lediglich – zum Zeitpunkt der letzten mündlichen Verhandlung in der letzten Tatsacheninstanz – ernstlich damit zu rechnen sein, dass dem Beschenkten bei Erfüllung des Rückforderungsanspruchs zukünftig nicht mehr genügend Mittel für seinen angemessenen Unterhalt und die Erfüllung seiner gesetzlichen Unterhaltspflichten zur Verfügung stehen (BGH NJW 2001, 1207, 1208). Wie bei § 519 Abs 1 ist auch bei § 529 Abs 2 unerheblich, wann der Notbedarf entstanden ist und wodurch (arg ex § 529 Abs 1 Alt 1; BGH NJW 2001, 1207, 1208; MüKo/*Koch* Rn 4; Erman/*Herrmann* Rn 2; BaRoth/*Gehrlein* Rn 4).

Angemessen ist regelm der **Familienunterhalt**. Dem Beschenkten ist das zu belassen, was er von seinen 5
Eltern an Unterhalt verlangen könnte (zur Veräußerung des Familieneigenheimes, die grds nicht verlangt werden kann, vgl BGH NJW 2003, 1384; 2000, 3488). Zu beachten ist, dass der Beschenkte regelm auch zu einer Erwerbstätigkeit verpflichtet ist (BGH NJW 2005, 3638, 3639; Palandt/*Weidenkaff* Rn 3). Er kann uU auch zur Aufnahme eines Realkredits verpflichtet sein (BGH NJW 2005, 3638, 3639; 2003, 1384, 1388). Bei Bemessung sind – wie bei § 528 – die jeweils einschlägigen familienrechtlichen Bestimmungen und die hierzu von der Rspr entwickelten Maßstäbe heranzuziehen (BGH NJW 2003, 1384, 1388; 2001, 1207, 1209; 2000, 3488, 3489; MüKo/*Koch* Rn 4; Erman/*Herrmann* Rn 2). Bei Schenkungen durch Verwandte (§ 1601), für die keine Unterhaltsverpflichtungen bestehen, sind zur Bestimmung der Leistungsfähigkeit des Beschenkten die §§ 1603 Abs 1, 1610 Abs 1 zu beachten und die Maßstäbe zugrunde zu legen, die die Rspr zum Erwachsenenunterhalt bei der Unterhaltspflicht ggü den Eltern entwickelt hat (BGH NJW 2000, 3488, 3489). Die Erhebung der Einrede kann wegen unzulässiger Rechtsausübung (§ 242) ausgeschlossen sein (BGH NJW 2003, 2449, 2251; 2001, 1207, 1208 f).

C. Prozessuales. Die Einreden müssen vom Beschenkten geltend gemacht werden. Die Beweislast für das 6
Vorliegen der Voraussetzungen der jeweiligen Einreden trägt der Beschenkte (BGH NJW 2001, 1207; Düsseldorf FamRZ 1997, 769, 770: Zeitpunkt der letzten mündlichen Verhandlung). Der Schenker muss hingegen die bestimmten Behauptungen über das vorhandene Vermögen des Beschenkten widerlegen (Staud/*Wimmer-Leonhardt* Rn 14). Bei Erfolg führt die Einrede zur Klageabweisung als zZ unbegründet (BGH NJW 2005, 3638; Palandt/*Weidenkaff* Rn 1; PWW/*Hoppenz* Rn 8). Zu einem späteren Zeitpunkt, zB bei verbesserten Einkommens- und Vermögensverhältnissen des Beschenkten, kann der Rückforderungsanspruch hingegen durchsetzbar sein.

§ 530 Widerruf der Schenkung. **[1] Eine Schenkung kann widerrufen werden, wenn sich der Beschenkte durch eine schwere Verfehlung gegen den Schenker oder einen nahen Angehörigen des Schenkers groben Undankes schuldig macht.**
[2] Dem Erben des Schenkers steht das Recht des Widerrufs nur zu, wenn der Beschenkte vorsätzlich und widerrechtlich den Schenker getötet oder am Widerruf gehindert hat.

1 **A. Zweck und Anwendungsbereich.** Der in §§ 530–534 geregelte Widerruf der Schenkung wegen groben Undanks bildet einen Sonderfall des Wegfalls der Geschäftsgrundlage, § 313. § 530 Abs 1 beruht auf dem Gedanken, dass jeder Schenkung eine besondere persönliche Verbundenheit der Beteiligten zugrunde liegt oder eine solche durch die Schenkung geschaffen wird. Zerstört der Beschenkte diese Beziehung, darf der Schenker die Konsequenzen ziehen. Die Regelung gilt für Fälle, in denen der Schenker ein bestimmtes Verhalten des Beschenkten erhofft, in dieser Erwartung jedoch **grundlegend enttäuscht** wird (BGH NJW 1982, 390 mwN).

2 Der Schenker kann sich zudem ein vertragliches Widerrufsrecht vorbehalten (BaRoth/*Gehrlein* Rn 2). Das Widerrufsrecht besteht nicht erst bei vollzogener Schenkung sondern bereits für das Schenkungsversprechen (BGH NJW 1966, 1653, 1654; Staud/*Wimmer-Leonhardt* Rn 4; PWW/*Hoppenz* Rn 2). Es gilt auch bei gemischten Schenkungen (BGH NJW 1999, 1623; 1959, 1363; 1952, 20, 21), bei Schenkungen unter Auflage (BGH NJW 1959, 1363; 1952, 20, 21), bei Schenkungen unter Ehegatten, soweit keine unbenannte Zuwendung vorliegt (str, BGH NJW 1983, 1611; NJW-RR 1993, 1410; WM 1982, 1389; Düsseldorf FamRZ 1980, 446; aA Frankfurt aM FamRZ 1981, 778; vgl a Erman/*Herrmann* Rn 4; Staud/*Wimmer-Leonhardt* Rn 35 ff mwN) und Lebensgefährten (BGH WM 2008, 1801; NJW 1991, 830). Das Widerrufsrecht ist ein **höchstpersönliches** Recht. Es ist daher nicht abtretbar und entspr nicht pfändbar. Eine Vererbung ist nur nach Maßgabe des Abs 2 eingeschränkt möglich. Daher müssen in persönlicher Hinsicht sowohl der Schenker (BGH NJW 1962, 955, 956) als auch der Beschenkte (Düsseldorf NJW 1966, 550 f) natürliche Personen sein. Für juristische Personen gilt § 530 nicht (str, BGH NJW 1962, 955, 956; Karlsruhe DStR 1993, 177; Palandt/*Weidenkaff* Rn 1; aA Staud/*Wimmer-Leonhardt* Rn 30; MüKo/*Koch* Rn 14; BaRoth/*Gehrlein* Rn 3 Fn 17; Erman/*Herrmann* Rn 3). Bei Pflicht- und Anstandsschenkungen ist ein Widerruf gem § 534 ausgeschlossen. Weitere Ausschlussgründe regelt § 532. Sind die Voraussetzungen für einen Widerruf nicht gegeben, kann der Rückforderungsanspruch uU aus § 812 Abs 1, 2. Alt (Zweckverfehlung) begründet sein (Köln NJW 1994, 1540; Palandt/*Weidenkaff* Rn 4). Außerhalb des Anwendungsbereichs der §§ 530–534 finden auch die Grundsätze des Wegfalls der Geschäftsgrundlage, § 313, Anwendung (s zB BGH NJW-RR 2006, 699; NJW 1991, 830, 831; NJW-RR 1993, 774 f; NJW 1990, 2616; NJW-RR 1990, 386, 387).

3 **B. Voraussetzungen.** Das Recht zum Widerruf setzt zunächst eine **schwere Verfehlung** des Beschenkten voraus, die sich gegen den Schenker oder dessen nahen Angehörigen richtet. Bei einem Vertrag zugunsten Dritter kommt es auf eine schwere Verfehlung des begünstigten Dritten an (München OLGR 2000, 81, 82; Staud/*Wimmer-Leonhardt* Rn 13). Der schweren Verfehlung muss **grober Undank** gerade ggü dem Schenker zu entnehmen sein. Das Fehlverhalten selbst kann in einem Tun oder Unterlassen (BGH NJW 1992, 183, 184; 1984, 2089; RGZ 158, 141, 144) bestehen. Objektiv ist ein Fehlverhalten mit einem gewissen Maß an Schwere gefordert. Subjektiv muss sie eine tadelnswerte, auf einen Mangel an Dankbarkeit ggü dem Schenker deutende Gesinnung offenbaren (stRspr, BGH FamRZ 2005, 511; 2005, 337; NJW 2002, 2461; 2000, 3201; 1999, 1626; NJW-RR 1993, 1410; NJW 1992, 183; 1983, 1611). Der Beschenkte muss bewusst gehandelt haben (BGH NJW 1980, 1789; BaRoth/*Gehrlein* Rn 3; Palandt/*Weidenkaff* Rn 5: vorsätzlich). Eine objektive Rechtswidrigkeit ist nicht erforderlich. Ausreichend ist eine moralische Vorwerfbarkeit (MüKo/*Koch* Rn 3; Erman/*Herrmann* Rn 2). Das Vorliegen von Rechtfertigungsgründen, zB Notwehr, schließt eine Verfehlung jedoch aus (Staud/*Wimmer-Leonhardt* Rn 14; BaRoth/*Gehrlein* Rn 3). Schuld ist iS moralischer Vorwerfbarkeit zu verstehen (hM, MüKo/*Koch* Rn 7; Palandt/*Weidenkaff* Rn 5). Die §§ 827, 828 finden analog Anwendung (Staud/*Wimmer-Leonhardt* Rn 12; MüKo/*Koch* Rn 7).

4 Ob eine schwere Verfehlung vorliegt, ist vom Tatrichter zu entscheiden (stRspr, BGH NJW 2000, 3201; 1999, 1623; 1978, 213). Es müssen in einer **Gesamtschau** alle die mit der Verfehlung zusammenhängenden tatsächlichen Umstände gewürdigt werden (BGH FamRZ 2006, 196; NJW 1999, 1623; 1984, 2089), so zB die Umstände der Schenkung (BGH NJW 1999, 1623), die wirtschaftlichen Verhältnisse des Beschenkten (BGH NJW 2000, 3201), bei Ehegatten die aus der Ehe fließenden besonderen ehelichen Beziehungen (BGH NJW 1983, 1611). Ebenso ist ein Fehlverhalten des Schenkers zu berücksichtigen, das uU die Verfehlung des Beschenkten in milderem Licht erscheinen lassen kann (BGH NJW 2002, 1046; 1999, 1623; 1984, 2089; 1983, 1611). Bei mehreren Schenkern eines unteilbaren Gegenstandes, zB Nießbrauch an Grundstücken, genügt uU eine schwere Verfehlung ggü nur einem der Schenker. Dieser ist berechtigt, die Schenkung allein zu widerrufen und Herausgabe des ganzen Geschenks an alle zu verlangen (BGH MDR 1963, 575, 576). Die Verfehlung muss nicht in einer Handlung bestehen, sondern kann sich auch aus mehreren Handlungen oder fortlaufenden Verhalten ergeben (BGH NJW 1967, 1081, 1082; Staud/*Wimmer-Leonhardt* Rn 11). Eine Zurechnung von Verfehlungen Dritter über § 166 oder § 278 ist nicht möglich (BGH NJW 1984, 2089; 1962, 955, 957; Hamburg FamRZ 1960, 151; sa MüKo/*Koch* Rn 4). Nicht erforderlich ist, dass

Verfehlung und Schenkung zeitlich oder sachlich in Zusammenhang stehen (BGH NJW 1982, 390; Erman/*Herrmann* Rn 3; PWW/*Hoppenz* Rn 5).

Beim Begriff der **nahen Angehörigen** ist nicht auf den Verwandtschaftsgrad abzustellen. Es kommt auf das tatsächliche persönliche Verhältnis zum Schenker an, so dass Schwägerschaft oder Pflegschaft ausreichen können (BGH NJW 1999, 1623; Palandt/*Weidenkaff* Rn 2; Erman/*Herrmann* Rn 2). In der Verfehlung gegen den Angehörigen muss dann aber ein grober Undank gerade ggü dem Schenker zum Ausdruck kommen (BGH NJW 1999, 1623; Koblenz NJW-RR 2006, 437; Hamm MDR 1990, 1010; Karlsruhe NJW 1989, 2136). Nicht ausreichend ist grober Undank ggü einem durch eine Auflage begünstigten Dritten (BGH MDR 1951, 335; MüKo/*Koch* Rn 5; BaRoth/*Gehrlein* Rn 3). 5

Beispiele für **grob undankbares Verhalten**: tätliche Angriffe (BGH NJW 1991, 830; 1989, 2122); Strafanzeigen (BGH NJW 1991, 830; 1983, 1611); Anzeigen oder Verdächtigungen beim Arbeitgeber (BGH NJW 1991, 830); wahrheitswidriger Vorwurf sexuellen Missbrauchs (Koblenz NJW-RR 2002, 630); belastende Zeugenaussage bei Aussageverweigerungsrecht (BGH MDR 1970, 402); Beleidigung (Köln NJW-RR 2002, 1595; Hamm FamRZ 2001, 545); sofortiges Räumungsverlagen eines gewerblich genutzten Gebäudes (BGH NJW-RR 1993, 1410); Verweigerung bzw Beschränkung zugesagter Wohn- oder Nutzungsrechte (BGH NJW 1999, 1626; 1993, 1577; 1992, 183); Verweigerung der Bestellung eines Grundpfandrechts (BGH NJW 1993, 1577); grundloser Antrag auf Entmündigung, Pflegschaft oder Betreuung (BGH NJW 1993, 1577; 1980, 1789; Düsseldorf NJW-RR 1998, 1432); Nichtleistung versprochener Rentenzahlungen trotz finanzieller Leistungsfähigkeit (BGH NJW 2000, 3201); Androhung oder Beantragung der Zwangsversteigerung und Beseitigung eines dem Schenker bzw seinen Angehörigen zustehenden Wohnrechts (Köln NJW-RR 2002, 1595; Oldenburg NJW-RR 1998, 1); Gründung eines Konkurrenzunternehmens (BGH NJW 2002, 1046); ehewidriges Verhalten, wobei jedoch eine Gesamtbetrachtung vorzunehmen ist und das Verhalten des Schenkers bzw der nahen Angehörigen und des Beschenkten bewertet werden muss (BGH NJW 1999, 1623; NJW-RR 1993, 1410; NJW 1984, 2089; 1983, 1611). Indiz für das Vorliegen einer schweren Verfehlung ist eine Verletzung der ehelichen Treuepflichten, namentlich der Ehebruch (BGH FamRZ 1985, 351; 1982, 1066; NJW 1982, 390; Frankfurt aM FamRZ 1986, 576; Düsseldorf FamRZ 1980, 446; Hamm NJW 1978, 224 zur eheähnlichen Beziehung; zu Schenkungen von Verwandten eines Ehegatten ggü dem Schwiegerkind s BGH NJW 1999, 1623; 1981, 34; Düsseldorf NJW-RR 2005, 300; Köln NJW-RR 1995, 584; Karlsruhe NJW 1989, 2136). Verfehlungen wurden zB **verneint** bei: Lösung einer nichtehelichen Lebensgemeinschaft bzw eines außerehelichen Verhältnisses (BGH FamRZ 1970, 19, 23) und bei Bestreiten von Behauptungen im Prozess (Karlsruhe NJW 1988, 3023); weitere Bsp s Staud/*Wimmer-Leonhardt* Rn 21 ff; MüKo/*Koch* Rn 9 ff; Erman/*Herrmann* Rn 4. 6

C. Prozessuales. Der widerrufende Schenker trägt die Darlegungs- und Beweislast für den groben Undank und die Umstände, aus denen sich der Anspruch ergibt (BGH NJW 2000, 3201 f; DStR 1993, 332, 333; Koblenz NJW-RR 2002, 630). Er hat auch die Behauptungen der für den Beschenkten günstigen Tatsachen zu widerlegen (MüKo/*Koch* Rn 8). Liegt nach Ansicht des Beschenkten kein grober Undank vor, trifft ihn eine sog sekundäre Darlegungs- und Beweislast für Umstände, die ausschließlich in seinem Wahrnehmungsbereich liegen (BGH NJW 2000, 3201; Staud/*Wimmer-Leonhardt* Rn 43, § 531 Rn 24; MüKo/*Koch* Rn 8). 7

§ 531 Widerrufserklärung.

[1] Der Widerruf erfolgt durch Erklärung gegenüber dem Beschenkten. [2] Ist die Schenkung widerrufen, so kann die Herausgabe des Geschenkes nach den Vorschriften über die Herausgabe einer ungerechtfertigten Bereicherung gefordert werden.

A. Widerrufserklärung, § 531 Abs 1. Der Widerruf erfolgt durch Abgabe einer einseitigen empfangsbedürftigen Willenserklärung (§§ 130 ff, 104 ff) des Schenkers oder dessen Erben (§ 530 Abs 2) ggü dem Beschenkten. Eine besondere Form ist nicht erforderlich. Er kann dem Beschenkten auch nach dem Tod des Schenkers zugehen (§ 130 Abs 2; RGZ 170, 380, 383 f: Widerruf in einem Testament; Staud/*Wimmer-Leonhardt* Rn 3; MüKo/*Koch* Rn 2). Bei mehreren Schenkern kann die Abgabe des Widerrufs durch einen von ihnen genügen (BGH MDR 1963, 575 f). Nicht erforderlich ist, dass die Erklärung als Widerruf bezeichnet wird. Ausreichend ist, wenn deutlich wird, dass sich der Schenker von der Schenkung lossagen will (Staud/*Wimmer-Leonhardt* Rn 1). In der Erklärung sind die Widerrufsgründe mitzuteilen (BaRoth/*Gehrlein* Rn 1; Erman/*Herrmann* Rn 1: Hinweis auf groben Undank genügt). Diese können später im Prozess noch konkretisiert werden. Werden jedoch nachträglich andere Gründe und Verfehlungen angegeben, handelt es sich um einen weiteren Widerruf. Prozessual ist dies als Klageänderung zu werten (Staud/*Wimmer-Leonhardt* Rn 25; MüKo/*Koch* Rn 3). 1

B. Rechtsfolgen, § 531 Abs 2. Folge des Widerrufs ist, dass der Schenkungsvertrag **ex nunc** erlischt. Beim Schenkungsversprechen erlischt die Leistungspflicht des Schenkers. Ist die Schenkung bereits vollzogen, fällt der Rechtsgrund nachträglich weg (§ 812 Abs 1 S 2 Alt 1; MüKo/*Koch* Rn 4; Erman/*Herrmann* Rn 2). Das dingliche Rechtsgeschäft wird vom Widerruf nicht erfasst (BayObLG NJW-RR 1992, 1236). Die Rückabwicklung erfolgt gem § 531 Abs 2 nach den Regelungen der §§ 812 ff. Es handelt sich um eine **Rechtsgrundverweisung** (str, BGH NJW 1996, 1411; Koblenz NJW-RR 2006, 437, 438; Staud/*Wimmer-Leonhardt* Rn 6; MüKo/*Koch* Rn 4; BaRoth/*Gehrlein* Rn 2; aA RGZ 139, 17, 22; Jauernig/*Mansel* Rn 8: Rechtsfolgeverweisung). 2

3 Der Schenker hat danach gem § 812 Abs 1 S 2 Alt 1 einen Anspruch auf **Herausgabe** des Schenkungsgegenstandes einschließlich der gezogenen Nutzungen, § 818 Abs 1 (BGH NJW-RR 2001, 6 f; 1988, 584; MüKo/*Koch* Rn 5). Bei mehreren Schenkern kann der Widerrufende Herausgabe an alle verlangen, wenn der Schenkungsgegenstand unteilbar ist (BGH MDR 1963, 575; PWW/*Hoppenz* Rn 6). Ist die Herausgabe wegen der Beschaffenheit des Geschenkes unmöglich oder der Empfänger aus einem anderen Grunde zur Herausgabe außerstande, besteht ein Anspruch auf **Wertersatz** nach §§ 818 Abs 1, 2 (BGH NJW-RR 2001, 6; 1988, 584 f; NJW 1981, 2687; Staud/*Wimmer-Leonhardt* Rn 8). Ab Zugang der Widerrufserklärung haftet der Beschenkte verschärft gem § 819 Abs 1 (str, hM, BGH NJW 1999, 1626, 1629; Staud/*Wimmer-Leonhardt* Rn 15; MüKo/*Koch* Rn 9; BaRoth/*Gehrlein* Rn 2; Erman/*Herrmann* Rn 3; PWW/*Hoppenz* Rn 7; aA *Jülicher* ZEV 1998, 201, 203: ab Zeitpunkt der Verfehlung). Bei **gemischten Schenkungen** besteht der Anspruch auf Herausgabe der Zuwendung ggf nur Zug um Zug gegen Wertausgleich des entgeltlichen Teils (BGH NJW 1989, 2122 f; NJW-RR 2001, 6, 7; NJW 1990, 2616, 2620; NJW-RR 1988, 584 f; siehe iE Staud/*Wimmer-Leonhardt* Rn 19; sa PWW/*Hoppenz* Rn 5). Ist der Schenkungsgegenstand teilbar, muss nur der geschenkte Teil herausgegeben werden (Staud/*Wimmer-Leonhardt* Rn 19). Hat der Beschenkte **Aufwendungen** gemacht, muss er das Geschenk nur Zug um Zug gegen Erstattung der Aufwendung herausgeben, § 818 Abs 3. Eine besondere Einrede ist nicht erforderlich (BGH NJW-RR 2001, 6, 7; NJW 1999, 1626, 1629; 1992, 183 f; 1980, 1789; Hamm FamRZ 2001, 545; BaRoth/*Gehrlein* Rn 2; sa Staud/*Wimmer-Leonhardt* Rn 11 ff; MüKo/*Koch* Rn 7 f). **§ 817 S 2** ist anwendbar und kann die Herausgabe ausschließen (BGH NJW 1962, 955; 1961, 1458, 1460; FamRZ 1960, 129; Staud/*Wimmer-Leonhardt* Rn 16).

4 Der durch den Widerruf nach § 530 Abs 2 entstehende Bereicherungsanspruch kann – auch im Voraus – vertraglich modifiziert werden (BGH MDR 1972, 36; Erman/*Herrmann* Rn 3). Er ist voll übertragbar, pfändbar und vererblich (Staud/*Wimmer-Leonhardt* Rn 23; MüKo/*Koch* Rn 10). Bei Grundstücksschenkungen ist der Rückübertragungsanspruch **vormerkungsfähig** (BGH NJW 2002, 2461; Düsseldorf Rpfleger 2002, 563; Köln NJW-RR 2002, 1595; aA Hamm NJW-RR 2000, 1611, 1613 f) und kann durch ein Verfügungs- und Veräußerungsverbot im Wege der einstweiligen Verfügung gesichert werden (Köln NJW-RR 2002, 1595).

5 **C. Prozessuales.** Der Rückforderungsanspruch ist **von Amts wegen** zu beachten. Die Erhebung einer Einrede ist nicht erforderlich (BGH NJW 1989, 2122; Palandt/*Weidenkaff* § 530 Rn 3). Die Darlegungs- und Beweislast trifft den Schenker (BGH WM 1990, 1792; Jauernig/*Mansel* Rn 8).

§ 532 Ausschluss des Widerrufs.

Der Widerruf ist ausgeschlossen, wenn der Schenker dem Beschenkten verziehen hat oder wenn seit dem Zeitpunkt, in welchem der Widerrufsberechtigte von dem Eintritt der Voraussetzungen seines Rechtes Kenntnis erlangt hat, ein Jahr verstrichen ist. Nach dem Tod des Beschenkten ist der Widerruf nicht mehr zulässig.

1 **A. Ausschlussgründe.** § 532 nennt drei Gründe, die den Widerruf ausschließen: Verzeihung, Ablauf der Jahresfrist, Tod des Beschenkten. **I. Verzeihung, § 532 S 1, 1. Alt.** Verzeihung ist ein äußeres, tatsächliches, nicht zwingend ggü dem Beschenkten verlautbartes Verhalten, aus dem hervorgeht, dass der Schenker die ihm zugefügte Kränkung nicht mehr als solche empfindet (BGH NJW 1984, 2089; 1974, 1084; 1961, 1718; vgl auch Def zu § 2337). Ein bloßer Versöhnungsversuch ist noch nicht ausreichend (BGH NJW 1999, 1626, 1628). Die Verzeihung erfordert **Einsichtsfähigkeit** – entspr §§ 827, 828 – in die Schwere der Kränkung und das Wesen der Verzeihung (Staud/*Wimmer-Leonhardt* Rn 3; BaRoth/*Gehrlein* Rn 1; Erman/*Herrmann* Rn 2). Geschäftsfähigkeit ist nicht erforderlich, da es sich nicht um eine Willenserklärung, sondern um tatsächliches Handeln handelt. Auf einen inneren Vorbehalt kann sich der Schenker später nicht berufen (MüKo/*Koch* Rn 3; Erman/*Herrmann* Rn 2; BaRoth/*Gehrlein* Rn 1). Verschlechtern sich die Beziehungen nachträglich wieder, bleiben die durch die Verzeihung ausgelösten Rechtswirkungen davon unberührt (BGH FamRZ 1961, 437; PWW/*Hoppenz* Rn 1). Durch die Verzeihung wird ein zuvor erfolgter Widerruf nicht berührt, sie kann jedoch auf den Erlass des Rückforderungsanspruchs nach § 531 Abs 2 zielen (Staud/*Wimmer-Leonhardt* Rn 1; MüKo/*Koch* Rn 3). Der Ausschlussgrund der Verzeihung ist eine **Einrede** (Staud/*Wimmer-Leonhardt* Rn 10; MüKo/*Koch* Rn 6; Palandt/*Weidenkaff* Rn 1; BaRoth/*Gehrlein* Rn 1; PWW/*Hoppenz* Rn 1).

2 **II. Jahresfrist, § 532 S 1, 2. Alt.** Das Widerrufsrecht erlischt ein Jahr, nachdem der Widerrufsberechtigte vom Eintritt der Voraussetzungen seines Rechts Kenntnis erlangt hat (BGH NJW-RR 1993, 1410, 1411 f; BaRoth/*Gehrlein* Rn 2; Erman/*Herrmann* Rn 3). Für den Erben beginnt die Frist erst dann, wenn er auch von seiner Erbeneigenschaft Kenntnis besitzt (Staud/*Wimmer-Leonhardt* Rn 7; MüKo/*Koch* Rn 4). Die Ausschlussfrist berechnet sich nach §§ 187 Abs 1, 188 Abs 2. Sie läuft für jede Verfehlung gesondert. Bereits ausgeschlossene Widerrufsgründe können dabei den noch nicht ausgeschlossenen Gründen ein besonderes Gewicht verleihen (BGH NJW 1967, 1081, 1082; MüKo/*Koch* Rn 4). Es handelt sich um eine **Einwendung** (str, hM, Staud/*Wimmer-Leonhardt* Rn 10; Palandt/*Weidenkaff* Rn 1; BaRoth/*Gehrlein* Rn 1; PWW/*Hoppenz* Rn 2; aA MüKo/*Koch* Rn 6: Einrede).

3 **III. Tod des Beschenkten, § 532 S 2.** Mit dem Tod des Beschenkten erlischt das Widerrufsrecht. Den Erben werden die Verfehlungen des Beschenkten nicht angelastet (BaRoth/*Gehrlein* Rn 2). Wurde der Widerruf vor dem Tod erklärt, besteht ein Anspruch gegen die Erben (Staud/*Wimmer-Leonhardt* Rn 9; MüKo/*Koch* Rn 5;

Palandt/*Weidenkaff* Rn 3). Auch hier handelt es sich um eine **Einwendung** (Staud/*Wimmer-Leonhardt* Rn 10; Palandt/*Weidenkaff* Rn 1; BaRoth/*Gehrlein* Rn 1)

B. Prozessuales. Die Ausschlussgründe sind vom Beschenkten zu beweisen (Staud/*Wimmer-Leonhardt* Rn 11; MüKo/*Koch* Rn 6; BaRoth/*Gehrlein* Rn 1) 4

§ 533 Verzicht auf Widerrufsrecht. **Auf das Widerrufsrecht kann erst verzichtet werden, wenn der Undank dem Widerrufsberechtigten bekannt geworden ist.**

Der Verzicht des Schenkers auf sein Widerrufsrecht ist ein Rechtsgeschäft. Es verlangt die Abgabe einer einseitigen empfangsbedürftigen Willenserklärung dahingehend, dass der Schenker sein bestehendes Widerrufsrecht nicht ausüben will (Staud/*Wimmer-Leonhardt* Rn 4; Erman/*Herrmann* Rn 1). Der Verzicht kann auch durch einen Stellvertreter oder Erben des Schenkers erfolgen (Staud/*Wimmer-Leonhardt* Rn 2; MüKo/*Koch* Rn 1). Er kann erst ab Kenntnis der den Undank bildenden Tatsachen erklärt werden. § 533 stellt eine zwingende zeitliche Grenze auf, so dass ein Vorausverzicht ausgeschlossen ist (BGH NJW 1952, 20, 21; RGZ 62, 328 f; Staud/*Wimmer-Leonhardt* Rn 3, 5). Ein bereits erklärter Widerruf kann nicht mehr durch Verzicht beseitigt werden. Der Anspruch aus § 531 Abs 1 kann jedoch durch einen Erlassvertrag (§ 397) aufgehoben werden (Erman/*Herrman* Rn 1). Eine Änderung des Herausgabeanspruchs ist zulässig (BGH MDR 1972, 36; MüKo/*Koch* Rn 2). 1

§ 534 Pflicht- und Anstandsschenkungen. **Schenkungen, durch die einer sittlichen Pflicht oder einer auf den Anstand zu nehmenden Rücksicht entsprochen wird, unterliegen nicht der Rückforderung und dem Widerruf.**

A. Allgemeines. Pflicht- und Anstandsschenkungen sind Schenkungen iSd §§ 516 ff (hM, MüKo/*Koch* Rn 1; Staud/*Wimmer-Leonhardt* Rn 1). Für diese Art der Schenkung beschränkt § 534 die Rechte des Schenkers. Es handelt sich um eine **rechtshindernde** Einwendung, die von Amts wegen zu berücksichtigen ist (hM, Staud/*Wimmer-Leonhardt* Rn 5; BaRoth/*Gehrlein* Rn 3; Erman/*Herrmann* Rn 1; aA MüKo/*Koch* Rn 7: Einrede). Weitere Regelungen zu Pflicht- und Anstandsschenkungen finden sich in: §§ 814, 1380 Abs 1 S 2; 1425 Abs 2; 1425 Abs 2; 1641, 1804, 1908i Abs 2 S 1; 2113 Abs 2; 2205, 2207, 2330; § 807 Abs 1 Nr 2, § 899 ZPO; § 134 Abs 2 InsO; § 4 Abs 2 AnfG (zu § 534 u § 1301 sa Köln FamRZ 1961, 441, 443). 1

B. Voraussetzungen. I. Sittliche Pflicht. Ob eine sittliche Pflicht zu einer Schenkung besteht, richtet sich nach den Umständen des Einzelfalles. Die Zuwendung muss nicht nur sittlich gerechtfertigt, sondern geradezu **sittlich geboten** sein (BGH NJW 2000, 3488; 1986, 1926; 1984, 2939 f; 1984, 2089; MDR 1963, 575 f; RGZ 70, 15, 19; 70, 383, 385). Dabei sind das Vermögen, die Lebensstellung der Beteiligten sowie ihre persönlichen Beziehungen zu berücksichtigen (BGH NJW 1986, 1926; MDR 1963, 575). Auch darf der Pflichtteil Verwandter nicht völlig ausgehöhlt werden (BGH NJW 1984, 2939; PWW/*Hoppenz* Rn 3). Eine Wertgrenze existiert jedoch nicht (BGH NJW 1981, 2458; MDR 1967, 388; Jauernig/*Mansel* Rn 1). In Betracht kommen uU auch die Belohnung von Pflegeleistungen (BGH NJW 2000, 3488; 1986, 1926) oder Unterhaltszahlungen (BGH NJW 1984, 2939; zur belohnenden Schenkung s BGH NJW 1986, 1926; LG Mönchengladbach NJW 1996, 467; Staud/*Wimmer-Leonhardt* Rn 11). 2

II. Anstandspflicht. Zur Bestimmung, ob eine Anstandsschenkung vorliegt, sind die Anschauungen und Gepflogenheiten sozial gleichstehender Kreise maßgeblich. Insbesondere ist zu fragen, ob der Schenker bei Unterlassung eines Geschenks an Achtung und Ansehen in diesem Personenkreis verlieren würde. Dies ist anhand des Einzelfalls zu prüfen (BGH NJW 1981, 111; RGZ 73, 46, 49; Köln FamRZ 1997, 1113, 1114; Staud/*Wimmer-Leonhardt* Rn 9). Zu den Anstandsschenkungen gehören **gebräuchliche Gelegenheitsgaben,** Trinkgeld und Geschenke unter nahen Verwandten, etwa zum Geburtstag, zu Weihnachten, zu Neujahr, zur Hochzeit, zur Kommunion/Konfirmation u dergl (BGH NJW 1984, 2939 f; NJW 1981, 111; Palandt/*Weidenkaff* Rn 3; PWW/*Hoppenz* Rn 3; BaRoth/*Gehrlein* Rn 2). Bei größeren Schenkungsobjekten und ungewöhnlichen Geschenken, zB Grundstücken oder Miteigentumsanteilen an Grundstücken, ist eine Anstandsschenkung idR zu verneinen (BGH NJW-RR 1986, 1202; Köln FamRZ 1997, 1113, 1114; LG Mönchengladbach NJW 1996, 467). 3

C. Rechtsfolgen. § 534 schließt die Regelungen der §§ 528–533 für Pflicht- und Anstandsschenkungen aus. IÜ bleiben die §§ 516–527 jedoch anwendbar (MüKo/*Koch* Rn 1; Staud/*Wimmer-Leonhardt* Rn 3; BaRoth/*Gehrlein* Rn 3; Erman/*Herrmann* Rn 4; aA bzgl § 527 Nürnberg BB 1965, 1426). Fällt die Schenkung nur teilw unter § 534, unterliegt nur dieser Teil der Ausschlussregelung. Bei unteilbaren Schenkungen erfolgt die Rückforderung nur Zug um Zug gegen eine der sittlichen Pflicht oder Anstandspflicht entspr Leistung (BGH MDR 1963, 575 f; Staud/*Wimmer-Leonhardt* Rn 15; MüKo/*Koch* Rn 6; Palandt/*Weidenkaff* Rn 1). 4

Titel 5 Mietvertrag, Pachtvertrag

Untertitel 1 Allgemeine Vorschriften für Mietverhältnisse

Checkliste: Mietvertrag (§§ 535–580a)

I. Vorfrage: Abgrenzung			
1. Abgrenzung zu anderen Vertragstypen	§ 535	→	Rn 2–6 ff
2. Spezialnormen Wohnraummietrecht	*§§ 549–577a*		
3. Spezialnormen Gewerberaummietrecht	§ 578 iVm	→	Rn 4
	§ 550		
	§ 552 Abs 1		
	§ 554 Abs 1–4		
	§§ 562–562d		
	§§ 566–567b		
	§ 569 Abs 2		
	§ 570		
II. Vertragsabschluss	§ 535	→	Rn 8 ff
1. Vertragsparteien	§ 535	→	Rn 11 ff
a. Vermieter	§ 535	→	Rn 17
b. Mieter	§ 335	→	Rn 18
c. Vertretung	*§§ 164 ff*		
	§ 535	→	Rn 13, 21
	§ 550	→	Rn 10 ff
2. Vertragserklärungen (Angebot/Annahme)	*§§ 145 ff*		
a. Rechtsbindung gewollt oder invitatio ad offerendum?	*§§ 145 ff*		
b. Abgabe und Zugang	*§ 130*		
c. Zu beachtende Nichtigkeitsgründe	*§ 125*		
	§ 134		
	§ 138		
	§§ 307 ff		
3. Form, insb für Geschäftsraummietverträge	§ 535	→	Rn 9 ff
	§ 550	→	Rn 1 ff
a. Einheitlichkeit der Urkunde	*§ 535*		
	§ 550	→	Rn 13 f
b. Bestimmtheit der essentialia, insb. Mieträume mit Gemeinschafts- und Nebenflächen	§ 535	→	Rn 10 ff
	§ 550	→	Rn 16 ff
c. Bezeichnung der Parteien, Vertretung			Rn 10 ff
	§ 535	→	Rn 10 ff
	§ 550	→	Rn 10 ff
d. Unterschriften, Vertretungszusatz	§ 535	→	Rn 13, 14
	§ 550	→	Rn 9, 10
e. Nachträge, Schriftformheilungsklausel	§ 535	→	Rn 15
	§ 550	→	Rn 18
III. Einzelne Vertragsbestimmungen			
1. Mietgegenstand inkl. Gemeinschafts- und Nebenflächen, Nutzungszweck, vertragsgem Gebrauch	§ 535	→	Rn 12, 28
	§ 536		
	§ 538		
2. Laufzeit (insb Mietbeginn, Optionen, Befristung, automatische Verlängerung)	§ 542	→	Rn 2 ff
	§ 575		
3. Miethöhe (insb Staffelung/Indexierung)	§ 535	→	Rn 46 ff
	§§ 557–559b		

4. Betriebs- und Nebenkosten (insb Arten, Abrechnungsmodalitäten, Umlageschlüssel)	§ 535	→	Rn 48 ff
	§§ 556–556b		
	§ 560		
6. Erhaltungspflicht (insb Schönheitsreparaturen, Kleinreparaturen, Wartungspflichten)	§ 535	→	Rn 37 ff
7. Gewährleistung, Haftung	*§§ 536 ff*		
	§ 536a Abs 1		
	§ 536b Abs 2		
	§ 538		
	§ 540 Abs 2		
8. Untervermietung	§ 540 Abs 1	→	Rn 3 ff
	§ 553		
9. Mietsicherheit	*§ 551*		
10. Beendigung des Mietverhältnisses, insbesondere			
a. Rückbauverpflichtung	§ 546	→	Rn 2 ff
b. Endrenovierung, Abgeltungsklausel	§ 535	→	Rn 42, 43
	§ 583	→	Rn 1 ff
c. Kündigung			
– ordentliche Kündigung von Wohnraummietverträgen	*§§ 573 ff*		
– außerordentlich	§ 543	→	Rn 2 ff
d. Vereinbartes Rücktrittsrecht, auflösende Bedingung	§ 572	→	Rn 1 ff
IV. Regelungsbedürftige (potentielle) Leistungsstörungen	*§§ 280 ff*		
	§§ 536 ff		
1. Nichtleistung (Unmöglichkeit der Vertragserfüllung)	§ 536	→	Rn 4
	§ 280		
	§ 311a		
	§ 283		
2. Zuspätleistung (Schuldnerverzug mit Mängelbeseitigung; bzgl Vertragserfüllung allgemein)	§ 536a	→	Rn 5 ff
	§ 280 Abs 1, 2		
	§§ 286 ff		
3. Schlechtleistung (Mängel der Mietsache)	*§§ 536 ff*		
a. Minderung	*§§ 536 ff*		
aa. Anzeigepflicht	§ 536c	→	Rn 2 ff
bb. Ausschluss der Minderung	*§ 536*		
	§ 536b		
	§ 536d		
b. Ersatzvornahme und Aufwendungsersatz	§ 536a Abs 2	→	Rn 5 ff
c. Schadensersatz	*§ 536a Abs 1*		
	§ 546a Abs 2		
	§§ 280 ff		
d. sonstiger Aufwendungsersatz, Wegnahmerecht	§ 539	→	Rn 3 ff
	§ 552	→	Rn 3 ff
4. Nebenpflichten			
a. Aufklärungspflicht des Vermieters	§ 535	→	Rn 22
b. Aufklärungspflicht des Mieters	§ 535	→	Rn 23
c. Verkehrssicherungspflicht	§ 535	→	Rn 44
V. Rechtsfolgen			
1. Minderung	*§§ 536 ff*		
2. Ersatzvornahme und Aufwendungsersatz	§ 536a Abs 2	→	Rn 4 ff
3. Schadensersatz	§ 536a Abs 1	→	Rn 6 ff
	§ 546a Abs 2		
	§§ 280 ff		
4. sonstiger Aufwendungsersatz, Wegnahmerecht	§ 539	→	Rn 3 ff

5. Kündigung .... *§ 568*
   a. außerordentliche Kündigung .... *§ 543*
      § 569
   b. ordentliche Kündigung .... § 542
      §§ 573 ff
   c. Kündigungsfristen .... *§§ 573c*
6. Verjährung .... *§ 548*
   §§ 194 ff

VI. Beweislast
Keine Besonderheiten gegenüber allg Regelungen

§ 535 Inhalt und Hauptpflichten des Mietvertrags. [1] Durch den Mietvertrag wird der Vermieter verpflichtet, dem Mieter den Gebrauch der Mietsache während der Mietzeit zu gewähren. Der Vermieter hat die Mietsache dem Mieter in einem zum vertragsgemäßen Gebrauch geeigneten Zustand zu überlassen und sie während der Mietzeit in diesem Zustand zu erhalten. Er hat die auf der Mietsache ruhenden Lasten zu tragen.

[2] Der Mieter ist verpflichtet, dem Vermieter die vereinbarte Miete zu entrichten.

Amend Auskunftspflicht des Insolvenzverwalters bei Pfandkehr seines Amtsvorgängers LMK 2004, 94; *Antoni* Schriftformklausel und Gewerbemietvertrag GuT 2006, 295; *Blank* Mietrecht und Energieeffizienz WuM 2008, 311; *Blank/Börstinghaus* BGB – Mietrecht und MHG – Kommentar, München (2000); *Börstinghaus* Anpassung der Wohnung an übliche Wohnstandards bei Neuabschluss und im Bestand NZM 2005, 561; *Börstinghaus/Eisenschmid* MietPrax-AK, Nr. 20 (2001); *Both* Duldung und Mieterhöhung bei großflächiger Sanierung von Wohnungsbeständen NZM 2001, 78; *Bub/Treier* Handbuch der Geschäfts- und Wohnraummiete, 13. Aufl, München (1999); *Dedek* Zum Anwendungsbereich des § 574 BGB ZMR 1998, 679; *Derleder* Die Rechtsstellung des Wohn- und Gewerberaummieters in der Insolvenz des Vermieters NZM 2004, 568; *Drasdo* Die Barrierefreiheit im Sinne des § 554a BGB WuM 2002, 123; *Eckert* Bedeutung der Mietrechtsreform für die gewerbliche Miete NZM 2001, 409; *Ehricke* Das Erlöschen des Vermieterpfandrechts bei Gewerberaummietverhältnissen im Eröffnungsverfahren, insbesondere durch einen Räumungsverkauf KTS 2004, 321; *Emmerich/Sonnenschein* Hk-Mietrecht, 9. Aufl, Berlin (2007); *Flatow* Räumungsvollstreckung ohne Räumung? – Vermieterpfandrecht als Kostenbremse NJW 2006, 1396; *Franke* Die fristlose Kündigung durch den Mieter ZMR 1999, 19; *Harke* Gesetzlicher Übergang des Mietverhältnisses bei der Veräußerungskette ZMR 2002, 490; *Herrlein* Die Rechtsprechung zur Wohnraummiete im ersten Halbjahr 2007 NJW 2007, 2828; *Scholl* Zum Umfang der Entschädigung des Zeitwerts nach § 547a BGB (§ 547a BGB) WuM 1998, 327; *Hildebrandt* Schriftformmängel bei langfristigen Gewerberaummietverträgen, Risiken und Chancen ZMR 2007, 588; *Hinz* Wechsel des Vertragspartners auf der Mieterseite ZMR 2002, 640; *Hirsch* Der Wegfall der Instandsetzungspflicht des Vermieters wegen Überschreitung der "Opfergrenze" ZMR 2007, 81; *Horst* Gewerbemieteverträge – Schriftformverstöße bei langfristigen Verträgen MDR 2008, 365; *ders* Mietforderungen in der Insolvenz des Mieters ZMR 2007, 167; *Katzenstein/Hüftle* Vermieterpfandrecht – Schutz durch Selbsthilfe und gerichtlichen Eilrechtsschutz MDR 2005, 1027; *Kießling* Die Kaution im Miet- und Pachtvertrag JZ 2004, 1146; *Kinne* Wohnraummiete: Mieterhöhung trotz Nichteinhaltung der Frist für die Modernisierungsmitteilung NJW 2007, 3565; *Körner* Räumungsvollstreckung unter Geltendmachung eines Vermieterpfandrechts ZMR 2006, 201; *Kraemer* Die Kündigung aus wichtigem Grund nach altem und neuem Recht NZM 2001, 553; *Lindner-Figura* Im aktuellen Überblick: Schriftform von Geschäftsraummietverträgen NZM 2007, 705; *Mersson* Barrierefreiheit – doch nicht hindernisfrei! NZM 2002, 313; *Michalski* Das Schriftformerfordernis bei langfristigen Mietverträgen (§ 566 BGB) WM 1998, 1993; *Möller* Aktuelle Rechtsprechung zur Schriftform langfristiger Mietverträge ZfIR 2008, 87; *Ormanschick/Rieke* Schriftformerfordernis für Langzeitmietverträge – Eine neue Beratungs- und Vertragsfalle auf Grund des Mietsrechtsreformgesetzes MDR 2002, 247; *Röder* Der Abschluß von Zeitmietverträgen und die Duldungsverpflichtung des Mieters bei Wohnungsmodernisierungen NJW 1983, 2665; *Saenger/Dörner* Hk-ZPO, 2. Aufl, Baden-Baden (2007); *Schilken* Festschrift für Walter Gerhardt, Köln (2004); *Schmid* Mietrecht, 2. Aufl, Köln (2008); *Schmidt-Futterer/Eisenschmid* Mietrecht Großkommentar, 9. Aufl, München (2007); *Seip* Beschränkung der Zwangsvollstreckung auf eine Herausgabe der Wohnung DGVZ 2006, 24; *Sonnenschein* Die erleichterte Kündigung von Einliegerwohnraum NZM 2000, 1; *Stein/Jonas* ZPO, 22. Aufl, Tübingen (2008); *Stemel* Der Tod des Mieters ZMR 2004, 713; *Sternel* Mietrecht aktuell, 3. Aufl, Köln (1996); *ders* Wohnraummodernisierung nach der Mietrechtsreform NZM 2001, 1058; *Weitemeyer* Die Schriftform bei der Vertretung einer GbR NZG 2006, 10; *Wenzel* Die Sondererbfolge in das Mietverhältnis gemäß § 569a BGB ZMR 1993, 489; *Wichert* Entschärfung des § 550 BGB durch Vertragsgestaltung – Anspruch auf Nachholung der Schriftform ZMR 2006, 257; *Zöller* ZPO, 27. Aufl, Köln (2008)

A. Allgemeines. § 535 ist die Grundnorm des Mietrechts im BGB, das in Buch 2, Titel 5, die Untertitel 1-4 und somit §§ 535–580a umfasst. Sie stellt den Beginn des allg Mietrechts dar, das im 1. Untertitel in den §§ 535–548 geregelt ist. **I. Begriff des Mietvertrages.** Ein Mietvertrag ist entspr der Legaldefinition in § 535 ein schuldrechtlicher Vertrag zwischen Vermieter und Mieter, dessen Hauptleistungspflichten die **zeitlich begrenzte Gebrauchsgewährung einer Sache** durch den Vermieter, Abs 1, und die **Entgeltzahlung** durch den Mieter, Abs 2, sind. Es handelt sich hierbei um ein Dauerschuldverhältnis, das auf die zeitlich begrenzte, entgeltliche Gebrauchsgewährung von Sachen, § 90, gerichtet ist. Häufigster Anwendungsfall ist die Wohnraum- und die Gewerberaummiete, auch die Vermietung von Kfz und anderen beweglichen Sachen fällt hierunter. 1

II. Abgrenzung. 1. Pacht. Mit einem Mietvertrag wird eine Sache zur Nutzung, mit einem Pachtvertrag, §§ 581–584b, daneben zur Fruchtziehung überlassen. Der Pachtvertrag hat also neben Sachen, § 90, auch Rechte, den sog Fruchtgenuss, § 99, zum Gegenstand, gewährt also etwa Bodenschätze, Ernteertrag, betriebliche Gewinnziehung. Die Abgrenzung zum Gewerbemietvertrag kann schwierig sein, da in beiden Fällen der Vertragsgegenstand idR zur Gewinnerzielung dient. Daraus, dass bei der Pacht neben der Überlassung der Räumlichkeiten der Fruchtgenuss Vertragsgegenstand ist, folgt, dass ein Pachtgegenstand zur Fruchtziehung geeignet sein muss. Dies sind leer vermietete Räume nicht, wohingegen etwa eine eingerichtete Gaststätte Fruchtgenuss ermöglicht. Daher wird bei leer vermieteten Räumen von Miete, bei mit Inventar versehenen Räumen dagegen von Pacht gesprochen (BGH ZMR 1991, 257). Neben diesem objektiven Kriterium sind auch der Vertragsinhalt und der von den Parteien verfolgte Vertragszweck zu berücksichtigen (Köln ZMR 2007, 114), wobei die Bezeichnung des Vertrages unerheblich ist (jurisPK/*Münch* Rn 38). 2

2. Leihe. Für die Abgrenzung des Leihvertrages, § 598, vom Mietvertrag ist die Bezeichnung des Vertrages ebenfalls unerheblich, vielmehr kommt es darauf an, ob für die überlassene Sache ein Entgelt geschuldet wird, was bedeuten würde, dass ein Mietvertrag vorliegt. Dieses Entgelt kann auch in der Übernahme der Betriebskosten oder in der Zahlung eines einmaligen Betrages bestehen, wiederkehrende, nach Zeitabschnitten bemessene Zahlungen sind nicht erforderlich. 3

3. Verwahrung. Bei einem Verwahrungsvertrag wird in erster Linie die Aufbewahrung von beweglichen Sachen unter Erfüllung einer Obhutspflicht geschuldet, nicht die Überlassung der Lagerräumlichkeiten. So liegt etwa ein Miet- und kein Verwahrungsvertrag vor, wenn ein Flughafenunternehmer einem Reisenden entgeltlich einen Parkplatz überlässt (LG Karlsruhe RRa 2003, 192; Düsseldorf NJW-RR 2001, 1607). Das Anbringen eines Schildes mit dem Inhalt, dass ein Parkplatz überwacht wird, führt zumindest dazu, dass die Regelungen des Verwahrungsrechts Anwendung finden, wobei immer noch ein reiner Verwahrungsvertrag oder ein gemischter Vertrag, also Mietvertrag mit verwahrungsrechtlichen Elementen, vorliegen kann (Karlsruhe NJW-RR 2004, 1610). 4

4. Leasing. Der Leasingvertrag ist dadurch charakterisiert, dass den Leasingnehmer ab Vertragsbeginn wie einen Eigentümer Lasten, Gefahr, Wartung und Instandhaltung, Sachmängel, Risiko des Untergangs des Vertragsgegenstandes treffen, er im Gegenzug aber die Gewährleistungsrechte des Leasinggebers abgetreten bekommt. Der Leasingnehmer zahlt regelm Raten, die die Kosten für die Herstellung, Finanzierung, Versicherung sowie Unternehmergewinn des Leasinggebers umfassen. Nach Ende des Leasingvertrages wird der Vertragsgegenstand entweder – oftmals gegen Ausgleich eines etwaigen Minderwertes – an den Leasinggeber zurückgegeben oder vom Leasingnehmer oder einem Dritten erworben. Es gibt unterschiedliche Typen von Leasingverträgen, häufig ist das Finanzierungsleasing, bei dem der Leasingnehmer am Ende der Leasingzeit eine Kaufoption hat. Häufig liegen zudem Finanzierungsleasingverträge iSd § 500 vor, so dass die Vorschriften anwendbar sind, auf die diese Norm verweist, so etwa bei Kraftfahrzeugleasingverträgen mit Kilometerabrechnung (BGH NJW 1998, 1637). Zum Leasingvertrag allgemein vgl die Kommentierung von *Pajunk* im Anhang. 5

5. Mietkauf. Beim Mietkauf ist Vertragsgegenstand die Gebrauchsüberlassung der Sache verbunden mit der einseitigen Option für den Mieter, diese nach einem festgelegten Zeitraum für einen festgelegten Preis unter Anrechnung der bis dahin gezahlten Miete zu erwerben. Bis zur Ausübung der Option findet Mietrecht Anwendung, danach Kaufrecht. IdR wird eine überhöhte Miete gefordert, um den Mieter zum Kauf zu veranlassen, ferner soll dem Mieter auf diese Weise die Finanzierung ggü dem unmittelbaren Kauf erleichtert werden. Ein Mietkaufvertrag kann dennoch auch einen Verbraucherdarlehensvertrag darstellen. Die Risiken und Lasten von Gefahr, Gewährleistung und Instandhaltung liegen bis zur Optionsausübung beim Vermieter (jurisPK/*Münch* § 535 Rn 41). 6

6. Sonstiges. Kein Mietvertrag liegt vor bei behördlicher **Einweisung** in eine Privatwohnung zur Abwendung der Obdachlosigkeit, dies stellt vielmehr ein öffentlich-rechtliches Nutzungsverhältnis dar, das auch nicht einseitig in ein schuldrechtliches Mietverhältnis umgewandelt werden kann (Celle OLGR 2004, 139). Zudem gibt es noch eine Reihe von **Mischverträgen**, so können **werkvertragliche und mietvertragliche Elemente** miteinander verbunden sein, etwa beim Reisevertrag, der die Zurverfügungstellung von Räumlichkeiten enthält (Köln NJW-RR 2005, 703), sowie bei Veranstaltungsverträgen für Theater, Kino, Sportveranstaltungen. Ist eine Maschine mit Bedienungspersonal Vertragsgegenstand, wird man von einem Mietvertrag mit dienstvertraglichen Elementen sprechen können, ebenso beim Heimpflegevertrag, bei dem je nach Fallgestaltung auch das HeimG zur Anwendung kommen kann (BGH NJW 2005, 2008). Eine auf einem Datenträger 7 gespeicherte **Software** wird als Sache iSd § 90 angesehen werden, so dass je nach Vertragsgestaltung neben Kaufrecht auch Mietrecht, ggf ergänzt um werk- oder dienstvertragliche Elemente, Anwendung finden kann (BGH NJW 2007, 2394). Dies gilt auch bei der Online-Nutzung von Software, denn schließlich ist diese auch dann auf einem Datenträger – dem Server – gespeichert. Für die Gebrauchsüberlassung ist die Verschaffung des Besitzes nur dann Voraussetzung, wenn der Gebrauch der Mietsache dies voraussetzt (BGH NJW 2002, 3322).

8 **B. Tatbestand. I. Vertragsabschluss. 1. Allgemeines.** Der Mietvertrag als schuldrechtlicher Vertrag kommt durch Angebot, § 145, und Annahme, §§ 147–152, zustande.

9 **2. Form.** Ein Mietvertrag kann formfrei zustande kommen, also sowohl mündlich als auch konkludent. Ein Mietvertrag mit einer Festlaufzeit von über einem Jahr muss zur Wirksamkeit der Befristung in **Schriftform** abgeschlossen werden, §§ 550, 126 Abs 1, 3. Dieses Schriftformerfordernis dient in erster Linie dem Zweck, einem späteren Grundstückserwerber, der gem § 566 kraft Gesetzes als Vermieter in ein Mietverhältnis eintritt, dessen Bedingungen kenntlich zu machen; ferner die Beweisbarkeit langfristiger Abreden zwischen den ursprünglichen Vertragsparteien sicherzustellen und diese vor der unbedachten Eingehung langfristiger Bindungen zu schützen (BGH NJW 2008, 2178). Wird die Schriftform nicht eingehalten, so gilt der Mietvertrag für unbestimmte Zeit und kann – frühestens zum Ablauf eines Jahres nach Überlassung – ordentlich gekündigt werden. Dies gilt auch für Mietverträge mit unbestimmter Dauer, wenn die Parteien die ordentliche Kündigung über ein Jahr hinaus ausschließen (BGH NZM 2008, 687).

10 Die Erfüllung dieses Schriftformerfordernisses folgt strengen Kriterien. Es müssen alle **Essentialia** des Vertrages in einer einheitlichen Urkunde enthalten sein, die von den Parteien unterzeichnet ist. Die Essentialia sind neben der korrekten Bezeichnung der Parteien die präzise Beschreibung der Mietsache, der geschuldete Mietzins, die Nebenkostenabrede und die Laufzeit (BGH NJW 2007, 288), auch Nebenabreden können aber der Schriftform bedürfen, wenn diesen nach dem Parteiwillen wesentliche Bedeutung zukommt (BGH NJW 2000, 1105). Sind diese nicht präzise genannt, aber anhand außerhalb der Urkunde liegender Umstände eindeutig bestimmbar, so ist die Schriftform gewahrt (BGH NJW 2006, 139).

11 Für die Bestimmung der **Parteien** reicht es aus, dass eine Partei mit »Erwerbergemeinschaft« gekennzeichnet wird, wenn diese in ihrer konkreten Zusammensetzung noch nicht feststeht (BGH NJW 2006, 140). Bei der Bestimmung der **Laufzeit** ist insbes auf eine hinreichend genaue Umschreibung des Mietbeginns zu achten. Hierfür genügt aber bereits die Formulierung »mit Übergabe der Mietsache«, ohne dass es darauf ankommt, ob ein vorgesehenes Übergabeprotokoll zum Bestandteil der Urkunde gemacht oder überhaupt erstellt wird (BGH NJW 2007, 3273). Bei Vermietung vom Reißbrett kann der Mietbeginn auch von einem künftigen Ereignis wie der Fertigstellung abhängig gemacht werden (BGH NJW 2007, 3273).

12 Werden die **Mieträume** mit Hilfe eines Lageplanes bestimmt, muss dieser zur Anlage des Mietvertrages gemacht werden. Bei einem noch nicht fertig gestellten Objekt ist die Beschreibung, insbes wenn Lagepläne noch nicht feststehen, bes präzise vorzunehmen (BGH NJW 2006, 140). Eine **Anlage** des Mietvertrages, die Essentialia enthält und auf die im Mietvertrag Bezug genommen wird, muss zur Wahrung der Schriftform im Mietvertrag so genau bezeichnet werden, dass eine zweifelsfreie Zuordnung möglich ist, eine feste Verbindung mit der Haupturkunde ist dann entbehrlich (BGH NJW 2003, 1248). Es reicht aus, dass sich der Gesamtinhalt des Mietvertrages aus dem Zusammenspiel verschiedener Urkunden ergibt, wenn sie zur Wahrung der Urkundeneinheit ihre Zusammengehörigkeit zweifelsfrei kenntlich machen. Dies kann durch Paginierung, fortlaufende Nummerierung einzelner Bestimmungen, einheitliche grafische Gestaltung, einen inhaltlichen Zusammenhang des Textes oder vergleichbare Merkmale geschehen (BGH NZM 2002, 20). Für **Nebenräume** gilt, dass sie nicht genau bezeichnet werden müssen, wenn sich deren Lage aus den tatsächlichen Gegebenheiten wie der Lage des Grundstücks ergibt oder der Vermieter für diese ein Leistungsbestimmungsrecht hat (Frankfurt aM ZMR 2007, 532).

13 Ist der Vertrag bei Personenmehrheit nicht von allen Vermietern oder Mietern unterzeichnet, müssen die vorhandenen Unterschriften durch einen **Vertretungszusatz** deutlich zum Ausdruck bringen, dass sie auch in Vertretung der nicht unterzeichnenden Vertragsparteien geleistet wurden. Dies gilt insbes, wenn eine GbR Vertragspartei wird (BGH NJW 2004, 1103), da diese grds durch ihre Gesellschafter vertreten wird, nicht aber, wenn das Vertretungsverhältnis aus öffentlich zugänglichen Quellen ersichtlich ist, wie etwa bei einer GmbH (BGH NJW 2007, 3346), AG (KG ZMR 2007, 962) oder einem eingetragenen Verein. Wenn die Vertretung auf andere Weise deutlich wird, etwa weil nur eine natürliche Person als Vertragspartei genannt ist und eine andere Person den Vertrag unterschreibt, die erkennbar nicht Vertragspartei werden möchte, ist ein Vertretungszusatz nicht erforderlich (BGH NJW 2008, 2178), denn dann kann die Unterschrift nur den Zweck gehabt haben, die genannte Vertragspartei zu vertreten (BGH NJW 2007, 3346). Ob der Vertreter auch **Vertretungsmacht** hatte, ist allerdings keine Frage der Schriftform, sondern wirkt sich auf das Zustandekommen des Vertrages aus. Insoweit ist es dem Erwerber aber zumutbar, sich bei den Vertragsparteien zu erkundigen (BGH NJW 2007, 3346).

14 Ferner dürfen die **Unterschriften** der Mietparteien nicht zu lange auseinander liegen, ansonsten wird die zweite Unterschrift gem § 147 Abs 2 nicht als Annahme des Mietvertragsangebots, sondern als neues Angebot

angesehen, das dann nicht schriftlich, sondern nur konkludent durch Ingebrauchnahme angenommen worden ist, so dass die Schriftform nicht gewahrt ist. Die Annahmefrist liegt regelm bei 2 Wochen (KG ZMR 2008, 615; NZM 2007, 731; Naumburg NZM 2004, 825: 2 Wochen; Dresden NZM 2004, 826: 2 ½ Wochen; KG MDR 2001, 685: im Einzelfall sogar nur 4-5 Tage).

Wird die Schriftform nicht eingehalten, so kann ein **heilender Nachtrag** abgeschlossen werden, wenn dieser seinerseits der Schriftform entspricht. Dieser müsste allerdings auf den Ausgangsvertrag und auf alle ergänzenden Urkunden verweisen, die Essentialia enthalten (BGH NJW 2008, 2181). Auch kann durch Verwendung einer in Gewerbemietverträgen üblichen **Schriftformheilungsklausel**, derzufolge die Parteien vereinbaren, alle notwendigen Handlungen zur Erfüllung der Schriftform vorzunehmen und den Vertrag nicht unter Berufung auf fehlende Schriftform zu kündigen, die Gefahr einer vorzeitigen Beendigung unter Berufung auf einen Schriftformverstoß minimiert werden (KG NJW-RR 2007, 805; Düsseldorf NZM 2005, 147). Eine allg salvatorische Klausel ist auf Schriftformverstöße dagegen nicht anwendbar und kann die Parteien nicht zur Nachholung der Schriftform verpflichten (BGH NJW 2007, 3202). 15

Die **Schriftform** kann auch **vertraglich vereinbart werden**, allerdings ist eine formlose Änderung einer solchen Schriftformklausel möglich (BGH NJW 2006, 138), dies gilt selbst dann, wenn eine qualifizierte Schriftformklausel vereinbart wurde, wonach auch Änderungen der Schriftformklausel der Schriftform bedürfen (Düsseldorf ZMR 2007, 35). Nachträgliche mündliche Individualvereinbarungen haben daher auch vor Schriftformklauseln in Formularverträgen über langfristige Geschäftsraummietverhältnisse Vorrang (BGH NJW 2006, 138), führen allerdings zu einem Schriftformverstoß, wenn sie Essentialia zum Inhalt haben, mit der Folge der vorzeitigen Kündbarkeit innerhalb der gesetzlichen Fristen. 16

3. Vertragspartner. a) Vermieter. Nicht notwendig ist, dass der Vermieter auch der Eigentümer der Mietsache ist. Auch ein anderweitig zum Besitz Berechtigter, etwa durch Erbbaurecht, Nießbrauch, Wohnrecht oder seinerseits Miete kann Vermieter sein; entscheidend ist nur, dass dieser die Gebrauchsüberlassung gewähren kann. Bei **Mehrheit von Vermietern** liegt idR eine Gemeinschaft, § 741, vor, häufig Erbengemeinschaft, § 2032. Mangels Rechtsfähigkeit muss dann jedes Mitglied der Gemeinschaft den Vertrag unterzeichnen, im Verhältnis zum Mieter liegt Mitgläubigerschaft, § 432, vor. Bei Vorliegen ihrer Voraussetzungen kann auch eine Gesellschaft, § 705, gegeben sein. 17

b) Mieter. Mieter kann jede **natürliche oder juristische Person** sein. Bei juristischen Personen ist bes Aufmerksamkeit auf die Vertretungsberechtigung der unterzeichnenden Person zu richten. Ergibt sich diese nicht bereits aus öffentlich zugänglichen Quellen (Handelsregister, Vereinsregister) und streitet somit nicht zumindest eine Rechtsscheinsvollmacht für den Zeichnenden, ist ein Vertretungszusatz notwendig, anderenfalls der Unterzeichner Gefahr läuft, persönlich aus dem Mietvertrag verpflichtet zu werden (Düsseldorf ZMR 1997, 75; s § 535 Rz 21). 18

Liegt eine **Mehrheit von Mietern** vor, so sind alle in dem Vertrag einzeln aufzuführen, es müssen diesen auch alle unterzeichnen. Bei Mehrheit von Mietern ist grds eine Gemeinschaft gegeben, § 741, oder wenn ein gemeinsamer Zweck vorliegt, eine Gesellschaft, § 705. Letzteres ist bei Wohngemeinschaften, Ehepartnern, nichtehelichen Lebensgemeinschaften und häufig auch bei Geschäftsraummietverhältnissen der Fall (Palandt/*Weidenkaff* Rn 7). Sind Ehepartner Mitmieter, kann ein Ehepartner nach endgültiger Trennung die Zustimmung zur Kündigung der gemeinsam gemieteten Wohnung von dem in der Wohnung verbliebenen Ehegatten verlangen, wenn unterhaltsrechtliche Gründe oder Gründe nachehelicher Solidarität dem nicht entgegenstehen (Köln WuM 2006, 511). Wird ein Mietvertrag mit mehreren Mietern als Gesamtschuldnern geschlossen und unterliegen Änderungen dem Schriftformerfordernis, so gilt für die Vereinbarung einer Teilschuld, dass eine entspr schriftliche Vereinbarung mit allen Mitmietern schriftlich getroffen werden muss (KG KGR Berlin 2004, 47). 19

c) Wechsel der Vertragsparteien. Bei einem Wechsel der Vertragsparteien durch zweiseitige Vereinbarung zwischen alter und neuer Vertragspartei ist die Zustimmung des jeweiligen Vertragspartners erforderlich, die jedoch formfrei ergehen kann (BGH NJW 2003, 2158) und auch schon im Vorhinein erklärt werden kann, eventuell jedoch nicht formularmäßig bei Wohnraummietverträgen (Palandt/*Weidenkaff* Rn 9). Dies gilt nicht, soweit der Parteiwechsel Kraft Gesetzes wegen des Verkaufs des Mietobjekts, § 566, oder gesetzlichen Eigentumserwerbs, § 566 analog (BGH NJW 2008, 2773), vollzogen wird. 20

4. Vertretung. Vertretung ist nach den allg Regeln in ausdrücklicher Form möglich, § 164, aber auch konkludent, etwa wenn die anmietende Person erkennbar ein unternehmensbezogenes Geschäft für ein bestimmtes Unternehmen abschließen möchte und zweifelsfrei nicht im eigenen Namen auftritt, selbst wenn kein Vertretungszusatz vorliegt (Düsseldorf GuT 2007, 201), oder wenn Eheleute im Rubrum stehen, aber nur ein Ehepartner unterzeichnet (Düsseldorf ZMR 2000, 210). Wird eine juristische Person Mietvertragspartei, so muss sich die **Vertretungsberechtigung** der handelnden Personen entweder aus dem Vertrag selbst oder aus öffentlich zugänglichen Registern (Handelsregister, Vereinsregister) ergeben. Wenn eine GbR Vertragspartei wird, muss grds jeder Gesellschafter den Mietvertrag unterzeichnen. Geschieht dies nicht, wird der nicht unterzeichnende Gesellschafter ohne entspr Vertretungszusatz einer der unterzeichnenden Personen nicht 21

Vertragspartei. Eine GmbH in Gründung ist als GbR anzusehen, die zunächst Vertragspartei wird, und mit deren Beurkundung der Vertrag auf die GmbH übergeht (München ZMR 1997, 458).

22 **5. Vorvertragliche Pflichten. a) Informationspflichten.** Der BGH hat ausf und sehr instruktiv entschieden, in welchem Umfang den **Vermieter** eine **Aufklärungspflicht** ggü dem Mieter trifft. Diese bezieht sich demnach auf diejenigen Umstände und Rechtsverhältnisse mit Bezug auf die Mietsache, die – für den Vermieter erkennbar – von bes Bedeutung für den Entschluss des Mieters zur Eingehung des Vertrages sind und deren Mitteilung nach Treu und Glauben erwartet werden kann. Das Bestehen der Aufklärungspflicht richtet sich demnach nach den Umständen des Einzelfalls, insbes nach der Person des Mieters und dessen für den Vermieter erkennbare Geschäftserfahrenheit oder -unerfahrenheit. Dabei ist der Vermieter nicht verpflichtet, dem Mieter das Vertragsrisiko abzunehmen und dessen Interessen wahrzunehmen. Der Mieter muss vielmehr selbst prüfen und entscheiden, ob der beabsichtigte Vertrag für ihn von Vorteil ist oder nicht. Es ist seine Sache, sich umfassend zu informieren und zu klärungsbedürftigen Punkten in den Vertragsverhandlungen Fragen zu stellen (BGH NJW-RR 2007, 298 vgl zum Ganzen auch PWW/*Elzer* Rn 18). Hinsichtlich der Gewinnerwartung oder Rentabilität der Mietsache trifft den Vermieter keine Aufklärungspflicht (Düsseldorf GuT 2007, 88). Nach og Grundsätzen hat der Vermieter eine Aufklärungspflicht, wenn der Mieter mit einem nicht haftpflichtversicherungspflichtigen Baufahrzeug erkennbar am Straßenverkehr teilnehmen möchte (BGH NJW-RR 2007, 298). Auch muss derjenige, der ein Kfz an einen Unfallgeschädigten zu einem deutlich überteuerten Tarif vermietet, wodurch der Mieter Gefahr läuft, dass die Haftpflichtversicherung des Unfallgegners nicht den vollen Tarif übernimmt, den Mieter über diesen Umstand aufklären (BGH NJW 2007, 2759). Zudem muss der Vermieter die Angaben, die er tätigt, wahrheitsgem machen und auch auf Fragen des Mieters wahrheitsgem und vollständig antworten (PWW/*Elzer* Rn 18).

23 Werden vor Vertragsabschluss die Vorauszahlungen für Nebenkosten erheblich zu niedrig vereinbart, stellt dies ohne Vorliegen bes Umstände keine vorvertragliche Pflichtverletzung des Vermieters dar (BGH NJW 2004, 1102). Es müsste schon ein Vertrauenstatbestand beim Mieter zurechenbar begründet worden sein (BGH NJW 2004, 2674). Der **Mieter** ist verpflichtet, dem Vermieter offen zu legen, wenn er in seinem Geschäft überwiegend Ware einer in der rechtsradikalen Szene beliebten Marke verkaufen möchte (Naumburg NZM 2009, 128). Nicht offen legen muss der Mieter dagegen seine finanzielle Lage, auch nicht, wenn er bereits eine eidesstattliche Versicherung abgegeben hat (jurisPK/*Münch* Rn 31). Allerdings trifft auch ihn die Pflicht, wahrheitsgem und vollständig auf Fragen des Vermieters zu antworten, auch wenn die Frage sich nach früheren Mietverhältnissen und Vermietern richtet (PWW/*Elzer* Rn 28) oder die finanzielle Lage betrifft, selbst wenn dies den beabsichtigten Vertragsabschluss mit großer Wahrscheinlichkeit vereitelt (Koblenz NJW 2008, 3073).

Beantwortet eine Vertragspartei eine Frage wahrheitswidrig oder klärt über eine aufklärungspflichtige Tatsache nicht auf, ist die andere Vertragspartei zur Anfechtung nach § 123 berechtigt.

24 **b) Doppelvermietung.** Der Vermieter ist verpflichtet, die Mietsache nicht doppelt zu vermieten. In Fällen der **Doppelvermietung** können die Mieter ihr Recht auf Gebrauchsüberlassung nicht durch einstweilige Verfügung durchsetzen (Celle ZMR 2009, 113; KG ZMR 2007, 614; Koblenz ZMR 2008, 50), vielmehr hat der Vermieter dann die Wahl, welchen Vertrag er erfüllt und welchem der Vertragspartner ggü er sich schadensersatzpflichtig macht. Dies entspricht dem Grundsatz der Privatautonomie und bedeutet zudem, dass es der Wirksamkeit eines Mietvertrages nicht entgegensteht, wenn ein weiterer Vertrag über dieselbe Mietsache existiert.

25 **II. Pflichten der Vertragsparteien. 1. Vermieter. a) Gebrauchsgewährung.** Der Vermieter eines wirksam geschlossenen Mietvertrages muss dem Mieter nach Abs 1 S 1 den Gebrauch der Mietsache zu dem vereinbarten Zeitpunkt in dem vereinbarten Zustand und zu der vertraglich vereinbarten Nutzung gewähren. Was nach Art und Umfang des vertraglich Vereinbarten konkret zur Gebrauchsgewährung gehört, ist also einzelfallabhängig (BGH ZMR 2002, 901). Wenn der Mieter hiernach die Mietsache notwendig in Besitz nehmen muss, um den üblichen oder vertragsgem Gebrauch machen zu können, ist dies von der Gebrauchsgewährungspflicht umfasst (BGH NJW 2007, 2394).

26 Die Pflicht zur **Besitzverschaffung** ist dabei zwar die Regel, aber nicht begriffsnotwendig, wie etwa die Miete von Softwareanwendungen (BGH NJW 2007, 2394), einer Breitbandkabelanlage (BGH NJW 2002, 3322) oder einer Hauswand (PWW/*Elzer* Rn 68) zeigt. Räume sind bezugsfertig zu überlassen, wobei **Bezugsfertigkeit** vorliegt, wenn die Mietsache soweit hergestellt ist, dass dem Mieter zugemutet werden kann, sie zu beziehen oder sonst zu benutzen, wobei geringfügige noch ausstehende Restarbeiten, die die Nutzung der Mietsache nicht in unzumutbarer Weise beeinträchtigen, außer Betracht bleiben (Düsseldorf NJW-RR 1995, 438). Aufgrund der Gebrauchsgewährpflicht ist der Vermieter verpflichtet, dem Mieter Zugang an das allg Versorgungsnetz mit Strom und Wasser zu gewähren (BGH NJW-RR 1993, 1159; Brandenburg GE 2007, 1631), außerdem zumindest während der Heizperiode (1. Oktober bis 30. April) die Räume zu beheizen oder beheizbar zu machen (KG NZM 2002, 917). Zu der Gebrauchsgewährung gehören alles vereinbarte Zubehör nebst Schlüsseln sowie das Recht zur Mitbenutzung aller nach der Verkehrssitte zur vertragsgem Ingebrauchnahme notwendigen **Gemeinschaftsflächen** und Gebäudeteile (BGH NJW 2007, 146).

Ein Recht zur **Veränderung** der Mietsache hat der Vermieter grds nur in den von § 554 vorgegebenen Grenzen. Der Mieter braucht hierzu grds die Zustimmung des Vermieters, hiervon sind rein dekorative Veränderungen, die die Substanz der Mietsache unberührt lassen, jedoch nicht betroffen. Den auf Bereitstellung einer mangelfreien Sache gerichteten Erfüllungsanspruch hat der Mieter auch, wenn eine Minderung wegen Kenntnis von einem Mangel nach § 536b ausgeschlossen sein sollte, so lange nicht ein »schlechter Zustand« der Mietsache vereinbart worden ist (BGH NJW-RR 2007, 1021). Werden dem Mieter die Räume nicht rechtzeitig überlassen, wird dem Vermieter die Leistung durch Zeitablauf nachträglich unmöglich, § 275 (Palandt/*Weidenkaff* Rn 15). Die Überlassung der Mietsache erfordert neben dem Dulden der Ingebrauchnahme durch den Mieter ggf auch positives Tun, um dem Mieter Schutz vor Dritten zu gewähren, die diesen in seinem Gebrauch stören könnten (Düsseldorf ZMR 2001, 706). Dabei hat der Vermieter zu beweisen, dass er seine vertragliche Pflicht zur Überlassung der Mietsache in vertragsgem Zustand erfüllt hat, während den Mieter nach Überlassung die Beweislast dafür trifft, dass die Mietsache zum Zeitpunkt der Übergabe mangelhaft war (BGH NJW 2007, 2394). 27

b) Überlassung zum vertragsgem Gebrauch. Nach Abs 1 S 2 ist der Vermieter zur Überlassung der Mietsache zum vertragsgem Gebrauch verpflichtet. Die Mietsache muss zum vertraglich vorausgesetzten Gebrauch tauglich sein (hierzu s ergänzend § 536 Rz 8; § 538 Rz 3 ff). Die Tauglichkeit zum vertragsgem Gebrauch hat der Vermieter nicht nur im Zeitpunkt der Überlassung, sondern während der gesamten Mietzeit zu gewährleisten. Das **Verwendungsrisiko** der Mietsache trägt idR der Mieter (BGH NJW 2006, 899). Dazu gehört die Möglichkeit, mit einem Gewerbeobjekt Gewinne erzielen zu können. Abw Vereinbarungen sind jedoch möglich. 28

Was **Inhalt der Überlassung zum vertragsgem Gebrauch** ist, bestimmt sich nach dem Inhalt des Vertrages und der Verkehrsanschauung. Die Einhaltung einschlägiger gesetzlicher Vorschriften, etwa des öffentlichen Baurechts, ist hiervon ebenso umfasst (Palandt/*Weidenkaff* Rn 38) wie die Einhaltung technischer Normen (BGH NJW-RR 2006, 879; BGH, NJW 2005, 218). Zwar ist auf den Zeitpunkt des Vertragsschlusses abzustellen, allerdings können Veränderungen der Anschauungen über den vertragsgem Standard oder neue wissenschaftliche Erkenntnisse im Einzelfall zu einer **Vertragsanpassung** führen (BGH NJW-RR 2006, 1157). 29

Auch darf die Herstellung des vertragsgem Gebrauchs die »**Opfergrenze**« nicht überschreiten (BGH NJW 2005, 3284). Wo diese »Opfergrenze« liegt, ist unklar und wird von dem Einzelfall abhängen, teilw wird angenommen, dass die Instandsetzungskosten den Zeitwert der Wohnung nicht überschreiten dürften oder innerhalb von zehn Jahren von der Wohnung erwirtschaftet werden können müssen (*Hirsch* ZMR 2007, 81). Nicht zum vertragsgem Gebrauch gehört jedenfalls in einem Wohnraummietvertrag das Ausüben einer gewerblichen Tätigkeit (LG Schwerin NJW-RR 1996, 1223), dies gilt spiegelbildlich für die jeweils andere Nutzungsform entspr. Zu dem vertragsgem Gebrauch gehört idR das Nutzungsrecht für den Mieter sowie für Dritte, die nach dem Vertragszweck zur Nutzung berechtigt sein sollen, etwa Familienangehörige, Besucher oder Lieferanten. **aa) Wohnraum.** In Wohnraummietverträgen wird der vertragsgem Gebrauch oftmals durch Vereinbarung einer **Hausordnung** konkretisiert. Ein Mieter kann jedenfalls einen Mindeststandard erwarten, der der üblichen Ausstattung vergleichbarer Wohnungen entspricht, jedenfalls aber ein zeitgem Wohnen ermöglicht, auch wenn die Mietsache eine Altbauwohnung ist (BHG NJW 2004, 3174). 30

Das Anbringen einer **Satellitenschüssel auf dem Balkon** gehört grds nicht zum vertragsgem Gebrauch der Mietsache. Nach der Rspr des Bundesverfassungsgerichts (BVerfG NJW-RR 2005, 661) ist dem Grundrecht des Mieters aus Art 5 Abs 1 S 1 Hs 2 GG, sich aus allg zugänglichen Quellen ungehindert zu unterrichten, auch in zivilgerichtlichen Streitigkeiten über die Anbringung von Satellitenempfangsanlagen an Mietwohnungen Rechnung zu tragen und mit dem – gleichrangigen – Grundrecht des Vermieters als Eigentümer aus Art 14 Abs 1 S 1 GG einzelfallbezogen abzuwägen (BGH NJW-RR 2007, 1243). Die Glaubensfreiheit des Mieters ist insofern unbeachtlich, sie wird nicht durch das Fernsehen definiert. Wenn ein ständig in Deutschland lebender Ausländer sein grundrechtlich geschütztes Informationsinteresse am Empfang von Programmen seines Herkunftslandes nicht durch Bezug eines digitalen Kabelprogramms befriedigen kann (BGH NJW 2008, 216), für das dem Mieter sogar die Kosten für ein Zusatzgerät zuzumuten sind (BGH ZMR 2007, 676), muss der Vermieter regelm der Aufstellung einer Parabolantenne zustimmen, sofern hierdurch weder eine Substanzverletzung noch eine nennenswerte ästhetische Beeinträchtigung des Eigentums des Vermieters zu besorgen ist (BGH NJW 2006, 1062). Ist eine auf dem Balkon aufgestellte Parabolantenne von außen deutlich sichtbar, und führt diese zu einer ästhetischen Beeinträchtigung der Mietsache, kann ein den Vermieter zur Verweigerung der Zustimmung führender Grund vorliegen (BVerfG NJW-RR 2005, 661), wenn dem Informationsbedürfnis des Mieters anders entsprochen werden kann. 31

Nicht zum vertragsgem Gebrauch gehört grds die **Tierhaltung**, hierzu bedarf der Mieter regelm der vorherigen Zustimmung des Vermieters (BGH NJW 2008, 218). Das Halten von Kleintieren, die ausschließlich in geschlossenen Behältnissen untergebracht sind, wie etwa Zierfische, Ziervögel, Hamster oder Schildkröten, gehört dagegen zum vertragsgem Gebrauch, denn deren Haltung hat keinen Einfluss auf die schuldrechtliche Beziehung zwischen dem Vermieter und dem Mieter (BGH NJW 1993, 1961). Unzulässig ist daher auch eine formularmäßige Klausel, die die Unterbringung von Kleintieren von der Zustimmung des Vermieters abhängig macht (BGH NJW 2008, 218) auch wenn hiervon ausdrücklich Zierfische und Ziervögel – nicht aber 32

Hamster und Schildkröten – ausgenommen sind oder solche Klauseln, die die Tierhaltung gänzlich undifferenziert verbieten (BGH NJW 1993, 1061). Ob der Vermieter verpflichtet ist, die Zustimmung zur Haltung von größeren Haustieren, wie Hunden oder Katzen, zu erteilen, hängt vom Ergebnis einer umfassenden Abwägung der Interessen des Vermieters und des Mieters ab. Zu berücksichtigen sind dabei Art, Größe, Verhalten und Anzahl der Tiere, Art, Größe, Zustand und Lage der Wohnung sowie des Hauses, in dem sich die Wohnung befindet, Anzahl, persönliche Verhältnisse, namentlich: Alter und berechtigte Interessen der Mitbewohner und Nachbarn, Anzahl und Art anderer Tiere im Haus, bisherige Handhabung durch den Vermieter sowie bes Bedürfnisse des Mieters (BGH NJW 2008, 218).

33 Das Aufstellen von **Haushaltsgeräten** wie Geschirrspülmaschine, Waschmaschine, Küchengeräten, Fernseher, ist grds vom vertragsgem Gebrauch umfasst, hierfür muss die Wohnung – insbes die Stromversorgung – aber auch geeignet sein (BGH NJW 2004, 3174). Zu der nicht nur vorübergehenden Aufnahme von **Besuchern** und Familienangehörigen, s § 540 Rz 2.

34 Grds gehört das **Rauchen** in einer Mietwohnung zum vertragsgem Gebrauch, auch wenn hierdurch Ablagerungen verursacht werden. Umstr war in der Rspr lange, ob dies auch für »exzessives« Rauchen gilt. Der BGH hat diesen Streit nunmehr dahingehend entschieden, dass das Rauchen in einer Mietwohnung dann über den vertragsgem Gebrauch hinaus geht und eine Schadensersatzpflicht des Mieters begründet, wenn dadurch Verschlechterungen der Wohnung verursacht werden, die sich nicht mehr durch Schönheitsreparaturen iSd § 28 Abs 4 S 3 der Zweiten Berechnungsverordnung beseitigen lassen, also insbes durch Tapezier-, Anstrich- und Lackierarbeiten, sondern darüber hinausgehende Instandsetzungsarbeiten erfordern (BGH NJW 2008, 1439).

35 **bb) Gewerberaum.** Bei Gewerbemieträumen wird der Vertragszweck häufig vertraglich konkretisiert sein, dies empfiehlt sich zumindest. Hiernach richtet sich auch der Umfang des vertragsgem Gebrauchs, ein außerhalb der vereinbarten Nutzung liegender Gebrauch ist unzulässig (München ZMR 2001, 347). Die Überlassung zum vertragsgem Gebrauch umfasst bei Gewerbemietverträgen einen **vertragsimmanenten Konkurrenzschutz**, der den Vermieter daran hindert, in unmittelbarer Nachbarschaft auch ohne entspr Abrede einen Konkurrenzbetrieb zuzulassen oder selbst zu eröffnen (KG GE 2005, 1426). Dies bezieht sich nicht auf ein in der Nähe liegendes Grundstück des Vermieters, das kein unmittelbar angrenzendes Grundstück darstellt (Rostock NZM 2006, 295). Ggü einem bei Mietbeginn bereits vorhandenen Konkurrenzbetrieb kann der Mieter sich nicht auf Konkurrenzschutz berufen; kommen während des Mietverhältnisses Konkurrenzbetriebe neu hinzu, berührt dies dennoch den vertragsimmanenten Konkurrenzschutz (KG MietRB 2005, 66). Mit einer Konkurrenzschutzklausel kann dieser vertragsimmanente Konkurrenzschutz ausgestaltet, also erweitert, reduziert oder abbedungen werden (KG MDR 2008, 50). Grds sind hier aber Prioritätsgesichtspunkte maßgeblich, so dass ein später hinzukommender Mieter, dem Konkurrenzschutz eingeräumt wird, nicht verhindern kann, dass ein bereits vorhandener Mieter sein Geschäft weiterhin ausübt. Ein Rechtsanwalt, dem Konkurrenzschutz eingeräumt wurde, muss daher im Verhältnis zum Konkurrenten hinnehmen, dass eine bereits vorhandene Sozietät um einen Sozius mit derselben Fachrichtung erweitert wird (Köln NJW-RR 2005, 1680; Düsseldorf ZMR 2007, 267). Unangetastet bleiben Schadensersatzansprüche wegen Vertragsverletzung des Vermieters. Bei Vorliegen einer entspr Vereinbarung kann der vertragsgem Gebrauch sehr genau konkretisiert werden und sich etwa auch auf das Vorliegen einer bestimmten Schallschutzklasse für Gaststätten beziehen (Saarbrücken OLGR Saarbrücken 2004, 417).

36 **cc) Sonstige Mietsachen.** Je nach dem vertraglich Vereinbarten bestimmt sich der vertragsgem Gebrauch bei sonstigen Mietgegenständen. Diese können bewegliche Sachen, etwa Kfz, Schiffe, Tiere, EDV-Anlagen, auch Teile von Sachen, wie eine Hauswand oder Kfz-Stellplätze, ggf auch die Mitbenutzung, sein. Die Mietsache muss nach Art und Umfang zum vertragsgem Gebrauch geeignet sein, was auch eine Übereinstimmung mit den einschlägigen technischen Regeln und Normen, bei Kfz etwa der StVZO, umfasst. Nicht zum vertragsgem Gebrauch geeignet ist jedenfalls ein Kfz, das im Winter nicht mit Winterreifen ausgestattet ist (Hamburg DAR 2007, 336).

37 **c) Erhaltung eines geeigneten Zustands.** Die Erhaltung der Mietsache in einem zum vertragsgem Gebrauch geeigneten Zustand umfasst zunächst alle Maßnahmen, die erforderlich sind, um die Tauglichkeit zum vertragsgem Gebrauch während der gesamten Mietzeit zu gewährleisten. Hierzu gehört die Instandsetzung und Instandhaltung (BGH NJW-RR 2006, 84). Die Kosten der **Instandsetzung** sind Kosten aus Reparatur und Wiederbeschaffung (BGH NJW-RR 2004, 877). Die Kosten der **Instandhaltung** sind in Anlehnung an § 28 Abs 1 Zweite Berechnungsverordnung die Kosten der Erhaltung des vertrags- und ordnungsgemäßen Zustands, also der Beseitigung von durch Abnutzung, Alterung und Witterungseinwirkungen entstandenen baulichen und sonstigen Mängel (BGH NJW-RR 2006, 84). Dagegen sind **Schönheitsreparaturen** Maßnahmen zur Beseitigung von Mängeln, die durch vertragsgem Gebrauch der Mietsache entstanden und grds von dem Mieter gem § 540 nicht zu vertreten sind (BGH NJW-RR 1995, 123). Werden Reparaturen nicht oder nicht ordnungsgem ausgeführt, kann der Berechtigte gegen den Verpflichteten Ansprüche auf Erfüllung, Aufwendungsersatz bei Ersatzvornahme oder Schadensersatz nach den §§ 536 ff sowie den allg Vorschriften haben, auch ggf kündigen, § 543 Abs 2 S 1 Nr 1.

aa) Instandsetzung und Instandhaltung. Die Instandhaltung kann im Wohnraummietvertrag nicht vollständig auf den Mieter umgelegt werden (BayObLG NJW 1997, 1371). Grds nicht möglich ist wegen § 536 Abs 4 die Übertragung der Ausführungspflicht (BGH NJW 1992, 1759). Eine Klausel, wonach der Mieter die Kosten von Kleinreparaturen ohne Rücksicht auf ein Verschulden zu tragen hat, benachteiligt den Mieter unangemessen, wenn sie keinen Höchstbetrag für den Fall enthält, dass innerhalb eines bestimmten Zeitraumes mehrere **Kleinreparaturen** anfallen und wenn sie auch solche Teile der Mietsache umfasst, die nicht dem häufigen Zugriff des Mieters ausgesetzt sind (BGH NJW 1989, 2247). Die Kostentragungspflicht des Mieters kann für Kleinreparaturen zulässig bis zu EUR 75–100 pro Einzelfall bei angemessener Höhenbegrenzung innerhalb eines bestimmten Zeitraumes (Palandt/*Weidenkaff* Rn 44) vereinbart werden. Dies bedeutet aber nicht, dass der Mieter sich bei größeren Reparaturen an den Kosten beteiligen muss, vielmehr wird er dann ganz von der Haftung frei, wenn keine Begrenzung vorliegt (Düsseldorf WuM 2002, 545). Bei Gewerberaummietverträgen ist die Übertragung der Verpflichtung zur Instandhaltung und Instandsetzung auf den Mieter formularmäßig ebenfalls nur möglich, soweit sie sich auf Schäden erstreckt, die dem Mietgebrauch oder der Risikosphäre des Mieters zuzuordnen sind (BGH NJW-RR 2006, 84). Daher kann diese jedenfalls für »Dach und Fach« nur insoweit wirksam auf den Mieter übertragen werden, als die Reparatur von außergewöhnlichen Schäden oder die Erneuerung nicht mehr reparabler oder reparaturunwürdiger Gebäudeteile, wie eine Komplettsanierung des Daches, Sache des Vermieters bleibt (Brandenburg ZMR 2003, 909). Dabei bedeutet »Dach« die Dachkonstruktion sowie Wärmedämmung, Eindeckung, Abdichtung mit allen dazugehörigen Klempnerarbeiten (Dachrinnen) einschließlich von Vor-, Neben- sowie Glasdächern sowie Zu- und Abgängen des Daches. »Fach« sind die tragenden Teile des Gebäudes (alle Fundamente, tragenden Wände, Stützen, Pfeiler sowie Geschossdecken), die Fassade nebst Fassadenverkleidung (nicht jedoch Fenster und Sonnenschutz) sowie der Schornstein. Für gemeinschaftlich genutzte Flächen ist die Übertragung der Pflichten zur Instandsetzung und -haltung allenfalls wirksam, wenn sie in einem konkret bestimmten, zumutbaren Rahmen erfolgt. Dies kann durch eine Kostenbegrenzung auf einen bestimmten Prozentsatz der Jahresmiete erfolgen (BGH NJW-RR 2006, 84). 38

bb) Schönheitsreparaturen. Die **Verpflichtung zur Vornahme von Schönheitsreparaturen** richtet sich nach § 28 Abs 4 Satz 3 II. BV (BGH NJW 2009, 1408) und umfasst das Streichen oder Tapezieren von Decken und Wänden, Reinigen von Böden, Heizkörpern, Innentüren, Fenstern und Außentüren von innen (Palandt/*Weidenkaff* Rn 41). Nicht verlangt werden kann die Beseitigung aller angebrachter Tapeten (BGH NJW 2006, 2116), des Bodenbelages (BGH NJW 2006, 2115) oder das Abschleifen des Parketts (Düsseldorf WuM 2003, 621). Die Verpflichtung wird auch während des Mietverhältnisses fällig, sobald objektiv entspr Renovierungsbedarf besteht (BGH NJW 2005, 1862). Die Verpflichtung zur Vornahme von Schönheitsreparaturen kann in weitem Umfang auf den Mieter übertragen werden, bei Gewerbemietverträgen auch die Instandhaltung. 39

Unwirksam sind aber Klauseln, die dem Mieter die Durchführung von Schönheitsreparaturen unter Zugrundelegung eines starren **Fristenplanes** auferlegen (BGH NJW 2008, 3772; BGH NJW 2006, 2113). Nur wenn der Fristenplan auf den Zustand der Wohnung abstellt und die angegebenen Zeiträume als »iA« oder »regelm« einschlägig gekennzeichnet sind, so dass bei gutem Erhaltungszustand der Mietsache von diesen nach oben abgewichen werden kann, ist ein Fristenplan wirksam (BGH NJW 2006, 3778). Auch kann der Mieter nicht dazu verpflichtet werden, die Schönheitsreparaturen in neutralen, hellen, deckenden Farben auszuführen, wenn dies nicht auf den Zeitpunkt der Rückgabe der Mietsache beschränkt ist, sondern schon während des Mietverhältnisses gilt. In diesem Fall sind die Schönheitsreparaturen insges nicht wirksam auf den Mieter abgewälzt (BGH NJW 2008, 2499). Insges unwirksam ist ebenfalls eine Klausel, die bestimmt, dass der Mieter nur mit Zustimmung des Vermieters von der bisherigen Ausführungsart abweichen darf (BGH NJW 2007, 1743), was jedoch nicht für den Zeitpunkt der Rückgabe gilt, hier kann der Mieter dazu verpflichtet werden, Wände, Holzteile etc in »deckenden«, »neutralen«, »hellen« oder den bei Vertragsbeginn vorgegebenen Farben zurückzugeben (BGH NJW 2009, 62). 40

Liegt eine unwirksame Schönheitsreparaturklausel vor, kann der Vermieter **keinen Zuschlag** zur Miete verlangen (BGH NJW 2008, 2840; aA Karlsruhe NJW 2007, 3004; Frankfurt aM WuM 2008, 82; PWW/*Elzer* Rn 94; Palandt/*Weidenkaff* Rn 47a). Dies würde im Ergebnis einer verbotenen geltungserhaltenden Reduktion der unwirksamen Klausel gleichkommen und dem Vermieter eine Kompensation für seinen eigenen und selbst verschuldeten Verstoß gegen einschlägiges Recht zubilligen. Nach der abw Meinung soll dem Mieter ein Wahlrecht zwischen einer Mieterhöhung und der Durchführung der Schönheitsreparaturen, die er auf Grund der unwirksamen Klausel nicht schuldet, zustehen (Palandt/*Weidenkaff* Rn 47a; LG Nürnberg-Fürth NJW 2006, 450). Diese Konsequenz zeigt, dass das Einräumen der Möglichkeit, eine Mieterhöhung zu verlangen, den Mieterschutz erheblich untergräbt und nicht richtig sein kann. Gleiches gilt für Gewerberaummietverträge. Dagegen hat der Mieter in diesem Fall einen Anspruch gegen seinen Vermieter auf Vornahme von Schönheitsreparaturen, sobald diese fällig sind. 41

Eine formularmäßige **Endrenovierungsklausel**, die den Mieter verpflichtet, die Mietsache bei Beendigung des Mietverhältnisses unabhängig vom Zeitpunkt der letzten Schönheitsreparaturen renoviert zu übergeben, ist unwirksam, selbst, wenn der Mieter nicht zu laufenden Schönheitsreparaturen während der Mietzeit verpflichtet ist (BGH NJW 2007, 3776; BGH NJW 2005, 2006 für Gewerbemietraum). Eine Wirksamkeit kommt nur in 42

Betracht, wenn der Mieter zur Vornahme unter Berücksichtigung des Zeitraumes seit der letzten Schönheitsreparaturen und des konkreten Zustandes der Wohnung verpflichtet wird, diejenigen Schönheitsreparaturen auszuführen, die notwendig sind (BGH NJW 2007, 3774). Getrennte Klauseln über die Übertragung von Schönheitsreparaturen und die Vornahme einer Endrenovierung können – auch wenn sie für sich gesehen jeweils wirksam wären – wegen des von ihnen ausgehenden Summierungseffekts den Mieter unangemessen benachteiligen mit der Konsequenz, dass dann beide Klauseln unwirksam sind (BGH NJW 2006, 1915; für Gewerberaum: BGH NJW 2005, 2006). Eine unwirksame Endrenovierungsklausel zieht zudem stets eine wirksame Schönheitsreparaturenklausel mit sich in die Unwirksamkeit, weil zwischen beiden ein enger innerer Zusammenhang besteht (BGH NJW 2003, 2234). Nimmt der Mieter aufgrund einer unwirksamen Endrenovierungsklausel Schönheitsreparaturen vor, kann dies zu einem Ersatzanspruch gegen den Vermieter führen (BGH, Urt v 27.05.2009, VIII ZR 302/07).

43 Eine **Abgeltungsklausel**, die den Mieter zur Zahlung von einem prozentualen Anteil an Renovierungskosten auf Grund des Kostenvoranschlags eines vom Vermieter auszuwählenden Malerfachgeschäfts verpflichtet, ist nur wirksam, wenn sie keine starre Berechnungsgrundlage beinhaltet (BGH NJW 2007, 355) und sich an dem tatsächlichen Renovierungsbedarf ausrichtet (BGH NJW 2006, 3778). Zudem darf sie den Kostenvoranschlag nicht für verbindlich erklären und muss die für die Abgeltung maßgeblichen Fristen und Prozentsätze an dem Verhältnis zu den üblichen Renovierungsfristen ausrichten und dies so genau bestimmen, dass bei der Berechnung des maßgeblichen Zeitraumes kein Beurteilungsspielraum besteht (BGH NJW 2008, 1438). Es darf schließlich dem Mieter nicht untersagt sein, seiner anteiligen Zahlungspflicht durch Ausführung der Arbeiten vor dem Ende des Mietverhältnisses in kostensparender Eigenarbeit zuvorzukommen (BGH NJW 1988, 2790). Schließlich muss die Berechnungsweise hinreichend transparent sein, so dass nicht zwei Rechenwege von dem Wortlaut gedeckt sind, die zu unterschiedlichen Ergebnissen führen (BGH NJW 2007, 3632). Eine Abgeltungsklausel verliert ihre Grundlage, wenn die Übertragung der Schönheitsreparaturenverpflichtung auf den Mieter unwirksam ist (BGH NJW 2006, 1728).

44 **d) Nebenpflichten.** Den Vermieter trifft als vertragliche Nebenpflicht die **Verkehrssicherungspflicht** der Mietsache. Diese Pflicht erstreckt sich grds auf alle Teile des Hauses. Ihm bekannt gewordene Mängel, von denen eine Gefahr für die Mietwohnungen ausgehen kann, muss der Vermieter deshalb unverzüglich beheben. Er muss im Rahmen seiner Verkehrssicherungspflicht aber keine regelm Generalinspektion, etwa der Elektroinstallation, vornehmen (BGH NJW 2009, 143). Die Verkehrssicherungspflicht kann auf den Gewerbemieter übertragen werden, aber auch dann bleibt der Vermieter zu einer allg Aufsicht in Form einer fortlaufenden Überwachung verpflichtet (Nürnberg GuT 2003, 234). Ist dem Mieter eine vertragliche **Verlängerungsoption** eingeräumt, also das Recht, durch einseitige Erklärung eine Verlängerung des bestehenden Vertrages herbeizuführen, so ist der Vermieter verpflichtet, dem Mieter die Mietsache entspr länger zur Verfügung zu stellen. Eine Klausel, die den Vermieter zur Zahlung einer **Vertragsstrafe** verpflichtet, wenn die Mietsache nicht zu dem vereinbarten Zeitpunkt übergeben werden kann, umfasst auch den Fall, dass sich bereits der Baubeginn der Mietsache verzögert.

45 **2. Mieter.** Die Hauptleistungspflicht des Mieters besteht darin, die vereinbarte Miete inklusive der vereinbarten Betriebs- und Nebenkosten zu zahlen, § 535 Abs 2, zudem treffen ihn mietvertragliche Nebenpflichten. **a) Miete.** Die Gegenleistung zu der Gebrauchsüberlassungspflicht des Vermieters stellt die Mietzahlungspflicht des Mieters dar. Miete ist idR ein turnusmäßig vom Beginn bis zum Ende der Mietzeit zu zahlender Betrag, die Miete kann jedoch auch – zumindest teilw – in anderen Leistungen bestehen, wie etwa der Erbringung von Hausmeisterdiensten. Nach § 556b Abs 1 ist geregelt, dass die **Fälligkeit** der Miete als Vorausleistung bis zum dritten Werktag eines Monats eintritt, dies ist jedoch lediglich gesetzliches Leitbild und abdingbar. Für bewegliche Sachen, Grundstücke und Schiffe gilt nach § 579 Abs 1, dass Fälligkeit der Miete am Ende der vereinbarten Mietzeit gegeben ist.

46 **Mieterhöhungen** sind im Wohnraummietrecht nach Maßgabe der §§ 557–560 möglich, bei Gewerbemietverträgen werden häufig Vereinbarungen über die Miethöhe in Form einer umsatzabhängigen Miete, häufiger noch mittels einer Staffelmiete oder über eine Wertsicherungsklausel getroffen. Wertsicherungsklauseln sind allerdings nur bei Mietverträgen zulässig, bei denen der Vermieter für die Dauer von mindestens zehn Jahren auf das Recht zur ordentlichen Kündigung verzichtet oder der Mieter das Recht hat, durch einseitige Erklärung die Vertragslaufzeit auf mindestens zehn Jahre zu verlängern, § 3 PreisKlG. Die oberste Grenze der Miethöhe stellt der **Wucher**, § 138, dar. Dann müsste zunächst zwischen Leistung und Gegenleistung ein objektiv auffälliges Missverhältnis bestehen (BGH NJW 2004, 3553). Dies ist dann der Fall, wenn die vereinbarte Miete ca. 100 % über der objektiven Marktmiete bei Gewerberaummietverträgen (Frankfurt aM OLGR Frankfurt aM 2005, 195), 50 % über der ortsüblichen Vergleichsmiete bei Wohnraummietverträgen (BGH NJW 1997, 1845) oder 20 % über der ortsüblichen Vergleichsmiete bei freifinanzierten Wohnraummietverträgen nach § 5 WiStG (BGH NJW-RR 2006, 591) für vergleichbare Objekte liegt. Zudem muss der Begünstigte mit verwerflicher Gesinnung gehandelt haben (BGH NJW-RR 2004, 741), insbes also die wirtschaftliche Unerfahrenheit oder Unterlegenheit des Vertragspartners bewusst zu seinen Gunsten ausgenutzt oder sich der Erkenntnis verschlossen haben, dass sich der Vertragspartner nur auf Grund seiner schwächeren Position auf

die Vertragsbedingungen eingelassen hat (PWW/*Elzer* Rn 118). Dies ist bei Mietverträgen nicht stets indiziert, wenn ein objektives Missverhältnis vorgelegen hat, vielmehr muss die Kenntnis des Vermieters von dessen Vorliegen positiv festgestellt werden (BGH NJW 2004, 3556). Rechtsfolge für Wohnraummietverträge ist trotz § 139 eine Teilnichtigkeit, weil nur dies dem Mieterschutz entspricht; als Miete gilt dann die höchstzulässige Miete (PWW/*Elzer* Rn 119). Gewerbemietverträge werden insges nichtig (KG GE 2002, 328). Die Mietforderung **verjährt** nach den allg Vorschriften.

b) Lasten. Die **auf der Mietsache ruhenden Lasten** hat nach § 535 Abs 1 S 3 der Vermieter zu tragen. Was Lasten sind, bestimmt sich nach § 103, hier kommen ausschließlich öffentlich-rechtliche und privatrechtliche, aber keine persönlichen Lasten in Betracht (PWW/*Elzer* Rn 96). Beispiele sind Straßenanlieger-, Kanalisations-, Müllabfuhr-, Schornsteinfegergebühren, Brandversicherung, Grundsteuer (Palandt/*Weidenkaff* Rn 68). Häufig wird die Lastentragung aber abw geregelt und unter Bezugnahme auf die Zweite Berechnungsverordnung auf den Mieter abgewälzt, was jedoch nur im Innenverhältnis zwischen Vermieter und Mieter wirkt. 47

c) Betriebs- und Nebenkosten. Da keine Legaldefinition für den Begriff »Nebenkosten« existiert, ist der Begriff weit zu verstehen. Neben Betriebs- und Heizkosten fallen Kosten für übernommene Wartungs-, Reparatur- oder Schönheitsreparaturverpflichtungen unter den Begriff der Nebenkosten. Die Nebenkosten werden, das setzt §§ 535, 556 Abs 1 voraus, grds vom Vermieter getragen und sind in der Miete enthalten. Eine abw Regelung bedarf einer ausdrücklichen und inhaltlich hinreichend bestimmten Vereinbarung (BGH NJW 2006, 3057), sofern dies nicht wie durch die HeizKV gesetzlich zugelassen und auf Verlangen einer Partei sogar vorgeschrieben (PWW/*Elzer* Rn 105) ist. 48

Die **Betriebskosten** sind ein Teil hiervon, dazu im Einzelnen §§ 556, 556a; BetrKV. Betriebskosten sind Kosten, die dem Eigentümer durch das Eigentum am Grundstück oder durch den bestimmungsgem Gebrauch des Gebäudes, der Nebengebäude, Anlagen, Einrichtungen und des Grundstücks laufend entstehen, § 1 BetrKV. Pauschale Verweisungen auf die Kostentragung können ausreichen, so sind Formulierungen wie »Betriebskosten gem der BetrKV«, »Betriebskosten« oder auch »Nebenkosten«, sogar »Bewirtschaftungs- und sonstige Verbrauchsangaben« für hinreichend bestimmt befunden worden (KG ZMR 2007, 449), um die Übertragung der Betriebskosten nach § 2 Nr 1–16 BetrKV auf den Mieter zu regeln. Zudem kann durch widerspruchslose Zahlung die konkludente Vereinbarung über zusätzliche Nebenkosten getroffen werden (BGH NJW-RR 2006, 154). Auch möglich sind Klauseln, denen zu Folge neu anfallende Kosten auf den Mieter umgelegt werden können. Dem Mieter muss es jedenfalls möglich sein, sich durch die getroffene Vereinbarung ein grobes Bild von den ihn treffenden Kosten machen zu können und hierfür Art und Umfang der ihn treffenden Belastung zu erkennen (BGH NJW 2006, 3358). Dies gilt insbes für sonstige Kosten nach § 2 Nr 17 BetrKV, deren Umlage ausdrücklich mit dem Mieter vereinbart werden muss (BGH NJW-RR 2004, 875). Bei Gewerbemietverträgen sind die Parteien freier in der Bestimmung zusätzlicher Kosten, da für sie § 556 nicht einschlägig ist. Wird aber ggü dem Gewerbemieter formularvertraglich in einer Aufzählung der umlegbaren Kosten der Begriff »Verwaltungskosten« verwendet, ohne dass dieser näher beschrieben wird, ist die Klausel wegen Intransparenz insofern unwirksam, so dass keine Verwaltungskosten umlegbar sind (Rostock GuT 2008, 565). Gleiches gilt für eine Klausel, die den Gewerbemieter zur Tragung »aller hier nicht aufgeführten Kosten des Mietobjekts« verpflichtet (Düsseldorf NZM 2002, 700). 49

Ferner ist der Mieter zur Zahlung von **Heizkosten** verpflichtet; hier ist die HeizKV zu beachten, die nach § 2 HeizKV auch ohne entspr Parteivereinbarung gilt. Dies ist auch dann der Fall, wenn der Vermieter bei einem Vertrag mit Bezugnahme auf »Anlage 3 zu § 27 II. BVO« während der Mietzeit den Betrieb der Heizungsanlage einstellt und stattdessen Fernwärme im Wege des sog »Wärme-Contracting« bezieht (BGH NJW 2007, 3060). 50

Der **Umlegungsmaßstab** ist von dem Vermieter nach billigem Ermessen zu wählen, §§ 315, 316, so lange nicht nach HeizKV oder nach § 556a Abs 2 gesetzliche Maßstäbe bestehen. Das Ausüben des billigen Ermessens wird regelm auf das Verhältnis der Gesamtfläche zur Mietfläche abstellen und kann verbrauchsabhängige Komponenten enthalten. Wird eine Vorauszahlungsvereinbarung getroffen, so schließt diese regelm das Erhöhungsrecht des Vermieters für den Fall steigender Kosten ein (Palandt/*Weidenkaff* Rn 92). Der Mieter hat grds einen Anspruch auf eine **Abrechnung**, der Abrechnungszeitraum richtet sich bei Wohnraum nach § 556 Abs 1, 3; bei Gewerberaum nach der vertraglichen Vereinbarung. Wird nicht rechtzeitig abgerechnet, hat der Mieter ein Zurückbehaltungsrecht an künftigen Vorauszahlungen (BGH NJW 2006, 2552). Der Abrechnungsumfang bestimmt sich nach § 259; dem Mieter müssen auch dann die Gesamtkosten einer berechneten Kostenart mitgeteilt werden, wenn einzelne Kostenteile nicht umlagefähig sind (BGH NJW 2007, 1059). Die **Fälligkeit** eines sich aus der Abrechnung ergebenden Saldos tritt erst mit Zugang der formell ordnungsgemäßen und nachvollziehbaren Abrechnung ein (BGH NJW 2007, 1059). Der Vermieter hat auch dann einen Anspruch auf Zahlung des Abrechnungssaldos, wenn die vereinbarten Vorauszahlungen deutlich zu gering waren, so lange er den Mieter nicht vorwerfbar getäuscht hat (Hamm NZM 2003, 717). 51

d) Nebenpflichten. Eine **Betriebspflicht** kann in Gewerbemietverträgen wirksam formularmäßig vereinbart werden. Diese ist weder unwirksam, wenn zeitweilige Schließungen wie Mittagspause, Ruhetage, Betriebsferien untersagt werden, noch wenn hierin eine Sortimentsbindung auferlegt wird und der Konkurrenzschutz ausgeschlossen ist (Naumburg NZM 2008, 772; Rostock NZM 2004, 460; Hamburg ZMR 2003, 254; aA bzgl 52

Verbindung von Betriebspflicht und Sortimentsbindung: Schleswig NZM 2000, 2008). Eine **Vertragsstrafe**, die der Mieter bei für jeden Tag des Verstoßes gegen die Betriebspflicht verwirkt, ist nicht nach oben in der Weise beschränkt, dass er sie nur für einen begrenzten Zeitraum schuldet. Auch ist eine Vertragsstrafe in Höhe von etwa 125 % der auf den Tag entfallenden Miete nicht unangemessen hoch (Rostock NZM 2004, 460). **Schutzpflichten** ggü der Mietsache verletzt der Mieter eines Kfz, wenn dieser einen links blinkenden Lkw überholt. Kommt es dabei zu einem Verkehrsunfall, kann sich der Mieter auf eine vertraglich vereinbarte Haftungsbeschränkung nicht berufen (Rostock ZfSch 2003, 49).

53 **C. Prozessuales.** Die instanzielle Zuständigkeit für Streitigkeiten über Ansprüche aus einem existierenden Vertragsverhältnis oder den Bestand eines Wohnraummietverhältnisses liegt nach **§ 23 Nr 2a GVG** bei den Amtsgerichten. Bei Gewerbemietverhältnissen ist dies nach den allg Regeln streitwertabhängig. Örtlich zuständig ist nach § 29a ZPO für alle Mietverhältnisse ausschließlich das Gericht, in dessen Gerichtsbezirk sich die Mieträume befinden. Ausstehende Miete kann im **Urkundsprozess** geltend gemacht werden (BGH 2005, 2701; BGH NJW 1999, 1408). Dies gilt auch dann, wenn der Mieter die Wohnung in vertragsgem Zustand erhalten hat und die Einrede des nicht erfüllten Vertrages auf einen nachträglich eingetretenen Mangel stützt (BGH NJW 2007, 1061). Einen solchen Mangel müsste der Mieter schon mit Urkunden beweisen, was nicht mittels eines Privatgutachtens gelingen kann (Düsseldorf Urt v 28.09.2006, Az 10 U 115/05). Ist die vertragsgem Überlassung nicht bewiesen und bestritten, ist die Urkundsklage unzulässig (Düsseldorf NJW 2005, 97). Eine **Saldoklage** auf den ausstehenden Mietrückstand ist zu unbestimmt und damit unzulässig, wenn nur der aufgelaufene Mietrückstand ohne weitere Darlegung eingeklagt wird; die konkret ausstehenden Beträge müssen iE dargelegt werden (Potsdam WuM 2006, 579), was aber mittels einer präzisen und nachvollziehbaren Saldoübersicht geleistet werden kann (Düsseldorf ZMR 2005, 943). Der Vermieter braucht nichts weiter vorzutragen als das Bestehen eines Mietvertrages, den streitgegenständlichen Monat, die Gebrauchsmöglichkeit des Mieters und die Höhe der beanspruchten Miete.

§ 536 Mietminderung bei Sach- und Rechtsmängeln.

[1] Hat die Mietsache zur Zeit der Überlassung an den Mieter einen Mangel, der ihre Tauglichkeit zum vertragsgemäßen Gebrauch aufhebt, oder entsteht während der Mietzeit ein solcher Mangel, so ist der Mieter für die Zeit, in der die Tauglichkeit aufgehoben ist, von der Entrichtung der Miete befreit. Für die Zeit, während der die Tauglichkeit gemindert ist, hat er nur eine angemessen herabgesetzte Miete zu entrichten. Eine unerhebliche Minderung der Tauglichkeit bleibt außer Betracht.

[2] Absatz 1 Satz 1 und 2 gilt auch, wenn eine zugesicherte Eigenschaft fehlt oder später wegfällt.

[3] Wird dem Mieter der vertragsgemäße Gebrauch der Mietsache durch das Recht eines Dritten ganz oder zum Teil entzogen, so gelten die Absätze 1 und 2 entsprechend.

[4] Bei einem Mietverhältnis über Wohnraum ist eine zum Nachteil des Mieters abweichende Vereinbarung unwirksam.

1 **A. Allgemeines.** Die §§ 536–536d enthalten das **Mietgewährleistungsrecht als Spezialregelung zum allg Leistungsstörungsrecht**, das dem Mieter im Falle der Mangelhaftigkeit der Mietsache die Mietminderung, § 536, und iÜ einen Schadens- und Aufwendungsersatzanspruch, § 536a, gewährt. Das allg Leistungsstörungsrecht ist dadurch verdrängt, wenn nicht eine Leistungsstörung vor Überlassung der Mietsache betroffen ist. § 536 regelt Sachmängel (Abs 1), fehlende zugesicherte Eigenschaften (Abs 2) und Rechtsmängel (Abs 3).

2 Die Vorschrift des § 536 ist als Ergänzung des Erfüllungsanspruches des Mieters auf Gewährung einer mangelfreien Mietsache zu verstehen. Die Mietminderung ist als **Kraft Gesetz** eintretende rechtsvernichtende Einwendung geregelt, nicht als vom Mieter geltend zu machender Anspruch, es bedarf daher keiner bes Erklärung des Mieters oder eines Gestaltungsakts (Schmidt-Futterer/*Eisenschmid* Rn 301). Lediglich für in der Vergangenheit trotz eines Mangels überbezahlte Miete kann ein Rückforderungsanspruch nach § 812 bestehen. Die Minderung ist Ausdruck des das Schuldrecht prägenden Äquivalenzprinzips und hat die Aufgabe, die Gleichwertigkeit der beiderseitigen Leistungen sicherzustellen (BGH NJW 2005, 1713).

3 Sie kann dem Zahlungsanspruch des Vermieters entgegengesetzt werden und befreit den Mieter insofern von der Zahlungspflicht. Da die Minderung **kein Verschulden** auf Seiten des Vermieters voraussetzt, kann der Mieter selbst dann mindern, wenn der Vermieter nicht über die Möglichkeit zur Beseitigung des Mangels verfügt, dem Vermieter wird mithin die Vergütungsgefahr auferlegt. Aus diesem Grund kann der Mieter auch dann mindern, wenn ihn eine Duldungspflicht bei Modernisierungs- oder Instandhaltungsmängeln nach § 554 trifft.

4 **B. Anwendbarkeit.** § 536 gilt für alle Mietverhältnisse, wegen § 581 Abs 2 auch für Pachtverträge, ausgenommen das Inventar. Die in §§ 536 ff geregelten Rechte gehen dem **allg Leistungsstörungsrecht** nach Überlassung der Mietsache vor (BGH NJW 1997, 2813). Dies gilt auch, wenn ein nicht behebbarer Mangel vorliegt, infolge dessen die Mietsache zu dem vertraglich vorausgesetzten Gebrauch völlig untauglich ist (Palandt/*Weidenkaff* Rn 8). Fälle der anfänglichen **Unmöglichkeit** richten sich daher nach den allg Regeln, die nachträgliche Unmöglichkeit ist grds ein Fall des Abs 1 S 1. Allerdings endet die Verpflichtung des Vermieters zur Wiederher-

stellung der Mietsache dort, wo der dazu erforderliche Aufwand die »Opfergrenze« übersteigt; in einem solchen Fall soll Unmöglichkeit vorliegen (BGH NJW 2005, 3284, s hierzu § 535 Rz 30). Ein Rechtsmangel gem Abs 3 als bes Fall der anfänglichen Unmöglichkeit verdrängt dagegen das allg Leistungsstörungsrecht nicht erst nach Überlassung der Mietsache (Palandt/*Weidenkaff* Rn 11). Eine **Anfechtung** des Mietvertrages durch den Mieter kann aber auch nach Überlassung der Mietsache zulässig sein (jurisPK/*Münch* Rn 8), wobei diese nicht gem § 119 Abs 2 wegen eines Sach- oder Rechtsmangels ausgesprochen werden kann (PWW/*Feldhahn* Rn 4).

Der **Erfüllungsanspruch** des Mieters auf Gebrauchsüberlassung und Instandhaltung durch den Vermieter, 5
§ 535 Abs 1 S 2, besteht neben §§ 536 ff auch dann noch, wenn die Minderung wegen Kenntnis des Mieters gem § 536b ausgeschlossen sein sollte (BGH NJW-RR 2007, 1021). Der Erfüllungsanspruch kann dem Vermieter gem § 320 entgegengehalten werden, wonach der Mieter zwar grds ein **Zurückbehaltungsrecht** ggü dem gesamten Mietzinsanspruch geltend machen kann, aber uU gegen Treu und Glauben, § 242, verstößt, wenn er einen unangemessen hohen Teil der Miete einbehält. Die Höhe des Einbehalts betrifft eine Frage des tatrichterlichen Ermessens und ist von den Umständen des Einzelfalles abhängig (BGH NZM 2003, 437), kann aber beim Drei- bis Fünffachen des Minderungsbetrages, je nach den Umständen des Einzelfalles aber auch nur in Höhe der Reparaturkosten angesiedelt werden, wenn dem Mieter die Ausführung der Reparatur zuzumuten ist (BGH NJW-RR 2003, 873). Bei Mietende und Vermieterwechsel endet die Einrede aus § 320 (BGH NZM 2006, 696), auch wenn sich der Vermieterwechsel nach § 566 vollzieht (BGH NZM 2006, 696), das Gleiche gilt nach erfolgter Mängelbeseitigung (Palandt/*Weidenkaff* Rn 6). Der Erfüllungsanspruch ist nur dann ausgeschlossen, wenn die Mietvertragsparteien einen bestimmten, bei Überlassung vorhandenen »schlechten« Zustand der Mietsache konkret als vertragsgem vereinbart haben (BGH NJW-RR 1993, 522). Diese Annahme wird häufig gerechtfertigt sein, wenn der Mieter den Mietvertrag in positiver Kenntnis eines bestimmten Mangels abschließt, dh die Mietsache so, wie sie ist, akzeptiert (BGH NJW-RR 2007, 1021).

Bereits ab Vertragsabschluss nicht mehr anwendbar sind die Grundsätze der **Störung der Geschäftsgrundlage**, § 313, die vollständig von dem bes mietrechtlichen Gewährleistungsrecht verdrängt werden (BGH NJW 6
2006, 899), Gleiches gilt für die §§ 311 Abs 2, 280 für **vorvertragliche Pflichtverletzungen**, die einen Mangel der Mietsache zur Folge haben, solange der Vermieter nicht vorsätzlich gehandelt hat (BGH NJW 1997, 2813). Hat der Vermieter vorsätzlich gehandelt, kann der Mieter dagegen Ersatz des – nicht auf das Erfüllungsinteresse beschränkten – Vertrauensschadens geltend machen (BGH NJW 1980, 777).

Der Mängelbeseitigungsanspruch des Mieters kann ferner einem **Mieterhöhungsverlangen** des Vermieters 7
nach § 558 nicht entgegenhalten werden, da die Ansprüche in keinem Synallagma stehen. Dies gilt auch für das **Zurückbehaltungsrecht** nach § 273 sowie das **Leistungsverweigerungsrecht** nach § 320 (Frankfurt aM NJW 2000, 2115; Palandt/*Weidenkaff* Rn 15; aA Düsseldorf NJW-RR 1994, 399 für Erhöhung gem einer Wertsicherungsklausel im Gewerbemietvertrag). Es kann allerdings die erhöhte Miete gemindert werden, was aber ausschließlich von dem Vorliegen der Tatbestandsmerkmale des § 536 abhängt. So kann es sein, dass ein Mangel erstmals auftritt, wenn der Vermieter nach § 558 vorgeht, auch kann im Einzelfall argumentiert werden, dass die mangelhafte Mietsache zwar den alten, niedrigeren – nicht aber den neuen, höheren Mietzins wert sei und dies die Minderung zur Aufrechterhaltung des Äquivalenzverhältnisses rechtfertige.

C. Tatbestand. I. Sachmangel. 1. Allgemeines. Ein Mangel iSd § 536 Abs 1 ist jede für den Mieter nachtei- 8
lige Abweichung des tatsächlichen (»Ist«-) Zustands vom vertraglich vorausgesetzten (»Soll-«)Zustand der Mietsache – es gilt also der **subjektive Mangelbegriff** –, wobei sowohl tatsächliche Umstände als auch rechtliche Verhältnisse in Bezug auf die Sachsubstanz der Mietsache sowie ihrer unmittelbaren Umgebung als Fehler in Betracht kommen können (BGH NJW 2006, 899). In erster Linie sind es die Vertragsparteien, die durch die Festlegung des dem Mieter jeweils geschuldeten vertragsgem Gebrauchs bestimmen, welchen Zustand die vermietete Sache spätestens bei Überlassung an den Mieter und von da ab während der gesamten Vertragsdauer aufweisen muss (BGH NJW-RR 2006, 1158). Hierbei ist auch zu berücksichtigen, ob der Mieter zur Erbringung von Schönheitsreparaturen verpflichtet ist. Ist keine ausdrückliche Regelung zum »Soll-Zustand« getroffen, muss anhand der allg Auslegungsregeln, §§ 133, 157, 242, geprüft werden, was der Vermieter schuldet bzw welchen Standard der Mieter auf Grund seines Vertrages vom Vermieter verlangen kann (BGH NJW-RR 2006, 1158). Dabei ist die Verkehrsanschauung als Auslegungshilfe heranzuziehen. IdR ist auf den Standard zum Zeitpunkt des Vertragsabschlusses abzustellen, wobei Veränderungen der Anschauungen über den vertragsgem Standard oder neue wissenschaftliche Erkenntnisse im Einzelfall zu einer Vertragsanpassung führen können (BGH NJW-RR 2006, 1157). Auch können die einschlägigen technischen Normen zur Bestimmung des vertragsgem Zustands herangezogen werden, diese allerdings auf dem zur Errichtung des Gebäudes maßgeblichen Stand, sofern nicht spätere Umbauten betroffen sind (BGH NJW 2005, 218). Der Mieter eines um 1900 erbauten Altbaus kann mithin keine Trittschalldämmung auf heutigem Niveau verlangen. Haben die Parteien einen konkret gegebenen schlechten Bauzustand als vertragsgem vereinbart, so sind insoweit Erfüllungs- und Gewährleistungsansprüche des Mieters ausgeschlossen (BGH NJW-RR 2006, 1158).

Die für den Mieter nachteilige Abweichung des »Ist«-Zustandes muss die Tauglichkeit der Mietsache ferner 9
zu dem von den Vertragsparteien konkret vorausgesetzten vertragsgem Gebrauch **ganz aufheben oder**

erheblich mindern, unerhebliche Sachmängel bleiben ohne Rechtsfolge. Dies ist anhand eines objektiven Maßstabs zu messen, so dass der Vermieter nicht einwenden kann, der Mieter hätte die Mietsache selbst dann nicht genutzt, wenn sie zum vertraglichen Gebrauch tauglich gewesen wäre (BGH NJW 1987, 432).

10 **2. Einzelfälle. a) Umstände in der Sachsubstanz.** Ein Mangel liegt vor bei mangelhafter **Beheizung** während der Heizperiode (1. Oktober bis 30. April), wenn der Vermieter für die Beheizung zu sorgen hat, ein unerheblicher Mangel kann in diesem Fall nur angenommen werden, wenn ein sehr kurzer Ausfall oder eine geringfügige Unterschreitung um 1°C bzgl der erforderlichen Heizleistung vorliegt, wobei eine Mindesttemperatur von 20°C erwartet werden kann (BGH NJW-RR 2004, 1450). Auch ein zu Mehrverbrauch führender Defekt der Heizungsanlage ist ein Mangel (Düsseldorf WuM 1984, 54). Eine Störung der vom Vermieter geschuldeten **Warmwasserversorgung** stellt ebenfalls einen Mangel dar (KG ZMR 2008, 790). Liegen die **Raumtemperaturen** erheblich über den Außentemperaturen oder heizt sich eine Mietsache während einer Hitzeperiode extrem auf, kann ein Mangel vorliegen, wenn die Räume dadurch nicht mehr dazu geeignet sind, dass sich Personen dort über einen längeren Zeitraum aufhalten. Um dies festzustellen, wird teilw auf die Arbeitsstättenrichtlinie abgestellt, obwohl diese auf das Verhältnis zwischen Arbeitgeber und Arbeitnehmer zugeschnitten und schwer auf das Beziehungsgeflecht von Vermieter und Mieter zu übertragen ist (wohl bisher hM, Hamm OLGR 2007, 541 mwN; aA Frankfurt aM NZM 2007, 330, diese Entscheidung ist zur Revision zugelassen, so dass eine Klärung dieser Frage durch den BGH zu erwarten steht). Gegen eine Anwendung der Arbeitsstättenrichtlinie spricht schon, dass dort nunmehr auch der Nichtraucherschutz am Arbeitsplatz geregelt ist – die Vermeidung von Tabakrauch als Arbeitgeberpflicht aber schlichtweg nicht vom Vermieter geleistet werden und somit auch nicht als Mangel qualifiziert werden könnte. Ein anderes Abgrenzungskriterium existiert bisher nicht, so dass im Wesentlichen auf die Bestimmungen des Vertrages abzustellen ist. Befindet sich dort keine Regelung zu der zulässigen Raumtemperatur, kann eine Minderung wegen überhöhter Raumtemperatur nur in Betracht kommen, wenn etwa bei den Mietvertragsverhandlungen ein unzutreffender Energiepass vorgelegt wurde, eine zur Temperaturregelung mitvermietete Klima- oder Heizungsanlage nicht die erforderliche Leistung erbringt, die Heizung übermäßig heizt und sich nicht einstellen lässt, Fenster nicht geöffnet werden können, kalte Zugluft einlassen oder Sonnenschutzjalousien defekt sind, denn das Verwendungsrisiko der Mietsache liegt iÜ beim Mieter (Frankfurt aM NZM 2007, 330). Jedenfalls stellen nur kurzzeitige Unannehmlichkeiten in Folge extremer Außentemperaturen etwa im Hochsommer eine unerhebliche Beeinträchtigung dar (Hamm OLGR Hamm 2007, 541). Sind Räume vermieterseits mit einer **Klimaanlage** ausgestattet, stellt deren Ausfall oder ein erheblicher Leistungsabfall einen Mangel dar, der bei entspr Außentemperaturen auch zur Minderung berechtigt, dies gilt ebenfalls für eine Zugluftanlage (BGH NJW-RR 1991, 779). Auch die Überdimensionierung einer Lüftungsanlage kann einen Mangel implizieren (Hamm NJW-RR 1987, 969). Die Auswirkungen eines nicht vorhersehbaren **Naturereignisses** (LG Leipzig NJW 2003, 2177 zur »Jahrhundertflut«) berechtigen ebenso zur Minderung wie die Folgen eines Brandes, der die Tauglichkeit der betroffenen Mietsache aufhebt (Düsseldorf NZM 2002, 21).

11 Eine **Flächenunterschreitung** um mehr als 10 % ggü der im Mietvertrag angegebenen Fläche stellt grds einen Mangel der Mietsache dar, der den Mieter zur Minderung der Miete berechtigt. Für eine Beeinträchtigung der Gebrauchstauglichkeit spricht eine tatsächliche Vermutung, die der Mieter nicht gesondert darlegen muss, denn die vereinbarte Fläche betrifft ein wesentliches Merkmal für den Nutzwert der Mietsache (BGH NJW 2004, 1947). Die Grenze von 10 % soll als absolute Grenze gelten, eine zusätzliche Toleranz komme nicht in Betracht (LG Münster ZMR 2008, 630). Sofern davon auszugehen ist, dass sich die Parteien auf eine Berechnungsmethode oder auf eine gewisse anteilige Anrechnung von Außenflächen geeinigt haben, ist für eine Anwendung einer anderen Berechnungsmethode auch dann kein Raum, wenn diese zu einem abw Ergebnis gelangen würde (BGH NJW 2007, 2624; BGH ZMR 2006, 439). Die vorstehenden Grundsätze zur Flächenabweichung gelten gleichermaßen bei Gewerberaummietverträgen (BGH NJW 2005, 2152). Bei **beweglichen Sachen** gelten keine anderen Grundsätze, auch hier kommt es auf eine erhebliche Beeinträchtigung der Mietsache an, so etwa, wenn ein gemieteter Drucker ständig Papierstaus aufweist (KG MDR 2005, 859) oder eine EDV-Anlage wegen eines Druckerdefekts unbrauchbar ist (Hamm NJW-RR 1993, 1527).

12 **b) Öffentlich-rechtliche Gebrauchshindernisse und -beschränkungen.** Stehen solche dem vertragsgem Gebrauch entgegen, können diese einen Sachmangel darstellen, wenn sie mit der Beschaffenheit der Mietsache zusammenhängen und nicht mit persönlichen oder betrieblichen Umständen des Mieters (BGH NJW 1988, 2664), so etwa, wenn eine **Gaststättenkonzession** abgelehnt wird, weil die Mietsache die für einen Gaststättenbetrieb erforderlichen Schallschutzanforderungen nicht erfüllt (KG MDR 2003, 622). Zudem dürfen nicht lediglich Beanstandungen der Behörde ohne Beschränkung oder Versagung einer notwendigen Erlaubnis vorliegen (Naumburg NZM 2001, 100), vielmehr muss sich die Gefahr behördlichen Einschreitens bereits in einer konkreten Androhung konkretisiert haben (Düsseldorf ZMR 2002, 739). Alleine der Umstand, dass für Räume eine **Baugenehmigung** zur vertraglich vorausgesetzten Nutzung als Büroräume nicht vorliegt, begründet daher ebenso wenig einen Mangel (Düsseldorf GE 2005, 55), wie wenn die Parteien in Kenntnis der Rechtswidrigkeit der Mietsache während der Dauer des Genehmigungsverfahrens den Mietvertrag in Gang setzen (KG DWW 2007, 249). Gleiches gilt, wenn die Behörde einen rechtswidrigen Zustand

duldet. Hat dagegen der Mieter die notwendige Genehmigung einzuholen und bleibt er untätig, ist ein Mangel ausgeschlossen (Düsseldorf MDR 2006, 1277). Ändern sich die maßgeblichen öffentlich-rechtlichen Bestimmungen während der Mietzeit, kann die Sache nachträglich mangelhaft werden (PWW/*Feldhahn* Rn 12).

c) **Umstände in der Umgebung.** Umstände in der unmittelbaren Umgebung der Mietsache können ebenfalls einen Mangel nach § 536 Abs 1 begründen. Ob der Vermieter als Eigentümer solche Umstände nach § 906 dulden muss, ist in dem Verhältnis zum Mieter unerheblich (München NJW-RR 1994, 654). Dabei reicht das Bewusstsein des Mieters von einer **latenten Gefahr** nicht aus, wenn dies aus der maßgeblichen Sicht eines Durchschnittsmieters nicht objektiv nachvollzogen werden kann. So kann das subjektive Empfinden des Mieters, es könne jederzeit zu einem wiederholten, von Dritten verursachten Wasserschaden kommen, die Annahme eines Mangels nicht rechtfertigen, wenn nicht konkrete Umstände dafür sprechen (München Urt v 20.12.2006, 20 U 4428/06), auch nicht, wenn ein Gebäude im hochwassergefährdeten Gebiet steht (Koblenz NJW-RR 1997, 331). Anders ist zu urteilen im Falle einer tatsächlichen zumindest geringfügigen **Asbestbelastung** der Mietsache, bei der die Unzumutbarkeit einer potentiellen Gefährdung nicht hinreichend sicher an festgelegten Grenzwerten zu messen ist, weil die Mietsache dann nur noch in der Befürchtung der Gefahrverwirklichung genutzt werden kann. Schon diese bloß latente, befürchtete Gefahr kann die Wertschätzung und den ungestörten Gebrauch der Sache beeinträchtigen, wenn es sich um eine solche begründete Gefahrbesorgnis handelt (Hamm NZM 2003, 395). Dabei muss die befürchtete Gefahrenquelle nicht zwingend der Substanz der Mietsache selbst anhaften, es können auch Immissionen von außen oder Gefahrenquellen in der Umgebung zur Minderung berechtigen (Hamm NJW-RR 1987, 968). Bei einer Belastung der Mietsache mit **Schadstoffen**, für die festgelegte Grenzwerte existieren, ist ein Mangel dagegen nur dann anzunehmen, wenn diese Grenzwerte auch überschritten werden (Hamm NZM 2003, 395), hierbei kommt es auf die neuesten wissenschaftlichen und medizinischen Standards an (MüKo/*Schilling* Rn 6). Überschreitet die von einer in der Nähe der Mietsache gelegenen **Mobilfunksendeanlage** ausgehende Strahlung die in der 26. BImSchV festgelegten Grenzwerte für elektromagnetische Felder nicht, liegt kein Mangel vor, auch wenn die Auswirkungen der von einer solchen Anlage ausgehenden Strahlungen noch nicht vollständig wissenschaftlich erforscht sind und ein Restrisiko einer Gesundheitsgefährdung verbleibt (BGH NJW-RR 2006, 879). Besteht der Mangel in einer nicht fachgerechten Vermauerung, die nicht dem üblichen Sicherheitsstandard entspricht und die **Einbruchsgefahr** erhöht, stellt auch dies einen Mangel dar (BGH NJW-RR 2006, 1157). 13

Lärmbelästigung führt zu einem Mangel unabhängig davon, ob sie vom Vermieter, von Nachbarn oder von Dritten ausgeht (ausf Schmidt-Futterer/*Eisenschmid* Rn 88–125), dabei sind die Abgrenzungen zu gerade noch hinnehmbarem Lärm schwierig. Kinderlärm, der von einem Spielplatz oder einer Schule ausgeht, ist grds ebenso als sozialadäquat hinzunehmen (LG Berlin GE 1993, 423) wie das Schreien eines Kleinkindes beim Verlassen der Wohnung durch das Treppenhaus (LG München NJW-RR 2005, 598). Im Extremfall aber soll dem Mieter, der zu jeder Tages- und Nachtzeit vom Kinderlärm betroffen ist, ggü dem Vermieter sogar ein Anspruch auf Kündigung des Mieters zustehen, von dessen Wohnung die Störungen ausgehen (LG Berlin WuM 1999, 329); dies ist aber wohl zu weitgehend. Nicht unerheblicher **Baulärm** führt jedenfalls dann zur Minderung, wenn er nicht bereits bei Anmietung absehbar war (KG NZM 2003, 718); dies gilt aber nur für den Zeitraum, in dem die Nutzung der Mietsache durch die Lärmbelästigung erheblich eingeschränkt war (München BauR 2007, 441), wobei eine Minderung für den gesamten Tag in Betracht kommt, wenn eine Beeinträchtigung während der für einen Gewerbetreibenden maßgeblichen Tageszeit vorliegt und nachts nicht (KG NZM 2000, 40). Werbemaßnahmen eines **Nachbarn** können einen Mangel darstellen, wenn sie den Betrieb des Mieters beeinträchtigen. Eine solche Beeinträchtigung kann vorliegen, wenn der Nachbar Konkurrent des Mieters ist oder wenn durch die beanstandeten Werbemaßnahmen der Zugang zum Ladengeschäft des Mieters oder der Blick auf dessen Warenangebot im Schaufenster beeinträchtigt wird (München GuT 2006, 71). Auch wurde bei Vereinbarung eines Spitzenmietpreises und einer Anmietung auf der Grundlage eines Exposés eine konkludente Abrede dahingehend bejaht, dass das unmittelbare Umfeld inklusive der Mitmieter und deren **Besucherverkehr** eher überdurchschnittlichen Anforderungen gerecht werden, so dass die Vermietung benachbarter Flächen an die Agentur für Arbeit zum Zwecke des Betriebs einer Hartz-IV-Abteilung, Suchtberatungsstelle und Schuldnerberatung zur Minderung berechtigte (Stuttgart ZMR 2007, 272), was jedoch eher den konkreten Umständen des Einzelfalles geschuldet als verallgemeinerungsfähig ist. Auch wurde eine Minderung bejaht bei im Hausflur wartenden Freiern eines im Hause befindlichen Bordells (LG Berlin NJW-RR 1996, 264) und bei Bildung einer Drogenszene im Hauseingang durch eine benachbarte Suchtberatungsstelle (Hamm OLGR 1996, 76), wobei diese Umstände nicht schon erkennbar bei Vertragsabschluss vorgelegen haben dürfen, § 536b. Auch der Verstoß gegen einen vereinbarten **Konkurrenzschutz** stellt einen zur Minderung berechtigenden Mangel der Mietsache dar (KG NZM 2007, 566). 14

II. Fehlen einer zugesicherten Eigenschaft. Die Rechte aus § 536 Abs 1 S 1 und 2 stehen dem Mieter auch zu, wenn die Mietsache eine zugesicherte Eigenschaft nicht aufweist. Dabei berechtigt auch eine unerhebliche Minderung der Gebrauchstauglichkeit zur Minderung, denn auf Abs 1 S 3 wird nicht verwiesen. Als **Eigenschaft** iSv § 536 Abs 2 kommen neben der physischen Beschaffenheit diejenigen tatsächlichen und rechtlichen 15

Beziehungen des Mietgegenstands zu seiner Umwelt in Betracht, die für die Brauchbarkeit und den Wert der Mietsache von Bedeutung sind. Eine solche Beziehung muss jedoch ihren Grund in der Beschaffenheit der Mietsache selbst haben, von ihr ausgehen, ihr zudem für eine gewisse Dauer anhaften und darf nicht lediglich durch die Heranziehung von Umständen in Erscheinung treten, die außerhalb der Mietsache liegen (BGH NJW 2006, 899). Kurz gesagt kann jeder Umstand, der einen Sachmangel darstellen kann, auch eine zusicherungsfähige Eigenschaft beinhalten. Ob lediglich eine allg Beschreibung mit anpreisender Natur vorliegt oder tatsächlich eine ausdrückliche oder stillschweigende **Zusicherung**, die Vertragsbestandteil geworden ist (und für deren Bestand der Vermieter einstehen und im Falle des Fehlens verschuldensunabhängig haften möchte), ist anhand des konkreten Einzelfalles abzugrenzen (BGH NJW 2000, 1714). Wenn eine Mietsache ausweislich des Vertrages in »konzessionsfähigem Zustand« vermietet wird, liegt eine Eigenschaftszusicherung vor (KG NJW-RR 2000, 819). Andererseits kann aus der Beschreibung eines Objekts im Exposé als repräsentatives, elegantes Büro- und Geschäftshaus nichts hinsichtlich der zukünftigen Mieter der übrigen Flächen hergeleitet werden (Frankfurt aM Urt v 01.07.2005, 24 U 234/04); dies gilt auch in Bezug darauf, dass die Beeinträchtigung der Gebrauchstauglichkeit von dem allg unternehmerischen Verwendungs- und Gewinnerzielungsrisiko abzugrenzen ist, das den Mieter trifft (KG MDR 2004, 1110). Ebenso liegt keine zugesicherte Eigenschaft vor, wenn Umsatzversprechungen des Vermieters für einen Imbiss ohne Tatsachengrundlage als »Ehrenwort« deklariert werden (Hamburg NJW-RR 1998, 1091). Solche Angaben müsste der Mieter schon hinterfragen, sofern ihm nicht vom Vermieter Berechnungen oder Vorjahreszahlen vorgelegt werden.

16 Die in der Präambel eines Mietvertrages gemachte Angabe über die **Vollvermietung** eines Einkaufszentrums stellt keine zusicherungsfähige Eigenschaft der Mietsache dar (BGH NJW 2006, 899), auch kann keine Zusicherung aus der Aufnahme des gegenwärtigen Vermietungsstandes in der Präambel hergeleitet werden (BGH NJW-RR 2004, 1236). Anders aber, wenn Gewerberäume unter der vertragsgem Voraussetzung eines intakten **Umfelds**, was das Bestehen ausreichender Zugänge, die Einbindung in eine funktionierende Infrastruktur sowie ein attraktives Erscheinungsbild umfassen sollte, gemietet werden und ein solches Umfeld fehlt und hierdurch die Gebrauchstauglichkeit nicht nur unerheblich beeinträchtigt ist, weil dem Mieter die Nutzung objektiv erschwert wird und zu wirtschaftlichen Nachteilen führt (BGH NJW-RR 2004, 79).

17 **III. Rechtsmangel.** Ein Rechtsmangel iSd § 536 Abs 3 kann nur vorliegen, wenn ein Privatrecht betroffen ist, also ein obligatorischer oder dinglicher Anspruch eines Dritten vorliegt (BGH NJW 1991, 3280). Eine Beeinträchtigung des Mieters durch öffentlich-rechtliche Ansprüche kann nur einen Sachmangel nach Abs 1 darstellen. Der Rechtsmangel muss zu einer **Gebrauchsbeeinträchtigung** führen (BGH GuT 2007, 132), denn anders als Abs 2 nimmt die Verweisung in Abs 3 nicht Abs 1 S 3 aus. Eine solche Gebrauchsbeeinträchtigung liegt in jeder Beeinträchtigung des vertraglich vereinbarten Gebrauchs der Mietsache (Düsseldorf ZMR 1999, 24). Allerdings stellt der bloße Bestand von Rechten Dritter keinen Rechtsmangel dar, sofern der Dritte seine Rechte nicht geltend macht (BGH NJW 2008, 1771). Für die Annahme eines Rechtsmangels genügt aber die ernsthafte mündliche Androhung eines Dritten, seine Rechte einzufordern, wenn diese Androhung für den Mieter Anlass genug ist, daraufhin den Gebrauch zu unterlassen oder aufzugeben (BGH NJW 2008, 2771), auch, wenn im Falle einer Doppelvermietung der Dritte als wahrer Berechtigter nicht bereit ist, den Mieter die Mietsache überhaupt (Köln ZMR 1998, 696) oder zu den mit dem Vermieter vereinbarten Konditionen (BGH NJW 2008, 2771) nutzen zu lassen, solange der geltend gemachte Anspruch tatsächlich besteht. Es reicht nicht, dass der neue Eigentümer die Mieter per Rundbrief ohne individuelle Anrede auf die fehlende Berechtigung des ursprünglichen Vermieters aufmerksam macht und die Herausgabe des Grundstücks an ihn fordert, da darin noch keine konkrete Gebrauchsbeeinträchtigung liegt (KG ZMR 2006, 283).

18 »**Dritter**« sind alle nicht am Mietverhältnis beteiligten Personen, also etwa der Eigentümer der Mietsache, wenn dieser wegen einer Eigentumsübertragung oder einer Untervermietung von dem Vermieter unterschiedlich ist, oder andere Wohnungseigentümer (BGH NJW-RR 1995, 715).

19 **IV. Unerheblicher Mangel.** Bei der Frage, ob ein unerheblicher Mangel vorliegt, der die Tauglichkeit der Mietsache nur unwesentlich mindert, handelt es sich um einen unbestimmten Rechtsbegriff, der dem Tatrichter im Revisionsverfahren nur einen eingeschränkt nachprüfbaren Beurteilungsspielraum eröffnet. Als unerheblich ist ein Mangel insbes dann anzusehen, wenn er leicht erkennbar ist und schnell und mit geringen Kosten beseitigt werden kann, so dass die Geltendmachung einer Minderung gegen Treu und Glauben verstößt (BGH NJW-RR 2004, 1450), oder der lediglich dekorativer Natur ist und das ästhetische Empfinden des Mieters stört (MüKo/*Schilling* Rn 5). Das kurzzeitige Überschreiten der Raumtemperaturen über die Toleranz von 6° C unterhalb der Außentemperatur in Folge extremer Hitze im Sommer stellt jedenfalls – wenn überhaupt, s.o. Rz 10 – einen unerheblichen Mangel dar (Hamm OLGR 2007, 541), dies gilt auch für Geruchsbelästigung durch Kochen (LG Essen ZMR 2000, 302) und Belästigung durch Leuchtreklame vor dem Fenster einer Stadtwohnung (LG Berlin NZM 2004, 548).

20 **V. Ausschluss der Minderung.** Die **Verwirkung** des Rechts zur Minderung ist entspr der allg Grundsätze der Verwirkung, § 242, nur möglich, wenn ein »Zeitmoment« und ein »Umstandsmoment« vorliegen. Die Verwirkung betrifft einen Unterfall der unzulässigen Rechtsausübung auf Grund widersprüchlichen Verhaltens.

Der Verstoß gegen Treu und Glauben besteht in der Illoyalität der verspäteten Geltendmachung des Anspruchs (BGH NJW 2008, 2254). Die vorbehaltlose Zahlung der Miete in voller Höhe über einen Zeitraum von mehr als sechs Monaten führt zur Verwirkung der Minderungsmöglichkeit (BGH NJW 1997, 2674), sofern nicht der Vermieter auf Verlangen des Mieters Abhilfe zugesagt hat (BGH BGHR 2001, 447) oder dem Mieter ausnahmsw eine längere Überlegungsfrist zuzubilligen ist, wie auf den Mangel angemessen zu reagieren ist (Hamm OLGR 1996, 76). Konnte sich der Vermieter nach den Umständen des Einzelfalles darauf einrichten, dass der Mieter die Mietsache als vertragsgem anerkannt hat, und sich somit nicht gehalten sehen musste, Maßnahmen zur Mängelbeseitigung zu unternehmen, kann Verwirkung vorliegen. Allerdings kann der Mieter im Falle eines unwirksamen Minderungsausschlusses in vermieterseits gestellten AGB auch trotz 40-monatiger vorbehaltloser Mietzahlung noch mindern, denn sein Vertrauen in die Wirksamkeit der Klausel stellt keinen Tatbestand dar, auf den der eine unwirksame Klausel verwendende Vermieter vertrauen durfte (BGH NJW 2008, 2254).

Zudem ist der Mieter mit der Minderung ausgeschlossen, wenn der **Mangel bereits bei Übergabe der Mietsache bestand und dem Mieter bekannt oder grob fahrlässig unbekannt** war, §§ 536b, 536c Abs 2, sowie wenn der Mieter den Mangel selbst verschuldet hat, § 326 Abs 2, oder aus Gründen, die in seiner Person liegen, am vertragsgem Gebrauch der Mietsache gehindert ist, § 537 Abs 1. Auch kann das Minderungsrecht teilw vertraglich ausgeschlossen werden (s nachfolgend Rz 25). Verwirkung des Anspruchs des Vermieters auf Zahlung rückständiger Miete bei Duldung unberechtigter Minderung kommt ab einem Zeitraum von 2 Jahren in Betracht (BGH NJW 2006, 219). 21

VI. Rechtsfolge. Die Rechtsfolge des Vorliegens einer der Abs 1-3 ist die Minderung der Miete Kraft Gesetzes (s.o.). Als Bemessungsgrundlage der Minderung nach § 536 gilt die Bruttomiete, also die Miete einschließlich aller Nebenkosten (BGH NJW 2005, 1713). Sie ist in dem gleichen Verhältnis herabzusetzen, in dem eine Gebrauchsbeeinträchtigung bestanden hat, was bei leichten Beeinträchtigungen in Höhe von 5-10 %, bei mittleren Beeinträchtigungen in Höhe von 10–20 % und nur ausnahmsw bei schweren Beeinträchtigungen bei über 20 % bis hin zur Minderung auf Null bei vollständiger Aufhebung der Gebrauchstauglichkeit liegen kann (Staud/*Emmerich* Rn 56 mwN). Im Falle einer Flächenabweichung wird die Miete in demselben prozentualen Verhältnis gemindert, um das die tatsächliche Fläche geringer ist als vertraglich vereinbart (BGH NJW 2004, 1947). Die Miete ist so lange gemindert, wie die Gebrauchsfähigkeit beeinträchtigt ist. Eine Überzahlung der Miete in der Vergangenheit kann grds nach § 812 zurückgefordert werden. 22

D. Prozessuales. I. Beweislast. Der Mieter muss beweisen, dass ein Mangel oder eine fehlende zugesicherte Eigenschaft vorliegt, zudem die Tauglichkeit der Mietsache zum vertragsgem Gebrauch gemindert ist (BGH NJW 2000, 2344). Dabei hat der Vermieter zunächst zu beweisen, dass die Ursache des Mangels nicht aus seinem Verantwortungsbereich stammt (Celle, ZMR 1985, 10). Hat er diesen Beweis geführt, muss der Mieter nachweisen, dass er den Mangel nicht selbst zu vertreten hat (Schmidt-Futterer/*Eisenschmid* Rn 412). Behauptet der Mieter, die Mietsache sei nach Reparaturversuchen des Vermieters immer noch mangelhaft, so trägt der Vermieter die Beweislast für den Erfolg seiner Mängelbeseitigungsmaßnahmen. Bei einer Flächenunterschreitung von mehr als 10 % liegt regelm ein nicht unerheblicher Mangel vor, den der Mieter nicht zu beweisen hat (BGH NJW 2005, 2152) – für die Erheblichkeit der Gebrauchsbeeinträchtigung bei einer geringeren Abweichung dagegen ist der Mieter beweisbelastet (KG NJW-RR 2005, 1681). Der Mieter muss nicht darlegen und beweisen, welches Ausmaß die Gebrauchsbeeinträchtigung durch den konkret dargelegten Mangel hat. Das Maß der Minderung wird vom Tatrichter bestimmt, der die entspr Feststellungen zu treffen hat (BVerfG NZM 2007, 678). Dies ist die logische Konsequenz der Tatsache, dass die Minderung automatisch per Gesetz in dem Umfang eintritt, in dem die Gebrauchstauglichkeit der Mietsache herabgesetzt ist. Liegt der behauptete Mangel vor, ist ggf unter Heranziehung eines Sachverständigen zu klären, in welchem Umfang eine Gebrauchsbeeinträchtigung bestand (BVerfG aaO). Der Mieter trägt auch die Beweislast für das Vorliegen der Zusicherung einer konkreten Eigenschaft sowie eines Rechtsmangels und einer aus Letzterem folgenden Gebrauchsbeeinträchtigung. 23

II. Disponibilität. Die Minderungsmöglichkeit ist **grds nicht abdingbar bei Wohnraum**, § 536 Abs 4. Wird aber eine gewisse Wohnungsgröße vereinbart und stellt sich heraus, dass eine Abweichung um mehr als 10 % vorliegt, ist diese Beschaffenheitsvereinbarung wirksam und schließt auch im Lichte der §§ 307 Abs 2 Nr 1, 536 Abs 4 eine Minderung aus diesem Grunde aus, sofern nach dem Mietvertrag keine der Parteien berechtigt sein soll, bei Flächenabweichungen eine Mietanpassung zu verlangen (LG Berlin GE 2007, 449). Einen unzulässigen Minderungsausschluss stellt es auch dar, wenn dem Wohnraummieter die Vornahme von Kleinreparaturen übertragen wird, selbst wenn dies sachlich und kostenmäßig angemessen beschränkt ist, denn der Mieter kann dies so verstehen, dass er so lange wegen eines Mangels nicht mindern kann, wie er die entspr Reparatur ausgeführt hat (BGH NJW 1992, 1759). Lediglich die Kostentragungspflicht für Kleinreparaturen kann zulässig sein (s § 535 Rz 38). Die Möglichkeit der Aufrechnung kann wegen § 556b ebenso wenig beschränkt werden wie ein Zurückbehaltungsrecht nach § 320. 24

Bei **Gewerberaum** – dies folgt aus einem Umkehrschluss zu Abs 4 – kann § 536 zwar nicht abbedungen, aber erheblich eingeschränkt werden, dies auch formularmäßig (BGH NJW 2008, 2497). Eine Klausel, die die 25

Minderung ausschließt, muss aber Einschränkungen dieses Ausschlusses dahingehend enthalten, dass etwa wegen vom Vermieter anerkannter oder rechtskräftig festgestellter Ansprüche die Minderung möglich ist (BGH NJW-RR 1993, 519) oder dass die Minderung nicht durch Abzug von der laufenden Miete, aber im Wege der Rückforderung überbezahlter Miete nach Bereicherungsrecht verwirklicht werden kann (BGH NJW 1984, 2404). Eine Klausel, die keine Einschränkung dieser Art enthält oder nur die Einschränkung, dass der Mieter kein Minderungsrecht geltend machen kann, sofern nicht der Vermieter diese grob fahrlässig oder vorsätzlich zu vertreten hat, ist dahingehend auszulegen, dass der Ausschluss der Minderung endgültig sein und dem Mieter auch nicht das Recht verbleiben soll, die überzahlte Miete gem § 812 zurückzufordern. Da die Minderung aber Ausdruck des das Schuldrecht prägenden Äquivalenzprinzips ist und daher die Aufgabe hat, die Gleichwertigkeit der beiderseitigen Leistungen sicherzustellen (BGH NJW 2005, 1713), ist ein vollständiger Ausschluss der Minderung durch formularvertragliche Regelung unwirksam (BGH NJW 2008, 2254). Das gilt auch, soweit der Ausschluss alleine Mängel betrifft, die der Vermieter nicht zu vertreten hat, denn die Minderung setzt kein Verschulden des Vermieters voraus (BGH NJW 2008, 2497). Auch die Haftung des Vermieters für anfängliche Mängel kann nicht ausgeschlossen werden (Palandt/*Weidenkaff* Rn 2).

§ 536a Schadens- und Aufwendungsersatzanspruch des Mieters wegen eines Mangels.

[1] Ist ein Mangel im Sinne des § 536 bei Vertragsschluss vorhanden oder entsteht ein solcher Mangel später wegen eines Umstands, den der Vermieter zu vertreten hat, oder kommt der Vermieter mit der Beseitigung eines Mangels in Verzug, so kann der Mieter unbeschadet der Rechte aus § 536 Schadensersatz verlangen.

[2] Der Mieter kann den Mangel selbst beseitigen und Ersatz der erforderlichen Aufwendungen verlangen, wenn

1. der Vermieter mit der Beseitigung des Mangels in Verzug ist oder

2. die umgehende Beseitigung des Mangels zur Erhaltung oder Wiederherstellung des Bestands der Mietsache notwendig ist

1 **A. Allgemeines/Anwendbarkeit.** § 536a regelt, dass der Mieter neben der Minderung auch **Schadens- und ggf Aufwendungsersatzansprüche** geltend machen kann. Dabei schafft die Vorschrift wegen § 535 Abs 1 S 2 keinen Gewährleistungsanspruch, sondern einen Anspruch wegen Nichterfüllung. Erfasst sind alle Mängel iSd § 536. Die Regelung ist anwendbar auf **alle Mietverhältnisse** und gem § 581 Abs 2 auch auf **Pachtverträge**, wobei § 590b eine Sondervorschrift zu Abs 2 darstellt. § 536a Abs 1 eröffnet keinen Anspruch auf Ersatz der vom Mieter zum Zweck der Mängelbeseitigung getätigten Aufwendungen, sofern die zusätzlichen Voraussetzungen von § 536a Abs 2 nicht vorliegen (BGH NJW 2008, 1218). Zu dem allg Leistungsstörungsrecht ist das Verhältnis so, dass § 536a die Ansprüche des Mieters wegen Mängeln nach Überlassung der Mietsache abschließend regelt, während das allg Leistungsstörungsrecht zur Anwendung kommt, wenn keine Überlassung vorgenommen wird, etwa in Fällen anfänglicher Unmöglichkeit (BGH NJW 1997, 2813), wobei in Situationen eines bereits vor Übergabe bestehenden Rechtsmangels § 536a angewendet werden soll (BGH NJW 1996, 714).

2 Ob der Mieter für Mängelbeseitigungsmaßnahmen **Aufwendungsersatz nach § 539 iVm GoA** ersetzt verlangen kann, wenn dies nach Abs 2 Nr 1 oder 2 ausgeschlossen ist, war lange umstr. Dafür sprach, dass dem Vermieter keine Vorteile zufließen sollten, nur weil der Mieter das Verfahren nach Abs 2 Nr 1 oder 2 nicht beachtet habe. Dem ist aber der BGH entgegengetreten, nach dessen Meinung der Zweck des § 536a einer Anwendung des § 539 als »Auffangtatbestand« entgegenstehe. Nach der gesetzlichen Wertung solle dem Vermieter der Vorrang bei der Beseitigung eines Mangels zukommen. Das diene zum einen dem Schutz des Vermieters, weil dieser dadurch die Minderung der Miete oder Schadensersatzansprüche des Mieters abwenden könne. Die dem Vermieter grds einzuräumende Möglichkeit, den Mangel selbst zu beseitigen, solle es ihm zudem ermöglichen, die Mietsache darauf zu überprüfen, ob der behauptete Mangel bestehe, auf welcher Ursache er beruhe sowie ob und auf welche Weise er beseitigt werden könne, und hierzu ggf Beweise zu sichern. Diese Möglichkeit einer Untersuchung und Beweissicherung verliert der Vermieter, wenn er nach der vom Mieter vorgenommenen Mängelbeseitigung im Rahmen der Geltendmachung eines Anspruchs aus § 539 iVm GoA vor »vollendete Tatsachen« gestellt werde. Hierdurch würden sich seine Verteidigungsmöglichkeiten ungerechtfertigt verschlechtern (BGH NJW 2008, 1218).

3 **B. Tatbestand. I. Mangel bei Vertragsschluss, Abs 1 Alt 1.** Die Haftung für Mängel bei Vertragsschluss ist **verschuldensunabhängig**, stellt also eine gesetzliche Garantiehaftung dar. Der entscheidende **Zeitpunkt** ist derjenige der tatsächlichen schuldrechtlichen Einigung, nicht – falls zeitlich versetzt – derjenige der schriftlichen Fixierung (BGH NJW 1968, 885). Erfasst werden aber auch zwischen Vertragsabschluss und Übergabe der Mietsache entstandene Mängel. Eine analoge Anwendung kommt in Betracht, wenn die Mietsache bei Vertragsschluss noch nicht fertig gestellt ist und sich der Mangel erst bei Fertigstellung oder Übergabe zeigt (Dresden NJW-RR 2006, 1601; Naumburg WuM 2000, 246). Nicht entscheidend ist dagegen, ob der Mangel bereits zutage getreten ist, sondern es reicht aus, dass dessen Ursache und damit die Ursache der späteren Schädigung des Mieters bei Vertragsschluss oder Übergabe angelegt sind (München ZMR 1996, 322). Auf der

anderen Seite stellt die natürliche Verschlechterung des baulichen Zustands eines um 1900 erbauten Gebäudes im Laufe der Zeit, die Feuchtigkeit im Keller zur Folge hat, keinen Anfangsmangel dar (Hamburg WuM 1999, 513). Versteckte Mängel liegen im Risikobereich des Vermieters (BGH NJW 1963, 805), dabei kommt es weder auf ihre Erkennbarkeit noch auf ihre Beseitigungsfähigkeit an (Palandt/*Weidenkaff* Rn 9). Anders als § 536b löst eine Vertragsverlängerung durch Optionswahrnehmung oder mangels Kündigung (PWW/*Feldhahn* Rn 4) sowie die Vertragsübernahme durch einen Dritten (BGH BB 1959, 1115) die Garantiehaftung des Vermieters nicht erneut aus, anders ist dies lediglich bei einer Anschlussvermietung mit einem eigenständigen, neu verhandelten Mietvertrag.

II. Mangel nach Vertragsschluss, Abs 1 Alt 2. Bei einem nach Vertragsschluss entstehenden Mangel ist gem Abs 1 Alt 2 das **Verschulden** des Vermieters Tatbestandsvoraussetzung, §§ 276, 278. Konsequent muss die Alt 2 trotz des Wortlauts um den Fall reduziert werden, dass der Mangel zwar erst nach Vertragsschluss auftritt, dessen Ursache aber bereits bei Vertragsschluss vorlag (so Rz 3). Das Verschulden seiner Erfüllungsgehilfen (§ 278) muss sich der Vermieter nach den allg Regeln zurechnen lassen. Im Rahmen des § 536c ist der zur Anzeige verpflichtete Mieter nicht als Erfüllungsgehilfe des Vermieters in Ausübung dessen allen Mietern ggü obliegenden Fürsorgepflicht anzusehen (BGH VersR 1969, 754). Nimmt der Vermieter aber eine Veränderung der Mietsache vor, die auf Wunsch des Mieters erfolgte und führt diese zu einer Beeinträchtigung des vertragsgem Gebrauchs, so scheidet ein Mangelbeseitigungsanspruch des Mieters aus (BGH WM 1962, 271). 4

III. Verzug mit Mangelbeseitigung, Abs 1 Alt 3. Tatbestandsvoraussetzung ist hier Verzug gem § 286. Daher ist gem § 286 Abs 1 eine auf Mängelbeseitigung gerichtete Mahnung des Mieters, die den gerügten Mangel hinreichend konkret beschreibt, erforderlich, eine Anzeige nach § 536c reicht insofern nicht (Brandenburg Urt v 14.11.2007, 3 U 27/07). Entbehrlich ist eine Mahnung nur, wenn sich die Parteien auf einen Kalendertag einigen, an dem der Mangel beseitigt sein soll, dann gerät der Vermieter nach § 286 Abs 1 Nr 1 in Verzug, oder wenn der Vermieter die alsbaldige Leistung ankündigt, aber dennoch nicht leistet (BGH NJW 2008, 1218). Nach § 286 Abs 4 kommt der Vermieter nicht in Verzug, wenn die Mängelbeseitigung auf Grund eines von ihm nicht zu vertretenden Umstands unterbleibt. 5

IV. Schadensersatz. Der Mieter erhält den vollen ihm entstehenden Schaden inklusive aller Mangelfolge- oder Begleitschäden (München ZMR 1996, 322) und entgangenem Gewinn (BGH, NZM 1998, 666), ersetzt, dies gilt auch für den Verdienstausfallschaden (BGH NJW-RR 1991, 970), die Differenzmiete für Ersatzanmietung, die Kosten einstweiliger Unterbringung oder Ersatzbeschaffung (Düsseldorf MDR 2008, 793) sowie für Schäden Dritter, die unmittelbar von dem Schutzbereich des Mietvertrages erfasst werden, weil sie sich regelm in den Mieträumen aufhalten, etwa Arbeitnehmer, nicht jedoch gelegentliche Besucher (Rostock NJW-RR 2007, 1092). Auch gewährt Abs 1 keinen Ersatz für Aufwendungen für die Mängelbeseitigung, da insofern Abs 2 abschließend ist (PWW/*Feldhahn* Rn 9). 6

V. Mängelbeseitigung durch den Mieter, Abs 2. Nach Abs 2 Nr 1 kann der Mieter einen Mangel der Mietsache im Wege der **Ersatzvornahme** selbst beseitigen oder beseitigen lassen und Ersatz der erforderlichen Aufwendungen verlangen. Dann muss der Vermieter aber entweder mit der Beseitigung des Mangels gem § 286 in Verzug gewesen sein, Abs 1, oder die Mängelbeseitigung muss als Notmaßnahme zur Erhaltung oder Wiederherstellung des Bestands der Mietsache objektiv notwendig gewesen sein. Der Mieter ist nicht verpflichtet, von seinem Recht zur Ersatzvornahme Gebrauch zu machen, insbes verliert er sein Recht, Schadensersatz zu verlangen, nicht – gleichwohl kann ihm in diesem Rahmen ein Mitverschulden zugerechnet werden, wenn der Mangel einfach zu beseitigen gewesen ist (Düsseldorf WuM 2003, 386). Der **Verzug**, Nr 1, bestimmt sich wie in Abs 1 nach § 286. **Notmaßnahmen** des Mieters gem Nr 2 sind solche, die keinen Aufschub dulden und auch ohne vorherige Mahnung einen Aufwendungsersatzanspruch auslösen sollen (BGH NJW 2008, 1218), etwa bei Rohrbruch, Heizungsausfall im Winter, zerbrochenem Fenster, nicht aber sonstigen Mängelbeseitigungsmaßnahmen, die lediglich dem Wiederherstellen des vertragsgem Gebrauchs dienen. 7

Der Mieter kann getätigte **Aufwendungen** nicht ersetzt verlangen, wenn der Vermieter mit der Mangelbeseitigung nicht in Verzug war, Abs 2 Nr 1, oder die umgehende Beseitigung des Mangels zur Erhaltung oder Wiederherstellung des Bestands der Mietsache nicht notwendig ist, Abs 2 Nr 2 (s schon oben, Rz 2; BGH NJW 2008, 1218). Der Anspruch des Mieters umfasst einen Vorschuss in Höhe der voraussichtlich zur Mängelbeseitigung erforderlichen Kosten (BGH NJW 2008, 2432). Ersetzt werden können diejenigen Aufwendungen, die der Mieter nach sorgfältiger und verständiger Prüfung den Umständen entspr zu dem Zeitpunkt, als die Aufwendungen vorgenommen wurden, für erforderlich halten durfte (Brandenburg ZMR 2003, 909). Führt der von dem Mieter beauftragte Unternehmer die Arbeiten mangelhaft aus, hat dies nicht zur Folge, dass der Mieter von dem Vermieter nicht auch diesen Aufwendungsersatz verlangen könnte. Diesen bekommt er Zug-um-Zug gegen Abtretung der verbleibenden Gewährleistungsansprüche gegen den Unternehmer in vollem Umfang (Brandenburg aaO). 8

C. Prozessuales. I. Beweislast. Der Mieter ist für sämtliche Voraussetzungen des Schadens- (Abs 1), sowie des Aufwendungsersatzanspruches (Abs 2) beweispflichtig (BGH NJW 2008, 1218; BGH NJW-RR 2006, 1238). Bei Abs 1 Alt 1 muss er auch nachweisen, dass der Mangel bereits vor Vertragsschluss bestand (Ham- 9 burg NJW 1990, 1484). Dies gilt nur dann nicht, wenn die Schadensursache nicht in dem Herrschafts- und Einflussbereich des Mieters angesiedelt ist (BGH NJW 1964, 33). Liegt diese im Verantwortungsbereich des Vermieters, wird dagegen bei Abs 1 Alt 2 das Verschulden vermutet, der Vermieter hat dann zu beweisen, dass die Ursache des Mangels nicht in seinem Verantwortungsbereich lag oder sich zu entlasten (BGH NJW 2006, 1061). Den Schadensumfang muss ebenfalls der Mieter beweisen (BGH NJW-RR 2006, 1238).Der Vermieter hat darzutun, dass er den Mangel beseitigt hat (Hamm NJW-RR 1995, 525).

10 **II. Disponibilität/Verjährung.** Die Regelung ist grds abdingbar, auch formularmäßig. Bei **Wohnraum** ist wegen § 556b Abs 2 S 2 eine Vereinbarung unzulässig, die dem Mieter die Möglichkeit der Aufrechnung oder der Zurückbehaltung der Miete wegen Ansprüchen aus § 536a verbietet, solange nicht die Instandhaltungspflicht zulässig auf den Mieter abgewälzt worden ist, da dann ein Anspruch nach Abs 1 gar nicht entstehen kann. Der formularmäßige Ausschluss auf einfacher Fahrlässigkeit des Vermieters beruhender Haftung für Schäden des Mieters ist in dem von § 309 Nr 7 vorgegebenen Rahmen zulässig (BGH NJW 2002, 673), was etwa der Fall ist, wenn er sich auf Schäden an eingebrachten Sachen des Mieters bezieht, gegen die sich der Mieter üblicherweise versichern kann (BGH NJW 2002, 673), aber nicht für nachträgliche Mängel gilt. Auch bei **Gewerberaum** ist ein formularmäßiger Haftungsausschluss für vom Vermieter leicht fahrlässig verursachte Mängel zulässig (Koblenz NZM 2000, 622). Die Ansprüche des Abs 1 verjähren nach den allg Regeln, diejenigen des Abs 2 gem § 548 (BGH NJW 1974, 743).

§ 536b Kenntnis des Mieters vom Mangel bei Vertragsschluss oder Annahme.

Kennt der Mieter bei Vertragsschluss den Mangel der Mietsache, so stehen ihm die Rechte aus den §§ 536 und 536a nicht zu. Ist ihm der Mangel infolge grober Fahrlässigkeit unbekannt geblieben, so stehen ihm diese Rechte nur zu, wenn der Vermieter den Mangel arglistig verschwiegen hat. Nimmt der Mieter eine mangelhafte Sache an, obwohl er den Mangel kennt, so kann er die Rechte aus den §§ 536 und 536a nur geltend machen, wenn er sich seine Rechte bei der Annahme vorbehält.

1 **A. Allgemeines/Anwendbarkeit.** § 536b regelt die **Folgen** eines stillschweigenden **Verzichts auf Mängelrechte.** Die Regelung gilt für alle **Mietverhältnisse**, gem § 581 Abs 2 auch für **Pachtverträge**. Die Vorschrift ist analog anwendbar bei einem bestehenden Mietverhältnis, bei dem der Mieter eine Option zur Verlängerung des Mietverhältnisses wahrnimmt oder bei dem das Mietverhältnis durch Vereinbarung oder stillschweigend verlängert wird (Köln ZMR 2001, 532). Auf Kenntnis nach Vertragsschluss ist die Vorschrift dagegen nicht anwendbar; auch nicht analog auf solche Fälle, in denen im Verlauf der Mietzeit ein Mangel auftritt und der Mieter den Mietzins gleichwohl über längere Zeit vorbehaltlos weiterbezahlt, da eine Regelungslücke insofern nicht besteht (BGH NJW 2007, 147; BGH ZMR 2005, 770; MüKo/*Schilling* Rn 20). Ebenfalls scheidet die Anwendbarkeit auf den Vermieter, der eine Minderung längere Zeit widerspruchslos hinnimmt, aus (BGH NJW 2006, 219).

2 **B. Tatbestand. I. Kenntnis des Mangels, S 1.** Der Mieter muss **positive Kenntnis von einem Sach- oder Rechtsmangel** oder einer **fehlenden vereinbarten Eigenschaft** der Mietsache bei Vertragsschluss (oder Vertragsverlängerung, s.o.) gehabt haben (Schmidt-Futterer/*Eisenschmid* Rn 6). Selbst gleichzeitiges arglistiges Verschweigen des Vermieters ist dann unschädlich (BGH NJW 1972, 249), der Mieter verliert seine Rechte aus §§ 536, 536a. Kenntnis liegt bereits vor, wenn der Mieter die tatsächlichen Umstände kennt, aus denen sich der Mangel und die hieraus folgende Gebrauchsbeeinträchtigung ergibt, etwa wenn die Räume in einem noch nicht fertig gestellten Neubaugebiet liegen bei Lärmbeeinträchtigung (KG NZM 2003, 718) oder wenn der Mieter Kenntnis von der fehlenden Genehmigungsfähigkeit eines noch zu genehmigenden Neubaus hat und die Genehmigung dann versagt wird (Hamburg GE 1996, 49). Auch wenn ein Mangel bei Vertragsschluss vom Mieter erkannt und hingenommen wird, leben die nach § 536b verlorenen Rechte wieder auf, wenn sich der Mangel in unzumutbarer Weise erweitert (BGH NJW-RR 2002, 224), gleichfalls, wenn der Vermieter den Mietzins erhöht und der Mieter sich das Minderungsrecht sodann ausdrücklich vorbehält oder wenn der Vermieter anlässlich einer Nachtragsvereinbarung die Beseitigung der Mängel zusagt (Köln ZMR 2001, 532).

3 Bei einem **Rechtsmangel** liegt die Hürde höher, da hier erforderlich ist, dass der Mieter Kenntnis der den Rechtsmangel begründenden Tatsachen haben und deren rechtliche Folgen kennen muss, so bei einem Untermietvertrag zum Betrieb eines Dönerladens in einem Objekt, in dem nach dem Hauptvertrag nur der Betrieb einer Bäckerei zulässig ist und der daraufhin gekündigt wird (BGH NJW 1996, 46). Dies ist insofern folgerichtig, als dass auch ein Rechtsmangel erst vorliegt, wenn sich ein Dritter auf das ihm zustehende Recht beruft und auf diese Weise den vertragsgem Gebrauch stört (s § 536 Rz 17).

4 **II. Grobfahrlässige Unkenntnis, S 2.** Hinsichtlich der Mangeldefinition gilt Gleiches wie bei S 1. In dieser Variante ist das **arglistige Verschweigen** des Mangels durch den Vermieter, anders als bei S 1, wieder relevant und führt nicht zum Haftungsausschluss (MüKo/*Schilling* Rn 8). Hierzu ist jedoch zunächst notwendig, dass den Vermieter eine **Offenbarungspflicht** trifft. Dies ist nur bei **konkretem Nachfragen** der Fall sowie bzgl der **wesentlichen Umstände** oder erheblicher Mängel, die dem Vermieter bekannt und für den Mieter schwer erkennbar sind (s § 535 Rz 22). Hinzu kommen muss das Bewusstsein des Vermieters, dass der Mieter keine

Kenntnis von dem Mangel hat und den Vertrag bei vorhandener Kenntnis nicht oder nicht zu den gleichen Konditionen abgeschlossen hätte (PWW/*Feldhahn* Rn 6). Fraglich ist, ob die unter dem alten Mietrecht zusätzlich geltenden Ausschlusstatbestände Zusicherung der Fehlerfreiheit und Fehlen einer zugesicherten Eigenschaft auch unter § 536b noch gelten. Eine entspr Anwendung wird unter Berücksichtigung des Normzwecks aber überwiegend bejaht (Palandt/*Weidenkaff* Rn 6, MüKo/*Schilling* Rn 2), die höchstrichterliche Klärung dieser Frage steht noch aus.

Grob fahrlässige Unkenntnis iSd § 536b S 2 liegt vor, wenn die Umstände, die auf bestimmte Unzulänglichkeiten hindeuten, den Verdacht eines dadurch begründeten Mangels bes nahe legen, der Mieter aber gleichwohl weitere zumutbare Nachforschungen unterlassen hat (BGH NJW-RR 2007, 1021). Zwar trifft den Mieter grds keine umfassende Untersuchungspflicht, doch muss er einen Mangel erkennen, der jedem ins Auge fällt (Düsseldorf ZMR 1994, 402). Das Gleiche gilt, wenn sich dem Mieter objektiv wahrnehmbare Mängel aufdrängen oder er ganz nahe liegende Feststellungen unterlässt (Hamburg ZMR 1991, 262). Dies ist etwa der Fall, wenn bei Vertragsschluss ein überstrichener und mit Acryllack verschmierter Fensterrahmen auffällt, der auch für den Laien darauf hindeutet, dass sich unter dem schlechten Zustand des Anstrichs eventuelle Mängel der Holzrahmen verbergen können und der Mieter eine weitere Untersuchung unterlässt (LG Berlin GE 2007, 55). Auch liegt grobe Fahrlässigkeit vor, wenn die Beeinträchtigung zwar erst im Laufe der Mietzeit eintritt, der Mieter jedoch bereits bei Abschluss des Mietvertrages mit dem Eintritt der Störung rechnen musste, weil zukünftige Baumaßnahmen bereits bekannt waren, etwa weil die Baugrube auf dem Nachbargrundstück bereits ausgehoben war (München NJW-RR 1994, 654). Der Mieter muss sich dagegen nicht über mögliche Baumaßnahmen nach durchgeführtem Planfeststellungsverfahren bei öffentlichen Stellen erkundigen (LG Köln WuM 2001, 78). 5

III. Annahme einer mangelhaften Sache, S 3. In dieser Variante verliert der Mieter seine Rechte aus §§ 536, 536a, wenn er die mangelhafte Sache in Kenntnis des Mangels annimmt, ohne sich seine Rechte vorzubehalten. Grob fahrlässige Unkenntnis steht hier nicht gleich (Schmidt-Futterer/*Eisenschmid* Rn 22). Der Zustand der Mietsache wird dann als vertragsgem unterstellt. Dies betrifft Sach- und Rechtsmängel sowie zugesicherte Eigenschaften. Eventuelles arglistiges Verschweigen des Vermieters schadet wiederum nicht (Staud/*Emmerich* Rn 15). Der zu erklärende Vorbehalt beinhaltet eine formlos mögliche, einseitige und empfangsbedürftige Willenserklärung, mit der der Mieter spätestens im Zeitpunkt der Überlassung der Mietsache dem Vermieter mitteilt, dass er die Mietsache wegen eines konkret bezeichneten Mangels nicht als vertragsgem ansieht. Oftmals wird ein solcher Vorbehalt in einem Übergabeprotokoll erklärt. Wenn ein Nachmieter in die Übergabe zwischen Vormieter und Vermieter einbezogen wird und in dem dortigen Abnahmeprotokoll vereinbart wird, dass der Vermieter noch Arbeiten durchführen werde, so soll dies auch zu Gunsten des Nachmieters gelten. Eines entspr Vorbehalts iSv § 536b S 3 bedarf es dann nicht, da die diesbzgl Vereinbarung dahin auszulegen ist, dass sich der Nachmieter hinsichtlich der aufgeführten Beanstandungen seine Rechte auch bei der Annahme vorbehalten hat (LG Berlin GE 2006, 1407). 6

IV. Rechtsfolgen. Der Mieter verliert die Rechte der §§ 536, 536b, diese Aufzählung ist abschließend. Den Erfüllungsanspruch aus § 535 Abs 1 S 2 kann er daher auch dann noch geltend machen, wenn eine Minderung nach § 536b ausgeschlossen ist – womit auch § 320 anwendbar bleibt (BGH NJW-RR 2007, 1021). Gleiches gilt für Ansprüche aus Delikt, die zusätzliche Voraussetzungen aufweisen. 7

C. Prozessuales. Die Beweislast dafür, dass der Mieter gem S 1 Kenntnis von dem Mangel oder den diesen begründenden Ursachen hatte oder gem S 2 auf Grund grober Fahrlässigkeit nicht hatte, sowie dass der Mieter die mangelhafte Mietsache vorbehaltlos angenommen hat, trägt der Vermieter. Der Mieter muss für S 2 beweisen, dass der Vermieter den Mangel arglistig verschwiegen hat, für S 3, dass der Vermieter die Mängelbeseitigung zugesichert hat und dass er bei der Übernahme der mangelhaften Mietsache einen Vorbehalt erklärt hat. Die Vorschrift ist abdingbar (BGH NJW-RR 2004, 12). 8

§ 536c Während der Mietzeit auftretende Mängel; Mängelanzeige durch den Mieter.

[1] Zeigt sich im Laufe der Mietzeit ein Mangel der Mietsache oder wird eine Maßnahme zum Schutz der Mietsache gegen eine nicht vorhergesehene Gefahr erforderlich, so hat der Mieter dies dem Vermieter unverzüglich anzuzeigen. Das Gleiche gilt, wenn ein Dritter sich ein Recht an der Sache anmaßt.

[2] Unterlässt der Mieter die Anzeige, so ist er dem Vermieter zum Ersatz des daraus entstehenden Schadens verpflichtet. Soweit der Vermieter infolge der Unterlassung der Anzeige nicht Abhilfe schaffen konnte, ist der Mieter nicht berechtigt,

1. die in § 536 bestimmten Rechte geltend zu machen,
2. nach § 536a Absatz 1 Schadensersatz zu verlangen oder
3. ohne Bestimmung einer angemessenen Frist zur Abhilfe nach § 543 Absatz 3 Satz 1 zu kündigen

1 **A. Allgemeines/Anwendbarkeit.** § 536c beinhaltet die zentralen Normvorgaben für **Mietminderungen wegen während der Mietzeit auftretender Mängel** der Mietsache – also den Normalfall. Die Verpflichtung des Mieters zur Anzeige von Mängeln während der Mietzeit folgt aus dessen Obhutspflicht für die Mietsache, mit der der Tatsache Rechnung getragen wird, dass er nunmehr Besitzer ist und der Vermieter nicht laufend die Mietsache auf ihren Zustand überprüfen kann, diese aber nicht über den vertragsgem Gebrauch, § 538, hinaus beeinträchtigt werden soll (BGH NJW 1977, 1236; Schmidt-Futterer/*Eisenschmid* Rn 1). Dem Vermieter obliegt es allerdings im Rahmen der ihn treffenden Schutzpflichten, bes schadensträchtige Bereiche, wie den Zustand der Abwasseranlage, regelm selbst zu warten (Frankfurt aM OLGR 2003, 454). § 536c gilt für alle Mietverhältnisse, gem § 581 Abs 2 auch für Pachtverträge. Die Norm ist anwendbar ab der Überlassung des Mietraumes bis zu seiner Rückgabe, ohne dass es auf das vertraglich festgelegte Ende ankommt und umfasst räumlich den tatsächlichen Umfang der Gebrauchsgewährung (Palandt/*Weidenkaff* Rn 2).

2 **B. Tatbestand. I. Anzeigepflicht. 1. Anzeigepflichtiger Mangel.** Der Mangel des § 536c ist nicht identisch mit demjenigen in § 536. Während Letzterer nur vorliegt, wenn er die Gebrauchstauglichkeit der Mietsache aufhebt oder mindert, ist der Mieter bei jedem Hervortreten eines schlechten Zustandes verpflichtet, dies dem Vermieter anzuzeigen (BGH NJW 1977, 1236), auch wenn dieser im Rahmen des vertragsgem Gebrauchs entstanden ist (MüKo/*Schilling* Rn 4). Zudem muss der Mieter eine Gefahr für die Mietsache und eine Gebrauchsanmaßung durch einen Dritten, gleich ob ihn dies beeinträchtigt oder nicht (Palandt/*Weidenkaff* Rn 7), dem Vermieter anzeigen. Das ergibt sich bereits aus dem Gedanken der interessenwahrenden Nebenpflicht zugunsten des anderen Teils.

3 **2. Anzeige.** Der Mieter kann die Anzeige formfrei tätigen, sie muss dem Vermieter aber nach § 130 analog zugehen. Der Mieter ist zudem verpflichtet, die Anzeige unverzüglich vorzunehmen, vgl § 121 Abs 1. Den Mieter trifft iÜ die Pflicht, dem Vermieter oder dessen Vertreter den Mangel unmissverständlich und hinreichend konkret in Bezug auf dessen Art, Umfang und Ort anzuzeigen (Staud/*Emmerich* § 536c Rn 12). Er hat dabei die verkehrsübliche Sorgfalt zu beachten, die sich unter Einbeziehung seiner vertraglichen Instandhaltungs- und -setzungspflichten bestimmt, aber einzelfallbezogen zu ermitteln ist. Jedenfalls ist der Mieter nicht verpflichtet, Nachforschungen anzustellen (BGH NJW 1977, 1236) oder die Mängel wie ein Sachverständiger zu bezeichnen. Die Mängel müssen iE aufgezählt werden, damit der Vermieter in der Lage ist, selbst die Berechtigung der Rügen zu prüfen und sich durch die Mängelbeseitigung vor Minderungen oder Schadensersatzansprüchen des Mieters sowie einer fortschreitenden Verschlechterung der Mietsache zu schützen (LG Köln WuM 1990, 17). Eine verspätete Anzeige ist wie eine unterlassene Anzeige zu behandeln.

4 **3. Entfallen der Anzeigepflicht.** Hat der **Vermieter Kenntnis** vom Mangel, **entfällt die Anzeigepflicht**, die dann eine leere Formalität wäre. Dies ist der Fall, wenn der Vermieter bereits durch Dritte Kenntnis von einem Mangel erlangt oder ein Dritter, dessen Wissen der Vermieter sich zurechnen lassen muss, Kenntnis von dem Mangel hat (Staud/*Emmerich* § 536c Rn 14). Daher entfällt die Anzeigepflicht auch, wenn der Vermieter die Ursache für den Mangel selbst setzt, etwa durch die Beauftragung von umfangreichen Sanierungsarbeiten. Benutzt der Vermieter die Sache mit, muss der Mangel ihm genauso offenkundig sein wie dem Mieter, etwa weil er noch die Sachherrschaft hierüber hat, wie bei Einmietung in Hotels oä, der Mieter ist dann ebenfalls nicht zur Anzeige verpflichtet (MüKo/*Schilling* Rn 10). Entbehrlich ist die Anzeige schließlich dann, wenn die Beseitigung des Mangels oder die Abwendung der Gefahr ohnehin unmöglich ist (BGH NJW-RR 1999, 845).

5 **II. Rechtsfolge unterlassener Anzeige.** Rechtsfolge der unterlassenen Anzeige ist ein **Schadensersatzanspruch** des Vermieters gem §§ 280, 241 Abs 2, wenn der Mieter die ihm mögliche rechtzeitige Anzeige schuldhaft nicht tätigt und dadurch ein Schaden kausal verursacht worden ist, Abs 2 S 1. Zudem verliert der Mieter die in Abs 2 S 2 Nr 1-3 bezeichneten Rechte, da es unredlich ist, behebbare Beeinträchtigungen stillschweigend in Kauf zu nehmen, um Gewährleistungs- oder Schadensersatzansprüche darauf stützen zu können (BGH NJW-RR 2002, 515). Der Mieter verliert zwar nicht gesetzliche Schadensersatzansprüche, bei unterlassener Anzeige muss er sich jedoch ggf über § 254 ein Mitverschulden anrechnen lassen.

6 Der **Schaden** des Vermieters kann darin bestehen, dass ein Mangel nicht in seiner Entstehung behoben werden konnte, sondern sich weiter ausgebreitet hat. Der Mieter hat dann einen Schaden insoweit zu ersetzen, als er durch die unterlassene Mitteilung verursacht worden ist (BGH NJW 1987, 1072). An der **Kausalität** fehlt es, wenn dem Vermieter trotz verspäteter Anzeige noch hinreichend Gelegenheit zur Schadensabwendung blieb (Düsseldorf GE 2002, 1262) oder wenn der Vermieter nicht beweist, dass Herstellung der vertragsmäßigen Gebrauchsfähigkeit (Abhilfe) ursprünglich möglich, durch verspätete Anzeige jedoch unausführbar geworden ist (BGH NJW 1987, 1072).

7 Kann der Mieter ohne **Verschulden** davon ausgehen, dass der Vermieter einen gleichen Kenntnisstand wie er selbst hat, wird der Mieter trotz Unterlassung der Mängelanzeige nicht ersatzpflichtig, etwa wenn der Schornsteinfeger dem Mieter das einen Mangel darstellende Messergebnis mitteilt, dieser aber vom Vermieter bestellt war und der Schluss nahe lag, dass dem Vermieter die Mitteilung entspr gemacht werden würde (Düsseldorf GE 2002, 1262). Der Ersatzanspruch des Vermieters unterliegt der Verjährung des § 548 Abs 1.

C. Prozessuales. I. Beweislast. Der Mieter ist darlegungs- und beweisbelastet für die Erfüllung seiner Anzeigepflicht aus § 536c Abs 2 S 1 (Brandenburg Urt v 14.11.2007, 3 U 27/07) und ggf für die Kenntnis des Vermieters (Düsseldorf, ZMR 1987, 376). Der Vermieter muss dagegen beweisen, wann der Mangel vorgelegen hat und dass der Mieter hiervon Kenntnis oder grob fahrlässige Unkenntnis hatte (PWW/*Feldhahn* Rn 4), sowie dass Abhilfe bei einem nicht oder nicht unverzüglich angezeigten Mangel zwar ursprünglich möglich, durch verspätete Mängelanzeige jedoch unausführbar geworden ist (BGH NJW 1987, 1072). Gelingt ihm dieser Nachweis nicht, verliert der Mieter die in Abs 2 S 2 bezeichneten Rechte nicht. 8

II. Disponibilität. Zulässig ist der deklaratorische, formularmäßige Hinweis auf die Schadensersatzpflicht des Mieters bei nicht rechtzeitiger Mängelanzeige auch ohne Einbindung der Verschuldensvoraussetzung (BGH NJW 1993, 1061). Andere formularmäßige Erweiterungen der Anzeigepflicht sind jeweils an § 307 Abs 1 zu messen (PWW/*Feldhahn* Rn 3). 9

§ 536d Vertraglicher Ausschluss von Rechten des Mieters wegen eines Mangels.

Auf eine Vereinbarung, durch die die Rechte des Mieters wegen eines Mangels der Mietsache ausgeschlossen oder beschränkt werden, kann sich der Vermieter nicht berufen, wenn er den Mangel arglistig verschwiegen hat.

A. Allgemeines/Anwendbarkeit. § 536d verhindert, dass sich der Vermieter auf einen Ausschluss der Gewährleistungsrechte berufen kann, wenn der Mangel von ihm arglistig verschwiegen worden ist. Er limitiert vor allem die Abdingbarkeit von Minderungsrechten über die Grenzen des § 536 Abs 4 hinaus; er gilt auch für den Ausschluss von Schadensersatzansprüchen. Formularmäßige Absprachen werden im Wesentlichen von § 309 Nr 7, 8a verdrängt (MüKo/*Schilling* § 537 Rn 2). Die Regelung betrifft alle Mietverhältnisse, sie ist anwendbar sowohl auf Sach- als auch auf Rechtsmängel. 1

B. Tatbestand. I. Vereinbarung. Voraussetzung ist eine **vertragliche Vereinbarung über den Ausschluss von Gewährleistungsrechten**. Diese ist grds nicht zu beanstanden, wenn das Verbot des Minderungsausschlusses für Wohnraummietverträge gem § 536 Abs 4 beachtet wird. In **Gewerberaummietverträgen** kann die Mietminderung grds ausgeschlossen werden, dies ergibt sich schon im Rückkehrschluss aus § 536 Abs 4. Ausgeschlossen werden darf allerdings auch hier nur der Einbehalt des Minderungsbetrages von der laufenden Miete, solange dem Mieter die Möglichkeit belassen wird, den geminderten Teil der Miete nach § 812 zurückzufordern, denn solche Klauseln tragen dem berechtigten Interesse des Vermieters an der fortlaufenden pünktlichen Zahlung der vereinbarten Miete Rechnung (BGH NJW-RR 1993, 519). Eine Klausel ohne diese Einschränkung ist dahin auszulegen, dass der Ausschluss der Minderung endgültig sein und dem Mieter nicht das Recht verbleiben soll, die überzahlte Miete zurückzufordern. Dies verstößt gegen das Äquivalenzprinzip und benachteiligt den Mieter unangemessen, ist mithin gem § 307 Abs 2 Nr 1 unwirksam (BGH NJW 2008, 2497). Gleiches – Auslegung gegen den Verwender und aus dieser Auslegung folgende Unwirksamkeit – gilt für eine Klausel, die die Minderung unter der Voraussetzung ausschließt, dass der Vermieter die Mängel nicht vorsätzlich oder grob fahrlässig zu vertreten hat (BGH NJW 2008, 2254). Ebenfalls unwirksam ist ein formularmäßiger Minderungsausschluss, wenn der Vermieter die geltend gemachten Mängel der Mietsache schon bei Abschluss des Mietvertrages kannte (Celle OLGR 2003, 1). 2

II. Arglistiges Verschweigen. Die Mängel müssen vom Vermieter arglistig verschwiegen worden sein, s § 536b Rz 4. 3

III. Rechtsfolge. Die Folge eines Verstoßes gegen § 536d ist die Unwirksamkeit der entspr Vereinbarung mit der Wirkung, dass der Mieter seine wegen eines Mangels bestehenden Gewährleistungsrechte in vollem Umfang behält. Der Vermieter kann sich nicht auf die Ausschlussklausel berufen. Lagen allerdings mehrere Mängel bei Vertragsschluss vor, so ist dem Vermieter das Berufen auf die Ausschlussklausel nur hinsichtlich derjenigen Mängel verwehrt, bzgl derer dem Vermieter auch Arglist vorzuwerfen ist (Staud/*Emmerich* Rn 6). 4

C. Prozessuales. Die Beweislast für das Vorliegen einer Offenbarungspflicht und das arglistige Verschweigen des Vermieters trägt der Mieter. Die Regelung ist nicht abdingbar, da sie als bes Ausprägung des § 242 zwingendes Recht ist (PWW/*Feldhahn* Rn 1). 5

§ 537 Entrichtung der Miete bei persönlicher Verhinderung des Mieters.

[1] Der Mieter wird von der Entrichtung der Miete nicht dadurch befreit, dass er durch einen in seiner Person liegenden Grund an der Ausübung seines Gebrauchsrechts gehindert wird. Der Vermieter muss sich jedoch den Wert der ersparten Aufwendungen sowie derjenigen Vorteile anrechnen lassen, die er aus einer anderweitigen Verwertung des Gebrauchs erlangt.

[2] Solange der Vermieter infolge der Überlassung des Gebrauchs an einen Dritten außerstande ist, dem Mieter den Gebrauch zu gewähren, ist der Mieter zur Entrichtung der Miete nicht verpflichtet.

1 **A. Allgemeines/Anwendbarkeit.** § 537 statuiert eine **Gefahrtragungsregel**, die das Gleichgewicht zwischen den gegenseitigen Hauptleistungspflichten – der Gebrauchsüberlassung durch den Vermieter (§ 535 Abs 1) und der Zahlung der Miete durch den Mieter (§ 535 Abs 2) – dadurch wahrt, dass sie das Verwendungsrisiko der Mietsache ab Vertragsabschluss uneingeschränkt auf den Mieter überträgt (BGH NJW 1997, 193). Nach § 537 Abs 1 bleibt der Mieter entspr dem Grundsatz pacta sunt servanda zur Gegenleistung verpflichtet, auch wenn er die Mietsache wegen eines in seiner Person liegenden Grundes nicht nutzen kann. Eine Obliegenheit, die Mietsache zu nutzen, hat der Mieter dagegen nicht. Zudem bleibt der Vermieter auch nur in dem Umfang zum Empfang der Gegenleistung berechtigt, in dem er keine Aufwendungen erspart. Abs 2 stellt den Mieter von dem ihm gem Abs 1 auferlegten Verwendungsrisiko und somit der Mietzahlungspflicht grds frei, wenn dem Vermieter die Überlassung der Mietsache nicht möglich ist, weil sie einem Dritten überlassen ist (BGH NJW 2008, 1148). Die Vorschrift ist auf **alle Mietverhältnisse**, ggf auch schon vor Überlassung der Mietsache (Düsseldorf ZMR 1992, 536) sowie bei vorzeitigem Auszug (Hamm NJW-RR 1995, 1478) anwendbar.

2 **B. Tatbestand. I. Abs 1. 1. Kein Gebrauch.** Nach § 537 Abs 1 bleibt der Mieter zur Mietzahlung verpflichtet, wenn er die Mietsache wegen eines **in seiner Person liegenden Grundes nicht nutzen kann**. Der Grund, aus dem der Mieter nicht zur Ausübung seines Gebrauchsrechts bereit ist, muss trotz des enger klingenden Wortlauts nur in dem »Risikobereich« des Mieters liegen (MüKo/*Schilling* Rn 5). Nicht erforderlich ist, dass der Mieter diesen Grund zu vertreten hat. So bleibt der Mieter neben dem häufigsten Fall des freiwilligen vorzeitigen Auszugs auch dann zur Mietzahlung verpflichtet, wenn der Vermieter in diesem Fall in der Mietsache kleinere Umbaumaßnahmen oder Schönheitsreparaturen durchführt (Düsseldorf GE 2005, 299), wenn der Mieter die Mietsache auf Grund schwerer Erkrankung oder Versterbens (Düsseldorf MDR 2001, 83), wegen unterlassener behördlicher Genehmigung (Düsseldorf ZMR 1992, 536), wegen fehlender Zustimmung eines Nachbarn, das Pachtgrundstück über den einzigen, auf dessen Grundstück liegenden Zugang zu betreten (BGHZ 38, 295), Entzug der Fahrerlaubnis, Urlaubssperre, Krankheit oder Tod eines Angehörigen oder enttäuschter Gewinnerwartungen (MüKo/*Schilling* Rn 5) nicht nutzen kann. Nicht in der Person des Mieters liegen Gründe, die der Vermieter zu vertreten hat, sowie höhere Gewalt, Katastrophen, Streiks etc; sie fallen nicht in die vom Mieter zu vertretende Risikosphäre.

3 **2. Anrechnung.** Dem Vermieter soll aus dem unterlassenen Gebrauch des Mieters **kein Vorteil** entstehen. Daher reduziert sich kraft Gesetzes der Anspruch des Vermieters um dasjenige, was er erspart. Dies sind zunächst etwa ersparte Betriebs-, Neben- oder Bereitstellungskosten. Wird die Mietsache anderweitig vermietet, ist der Mieter nur noch zur Zahlung der Differenz zwischen der von ihm geschuldeten Miete und der ggf geringeren Miete des Ersatzmieters verpflichtet (s Rz 6). Fraglich ist, ob der Vermieter sich nach Treu und Glauben um eine anderweitige Vermietung der Räume bemühen muss – jedenfalls kann nicht verlangt werden, dass er dafür einen unangemessenen Aufwand treibt, wie etwa eine mit Kosten verbundene Werbekampagne (Köln NZM 1998, 514). Grds soll dem Erfüllungsanspruch des Vermieters aus Abs 1 kein Mitverschulden, § 254, entgegengehalten werden können (Köln NZM 1998, 514). Dies ist folgerichtig, da der Anspruch des Vermieters einen Erfüllungsanspruch darstellt, während § 254 Schadensersatzansprüche betrifft, die Risikoverteilung bei Nichtnutzung der Mietsache durch § 537 abschließend geregelt ist und neben dieser Vorschrift § 254 nicht eingreifen und der Mieter ggü dem Mietzahlungsanspruch des Vermieters schlussendlich nicht einwenden kann, dieser hätte die Mietsache anderweitig vermieten können (BGH NJW 2007, 2177, aA LG Braunschweig WuM 1998, 220).

4 Entspr ist der Vermieter auch grds berechtigt, einen ihm von dem Mieter angedienten **Ersatzmieter** trotz Geeignetheit abzulehnen. Anders ist dies nur, wenn der Mieter ein bes berechtigtes Interesse an einem vorzeitigen Auszug hat – etwa wegen eines berufsbedingten Ortswechsels, Aufnahme in ein Altersheim, Vergrößerung der Familie, Hinderung der Geschäftsfortführung wegen Invalidität (MüKo/*Schilling* Rn 14), nicht aber wegen sonstiger Geschäftsaufgabe (Naumburg WuM 2002, 537) oder freiwilliger Verlagerung des Lebensmittelpunktes (Naumburg WuM 2002, 537). Dieses Interesse des Mieters an der Vertragsauflösung muss zudem das Interesse des Vermieters am Bestand des Vertrages übersteigen. Trotz § 537 Abs 1 folgt dann aus Treu und Glauben ein Anspruch des Mieters auf Entlassung aus dem Mietvertrag (München ZMR 1995, 579). Er muss aber einen geeigneten und zumutbaren (BGH NJW 2003, 1246) Ersatzmieter stellen (Hamm NJW-RR 1995, 1478; LG Bremen ZMR 2001, 545), der die Vertragsbedingungen uneingeschränkt übernimmt. Kein Kriterium ist bei der zu treffenden Abwägung, welcher Ersatzmieter dem Mieter die höchste Abstandszahlung in Aussicht stellt (München ZMR 1995, 579), bei einer nur noch kurzen Mietdauer kann der Vermieter die Aufnahme eines Ersatzmieters aber als unzumutbar ablehnen (MüKo/*Schilling* Rn 16).

5 Nimmt der Vermieter anlässlich des vorzeitigen Auszugs **umfangreiche Reparatur-, Umbau- oder Sanierungsarbeiten** vor, so steht dies allerdings einer Eigennutzung gleich, die ebenfalls anzurechnen ist (LG Gießen NJW-RR 1996, 264; Staud/*Emmerich* Rn 43), anders dagegen, wenn der Nachmieter zwei Monate vor Mietneubeginn bereits mit Umbaumaßnahmen beginnt. Dies soll nach § 242 auch dann kein Fall des Abs 2 sein, wenn der Vermieter dem vertragswidrig ausgezogenen Mieter keinen Gebrauch an der Mietsache mehr gewähren könnte (Koblenz NJW-RR 1995, 394).

II. Abs 2. Abs 2 regelt ergänzend zu Abs 1 S 1, dass der Mieter dann nicht mehr zur Mietzahlung verpflichtet ist, wenn die **Mietsache einem Dritten überlassen** ist und der Vermieter aus diesem Grund nicht mehr in der Lage wäre, sie dem Mieter noch zu überlassen. Der typische Fall betrifft die Weitervermietung. Ob der frühere Mieter bei erfolgter **Weitervermietung** zur Zahlung einer eventuellen Differenz zwischen der von ihm geschuldeten Miete und der von dem Nachmieter geschuldeten Miete verpflichtet ist, ist umstr. Der Wortlaut spricht gegen dieses Verständnis (so auch Düsseldorf OLGZ 1986, 333; München ZMR 1992, 51). Dagegen wurde teilw argumentiert, dass es nicht der Billigkeit entspreche, wenn sich der vertragsuntreue Mieter auf Abs 2 berufen und vollständig von der Mietzahlungspflicht befreien könne, obwohl der Vermieter – im Interesse auch des Mieters handelnd – die Mietsache weitervermietet habe, wenn auch nur zu einer geringeren Miete (Düsseldorf ZMR 1993, 114). Vermittelnd wurde teilw vertreten, der Mieter müsse nur dann eine Differenz zahlen, wenn der Vermieter vor der Weitervermietung dem Mieter ggü deutlich gemacht hat, dass er in dessen Interesse – mit dem Ziel, ihn von der geschuldeten Mietzinszahlung ganz oder teilw freizustellen – die Mietsache an einen Dritten weitervermieten will (Hamm ZMR 1986, 281). Der BGH hat diese Frage dahingehend entschieden, dass der Mieter, der durch den vorzeitigen Auszug und Einstellung der Mietzahlung eine grobe Vertragsverletzung begangen und auf diese Weise den Vermieter veranlasst hat, die Mietsache zu einem niedrigeren Mietzins weiter zu vermieten, regelm rechtsmissbräuchlich handelt, wenn er die Zahlung der Differenzmiete mit der Begründung verweigert, der Vermieter sei wegen der Weitervermietung zur Gebrauchsüberlassung an ihn nicht mehr in der Lage gewesen. Entgegen dem Wortlaut des Abs 2, der in diesem Fall nach § 242 einer Korrektur nach den Grundsätzen über den Einwand der unzulässigen Rechtsausübung bedarf, bleibt der Mieter dann grds zur Zahlung des Mietzinses verpflichtet. Der Vermieter muss sich lediglich den Mietzins anrechnen lassen, den er aus der Weitervermietung erzielt (BGH NJW 2008, 1148; 1993, 1645; KG NJW-RR 2006, 382; Staud/*Emmerich* Rn 36 mwN). Das gilt unabhängig davon, ob ein Mieter sich vor Bezug der Mieträume grundlos weigert, den abgeschlossenen Mietvertrag zu erfüllen (BGH NJW 2000, 1105) oder ob er vorzeitig auszieht. Die Richtigkeit dieses Ergebnisses wird auch deutlich durch eine im Rahmen der Mietrechtsreform vom Bundesrat vorgeschlagene, aber nicht Gesetz gewordene ergänzende Regelung in Abs 2 dahingehend, dass der Mieter bei mangelnder Erfüllungsbereitschaft des Vermieters von der Entrichtung der Miete dann nicht frei werden solle, wenn er die Mietzahlung einstelle und den Gebrauch aufgegeben habe und der Vermieter ihm die Gebrauchsüberlassung an einen Dritten angezeigt habe (BTDrs 14/4553 S 83, 98). 6

Von einem **groben Vertragsbruch** kann allerdings dann nicht ohne Weiteres gesprochen werden, wenn der Mieter aus nachvollziehbaren Gründen davon ausgeht, das Mietverhältnis sei beendet, etwa weil nur schwer beurteilt werden kann, ob ein Aufhebungsvertrag wirksam abgeschlossen worden ist oder nicht (BGH NJW 1993, 1645). Dies betrifft eine im Einzelfall zu klärende Frage. Ein **rechtsmissbräuchliches Verhalten des Mieters** liegt schließlich selbst bei grobem Vertragsbruch des Mieters dann nicht vor, wenn sich der Vermieter im Vertrauen auf die Verpflichtung des Mieters zur Fortzahlung der Miete nicht redlich bemüht hat, durch die Gebrauchsüberlassung an Dritte aus der von dem Mieter vertragswidrig geschaffenen Situation in beiderseitigem Interesse das Beste zu machen (BGH NJW 1993, 1645; 2008, 1148). Durch diese »Hintertür« schafft es der BGH, den Gedanken des für unanwendbar erklärten § 254 auch hier zu berücksichtigen. 7

C. Prozessuales. Die Beweislast trägt der Mieter für alle Tatsachen, die ihn von der Mietzahlung befreien, also auch für die ersparten Aufwendungen des Vermieters. Der Vermieter ist dafür beweispflichtig, dass er den Gebrauch der Mietsache gewähren konnte. § 537 ist zwar grds abdingbar, formularmäßig können Abs 1 S 2 und Abs 2 aber nicht zum Nachteil des Mieters geändert werden, denn durch den Ausschluss von § 537 Abs 2 wird die gesetzlich geregelte Rechtsstellung der Vertragsparteien und die vorgegebene, grds als bestandskräftig anzusehende Verteilung des Vertragsrisikos unangemessen zum Nachteil des Mieters verschoben (BGH NJW 2008, 1148; Staud/*Emmerich* § 538 Rn 38). 8

§ 538 Abnutzung der Mietsache durch vertragsgemäßen Gebrauch. **Veränderungen oder Verschlechterungen der Mietsache, die durch den vertragsgemäßen Gebrauch herbeigeführt werden, hat der Mieter nicht zu vertreten.**

A. Allgemeines/Anwendbarkeit. § 538 enthält eine Klarstellung von § 535 Abs 1 S 2, wonach der Vermieter verpflichtet ist, die vermietete Sache während der Mietzeit in einem zum **vertragsgem Gebrauch geeigneten Zustand zu erhalten** (BGH NJW 2008, 2432; Schmidt-Futterer/*Langenberg* Rn 2). Daher kann die Abnutzung keine Pflichtwidrigkeit darstellen. Dies ist auch nicht unbillig, denn selbst hier erhält der Vermieter als Gegenleistung für die Gebrauchsgewährung und den dadurch verursachten Wertverlust die Miete. Nach dem Gesetz ist daher der Mieter auch nicht verpflichtet, die Mietsache in einem anderen als mit dem einem vertragsgem Gebrauch entspr Abnutzungsspuren verbundenen Zustand zurückzugeben. Dies wiederum führt dazu, dass in der Praxis die überwiegende Mehrheit der Verträge eine Abbedingung des § 538 enthält, indem der Mieter zur Durchführung von Schönheitsreparaturen oder zu einer Endrenovierung zum Ende der Mietzeit verpflichtet wird. Die Relevanz des § 538 zeigt sich dann oftmals, wenn dieses Abweichen von der gesetzlichen Regelung – wie gerade in älteren, aber auch erstaunlicherweise und teilw begünstigt durch die strenge 1

BGH-Rspr immer wieder in neuen Mietverträgen vorkommend – unwirksam war. Weil dann diese Schönheitsreparaturen oder Renovierung nicht geschuldet sind, muss der Mieter die Mietsache »nur« in ordnungsgemäßem Zustand zurückgeben, was sich nach § 538 richtet. Die Norm gilt für alle **Mietverträge**, gem § 581 Abs 2 auch für **Pachtverträge.**

2 **B. Tatbestand. I. Vertragsgem Gebrauch.** Der Mieter ist zur Nutzung des gemieteten Objekts innerhalb der durch die vertraglichen Vereinbarungen gezogenen Grenzen berechtigt. Veränderungen oder Verschlechterungen, die hierdurch ohne Verschulden entstehen, hat er nicht zu vertreten. Entscheidend ist, ob den Vermieter grds die Erhaltungspflicht trifft und der Mieter Verschlechterungen der Mietsache, die durch vertragsgem Gebrauch herbeigeführt wurden, zu vertreten hat (BGH NJW 2008, 2432). Was der **vertragsgem Gebrauch** ist, ergibt sich **aus dem Mietvertrag**, ggf aus einer in dem Mietvertrag einbezogenen Hausordnung oder, in Abwesenheit von beidem, aus einer Gesamtbetrachtung der Umstände unter Berücksichtigung der Verkehrsanschauung, s hierzu iE § 535 Rz 28 ff. **Beispiele:** Beim **Kfz-Mietvertrag** bestimmen neben den vertraglichen Regelungen die StVZO und die StVO den vertragsge Gebrauch (PWW/*Riecke* Rn 2). Ein **Anstrich** mit dem entspr Vollton ist zwar während der laufenden Mietzeit zulässig, das bedeutet aber nicht, dass der Mieter die Wohnung auch mit einem derartigen Anstrich zurückgeben kann. Vielmehr kann der Vermieter bei Rückgabe der Wohnung verlangen, dass sich der Anstrich in einem üblichen, letztlich neutralen Ton, wenn auch nicht unbedingt in Weiß, befindet. Sternchentapete im Kinderzimmer gehört zum vertragsgem Gebrauch (LG Frankfurt aM NZM 2007, 922). Bei **Dübellöchern** ist dahingehend zu unterscheiden, ob der Mieter solche Löcher in ungewöhnlichem Ausmaß oder ohne Rücksicht auf die Belange des Vermieters gebohrt hat, etwa wenn diese im Badezimmer nicht in den Fugen, sondern auf den Fließen liegen. Grds ist das Bohren von Löchern aber vom vertragsgem Gebrauch umfasst (KG GE 2002, 261). Wird **Parkett** dadurch beschädigt, dass bei einem Gewerbemietvertrag ein Bürostuhl mit Rollen Kratzspuren verursacht (AG Leipzig NJW-RR 2004, 1378), Pfennigabsätze ihre Spuren hinterlassen (Karlsruhe NJW-RR 1997, 139) oder bei einem Wohnraummietvertrag durch das Aufstellen von Möbeln Druckstellen oder kleine Kratzer entstehen (LG Berlin GE 2002, 261), oder gleichermaßen, insbes vor dem Spiegel, Abdrücke von Stöckelschuhen (Zitat aus dem Urteil: »Solche Schuhe sind zwar derzeit nicht ausgesprochen in Mode, aber immer noch üblich.«) sichtbar sind (AG Freiburg/iBr WuM 1991, 262), hält sich dieses ebenfalls im Rahmen des vertragsgem Gebrauches.

3 Ist eine **Lagerhalle** zum Betrieb einer Kfz-Instandsetzung vermietet, sind hierdurch verursachte Verschmutzungen und sogar mechanische Beschädigungen des vorhandenen PVC-Bodenbelags Folgen des vertragsgem Gebrauchs, so dass der Mieter dem Vermieter bei fehlender abweichender Vereinbarung nach § 538, nicht gem § 280 Abs 1 auf Schadensersatz haftet (Düsseldorf GE 2008, 731). Dies gilt auch bei **Bodenkontaminationen**, die durch eine nach dem Mietvertrag vom Vermieter im vertragsgem Zustand zu haltende und vom Mieter im Rahmen des vertragsgem Gebrauchs benutzten Anlage entstehen (BGH NJW-RR 2004, 1596). Wenn durch vertragsgem Gebrauch eines **Tankstellen**grundstücks eine Kontamination entsteht und eine Vereinbarung nicht getroffen wurde, galt bislang, dass es zwar zu Beeinträchtigungen des Mietgrundstückes durch Verspritzen von Treibstoff beim Befüllen der Kraftfahrzeuge und zu Leckagen kommt, dass aber derartige Folgen dem vom Vermieter vertraglich geschuldeten Gebrauch der Mietsache immanent unterfallen und von diesem entschädigungslos hinzunehmen sind (Düsseldorf NJW-RR 1993, 712). Diese Sichtweise wird nach dem neuen § 24 Abs 2 BBodenSchG jedoch heute nicht mehr gelten können, da der dortige Ausgleichsanspruch an die öffentlich-rechtliche Inanspruchnahme eines Störers für die Beseitigung von Bodenkontaminationen anknüpft und unabhängig von der Frage ist, ob diese Schäden privatrechtlich zulässig entstanden sind (Bremen NZM 2008, 85). Schon wegen dieses Haftungsrisikos bedarf es einer Umlagemöglichkeit. Sog »**Fogging**«-Erscheinungen infolge des Einbringens eines Teppichbodens, Streichens der Wand oder Fensterputzens beziehen sich zwar auf keine Abnutzung der Mietsache, sondern auf eine Verschlechterung, die aber im Rahmen des vertragsgem Gebrauchs entstanden und nicht vom Mieter zu beseitigen ist (BGH NJW 2008, 2432).

4 **II. Veränderungen oder Verschlechterungen.** Veränderungen oder Verschlechterungen, die nicht auf dem vertragsgem Gebrauch beruhen, hat der Mieter zu beseitigen. Ist eine solche auf vertragswidrigem Gebrauch beruhende Verschlechterung von einem Dritten verursacht worden, so haftet der Mieter dem Vermieter nur dann auf den entstandenen Schaden, wenn dieser Dritte sein Besucher war oder sich durch ihn veranlasst bestimmungsgem in der Mietsache aufgehalten hat (AG Köln WuM 1992, 118). Liegt die Verantwortung einer ersatzpflichtigen Verschlechterung durch nicht vertragsgem Gebrauch nur teilw bei dem Mieter und teilw bei vorherigen Mietern, ist gem § 287 ZPO zu schätzen, in welchem Umfang den Mieter eine Ersatzpflicht trifft (Brandenburg NZM 1999, 374).

5 **C. Prozessuales. I. Beweislast.** Die Beweislast trägt der Vermieter dafür, dass der Mieter die Mietsache mangelfrei erhalten hat sowie dafür, dass ein Schaden vorliegt und die Ursache des Schadens in der Verantwortungssphäre des Mieters liegt. Ersteres wird mit einem Übergabeprotokoll erleichtert, das beide Parteien zu unterschreiben haben und das den Zustand der Mietsache zu Vertragsbeginn aufführt, insbes bereits bestehende Mängel präzise benennt. Wenig bekannt ist, dass den Mieter keine Pflicht zur Mitwirkung an der

Erstellung eines Übergabeprotokolls trifft (LG Frankenthal ZMR 2007, 276). Die Anforderungen an die Beweislast des Vermieters hinsichtlich des Zustandes der Mietsache sind streng, Beschreibungen wie »stark beschädigt und stark verschmutzt« reichen nicht aus, weil sowohl das Adverb »stark« als auch die Frage, ob eine Sache verschmutzt ist, das Ergebnis einer wertenden Betrachtung darstellt (LG Berlin GE 1994, 1119). Hat der Vermieter den ihm obliegenden Beweis geführt, muss der Mieter beweisen, dass er die Sache im Rahmen des Vertragsgem gebraucht hat und dass Schäden, die in seiner Verantwortungssphäre entstanden sind, entweder durch normalen Verschleiß, Alterung oder Abnutzung entstanden, von dem Mieter nicht verursacht worden oder nicht zu vertreten sind (MüKo/*Schilling* Rn 7 mwN).

II. Disponibilität. § 538 ist grds abdingbar (Köln NJW-RR 2001, 1302), jedenfalls in den Grenzen der 6
§§ 540, 138, 242. So gestattet der BGH die Abwälzung von Risiken auf den Mieter nur, wenn die Versicherung des Risikos dem Mieter möglich, zumutbar und praktisch lückenlos verbreitet ist (BGH NJW 1992, 1761). Bereits die übliche Abwälzung von Schönheitsreparaturen, der Instandhaltungspflicht, betragsmäßig begrenzter Kleinreparaturen oder die Vereinbarung einer Endrenovierungspflicht stellen ein grds zulässiges Abbedingen von § 538 dar (Schmidt-Futterer/*Langenberg* Rn 9). Eine formularmäßige Bestätigung des Mieters, dass sich die Mietsache zu Mietbeginn in einem mangelfreien, ordnungsgem oder vertragsgem Zustand befunden hat, ist aber unwirksam (BGH NJW 1992, 575; Schmidt-Futterer/*Langenberg* Rn 409). Dem Mieter kann auch nicht durch Formularvertrag die Verantwortung für mitvermietete Räume, Gebäudeteile oder Briefkästen übertragen werden (Staud/*Emmerich* Rn 16). Kein Abbedingen stellt eine formularmäßige Klausel dar, nach der die Mietsache in »demselben Zustand wie übernommen« zurückzugeben ist, da diese Klausel so zu verstehen ist, dass die vertragsübliche Abnutzung vorausgesetzt und gestattet ist. Ein formularmäßiger Haftungsausschluss für leichte Fahrlässigkeit bei der Erfüllung vertragswesentlicher Pflichten ist ebenfalls unwirksam (BGH NJW 2002, 673).

§ 539 Ersatz sonstiger Aufwendungen und Wegnahmerecht des Mieters.

[1] Der Mieter kann vom Vermieter Aufwendungen auf die Mietsache, die der Vermieter ihm nicht nach § 536a Absatz 2 zu ersetzen hat, nach den Vorschriften über die Geschäftsführung ohne Auftrag ersetzt verlangen. [2] Der Mieter ist berechtigt, eine Einrichtung wegzunehmen, mit der er die Mietsache versehen hat.

A. Allgemeines/Anwendbarkeit. Für **Aufwendungen**, die der Mieter **nicht bereits nach § 536a Abs 2 ersetzt** 1
bekommt, kann er nach § 539 Ersatz erhalten. § 539 Abs 1 beinhaltet eine Sonderregelung, die zwischen Aufwendungsersatz des § 536a und Bereicherungsrecht steht. Er trägt der Tatsache Rechnung, dass der Mieter die angemieteten Räumlichkeiten zu seinen Zwecken einrichten, gestalten und ggf auch umgestalten muss, um den vollen Nutzen daraus ziehen zu können und ein Interesse daran hat, Investitionen in die – fremde – Mietsache zu tätigen. Aus Abs 2 folgt, dass Mietereinbauten nicht gem § 946 als mit der Mietsache verbunden und als in das Eigentum des Vermieters übergegangen angesehen werden sollen, sondern der Mieter für diese ein Wegnahmerecht hat. § 539 gilt für alle Mietverträge, nicht für Grundstücks- und Landpachtverträge, bei denen die Sondervorschriften in §§ 582, 582a, 590b, 591 Anwendung finden.

Ist der **Mieter ausnahmsweise unrechtmäßiger Besitzer**, ist § 539 nicht anwendbar. Dann bestimmen sich 2
dessen Rechte nach §§ 994 ff. Andersherum sind die §§ 987 im Regelfall, wenn der Mieter berechtigter Besitzer ist, ihrerseits unanwendbar und § 539 regelt dessen Rechte abschließend. Ausnahmsweise, wenn eine Bebauung bei einem späteren Grundstückserwerb, den der Mieter berechtigt erwarten konnte, bei dem Eigentümer verbleiben sollte, diente die Bebauung nicht der Mietsache und ist nach §§ 812 ff – die ansonsten unanwendbar sind – auszugleichen (BGH NJW 2001, 3118). Da § 539 den Ersatz notwendiger Verwendungen nicht erfasst, enthält § 536a Abs 2 hierfür eine insofern in sich abschließende Regelung, und § 539 ist vor diesem Hintergrund nicht anwendbar (PWW/*Rieke* Rn 1). Schließlich geht § 539 Abs 2 den §§ 951 Abs 2, 997 Abs 1 vor, die nur beim unrechtmäßigen Besitzer heranzuziehen sind (Palandt/*Weidenkaff* Rn 4). Nach Rückgabe der Mietsache ist § 539 Abs 2 nicht mehr anwendbar, denn das Wegnahmerecht geht mit Rückgabe der Mietsache in einen Anspruch auf Gestattung der Wegnahme nach § 258 S 2 über (Düsseldorf NZM 1999, 668).

B. Tatbestand. I. Ersatzanspruch (Abs 1). 1. Abgrenzung. Teilw wird vertreten, dass in Fällen einer **Selbst-** 3
beseitigung von Mängeln durch den Mieter auf § 539 Abs 1 zurückgegriffen werden kann, wenn die Voraussetzungen des § 536a Abs 2 Nr 1 oder 2 nicht vorliegen. Dies vermeide, dem Vermieter Vorteile zukommen zu lassen, die nur nicht ausgleichspflichtig seien, weil der Mieter das Verfahren des § 536a Abs 2 Nr 1 nicht beachtet habe (Schmidt-Futterer/*Langenberg* Rn 3; Palandt/*Weidenkaff* § 536a Rn 17). Nach einem sehr instruktiven Urteil des BGH (BGH NJW 2008, 1218) ist dieses Verständnis aber falsch, denn § 539 Abs 1 könne nicht so verstanden werden, dass der Vermieter grds alle Aufwendungen zu ersetzen habe, die der Mieter nicht schon nach § 536a Abs 2 ersetzt verlangen darf. Der Gesetzgeber habe bei § 539 Abs 1 vielmehr Mängelbeseitigungsarbeiten nicht im Blick, sondern allein Fälle, in denen der Mieter Einbauten vornimmt, die in erster Linie im eigenen Interesse liegen, wie zB die Ausstattung von Küchen und Badezimmern (BTDrs 14/4553 S 42). Insbes stehe der Anwendbarkeit des § 539 Abs 1 auf Fälle der eigenmächtigen Mängelbeseiti-

gung durch den Mieter der Zweck des § 536a Abs 2 Nr 1 entgegen, der dem Vermieter den Vorrang bei der Beseitigung eines Mangels zuweist, was auch eine Prüfung, ob der Mangel besteht, auf welcher Ursache er beruht sowie wie er ggf am Sinnvollsten beseitigt werden kann, aber auch die Beweissicherung beinhalte. Diese Möglichkeit einer Untersuchung und Beweissicherung würde der Vermieter verlieren, wenn er nach der vom Mieter vorgenommenen Mängelbeseitigung im Rahmen der Geltendmachung eines Anspruchs aus § 539 Abs 1 iVm GoA vor »vollendete Tatsachen« gestellt würde. Hierdurch würden sich seine Verteidigungsmöglichkeiten ungerechtfertigt verschlechtern.

4 **2. Aufwendungen.** Hier ist notwendig zu unterscheiden, ob eine notwendige Aufwendung iSd § 536a Abs 2 vorliegt – dann ist § 539 unanwendbar – oder ob eine **sonstige Aufwendung** iSd Abs 1 vorliegt. Sonstige Aufwendungen sind negativ definiert als alle Aufwendungen auf die Mietsache, die nicht zur Erhaltung oder Wiederherstellung des Bestandes der Mietsache notwendig sind (Schmidt-Futterer/*Langenberg* Rn 10). Hierunter fallen etwa Baustoffe, unter Putz verlegte Leitungen, Fliesen, uU auch die fest mit der Mietsache verbundene Ausstattung von Küchen und Badezimmern (Schmidt-Futterer/*Langenberg* Rn 11). Auch für die Ausführung einer Endrenovierung, die der Mieter auf Grund unwirksamer Schönheitsreparaturverpflichtung im Mietvertrag nicht ausführen musste, kann er vom Vermieter Ersatz derjenigen Aufwendungen verlangen, die er im Glauben, dazu verpflichtet zu sein, für erforderlich halten durfte (BGH, Urt v 27.05.2009, VIII ZR 302/07; LG Wuppertal ZMR 2007, 973).

5 **3. Voraussetzungen des Ersatzanspruchs.** Da § 539 eine Rechtsgrund- und keine Rechtsfolgenverweisung beinhaltet, müssen die Voraussetzungen der GoA positiv festgestellt werden. Nur eine berechtigte GoA führt zu einem Ersatzanspruch nach § 539. Der Mieter muss daher mit **Fremdgeschäftsführungswillen** außerhalb einer vertraglichen Grundlage Maßnahmen getroffen haben, die zum Rechts- und Interessenbereich des Vermieters gehören und die dessen Interesse und wirklichem oder mutmaßlichem Willen entsprechen (Schmidt-Futterer/*Langenberg* Rn 25). Wenn die Parteien vereinbaren, dass der Mieter an der Mietsache Veränderungen vornehmen darf, die ausschließlich in seinem eigenen Interesse liegen, ist der Fremdgeschäftsführungswille des Mieters bereits ausgeschlossen, zudem kann darin ein stillschweigender Ausschluss des § 539 zu sehen sein (BGH ZMR 2007, 684).

6 Es muss ferner ein zumindest auch **fremdes Geschäft** vorliegen, was bereits durch die Tatsache, dass die Maßnahme fremdes Eigentum betrifft, feststeht. Ob die Maßnahmen im **Interesse** des Vermieters lagen, ist anhand objektiver Kriterien zu beurteilen. Hätte der Vermieter eigene Maßnahmen ergreifen müssen, wenn der Mieter nicht tätig geworden wäre, etwa weil diese der Erfüllung öffentlicher Auflagen dienten (MüKo/*Schilling* Rn 8), ist dies zu vermuten. Schließlich muss die Maßnahme dem wirklichen oder mutmaßlichen **Willen** des Vermieters entsprochen haben, was schon häufig der Fall sein wird, wenn die Maßnahme in dessen Interesse lag.

7 **4. Höhe des Ersatzanspruches.** Ersatzfähig ist nur, was nach den Regeln der GoA auch ersetzt verlangt werden könnte. Der Umfang der Bereicherung des Vermieters bemisst sich bei wertsteigernden Investitionen des Mieters nicht nach den Kosten der getätigten Verwendungen oder der dadurch geschaffenen objektiven Wertsteigerung des Bauwerks, sondern nach den Vorteilen, die der Vermieter aus dem erhöhten objektiven Ertragswert der Mietsache tatsächlich erzielen kann oder hätte erzielen können (BGH WM 2009, 113; BGH GE 2006, 1224 siehe aber auch BGH, Urt v 27.05.2009, VIII ZR 302/07).

8 **II. Wegnahmerecht (Abs 2).** Der Mieter ist berechtigt, Einrichtungen aus der Mietsache zu entfernen. Das Wort »Einrichtung« umfasst bewegliche Sachen, die mit der Mietsache verbunden sind, um ihrem wirtschaftlichen Zweck zu dienen (Schmidt-Futterer/*Langenberg* Rn 12). Einrichtungen idS stehen also nach §§ 93, 94, 946, 947 regelm nicht mehr im Eigentum des Mieters, was aber unerheblich ist. Dem Mieter ist hierfür ein Trennungsrecht eingeräumt (jurisPK/*Münch* Rn 24). Dem Vermieter steht allerdings gem § 552 Abs 1, der nach § 578 Abs 2 auch auf Gewerbemietverträge anwendbar ist, eine Abwendungsbefugnis gegen angemessene Entschädigung zu, gegen die wiederum der Mieter das berechtigte Interesse an der Wegnahme einwenden kann. Einrichtungen können insbes Maschinen, Lichtanlagen, neue Schlösser, Türen, Schilder, Lichtschalter, Steckdosen, Antennen, mit der Wand oder dem Boden verschraubte Wandschränke, Waschbecken, umpflanzbare Bäume und Pflanzen im Garten darstellen (Palandt/*Weidenkaff* Rn 9).

9 **C. Prozessuales.** Der Mieter muss beweisen, dass er Aufwendungen auf die Mietsache getätigt und die Mietsache mit Einrichtungen versehen hat. Die Regelung ist grds in den Grenzen des § 552 Abs 2 disponibel (BGH NJW-RR 2007, 1309). Wird Abs 1 abbedungen, gilt dies auch für Ansprüche aus §§ 951, 812 ff. Ansprüche nach § 539 verjähren in der kurzen Frist des § 548 Abs 2. Die Verjährung beginnt mit der rechtlichen Beendigung des Mietvertrages, nicht mit dem Zeitpunkt einer späteren Räumung (Bamberg NJW-RR 2004, 227), bei einer Veräußerung der Mietsache erst mit Kenntnis des Mieters von der Veräußerung (BGH NJW 2008, 2256). Die Verjährung des Wegnahmerechts verschafft dem Vermieter ein dauerhaftes Besitzrecht, er muss dann unter keinem rechtlichen Gesichtspunkt Nutzungsentschädigung an den Mieter leisten (BGH NJW 1987, 2861).

§ 540 Gebrauchsüberlassung an Dritte. **[1] Der Mieter ist ohne die Erlaubnis des Vermieters nicht berechtigt, den Gebrauch der Mietsache einem Dritten zu überlassen, insbesondere sie weiter zu vermieten. Verweigert der Vermieter die Erlaubnis, so kann der Mieter das Mietverhältnis außerordentlich mit der gesetzlichen Frist kündigen, sofern nicht in der Person des Dritten ein wichtiger Grund vorliegt.**
[2] Überlässt der Mieter den Gebrauch einem Dritten, so hat er ein dem Dritten bei dem Gebrauch zur Last fallendes Verschulden zu vertreten, auch wenn der Vermieter die Erlaubnis zur Überlassung erteilt hat.

A. Allgemeines. Mit dem **Erlaubnisvorbehalt für eine Gebrauchsüberlassung an einen Dritten** in Abs 1, 1
der häufigste Anwendungsfall ist die Untervermietung, wird klargestellt, dass der vertragsgem Gebrauch der Mietsache grds nur eine Nutzung durch diejenigen Personen umfasst, mit denen das Vertragsverhältnis zustande gekommen ist. Der Mieter kann aber nach § 553 Abs 1 einen Anspruch auf Erteilung der Zustimmung haben, und ihm wird in Abs 1 S 2 ein Sonderkündigungsrecht für den Fall eingeräumt, dass der Vermieter die Untervermietung aus Gründen verweigert, die nicht in der Person des Untermieters liegen. Abs 2 stellt die bei einer Gebrauchsüberlassung anwendbare Haftungsregelung dar.

B. Anwendbarkeit. § 540 gilt für **alle Mietverhältnisse**, mit Ausn des Sonderkündigungsrechts in Abs 1 S 2 2
auch für Pachtverträge, § 584a Abs 1. Allerdings ist nach dem Sinn und Zweck der Vorschrift eine Anwendung auf die engeren Familienangehörigen des Mieters wegen ihrer engen, unter dem ausdrücklichen Schutz der Verfassung (Art 6 GG) stehenden persönlichen Beziehung (BGH NJW 2004, 56) und Besucher mit Rücksicht auf deren nur kurzen Aufenthalt, so lange dieser nicht 4-6 Wochen überschreitet (Staud/*Emmerich* Rn 4) ausgeschlossen, diese sollen nicht als »Dritte« iSd § 540 anzusehen sein. Umfasst ist hiervon allerdings nicht, dass Familienangehörigen die Mietsache zum alleinigen Gebrauch überlassen wird (LG Berlin MM 2005, 335). Hausangestellte oder Pflegepersonen (BGH NJW 1991, 1750) sowie Stiefkinder (Hamm WuM 1997, 354) gelten ebenfalls nicht als »Dritte« iSd § 540 Abs 1. Ob Eltern des Mieters als »Dritte« anzusehen sind, hängt von den näheren Umständen, insbes von der Art und Größe der Wohnung, sowie deren Belegung und Eignung für die Aufnahme weiterer Personen ab (BayObLG NJW 1998, 1324). Dagegen fallen Lebenspartner in nicht-ehelichen Lebensgemeinschaften trotz des LPartG – jedenfalls nach der insoweit nicht nachvollziehbaren Rspr des BGH – unter den grds Erlaubnisvorbehalt (BGH NJW 2004, 56, aA zu Recht Palandt/*Weidenkaff* Rn 5; MüKo/*Schilling* Rn 6; PWW/*Riecke* Rn 6; Schmidt-Futterer/*Blank* Rn 30), obwohl diese nach § 11 Abs 1 LPartG als »Familienangehörige« gelten. Geschwister (BayObLG WuM 1984, 13), verschwägerte Personen oder weiter entfernte Verwandte sind ebenso »Dritte« wie eine Person, die als Gesellschafter in die mit dem bisherigen Mieter neu gegründete Gesellschaft eintritt (BGH NJW 2001, 2251). Die Grenze des Rechts des Mieters zur Aufnahme von nicht-»Dritten« wird durch die Kapazität der Wohnung vorgegeben (Staud/*Emmerich* Rn 7). Eine bloße Änderung der juristischen Identität einer Gesellschaft führt idR nicht dazu, dass einem »Dritten« der Gebrauch überlassen wird (BGH NJW 1967, 821).

C. Tatbestand. I. Gebrauchsüberlassung an Dritte, Abs 1 S 1. Jede Überlassung des tatsächlichen Besitzes 3
der Mietsache für eine gewisse Dauer, ob entgeltlich oder unentgeltlich, ob selbständig oder unselbständig, ob teilw oder insges, stellt eine Gebrauchsüberlassung dar (jurisPK/*Münch* Rn 6). Dazu, wer »Dritter« iSd Abs 1 ist, s.o. Rz 2. Eine im Mietvertrag geforderte, aber fehlende Gestattung der Untervermietung durch den Vermieter hindert nicht den wirksamen Abschluss eines Untermietvertrages (BGH GE 2007, 1627). Die Zustimmung des Vermieters muss als einseitige, empfangsbedürftige Willenserklärung ergehen und ist formlos, auch konkludent, möglich (MüKo/*Schilling* Rn 14, 17), kann aber auch vertraglich geregelt werden (Schmidt-Futterer/*Blank* Rn 54).

II. Verweigerung des Vermieters, Abs 1 S 2. Das Sonderkündigungsrecht des Mieters gem Abs 1 S 2 ent- 4
steht grds erst, wenn der Mieter um die Erteilung der Erlaubnis zur Untervermietung nachsucht und der Vermieter diese verweigert (KG NJW-RR 2008, 680), wobei das Erbitten der Erlaubnis entbehrlich ist, wenn der Vermieter ankündigt, eine Untervermietung in jedem Fall abzulehnen (BGH NJW 2007, 288; KG NJW-RR 1997, 333). Eine Verweigerung des Vermieters liegt grds dann vor, wenn sich der Vermieter entspr ablehnend verhält. Erklärt der Vermieter auf den Wunsch des Mieters zur Erteilung einer Zustimmung zur Untervermietung nichts, so kann daraus – jedenfalls im Falle einer angemessenen Fristsetzung durch den Mieter – nach den Umständen des Einzelfalles uU eine Verweigerung entnommen werden (Koblenz WuM 2001, 272; Köln ZMR 2001, 186 für den Fall, dass die Fristsetzung des Mieters ausdrücklich mit der Ankündigung verbunden wurde, dass ein Schweigen des Vermieters als Zustimmung gewertet werden würde). Fordert der Vermieter weitere Informationen über den künftigen Untermieter an, ist dies nicht als Verweigerung zu werten (BGH NJW 2007, 288), jedenfalls nicht, sofern der Vermieter ein berechtigtes Interesse an diesen Informationen hat. Das Anfordern objektiv irrelevanter Informationen kann rechtsmissbräuchlich sein, da dem Vermieter nicht gestattet sein darf, das Auslösen des Sonderkündigungsrechts des Mieters unangemessen zu verzögern oder zu verhindern. Der Vermieter hat aber andererseits ein umfangreiches **Informationsinteresse**. Dies umfasst diejenigen Daten, die der Vermieter braucht um festzustellen, ob in

der Person des Dritten ein wichtiger Grund iSd Abs 1 S 2 vorliegt. Im Allg müssen sowohl personenbezogene als auch vertragsbezogene Daten mitgeteilt werden, wie Name des Untermieters, Anschrift und Beruf, die vom Untermieter beabsichtigte Nutzungsart der Räume, die Höhe des Untermietzinses und die Laufzeit des Untermietvertrages. Je nach den Umständen des Einzelfalles können weitergehende oder geringere Anforderungen an die Informationspflicht gestellt werden (BGH NJW 2007, 288). Macht der Vermieter die erbetene Zustimmung zur Untervermietung von einer Bonitätsprüfung des Untermieters abhängig und lässt sich der Mieter hierauf ein, ist dem Vermieter nach Erhalt derselben eine angemessene Prüfungsfrist einzuräumen (Düsseldorf OLGR 2008, 272), wobei eine Bonitätsprüfung iA nur bei Gewerbemietverhältnissen verlangt werden kann (BGH NJW 2007, 288).

5 Ob ein **wichtiger Grund** für die Verweigerung der Zustimmung gegeben ist, ist jeweils anhand einer einzelfallbezogenen Interessenabwägung zu prüfen (Hamm NJW 1982, 2876). Stellt sich danach heraus, dass die Vermieterinteressen von der Gebrauchsüberlassung unzumutbar beeinträchtigt wären, ist der Vermieter zur Verweigerung der Zustimmung berechtigt. Dies ist etwa der Fall, wenn der Mieter dem Untermieter einen weitergehenden Gebrauch, als ihm selbst gestattet ist, einräumen will (Düsseldorf OLGR 2008, 272), wenn der Mieter an einen schon bisher in anderen Räumen des Objekts vorhandenen Mieter untervermieten will, da es das berechtigte Interesse des Vermieters ist, eigene Leerstände zu vermeiden (Düsseldorf OLGR 2005, 664), wenn der vom Vermieter anderen Mietern gewährte Konkurrenzschutz durch den Untermieter verletzt würde (Nürnberg MDR 2007, 395), wenn der Untermietvertrag eine kurze Laufzeit hat, der Vermieter etwa eines Einkaufszentrums aber ein berechtigtes Interesse an geringer Fluktuation hat (Dresden NZM 2004, 461), wenn der Entwurf des Untermietvertrags die Weitergabe einer Betriebspflicht nicht vorsieht (BGH NJW 2007, 288), wenn eine enge Nachbarschaft zwischen dem Lebensraum des Vermieters und des Mieters besteht (Hamm NJW 1992, 513). Dagegen stellt es keinen wichtigen Grund zur Verweigerung der Zustimmung dar, dass der Mieter durch die Untervermietung höhere Einnahmen erzielt als die dem Vermieter gezahlte Miete (Schmidt-Futterer/*Blank* Rn 71), dass die Untermiete voraussichtlich von kurzer Dauer sein wird (LG Landshut WuM 1996, 408) oder dass der Mieter eine hetero- oder homosexuelle (Lebens-)Partnerschaft führt und seinen (Lebens-)Partner in die Wohnung aufnehmen möchte. Hierauf hat der Mieter regelm einen Anspruch nach § 553 (BGH NJW 2004, 56).

6 Die **Wahrnehmung des Sonderkündigungsrechts** mit gesetzl Frist, § 573c, durch den Mieter muss nicht zum nächsten zulässigen Termin, aber **alsbald** erfolgen, da sonst dessen Verwirkung möglich ist (Palandt/*Weidenkaff* Rn 11). Der Mieter ist nicht verpflichtet, vor Ausübung seines Sonderkündigungsrechts zunächst den Anspruch gem § 553 Abs 1 geltend zu machen (PWW/*Riecke* Rn 11).

7 **III. Haftung des Mieters, Abs 2.** Der Mieter haftet für das Verschulden des Dritten unabhängig davon, ob der Vermieter seine Zustimmung zur Gebrauchsüberlassung erteilt hat. Dies umfasst jede Handlung des Untermieters. Für die Einstandspflicht des Mieters ist § 278 nicht anwendbar (BGH NJW 2006, 3712), wenngleich Abs 2 für den Fall der erlaubten Untermiete gerade eine Folge aus § 278 ist (Karlsruhe OLGR Karlsruhe 2007, 378). Es bleibt dennoch dabei, dass der Mieter bei leichter Fahrlässigkeit des Untermieters nicht haftet (Karlsruhe aaO). Im Falle einer Gebrauchsüberlassung ohne Zustimmung des Vermieters hat dieser zudem ggf Schadensersatzansprüche gegen den Mieter wegen Vertragsverletzung, § 280 Abs 1 S 1, und kann diesem fristlos aus wichtigem Grund kündigen.

8 **D. Prozessuales. I. Beweislast.** Der Mieter kann durch Leistungsklage gegen den Vermieter einen Anspruch auf Zustimmung zur Erteilung der Erlaubnis zur Gebrauchsüberlassung an einen Dritten geltend machen und muss dann beweisen, dass er ein Recht auf Gebrauchsüberlassung an einen konkret benannten Dritten, ggf durch Nachweis einer entspr Vertragsklausel, hat. Will der Mieter wegen Zustimmungsverweigerung kündigen, muss er beweisen, dass er den Vermieter um Zustimmung gebeten hat und dass dieser die Zustimmung verweigert hat. Der Vermieter kann seinerseits bei nicht erlaubter Gebrauchsüberlassung auf Unterlassung klagen, § 541, und trägt dann die Beweislast dafür, dass ein wichtiger Grund für die Versagung der Erlaubnis vorlag.

9 **II. Disponibilität.** Die Norm ist grds abdingbar, in Wohnraummietverträgen aber nur in dem Rahmen, der von § 553 Abs 1 – der wegen § 553 Abs 3 nicht abdingbar ist – vorgegebenen ist. Das Sonderkündigungsrecht des Mieters soll dagegen grds nicht abbedungen werden können, sofern nicht auch die Untervermietung vollständig ausgeschlossen ist (BGH NJW 1995, 2034). In Formularmietverträgen verstößt das Schriftformerfordernis für die Zustimmung gegen § 307 (BGH NJW 1991, 1750).

§ 541 Unterlassungsklage bei vertragswidrigem Gebrauch. **Setzt der Mieter einen vertragswidrigen Gebrauch der Mietsache trotz einer Abmahnung des Vermieters fort, so kann dieser auf Unterlassung klagen.**

1 **A. Allgemeines/Anwendbarkeit.** Diese Vorschrift stellt die Anspruchsgrundlage für den Vermieter dar, **im Falle vertragswidrigen Gebrauchs** durch den Mieter **Unterlassung verlangen** zu können. Dies ist letztlich ein Erfüllungsanspruch. Daneben kann der Vermieter ggf Schadensersatz von dem Mieter verlangen, § 280

Abs 1 S 1 und fristlos kündigen, § 543 Abs 2 Nr 2. § 541 gilt für alle Mietverhältnisse. In seinem Anwendungsbereich geht er dem § 1004 vor (BGH NJW 2007, 2180).

B. Tatbestand. Die Voraussetzung des § 541 ist der vertragswidrige Gebrauch durch den Mieter sowie dessen erfolglose Abnahmung. Der **vertragswidrige Gebrauch** muss nur objektiv vorliegen, Verschulden auf Seiten des Mieters ist nicht erforderlich (Staud/*Emmerich* Rn 2). Hierbei ist auf den vertragsgem Gebrauch gem Mietvertrag abzustellen, s § 535 Rz 28 ff. Unerheblich ist, ob der vertragswidrige Gebrauch durch den Mieter oder den Untermieter ausgeübt wird. Besteht eine Mehrheit von Mietern, ist nur eine Abmahnung ggü dem betroffenen Mieter statthaft. Ausnahmsweise steht der Nichtgebrauch dem vertragswidrigen Gebrauch gleich, wenn eine Betriebspflicht vereinbart ist. Bei der **Abmahnung** handelt es sich um eine formlos mögliche, zugangsbedürftige rechtsgeschäftsähnliche Erklärung, die darauf abzielt, der anderen Vertragspartei ein bestimmtes, als Vertragsverletzung beanstandetes Fehlverhalten vor Augen zu führen, verbunden mit der Aufforderung, dieses Verhalten zur Vermeidung weiterer vertragsrechtlicher Konsequenzen aufzugeben oder zu ändern (BGH NJW 2008, 1303). Sie muss insbes den vertragswidrigen Gebrauch konkret bezeichnen, um wirksam zu sein, und den Mieter zur Unterlassung auffordern. Verhält sich der Mieter nach Ablauf der ihm zur Unterlassung gesetzten Frist zwar weiterhin vertragswidrig, stellt sich dieses Verhalten jedoch als andere Vertragswidrigkeit – jedoch nicht lediglich als eine Variante des abgemahnten Verhaltens – dar, bedarf es einer erneuten Abmahnung, bevor Unterlassungsklage erhoben werden kann. Beendet der Mieter den vertragswidrigen Gebrauch nur vorübergehend, bedarf es vor Klageerhebung keiner erneuten Abmahnung. Dem Mieter ist zudem eine angemessene Reaktions- und Überlegungsfrist zuzubilligen (Schmidt-Futterer/*Blank* Rn 97). Die Abmahnung kann entbehrlich sein, wenn feststeht, dass der Mieter sein Verhalten nicht ändern werde, wenn er sich der Abmahnung durch Unerreichbarkeit entzieht oder sich sonst arglistig verhält (MüKo/*Schilling* Rn 14), im äußersten Fall auch, wenn das Verhalten des Mieters das Verhältnis zu dem Vermieter in bes schwerwiegender Weise erschüttert hat (BGH NJW-RR 2000, 717). 2

C. Prozessuales. Der Vermieter muss den vertragswidrigen Gebrauch des Mieters, den Zugang einer ordnungsgemäßen Abmahnung und die Fortsetzung des vertragswidrigen Gebrauchs beweisen. Es ist grds möglich, das Erfordernis der Abmahnung individualvertraglich abzubedingen. Jedenfalls in Wohnraummietverträgen ist jedoch ein formularmäßiger Ausschluss dieses Erfordernisses wegen § 309 Nr 4 unwirksam (jurisPK/*Münch* Rn 15 f). 3

§ 542 Ende des Mietverhältnisses. **[1] Ist die Mietzeit nicht bestimmt, so kann jede Vertragspartei das Mietverhältnis nach den gesetzlichen Vorschriften kündigen.**

[2] Ein Mietverhältnis, das auf bestimmte Zeit eingegangen ist, endet mit dem Ablauf dieser Zeit, sofern es nicht

1. in den gesetzlich zugelassenen Fällen außerordentlich gekündigt oder

2. verlängert wird.

A. Allgemeines. § 542 regelt die **Beendigung des Mietverhältnisses** und stellt dafür **allg Grundsätze** auf, da es im Mietverhältnis keine Gebrauchsüberlassung auf unbegrenzte Zeit gibt. Eine Erbmiete ist nicht demzufolge nicht zulässig (MüKo/*Schilling* Rn 1). § 542 gibt mithin eine Übersicht über die hauptsächlichen Beendigungsgründe. Das Mietverhältnis kann durch das Gestaltungsrecht der Kündigung einseitig beendet werden, wobei die Erklärung den Terminus »Kündigung« nicht enthalten muss, sofern deutlich wird, dass das Vertragsverhältnis beendet werden soll. Dabei ist jedoch auf eine vereinbarte Form und Frist zu achten (MüKo/*Schilling* Rn 1). Das befristete Mietverhältnis endet durch Zeitablauf (MüKo/*Schilling* Rn 3). Unterschieden wird in **Abs 1** die Beendigung eines unbefristeten Mietverhältnisses und in Abs 2 die Beendigung eines befristeten Mietverhältnisses (MüKo/*Schilling* Rn 1). Die in **Abs 2** geregelte Beendigung stellt in Nr 1 klar, dass Zeitmietverhältnisse auch vor Ablauf der Mietzeit außerordentlich gekündigt werden können. Nr 2 ordnet an, dass ein befristeter Mietvertrag dann nicht endet, wenn er verlängert wurde. 1

B. Voraussetzung. I. Unbefristete Mietverträge, Abs 1. 1. Definition. Ist in dem zwischen den Parteien geschlossenen Mietvertrag von der Miete auf unbestimmte Zeit die Rede, kann die Beendigung des Mietverhältnisses nur durch Gestaltungsrecht eintreten (MüKo/*Schilling* Rn 4). Die Fristen, die sich für eine ordentliche Kündigung ergeben, sind für Wohnräume in § 573c, 573d Abs 1S 2, 573b Abs 2 und bei Geschäftsräumen in §§ 580a, 550 S 2 geregelt. 2

2. Kündigung. Die Kündigung als **einseitiges Gestaltungsrecht** ist bedingungsfeindlich. Sie ist empfangsbedürftig und muss somit dem anderen Vertragspartner zugehen (MüKo/*Schilling* Rn 9). Grds ist die Kündigung formfrei. Eine Ausn dazu liegt vor, wenn die Parteien etwas Abweichendes geregelt haben (juris PK/*Münch* Rn 8). Wurde ein Wohnraummietvertrag geschlossen, so bedarf dessen Beendigung durch eine Kündigung stets der Schriftform (§ 568 Abs 1). Aus der Kündigung muss die ausdrückliche und rechtsverbindliche Erklärung der Beendigung erkennbar sein. Ist dies nicht der Fall, kann eine unwirksame außerordentliche Kündigung gem §§ 140, 133 in eine ordentliche Kündigung umgedeutet 3 werden (LG Berlin, ZMR 2000, 529, 530; LG Hamburg, ZMR 2004, 38 für den Fall konkludenter Kündigung). Voraussetzung dafür ist, dass der Mietvertrag ordentlich beendet werden soll und die Kündigung wirksam war (jurisPK/*Münch* Rn 9; Frankfurt aM NJW-RR 1990, 337). Es gilt der Grundsatz, dass die Kündigung von allen an alle erklärt werden muss (PWW/*Riecke* Rn 16; jurisPK/*Münch* Rn 10; BGHZ 144, 371). Eine Teilkündigung ist auf Grund der Einheitlichkeit stets unzulässig (jurisPK/*Münch* Rn 11). Allein die Übersendung der Wohnungsschlüssel enthält keine Kündigungserklärung iSd § 542. Die Kündigung zum falschen Termin ist grds unzulässig. eine Umdeutung in eine ordentliche Kündigung allerdings möglich. Ausgeschlossen ist die Umdeutung einer unwirksamen ordentlichen in eine außerordentliche fristlose Kündigung (PWW/*Riecke* Rn 14).

4 **II. Zeitmietverträge – Abs 2. 1. Definition.** Zeitmietverträge enden mit Ablauf der vereinbarten Mietzeit, ohne dass es einer Kündigung bedarf (jurisPK/*Münch* Rn 15). Wird ein Zeitmietvertrag für einen Wohnraum geschlossen, so müssen die Voraussetzungen des § 575 erfüllt sein. Liegen die Voraussetzungen nicht vor, ist kein qualifizierter Zeitmietvertrag geschlossen worden, sondern ein Mietvertrag auf unbestimmt Zeit. In diesem Fall findet § 542 Anwendung. Ist im Mietvertrag ein verbindlicher Zeitraum festgelegt, fehlt allerdings die Vereinbarung über die genaue Mietzeit, liegt kein Zeitmietvertrag vor (jurisPK/*Münch* Rn 20). Es liegt auch dann kein Zeitmietvertrag vor, wenn dem Mieter das Recht zur Kündigung eingeräumt wird (BGH NJW-RR 1996, 1293). Zeitmietvertrag aber dann, wenn der Mietvertrag auf Lebenszeit geschlossen wurde (BayObLG WuM 1993, 523; NJW-RR 1993, 1164).

5 **2. Verlängerung.** Grds endet ein **Zeitmietvertrag** mit Ablauf der Mietzeit. Eine Ausn dazu bilden Verlängerungsoptionen (PWW/*Riecke* Rn 35). Diese können vertraglich oder gesetzlich bestimmt sein. Für die stillschweigende Verlängerung gilt § 545. Der Zeitmietvertrag kann Verlängerungsklauseln, die automatisch oder optional greifen, enthalten. Ist die Verlängerungsklausel automatisch, so muss die andere Partei eine nicht erwünschte Verlängerung ausdrücklich mitteilen. Diese Erklärung stellt keine Kündigung dar (BGH NJW-RR 1998, 11). Besteht die Option der Verlängerung, muss die Vertragspartei erklären, dass das Mietverhältnis fortgesetzt werden soll. Diese Erklärung kann einseitig erfolgen. Wird das Optionsrecht ausgeübt, erlischt es danach.

6 **III. Sonstige Beendigungsgründe.** Für eine Beendigung des Mietvertrages ist nicht nur der Zeitablauf oder die ordentliche Kündigung zulässig. **1. Aufhebung.** Neben der einseitigen Kündigung durch eine Vertragspartei kann der Mietvertrag auch einvernehmlich aufgehoben werden. Voraussetzung dafür ist eine Einigung der Mietvertragsparteien über das Ende der Mietzeit.

7 **2. Beendigung durch Insolvenz einer Mietvertragspartei. a) Insolvenz des Mieters.** Ist der Mieter oder Pächter insolvent, so kann dessen Insolvenzverwalter den Mietvertrag gem § 109 InsO kündigen. Auf Grund des Übergangs des Verwaltungs- und Verfügungsrechts auf den Insolvenzverwalter gem § 80 InsO ist dieser in der Position die Verträge des insolventen Mieters zu lösen. Im Rahmen des Mietvertrags ist zum einen die Vertragsdauer unbedeutend und zum anderen die Einhaltung der vertraglich vereinbarten oder gesetzlichen Kündigungsfrist (jurisPK/*Münch* Rn 25). Ist ein Mietvertrag über einen Wohnraum geschlossen worden, so gelten hier wegen des Schutzbedürfnisses bes Regelungen. An die Stelle einer Kündigung tritt eine Erklärung des Insolvenzverwalters, dass die Ansprüche nach Ablauf der Vertragsdauer bzw der Kündigungsfrist im Insolvenzverfahren nicht mehr geltend gemacht werden können (jurisPK/*Münch* Rn 25). Der Vermieter kann dem insolventen Mieter nach dem Antrag auf Eröffnung eines Insolvenzverfahrens nicht auf Grundlage des Verzugs oder des Eintritts der schlechteren Vermögenslage kündigen. Ihn trifft die in § 112 InsO normierte Kündigungssperre (jurisPK/*Münch* Rn 26).

8 **b) Insolvenz des Vermieters.** Trifft den Vermieter die Insolvenz, so sind Verfügungen des Insolvenzverwalters auf Grund seiner Verfügungsgewalt iSd § 80 InsO ggü dem Mieter nur für den laufenden Kalendermonat wirksam, in dem das Insolvenzverfahren eröffnet wurde (§ 110 InsO; jurisPK/*Münch* Rn 27). Die Mietsache kann durch den Insolvenzverwalter veräußert werden. Dem Erwerber steht insoweit ein Sonderkündigungsrecht iSd § 111 InsO ggü den Mietern zu (jurisPK/*Münch* Rn 27; BGHZ 151, 353).

9 **3. Nachmieterregelung.** Wurde in einem zwischen den Vertragsparteien geschlossenen Mietvertrag eine Nachmieterregelung getroffen, so stellt diese eine auflösende Bedingung dar. Die Beendigung tritt in diesem Fall durch Benennung des neuen Mieters durch den bisherigen Mieter ein oder mit Abschluss des Mietvertrags zwischen dem Vermieter und dem neuen Mieter. Enthält Mietvertrag keine Nachmieterregelung, ist die einseitige Benennung eines Machmieters grds ausgeschlossen.

10 **C. Prozessuales.** Ist eine ordentliche Beendigung des Mietverhältnisses nicht möglich, kann eine Kündigung durch Klageschrift oder Schriftsatz erklärt werden (jurisPK/*Münch* Rn 32). Liegt dem Gericht eine Prozessvollmacht für eine Räumungsklage bzw deren Abwehr vor, so bevollmächtigt diese auch die Erklärung der Kündigung sowie den Empfang der Kündigungserklärung (BGH NJW-RR 2000, 745).

§ 543 Außerordentliche fristlose Kündigung aus wichtigem Grund. **[1] Jede Vertragspartei kann das Mietverhältnis aus wichtigem Grund außerordentlich fristlos kündigen. Ein wichtiger Grund liegt vor, wenn dem Kündigenden unter Berücksichtigung aller Umstände des Einzelfalls, insbesondere eines Verschuldens der Vertragsparteien, und unter Abwägung der beiderseitigen Interessen die Fortsetzung des Mietverhältnisses bis zum Ablauf der Kündigungsfrist oder bis zur sonstigen Beendigung des Mietverhältnisses nicht zugemutet werden kann.**

[2] Ein wichtiger Grund liegt insbesondere vor, wenn

1. **dem Mieter der vertragsgemäße Gebrauch der Mietsache ganz oder zum Teil nicht rechtzeitig gewährt oder wieder entzogen wird,**
2. **der Mieter die Rechte des Vermieters dadurch in erheblichem Maße verletzt, dass er die Mietsache durch Vernachlässigung der ihm obliegenden Sorgfalt erheblich gefährdet oder sie unbefugt einem Dritten überlässt oder**
3. **der Mieter**
   a) **für zwei aufeinander folgende Termine mit der Entrichtung der Miete oder eines nicht unerheblichen Teils der Miete in Verzug ist oder**
   b) **in einem Zeitraum, der sich über mehr als zwei Termine erstreckt, mit der Entrichtung der Miete in Höhe eines Betrages in Verzug ist, der die Miete für zwei Monate erreicht**

Im Falle des Satzes 1 Nummer 3 ist die Kündigung ausgeschlossen, wenn der Vermieter vorher befriedigt wird. Sie wird unwirksam, wenn sich der Mieter von seiner Schuld durch Aufrechnung befreien konnte und unverzüglich nach der Kündigung die Aufrechnung erklärt.

[3] Besteht der wichtige Grund in der Verletzung einer Pflicht aus dem Mietvertrag, so ist die Kündigung erst nach erfolglosem Ablauf einer zur Abhilfe bestimmten angemessenen Frist oder nach erfolgloser Abmahnung zulässig. Dies gilt nicht, wenn

1. **eine Frist oder Abmahnung offensichtlich keinen Erfolg verspricht,**
2. **die sofortige Kündigung aus besonderen Gründen unter Abwägung der beiderseitigen Interessen gerechtfertigt ist oder**

   der Mieter mit der Entrichtung der Miete im Sinne des Absatz 2 Nummer 3 in Verzug ist

[4] Auf das dem Mieter nach Absatz 2 Nummer 1 zustehende Kündigungsrecht sind die §§ 536b und 536d entsprechend anzuwenden. Ist streitig, ob der Vermieter den Gebrauch der Mietsache rechtzeitig gewährt oder die Abhilfe vor Ablauf der hierzu bestimmten Frist bewirkt hat, so trifft ihn die Beweislast.

A. Allgemeines. § 543 enthält eine **einheitliche außerordentliche Kündigungsvorschrift** für das **allgemeine Mietrecht**. Die Bestimmung gilt für alle Mietverhältnisse sowie für Pachtverträge gem § 581 Abs 2. Auf die Leihe ist die Vorschrift nicht anwendbar (BGH NJW 1992, 496). Grundaussage des § 543 ist ein generelles außerordentliches fristloses Kündigungsrecht aus wichtigem Grund. Wann ein wichtiger Grund vorliegt, erläutert § 543 Abs 1 S 2. Abs 2 und Abs 3 stellen gegenüber Abs 1 die bes Kündigungstatbestände dar. So liegt ein bes Kündigungstatbestand in der Nichtgewährung oder dem Entzug des Gebrauchs der Mietsache (Abs 2 Nr 1) und in der Rechtsverletzung oder Gefährdung bzw der unbefugten Gebrauchsüberlassung (Abs 2 Nr 2) sowie im Zahlungsverzug des Mieters (Abs 2 Nr 3). Nach Abs 3 kann der Mietvertrag wegen Vertragsverletzung gekündigt werden. Abs 1 stellt in dieser Systematik einen Auffangtatbestand dar. IRe Unmöglichkeit endet das Mietverhältnis, ohne dass es einer Kündigung bedarf (jurisPK/*Münch* Rn 14). Eine Kündigung iSd § 543 Abs 1 kann demzufolge auch vor Beginn des Mietvertrages erklärt werden (BGH NJW-RR 1995, 1100). Liegt hingegen Unvermögen durch eine Doppelvermietung seitens des Vermieters vor, so beseitigt dies nicht die Kündigungsmöglichkeit des Mieters (*Franke* ZMR 1999, 19 ff). 1

B. Voraussetzungen. I. Kündigung aus wichtigem Grund, Abs 1. 1. Definition. Voraussetzung für eine außerordentliche Kündigung ist das Vorliegen eines wichtigen Grundes. Dieser ist der Fall, wenn die Fortsetzung des Mietverhältnisses nicht mehr zumutbar ist (juris PK/*Münch*, Rn 6). Die Entscheidung, wann eine Unzumutbarkeit vorliegt, ist anhand des Einzelfalls und unter Abwägung aller Interessen, insbes der Möglichkeit einer regulären Beendigung des Mietverhältnisses zu treffen (*Kraemer* NZM 2001, 553, 536; PWW/*Feldhahn*, Rn 4). Ein Verschulden wird nicht verlangt, kann aber berücksichtigt werden (BGH ZMR 2005, 183); ebenso wird Fehlverhalten Dritter der Vertragspartei zugerechnet, wenn diese Personen aus seinem Pflichtenkreis stammen (aA KG ZMR 1998, 159 für Fehler einer die Miete zahlenden Behörde). Gibt oder gab es eine verbale Auseinandersetzung, bei der der Kündigende in nicht unerheblichen Maße zu der Vertragsstörung beigetragen hat, liegt darin nicht zwangsläufig ein wichtiger Grund (BGH WuM 2002, 427). Die Voraussetzung für eine außerordentliche Kündigung muss vielmehr in der Person oder im Risikobereich der den Kündigungsgrund auslösenden Partei liegen (BGH ZMR 1996, 309). Grds ist die Kündigungsmöglichkeit nach § 543 Abs 1 nicht abdingbar (BGHZ 118, 351, 356). Ausn bestehen bei den bes Kündigungsmöglichkeiten der Abs 2 und 3. Die Beweislast für das Vorliegen des wichtigen Grundes nach Abs 1 trifft den Kündigenden. 2

3 **II. Kündigung wegen Nichtgewähr oder Entzugs des Gebrauchs der Mietsache, Abs 2 Nr 1.** Fehlt oder entzieht der Vermieter den vertragsgem Gebrauch der Mietsache, kann der Mieter außerordentlich kündigen (*Franke* ZMR 1999, 83, 89; PWW/*Feldhahn* Rn 9); die Beeinträchtigung muss eine gewisse Erheblichkeit haben, § 242 ist zu berücksichtigen; ein Verschulden des Vermieters jedoch nicht erforderlich. Haben die Parteien einen Leasingvertrag geschlossen und überlässt der Leasinggeber dem Leasingnehmer die dem Vertrag zugrunde gelegte Sache (hier die Hard- bzw Software) nicht, liegt ein Fall des § 543 Abs 2 Nr 1 vor. Der Leasingnehmer hat die Möglichkeit, den Vertrag außerordentlich zu kündigen (jurisPK/*Münch* Rn 21). Das außerordentliche Kündigungsrecht, dass in Abs 2 Nr 1 gewährt wird, ist nicht grenzenlos. In den Fällen des Abs 4 ist eine Kündigung auf Grundlage des § 543 Abs 2 Nr 1 nicht möglich.

4 **III. Kündigung wegen Rechtsverletzung, Gefährdung oder unbefugter Gebrauchsüberlassung, Abs 2 Nr 2.** Eine erhebliche Rechtsverletzung liegt vor, wenn Auswirkungen eintreten, die den Vermieter gravierend beeinträchtigen. Wann eine Rechtsverletzung erheblich ist, ist einzelfallabhängig (BGH NJW 1993, 2528; Palandt/*Weidenkaff* Rn 20). Die Vernachlässigung der Sorgfalt durch Verletzung der Obhuts- und/oder Anzeigepflicht oder die Nichterfüllung einer Instandsetzungspflicht, die vom Mieter übernommen wurde, stellt eine erhebliche Gefährdung dar (Palandt/*Weidenkaff* Rn 21). Dies kann bspw bei Unterlassen regelm Lüftung der Räume der Fall sein (PWW/*Feldhahn* Rn 14). Es ist ausreichend, wenn bei mehreren Mietern einer die Mietsache erheblich gefährdet (Düsseldorf NJW-RR 1987, 1370). Zur unbefugten Gebrauchsüberlassung s § 540. Keine Grundlage für eine außerordentliche Kündigung iSd § 543 Abs 2 Nr 2 stellt eine Untervermietung durch den Mieter dar, wenn der Vermieter keinen ausdrücklichen Grund anzeigt, der gegen eine Untervermietung spricht. Problematisch ist aber die Untervermietung durch den Untermieter, von der der Hauptmieter Kenntnis hat (Hamm NJW-RR 1992, 783).

5 **IV. Kündigung wegen Zahlungsverzug des Mieters, Abs 2 Nr 3.** Der Vermieter kann außerordentlich kündigen, wenn sich der Mieter mit den **Mietzahlungen in Verzug** befindet. Zur Miete gehören insoweit auch die Neben- und Betriebskosten (Naumburg WuM 1999, 160) Der Verzug bestimmt sich dabei nach den allg Regeln des Schuldrechts, § 286. Einreden des Mieters beseitigen Verzug eo ipso (BGH NJW-RR 2007, 1021). Voraussetzung für eine Kündigung ist, dass sich der Mieter mit zwei aufeinander folgenden Mieten in Verzug befinden muss (jurisPK/*Münch* Rn 37) oder sich über einen längeren Zeitraum als zwei Zahlungsterminen mit einem höheren Betrag als zwei Monatsmieten in Verzug befindet. Dies gilt selbst dann, wenn der Mieter nur mit einer Zahlung in Verzug ist, weitere Zahlungen aber bereits vorab verweigert (PWW/*Feldhahn* Rn 19). Die außerordentliche Kündigung ist ausgeschlossen, wenn der Mieter seine Außenstände vor Zugang der Kündigungserklärung vollständig beglichen hat (PWW/*Feldhahn* Rn 23). Teilleistungen hindern die Heilung, selbst bei Verbleib einer nur geringfügigen Restschuld (BGH ZMR 1971, 27). Erfolgt die Zahlung erst nach Zugang der Kündigungserklärung, so tritt Heilung ein, wenn zum Zeitpunkt der Kündigung eine Aufrechnungslage bestanden hat, auf die sich der Mieter unverzüglich bezieht (Köln ZMR 1998, 763). Eine Abmahnung ist bei Verzug entbehrlich (PWW/*Feldhahn* Rn 24; jurisPK/*Münch* Rn 42). Die Beweislast für die Heilungsvoraussetzungen trägt der Mieter, für die Kündigungsgründe der Vermieter.

6 **V. Kündigung wegen Vertragsverletzung, Abs 3.** Liegt der wichtige Grund in der **Verletzung einer vertraglich vereinbarten Pflicht**, ist eine außerordentliche Kündigung gem § 543 Abs 3 möglich. Der Vertragspartner ist vorher abzumahnen bzw muss um Abhilfe ersucht werden (PWW/*Feldhahn* Rn 25; jurisPK/*Münch* Rn 49). Letzteres ist nur erforderlich, wenn Abhilfe auch tatsächlich möglich. Die Kündigung ist mit Ablauf der angemessenen Abhilfe-/Abmahnungsfrist wirksam. Die unwirksame Kündigung kann in Abmahnung umgedeutet werden. Vorherige Abmahnung ist nur ausnahmsw entbehrlich, etwa bei erheblicher Gesundheitsgefährdung (BGH NJW 2007, 2177) oder bei endgültiger Abhilfeverweigerung durch Vermieter. Entbehrlichkeit nur, wenn die Annahme gerechtfertigt ist, dass die Abmahnung erfolglos sein wird oder nicht gerechtfertigt erscheint. Einer vorherigen Abmahnung bedarf es zB nicht, wenn zwischen den Parteien ein Mietvertrag über ein noch zu errichtendes Mietobjekt geschlossen wird, der Vermieter aber die Herstellung des geschuldeten Zustands endgültig und ernsthaft verweigert (BGH ZMR 2001, 346). Des Weiteren ist eine Abmahnung entbehrlich, wenn eine Abhilfe nicht oder nur unter unzumutbaren Bedingungen möglich ist (BGH NJW 1976, 796).

7 **C. Prozessuales.** Für den Kündigungsgrund trägt der Kündigende die Beweislast, für Ausschluss oder Erlöschen der Kündigungsrechte der jeweils andere (jurisPK/*Münch* Rn 56, 59). Für das Setzen einer Abhilfefrist bzw eine Abmahnung ist der Mieter beweispflichtig. Eine außerordentliche Kündigung kann in eine ordentliche Kündigung nur umgedeutet werden, wenn der Kündigende ausdrücklich erklärt, dass er das Mietverhältnis in jedem Fall beenden möchte (jurisPK/*Münch* Rn 58).

§ 544 Vertrag über mehr als 30 Jahre.

Wird ein Mietvertrag für eine längere Zeit als 30 Jahre geschlossen, so kann jede Vertragspartei nach Ablauf von 30 Jahren nach Überlassung der Mietsache das Mietverhältnis außerordentlich mit der gesetzlichen Frist kündigen. Die Kündigung ist unzulässig, wenn der Vertrag für die Lebenszeit des Vermieters oder des Mieters geschlossen worden ist.

A. Allgemeines. Wie § 542 gilt § 544 auf Grund seiner systematischen Stellung für alle Mietverhältnisse. Im Gegensatz zur früheren Fassung in § 567 aF stellt die Neuregelung bei Beginn der dreißigjährigen Vertragsdauer darauf ab, ob die Mietsache tatsächlich übergeben wurde (jurisPK/*Münch* Rn 1). Die Regelung in § 544 gilt auch für Pachtverhältnisse (§ 581 Abs 2), Vorverträge und alle miet- und pachtähnlichen Vertragsverhältnisse, auch die Leihe (BGHZ 125, 293, 302). S 1 bestimmt, dass Mietverträge mit einer Mietzeit von mehr als 30 Jahren nach deren Ablauf gekündigt werden können. S 2 bildet die Ausnahmeregelung zum Kündigungsrecht des S 1 und schließt ein Kündigungsrecht für Mietverhältnisse mit der Dauer auf Lebenszeit aus. 1

B. Voraussetzungen. I. Mietverhältnisse von mehr als 30 Jahren, S 1. Wird eine Mietzeit von mehr als 30 Jahren vereinbart, liegt ein Mietverhältnis iSd § 544 S 1 vor. Die Mietzeit beginnt mit der Überlassung der Mietsache. Bei Berechnung der Vertragsdauer ist auf das Vertragsjahr abzustellen. Haben die Vertragsparteien eine kürzere Mietdauer vereinbart und wurde diese dann verlängert, werden die Mietzeiten nicht zusammengerechnet (jurisPK/*Münch* Rn 6; schon RG 165, 22). Die Kündigung eines in § 544 S 1 geregelten Mietvertrages ist erst mit dem Ablauf der Mietzeit möglich. Die Kündigung kann nach dem Grundsatz des § 542 ausgeübt werden. Eine längere als die gesetzlich normierte Kündigungsfrist ist nicht zulässig. Werden zwischen den Parteien abw Vereinbarungen getroffen, sind diese unwirksam. Die in § 544 S 1 normierte Regelung ist zwingend, weil somit unwirksamen Erbmietverträgen entgegengewirkt wird (Hamm NZM 1999, 753, 755). 2

II. Mietverhältnisse auf Lebenszeit, S 2. Neben einem Mietvertrag von mehr als 30 Jahren können die Parteien einen Mietvertrag auf Lebenszeit abschließen. Der Mietvertrag auf Lebenszeit ist zugunsten jeder natürlichen Person möglich. Der Mietvertrag auf Lebenszeit muss nicht ausdrücklich geschlossen werden. Die Parteien können auch vereinbaren, dass ein Kündigungsrecht so lange ausgeschlossen ist, wie der Mieter die Mietsache nutzt. Ein Mietvertrag auf Lebenszeit kann nicht gekündigt werden. Das in § 544 S 1 bestehende Kündigungsrecht ist nicht anwendbar. Da die Norm dem Ausschluss einer Erbmiete dient, ist § 544 zwingendes Recht und nicht abdingbar (PWW/*Feldhahn* Rn 1, 4). 3

§ 545 Stillschweigende Verlängerung des Mietverhältnisses.

Setzt der Mieter nach Ablauf der Mietzeit den Gebrauch der Mietsache fort, so verlängert sich das Mietverhältnis auf unbestimmte Zeit, sofern nicht eine Vertragspartei ihren entgegenstehenden Willen innerhalb von zwei Wochen dem anderen Teil erklärt. Die Frist beginnt
1. für den Mieter mit Fortsetzung des Gebrauchs
2. für den Vermieter mit dem Zeitpunkt, in dem er von der Fortsetzung Kenntnis erhält.

A. Allgemeines. § 545 regelt die **stillschweigende Verlängerung** und damit das Fortbestehen des Mietverhältnisses **durch Gebrauch** von Seiten des Mieters. Die Regelung dient der Klarstellung und gilt für alle Mietverhältnisse sowie für die Pacht (PWW/*Feldhahn* Rn 1). Eine Anwendung der Vorschrift auf die Leihe ist nicht möglich (Palandt/*Weidenkaff* Rn 2). § 545 S 1 betrifft die Verlängerung des Mietverhältnisses durch Fortsetzung des Gebrauchs der Mietsache. Der Mietvertrag verlängert sich dann auf unbestimmte Zeit, wenn keine der Vertragsparteien innerhalb von zwei Wochen eine Erklärung abgibt, dass eine Verlängerung nicht gewünscht ist. Die Erklärungsfrist beginnt mit der Fortsetzung des Gebrauchs der Mietsache (Nr 1) und für den Vermieter ab Kenntniserlangung vom fortgesetzten Gebrauch, Nr 2 (Palandt/*Weidenkaff* Rn 7). 1

B. Voraussetzung. I. Fortsetzung des Gebrauchs. Der Gebrauch der Mietsache und dessen Fortsetzung stellt einen Realakt dar. Wesentlich ist dabei, dass der Mieter die Mietsache gebraucht und der Gebrauch nicht von einem Dritten fortgesetzt wird (jurisPK/*Münch* Rn 9 BGH NJW-RR 1986, 1020). Erforderlich ist die Fortsetzung des Gebrauchs in der bisherigen Weise; schlichte Vorenthaltung reicht nicht aus (PWW/*Feldhahn* Rn 4). Sofern der Gebrauch durch einen anderen als den Mieter fortgesetzt wird, stellt dies keine Weiterführung iSd § 545 dar. Unerheblich ist die Vereinbarung bzgl des Gebrauchs der Mietsache (jurisPK/*Münch* Rn 10). Mit der Weiterführung des Mietobjekts verletzt der Mieter die vertraglich festgelegte Rückgabepflicht. Für eine Verletzung der Rückgabepflicht muss der Mieter allerdings die tatsächliche Verfügungsgewalt über das Mietobjekt innehaben. Schließen die Vertragsparteien einen Pachtvertrag, liegt der Gebrauch in der Festsetzung der Nutzung der Pachtsache durch den Unterpächter auch nach Beendigung des Hauptpachtverhältnisses (BGH MDR 1993, 45). Die Fortsetzungsfiktion greift auch dann, soweit der Unterpächter nach Ende des Pachtvertrages den Gebrauch unverändert und widerspruchslos fortsetzt, auch wenn er unmittelbar mit dem Hauptpächter einen Vertrag schließt (jurisPK/*Münch* Rn 18). Die Beweislast für die Fortsetzung trifft die Partei, die sich auf die Folgen des § 545 beruft (PWW/*Feldhahn* Rn 6). 2

II. Erklärung eines entgegenstehenden Willens. In der Erklärung des entgegenstehenden Willens liegt eine einseitig empfangsbedürftige Willenserklärung iSd § 130. Diese Erklärung ist gegenüber dem jeweils anderen Vertragspartner formlos abzugeben und muss dem Erklärungsempfänger zugehen. Der entgegenstehende Wille kann auch vor Ablauf der Mietzeit bzw Kündigungsfrist abgegeben werden (BGH NJW 1981, 2759). Eine Erklärung des entgegenstehenden Willens kann im Kündigungsschreiben liegen oder auch konkludent 3 in einer fristlosen Kündigung, wenn gegen Vertragspflichten verstoßen wurde und der anderen Partei eine Fortsetzung des Vertrags unzumutbar erscheint (PWW/*Feldhahn* Rn 7; jurisPK/*Münch* Rn 23, 24).

4 **C. Rechtsfolge.** Rechtsfolge ist die Fortsetzung des bisherigen Mietverhältnisses – nunmehr auf unbestimmte Zeit – von Gesetzes wegen; es gelten die Kündigungsfristen aus § 573c (BGH NJW-RR 2004, 558). Bestehende Sicherheiten bleiben wegen der Kontinuität des Mietverhältnisses erhalten (PWW/*Feldhahn* Rn 11).

§ 546 Rückgabepflicht des Mieters. **[1] Der Mieter ist verpflichtet, die Mietsache nach Beendigung des Mietverhältnisses zurückzugeben.**
[2] Hat der Mieter den Gebrauch der Mietsache einem Dritten überlassen, so kann der Vermieter die Sache nach Beendigung des Mietverhältnisses auch von dem Dritten zurückfordern.

1 **A. Allgemeines.** Aufgrund der Eigenschaft der Miete als Gebrauchsgewährung auf Zeit muss nach dem Ende des Mietverhältnisses die **Mietsache zurückgegeben** werden. Die Beendigung der Mietzeit wandelt den Vertrag in ein Rückgewährschuldverhältnis um, das durch die §§ 546, 546a, 547 konkretisiert wird (Jauernig/*Teichmann* Rn 1). Die Rückgabepflichten sind Abwicklungspflichten ohne Synallagma (MüKo/*Bieber* Rn 1). § 546 gilt für Mietverhältnisse jeglicher Art. Ferner findet die Norm entspr Anwendung bei anderen vertraglichen Gebrauchsüberlassungen. Die Regelung greift jedoch nicht in den Fällen des § 1093, der §§ 31 ff WEG oder in Fällen der Überlassung von Wohnraum auf Grund öffentlich-rechtlicher Zuweisung (BGH ZMR 2006, 349; BaRoth/*Ehlert* Rn 3).

2 **B. Regelungsgehalt. I. Rückgabepflicht des Mieters (Abs 1).** Der Anspruch aus § 546 Abs 1 entspricht im Wesentlichen spiegelbildlich den Pflichten des Vermieters aus § 535 Abs 1 S 2 (BGH NJW 1988, 2665, vgl § 535 Rz 25 ff). **1. Räumung und Herausgabe.** Die Rückgabepflicht des Mieters umfasst als Hauptpflichten die Räumung und Herausgabe der Mietsache (BGH NJW-RR 1988, 77). Keine Voraussetzung des Anspruchs ist, dass der Mieter den unmittelbaren oder mittelbaren Besitz innehat, so dass die Leistung des Mieters ebenso darin bestehen kann, auf den Besitzer iSd Rückgabe tatsächlich einzuwirken (BGH NJW 1996, 515; Soerg/*Heintzmann* Rn 1). Grds wird die Leistung indes durch Einräumung des unmittelbaren Besitzes des Vermieters bewirkt (MüKo/*Bieber* Rn 4). Der Mieter darf auf Grund der ihm zukommenden Obhutspflicht die Mietsache nicht einfach verlassen, bevor die Rückgabe ordnungsgem durchgeführt worden ist (BGH NJW 1983, 1049). Arglist ist noch nicht gegeben, wenn der Vermieter die Sache von dem Mieter in der Absicht herausverlangt, den bisherigen Mieter zu einer Vereinbarung über eine höhere Miete zu veranlassen (BGH WM 1980, 1973). Die Erfüllung der Rückgabepflicht liegt vor, sobald der Vermieter über die Sache verfügen kann (Soerg/*Heintzmann* Rn 2). Eine Teilrückgabe ist zur Erfüllung der Rückgabeverpflichtung grds nicht ausreichend (BaRoth/*Ehlert* Rn 18). **a) Unbewegliche Sachen.** Die Rückgabe umfasst neben der **Verschaffung der tatsächlichen Gewalt** auch **die Räumung**. Die Räumung beinhaltet die Entfernung von auf das Grundstück geschaffter Sachen, die einer Nutzung des Grundstücks durch Dritte entgegenstehen (BGH NJW 1994, 3232). Mieträume müssen von den Sachen der Mieter und anderer Personen im Wesentlichen frei geräumt sein, soweit nichts Gegenteiliges vereinbart worden ist (Soerg/*Heintzmann* Rn 2). Einzelne unbeachtliche Sachen, die in ihrer Gesamtheit der Nutzung nicht entgegenstehen, begründen kein räumungsrelevantes Vorenthalten (BGH NJW 1988, 2665; Koblenz ZMR 2005, 712). Soweit der Vermieter sein Vermieterpfandrecht erhebt, steht dies dem Räumungsanspruch entgegen (vgl KG NZM 2005, 422). Von dem Mieter errichtete Bauwerke, die für die Dauer der Mietzeit geschaffen worden sind, müssen im Zweifel beseitigt werden (BGH NJW 2006, 2115; 1996, 141; KG ZMR 2007, 533). Dies gilt auch dann, wenn der Vermieter über die sachenrechtlichen Vorschriften Eigentümer dieser Sachen geworden ist, §§ 94, 946 (BGH NJW-RR 1997, 1216).

3 **b) Bewegliche Sachen/Zubehör. Bewegliche Sachen**, die vergleichbar beräumt werden können (zB Fahrzeuge, Schiffe) unterfallen ebenso einer Räumungspflicht, wobei in diesem Bereich grds die **Herausgabe** im Vordergrund steht. Das dem Mieter überlassene **Zubehör** ist ebenso zurückzugeben (BaRoth/*Ehlert* Rn 16). Hierunter fallen insbes sämtliche überlassenen **Schlüssel** (Düsseldorf NJW-RR 1999, 735). Zusätzlich angeschaffte Schlüssel dürfen nicht behalten werden. Sie müssen zurückgegeben oder vernichtet werden (Köln ZMR 2006, 860; für Ausnahmen: Brandenburg NZM 2000, 463). Ebenso müssen Ersatzstücke für verlorenes oder zerstörtes Zubehör übergeben werden. Fehlen Schlüssel bei der Rückgabe, ist diese zwar erfolgt, jedoch fehlerhaft (Hamburg WuM 2004, 471; Koblenz ZMR 2005, 712; aA Düsseldorf NJW-RR 1996, 209; Hamm NZM 2003, 26). Eine Rückgabe liegt hingegen nicht vor, wenn der Mieter die eigens angefertigten Schlüssel behält (BGH NJW 1983, 1049; Soerg/*Heintzmann* Rn 3). Der Vermieter ist zur Auswechslung der Schlösser auf Kosten des Mieters grds berechtigt, es sei denn, er kann sich die an den Mieter übergebenen Schlüssel, der die Wohnung bereits aufgegeben hat, ohne Weiteres besorgen oder die Schlüssel sind derart verloren, dass ein Missbrauch ausgeschlossen werden kann (zB Verlust des Schlüssels bei einer Bootsfahrt: LG Mannheim DWW 1976, 308; LG Köln VersR 1994, 690; Schmidt-Futterer/*Gather* Rn 37). Eine gegenteilige Formularklausel ist unwirksam (LG Berlin ZMR 2000, 536).

2. Ordnungsgemäßer Zustand der Mietsache. Die Mietsache ist in dem vereinbarten Zustand, bei fehlender Vereinbarung in dem vertragsgem oder, mangels vertraglicher Festlegung, in einem Zustand zurückzugeben, der dem üblichen Gebrauch entspricht (BGH NJW 2002, 3234; MüKo/*Bieber* Rn 10). Sobald der Vermieter die tatsächliche Verfügungsgewalt über die Mietsache erlangt, ist die Sache zurückgegeben, unabhängig davon, ob die Rückgabe in einem ordnungsgemäßen Zustand erfolgt ist (Soerg/*Heintzmann* Rn 7). Eine Einweisung in den Gebrauch muss nicht erfolgen, jedoch muss der Mieter auf Besonderheiten und Mängel hinweisen, soweit diese nicht sicher erkennbar sind und insbes von ihnen Gefahren ausgehen (Müko/*Bieber* Rn 10). Soweit der Mieter Schönheitsreparaturen und Instandhaltung schuldet, sind diese ebenso vor der Räumung auszuführen (Schmid/*Fittkau* Rn 13). Ferner muss die Sache sauber sein (»besenrein« – BGH NJW 2006, 2915). Andernfalls stehen dem Vermieter Schadensersatzansprüche aus §§ 280, 281 zu. Kann die Mietsache in dem übergebenen, nicht ordnungsgemäßen Zustand nicht weiter vermietet werden, erstreckt sich der Schadensersatzanspruch ebenso auf die entgangene Miete, § 252 (Soerg/*Heintzmann* Rn 7). Einrichtungsgegenstände des Mieters, die erst den vertragsgem Zustand begründen, brauchen nicht entfernt zu werden (BGH NJW 2006, 2115: Unwirksamkeit einer Tapetenabrissklausel; LG Köln WuM 1995, 654). Gleiches gilt für betriebsbedingte Einbauten in Ladengeschäften (LG Mannheim ZMR 1969, 282). Bei einer erteilten Zustimmung des Vermieters zur Veränderung der Mietsache ist zu fragen, ob diese auch Auswirkung auf die Rückgabe entfalten soll (Hamburg ZMR 1990, 341). Die Wiederherstellungspflicht entfällt, wenn der Vermieter einen Umbau plant, der die Wiederherstellungsarbeiten des Mieters wieder beseitigen würde (Palandt/*Weidenkaff* Rn 8). 4

3. Zeitpunkt der Rückgabe. Der Gebrauch der Mietsache steht dem Mieter bis zum Ende des Mietverhältnisses zu. Die Beendigung des Mietverhältnisses richtet sich nach § 542; hingegen betrifft eine Räumungsfrist nicht das Ende des Mietverhältnisses, sie bewirkt vielmehr eine Stundung des Rückgabeanspruchs (Jauernig/*Teichmann* Rn 2; abw: Schmid/*Fittkau* Rn 17: Auslegung zwischen Stundung und Verzicht auf Zwangsräumung). Zurückzugeben ist die Mietsache nach Beendigung des Mietverhältnisses (Soerg/*Heintzmann* Rn 4). IA endet das Mietverhältnis mit Ablauf eines Tages, so dass die Sache am darauf folgenden Tag zurückzugeben ist (MüKo/*Bieber* Rn 15; Schmid/*Fittkau* Rn 16; aA BaRoth/*Ehlert* Rn 19; Jauernig/*Teichmann* Rn 2: Rückgabe am letzten Tag der Mietzeit). Bei dem nach dem Ende des Mietverhältnisses folgende Tag ist für die Leistungsbewirkung § 193 zu beachten (PWW/*Feldhahn* Rn 4), wobei in dieser sich daraus ergebenden Zeit keine Entschädigung verlangt werden kann, soweit nichts Gegenteiliges vereinbart worden ist (Soerg/*Heintzmann* Rn 4). Grds ist der Mieter nicht berechtigt, die Mietsache vorzeitig zurückzugeben, es sei denn, dies ergibt sich aus den Umständen des Falls oder der Vermieter hat sich hiermit einverstanden erklärt (Soerg/*Heintzmann* Rn 4). Zudem kann in Ausnahmefällen die **vorzeitige Rückgabe** für den Vermieter zumutbar sein (§ 242, zB: Wegzug auf Grund beruflicher Notwendigkeit, Aufnahme in ein Pflegeheim oder wenige Tage vor Mietende, MüKo/*Bieber* Rn 16; KG NZM 2000, 92; aA Dresden NJW-RR 2001, 79). Die vorzeitige Rückgabe ist von der Verpflichtung zur Entrichtung der Miete losgelöst, § 537. Bei fristloser Kündigung ist dem Mieter eine angemessene Frist zur Räumung zu gewähren (LG Hamburg WuM 1975, 227; LG München II WuM 1989, 181). Eine vorzeitige Rückgabe verpflichtet den Vermieter nicht zur anderweitigen Vermietung (BGH WM 1984, 171, vgl § 537 Rz 3). Der Mieter bleibt bis zur Rückgabe der Sache obhutspflichtig (Palandt/*Weidenkaff* Rn 11). 5

4. Ort der Rückgabe. Der Rückgabeort hängt von der Art der Sache ab. Bewegliche Sachen sind an dem Ort zurückzugeben, an dem der Mieter von dem Vermieter den Besitz erlangt hat, soweit sich aus den Umständen oder einer Vereinbarung nichts Gegenteiliges (zB Kraftfahrzeugmiete) ergibt (Soerg/*Heintzmann* Rn 5; abw MüKo/*Bieber* Rn 18: Rückgabepflicht ist grds eine Bringschuld, wobei dies der Spiegelbildlichkeit des Rückgewährschuldverhältnisses nicht umfänglich gerecht wird). Grundstücke und Räume können der Natur der Sache entspr nur dort zurückgegeben werden, wo sie belegen sind. Die Schlüssel sind an der vereinbarten Stelle oder am Ort der belegenen Sache zurückzugewähren (Schmidt/*Fittkau* Rn 9; abw: MüKo/*Bieber* Rn 17, Düsseldorf NJW-RR 1999, 735: Wohnsitz des Vermieters). Bloßes Zurücklassen der Schlüssel genügt außer im Hotel- und Pensionsgewerbe grds nicht, wenn wiederum nichts anderes vereinbart worden ist (München ZMR 1985, 298). 6

II. Rückgabeanspruch gegen Dritte (Abs 2). Abs 2 begründet einen **vertraglichen Rückforderungsanspruch** des Vermieters **gegen einen Dritten**, dem der Mieter die Mietsache befugt oder unbefugt überlassen hat und ergänzt damit § 540 (BGH NJW 1996, 515). Anderweitige vertragliche Beziehungen bestehen grds nicht. Ist der Vermieter gleichzeitig Eigentümer, kommt zudem § 985 in Betracht. Bei gewerblicher Weitervermietung ist § 565 zu beachten. Hat der Mieter befugt oder unbefugt die Mietsache einem Dritten überlassen, genügt die Abtretung des Anspruchs gegen den Dritten der Rückgabepflicht nicht, da der Mieter ohnehin einen Anspruch aus Abs 2 hat (BGH NJW 1971, 2065). Abs 2 begründet den Fall eines gesetzlichen Schuldbeitritts mit der Folge, dass Mieter und Dritter hinsichtlich der Rückgabe durch den Dritten Gesamtschuldner sind (Soerg/*Heintzmann* Rn 11). Durch das Entstehen des Anspruches verliert der Untermieter sein Recht zum Besitz (BGH NJW 1981, 865). Der Untermieter kann indes alle aus dem Vertrag zwischen dem (Haupt-)Vermieter und (Haupt-)Mieter folgenden Einwendungen ggü dem (Haupt-)Vermieter geltend machen (Soerg/*Heintzmann* Rn 11, zB: eingeräumte Räumungsfrist). Bei Vermietung von Wohnraum kann 7 der Dritte grds den Kündigungsschutz aus §§ 573 ff dem (Haupt-)Mieter und dem (Haupt)vermieter ggü geltend machen (BVerfG NJW 1991, 2272; 1993, 2601; vgl Palandt/*Weidenkaff* Rn 22). Der Anspruch aus Abs 2 erstreckt sich auch auf den Mitbesitzer, der neben dem den unmittelbaren Besitz innehabenden Mieter in den Räumen wohnt (Schleswig NJW-RR 1993, 274). Bei Weitergabe der Sache durch den Dritten kann der (Haupt-)Vermieter die Abtretung des Herausgabeanspruchs verlangen, § 870 (Soerg/*Heintzmann* Rn 11). Solange der Dritte die Sache wiederbeschaffen kann, ist Unmöglichkeit nicht gegeben (BGH NJW 1993, 55). Erfüllung tritt durch Leistung an den Mieter oder den Vermieter ein (Palandt/*Weidenkaff* Rn 21). Gibt der Dritte die Sache an den (Haupt-)Vermieter zurück, hat er die Rechte aus §§ 536 f ggü dem (Haupt-)Mieter, da das Bestehen dieses Rechtsverhältnisses von der Rückgabe nicht betroffen ist (MüKo/*Bieber* Rn 23). Auch ein mittelbarer Besitzer kann Dritter iSv Abs 2 sein (Palandt/*Weidenkaff* Rn 19). Zur Durchsetzung des Anspruchs des Vermieters gegen den Dritten steht diesem ein Auskunftsanspruch gegen den Mieter zu (BaRoth/*Ehlert* Rn 29).

8 IÜ entspricht der Inhalt des Anspruchs aus Abs 2 dem aus Abs 1. Bei **Verletzung dieser Pflicht** wird das Schuldverhältnis iSd **§§ 280 ff** durch den Anspruch aus Abs 2 begründet. § 546a findet im Verhältnis Vermieter-Dritter keine Anwendung (LG Köln NJW-RR 1990, 1231; Gleiches gilt für § 812: Schmid/*Fittkau* Rn 27). Ist der Vermieter Eigentümer, kommen zudem §§ 987, 990 in Betracht. Ferner bestehen Ansprüche gegen den Mieter, da regelm erst nach ordnungsgem Räumung durch den Dritten der Mieter seinen Anspruch erfüllt hat (Soerg/*Heintzmann* Rn 14). Im Gegenzug ist der Vermieter nicht verpflichtet, seinen Räumungsanspruch gegen den Dritten durchzusetzen. Indes kann er seinen Anspruch an den Mieter abtreten (BGH NJW 1996, 1886). Eine unberechtigte oder fristlose Kündigung des Hauptmietverhältnisses durch den (Haupt-)Vermieter begründet keinen Schadensersatzanspruch des Dritten gegen diesen (BGH NJW 1981, 865; Soerg/*Heintzmann* Rn 16). Dies gilt auch dann, wenn der Vermieter dem Dritten den Besitz der Wohnung durch verbotene Eigenmacht entzieht (Schmid/*Fittkau* Rn 24).

9 Wird das Hauptmietverhältnis durch Zahlung einer **Abfindung** durch den Vermieter oder einen Nachmieter vorzeitig aufgehoben und war der Untermietvertrag für eine längere Dauer geschlossen, so ist für den Untermieter § 285 entspr anwendbar (Müko/*Bieber* Rn 23). Rechtsmissbräuchlich kann es sein, wenn das Hauptmietverhältnis nur aus dem Grund aufgehoben wird, um die Räumung durch den Dritten ohne berechtigtes Interesse des Vermieters zu ermöglichen (Soerg/*Heintzmann* Rn 13). Ob neben den Anspruchsvoraussetzungen wirksamer Mietvertrag, Überlassung der Mietsache an den Dritten, Besitz des Dritten und rechtliches Ende des (Haupt-)Mietverhältnisses (nicht tatsächliches Ende: Hamm WuM 1981, 40) auch eine **vorherige Aufforderung an den Dritten**, die Sache herauszugeben, erforderlich ist, ist umstr (bejahend: Palandt/*Weidenkaff* Rn 20; BaRoth/*Ehlert* Rn 8; RGZ 156, 150; LG Köln NJW-RR 1990, 1231; verneinend: Soerg/*Heintzmann* Rn 12).

10 **C. Verfahrensrechtliches. I. Allgemeines.** § 546 ist **abdingbar**, wobei dann mangels Gebrauchsüberlassung auf Zeit keine Miete mehr vorliegt. Einzelne Abweichungen, die dem Vorliegen eines Mietvertrages nicht entgegenstehen, sind möglich und häufig (Palandt/*Weidenkaff* Rn 2; PWW/*Feldhahn* Rn 2: Rückgabezeitpunkt bei Mietraum (§ 15 MMV) und bei Fahrzeugvermietung). Der Rückgabeanspruch aus § 546 unterfällt der regelm **Verjährung** aus § 195, 199. Eine Verwirkung ist nicht zwingend gegeben, wenn der Anspruch erst 9 Monate nach Kündigung geltend gemacht wird (BGH NJW-RR 1988, 77; Soerg/*Heintzmann* Rn 1). Ersatzansprüche wegen Veränderung oder Verschlechterung der Mietsache verjähren gem § 548 in sechs Monaten (Köln NZM 1998, 767). Die **Darlegungs- und Beweislast** folgt den üblichen Regeln. Der Vermieter hat das Ende des Mietverhältnisses und den verschlechterten Zustand nach der Überlassung zu beweisen. Der Mieter hat zu beweisen, dass die Veränderung auf dem vertragsgem Gebrauch beruht.

11 Der Anspruch aus § 546 **konkurriert** mit dem sachenrechtlichen Anspruch aus § 985, insoweit der Vermieter Eigentümer der Sache ist. § 985 bedingt im Gegensatz zu § 546 den Besitz des Mieters. Bezüglich eines Zurückbehaltungsrechts ist § 570 zu beachten, der sich auch auf § 985 erstreckt, soweit er neben § 546 geltend gemacht wird (Schmid/*Fittkau* Rn 30; Ausnahme bei vorsätzlicher Handlung des Vermieters gegen den Mieter: Köln NJW-RR 1992, 1162). Bei Anfechtung des Mietverhältnisses kommt nur ein Rückgabeanspruch aus § 985 oder § 812, aber eben nicht aus § 546 in Betracht. § 546 ist **abtretbar**, während § 985 nur im Wege der Ermächtigung auf einen Dritten übertragbar ist (Müko/*Bieber* Rn 1). Ebenso kann der neue Mieter zur Geltendmachung des Anspruchs ermächtigt werden (BGH NJW 1962, 112). Der Anspruch aus § 546 ist **pfändbar** und dies bereits vor Beendigung des Mietverhältnisses (BGH NJW 1970, 241).

12 **II. Besonderheiten. 1. Eigentümerwechsel und Leistungsbewirkungen an einen Dritten.** Bei erfolgtem Eigentümerwechsel an einem vermieteten Grundstück geht der Anspruch auf Rückgabe der Mietsache nicht automatisch auf den Erwerber über (München ZMR 1996, 375; aA Düsseldorf GE 2002, 589). Für die Rückgabe ist es unbeachtlich, ob die Sache dem Vermieter gehört. Der Vermieter kann gleichermaßen die Rückgabe an den Eigentümer oder einen neuen Mieter als Geheißperson verlangen (Soerg/*Heintzmann* Rn 2). Ist der Mieter zur Rückgabe der Schlüssel verpflichtet, genügt die Übergabe der Schlüssel an den Hausverwalter, indes mangels anderweitiger Vereinbarung nicht an den Hausmeister (KG MDR 2002, 272).

2. Wertzuwachs und Übernahme von Vorräten. Ein erzielter Wertzuwachs der Mietsache ist nicht durch den Vermieter auszugleichen (BGH NJW 1986, 2306). Im Einzelfall besteht ein Anspruch auf entgeltliche Übernahme von Vorräten aus dem Grundsatz von Treu und Glauben, soweit der Vermieter sich diesen Vorrat ohnehin beschaffen müsste (zB Füllung des Heizöltanks, LG Stuttgart WuM 1991, 27; vgl Palandt/*Weidenkaff* Rn 4). 13

3. Zurückgelassene Sachen und Schilder. Bei durch den Mieter zurückgelassenen Sachen trifft den Vermieter die verkehrsübliche Sorgfalt (Palandt/*Weidenkaff* Rn 4). Lässt ein Mieter Sachen zurück, kann darin im Zweifel die Aufgabe des Eigentums liegen, § 959 (zB Wegtransportkosten sind im Vergleich zum Wert der Sache zu hoch). Der Vermieter kann sie sich dann aneignen oder auf Kosten des Mieters entsorgen (Schmid/*Fittkau* Rn 12). Insofern der Mieter in der Räumen einen Beruf ausgeübt hat, können die Namens- und Firmenschilder mit einem Hinweis auf die neue Anschrift versehen werden und noch eine angemessene Zeit angebracht bleiben (Düsseldorf NJW 1988, 2545). Ebenso müssen Reklameflächen nicht entfernt werden, soweit sie überklebt werden können (MüKo/*Bieber* Rn 11). 14

4. Verweigerung der Annahme durch den Vermieter. Nimmt der Vermieter die angebotene Räumung oder Rückgabe nicht an, kommt er in Annahmeverzug. Dies gilt auch dann, wenn einzelne Gegenstände durch den Mieter zurückgelassen worden sind, wenn diese in ihrer Gesamtheit nicht ins Gewicht fallen. Der Mieter wird jedoch erst dann von seiner Rückgabepflicht befreit, wenn er den Besitz aufgibt, wobei dies bei unbeweglichen Sachen gem § 303 vorher angedroht werden muss. 15

III. Anspruchsdurchsetzung. 1. Übergabeprotokoll und Kenntnisverschaffung. Werden bei der Rückgabe der Sache Ansprüche bzgl feststellbarer Mängel nicht vorbehalten, ist es dem Vermieter später versagt, sich auf diese Mängel berufen zu können, unabhängig davon, ob ein Abnahmeprotokoll gefertigt worden ist (BGH NJW 1983, 446; KG GE 2003, 524). Es ist dem Vermieter zuzumuten, einen Fachmann bei der Feststellung verdeckter Mängel hinzuzuziehen (BGH aaO). Auf erhebliche nicht ohne weiteres erkennbare Mängel muss der Mieter bei der Rückgabe hinweisen (Soerg/*Heintzmann* Rn 8). Das Übergabeprotokoll hat die Wirkung eines beweiserleichternden (deklaratorischen) Anerkenntnisses (BGH NJW 1983, 446; unter Verwendung eines kaufmännischen Bestätigungsschreibens: Düsseldorf NZM 2004, 260). 16

2. Insolvenz. Der Anspruch aus § 546 unterfällt hinsichtlich der Herausgabe im Insolvenzverfahren § 47 InsO (BGH NJW 1979, 310; 2007, 1594; 2008, 2580). Der über die bloße Herausgabe hinausgehende Anspruch begründet eine Insolvenzschuld (BGH NJW 2001, 2966). 17

3. Mehrheit von Mietern und Besitzern. Mehrere Mieter einer Mietsache haften für die Rückgabe als Gesamtschuldner, wobei jeder die Rückgabe als gleiche unteilbare Leistung schuldet, auch wenn sie nur durch Mitwirkung eines Mieters erfüllt werden kann (MüKo/*Bieber* Rn 13; BGH NJW 1996, 515; 1976, 287; Düsseldorf NJW-RR 1987, 911). Ein vorzeitiger Auszug eines Mieters aus der gemeinsamen Wohnung steht dem Räumungsanspruch gegen ihn nicht entgegen (BGH NJW 1996, 515; ZMR 2005, 610). Gleiches gilt für das vorzeitige Ausscheiden eines persönlich haftenden Gesellschafters (BGH NJW 1987, 2367). Ist lediglich ein **Ehegatte** Mieter und wohnt er gemeinsam mit dem anderen Ehegatten in der Wohnung, so ist für die Vollstreckung auch ein Räumungstitel (aus §§ 546 Abs 2, 985) gegen diesen erforderlich (BGH NJW 2004, 3041; BGH NJW-RR 2003, 1450), hingegen ist ggü im Haushalt lebenden Kindern, unabhängig von ihrem Alter, kein zusätzlicher Titel notwendig, da sie lediglich Besitzdiener sind (MüKo/*Bieber* Rn 29). Der Räumungstitel ggü dem Mieter reicht als Titel für die Vollstreckung ggü dem Untermieter, außer im Falle des § 325 ZPO, nicht aus (BGH GE 2003, 1207). Ein Räumungstitel ist gegen alle Mitbesitzer, nicht aber gegen die Besitzdiener, erforderlich (BGH NJW 2008, 1959). Die Verurteilung des besitzenden Nichtmieters ist auf seine Person zu beschränken. Dies folgt aus dem Umstand, dass er nicht die Räumung durch die übrigen schuldet. Inhaltlich ist der Titel auf die Mitwirkung an der Räumung zu richten (Soerg/*Heintzmann* Rn 6). 18

4. Zwangsvollstreckung, Kostenminimierung und Selbsthilferecht. Die **Zwangsvollstreckung** kann auf die Herausgabe der Sache ohne Räumung beschränkt sein, wenn an den eingebrachten Sachen das Vermieterpfandrecht geltend gemacht wurde. Insoweit hat der Gerichtsvollzieher nicht zu prüfen, welche Sachen als unpfändbar herauszugeben sind (BGH NJW 2006, 848). Die **Zwangsräumung** auf Grund eines vorläufig vollstreckbaren Urteils begründet noch keine Erfüllung (BGH NJW 2004, 1736). Zur Vermeidung von Kosten kann der Vermieter den Vollstreckungsauftrag insoweit beschränken, indem er auf die Geltendmachung des Vermieterpfandrechts verweist und lediglich die Herausgabe der Wohnung verlangt, wobei dann die Verwertung der Sachen nur nach §§ 1233 ff möglich ist (sog »**Berliner Modell**«: MüKo/*Bieber* Rn 30; BGH NJW 2007, 848). Eine weitere Möglichkeit besteht darin, dass die Einrichtungsgegenstände in der Wohnung verbleiben und der Gerichtsvollzieher die Wohnungsschlüssel dem beigezogenen Umzugsunternehmen übergibt, wodurch die Mieter auf das Umzugsunternehmen verwiesen sind (sog »**Hamburger Räumung**«: Müko/*Bieber* Rn 30). Eine Unterwerfung unter die sofortige Zwangsvollstreckung nach § 794 Abs 1 Nr 5 ist grds, außer im Falle der Wohnraummiete, möglich (PWW/*Feldhahn* Rn 14). Ein **Selbsthilferecht** steht dem Vermieter nicht zu. Dies gilt auch ggü dem Mitbewohner und Untermieter. Eine eigenmächtige Inbesitznahme begrün- 19 det verbotene Eigenmacht, solange der Mieter den Besitz nicht aufgegeben hat. Eine gegenteilige Vereinbarung ist unwirksam (BGH NJW 1977, 1818). Die Rückgabe der Mietsache lässt sich idR mangels bes Notlage nicht durch einstweilige Verfügung durchsetzen (BaRoth/*Ehlert* Rn 37).

20 **5. Streitwert und Gerichtszuständigkeit.** Der **Gebührenstreitwert** bemisst sich nach **§ 41 GKG** (§ 23 Abs 1 S 1 RVG). Entscheidend ist die Höhe der Nettomiete (Köln WuM 2001, 33; KG ZMR 2005, 123; Düsseldorf ZMR 2006, 517; aA: Zweibrücken NZM 2001, 420). Hinsichtlich der **örtlichen Zuständigkeit** des Gerichts ist bei Mietverhältnissen über Räume **§ 29a ZPO** zu beachten.

§ 546a Entschädigung des Vermieters bei verspäteter Rückgabe.

[1] Gibt der Mieter die Mietsache nach Beendigung des Mietverhältnisses nicht zurück, so kann der Vermieter für die Dauer der Vorenthaltung als Entschädigung die vereinbarte Miete oder die Miete verlangen, die für vergleichbare Sachen ortsüblich ist.

[2] Die Geltendmachung eines weiteren Schadens ist nicht ausgeschlossen.

1 **A. Allgemeines.** § 546a knüpft an § 546 an und gibt dem Vermieter für den Fall, dass der Mieter seiner Rückgabepflicht aus § 546 nicht nachkommt und gleichzeitig eine Verlängerung nach § 545 nicht einschlägig ist, einen Entschädigungsanspruch an die Hand (MüKo/*Bieber* Rn 1). Während Abs 1 einen Anspruch auf Nutzungsentschädigung begründet, ist nach Abs 2 eine darüber hinausgehende Geltendmachung von weiteren Schadensersatzansprüchen möglich. Bei Mietverhältnissen über Wohnraum sind die Einschränkungen des § 571 zu beachten.

2 **B. Regelungsgehalt. I. Entschädigungsanspruch (Abs 1). 1. Allgemeines.** Zweck des Abs 1 ist, dem Vermieter auf einfachem Weg einen Entschädigungsanspruch zu gewähren, da der Mieter, der seiner Rückgabepflicht nicht nachkommt, nicht besser gestellt werden soll, als er bei Fortdauer des Mietverhältnisses stehen würde, so dass er aus diesem Grund mindestens die vereinbarte Miete weiter zu entrichten hat. Dies ist unabhängig davon, ob dem Vermieter durch die Vorenthaltung ein Schaden entstanden ist und ob der Mieter aus der Sache hat Nutzen ziehen können (BGH DWW 1999, 324; MDR 1989, 808; Schmidt-Futterer/*Gather* Rn 4, 6). Es liegt insofern allein am Mieter, die Rechtsfolgen des Abs 1 zu vermeiden (BGH NJW 1989, 1730). § 546a findet auch für die Zeit Anwendung, in der dem Mieter vom Vermieter, einem berechtigten Dritten oder gerichtlich bewilligt eine Räumungsfrist eingeräumt worden ist, §§ 721, 794a ZPO, (BGH NJW 1983, 112). Gleiches gilt für die Zeit der Gewährung von Vollstreckungsschutz nach § 765a ZPO (Staud/*Rolfs* Rn 28).

3 **2. Anwendungsbereich.** § 546a setzt voraus, dass ein **wirksamer Mietvertrag bestanden** hat (Schmidt-Futterer/*Gather* Rn 13). Die Norm gilt für Mietverhältnisse aller Art. Als Mietvertrag kommt im Rahmen der Vorschrift auch ein Leasingvertrag in Betracht (BGH NZM 2004, 354; vgl Staud/*Rolfs* Rn 11). Das Pachtrecht hält mit § 584b eine eigene Vorschrift parat. § 546a findet hingegen mangels bestehenden Mietvertrags im Verhältnis Vermieter-Untermieter, im Verhältnis von Vermieter zu Personen, die der Mieter lediglich in die Mieträume aufgenommen hat (zB Ehegatten, Kinder oder sonstige Angehörige) oder denen er die Mietsache nur anvertraut hat, keine Anwendung (MüKo/*Bieber* Rn 3). Im Untermietverhältnis ist § 546a nur anwendbar, solange das Hauptmietverhältnis besteht, da es dem (Haupt-)Mieter andernfalls an einer eigenen Nutzungsberechtigung fehlt (BGH NJW-RR 1996, 46). Ist das Hauptmietverhältnis beendet, hat der vermietende Eigentümer gegen den Untermieter Ansprüche auf Nutzungsentschädigung aus §§ 987 ff, wobei dies jedoch nur gilt, wenn der Untermieter keine Miete an den (Haupt-)Mieter zahlen muss (BGH WuM 1968, 1370). Zudem ist § 565 zu beachten, da in den Fällen des § 565 Abs 1 S 1 bei Beendigung des Untermietverhältnisses der (Haupt-)Vermieter kraft Gesetz in das frühere Untermietverhältnis eintritt (Staud/*Rolfs* Rn 12). Bei der entgeltlichen Überlassung an einen Miteigentümer durch einen anderen Miteigentümer ist Gemeinschaftsrecht (§§ 741 ff) und nicht Mietrecht einschlägig (BGH ZMR 1998, 20).

4 Ferner entstehen **keine schuldrechtlichen Beziehungen**, wenn eine Einweisung durch eine Ordnungsbehörde erfolgt (BGH NJW-RR 2006, 802). Die Zuweisung einer Unterkunft begründet ein öffentlich-rechtliches Verhältnis (Hamm VersR 1978, 64). Mietrechtliche Beziehungen entstehen erst dann, wenn zwischen der Behörde und dem Berechtigten ein Mietvertrag geschlossen wurde, andernfalls steht dem Berechtigten nach Ende der Einweisung und fehlender Räumung durch den Eingewiesenen ein öffentlich-rechtlicher Folgenbeseitigungsanspruch gegen die Gemeinde auf Räumung und Wiederherstellung des alten Zustandes zu, wobei eine Verletzung Ersatzansprüche gem § 839 Abs 1 auslöst (BGH NJW 1995, 2918; NJW-RR 2006, 802; vertiefend: Soerg/*Heintzmann* Rn 9).

5 **3. Anspruchsgegner.** Der Anspruch richtet sich ausschließlich gegen den Mieter. Mieter ist auch, wer durch eine Vereinbarung oder auf Grund eines Eintrittsrechts vor Ende des Mietverhältnisses in den Vertrag eingetreten ist (MüKo/*Bieber* Rn 8). Bei einer Mehrheit von Mietern richtet sich der Anspruch gegen sämtliche Mieter als Gesamtschuldner. Dies gilt selbst für solche Mieter, die bereits ausgezogen sind (MüKo/*Bieber* § 546 Rn 9). Sie müssen sich das Verschulden der anderen beim Vorliegen bes Umstände abw von der Regel des § 425 Abs 2 zurechnen lassen (Düsseldorf NJW-RR 1987, 911). Etwas anderes gilt gem § 424 für den Verzug.

4. Anspruchsinhalt. a) Vorenthalten der Mietsache. Ein **Vorenthalten der Mietsache** ist gegeben, wenn sie gegen den Willen des Vermieters nicht zurückgegeben wird (BGH WuM 2005, 786). Unerheblich ist, ob der Mieter den Gebrauch fortsetzt. Auf widerrechtliches oder schuldhaftes Handeln des Mieters kommt es nicht an (BGH NJW 1966, 248). Es ist vielmehr ausreichend, dass er den unmittelbaren (oder bei Gebrauchsüberlassung an Dritte) den mittelbaren Besitz behält (Schmidt-Futterer/*Gather* Rn 17). Ebenso wenig steht die Aufgabe des Besitzes einem Vorenthalten iSd Abs 1 entgegen, wenn hierdurch die Rückgabeverpflichtung verhindert werden soll (MüKo/*Bieber* § 546 Rn 4). Bindungen aus dem Untermietverhältnis sind unbeachtlich (BGH NJW 1984, 1527). Der Vermieter muss den Willen haben, die Mietsache zurückzunehmen (KG ZMR 2001, 890). Hieran fehlt es auch, wenn der Vermieter die Sache wegen Mängel nicht zurücknimmt (Düsseldorf ZMR 2005, 705), da es auf den Zustand der zurückgegebenen Sache für die Rückgabe iSv § 546 nicht ankommt (Düsseldorf WuM 2002, 494; KG ZMR 2007, 194). Dies löst jedoch Schadensersatzansprüche nach §§ 280, 281 aus. 6

Einzelfälle: Ein Vorenthalten kommt bei **fehlendem Rückbau von Gebäuden** oder Mängeln nur dann in Betracht, wenn die Weiterbenutzung dadurch unmöglich wird und dies dem Zurückbehalten des Besitzes gleichkommt (Soerg/*Heintzmann* Rn 6). Bleiben wesentliche **Teile der Einrichtung in den Räumen** zurück, kann der Vermieter über diese nicht verfügen, so dass ein Vorenthalten zu bejahen ist (BGH NJW 1988, 2665). Übt der Vermieter über die eingebrachten und zurückgelassenen Sachen sein Vermieterpfandrecht aus, findet § 546a keine Anwendung (Hamburg NJW-RR 1990, 86). Darüber hinaus steht das **Einräumen der Gelegenheit, Schönheitsreparaturen nachzuholen**, ebenso einem Vorenthalten entgegen (München WuM 2002, 614). Bei beweglichen Sachen kann ein geltend gemachtes Zurückbehaltungsrecht des Mieters dem Vorenthalten insoweit entgegenstehen (Soerg/*Heintzmann* Rn 4). Ein **Vorenthalten ist nicht gegeben**, wenn die Rückgabe aus **Gründen, die in der Person des Vermieters** liegen, nicht erfolgt (zB fehlende Anschrift des Vermieters; Vereinbarung, dass der Vermieter für den Rückerhalt sorgt, Köln ZMR 1993, 376). Ferner darf die Rückgabe der Mietsache nicht objektiv unmöglich sein (MüKo/*Bieber* Rn 6). **Behält der Mieter selbst angefertigte Schlüssel** mit der Zusicherung sie nicht zu benutzen, zurück, bis ihm Wertersatz geleistet wird, liegt darin kein Vorenthalten (BGH NJW 1975, 1773). Teilleistungen sind, soweit sie nicht vereinbart wurden, unzulässig und begründen ein Vorenthalten (KG GE 2003, 46). Ein Vorenthalten ist ebenfalls gegeben, wenn der Mieter nicht dafür sorgt, dass sein **Untermieter die Mietsache räumt** (BGH WuM 1984, 131). 7

b) Entschädigung. aa) Rechtsnatur des Anspruchs. Abs 1 begründet einen **vertraglichen Anspruch eigener Art** (BGH NZM 2003, 231). Es handelt sich nicht um einen Schadensersatzanspruch. § 254 findet keine Anwendung, so dass dem Vermieter durch den Mieter nicht entgegengehalten werden kann, dass er ggü dem Dritten seinen Anspruch aus § 546 Abs 2 nicht geltend gemacht hat (BGH NJW 1988, 2665). Die Vertragsbedingungen (zB Fälligkeit, Aufrechnungsverbote) sind auf den Anspruch entspr übertragbar (MüKo/*Bieber* § 546 Rn 7). Durch die Norm soll eine Beweisnot des Vermieters vermieden werden. 8

bb) Vereinbarte Miete. Abs 1 sieht die **vereinbarte Miete als Mindestbetrag** vor. Es handelt sich dabei um die nach dem Vertrag zu entrichtende, gesetzlich zulässige Miete (Soerg/*Heintzmann* Rn 12). Ferner umfasst der Anspruch die Nebenkosten und Zuschläge in vereinbarter Höhe (Düsseldorf DWW 2005, 156). Gleiches gilt für ein vereinbartes Entgelt für vom Vermieter vorzunehmende Wartungsarbeiten (BGH NJW-RR 1990, 884). War eine Anpassung der Miete an die veränderten Umstände vereinbart, kann die Anpassung auf Grund von Wertsicherungsklauseln, Staffelmietvereinbarungen oder sonstigen Anpassungsklauseln verlangt werden (BGH ZMR 1973, 238; Schmidt-Futterer/*Gather* Rn 29). Ein Untermieterzuschlag ist indes nicht erfasst (Düsseldorf ZMR 1994, 215). Bei einem Leasingvertrag entsprechen die vereinbarten Leasingraten der vereinbarten Miete iSv § 546a (Frankfurt aM DB 1987, 2195), wobei der Zeitwert der Sache nicht außer Verhältnis zur Leasingrate stehen darf (BGH NJW-RR 2005, 1081). Bei Übernahme der vom Vermieter geschuldeten Umsatzsteuer durch den Mieter als Teil der Miete zählt dieser Betrag auch zur vereinbarten Miete iSd Vorschrift (BGH NJW-RR 1996, 460). 9

Ist die Miete am Ende der Mietzeit nach § 536 gemindert, sind die entspr **Abzüge zu berücksichtigen** (MüKo/*Bieber* Rn 10). Gleiches gilt, wenn der Mangel während des Vorenthaltens auftritt, da die Minderung kraft Gesetzes eintritt (Staud/*Rolfs* Rn 42; MüKo/*Bieber* Rn 10; aA Schmidt-Futterer/*Gather* Rn 31: nach Beendigung keine Verpflichtung zur Gewährung des vertragsgem Gebrauchs; vgl § 536 Rn 2). Eine Behebung des Mangels beseitigt die Minderung ab diesem Zeitpunkt (Schmidt-Futterer/*Gather* Rn 31). Haben die Parteien den Umfang der Minderung vor Beendigung des Mietverhältnisses vertraglich vereinbart, ist dieser Betrag maßgebend (BGH WuM 1990, 246). Wurde ein Minderungs- oder Aufrechnungsverbot vereinbart, gilt dies auch für die Nutzungsentschädigung (BGH NJW-RR 2000, 530). Stehen dem Mieters einzelne Räume nach Beendigung des Mietverhältnisses nicht mehr zur Verfügung oder ist eine teilw Rückgabe entgegen § 266 ausnahmsweise zulässig, kommt ebenso eine Verminderung der Nutzungsentschädigung in Betracht (Staud/*Rolfs* Rn 46). Bei preisgebundenem Wohnraum sind §§ 8, 10 WoBindG bei einer Erhöhung der Nutzungsentschädigung zu beachten. 10

cc) Ortsübliche Miete. Der Vermieter kann aber auch anstelle der vereinbarten die **ortsübliche Miete für vergleichbare Sachen** verlangen. Dieser Anspruch besteht bei Beendigung des Mietverhältnisses von vornhe- 11 rein, so dass es keiner Gestaltungserklärung durch den Vermieter bedarf (BGH NJW 1999, 2808). Die ortsübliche Miete richtet sich nach einer aus allen Mieten innerhalb der betreffenden Gemeinde gebildeten Durchschnittsmiete, die zwar nicht mit § 558 Abs 2 identisch ist, sich aber an die dortigen Kriterien anlehnt (MüKo/*Bieber* R. 13; abw: Staud/*Rolfs* Rn 53: Vergleich nicht unter den Bestandsmieten sondern unter den Wiedervermietungsmieten). IÜ finden § 558 und die Verfahrensregeln der §§ 558a ff keine Anwendung (Schmidt-Futterer/*Gather* § 546a Rn 32). Zur Erhöhung der Miete bedarf es einer einseitigen Willenserklärung, die der Zustimmung des Mieters oder einer Begründung nicht bedarf (MüKo/*Bieber* Rn 13). Neben der ortsüblichen Miete sind zudem die tatsächlich anfallenden Betriebskosten zu entrichten. Die ortsübliche Miete kann jederzeit unter Berücksichtigung des Wahlrechts auch für die Vergangenheit gefordert werden und begründet keinen Schadensersatzanspruch iSv § 546a Abs 2 (Soerg/*Heintzmann* Rn 15). Für die ortsübliche Vergleichsmiete ist beim konkreten Vergleich die Art, Größe, Ausstattung, Beschaffenheit und Lage der Sache entscheidend, wobei dies auch für bewegliche Sachen gilt (Staud/*Rolfs* Rn 53). In aller Regel ist die Heranziehung von drei Vergleichsobjekten aus demselben Ort ausreichend, wobei auch auf einen aufgestellten Mietspiegel zurückgegriffen werden kann (vgl Staud/*Rolfs* Rn 53). Soweit der Vermieter hinsichtlich der Mieteinnahmen unsatzsteuerpflichtig ist, kann er die Umsatzsteuer nicht der ortsüblichen Miete hinzurechnen, wobei eine Geltendmachung über § 546a Abs 2 möglich ist (Hamm ZMR 1980, 375). Bei **Geschäfts- oder Gewerberaum** ist eine Heranziehung der obigen Merkmale nur eingeschränkt möglich, da vielmehr entscheidend ist, was für vergleichbare Geschäfts- oder Gewerberäume gezahlt wird (Schmidt-Futterer/*Gather* Rn 32). Bei preisgebundenem Wohnraum bildet die Kostenmiete die obere Begrenzung für den Anspruch auf die ortsübliche Vergleichsmiete (Staud/*Rolfs* Rn 55).

12 **dd) Wahlrecht.** Dem Vermieter steht ein Wahlrecht zwischen dem Anspruch auf die vereinbarte Miete und der ortsüblichen Miete zu. Eine einmal getroffene Wahl entfaltet Bindungswirkung (Schmidt-Futterer/*Gather* Rn 34), wobei dies nur für den jeweiligen vereinbarten Abrechnungsabschnitt gilt. Die bloße Entgegennahme der vereinbarten Miete begründet nicht die Ausübung des Wahlrechts, da in ihr kein Erklärungswert vorhanden ist (MüKo/*Bieber* Rn 12; aA Soerg/*Heintzmann* Rn 15).

13 **c) Fälligkeit, Dauer und Erlöschen des Anspruchs.** Die Fälligkeit richtet sich nach den für die Miete geltenden gesetzlichen oder vertraglichen Regelungen (MüKo/*Bieber* Rn 15). Soweit nichts Gegenteiliges vereinbart ist, gilt § 556b Abs 1 (Staud/*Rolfs* Rn 44). Der Anspruch besteht ausschließlich für die Zeit der Vorenthaltung und nicht für den übrigen Teil des vereinbarten Abrechnungszeitraums (BGH WuM 2005, 772), wobei insoweit ein Schadensersatzanspruch aus §§ 280, 286 (546a Abs 2) in Betracht kommt. Solange die Nutzungsentschädigung nicht völlig außer Verhältnis zum Zeitwert steht, ist diese auch zu leisten, wenn sie den Zeitwert der Sache übersteigt (BGH NJW 1994, 516). Bei dieser Betrachtung sind zudem die Interessen des Vermieters bzw des Leasinggebers an der Rückgabe der Sache zu berücksichtigen (Soerg/*Heintzmann* Rn 11). Der Anspruch endet am Tag der Rückgabe (KG GE 2003, 253). Zudem endet der Anspruch auf Rückgabe und damit der Anspruch auf Nutzungsentschädigung, wenn der Vermieter Schadensersatz statt der Leistung begehrt, § 281 Abs 4 (Soerg/*Heintzmann* Rn 17).

14 **II. Schadensersatz (Abs 2).** Nach Abs 2 ist die Geltendmachung eines weiteren Schadens nicht ausgeschlossen. Für Wohnraummieten sind indes die Einschränkungen des § 571 zu beachten. Abs 2 begründet keine eigenständige Anspruchsgrundlage. Als denkbare Schäden kommen Verzugsschäden und Schäden auf Grund von Pflichtverletzungen in Betracht (Staud/*Rolfs* Rn 58, 60). Denkbar sind Ansprüche auf Grund entgangenen Gewinns insbes auf Grund von Mietausfall, fehlender Schönheitsreparatur, anderer nicht vorgenommener Reparaturen, Verschlechterungen oder Veränderungen während des Vorenthaltens, Ansprüchen des Nachmieters gegen den Vermieter, fehlenden Bemühens des Mieters um eine Ersatzwohnung, fehlender Mitteilung an den Vermieter über den baldigen Auszug, um einen neuen Mieter gewinnen zu können, allg Verhinderung der zügigen Weitervermietung oder zusätzlicher Aufwendungen (MüKo/*Bieber* Rn 18). Eine Räumungsfrist hat grds keinen Einfluss auf den Verzug des Mieters, soweit nichts Gegenteiliges vereinbart worden ist oder sich aus der Auslegung ergibt (BGH NJW-RR 1987, 907). Schadensersatzansprüche aus §§ 280 ff bedingen gem § 280 Abs 1 S 2 im Gegensatz zu § 546a Abs 1 ein Verschulden. Liegen Hinderungsgründe für eine Rückgabe vor, die eine gerichtliche Räumungsfrist gerechtfertigt hätten, scheidet ein Verschulden des Mieters aus (LG Hamburg WuM 1996, 341). Bei den Ansprüchen nach Abs 2 kommt eine Kürzung gem § 254 in Betracht (München ZMR 1989, 224). Der Vermieter hat keinen Anspruch auf die vom Untermieter gezahlte Miete (Düsseldorf ZMR 1994, 215). Der Schaden kann auch darin begründet sein, dass eine Räumungsklage betrieben werden muss, wobei dies auch ggü einem bereits ausgezogenen Mitmieter geltend gemacht werden kann (Soerg/*Heintzmann* Rn 20). Eine Betreibenspflicht der Mietsache ist fortzuführen (Soerg/*Heintzmann* aaO; vgl § 535 Rz 52). Der Vermieter kann statt der Rückgabe den Wert der Sache als Nichterfüllungsschaden verlangen, wobei ein Zwangskauf durch den Mieter bedenklich ist (MüKo/*Bieber* Rn 21). Der Umfang der Schadensersatzansprüche richtet sich nach §§ 249 ff. Unterliegt der Vermieter der Umsatzsteuer, so ist diese zu ersetzen, wenn die Schadensleistung selbst der Umsatzsteuer unterfällt (Frankfurt aM DWW 1992, 336).

C. Verfahrensrechtliches. I. Allgemeines. § 546a ist abdingbar, da jedoch das Vorenthalten gegen den Willen des Vermieters zum gesetzlichen Leitbild der Norm gehört, ist eine Formularklausel, die für die Zahlung der Nutzungsentschädigung an die bloße Nichtrückgabe anknüpft, gem § 307 Abs 2 Nr 1 unwirksam (BGH NJW-RR 2004, 558). Eine formularmäßige Vereinbarung, nach der eine über die tatsächliche Zeit der Vorenthaltung hinausgehende Nutzungsentschädigung zu zahlen ist, muss sich als pauschale Schadensvereinbarung an § 309 Nr 5b messen lassen (Soerg/*Heintzmann* Rn 21). Ferner sind bei Formularverträgen §§ 308 Nr 7 und § 309 Nr 7 und bei Wohnraummiete § 571 zu beachten. 15

Die **Abtretung** des Räumungsanspruchs aus § 546 berührt den Anspruch aus § 546a nicht zwingend. Dieser verbleibt ggf beim Vermieter (BGH NJW 1983, 112). Dies dürfte indes die Ausnahme bilden, da eine zusammenhängende Abtretung die Regel bildet und insoweit eine zusammenhängende Abtretung im Zweifel anzunehmen ist, selbst wenn der Anspruch bereits vor der Abtretung entstanden ist (Schmidt-Futterer/*Gather* Rn 11; abw: Soerg/*Heintzmann* Rn 2). § 546a kann mit Bereicherungsrecht und den Ansprüchen aus §§ 904, 987 ff **konkurrieren** (vertiefend: Staud/*Rolfs* Rn 65 ff), wobei bei Wohnraummiete § 571 zu beachten ist. Der Anspruch **verjährt** gem §§ 195, 199 in drei Jahren. 16

Der Vermieter hat darzulegen und zu **beweisen**, dass das Mietverhältnis beendet ist. Zudem ist er für die Höhe der ortsüblichen Miete beweispflichtig, wobei es hierbei auf die Benennung konkreter Vergleichsobjekte ankommt (MüKo/*Bieber* Rn 17: Ausnahmen bei baulicher Besonderheit möglich, zB Fernsehturm). Der Mieter muss beweisen, dass er die Sache zurückgegeben hat oder nicht besitzt und er daher nicht dem Vermieter die Sache, auch nicht durch die Gebrauchsüberlassung an einen Dritten, vorenthält. Gleiches gilt, wenn keine Rückgabe erfolgt ist, aber dennoch kein Vorenthalten gegeben ist, zB Verweigerung der Annahme (Schmidt-Futterer/*Gather* Rn 51). Die Beweislast, dass die Nutzungsentschädigung außer Verhältnis zum Zeitwert der Sache steht, trägt der Mieter (Soerg/*Heintzmann* Rn 11). 17

II. Rechtszustand während des Vorenthaltens. Während der Räumungsfrist liegt ein vertragsloser Zustand vor (MüKo/*Bieber* Rn 26). Das entstandene Abwicklungsschuldverhältnis begründet für die Parteien Rechte und Pflichten, wobei das vorwiegende Interesse des Mieters am Gebrauch der Sache einem Äquivalenzverhältnis entgegensteht (MüKo aaO). Der Mieter schuldet Obhut und Sorgfalt. Er haftet nunmehr auch für Verschlechterung und Veränderungen durch den Gebrauch. § 571 ist zu beachten. Maßnahmen zur Verbesserung der Sache sind durch den Mieter grds hinzunehmen, während nur die Mieter und die bei Vertragsende in zulässiger Weise aufgenommenen Personen durch der Vermieter zu dulden sind, wobei eingeräumte Sondernutzungen entfallen können (zB Haltung von nicht notwendigen Tieren, vgl hierzu § 535 Rz 32). Den Vermieter trifft eine eingeschränkte Erhaltungspflicht und die Gewährung von Versorgungs- und Entsorgungsleistungen, wenn zumindest eine überwiegende Wohnraumnutzung vorliegt (KG NZM 2007, 923; vertiefend: MüKo/*Bieber* Rn 27 ff). 18

III. Aufrechnungsverbot, Geltendmachung, Streitwert und Insolvenz. Ein vereinbartes Aufrechnungsverbot entfaltet ggü dem Entschädigungsanspruch die gleiche Wirkung, wie es ggü dem Anspruch auf Mietzins der Fall war (Soerg/*Heintzmann* Rn 16). Bei Wohnraummiete ist § 556b zu beachten. Der Anspruch wird durch eine einseitige empfangsbedürftige, bedingungsfeindliche Willenserklärung des Vermieters geltend gemacht, wobei dies auch durch eine Zahlungsklage erfolgen kann (Schmidt-Futterer/*Gather* Rn 34). Der Anspruch kann gem § 259 ZPO zugleich mit künftig fällig werdenden Leistungen klagweise geltend gemacht werden (BGH NJW 1999, 954; WuM 2003, 280). Der Streitwert bemisst sich nach § 9 ZPO, wenn der Bezug der Leistung erfahrungsgem dreieinhalb Jahre dauern kann (BGH NZM 2005, 519; BaRoth/*Ehlert* Rn 28a). Der Anspruch des Vermieters auf Nutzungsentschädigung ist als Masseverbindlichkeit iSd § 55 Abs 1 Nr 2 InsO einzuordnen, wenn das Mietverhältnis, aus dem er folgt, die Eröffnung des Insolvenzverfahrens überdauert hat oder der Insolvenzverwalter die Sache in Besitz nimmt (BGH NJW 1984, 1527; NJW 1984, 516; 2007, 1591; 2007, 1594). 19

§ 547 Erstattung von im Voraus entrichteter Miete.

[1] Ist die Miete für die Zeit nach Beendigung des Mietverhältnisses im Voraus entrichtet worden, so hat der Vermieter sie zurückzuerstatten und ab Empfang zu verzinsen. Hat der Vermieter die Beendigung des Mietverhältnisses nicht zu vertreten, so hat er das Erlangte nach den Vorschriften über die Herausgabe einer ungerechtfertigten Bereicherung zurückzuerstatten.

[2] Bei einem Mietverhältnis über Wohnraum ist eine zum Nachteil des Mieters abweichende Vereinbarung unwirksam.

A. Allgemeines. Durch die Vorschrift wird der Umfang der Rückzahlungspflicht des Vermieters für die im Voraus erhaltene Miete, wenn das Mietverhältnis beendet ist und die Vorauszahlungen noch nicht abgewohnt sind, geregelt. Die Norm wahrt die Äquivalenz von Vermieter- und Mieterleistung. Das Berufen auf den Wegfall der Bereicherung nach § 818 Abs 3 steht einem Anspruch aus Abs 1 S 1 nicht entgegen. 1

B. Regelungsgehalt. I. Anwendungsbereich. § 547 gilt für alle Arten von Mietverhältnissen und für die Pacht (BGH NJW 2000, 2987). Ebenso greift die Vorschrift bei einem Mietvorvertrag (BGH DWW 1964, 56). 2

Ferner erfasst die Norm alle Arten der Beendigung eines Mietverhältnisses (Staud/*Rolfs* Rn 12). Bei preisgebundenem Wohnraum richtet sich die Erstattung nach § 9 Abs 7 WoBindG.

3 **II. Anspruchsinhalt. 1. Anspruchsinhaber und -gegner.** Der Anspruch aus § 547 Abs 1 steht dem Mieter zu, der die Mietvorauszahlungen geleistet hat. Bei einer Personenmehrheit kann der Anspruch nur von allen geltend gemacht werden, wobei die Abtretung an einen einzelnen Mieter möglich ist (Schmidt-Futterer/*Gather* Rn 33). Der Anspruch steht auch dem Rechtsnachfolger zur Zeit der Beendigung des Mietverhältnisses zu, wenn er dem bisherigen Mieter den noch nicht abgewohnten Teil der Vorauszahlung erstattet hat (BGH NJW 1964, 37; 1966, 1705). Die Abtretung kann durch eine sog Nachfolgeklausel geregelt werden, wobei bei Wohnraum § 547 Abs 2 zu beachten ist. Insoweit kommt es auf eine tatsächliche Abfindung an den bisherigen Mieter an. Die Erlangung eines bloßen Anspruches genügt diesbezüglich nicht (Schmidt-Futterer/*Gather* aaO).

4 Der Anspruch richtet sich grds gegen den, der bei Beendigung des Mietverhältnisses Vermieter ist. Für einen Wechsel des Vermieters durch Einzel- oder Gesamtrechtsnachfolge gelten keine Besonderheiten (Staud/*Rolfs* Rn 37). Anders verhält es sich, wenn ein Erwerber auf Grund unmittelbarer oder entspr Anwendung der §§ 566, 578 an die Stelle des bisherigen Vermieters tritt (Grundstückserwerber, § 566; Ersteher, § 57 ZVG; Erlöschen des Erbbaurechts, § 30 ErbbauVO; Heimfall eines Dauerwohnrechts, § 37 Abs 2 WEG; Beendigung des Nießbrauchs, § 1056; etc), da es sich hierbei um einen Eintritt kraft Gesetz handelt mit der Folge, dass ein neues Mietverhältnis gleichen Inhalts mit dem Erwerber durch den Eigentumswechsel begründet wird (Staud/*Rolfs* Rn 38). Für diese Fälle treffen die §§ 566b, 566c, 578 und bei Einschlägigkeit § 57b ZVG bes Regelungen.

5 **2. Beendigung des Mietverhältnisses.** Alle Formen der Beendigung eines Mietverhältnisses kommen für § 547 in Betracht. Insofern sind die ordentliche und außerordentliche Kündigung, die Kündigung durch den Insolvenzverwalter (§ 109 InsO), durch den Ersteher (§ 57a ZVG, indes ist § 57c Abs 1 ZVG zu beachten), durch den Erwerber (§ 111 InsO), aber auch der Aufhebungsvertrag (Celle MDR 1978, 492) oder der Zeitablauf (§ 542 Abs 2) Beendigungstatbestände iSv § 547 (Schmidt-Futterer/*Gather* § 547 Rn 6). Bei Anfechtung gilt indes § 547 nicht.

6 **3. Mietvorauszahlung.** Der Schutzzweck der Norm erfasst nicht nur die eigentliche Miete, sondern jede Leistung des Mieters mit Entgeltcharakter, die nach ihrem Inhalt Bezug zur Miete hat und mit ihr innerlich verbunden ist (BGH NJW 2000, 2987, vgl § 535 Rz 45 f). Zu den Mietvorauszahlungen können daher auch Mietdarlehen, Baukosten- und Finanzierungszuschüsse (München NJW-RR 1993, 655), soweit deren Anrechnung auf die Miete tatsächlich vorgenommen oder vereinbart ist, Sachleistungen (BGH NJW 1970, 2289), abwohnbare Baukostenzuschüsse (BGH NZM 2003, 314) oder die Verrechnung der Miete auf den Kaufpreis (BGH NJW 2000, 2987) zählen (Soerg/*Heintzmann* Rn 2). Der Zweck der Vorauszahlung ist unerheblich (MüKo/*Bieber* Rn 4). Verwendungen auf die Mietsache fallen nicht unter § 547, soweit diese nicht vertraglich als Mietvorauszahlung vereinbart worden sind (BGH NJW 1970, 2289; Hamm 1971, 1318). Bei preisgebundenem Wohnraum ist § 9 Abs 2 bis 4 WoBindG zu beachten.

7 **4. Verzinsung.** Gem Abs 1 S 1 hat der Vermieter die für einen späteren Zeitpunkt im Voraus erhaltene Miete seit Erhalt der Leistung zu verzinsen, so dass die verschärfte Haftung bereits mit Empfang der Leistung beginnt (BGH NJW 1963, 709). Der Zinssatz beträgt gem § 246 4 %. Befindet sich der Vermieter im Verzug, ist § 288 einschlägig.

8 **5. Entstehung, Fälligkeit und Umfang.** Da der Anspruch aus dem Mietvertrag stammt, ist er vertraglicher Natur (BGH NJW 1970, 2289). § 254 findet daher keine Anwendung. Der Anspruch entsteht mit der Setzung des Beendigungstatbestandes und wird mit der Beendigung fällig, soweit nichts Gegenteiliges vereinbart ist (Ausnahme § 547 Abs 2) (Staud/*Rolfs* Rn 23). Ein Anspruch des Vermieters aus § 546a begründet eine Aufrechnungsmöglichkeit (§ 387) bzw ein Zurückbehaltungsrecht (§ 273). Der Betrag ist in einer Summe zu leisten (Frankfurt aM ZMR 1970, 181). Bei Wohnraummiete verstößt daher eine Ratenzahlungsvereinbarung auch im Falle des Abs 1 S 2 gegen § 547 Abs 2. Auf seinen Erstattungsanspruch muss sich der Mieter Nutzungsvorteile anrechnen lassen (Hamburg OLGR 2005, 266). Vom Umfang her richtet sich der Anspruch nach § 346 (MüKo/*Bieber* Rn 7). Der noch nicht abgewohnte Teil der Vorauszahlung ist zu erstatten. Bestand die Leistung des Mieters nicht in Geld, so muss der Vermieter sie nur in Geld zurückerstatten, wenn die Leistung unmöglich ist (Schmidt-Futterer/*Gather* Rn 30). Vor Beendigung des Mietverhältnisses besteht auch bei Vermögensverfall kein Anspruch gegen den Vermieter aus § 547 (MüKo/*Bieber* Rn 7).

9 **6. Haftung nach Bereicherungsrecht (Abs 1 S 2). a) Allgemeines.** Die Verweisung in Abs 1 S 2 begründet eine Rechtsfolgenverweisung (Schmidt-Futterer/*Gather* Rn 29). Insofern hat die Verweisung auf die §§ 812 ff zur Folge, dass sich der Umfang der Verpflichtung des Vermieters nach § 818 Abs 1 bemisst (Staud/*Rolfs* Rn 30). Ist der Vermieter nicht mehr bereichert, entfällt gem § 818 Abs 3 die Verpflichtung. Hat der Vermieter die Beendigung des Mietverhältnisses nicht zu vertreten, ist er nach Abs 1 S 2 entgegen des Regelfalls des Abs 1 S 1 nur zur Erstattung verpflichtet, wenn er bereichert ist (MüKo/*Bieber* Rn 1).

b) Vertretenmüssen. Abs 1 S 1 begründet auf Grund der fehlenden Möglichkeit des Vermieters sich auf § 818 Abs 3 berufen zu können, eine verschärfte Haftung des Vermieters. Diese tritt jedoch gem Abs 1 S 2 dann nicht ein, wenn der Vermieter die Beendigung des Mietverhältnisses nicht zu vertreten hat. Das Verschulden ist grds an den Regelungen der §§ 276, 278 zu messen. Darüber hinaus trifft den Vermieter dann ein Verschulden, wenn dem Vermieter der Grund für die Beendigung objektiv zuzurechnen ist (Schmidt-Futterer/*Gather* Rn 24). Zudem ist Abs 1 S 2 dann einschlägig, wenn (auch) der Mieter die Beendigung seinerseits zu vertreten hat (LG Mönchengladbach WuM 1989, 78). Ein Vertretenmüssen des Vermieters liegt vor, wenn der Mieter nach §§ 540 Abs 1 S 2, 543 Abs 2 Nr 1, 561, 569 Abs 1 oder wegen Unzumutbarkeit der Mietverhältnisse berechtigt kündigt und der Vermieter die Nichtgewährung bzw die Gesundheitsgefährdung zu vertreten hat (Schmidt-Futterer/*Gather* Rn 25). Ein Vertretenmüssen ist ebenfalls gegeben, wenn sich die Kündigung des Vermieters auf §§ 573 Abs 2 Nr 2, 3 oder auf § 573a stützt (Schmidt-Futterer/*Gather* Rn 26). Nicht zu vertreten hat der Vermieter die Beendigung dann, wenn er aus dem Mieter zurechenbaren Gründen kündigt (zB §§ 543 Abs 2 Nr 3, 573 Abs 2 Nr 1), wenn der Mieter aus einem dem Vermieter nicht zurechenbaren Grund gekündigt hat, bei Zeitablauf, bei Nichtausübung einer Verlängerungsoption, bei einer Kündigung nach § 109 InsO, bei einer Kündigung des Erstehers der Zwangsversteigerung oder wegen Todes des Mieters (vertiefend: MüKo/*Bieber* Rn 10; Staud/*Rolfs* Rn 16 ff). Da zum Abschluss eines Aufhebungsvertrages niemand gezwungen wird, hat der Vermieter die Beendigung des Mietverhältnisses in diesem Fall nicht zu vertreten (Celle MDR 1978, 492; MüKo/*Bieber* Rn 10; aA Staud/*Rolfs* Rn 19). 10

7. Baukostenzuschüsse. Besonderheiten ergeben sich bei den sog **Baukostenzuschüssen**, die oft auch als Modernisierungsbeitrag bezeichnet werden (Schmidt-Futterer/*Gather* Rn 15). Darunter fallen Geld- oder Sachleistungen an den Bauherrn, die zur Deckung der Gesamtkosten dienen (Soerg/*Heintzmann* Rn 9). Baukostenzuschüsse sind von § 547 erfasst, soweit sie durch die Abwohnbarkeit zur Miete in Beziehung gesetzt worden sind (BGH NJW 2003, 1317). Rechtlich und wirtschaftlich gesehen handelt es sich in diesen Fällen um **Mietvorauszahlungen** (Staud/*Rolfs* Rn 9). Demggü fallen Zuschüsse, die weder mit der Miete verrechnet werden noch bei Beendigung des Mietverhältnisses zu ersetzen sind, nicht unter § 547, sog verlorene Baukostenzuschüsse (MüKo/*Bieber* Rn 16). Mit diesen Zuschüssen wird vielmehr versucht, den Abschluss eines längerfristigen Mietvertrages zu erreichen (BGH NJW 1985, 313). Soweit die verlorenen Baukostenzuschüsse nicht durch die erfolgte Nutzung als getilgt anzusehen sind, erfolgt ihre Erstattung nach Bereicherungsgrundsätzen (BGH NJW 1978, 1483). Für Mietverhältnisse über Wohnraum ist die Rückerstattung von verlorenen Baukostenzuschüssen abschließend in Art VI des Gesetzes zur Änderung des II. Wohnbaugesetzes, anderer wohnungsrechtlicher Vorschriften und über die Rückerstattung von Baukostenzuschüssen vom 21.07.1962 (BGBl I S 1041), zuletzt geändert durch die Mietrechtsreform vom 19.06.2001 (BGBl I S 1149), geregelt, wobei die Vorschrift mit Ausnahme der Verjährungsregeln weitestgehend dem § 547 entspricht (insges vertiefend: MüKo/*Bieber* Rn 16 ff; Soerg/*Heintzmann* Rn 9 f). Der Umfang des Bereicherungsanspruchs deckt sich indes nicht zwingend mit den noch nicht abgewohnten verlorenen Baukostenzuschüssen. Es kommt vielmehr darauf an, welchen Vorteil der Vermieter durch die vorzeitige Rückgabe der Sache erzielen kann (BGH NJW 1967, 2255; 1985, 313; umstr vgl Staud/*Rolfs* Rn 31 ff). Hierbei ist die dem Mieter entgangene Nutzungsmöglichkeit maßgeblich, wobei die Leistungspflicht sich grds nur auf eine Ratenzahlung erstreckt (vertiefend: Staud/*Rolfs* Rn 31 ff; Schmidt-Futterer/*Gather* Rn 21 f). 11

C. Verfahrensrechtliches. Der Anspruch **verjährt** nach den allg Regeln gem §§ 195, 199. § 548 findet insoweit keine Anwendung (BGH NJW 1970, 2289). Neben § 547 können **Schadensersatzansprüche** bestehen. So ist zB der frühere Vermieter schadensersatzpflichtig, wenn die Vorauszahlung ggü dem Erwerber unwirksam ist, zB Unwirksamkeit aus §§ 566b, 566c, 567 1065, 2135 oder § 30 ErbbauVO (MüKo/*Bieber* Rn 15). Die Norm ist **abdingbar.** Bei Wohnraummiete ist indes Abs 2 zu beachten. Abweichungen ergeben sich zB durch eine Hinauszögerung, eine Ratenzahlungsvereinbarung, eine Haftungsverschlechterung, durch den Ausschluss der Erstattung oder durch niedrigere Verzinsung. Ebenso führt eine Umgehung durch eine Verknüpfung mit anderen Verträgen zur Nichtigkeit (BGH NJW 1971, 1658). IÜ folgt die Abdingung den allg Regeln. Für Umstände, die ein Nichtvertretenmüssen iSv Abs 1 S 2 begründen, trägt der Vermieter die **Beweislast.** Kündigt indes der Mieter, hat dieser darzulegen und zu beweisen, dass der Vermieter hierfür begründeten Anlass gegeben hat (MüKo/*Bieber* Rn 14). 12

§ 548 Verjährung der Ersatzansprüche und des Wegnahmerechts.

[1] Die Ersatzansprüche des Vermieters wegen Veränderungen oder Verschlechterungen der Mietsache verjähren in sechs Monaten. Die Verjährung beginnt mit dem Zeitpunkt, in dem er die Mietsache zurückerhält. Mit der Verjährung des Anspruchs des Vermieters auf Rückgabe der Mietsache verjähren auch seine Ersatzansprüche.

[2] Ansprüche des Mieters auf Ersatz von Aufwendungen oder auf Gestattung der Wegnahme einer Einrichtung verjähren in sechs Monaten nach der Beendigung des Mietverhältnisses.

1 **A. Allgemeines.** Durch die Regelungen des § 548 sollen die Mietparteien zu einer raschen Feststellung gegenseitiger Ansprüche veranlasst werden, da durch erneute Vermietung und Veränderungen die Beweisführung erschwert wird (Soerg/*Heintzmann* Rn 1). Entspr des Zwecks die Norm ist diese weit auszulegen (BGH NJW 2006, 1963).

2 **B. Regelungsgehalt. I. Anwendungsbereich. 1. Vertragsarten.** § 548 ist auf **Mietverhältnisse** aller Art sowie auf die **Pacht** anzuwenden (MüKo/*Bieber* Rn 3). Bei Leasingverträgen (vgl § 535 Rz 5) ist die Norm nur einschlägig, soweit es sich um Ersatzansprüche des Leasinggebers wegen der Beschädigung der Leasingsache handelt (BGH NJW 1986, 1335; NJW-RR 2000, 1303). Zudem sind von der Regelung des § 548 auch gemischte Verträge mit überwiegend mietvertraglichen Charakter erfasst (BGH NJW 2002, 1336; zB Hotelaufnahmevertrag, BGH NJW 1978, 1426, bei Gleisanlagen, BGH NZM 2002, 605, Filmverleihung, Celle NJW 1965, 1667, Vermietung einer Kiesgrube, Karlsruhe BB 1988, 2130; Tankstellenpachtvertrag, BGH NJW 1997, 1983). Ferner setzt die Norm keinen wirksamen Vertrag voraus. § 548 ist **entspr anwendbar** im Falle von Ersatzansprüchen in der Vertragsanbahnungsphase (zB Probefahrt, BGH NJW 1968, 1472; 1992, 2413), der Minderjährigkeit des Mieters (BGH NJW 1967, 980), des Abbruchs der Vertragsverhandlungen (BGH NJW 2006, 1963) sowie bei Ansprüchen des Vermieters gegen einen vollmachtlosen Vertreter des Mieters aus § 179 Abs 1 (BGH NJW 2004, 774). Von der Norm erfasst sind ebenso Ansprüche auf Grund der Beschädigung einer Sache bei einem Kauf auf Probe während der Probezeit (BGH NJW 1992, 2413). § 548 findet in allen Fällen Anwendung, in denen das mit der Rückgabe der Sache beginnende Abwicklungsverhältnis zügig erledigt werden muss (BGH NJW 2002, 1336). Entspr Regelungen finden sich in den §§ 591b, 606, 1057.

3 **2. Art der Ansprüche.** Der geltend gemachte **Anspruch kann auf Gesetz oder Vertrag beruhen** (Düsseldorf NJW-RR 1991, 208). Zudem werden auch außerhalb des eigentlichen Mietrechts wurzelnde Ansprüche erfasst, soweit sie auf demselben Sachverhalt beruhen (BGH NJW 1987, 187; Ansprüche aus Eigentum, BGH NJW 2006, 1963; aus unerlaubter Handlung, soweit die Mietsache nicht völlig zerstört ist, BGH NJW 2006, 2399; aus ungerechtfertigter Bereicherung, BGH NJW 1989, 2745; aus § 22 WHG, BGH NJW 1987, 187; aus §§ 7, 14 StVG, BGH NJW 1973, 2059 oder aus GoA, BGH NJW 1987, 187). Ausgleichsansprüche des Grundeigentümers aus § 24 BBodSchG gegen den Mieter unterlagen nach der bisherigen Rspr ebenfalls der Verjährung nach § 548 (LG Hamburg NZM 2001, 229; LG Frankfurt aM NZM 2002, 583; aA MüKo/*Bieber* Rn 5; Soerg/*Heintzmann* Rn 4; Bremen NZM 2008, 85). Vermieter und Eigentümer müssen nicht identisch sein, soweit die Überlassung durch den Eigentümer gestattet war oder eine enge wirtschaftliche Verflechtung besteht (BGH NJW 1992, 1820; 1997, 1983). Mit dem Hauptanspruch verjähren auch die Ansprüche auf Nebenleistungen, § 217. Hierzu sind Ansprüche auf Zinsen, Früchte und den Ersatz des Verzugsschadens zu zählen (Köln ZMR 1993, 470; Soerg/*Heintzmann* Rn 2). Ebenso sind von § 548 Ansprüche erfasst, die an die Stelle eines weggefallenen Anspruchs treten (zB Anspruch auf Versicherungssumme anstelle der verbrannten Einrichtung, Soerg/*Heintzmann* Rn 2), wobei diese nicht erst nach den in Abs 1 und 2 maßgebenden Zeitpunkten entstanden sein dürfen (BGH NJW 1991, 3031). § 548 erstreckt sich nicht auf Ansprüche aus § 826 (BGH NJW 2001, 2253).

4 **3. Schäden an nicht vermieteten Sachen.** Grds nicht von der Verjährung des § 548 erfasst sind Ersatzansprüche wegen Schäden an nicht vermieteten Sachen, wobei bei Ersatzansprüchen wegen Schäden an mitbenutzten Teilen oder Sachen oder an Sachen, die sich derart im unmittelbaren Besitz des Vermieters befinden, dass er den Schaden sofort überblicken kann, sofern ein räumlicher Bezug zur Mietsache besteht, sich die Verjährung nach § 548 richtet (BGH NJW 2006, 2399; 1973, 2059; Soerg/*Heintzmann* Rn 5). § 548 erstreckt sich auch auf Ansprüche wegen Schäden an nicht vermieteten Sachen, wenn diese Sachen einen hinreichenden Bezug zum Mietobjekt haben und die Beschädigung der Mietsache zu diesen Schäden führt (BGH NJW 1992, 687).

5 **II. Verjährung der Ansprüche des Vermieters nach Abs 1. 1. Ansprüche wegen Veränderung oder Verschlechterung. a) Umfang.** Abs 1 umfasst die **Ersatzansprüche** des Vermieters wegen **Veränderung oder Verschlechterung** der Mietsache. Insoweit sind Ansprüche betroffen, die ihren Grund darin haben, dass der Mieter zwar die Sache zurückgibt, diese sich aber in einem nicht (vertraglichen oder gesetzlichen) ordnungsgem Zustand befindet. Es ist unerheblich, ob die Ansprüche als Zahlungsansprüche oder als Anspruch auf Wiederherstellung geltend gemacht werden (BGH NJW 1989, 1854). Von Abs 1 ebenso erfasst sind Ansprüche auf **Ersatz der Folgeschäden** (zB Mietausfall) und **Ansprüche wegen Schädigung des Geschäftswertes** (MüKo/*Bieber* Rn 7), hingegen der Erfüllungsanspruch und Ansprüche auf Grund der völligen Zerstörung nicht unter die Verjährung des § 548 fallen (BGH NJW-RR 1988, 1358). Eine völlige Zerstörung besteht nicht, wenn noch einzelne Reste oder (bei völliger Zerstörung des Gebäudes) das Grundstück zurückgegeben werden (BGH ZMR 1993, 458). Auf die Größe des Schadens kommt es nicht an.

6 **b) Ansprüche.** Ansprüche iSv Abs 1 sind Ansprüche, die auf Verletzung der übernommenen Erhaltungs- und Reparaturpflicht (BGH NJW 1987, 2072), der Wiederauffüllungspflicht des Heizöltanks (LG Kiel WuM 1986, 277), der Rückbaupflicht bzw Wiederherstellungspflicht des ursprünglichen Zustandes (BGH NJW 1988, 1778), der Wegereinigungspflicht (Staud/*Emmerich* Rn 8), der Obhutspflicht (LG Köln VersR 1979,

415), der Anzeigepflicht von Mängeln, § 536c (Staud/*Emmerich* Rn 9) oder der Gebrauchspflicht beruhen. Ebenfalls erfasst sind Ansprüche wegen vertragswidriger Wegnahme (BGH NJW 1970, 1182) und der Unterlassung des Abschlusses einer Feuerversicherung (BGH NJW 1964, 545). Gleiches gilt bei Ersatzansprüchen gegen einen Mieter, der die Mietminderung eines anderen Mieters verursacht hat (Schmidt-Futterer/*Gather* Rn 31). Nicht hierunter fallen Ersatzansprüche wegen unvollständiger Räumung.

Der wohl wichtigste Anwendungsfall des Abs 1 betrifft die Ansprüche des Vermieters auf Vornahme fälliger Schönheitsreparaturen sowie die Ersatzansprüche wegen unterlassener Schönheitsreparaturen (Schmidt-Futterer/*Gather* Rn 34; vgl § 535 Rz 39 ff). Die Ansprüche auf Grund anteiliger Kosten für zukünftige Schönheitsreparaturen (sog Quotenklausel: LG Berlin NZM 2002, 121), Gutachterkosten zur Feststellung der Schäden und die Erstattung von Renovierungskosten fallen ebenso unter Abs 1 (Staud/*Emmerich* Rn 10). 7

c) Zeitpunkt der Entstehung. Der Anspruch kann vor der Begründung des Mietverhältnisses, während oder nach dem Ende des Mietverhältnisses entstanden sein, entscheidend jedoch ist, dass seine Entstehung vor der Rückgabe der Sache liegt (BGH NJW 1970, 1182; abw: Soerg/*Heintzmann* Rn 7). 8

d) Einbeziehung Dritter. Soweit Dritte in den Schutzbereich eines Mietvertrages einbezogen worden sind, können sich diese in gleichem Umfang auf Abs 1 berufen. Ist der Eigentümer mit der Vermietung der Sache durch einen Dritten einverstanden, unterfallen seine deliktischen Ansprüche gegen den Mieter oder Untermieter im Falle der Beschädigung der Sache § 548 (BGH NJW 1997, 1983). Gleiches gilt bei einer wirtschaftlich engen Verbindung zwischen Vermieter und Eigentümer (BGH NJW 1992, 1821) oder im Falle von Wohnungseigentum im Verhältnis der übrigen Wohnungseigentümer ggü einem Mieter (LG Essen NJW-RR 1998, 874). Im Verhältnis Vermieter-Untermieter findet § 548 grds keine Anwendung, es sei denn, der Vermieter hat in die Untervermietung eingewilligt (BGH NJW 2001, 2253; MüKo/*Bieber* Rn 9). In den Schutzbereich einbezogen sind in erster Linie zum Hausstand gehörende Personen (BGH NJW 2006, 2399) oder Hilfspersonen des Mieters (zB berechtigter Fahrer des Mietwagens: BGH NJW 1978, 1426). 9

2. Verjährung. a) Rückerhalt. aa) Allgemeines. Nach Abs 1 S 2 beginnt die Verjährung in dem Zeitpunkt, in dem der Vermieter die Mietsache zurückerhält. Dies setzt den freien Zugang zu ihr voraus, um sich in die Lage versetzen zu können, die Sache auf etwaige Schäden zu untersuchen, so dass das Vorhandensein von Mängeln und deren Ursache festgestellt werden kann (BGH DB 1987, 886; Schmidt-Futterer/*Gather* Rn 46). Eine nicht vollständige Räumung steht dem Rückerhalt nicht entgegen (BGH WuM 1981, 262). Zurückerhalten iSv § 548 ist vom Zurückgeben iSv § 546a zu unterscheiden (BGH NJW 1968, 2241). Entscheidend ist der Zeitpunkt, von dem ab der Vermieter die Möglichkeit innehat, sichere Kenntnis von etwaigen Mängeln zu erlangen, wobei es auf die tatsächliche Kenntnisnahme nicht ankommt (BGH NJW-RR 2001, 194). Hierfür ist grds der körperliche Rückerhalt der Sache erforderlich (jedoch nicht zwingend: BGH NJW 1994, 1858). Zudem bedarf es der vollständigen und unzweideutigen Besitzaufgabe des Mieters und der Kenntnis des Vermieters, dass der Mieter den Besitz nicht fortsetzt (Staud/*Emmerich* Rn 26; BGH aaO; Düsseldorf WuM 2008, 554). Insoweit **reicht vorübergehendes Ausziehen** des Mieters **nicht aus** (LG Berlin GE 1994, 1123). Gleiches gilt, wenn der Vermieter auf Grund außerhalb seiner Person liegender Gründe außerstande ist, die Sache zu untersuchen (BGH NJW 1968, 2241). Der Vermieter muss von der Möglichkeit, die Sache zu besichtigen, keinen Gebrauch machen (nach Auszug Zugang mit eigenen Schlüsseln möglich, München WuM 2003, 279). Ein Vorbehalt steht dem Beginn nicht entgegen (RGZ 142, 258). Bei dem Rückerhalt eines abgrenzbaren Teils entfaltet § 548 auf diesen Teil Wirkung (BGH NJW 2006, 2399). Bei der Vermietung von Sachgesamtheiten beginnt die Frist mit dem Rückerhalt der letzten Sache (Düsseldorf MDR 1972, 694). Der durch den Rückerhalt ausgelösten Fristbeginn ist von der Beendigung des Mietverhältnisses unabhängig (BGH NJW 2006, 1588). Entsteht der Anspruch, der mit dem Mietverhältnis im Zusammenhang steht, erst nach Rückerhalt, beginnt die Frist mit Entstehung des Anspruches (BGH NJW 1989, 1854). Ein vor Rückerhalt entstandener Anspruch wird erst mit dem Rückerhalt fällig (Düsseldorf NJW-RR 2007, 13). Die Frist beginnt auch mit dem Rückerhalt, wenn der Schaden sich erst später (auch nach Ablauf von 6 Monaten) zeigt (Frankfurt aM WuM 2001, 397). Bei Behebung eines Schadens durch den Vermieter im fortbestehenden Mietverhältnis beginnt die Frist mit der Behebung (Düsseldorf MDR 1994, 57). Bei Schadensersatz statt der Hauptleistung des Mieters ist Fristbeginn der Rückerhalt der Sache (BGH NJW 2005, 739). Macht der Mieter von seinem Wegnahmerecht gem § 539 Abs 2 Gebrauch, nachdem er bereits die Sache zurückgegeben hat, beginnt die Verjährung für Ersatzansprüche aus Anlass der Wegnahme, sobald diese beendet ist (MüKo/*Bieber* Rn 18). Bei wirtschaftlichem Totalschaden und dem Rückerhalt nur einiger weniger verwendbarer Teile ist § 548 anwendbar, da es auf die Sachsubstanz ankommt (BGH NJW 2006, 2399; vgl Soerg/*Heintzmann* Rn 9). 10

bb) Beteiligung Dritter und Weitervermietung. Wird die Sache ohne Rückgabe an den Vermieter an denselben Mieter weitervermietet, beginnt die Frist des § 548 Abs 1 nicht zu laufen. Hingegen ist dann von einem Rückerhalt auszugehen, wenn der Vermieter sie an einen Untervermieter weitervermietet, der im Besitz der Sache ist (MüKo/*Bieber* Rn 16 f). Hält der Vermieter den unmittelbar besitzenden Untermieter von der Rückgabe der Sache ab, ist sie zurückerhalten, wenn der Hauptmieter die Sachherrschaft aufgegeben hat (BGH NJW 11

1968, 2241). Gleiches gilt, wenn mit Einverständnis des Vermieters die Sache an den neuen Mieter übergeben wird, wobei dies unabhängig von der vertraglichen Gestaltung ist (BGH NJW 2006, 1963; 1968, 2241).

12 **b) Sonderfall des Abs 1 S 3.** Gem Abs 1 S 3 verjähren Ersatzansprüche des Vermieters in jedem Fall mit der Verjährung seines Rückgaberechts (§ 546). Insoweit geht S 3 über S1 hinaus und spiegelt den allg Gedanken des § 217 wider. Die Verjährung des Rückgabeanspruchs richtet sich nach den allg Verjährungsregeln, §§ 195, 199. Die Verjährung nach S 3 greift auch, wenn die Verjährung gem S 2 noch nicht begonnen hat.

13 **III. Verjährung der Ansprüche des Mieters nach Abs 2.** Abs 2 regelt die Verjährung der Ansprüche des Mieters auf Ersatz von Aufwendungen oder auf Gestattung der Wegnahme von Einrichtungen. **1. Aufwendungsersatz.** Die Ansprüche des Mieters auf Ersatz von Aufwendungen können auf den §§ 536a Abs 2 Nr 1, 2, 539, 554 Abs 4, 578 Abs 2 S 1 beruhen. Zudem können sie sich auch aus dem Vertrag ergeben. Nicht hierunter fallen die Ansprüche aus § 536a Abs 1, aus § 547, aus GoA oder bereicherungsrechtliche Ansprüche (LG München NJW-RR 1991, 975; BGH NJW 1989, 2745). Der Anspruch wird vorbehaltlich abw Vereinbarung mit Entstehung des Anspruchs durch Vornahme der Aufwendungen oder Verwendungen durch den Mieter fällig, § 271 Abs 1. Soweit der Eigentümer als Begünstigter in den Mietvertrag einbezogen ist, ist § 548 auch auf die gegen ihn gerichteten Aufwendungsersatzansprüche anwendbar (Düsseldorf ZMR 1988, 380). Aufwendungen des Mieters, die nur den Zustand verändern, nicht aber den Bestand der Mietsache verbessern, fallen ebenso unter § 548 wie Ansprüche auf Wertersatz bei Sachen, die der Mieter bei Mietende dem Vermieter überlassen muss (Soerg/*Heintzmann* Rn 18).

14 **2. Gestattung der Wegnahme.** Das Wegnahmerecht nach § 539 Abs 2 (§ 539 Rz 8) begründet keinen Anspruch gegen den Vermieter, sondern erklärt die Vornahme des Realaktes als berechtigt bzw als Befugnis des Mieters (BGH NJW 1987, 2861). Der Anspruch entsteht mit der Rückgabe und wandelt sich vom Wegnahmerecht zum Gestattungsrecht, soweit der Vermieter die Sache in den unmittelbaren Besitz nimmt, § 258 S 2 Hs 1. Unter Abs 2 fallen auch Ansprüche wegen Verletzung des Wegnahmerechts, Ansprüche des Mieters zur Ablösung seines Wegnahmerechts nach § 552 sowie Ansprüche aus GoA, Bereicherungs- und Deliktsrecht, soweit sie auf demselben Sachverhalt beruhen (MüKo/*Bieber* Rn 22). Mit der Verjährung des Gestattungsanspruchs gewinnt der Vermieter ein Recht zum Besitz (BGH NJW 1987, 2861).

15 **3. Verjährungsbeginn.** Nach Abs 2 beginnt die Verjährung mit der rechtlichen (nicht tatsächlichen) Beendigung des Mietverhältnisses (Bamberg NJW-RR 2004, 227). Auf die dann vorliegende Besitzlage kommt es nicht an (Staud/*Emmerich* Rn 33). §§ 545, 574 ff sind zu beachten. Eine gewährte Räumungsfrist begründet keine Verschiebung der Beendigung. Die Reglung des Abs 2 stellt eine Sonderregelung zu § 200 S 1 dar (str, vertiefend: Staud/*Emmerich* Rn 34 ff), wobei in diesem Zusammenhang auch die Ansicht vertreten wird, dass die Ansprüche vor Ende des Mietverhältnisses entstanden sein müssen (MüKo/*Bieber* Rn 23; aA Soerg/*Heintzmann* Rn 17).

16 **4. Veräußerung der Mietsache.** Bei Veräußerung der Mietsache richtet sich der Ersatzanspruch des Mieters gegen denjenigen, der zur Zeit der Fälligkeit der Aufwendungen Vermieter war (Staud/*Emmerich* Rn 37). Im Falle des § 566 endet das Mietverhältnis mit dem Eigentumsübergang (BGH NJW 1965, 1225). Dies gilt nicht, wenn der Mieter von der Veräußerung erst später Kenntnis erlangt hat (Eintragung im Grundbuch, BGH NJW 2008, 2256) oder der Anspruch erst später fällig wird (BGH NJW 1988, 705). Abw Vereinbarungen bei Fortsetzung des Mietvertrages sind möglich (BGH aaO). Liegt ein Fall des § 565 vor, so beginnt die Verjährung der Ansprüche des Untermieters mit dem Ende des fortgesetzten Mietvertrages (Schmidt-Futterer/*Gather* Rn 84). Bei dem Anspruch auf Gestattung der Wegnahme liegt ohnehin der Entstehungszeitpunkt in der Rückgabe der Sache.

17 **IV. Berechnung.** Die Berechnung der Verjährungsfrist folgt den allg Regeln (§§ 187, 188 Abs 2, 193) (Palandt/*Weidenkaff* Rn 13). Die Verjährung nach § 548 unterliegt der Hemmung (§§ 203 ff), der Ablaufhemmung (§§ 210 f) und dem Neubeginn der Verjährung (§ 212). Jeder Anspruch unterliegt seiner eigenen Verjährung. § 217 findet Anwendung (BGH NJW 1995, 252). Insbes bei Mietausfallschäden muss der Grundsatz der Schadenseinheit berücksichtigt werden (BGH NJW 1998, 1303), wodurch nur eine einheitliche Verjährungsfrist läuft (zukünftiger Mietausfall – Feststellungsklage). Bei Klage auf den gesamten Schaden sind nachträgliche Erhöhungen von der Hemmung der Verjährung erfasst (Staud/*Emmerich* Rn 40; BGH MDR 1980, 137). Als Anerkenntnis iSv § 212 Abs 1 Nr 1 ist die Rückgabe der Wohnungsschlüssel an den Mieter anzusehen, wenn dieser vom Vermieter verlangte Schönheitsreparaturen ausführen will (LG Berlin GE 1990, 825).

18 **V. Nicht betroffene Ansprüche.** Von der Verjährung nach § 548 sind Ansprüche des Vermieters auf Zahlung von Miete (BGH NJW-RR 2000, 1303), von Nebenkosten samt Nachzahlungen sowie Ansprüche aus §§ 541, 546, 546a und mit ihnen konkurrierende Ansprüche nicht erfasst (MüKo/*Bieber* Rn 28). Schadensersatzansprüche wegen völliger Zerstörung der Sache fallen nicht unter § 548, wenn überhaupt nichts oder derart wenig zurückgegeben werden kann, dass eine Wiederherstellung als nicht möglich erscheint (BGH NJW 2006, 2399). Ansprüche des Mieters aus §§ 535 Abs 1 S 2, 536a Abs 1, 547, Ansprüche wegen zu viel bezahlter Miete oder Nebenkosten und Ansprüche auf Rückzahlung von Mietsicherheiten fallen nicht unter § 548 (Palandt/*Weidenkaff* Rn 10). Der Ausgleichsanspruch aus § 24 BBodSchG unterliegt auf Grund seiner speziel-

len Verjährungsregeln in § 24 Abs 2 S 3 bis 5 nicht der allg Regel des § 548 (MüKo/*Bieber* Rn 5; Palandt/*Weidenkaff* Rn 7; aA LG Hamburg NZM 2001, 339; Staud/*Emmerich* Rn 7, wobei dem Streit mit Änderung des Abs 2 S 3 Hs 1 mit Wirkung vom 15.12.2004 die Grundlage entzogen sein dürfte). § 548 findet keine Anwendung bei Entschädigungsansprüchen aus § 11 BKleingG (BGH NJW-RR 2002, 1203).

C. Verfahrensrechtliches. Bei **abweichenden Vereinbarungen** ist § 202 zu beachten. Eine formularmäßige Klausel, die eine Verlängerung der Verjährung auf drei Jahre vorsieht, ist grds nicht gem § 307 Abs 2 Nr 1 unwirksam, soweit ein angemessener Interessenausgleich berücksichtigt worden ist (MüKo/*Bieber* Rn 27). Für jeden einzelnen Schaden ist die Verjährungsfrist gesondert zu prüfen (Schmidt-Futterer/*Gather* Rn 21). Die **Darlegungs- und Beweislast** folgt den allg Regeln, so dass derjenige, der sich auf die Frist von § 548 beruft, zu beweisen hat, dass deren Voraussetzungen vorliegen. Bei verjährten Ansprüchen kann sich der Vermieter **aus der Sicherheitsleistung befriedigen** (Soerg/*Heintzmann* Rn 14). Eine **Aufrechnung** mit verjährten Ansprüchen ist im Rahmen der §§ 215, 387 möglich (vertiefend: Schmidt-Futterer/*Gather* Rn 41 ff). 19

Untertitel 2 Mietverhältnisse über Wohnraum

Kapitel 1 Allgemeine Vorschriften

§ 549 Auf Wohnraummietverhältnisse anwendbare Vorschriften.

[1] Für Mietverhältnisse über Wohnraum gelten die §§ 535 bis 548, soweit sich nicht aus den §§ 549 bis 577a etwas anderes ergibt.

[2] Die Vorschriften über die Mieterhöhung (§§ 557 bis 561) und über den Mieterschutz bei Beendigung des Mietverhältnisses sowie bei der Begründung von Wohnungseigentum (§ 568 Absatz 2, §§ 573, 573a, 573d Absatz 1, §§ 574 bis 575, 575a Absatz 1 und §§ 577, 577a) gelten nicht für Mietverhältnisse über

1. Wohnraum, der nur zum vorübergehenden Gebrauch vermietet ist,

2. Wohnraum, der Teil der vom Vermieter selbst bewohnten Wohnung ist und den der Vermieter überwiegend mit Einrichtungsgegenständen auszustatten hat, sofern der Wohnraum dem Mieter nicht zum dauernden Gebrauch mit seiner Familie oder mit Personen überlassen ist, mit denen er einen auf Dauer angelegten gemeinsamen Haushalt führt,

3. Wohnraum, den eine juristische Person des öffentlichen Rechts oder ein anerkannter privater Träger der Wohlfahrtspflege angemietet hat, um ihn Personen mit dringendem Wohnungsbedarf zu überlassen, wenn sie den Mieter bei Vertragsschluss auf die Zweckbestimmung des Wohnraums und die Ausnahme von den genannten Vorschriften hingewiesen hat.

[3] Für Wohnraum in einem Studenten- oder Jugendwohnheim gelten die §§ 557 bis 561 sowie die §§ 573, 573a, 573d Absatz 1 und §§ 575, 575a Absatz 1, §§ 577, 577a nicht.

A. Allgemeines. § 549 regelt, welche Vorschriften für die verschiedenen Arten von Mietverträgen über Wohnraum gelten, um Transparenz bei der Rechtsanwendung zu schaffen. Abs 1 enthält die allg Regelungen, während Abs 2 und 3 für bestimmten Wohnraum den Anwendungsbereich der Vorschriften für Wohnraummietverhältnisse beschränken. Die Ausnahmen erfassen bestimmte Vorschriften zum Kündigungsschutz des Mieters und zu Mieterhöhungsbeschränkungen (BTDrs 14/4553 S 45). § 549 wurde mit der Neugliederung der mietrechtlichen Vorschriften durch das Mietrechtsreformgesetz vom 19.06.2001 eingeführt, durch die ein eigener Untertitel für Mietverhältnisse über Wohnraum geschaffen wurde (BTDrs 14/4553 S 45). Die Unabdingbarkeit wird jeweils speziell in den einzelnen Vorschriften über die Wohnraummiete geregelt. 1

B. Mietverhältnisse über Wohnraum, Abs 1. Abs 1 stellt klar, dass die allg Vorschriften für Mietverhältnisse (§§ 535 bis 548) auch für Wohnraummietverhältnisse gelten, soweit die allg Vorschriften für Wohnraummietverhältnisse (§§ 549 bis 577a) keine abw Regelungen enthalten. Die Vorschrift ist § 581 Abs 2 nachgebildet. Siehe zum Begriff und den einzelnen Arten von Mietverträgen ausf § 535 Rz 1 ff. 2

C. Beschränkungen nach Abs 2. Für die in Abs 2 aufgezählten drei Arten von Wohnraum gelten folgende Vorschriften nicht: Regelungen über die Mieterhöhung (§§ 557 bis 561), den Mieterschutz bei Beendigung des Mietverhältnisses (§ 568 Abs 2, §§ 573, 573a, 573d Abs 1, §§ 574 bis §§ 575, 575a Abs 1) und diejenigen bei Begründung von Wohnungseigentum (§§ 577, 577a). **I. Wohnraum zum vorübergehenden Gebrauch, Nr 1.** Wohnraum ist zum vorübergehenden Gebrauch überlassen, wenn die Vertragsparteien wegen bes Gründe (zB Fertigstellung eines Neubaus; Palandt/*Weidenkaff* Rn 15) von einer kürzeren absehbaren Mietzeit ausgehen, um nur einen vorübergehenden Wohnbedarf zu decken. Der Vertragszweck ist mit einem objektiven Maßstab zu bestimmen. Er liegt zB vor bei der Überlassung von Hotelzimmern, Pensionszimmern, Zimmermiete auf Grund von Montagearbeiten (BaRoth/*Ehlert* Rn 12 mwN), Messen oder Ausstellungen oder Kuraufenthalten (Erman/*P Jendrek* Rn 4). Wohnungen zur Erholung und Freizeitnutzung (zB Ferienwohnungen) können hierunter fallen, soweit sie nur zum vorübergehenden Gebrauch angemietet werden. Bei langfristig vermieteten 3

Zweit- und Ferienwohnungen sind die Umstände des Einzelfalls maßgeblich (BTDrs 14/4553 S 46). Eine mehrjährige Anmietung ist regelm nicht mehr nur vorübergehend (Hamburg ZMR 1992, 538).

4 **II. Möblierter Einliegerwohnraum, Nr 2. 1. Funktion.** Aufgrund des vertraglich bedingten engen räumlichen Zusammenlebens von Vermieter und Mieter sollen die Mieterschutzvorschriften zurücktreten. Das gilt jedoch dann nicht, wenn der Wohnraum an seine Familie oder Lebensgemeinschaft vermietet wird (Jauernig/*Teichmann* Rn 4; s Rz 7).

5 **2. Einliegerwohnraum.** Vorausgesetzt ist, dass der Wohnraum Teil der vom Vermieter selbst bewohnten Wohnung ist. Ein oder mehrere Wohnräume müssen sich innerhalb der abgeschlossenen Wohnung des Vermieters befinden. Erforderlich ist, dass sich Wohnbereiche von Vermieter und Mieter teilw überschneiden (*Sonnenschein* NZM 2000, 1, 6). Unerheblich ist, ob die Wohnung in einem Einfamilienhaus (allg Meinung) oder in einem Mehrfamilienhaus liegt, wenn der enge räumliche Zusammenhang besteht (KG NJW 1981, 2470; Palandt/*Weidenkaff* Rn 16).

6 **3. Möblierung.** Der Vermieter muss den Wohnraum überwiegend mit Einrichtungsgegenständen auszustatten haben. Entscheidend ist, dass der Mietvertrag die Verpflichtung des Vermieters zur – mindestens überwiegenden – Möblierung des Wohnraums enthält. Der Wohnraum muss daher bei Abschluss des Mietvertrages noch nicht möbliert sein (Erman/*P Jendrek* Rn 5). Für die Möblierung sind die Einrichtungen zur gewöhnlichen Lebensführung maßgeblich. Überwiegend möbliert ist der Wohnraum, wenn er nach Umfang und wirtschaftlicher Bedeutung mehr als die Hälfte der erforderlichen kompletten Ausstattung enthält (Möbel, Betten, Kücheneinrichtung, etc; Staud/*Weitemeyer* Rn 30).

7 **4. Ausnahme.** Die durch Abs 2 herausgenommenen Vorschriften über die Mieterhöhung, den Mieterschutz bei Beendigung des Mietverhältnisses und bei der Begründung von Wohnungseigentum (siehe Rz 2) gelten jedoch dann, wenn der Wohnraum dem Mieter zum dauernden Gebrauch mit seiner Familie oder mit Personen überlassen wird, mit denen er einen auf Dauer angelegten gemeinsamen Haushalt führt. Von Dauer ist der Gebrauch, wenn er nicht nur vorübergehend ist (Rz 3).

8 **5. Beweislast.** Der Vermieter trägt die Beweislast für die Verpflichtung zur mindestens überwiegenden Ausstattung mit Einrichtungsgegenständen sowie gegen eine Vermietung zum dauernden Gebrauch, während der Mieter die Beweislast für die Lebensgemeinschaft trägt (Jauernig/*Teichmann* Rn 5).

9 **III. Weitervermietung bei dringendem Wohnungsbedarf, Nr 3. 1. Funktion.** Beschränkungen gelten ebenso für Wohnraum, den eine juristische Person des öffentlichen Rechts oder ein anerkannter privater Träger der Wohlfahrtspflege angemietet hat, um ihn Personen mit dringendem Wohnungsbedarf zu überlassen. Gesetzliche Zielrichtung ist es, bestimmten Personengruppen Wohnraum zur Verfügung zu stellen, die auf dem freien Wohnungsmarkt häufig nur schwer eine Wohnung finden, weil insbes private Vermieter Schwierigkeiten im Rahmen des Mietverhältnisses befürchten. Mit der Vermietung an diesen Personenkreis werden zu fördernde soziale Aufgaben wahrgenommen (BTDrs 14/4553 S 46).

10 **2. Vermieter.** Vermieter kann nur eine juristische Person des öffentlichen Rechts oder ein anerkannter privater Träger der Wohlfahrtspflege sein. Anerkannte private Träger der Wohlfahrtspflege wurden neu in den Vermieterkreis zu sozialen Zwecken aufgenommen. Der anerkannte Wohlfahrtsbezug soll zugleich den Schutz des Mieters vor Missbrauch gewährleisten (BTDrs 14/4553 S 46).

11 **3. Personen mit dringendem Wohnungsbedarf.** Personen mit dringendem Wohnungsbedarf sind solche, die auf dem Wohnungsmarkt schwer eine Wohnung finden, zB Nichtsesshafte, Obdachlose, Haftentlassene oder Suchtkranke (BTDrs 14/4553 S 46).

12 **4. Hinweis auf Wohnzweck und Nichtgeltung des Mieterschutzes.** Erforderlich ist jedoch, dass diese Personen als Mieter bei Vertragsschluss auf die Zweckbestimmung des Wohnraums und darauf hingewiesen worden sind, dass die Vorschriften über die Mieterhöhung, den Mieterschutz bei Beendigung und bei Begründung von Wohnungseigentum nicht gelten (Hs 2). Erfolgt der Hinweis nicht ordnungsgem, gelten die Mieterschutzvorschriften uneingeschränkt. Die Hinweispflicht besteht für alle Vermieter (BTDrs 14/4553 S 46).

13 **5. Beweislast.** Die Beweislast trägt der Vermieter.

14 **D. Beschränkungen für Wohnraum in Studenten- oder Jugendwohnheimen, Abs 3. I. Anwendungsbereich.** Für Wohnraum in einem Studenten- oder Jugendwohnheim regelt Abs 3 die Ausnahmen und nimmt ihn von den Schutzvorschriften über die Mieterhöhung und die Beendigung des Mietverhältnisses aus. Anders als in Abs 2 hat der Mieter das Widerspruchsrecht gegen die Kündigung des Vermieters (sog »Sozialklausel«, §§ 574 bis 574). Die Vorschrift über die Teilkündigung des Vermieters (§ 573b) gilt, jedoch nicht das Vorkaufsrecht des Mieters nach § 577 (BTDrs 14/4553 S 49; s zur Begründung seines Ausschlusses ebenda).

15 **II. Begriff.** Der Begriff des »Studenten- oder Jugendwohnheims« ist nach dem Normzweck eng auszulegen. Es handelt sich um Wohngebäude, die zur entgeltlichen oder unentgeltlichen Unterbringung einer Vielzahl von Studenten (Studentenwohnheim) oder Jugendlichen bis zum Erreichen der Volljährigkeit (Jugendwohnheim) bestimmt und nach ihrer baulichen Anlage und Ausstattung geeignet sind. Sie dienen fremdnützigen Zwecken. Die Trägerschaft, ob öffentlich, kirchlich oder privat, ist unerheblich (LG Konstanz WuM 1995, 539; BaRoth/*Ehlert* Rn 23 mwN).

§ 550 Form des Mietvertrags. Wird der Mietvertrag für längere Zeit als ein Jahr nicht in schriftlicher Form geschlossen, so gilt er für unbestimmte Zeit. Die Kündigung ist jedoch frühestens zum Ablauf eines Jahres nach Überlassung des Wohnraums zulässig.

A. Normzweck. I. Schutz des späteren Grundstückserwerbers. § 550 soll in erster Linie gewährleisten, dass ein späterer Grundstückserwerber, der kraft Gesetzes auf Seiten des Vermieters in ein auf mehr als ein Jahr abgeschlossenes Mietverhältnis eintritt (§ 566 Abs 1), die Bedingungen dieses Mietverhältnisses aus dem schriftlichen Vertrag ersehen kann (st Rspr des BGH; zuletzt BGH NJW 2008, 2178; NJW 2003, 1248, 1249 und BGHZ 136, 357, 370 f). Die Norm bezweckt, dem späteren Grundstückserwerber letzte Klarheit über die Geltung eines langfristigen Mietvertrages zu verschaffen, wobei sie keinen umfassenden Schutz bieten kann (BGH NJW 2008, 2178; BGHZ 154, 171, 180; BGHZ 136, 357, 370 f). Sinn und Zweck der Schriftform nach § 550 ist es nicht, dem späteren Grundstückserwerber Gewissheit darüber zu verschaffen, ob der Mietvertrag wirksam zustande gekommen ist und im Zeitpunkt des Eigentumsübergangs noch besteht oder etwa von den Mietvertragsparteien mündlich aufgehoben wurde. In diesen Fällen bedarf es nicht des Schutzes durch die Schriftform, weil ein Eintritt des Grundstückserwerbers in den Mietvertrag nicht stattfindet (BGH NJW 2008, 2178; NJW 2007, 3346, 3347). 1

II. Klarstellungs-, Beweis- und Warnfunktion. Zusätzlich kommt der Schriftform des § 550 nach der neueren Judikatur des BGH in Übereinstimmung mit dem Willen des Gesetzgebers (vgl BTDrs 14/4553 S 47) Beweis- und Warnfunktion (zur Beweis- und Warnfunktion: BGHZ 136, 357, 370; BGHZ 139, 123, 130; zur Warnfunktion vgl BGHZ 81, 46, 51) zu. Sie dient dazu, die Beweisbarkeit langfristiger Abreden auch zwischen den ursprünglichen Vertragsparteien sicherzustellen und diese vor der unbedachten Eingehung langfristiger Bindungen zu schützen. Grund hierfür ist, dass die Möglichkeit zur ordentlichen Kündigung des Mietverhältnisses nach § 550 S 2 nicht nur dem späteren Grundstückserwerber zusteht, sondern auch den ursprünglichen Vertragsparteien (BGH NJW 2008, 2178). Die Lit weist § 550 ebenfalls eine Klarstellungsfunktion zu (s nur BaRoth/*Herrmann* Rn 2 mwN). 2

III. Schriftformerfordernis für Mietverträge. Ob § 550 ein gesetzliches Schriftformerfordernis für die Wirksamkeit eines Mietvertrages begründet, wenn er für eine längere Zeit als ein Jahr abgeschlossen wird, ist umstr. Dies wird überwiegend bejaht (Palandt/*Weidenkaff* Rn 1; MüKo/*Schilling* Rn 10; Hk-Mietrecht/*Emmerich* Rn 2 mwN; Erman/P Jendrek Rn 1; Tonner/*Schlemmer* in: jurisPK-BGB Rn 5), obgleich die insoweit ausdrückliche Regelung des § 566 aF nicht übernommen wurde. Die Begr des RegE, dass die Schriftform nicht mehr zwingend vorgeschrieben sei (BTDrs 14/4553 S 47), sei unzutr, weil sie die Ergebnisse der Arbeitsgruppe »Mietrechtsvereinfachung« nicht zutr wiedergebe (Palandt/*Weidenkaff* Rn 1). Die ausdrückliche Anordnung der Schriftform sei weggelassen worden, weil der Formmangel nicht die übliche Rechtsfolge der Nichtigkeit nach § 125, sondern eine eigene Rechtsfolge habe. Deshalb sei es als ausreichend angesehen worden, nur den Tatbestand für diese spezielle Rechtsfolge zu formulieren (Bericht der Arbeitsgruppe »Mietrechtsvereinfachung« Bundesanzeiger 1997 Nr 39a, S 83). Demgegenüber wird vertreten, die gewillkürte Schriftform und somit die vereinfachten Formerfordernisse des § 127 seien ausreichend (*Ormanschick/Riecke* MDR 2002, 247; *Eckert* NZM 2001, 409, 409 f). 3

B. Entstehungsgeschichte der Norm. § 566 wurde durch das Mietrechtsreformgesetz vom 19.06.2001 im Wesentlichen als § 550 übernommen (vgl BTDrs 14/4553 S 47). Vorläufer des § 566 aF war die Bestimmung in ALR I, 21, § 269 (dazu Tonner/*Schlemmer* in: jurisPK-BGB Rn 2). 4

C. Anwendungsbereich. I. Allgemein. § 550 gilt systematisch für Mietverträge über Wohnraum. Auf Mietverhältnisse über Grundstücke oder Teile von Grundstücken (BaRoth/*Herrmann* Rn 2; Hk-Mietrecht/*Emmerich* Rn 3) findet § 550 gem § 578 Abs 1 entspr Anwendung. Gleiches gilt für Mietverhältnisse über Räume, die keine Wohnräume sind, § 578 Abs 2 S 1 (zur Schriftform bei Gewerbemietverträgen zuletzt BGH NJW-RR 2008, 1329; s nur *Horst* MDR 2008, 365; *Hildebrandt* ZMR 2007, 588; 705; *Lindner-Figura* NZM 2007, 705; *Antoni* GuT 2006, 295) und Pachtverträge, die keine Landpachtverträge sind (§ 581 Abs 2). § 585a enthält eine eigenständige, aber regelungstechnisch identische Bestimmung zur Form des Landpachtvertrags. § 550 ist eine zwingende Vorschrift, so dass sie nicht abbedungen werden kann (allg M s nur Palandt/*Weidenkaff* Rn 2; BTDrs 14/4553 S 47; vgl LG Berlin WuM 1991, 498). 5

II. Einzelfälle. Dem Normzweck entspr findet § 550 auch Anwendung für Untermietverträge (BGHZ 81, 46, 50 ff; krit Tonner/*Schlemmer* in: jurisPK-BGB Rn 6), Unterpachtverträge (Rostock NZM 2001, 27, 28) und Verträge über den Eintritt eines Mieters oder den Wechsel eines Mieters oder Vermieters (siehe nur BGH GE 2008, 195 – als Überleitungsvereinbarung ausgestaltet), die Vereinbarung, die einen Vorvertrag als endgültigen Vertrag qualifiziert (BGH NJW 1970, 1596), Verträge über die inhaltliche Änderung bestehender Miet- oder Pachtverträge (BGH NJW 2008, 365; NJW 1999, 1289, 1289 f; BaRoth/*Herrmann* Rn 4 mwN), wie zB bei Verzicht des Vermieters auf die Eigenbedarfskündigung für längere Zeit als ein Jahr (BGH NJW 2007, 1742), eine vom Gesetz abw Fälligkeit des Mietzinses (BGH NJW 2008, 365) sowie Nachtragsverträge (BGH NJW 2008, 2181; NJW 2008, 365), ferner bzgl Vereinbarungen über die Fortsetzung oder den Neubeginn 6 wirksam beendeter Mietverhältnisse für eine längere Zeit als ein Jahr, zB nach fristloser Kündigung (BGHZ 139, 123). Nicht anwendbar ist § 550 auf Unternehmenspachtverträge (BGH WM 1982, 433), nach überwiegender Auffassung für Vorverträge mangels Bindung für den Grundstückserwerber (st Rspr BGH NJW 2007, 1817; Hk-Mietrecht/*Emmerich* Rn 5; aA BaRoth/*Herrmann* Rn 4 auf Grund der Warnfunktion; *Michalski* WM 1998, 1993) und für die Aufhebung des gesamten Mietvertrages, wohl aber für einzelne Teile (allg M, s nur Palandt/*Weidenkaff* Rn 15).

7 **D. Schriftformerfordernis, S 1. I. Mietvertrag für längere Zeit als ein Jahr.** Der Mietvertrag muss für längere Zeit als ein Jahr geschlossen werden. Die Frist beginnt mit dem vertragsmäßigen Beginn des Mietverhältnisses, nicht mit dem Vertragsabschluss (PWW/*Feldhahn*/*Schmid* Rn 2; Palandt/*Weidenkaff* Rn 6). Sie muss mindestens ein Jahr und einen Tag betragen (Hk-Mietrecht/*Emmerich* Rn 5). Sie wird auch dadurch eingehalten, dass der Zeitraum bis zur Beendigung eines Mietverhältnisses länger als ein Jahr beträgt, zB bei Mietverträgen mit unbestimmter Dauer, wenn die Parteien die ordentliche Kündigung über ein Jahr hinaus ausgeschlossen haben (BGH NJW-RR 2008, 1329 mwN) oder bei Verträgen, die nach Ablauf eines Jahres nur zu bestimmten Terminen gekündigt werden können (BGH NJW 1960, 475). Darunter fallen Verträge, die auf ein Jahr befristet sind und sich um einen bestimmten Zeitraum verlängern, sofern sie nicht gekündigt werden (BGH ZMR 1963, 82; BaRoth/*Herrmann* Rn 6).

8 Machen die Vertragsparteien die Beendigung des Vertrages von einem zukünftigen Ereignis abhängig, gilt § 550, wenn der Vertrag nach den Vorstellungen der Vertragsparteien länger als ein Jahr bestehen kann, zB bei einem Mietvertrag auf Lebenszeit des Mieters oder eines Dritten (BGH NJW 1958, 2062).

9 **II. Schriftliche Form.** § 550 Abs 1 setzt die **schriftliche Form** voraus, die in **§ 126** definiert wird. Sie kann durch die elektronische Form ersetzt werden, da § 550 dies ausdrücklich nicht ausschließt (§ 126 Abs 3). Ebenso ist statt Schriftform die notarielle Beurkundung zulässig (§ 126 Abs 4). **1. Unterzeichnung.** Zur Wahrung der Schriftform muss die Vertragsurkunde von den Mietvertragsparteien als Aussteller eigenhändig durch Namensunterzeichnung auf derselben Urkunde oder mittels notariell beglaubigten Handzeichens unterzeichnet werden (§ 126 Abs 1 und 2 S 1). Werden über den Vertrag mehrere gleich lautende Urkunden aufgenommen, wie es beim Miet- oder Pachtvertrag regelm der Fall ist, so genügt es (§ 126 Abs 2 S 1), wenn jede Partei die für die andere Partei bestimmte Urkunde unterzeichnet. Diese Vorschrift findet nach der ständigen Judikatur des BGH (zuletzt BGH NJW 2008, 2178) im Rahmen des § 550 keine Anwendung. Hiervon abw ist die Schriftform des S 1 grds nur dann gewahrt, wenn sich die für den Abschluss des Vertrages notwendige Einigung über alle wesentlichen Vertragsbedingungen aus einer von beiden Vertragsparteien unterzeichneten Urkunde ergibt. Eine Unterzeichnung auf derselben Urkunde liegt nicht mehr vor, wenn eine Vertragspartei nach Unterzeichnung Änderungen der wesentlichen Vertragsbedingungen einträgt (Düsseldorf ZMR 2008, 711, 713).

10 **2. Stellvertretung.** Die Vertragsparteien können vertreten werden (§ 164 Abs 1 S 1). Ein zusätzlicher Vertretungszusatz ist entbehrlich, wenn die Vertretung der Vertragspartei durch die den Vertrag unterzeichnende Person hinreichend bestimmbar ist. Erforderlich ist, dass das Vertretungsverhältnis ohne ausdrücklichen Vertretungszusatz hinreichend deutlich wird, so zB wenn nur eine natürliche Person als Mieter oder Vermieter auftritt und eine andere Person den Vertrag unterzeichnet (BGH NJW 2008, 2178; NJW 2007, 3346 f; NJW 2005, 2225, 2226) oder wenn der Vertrag auf Seiten einer als Mietvertragspartei genannten GmbH ohne nähere Kennzeichnung des Vertretungsverhältnisses unterschrieben wird (BGH NJW 2008, 2178; NJW 2007, 3346 f).

11 Besteht auf Vermieter- oder Mieterseite eine **Personenmehrheit** und unterzeichnen nicht alle Vertragsparteien die Urkunde, müssen die vorhandenen Unterschriften durch einen Vertretungszusatz deutlich zum Ausdruck bringen, ob sie auch in Vertretung der nicht unterzeichnenden Vertragsparteien hinzugefügt wurden (für die Gesellschafter der GbR BGH NJW 2004, 1103; NJW 2003, 3053, 3054; *Weitemeyer* NZG 2006, 10; für die Mitglieder einer Erbengemeinschaft BGH NJW 2002, 3389, 3391). Ein Vertretungszusatz ist ferner notwendig, wenn als Mieter oder als Vermieter mehrere Personen (zB Eheleute) auftreten, von denen nur eine den Vertrag unterschreibt (BGH NJW 2008, 2178; BGHZ 125, 175, 178 ff = NJW 1994, 1649, 1650 f).

12 Eine Unterzeichnung des **Vertreters ohne Vertretungsmacht** steht der Wahrung der Schriftform nicht entgegen, weil dieser Umstand nicht die Schriftform, sondern den Vertragsschluss betrifft. Gleiches gilt für ein Insichgeschäft nach § 181, wenn eine Vertragspartei die andere Vertragspartei dazu ermächtigt, auch für sich zu unterzeichnen (BGH NJW 2008, 2178).

13 **3. Wahrung der Urkundeneinheit.** Die dem Schriftformerfordernis unterliegende vertragliche Vereinbarung muss nicht notwendig in der Vertragsurkunde selbst enthalten sein. Nach der ständigen Judikatur des BGH ist es ausreichend, wenn sich der gesamte Inhalt der mietvertraglichen Vereinbarung aus dem Zusammenspiel verschiedener Urkunden ergibt. Zur Wahrung der Urkundeneinheit muss ihre Zusammengehörigkeit in geeigneter Weise zweifelsfrei kenntlich gemacht werden, zB durch eine fortlaufende Paginierung oder fortlaufende Nummerierung einzelner Bestimmungen, eine einheitliche grafische Gestaltung, einen inhaltlichen Zusammenhang des Textes oder durch vergleichbare Merkmale. Dies gilt auch dann, wenn Vertragsbestimmungen nicht im Mietvertrag selbst schriftlich niedergelegt, sondern in Anlagen ausgelagert werden, so dass

sich der Gesamtinhalt der mietvertraglichen Vereinbarung erst aus dem Zusammenspiel dieser »verstreuten« Bedingungen herleiten lässt (BGH NJW 2008, 2181; BGHZ 142, 158, 161; NJW 1999, 3257, 3258; NJW-RR 2002, 8; NJW 2003, 1248; NJW 2007, 3202). Ergibt sich hieraus die Urkundeneinheit, ist eine körperliche Verbindung der einzelnen Bestandteile zu einer gemeinsamen Urkunde nicht notwendig (BGH NJW 2008, 2178; NZM 2002, 20; BGHZ 136, 357, 361 ff = NJW 1998, 58, 59 ff).

Folgt der Zusammenhang mehrerer Schriftstücke aus einer **Bezugnahme**, ist ein lückenloser Verweis erfor- 14
derlich, so vom aktuellen Vertrag auf den Ausgangsvertrag und auf alle ergänzenden Urkunden, mit denen die der Schriftform unterliegenden vertraglichen Vereinbarungen vollständig erfasst werden (BGH NJW 2008, 2181; NJW 2008, 2178). Es genügt zB, wenn eine Vereinbarung über eine Vertragsänderung oder über einen Wechsel der Vertragsparteien (vgl BGH NJW-RR 2005, 958, 959 und BGHZ 154, 171, 179 f = NJW 2003, 2158, 2160) hinreichend deutlich auf den ursprünglichen Vertrag Bezug nimmt, die geänderten Regelungen aufführt und erkennen lässt, dass iÜ die Bestimmungen des ursprünglichen Vertrages Bestand haben sollen (BGH NJW 2008, 2178; BGHZ 160, 97, 101 f = NJW 2004, 2962, 2963).

4. Formbedürftiger Vertragsinhalt. a) Umfang. Grds wird die Schriftform nach der ständigen Judikatur des 15
BGH (zuletzt BGH NJW 2008, 2178) nur dann gewahrt, wenn sich die für den Abschluss des Vertrages notwendige Einigung über alle wesentlichen Vertragsbedingungen aus der Vertragsurkunde ergeben. Die Lit unterstellt teilw wegen der Klarstellungs-, Warn- und Schutzfunktion weitergehend sämtliche mietvertraglichen Regelungen dem Schriftformerfordernis (BaRoth/*Herrmann* Rn 9; s dagegen BGH NJW 2008, 1661). Zu den wesentlichen Vertragsbedingungen zählen insbes Mietgegenstand, Mietzins sowie die Dauer und die Parteien des Mietverhältnisses (BGH NJW 2008, 2178). Grds gehört nicht zu den wesentlichen Bestandteilen eines Wohnraummietvertrags zB die Vereinbarung über die Lage und die Größe eines von mehreren Kellerräumen außerhalb der Wohnung, der keinen Wohnzwecken dient, sondern Neben- bzw Zubehörraum der Wohneinheit ist (BGH NJW 2008, 1661); weiterhin nicht das Übergabeprotokoll (KG ZMR 2008, 615). Die Schriftform ist für eine solche Vereinbarung nicht erforderlich.

b) Hinreichende Bestimmtheit und Bestimmbarkeit. Die **Vertragsbedingungen** müssen grds hinreichend 16
genau bezeichnet sein. Sie müssen in der Vertragsurkunde jedoch noch nicht abschließend bestimmt sein. Es reicht aus, wenn die vertraglichen Vereinbarungen hinreichend bestimmbar sind (BGH NJW 2008, 2178). So muss zB im Grundsatz feststellbar sein, welche Räume vermietet sind (BGH NJW 2008, 1661; BGHZ 55, 248, 249; BGH WM 2006, 499, Tz 20; ausnahmsw nicht, wenn es sich nicht um wesentliche Vertragsbestandteile handelt, s dazu zuvor Rz 15). Die Bestimmbarkeit muss im Zeitpunkt des Vertragsschlusses vorliegen. Später eintretende Umstände berühren die Wahrung der Schriftform nicht, auch die Vernichtung der Urkunde nicht (BGH NJW 2007, 3273, 3275).

Zur **Bestimmbarkeit** kann auf **außerhalb der Urkunde liegende Umstände** zurückgegriffen werden, die 17
aber zum Zeitpunkt des Vertragsschlusses bereits eingetreten sein müssen. Der maßgebliche Sachverhalt, der zB über den Vertragsbeginn entscheidet, muss so genau bestimmt sein, dass bei seiner Verwirklichung kein Zweifel für die vertragliche Vereinbarung verbleibt (BGH NJW 2006, 139, 140). Dies ist zB zu bejahen, wenn die Laufzeit des Mietvertrags vom Zeitpunkt der Übergabe der Mietsache abhängig ist (Mietbeginn nach Monatsende nach Übergabe) (BGH GE 2008, 195; NZM 2007, 443; NZM 2006, 54) oder Bestimmbarkeit des Beginns des Mietverhältnisses, wenn dazu auf die Bezugsfertigkeit und zugleich an die Bezugsfertigkeit der Beginn der Mietzahlungspflicht geknüpft ist (KG ZMR 2007, 535).

III. Heilung des Formmangels. Der Mangel an der Schriftform kann jederzeit beseitigt und damit rückwir- 18
kend geheilt werden (BGH NZM 2007, 443; NJW 2004, 2962; BaRoth/*Herrmann* Rn 17 mwN).

IV. Berufung auf den Formmangel. Jede Vertragspartei ist grds berechtigt, sich auf den Mangel der Schrift- 19
form zu berufen. Dem steht regelm eine jahrelange Durchführung des Mietvertrages nicht entgegen. Aus dem Umstand, dass die Parteien ihre mietvertraglichen Pflichten über einen längeren Zeitraum bis zu der ordentlichen Kündigung durch eine Partei erfüllt haben, entsteht kein schutzwürdiges Vertrauen darauf, der Vertragspartner werde bei Nichteinhaltung der Schriftform nicht von der bes gesetzlichen Kündigungsmöglichkeit des S 2 Gebrauch machen (BGH NJW 2008, 2181; NJW 2004, 1103, 1104; NJW-RR 2006, 1385, 1386). Ausnahmsw, wenn die Unwirksamkeit der vereinbarten langfristigen Vertragsdauer zu einem untragbaren Ergebnis führen würde, kann die Berufung auf den Formmangel nach § 242 rechtsmissbräuchlich sein. Insbes dann, wenn der eine Vertragspartner den anderen schuldhaft von der Einhaltung der Schriftform abgehalten oder sich sonst einer bes schweren Treuepflichtverletzung schuldig gemacht hat (BGH NJW 2008, 2181; 2007, 3202; 2005, 2225, 2227; 2004, 1103, 1104; NJW-RR 1990, 518, 519; BGHZ 92, 164, 171 f; 99, 54, 61; 149, 326, 331; NJW 2006, 140, 141; auch Düsseldorf ZMR 2008, 711, 713 f).

V. Verpflichtung zur Nachholung der Schriftform. Eine allg salvatorische Klausel, die sich aus einer Erhal- 20
tungs- und Ersetzungsklausel zusammensetzt, verpflichtet die Vertragsparteien nicht, die nicht gewahrte Schriftform nachzuholen (BGH NJW 2007, 3202 m Anm *Möller* ZfIR 2008, 87; *Eisenschmid* MietPrax-AK Nr 20; s allg auch *Wichert* ZMR 2006, 257). Die Erhaltungsklausel, die das Fortbestehen des Vertrages für den Fall der Unwirksamkeit einer Bestimmung regelt (zu den Rechtsfolgen der Erhaltungsklausel nach überwiegender Meinung BGH NJW 2007, 3202; NJW 2003, 347 f mwN; NJW 2005, 2225, 2226; Staud/*Roth* § 139

Rn 22 mwN), erfasst nicht die Konstellation der mangelnden Schriftform des Mietvertrages nach § 550. Da die fehlende Schriftform nicht zur Unwirksamkeit des Mietvertrages führt (S 1, s Rz 23), ist keine Erhaltung eines von der Unwirksamkeit gem § 139 bedrohten Restvertrages notwendig.

21 Ebenso wenig ergibt sich eine Verpflichtung zur Nachholung der Schriftform aus der **Ersetzungsklausel.** Die Ersetzungsklausel dient anknüpfend an die Erhaltungsklausel dazu, eine endgültig unwirksame Klausel durch eine gültige sinngem Klausel zu ersetzen (BGH NJW-RR 2002, 1377; *Wichert* ZMR 2006, 257, 258). Die Nachholung der Schriftform ist jedoch keine solche Ersetzung, denn sie substituiert keine unwirksame Vereinbarung, weil die durch den Mangel der Schriftform herbeigeführte Unwirksamkeit der Mietdauer nicht auf die Vereinbarung der Parteien, sondern auf den Schriftformmangel zurückzuführen ist (BGH NJW 2007, 3202).

22 Auch eine salvatorische Klausel, dass nachträgliche Änderungen und Ergänzungen des Vertrages nur bei schriftlicher Vereinbarung gelten sollen, begründet keine Verpflichtung zur Nachholung der Schriftform, weil der ausdrückliche vereinbarte Formzwang in diesem Fall seinen Sinn verlieren würde (BGH NJW 2007, 3202).

23 **VI. Geltung für unbestimmte Zeit.** Ist die Schriftform nicht gewahrt, wird die vereinbarte Mietdauer, wenn sie ein Jahr überschreitet, unwirksam. Der Vertrag gilt für unbestimmte Zeit (S 1). Der Schriftformmangel führt dagegen nicht zur Unwirksamkeit des Mietvertrages, wie es die regelm Rechtsfolge eines Formmangels nach § 125 ist (s nur BGH NJW 2007, 3202). § 550 ist lex specialis zu § 125 (Palandt/*Weidenkaff* Rn 12; vgl BTDrs 14/4553 S 47).

24 **E. Zulässigkeit der Kündigung, S 2.** Nach S 2 ist die Kündigung des nunmehr auf unbestimmte Zeit geltenden Mietvertrages frühestens zum Ablauf eines Jahres nach Überlassung des Wohnraums zulässig. Maßgeblich ist der – vertraglich vereinbarte – Zeitpunkt der Überlassung, nicht der Zeitpunkt des Vertragsschlusses (BTDrs 14/4553 S 47). Die Vorschrift begründet das Recht zur ordentlichen Kündigung des Mietvertrages, aber keinen bes Kündigungsgrund, so dass für die Kündigungsfrist die allg Vorschriften gelten. Die Fristen des § 573c oder § 580a sind maßgeblich, wenn sie länger als die vertraglich vereinbarten sind. Für Wohnraummietverträge ist zusätzlich § 573 zu beachten (Hk-Mietrecht/*Emmerich* Rn 27 mwN; Palandt/*Weidenkaff* Rn 13). Zur Kündigung befugt sind die Vertragsparteien, dh auch der Grundstückserwerber, wenn er wirksam in den Mietvertrag eingetreten ist, § 566 (BGH NJW 2008, 2178).

25 **F. Verfahrensrechtliches.** Die für die Einhaltung der Schriftform maßgeblichen Tatsachen hat derjenige darzulegen und zu beweisen, der sich auf eine bestimmte Dauer des Mietvertrages bzw seine Unkündbarkeit während einer bestimmten Zeit beruft (Rostock NZM 2002, 955).

§ 551 Begrenzung und Anlage von Mietsicherheiten.

[1] Hat der Mieter dem Vermieter für die Erfüllung seiner Pflichten Sicherheit zu leisten, so darf diese vorbehaltlich des Absatzes 3 Satz 4 höchstens das Dreifache der auf einen Monat entfallenden Miete ohne die als Pauschale oder als Vorauszahlung ausgewiesenen Betriebskosten betragen.

[2] Ist als Sicherheit eine Geldsumme bereitzustellen, so ist der Mieter zu drei gleichen monatlichen Teilzahlungen berechtigt. Die erste Teilzahlung ist zu Beginn des Mietverhältnisses fällig.

[3] Der Vermieter hat eine ihm als Sicherheit überlassene Geldsumme bei einem Kreditinstitut zu dem für Spareinlagen mit dreimonatiger Kündigungsfrist üblichen Zinssatz anzulegen. Die Vertragsparteien können eine andere Anlageform vereinbaren. In beiden Fällen muss die Anlage vom Vermögen des Vermieters getrennt erfolgen und stehen die Erträge dem Mieter zu. Sie erhöhen die Sicherheit. Bei Wohnraum in einem Studenten- oder Jugendwohnheim besteht für den Vermieter keine Pflicht, die Sicherheitsleistung zu verzinsen.

[4] Eine zum Nachteil des Mieters abweichende Vereinbarung ist unwirksam.

1 **A. Normzweck/Entstehungsgeschichte der Norm.** Die Mietsicherheit ist ein praktisches und das bedeutsamste Sicherungsmittel des Vermieters, weil sie in nahezu jedem Mietvertrag vereinbart wird. § 551 dient dem angemessenen Ausgleich der Interessen des Vermieters, sich gegen wirtschaftliche Risiken der Vermietung abzusichern, und dem Schutzbedürfnis des Mieters vor übermäßigen Belastungen (MüKo/*Bieber* Rn 1; Hk-Mietrecht/*Emmerich* Rn 2; BGH NJW 2008, 1827). § 551 übernimmt § 550b aF mit redaktionellen und zwei wesentlichen inhaltlichen Änderungen, die den Mietzins ohne ausgewiesene Betriebskosten als Grundlage für die Mietsicherheit (Abs 1) und zur Spareinlage der Barkaution andere Anlageformen (Abs 3 S 2) vorsehen (BTDrs 14/4553 S 47 f). Die im RegE vorgesehene einseitige Befugnis des Mieters, die Barkaution durch eine Bürgschaft zu ersetzen (Abs 2 S 3), wurde durch den Rechtsausschuss gestrichen und die Sonderregelung für Studenten- oder Jugendwohnheime in Abs 3 S 5 eingefügt (BTDrs 14/5663 S 10).

2 **B. Anwendungsbereich.** § 551 gilt systematisch für Mietverträge über Wohnraum. Für Mietverhältnisse über Grundstücke und Räume, die keine Wohnräume sind, ist die Vorschrift mangels Verweis in § 578 nicht entspr anwendbar. Für Wohnraum, für den das WoBindG gilt, ist § 9 Abs 5 S 1 zu beachten, nach dem eine Mietsicherheit nur für Ansprüche aus Schäden an der Wohnung oder dem Unterlassen von

Schönheitsreparaturen verlangt werden kann. Für Gewerberaummietverträge gilt grds das Primat freier Vereinbarung (BGH NJW 2008, 1827; s Rz 20).

C. Vereinbarung einer Mietsicherheit, Abs 1. I. Kein gesetzlicher Anspruch. § 551 begründet keinen gesetzlichen Anspruch für den Vermieter, von dem Mieter eine Mietsicherheit zu verlangen. Die Vereinbarung einer Mietsicherheit unterliegt dem Grundsatz der Vertragsfreiheit (Hk-Mietrecht/*Emmerich* Rn 3), der in § 551 zum Ausgleich der Vermieter- und Mieterinteressen (s Rz 1) ausgestaltet und begrenzt wird. Die Vereinbarung kann zugleich mit dem Abschluss des Mietvertrages oder nachträglich während des bestehenden Mietverhältnisses als Nachtragsvereinbarung (§ 311) getroffen werden (BaRoth/*Ehlert* Rn 7). Zulässig ist die Vereinbarung als Allg Geschäftsbedingung (§§ 305 ff) in einem Formularvertrag. In der Vereinbarung sind Sicherungsart und Sicherungszweck zu bestimmen (Erman/*P Jendrek* Rn 3). 3

II. Sicherungsart. Mietsicherheiten können alle Arten von Sicherheitsleistungen sein (BGH NJW 1989, 1853), wie zB solche gem § 232; Barkaution (s zur umstr Rechtsnatur Staud/*Emmerich* Rn 4); Sicherungsabtretung, zB von Kontoguthaben oder von Erwerbseinkommen; Bürgschaften (einschränkend für unaufgeforderte Bürgschaften BGHZ 111, 361, 363: Wirksamkeit wenn der Mieter dadurch nicht erkennbar belastet wird); Verpfändung von Wertpapieren (dazu BaRoth/*Ehlert* Rn 14). Es können mehrere Sicherheiten und verschiedene Arten von Sicherheiten vereinbart werden (BGH NJW 2004, 3045, zum Kumulationsverbot siehe Rz 6). 4

III. Sicherungszweck. Nach Abs 1 S 1 hat der Mieter die Sicherheit für die Erfüllung seiner Pflichten zu leisten. Sie sichert grds alle fälligen und noch nicht fälligen Ansprüche des Vermieters, die sich aus dem Mietverhältnis und seiner Abwicklung ergeben (BGH NJW 1972, 721, 722 f) einschließlich Nachforderungen aus einer nach Beendigung des Mietverhältnisses noch vorzunehmenden Abrechnung der vom Mieter zu tragenden Betriebskosten (hM BGH NJW 2006, 1422 mwN; aA LG Berlin NZM 1999, 960, 960 f). Dieser umfassende Sicherungszweck kann von den Mietvertragsparteien vertraglich eingeschränkt werden (BGH NJW 2006, 1422). 5

IV. Höhe/Berechnung. Die Höhe der Mietsicherheit nach Abs 1 ist auf das **Dreifache einer Monatsmiete** begrenzt. Bei mehreren Sicherheiten ist das Kumulationsverbot zu beachten. Sie dürfen zusammengerechnet den nach Abs 1 höchstzulässigen Betrag nicht überschreiten (BGH NJW 2004, 3045; BGHZ 107, 210, 213 mwN). Abs 1 normiert einen Maximalbetrag, von dem nach unten abgewichen werden kann (BTDrs 14/4553 S 47). Die Erträge aus der Anlage der Sicherheit erhöhen diesen Betrag (Abs 3 S 4). Maßgeblich für die Berechnung der zulässigen Höhe ist die im Zeitpunkt der Sicherungsvereinbarung geschuldete Miete (§ 535; BGH NJW 2005, 2773). Berücksichtigt werden nach Abs 1 nicht die als Pauschale oder als Vorauszahlung ausgewiesenen Betriebskosten. Grds bleiben außer Betracht spätere Erhöhungen, Ermächtigungen (LG Berlin WuM 2005, 454), Mietminderungen (§ 536 Abs 1), es sei denn, es fehlt an einem anerkennenswerten Sicherungsinteresse des Vermieters, zB wenn unbehebbare Mängel bei Abschluss der Vereinbarung vorliegen (BGH NJW 2005, 2773 mwN). 6

V. Überhöhte Sicherheit. Die Überschreitung des höchstzulässigen Betrags nach Abs 1 hat nach überwiegender Auffassung nicht die Unwirksamkeit der Vereinbarung über die Mietsicherheit zur Folge. Sie ist nach Sinn und Zweck der Vorschrift nur insoweit unwirksam, als sie das höchstzulässige Maß übersteigt (BGH NJW 2004, 3045 mwN). Dies gilt auch, wenn gegen das Kumulationsverbot verstoßen wurde, dh wenn mehrere vereinbarte Sicherheiten zusammengerechnet den Höchstbetrag übersteigen (BGH NJW 2004, 3045 mwN). Hat der Mieter die Sicherheitsleistung bereits erbracht, hat er, soweit die Unwirksamkeit reicht, einen bereicherungsrechtlichen Anspruch auf Herausgabe (§ 812 Abs 1 S 1). Insbes kann er gegen Ansprüche des Vermieters aufrechnen (BGHZ 107, 210, 212; BaRoth/*Ehlert* Rn 17 mwN). 7

D. Geldsumme als Sicherheit, Abs 2. Die Sicherheitsleistung ist mit Abschluss der Vereinbarung über die Mietsicherheit fällig (§ 271), es sei denn, die Vertragsparteien haben etwas anderes vereinbart (Erman/*P. Jendrek* Rn 6). Besteht die Sicherheitsleistung in einer Geldsumme (Barkaution, Kautionskonto, Hinterlegung; Palandt/*Weidenkaff* Rn 10), so hat der Mieter nach Abs 2 S 1 das Recht, drei gleiche monatliche Teilzahlungen zu leisten. Die Teilzahlungsbeträge sind dann nicht mit dem monatlichen Mietzins identisch, wenn ein geringerer Betrag als der Höchstbetrag nach Abs 1 als Mietsicherheit vereinbart wurde. Der vereinbarte Betrag ist in diesem Fall zu dritteln. Die erste Teilzahlung ist zu Beginn des Mietverhältnisses (Abs 2 S 2), die zweite Teilzahlung einen Monat und die dritte Teilzahlung zwei Monate später fällig (Palandt/*Weidenkaff* Rn 10). Werden die Rechte des Mieters nach Abs 2 unzulässig eingeschränkt, wird regelm die Wirksamkeit der Vereinbarung über die Mietsicherheit insges nicht berührt (BGH NJW 2004, 3045). 8

E. Nichtleistung der Mietsicherheit. Leistet der Mieter die vereinbarte Mietsicherheit nicht, steht dem Vermieter ein einklagbarer Erfüllungsanspruch zu (Palandt/*Weidenkaff* Rn 5). Wurde dem Mieter die Mietsache noch nicht überlassen und zahlt er die erste Rate (Abs 2) nicht, so hat der Vermieter ein Zurückbehaltungsrecht (§§ 273, 274; s nur Palandt/*Weidenkaff* Rn 5 mwN). Umstr ist, in welcher Höhe der Vermieter einen Anspruch auf Verzugsschaden, insbes auf Zinsen, hat (s dazu Staud/*Emmerich* Rn 13). Nach zutr Ansicht 9 kann der Vermieter nur Ersatz der Zinsen verlangen, die bei Anlage der Mietsicherheit nach Abs 3 erzielt würden (Palandt/*Weidenkaff* Rn 5 mwN; Erman/*P Jendrek* Rn 6; aA *Kießling* JZ 2004, 1146, 1150). In Betracht kommt eine ordentliche Kündigung des Mietvertrages nach § 573 Abs 2 Nr 1; ob eine außerordentliche Kündigung zulässig ist, ist str (siehe dazu Erman/*P Jendrek* Rn 6).

10 **F. Anlage einer Barkaution, Abs 3. I. Gesetzliche Anlageform, S 1.** Wird dem Vermieter eine Geldsumme (nur Barkaution; BaRoth/*Ehlert* Rn 25) als Sicherheit überlassen, ist er verpflichtet, den Betrag bei einem Kreditinstitut anzulegen. Die Anlagepflicht schützt insbes den Rückzahlungsanspruch des Mieters vor dem Zugriff von den Gläubigern des Vermieters im Falle seiner Insolvenz (BGH NJW 2008, 1827 mwN). Sie dient ferner dazu, die Sicherheit bis zur Rückgewähr bzw Verwertung in ihrem Bestand zu schützen (LG Hamburg NZM 2005, 255). Zwischen Mieter und Vermieter besteht ein Treuhandverhältnis (BGH NJW 2008, 1827 mwN). Die Anlagepflicht ist eine einklagbare, durch Gesetz begründete (BGH NJW 2008, 1837) Nebenpflicht des Vermieters aus dem Mietvertrag (allg M, s nur Palandt/*Weidenkaff* Rn 12 mwN). Abs 3 ist Schutzgesetz iSd § 823 Abs 2 (BaRoth/*Ehlert* Rn 25 mwN) und statuiert eine Vermögensbetreuungspflicht iSd § 266 StGB (BGH NJW 2008, 1827 mwN). Kreditinstitut ist jedes Institut iSd KWG im gesamten EU-Gebiet (BaRoth/*Ehlert* Rn 25a mwN). Anlageform muss nicht zwingend ein Sparguthaben sein. Die Anlage muss den für Spareinlagen üblichen Zinssatz erzielen und mit einer dreimonatigen Frist kündbar sein (BaRoth/*Ehlert* Rn 25a mwN).

11 **II. Andere Anlageformen, S 2.** Andere Anlageformen sind hierbei nur solche, die grds auch Erträge erzielen können, zB Zinsen oder Dividenden, nicht jedoch eine bloße Verwahrung. Auch spekulative Anlagen sind hiervon umfasst (Erman/P *Jendrek* Rn 9). Die Vereinbarung einer anderen Anlageform soll Vermieter und Mieter eine größere Gestaltungsfreiheit einräumen, um das Geld mit höheren Erträgen als den Zinsen nach S 1 anzulegen. Realisiert sich der erwartete Gewinn nicht oder nicht in der Höhe oder tritt sogar ein Vermögensverlust ein, ist der Mieter anders als im Falle des S 1 nicht berechtigt, das eingesetzte Kapital oder die Mindestverzinsung vom Vermieter zu verlangen (BTDrs 14/4553 S 49).

12 **III. Vom Vermietervermögen getrennte Anlage, S 3 Hs 1.** Nach S 3 ist der Vermieter verpflichtet, unabhängig von der Anlageform (S 1 oder S 2) die Mietsicherheit von seinem Vermögen getrennt anzulegen. Es soll insbes sichergestellt werden, dass Gläubiger des Vermieters hierauf keinen Zugriff haben (BTDrs 14/4553 S 49). Der Mieter hat das Recht, vom Vermieter einen Nachweis über die gesetzeskonforme Anlage der Mietsicherheit zu verlangen (BGH NJW 2008, 1152 mwN). Zur Erfüllung der Anlagepflicht hat der Vermieter ein Treuhand- oder Anderkonto einzurichten. Erforderlich ist nicht, dass für jede einzelne Sicherheitsleistung ein gesondertes Konto eingerichtet wird. Ausreichend ist die Anlage sämtlicher Gelder auf einem (vom übrigen Vermietervermögen getrennten) Sammelkonto (BTDrs 14/4553 S 49). Es muss sich um ein ausschließlich zur Aufnahme von treuhänderisch gebundenen Fremdgeldern bestimmtes Konto handeln (BGH NJW 2008, 1152 mwN).

13 Bei gesetzeskonformer Anlage der Mietsicherheit hat der Mieter in der Insolvenz des Vermieters für das iHd Mietsicherheit bestehende Kontoguthaben ein Aussonderungsrecht gem § 47 InsO. Hat der Vermieter dagegen unter Verletzung von S 3 die Mietsicherheit nicht vom Eigenvermögen getrennt, ist der Mieter nicht aussonderungsberechtigt (BGH NJW 2008, 1152; aA *Derleder* NZM 2004, 568, 577 f). Solange der Vermieter seine Anlagepflicht nicht erfüllt, ist der Mieter grds berechtigt, die vereinbarten Mietzahlungen in Höhe eines Betrages der Mietsicherheit auf der Grundlage eines Zurückbehaltungsrechtes zu verweigern (BGH NJW 2008, 1152 mwN).

14 **IV. Erträge, S 3 Hs 2, S 4.** Der Mieter hat Anspruch auf die Erträge aus der Anlage der Mietsicherheiten nach Sätzen 1 und 2. Erträge sind Kapitaleinnahmen im weitesten Sinne (BTDrs 14/4553 S 49), z.B. Zinsen, insbes nach S 1, Zinseszinsen und Dividenden; str für vom Vermieter ausgehandelte höhere Zinsen (zu Recht bejahend: LG Berlin GE 1993, 2105; AG Duisburg WuM 1996, 763; BaRoth/*Ehlert* Rn 28 mwN; aA AG Frankfurt aM/M. WuM 2001, 336). Für den Vermieter besteht keine Pflicht, die Mietsicherheit mit dem höchstmöglichen Zinssatz anzulegen (hM Palandt/*Weidenkaff* Rn 13). Die Erträge erhöhen die Mietsicherheit (S 4).

15 **V. Studenten- oder Jugendwohnheime, S 5.** Für Vermieter von Wohnraum in einem Studenten- oder Jugendwohnheim besteht aus Vereinfachungsgründen keine Verzinsungspflicht (s dagegen § 550b Abs 4 aF). IÜ gelten die Regelungen zur Mietsicherheit. Die Vermieter sollen in der Wahl der Sicherheitsleistung frei sein, um ggf damit verbundene praktische Probleme zu vermeiden. Sie können zB die Stellung eines Bürgen oder die Verpfändung oder Abtretung einer Sparbuchforderung mit den Mietern vereinbaren (BTDrs 14/4553 S 49 f).

16 **G. Unabdingbarkeit, Abs 4.** Abs 4 normiert die Unabdingbarkeit von § 551 zu Gunsten des Mieters (BTDrs 14/4553 S 49). Die Regelung ist eine zwingende Vorschrift, von der nicht zum Nachteil des Mieters abgewichen werden kann.

H. Verjährung. Der Anspruch des Vermieters auf die Mietsicherheit unterliegt der regelm Verjährungsfrist von 3 Jahren (§ 195) und beginnt nach § 199 Abs 1 mit Fälligkeit des Anspruchs (s nur KG GE 2008, 671 mwN; LG Darmstadt NJW-RR 2007, 116; *Herrlein* NJW 2007, 2828, 2831). Der Beginn der Verjährung ist nicht bis zum Ende der Mietzeit hinausgeschoben (KG GE 2008, 671). 17

I. Rückgabe der Mietsicherheit. Der Vermieter ist verpflichtet, die Mietsicherheit nach Beendigung des Mietverhältnisses zurückzugeben, **sobald sie zur Sicherung seiner Ansprüche nicht mehr erforderlich** ist. Rechtsgrund ist die ergänzend getroffene Sicherungsabrede, die der Hingabe der Mietsicherheit zugrunde liegt, wenn die Verpflichtung nicht vereinbart wurde (BGHZ 141, 160, 166; NJW 2006, 1422). Der Anspruch des Mieters wird nicht bereits mit Beendigung des Mietverhältnisses, sondern erst nach Ablauf einer angemessenen Überlegungs- und Abrechnungsfrist fällig. Innerhalb der Frist hat der Vermieter zu entscheiden, ob und in welcher Weise er die Kaution zur Abdeckung seiner Ansprüche verwenden will (BGHZ 101, 244, 250; NJW 2006, 1422). Die Länge der Frist hängt von den Umständen des Einzelfalles ab. Regelm ist von zwei bis drei Monaten und einer Obergrenze von sechs Monaten auszugehen (Hk-Mietrecht/*Emmerich* Rn 22 mwN). Sie kann im Einzelfall mit mehr als sechs Monaten für den Vermieter erforderlich und dem Mieter noch zumutbar sein (BGH NJW 2006, 1422; offen gelassen für die Gewerberaummiete, vgl Düsseldorf GE 2008, 926). 18

Bis dahin ist der Vermieter berechtigt, die Mietsicherheit in zur Sicherung **angemessener Höhe einzubehalten**. Das Einbehaltungsrecht erstreckt sich auch auf Nachforderungen, wie zB auf noch abzurechnende Betriebskosten. Dem steht nicht entgegen, dass der Anspruch auf Zahlung der Betriebskosten erst mit der Erteilung einer – nachprüfbaren – Abrechnung fällig wird (st Rspr, BGHZ 113, 188, 194 mwN; NJW 2005, 1499, 1501; NJW 2006, 1422). Der Rückgewähranspruch wird fällig, wenn der Vermieter noch offene Ansprüche, deren Sicherung die Mietsicherheit dient, in zumutbarer Weise abrechnen kann (Düsseldorf GE 2008, 926 mwN). Der Vermieter ist nach Beendigung des Mietverhältnisses nicht berechtigt, gegen die Mietsicherheit mit Heizkostennachforderungen aufzurechnen, wenn diesen Gegenforderungen ein Zurückbehaltungsrecht des Mieters wegen unterlassener Abrechnung der sonstigen Betriebskosten zusteht (zur Gewerberaummiete s Düsseldorf GE 2008, 926). 19

J. Gewerberaummiete. § 551 ist auf die Gewerberaummiete nicht entspr anwendbar (s.o. Rz 2). Es gilt das Primat der freien Vereinbarung (Brandenburg ZMR 2006, 854). Insbes soll § 551 Abs 3 nach der jüngsten Judikatur des BGH (NJW 2008, 1837) nicht heranziehbar sein. Aus der bloßen Vereinbarung einer Kaution als solche ergebe sich ebenfalls keine strafrechtlich relevante Vermögensbetreuungspflicht iSd § 266 StGB. Da der BGH die Behandlung der Mietsicherheit bei der Gewerberaummiete aus strafrechtlichen Erwägungen letztlich ausdrücklich offen gelassen hat, bleibt die weitere Entwicklung abzuwarten, insbes, ob sich die im Vordringen befindliche Auffassung, die Schutzvorschriften für die Mieter aus § 551 in den Grundzügen zu übertragen (zB treuhänderische Verwaltung der Mietsicherheit mit Verwertungsverbot für nicht gesicherte Fremdforderungen: Düsseldorf ZMR 2008, 47 mwN; gesonderte Anlage der Mietsicherheit: Nürnberg MDR 2006, 1100; zur Verzinsung: BGH NJW 1994, 3287) durchsetzt (ausf Hk-Mietrecht/*Emmerich* Rn 22 mwN; Erman/*P Jendrek* Rn 14 mwN). Die Fälligkeit der Mietsicherheit vor Übergabe der Mietsache kann Gegenstand von **AGB** sein (KG ZMR 2008, 617). Zur Anwendung der in Rz 18 f ausgeführten Regelungen zur Rückgabe der Mietsicherheit: KG ZMR 2008, 617. 20

§ 552 Abwendung des Wegnahmerechts des Mieters.

[1] Der Vermieter kann die Ausübung des Wegnahmerechts (§ 539 Absatz 2) durch Zahlung einer angemessenen Entschädigung abwenden, wenn nicht der Mieter ein berechtigtes Interesse an der Wegnahme hat.
[2] Eine Vereinbarung, durch die das Wegnahmerecht ausgeschlossen wird, ist nur wirksam, wenn ein angemessener Ausgleich vorgesehen ist.

A. Normzweck/Entstehungsgeschichte der Norm. § 552 ist mit dem Wegnahmerecht des Mieters gem § 539 Abs 2 verknüpft. Der Mieter ist berechtigt, eine Einrichtung wegzunehmen, mit der er die Mietsache versehen hat. § 552 Abs 1 räumt dem Vermieter das Recht ein, die Wegnahme der Einrichtung abzuwenden. Zum Schutz des Mieters ist die Abwendung jedoch nur gegen Zahlung einer angemessenen Entschädigung zulässig. Abs 2 schränkt den Ausschluss des Wegnahmerechts nach § 539 Abs 2 zu Gunsten des Mieters ein. § 552 übernimmt die bes Regelungen für das Wegnahmerecht des Mieters von Räumen aus § 547a Abs 2 und 3 ohne inhaltliche Änderung. Die Norm ist sprachlich geringfügig überarbeitet und gekürzt worden (BTDrs 14/4553 S 49). 1

B. Anwendungsbereich/Abdingbarkeit. § 552 gilt systematisch für Mietverträge über Wohnraum sowie für Wohnraum nach § 549 Abs 2 und 3. Auf Mietverhältnisse über Räume, die keine Wohnräume sind (§ 578 Abs 2 S 1), ist ausschließlich Abs 2 entspr anwendbar. Gleiches gilt für Pachtverträge, die keine Landpachtverträge darstellen (§ 581 Abs 2). § 591a enthält eine eigenständige, aber regelungstechnisch identische Bestimmung für Landpachtverträge. Die Abdingbarkeit des Wegnahmerechts ist in § 552 Abs 2 geregelt (s Rz 10). 2

3 **C. Abwendungsrecht des Vermieters, Abs 1. I. Entstehung.** Für den Vermieter besteht auf Grund des Wortlauts der Norm »kann« eine Berechtigung, aber keine gesetzliche Verpflichtung zur Abwendung des Wegnahmerechts (BaRoth/*Ehlert* Rn 4). Das Abwendungsrecht des Vermieters nach Abs 1 setzt voraus, dass dem Mieter ein Wegnahmerecht gem § 539 Abs 2 zusteht. Es ist mit ihm deckungsgleich, soweit der Mieter kein berechtigtes Interesse an der Wegnahme hat (Abs 1 Hs 2). Das Abwendungsrecht erstreckt sich dementspr auf alle Einrichtungen, die vom Wegnahmerecht erfasst sind. Einrichtungen sind vom Mieter eingebrachte bewegliche Sachen, die mit der Mietsache verbunden werden und dem Zweck der Mietsache zu dienen bestimmt sind (BGHZ 101, 37, 41; s ausf § 539 Rz 1 ff). Sobald diese Sachen in die Mietsache eingebracht und mit ihr verbunden sind, entsteht das Wegnahmerecht des Mieters und damit zugleich die grds Abwendungsbefugnis des Vermieters. Will der Mieter dieses ausüben, kann der Vermieter es nach Abs 1 abwenden. Das Wegnahmerecht besteht so lange, wie der Mieter die Mietsache in Besitz hat. Mit ihrer Rückgabe wandelt sich das Wegnahmerecht des Mieters in einen Anspruch auf Duldung der Wegnahme um (BGHZ 101, 37, 41).

4 **II. Ausübung.** Der Vermieter kann das Abwendungsrecht erst ausüben, wenn er Kenntnis davon hat, dass der Mieter die Einrichtung entfernen will. Es besteht nach überwiegender Auffassung weder eine Pflicht des Mieters, die Wegnahme der Einrichtung anzuzeigen, noch im Grundsatz die Pflicht, dem Vermieter die Einrichtung zur Abwendung des Wegnahmerechts anzubieten (Hk-Mietrecht/*Emmerich* Rn 2; zu den Ausnahmen siehe BaRoth/*Ehlert* Rn 6). Individualvertraglich kann Abw vereinbart werden, ohne dass Abs 2 entgegensteht (Hk-Mietrecht/*Emmerich* Rn 2).

5 Welche **Anforderungen an die Ausübung des Abwendungsrechts** zu stellen sind, wird unterschiedlich beurteilt. Grds wird an dem insoweit eindeutigen Gesetzeswortlaut festgehalten, dass es nur nach Zahlung der angemessenen Entschädigung wirksam wahrgenommen wird (PWW/*Riecke* Rn 6; BaRoth/*Ehlert* Rn 7). Das bloße Angebot zur Zahlung einer angemessenen Entschädigung soll nur dann genügen, wenn sich der Mieter damit verbindlich einverstanden erklärt oder er sich im Annahmeverzug (§ 294) befindet (KG MDR 2001, 984; Erman/*P Jendrek* Rn 3; Hk-Mietrecht/*Emmerich* Rn 2).

6 **III. Zahlung einer angemessenen Entschädigung.** Der Anspruch des Mieters auf die angemessene Entschädigung entsteht, wenn der Vermieter erklärt, dass er die Wegnahme abwenden will (BGH NJW-RR 2006, 294; NJW 1988, 705, 705 f). Die angemessene Entschädigung ist auf der Basis des Zeitwertes der Einrichtung zu ermitteln. Die Judikatur (BGH MDR 1969, 1001; Köln WuM 1998, 345; LG Hamburg WuM 1977, 141) und Teile der Lit (Erman/*P Jendrek* Rn 5; BaRoth/*Ehlert* Rn 8; Palandt/*Weidenkaff* Rn 3) bringen den durch die Trennung entstehenden Wertverlust sowie die vom Mieter ersparten Aufwendungen für die Wiederherstellung des ursprünglichen Zustandes (§ 258) in Abzug. Der Vermieter soll nur den Betrag entschädigen, um den er auf Kosten des Mieters bereichert ist. Dies wird in der Lit überwiegend (Hk-Mietrecht/*Emmerich* Rn 3 mwN; MüKo/*Bieber* Rn 5; Blank/*Börstinghaus* Rn 4) als erhebliche Benachteiligung des Mieters angesehen, so dass sich die Angemessenheit allein nach dem Zeitwert (*Scholl* WuM 1998, 327 sieht als angemessen den Wert der Einrichtung für den Vermieter an) richten soll, weil der Vermieter in seinem Interesse Sachen des Mieters in Anspruch nehme. Im Zweifel steht dem Mieter das Bestimmungsrecht zur Entschädigung nach § 316 zu (Palandt/*Weidenkaff* Rn 3).

7 **IV. Ausschluss bei berechtigtem Interesse des Mieters, 2. Halbsatz.** Der Vermieter kann die Ausübung des Wegnahmerechts dann nicht abwenden, wenn dem Mieter ein berechtigtes Interesse an der Wegnahme zusteht (Hs 2). Dabei kommt es auf die Umstände des Einzelfalles an. Berechtigte Interessen sind alle vernünftigen, sachlichen Gründe für die Wegnahme aus Sicht des Mieters, zB hohe Wiederbeschaffungskosten, Affektionsinteresse, keine Verfügbarkeit der Einrichtung auf dem Markt (Hk-Mietrecht/*Emmerich* Rn 4; BaRoth/*Ehlert* Rn 9 mwN).

8 **V. Rechtsfolge.** Besteht kein berechtigtes Interesse des Mieters an der Wegnahme und hat der Vermieter das Abwendungsrecht ordnungsgem ausgeübt, erlischt das Wegnahmerecht des Mieters. Er hat kein Recht zur Wiederaneignung der Einrichtung (BaRoth/*Ehlert* Rn 11).

9 **VI. Erlöschen.** Das Abwendungsrecht erlischt, wenn der Mieter sein Wegnahmerecht ausgeübt hat. Hat der Mieter die Verbindung der Einrichtung mit der Mietsache gelöst und den ursprünglichen Zustand wiederhergestellt, erlöschen beide Rechte. Nicht erforderlich ist, dass der Mieter die abgetrennte Einrichtung aus der Mietsache entfernt hat (Hk-Mietrecht/*Emmerich* Rn 2 mwN; BaRoth/*Ehlert* Rn 5).

10 **D. Vereinbarter Ausschluss des Wegnahmerechts, Abs 2.** Das Wegnahmerecht des Mieters nach § 539 Abs 2 kann bei der Wohnraummiete (s Rz 2; zum Ausschluss BaRoth/*Ehlert* Rn 11) vertraglich nur ausgeschlossen werden, wenn sich der Vermieter verpflichtet, einen angemessenen Ausgleich zu leisten (Abs 2). Diese Regelung ist zwingend. Das Gesetz schreibt nicht vor, was der angemessene Ausgleich beinhaltet. Es kann eine angemessene (s Rz 6) Entschädigung in Geld sein oder ein sonstiges Entgegenkommen des Vermieters bei der Gestaltung des Mietvertrages, sofern es nach dem Willen der Parteien die Gegenleistung für den Ausschluss des Wegnahmerechts sein soll (Hk-Mietrecht/*Emmerich* Rn 5).

E. Verfahrensrechtliches. Der Mieter trägt die Beweislast für das Bestehen des Wegnahmerechts nach § 539 Abs 2. Der Vermieter muss darlegen und beweisen, dass es sich um eine angemessene Entschädigung handelt. Im Prozess findet § 287 ZPO Anwendung. Der Anspruch des Mieters auf angemessene Entschädigung ist gerichtlich einklagbar (aA BaRoth/*Ehlert* Rn 15, weil es sich nicht um einen Anspruch handele; dagegen jedoch BGH NJW-RR 2006, 294). 11

§ 553 Gestattung der Gebrauchsüberlassung an Dritte.

[1] Entsteht für den Mieter nach Abschluss des Mietvertrags ein berechtigtes Interesse, einen Teil des Wohnraums einem Dritten zum Gebrauch zu überlassen, so kann er von dem Vermieter die Erlaubnis hierzu verlangen. Dies gilt nicht, wenn in der Person des Dritten ein wichtiger Grund vorliegt, der Wohnraum übermäßig belegt würde oder dem Vermieter die Überlassung aus sonstigen Gründen nicht zugemutet werden kann.
[2] Ist dem Vermieter die Überlassung nur bei einer angemessenen Erhöhung der Miete zuzumuten, so kann er die Erlaubnis davon abhängig machen, dass der Mieter sich mit einer solchen Erhöhung einverstanden erklärt.
[3] Eine zum Nachteil des Mieters abweichende Vereinbarung ist unwirksam.

A. Normzweck/Entstehungsgeschichte der Norm. § 553 ist eine Schutzvorschrift zu Gunsten des Mieters. Der ihm gewährte Anspruch auf Erteilung der Erlaubnis zur Untervermietung bezweckt, dem Mieter die Wohnung zu erhalten. Das Mietverhältnis soll aufrechterhalten werden, wenn er den Wohnraum teilw einem anderen zum Gebrauch überlassen möchte. Ferner dient der Anspruch dazu, die grds anzuerkennende Entscheidung des Mieters, sein Privatleben »innerhalb der eigenen vier Wände« nach seinen Vorstellungen zu gestalten, zu gewährleisten (BGH NJW 2006, 1200 mwN). § 553 entspricht inhaltlich § 549 Abs 2. Geringe sprachliche Änderungen wurden vorgenommen. Die Aufteilung in drei Absätze soll der besseren Lesbarkeit und Übersichtlichkeit dienen (BTDrs 14/4553 S 49). § 553 gilt systematisch für Mietverträge über Wohnraum sowie für Wohnraum nach § 549 Abs 2 und 3 (Erman/*P Jendrek* Rn 2). 1

B. Erlaubnis zur Gebrauchsüberlassung an Dritte, Abs 1. I. Rechtsanspruch des Mieters, S 1. Abs 1 S 1 gewährt dem Mieter einen Anspruch auf Erteilung der Erlaubnis zur Untervermietung, wenn für ihn nach Abschluss des Mietvertrags ein berechtigtes Interesse daran entsteht (BGH NJW 2006, 1200). Keinen Einfluss auf die Erlaubniserteilung hat der Rechtsgrund für die Gebrauchsüberlassung an den Dritten; sie kann entgeltlich oder unentgeltlich sein (Erman/*P Jendrek* Rn 3). **1. Wohnraum.** Der Mieter darf nur einen Teil des Wohnraums an Dritte überlassen, also nicht den gesamten Wohnraum. Für die Gebrauchsüberlassung an gemieteten Räumlichkeiten, ohne dass auch der Mieter sie weiterhin bewohnt, gewährt S 1 keinen Rechtsanspruch auf Erlaubniserteilung (Erman/*P Jendrek* Rn 3). 2

2. Berechtigtes Interesse. Als berechtigt anzusehen ist jedes, auch höchstpersönliche Interesse des Mieters von nicht ganz unerheblichem Gewicht, das mit der geltenden Rechts- und Sozialordnung in Einklang steht (BGH NJW 2006, 1200; BGHZ 92, 213, 219). Maßgeblich für die Auslegung des Begriffs »berechtigtes Interesse« und sein Verhältnis zu dem Zumutbarkeitserfordernis in S 2 ist der Normzweck (BGH NJW 2006, 1200; s Rz 1). Regelfall ist die Aufnahme eines Lebenspartners zum Zwecke der Bildung oder Fortführung eines auf Dauer angelegten gemeinsamen Haushalts. Unerheblich ist, ob es sich um eine hetero- oder homosexuelle Beziehung handelt (BTDrs 14/4553 S 50). Voraussetzung ist nicht, dass der Mieter mit dem aufzunehmenden Dritten nicht zusammenleben will. Erforderlich ist ferner nicht, dass der Mieter seinen Lebensschwerpunkt in dem unterzuvermietenden Wohnraum hat. Ausreichend ist der Wunsch nach einer Entlastung von den Reise- und Wohnungskosten, die ihm aus beruflichen Gründen entstehen, zB von Kosten einer doppelten Haushaltsführung (BGH NJW 2006, 1200) oder solcher bzgl des Auszugs eines Mitmieters (LG Berlin NJW-RR 1990, 457). 3

II. Zumutbarkeitserfordernis, S 2. Die Gebrauchsüberlassung an Dritte muss dem Vermieter nach S 2 zumutbar sein. Die schützenswerten Belange des Vermieters sind zu berücksichtigen und gegen die Interessen des Mieters abzuwägen (BGH NJW 2006, 1200 mwN). Die Norm benennt ausdrücklich zwei Gründe, in denen der Anspruch des Mieters nach S 1 ausgeschlossen ist: 1. ein wichtiger Grund in der Person des Dritten (s dazu § 540 Rz 5) und 2. die übermäßige Belegung des Wohnraums. Mit den »sonstigen Gründen« enthält S 2 einen Auffangtatbestand. Diese Gründe müssen ein solches Gewicht haben, wie es den beiden vorgenannten Regelbeispielen zukommt (BGH NJW 1985, 130, 132). 4

C. Zumutbarkeit bei angemessener Mieterhöhung, Abs 2. Der Vermieter ist berechtigt, die Erlaubnis von dem Einverständnis des Mieters von einer angemessenen Erhöhung der Miete abhängig zu machen, wenn die Gebrauchsüberlassung nur mit dieser Mieterhöhung zuzumuten ist (Abs 2). Er hat sie wie in der Unzumutbarkeit der Gebrauchsüberlassung vom Mieter zu verlangen, und der Mieter muss sich mit ihr einverstanden erklären (Palandt/*Weidenkaff* Rn 6). Für den Vermieter besteht kein gesetzlicher Anspruch auf Einwilligung des Mieters in die Mieterhöhung. Willigt der Mieter nicht ein, steht dem Vermieter das Recht zur Verweigerung der Erlaubnis zu (BGHZ 131, 297, 301). Maßstab für die angemessene Mieterhöhung ist die stärkere Abnutzung der Mietsache auf Grund der Aufnahme des Dritten und/oder die höhere Belastung mit Betriebskosten (vgl BaRoth/*Ehlert* Rn 15 mwN). 5

6 **D. Erlaubnis des Vermieters/Unabdingbarkeit/Beweislast.** Bei der Erlaubnis handelt es sich um keine generelle, sondern um eine personenbezogene Erlaubnis (KG ZMR 1992, 382). Verweigert der Vermieter sie, ist der Mieter berechtigt, sie einzuklagen oder alternativ die Kündigung nach § 540 Abs 1 2 zu wählen (Erman/*P Jendrek* Rn 4). Abs 3 normiert die Unabdingbarkeit von § 553 zu Gunsten des Mieters (BTDrs 14/4553 S 50). Es ist eine zwingende Vorschrift, von der nicht zum Nachteil des Mieters abgewichen werden kann. Der Mieter hat die Tatsachen, die sein berechtigtes Interesse begründen, darzulegen und zu beweisen. Für die Aufnahme eines Lebensgefährten ist der bloße Wunsch ohne nähere Begründung ausreichend (BGH NJW 2004, 56). Für eine Unzumutbarkeit der Erlaubniserteilung (Abs 1 S 2, Abs 2) trägt der Vermieter die Beweislast (Palandt/*Weidenkaff* Rn 3).

§ 554 Duldung von Erhaltungs- und Modernisierungsmaßnahmen.

[1] Der Mieter hat Maßnahmen zu dulden, die zur Erhaltung der Mietsache erforderlich sind.

[2] Maßnahmen zur Verbesserung der Mietsache, zur Einsparung von Energie oder Wasser oder zur Schaffung neuen Wohnraums hat der Mieter zu dulden. Dies gilt nicht, wenn die Maßnahme für ihn, seine Familie oder einen anderen Angehörigen seines Haushalts eine Härte bedeuten würde, die auch unter Würdigung der berechtigten Interessen des Vermieters und anderer Mieter in dem Gebäude nicht zu rechtfertigen ist. Dabei sind insbesondere die vorzunehmenden Arbeiten, die baulichen Folgen, vorausgegangene Aufwendungen des Mieters und die zu erwartende Mieterhöhung zu berücksichtigen. Die zu erwartende Mieterhöhung ist nicht als Härte anzusehen, wenn die Mietsache lediglich in einen Zustand versetzt wird, wie er allgemein üblich ist.

[3] Bei Maßnahmen nach Absatz 2 Satz 1 hat der Vermieter dem Mieter spätestens drei Monate vor Beginn der Maßnahme deren Art sowie voraussichtlichen Umfang und Beginn, voraussichtliche Dauer und die zu erwartende Mieterhöhung in Textform mitzuteilen. Der Mieter ist berechtigt, bis zum Ablauf des Monats, der auf den Zugang der Mitteilung folgt, außerordentlich zum Ablauf des nächsten Monats zu kündigen. Diese Vorschriften gelten nicht bei Maßnahmen, die nur mit einer unerheblichen Einwirkung auf die vermieteten Räume verbunden sind und nur zu einer unerheblichen Mieterhöhung führen.

[4] Aufwendungen, die der Mieter infolge einer Maßnahme nach Absatz 1 oder 2 Satz 1 machen musste, hat der Vermieter in angemessenem Umfang zu ersetzen. Auf Verlangen hat er Vorschuss zu leisten.

[5] Eine zum Nachteil des Mieters von den Absätzen 2 bis 4 abweichende Vereinbarung ist unwirksam.

1 **A. Normzweck/Entstehungsgeschichte der Norm.** § 554 dient dem Ausgleich der unterschiedlichen Interessen von Vermieter und Mieter bei der Durchführung von Erhaltungs- und Modernisierungsmaßnahmen (PWW/*Riecke* Rn 2). Die Pflicht des Mieters, Erhaltungsmaßnahmen zu dulden (Abs 1), soll es dem Vermieter ermöglichen, seine Pflicht zu erfüllen, die Mietsache während der Mietzeit in einem vertragsgem Zustand zu erhalten (§ 535 Abs 1 S 2) (s nur Staud/*Emmerich* Rn 3; *Both* NZM 2001, 78, 79). Bei Modernisierungsmaßnahmen sollen die Abs 2 bis 4 das Verbesserungsinteresse des Vermieters und das Bestandsinteresse des Mieters an der Mietsache ausgleichen (BaRoth/*Ehlert* Rn 2 mwN). Da Modernisierungsmaßnahmen mit dem Recht des Vermieters zur Mieterhöhung nach § 559 verbunden sind, soll der Mieter vor unangemessenen Belastungen geschützt werden. § 554 übernimmt auf Grund des Mietrechtsreformgesetzes vom 19.06.2001 inhaltlich im Wesentlichen die bisherigen §§ 541a und b über die Duldungspflichten des Raummieters bei Erhaltungs- und Modernisierungsmaßnahmen und führt sie zu einer – auch sprachlich vereinheitlichten – Vorschrift zusammen (BTDrs 14/4553 S 49).

2 **B. Anwendungsbereich/Abdingbarkeit.** § 554 gilt systematisch für Mietverträge über Wohnraum, für Wohnraum nach § 549 Abs 2 und 3 sowie preisgebundenen Wohnraum (BayObLG NJW-RR 1997, 266 zur alten Rechtslage). Auf Mietverhältnisse über Räume, die keine Wohnräume sind, findet § 554 entspr Anwendung (§ 578 Abs 2 S 1) und auf Pachtverträge, die keine Landpachtverträge sind, gilt dies gem § 581 Abs 2 ebenfalls. §§ 586 Abs 1 S 2, 588 enthalten Regelungen für Landpachtverträge. Übergangsrecht gilt nach Art 299 § 3 Abs 1 Nr 6 EGBGB. Für Wohnraum begründet § 554 zwingendes Recht nach Abs 5 (s Rz 35). Bei der Miete von anderen Räumen ist die Vorschrift abdingbar, § 578 Abs 2 (BTDrs 14/4553 S 50).

3 **C. Duldung von Erhaltungsmaßnahmen, Abs 1. I. Maßnahmen der Erhaltung.** Erhaltungsmaßnahmen (s zur Abgrenzung der Erhaltungs- von Modernisierungsmaßnahmen Rz 11) sind Maßnahmen zur Instandhaltung und Instandsetzung der Mieträume oder des Gebäudes, in dem sich die Mieträume befinden, die Defekte und Schäden beseitigen und ihnen vorbeugen (Erman/*P Jendrek* Rn 2, 4; Köln ZMR 1994, 158). Sie dienen objektiv der Erhaltung der Mietsache bzw des Gebäudes in seinem ursprünglichen wirtschaftlichen Bestand (Staud/*Emmerich* Rn 4; Hk-Mietrecht/*Emmerich* Rn 2).

4 Instandsetzung umfasst die Reparatur der Mietsache, den Ersatz von Gegenständen oder die Behebung baulicher Mängel (PWW/*Riecke* Rn 4; zum Austausch von Badewanne, Waschbecken, Dusche als vorbeugende Instandsetzung im Rahmen einer Gesamtsanierung s LG Berlin GE 2007, 849). Instandhaltung sind vorbeugende und Instandsetzung mängelbeseitigende Maßnahmen (Einzelfälle bei Erman/*P Jendrek* Rn 3), die sich im oder am gemieteten Raum (zB Außenfassade als mittelbarer Bestandteil der Mietsache, AG Schöneberg

06.07.2007 – 6 C 339/07, zitiert nach Juris) oder gemeinschaftlich genutzten Räumlichkeiten (Zugänge, Abgänge, Treppen, etc) auswirken und den Mietgebrauch vorübergehend einschränken oder aufheben (s nur Erman/*P Jendrek* Rn 3), zB durch Lärm, Schmutz oder sonstige Immissionen gem § 906 Abs 1, Unterbrechungen in der Energie- oder Wasserzufuhr, Zugangsbehinderungen, etc (BaRoth/*Ehlert* Rn 5 mwN).

Erforderlich sind die Erhaltungsmaßnahmen, wenn der Vermieter sie nach verständiger Würdigung des Einzelfalles unter Berücksichtigung aller Umstände zur Erhaltung des Gebäudes oder der Mieträume für gerechtfertigt halten darf (Erman/*P Jendrek* Rn 5; PWW/*Riecke* Rn 4). Eine bestimmte Dringlichkeitsstufe muss nicht erreicht sein, weil sowohl vorbeugende als auch mängelbeseitigende Maßnahmen der Erhaltung dienen. Der Vermieter ist verpflichtet, Erhaltungsmaßnahmen anzukündigen (Palandt/*Weidenkaff* Rn 5; dazu, dass § 554 Abs 3 analog nicht gilt LG Berlin GE 2007, 653; AG Wedding GE 2007, 1557). 5

II. Pflicht zur Duldung. Der Mieter ist verpflichtet, die erforderlichen Erhaltungsmaßnahmen nebst Vorbereitungsmaßnahmen zu dulden. Diese Pflicht gilt nicht nur für den Mieter, sondern für alle Personen, die sich rechtmäßig in den Mieträumen und dem Gebäude aufhalten. Die von den Erhaltungsmaßnahmen ausgehenden Wirkungen, die den Gebrauch der Mietsache beschränken oder aufheben, sind zu dulden. Ferner ist der Mieter verpflichtet, Erhaltungsmaßnahmen nicht zu behindern und insbes den Zugang zu den Mieträumen (s zu angemessenen, nicht eingeschränkten Geschäftszeiten bei Gewerberaummiete AG Wedding GE 2007, 1557) zu ihrer Durchführung zu gewähren (Hk-Mietrecht/*Emmerich* Rn 5). 6

Die Beeinträchtigungen des Mieters sind möglichst gering zu halten. Der Vermieter hat unter Beachtung des Grundsatzes der Verhältnismäßigkeit auf die berechtigten Interessen des Mieters angemessen Rücksicht zu nehmen (LG Erfurt 15.11.2007 – 2 T 468/07, zitiert nach Juris). Nach zutr Ansicht handelt es sich um eine Duldungs-, aber keine Mitwirkungspflicht (Hk-Mietrecht/*Emmerich* Rn 6 mwN). Lehnt der Mieter eine Mitwirkung ab, ist er verpflichtet zu dulden, dass die zur Durchführung notwendigen Handlungen vom Vermieter vorgenommen werden. Dazu zählen zB Wegräumen einzelner Gegenstände, Ausräumen von Zimmern, Sicherung des Mobiliars etc (LG Berlin NJW-RR 1996, 1163). 7

D. Duldung von Modernisierungsmaßnahmen, Abs 2 und 3. I. Maßnahmen der Modernisierung, Abs 2 S 1. 1. Maßnahmen. Modernisierungsmaßnahmen sind nach S 1 ausdrücklich Maßnahmen zur Verbesserung der Mietsache, Einsparung von Energie oder Wasser oder zur Schaffung neuen Wohnraums. Zu den Maßnahmen gehören keine Maßnahmen auf Grund von Umständen, die der Vermieter nicht zu vertreten hat. Der Grund liegt darin, dass der Mieter der Durchführung solcher Maßnahmen bei Vorliegen von Härtegründen ggf widersprechen könnte, obgleich der Vermieter dazu zB nach öffentlich-rechtlichen Vorschriften verpflichtet ist. Die Duldungspflicht ergibt sich in diesen Fällen aus § 242 (BTDrs 14/4553 S 49). 8

2. Recht und Pflicht des Vermieters. Der Vermieter ist berechtigt, Modernisierungsmaßnahmen durchzuführen. Es besteht keine Pflicht des Vermieters zu einer allg Modernisierung der Mietsache auf den jeweils neuesten technischen Standard, der vom vertragsgem vereinbarten Zustand abweicht. Der Mieter kann jedoch grds einen Zustand der Mietsache erwarten, der eine übliche und dem allg Lebensstandard entspr Lebensweise zulässt. Daraus kann sich im Einzelfall ein Anspruch des Mieters auf bestimmte, den Mindeststandard gewährleistende Modernisierungsmaßnahmen ergeben, zB Bereitstellung einer Stromversorgung, die einen Betrieb der gewöhnlichen Haushaltsgeräte ermöglicht (BGH NJW 2004, 3174; *Börstinghaus* NZM 2005, 561; s auch LG Berlin GE 2007, 720). 9

Der Vermieter ist grds dafür verantwortlich, dass die Modernisierungsmaßnahmen entspr den zum Zeitpunkt ihrer Durchführung geltenden technischen Vorschriften (zB DIN) durchgeführt werden. Geschieht dies nicht, können dem Mieter Gewährleistungsansprüche gem § 532 Abs 2 S 2 zustehen (s Rz 35). Ausgeschlossen soll dies sein, wenn der Vermieter es sich ausdrücklich vorbehält, dass die Modernisierung dem möglicherweise nicht entsprechen wird (AG Köpenick WuM 2008, 25 = GE 2007, 1556; LG Berlin 23.10.2006 – 67 S 186/06, zitiert nach Juris; vgl BGH GE 2004, 1586 f). 10

3. Abgrenzung von anderen Maßnahmen. Eine Maßnahme, durch die die Mietsache zugleich erhalten und verbessert wird (sog modernisierende Instandsetzung), ist grds eine Modernisierungsmaßnahme gem Abs 2 und 3 (str, wie hier PWW/*Riecke* Rn 4; Erman/*P Jendrek* Rn 14; Hk-Mietrecht/*Emmerich* Rn 3 mwN; BaRoth/*Ehlert* Rn 8, anders aber in Rn 5a). Hierzu zählt zB der Austausch von schadhaften älteren Fenstern durch Fenster mit Isolierverglasung (LG Berlin MM 2005, 262). Bei einer Instandsetzung der Mietsache, die einer Neuherstellung der Mietsache oder zumindest einer umfassenden Modernisierung gleichkommt, kommt es auf die Umstände des Einzelfalles an, ob die Maßnahme dem Mieter nach den Grundsätzen von Treu und Glauben (§ 242) nach Abs 1 zuzumuten ist (LG Erfurt 15.11.2007 – 2 T 468/07, zitiert nach Juris; LG Osnabrück WuM 1989, 370). Der Modernisierung unterfallen keine Veränderungen der Mietsache, die einen neuen Bestand schaffen, sowie Substanzverbesserungen, die objektiv zu einer Wohnwerterhöhung führen, aber keine Verbesserung für den einzelnen Mieter bedeuten (ausf Hk-Mietrecht/*Emmerich* Rn 10; BaRoth/*Ehlert* Rn 8d). 11

4. Verbesserung der Mietsache. a) Begriff. Als **Verbesserungsmaßnahmen** werden allg solche Maßnahmen des Vermieters angesehen, die den objektiven Gebrauchs- oder Substanzwert der Mietsache (Mieträume; Gebäude vgl BGH NJW 2008, 1218; NJW 2005, 2995; Außenanlagen) im Rahmen ihres Zwecks erhöhen oder 12 allg die Wohnverhältnisse verbessern, dh eine bessere Benutzung ermöglichen (s nur BGH NJW 2008, 1218; Hk-Mietrecht/*Emmerich* Rn 9; Erman/*P Jendrek* Rn 10; vgl auch BTDrs 14/4553 S 49). Ziel der Verbesserungsmaßnahme ist eine Wohnwertverbesserung (BGH NJW 2008, 1218; NJW 2005, 2995). Der Begriff der Verbesserungsmaßnahme ist objektiv zu bestimmen und damit unabhängig von den Auswirkungen auf das bestehende Mietverhältnis sowie davon, ob die vom Vermieter aufzuwendenden Kosten oder die zu erwartende Erhöhung der finanziellen Belastungen für den Mieter in einem angemessenen Verhältnis zur Verbesserung stehen (BGH NJW 2005, 2995, Schmidt-Futterer/*Eisenschmid*, Mietrecht Rn 67; Kraemer in: Bub/*Treier*, Handbuch der Geschäfts- und Wohnraummiete Rn 1100; Staud/*Emmerich* Rn 14; Hk-Mietrecht/*Emmerich* Rn 9; MüKo/*Bieber* Rn 16).

13 Eine Verbesserung knüpft grds an bereits vorhandene Gebäudeteile an. Es darf aber nicht etwas völlig Neues entstehen (BGH NJW 1972, 723 f; AG Hamburg-Altona ZMR 2008, 214 = WuM 2008, 27 nachgehend LG Hamburg ebenda) oder der Inhalt des Mietvertrages geändert werden (BaRoth/*Ehlert* Rn 7 mwN). Bei baulichen Maßnahmen, die zu einer Änderung des Grundrisses oder zum Wegfall eines Raumes führen, kann die Verbesserung nicht generalisierend, sondern nur auf der Grundlage der Würdigung der Umstände des Einzelfalles beurteilt werden (BGH NJW 2008, 1218).

14 **b) Maßstab.** Der **Maßstab** für die Verbesserung des Wohnwertes ist die Verkehrsanschauung. Maßgeblich ist, ob allg die Mieterkreise, für die das Mietobjekt in Betracht kommt, der Maßnahme eine Wohnwertverbesserung zumessen, so dass der Vermieter davon ausgehen kann, dass die Mietsache nach Abschluss der Maßnahme von künftigen Mietinteressenten eher angemietet würde als eine vergleichbare Wohnung, bei der diese Maßnahme nicht durchgeführt worden ist (BGH NJW 2008, 1218; NJW 2005, 2995). Der Vermieter ist berechtigt, die Art und Weise der Wohnwertverbesserung bis zur Grenze der »Luxusmodernisierung« allein auszuwählen (BGH NJW 2005, 2995).

15 **c) Einzelfälle. Eine Verbesserung der Mietsache ist gegeben bei:** Anschluss einer Wohnanlage an das Breitbandkabelnetz, unabhängig davon, ob der Mieter ein Fernsehgerät besitzt oder eine andere Möglichkeit des Empfangs von Fernsehsignalen, zB Internet, DVBT, hat (BGH NJW 2007, 3060 mwN; NJW 2005, 2995; AG Hamburg 10.10.2007 – 46 C 160/06, zitiert nach Juris); Anbau eines Balkons an eine Wohnung, der erstmals die Möglichkeit bietet, die frische Außenluft im Freien zu genießen (LG Berlin WuM 2008, 85 = GE 2008, 201); s zur Änderung des Grundrisses und zum Wegfall eines Raumes Rz 13; Einbau von Isolierglasfenstern zur Verbesserung des Schallschutzes (AG Köpenick WuM 2008, 25 = GE 2007, 1556, zugleich auch als Maßnahme zur Energieeinsparung); Einbau von Isolierglasfenstern anstelle von Kastendoppelfenstern nur, wenn dadurch ein höherer Wärmedurchgangswiderstand und eine höhere Schallisolierung erreicht wird (LG Berlin GE 2007, 653; zu Isolierglasfenstern auch LG Berlin MM 2005, 262); Einbau eines Aufzugs (BGH NJW 2007, 3565; s auch *Kinne* GE 2007, 494); Installation von Rauchmeldern (AG Schwarzenbek ZMR 2008, 721); Heizungsmodernisierung durch Einbau einer Gasetagenheizung anstelle einer Einzelofenheizung (AG Berlin-Mitte GE 2006, 1296 m Anm *Kinne* ebenda, 1266); Installation eines Zu- und Abflussanschlusses für eine Waschmaschine und einen Geschirrspüler (LG Berlin GE 2007, 849).

16 **Eine Verbesserung der Mietsache ist nicht gegeben bei:** Umbau einer Loggia zum Wintergarten (AG Hamburg-Altona ZMR 2008, 214 = WuM 2008, 27 nachgehend LG Hamburg ebenda); Anbau eines Balkons vor vorhandenem, unbeheiztem Wintergarten, der aus der Fassade herausragt und bei dem sich die vorderen und seitlichen Fenster öffnen lassen (LG Berlin WuM 2007, 322 = GE 2007, 721); Verfliesung eines vorhandenen Terrazzofußbodens im Badezimmer (LG Berlin GE 2007, 849); grds nicht der Anschluss an eine Gaszentralheizungsanlage mit Warmwasserversorgung bei vorhandener Gasetagenheizung mit Warmwasserversorgung (aber zur Einsparung von Energie zulässig, vgl LG Berlin GE 2007, 294).

17 **5. Einsparung von Energie oder Wasser.** Modernisierungsmaßnahmen sind Maßnahmen zur Einsparung von Energie oder Wasser. Vorausgesetzt ist nicht, dass diese Maßnahmen zu einer Werterhöhung oder zu sonstigen Vorteilen für den Mieter führen (Hk-Mietrecht/*Emmerich* Rn 15; vgl LG Berlin GE 2008, 61). Verlangt wird, dass sie dem Gebot der Wirtschaftlichkeit entsprechen bzw zu wesentlichen Einsparungen führen (Erman/*P Jendrek* Rn 11; vgl auch BGH GE 2004, 620; LG Berlin GE 2008, 61; GE 2007, 849). **a) Energie.** Durch das Mietrechtsreformgesetz vom 19.06.2001 wurde das Merkmal »Heizenergie« sachgerecht durch den Oberbegriff »Energie« ersetzt. Erfasst werden **Maßnahmen zur Einsparung aller Arten von Energie** (s auch *Blank* WuM 2008, 311), zB Strom, der zB mit dem Einsatz von drehzahlgeregelten Umwälzpumpen, Ventilatoren und Aufzugsmotoren sowie Energiesparlampen eingespart werden kann (BaRoth/*Ehlert* Rn 10c). Energiesparende Maßnahmen sind insbes Maßnahmen zur Verbesserung der Wärmedämmung des Gebäudes (Fenster, Türen, Wände, Dächer) sowie Maßnahmen zur Senkung des Energieverlustes und -verbrauchs bei zentralen Heizungs- und Warmwasseranlagen innerhalb des Gebäudes (BaRoth/*Ehlert* Rn 10a), wobei die Einsparung von Primärenergie ausreichend ist (LG Berlin GE 2008, 61); Rückgewinnung von Wärme durch Wärmepumpen, Installation von Solaranlagen zur Energiegewinnung (Hk-Mietrecht/*Emmerich* Rn 15), jedoch nicht der Einbau moderner Erfassungsgeräte (LG Duisburg NZM 2006, 818). **Einzelfälle:** Einbau von Isolierglasfenstern (AG Köpenick WuM 2008, 25 = GE 2007, 1556); Anschluss der mit einer Gasetagenheizung ausgestatteten Wohnung an das Fernwärmenetz mit Kraft-Wärme-Koppelung (BGH NJW 2008, 3630; vorgehend LG Berlin GE 2007, 849; GE 2008, 61).

b) Wasser. Maßnahmen zur Einsparung von Wasser dienen dazu, den Wasserverbrauch zu senken, zB durch die Installation von Zwischenzählern zur Kontrolle des Wasserverbrauchs sowie von Vorrichtungen zur Durchlaufbegrenzung von Wasser oder zur Dosierung von Toilettenspülungen (Hk-Mietrecht/*Emmerich* Rn 16). 18

6. Nachhaltigkeit und Dauerhaftigkeit. Modernisierung beinhaltet nach der Legaldefinition des § 559 Abs 1 S 1 Maßnahmen, die den **Gebrauchswert der Mietsache nachhaltig erhöhen**, die allg Wohnverhältnisse auf Dauer verbessern oder nachhaltig Einsparungen von Energie oder Wasser bewirken. Der Unterschied liegt in der Intensität der jeweiligen Maßnahme, die für eine Mieterhöhung gem § 559 Abs 1 S 1 jeweils von Nachhaltigkeit bzw Dauerhaftigkeit gekennzeichnet sein muss. Daran werden unterschiedliche Rechtsfolgen geknüpft. ZT wird verlangt, diese Merkmale in Abs 2 zu prüfen, so dass sie Auswirkungen auf die Duldungspflicht des Mieters haben (BaRoth/*Ehlert* Rn 7b). Überzeugender ist es, diese Merkmale allein als Tatbestandsmerkmale für den Anspruch des Vermieters auf Mieterhöhung zu qualifizieren (§ 559 Abs 1 S 1). Bei nicht nachhaltigen bzw nicht dauerhaften Verbesserungen der Mietsache kann eine Duldungspflicht des Mieters – eher – bestehen, für die der Vermieter jedoch keine Mieterhöhung beanspruchen kann (so auch Hk-Mietrecht/*Emmerich* Rn 9). Dies korrespondiert mit dem Wahlrecht des Vermieters über die Art und Weise der Verbesserung (s Rz 14). Ferner fließen diese Umstände nach Abs 2 S 3 über die zu erwartende Mieterhöhung indirekt in die Interessenabwägung ein. 19

7. Schaffung neuen Wohnraums. Die Maßnahme zur Schaffung neuen Wohnraums korrespondiert mit § 573b Abs 1, der dem Vermieter ggf alternativ ein Teilkündigungsrecht einräumt. Die Schaffung von Wohnraum erfordert nicht, dass neue Wohnungen entstehen. Maßgeblich ist, dass der Wohnraum bzw die Wohnfläche erweitert wird (BGH NJW 1972, 273; AG Pankow-Weißensee GE 2008, 415; BaRoth/*Ehlert* Rn 11 mwN). Es kann nur neuer Wohnraum, dh kein Gewerberaum (dazu *Sternel* Mietrecht aktuell Rn A4) geschaffen werden. Neu ist er, wenn er bisher zum Wohnen nicht bestimmt war. Zu den Maßnahmen zählen Ausbau- und Umbaumaßnahmen an bestehenden Grundstücks- oder Gebäudeteilen sowie Aufstockungs- und Anbaumaßnahmen (Erman/*P Jendrek* Rn 13). Str ist, ob hiervon die Schließung von Baulücken oder Baumaßnahmen auf Nachbargrundstücken betroffen sind (dazu Hk-Mietrecht/*Emmerich* Rn 14). **Einzelfälle:** Dreiseitig verglaster und beheizbarer Anbau mit Wohnflächenerweiterung (AG Pankow-Weißensee GE 2008, 415); Ausbau von Nebenräumen sowie des Dachgeschosses zu Wohnzwecken (LG Duisburg NZM 2000, 1000); Aufstockung eines Einfamilien-Reihenhauses durch ein Staffelgeschoss (AG Hamburg-Blankenese ZMR 2007, 122; dagegen LG Hamburg und BGH ZMR 2008, 116: Die mietvertragliche Vereinbarung »Reihenmittelhaus mit Terrasse« kann im Einzelfall als Vereinbarung über die Beschaffenheit des Mietobjekts und den stillschweigenden Ausschluss der Errichtung eines Staffelgeschosses ausgelegt werden). Ob eine solche stillschweigende Vereinbarung vorliegt, kann nur auf Grund einer tatrichterlichen Würdigung anhand der jeweiligen Umstände des Einzelfalls beurteilt werden (ebenda, vgl BGH NJW-RR 2006, 154). 20

II. Pflicht zur Duldung, Abs 2 Sätze 1-4. 1. Grundsatz, S 1. Nach Abs 2 S 1 hat der Mieter die Modernisierungsmaßnahmen grds zu dulden. Ausreichend für die Duldungspflicht des Mieters ist, dass die Maßnahme nach der Verkehrsanschauung zumindest dazu geeignet erscheint, die Attraktivität der Wohnung für Mietinteressenten zu erhöhen (BGH NJW 2005, 2995). Inhaltlich entspricht sie grds derjenigen aus Abs 1. Es handelt sich um eine Duldungs-, aber keine Mitwirkungspflicht (Erman/*P Jendrek* Rn 16 mwN; s oben Rz 6). 21

2. Härteklausel, S 2. Die Duldungspflicht besteht nicht, wenn die Maßnahme für den Mieter, seine Familie oder einen anderen Angehörigen seines Haushalts eine nicht zu rechtfertigende Härte bedeuten würde (S 2 Hs 1 und 2), dh wenn die Duldung der Maßnahme für die genannten Personen unzumutbar ist (BGH NJW 2005, 2995; Hk-Mietrecht/*Emmerich* Rn 18). Dies ist auf Grund einer umfassenden Interessenabwägung zu beurteilen, für die Sätze 2 Hs 2 bis 4 die Personen und deren Interessen maßgeblich sind. Die Vorschrift benennt nicht abschließend Umstände, die bei der Interessenabwägung zu würdigen sind. Es sind die berechtigten Interessen des Vermieters zu berücksichtigen, die grds in der Verbesserung des Mietobjekts bestehen, um die Attraktivität für Mietinteressenten zu erhöhen und seine Wettbewerbsfähigkeit zu erhalten (BGH NJW 2005, 2995; Hk-Mietrecht/*Emmerich* Rn 19). Berechtigt sind sie nicht mehr, wenn es sich um bes aufwendige Maßnahmen (Luxusmodernisierung) handelt, die zu unzumutbaren Mieten führen können (BGH NJW 2005, 2995). 22

Die berechtigten Interessen der anderen Mieter in dem Gebäude sind die jeweils individuellen Interessen dieser Mieter (Palandt/*Weidenkaff* Rn 17), die nach dem Gesetz der Vermieterseite zugeordnet sind und für eine Modernisierung sprechen können. Auf Seiten des Mieters sind die Interessen des Mieters selbst, seiner Familie (s zu den Familienangehörigen § 563 Rz 6) und die nichtfamiliären Angehörigen seines Haushalts maßgeblich, das sind – nicht nur vorübergehend (str, Palandt/*Weidenkaff* Rn 18; aA Hk-Mietrecht/*Emmerich* Rn 20, *Sternel* NZM 2001, 1058; vgl BTDrs 14/4553 S 50) – im Haushalt des Mieters lebende Personen, wie zB Lebensgefährte (BVerfG NJW 1992, 1378), Pflegekinder und Kinder des Lebensgefährten, Haushaltshilfen etc. Nicht dazu zählen zB Besucher oder Feriengäste. Ausreichend ist, dass Härtegründe nur für eine der genannten Personen zutreffen. 23

24 **3. Regelkatalog, S 3.** In S 3 werden nicht abschließend Umstände aufgezählt, die bei der Interessenabwägung zu berücksichtigen sind. Bei den vorzunehmenden Arbeiten sind insbes Art und Weise, Dauer und Umfang der durch die Maßnahme verursachten Beeinträchtigungen des Mietgebrauchs maßgeblich. Bei den baulichen Folgen ist auf das Ergebnis der Modernisierung abzustellen, insbes ob und inwieweit der Mietzweck beeinträchtigt wird (Palandt/*Weidenkaff* Rn 20). Es sind die vorausgegangenen Aufwendungen des Mieters zu seinen Gunsten zu berücksichtigen, die durch die Modernisierung ohne Wohnwerterhöhung nutzlos werden könnten (MüKo/*Bieber* Rn 25), bei denen es zB darauf ankommen kann, ob sie kurzzeitig vorher (LG Hamburg MDR 1983, 1026) mit oder ohne Wissen des Vermieters erfolgten (*Röder* NJW 1983, 2665) und bereits abgewohnt sind (LG Berlin ZMR 1999, 1036).

25 Ein wesentlicher Umstand, der zu Gunsten des Mieters zu berücksichtigen und an seinen individuellen Einkommensverhältnissen zu orientieren ist (ausf Hk-Mietrecht/*Emmerich* Rn 23), ist die zu erwartende Mieterhöhung. Es sollen Luxusmodernisierungen vermieden werden, die für den Mieter zu unzumutbaren Mieten führen können (BGH NJW 2005, 2995). Grds ist der Betrag maßgeblich, den der Vermieter gem Abs 3 S 1 mitgeteilt hat. Er umfasst sowohl den Mietzins als auch die Nebenkosten (Palandt/*Weidenkaff* Rn 22; s im Einzelnen zu § 559).

26 **4. Zwingende Abwägungsregel, S 4.** Die zu erwartende Mieterhöhung stellt dann keine Härte für den Mieter dar, wenn die Mietsache in einen allg üblichen Zustand versetzt wird (S 4). In diesem Fall ist die zu erwartende Mieterhöhung bei der Interessenabwägung nicht zu Gunsten des Mieters zu berücksichtigen, so dass allein aus diesem Umstand mangels Härte die Duldungspflicht nicht entfällt. Allg üblich ist der Zustand, wenn mindestens 2/3 der nach den konkreten Verhältnissen in die Vergleichsbetrachtung einzubeziehenden Mietwohnungen einen vergleichbaren Ausstattungsstandard aufweisen (BGHZ 117, 217 mwN).

27 **III. Mitteilungspflicht, Abs 3 S 1. 1. Funktion und Anwendungsbereich.** Zweck dieser Mitteilungspflicht ist es, den Mieter in die Lage zu versetzen, seine Interessen zu wahren, indem er von den ihm zustehenden Rechten rechtzeitig Gebrauch machen kann (BGH NJW-RR 2003, 584; BayObLG NJW- RR 2001, 300; s zur Bedeutung für die Erfüllung der Anforderungen an eine Mieterhöhung nach § 559b LG Berlin GE 2007, 1553 unter Hinweis auf BGH GE 2004, 231; s auch § 559b Rz 1). Die Mitteilungspflicht besteht nicht, wenn die Bagatellklausel nach S 3 (s dort Rn 32) eingreift. Sie gilt nur für Modernisierungsmaßnahmen nach Abs 2 S 1, grds nicht für Erhaltungsmaßnahmen nach Abs 1 (AG Wedding GE 2007, 1557).

28 **2. Inhalt.** Der Vermieter hat den Mieter über folgende Umstände kumulativ in Kenntnis zu setzen: 1. Art, 2. voraussichtlicher Umfang, 3. voraussichtlicher Beginn, 4. voraussichtliche Dauer sowie 5. über die zu erwartende Mieterhöhung. Die Art der Modernisierungsmaßnahme ist präzise auszuführen. Nur voraussichtliche Angaben sind zu Art, Umfang und Beginn notwendig. Der konkrete Inhalt der Mitteilung ist einzelfallabhängig. Nach dem Willen des Gesetzgebers soll darauf Rücksicht genommen werden, dass der Vermieter zum Zeitpunkt der Mitteilung zu präziseren Angaben als »voraussichtlich« oftmals nicht in der Lage sein wird (BTDrs 14/4553 S 49). Die Mitteilung der zu erwartenden Mieterhöhung dient der Interessenabwägung nach Abs 2 zur Feststellung der Duldungspflicht. Die Mitteilungspflicht bezieht sich auf die infolge der Modernisierungsmaßnahme zu erwartende Mieterhöhung gem § 559, nicht auf eine etwaige Erhöhung der Vergleichsmiete nach § 558 (BGH NJW 2008, 3630). Wird keine Mieterhöhung erfolgen, ist diese Erklärung ausreichend (BayObLG NJW-RR 2001, 300).

29 **3. Zeitpunkt/Form.** Die Ankündigungsfrist von drei Monaten wird gem §§ 187, 188 vom Beginn der Modernisierungsarbeiten zurück berechnet. Der Beginn von Vorbereitungsmaßnahmen ist dann maßgeblich, wenn sie Auswirkungen auf den vertragsgem Gebrauch der Mietsache haben (Palandt/*Weidenkaff* Rn 26). Die Frist ist eine Mindestfrist, so dass der Vermieter die Maßnahme früher ankündigen kann (BTDrs 14/4553 S 49). Für die Ankündigungsmitteilung ist die Textform gem § 126b vorgeschrieben (s dort).

30 **4. Rechtsfolgen.** Die ordnungsgem Erfüllung der Pflicht des Vermieters, den Mieter über die Modernisierungsmaßnahme spätestens 3 Monate vor deren Beginn in Kenntnis zu setzen, ist Voraussetzung für die Fälligkeit der Duldungspflicht des Mieters nach Abs 2 S 1 (hM MüKo/*Bieber* Rn 24 mwN; AG Berlin-Mitte GE 2006, 1296 m Anm *Kinne* ebenda S 1266). Der Zugang der Mitteilung setzt den Fristlauf für das Kündigungsrecht nach S 2 in Gang (Palandt/*Weidenkaff* Rn 29; s dort Rn 31). Entspricht die Modernisierungsankündigung nicht den formellen und inhaltlichen Anforderungen, ist sie unwirksam. Sie kann nicht nachgebessert (vgl AG Berlin-Mitte GE 2006, 1296 m Anm *Kinne*, ebenda S 1266), sondern nur neu vorgenommen werden (Erman/*P Jendrek* Rn 17). Die Nichteinhaltung der Frist von 3 Monaten steht grds einer Mieterhöhung nach § 559 nicht entgegen. Bei unterlassener Mitteilung der zu erwartenden Mieterhöhung nach § 554 Abs 3 S 1 verlängert sich lediglich die Frist des § 559b Abs 2 S 1 für die (geforderte und) geschuldete Mieterhöhung um sechs Monate (BGH NJW 2007, 3565 mwN auch zur aA).

31 **IV. Außerordentliches Kündigungsrecht des Mieters, Abs 3 S 2.** Bei Modernisierungsmaßnahmen räumt S 2 dem Mieter ein außerordentliches Kündigungsrecht ein. Es ist ausgeschlossen, wenn die Bagatellklausel nach S 3 eingreift. Ab dem Zugang der ordnungsgemäßen Modernisierungsankündigung nach S 1 steht dem

Mieter eine Überlegungsfrist zu. Die Kündigung muss dem Vermieter bis zum Ablauf des nächsten Monats zugehen. Die Kündigungsfrist endet mit Ablauf des darauf folgenden Monats. Die Kündigung bedarf nach § 568 Abs 1 der schriftlichen Form. Das außerordentliche Kündigungsrecht steht dem Mieter auch dann zu, wenn der Vermieter seiner Mitteilungspflicht nicht ordnungsgem nachgekommen ist. Die Kündigungsfrist beginnt mit dem Zeitpunkt, in dem der Mieter von der Aufnahme der Modernisierungsarbeiten Kenntnis erlangt (Hk-Mietrecht/*Emmerich* Rn 35). Hat der Mieter sein außerordentliches Kündigungsrecht ordnungsgem ausgeübt, ist der Vermieter verpflichtet, die Durchführung der Modernisierungsmaßnahme bis zum Ablauf der Mietzeit zu unterlassen (s nur Erman/P *Jendrek* Rn 18). Macht der Mieter von dem Kündigungsrecht keinen Gebrauch, besteht die Duldungspflicht nach Abs 2 S 1.

V. Bagatellklausel, Abs 3 S 3. Die Mitteilungspflicht nach S 1 und das außerordentliche Kündigungsrecht 32
des Mieters nach S 2 bestehen nicht, wenn die Modernisierungsmaßnahmen 1. mit einer unerheblichen Einwirkung auf die vermieteten Räume verbunden sind und 2. zu einer unerheblichen Mieterhöhung führen. Beide Voraussetzungen müssen kumulativ vorliegen (LG Köln NZM 2005, 741, 742). Unerhebliche Einwirkungen entstehen bei ganz unbedeutenden Maßnahmen, durch die der gewöhnliche Lebensablauf in den Räumen des Mieters nicht nennenswert beeinträchtigt wird (Hk-Mietrecht/*Emmerich* Rn 31), zB beim Wechsel von Ventilen (LG Berlin ZMR 1986, 444), der Einbau einer Klingelanlage (AG Charlottenburg GE 1989, 683), Maßnahmen im Treppenhaus, an der Fassade oder in den Außenanlagen (LG Köln NZM 2005, 741, 742). Eine unerhebliche Mieterhöhung liegt nicht mehr vor, wenn sie relativ mehr als 5 % der bisherigen Miete oder absolut mehr als 5 bis 10 € beträgt (Hk-Mietrecht/*Emmerich* Rn 31).

E. Aufwendungsersatzanspruch, Abs 4 S 1. Aufwendungen, die der Mieter auf Grund von Erhaltungs- und/ 33
oder Modernisierungsmaßnahmen (Abs 1 bzw Abs 2 S 1) tätigen musste, hat der Vermieter in angemessenem Umfang zu ersetzen. Zum Begriff der Aufwendungen s § 670 Rz 2 ff (freiwillige Vermögensopfer). Die Aufwendungen müssen in einem Ursachenzusammenhang mit den Erhaltungs- oder Modernisierungsmaßnahmen stehen. Der Mieter muss die Kosten in Erfüllung seiner Duldungspflicht (Abs 1 oder Abs 2 S 1) aufgewendet haben (Palandt/*Weidenkaff* Rn 33). Die Aufwendungen sind angemessen, wenn sie nach Art der Arbeiten des Vermieters und den Lebensverhältnissen des Mieters wirtschaftlich vernünftig und vertretbar sind (Hk-Mietrecht/*Emmerich* Rn 33; AG Dortmund NZM 2005, 664). Dazu zählen zB Kosten für die Anmietung einer anderen Unterkunft, Kosten für die Lagerung von Möbeln, Reinigungskosten, etc. Erbringt der Mieter die erforderlichen Arbeiten selbst, ist er grds berechtigt, Kostenerstattung für den Einsatz der eigenen Arbeitskraft zu verlangen (Hk-Mietrecht/*Emmerich* Rn 33 mwN; AG Hamburg WuM 2007, 445 für Reinigungsarbeiten).

F. Anspruch auf Vorschuss, Abs 4 S 2. Der Vermieter ist verpflichtet, auf Verlangen des Mieters einen Vor- 34
schuss für die Aufwendungen nach Abs 4 S 1 zu leisten. Das Verlangen ist nicht formgebunden. Aus dem Verlangen müssen aber Art und Höhe der voraussichtlichen Aufwendungen hervorgehen (Palandt/*Weidenkaff* Rn 34).

G. Unabdingbarkeit, Abs 5/Sonstige Rechte des Mieters. Abs 5 normiert die Unabdingbarkeit von § 554 zu 35
Gunsten des Mieters. Es ist eine zwingende Vorschrift, von der nicht zum Nachteil des Mieters abgewichen werden kann. Nach Durchführung der Verbesserungsmaßnahmen ist der Vermieter verpflichtet, sämtliche Beeinträchtigungen des vertragsgem Gebrauchs der Mietsache zu beseitigen (§ 535 Abs 1 S 2; Hk-Mietrecht/*Emmerich* Rn 32). Ein Mangel der Mietsache, dessen Beseitigung der Mieter verlangen kann, besteht zB darin, dass die Isolierglasfenster nicht den zur Zeit des Einbaus geltenden Schallschutzanforderungen (zB DIN 4108) entsprechen und die Wohnung deshalb nur unzureichend gegen Lärmimmissionen gedämmt ist (AG Köpenick WuM 2008, 25 = GE 2007, 1556). Bei einer nicht sach- und fachgerechten Ausführung von Instandsetzungsmaßnahmen besteht ein Mängelgewährleistungsanspruch auch bei einer geringfügigen Beeinträchtigung des vertragsgem Gebrauchs der Mietsache (LG Berlin GE 2007, 653). Der Mieter hat das Recht zur Mietminderung unter den Voraussetzungen des § 536 (allg M, s nur Erman/*P Jendrek* Rn 21). Ihm können auch Schadensersatzansprüche gem § 536a zu stehen (ausf Erman/*P Jendrek* Rn 21; *Sternel* NZM 2001, 1058).

H. Verfahrensrechtliches. I. Beweislast. Der Vermieter muss darlegen und beweisen, dass die beabsichtigten 36
Maßnahmen Erhaltungs- oder Modernisierungsmaßnahmen darstellen. Er trägt die Beweislast für die ordnungsgem Erfüllung der Mitteilungspflicht nach Abs 3 S 1 und für die Voraussetzungen der Bagatellklausel gem Abs 3 S 3. Den Mieter trifft dagegen die Beweislast für die Voraussetzungen der nicht zu rechtfertigenden Härte (Abs 2 S 2 und 3; allg M, BGH NJW 2008, 1218) und den Vermieter dafür, dass die zu erwartende Mieterhöhung keine Härte darstellt (Abs 2 S 4; Palandt/*Weidenkaff* Rn 24). Der Mieter ist für die Voraussetzungen des Aufwendungsersatzes sowie des Anspruches auf Vorschussleistung nach Abs 4 darlegungs- und beweispflichtig (Erman/*P Jendrek* Rn 24).

II. Prozessstandschaft. Grundstückskäufer können den Anspruch des Vermieters auf Duldung von Moder- 37
nisierungsmaßnahmen grds als gewillkürte Prozessstandschafter gerichtlich geltend machen, wenn sie ein

anerkennenswertes Interesse an der Durchsetzung von Modernisierungsmaßnahmen haben, die der Werterhöhung ihres (künftigen) Eigentums bzw der Steigerung seiner Ertragskraft dienen, und die Mieter nicht dadurch benachteiligt werden, dass der/die Erwerber und nicht der im Grundbuch eingetragene bisherige Vermieter den Anspruch erhebt (BGH NJW 2008, 1218; vorgehend LG Berlin MM 2007, 182).

§ 554a Barrierefreiheit. [1] **Der Mieter kann vom Vermieter die Zustimmung zu baulichen Veränderungen oder sonstigen Einrichtungen verlangen, die für eine behindertengerechte Nutzung der Mietsache oder den Zugang zu ihr erforderlich sind, wenn er ein berechtigtes Interesse daran hat. Der Vermieter kann seine Zustimmung verweigern, wenn sein Interesse an der unveränderten Erhaltung der Mietsache oder des Gebäudes das Interesse des Mieters an einer behindertengerechten Nutzung der Mietsache überwiegt. Dabei sind auch die berechtigten Interessen anderer Mieter in dem Gebäude zu berücksichtigen.**
[2] **Der Vermieter kann seine Zustimmung von der Leistung einer angemessenen zusätzlichen Sicherheit für die Wiederherstellung des ursprünglichen Zustandes abhängig machen. § 551 Absatz 3 und 4 gilt entsprechend.**
[3] **Eine zum Nachteil des Mieters von Absatz 1 abweichende Vereinbarung ist unwirksam.**

1 **A. Normzweck/Entstehungsgeschichte der Norm.** § 554a ist eine nicht abschließende Schutzvorschrift zu Gunsten des Mieters. Der ihm gewährte Anspruch auf Zustimmung des Vermieters zur behinderungsgerechten Veränderung der Mietsache und des Gebäudes bezweckt, dem Mieter die Wohnung zu erhalten. Das Mietverhältnis soll aufrechterhalten werden, wenn für die weitere Nutzung des Wohnraums die Barrierefreiheit erforderlich ist (vgl BTDrs 14/5663 S 78). Die Norm dient zusätzlich der Rechtsklarheit und Rechtssicherheit und soll »die Verhandlungsposition behinderter Menschen ggü dem Vermieter stärken und ein Signal setzen« (BTDrs 14/5663 S 78). § 554a war im ursprünglichen Entwurf des Mietrechtsreformgesetzes (BTDrs 14/4553) nicht vorgesehen. Die Vorschrift wurde auf Empfehlung des Rechtsausschusses (BTDrs 14/5663 S 78 f) eingefügt. § 554a gilt systematisch für Mietverträge über Wohnraum sowie für Wohnraum nach § 549 Abs 2 und 3. Für Mietverhältnisse über Grundstücke und Räume, die keine Wohnräume sind, ist die Vorschrift mangels Verweis in § 578 nicht entspr anwendbar.

2 **B. Zustimmung des Vermieters, Abs 1 S 1.** Abs 1 S 1 gewährt dem Mieter einen Anspruch auf Zustimmung zu behinderungsbedingten baulichen Veränderungen oder sonstigen Einrichtungen der Mietsache und des Gebäudes, wenn er daran ein berechtigtes Interesse hat. § 554a basiert auf dem allg Grundsatz, dass alle baulichen Veränderungen durch den Mieter grds der Zustimmung des Vermieters bedürfen (BTDrs 14/5663 S 78). Zustimmung ist sowohl die vorherige Zustimmung (Einwilligung, § 183 Abs 1 S 1) als auch die nachträgliche Zustimmung (Genehmigung, § 184 Abs 1; aA *Mersson* NZM 2002, 313, 316; Erman/*P Jendrek* Rn 3; Palandt/*Weidenkaff* Rn 3). Sie ist grds vor Beginn der Maßnahme vom Mieter einzuholen und ihrem Wesen nach eine Erlaubnis (MüKo/*Bieber* Rn 15, dagegen aber Rn 20). Mit einer **Behinderung** einer berechtigten Person, die sich einschränkend auf den Gebrauch der Mietsache und deren Zugang auswirkt, liegt **regelm ein berechtigtes Interesse des Mieters** an den erforderlichen Veränderungen der Mietsache und des Gebäudes vor (enger BaRoth/*Ehlert* Rn 8). Der Begriff der »Behinderung« ist ein eigenständiger, auf die Funktion der Norm zugeschnittener Begriff, der weit auszulegen ist. Die engere sozialrechtliche Definition (§ 2 SGB IX) findet keine Anwendung. Erfasst wird insbes jede erhebliche eingetretene oder drohende Einschränkung der Bewegungsfähigkeit, unabhängig davon, ob sie bereits bei Mietbeginn vorhanden ist oder erst im Laufe des Mietverhältnisses (zB durch Unfall oder Alterungsprozess) entsteht (BTDrs 14/5663 S 78). Mit dem Begriff sollen vor allem auch ältere und alte Menschen geschützt werden, die ihre Wohnung altersbedingt umgestalten müssen (zB um einen Umzug in ein Alters- oder Pflegeheim zu vermeiden; BTDrs 14/5663 S 78). Mit dem Merkmal der »behindertengerechten Nutzung« wird nicht nur eine Behinderung des Mieters selbst erfasst, sondern ebenso Behinderungen von allen Personen, die er berechtigt in seine Wohnung aufgenommen hat, ohne dass sie Mietvertragspartei sind. Dazu zählen zB Familienangehörige, der Lebensgefährte des Mieters, Kinder (BTDrs 14/5663 S 78).

3 Die für die behinderungsgerechte Nutzung erforderlichen baulichen Veränderungen oder sonstigen Einrichtungen müssen **über den vertragsgem Gebrauch der Mietsache (§ 535) hinausgehen**, um eine Zustimmungspflichtigkeit des Vermieters zu begründen (BaRoth/*Ehlert* Rn 7, 7a). Es handelt sich um Maßnahmen, die individuell auf die jeweils berechtigte Person (s Rz 2) zugeschnitten sind. **Bauliche Veränderungen** sind insbes Umbauten innerhalb (zB Balkon, Terrasse; Entfernen von Schwellen und Absätzen) oder außerhalb der Mietsache (zB Eingangsbereich des Gebäudes; Treppenhaus). Der Begriff der »**sonstigen Einrichtung**« ist ein Auffangtatbestand für Maßnahmen, die begrifflich nicht unter eine »bauliche Veränderung« fallen, weil sie keine Auswirkungen auf die bauliche Substanz haben (zB bes Griffe an Wannen, Vorrichtungen über Betten an der Decke; BTDrs 14/5663 S 78). Die baulichen Veränderungen oder sonstigen Einrichtungen sind erforderlich, wenn sie dazu dienen, für die berechtigte Person eine behinderungsgerechte Nutzung der Mietsache oder den Zugang zu ihr zu erhalten, zu verbessern oder herzustellen und keine milderen Maßnahmen in Betracht kommen (vgl MüKo/*Bieber* Rn 8; *Rips* Barrierefreiheit gem § 554a 2003 S 118). Die Zustimmung des Vermieters begründet für ihn eine Pflicht, die Ausführung der entspr Maßnahmen durch den Mieter zu dulden und ggf erforderliche Mitwirkungshandlungen (zB Einholung von Genehmigungen) vorzunehmen.

C. Interessenabwägung, Abs 1 S 2 und 3. Der Vermieter kann seine Zustimmung nur verweigern, wenn nach einer **umfassenden Interessenabwägung** sein Interesse an der Beibehaltung des unveränderten Zustandes der Wohnung oder des Gebäudes das Interesse des Mieters an der in Aussicht genommenen Maßnahme überwiegt. Abzuwägen sind die durch Art 14 Abs 1 S 1 GG und Art 3 Abs 3 S 2 GG grundrechtlich geschützten Interessen des Mieters und das nach Art 14 Abs 1 S 1 GG geschützte Interesse des Vermieters, in dem auch die Interessen der anderen Mitmieter angemessen zu berücksichtigen sind (BTDrs 14/5663 S 78). In die Abwägung sind alle generell und im konkreten Einzelfall erheblichen Umstände einzustellen, wie zB Art, Dauer, Schwere der Behinderung, Umfang und Erforderlichkeit der Maßnahme, Dauer der Bauzeit, Möglichkeit des Rückbaus, bauordnungsrechtliche Genehmigungsfähigkeit, etc. Zu berücksichtigen ist ferner, ob durch Auflagen an den Mieter (zB Abschluss einer Haftpflichtversicherung, dazu LG Duisburg ZMR 2000, 463) Nachteile für den Vermieter gemildert werden können, um insges die Zulässigkeit der Maßnahme herbeizuführen (BTDrs 14/5663 S 78). 4

D. Angemessene Sicherheitsleistung, Abs 2. Abs 2 räumt dem Vermieter das Recht ein, neben der üblichen Mietkaution (§ 551) eine zusätzliche Sicherheit für einen späteren Rückbau vom Mieter zu verlangen (S 1). Das Recht besteht nur, wenn der Mieter zum Rückbau verpflichtet ist. Art und Höhe der Sicherheit müssen angemessen sein (BaRoth/*Ehlert* Rn 15). Beides unterliegt der Vereinbarung der Mietvertragsparteien innerhalb der gesetzlichen Grenzen. S 2 stellt klar, dass eine Barkaution den allg Regelungen über die Mietsicherheit (§ 551 Abs 3) unterliegt und dementspr getrennt vom Vermögen des Vermieters verzinslich anzulegen ist. Ein Abweichen hiervon zum Nachteil des Mieters ist nicht unzulässig (§ 551 Abs 4; BTDrs 14/5663 S 79). 5

E. Beendigung des Mietvertrags/Unabdingbarkeit/Beweislast. Beim Auszug ist der Mieter grds verpflichtet, den ursprünglichen Zustand wieder herzustellen und etwaige Schäden zu beseitigen (§ 546 Abs 1; BTDrs 14/5663 S 78). Die Mietvertragsparteien können grds etwas Abw vereinbaren (Erman/*P Jendrek* Rn 9). Abs 3 normiert die Unabdingbarkeit von § 554a zu Gunsten des Mieters (BTDrs 14/5663, S 79). Die Regelung ist eine zwingende Vorschrift, von der nicht zum Nachteil des Mieters abgewichen werden kann. Der Mieter trägt die Beweislast für die Voraussetzungen der Erforderlichkeit der baulichen Veränderungen der Mietsache oder der sonstigen Einrichtungen zur Gewährleistung der Barrierefreiheit. Der Vermieter trägt die Beweislast für die Angemessenheit der zusätzlichen Mietsicherheit (BaRoth/*Ehlert* Rn 24; aA *Drasdo* WuM 2002, 123, 127). 6

§ 555 Unwirksamkeit einer Vertragsstrafe. **Eine Vereinbarung, durch die sich der Vermieter eine Vertragsstrafe vom Mieter versprechen lässt, ist unwirksam.**

A. Normzweck/Entstehungsgeschichte der Norm. § 555 statuiert ein Verbotsgesetz iSd § 134 zum Schutz des Mieters. Die Norm soll eine Übervorteilung des Vermieters verhindern (PWW/*Schmid* Rn 2; Hk-Mietrecht/*Emmerich* Rn 1). Es soll vermieden werden, dass sich der Vermieter zur Durchsetzung seiner Rechte unangemessener Druckmittel bedient, so insbes bei Räumung des Mietobjekts, wenn das Mietverhältnis endet (BaRoth/*Ehlert* Rn 3; Palandt/*Weidenkaff* Rn 1). § 550b aF wurde durch das Mietrechtsreformgesetz vom 19.06.2001 ohne inhaltliche Änderungen als § 555 übernommen (BTDrs 14/4553 S 50). § 555 beinhaltet eine zwingende Vorschrift, so dass sie nicht abdingbar ist (allg M s nur PWW/*Schmid* Rn 6). 1

B. Anwendungsbereich. I. Wohnraummietverträge. § 550 gilt systematisch für Mietverträge über Wohnraum sowie für Wohnraum nach § 549 Abs 2 und 3 (BaRoth/*Ehlert* Rn 3). Mangels Verweis in § 578 Abs 1 gilt die Norm nicht entspr bei Mietverhältnissen über Grundstücke und Räume, die keine Wohnräume sind (§ 578 Abs 2 S 1). 2

II. Mischverträge. Die Anwendbarkeit des § 555 auf Mischmietverhältnisse wird unterschiedlich beurteilt. Die Judikatur (BGH WuM 1986, 274; zuletzt AG Hamburg-Blankenese ZMR 2008, 300) ordnet Mischmietverhältnisse mit einem gewerblichen und einem Wohnraumanteil einheitlich entweder als Wohn- oder als Gewerberaummietverhältnis ein. Maßgeblich für die Abgrenzung ist der Schwerpunkt des Vertragsverhältnisses, ob er auf der Wohnraummiete oder der Gewerberaummiete liegt. In der Lit werden die Mischmietverhältnisse differenzierter behandelt. Ist die Wohnraummiete vorrangig, soll § 555 auf alle Vertragsstrafeversprechen des Mietverhältnisses anwendbar sein. Liegt der Schwerpunkt dagegen auf der Gewerberaummiete, sollen diejenigen Vereinbarungen an § 555 zu messen sein, die sich auf den Wohnanteil beziehen (Schmidt-Futterer/*Blank* Mietrecht Rn 1; Tonner/*Schlemmer* in: jurisPK-BGB Rn 2 mwN). Der Schutzfunktion nach überzeugender ist es, auf die Pflicht des Mieters unabhängig von der Qualifizierung des Vertrages als Wohnraum- oder Gewerberaummietvertrag abzustellen. Bezieht sich die durch die Vertragsstrafe gesicherte Pflicht des Mieters – auch – auf Wohnräume, ist § 555 anwendbar (Hk-Mietrecht/*Emmerich* Rn 1; BaRoth/*Ehlert* Rn 3). 3

III. Formularmietverträge. Bei Formularmietverträgen ist das Recht der AGB (§§ 305 ff) zu beachten und das Versprechen des Mieters gem §§ 309 Nr 5 und 6, 308 Nr 7, 307 inhaltlich zu kontrollieren. Bei preisgebundenem Wohnraum findet § 9 WoBindG Anwendung (siehe nur BaRoth/*Ehlert* Rn 3a). 4

5 **C. Vertragsstrafe.** Es gelten die allg Vorschriften über die Vertragsstrafe (§§ 339 ff). Eine Vertragsstrafe liegt vor, wenn der Mieter dem Vermieter für den Fall, dass er eine Verbindlichkeit nicht (§ 340) oder nicht in gehöriger Weise, insbes nicht rechtzeitig, erfüllt (§ 341), die Zahlung einer Geldsumme verspricht (§ 339). Eine Vertragsstrafe dient in erster Linie dazu, den Schuldner zur vertragsgem Leistung anzuhalten. Sie ist damit ein Druckmittel zur Erfüllung der mit ihr verknüpften Forderung (BGHZ 85, 305; AG Hamburg-Blankenese ZMR 2008, 300). Eine Vertragsstrafe wird angenommen, zB wenn ein Mieter in einer Klausel in einem Räumungsvergleich verpflichtet ist, die vom Vermieter zu zahlende Abfindung, die den Verlust des Wohnungsrechts abgelten soll, allein wegen der nicht fristgerechten Räumung zurückzuzahlen (AG Hamburg-Blankenese ZMR 2008, 300). Eine Vertragsstrafe wurde zB verneint für eine Vereinbarung, nach der eine vom Vermieter geleistete Umzugspauschale vom Mieter zurückzuzahlen ist, wenn er innerhalb von drei Jahren das Mietverhältnis kündigt, weil die Vereinbarung nicht an die Nichterfüllung einer Verpflichtung des Mieters, sondern an die Ausübung seines Gestaltungsrechts anknüpft (AG Potsdam GE 2003, 594).

6 **D. Ähnliche Rechtsgeschäfte.** Die Vertragsstrafe ist von ähnl Rechtsgeschäften, die zu Lasten des Mieters vereinbart werden, abzugrenzen. Dazu zählen insbes Verfall- und Verwirkungsklauseln, selbständige Strafversprechen sowie Schadenspauschalen. Bei den praktisch auftretenden Abgrenzungsproblemen ist im Zweifelsfall § 555 zum Schutz des Mieters anzuwenden (MüKo/*Schilling* Rn 4). **I. Verfall- und Verwirkungsklauseln.** Auf Verfall- und Verwirkungsklauseln wird § 555 allg analog angewandt, weil sie der Vertragsstrafenabrede am nächsten stehen (BGH NJW 1960, 1568; MüKo/*Schilling* Rn 4; PWW/*Schmid* Rn 5; BaRoth/*Ehlert* Rn 5; Hk-Mietrecht/*Emmerich* Rn 4). Diese Klauseln sind dadurch gekennzeichnet, dass bei Verletzung einer bestimmten Pflicht ein Rechtsverlust zu Lasten des Mieters vorgesehen ist (Hk-Mietrecht/*Emmerich* Rn 3).

7 **II. Selbständiges Strafversprechen.** Mit **selbstständigen Strafversprechen** werden ähnl Zwecke wie mit der Vertragsstrafe verfolgt, so dass sie § 555 unterfallen (BaRoth/*Ehlert* Rn 6). Der Schuldner verspricht dem Gläubiger eine Zahlung für den Fall, dass er eine Handlung vornimmt, ohne dass dem Gläubiger eine durchsetzbare Handlungs- oder Unterlassungsverpflichtung zusteht (AG Berlin-Mitte GE 2007, 1695). Ein selbstständiges Strafversprechen liegt zB bei einer Vereinbarung vor, nach der sich der Mieter verpflichtet, bei Beendigung des Mietverhältnisses vor Ablauf einer Mindestmietzeit für den auf seinen Wunsch zu Beginn der Mietzeit verlegten Laminatboden dem Vermieter für jeden Monat der vorzeitigen Beendigung einen bestimmten Anteil der aufgewendeten Verlegungskosten zu zahlen, ohne dass der Vermieter vor Vertragsbeendigung einen Anspruch auf Beteiligung des Mieters an den Verlegungskosten hat (AG Berlin-Mitte GE 2007, 1695; nachgehend LG Berlin GE 2007, 1695).

8 **III. Schadenspauschalen.** Vertragsstrafen werden von Abreden über eine Schadenspauschalierung funktionell abgegrenzt. Soll die Abrede in erster Linie die Durchsetzung des Erfüllungsanspruches des Vermieters sicherstellen, liegt eine Vertragsstrafenabrede vor. Soll dagegen die Abrede die Durchsetzung von Schadensersatzansprüchen erleichtern, handelt es sich um eine Schadenspauschale (BGHZ 49, 84, 89; BGHZ 63, 256, 259 f). Da eine **trennscharfe Abgrenzung beider Institute nicht möglich** ist, wird die Behandlung von Schadenspauschalen unterschiedlich beurteilt. Unter Beachtung des Schutzzweckes der Norm soll § 555 auf jede Schadenspauschale angewandt werden (Hk-Mietrecht/*Emmerich* Rn 5 mwN; siehe zur vergleichbaren Problematik bei Abfindungsvereinbarungen BaRoth/*Ehlert* Rn 8 mwN; s zur Unwirksamkeit einer Klausel zur Rückzahlung einer Abfindung des Mieters in einem Räumungsvergleich AG Hamburg-Blankenese ZMR 2008, 300), während nach anderer Auffassung eine Schadenspauschale nur dann der Norm unterfällt, wenn die Vereinbarung einer Vertragsstrafe gleichkommt. Das ist regelm anzunehmen, wenn die Schadenspauschale als Druckmittel dienen soll oder sie überhöht ist (BaRoth/*Ehlert* Rn 7 mwN).

9 **E. Vereinbarung über Versprechen des Mieters.** Das Vertragsstrafeversprechen muss der Mieter abgeben. Zahlungsvereinbarungen, durch die sich der Mieter vom Vermieter eine Vertragsstrafe versprechen lässt, unterfallen nicht § 555 und sind damit grds zulässig (Staud/*Emmerich* Rn 2). Wie es der Wortlaut des § 555 verlangt, kommt das Strafversprechen nur durch eine vertragliche Abrede und nicht durch eine einseitige Erklärung des Mieters zu Stande. Verpflichtet sich ein Dritter anstelle des Mieters zu einer Vertragsstrafe, ist § 555 analog anzuwenden (PWW/*Schmid* Rn 3).

10 **F. Rechtsfolge.** Die vom Mieter versprochene **Vertragsstrafe ist unwirksam**. Die entspr Vereinbarung verstößt gegen das gesetzliche Verbot des § 555 und ist gem § 134 nichtig. Die Nichtigkeit erfasst nur diese einzelne Vertragsbestimmung. Es tritt keine Nichtigkeit des Vertrages im Ganzen nach § 139 ein. Bei einer Nichtigkeit von einzelnen Vertragsbestimmungen wird mit einer Gesamtnichtigkeit der Zweck der Verbotsnorm, die dem Schutz des Mieters dient, unterlaufen. Die Wirksamkeit des übrigen Vertrages bleibt daher unberührt (AG Hamburg-Blankenese ZMR 2008, 300; vgl auch BGH MDR 1964, 49). Hat der Mieter auf der Grundlage des unwirksamen Vertragsstrafeversprechens **bereits Leistungen erbracht**, kann er diese nach **Bereicherungsrecht zurückverlangen** (§§ 812 ff).

Kapitel 2 Die Miete

Unterkapitel 1 Vereinbarungen über die Miete

§ 556 Vereinbarungen über Betriebskosten. **[1] Die Vertragsparteien können vereinbaren, dass der Mieter Betriebskosten trägt. Betriebskosten sind die Kosten, die dem Eigentümer oder Erbbauberechtigten durch das Eigentum oder das Erbbaurecht am Grundstück oder durch den bestimmungsmäßigen Gebrauch des Gebäudes, der Nebengebäude, Anlagen, Einrichtungen und des Grundstücks laufend entstehen. Für die Aufstellung der Betriebskosten gilt die Betriebskostenverordnung vom 25. November 2003 (BGBl. I Satz 2346, 2347) fort. Die Bundesregierung wird ermächtigt, durch Rechtsverordnung ohne Zustimmung des Bundesrates Vorschriften über die Aufstellung der Betriebskosten zu erlassen.**
[2] Die Vertragsparteien können vorbehaltlich anderweitiger Vorschriften vereinbaren, dass Betriebskosten als Pauschale oder als Vorauszahlung ausgewiesen werden. Vorauszahlungen für Betriebskosten dürfen nur in angemessener Höhe vereinbart werden.
[3] Über die Vorauszahlungen für Betriebskosten ist jährlich abzurechnen; dabei ist der Grundsatz der Wirtschaftlichkeit zu beachten. Die Abrechnung ist dem Mieter spätestens bis zum Ablauf des zwölften Monats nach Ende des Abrechnungszeitraums mitzuteilen. Nach Ablauf dieser Frist ist die Geltendmachung einer Nachforderung durch den Vermieter ausgeschlossen, es sei denn, der Vermieter hat die verspätete Geltendmachung nicht zu vertreten. Der Vermieter ist zu Teilabrechnungen nicht verpflichtet. Einwendungen gegen die Abrechnung hat der Mieter dem Vermieter spätestens bis zum Ablauf des zwölften Monats nach Zugang der Abrechnung mitzuteilen. Nach Ablauf dieser Frist kann der Mieter Einwendungen nicht mehr geltend machen, es sei denn, der Mieter hat die verspätete Geltendmachung nicht zu vertreten.
[4] Eine zum Nachteil des Mieters von Absatz 1, Absatz 2 Satz 2 oder Absatz 3 abweichende Vereinbarung ist unwirksam.

A. Allgemeines. § 556 stellt in Abweichung von § 535 Abs 1 S 3 klar, dass die Parteien die Betriebskosten der Mietsache dem Mieter durch Vereinbarung auferlegen können. Die Übernahme weiterer Kosten neben der Miete als Gegenleistung für die Gebrauchsüberlassung bedingt eine inhaltlich bestimmte, ausdrückliche Vereinbarung, da die Regelung des § 535 Abs 1 S 3 das gesetzliche Leitbild darstellt (BGH NJW-RR 2006, 84). Die Vorschrift wird durch § 556a und § 560 ergänzt. In der Praxis haben diese Normen eine außerordentliche Bedeutung (Staud/*Weitemeyer* Rn 1). § 556 stellt durch seinen Abs 1 S 2 sicher, dass im allg privaten Wohnraummietrecht ein einheitlicher Betriebskostenbegriff gilt (Staud/*Weitemeyer* Rn 4). Die Zurverfügungstellung der Räume in einer gebrauchsfähigen Weise durch den Vermieter ist losgelöst von der Vereinbarung über die Verteilung der Betriebskosten (Soerg/*Heintzmann* Rn 1). 1

B. Regelungsgehalt. I. Anwendungsbereich. Die Vorschrift gilt für alle Mietverhältnisse über Wohnraum iSd § 549 (MüKo/*Schmid* Rn 1). Auf die übrigen Mietverhältnisse findet **§ 556 keine, auch keine analoge Anwendung** (Düsseldorf GE 2003, 323; krit MüKo/*Schmid* aaO). Die Norm greift nicht bei reinen Inklusivmieten (Bruttomieten), da § 556 nur Abreden betrifft, bei denen gesonderte Zahlungen auf die Betriebskosten zu leisten sind (vertiefend: Schmidt-Futterer/*Langenberg* Rn 7 ff). Die geltende Mietstruktur ist zu beachten. Die Anwendbarkeit der Norm für Mietverhältnisse über Geschäftsraum kann zwischen den Parteien vereinbart werden (vgl Celle WuM 2000, 130). Der Bereich des preisgebundenen Wohnraums kann speziellere Regelungen enthalten (zB §§ 20 ff NMV, Staud/*Weitemeyer* Rn 8). 2

II. Betriebskosten, Abs 1. Abs 1 enthält eine Ermächtigungsgrundlage für die Parteien, die Regelung des § 535 Abs 1 S 3 durch Vereinbarung abzuändern (Schmidt-Futterer/*Langenberg* Rn 2). Die Vereinbarung kann auf bestimmte Betriebskosten beschränkt sein (Staud/*Weitemeyer* Rn 10). Soweit Betriebskosten im Mietvertrag nicht oder lediglich nur zum Teil erwähnt sind, ist davon auszugehen, dass die nicht genannten Betriebskosten durch den Vermieter zu tragen sind (BTDrs 14/4553 S 50). 3

1. Betriebskosten, S 2. a) Allgemeines. Abs 1 S 2 sieht eine **Legaldefinition der Betriebskosten** vor, die sich mit der aus § 1 Abs 1 S 1 BetrKV deckt. § 1 Abs 1 S 2 BetrKV ist hinsichtlich der Gleichstellung von Sach- und Arbeitsleistungen zu beachten (vertiefend: Schmidt-Futterer/*Langenberg* Rn 76 ff). § 556 Abs 1 S 2 gilt auch für Betriebskosten, die in einem Untermietverhältnis dem Hauptmieter und dem Vermieter entstehen (Staud/*Weitemeyer* Rn 13). Entscheidend für die Einordnung als Betriebskosten ist, dass die Kosten laufend entstehen. Laufend bedeutet, dass sich die Aufwendungen in gewisser, ihrer Eigenart folgenden Weise in entspr Zeitabschnitten wiederholen (Soerg/*Heintzmann* Rn 9: auch mehrjähriger Turnus). Bei Kosten durch das Eigentum müssen die Kosten ausschließlich objektbezogen sein, hingegen müssen die Kosten des bestimmungsgem Gebrauchs einer ordentlichen Bewirtschaftung entsprechen (Schmidt-Futterer/*Langenberg* Rn 87 f). Eine Abrechnung nach Wirtschaftseinheiten ist weiterhin zulässig (vertiefend: Staud/*Weitemeyer* 4

Rn 16). Instandhaltungs- und Instandsetzungskosten sind grds keine Betriebskosten (BGH WuM 2004, 292; vgl zudem § 535 Rz 37 f; vertiefend: Schmidt-Futterer/*Langenberg* Rn 96 ff). Ebenso keine Betriebskosten sind Kosten der Hausverwaltung (BGH NJW 1993, 1061), Bankunkosten (Karlsruhe WuM 1988, 204), grds Verwaltungskosten (BTDrs 14/4553 S 50; vertiefend: Staud/*Weitmeyer* Rn 46; Schmidt-Futterer/*Langenberg* Rn 92 ff), Neuanschaffungs- und Modernisierungskosten (LG Köln WuM 1989, 24), Kapitalkosten (LG Osnabrück WuM 1987, 267) und die vom gewerblichen Zwischenvermieter abzuführende Umsatzsteuer auf die Betriebskosten (Staud/*Weitemeyer* Rn 48). Finanzierungskosten fallen ebenso wenig unter Betriebskosten, wobei dies unabhängig davon ist, ob das angeschaffte Betriebsmittel umlagefähig ist (Schmidt-Futterer/*Langenberg* Rn 100).

5 **b) Versorgung mit Strom und Wärme.** Die Versorgung von **Strom** gehört bei einer Stadtwohnung regelm zur Bereitstellung des vertragsgem Gebrauchs (Soerg/*Heintzmann* Rn 3). Gleiches gilt für die Versorgung der Wohnung mit **Wärme**, wobei mangels abw Vereinbarung die Heizperiode vom 1.10. bis zum 30.04. dauert, soweit die Temperaturen nicht ein Heizen auch außerhalb dieses Zeitraums bedingen (vertiefend: Soerg/*Heintzmann* Rn 4 ff). Für Wohnräume muss die erreichbare Zimmertemperatur mindestens 20° C und bei Küche und Schlafzimmer etwa 16° C betragen, wobei dies wenigstens in der Zeit von 6-23 Uhr erreicht werden muss (LG Hamburg ZMR 1988, 388; *Soergel* aaO). Entscheidend sind indes stets die Umstände des Einzelfalls. Trotz rückständiger Mietzahlung ist die Wärmeversorgung durch den Vermieter zu gewährleisten (LG Hamburg WuM 1978, 169; MüKo/*Schmid* Rn 113).

6 **2. Betriebskostenvereinbarung, S 1.** Die **Umlage** der Betriebskosten **bedingt eine Vereinbarung** der Parteien. Soweit nichts vereinbart wurde oder sich aus den Umständen ergibt, ist von einer Inklusivmiete auszugehen (Soerg/*Heintzmann* Rn 1; Staud/*Weitemeyer* Rn 50: zu den direkt vom Mieter an den Leistungserbringer zu zahlenden Kosten, zB Strom und Gas). Betriebskosten für Gemeinschaftsräume trägt der Vermieter, sofern nichts Gegenteiliges vereinbart wurde (*Soergel* aaO). Bei der Entnahme von Energie durch den Mieter kommt grds ein Vertrag zwischen dem Versorger und dem Grundstückseigentümer zustande, daran ändert sich auch nichts, wenn im Mietvertrag vereinbart wird, dass der Mieter bestimmte Kosten selbst zahlt (BGH NJW-RR 2004, 928; WuM 2003, 458). Bei der Verwendung vom Formularmietverträgen müssen diese dem Transparenzgebot entsprechen (vertiefend: Staud/*Weitemeyer* Rn 51). **Vereinbarungen**, die in sich **widersprüchlich** sind, sind unwirksam, soweit der Widerspruch über eine Auslegung nicht behebbar ist (MüKo/*Schmid* Rn 7). Sind mehrere Auslegungen möglich, ist die für den Mieter günstigste Auslegung maßgeblich (LG Berlin ZMR 2001, 188; MüKo/*Schmid* aaO: Grundmiete enthält bereits die Nebenkosten, idR Pauschale günstiger als Vorauszahlung). In der Miete eines Hotelzimmers sind die Heizkosten stets enthalten (Soerg/*Heintzmann* § 556 Rn 9). Ist vereinbart, dass der Nutzer der Räume nur die verbrauchsabhängigen Betriebskosten ohne Entrichtung einer Miete trägt, handelt es sich nicht um Miete sondern um Leihe (Dresden ZMR 2003, 250). Eine unwirksame Vereinbarung löst Rückzahlungsansprüche des Mieters auf die gezahlten Vorauszahlungen aus § 812 Abs 1 S 2 aus (Dresden ZMR 2001, 265; Staud/*Weitemeyer* § 556 Rn 52; aA Düsseldorf ZMR 2002, 595; Schmidt-Futterer/*Langenberg* Rn 63 ff; Nutzungsentschädigung bei Unwirksamkeit des gesamten Mietvertrages, KG MDR 2006, 146). Die Formvorschrift des **§ 550** erstreckt sich auch auf die Betriebskostenvereinbarung (LG Duisburg WuM 1997, 671). Den Kostenanteil für eine leer stehende Wohnung trägt der Vermieter (BGH WuM 2004, 150).

7 **a) Bestimmtheit.** Die umzulegenden Betriebskosten müssen **konkret angegeben bzw eindeutig bestimmbar** sein (Düsseldorf ZMR 2003, 109), wobei die Vereinbarungen zu Lasten des Vermieters streng ausgelegt werden (LG Mannheim ZMR 1994, 22). Entscheidend ist der wirkliche Parteiwille (MüKo/*Schmid* Rn 13). Wurde eine Umlegung »im üblichen Umfang« vereinbart, spricht dies für eine Umlegung der in der BetrKV angeführten Kostenpositionen (MüKo aaO). Werden Posten im Mietvertrag aufgeführt, die tatsächlich gar nicht anfallen, ist dies unschädlich (Düsseldorf aaO). Für die Bestimmtheit genügt es, wenn auf die BetrKV oder auf die Anlage 3 zu § 27 BV 2 Bezug genommen wird, wobei der Gesetzestext nicht beigefügt sein muss (Frankfurt aM NZM 2000, 757). Die sonstigen Betriebskosten nach § 2 Nr 17 BetrKV bedürfen einer expliziten Benennung (BGH WuM 2004, 292). Ist in dem Mietvertrag auf die BetrKV Bezug genommen worden und weist der Mietvertrag die Auflistung von einzelnen Positionen der BetrKV auf, so müssen die umzulegenden Positionen in den vorgesehenen Kästchen angekreuzt werden, soweit ein Ankreuzen vorgesehen ist, um die Wirksamkeit der Vereinbarung zu begründen (Soerg/*Heintzmann* Rn 10; vertiefend: Schmidt-Futterer/*Langenberg* Rn 37, 49 ff). Entscheidend ist auch hier die sog Einzelfallbetrachtung. Die Auferlegung von Wasserkosten umfasst auch die Erfassung der Abwasserkosten (LG Berlin GE 1996, 125; aA LG Köln WuM 1988, 307; vertiefend: Schmidt-Futterer/*Langenberg* Rn 39). Die Vereinbarung über die Umlage der Betriebskosten bei gewerblichen Räumen muss gleichfalls bestimmt genug sein und bei der Verwendung von Formularmietverträgen den Wirksamkeitsvoraussetzungen entsprechen (KG NZM 2002, 954). Die Vereinbarung der Umlegung von »verbrauchsabhängigen Betriebskosten« umfasst die Kosten für Wasser, Strom, Kanalbenutzung und Müllabfuhr (Staud/*Weitemeyer* Rn 55). Die Auferlegung »der Grundbesitzabgaben« umfasst nur die Grundsteuer (Düsseldorf ZMR 2000, 668).

b) Neue Betriebskosten. Entscheidender Zeitpunkt für die Beurteilung des Umfangs der Umlagevereinbarung ist deren **Abschlusszeitpunkt** (Staud/*Weitemeyer* Rn 51). Die Umlagefähigkeit neuer Betriebskosten kann bereits im Mietvertrag erfolgen. Bei Fehlen einer Vereinbarung kommt es auf eine ergänzende Vertragsauslegung an, so dass entscheidend ist, was die Parteien vereinbart hätten, wenn sie die neuen Betriebskosten bedacht hätten (Köln ZMR 1995, 69; vertiefend: MüKo/*Schmid* Rn 25, 26 f: gesetzliche Veränderung; aA BGH WuM 2004, 290: § 560 Abs 1). Ändert sich die Art der Abgabe, kommt es für den Umfang der Umlage auf eine Vertragsauslegung an (Soerg/*Heintzmann* Rn 13). Soweit der Mieter zur Reinigung verpflichtet ist, kann der Vermieter nicht einseitig einen Dritten damit beauftragen und die nunmehr entstehenden Kosten umlegen (LG Karlsruhe WuM 1992, 367). 8

c) Änderung der Vereinbarung. Die Vereinbarung über die Betriebskostenumlage kann **einvernehmlich geändert** werden. Entscheidend ist ein Änderungsvertrag, der auch stillschweigend geschlossen werden kann, so dass der BGH in einer jahrelangen Zahlung bzw unvollständiger Abrechnung eine wirksame Veränderung sieht (BGH NJW-RR 2004, 586, im konkreten Fall – 10 Jahre; LG Hamburg WuM 2005, 773; krit: MüKo/*Schmid* Rn 30; vertiefend: Staud/*Weitemeyer* Rn 61 f; Schmidt-Futterer/*Langenberg* Rn 56 ff). Entscheidend ist die konkrete Einzelfallbetrachtung, die auf die Feststellung des Vorliegens von Angebot und Annahme ausgerichtet sein muss. Auch hier muss es sich um umlagefähige Betriebskosten iSv § 2 BetrKV handeln (vgl LG Hamburg ZMR 1997, 358). Zudem bedarf es einer Bestimmtheit der Klausel. Fallen bereits vorab vereinbarte Betriebskosten erst im Laufe der Vertragszeit an, ist diese Neueinführung lediglich dahin zu überprüfen, ob sie der ordnungsgemäßen Bewirtschaftung entspricht (BGH WuM 2004, 290). § 560 ist dabei unbeachtlich, soweit der Vermieter nicht die Vorauszahlung erhöhen will (§ 560 Abs 4) (BGH aaO). Nach Wegfall der Preisbindung bedarf es einer Vereinbarung, um Betriebskosten, die in der Kostenmiete enthalten waren, auf den Mieter umlegen zu können (LG Berlin GE 2002, 931). 9

III. Vorauszahlung und Pauschale, Abs 2. 1. Allgemeines. Abs 2 S 1 stellt klar, dass die Parteien die Abgeltung der umgelegten Betriebskosten durch die Entrichtung von Vorauszahlungen oder einer Pauschale vereinbaren können (Staud/*Weitemeyer* Rn 67). Den Parteien steht es jedoch offen, auch andere Vereinbarungen zu treffen. Anderweitige Vorschriften können die Vertragsfreiheit einschränken, Abs 2 S 1. Bestehen Zweifel über die konkrete Vereinbarung, ist die Klausel grds als Betriebskostenpauschale anzusehen (Staud/*Weitemeyer* Rn 69; vgl jedoch LG Mannheim DWW 1997, 152; unklare Vereinbarung, Schmidt-Futterer/*Langenberg* Rn 260 ff). Eine unwirksame Vorauszahlungsvereinbarung kann nicht in eine Pauschale umgedeutet werden (Staud/*Weitemeyer* aaO). Trotz jahrelanger Nichtabrechnung liegt darin grds keine stillschweigende Vereinbarung, dass der Vorschuss als Pauschale gelten soll (Naumburg NZM 2006, 630; vgl jedoch Düsseldorf NZM 2008, 524). 10

2. Pauschale. Die Pauschale ist ein Festbetrag, durch welchen die erfassten Kosten abgegolten werden sollen (MüKo/*Schmid* Rn 32). Die Pauschale setzt sich nicht aus genau errechneten Positionen zusammen. Die einzelnen Positionen fließen vielmehr nach oben gerundet ein oder es handelt sich von vornherein um eine überschlägige Berechnung (Schmidt-Futterer/*Langenberg* Rn 23). Von der Bruttomiete unterscheidet sich die Betriebskostenpauschale dadurch, dass die Betriebskosten getrennt ausgewiesen sind (BTDrs 14/4553 S 50). Erfolgt die Abgeltung der zu erwartenden Betriebskosten durch eine Pauschale, muss über diese nicht abgerechnet werden (BTDrs 14/4553 S 50). Soweit die Pauschale die verbrauchsabhängigen Posten abdeckt, ist der Mieter über § 241 Abs 2 verpflichtet, einen übermäßigen ungewöhnlichen Verbrauch zu vermeiden (LG Oldenburg ZMR 2002, 200). Grds trägt der Vermieter das Risiko der mangelnden Kostendeckung (MüKo aaO). Die Pauschale darf nur in einer angemessenen Höhe vereinbart werden, da vermieden werden soll, dass es zu einer verdeckten höheren Miete kommt (Palandt/*Weidenkaff* Rn 6; aA Staud/*Weitemeyer* Rn 70). Bei einer Nebenkostenpauschale können gestiegene Nebenkosten nicht über § 558 auf den Mieter umgelegt werden (Soerg/*Heintzmann* Rn 11). Eine Erhöhung kann jedoch im Rahmen des § 560 Abs 1 erfolgen. 11

3. Vorauszahlung. a) Allgemeines. Eine Vorauszahlung liegt vor, wenn der Mieter auf Grundlage einer späteren Abrechnung die konkret angefallenen Kosten zu entrichten hat und auf die Abrechnung einen bestimmten Betrag im Voraus an den Vermieter zahlt (BTDrs 14/4553 S 50). Auch die Vorauszahlungsabrede muss eindeutig vereinbart werden (BayOblG WuM 1995, 694; einseitiges Bestimmungsrecht des Vermieters: bei Modernisierungsarbeiten, wenn dadurch neue Betriebskosten entstehen, BGH NJW-RR 2004, 586, § 556a Abs 2, § 2 HeizkV). Bei Wohnraum können nur umlagefähige Betriebskosten erfasst werden (Schmidt-Futterer/*Langenberg* Rn 255). Die Angabe eines einheitlichen Betrags als Vorauszahlungsbetrag ist ausreichend, wenn sämtliche Posten des § 2 BetrKV umgelegt werden sollen (Schmidt-Futterer/*Langenberg* Rn 256). Vorauszahlungen stellen kein Sonderentgelt des Mieters dar, so dass sie einer Abtretung und einer Aufrechnung zugänglich sind (hM, vertiefend: Schmidt-Futterer/*Langenberg* Rn 270 ff; Staud/*Weitemeyer* Rn 79; aA Celle ZMR 1999, 679). § 560 Abs 4 ist zu beachten (vgl § 560 Rz 16 ff). 12

b) Angemessene Höhe, S 2. Die **Vorauszahlungen** müssen in der Höhe **angemessen** sein, Abs 2 S 2, § 20 Abs 3 S 1 NMV. Da diese Normen Ausdruck eines allg Rechtsgedankens sind, sind die Vorschriften auf andere Mietverhältnisse entspr anwendbar (MüKo/*Schmid* Rn 36). Angemessen sind Vorauszahlungen, wenn 13 sie an den zu erwartenden Betriebskosten ausgerichtet sind (BTDrs 7/2011 S 12), wobei der Zeitpunkt des Vereinbarungsschlusses entscheidend ist (BayOblG WuM 1995, 694). Als Ansatz können die Erfahrungswerte der letzten Jahre herangezogen werden (BayOblG aaO). Ein gewisser Sicherheitszuschlag ist zulässig (BayOblG aaO). Die Vorauszahlungen sollen jedoch kein partiell zinsloses Darlehen für den Vermieter begründen (BayOblG aaO). Die jahreszeitlichen Schwankungen sind für die Vorauszahlungsbeträge unbeachtlich (Staud/*Weitemeyer* Rn 72). Die Vorauszahlungsbeträge müssen jedoch nicht gleich hoch sein. Soweit sich aus dem Mietvertrag nicht ergibt, wie sich die Vorauszahlung im Einzelnen zusammensetzt, hat der Mieter einen Auskunftsanspruch (Staud/*Weitemeyer* aaO). Bei einem Verstoß gegen Abs 2 S 2 ist die Vereinbarung soweit nichtig, wie der vereinbarte Betrag die Angemessenheit übersteigt, Abs 4 (Soerg/*Heintzmann* Rn 12). Der Vermieter darf die Vorauszahlung nicht zu niedrig ansetzen und gleichzeitig den Mieter darüber täuschen, um ihn zum Vertragsschluss zu bewegen (»Lockvogelangebot«, Dresden WuM 2004, 83; Düsseldorf WuM 2000, 591; Naumburg NZM 2002, 387: erhebliche Unterschreitung, die sich aufdrängen muss; abw: BGH NJW 2004, 1102). Ein etwaiger Schadensersatzanspruch würde auf die Freistellung von den die Vorauszahlungen übersteigenden Betriebskosten gerichtet sein (Hamm NZM 2003, 717; abw Auffassungen: BGH aaO; Staud/*Weitemeyer* Rn 75; vertiefend: Schmidt-Futterer/*Langenberg* Rn 388 ff). IÜ kann der Mieter nicht darauf vertrauen, dass die Vorauszahlung die Kosten deckt (BGH aaO). Der Mieter hat jedoch einen Anspruch auf Aufklärung, welche Kosten in etwa auf ihn zukommen (vertiefend: Staud/*Weitemeyer* Rn 74).

14 **4. Fälligkeit und Zurückbehaltungsrecht.** Die Fälligkeit der Pauschale bzw der Vorauszahlungen richtet sich nach den vertraglichen Vereinbarungen (Schmidt-Futterer/*Langenberg* Rn 258). Mangels ausdrücklicher Regelung ist bei der Vorauszahlung die Zahlweise der Miete entscheidend (Staud/*Weitemeyer* Rn 77). Der Abstand der einzelnen Vorauszahlungen kann bis zu einem Jahr betragen (Staud/*Weitemeyer* aaO; abw: Palandt/*Weidenkaff* Rn 7: maximal vierteljährlich). **Rechnet der Vermieter** über die entstandenen Betriebskosten trotz Abrechnungsreife **nicht ab**, steht dem Mieter für die laufenden Vorauszahlungen ein Zurückbehaltungsrecht nach § 273 zu (BGH WuM 2006, 383; ebenso Zurückbehaltungsrecht des Mietzinses in einer angemessenen Höhe, München ZMR 1996, 487; BGH ZMR 1984, 339; aA Düsseldorf WuM 2000, 678). Ein Anspruch auf Fortzahlung der Vorauszahlungen kann nach Ende des Mietverhältnisses nicht verlangt werden, auch wenn die gezahlten Beträge zum Ausgleich des erwarteten Saldos aus der Abrechnung nicht ausreichen (Schmidt-Futterer/*Langenberg* Rn 267; zum frühzeitigen Auszug, Rn 268; Düsseldorf DWW 2004, 87; KG GE 2001, 624).

15 **IV. Abrechnung über die Vorauszahlung, Abs 3.** Ziel des Abs 3 ist es, in absehbarer Zeit Klarheit über die Ansprüche der Parteien zu schaffen (BTDrs 14/4553 S 87). **1. Pflicht zur Abrechnung, S 1.** Bei Vereinbarung einer Vorauszahlung ist der Vermieter zur Abrechnung verpflichtet, Abs 3 S 1 (§ 20 Abs 3 S 2 NMV). Durch die Abrechnungen kann der Mieter die Kostenentwicklung zur Grundlage seines Handelns machen (Schmidt-Futterer/*Langenberg* Rn 281). Erbringt der Mieter trotz mehrfacher Aufforderung keine Abrechnung, kann der Mieter die in diesen Zeitraum fallenden Abrechnungen zurück verlangen, soweit das Mietverhältnis nicht mehr besteht, mithin der Mieter sein Recht aus § 273 nicht mehr ausüben kann (BGH WuM 2005, 337; vertiefend: Schmidt-Futterer/*Langenberg* Rn 282 ff mwN; Staud/*Weitemeyer* Rn 140 ff). Eine formell ungenügende Abrechnung steht der unterlassenen Abrechnung gleich (Schmidt-Futterer/*Langenberg* Rn 289). Mit Eintragung des Erwerbers im Grundbuch geht die Abrechnungspflicht des Abs 3 für den gesamten noch laufenden Abrechnungszeitraum auf diesen über, so dass nunmehr für diesen Abrechnungszeitraum zwischen dem Erwerber und dem Mieter abzurechnen ist (BGH WuM 1989, 141; 2004, 94; vertiefend: Staud/*Weitemeyer* Rn 98 ff; zur Zwangsverwaltung, BGH NJW 2003, 2320; 2006, 2626). Endet das Mietverhältnis während des Abrechnungszeitraums, muss eine Zwischenabrechnung nicht erfolgen (Schmidt-Futterer/*Langenberg* Rn 296).

16 **2. Abrechnung. a) Allgemeines.** Die Abrechnung stellt keine Willenserklärung, sondern als Rechnungslegung (§ 259) eine **Tatsachenmitteilung** dar (BGH NJW 2008, 2258; 2006, 2706), wobei die Abrechnung eine konkludente Erklärung enthält, dass die Angaben vollständig und richtig sind (Düsseldorf WuM 2007, 65; Soerg/*Heintzmann* Rn 16). Zwar ist die Abrechnung an keine Form gebunden, jedoch ist eine mündliche Abrechnung mangels Prüffähigkeit nicht zulässig (Soerg/*Heintzmann* aaO). Eine bloße Einsicht in die Belege genügt ebenso wenig. Benötigt der Mieter einen Beleg über die bezahlten Betriebskosten, ist der Vermieter verpflichtet, diesem einen solchen auszustellen (Soerg/*Heintzmann* aaO). Bei Wohnungseigentum ist der Beschluss nach § 28 Abs 5 WEG Voraussetzung der Umlage auf den Mieter, wobei jedoch zu beachten ist, dass diese Abrechnung oftmals eine reine Einnahmen- und Ausgabenrechnung ist und daher nicht mit der Leistungsprinzipabrechnung (vgl BGH NJW 2008, 1300) übereinstimmen muss (BGH NJW 1982, 573; Düsseldorf ZMR 2000, 452; vertiefend: Schmidt-Futterer/*Langenberg* Rn 313 ff, 379 ff).

17 **b) Inhalt.** Die Abrechnung muss vollständig, genau, nachprüfbar und aus sich selbst heraus verständlich sein (Nürnberg WuM 1995, 308). Durch Auflistung jeder einzelnen Position mit den ihr zukommenden Kosten muss eine **Zusammenstellung der Gesamtkosten** entstehen (BGH NJW 1982, 573). Darüber hinaus bedarf es der Darlegung des **Verteilerschlüssels**, des **Anteils des Mieters**, der Anführung der **Vorauszahlungen** und wie sie in Abzug gebracht werden sowie einer ggf erforderlichen Erläuterung (BGH NJW 2009, 283; WuM 2005, 61; vgl Schmidt-Futterer/*Langenberg* Rn 354). Einem durchschnittlich gebildeten Mieter muss es mög-

lich sein, die Abrechnung nachzuprüfen (BGH WuM 2005, 579). Bei verbrauchsabhängiger Abrechnung müssen die Zählerstände zu Beginn und am Ende der Abrechnungsperiode und der sich daraus ergebende Verbrauch mitgeteilt werden (Soerg/*Heintzmann* Rn 17). Es muss ersichtlich sein, wie der Verteilerschlüssel ermittelt wurde (KG GE 2002, 327). Des Weiteren ist die Erklärung des Verteilerschlüssels ggf erforderlich (BGH NJW 2008, 2260; WM 1991, 2069; Nürnberg WuM 1995, 308; LG Berlin GE 2005, 739). Der Abrechnung muss entnommen werden können, welchen Zeitraum sie erfasst (LG Berlin GE 1999, 1428). Die einzelnen umgelegten Kostenarten müssen angegeben werden, wobei diese nicht in jedem Fall entspr der Nummern des § 2 BetrKV zusammengefasst werden dürfen (KG WuM 1998, 474, § 2 Nr 8 BetrKV: Straßenreinigung und Müllabfuhr – es bedarf zusammenhängender Kostenblöcke; vertiefend: Schmidt-Futterer/*Langenberg* Rn 341 ff; aA MüKo/*Schmid* Rn 70). Soweit kein bes Erklärungsbedarf besteht, muss eine einheitliche Betriebkostenart nicht in weitere Kostenarten aufgegliedert werden (LG Berlin GE 1999, 1286). Sind außergewöhnlich hohe Kosten entstanden, ist der Vermieter hierfür erklärungspflichtig, soweit dies nicht auf den Verbrauch zurückzuführen ist (KG WuM 2006, 382; LG Köln NZM 2005, 453; GE 2005, 1129). Die spätere Einsicht in die Belege dient bei einer ordnungsgemäßen Abrechnung lediglich der Kontrolle (Schmidt-Futterer/*Langenberg* Rn 334). Bei einem Mieterwechsel während eines Abrechnungszeitraums sind zur Nachvollziehbarkeit die Gesamtkosten des gesamten Abrechnungszeitraums mitzuteilen (LG Berlin GE 1991, 935; vertiefend: Schmidt-Futterer/*Langenberg* Rn 362 ff: bei verbrauchsabhängigen Kosten Anspruch auf Zwischenablesung). Belege brauchen der Abrechnung nicht beigefügt zu werden, es genügt das Anbieten des Einsichtsrechts (BGH NJW-RR 2007, 159). Eine den Anforderungen nicht entspr Abrechnung kann der Mieter zurückweisen (Soerg/*Heintzmann* aaO). Bei preisgebundenem Wohnraum ist § 20 Abs 4 S 1 NMV zu beachten.

c) Korrektur der Abrechnung. Die **einseitige Korrektur** der Abrechnung durch den Vermieter ist **bis zum Ende der Frist** des Abs 3 S 3 **möglich**, wobei der Vermieter hierzu auch nach dem Ende der Frist aus Abs 3 S 3 bei berechtigten Beanstandungen des Mieters unter Beachtung von Abs 3 S 5 verpflichtet ist (Schmidt-Futterer/*Langenberg* Rn 397, 399 f). Die hM sieht in der Übermittlung der Abrechnung ein gleichzeitiges Angebot des Vermieters, das durch die Annahme des Guthabens bzw durch den Zahlungsausgleich durch den Mieter akzeptiert wird und der Vorgang insoweit ein deklaratorisches Schuldanerkenntnis begründet mit der Folge, dass Einwendungen beider Parteien, die vor dieser Verbindlichkeit nach gründlicher Prüfung hätten vorgetragen werden können, nunmehr ausgeschlossen sind, wobei dies nur für Fehler gilt, die sich aus der Abrechnung selbst ergeben und die umlagefähigen Kosten betreffen (BGH ZMR 2003, 339; Schmidt-Futterer/*Langenberg* Rn 402 ff). 18

d) Fälligkeit. Durch den **Zugang** einer formell ordnungsgemäßen **Abrechnung** (vgl BGH NJW 2009, 283; 2008, 2258) wird ein möglicher Nachzahlungsanspruch des Mieters fällig (BGH WuM 2006, 200). Eine inhaltliche Richtigkeit wird nicht verlangt (Düsseldorf WuM 2003, 387). Bei lediglich formell ordnungsgem Abrechnung einzelner Positionen tritt eine Teilfälligkeit ein (BGH DWW 1990, 46; Düsseldorf ZMR 2003, 569; LG Berlin GE 1998, 1151). Die an alle Mieter gerichtete Abrechnung muss zugegangen sein (LG Berlin GE 2000, 1032). Ein Guthaben des Mieters darf nur bei einer individuellen Vereinbarung auf die neue Anrechnungsperiode angerechnet werden, hingegen ist eine Aufrechnung mit Mietrückständen ohne Weiteres möglich (Schmidt-Futterer/*Langenberg* Rn 428). Nach Ansicht des BGH ist ein Nachzahlungsanspruch grds nach Übersendung der Abrechnung auszugleichen, ohne dass dem Mieter ein Prüfungszeitraum gewährt wird (BGH aaO; aA Düsseldorf ZMR 2000, 453; Soerg/*Heintzmann* Rn 18; Staud/*Weitemeyer* Rn 123: Leistungsverweigerungsrecht des Mieters bei Verweigerung der Einsichtnahme in die Belege durch den Vermieter). Soweit andere Vereinbarungen nicht getroffen worden sind, steht ein etwaiges Guthaben dem Mieter auch bei Entrichtung der Vorauszahlungen durch das Sozialamt zu (Staud/*Weitemeyer* Rn 118; bei Insolvenz einer der Parteien, Rn 120). 19

e) Einsichtsrecht des Mieters. Der Mieter hat einen **Anspruch auf Einsicht in alle (Original-)Unterlagen,** auf denen die Abrechnung beruht (Düsseldorf ZMR 2001, 882; Soerg/*Heintzmann* Rn 28). Die Unterlagen müssen in geordneter Form eingesehen werden können (vertiefend: Schmidt-Futterer/*Langenberg* Rn 484). Der Anspruch folgt aus § 259 (analog) (BGH NJW 2005, 219). Datenrechtliche Vorschriften stehen dem Anspruch nicht entgegen, wobei ein Anspruch auf Kontrolle von Zählerständen in anderen Wohnungen nicht erfasst ist (LG Berlin GE 2006, 849; MüKo/*Schmid* Rn 81). Betroffen sind nur die Unterlagen, die bei dem Vermieter vorhanden sind, so dass diesen keine Pflicht trifft, weitere Unterlagen erst zu besorgen (MüKo/*Schmid* Rn 82). Werden die Unterlagen hingegen woanders bereitgehalten, muss der Vermieter diese besorgen oder die Einsicht ermöglichen (LG Frankfurt aM/M WuM 1997, 52). Der Mieter darf nicht grds auf eingescannte Daten verwiesen werden (Staud/*Weitemeyer* Rn 112; Schmidt-Futterer/*Langenberg* Rn 481; vgl jedoch: LG Hamburg WuM 2004, 97). Eigenbelege des Vermieters genügen bei Zahlungen durch Dritte nicht (LG Kiel WuM 1996, 631). Dem Mieter steht es frei, einen **Dritten mit der Einsicht zu beauftragen** oder beizuziehen (Staud/*Weitemeyer* aaO). Die bereits erfolgte **Übersendung von Fotokopien** steht dem Einsichtsrecht bei konkreten Gründen grds nicht entgegen (Schmidt-Futterer/*Langenberg* Rn 480; bei Wohnungseigentum, Rn 482, 489). Eine Einsicht in Verträge kann uU geboten sein (Schmidt-Futterer/*Langenberg* aaO). 20

21 Die **Einsicht** erfolgt **beim Vermieter** oder der Person, die mit der Abrechnung betraut ist (hM, BGH ZMR 2006, 358). Ist das Aufsuchen dieses Ortes dem Mieter nicht zumutbar, sind die Unterlagen zu übersenden oder bei einer Person, welcher der Vermieter vertraut und die für den Mieter in zumutbarer Weise erreichbar ist, zugänglich zu machen (BGH NJW 2006, 1419). Zumutbar ist grds, wenn die Einsicht in derselben politischen Gemeinde erfolgen soll, wobei zudem die persönlichen Verhältnisse des Mieters zu berücksichtigen sind (BGH aaO; Soerg/*Heintzmann* Rn 28). Ein Anspruch auf Überlassung von Fotokopien besteht daher nicht ohne weiteres (BGH aaO; aA Staud/*Weitemeyer* Rn 115). Vereinbarungen über den **Ort der Einsichtnahme** sind auch **formularvertraglich** wirksam (MüKo/*Schmid* Rn 85). Erst nach Übersendung entsteht der Kostenanspruch, so dass ein Vermieterverlangen, eine vorherige Zahlung vorzunehmen, unzulässig ist (Düsseldorf WuM 2001, 344; aA LG Leipzig DWW 2005, 374). Sofern der Mieter einen Anspruch auf Kopien hat oder der Vermieter sich auf einen diesbezüglichen Wunsch des Mieters einlässt, steht dem Vermieter ein **Kostenerstattungsanspruch** zu, wobei aus Vereinfachungsgründen eine Pauschalierung in entspr Anwendung von § 287 ZPO zuzulassen ist (MüKo/*Schmid* Rn 87 mwN: Kosten einer Kopie: Spanne zwischen 0,05 € und 0,50 €, tendenziell 0,25 €, wobei eine Vereinbarung zulässig ist; jedoch ist die Auferlegung der für die Kopienherstellung anfallenden Personalkosten unzulässig, Schmidt-Futterer/*Langenberg* Rn 496). Auch bei der Überlassung der Kopien sind diese in geordneter Form zu überreichen. Die Kosten der Einsicht hinsichtlich der Vorbereitung und Durchführung trägt der Vermieter (Schmidt-Futterer/*Langenberg* Rn 485). Eine nicht erfüllte Einsicht steht der Fälligkeit der Nachzahlung entgegen (hM, BGH aaO; Düsseldorf ZMR 2000, 452; aA, ausf: Schmidt-Futterer/*Langenberg* Rn 495). Das Einsichtsrecht ist nicht abdingbar (Staud/*Weitemeyer* Rn 113).

22 **3. Abrechnungszeitraum, S 1.** Der Abrechnungszeitraum betrifft die Zeit, über die abzurechnen ist (BGH NJW 2008, 2328). Gem Abs 3 S 1 beträgt dieser Zeitraum bei Wohnraum ein Jahr. Ein kürzerer Zeitraum kann zwischen den Parteien vereinbart werden (LG Bremen WuM 2006, 199; Schmidt-Futterer/*Langenberg* Rn 298 f; abw: MüKo/*Schmid* Rn 64: nur bei Vorliegen bes Gründe zulässig). Der Abrechnungszeitraum muss nicht dem Kalenderjahr entsprechen. Die umzulegenden Kosten müssen in dem Abrechnungszeitraum entstanden sein, wobei »entstanden« iSv Zuordnung nach dem Grund ihrer Entstehung bedeutet (Leistungsabrechnung, str, LG Hamburg GE 2001, 992; vertiefend: Schmidt-Futterer/*Langenberg* Rn 303 ff). Abrechnungszeiträume von verbrauchsabhängigen und verbrauchsunabhängigen Kosten müssen nicht vollends übereinstimmen (BGH aaO). Eine vorherige Umlegung von Kosten zur Rücklagenbildung, ohne dass diese Kosten tatsächlich entstanden sind, ist unzulässig. Es ist jedoch nicht erforderlich, dass der Vermieter die Rechnung selbst schon bezahlt hat (MüKo/*Schmid* Rn 66). Der Vermieter ist auch bei einem Mieterwechsel nicht verpflichtet, in kürzeren Abschnitten abzurechnen (Staud/*Weitemeyer* Rn 116). Bei Kosten, die in einem mehrjährigen Turnus anfallen, kann der Vermieter diese nach ihrem Entstehen einmalig in vollem Umfang oder aber auch verteilt auf mehrere Jahre in die Abrechnung einstellen, wobei bei einem Mieterwechsel der neue Mieter nicht zur Zahlung der noch ausstehenden (gestundeten) Kosten, die vor seiner Nutzungszeit angefallen sind, herangezogen werden kann (str, Schmidt-Futterer/*Langenberg* Rn 320 ff).

23 **4. Wirtschaftlichkeitsgrundsatz, S 1 Hs 2.** Der **Grundsatz der Wirtschaftlichkeit** ergibt sich bereits aus § 242 und ist daher in Abs 3 S 1 nur zur Klarstellung aufgenommen worden (BGH NJW 2007, 1356; Palandt/*Weidenkaff* Rn 9). Der Grundsatz bedeutet, dass Kosten, die aus einer unnötigen oder aus einer unwirtschaftlichen Handhabung hervorgehen, nicht durch den Mieter zu tragen sind (Palandt/*Weidenkaff* aaO). Unnötig sind solche Kosten, die ein wirtschaftlich denkender Vermieter überhaupt nicht, nicht in dieser Art, nicht in dieser Höhe oder nicht zu dieser Zeit aufwenden oder entstehen lassen würde, wobei dem Vermieter hierbei ein gewisser Ermessensspielraum einzuräumen ist (Soerg/*Heintzmann* Rn 14). Unter diesen Umständen hat er ggf Vergleichsangebote einzuholen (Soerg/*Heintzmann* aaO; abw: MüKo/*Schmid* Rn 110). Der Vermieter ist jedoch nicht stets verpflichtet, die günstigste Lösung zu wählen, so dass er durchaus zB in einem Fachgeschäft einkaufen kann (LG Hannover WuM 2003, 450). Die beiderseitigen Interessen der Vertragspartner sind als Entscheidungshilfe heranzuziehen (MüKo/*Schmid* Rn 114). Erzielte Rabatte muss der Vermieter an den Mieter weitergeben (Soerg/*Heintzmann* aaO). Die Erforderlichkeit der Kosten hängt vom Objekt, den Gegebenheiten, dem Nutzungszweck und dem Charakter des Objekts ab (LG Hamburg ZMR 2001, 970). Mangels vertraglicher Vereinbarungen ist ausschließlich von objektiven Maßstäben auszugehen (MüKo/*Schmid* Rn 108). Die bloße Unwirtschaftlichkeit einer Anlage begründet keinen Mangel der Mietsache und steht auch nicht der Umlegungsfähigkeit entgegen (Staud/*Weitemeyer* Rn 93 ff; MüKo/*Schmid* Rn 111). Die Verletzung der Wirtschaftlichkeitsgrundsätze führt jedoch zu einem Schadensersatzanspruch des Mieters aus §§ 280 Abs 1, 241 Abs 2 in Form der Freihaltung von den die wirtschaftlichen Kosten übersteigenden Beträgen (Staud/*Weitemeyer* aaO; abw: AG Frankfurt aM WuM 2002, 376). Dieser Anspruch ist von Amts wegen zu berücksichtigen.

24 **5. Abrechnungsfrist, S 2.** Da der Vermieter durch die Vorauszahlungen (zumindest teilw) einen Vorschuss auf die endgültigen Kosten erhält, muss er über diese nach einer angemessenen Bearbeitungszeit abrechnen (München ZMR 1997, 233). Abs 3 S 2 sieht insoweit vor, dass der Vermieter dem Mieter die Abrechnung spätestens bis zum Ablauf des zwölften Monats nach Ende des Abrechnungszeitraums mitteilen muss. Für die Wahrung der Frist ist der Zeitpunkt des Zugangs der Abrechnung beim Mieter entscheidend, wobei die

Abgabe bei der Post keinen Anscheinsbeweis für den Zugang begründet (BGH NZM 2009, 274). § 193 findet Anwendung (MüKo/*Schmid* Rn 48). Eine kürzere Abrechnungsfrist kann zwischen den Parteien vereinbart werden, was jedoch nicht empfehlenswert ist (Staud/*Weitemeyer* Rn 105). In einem Untermietverhältnis muss der Hauptvermieter ggü dem Zwischenvermieter so abrechnen, dass dieser die Jahresfrist ggü dem Untermieter einhalten kann (Soerg/*Heintzmann* Rn 15). Nicht entscheidend ist, ob die Abrechnung richtig ist, soweit sie formell ordnungsgem ist (BGH NJW 2005, 219). Der Mieter hat nach Ablauf der Abrechnungsfrist einen klagbaren Anspruch (BGH WuM 2005, 337). Für Geschäftsraummiete gibt es keine allgemeingültige Abrechnungsfrist, obschon sich die angemessene Zeit zur Abrechnung an Abs 3 S 2 orientiert, hingegen etwaige Vereinbarungen auch längere Zeiträume vorsehen können (Hamburg NJW-RR 1989, 82; Schmidt-Futterer/*Langenberg* Rn 447 f, 450).

6. Ausschlussfrist, S 3. a) Allgemeines. Mit Ablauf der Abrechnungsfrist tritt die sog **Abrechnungsreife** ein, 25
wonach der Anspruch des Vermieters auf Zahlung der Vorauszahlungen untergeht und stattdessen ein Anspruch auf den sich aus der Abrechnung ergebenden Saldo entsteht (BGH NJW 2007, 288; Schmidt-Futterer/*Langenberg* Rn 454 f; zur Umstellung einer Klage, BGH ZMR 2003, 334; NZM 2003, 277; Hamburg WuM 1989, 150). Dem Vermieter stehen zudem die Verzugszinsen für die nicht gezahlten Abschläge zu (Düsseldorf ZMR 2000, 287). Der Mieter hat durch das Zurückbehaltungsrecht für die laufenden Vorauszahlungen ein Druckmittel zur Abrechnungserstellung (BGH WuM 1991, 150; KG GE 2002, 129; Düsseldorf ZMR 2001, 25: Gilt nicht für die in der Vergangenheit nicht geleisteten Vorauszahlungen). Eine analoge Anwendung des Abs 3 S 3 auf gewerbliche Mietverhältnisse findet nicht statt (Düsseldorf GE 2006, 198).

b) Nachforderungsausschluss. Erbringt der Vermieter nicht innerhalb der Jahresfrist des Abs 3 S 2 die 26
Betriebskostenabrechnung, ist er mit daraus folgenden **Nachforderungsansprüchen ausgeschlossen**, Abs 3 S 3. Abs 3 S 3 begründet daher für die Betriebskostennachforderungen des Vermieters eine Ausschlussfrist, die dann nicht greift, wenn der Vermieter die Geltendmachung nach Jahresfrist nicht zu vertreten hat (BGH NJW 2006, 903). Nachforderung iS dieser Vorschrift sind Betriebskostenbeträge, welche die Summe der geschuldeten Vorauszahlungen für den Abrechnungszeitraum übersteigen (BGH NJW 2005, 219). Die Frist beginnt mit Ende des Abrechnungszeitraums zu laufen, wobei die Fristberechnung aus §§ 187 Abs 1, 188 Abs 2, 3 folgt (vertiefend: Staud/*Weitemeyer* Rn 107 f). Wird eine formell ordnungsgem (vertiefend: Schmidt-Futterer/*Langenberg* Rn 465 ff) Abrechnung nach Ablauf der Frist aus Abs 3 S 2 korrigiert, kann keine höhere Nachforderung mehr verlangt werden (BGH 2008, 2258; 2005, 219). Eine Erhöhung ist weder in den Einzelpositionen noch insges möglich (BGH NJW 2008, 1150; Palandt/*Weidenkaff* Rn 11). Das Nachschieben vergessener Positionen scheidet aus, hingegen sind bloße Rechenfehler in der Abrechnung selbst, die bei einer Kontrolle mit einem Taschenrechner sogleich auffallen, durch den Vermieter auch zu Lasten des Mieters korrigierbar (Schmidt-Futterer/*Langenberg* Rn 468), es sei denn, der Saldo wurde bereits ausgeglichen. Der Ausschluss des Abs 3 S 3 umfasst zudem nicht die noch ausstehenden Vorauszahlungen (BGH NJW 2008, 142; 2005, 1499; MüKo/*Schmid* Rn 62; Schmidt-Futterer/*Langenberg* Rn 469 f; aA Soerg/*Heintzmann* Rn 23). Hat der Mieter die Ausschlussfrist übersehen und daher die Nachforderungen ausgeglichen, soll ihm ein Rückzahlungsanspruch aus § 812 Abs 1 S 1, 818 zustehen (BGH WuM 2006, 150). Der Nachforderungsausschluss ist keine bloße Einrede des Vermieters (hM, BGH NZM 2001, 234).

c) Vertretenmüssen. Wann der Vermieter die Verspätung zu vertreten hat (§ 276), ist vom **Einzelfall abhängig** 27
(Schmidt-Futterer/*Langenberg* Rn 472). Der Vermieter ist verpflichtet, alles Zumutbare zu unternehmen, um die Abrechnung fristgerecht zu erstellen und abzusenden, wobei dies auch umfasst, innerhalb dieser Pflicht auf Dritte einzuwirken (MüKo/*Schmid* Rn 55). Nicht zu vertreten hat der Vermieter unvorhersehbare Verzögerungen auf dem Postweg oder bei der Rechnungserstellung Dritter, die späte Übersendung des Grundsteuerbescheids oder einen Rechtsstreit, der sich auf die Abrechnung auswirkt, nicht mutwillig durch den Vermieter betrieben wurde und noch nicht beendet ist (BTDrs 14/4553 S 51; MüKo/*Schmid* § 566 Rn 56). Insges kann gesagt werden, dass eine Verspätung nicht zu vertreten ist, wenn diese für den Vermieter unvorhersehbar ist und sie trotz zumutbarer Mittel nicht verhindert werden konnte (MüKo/*Schmid* aaO). Eine persönliche Hinderung durch Krankheit begründet keinen Ausschluss des Verschuldens, soweit er sich vorher nicht ernsthaft bemüht hat, die Frist einzuhalten (Schmidt-Futterer/*Langenberg* § 566 Rn 473; wohl abw: Staud/*Weitemeyer* aaO, Übertragung auf einen Dritten; aA MüKo/*Schmid* aaO). Soweit der Hinderungsgrund weggefallen ist, ist die Abrechnung zeitnah zu erstellen, andernfalls hat der Vermieter die Verspätung doch zu vertreten (BGH WuM 2006, 516: idR innerhalb von drei Monaten). Der vermietende Wohnungseigentümer kann sich auf ein fehlendes Verschulden nicht berufen, wenn die Abrechnung der Wohnungseigentümergemeinschaft noch nicht vorliegt (Soerg/*Heintzmann* Rn 23; aA Düsseldorf NJW-RR 2001, 299). Vielmehr muss er dann in die Unterlagen einsehen (*Soerg/Heintzmann* aaO). Der Vermieter muss sich das Verschulden Dritter gem § 278 zurechnen lassen, wenn er Dritte zur Erstellung der Abrechnung heranzieht (BGH NJW 2005, 1499). Der Wohnungseigentumsverwalter ist kein Erfüllungsgehilfe iSv § 278 (MüKo/*Schmid* Rn 58). Das Verschulden des Abs 3 S 3 erstreckt sich sowohl auf inhaltliche Fehler als auch auf die formelle Ordnungsgemäßheit (Palandt/*Weidenkaff* Rn 12).

7. Teilabrechnung, S 4. Abs 3 S 4 stellt klar, dass der Vermieter **nicht zu Teilabrechnungen verpflichtet** ist, 28
wobei jedoch eine gesonderte Abrechnung einzelner Betriebskostenarten vereinbart werden kann (Staud/*Wei-*

temeyer Rn 110). Der Vermieter ist jedoch berechtigt, getrennte Abrechnung vorzunehmen, wobei dadurch unterschiedliche Fristen laufen (BGH NJW 2008, 2328; Staud/*Weitemeyer* aaO). Dem Vermieter ist zudem kein Verschuldensvorwurf iSv Abs 3 S 3 zu machen, wenn die gesamte Abrechnung auf Grund einzelner Positionen nicht erstellt werden kann und eine mögliche Teilabrechnung nicht vorgenommen wird (Schmidt-Futterer/*Langenberg* Rn 475, Sonderproblem Heizkostenabrechnung, Rn 476 ff).

29 **8. Einwendungsrecht des Mieters, S 5, 6. a) Allgemeines.** Die Mitteilung der Einwendungen **bedarf keiner expliziten Form** oder einer vertiefenden Begründung, wobei jedoch eine bloße Nichtzahlung den Anforderungen nicht genügt (MüKo/*Schmid* Rn 93 f). Eine Vereinbarung, dass die Einwendungen schriftlich mitgeteilt werden müssen, ist gem Abs 4 unwirksam. Nicht ausreichend ist, wenn der Mieter lediglich behauptet, die Abrechnung sei falsch, da er vielmehr mitteilen muss, welche Betriebskosten der Art oder Höhe nach betroffen sind, wobei erst im Prozess die Einwendungen anhand der eingesehenen Belege konkretisiert werden müssen (KG ZMR 2006, 928; Düsseldorf WuM 2007, 65; Soerg/*Heintzmann* Rn 30). Die Verbindlichkeit, die aus dem deklaratorischen Anerkenntnis durch Annahme des Abrechnungssaldos durch den Mieter folgt, schließt auch die vor dem Abschluss erkennbaren Einwände des Mieters aus, soweit diese aus der Abrechnung selbst erkennbar waren und die umlagefähigen Kosten betreffen (vertiefend: Staud/*Weitemeyer* Rn 133 f; Palandt/*Weidenkaff* Rn 13; aA LG Berlin GE 2006, 125; MüKo/*Schmid* Rn 103; Soerg/*Heintzmann* Rn 31).

30 **b) Einwendungsfrist, S 5.** Nach Abs 3 S 5 hat der Mieter Einwendungen gegen die Abrechnung des Vermieters spätestens **bis zum Ablauf des zwölften Monats nach Zugang der Abrechnung** mitzuteilen. Auch hier ist der Zugang beim Vermieter entscheidend. Zu beachten ist, dass eine vollends formell nicht ordnungsgem Abrechnung die Frist nicht in Lauf setzt (Palandt/*Weidenkaff* Rn 13; Soerg/*Heintzmann* Rn 29: nachprüfbare Abrechnung; Schmidt-Futterer/*Langenberg* Rn 499: Formelle Mängel in einzelnen Positionen sind unbeachtlich; aA MüKo/*Schmid* Rn 91; Staud/*Weitemeyer* Rn 128). Soweit die Abrechnung verändert wird, beginnt die Frist neu zu laufen (Staud/*Weitemeyer* aaO).

31 **c) Einwendungsausschluss, S 6.** Nach Ablauf der Frist des Abs 3 S 5 kann der Mieter keine Einwendungen gegen die Abrechnung mehr geltend machen, es sei denn, der Mieter hat die verspätete Geltendmachung nicht zu vertreten, Abs 3 S 6. Nach **Einwendungsausschluss wird der ausgewiesene Abrechnungssaldo verbindlich,** so dass Abrechnungsfehler durch Versäumen der Einwendungsfrist geheilt werden (MüKo/*Schmid* Rn 96). Nach Einwendungsschluss kann sich der Mieter nicht mehr erfolgreich darauf berufen, dass die Übernahme der Betriebskosten nicht vereinbart ist, die Kosten nicht umlegungsfähig sind oder nicht alle Vorauszahlungen berücksichtigt worden sind, wobei dies nur gilt, wenn überhaupt eine Abrechnung zu erstellen ist (vgl BGH NJW 2008, 283; 2008, 1521; LG Berlin GE 2006, 651; Soerg/*Heintzmann* Rn 31; abw: Schmidt-Futterer/*Langenberg* Rn 502 ff). Soweit der Mieter lediglich gegen einzelne Punkte Einwendungen erhebt, ist es eine Frage des Einzelfalls, ob nach Fristablauf weitere Einwendungen ausgeschlossen sind (MüKo/*Schmid* aaO: Einwendungen mit beschränktem oder generellem Umfang; im Zweifel genereller Umfang; Staud/*Weitemeyer* Rn 131). Der Einwendungsausschluss hat keinen Einfluss auf Ansprüche aus bereits bestehenden Abrechnungen, auf § 767 Abs 2 ZPO oder auf die Verjährungseinrede (MüKo/*Schmid* § 566 Rn 99, 101). Auf preisgebundenen Wohnraum ist die Vorschrift nicht übertragbar (BGH NJW 2005, 3135).

32 **d) Vertretenmüssen.** Das Verschulden bemisst sich nach §§ 276, 278. Gleichlaufend mit den Anstrengungen des Vermieters aus Abs 3 S 3 muss der Mieter alles ihm Zumutbare unternehmen, insbes Belege einsehen, Erkundigungen einziehen oder einen Fachmann hinzuziehen, um eine rechtzeitige Erhebung von Einwendungen vornehmen zu können (Soerg/*Heintzmann* Rn 31). Soweit der Vermieter bewusst eine unrichtige Abrechnung erstellt, trifft den Mieter kein Verschulden, wenn er die Ansätze nicht in Frage stellt (Staud/*Weitemeyer* Rn 130: krit, wenn der Mieter deswegen auf Belegeinsicht verzichtet). Eine nicht rechtzeitig ermöglichte Belegprüfung steht der Einschlägigkeit eines Verschuldens entgegen (MüKo/*Schmid* Rn 97). Hinderungsgründe in der Person des Mieters sind von diesem dann nicht zu vertreten, wenn sie unvorhersehbar und nicht durch zumutbare Vorsorge vermieden werden können (MüKo/*Schmid* aaO). Soweit ein entschuldigter Hinderungsgrund behoben ist, müssen die Einwendungen alsbald vorgetragen werden (Schmidt-Futterer/*Langenberg* Rn 500: ca zwei bis vier Wochen).

33 **C. Verfahrensrechtliches. I. Abdingbarkeit, Abs 4.** Lediglich Abs 2 S 1 kann zu Lasten des Mieters **abbedungen** werden, so dass sich die Parteien auf einen anderen Umlagemodus verständigen können (insges vertiefend: Schmidt-Futterer/*Langenberg* Rn 506 ff). Abs 4 bezieht sich auf generelle Absprachen zu Lasten des Mieters (Schmidt-Futterer/*Langenberg* Rn 412; aA Soerg/*Heintzmann* Rn 34). Eine Vereinbarung, die für beide Parteien günstig ist, ist wirksam, soweit sie zugunsten des Mieters wirkt (*Soerg/Heintzmann* aaO).

34 **II. Beweislast.** Den **Vermieter** trifft die Darlegungs- und Beweislast, dass neben der Grundmiete eine Betriebskostenumlegung vereinbart wurde (MüKo/*Schmid* Rn 10; insges vertiefend: Schmidt-Futterer/*Langenberg* Rn 526 ff). Gleichfalls ist der Vermieter für die Notwendigkeit der Kosten beweispflichtig (LG Berlin GE 2006, 449). Die Beweislast für die Wirtschaftlichkeit iSv Abs 3 S 1 trifft ihn ebenso (Soerg/*Heintzmann* Rn 14). Eine zugunsten des Mieters von der ursprünglichen Vereinbarung abw spätere Abrede muss der Mieter darlegen und beweisen (Schmidt-Futterer/*Langenberg* Rn 528). Der **Mieter** muss bei der Vereinbarung

einer Pauschale nachweisen, dass diese unangemessen hoch ist (Soerg/*Heintzmann* Rn 11). Den Vermieter trifft die Beweislast, dass eine Betriebskostenvorauszahlung vereinbart worden ist (Staud/*Weitemeyer* Rn 68). Ferner muss er den Anfall der Betriebskosten beweisen (vgl BGH NJW 1999, 1870; Staud/*Weitemeyer* Rn 88). Die bloße Darlegung des Abrechnungssaldos begründet keine Schlüssigkeit (Schmidt-Futterer/*Langenberg* Rn 536). Die Darlegungs- und Beweislast für den Zugang der Abrechnung trägt der Vermieter (Schmidt-Futterer/*Langenberg* Rn 537). Ebenso ist er für den nicht rechtzeitigen Zugang der Einwendungen des Mieters iSv Abs 3 S 5, 6 beweispflichtig, da ihn für den Einwendungsausschluss die Beweislast trifft (Soerg/*Heintzmann* Rn 29). Ferner ist der Vermieter für ein fehlendes Verschulden iSv Abs 3 S 3 darlegungs- und beweispflichtig (Staud/*Weitemeyer* Rn 109). Gleiches gilt für den Mieter in Hinblick auf Abs 3 S 6 (Staud/*Weitemeyer* Rn 130).

III. Gegenleistung. Die **Miete** ist eine **Schickschuld**, so dass sie dem Vermieter an dessen Wohnsitz auf Kosten und Risiko des Mieters zu übermitteln ist (Soerg/*Heintzmann* Rn 9). Die Leistung ist rechtzeitig, wenn die Einzahlung oder bei Überweisung die Abbuchung vom Konto des Mieters rechtzeitig erfolgt, hingegen tritt die Erfüllung erst mit Eingang des Geldes ein (LG Hamburg ZMR 2007, 122). Bei fehlender Tilgungsbestimmung ist eine anteilige Zahlung zuerst auf die Nebenkostenvorauszahlung als Forderung mit der geringsten Sicherheit zu verrechnen (Düsseldorf ZMR 2006, 685, 2002, 46; insges vertiefend: *Soerg/Heintzmann* aaO). Bei einer formularmäßig erteilten Einzugsermächtigung ist dem Mieter vor Einzug einer Betriebskostennachzahlung genügend Zeit zur Prüfung der Abrechnung einzuräumen (BGH NJW 2003, 1237; vertiefend: Soerg/*Heintzmann* Vor § 556 Rn 10). 35

IV. Zahlungsrückstände und Einstellung der Versorgung. Gerät der Mieter mit der Gegenleistung in Rückstand, berechtigt dies den Vermieter nicht, die Stromzufuhr zu sperren oder das Wasser oder die Heizung abzustellen, wobei er für künftig entstehende Kosten Sicherheit (§ 321) verlangen kann (Hamburg WuM 1978, 169), hingegen darf der Energieversorger die zentrale Versorgung des Gebäudes einstellen, wenn der Vermieter mit seinen Zahlungen in Verzug ist (LG Frankfurt aM NZM 1998, 714; vertiefend: Staud/*Weitemeyer* Rn 80: Rechte des Mieters). 36

V. Steuerrecht. Die Umlagen für die Betriebskosten gehören für den Vermieter schon im Zeitpunkt der Vereinnahmung zu den einkommenssteuerpflichtigen Einkünften der Einkunftsart Vermietung und Verpachtung (BFH NZM 2000, 353). 37

VI. Prozessuales. Hat der Vermieter trotz Abrechnungsreife nicht abgerechnet, kann der Mieter seinen Anspruch auf Abrechnung gerichtlich durchsetzen, wobei er, insoweit er ein Guthaben vermutet, im Wege der Stufenklage gem § 254 ZPO die Klage mit der Klage auf Auszahlung des sich ergebenen Guthabens verbinden kann (Schmidt-Futterer/*Langenberg* Rn 459). Der titulierte Anspruch auf Abrechnung ist nach § 888 ZPO zu vollstrecken (BGH NJW 2006, 2706; aA Schmidt-Futterer/*Langenberg* Rn 546). Über materielle Berichtigungen der Abrechnung ist im Wege der Nachzahlungs- oder Rückerstattungsklage zu befinden (LG Berlin GE 200, 541). Soweit der Mieter im Rahmen seines Einsichtsrechts die Übersendung von Kopien verlangen kann, ist der Anspruch ebenso nach § 888 ZPO zu vollstrecken, wobei § 217 keine Anwendung findet (Düsseldorf WuM 2001, 344). Der Streitwert einer Klage auf Betriebskostenabrechnung bemisst sich nach dem erfahrungsgem zu erwartenden Rückzahlungsanspruch des Mieters (Staud/*Weidenkaff* Rn 145; zum Streitwert bei Klage auf Belegeinsicht, Schmidt-Futterer/*Langenberg* Rn 549). Die Beschwer des Vermieters bemisst sich nach dem Umfang seiner Aufwendungen an Zeit und den Kosten für die Erstellung der Abrechnung (BGH NJW 1995, 664). Ansprüche auf Betriebskosten können im Urkundsprozess geltend gemacht werden (BGH NJW 2005, 2701). 38

VII. Verjährung. Die Nachzahlungsansprüche des Vermieters und der Rückzahlungsanspruch des Mieters unterliegen der regelm Verjährungsfrist des § 195. Die Frist beginnt mit Ablauf des Jahres zu laufen, in welchem dem Mieter eine nachvollziehbare Abrechnung zugeht und die weiteren Voraussetzungen des § 199 Abs 1 Nr 2 vorliegen (vgl BGH WuM 1991, 150; Frankfurt aM/M MDR 1983, 757). Für die Auskunftsansprüche gilt dasselbe, obschon es auf Grund von § 199 Abs 1 Nr 2 zu unterschiedlichen Fristläufen kommen kann (Schmidt-Futterer/*Langenberg* Rn 516 ff). Bei preisgebundenem Wohnraum ist § 8 Abs 2 S 2 WoBindG zu beachten (Schmidt-Futterer/*Langenberg* Rn 513 f, 518; vgl jedoch BGHZ 108, 393). 39

VIII. Verwirkung. Bereits vor Eintritt der Verjährung können Ansprüche verwirkt sein, wobei die Verwirkung nur greift, wenn das Zeit- und das Umstandsmoment vorliegen (BVerfG GE 2006, 438). Die Verwirkung ist von Amts wegen zu berücksichtigen. Durch die Regelung des Abs 3 S 3 hat die Verwirkung stark an Bedeutung verloren (vertiefend: Schmidt-Futterer/*Langenberg* Rn 520 ff: Über zwei Jahre Schweigen auf Einwendungen gegen eine erteilte Abrechnung; Staud/*Weitemeyer* Rn 139: Verspätete Abrechnung ist nicht zu vertreten; Düsseldorf GE 2003, 323; LG Hamburg NZM 2005, 216). 40

§ 556a Abrechnungsmaßstab für Betriebskosten. **[1] Haben die Vertragsparteien nichts anderes vereinbart, sind die Betriebskosten vorbehaltlich anderweitiger Vorschriften nach dem Anteil der Wohnfläche umzulegen. Betriebskosten, die von einem erfassten Verbrauch oder einer erfassten Verursachung durch die Mieter abhängen, sind nach einem Maßstab umzulegen, der dem unterschiedlichen Verbrauch oder der unterschiedlichen Verursachung Rechnung trägt.**

[2] Haben die Vertragsparteien etwas anderes vereinbart, kann der Vermieter durch Erklärung in Textform bestimmen, dass die Betriebskosten zukünftig abweichend von der getroffenen Vereinbarung ganz oder teilweise nach einem Maßstab umgelegt werden dürfen, der dem erfassten unterschiedlichen Verbrauch oder der erfassten unterschiedlichen Verursachung Rechnung trägt. Die Erklärung ist nur vor Beginn eines Abrechnungszeitraums zulässig. Sind die Kosten bislang in der Miete enthalten, so ist diese entsprechend herabzusetzen.

[3] Eine zum Nachteil des Mieters von Absatz 2 abweichende Vereinbarung ist unwirksam.

1 **A. Allgemeines.** Die Norm regelt den Abrechnungsmaßstab, wenn die Parteien gem § 556 Abs 1 die Umlage der Betriebskosten auf den Mieter vereinbart haben (Staud/*Weitemeyer* Rn 1). Nach Abs 1 ist der vorrangige Umlagemaßstab der Anteil der Wohnfläche, während für die verbrauchs- bzw verursachungsabhängigen Betriebskosten ein Maßstab vorrangig ist, der dem unterschiedlichen Verbrauch bzw der unterschiedlichen Verursachung Rechnung trägt. Abs 2 beinhaltet ein einseitiges Bestimmungsrecht des Vermieters. Die Rechtsgedanken der §§ 20 ff NMV wurden vielfältig bei der Schaffung des § 556a übernommen (Schmidt-Futterer/*Langenberg* Rn 2 f). Durch die in der Norm angestrebte Verteilung nach Verbrauch und Verursachung wird eine Kostenvermeidung und ein umweltbewusstes Verhalten der Mieter angestrebt (Soerg/*Heintzmann* Rn 2). Ziel der Vorschrift ist es, die Abrechnungsgerechtigkeit zu erhöhen (BTDrs 14/4553 S 52). Ferner soll der anvisierte sparsamere Umgang mit Energie den Vermietern mit Bruttomieten eine Kostengerechtigkeit bringen (BTDrs 14/4553 S 51). Die Kostenverteilung soll gerecht aber auch praktikabel sein und zugleich der Transparenz der Abrechnung genügen (vgl LG Mannheim NZM 1999, 365; MüKo/*Schmid* Rn 4).

2 **B. Regelungsgehalt. I. Anwendungsbereich.** § 556a gilt einschließlich der Mietverhältnisse iSv § 549 Abs 2 und 3 für Mietverhältnisse über Wohnraum (MüKo/*Schmid* Rn 1). Bei preisgebundenem Wohnraum sind die §§ 20 ff NMV zu beachten. § 556a gilt sowohl für eine vereinbarte Übernahme der Betriebskosten nach Abrechnung als auch bei einer vereinbarten Pauschale (Soerg/*Heintzmann* Rn 1). Auf Geschäftsraummietverhältnisse ist § 556a nicht anwendbar, wobei jedoch dessen Einschlägigkeit vereinbart werden kann (Staud/*Weitemeyer* Rn 4: Bei fehlender Vereinbarung kann der Vermieter eine Bestimmung gem § 315 vornehmen).

3 **II. Aufteilbare Kosten. 1. Grundsätzliches.** Der Mieter hat nur die **Betriebskosten** zu tragen, soweit diese iSd **BetrKV umlagefähig** sind und hierüber eine Vereinbarung getroffen worden ist. Die Frage der Verteilung der angefallenen und umlegbaren Kosten ist in § 556a geregelt. Eine genaue Aufteilung wird vielfach nicht möglich sein, so dass im Interesse der praktikablen Abrechnung nicht ins Gewicht fallende Ungenauigkeiten bei der Verteilung der Betriebskosten hinnehmbar sind (BGH NJW 2007, 211). Nicht umlegbare Kosten einer einheitlichen Zahlung des Vermieters muss dieser vor der Kostenumlegung herausnehmen und sodann die umlegbaren Kosten auf die Umlegungseinheiten und ggf auf die verschiedenen Kostenpositionen aufteilen (MüKo/*Schmid* Rn 5 ff). Stehen manchen Mietern bes Rechte zu, sind die dafür entstehenden Kosten nur durch diese zu tragen (MüKo/*Schmid* Rn 8).

4 **2. Besonderheiten. a) Zusammentreffen von Wohnraum und Geschäftsräumen.** Sind in einem Gebäude oder in einer Abrechnungseinheit (vgl Rz 6) **sowohl Wohnräume als auch Geschäftsräume vorhanden**, ist bei preisgebundenem Wohnraum § 20 Abs 2 S 2 NMV zu beachten. Bei preisfreiem Wohnraum ist eine Voraufteilung nach Kosten für Wohnraum und Geschäftsraum notwendig, wenn dies vertraglich vereinbart wurde oder eine fehlende Aufteilung zu einer erheblichen Mehrbelastung der Wohnraummieter führen würde (BGH NJW 2006, 1419; MüKo/*Schmid* Rn 10, Mehrbelastung von 10 % wohl unerheblich). Entgegenstehende formularvertragliche Klauseln sind unwirksam (Düsseldorf ZMR 2005, 943; LG Hamburg NZM 2001, 806).

5 **b) Berücksichtigung leer stehender Räume.** Die Kosten, die für **leer stehende Räume** anfallen, hat derjenige zu tragen, der über diese verfügen kann, so dass sie wie genutzte Räume zu behandeln sind (BGH NJW 2006, 2771; 2008, 1876; MüKo/*Schmid* Rn 12; Schmidt-Futterer/*Langenberg* Rn 34 ff). Bei verbrauchsabhängiger Abrechnung kann die Festlegung eines gewissen Festkostenanteils nicht verlangt werden (MüKo/*Schmid* Rn 15). Des Weiteren gibt der Leerstand dem Vermieter grds kein Recht, den Abrechnungsmaßstab einseitig zu ändern oder eine Zustimmung zur Änderung vom Mieter zu verlangen (BGH aaO; MüKo/*Schmid* Rn 16). Vereinbarungen, dass der Mieter die Kosten des Leerstands von Räumen trägt, über die er nicht verfügen kann, sind unwirksam (Staud/*Weitemeyer* Rn 24). Soweit eine Abrechnung anhand anderer Maßstäbe als der Flächenmaßstab dazu führt, dass die auf die leer stehenden Wohnungen entfallenden Kosten ganz oder jedenfalls in Höhe der verbrauchsunabhängigen Grundkosten zum Teil von den anderen Mietern getragen werden, ist dies grds unzulässig (Staud/*Weitemeyer* aaO). Bei Betriebskosten, für deren Anfall sich der Leer-

stand nicht auswirkt, kann eine Herausnahme der nicht vermieteten Räume nicht erfolgen (vertiefend: Schmidt-Futterer/*Langenberg* Rn 38 ff). Bei verbrauchsabhängigen Kosten kann die Lösung über die Trennung der Kosten in Grund- und Verbrauchskosten erzielt werden (vertiefend: Schmidt-Futterer/*Langenberg* Rn 50 ff).

c) Abrechnungseinheit. Grds bildet ein **Gebäude eine Abrechnungseinheit**, indes vertraglich auch vereinbart werden kann, dass mehrere Gebäude eine Abrechnungseinheit bilden, wobei diese Vereinbarung mit allen betroffenen Mietern geschlossen werden muss (MüKo/*Schmid* Rn 18). Eine ausdrückliche Regelung für die Bildung einer Abrechnungseinheit findet sich nur im Bereich des preisgebundenen Wohnraums in § 2 II. BV. Soweit eine vertragliche Regelung fehlt, kann der Vermieter nach billigem Ermessen mehrere Gebäude zu einer Abrechnungseinheit zusammenfassen (BGH WuM 2005, 328), wenn diese einheitlich verwaltet sind, der Vermieter identisch ist, ein örtlicher Zusammenhang zwischen ihnen besteht, sie keine wesentlich unterschiedlichen Nutzungswerte aufweisen, kein erheblich unterschiedlicher Verbrauch besteht, die Nebenkosten zumindest teilw gemeinsam anfallen und keine abw vertragliche Übereinkunft besteht (vertiefend: MüKo/*Schmid* Rn 19; Soerg/*Heintzmann* Rn 3; Staud/*Weitemeyer* Rn 28). Dennoch darf nicht verkannt werden, dass eine genaue Abrechnung eine möglichst kleine Abrechnungseinheit bedingt (LG Bonn NZM 2005, 616). Soweit im Mietvertrag eine Einzelabrechnung für das Gebäude festgelegt worden ist, bindet dies den Vermieter (Schmidt-Futterer/*Langenberg* Rn 59). 6

III. Abrechnungsmaßstab, Abs 1. 1. Allgemeines. Abs 1 greift bei fehlender **vertraglicher Bestimmung über den Umlagemaßstab** (Staud/*Weitemeyer* Rn 2). § 556a sieht in seinem Abs 1 S 1 den Flächenmaßstab als regelm Umlageschlüssel vor, wobei es den Parteien jedoch frei steht, sich auf einen anderen Maßstab zu einigen (Schmidt-Futterer/*Langenberg* Rn 2). Praxisbezogen besteht eine vielfältige Kritik darin, dass keine diesbezüglich verbindliche Festlegung der Wohnflächenermittlung besteht (Schmidt-Futterer/*Langenberg* aaO). Bei fehlender Vereinbarung über die Abrechnung von Betriebskosten, die von einem tatsächlich erfassten Verbrauch oder einer tatsächlich erfassten Verursachung abhängen, ist nach Abs 1 S 2 ein Maßstab vorgeschrieben, welcher dem unterschiedlichen Verbrauch oder der unterschiedlichen Verursachung Rechnung trägt, wobei hieraus keine Pflicht zur Verbrauchserfassung folgt (BT-Drucks 14/4553 S 51). Vertragliche Regelungen gehen Abs 1 vor (vgl BGH NJW-RR 2006, 154), wobei diese nicht der Billigkeitskontrolle der §§ 315, 316 unterliegen, sondern allenfalls der Wirksamkeitskontrolle der §§ 305 ff und des § 138 (Staud/*Weitemeyer* Rn 8; aA KG GE 2002, 327). Ferner kann dem Vermieter vertraglich ein einseitiges Bestimmungsrecht eingeräumt worden sein, dessen Ausübung sich dann jedoch an den §§ 315, 316 messen lassen muss (Staud/*Weitemeyer* Rn 9; zur nachträglichen Änderung des Umlagemaßstabes: Schmidt-Futterer/*Langenberg* Rn 9 ff; Staud/*Weitemeyer* Rn 12 ff; MüKo/*Schmid* Rn 33; BGH WuM 2004, 403; NJW 2006, 2771). Insoweit ist zu beachten, dass andere Abrechnungsmaßstäbe als die des Abs 1 durchaus eine gerechte Verteilung der Betriebskosten begründen können (MüKo/*Schmid* Rn 23; vgl Rz 10 ff). Indes gehen anderweitige Vorschriften Abs 1 und den vereinbarten Umlagemaßstäben vor (Staud/*Weitemeyer* Rn 11). 7

2. Anteil der Wohnfläche, S 1. Betriebskosten, die von keinem erfassten Verbrauch oder von keiner erfassten Verursachung abhängen, sind **anteilig auf die Wohnfläche umzulegen** (vertiefend: Schmidt-Futterer/*Langenberg* Rn 20 ff, zum vermieteten Wohnungseigentum Rn 31 f). Ausgenommen hiervon sind die Heiz- und Warmwasserkosten, für die die HeizkV gilt. Entscheidend ist die tatsächliche Wohnfläche im Bezug zur Gesamtwohnfläche (BGH NJW 2006, 3557; vgl jedoch Staud/*Weitemeyer* Rn 23; BGH NJW 2008, 142: Vereinbarte Wohnfläche ist maßgeblich, wenn diese weniger als 10 % von der tatsächlich vorhandenen abweicht). Vereinbarungen über eine verbindliche Flächengröße können nur individualvertraglich geschlossen werden (vgl Schmidt-Futterer/*Langenberg* Rn 29). Soweit keine Vereinbarungen über die Berechnung der Wohnfläche existieren, ist diese auf Grundlage der WoFlV zu ermitteln (hM, Soerg/*Heintzmann* Rn 5; vgl Schmidt-Futterer/*Langenberg* Rn 25 ff). Räume, die dem Bauordnungsrecht nicht entsprechen, sind dabei entgegen § 2 Abs 3 Nr 2 WoFlV zu berücksichtigen (MüKo/*Schmid* Rn 28). Ebenso sind Zubehörräume (§ 2 Abs 3 Nr 1 WoFlV) einzubeziehen (vertiefend: MüKo/*Schmid* Rn 29). Hat eine verursachungsabhängige Abrechnung nach Abs 2 zu erfolgen, geht diese Abs 1 S 1 vor. 8

3. Verbrauch und Verursachung, S 2. Der **verbrauchsabhängige bzw verursachungsabhängige Maßstab** iSv Abs 1 S 2 geht dem Flächenmaßstab vor (Palandt/*Weidenkaff* Rn 4) und setzt voraus, dass eine Erfassung für alle Mieter stattfindet (BGH NJW 2008, 1876). Der Verbrauch muss tatsächlich erfasst sein. Auch hier ist ein zwischen den Parteien vereinbarter Verteilerschlüssel vorrangig (Soerg/*Heintzmann* Rn 6). Ebenso gehen anderweitige Vorschriften vor (MüKo/*Schmid* Rn 30). Die Verbrauchserfassung muss dem Vermieter zumutbar sein, wobei der Mieter keinen Anspruch auf Schaffung der erforderlichen Erfassungsgeräte hat (Palandt/*Weinkaf* aaO). Die Umlage nach der Personenzahl entspricht keinem verbrauchsabhängigen Maßstab iSv Abs 1 (und 2) (Staud/*Weitemeyer* Rn 15). Dem Vermieter steht es im Rahmen des § 315 frei, wie er den unterschiedlichen Verbrauch berücksichtigt (Soerg/*Heintzmann* aaO). Es ist zulässig, aber nicht erforderlich, dass die Kostenumlegung zu 100 % nach dem Verbrauch erfolgt. Ebenso ist eine Kombination von Festkosten- und Verursachungsanteil möglich, wobei das Verhältnis vertraglich vereinbart wird, andernfalls durch 9 den Vermieter nach billigem Ermessen festgesetzt werden kann (MüKo/*Schmid* aaO). Eine Pflicht zum Einbau von Messgeräten und deren Erhalt außerhalb des Anwendungsbereichs der HeizkV besteht nicht, hingegen hat beim Vorhandensein von funktionsfähigen Messeinrichtungen eine Verbrauchsfeststellung und eine daran ausgerichtete Umlegung zu erfolgen (Soerg/*Heintzmann* aaO). Zudem wird die Umlage nach Verbrauch und Verursachung nur zulässig sein, wenn die technischen Voraussetzungen eine gleichmäßige Behandlung der Mieter bewirken (Schmidt-Futterer/*Langenberg* Rn 82). Der Verbrauch muss sich durch eine Ablesung der Verbrauchserfassung ergeben (Staud/*Weitemeyer* Rn 16: zur Ermittlung des Verbrauchs, Messungsgenauigkeiten und Schätzung, Rz 17 ff).

10 **4. Weitere Umlegungsmaßstäbe.** Es existiert eine Reihe von Ansätzen, wie eine Umlegung der Betriebskosten erfolgen kann, wobei sie stets der Billigkeit bzw einer gerechten Verteilung von Betriebskosten entsprechen muss. Ebenso muss sie grds für alle Räume einheitlich bestimmt werden (Staud/*Weitemeyer* Rn 35 mit Ausnahmen). Die Überprüfung eines vertraglich vereinbarten Umlagemaßstabs erfolgt nicht nach § 315, sondern anhand der §§ 305 ff bzw des § 138 (str, Staud/*Weitemeyer* Rn 8). **a) Personenanzahl.** Die verbrauchsabhängigen Kosten können nach der Personenanzahl abgerechnet werden, soweit die Kosten nicht gem Abs 1 S 2 erfasst sind (Staud/*Weitemeyer* Rn 25; vertiefend: Schmidt-Futterer/*Langenberg* Rn 70 ff). Bei der Personenanzahl sind die Personen maßgebend, die ständig in einem Haushalt aufgenommen worden sind (BGH 2008, 1521; Staud/*Weitemeyer* aaO). Insges betracht, stößt dieser Umlagemaßstab bei größeren Abrechnungseinheiten an die Grenze der Praktikabilität (BTDrs 14/4553 S 50; vgl Schmidt-Futterer/*Langenberg* Rn 72). Bei verbrauchsunabhängigen Betriebskosten ist eine Umlegung nach der Personenzahl möglich, wobei es auch hier durch unterschiedlich große Wohnungen zu Unbilligkeiten kommen kann (Staud/*Weitemeyer* aaO).

11 **b) Anzahl der Mietobjekte.** Die Umlage nach der **Anzahl der Mietobjekte** ist als Ausn geboten, wenn es um Kosten geht, die unabhängig von der jeweiligen Fläche für jedes Mietobjekt identisch sind (zB Rundfunk- und Fernsehempfang), wobei eine generelle Umlage von Betriebskosten nach der Anzahl der Mietobjekte grds nicht zulässig ist (BGH NJW 2007, 3060; LG Berlin GE 2002, 1492; Schmidt-Futterer/*Langenberg* Rn 69). Der Umlagemaßstab kann auch bei Kosten angewandt werden, bei denen der Rechnungssteller die Verteilung bzw den Anfall der Grundgebühren nach der Anzahl der Wohnungseinheiten vornimmt (Schmidt-Futterer/*Langenberg* aaO).

12 **c) Miteigentumsanteile.** Bei vermieteten Wohnungseigentum kann der **Verteilerschlüssel** angewandt werden, welchen die Eigentümergemeinschaft zur Ermittlung ihrer jeweiligen Anteile an den Kosten ermittelt hat, soweit der Verteilerschlüssel der Billigkeit entspricht (zB nach Miteigentumsanteilen, wenn diese mit der Wohnfläche identisch sind, Braunschweig WuM 1999, 173; Staud/*Weitemeyer* Rn 29).

13 **5. Umlage der einzelnen Betriebskosten.** Die Umlegung der einzelnen Betriebskosten muss ihrer Art und Entstehung gerecht werden (insg vertiefend mit Betrachtung der einzelnen Betriebskosten, Schmidt-Futterer/*Langenberg* Rn 83 ff).

14 **IV. Änderung der Abrechnungsmaßstäbe, Abs 2. 1. Allgemeines.** Ein bestehender **Abrechnungsmaßstab** kann grds nicht einseitig durch den Vermieter verändert werden, da er hierzu einer vertraglichen oder gesetzlichen Ermächtigung bedarf (MüKo/*Schmid* Rn 33). Ein **Recht zur einseitigen Änderung** ohne eine explizite vertragliche oder gesetzliche Ermächtigung ist **nur in ganz bes gelagerten Fällen zulässig**, hingegen ist eine einvernehmliche Änderung ohne weiteres möglich (MüKo/*Schmid* aaO). Abs 2 beinhaltet eine gesetzliche Ermächtigung für das einseitige Änderungsrecht des Vermieters. Bei einem erfassten Verbrauch oder einer erfassten Verursachung steht dem Vermieter ein Änderungsrecht aus Abs 1 zu, soweit die Parteien keine Vereinbarung getroffen haben. Haben sie hingegen einen Abrechnungsmaßstab, eine Pauschale oder eine Teilinklusivmiete vereinbart, folgt das Änderungsrecht aus Abs 2, soweit sein Anwendungsbereich eröffnet ist (Soerg/*Heintzmann* Rn 7). Durch das Bestimmungsrecht des Vermieters aus Abs 2 kann daher eine Änderung der Mietstruktur erfolgen, wobei insoweit Abs 2 S 3 zu beachten ist (Palandt/*Weidenkaff* Rn 1; Staud/*Weidenkaff* Rn 37, 41). Grundlage der Änderung ist, dass bisher eine verbrauchsunabhängige bzw eine dem unterschiedlichen Verbrauch nicht gerecht werdende Umlage erfolgt ist und der neue Maßstab mithin angemessener ist (Staud/*Weitemeyer* Rn 39). Das Recht zur Änderung wirkt nur in die Zukunft (Frankfurt aM ZMR 2004, 182). Für die Kosten der zentralen Heizung und der Warmwasserbereitung gilt die HeizkV. Der Wechsel in die Abrechnung nach Personenzahl ist von Abs 2 nicht erfasst (Schmidt-Futterer/*Langenberg* Rn 131). Ferner kann das Recht nach Abs 2 auch nur teilw ausgeübt werden (Staud/*Weitemeyer* aaO). Der Mieter hat grds keinen Anspruch auf eine Abrechnungsumstellung (Soerg/*Heintzmann* Rn 10). Des Weiteren ist der Vermieter zur Anbringung von Messgeräten nicht verpflichtet (MüKo/*Schmid* Rn 40).

15 **2. Änderungsrecht.** »Etwas anderes vereinbart« iSv Abs 2 bedeutet die Vereinbarung eines Umlagemaßstabs, der sich nicht nach dem Verbrauch oder der Verursachung richtet bzw diesen nicht Rechnung trägt (Schmidt-Futterer/*Langenberg* Rn 129). Eine Verbrauchs- und Verursachungserfassung muss für jede Mietwohnung tatsächlich durchgeführt werden. Der Vermieter ist in seiner Entscheidung frei, wie er den tatsächlichen Verbrauch abrechnet (Soerg/*Heintzmann* Rn 8). Das Änderungsrecht ist begrenzt durch den Grundsatz der Wirtschaftlichkeit (Staud/*Weitemeyer* Rn 37). Zudem ist das billige Ermessen gem § 315 zu beachten

(MüKo/*Schmid* Rn 36). Soweit die Kosten bislang in der Miete enthalten waren, ist diese entspr herabzusetzen, Abs 2 S 3. Ein Absehen von dieser Pflicht, weil sich andere Posten erhöht haben, ist unzulässig (Staud/*Weitemeyer* Rn 42). Zudem lässt sich erst nach der ersten verbrauchsabhängigen Abrechnung feststellen, welcher Betrag herauszurechnen ist, da sich Abs 2 S 3 auf die tatsächlichen Kosten im Zeitpunkt der Umstellung bezieht (Staud/*Weitemeyer* aaO). Der Vermieter ist berechtigt, infolge der Umstellung nunmehr Vorauszahlungen zu verlangen (Staud/*Weitemeyer* Rn 43). Die Regeln des Abs 2 gelten entspr für eine Pauschale (MüKo/*Schmid* Rn 38; vertiefend: Soerg/*Heintzmann* Rn 11). § 550 ist einschlägig (Staud/*Weitemeyer* Rn 45).

3. Erklärung. Die **Änderung** bedingt eine **empfangsbedürftige einseitige Willenserklärung**. Die Erklärung 16
hat in **Textform** zu erfolgen, Abs 2 S 1 iVm § 126b. Aus der Erklärung muss sich eindeutig erkennen lassen, welche Betriebskosten betroffen sind und nach welchem Maßstab sie zukünftig umgelegt werden (Soerg/*Heintzmann* Rn 9). Die Erklärung muss vor Beginn eines Abrechnungszeitraums jedem Mieter zugehen, so dass sie nur für die Zukunft wirkt, Abs 2 S 2. Erklärt der Vermieter einen früheren Zeitpunkt als Abrechnungsbeginn, wirkt die Erklärung dennoch erst für den Beginn des nächsten Abrechnungszeitraums (Soerg/*Heintzmann* aaO). Eine Begründung ist nicht erforderlich (MüKo/*Schmid* Rn 37). Ferner muss auch keine Frist im Hinblick auf den Beginn der neuen Abrechnungsperiode gewahrt werden (MüKo/*Schmid* aaO). Erfolgt die Änderungserklärung ohne eine erforderliche und nachvollziehbare Herabsetzung iSv Abs 2 S 3, ist die Erklärung unwirksam (Staud/*Weitemeyer* Rn 42).

4. Direktabrechnung. Will der Vermieter zu einer **Direktabrechnung** zwischen dem Leistungserbringer und 17
dem Mieter übergehen, bedarf es einer entspr Vereinbarung mit dem Mieter (vgl Naumburg ZMR 2003, 260; vertiefend: Schmidt-Futterer/*Langenberg* Rn 130, 138 ff). Eine diesbezügliche formularvertragliche Klausel ist unwirksam (Staud/*Weitemeyer* Rn 44; abw: Schmidt-Futterer/*Langenberg* Rn 141; aA LG Hamburg WuM 2006, 96). Zu beachten ist jedoch, dass das Versorgungsunternehmen grds nicht verpflichtet ist, Versorgungsverträge mit dem Mieter unter gleichzeitiger Entlassung des Vermieters abzuschließen (BGH NJW 2003, 3131). Von diesen Umständen losgelöst, bleibt es eine Pflicht des Vermieters, für den vertragsgem Zustand der Mietsache zu sorgen (Schmidt-Futterer/*Langenberg* Rn 142).

C. Verfahrensrechtliches. Eine zum Nachteil des Mieters von Abs 2 (einseitiges Veränderungsrecht) abw 18
Vereinbarung (zB von S 2 oder 3) ist unwirksam, während Abs 1 in Abs 3 nicht erwähnt ist, so dass von Abs 1 abw Vereinbarungen zu Lasten des Mieters zulässig sind (Palandt/*Weidenkaff* Rn 3). Im Grundsatz ist davon auszugehen, dass andere Umlageschlüssel im Falle des Abs 1 S 2 keine gerechte Verteilung der Kosten iSd § 315 bewirken (Schmidt-Futterer/*Langenberg* Rn 81; abw: Staud/*Weitemeyer* Rn 36). Der Vermieter hat das Vorliegen der Voraussetzungen des Abs 2 zu beweisen, so dass ihn auch die Beweislast für den iSv Abs 2 S 3 herauszunehmenden Betrag und den Zugang der Erklärung trifft (Soerg/*Heintzmann* Rn 13). Hat der Mieter substantiiert die fehlende Billigkeit der Umlage im konkreten Fall dargelegt, ist es Sache des Vermieters, die Billigkeit darzulegen und zu beweisen (vgl BGH NJW 2008, 1876; Düsseldorf WuM 2000, 133). Die Berechtigung der Umlage auf Basis der gewählten Abrechnungseinheit muss der Vermieter darlegen und beweisen (Schmidt-Futterer/*Langenberg* Rn 149). Der Mieter ist dafür beweispflichtig, dass bei einem gemischt genutzten Gebäude (Wohnraum und Geschäftsraum) ein Vorwegabzug der Betriebskosten für die anderen Räume wegen erheblicher Mehrbelastung zu erfolgen hat (BGH NJW 2006, 1419; vgl Rz 4), wobei er die notwendigen Informationen hierzu vom Vermieter verlangen kann (BGH NJW 2007, 211). Den Wegfall der Pflicht zum Vorwegabzug hat der Vermieter darzulegen und zu beweisen (Schmidt-Futterer/*Langenberg* Rn 67).

§ 556b Fälligkeit der Miete, Aufrechnungs- und Zurückbehaltungsrecht.

[1] Die Miete ist zu Beginn, spätestens bis zum dritten Werktag der einzelnen Zeitabschnitte zu entrichten, nach denen sie bemessen ist.

[2] Der Mieter kann entgegen einer vertraglichen Bestimmung gegen eine Mietforderung mit einer Forderung auf Grund der §§ 536a, 539 oder aus ungerechtfertigter Bereicherung wegen zu viel gezahlter Miete aufrechnen oder wegen einer solchen Forderung ein Zurückbehaltungsrecht ausüben, wenn er seine Absicht dem Vermieter mindestens einen Monat vor der Fälligkeit der Miete in Textform angezeigt hat. Eine zum Nachteil des Mieters abweichende Vereinbarung ist unwirksam.

A. Allgemeines. § 556b Abs 1 regelt die **Fälligkeit der Miete**, wobei durch die Einführung dieser Regelung 1
der bestehenden Vertragspraxis Rechnung getragen werden sollte (BTDrs 14/4553 S 52). Abs 2 gleicht die Interessen des Vermieters am pünktlichen Eingang der Miete und die Interessen des Mieters an der Durchsetzung von Gegenforderungen aus dem Mietverhältnis ohne Klage durch Eingrenzung der Dispositionsfreiheit aus (Palandt/*Weidenkaff* Rn 1). Durch die Einbeziehung von Ansprüchen aus § 539 Abs 1 in Abs 2 sollen Abgrenzungsschwierigkeiten zu den Ansprüchen aus § 536a Abs 2 vermieden werden (Staud/*Weitemeyer* Rn 6). Anzumerken ist, dass die Abs 1 und 2 an sich nicht in einem unmittelbaren Zusammenhang stehen (MüKo/*Artz* Rn 1).

2 **B. Regelungsgehalt. I. Anwendungsbereich.** Abs 1 gilt sowohl für die Mietverhältnisse über **Wohnraum** iSv § 549 als auch über § 579 Abs 2 für Mietverhältnisse über **andere Räume** (vgl § 578 Rz 4 ff; § 579 Rz 1). Für Mietverhältnisse über Grundstücke (vgl § 578 Rz 3), eingetragene Schiffe (vgl § 578a Rz 1) und bewegliche Sachen ist die Fälligkeit der Miete in § 579 Abs 1 geregelt (vgl § 579 Rz 2). Abs 2 gilt ausschließlich für die Wohnraummiete mit der Folge, dass bei anderen Mietverhältnissen die Möglichkeit zur Aufrechnung und zur Ausübung des Zurückbehaltungsrechts grds im Rahmen der allg Gesetze eingeschränkt werden kann (vgl Düsseldorf GE 2004, 880; zur gewerblichen Raummiete, Schmid/*Harz* Rn 11, 53 ff, mwN; zu Mischmietverhältnissen, Soerg/*Heintzmann* Rn 11). Mangels abw Vereinbarungen gilt für einen im Anschluss des Mietvertrags entstehenden Anspruch auf Nutzungsentschädigung gem § 546a Abs 1 S 1 die Regel des Abs 1 (BGH NJW 1974, 556). Nachforderungen des Vermieters aus Betriebskostenabrechnungen fallen nicht unter Abs 1 (Schmidt-Futterer/*Langenberg* Rn 3).

3 **II. Fälligkeit der Miete, Abs 1.** Die **Miete** muss **zu Beginn des jeweiligen Zeitabschnitts** (Tage, Wochen, Monate, Vierteljahre oder Jahre) **geleistet** werden, und zwar spätestens bis zum dritten Werktag des Zeitabschnitts (nicht zwingend mit der Kalenderwoche oder dem Kalendermonat übereinstimmend), Abs 1. Die Zeitabschnitte beschreiben den Zeitraum, für den der jeweilige Zahlbetrag vereinbart wurde (Soerg/*Heintzmann* Rn 2). Besteht keine Unterteilung in Zeitabschnitte (Einmalmiete), muss die gesamte Miete bis zum dritten Werktag nach Mietbeginn gezahlt werden (MüKo/*Artz* Rn 5). § 193 findet Anwendung (vgl BGH NJW 2005, 2154; vgl zur Berücksichtigung eines Samstags § 580 Rz 2). Eine rechtzeitige Leistung (§§ 269, 270) bezieht sich auf die Leistungshandlung, mithin auf die Veranlassung des Erforderlichen (Naumburg WuM 1999, 160; Schmid/*Harz* Rn 29 ff; Schmidt-Futterer/*Langenberg* Rn 5 f). Die Vereinbarung von Rechtzeitigklauseln, nach denen der Eingang des Geldes beim Vermieter entscheidend ist (Leistungserfolg), ist zulässig (BGH ZMR 1998, 612). Soweit nichts anderes vereinbart ist oder sich aus den Umständen ergibt, folgt die Fälligkeit der Betriebskostenentrichtung der Fälligkeit der Miete (BGH NJW 1991, 836; Soerg/*Heintzmann* Rn 3). Dass die Miete spätestens zum dritten Werktag zu entrichten ist, begründet keine Einräumung einer Karenzzeit (MüKo/*Artz* Rn 6). Die Fälligkeit tritt erst am dritten Werktag des jeweiligen Zeitabschnittes ein (Staud/*Weitemeyer* Rn 15). Trotz des Fälligkeitszeitpunkts zu Beginn des Zeitabschnittes bleibt es bei der Vorleistungspflicht des Vermieters iSv § 320 Abs 1 S 1 (hM, MüKo/*Artz* Rn 7; Schmidt-Futterer/*Langenberg* Rn 12; aA Schmid/*Harz* Rn 24; Palandt/*Weidenkaff* Rn 4). Folglich steht dem Mieter ein Zurückbehaltungsrecht an der (gesamten) Miete zu, solange der Mieter die Mietsache nicht oder nur mangelhaft erhält (Soerg/*Heintzmann* Rn 4). Für den Zahlungsverzug gilt § 286 Abs 2 Nr 1 (Palandt/*Weidenkaff* Rn 6).

4 **III. Aufrechnungs- und Zurückbehaltungsrechte, Abs 2. 1. Allgemeines.** Abs 2 betrifft sowohl den individualvertraglichen als auch den formularvertraglichen Ausschluss von Zurückbehaltungs- (§§ 273, 320) und Aufrechnungsrechten (§ 387) (MüKo/*Artz* Rn 3). Die Regelung sichert die Zurückbehaltungs- und Aufrechnungsrechte des Mieters nur im Falle des wirksamen rechtsgeschäftlichen Ausschlusses mit der Folge, dass die Geltendmachung von Ansprüchen aus dem Mietverhältnis im Urkundsprozess zu keinem Konflikt mit Abs 2 führt (BGH NJW 2005, 2701; MüKo/*Artz* Rn 8). Fehlt es an einer Ausschluss- oder Beschränkungsvereinbarung oder ist diese unwirksam, kann der Mieter seine Rechte unbeachtet des Abs 2 ausüben (Staud/*Weitemeyer* Rn 17). Bei einer formularmäßig vereinbarten Klausel sind insoweit die §§ 309 Nr 2 und 3, 305c, 307 zu beachten (Soerg/*Heintzmann* Rn 6; vertiefend: Schmidt-Futterer/*Langenberg* Rn 30 ff: Abs 2 anwendbar auf bestrittene oder nicht rechtskräftig festgestellte Forderungen). Ist ein Ausschluss hingegen wirksam, tritt im Anwendungsbereich des Abs 2 an das Aufrechnungsverbot ein Aufrechnungs- und Zurückbehaltungsrecht mit Anzeigepflicht (Soerg/*Heintzmann* Rn 8). Nach Ende des Mietverhältnisses bleibt der Ausschluss des Aufrechnungsrechts wirksam, wobei dies auch für die Zeit nach Rückgabe der Mietsache gilt, während nach dem Ende des Mietvertrages und Rückgabe der Mietsache die Anzeigepflicht aus Abs 2 nicht mehr gewahrt werden muss (BGH NJW-RR 2000, 530; MüKo/*Artz* Rn 10; Staud/*Weitemeyer* Rn 20). Das Recht zur Aufrechnung oder zur Ausübung des Zurückbehaltungsrechts muss nicht gegen die nach der Anzeige fällig werdende Mietforderung ausgeübt werden, so dass die Rechte auch gegen eine später fällig werdende Forderung ausgeübt werden können (Soerg/*Heintzmann* Rn 10). Ist der Vermieter in Vermögensverfall geraten, kann es uU rechtsmissbräuchlich sein, wenn dieser sich auf ein Aufrechnungsverbot beruft (BGH NJW 1975, 614).

5 **2. Erfasste Forderungen. a) Mietforderung.** Ein Aufrechnungsverbot oder der Ausschluss des Zurückbehaltungsrechts ist nur unwirksam, soweit es ggü einer Mietforderung ausgeübt werden soll, wobei Mietforderungen nicht alle Geldforderungen des Vermieters aus dem Mietverhältnis sind (Soerg/*Heintzmann* Rn 7). Erfasst sind Ansprüche auf Zahlung der Miete, die Vorauszahlungen für Betriebskosten, die Betriebskostenpauschalen, Schadensersatzansprüche wegen nicht oder nicht rechtzeitig gezahlter Miete und Ansprüche auf den Abrechnungssaldo über die Betriebskosten (Soerg/*Heintzmann* aaO). Auf Ansprüche aus § 546a ist Abs 2 entspr anwendbar (BGH NJW-RR 2000, 530).

6 **b) Forderungen des Mieters.** Von Abs 2 betroffen sind Schadensersatzansprüche aus § 536a Abs 1 (Mangel der Mietsache), Aufwendungsersatzansprüche aus § 563a Abs 2 (Beseitigung des Mangels durch den Mieter) und aus § 539 Abs 1 (Aufwendungen des Mieters, die nicht unter § 536a Abs 2 fallen), Ansprüche aus § 539

Abs 2 (Wegnahmerecht) sowie Ansprüche aus ungerechtfertigter Bereicherung wegen zuviel gezahlter Miete. Eine Ausdehnung auf weitere Ansprüche ist ausgeschlossen (Staud/*Weitemeyer* Rn 18).

3. Aufrechnung und Zurückbehaltungsrecht. Die **Aufrechnung** ist grds **zulässig**, wenn die Voraussetzungen der §§ 387 ff vorliegen. Die Einschlägigkeit eines Zurückbehaltungsrechts richtet sich nach §§ 320, 273. Zu beachten ist, dass es sich bei den Forderungen des Mieters weitestgehend um Geldforderungen handeln wird, so dass die Ausübung eines Zurückbehaltungsrechts ggü anderen Geldforderungen des Vermieters grds als Aufrechnung zu behandeln ist (vertiefend: Staud/*Weitemeyer* Rn 19; zum Umfang des Zurückbehaltungsrechts Schmid/*Harz* Rn 42). Im Hinblick auf § 309 Nr 2 kommt Abs 2 bzgl des Zurückbehaltungsrechts nur bei Individualverträgen zum Tragen (Schmidt-Futterer/*Langenberg* Rn 37). Eine vertragliche Beschränkung des Zurückbehaltungsrechts erfasst sowohl § 273 als auch § 320 (BGH WuM 2003, 439). 7

4. Anzeige. Voraussetzung für die Einschlägigkeit des **Aufrechnungs- und Zurückbehaltungsrechts** trotz des vertraglichen Ausschlusses ist die **Anzeige des Mieters** einen Monat vor Fälligkeit der Miete (vgl Rz 5). Die Anzeige beinhaltet die Mitteilung der Absicht, eine Aufrechnung oder eine Zurückbehaltung geltend zu machen (Staud/*Weitemeyer* Rn 22). Die Anzeige stellt eine empfangsbedürftige geschäftsähnliche Handlung dar (aA Palandt/*Weidenkaff* Rn 10), die der Textform (§ 126b) bedarf und den Grund und die Höhe der Forderung des Mieters enthalten muss (MüKo/*Artz* Rn 11). Entscheidend ist der Zugang beim Vermieter (Soerg/*Heintzmann* Rn 9). Ist die Anzeige verspätet, berechtigt dies zur Aufrechnung oder zur Zurückbehaltung zum nächst möglichen Termin (Staud/*Weitemeyer* Rn 24). Die Monatsfrist bemisst sich nach §§ 187 Abs 1, 188 Abs 2 und 3 (Schmidt-Futterer/*Langenberg* Rn 42). Für den Anzeigetag gilt § 193 nicht (vgl BGH NJW 2005, 1354). Erfolgt die Anzeige ordnungsgem, kann der Vermieter im Rahmen des Abs 2 aufrechnen oder ein Zurückbehaltungsrecht ausüben. Hinsichtlich der Nachzahlungsansprüche aus Betriebskostenabrechnungen ist eine Einschränkung der Anzeigepflicht angebracht (Staud/*Weitemeyer* Rn 21). Soweit das Mietverhältnis beendet und die Sache zurückgegeben ist, bedarf es keiner Anzeige mehr (BGH NJW-RR 2000, 530). 8

C. Verfahrensrechtliches. I. Abdingbarkeit/Beweislast. Die Parteien können von Abs 1 (im Rahmen von §§ 305 ff, 138, 242) abw Regelungen vereinbaren (zB bei Hotels oder Ferienwohnungen, BTDrs 14/4553 S 52). Abs 2 S 1 kann gem Abs 2 S 2 nicht zum Nachteil des Mieters abgedungen werden, wobei ein Verstoß hiergegen den übrigen Vertrag bestehen lässt (MüKo/*Schmid* Rn 15; Palandt/*Weidenkaff* Rn 3; zur gewerblichen Raummiete Schmid/*Harz* Rn 11, 53 ff mwN). Der Vermieter ist für die Vereinbarung des Ausschlusses oder der Beschränkung der Rechte darlegungs- und beweispflichtig, während den Mieter die gleiche Pflicht bzgl des Zugangs einer wirksamen Anzeige trifft (Palandt/*Weidenkaff* Rn 10). 9

II. Verjährung und Verwirkung/Übergangsregelung. Die Verjährung bemisst sich nach §§ 195, 199. Eine Frist für die Ausübung des Rechts nach der Anzeige besteht nicht, wobei jedoch die allg Regeln der Verwirkung zu beachten sind (Soerg/*Heintzmann* Rn 10). Abs 1 gilt für alle seit dem 01.09.2001 geschlossenen Mietverhältnisse, da sich gem Art 229 § 3 Abs 1 Nr 7 EGBGB bei den vorher abgeschlossenen Mietverträgen die Fälligkeit nach § 551 aF bemisst (BGH WuM 2007, 463). Eine in diesen Verträgen vereinbarte klauselmäßige oder individualvertragliche Kombination einer Vorauszahlungsklausel mit einem Aufrechnungsverbot bzw einem Verbot, das Zurückbehaltungsrecht geltend zu machen, ist unwirksam, so dass es bei der Regelung des § 551 Abs 1 aF bleibt (vgl BGH WuM 2008, 152; NJW 1995, 254; MüKo/*Artz* Rn 17; vertiefend: Schmidt-Futterer/*Langenberg* Rn 19 ff). Abs 2 gilt auch für vor dem 01.09.2001 bestehende Mietverträge, hingegen erfahren zum Zeitpunkt der Vereinbarung unwirksame formularvertragliche Vereinbarungen keine Heilung (Staud/*Weitemeyer* Rn 10). 10

Unterkapitel 2 Regelungen über die Miethöhe

§ 557 Mieterhöhungen nach Vereinbarung oder Gesetz. **[1] Während des Mietverhältnisses können die Parteien eine Erhöhung der Miete vereinbaren.**
[2] Künftige Änderungen der Miethöhe können die Vertragsparteien als Staffelmiete nach § 557a oder als Indexmiete nach § 557b vereinbaren.
[3] Im Übrigen kann der Vermieter Mieterhöhungen nur nach Maßgabe der §§ 558 bis 560 verlangen, soweit nicht eine Erhöhung durch Vereinbarung ausgeschlossen ist oder sich der Ausschluss aus den Umständen ergibt.
[4] Eine zum Nachteil des Mieters abweichende Vereinbarung ist unwirksam.

A. Allgemeines. Der Vermieter kann gem Abs 1 mit dem Mieter eine Mieterhöhung frei vereinbaren. Die Norm ist Ausfluss der Vertragsfreiheit und der Privatautonomie (Schmid/*Riecke* § 557 Rn 1). Daneben eröffnet das Gesetz dem Vermieter Möglichkeiten, eine Mieterhöhung ohne oder sogar gegen den Willen des Mieters auf unterschiedlichsten Wegen durchzusetzen (MüKo/*Artz* § 557 Rn 22). 1

2 **B. Regelungsgehalt. I. Anwendungsbereich.** § 557 gilt gem § 549 Abs 1 ausschließlich für Mietverträge über Wohnraum und gemischte Verträge, soweit der Schwerpunkt im Bereich der Wohnraummiete liegt (Schmid/*Riecke* § 557 Rn 6). Ausgenommen sind Mietverhältnisse iSv § 549 Abs 2 und 3. Bei preisgebundenem Wohnraum finden die §§ 557 Anwendung, soweit sich nichts Abw aus spezielleren Vorschriften ergibt (Staud/*Weitemeyer* § 557 Rn 23). Insbes § 28 WoFG ist zu beachten. Bei dem Anspruch auf Nutzungsentschädigung nach § 546a finden die §§ 557 ff keine Anwendung. Bei vorübergehender Aussetzung des Mietverhältnisses (zB bei Modernisierungsarbeiten, § 554) ist eine Mieterhöhung während dieser Zeit unzulässig (LG Berlin NJW-RR 1992, 206).

3 **II. Mieterhöhungsvereinbarung der Parteien (Abs 1).** Abs 1 ist über seinen Wortlaut hinaus auch auf Vereinbarungen anwendbar, die im Ergebnis auf eine Mietsenkung hinauslaufen (MüKo/*Artz* § 557 Rn 24). Die Regelung hat lediglich klarstellende Funktion und verdeutlicht die Vorrangigkeit der Privatautonomie (Schmid/*Riecke* § 557 Rn 5), wobei darin jedoch keine Reihenfolge für die Geltendmachung zu sehen ist mit der Folge, dass einer einseitigen Mieterhöhung nach §§ 558 ff kein Versuch einer einvernehmlichen Lösung voranzugehen hat (MüKo/*Artz* aaO). **1. Zeitpunkt.** Die Parteien können **vor Beginn des Mietverhältnisses keine Vereinbarung über eine Erhöhung** der Miete während der Mietzeit treffen (Soerg/*Heintzmann* § 557 Rn 2), wobei dies auch für die Zeit nach Ablauf der Preisbindung (BGH NJW-RR 2004, 586) sowie nach Durchführung bestimmter Baumaßnahmen gilt (LG Köln WuM 1989, 24) und sich ebenso auf eine Vereinbarung auf die »jeweils ortsübliche Miete« oder auf eine aufschiebend bedingte Vereinbarung erstreckt (BGH NJW-RR 2004, 518). Zulässig sind indes die von Abs 2 vorgesehenen Vereinbarungen der Staffelmiete nach § 557a und der Indexmiete nach § 557b. Vom Erhöhungsverbot nicht erfasst sind gesetzlich als zulässig erklärte Zuschläge (Soerg/*Heintzmann* § 557 Rn 2). Der Zeitpunkt der Überlassung der Wohnung ist irrelevant (Staud/*Weitemeyer* § 557 Rn 37). Eine Mietänderung zum nächsten Fälligkeitsdatum (zB nächster Monat) als auch das Wirksamwerden einer Mietänderung zu einem späteren, zeitlich nahen Termin (zB nächstes Quartal) begründet grds keine künftige Änderung (Schmidt-Futterer/*Börstinghaus* § 557 Rn 24 ff). Vom Verbot selbstredend nicht betroffen ist eine rückwirkende Mieterhöhung (MüKo/*Artz* § 557 Rn 26). Durch das Verbot soll gewährleistet werden, dass sich der Mieter nicht einer entspr Klausel unterwirft, um die Wohnung überhaupt zu bekommen (BTDrs 7/2011 S 14). Eine unmittelbar dem Vertragsschluss folgende Vereinbarung kann eine unzulässige Umgehung des Verbotes begründen (Staud/*Weitemeyer* § 557 Rn 37).

4 **2. Zustandekommen. a) Vertragsschluss.** Das Gesetz geht davon aus, dass die **Mieterhöhung durch Vereinbarung** eines Änderungsvertrages zustande kommt, wobei dessen Begründung sich wiederum nach den allg Vorschriften der §§ 145 ff richtet (BGH WuM 2005, 518). Der Änderungsvertrag kann losgelöst von den §§ 558 ff durch Einigung zustande kommen. Er kann ferner dadurch entstehen, dass der Mieter einem Mieterhöhungsverlangen des Vermieters nach §§ 558, 558b zustimmt, da dies, unabhängig von der Wirksamkeit des Verlangens, in aller Regel einen Antrag auf Vertragsänderung enthält (BGH NJW 1998, 445; krit: MüKo/*Artz* § 557 Rn 40). Zudem kann die Auslegung der Erhöhungserklärung nach §§ 559, 560 im Einzelfall ergeben, dass darin ein Angebot auf Abschluss eines Änderungsvertrages zu sehen ist, welches der Mieter annehmen kann (LG Berlin WuM 1987, 158), wobei es jedoch regelm schon an einem für den objektiven Empfänger erkennbaren Vertragsangebot fehlen dürfte (Karlsruhe WuM 1986, 166; LG Berlin GE 2003, 807; aA LG Leipzig GE 2001, 1671). Indes ist zu beachten, dass in den beiden letztgenannten Fällen die allg Vorschriften über den Vertragsschluss durch die §§ 558 ff überlagert werden (Staud/*Weitemeyer* § 557 Rn 31: § 558 Abs 2 zu § 147; teilw Zustimmung entgegen § 150 S 2).

5 Die Erklärungen können **ausdrücklich oder konkludent** abgegeben werden. Eine konkludente Annahme kann in der vorbehaltslosen Zahlung gesehen werden, wobei umstr ist, welche Anforderungen an eine solche Zahlung zu stellen sind (MüKo/*Artz* § 557 Rn 31). Entscheidend ist, ob die Zahlung einen Rechtsbindungswillen enthält. Dies ist regelm beim Vorliegen einer Einzugsermächtigung (LG München WuM 1996, 44) oder vorherigem ausdrücklichen Ausschluss des Erhöhungsrechts zu verneinen (Staud/*Weitemeyer* § 557 Rn 33). Indes kann bereits eine einmalige Zahlung einen Erklärungsgehalt haben (LG Trier WuM 1994, 217; LG Kiel WuM 1993, 198; aA BGH NJW 1998, 445: mehrmalige Zahlung; ausdrücklich offen gelassen: BGH WuM 2005, 518). Soweit eine einseitige Erhöhungserklärung nach §§ 559, 560 nicht als Vertragsofferte ausgelegt werden kann, ist es denkbar, dass in der vorbehaltslosen Zahlung des Mieters ein Vertragsangebot liegen kann, welches der Vermieter gem § 151 ohne ausdrückliche Erklärung annehmen kann, jedoch dürfte es regelm am Erklärungsbewusstsein des Mieters fehlen (LG Berlin GE 2000, 812). Eine Anfechtung der Erklärung ist nur begrenzt möglich (vgl Staud/*Weitemeyer* aaO).

6 **b) Widerrufsrecht.** Die Vereinbarung kann als **Haustürgeschäft** gem § 312 Abs 1 Nr 1 iVm § 355 widerruflich sein (Koblenz NJW 1994, 1418; Braunschweig NZM 1999, 996; str, vertiefend: MüKo/*Artz* § 557 Rn 33 ff), wobei zu beachten ist, dass in diesem Fall der Vermieter Unternehmer iSv § 14 (vgl Staud/*Weitemeyer* § 557 Rn 44) und der Mieter Verbraucher iSv § 13 sein muss. Gleichgültig ist, ob die Verhandlungen in der Privatwohnung des Mieters, des Vermieters oder eines Dritten stattgefunden haben (BGH NJW 2000, 3498). Die Widerruflichkeit betrifft lediglich den Abänderungsvertrag und nicht die Wirksamkeit des Mietvertrages (Staud/*Weitemeyer* § 557 Rn 40). Eine Verwirkung ist denkbar (Soerg/*Heintzmann* § 557 Rn 59). Ferner kann ein Widerrufsrecht nach § 312b gegeben sein. Nach erfolgtem Widerruf ist die zuviel gezahlte Miete gem §§ 357 Abs 1 S, 346 zu erstatten.

3. Inhalt, Form und Verwirkung. Als Art der Mietänderung kommen eine Veränderung auf Grund eines konkreten Betrages, einer neu zu zahlenden Miete, einer Änderung nach einem bestimmten Prozentsatz (wobei der absolute Wert durch den Mieter bestimmbar sein muss) sowie die Auferlegung einer anderen Leistung als die Zahlung der Miete (zB Schönheitsreparaturen) in Betracht (MüKo/*Artz* § 557 Rn 27). Unzulässig ist, die Berechnung dem Vermieter oder einem Dritten zu überlassen sowie zu vereinbaren, es erfolge eine Anpassung an eine Vergleichsmiete (MüKo/*Artz* aaO). Die Vereinbarung über die Mietänderung unterliegt nicht den Regeln über die einseitige Mieterhöhung der §§ 558 ff. Grenzen ergeben sich jedoch aus § 5 WiStG (vertiefend: MüKo/*Artz* § 557 Rn 61 ff) und § 138 Abs 2 iVm § 291 StGB (Mietwucher). Eine Vereinbarung kann nur für die nächste Erhöhung getroffen werden und darf zudem keine Bindung über das Vorliegen einzelner Voraussetzungen für eine einseitige Mieterhöhung aufweisen (Soerg/*Heintzmann* § 557 Rn 3, 6). Der Änderungsvertrag ist grds formfrei, wobei § 550 zu beachten ist (MüKo/*Artz* § 557 Rn 31). Fehlt eine wirksame Vereinbarung, können die gezahlten Erhöhungsbeiträge zurückgefordert werden, soweit keine Verwirkung eingetreten ist (LG Berlin NZM 2000, 1049; Schmid/*Riecke* § 557 Rn 12). Des Weiteren kann dem Anspruch des Mieters § 814 entgegenstehen (BGH NJW-RR 2005, 1464). 7

III. Künftige Mieterhöhung (Abs 2). Die Vorschrift schränkt die Privatautonomie für künftige Mietvereinbarungen ein. Vermieter und Mieter können lediglich die **Geltung einer Staffelmiete oder einer Indexmiete** vereinbaren. Unerheblich ist, ob die Vereinbarung vor oder nach Mietvertragsabschluss erfolgt ist. Zwar betrifft Abs 1 regelm auch eine künftige Mieterhöhung, soweit ein bestimmtes Datum in naher Zukunft als Anfangstermin für die erhöhte Miete vereinbart worden ist, jedoch ergibt sich der Unterschied zu Abs 2 daraus, dass von Abs 2 Vereinbarungen über eine oder mehrere künftige Mieterhöhungen bei Abschluss des Mietvertrages sowie Vereinbarungen im Zeitpunkt des Bestehens des Mietvertrages über mehr als eine künftige Mieterhöhung erfasst sind (Staud/*Weitemeyer* § 557 Rn 48). 8

IV. Einseitige Mieterhöhung (Abs 3). 1. Allgemeines. Unter den Voraussetzungen der §§ 558 ff kann der Vermieter ein Verlangen nach Erhöhung der Miete auch ohne den Willen des Mieters geltend machen. Abs 3 hat insoweit grds deklaratorischen Charakter, hingegen kommt ihm eigenständige Bedeutung für den Fall des Ausschlusses von Mieterhöhungen zu (Schmid/*Riecke* § 557 Rn 17). Die §§ 558 ff beinhalten zwei Möglichkeiten zur Mieterhöhung. § 558 begründet einen Anspruch auf Zustimmung zur Vertragsänderung, während die §§ 559, 560 ein Gestaltungsrecht vorsehen, nachdem der Vermieter den bestehenden Vertrag einseitig ändern kann. Abs 3 betrifft nur Mieterhöhungen. Bei preisgebundenem Wohnraum ist § 28 Abs 3 und 5 WoFG zu beachten (vertiefend: MüKo/*Artz* § 557 Rn 51). 9

2. Ausschluss. Abs 3 sieht einen **Ausschluss der Mieterhöhung nach den Regeln der §§ 558 ff** vor, wenn dies durch Vereinbarung ausgeschlossen ist oder sich der Ausschluss aus den Umständen ergibt. **a) Vereinbarung.** Der Ausschluss kann ausdrücklich, auch als Formularklausel, erfolgen und muss nicht Bestandteil des Mietvertrages sein (BGH NZM 2003, 973; Karlsruhe WuM 1996, 18). Der Abschluss der Vereinbarung kann sowohl vor als auch nach dem Mietvertragsschluss erfolgen. Ferner besteht die Möglichkeit, dass der Vermieter die Ausschlussvereinbarung mit einem Dritten trifft (Soerg/*Heintzmann* § 557 Rn 7). Ein Vertrag mit einem Dritten bindet den Erwerber bei einer Veräußerung nur, wenn dieser den Vertrag mit dem Dritten übernimmt oder die Vereinbarung mit dem Dritten Gegenstand des Mietvertrages oder einer anderen Vereinbarung zwischen den Mietparteien ist (BGH NJW 1998, 445; MüKo/*Artz* § 557 Rn 44). Der Umfang und die Dauer des Ausschlusses kann beliebig gewählt werden (Staud/*Weitemeyer* § 557 Rn 50). Außerhalb des § 550 (Ausschluss Bestandteil des Mietvertrages) besteht keine bes Formvorschrift für die Vereinbarung. Die Vereinbarung kann ihrerseits wieder aufgehoben werden (LG Lübeck WuM 1972, 58). 10

b) Umstände. Der Ausschluss kann sich auch aus den Umständen ergeben, wobei jedoch Eindeutigkeit zu fordern ist und ein Mieterhöhungsvorbehalt dem entgegensteht (Soerg/*Heintzmann* § 557 Rn 7). Bei einem Mietverhältnis auf bestimmte Zeit ist es nunmehr nach dem Wegfall des § 1 S 3 MHRG im Zuge der Mietrechtsreform aus dem Jahr 2001 eine Frage der Auslegung (vgl Stuttgart NJW-RR 1994, 401; LG Kiel WuM 1992, 623; Karlsruhe NJW-RR 1996, 329; str, vertiefend: Staud/*Weitemeyer* § 557 Rn 55 f; MüKo/*Artz* § 557 Rn 46). Bei befristeten Mietverträgen mit Verlängerungsklausel erstreckt sich ein möglicher Ausschluss grds mangels abw Abreden nicht auf den Verlängerungszeitraum (Karlsruhe NJW-RR 1996, 329). Baukostenzuschüsse und vergleichbare Finanzierungshilfen können im Einzelfall einen Ausschluss begründen (vertiefend: Staud/*Weitemeyer* § 557 Rn 64). Eine unwirksame Vereinbarung über eine Staffel- oder Indexmiete steht dem Recht auf Mieterhöhung weder entgegen noch beschränkt sie diese (LG Berlin NZM 1998, 859, str). Der Ausschluss oder die Beschränkung des Rechts auf Mieterhöhung kommt insbes bei Verträgen auf Lebenszeit (LG Berlin GE 2000, 1932; LG Mannheim WuM 1987, 353), bei Vermietung von Werkmietwohnungen zu einem bes günstigen Preis, soweit Anhaltspunkte hierfür im Mietvertrag vorhanden sind (BayOblG NJW-RR 2001, 873), bei ausdrücklicher Vereinbarung einer Festmiete (BGH MDR 1964, 142), bei Gefälligkeitsmieten auf Grund familiärer oder freundschaftlicher Verbundenheit (BGH WuM 2007, 452; LG Freiburg WuM 1981, 212), bei Vereinbarung einer Kostenmiete (BayOblG NJW-RR 1999, 89), bei vertraglicher Festsetzung der Wohnungsgröße in Verringerung der tatsächlichen Größe (LG Berlin NZM 2002, 947) und bei Werkförderungsverträgen (Hamm NJW-RR 1986, 808; Staud/*Weitemeyer* § 557 Rn 67) in Betracht. 11

12 **V. Unwirksame Vereinbarungen (Abs 4).** Sämtliche Benachteiligungen des Mieters, die von den §§ 557 ff abweichen, sind unwirksam. Dies betrifft die materiellen und formellen Voraussetzungen (LG Berlin GE 2003, 394) sowie die Beweislastregeln (Soerg/*Heintzmann* § 557 Rn 9). Hiervon abw Regelungen sieht das Gesetz nicht vor (MüKo/*Artz* § 557 Rn 53). Es bedarf keiner tatsächlichen Benachteiligung. Ausreichend ist, dass dem Mieter weniger Rechte eingeräumt worden sind als im Gesetz vorgesehen (Stuttgart NJW-RR 1989, 1357). Ein Verzicht durch den Mieter ist nicht möglich. Von der Unwirksamkeit ist lediglich die Vereinbarung, nicht der gesamte Vertrag betroffen. Insoweit ist auch denkbar, dass nur einzelne Vereinbarungen unwirksam sind (LG Mönchengladbach WuM 1992, 200). Der Zeitpunkt des Treffens der Vereinbarung ist unerheblich (Schleswig NJW 1981, 1964; Karlsruhe WuM 1988, 204). Schiedsgerichtsklauseln über die Erhöhung der Miete sind außerhalb der Bindung an die §§ 557 ff unwirksam (LG Hamburg MDR 1981, 848). Zugunsten des Mieters abw Vorschriften sind nicht erfasst. Bei Vorschriften, die für den Mieter sowohl vorteilhaft als auch nachteilig sind, ist entscheidend, dass nach einheitlicher Betrachtung insges ein Vorteil des Mieters überwiegt (Soerg/*Heintzmann* § 557 Rn 11; aA Schmidt-Futterer/*Börstinghaus* § 557 Rn 66: stets unwirksam). § 139 findet grds keine Anwendung (Staud/*Weitemeyer* § 557 Rn 80).

13 **C. Verfahrensrechtliches.** Die Beweislast für einen Änderungsvertrag nach Abs 1 trägt derjenige, der sich auf diesen beruft (BGH NJW 1998, 445). Den Mieter trifft grds die Beweislast für eine Ausschlussvereinbarung gem Abs 3 (Karlsruhe WuM 1996, 18). Stehen hingegen Umstände fest, aus denen im Regelfall der Abschluss einer Ausschlussvereinbarung gefolgert werden kann, trifft den Vermieter die Beweislast für die Abweichung vom Regelfall (Staud/*Weitemeyer* § 557 Rn 65). Die Zuständigkeit des Gerichts für Klagen auf Grund der §§ 558 bis 560 ist in § 29a ZPO und § 23 Nr 2a GVG geregelt (BGH NJW 1984, 1615). Der Gebührenstreitwert ergibt sich aus § 41 Abs 5 GKG. Umstr ist, ob bei Berufungen für den Beschwerdewert § 41 Abs 5 GKG entspr herangezogen werden kann (vertiefend: Staud/*Weitemeyer* § 557 Rn 29).

§ 557a Staffelmiete.

[1] Die Miete kann für bestimmte Zeiträume in unterschiedlicher Höhe schriftlich vereinbart werden; in der Vereinbarung ist die jeweilige Miete oder die jeweilige Erhöhung in einem Geldbetrag auszuweisen (Staffelmiete).
[2] Die Miete muss jeweils mindestens ein Jahr unverändert bleiben. Während der Laufzeit einer Staffelmiete ist eine Erhöhung nach den §§ 558 bis 559b ausgeschlossen.
[3] Das Kündigungsrecht des Mieters kann für höchstens vier Jahre seit Abschluss der Staffelmietvereinbarung ausgeschlossen werden. Die Kündigung ist frühestens zum Ablauf dieses Zeitraums zulässig.
[4] Eine zum Nachteil des Mieters abweichende Vereinbarung ist unwirksam.

1 **A. Allgemeines.** Die Staffelmiete soll die Entscheidung des Vermieters zugunsten von Investitionen in den Mietwohnungsbau erleichtern (BTDrs 9/2079 S 9). Gleichsam soll der Mieter in die Lage versetzt werden, den Umfang und den Zeitpunkt zukünftiger Mieterhöhungen frühzeitig beurteilen zu können (BGH NJW 2004, 511). Aufgrund des Risikos der abw Marktentwicklung ist die Bedeutung der Staffelmiete in der Vertragspraxis gering (Palandt/*Weidenkaff* § 557a Rn 1). § 557a steht im Zusammenhang mit dem die Vertragsfreiheit einschränkenden § 557 Abs 2. Künftige Änderungen der Miete können nur nach den Maßgaben der § 557a und § 557b erfolgen.

2 **B. Regelungsgehalt. I. Anwendungsbereich.** Unabhängig davon, ob es sich um einen Alt- oder einen Neubau handelt, findet § 557a auf alle Wohnraummietverhältnisse Anwendung, § 549 Abs 1. Bei Wohnraum, der nach dem WoFG gefördert und preisgebunden ist, kann eine Staffelmietvereinbarung getroffen werden, wobei § 28 Abs 3 und 5 WoFG zu beachten sind (Staud/*Weitemeyer* § 557a Rn 7). Zudem kann sich an den Wegfall der Preisbindung eine Vereinbarung über eine Staffelmiete nach § 557a anschließen. Die Vereinbarung kann bereits während der Preisbindung getroffen werden (BGH NJW 2004, 511; MüKo/*Artz* § 557a Rn 4; aA Stuttgart NJW-RR 1989, 1357; Schmidt-Futterer/*Börstinghaus* § 557a Rn 16 f). Bei gewerblichen Mietverhältnissen gilt § 557a nicht (BGH NZM 2005, 63). Gleiches gilt für Wohnraum nach § 549 Abs 2 und 3. § 557a ist anzuwenden bei Staffelmietvereinbarungen, die ab dem 01.09.2001 geschlossen worden sind (BGH NJW 2004, 511). Zudem ist unerheblich, ob das Mietverhältnis auf bestimmte oder unbestimmte Zeit geschlossen wurde.

3 **II. Staffelmiete. 1. Begriff.** Von einer Staffelmiete spricht man, wenn die Vertragsparteien eine Vereinbarung dahingehend treffen, dass sich die Miete nach einer fest vereinbarten Zeit um einen bestimmten Betrag oder auf eine bestimmte Miete verändert, wobei auch eine einmalige Änderung ausreichend ist (BGH NJW-RR 2006, 229). Eine einmalige Änderung, welche die vorstehenden Anforderungen nicht erfüllt, stellt eine während des Vertrages zulässige einvernehmliche Mieterhöhung nach § 557 Abs 1 dar, ohne dass die Beschränkungen des § 557a berührt sind. Die Staffelung der Miete auf eine bestimmte Zeit begründet nicht zwingend den Abschluss eines Zeitmietvertrages (BGH ZMR 1976, 203). Die Vereinbarung ist nicht an die Vorgaben des § 558 gebunden (Palandt/*Weidenkaff* § 557a Rn 4). Gem Abs 1 ist die Erhöhung in einem Geldbetrag auszuweisen.

2. Voraussetzungen. a) Form. Die Vereinbarung der Staffelmiete bedarf gem Abs 1 der Schriftform. Ein Mangel der Schriftform löst nicht die Rechtsfolge des § 550 aus, sondern bewirkt die Nichtigkeit der Vereinbarung (nicht des Mietvertrages) nach § 125 S 1, wobei durch eine andauernde Zahlung keine Heilung eintritt (MüKo/*Artz* § 557a Rn 5). Eine formularmäßige Vereinbarung ist möglich (Schmidt-Futterer/*Börstinghaus* § 557a Rn 21). 4

b) Inhalt. Die Vereinbarung ist bedingungsfeindlich und darf keine Alternativen oder Kumulationen zwischen § 557a und §§ 558 ff vorsehen (Soerg/*Heintzmann* § 557a Rn 3). In diesem Fall wäre die Staffelmietvereinbarung unwirksam (Staud/*Weitemeyer* § 557a Rn 10). Für bestimmte Zeiträume, die unterschiedlich lang sein können, kann die Miete in unterschiedlicher Höhe vereinbart werden. Die Erhöhung darf nicht in Prozentzahlen angegeben werden (Palandt/*Weidenkaff* § 557a Rn 8). Es ist unerheblich, ob die Erhöhung durch die dann zu zahlende Miete oder den Erhöhungsbetrag ausgewiesen ist (früher bei § 10 MHG str, vgl Staud/*Weitemeyer* § 557a Rn 11). Die Vereinbarung kann bei Abschluss oder während des Mietvertrages getroffen werden. Durch die Staffelung verändert sich die Miete ohne weitere Erklärung zum vereinbarten Zeitpunkt. Ob auch Mietsenkungen unter § 557a fallen, ist umstr (bejahend: MüKo/*Artz* § 557a Rn 9; Schmidt-Futterer/*Börstinghaus* § 557a Rn 20; verneinend: Staud/*Weitemeyer* § 557 Rn 12). 5

c) Dauer. Die Vereinbarung ist entgegen § 10 MHG nicht mehr zeitlich begrenzt (BTDrs 14/4553 S 53; krit: MüKo/*Artz* § 557a Rn 7). Eine unter der Geltung des § 10 MHG (bis 31.08.2001) geschlossene Vereinbarung, die eine Gesamtdauer von mehr als zehn Jahren vorsieht, bleibt unwirksam, soweit sie die Dauer von zehn Jahren überschreitet (LG Berlin GE 2003, 325). Bei begrenzter Vereinbarungszeit gilt die letzte Stufe für das fortbestehende Mietverhältnis. In diesem Fall stehen dem Vermieter die Rechte aus §§ 558 ff zu, wobei die Fristen des § 558 Abs 1, nicht die des Abs 2 S 1 zu beachten sind, soweit nicht die Auslegung einen Erhöhungsausschluss ergibt (MüKo/*Artz* § 557a Rn 8; Staud/*Weitemeyer* § 557a Rn 14). Das Zustimmungsverlangen kann nicht während der vereinbarten Staffelzeit geltend gemacht werden (BGH NJW 1993, 362). 6

d) Staffelung. Die einzelnen Beträge aber auch die einzelnen Zeiträume können variieren, wobei jedoch die Jahresfrist des Abs 2 S 1 zu beachten ist. Die Frist läuft mit Beginn des Mietverhältnisses. Bei Vereinbarungen während des Mietverhältnisses ist es ausreichend, wenn die Ausgangsmiete im Zeitpunkt des Wirksamwerdens der ersten Stufe der Staffelung ein Jahr besteht (Soerg/*Heintzmann* § 557a Rn 5). Der Eintritt und die Höhe der Änderung darf nicht von einer Bedingung abhängig gemacht werden (LG Halle ZMR 2004, 821; Schmidt-Futterer/*Börstinghaus* § 557a Rn 43). Kürzere Zeiträume führen gem Abs 4 zur Unwirksamkeit der gesamten Vereinbarung und zur Geltung der Ausgangsmiete (LG Berlin WuM 2001, 612). Auch eine Umgehung dieser Regelung durch gleichzeitige Verlängerung der einen und Verkürzung der anderen Frist ist unwirksam, vgl Abs 4 (Soerg/*Heintzmann* § 557a Rn 5). Ein geringer Verzug des Mietbeginns, der zu einem kürzeren Zeitraum führt, kann unbeachtlich sein (§ 242, Staud/*Weitemeyer* § 557a Rn 14, mwN) Die Zeitpunkte müssen sich nach dem Kalender bestimmen lassen. 7

e) Ausschluss anderer Mieterhöhungen (Abs 2 S 2). Gem Abs 2 S 2 sind Mieterhöhungen nach §§ 558 bis 559b ausgeschlossen, da die Staffelmiete eine bewusste Risikoverteilung begründet (Palandt/*Weidenkaff* § 557a Rn 7). Ausgenommen sind Veränderungen von Betriebskosten gem § 560 und Vereinbarungen nach § 557 Abs 1 (LG Berlin NZM 2004, 270). § 557b Abs 2 S 2 ist nicht übertragbar (MüKo/*Artz* § 557a Rn 14). 8

3. Kündigungsrecht (Abs 3). Abs 3 berücksichtigt die mögliche Zwangslage der Wohnungssuchenden (BTDrs 9/2079 S 18). Indes ist ein Vorliegen einer Zwangslage nicht Voraussetzung (BGH NJW 2006, 229). Nach Abs 3 darf der Ausschluss des Kündigungsrechts maximal vier Jahre betragen, wobei ein Ausschluss wiederum kein schützenswertes Vertrauen des Mieters auf eine bestimmte Mietzeit begründet. Eine Beschränkung ergibt sich bereits aus der Vereinbarung eines Zeitmietvertrages. Im Falle einer längeren Laufzeit als vier Jahre ist der Vermieter an die Mietzeit gebunden, während der Mieter zum Ablauf des vierten Jahres kündigen kann (BGH WuM 2005, 519). Die Staffelmietvereinbarung auf unbestimmte Zeit indiziert nicht automatisch den Kündigungsausschluss (Schmidt-Futterer/*Börstinghaus* § 557a Rn 5). Ein individualvertraglicher, befristeter Ausschluss des Kündigungsrechts steht im Einklang mit § 573c Abs 4 (BGH NJW 2004, 1448). Der klauselmäßige Verzicht ist jedenfalls dann zulässig, wenn er für Mieter und Vermieter gilt (BGH NJW 2004, 3117; NZM 2004, 734) oder wenn er zwar einseitig das ordentliche Kündigungsrecht des Mieters betrifft, der Verzicht aber zusammen mit der Staffelvereinbarung getroffen worden ist und einen Zeitraum von vier Jahren nicht überschreitet (BGH NJW 2006, 1056; insg vertiefend MüKo/*Artz* § 557a Rn 16). Der individualvertragliche Ausschluss des Kündigungsrechts von mehr als vier Jahren ist nichtig, soweit der Zeitraum von vier Jahren überschritten ist, wobei dies bei klauselmäßigen Vereinbarungen bereits gem § 307 Abs 1 S 1 zur Nichtigkeit des Verzichts führt (BGH aaO). Fristbeginn ist der Abschluss des mit der Staffelvereinbarung verbundenen Mietvertrages (Soerg/*Heintzmann* § 557a Rn 7). Bei späteren auch rückwirkenden Staffelvereinbarungen ist deren Abschluss und nicht deren Beginn für den Fristbeginn maßgebend (BGH NJW-RR 2006, 1236; LG Berlin ZMR 2003, 572; abw Staud/*Weitemeyer* § 557a Rn 21). Für den Fristbeginn ist es unerheblich, wann der Kündigungsrecht ausgeschlossen wurde (BGH WuM 2005, 786). Die Frist endet taggenau. § 573c Abs 1 S 1 ist zu beachten, jedoch nicht der Ausschlussfrist hinzuzurechnen 9

(Hamm NJW-RR 1989, 1288). Gem Abs 3 S 2 kann der Mieter vor Ablauf der Frist zum Ablauf der Frist kündigen. Abs 3 begründet eine Verbotsnorm zugunsten des Mieters und nicht eine Erlaubnisnorm zugunsten des Vermieters (MüKo/*Artz* § 557a Rn 16).

10 **4. Abweichende Vereinbarungen (Abs 4).** Abw Vereinbarungen zu Lasten des Mieters sind gem Abs 4 unwirksam. Die Gültigkeit des Mietvertrages bleibt von der Unwirksamkeit der Staffelvereinbarung unberührt. Es gilt dann die Ausgangsmiete (Soerg/*Heintzmann* § 557a Rn 8).

11 **5. Überhöhte Staffelmiete.** Gegen eine zu hohe Staffelung der Miete ist der Mieter durch § 5 WiStrG und § 138 iVm § 291 StGB geschützt, wobei als Bezugspunkt die Vergleichsmiete heranzuziehen ist (Staud/*Weitemeyer* § 557a Rn 5). Ein Verstoß gegen § 5 WiStrG führt zur Teilnichtigkeit jeder Staffelmiete, soweit die Grenze des § 5 WiStrG überschritten ist (hM, KG NJW-RR 2001, 871; Hamburg NJW-RR 2000, 458). Daraus folgt, dass jede Staffelmiete für sich in ihrem Fälligkeitszeitpunkt betrachtet werden muss, so dass eine überhöhte Anfangsmiete nicht die Nichtigkeit der übrigen Staffelmieten nach sich zieht, wenn die ortsübliche Vergleichsmiete ansteigt (hM, Hamburg aaO; aA LG Freiburg ZMR 1998, 781). Fester Bezugspunkt ist indes die bei Abschluss des Vertrages bestehende Vergleichsmiete, so dass ein nachträgliches Absinken nicht zur Unwirksamkeit einer späteren Mietstaffel führt (KG NJW-RR 2001, 871). Fällt insoweit nachträglich das Tatbestandsmerkmal des geringen Angebots an Mietwohnungen weg, entfällt die bis dahin eingetretene Teilnichtigkeit bezüglich zukünftiger Mieten nicht (Hamburg NJW-RR 1999, 1610; krit MüKo/*Artz* § 557a Rn 10 f).

12 **6. Unwirksame Staffelvereinbarung.** Eine unwirksame Staffelvereinbarung steht grds einer Erhöhung nach § 558 nicht entgegen (LG Berlin WuM 2001, 612). Zudem hat der Mieter einen Anspruch aus § 812 auf die zuviel gezahlte Miete (Frankfurt aM NZM 2000, 1219; LG Kiel WuM 2000, 308). Eine Heilung erfolgt nicht allein durch die Zahlung des erhöhten Betrages (LG Berlin GE 2003, 325; LG Kiel WuM 2000, 308; aA LG Berlin GE 2002, 804). Ferner ist der bloßen Zahlung grds kein Rechtsbindungswille zu entnehmen (Staud/*Weitemeyer* § 557a Rn 17). Ob einer nichtigen Vereinbarung der Willen der Parteien entnommen werden kann, die Mieterhöhung betragsmäßig zu begrenzen, ist Sache der Auslegung des Einzelfalls (LG Berlin WuM 1992, 198).

13 **C. Verfahrensrechtliches.** Eine **Widerruflichkeit** der Vereinbarung kann sich aus § 312 ergeben. Eine **Verwirkung** für die Vergangenheit kommt in Betracht, wenn der Vermieter über einen längeren Zeitraum den erhöhten Betrag nicht einzieht (KG ZMR 2004, 577, Zeitraum allein nicht ausreichend; LG München I ZMR 2003, 431, Verzicht; LG Osnabrück DWW 2004, 152). Bei **Geschäftsraummiete** wird eine Anpassung der Miete gem § 313 auf Grund sinkender Vergleichsmiete abgelehnt (BGH NJW 2002, 2384). Derjenige, der sich auf die Staffelmiete beruft, muss deren Voraussetzungen darlegen und **beweisen** (PWW/*Elzer* § 557a Rn 12).

§ 557b Indexmiete.

[1] Die Vertragsparteien können schriftlich vereinbaren, dass die Miete durch den vom Statistischen Bundesamt ermittelten Preisindex für die Lebenshaltung aller privaten Haushalte in Deutschland bestimmt wird (Indexmiete).

[2] Während der Geltung einer Indexmiete muss die Miete, von Erhöhungen nach den §§ 559 bis 560 abgesehen, jeweils mindestens ein Jahr unverändert bleiben. Eine Erhöhung nach § 559 kann nur verlangt werden, soweit der Vermieter bauliche Maßnahmen auf Grund von Umständen durchgeführt hat, die er nicht zu vertreten hat. Eine Erhöhung nach § 558 ist ausgeschlossen.

[3] Eine Änderung der Miete nach Absatz 1 muss durch Erklärung in Textform geltend gemacht werden. Dabei sind die eingetretene Änderung des Preisindexes sowie die jeweilige Miete oder die Erhöhung in einem Geldbetrag anzugeben. Die geänderte Miete ist mit Beginn des übernächsten Monats nach dem Zugang der Erklärung zu entrichten.

[4] Eine zum Nachteil des Mieters abweichende Vereinbarung ist unwirksam.

1 **A. Allgemeines.** § 557b steht im **Zusammenhang mit § 557 Abs 2** und betrifft sowohl die Erhöhung als auch die Herabsetzung der Miete (BTDrs 14/4553 S 53). Die Norm soll eine leichtere Handhabe von Mieterhöhungen begründen, da es keinen Rückgriff auf das aufwendige Verfahren der §§ 558 ff bedarf. Bei der Vereinbarung einer Indexmiete ist zu beachten, dass sich Mietniveau und der maßgebende Preisindex nicht linear verhalten müssen (MüKo/*Artz* § 557b Rn 1). Wie im Falle des § 557a ist die Bedeutung der Norm in der Vertragspraxis gering (Palandt/*Weidenkaff* § 557b Rn 1). Der Vorteil ggü § 557a liegt in der fehlenden Voraussetzung, die künftigen Mieten im Voraus bestimmen zu müssen. IA spricht man von Wertsicherungs- oder Gleitklauseln.

2 **B. Regelungsgehalt. I. Anwendungsbereich.** § 557b gilt für sämtliche **Wohnraummietverhältnis**, wobei jedoch § 549 Abs 2 und 3 zu beachten sind. Die Vorschrift erstreckt sich gleichfalls auf Mietverhältnisse über preisgebundenen Wohnraum. Hierbei ist wiederum § 28 Abs 3 und 5 WoFG zu beachten (MüKo/*Artz* § 557b Rn 3). Bei anderen Mietverhältnissen richtet sich die Zulässigkeit von Wertanpassungsklauseln nach dem PreisklauselG iVm PrKV (Palandt/*Weidenkaff* § 557b Rn 2). In zeitlicher Hinsicht ist zu berücksichtigen, dass vor dem 01.09.1993 (Art 7 MietRÄndG 4) Vereinbarungen über Indexmieten nicht wirksam geschlossen wer-

den konnten und § 557b erst seit dem 01.09.2001 anwendbar ist (zu Übergangsregelungen Staud/*Weitemeyer* § 557b Rn 10 ff). Nicht von § 557b gedeckt sind Leistungsvorbehalte, Spannungsklauseln und Kostenelementklauseln (Soerg/*Heintzmann* § 557b Rn 1; vertiefend: Staud/*Weitemeyer* § 557b Rn 17 ff).

II. Indexmiete. 1. Begriff. Die Vereinbarung über die Indexmiete betrifft einen **Vertrag**, dessen Begründung nach den allg Regeln der §§ 145 ff erfolgt. Abs 1 sieht eine Legaldefinition vor. Die Indexmiete ist eine Miete, die durch den vom Statistischen Bundesamt ermittelten Preisindex für die Lebenserhaltung aller privaten Haushalte in Deutschland bestimmt wird. Die Veränderung der Ausgangsmiete folgt daher dem Lebenserhaltungsindex, wobei es zur Umsetzung einer Erklärung des Vermieters oder des Mieters bedarf (Soerg/*Heintzmann* § 557b Rn 2). Dieser Preisindex bietet die einzige zulässige Orientierungsgröße. Der vereinbarte Bezug muss ausreichend bestimmt sein, so dass das Abstellen auf die Kaufkraft, die Wirtschaftslage oder das Preisgefüge nicht ausreichend ist (Staud/*Weitemeyer* § 557b Rn 15). 3

2. Inhalt. Die Veränderung des Preisindexes kann in **Punkten** (um 10, auf 100) oder in **Prozent** (um 10 %) ausgedrückt werden. § 557b sieht keine Mindestlaufzeit für die Indexmiete vor. Der Bezugspunkt für die Indexveränderung kann die Bruttomiete oder die Nettomiete, aber nicht die Betriebskostenpauschale sein (MüKo/*Artz* § 557b Rn 4). Es ist nicht zwingend, dass die Indexmietvereinbarung zeitlich mit der Geltung des Mietvertrages übereinstimmt (Palandt/*Weidenkaff* § 557b Rn 9). Die Vereinbarung muss gem Abs 1 S 1 schriftlich erfolgen, § 126 (vgl Karlsruhe DWW 2001, 273). Elektronische Form ist ausreichend. Bei einem Formmangel greift § 125 ausschließlich für die Vereinbarung und nicht für den Mietvertrag ein. Ferner kann die Vereinbarung zu einem beliebigen Zeitpunkt getroffen werden. Bei einem Abschluss nach Vertragsschluss greift die Frist des § 558 Abs 1 nicht (MüKo/*Artz* § 557b Rn 5). Die Vereinbarung muss nicht vorsehen, ab welcher Größenordnung der Veränderung des Preisindex die Berechtigung zur Änderung der Miete eintreten soll (Palandt/*Weidenkaff* § 557b Rn 9). Ist kein Basisjahr (Statistische Ämter beziehen ihre Berechnung auf Basisjahre, die etwa alle fünf Jahre wechseln) als Bezug festgelegt, ist Bezugspunkt für die Veränderung der Stand der letzten Mieterhöhung (Soerg/*Heintzmann* § 557b Rn 5). Soweit nichts Gegenteiliges vereinbart ist, können Veränderungen des Index zwischen Vereinbarungsschluss und Invollzugsetzung berücksichtigt werden (Soerg/*Heintzmann* aaO). 4

3. Änderungserklärung (Abs 3 S 1). Die Anpassung der Miete erfolgt nicht automatisch. Vielmehr bedarf es einer einseitigen empfangsbedürftigen **Gestaltungserklärung des Vermieters oder des Mieters** (Soerg/*Heintzmann* § 557b Rn 9). Das Änderungsschreiben muss gem Abs 3 S 2 neben der eingetretenen Indexveränderung (Angabe des Ausgangswertes und des aktuellen Wertes; abw Soerg/*Heintzmann* § 557b Rn 11: nur im Prozess zwingend, ansonsten auch Änderung in Punkten oder Prozent ausreichend) auch die geänderte Miete oder den Änderungsbetrag enthalten (Staud/*Weitemeyer* § 557b Rn 26). Sie kann schriftlich, in elektronischer Form oder in Textform erfolgen (MüKo/*Artz* § 557b Rn 9). Indextabellen müssen nicht beigefügt sein. Die Erklärung wird durch den Zugang beim Empfänger wirksam, § 130 Abs 1. Rechenfehler führen nicht zur Unwirksamkeit. Der Vertragspartner schuldet dann jedoch die rechtmäßige Änderung gedeckelt durch die geforderte Höhe (Staud/*Weitemeyer* aaO). Da der Erhöhungszeitpunkt aus dem Gesetz folgt, muss dieser nicht mitgeteilt werden, soweit die Änderung nicht zu einem späteren Zeitpunkt eintreten soll (Soerg/*Heintzmann* aaO). Die Erklärung darf erst nach Eintritt der Voraussetzungen der Änderung erfolgen. 5

4. Sperrfrist (Abs 2 S 1). Die Miete muss vor der ersten und jeder weiteren Änderung mindestens **ein Jahr** unverändert bleiben. Von der Jahresfrist kann zugunsten des Mieters abgewichen werden. Die Sperrfrist gilt auch dann, wenn die vereinbarte Änderung des Preisindex vorher erreicht ist. Die Frist beginnt mit der Festsetzung der Miete bei Vertragsbeginn bzw mit Wirksamwerden der Änderung (Staud/*Weitemeyer* § 557b Rn 28). Die Änderungserklärung kann bereits vor Ablauf der Wartefrist abgegeben werden, wobei sie aber erst mit Ablauf der Jahresfrist wirksam wird. Eine einvernehmliche Erhöhung gem § 557 Abs 1 löst die Wartefrist des Abs 2 S 1 aus (Staud/*Weitemeyer* § 557b Rn 38). Erhöhungen nach §§ 559, 560 sind bei der Frist nicht zu berücksichtigen. 6

5. Wirkung. a) Mietänderung. Die Miete ändert sich entspr der Veränderung des Indexes. Ausgangspunkt ist der Preisindex, der Grundlage der letzten Preisänderung war bzw derjenige, der im Zeitpunkt des Vertragsschlusses bestand. Hinsichtlich des Umfangs der Veränderung kann auf den zur Zeit der Erklärung gegebenen oder einen früheren Preisindex abgestellt werden, wobei diese Festlegung für die nächste Änderung maßgebend ist. Ferner sind die Vertragsparteien nicht verpflichtet, eine der Indexänderung vollständig entspr Mietänderung vorzunehmen. Die erfolgte Entscheidung ist bindend. Auch hier ist dies dann wieder Ausgangspunkt für die nächste Änderung. Von dem Anpassungsrecht muss nicht Gebrauch gemacht werden, wobei unter bestimmten Umständen eine Verwirkung eintreten kann (Düsseldorf NZM 1998, 480). Bei einer zwischenzeitlichen Erhöhung nach § 559 ist bei der Berechnung der neuen Miete so vorzugehen, dass zunächst der Abschnitt bis zur Erhöhung nach § 559 (Ausgangsmiete) und dann der Abschnitt nach der Erhöhung (Ausgangsmiete zzgl § 559) unter der jeweiligen erfolgten Indexerhöhung zu berechnen ist (vgl Soerg/*Heintzmann* § 557b Rn 15). 7

8 **b) Zeitpunkt der Änderung (Abs 3 S 3).** Die Anpassung wird gem Abs 3 S 3 mit Beginn des auf den **Zugang der Erklärung folgenden übernächsten Monats** wirksam. Es empfiehlt sich daher, auf den Index des Monats maßgebend Bezug zu nehmen, der mindestens zwei Monate vor dem Wirksamwerden liegt (MüKo/*Artz* § 557b Rn 10). Für den Fristbeginn gilt § 193 (Palandt/*Weidenkaff* § 557b Rn 13; aA Soerg/*Heintzmann* § 557b Rn 13). Die Frist kann durch den Erklärenden verlängert werden. Abs 3 S 3 begründet keine Änderung der gesetzlichen oder vertraglichen Fälligkeit.

9 **c) Andere Mietänderungen (Abs 2).** Während der Laufzeit einer Indexmiete ist **eine Mietänderung nach § 558 ausgeschlossen.** Ein Wahlrecht des Vermieters zwischen Indexvereinbarung und § 558 macht die Indexvereinbarung nichtig. Eine Erhöhung nach § 559 ist gem Abs 1 S 2 nur zulässig, soweit der Vermieter bauliche Maßnahmen durchgeführt hat, die er nicht zu vertreten hat (§ 559 Abs 1 Var 4), wobei ein Vertretenmüssen nicht gegeben ist, wenn äußere Umstände gegeben waren, die den Vermieter zu der Maßnahme gezwungen haben (BTDrs 12/3254 S 15). Eine Differenzierung nach Teilbereichen ist möglich. Nach dem Auslaufen der Indexvereinbarung ist eine Erhöhung nach § 559 für in dieser Zeit vorgenommene Maßnahmen zulässig (Schmidt-Futterer/*Börstinghaus* § 557b Rn 38). Erhöhungen nach § 560 sind zulässig. Gleiches gilt für Vereinbarungen gem § 557 Abs 1. Nach dem Ende der Indexvereinbarung können Mieterhöhungen nach §§ 558, 559 unter Berücksichtigung der eigenen Voraussetzungen vorgenommen werden. § 557a und § 557b schließen sich gegenseitig aus.

10 **6. Abweichende Vereinbarungen (Abs 4).** Soweit in der Anpassungserklärung die Ermäßigung nicht explizit ausgeschlossen ist, ergibt die Auslegung grds, auch wenn nur von der Erhöhung gesprochen wird, dass die Vereinbarung auch die Ermäßigung erfasst. Andernfalls ist die Vereinbarung unwirksam (Soerg/*Heintzmann* § 557b Rn 4). Gleiches gilt für die Vereinbarung einer automatischen Anpassung, wobei an diese Stelle die Regelung des Abs 3 tritt. Es ist stets zu beachten, dass § 557b das Recht zur Erhöhung und zur Herabsetzung beinhaltet und beide Vertragsparteien änderungsberechtigt sind.

11 **C. Verfahrensrechtliches.** Da die Vereinbarung das Risiko einer stärker abw Entwicklung beinhaltet, ist **§ 313** grds nicht anwendbar (Soerg/*Heintzmann* § 557b Rn 17). Eine **Widerruflichkeit** kann sich aus § 312 oder §§ 312b ff ergeben. Die Mieterhöhung erfährt ihre **Grenzen** in § 5 WiStG sowie § 138 Abs 2 iVm § 291 StGB, wobei dies ua dadurch eintreten kann, dass die Preise für die Lebenserhaltung stärker steigen als die Vergleichsmiete. Ein mit § 557a Abs 3 vergleichbares **Kündigungsrecht** kennt § 557b nicht. § 561 ist nicht übertragbar. Auch wenn an die Stelle eines nicht mehr erhobenen Index durch Auslegung der an diese Stelle getretene Index treten kann (Rostock ZMR 2006, 773), ist es ratsam, für diesen Fall vertragliche **Vorsorge** zu treffen (Staud/*Weitemeyer* § 557b Rn 16). Der Mieter kann dem Vermieter gegen die Erhöhung eine **Mietminderung** entgegenhalten, auch wenn diese bereits verwirkt ist (LG Berlin GE 2003, 326). Ein **jahrelanger Verzicht einer Änderung** mit anschließender Durchsetzung eines sehr hohen Betrages führt nur in Extremfällen zum Verstoß gegen Treu und Glauben, da der Vertragspartner sich darauf einstellen konnte, die Erhöhung nicht rückwirkend ist und der Vertragspartner selbst die Erhöhung hätte vornehmen können, wobei dieser Ansatz dann nicht als gerechtfertigt erscheint, wenn der Vertragspartner davon ausgehen konnte, dass eine Erhöhung per se nicht mehr erfolgen wird (vgl Staud/*Weitemeyer* § 557b Rn 28; MüKo/*Artz* § 557b Rn 9; Soerg/*Heintzmann* § 557b Rn 10).

§ 558 Mieterhöhung bis zur ortsüblichen Vergleichsmiete.

[1] Der Vermieter kann die Zustimmung zu einer Erhöhung der Miete bis zur ortsüblichen Vergleichsmiete verlangen, wenn die Miete in dem Zeitpunkt, zu dem die Erhöhung eintreten soll, seit 15 Monaten unverändert ist. Das Mieterhöhungsverlangen kann frühestens ein Jahr nach der letzten Mieterhöhung geltend gemacht werden. Erhöhungen nach den §§ 559 bis 560 werden nicht berücksichtigt.

[2] Die ortsübliche Vergleichsmiete wird gebildet aus den üblichen Entgelten, die in der Gemeinde oder einer vergleichbaren Gemeinde für Wohnraum vergleichbarer Art, Größe, Ausstattung, Beschaffenheit und Lage in den letzten vier Jahren vereinbart oder, von Erhöhungen nach § 560 abgesehen, geändert worden sind. Ausgenommen ist Wohnraum, bei dem die Miethöhe durch Gesetz oder im Zusammenhang mit einer Förderzusage festgelegt worden ist.

[3] Bei Erhöhungen nach Absatz 1 darf sich die Miete innerhalb von drei Jahren, von Erhöhungen nach den §§ 559 bis 560 abgesehen, nicht um mehr als 20 vom Hundert erhöhen (Kappungsgrenze).

[4] Die Kappungsgrenze gilt nicht,

1. **wenn eine Verpflichtung des Mieters zur Ausgleichszahlung nach den Vorschriften über den Abbau der Fehlsubventionierung im Wohnungswesen wegen des Wegfalls der öffentlichen Bindung erloschen ist und**
2. **soweit die Erhöhung den Betrag der zuletzt zu entrichtenden Ausgleichszahlung nicht übersteigt.**

Der Vermieter kann vom Mieter frühestens vier Monate vor dem Wegfall der öffentlichen Bindung verlangen, ihm innerhalb eines Monats über die Verpflichtung zur Ausgleichszahlung und über deren Höhe Auskunft zu erteilen. Satz 1 gilt entsprechend, wenn die Verpflichtung des Mieters zur Leistung einer

Ausgleichszahlung nach den §§ 34 bis 37 des Wohnraumförderungsgesetzes und den hierzu ergangenen landesrechtlichen Vorschriften wegen Wegfalls der Mietbindung erloschen ist.
[5] Von dem Jahresbetrag, der sich bei einer Erhöhung auf die ortsübliche Vergleichsmiete ergäbe, sind Drittmittel im Sinne des § 559a abzuziehen, im Falle des § 559a Absatz 1 mit 11 vom Hundert des Zuschusses.
[6] Eine zum Nachteil des Mieters abweichende Vereinbarung ist unwirksam.

A. Allgemeines. Für das System der **Mieterhöhung bis zur ortsüblichen Vergleichsmiete** bildet § 558 die **Grundnorm.** § 558 gewährt dem Vermieter während des Bestehens des Mietverhältnisses einen Anspruch gegen den Mieter auf Zustimmung zu einer Erhöhung der Miete bis zur ortsüblichen Vergleichsmiete. Insofern ist Anspruchsinhalt die Abgabe einer Willenserklärung. Die Norm beinhaltet ein Anpassungsbestimmungsrecht des Vermieters, welches in einer Wechselbeziehung zum Sonderkündigungsrecht des Mieters nach § 561 steht (MüKo/*Artz* § 558 Rn 2). § 558 wird von den §§ 558a bis e flankiert. Zweck der Norm ist, dem Vermieter einen angemessenen marktorientierten Ertrag zu garantieren, ohne dabei den Mieterschutz außer Acht zu lassen (BVerfG NJW 1974, 1499; 1989, 969). Ist die Miete seit fünfzehn Monaten unverändert (Abs 1 S 1) und liegt die vereinbarte Miete unter der ortsüblichen Vergleichsmiete (Abs 1 und 2), so kann der Vermieter unter Berücksichtigung der Kappungsgrenze (Abs 3 und 4) die Zustimmung zu einer Vertragsänderung vom Mieter verlangen. 1

B. Regelungsgehalt. I. Anwendungsbereich. § 558 gilt gem § 549 Abs 1 für Wohnraummietverhältnisse, wobei die Ausnahmen des § 549 Abs 2 und 3 zu beachten sind. Bei Mischmietverhältnissen findet die Norm Anwendung, wenn der Wohnzweck überwiegt, wobei eine getrennte Erhöhung unzulässig ist (zB nicht isoliert für Garage, Palandt/*Weidenkaff* § 558 Rn 2). Die Norm gilt nicht für die Nutzungsentschädigung gem § 546a (vgl § 546a Rz 11). Gleiches gilt für preisgebundenen Wohnraum (BGH ZMR 2004, 408). § 558 ist bis zur Beendigung des Mietverhältnisses anwendbar, auch wenn bereits gekündigt worden ist. Bei Unwirksamkeit einer Schönheitsreparaturklausel ist eine Anpassung der Miete nach § 558 nicht ausgeschlossen (str, vgl Schmidt-Futterer/*Börstinghaus* § 558a Rn 51 ff; folgend: LG Düsseldorf WuM 2007, 456). 2

II. Anwendungsgrundsätze. 1. Allgemeines. Die §§ 558 bis 558e beinhalten sowohl materielle als auch formelle Regelungen. Die materiellen Voraussetzungen finden sich in §§ 558, 558c bis e, hingegen sind die formellen Voraussetzungen in § 558a und § 558b Abs 2 und 3 verankert. Bei den formellen Voraussetzungen des Erhöhungsverlangens ist es nicht entscheidend, dass alle Angaben genau und korrekt sind, hingegen müssen die materiellen Voraussetzungen tatsächlich vorliegen (Soerg/*Heintzmann* § 558 Rn 2). 3

2. Verhältnis zu anderen Erhöhungen. Wird eine Modernisierung des Wohnraums zum Gegenstand der Erhöhung nach § 558 gemacht, ist sie für eine anschließende Erhöhung nach § 559 verbraucht (Hamm ZMR 1993, 161). Bei Teilinklusivmieten (Bruttokaltmiete, vgl BGH NZM 2006, 652) und Inklusivmieten kann die Erhöhung der Betriebskosten nur nach § 558 und nicht nach § 560 vorgenommen werden (Karlsruhe NJW 1981, 1051). Unwirksame Vereinbarungen einer Staffel- oder Indexmiete schließen die §§ 558 ff auch bei einer festen Laufzeit nicht aus. 4

III. Mieterhöhung (Abs 1). 1. Ausgangsmiete. Mit Miete iSv § 558 ist die jeweilige Mietstruktur der vereinbarten Miete ohne Betriebskostenvorauszahlung gemeint (BGH WuM 2004, 153). Die Mieterhöhung darf weder mittelbar noch unmittelbar zur materiellen Änderung der Mietstruktur führen (Frankfurt aM NJW-RR 2001, 945). Je nach Vereinbarung kann es sich um eine Netto-, eine Teilinklusiv- oder eine Inklusivmiete (Bruttomiete) handeln. Bei Veränderungen der Leistungen des Vermieters ist die daran anknüpfende Mietänderung maßgebend (zB Teilkündigung). 5

2. Ortsübliche Vergleichsmiete (Abs 2). a) Begriff, Bedeutung und Zeitpunkt. Der Vermieter kann von dem Mieter Zustimmung zu einer Erhöhung der Miete unter den weiteren Voraussetzungen der §§ 558 ff verlangen, wenn die **vereinbarte Miete geringer ist als die ortsübliche Vergleichsmiete**, Abs 1 S 1. Die ortsübliche Vergleichmiete ist ein Vergleichswert und wird in Abs 2 S 1, 2 definiert (vgl BVerfG NJW 1980, 1617). Sie betrifft eine marktorientierte Miete und keine Marktmiete, die Neumieten (bei Neuvermietung erzielbare Miete), Bestandsmieten (Mietänderungen in den letzten vier Jahren bei bestehenden Mietverhältnissen) und Neuvertragsmieten (in den letzten vier Jahren geschlossene Mietverträge) berücksichtigt und sich nur auf das tatsächlich und üblicherweise gezahlte bezieht, wobei jede Mietänderung mit Ausnahme einer Erhöhung nach § 560 in Betracht kommt (MüKo/*Artz* § 558 Rn 7, 17). Ob die Mieten gerechtfertigt oder angemessen sind, ist irrelevant. Die Vergleichsmiete ist grds kein bestimmter Betrag, sondern bewegt sich in Spannen (BGH NJW 2005, 2621). Bei Inklusiv- oder Teilinklusivmieten sind diese Mieten mit den ortsüblichen Inklusiv- oder Teilinklusivmieten zu vergleichen. Eines vorherigen Herausrechnens der Nebenkosten bedarf es nicht (Stuttgart NJW 1983, 2329). Da Mietspiegel häufig nur Nettomieten ausweisen, bleibt oftmals nichts anderes übrig, als durch Ausscheiden des geschätzten Nebenkostenanteils die Grundmiete zu ermitteln und nach Einordnung der hypothetischen Nettomiete in den Mietspiegel den Betriebskostenanteil wieder zu addieren (BGH NJW-RR 2006, 227; NJW 2007, 2626). Der Betriebskostenanteil kann durch die vorangegan- 6 gene Betriebskostenabrechnung ermittelt werden (BGH aaO). Ebenso sind Nettomieten mit Nettomieten zu vergleichen, wobei eine vereinbarte Bruttomiete selbstredend auch mit einer Nettomiete verglichen werden kann. Ein Zuschlag auf die ortsübliche Vergleichsmieten des Mietspiegels kann nicht vorgenommen werden, wenn der Vermieter (ausnahmsweise) die Pflicht zu Schönheitsreparaturen nicht auf den Mieter übergewälzt hat und der Mietspiegel Mietverhältnisse mit der Verpflichtung des Mieters hierzu vorsieht (BGH NJW 2008, 2840; aA Koblenz NJW 1985, 333; Frankfurt aM ZGS 2008, 166; vertiefend: MüKo/*Artz* § 558 Rn 10 ff).

7 Bei der **ortsüblichen Miete** geht es um einen **repräsentativen Mittelwert** (BayOblG NZM 2000, 488), der meist in einer Spanne angegeben ist (vgl § 558a Abs 4). Er kann durch einen Mietspiegel oder ein Sachverständigengutachten ermittelt werden. Die Mieterhöhung kann bis zur oberen Grenze der entspr Spanne angehoben werden, unabhängig davon, ob die Ausgangsmiete bereits in der Spanne liegt. Eine Erhöhung ist auch nicht auf den Betrag begrenzt, um den die ortsübliche Vergleichsmiete gestiegen ist (BGH NJW 2007, 2546). Abs 2 S 2 ist bei der Ermittlung der Vergleichsmiete zu beachten (vertiefend: MüKo/*Artz* § 558 Rn 30 ff).

8 Bei Veränderungen gem § 557 Abs 1 ist auf den Zeitpunkt des Vertragsabschlusses und bei § 558 auf das Wirksamwerden der Erhöhung für die Fristberechnung abzustellen, wobei allein die **letzte Änderung** maßgebend ist (MüKo/*Artz* § 558 Rn 18). Für die Berechnung der Vergleichsmiete dürfen keine Entgelte herangezogen werden, deren nach dem vorstehenden Satz zu ermittelnder Anknüpfungspunkt nach Zugang des Erhöhungsverlangens liegt. Neuvermietungen und Bestandsmieten müssen bei der Errechnung der ortsüblichen Vergleichsmiete in einem ausgewogenen Verhältnis sein (BGH NZM 1998, 196). Es ist stets zu fragen, ob überhaupt ein rechtlich relevanter Unterschied zwischen der bisherigen Miete und der ortsüblichen Vergleichsmiete besteht (LG Berlin GE 2003, 1022).

9 **b) Wohnmerkmale.** Die in Abs 2 S 1 angeführten wohnwertbildenden Umstände sind grds allein zur Beurteilung der Vergleichbarkeit heranzuziehen (Schmidt-Futterer/*Börstinghaus* § 558 Rn 49). Neben den angeführten Merkmalen für eine Mietpreisbildung sind in tatsächlicher Hinsicht noch weitere Merkmale maßgebend, die jedoch auf Grund des eindeutigen Wortlauts nicht berücksichtigt werden dürfen (Staud/*Emmerich* § 558 Rn 19). Mieten, die auf Grund bes Umstände Sondereinflüssen unterliegen, sind nicht repräsentativ und dürfen daher nicht verwendet werden. Gleiches gilt für extrem hohe oder bes niedrige Mieten (vgl Staud/*Emmerich* § 558 Rn 24). Eine Vergleichbarkeit ist hingegen gegeben, wenn die genannten Wohnwertmerkmale im Wesentlichen übereinstimmen. Die Zugehörigkeit einzelner Umstände zu den Gruppen ist umstr, jedoch hat dies für die Praxis keine Auswirkung (MüKo/*Artz* § 558 Rn 21). Die Person des Mieters ist kein wertbildendes Merkmal. **aa) Art.** Dieses Merkmal betrifft die **Struktur des Wohnraums** (zB Reihen-, Mehrfamilien- oder Doppelhaus, Dachgeschoss oder Appartement, Schmid/*Riecke* § 558 Rn 17). Hierzu zählen ebenso die Charakterisierung nach Alt- und Neubau und das Baujahr, soweit sich ein Hinweis auf den Wohnwert ergibt, wobei zu berücksichtigen ist, dass ein renovierter Altbau einem Neubau gleichkommen kann (LG Berlin NZM 1999, 172).

10 **bb) Größe.** Hiermit ist vor allem die **Quadratmeterzahl** gemeint. Es sind Gruppen von Wohnungsgrößen zu bilden. Soweit die Abweichung nicht größer als 10 % ist, kommt es auf die Angabe im Mietvertrag und nicht auf die tatsächliche Größe an, wenn diese verbindlich sein soll (str, BGH NJW 2004, 3115; 2007, 2626). Die Fläche wird idR nach der WoFlV ermittelt (BGH NJW 2007, 2624). Vergleichbarkeit bedeutet nicht zwingend Übereinstimmung, so dass Abweichungen bis 20 % bedenkenfrei sein können (Palandt/*Weidenkaff* § 558 Rn 16). Ob vom Mieter selbst auf eigene Kosten geschaffener Wohnraum zu berücksichtigen ist, ist umstr (bejahend: Soerg/*Heintzmann* § 558 Rn 21; verneinend: LG Berlin NZM 1999, 307; MüKo/*Artz* § 558 Rn 23; differenzierend: LG Berlin ZMR 2003, 263).

11 **cc) Ausstattung.** Ausschließlich die vom Vermieter zur Verfügung gestellte Ausstattung und Einrichtung ist zu berücksichtigen, wobei das Augenmerk auf die **sanitäre Einrichtung, den Boden, die Isolierung, einen Fahrstuhl, die Möblierung und die Heizungsart** fällt. Etwas anderes gilt, wenn der Mieter vom Vermieter vereinbarungsgem die verauslagten Kosten für die Einrichtung erstattet bekommt (BayObIG ZMR 1982, 343), hingegen ein gesetzlicher Ausgleichsanspruch nach §§ 539 Abs 1, 951 keine Abweichung vom Grundsatz beinhaltet (Schmidt-Futterer/*Börstinghaus* § 558 Rn 83).

12 **dd) Beschaffenheit.** Hierbei ist die **Aufteilung der Wohnung**, die sog planerische Beschaffenheit, entscheidend. Insoweit kommt es auf die Anzahl der Räume und das Vorhandensein von Nebenräumen, Kellern, Terrassen, Balkonen, Garagen oder einem Garten an (Soerg/*Heintzmann* § 558 Rn 23). Ferner gehört hier der Zustand der Sachsubstanz hin. Mängel (vgl § 536 Rz 8 ff), die dauerhaft vorhanden und nicht behebbar sind, sind im Gegensatz zu behebbaren Mängeln (hier §§ 536 ff) zu berücksichtigen (Hamburg NJW-RR 1996, 908). Behebbare Mängel, die nur unter unverhältnismäßigen Aufwand beseitigt werden können, sind wie unbehebbare Mängel zu berücksichtigen (Schmid/*Riecke* § 558 Rn 22). Mängel, die als Beschaffenheitsmerkmal herangezogen worden sind, können keine Minderung begründen (Schmid/*Riecke* § 558 Rn 23). Ob der Mieter wegen eines Anspruchs auf Mängelbeseitigung ein Zurückbehaltungsanspruch gegen das Zustimmungsverlangen hat, ist umstr (wohl bejahend: Staud/*Emmerich* § 558 Rn 36; verneinend: Frankfurt aM NZM 1999, 795; MüKo/*Artz* § 558 Rn 26). Wertverbesserungen des Mieters sind nur zu berücksichtigen, wenn der Vermieter sie erstattet hat oder diese abgewohnt sind (BayObIG NJW 1981, 2259).

ee) Lage. Mit der Lage ist die Zugehörigkeit zu einem bestimmten **Stadtteil**, dem Charakter der **Umgebung** (zB Wohn- oder Gewerbegebiet), der **Verkehrsanbindung** und der Lage im Haus gemeint. Zudem ist die Entfernung zu diversen Einrichtungen entscheidend. 13

c) Gemeinde. Grds muss der zu beurteilende Wohnraum in **derselben Gemeinde** liegen, hingegen darf auf vergleichbare Gemeinden zurückgegriffen werden, wenn in derselben Gemeinde kein vergleichbarer Wohnraum vorhanden ist (BVerfG ZMR 1994, 99). Bei vergleichbaren Gemeinden sind möglichst Nachbargemeinden heranzuziehen (Palandt/*Weidenkaff* § 558 Rn 14). 14

d) Vier-Jahres-Frist. Die **Frist** bemisst sich **ab** dem **Zugang des Erhöhungsverlangens** (str, BayOblG NJW-RR 1993, 202, Karlsruhe NJW 2007, 3004). Probleme mit der Vier-Jahres-Frist treten bei der Heranziehung eines Mietspiegels auf, da zwischen Datenerhebung, Erstellung und Bekanntgabe Zeit vergeht (Soerg/*Heintzmann* § 558 Rn 27). Insofern wird vorgeschlagen, einen Mietspiegel, der die letzten vier Jahre vor seiner Erstellung beinhaltet, noch zwei Jahre (aus § 558c Abs 3) nach seiner Erstellung als gültige Übersicht anzusehen (Soerg/*Heintzmann* aaO). Bei den heranzuziehenden Mieten ist der Mietbeginn, soweit dieser nicht zurückdatiert wird, bzw das Wirksamwerden der Änderung entscheidend. 15

3. Sperrfrist und Wartefrist. a) Allgemeines. Gem Abs 1 S 1 muss die Miete im Zeitpunkt, in dem die Veränderung eintreten soll, fünfzehn Monate unverändert sein. Diese Frist ist von der Sperrfrist des Abs 1 S 2 zu unterscheiden, nach der das Erhöhungsverlangen frühestens ein Jahr nach der letzten Mieterhöhung geltend gemacht werden kann. Die Wartefrist setzt sich aus der Sperrfrist und der Zustimmungsfrist des § 558b Abs 1 zusammen, wobei es zu Abweichungen zwischen der Frist des Abs 1 S 2 mit der Frist aus § 558b Abs 1 kommen kann, wenn die Miete nicht zum Monatsbeginn zu zahlen ist (Soerg/*Heintzmann* § 558 Rn 16). Gesetzesgestützte Mieterhöhungen nach §§ 559 bis 560 bleiben bei der Fristberechnung gem Abs 1 S 3 unberücksichtigt (BGH NJW 2008, 2031). Mietsenkungen nach §§ 557 Abs 1, 557a, 557b sind trotz des Wortlautes außer Acht zu lassen (MüKo/*Artz* § 558 Rn 51). Mietänderungen, die sich aus der Erweiterung der Leistungen des Vermieters ergeben, sind hingegen zu beachten (zB Nutzung einer Garage, zusätzlicher Räume). Die Vereinbarung eines Untermietzuschlages ist unbeachtlich (LG München I WuM 1999, 575). 16

b) Fristlauf. Fristbeginn ist der Vertragsbeginn (aA Staud/*Emmerich* § 558 Rn 6: Vertragsschluss) bzw die Fälligkeit der letzten Mieterhöhung (BGH NJW-RR 2004, 945; abw: Soerg/*Heintzmann* § 558 Rn 13: Zeitpunkt der Schuldung). Bei vereinbarter Rückwirkung gilt der rückdatierte Fälligkeitszeitpunkt (BGH aaO). Eine Vertragsänderung lässt die Sperrfrist neu beginnen, hingegen haben das Eintreten eines Nachmieters in den Vertrag sowie die Nachfolge per Gesetz keinen Einfluss auf den Fristlauf (MüKo/*Artz* § 558 Rn 54). Bei Übergang von Kostenmiete zur freien Miete ist die letzte Erhöhung der Kostenmiete Anknüpfungspunkt, wobei auch hier die Fälligkeit entscheidend ist (Hamm NJW-RR 1995, 1293). Die Sperrfrist endet ein Jahr später mit Ablauf des Tages, der dem Tag des Fristbeginns vorausgeht. §§ 187 Abs 1, 188 Abs 2 und 3, 193 finden Anwendung. Beim Auslaufen einer Staffelvereinbarung nach § 557a kommt es zu keiner Addition der Fristen aus Abs 1 S 2 und aus § 557a Abs 1 S 1. Ausgangspunkt ist das Inkrafttreten der letzten Staffel. 17

c) Missachtung der Fristen. Eine **vorzeitige Geltendmachung** ist unwirksam, da der Fristablauf eine materielle Voraussetzung der Erklärung darstellt (BGH NJW 1993, 2109). Der Zeitablauf bewirkt keine Heilung. Die Erklärung ist dann nachzuholen (vgl § 558b Abs 3), setzt jedoch eine neue Überlegungsfrist in Lauf (Soerg/*Heintzmann* § 558 Rn 15). Ein Verstoß gegen die Wartefrist unter Beachtung der Sperrfrist begründet keine Unwirksamkeit der Erklärung. Die Miete wird indes erst nach Ablauf der 15 Monate geschuldet. 18

d) Teilzustimmung. Umstr ist die Rechtslage, wenn der Mieter dem Erhöhungsverlangen nur teilw zustimmt, wobei nach hM eine Differenzierung erfolgt, ob das Erhöhungsverlangen formell wirksam (§ 558b Abs 1), formell unwirksam (Antrag des Mieters gem § 150 Abs 2) oder nur teilw wirksam ist (vgl Staud/*Emmerich* § 558 Rn 7; MüKo/*Artz* § 558 Rn 58 ff). Soweit eine Mieterhöhung zustande kommt, löst diese den Fristlauf aus. 19

IV. Kappungsgrenze (Abs 3 und 4). 1. Allgemeines. Die Kappungsgrenze soll eine zu schnelle Mieterhöhung unter bes Berücksichtigung von »Lockvogelangeboten« durch eine sehr niedrige Anfangsmiete verhindern. Die Miete kann bereits bei der ersten Erhöhung, die noch vor Erreichen von drei Jahren Mietzeit liegt, auf 20 % erhöht werden, soweit dies die ortsübliche Vergleichsmiete hergibt (BayOblG WuM 1984, 49). Die Kappungsgrenze und die ortsübliche Vergleichsmiete bilden unabhängig voneinander Grenzen der Mieterhöhung. Der Kappungsgrenze selbst ist die Möglichkeit, innerhalb von drei Jahren die Miete um 20 % zu erhöhen, nicht zu entnehmen. Verstöße gegen die Kappungsgrenze führen nur zur Nichtigkeit, soweit das Erhöhungsverlangen die Grenze überschreitet (Celle NJW-RR 1996, 331). Einer zulässigen Zustimmungsklage fehlt es in diesem Fall an der Begründetheit (Schmidt-Futterer/*Börstinghaus* § 558 Rn 198). 20

2. Geltungsbereich. Die Kappungsgrenze findet auf jede Mieterhöhung nach § 558 Anwendung. Eine entspr Anwendung auf § 546a erfolgt nicht (Palandt/*Weidenkaff* § 558 Rn 19). Gleiches gilt bei einem Untermietzuschlag (LG München I WuM 1999, 575). Sie gilt beim erstmaligen Übergang von Kostenmiete zur Vergleichs- 21 miete unter Berücksichtigung von Abs 4, wobei Ausgangspunkt die Kostenmiete ist, die drei Jahre vor dem Erhöhungsverlangen geschuldet wurde (BGH NJW-RR 2004, 945). Bei Veränderung der Wohnfläche ist das Verhältnis Mietpreis zu Quadratmeter auf die neue Wohnfläche umzurechnen und der Kappungsgrenze zu Grunde zu legen (LG Frankfurt aM ZMR 1997, 474). Ein Vermieterwechsel nach § 565 oder § 566 hat auf die Ermittlung der Kappungsgrenze im Gegensatz zum Abschluss eines neuen Mietvertrages zwischen den Parteien sowie den Eintritt eines neuen Mieters in den Mietvertrag keinen Einfluss (Staud/*Emmerich* § 558 Rn 47).

22 **3. Berechnung.** Mieterhöhungen nach **§§ 559, 560** bleiben **unberücksichtigt** (Ausnahme gestiegene Kapitalkosten, BGH WuM 2004, 345) und werden nach der Errechnung der Erhöhung wieder der Miete zugeschlagen. Dies gilt auch für Mieterhöhungen, die auf den in §§ 559, 560 genannten Gründen beruhen, jedoch einverständlich zustande gekommen sind (§ 557 Abs 1), da es grds Ziel ist, Modernisierungsmaßnahmen zu fördern (BGH ZMR 2004, 503; 2007, 3122; aA MüKo/*Artz* § 558 Rn 40). Vor der Drei-Jahres-Frist erfolgte Erhöhungen aus den Gründen der §§ 559, 560 werden indes berücksichtigt (BGH NJW 2008, 848). Verringert sich die Miete innerhalb der letzten drei Jahre, ist die verringerte Miete Bezugspunkt für die Kappungsgrenze (str, Schmid/*Riecke* § 558 Rn 33), wobei Minderungen auf Grund von Mängeln außer Betracht bleiben (Hamburg NJW-RR 1996, 908). Bezugspunkt ist die vereinbarte Miete in ihrer jeweiligen Struktur, wobei es dem Vermieter bei einer Teilinklusiv- oder Inklusivmiete unbenommen ist, die Nebenkosten herauszurechnen und nur die Nettomiete zu erhöhen, was wiederum nicht zur Veränderung der Mietstruktur führen darf (Frankfurt aM NZM 2001, 418; MüKo/*Artz* § 558 Rn 37).

23 **4. Frist.** Die Drei-Jahres- Frist berechnet sich im Gegensatz zur Vier-Jahres-Frist des Abs 2 bzw der Sperrfrist des Abs 1 S 2 ab dem **Wirksamwerden der Mieterhöhung** gem § 558b Abs 1 (BayObIG NJW-RR 1993, 202). Entscheidend ist daher, zu welcher Mietzahlung der Mieter in den letzten drei Jahren vor Wirksamwerden der Mieterhöhung verpflichtet war (Schmidt-Futterer/*Börstinghaus* § 558 Rn 160).

24 **5. Unanwendbarkeit (Abs 4).** Die Kappungsgrenze des Abs 3 findet in Abs 4 eine **Einschränkung für bestimmte Fälle** nach Beendigung der Preisbindung. Die Norm soll verhindern, dass der Mieter nach Wegfall der Preisbindung weniger aufwenden muss als zuvor. Insoweit kann der Vermieter zumindest den vom Mieter zu zahlenden Ausgleichsbetrag ausschöpfen, wobei er die Spanne nicht bei der ersten Erhöhung voll ausnutzen muss, so dass die Befreiung von der Kappungsgrenze mehrfach in Anspruch genommen werden kann, wenn dies die ortsübliche Vergleichsmiete hergibt (MüKo/*Artz* § 558 Rn 42). Voraussetzung ist, dass der Mieter auf Grund des AFWoG zu einer Ausgleichszahlung verpflichtet war und die Mieterhöhung den Betrag der Abgabe nicht übersteigt. Gleiches gilt gem Abs 4 S 3 bei Ausgleichszahlungen nach den §§ 34 bis 37 WoFG. Die Kappungsgrenze entfaltet jedoch für die Differenz von Erhöhungsbetrag und Ausgleichsbetrag Wirkung, wenn der Erhöhungsbetrag diesen betragsmäßig übersteigt, wobei dann die Kostenmiete ohne Ausgleichsbetrag den Bezugspunkt für die Kappungsgrenze bildet (Abs 4 S 1 Nr 2 »soweit«, Staud/*Emmerich* § 558 Rn 54).

25 Zur Überprüfung dieser Voraussetzungen steht dem Vermieter ein **Auskunftsanspruch gegen den Mieter** hinsichtlich der Verpflichtung und der Höhe zu, Abs 4 S 2. Formvorschriften bestehen diesbezüglich nicht. Bei Zweifeln kommt lediglich ein Anspruch gem §§ 260, 261 auf Abgabe einer eidesstattlichen Versicherung in Betracht, während ein Anspruch auf Vorlage von Belegen sich nicht aus dem Gesetz ergibt (Schmidt-Futterer/*Börstinghaus* § 558 Rn 202). Zudem wäre eine Auskunftsklage nur für den Fall der gänzlichen Verweigerung denkbar (Staud/*Emmerich* § 558 Rn 56).

26 **V. Kürzungsbeiträge (Abs 5).** Bei Modernisierungsmaßnahmen besteht die Möglichkeit einer Erhöhung nach **§ 559** oder nach **§ 558**. Sind Modernisierungsmaßnahmen Grundlage der Mieterhöhung nach § 558, so ist bei der Verwendung von Drittmitteln Abs 5 zu beachten. Dies folgt aus dem Zusammenhang zwischen § 558 und § 559. Verbleibt nach der Berücksichtigung ein Erhöhungsbetrag, sind auf ihn Abs 3 und 4 anzuwenden. Nach dem Regelungsgehalt des Abs 5 müssen alle Voraussetzungen von § 559 erfüllt sein (KG NJW-RR 1998, 296). Er begründet eine Rechtsgrundverweisung (BGH NJW 1998, 445). Nur die in § 559a genannten Kosten und Ersparnisse sind Drittmittel, die zu einem Abzug führen, wobei diese für eine Maßnahme iSv § 559 aufgewandt worden sein müssen. Soweit es sich um Leistungen nach § 559a Abs 2 und 3 handelt, ist der Betrag, der jährlich als Zins erspart wurde, von dem jährlichen Erhöhungsbetrag des Abs 2 abzuziehen (Soerg/*Heintzmann* § 558 Rn 37). Bei Zinsersparnis nach § 559a Abs 2 ist stets der Ursprungsbetrag maßgebend, § 559a Abs 2 S 2. Im Falle des § 559a Abs 1 ist der jährliche Erhöhungsbetrag, der nach § 558 Abs 1 bis 4 zulässig ist, um 11 % der genannten Kosten zu kürzen. Bei zinsverbilligten Darlehen entspricht der Anrechnungszeitraum dem Rückzahlungszeitraum. Im Falle des § 559a Abs 1 endet die Kürzung, wenn der Zuschuss aufgezehrt ist (BGH NZM 2004, 655; aA Soerg/*Heintzmann* § 558 Rn 38).

27 **VI. Mieterhöhungsverlangen.** An die Begründung des Erhöhungsverlangen dürfen keine überspannten Anforderungen gestellt werden (Soerg/*Heintzmann* § 558 Rn 1). In einem Erhöhungsverlangen muss die Berechnung nach Abs 5 nachvollziehbar dargelegt sein (BGH NZM 2004, 380). Näheres regelt § 558a.

VII. Abweichungen (Abs 6). Eine zum Nachteil des Mieters abw Vereinbarung ist unwirksam. Ist die Höhe der Miete in einem Formularzeitmietvertrag handschriftlich eingefügt, begründet dies grds keinen Ausschluss der §§ 558 ff (Stuttgart WuM 1994, 420). Die formelle Bezeichnung eines Wohnraummietverhältnisses als gewerbliches begründet keinen Ausschluss der §§ 558 ff (Schmid/*Riecke* § 558 Rn 3). Abs 6 erfasst nur im Voraus getroffene vertragliche Abänderungen (Staud/*Emmerich* § 558 Rn 60). 28

VIII. Unwirksame Erhöhung – vertraglicher Abschluss. Ob eine formell oder materiell unwirksame Erhöhung gleichsam ein Angebot des Vermieters auf Abschluss eines Änderungsvertrages enthält, ist umstr. Ebenso umstr ist, ob in der Zustimmung des Mieters auf die unwirksame Erklärung eine Annahme zu sehen ist (vgl § 557 Rz 4 f). 29

C. Verfahrensrechtliches. Die ortsübliche Vergleichsmiete kann als Maßstab für eine zulässige Mieterhöhung als Gegenstand einer Feststellung im selbständigen Beweisverfahren nicht herangezogen werden (LG Braunschweig WuM 1996, 291). Verweigert der Mieter die Zustimmung, kann der Vermieter hierauf klagen, § 558b Abs 2. Die Darlegungs- und Beweislast folgt den allg Regeln. Bei gerichtlichen Streitigkeiten sind § 41 Abs 5 GKG, § 29a ZPO und § 23 Nr 2a GVG zu beachten. 30

§ 558a Form und Begründung der Mieterhöhung.

[1] Das Mieterhöhungsverlangen nach § 558 ist dem Mieter in Textform zu erklären und zu begründen.

[2] Zur Begründung kann insbesondere Bezug genommen werden auf
1. **einen Mietspiegel (§§ 558c, 558d),**
2. **eine Auskunft aus einer Mietdatenbank (§ 558e),**
3. **ein mit Gründen versehenes Gutachten eines öffentlich bestellten und vereidigten Sachverständigen,**
4. **entsprechende Entgelte für einzelne vergleichbare Wohnungen; hierbei genügt die Benennung von drei Wohnungen.**

[3] Enthält ein qualifizierter Mietspiegel (§ 558d Absatz 1), bei dem die Vorschrift des § 558d Absatz 2 eingehalten ist, Angaben für die Wohnung, so hat der Vermieter in seinem Mieterhöhungsverlangen diese Angaben auch dann mitzuteilen, wenn er die Mieterhöhung auf ein anderes Begründungsmittel nach Absatz 2 stützt.

[4] Bei der Bezugnahme auf einen Mietspiegel, der Spannen enthält, reicht es aus, wenn die verlangte Miete innerhalb der Spanne liegt. Ist in dem Zeitpunkt, in dem der Vermieter seine Erklärung abgibt, kein Mietspiegel vorhanden, bei dem § 558c Absatz 3 oder § 558d Absatz 2 eingehalten ist, so kann auch ein anderer, insbesondere ein veralteter Mietspiegel oder ein Mietspiegel einer vergleichbaren Gemeinde verwendet werden.

[5] Eine zum Nachteil des Mieters abweichende Vereinbarung ist unwirksam.

A. Allgemeines. § 558a beinhaltet die formalen Anforderungen an ein wirksames Erhöhungsverlangen. Zweck der Norm ist, dass der **Mieter** durch die ihm **zukommenden Informationen in der Lage** ist, die **Begründetheit der Erhöhung nachzuprüfen**, um dies zur Grundlage seiner Entscheidung über die Abgabe seiner Zustimmung zu machen. Die Anforderungen müssen einen adäquaten Ausgleich zwischen den Rechten des Vermieters (Eigentum) und dem sozialen Schutz des Mieters begründen, weswegen keine allzu strengen Anforderungen an das Erhöhungsverlangen gestellt werden dürfen. Zu beachten ist, dass die Belange des Mieters in erster Linie durch die materiellen Voraussetzungen geschützt sind (Soerg/*Heintzmann* § 558 Rn 1). Ausreichend ist daher eine Mitteilung der Daten, aus denen sich der Mieter über seine Zustimmung schlüssig werden kann (BVerfG NJW 1989, 969; BGH NJW 2006, 227). Der Inhalt des Erhöhungsverlangens muss den Mieter nicht zwingend in die Lage versetzen, selbst zu entscheiden, ob die ortsübliche Miete die begehrte Miete deckt, ausreichend ist vielmehr, dass ihm die Möglichkeit zur Nachprüfung aufgezeigt wird (BGH NJW 2003, 963). Eine einvernehmliche Änderung nach § 557 ist nicht an § 558a gebunden. Genügt das Erhöhungsverlangen den formellen und materiellen Voraussetzungen, so bewirkt die Zustimmung des Mieters eine Änderung des Vertrages. § 561 und § 558 Abs 1 S 2 sind zu beachten. 1

B. Regelungsgehalt. I. Erhöhungsverlangen. 1. Rechtsnatur. Das Zustimmungsverlangen begründet eine einseitige empfangsbedürftige Willenserklärung, für die § 130 gilt. Es ist ein Antrag iSv § 145 auf Abschluss eines Änderungsvertrages (BayOblG NJW-RR 1988, 721). Der Vermieter kann die Erklärung jedoch entgegen § 145 Abs 1 bis zur Zustimmung des Mieters jederzeit zurücknehmen oder ermäßigen (MüKo/*Artz* § 558a Rn 5). Eine Annahmefrist gem § 147 Abs 2 besteht nicht. Abw von § 150 Abs 2 ist eine teilw Zustimmung möglich (Schmidt-Futterer/*Börstinghaus* § 558a Rn 3). Das Erhöhungsverlangen muss vom Vermieter ausgehen und an den Mieter gerichtet sein (Palandt/*Weidenkaff* § 558a Rn 2). Das formgerechte Erhöhungsverlangen statuiert eine bes Sachentscheidungsvoraussetzung im Zustimmungsverfahren (BayOblG NZM 2000, 488). 2

2. Form. Nach Abs 1 genügt **Textform iSd § 126b**. Telefax, Telex, E-Mail und uU eine SMS genügen der Textform, wobei eine Nachbildung der Namensunterschrift durch Faksimile erfolgen kann (Schmid/*Riecke* § 558a Rn 2). Ebenso ist die Begründung in Textform zu fassen. Die Anforderungen der Textform erstrecken 3 sich nicht auf die beigefügten Anlagen (Staud/*Emmerich* § 558a Rn 11). Im Falle des § 550 ist Schriftform nach § 126 erforderlich (aA Soerg/*Heintzmann* § 558a Rn 6). Eine diesbezügliche Missachtung ist für die erfolgte Vertragsänderung irrelevant. Sie begründet vielmehr eine Änderung in einen unbefristeten Vertrag (MüKo/*Artz* § 558a Rn 6).

4 **3. Inhalt.** Das Erhöhungsverlangen muss die gewünschte Vertragsänderung, dh vor allem die **Höhe der neuen Miete** oder die **Angabe des Erhöhungsbetrages** enthalten sowie die Aufforderung an den Mieter, der Vertragsänderung zuzustimmen (KG NZM 1998, 107; aA Müko/*Artz* § 558a Rn 8: Erhöhungsbetrag nicht ausreichend). Es muss deutlich werden, dass eine einseitige Erhöhung nicht ausreicht (LG Gießen WuM 1996, 557). Die Struktur (Netto- oder Bruttomiete) der Miete muss unverändert bleiben (Frankfurt aM NZM 2001, 418). Auch das im Prozess nachgeholte Erhöhungsverlangen bedarf der Aufforderung zur Zustimmung (MüKo/*Artz* aaO). Die Zustimmungsfrist und der Zeitpunkt des Wirksamwerdens der Erhöhung ergeben sich aus dem Gesetz und müssen daher, soweit diese nicht verlängert werden sollen, nicht mitgeteilt werden, wobei die Nennung eines früheren Erhöhungszeitpunkts unschädlich ist (Hamm NJW 1983, 1861). Ebenfalls nicht mitzuteilen sind die Kappungsgrenze des § 558 Abs 3 und die Jahresfrist des § 558 Abs 1. Mitteilungs- und erläuterungspflichtig sind Kürzungen nach § 558 Abs 5 (BGH NZM 2004, 380). Wird die Erklärung dem Mieter bei Übergang von preisgebundenem Wohnraum vor dessen Ende zugeleitet, sind dieser Umstand und der Zeitpunkt des Endens der Preisbindung mitzuteilen (LG Berlin GE 2003, 592). Ein bedingter Antrag ist unzulässig, so dass sich der Vermieter auf eine noch im Streit befindende vorausgegangene Mieterhöhung beziehen kann (KG ZMR 2005, 367), wobei das Obsiegen des Mieters in diesem Rechtsstreit keinen Einfluss auf die Wirksamkeit des Erhöhungsverlangens, allenfalls auf die Kappungsgrenze, hat (KG NZM 1998, 107). Eine Umdeutung kann in Betracht kommen (vgl LG Bremen WuM 1995, 397). Zudem ist eine Auslegung im Einzelfall möglich. Ferner muss die Erklärung unter Bezugnahme auf ein Mittel nach Abs 2 begründet werden. Allgemein gehaltene Angaben oder bloße Wiedergabe des Gesetzestexts sind nicht ausreichend (Soerg/*Heintzmann* § 558a Rn 9). Ein Beweisantritt ist in diesem Stadium nicht erforderlich. Ausreichend sind Anhaltspunkte (BVerfG ZMR 1980, 202). Abs 3 ist zu beachten. Bei Inklusivmieten bedarf es keiner Errechnung des Nettomietbetrages (BVerfG NJW-RR 1993, 1485). Eine Verbindung der Erklärung mit einer Kündigungsandrohung führt zur Unwirksamkeit.

5 **4. Adressat, Absender und mehrere Beteiligte.** Adressat der Erklärung ist der Mieter, hingegen ist der Vermieter Absender. Die Erklärung muss von allen Vermietern an alle Mieter abgegeben werden, wobei die Angabe weiterer Erklärender, die nicht Vermieter sind, zur Unwirksamkeit führt (LG Berlin ZMR 1999, 882). Die Erklärung nur eines Vermieters ist unwirksam und kann von den anderen Vermietern nicht durch Zustimmung geheilt werden (Schmid/*Riecke* § 558a Rn 6). Gleiches gilt, wenn die Erklärung nur an einen von mehreren Mietern gerichtet ist. Dies gilt auch bei Auszug eines Mieters (vgl jedoch BGH NJW 2004, 1797). Die Mieter können sich durch einen Mieter oder einen Dritten als Empfangsvertreter vertreten lassen, wobei die Bevollmächtigung auch formularmäßig erfolgen kann (BGH NJW 1997, 3437). Die Erklärung muss dennoch an alle Mieter gerichtet sein (Schmid/*Riecke* § 558a Rn 8). Die Vermieter können die Erhöhungserklärung auch durch einen Bevollmächtigten abgeben. Aus der Erklärung muss hervorgehen, dass sie im fremden Namen erfolgt. § 174 ist außer bei der Prozessvollmacht zumindest entspr anwendbar (BGH NJW 2003, 963; LG Hamburg NZM 2005, 255). Die Prozessvollmacht berechtigt zur Abgabe und Entgegennahme der Erklärung (BGH aaO; aA LG Karlsruhe WuM 1985, 320: nur Entgegennahme). Bei einer Bevollmächtigung zur Mieterhöhung ist ein zusätzliches Einverständnis mit der Erhöhung nicht erforderlich (LG Hannover WuM 1992, 441).

6 **5. Abtretung, Ermächtigung und Veräußerung des Grundstückes.** Der Anspruch auf Zustimmung kann nicht isoliert ohne Mietvertrag übertragen werden, da es sich um ein unselbstständiges Nebenrecht handelt (LG München I WuM 1989, 282). Im Falle des § 566 geht die Rechtsposition erst mit Eigentumserwerb über. Eine Bevollmächtigung des Erwerbers durch den Nocheigentümer, die Erhöhung im eigenen Namen zu verlangen, ist nicht möglich (str, vgl MüKo/*Artz* § 558a Rn 23). Zudem scheitert eine Klage im Wege der Prozessstandschaft (BGH NJW 1964, 2296). Ist ein Erhöhungsverlangen vorher abgegeben worden, geht dieses nur dann auf den Erwerber über, wenn der maßgebende Zeitpunkt des § 558b Abs 1 in seine Eigentumszeit fällt (Soerg/*Heintzmann* § 558a Rn 4). Es genügt vor Eigentumserwerb nicht, dass nach dem Vertrag die Nutzung und die Lasten auf den Erwerber übergehen (Schmid/*Riecke* § 558a Rn 4). Die Erklärung des Eigentümers, der sich irrtümlich für den Vermieter hält, ist unwirksam, wobei der Vermieter sich diese nicht zu Eigen machen kann (Soerg/*Heintzmann* § 558a Rn 2).

7 **II. Begründung (Abs 2).** Durch die Vorschrift wird die **Pflicht zur Begründung** statuiert. Insoweit geht es nicht um die Beweisführung im Prozess. Fehlt die Begründung, ist das Begehren unwirksam, so dass das Verfahren, insbes die Fristen, nicht in Gang gesetzt werden (MüKo/*Artz* § 558a Rn 1). Der Umfang muss nicht derart sein, dass dem Mieter jede eigene Nachprüfung erspart bleibt. Es bedarf lediglich eines Hinweises, wie der Vermieter die ortsübliche Miete im konkreten Fall errechnet (BVerfG NJW 1987, 313). Eine Einstufung ist durch die Auflistung nicht erfolgt. Die in Abs 2 aufgeführten Möglichkeiten sind nicht abschließend. Ein

unwirksames Verlangen liegt vor, wenn eine Begründung fehlt oder sie so fehlerhaft ist, dass sie einem Fehlen gleichkommt (Staud/*Emmerich* § 558a Rn 20 mit Bsp).

1. Mietspiegel (Abs 2 Nr 1). Gem Abs 2 Nr 1 kann zur Begründung zunächst ein Mietspiegel nach § 558c oder § 558d herangezogen werden, wobei zwischen dem einfachen nach § 558c und dem qualifizierten Mietspiegel nach § 558d unterschieden wird. Abs 2 verlangt nur eine Bezugnahme, so dass der Mietspiegel nicht beigefügt werden muss, soweit er allg und kostenlos zugänglich ist und mitgeteilt wird, wo er einzusehen ist (LG Berlin WuM 1990, 519). Die Veröffentlichung in der Tageszeitung ist hierfür nicht ausreichend. Das Anbieten der Einsichtnahme beim Vermieter oder das Angebot, auf Verlangen die Tabelle zu versenden, reicht nicht, wobei das Verlangen bei tatsächlicher Einsichtnahme oder Zusendung in diesem Zeitpunkt wirksam wird (Braunschweig WuM 1982, 272). Es muss sich um einen den gesetzlichen Anforderungen entspr Mietspiegel handeln. Im Zustimmungsverfahren darf ein Mietspiegel nach § 558c jedoch nicht ohne weiteres als Entscheidungsgrundlage genutzt werden (vgl Palandt/*Weidenkaff* § 558a Rn 8). 8

Das Verlangen muss Angaben enthalten, unter welchen **Bewertungskriterien** des Mietspiegels die Mietwohnung einzuordnen ist, wobei die Einordnung in die vorgegebenen ausgefüllten Raster des Mietspiegels möglich sein muss (LG Köln WuM 1994, 691). Insoweit kann eine Bezugnahme bei außergewöhnlicher Lage oder Beschaffenheit ausscheiden, wenn dies zum Nachteil des Mieters erfolgen würde (Staud/*Emmerich* § 558a Rn 24). Ist die Wohnung von den Rastern erfasst und enthält sie zudem Besonderheiten oder weicht der Mietvertrag von der erfassten Mietstruktur ab, kann der Vermieter einen Zuschlag erheben, der wiederum zu begründen ist (vgl MüKo/*Artz* § 558a Rn 20; Staud/*Emmerich* § 558a Rn 29 ff). Ein Zuschlag auf Grund einer Steigerung des Mietniveaus zwischen Erstellung des Mietspiegels und Geltendmachung des Verlangens ist nach hM erst im Prozess möglich (Hamm NJW-RR 1997, 142). Auf die Obergrenze einer Spanne kann abgestellt werden, Abs 4 S 1. Es bedarf keiner Positionierung innerhalb der Spanne oder einer Begründung der Einordnung, soweit die Miete innerhalb der Spanne liegt (BTDrs 14/4553 S 55). Offenkundige Fehler sind nicht schädlich, soweit sie für den Mieter erkennbar sind. Bei einer Überschreitung der Spanne ist das Verlangen, soweit es die Obergrenze der Spanne überspringt, unwirksam, da es hierfür an einer Begründung fehlt (BGH aaO). Eine schlichte Bezugnahme auf einen Mietspiegel reicht nicht aus (BGH NJW 2004, 1379). 9

Nach Maßgabe des Abs 4 S 2 kann für den Fall, dass **kein aktueller Mietspiegel vorhanden** ist, ein veralteter oder ein Mietspiegel einer vergleichbaren Gemeinde (Nachbargemeinde) verwendet werden. Ein Rückgriff auf einen Mietspiegel einer Nachbargemeinde dürfte ebenso zulässig sein, wenn überhaupt kein Mietspiegel in der Gemeinde existiert (Schmidt-Futterer/*Börstinghaus* § 558a Rn 41). Kommen mehrere Nachbargemeinden in Betracht, ist die Wahl zu begründen (MüKo/*Artz* § 558a Rn 19). 10

2. Mietdatenbank (Abs 2 Nr 2). Ferner ist zur Begründung ein Bezug auf eine Datenbank iSv § 558e möglich. Ein reiner Verweis ist indes nicht ausreichend. Es bedarf einer Begründung, inwieweit die Datenbank die Mieterhöhung stützt. Die Auskunft ist dem Erhöhungsverlangen beizufügen (Palandt/*Weidenkaff* § 558a Rn 9). 11

3. Sachverständigengutachten (Abs 2 Nr 3). Des Weiteren genügt zur Begründung ein Bezug auf ein Sachverständigengutachten. Hierbei muss es sich um ein mit Gründen versehenes Gutachten eines öffentlich bestellten und vereidigten Sachverständigen handeln, Abs 2 Nr 3. Das Gutachten soll die Erhöhung plausibel machen und nicht beweisen (BVerfG NJW 1987, 313). Im Rechtsstreit kommt dem Gutachten nur die Bedeutung eines Parteigutachtens zu (Frankfurt aM WuM 1981, 273). Der Sachverständige muss nicht aus dem Bezirk kommen, in dem die Wohnung liegt (BayOblG NJW-RR 1987, 1302). Er sollte (auch) für Mietpreisbewertung bestellt worden sein, wobei ausreichend ist, wenn seine Bestellung Grundstücks- und Gebäudeschätzungen umfasst (Schmid/*Riecke* § 558a Rn 23). Eine Besichtigung der Wohnung durch den Sachverständigen ist nicht zwingend, soweit er typengleiche Wohnungen (zB einer großen Wohnanlage) kennt und besichtigt hat. Diese sollte aber grds erfolgen (MüKo/*Artz* § 558a Rn 25). Eine Bezugnahme auf ein Gerichtsgutachten aus einem Verfahren Dritter kann bei Vergleichbarkeit zulässig sein (LG München WuM 1986, 223). Mängel des Gutachtens stehen der Eignung zur Begründung nicht entgegen, soweit die Vorgaben des § 558 beachtet wurden (BVerfG aaO). Das Gutachten kann uU bereits zwei Jahre alt sein (Schmidt-Futterer/*Börstinghaus* § 558a Rn 91; aA Staud/*Emmerich* § 558a Rn 43: ein Jahr). Das Gutachten muss ausreichend begründet sein und darf keine allg gehaltenen Wendungen aufweisen, um eine erste Nachprüfung des Mieters zu ermöglichen (BGH NJW 1977, 801). Die Bewertung hat den Merkmalen und dem Zeitrahmen des § 558 Abs 2 zu folgen. Die ermittelte Preisspanne muss mitgeteilt werden. Es bedarf einer Darlegung, wie die Wohnung einzuordnen ist (Karlsruhe NJW 1983, 1863). Die Benennung von Vergleichsobjekten kann unterbleiben, wenn der Sachverständige ausführt, dass ihm Vergleichswohnungen in hinreichender Anzahl bekannt sind (BVerfG aaO; zur Offenlegung im Prozess, vgl Soerg/*Heintzmann* § 558a Rn 28). Bei Bestehen eines Mietspiegels muss sich der Sachverständige mit den darin enthaltenden Angaben auseinandersetzen, wobei eine Bindungswirkung des Mietspiegels nicht besteht (LG Düsseldorf WuM 1996, 421). Abweichungen sind nachvollziehbar zu begründen. Das Gutachten ist dem Erhöhungsverlangen beizufügen. Der Sachverständige muss sich einen möglichst repräsentativen Überblick über den betreffenden Wohnungsmarkt verschaffen, wobei die Art und Weise des Vorgehens ihm überlassen ist (Staud/*Emmerich* § 558a Rn 42). Die ermittelte ortsübliche Vergleichsmiete kann eine Spanne betreffen. 12

13 **4. Vergleichswohnungen (Abs 2 Nr 4).** Das Erhöhungsverlangen kann auch durch Benennung von Vergleichswohnungen begründet werden, wobei die **Benennung von drei Wohnungen genügt**. Hierdurch soll dem Mieter nach hM die Möglichkeit eröffnet werden, die Wohnungen selbst auf ihre Vergleichbarkeit zu überprüfen. Es ist nicht notwendig, dass die Prüfung anhand der Begründung erfolgen kann. Es kann sich auch um Wohnungen des Vermieters handeln (Karlsruhe NJW 1984, 2167; krit Staud/*Emmerich* § 558a Rn 45), die zudem im selben Haus liegen können. Die Vergleichswohnungen sagen über die örtliche Vergleichsmiete nichts aus, sie sollten jedoch in derselben Gemeinde liegen und müssen nur ungefähr vergleichbar sein (Soerg/*Heintzmann* § 558a Rn 30). Sofern die Vergleichswohnungen vom Mieter durch Anschrift und genauer Lage in einem mehrgeschossigen Haus identifiziert werden können, müssen die Namen der Mieter und Vermieter nicht mitgeteilt werden. Ob die Vergleichsmieter Zutritt gewähren oder keine Auskünfte dem Mieter erteilen, ist unerheblich (Schleswig NJW 1984, 245). Die Wohnungen müssen nicht genauso groß sein wie die Wohnung des Mieters. Entscheidend ist der qm-Preis in der jeweiligen Mietstruktur, die bei Unterschieden auch errechnet werden können (BVerfG NJW 1987, 313), wobei die Nennung der jeweiligen Mietstruktur durch den Vermieter nicht zwingend ist (str, BVerfG ZMR 1993, 558). Die wohnwertbildenden Merkmale müssen nicht genau belegt werden (BVerfG NJW 1989, 969; MüKo/*Artz* § 558a Rn 34). Gravierende Unterschiede können gegen die Vergleichbarkeit sprechen. Bezüglich Ausstattung und Lage schadet nur offensichtliche Unvergleichbarkeit (Schmid/*Riecke* § 558a Rn 34). Zudem scheiden gewerblich vermietete Wohnungen aus (LG Kiel WuM 1977, 36). Sind eine Vielzahl von aufgelisteten Wohnungen auf den ersten Blick nicht vergleichbar, ist das Verlangen unwirksam (BayOblG NJW-RR 1992, 455). Die Mieten der Vergleichswohnungen müssen mindestens genauso hoch sein wie die geforderte Miete, bei mehr als drei aufgelisteten Wohnungen reichen drei, die genau so hoch sind (Staud/*Emmerich* § 558a Rn 51). Die beigefügte Auflistung muss nicht unterschrieben sein.

14 **5. Weitere Begründungsmittel.** Sonstige Begründungsmittel können gleichfalls verwendet werden, wenn sie ebenso geeignet sind wie die in Nr 1-4 genannten. Abs 2 ist nicht abschließend (»insbes«). Die Begründetheit des Erhöhungsverlangens muss durch sie möglich sein. Denkbar sind Mietpreisübersichten der Finanzämter, ein Gutachten anderer Personen als den in Abs 2 Nr 3 genannten (MüKo/*Artz* § 558a Rn 30; Staud/*Emmerich* § 558a Rn 36), ein Gerichtsurteil, das die Vergleichsmiete für eine vergleichbare Wohnung festlegt, Gutachten eines Gutachterausschusses (LG München II ZMR 1994, 22) oder Auskünfte wohnungswirtschaftlicher Institute. Sofern das verwendete Beweismittel nicht frei zugänglich ist, muss es dem Verlangen beigefügt werden.

15 **6. Qualifizierter Mietspiegel (Abs 3).** Enthält ein qualifizierter Mietspiegel iSv § 558d Abs 1 und 2 Angaben über die betreffende Wohnung, so muss der Vermieter diese Angaben auch dann dem Mieter mitteilen, wenn er ein anderes Begründungsmittel nach Abs 2 verwendet (BGH NJW 2008, 573). Der qualifizierte Mietspiegel nach § 558d soll eine bes Gewährung für die Richtigkeit und Aktualität der in ihm enthaltenen Werke bieten (Schmid/*Riecke* § 558a Rn 12). Das Verlangen kann auch eine höhere Miete als im qualifizierten Mietspiegel aufweisen, soweit dies anderweitig begründet wird (Abs 2). Ein Verstoß gegen Abs 3 begründet die formelle Unwirksamkeit des Verlangens (LG München I 2002, 2885). Das Fehlen eines Mietspiegels iSv § 558d hat der Vermieter im Prozess zu beweisen (MüKo/*Artz* § 558a Rn 36).

16 **III. Kosten.** Die durch das Erhöhungsverlangen entstehenden Kosten hat der Vermieter zu tragen (MüKo/*Artz* § 558a Rn 22). Die Sachverständigenkosten nach Abs 2 Nr 3 sind auch bei Verwertung im Prozess nicht erstattungsfähig.

17 **IV. Unwirksames Erhöhungsverlangen.** Beinhaltet die Erklärung eine Veränderung der Mietstruktur, ist diese unwirksam (LG Berlin GE 2002, 737). Eine Zustimmung des Mieters kann zu einer Vertragsänderung nach § 557 Abs 1 umgedeutet werden (vgl Schmidt-Futterer/*Börstinghaus* § 558a Rn 17; aA MüKo/*Artz* § 558a Rn 10), da auch ein nichtiges Erhöhungsverlangen einer Umdeutung in einen Antrag auf Abschluss eines Änderungsvertrages losgelöst von den §§ 558 ff zugänglich ist, §§ 311 Abs 1, 557 Abs 1 (Staud/*Emmerich* § 558a Rn 13; vgl § 557 Rz 4 f). Ein vorzeitig gestelltes Erhöhungsverlangen ist unwirksam, § 558 Abs 1 S 2 (Palandt/*Weidenkaff* § 558a Rn 5). Ein unwirksames Verlangen kann mit Wirkung ex nunc erneut erhoben werden, wobei im Prozess § 558b Abs 3 zu beachten ist. Ein Unterlassen der Angabe der Beträge nach § 558 Abs 5 führt zur Unwirksamkeit (BGH NZM 2004, 380; vgl jedoch LG Berlin GE 2002, 195). Gleiches gilt, wenn die Begründungen nach Abs 2 oder die nach Abs 3 notwendigen Angaben fehlen, nicht nachvollziehbar oder prüfbar sind (BGH NJW-RR 2006, 227).

18 **C. Verfahrensrechtliches.** Abw Vereinbarungen zum Nachteil des Mieters sind gem Abs 5 unwirksam.

§ 558b Zustimmung zur Mieterhöhung.

[1] Soweit der Mieter der Mieterhöhung zustimmt, schuldet er die erhöhte Miete mit Beginn des dritten Kalendermonats nach dem Zugang des Erhöhungsverlangens.

[2] Soweit der Mieter der Mieterhöhung nicht bis zum Ablauf des zweiten Kalendermonats nach dem Zugang des Verlangens zustimmt, kann der Vermieter auf Erteilung der Zustimmung klagen. Die Klage muss innerhalb von drei weiteren Monaten erhoben werden.

[3] Ist der Klage ein Erhöhungsverlangen vorausgegangen, das den Anforderungen des § 558a nicht entspricht, so kann es der Vermieter im Rechtsstreit nachholen oder die Mängel des Erhöhungsverlangens beheben. Dem Mieter steht auch in diesem Fall die Zustimmungsfrist nach Absatz 2 Satz 1 zu.
[4] Eine zum Nachteil des Mieters abweichende Vereinbarung ist unwirksam.

A. Allgemeines. Die Norm beinhaltet den Rechtsrahmen für die Zustimmung des Mieters, wobei die grds anzuwendenden Vorschriften über dem Abschluss von Verträgen durch die §§ 558 ff überlagert werden. 1

B. Regelungsgehalt. I. Zustimmung. 1. Rechtsnatur. Die Zustimmung beinhaltet eine einseitige empfangsbedürftige Willenserklärung. Sie ist die Annahme des Vertragsänderungsantrages, der im Erhöhungsverlangen zu sehen ist (Frankfurt aM NZM 2001, 418; abw: Soerg/*Heintzmann* § 558b Rn 1). Erst der geänderten Miete kann ein Minderungsrecht entgegengehalten werden (Hamburg NJW-RR 1996, 908). Ein Zurückbehaltungsrecht kann nicht gegen den Anspruch auf Zustimmung, wohl aber gegen die geänderte Miete geltend gemacht werden (Frankfurt aM NZM 1999, 795). 2

2. Form. Die Zustimmung ist grds formfrei möglich. Sie kann ausdrücklich oder konkludent erfolgen. Eine konkludente Annahme kommt durch eine einmalige (str, LG Berlin MDR 1982, 235; LG Kiel WuM 1993, 198; Staud/*Emmerich* § 558b Rn 6) oder wiederholte Zahlung der geänderten Miete durch den Mieter in Betracht (BGH NJW 1998, 445). Eine Zahlung unter Vorbehalt, unter einer Bedingung oder auf Grund der Annahme eines einseitigen Mieterhöhungsverlangens, was der Vermieter beim Mieter in nachvollziehbarer Weise hervorgerufen hat, steht einer konkludenten Annahme grds entgegen (Staud/*Emmerich* aaO). Gleiches gilt für die bloße Duldung der Einziehung (LG Berlin GE 2003, 1210). Der Vermieter hat einen Anspruch auf eine schriftliche Zustimmung, wenn die Schriftform vereinbart wurde oder die Voraussetzungen des § 550 vorliegen (BGH NZM 2000, 548; vgl MüKo/*Artz* § 558b Rn 4). 3

3. Zustimmungsfrist. Abs 2 S 1 räumt dem Mieter für die Zustimmung in Abweichung von § 147 Abs 2 eine bes Frist ein, sog Zustimmungs- bzw Überlegungsfrist, die der Frist des § 561 entspricht. Die Frist beginnt mit Zugang des nach Form und Inhalt wirksamen (hM, BGH NJW-RR 2004, 1159) Mieterhöhungsverlangens und beträgt mindestens zwei Kalendermonate. Bei mehreren Mietern ist der Zugang beim letzten Mieter entscheidend. §§ 187 ff, 193 finden Anwendung. Ist das Erhöhungsverlangen zu Beginn eines Monats gestellt, beträgt die Frist fast drei Monate (Palandt/*Weidenkaff* § 558b Rn 2). Die Zustimmung kann solange erklärt werden, bis der Vermieter das Erhöhungsverlangen zurückgenommen hat, wobei es mit Verstreichenlassen der Klagefrist erlischt, soweit sich nichts anderes ergibt (Staud/*Emmerich* § 558b Rn 12). Eine danach erklärte Zustimmung kann in ein Angebot des Mieters auf Vertragsänderung umgedeutet werden (vgl Soerg/*Heintzmann* § 558b Rn 6). Der Ablauf der gesetzlichen Frist des Abs 2 S 1 löst die Klagefrist des Abs 2 S 2 aus, wobei eine vereinbarte Verlängerung der Zustimmungsfrist auf diesen Fristbeginn keinen Einfluss hat. Der Ablauf der Zustimmungsfrist ist eine Prozessvoraussetzung (BayOblG NJW 1982, 1292). 4

4. Teilweise Zustimmung. Abw von § 150 S 2 ist eine Teilzustimmung gem Abs 1 zulässig (»soweit«). Im Umfang der Zustimmung wird der Vertrag geschlossen, iÜ bedarf es einer Klage, während beim Unterlassen der Klage die Wartefrist des § 558 Abs 1 für neue Erhöhungen zu beachten ist (vgl MüKo/*Artz* § 558b Rn 7). 5

5. Wirkung. Soweit der Mieter die Zustimmung erteilt, schuldet er die Miete mit Beginn des dritten Kalendermonats nach Zugang des Erhöhungsverlangens, Abs 1. An diesem Zeitpunkt ändert sich nichts, wenn die Zustimmung durch Gerichtsurteil ersetzt wird, wobei sich der Zeitpunkt aus dem Tenor ergeben muss, worauf im Antrag hinzuwirken ist (Staud/*Emmerich* § 558b Rn 9). Die Fälligkeit folgt bei fehlender Abrede hierüber aus § 556b Abs 1. Ist die Zustimmung im Prozess erteilt worden, erledigt sich der Rechtsstreit in der Hauptsache. 6

6. Personenmehrheit. Bei Personenmehrheit muss die Erklärung durch alle erfolgen, wobei Stellvertretung möglich ist. Bei Ehepartnern ist § 1357 diesbezüglich nicht einschlägig (Schmidt-Futterer/*Börstinghaus* § 558b Rn 5). Im Prozess sind mehrere Mieter notwendige Streitgenossen (BGH WuM 2004, 280). Eine Formularklausel, die einen Mieter zur Zustimmung für die anderen Mieter bevollmächtigt, ist unwirksam (Palandt/*Weidenkaff* § 558b Rn 3). 7

II. Zustimmungsklage. 1. Allgemeines. Stimmt der Mieter nicht binnen der in Abs 2 S 1 vorgesehenen Frist zu, muss der Vermieter, wenn er seinen Anspruch aus § 558 durchsetzen will, binnen der Frist des Abs 2 S 2 Klage auf Zustimmung erheben. Bei dieser Klage handelt es sich um eine normale Leistungsklage, die nur der Vermieter führen kann, wobei die Ermächtigung des Grundstückserwerbers zur Prozessführung oder bei mehreren Vermietern die Ermächtigung eines Vermieters möglich ist. Die ausschließliche Zuständigkeit des Gerichts folgt aus § 29a Abs 1 ZPO und § 23 Nr 2a GVG. Stimmt der Mieter im Laufe des Prozesses der Mieterhöhung zu, kommt es insoweit zu einer Erledigung des Rechtsstreits mit der Kostenfolge des § 91a ZPO (MüKo/*Artz* § 558b Rn 11). Eine unzulässige Klage begründet kein neues Erhöhungsverlangen (LG Frankenthal WuM 1985, 318). Die Klage ist schlüssig, wenn der Vermieter in substantiierter Weise die Erfüllung der Tatbestandsmerkmale der §§ 558 bis 558a vorträgt (BVerfG NJW 1980, 1617). 8

9 **2. Voraussetzungen.** Die Klage ist zulässig, wenn ein ordnungsgemäßes Erhöhungsverlangen vorliegt, die Überlegungsfrist abgelaufen ist und die Klagfrist eingehalten wurde (BGH NJW-RR 2004, 1159; Soerg/*Heintzmann* § 558b Rn 7). Zu beachten ist, dass die Überlegungsfrist nicht zu laufen beginnt, wenn das Erhöhungsverlangen unwirksam ist (BGH WuM 2004, 405). Die Frage der angemessenen Mieterhöhung betrifft eine Frage der Begründetheit (BayOblG WuM 1985, 53). **a) Ablauf der Überlegungsfrist.** Da es ausreichend ist, dass die Zulässigkeitsvoraussetzungen im Zeitpunkt der letzten mündlichen Verhandlung vorliegen, genügt es, wenn die Überlegungsfrist in diesem Moment abgelaufen ist, so dass eine Klage dementspr vor Fristablauf erhoben werden kann (KG WuM 1981, 54; Celle WuM 1996, 20), wobei zur Erreichung der Zulässigkeit eine Vertagung in Betracht kommt (vgl Staud/*Emmerich* § 558b Rn 2; aA Soerg/*Heintzmann* § 558b Rn 8). Stimmt der Mieter in der dem Ablauf folgenden nächsten mündlichen Verhandlung zu, handelt es sich um ein sofortiges Anerkenntnis, jedoch kommt insoweit auf Grund der Erledigung des Rechtsstreits kein Anerkenntnisurteil in Betracht (*Soergel* aaO). Eine endgültige und bestimmte Ablehnung der Zustimmung beinhaltet einen zulässigen Verzicht auf die Einhaltung der Zustimmungsfrist (Schmidt-Futterer/*Börstinghaus* § 558b Rn 82), der jedoch keinen Einfluss auf den Beginn der Frist aus Abs 2 S 2 hat.

10 **b) Klagfrist.** Der Vermieter muss innerhalb der Frist des Abs 2 S 2 Klage erheben. Diese beträgt drei Monate. Sie beginnt mit Ablauf der Zustimmungsfrist am darauf folgenden Tag zu laufen und wird im Gegensatz zur Frist des Abs 2 S 1 taggenau berechnet. §§ 187 Abs 2, 188 Abs 2 und 3, 193 finden Anwendung. Die Frist ist eine Ausschlussfrist. Eine Wiedereinsetzung in den vorherigen Stand (§ 233 ZPO) kommt nicht in Betracht. Die Klagfrist wird durch die rechtzeitige Erhebung der Klage auf Zustimmung des Mieters vor Ablauf der Frist gewahrt. § 167 ZPO findet Anwendung. Wird die Klagfrist versäumt, ist das Erhöhungsverlangens unwirksam sowie eine später eingereichte Klage unzulässig. Gleichfalls erlischt damit der Antrag des Vermieters. Er kann jedoch ein neues Erhöhungsverlangen stellen, wobei erneut die Frist des Abs 2 S 1 zu beachten ist (MüKo/*Artz* § 558b Rn 11). Die Frist steht nicht zur Disposition der Parteien (LG Kiel WuM 1994, 547). Die Einreichung eines Prozesskostenhilfegesuchs ist nicht fristwahrend, wobei ein Antrag auf Zustellung ohne Vorauszahlung gem § 14 Nr 3b GKG in Betracht kommt (vgl Soerg/*Heintzmann* § 558b Rn 9).

11 **3. Klagantrag.** Die Klage geht auf Zustimmung des Mieters, mithin der Abgabe einer Willenserklärung, deren Vollstreckung sich nach § 894 ZPO richtet. Der Antrag muss beinhalten, ab wann die Miete um welchen Betrag auf welche neue Miete erhöht wird. Zudem muss das Mietverhältnis identifiziert sein (Frankfurt aM NZM 2001, 418; Palandt/*Weidenkaff* § 558b Rn 8). Der Grund der Erhöhung muss entspr den Gründen des § 558 in groben Zügen angegeben werden (Staud/*Emmerich* § 558b Rn 25). Eine Verbindung mit einer Zahlungsklage (auch in Form der Stufenklage, § 259 ZPO) wird von der hM in der Lit als unzulässig angesehen (Ausnahme § 259; vgl MüKo/*Artz* § 558b Rn 13; BGH NJW-RR 2005, 1169). Bei mehreren Mietern genügt es, die nicht zustimmenden auf Zustimmung zu verklagen (Staud/*Emmerich* § 558b Rn 26).

12 **4. Nachbesserung und Nachholung (Abs 3).** Entspricht das Erhöhungsverlangen nicht § 558a, beginnt weder die Zustimmungs- noch die Klagefrist zu laufen mit der Folge, dass die erhobene Klage unzulässig ist. Durch Nachholung eines wirksamen Erhöhungsverlangens oder durch Behebung des Mangels (Nachbesserung) im Rechtsstreit kann der Mangel indes geheilt werden, Abs 3 S 1. Dies löst die volle Zustimmungsfrist aus, Abs 3 S 2 (Vertagung des Termins gem § 227 ZPO möglich, BTDrs 14/5663 S 80). Entscheidend ist, dass überhaupt ein Erhöhungsverlangen ergangen ist, wobei Abs 3 auf sämtliche formellen Mängel Anwendung findet. Stimmt der Mieter nach Behebung der Mängel der Erhöhung zu oder erkennt er den Antrag an, muss der Vermieter die Kosten des Rechtsstreits tragen, §§ 91a, 93 ZPO (KG WuM 1984, 101). Soweit durch die Handlungen eine Klageänderung begründet wird, ist diese sachdienlich und mithin zulässig (BGH NJW 2003, 963; LG München I NJW-RR 2004, 523). Zur Nachbesserung bzw Nachholung ist der Rechtsanwalt des Vermieters kraft Prozessvollmacht befugt, wobei sich die Aufforderung zur Zustimmung bereits aus der Klage ergibt (Soerg/*Heintzmann* § 558b Rn 12). Von diesen Maßnahmen ist das Nachschieben weiterer Gründe für ein bereits wirksames Verlangen zu unterscheiden, welches jederzeit möglich ist. Das Gericht trifft eine Hinweispflicht bezüglich des als unwirksam angesehenen Erhöhungsverlangens und hat auf Antrag den Termin zu vertagen (nicht zwingend, LG München I aaO), um dem Vermieter die Nachbesserung zu ermöglichen (Soerg/*Heintzmann* aaO). Ein nachgeholtes Verlangen muss für sich allein wirksam sein und das Begehren eindeutig klarstellen (Oldenburg NZM 2000, 31). Bei einer beglaubigten Abschrift muss diese vom Prozessvertreter des Vermieters stammen. Des Weiteren ist § 174 zu beachten (Staud/*Emmerich* § 558b Rn 22). Bei Missachtung der Klagfrist greift Abs 3 nicht (LG Duisburg WuM 2005, 457).

13 **5. Beweismittel.** Das Gericht ist nicht an die Beweisantritte der Parteien gebunden (BVerfG WM 1992, 707). Es kann auf gerichtsbekannte Tatsachen zurückgreifen. Ferner ist zu beachten, dass die Vergleichsobjekte nicht die Ortsüblichkeit der Miete beweisen (Soerg/*Heintzmann* § 558b Rn 13). Die gewählte Begründung im Verlangen ist für den Vermieter nicht bindend. Er kann seine Ausführungen ergänzen. Das Gericht kann sich eines Sachverständigengutachtens oder eines Mietspiegels bedienen, wobei den Mietspiegeln die Bedeutung eines Sachverständigengutachtens zukommt und sie daher auch von Amts wegen beigezogen und verwertet werden können (LG München II 2003, 97). Ein außergerichtliches Sachverständigengutachten des Vermieters wird als Parteigutachten gewertet. Bei qualifizierten Mietspiegeln ist die widerlegbare Vermutung des § 558d

Abs 3 iVm § 292 ZPO zu beachten. Grds sind die Mietspiegel einem Sachverständigengutachten vorzuziehen (BVerfG aaO). Zudem müssen die Kosten eines Sachverständigengutachtens bei der Auswahl berücksichtigt werden (BVerfG NJW 1992, 1377). Soweit ein Sachverständiger von den Werten eines Mietspiegels abweichen will, was durchaus zulässig ist, bedarf es einer eingehenden Begründung (LG Wiesbaden WuM 1992, 256). Die seit der Erstellung des Mietspiegels ergangene Veränderung ist anders als bei der Begründung iSv § 558a durch das Gericht auszugleichen, sog Stichtagsdifferenz (Hamm NJW-RR 1997, 142). Das Gericht ist in seiner Beweiswürdigung frei, § 286 ZPO. Die Feststellung erfolgt im Wege der Schätzung (§ 287 Abs 2 ZPO), wobei innerhalb einer Spanne eine exakte Festlegung erforderlich ist (BGH NJW 2005, 2074).

III. Folgen der Zustimmung. Der Mieter schuldet gem Abs 1 die neue Miete von Beginn des dritten Kalendermonats an, der auf den Zugang des Erhöhungsverlangens folgt, insoweit unmittelbar nach Ablauf der Zustimmungsfrist. Die Fälligkeit folgt aus dem Mietvertrag oder § 556b Abs 1. Bei stattgebender Klage wird die Miete rückwirkend geschuldet. Infolge eines längeren Rechtsstreits kann der Mieter mit erheblichen Beträgen in Rückstand sein. Insofern wird die Kündigungsregel des § 543 Abs 2 Nr 3 durch § 569 Abs 3 Nr 3 modifiziert. Hinsichtlich des Verzuges des Mieters ist zu differenzieren (BGH NJW 2005, 2310; insg str). Im Falle einer Zustimmung gerät der Mieter mit Ablauf der Zustimmungsfrist in Verzug, ohne dass es hierfür einer Mahnung bedarf, § 286 Abs 2 Nr 2 (Schmidt-Futterer/*Börstinghaus* § 558b Rn 52). Im Falle einer gerichtlichen Entscheidung entsteht der Zahlungsanspruch des Vermieters auch für rückwirkende Zahlungen erst mit Rechtskraft des Urteils und wird erst in diesem Zeitpunkt fällig (BGH aaO). Zudem bedarf es einer Mahnung (vgl auch zur Frage eines Zinsschadens, MüKo/*Artz* § 558b Rn 10). §§ 288, 291 finden keine Anwendung (BGH ZMR 2005, 699). 14

C. Verfahrensrechtliches. Eine zum Nachteil des Mieters **abweichende Vereinbarung** ist unwirksam, Abs 4. Die **Streitwertbemessung** folgt aus § 41 Abs 5 GKG. Der **Rechtsmittelstreitwert** bemisst sich nach dem dreieinhalbfachen jährlichen Erhöhungsbetrag, § 9 ZPO (BVerfG NJW 1996, 1531). Die **Vollstreckung** der Zustimmungsklage als Leistungsklage erfolgt nach § 894 ZPO. Sind bei dem Mietverhältnis auf einer Seite **mehrere Beteiligte**, so sind sie iSv § 62 ZPO notwendige Streitgenossen. Der Vermieter trägt die **Beweislast** für die Voraussetzungen des Zustimmungsanspruchs und die Zulässigkeitsvoraussetzungen der Klage (Staud/*Emmerich* § 558b Rn 28). 15

§ 558c Mietspiegel.

[1] Ein Mietspiegel ist eine Übersicht über die ortsübliche Vergleichsmiete, soweit die Übersicht von der Gemeinde oder von Interessenvertretern der Vermieter und der Mieter gemeinsam erstellt oder anerkannt worden ist.
[2] Mietspiegel können für das Gebiet einer Gemeinde oder mehrerer Gemeinden oder für Teile von Gemeinden erstellt werden.
[3] Mietspiegel sollen im Abstand von zwei Jahren der Marktentwicklung angepasst werden.
[4] Gemeinden sollen Mietspiegel erstellen, wenn hierfür ein Bedürfnis besteht und dies mit einem vertretbaren Aufwand möglich ist. Die Mietspiegel und ihre Änderungen sollen veröffentlicht werden.
[5] Die Bundesregierung wird ermächtigt, durch Rechtsverordnung mit Zustimmung des Bundesrates Vorschriften über den näheren Inhalt und das Verfahren zur Aufstellung und Anpassung von Mietspiegeln zu erlassen.

A. Allgemeines. § 558c regelt die **Aufstellung und Fortschreibung von (einfachen) Mietspiegeln**. Die Norm steht im Zusammenhang mit § 558d, der Reglungen über den qualifizierten Mietspiegel beinhaltet und § 558, da das wichtigste Begründungsmittel zur Angleichung der Miete der Mietspiegel ist (MüKo/*Artz* § 558c Rn 1). Die Begründung und die Überprüfung des Erhöhungsverlangens sollen durch einen Mietspiegel erleichtert werden. Durch die Festlegung der Übersicht auf die letzten vier Jahre (über § 558 Abs 2) soll die Anpassung der Miete an den Wohnungsmarkt, eine gleichzeitige Preisdämpfung und eine Vermeidung von kurzfristigen Schwankungen ermöglicht werden (BTDrs 9/2079 S 8, 15). Zudem bietet sich ein fundierter Mietspiegel als Nachweis für die ortsübliche Miete im Prozess an (BVerfG NJW 1992, 1377). 1

B. Regelungsgehalt. I. Begriff. Abs 1 beinhaltet eine **Legaldefinition des Mietspiegels**. Danach bietet der Mietspiegel eine Übersicht über die ortsübliche Vergleichsmiete iSv § 558 Abs 2, der von einer Gemeinde, von Vermieter- und Mieterverbänden gemeinsam erstellt wurde oder von einem der Verbände erstellt und von dem jeweils anderen Verband anerkannt oder von Dritten erstellt und von beiden Verbänden oder der Gemeinde anerkannt wurde (Schmidt-Futterer/*Börstinghaus* § 558c Rn 25 ff). Andere Übersichten, unabhängig von ihrem Inhalt und Eignung, sind keine Mietspiegel iSv § 558c. Eine Gewichtung nach wissenschaftlichen Grundsätzen enthält ein Mietspiegel nicht (Schmid/*Riecke* § 558c Rn 4). Als Entgelt ist jede Gegenleistung des Mieters zu berücksichtigen (Soerg/*Heintzmann* § 558c Rn 2). Es handelt sich um eine schlichte Zusammenstellung der in dem betreffenden Bereich vorkommenden Mieten. Ein von einer Gemeinde erstellter einfacher Mietspiegel stellt keinen Verwaltungsakt dar, ebenso wenig eine Allgemeinverfügung oder eine Verwaltungsvorschrift (MüKo/*Artz* § 558c Rn 3). 2

3 **II. Funktion.** Der Mietspiegel kann als **Begründungsmittel des Erhöhungsverlangens** und als Beweismittel im Mieterhöhungsprozess Verwendung finden. Er ist kein förmliches Beweismittel iSd ZPO (KG ZMR 1991, 341). Vielmehr unterliegt er der freien richterlichen Beweiswürdigung, § 286 ZPO (LG Duisburg WuM 2005, 460) und ist bei Berufung einer Partei auf ihn als Parteigutachten anzusehen. Auch ohne Berufung einer Partei auf den Mietspiegel kann er durch das Gericht herangezogen werden (KG aaO). Zur Bestimmung des Wohnwertes im Unterhaltsverfahren findet er gleichfalls Anwendung (Schmidt-Futterer/*Börstinghaus* § 558c Rn 10 ff). Das in ihm enthaltene Zahlenmaterial begründet keine offenkundige Tatsache iSv § 291 ZPO und beinhaltet keine Vermutung iSv § 292 ZPO (KG aaO).

4 **III. Aufstellung und Anerkennung.** § 558 Abs 2 enthält **Grundmerkmale**, nach denen die ortsübliche Miete festgestellt wird. Einzelheiten und Gewichtung sind indes Sache des Aufstellers, so dass in der Praxis sehr unterschiedliche Mietspiegel zu finden sind (Staud/*Emmerich* § 558c Rn 8). § 558d Abs 1 gilt nicht für den einfachen Mietspiegel. Es bedarf einer Erhebung der zu berücksichtigenden Mieten, die statistisch aufgearbeitet wird. Da der Mietspiegel nur eine grobe Orientierungshilfe bietet, der durch ein großes Raster gekennzeichnet ist, sind Mietpreisspannen in einem Mietspiegel unverzichtbar (MüKo/*Artz* § 558c Rn 6; vgl BGH ZMR 2005, 780). Sowohl neuere als auch ältere Entgelte aus den letzten vier Jahren sind zu erfassen und zu gewichten (die Jahre untereinander und die Neuabschlüsse und veränderte Mieten zueinander). Der Zeitpunkt der Erstellung und das Ende der erfassten Zeit dürfen jedoch nicht zu stark divergieren (Soerg/*Heintzmann* § 558c Rn 3). **1. Aufsteller.** Nach Abs 1 können Mietspiegel von einer **Gemeinde, von Vermieter- und Mieterverbänden** gemeinsam erstellt werden oder von einem der Verbände erstellt und von dem jeweils anderen Verband anerkannt oder von Dritten erstellt und von beiden Verbänden und oder der Gemeinde anerkannt werden (Staud/*Emmerich* § 558c Rn 9). Denkbar ist insoweit, dass unterschiedliche Mietspiegel für dasselbe Gebiet vorhanden sind. Abs 4 enthält lediglich eine sog »Soll-Vorschrift«. Sind mehrere Interessenverbände (zumindest) auf einer Seite vorhanden, genügt die Beteiligung eines, nicht zwingend des stärksten Verbandes (Hamm NJW 1991, 209). Einem durch einen Interessenverband widersprochenen Mietspiegel kommt eine geringe Beweiseignung zu (Soerg/*Heintzmann* § 558c Rn 7).

5 **2. Gebiet (Abs 2).** Mietspiegel können für eine oder mehrere Gemeinden oder nur für Teile von Gemeinden erstellt werden, Abs 2. Im Falle der Erstellung eines Mietspiegels für mehrere Gemeinden müssen diese die Vergleichsmieten für jede Gemeinde einzeln aufweisen, um den Anforderungen des § 558 Abs 2 zu genügen (MüKo/*Artz* § 558c Rn 7; aA Soerg/*Heintzmann* § 558c Rn 5). Ein für mehrere Gemeinden erstellter Mietspiegel muss von jeder Gemeinde, für deren Gebiet er gelten soll, anerkannt werden.

6 **3. Veröffentlichung (Abs 4 S 2).** Abs 4 S 2 gilt für alle Mietspiegel und statuiert lediglich eine **»Soll-Vorschrift«**. Bei Mietspiegeln von Gemeinden ist kein förmliches Veröffentlichungsverfahren notwendig (BTDrs 14/4553 S 57). Insoweit genügt ein Abdruck in der Tagespresse, eine Veröffentlichung im Amtsblatt, ein Auslegen im Rathaus, ein Einstellen ins Internet oder die Verteilung des Mietspiegels an alle Mieter- und Vermieterhaushalte (Staud/*Emmerich* § 558c Rn 12). Die Veröffentlichung ist keine Wirksamkeitsvoraussetzung (Schmid/*Riecke* § 558c Rn 14). Die Wirksamkeit tritt bereits mit Fertigstellung bzw Anerkennung des Mietspiegels ein (MüKo/*Artz* § 558c Rn 8).

7 **IV. Fortschreibung (Abs 3).** Nach Abs 3 sollen die Mietspiegel alle zwei Jahre der Marktentwicklung angepasst werden (Gegensatz zu § 558d Abs 2 S 1, »ist«). Die Art der Fortschreibung ist nicht geregelt. Sie kann entspr der Regelung des § 558d Abs 2 S 2 erfolgen (Soerg/*Heintzmann* § 558c Rn 10). Ein fortgeschriebener Mietspiegel kann erneut fortgeschrieben werden, wobei eine dauerhafte Fortschreibung an Grenzen stößt. Eine vergleichbare Regelung wie § 558c Abs 2 S 3 enthält § 558c indes nicht. Ein veralteter Mietspiegel kann im Rahmen des § 558a Abs 4 S 2 Wirkung entfalten. Ein veralteter Mietspiegel tritt erst bei einer neuen Aufstellung eines Mietspiegels außer Kraft, wobei die jeweiligen Aufsteller nicht übereinstimmen müssen (MüKo/*Artz* § 558c Rn 9). Insoweit ist auch eine Zurückziehung denkbar (Staud/*Emmerich* § 558c Rn 16; zu den Problemen einer Aktualisierung zwischen Zugang des Erhöhungsverlangens und der gerichtlichen Entscheidung, MüKo/*Artz* § 558c Rn 10).

8 **V. Rechtsverordnung (Abs 5).** Die Bundesregierung hat sich bisher darauf beschränkt, durch Berichte, Richtlinien oder rechtlich unverbindliche Hinweise zur Aufstellung von Mietspiegeln Stellung zu nehmen. Eine Rechtsverordnung wurde bisher nicht erlassen (Staud/*Emmerich* § 558c Rn 2; MüKo/*Artz* § 558c Rn 6).

9 **C. Verfahrensrechtliches.** Da der einfache Mietspiegel keine Außenwirkung und der Vermieter kein subjektiv-öffentliches Recht gegen die Gemeinde auf Erstellung hat, ist ein Rechtsweg zum Verwaltungsgericht nicht gegeben (BVerwG NJW 1996, 2046). Ausreichend ist die zivilgerichtliche Inzidentprüfung (BayVGH ZMR 1994, 488).

§ 558d Qualifizierter Mietspiegel. [1] **Ein qualifizierter Mietspiegel ist ein Mietspiegel, der nach anerkannten wissenschaftlichen Grundsätzen erstellt und von der Gemeinde oder von Interessenvertretern der Vermieter und der Mieter anerkannt worden ist.**

[2] Der qualifizierte Mietspiegel ist im Abstand von zwei Jahren der Marktentwicklung anzupassen. Dabei kann eine Stichprobe oder die Entwicklung des vom Statistischen Bundesamt ermittelten Preisindexes für die Lebenshaltung aller privaten Haushalte in Deutschland zu Grunde gelegt werden. Nach vier Jahren ist der qualifizierte Mietspiegel neu zu erstellen.
[3] Ist die Vorschrift des Absatzes 2 eingehalten, so wird vermutet, dass die im qualifizierten Mietspiegel bezeichneten Entgelte die ortsübliche Vergleichsmiete wiedergeben.

A. Allgemeines. Der qualifizierte Mietspiegel soll eine **höhere Gewähr der Richtigkeit und Aktualität** bieten (Palandt/*Weidenkaff* § 558d Rn 1). Die Vorschrift regelt in ihren beiden ersten Absätzen die Voraussetzungen, die ein Mietspiegel iSv § 558c erfüllen muss, um als qualifizierter Mietspiegel zu gelten. In Abs 3 ist die dann anknüpfende Rechtsfolge der Vermutungswirkung verankert. Ein weitere Rechtsfolge enthält § 558a Abs 3 (vgl BGH NJW 2008, 573). Die Einführung des qualifizierten Mietspiegels im Zuge der Mietrechtsreform von 2001 ist in der Lit vielfach auf Kritik gestoßen (vgl Staud/*Emmerich* § 558d Rn 4). 1

B. Regelungsgehalt. I. Begriff (Abs 1). Der qualifizierte Mietspiegel wird in Abs 1 definiert. Danach ist er ein Mietspiegel, der nach **anerkannten wissenschaftlichen Grundsätzen erstellt** worden ist. Insoweit muss er zunächst den Anforderungen des § 558c entsprechen. Wissenschaftliche Methoden sind gegeben, wenn sie gewährleisten, dass sie ein realistisches Abbild des Wohnungsmarktes liefern (BTDrs 14/4553 S 57). Dies umfasst sowohl die Datenerhebung als auch deren Auswertung (MüKo/*Artz* § 558d Rn 2). Es bedarf daher einer repräsentativen Zufallsstichprobe (BTDrs 14/4553 S 57). In Betracht kommen die Tabellen- und die Regressionsmethode (vgl LG München II WuM 2003, 97; abw: Soerg/*Heintzmann* § 558d Rn 1, Regressionsmethode ist auf Grund des eingeschränkten Umfangs der Erhebung als Nachweis im Prozess nicht geeignet). Die angewandte Methode muss dokumentiert sein (Schmid/*Riecke* § 558d Rn 2). 2

Weiterhin muss der Mietspiegel durch die Gemeinde oder die Interessenverbände der Mieter und Vermieter **anerkannt** worden sein. § 558c Abs 4 S 2 ist übertragbar und stellt vorliegend eine Wirksamkeitsvoraussetzung dar (Staud/*Emmerich* § 558d Rn 9). Wegen der weitreichenden Folgen des qualifizierten Mietspiegels ist die Anerkennung nicht als Geschäft der laufenden Verwaltung einzuordnen. Es bedarf vielmehr eines Ratsbeschlusses (AG Dortmund WuM 2003, 35). Bei der Anerkennung durch die Interessenverbände erfolgt diese durch das für die Vertretung zuständige Organ, wobei ausreichend ist, wenn jeweils ein Interessenverband der Mieter- und der Vermieterseite beteiligt ist (Soerg/*Heintzmann* § 558d Rn 2). Zu beachten ist, dass das Anerkenntnis iSv Abs 1 die Anerkennung als qualifizierten Mietspiegel meint (vgl MüKo/*Artz* § 558d Rn 3). Der Mietspiegel kann auch von der Gemeinde oder den Interessenverbänden erstellt werden. 3

II. Anpassung (Abs 2). Der Mietspiegel behält seine Eigenschaft als qualifizierter Mietspiegel nur, wenn er **nach zwei Jahren der Marktentwicklung angepasst** wird, Abs 2 S 1. Spätestens nach vier Jahren seit seiner Erstellung verliert er seine Eigenschaft, Abs 2 S 3. Daraus ergibt sich jedoch keine Verpflichtung zur Anpassung oder Neuaufstellung. Welche Parameter zur Anpassung herangezogen werden, ist unerheblich, solange sie mit der Mietmarktentwicklung vergleichbar sind (Soerg/*Heintzmann* § 558d Rn 3; aA Staud/*Emmerich* § 558d Rn 11). Als gesetzliche Beispiele nennt Abs 2 S 2 die (den wissenschaftlichen Grundsätzen entspr) Stichprobe und die Entwicklung des vom Statistischen Bundesamt ermittelten Preisindex für die Lebenserhaltung aller privaten Haushalte in Deutschland. Die Anpassung kann auch durch Dritte vorgenommen werden, wobei diese erneut der Anerkennung iSv Abs 1 bedarf. Zu beachten ist, dass sich der Preisindex und der Mietenmarkt unterschiedlich entwickeln können, so dass ein erleichterter Gegenbeweis in Frage kommt (Schmid/*Riecke* § 558d Rn 6). Anknüpfungspunkt der Fristberechnung ist der Stichtag der Datenerhebung (str, vgl MüKo/*Artz* § 558d Rn 5). Eine Aufhebung kann nur durch beide anerkennenden Interessenverbände erfolgen (Soerg/*Heintzmann* § 558d Rn 4). 4

III. Vermutung (Abs 3). Abs 3 begründet eine **widerlegbare Vermutung** (§ 292 ZPO), dass ein qualifizierter Mietspiegel, der die Anforderungen der Abs 1 und 2 erfüllt, die ortsübliche Vergleichsmiete wiedergibt, wobei die Norm allein im Rechtsstreit über die Mieterhöhung Bedeutung erlangt und sich nur auf die Angaben im Mietspiegel beschränkt (MüKo/*Artz* § 558d Rn 7). Die Vermutungswirkung beschränkt sich auf die Einordnung in die angegebene Spanne (MüKo/*Artz* aaO). Auf ein Sachverständigengutachten zur Widerlegung kann sich eine Partei nicht berufen, wenn der Mietspiegel eine Orientierung für die Einordnung der konkreten Wohnung innerhalb der Preisspanne enthält (BGH ZMR 2005, 771). In anderen Verfahren, in denen es nicht um die Zustimmung zur Mieterhöhung geht, greift die Vermutungswirkung des Abs 3 nicht, wobei der Mietspiegel jedoch in die Beweiswürdigung einfließen und ein gesondertes Gewicht einnehmen kann (Staud/*Emmerich* § 558d Rn 20). 5

C. Verfahrensrechtliches. Von Gemeinden anerkannte qualifizierte Mietspiegel können **verwaltungsgerichtlich überprüft** werden, wobei wohl jeder Vermieter und Mieter von Wohnraum klagebefugt ist, auf deren Wohnraum der Mietspiegel Anwendung finden könnte (Staud/*Emmerich* § 558d Rn 9; MüKo/*Artz* § 558d Rn 3; aA OVG Münster WuM 2006, 623). Das Fehlen eines qualifizierten Mietspiegels hat der Vermieter mit 6

Blick auf § 558a Abs 3 zu **beweisen** (Schmid/*Riecke* § 558d Rn 4). Derjenige, der sich auf einen qualifizierten Mietspiegel beruft, hat das Vorliegen seiner Voraussetzungen und das Enthalten von Angaben über die Wohnung darzulegen und zu beweisen (LG Berlin GE 2003, 1022; vgl Staud/*Emmerich* § 558d Rn 16 ff).

§ 558e Mietdatenbank. Eine Mietdatenbank ist eine zur Ermittlung der ortsüblichen Vergleichsmiete fortlaufend geführte Sammlung von Mieten, die von der Gemeinde oder von Interessenvertretern der Vermieter und der Mieter gemeinsam geführt oder anerkannt wird und aus der Auskünfte gegeben werden, die für einzelne Wohnungen einen Schluss auf die ortsübliche Vergleichsmiete zulassen.

1 **A. Allgemeines.** Durch die Einführung der Mietdatenbanken will der Gesetzgeber der Entwicklung der Informationstechnik gerecht werden. Es sollen die technischen Möglichkeiten der EDV, insbes der Verteilung und Aufbereitung großer Datenmengen, wahrgenommen werden (Schmid/*Riecke* § 558e Rn 3). Die Vorschrift steht im Zusammenhang mit § 558a Abs 2 Nr 2.

2 **B. Regelungsgehalt. I. Begriff.** Die Mietdatenbank ist eine zur Ermittlung der ortsüblichen Vergleichsmiete fortlaufend geführte Sammlung von Mieten. Die Mietdatenbank wird im Gegensatz zum Mietspiegel fortlaufend bearbeitet, während der Mietspiegel nur eine Momentanaufnahme ist (MüKo/*Artz* § 558e Rn 1). Die Datenbank kann durch die Gemeinde oder von Interessenverbänden der Vermieter und Mieter gemeinsam geführt oder anerkannt werden, so dass auch die Führung durch einen Dritten zulässig ist. Die Daten sind nach den Vorgaben des § 558 Abs 2 zu ordnen und zu strukturieren. Da niemand ggü einer Mietdatenbank auskunftspflichtig ist, besteht das Hauptproblem in dem Vorhandensein von ausreichend repräsentativen Werten.

3 **II. Auskunft.** Der Vermieter kann sein Erhöhungsverlangen mit einer Auskunft aus der Mietdatenbank begründen, § 558a Abs 2 Nr 2. Insofern besteht eine Pflicht zur Auskunft, wobei die Form und das entspr Entgelt von der Gemeinde oder den Verbänden geregelt werden können. Inhaltlich muss ein Schluss auf die ortsübliche Vergleichsmiete für die konkrete Wohnung möglich sein. In Betracht kommen anonymisierte Hinweise auf Vergleichswohnungen, die Nennung eines Mittelwertes der gespeicherten Mieten für vergleichbare Wohnungen oder eine aus dem Datenmaterial abgeleitete Spanne (Staud/*Emmerich* § 558e Rn 6).

4 **III. Verwertung.** Die Auskunft aus der Datenbank kommt weder als Erkenntnis- noch als Beweismittel im Prozess in Betracht. Zudem ist § 558d Abs 3 nicht übertragbar (MüKo/*Artz* § 558e Rn 4). Die Begründung des Erhöhungsverlangens kann sich auf die Auskunft beziehen (§ 558e Abs 2 Nr 2).

5 **C. Verfahrensrechtliches.** Eine Mietdatenbank besteht zurzeit nur in Hannover (Staud/*Emmerich* § 558e Rn 3). Eine selbstständige verwaltungsgerichtliche Kontrolle ist nicht möglich (s.o. Soerg/*Heintzmann* § 558e Rn 3).

§ 559 Mieterhöhung bei Modernisierung. [1] **Hat der Vermieter bauliche Maßnahmen durchgeführt, die den Gebrauchswert der Mietsache nachhaltig erhöhen, die allgemeinen Wohnverhältnisse auf Dauer verbessern oder nachhaltig Einsparungen von Energie oder Wasser bewirken (Modernisierung), oder hat er andere bauliche Maßnahmen auf Grund von Umständen durchgeführt, die er nicht zu vertreten hat, so kann er die jährliche Miete um 11 vom Hundert der für die Wohnung aufgewendeten Kosten erhöhen.**
[2] **Sind die baulichen Maßnahmen für mehrere Wohnungen durchgeführt worden, so sind die Kosten angemessen auf die einzelnen Wohnungen aufzuteilen.**
[3] **Eine zum Nachteil des Mieters abweichende Vereinbarung ist unwirksam.**

1 **A. Allgemeines.** § 559 sieht ein Gestaltungsrecht des Vermieters auf einseitige Änderung des Vertragsinhaltes vor. Dem Mieter steht für diesen Fall ein Sonderkündigungsrecht nach § 561 zu. Die Mieterhöhung nach § 559 ist weder an die ortsübliche Vergleichsmiete noch an die Kappungsgrenze des § 558 Abs 3 gebunden. Sie orientiert sich vielmehr an den Kosten, die der Vermieter für die bauliche Maßnahme aufgewandt hat. Den in der Vorschrift vorgesehenen Alternativen ist gemein, dass es dem Vermieter abw vom allg Vertragsrecht (§ 311 Abs 1) gestattet ist, einseitig den Umfang seines Leistungsrechts zu ändern und daraufhin auch Einfluss auf den Umfang der Leistung des Mieters zu nehmen (MüKo/*Artz* Rn 4). Die Einzelheiten der Mieterhöhung werden ergänzend durch die §§ 559a und 559b geregelt. Die Norm soll einen Anreiz zur Durchführung von Modernisierungsarbeiten und Maßnahmen zur Energiesparung setzen (BTDrs 14/4553 S 36, 58). Die Regelung ist vielfach auf Kritik gestoßen (vgl Staud/*Emmerich* Rn 3). Die den Baumaßnahmen vorausgehende Duldungspflicht des Mieters folgt aus § 554 Abs 2 und 3 bzw § 242. § 559 enthält Elemente der Kostenmiete (Schmid/*Riecke* Rn 2).

2 **B. Regelungsgehalt. I. Anwendbarkeit.** § 559 gilt für alle noch bestehenden **nicht preisgebundenen Wohnraummietverhältnisse**, soweit nicht die Ausnahmetatbestände des § 549 Abs 2 und 3 eingreifen. Bei Mischmietverhältnissen muss der Schwerpunkt auf dem Wohnraum liegen. Bei beendeten Mietverhältnissen greift § 546a, der eine Erhöhung nach den Grundsätzen des § 559 nicht vorsieht (BGH ZMR 2004, 424). Zudem

müssen die Maßnahmen des § 559 nach Abschluss des Mietvertrages durchgeführt worden sein. Bei bereits begonnenen Maßnahmen ist im Zweifel davon auszugehen, dass deren Kosten schon in der vertraglichen Miete Berücksichtigung gefunden haben (vgl Soerg/*Heintzmann* Rn 2). Die Vorschrift ist gem § 557 Abs 3 ausschließbar (vgl § 557 Rz 10 ff). Vertragliche Vereinbarungen (§ 557 Abs 1) über die Höhe der Miete nach Maßnahmen iSv § 559 sind nicht an die Voraussetzungen des § 559 gebunden. Unter Beachtung von Abs 3 ist eine Vereinbarung nur zulässig, soweit sie für den Einzelfall und nach Entstehung und Nachprüfbarkeit der Umlage geschlossen wurde (LG Berlin ZMR 1990, 180).

II. Verhältnis zu § 558. Der Vermieter hat im Anschluss an die Modernisierungsarbeiten hinsichtlich der Mieterhöhung die **Wahl zwischen § 558 und § 559.** Die Mieterhöhung nach § 559 kann über der örtlichen Vergleichsmiete liegen. Liegt sie hingegen darunter, kann der Mieter im Anschluss an eine Erhöhung nach § 559 die Miete bezogen auf die modernisierte Wohnung nach § 558 erhöhen (LG Berlin NZM 1999, 457). Die Sperrfrist und die Kappungsgrenze des § 558 greifen bei einer Erhöhung nach § 559 und bei einer auf deren Gründen beruhenden einvernehmlichen Erhöhung nicht, § 558 Abs 1 S 3, Abs 3 (BGH NJW 2004, 2088; aA MüKo/*Artz* Rn 7). Der Vermieter kann zudem gleich die Miete gem § 558 erhöhen, wobei er sich an Wohnungen orientieren kann, die vergleichbar modernisiert sind (Soerg/*Heintzmann* Rn 5). Eine anschließende Erhöhung nach § 559 scheidet aus, da die Modernisierung iS eines Erhöhungsgrundes bereits verbraucht ist. Erhöht der Vermieter die Miete nach § 558 ohne auf die Modernisierung Bezug zu nehmen, steht ein Erhöhungsrecht nach § 559 dem Vermieter selbstredend noch zu, was jedoch dem Mieter ggü deutlich zu machen ist (Staud/*Emmerich* Rn 8). An die einmal getroffene Wahl ist der Vermieter gebunden (Hamm NJW-RR 1993, 399). 3

III. Zusammenspiel mit § 554. § 559 und § 554 stehen in einem **engen funktionalen Zusammenhang** (MüKo/*Artz* Rn 8). Ungeschriebene Voraussetzung der Umlagefähigkeit nach § 559 ist, dass die Maßnahme berechtigt war, der Mieter insoweit zur Duldung gem § 554 verpflichtet war, wobei sich diese Frage nicht stellt, wenn der Mieter zugestimmt hat (Hamm NJW 1981, 1622; Staud/*Emmerich* Rn 4). § 554 und § 559 beziehen sich im Wesentlichen auf die gleichen Begriffe der Modernisierung (MüKo aaO). Hat der Mieter widersprochen und muss er die Maßnahme nicht dulden, kann die Miete nicht nach § 559 erhöht werden (LG Berlin NZM 2003, 187). Musste der Mieter sie nicht dulden, hat er dies gleichwohl getan oder hat er dem Zutritt zur Wohnung zur Durchführung der Maßnahmen zugestimmt, ist § 559 einschlägig (KG ZMR 1988, 422; Stuttgart NJW-RR 1991, 1108). Hatte der Mieter keine Möglichkeit zur Verhinderung der Maßnahmen (zB Außenanlagen), muss er seinen entgegenstehenden Willen dem Vermieter ggü zum Ausdruck bringen (Schmid/*Riecke* Rn 9). Zu dulden hat der Mieter die Maßnahmen idR nur, wenn der Vermieter seiner Hinweispflicht aus § 554 Abs 3 nachgekommen ist (str, KG WuM 1988, 389; 1992, 514; vgl Palandt/*Weidenkaff* Rn 6). § 559b Abs 2 S 2 ist zu beachten. 4

IV. Voraussetzungen. 1. Baumaßnahmen. Sämtliche Erhöhungsgründe des § 559 müssen Baumaßnahmen sein. **a) Begriff.** Durch die Maßnahme muss ein **neuer baulicher Zustand** durch einen bautechnischen Eingriff entstehen, der sich innerhalb und außerhalb der Wohnung, am Haus oder auf dem Hausgrundstück einstellen muss (MüKo/*Artz* Rn 11). Sie kann aber auch außerhalb des Grundstücks liegen, soweit ein Bezug besteht (Soerg/*Heintzmann* Rn 14). Abzugrenzen ist die Maßnahme von reinen Instandsetzungsmaßnahmen, die der Erhaltung dienen (zB Erneuerung des Hausanstrichs, Schönheitsreparaturen, Erneuerung des Dachs oder der Türen) und von bloßen Einrichtungen oder Ausstattungen, die frei beweglich und jederzeit entfernbar sind, zB Energiesparlampen, mobile Küchen, Duschkabinen, Teppiche oder elektrische Geräte (Staud/*Emmerich* Rn 18 f). Die Instandsetzung wiederum ist von der Instandsetzungsmodernisierung zu unterscheiden, bei der die Instandsetzung zugleich einen Modernisierungseffekt hat, welche eine anteilige Abwälzung der Kosten nach § 559 unter Herausrechnung der Instandsetzungskosten nach sich zieht (vgl Rz 17; MüKo/*Artz* aaO). Die Maßnahme muss einen Bezug zur Wohnung haben und in sachlichem Zusammenhang mit dem Mietgebrauch stehen. Hierher gehören Aus- oder Anbau von Spielplätzen, Grünanlagen, Stellplätzen, die Befestigung des Hofes, die Aufstellung fester Müllboxen, nicht hingegen bloße Zweckänderungen oder Luxusmaßnahmen wie Einbau eines Hallenbades oder einer Sauna (Schmidt-Futterer/*Börstinghaus* Rn 53 f). 5

b) Vermieter als Bauherr. Der **Vermieter muss Bauherr** gewesen sein, dh die Maßnahmen müssen im eigenen Namen auf eigene Rechnung des Vermieters erfolgt sein. Nicht ausreichend ist, wenn Dritte die Maßnahme auf Kosten des Vermieters durchgeführt haben (zB Erschließungskosten, BGH NJW 2006, 2185; Hamm NJW 1983, 2331; abw Soerg/*Heintzmann* Rn 14). Ist der Vermieter Bauherr, kann der Mieter die Erhöhung nicht an den Untermieter weiterleiten. Ist die Baumaßnahme bereits bei Übergang des Eigentums abgeschlossen, ist der Erwerber zur Erhöhung der Miete auf Grund der Maßnahme nicht berechtigt (str, KG NJW-RR 2001, 81; vgl MüKo/*Artz* Rn 12). Jedoch kann der Erwerber in diesen Fällen eine Erhöhung nach § 558 vornehmen. 6

c) Zeitpunkt. Die Maßnahmen müssen **während der Laufs des Mietverhältnisses** vorgenommen werden (Staud/*Emmerich* Rn 16) und abgeschlossen sein (LG Berlin MDR 1990, 823), wobei der Abschluss nicht mit der Abnahme gleichzusetzen ist, da der Abschluss bereits vorher eintreten kann (Soerg/*Heintzmann* Rn 15). 7

8 **d) Duldung und vorherige Unterrichtung.** Soweit der Mieter der Maßnahme nicht zugestimmt hat, muss er zur Duldung nach § 554 verpflichtet gewesen sein, wobei die Duldung idR nur einschlägig sein kann, wenn der Vermieter seiner Hinweispflicht aus § 554 Abs 3 nachgekommen ist (vgl Rz 5).

9 **2. Modernisierung.** Des Weiteren muss die Baumaßnahme einen Fall des Abs 1 erfüllen. Es wird zwischen Modernisierungsmaßnahmen und sonstigen Maßnahmen, die der Vermieter nicht zu vertreten hat, unterschieden. Eine konkrete Maßnahme kann mehrere Fälle erfüllen. Die Einordnung kann mitunter schwierig sein. In der Praxis ist die explizite Einordnung jedoch nicht notwendig. Die Modernisierung ist weit auszulegen, so dass sie auch den gewöhnlichen Standard überschreiten kann (BGH NJW 2005, 2995). Auf die persönliche Einstellung des Mieters zur Maßnahme kommt es nicht an (BGH NJW 2004, 658). Ebenso unerheblich ist, ob der Mieter die Verbesserung nutzt (BGH aaO). Die Herstellung von etwas ganz Neuem und jede grundlegende Veränderung der Mietsache sind jedoch nicht von § 559 gedeckt (LG Köln NJW-RR 1993, 1161). **a) Nachhaltige Gebrauchswerterhöhung.** Einen Erhöhungsgrund iSv § 559 stellen **Baumaßnahmen** dar, die den **Gebrauchswert der Sache nachhaltig objektiv erhöhen.** Dies sind insbes die schon in dem aufgehobenen § 4 ModEnG aF genannten Maßnahmen (vgl Schmid/*Riecke* Rn 15). Der Mietwert muss für einen beliebigen, durchschnittlichen und vernünftigen Mieter erhöht sein (LG Berlin ZMR 2004, 193). Dies kann durch angenehmeres, bequemeres, gesünderes, sicheres oder weniger aufwendigeres Wohnen erreicht werden (MüKo/*Artz* Rn 14). Es kommt auf die Verkehrsauffassung an. Bloße Verschönerungsmaßnahmen sind nicht erfasst. Bezugspunkt des Vergleichs ist der vertraglich geschuldete Zustand. Nutznießer muss der Mieter sein.

10 Die Maßnahme muss **nachhaltig** sein, mithin nicht nur dauerhaft sondern auch erheblich für den Gebrauch. Es muss eine spürbare, dauerhafte, positive und eindeutig feststellbare Veränderung des Wohnwertes vorliegen (Staud/*Emmerich* Rn 23). Hierunter fallen der Einbau von bisher nicht vorhandenen **Bädern** oder **sanitären Einrichtungen** (OVG Berlin GE 1984, 333), der Einbau eines **Balkons** (LG München I WuM 1989, 27), der Einbau eines **Aufzuges** (LG Hamburg ZMR 2002, 918), das erstmalige Anbringen eines Wasserboilers (Soerg/*Heintzmann* Rn 7), ggf der Einbau einer Gegensprechanlage (LG München I aaO), der Einbau von Sicherheitsschlössern (LG Hannover WuM 1982, 83), die Ersetzung einfacher Holzböden oder PVC-Böden durch Teppichböden, die Anlage einer Feuerwehrzufahrt, der Ersatz einfacher Fenster durch Doppelfenster oder durch Isolierverglasung (Celle NJW 1981, 151) oder der Anschluss an das Breitbandkabelnetz (BayVGH DWW 1992, 119) (vgl Schmidt-Futterer/*Börstinghaus* Rn 90 ff mwN). Der Austausch von Bleirohren soll nicht unter § 559 fallen (AG Halle/S WuM 1992, 682; vgl insg Staud/*Emmerich* Rn 27 mwN).

11 **b) Dauerhafte Verbesserung der allg Wohnverhältnisse.** Diesem Fall kommt nur geringe eigenständige Bedeutung zu, da er regelm erfüllt sein wird, wenn der Gebrauchswert der Sache erhöht ist. Hierunter fallen insbes **Maßnahmen**, die sich auf die die **Wohnung umgebenden mitvermieteten Teile des Hauses und des Hausgrundstücks erstrecken** und gleichfalls der Wohnung zugute kommen. Dieser Fall verlangt nicht die Nachhaltigkeit, sondern die dauerhafte Verbesserung, was in der Sache keinen Unterschied macht (MüKo/*Artz* Rn 16). Die Verbesserung darf die Wohnung nicht in ihrem Wesen verändern (Soerg/*Heintzmann* Rn 9). Eine Aufzählung von Beispielen enthielten die §§ 3 Abs 5 und 4 Abs 2 ModEnG aF. Hierzu zählen die Neuerrichtung von Kinderspielplätzen, von Grünanlagen oder von Stellplätzen, die Einrichtung eines Fahrradkellers oder eines Wäschetrockenraums, der Einbau eines Fahrstuhls oder einer Feuerwehrzufahrt (LG Hamburg ZMR 2002, 918) oder die Beleuchtung von Wegen (vgl Schmidt-Futterer/*Börstinghaus* aaO). Nicht erfasst ist die Außenrenovierung, soweit sie nur Instandsetzung ist (AG Köln WuM 1987, 31).

12 **c) Einsparung von Energie.** Diese Modernisierung steht im öffentlichen Interesse (BGH NJW 2002, 2036). Unter Energie ist die Heizenergie und der Strom zu verstehen. Änderungen bzw Umstellungen müssen zum Einsparen von Energie führen. Eine Kosteneinsparung ist irrelevant. Ob die Einsparung fossiler Energie durch erneuerbare Energie oder ökologisch sinnvolle Energiegewinnung ebenfalls vom Gesetzgeber gemeint ist, ist unklar (Schmid/*Riecke* Rn 20). Die Einsparung muss nachhaltig sein (vgl Rz 10), wobei eine geringe (soweit messbar, BGH aaO; aA Schmid/*Riecke* aaO, grds ab 10 %, ansonsten abhängig vom Einzelfall), aber dauerhafte Einsparung ausreichend sein kann (BGH WuM 2004, 155). Eine Aufzählung von Beispielen enthielt § 4 Abs 3 ModEnG aF. Auch wenn die Belastung des Mieters durch eine energiewirtschaftlich sinnvolle Maßnahme steigt, ist diese von ihm mitzufinanzieren (LG Berlin NZM 2002, 64). Hierunter fallen die **Wärmedämmung** (LG Bückeburg WuM 1992, 378), andere Änderungen zur Vermeidung oder Verminderung von Energieverlusten (zB Thermostatventile, Wärmeschutzglas), Verringerung des Energieverbrauchs, der Nutzung von Energie durch **Wärmepumpen**, die **Rückgewinnung von Wärme** oder **Solaranlagen** (Soerg/*Heintzmann* Rn 10).

13 **d) Einsparung von Wasser.** Es ist nicht die Einsparung des aus der Leitung entnommenen Wassers entscheidend, sondern von Wasser überhaupt (Soerg/*Heintzmann* Rn 11). Die Einsparung muss nachhaltig sein (vgl Rz 12). Hierzu zählen Speichern von Wasser, was andernfalls versickern würde (zB Regenwasserauffang), der Einbau von Wasserdurchlaufbegrenzern, der Einbau wasserreduzierender Toilettespülkästen und der Einbau von Wasserzählern, da es dadurch erfahrungsgem zu Einsparungen von Wasser kommt (str, MüKo/*Artz* Rn 19). Nicht hierunter fällt der Bau von Brunnen.

3. Andere bauliche Maßnahmen. Eine Erhöhung nach § 559 ist auch dann zulässig, wenn der Vermieter bauliche Maßnahmen durchgeführt hat, die auf Grund von Umständen erfolgten, die er nicht zu vertreten hat. Ein Zweck wie bei den Modernisierungsmaßnahmen muss nicht eintreten. Gemeint sind in erster Linie Maßnahmen auf Grund behördlicher Anordnung oder gesetzlicher Bestimmungen, mit denen ein sorgfältiger Vermieter bei der Vereinbarung der Miete nicht rechnen konnte und die nicht auf Vernachlässigung des Vermieters oder vertraglichen Bindungen zurückzuführen sind (Soerg/*Heintzmann* Rn 12). Die Frage des Vertretenmüssens richtet sich nach §§ 276, 278 bezogen auf Vorhersehbarkeit, Vermeidbarkeit und Berücksichtigung von vornherein (Schmid/*Riecke* Rn 24; Staud/*Emmerich* Rn 36). Dazu zählen: der **Hausanschluss** an den Kanal (LG München II WuM 1985, 66), Maßnahmen des Denkmalschutzes, die Umstellung von Stadt- auf Erdgas, die Verlegung von Freileitungen in die Erde, das Anbringen und der Erwerb von Wärmemesseinrichtungen (BGH NJW-RR 2008, 818) und Heizkostenverteilern, vgl LG Halle ZMR 2003, 35. 14

4. Wirtschaftlich vertretbar. Der Vermieter ist gem § 242 gehalten, die Modernisierung wirtschaftlich sinnvoll durchzuführen, wenn er diese gem § 559 auf den Mieter umlegen will (Staud/*Emmerich* Rn 34). Eine Begrenzung der Mieterhöhung sieht § 559 für energiesparende Maßnahmen indes nicht vor (str, BGH NJW 2004, 1738, vgl MüKo/*Artz* Rn 21). Ob dies auch auf die anderen Maßnahmen des § 559 übertragbar ist, ist umstr, wird aber zu bejahen sein (vgl MüKo/*Artz* aaO). 15

V. Erhöhungsbetrag. Gem Abs 1 kann die jährliche Miete um 11 % der für die Wohnung aufgewendeten Kosten erhöht werden. In diesem Zusammenhang ist § 559a zu beachten. Die Jahresmiete errechnet sich aus der letzten Monatsmiete vor Abschluss der Bauarbeiten, welche mit 12 multipliziert wird (hM, vgl Staud/*Emmerich* Rn 39). **1. Umlagefähige Kosten.** Umlagefähig sind die tatsächlich entstandenen Kosten einschließlich der Baunebenkosten (Hamburg NJW 1981, 2820). Baunebenkosten können die Kosten für die Baugenehmigung, die Eigenleistung in Höhe des Handwerkerlohns ohne MWSt, Architektenkosten oder die dem Mieter für seine Mitwirkung gewährte Mietminderung sein (Soerg/*Heintzmann* Rn 19). Unentgeltliche Leistungen Dritter werden nicht berücksichtigt (Hamburg aaO). Gleiches gilt für Finanzierungs- und Kapitalbeschaffungskosten (Hamburg aaO), für die dem Mieter gem § 554 Abs 4 zu ersetzenden Aufwendungen oder bei Mietausfällen während der Durchführung der Maßnahme (str, Staud/*Emmerich* Rn 42). Öffentlich-rechtliche Beiträge sind umlagefähig, soweit sie sich konkret auf die Maßnahme beziehen (Hamm NJW 1983, 2331). 16

2. Gleichzeitige Instandsetzungskosten. Maßnahmen nach § 559 können mit Instandsetzungsmaßnahmen zusammentreffen. Die für die fälligen Instandsetzungen anfallenden Kosten sind abzusetzen (BGH NZM 2001, 686). Zukünftige Ersparnisse oder andere Vorteile des Vermieters sind nicht anzurechnen, da der Vermieter die Kosten für die Erhaltung der Modernisierung wiederum selber tragen muss (hM, KG ZMR 2006, 612; Hamm NJW 1981, 1622; aA Staud/*Emmerich* Rn 44). Die Herausrechnung dürfte sich im Einzelfall als schwierig erweisen und kann daher durch Schätzung (§ 287 ZPO) erfolgen. Der Abzug muss mitgeteilt werden (LG Gera WuM 2000, 256). Ob dies mittels einer Quote angegeben werden kann, ist umstr, so dass es sich anbietet, die fiktiven Kosten durch einen Kostenvoranschlag zu beziffern (vgl Schmid/*Riecke* Rn 29). Bei der Erneuerung älterer Einrichtungen spricht eine tatsächliche Vermutung dafür, dass Instandsetzungsarbeiten enthalten und daher abzuziehen sind (LG Berlin GE 1995, 429). Stichtag für die Berechnung ist der Abschluss der Baumaßnahmen (LG Aachen WuM 1991, 356). 17

VI. Aufteilung nach Abs 2. Sind Kosten für mehrere Wohnungen entstanden, so hat sie der Vermieter angemessen zu verteilen, Abs 2. Den Verteilerschlüssel kann der Vermieter nach §§ 315, 316 nach billigem Ermessen bestimmen (Staud/*Emmerich* Rn 48). Sollte sich die Angemessenheit nicht direkt aus der Verteilung ergeben, ist im Zweifel das Verhältnis der Wohnfläche heranzuziehen (Schmid/*Riecke* Rn 32). Außerdem können die unterschiedlichen Gebrauchsvorteile berücksichtigt werden. Die Verteilung hat auch beim Abzug der ersparten Instandsetzungen zu erfolgen. Die Art und Weise muss im Erhöhungsschreiben mitgeteilt werden. Die Zahlungsfähigkeit ist kein zulässiger Verteilerschlüssel. 18

VII. Zulässiger Umfang. Der Vermieter muss bei der Auswahl der Handwerker wirtschaftlich vorgehen (nicht gleichbedeutend mit der billigsten Lösung, vgl Staud/*Emmerich* Rn 45). Die Erhöhung bleibt bestehen, selbst wenn sich die eigentlichen Baukosten amortisiert haben (Hamburg NJW 1981, 2820). Die Erhöhung ist unzulässig, soweit sie bei Einschlägigkeit des § 5 WiStG dessen Grenze überschreitet (hM, BGH ZMR 2004, 410; Karlsruhe NJW 1984, 62; vgl Soerg/*Heintzmann* Rn 22). Gleiches gilt für § 291 StGB (Schmid/*Riecke* Rn 26). Ein Ausschluss für (unerhebliche) Mieterhöhungen unter 5 % sieht das Gesetz nicht vor. § 554 Abs 3 S 3 betrifft nur die Mitteilungspflicht (Soerg/*Heintzmann* aaO). 19

C. Verfahrensrechtliches. Eine zum Nachteil des Mieters **abweichende Vereinbarung** ist unwirksam, Abs 3. Einseitige Umlagen von Kosten anderer Maßnahmen als die in § 559 genannten oder eine Erhöhung des Betrages von 11 % sind daher ausgeschlossen. Ein allg Erhöhungsausschluss bezieht sich im Zweifel nur auf § 558 (Palandt/*Weidenkaff* Rn 4). Der Vermieter trägt die **Beweislast**, dass eine Modernisierung vorliegt und keine Instandsetzung (KG ZMR 2006, 612). Ebenso sind die weiteren Voraussetzungen des § 559 durch ihn darzulegen und zu beweisen. Gleiches gilt für die Höhe der anzurechnenden ersparten Instandsetzungskosten 20

(KG aaO). Soweit feststeht, dass es sich um eine umlagefähige Maßnahme handelt, muss der Mieter darlegen und beweisen, dass zugleich Instandsetzungskosten erspart worden sind (Soerg/*Heintzmann* Rn 24). Der **Streitwert** der Klage auf Zahlung des Zuschlages richtet sich nach dem Zahlungsantrag (LG Hagen WuM 1985, 130), während beim Feststellungsantrag sich der Streitwert nach dem einjährigen Mieterhöhungsbetrag (LG Hamburg ZMR 1993, 570).

§ 559a Anrechnung von Drittmitteln. **[1] Kosten, die vom Mieter oder für diesen von einem Dritten übernommen oder die mit Zuschüssen aus öffentlichen Haushalten gedeckt werden, gehören nicht zu den aufgewendeten Kosten im Sinne des § 559.**

[2] Werden die Kosten für die baulichen Maßnahmen ganz oder teilweise durch zinsverbilligte oder zinslose Darlehen aus öffentlichen Haushalten gedeckt, so verringert sich der Erhöhungsbetrag nach § 559 um den Jahresbetrag der Zinsermäßigung. Dieser wird errechnet aus dem Unterschied zwischen dem ermäßigten Zinssatz und dem marktüblichen Zinssatz für den Ursprungsbetrag des Darlehens. Maßgebend ist der marktübliche Zinssatz für erstrangige Hypotheken zum Zeitpunkt der Beendigung der Maßnahmen. Werden Zuschüsse oder Darlehen zur Deckung von laufenden Aufwendungen gewährt, so verringert sich der Erhöhungsbetrag um den Jahresbetrag des Zuschusses oder Darlehens.

[3] Ein Mieterdarlehen, eine Mietvorauszahlung oder eine von einem Dritten für den Mieter erbrachte Leistung für die baulichen Maßnahmen stehen einem Darlehen aus öffentlichen Haushalten gleich. Mittel der Finanzierungsinstitute des Bundes oder eines Landes gelten als Mittel aus öffentlichen Haushalten.

[4] Kann nicht festgestellt werden, in welcher Höhe Zuschüsse oder Darlehen für die einzelnen Wohnungen gewährt worden sind, so sind sie nach dem Verhältnis der für die einzelnen Wohnungen aufgewendeten Kosten aufzuteilen.

[5] Eine zum Nachteil des Mieters abweichende Vereinbarung ist unwirksam.

1 **A. Allgemeines.** § 559a bezweckt, dass Verbilligungen der Kosten des Vermieters durch öffentliche oder private Zuschüsse oder Darlehen dem Mieter zugute kommen (Staud/*Emmerich* Rn 1). Dies beruht darauf, dass diese Kosten den Vermieter nicht treffen. § 558 Abs 5 ist zu beachten. Drittmittel verringern den Erhöhungsbetrag kraft Gesetz (Palandt/*Weidenkaff* Rn 3).

2 **B. Regelungsgehalt. I. Zu berücksichtigende Mittel. 1. Öffentliche Mittel, Abs 1, 2.** Eine Anrechnung findet zunächst bei Zuschüssen aus öffentlichen Haushalten statt. Gleiches gilt bei zinsverbilligten oder zinslosen Darlehen aus öffentlichen Haushalten. Die Zuschüsse oder die Darlehen müssen gerade zu dem Zweck gewährt worden sein, die Kosten der baulichen Maßnahme iSd § 559 Abs 1 zu decken (LG Berlin GE 2002, 862). Die Mittel stammen aus öffentlichen Haushalten, wenn sie eine Körperschaft oder eine Anstalt des öffentlichen Rechts über ihren Haushalt zur Verfügung stellt. Gleiches gilt für Mittel der Finanzierungsinstitute des Bundes oder der Länder, Abs 3 S 2 (zB KfW oder die Landesbanken). Der Darlehensbegriff deckt sich mit dem aus § 488, hingegen sind Zuschüsse Zuwendungen zur Deckung der Investitionskosten, wobei der Zeitpunkt der Bewilligung bzw der Auszahlung irrelevant ist (Staud/*Emmerich* Rn 2). Denkbar ist auch, dass nicht die Baumaßnahme, sondern die mit ihr verbundenen Aufwendungen laufend bezuschusst werden, Abs 2 S 4.

3 **2. Sonstige Drittmittel, Abs 1, 3.** Nach Abs 1 sind auch solche Kosten abzuziehen, die vom Mieter (zB Eigenleistung oder Kosten, die der Vermieter nach Absprache erstattet) oder für diesen von einem Dritten übernommen wurden. Hierbei ist in erster Linie an Mietdarlehen (zB auf die Miete anrechenbaren Betrag), Mietvorauszahlungen und Leistungen, die von einem Dritten (zB Arbeitgeber) für den Mieter für die bauliche Maßnahme erbracht werden, gedacht worden. Mietdarlehen, Mietvorauszahlungen sowie Leistungen des Mieters oder eines Dritten für den Mieter, sofern eine laufende Verrechnung mit der Miete erfolgt, sind wie ein Darlehen aus öffentlichen Haushalten zu behandeln, Abs 3 S 1 (vgl Soerg/*Heintzmann* Rn 3). Leistungen eines Dritten für den Vermieter sind hingegen nicht erfasst.

4 **II. Berechnung.** Bei zinsverbilligten oder zinslosen Darlehen ist der marktübliche Zinssatz Bezugspunkt, Abs 2 S 2, 3 (vgl Schmidt-Futterer/*Börstinghaus* Rn 16). Der Erhöhungsbetrag des § 559 ist um den Jahresbetrag der Zinsermäßigung zu verringern, Abs 2 S 1, wobei der im Zeitpunkt der Beendigung der Maßnahme marktübliche Zinssatz maßgebend ist (Soerg/*Heintzmann* Rn 6; aA MüKo/*Artz* Rn 5: Zeitpunkt der Mieterhöhung). Wurden Zuschüsse oder Darlehen ausnahmsweise zur Deckung der laufenden Aufwendungen des Vermieters gewährt, verringert sich der Erhöhungsbetrag um den absoluten Jahresbetrag des Zuschusses oder des Darlehens, Abs 2 S 4. Der Kürzungsbetrag bleibt, unabhängig davon, dass sich das Darlehen durch Rückzahlung verringert, konstant. Eine Befristung sieht das Gesetz, auch für den Fall, dass die Baumaßnahme durch die Mieterhöhung abgezahlt wurde, nicht vor (BGH NJW-RR 2004, 947). Sollte keine konstante Förderung (degressive Förderung) vorliegen, bedarf es einer alljährlichen Angleichung, da sich die Differenz zwischen marktüblichem und gewährtem Zins verändert (MüKo/*Artz* aaO). Zuschüsse senken die Kosten des Vermieters iSv § 559 unmittelbar (Palandt/*Weidenkaff* Rn 4).

III. Verteilung, Abs 4. Der Erhöhungsbetrag muss für jede Wohnung gesondert ermittelt werden. Ist diese Feststellung nicht möglich, so sind die Kosten nach dem Verhältnis der für die einzelnen Wohnungen aufgewendeten Kosten aufzuteilen, Abs 4. Insoweit ist hierbei derselbe Maßstab anzuwenden, wie er bei der Aufteilung der Erhöhung nach § 559 zu Grunde gelegt wurde (Staud/*Emmerich* § 559 Rn 6). 5

C. Verfahrensrechtliches. Eine zum Nachteil des Mieters abw Vereinbarung ist unwirksam, Abs 5. 6

§ 559b Geltendmachung der Erhöhung, Wirkung der Erhöhungserklärung.

[1] Die Mieterhöhung nach § 559 ist dem Mieter in Textform zu erklären. Die Erklärung ist nur wirksam, wenn in ihr die Erhöhung auf Grund der entstandenen Kosten berechnet und entsprechend den Voraussetzungen der §§ 559 und 559a erläutert wird.

[2] Der Mieter schuldet die erhöhte Miete mit Beginn des dritten Monats nach dem Zugang der Erklärung. Die Frist verlängert sich um sechs Monate, wenn der Vermieter dem Mieter die zu erwartende Erhöhung der Miete nicht nach § 554 Absatz 3 Satz 1 mitgeteilt hat oder wenn die tatsächliche Mieterhöhung mehr als 10 vom Hundert höher ist als die mitgeteilte.

[3] Eine zum Nachteil des Mieters abweichende Vereinbarung ist unwirksam.

A. Allgemeines. § 559b beinhaltet die **Anforderungen an die Erhöhungserklärung** sowie die **Rechtsfolge einer Mieterhöhung** nach § 559. Die Erhöhungserklärung muss dem Mieter die Möglichkeit einräumen, den Hintergrund der Erhöhung nachvollziehen und überprüfen zu können. § 559b betrifft ausschließlich Mieterhöhungen nach § 559. Das Sonderkündigungsrecht nach § 561 ist zu beachten. 1

B. Regelungsgehalt. I. Erhöhungserklärung, Abs 1. 1. Allgemeines. Die Erklärung als **einseitig empfangsbedürftige Willenserklärung** ist an alle Mieter zu richten, wobei dies auch bei Vorliegen einer Empfangsvollmacht für die Mieter der Fall ist. Eine formularmäßig erfolgte Vollmacht erstreckt sich im Zweifel nicht auf die Erhöhung nach § 559 (LG Kiel WuM 1986, 371). Die Erklärung ist durch den Vermieter abzugeben. Eine Bevollmächtigung ist möglich. Hierbei ist § 174 zu beachten. An die formellen Voraussetzungen dürfen keine überhöhten Anforderungen gestellt werden. Die Erklärung kann erst nach Abschluss der baulichen Maßnahmen und Feststehen der Gesamtkosten (str, vgl LG Potsdam WuM 2001, 559) erfolgen, wobei der Mieter den uneingeschränkten und unbegrenzten Zugang zu der Wohnung (wieder) erlangt haben muss (Staud/*Emmerich* Rn 4, 5). Besteht die Maßnahme aus selbständigen Gewerken, die nicht den Abschluss eines Bauabschnittes darstellen, kommt eine teilw Erhöhung in Betracht, wobei dies durch den Vermieter deutlich zu machen ist (MüKo/*Artz* Rn 9). Andernfalls ist die Erklärung unwirksam (LG Berlin GE 1990, 659). Unerheblich ist, ob der Vermieter die ihn treffenden Kosten bereits entrichtet hat (Schmid/*Riecke* Rn 5). Hat der Vermieter zuviel verlangt, beschränkt sich die Erhöhung auf den zulässigen Betrag. Der Vermieter kann unmittelbar auf Zahlung klagen (Soerg/*Heintzmann* Rn 1). 2

2. Form. Nach Abs 1 S 1 muss die Erklärung in **Textform** erfolgen. Unter Textform iSd § 126b fallen Fax, Teletext aber auch E-Mail und SMS (str, (Schmid/*Riecke* Rn 4). Gleiches gilt für die Begründung (Erläuterung und Berechnung). Eine Bezugnahme auf die nach § 554 erfolgte Mitteilung ist ausreichend (BGH NJW-RR 2004, 658; aA Staud/*Emmerich* Rn 8). Anlagen müssen nicht in Textform erstellt sein (LG Essen WuM 1992, 592). Zudem ist eine feste Verbindung nicht erforderlich (LG Berlin NJW-RR 1999, 809; LG München I WuM 1994, 335). Zahlungsbelege und Rechnungen muss der Vermieter nicht beifügen (MüKo/*Artz* Rn 2). Der Mieter hat jedoch ein Recht auf Einsicht der Belege, wobei dies grds beim Vermieter zu erfolgen hat. Insoweit kommt aber auch eine Versendung an den Mieter gegen Vorkasse in Betracht (Schmid/*Riecke* Rn 14). 3

3. Inhalt. a) Allgemeines. Aus der Erklärung muss hervorgehen, dass die **Miete** auf Grund einer Maßnahme nach § 559 einseitig **erhöht** wird und dies nicht von der Zustimmung des Mieters abhängig ist. Es ist der Betrag der Erhöhung oder die neu zu zahlende Miete zu nennen, hingegen ist nur, wenn der Mietvertrag den Quadratmeterpreis betrifft, die Mitteilung der Erhöhung des Quadratmeterpreises ausreichend (Soerg/*Heintzmann* Rn 4). Der Eintritt der Erhöhung muss nicht, sollte aber genannt werden. Zudem müssen Kürzungen nach § 559a begründet werden (MüKo/*Artz* Rn 4). Die Begründung teilt sich, wenn auch nicht trennscharf, in eine Berechnung und eine Erläuterung. 4

b) Erläuterungen. Gem Abs 1 S 2 muss die Erhöhung entspr den **Voraussetzungen der §§ 559, 559a erläutert** werden (Schlagwortartige Bezeichnung der Maßnahme, Kennzeichnung der zugehörigen Rechnungsposten sowie eine Erläuterung der Folgen iSd § 559 Abs 1). Zweck ist, dem Mieter plausibel zu machen, wieso es sich bei den einzelnen baulichen Maßnahmen um Maßnahmen iSv § 559 handelt (BGH NJW 2002, 2036). Daher muss sich die Erläuterung auf jede einzelne Maßnahme beziehen (BGH aaO). Hierbei ist der Wissensstand des Mieters zu berücksichtigen (Staud/*Emmerich* Rn 14). Der Modernisierungszweck muss ausreichend konkretisiert und erläutert werden (BGHZ 150, 277). Eine Begründung kann eingeschränkt sein, wenn der Zweck iSd § 559 Abs 1 ohne weiteres ersichtlich ist (BGH NJW 2002, 2036; LG Berlin ZMR 2001, 277). Gleichsam muss erläutert werden, inwiefern der Vermieter durch Dritte unvorhersehbar zu der Maßnahme 5 angehalten wurde. Drittmittel müssen nach Art und Betrag angegeben und rechnerisch nachvollziehbar dargelegt werden (Soerg/*Heintzmann* Rn 5). Abs 2 S 1 erfordert zwar die Erläuterung, nicht aber die erschöpfende rechtliche und tatsächliche Begründung (BGHZ 150, 277). Bei Energieeinsparungen ist es für die Erläuterung der Einsparung ausreichend, wenn Werte vor und nach der Durchführung der Maßnahme mitgeteilt werden; einer detaillierte Berechnung des Maßes der Energieeinsparung bedarf es nicht (BGH NJW 2006, 1126: für Wärmebedarfsrechnung). Ausreichend ist es insoweit, dass der Mieter auf Grund der Beschreibung mit Hilfe einer sachkundigen Person nachvollziehen kann, ob die Maßnahme unter § 559 fällt (BGHZ 150, 277).

6 **c) Berechnung.** Gleichfalls verlangt Abs 1 S 2, dass die vom Vermieter verlangte Erhöhung **berechnet** wird. Dies bezieht sich auf die Bau- und Baunebenkosten abzüglich etwaiger Instandsetzungskosten und Drittmittel iSv § 559a und muss klar, deutlich, plausibel und nachvollziehbar sein. Eine Nachvollziehbarkeit auch für einen Laien ist hingegen nicht erforderlich (KG ZME 2006, 612; aA KG NZM 2002, 211). Die Berechnung hat von den Gesamtkosten auszugehen und muss auf die einzelnen durchgeführten Maßnahmen aufgeteilt werden. Die Kosten der einzelnen Maßnahmen müssen ausgewiesen sein (Palandt/*Weidenkaff* Rn 3). Die Aufwendungen, die gerade der Wohnung des Mieters zugeflossen sind bzw der Verteilerschlüssel müssen erkennbar sein (MüKo/*Artz* Rn 5). Es muss deutlich werden, in welchem Verhältnis Modernisierungsarbeiten und Instandsetzung stehen und worin die anrechenbare Modernisierung besteht, wobei es einer detaillierten Aufstellung und keiner pauschalen Angabe bedarf (KG WuM 2006, 450). Einzelne kleinere Mängel der Berechnung sind unschädlich (Staud/*Emmerich* Rn 12).

7 **4. Unwirksamkeit, Umdeutung und Verwirkung.** Eine den Anforderungen des § 559b nicht entspr Erklärung ist unwirksam. Sie kann jedoch nachgeholt werden. Dies muss vollständig geschehen (BGH NJW 2006, 1126). Nachbesserungen sind im Ggs zu Ergänzungen (bei wirksame Erklärung) nicht möglich (BGH aaO). Eine fehlerhafte Erläuterung macht die Erklärung nicht unwirksam, wobei die Erhöhung nur im Rahmen des rechtlich und rechnerisch richtigen Umfanges erhöht wird (Soerg/*Heintzmann* Rn 9). § 558b Abs 3 S 1 ist nicht übertragbar (BGH NJW-RR 2005, 1464). Eine zu hohe Berechnung führt nur zur Unwirksamkeit, soweit diese über den zulässigen Betrag nach § 559 hinausgeht. Die Erklärung nach § 559b kann grds nicht in einen Antrag auf Vertragsänderung umgedeutet werden. Ebenso kann die Zahlung der neuen Miete durch den Mieter grds nicht in ein Angebot auf Abschluss eines Veränderungsvertrages umgedeutet werden (str, vgl § 557 Rz 4). Für diesen Fall kann der Vermieter gegen den Rückzahlungsanspruch des Mieters nicht wirksam anführen, dass er bei Kenntnis der Rechtslage rechtzeitig eine wirksame Erklärung abgegeben hätte (BGH aaO). Der Vermieter ist nicht daran gebunden, die Mieterhöhung unmittelbar nach Durchführung der Arbeiten durchzuführen. In Ausnahmefällen kommt aber eine Verwirkung in Betracht (MüKo/*Artz* Rn 10).

8 **II. Eintritt der Mieterhöhung, Abs 2.** Gem Abs 2 S 1 schuldet der Mieter die erhöhte Miete mit Beginn des dritten Monats nach Zugang der Erklärung. Eine Verschiebung ergibt sich für den Fall des Abs 2 S 2. Die Fälligkeit der Forderung wird jedoch nicht berührt. Hat der Vermieter den Mieter nicht gem § 554 Abs 3 S 1 von der zu erwartenden Mieterhöhung unterrichtet, verlängert sich die Frist des Abs 2 S 1 um sechs Monate, Abs 2 S 2. Die Mitteilung muss den Anforderungen des § 554 Abs 2 nicht entsprochen haben (Soerg/*Heintzmann* Rn 13). Ist indes gar keine Mitteilung iSv § 554 Abs 3 erfolgt, greift eine Mieterhöhung nach § 559 nicht ein (vgl § 559 Rz 4). Hat jedoch der Mieter die Maßnahme geduldet, ist eine Erhöhung nach § 559 zulässig, wobei für diesen Fall Abs 2 S 2 entspr anzuwenden ist (str, Staud/*Emmerich* Rn 22 ff, 27). Im Falle des § 554 Abs 3 S 3 kommt es zu keiner Verlängerung der Frist. Übersteigt die tatsächliche die zu erwartende mitgeteilte Mieterhöhung um mehr als 10 %, verlängert sich die Frist ebenso um sechs Monate, Abs 2 S 2 (insges vertiefend: Staud/*Emmerich* Rn 18 ff).

9 **C. Verfahrensrechtliches.** Eine zum Nachteil des Mieters **abweichende Vereinbarung** (zB frühere Wirksamkeit, Einschränkungen in formeller Hinsicht) ist unwirksam, Abs 3. Bei **Verweigerung der Zahlung** steht dem Vermieter kein Recht zu, die Modernisierung bis zur Zahlung des Mieters diesem vorzubehalten (Soerg/*Heintzmann* Rn 12). Die **Darlegungs- und Beweislast** für die Voraussetzungen des Erhöhungsrechts trifft den Vermieter, hingegen trägt der Mieter die Beweislast für die Behauptung, der Vermieter habe Beträge nach § 559a zu Unrecht nicht abgezogen (Schmid/*Riecke* § 559b Rn 19). Die Voraussetzungen des § 559a muss der Mieter, mit Ausnahme des marktübliche Zinssatzes (Vermieter), beweisen (Soerg/*Heintzmann* Rn 15; aA Schmidt-Futterer/*Börstinghaus* Rn 61). Zudem trifft den Vermieter die Beweislast des rechtzeitigen Zugangs der Mitteilung nach § 554 Abs 3 (Staud/*Emmerich* Rn 19).

§ 560 Veränderungen von Betriebskosten. **[1] Bei einer Betriebskostenpauschale ist der Vermieter berechtigt, Erhöhungen der Betriebskosten durch Erklärung in Textform anteilig auf den Mieter umzulegen, soweit dies im Mietvertrag vereinbart ist. Die Erklärung ist nur wirksam, wenn in ihr der Grund für die Umlage bezeichnet und erläutert wird.**

[2] Der Mieter schuldet den auf ihn entfallenden Teil der Umlage mit Beginn des auf die Erklärung folgenden übernächsten Monats. Soweit die Erklärung darauf beruht, dass sich die Betriebskosten rückwirkend erhöht haben, wirkt sie auf den Zeitpunkt der Erhöhung der Betriebskosten, höchstens jedoch auf den Beginn des der Erklärung vorausgehenden Kalenderjahres zurück, sofern der Vermieter die Erklärung innerhalb von drei Monaten nach Kenntnis von der Erhöhung abgibt.

[3] Ermäßigen sich die Betriebskosten, so ist eine Betriebskostenpauschale vom Zeitpunkt der Ermäßigung an entsprechend herabzusetzen. Die Ermäßigung ist dem Mieter unverzüglich mitzuteilen.

[4] Sind Betriebskostenvorauszahlungen vereinbart worden, so kann jede Vertragspartei nach einer Abrechnung durch Erklärung in Textform eine Anpassung auf eine angemessene Höhe vornehmen.

[5] Bei Veränderungen von Betriebskosten ist der Grundsatz der Wirtschaftlichkeit zu beachten.

[6] Eine zum Nachteil des Mieters abweichende Vereinbarung ist unwirksam.

A. Allgemeines. § 560 ergänzt die §§ 556, 556a bei **Änderungen der Betriebskosten**, die **während des Laufs des Mietverhältnisses** eintreten (Palandt/*Weidenkaff* Rn 1). Die Abs 1 bis 3 beziehen sich auf Betriebskostenpauschalen, hingegen erstreckt sich Abs 4 auf die Betriebskostenvorauszahlungen. Abs 1 und 2 ermöglichen eine einfache und praktikable Weitergabe von oftmals schwer kalkulierbaren und unvorhersehbaren Kostensteigerungen an den Mieter (Staud/*Weitemeyer* Rn 5). Die Verpflichtung des Vermieters aus Abs 3 auf Herabsetzung der Betriebskostenpauschale liegt im Interesse des Mieters (BTDrs 7/2011 S 13). Durch die Regelung des Abs 4 wird beiden Vertragsparteien das Recht gegeben, die Vorauszahlungen auf einen angemessenen Betrag anzupassen (BTDrs 14/4553 S 59). 1

B. Regelungsgehalt. I. Anwendungsbereich. Die Vorschrift gilt mit Ausnahme der § 549 Abs 2 und 3 für Mietverhältnisse über Wohnraum, § 549 Abs 1. Sie findet keine Anwendung bei preisgebundenem Wohnraum. Über § 28 Abs 4 Nr 1 WoFG ist § 560 bei Wohnungen, die nach dem WoFG gefördert sind, anwendbar. Brutto- und Teilinklusivmieten können im Anwendungsbereich des § 560 wegen gestiegener Betriebskosten, die in ihnen bereits enthalten sind, nicht, auch nicht bei vorheriger Vereinbarung des Erhöhungsrechts, gesondert erhöht werden, indes ist bei Mietverhältnissen, die vor dem 01.09.2001 vereinbart wurden, Art 229 § 3 Abs 4 EGBGB zu beachten (Staud/*Weitemeyer* Rn 5). Im Falle einer Vereinbarung nach § 557 Abs 1 findet § 560 keine Anwendung, da die einschränkenden Voraussetzungen der Norm nur bei einseitiger Veränderung der Umlage gelten (Schmid/*Schmid* Rn 6). Bei Geschäftsraummietverhältnissen greift § 560 nicht. § 560 ist unabhängig von den Mieterhöhungen nach § 558, 559 (vgl KG WuM 1997, 540; LG Berlin WuM 2002, 373; Staud/*Weitemeyer* Rn 21). 2

II. Erhöhung der Pauschale (Abs 1 und 2). 1. Allgemeines. Die Abs 1 und 2 gestatten es dem Vermieter, erhöhte Betriebskosten durch einseitige Erklärung auf den Mieter umzulegen. Das Recht ist ein Gestaltungsrecht, dessen Ausübung keiner Zustimmung bedarf und unmittelbar zu einem Zahlungsanspruch führt (LG Kiel WuM 1995, 546). § 561 ist nicht einschlägig. 3

2. Voraussetzung. Grundvoraussetzung ist, dass der Mieter gem § 556 Abs 1 überhaupt zur Tragung der Betriebskosten (vgl § 535 Rz 48 ff) verpflichtet ist (Staud/*Weitemeyer* Rn 11). Die materiellen Voraussetzungen müssen im Zeitpunkt der Abgabe der Erklärung vorliegen (Soerg/*Heintzmann* Rn 7). **a) Betriebskostenpauschale.** Der Begriff der Betriebskosten wird in § 566 Abs 1 festgelegt. Die Abs 1 und 2 finden nur bei Vereinbarung von Betriebskostenpauschalen Anwendung. Ob eine solche vorliegt, oder ob eine abzurechnende vorschussweise Zahlung auf Betriebskosten vereinbart wurde, ist im Zweifel durch Auslegung des Vertrages zu ermitteln (Soerg/*Heintzmann* Rn 2). 4

b) Zu berücksichtigende Betriebskosten. Ferner muss eine Erhöhung der Betriebskosten tatsächlich eingetreten sein, Abs 1 S 1. Eine bloße Erwartung von Kostensteigerungen genügt nicht (Schmidt-Futterer/*Langenberg* Rn 23). Die Betriebskosten müssen insges erhöht sein, so dass einzelne Kostensteigerungen, die durch Senkungen anderer Kostenpositionen kompensiert werden, nicht ausreichend sind (LG Berlin MDR 1981, 849). Nicht entscheidend ist, ob die Steigerung auf einen erhöhten Verbrauch oder auf einer Preissteigerung beruht oder gar vorhersehbar war (LG Berlin NZM 2000, 333). Zu berücksichtigen sind lediglich die Kosten, die in der Pauschale enthalten waren (MüKo/*Schmid* Rn 6). Die Entstehung neuer Betriebskosten muss, soweit diese von der Vereinbarung erfasst sind, mitberücksichtigt werden (vgl Schmid/*Schmid* Rn 11 ff). Sind zB nach dem Vertrag die Betriebskosten iSv § 2 BetrKV oder nach der Anlage 3 zu § 27 II. BV zu tragen, so ist dies allumfassend, auch wenn bei Vertragsschluss nicht alle Kosten anfielen und deswegen bei der zusätzlichen Aufzählung nur die anfallenden genannt bzw angekreuzt worden sind (vgl Soerg/*Heintzmann* Rn 4). Hat der Mieter nach dem Vertrag nur bestimmte Betriebskosten zu tragen, kann eine Erstattung der neuen Betriebskosten nicht auf § 560 Abs 1 beruhen (BayOblG WuM 1985, 18), soweit eine ergänzende Vertragsauslegung nichts Gegenteiliges ergibt (AG Leverkusen NJW-RR 1994, 400). Abzurechnende Betriebskosten und 5 solche, die mit einer Teilinklusivmiete abgegolten werden, sind nicht zu berücksichtigen. Der Grundsatz der Wirtschaftlichkeit ist zu beachten, Abs 5.

6 c) **Erhöhung der Betriebskosten.** Bei der Erhöhung der Betriebskosten ist die **Steigerung** seit der Festlegung im Zeitpunkt des Vertragsabschlusses oder seit der Wirksamkeit der letztmaligen Änderung **zu berücksichtigen** (Schmidt-Futterer/*Langenberg* Rn 23), wobei ein gewisser zeitlicher Abstand nicht vorgeschrieben ist (Staud/*Weitemeyer* Rn 18). Der Vergleichszeitpunkt muss für jedes Mietverhältnis gesondert festgestellt werden. Im Falle der Vermietung von Eigentumswohnungen müssen sich die Beträge, die der Wohnungseigentümergemeinschaft in Rechnung gestellt und auf die jeweiligen Eigentümer umgelegt werden, tatsächlich erhöht haben, so dass eine bloße Erhöhung nach dem Wirtschaftsplan iSv § 28 Abs 5 WEG nicht ausreichend ist (BFH BB 1998, 1165, Schmid/*Schmid* Rn 19). Der Erhöhungsbetrag errechnet sich aus der Differenz der Betriebskosten zum Zeitpunkt der Abgabe der Erhöhungserklärung und der im Vergleichszeitpunkt (Staud/*Weitemeyer* aaO). Insoweit bleibt dem Mieter der Vorteil einer zu geringen Ansetzung der Betriebskosten erhalten, wobei dies jedoch nicht dazu führt, dass bei der Erhöhung ein Abschlag vom Differenzbetrag zu machen ist, hingegen bei einer zu hohen Ansetzung der Pauschale der tatsächliche Anteil des Mieters die Obergrenze bildet (MüKo/*Schmid* Rn 12).

7 d) **Vereinbarung.** Des Weiteren muss das **Recht zur Mieterhöhung** des Vermieters nach § 560 Abs 1 und 2 im Mietvertrag **vereinbart** worden sein, Abs 1 S 1. Die Vereinbarung kann auch nachträglich getroffen und auf bestimmte Betriebskostenarten beschränkt werden (MüKo/*Schmid* Rn 11). Ist eine Pauschale für verbrauchsabhängige Kosten vereinbart, kann die Auslegung ergeben, dass eine Erhöhung nur bei Steigerung der Kosten und nicht des Verbrauchs zulässig ist (hM, LG Berlin NZM 2000, 333). Eine Erhöhung ohne Vereinbarung ist auch bei erheblich gestiegenen Kosten nicht möglich. Das Vereinbarungserfordernis erfasst auch Mietverhältnisse, die vor dem 01.09.2001 geschlossen worden sind, Art 229 § 3 Abs 4 EGBGB. Eine formularvertragliche Vereinbarung ist zulässig (Staud/*Weitemeyer* Rn 15).

8 e) **Anteilige Umlage.** Die **Erhöhung der Betriebskosten** ist auf den Mieter **anteilig umzulegen.** Insoweit ist eine Verteilung nach der im Vertrag vorgesehenen Berechnungsweise, bei Fehlen einer solchen nach der bisherigen Handhabe oder gem § 315 Abs 1 vorzunehmen (LG Hamburg ZMR 1995, 32). Die in § 556a getroffenen Regelungen zum Umlagemaßstab können entspr herangezogen werden (Staud/*Weitemeyer* Rn 20). Selbstredend muss der Umlagemaßstab für alle Mieter derselbe sein, wobei jedoch bes Umstände Berücksichtigung finden können (vgl BGH NJW 2007, 211; Soerg/*Heintzmann* Rn 6: Fahrstuhlkosten).

9 **3. Erhöhungserklärung.** Die Erhöhung erfolgt durch eine **einseitige empfangsbedürftige Willenserklärung** des Vermieters. Sie bedarf der **Textform iSv § 126b.** Bei einer Mehrheit von Mietern muss die Erklärung an alle gerichtet werden (Celle WuM 982, 102), wobei dies auch bei einem bereits ausgezogenen Mieter gilt. Eine formularmäßige Empfangsbevollmächtigung ist zulässig (BGH NJW 1997, 3437). Die Erklärung muss dennoch an alle Mieter gerichtet sein. Sie muss von allen Vermietern abgegeben werden. Stellvertretung ist möglich (Rostock ZMR 2001, 29). Inhaltlich muss der Grund der Umlage bezeichnet und erläutert werden, Abs 1 S 2. Es bedarf insoweit einer verständlichen Begründung, die eine Nachprüfung oder weitere Nachforschungen ermöglicht und Angaben zur Gesamthöhe der Kosten, der Differenz zwischen früheren und neuen Kosten, wobei hier ein Prozentsatz ausreichend ist (BTDrs 7/2011 S 12), zur Änderung der jeweiligen Betriebsart, bei der die Steigerung eingetreten ist sowie zum Umlagemaßstab, soweit der Vermieter nicht den bisherigen anwendet, beinhalten muss (Staud/*Weitemeyer* Rn 24). Der Zeitpunkt des Eintritts der Erhöhung folgt aus dem Gesetz und ist daher nicht zwingend mitzuteilen (Koblenz NJW 1983, 1861). Anders verhält es sich bei einer rückwirkenden Erhöhung nach Abs 2 S 2. Die Angaben der Erhöhung pro qm reichen nur, wenn der Mietvertrag die Betriebskosten zum qm-Preis nennt (Soerg/*Heintzmann* Rn 8). Der Grund der Steigerung (Verbrauch oder Kostensteigerung) muss mitgeteilt werden (LG Berlin ZMR 1996, 144; MüKo/*Schmid* Rn 15; aA *Soergel* aaO). Der Mieter hat ein Einsichtsrecht in die Unterlagen, das bei Verweigerung ein die Fälligkeit der Erhöhung unberührt lassendes Zurückbehaltungsrecht des erhöhten Betrages nach sich zieht (Staud/*Weitemeyer* Rn 25). Bei einer Erhöhung auf Grund neuer Kostenarten müssen hierzu Hinweise enthalten sein (LG Bayreuth WuM 1989, 423). Der Betrag der neuen Pauschale oder der Erhöhungsbetrag muss genannt sein.

10 **Fehlende Begründung** oder Widersprüchlichkeit führt zur **Unwirksamkeit**, während offensichtliche Fehler unschädlich sind (Schmidt-Futterer/*Langenberg* Rn 29). Inhaltliche Mängel, die zu einem falschen Erhöhungsbetrag führen, begründen eine Unwirksamkeit nur, soweit dieser Betrag den richtigen Betrag übersteigt (LG Berlin ZMR 1995, 353). Ist der Eintritt der Erhöhung entgegen Abs 2 S 1 zu kurz angegeben, greift der gesetzliche Wirksamkeitszeitpunkt. In einer unwirksamen Erklärung liegt grds kein Angebot auf Abschluss eines Vertrags. Gleiches gilt für die vorbehaltslose Zahlung des Mieters (vgl § 557 Rz 7). Eine unwirksame Erklärung kann, ohne dass eine Rückwirkung eintritt, wiederholt werden.

11 **4. Rechtsfolge.** Der Mieter schuldet die Erhöhung mit Beginn des dem Zugang (§ 130 Abs 1) der Erklärung folgenden übernächsten Monats, Abs 2 S 1. Die Fälligkeit bleibt hiervon unberührt. § 193 ist nicht anwendbar. Bei mehreren Mietern derselben Wohnung ist der Zugang beim letzten entscheidend. Ebenso ist eine rückwirkende Erhöhung unter den weiteren Voraussetzungen des Abs 2 S 2 zulässig. Voraussetzung ist, dass

sich die Betriebskosten rückwirkend erhöht haben und die Erhöhungserklärung innerhalb von drei Monaten seit der positiven Kenntnis des Vermieters von der Erhöhung abgegeben wird. Fahrlässige Unkenntnis ist unschädlich. Bei behördlichen Bescheiden ist die Kenntnis vom Bescheid bzw die im Verfahren eintretende Rechtskraft entscheidend (Frankfurt aM ZMR 1983, 374; LG München I DWW 1978, 99). Ausreichend ist die rechtzeitige Absendung der Erklärung (Schmid/*Schmid* Rn 40; aA Staud/*Weitemeyer* Rn 30). Die Rückwirkung muss bereits beim Vermieter eingetreten sein. Der Vermieter muss das Datum nennen, bis wann die Rückwirkung reicht (Soerg/*Heintzmann* Rn 11).

Die Erhöhung wirkt auf den Zeitpunkt der Erhöhung der Betriebskosten zurück, wobei die Rückwirkung auf den Beginn des der Erklärung vorausgehenden Kalenderjahres begrenzt ist, Abs 2 S 2. Eine rückwirkende Erhöhung tritt mit Zugang beim Mieter ein. Eine Erhöhung ist auch möglich, wenn das Mietverhältnis bereits beendet ist (MüKo/*Schmid* Rn 20, 22; aA Staud/*Weitemeyer* Rn 32). Ggü einem neuen Mieter ist die Rückwirkung zulässig, wenn er Rechtsnachfolger des früheren Mieters ist. Bei der Erhöhung ist die Grenze des § 5 WiStG einzuhalten. Bei der Rückwirkung tritt ein Verzug erst mit Mahnung ein (Soerg/*Heintzmann* Rn 12). 12

III. Herabsetzung der Pauschale (Abs 3). 1. Allgemeines. Abs 3 verpflichtet den Vermieter, eine Betriebskostenpauschale herabzusetzen, soweit sich die Betriebskosten ermäßigt haben. Die Ermäßigung der Pauschale wirkt zum Zeitpunkt der Betriebskostenermäßigung zurück. Die Ermäßigung ist dem Mieter unverzüglich mitzuteilen, Abs 3 S 2. Es muss eine Betriebskostenpauschale vereinbart sein, wobei sich auch hier der Begriff der Betriebskosten aus § 556 Abs 1 ergibt. Die Ermäßigung erfolgt nicht kraft Gesetzes, sondern bedarf der Gestaltungserklärung des Vermieters (BayOblG NJW-RR 1996, 207). Die Betriebskosten müssen sich in ihrer Gesamtheit ermäßigt haben, wobei die Herabsetzung in dem Umfang erfolgt, wie die Ermäßigung eingetreten ist (MüKo/*Schmid* Rn 23). Bezugspunkt sind die Betriebskosten zur Zeit des Vertragsschlusses oder die letzte Festsetzung der Änderung (Staud/*Weitemeyer* Rn 37). Der Vermieter ist jedoch nicht verpflichtet, die Betriebskosten ständig zu beobachten. In Anlehnung an § 556 Abs 3 S 1 wird ein Beobachtungszeitraum von einem Jahr als angemessen angesehen (MüKo/*Schmid* Rn 24; aA Schmidt-Futterer/*Langenberg* Rn 120). 13

2. Erklärung. Die Herabsetzung bedarf zu ihrer Wirksamkeit der Erklärung des Vermieters. Eine Form für die Erklärung ist nicht vorgeschrieben. Es kommt nicht darauf an, ob eine Vereinbarung zur Erhöhung der Pauschale geschlossen wurde (MüKo/*Schmid* aaO). Die Erklärung hat unverzüglich (§ 121) nach Kenntniserlangung zu erfolgen. Eine Begründung ist nicht erforderlich. 14

3. Rechtsfolge. Die Erklärung wird mit Zugang wirksam. Der Mieter hat einen Anspruch auf Abgabe der Erklärung. Die Betriebskostenpauschale ist vom Zeitpunkt der Ermäßigung der Betriebskosten ab entspr herabgesetzt, Abs 3 S 1. Der Mieter hat einen Auskunftsanspruch, an den sich ein Recht auf Einsicht der Belege anknüpft (vgl Staud/*Weitemeyer* Rn 40). Bereits geleistete Zahlungen des Mieters sind aus ungerechtfertigter Bereicherung herauszugeben, § 812 Abs 1 S 2 Fall 1 (vgl Staud/*Weitemeyer* Rn 43), wobei eine Verrechnung ausscheidet (Soerg/*Heintzmann* Rn 18). Eine verspätete Herabsetzung kann Schadensersatzansprüche nach sich ziehen (Schmid/*Schmid* Rn 57; zur Erforderlichkeit einer Mahnung, Staud/*Weitemeyer* Rn 45). Den bei vertragsgem Verhalten des Vermieters nicht geschuldeten Betrag darf der Mieter einbehalten (BayOblG aaO). Eine einseitige Herabsetzung kann jedoch nicht durch den Mieter erfolgen. 15

IV. Anpassung der Vorauszahlung (Abs 4). 1. Allgemeines. Abs 4 betrifft die vereinbarten Betriebskostenvorauszahlungen. Es ist unerheblich, ob die Vorauszahlungen von Anfang an oder wegen gestiegener Betriebskosten nachträglich zu niedrig oder zu hoch sind (Soerg/*Heintzmann* Rn 19; aA MüKo/*Schmid* Rn 31: Die Betriebskosten müssen sich verändert haben). Voraussetzung ist, dass eine Abrechnung über die Betriebskosten vorausgegangen ist, die formell ordnungsgem sein muss (BGH NJW 2008, 508; Staud/*Weitemeyer* Rn 47). Jede Partei hat das Recht zur Anpassung, deren Ausübung das Recht des anderen nicht behindert (MüKo/*Schmid* Rn 33). Das Anpassungsrecht besteht jedoch nur bei wesentlichen Änderungen. Die Anpassung geschieht durch einseitige Erklärung. Bezugspunkt ist der gesamte Vorauszahlungsbetrag, bezogen auf die letzte Jahresabrechnung (LG Göttingen WuM 1990, 443). Der Grundstückserwerber kann eine Anpassung vornehmen, auch wenn die letzte Abrechnung in die Zeit des Veräußerers fällt (Soerg/*Heintzmann* aaO; im Fall des Abs 1 und 2 vgl Soerg/*Heintzmann* Rn 13). Es besteht nur ein einmaliges Erhöhungsrecht pro Abrechnung, wobei die Anpassung nicht mit der Abrechnung gleichlaufen muss, so dass die Kostenentwicklung abgewartet werden kann (MüKo/*Schmid* Rn 30). Der Vermieter ist zu einer Anpassung nicht verpflichtet. 16

2. Erklärung. Die Erhöhung des Vermieters bedarf einer nachprüfbaren Erläuterung (Schmidt-Futterer/*Langenberg* Rn 45; aA Schmid/*Schmid* Rn 83). Die Erklärung kann gleichzeitig mit der Abrechnung erfolgen und stellt eine einseitige empfangsbedürftige Willenserklärung dar (MüKo/*Schmid* aaO). Sie bedarf der Textform iSv § 126b. Die Erklärung muss die betragsmäßige Änderung enthalten und sollte den Zeitpunkt, ab wann die geänderten Vorauszahlungen zu zahlen sind, anführen (Staud/*Weitemeyer* Rn 49; MüKo/*Schmid* Rn 35; vgl Rz 18). Die Frist des Abs 2 S 2 ist nicht entspr heranziehbar. 17

18 **3. Rechtsfolge.** Die Anpassung kann nur für die Zukunft erfolgen (Soerg/*Heintzmann* Rn 20). Die Bestimmung des Zeitpunkts des Eintritts der Anpassung ist den Parteien überlassen, da das Gesetz hierzu keine Regelung trifft, so dass bei fehlender Regelung eines Termins die Fälligkeit gem § 271 im Zweifel sofort nach Zugang der Erklärung eintritt, wobei die Auslegung idR ergeben wird, dass die Fälligkeit der nächsten Miete maßgebend ist (Staud/*Weitemeyer* Rn 53; abw Soerg/*Heintzmann* aaO: Beginn des dem Zugang der Erklärung folgenden Monats). Inhaltliche Fehler der Abrechnung sind im Rahmen der Anpassung zu berücksichtigen (MüKo/*Schmid* Rn 30). Die Änderung muss angemessen sein, dh eine ungefähre Deckung der Kosten ermöglichen (BayOblG NJW-RR 1996, 207; Staud/*Weitemeyer* Rn 52). Maßgeblich sind die für das jeweilige Mietverhältnis zu erwartenden Kosten (vgl MüKo/*Schmid* Rn 38 f). Die monatliche Vorauszahlung wird um 1/12 der Jahressteigerung erhöht, wobei dies auch dann gilt, wenn bereits einige Monate abgelaufen sind und die diesbezüglichen Vorauszahlungen wegen der Rückwirkung nicht erhöht werden können, so dass die Vorauszahlung hinterherhinkt (vgl Schmid/*Schmid* Rn 92 f).

19 **V. Grundsatz der Wirtschaftlichkeit (Abs 5).** Bei der Veränderung der Betriebskosten ist der Grundsatz der Wirtschaftlichkeit zu berücksichtigen, Abs 5. Danach dürfen Kosten für unangemessene und überflüssige Maßnahmen sowie Kosten, die auf Grund der Vernachlässigung der Mietsache entstanden sind, nicht auf den Mieter umgelegt werden (BTDrs 14/5663 S 79, 81). Dies folgt bereits aus einem allg Grundsatz, so dass Abs 5 der Klarstellung dient (vgl Soerg/*Heintzmann* Rn 22).

20 **C. Verfahrensrechtliches.** Eine zum Nachteil des Mieters von den vorstehenden Voraussetzungen **abweichende Vereinbarung** ist unwirksam, Abs 6 (vgl Müko/*Schmid* Rn 45 ff). Vertragliche Vereinbarungen sind den Vertragsparteien unbenommen (§ 557 Abs 1), wobei sich Regelungen über künftige Erhöhungen an Abs 6 messen lassen müssen. Ein Verstoß gegen die Erläuterung der Erklärung durch den Vermieter kann **Schadensersatzansprüche** des Mieters auf Grund notwendiger Rechtsberatungskosten auslösen (AG Hannover WuM 1985, 122; Staud/*Weitemeyer* Rn 25; aA Soerg/*Heintzmann* Rn 9). Eine Erhöhung nach Abs 1 und 2 ist auch nach Jahren möglich. Eine **Verwirkung** kommt nur in Ausnahmefällen in Betracht (LG Berlin GE 1999, 111; Soerg/*Heintzmann* Rn 14).

21 Der Vermieter hat den Zugang der Erklärung iSv Abs 2 zu beweisen (LG Bonn WuM 1985, 373). Er trägt die **Darlegungs- und Beweislast** für die Steigerung der Betriebskosten, für seine korrekte Erklärung und für den Zeitpunkt der Kenntniserlangung im Fall des Abs 2 S 2. Der Mieter muss die Unangemessenheit der Aufteilung der gestiegenen Kosten darlegen (vgl Soerg/*Heintzmann* Rn 16). Neben der **Klage** auf Abgabe der Erklärung nach Abs 3 kann der Mieter gem § 315 Abs 3 S 2 eine Gestaltungsklage auf Bestimmung der ermäßigten Miete erheben (Staud/*Weitemeyer* Rn 44). Im Falle der Erhöhung der Betriebskostenpauschale und der Veränderung von Vorauszahlungen ist unmittelbar auf Zahlung zu klagen (Schmid/*Schmid* Rn 115). Die Ansprüche auf Auskunft, Belegeinsicht und Herabsetzung der Betriebskostenpauschale können im Wege der Stufenklage geltend gemacht werden. Insoweit kann als weitere Stufe ein Rückzahlungsanspruch erhoben werden (Schmid/*Schmid* Rn 117).

§ 561 Sonderkündigungsrecht des Mieters nach Mieterhöhung.

[1] Macht der Vermieter eine Mieterhöhung nach § 558 oder § 559 geltend, so kann der Mieter bis zum Ablauf des zweiten Monats nach dem Zugang der Erklärung des Vermieters das Mietverhältnis außerordentlich zum Ablauf des übernächsten Monats kündigen. Kündigt der Mieter, so tritt die Mieterhöhung nicht ein.
[2] Eine zum Nachteil des Mieters abweichende Vereinbarung ist unwirksam.

1 **A. Allgemeines.** § 561 räumt dem Mieter ein außerordentliches Kündigungsrecht ein, wenn der Vermieter eine Mieterhöhung nach § 558 oder § 559 betreibt. Kündigt der Mieter, tritt die Mieterhöhung nicht ein. Der Mieter hat insofern das Wahlrecht, ob das Mietverhältnis fortzusetzen oder zu beenden ist.

2 **B. Regelungsgehalt. I. Anwendungsbereich.** Die Vorschrift ist auf Mietverhältnisse über Wohnraum anwendbar, soweit nicht § 549 Abs 2 und 3 entgegenstehen. Bei preisgebundenem Wohnraum gilt § 561 nicht. Für Wohnraum, der nach dem WoFG gefördert wird, findet § 561 Anwendung. Gleiches gilt für Zeitmietverträge (vgl Schmidt-Futterer/*Börstinghaus* Rn 12).

3 **II. Kündigungstatbestände.** Gem Abs 1 greift die Norm ein, wenn der Vermieter eine Mieterhöhung nach § 558 oder nach § 559 geltend macht. Es kommt aus Gründen der Rechtssicherheit nicht darauf an, ob das Erhöhungsverlangen wirksam oder unwirksam ist, wobei dies nicht gilt, wenn der Mieter die offensichtliche Unwirksamkeit ohne weiteres erkennt (Soerg/*Heintzmann* Rn 2). Die Tatbestände des § 560 Abs 1 und Abs 4 lösen kein Sonderkündigungsrecht nach § 561 aus. Gleiches gilt für Vereinbarungen einer Staffelmiete (§ 557a) oder einer Indexmiete (§ 557b), wobei § 557a in seinem Abs 3 eine eigene Regelung enthält (vgl § 557a Rz 9). Erklärt sich der Mieter mit der Erhöhung im vollen Umfang einverstanden, scheidet ein Kündigungsrecht nach § 561 aus. Besteht der Vermieter trotz einer teilw Zustimmung des Mieters auf die volle von ihm erhobene Erhöhung, steht dem Mieter das Recht aus § 561 zu, wobei er bis zum Vertragsende die teilw erhöhte Miete zahlen muss. Das Recht aus § 561 entsteht ebenso bei einer teilw Erhöhung sowie bei jeder

weiteren Teilerhöhung (Soerg/*Heintzmann* Rn 3). Die Rücknahme des Erhöhungsverlangens hat keinen Einfluss auf die bereits ausgesprochene Kündigung.

III. Fristen. 1. Beginn. Das Kündigungsrecht entsteht mit Zugang der Mieterhöhungserklärung des Vermieters (Abs 1), so dass eine vorzeitige Kündigungserklärung, die auf einem Verdacht beruht, unwirksam ist (Staud/*Weitemeyer* Rn 10). Entscheidend ist der Zugang beim letzten Mieter. Bloße und hinreichend deutliche Anfragen und Vertragsänderungsangebote lösen nicht das Recht des § 561 aus, wobei dies auch dann gilt, wenn der Vermieter für den Fall der fehlenden Zustimmung mit einer Mieterhöhung nach § 558 oder § 559 droht, da es ausschließlich auf den Zugang der Mieterhöhungserklärung ankommt (Schmid/*Riecke* Rn 15 f). § 561 sieht eine Überlegungsfrist und eine Kündigungsfrist vor. Die Überlegungsfrist bemisst den Zeitraum, innerhalb dessen der Mieter die Kündigung aussprechen kann, während die Kündigungsfrist angibt, wann das Mietverhältnis nach ausgeübter Kündigung endet. Die Fristen der §§ 557 ff sind im Zuge der Mietrechtsreform von 2001 angeglichen worden. 4

2. Überlegungsfrist. Mit Zugang der Erklärung des Vermieters läuft die Überlegungsfrist. Der Mieter kann bis zum Ablauf des zweiten Monats (Ablauf des übernächsten Monats) nach dem Zugang kündigen, Abs 1. Insofern kann die Frist fast drei Monate einnehmen (vgl Soerg/*Heintzmann* Rn 6). § 193 ist für den Ablauf der Frist anwendbar, hingegen ist § 233 ZPO nicht einschlägig. Die Frist berechnet sich nach §§ 187 ff. Die Überlegungsfrist beginnt auch zu laufen, wenn ein Erhöhungsverlangen nach § 558 vor der einjährigen Sperrfrist zugegangen ist (Staud/*Weitemeyer* Rn 16). Der Mieter muss innerhalb der Frist kündigen. Bei einem Fristversäumnis kann der Mieter auf das ordentliche Kündigungsrecht zurückgreifen. 5

3. Kündigungsfrist. Die Kündigungsfrist richtet sich nach Abs 1 S 1 und endet einheitlich zwei Monate nach Ende der Überlegungsfrist (MüKo/*Artz* Rn 8). Insoweit ist der Zeitpunkt der Erklärung der Kündigung innerhalb der Überlegungsfrist unerheblich (Schmidt-Futterer/*Börstinghaus* Rn 44). Die Frist berechnet sich nach §§ 187 ff. Für das Fristende gilt § 193. 6

IV. Kündigungserklärung. Die Kündigung bedarf nach § 568 Abs 1 der Schriftform (MüKo/*Artz* Rn 5). Ein bestimmter Inhalt ist nicht vorgeschrieben, so dass die Kündigungsgründe nicht mitgeteilt werden müssen (Staud/*Weitemeyer* Rn 12). Die Angabe des Vertragsendes kann unterbleiben. Die Kündigung muss von allen Mietern an alle Vermieter gerichtet sein. 7

V. Wirkung. Ist eine fristgem Kündigung erfolgt, endet das Mietverhältnis mit Ablauf der Kündigungsfrist. Gleichzeitig tritt die Mieterhöhung nicht ein, Abs 1 S 2. Eine bereits vorher eingetretene Erhöhung verliert ihre Wirksamkeit, so dass der Mieter die erhöhte Miete nicht zahlen muss (MüKo/*Artz* Rn 10). Räumt der Mieter nach der Kündigung nicht, gelten die §§ 546a, 571, wobei die nicht erhöhte Miete die vereinbarte Miete iSv § 546a bildet (Palandt/*Weidenkaff* Rn 7). Zudem kommt in diesem Fall eine Verlängerung nach § 545 in Betracht (Schmidt-Futterer/*Börstinghaus* Rn 49). 8

VI. Sonstige Kündigungsgründe. Neben der Kündigung aus § 561 bestehen die übrigen Kündigungsgründe. Die Kündigungsgründe berühren einander nicht und können gleichzeitig bzw nacheinander erhoben werden. Bei der Kündigung nach § 561 ist jedoch Abs 1 S 2 zu beachten, der auch mit der früheren Beendigung auf Grund eines anderen Kündigungsgrundes kombiniert werden kann, soweit die Voraussetzungen des § 561 vorliegen und der Mieter sich darauf beruft (Staud/*Weitemeyer* Rn 22). Welcher Kündigungsgrund gewollt ist, ist bei fehlenden Angaben hierüber durch Auslegung zu ermitteln, wobei nicht entscheidend sein kann, was im Einzelfall günstiger ist (vertiefend: Soerg/*Heintzmann* Rn 8). 9

C. Verfahrensrechtliches. Eine zum Nachteil des Mieters (zB Ausschluss des § 561, Formverschärfungen oder Verkürzung oder Verlängerung der Kündigungsfrist) **abweichende Vereinbarung** ist unwirksam, Abs 2. Die Kündigung des Mieters kann nicht unter der **Bedingung** der Wirksamkeit der Erhöhung ergehen (Staud/*Weitemeyer* Rn 19). Wer aus der Beendigung des Mietverhältnisses Rechte herleitet, trägt die **Beweislast** für dessen Voraussetzungen (vertiefend: Soerg/*Heintzmann* Rn 10). 10

Kapitel 3 Pfandrecht des Vermieters

§ 562 Umfang des Vermieterpfandrechts.

[1] Der Vermieter hat für seine Forderungen aus dem Mietverhältnis ein Pfandrecht an den eingebrachten Sachen des Mieters. Es erstreckt sich nicht auf die Sachen, die der Pfändung nicht unterliegen.

[2] Für künftige Entschädigungsforderungen und für die Miete für eine spätere Zeit als das laufende und das folgende Mietjahr kann das Pfandrecht nicht geltend gemacht werden.

A. Normzweck. Das Vermieterpfandrecht dient der Sicherung der Ansprüche des Vermieters aus dem Mietverhältnis (Hk-Mietrecht/*Emmerich* Rn 1). Bei Wohnraummiete hat das Vermieterpfandrecht eine geringe 1 praktische Bedeutung (MüKo/*Artz* Rn 4; Hk-Mietrecht/*Emmerich* Rn 1). Der Vermieter erlangt oftmals keine Befriedigung seiner Forderungen, weil den Mietern notleidender Wohnraummietverhältnisse oftmals keine pfändbaren Gegenstände gehören (dazu auch MüKo/*Artz* Rn 4). Das praktisch wichtige Sicherungsmittel sind die vertraglich vereinbarten Mietsicherheiten (§ 551; s nur Hk-Mietrecht/*Emmerich* Rn 1). In den übrigen Anwendungsfällen, wie insbes bei der Gewerbemiete, soll es eine wichtige Handhabe des Vermieters bleiben. Selbst bei der Unpfändbarkeit der Gegenstände soll die Vorschrift zumindest eine gewisse Appellwirkung ggü dem in Zahlungsverzug geratenen Mieter entfalten (BTDrs 14/4553 S 60).

2 **B. Entstehungsgeschichte der Norm.** Die Mietrechtsreform hat das Vermieterpfandrecht in Übereinstimmung mit dem Votum der Bund-Länder-Arbeitsgruppe (Bericht zur Neugliederung und Vereinfachung des Mietrechts, Dezember 1996, Bundesanzeiger 49, Nr 39a, S 169) auch für Wohnraummietverhältnisse im Wesentlichen unberührt gelassen. § 559 aF wurde durch das Mietrechtsreformgesetz vom 19.06.2001 ohne inhaltliche Änderungen als § 562 übernommen. Die Norm wurde zur besseren Gliederung in zwei Absätze aufgeteilt und sprachlich angepasst (BTDrs 14/4553 S 60).

3 **C. Anwendungsbereich/Abdingbarkeit.** § 562 gilt für **Mietverträge über Wohnraum sowie für Wohnraum nach § 549 Abs 2 und 3.** Auf Mietverhältnisse über Grundstücke oder Teile von Grundstücken (BaRoth/*Herrmann* Rn 2; Hk-Mietrecht/*Emmerich* Rn 3) findet § 550 gem § 578 Abs 1 entspr Anwendung. Gleiches gilt für Mietverhältnisse über Räume, die keine Wohnräume sind (§ 578 Abs 2 S 1). Für Pachtverträge gilt § 583 und für Landpachtverträge ist § 592 anwendbar. Nicht anwendbar ist das Vermieterpfandrecht bei der Vermietung beweglicher Sachen (§ 90, Erman/*P Jendrek* Rn 2). Abs 1 S 1 und Abs 2 enthalten dispositives Recht (RGZ 141, 99, 102; BGH NJW-RR 2005, 1328). Abs 1 S 2 beinhaltet eine zwingende Vorschrift, so dass sie nicht abdingbar ist. Der zulässige Verzicht auf das Vermieterpfandrecht (Abs 1) ist eine rechtsvernichtende Einwendung (BGH NJW-RR 2005, 1328; ausführlich zum Verzicht Jena GE 2006, 383).

4 **D. Gesetzliches Pfandrecht.** Das Vermieterpfandrecht ist ein **gesetzliches, besitzloses Pfandrecht.** Gem § 1257 finden die Vorschriften über das durch Rechtsgeschäft bestellte Pfandrecht entspr Anwendung, soweit sie nicht den unmittelbaren Besitz des Pfandgläubigers voraussetzen. Das Vermieterpfandrecht setzt zu seiner Entstehung voraus 1. einen wirksamen Mietvertrag (MüKo/*Artz* Rn 6), 2. eine Sache (§ 90), die 3. im Eigentum des Mieters steht, 4. die Einbringung der Sache, 5. die Pfändbarkeit der Sache und 6. offene Forderungen aus dem Mietverhältnis. Das Vermieterpfandrecht begründet für den Vermieter das Recht zur Verwertung gem §§ 1257, 1228 ff.

5 **E. Verhältnis zu anderen Rechten.** Der Rang des Vermieterpfandrechts im Verhältnis zu anderen gesetzlichen Pfandrechten sowie im Verhältnis zu rechtsgeschäftlichen Pfandrechten bestimmt sich gem § 1209 nach der Zeit der Bestellung bzw Entstehung. Das Vermieterpfandrecht geht zeitlich später begründeten Rechten vor (Hk-Mietrecht/*Emmerich* Rn 2 mwN). Es ist auch dem Wegnahmerecht des Mieters nach § 539 Abs 2 überlegen (BGHZ 101, 37, 44 ff).

Ein **gutgläubiger lastenfreier Erwerb** der Sache, die mit dem Vermieterpfandrecht behaftet ist, ist durch einen Dritten möglich (BGH NJW-RR 2005, 1328). Es begründet im Insolvenzverfahren über das Vermögen des Mieters ein Absonderungsrecht gem § 50 Abs 2 InsO. Es setzt sich am Erlös fort (BGH NJW-RR 2004, 772 m Anm *Amend* LMK 2004, 94). Das Absonderungsrecht erstreckt sich auch auf die durch das Pfandrecht zu sichernden, erst künftig entstehenden Forderungen aus dem Mietverhältnis (BGH NJW 2007, 1588). Das Vermieterpfandrecht begründet in der Zwangsvollstreckung einen Anspruch auf vorzugsweise Befriedigung aus dem Erlös (§ 805 ZPO; BGH NJW-RR 2004, 772; MüKo/*Artz* Rn 5). Es hat nach der Judikatur Vorrang ggü der in § 885 Abs 2 und 3 S 1 ZPO bestimmten Entfernung der beweglichen Sachen, die nicht Gegenstand der Zwangsvollstreckung sind (BGH NJW 2006, 848 m Anm *Flatow* NJW 2006, 1396).

6 **F. Gegenständlicher Umfang Abs 1. I. Sachen, S 1.** Dem Vermieterpfandrecht unterliegen **Sachen gem §§ 90, 90a.** Es entsteht nicht an Legitimationspapieren, die nicht Träger der Forderung sind und nicht an Sachen ohne Vermögenswert (Palandt/*Weidenkaff* Rn 7). Das Vermieterpfandrecht erfasst auch Anwartschaftsrechte des Mieters, die ihm an Sachen Dritter zustehen (BGH NJW 1965, 1475), wie zB Eigentumsvorbehalt (§ 449 Abs 1), Sicherungsübereignung von Sachen vor Einbringung (vgl Rostock OLGR 2005, 653 und nachgehend BGH NJW 2007, 216) Das Pfandrecht entsteht, sobald das Anwartschaftsrecht durch Befriedigung des Sicherungsnehmers zum Vollrecht erstarkt nach allg Regeln (BGH NJW 1965, 1475; Erman/*P Jendrek* § 554a Rn 10).

7 **II. Eigentum des Mieters, S 1.** Die Sachen müssen **im Eigentum des Mieters** stehen. Das Vermieterpfandrecht ist besitzlos, weil der Vermieter an den eingebrachten Sachen keinen unmittelbaren Besitz erlangt. Daher ist ein gutgläubiger Erwerb des Vermieterpfandrechts ausgeschlossen. § 1207 ist nicht analog anwendbar (allg M, s nur MüKo/*Artz* Rn 14 mwN).

8 **III. Einbringung der Sachen, S 1.** Die Einbringung der Sachen ist Realakt. Ob sie zumindest beschränkte Geschäftsfähigkeit erfordert, ist str (hM s Palandt/Weidenkaff Rn 6). Es bedarf nicht den Willen, mit der Einbringung ein Vermieterpfandrecht zu begründen. Willensmängel sind unbeachtlich (ebenda; Hk-Mietrecht/

Emmerich Rn 4). Die Sachen sind eingebracht, wenn der Mieter sie willentlich auf das Mietgrundstück oder in die Mieträume gebracht hat bzw sie mit seinem Willen von einem Dritten dorthin gebracht worden sind oder wenn sie dort hergestellt wurden. Das gilt auch für Sachen, die sich dort vor Vertragsbeginn bereits befanden und die der Mieter vom Vermieter oder Vormieter erworben hat (MüKo/*Artz* Rn 12 mwN). Nur vorübergehend in die Mieträume gebrachte Sachen sind eingebracht, wenn sie mit dem vertragsgem Gebrauch der Mietsache zusammenhängen (zB Arbeitsgeräte, Fahrräder, Kinderwagen, str, s auch § 562a Rn 7). Eine feste Verbindung mit dem Grundstück ist nicht erforderlich (MüKo/*Artz* Rn 12 mwN). Die Sachen müssen nach überwiegender Auffassung grds während der Mietzeit eingebracht worden sein, dh nach Beginn und vor Beendigung des Mietverhältnisses (Staud/*Emmerich* § 562 Rn 11 zu den Ausnahmen Rn 12; aA *Ehricke* FS Gerhardt 191, 193 mwN).

IV. Unpfändbarkeit der Sachen, S 2. An Sachen, die dem Pfändungsschutz unterliegen, entsteht kein Pfän- 9
dungspfandrecht. Dies betrifft Sachen nach §§ 811, 811c und § 812 ZPO. Sie müssen zur Zeit der Geltendmachung des Vermieterpfandrechts unpfändbar sein (Jena GE 2006, 383). Nicht anwendbar sind §§ 811a, 865 ZPO.

G. Forderungen aus dem Mietverhältnis, Abs 1. Gesichert sind die Forderungen des Vermieters aus dem 10
Mietverhältnis. Das sind gegenwärtige und künftige Forderungen, die sich aus dem Wesen des Mietverhältnisses als entgeltliche Gebrauchsüberlassung ergeben (BGHZ 60, 22, 25; BGH NJW 2007, 1588). **Forderungen aus dem Mietverhältnis** sind insbes Ansprüche auf Zahlung des Mietzinses, Betriebskosten, Ersatzansprüche des Vermieters wegen Beschädigung der Mietsache, Verletzung der Anzeige- oder Rückgabepflicht, Ansprüche, die im Zusammenhang mit dem Vermieterpfandrecht entstehen, wie zB der Anspruch auf Zinsen, auf Erstattung von Kosten der Rechtsverfolgung und des Pfandverkaufs (§ 1210 Abs 1; Hk-Mietrecht/*Emmerich* Rn 13 mwN), str ist dies für den Anspruch auf die vereinbarte Mietsicherheit gem § 551, wenn sie mit einer gesonderten Abrede vereinbart wird (s dazu Staud/*Emmerich* Rn 27; ausf jurisPK-BGB/*Mössner* Rn 7 Fn 16). Nicht dazu zählen vertragliche Ansprüche, die selbstständig neben dem Mietvertrag begründet wurden, zB aus einem wegen Umbau gewährten Darlehen (BGHZ 60, 22, 24 ff).

H. Zeitliche Sicherungswirkung, Abs 2. Nach Abs 2 ist das Vermieterpfandrecht in seiner zeitlichen Siche- 11
rungswirkung beschränkt. Es kann nicht für folgende zwei Arten von Forderungen geltend gemacht werden: künftige Entschädigungsforderungen sowie für Mietforderungen für eine spätere Zeit als das laufende und das folgende Mietjahr. **1. Künftige Entschädigungsforderungen.** Künftige Entschädigungsforderungen sind solche, die zur Zeit der Geltendmachung des Pfandrechts nicht einklagbar sind (Hk-Mietrecht/*Emmerich* Rn 15). Bei Schadensersatzansprüchen muss der Schaden nach Grund und Höhe feststehen (Hamm NJW-RR 1994, 655; Düsseldorf NZM 1998, 237). Künftige Entschädigungsforderungen sind zB Ansprüche wegen Vorenthaltung der Mietsache nach § 546a und Mietausfall wegen vorzeitiger Beendigung des Mietvertrages (BGH NJW 1972, 721).

2. Künftige Mietforderungen. Künftige Mietforderungen sind solche ab dem übernächsten Mietjahr nach 12
Geltendmachung. Das erste Mietjahr beginnt mit dem Tag des Beginns des Mietverhältnisses, jedes spätere mit dem diesem Tag entspr Tage der folgenden Jahre (Hk-Mietrecht/*Emmerich* Rn 17).

3. Rechtsfolge. Aus Abs 2 werden unterschiedliche Rechtsfolgen für das Vermieterpfandrecht abgeleitet. Nach 13
überwiegender Auffassung besteht das Pfandrecht nicht (MüKo/*Artz* Rn 8 mwN, Hk-Mietrecht/*Emmerich* Rn 15), während es nach aA existiert, aber mit dem Wortlaut der Norm nur nicht geltend gemacht werden kann (Schmidt-Futterer/*Lammel* Rn 39).

I. Verfahrensrechtliches. I. Beweislast. Der Vermieter hat das **Bestehen des Pfandrechts darzulegen und** 14
zu beweisen. Die Beweislast erstreckt sich auf den wirksamen Mietvertrag, die gesicherten Forderungen aus dem Mietverhältnis, das Eigentum des Mieters sowie die Einbringung der Sachen (BGH NJW 1986, 2426). Der Mieter hat das Nichtbestehen des Vermieterpfandrechts darzulegen und zu beweisen, zB dass die Sachen nicht der Pfändung unterliegen (Abs 1 S 2), Forderungen aus dem Mietverhältnis nicht bestehen, Forderungen von der zeitlichen Sicherungswirkung nicht umfasst sind (Abs 2), das Erlöschen des Pfandrechts. Derjenige, der den Verzicht auf das Vermieterpfandrecht geltend macht, trägt die Darlegungs- und Beweislast (BGH NJW-RR 2005, 1328).

II. Zwangsvollstreckung. Der Gläubiger kann als Inhaber des Vermieterpfandrechts die Zwangsvollstreckung 15
nach § 885 ZPO auf die Herausgabe der Wohnung beschränken, wenn er an sämtlichen in den Räumen befindlichen Gegenständen das Vermieterpfandrecht geltend macht (BGH NJW 2006, 3273; NZM 2006, 149; zustimmend *Kellner* GE 2006, 95, 96; *Körner* ZMR 2006, 201; ablehnend *Flatow* NJW 2006, 1396; *Seip* DGVZ 2006, 24). Er benötigt für die Ausübung des Vermieterpfandrechts durch Beschränkung des Vollstreckungsauftrags aus dem Räumungstitel keinen Vollstreckungstitel über die Gegenstände in der zu räumenden Wohnung (BGH NJW 2006, 3273; vgl Zöller/*Stöber* ZPO § 885 Rn 20; Stein/Jonas/*Brehm* ZPO § 885 Rn 29; Hk-ZPO/*Pukall* § 885 Rn 16; aA *Flatow* NJW 2006, 1396, 1397; zum Schutz des Schuldners s BGH ebenda).

§ 562a Erlöschen des Vermieterpfandrechts. Das Pfandrecht des Vermieters erlischt mit der Entfernung der Sachen von dem Grundstück, außer wenn diese ohne Wissen oder unter Widerspruch des Vermieters erfolgt. Der Vermieter kann nicht widersprechen, wenn sie den gewöhnlichen Lebensverhältnissen entspricht oder wenn die zurückbleibenden Sachen zur Sicherung des Vermieters offenbar ausreichen.

1 **A. Normzweck/Entstehungsgeschichte der Norm.** Das Erlöschen des Vermieterpfandrechts richtet sich nach den allg Vorschriften über das Erlöschen von Pfandrechten (§ 1257 iVm §§ 1242 Abs 1 S 1, 1250 Abs 2, 1255, 1256). § 562a begründet zusätzlich einen speziellen Rechtsgrund für das Erlöschen des Vermieterpfandrechtes. § 560 aF wurde durch das Mietrechtsreformgesetz vom 19.06.2001 ohne inhaltliche Änderungen und einigen sprachlichen Änderungen als § 562a übernommen. Auf Grund der gliederungsbedingten Beschränkung auf Wohnraummietverhältnisse wurde der bisherige auf Gewerbemiete bezogene Satzteil »im regelm Betrieb des Geschäftes des Mieters« gestrichen (BTDrs 14/4553 S 60; s aber unten Rz 6). Zum Anwendungsbereich s § 562 Rz 3 f. § 562a ist eine zwingende Vorschrift, so dass sie nicht abdingbar ist (allg M s nur PWW/*Schmid* Rn 6).

2 **B. Erlöschen des Vermieterpfandrechts, S 1. I. Entfernung der Sachen von dem Grundstück, Hs 1.** Das Vermieterpfandrecht erlischt grds mit der Entfernung der Sachen von dem Grundstück. Die Entfernung der Sachen bezeichnet das Gegenstück zur Einbringung (s nur MüKo/*Artz* Rn 2, s § 562 Rz 8 ff). Es bedeutet das tatsächliche Wegschaffen der eingebrachten Sachen. Umstr sind die Anforderungen an die Entfernung von dem Grundstück. Nach überwiegender Auffassung wird in Übereinstimmung mit dem Willen des Gesetzgebers verlangt, dass die Sachen aus dem Machtbereich des Vermieters gebracht werden müssen. So sind sie nicht entfernt, wenn sie sich außerhalb der Mieträume noch auf dem Grundstück des Vermieters befinden (MüKo/*Artz* Rn 4 mwN; Erman/*P Jendrek* Rn 3; aA Hk-Mietrecht/*Emmerich* Rn 2 mwN). Eine Entfernung von Sachen liegt nach überwiegender Auffassung (Karlsruhe NJW 1971, 624; MüKo/*Artz* Rn 5 mwN; aA nur Frankfurt aM NJW-RR 2007, 230; ZMR 2006, 609, 610, dort auch zur Abgrenzung zwischen privat und betrieblich genutzten Kfz, die eine engere räumlich bestimmte Zuordnung zum (Betriebs-)Grundstück aufweisen) auch bei ihrer vorübergehenden Entfernung aus dem Machtbereich des Vermieters vor. Praktisch relevant ist dies für Kraftfahrzeuge, sowie Mietsachen, die zu einem Dritten gebracht werden, zB zur Reparatur oder Reinigung. Dies wirkt sich auf den Rang des Vermieterpfandrechts aus, wenn in der Zwischenzeit andere Sicherungsrechte (zB Werkunternehmerpfandrecht, § 647) begründet werden. Nach überwiegender Auffassung erlischt das Vermieterpfandrecht sogar und entsteht erst mit der Rückkehr der Sache auf das Grundstück neu (s nur Hk-Mietrecht/*Emmerich* Rn 2).

3 **II. Fortbestand des Pfandrechts, Hs 2.** Das Vermieterpfandrecht erlischt grds nicht, wenn die Entfernung der Sachen ohne Wissen oder unter Widerspruch des Vermieters erfolgt. Dies gilt nicht, dh das Pfandrecht erlischt, unter den Voraussetzungen des S 2. **1. Ohne Wissen des Vermieters.** Das Pfandrecht geht unter, wenn der Vermieter zum Zeitpunkt der Entfernung der Sachen (Frankfurt aM ZMR 2006, 609, 610) Kenntnis davon hat. Entfernt sind die Sachen bei heimlichem oder offenem Fortschaffen ohne Wissen des Vermieters.

4 **2. Widerspruch des Vermieters.** Das Vermieterpfandrecht erlischt nicht, wenn der Vermieter widerspricht. Der Widerspruch ist ggü dem Mieter, wenn die Sache von einem Dritten entfernt wird, auch diesem ggü, zu erklären. Er kann formlos, ausdrücklich oder konkludent erklärt werden. Der Vermieter muss in zeitlichem Zusammenhang mit der Entfernung widersprechen, dh unmittelbar vor oder während der Entfernung (Hk-Mietrecht/*Emmerich* Rn 6). Der Widerspruch ist eine rechtsgeschäftsähnl Handlung, die zumindest beschränkte Geschäftsfähigkeit voraussetzt.

5 **C. Duldungspflicht des Vermieters, S 2. I. Erlöschen des Vermieterpfandrechts.** S 2 begründet für den Vermieter eine Pflicht, die Entfernung der Sachen vom Grundstück zu dulden, wenn sie den gewöhnlichen Lebensverhältnissen entspricht oder wenn die zurückbleibenden Sachen zur Sicherung des Vermieters offenbar ausreichen. Entspricht die Entfernung den gewöhnlichen Lebensverhältnissen oder reichen die zurückbleibenden Sachen zur Sicherung des Vermieters offenbar aus, erlischt das Vermieterpfandrecht.

6 **II. Entfernung entspr gewöhnlichen Lebensverhältnissen.** Die gewöhnlichen Lebensverhältnisse beziehen sich sowohl auf die Miete von Wohnraum und anderen Räumen und Grundstücken, insbes auf die Gewerberaummiete. Dazu zählen bspw die Mitnahme von Sachen auf Reisen, der Austausch von Sachen wegen Erneuerung oder Verschleiß (s zur vorübergehenden Entfernung Rz 2). Bei der Miete von anderen als Wohnräumen hat der Vermieter die Entfernung von Sachen zu dulden, wenn sie im Rahmen des gewöhnlichen Geschäftsbetriebes des Mieters vorgenommen wird (BTDrs 14/4553 S 60; MüKo/*Artz* Rn 11). Eine Duldungspflicht besteht nicht, wenn das übliche Maß überstiegen wird und zu einer Verringerung der Vermietersicherheit führt, wie zB in Folge der Stilllegung des Geschäftsbetriebes (Frankfurt aM ZMR 2006, 609, 610).

7 **III. Offenbar ausreichende Sicherung.** Die verbleibenden Sachen reichen offenbar zur Sicherung des Vermieters aus, wenn sie einen solchen Wert besitzen, dass ohne genauere Prüfung oder Schätzung die ausreichende Sicherung offensichtlich klar ist (allg M Erman/*P Jendrek* Rn 5). Maßstab ist der voraussichtliche Ver-

wertungserlös (Palandt/*Weidenkaff* Rn 10). Die ausreichende Sicherung darf weder aus rechtlichen noch aus tatsächlichen Gründen zweifelhaft sein (MüKo/*Artz* Rn 12). Auf die ausreichende Sicherung können sich der Mieter und Dritte, die ein dem Vermieterpfandrecht vorgehendes Sicherungsrecht besitzen, berufen (Hk-Mietrecht/*Emmerich* Rn 10).

D. Beweislast. Der Mieter bzw ein Dritter hat die Entfernung der Sachen sowie die Voraussetzungen des S 2 darzulegen und zu beweisen, der Vermieter dagegen sein Nichtwissen, die Voraussetzungen des Widerspruches sowie dessen ordnungsgem Erhebung (MüKo/*Artz* Rn 13). 8

§ 562b Selbsthilferecht, Herausgabeanspruch.

[1] Der Vermieter darf die Entfernung der Sachen, die seinem Pfandrecht unterliegen, auch ohne Anrufen des Gerichts verhindern, soweit er berechtigt ist, der Entfernung zu widersprechen. Wenn der Mieter auszieht, darf der Vermieter diese Sachen in seinen Besitz nehmen.

[2] Sind die Sachen ohne Wissen oder unter Widerspruch des Vermieters entfernt worden, so kann er die Herausgabe zum Zwecke der Zurückschaffung auf das Grundstück und, wenn der Mieter ausgezogen ist, die Überlassung des Besitzes verlangen. Das Pfandrecht erlischt mit dem Ablauf eines Monats, nachdem der Vermieter von der Entfernung der Sachen Kenntnis erlangt hat, wenn er diesen Anspruch nicht vorher gerichtlich geltend gemacht hat.

A. Normzweck/Entstehungsgeschichte der Norm. § 562b räumt dem Vermieter ein weit über die §§ 229 f hinausreichendes **Selbsthilferecht** (allg M ausf MüKo/*Artz* Rn 1) ein, wenn der Mieter oder ein Dritter dem Pfandrecht unterliegende Sachen aus den Mieträumen entfernt. Die Norm bietet dem Vermieter eine zusätzliche Sicherung des Vermieterpfandrechts (BaRoth/*Ehlert* Rn 1), die zT wegen der ausreichenden anderweitigen Sicherung des Vermieters als entbehrlich angesehen wird (Hk-Mietrecht/*Emmerich* Rn 1, Staud/*Emmerich* Rn 1; Blank/*Börstinghaus* Rn 1; dagegen Schmidt-Futterer/*Lammel* Rn 1; *Katzenstein/Hüftle* MDR 2005, 1027, 1028). § 561 aF wurde durch das Mietrechtsreformgesetz vom 19.06.2001 ohne inhaltliche Änderungen als § 562b mit kleineren sprachlichen Änderungen zur besseren Verständlichkeit und Lesbarkeit übernommen (BTDrs 14/4553 S 60). Während der Reformdiskussion war gefordert worden, die Regelung nicht zu übernehmen (dazu MüKo/*Artz* Rn 4, s auch Rn 1). Zum Anwendungsbereich s § 562. Das Selbsthilferecht kann vertraglich nicht erweitert (München WuM 1989, 128, 132; MüKo/*Artz* Rn 5) und die Ausschlussfrist nach Abs 2 S 2 nicht verlängert werden (PWW/*Riecke* § 562b Rn 3). 1

B. Selbsthilferecht, Abs 1. I. Voraussetzungen, S 1. Das Selbsthilferecht des Vermieters besteht, wenn 1. die Sachen dem Vermieterpfandrecht gem § 562 unterliegen, 2. dem Vermieter das Widerspruchsrecht gem § 562a zusteht und 3. während die Sachen entfernt werden. Das Selbsthilferecht dient nicht der Prävention (Celle ZMR 1994, 163) und besteht deshalb nur während der Entfernungshandlung (PWW/*Riecke* Rn 6), also weder vor noch nach der Entfernung (MüKo/*Artz* Rn 6). Es entsteht, wenn der Mieter mit der Entfernung beginnt (Düsseldorf ZMR 1983, 376) und endet mit der Beendigung der Entfernung (Erman/*P Jendrek* Rn 2). Die Entfernung ist Realakt und bedeutet das rein tatsächliche Wegschaffen der Sachen aus dem Mietobjekt (PWW/*Riecke* Rn 6). 2

II. Ausübung, S 1. Der Vermieter kann sein gesetzliches Vermieterpfandrecht (§ 562) auch ohne Anrufen des Gerichts geltend machen (S 1, BGH NJW 2006, 3273). Die Ausübung des Selbsthilferechts unterliegt dabei dem Grundsatz der Verhältnismäßigkeit (Karlsruhe NZM 2005, 542 mwN). Der Vermieter hat der Entfernung zunächst erfolglos zu widersprechen und es nur insoweit auszuüben, als es zur Abwendung der Gefahr erforderlich ist (MüKo/*Artz* Rn 6, Koblenz NJW-RR 2005, 1174). Ziel ist, die Entfernung der Sachen zu verhindern (Hk-Mietrecht/*Emmerich* Rn 3) und den status quo der Sicherung durch das Vermieterpfandrecht zu erhalten (PWW/*Riecke* Rn 8), z.B. durch Verschließen der Türen (Karlsruhe NZM 2005, 542; Koblenz NJW-RR 2005, 1174). Nur ausnahmsweise darf der Vermieter Gewalt anwenden (s dazu PWW/*Riecke* Rn 10 mwN; Koblenz NJW-RR 2005, 1174). 3

III. Recht zur Inbesitznahme, S 2. Der Vermieter ist nur dann berechtigt, die Sachen in Besitz zu nehmen, wenn der Mieter vollständig aus den Mieträumen auszieht (S 2, zur Unterscheidung im Umfang des Rechts nach S 1 und 2 BaRoth/*Ehlert* Rn 9). Auszug ist die endgültige Aufgabe des Besitzes an der Mietsache durch den Mieter (Hk-Mietrecht/*Emmerich* Rn 5), mit der der Mieter tatsächlich begonnen haben muss (München NJW-RR 1989, 1499) und die noch nicht endgültig eingetreten sein darf. Mit der Inbesitznahme erlangt der Vermieter die Rechtsstellung wie der Gläubiger eines rechtsgeschäftlich bestellten Faustpfandrechts mit den entsprechenden Rechten und Pflichten (str. ist der Aufwendungsersatz nach §§ 677, 683, 670 verneinend Hk-Mietrecht/*Emmerich* Rn 5; BaRoth/*Ehlert* Rn 16; aA *Blank/Börstinghaus* Rn 6). 4

IV. Einstweilige Verfügung. Alternativ zur Ausübung des Selbsthilferechts nach S 1 ist der Vermieter berechtigt, zu demselben Sicherungszweck eine einstweilige Verfügung zu erwirken (s nur Rostock WuM 2004, 471, 472; LG Berlin GE 2005, 238). 5

6 **C. Herausgabeanspruch, Abs 2. I. Anspruch, S 1.** Mit Beendigung der Entfernung der Sachen tritt an die Stelle des Selbsthilferechts, das in mit diesem Moment erlischt, der dingliche Herausgabeanspruch nach Abs 2, wenn das Vermieterpfandrecht fortbesteht (MüKo/*Artz* Rn 8). Erforderlich ist daher, die Entfernung geschah 1. ohne Wissen oder alternativ 2. unter Widerspruch des Vermieters. Der Herausgabeanspruch richtet sich gegen den Mieter und jeden besitzenden Dritten, soweit ihnen jeweils kein vorrangiges Besitz- oder Sicherungsrecht zusteht (MüKo/*Artz* Rn 8). Gegenstand des Herausgabeanspruches ist bei der Entfernung einzelner Sachen nach Abs 1 S 1 deren Zurückschaffung auf das Grundstück und beim vollständigen Auszug des Mieters nach Abs 1 S 2 die Überlassung des Besitzes an den Vermieter (S 1).

7 **II. Ausschlussfrist, S 2.** Der Herausgabeanspruch unterliegt einer Ausschlussfrist nach S 2 1. Hs, die der Sicherheit des Rechtsverkehrs dient (Palandt/*Weidenkaff* Rn 12). Die Frist ist gem §§ 187 Abs 1, 188 Abs 2 zu berechnen. Sie beginnt mit Kenntniserlangung des Vermieters von der Entfernung der Sachen (Abs 1 S 1) bzw vom Auszug des Mieters (Abs 1 S 2). Mit Ablauf der Ausschlussfrist erlischt das Vermieterpfandrecht. Umstritten ist, ob auch sonstige Ansprüche wegen der rechtswidrigen Verletzung des Pfandrechts erlöschen (zu Recht bejahend MüKo/*Artz* Rn 10 mwN; Hk-Mietrecht/*Emmerich* Rn 10 mwN; verneinend Palandt/*Weidenkaff* Rn 14; PWW/*Riecke* Rn 16). Das Pfandrecht erlischt bei Entfernung der Sachen nur dann nicht, wenn der Vermieter es vor Ablauf der Ausschlussfrist gerichtlich geltend gemacht hat (S 2 2 Hs). Jede Art der gerichtlichen Geltendmachung wird erfasst (HK-Mietrecht/*Emmerich* Rn 9), wie insbes die in § 204 aufgeführten Arten der Rechtsverfolgung, ebenso der Antrag auf eine einstweilige Verfügung, der Widerspruch des Vermieters gegen eine einstweilige Verfügung auf Duldung der Entfernung. Keine gerichtliche Geltendmachung ist die Pfändung wegen einer Mietforderung und der Antrag auf Abweisung der negativen Feststellungsklage des Mieters, dass kein Vermieterpfandrecht besteht, aber die Widerklage auf Rückverschaffung (MüKo/*Artz* Rn 11).

8 **D. Beweislast.** Der Vermieter trägt die Beweislast für die Voraussetzungen und den Umfang des Selbsthilferechts nach Abs 1 sowie für die Voraussetzungen des Herausgabeanspruches nach Abs 2 (Hk-Mietrecht/*Emmerich* Rn 12).

§ 562c Abwendung des Pfandrechts durch Sicherheitsleistung. **Der Mieter kann die Geltendmachung des Pfandrechts des Vermieters durch Sicherheitsleistung abwenden. Er kann jede einzelne Sache dadurch von dem Pfandrecht befreien, dass er in Höhe ihres Wertes Sicherheit leistet.**

1 **A. Normzweck/Entstehungsgeschichte der Norm.** § 562c begründet für den Mieter und berechtigte Dritte die Befugnis, die Ausübung des Pfandrechts durch den Vermieter für die Gesamtheit der erfassten Sachen (S 1) oder für einzelne Sachen (S 2) durch entspr Sicherheitsleistung zu verhindern. § 562 aF wurde durch das Mietrechtsreformgesetz vom 19.06.2001 ohne inhaltliche Änderungen als § 562c übernommen. Zum leichteren Verständnis wurde die Norm in zwei Sätze untergliedert (BTDrs 14/4553 S 60). Zum Anwendungsbereich s § 562 Rz 3 f. § 562c betrifft eine zwingende Vorschrift, so dass sie nicht abdingbar ist (allg M s nur PWW/*Schmid* § 562a Rn 6).

2 **B. Abwendung der Geltendmachung des Pfandrechts, S 1. I. Recht zur Abwendung.** Das Recht zur Abwendung haben ausdrücklich der Mieter sowie darüber hinaus alle Dritten, die durch die Ausübung des Vermieterpfandrechts in ihren Rechten beeinträchtigt werden können (allg M, s nur Hk-Mietrecht/*Emmerich* Rn 2), zB Pfändungsgläubiger, Sicherungseigentümer. Der Vermieter ist allen Abwendungsberechtigten zur Auskunft über seine Forderungen verpflichtet. Die Abwendungsbefugnis entsteht mit der Geltendmachung des Pfandrechts durch den Vermieter (§ 562).

3 **II. Sicherheitsleistung.** Für die Art der Sicherheitsleistung sind §§ 232 ff maßgeblich. Es kommt nicht darauf an, wer die Sicherheit leistet. Ob sich die Höhe der Sicherheitsleistung nach der gesicherten Mietforderung richtet, für die der Vermieter das Pfandrecht geltend macht oder zutr nach dem Wert der Sache (hM; so auch MüKo/*Artz* Rn 3; Staud/*Emmerich* Rn 4 mwN). Eine unzureichende Sicherheitsleistung ist gem § 240 zu ergänzen.

4 **C. Befreiung einzelner Sachen, S 2.** Der Abwendungsberechtigte kann einzelne Sachen von dem Pfandrecht des Vermieters befreien, indem er in Höhe ihres Wertes Sicherheit leistet (S 2). Dieses Recht tritt neben die Abwendungsbefugnis nach S 1 (Hk-Mietrecht/*Emmerich* Rn 4). Der Wert entspricht dem Verkehrswert.

5 **D. Rechtsfolge.** Mit Sicherheitsleistung erlischt das Pfandrecht insges (S 1) bzw für die einzelnen befreiten Sachen (S 2).

§ 562d Pfändung durch Dritte. **Wird eine Sache, die dem Pfandrecht des Vermieters unterliegt, für einen anderen Gläubiger gepfändet, so kann diesem gegenüber das Pfandrecht nicht wegen der Miete für eine frühere Zeit als das letzte Jahr vor der Pfändung geltend gemacht werden.**

1 **A. Normzweck/Entstehungsgeschichte der Norm.** § 562d regelt das Konkurrenzverhältnis zwischen dem Vermieterpfandrecht und dem Pfändungspfandrecht eines Dritten. § 563 aF wurde durch das Mietrechtsreformgesetz vom 19.06.2001 ohne inhaltliche Änderungen als § 562d übernommen. Aus Gründen der besseren Lesbarkeit wurde sie im Satzgefüge umgestellt (BTDrs 14/4553, S 60). Zum Anwendungsbereich s § 562 Rz 3 f.

2 **B. Beschränkung des Vermieterpfandrechts. I. Konkurrenzverhältnis.** Das von der Norm geregelte Konkurrenzverhältnis besteht zwischen dem Vermieterpfandrecht und dem Pfändungspfandrecht eines Dritten, das er nachträglich an einer dem Vermieterpfandrecht unterliegenden Sache erwirbt. Die Vorschrift ist nicht auf andere Konkurrenzen anwendbar. Insoweit gilt grds das Prioritätsprinzip (MüKo/*Artz* Rn 1).

3 **II. Beschränkung der zeitlichen Sicherungswirkung.** Die Vorschrift beschränkt die zeitliche Sicherungswirkung des Vermieterpfandrechts zu Gunsten des Dritten. Bei einer Pfändung der eingebrachten Sachen, die der Vermieter nicht verhindern kann, hat er einen Anspruch auf vorzugsweise Befriedigung aus dem Erlös (§ 805 ZPO). Dieser Anspruch wird durch § 562d eingeschränkt. Der Vermieter kann sein Vermieterpfandrecht nur für Mietrückstände, dh keine anderen rückständigen Forderungen aus dem Mietverhältnis (s nur Erman/*P Jendrek* § 562a Rn 2) für das letzte Jahr vor der Pfändung geltend machen. Maßgeblich für die Frist ist der Zeitpunkt der Pfändung (RG RGZ 34, 100, 102).

4 **C. Insolvenz des Mieters.** In der Insolvenz des Mieters berechtigt das Vermieterpfandrecht den Vermieter zur abgesonderten Befriedigung gem § 50 Abs 2 InsO mit der von § 562d vorgegebenen Beschränkung (dazu *Ehricke* KTS 2004, 321; MüKo/*Artz* Rn 5; *Horst* ZMR 2007, 167, 169 ff).

Kapitel 4 Wechsel der Vertragsparteien

§ 563 Eintrittsrecht bei Tod des Mieters. **[1] Der Ehegatte, der mit dem Mieter einen gemeinsamen Haushalt führt, tritt mit dem Tod des Mieters in das Mietverhältnis ein. Dasselbe gilt für den Lebenspartner.**

[2] Leben in dem gemeinsamen Haushalt Kinder des Mieters, treten diese mit dem Tod des Mieters in das Mietverhältnis ein, wenn nicht der Ehegatte eintritt. Der Eintritt des Lebenspartners bleibt vom Eintritt der Kinder des Mieters unberührt. Andere Familienangehörige, die mit dem Mieter einen gemeinsamen Haushalt führen, treten mit dem Tod des Mieters in das Mietverhältnis ein, wenn nicht der Ehegatte oder Lebenspartner eintritt. Dasselbe gilt für Personen, die mit dem Mieter einen auf Dauer angelegten gemeinsamen Haushalt führen.

[3] Erklären eingetretene Personen im Sinne des Absatzes 1 oder 2 innerhalb eines Monats, nachdem sie vom Tod des Mieters Kenntnis erlangt haben, dem Vermieter, dass sie das Mietverhältnis nicht fortsetzen wollen, gilt der Eintritt als nicht erfolgt. Für geschäftsunfähige oder in der Geschäftsfähigkeit beschränkte Personen gilt § 210 entsprechend. Sind mehrere Personen in das Mietverhältnis eingetreten, so kann jeder die Erklärung für sich abgeben.

[4] Der Vermieter kann das Mietverhältnis innerhalb eines Monats, nachdem er von dem endgültigen Eintritt in das Mietverhältnis Kenntnis erlangt hat, außerordentlich mit der gesetzlichen Frist kündigen, wenn in der Person des Eingetretenen ein wichtiger Grund vorliegt.

[5] Eine abweichende Vereinbarung zum Nachteil des Mieters oder solcher Personen, die nach Absatz 1 oder 2 eintrittsberechtigt sind, ist unwirksam.

1 **A. Allgemeines.** Die §§ 563 und 563a gehen den allg erbrechtlichen Bestimmungen vor. Der Erbe wird nur dann im Wege der Gesamtrechtsnachfolge gem den §§ 1922 Abs 1 und 1967 Mieter, wenn keine Sonderrechtsnachfolge der in den §§ 563, 563a genannten Personen stattfindet. Umgekehrt schützen diese Vorschriften die mit dem verstorbenen Mieter eng verbundenen Personen unabhängig davon, ob sie dessen Erben geworden sind (instruktiv *Hinz* ZMR 2002, 640; *Stemel* ZMR 2004, 713). § 563 dient dem Schutz der mit dem Mieter verbundenen Hausgenossen (BGH ZMR 2003, 819).

2 **B. Voraussetzungen des Eintritts.** Entspr seiner systematischen Stellung gilt § 563 nur bei einem Mietvertrag über **Wohnraum**. Der Mieter muss eine natürliche Person und verstorben sein. Die Beendigung einer juristischen Person ist dem Tod einer natürlichen Person nicht gleichzustellen (Emmerich/Sonnenschein/*Rolfs* Rn 3). Stirbt einer von zwei **(Mit-) Mietern**, wird das Mietverhältnis mit dem überlebenden, **haushaltsangehörigen** Mieter nach § 563a allein fortgesetzt. Haben mehrere Mieter den Vertrag abgeschlossen und stirbt einer von ihnen, so gilt § 563a für die verbleibenden Mieter, sofern es sich dabei um haushaltsangehörige Personen iSv § 563 handelt (Staud/*Rolfs* Rn 6 u 7). Die Fortsetzung nach § 563a hat insoweit **Vorrang** vor dem Eintritt nach § 563 (hM; anders MüKo/*Häublein* Rn 11 u 12). Ist eine **nicht haushaltsangehörige** Person Mitmieter, steht der unter § 563 fallenden (haushaltsangehörigen) Person ein Eintrittsrecht zu. Sind eine Person iSd § 563 Abs 1 und 2 und eine andere Person Mitmieter, so steht der haushaltsangehörigen Person ein

Eintrittsrecht hinsichtlich des Anteils des verstorbenen Mieters zu. **I. Eintrittsberechtigter Personenkreis.** § 563 gibt verschiedenen Personenkreisen ein **Eintrittsrecht**, wobei die Rechtsfolge unterschiedlich ist, je nachdem, welche Personen mit dem Mieter einen gemeinsamen Haushalt geführt haben. Unterschieden werden der Ehegatte (Abs 1 S 1), der Lebenspartner (Abs 1 S 2), die Kinder (Abs 2 S 1), »andere Familienangehörige« (Abs 2 S 3) und »sonstige« Personen (Abs 2 S 4).

3 Maßgebend für die Frage danach, wer **Ehegatte** ist, ist das Eherecht. Hiernach beginnt die Ehe mit der standesamtlichen Eheschließung und endet mit Rechtskraft des Scheidungsurteils oder der rechtskräftigen Aufhebung der Ehe. Bei **Lebenspartnern** gelten für die Begründung der Partnerschaft § 1 LPartG; für die Aufhebung die §§ 15 ff LPartG. **Kinder** des Mieters sind die leiblichen (ehelichen/unehelichen) und die nach den §§ 1741 ff, 1767 ff angenommenen Kinder. »**Andere Familienangehörige**« sind in erster Linie Verwandte und Verschwägerte, unabhängig vom Grad der Verwandtschaft, sowie der Verlobte. Überwiegend werden hierzu auch die Pflegekinder gezählt (BGHZ 121, 116, 119; Emmerich/Sonnenschein/*Rolfs* Rn 9; Palandt/*Weidenkaff* Rn 14; **str** vgl PWW/*Rieke* Rn 14). »**Sonstige Personen**« sind im Wesentlichen nichteheliche Lebenspartner. Erfasst werden aber sämtliche Beziehungen zwischen Personen wie die gleichgeschlechtliche Gemeinschaft außerhalb der Lebenspartnerschaft und die Wohngemeinschaft; vgl aber Rz 4.

4 **II. Gemeinsamer Haushalt.** Die genannten Personen müssen mit dem verstorbenen Mieter einen gemeinsamen Haushalt geführt haben. Grds liegt dies vor, wenn der Wohnraum der Mittelpunkt der **gemeinsamen Lebens- und Wirtschaftsführung** war (Emmerich/Sonnenschein/*Rolfs* Rn 6). Es ist auf objektivierbare Umstände abzustellen, wie zB die gemeinsame Verfügungsbefugnis über Einkommen und Vermögen (PWW/*Rieke* Rn 9). Eine dauerhafte Trennung der Ehegatten hebt die gemeinsame Haushaltsführung auf, wobei eine Scheidungsklage nicht erforderlich ist (Emmerich/Sonnenschein/*Rolfs* Rn 6). Bei der Lebenspartnerschaft geht § 2 LPartG nicht ohne weiteres von einem gemeinsamen Haushalt aus, sodass diese Frage hier genau zu prüfen ist. Die »**Dauerhaftigkeit**« des gemeinsamen Haushalts iSd § 563 Abs 2 S 4 bestimmt sich allein danach, wie lange der Haushalt nach den Vorstellungen des Mieters und der anderen Person bestehen sollte (Emmerich/Sonnenschein/*Rolfs* § 563 Rn 12; PWW/*Rieke* Rn 18; **aA** Schmidt-Futterer/*Gather* Rn 23: maßgebend seien objektive Kriterien). Wohngemeinschaften sind in aller Regel nicht auf Dauer angelegt; anders uU bei Wohngemeinschaften älterer Personen (Emmerich/Sonnenschein/*Rolfs* Rn 12).

5 **C. Rechtsfolgen.** Die genannten Personen treten nach dem Tod des Mieters dessen **Sonderrechtsnachfolge kraft Gesetzes** (**hM** BGHZ 121, 116, 120; **aA** *Wenzel* ZMR 1993, 489: Sondererbfolge) an, unabhängig von einer etwaigen Erbenstellung. Der Eintritt in das Mietverhältnis erfolgt in vollem Umfang; somit auch in ein gekündigtes, wenn das Mietverhältnis durch die Kündigung noch nicht beendet ist. Der eingetretene Ehegatte wird entweder Alleinmieter oder Mitmieter, wenn neben dem verstorbenen Mieter bereits eine andere Person **Mitmieter** war, sofern nicht § 563a zugunsten eines haushaltsangehörigen Mitmieters greift. Der Eintritt des **Ehegatten** schließt den Eintritt der Kinder aus; anders bei Lebenspartnern, vgl Abs 2 S 2. Treten mehrere Kinder oder Kinder zusammen mit Lebenspartnern ein, so sind sie zu gleichen Teilen Gesamtschuldner und Gesamthandgläubiger (Emmerich/Sonnenschein/*Rolfs* § 563 Rn 16). Andere Personen treten ggf neben Kindern nur ein, wenn kein Ehegatte oder Lebenspartner vorhanden ist. Personen, die nach § 563 Abs 1 bis 3 in das Mietverhältnis eintreten, brauchen nach § 4 Abs 7 Hs 2 WoBindG keine **Wohnberechtigung** iSd § 5 WoBindG.

6 **D. Ablehnungsrecht.** Nach Abs 3 kann jede eingetretene Person innerhalb eines Monats, ab (positiver) Kenntnis vom Tod des Mieters, ggü dem Vermieter erklären, dass er das Mietverhältnis nicht fortsetzen will. Die Ablehnung ist eine einseitige, empfangsbedürftige **Willenserklärung** und nicht formbedürftig (Palandt/*Weidenkaff* Rn 21). Sie wirkt auf den Zeitpunkt des Todes des Mieters zurück und ermöglicht den Eintritt einer anderen, bisher ausgeschlossenen Person. Nach der hM beginnt die Monatsfrist für die bisher ausgeschlossene Person erst dann zu laufen, wenn zur Kenntnis vom Todesfall auch die Kenntnis von der Ablehnung des bisher vorrangig Berechtigten vorliegt (Staud/*Rolfs* § 563 Rn 38; jurisPK/*Tonner* Rn 18; Palandt/*Weidenkaff* Rn 21). Jede eingetretene Person kann die Erklärung für sich abgeben (Abs 2 S 3). Der Ehegatte oder Lebenspartner, der zugleich Erbe ist, muss neben der Erklärung auch noch nach § 564 S 2 kündigen oder die Erbschaft ausschlagen.

7 **E. Kündigungsrecht des Vermieters.** Nach Abs 4 kann der Vermieter außerordentlich, unter Einhaltung der gesetzlichen Frist des § 573d Abs 2, kündigen, wenn ein **wichtiger Grund** in der Person des Eintretenden vorliegt. Der Zweck dieser Vorschrift besteht darin, dass dem Vermieter kein unliebsamer Mieter aufgedrängt werden soll. Der wichtige Grund ist aber nicht gleichzusetzen mit dem, der zur außerordentlichen fristlosen Kündigung berechtigt (hM vgl zB Schmidt-Futterer/*Gather* Rn 39; jurisPK/*Tonner* § 563 Rn 22), sondern entspricht weitgehend dem Begriff in § 553 Abs 1 S 2 (BaRoth/*Herrmann* Rn 22; MüKo/*Häublein* Rn 26; Staud/*Rolfs* Rn 45; Palandt/*Weidenkaff* Rn 23). Ob ein solcher Grund vorliegt, ist im Einzelfall danach zu entscheiden, ob es dem Vermieter zuzumuten ist, das Mietverhältnis mit der Person des Eintretenden fortzusetzen. Ein wichtiger Grund liegt zB dann vor, wenn der Eintretende mit dem Vermieter oder anderen Mietern persönlich verfeindet oder der Mieter zahlungsunfähig ist, er einen unsittlichen Lebenswandel pflegt oder Alkoholiker ist (Emmerich/Sonnenschein/*Rolfs* Rn 22; PWW/*Rieke* Rn 29 ff; jurisPK/*Tonner* Rn 22; *Hinz* ZMR 2002, 640, 643).

Der Vermieter hat eine einmonatige **Überlegungsfrist**, innerhalb derer er entscheiden kann, ob er die Kündigung erklärt. Die Frist beginnt mit der Kenntnis vom Tod des Mieters und dass der Eintritt endgültig ist (jurisPK/*Tonner* Rn 23). IÜ gelten die allg Vorschriften für Kündigungen, insbes die §§ 573d Abs 1 iVm §§ 573, 573a. Wegen § 573d Abs 1 muss der Vermieter, zusätzlich zum wichtigen Grund nach § 563 Abs 4, ein **berechtigtes Interesse** nach § 573 an der Beendigung des Mietverhältnisses haben. Es ist aber davon auszugehen, dass bei Vorliegen eines wichtigen Grundes auch ein berechtigtes Interesse gegeben ist (Schmidt-Futterer/*Gather* Rn 41; MüKo/*Häublein* Rn 27). Auch die Vorschriften der §§ 574 ff, 549 Abs 2 über die **Sozialklausel** gelten entspr (Emmerich/Sonnenschein/*Rolfs* Rn 25). Da es sich um ein außerordentliches befristetes Kündigungsrecht handelt, sind auch **befristete Mietverträge** kündbar (Schmidt-Futterer/*Gather* Rn 38). 8

F. Beweislast. Die Voraussetzungen für das Eintrittsrecht und das Bestehen eines auf Dauer angelegten gemeinsamen Haushalts hat der Eintretende zu beweisen (BGH ZMR 1993, 261, 263). Die Voraussetzungen des Kündigungsrechtes und das Vorliegen der Formalien der Kündigung hat der Vermieter zu beweisen. 9

§ 563a Fortsetzung mit überlebenden Mietern. **[1] Sind mehrere Personen im Sinne des § 563 gemeinsam Mieter, so wird das Mietverhältnis beim Tod des Mieters mit den überlebenden Mietern fortgesetzt.**
[2] Die überlebenden Mieter können das Mietverhältnis innerhalb eines Monats, nachdem sie vom Tod des Mieters Kenntnis erlangt haben, außerordentlich mit der gesetzlichen Frist kündigen.
[3] Eine abweichende Vereinbarung zum Nachteil der Mieter ist unwirksam.

A. Allgemeines. In § 563a wird ein sog **Fortsetzungsrecht** des Mitmieters geregelt, wenn neben dem verstorbenen Mieter noch andere Mieterparteien vorhanden waren, vgl allg § 563 Rz 1; zum Verhältnis von § 563a zu § 563 vgl § 563 Rz 2. 1

B. Voraussetzungen (Abs 1). Der Personenkreis des § 563 Abs 1 und 2 muss den Wohnraum als **Mitmieter** mit dem Verstorben gemietet und mit diesem einen **gemeinsamen Haushalt** (vgl hierzu § 563 Rz 4) geführt haben. Ob eine Mitmieterschaft vorliegt, ist nach den allg Grundsätzen der Rechtsgeschäftslehre anhand der Umstände des Einzelfalles zu beurteilen. Allein die Unterschrift unter dem Mietvertrag macht eine Person, die am Beginn der Vertragsurkunde nicht genannt ist, nicht ohne weiteres zur Mietpartei. Ebenso ist die Person, die im Rubrum des Vertrags zwar genannt ist, aber den Vertrag nicht unterschrieben hat, im Zweifel nicht Mietpartei geworden (Emmerich/Sonnenschein/*Rolfs* Rn 2; **vgl aber** PWW/*Tonner* Rn 5; Schmidt-Futterer/*Gather* Rn 8; **für Ehegatten** BGHZ 125, 175, 179). Wenn der Überlebende nicht Mietpartei ist, kommt ein Eintrittsrecht nach § 563 in Betracht. 2

C. Rechtsfolgen. Das Mietverhältnis wird mit dem überlebenden (haushaltsangehörigen) Mitmieter **kraft Gesetzes fortgesetzt**. Damit ist klargestellt, dass die Rechtsstellung des (haushaltsangehörigen) Mitmieters durch den Tod des anderen nicht berührt wird. Das Mietverhältnis wird mit **unverändertem Inhalt** fortgesetzt. Die Erben des Verstorbenen werden ebenso wenig Mieter, wie die Personen nach § 563 Abs 1 und 2, die nicht Mitmieter sind (hM; **anders** MüKo/*Häublein* Rn 11 u 12). 3

D. Kündigungsrecht (Abs 2). Den überlebenden Mietern steht nach Abs 2 ein außerordentliches Kündigungsrecht **mit gesetzlicher Frist** zu. Es gilt § 573d. Kündbar sind auch **Zeitmietverträge** und Verträge, bei denen ein Kündigungsausschluss vereinbart wurde (Emmerich/Sonnenschein/*Rolfs* Rn 4). Die formbedürftige (§ 568) Kündigung muss **innerhalb eines Monats** nach (positiver) Kenntnis vom Tod des Mitmieters erklärt werden. Maßgebend ist der Zeitpunkt, in dem die Kenntnis des letzten Mieters vorliegt. Die Kündigung kann nur von allen Mietern gemeinsam erklärt werden. Sie müssen sich innerhalb der Monatsfrist hierüber einigen. Die Kündigung wirkt nicht auf den Zeitpunkt des Todes des Mietmieters zurück, sondern das Mietverhältnis wird durch die bisherigen Mieter abgewickelt. Der Vermieter hat kein Sonderkündigungsrecht. 4

§ 563b Haftung bei Eintritt oder Fortsetzung. **[1] Die Personen, die nach § 563 in das Mietverhältnis eingetreten sind oder mit denen es nach § 563a fortgesetzt wird, haften neben dem Erben für die bis zum Tod des Mieters entstandenen Verbindlichkeiten als Gesamtschuldner. Im Verhältnis zu diesen Personen haftet der Erbe allein, soweit nichts anderes bestimmt ist.**
[2] Hat der Mieter die Miete für einen nach seinem Tod liegenden Zeitraum im Voraus entrichtet, sind die Personen, die nach § 563 in das Mietverhältnis eingetreten sind oder mit denen es nach § 563a fortgesetzt wird, verpflichtet, dem Erben dasjenige herauszugeben, was sie infolge der Vorausentrichtung der Miete ersparen oder erlangen.
[3] Der Vermieter kann, falls der verstorbene Mieter keine Sicherheit geleistet hat, von den Personen, die nach § 563 in das Mietverhältnis eingetreten sind oder mit denen es nach § 563a fortgesetzt wird, nach Maßgabe des § 551 eine Sicherheitsleistung verlangen.

1 **A. Haftung für Erblasserschulden (Abs 1).** Personen, die nach § 563 in das Mietverhältnis eingetreten sind oder mit denen es nach § 563a fortgesetzt wird, werden Schuldner der sich nach dem Versterben des Mieters aus dem Mietvertrag ergebenden Verpflichtungen. Mehrere Mieter haften nach § 427 für **(Neu-) Verbindlichkeiten** nach außen als Gesamtschuldner. Der Innenausgleich richtet sich nach § 426, wenn keine andere Vereinbarung vorliegt. Ist im Mietvertrag die gesamtschuldnerische Haftung der Mitmieter ausgeschlossen, entsteht diese auch nicht mit dem Tod eines (Mit-)Mieters.

2 Für **(Alt-) Verpflichtungen**, die bis zum Tod des Mieters entstanden sind, ordnet Abs 1 S 1 für das Außenverhältnis zum Vermieter eine gesamtschuldnerische Haftung (§ 421) der (neuen) Mieter neben den Erben an. Diese Haftung erstreckt sich auf alle Verbindlichkeiten, die auf dem Mietverhältnis beruhen, wie zB Mietrückstände, Betriebskosten und Schadensersatzansprüche. Im **Innenverhältnis** zwischen dem Erben und dem Sonderrechtsnachfolger haftet der Erbe nach Abs 1 S 2 grds allein, soweit keine andere Vereinbarung zwischen dem Verstorbenen und dem Sonderrechtsnachfolger getroffen wurde (vgl hierzu jurisPK/*Tonner* Rn 6 f). Befriedigt also ein Sonderrechtsnachfolger den Vermieter, kann er nach § 426 Abs 2 vom Erben Ausgleich verlangen. Wird das Mietverhältnis mit **Mitmietern** nach § 563a fortgesetzt, haftet der Erbe allerdings nur für den Anteil, für den der Erblasser nach dem Mietvertrag einzustehen gehabt hätte. Der an den Vermieter leistende Miterbe, der in das Mietverhältnis eingetreten ist oder mit dem es fortgesetzt wird, kann nach erbrechtlichen Grundsätzen (§ 2058) bei den anderen Miterben, die keine Mieter geworden sind, Regress nehmen.

3 **B. Ausgleich von Mietvorauszahlungen (Abs 2).** Hat der verstorbene Mieter eine Mietvorauszahlung (vgl § 547 u § 566) geleistet, haben die Sonderrechtsnachfolger iSd §§ 563 u 563a einen vermögenswerten Vorteil, da sie die Vorauszahlung, soweit sie noch nicht abgewohnt ist, von der Mietzinszahlung befreit. Diesen **geldwerten Vorteil** müssen sie nach Abs 2 dem Erben ausgleichen. Mehrere Verpflichtete haften als Gesamtschuldner. Hat eine Fortsetzung des Mietverhältnisses nach § 563a stattgefunden, so ist der Anteil des Verstorbenen an der Vorauszahlung zu ermitteln. Die Verpflichtung der Sonderechtsnachfolger ggü dem Erben erstreckt sich zum einen auf deren **Ersparnis**. Die Fälligkeit des Anspruchs richtet sich nach der der Vorauszahlung zugrunde liegenden Vereinbarung. Wurde zB eine monatliche Verrechnung der Miete vereinbart, so wird der Ausgleichsanspruch des Erben entspr monatlich fällig. Wurde eine sofortige Verrechnung für die gesamte Vorauszahlung ausgemacht, wird der gesamte noch nicht abgewohnte Betrag fällig. Zum anderen können die Sonderrechtnachfolger einen **Anspruch nach § 547** erlangen, wenn die Mietvorauszahlung noch nicht abgewohnt ist und das Mietverhältnis beendet wird (für den Baukostenzuschuss, die »Einmalmiete« und das Mieterdarlehen vgl jurisPK/*Tonner* Rn 10 f u Staud/*Rolfs* Rn 14). Diesen Anspruch haben sie dem Erben abzutreten bzw das vom Vermieter Erlangte herauszugeben. Der Anspruch ist mit Beendigung des Mietverhältnisses sofort fällig (hM, Emmerich/Sonnenschein/*Rolfs* Rn 6; MüKo/*Häublein* Rn 11).

4 **C. Sicherheitsleistung (Abs 3).** Hat der verstorbene Mieter mit dem Vermieter keine Vereinbarung über die Leistung einer Sicherheit vereinbart, so kann er von dem Personenkreis der §§ 563, 563a gem Abs 3 die Leistung einer Sicherheit nach **Maßgabe des § 551** verlangen. Dieser Anspruch besteht nicht, wenn das Mietverhältnis mit den Erben nach § 564 fortgesetzt wird (Emmerich/Sonnenschein/*Rolfs* Rn 7). **Str** ist, ob sich der Anspruch des Vermieters gegen den Sonderrechtsnachfolger auf Abschluss einer Vereinbarung (§ 311 Abs 1) richtet, die § 551 entspr muss (Emmerich/Sonnenschein/*Rolfs* Rn 7; Staud/*Rolfs* Rn 20; jurisPK/*Tonner* Rn 14; Palandt/*Weidenkaff* Rn 4) oder einen Anspruch auf Leistung der Sicherheit in den Grenzen des § 551 begründet (BaRoth/*Herrmann* Rn 6; Schmidt-Futterer/*Gather* Rn 14; MüKo/*Häublein* § 563b Rn 16; PWW/*Rieke* § 563b Rn 12). Hatte der verstorbene Mieter zwar eine Sicherheit vereinbart, diese aber nicht geleistet, handelt es sich um eine Verbindlichkeit nach Abs 1.

5 **D. Abdingbarkeit.** Wie sich aus Abs 1 S 2 ergibt, ist die Vorschrift, anders als die §§ 563 u 563a, abdingbar. Im Rahmen des Abs 3 ist § 551 zu beachten. Teilw wird vertreten, dass § 563b Abs 2 abbedungen sei, wenn Mitmieter auf Grund einer Vereinbarung, entgegen § 427, nicht gesamtschuldnerisch haften, mit der Folge, dass auch keine Gesamtschuld für den vom Verstorbenen geschuldeten Anteil besteht (Emmerich/Sonnenschein/*Rolfs* Rn 1 u Staud/*Rolfs* Rn 7 und 21; **krit** hierzu MüKo/*Häublein* Rn 20).

§ 564 Fortsetzung des Mietverhältnisses mit den Erben, außerordentliche Kündigung.

Treten beim Tod des Mieters keine Personen im Sinne des § 563 in das Mietverhältnis ein oder wird es nicht mit ihnen nach § 563a fortgesetzt, so wird es mit dem Erben fortgesetzt. In diesem Fall ist sowohl der Erbe als auch der Vermieter berechtigt, das Mietverhältnis innerhalb eines Monats außerordentlich mit der gesetzlichen Frist zu kündigen, nachdem sie vom Tod des Mieters und davon Kenntnis erlangt haben, dass ein Eintritt in das Mietverhältnis oder dessen Fortsetzung nicht erfolgt sind.

1 **A. Allgemeines.** § 564 S 1 stellt klar, dass das Mietverhältnis mit dem Ableben des Mieters nicht beendet ist, sondern der Erbe im Wege der Gesamtrechtsnachfolge (§§ 1922 Abs 1, 1967 Abs 1) an die Stelle des verstorbenen Mieters tritt. Die Regelung dieser erbrechtlichen Selbstverständlichkeit wird notwendig, da die

§§ 563 u 563a einen Vorrang vor den erbrechtlichen Regelungen statuieren (vgl § 563 Rz 1). Wenn (haushaltsangehörige) Personen vorhanden sind, die gem den §§ 563, 563a die Sonderrechtnachfolge des verstorbenen Mieters antreten, ist die grds gegebene erbrechtliche Situation außer Kraft gesetzt. S 2 gibt dem Erben und dem Vermieter ein außerordentliches Kündigungsrecht mit gesetzlicher Frist.

B. Voraussetzungen. Zwischen dem verstorbenen Mieter muss ein Mietverhältnis über **Wohnraum** bestanden haben (vgl § 563 Rz 2). Für Mietverhältnisse über **andere Sachen** gilt § 580. Der Mieter muss verstorben sein (vgl § 563 Rz 2). Es darf keine Sonderechtsnachfolge gem den §§ 563 und 563a vorliegen. Zu beachten ist, dass eine Sonderrechtsnachfolge auch dann vorliegt, wenn der Mitmieter nach § 563a Abs 2 oder der Vermieter nach § 563 Abs 4 gekündigt hat. 2

C. Rechtsfolgen. Das Mietverhältnis wird mit dem Erben oder der Erbengemeinschaft im Wege der **erbrechtlichen Gesamtrechtsnachfolge** fortgesetzt. Die Fortsetzung beginnt im Todeszeitpunkt des Mieters. Dies gilt auch dann, wenn zunächst eine Person nach § 563 Abs 1 u 2 in das Mietverhältnis eingetreten ist, aber innerhalb der Monatsfrist des § 563 Abs 3 S 1 erklärt, dass sie das Mietverhältnis nicht fortsetzen will. Grund hierfür ist, dass durch diese Erklärung der Eintritt als nicht erfolgt gilt, also quasi auf den Todeszeitpunkt zurückwirkt (vgl § 563 Rz 6). Haben die ablehnenden Personen vom Zeitpunkt ihres Eintritts in das Mietverhältnis an bis zur Ablehnung Leistungen an den Vermieter erbracht, können sie diese nach **§ 812 Abs 1 S 1 Alt 1** vom Vermieter herausverlangen. Der Vermieter kann dann gegen die Erben vorgehen (Emmerich/Sonnenschein/*Rolfs* Rn 3). 3

D. Kündigung. S 2 gibt dem Vermieter und dem Erben ein **einmaliges**, außerordentliches Kündigungsrecht unter Einhaltung des Frist des § 573d Abs 2 S 1 bzw § 549 Abs 2 Nr 2. Die Kündigung kann nur innerhalb der **Überlegungsfrist** von einem Monat erklärt werden. Die Frist beginnt ab (positiver) Kenntnis vom Tode des Mieters und davon, dass kein Eintritt nach § 563 und keine Fortsetzung nach § 563a stattgefunden hat. Der Vermieter soll verpflichtet sein, Erkundigungen über die Person des Erben, insbes beim Nachlassgericht einzuziehen (jurisPK/*Tonner* Rn 9). 4

Das Kündigungsrecht des Mieters, der **zugleich Erbe** geworden ist, besteht nicht, wenn der Eintritt nach § 563 Abs 1 u 2 endgültig geworden ist. Eine während der Ablehnungsfrist durch den eintrittsberechtigten Mieter (-erben) erklärte außerordentliche Kündigung kann gleichzeitig als Ablehnungserklärung nach § 563 Abs 3 behandelt werden, wenn erkennbar geworden ist, dass der Erbe den Wohnraum nur noch eine beschränkte Zeit behalten will (Emmerich/Sonnenschein/*Rolfs* Rn 5). 5

Haben **mehrere Mieter**, die nicht unter die §§ 563, 563a fallen, den Mietvertrag geschlossen und stirbt einer von ihnen, wird überwiegend davon ausgegangen, dass weder dem Vermieter, den überlebenden Mitmietern noch dem Erben ein Kündigungsrecht aus § 564 S 2 zusteht, da das Mietverhältnis unteilbar ist und nur von allen ggü allen gekündigt werden kann (Emmerich/Sonnenschein/*Rolfs* Rn 2; Schmidt-Futterer/*Gather* Rn 9; PWW/*Rieke* Rn 4; MüKo/*Häublein* Rn 16, aber für den Erben abw unter Rz 22). Die Mieter können aber alle, ggf zusammen mit dem Erben, ordentlich kündigen. Teilw wird § 564 S 2 bei der Vermieterkündigung ggü einer Mietermehrheit nur dann ausgeschlossen, wenn dem Vermieter die Fortsetzung des Mietverhältnisses mit den übrigen Mietern zumutbar ist (PWW/*Rieke* Rn 5; **ähnl** MüKo/*Häublein* Rn 19, der einen wichtigen Grund in der Person eines Erben fordert). 6

Allg ist bei der Vermieterkündigung zu beachten, dass gem § 573d Abs 1 bzw § 575a Abs 1 für den **Zeitmietvertrag** § 573 nicht gilt. Der Vermieter braucht somit **kein berechtigtes Interesse** für seine Kündigung. Die **Sozialklausel** (§§ 574 ff, 575a Abs 2) bleibt aber anwendbar (**hM** zB Emmerich/Sonnenschein/*Rolfs* Rn 6; Schmidt-Futterer/*Gather* Rn 12; **aA** BaRoth/*Herrmann* Rn 4; **krit** zur Anwendung der Sozialklausel PWW/*Rieke* Rn 9). Die Schriftform ist zu wahren (§ 568). Erklärt der Vermieter eine Kündigung, bevor der nach § 563a eingetretene Mieter (-erbe) den Eintritt abgelehnt hat, so gilt § 564 S 2 nur dann, wenn der Mieter den Eintritt wirksam ablehnt. Ansonsten gilt § 563 Abs 4, mit der Folge, dass für die Vermieterkündigung ein wichtiger Grund vorliegen muss (Emmerich/Sonnenschein/*Rolfs* Rn 6). 7

E. Abweichende Vereinbarungen. S 1 ist soweit zwingend, als sich dies nach 563 Abs 5, 563a Abs 3 für die dortigen Regeln ergibt. S 2 ist nach der **hM** im Rahmen von Individualvereinbarungen dispositiv (zB Emmerich/Sonnenschein/*Rolfs* § 564 Rn 9; MüKo/*Häublein* § 564; **aA**: auch in Formularverträgen, BaRoth/*Herrmann* Rn 8). 8

§ 565 Gewerbliche Weitervermietung. **[1] Soll der Mieter nach dem Mietvertrag den gemieteten Wohnraum gewerblich einem Dritten zu Wohnzwecken weitervermieten, so tritt der Vermieter bei der Beendigung des Mietverhältnisses in die Rechte und Pflichten aus dem Mietverhältnis zwischen dem Mieter und dem Dritten ein. Schließt der Vermieter erneut einen Mietvertrag zur gewerblichen Weitervermietung ab, so tritt der Mieter anstelle der bisherigen Vertragspartei in die Rechte und Pflichten aus dem Mietverhältnis mit dem Dritten ein.**

[2] Die §§ 566a bis 566e gelten entsprechend.

[3] Eine zum Nachteil des Dritten abweichende Vereinbarung ist unwirksam.

1 **A. Allgemeines.** Ausgangspunkt der Problematik der gewerblichen Zwischenvermietung waren die **Bauträgermodelle**, im Rahmen derer der Bauträger Eigentumswohnungen verkauft und sich ggü dem Erwerber verpflichtet, die Wohnungen weiter zu vermieten. Der Endmieter ist in diesem Falle lediglich Untermieter des Bauträgers; Hauptmieter der Bauträger. § 565 schützt den Endmieter davor, die Wohnung wegen § 546 Abs 2 räumen zu müssen, ohne sich auf die Kündigungsschutzvorschriften berufen zu können, wenn das Hauptmietverhältnis zwischen dem Bauträger und dem Erwerber (= Hauptvermieter) gekündigt wird. Die Vorschrift sieht vor, dass der Hauptvermieter **kraft Gesetzes** in den Vertrag zwischen dem Zwischenvermieter und dem Untermieter eintritt, wenn der Hauptmietvertrag beendet wird (Abs 1 S 1); bzw nach Abs 1 S 2 der neue Zwischenvermieter in das Untermietverhältnis eintritt (jurisPK/*Tonner* Rn 1 und 2; vgl aber Rz 4).

2 **B. Voraussetzungen.** Die Vorschrift ist nur für **Wohnraum** anwendbar. Der Mietvertrag zwischen (Haupt-) Vermieter und (Zwischen-) Mieter muss den Zweck der gewerblichen Weitervermietung haben (Schmidt-Futterer/*Blank* Rn 6). Maßgebend sind die vertraglichen Vereinbarungen, nicht die tatsächlichen Verhältnisse. Vermietet der Zwischenvermieter abredewidrig zu Wohnzwecken, ist es ihm freigestellt, wie er mit der Sache verfährt oder vermietet er ohne Untermieterlaubnis, gilt die Vorschrift nicht (Schmidt-Futterer/*Blank* Rn 6). § 565 gilt auch nicht für sonstige Untermietverhältnisses iSd §§ 540 Abs 1, 553 Abs 1. Die Zwischenvermietung muss **gewerblich** erfolgen. Indiz für die Gewerblichkeit ist die Gewinnerzielungsabsicht des Zwischenvermieters. Für den Bauträger steht aber idR der Verkauf der Immobilie im Vordergrund und nicht deren Weitervermietung. Maßgebend ist deshalb, dass die Zwischenvermietung im Interesse des Hauptvermieters erfolgt (jurisPK/*Tonner* § 565 Rn 5).

3 Bei einem **gemeinnützigen Zwischenvermieter** kann die Gewerblichkeit fehlen, sodass eine direkte Anwendung des § 565 ausscheidet (jurisPK/*Tonner* Rn 6). Die **Rspr** schließt die **analoge Anwendung** für diesen Fall aus (BGHZ 133, 142, 149; differenzierend NJW 2003, 3054; vgl für weitere Belege Staud/*Emmerich* Rn 5, 6 und BVerfGE 84, 197). Wenn die Zwischenvermietung durch einen Arbeitgeber erfolgt, wird von einer gewerblichen Zwischenvermietung ausgegangen (BayObLG ZMR 1995, 585, 587). Die Rspr fordert, dass der Endmieter ggü dem Zwischenvermieter Kündigungsschutz gehabt hätte. Dies ist nicht der Fall, wenn die Wohnung als Sachleistung im Rahmen sozialrechtlicher Vorschriften zur Verfügung gestellt wird (Schmidt-Futterer/*Blank* Rn 8). Die **Lit** zur analogen Anwendung der Vorschrift bei gemeinnütziger Zwischenvermietung ist **uneinheitlich** (bejahend: jurisPK/*Tonner* Rn 11; Schmidt-Futterer/*Blank* Rn 14 ff; Palandt/*Weidenkaff* Rn 2; abl: BGHZ 133, 149; BaRoth/*Herrmann* § 565 Rn 6; PWW/*Rieke* Rn 4; noch abl: Emmerich-Sonnenschein/*Emmerich* Rn 4; differenzierend: MüKo/*Häublein* Rn 9 und 11; offen gelassen: BGH NJW 2003, 3054).

4 **C. Eintritt.** Wird der Mietvertrag zwischen dem Zwischenvermieter und dem (End-) Mieter beendet, so tritt der Hauptvermieter nach Abs 1 S 1 in die Rechte und Pflichten aus diesem Mietverhältnis ein. Der ursprüngliche Untermieter wird im Zeitpunkt der Beendigung des Untermietverhältnisses zum Hauptmieter, unabhängig vom der Beendigungsart. Ob der ursprüngliche Untermietvertrag übernommen wird oder ein neues Mietverhältnis, mit dem Inhalt des alten entspr § 566 Abs 1 entsteht, ist **umstr.** Die wohl **hM** geht von Letzterem aus (MüKo/*Häublein* § 565 Rn 15; Schmidt-Futterer/*Blank* Rn 18; Staud/*Emmerich* Rn 9; Palandt/*Weidenkaff* Rn 5; wohl auch BaRoth/*Herrmann* Rn 10 ff; offen gelassen BGH NJW 2005, 2552; PWW/*Rieke* Rn 6; **aA** jurisPK/*Tonner* Rn 13; vgl auch § 566 Rn 1 und 14 ff). Die durch den Eigentumsübergang im Rahmen der §§ 566 ff eintretende »**Zäsur**« (vgl § 566 Rz 12) tritt bei dieser Auffassung im Zeitpunkt der Beendigung des (Unter-) Mietvertrages (Abs 1 S 1) bzw bei Abschluss des neuen Zwischenmietvertrages (Abs 1 S 2) ein. Die Folge davon ist, dass alle bis zum Eintritt dieser Zäsur bereits fälligen Ansprüche beim bisherigen Vermieter verbleiben und nur die noch nicht fälligen auf den »neuen« Vermieter übergehen.

5 Der Mieter genießt in der Folge den **Kündigungsschutz** der §§ 573 ff. Die Dauer der Zwischenvermietung wird angerechnet. Andererseits kann der neue Vermieter zB wegen Eigenbedarfs kündigen ((jurisPK/*Tonner* § 565 Rn 16 hält dies für bedenklich). Auch ein neuer Zwischenvermieter tritt in den bisherigen Mietvertrag zwischen dem »alten« Zwischenvermieter und dem (End-) Mieter ein (Abs 1 S 2). Dabei kann es zu einem **mehrfachen Vermieterwechsel** kommen, wenn die Zwischenmietverhältnisse mit einer zeitlichen Unterbrechung aufeinander folgen. Dann tritt zunächst der Vermieter und, nach Abschluss des neuen Zwischenmietvertrages, der (neue) Zwischenmieter in das Mietverhältnis mit dem Dritten ein. Fallen Abschluss und Beginn des neuen Zwischenmietverhältnisses zeitlich auseinander, so ist der Vertragsbeginn maßgebend. IÜ gelten die gleichen Regeln wie im Fall des S 1.

6 **D. Rechtsfolgen.** § 565 Abs 2 erklärt die wesentlichen Vorschriften der §§ 566a bis e, die im Falle der Veräußerung des vermieteten Grundstücks (Kauf bricht nicht Miete – § 566 Abs 1) gelten, für entspr anwendbar; vgl deshalb die Kommentierung zur entspr Norm. Die **analoge Anwendung** des § 566 Abs 2 ist umstr, wird aber überwiegend abgelehnt (vgl für alle MüKo/*Häublein* Rn 18).

§ 566 Kauf bricht nicht Miete. **[1] Wird der vermietete Wohnraum nach der Überlassung an den Mieter von dem Vermieter an einen Dritten veräußert, so tritt der Erwerber anstelle des Vermieters in die sich während der Dauer seines Eigentums aus dem Mietverhältnis ergebenden Rechte und Pflichten ein.**

[2] Erfüllt der Erwerber die Pflichten nicht, so haftet der Vermieter für den von dem Erwerber zu ersetzenden Schaden wie ein Bürge, der auf die Einrede der Vorausklage verzichtet hat. Erlangt der Mieter von dem Übergang des Eigentums durch Mitteilung des Vermieters Kenntnis, so wird der Vermieter von der Haftung befreit, wenn nicht der Mieter das Mietverhältnis zum ersten Termin kündigt, zu dem die Kündigung zulässig ist.

A. Rechtsnatur. Nach allg Meinung sollen dem Mieter durch den im § 566 Abs 1 enthaltenen Grundsatz »Kauf bricht nicht Miete« beim Wechsel des Eigentümers die durch den Mietvertrag erworbenen Rechte erhalten werden. Es handelt sich um eine Regelung zum **Schutze des Mieters** (BGHZ 141, 239). Sie ist geschaffen worden, um einer Schlechterstellung des Mieters durch den Verkauf des Mietobjekts vorzubeugen. Er soll insbes vor der »Austreibung« aus seiner Wohnung geschützt werden (Prot Bd II, 139). 1

B. Anwendungsbereich. Die §§ 566 ff sind nach den §§ 581 Abs 2, 593b auf Miet- und Pachtverträge sowie auf genossenschaftliche Dauernutzungsverträge heranzuziehen. Über § 14 Abs 1 BJagdG sind die Vorschriften auf die Jagdpacht und auf das Fischereipachtverhältnis entspr anwendbar (Palandt/*Weidenkaff* Rn 4). Die Vorschriften gelten für Wohnraum (§ 566 Abs 1), andere Räume, insbes Geschäftsräume (§ 578 Abs 2 S 1) und Teileigentum iSd § 1 Abs 3 WEG, Grundstücke (§ 578 Abs 1), eingetragene Schiffe (§ 578a Abs 1) und Luftfahrzeuge (§ 98 Abs 2 LuftfzRG). **Nicht anwendbar** sind die §§ 566 ff für bewegliche Sachen. Bei diesen sind nur die Einwendungen des § 986 Abs 2 möglich. § 566 gilt nicht für Untermietverträge, beim Wechsel des Hauptmieters/Untervermieters (BGH NJW 1989, 2053), den Leihvertrag und den Mietvorvertrag. 2

Die §§ 566 ff sind für die **Übertragung des Nießbrauchrechtes und des Wohnrechtes gem § 1093 nicht heranziehbar.** Diese Rechte können Dritten nicht übertragen werden (§§ 1092, 1059). Über § 1056 Abs 1 sind neben anderen Vorschriften, insbes die §§ 566, 566b Abs 1 und 566c **entspr anwendbar**, wenn der Nießbrauch beendet wird, die Mietsache dem Mieter vor diesem Zeitpunkt überlassen und das Grundstück über diesen Zeitpunkt hinaus vermietet oder verpachtet wurde (BGHZ 53, 174, 179). Der Mieter wird auch dann geschützt, wenn der Nießbrauch durch den Tod des Nießbrauchers (§ 1061) erlischt, sofern die Sache dem Mieter vor Versterben des Nießbrauchers überlassen wurde, unabhängig davon, ob der Mietvertrag schon mit dem ursprünglichen Eigentümer oder später mit dem Nießbrauchsberechtigten abgeschlossen wurde (RGZ 81, 146, 149; BGH NJW 1990, 443). 3

I. Analoge Anwendung. Die allg Meinung lehnt eine analoge Anwendung des § 566 ab. Es wird argumentiert, dass die Vorschrift eine **eng auszulegende Ausnahmeregelung** sei. Sie enthalte eine ausschließlich auf die Veräußerung beschränkte Durchbrechung des allgemeinen schuldrechtlichen Grundsatzes, dass Rechte und Pflichten nur zwischen den am Schuldverhältnis beteiligten Personen entstehen (BGHZ 107, 315; 141, 239; bisher hM – zu den **neuen Tendenzen** in der Lit vgl jurisPK/*Tonner* Rn 19 u *Harke* ZMR 2002, 490). Die Anwendung der Norm ist deshalb auf die Veräußerung und die im Gesetz ausdrücklich genannten Fälle beschränkt. Auch der Gesichtspunkt der Billigkeit rechtfertigt keine analoge Anwendung (BGH NJW 1982, 221, 222; zuletzt BGHZ 166, 125, 130 für eine kapitalersetzende Nutzungsüberlassung an eine GmbH; vgl aber Rz 10). 4

II. Abdingbarkeit. Nach der hM (vgl zB Sonnenschein/*Emmerich* Rn 37, Schmidt-Futterer/*Gather* Rn 66, Palandt/*Weidenkaff* Rn 5) sind die §§ 566 ff **nicht zwingend**. Selbst bei Wohnraum sind deshalb grds abw Vereinbarungen möglich. Dies gilt jedenfalls, wenn alle Parteien, also der Mieter, der Vermieter und der Erwerber an der Vereinbarung mitwirken, sei es durch die Mitwirkung an einer Vertragsübernahme iSd §§ 414, 415 oder durch den Abschluss eines dreiseitigen Vertrags. Ein Vertrag zu Lasten Dritter liegt dann nicht vor. **Uneinheitlich** wird die Frage beurteilt, ob die Wirkung des § 566 Abs 1 durch eine Vereinbarung zwischen dem Mieter und dem Vermieter, ohne Mitwirkung des Erwerbers, abbedungen werden kann. Dies wird teilw angenommen, weil die §§ 566 ff ausschließlich dem Schutze des Mieters und nicht des Erwerbers dienen würden (so Palandt/*Weidenkaff* Rn 1, Börstinghaus/*Blank* § 571 aF Rn 56, Erman/*Jendrek* § 566 Rn 3, **differenzierend** Bub-Treier/*Heile* Rn II 871, Emmerich/Sonnenschein/*Emmerich* Rn 38, **abl** Soerg/*Heintzmann* § 571 aF Rn 37). 5

C. § 566 Abs 1. Aus dem Wortlaut des § 566 Abs 1 ergibt sich, dass der Erwerber dann in die Rechte und Pflichten aus dem Mietverhältnis eintritt, wenn der **Erwerb** des Eigentums am Grundstück zeitlich **nach der Überlassung** des Grundstücks an den Mieter liegt. **I. Überlassung.** Ein Überlassen liegt vor, wenn der Vermieter zur Erfüllung seiner Verpflichtung zur **Gebrauchsüberlassung** die Räume dem Mieter ausdrücklich oder stillschweigend zur Verfügung stellt, sodass die Übernahme der Räume durch den Mieter zum Mietgebrauch ohne weiteres erfolgen kann (BGHZ 65, 137, 140). Es reicht somit aus, dass dem Mieter die Schlüssel zur Wohnung durch den Vermieter ausgehändigt wurden, unabhängig davon, ob der Mieter dann einzieht (BGH NJW-RR 1989, 77, Schmidt-Futterer/*Gather* Rn 42). Die Überlassung muss allerdings dem **Willen** beider Vertragsparteien entsprechen. Eine eigenmächtige Besitzergreifung durch den Mieter ist keine Überlassung (MüKo/*Häublein* Rn 16). 6

7 **II. Mietvertrag.** Das Grundstück, welches veräußert wird, muss dem Mieter, sei es als Ganzes oder in Form einzelner Räume (Wohnung), auf Grund eines **bestehenden** Mietvertrags überlassen worden sein. Die Überlassung auf Grund eines anderen Rechtsverhältnisses, zB einer Leihe oder eines Dienstvertrags, genügt nicht (nach Köln NJW-RR 2000, 152 ist unentgeltliches, lebenslanges Wohnrecht eine Leihe; zum gemischten Vertrag BGH ZMR 2002, 905). Der Mietvertrag muss im Zeitpunkt des Eigentumsüberganges noch bestehen (BGH NJW 2007, 1818). Ein Mietvertrag besteht nicht, wenn dieser nichtig oder wirksam gekündigt ist und die Kündigungsfrist vor dem Eigentumsübergang abläuft. Auf die **Kenntnis** des Erwerbers vom Mietverhältnis oder vom Inhalt des Mietvertrages kommt es nicht an.

8 **III. Personenidentität von Veräußerer und Vermieter.** Der Veräußerer muss identisch mit dem Vermieter sein (BGH NJW 1974, 155). Der Veräußerer soll nicht wie ein Bürge nach § 566 Abs 2 für Verpflichtungen haften müssen, die nicht in seiner Person, sondern in der Person eines Dritten bestehen. **Umstr** ist die Anwendung des § 566 Abs 1 für den Fall, dass der Veräußerer (= Vermieter) nicht Eigentümer des Grundstücks ist; zB wenn der Mietvertrag mit einem im Grundbuch fälschlicherweise als Eigentümer eingetragenen Vermieter abgeschlossen und die Mietsache dem Mieter überlassen wurde (**abl** Staud/*Emmerich* Rn 21; **bejahend** zB jurisPK/*Tonner* Rn 7; MüKo/*Häublein* Rn 20; LG Berlin NJW-RR 1994, 781; **differenzierend** Celle ZMR 2000, 284).

9 Veräußert der Vermieter seinen ideellen Anteil am Mietgrundstück im Rahmen einer **Bruchteilsgemeinschaft**, so tritt der Erwerber in die Rechte und Pflichten ein, die sich aus dem Mietverhältnis für den veräußernden Mitvermieter ergeben, wenn die Bruchteilsgemeinschaft insgesamt den Mietvertrag geschlossen hat (BGH NJW 1974, 1551). Nur dann sind Veräußerer und Vermieter identisch. **Str** ist, ob § 566 Abs 1 greift, wenn bei der Vermietung eines in Miteigentum stehenden Wohnhauses nur ein Miteigentümer den Mietvertrag abgeschlossen hat, aber der oder die anderen Miteigentümer dem Mietvertrag zustimmen (**abl** BGH NZM 2004, 300; **aA** Karlsruhe NJW 1981, 1278; **differenzierend** Emmerich/Sonnenschein/*Emmerich* Rn 14).

10 **IV. Veräußerung.** Für den Eintritt des Erwerbers in die Rechte und Pflichten aus dem Mietverhältnis ist der Zeitpunkt der Veräußerung maßgebend. Entscheidend sind die **Auflassung und** die **Eintragung** des Erwerbers als Eigentümer des Grundstücks im Grundbuch nach den §§ 925, 873 (BGHZ 13, 1; NJW 1989, 451). Die Eintragung einer **Auflassungsvormerkung** reicht nicht (BGHZ 13, 1). Der Eigentumsübergang muss auf Grund eines (**freiwilligen**) Veräußerungsgeschäfts erfolgen, wie zB Kauf, Tausch, Schenkung oder eine Übertragung des Eigentums an dem Grundstück zur Erfüllung eines Vermächtnisses (BGH NJW 2002, 3234; BayObLG NJW-RR 2002, 299; MüKo/*Häublein* Rn 17). **Keine Veräußerung** liegt zB für den Fall der Rechtsnachfolge nach dem Umwandlungsgesetz vor, wenn der Eigentumswechsel lediglich die Folge der Übertragung eines Gesellschaftsanteils ist (BGHZ 140, 175) oder die Auflassung nichtig ist (MüKo/*Häublein* Rn 18). Bisher war dies st Rspr des BGH. Möglicherweise hat der BGH seine bisherige Ansicht mit dem Urteil vom 09.07.2008 (NJW 2008, 2223) aufgegeben. Er wendet in dieser Entscheidung § 566 Abs 1 analog an, bei einem Eigentumsübergang **kraft Gesetzes** nach § 2 Abs 2 GBImA.

11 **V. Rechtsfolgen.** Durch § 566 Abs 1 wird der Eintritt des Grundstückserwerbers in das Mietverhältnis im Augenblick des Eigentumsüberganges geregelt. Nach der hM tritt der Erwerber an die Stelle des Vermieters in die sich aus dem Mietvertrag ergebenden Rechte und Pflichten ein, unabhängig davon ob, sie ihm bekannt sind oder nicht. Im Zeitpunkt des Eigentumsübergangs entsteht zwischen dem Mieter und dem Erwerber ein **neuer Mietvertrag** mit dem Inhalt des alten (so schon RGZ 59, 177; BGH NJW 1989, 451; NZM 2005, 253). Der Eintritt erfolgt **kraft Gesetzes** aus selbstständigem Recht und nicht als Rechtsnachfolger des Vermieters. Der Erwerber tritt in alle Rechte und Pflichten ein, die **typisch** für einen Mietvertrag sind, als dessen Inhalt angesehen werden müssen und soweit sie ursprünglich wirksam vereinbart wurden (BGHZ 141, 160; Emmerich/Sonnenschein/*Emmerich* Rn 24; zu den Einzelheiten MüKo/*Häublein* Rn 31 ff).

12 Mit dem Eigentumswechsel tritt eine **Zäsur** derart ein, dass alle bereits fälligen Ansprüche beim Veräußerer verbleiben und die noch nicht fälligen auf den Erwerber übergehen (sog **Fälligkeitsprinzip,** BGH NJW 2005, 1187). Das Mietverhältnis darf vor dem Eigentumsübergang noch nicht endgültig beendet sein. Es müssen zumindest noch nachwirkende Forderungen bestehen. Der Erwerber tritt auch in das Abwicklungsverhältnis nach erfolgter Kündigung bis zur Rückgabe der Sache nach § 546 Abs 1 ein (BGH NZM 2001, 158). Für den Schadensersatzanspruch wegen verspäteter Rückgabe der Sache vgl BGHZ 72, 147; für den Ablauf der Frist nach § 564b Abs 2 Nr 2 S 2 aF vgl BayObLG NJW 1982, 451; abl für eine Nebenkostenrückforderung des Mieters ggü dem Erwerber s Düsseldorf NJW-RR 1994, 1101; zur Pflicht, Betriebskosten abzurechnen vgl BGH ZMR 2005, 35. Der Erwerber tritt **nicht** ein in Rechte und Pflichten aus Abmachungen, die aus Anlass des Mietvertrags getroffen wurden oder nur in einem wirtschaftlichen Zusammenhang mit ihm stehen (BGH NJW 65, 2198 abl für den Übergang einer Ablöseverpflichtung).

13 **VI. Besonderheiten bei Wohnungseigentum.** Wird ein Mietshaus in Wohnungseigentum umgewandelt und das Wohnungseigentum an Dritte veräußert (sog **Umwandlungsfälle**), gilt § 566 Abs 1, wenn Vermieter und Umwandelnder personenidentisch sind (zu den einzelnen Problemen vgl PWW/*Rieke* Rn 20 ff mwN). Der Erwerber einer vermieteten Eigentumswohnung wird alleiniger Vermieter, wenn die Wohnung nach Überlassung an den Mieter in Wohnungseigentum umgewandelt worden ist und zusammen mit der Wohnung ein Kellerraum vermietet ist, der nach der Teilungserklärung im Gemeinschaftseigentum aller Wohnungseigentü-

mer steht. Es kommt zu keiner Spaltung des Mietverhältnisses (sog **Einheitstheorie** BGHZ 141, 239, BGH ZMR 2006, 30; NJW 1973, 455; vgl zum Diskussionsstand MüKo/*Häublein* Rn 27 f).

VII. Zwangvollstreckung in das vermietete Grundstück. Im Rahmen der **Zwangsversteigerung** des vermieteten Grundstücks gilt § 566 Abs 1 nach Maßgabe der §§ 9 Nr 2, 21, 57 ff ZVG. Die §§ 57 ff ZVG und damit § 566 Abs 1 sind nur anwendbar, wenn dem Mieter die Mietsache spätestens bei der Aufforderung zur Abgabe von Geboten nach § 66 Abs 2 ZVG überlassen worden war. Der Ersteher hat nach § 57a ZVG ein Sonderkündigungsrecht. Die §§ 568 und 573 sind zu beachten (BGHZ 84, 90). Im Rahmen der **Zwangsverwaltung** des vermieteten Grundstücks gilt nicht § 566 Abs 1, sondern § 152 Abs 2 ZVG; dh der Zwangsverwalter tritt in den Mietvertrag ein, wenn die Mietsache dem Mieter vor der Beschlagnahme des Grundstücks überlassen worden wurde und der Schuldner mit dem Vermieter personenidentisch ist. 14

D. § 566 Abs 2. Nach dem Eigentumsübergang scheidet der bisherige Vermieter aus dem Mietverhältnis aus. Nach § 566 Abs 2 haftet er jedoch zum Schutze des Mieters für die Vermieterpflichten, die **nach dem Eigentumsübergang** entstanden sind, wie ein **selbstschuldnerischer Bürge**, der auf die Einrede der Vorausklage verzichtet hat. Für Mieteransprüche, die **vor dem Eigentumsübergang** fällig geworden sind, haftet der (ehemalige) Vermieter ohnehin, da der Erwerber nicht in diese Pflichten eingetreten ist. Einer Anwendung des § 566 Abs 2 bedarf es insoweit nicht. Die Haftung erstreckt sich nicht auf den Anspruch des Mieters auf Erfüllung der Gebrauchsüberlassungspflicht, sondern beschränkt sich auf **Schadensersatz**. 15

Der ursprüngliche Vermieter wird von der bürgenähnlichen **Haftung frei**, wenn er dem Mieter den Eigentumsübergang anzeigt und der Mieter daraufhin das Mietverhältnis nicht zum nächstmöglichen Termin kündigt. § 566 Abs 2 S 2 gibt kein zusätzliches Kündigungsrecht, sodass ein **Zeitmietvertrag** nicht gekündigt werden kann mit der Folge, dass der Vermieter in der Haftung bleibt. Die Haftung des Vermieters endet, auch beim gekündigten unbefristeten Vertrag, erst nach Ablauf der Mietzeit. Kündigt der Mieter nicht, entfällt die Haftung des Vermieters entspr erst in dem Zeitpunkt, zu dem der Mieter frühestens ordentlich zu kündigen in der Lage war (Emmerich/Sonnenschein/*Emmerich* Rn 41). 16

E. Baukostenzuschuss. Die st Rspr des BGH (seit BGHZ 6, 202) zum Baukostenzuschuss betrifft die Abgrenzung (zu Abgrenzungsfragen vgl auch § 566b Rz 1, 3 u 4) zwischen § 566 Abs 1 und den §§ 566b und c (bzw §§ 1123, 1124 für die Zwangsverwaltung) und beruht auf Grundgedanken, die das RG entwickelt hat (RGZ 94, 279; 144, 194). Diese Sonderproblematik ergibt sich, wenn der Mieter Leistungen an den Vermieter erbringt und mit ihm eine in den verschiedensten Formen denkbare Verrechnung seiner Leistung mit der Miete vereinbart, die in die Zeit der Berechtigung des Erwerbers des Grundstücks hineinreicht (**Mietzinsvorauszahlung**). Es stellt sich dann die Frage, ob und wenn ja inwieweit der Erwerber vom Mieter die Zahlung der Miete verlangen kann. Nach dem BGH ist sowohl der Erwerber des Grundstücks beim freihändigen Verkauf, der Ersteher in der Zwangsversteigerung als auch der Zwangsverwalter an die vertraglichen Vereinbarungen zwischen dem ursprünglichen Vermieter und dem Mieter gebunden, wenn der Mieter einen Baukostenzuschuss gewährt hat. Für die anderen Fälle gelten die §§ 566b u 566c. 17

Ein Baukostenzuschuss liegt nach dem BGH (zB BGHZ 6, 202; 15, 296; 16, 31) vor, wenn eine Mietvorauszahlung vereinbart worden ist mit der Abrede, dass der vorausbezahlte Betrag **zum Aufbau oder Ausbau** des Mietgrundstücks verwendet wird und der Betrag **tatsächlich**, zumindest mittelbar, zum Auf- oder Ausbau des Mietgrundstücks **eingesetzt** worden ist. 18

Die hierfür erforderlichen Vereinbarungen müssen nicht notwendigerweise schon im Mietvertrag getroffen, sondern können auch **nachträglich** geschlossen werden (BGHZ 15, 296). Sie können auch in der Form eines **Darlehens mit Verrechnungsabrede** vereinbart werden (BGH LM Nr 1 zu § 57b ZVG). Selbst eine ausdrückliche Verrechnungsabrede ist entbehrlich, wenn die Auslegung des Vertrags im Einzelfall ergibt, dass eine Verrechnung gewollt ist (BGHZ 16, 31). Anhaltspunkte für eine Verrechnungsabrede liegen vor, wenn das Mieterdarlehen unkündbar und zinslos vom Mieter gewährt wurde (BGH NJW 1970, 1124). Die Mittel des Mieters müssen aber immer der **Substanz des Grundstückes** zugeführt worden sein. Der Baukostenzuschuss des Mieters muss unmittelbar oder mittelbar dazu verwendet werden, das Grundstück, auf dem sich die Mieträume tatsächlich befinden, um- oder auszubauen. Werden die Mittel des Mieters vom Vermieter nicht entsprechend der Baukostenabrede, sondern **zweckfremd** eingesetzt, gilt die Ausnahme nicht, sondern es gelten die §§ 566b, 566c (bzw die §§ 1123, 1124). Der Mieter hat die **Beweislast** dafür, dass die Mittel tatsächlich für die Baukosten verwendet wurden (BGH NJW 1959, 380). Der Mieter muss die Leistungen als gegenwärtiger Mieter oder zukünftiger Mieter erbracht haben und nicht auf Grund eines anderen Rechtsverhältnisses (BGH NJW 1967, 555). 19

F. Einmalmiete. Unter Fortführung der Rspr des RG (RGZ 94, 279) wendet der BGH weder § 566 Abs 1 noch die §§ 566b und c an, wenn der **Mietzins nicht in periodischen Zeitabschnitten** (vgl BGHZ 37, 346) **bemessen** ist, sondern in einem »Einmalbetrag« vereinbart und vor Eigentumsübergang bezahlt wurde (BGHZ 137, 106; zuletzt BGH NJW 2007, 2919; instruktiv *Dedek* ZMR 1998, 679). Durch die Entrichtung der Einmalzahlung sei der Anspruch auf den Mietzins vor dem Eigentumsübergang erloschen und könne damit nicht auf den Erwerber übergehen. 20

§ 566a Mietsicherheit. Hat der Mieter des veräußerten Wohnraums dem Vermieter für die Erfüllung seiner Pflichten Sicherheit geleistet, so tritt der Erwerber in die dadurch begründeten Rechte und Pflichten ein. Kann bei Beendigung des Mietverhältnisses der Mieter die Sicherheit von dem Erwerber nicht erlangen, so ist der Vermieter weiterhin zur Rückgewähr verpflichtet.

1 **A. Allgemeines.** § 566a regelt für den Fall der Veräußerung des vermieteten Grundstücks (§ 566 Abs 1) das Schicksal einer schon an den Veräußerer (Vermieter) geleisteten Sicherheit. Nach S 1 tritt der Erwerber des Grundstücks im Zeitpunkt des Eigentumsübergangs **kraft Gesetzes** in die dadurch begründeten Rechte und Pflichten des Vermieters ein. Wurde die Sicherheit entgegen der mietvertraglichen Verpflichtung noch nicht an den Veräußerer geleistet, so geht der Anspruch auf die Sicherheitsleistung auf den Erwerber gem § 566 Abs 1 über (Emmerich/Sonnenschein/*Emmerich* Rn 3; nach Schmidt-Futterer/*Gather* Rn 9 nur für die nach dem Eigentumsübergang fällige Verpflichtung auf Sicherheitsleistung; **str** Anspruch auf Sicherheit bleibt beim Vermieter Hamburg ZMR 1997, 415; Palandt/*Weidenkaff* Rn 3). Der Erwerber kann vom Mieter die Auffüllung der Sicherheit nach § 240 verlangen, wenn diese vom Veräußerer berechtigterweise in Anspruch genommen wurde.

2 **B. Anwendbarkeit.** § 566a gilt für die Wohnraummiete (§ 549) sowie nach § 578 Abs 1 für die Grundstücks- und Raummiete. Entspr anwendbar ist die Vorschrift für die gewerbliche Zwischenvermietung (§ 565 Abs 2) und in den Fällen des § 567b.

3 **C. Rechtsfolgen.** Der Erwerber erwirbt im Zeitpunkt des Eigentumsübergangs (vgl § 566 Rz 11 f) kraft Gesetzes die Rechte und Pflichten aus der Sicherheit und zwar in der Form, wie sie der Veräußerer erlangt hat. **I. Eintritt in die Vermieterrechte.** Wurde als Sicherheit eine **Bürgschaft** erteilt, erwirbt der Erwerber die Rechte gegen den Bürgen. Der Veräußerer kann den Bürgen nicht mehr in Anspruch nehmen (Emmerich/Sonnenschein/*Emmerich* Rn 6). Musste der Vermieter die **Barkaution** gem § 551 Abs 3 S 3 auf ein Treuhandkonto anlegen, so ist davon auszugehen, dass die Berechtigung an dem Konto übergeht (Schmidt-Futterer/*Gather* Rn 15). Soweit der Erwerber Eigentümer wird, kann er nach § 985 vom Vermieter die Herausgabe der Sicherheit verlangen, wobei für Urkunden wie das **Sparbuch** § 952 gilt. Hatte der Mieter eine Barkaution zur freien Verfügung des Vermieters geleistet oder der Vermieter diese pflichtwidrig nicht angelegt, so erlangt der Erwerber des Grundstücks einen Anspruch gegen den Veräußerer auf Auszahlung des vom Mieter geleisteten Betrags, einschließlich der Zinsen (Palandt/*Weidenkaff* Rn 4). Nach überwiegender Meinung kann der Veräußerer aber die Herausgabe der Sicherheit verweigern, wenn er noch eigene offene Forderungen aus dem Mietverhältnis gegen den Mieter hat und sich aus der Sicherheit befriedigen will (BaRoth/*Herrmann* Rn 5; Emmerich/Sonnenschein/*Emmerich* Rn 8; **differenzierend** MüKo/*Häublein* Rn 11).

4 **II. Vermieterpflichten.** Der Erwerber tritt in die Pflicht zur **Anlage und Verwaltung** der Sicherheit ein. Er hat insbes bei der Wohnraummiete § 551 zu beachten. Nach Vertragsende und Ablauf der Abrechnungsperiode hat er die Sicherheit dem Mieter zurückzugewähren. Die Haftung des Erwerbers für die Rückgewähr ist unabhängig davon, ob er die Sicherheit vom Veräußerer realisiert hat (PWW/*Rieke* Rn 1). Nach S 2 **haftet der Veräußerer** für die Rückgewähr, wenn der Mieter vom Erwerber die Sicherheit nicht erlangen »kann«, also im Verhältnis zum Erwerber **subsidiär** und nicht als Gesamtschuldner. Der Mieter muss aber zunächst den Erwerber in Anspruch nehmen, »solange dies nicht von vornherein aussichtslos erscheint« (BTDrs 14/4553 S 63, mit Bezug auf BGHZ 141, 160). Welche Maßnahmen er ergreifen muss, ist **nicht geklärt.** Nach Emmerich/Sonnenschein/*Emmerich* Rn 12: entspr §§ 773; ähnl Palandt/*Weidenkaff* Rn 6; nach Staud/*Emmerich* Rn 16: bei Vermögensverfall; nach MüKo/*Häublein* Rn 14: Vorausklage entspr § 771, aber erfolglose Zwangsvollstreckung nicht notwendig; nach Schmidt-Futterer/*Gather* Rn 28 – mit weiteren Beispielen – reicht es aus, wenn der Mieter die Inanspruchnahme des Erwerber in zumutbarer Weise versucht. Das **Innverhältnis** zwischen dem Erwerber und dem Veräußerer richtet sich nach deren Abreden (MüKo/*Häublein* Rn 16).

5 **D. Zwangsverwaltung/Zwangsversteigerung.** Wenn das Mietverhältnis während der **Zwangsverwaltung** des Grundstücks endet, muss der Verwalter unabhängig von § 566a die Sicherheit abrechnen und ggf an den Mieter herausgeben, auch wenn er die Sicherheit nicht erhalten hat (BGH NJW 2003, 3342 für § 572 aF; NJW-RR 2005, 1032; 2005, 1029; Emmerich/Sonnenschein/*Emmerich* § 566a Rn 4; Schmidt-Futterer/*Gather* § 566a Rn 19). Der Verwalter haftet jedoch nur mit dem verwalteten Vermögen. Befindet sich die Kaution noch beim Vermieter, kann er sie nach § 152 ZVG herausverlangen (Emmerich/Sonnenschein/*Emmerich* § 566a Rn 4). Nach § 57 ZVG ist § 566a in der **Zwangsversteigerung** anwendbar. Zu beachten ist hier, dass der Ersteher nach § 90 Abs 1 ZVG schon mit Zuschlag Eigentümer des Grundstücks wird.

6 **E. Abweichende Vereinbarungen.** Von § 566a kann in Individualverträgen (nicht in Formularverträgen) abgewichen werden, wenn der Mieter an der Vereinbarung beteiligt ist (hM zB Emmerich/Sonnenschein/*Emmerich* § 566a Rn 13; PWW/*Rieke* § 566a Rn 8; MüKo/*Häublein* § 566a Rn 17; Schmidt-Futterer/*Gather* § 566a Rn 33).

§ 566b Vorausverfügung über die Miete. **[1] Hat der Vermieter vor dem Übergang des Eigentums über die Miete verfügt, die auf die Zeit der Berechtigung des Erwerbers entfällt, so ist die Verfügung wirksam, soweit sie sich auf die Miete für den zur Zeit des Eigentums laufenden Kalendermonats bezieht. Geht das Eigentum nach dem 15. Tag des Monats über, so ist die Verfügung auch wirksam, soweit sie sich auf die Miete für den folgenden Kalendermonat bezieht.**
[2] Eine Verfügung über die Miete für eine spätere Zeit muss der Erwerber gegen sich gelten lassen, wenn er sie zur Zeit des Überganges des Eigentums kennt.

A. Normzweck. Die §§ 566b ff modifizieren den Grundsatz des § 566 Abs 1, nach dem der Erwerber eines vermieteten Grundstückes, mit Übergang des Grundstückseigentums auf ihn, in alle Rechte und Pflichten aus einem bestehenden Mietverhältnis eintritt. Danach müsste dem Erwerber der Mietzins vom Tag des Eigentumsübergangs an zustehen. **Verfügungen über den Mietzins**, die über diesen Zeitpunkt hinaus wirken, wären Verfügungen eines Nichtberechtigten (§ 185). Die §§ 566b bis d enthalten Übergangsregelungen, die eine möglichst zweckmäßige und klare Abgrenzung und zugleich einen angemessenen Interessenausgleich zwischen Veräußerer, Erwerber, Mieter und anderen, etwa beteiligten Dritten, sicherstellen sollen. Einerseits soll der Mieter vor doppelter Inanspruchnahme, andererseits der Erwerber weitgehend vor Verlust des Mietzinsanspruchs geschützt werden. 1

B. Anwendungsbereich. § 566b gilt für Wohnraum und über die §§ 549, 578 Abs 1 auch für Geschäftsräume und die Grundstücksmiete und über § 581 Abs 2 auch für die Pacht. **Entspr anwendbar** ist die Vorschrift bei Erlöschen des Erbbaurechts (§ 30 Abs 1 ErbbauVO), bei der gewerblichen Zwischenvermietung (§ 565 Abs 2), im Falle der Weiterveräußerung durch den Erwerber (§ 567b S 1), im Falle der Veräußerung eines verpachteten Eigenjagdbezirks (§ 14 Abs 1 BJagdG) und bei Veräußerung und Heimfall des Dauerwohn- oder Dauernutzungsrechts (§§ 37 Abs 2 und 3, 31 Abs 3 WEG). **Nur § 566b Abs 1** ist anwendbar bei Beendigung des Nießbrauchs (§ 1056 Abs 1), bei Eintritt der Nacherbfolge (§ 2135), bei der Zwangsversteigerung (§§ 57, 57b ZVG), der Zwangsverwaltung (§§ 183, 57, 57b ZVG mit den §§ 1124, 1125). Zur Abdingbarkeit vgl § 566 Rz 5 f. 2

C. Abgrenzung/Vorausverfügung. Die Meinungen zur Abgrenzung des § 566b von § 566 Abs 1 einerseits und von § 566c andererseits sind höchst unübersichtlich und vielfältig (vgl § 566 Rz 17 ff). Kontovers wird insbes die Frage diskutiert, ob unter den Begriff (Voraus-) Verfügung iSd § 566b Abs 1 nur **einseitige Verfügungen** des Vermieters über den Mietzins fallen, oder auch Verfügungen durch Rechtsgeschäft des Vermieters mit Dritten bzw durch Rechtsgeschäft mit dem Mieter. Einigkeit besteht darüber, dass Voraussetzung für die Anwendung der §§ 566b und 566c ist, dass § 566 Abs 1 erfüllt ist. Wenn der Erwerber nicht in die Rechte und Pflichten aus dem Mietverhältnis eingetreten ist, stellt sich die Frage nach seiner Berechtigung am Mietzins nicht. Nach der **Rspr des BGH** sind nur § 566 Abs 1 und nicht die §§ 566b u c (vgl § 566 Rz 17 ff) für Fälle des **Baukostenzuschusses** und der **Einmalmiete** anwendbar. 3

Überwiegend unter den Begriff **(Voraus-) Verfügung** iSd § 566b wird die Abtretung, die Verpfändung, die Vorpfändung und die Aufrechnung des Vermieters mit der Mietzinsforderung gegen Forderungen des Mieters (für die Mieteraufrechnung gilt § 566d) subsumiert. Unter **Rechtsgeschäft** iSd § 566c wird überwiegend die Mietzinsvorauszahlung, der Erlass, die Stundung, die Annahme einer Leistung an Erfüllungs statt, die Novation und der Aufrechnungsvertrag verstanden. Bes **kontrovers** werden die Zahlung an sich, mit eintretender Erfüllungswirkung, die Zahlungssurrogate sowie die Mietzinssenkung diskutiert. Richtig dürfte wohl sein, die Mietzinssenkung nach § 566 Abs 1, die Leistung an Erfüllungs Statt bzw erfüllungshalber nach § 566c zu behandeln. Nach Düsseldorf ZMR 2004, 257 ist die Vereinbarung über Mietfreiheit keine Verfügung und unbegrenzt wirksam. 4

D. Rechtsfolgen. Die Rechtfolgen des § 566b sind unterschiedlich, je nachdem, ob der Erwerber im Zeitpunkt des Eigentumsübergangs **Kenntnis** von der ihn in seinen Rechten beeinträchtigenden Verfügung hat oder nicht. Hat der Erwerber keine Kenntnis von der (Voraus-) Verfügung, ist sie nur in den zeitlichen Grenzen des § 566b Abs 1 wirksam. Für die Zeit danach ist sie **relativ unwirksam** (BGH NJW-RR 1996, 1230). Hatte der Erwerber im Zeitpunkt des Eigentumsübergangs positive Kenntnis von der Verfügung, so ist die Verfügung nach § 566b Abs 2 ohne die zeitliche Schranke wirksam; wobei ein bloßes Kennenmüssen (§ 122 Abs 2) nicht genügt. Unerheblich ist, wie oder von wem der Erwerber die Kenntnis erlangt hat. Soweit der Mieter ggü dem Erwerber die Miete doppelt zahlen muss, macht sich der Veräußerer dem Mieter ggü schadensersatzpflichtig. Die **Beweislast** für die Kenntnis des Erwerbers von der Verfügung trägt der Mieter. 5

§ 566c Vereinbarung zwischen Mieter und Vermieter über die Miete. **Ein Rechtsgeschäft, das zwischen dem Mieter und dem Vermieter über die Mietforderung vorgenommen wird, insbesondere die Entrichtung der Miete, ist dem Erwerber gegenüber wirksam, soweit es sich nicht auf die Miete für eine spätere Zeit als den Kalendermonat bezieht, in welchem der Mieter von dem Übergang des Eigentums Kenntnis erlangt. Erlangt der Mieter die Kenntnis nach dem 15. Tag des Monats, so ist das**

Rechtsgeschäft auch wirksam, soweit es sich auf die Miete für den folgenden Kalendermonat bezieht. Ein Rechtsgeschäft, das nach dem Übergang des Eigentums vorgenommen wird, ist jedoch unwirksam, wenn der Mieter bei Vornahme des Rechtsgeschäfts von dem Übergang des Eigentums Kenntnis hat.

1 **A. Allgemeines.** Zum Normzweck vgl § 566b Rz 1, zum Anwendungsbereich § 566 Rz 2 ff, zur Abgrenzung § 566 Rz 17 ff und § 566b Rz 3 u 4 und zur Abdingbarkeit § 566 Rz 5, Emmerich/Sonnenschein/*Emmerich* § 566b Rn 5 f u MüKo/*Häublein* Rn 6 f.

2 **B. Rechtsgeschäft.** Unter Rechtsgeschäfte iSd § 566c fallen **alle Vereinbarungen** zwischen dem Mieter und dem Vermieter über den Mietzins. Nach überwiegender Meinung sind dies die Mietzinsvorauszahlung, der Erlass, die Stundung, die Annahme einer Leistung an Erfüllungs Statt, die Novation und der Aufrechnungsvertrag (vgl § 566b Rz 4).

3 **C. Kenntnis.** § 566c knüpft für die Wirksamkeit von Rechtsgeschäften des Vermieters mit dem Mieter über die Mietforderung an die **Kenntnis des Mieters vom Eigentumsübergang** an. Es sei betont: Maßgebend ist nicht die Kenntnis des Mieters vom zugrunde liegenden schuldrechtlichen oder dinglichen Vertrag, sondern vom Eintritt der dinglichen Rechtsänderung. Dem Mieter schadet nur **positive Kenntnis** vom Eigentumsübergang. Grobe Fahrlässigkeit steht dem nicht gleich. Bloße Zweifel des Mieters an der fortbestehenden Berechtigung des Vermieters reichen ebenfalls nicht, zumal den Mieter keine Erkundigungspflicht trifft. Aus welcher Quelle der Mieter die Kenntnis erlangt, ist unerheblich. In erster Linie wird eine Mitteilung des Vermieters in Betracht kommen. Diese ist erst nach Eigentumsübergang möglich; eine vorherige Mitteilung ist wirkungslos. Eine Mitteilung des Erwerbers reicht aus, wenn weitere Umstände wie die Vorlage eines Grundbuchauszugs oder eine Bestätigung durch den Veräußerer hinzutreten, und dem Mieter keine begründeten Zweifel an der Richtigkeit der Mitteilung verbleiben. Die Kenntnis des Mieters vom Eigentumsübergang muss der Erwerber **beweisen**, wenn er geltend macht, das Rechtsgeschäft sei ihm ggü nicht wirksam.

4 **D. Rechtsfolgen.** Die Rechtsfolgen des § 566c knüpfen an die **Kenntnis des Mieters vom Eigentumsübergang** im Zeitpunkt der Vornahme des Rechtsgeschäftes mit dem Vermieter an. Die Frist des § 566c S 1 bzw S 2 beginnt mit Erlangung dieser Kenntnis. Bei Rechtsgeschäften des Mieters mit dem Vermieter **vor dem Eigentumsübergang** ist es naturgem unmöglich, dass der Mieter Kenntnis vom Eigentumsübergang hat, da dieser noch nicht stattfand. Die Frist beginnt damit frühestens im Zeitpunkt des Eigentumsübergangs. Regelm wird der Mieter somit **nach dem Eigentumsübergang** Kenntnis hiervon erlangen, sodass die Frist ab Kenntniserlangung beginnt. Nach Ablauf der Frist ist der Erwerber nicht mehr an die Vereinbarung zwischen dem Mieter und dem ursprünglichen Vermieter gebunden. Hatte der Mieter beim Abschluss des Rechtsgeschäfts mit dem ursprünglichen Vermieter Kenntnis vom Eigentumsübergang, so ist der Erwerber nach S 3 nicht, auch nicht zeitlich begrenzt, gebunden. Erlangt der Mieter keine Kenntnis, so wirkt das Geschäft unbegrenzt ggü dem Erwerber.

§ 566d Aufrechnung durch den Mieter.

Soweit die Entrichtung der Miete an den Vermieter nach § 566c dem Erwerber gegenüber wirksam ist, kann der Mieter gegen die Mietforderung des Erwerbers eine ihm gegen den Vermieter zustehende Forderung aufrechnen. Die Aufrechnung ist ausgeschlossen, wenn der Mieter die Gegenforderung erworben hat, nachdem er von dem Übergang des Eigentums Kenntnis erlangt hat, oder wenn die Gegenforderung erst nach der Erlangung der Kenntnis und später als die Miete fällig geworden ist.

1 **A. Anwendungsbereich.** Da die Norm auf § 566 aufbaut, decken sich ihre Anwendungsbereiche (vgl § 566 Rz 2). § 566d gilt gem § 565 Abs 2 für die gewerbliche Zwischenvermietung entspr. In der Zwangsversteigerung tritt nach § 57b Abs 1 ZVG an die Stelle der Kenntnis des Mieters vom Eigentumsübergang die Kenntnis von der Beschlagnahme des Grundstücks. In der Zwangsverwaltung wird für den betreibenden Grundpfandgläubiger § 566d durch § 1125, bei anderen betreibenden Gläubigern durch § 406 ersetzt.

2 **B. Aufrechnung (Satz 1).** § 566d regelt die Frage, inwieweit der Mieter mit Forderungen gegen den Veräußerer des vermieteten Grundstücks noch gegen Mietzinsansprüche des Erwerbers aufrechnen kann. Anders als § 566c, der an die Kenntnis des Mieters vom Eigentumsübergang anknüpft, bleibt eine vor Eigentumsübergang entstandene **Aufrechnungslage** (§ 387) erhalten, sodass der Mieter auch noch nach Kenntnis vom Eigentumsübergang ggü dem Erwerber aufrechnen kann. Im Vergleich zu § 566c wird durch § 566d die Aufrechnungsbefugnis des Mieters erweitert. Die Aufrechnung wirkt aber nur »soweit«, wie dies die zeitlichen Schranken des § 566c vorsehen (PWW/*Rieke* Rn 3). § 566d ist § 406 nachgebildet, sodass der Zeitpunkt der Aufrechnungslage und nicht der Aufrechnungserklärung maßgebend ist. Die **Forderung** des Mieters muss nicht auf dem Mietverhältnis beruhen (Emmerich/Sonnenschein/*Emmerich* Rn 2). Die **Gegenforderung** des Erwerbers, gegen die der Mieter aufrechnen will, muss hingegen eine Mietforderung aus dem Mietverhältnis sein. Die Aufrechnung muss ggü dem Erwerber, nicht ggü dem ursprünglichen Vermieter erklärt werden. **Aufrechnungsvereinbarungen** fallen unter § 566c (vgl § 566c Rz 2).

C. Ausschluss der Aufrechnung (Satz 2). In Anlehnung an § 406 ist die Aufrechnung des Mieters gegen den Erwerber ausgeschlossen, wenn er die Forderung gegen den (ursprünglichen) Vermieter **nach Erlangung (positiver) Kenntnis** vom Eigentumsübergang erworben hat (S 2 Alt 1) oder wenn seine Forderung erst nach Kenntniserlangung und später als die Miete, die dem Erwerber zusteht, fällig geworden ist (S 2 Alt 2). Der Mieter ist bei der 2. Alt nicht schutzwürdig, weil er hier die Miete bezahlen muss, bevor er überhaupt aufrechnen konnte (BGH NJW 1996, 1056; MüKo/*Häublein* § 566d Rn 7). Die Aufrechnung ist aber möglich, wenn die Forderung des Mieters und des Erwerbers gleichzeitig fällig werden (Emmerich/Sonnenschein/*Emmerich* Rn 4). Zur Kenntnis des Mieters vom Eigentumsübergang vgl § 566c Rz 3. Soweit die Aufrechnung vertraglich wirksam ausgeschlossen ist, gilt § 566d nicht. Bei **Wohnraummietverträgen** ist § 556b Abs 2 zu beachten (Schmidt-Futterer/*Gather* Rn 8). 3

§ 566e Mitteilung des Eigentumsübergangs durch den Vermieter. **[1] Teilt der Vermieter dem Mieter mit, dass er das Eigentum an dem vermieteten Wohnraum auf einen Dritten übertragen hat, so muss er in Ansehung der Mietforderung dem Mieter gegenüber die mitgeteilte Übertragung gegen sich gelten lassen, auch wenn sie nicht erfolgt oder nicht wirksam ist.**
[2] Die Mitteilung kann nur mit Zustimmung desjenigen zurückgenommen werden, der als der neue Eigentümer bezeichnet worden ist.

A. Mitteilung. Der Vermieter muss sich an eine Mitteilung über den Eigentumsübergang ggü dem Mieter festhalten lassen, wenn sich später herausstellt, dass die Mitteilung unrichtig war. In Anlehnung an § 409 wird der Mieter in seinem Vertrauen auf die Richtigkeit der Mitteilung geschützt. § 566e ergänzt § 566. Die Anwendungsbereiche beider Normen decken sich (vgl § 566 Rz 2 ff). Die Mitteilung muss **vom Vermieter** ausgegangen sein. Die Kenntniserlangung des Mieters vom Eigentumsübergang auf eine andere Weise reicht nicht aus. Legt allerdings der Erwerber dem Mieter einen **Grundbuchauszug** vor, so kann der Mieter in entspr Anwendung des § 893 mit befreiender Wirkung an den Erwerber zahlen (Palandt/*Weidenkaff* Rn 1). Die Mitteilung wird zwar als bloße Rechtshandlung angesehen, aber wie eine **formfreie Willenserklärung** behandelt (hM; zB Emmerich/Sonnenschein/*Emmerich* Rn 3; jurisPK/*Tonner* Rn 3; MüKo/*Häublein* Rn 3; Palandt/*Weidenkaff* Rn 1). Der Vermieter muss somit geschäftsfähig sein, die Mitteilung muss zugehen und kann angefochten werden. Die Mitteilung muss sich auf den erfolgten Eigentumsübergang beziehen und den Erwerber genau bezeichnen. Die Mitteilung über den Abschluss des Kausalgeschäfts genügt nicht. 1

B. Rechtsfolgen. Die Mitteilung des Vermieters hat zur Folge, dass der Mieter die Miete und die Nebenkosten **mit befreiender Wirkung** an dem vom Vermieter mitgeteilten vermeintlichen Erwerber des vermieteten Grundstücks bezahlen kann (nicht muss). § 566e gilt auch für den Erlassvertrag, die Aufrechnung und nach überwiegender Auffassung auch für eine vom Mieter ggü dem (vermeintlichen) Erwerber erklärte Kündigung (PWW/*Rieke* Rn 5; Schmidt-Futterer/*Gather* Rn 8; Emmerich/Sonnenschein/*Emmerich* Rn 5). Nach der hM kann der Mieter auch an den Vermieter bezahlen, wenn ihm bekannt ist, dass das Eigentum nicht übergegangen ist (BGHZ 64, 117 unter Anwendung der §§ 209, 409 aF; ua Emmerich/Sonnenschein/*Emmerich* Rn 4; Schmidt-Futterer/*Gather* Rn 6). Nach Abs 2 kann der Vermieter die (falsche) Mitteilung nur mit Zustimmung des in der Mitteilung bezeichneten Person wirksam zurücknehmen. Die **Zustimmung** ist eine einseitige empfangsbedürftige Willenserklärung und muss dem Mieter, wie auch die Rücknahmeerklärung selbst, zugehen. Solange diese Zustimmung nicht vorliegt, kann der Mieter die Miete mit befreiender Wirkung an den vermeintlichen neuen Eigentümer bezahlen. Die Pflicht zur Zustimmung bei unterbliebenem Eigentumserwerb folgt aus § 812 (Palandt/*Weidenkaff* Rn 3). 2

§ 567 Belastung des Wohnraums durch den Vermieter. **Wird der vermietete Wohnraum nach der Überlassung an den Mieter von dem Vermieter mit dem Recht eines Dritten belastet, so sind die §§ 566 bis 566e entsprechend anzuwenden, wenn durch die Ausübung des Rechts dem Mieter der vertragsgemäße Gebrauch entzogen wird. Wird der Mieter durch die Ausübung des Rechts in dem vertragsgemäßen Gebrauch beschränkt, so ist der Dritte dem Mieter gegenüber verpflichtet, die Ausübung zu unterlassen, soweit sie den vertragsgemäßen Gebrauch beeinträchtigen würde.**

A. Allgemeines. § 567 regelt zusammen mit § 567a, wie sich Belastungen des vermieteten Grundstücks auf vom Eigentümer abgeschlossene Mietverträge auswirken. Zur **Personenidentität** von Eigentümer und Vermieter vgl § 566 Rz 8 u 9. § 567 gilt, wenn die Belastung nach der Überlassung des Wohnraums an den Mieter erfolgt; § 567a gilt, wenn dies vor der Überlassung geschieht (zur **Überlassung** vgl § 566 Rz 6). Beide Vorschriften beziehen sich nur auf die Belastung des Grundstücks mit dinglichen Rechten. **Dingliche Rechte**, die dem Mieter den Gebrauch der Sache entziehen (S 1), sind vor allem der Nießbrauch, das Wohnungsrecht nach § 1093 (sofern es alle vermieteten Räume umfasst; **hM** BGHZ 59, 51; Schmidt-Futterer/*Gather* Rn 4; Staud/*Emmerich* Rn 6; BaRoth/*Herrmann* Rn 4; sonst S 2; **aA** Müko/*Häublein* Rn 7), das Erbbaurecht sowie das Dauerwohn- bzw das Dauernutzungsrecht nach dem WEG. Nicht hierher gehören Grundpfandrechte, da sie das Mietverhältnis nicht berühren. Dienstbarkeiten fallen idR unter S 2. 1

2 **B. Rechtsfolgen.** Bei Bestellung des dinglichen Rechts, nachdem die Mietsache dem Mieter überlassen wurde, gelten nach § 567 S 1 bei Rechten, die dem Mieter den vertragsgem **Gebrauch der Sache entziehen**, die §§ 566 bis 566e entspr. Der Erbbauberechtigte, der Wohnungsberechtigte und der Nießbraucher treten somit nach **§ 566 Abs 1** im Zeitpunkt der Eintragung des Rechts im Grundbuch in das bestehende Mietverhältnis ein. Als neuen Vermieter treffen ihn alle Rechte und Pflichten aus dem Mietverhältnis mit den in den §§ 566 ff geregelten Modifikationen. Der ursprüngliche Vermieter wird aus dem Mietverhältnis verdrängt und haftet nach § 566 Abs 2 wie ein Bürge. Wird der Mieter durch das dingliche Recht in seinem vertragsgem **Gebrauch der Sache nur gestört**, so hat er gegen den dinglich Berechtigen nach S 2 einen **Unterlassungsanspruch**. S 2 gilt zB im Falle der Bestellung von Überfahrrechten, von Rechten auf Verlegen einer Leitung oder auf Entnahme von Bodenbestandteilen. Der dinglich Berechtigte tritt nicht in das Mietverhältnis ein, sondern der Mieter kann gegen den Grundstückseigentümer weiter alle Mieterrechte geltend machen.

§ 567a Veräußerung oder Belastung vor der Überlassung des Wohnraums. Hat vor der Überlassung des vermieteten Wohnraums an den Mieter der Vermieter den Wohnraum an einen Dritten veräußert oder mit einem Recht belastet, durch dessen Ausübung der vertragsgemäße Gebrauch dem Mieter entzogen oder beschränkt wird, so gilt das Gleiche wie in den Fällen des § 566 Absatz 1 und des § 567, wenn der Erwerber dem Vermieter gegenüber die Erfüllung der sich aus dem Mietverhältnis ergebenden Pflichten übernommen hat.

1 **A. Allgemeines.** § 567a ist den §§ 566 und 567 nachgebildet. Er gilt für Wohnräume, Geschäftsräume und Grundstücksmiete (§§ 549, 578) sowie für Pachtverhältnisses (§ 581 Abs 2). Der Vermieter, der vor Überlassung des vermieteten Grundstücks an den Mieter das Grundstück einem Dritten veräußert, ist der Gefahr ausgesetzt, sich ggü dem Mieter wegen Nichterfüllung schadensersatzpflichtig zu machen. § 567a sieht in den von den §§ 566 und 567 nicht erfassten Fällen vor, dass sich der Vermieter dieser Gefahr dadurch entziehen kann, wenn er hinsichtlich des Mietverhältnisses eine Erfüllungsübernahme mit dem Erwerber vereinbart.

2 **B. Voraussetzungen.** § 567a setzt den Abschluss eines **Mietvertrags** durch den Eigentümer, der über das Grundstück verfügt, voraus (vgl zur Personenidentität zwischen Verfügendem und Vermieter § 566 Rz 8 u 9). Weiterhin muss über das vermietete Grundstück in der Form der Veräußerung (zum Begriff der »Veräußerung« vgl § 566 Rz 10) oder Belastung (zum Begriff »Belastung« vgl § 567 Rz 1) **verfügt** werden, **bevor** die Mieträume dem Mieter überlassen (zum Begriff »Überlassung« vgl § 566 Rz 6) wurden. Und letztlich muss sich der Erwerber ggü dem Vermieter zur **Erfüllung** sämtlicher mietvertraglicher Pflichten (auch formlos) verpflichtet haben. Der Mieter muss der Übernahme, anders als im Rahmen des § 415 S 1, nicht zustimmen. Die Übernahme kann nach der hM (vgl zB Palandt/*Weidenkaff* Rn 4) auch nach dem Eigentumsübergang bzw nach der Eintragung des dinglichen Rechts im Grundbuch erfolgen.

3 **C. Rechtsfolgen.** Folge der Erfüllungsübernahme ist es, dass der Erwerber des Grundstücks im Zeitpunkt des Eigentumsüberganges, so wie es § 566 Abs 1 vorsieht, in die Rechte und Pflichten aus dem Mietverhältnis eintritt (vgl hierzu § 566 Rz 11 ff). Entsprechendes gilt nach § 567 S 1 für die sonstigen Berechtigten im Zeitpunkt der Eintragung des dinglichen Rechtes ins Grundbuch (vgl § 567 Rz 2). Für den ausscheidenden Vermieter gilt § 566 Abs 2. **Ohne Erfüllungsübernahme** gilt § 566 Abs 1 nicht, da diese Norm die Überlassung der Mieträume an den Mieter vor der Veräußerung des Grundstücks voraussetzt. Der Erwerber wird dem entspr nicht Vermieter und kann vom Mieter nach § 985 die Räumung verlangen. Der Mieter kann von seinem Vermieter (= Veräußerer) nach den §§ 536 Abs 3, 536a Abs 1 Schadensersatz verlangen und nach § 543 Abs 2 Nr 1 den Mietvertrag kündigen.

§ 567b Weiterveräußerung oder Belastung durch Erwerber. Wird der vermietete Wohnraum von dem Erwerber weiterveräußert oder belastet, so sind § 566 Absatz 1 und die §§ 566a bis 567a entsprechend anzuwenden. Erfüllt der neue Erwerber die sich aus dem Mietverhältnis ergebenden Pflichten nicht, so haftet der Vermieter dem Mieter nach § 566 Absatz 2.

1 § 567b stellt klar, dass auch im Falle der Weiterveräußerung bzw Belastung des vermieteten Grundstücks der Grundsatz »Kauf bricht nicht Miete« mit den Folgeregelungen gilt. Bei mehrfacher Veräußerung bedeutet dies, dass der Ersterwerber aus dem Mietverhältnis ausscheidet und der Zweiterwerber für die Dauer seines Eigentums (bzw dinglichen Rechts) in die Rechte und Pflichten aus dem Mietverhältnis eintritt. Voraussetzung ist, dass dem Mieter die Mietsache vor der Veräußerung (Belastung) überlassen wurde (zum Verhältnis der §§ 566 Abs 1 u § 567b S 1 vgl *Harke* ZMR 2002, 490). § 567b S 1 verweist nicht auf § 566 Abs 2, sodass der Zwischenerwerber dem Mieter ggü nicht wie ein Bürge haftet, sondern es gem § 567b S 2 bei der Bürgenhaftung des ursprünglichen Vermieters, der den Mietvertrag abgeschlossen hat, bleibt. Der Vermieter kann sich aber nach § 566 Abs 2 S 2 von der Bürgenhaftung befreien. Nach der hM trifft dann den Zwischenerwerber die Bürgenhaftung (BaRoth/*Herrmann* Rn 3; Staud/*Emmerich* Rn 7; MüKo/*Häublein* Rn 5; Palandt/*Weidenkaff* Rn 2).

Kapitel 5 Beendigung des Mietverhältnisses

Unterkapitel 1 Allgemeine Vorschriften

§ 568 Form und Inhalt der Kündigung. [1] Die Kündigung des Mietverhältnisses bedarf der schriftlichen Form.

[2] Der Vermieter soll den Mieter auf die Möglichkeit, die Form und die Frist des Widerspruchs nach den §§ 574 bis 574b rechtzeitig hinweisen.

A. Allgemeines. Die Vorschrift ist Teil des sozialen Mietrechts (Staud/*Rolfs* Rn 1), wobei Abs 1 als Ergänzung zu § 542 Abs 1 zu verstehen ist (Schmidt-Futterer/*Blank* Rn 3). Das Erfordernis der Schriftform hat insbes Warn-, Klarstellungs- und Beweisfunktion (Schmid/*Gahn* Rn 2). Kündigungen, die einer augenblicklichen Gefühlsreaktion entstammen, soll die Wirksamkeit versagt werden (Übereilungsschutz, MüKo/*Häublein* Rn 1). Die Vorschrift schützt beide Parteien (Soerg/*Heintzmann* § 568 Rn 1), obschon sie überwiegend als mieterschützend verstanden wird (MüKo/*Häublein* aaO). Abs 2 dient allein dem Mieter und basiert auf der Erkenntnis, dass der Mieter häufig auf Grund von Rechtsunkenntnis von seinem Widerspruchsrecht ggü einer Kündigung keinen Gebrauch macht (Staud/*Rolfs* Rn 5). 1

B. Regelungsgehalt. I. Anwendungsbereich. Die Norm gilt nur für die Wohnraummiete, wobei sie auf jede Kündigung (außerordentliche befristete, außerordentliche fristlose und ordentliche) anzuwenden ist und es unerheblich ist, ob das Mietverhältnis auf bestimmte oder auf unbestimmte Zeit geschlossen wurde (Emmerich/Sonnenschein/*Haug* Rn 3). Bei Mischmietverhältnissen muss der Schwerpunkt auf der Wohnraumvermietung liegen (zB Wohnraum nebst Garage; vgl Düsseldorf GE 2006, 647). Abs 2 gilt gem § 549 Abs 2 nicht in den dort geregelten Fällen. Auf andere Gestaltungsrechte oder Erklärungen, die auf den Abschluss eines Aufhebungsvertrages gerichtet sind, ist Abs 1 nicht, auch nicht entspr, anwendbar (vertiefend: MüKo/*Häublein* Rn 4). Abs 2 gilt, soweit die Sozialklausel eingreift (Palandt/*Weidenkaff* Rn 2). 2

II. Schriftform der Kündigung, Abs 1. 1. Kündigung. Die Erklärung muss den Kündigungswillen zum Inhalt haben. Die Verwendung des Begriffes »Kündigung« ist nicht zwingend. Ausreichend ist vielmehr, dass deutlich und unmissverständlich zum Ausdruck kommt, dass der Erklärende das Mietverhältnis beenden will (Palandt/*Weidenkaff* Rn 4). § 568 regelt nicht den Inhalt der Kündigung, so dass die amtliche Überschrift insoweit missverständlich ist (Schmid/*Gahn* Rn 17). 3

2. Form. a) Schriftform, § 126 Abs 1. Die Schriftform bestimmt sich nach **§ 126**. Sie ist gewahrt, wenn die Kündigungserklärung in einer Urkunde enthalten ist und vom Kündigenden eigenhändig durch Namensunterschrift oder mittels notariell beglaubigten Handzeichens unterzeichnet ist, § 126 Abs 1. Sind mehrere Personen auf einer Seite vorhanden, müssen alle die von ihnen erklärte Kündigung unterzeichnet haben (Staud/*Rolfs* Rn 12). Das Schriftformerfordernis gilt sowohl für Kündigungen des Mieters als auch des Vermieters (LG Wuppertal WuM 2005, 585). Die Erklärung der Kündigung muss durch Wiedergabe eines individuellen Schriftbildes in Form einer eigenhändigen Unterschrift (daher können Fotokopie, Telegramm und Telefax keine wirksame Kündigung begründen, weil die Echtheit der Unterschrift nicht gesichert ist, vgl BGH NJW 2006, 2482) als räumlicher Abschluss unter dem Text unterzeichnet sein (BGH NJW 1991, 487; Schmidt-Futterer/*Blank* Rn 8 ff; Staud/*Rolfs* Rn 14 f). Der Zugang einer Vorab-Kündigung durch Telefax begründet keine Fristwahrung (Schmidt-Futterer/*Blank* Rn 13). Gem § 126 Abs 1 kann auch durch notariell beglaubigtes Handzeichen unterzeichnet werden. Eine fehlende Unterschrift unter der Erklärung wird nicht durch eine beigefügte unterzeichnete Vollmachtsurkunde ersetzt (AG Friedberg/Hessen WuM 1993, 48). Für den Teil, der den Kündigungswillen beinhaltet, ist keine bes Form vorgeschrieben, so dass der Text handschriftlich, maschinellschriftlich oder vorgedruckt gefasst werden kann (Emmerich/Sonnenschein/*Haug* Rn 5). Eine Begründung der Kündigung ist nur erforderlich, soweit dies gesetzlich gesondert geregelt ist (Staud/*Rolfs* Rn 12). Gesetzlich notwendige Begründungen, die in einer Anlage beigefügt sind, müssen mit der Erklärung fest verbunden sein bzw es muss in der Erklärung auf die Anlage ausdrücklich Bezug genommen werden (LG Mannheim NZM 2004, 255; Emmerich/Sonnenschein/*Haug* aaO). Eine Kündigung kann auch im Wege einer Klagschrift erklärt werden, soweit aus ihr die materiell-rechtliche Erklärung deutlich hervorgeht (BGH NJW 2003, 3265; BayOblG NJW 1981, 2197; vgl insbes zur Formwahrung, Schmid/*Gahn* § 568 Rn 14: Empfehlung: eine unterzeichnete beglaubigte Abschrift dem Gegner direkt zuzustellen). 4

b) Elektronische Form, §§ 126 Abs 2, 126b. Die **Schriftform** kann durch die **elektronische Form ersetzt** werden, §§ 126 Abs 3, 126a. Die gesamte Kündigungserklärung muss den Anforderungen des § 126a Abs 1 entsprechen (MüKo/*Häublein* Rn 5). Das Dokument muss insoweit mit dem Namen des Erklärenden und einer qualifizierten elektronischen Signatur nach dem SigG versehen werden. Auch wenn sich dies nicht aus § 126a ergibt, so soll die zulässige Verwendung der elektronischen Form davon abhängen, ob sich der andere Teil damit einverstanden erklärt (BTDrs 14/4987 S 41; Staud/*Rolfs* Rn 16). Das Einverständnis kann formlos erteilt werden (Schmidt-Futterer/*Blank* Rn 18). 5

6 **c) notarielle Beurkundung, §§ 126 Abs 4, 128/Zugang.** In Betracht kommt auch die **notarielle Beurkundung**, §§ 126 Abs 4, 128. Nach § 127a wird die notarielle Beurkundung bei einem gerichtlichen Vergleich durch die Aufnahme der Erklärung in ein nach den Vorschriften der ZPO errichtetes Protokoll ersetzt. Insofern genügt es nicht, dass die Kündigung im Verhandlungstermin ausschließlich zu Protokoll erklärt wird, soweit dies nicht innerhalb eines gerichtlichen Vergleichs erfolgt (hM, LG Berlin ZMR 1982, 238; Emmerich/Sonnenschein/*Haug* Rn 8).

7 **d) Stellvertretung.** Die Kündigung kann auch durch einen **Vertreter** erklärt werden. Die Erteilung der Vollmacht ist nicht formbedürftig (§ 167 Abs 2), es sei denn, dass die Vollmacht unwiderruflich erteilt wurde (hM, Karlsruhe NJW-RR 1986, 100; Staud/*Rolfs* Rn 18). Die Kündigung muss durch den Vertreter unterzeichnet sein. Mit Blick auf § 174 ist die Beifügung der Originalvollmacht ratsam, wobei eine beglaubigte Abschrift, eine Fotokopie oder ein Telefax nicht ausreichend sind (Emmerich/Sonnenschein/*Haug* Rn 9). Eine fehlende Unterzeichnung der Erklärung wird nicht durch die beigefügte unterschriebene Vollmacht geheilt (vgl Rz 4). Die Stellvertretung muss offenkundig sein, § 164 Abs 1 S 2 (Schmid/*Gahn* Rn 11; krit hinsichtlich der Formwahrung bei Offenkundigkeit durch außerhalb der Urkunde liegenden Umstände MüKo/*Häublein* Rn 6). Soweit offenkundig ist, dass der Vertreter im fremden Namen handelt (§ 164 Abs 1), kann er mit dem eigenen Namen unterschreiben (Staud/*Rolfs* Rn 19). Der Vertreter kann ebenfalls mit dem Namen des Vertretenen unterschreiben (RGZ 74, 69). Auch wenn ein Verwalter den Vermieter in allen Angelegenheiten vertritt und dies der Mieter weiß, muss die Vertretung offenkundig sein (LG Düsseldorf DWW 1993, 20). Erklärt ein Ehepartner die Kündigung, muss deutlich werden, dass er als Vertreter für den anderen Ehepartner unterzeichnet hat, wenn dieser ebenfalls Vermieter oder Mieter ist (BGHZ 125, 175; vgl Schmidt-Futterer/*Blank* Rn 15). Die der Schriftform entspr Urkunde muss dem Erklärungsempfänger zugehen.

8 **3. Begründung.** Die Kündigung ist **in vielen Fällen zu begründen**, was allerdings nicht aus § 568 folgt. Die Angabe der Kündigungsgründe ergibt sich aus §§ 569 Abs 4 (der zu Kündigung führende wichtige Grund bei außerordentlichen fristlosen Kündigungen), aus § 573 Abs 3 S 1 (Gründe für ein berechtigtes Interesse bei einer ordentlichen Kündigung), aus § 573a Abs 3 (bei der erleichterten Kündigung nach § 573a für die Voraussetzungen des § 573a Abs 1 oder 2) und aus § 573d Abs 1 oder § 575a Abs 1 jeweils iVm § 573 Abs 3 S 1 oder mit § 573a Abs 3 (bei außerordentlichen Kündigungen mit gesetzlicher Frist). Dem Empfänger der Kündigung soll es dadurch möglich sein, Klarheit über seine Rechtsstellung zu erlangen und sich die Aussicht einer Rechtsverteidigung zu verdeutlichen (MüKo/*Häublein* Rn 8). Soweit Gründe angegeben werden müssen, bezieht sich das Schriftformerfordernis auch auf deren Angabe (Palandt/*Weidenkaff* Rn 10). Die Bezugnahme auf eine frühere schriftliche Mitteilung soll ausreichen (BVerfG NJW 1992, 1877). Vorsichtshalber sollte jedoch mit Blick auf § 126 Abs 1 dieses Schriftstück der Kündigungserklärung beigefügt werden (Schmid/*Gahn* Rn 18). Die Kündigungsgründe sind derart zu bezeichnen, dass sie identifiziert und zugeordnet werden können (Palandt/*Weidenkaff* Rn 11).

9 **4. Rechtsfolge.** Nur wenn die Kündigung die Form wahrt, ist sie wirksam. Eine mündliche oder durch schlüssiges Verhalten erfolgte Kündigung ist daher unwirksam, § 125 S 1. Indes ist die Kündigung unter Einhaltung etwaiger Kündigungsfristen wiederholbar, ohne dass jedoch eine Heilung eintritt. In Ausnahmefällen kann ein Formmangel gem § 242 unbeachtlich sein (vgl AG Gifhorn WuM 1992, 250). Die Kenntniserlangung des Vermieters beim Auszug des Mieters ohne schriftliche Kündigung bewirkt keine Ausnahme vom Formzwang. Ist die Kündigung des Vermieters mündlich erfolgt und zieht daraufhin der Mieter aus, kann sich der Vermieter nicht auf die fehlende Schriftform berufen (Soerg/*Heintzmann* Rn 5).

10 **III. Hinweis auf das Widerspruchsrecht, Abs 2.** Abs 2 richtet sich ausschließlich an den Vermieter und betrifft die Kündigungen von Wohnraum, die sich nach den §§ 574 ff richten. Die Norm ist als Ergänzung zu § 547 zu verstehen (Schmidt-Futterer/*Blank* Rn 21) und findet keine Anwendung auf Mietverhältnisse über die in § 549 Abs 2 genannten Wohnräume. Nach Abs 2 soll der Vermieter den Mieter auf die Möglichkeit, die Form und die Frist des Widerspruchs nach den §§ 574 bis 574b rechtzeitig hinweisen. Die Regelung begründet eine Soll-Vorschrift. Die Norm gilt nur für die ordentliche und außerordentliche befristete Kündigung, da bei der außerordentlichen fristlosen Kündigung kein Widerspruchsrecht nach § 574 Abs 1 S 2 besteht. Soweit der Vermieter außerordentlich fristlos kündigen kann und sich auf eine ordentliche fristgem Kündigung beschränkt, entfällt ebenso die Hinweispflicht (Soerg/*Heintzmann* § 568 Rn 8). Die Hinweispflicht entfällt nicht, wenn der Mieter oder dessen Bevollmächtigter rechtskundig sind, da gesetzliche Hinweispflichten unabhängig von der Belehrungsbedürftigkeit des Adressaten sind (Schmidt-Futterer/*Blank* Rn 25).

11 **1. Inhalt.** Die **Möglichkeit des Widerspruchs** ergibt sich aus **§ 574**, hingegen sind die **Form und die Frist** in **§ 574b Abs 1 und 2** geregelt. Der Hinweis beinhaltet die Unterrichtung des Mieters, dass er der Kündigung widersprechen und die Fortsetzung des Mietverhältnisses verlangen kann (Emmerich/Sonnenschein/*Haug* Rn 14). Der Gesetzeswortlaut der §§ 574 bis 574b muss nicht wiedergegeben werden, da eine Aufklärung ausreichend ist. Sind mehrere Mieter vorhanden, muss darauf hingewiesen werden, dass der Widerspruch durch alle zu erfolgen hat (Emmerich/Sonnenschein/*Haug* aaO; aA Staud/*Rolfs* Rn 28). Ist der Hinweis nur einigen Mieter gegeben worden, gilt § 574 Abs 2 S 2 wegen der Einheitlichkeit des Mietverhältnisses für alle (Soerg/

Heintzmann Rn 10). Der Vermieter kann sich mit dem rückseitigen Abdruck der §§ 574 bis 574b begnügen, insoweit er auf diese in seiner Kündigungserklärung hinweist (LG Rottweil ZMR 1980, 183). Eine darüber hinaus gehende Belehrung ist nicht erforderlich (Schmidt-Futterer/*Blank* Rn 25). Der Hinweis muss vollständig und verständlich sein. Der Hinweis selbst unterliegt keinem Formerfordernis (Schmid/*Gahn* Rn 23), wobei sich jedoch Schriftform oder Textform auf Grund von Beweisgründen empfehlen.

2. Rechtzeitig. Der Hinweis muss nicht schon in der Kündigungserklärung enthalten sein. Entscheidend ist, 12 dass er rechtzeitig erfolgt. Dennoch muss ein zeitlicher Zusammenhang zwischen Kündigung und Hinweis bestehen. Eine Belehrung im Mietvertrag oder vor erklärter Kündigung, sofern diese nicht angekündigt wird und ein zeitlich enger Zusammenhang besteht, ist daher nicht ausreichend (Staud/*Rolfs* Rn 31). Rechtzeitigkeit ist gegeben, wenn der Hinweis derart frühzeitig erfolgt, dass der Mieter die Widerspruchsfrist einhalten kann. Einzubeziehen sind eine angemessene Überlegungs- und Beratungszeit sowie die Postlaufzeit (Schmidt-Futterer/*Blank* Rn 25). IdR wird ein Zugang des Hinweises rechtzeitig iSv Abs 2 sein, wenn dieser zwei Wochen vor Ablauf der Widerspruchsfrist (§ 574 Abs 2 S 2) erfolgt (Soerg/*Heintzmann* Rn 7).

3. Rechtsfolge. Ein unterlassener, nicht vollständiger bzw ein nicht rechtzeitig erfolgter Hinweis hat keinen 13 Einfluss auf die Wirksamkeit der Kündigung. Ausschließlich die Widerspruchsfrist wird verlängert. Der Widerspruch kann noch im ersten Termin des Räumungsstreits erklärt werden, § 574 Abs 2 S 2.

C. Verfahrensrechtliches. I. Abdingbarkeit. Die Norm wird vom Gesetz nicht ausdrücklich als unabdingbar 14 erklärt, indes ergibt sich dies aus der Funktion (Abs 1) und dem Normzusammenhang (Abs 2 wegen § 574b Abs 2 S 3, Abs 3) der Vorschrift (Palandt/*Weidenkaff* Rn 3), wobei Abweichungen von Abs 2 zugunsten des Mieters möglich sind (Staud/*Rolfs* Rn 34). Die Form kann durch Vertrag weder erleichtert noch erschwert werden (Schmidt-Futterer/*Blank* Rn 5). Eine Vereinbarung über die Art der Übermittlung der Kündigung kann vereinbart werden, da dies die Beweisbarkeit und im Zweifel nicht die Wirksamkeit betrifft (BGH NJW 2004, 1320; MüKo/*Häublein* Rn 11; Staud/*Rolfs* Rn 33), wobei jedoch eine wirksame formularvertragliche Einigung hierüber gem § 309 Nr 13 nicht möglich ist.

II. Mietaufhebungsvertrag. Die Kündigung ist vom Aufhebungsvertrag zu unterscheiden. Aus dem Schutz- 15 zweck der Norm folgt, dass an das Vorliegen eines Aufhebungsvertrages strenge Anforderungen zu stellen sind, da dieser nicht der Schriftform des Abs 1 bedarf (Soerg/*Heintzmann* Rn 3). Folgt der Kündigungsempfänger einer unwirksamen Kündigung, kann darin nur ausnahmsweise ein stillschweigender Abschluss eines Aufhebungsvertrages liegen (Schmid/*Gahn* Rn 20). Selbst wenn man die Auffassung vertritt, dass die unwirksame Kündigung in ein Angebot auf Aufhebung des Vertrages umgedeutet werden kann, wird es idR an einer wirksamen Annahme fehlen, da die Handlungen des anderen Teils nur als Reaktion auf die Gestaltungserklärung erfolgen werden, ohne eine rechtsgeschäftliche Willenserklärung abgeben zu wollen (MüKo/*Häublein* Rn 20). Die Kündigungserklärung wird idR nach dem äußeren Erscheinungsbild keiner rechtsgeschäftlichen Gegenäußerung bedürfen. Unangemessene Ergebnisse sind durch § 242 bzw § 254 zu vermeiden (MüKo/*Häublein* aaO). Ein Anlass, den Aufhebungsvertrag als Umgehungsgeschäft für nichtig zu erklären, besteht indes nicht (Staud/*Rolfs* Rn 11).

§ 569 Außerordentliche fristlose Kündigung aus wichtigem Grund.

[1] Ein wichtiger Grund im Sinne des § 543 Absatz 1 liegt für den Mieter auch vor, wenn der gemietete Wohnraum so beschaffen ist, dass seine Benutzung mit einer erheblichen Gefährdung der Gesundheit verbunden ist. Dies gilt auch, wenn der Mieter die Gefahr bringende Beschaffenheit bei Vertragsschluss gekannt oder darauf verzichtet hat, die ihm wegen dieser Beschaffenheit zustehenden Rechte geltend zu machen.

[2] Ein wichtiger Grund im Sinne des § 543 Absatz 1 liegt ferner vor, wenn eine Vertragspartei den Hausfrieden nachhaltig stört, so dass dem Kündigenden unter Berücksichtigung aller Umstände des Einzelfalls, insbesondere eines Verschuldens der Vertragsparteien, und unter Abwägung der beiderseitigen Interessen die Fortsetzung des Mietverhältnisses bis zum Ablauf der Kündigungsfrist oder bis zur sonstigen Beendigung des Mietverhältnisses nicht zugemutet werden kann.

[3] Ergänzend zu § 543 Absatz 2 Satz 1 Nummer 3 gilt:

1. **Im Falle des § 543 Absatz 2 Satz 1 Nummer 3 Buchstabe a ist der rückständige Teil der Miete nur dann als nicht unerheblich anzusehen, wenn er die Miete für einen Monat übersteigt. Dies gilt nicht, wenn der Wohnraum nur zum vorübergehenden Gebrauch vermietet ist.**
2. **Die Kündigung wird auch dann unwirksam, wenn der Vermieter spätestens bis zum Ablauf von zwei Monaten nach Eintritt der Rechtshängigkeit des Räumungsanspruchs hinsichtlich der fälligen Miete und der fälligen Entschädigung nach § 546a Absatz 1 befriedigt wird oder sich eine öffentliche Stelle zur Befriedigung verpflichtet. Dies gilt nicht, wenn der Kündigung vor nicht länger als zwei Jahren bereits eine nach Satz 1 unwirksam gewordene Kündigung vorausgegangen ist.**
3. **Ist der Mieter rechtskräftig zur Zahlung einer erhöhten Miete nach den §§ 558 bis 560 verurteilt worden, so kann der Vermieter das Mietverhältnis wegen Zahlungsverzugs des Mieters nicht vor Ablauf von zwei Monaten nach rechtskräftiger Verurteilung kündigen, wenn nicht die Voraussetzungen der außerordentlichen fristlosen Kündigung schon wegen der bisher geschuldeten Miete erfüllt sind.**

[4] Der zur Kündigung führende wichtige Grund ist in dem Kündigungsschreiben anzugeben.
[5] Eine Vereinbarung, die zum Nachteil des Mieters von den Absätzen 1 bis 3 dieser Vorschrift oder von § 543 abweicht, ist unwirksam. Ferner ist eine Vereinbarung unwirksam, nach der der Vermieter berechtigt sein soll, aus anderen als den im Gesetz zugelassenen Gründen außerordentlich fristlos zu kündigen.

1 **A. Allgemeines.** § 569 ergänzt den für alle Mietverhältnisse geltenden § 543 (MüKo/*Häublein* Rn 1). Die Grundsatznorm des § 543 über die außerordentliche fristlose Kündigung aus wichtigem Grund wird durch § 569 in verschiedenen Punkten an die Besonderheiten des Wohnraummietverhältnisses und über § 578 Abs 2 an die Raummiete angepasst (Emmerich/Sonnenschein/*Emmerich* Rn 1). Insoweit muss § 569 im Zusammenhang mit § 543 gelesen werden (Schmidt-Futterer/*Blank* Rn 1). Abs 1 und 2 ergänzen die in § 543 Abs 2 gesetzlich genannten Beispiele des wichtigen Grundes iSv § 543 Abs 1, während Abs 3 zusätzliche Voraussetzungen für eine fristlose Kündigung wegen Zahlungsverzug aufstellt (Abs 3 Nr 1, 3) und gleichzeitig die Möglichkeiten, eine Kündigung nachträglich unwirksam zu machen, erweitert, Abs 3 Nr 2 (Soerg/*Heintzmann* Rn 1). Die Abs 1 und 2 gelten auch für die Pacht- und Landpachtverhältnisse, §§ 581 Abs 2, 594e Abs 1.

2 **B. Regelungsgehalt. I. Gesundheitsgefährdung, Abs 1. 1. Allgemeines.** Nach Abs 1 ist ein wichtiger Grund für eine außerordentliche fristlose Kündigung iSd § 543 Abs 1 dann gegeben, wenn die Benutzung der Räume mit einer erheblichen Gesundheitsgefährdung verbunden ist. Abs 1 begründet ein Kündigungsrecht ausschließlich für den Mieter. Die Vorschrift gilt über § 578 Abs 2 S 2 für alle Mietverhältnisse über Räume, die zum Aufenthalt von Menschen bestimmt sind (zB Läden, Büro, Werkstatt, Gaststätte, Lagerräume, Säle, Fabrikhallen, Palandt/*Weidenkaff* Rn 3; vertiefend: Staud/*Emmerich* Rn 5 f; vgl § 578 Rz 4 ff). Ferner gilt sie für den gewerblichen Zwischenmieter (BGH NJW 2004, 848). Im Falle einer Untervermietung bei vorliegender Gesundheitsgefährdung durch die Räume kann nicht nur der Untermieter ggü seinem Vermieter, dem Hauptmieter, sondern auch dieser ggü dem Hauptvermieter, kündigen (BGH aaO; abw: Schmidt-Futterer/*Blank* Rn 8). Die Norm trägt dem im öffentlichen Interesse liegenden hohen Schutzgut der Volksgesundheit Rechnung und soll auf den Vermieter in der Weise Druck ausüben, dass dieser Wohnverhältnisse gesundheitsgerecht gestaltet (Koblenz WuM 1989, 509; MüKo/*Häublein* Rn 1, 3). Zweck der Vorschrift ist, die Gesundheit des Mieters und derjenigen, die über den Mieter in Kontakt mit der Mietsache kommen (zB Familienangehörige, Angestellte oder Kunden), zu schützen (BGH aaO; Soerg/*Heintzmann* Rn 2). Ein Schutzgesetz iSv § 832 Abs 2 ist Abs 1 hingegen nicht (Soerg/*Heintzmann* aaO). Ein Verschulden des Vermieters ist nicht erforderlich (Schmid/*Gahn* Rn 4).

3 **2. Verhältnis zu anderen Vorschriften.** Abs 1 regelt einen Sonderfall des Nichtgewährens des vertragsgem Gebrauchs (Schmidt-Futterer/*Blank* Rn 6). Die Vorschrift schließt andere Kündigungsrechte oder sonstige Mieterrechte nicht aus (Emmerich/Sonnenschein/*Emmerich* Rn 2). Minderungs-, Schadensersatz- und Aufwendungsersatzansprüche bleiben dem Mieter erhalten (LG Saarbrücken NZM 1999, 411; vertiefend: Emmerich/Sonnenschein/*Emmerich* aaO; MüKo/*Häublein* Rn 6). Der Ersatzanspruch des Mieters umfasst auch die auf Grund der Kündigung entstandenen Kosten (zB Umzugskosten, teurere Ersatzwohnung, Staud/*Emmerich* Rn 4). Die Verzögerung einer möglichen Kündigung kann ein Mitverschulden iSv § 254 begründen.

4 **3. Gesundheitsgefährdung.** Als Tatbestandsvoraussetzung sieht **Abs 1** eine **Gesundheitsgefährdung** vor. Insoweit ist nicht der Eintritt eines Schadens, sondern bereits die Gefährdung ausreichend. Es muss sich um eine nahe liegende Wahrscheinlichkeit handeln bzw eine erhebliche Befürchtung bestehen, dass in absehbarer Zeit eine Beeinträchtigung der Gesundheit oder der körperlichen Unversehrtheit eintreten wird (KG ZMR 2004, 513; MüKo/*Häublein* Rn 7). Der Grad der Wahrscheinlichkeit hängt von der Schwere der drohenden Beeinträchtigung ab. Bei schwerer Beeinträchtigung (zB Einsturz der Decke, Großbrand) reicht eine entferntere Wahrscheinlichkeit aus als bei leichteren Gesundheitsgefährdungen, bei denen eine bes nahe liegende oder nachhaltige Gefährdung erforderlich ist (KG ZMR 2004, 259). Grds muss die Gefährdung jedoch konkret, mithin nahe liegend, sein (Staud/*Emmerich* Rn 7). Die Gefährdung darf nicht nur vorübergehend sein und muss auf eine ständige Eigenschaft der Wohnung oder der mitvermieteten Einrichtungsgegenstände beruhen (Soerg/*Heintzmann* Rn 3). Entscheidend ist ein **objektiver Maßstab**, so dass eine bloße Befürchtung nicht ausreichend ist, hingegen festgelegte Grenzwerte Bindungswirkung entfalten (abw: Palandt/*Weidenkaff* Rn 10), soweit nicht durch den Mieter nachgewiesen wird, dass diese nicht dem gegenwärtigen Wissensstand entsprechen (Soerg/*Heintzmann* aaO). Normale Empfindlichkeiten bestimmter Personengruppen (Ältere, Kinder, Säuglinge) sind zu berücksichtigen, wobei grds auf eine allgemeine Wohnhygiene abzustellen ist (Schmid/*Gahn* Rn 5). Demggü genügt es nicht, wenn die Gesundheitsbeeinträchtigung in den individuellen Verhältnissen des einzelnen Mieters zu finden ist (zB Allergien, angegriffener Gesundheitszustand, Schmidt-Futterer/*Blank* Rn 9; abw MüKo/*Häublein* Rn 8). Die Gesundheitsgefährdung indiziert idR die Unzumutbarkeit der Fortsetzung des Mietverhältnisses (Emmerich/Sonnenschein/*Emmerich* Rn 4). Eine kurzfristig behebbare Gefahr scheidet als Kündigungsgrund iSv Abs 1 aus, sofern der Vermieter zur sofortigen Abhilfe bereit ist (Naumburg WuM 2004, 144). Der zumutbare Beseitigungsaufwand kann sogar einen Umzug von einigen Tagen in ein Hotel umfassen (Hamm NJW-RR 2005, 134). Droht die Gefährdung erst in absehbarer

Zukunft, bedarf es keiner sofortigen Abhilfe (Überhitzung von Räumen im Sommer, Naumburg aaO). Indes ist beim Ausschluss des Kündigungsrechts unter Berücksichtigung des Zwecks der Vorschrift (vgl Rz 2) Zurückhaltung geboten (Staud/*Emmerich* Rn 8).

Ist lediglich ein **Teil der Wohnung gesundheitsgefährdend**, ist eine Kündigung auf Grund Abs 1 nur wirksam, wenn dadurch die Benutzung der gesamten Wohnung erheblich beeinträchtigt ist (LG Berlin GE 1988, 733; Schmidt-Futterer/*Blank* aaO, gegeben, wenn einzelne Haupträume betroffen sind und der dortige dauerhafte Aufenthalt ausgeschlossen oder wesentlich beeinträchtigt ist). Die Gesundheitsgefährdung muss gerade den fraglichen Räumen als dauerhafte Eigenschaft anhaften und darin ihre Ursache finden (LG Berlin GE 1999, 1426). Abs 1 ist auch dann anzuwenden, wenn die Gesundheitsgefährdung von außen eintritt, soweit diese Störung schwerwiegend und andauernd und als Mangel der Sache selbst zu qualifizieren ist (Staud/*Emmerich* Rn 10). Gefährdungen aus zwischenmenschlichen Beziehungen betreffen keine Eigenschaft der Sache, mithin auch keinen Kündigungsgrund nach Abs 1 (Koblenz NJW-RR 1989, 1247). Der **Entstehungszeitpunkt der Gefahr** ist **irrelevant** (MüKo/*Häublein* Rn 3). Maßgeblicher Zeitpunkt für die Beurteilung, ob eine erhebliche Gesundheitsgefährdung vorliegt, ist der Zugang der Kündigung, so dass die in diesem Zeitpunkt herrschende Gesundheitslehre entscheidend ist (KG ZMR 2004, 513; Emmerich/Sonnenschein/*Emmerich* Rn 5). 5

4. Erheblichkeit. Die Gesundheitsgefährdung muss erheblich sein. Die Erheblichkeit bemisst sich nach einem objektiven Maßstab auf Grundlage der gegenwärtigen Gesundheitslehre (BayOblG NZM 1999, 899; Soerg/*Heintzmann* Rn 4). Ausreichend ist, wenn das Wohlbefinden nachhaltig beeinträchtigt ist (Schmidt-Futterer/*Blank* Rn 10). Die Erheblichkeit kann sich auch erst im Laufe der Mietzeit ergeben (MüKo/*Häublein* Rn 8). Einfach und schnell behebbare Gefahren sind nicht erheblich (LG Kiel WuM 1992, 122; MüKo/*Häublein* aaO). Die Erheblichkeit umfasst zudem die Wahrscheinlichkeit, mit der aus der Gefährdung ein Gesundheitsschaden erwachsen kann (Soerg/*Heintzmann* aaO). 6

5. Fristsetzung zur Abhilfe oder Abmahnung, § 543 Abs 3. Durch den Verweis in Abs 1 auf § 543 Abs 1 stellt Abs 1 eine unselbstständige Regelung des Kündigungsrechts dar. Zudem begründet das Bestehen einer Gesundheitsgefährdung eine Pflichtverletzung aus dem Mietvertrag mit der Folge, dass die in § 543 Abs 3 genannten Voraussetzungen bei einer Kündigung nach Abs 1 einzuhalten sind (hM, BGH NJW 2007, 2177; LG Stendal ZMR 2005, 624; vertiefend MüKo/*Häublein* Rn 12; aA Staud/*Emmerich* Rn 14). Insoweit bedarf es einer vorherigen Fristsetzung zur Abhilfe bzw einer Abmahnung. § 543 Abs 3 S 2 ist zu beachten. Aufgrund der Gesundheitsgefährdung werden oftmals die Voraussetzungen des § 543 Abs 3 S 2 Nr 1 oder 2 einschlägig sein (Schmidt-Futterer/*Blank* Rn 13). 7

6. Anzeigepflicht. Abs 1 begründet keine Ausnahme von der Anzeigepflicht nach § 536c. Dennoch wird unter Berücksichtigung des Zwecks von Abs 1 überwiegend die Auffassung vertreten, dass der Mieter bei einem plötzlich und unerwarteten Auftritt eines gesundheitsgefährdenden Mangels sofort kündigen kann, ohne dass es einer vorherigen Anzeige bedarf (LG Duisburg NZM 2002, 214 Nr 6; vertiefend: Staud/*Emmerich* Rn 18; MüKo/*Häublein* Rn 13). 8

7. Kenntnis und Verzicht, Abs 1 S 2. Die Kündigung nach Abs 1 wird durch Kenntnis des Mieters von der gefahrbringenden Beschaffenheit bei Vertragsschluss oder durch Verzicht nicht ausgeschlossen, Abs 1 S 2. Ebenso ist ein Verzicht auf Rückzahlungsansprüche wegen geleisteter anrechenbarer oder verlorener Baukostenzuschüsse nicht wirksam (BGH NJW 1959, 1424; Soerg/*Heintzmann* Rn 8). 9

8. Beispiele. Abs 1 ist einschlägig bei **asbesthaltigen Decken** bei der Möglichkeit des Faseraustrittes (LG Dortmund ZMR 1994, 410), bei Lärm aus der nahe liegenden Gaststätte oder durch Mitmieter (BGH NJW 1959, 1424), bei unmittelbar drohender Einsturzgefahr (Koblenz NJW-RR 1992, 1228), bei **übermäßiger Feuchtigkeit** und **Schimmelbildung** (BGH NJW 2004, 848), bei Öldämpfen in einer Wohnung (LG Flensburg WuM 2003, 328), bei länger anhaltenden Raumtemperaturen von 35 Grad im Sommer (Naumburg WuM 2003, 144), bei erheblichem Auftreten von **Ungeziefer** wie Mäusen (LG Berlin GE 1997, 689), bei unzureichendem Brandschutz (MüKo/*Häublein* Rn 11), bei unzureichender Beheizbarkeit (LG Mannheim ZMR 1977, 154) und bei einer gefährlichen Beschaffenheit der Treppen (Emmerich/Sonnenschein/*Emmerich* Rn 8, insg Staud/*Emmerich* Rn 12). 10

Dem ggü ist für Abs 1 die **bloße Bauordnungswidrigkeit** ohne konkrete Gesundheitsgefährdung (Soerg/*Heintzmann* Rn 3), wiederholte Übergriffe Dritter (Koblenz NJW-RR 1989, 1247), der bloße Befall eines einzigen kleinen Raumes einer großen Wohnung mit Schimmelpilz (LG Berlin GE 2005, 37), die bloße Verwendung von Bleirohren, solange keine konkrete Gesundheitsgefahr besteht (AG Frankfurt aM NJW-RR 1988, 908), ein Feuchtigkeitsfleck an der Wand (Schmid/*Gahn* Rn 10) oder das gelegentliche Absinken der Raumtemperatur auf 16 bis 17 Grad (Düsseldorf ZMR 2002, 46) nicht ausreichend (insgesamt Staud/*Emmerich* Rn 13). 11

9. Verwirkung. Eine Verwirkung des Kündigungsrechts kann nicht eintreten, da das Recht ständig neu entsteht, solange der gesundheitsgefährdende Zustand besteht (hM, KG ZMR 2004, 259; MüKo/*Häublein* Rn 15; aA Schmid/*Gahn* Rn 11). 12

13 **10. Vertretenmüssen des Mieters.** Hat der Mieter den gesundheitsgefährdenden Zustand zu vertreten oder die Mängelbeseitigung schuldhaft vereitelt, ist das Kündigungsrecht nach Abs 1 ausgeschlossen (hM, BGH NJW 2004, 848; Schmidt-Futterer/*Blank* Rn 12; krit: Staud/*Emmerich* Rn 17: Kündigungsrecht besteht, Vermieter hat Schadensersatzanspruch aus § 280 Abs 1 – hierzu krit: Schmid/*Gahn* Rn 12: Mieter schafft sich Kündigungsrecht selbst, Vermieter trägt Beweislast für Schadensersatzanspruch, und mit der wirksamen Kündigung entfallen auch weitere Pflichten des Mieters (zB Obhutspflicht) – es besteht daher zwar kein Kündigungsrecht, der Mieter hat jedoch auch keine Wohnpflicht in dem gesundheitsgefährdenden Bereich; ebenso MüKo/*Häublein* Rn 14: Abwägung der Interessen im Einzelfall).

14 **11. Kündigungserklärung.** Die Erklärung muss in Schriftform erfolgen, § 568 Abs 1 (vgl § 568 Rz 3 ff). Zudem müssen die Gründe angegeben werden, Abs 4 (vgl Rz 41 ff). Die Kündigung nach Abs 1 muss nicht zwingend fristlos erfolgen, der Mieter kann die Kündigung auch mit einer Frist aussprechen (Staud/*Emmerich* Rn 15). Der Mieter ist nicht verpflichtet, unmittelbar nach Auftreten des gesundheitsgefährdenden Zustandes zu kündigen. Er kann vielmehr eine angemessene Überlegungsfrist in Anspruch nehmen (LG Lübeck ZMR 2001, 282).

15 **II. Störung des Hausfriedens, Abs 2. 1. Allgemeines.** Abs 2 ergänzt die Generalklausel des § 543 Abs 1 S 2. Die Norm entstammt dem Gebot der gegenseitigen Rücksichtsnahme (KG ZMR 2004, 261) und begründet einen wichtigen Grund iSv § 543 Abs 1 für den Fall, dass der Hausfrieden nachhaltig gestört ist. Der Vergleich mit dem ordentlichen Kündigungsrecht aus § 573 Abs 2 Nr 1 und der Bezugnahme in Abs 2 auf § 543 Abs 1 ergibt, dass unter Abs 2 nur bes schwerwiegende Vertragsverletzungen subsumiert werden können (KG aaO). Das Kündigungsrecht nach Abs 2 steht sowohl dem Mieter als auch dem Vermieter zu. Abs 2 setzt voraus, dass eine Vertragspartei den Hausfrieden nachhaltig stört. Erfolgt die Störung durch einen anderen Mieter, kann der Vermieter das mit diesem bestehende Mietverhältnis nach Abs 2 kündigen. Die übrigen gestörten Mieter können nicht nach Abs 2, sondern nur nach § 543 Abs 2 Nr 1 außerordentlich fristlos kündigen. Unterlässt hingegen der Vermieter die Einwirkung auf den Mieter (notfalls durch Kündigung), der die Störung verursacht hat, kann der gestörte Mieter mitunter seine Kündigung auf Abs 2 stützen (MüKo/*Häublein* Rn 20). Werden Bewohner von Nachbarhäusern gestört, liegt darin keine Störung des Hausfriedens (LG Paderborn WuM 1992, 191; Schmidt-Futterer/*Blank* Rn 19).

16 **2. Anwendungsbereich.** Die Norm gilt für alle Wohnraummietverhältnisse und über § 578 Abs 2 S 1 auch für sonstige Räume. Bei Mischmietverhältnissen kommt es darauf an, worauf nach Abrede der Parteien der Schwerpunkt liegt (Staud/*Emmerich* Rn 22). Abs 2 findet bei Pacht und Landpacht entspr Anwendung, §§ 581 Abs 2, 594e Abs 1.

17 **3. Verhältnis zu anderen Vorschriften.** Abs 2 ist lediglich ein Anwendungsfall des § 543 Abs 1, so dass durch die Identität von Tatbestandsmerkmalen und Rechtsfolgen trotz fehlender Einschlägigkeit von Abs 2 dennoch ein wichtiger Grund nach § 543 Abs 1 S 2 gegeben sein kann (MüKo/*Häublein* Rn 19). Schadensersatzansprüche auf Grund der Störung des Hausfriedens sind nicht ausgeschlossen. Insbes kommt ein Ersatz der Schäden in Betracht, die wegen der Kündigung entstanden sind (bei Mieter: Umzugskosten, Mietdifferenz für eine höhere Miete der Ersatzwohnung im Vergleich zur bisherigen Wohnung; bei Vermieter: entgangene Mieteinnahmen, vgl BGH NJW 2000, 2342; Emmerich/Sonnenschein/*Emmerich* Rn 12). Ferner kann unter den Voraussetzungen der §§ 280 Abs 1, 3, 282, 284 ein Aufwendungsersatzanspruch gegeben sein. Des Weiteren kann anstatt zu kündigen, ein Unterlassungsanspruch ausgeübt werden (Mieter: § 535, Vermieter: § 541, Staud/*Emmerich* Rn 23). Darüber hinaus besteht ein enger Zusammenhang zum Minderungsrecht.

18 **4. Nachhaltige Störung des Hausfrieden. a) Hausfrieden.** Der Hausfrieden iSd Abs 2 ist nicht definiert und bezieht sich nicht ausschließlich auf das unmittelbare Verhältnis zwischen dem Vermieter und dem Mieter, sondern betrifft vielmehr die mietvertragliche Pflicht, auf die Mitbewohner Rücksicht zu nehmen und das Zusammenleben im Haus nicht zu stören, wobei hierfür die einzelnen Rechtsverhältnisse der Mitbewohner unerheblich sind (Soerg/*Heintzmann* Rn 12).

19 **b) Störung.** Soweit die erforderlichen Verhaltenspflichten verletzt werden und diese zu einer **Beeinträchtigung der anderen Mitbewohner und oder des Vermieters** führen oder die Beeinträchtigung vom Vermieter ausgehen, liegt eine Verletzung des Hausfriedens vor (Schmidt-Futterer/*Blank* Rn 19). Die Grenze ist im Einzelnen nach den Abreden der Parteien, der Verkehrssitte sowie nach Treu und Glauben zu ziehen (Staud/*Emmerich* Rn 24). Die anderen Beteiligten dürfen nicht mehr als unvermeidlich beeinträchtigt werden (Staud/*Emmerich* aaO). Eine Vertragspartei muss durch das Verhalten der anderen Vertragspartei gestört werden. Hieran fehlt es, wenn die Mitbewohner mit der Störung einverstanden sind (Schmidt-Futterer/*Blank* aaO). Eine Störung bedarf den Eingriff in Vertragsrechte des Vermieters oder in den vertragsgem Gebrauch der übrigen Mieter (Staud/*Emmerich* aaO). Der Hausfrieden ist auch dann gestört, wenn der Mieter es pflichtwidrig unterlässt, auf Dritte (Gäste, Angehörige) einzuwirken, die den Hausfrieden beeinträchtigen (MüKo/*Häublein* Rn 20). Die Vertragsparteien müssen nicht zwingend im selben Haus wohnen, so dass der an einer anderen Stelle lebende Vermieter den Hausfrieden dadurch stören kann, dass er zB Reparaturen zur

Unzeit ausführt (Palandt/*Weidenkaff* Rn 13). Die Störung muss dem Kündigungsempfänger zurechenbar sein, so dass das Verhalten von Mitbenutzern oder Untermietern hierzu gehören kann (Palandt/*Weidenkaff* aaO; vgl Rz 21). Bei einer Störung durch mehrere Mieter darf der Vermieter nicht willkürlich handeln, sondern muss in erster Linie danach gehen, wer die Hauptverantwortung trägt (AG Köln WuM 1994, 207; vertiefend: Staud/*Emmerich* § 569 Rn 25; abw: Schmidt-Futterer/*Blank* Rn 26). Bei Störungen eines von mehreren Mietern muss eine Kündigung wegen der Einheitlichkeit des Mietverhältnisses allen ggü erklärt werden (vertiefend: Schmidt-Futterer/*Blank* Rn 20). Verstöße gegen die vereinbarte Hausordnung stellen grds eine Störung des Hausfriedens dar (Soerg/*Heintzmann* Rn 12).

c) **Nachhaltigkeit.** Des Weiteren muss die **Störung nachhaltig** sein, mithin einen Dauerzustand darstellen (Schmidt-Futterer/*Blank* Rn 21). Insoweit muss die Störung häufiger und nicht nur vereinzelt auftreten und außerdem schwerwiegend sein (KG ZMR 2004, 261). Ein verständiger Beobachter muss den Eindruck einer anhaltenden Dauer gewinnen (MüKo/*Häublein* Rn 21). Eine Vielzahl von kleineren Störungen kann in ihrer Gesamtschau die Nachhaltigkeit begründen (Soerg/*Heintzmann* Rn 13). Nachhaltigkeit kann auch in der Wiederholungsgefahr liegen (KG aaO). 20

5. Unzumutbarkeit. Die **Pflichtverletzung** muss derart **schwer** wiegen, dass der Vertragspartei die Fortsetzung der Vertragsbeziehungen bis zum Ablauf der regulären Kündigungsfrist oder bis zur sonstigen Beendigung des Mietverhältnisses unzumutbar ist (Schmidt-Futterer/*Blank* Rn 22). Das Kriterium der Unzumutbarkeit der Vertragsfortsetzung bedarf einer umfassenden Abwägung der wechselseitigen Belange im Einzelfall (MüKo/*Häublein* Rn 22). Für die Feststellung der Unzumutbarkeit ist das Empfinden eines verständigen Durchschnittsmenschen unter Berücksichtigung der Werte des Grundgesetzes maßgebend (BGH WuM 2005, 125; Schmidt-Futterer aaO). **a) Verschulden.** Bei der Abwägung sind alle Umstände des Einzelfalls, insbes das **Verschulden**, zu berücksichtigen. Das Verschulden stellt dabei ein wesentliches Kriterium dar (»insbes«, Schmidt-Futterer/*Blank* Rn 22). Ein Verschulden des Störenden ist zwar nicht erforderlich, jedoch als wesentlicher Abwägungsparameter heranzuziehen (BGH WuM 2005, 125). Im Regelfall wird eine Kündigung nach Abs 2 nur in Betracht kommen, wenn der Kündigungsgegner die Kündigung zu vertreten hat, §§ 276, 278 (Staud/*Emmerich* Rn 27). Als Erfüllungsgehilfen iSv § 278 eines Wohnraummieters werden nur Personen angesehen, die nicht nur vorübergehend in der Wohnung aufgenommen worden sind (Angehörige, Ehegatten, erwachsene Kinder, Hausangestellte oder Untermieter, bei sonstigen Raummieten nach § 578 Abs 2 S 1: Arbeitnehmer; die Erfüllungsgehilfen des Vermieters: zB Hausverwalter, beauftragte Handwerker, vertiefend: Staud/*Emmerich* Rn 28). Geht der Mieter nicht gegen nachhaltige Störungen seiner Besucher bzw seiner minderjährigen Kinder vor, obschon ihm dies zumutbar und möglich ist, trifft ihn bereits ein Verschulden aus § 276 (Staud/*Emmerich* aaO). 21

b) Abwägung der beiderseitigen Interessen. Bei der Abwägung sind die beiderseitigen Interessen gegenüberzustellen und abzuwägen. IdR trifft die Kündigung den Mieter härter, da ihm der Verlust des Lebensmittelpunkts droht (MüKo/*Häublein* Rn 22). Ferner können bes Rücksichtnahmepflichten bestehen (alters- oder krankheitsbedingt, LG München I NZM 2002, 697; bei Erlass eines Räumungsurteils besteht eine Suizidgefahr des Mieters, BGH WuM 2005, 125; Behinderung des Vertragspartners, Karlsruhe ZMR 2002, 418). Noch nicht abgewohnte Investitionen des Mieters sind zu berücksichtigen. **Sozialadäquater Kinderlärm** bedarf einer erhöhten Toleranz (Schmid/*Gahn* Rn 15). Zur Abwägung können die Parameter Verschulden, Pflichtverletzung und Auswirkung herangezogen werden, wobei das Ergebnis auf das zukünftige Zusammenleben bezogen werden muss (vertiefend: Schmidt-Futterer/*Blank* Rn 22). **Bagatellverstöße** können auch in ihrer Gesamtheit eine Kündigung nach Abs 2 nicht rechtfertigen, solange es sich nicht um verschiedenartige Bagatellverstöße handelt (Schmidt-Futterer/*Blank* Rn 24). Bei provoziertem Verhalten erfährt die Verletzung eine geminderte Berücksichtigung (BGH WuM 1986, 60). 22

6. Fristsetzung zur Abhilfe oder Abmahnung, § 543 Abs 3. Der Kündigung nach Abs 2 muss gem § 543 Abs 3 eine Abmahnung vorangehen (vgl Rz 7). Erfolgt nach der Abmahnung eine weitere ähnl oder gleiche Vertragsverletzung, ist der Tatbestand des Abs 2 erfüllt (LG Berlin WuM 2003, 208). Die Ausnahmen nach § 543 Abs 3 S 2 sind zu beachten. Eine unwirksame Kündigung begründet eine Abmahnung (Soerg/*Heintzmann* Rn 15). Es bedarf eines zeitlichen Zusammenhangs zwischen der Abmahnung und dem Anlass der Kündigung (LG Berlin GE 2003, 690; MüKo/*Häublein* Rn 24). 23

7. Beispiele. Abs 2 ist idR bei **Beleidigung** des anderen Teils oder einer diesem nahe stehenden Person in schwerer unentschuldbarer (wiederholter) Weise (München I ZMR 1996, 557), bei **Bedrohung** (LG Berlin GE 2000, 541), bei Verleumdungen durch ehrenrührige Tatsachen, bei übler Nachrede, bei **Körperverletzung** (LG Hamburg WuM 2005, 768; MüKo/*Häublein* Rn 20), bei **Lärmbelästigung** zur Nachtzeit (LG Mannheim DWW 1991, 311), bei ungerechtfertigter Strafanzeige mit zumindest leichtfertigen Angaben (BVerfG NZM 2002, 61; LG Mannheim NZM 2000, 543), bei **Prostitution und Drogenhandel** (LG Berlin NZM 2002, 733), bei einem andauerndem Verstoß gegen das Grillverbot (Palandt/*Weidenkaff* Rn 14), bei Verursachung von unerträglichem Gestank (LG Berlin NJW-RR 1997, 395), bei unbefugtem Betreten der Wohnung in Abwesenheit des Mieters (Celle WuM 2007, 201), bei **unberechtigter Stromentnahme** (Schmid/*Gahn* Rn 14) oder 24 bei grundloser Erfüllungsverweigerung (Frankfurt aM WuM 1980, 133) einschlägig (vertiefend: Staud/*Emmerich* Rn 30 ff). Abs 2 greift nicht, sofern die Betreibung eines Geschäfts nur einen bloßen Verstoß gegen gewerbe- und bauplanungsrechtliche Vorschriften begründet (KG ZMR 2004, 261) oder eine bloße Zerrüttung des Vertrauensverhältnisses ohne Verschulden des zu Kündigenden (LG Gießen WuM 1986, 94; Schmidt-Futterer/*Blank* Rn 23), eine bloße Unhöflichkeit, geringe Verstöße gegen die Hausordnung oder eine einmalige Überschreitung der Lärmgrenzen (Staud/*Emmerich* Rn 33) vorliegen (vertiefend: Staud/*Emmerich* Rn 35).

25 **8. Kündigungserklärung.** Die Erklärung muss in Schriftform erfolgen, § 568 Abs 1 (vgl § 568 Rz 3 ff). Zudem müssen die Gründe angegeben werden, Abs 4 (vgl Rz 41 ff, vgl zudem Rz 14). Beim Zeitpunkt der Kündigung im Bezug auf die Kenntnis des Kündigungsgrundes ist § 314 Abs 3 zu beachten (vgl BGH ZMR 2007, 525, MüKo/*Häublein* Rn 25: maßgebend ist der nach der Abmahnung folgende erneute Verstoß). Ein langes Warten kann der Unzumutbarkeit entgegenstehen (BGH NJW-RR 1988, 77; Staud/*Emmerich* Rn 36). Die Voraussetzungen der Kündigung müssen im Zeitpunkt des Ausspruchs der Kündigung vorgelegen haben (zum nachträglichen Wohlverhalten: Schmidt-Futterer/*Blank* Rn 30).

26 **III. Zahlungsverzug, Abs 3. 1. Allgemeines.** Durch Abs 3 werden die Kündigungsregeln des § 543 Abs 2 S 1 Nr 3, S 2 und 3 konkretisiert und ergänzt. Die Norm findet keine, auch keine entspr Anwendung auf sonstige Raummieten. Die Vorschrift betrifft ausschließlich Wohnraummietverhältnisse (Schmid/*Gahn* Rn 16). Abs 3 erhält dabei drei unterschiedliche Ergänzungen zu § 543 Abs 3 S 1 Nr 3. Die Norm verfolgt den Schutz des Wohnraummieters.

27 **2. Erheblichkeit des Rückstandes, Nr 1.** Durch die Regelung des Abs 3 Nr 1 wird klargestellt, wann ein Mietrückstand als nicht unerheblich iSv § 543 Abs 2 S 1 Nr 3a anzusehen ist, wodurch Rechtssicherheit geschaffen wird (MüKo/*Häublein* Rn 27). Gerät der Mieter an zwei aufeinander folgenden Terminen zumindest teilw mit der Mietzahlung in Verzug, kann der Vermieter nach § 543 Abs 2 S 1 Nr 3a nur kündigen, wenn der gesamte Rückstand den Betrag einer Monatsmiete übersteigt, Abs 3 Nr 1. Zur Miete sind die laufenden Nebenkosten zu zählen (BVerfG WuM 1992, 668; Frankfurt aM NJW-RR 1989, 973), während Rückstande aus der Nebenkostenabrechnung (Koblenz NJW 1984, 2369) oder Verzugszinsen (LG Berlin MDR 1989, 357) nicht berücksichtigt werden. Der Rückstand muss spätestens bei Abgabe der Kündigungserklärung vorliegen (Soerg/*Heintzmann* Rn 18: unter Bezugnahme auf die Begründung nach Abs 4; aA MüKo/*Häublein* Rn 29). Entscheidend ist die Erheblichkeit des gesamten Rückstandes (BGH NJW-RR 1987, 903; krit MüKo/*Häublein* aaO: für den Fall, dass im Vormonat die Miete nur um einen Cent zu wenig überwiesen wurde, würde am vierten Werktag des Folgemonats die Kündigungsvoraussetzungen vorliegen, sofern die Zahlung beim Mieter noch nicht eingegangen ist).

28 Haben die Parteien **kürzere Zahlungstermine vereinbart**, ist Abs 3 Nr 1 entspr anwendbar (Soerg/*Heintzmann* Rn 18). Der Betrag, mit dem sich der Mieter in Verzug befinden muss, muss dennoch eine Monatsmiete übersteigen (Schmidt-Futterer/*Blank* Rn 34). Bei längerfristigen Zahlungen ist Abs 3 Nr 1 dann einschlägig, wenn der Mieter mit zwei aufeinander folgenden Mietzahlungen in Verzug ist und der rückständige Betrag den in dieser Periode zu zahlenden Betrag übersteigt (BVerfG aaO; Schmidt-Futterer/*Blank* aaO).

29 Ist der Wohnraum nur zum **vorübergehenden Gebrauch** vermietet, gilt Abs 3 Nr 1 S 1 gem Abs 3 Nr 1 S 2 nicht, da idR die Miete in kürzeren als monatlichen Abschnitten zu entrichten ist, so dass auch ein niedrigerer Betrag als der nach Abs 3 Nr 1 S 1 nicht unerheblich iSv § 543 Abs 2 S 1 Nr 3a sein kann. Ein Rückstand, der eine gesamte Monatsmiete übersteigt, ist jedoch auch in diesem Fall als nicht unerheblich anzusehen (Schmidt-Futterer/*Blank* Rn 33). Der vorübergehende Gebrauch ist wie bei § 549 Abs 2 Nr 1 zu verstehen und daher vom vertraglichen Zweck aus zu beurteilen (Staud/*Emmerich* Rn 38).

30 **3. Nachholungsrecht, Nr 2. a) Allgemeines.** Abs 3 Nr 2 eröffnet dem Mieter die Möglichkeit, die erfolgte Kündigung unwirksam zu machen und tritt daher als Erweiterung neben die Möglichkeiten aus § 543 Abs 2 S 2 und 3. Die Mieter kann bis zum Ablauf von zwei Monaten nach Rechtshängigkeit des Räumungsanspruchs durch Begleichung der gesamten offenen Rechnung die Kündigung rückwirkend unwirksam machen, so dass für diesen Fall das Mietverhältnis wieder auflebt und unverändert fortbesteht (Soerg/*Heintzmann* Rn 19; Staud/*Emmerich* Rn 44). Die nachträgliche Befriedigung macht eine hilfsweise erklärte Kündigung nach § 573 Abs 2 Nr 1 nicht unwirksam, lässt jedoch die Pflichtverletzung in einem anderen Licht erscheinen (BGH NJW 2008, 508; ZMR 2005, 356; aA Schmidt-Futterer/*Blank* Rn 60). Das Nachholrecht aus Abs 3 Nr 2 greift nur bei Wohnraummiete, wobei die vertraglichen Vereinbarungen und nicht die faktische Nutzung maßgebend ist (Schmidt-Futterer/*Blank* Rn 35). Eine entspr Anwendung des Abs 3 Nr 2 außerhalb der geregelten Fälle ist nicht möglich (Staud/*Emmerich* Rn 40). Das Recht des Mieters wird nicht ausgeschlossen, wenn der Vermieter die Kündigung auf eine titulierte Forderung stützt (LG Hamburg ZMR 2005, 52). Ist die Wohnung vor Erhebung der Räumungsklage zurückgegeben worden, greift Abs 3 Nr 2 nicht (Schmidt-Futterer/*Blank* Rn 36).

31 **b) Befriedigung des Vermieters.** Der Vermieter muss wegen der gesamten Miete und der fälligen Entschädigung nach § 546 Abs 1 befriedigt werden. Hierunter fällt auch die nach der Kündigung fällig gewordene

Miete, nicht jedoch Verzugszinsen, Prozesskosten, Schadensersatz oder Forderungen aus Nebenkostenabrechnungen (BGH NJW-RR 2005, 217; LG Berlin MDR 1989, 357; Soerg/*Heintzmann* Rn 20). Entscheidend ist die Fälligkeit bei Zahlungseingang (MüKo/*Häublein* Rn 31). Selbst kleinste offen gebliebene Rückstände stehen der vollständigen Befriedigung entgegen (BGH aaO, vgl jedoch LG Berlin WuM 1997, 216: bei Restbetrag von 2,31 DM fand § 242 Anwendung). Entgegen § 266 kann die Leistung in Teilleistungen erfolgen, soweit sie insgesamt rechtzeitig ist (Staud/*Emmerich* Rn 42). Werden nicht sämtliche Forderungen des Vermieters durch die Leistung gedeckt (neben der Miete noch Kosten und Zinsen), ist davon auszugehen, dass die Leistung des Mieters zunächst auf die offenen Mietforderungen zu verrechnen ist (§ 366 Abs 1), wobei zwar dem Mieter das Zurückweisungsrecht nach § 367 Abs 2 zusteht, die Ausübung jedoch keinen Einfluss auf den Eintritt der Regelung des Abs 3 Nr 2 hat (MüKo/*Häublein* aaO; Schmidt-Futterer/*Blank* Rn 38, dort vertiefend: Insolvenz des Mieters).

Die Befriedigung des Vermieters kann durch **Zahlung, Aufrechnung oder Hinterlegung** mit Rücknahmeverzicht erfolgen (Schmidt-Futterer/*Blank* Rn 35). Eine zur Aufrechnung gestellte Forderung muss nicht schon bereits bei Fälligkeit der Miete oder Rechtshängigkeit aufrechenbar gewesen sein, wobei sie jedoch nicht nur infolge der Beendigung des Mietverhältnisses bestehen darf (MüKo/*Häublein* aaO). Die Beschränkung der Aufrechnung nach § 543 Abs 2 S 3 gilt nicht für die Wohnraummiete (Staud/*Emmerich* Rn 43). 32

c) **Schonfrist.** Die Befriedigung ist rechtzeitig, wenn der Mieter **vor Rechtshängigkeit oder innerhalb von zwei Monaten nach Rechtshängigkeit** die zur Erfüllung erforderliche Handlung am Ort der Wohnung als Erfüllungsort vornimmt (Soerg/*Heintzmann* Rn 20: bei Überweisung ist die Abbuchung entscheidend). Auf den Zeitpunkt des Eintritts des Leistungserfolges kommt es nicht an (LG Aachen WuM 1993, 348). Bei einer Aufrechnung kommt es auf den Zugang der Erklärung an. Für den Eintritt der Rechtshängigkeit ist die Zustellung der Räumungsklage beim Mieter maßgeblich, § 253 Abs 1, 261 Abs 1 ZPO. Bei einer Mehrheit von Mietern ist die Zustellung beim letzten Mieter entscheidend. Die Zustellung richtet sich nach §§ 166 ff ZPO. Sofern der Räumungsanspruch erst im Laufe eines Verfahrens erhoben wird, kommt es auf die Zustellung dieses Schriftsatzes an (LG Gießen ZMR 1994, 332). Die Schonfrist beträgt zwei Monate und berechnet sich nach §§ 187 Abs 1, 188 Abs 2 und 193. 33

d) **Öffentliche Stelle.** Der Befriedigung steht es gleich, wenn sich eine **öffentliche Stelle zur Befriedigung verpflichtet.** Hierbei kommen insbes die Träger der Sozialhilfe oder des Wohngeldes, Stiftungen und öffentlich-rechtliche Gebietskörperschaften, Anstalten oder Religionsgemeinschaften in Betracht, wobei die Zuständigkeit dabei unerheblich ist (Schmid/*Gahn* Rn 19). Private karitative Verbände fallen nicht hierunter (Emmerich/Sonnenschein/*Emmerich* Rn 29). Die Erklärung, die keiner bes Form bedarf und zivilrechtlicher Natur ist, muss dem Vermieter oder dessen Prozessvertreter (Zugang bei Gericht oder Mieter ist nicht ausreichend) innerhalb der Schonfrist zugehen und muss bedingungs- und vorbehaltlos sein (vertiefend: Schmidt-Futterer/*Blank* Rn 44; MüKo/*Häublein* Rn 31). Der Vermieter muss einen eigenen Anspruch gegen die öffentliche Stelle erwerben, dies jedoch nur soweit, wie ein Anspruch des Vermieters gegen den Mieter besteht (BVerwG NJW 1994, 1169; BayOblG NJW 1995, 338). Als rechtliche Möglichkeit der Verpflichtung kommt ein Vertrag, Schuldmitübernahme, Schuldbeitritt oder eine selbstschuldnerische Bürgschaft in Betracht, hingegen fallen Mietgarantien nach §§ 11, 12 BSHG nicht hierunter (Staud/*Emmerich* Rn 47). Die Verpflichtungserklärung muss klar und deutlich sein und die gesamten Rückstände an fälliger Miete und fälliger Entschädigung nach § 546a umfassen. Einer Ausdehnung auf zukünftige Forderungen bedarf es nicht. Aufgrund der bestehenden Akzessorietät kann die öffentliche Stelle alle Einwendungen erheben, die der Mieter seinerseits gegen den Vermieter erheben könnte (Soerg/*Heintzmann* Rn 23). Fehler und Versehen der öffentlichen Stelle gehen zu Lasten des Mieters (Staud/*Emmerich* aaO). 34

e) **Ausnahme nach Abs 3 Nr 2 S 2.** Nach Abs 3 Nr 2 S 2 kann die Heilung nach S 1 nur einmal innerhalb von zwei Jahren erfolgen, wobei die Einschränkung dann nicht greift, wenn der Mieter die Unwirksamkeit der Kündigung durch Erklärung der Aufrechnung vor Rechtshängigkeit (§ 543 Abs 2 S 3 iVm § 389) herbeigeführt hat (LG Stuttgart ZMR 1985, 128; Schmid/*Gahn* Rn 20). Die Frist rechnet sich vom Zugang der Kündigung an, wobei die Ausnahme nach S 2 einschlägig ist, wenn die vorherige geheilte Kündigung innerhalb des Zweijahreszeitraums zugegangen ist (MüKo/*Häublein* Rn 33). Ist inzwischen ein neuer Vertrag geschlossen worden, scheidet die Anwendung von S 2 aus (LG Mannheim WuM 1988, 363). S 2 greift ausschließlich für den Fall der zwangsweisen Vertragsfortsetzung, so dass eine entspr Anwendung ausscheidet, wenn der Vermieter auf der Räumung bestehen könnte (vertiefend: Staud/*Emmerich* Rn 50; Schmidt-Futterer/*Blank* Rn 48; aA wohl Palandt/*Weidenkaff* Rn 17). 35

f) **Rechtsfolge und Prozessuales.** Eine **gerichtliche Hinweispflicht auf die Schonfrist besteht nicht**, wobei bereits während des Laufs der Frist ein Versäumnisurteil erlassen werden kann (Staud/*Emmerich* Rn 41). Bei nicht anwaltlich vertretenen Mietern ist der Hinweis jedoch sachdienlich und begründet bei seiner Erteilung keine Besorgnis der Befangenheit (LG Berlin GE 1983, 439; Schmidt-Futterer/*Blank* Rn 36, 52). Die Schonfrist statuiert keine prozessuale Sperrfrist. Bei einem Fristversäumnis greift die Wiedereinsetzung in den vorherigen Stand nicht. Eine nach Rechtskraft des Räumungsurteils aber noch in der Schonfrist erfolgte Heilung 36 kann im Wege des § 767 ZPO geltend gemacht werden (Soerg/*Heintzmann* Rn 25). Beruft sich der Mieter auf die noch nicht abgelaufene Schonfrist, muss das Gericht vertagen (str, Hamburg ZMR 1988, 225; Schmidt-Futterer/*Blank* Rn 54). Die Forderung gegen die öffentliche Stelle ist von der Forderung des Vermieters gegen den Mieter getrennt, wobei die Forderung gegen die öffentliche Stelle dem Vermieter nur zusteht, soweit dieser einen Anspruch gegen den Mieter hat (vertiefend: Soerg/*Heintzmann* Rn 23).

37 Ist eine (zunächst) wirksame **Kündigung** im rechtshängigen Räumungsverfahren **unwirksam geworden**, muss der Vermieter den Rechtsstreit für erledigt erklären, um die Kostenentscheidung aus § 91a ZPO herbeizuführen. Ist die Kündigung vor Rechtshängigkeit aber bereits nach Anhängigkeit unwirksam geworden, muss die Klage zurückgenommen werden, wobei die für den Vermieter günstige Kostenfolge aus § 269 Abs 3 S 3 ZPO folgt (vertiefend: Schmidt-Futterer/*Blank* Rn 55 ff). Dem Mieter ist Prozesskostenhilfe zu versagen, wenn sich sein Vorbringen ausschließlich auf Abs 3 Nr 2 stützt und der Vermieter nach der Befriedigung nicht weiterhin an seinem Antrag auf Räumung festhält (LG Berlin WuM 1992, 143; Staud/*Emmerich* Rn 72).

38 Ein **bereits eingetretener Verzug** wird durch die **Heilung nicht berührt** (hM, Staud/*Emmerich* Rn 44). Der Mietvertrag wird mit allen bestehenden Rechten fortgesetzt. Die Kündigung wird *ex tunc* unwirksam, so dass für die Schwebezeit ein Anspruch auf die die vereinbarte Miete übersteigende ortsübliche Miete nach § 546a nicht besteht (MüKo/*Häublein* Rn 34). Der Vermieter muss während der Schwebezeit alles unterlassen, was die Fortsetzung des Vertrages nach dem Unwirksamwerden der Kündigung erschweren könnte (vertiefend: MüKo/*Häublein* aaO). Durch einen erneuten Verzug lebt die Kündigung nicht wieder auf, es bedarf einer zweiten Kündigung (LG Berlin WuM 1997, 216)

39 **4. Kündigungsbeschränkung, Nr 3. a) Allgemeines.** Abs 3 Nr 3 beinhaltet eine Kündigungssperrfrist zum Schutze des Mieters, die verhindern soll, dass der Mieter durch eine drohende Kündigung unter Druck gesetzt wird (BTDrs 6/2421 S 4; BGH NJW 2005, 2310). Hintergrund der Vorschrift ist, dass auf Grund der Dauer gerichtlicher Verfahren der Mieter im Zeitpunkt der Rechtskraft mit Beträgen in Verzug ist, die eine Kündigung des Vermieters nach § 543 Abs 2 S 1 Nr 3 rechtfertigen (Staud/*Emmerich* Rn 51). Nr 3 gilt nicht bei gerichtlichen und außergerichtlichen Vergleichen oder sonstigen freiwilligen Zustimmungen des Mieters zur Mieterhöhung (Hamm NJW-RR 1992, 340; Schmid/*Gahn* Rn 21; Soerg/*Heintzmann* Rn 29: Treu und Glauben erfordert hier eine Fristsetzung zur Nachzahlung (angemessen: ca 2 Wochen); vgl zudem Staud/*Emmerich* Rn 53 f: Nr 3 ist nicht einschlägig, wenn sich der Mieter nicht gegen die Erhöhung wehrt, aber auch nicht den erhöhten Betrag zahlt). Nr 3 erfasst ausschließlich die unter die Mieterhöhungen nach §§ 558 bis 560 fallenden Mietverhältnisse, wobei eine entspr Anwendung für andere Fälle der Mieterhöhung, bei denen nach Abschluss eines Prozesses rückständige Erhöhungsbeträge aufgelaufen sind, bejaht wird (Soerg/*Heintzmann* Rn 27; aA wohl Staud/*Emmerich* Rn 54 aE).

40 **b) Regelungsgehalt.** Nr 3 setzt voraus, dass ein Kündigungsgrund nach § 543 Abs 2 S 1 Nr 3 nicht ohnehin schon, also ohne Berücksichtigung der Mieterhöhung nach §§ 558 bis 560, vorliegt. Im Falle des § 558 ist die rechtskräftige Verurteilung zur Zustimmung maßgebend und löst den Fristlauf aus (hM, BGH NZM 2005, 582; NJW 2005, 2310; vgl § 558 Rz 1), wobei der Vermieter den Mieter zunächst durch Mahnung in Verzug setzen muss (Staud/*Emmerich* Rn 52). Der Vermieter kann während des Rechtsstreits die Zahlung der nichterhöhten Miete nicht gem § 266 zurückweisen (Staud/*Emmerich* aaO). Es bedarf einer rechtskräftigen Verurteilung, § 19 EGZPO, § 705 ZPO (detailliert: Schmidt-Futterer/*Blank* Rn 67 f). Für die Fristberechnung gelten die §§ 187, 188, 193. Abs 3 Nr 3 erfasst lediglich Kündigungsgründe nach § 543 Abs 2 S 1 Nr 3, so dass sonstige Kündigungsgründe unberührt bleiben (Staud/*Emmerich* Rn 56; aA Schmidt-Futterer/*Blank* Rn 62). Eine vor Ablauf der Sperrfrist ausgesprochene Kündigung ist unwirksam (Palandt/*Weidenkaff* Rn 22).

41 **IV. Angabe des Kündigungsgrundes, Abs 4. 1. Allgemeines.** Der zur Kündigung führende **Grund** muss im Kündigungsschreiben **angegeben** werden. Die Vorschrift gilt sowohl für den Vermieter als auch für den Mieter. Da Abs 4 über die Berücksichtigung nachträglicher Gründe keine Regelung trifft, bedarf es wegen dieser Gründe einer deutlich erkennbaren erneuten Kündigung (Schmidt-Futterer/*Blank* Rn 5). Abs 4 gilt für alle außerordentlichen fristlosen Kündigungen von Wohnraummietverhältnisse nach §§ 543, 569 (Soerg/*Heintzmann* Rn 30). Zu hohe Anforderungen an die Begründung dürfen jedoch nicht gestellt werden, da ausreichend ist, dass der Vertragspartner erkennt, worauf die Kündigung gestützt wird (Staud/*Emmerich* Rn 57; vertiefend: Schmidt-Futterer/*Blank* Rn 72). Für die Geschäftsraummiete gilt Abs 4 nicht.

42 **2. Inhalt und Form.** Der Kündigungsgrund muss derart angegeben werden, dass der **Vertragspartner** die **Berechtigung der Kündigung und die Chancen einer Rechtsverteidigung abschätzen kann**, so dass der Grund nach Ort, Zeit und Gegenstand zu konkretisieren und ggü anderen Gründen abzugrenzen ist (BGH NJW 2007, 2845; 2006, 1585; BayOblG NJW 1981, 2197; Staud/*Emmerich* Rn 59). Vorbild des Abs 4 ist § 573 Abs 3. Nicht im Kündigungsschreiben angegebene Gründe sind nicht zu berücksichtigen (Schmidt-Futterer/*Blank* § 569 Rn 71). Eine fehlende oder unzureichende Begründung der Kündigung hat die Unwirksamkeit der Kündigung zur Folge (BGH NJW 2004, 850; Schmid/*Gahn* Rn 22). Ein Rückgriff auf § 558b Abs 3 ist ausgeschlossen. Eine fehlerhafte Berechnung ist unschädlich, soweit sich aus der Erklärung ergibt, dass bei richtiger Berechnung der Grund ebenfalls gegeben ist (LG Berlin GE 2003, 458). Einer rechtlichen Würdi-

gung bedarf es nicht (Soerg/*Heintzmann* Rn 31). Ist eine Abmahnung der Kündigung vorangegangen, die den Anforderungen des Abs 4 entspricht, genügt eine Bezugnahme auf diese (MüKo/*Häublein* Rn 36). Abs 4 ist vom Schriftformerfordernis des § 568 Abs 1 erfasst.

3. Einzelfälle. Bei **Zahlungsverzug** muss der Rückstand beziffert und auf die einzelnen Monate aufgeschlüsselt werden. Ferner bedarf es Angaben darüber, wie Teilzahlungen verrechnet wurden, welche Forderungen im Rückstand enthalten sind und wie die Einwände des Mieters berücksichtigt wurden, so dass die bloße Übersendung des Kontoblattes grds nicht genügt (hM, Schmidt-Futterer/*Blank* Rn 72 f; LG Berlin GE 2004, 181; vgl BGH NJW 2004, 850: bei einfacher und klarer Sachlage genügt neben der Mitteilung, dass die Kündigung sich auf den Zahlungsverzug stützt, die Benennung der gesamten rückständigen Miete; vertiefend: Staud/*Emmerich* Rn 61 f). Bei Verwendung von Anhängen müssen diese mit der Kündigung verbunden werden und unterzeichnet sein, sofern im Kündigungsschreiben nicht auf diese verwiesen wird und keine gedankliche Einheit besteht (LG Mannheim NJW-RR 2004, 803). 43

Wird die Kündigung auf **sonstige Fälle** gestützt, müssen diese nach Zeit, Ort und näherer Umstände genau bezeichnet sein. Nach erfolgter Abmahnung muss aufgezeigt werden, dass danach eine erneute, gleiche oder gleichartige Vertragsverletzung begangen wurde, wobei die Kriterien des voranstehenden Satzes auch für die erneute Verletzung gelten (Schmidt-Futterer/*Blank* Rn 74). Einzelheiten zum Ausmaß einer Lärmbelästigung müssen genauso wenig mitgeteilt werden wie Beweismittel (Soerg/*Heintzmann* Rn 32). 44

C. Verfahrensrechtliches. I. Beweislast. Für die tatbestandlichen Voraussetzungen, einschließlich der Voraussetzungen nach § 543 Abs 3, ist der Mieter darlegungs- und beweispflichtig. Den Vermieter trifft die Beweislast für Umstände, die dem Kündigungsrecht entgegenstehen (Soerg/*Heintzmann* Rn 10; MüKo/*Häublein* Rn 16). In vielen Fällen kann der Nachweis, dass die Räume eine gesundheitsgefährdende Beschaffenheit aufweisen, nur durch ein medizinisches Sachverständigengutachten geführt werden, so dass sich vor Auszug die Durchführung eines selbstständigen Beweisverfahrens empfiehlt (Schmidt-Futterer/*Blank* Rn 15). Die kündigende Partei hat die Voraussetzungen der Kündigung darzulegen und zu beweisen. Dies gilt nicht, wenn die Störung des Hausfriedens durch Verleumdung oder üble Nachrede begründet wird (MüKo/*Häublein* Rn 26). 45

II. Abweichende Vereinbarungen, Abs 5. Abs 5 findet nur für Mietverhältnisse über Wohnraum Anwendung. Bei anderen Mietverhältnissen, für die § 569 anzuwenden ist (§ 578; vgl Rz 2, 17), sind die Abs 1 und 2 zwingendes Recht (BGH NJW 1992, 2628; aA Soerg/*Heintzmann* Rn 35). Verstöße gegen Abs 5 führen zur Nichtigkeit der Vereinbarung, die bei ihrer Unwirksamkeit die Wirksamkeit des übrigen Vertrages nicht berührt (MüKo/*Häublein* Rn 40). Die Regelung gilt für individualvertragliche oder formularmäßige Vereinbarungen sowie für gerichtliche Vergleiche. Eine teilw günstige und teilw nachteilige Vereinbarung für den Mieter bleibt mit ihrem begünstigenden Teil bestehen (Schmidt-Futterer/*Blank* Rn 86). Von der Regelung grds nicht betroffen sind Vereinbarungen, die in erster Linie eine Regelung der Pflichten aus dem Mietvertrag zum Gegenstand haben und lediglich indirekt die Voraussetzungen der Kündigung verändern (vgl Soerg/*Heintzmann* aaO). Der Mietaufhebungsvertrag wird durch Abs 5 nicht berührt (Schmidt-Futterer/*Blank* Rn 83; einschränkend: Soerg/*Heintzmann* Rn 36). 46

1. Abdingbarkeit, Abs 5 S 1. Gem Abs 5 S 1 darf zum Nachteil des Mieters von Wohnraum von § 543 und den Abs 1 bis 3 nicht abgewichen werden. Abs 4 findet in Abs 5 keine Erwähnung, dennoch wird die Regelung des Abs 4 als nicht ausschließbar angesehen (MüKo/*Häublein* Rn 39). Zulässig sind abw Vereinbarungen, die den Mieter begünstigen. Der im Voraus vereinbarte Verzicht auf die Rückzahlung verlorener Baukostenzuschüsse für den Fall der Kündigung nach Abs 1 ist nichtig (BGH NJW 1959, 1425), wobei dies wohl auch bei einem Ausschluss des Schadensersatzanspruches nach § 536a gelten dürfte (Staud/*Emmerich* Rn 19). Eine Klausel, welche die Rechtzeitigkeit nach dem Geldeingang bestimmt, ist für Abs 3 Nr 2 unwirksam (LG Berlin NJW-RR 1993, 144). 47

2. Ausschluss anderer Kündigungsgründe, Abs 5 S 2. Abs 5 S 2 betrifft nur Vereinbarungen zum Nachteil des Mieters. Nach Abs 5 S 2 sind Vereinbarungen unwirksam, die den Vermieter berechtigen, aus anderen als den gesetzlichen Gründen (Abs 1 und 2, § 543) außerordentlich fristlos zu kündigen. Die Bestimmung statuiert lediglich eine Konkretisierung des bereits durch S 1 Geltenden. Zusätzliche über das Gesetz hinausgehende Anfechtungsgründe oder Herausgabeansprüche zu Gunsten des Vermieters verstoßen gegen Abs 5 S 2 (LG Köln WuM 1991, 673; Staud/*Emmerich* Rn 70). Der Zeitpunkt der Vereinbarung ist irrelevant. 48

§ 570 Ausschluss des Zurückbehaltungsrechts. **Dem Mieter steht kein Zurückbehaltungsrecht gegen den Rückgabeanspruch des Vermieters zu.**

A. Allgemeines. Inhalt der Vorschrift ist der Ausschluss des Zurückbehaltungsrechts des Mieters gegen den Rückgabeanspruch des Vermieters. Zweck der Regelung ist es, den Vermieter davor zu schützen, dass die Rückgabe des wertvollen Wohnraums durch eine meist nur geringe Forderung des Mieters verhindert wird (Emmerich/Sonnenschein/*Haug* Rn 1). Ferner könnten die Zurückbehaltungsrechte leicht dazu missbraucht 1 werden, den Vermieter zur Befriedigung ungerechtfertigter Ansprüche zu nötigen (BGH NJW 2003, 1317). Die Norm ist als Ausnahmeregel eng auszulegen (Soerg/*Heintzmann* § 569 Rn 2). § 570 ergänzt § 546. Die Vorschrift gilt für Wohnraum sowie gem § 578 für Mietverhältnisse über Grundstücke und sonstige Räume (zB Geschäftsräume). Ferner ist sie entspr auf den Rückgabeanspruch gegen Dritte gem § 546 Abs 2 anwendbar (Hamm NJW-RR 1992, 783). Bei der Pacht (§ 581) ist das Pfandrecht des § 583 zu beachten.

2 **B. Regelungsgehalt. I. Anspruch auf Rückgabe.** Die Norm bezieht sich ausschließlich auf den vertraglichen Rückgabeanspruch nach Beendigung des Mietverhältnisses (§ 546). Sind neben § 546 gesetzliche Herausgabeansprüche einschlägig, erstreckt sich § 570 auch auf diese (BGH NZM 1998, 779). Sind nur gesetzliche Ansprüche (zB §§ 985, 812, 1000) gegeben, greift § 570 hingegen nicht (BGH NJW 1964, 1791).

3 **II. Zurückbehaltungsrecht, §§ 320, 273.** § 570 erstreckt sich auf alle Ansprüche des Mieters (Düsseldorf ZMR 1996, 494; Palandt/*Weidenkaff* Rn 3; MüKo/*Häublein* Rn 3: aus dem Mietverhältnis: Rückzahlung der Kaution, überbezahlte Nebenkostenvorschüsse, Minderung, Aufwendungsersatz nach § 536a). Die Höhe der Ansprüche des Mieters ist nicht entscheidend (Schmidt-Futterer/*Gather* Rn 5). Ferner ist es irrelevant, ob durch die Zurückbehaltung der Schaden des Vermieters gering wäre (Schmid/*Stangl* Rn 4). Ist der Anspruch in einem vorsätzlichen Verhalten des Vermieters begründet, kann ein Berufen des Vermieters auf § 570 eine unzulässige Rechtsausübung sein (Köln NJW-RR 1992, 1162, vgl Soerg/*Heintzmann* Rn 4; aA MüKo/*Häublein* Rn 3). Auf ein vertraglich vereinbartes Zurückbehaltungsrecht wird § 570 nicht anwendbar sein (RGZ 139, 17; MüKo/*Häublein* Rn 2).

4 **C. Verfahrensrechtliches.** Die Norm ist abdingbar (BGH NZM 2003, 714). Ein Ausschluss kann sich auch aus den Umständen ergeben (vgl BGH WPM 1981, 695). Bei einer formularvertraglichen Vereinbarung ist § 309 Nr 2 zu beachten.

§ 571 Weiterer Schadensersatz bei verspäteter Rückgabe von Wohnraum.

[1] Gibt der Mieter den gemieteten Wohnraum nach Beendigung des Mietverhältnisses nicht zurück, so kann der Vermieter einen weiteren Schaden im Sinne des § 546a Absatz 2 nur geltend machen, wenn die Rückgabe infolge von Umständen unterblieben ist, die der Mieter zu vertreten hat. Der Schaden ist nur insoweit zu ersetzen, als die Billigkeit eine Schadloshaltung erfordert. Dies gilt nicht, wenn der Mieter gekündigt hat.
[2] Wird dem Mieter nach § 721 oder § 794a der Zivilprozessordnung eine Räumungsfrist gewährt, so ist er für die Zeit von der Beendigung des Mietverhältnisses bis zum Ablauf der Räumungsfrist zum Ersatz eines weiteren Schadens nicht verpflichtet.
[3] Eine zum Nachteil des Mieters abweichende Vereinbarung ist unwirksam.

1 **A. Allgemeines.** Die Norm schließt an § 546a an. Durch § 571 werden die Schadensersatzansprüche des Vermieters wegen verspäteter Rückgabe der Mietsache nach Beendigung des Mietverhältnisses weitestgehend auf § 546a Abs 1 beschränkt, während weitergehende Schadensersatzansprüche (§ 546a Abs 2) ausgeschlossen sind (Staud/*Rolfs* Rn 1). Die Norm beruht auf sozialen Gründen, da durch die Regelung sichergestellt werden soll, dass sich der Mieter nicht durch mögliche Schadensersatzansprüche davon abbringen lässt, unter Berufung auf die §§ 574 ff eine Fortsetzung des Mietverhältnisses zu verlangen oder eine Räumungsfrist zu begehren, mithin seine Schutzrechte zu verfolgen (Emmerich/Sonnenschein/*Haug* Rn 1).

2 **B. Regelungsgehalt. I. Anwendungsbereich.** Die Vorschrift gilt ausschließlich für Wohnraummietverhältnisse, wobei auch Wohnraum nach § 549 Abs 2 und 3 erfasst ist. Sie gilt auch für Werkdienstwohnungen, soweit § 576b einschlägig ist (MüKo/*Häublein* Rn 2). Mit Ausnahme der Kündigung durch den Mieter (Abs 1 S 3) ist § 571 auf jeden Beendigungsgrund anwendbar.

3 **II. Betroffene Ansprüche.** Die Norm greift jedoch nur für Ersatzansprüche, die auf der fehlenden Rückgabe beruhen (§ 546a Abs 2, vgl § 546a Rz 14). Insoweit sind Ansprüche auf Grund der Beschädigung oder Verschlechterung der Mietsache nicht erfasst (Schmid/*Stangl* Rn 2). Im Verhältnis Hauptvermieter-Untermieter gilt § 571 nicht (LG Kiel WuM 1995, 540; Staud/*Rolfs* Rn 10). Nicht von der Vorschrift erfasste Ansprüche des Vermieters sind solche, die auf Abschöpfung von Vorteilen gerichtet sind, die dem Mieter während des Vorenthaltens zugeflossen sind (MüKo/*Häublein* Rn 3).

4 **III. Verschulden des Mieters, Abs 1 S 1.** Dem Vermieter steht gegen den Mieter ein Schadensersatzanspruch iSd § 546a Abs 2 nur zu, wenn die Rückgabe der Wohnräume infolge von Umständen unterbleibt, die der Mieter zu vertreten hat, Abs 1 S 1. Das Vertretenmüssen richtet sich nach §§ 276, 278. Insoweit kommt dieser Regelung im Wesentlichen nur eine klarstellende Funktion zu, da Schadensersatzansprüche im Allgemeinen ohnehin des Vorliegens eines Verschuldens bedürfen (Staud/*Rolfs* Rn 5: Bedeutung, wenn Schadensersatzanspruch ohne Verschulden vereinbarungsgem einschlägig sein soll, vgl Rz 8). Wichtigste Anspruchsgrundlage des Vermieters ist der Ersatz des Verzögerungsschadens nach §§ 280, 286 (MüKo/*Häublein* Rn 4). Ein Verschulden des Mieters scheidet idR aus, wenn die Voraussetzungen des § 574 gegeben sind (Schmidt-Futterer/*Gather* Rn 5). Ein Verschulden ist daher dann nicht gegeben, wenn eine andere Unterkunft zu zumutbaren

Bedingungen nicht gefunden wurde, obschon sich der Mieter ernsthaft bemüht hat oder es ihm etwa aus anderen Gründen unzumutbar ist, die Räumung vorzunehmen (Soerg/*Heintzmann* Rn 3). Ein Verschulden der Nichtrückgabe scheidet idR ebenso bei Krankheit (Palandt/*Weidenkaff* Rn 4), ggf bei einem kurzen Zwischenumzug (vgl LG Hamburg WuM 1996, 341), bei fortgeschrittener Schwangerschaft der Mieterin oder eines Familienmitgliedes oder bei berechtigtem Abwarten des Ausgangs eines Räumungsrechtsstreits (vgl Staud/*Rolfs* Rn 6) aus. Bei einer außerordentlichen schulischen oder beruflichen Belastung, hohem Alter oder tiefer Verwurzelung in der Umgebung kann ein Verschulden nach einer Einzelfallbetrachtung ausscheiden (hM, Schmid/*Stangl* Rn 5; abw: MüKo/*Häublein* Rn 6: Ausübung des Widerspruchsrecht grds erforderlich). Verzögerungen, die eine gerichtliche Räumungsfrist gerechtfertigt hätten, stehen einem Verschulden ebenso entgegen (LG Hamburg aaO). Bei einem entschuldigten Rechtsirrtum scheidet ein Verschulden aus (LG Duisburg NJW-RR 1996, 718; MüKo/*Häublein* Rn 5: Ein Rechtsunkundiger muss Rat bei einem Fachmann einholen; Verschulden des Mietvereins ist dem Mieter zurechenbar, BGH NJW 2007, 428; ebenso Verschulden eines Rechtsanwaltes, BGH NJW 1992, 1045; wobei eine unklare Rechtslage ein Exkulpationsgrund sein kann, BGH NJW 2005, 976).

IV. Billigkeit, Abs 1 S 2. Der Mieter ist trotz schuldhafter Unterlassung der Rückgabe nur insoweit zum 5 Schadensersatz iSv § 546a Abs 2 verpflichtet, als die Billigkeit eine Schadloshaltung erfordert, Abs 1 S 2. Insofern wird der Schadensersatzanspruch erheblich eingeschränkt. Die Einschränkung erfolgt dem Grunde und der Höhe nach (LG München II ZMR 1987, 96) und kann einen kompletten Ausschluss begründen. Demggü kann sich aus der Abwägung ergeben, dass eine Einschränkung ausgeschlossen ist. Es hat eine Interessenabwägung nach Billigkeitskriterien für den Einzelfall zu erfolgen, wobei die Interessen des Vermieters (Erlangungsinteresse) gegen die des Mieters (Vorenthaltungsinteresse) abzuwägen sind (Schmid/*Stangl* Rn 6). Auf Seiten des Vermieters sind das Interesse an der Rückgabe, seine wirtschaftliche Lage und die Schwierigkeiten einer späteren Weitervermietung zu berücksichtigen (Soerg/*Heintzmann* Rn 4). Bei dem Mieter sind die Höhe des Schadens, seine Vorhersehbarkeit für den Mieter, die Familienverhältnisse, die Dauer der Nutzung nach Mietende, die Zumutbarkeit des Auszuges und seine wirtschaftliche Lage zu beachten (Schmidt-Futterer/*Gather* Rn 8; Staud/*Rolfs* Rn 8 mwN).

V. Kündigung des Mieters, Abs 1 S 3. Die Billigkeitserwägungen des Abs 1 S 2 gelten nicht, wenn der Mieter 6 gekündigt hat. Bei einem Aufhebungsvertrag oder Rücktritt greift Abs 1 S 3 nicht (Schmidt-Futterer/*Gather* § 571 Rn 9). Durch die eigene Kündigung trifft den Mieter das Risiko der rechtzeitigen Rückgabe der Mietsache, wobei sich S 3 ausschließlich auf die Billigkeitserwägungen des S 2 bezieht (Staud/*Rolfs* § 571 Rn 9; aA MüKo/*Häublein* § 571 Rn 8: auch S 1). Der Grund der Kündigung ist unerheblich (Schmid/*Stangl* § 571 Rn 7; zur provozierten Kündigung durch den Vermieter: Soerg/*Heintzmann* § 571 Rn 5).

VI. Räumungsfrist, Abs 2. Bei der Gewährung einer Räumungsfrist nach §§ 721 oder 794a ZPO entfällt die 7 Schadensersatzpflicht des Mieters wegen eines weiteren Schadens (§ 546a Abs 2) und dies bereits vom Ende des Mietverhältnisses bis zum Ende der Räumungsfrist an, wobei ein Schadensersatzanspruch des Vermieters wegen der Rückgabe in einem verwahrlosten oder nicht vollständig geräumten Zustand oder wegen Beschädigung der Sache hiervon unberührt ist (MüKo/*Häublein* Rn 9). Abs 1 S 3 ist nicht übertragbar (Schmid/*Stangl* Rn 8). Abs 2 findet im Gegensatz zu Abs 1 bei einstweiliger Einstellung der Zwangsvollstreckung und bei vom Vermieter gewährten oder in einem gerichtlichen Vergleich vereinbarten Räumungsfristen keine Anwendung (Soerg/*Heintzmann* Rn 6). Eine spätere Aufhebung der zunächst gewährten Räumungsfrist durch das Rechtsmittelgericht ist unbeachtlich (hM, Emmerich/Sonnenschein/*Haug* Rn 7), wobei der Ausschluss bis zur Zustellung der aufhebenden Entscheidung gelten soll (LG Siegen WuM 1990, 208). Die Verlängerung der Frist nach § 721 Abs 3 ZPO ist für den Ausschluss nach Abs 2 zeitlich mit zu berücksichtigen (Staud/*Rolfs* Rn 11).

C. Verfahrensrechtliches. Bereits im Mietvertrag oder nachträglich getroffene Vereinbarungen, die zum 8 Nachteil des Mieters von den Abs 1 und 2 **abweichen**, sind gem Abs 3 unwirksam. Daher ist eine Vereinbarung unwirksam, wonach ein verschuldensunabhängiger Schadensersatzanspruch wegen Vorenthalten der Mietsache bestehen soll (LG Mannheim ZMR 1967, 310; Schmidt-Futterer/*Gather* Rn 13). Den Mieter trifft die **Beweislast**, dass er die verspätete Rückgabe nicht zu verschulden hat. Der Vermieter muss die Höhe des weiteren Schadens und die Beendigung des Mietverhältnisses beweisen. Ferner muss derjenige, der sich im Rahmen der Billigkeitsprüfung auf einen Umstand beruft, diesen beweisen (Staud/*Rolfs* Rn 7).

§ 572 Vereinbartes Rücktrittsrecht; Mietverhältnis unter auflösender Bedingung.

[1] Auf eine Vereinbarung, nach der der Vermieter berechtigt sein soll, nach Überlassung des Wohnraums an den Mieter vom Vertrag zurückzutreten, kann der Vermieter sich nicht berufen.

[2] Ferner kann der Vermieter sich nicht auf eine Vereinbarung berufen, nach der das Mietverhältnis zum Nachteil des Mieters auflösend bedingt ist.

1 **A. Allgemeines.** Die Vorschrift soll verhindern, dass der Kündigungsschutz des Mieters umgangen wird (BTDrs 14/4553 S 64). § 572 gilt einschließlich des Wohnraums nach § 549 Abs 2 und 3 für Mietverhältnisse über Wohnraum aller Art (MüKo/*Häublein* § 572 Rn 1; krit: Staud/*Rolfs* § 572 Rn 1). Für die übrigen Mietverhältnisse findet die Norm keine Anwendung (Schmid/*Stangl* § 572 Rn 1). Bei Mischmietverhältnissen gilt die Norm für den Wohnraumteil, soweit eine Trennbarkeit möglich ist, bei Überwiegen des Wohnzweckes, bei Gleichwertigkeit oder bei fehlender Feststellbarkeit eines Überwiegens (Soerg/*Heintzmann* § 572 Rn 2).

2 **B. Regelungsgehalt. I. Rücktrittsrecht, Abs 1. 1. Allgemeines.** Gem Abs 1 kann sich der Vermieter nach Überlassen des Wohnraums nicht mehr auf ein vereinbartes Rücktrittsrecht berufen. Die Vereinbarung des Rücktrittsrechts ist jedoch stets zulässig (gleichgültig ob vertraglich oder formularmäßig, vgl § 308 Nr 3 Hs 2; krit MüKo/*Häublein* Rn 3: bezogen auf den Wortlaut von Abs 1). Ferner sind von Abs 1 Fälle erfasst, in denen sich der Vermieter ein Recht zum Widerruf vorbehält (MüKo/*Häublein* Rn 2). Abs 1 betrifft lediglich das vertragliche, nicht das gesetzliche Rücktrittsrecht (Soerg/*Heintzmann* Rn 2), wobei iÜ die gesetzlichen Rücktrittsrechte bei einem Mietvertrag nach der Übergabe der Sache durch § 543 Abs 1 zumindest weitestgehend verdrängt werden (BGH NJW 1969, 37). Die Wirksamkeit des Mietvertrages wird durch Abs 1 nicht berührt.

3 **2. Rechtsfolgen.** Bei Abs 1 kann in zeitlicher Hinsicht differenziert werden, ob der Rücktritt vor oder nach der Überlassung der Sache erfolgt ist, wobei es auf den Zugang der Rücktrittserklärung ankommt (Schmid/*Stangl* Rn 4). Die Überlassung bedeutet die Übertragung des unmittelbaren Besitzes, zB durch Übergabe der Wohnungsschlüssel (Staud/*Rolfs* Rn 4). Da Abs 1 nur die Zeit nach Übergabe der Sache betrifft, kann bis zu diesem Zeitpunkt ein Rücktrittsrecht weiterhin ausgeübt werden. Nach Überlassung des Wohnraums kann sich der Vermieter nicht mehr durch Ausübung des vertraglichen Rücktrittsrechts vom Vertrag lösen. Er ist vielmehr auf die Kündigungstatbestände (§§ 543, 569, 573 ff) verwiesen. Der Mieter kann sich zu jeder Zeit auf das vertragliche Rücktrittsrecht berufen, wobei nach Überlassung der Mietsache der Rücktritt nur für die Zukunft wirkt (Schmid/*Stangl* Rn 8). Denkbar ist, dass ein nach der Überlassung erklärter Rücktritt des Vermieters in eine Kündigung umgedeutet werden kann. Dies ist jedoch wenig praxisrelevant, da die Erklärung den formellen und materiellen Voraussetzungen der Kündigung entsprechen muss (Schmidt-Futterer/*Blank* Rn 8). Für die Wirksamkeit des Rücktritts kommt es nicht auf den Auszug des Mieters an.

4 **II. Auflösende Bedingung, Abs 2.** Gem Abs 2 kann sich der Vermieter nicht auf eine Vereinbarung berufen, deren Inhalt nach das Mietverhältnis zum Nachteil des Mieters auflösend bedingt ist. Abs 2 greift wie Abs 1 erst nach Überlassung der Mietsache (»ferner«, Emmerich/Sonnenschein/*Haug* Rn 3 aE; Staud/*Rolfs* Rn 13). Die auflösende Bedingung muss eingetreten sein (Palandt/*Weidenkaff* Rn 5). **1. Auflösende Bedingung.** Die Bedingung ist iSv § 158 Abs 2 zu verstehen (künftiges, ungewisses Ereignis), wobei die Ereignisse beliebiger Art sein können (Staud/*Rolfs* Rn 7: Mietverhältnis endet mit Ende der Mitgliedschaft in der Genossenschaft, wenn ein Mitmieter auszieht oder wenn der Mieter versetzt wird). Soll zB das Untermietverhältnis vom Bestehen des Hauptmietverhältnisses abhängen, greift Abs 2 ein (LG Osnabrück WuM 1994, 24). Der Eintritt der Bedingung kann auch vom Willen der Parteien abhängen (Emmerich/Sonnenschein/*Haug* Rn 3). Von der auflösenden Bedingung ist die Befristung zu unterscheiden, wonach das Ereignis nach den Vorstellungen der Parteien zwingend eintreten wird (zB Mietverhältnis auf Lebzeit, da Tod mit Gewissheit eintreten wird, BayOblG ZMR 1993, 462, zu beachten, dass dies nunmehr nicht durch § 575 Abs 1 S 1 getragen wird), indes der Zeitpunkt ungewiss ist, hingegen bei einer auflösenden Bedingung bereits der Eintritt des Ereignisses ungewiss ist (Staud/*Rolfs* Rn 8). Bei einer Befristung greift Abs 2 nicht (Soerg/*Heintzmann* Rn 4).

5 **2. Zum Nachteil des Mieters.** Die auflösende Bedingung muss für den Mieter nachteilig sein. Nachteilig ist eine Bedingung, die im Interesse des Vermieters auf Rückerlangung der Wohnung besteht (Schmidt-Futterer/*Blank* Rn 12). Ist die Bedingung nur teilw nachteilig, ist Abs 2 dennoch anwendbar (Schmid/*Stangl* Rn 14). Ob die vereinbarte Bedingung nachteilig ist, kann erst in der konkreten Situation beurteilt werden (Soerg/*Heintzmann* Rn 4).

6 **3. Rechtsfolgen.** Ob eine Vereinbarung zum Nachteil des Mieters wirksam geschlossen werden kann, oder ob eine solche Vereinbarung unwirksam ist, ist umstr (vertiefend: Schmidt-Futterer/*Blank* Rn 3). Aufgrund des Wortlautes und dem Sinn der Vorschrift als mieterschützende Norm ist die erstgenannte Ansicht vorzugswürdig (Staud/*Emmerich* Rn 9). Die Vereinbarung über die Bedingung ist nicht unwirksam. Wie bei Abs 1 kann sich lediglich der Vermieter nicht darauf berufen, hingegen ist dem Mieter ein Berufen hierauf möglich. Das Bestehen des Vertrages ist von dieser Frage nicht tangiert (BTDrs 14/4553 S 65). Dem Vermieter bleibt der Weg über die Kündigung. Ob eine Frist besteht, in der sich der Mieter erklären muss, ob er sich auf die Bedingung beruft, ist fraglich (vgl MüKo/*Häublein* Rn 5). Auf Bedingungen zum Vorteil des Mieters können sich beide Parteien »berufen«. Hierbei ist jedoch zu beachten, dass gem § 158 Abs 2 mit Bedingungseintritt das Mietverhältnis endet (Palandt/*Weidenkaff* Rn 6).

7 Weiterhin **umstr** ist, ob das **Mietverhältnis vor Bedingungseintritt kündbar** ist. Teilw wird vertreten, dass eine Kündigung ausscheidet (vgl Staud/*Rolfs* Rn 11). Andere vertreten die Ansicht, dass der Mietvertrag generell kündbar ist (Palandt/*Weidenkaff* Rn 5). Nach einer vermittelnden Auffassung ist die Frage der Kündbarkeit vor Bedingungseintritt davon abhängig, was die Parteien vereinbart hatten. Zu fragen ist daher danach,

ob sie mit der Bedingungsvereinbarung ein Verzicht auf das grds bestehende Kündigungsrecht wollten (vgl Emmerich/Sonnenschein/*Haug* Rn 3). Die letztgenannte Ansicht ist unter Berücksichtigung der Privatautonomie vorzugswürdig, wobei ohne eine solche bes Vereinbarung von einem Mietverhältnis auf unbestimmte Zeit auszugehen ist, dass nach § 542 Abs 1 kündbar ist (vgl MüKo/*Häublein* Rn 6; Schmidt-Futterer/*Blank* Rn 13 mwN).

C. Verfahrensrechtliches. § 572 ist nicht zum Nachteil des Mieters abdingbar. Zudem ist die Vereinbarung einer auflösenden Bedingung zugunsten des Mieters zulässig (Palandt/*Weidenkaff* Rn 2). Die Norm steht der Vereinbarung eines einseitigen Rücktrittsrechts des Mieters nicht entgegen. 8

Unterkapitel 2 Mietverhältnisse auf unbestimmte Zeit

§ 573 Ordentliche Kündigung des Vermieters. **[1] Der Vermieter kann nur kündigen, wenn er ein berechtigtes Interesse an der Beendigung des Mietverhältnisses hat. Die Kündigung zum Zwecke der Mieterhöhung ist ausgeschlossen.**

[2] Ein berechtigtes Interesse des Vermieters an der Beendigung des Mietverhältnisses liegt insbesondere vor, wenn

1. der Mieter seine vertraglichen Pflichten schuldhaft nicht unerheblich verletzt hat,

2. der Vermieter die Räume als Wohnung für sich, seine Familienangehörigen oder Angehörige seines Haushalts benötigt oder

3. der Vermieter durch die Fortsetzung des Mietverhältnisses an einer angemessenen wirtschaftlichen Verwertung des Grundstücks gehindert und dadurch erhebliche Nachteile erleiden würde; die Möglichkeit, durch eine anderweitige Vermietung als Wohnraum eine höhere Miete zu erzielen, bleibt außer Betracht; der Vermieter kann sich auch nicht darauf berufen, dass er die Mieträume im Zusammenhang mit einer beabsichtigten oder nach Überlassung an den Mieter erfolgten Begründung von Wohnungseigentum veräußern will.

[3] Die Gründe für ein berechtigtes Interesse des Vermieters sind in dem Kündigungsschreiben anzugeben. Andere Gründe werden nur berücksichtigt, soweit sie nachträglich entstanden sind.

[4] Eine zum Nachteil des Mieters abweichende Vereinbarung ist unwirksam.

A. Allgemeines. § 573 ist die zentrale Norm des mietrechtlichen Bestandschutzes für Wohnraum und somit des sozialen Mietrechts. Die Vorschrift schränkt die Dispositionsfreiheit des Vermieters verfassungskonform ein und berücksichtigt dabei sowohl das Bestandsinteresse des Mieters als auch das Erlangungsinteresse des Vermieters in angemessener Weise (BVerfG NJW 1993, 2035). 1

B. Anwendbarkeit. Die Vorschrift ist nur auf **vermieterseits** ausgesprochene Kündigungen anwendbar, wobei auch die Kündigung des Untervermieters erfasst ist (LG Lüneburg DWW 1999, 296). Umfasst sind vom Anwendungsbereich ordentliche Kündigungen von Wohnraummietverhältnissen auf unbestimmte Zeit sowie außerordentliche Kündigungen mit gesetzlicher Frist von unbefristeten, § 573d, und befristeten Mietverhältnissen, § 575a Abs 1, nicht aber Wohnraum des § 549 Abs 2, 3. 2

Als **Wohnraum** ist jeder zur dauernden privaten Benutzung iSd Führung eines Haushaltes bestimmte Raum zu verstehen (Frankfurt aM ZMR 2009, 198). Hierunter fallen auch Zweitwohnungen, langfristig angemietete Ferienhäuser (Hamburg NJW-RR 1993, 84), Wochenend- und Ferienwohnungen (jurisPK/*Mössner* Rn 10), sofern nicht lediglich vorübergehender Gebrauch bezweckt wird, § 549 Abs 2. Nicht anwendbar dagegen ist die Vorschrift für Grundstücksmiete oder -pacht, selbst wenn auf dem Grundstück ein Gebäude errichtet und bewohnt wird, das aber als Scheinbestandteil des Grundstücks im Eigentum des Mieters verbleibt (BGH NJW 1984, 2878), grds auch nicht bei Untermietverhältnissen zwischen Hauptvermieter und Untermieter (Staud/*Rolfs* Rn 11) oder bei einvernehmlichen Vertragsauflösungen. Auf Mischmietverhältnisse ist sie nur anwendbar, wenn der Wohnzweck überwiegt, wobei auf den vertraglich niedergelegten und in Abwesenheit einer solchen Vereinbarung auf den sich durch objektive Kriterien wie Flächenverhältnis oder Schwerpunkt der Nutzung feststellbaren Parteiwillen abzustellen ist (MüKo/*Häublein* § 573 Rn 22). Die Zuordnung des Mietobjekts als Wohnraum oder als sonstiger Raum richtet sich grds nach dem vertraglich festgelegten Nutzungszweck, nicht nach einer möglicherweise hiervon abw tatsächlichen Nutzung (BGH NJW 1997, 1845). 3

C. Tatbestand. I. Kündigungsgründe. Ein Kündigungsgrund liegt vor, wenn ein **berechtigtes Interesse** an der Beendigung des Mietverhältnisses besteht, Abs 1 S 1. Hierfür enthält Abs 2 Regelbeispiele. **1. Berechtigtes Interesse, Abs 1, S 1.** Grds ist der Kündigungstatbestand des § 573 Abs 1 S 1 den in § 573 Abs 2 genannten Kündigungsgründen gleichgewichtig (BGH NJW-RR 2007, 1460). Abs 1 stellt einen Auffangtatbestand dar, der nur dann zur Geltung kommt, wenn keine der in § 573 Abs 2 gesondert aufgeführten berechtigten Interessen betroffen ist (jurisPK/*Mössner* Rn 19). Ein nicht in den **Regelbeispielen des Abs 2** genanntes Interesse 4 des Vermieters muss diesen vom Gewicht her entsprechen, um ein berechtigtes Interesse nach Abs 1 zu sein. Es ist hierbei auf die geltende Rechts- und Sozialordnung sowie in bes Maße auf die Grundrechte abzustellen (Staud/*Rolfs* Rn 23). Ein berechtigtes Interesse ist demnach grds anzunehmen, wenn ein vernünftig denkender und seiner Sozialpflichtigkeit bewusster Vermieter das verfolgte Interesse als so erheblich ansehen kann, dass er zur Wahrung dieses Interesses die Vertragsbeendigung herbeiführen würde (jurisPK/*Mössner* Rn 20).

5 **Beispiele:** Ein berechtigtes Interesse liegt etwa bei einem ersatzlosen Abriss des Gebäudes vor (BGH NJW 2004, 1736), bei Bedarf von Wohnraum für eine Pflegeperson der Eltern (LG Koblenz WuM 2007, 637), auch bei Betriebsbedarf an einer Werkswohnung (Stuttgart NJW-RR 1991, 1294) sowie bei beabsichtigter Beendigung des von einer KG mit einem Betriebsfremden abgeschlossenen Mietverhältnisses, wenn das Wohnen eines Mitarbeiters der KG gerade in dieser Wohnung nach dessen betrieblicher Funktion und Aufgabe für den Betriebsablauf von nennenswertem Vorteil ist (BGH WuM 2007, 459; BGH NJW-RR 2007, 1460), bei Ausscheiden eines Mieters aus der Wohnungsgenossenschaft und Bedarf der Wohnungsgenossenschaft an der Wohnung für ein anderes Mitglied (BGH NJW-RR 2004, 12), bei Bedarf an den vermieteten Räumen durch einen öffentlich-rechtlichen Vermieter zur Erfüllung öffentlich-rechtlicher Aufgaben (LG Bad Kreuznach WuM 1990, 298), bei Verlangen einer Behörde, die Wohnung zu kündigen, weil eine Sozialwohnung ohne Wissen des Vermieters an einen Unberechtigten vermietet worden ist (LG Hamm WuM 1982, 244), die Berechtigung entfallen ist (LG Berlin WuM 1990, 554) oder Modernisierungs- bzw Sanierungsmaßnahmen verlangt werden (LG Kiel WuM 1984, 223), bei Eigenbedarf für Geschäftszwecke (BGH WuM 2005, 779), bei Überbelegung der Wohnung (Hamm NJW 1983, 48) und unter bes Umständen auch bei unverschuldeten Pflichtverletzungen des Mieters wie Lärmbelästigung infolge Krankheit (LG Dresden WuM 1994, 377). Auch die ersatzlose Beseitigung von Wohnraum zur Beseitigung von erheblichem Leerstand auf Grund geänderter Nachfrage kann ein berechtigtes Interesse iSd Abs 1 S 1 darstellen (LG Berlin GE 2007, 447). Kein berechtigtes Interesse an der Beendigung des Mietverhältnisses besteht nach Abs 1 S 2 im Falle eines Mieterhöhungsinteresses des Vermieters. Eine solche unzulässige Änderungskündigung liegt bei jeder Änderung der Gegenleistung zugunsten des Vermieters vor (PWW/*Riecke* Rn 9).

6 **2. Nicht unerhebliche, schuldhafte Pflichtverletzung, Abs 2, Nr 1.** Eine nicht unerhebliche, **schuldhafte Pflichtverletzung** nach Abs 2 Nr 1 liegt jedenfalls dann vor, wenn das Verhalten des Mieters eine außerordentliche Kündigung durch den Vermieter rechtfertigen würde (BGH NJW 2007, 428; 2008, 508) und hierüber hinaus bei jeder schuldhaften, nicht unerheblichen Verletzung seiner mietvertraglichen Pflichten. Wann eine Pflichtverletzung erheblich ist, und wann nicht unerheblich, ist dabei abstrakt nicht ohne weiteres zu klären. Sie muss von einigem Gewicht sein und darf nicht außer Verhältnis zu der Kündigung des Mietverhältnisses stehen. Bes Bedeutung kommt hierbei dem Aspekt der Wiederholungsgefahr zu (MüKo/*Häublein* Rn 54), einmalige Verstöße müssten schon geeignet sein, das Vertrauensverhältnis zwischen den Parteien nachhaltig zu stören (Staud/*Rolfs* Rn 38). Ob für die Feststellung der Erheblichkeit auch der Verschuldensgrad herbeigezogen werden kann, ist str (dafür: MüKo/*Häublein* Rn 55; Schmidt-Futterer/*Blank* Rn 18; dagegen: Palandt/*Weidenkaff* Rn 15; Staud/*Rolfs* Rn 37; jurisPK/*Mössner* Rn 57), darf nach hiesiger Auffassung in einer Gesamtabwägung aber nicht unberücksichtigt bleiben. Für das Verschulden gilt, dass der Mieter die Pflichtverletzung vorsätzlich oder fahrlässig, § 276, begangen haben muss. Dem Mieter ist zudem im Rahmen von Abs 2 Nr 1 auch das schuldhafte Verhalten eines Erfüllungsgehilfen nach § 278 zuzurechnen; die ordentliche Kündigung des Vermieters wegen einer nicht unerheblichen Vertragsverletzung setzt mithin nicht eigenes schuldhaftes Verhalten des Mieters voraus (BGH NJW 2007, 428). Einem Rechtsirrtum als Entschuldigungsgrund kann nur in sehr engem Rahmen, etwa wenn der Mieter die Rechtslage von einem Fachmann hat prüfen lassen, Bedeutung zukommen (MüKo/*Häublein* Rn 64).

7 Nicht unerhebliche schuldhafte Pflichtverletzungen sind bejaht worden bei vertragswidrigem Gebrauch der Mietsache (LG München II ZMR 2007, 278), unberechtigter Gebrauchsüberlassung an Dritte (BayObLG ZMR 1995, 301; abgr LG Berlin GE 2003, 880), Vernachlässigung der Wohnung (LG Hamburg WuM 1984, 85), Belästigung des Vermieters (LG Hamburg NZM 1999, 304) oder anderer Mieter. Dabei muss nicht die Auswirkung des Handelns des Mieters, sondern alleine dessen Pflichtverletzung die Erheblichkeitsgrenze überschreiten. Dies ist nicht der Fall bei einer Überbelegung durch den Zuzug weiterer Personen (BGH NJW 1993, 2528). Auch wenn ein verschuldeter Zahlungsrückstand vorliegt, kann nach Abs 2 Nr 1 gekündigt werden. Dabei ist für die maßgebliche Höhe des Zahlungsrückstandes auf die Grenzen des § 543 Abs 2 Nr 3 zu verweisen, denen insofern eine allgemeingültige Bedeutung zukommt (Schmidt-Futterer/*Blank* Rn 28).

8 Eine **ordentliche Kündigung** wird oftmals **hilfsweise zu der außerordentlichen Kündigung** des Vermieters **erklärt**. Dies ist insbes für die Kündigung wegen Zahlungsrückstands relevant. Denn wenn der Mieter mit der Entrichtung eines nicht unerheblichen Teils der Miete nach § 543 Abs 2 Nr 3 in Verzug ist, hat die nachträgliche Zahlung zwar zur Folge, dass die außerordentliche Kündigung gem §§ 543 Abs 2 S 2, 569 Abs 3 Nr 2 unwirksam wird – nicht aber die ordentliche Kündigung, denn die Schonfristzahlung lässt sich nicht auf die ordentliche Kündigung übertragen (BGH NJW 2007, 428, instruktiv: BGH MDR 2005, 680). Die nachträgliche Zahlung kann allerdings bei der Prüfung, ob der Mieter seine vertraglichen Pflichten schuldhaft nicht unerheblich verletzt hat, berücksichtigt werden (BGH MDR 2005, 680), denn anders als bei der außer-

ordentlichen Kündigung hat der Mieter hier die Möglichkeit, sich auf unverschuldete, unvorhersehbare wirtschaftliche Engpässe zu berufen und kann eine nachträgliche Zahlung das Verschulden in einem milderen Licht erscheinen lassen (BGH MDR 2005, 680).

Grds ist eine **Abmahnung** vor Erklärung der ordentlichen Kündigung nicht erforderlich – sie kann jedoch im Einzelfall Bedeutung erlangen, wenn die Vertragsverletzung als solche nicht das erforderliche Gewicht für das Überschreiten der Nicht-Unerheblichkeitsgrenze hat, was dann aber in der fortgesetzten oder wiederholten Vertragsverletzung trotz Abmahnung regelm der Fall ist (BGH NJW 2008, 508; jurisPK/*Mössner* Rn 60). Insges wird dem Vermieter daher zu raten sein, bei Zweifeln an der Schwere der Pflichtverletzung eine Abmahnung auszusprechen. 9

3. Eigenbedarf, Abs 2 Nr 2. a) Allgemeines. Bei einer Eigenbedarfskündigung sind stets das **Erlangungsinteresse** des Vermieters sowie das **Bestandsinteresse** des Mieters angemessen zu berücksichtigen, abzuwägen und in einen verhältnismäßigen Ausgleich zu bringen (BVerfG NJW 1993, 2035). Dabei ist anerkannt, dass sowohl das Eigentumsrecht des Vermieters als auch das Besitzrecht des Mieters nach Art 14 Abs 1 GG geschützt sind. Eigenbedarf kann stets nur vorliegen, wenn das Mietobjekt als Wohnraum genutzt werden soll. Daher kann auch eine KG Wohnräume weder als »Wohnung für sich« noch für Familien- oder Haushaltsangehörige benötigen (BGH NJW-RR 2007, 1460; WuM 2007, 459), Eigenbedarf iS dieser Vorschrift kommt dann bereits begrifflich nicht in Betracht. Allerdings ist eine Eigenbedarfskündigung durch eine GbR grds auch wegen des Eigenbedarfs eines Gesellschafters zulässig, sofern dieser bereits bei Abschluss des Mietvertrages Gesellschafter war (BGH NJW 2007, 2845; MüKo/*Häublein* Rn 67). 10

Der Vermieter kann zwar auf eine **vergleichbare Wohnung verwiesen** werden, nicht jedoch auf eine Immobilie, die er – etwa als Ferienhaus – gewerblich nutzt. Die Entscheidung des Vermieters, über sein Eigentum nach freiem Willen zu disponieren, ist zu respektieren (BVerfG NJW 1990, 309). Daher kann der Vermieter auch nicht auf den Ausbau einer Dachgeschosswohnung verwiesen werden (BVerfG NJW 1994, 994). Eine sog »**Vorratskündigung**«, der ein gegenwärtig noch nicht absehbarer Nutzungswunsch zugrunde liegt, ist unzulässig (BVerfG WuM 2002, 21). Dies gilt auch, wenn der Vermieter vorsorglich mehrere Wohnungen kündigt, obwohl er nur Eigenbedarf an einer Wohnung hat (LG Köln WuM 1991, 590). 11

b) Voraussetzungen. aa) Berechtigtes Interesse. Der Vermieter muss Wohnraum **benötigen**. Der Begriff »benötigen« soll dabei nicht dahin ausgelegt werden, dass seitens des Vermieters ein Notfall, Wohnraummangel oder eine Zwangslage vorliegen müsse. Der Vermieter hat grds das Recht, im eigenen Haus zu wohnen, soweit vernünftige – auch von höchst persönlichen Interessen getragene – und nachvollziehbare Gründe vorliegen (BVerfG NJW 1994, 309; Staud/*Rolfs* Rn 91). Als vernünftiger und nachvollziehbarer Grund für eine Eigenbedarfskündigung genügt jedes auch höchstpersönliches Interesse von nicht ganz unerheblichem Gewicht, das mit der geltenden Rechts- und Sozialordnung in Einklang steht (BGH NJW 1988, 904), solange dieses eine Wohnnutzung notwendig macht (MüKo/*Häublein* Rn 68). Hieran sind keine überzogenen Anforderungen zu stellen. Ausreichend ist, dass vernünftige, nachvollziehbare Gründe für die Inanspruchnahme des Wohnraums bestehen (Schmidt-Futterer/*Blank* Rn 87). Dies ist der Fall, wenn der Vermieter die Räume als Wohnung für sich, für eine zu seinem Hausstand gehörende Person oder für Familienangehörige benötigt; kann aber auch bei dem Wunsch des Vermieters, die Wohnung nur teilw für eigene Wohnzwecke, überwiegend jedoch für eigene berufliche Zwecke (etwa Einrichtung eines Architekturbüros) zu nutzen, gegeben sein. Denn das hierdurch begründete Interesse an der Beendigung des Mietverhältnisses ist im Hinblick auf die Berufsfreiheit, Art 12 Abs 1 GG, nicht geringer zu bewerten als der Eigenbedarf des Vermieters zu reinen Wohnzwecken (BGH WuM 2005, 779). 12

Ein solcher **vernünftiger und nachvollziehbarer Grund** ist ferner gegeben, wenn der Vermieter seinerseits nicht mehr als Mieter in fremdem, sondern als Eigennutzer in eigenem Eigentum wohnen möchte (BVerfG NJW 1994, 310), auch bei Kinderwunsch, selbst wenn sich dieser noch nicht in einer Schwangerschaft konkretisiert hat (BVerfG NJW-RR 2003, 1164); wenn ein Eigentümer zwei auf einer Etage liegende Wohnungen zusammenlegen und bewohnen möchte, um nicht weiterhin in zwei Wohnungen auf unterschiedlichen Etagen zu wohnen und beim Wechsel von einem in den anderen Lebensbereich durch das allg zugängliche Treppenhaus gehen muss (BVerfG NJW-RR 1994, 333); bei beabsichtigter Vermeidung einer risikobehafteten gerichtlichen Auseinandersetzung wegen Mängel der derzeit bewohnten Mietwohnung (BVerfG NJW-RR 1993, 1358); bei beabsichtigtem Umbau, wobei Voraussetzung dann nicht ist, dass bereits eine Baugenehmigung vorliegt, lediglich die Genehmigungsfähigkeit muss gegeben sein (Frankfurt aM NJW 1992, 2300). Grds ist zu respektieren, welchen Wohnbedarf der Eigentümer für sich und den geschützten Personenkreis als angemessen ansieht (BVerfG NJW 1985, 2633; LG Hamburg ZMR 2006, 285). Dies stellt den Mieter aber nicht schutzlos: von den Gerichten zu prüfende Grenzen des Erlangungswunsches sind, ob dieser ernsthaft verfolgt wird, ob er missbräuchlich ist, etwa weil der geltend gemachte Wohnbedarf weit überhöht ist oder weil die gekündigte Wohnung die Nutzungswünsche des Vermieters überhaupt nicht erfüllen kann, oder ob der Wohnbedarf in einer anderen – frei gewordenen – Wohnung des Vermieters ohne wesentliche Abstriche befriedigt werden kann (BVerfG NJW 1994, 310). Es ist zudem zu berücksichtigen, wie der Mieter die Wohnung nutzt. So kann die Beurteilung der Frage, ob der vom Vermieter geltend gemachte Wohnbedarf – etwa Nutzung einer über 150 qm großen 5 1/2- Zimmer Wohnung durch zwei Per- 13 sonen – als weit überhöht anzusehen ist, davon abhängig sein, ob der derzeitige Mieter diese ebenfalls nur mit zwei Personen bewohnt (BVerfG NJW 1994, 2605).

14 **bb. Geschützter Personenkreis.** Neben dem Vermieter selbst sind dessen Familienangehörige und Angehörige seines Haushalts von Abs 2 Nr 2 geschützt. **Familienangehörige** sind die Eltern, die Geschwister (BGH NJW 2003, 2604), der Ehegatte – auch wenn dieser getrennt lebt (LG Frankfurt aM NJW-RR 1996, 396) –, sowie die Kinder und Stiefkinder (LG Hamburg NJW-RR 1997, 1440) des Vermieters, sowie fernere Ahnen und Abkömmlinge in gerader Linie (LG Berlin GE 1991, 1205), str bei Kind der Schwiegertochter (dagegen: LG Weiden WuM 2003, 210; dafür bei erhöhten Anforderungen an einen bestehenden sozialen Kontakt zu diesem »Enkel«: LG Stuttgart WuM 1993, 352). Nicht geschützt sind, sofern nicht ausnahmsw eine bes enge persönliche Bindung vorliegt BGH Beschl v 03.03.2009, VIII ZR 247/08, Cousinen oder Cousins (LG Frankfurt aM WuM 2004, 209), Großnichten (LG Wiesbaden NJW-RR 1995, 782), Neffen (LG Münster NJW-RR 1991, 1356), Schwager (Oldenburg NJW-RR 1993, 526), Eltern des Lebenspartners (LG Lübeck WuM 1996, 336) sowie der geschiedene Ehepartner (jurisPK/*Mössner* Rn 89).

15 **Angehörige des Haushalts** sind Personen, die der Vermieter schon bisher in seinen Haushalt aufgenommen hat (Palandt/*Weidenkaff* Rn 27) wie Lebenspartner, dessen Kinder oder Pflegekinder (PWW/*Riecke* Rn 19), die Pflegeperson des Vermieters oder einer anderen, privilegierten Person. Eine konkrete Pflegeperson muss nicht benannt werden können, wenn deren Aufnahme erst nach erfolgreicher Räumung der Wohnung durch den bisherigen Mieter erfolgen kann (LG Potsdam WuM 2006, 44). Ebenfalls nicht geschützt ist der vom Vermieter verschiedene (Mit-)Eigentümer, auch wenn dieser die Wohnung einem Dritten zur weiteren Vermietung überlassen hat (jurisPK/*Mössner* Rn 84).

16 **c) Ausschluss.** Der wegen Eigenbedarfs kündigende Vermieter ist verpflichtet, dem Mieter bis zum Ablauf der Kündigungsfrist eine vergleichbare, im selben Haus oder in derselben Wohnanlage liegende Wohnung, die vermietet werden soll, anzubieten. Unterlässt er dies trotz Vorhandensein einer Ersatzwohnung, ist die Kündigung unwirksam. Die **Anbietpflicht** beschränkt sich auf Wohnungen, die dem Vermieter zu diesem Zeitpunkt zur Verfügung stehen und die vergleichbar mit der gekündigten Wohnung sind, also nicht, wenn dem Mieter eine möblierte Wohnung für das Dreifache der derzeitigen Miete für eine unmöblierte Wohnung angeboten werden könnte (Karlsruhe NJW-RR 1993, 660). Eine in einer anderen Wohnanlage befindliche Wohnung des Vermieters ist von dieser Anbietpflicht ebenso wenig erfasst (BGH NJW 2003, 2604) wie eine Wohnung, die zwar vor Ablauf der Kündigungsfrist für die von der Eigenbedarfskündigung betroffene Wohnung gekündigt worden ist, aber erst zu einem späteren Zeitpunkt frei werden soll (BGH WuM 2008, 497). Eine Anbietpflicht für die Zeit nach Beendigung des Mietverhältnisses besteht mithin nicht.

17 Zudem sind Eigenbedarfskündigungen für einen **Wohnungsteil** ebenso ausgeschlossen wie die Kündigung einer gesamten Wohnung wegen Teilbedarfs des Vermieters (BVerfG NJW 1994, 308), wobei Letzterem nicht ohne Weiteres zuzustimmen ist, denn einem Vermieter sollte es möglich sein, bspw zwei nebeneinander wohnenden Mietern zu kündigen, um beide Wohnungen zusammen zu legen und zu bewohnen, wenn die Voraussetzungen des Eigenbedarfs ansonsten erfüllt sind.

18 Auch können **Kündigungen wegen Eigenbedarfs als treuwidrig ausgeschlossen** sein, wenn der Vermieter seinen Bedarf hätte erwarten müssen, als er seine frühere, in der Nähe seines Arbeitsplatzes gelegene Wohnung aufgegeben hat, um anderenorts zu wohnen (LG Frankfurt aM WuM 2007, 635) oder wenn die maßgeblichen Umstände bereits bei Vertragsabschluss vorlagen (BVerfG NJW-RR 1993, 1357). Ausgeschlossen sind Eigenbedarfskündigungen auch bei Wegfall des Eigenbedarfs (Staud/*Rolfs* Rn 112) sowie bei weit überhöhtem, trotz der grundrechtlich geschützten Dispositionsfreiheit nicht mehr vertretbarem Wohnbedarf des Vermieters, etwa wenn dieser die fragliche Wohnung nur ein- oder zweimal jährlich nutzen möchte (MüKo/*Häublein* Rn 73). Zudem können außerordentliche Umstände wie Suizidgefahr des Mieters (LG Bonn NJW-RR 2000, 8) oder Räumungsunfähigkeit auf Grund dessen schwerer Krankheit und hohem Alter (LG Bochum ZMR 2007, 452) eine Kündigung wegen Eigenbedarfs für die Dauer ihres Vorliegens ausschließen.

19 **4. Verwertungskündigung, Abs 2 Nr 3.** Eine **Verwertungskündigung** ist möglich, wenn der Vermieter wegen einer durch das Mietverhältnis begründeten Hinderung an einer angemessenen Verwertung der Wohnung einen erheblichen Nachteil erleiden würde. Nach Rspr und Lit liegt eine wirtschaftliche Verwertung nach Abs 2 Nr 3 in der Realisierung eines der Mietsache innewohnenden Wertes (BGH NJW 2004, 1736). Sie umfasst unter anderem Verkauf (BGH NJW-RR 2008, 869), Vermietung, Bestellung von Nießbrauch oder Erbbaurecht sowie Umbau, Modernisierung, Abriss und Neubau einer Immobilie (LG Mannheim NJW-RR 2004, 731), nicht aber den ersatzlosen Abriss (BGH NJW 2004, 1736; PWW/*Rieck* Rn 40).

20 Bei der **Angemessenheit der Verwertung** sind die **wirtschaftlichen und persönlichen Verhältnisse des Vermieters** sowie dessen wirtschaftliche **Dispositionsfreiheit** zu berücksichtigen (MüKo/*Häublein* Rn 87). Privatnützigkeit und Verfügungsbefugnis sind als Kern des Eigentumsrechts zu beachten. Es ist nicht gerechtfertigt, dem Vermieter schon bei jedem wirtschaftlichen Nachteil einen Anspruch auf Räumung zu gewähren. Die Einbußen des Vermieters dürfen aber die Nachteile des Mieters im Falle des Verlustes der Wohnung nicht weit übersteigen (BVerfG NJW 1989, 972). Die beabsichtigte Verwertung muss nicht zwingend erforderlich, der Vermieter nicht in seiner Existenz bedroht sein. Sie muss aber von vernünftigen, nachvollziehbaren Gründen getragen werden (Staud/*Rolfs* Rn 142). Die geplante Verwertung muss zudem mit der Sozialpflich-

tigkeit des Eigentums zu vereinbaren sein (BVerfG NJW 1989, 972). Die Angemessenheit einer Verwertungsabsicht ist grds zu bejahen, wenn die Beibehaltung des bisherigen Zustandes für den Vermieter unrentabel ist und durch die beabsichtigte Maßnahme eine Rendite erzielbar wäre. Anderes kann allerdings gelten, wenn eine Unrentabilität für den Vermieter bei der Begründung oder der Übernahme eines Mietverhältnisses vorhersehbar war (LG Kiel GE 2008, 1427). Insbes der Abriss eines alten, unrentablen Gebäudes zum Zwecke eines Neubaus wird als angemessene Art der Verwertung angesehen, wenn eine solche Maßnahme dem Gebot wirtschaftlicher Vernunft entspricht, weil eine Sanierung teurer und für den Vermieter nicht zumutbar zu finanzieren wäre (BGH NJW 2004, 1736). Auch wird es als angemessen angesehen, wenn der Vermieter die durch den Verkauf der Wohnung frei werdenden Mittel für Unterhalt, Altersversorgung, die Tilgung von Verbindlichkeiten, Investitionen oder Sanierungsmaßnahmen benötigt, wobei der Vermieter das Risiko des vorangegangenen Erwerbs, etwa eines überhöhten Kaufpreises oder einer überhöhten Fremdfinanzierung, selbst verantworten und tragen muss (Palandt/*Weidenkaff* § 573 Rn 35). Auch dürfen die als Verkaufsgrund angegebenen wirtschaftlichen Schwierigkeiten nicht schon bei Abschluss des Mietvertrages vorgelegen haben, anderenfalls ist die Kündigung rechtsmissbräuchlich (LG Mannheim ZMR 1995, 315).

Ein **erheblicher Nachteil** des Vermieters besteht darin, dass das Grundstück keine Rendite hervorbringt oder sogar höhere Kosten verursacht als es erwirtschaftet, sowie dass es in vermietetem Zustand einen erheblich geringeren Verkaufserlös erbringt als unvermietet (BVerfG NJW-RR 2004, 371). Kündigt der Vermieter, weil er mit einer Wohnung in vermietetem Zustand einen erheblich geringeren Erlös erzielen kann als bei einer Veräußerung in unvermietetem Zustand, so ist der Nachteil an Hand der Marktverhältnisse konkret nachzuweisen, wobei ein Sachverständigengutachten durch einen Makler nicht ausreicht, sondern abhängig vom Einzelfall nachgewiesen werden muss, dass ein bestimmter Kaufinteressent zum Ankauf von dem verlangten Preis deshalb Abstand genommen hat, weil das Haus vermietet ist; zumindest entspr Verkaufsbemühung und die Gründe für deren Scheitern sind konkret vorzutragen (Stuttgart WuM 2005, 658). Von einer generellen Unverkäuflichkeit vermieteter Wohnungen kann dabei nicht ausgegangen werden (BVerfG NJW 1992, 2411); es darf ferner nicht als offenkundig und gerichtsbekannt behandelt werden, dass für eine vermietete Wohnung ein geringerer Preis als für eine freistehende Wohnung bezahlt wird (Schmidt-Futterer/*Blank* Rn 175). Auch rechtfertigt alleine das Interesse einer Erbengemeinschaft, sich aus pragmatischen Gründen auseinanderzusetzen und deshalb eine geerbte Eigentumswohnung zu veräußern, keine Kündigung (Stuttgart WuM 2005, 658). In jedem Fall ist der Preis zu beachten, zu dem der Vermieter selbst das Objekt erworben hat. War dieser nämlich angesichts des bestehenden, unrentablen Mietvertrags bes niedrig, so kann der Vermieter nicht einerseits diesen Vorteil ausnutzen und sodann eine Verwertungskündigung aussprechen, da dies das Verbot der Änderungskündigung umgehen würde und auch § 558 weitgehend gegenstandslos würde (MüKo/*Häublein* Rn 90). Bei den Abriss- und Modernisierungsfällen liegt ein erheblicher Nachteil idR vor, wenn der Vermieter seine Rendite durch die Sanierung/Modernisierung wesentlich verbessern kann (LG Bochum Urt v 27.03.2007, 9 S 26/06). 21

Schließlich ist erforderlich, dass der Bestand des Mietverhältnisses **kausal** für die verhinderte Verwertungsmöglichkeit ist. Der Vermieter muss daher ihm mögliche, geeignete Maßnahmen ergreifen, um eine angemessene Verwertung ohne Kündigung zu erlangen, dies kann einzelfallabhängig neben der Durchführung von Reparaturarbeiten auch die Möglichkeit sein, eine Mieterhöhung zu erreichen (Staud/*Rolfs* Rn 151). Entscheidend ist, ob die Durchführung dieser Verwertung von der Beendigung des Mietverhältnisses abhängt (Bub/Treier/*Grapentin* IV Rn 81). 22

5. Keine Mieterhöhungskündigung. Ausgeschlossen ist die Änderungskündigung zum Zwecke der Erhöhung der Miete, Abs 1 S 2. Der Mieter ist für das Vorliegen einer solchen Mieterhöhungskündigung beweisbelastet (MüKo/*Häublein* Rn 37). 23

II. Inhalt des Kündigungsschreibens. Zunächst ist die Kündigung schriftlich zu erklären, § 568 Abs 1. Eine konkludent erklärte Kündigung ist unwirksam (KG WuM 2006, 193), könnte aber ggf als konkludentes Angebot zur Mietvertragsaufhebung umgedeutet werden. In der Kündigungserklärung sind nach Abs 3 S 1 die Kündigungsgründe anzugeben. Jedoch ist unter Beachtung der Eigentumsgarantie aus Art 14 Abs 1 GG zu berücksichtigen, dass das Erfordernis einer **Begründung** keine übermäßige Verstärkung der formalen Anforderungen und keine restriktive Auslegung und Handhabung der verfahrensrechtlichen Voraussetzungen zur Folge haben darf (BVerfG NJW-RR 2000, 673). Es wird aber verlangt, dass der Vermieter nicht nur den Gesetzestext wiederholt, sondern alle Kündigungsgründe, auf die er die Kündigung stützen will, so konkret angibt, dass sie genau identifiziert und von anderen Gründen unterschieden werden können (Staud/*Rolfs* Rn 192), andererseits ist nicht erforderlich, dass bereits das Kündigungsschreiben die gerichtliche Feststellung erlaubt, ob die Kündigungsvoraussetzungen vorliegen (BVerfG NJW-RR 2003, 1164). Die Pflicht zur Angabe von richtigen und vollständigen Kündigungsgründen ist nicht bloß eine Förmelei, sondern soll dem Mieter möglichst frühzeitig ermöglichen, die Berechtigung der Kündigung sachlich zu prüfen und seine Rechtsverteidigung hierauf einzurichten (BVerfG NJW 1992, 1379). Eine größere Detaillierung wird dabei regelm bei solchen Kündigungsgründen notwendig sein, die in der Sphäre des Vermieters liegen als bei solchen, die von der Mietersphäre ausgehen (Staud/*Rolfs* Rn 193). 24

25 Bei der Kündigung wegen **schuldhafter Pflichtverletzung** sollte diese nach Art, Dauer und Zeitpunkt konkret benannt werden (LG München NZM 2003, 850; PWW/*Riecke* Rn 46), obwohl schon die Benennung des Verstoßes seiner Art nach ausreichen müsste (Staud/*Rolfs* Rn 196). Im Falle von Zahlungsrückstand genügt es jedenfalls, wenn der Vermieter diesen als Grund benennt und den Gesamtbetrag der rückständigen Miete beziffert. Die Angabe weiterer Einzelheiten wie Datum des Verzugseintritts oder Aufgliederung des Mietrückstandes für einzelne Monate ist entbehrlich (BGH NJW 2004, 850).

26 Bei der **Eigenbedarfskündigung** ist der Eigenbedarf dem Begründungszweck entspr darzulegen – der Mieter muss zum frühestmöglichen Zeitpunkt Klarheit über seine Rechtsposition und die Erfolgsaussichten einer Verteidigung gegen die Kündigung haben können. Der Vermieter ist aber nicht verpflichtet, solche Daten seines persönlichen Lebensbereichs im Kündigungsschreiben mitzuteilen, die für den Entschluss des Mieters, der Kündigung zu widersprechen oder sie hinzunehmen, nicht von Bedeutung sein können (BVerfG NJW 1992, 1379).

27 Bei der **Verwertungskündigung** wegen Abriss und Neubau hat der Vermieter in einer nachprüfbaren Wirtschaftlichkeitsberechnung die Einnahmen und Ausgaben vor und nach der angestrebten Verwertung bereits mit dem Kündigungsschreiben zu überreichen (LG Berlin ZMR 2003, 837), bei einem Verkauf die Höhe des erzielbaren Erlöses im vermieteten und im unvermieteten Zustand darzulegen (LG Stuttgart NZM 1995, 259).

28 **D. Prozessuales. I. Abdingbarkeit.** Grds ist § 573 nicht zu Lasten des Mieters abdingbar, Abs 4. Kündigungserschwerungen für den Vermieter sind hiervon unberührt, so kann die Eigenbedarfskündigung individualvertraglich ausgeschlossen werden – geschieht dies für einen längeren Zeitraum als ein Jahr, ist aber die Schriftform des § 550 zu beachten (BGH NJW 2007, 1742). Abs 4 gilt dagegen nicht für Mietaufhebungsverträge (Schmidt-Futterer/*Blank* Rn 283).

29 **II. Beweislast.** Zunächst trifft den **Vermieter** die **Beweislast für die Kündbarkeit des Mietverhältnisses** (LG Aachen NJW-RR 1990, 1163), den Zugang der Kündigungserklärung, sowie für die schriftliche Mitteilung der Kündigungsgründe. Bei der Kündigung nach Abs 1 S 1 muss der Vermieter die Pflichtverletzung und die Erheblichkeit beweisen, der Mieter sodann fehlendes Verschulden. Bei der Eigenbedarfskündigung muss dagegen der Mieter beweisen, dass die vom Vermieter zur Begründung des Eigenbedarfs angegebenen Tatsachen nicht zutreffen. Obwohl teilw vertreten, ist eine **Umkehr der Beweislast** nach dem BGH (BGH NJW 2005, 2395) nicht geboten, auch nicht unter Berücksichtigung des Umstands, dass es sich bei dem fehlenden Selbstnutzungswillen des Vermieters um eine innere, negative Tatsache handelt, deren Nachw dem Mieter im Einzelfall Schwierigkeiten bereiten kann. Denn der Vermieter darf sich als Anspruchsgegner zur Vermeidung prozessualer Nachteile nicht darauf beschränken, die Behauptung des Mieters, der Vermieter habe im Zeitpunkt der Kündigung die Nutzung der Wohnung nicht ernsthaft beabsichtigt, schlicht zu bestreiten. Nach der st Rspr des BGH obliegt dem Prozessgegner die sekundäre Behauptungslast, wenn die primär darlegungsbelastete Partei außerhalb des darzulegenden Geschehensablaufs steht und keine Kenntnisse von den maßgeblichen Tatsachen besitzt, während der Prozessgegner zumutbar nähere Angaben machen kann (BGH NJW-RR 2001, 396). Daher sei es dem Mieter zuzumuten, substantiiert und plausibel, also »stimmig« (BVerfG NJW 1997, 2377) darzulegen, aus welchem Grund der mit der Kündigung vorgebrachte Eigenbedarf nachträglich entfallen sein soll (BGH NJW 2005, 2395). Dem ist zuzustimmen. Bei Kündigungen nach Abs 2 Nr 1, 3 trägt der Vermieter die Beweislast für das Vorliegen der Kündigungsgründe.

30 **III. Sonstiges.** Der **Kündigungsgrund** darf bis zum Ablauf der Kündigungsfrist **nicht entfallen** sein (BGH NJW 2006, 220). Der Vermieter ist verpflichtet, ein Entfallen dem Mieter mitzuteilen, um sich nicht schadensersatzpflichtig zu machen (Palandt/*Weidenkaff* Rn 25). Jede schuldhaft ohne berechtigtes Interesse ausgesprochene Kündigung des Vermieters kann ebenfalls zur Schadensersatzpflicht führen (BGH WuM 2009, 359; jurisPK/*Mössner* Rn 30). Grundlage für die Beurteilung der Wirksamkeit der Kündigung sind nur die in dem Kündigungsschreiben genannten Gründe, Abs 3 S 1, wobei darin nicht aufgeführte Tatsachen, die die Kündigung auf der Grundlage der dort genannten Kündigungsgründe rechtfertigen und nur der näheren Erläuterung, Ergänzung, Ausfüllung sowie dem Beweis der geltend gemachten Kündigungsgründe dienen, grds auch noch im Prozess nachgeschoben werden können und zu berücksichtigen sind (BGH NJW 2007, 2845). Ein bereits bei Ausspruch der Kündigung vorhandener, aber nicht in dem Kündigungsschreiben genannter Grund kann nur Grundlage einer neuen Kündigung werden. Später, also nach Abgabe der Kündigungserklärung entstandene Gründe, können nach Abs 3 S 2 berücksichtigt werden, sofern sie tatsächlich erst nachträglich entstanden sind, die ursprünglich angegebenen Gründe ebenfalls tatsächlich vorlagen, eine Kündigung auch gerechtfertigt hatten und ihrerseits nachträglich weggefallen sind (PWW/*Riecke* Rn 52). Das Nachschieben von Gründen setzt also immer eine schon wirksame Kündigung voraus; die nachgeschobenen Gründe können nur entweder bei Fortbestehen der ursprünglichen Kündigungsgründe die Kündigung kumulativ tragen oder bei ihrem Wegfall an deren Stelle treten (jurisPK/*Mössner* Rn 217). Dabei ist eine Gleichartigkeit der Kündigungsgründe nicht erforderlich (Staud/*Rolfs* Rn 214).

31 Eine Klage muss vor dem **Amtsgericht** anhängig gemacht werden, in dessen Bezirk die Wohnung liegt, §§ 23 Nr 2a GVG; 29a ZPO. Der Vermieter kann auf Räumung klagen sowie, unter den Voraussetzungen des § 256 ZPO, auf Feststellung, dass die Kündigung wirksam ist. Dies ist regelm zulässig, wenn der Mieter Widerspruch gegen die Kündigung eingelegt hat, dann auch bereits vor Ablauf der Kündigungsfrist (LG Berlin

MM 2003, 474). Der Vermieter muss sich nicht auf eine Klage auf künftige Leistung – also Räumung – verweisen lassen (BGH NJW 1986, 2507). Der Mieter kann auf Feststellung klagen, dass die Kündigung unwirksam ist, oder auf Feststellung des Fortbestehens des Mietverhältnisses (Palandt/*Weidenkaff* Rn 61).

§ 573a Erleichterte Kündigung des Vermieters. **[1] Ein Mietverhältnis über eine Wohnung in einem vom Vermieter selbst bewohnten Gebäude mit nicht mehr als zwei Wohnungen kann der Vermieter auch kündigen, ohne dass es eines berechtigten Interesses im Sinne des § 573 bedarf. Die Kündigungsfrist verlängert sich in diesem Fall um drei Monate.**

[2] Absatz 1 gilt entsprechend für Wohnraum innerhalb der vom Vermieter selbst bewohnten Wohnung, sofern der Wohnraum nicht nach § 549 Absatz 2 Nummer 2 vom Mieterschutz ausgenommen ist.

[3] In dem Kündigungsschreiben ist anzugeben, dass die Kündigung auf die Voraussetzungen des Absatzes 1 oder 2 gestützt wird.

[4] Eine zum Nachteil des Mieters abweichende Vereinbarung ist unwirksam.

A. Allgemeines/Anwendbarkeit. Für Wohnraum, den der Mieter in einem bes engen **räumlichen Zusammenhang mit dem Vermieter** bewohnt, soll es dem Vermieter ohne eine Rechtfertigung gem § 573 Abs 1, 2 möglich sein, dem Mieter zu kündigen. Der Zweck der Vorschrift ist, dem Vermieter dann eine erleichterte Möglichkeit zur Beendigung eines Mietverhältnisses einzuräumen, wenn auf Grund der vorhandenen räumlichen Enge die erforderliche Harmonie zwischen den Parteien nicht mehr gewährleistet ist (BGH NJW-RR 2008, 1329). Als Kompensation für die erleichterte Kündigungsmöglichkeit wird dem Mieter eine verlängerte Kündigungsfrist eingeräumt. Diese Vorschrift ist grds anwendbar auf alle Mietverhältnisse über Wohnraum auf unbestimmte Zeit, die nicht von § 549 Abs 2, 3 erfasst sind. Voraussetzung ist, dass sich eine natürliche Person auf § 573a beruft, da juristische Personen selbst kein Gebäude bewohnen können (jurisPK/*Mössner* Rn 8). 1

B. Tatbestand. I. Gebäude mit nicht mehr als zwei Wohnungen, Abs 1. Der Begriff »**Wohnung**« iSd Abs 1 setzt eine selbständige, räumlich und wirtschaftlich abgeschlossene Wohneinheit voraus, die eine selbständige Haushalts- und Lebensführung ermöglicht (LG Saarbrücken ZMR 2007, 540; Staud/*Rolfs* Rn 6), was neben einer Kochgelegenheit (LG Bonn WuM 1992, 24) auch eine eigene Wasserversorgung und Toilette – ggf im Treppenhaus (LG Köln NZM 1999, 1136) – umfasst. Nach dem Gesetzeswortlaut kommt es darauf an, ob sich im Gebäude mehr als zwei Wohnungen befinden. Ist dies der Fall, kann nicht nach § 573a gekündigt werden. Wenn sich neben zwei Wohnungen noch Gewerbe- und andere Räume im Haus befinden, wird eine Kündigung nach § 573a nicht ausgeschlossen; dies gilt auch, wenn die anderen Räume als Wohnräume hergerichtet werden könnten oder früher tatsächlich als solche benutzt worden sind (BGH NJW-RR 2008, 1329) oder wenn neben den zwei Wohnungen noch einzelne Zimmer – die nicht als »Wohnung« im og Sinne zu qualifizieren sind – vermietet werden. Gleiches gilt, wenn der Vermieter in einem Wohnhaus zwei Stockwerke bewohnt, die als abgetrennte Wohnbereiche genutzt werden könnten oder früher genutzt worden sind. Entspr der Nutzung zum Zeitpunkt der Kündigung soll es sich um eine einheitliche Wohnung handeln (LG Saarbrücken ZMR 2007, 540), wenn dieses nach der Verkehrsanschauung so zu beurteilen ist. Allerdings ist es erforderlich, dass der Vermieter seine Wohnung auch tatsächlich bewohnt, den Lebensmittelpunkt des Vermieters muss diese aber nicht darstellen (MüKo/*Häublein* Rn 5). Unerheblich ist, ob tatsächlich auf Grund getrennter Eingänge und Flure überhaupt Berührungspunkte zwischen Vermieter und Mieter vorliegen (BGH NJW-RR 2008, 1329), sowie, ob der Vermieter auch Eigentümer des Gebäudes ist (PWW/*Riecke* Rn 4). 2

Maßgeblich für die Beurteilung des Wohnungsbestandes ist der **Zeitpunkt der Kündigung** (Palandt/*Weidenkaff* Rn 5). Dem Vermieter sind Veränderungen des Wohnungsbestandes mit dem Ziel, die Voraussetzungen des § 573a zu erfüllen, nach Treu und Glauben, § 242, versagt, wenn der Mieter darauf vertrauen durfte, dass dieser unverändert bleibt, was mangels anderer Anhaltspunkte stets der Fall sein wird. Nur sofern kein schutzwürdiges Vertrauen des Mieters besteht, kann der Vermieter solche Veränderungen vornehmen (jurisPK/*Mössner* Rn 23). 3

Ausgeschlossen ist eine **Kündigung** nach Abs 1 gem § 242 ferner, wenn der Vermieter nur kündigt, weil er das Haus nach dem anschließenden eigenen Auszug unvermietet weiterverkaufen (LG Stuttgart WuM 2007, 75; Schmidt-Futterer/*Blank*, Rn 19) oder abreißen (LG Mannheim WuM 2004, 99) will. Ein solcher Sachverhalt verdient die Privilegierung des § 573a nicht, da das bes Näheverhältnis zwischen den Bewohnern dann bis zum Auszug des Mieters nur noch formal vorliegen und anschließend ohnehin aufgelöst werden würde. In solchen Fällen kann die bezweckte angemessene wirtschaftliche Verwertung der Mietsache nur unter den Kündigungsvoraussetzungen des § 573 Abs 2 Nr 3 erreicht werden. Dies gilt auch, wenn der Verkaufsentschluss des Vermieters noch nicht beim Ausspruch der Kündigung, aber bis zum Ende des Mietverhältnisses gefasst wurde (LG Duisburg NZM 2005, 216), da das Kündigungsinteresse über den Kündigungszeitpunkt hinaus fortbestehen muss (Karlsruhe NJW-RR 1994, 80). Der Vermieter ist verpflichtet, in einem solchen Fall den Mieter von den geänderten Umständen in Kenntnis zu setzen (Bub/Treier/*Grapentin* IV Rn 97). 4

5 **II. Wohnraum innerhalb der vom Vermieter selbst bewohnten Wohnung, Abs 2.** Abs 2 ist anwendbar auf Wohnraum, der innerhalb der von dem Vermieter selbst bewohnten Wohnung liegt, wobei dieser nicht ganz oder überwiegend von dem Vermieter mit Einrichtungsgegenständen ausgestattet worden sein darf, da sonst § 549 Abs 2 Nr 2 einschlägig ist. Auf die Eigentumsverhältnisse kommt es hier ebenfalls nicht an, entscheidend ist, dass der Mieter einen nicht als eigenständige Wohnung zu qualifizierenden Bereich innerhalb der Wohnung des Vermieters bewohnt und sich deren Lebensbereiche dadurch überschneiden (Staud/*Rolfs* Rn 19). Regelm sind gemeinsam genutzte Räume vorhanden (jurisPK/*Mössner* Rn 47). Die »Wohnung« des Vermieters kann auch ein Einfamilienhaus sein.

6 **III. Kündigung.** Die Kündigungserklärung muss gem § 568 Abs 1 schriftlich erfolgen und nach Abs 3 angeben, ob eine Kündigung gem Abs 1 oder Abs 2 vorliegt. Letzteres ist eine formelle Wirksamkeitsvoraussetzung, da anderenfalls dem Mieter die Einschätzung der Verteidigungsmöglichkeiten gegen die Kündigung unangemessen erschwert würde (MüKo/*Häublein* Rn 13). Eine Begründung der Kündigung ist mangels Anknüpfung an die Präklusionswirkung des § 573, die der Gesetzgeber in § 574 ausdrücklich vorgesehen hat, nicht erforderlich (MüKo/*Häublein* Rn 16), aber empfehlenswert (so auch Palandt/*Weidenkaff* Rn 9). Die gesetzliche oder vertragliche Kündigungsfrist verlängert sich gem Abs 1 S 2 um drei Monate.

7 **C. Prozessuales.** § 573a ist nicht zu Lasten des Mieters abdingbar, Abs 4. Der Mieter kann sich trotz der Kündigungserleichterung für den Vermieter gem §§ 574 ff gegen die Kündigung verteidigen (MüKo/*Häublein* Rn 17). Ferner kann eine Kündigung nach § 573a, wenn das Formerfordernis des Abs 3 nicht erfüllt, aber ein entspr Grund angegeben ist, in eine ordentliche Kündigung nach § 573 umgedeutet werden. Hierfür ist dann aber die Angabe eines Kündigungsgrundes nach dieser Vorschrift erforderlich. Auch kann die Kündigung nach § 573a hilfsweise zu derjenigen nach § 573 erklärt werden, dies gilt auch umgekehrt. Die Kündigung kann auch wiederholt werden. Nach erfolgtem Widerspruch des Mieters gegen eine Kündigung gem § 573 kann ferner in einer neuen Kündigung auf das Vorliegen der Voraussetzungen des § 573a abgestellt werden (PWW/*Riecke* Rn 14).

§ 573b Teilkündigung des Vermieters.

[1] Der Vermieter kann nicht zum Wohnen bestimmte Nebenräume oder Teile eines Grundstücks ohne ein berechtigtes Interesse im Sinne des § 573 kündigen, wenn er die Kündigung auf diese Räume oder Grundstücksteile beschränkt und sie dazu verwenden will,

1. **Wohnraum zum Zwecke der Vermietung zu schaffen oder**
2. **den neu zu schaffenden und den vorhandenen Wohnraum mit Nebenräumen oder Grundstücksteilen auszustatten.**

[2] Die Kündigung ist spätestens am dritten Werktag eines Kalendermonats zum Ablauf des übernächsten Monats zulässig.

[3] Verzögert sich der Beginn der Bauarbeiten, so kann der Mieter eine Verlängerung des Mietverhältnisses um einen entsprechenden Zeitraum verlangen.

[4] Der Mieter kann eine angemessene Senkung der Miete verlangen.

[5] Eine zum Nachteil des Mieters abweichende Vereinbarung ist unwirksam.

1 **A. Allgemeines/Anwendbarkeit.** Abw von dem Grundsatz, dass Mietverhältnisse nur einheitlich gekündigt werden können, regelt § 573b die Ausn der **Teilkündigung.** Die Vorschrift ist neben § 573a ein weiterer Ausnahmetatbestand zu § 573, deren Zweck einerseits die Schaffung von Wohnraum ist (PWW/*Riecke* Rn 1), da der wohnungspolitisch gewünschte Ausbau von Dachgeschossen und anderen Nebenräumen nicht am Widerstand des Mieters scheitern solle (jurisPK/*Mössner* Rn 4), andererseits aber dem Mieter der Gebrauch solcher Räume und Flächen erhalten bleibt, auf deren Weiternutzung er zum Wohnen dringend angewiesen ist (LG Nürnberg-Fürth Urt v 12.06.2007, 7 S 1753/07). Die Regelung ist anwendbar auf alle Wohnraummietverhältnisse auf unbestimmte Zeit, auch auf die von § 549 Abs 2, 3 erfassten.

2 **B. Tatbestand. I. Nebenraum oder Grundstücksteil.** Es muss eine Teilkündigung eines nicht zum Wohnen bestimmten **Nebenraumes** oder **Grundstücksteils** vorliegen. Deren Bestimmung wird maßgeblich durch die mietvertragliche Abrede vorgenommen, ergänzt durch die Verkehrsanschauung. Nebenräume sind nur solche Räume, die in keinem engen Zusammenhang mit der vertraglichen Wohnnutzung stehen (jurisPK/*Mössner* Rn 9), idR sind dies Kellerräume, Dachbodenräume, Abstellräume, Schuppen, Werkstatt-, Garten- oder Hofflächen. Ob der Mieter Nebenräume vertragswidrig als Wohnräume benutzt, ist dabei unerheblich (Staud/*Rolfs* Rn 9). In Einzelfällen kann die Abgrenzung zwischen einem einheitlichen Wohnungsmietverhältnis und einem eigenständigen Mietverhältnis über einen Grundstücksteil schwer fallen, etwa wenn Letzterer später hinzu gemietet worden ist und es sich hierbei um einen Pkw-Stellplatz handelt. Mit der Verkehrsauffassung wird man annehmen können, dass ein einzelner Pkw-Stellplatz einheitlich zu dem Mietverhältnis gehört und nicht nach § 573b kündbar ist (Karlsruhe NJW 1983, 1499), während einem zweiten oder dritten Stellplatz eigenständige Mietverträge zugrunde liegen, so dass eine Kündigung nach § 573b möglich ist (LG Nürnberg-Fürth Urt v 12.06.2007, 7 S 1753/07).

II. Verwertungsabsicht. Der Vermieter muss nach Abs 1 Nr 1 beabsichtigen, die zu kündigende Fläche zum Zwecke der Vermietung als neuen Wohnraum auszubauen. Dies schließt sowohl eine Eigennutzung durch den Vermieter als auch eine gewerbliche Nutzung aus (LG Stuttgart NJW-RR 1992, 206), eine Mischnutzung ist aber zulässig (MüKo/*Häublein* § 573 Rn 7), ebenso die Vermietung an einen gewerblichen Zwischenmieter, wenn dieser als Wohnraum weitervermietet (Bub/Treier/*Grapentin* IV Rn 84a). Nach Abs 2 Nr 2 wird auch die Kündigung wegen der Ausstattung von neu zu schaffendem oder – nicht »und«, wie in der Norm formuliert (Palandt/*Weidenkaff* Rn 5) – vorhandenem Wohnraum mit Nebenräumen oder Grundstücksteilen ermöglicht. Diesbezügliche Pläne des Vermieters müssen sich bereits konkretisiert haben. Baupläne oder Genehmigungen müssen noch nicht vorliegen, das Vorhaben aber zulässig sein (jurisPK/*Mössner* Rn 14). Eine Vorratskündigung ist unzulässig (Staud/*Rolfs* Rn 12). Die Vorschrift ist nicht analog anzuwenden, wenn der Ausbau von Nebenräumen zu Wohnzwecken des Vermieters erfolgt, wenn dieser im Gegenzug die bisher von ihm bewohnten Räume dem Wohnungsmarkt zur Verfügung stellen will (MüKo/*Häublein* Rn 5; LG Stuttgart NJW-RR 1992, 206). Veräußert der Vermieter nach Ausspruch der Kündigung die Wohnung, bleibt die Kündigung wirksam, falls der Erwerber die der Kündigung zu Grunde liegenden Maßnahmen ebenfalls durchführen will (Schmidt-Futterer/*Blank* Rn 20). 3

III. Kündigungserklärung. Die **Teilkündigungserklärung** muss schriftlich, § 568, ergehen und ausdrücklich als solche gem § 573b bezeichnet sein; letzteres ist formelle Wirksamkeitsvoraussetzung. Es müssen konkret die gekündigten Flächen bezeichnet werden. Ob ein Begründungserfordernis besteht, ist umstr. Teilw wird vertreten, die Kündigung sei nur dann ausreichend begründet, wenn sie Angaben über die konkret bestehende Bauabsicht und die Zulässigkeit des Bauvorhabens enthält (LG Berlin GE 1997, 859). Dem wird entgegen gehalten, dass analog zu § 573a keine Begründung notwendig sei, was der Systematik des Gesetzes entspricht. Allerdings ist eine Analogie zu § 573 Abs 3 geboten, da anders als bei § 573a hier keine ausschließlich vom Willen des Vermieters abhängige Entscheidung ausreicht, sondern eine bestimmte Verwendungsabsicht vorausgesetzt wird. Dem berechtigten Informationsinteresse des Mieters wird daher nur entsprochen, wenn die Kündigung hinreichend konkret begründet ist (MüKo/*Häublein* Rn 14; jurisPK/*Mössner* Rn 26). Ein über die Verwendungsabsicht hinausgehendes berechtigtes Interesse ist aber nicht erforderlich. Die Kündigung muss zudem auf die konkret zu dem Zwecke von Abs 1 Nr 1 oder Nr 2 zu verwendenden Räume beschränkt sein. 4

Die **Kündigungsfrist** des Abs 2 entspricht der regelm Kündigungsfrist des § 573c Abs 1 S 1, sodass Abs 2 nur dann einen Regelungsgegenstand hat, wenn die Kündigungsfrist des konkreten Mietverhältnisses vertraglich abw oder gesetzlich nach § 573c Abs 1 S 2 zu beurteilen wäre. Nach Abs 3 kann der Mieter eine Verlängerung des Mietverhältnisses verlangen, wenn sich der Beginn der beabsichtigten Baumaßnahme verzögert. Es ist grds ein konkreter Verlängerungszeitraum zu definieren, so dass ein befristetes Mietverhältnis für die betroffenen Räume entsteht und eine erneute Kündigung nicht erforderlich ist (Staud/*Rolfs* Rn 20). 5

IV. Senkung der Miete, Abs 4. Der Mieter kann verlangen, dass die Miete entspr des Wertes der gekündigten Räume an der angemieteten Wohnung ggf entspr der Flächenreduzierung gesenkt wird. Auf die Grundsätze der Minderung gem § 536 kann zurückgegriffen werden, wobei keine Senkung kraft Gesetzes stattfindet (MüKo/*Häublein* Rn 17). Der Vermieter muss hierauf nicht hinweisen. Die Senkung der Miete ist frühestens ab dem Zeitpunkt der Räumung nach Ablauf der Kündigungsfrist und nicht rückwirkend möglich, falls diese erst zu einem späteren Zeitpunkt geltend gemacht wird. 6

C. Prozessuales. § 573b ist nicht zu Lasten des Mieters abdingbar, Abs 5. Der Vermieter muss die Voraussetzungen des Teilkündigungsrechts und die Ordnungsmäßigkeit der Kündigungserklärung darlegen und beweisen; der Mieter trägt die Beweislast für die Höhe der Senkung der Miete nach Abs 4. 7

§ 573c Fristen der ordentlichen Kündigung.

[1] Die Kündigung ist spätestens am dritten Werktag eines Kalendermonats zum Ablauf des übernächsten Monats zulässig. Die Kündigungsfrist für den Vermieter verlängert sich nach fünf und acht Jahren seit der Überlassung des Wohnraums um jeweils drei Monate.

[2] Bei Wohnraum, der nur zum vorübergehenden Gebrauch vermietet worden ist, kann eine kürzere Kündigungsfrist vereinbart werden.

[3] Bei Wohnraum nach § 549 Absatz 2 Nummer 2 ist die Kündigung spätestens am 15. eines Monats zum Ablauf dieses Monats zulässig.

[4] Eine zum Nachteil des Mieters von Absatz 1 oder 3 abweichende Vereinbarung ist unwirksam.

A. Allgemeines/Anwendbarkeit. Diese Vorschrift ist die zentrale Vorschrift zur Bestimmung der Kündigungsfristen im Wohnraummietrecht. Die frühere Regelung wurde mit dem Mietrechtsmodernisierungsgesetz abgelöst, der Gesetzgeber hat sich für einseitig asymmetrische Regelkündigungsfristen in Abs 1 S 2 entschieden, um einerseits dem Bestandsschutz des Mieters mehr Gewicht zu verleihen, andererseits dessen Mobilität aber nicht durch auch für ihn verlängerte Kündigungsfristen einzuschränken. Für Altverträge ist Art 229 § 3 Abs 10 S 2 EGBGB zu beachten (BGH NJW 2003, 2739). Anwendbar ist die Vor- 1 schrift auf alle ordentlichen Kündigungen von Wohnraummietverhältnissen auf unbestimmte Zeit, auch bereits vor Überlassung der Mietsache.

2 **B. Tatbestand. I. Fristberechnung.** Die **Kündigungsfrist** wird nach §§ 187–193 berechnet. Die Kündigung muss nach Ablauf der **Karenzzeit** an dem in Abs 1 S 1 genannten dritten Werktag eines Kalendermonats dem Mieter zugehen, § 130. Sie gilt als zugegangen, wenn sie nach der Verkehrsanschauung so in den Machtbereich des Mieters gelangt ist, dass bei Annahme gewöhnlicher Verhältnisse damit zu rechnen ist, dass er von ihrem Inhalt Kenntnis erlangen konnte. Mit Ablauf der Kündigungsfrist endet das Mietverhältnis. Dabei ist zu beachten, dass bei der Berechnung der Karenzzeit nach Abs 1 S 1 der Sonnabend als Werktag mitzuzählen ist (BGH NJW 2005, 2154), wenn nicht der letzte Tag der Karenzzeit auf diesen Tag fällt (BGH NJW 2005, 2154) – in dem Fall endet die Karenzzeit gem § 193 erst am folgenden Werktag (Staud/*Rolfs* Rn 11; jurisPK/*Mössner* Rn 15).

3 Die **Angabe eines falschen Kündigungstermins** im Kündigungsschreiben hat nicht die Unwirksamkeit der Kündigung zur Folge, denn es ist schon nicht erforderlich, dass der Kündigungstermin überhaupt genannt wird (jurisPK/*Mössner* Rn 24). Eine derartige Kündigung gilt für den nächsten zulässigen Termin, wenn ein zu früher Termin genannt worden ist und sich aus der Kündigungserklärung für den Kündigungsempfänger eindeutig entnehmen lässt, dass der Kündigende das Mietverhältnis in jedem Fall beenden will (LG Köln ZMR 1992, 343), was durch Umdeutung, § 140, erreicht wird (Hamm MDR 1994, 56; LG Frankfurt aM NJW-RR 1990, 337; MüKo/*Häublein* Rn 14). Bei Angabe eines späteren Termins als dem nach § 573c möglichen endet das Mietverhältnis auch erst zu diesem späteren Termin.

4 **II. Kündigungsfristen.** Die Kündigungsfrist ist der Zeitraum zwischen dem Tag, vor dessen Ablauf die Kündigungserklärung spätestens nach § 130 zugehen muss und dem Tag, an dem das Mietverhältnis enden soll, dem Kündigungstermin. **1. Regelkündigungsfrist, Abs 1.** Nach Abs 1 S 1 beträgt die Regelkündigungsfrist für Mieter und Vermieter einheitlich drei Monate abzüglich der Karenzzeit von drei Werktagen. Nach Abs 1 S 2 verlängert sich diese für den Vermieter – nicht jedoch für den Mieter – nach fünf und nach acht Jahren seit der **Überlassung** des Wohnraums um jeweils drei Monate auf die Höchstfrist von neun Monaten, jeweils unter Abzug der Karenzzeit von drei Werktagen. Unter der Überlassung wird die tatsächliche willentliche Besitzeinräumung verstanden (Staud/*Rolfs* Rn 20), so dass ein während des laufenden Mietverhältnisses abgeschlossener Mietvertrag nicht maßgeblich ist, eine Wohnung während einer Zeit gemeinsamen Wohnens mit dem Hauptmieter vor Abschluss eines eigenständigen Mietvertrages bereits als überlassen gilt und auch ein Eigentümerwechsel nicht schadet (PWW/*Riecke* Rn 5). Umstr ist, ob bei der Umstellung eines Untermietverhältnisses in ein Hauptmietverhältnis die Mietsache während des Untermietverhältnisses bereits als überlassen in diesem Sinne gilt und ob dies auch der Fall ist, wenn ein Wohnungswechsel innerhalb des Hauses (so LG Bonn WuM 1987, 322) oder auch der Wohnanlage des Vermieters vorgenommen wird. Dem Zweck der Regelung entspr, einen lange in der Wohnung wohnenden und entspr sozial fest verwurzelten Mieter zu schützen, ist dies zu bejahen (MüKo-*Häublein* Rn 8; Staud/*Rolfs* Rn 31; Schmidt-Futterer/*Blank* Rn 14; aA Palandt/*Weidenkaff* Rn 11). Kurzzeitige und vorübergehende Unterbrechungen der Besitzzeit schaden ebenfalls nicht (Staud/*Rolfs* Rn 26).

5 **2. Kündigungsfrist bei Wohnraum zum vorübergehenden Gebrauch, Abs 2.** Bei der Überlassung von Wohnraum zum vorübergehenden Gebrauch kann von den Parteien eine beliebige Kündigungsfrist vereinbart werden.

6 **3. Kündigungsfrist bei Wohnraum nach § 549 Abs 2 Nr 2, Abs 3.** Ein Mietverhältnis über möblierten Wohnraum gem § 549 Abs 2 Nr 2 kann zum 15. eines Monats zum Ablauf dieses Monats gekündigt werden, Abs 3. Der von § 549 Abs 2 Nr 2 ausgenommene Fall, dass der möblierte Wohnraum dem Mieter zum dauernden Gebrauch mit seiner Familie oder mit Personen überlassen ist, mit denen er einen auf Dauer angelegten Haushalt führt, ist auch von Abs 3 nicht betroffen. Diese kürzere Kündigungsfrist ist gerechtfertigt, da der Mieter ohne eigenen Hausstand idR eine schwächere soziale Bindung aufweist als der typische Wohnungsmieter und entspr weniger schutzbedürftig ist. § 193 findet keine Anwendung, wenn der 15. des Monats ein Samstag ist (BGH NJW 2005, 1354), so dass der 15. des Monats unabhängig davon der maßgebliche Zeitpunkt ist, ob dieser ein Sonnabend, Sonn- oder Feiertag ist; es tritt also keine Verkürzung der Kündigungsfrist ein (Staud/*Rolfs* Rn 13).

7 **C. Prozessuales.** § 573c Abs 1 und 3 sind nicht zu Lasten des Mieters abdingbar, dies gilt nicht für zum vorübergehenden Gebrauch vermieteten Wohnraum, Abs 4. Auch Verträge, die vor dem 01.09.2001 abgeschlossen wurden, sind hiervon ausgenommen, wenn die Kündigung noch vor dem 01.06.2005 ausgesprochen wurde, Art 229 § 3 Abs 10 EGBGB (BGH NJW-RR 2007, 668). Für den Mieter ist es nachteilig, wenn entweder er selbst nur mit einer verlängerten Frist oder der Vermieter innerhalb einer verkürzten Frist kündigen kann. Eine für beide Parteien gleichermaßen im Mietvertrag geregelte, verlängerte oder verkürzte Frist ist teilunwirksam, soweit sie für den Mieter nachteilig ist (BGH, NJW 2008, 1661; MüKo/*Häublein* Rn 15). Unwirksam sind ferner sowohl die Vereinbarung abw Kündigungszeitpunkte, etwa zum Ende eines Quartals (PWW/*Riecke* Rn 9) sowie Verlängerungsklauseln etwa um jeweils ein Jahr, falls nicht zu einem best Zeitpunkt gegen die Verlängerung widersprochen oder die Kündigung erklärt wurde (Schmidt-Futterer/*Blank* Rn 23).

Ein **beidseitiger** formularmäßiger Kündigungsverzicht ist wegen unangemessener Benachteiligung des Mieters idR nach § 307 Abs 2 Nr 1 unwirksam, wenn seine Dauer mehr als vier Jahre beträgt (BGH NJW 2005, 1574). Ein beidseitiger formularmäßiger Ausschluss der Kündigung für zwei Jahre nach Vertragsschluss ist dagegen ebenso wirksam (BGH NJW 2004, 3117) wie ein individualvertraglicher Kündigungsverzicht für bis zu 5 Jahre (BGH NJW 2004, 1448). Dabei unterscheidet der BGH zwischen der Frage, mit welcher Frist das Mietverhältnis gekündigt werden kann und der Frage, ob dem Kündigenden ein Kündigungsrecht zusteht, was durch eine Kündigungsverzichtsabrede befristet ausgeschlossen wird und vor § 573c Abs 4 Bestand hat. Ein **einseitiger** formularmäßiger Kündigungsverzicht des Mieters ist an §§ 305 ff zu messen. IVm einer nach § 557a zulässigen Staffelmietvereinbarung soll dieser den Mieter nicht unangemessen benachteiligen, wenn er für 4 Jahre gilt (BGH NJW 2006, 1056, aA MüKo/*Häublein* Rn 22). Möglich ist eine **Aufhebung der Kündigung durch beidseitige Vereinbarung**, die innerhalb der Kündigungsfrist den Fortbestand des bisherigen Mietvertrages zur Folge hat und nach Ablauf der Kündigungsfrist einen neuen Mietvertrag begründet (Palandt/*Weidenkaff* Rn 8 f). Einseitig können die Folgen einer Kündigung nicht zurückgenommen werden. 8

§ 573d Außerordentliche Kündigung mit gesetzlicher Frist. **[1] Kann ein Mietverhältnis außerordentlich mit der gesetzlichen Frist gekündigt werden, so gelten mit Ausnahme der Kündigung gegenüber Erben des Mieters nach § 564 die §§ 573 und 573a entsprechend.**

[2] Die Kündigung ist spätestens am dritten Werktag eines Kalendermonats zum Ablauf des übernächsten Monats zulässig, bei Wohnraum nach § 549 Absatz 2 Nummer 2 spätestens am 15. eines Monats zum Ablauf dieses Monats (gesetzliche Frist). § 573a Absatz 1 Satz 2 findet keine Anwendung.

[3] Eine zum Nachteil des Mieters abweichende Vereinbarung ist unwirksam.

A. Allgemeines/Anwendbarkeit. Nach dieser Vorschrift ist auch für eine außerordentliche Kündigung des Vermieters mit gesetzlicher Frist ein berechtigtes Interesse erforderlich, weil in diesem Fall ein Verschulden des Mieters nicht vorliegt und diesem ausreichend Zeit zur Wohnungssuche gewährt werden soll (Staud/*Rolfs* Rn 3). Die Norm ist anwendbar auf alle ordentlichen Kündigungen von Wohnraummietverhältnissen auf unbestimmte Zeit mit Ausn der in § 549 Abs 2, 3 genannten. 1

B. Tatbestand. I. Außerordentliche Kündigung mit gesetzlicher Frist. Es muss eine außerordentliche Kündigung mit gesetzlicher Frist vorliegen. Diese ist für Wohnraum für den Mieter in §§ 544 S 1; 563 Abs 4; 564 S 2, 1056 Abs 2, 2135 sowie § 111 InsO; § 57a ZVG; §§ 31 Abs 3, 37 Abs 3 S 2 WEG; § 30 Abs 2 ErbbauRG sowie für den Vermieter in §§ 540 Abs 1, 2; 544 S 1; 563a Abs 2; 564 S 2 geregelt. Keine außerordentliche Kündigung mit gesetzlicher Frist folgt aus dem Sonderkündigungsrecht des Mieters nach einer Mieterhöhung, § 561 (jurisPK/*Mössner* Rn 10). 2

II. Berechtigtes Interesse. Neben den Voraussetzungen der jeweiligen Spezialnorm, die zur außerordentlichen Kündigung mit gesetzlicher Frist berechtigt, ist ein berechtigtes Interesse an der Kündigung gem § 573 Abs 1, 2 erforderlich (s § 573 Rz 13 ff), sofern dies nicht bereits gem §§ 573a; 564; 549 Abs 2, 3 oder § 57a ZVG entbehrlich ist. 3

III. Kündigung. Die Kündigungserklärung muss schriftlich ergehen, § 568: Wird sie vom Vermieter erklärt, muss sie zudem gem § 573 Abs 3 bzw § 573a Abs 3 die Gründe enthalten, aus denen sich das berechtigte Interesse ergibt (Staud/*Rolfs* Rn 89; s § 573 Rz 24; § 573a Rz 6). Die Kündigung des Mieters bedarf keiner Begründung. Die Kündigungsfrist entspricht der Regelfrist des § 573c Abs 1 S 1, so dass eine Verlängerung nach § 573 Abs 1 S 2 ausscheidet und gem Abs 2 S 2 auch im Falle einer Anwendung des § 573a keine Verlängerung nach § 573a Abs 1 S 2 eintritt. 4

C. Prozessuales. § 573d ist nicht zu Lasten des Mieters abdingbar, Abs 3. Die Verteidigungsmöglichkeiten des Mieters gem §§ 574–574c bleiben erhalten; dies folgt aus der systematischen Stellung des § 573d sowie einem Umkehrschluss aus § 574 Abs 1 S 2 (MüKo/*Häublein* Rn 7). 5

§ 574 Widerspruch des Mieters gegen die Kündigung. **[1] Der Mieter kann der Kündigung des Vermieters widersprechen und von ihm die Fortsetzung des Mietverhältnisses verlangen, wenn die Beendigung des Mietverhältnisses für den Mieter, seine Familie oder einen anderen Angehörigen seines Haushalts eine Härte bedeuten würde, die auch unter Würdigung der berechtigten Interessen des Vermieters nicht zu rechtfertigen ist. Dies gilt nicht, wenn ein Grund vorliegt, der den Vermieter zur außerordentlichen fristlosen Kündigung berechtigt.**

[2] Eine Härte liegt auch vor, wenn angemessener Ersatzwohnraum zu zumutbaren Bedingungen nicht beschafft werden kann.

[3] Bei der Würdigung der berechtigten Interessen des Vermieters werden nur die in dem Kündigungsschreiben nach § 573 Absatz 3 angegebenen Gründe berücksichtigt, außer wenn die Gründe nachträglich entstanden sind.

[4] Eine zum Nachteil des Mieters abweichende Vereinbarung ist unwirksam.

1 **A. Allgemeines.** Diese Vorschrift, sog Sozialklausel des Kündigungsrechts, dient dem Bestandsinteresse des Mieters. Der Mieter kann unter den Voraussetzungen des Abs 1 S 1 auf die Kündigung mit **Widerspruch**, § 574b, und **Fortsetzungsverlangen**, § 574a, reagieren und bei Vorliegen der Voraussetzungen erreichen, dass das Mietverhältnis trotz Vorliegens eines berechtigten Interesses des Vermieters gem § 573 Abs 1 oder trotz Entbehrlichkeit eines berechtigten Interesses gem §§ 573a, 573b, 549 Abs 3, 564 S 2 fortgesetzt wird, sofern nicht ein Grund vorliegt, der eine außerordentliche Kündigung rechtfertigen würde, Abs 1 S 2. Dabei müssen die Gerichte bei der Anwendung der Sozialklausel des § 574 und der Auslegung der dort enthaltenen unbestimmten Rechtsbegriffe, namentlich des Begriffs der »Härte«, Bedeutung und Tragweite das Bestandsinteresses des Mieters nach Art 14 Abs 1 GG hinreichend erfassen und berücksichtigen (BVerfG NJW 1993, 2035). Unter den Voraussetzungen des § 574a Abs 1 S 2, Abs 2 sind die Bedingungen des Mietverhältnisses anzupassen.

2 **B. Anwendbarkeit.** Anwendbar ist die Bestimmung auf alle ordentlichen Kündigungen von Wohnraummietverhältnissen auf unbestimmte Zeit, sofern diese ansonsten wirksam sind (jurisPK/*Mössner* Rn 10). Sie ist aber weder anwendbar auf die in § 549 Abs 2 genannten, noch, im Falle des § 575 Abs 2, auf befristete, sowie – auch nicht entspr – auf auslaufende befristete Wohnraummietverhältnisse. Auch bei außerordentlicher fristloser Kündigung aus wichtigem Grund nach §§ 543 Abs 1, 2; 569 Abs 1, 2 ist sie nicht heranziehbar (Palandt/*Weidenkaff* Rn 5). Ferner ist sie weder anwendbar auf einen Rücktritt noch auf eine Anfechtung des Mietvertrages durch Mieter oder Vermieter noch gar auf die Eigenkündigung eines Mieters, der sich während der Kündigungsfrist noch einmal anders entschieden hat (Staud/*Rolfs* Rn 16 f).

3 **C. Tatbestand. I. Vermieterkündigung.** Es muss eine wirksame, ordentliche Kündigung des Vermieters, § 573, eine erleichterte Kündigung, §§ 573a, 573b, oder eine außerordentliche Kündigung mit gesetzlicher Frist gem § 573d vorliegen, die gem § 568 Abs 1 in Schriftform ergangen sein muss. Gem Abs 3 muss diese entspr § 573 Abs 3 begründet sein (s § 573 Rz 24), sofern nicht ein Fall der Kündigung ohne Begründungserfordernis nach §§ 573a, 573b, 549 Abs 3, 564 S 2 vorliegt – hierauf ist Abs 3 nicht anwendbar, auch nicht analog. Die Gründe für das Interesse des Vermieters an der Kündigung des Mieterverhältnisses muss der Vermieter in diesen letztgenannten Fällen daher nicht bereits im Kündigungsschreiben benennen. Die Kündigung löst das Mietverhältnis auf, wenn der Mieter entweder nicht oder nicht rechtzeitig nach § 574b widerspricht und der Vermieter dies rügt.

4 **II. Härte für den Mieter.** Der Widerspruch durch den Mieter kann nur dann Wirkung entfalten, wenn die vertragsgem Beendigung des Mietverhältnisses für den Mieter, seine Familie oder einen anderen Angehörigen seines Haushalts eine **Härte** bedeuten würde, die auch unter Würdigung der berechtigten Interessen des Vermieters nicht zu rechtfertigen ist. Sie kann vorübergehender oder dauerhafter Natur sein (MüKo/*Häublein* Rn 9), muss aber sowohl bereits bei Zugang des Widerspruchs als auch bei Ablauf der Kündigungsfrist noch bestehen (Staud/*Rolfs* Rn 24). Es genügen nicht allg Unbequemlichkeiten, Unannehmlichkeiten oder Kosten, die mit jedem Wohnungswechsel verbunden sind (Staud/*Rolfs* Rn 23). **1. Geschützter Personenkreis.** Von § 574 geschützt sind die Familienangehörigen und die Angehörigen des Haushalts des Mieters (s § 573 Rz 14 f).

5 **2. Beschaffung angemessenen Ersatzraums, Abs 2.** Abs 2 benennt die fehlende Beschaffbarkeit angemessenen **Ersatzwohnraums** zu zumutbaren Bedingungen ausdrücklich als Härte. Dabei stellt das Gesetz auf zumutbare Bedingungen ab und verlangt nicht, dass Wohnraum zu identischen Bedingungen verfügbar ist (jurisPK/*Mössner* Rn 52). Daher müssen auch Wohnungen zu höheren Mieten bis hin zur ortsüblichen Vergleichsmiete sowie kleinere oder schlechter gelegene Wohnungen in die Betrachtung einbezogen werden. Lassen die wirtschaftlichen Verhältnisse des Mieters eine höhere Miete nicht zu, ist er auf eine kleinere Wohnung zu verweisen (LG Bremen WuM 2003, 333). Sofern dies unter Berücksichtigung des Familieneinkommens – einschließlich eines eventuellen Anspruchs auf Wohngeld – für den Mieter tragbar ist, muss er eine höhere Miete (Köln ZMR 2004, 33) und gewisse Verschlechterungen in Kauf nehmen und darf sich nicht auf das bisherige Wohngebiet beschränken (LG Hamburg ZMR 2003, 265). Der Mieter ist nach Erhalt einer berechtigten Kündigung verpflichtet, sich selbst um angemessenen Ersatzwohnraum zu bemühen (Köln ZMR 2004, 33; Staud/*Rolfs* Rn 52).

6 **3. Unzumutbare Härte.** Die häufigsten Gründe für das Vorliegen einer **unzumutbaren Härte** sind Alter und Krankheit. So können dies sein: der anstehende Umzug eines hoch betagten, blinden und auch sonst schwer kranken Mieters, der bereits jahrzehntelang in der Wohnung lebt und in fremder Umgebung völlig hilflos wäre (LG Bochum ZMR 2007, 452), behinderungsbedingte Anpassungsschwierigkeiten eines Behinderten bei einem Umgebungswechsel (LG Aachen WuM 2006, 692), Alter und Erkrankung (BGH WuM 2005, 136; s.o.) sowie lange Wohndauer in der fraglichen Wohnung und somit starke soziale Verwurzelung im angestammten Wohnumfeld (KG GE 2004, 752; LG Bonn NJW-RR 1990, 973). Letzteres reicht allerdings alleine nicht (Köln ZMR 2004, 33), auch nicht, wenn durch Mitgliedschaften in Vereinen und ansässigen Freundes- und Bekanntenkreis eine bes starke Bindung besteht (LG Mannheim DWW 1993, 140). Möglich ist, dass die vorgenannten Umstände für sich alleine genommen im Einzelfall eine unzumutbare Härte nicht begründen, aber in ihrer Gesamtheit (LG Essen WuM 2000, 357). Bei älteren Mietern kommt dem Aspekt der sozialen

Verwurzelung zudem regelm eine höhere Bedeutung zu (LG Hamburg DWW 1991, 189). Eine unzumutbare Härte können ferner einverständlich erbrachte Investitionen des Mieters in die unrenoviert überlassene Wohnung darstellen, jedenfalls für die Dauer der Abwohnzeit (LG Kiel WuM 1992, 690; LG Berlin NJW-RR 1989, 1358). Keine unzumutbaren Härten sind die Vorbereitung auf die Teilnahme an den Olympischen Spielen (LG Bonn WuM 1992, 610), die Notwendigkeit eines Schulwechsels der Kinder des Mieters (LG Hamburg NJW-RR 1991, 1355) sowie die üblichen Beeinträchtigungen durch einen Umzug wie Wohnungssuche, Umzugskosten und Arbeitsaufwand (LG Berlin NJW-RR 1989, 1358); auch unzumutbare Härten des Untermieters bleiben unberücksichtigt (PWW/*Weidenkaff* Rn 12).

III. Berechtigte Vermieterinteressen. Wenn der Mieter einen begründeten Widerspruch erhoben hat, muss 7
das vom Vermieter geltend gemachte berechtigte Interesse nach § 573 Abs 1 (s § 573 Rz 13 ff) zumindest gleichwertig mit dem Bestandsinteresse des Mieters sein. Es werden grds nur solche Interessen des Vermieters berücksichtigt, die im Kündigungsschreiben aufgeführt sind, Abs 3, dies gilt allerdings nicht für nachträglich entstandene Gründe und auch nicht für Kündigungen, die keiner Begründung bedürfen (MüKo/*Häublein* Rn 24).

IV. Interessenabwägung. Bei der Interessenabwägung sind die Interessen des Mieters und des Vermieters 8
gleichwertig zu berücksichtigen (LG Koblenz NJW-RR 1991, 1165). Es ist zu prüfen, welche Auswirkungen die Beendigung des Mietverhältnisses für den Mieter, und welche Auswirkungen die Vertragsfortsetzung für den Vermieter haben würde. (Schmidt-Futterer/*Blank* Rn 62) Dabei ist zum Bsp ein gesundheitliches Interesse des Mieters höher als ein finanzielles Interesse des Vermieters, aber ein Eigenbedarfsinteresse des Vermieters wiederum höher als ein finanzielles Interesse des Mieters zu bewerten. Bei der Interessenabwägung darf das Gericht nicht in unzulässiger Weise die Lebensplanung der Parteien mitbestimmen (BVerfG NJW-RR 1993, 1358). Damit der Widerspruch des Mieters Erfolg haben kann, muss dessen Interesse am Bestand des Mietverhältnisses dasjenige des Vermieters an dessen Auflösung übersteigen – es reicht nicht, dass die beiderseitigen Interessen gleich hoch zu bewerten sind (Palandt/*Weidenkaff* Rn 8). Interessen Dritter, die auf Mieterseite dem geschützten Personenkreis angehören, sind im Rahmen der Interessenabwägung genauso beachtlich, als würden diese Härtegründe in der Person des Mieters selbst liegen (LG Koblenz NJW-RR 1991, 1165). Interessen sonstiger Dritter bleiben unberücksichtigt. Ebenfalls bleibt unberücksichtigt, dass der Mieter ggf die Einräumung einer gerichtlichen Räumungsfrist nach § 721 ZPO verlangen und durchsetzen könnte.

V. Ausschluss des Widerspruchs. Der Widerspruch ist nach Abs 1 S 2 ausgeschlossen, wenn ein Grund vor- 9
liegt, der den Vermieter zu einer außerordentlichen fristlosen Kündigung berechtigen würde, §§ 543 Abs 1, 2, Abs 2 S 1 Nr 2, 3; 569 Abs 3. Der Schutz der Sozialklausel soll nur dem vertragstreuen Mieter zukommen. Ferner kann der Mieter keinen Widerspruch gegen die Vermieterkündigung geltend machen, wenn er zeitgleich mit dem Vermieter die Kündigung des Mietverhältnisses erklärt hat. Hat der Mieter die Widerspruchsfrist des § 573b versäumt und der Vermieter die Einrede des verspäteten Widerspruchs im Prozess geltend gemacht, ist der Mieterwiderspruch ebenfalls ausgeschlossen.

D. Prozessuales. § 574 ist nicht zu Lasten des Mieters abdingbar, Abs 4. Dies betrifft einen Aufhebungsver- 10
trag nicht. Ferner kann der Mieter auf sein Widerspruchsrecht nicht vor, sondern nur nach Zugang der Kündigung verzichten, möglich ist auch ein Erlassvertrag auf Aufhebung der Wirkungen eines bereits eingelegten Widerspruchs (Staud/*Rolfs* § 81). Einseitig widerrufen werden kann der Widerspruch nicht. Der Mieter trägt die Beweislast für das Vorliegen einer unzumutbaren Härte, der Vermieter für sein berechtigtes Interesse und ggf das erst nachträgliche Entstehen eines nicht im Kündigungsschreiben enthaltenen Kündigungsgrundes. Der Mieter hat die Möglichkeit, bis zum Schluss der letzten mündlichen Verhandlung für ihn günstige Umstände vorzutragen oder seinen Widerspruch gem § 574 zu begründen (LG Wiesbaden WuM 1988, 269), wobei aber zuvor vorgetragene Härtegründe auch zu diesem Zeitpunkt noch bestehen müssen (Schmidt-Futterer/*Blank* Rn 25). Für den Vermieter sind, sofern er damit nicht gem §§ 574 Abs 3, 573 Abs 3 präkludiert ist, auch alle bis zum diesem Zeitpunkt vorliegenden Tatsachen zu berücksichtigen (MüKo/*Häublein* Rn 25).

§ 574a Fortsetzung des Mietverhältnisses nach Widerspruch.

[1] Im Falle des § 574 kann der Mieter verlangen, dass das Mietverhältnis so lange fortgesetzt wird, wie dies unter Berücksichtigung aller Umstände angemessen ist. Ist dem Vermieter nicht zuzumuten, das Mietverhältnis zu den bisherigen Vertragsbedingungen fortzusetzen, so kann der Mieter nur verlangen, dass es unter einer angemessenen Änderung der Bedingungen fortgesetzt wird.

[2] Kommt keine Einigung zustande, so werden die Fortsetzung des Mietverhältnisses, deren Dauer sowie die Bedingungen, zu denen es fortgesetzt wird, durch Urteil bestimmt. Ist ungewiss, wann voraussichtlich die Umstände wegfallen, auf Grund deren die Beendigung des Mietverhältnisses eine Härte bedeutet, so kann bestimmt werden, dass das Mietverhältnis auf unbestimmte Zeit fortgesetzt wird.

[3] Eine zum Nachteil des Mieters abweichende Vereinbarung ist unwirksam.

1 **A. Allgemeines/Anwendbarkeit.** Diese Vorschrift regelt die **Rechtsfolge von Widerspruch und Fortsetzungsverlangen** gem § 574 Abs 1 sowie dessen außergerichtliche und gerichtliche Durchsetzungsmöglichkeit. In erster Linie ist dies der Anspruch auf Abschluss eines Fortsetzungsvertrages mit dem Vermieter auf bestimmte Zeit (jurisPK/*Mössner* Rn 6), solange dies unter Berücksichtigung aller Umstände angemessen ist, Abs 1 S 1. Auf diese Fortsetzung, ihre Dauer und die Vertragsbedingungen sollen sich die Parteien einigen, Abs 1, anderenfalls wird auf Antrag des Mieters durch Urteil entschieden, Abs 2. Der Widerspruch selbst hat keine rechtsgestaltende Wirkung, führt insbes nicht zur Unwirksamkeit der Kündigung, sondern ist als Angebot zum Abschluss eines Fortsetzungsmietvertrages zu verstehen, über den sich die Parteien einigen oder über den durch Urteil entschieden wird (Staud/*Rolfs* Rn 4). Unerheblich ist, ob während dieses Zeitraumes schwebende Unwirksamkeit der Kündigung (Karlsruhe NJW 1973, 1001) oder ein sonstiger Schwebezustand (Schmidt-Futterer/*Blank*, Rn 9) angenommen wird. Unternehmen beide Parteien nach einem wirksamen Widerspruch nichts, endet das Mietverhältnis zu dem maßgeblichen Termin. Die Durchsetzung der Räumung ist aber gehemmt, bis über die Berechtigung des Fortsetzungsverlangens entschieden worden ist (MüKo/*Häublein* Rn 4). Die Regelung ist anwendbar wie § 574 (s § 574 Rz 2).

2 **B. Tatbestand. I. Allgemeines.** Voraussetzung ist zunächst ein wirksamer Widerspruch mit Fortsetzungsverlangen des Mieters nach §§ 574, 574b (s hierzu die Kommentierungen zu § 574 und § 574b). Die gesetzliche Regelung geht davon aus, dass das Mietverhältnis regelm für einen befristeten Zeitraum fortgesetzt werden kann. Die Fortsetzung auf unbestimmte Zeit nach § 574a Abs 2 S 2 bildet die Ausn.

3 **II. Fortsetzung auf bestimmte Zeit.** Der gesetzliche Normalfall ist die Fortsetzung auf bestimmte Zeit durch Einigung der Parteien. Einigen sich diese nicht, wird die Dauer der Fortsetzung gerichtlich auf der Grundlage einer Prognose dahingehend festgelegt, wann mit überwiegender Wahrscheinlichkeit mit dem völligen Wegfall, mit dem Absinken der Härtegründe unter die Zumutbarkeitsgrenze oder mit dem Überwiegen der Vermieterinteressen zu rechnen ist (Staud/*Rolfs* Rn 15). Da das Fortsetzungsverlangen des Mieters ein Vertragsangebot darstellt, muss dies konkretisieren, für welchen Zeitraum die Fortsetzung des Mietverhältnisses begehrt wird. Ein Zeitmietverhältnis gem § 575 wird hierdurch nicht begründet, so dass auch kein Befristungsgrund nach § 575 Abs 2 vorliegen muss. Allerdings ist die ordentliche Kündigung während des Fortsetzungszeitraumes ausgeschlossen, das Mietverhältnis endet durch Zeitablauf. IA wird das Mietverhältnis nicht für eine längere Zeit als drei Jahre fortgesetzt werden, da es sich dem Charakter nach um eine Übergangslösung handelt. Eine Fortsetzung von mehr als einem Jahr bedarf nach § 550 Abs 1 der Schriftform. Die Fortsetzungsvereinbarung begründet kein eigenständiges Mietverhältnis, sondern setzt das bisherige identitätswahrend fort (Palandt/*Weidenkaff* Rn 4).

4 **III. Fortsetzung auf unbestimmte Zeit.** Eine Fortsetzung auf unbestimmte Zeit kommt nur in Betracht, wenn eine Prognose über den Wegfall, das Absinken der Härtegründe unter die Zumutbarkeitsgrenze oder das Überwiegen der Vermieterinteressen nicht möglich ist, Abs 2 S 2. Dies gilt, obwohl im Regelungszusammenhang mit der gerichtlichen Fortsetzung aufgeführt, ebenso für die Fortsetzung durch Vereinbarung, Abs 1. Anwendungsbereiche können eine schwere Behinderung, Erkrankung oder hohes Alter des Mieters sein sowie strukturell fehlender Ersatzwohnraum (Stuttgart NJW 1969, 1070). Auch die Gesamtheit weniger schwerwiegender Härtegründe soll eine Vertragsfortsetzung auf unbestimmte Zeit rechtfertigen können (LG Lübeck WuM 1993, 613). Eine Fortsetzung »auf Lebenszeit« ist unzulässig (LG Lübeck WuM 1994, 22).

5 **IV. Änderung der Vertragsbedingungen.** Ist dem Vermieter die Fortsetzung des Mietverhältnisses zu den bisherigen Bedingungen unzumutbar, kann der Mieter eine Fortsetzung nur unter angemessener Änderung der Vertragsbedingungen verlangen, Abs 1 S 2. Dies gilt sowohl für die Fortsetzung auf bestimmte als auch auf unbestimmte Zeit und ist durch eine Abwägung der beiderseitigen Interessen unter Beurteilung aller Umstände zu entscheiden. Angemessen ist die Änderung, wenn sie ortsüblich ist. Obwohl die Anpassung zumeist die zu zahlende Miete betreffen wird, ist der Begriff »Vertragsbedingungen« umfassend zu verstehen und kann jeglichen anderen Aspekt, etwa die Anzahl der angemieteten Räume, betreffen. Eine Änderung der Vertragsbedingungen zu Gunsten des Mieters ist nicht vorgesehen, kann also auch nicht verlangt werden. Diese Möglichkeit besteht im Rahmen der Privatautonomie allerdings selbstverständlich unabhängig von dieser Regelung.

6 **V. Gerichtliche Entscheidung.** Nach Abs 2 S 1 wird durch Gestaltungsurteil entschieden, ob, für welchen Zeitraum und zu welchen Bedingungen das Mietverhältnis fortgesetzt wird, wenn sich die Parteien nicht geeinigt haben. Dabei ist im Urteil ein bestimmtes Beendigungsdatum anzugeben; die Nennung eines Zeitraumes ist zwar zulässig, aber unpraktikabel. An das Eintreten äußerer Umstände, etwa Genesung, kann das Ende der Verlängerung nicht geknüpft werden (Schmidt-Futterer/*Blank* Rn 23). Möglich ist eine gerichtliche Entscheidung sowohl in dem vom Vermieter anhängig gemachten Räumungsverfahren, in der auf künftige Räumung gerichteten Klage sowie in einer nach Mieterwiderspruch zulässigen Klage auf Feststellung der Beendigung des Mietverhältnisses oder auch in einem vom Mieter initiierten Verfahren, insbes der Klage auf Feststellung des Fortbestands des Mietverhältnisses sowie der zulässigen Gestaltungsklage auf Fortsetzung des Mietverhältnisses (Staud/*Rolfs* Rn 11). Die gerichtliche Anordnung der Fortsetzung des Mietverhältnisses

erfolgt bei Vorliegen der Voraussetzungen der §§ 574 ff allerdings unabhängig davon, ob der Mieter diese ausdrücklich beantragt hat oder nicht. Dies folgt aus § 308a Abs 1 S 1 ZPO. Der Mieter braucht nur die wesentlichen Tatsachen vorzutragen, aus denen sich sein Fortsetzungsverlangen ergibt.

C. Prozessuales. § 574a ist nicht zu Lasten des Mieters abdingbar, Abs 3. Der Mieter trägt die Beweislast für 7
die Existenz der Härtegründe (MüKo/*Häublein* Rn 10) und die Angemessenheit des von ihm verlangten Fortsetzungszeitraumes. Der Vermieter muss dagegen beweisen, dass die Fortsetzung zu den bisherigen Bedingungen für ihn unzumutbar und die von ihm geltend gemachte Änderung der Vertragsbedingungen angemessen ist.

§ 574b Form und Frist des Widerspruchs. [1] Der Widerspruch des Mieters gegen die Kündigung ist schriftlich zu erklären. Auf Verlangen des Vermieters soll der Mieter über die Gründe des Widerspruchs unverzüglich Auskunft erteilen.
[2] Der Vermieter kann die Fortsetzung des Mietverhältnisses ablehnen, wenn der Mieter ihm den Widerspruch nicht spätestens zwei Monate vor der Beendigung des Mietverhältnisses erklärt hat. Hat der Vermieter nicht rechtzeitig vor Ablauf der Widerspruchsfrist auf die Möglichkeit des Widerspruchs sowie auf dessen Form und Frist hingewiesen, so kann der Mieter den Widerspruch noch im ersten Termin des Räumungsrechtsstreits erklären.
[3] Eine zum Nachteil des Mieters abweichende Vereinbarung ist unwirksam.

A. Allgemeines/Anwendbarkeit. Diese Vorschrift regelt die Formvoraussetzungen des Widerspruchs und 1
Fortsetzungsverlangens nach §§ 574 f, ohne deren Vorliegen eine Fortsetzung des Mietverhältnisses nicht verlangt werden kann, weil dann das Mietverhältnis mit Ende der Kündigungsfrist beendet wäre. Ferner wird für den Mieter die Obliegenheit begründet, die Gründe des Widerspruchs auf Verlangen des Vermieters mitzuteilen. Anwendbar wie § 574 (s § 574 Rz 2).

B. Tatbestand. I. Form, Abs 1 S 1. Für den Widerspruch, eine einseitige empfangsbedürftige Willenserklä- 2
rung, § 130, ist die Einhaltung der Schriftform nach § 126 Abs 1 S 1 Wirksamkeitsvoraussetzung, wobei auch die Formen der §§ 126 Abs 3, 4; 126a, 127a und 128 zulässig sind. Die Missachtung der Schriftform führt gem § 125 Abs 1 S 1 zur Nichtigkeit (jurisPK/*Mössner* Rn 7). Entspr muss die Erklärung unterschrieben werden, was auch durch einen Stellvertreter möglich ist, wobei aber gem § 174 die Vollmacht vorzulegen ist. Im Falle einer Mietermehrheit ist es notwendig, dass alle Mieter unterzeichnen oder sich entspr vertreten lassen, ebenso muss bei Vermietermehrheit die Erklärung an alle Vermieter gerichtet werden und allen Vermietern zugehen (MüKo/*Häublein* Rn 2). Für die Widerspruchsbegründung gilt der Formzwang nicht.

II. Begründung, Abs 1 S 2. Der Widerspruch muss nicht im Einzelnen begründet werden, auch kommt es 3
nicht darauf an, ob dieser als »Widerspruch« benannt oder »Fortsetzung des Mietverhältnisses« verlangt wird (Staud/*Rolfs* Rn 6), solange der Wille des Mieters, die Kündigung nicht hinzunehmen, erkennbar ist. Es ist aber empfehlenswert, die Gründe für den Widerspruch zu nennen, einen konkreten Fortsetzungszeitraum anzugeben und diesen auch zu begründen.

III. Frist, Abs 2. Bei der **Ablehnungsfrist** nach Abs 2 S 1 handelt es sich um keine Ausschlussfrist, vielmehr 4
wird diese nur bedeutsam, wenn sie vom Vermieter als Einrede geltend gemacht wird (Staud/*Rolfs* Rn 10). In diesem Fall kann der Vermieter die Fortsetzung des Mietverhältnisses ablehnen. Der Widerspruch muss spätestens zwei Monate vor der Beendigung des Mietverhältnisses, also dem Ablauf der Kündigungsfrist, erklärt worden und dem Vermieter zugegangen sein. Die Frist zur Erklärung des Widerspruchs beträgt bei Anwendbarkeit der Regelfrist des § 573c Abs 1 S 1 somit einen Monat. Wird die Frist – auch schuldlos – nicht eingehalten, kann keine Wiederseinsetzung in den vorigen Stand gewährt werden (Schmidt-Futterer/*Blank* Rn 9). Gründe, die eine Härte für den Mieter darstellen und nach Fristablauf eintreten, bleiben unberücksichtigt.
Die **Frist verlängert sich nach Abs 2 S 2** bis zum ersten Termin des Räumungsrechtsstreits, wenn der Ver- 5
mieter den Mieter nicht gem § 568 Abs 2 rechtzeitig vor Ablauf der Frist des Abs 2 S 1 zutr auf die Möglichkeit des Widerspruches hingewiesen hat. Rechtzeitig ist dies, wenn dem Mieter vor Fristablauf noch eine angemessene Zeit zur Verfügung steht, um seine Reaktion zu überdenken und rechtlichen Rat einzuholen, einen Widerspruch abzufassen und diesen dem Vermieter fristgerecht zuzustellen. Gibt der Vermieter einen verspäteten oder unzutreffenden Hinweis, muss der Mieter vor dem ersten Termin keine Stellungnahme abgeben. Der erste Termin in diesem Sinne kann auch ein Gütetermin sein; das Widerspruchsrecht erlischt aber, wenn im ersten Termin Versäumnisurteil ergangen ist (MüKo/*Häublein* Rn 8).

C. Prozessuales. § 574b ist nicht zu Lasten des Mieters abdingbar, Abs 3. Daher kann nicht vereinbart wer- 6
den, dass ein Widerspruch begründet werden muss, dass eine Begründung der Schriftform bedarf oder dass eine verlängerte Widerspruchsfrist gelten soll – der Mieter also früher auf die Kündigung reagieren müsste. Gibt der Mieter nach entspr Verlangen des Vermieters, Abs 1 S 2, keine Gründe für den Widerspruch an, wird der Widerspruch nicht unwirksam, dies kann aber eine für den Mieter ungünstige Kostenentscheidung gem § 93b Abs 2 zur Folge haben (jurisPK/*Mössner* Rn 9).

§ 574c Weitere Fortsetzung des Mietverhältnisses bei unvorhergesehenen Umständen. **[1] Ist auf Grund der §§ 574 bis 574b durch Einigung oder Urteil bestimmt worden, dass das Mietverhältnis auf bestimmte Zeit fortgesetzt wird, so kann der Mieter dessen weitere Fortsetzung nur verlangen, wenn dies durch eine wesentliche Änderung der Umstände gerechtfertigt ist oder wenn Umstände nicht eingetreten sind, deren vorgesehener Eintritt für die Zeitdauer der Fortsetzung bestimmend gewesen war.**

[2] Kündigt der Vermieter ein Mietverhältnis, dessen Fortsetzung auf unbestimmte Zeit durch Urteil bestimmt worden ist, so kann der Mieter der Kündigung widersprechen und vom Vermieter verlangen, das Mietverhältnis auf unbestimmte Zeit fortzusetzen. Haben sich die Umstände verändert, die für die Fortsetzung bestimmend gewesen waren, so kann der Mieter eine Fortsetzung des Mietverhältnisses nur nach § 574 verlangen; unerhebliche Veränderungen bleiben außer Betracht.

[3] Eine zum Nachteil des Mieters abweichende Vereinbarung ist unwirksam.

1 **A. Allgemeines/Anwendbarkeit.** Durch diese Vorschrift soll der Möglichkeit Rechnung getragen werden, dass sich die einer Vereinbarung mit dem Vermieter gem § 574b Abs 1 oder eines Urteils gem § 574b Abs 2 über die Fortsetzung des Mietverhältnisses zu Grunde liegenden Umstände wesentlich geändert haben und eine längere Fortsetzung notwendig machen oder der Vermieter bei gleich bleibenden Umständen erneut kündigt. Eine Fortsetzung nach § 574c ist bei Vorliegen der Voraussetzungen auch mehrfach möglich. Die Vorschrift ist anwendbar wie § 574, wenn gem § 574a das Mietverhältnis fortgesetzt worden ist.

2 **B. Tatbestand. I. Form.** Für das weitere Fortsetzungsverlangen und den erneuten Widerspruch nach § 574c sind die Formvorschriften und Fristen der §§ 574 ff zu beachten (Staud/*Rolfs* § 18; jurisPK/*Mössner* Rn 8; aA Palandt/*Weidenkaff* Rn 10).

3 **II. Weiteres Fortsetzungsverlangen, Abs 1.** Nach Abs 1 kann der Mieter die erneute Fortsetzung des Mietverhältnisses auf bestimmte sowie auf unbestimmte Zeit (MüKo/*Häublein* Rn 6; Staud/*Rolfs* Rn 19; aA Palandt/*Weidenkaff* Rn 6) verlangen. Es müssten sich entweder die für die vorherige Fortsetzung maßgeblichen Umstände wesentlich verändert haben, oder es müssten sich Umstände nicht verändert haben, auf deren Änderung die Parteien oder das Gericht bei Festlegung des Fortsetzungszeitraumes vertraut haben (MüKo/*Häublein* Rn 3). Es reicht aus, dass die Umstände bereits zum Zeitpunkt der vorherigen Fortsetzung bestanden, aber unberücksichtigt geblieben sind. Für die erneute Fortsetzung des Mietverhältnisses sind alle zu dem Zeitpunkt der Entscheidung bekannten Umstände zu berücksichtigen, auch neue Härtegründe oder der Wegfall von Interessen auf Vermieterseite. Es findet also eine vollkommen neue Interessenabwägung statt (s § 574 Rz 9). Ein treuwidriges Berufen auf geänderte Umstände ist unzulässig, § 242, etwa wenn der Mieter keine ausreichenden Bemühungen unternommen hat, um die bestehenden Härtegründe zu beseitigen, insbes sich bei der Suche nach Ersatzwohnraum oder der Therapierung von Krankheiten nicht ausreichend bemüht hat (jurisPK/*Mössner* Rn 17).

4 **III. Erneuter Widerspruch, Abs 2.** Wurde die Fortsetzung des Mietverhältnisses gerichtlich auf unbestimmte Zeit festgelegt, § 574a Abs 2 S 1, und kündigt der Vermieter dieses erneut, obwohl die für die vormalige Fortsetzung entscheidenden Gründe entweder noch bestehen oder nur unerheblich verändert fortbestehen, kann der Mieter der Kündigung erneut widersprechen und erneut Fortsetzung auf unbestimmte Zeit verlangen, Abs 2 S 1. Dem steht gleich, dass der Vermieter die erhebliche Veränderung der maßgeblichen Gründe nicht beweisen kann. Eine neue Interessenabwägung findet dann nicht statt, auch für eine Änderung der Vertragsbedingungen ist kein Raum (MüKo/*Häublein* Rn 11). Haben sich dagegen die Umstände – sei es auf Seiten des Vermieters oder auf Seiten des Mieters – erheblich verändert, rechfertigen aber immer noch eine Fortsetzung des Mietverhältnisses, ist der Mieter auf § 574 verwiesen, so dass erneut die beiderseitigen Interessen gegeneinander abgewogen werden müssen und im Falle der Fortsetzung über eine Veränderung der Vertragsbedingungen entschieden werden muss. Eine Erneuerung der bisherigen Fortsetzung kommt dann nicht in Betracht.

5 Sofern durch Vereinbarung gem § 574a Abs 1 S 1 eine Fortsetzung des Mietverhältnisses auf unbestimmte Zeit vorgenommen worden ist, bleibt dem Mieter die vereinfachte Möglichkeit der erneuten Fortsetzung nach Abs 2 nicht. Es ist daher gem § 574 erneut Widerspruch gegen die Kündigung zu erheben und ein Fortsetzungsverlangen geltend zu machen (Staud/*Rolfs* Rn 21).

6 **C. Prozessuales.** § 574b ist nicht zu Lasten des Mieters abdingbar, Abs 3. Bei Abs 1 muss der Mieter die Änderung von Umständen sowie das Bestehen von Härtegründen beweisen. Bei Abs 2 trägt der Vermieter die Beweislast für die nicht nur unerhebliche Veränderung von Umständen.

Unterkapitel 3 Mietverhältnisse auf bestimmte Zeit

§ 575 Zeitmietvertrag. **[1] Ein Mietverhältnis kann auf bestimmte Zeit eingegangen werden, wenn der Vermieter nach Ablauf der Mietzeit**

1. die Räume als Wohnung für sich, seine Familienangehörigen oder Angehörige seines Haushalts nutzen will,

2. in zulässiger Weise die Räume beseitigen oder so wesentlich verändern oder in Stand setzen will, dass die Maßnahmen durch eine Fortsetzung des Mietverhältnisses erheblich erschwert würden, oder

3. die Räume an einen zur Dienstleistung Verpflichteten vermieten will

und er dem Mieter den Grund der Befristung bei Vertragsschluss schriftlich mitteilt. Anderenfalls gilt das Mietverhältnis als auf unbestimmte Zeit abgeschlossen.

[2] Der Mieter kann vom Vermieter frühestens vier Monate vor Ablauf der Befristung verlangen, dass dieser ihm binnen eines Monats mitteilt, ob der Befristungsgrund noch besteht. Erfolgt die Mitteilung später, so kann der Mieter eine Verlängerung des Mietverhältnisses um den Zeitraum der Verspätung verlangen.

[3] Tritt der Grund der Befristung erst später ein, so kann der Mieter eine Verlängerung des Mietverhältnisses um einen entsprechenden Zeitraum verlangen. Entfällt der Grund, so kann der Mieter eine Verlängerung auf unbestimmte Zeit verlangen. Die Beweislast für den Eintritt des Befristungsgrundes und die Dauer der Verzögerung trifft den Vermieter.

[4] Eine zum Nachteil des Mieters abweichende Vereinbarung ist unwirksam.

A. Allgemeines. Durch die Vorschrift werden die **Zulässigkeit befristeter Wohnraummietverhältnisse** und deren **ausnahmsweise Fortsetzung** nach Ablauf der vereinbarten Mietzeit geregelt. § 575 ist durch die Mietrechtsreform von 2001 (MietRRefG) völlig neu gestaltet worden (Emmerich/Sonnenschein/*Haug* Rn 1). Mit Augenmerk auf die Rechtssicherheit soll durch § 575 der Abschluss von Zeitmietverträgen stark eingeschränkt werden (BTDrs 14/4553 S 69). Eine zeitliche Beschränkung für die Dauer des Mietvertrages (Mindest- oder Höchstdauer) existiert nicht mehr, wobei eine Dauer von mehr als acht bis zehn Jahren nur vereinbart werden kann, wenn dem Mieter das Recht zur ordentlichen Kündigung eingeräumt worden ist (Staud/*Rolfs* Rn 7). Aus Abs 1 S 1 folgt, dass ein Mietverhältnis auf Zeit nur unter engen Voraussetzungen eingegangen werden kann, wobei Abs 1 S 2 der Ausnahmecharakter der Norm zu entnehmen ist, hingegen die Abs 2 und 3 einen Interessenausgleich zwischen den beiden Parteien beinhalten (MüKo/*Häublein* Rn 2 f). Die Norm soll dem gewollten Leerstehenlassen von Wohnraum durch den Vermieter entgegenwirken, da § 575 ein berechtigtes Wiedererlangungsinteresse des Vermieters zu Grunde liegt (Soerg/*Heintzmann* Rn 1), so dass eine Vermietung von Wohnraum dennoch stattfindet, obschon in absehbarer Zeit der Vermieter den Wohnraum aus einem sachlichen Grund nach Abs 1 S 1 wiedererlangen will. 1

B. Regelungsgehalt. I. Allgemeines. 1. Begriff. Ein Zeitmietvertrag ist ein Mietverhältnis, welches auf bestimmte Zeit vereinbart wird, bei dem der Mieter keinen Anspruch auf Vertragsfortsetzung hat (Schmidt-Futterer/*Blank* Rn 1). Das Ende des Mietverhältnisses muss grds kalendermäßig bestimmbar sein, wobei für die Berechnung des Endtermins der Mietbeginn maßgeblich ist (MüKo/*Häublein* Rn 11). Entscheidend ist, dass das Ende des Vertrages keiner Kündigung bedarf (BGH NJW 2006, 2696; daher fallen Verträge mit Verlängerungsklauseln (»Verlängerung erfolgt bei fehlender Kündigung«) nicht unter § 575; LG Halle ZMR 2006, 534). Ein Mietvertrag mit Verlängerungsoption fällt grds unter § 575 (vgl Staud/*Rolfs* Rn 13). Der Zeitmietvertrag endet gem § 542 Abs 2 mit Ablauf der vertraglich vereinbarten Laufzeit, soweit er nicht verlängert oder außerordentlich gekündigt wird (Schmid/*Riecke* Rn 4). Eine Billigung einer Räumungsfrist nach § 721 oder § 794a ZPO ist nicht möglich, so dass allenfalls Vollstreckungsschutz nach § 765a ZPO in Betracht kommt (MüKo/*Häublein* Rn 1; vertiefend: Staud/*Rolfs* Rn 47). § 575 beinhaltet den sog qualifizierten Zeitmietvertrag. Der einfache Zeitmietvertrag wurde aus dem Gesetz gestrichen (§ 564c Abs 1 aF). Dieser Wegfall kann jedoch dadurch aufgefangen werden, dass ein unbefristeter Mietvertrag geschlossen wird, der mit einem befristeten Ausschluss des ordentlichen Kündigungsrechts verbunden wird (BTDrs 14/4553 S 69; BGH ZMR 2004, 251; vertiefend: Schmid/*Riecke* Rn 9 ff; zum formularvertraglichen Ausschluss: Rz 14 ff, BGH ZMR 2004, 802; formularvertraglicher Ausschluss für 2 Jahre oder sogar 60 Monate bedenkenlos, BGH NJW 2004, 1448; zum Inhalt vertiefend: BGH NJW 2004, 3117; Staud/*Rolfs* Rn 15). Die Obergrenze des Ausschlusses bildet § 544 S 1 (30 Jahre). Ein unbefristeter Mietvertrag kann durch Änderungsvertrag in einen Zeitmietvertrag geändert werden (BayObLG NJW-RR 1990, 17; Staud/*Rolfs* Rn 7). Bestehen Zweifel darüber, ob ein befristeter Mietvertrag vorliegt, ist im Zweifel ein unbefristeter anzunehmen (Köln NZM 1999, 1142). Möglich ist auch die Umdeutung eines einfachen Zeitmietvertrages, der auf Grund von Unkenntnis der Rechtslage geschlossen wurde, in einen unbefristeten Mietvertrag mit befristetem Kündigungsausschluss (vertiefend: MüKo/*Häublein* Rn 12; Schmidt-Futterer/*Blank* Rn 29). 2

2. Anwendungsbereich. Die Vorschrift findet **ausschließlich im Wohnraummietverhältnis** auch im Untermietverhältnis Anwendung. Bei Mietverhältnissen nach § 549 Abs 2 und 3, die jederzeit befristet werden kön- 3 nen, gilt § 575 nicht. Die Vorschrift gilt nur für die seit dem 01.09.2001 geschlossenen Mietverträge, Art 229 § 3 Abs 3 EGBGB (für vor diesem Datum geschlossene Zeitmietverträge gelten die §§ 564 Abs 1, 564b, 564c, 556a bis c, 565a Abs 1, 570 aF). Für Zeitmietverträge durch Richterspruch (zB § 574a Abs 2 S 1) gilt § 575 nicht (hM, BayOblG NJW 1973, 2295; Soerg/*Heintzmann* Rn 2). Will nicht der Vermieter, sondern derjenige, von dem er abhängig ist (zB Eigentümer oder Hauptvermieter), den Wohnraum entspr Abs 1 S 1 Nr 1-3 nutzen, ist § 575 analog anwendbar (*Soerg/Heintzmann* aaO). Für einen Vertrag unter auflösender Bedingung gilt § 572 (zu Verträgen auf Lebzeit, § 572 Rz 4).

4 **3. Verhältnis zum Kündigungsrecht.** Für die Dauer des Zeitmietvertrages ist die ordentliche Kündigung ausgeschlossen (hM, BGH NJW 2007, 2177; abw: MüKo/*Häublein* Rn 4 ff). Die §§ 574 ff finden keine Anwendung. Es kann jedoch vereinbart werden, dass der Mieter zur vorzeitigen ordentlichen Kündigung berechtigt sein soll, hingegen würde eine solche Vereinbarung zugunsten des Vermieters gegen Abs 4 verstoßen (Schmidt-Futterer/*Blank* Rn 3). § 575a ist zu beachten. Die Möglichkeit eines Aufhebungsvertrages steht den Parteien selbstredend zu. Ferner bleibt das Recht, den Vertrag außerordentlich zu kündigen, erhalten, § 542 Abs 2 Nr 1. Bei Staffelmiete ist § 557a Abs 3 zu beachten.

5 **4. Form und Verlängerung.** Der Zeitmietvertrag bedarf der Schriftform, wenn er für längere Zeit als ein Jahr geschlossen wird, wobei ein Formverstoß zu einem unbefristeten Vertrag führt, § 550. Zudem ist die Verlängerungsmöglichkeit nach § 545 zu beachten. Eine Verlängerung kann auch durch Parteivereinbarung erfolgen. Ein Zeitmietvertrag kann für dieselbe Wohnung mehrfach nacheinander geschlossen werden (Frankfurt aM WuM 1991, 17).

6 **II. Befristungsgründe, Abs 1 S 1.** Der Zeitmietvertrag bedarf auf Seiten des Vermieters eines Befristungsgrundes. Die Gründe ergeben sich abschließend aus Abs 1 S 1 Nr 1 bis 3, wobei die Gründe ihrer Struktur nach den Kündigungsgründen ähneln, jedoch in ihren Voraussetzungen weiter gefasst sind (MüKo/*Häublein* Rn 15). Es können auch mehrere Gründe nebeneinander vorliegen (LG Stuttgart WuM 1994, 690), so dass es zulässig ist, diese nebeneinander, alternativ oder hilfsweise anzugeben, wobei ein späterer Austausch der Alternativen oder der Lebenssachverhalte nicht wirksam ist (Soerg/*Heintzmann* Rn 8). Die ernsthafte Absicht des Vermieters genügt (»will«), so dass die Durchführung nicht feststehen muss (BGH NJW 2007, 2177). Die Verwendungsabsicht muss sich auf die Zeit der Beendigung des Mietverhältnisses beziehen (Soerg/*Heintzmann* Rn 4). Die Gründe müssen realitätsgerecht, vernünftig, erfüllbar (LG Hamburg WuM 1993, 351; Schmidt-Futterer/*Blank* Rn 7) und bei Vertragsschluss hierüber gegeben sein (Staud/*Rolfs* Rn 19).

7 **1. Eigennutzung, Nr 1. a) Grund.** Nach Nr 1 ist ein **sachlicher Grund** dann gegeben, wenn der **Vermieter die Räume für sich, seine Familienangehörigen oder Angehörige seines Haushalts nutzen** will. Sind mehrere Vermieter vorhanden, ist ausreichend, wenn einer die Absicht hat (Staud/*Rolfs* Rn 19). Ein Benötigen iSv § 573 Abs 2 Nr 2 ist ebenso wenig erforderlich wie ein fehlendes Vorhandensein einer anderweitigen Befriedigungsmöglichkeit (Soerg/*Heintzmann* Rn 5). Letztendlich unterscheiden sich jedoch die Anforderungen an die Kündigung nach § 573 Abs 2 Nr 2 und der wirksame Abschluss eines Zeitmietvertrages auf Grund Nr 1 inhaltlich kaum (Emmerich/Sonnenschein/*Haug* Rn 9: bei § 573 Vorliegen des Grundes im Zeitpunkt des Zugangs der Kündigungserklärung, bei § 575 abgeschwächt als Prognoseentscheidung im Zeitpunkt des Vertragsschlusses). Es bedarf einer konkreten ernsthaften Absicht des Vermieters, die sich auf einen konkreten Lebenssachverhalt beziehen muss (Soerg/*Heintzmann* aaO). Vernünftige und nachvollziehbare Gründe zur Eigennutzung werden nicht verlangt, so dass auch die Nutzung der Räume als Zweitwohnung, Gästezimmer, Hobbyraum, Wochenend- oder Ferienwohnung (hM) ausreichend ist (Schmid/*Riecke* Rn 19). Die Feststellung des Willens wird in einigen Fällen Schwierigkeiten bereiten. Zudem kann durch eine später ausbleibende Umsetzung grds kein Rückschluss auf den ursprünglichen Willen gezogen werden (MüKo/*Häublein* Rn 16).

8 **b) Begünstigter Personenkreis.** Voraussetzung ist, dass der **Vermieter die Wohnung selbst** oder durch eine **ihm nahe stehende Person** (Familienangehörige oder Angehörige seines Haushalts) nutzen will, so dass bei Vermietern als juristische Person Nr 1 nicht einschlägig sein kann (LG Berlin NZM 2001, 852). Der Personenkreis ist mit § 573 Abs 2 Nr 2 identisch und muss im Zeitpunkt des Vertragsschlusses schon vorliegen. Bei einem Wohnungsanwärter ist es jedoch ausreichend, wenn dieser durch Überlassung der Wohnung zum Haushaltsangehörigen wird (Schmidt-Futterer/*Blank* Rn 11). Gleichfalls ist der in Nr 1 genannte Personenkreis abschließend. Bei mehreren Vermietern genügt die Zugehörigkeit zu einem Vermieter (Emmerich/Sonnenschein/*Haug* Rn 10). Sollen die Räume an einen Familienangehörigen oder Angehörige seines Haushalts überlassen werden, kommt es nicht auf deren Nutzungswillen, sondern auf den Überlassungswillen des Vermieters an, wobei bei einem von Anfang an fehlenden Nutzungswillen des Angehörigen Abs 1 S 1 Nr 1 ausscheidet (Schmidt-Futterer/*Blank* Rn 9).

9 **2. Baumaßnahmen, Nr 2.** Der sachliche Grund nach Nr 2 ist einschlägig, wenn der Vermieter nach Ablauf der Mietzeit in zulässiger Weise **die Räume beseitigen oder so wesentlich verändern oder instand setzen** will, dass die Maßnahmen durch eine Fortsetzung des Mietverhältnisses erheblich erschwert würden. Der Vermieter muss kein bes Interesse an der Durchführung haben. Zudem muss die Maßnahme nicht geboten

oder wirtschaftlich sinnvoll sein. Das Ergebnis des Umbaus (zB Geschäftsräume) ist unerheblich. Irrelevant ist, ob durch das Unterlassen der Maßnahme dem Vermieter Nachteile erwachsen würden (Soerg/*Heintzmann* Rn 6). **a) Maßnahmen.** Es muss sich um **konkret geplante Maßnahmen** handeln (Emmerich/Sonnenschein/*Haug* Rn 12). Auch hier kommt es auf den Willen des Vermieters an. Die Beseitigung beinhaltet den vollständigen Abriss des Gebäudes (BTDrs 9/2079 S 7; Schmid/*Riecke* Rn 21), wobei auch Maßnahmen als ausreichend angesehen werden, nach deren Durchführung die Mietsache in ihrer räumlichen Gestalt (zB Aufteilung einer größeren Wohnung in mehrere kleine) nicht mehr vorhanden ist (Schmidt-Futterer/*Blank* Rn 14; aA Staud/*Rolfs* Rn 25 f). Eine wesentliche Veränderung liegt vor, wenn die Räumlichkeiten umgestaltet werden, jedoch die Sachsubstanz erhalten bleibt (Schmid/*Riecke* aaO). Insofern sind Ausbauten, Umbauten und Modernisierungen erfasst, die zB § 554 Abs 2 bis 5 entsprechen (Staud/*Rolfs* Rn 27). Auch die Instandsetzung muss wesentlich sein und umfasst die Beseitigung vorhandener Mängel und Schäden iSd § 554 Abs 1, um den bestimmungsgem Gebrauchszustand wieder herzustellen (Staud/*Rolfs* Rn 27 f). Hierunter fällt insbes die Behebung von Mängel auf Grund von Abnutzung, Alterung, Witterungseinflüssen oder Einwirkung von Dritten (Schmidt-Futterer/*Blank* Rn 14). Hat der Vermieter den Instandsetzungsgrund selbst verursacht, soll er sich auf diesen Zustand nicht berufen dürfen (Schmid/*Riecke* aaO).

b) Zulässigkeit. Die Maßnahme muss **genehmigungsfähig** sein (MüKo/*Häublein* Rn 19). Insoweit muss die Maßnahme mit der Rechtsordnung im Einklang stehen. In Betracht kommt insbes das öffentliche Bau- und Planungsrecht, wobei im Zeitpunkt des Vertragsschlusses die notwendigen Genehmigungen nicht vorliegen müssen (Schmidt-Futterer/*Blank* Rn 13). 10

c) Erhebliche Erschwerung der Maßnahme. Die Durchführung der geplanten Maßnahme, wobei dies nur für die Veränderung und die Instandsetzung gilt, müsste durch die **Fortsetzung des Mietverhältnisses erheblich erschwert** werden. Dies ist idR gegeben, wenn der Mieter die Maßnahme nicht oder möglicherweise nicht nach § 554 Abs 2 S 2 zu dulden braucht oder zu dulden bereit ist, mithin diese eine außergewöhnliche Belastung darstellt (Soerg/*Heintzmann* Rn 6). Ausnahmsw kann eine erhebliche Erschwerung auch dann vorliegen, wenn durch den Fortbestand des Mietverhältnisses erheblich mehr Kosten aufzuwenden sind oder eine erhebliche Zeitverzögerung eintreten würde (Soerg/*Heintzmann* aaO). Eine Unmöglichkeit der Durchführung wird nicht gefordert (Emmerich/Sonnenschein/*Haug* Rn 15). Wie »wesentlich« eröffnet »erheblich« als unbestimmter Rechtsbegriff einen Beurteilungsspielraum, so dass es auf die Umstände des Einzelfalls ankommt (Staud/*Rolfs* Rn 29). Es muss sich um Maßnahmen mit einigem Gewicht handeln, wobei die Einstellung des Mieters hierzu unerheblich ist (vertiefend: Schmidt-Futterer/*Blank* Rn 15). 11

3. Betriebsbedarf, Nr 3. Ein weiterer sachlicher Grund ist gegeben, wenn der Vermieter die Wohnung nach Ablauf der Mietzeit an einen zur Dienstleistung Verpflichteten vermieten will. Unerheblich ist, ob dieser Mietvertrag unbefristet oder befristet ist. Ferner ist nicht erforderlich, dass die Wohnung an einen Werksangehörigen zukünftig vermietet wird, da entscheidend ist, dass der Mietvertrag ohne das Dienstverhältnis nicht geschlossen werden würde (Soerg/*Heintzmann* Rn 7). Ein Benötigen ist nicht erforderlich. Ausreichend ist der konkrete Überlassungswille (MüKo/*Häublein* Rn 22). Bei Vertragsschluss muss lediglich feststehen, zu wem der künftige noch (möglicherweise) unbekannte Mieter in einem Dienstverhältnis stehen soll (Soerg/*Heintzmann* aaO). Die Wohnung muss bisher nicht als Werkwohnung vermietet worden sein (Staud/*Rolfs* Rn 34; Werkwohnung, vertiefend: Schmidt-Futterer/*Blank* Rn 16). Werkdienstwohnungen nach § 576b werden auf Grund des klaren Wortlauts von Nr 3 (»vermieten«) nicht erfasst (Staud/*Rolfs* Rn 35). Der Mietvertrag, der auf Grund von Nr 3 befristet wurde, bedarf in der Person des Mieters keinen zur Dienstleistung Verpflichteten. 12

4. Mitteilung an den Mieter, Abs 1 S 1 Hs 2. Erforderlich ist, dass der Vermieter dem Mieter seine künftige Verwendungsabsicht bei Vertragsschluss schriftlich mitteilt. Bei Vorliegen mehrerer Gründe können diese nebeneinander, alternativ oder hilfsweise angegeben werden (Schmidt-Futterer/*Blank* Rn 7). Es ist nicht erforderlich, dass die Mitteilung im Vertrag selbst enthalten ist (hM), wobei dies aber mit Blick auf § 550 dringend zu empfehlen ist, wenn der Vertrag für längerer Zeit als ein Jahr geschlossen wird, da sich dann der Grund aus der schriftlichen Vertragsurkunde ergeben muss (MüKo/*Häublein* Rn 24). Erfolgt die Mitteilung außerhalb des Vertragsschlusses, muss ein zeitlicher Zusammenhang zwischen beiden bestehen, so dass ein einheitlicher Vertragsabschluss erkennbar ist (Soerg/*Heintzmann* Rn 9). 13

a) Inhalt. Das **Befristungsinteresse muss in vollem Umfang mitgeteilt** werden. Es bedarf konkreter Angaben bezogen auf den Lebenssachverhalt, die eine Unterscheidung und eine Überprüfbarkeit möglich machen (BTDrs 14/4553 S 70; BGH NJW 2007, 2177). Nicht ausreichend ist grds die bloße Wiederholung des Gesetzestextes (Ausnahme: Vermieter gibt an, dass er die Wohnung für sich nutzen will, Schmidt-Futterer/*Blank* Rn 23), schlagwortartige Angaben oder formelhafte Wiederholungen der Qualifikationstatbestände (Staud/*Rolfs* Rn 37, 41). An den Inhalt werden strenge Anforderungen gestellt (Schmid/*Riecke* Rn 24). Bei dem Grund aus Abs 1 S 1 Nr 1 muss der Vermieter angeben, für welche Person die Befristung erfolgt, ohne dass erforderlich ist, den Namen zu nennen (Schmidt-Futterer/*Blank* Rn 24, zB: seinem Sohn, dem ältesten Sohn). Bei Familienangehörigen ist das Verwandtschaftsverhältnis darzutun (Schmid/*Riecke* Rn 25). Der Vermieter kann sich mehrere Personen (zB eines der Kinder) offen halten, muss diese dann aber auch angeben (MüKo/*Häub-* 14 *lein* Rn 25). Bei Nr 2 muss der Vermieter nähere Angaben über die Art der Baumaßnahmen sowie darüber, inwiefern sich diese auf die Räume des Mieters erstrecken, darlegen (Schmid/*Riecke* aaO). Zudem muss der grobe Umfang konkretisiert werden (Soerg/*Heintzmann* Rn 10). Entspr Pläne brauchen zwar nicht vorgelegt werden, dennoch müssen die Angaben einen Rückschluss auf die Einschlägigkeit von Nr 2 zulassen. Bei einem Abriss genügt diese Angabe (MüKo/*Häublein* aaO). Bei einer Befristung auf Grund von Nr 3 muss der spätere Mieter und seine dienstliche Stellung noch nicht benannt werden, wobei der spätere Mieter noch nicht einmal zum derzeitigen Arbeitnehmerkreis gehören muss (Staud/*Rolfs* Rn 42), so dass eigentlich die Wiederholung des Gesetzestextes hier genügen würde (MüKo/*Häublein* aaO; abw: Soerg/*Heintzmann* aaO: Mitteilung für welchen Arbeitgeber). Über die Rechtsfolgen der Befristung muss nicht aufgeklärt werden (Schmidt-Futterer/*Blank* Rn 27 mit Bsp).

15 **b) Zeitpunkt.** Eine nach Vertragsschluss zugegangene Mitteilung ist nicht ausreichend. Dies kann jedoch durch Zustimmung des Mieters zu einer Vertragsänderung führen. Die Mitteilung kann auch bereits vor Vertragsschluss erfolgen, soweit der Mieter darüber hinreichend in Kenntnis gesetzt wird, worauf der Vermieter die Befristung stützt (MüKo/*Häublein* Rn 24). Für den Zugang, der spätestens bei Vertragsschluss vorliegen muss, gelten die §§ 130 ff (Schmidt-Futterer/*Blank* Rn 19). Eine Nachbesserung durch Nachschieben von Gründen ist nicht möglich. Ein Auswechseln des Befristungsgrundes ist grds nicht zulässig (hM, Schmid/*Riecke* Rn 28, vgl jedoch Rz 20 aE).

16 **c) Form.** Die Mitteilung muss der **Schriftform des § 126** genügen, so das Fax und E-Mail nicht ausreichend sind. Kenntnisse des Mieters machen die Einhaltung der Schriftform nicht entbehrlich (Soerg/*Heintzmann* Rn 9). Der Formzwang muss die gesamte notwendige Erklärung umfassen.

17 **III. Rechtsfolge, Abs 1 S 2.** Liegen die Voraussetzungen des Abs 1 S 1 neben den allg Vertragsschlussvoraussetzungen vor, wurde ein wirksamer Zeitmietvertrag geschlossen (vgl Rz 2, 4 f). Der Vertrag endet grds mit dem Zeitablauf, wobei eine Verlängerung nur unter den Voraussetzungen der Abs 2 und 3 verlangt werden kann. Sind die Voraussetzungen des Abs 1 S 1 nicht erfüllt, gilt der Mietvertrag als auf unbestimmte Zeit geschlossen, Abs 1 S 2. § 575 schließt § 545 nicht aus. Ein fehlerhafter Zeitmietvertrag kann uU in einen wirksamen beiderseitigen Ausschluss des Kündigungsrechts umgedeutet werden (vgl Rz 5).

18 **IV. Fortbestehen des Befristungsgrundes, Abs 2.** Die am Anfang der Mietzeit mitgeteilte Absicht muss mit der am Ende der Mietzeit tatsächlich vorliegenden Verwendungsabsicht identisch sein, wobei ein zwischenzeitliches Aufgeben der Absicht unschädlich, hingegen ein Austausch grds nicht zulässig ist (Soerg/*Heintzmann* Rn 12; vgl Rz 20). Abs 2 (und Abs 3) ist nur einschlägig, wenn das Mietverhältnis durch Zeitablauf endet (Staud/*Rolfs* Rn 50). Bei sämtlichen Erklärungen nach Abs 2 ist eine Vertretung zulässig (Staud/*Rolfs* Rn 49). Der Mieter muss durch den Vermieter nicht über seine Rechte nach Abs 2 S 1 aufgeklärt werden. **1. Rechtsnachfolger, Veräußerung des Grundstücks und Zwangsverwaltung.** Die Absicht ist grds nicht übertragbar, jedoch tritt der Grundstückserwerber gem § 566 Abs 1 in die Rechte und Pflichten aus dem Zeitmietvertrag ein, mithin ist der sachliche Grund ebenso erfasst (Soerg/*Heintzmann* Rn 13). Auf ein personengebundenes Befristungsinteresse kann sich der Erwerber grds nicht stützen (Staud/*Rolfs* Rn 61; vertiefend: Schmidt-Futterer/*Blank* Rn 65; aA Soerg/*Heintzmann* aaO). Etwas anderes dürfte gelten, wenn die begünstigte Person in beiden Fällen dieselbe ist (Soerg/*Heintzmann* aaO). Ähnl verhält es sich, wenn der Erwerber (einer) der ehemals Begünstigten ist (Staud/*Rolfs* aaO). Ebenso kann der Erwerber dieselbe Absicht nach Abs 1 S 1 Nr 2 und 3 in ihrer konkreten Ausgestaltung aufweisen (LG Berlin ZMR 1999, 30; vgl Schmidt-Futterer/*Blank* aaO). Für die Gesamt- oder Einzelrechtsnachfolge gilt nichts anderes (Staud/*Rolfs* Rn 60). Die Rechte des Mieters aus Abs 2 (und Abs 3) können ggü einem Zwangsverwalter geltend gemacht werden (LG Berlin GE 2000, 344).

19 **2. Auskunftsanspruch des Mieters, Abs 2 S 1.** Dem Mieter steht gem Abs 2 S 1 ein Auskunftsanspruch gegen den Vermieter zu, ob der Befristungsgrund noch besteht. Der Anspruch kann frühestens vier Monate (§§ 187 ff) vor dem vereinbarten Ende des Vertrages geltend gemacht werden. Fällt der Grund lange vor Ablauf des befristeten Mietverhältnis weg, hat der Mieter kein frühzeitigeres Auskunftsrecht (hM, Staud/*Rolfs* Rn 52 f). Der Vermieter hat gegen den Mieter gem § 241 Abs 2 zwar eine Nebenpflicht zur Offenlegung solcher Tatsachen, die für den weiteren vertraglichen Verlauf von Bedeutung sind, jedoch erwächst hieraus keine Pflicht, den Mieter ungefragt über den Wegfall des Befristungsgrundes zu unterrichten (Schmidt-Futterer/*Blank* Rn 31; aA Staud/*Rolfs* Rn 53). Ein vor Fälligkeit erhobenes Auskunftsverlangen setzt jedoch die Frist erst ab dem ersten Tag des vierten Monats vor Mietende in Lauf, soweit das Verlangen nicht derart früh gestellt wurde, dass es in keinem zeitlichen Zusammenhang mit dem Mietende steht (Soerg/*Heintzmann* Rn 14). Ein Formerfordernis besteht nicht. Hat der Mieter über den Wegfall des Grundes Kenntnis, bedarf es keines Auskunftsverlangens, da der Mieter ohnehin die Verlängerung nach Abs 3 S 2 verlangen kann (Schmidt-Futterer/*Blank* Rn 33).

20 **3. Mitteilung des Vermieters, Abs 2 S 1.** Soweit der Mieter vor Ablauf der Vertragszeit rechtzeitig das Auskunftsverlangen gestellt hat, muss der Vermieter mitteilen, ob der Befristungsgrund noch besteht. Die Mitteilung ist an keine Form gebunden, wobei sich jedoch zur Dokumentation zumindest Textform empfiehlt

(Schmid/*Riecke* Rn 29). Aus der Mitteilung muss sich eindeutig ergeben, ob der Vermieter nach Mietende den Befristungsgrund umsetzen will. Insoweit müssen die Angaben eine Überprüfung ermöglichen (MüKo/*Häublein* Rn 28). Ausreichend ist, wenn der Vermieter auf die Erklärung zum Vertragsschluss Bezug nimmt und darlegt, dass diese Absicht noch besteht und er sie unmittelbar nach dem Auszug umsetzen wird, wobei er nunmehr die Person nach Nr 1 und 3 benennen muss oder bei Baumaßnahmen nach Nr 2 anzugeben hat, ob die erforderlichen Genehmigungen vorliegen oder vor Ablauf der Mietzeit vorliegen werden (Staud/*Rolfs* Rn 59; LG Köln WuM 2000, 330). Es muss zudem mitgeteilt werden, wann die Absicht umgesetzt werden soll (Schmidt-Futterer/*Blank* Rn 43). Öffentlich-rechtliche Genehmigungen sind der Mitteilung beizufügen (Schmidt-Futterer/*Blank* aaO; abw: Soerg/*Heintzmann* Rn 15). Sind mehrere Absichten mitgeteilt worden, muss nunmehr der Vermieter angeben, welche er umsetzen will (LG Hamburg WuM 1992, 375). Der Vermieter hat zur Erfüllung des Auskunftsverlangens einen Monat Zeit, die ab Zugang des Verlangens läuft (§ 130) und sich nach §§ 187 ff berechnet. Entscheidend ist der Zugang beim Mieter (Schmidt-Futterer/*Blank* Rn 38, § 193 ist nicht anwendbar, aA Staud/*Rolfs* Rn 61). Ist das Auskunftsverlangen zu früh gestellt worden, kann der Vermieter antworten, ohne die Vier-Monatsfrist des Abs 2 S 1 beachten zu müssen (Soerg/*Heintzmann* Rn 15). Ein Auswechseln der Gründe ist nur ausnahmsweise zulässig, wenn das Befristungsinteresse gleichwertig ist (zB Austausch des Familienangehörigen, grundlegende Instandsetzung statt Abriss), wobei ein Wechsel zwischen den gesetzlichen Gründen nicht möglich ist (Schmidt-Futterer/*Blank* Rn 42).

4. Verspätete Mitteilung, Abs 2 S 2. Geht die Mitteilung dem Mieter verspätet zu, kann dieser eine Verlängerung nach Abs 2 S 2 verlangen. Aus dem Verlangen muss sich lediglich ergeben, dass er das Mietverhältnis über den Endtermin fortsetzen werde, so dass eine Angabe von Gründen nicht erforderlich ist (Staud/*Rolfs* Rn 64). Das Verlängerungsverlangen muss dem Vermieter vor dem Ende der Mietzeit zugehen (Palandt/*Weidenkaff* Rn 17) und muss durch den Vermieter angenommen werden, was ausdrücklich oder konkludent (Abgrenzung zu § 545 zu beachten) geschehen kann und notfalls durch Leistungsklage zu verfolgen ist (vertiefend: Staud/*Rolfs* Rn 64 ff). Auch für die Zeit nach der Verlängerung gilt § 545 (Schmidt-Futterer/*Blank* Rn 40). Dem Vermieter bleibt der Zeitraum, den er bei fristgem Mitteilung zur Verfügung gehabt hätte (Staud/*Rolfs* aaO). Ergibt sich aus der Mitteilung, dass der Grund nicht mehr besteht oder der Vermieter sich auf einen anderen Grund beruft, greift nicht Abs 2 S 2 sondern Abs 3 (MüKo/*Häublein* Rn 28). Bei einer inhaltlich unzureichenden Mitteilung und einer erst nach der Monatsfrist erfolgten Abhilfe gilt Abs 2 S 2. Erfolgt hingegen keine Abhilfe, gilt Abs 3 S 2 entspr (Schmidt-Futterer/*Blank* Rn 44; abw: Staud/*Rolfs* Rn 68). Sofern das Auskunftsverlangen des Mieters weniger als einen Monat vor Mietende gestellt wird, kommt keine Verlängerung des Vertrages nach Abs 2 S 2 in Betracht, da der Mieter in diesem Fall (nach Beendigung des Vertrages) keine Mitteilung mehr verlangen kann und der Vertrag vereinbarungsgem endet (Schmid/*Riecke* Rn 29; Staud/*Rolfs* Rn 55). Selbstredend kann der Mieter auch aus der Wohnung ausziehen. 21

V. Fortsetzung nach Abs 3. Der Mieter kann auf Grund der in Abs 3 S 1 und 2 geregelten Fälle eine Verlängerung des Mietverhältnisses verlangen. Abs 3 S 3 regelt für die Fälle des S 1 und 2 die Beweislastverteilung. Abs 3 beinhaltet insgesamt einen angemessenen Interessenausgleich (MüKo/*Häublein* Rn 30). Ein Verschulden des Vermieters ist nicht erforderlich. Hat der Mieter die Ursache für den Wegfall oder die Verzögerung schuldhaft gesetzt, soll er sich auf Abs 3 nicht berufen können (Soerg/*Heintzmann* Rn 17). **1. Verzögerung des sachlichen Grundes, S 1.** Die Formulierung des Abs 3 S 1 ist etwas unglücklich, da damit nicht gemeint ist, dass die Befristung erst später eintritt (dann gilt ohnehin Abs 1 S 2), sondern dass sich die geplante Maßnahme nach Abs 1 S 1 verzögert. Der Grund der Befristung muss unmittelbar nach Vertragsende umgesetzt werden. Eine Verzögerung von wenigen Tagen ist unbeachtlich, wobei es stets auf eine Einzelfallbetrachtung ankommt (Staud/*Rolfs* Rn 71; Soerg/*Heintzmann* Rn 17: im Monat nach Mietende). Eine Mitteilungspflicht des Vermieters besteht hier nicht, da bis zum Auskunftsverlangen nach Abs 2 S 1 der sachliche Grund wieder vorliegen kann, das zwischenzeitliche Fehlen unschädlich ist und der Gesetzgeber bewusst auf eine Regelung verzichtet hat (Schmidt-Futterer/*Blank* Rn 48 f, 31; aA Staud/*Rolfs* Rn 73; MüKo/*Häublein* Rn 32). Wird erst nach Mitteilung des Vermieters nach Abs 2 S 1 die Verzögerung erkennbar, muss der Vermieter dies dem Mieter mitteilen (vgl Staud/*Rolfs* aaO). Macht daher der Mieter von seinem Recht nach Abs 2 S 1 keinen Gebrauch, trifft den Vermieter auch keine Hinweispflicht (Schmidt-Futterer/*Blank* aaO). 22

Der **Mieter** kann die **Verlängerung des Mietverhältnisses um einen entspr Zeitraum verlangen**, wenn sich der Eintritt des Grundes verzögert. Die Abschätzung der Verlängerung wird im Einzelfall schwierig sein, so dass bei einer Angabe des Vermieters hinsichtlich eines bestimmten Zeitraums dieser zu Grunde zu legen ist, während bei einer fehlenden Angabe eines Zeitraums dieser von den Parteien (oder im Streitfall vom Gericht) zu schätzen ist, wobei bei einer zu kurzen Bemessung eine erneute Verlängerung vorzunehmen ist (Staud/*Rolfs* Rn 74). Erfährt der Mieter erst nach Ablauf der Mietzeit, dass vorher eine Verzögerung feststand, ist der Vermieter dem Mieter unter den Voraussetzungen des § 280 Abs 1 zum Schadensersatz verpflichtet (Emmerich/Sonnenschein/*Haug* Rn 43: Mietverhältnis wird rückwirkend begründet und auf bestimmte Zeit verlängert). 23

2. Wegfall des sachlichen Grundes, S 2. Soweit der Vermieter seine Absicht aufgegeben hat, kann der Mieter die Verlängerung auf unbestimmte Zeit verlangen, Abs 3 S 2. Der Anspruch besteht auch schon während der Laufzeit des Vertrages, sobald der Mieter hiervon Kenntnis erlangt (Soerg/*Heintzmann* Rn 18). Ein Vermie- 24 terwechsel kann den endgültigen Wegfall begründen (vgl Rz 18). Auch hier besteht grds keine Hinweispflicht (Schmidt-Futterer/*Blank* Rn 66). Die Parteien können auch vereinbaren, dass das Mietverhältnis auf bestimmte Zeit verlängert werden soll, wobei im Einzelfall ein Verlangen auf befristete Verlängerung in ein Verlangen auf unbestimmte Zeit umgedeutet werden kann (vgl Staud/*Rolfs* Rn 76). Nach der Verlängerung auf unbestimmte Zeit steht den Parteien das jeweilige ordentliche Kündigungsrecht wieder zu.

25 **3. Verlängerungsvertrag.** Das Verlangen des Mieters muss vor Ende des Mietverhältnisses gestellt werden (Palandt/*Weidenkaff* Rn 17). Eine bestimmte Form ist nicht vorgeschrieben. § 550 findet Anwendung. Die Verlängerung erfolgt nicht automatisch, der Mieter muss vielmehr die Fortsetzung verlangen, so dass der Vermieter verpflichtet ist, hierauf einzugehen. Der Erklärung muss eindeutig das Verlängerungsverlangen zu entnehmen sein. Zudem gelten die §§ 145 ff (LG Köln WuM 1999, 218). Mehrere Mieter müssen das Verlangen gemeinsam erklären und es jedem Vermieter zugehen lassen, wobei auch hier Vertretung zulässig ist (MüKo/*Häublein* Rn 34). Das Fortsetzungsverlangen ist auch erforderlich, wenn der Vermieter bereits vorab widersprochen hat (LG Karlsruhe DWW 1990, 178). Das Verlangen und die Annahme kann konkludent erfolgen, wobei im Einzelfall eine Abgrenzung zu § 545 erforderlich sein kann (vertiefend: MüKo/*Häublein* Rn 38). Die Verlängerung kommt dann durch einen Fortsetzungsvertrag zustande, der mit dem Ursprungsvertrag eine Einheit bildet. Die Ansprüche aus Abs 3 stehen nicht dem Vermieter zu. Die Erhebung des Verlangens kann der Vermieter bis etwa einen Monat nach Informierung des Mieters erwarten (Schmidt-Futterer/*Blank* Rn 55). Der Anspruch des Mieters kann mit der Leistungsklage verfolgt werden, wobei die Vollstreckung nach § 894 ZPO erfolgt. Ggü einer Räumungsklage kann insoweit die Widerklage erhoben werden. Gegen die Räumungsklage kann der Fortsetzungsanspruch nicht wirksam einredeweise erhoben werden (Schmidt-Futterer/*Blank* Rn 60; aA Soerg/*Heintzmann* Rn 21). Ab dem Abschluss eines unbefristeten Vertrages gelten die allgemeinen Vorschriften über unbefristete Mietverhältnisse. Eine Verlängerung zu geänderten Bedingungen ist zulässig.

26 **4. Beweislast, S 3.** Der Vermieter muss die Dauer der Verzögerung und den Eintritt des Befristungsgrundes beweisen, Abs 3 S 3. Die Regelung des S 3, die von den allgemeinen Beweisregeln abweicht, ist sachgerecht (Staud/*Rolfs* Rn 78).

27 **VI. Schadensersatzansprüche.** Der unberechtigte Abschluss eines Zeitmietvertrages kann Schadensersatzansprüche des Mieters gegen den Vermieter aus §§ 280, 282, 311 Abs 2 Nr 1, 823 oder 826 auslösen (vertiefend: Staud/*Rolfs* Rn 81; Soerg/*Heintzmann* Rn 22).

28 **C. Verfahrensrechtliches. I. Abdingbarkeit, Abs 4.** Gem Abs 4 sind abw Vereinbarungen zu Lasten des Mieters unwirksam. Insoweit kommen Veränderungen der Gründe aus Abs 1, Verzicht auf die schriftliche Mitteilung oder Einschränkungen oder Erweiterung der Voraussetzungen für die Rechte aus Abs 2 und 3 in Betracht (vertiefend: Schmidt-Futterer/*Blank* Rn 74 ff mit Bsp; zur formularmäßigen Laufzeitvereinbarung: Schmid/*Riecke* Rn 35 ff). Einschränkungen des Kündigungsrechts werden durch Abs 4 nicht erfasst (MüKo/*Häublein* Rn 39; vertiefend: Schmidt-Futterer/*Blank* Rn 67 ff, zum formularvertraglichen Ausschluss des Kündigungsrechts: Schmidt-Futterer/*Blank* Rn 83 ff). Die Unwirksamkeit erstreckt sich jedoch nur auf die einzelne Klausel und nicht auf den gesamten Vertrag. Von Abs 4 sind ebenso Vertragsänderungen erfasst (Staud/*Rolfs* Rn 87).

29 **II. Beweislast.** Den Vermieter trifft die Beweislast für die schriftliche Mitteilung des Befristungsgrundes bei Vertragsschluss. Zudem muss er die Einhaltung der Monatsfrist nach Abs 2 S 1 beweisen (Soerg/*Heintzmann* § 575 Rn 23). Der Vermieter muss die Dauer der Verzögerung und den Eintritt des Befristungsgrundes beweisen, Abs 3 S 3. Gleichfalls muss der Vermieter die Wirksamkeit der Befristung darlegen und beweisen, wenn während der Befristung eine Mieterkündigung erfolgt (Schmid/*Riecke* Rn 27). Den Mieter trifft die Beweislast für sein Auskunftsverlangen nach Abs 2 S 1. Der Mieter ist ferner für das Vorliegen eines Verlängerungsverlangens nach Abs 3 S 1 und 2 darlegungs- und beweispflichtig (Schmidt-Futterer/*Blank* Rn 56).

30 **III. Gerichtliche Geltendmachung.** Die Zuständigkeit einer notwendigen Leistungsklage des Mieters nach Abs 3 S 1 und 2 folgt aus § 23 Nr 2a GVG und § 29a ZPO.

§ 575a Außerordentliche Kündigung mit gesetzlicher Frist.

[1] Kann ein Mietverhältnis, das auf bestimmte Zeit eingegangen ist, außerordentlich mit der gesetzlichen Frist gekündigt werden, so gelten mit Ausnahme der Kündigung gegenüber Erben des Mieters nach § 564 die §§ 573 und 573a entsprechend.

[2] Die §§ 574 bis 574c gelten entsprechend mit der Maßgabe, dass die Fortsetzung des Mietverhältnisses höchstens bis zum vertraglich bestimmten Zeitpunkt der Beendigung verlangt werden kann.

[3] Die Kündigung ist spätestens am dritten Werktag eines Kalendermonats zum Ablauf des übernächsten Monats zulässig, bei Wohnraum nach § 549 Absatz 2 Nummer 2 spätestens am 15. eines Monats zum Ablauf dieses Monats (gesetzliche Frist). § 573a Absatz 1 Satz 2 findet keine Anwendung.

[4] Eine zum Nachteil des Mieters abweichende Vereinbarung ist unwirksam.

A. Allgemeines. § 575a ist in Ergänzung zu § 575 zu sehen und gilt für den befristeten Mietvertrag über Wohnraum. Nach hM kann der Zeitmietvertrag im Regelfall nicht ordentlich gekündigt werden (vgl § 575 Rz 4). Er kann jedoch außerordentlich mit gesetzlicher Frist gekündigt werden, sofern ein Gesetz dies zulässt. Die Vorschrift stellt klar, dass in den Fällen, in denen das Gesetz eine außerordentliche Kündigung mit gesetzlicher Frist zulässt (mit Ausnahme der Kündigung ggü Erben des Mieters nach § 564), ein berechtigtes Interesse zur Kündigung nach § 573 (Ausnahme § 573a) gegeben sein muss (Abs 1) und zudem die Sozialklausel der §§ 574 ff eingreifen muss (Abs 2) (Soerg/*Heintzmann* Rn 1). Der Anwendungsbereich ist mit dem von § 575 deckungsgleich (vgl § 575 Rz 3). Die Abs 1 und 2 haben durch den in ihnen enthaltenen Verweis nur Bedeutung für die Kündigung durch den Vermieter (Staud/*Rolfs* Rn 3). 1

B. Regelungsgehalt. I. Kündigungstatbestände. § 575a erfasst die außerordentliche Kündigung mit gesetzlicher Frist (§§ 540 Abs 1 S 2, 544 S 1, 554 Abs 3 S 2, 563 Abs 4, 563a Abs 2, 564 S 2, 580, 1056 Abs 2 S 1, 2135, § 30 ErbbauRVO, §§ 109, 111 InsO sowie § 57a ZVG, Schmid/*Riecke* Rn 2). § 575a begründet kein eigenständiges Kündigungsrecht, sondern ist nur anwendbar, wenn eine Norm eine außerordentliche Kündigung mit gesetzlicher Frist zulässt. 2

II. Kündigungsrecht, Abs 1. Der Vermieter muss gem Abs 1 durch den Verweis auf §§ 573, 573a zur außerordentlichen Kündigung mit gesetzlicher Frist ein berechtigtes Interesse haben. Das berechtigte Interesse bildet eine zusätzliche Voraussetzung für die außerordentliche Kündigung mit gesetzlicher Frist (MüKo/*Häublein* Rn 5). Die Ausnahmeregelung des § 573a ist vollends anwendbar. Die übrigen Voraussetzungen der Kündigung werden durch § 575a nicht berührt. Abs 1 findet keine Anwendung bei Kündigungen ggü den Erben des Mieters nach § 564, so dass der Vermieter für diesen Fall kein bes Interesse iSv § 573 benötigt. § 561 bildet ggü § 575a eine Spezialregelung und schließt die Norm insoweit aus (Emmerich/Sonnenschein/*Haug* Rn 5). 3

III. Sozialklausel, Abs 2. Nach Abs 2 kann der Mieter grds auch die Rechte aus der Sozialklausel (§§ 574 bis 574c) geltend machen. Abs 2 enthält eine Modifikation dahingehend, dass die Fortsetzung des Mietverhältnisses nur bis zum vertraglich vereinbarten Beendigungszeitpunkt verlangt werden kann. Abs 2 findet bei einer Kündigung nach § 564 Anwendung (vertiefend: Staud/*Rolfs* Rn 10). Die §§ 721 Abs 7 S 2, 794a Abs 5 S 2 ZPO sind zu beachten. 4

IV. Kündigungsfrist, Abs 3. Die Kündigungsfristen des Abs 3 entspr in vollem Umfang denen des § 573d. Normen, die auf § 575a verweisen, regeln die Kündigungsfristen mitunter abw (zB § 554 Abs 3 S 2, Emmerich/Sonnenschein/*Haug* Rn 9). 5

C. Verfahrensrechtliches. Eine zum Nachteil des Mieters abw Vereinbarung ist gem Abs 4 unwirksam (vertiefend: Schmidt-Futterer/*Blank* Rn 10 ff). Gem Art 229 § 3 Abs 3 gilt § 575a nicht für Zeitmietverträge, die vor dem 01.09.2001 abgeschlossen worden sind, dort gilt die alte Rechtslage, die jedoch weitestgehend der Regelung des § 575a entspricht (vertiefend: Schmidt-Futterer/*Blank* Rn 18 ff). 6

Unterkapitel 4 Werkwohnungen

§ 576 Fristen der ordentlichen Kündigung bei Werkmietwohnungen. **[1] Ist Wohnraum mit Rücksicht auf das Bestehen eines Dienstverhältnisses vermietet, so kann der Vermieter nach Beendigung des Dienstverhältnisses abweichend von § 573c Absatz 1 Satz 2 ist mit folgenden Fristen kündigen:**

1. bei Wohnraum, der dem Mieter weniger als zehn Jahre überlassen war, spätestens am dritten Werktag eines Kalendermonats zum Ablauf des übernächsten Monats, wenn der Wohnraum für einen anderen zur Dienstleistung Verpflichteten benötigt wird;

2. spätestens am dritten Werktag eines Kalendermonats zum Ablauf dieses Monats, wenn das Dienstverhältnis seiner Art nach die Überlassung von Wohnraum erfordert hat, der in unmittelbarer Beziehung oder Nähe zur Arbeitsstätte steht, und der Wohnraum aus dem gleichen Grund für einen anderen zur Dienstleistung Verpflichteten benötigt wird.

[2] Eine zum Nachteil des Mieters abweichende Vereinbarung ist unwirksam.

A. Allgemeines. In §§ 576 ff ist als Spezialregelung die Möglichkeit der ordentlichen **Kündigung von Mietverhältnissen über Werkmietwohnungen** (§§ 576; 576a) und Werkdienstwohnungen (§ 576b) geregelt, in denen die Kündigungsfristen ggü § 573c für diese Mietverhältnisse verkürzt werden. Der Zweck dieser Vorschriften ist, dem Vermieter die Beendigung des Mietverhältnisses über eine eng mit dem Dienstverhältnis verbundene, von dem Arbeitnehmer bewohnte Wohnung nach Ende des Arbeitsverhältnisses mit dem Arbeitnehmer-Mieter zu erleichtern, um über diese kurzfristig verfügen und sie einem anderen Arbeitneh- 1 mer zur Verfügung stellen zu können. Dabei wird der Vermieter doppelt privilegiert: nicht nur werden die Kündigungsfristen angepasst, auch werden neben seinen Interessen diejenigen des Arbeitgebers berücksichtigt und es können betriebs- und arbeitsbedingte Ausnahmen von der Sozialklausel zugelassen werden (MüKo/*Artz* Rn 2).

2 **B. Anwendbarkeit.** Die Vorschrift ist auf Werkmietwohnungen (s sogleich Rz 3) anwendbar, die auf unbestimmte Zeit vermietet worden sind. Eine ordentliche Kündigung nach §§ 573 ff wird durch § 576 nicht ausgeschlossen, sie richtet sich allerdings nach den allg Vorschriften.

3 **C. Tatbestand. I. Werkmietwohnung.** § 576 gilt nur für **Werkmietwohnungen.** Anders als eine Werkdienstwohnung wird eine Werkmietwohnung mit Rücksicht auf das Bestehen eines Dienstverhältnisses vermietet, Abs 1, und ist in einem eigenständigen Vertrag neben dem Arbeitsvertrag geregelt, der regelm **Geschäftsgrundlage,** § 313, des Werkmietwohnungsmietverhältnisses ist. Dass das Dienstverhältnis der einzige Grund für den Abschluss des Mietvertrages gewesen ist, wird nicht verlangt, es muss aber maßgeblichen Einfluss hierauf gehabt haben (jurisPK/*Mössner* Rn 9). Voraussetzung ist nicht, dass beide Vertragsverhältnisse gleichzeitig abgeschlossen werden, jedoch wird eine Vereinbarung, die eine bereits zuvor angemietete Wohnung nach Abschluss eines Dienstvertrages mit dem Mieter zur Dienstwohnung machen soll, unwirksam sein, da diese die Rechte des Mieters entgegen §§ 573c Abs 4; 574 Abs 4; 574a Abs 3 unzulässig verkürzen würde (Staud/*Rolfs* Rn 15).

4 Die **Werkdienstwohnung** ist dagegen ein unmittelbarer Bestandteil des Arbeitsvertrages und stellt einen Teil der Vergütung dar; es liegt dann kein selbständiges Mietverhältnis vor (§ 576b Abs 1). Für die Abgrenzung zwischen beiden Wohnungstypen kommt es nicht auf die Bezeichnung im Vertrag oder deren rechtliche Beurteilung, sondern alleine auf das materiell Vereinbarte an, das im Zweifel durch Auslegung des Vertrages (§§ 133; 157) zu ermitteln ist (BAG NJW 2008, 1020). Die Rechte und Pflichten sowie die Beendigung des Mietverhältnisses über eine Werkmietwohnung richten sich nach den allg mietrechtlichen Vorschriften, §§ 568; 573 ff; 577a, ergänzt um die §§ 576; 576a. Es ist für die Anwendbarkeit von § 576 nicht von Bedeutung, ob der Vermieter auch tatsächlich der Arbeitgeber des Mieters ist, sofern der Arbeitgeber jedenfalls das Belegungsrecht für die fragliche Wohnung ausüben kann – sog werkgeförderte Wohnung –; in dem Falle liegt eine werksfremde, im Gegensatz zur werkseigenen Werkdienstwohnung vor (jurisPK/*Mössner* Rn 16).

5 Voraussetzung des § 576 ist, dass der **Mieter zu unselbständiger, abhängiger, weisungsgebundener Arbeit** für den Vermieter oder den ein Belegungsrecht innehabenden Arbeitgeber verpflichtet ist (Staud/*Rolfs* Rn 6) und nach der vertraglichen Vereinbarung hierzu einen nicht unerheblichen Teil seiner Arbeitskraft einsetzen muss. Eine Tätigkeit, die wegen ihres geringen zeitlichen Aufwandes sich nur als gelegentliche Aushilfe darstellt, genügt (Schmidt-Futterer/*Blank* Vor § 576 Rn 3; LG Berlin WuM 1991, 697; aA LG Aachen MDR 1991, 542), so dass auch eine nebenberufliche Tätigkeit ausreicht (LG Köln ZMR 1996, 666; LG Berlin WuM 1991, 697). Wenn der Vermieter einem betriebsfremden Mieter zu Gunsten eines nach § 576 Berechtigten kündigen will, richtet sich diese Kündigung nach den allg Vorschriften und nicht nach § 576, da im Verhältnis zu dem betriebsfremden Mieter kein Werkmietwohnungsmietverhältnis vorliegt (Stuttgart NJW-RR 1993, 1102). Die Eigenschaft als Werkmietwohnung entfällt durch einen Verkauf der Werkmietwohnung dann nicht, wenn der Mieter auch für den neuen Vermieter tätig wird (LG Köln ZMR 1996, 666).

6 **1. Werkmietwohnung ohne Funktion, Abs 1 Nr 1.** Werkmietwohnungen nach Abs 1 Nr 1 dienen lediglich als Wohnung eines Arbeitnehmers, es kommt auf keinen räumlichen oder funktionalen Zusammenhang zwischen Arbeitsstelle und Wohnung an. Es gilt die Kündigungsfrist des Abs 1 Nr 1, sofern die Wohnung dem Mieter weniger als zehn Jahre überlassen (s § 573c Rz 4) war, also drei Monate abzüglich der Karenzzeit (s § 573c Rn 4).

7 **2. Werkmietwohnung mit Funktion, Abs 1 Nr 2.** Werkmietwohnungen nach Abs 1 Nr 2 weisen eine unmittelbare Beziehung zu der Arbeitsstätte auf oder liegen in deren unmittelbarer Nähe (LG Köln ZMR 1996, 666). Dies ist bes häufig bei Hausmeisterwohnungen, bei Wohnungen für Sicherheitspersonal, sowie Angehörige der Not- und Bereitschaftsdienste der Fall, in bes Konstellationen aber auch für die Mehrzahl aller Berufe denkbar, etwa bei abgelegenen Arbeitsstätten. Der erforderliche Betriebsbedarf besteht, wenn die Wohnung aus dem gleichen Grund, aus dem sie dem bisherigen Mieter überlassen war, für einen anderen Arbeitnehmer benötigt wird, wobei es nicht darauf ankommt, ob es sich bei dem neuen Mieter um den unmittelbaren Nachfolger des vorherigen Mieters handelt. Daher sind in der Kündigung sowohl der Betriebsbedarf als auch die Funktionsgebundenheit darzulegen. Die Kündigungsfrist beträgt nach Abs 1 Nr 2 einen Monat abzüglich der Karenzzeit (s § 573c Rz 2).

8 **II. Kündigung.** Die Kündigung muss schriftlich ergehen, § 568, und bedarf einer Darlegung des hier alleine zulässigen Kündigungsgrundes »**Betriebsbedarf**«, wie in Abs 1 Nr 1 und 2 genannt. Eine bloße Bezugnahme auf § 576 reicht hierfür nicht aus (LG Bochum WuM 1992, 438). Diesen Betriebsbedarf muss der Vermieter konkret und unverwechselbar bezeichnen (LG Berlin WuM 1991, 697), etwa mit Angaben zu dem aktuellen Stand des Betriebsbedarfs (Stuttgart ZMR 1986, 236); nicht erforderlich ist eine Benennung der Wohnungsbewerber und der Darlegung ihrer Wohnverhältnisse (LG Berlin GE 1991, 685; aA: LG Stuttgart WuM 1992,

25). Wenn ein anderer Arbeitnehmer die Wohnung benötigt oder verlangt, dessen Arbeitsverhältnis dadurch neu begründet oder aufrechterhalten werden kann, liegt der erforderliche Betriebsbedarf vor (Palandt/*Weidenkaff* Rn 5), nicht dagegen, wenn aus anderen betrieblichen Gründen gekündigt wird (jurisPK/*Mössner* Rn 29). Zudem muss der Vermieter dem Mieter eine vergleichbare, im selben Haus oder in derselben Wohnanlage ihm zu diesem Zeitpunkt zur Verfügung stehende Wohnung, die zur Vermietung frei steht, zur Anmietung anbieten, ggf auch schon vor Abgabe der Kündigungserklärung, wenn der Vermieter diese im Zusammenhang mit der Beendigung des Dienstverhältnisses beabsichtigt (LG Berlin MM 2005, 74).

Allerdings muss der Vermieter **frei stehende Ersatzwohnungen** bis zum rechtskräftigen Abschluss eines 9
arbeitsgerichtlichen Verfahrens über das Dienstverhältnis nicht anbieten (LG Berlin MM 2005, 74). Die Anwendung des § 576 setzt ferner voraus, dass das Dienstverhältnis in dem Moment rechtlich beendet ist, in dem das Werkmietwohnungsmietverhältnis gekündigt wird (Staud/*Rolfs* Rn 21) – dass dessen Kündigung ausgesprochen worden ist, reicht mithin nicht aus (Schmidt-Futterer/*Blank* Rn 4). Es ist somit nicht möglich, die Kündigung des Arbeitsverhältnisses und des Mietverhältnisses gleichzeitig oder sogar in einer Urkunde zu erklären (jurisPK/*Mössner* Rn 17). Diese sind getrennt voneinander zu erklären und unabhängig voneinander zu beurteilen. Anderenfalls wird die Kündigung des Mietverhältnisses zwar nicht unwirksam, sondern beendet dieses zum nächstmöglichen Termin, sofern der Wille des Vermieters zur Kündigung hinreichend klar geäußert worden ist (Staud/*Rolfs* Rn 32). Dann liegt eine Kündigung während des Dienstverhältnisses vor, die ebenfalls möglich und regelm nicht auf Grund des Zusammenhangs von Dienst- und Werkvertrag als stillschweigend ausgeschlossen anzusehen ist (Bub/Treier/*Grapentin* IV Rn 126), sich aber nach den allg Vorschriften, §§ 573 ff, richtet.

Um die verkürzten Fristen des Abs 1 Nr 1, 2 nutzen zu können, muss der Vermieter die Kündigung in einem 10
engen **zeitlichen Zusammenhang** mit dem Ende des Arbeitsverhältnisses erklären (LG Bochum WuM 1992, 438; LG Aachen WuM 1985, 149; aA: LG Stuttgart DWW 1991, 112; jurisPK/*Mössner* Rn 17). Versäumt er dies, wird die Kündigung nicht unwirksam, aber die Privilegierung nach § 576 entfällt und die Kündigung wirkt zum nächstmöglichen Zeitpunkt nach § 573c, sofern aus der Kündigung hervorgeht, dass das Mietverhältnis auf jeden Fall beendet werden soll. In diesem Fall bestehen allerdings auch gesteigerte Anforderungen an die Begründung des Betriebsbedarfes, es müssen die Gründe genannt werden, die gerade den Bezug dieser speziellen Wohnung notwendig machen (LG Hamburg WuM 1994, 208; Stuttgart NJW-RR 1993; NJW-RR 1991, 1294).

III. Mitbestimmung. Nach Beendigung des Arbeitsverhältnisses ist die Kündigung mitbestimmungsfrei 11
(Frankfurt aM NJW-RR 1992, 1294), vorher ist die Zustimmung des Betriebsrats nach § 87 Abs 1 Nr 9 BetrVG erforderlich (MüKo/*Artz* Rn 7).

D. Prozessuales. § 576 ist nicht zu Lasten des Mieters abdingbar, Abs 2. Daher ist eine Vereinbarung über 12
eine Werkmietwohnung, nach der das Mietverhältnis spätestens drei Monate nach – oder als Folge der – Beendigung des Beschäftigungsverhältnisses endet, unwirksam (LG Düsseldorf WuM 1985, 151; LG Berlin GE 2004, 890). Der **Vermieter** trägt die **Beweislast für das Vorliegen einer Werkmietwohnung sowie des Betriebsbedarfes** und ggf die funktionale Beziehung der Wohnung zur Arbeitsstätte. Zuständig sind nicht die Arbeitsgerichte wie bei § 576b für Werkdienstwohnungen, sondern die **Amtsgerichte nach §§ 23 Nr 2a GVG; 29a Abs 1 ZPO**. Wenn die Beendigung des dem Mietverhältnis zugrunde liegenden Arbeitsverhältnisses str ist, kann der Räumungsrechtsstreit bis zum Vorliegen einer rechtskräftigen Entscheidung über das Arbeitsverhältnis ausgesetzt werden (LG Mannheim ZMR 1978, 85). Eine Vereinbarung, die die rechtliche Eigenschaft der Wohnung als Werkmietwohnung befristet, ist dem Mieter günstig und somit zulässig, was jedoch die Geltendmachung von Betriebsbedarf nach den allg Vorschriften nicht ausschließt (jurisPK/*Mössner* Rn 50).

§ 576a Besonderheiten des Widerspruchsrechts bei Werkmietwohnungen.

[1] **Bei der Anwendung der §§ 574 bis 574c auf Werkmietwohnungen sind auch die Belange des Dienstberechtigten zu berücksichtigen.**

[2] **Die §§ 574 bis 574c gelten nicht, wenn**

1. **der Vermieter nach § 576 Absatz 1 Nummer 2 gekündigt hat;**
2. **der Mieter das Dienstverhältnis gelöst hat, ohne dass ihm von dem Dienstberechtigten gesetzlich begründeter Anlass dazu gegeben war, oder der Mieter durch sein Verhalten dem Dienstberechtigten gesetzlich begründeten Anlass zur Auflösung des Dienstverhältnisses gegeben hat.**

[3] **Eine zum Nachteil des Mieters abweichende Vereinbarung ist unwirksam.**

A. Allgemeines/Anwendbarkeit. Diese Vorschrift senkt den durch die §§ 574 ff geschaffenen Mieterschutz 1
für Werkmietwohnungen, denn bei Werkmietwohnungen wird sowohl im Arbeitsverhältnis als auch im Mietverhältnis Loyalität erwartet, eine Illoyalität im Dienstverhältnis soll daher auch für das hiermit verbundene Mietverhältnis nicht ohne Konsequenzen sein (MüKo/*Artz* Rn 1). Anwendbar ist die Vorschrift für die Bewertung eines Widerspruchs gegen die Kündigung einer Werkmietwohnung, § 576 (s § 576

Rz 3), unabhängig davon, ob diese mit der Frist des § 573c oder derjenigen des § 576 Abs 1 ausgesprochen wurde (jurisPK/*Mössner* Rn 24).

2 **B. Tatbestand. I. Voraussetzungen.** Nach Abs 1 sind neben den Belangen des Vermieters auch die Belange des **Dienstberechtigten**, also des Arbeitgebers, bei der Bewertung eines Widerspruchs gegen die Kündigung einer Werkmietwohnung gem §§ 574 ff zu berücksichtigen. Wenn Arbeitgeber und Vermieter verschiedene Personen sind, kommt Abs 1 daher bes Bedeutung zu, da dann die Belange eines nicht am Mietverhältnis beteiligten Dritten auf dieses einwirken. Zum erforderlichen Inhalt der Kündigung s § 576 Rz 8. Nach Abs 2 finden die mieterschützenden §§ 574 ff unter bestimmten Umständen keine Anwendung. Dies ist gem Abs 2 Nr 1 dann der Fall, wenn das Werkmietwohnungsmietverhältnis unter Berufung auf § 576 Abs 1 Nr 2 bei Vorliegen eines funktionalen Zusammenhangs der Wohnung und des Betriebs wegen Betriebsbedarf gekündigt wurde. Dabei ist es nicht ausreichend, dass die Voraussetzungen für § 576 Abs 1 Nr 2 vorlagen, wenn tatsächlich nur eine ordentliche Kündigung mit der Frist des § 573c oder nach § 576 Abs 1 Nr 1 ausgesprochen worden ist (Staud/*Rolfs* § 576a Rn 7).

3 Nach Abs 2 Nr 2 werden die **§§ 574 ff ferner nicht angewendet**, wenn entweder der **Mieter selbst das Dienstverhältnis aufgelöst** hat oder er dem Arbeitgeber einen rechtlich begründeten Anlass zur Auflösung des Dienstverhältnisses gegeben hat. Ob formell eine Kündigung oder eine einvernehmliche Beendigung vorliegt, ist dabei unerheblich (PWW/*Riecke* Rn 5). Hat der Mieter das Arbeitsverhältnis selbst aufgelöst, ist es ferner unerheblich, ob dies mit ordentlicher oder mit außerordentlicher Kündigung geschehen ist. Allerdings findet § 576a keine Anwendung, wenn der Arbeitgeber rechtswidrig und schuldhaft einen wichtigen Grund verursacht hat, auf Grund dessen der Mieter außerordentlich kündigen, § 626, oder wegen arglistiger Täuschung, § 123, anfechten durfte. Es kommt nicht darauf an, ob der Mieter diese Konsequenz auch tatsächlich gezogen hat (jurisPK/*Mössner* Rn 25). Hat dagegen der Arbeitgeber das Dienstverhältnis aufgelöst, muss der Grund hierfür zumindest weitgehend von dem Mieter verursacht worden sein. Dabei sind alle Gründe, die einen wichtigen Grund nach § 626 darstellen oder eine verhaltensbedingte Kündigung rechtfertigen, § 1 Abs 2 S 1 KSchG, ausreichend. IdR ist hierfür schuldhaftes Verhalten des Mieters erforderlich (jurisPK/*Mössner* Rn 27). Auch hier ist aber unerheblich, wie das Dienstverhältnis tatsächlich beendet wurde, also ob der Arbeitgeber eine Anfechtung oder Kündigung erklärt hat oder ob ein Aufhebungsvertrag abgeschlossen wurde. Diese arbeitsrechtlichen Vorfragen sind im Mietrechtsstreit mit zu entscheiden, sofern nicht bereits ein arbeitsgerichtlicher Prozess anhängig ist. In dem Fall kommt eine Aussetzung des Mietprozesses in Betracht (Staud/*Rolfs* Rn 10).

4 **II. Rechtsfolge.** Sind die Voraussetzungen des Abs 2 gegeben, kann der Mieter nicht nach §§ 574 ff der Kündigung widersprechen.

5 **C. Prozessuales.** § 576a ist nicht zu Lasten des Mieters abdingbar, Abs 3. Die Abs 1 und 2 vollständig abzubedingen wäre dem Mieter ggü allerdings vorteilhaft (MüKo/*Artz* Rn 10). Der Vermieter ist für Tatsachen gem Abs 2 beweispflichtig, wobei den Mieter eine sekundäre Beweislast hinsichtlich solcher negativer Tatsachen wie einen fehlenden, durch den Vermieter gesetzten Anlass für die Auflösung des Dienstverhältnisses trifft (jurisPK/*Mössner* Rn 32).

§ 576b Entsprechende Geltung des Mietrechts bei Werkdienstwohnungen.

[1] Ist Wohnraum im Rahmen eines Dienstverhältnisses überlassen, so gelten für die Beendigung des Rechtsverhältnisses hinsichtlich des Wohnraums die Vorschriften über Mietverhältnisse entsprechend, wenn der zur Dienstleistung Verpflichtete den Wohnraum überwiegend mit Einrichtungsgegenständen ausgestattet hat oder in dem Wohnraum mit seiner Familie oder Personen lebt, mit denen er einen auf Dauer angelegten gemeinsamen Haushalt führt.

[2] Eine zum Nachteil des Mieters abweichende Vereinbarung ist unwirksam.

1 **A. Allgemeines.** Diese Vorschrift ist eine Sonderregelung für die Beendigung von **Werkdienstwohnungen**, (s § 576 Rz 4). Obwohl diese in einem einheitlichen arbeitsrechtlichen Vertrag geregelt sind, entfällt mit dessen Beendigung nicht automatisch das Recht zum Besitz der Werkdienstwohnung. Allerdings können die in diesem **einheitlichen Vertrag** enthaltenen arbeits- und mietrechtlichen Elemente nur gemeinsam gekündigt werden, eine Teilkündigung nur des arbeitsrechtlichen oder nur des mietrechtlichen Teils ist ausgeschlossen (Schmidt-Futterer/*Blank* Rn 9). Der Zweck der Vorschrift ist die Anwendung der Mieterschutzvorschriften auf Verträge, die mangels Mietvertrages von diesen ansonsten ausgeschlossen wären mit der Konsequenz, dass dann mit Beendigung des Arbeitsverhältnisses unmittelbar auch das Besitzrecht an der Wohnung entfiele (Staud/*Rolfs* Rn 3).

2 **B. Anwendbarkeit.** Die Regelung ist anwendbar für die Beendigung des Mietverhältnisses über eine Werkdienstwohnung, § 576a. Die Rechte und Pflichten hinsichtlich einer Werkdienstwohnung richten sich dagegen nach den zwischen den Parteien getroffenen arbeitsrechtlichen Vereinbarungen und nicht nach den Vorschriften des Mietrechts (BVerwG NJW 2001, 1878; BAG MDR 2000, 600); dies gilt auch für die Beendigung

des Werkdienstwohnungsmietverhältnisses während eines fortbestehenden Arbeitsverhältnisses. Nur wenn das Arbeitsverhältnis bereits beendet ist und der Arbeitnehmer die Werkdienstwohnung noch bewohnt, findet § 576b überhaupt Anwendung.

C. Tatbestand. I. Voraussetzungen. Nach Abs 1, 1. Alt gelten für die Beendigung des Werkdienstwohnungsmietverhältnisses die allg Vorschriften, wenn der Mieter dadurch bes schutzwürdig ist, dass er selbst die Wohnung überwiegend mit – nicht notwendiger Weise eigenen – Einrichtungsgegenständen versehen hat. Dies wird regelm der Fall sein. Entscheidend ist hier (ohne Rücksicht auf die vertragliche Regelung), ob tatsächlich mehr als die Hälfte der üblicherweise in einem Haushalt vorhandenen Einrichtungsgegenstände nach Zahl und wirtschaftlicher Bedeutung von dem Mieter eingebracht worden sind (PWW/*Riecke* Rn 2; jurisPK/*Mössner* Rn 10). Nach Abs 1, 2. Alt gelten die allg Vorschriften ebenfalls, wenn der Mieter die Werkdienstwohnung mit Familienangehörigen (s § 573 Rz 14), und nach Abs 1, 3. Alt, wenn er diese mit anderen Personen bewohnt, mit denen er auf Dauer einen gemeinsamen Haushalt führt (s § 573 Rz 15). 3

II. Rechtsfolge. Sind die Voraussetzungen des Abs 1 gegeben, spaltet § 576b das zuvor einheitliche Vertragsverhältnis in einen beendeten arbeitsrechtlichen und einen fortbestehenden mietrechtlichen Teil auf, der rechtlich nicht als Mietverhältnis, sondern als Abwicklungsverhältnis zu qualifizieren ist (MüKo/*Artz* Rn 5). Dieses gesetzliche Schuldverhältnis richtet sich sodann nach den allg mietrechtlichen Vorschriften. Dies gilt auch für dessen Beendigung, die unter Beachtung der allg Vorschriften möglich ist, so dass auch §§ 574 ff Anwendung finden (Bub/Treier/*Grapentin* IV Rn 132). Der Mieter schuldet nunmehr allerdings auch ein Nutzungsentgelt in Höhe desjenigen Teils seines früheren Gehalts, das für die Werkdienstwohnung berechnet wurde (LG Hamburg WuM 1991, 550), oder bei Fehlen der Bestimmbarkeit in ortsüblicher Höhe, § 546a. War ein befristetes Arbeitsverhältnis wirksam abgeschlossen, endet auch das Mietverhältnis, ohne dass es einer Kündigung bedarf (Staud/*Rolfs* Rn 14). Mitbestimmungsrechte des Betriebsrats bestehen nicht (BAG WuM 1993, 353; Schmidt-Futterer/*Blank* § 576b Rn 15). 4

D. Prozessuales. I. Abdingbarkeit/Beweislast. § 576a ist nicht zu Lasten des Mieters abdingbar, Abs 3. Die Beweislast für die Voraussetzungen, die zur Anwendbarkeit des Wohnraummietrechts führen können, trägt die Partei, die für sich daraus günstige Rechtsfolgen ableitet (jurisPK/*Mössner* Rn 19), der Vermieter für die zu einer Kündigungserleichterung führenden Tatsachen. 5

II. Zuständigkeit. Nach § 2 Abs 1 Nr 3a ArbGG sind für die Beurteilung von Werkdienstwohnungen während des Arbeitsverhältnisses die Arbeitsgerichte sachlich zuständig (BAG NZA 2000, 277). Wenn das Dienstverhältnis dagegen bereits beendet wurde und das Mietverhältnis als Abwicklungsverhältnis gem § 576b fortgesetzt wird, sind für Streitigkeiten in Zusammenhang mit diesem die Amtsgerichte nach §§ 23 Nr 2a GVG; 29a Abs 1 ZPO zuständig, da dieses gesetzliche Schuldverhältnis auf Grund der Anwendbarkeit der mietrechtlichen Vorschriften einem Mietverhältnis insofern gleichzustellen ist (Staud/*Rolfs* Rn 29). 6

Kapitel 6 Besonderheiten bei der Bildung von Wohnungseigentum an vermieteten Wohnungen

§ 577 Vorkaufsrecht des Mieters.

[1] Werden vermietete Wohnräume, an denen nach der Überlassung an den Mieter Wohnungseigentum begründet worden ist oder begründet werden soll, an einen Dritten verkauft, so ist der Mieter zum Vorkauf berechtigt. Dies gilt nicht, wenn der Vermieter die Wohnräume an einen Familienangehörigen oder an einen Angehörigen seines Haushalts verkauft. Soweit sich nicht aus den nachfolgenden Absätzen etwas anderes ergibt, finden auf das Vorkaufsrecht die Vorschriften über den Vorkauf Anwendung.

[2] Die Mitteilung des Verkäufers oder des Dritten über den Inhalt des Kaufvertrags ist mit einer Unterrichtung des Mieters über sein Vorkaufsrecht zu verbinden.

[3] Die Ausübung des Vorkaufsrechts erfolgt durch schriftliche Erklärung des Mieters gegenüber dem Verkäufer.

[4] Stirbt der Mieter, so geht das Vorkaufsrecht auf diejenigen über, die in das Mietverhältnis nach § 563 Absatz 1 oder 2 eintreten.

[5] Eine zum Nachteil des Mieters abweichende Vereinbarung ist unwirksam.

A. Allgemeines. Der Zweck dieser Vorschrift war ursprünglich der Schutz des Mieters vor der Gefahr speziell aus spekulativen Umwandlungen von Sozialmietwohnungen in Eigentumswohnungen folgenden Verdrängung aus dem angemieteten Wohnraum (Bub/Treier/*Reinstorf* II Rn 896b). Sie hat den Zweck zu verhindern, dass dem Mieter nach dem Verkauf der neu entstandenen rechtlichen Ausgestaltung des Wohnraums als Eigentumswohnung ein neuer Vermieter ggü steht, der sich – soweit dessen Voraussetzungen gegeben sind – auf Eigenbedarf berufen und das Mietverhältnis kündigen könnte (MüKo/*Häublein* Rn 1). Dem Mieter wird durch die Einräumung eines **Vorkaufsrechts** die Möglichkeit gegeben, sich hiergegen zu wehren. 1

2 **B. Anwendbarkeit.** Die Vorschrift ist für Wohnraummietverhältnisse nach deren Umwandlung in Wohnungseigentum anwendbar, unabhängig davon, ob das Mietverhältnis befristet oder unbefristet ist, nicht anwendbar auf Wohnraum des § 549 Abs 2, 3, ebenfalls nicht auf andere Nutzungsverhältnisse wie Leihe oder Pacht. Für Mischmietverhältnisse ist § 577 nur anwendbar, wenn der Anteil des Wohnraums überwiegt (Palandt/*Weidenkaff* Rn 1). Bei Untermietverhältnissen kommt keine Anwendung auf den Untermieter in Betracht (Staud/*Rolfs* Rn 15). Ferner kann ein Vorkaufsrecht nach § 577 auch nur bei dem ersten Verkaufsfall nach der Umwandlung der Wohnung in eine Eigentumswohnung entstehen, selbst wenn bei diesem ersten Verkaufsfall ein Vorkaufsrecht nach Abs 1 S 2 (BGH NJW 2007, 2699) oder auf Grund der noch engeren Vorgängerregelung (BGH NJW 2006, 1869) ausgeschlossen war. Auf die Realteilung eines mit zu Wohnzwecken vermieteten Einfamilienhäusern bebauten Grundstücks ist § 577 analog anwendbar (BGH NJW 2008, 2257).

3 **C. Tatbestand. I. Vermietete Wohnräume.** Der Wohnraum muss an den Mieter **vermietet** und tatsächlich **überlassen** worden sein, wobei eine Überlassung vor Abschluss des Mietvertrages nicht schadet. Es reicht auch aus, dass sich das Mietverhältnis nach § 545 stillschweigend verlängert hat, auch während des Laufes der zweiwöchigen Erklärungsfrist (jurisPK/*Mössner* Rn 11). Unerheblich ist es, ob Vermieter und Verkäufer identisch sind (MüKo/*Häublein* Rn 6).

4 Maßgeblicher **Zeitpunkt** ist derjenige der Begründung des Wohnungseigentums, also der Grundbucheintragung. Das Vorkaufsrecht entsteht selbst, wenn der Vermieter zu diesem Zeitpunkt bereits die Kündigung des Mietverhältnisses ausgesprochen hat, da es nur darauf ankommt, ob das Mietverhältnis zu dem Zeitpunkt des Verkaufs an den Dritten bestanden hat – dies gilt gleichermaßen für die Kündigung durch den Mieter (jurisPK/*Mössner* Rn 14). War bei der Vornahme der Umwandlung der Mietvertrag noch nicht abgeschlossen worden, die Wohnung aber bereits überlassen, kann das Vorkaufsrecht ebenfalls entstehen (jurisPK/*Mössner* Rn 38; PWW/*Riecke* Rn 4; aA Palandt/*Weidenkaff* Rn 3). Der Mieter muss also vor der Umwandlung Mieter gewesen und dies auch noch zum Zeitpunkt des Verkaufs sein (Schmidt-Futterer/*Blank* Rn 26). Ein Vorkaufsrecht nach § 577 kann dagegen nicht entstehen, wenn der Mieter die Räume anmietet bzw überlassen bekommt und hierbei Kenntnis von der Umwandlungsabsicht des Vermieters hatte (LG Oldenburg WuM 1997, 436; Palandt/*Weidenkaff* Rn 3; aA MüKo/*Häublein* Rn 6).

5 **II. Begründung von Wohnungseigentum. Wohnungseigentum** muss entweder bei Abschluss des Kaufvertrages bereits begründet worden sein oder der Vermieter muss die Absicht zur Begründung von Wohnungseigentum gehabt haben. Bei dem Bestehen einer Umwandlungsabsicht muss aber hinzukommen, dass sich diese bereits konkretisiert hat, etwa durch Beurkundung der Teilungserklärung oder Begründungserklärung (Palandt/*Weidenkaff* § 577 Rn 3). Eine unverbindliche Anpreisung der Wohnung als im Anschluss umzuwandelnde Eigentumswohnung oder die bloße Einholung einer Abgeschlossenheitsvereinbarung reicht nicht aus (jurisPK/*Mössner* Rn 22). Das Wohnungseigentum ist mit Eintragung im Grundbuch begründet.

6 **III. Kaufvertragsabschluss.** Es muss ein formell und materiell wirksamer **Kaufvertrag** (jurisPK/*Mössner* Rn 24) mit einem Dritten abgeschlossen worden sein. Hier reicht die – auch sich nach außen hin konkretisierte Absicht des Vermieters – nicht aus. Der Kaufvertrag muss nicht ausschließlich die Wohnung des Mieters betreffen, es genügt, wenn diese ein Teil des Kaufvertrages ist. Das Vorkaufsrecht bezieht sich jedoch auch dann nur auf die von dem Mieter bewohnte Wohnung (Staud/*Rolfs* Rn 30). Ein vorheriger Verkaufsfall (BGH NJW 2007, 2699) sowie ein solcher unter der Vorgängerregelung des § 577, dem § 570b aF (BGH NJW 2006, 1869), stehen dem Entstehen des Vorkaufsrechts entgegen. Wegen § 471 entsteht ein Vorkaufsrecht zudem nicht bei Zuschlag gem ZVG (BGH NJW 1999, 2044) oder bei einem Erwerb vom Insolvenzverwalter aus der Insolvenzmasse – für einen späteren Verkauf stellen diese Verkaufsfälle aber den Ersterwerb dar und hindern das Entstehen eines Vorkaufsrechts insofern erneut (Bub/Treier/*Reinstorf* II Rn 896c). Wurde der Kaufvertrag unter einer aufschiebenden Bedingung abgeschlossen, entsteht das Vorkaufsrecht erst mit deren Eintritt (jurisPK/*Mössner* Rn 26). Die wirksame Anfechtung des Kaufvertrages lässt das Vorkaufsrecht entfallen, nicht aber dessen Anfechtbarkeit (MüKo/*Häublein* Rn 9).

7 **IV. Kein Ausschluss nach Abs 1 S 2.** Ein Vorkaufsrecht entsteht nicht, wenn der Dritte – also der Käufer – zu dem von Abs 1 S 2 umfassten Personenkreis gehört. Zu dem Begriff der Familienangehörigen und Angehörigen des Haushalts s § 573 Rz 14 f. Kein Dritter iS dieser Vorschrift ist ein Miteigentümer der Wohnung.

8 **V. Rechtsfolge.** Die Rechtsfolge des § 577, das Entstehen eines Vorkaufsrechts des Mieters, kann somit für den Verkäufer bedeuten, dass durch den Kaufvertragsabschluss mit dem Dritterwerber eine zweifache Verpflichtung entsteht. Daher ist es sinnvoll, zwischen Verkäufer und Dritterwerber als auflösende Bedingung die Ausübung des Vorkaufsrechts durch den Mieter zu vereinbaren (PWW/*Riecke* Rn 3). Eine solche Vertragsgestaltung hat allerdings nicht zur Folge, dass ein Verkaufsfall iSd Vorschrift nicht vorliege und das Vorkaufsrecht bereits dadurch wegfiele (BGH NJW 1977, 762). **1. Vorkaufsrecht.** Es handelt sich hierbei um ein persönliches **Vorkaufsrecht** schuldrechtlicher Natur (MüKo/*Häublein* Rn 15), nach dessen Ausübung eine ggf im Wege der einstweiligen Verfügung einzutragende Vormerkung durchgesetzt werden kann (Köln NJW-RR 1995, 1354). Nach Abs 1 S 3 finden auf das Vorkaufsrecht die §§ 463–473 Anwendung. Die Erklärung über das Vorkaufsrecht stellt eine einseitige, empfangsbedürftige Willenserklärung des Mieters dar, § 130, und muss gem Abs 3 schrift-

lich, § 126, ausgeübt werden. Mitmieter können grds das Vorkaufsrecht nur einheitlich ausüben (jurisPK/ *Mössner* Rn 47). Ein Mitmieter soll allerdings dann zur alleinigen Ausübung berechtigt sein, wenn das Vorkaufsrecht des anderen Mitmieters verwirkt oder erloschen ist, was etwa beim Auszug des im Mietvertrag als Mitmieter aufgeführten Ehepartners 12 Jahre vor dem fraglichen Verkaufsfall anzunehmen ist, denn dann ist der Gesetzeszweck – der Schutz vor dem Verlust der Wohnung – nicht mehr erreichbar (München NJW-RR 1999, 1314).

Die **Ausübung des Vorkaufsrechts** ist ein einseitiges, bedingungsfeindliches Rechtsgeschäft (MüKo/*Häublein* 9 Rn 19). Der Mieter tritt bei Ausübung des Vorkaufsrechts an die Stelle des Dritterwerbers, so dass er über den reinen Kaufpreis hinaus auch sämtliche Nebenkosten des Erwerbs wie Notarkosten (BGH NJW 1996, 654) und ggf Maklerkosten (Düsseldorf MDR 1999, 800, aA Karlsruhe Urt v 03.07.1992, 15 U 49/92) zu tragen hat. Nur in Sonderfällen kann dies anders sein, etwa wenn der in einem Bieterverfahren Erfolgreiche seine Position gegen ein Provisionsversprechen an einen Dritten weiterreicht und der Mieter sodann das Vorkaufsrecht ausübt (BGH MDR 2007, 641). Vereinbaren Verkäufer und Dritterwerber zum Schein einen überhöhten Kaufpreis oder für den Mieter nicht akzeptable oder höchstpersönliche Nebenleistungen, um den Mieter von der Ausübung des Vorkaufsrechts abzuhalten, kann dies neben Schadensersatzansprüchen sowie Beseitigungs- und Unterlassungsansprüche des Mieters nach § 826 (München NJW-RR 1999, 1314) auch zur Folge haben, dass derartige »Fremdkörper«-Vereinbarungen dem auf seinem Vorkaufsrecht bestehenden Mieter ggü unwirksam sind (BGH NJW 1980, 2304). Nach § 242 kann sich der Verkäufer in diesem Fall nicht darauf berufen, der Erstvertrag sei wegen der Scheinabrede unwirksam und es läge kein das Vorkaufsrecht auslösender Verkaufsfall vor (München NJW-RR 1999, 1314). Gem Abs 4 geht das Vorkaufsrecht auf die nach § 563 Abs 1 oder 2 in das Mietverhältnis Eintretenden über (BGH NJW 2003, 3265). Übt der Mieter sein Vorkaufsrecht nicht nach § 469 Abs 2 S 1 innerhalb der **Frist** von zwei Monaten aus – ordnungsgem Information durch den Vermieter vorausgesetzt (s sogleich Rz 10), geht es ersatzlos unter (Staud/*Rolfs* Rn 69).

2. Informationspflicht. Der Verkäufer ist verpflichtet, den Mieter umfangreich und wahrheitsgem über den 10 Kaufvertrag in Kenntnis zu setzen, § 469 Abs 1, sowie ihn über das Bestehen des Vorkaufsrechts zu unterrichten, Abs 2. Dies hat der Vermieter unverzüglich nach Eintritt der Wirksamkeit des Kaufvertrages vorzunehmen (MüKo/*Häublein* Rn 17). Im Falle einer Mietermehrheit betrifft die Informationspflicht alle Mieter einzeln, auch wenn diese nicht alle in der Wohnung leben (LG Köln NJW-RR 1995, 1354). Zur Erfüllung der Informationspflicht gehört eine erschöpfende Information des Mieters über die mit dem Dritterwerber vereinbarte Gegenleistung (BGH WuM 2003, 281). Der Beginn der Zweimonatsfrist des §§ 469 Abs 2; 577 Abs 1, 3 setzt eine solche Information des Mieters voraus, die Frist beginnt neu zu laufen, wenn eine Abänderung des Kaufvertrages mit dem Dritterwerber vorgenommen wird (Karlsruhe NJW-RR 1996, 916), ordnungsgem Information hierüber wiederum vorausgesetzt, denn auch eine solche Änderung ist dem Mieter mitzuteilen (PWW/*Riecke* Rn 5).

Im Falle einer Verletzung dieser Informationspflicht kann der Mieter **Schadensersatzansprüche** gegen den 11 Verkäufer aus §§ 280 ff haben (BGH NJW-RR 2005, 1534), für ihn besteht dabei die Vermutung »aufklärungsrichtigen« Verhaltens (BGH WuM 2003, 281). Um Schadensersatzansprüche bei dem Mieter entstehen zu lassen, müsste der Dritterwerber dem Mieter kündigen oder der ernsthaft an dem Erwerb der Wohnung interessierte und zur Finanzierung des Kaufpreises fähige Mieter wegen einer unrichtigen Information über die Höhe des mit dem Dritten vereinbarten Kaufpreises von der Entscheidung für die Ausübung des Vorkaufsrechts bzgl der fraglichen Eigentumswohnung abgehalten worden sein. Ein Verzögerungsschaden wegen nicht unverzüglicher Information kommt dagegen regelm ebenso wenig in Betracht (Celle WuM 2008, 292) wie ein Anspruch auf Rückabwicklung des Kaufvertrages bei unterlassener Aufklärung (PWW/*Riecke* Rn 18).

D. Prozessuales. § 577 ist nicht zu Lasten des Mieters abdingbar, Abs 5. Ein Verzicht des Mieters auf das Vor- 12 kaufsrecht scheidet vor dessen Entstehung aus, nach Vorliegen des Verkaufsfalles können Vereinbarungen zum Nachteil des Mieters, insbes ein Verzicht auf die Ausübung des Vorkaufsrechts, getroffen werden (Staud/ *Rolfs* Rn 84). Zu fordern ist dann aber zum Schutz des Mieters die vollständige und inhaltlich zutr Information über den Kaufvertrag und Unterrichtung über das Vorkaufsrecht (MüKo/*Häublein* Rn 23).

§ 577a Kündigungsbeschränkungen bei Wohnungsumwandlung. [1] Ist an vermieteten Wohnräumen nach der Überlassung an den Mieter Wohnungseigentum begründet und das Wohnungseigentum veräußert worden, so kann sich ein Erwerber auf berechtigte Interessen im Sinne des § 573 Absatz 2 Nummer 2 oder 3 erst nach Ablauf von drei Jahren seit der Veräußerung berufen.

[2] Die Frist nach Absatz 1 beträgt bis zu zehn Jahre, wenn die ausreichende Versorgung der Bevölkerung mit Mietwohnungen zu angemessenen Bedingungen in einer Gemeinde oder einem Teil einer Gemeinde besonders gefährdet ist und diese Gebiete nach Satz 2 bestimmt sind. Die Landesregierungen werden ermächtigt, diese Gebiete und die Frist nach Satz 1 durch Rechtsverordnung für die Dauer von jeweils höchstens zehn Jahren zu bestimmen.

[3] Eine zum Nachteil des Mieters abweichende Vereinbarung ist unwirksam.

1 **A. Allgemeines/Anwendbarkeit.** Durch diese Vorschrift wird der in § 577 geregelte Schutz des Mieters im Falle der Begründung von Wohnungseigentum und dessen darauf folgender Veräußerung um eine **Kündigungssperre** im Rahmen der genannten Fristen für Eigenbedarfs- und Verwertungskündigungen ergänzt. Die Vorschrift ist auf Wohnraummietverhältnisse nach Umwandlung in Wohnungseigentum anwendbar, unabhängig ob befristet oder unbefristet, nicht Wohnraum des § 549 Abs 2, 3. Entspr Anwendung auf die Realteilung eines mit zu Wohnzwecken vermieteten Einfamilienhäusern bebauten Grundstücks (BGH NJW 2008, 2257). § 577 gilt nur für Eigenbedarfs- oder Verwertungskündigungen und ist auf andere Kündigungsgründe iSv § 573 Abs 1 S 1 nicht analog anwendbar (BGH NJW 2009, 1108).

2 **B. Tatbestand. I. Voraussetzungen. 1. Vermietete Wohnräume.** Es muss ein Mietverhältnis über Wohnräume begründet und diese dem Mieter auch tatsächlich überlassen worden sein. Die Voraussetzungen entsprechen insofern denen des § 577, s § 577 Rz 2 ff.

3 **2. Begründung von Wohnungseigentum.** Wie § 577 Rz 5. Anders als § 577 kennt § 577a allerdings nicht die Absichtsalternative. Dies schafft Raum für Umgehungsgeschäfte, denen allerdings teilw mit einer analogen Anwendung des § 577a begegnet werden kann. Zulässig soll es sein, einen Verkauf unter Miteigentümern in der Absicht vorzunehmen, Wohnungseigentum zu begründen (KG NJW-RR 1987, 847) oder für eine GbR ein Grundstück in der Absicht zu erwerben, es anschließend entspr der im Gesellschaftsvertrag enthaltenen Zuweisungen aufzuteilen (Karlsruhe NJW 1990, 3278). Eine unzulässige Umgehung liegt aber dann vor, wenn sich die zukünftige Umwandlung bereits bei der Veräußerung nach außen hin konkretisiert hat (s § 577 Rz 5), und wenn die Vertragsgestaltung dem Erwerber sofort eine einem Wohnungseigentümer vergleichbare Position einräumt (MüKo/*Häublein* Rn 5). Ein Eigentümerwechsel ist Voraussetzung, so dass Fälle nicht erfasst sind, in denen die Bruchteilseigentümer das Grundstück in Wohnungseigentum umwandeln und sodann den einzelnen Miteigentümern durch Auflassung und Eintragung Alleineigentum an den Wohnungseinheiten verschaffen (BGH NJW 1994, 2542).

4 **3. Veräußerung.** Das Wohnungseigentum muss veräußert worden sein, die Vorschrift umfasst aber nur den **erstmaligen Eigentümerwechsel** nach Umwandlung (jurisPK/*Mössner* Rn 13). Eine **Veräußerung** iS dieser Vorschrift liegt vor, wenn der Eigentümerwechsel auf Rechtsgeschäft beruht (Schmidt-Futterer/*Blank* Rn 10), also auch bei Übertragung von Wohnungseigentum in Erfüllung eines Vermächtnisses (BayObLG NJW-RR 2002, 299), bei Erwerb auf Grund einer Zwangsversteigerung, wenn das Mietverhältnis gem § 57a ZVG unter Einhaltung der gesetzlichen Frist gekündigt wird (BayObLG NJW-RR 1992, 1166), sowie bei Tausch (MüKo/*Häublein* § 577 Rn 6) und Schenkung, selbst wenn sich der Schenker im Rahmen der Veräußerung ein lebenslanges Nießbrauchrecht an der Wohnung bestellen lässt (LG Berlin NJW-RR 1992, 1165). Keine Veräußerung iS dieser Vorschrift liegt vor, wenn erst nach Überlassung der Wohnung an den Mieter das Hausgrundstück von dem Vermieter als Miteigentümer in einer Bruchteilsgemeinschaft mit Dritten erworben wird und die Erwerber das Miteigentum gem § 3 WEG in der Weise beschränkt haben, dass jedem Miteigentümer Sondereigentum an einer bestimmten Wohnung eingeräumt wird (BGH NJW 1994, 2542), anders dagegen, wenn die Veräußerung des gesamten Hausgrundstücks an mehrere Erwerber und die Begründung von Teileigentum an den vermieteten Räumen für einzelne Erwerber zeitgleich vorgenommen wird (Celle NZM 2000, 863). Entscheidend ist die Einhaltung der gesetzlich vorgesehenen Reihenfolge, dass zunächst die Wohnung dem Mieter – oder seinem Rechtsvorgänger – überlassen worden ist, dann die Umwandlung erfolgt und zuletzt die Veräußerung (BGH NJW 2003, 3265; Staud/*Rolfs* Rn 14).

5 **II. Rechtsfolge. 1. Abs 1 S 2.** Kündigungen wegen Eigenbedarf, § 573 Abs 2 Nr 2, und wegen verhinderter angemessener wirtschaftlicher Verwertung, § 573 Abs 2 Nr 3, sind nach Abs 1 erst nach Ablauf einer **Wartefrist** von drei Jahren nach der Veräußerung zulässig. Eine analoge Anwendung auf andere Kündigungsgründe ist ausgeschlossen (Staud/*Rolfs* Rn 25 f). Maßgeblich für den Beginn der Frist ist die Eintragung des Erwerbers im Grundbuch, die Fristberechnung richtet sich nach § 188 Abs 2. Die Kündigung darf frühestens an dem auf den Ablauf der Sperrfrist folgenden Tag unter Berücksichtigung der Fristen des § 573c zugehen, nicht mit Wirkung zum Ende der Sperrfrist (BGH NJW 2993, 3256). Eine dennoch früher erklärte Kündigung wirkt nicht zum nächstzulässigen Zeitpunkt oder wird umgedeutet, sondern ist unwirksam. Eine vor der Veräußerung ausgesprochene wirksame Eigenbedarfs- oder Verwertungskündigung bleibt trotz § 577a wirksam, wenn der Kündigungsgrund bei dem Erwerber gleichermaßen vorliegt, weil der Erwerber dann in das endende Mietverhältnis nach § 566 eintritt (Hamm NJW-RR 1992, 1164; MüKo/*Häublein* Rn 8). Die Wartefrist gilt ggü demjenigen Mieter, der bei Veräußerung die Wohnung bewohnte sowie ggü gem § 563 in das Mietverhältnis eintretenden Personen (BGH NJW 2003, 3265). Im Falle einer weiteren Veräußerung während der Frist beginnt diese nicht erneut (Bub/Treier/*Grapentin* IV Rn 76c).

6 **2. Abs 2.** Sind die Voraussetzungen des Abs 2 S 2 gegeben, beträgt die Wartefrist nach Abs 2 S 1 bis zu zehn Jahre. Dafür müssen von der zuständigen Landesregierung durch eine Kündigungssperrfristverordnung ein Gebiet sowie die für dieses Gebiet maßgebliche Frist iSd Abs 2 S 1 definiert worden sein. Dies ist für Gemeinden oder Teile von Gemeinden, in denen die ausreichende Versorgung mit Mietwohnungen gefährdet ist, möglich. Eine solche Gefährdung setzt das Vorliegen eines Nachfrageüberhangs voraus (Schmidt-Futterer/

Blank Rn 18). Ob dies der Fall ist, kann nur in einem Verwaltungsrechtsstreit geprüft werden, im Räumungsprozess ist alleine das Vorliegen einer entspr Verordnung zu prüfen (juris-PK/*Mössner* Rn 34). Hält dagegen das Zivilgericht die Verordnung für verfassungswidrig, kommt lediglich die Sperrfrist des Abs 1 in Betracht (AG Mannheim WuM 2005, 467). Diese Verordnungen erfassen nur Kündigungen, deren Zugang nach deren Inkrafttreten und vor deren Außerkrafttreten lag (MüKo/*Häublein* Rn 12).

C. Prozessuales. § 577a ist nicht zu Lasten des Mieters abdingbar, Abs 3. Eine Verlängerung der Wartefrist ist 7 aber zulässig, Aufhebungsverträge zwischen Mieter und Vermieter werden durch Abs 3 nicht berührt (Staud/*Rolfs* Rn 27).

Untertitel 3 Mietverhältnisse über andere Sachen

§ 578 Mietverhältnisse über Grundstücke und Räume. [1] **Auf Mietverhältnisse über Grundstücke sind die Vorschriften der §§ 550, 562 bis 562d, 566 bis 567b sowie 570 entsprechend anzuwenden.**
[2] **Auf Mietverhältnisse über Räume, die keine Wohnräume sind, sind die in Absatz 1 genannten Vorschriften sowie § 552 Absatz 1, § 554 Absatz 1 bis 4 und § 569 Absatz 2 entsprechend anzuwenden. Sind die Räume zum Aufenthalt von Menschen bestimmt, so gilt außerdem § 569 Absatz 1 entsprechend.**

A. Allgemeines. § 578 ist die zentrale Mietvorschrift für Grundstücke (Abs 1) und Geschäftsräume (Abs 2) 1 (Schmidt-Futterer/*Blank* § 578 Rn 1). Die Vorschrift regelt, welche bes Vorschriften des Wohnraummietrechts (§§ 549–577a) für diese Mietverhältnisse entspr heranzuziehen sind. Neben diesen Vorschriften finden die Regelungen des Allg Teils (§§ 535–548) Anwendung. Ergänzt werden diese Regelungen durch die §§ 579 bis 580a. Die Vorschriften des Wohnraummietrechts können nur entspr herangezogen werden, da in zahlreichen Normen der Begriff »Wohnraum« verwendet wurde (Palandt/*Weidenkaff* Rn 1). Zudem bedeutet »entspr«, dass die Vorschriften nur insoweit Anwendung finden können, wie sie auf die in § 578 angeführten Mietsachen übertragbar sind (Soerg/*Heintzmann* Rn 3). Nicht genannte Vorschriften können zudem von ihrem Rechtsgedanken oder analog herangezogen werden, soweit die dortigen Regelungen übertragbar sind (§ 556 Abs 3 S 1 Hs 2 oder § 560 Abs 5: Grundsatz der Wirtschaftlichkeit Schmid/*Schmid* § 578 Rn 3 ff). Zudem kann den Reglungen über Wohnraum bei Nichtwohnraummietverhältnissen eine etwaige Leitbildfunktion iSv § 307 Abs 2 Nr 1 zukommen, wobei die bes Schutzbedürftigkeit des Wohnraummieters stets zu berücksichtigen ist (Schmid/*Schmid* Rn 7; Düsseldorf DWW 2000, 194: zudem Auslegungshilfe). Die Regelung des § 551 gilt auch ohne Nennung in § 578 für die dortigen Mietverhältnisse (Soerg/*Heintzmann* Rn 4). Bei möglichen Abgrenzungsschwierigkeiten zwischen Abs 1 und 2 ist auf den Schwerpunkt abzustellen.

B. Regelungsgehalt. I. Mietverhältnis über Grundstücke, Abs 1. 1. Entspr anwendbare Vorschriften. Die 2 in Abs 1 angeführten Vorschriften sind im Einzelnen Regelungen über die Form des Mietvertrages (§ 550), das Vermieterpfandrecht (§§ 562–562d), Regelungen über den Grundsatz, dass »Kauf nicht Miete bricht« (§§ 566–567b) sowie die Regelung über den Ausschluss des Zurückbehaltungsrechtes (§ 570).

2. Grundstücksmiete. Grundstücke iSv Abs 1 sind nicht nur abgrenzbare Teile des Erdbodens, die im 3 Grundbuch eingetragen sind (aA Soerg/*Heintzmann* Rn 1), sondern auch Teile von Grundstücken, die weder Raum noch Wohnraum sind, was wiederum rechtlich unselbstständige Teilflächen, Hauswände oder Dachflächen sein können (Staud/*Emmerich* Rn 2). Mietverhältnisse über Grundstücke iSv Abs 1 können daher die entgeltliche Überlassung eines Grundstückes als Spielplatz, die Vermietung einer Teilfläche auf dem Campingplatz, die Vermietung einer Teilfläche als Garten, die Anmietung mehrerer Grundstücke, die Anmietung eines Kfz-Abstellplatzes, die Vermietung von Hauswänden zum Aufbringen von Reklame oder die Vermietung von Teilflächen zum Aufstellen von Warenautomaten sein (MüKo/*Artz* Rn 3). Zu trennen ist die Miete von der sog Rechtspacht, bei welcher der mietvertragliche Charakter völlig in den Hintergrund tritt und das Ausschließlichkeitsrecht zur Anbringung von Plakaten den Vertrag kennzeichnet (zB Bandenwerbung, BGH NJW 1952, 620; vertiefend: MüKo/*Artz* aaO). Des Weiteren fällt nicht unter Abs 1 die sog Platzmiete, bei welcher der Schwerpunkt auf der Erlaubnis zum Betrieb eines Gewerbes in bestimmten Räumlichkeiten liegt (BGH NJW 2002, 3322; Schmidt-Futterer/*Blank* Rn 4: Vertrag sui generis).

II. Raummiete, Abs 2. 1. Entspr anwendbare Vorschriften. Für die in Abs 2 genannten Mietverhältnisse 4 finden zunächst die in Abs 1 angeführten Regelungen des Wohnraummietrechts entspr Anwendung (vgl Rz 2). Daneben sind für Mietverhältnisse über Räume, die keine Wohnräume sind (S 1), die Regelungen über die Anwendung des Wegnahmerechts des Mieters (§ 552 Abs 1), die Duldungspflicht des Mieters von Erhaltungs- und Modernisierungsmaßnahmen (§ 554 Abs 1 bis 4) und das Kündigungsrecht bei einer nachhaltigen Störung des Hausfriedens (§ 569 Abs 2; vgl § 569 Rz 15 ff) entspr anwendbar. Für Räume, die zum Aufenthalt bestimmt sind, gilt darüber hinaus das Kündigungsrecht des Mieters bei einer gesundheitsgefährdenden Beschaffenheit der Räume (§ 569 Abs 1, vgl § 569 Rz 2 ff) entspr.

5 **2. Räume iSv Abs 2.** Räume sind umschlossene Teile eines Gebäudes, in denen sich Menschen aufhalten können, wobei nicht erforderlich ist, dass sie zu einem ständigen Aufenthalt bestimmt sind (Soerg/*Heintzmann* Rn 2). Der Raum oder das Gebäude, in dem sich der Raum befindet, muss fest mit dem Boden verbunden sein und darf nicht Teil einer beweglichen Sache sein (Bahn, Wohnwagen, Schiff, MüKo/*Artz* Rn 4). Insofern können Räume iSv Abs 2 Geschäftsräume, Keller, Garagen, Büros, Lager, Kanzleien, nach zwei Seiten offene Halle oder Werkstätten sein. Natürlich gewachsene Räume ohne menschliche Veränderungen (zB Höhlen) fallen nicht unter Abs 2 (Staud/*Emmerich* Rn 6). Der Mieter muss nicht den gesamten Raum nutzen dürfen (Schmidt-Futterer/*Blank* Rn 6). Der wichtigste Anwendungsfall von Abs 2 ist die Geschäftsraummiete.

6 Unter Abs 2 S 2 fallen nur Räume, die zum Aufenthalt von Menschen bestimmt sind und gem S 1 keine Wohnräume sind. Der Aufenthalt kann sich auch auf wenige Stunden beschränken (zB Büro, Laden), wobei die Zweckbestimmung und nicht die tatsächliche Nutzung entscheidend ist (Koblenz NJW-RR 1992, 1228; KG GE 2004, 47). Kurzfristiger Aufenthalt genügt nicht (Schmidt-Futterer/*Blank* Rn 14).

7 **C. Verfahrensrechtliches.** Abw Vereinbarungen sind möglich. Ein Verweis auf zB §§ 569 Abs 5, 554 Abs 5 ist nicht erfolgt.

§ 578a Mietverhältnisse über eingetragene Schiffe.

[1] Die Vorschriften der §§ 566, 566a, 566e bis 567b gelten im Falle der Veräußerung oder Belastung eines im Schiffsregister eingetragenen Schiffs entsprechend.

[2] Eine Verfügung, die der Vermieter vor dem Übergang des Eigentums über die Miete getroffen hat, die auf die Zeit der Berechtigung des Erwerbers entfällt, ist dem Erwerber gegenüber wirksam. Das Gleiche gilt für ein Rechtsgeschäft, das zwischen dem Mieter und dem Vermieter über die Mietforderung vorgenommen wird, insbesondere die Entrichtung der Miete; ein Rechtsgeschäft, das nach dem Übergang des Eigentums vorgenommen wird, ist jedoch unwirksam, wenn der Mieter bei der Vornahme des Rechtsgeschäfts von dem Übergang des Eigentums Kenntnis hat. § 566d gilt entsprechend.

1 **A. Allgemeines.** Die Regelung findet ihren Grund darin, dass seit der Geltung des SchiffsRG vom 15.11.1940 in Schiffregistern eingetragene Schiffe in einzelnen Beziehungen den Grundstücken gleichgestellt worden sind (Staud/*Emmerich* Rn 1). Die Norm gilt für Binnen- und Seeschiffe, die in die jeweiligen Register (See- und Binnenschiffsregister) eingetragen sind und gleichfalls vermietet wurden (Schmidt-Futterer/*Blank* Rn 1). Schiffsdocks fallen nicht unter § 578a (BGH NJW 1960, 1105). Gem § 98 Abs 2 LuftfzRG ist die Vorschrift auf Luftfahrzeuge entspr anwendbar (Schmid/*Schmid* Rn 2). Mietverträge über Schiffe sind grds Mietverträge über bewegliche Sachen, soweit nicht § 578a einige Vorschriften des Wohnraummietrechts für anwendbar erklärt (MüKo/*Artz* Rn 1). § 578a bezieht sich nur auf das gesamte Schiff und nicht auf Mietverträge über Teile des Schiffes (zB Kabine, Soerg/*Heintzmann* Rn 1).

2 **B. Regelungsgehalt.** Eingetragene Schiffe werden ähnl wie Grundstücke übertragen und belastet (§§ 2 f, 8 f, 15 SchiffsRG). Abs 1 bestimmt daher, dass § 566 entspr anwendbar ist mit der Folge, dass der Erwerber in den zuvor geschlossenen Mietvertrag eintritt. Zudem sind die §§ 566a und 566e bis 567b entspr anwendbar. An die Stelle von § 566b tritt die diese Regelung erweiternde Vorschrift des Abs 2 S 1 (Generelle Wirksamkeit der Verfügung, wenn sie vor Übergang des Eigentums vorgenommen worden ist). Eine von § 566c abw Reglung trifft Abs 2 S 2 (zeitliche Unbegrenztheit). § 566d ist gem Abs 2 S 3 entspr anwendbar, so dass der Mieter mit einer ihm gegen den vormaligen Vermieter zustehenden Forderung ggü dem Erwerber aufrechnen kann, wobei die Beschränkung des § 566d S 2 zu beachten ist (insges vertiefend: Schmidt-Futterer/*Blank* Rn 4 ff).

§ 579 Fälligkeit der Miete.

[1] Die Miete für ein Grundstück, ein im Schiffsregister eingetragenes Schiff und für bewegliche Sachen ist am Ende der Mietzeit zu entrichten. Ist die Miete nach Zeitabschnitten bemessen, so ist sie nach Ablauf der einzelnen Zeitabschnitte zu entrichten. Die Miete für ein Grundstück ist, sofern sie nicht nach kürzeren Zeitabschnitten bemessen ist, jeweils nach Ablauf eines Kalendervierteljahrs am ersten Werktag des folgenden Monats zu entrichten.

[2] Für Mietverhältnisse über Räume gilt § 556b Absatz 1 entsprechend.

1 **A. Allgemeines.** Die Vorschrift steht im Zusammenhang mit § 566b Abs 1 und regelt die Fälligkeit der Miete bei Mietverträgen über Grundstücke, eingetragene Schiffe (hierzu § 578a) und bewegliche Sachen. Die Regelung des § 556b Abs 1, die für Wohnraummietverhältnisse gilt, ist gem Abs 2 bei Mietverhältnissen über Räume entspr anwendbar. Bei Mischmietverhältnissen kommt es auf den Schwerpunkt des Vertrages an (MüKo/*Artz* Rn 1). Abs 1 beinhaltet eine Vorleistungspflicht des Vermieters (BTDrs 14/4553 S 74). Für vor dem 01.09.2001 abgeschlossene Mietverhältnisse ist die Übergangsregelung des Art 229 § 3 Abs 1 Nr 7 zu beachten, wobei dies nur für Mietverhältnisse nach Abs 2 relevant ist.

2 **B. Regelungsgehalt.** Soweit die Parteien nichts Abw vereinbart haben (vgl Rz 3), ist die Miete als Gesamtbetrag am Ende der Mietzeit, mithin am letzten Tag des Mietverhältnisses (Soerg/*Heintzmann* Rn 2), zu entrichten, Abs 1 S 1. Ist die Miete nach Zeitabschnitten (zB Tage, Wochen, Monate) bemessen, so gilt Abs 1

S 2, wonach die Miete am ersten Werktag (§ 193) nach deren Ablauf zu entrichten ist. Für Grundstücksmieten gilt die Besonderheit des Abs 1 S 3, wonach die Miete nach Ablauf eines Kalendervierteljahres am ersten Werktag des folgenden Monats zu entrichten ist (Januar, April, Juli, Oktober, Soerg/*Heintzmann* aaO), sofern die Miete nicht nach kürzeren Zeitabschnitten bemessen ist (dann gilt Abs 1 S 2) bzw nichts Abw vereinbart wurde. Abs 1 S 3 gilt auch für das Quartal, in dem das Mietverhältnis geschlossen worden ist (MüKo/*Artz* Rn 2). Bei Abs 1 S 1 und 2 ist auf die vereinbarte Zeitspanne und nicht auf die Kalenderwoche, den Kalendermonat oder das Kalenderjahr abzustellen (Staud/*Emmerich* Rn 5). Die Fälligkeit von Nebenkosten und Entschädigungsansprüchen richtet sich nach den Vereinbarungen, soweit solche fehlen nach den Umständen (Soerg/*Heintzmann* Rn 4).

C. Verfahrensrechtliches. Die Vorschrift ist abdingbar (BTDrs 14/4553 S 74). Dies kann auch formularver- 3
traglich erfolgen (Schmidt-Futterer/*Langenberg* Rn 2). Formularvertragliche Klauseln über Vorfälligkeit, Vorleistungen oder Vorauszahlungen sind in den Grenzen des §§ 307, 309 und § 242 zulässig (BGH NJW 1995, 254; Staud/*Emmerich* Rn 7; Palandt/*Weidenkaff* Rn 3). Abw vom Wohnraummietverhältnis kann die Aufrechnungsbefugnis des Mieters im Rahmen des § 309 Nr 3 formularvertraglich eingeschränkt oder ausgeschlossen oder das Zurückbehaltungsrecht modifiziert werden (Düsseldorf ZMR 1999, 23; Müko/*Artz* Rn 3 Staud/*Emmerich* Rn 8). Bei der zulässigen Vereinbarung von Rechtzeitigkeitsklauseln ist der Eingang des Geldes beim Vermieter entscheidend, so dass die Banklaufzeit durch den Mieter einzukalkulieren ist (Koblenz NJW-RR 1993, 583).

§ 580 Außerordentliche Kündigung bei Tod des Mieters.

Stirbt der Mieter, so ist sowohl der Erbe als auch der Vermieter berechtigt, das Mietverhältnis innerhalb eines Monats, nachdem sie vom Tod des Mieters Kenntnis erlangt haben, außerordentlich mit der gesetzlichen Frist zu kündigen.

A. Allgemeines. Die Vorschrift berücksichtigt, dass das Mietverhältnis ein Vertrauensverhältnis darstellt und 1
durch den Tod des Mieters die Beziehung grundlegend verändert wird bzw die Erben kein Interesse an der Nutzung der Sache haben können, so dass durch das Kündigungsrecht des § 580 Härten und Unbilligkeiten vermieden werden sollen (Soerg/*Heintzmann* Rn 1). Durch die Norm wird sowohl dem Vermieter als auch den Erben ein Kündigungsrecht eingeräumt, da durch den Tod des Mieters das Mietverhältnis mit den Erben fortgesetzt wird, §§ 1922, 1967 Abs 1. Die Voraussetzungen des § 580 gleichen weitestgehend denen von § 564. Der Tod des Vermieters begründet kein Kündigungsrecht.

B. Regelungsgehalt. I. Anwendbarkeit. Die Vorschrift gilt bei bestehenden befristeten oder unbefristeten 2
Mietverhältnissen, die nicht Wohnraum betreffen sowie für Leasingverträge (str), hingegen ist bei der Pacht § 584a Abs 2 zu beachten (Schmid/*Gahn* Rn 2). Bei der Landpacht gilt § 594d. Bei Mischmietverträgen kommt es auf den Schwerpunkt an (Soerg/*Heintzmann* Rn 2).

II. Mieter. Der Mieter muss gestorben sein, wobei die Todesursache irrelevant ist (BGH NJW-RR 1991, 75). 3
Die Todeserklärung steht dem Tod gleich, hingegen ist eine Verschollenheitserklärung nicht ausreichend (Soerg/*Heintzmann* Rn 5). Bei Erlöschen oder der Auflösung juristischer Personen oder Personenhandelsgesellschaften (hM, vgl Schmid/*Gahn* Rn 5; Brandenburg ZMR 2008, 780: Unanwendbarkeit bei Tod eines GbR-Gesellschafters) ist § 580 nicht, auch nicht entspr, anwendbar (vertiefend: Staud/*Rolfs* Rn 7; MüKo/*Artz* Rn 2). War der verstorbene Mieter Kaufmann, greift § 580, auch wenn der Erbe nach §§ 25, 27 HGB haftet (Soerg/*Heintzmann* Rn 3). Verstirbt einer von mehreren Mietern, ist umstr, ob und inwieweit § 580 anzuwenden ist (vertiefend: Schmid/*Gahn* Rn 7 ff). Es wird vertreten, dass ein Kündigungsrecht grds nicht besteht (Palandt/*Weidenkaff* Rn 6; vgl auch Naumburg NJW-RR 2002, 298), ein Kündigungsrecht stets besteht (vgl Staud/*Rolfs* Rn 6) oder ein Kündigungsrecht nur besteht, wenn der verstorbene Mieter von entscheidender Bedeutung und dies bekannt und gebilligt war (Schmid/*Gahn* aaO).

III. Kündigungsrecht. 1. Kündigungszeitpunkt und Kündigungsfrist. § 580 räumt dem Erben eine Über- 4
legungsfrist von einem Monat ein. Die Frist beginnt mit der Kenntnis des Todes des Mieters. Eine Kenntnis von dem Eintritt in den Mietvertrag oder dessen Fortsetzung ist nicht erforderlich (Schmidt-Futterer/*Blank* Rn 5). Entscheidend ist der Zugang der Kündigung, wobei § 193 anzuwenden ist. Der Vermieter bedarf für die Kündigungserklärung der Kenntnis der Erbverhältnisse; der Erbe muss wissen, dass er Erbe ist (Düsseldorf ZMR 1994, 114; Hamm 1981, 211). Der Vermieter muss hierfür alles ihm Zumutbare tun, damit er Gewissheit über die Person des Erben erfährt. Auch der Erbe muss Nachforschungen vornehmen (Soerg/*Heintzmann* Rn 7). Beim Unterlassen dieser Nachforschungen ist der Termin maßgebend, bei dem die Nachforschungen, hypothetisch betrachtet, Erfolg gehabt hätten (Soerg/*Heintzmann* aaO). Die Kündigungsfristen richten sich nach § 580a Abs 4 (vgl § 580a Rz 8).

2. Kündigungsberechtigter. Ein Eintrittsrecht wie bei §§ 563, 563a sieht § 580 nicht vor, so dass das Mietver- 5
hältnis in jedem Fall mit den Erben fortgesetzt wird (Staud/*Rolfs* Rn 8). Der Erbe darf die Erbschaft nicht ausgeschlagen haben (vgl Schmid/*Gahn* Rn 11). § 580 räumt dem Erben des Mieters und dem Vermieter ein Kündigungsrecht ein. Der Vorlage des Erbscheins bedarf es nicht (Staud/*Rolfs* Rn 9). Bei Miterben kann die

Kündigung nur von allen und gegen alle wirksam erfolgen, wobei die Kündigung durch die Erben des Mieters eine Verfügung iSv § 2040 ist (Soerg/*Heintzmann* Rn 6). Der Testamentsvollstrecker, der Nachlasspfleger, der Nachlassverwalter oder der Nachlassinsolvenzverwalter haben anstelle des Erben das Kündigungsrecht (Soerg/*Heintzmann* Rn 5). Bei mehreren Vermietern müssen alle die Erklärung abgeben.

6 **C. Verfahrensrechtliches.** Eine abw Vereinbarung ist zulässig (vertiefend: Schmid/*Gahn* Rn 18 f). Es wird vertreten, dass die Abweichung grds nur durch Individualvertrag wirksam vorgenommen werden kann (str), wobei dies bei Leasingverträgen über bewegliche Sachen nach wohl einhelliger Meinung nicht gelten soll (Palandt/*Weidenkaff* Rn 3; vertiefend: Staud/*Rolfs* Rn 12).

§ 580a Kündigungsfristen. [1] **Bei einem Mietverhältnis über Grundstücke, über Räume, die keine Geschäftsräume sind, oder über im Schiffsregister eingetragene Schiffe ist die ordentliche Kündigung zulässig,**
1. **wenn die Miete nach Tagen bemessen ist, an jedem Tag zum Ablauf des folgenden Tages;**
2. **wenn die Miete nach Wochen bemessen ist, spätestens am ersten Werktag einer Woche zum Ablauf des folgenden Sonnabends;**
3. **wenn die Miete nach Monaten oder längeren Zeitabschnitten bemessen ist, spätestens am dritten Werktag eines Kalendermonats zum Ablauf des übernächsten Monats, bei einem Mietverhältnis über gewerblich genutzte unbebaute Grundstücke oder im Schiffsregister eingetragene Schiffe jedoch nur zum Ablauf eines Kalendervierteljahrs.**

[2] Bei einem Mietverhältnis über Geschäftsräume ist die ordentliche Kündigung spätestens am dritten Werktag eines Kalendervierteljahres zum Ablauf des nächsten Kalendervierteljahrs zulässig.

[3] Bei einem Mietverhältnis über bewegliche Sachen ist die ordentliche Kündigung zulässig,
1. **wenn die Miete nach Tagen bemessen ist, an jedem Tag zum Ablauf des folgenden Tages;**
2. **wenn die Miete nach längeren Zeitabschnitten bemessen ist, spätestens am dritten Tag vor dem Tag, mit dessen Ablauf das Mietverhältnis enden soll.**

[4] Absatz 1 Nummer 3, Absatz 2 und 3 Nummer 2 sind auch anzuwenden, wenn ein Mietverhältnis außerordentlich mit der gesetzlichen Frist gekündigt werden kann.

1 **A. Allgemeines.** § 580a regelt die Kündigungsfristen für Mietverträge, die keinen Wohnraum zum Gegenstand haben und umfasst die Kündigungen durch beide Vertragsparteien. Bei Wohnraummietverhältnissen gilt § 573c. Zweck von Kündigungsfristen, die den Zeitraum zwischen Kündigungstag und Kündigungstermin beinhalten, ist es, dem Vertragspartner die Möglichkeit zu geben, sich zwischen Ausspruch und Wirkung auf das Ende der vertraglichen Beziehungen einzustellen und eine angemessene Vorbereitungszeit zu gewähren (MüKo/*Artz* Rn 1; Staud/*Rolfs* Rn 3). § 580a differenziert in seinen Abs 1 bis 3 nach der Art des Mietgegenstandes und in den Abs 1 und 3 nach dem jeweiligen Bemessungszeitraum. Abs 4 betrifft die außerordentliche Kündigung mit gesetzlicher Frist. Die Abs 1 bis 3 sind ausschließlich für unbefristete Mietverhältnisse anwendbar, es sei denn, bei einem befristeten Vertrag ist die Zulässigkeit einer ordentlichen Kündigung ausdrücklich vereinbart worden (Schmid/*Gahn* Rn 2; Staud/*Rolfs* Rn 6). Bei Pacht bzw Landpacht sind die §§ 584, 594a zu beachten.

2 **B. Regelungsgehalt. I. Fristberechnung.** Die Zeit zwischen dem Tag des Zugangs der Kündigung beim Empfänger (Kündigungstag) und dem Tag, an dem das Mietverhältnis beendet wird (Kündigungstermin), ist die Kündigungsfrist (Schmid/*Gahn* § 580a Rn 4). Die Berechnung der Frist ergibt sich aus §§ 187 ff (BGH NJW 2005, 1354). Die Kündigung kann an jedem Tag erfolgen und an jedem Tag enden, hingegen ist für die Rückgabe § 193 anzuwenden, soweit dies nicht abw vereinbart wurde oder sich aus der Natur der Sache etwas Abw ergibt, zB Hotelzimmer (vertiefend: MüKo/*Artz* Rn 3). Umstr ist die Frage, ob in der Karenzzeit des Abs 1 Nr 3 und Abs 2 (dritter Werktag) ein hineinfallender Samstag zu berücksichtigen ist (vertiefend: Schmid/*Gahn* Rn 6 mwN; Samstag ist Werktag, BGH aaO; § 193 anwendbar, wenn dritter Werktag ein Samstag ist, LG Aachen WuM 2004, 32, offen gelassen, BGH aaO; wird generell nicht mitgezählt, MüKo/*Artz* aaO, wohl hM in der Lit). Eine vom Erklärenden zu kurz bemessene Frist wird zum nächst zulässigen Termin wirksam (vgl Frankfurt aM NJW-RR 1990, 337; Staud/*Rolfs* Rn 10), dies gilt auch, wenn die Kündigung keinen Kündigungstermin enthält (Schmid/*Gahn* Rn 5).

3 **II. Mietverhältnisse über Grundstücke, Räume oder eingetragene Schiffe, Abs 1. 1. Grundstücke, Räume und eingetragene Schiffe.** Die Regelung des Abs 1 greift nur bei Mietverhältnissen über Grundstücke, über Räume, die keine Geschäftsräume sind oder bei im Schiffsregister eingetragenen Schiffen, wobei die vertraglichen Vereinbarungen maßgebend sind (BGH NJW 1996, 916). Das Grundstück als juristisch-technischer Begriff bezeichnet einen von der Erdoberfläche abgrenzbaren Teil, der im Grundbuch eingetragen ist (Staud/*Rolfs* Rn 12). Es werden bebaute und unbebaute Grundstücke sowie Grundstücksteile erfasst (Schmidt-Futterer/*Blank* Rn 3; vgl § 578 Rz 3). Unter einem Raum iSv Abs 1 versteht man einen mit Wänden, Decke und Boden abgeschlossenen Gebäudeteil, der jedoch nicht zwingend vollständig abgeschlossen sein muss und der nicht zu Wohnzwecken vermietet worden ist (zB Garage, Halle; Schmidt-Futterer/*Blank*

Rn 5; vgl § 578 Rz 5; zu Fitness-Center-Verträgen, vertiefend: Soerg/*Heintzmann* Rn 3). Räume dürfen in Abgrenzung zu Abs 2 nicht geschäftlich vermietet sein. Zudem ist bei einer Vermietung von Wohnraum § 573c einschlägig (ausgehend vom Zweck des Vertrages, Staud/*Rolfs* Rn 19). Insoweit bleiben für das Tatbestandsmerkmal des Grundstückes nur die unbebauten Grundstücke und Grundstücke mit Bauwerken, die das Merkmal eines Raumes nicht erfüllen (Staud/*Rolfs* Rn 14). Unter Abs 1 fallen ebenso in Schiffsregister eingetragene Schiffe (vgl § 578a).

2. Kündigungsfrist. Die Kündigungsfristen des Abs 1 richten sich nach der Vereinbarung über die Bemessung der Miete, wobei Bemessung iSv Berechnung zu verstehen ist. Eine von der Bemessung abw Fälligkeit ist ohne Einfluss auf die Kündigungsfrist (Soerg/*Heintzmann* Rn 1, 4). Die Bemessung richtet sich nach den Zeiträumen, auf die sich die Berechnung der Miete bezieht (MüKo/*Artz* Rn 5). Erfolgt die Bemessung der Miete nach Tagen (Tagesmiete, Nr 1), kann an jedem Tag zum Ablauf des folgenden Tages gekündigt werden. § 193 findet auf den Kündigungstag oder den Kündigungstermin keine Anwendung (BGH NJW 2005, 1354). Bei einer nach Wochen bemessenen Miete (Wochenmiete, Nr 2), muss die Kündigung am ersten Werktag (in den meisten Fällen wäre dies montags) einer Woche zugehen, um das Mietverhältnis am in dieser Woche liegenden Sonnabend zu beenden. Bei einer verspäteten Kündigung ist der Vertrag zum darauf folgenden Sonnabend beendet (Staud/*Rolfs* Rn 24). Erfolgt die Bemessung der Miete nach Monaten oder längeren Zeiträumen (Nr 3), muss die Kündigung am dritten Werktag eines Monats erfolgen, um das Mietverhältnis zum Ablauf des übernächsten Monats zu beenden (dreimonatige Kündigungsfrist verkürzt um die Karenzzeit, MüKo aaO). Bei gewerblich genutzten unbebauten Grundstücken (unschädlich: Brunnen, Mauern, Behelfsbauten, vom Mieter selbst errichtetet Gebäude, die nicht Vertragsgegenstand werden, Schmidt-Futterer/*Blank* Rn 3) und im Schiffsregister eingetragenen Schiffen ist eine Kündigung im Rahmen der Nr 3 nur zum Ablauf eines Kalendervierteljahres zulässig, Nr 3 Hs 2 (Quartalsregelung), wobei auch hier die dreimonatige Kündigungsfrist einzuhalten ist. Gewerblich ist jede Tätigkeit, die auf einen Erwerb gerichtet ist (Staud/*Rolfs* Rn 25). 4

III. Mietverhältnisse über Geschäftsräume, Abs 2. 1. Geschäftsraummiete. Geschäftsräume dienen dem Erwerbszweck, wobei auch Räume hierunter fallen, die nur mittelbar dem Zweck zugute kommen (Staud/*Rolfs* Rn 20). Abzustellen ist auf den von den Parteien vereinbarten Vertragszweck (vertiefend: Staud/*Rolfs* Rn 29). Die Tätigkeit kann daher gewerblich, kaufmännisch, freiberuflich, anders beruflich oder unselbstständig sein (MüKo/*Artz* Rn 7). Unter Abs 2 fallen zB Mietverhältnisse über Werkstätten, gewerbliche genutzte Lagerhallen, Büros, gewerblich genutzte Garagen oder Garagen, in den gewerblich genutzte Fahrzeuge abgestellt werden (Schmid/*Gahn* Rn 19). Die Frist gilt für beide Vertragsparteien. Soweit eine Wohnung zur gewerblichen Weitervermietung angemietet wird, gilt Abs 2 für das Hauptmietverhältnis (Schmidt-Futterer/*Blank* Rn 14). Werden keine wirtschaftlichen Interessen bei der Zwischenvermietung verfolgt, ist für das Hauptmietverhältnis Abs 1 anwendbar (Staud/*Rolfs* Rn 20). Abs 2 greift nur bei Mietverhältnissen über Räume (vgl § 578 Rz 5). 5

2. Kündigungsfrist. Die Kündigungsfrist ist unabhängig von der Bemessung der Miete. Soll das Mietverhältnis zum Ende eines Quartals beendet werden, muss spätestens zum dritten Werktag des vorangegangenen Quartals die Kündigung zugegangen sein, so dass die Kündigungsfrist fast sechs Monate umfasst. Die lange Kündigungsfrist soll neben den allgemeinen Zielen (vgl Rz 1) dem Mieter ermöglichen, seine Kundschaft auf die Ortsveränderung hinzuweisen oder bei Aufgabe des Betriebes die Belegschaft in der verbleibenden Zeit zu kündigen (Staud/*Rolfs* Rn 5). 6

IV. Mietverhältnisse über bewegliche Sachen, Abs 3. Abs 3 erfasst Mietverhältnisse über bewegliche Sachen (§ 90). Da Schiffe bewegliche Sachen sind, fallen diese unter Abs 3, sofern sie nicht in das jeweilige Register eingetragen sind (vgl § 578a Rz 1). Ebenso gilt Abs 3 für Räume in beweglichen Sachen (zB Schiffskabinen). Bei der Miete von Tieren gilt Abs 3 gem § 90a entspr (Palandt/*Weidenkaff* Rn 37). Die Kündigungsfrist hängt von der Bemessung der Miete ab (vgl Rz 4). Ist die Miete nach Tagen bemessen (Nr 1), kann das Mietverhältnis an jedem Tag zum Ablauf des folgenden Tages gekündigt werden. Ist die Miete für einen längeren Zeitabschnitt bemessen (Nr 2), kann am dritten Tag vor dem angestrebten Ende gekündigt (Zugang entscheidend) werden, so dass die Kündigungsfrist mindestens drei Tage beträgt. Abs 3 stellt nicht auf einen Werktag ab, darüber hinaus findet § 193 keine Anwendung (BGH NJW 2005, 1354). 7

V. Außerordentliche Kündigung mit gesetzlicher Frist, Abs 4. Abs 4 gilt für die außerordentliche Kündigung mit gesetzlicher Frist, welche das Gesetz an verschiedenen Stellen für einschlägig erklärt (§§ 540 Abs 1 S 2, 544 S 1, 580, 1056; §§ 109, 111 InsO; § 57a ZVG). Für alle Mietverhältnisse über Grundstücke, Räume, die keine Geschäftsräume sind, und in das Schiffsregister eingetragene Schiffe gilt die Kündigungsfrist des Abs 1 Nr 3 (vgl Rz 4). Geschäftsräume können in der Frist des Abs 2 gekündigt werden (vgl Rz 6). Mietverträge über bewegliche Sachen können innerhalb der Frist des Abs 3 Nr 2 gekündigt werden (vgl Rz 7). Für Abs 4 kommt es nicht auf die Bemessung der Miete an, vielmehr wird die Kündigungsfrist auf die jeweils längste Frist beschränkt (Staud/*Rolfs* Rn 41). 8

9 **C. Verfahrensrechtliches. I. Abdingbarkeit.** Von der Vorschrift abw Vereinbarungen, auch formularvertragliche, sind möglich (BGH NJW 2001, 3480; Schmidt-Futterer/*Blank* Rn 20), wobei ein gänzlicher Ausschluss der Kündigungsfrist sowie die Verkürzung zu Lasten des Mieters durch Formularvertrag unwirksam sind (BGH aaO). Die Vereinbarung unterschiedlicher Kündigungsfristen für beide Vertragsteile verstößt nicht ohne weiteres gegen § 307, wobei jedoch § 309 Nr 9c zu beachten ist (BGH aaO; Hamburg ZMR 1991, 476). Abs 4 ist nur für den Fall abdingbar, dass die Vorschrift, aus der sich das außerordentliche Kündigungsrecht ergibt, nicht zwingend ist (Schmid/*Gahn* § 580a Rn 24).

10 **II. Mischmietverhältnisse.** Bei Mischmietverhältnissen ist zunächst zu fragen, ob es sich um ein einheitliches Mietverhältnis handelt mit der Folge, dass bei einer möglichen Trennung für jeden Teil die maßgeblichen Vorschriften anzuwenden sind (Soerg/*Heintzmann* Rn 5). Bei einem einheitlichen Vertrag ist es hingegen entscheidend, worauf nach dem Parteiwillen der Schwerpunkt des Vertrages liegt, wobei hierfür Mietwert und Größe heranzuziehen sind (BGH NJW 2008, 3361; Staud/*Rolfs* Rn 32 f). Bei einer Gewichtung eines Mischmietverhältnisses mit einem Wohnraumanteil ist die bes Stellung von Wohnraum zu beachten, so dass zB bei Gleichwertigkeit von Wohn- und Geschäftsraum die Kündigungsvorschriften über Wohnraum anzuwenden sind (Staud aaO; vertiefend: *Soergel* aaO).

Checkliste: Leasingvertrag, Anh. I zu §§ 535 ff (gesetzlich nicht explizit geregelt)

	Siehe auch folgende §§		Rn der Kommentierung zum LeasingV
I. Vorfrage: Klärung Rechtsgeltungsanspruch der §§ 535 ff			
1. Rechtsnatur des Finanzierungsleasingvertrages (nach hM atypischer Mietvertrag)	§§ 535 ff	→	Rn 14 ff
2. Abgrenzung zu anderen Vertragsarten	§ 433 *§§ 499 ff*	→	Rn 17 ff
3. Besondere Erscheinungsformen mit zusätzlichen Anforderungen an den Rechtsgeltungsanspruch der §§ 535 ff (Operatingleasing; Herstellerleasing; Immobilienleasing; Nullleasing; Sale-and-lease-back)			Rn 4 ff
II. Vertragsschluss			Rn 21 ff
1. Klärung der Vertragsparteien			
a. Verbraucherleasingvertrag (Unternehmer = Leasinggeber/ Verbraucher =Leasingnehmer)	§ 499 § 500 *§ 492* *§ 495* *§ 355*	→	Rn 4, 23, 43, 53
b. Leasingvertrag unter Unternehmern	§ 310 *§ 307*	→	Rn 21
2. Unterscheidung des Leasingvertrages vom Kaufvertrag zwischen Leasinggeber und Lieferanten			Rn 21
3. Vertragserklärungen (Angebot/Annahme)	§§ 145 ff	→	Rn 21 ff
a. Gleichzeitiger Vertragschluss von Leasingvertrag und Kaufvertrag	§§ 145 ff	→	Rn 21
aa. Stellvertretung des Leasinggebers durch den Lieferanten	§§ 164 ff	→	Rn 21
bb. Verwendung von Annahmefristen	§§ 307 ff	→	Rn 22
b. Eintritt des Leasinggebers in den vorhandenen Kaufvertrag? Leasingfinanzierungsklausel?			Rn 23
c. Pflicht- und Anstandsschenkungen, § 534	§ 534	→	Rn 1 ff
4. Vorvertragliche Pflichten			Rn 24 ff
a. Aufklärungspflichtverletzungen des Lieferanten (Eigenhaftung des Lieferanten ggü Leasingnehmer?)	§ 311 III *§ 241 II* *§ 280 I*	→	Rn 24
b. Aufklärungs- und Beratungspflichten des Leasinggebers	§ 280 *§ 241 II* *§ 311 II*	→	Rn 25 f
aa. Lieferant als Erfüllungsgehilfe des Leasinggebers	§ 278	→	Rn 25
bb. Ausschluss der Zurechnung des Erfüllungsgehilfen?	§§ 307 ff	→	Rn 26

5. Form	§§ 535 ff	→	Rn 27
a. Geltung des Grundsatzes der Formfreiheit			Rn 27
b. Oder: Ausnahme			Rn 27
aa. Pflichten über Grundstücke betroffen? (Immobilienleasing; Kaufoptionen für Grundstücken)	§ 311b I *§ 550* *§ 578 I*	→	Rn 27, 10
bb. Schriftform bei Verbraucherfinanzierungsleasingverträgen *§ 492 I*	§ 500	→	Rn 27, 10, 4
6. Hauptpflichten			
a. Verhältnis Leasinggeber-Dritter	§§ 433 ff	→	Rn 28
b. Verhältnis Leasinggeber-Leasingnehmer			Rn 29 ff
aa. Gebrauchsüberlassung und Vorfinanzierung durch den Leasinggeber			Rn 29 f
bb. Übernahmebestätigung des Leasingnehmers (keine Anerkennung der Mangelfreiheit)	§ 368 *§ 363*	→	Rn 31 f
cc. Handelsrechtliche Rügeobliegenheit bei Direktlieferung an den Leasingnehmer	§ 377 HGB	→	Rn 33 ff
dd. Hauptpflicht des Leasingnehmers: Zahlung der Leasingraten	§ 535 II *§ 195* *§ 199*	→	Rn 36 f
7. Wirksamkeit des Leasingvertrages und einzelner Bedingungen			Rn 38 ff
a. AGB-Kontrolle von Formularverträgen	§§ 305 ff	→	Rn 39
b. Anfechtung des Leasingvertrages wegen arglistiger Täuschung	§ 123 *§ 142* *§ 143*	→	Rn 40
c. Sonstige Nichtigkeitsgründe	§ 134 *§ 138*	→	Rn 38
8. Gefahrtragung			Rn 41 ff
a. Abwälzung der Preisgefahr grds auf Leasingnehmer			Rn 42
aa. Grds: AGB-rechtlich zulässig	§ 307 Abs 2 Nr 2	→	Rn 42
bb. Anwendbarkeit des Regeln zum Verbrauchsgüterkaufs bei Privatleasingvertrag	§§ 474 ff	→	Rn 43
b. Versicherungspflicht des Leasingnehmers			Rn 44
III. Potentielle (regelungsbedürftige) Leistungsstörungen			Rn 45 ff
1. Nichtlieferung der Leasingsache: Kündigungsrecht des Leasingnehmers und ggf. Schadensersatzpflicht	§ 313 III *§ 280* *§ 281* *§ 283*	→	Rn 46
2. Schlechtleistung: Außerordentliches Kündigungsrecht, Einrede des nicht erfüllten Vertrages, ggf Schadensersatzpflicht	§ 543 II *§ 320* *§§ 280 ff*	→	Rn 47
3. Verzug	§ 280 I, II *§ 281* *§ 286*	→	Rn 47
4. Vertragliche Freizeichnungsmöglichkeiten	§§ 305 ff	→	Rn 48 f
a. Nichtlieferungsklausel	§§ 307 ff	→	Rn 48
b. Verspätungsklausel	§§ 307 ff	→	Rn 48
c. Drittverweisungsklausel	§§ 307 ff	→	Rn 49

Gliederung	Norm		Rn
IV. Mängelhaftung			Rn 50 ff
1. Leasingtypische Gewährleistungskonstruktion			Rn 51 ff
a. Ausschluss der mietrechtlichen Gewährleistung und Abtretung der Gewährleistungsrechte grds wirksam	§§ 305 ff *§ 398*	→	Rn 51
b. AGB-rechtliche Zulässigkeit der Drittverweisungsklausel	§ 309 Nr. 8b *§ 398*	→	Rn 52 f
c. Einhaltung der Standards des § 309 Nr. 8b bb bei Leasingnehmer mit Verbrauchereigenschaft?	§ 307 II Nr. 2 *§§ 474 ff*	→	Rn 53
2. Nacherfüllung			Rn 54 f
	§ 320 *§ 437 I* *§ 439*	→	Rn 65 f
3. Rückabwicklung			
a. Kaufvertrag	§ 437 Nr 2 *§ 440* *§ 323* *§§ 346 ff*	→	Rn 56
b. Leasingvertrag: Störung der Geschäftsgrundlage	§ 313 III 1 *§ 346 I*	→	Rn 57 f
4. Schadensersatz	§ 437 Nr 3 *§ 280* *§ 281* *§ 283*	→	Rn 59
V. Beendigung des Leasingvertrages			Rn 60 ff
1. Ordentliche Kündigung			Rn 60 ff
a. Befristung?	§ 546	→	Rn 61
b. nach kündigungsfester Grundmietzeit	§ 546 *§ 546a*	→	Rn 61
c. Ausgleichsanspruch bei Teilamortisationsansprüchen	§ 195 *§ 199*	→	Rn 62
d. Kaufoption oder Andienungsrecht	§§ 433 ff	→	Rn 62
2. Außerordentliche Kündigung			Rn 63 ff
a. durch den Leasingnehmer	§§ 313 III bzw 543 1 Nr 1	→	Rn 63
b. durch den Leasinggeber bei Zahlungsverzug	§ 543 II Nr 3	→	Rn 64 f
VI. Regelung der Verjährung			
1. Grds nach den allgemeinen mietrechtlichen Vorschriften	§ 195 *§ 199*	→	Rn 36, 62
2. Schadensersatzansprüche des Leasinggebers	§ 548	→	Rn 61
3. Im Verhältnis zum Lieferanten	§ 438	→	Rn 50
VII. Beweislast Keine Besonderheiten gegenüber allg Regelungen			

Leasing (Anhang zu §§ 535 ff)

Canaris Interessenlage, Grundprinzipien und Rechtsnatur des Finanzierungsleasings AcP 190 (1990) 410; *ders* Finanzierungsleasing und Wandlung NJW 1982, 305; *Fikentscher/Heinemann* Schuldrecht, 10. Aufl Berlin (2006); *Graf von Westphalen* Auswirkungen der Schuldrechtsreform auf den Leasingvertrag ZIP 2006, 1053; *ders* Der Leasingvertrag, 6. Aufl Köln (2008); *ders* Die Haftung des Leasinggebers bei sale-and-lease-back BB

1991, 149; *ders* Die Auswirkung der Schuldrechtsreform auf die Abtretungskonstruktion im Leasingrecht ZIP 2001, 2258; *Lieb* Zur Risikoverteilung bei Finanzierungsleasingverträgen WM 1992, Sonderbeilage Nr 6, S 13; *Paschke* Zivil- und wettbewerbsrechtliche Probleme des Null-Leasing BB 1987, 1193; *Reinking* Auswirkungen der geänderten Sachmängelhaftung auf den Leasingvertrag ZGS 2002, 229; *Tiedke/Möllmann* Auswirkungen der Schuldrechtsreform im Leasingrecht DB 2004, 583; *Weber, J* Die Entwicklung des Leasingrechts in den Jahren 2001-2003 NJW 2003, 2348; *Zahn* Der kaufrechtliche Nacherfüllungsanspruch – ein trojanisches Pferd im Leasingvertrag? DB 2002, 985.

A. Allgemeines. Der Leasingvertrag ist ein **gesetzlich nicht ausdrücklich geregelter Vertrag.** Dem Wortsinn entspr, ist er nach hM als **atypischer Mietvertrag** (s Rz 14) über diverse Wirtschaftsgüter einzuordnen. Kennzeichnend ist, dass der Leasinggeber dem Leasingnehmer eine Sache gegen ein in Raten gezahltes Entgelt dauerhaft zum Gebrauch überlässt und einhergehend die Mängelgewährleistung regelm ausgeschlossen wird. Der Leasingnehmer trägt zudem die Gefahr für den Untergang und die Beschädigung der Sache und haftet gleichzeitig für deren Instandhaltung (BGH NJW 1998, 1637; 1998, 2284 mwN). Er trägt demnach – in Anlehnung an das Kaufrecht – nach Gefahrübergang die Preis- und Sachgefahr. Im Gegenzug tritt der Leasinggeber seine Ansprüche aus dem Kaufvertrag über den Leasinggegenstand mit dem Hersteller oder Händler an den Leasingnehmer ab. In der Gesamtschau bestehen demnach zwei Verträge, an denen jeweils der Leasinggeber beteiligt ist (ausf Rspr-Überblick bei *Graf v Westphalen* ZIP 2006, 1653; *Tiedke/Möllmann* DB 2004, 583). 1

I. Wirtschaftliche und steuerliche Bedeutung. Hintergrund für den beträchtlichen Erfolg des Leasingvertrages sind neben der liquiditäts- und eigenkapitalschonenden Wirkung vor allem die bilanz- und steuerrechtlichen Vorteile zu Gunsten des Leasingnehmers. Insbes beim Finanzierungsleasing ist es dem Leasingnehmer möglich, die Leasingraten in voller Höhe als abzugsfähige Betriebsausgaben geltend zu machen (vgl Staud/*Stoffels* LeasingR Rn 44 ff). 2

II. Arten des Leasingvertrages. Um den zahlreichen von den Parteien verfolgten Zwecken zu entsprechen, haben sich in der Vergangenheit unterschiedliche Erscheinungsformen des Leasings herausgebildet, bei denen wesentliche Merkmale voneinander abweichen und auf verschiedene Verträge hindeuten. Indes bleibt den zahlreichen Ausgestaltungen gemein, dass eine Gebrauchsüberlassung von Sachen gegeben ist. 3

1. Finanzierungsleasing. Die in der Praxis am bedeutsamsten und am häufigsten aufzufindende Art ist freilich das Finanzierungsleasing, das wesentlich durch seine Finanzierungsfunktion geprägt wird (BGHZ 112, 65, 71; Palandt/*Weidenkaff* Einf v § 535 Rn 39) und daher zumindest in Teilen dem Recht des Verbraucherdarlehens gem §§ 499 Abs 2, 500 unterworfen wird (hierzu MüKo/*J Koch* Leasing Rn 56). Es enthält die drei charakteristischen Merkmale des Leasingvertrags. Der Leasinggeber überlässt den von ihm vorfinanzierten Leasinggegenstand dem Leasingnehmer zum Gebrauch. Obgleich der Leasingnehmer den Leasinggegenstand oftmals aussucht und in direkte Verhandlungen zum Hersteller bzw Lieferanten tritt, bestehen vertragliche Beziehungen typischerweise lediglich zwischen dem Leasinggeber und dem Hersteller bzw Lieferanten sowie zwischen Leasinggeber und Leasingnehmer. Als Gegenleistung zur Nutzungsüberlassung des vorfinanzierten Gegenstands schuldet der Leasingnehmer dem Leasinggeber Vollamortisation (BGHZ 95, 39, 53; BGH NJW 1998, 1637; 1996, 2033; 1995, 1018, 1021; ausf hierzu Staud/*Stoffels* LeasingR Rn 12). So ist der Leasingnehmer über eine längere feste Vertragslaufzeit von drei bis sieben Jahren verpflichtet, durch regelm Zahlungen der Leasingraten dem Leasinggeber alle Kosten, dh die Anschaffungskosten, Zinsen, Finanzierungskosten sowie einen vorweg kalkulierten Gewinn, zu ersetzen. 4

Das **Vollamortisationsprinzip** unterscheidet den Finanzierungsleasingvertrag deutlich vom Mietvertrag. Während beim Mietvertrag die Amortisation der Anschaffungs- und Erhaltungskosten nur als interner Kalkulationsfaktor anzusehen ist, stellt dieses Kennzeichen beim Finanzierungsleasingvertrag die primäre Vertragspflicht dar. Entscheidende Abweichung von der gesetzlichen Regelung des Mietvertrages ist schließlich, dass den Leasingnehmer die Sach- und Preisgefahr trifft und jegliche Gewährleistungsrechte ggü dem Leasinggeber abbedungen werden. Die leasingtypische Abtretungskonstruktion über Gewährleistungsansprüche aus dem Kaufvertrag kommt im Gegenzug den Interessen des Leasingnehmers nach. Angesichts der Ratenzahlungspflicht steht das Finanzierungsleasing dem Abzahlungskauf nahe. Jedoch schuldet der Abzahlungskäufer weder Vollamortisation noch ist der Leasingnehmer grds gewillt, das Eigentum an dem Leasinggegenstand zu erwerben. Freilich wird auch in Finanzierungsleasingverträgen oftmals eine Kaufoption zugunsten des Leasingnehmers bzw ein Andienungsrecht des Leasinggebers vereinbart (s Rz 62). 5

2. Operatingleasing. Im Gegensatz zum Finanzierungsleasing zeichnet sich das Operatingleasing durch eine entgeltliche Gebrauchsüberlassung aus, bei der die Vertragsparteien entweder eine kurze Vertragslaufzeit oder ein kurzfristiges Kündigungsrecht bei einer kurzen Grundmietzeit des Leasingnehmers vereinbaren. Das Operatingleasing bietet sich für den Leasingnehmer insbes dann an, wenn er schnell alternde Gegenstände alsbald gegen neuere austauschen möchte oder für ihn ungewiss ist, wie lange er sie nutzen will. 6

7 Anders als beim Finanzierungsleasing übernimmt der Leasingnehmer **keine Verpflichtung zur Amortisation** der mit der Anschaffung und Finanzierung des Leasinggegenstandes verbundenen Aufwendungen und Kosten. Die volle Amortisation versucht der Leasinggeber typischerweise durch das mehrfache Überlassen des Leasinggegenstands an mehrere Leasingnehmer zu erreichen (BGH NJW 2003, 505; 1998, 1637, 1639). Das Investitionsrisiko, dh das Risiko, den Rückfluss der angefallenen Aufwendungen und Kosten sicherzustellen, trifft daher den Leasinggeber.

8 IÜ ist die Gefahrtragung in Anlehnung an die Regelungen zum Mietvertrag ausgestaltet (vgl Staud/*Stoffels* LeasingR Rn 18). Im Gegensatz zum Finanzierungsleasing trägt der Leasinggeber die Gefahr für Untergang und Beschädigung und übernimmt oftmals die Wartung und Instandhaltung des Leasinggegenstands. Nach hM ist das Operatingleasing daher als klassischer Mietvertrag iSv § 535 einzuordnen (BGH NJW 2003, 505; 1998, 1637, 1639; MüKo/*J Koch* Leasing Rn 5; Palandt/*Weidenkaff* Einf v § 535 Rn 40). Angesichts des Leitbilds der §§ 535 ff stellen hiervon abw Klauseln zumeist eine unangemessene Benachteiligung des Leasingnehmers iRd Inhaltskontrolle nach §§ 307 ff dar. So kann sich der Leasinggeber nicht der leasingtypischen Abtretungskonstruktion bedienen, um sich von seiner Gewährleistungspflicht nach § 536 ff freizuzeichnen (zu den mögl Klauseln vgl Staud/*Stoffels* LeasingR Rn 18). Die leasingtypische Verknüpfung von Leasingvertrag und Kaufvertrag besteht daher nicht.

9 **3. Hersteller- und Händlerleasing.** Im Unterschied zum klassischen Finanzierungsleasing sind beim Hersteller- und Händlerleasing Hersteller bzw Händler und der Leasinggeber identisch oder zumindest eng verflochten. Typischerweise fehlt es beim direkten Hersteller- und Händlerleasing an dem leasingtypischen Dreiecksverhältnis und der damit einhergehenden Abtretungskonstruktion. Der Leasingnehmer steht demnach nur mit seinem unmittelbaren Vertragspartner in Verbindung. Zu unterscheiden ist das direkte Leasing indes vom indirekten Herstellerleasing, bei dem eine vom Hersteller gegründete Tochtergesellschaft zur Förderung des Absatzes der Produkte als Leasinggeber auftritt. Während beim indirekten Hersteller- bzw Händlerleasing die Regeln des Finanzierungsleasings uneingeschränkt Anwendung finden, bleibt fraglich, inwieweit es sich beim direkten Hersteller- und Händlerleasing um eine Form des Finanzierungsleasings handelt. Zutreffenderweise ist auch hier danach zu unterscheiden, ob der Leasinggeber bereits durch das einmalige Überlassen des Leasinggegenstands die volle Amortisation der entstandenen Finanzierungs- und Beschaffungskosten begehrt. Da idR die Finanzierungsfunktion im Vordergrund steht, handelt es sich der Rspr folgend um eine Art des Finanzierungsleasings (BGH NJW 1998, 1637, 1639; BGH DB 2003, 196, 197; MüKo/*J Koch* Leasing Rn 9; Soergel/*Heintzmann* vor § 535 Rn 45; aA Palandt/*Weidenkaff* Einf v § 535 Rn 42, der von einem Mietvertrag bzw Teilzahlungskauf ausgeht).

10 **4. Immobilienleasing.** Als besondere Form des Finanzierungsleasings umfasst das aus steuerrechtlichen Gründen attraktive Immobilienleasing neben der Finanzierung von Grundstücken bzw baulichen Anlagen ua auch die Beschaffung, Vermittlung sowie die Vermietung des Objekts (vgl *v Westphalen* Leasingvertrag Rn 1561). Es stellt zudem eine Form des Brutto-Leasings dar, das sich anders als das Netto-Leasing nicht auf das leasingtypische Finanzierungselement begrenzt. Das Immobilienleasing zeichnet sich ferner durch eine lange Vertragslaufdauer (bis zu 30 Jahre) aus, wobei dem Leasingnehmer nach Ablauf der Vertragslaufzeit regelm eine Kaufoption durch Eintragung einer Vormerkung eingeräumt wird. Mangels laufzeitentspr Finanzierung ist der Leasingnehmer oftmals gehalten, zusätzlich zu den Leasingraten bspw Miet- oder Kautionszahlungen im Voraus zu tätigen, sofern er das Objekt über die Vertragslaufzeit hinaus nutzen möchte (näher zu diesem »Mietvorauszahlungs«- sowie zum »Restwertmodell« MüKo/*J Koch* Leasing Rn 10; *v Westphalen* Leasingvertrag 1600 ff.) IÜ gelten die Regelungen zum Mobilienfinanzierungsleasing entspr (BGH 1989, 1279, 1280). So ist die Freizeichnung des Leasinggebers grds zulässig. Infolge des leasingtypischen Abtretungsmodells kann sich der Leasingnehmer bei Mängeln jedoch ua an den Bauunternehmer und Architekten wenden. Neben der Formvorschrift der §§ 550, 578 unterliegt vor allem das Ankaufs- und Andienungsrecht der notariellen Beurkundungspflicht gem § 311b Abs 1 S 2 (LG Düsseldorf WM 1989, 1226, 1227).

11 **5. Nullleasing.** Vorrangig im Kfz-Handel mit Verbrauchern, die kaum von den steuerrechtlichen und bilanzrechtlichen Vorteilen des Leasings profitieren, findet sich das sog. Nullleasing (ausf hierzu *Pachke* BB 1987, 1193 ff). Hierbei zahlt der Kunde nach einer Sonderzahlung von 30 % bis 40 % für den Gebrauch periodisch Leasingraten ohne bes Leasingzinsen und kann bei Ablauf der zumeist 2 Jahre nicht überschreitenden Laufzeit gegen Zahlung eines vorher vereinbarten Restwertes das Kfz erwerben. Die Gesamtaufwendungen des Leasingnehmers überschreiten dabei regelm nicht den Barzahlungspreis. Eine höchstrichterliche Einordnung steht bislang aus. Angesichts des leasingtypischen Finanzierungselements und der Teilamortisierungspflicht des Leasingnehmers wird hier aber von einem Finanzierungsleasingvertrag auszugehen sein (vgl Staud/*Stoffels* LeasingR Rn 34).

12 **6. Sale-and-lease-back.** Beim Sale-and-lease-back beschafft sich der Leasinggeber den Leasinggegenstand nicht von einem Dritten, sondern von dem Leasingnehmer selbst. Dieser verkauft und übereignet – idR nach § 930 – das Leasinggut an den Leasinggeber, um es dann von diesem zurück zu leasen (BGH NJW 1990, 829; zu den Problemen eines pfandrechtsbelasteten Leasinggegenstandes vgl Staud/*Stoffels* LeasingR Rn 32).

Obgleich es an einem leasingtypischen Dreiecksverhältnis fehlt, strebt auch hier der Leasinggeber danach, mit einem einzigen Geschäft seine gesamten Aufwendungen zu amortisieren. Mithin ist auch das Sale-and-lease-back-Verfahren als Finanzierungsleasingvertrag einzuordnen (BGH NJW 1990, 829, 831; MüKo/*J Koch* Leasing Rn 12; aA *v Westphalen* BB 1991, 149, 150). Hinsichtlich der Gewährleistungshaftung des Leasinggebers ergeben sich indes einige Abweichungen. Angesichts der kaufrechtlichen Gewährleistungspflicht des Leasingnehmers aus dem Kaufvertrag kommt eine Risikobelastung des Leasinggebers zutreffenderweise nicht in Betracht (vgl *Lieb* WM 1992, Sonderbeilage 13 f).

III. Abgrenzung und rechtliche Einordnung. Die rechtliche Einordnung des Finanzierungsleasingvertrags ist seit langem heftig umstr. Bedeutung erlangt diese Frage vor allem für die Einordnung des Finanzierungsleasings iRd AGB-Inhaltskontrolle der §§ 307 ff sowie für die Bestimmung von zwingendem und dispositivem Recht. Das Problem dieser Debatte liegt im Wesentlichen darin, dass der Finanzierungsleasingvertrag sowohl Elemente aus dem Mietvertrag, Kaufvertrag als auch aus dem Geschäftsbesorgungsvertrag enthält. So deutet die Gebrauchsüberlassung sichtlich auf einen Mietvertrag hin, während die Gefahrtragung wiederum ähnl dem Kaufvertrag geregelt ist. Die Anschaffung des Leasinggegenstands über einen Dritten gleicht schließlich eher einem Geschäftsbesorgungsvertrag. Die Bezeichnung des Vertrags an sich ist idS nicht entscheidend, obschon dies als Indiz gewertet werden kann (Koblenz NJW-RR 1989, 1526). 13

1. Rechtsnatur. a) Mietrechtlicher Ansatz der Rspr. Nach Ansicht der Rspr (BGH NJW 1977, 195, 196; 1977, 848; 1989, 460, 461; 1990, 1785; 1996, 2860; 2002, 133, 135; NZM 2004 340, 342) und der hM im Schrifttum (statt vieler Soerg/*Heintzmann* Vor § 535 Rn 41 ff; BaRoth/*Ehlert* § 535 Rn 46, 48 mwN) ist der Finanzierungsleasingvertrag als **atypischer Mietvertrag** einzuordnen. Folgerichtig finden die §§ 535 ff vorrangig Anwendung, wobei die leasingtypischen Eigenarten im Lichte der jeweiligen Interessenlagen Berücksichtigung finden (BGH NJW 1988, 198, 199; 1990, 3016; 1996, 2860). Nachdem die Rspr eine Zeit lang leasingtypische Besonderheiten in den Mittelpunkt stellte, ist in jüngerer Zeit wieder eine stärkere Betonung der mietrechtlichen Grundlage zu verzeichnen. Ausschlaggebend hierfür ist letztlich die aus der Eigentümerstellung entspringende Pflicht des Leasinggebers, die Gewährleistung und Gebrauchsüberlassung des Leasinggegenstandes sicherzustellen, welche wiederum im synallagmatischen Verhältnis zur Ratenzahlungspflicht des Leasingnehmers steht (BGH NJW 1985, 796; 1988, 204, 205). Die Rspr hält indes zentrale mietrechtliche Regelungen des Leasingvertrages für nicht AGB-fest (BGH NJW 1990, 3016; 1996, 2860 f; vgl Rz 39, 42 ff). 14
Wesentlicher Unterschied zum reinen Mietvertrag ist idR das in § 499 Abs 2, 500 ausdrücklich betonte Finanzierungselement sowie das damit korrespondierende Amortisationsprinzip (BGH 1990, 3016; 1990, 1113). Das Investitionsrisiko liegt daher leasingtypisch beim Leasingnehmer. 15

b) Meinungsstand in der Lit. In Teilen des Schrifttums (ausf zum Streitstand MüKo/*J. Koch* Leasing Rn 25 ff; Staud/*Stoffels* LeasingR Rn 70 ff) wird das Finanzierungsleasing neben der Einordnung als Kaufvertrag (*Fikentscher/Heinemann* Schuldrecht Rn 831) vor allem als **Vertrag sui generis** angesehen, infolge dessen mietrechtliche Vorschriften keine Anwendung finden sollen. Eine Qualifizierung als gemischt-typischer Vertrag (*Canaris* NJW 1982, 305 ff) mit stark geschäftsbesorgenden und darlehensrechtlichen Zügen konnte sich ebenfalls nicht durchsetzen. 16

2. Abgrenzung zu ähnlichen Geschäften. Ausweislich der Einordnung als atypischer Mietvertrag gilt es, den Finanzierungsleasingvertrag zu ähnl Geschäften abzugrenzen. **a) Kaufvertrag.** Im Gegensatz zum Kaufvertrag handelt es sich bei einem Finanzierungsleasingvertrag um ein Dauerschuldverhältnis, bei dem eine Eigentumsübertragung auf den Leasingnehmer nicht stattfindet oder zumindest ungewiss ist. Entscheidend ist insoweit, dass der Leasinggeber auf Dauer Eigentümer des Leasinggegenstandes wird und aus dieser Stellung den Gegenstand dem Leasingnehmer entgeltlich zum Gebrauch überlässt (vgl BGH NJW 1995, 1019). Das Pflichtenprogramm der §§ 433, 434 f findet demnach zw Leasinggeber und Leasingnehmer keine Anwendung. 17
b) Mietkauf. Zu unterscheiden ist das Finanzierungsleasing ferner vom Mietkauf, der sich durch eine Verbindung von miet- und kaufvertraglichen Elementen auszeichnet (eingehend hierzu BGHZ 94, 226, 229). Auch hier einigen sich die Parteien über die entgeltliche Überlassung eines beweglichen oder unbeweglichen Gegenstandes, wobei der Mieter das Recht erhält, den Gegenstand nach einer bestimmten Zeit unter Anrechnung der gezahlten Raten zu einem vereinbarten Kaufpreis zu kaufen. Zwar unterliegt der Vertrag – ähnl dem Finanzierungsleasing – bis zur Ausübung des Optionsrechtes den §§ 535 ff, gleichwohl ist es im Unterschied zum Finanzierungsleasing der Vermieter, der mietvertragstypisch die Sachgefahr trägt und überdies die Gewährleistung und Instandhaltung des Gegenstandes übernimmt. Beim Finanzierungsleasingvertrag entfallen hingegen regelm die Pflichten der §§ 535 Abs 1 S 2, 536 bis 536b (Palandt/*Weidenkaff* Einf v § 535 Rn 45). Entscheidend ist, dass beim Mietkauf der Kauf des Gegenstandes von Anfang an bezweckt wird, wohingegen beim Finanzierungsleasing das Finanzierungselement im Vordergrund steht, eine Kaufoption aber nicht zwingend erforderlich ist. 18
c) Finanzierter Kauf. Angesichts des leasingtypischen Finanzierungselements besteht nicht zuletzt auf Grund der Erwähnung in §§ 499 Abs 2, 500 eine Nähe zum finanzierten Kauf (BGHZ 128, 255, 262 ff). So ist es oftmals auch der Leasingnehmer, der wie der Käufer den Gegenstand beim Händler aussucht. Dennoch unter- 19

scheidet sich das leasingtypische Dreiecksverhältnis in wesentlichen Punkten von dem des finanzierten Kaufs. Während der Käufer jeweils mit dem Verkäufer und dem Darlehensgeber vertraglich in Berührung kommt, tritt der Leasingnehmer zur Finanzierung des Leasinggegenstands nur ggü dem Leasinggeber in eine vertragliche Verbindung. Der Kauf des Gegenstandes vom Händler bzw Hersteller bleibt idS dem Leasinggeber vorbehalten.

20 **3. Folgerungen für das Pflichtenprogramm.** Nach der zutr Ansicht der Rspr begründet der Finanzierungsleasingvertrag als atypischer Mietvertrag folgendes Pflichtenprogramm. Der Leasinggeber ist zur Beschaffung, maW zur Finanzierung und Überlassung des Leasinggegenstandes verpflichtet. Demgegenüber schuldet der Leasingnehmer die Zahlung der vereinbarten Leasingraten. Beide Pflichten sind synallagmatisch miteinander verknüpft (BGH NJW 1991, 102; 1997, 630).

21 **B. Vertragsschluss. I. Zustandekommen des Kauf- und Leasingvertrages.** Grds muss der Leasingvertrag zwischen Leasingnehmer und Leasinggeber vom Kaufvertrag zwischen Leasinggeber und Lieferanten unterschieden werden. Beim Vertragsschluss selbst ist der gleichzeitige Abschluss von Leasing- und Kaufvertrag vom Eintritt des Leasinggebers in einen bestehenden Kaufvertrag zu trennen. Regelm gehen dem Leasingvertrag bereits Verhandlungen zwischen dem Leasingnehmer und dem Händler voraus, bei denen der Leasingnehmer den Leasinggegenstand aussucht und Fragen zur Finanzierung besprochen werden. Auf Initiative des Händlers oder des Leasingnehmers wird daraufhin der Leasinggeber einbezogen und ein entspr Kaufvertrag abgeschlossen. Oftmals hält der Händler bereits Formulare der Leasinggesellschaft bereit, da dieser üblicherweise mit Leasinggesellschaften zusammenarbeitet. Gleichwohl ist der Leasinggeber nicht an etwaige zwischen Leasingnehmer und Händler getroffene Vereinbarungen gebunden, sofern nicht bes Umstände auf eine Anscheins- oder Duldungsvollmacht deuten (BGHZ 94, 170, 174; BGH NJW 1988, 204, 206; Dresden NJW-RR 2003, 269; für eine Bindung des Leasinggebers auch bei fehlender Vertretungsmacht des Lieferanten Düsseldorf NJW 1988, 1332; Köln WM 1990, 1682). Typischerweise ist der Leasinggeber vielmehr an einen Gleichklang zwischen Leasingvertrag und Kaufvertrag interessiert, den er regelm mittels Einkaufsbedingungen zu erreichen sucht (vgl BGH NJW 1993, 1381, 1382 f; 1984, 2034).

22 Da der Leasinggeber regelm die Bonität des Lieferanten als auch die des Leasingnehmers zu prüfen beabsichtigt, verwendet er oftmals vorformulierte Annahmefristen, die von der Rspr auch für den Geschäftsverkehr mit Verbrauchern nach §§ 308 Nr 1, 307 Abs 2 als zulässig erachtet wurden, sofern die Frist einen Monat nicht überdauert (Hamm NJW-RR 1986, 927, 928, das eine zweimonatige Frist beanstandet hat). Kommt der Leasingvertrag mit Zugang der Annahmeerklärung zustande, wendet sich der Leasinggeber unmittelbar an den Lieferanten, um den zumeist vorverhandelten Kaufvertrag, uU auch Werklieferungs- oder Werkvertrag, abzuschließen. Angesichts der leasingtypischen Drittverweisungsklausel wirkt sich der jeweilige Vertragsinhalt entscheidend auf die Rechtsstellung des Leasingnehmers aus (Nürnberg WM 1996, 497; vgl Rz 51 ff).

23 Darüber hinaus kann der Leasinggeber im Wege einer Vertragsübernahme in den zuvor zwischen Lieferanten und Leassingnehmer geschlossenen Kaufvertrag eintreten (BGH NJW 1986, 918; 1990, 1290). Ausreichend sind insoweit die Vereinbarung im Leasingvertrag sowie das Einverständnis des Lieferanten. Sofern nicht eine sog. Leasingfinanzierungsklausel, die als auflösende Bedingung gem § 158 Abs 2 auszulegen ist, geschlossen wurde, bleibt der Leasingnehmer im Falle des Nichtzustandekommen des Leasingvertrags an den Kaufvertrag gebunden (BGH NJW 1980, 698; NJW-RR 1990, 1009, 1011). Gleiches gilt zudem, wenn der Leasingnehmer entgegen seiner Absichtsbekundung durch treuwidriges Verhalten den Nichtvertragsschluss zu vertreten hat (BGH NJW-RR 1990, 1009, 1011). Die Ausübung eines dem Verbraucher zustehenden Widerrufsrechts gem §§ 500, 495, 355 reicht indes hierzu nicht aus (vgl *Lieb* WM 1991, 1533, 1535).

24 **II. Vorvertragliche Pflichten des Leasinggebers und des Lieferanten.** Typischerweise tritt der spätere Leasingnehmer zunächst mit dem Lieferanten zu Vorverhandlungen in Kontakt. Da der spätere Leasinggeber an dieser Stelle noch nicht unmittelbar in Erscheinung tritt, treffen vor allem den Lieferanten ua Aufklärungs-, Beratungs- und Sorgfaltspflichten, bei deren Verletzung Schadensersatzansprüche des Leasingnehmers in Frage kommen. **1. Pflichten des Lieferanten.** Grundsätzlich treten Leasingnehmer und Lieferant in kein vertragliches Verhältnis zueinander. Ein selbstständiger Auskunfts- und Beratungsvertrag wird nur bei besonderen Anhaltspunkten, bspw im Falle einer entspr Vergütung, anzunehmen sein. Gleichwohl entsteht mit Blick auf die Vorverhandlungen ein bes Vertrauensverhältnis, das uU zur Eigenhaftung des Lieferanten ggü dem Leasingnehmer gem §§ 311 Abs 2, 3, 241 Abs 2, 280 Abs 1 führen kann (BGH NJW 1984, 2938; statt vieler MüKo/*J Koch* Leasing Rn 47 mwN). Voraussetzung ist freilich, dass der Lieferant als Fachmann ein bes persönliches Vertrauen in Anspruch nimmt und die Verhandlungen maßgeblich beeinflusst (bejahend für den Fall des Abschlusses eines Vertrages über EDV-Anlagen s BGH NJW 1984, 2938; zum finanziellen Eigeninteresse des Lieferanten Staud/*Stoffels* LeasingR Rn 173). Die fehlende Aufklärung oder Täuschung über die Beschaffenheit des Leasinggegenstandes (BGH NJW 1984, 2938, 2939; NJW 1997, 3227, 3228 f: bei ausdrücklichem Rat tritt der Schadensersatzanspruch aus cic ausnahmsweise neben den Gewährleistungsanspruch mit der Folge der Anwendbarkeit des § 438) oder Einzelheiten des Leasingvertrages lösen idR einen Schadensersatzanspruch des Leasingnehmers gegen den Lieferanten aus, der ua auf die Befreiung von den im Leasingvertrag getroffenen Verpflichtungen gerichtet sein kann.

2. Pflichten des Leasinggebers. Bei schuldhafter Verletzung von Aufklärungs- und Beratungspflichten bzgl des Inhalts, der Finanzierung und der Risiken des Leasinggeschäftes kommt eine Haftung des Leasinggebers nach §§ 280 Abs 1, 311 Abs 2 iVm 278 in Betracht. Zu beachten ist jedoch, dass den Leasinggeber ungefragt, insbes bei Verträgen mit Unternehmern, grds keine umfassenden Aufklärungspflichten hinsichtlich der wirtschaftlichen Folgen treffen (BGH NJW 1985, 2258, 2259). Anders verhält es sich indes, wenn sich der Leasingnehmer offenkundig falsche Vorstellungen über Inhalt und Reichweite des Leasingvertrages macht (BGH NJW 1987, 2082, 2084). Informationen über die Beschaffenheit und Eignung des Leasinggegenstandes werden im Gegensatz zum Lieferanten nicht vom Pflichtenprogramm des Leasinggebers erfasst. 25

Sofern der Lieferant mit Wissen und Wollen des Leasinggebers Vorverhandlungen über den Leasingvertrag führt und dabei Aufklärungs- oder Hinweispflichten verletzt, hat der Leasinggeber das Verschulden des Lieferanten als seines Erfüllungsgehilfen gem § 278 zu vertreten (BGH NJW 1985, 2258; 1988, 198; 1989, 287, 288; NJW-RR 1989, 1140, 1142; MüKo/*J Koch* Leasing Rn 48; Soerg/*Heintzmann* vor 535 Rn 50). Die Voraussetzung der Erfüllungsgehilfeneigenschaft ist insbes dann zu bejahen, wenn der Lieferant Vertragsvordrucke des Leasinggebers verwendet und diese ausgefüllt an diesen zurücksendet. Eine ständige Geschäftsbeziehung ist hingegen nicht erforderlich (vgl BGH NJW 1985, 2258). Vertragsklauseln, die eine Zurechnung von Erklärungen des Lieferanten per se ausschließen, halten der AGB-Inhaltskontrolle überdies nicht stand (BGH NJW-RR 1988, 241, 242). Lediglich bei völlig atypischen Vereinbarungen zwischen Leasingnehmer und Lieferant scheidet die Zurechnung nach § 278 aus (iE München DB 2002, 2373 f). Gleiches gilt ferner, wenn der Abschluss des Leasingvertrags über das Eintrittsmodell (s Rz 23) vorgenommen wird (Dresden NJW-RR 1996, 625). Verneint hat die Rspr zudem die Gehilfenstellung bei der Mitwirkung an einer für den Leasinggeber bestimmten Übernahmebestätigung des Leasingnehmers (BGH NJW 2005, 365). Die Stellung des Lieferanten als Erfüllungsgehilfe hinsichtlich der Aufklärungs- und Beratungspflichten endet daher grds mit Abschluss des Leasingvertrags (BGH NJW-RR 1989, 1140, 1142; aA MüKo/*Habersack* Leasing Rn 56). 26

III. Form. Der Finanzierungsleasingvertrag ist im Grundsatz formfrei, solange er nicht Pflichten über Grundstücke betrifft, die unter § 311b Abs 1 fallen. Insbesondere Vereinbarungen zur Kaufoption hinsichtlich des Leasinggegenstandes im Immobilienleasingvertrag (zu §§ 578 Abs 1, 550 s Rz 10) bedürfen insoweit einer notariellen Beurkundung. Beachtlich ist ferner die vorgeschriebene Schriftform bei Finanzierungsleasingverträgen zwischen Unternehmern und Verbrauchern gem §§ 500, 492 Abs 1 S 1-4 (s Rz 4). IÜ werden in der Praxis typischerweise Formularverträge des Leasinggebers – nicht selten durch den Lieferanten – verwendet. 27

IV. Hauptpflichten. Dem Pflichtenprogramm des Finanzierungsleasingvertrags liegt maßgeblich dessen wirtschaftlicher Zweck zu Grunde, die seitens des Leasingnehmers getroffene Investitionsentscheidung durch den Leasinggeber vorfinanzieren zu lassen und dabei die anfallenden Kosten eigenkapitalschonend durch Erträge des Leasinggegenstandes zu bedienen. **1. Verhältnis Leasinggeber-Dritter.** Der vom Finanzierungsleasingvertrag zu trennende, zwischen Leasinggeber und Lieferant geschlossene Kaufvertrag, uU auch Werk- oder Werklieferungsvertrag, bringt die ihm typischen Hauptpflichten der §§ 433 ff mit sich. Insoweit bestehen keine Besonderheiten zum Kaufrecht. Beachtlich ist indes, dass der Lieferant den Leasinggegenstand regelm zur Erfüllung seiner Hauptleistungspflicht direkt an den Leasingnehmer ausliefert. Insoweit findet eine Übereignung an den Leasinggeber gem §§ 929 S 1 iVm 868 statt, da zwischen Leasinggeber und Leasingnehmer nach Übergabe des Leasinggegenstandes ein Besitzmittlungsverhältnis besteht (MüKo/*J Koch* Leasing Rn 65). Umgekehrt bedient sich der Leasinggeber des Leasingnehmers als Erfüllungsgehilfen, um seine Abnahmepflicht ggü dem Lieferanten nach § 433 Abs 2 zu erfüllen (BGH NJW 1990, 1290; NJW-RR 2005, 357, 360). 28

2. Verhältnis Leasingeber-Leasingnehmer. Die Hauptpflichten von Leasinggeber und Leasingnehmer ergeben sich idR aus dem Finanzierungsleasingvertrag selbst. Da dieser nach hM (vgl Rz 14) als atypischer Mietvertrag eingeordnet wird, ist im Grundsatz der Anwendungsbereich der §§ 535 ff eröffnet (BGH NJW 1990, 113 mwN). **a) Hauptpflichten des Leasinggebers.** Der Leasinggeber ist entspr der mietrechtlichen Einordnung verpflichtet, den Leasinggegenstand für die Vertragslaufzeit in einem mangelfreien Zustand für den Gebrauch zu überlassen und dafür vorzufinanzieren (BGH NJW 1988, 204 mwN; BaRoth/*Ehlert* § 535 Rn 49, 69a; *Reinicke/Tiedke* Kaufrecht Rn 1522 ff). Grundsätzlich trifft den Leasinggeber daher die Gewährleistungspflicht für den Leasinggegenstand nach §§ 536 ff. Typischerweise zeichnet sich der Leasinggeber jedoch im Finanzierungsleasingvertrag von diesen Pflichten frei, die nur im Falle der Unwirksamkeit der leasingtypischen Drittverweisungskonstruktion nach § 306 Abs 2 wieder voll aufleben. Im Gegenzug zu dem erlittenen Rechtsverlust tritt der Leasinggeber dafür seine Gewährleistungsansprüche aus §§ 433, 434 ff aus dem Kaufvertrag mit dem Lieferanten ausdrücklich und vorbehaltlos an den Leasingnehmer ab (BGH NJW-RR 1988, 123, 124; 2003, 51 mwN). 29

Beachtlich ist ferner, dass der Leasinggeber insoweit auch seine grds bestehende Instandhaltungspflicht nach § 535 Abs 1 S 2 über AGB oder Formularverträge auf den Leasingnehmer überträgt (so BGHZ 68, 118 ff; 81, 298 ff; *v Westphalen* Leasingvertrag Rn 906), wenngleich davon nach Ansicht der Rspr eine gewisse Restverantwortlichkeit des Leasinggebers für die Gebrauchsfähigkeit des Gegenstandes unberührt bleibt (aA mit beachtlichen Erwägungen Staud/*Stoffels* LeasingR Rn 82 mwN). Ab dem Zeitpunkt der Übergabe des Lea- 30 singgegenstandes beschränkt sich die Pflicht des Leasinggebers regelm darauf, den Leasingnehmer nicht ohne rechtfertigenden Grund in seinem Besitz zu stören sowie diesen gegen Störungen Dritter zu verteidigen (BGH NJW 1988, 198).

31 **aa) Übernahmebestätigung des Leasingnehmers bei Lieferung der Leasingsache.** Angesichts der Abnahmeverpflichtung aus dem Kaufvertrag ist der Leasinggeber gehalten, die tatsächliche Übernahme des Leasinggegenstands durch den Leasingnehmer sicherzustellen. Daher sieht der Leasingvertrag typischerweise die Pflicht des Leasingnehmers vor, den Leasinggegenstand vom Lieferanten zu übernehmen und dieses dem Leasinggeber zu bestätigen. Bedeutung erlangt die Übernahmebestätigung vor allem darin, dass erst durch sie die Leasingraten fällig gestellt sowie der Leasingvertrag überhaupt in Vollzug gesetzt werden (BGH NJW 1993, 1381, 1383; 2005, 365). Mit der als Quittung iSv § 368 einzuordnenden Übernahmebestätigung bescheinigt der Leasingnehmer zudem die Erfüllung der Gebrauchsüberlassungspflicht (BGH NJW 1988, 204, 206; BGH NJW 1993, 1381, 1383) mit der Folge der Beweislastumkehr nach § 363. Gleichwohl stellt die **Übernahmebestätigung** kein Schuldanerkenntnis iSv § 781 dar. Der Leasingnehmer verzichtet somit keineswegs auf etwaige Einwendungen, so dass ihm die Geltendmachung von Gewährleistungsrechten weiterhin frei steht. Eine Klausel, wonach dem Leasinggeber nach der Übernahmebestätigung ein unbedingter Zahlungsanspruch zukommt, ist daher gem § 307 Abs 2 Nr 2 unwirksam (BGH NJW 1988, 204, 206; MüKo/*J Koch* Leasing Rn 67). Zugleich ist die Übernahmebestätigung nicht als Anerkennung der Mangelfreiheit ggü dem Lieferanten anzusehen, da der Leasingnehmer insoweit nicht als Vertreter des Leasinggebers handelt (Palandt/*Weidenkaff* Einf v § 535 Rn 49).

32 Letztlich bleibt der Leasingnehmer zu einer rechtzeitigen und ordnungsgemäßen Übernahmebestätigung verpflichtet. Widrigenfalls macht er sich uU ggü dem Leasinggeber schadensersatzpflichtig nach § 280 Abs 1 (BGH NJW 1988, 204, 206; Frankfurt NJW 1987, 2447, 2449; Düsseldorf NJW 1990, 666; ausf zu den Rechtsfolgen MüKo/*J Koch* Leasing Rn 69 mwN).

33 **bb) Handelsrechtliche Rügeobliegenheit.** Grds trifft im Handelsgeschäft mit dem Lieferanten den Leasinggeber die **Rügeobliegenheit** bzgl etwaiger Mängel am Leasinggegenstand nach § 377 HGB. Versäumt er diese, so verliert er die kaufrechtlichen Gewährleistungsansprüche. Für den Leasingnehmer wären diese daher wertlos. Vor dem Hintergrund, dass der Leasinggeber auf Grund der Direktlieferung des Leasinggegenstandes an den Leasingnehmer regelm nicht mit dem Leasinggegenstand in Berührung kommt, stellt sich die Frage nach der Anwendbarkeit der kaufmännischen Rügeobliegenheit nach § 377 HGB ggü dem Lieferanten, wenn der Leasingnehmer kein Kaufmann ist. Eine Abwälzung der Untersuchungspflicht auf den Leasingnehmer scheitert indes an § 307 Abs 2 Nr 1 (Palandt/*Weidenkaff* Einf v § 535 Rn 57), sofern keine offensichtlichen Mängel vorliegen.

34 Nach eA (*Reinicke/Tiedtke* Kaufrecht Rn 1612; Staud/*Stoffels* LeasingR Rn 181; *Canaris* AcP 190, 430) ist die Rügeobliegenheit im Falle der Direktlieferung an den Leasingnehmer teleologisch zu reduzieren, da der Lieferant den Kaufvertrag auch mit dem Leasingnehmer direkt geschlossen hätte. Die Zwischenschaltung des Leasinggebers diene insofern nur der Finanzierung.

35 Der BGH (BGH NJW 1990, 1290) und Teile der Lit (MüKo/*J Koch* Leasing Rn 72 mwN) halten hingegen zutr an der Anwendbarkeit des § 377 HGB auch bei der Direktlieferung an den nicht kaufmännischen Leasingnehmer iRd des Kaufvertrages fest. Angesichts der strikten Trennung zwischen Kauf- und Leasingvertrag erscheint eine Abkehr von dem Grundsatz der Rügeobliegenheit zwischen Kaufmännern nicht gerechtfertigt. Im Ergebnis ist der Leasinggeber daher gezwungen, den Leasinggegenstand selbst zu untersuchen (BGH NJW 1990, 1290), um sich später nicht Gewährleistungsrechten des Leasingnehmers ausgesetzt zu sehen (s Rz 50 f). Offen gelassen hat der BGH indes die Zulässigkeit der formularmäßigen Abbedingung der Rügeobliegenheit zwischen Leasinggeber und Lieferant (BGH NJW 1990, 1290).

36 **b) Hauptpflichten des Leasingnehmers.** Hauptpflicht des Leasingnehmers ist es zuvörderst, ein **Entgelt** in Gestalt von Leasingraten entspr § 535 Abs 2 zu zahlen. Die einzelnen Leasingraten stellen insoweit betagte, nicht aufschiebend bedingte Forderungen dar (BGHZ 109, 368; Palandt/*Weidenkaff* Einf v § 535 Rn 50), die in ihrer Gesamtheit die Anschaffungs- und Zinskosten sowie die Provision des Leasinggebers umfassen. Sie unterliegen gem §§ 195, 199 der regelm Verjährungsfrist von 3 Jahren. Etwaige Preiserhöhungsklauseln, welche die Preiserhöhung des Lieferanten nach Abschluss des Leasingvertrags und vor Zahlung des Anschaffungsbetrags an den Leasingnehmer abwälzen, sind grds wirksam (Staud/*Stoffels* LeasingR Rn 91 mwN). Dem ist insoweit zuzustimmen, da typischerweise der Leasingnehmer den Leasinggegenstand aussucht und mit dem Lieferanten in Vorverhandlungen tritt. Anders wiederum verhält es sich mit sog Refinanzierungsklauseln, die nur einseitig dem Leasinggeber im Falle der Verteuerung der Refinanzierung ein Erhöhungsrecht einräumen. Zutreffenderweise werden diese Bestimmungen als unangemessene Benachteiligung des Leasingnehmers erachtet (Frankfurt NJW 1986, 1355; *v Westphalen* Leasingvertrag Rn 580; Staud/*Stoffels* LeasingR Rn 91 mwN).

Kennzeichnend für die Zahlung der Leasingraten, die nach hM (BGH NJW 1978, 1432, 1434; 1990, 102, 105; s MüKo/*J Koch* Leasing Rn 32, 43; aA Staud/*Stoffels* LeasingR Rn 95) im Gegenseitigkeitsverhältnis zur Gebrauchsüberlassungspflicht des Leasingnehmers steht, ist insoweit die leasingtypische Amortisationspflicht des Leasingnehmers (BGH NJW 1985, 2253, 2256). Während bei den Vollamortisationsverträgen der Leasingnehmer die Anschaffungskosten sowie den kalkulierten Gewinn des Leasinggebers allein durch die Zahlung der Leasingraten und Rückgabe des Leasinggegenstandes übernimmt, wird die Amortisation bei Teilamortisationsverträgen durch die Kombination der Leasingraten mit einer auf ein Andienungsrecht folgenden Abschlusszahlung erreicht. 37

V. Wirksamkeit des Leasingvertrags und einzelner Bedingungen. Typischerweise werden in Leasingverträgen die beiderseitigen Rechte und Pflichten im Rahmen der Vertragsfreiheit und in den Grenzen der AGB-rechtlichen Vorschriften der §§ 305 ff sowie der §§ 134, 138 (grundlegend zur Sittenwidrigkeit des Leasingvertrages BGH WM 1978, 406, 407; NJW 1995, 1019, 1146) ausgestaltet. Daneben sind bei der Anfechtung von Willenserklärungen einige Besonderheiten zu beachten. 38

1. AGB-Kontrolle. Vor dem Hintergrund, dass Leasingverträge regelm auf Grundlage von Formularverträgen durchgeführt werden, kommt den §§ 305 ff beim Finanzierungsleasing entscheidende Bedeutung zu. Dies gilt umso mehr, als durch die Vertragsbedingungen des Kaufvertrags zwischen Lieferanten und Leasinggeber die Rechte des Leasingnehmers infolge der leasingtypischen Verweisungsklausel zusätzlich beeinflusst werden (anschaulich zur Einbeziehung der AGB sowie zum Umfang und Schranken der Inhaltskontrolle vgl Staud/*Stoffels* LeasingR Rn 116 ff). Insbes bei Privatleasingverträgen sieht sich der Leasinggeber einer »AGB-rechtlichen Deckungslücke« (MüKo/*J Koch* Leasing Rn 64) ausgesetzt, da er einerseits ggü dem Leasingnehmer an die strengen Klauselverbote der §§ 308, 309 gebunden ist und andererseits die Lieferbedingungen des Lieferanten lediglich an der Generalklausel nach § 307 Abs 1, 2 iVm § 310 Abs 1 S 1 gemessen werden. Im Rahmen der Inhaltskontrolle der Verkaufsbedingungen bedürfen die Schranken der §§ 308, 309 daher einer bes Beachtung (vgl BGH NJW 1985, 623). 39

2. Anfechtung. Eine Anfechtung des Leasingvertrags durch den Leasingnehmer kommt insbes dann in Betracht, wenn der Lieferant im Verlaufe der Vorverhandlungen den Leasingnehmer über den Leasingvertrag arglistig getäuscht hat (BGH NJW 1989, 287, 288; München BB 1992, 2388). Voraussetzung ist freilich, dass der Lieferant nicht Dritter iSd § 123 Abs 2 ist. Wie bereits gesehen (s Rz 26) ist dies zu bejahen, sofern der Lieferant mit Wissen und Wollen des Leasinggebers als dessen Erfüllungsgehilfe tätig war. Wurde hingegen der Leasinggeber im Wege der Vertragsübernahme (s Rz 23) durch den Lieferanten arglistig getäuscht, so ist er gehalten, den Übernahmevertrag sowohl ggü dem Leasingnehmer als auch ggü dem Lieferanten anzufechten (BGHZ 96, 302; BGH NJW 1986, 918). 40

VI. Gefahrtragung. Die Gefahrtragung, dh die Rechtsfolgen einer etwaigen nicht vom Leasingnehmer nach §§ 276, 278 zu vertretenden Verschlechterung oder Zerstörung des Leasinggegenstandes, ist leasingtypischer Gegenstand von Formularvereinbarungen zwischen Leasingnehmer und Leasinggeber und bedarf daher der Inhaltskontrolle nach §§ 305 ff. 41

1. Preisgefahr. Entgegen der grds anwendbaren Regelung des § 536 Abs 1, wonach der Vermieter im Falle der Beschädigung oder des Untergangs der Mietsache seinen Mietzinsanspruch verliert, wird die Preis- bzw Gegenleistungsgefahr regelm auf den Leasingnehmer abgewälzt. Letzterer bleibt demnach zur Zahlung der Leasingraten verpflichtet, ohne einen neuen Leasinggegenstand erlangen zu können. Die Risikoverlagerung endet mit dem Ablauf des Leasingvertrages und Rückgabe der Leasingsache (BGH NJW 1995, 1541, 1545) und entspricht iÜ in weiten Teilen der Regelung aus § 446. Diese Preisgefahrklausel wird angesichts der mit ihr eng verbundenen Versicherungspflicht von der hM (BGH WM 1974, 1203, 1204; NJW 1988, 198; Staud/*Stoffels* LeasingR Rn 201 mwN) als zulässig iSd § 307 Abs 2 Nr 2 erachtet, da der Leasingnehmer mit der Sache auch wie ein Käufer verfahren darf. Indes gilt dies nicht uneingeschränkt, so dass widrigenfalls die mietrechtlichen Vorschriften der §§ 535, 536, 326 Abs 1 erneut Anwendung finden (BGH NJW 1992, 683, 685). Insbes darf die Preisgefahrklausel nur Risiken zum Gegenstand haben, die der Einflusssphäre des Leasingnehmers entspringen, was idR bei Nachbesserungsarbeiten am Leasinggegenstand durch den Lieferanten nicht der Fall ist (BGHZ 94, 44, 54). 42

Ungeklärt ist indes, ob die AGB-rechtliche Abwälzung der Preisgefahr nach Vorbild des Kaufrechts den Anforderungen der §§ 474 ff standhalten muss, wenn der Leasingnehmer ein Verbraucher ist. Da der Leasingnehmer insoweit wie ein Käufer behandelt wird, ist im Lichte von § 474 Abs 2 richtigerweise der damit verbundene Ausschluss des § 447 zu beachten (vgl Palandt/*Putzo* § 474 Rn 12). Der Ansicht (Düsseldorf ZIP 1983, 1092, 1093; statt vieler MüKo/*J Koch* Leasing Rn 81), wonach der Leasinggeber zwingend gehalten ist, infolge der Abwälzung der Preisgefahr etwaige Ersatzansprüche gegen den Dritten wegen Beschädigung oder Zerstörung des Leasinggegenstandes an den Leasingnehmer abzutreten, ist der BGH in jüngster Zeit entgegen getreten (BGH NJW 2004, 1041, 1042). Für den Bereich des Kfz-Leasing gilt schließlich die Besonderheit, dass die Preisgefahrklausel der Inhaltskontrolle nach § 307 nur standhält, wenn dem Leasingnehmer bei Untergang oder nicht unerheblicher Beschädigung ein außerordentliches Kündigungsrecht bzw ein vergleich- 43 bares Lösungsrecht eingeräumt wird (BGH NJW 1998, 3270; 2004, 1041; 2007, 290). Dem liegt sichtlich das Interesse des Leasingnehmers bei Vertragschluss zugrunde, das Kfz während der Vertragslaufzeit ohne lange Ausfallzeiten nutzen zu können. Eine Ausweitung dieser Rspr auf andere Wirtschaftsgüter steht trotz zahlreicher Stimmen in der Lit (*v Westphalen* Rn 878 ff mwN) jedoch bislang aus.

44 **2. Versicherungspflicht.** Leasingtypisch wird der Leasingnehmer in den Vertragsbedingungen verpflichtet, sich auf eigene Kosten gegen das Risiko des Untergangs und der Entschädigung zu versichern (zur AGB-rechtlichen Zulässigkeit BGH NJW 1992, 683). Der entspr Versicherungsvertrag nach § 74 VVG wird regelm im eigenen Namen aber zugunsten des Leasinggebers geschlossen. Gleichwohl ist der Leasinggeber im Falle der Beschädigung der Leasingsache gezwungen, die Versicherungsleistungen zur Zahlung der Reparaturkosten zu verwenden (BGH NJW 1985, 1537; BGH NJW 1992, 683). Bei Untergang des Leasinggegenstands bleibt der Leasinggeber ferner gehalten, die Versicherungsleistung mit den offenen Leasingraten sowie mit möglichen Schadenersatzansprüchen gegen den Leasingnehmer zu verrechnen (BGH 1995, 1541, 1542; ausf zur Zweckbindung der Versicherungsleistung MüKo/*J Koch* Leasing Rn 85).

45 **C. Leistungsstörungen.** Die mietrechtliche Einordnung des Leasingvertrags wird bei Störungen in der Erfüllung der Gebrauchsüberlassungspflicht des Leasinggebers deutlich. Liefert er den Leasinggegenstand nicht, verspätet oder nur teilw, bestimmen sich die Rechte des Leasingnehmers nach den allg Vorschriften.

46 **I. Nichtlieferung der Leasingsache.** Nach hM trägt grds der Leasinggeber das Risiko für die Nichtlieferung des Leasinggegenstandes. Dem Leasingnehmer steht daher sofort die Einrede der Nichtlieferung zu (BGH ZMR 1997, 630, 632). Sofern der Leasingnehmer dies nicht zu vertreten hat, entfällt nach Ansicht des BGH die vertragliche Grundlage des Leasingvertrages. Dem Leasingnehmer steht demnach ein **Kündigungsrecht** nach § 313 Abs 3 S 2 zu (BGH NJW 1968, 179; ZMR 1997, 630, 632; statt vieler BaRoth/*Ehlert* § 535 Rn 68). Demgegenüber vertreten Teile der Lit (vgl Palandt/*Weidenkaff* Einf v § 535 Rn 55) aber auch einige Entscheidungen des BGH (BGH NJW 1988, 204; 1993, 122) ein Kündigungsrecht durch entspr Anwendung des § 543 Abs 2 Nr 1, während andere das allg Leistungsstörungsrecht nach § 326 für anwendbar halten (so MüKo/*J Koch* Leasing Rn 74). Für die Ansicht des BGH spricht insoweit, dass der Erwerb der Leasingsache einerseits und die Gebrauchsüberlassung sowie Finanzierung des Leasinggegenstands andererseits wirtschaftlich als Einheit aufzufassen sind. Beachtlich ist ferner, dass der Lieferant iRd Überlassung des Leasinggegenstands als Erfüllungsgehilfe nach § 278 einzuordnen ist, was sich insbes auf etwaige Schadensersatzansprüche nach §§ 280 Abs 1, 3, 281, 283 auswirken kann (vgl BGH NJW 1988, 198, 199).

47 **II. Teillieferung und Verzug.** Besteht die Störung der Gebrauchsüberlassungspflicht in der verspäteten Lieferung oder in der Teillieferung, gelten die Ausführungen unter Rz 46 grds entspr. Insbesondere beim Verzug kann der Leasingnehmer unter den Voraussetzungen des §§ 280 Abs 1, Abs 2, 286 einen Verzögerungsschaden geltend machen. Im Falle der unvollständigen Lieferung steht dem Leasingnehmer ferner die **Einrede des nicht erfüllten Vertrages** gem § 320 zu (BGHZ 54, 244, 249). Gleichzeitig haftet der Leasinggeber nach §§ 280, 281, 283, 286 auf Schadensersatz. Eine Lösung vom Vertrag kommt insofern durch eine außerordentliche Kündigung nach § 543 Abs 2 Nr 1 in Betracht (BGH NJW 1988, 2465, 2468).

48 **III. Nichtlieferungs-, Verspätungs- und Drittverweisungsklausel.** Aufgrund der zahlreichen Haftungsmöglichkeiten wird der Leasinggeber regelm bemüht sein, sich über Nichtlieferungs- oder Verspätungsklauseln frei zu zeichnen. Ohne jeglichen Ausgleich für den Leasingnehmer halten derartige Klauseln indes einer Inhaltskontrolle nach §§ 307 ff nicht stand (BGH NJW 1986, 179, 180; Hamm DB 1980, 393, 394). Dem liegt maßgeblich zugrunde, dass es sich bei der Gebrauchsüberlassungspflicht um eine den Leasingvertrag kennzeichnende Hauptpflicht handelt. Sowohl für den unternehmerischen als auch für den nichtunternehmerischen Bereich ist eine Abwälzung des Nichterfüllungsrisikos gem §§ 309 Nr 7b, Nr 8a bzw 307 Abs 2 Nr 2 daher nicht möglich (statt vieler Staud/*Stoffels* LeasingR Rn 196).

49 Schwieriger ist die Rechtslage indes bei Drittverweisungsklauseln, welche die Einstandspflicht für aus der Sphäre des Lieferanten stammende Störungen ausschließen und im Gegenzug die liefervertraglichen Erfüllungsansprüche sowie die damit verbundenen Sekundäransprüche übertragen. Im Ergebnis spricht die zwingende Kompensation (vgl Rz 51 f) sowie die Zulässigkeit der leasingtypischen Abtretungskonstruktion iRd Mangelhaftung für deren Wirksamkeit. Insbes wird die grds Risikozuweisung nicht gefährdet (München BB 1992, 2388, 2389).

50 **D. Mängelhaftung.** Erweist sich der Leasinggegenstand als mangelhaft, bestehen grds keine Rechte des Leasingnehmers nach §§ 536 ff. Hintergrund hierfür ist die in den Vertragsbedingungen enthaltene leasingtypische Gewährleistungskonstruktion, wonach der Leasinggeber seine Mängelhaftung ausschließt und gleichzeitig seine ihm zustehenden Mängelrechte ggü dem Lieferanten aus §§ 433 Abs 1 S 2, 434 ff an den Leasingnehmer überträgt bzw zu deren Geltendmachung berechtigt (BGH NJW 1977, 848; 1982, 105; NJW-RR 2003, 51). Das SMG hat insofern mit Ausnahme der Verjährungsregeln nach § 438 keine grundlegende Änderung mit sich gebracht (*Reinking* ZGS 2002, 229, 230 f; differenzierend *v Westphalen* ZIP 2006, 1653 ff). Die Rechtsfolgen dieser Abtretungskonstruktion sind gleichwohl Gegenstand teilw heftig geführter Diskussionen.

I. Leasingtypische Gewährleistungskonstruktion. 1. Abtretung von Gestaltungsrechten. Bei der leasingtypischen Abtretungskonstruktion stellt sich zunächst das Problem, dass der Rücktritt und die Minderung Gestaltungsrechte darstellen, welche nach Ansicht von Teilen der Lit (*v Westphalen* ZIP 2001, 2263) idR nicht abtretbar sind. Demgegenüber vertritt der BGH (BGH NJW 1973, 1793; 1985, 2640, 2641) sowie die hL (vgl Staud/*Stoffels* LeasingR Rn 215 mwN) die Auffassung, dass neben dem Nacherfüllungs- und Schadensersatzanspruch jene Gestaltungsrechte zusammen mit der zugrunde liegenden Forderung, dh dem auf Nacherfüllung gerichteten Primäranspruch gem §§ 437 Nr 1, 439, abgetreten werden können. Darüber hinaus besteht die Möglichkeit, den Leasingnehmer lediglich zur Geltendmachung des Rücktrittsrechts im eigenen Namen zu ermächtigen. 51

2. AGB-rechtliche Zulässigkeit. Die mit der leasingtypischen Drittverweisungsklausel verbundene Freizeichnung des Leasinggebers von der mietrechtlichen Einstandspflicht nach §§ 536 ff hält der Inhaltskontrolle nach §§ 307 ff insbes im Verbraucher(privat-)leasingbereich stand (vgl BGH NJW 1982, 105; 1990, 314; NJW-RR 2003, 51 mwN). Die Übertragung sämtlicher Gewährleistungsrechte an den Leasingnehmer kompensiert insoweit den mietrechtlichen Gewährleistungsausschluss (BGH NJW 1977, 848, 850). Insbes greift bei Verträgen mit Verbrauchern die Vorschrift des § 309 Nr 8b aa nicht, da diese bereits vom Wortlaut her keine Gebrauchsüberlassungsverträge, sondern einzig auf Übereignung gerichtete Verträge erfasst (BGH NJW 1985, 1549). Zwingende Voraussetzung ist gleichwohl, dass die kaufrechtlichen Gewährleistungsansprüche unbedingt und endgültig an den Leasingnehmer übertragen werden. Unwirksam iSd § 307 Abs 2 sind demnach Klauseln, die dem Leasinggeber ein Widerrufsrecht hinsichtlich der Abtretung einräumen (BGH NJW 1988, 2465, 2467; DB 2002, 2529). Im Ergebnis ist der Leasinggeber gehalten, dem Leasingnehmer Gewährleistungsrechte in den Schranken der §§ 309 Nr 8b, 307 Abs 2 Nr 2 zu übertragen. 52

Ein besonderes Problem stellt sich, wenn die Haftung des Lieferanten in den Lieferbedingungen hinter dem Standard des § 309 Nr 8b zurück bleibt. Da der Leasinggeber regelm kein Verbraucher ist und § 309 Nr 8b bb idR gem § 310 Abs 1 nicht gilt, sind die Lieferbedingungen regelm wirksam. Die Abtretung der Rechte nach Maßstab des Verbrauchsgüterkaufs gem §§ 474 ff an den Leasingnehmer geht hingegen ins Leere (ein Umgehungsgeschäft nach § 475 Abs 1 S 2 abl s BGH NJW 2006, 1066; aA Staud/*Stoffels* LeasingR Rn 224, wonach sich die Gewährleistungsbedingungen am Leasingnehmer, idR an §§ 474 ff, 475 Abs 1 S 2, ausrichten müssen). Zutreffenderweise bleibt hinsichtlich der Wirksamkeit der leasingtypischen Abtretungskonstruktion endtcheidend, dass der Leasinggeber dem Leasingnehmer die Gewährleistungsrechte aus dem Verbrauchsgüterkauf nicht verschafft. Folgerichtig benachteiligt der Ausschluss der mietrechtlichen Gewährleistungsansprüche den Leasingnehmer mit Verbrauchereigenschaft nach § 307 Abs 2 Nr 2 in unangemessener Weise (BGH NJW 2006, 1066, 1068; aA *J Weber* NJW 2003, 2349, der bereits die Lieferbedingungen für unwirksam hält und eine Inanspruchnahme des Lieferanten über das dispositive Recht bejaht). Für den Fall der Unwirksamkeit der Drittverweisungsklausel leben schließlich die mieterrechtlichen Gewährleistungsrechte des Leasingnehmers gem §§ 306 Abs 1, 2 gegen den Leasinggeber wieder auf (BGH NJW 1990, 314, 315). 53

II. Nacherfüllung. Erweist sich der gelieferte Leasinggegenstand als mangelhaft, ist der Leasingnehmer zur Geltendmachung des ihm abgetretenen Nacherfüllungsanspruchs gem §§ 437 Abs 1, 439 berechtigt; eine Anwendung des Leistungsverweigerungsrechts nach § 320 ggü dem Leasinggeber bleibt ihm hingegen verwehrt (BGHZ 97, 135, 140; aA *v Westphalen* ZIP 2001, 2258 ff). Zu Recht wurde darauf hingewiesen, dass dies der Intention der Gewährleistungskonstruktion widerspräche (Staud/*Stoffels* LeasingR Rn 230; *Reinking* ZGS 2002, 232). Ähnlich § 359 S 3 bleibt daher die Ratenzahlungspflicht des Leasingnehmers bestehen. 54

Im Falle der Nachlieferung trifft den Lieferanten erneut die Pflicht zur Eigentums- und Besitzverschaffung, obgleich auch hier der Leasinggeber den Lieferanten zwecks Durchlieferung an den Leasingnehmer anweisen wird. Seinerseits ist der Leasinggeber dem Lieferanten zum Wertersatz für die gezogenen Nutzungen nach Maßgabe der §§ 439 Abs 4, 346 ff verpflichtet (zur Zulässigkeit der Abwälzung s *Zahn* DB 2002, 987 f). 55

III. Rückabwicklung. Setzt der Leasingnehmer dem Lieferanten erfolglos eine Frist zur Nacherfüllung oder ist diese entbehrlich, so stellt sich die Frage nach den Rechtsfolgen für den Kaufvertrag und den Finanzierungsleasingvertrag. **1. Kaufvertrag.** In diesem Fall obliegt es dem Leasingnehmer, nach Inkenntnissetzung des Leasinggebers (BGHZ 114, 57, 63) vom Kaufvertrag zurückzutreten und die Rückzahlung des Kaufpreises an den Leasinggeber ggf klageweise durchzusetzen. Beachtlich ist indes, dass der Anspruch auf Rückzahlung des Kaufpreises nach Rücktritt an den Leasingnehmer nicht abgetreten wird, da er sonst das Eigentum an seinem kreditsichernden Leasinggegenstand verlieren würde, ohne den Kaufpreis zu erlangen. Gleichzeitig kommt auch hier die vertragliche Risikozuweisung zum Tragen, wonach der Leasingnehmer nicht mit dem Insolvenzrisiko des Lieferanten belastet werden soll (BGH NJW 1991, 1746, 1749). Entscheidend ist jedoch, dass der Leasinggeber an das Ergebnis der Auseinandersetzung zwischen Leasingnehmer und Lieferant und idR an ein ergangenes Urteil gebunden ist (BGH NJW 1982, 105; 1991, 1746; 1994, 567, 577; zu den Problemen bei außergerichtlichen Vereinbarungen, insbes bei Verjährung der Mängelrechte nach § 438 siehe MüKo/*J Koch* Leasing Rn 107 mwN). Im Wege der Rückabwicklung des Kaufvertrags hat der Leasingnehmer als Erfüllungsgehilfe des Leasinggebers den Leasinggegenstand nach §§ 437 Nr 2, 440, 346 Abs 1 nur Zug um Zug gegen Rückzahlung des Kaufpreises zurückzugewähren (BGH NJW 1991, 1746; 1987, 1072, 1073 zur etwaigen Schadensersatzpflicht). 56

57 **2. Leasingvertrag.** Die Rückabwicklung des Kaufvertrags führt nach überwiegender, insbes vom BGH vertretener Ansicht zum Wegfall der Geschäftsgrundlage des Leasingvertrages gem § 311 Abs 3 S 1 mit der Wirkung ex tunc (BGH NJW 1977, 848; 1991, 1746 mwN; aA MüKo/*Habersack* Leasing Rn 99, der die Rückabwicklung über Regeln der Unmöglichkeit vornimmt; *Canaris* NJW 1982, 309 mit einer kündigungsrechtlichen Lösung). Grundlage des Leasingvertrags ist leasingtypsich das Fortbestehen des Kaufvertrags. Infolge der Rückabwicklung des Kaufvertrags ist es dem Leasinggeber jedoch nicht mehr möglich, dem Leasingnehmer den Gebrauch am Leasinggegenstand einzuräumen. Da bei einem Rücktritt eine Vertragsanpassung nicht mehr möglich ist, erfolgt die Rückabwicklung gem § 313 Abs 3 S 1 über §§ 346 ff, so dass der Leasinggeber keine Zahlung der Leasingraten mehr verlangen kann. Obgleich der Finanzierungsleasingvertrag ein Dauerschuldverhältnis darstellt, wendet die hM das Kündigungsrecht gem § 313 Abs 3 S 2 zu Recht nicht an (zuletzt BGH NJW 2006, 1066). Dies entspricht nicht zuletzt der leasingtypischen Abtretungs- und Gewährleistungskonstruktion, die den Leasingnehmer ggü dem Lieferanten mit käuferähnlichen Rechten ausstattet (vgl *Reinking* in ZGS 2002, 229, 233). Eine Kündigung vermag den Leasingnehmer idR nicht ausreichend zu schützen.

58 Indes kann der Leasingnehmer die Zahlung der Leasingraten erst vorläufig verweigern, wenn er nach wirksamem Rücktritt Klage auf Rückzahlung des Kaufpreises erhoben hat (BGHZ 97, 135; Karlsruhe ZGS 2007, 277; *Zahn* DB 2002, 985, 986 f; aA bereits mit Rücktrittserklärung *Reinking* ZGS 2002, 229, 234; *v Westphalen* ZIP 2001, 2258, 2260f; 2006, 1653). Eine Anwendung des Einwendungsdurchgriffs nach §§ 500, 358 f scheidet indes mangels verbundenem Geschäft nach § 358 Abs 3 aus, da nicht der Leasingnehmer, sondern der Leasinggeber zwei Verträge abschließt. Hinsichtlich der bereits gezahlten Leasingraten steht dem Leasingnehmer ferner ein Rückzahlungsanspruch gem §§ 313 Abs 1, 3 S 2, 346 Abs 1 zu, wobei dieser seinerseits Wertersatz für die gezogen Nutzungen gem § 346 Abs 2 Nr 1 zu leisten hat (hierzu BGH WM 1990, 25, 27).

59 **IV. Schadensersatz.** Sofern der Leasingnehmer einen Schaden des Leasinggebers infolge der Nichterfüllung erleidet, gebührt der Ersatz dem Leasinggeber. Gleichwohl kann der Leasingnehmer diesen geltend machen, wobei im Falle des großen Schadensersatzes nach §§ 437 Nr 3, 280, 281, 283 die unter Rz 56 gemachten Ausführungen entspr Anwendung finden. Fraglich ist indes, auf welche Anspruchsgrundlage sich der Leasingnehmer bei einem eigenen Schaden berufen kann. Im Zusammenhang mit dem – abgetretenen – Nacherfüllungsanspruch auftretende Verzögerungsschäden können idR über §§ 280 Abs 2, 286 gelten gemacht werden. Bei Schäden an eigenen Rechtsgütern kommt insofern eine Drittschadensliquidation durch den Leasinggeber in Betracht (ausf hierzu Staud/*Stoffels* LeasingR Rn 236).

60 **E. Beendigung. I. Ordentliche Vertragsbeendigung.** Als ordentlicher Beendigungsgrund kommt zunächst der Ablauf der zeitlichen Befristung des Leasingvertrages in Betracht. Insbesondere Vollamortisationsverträge laufen regelm ohne eine gesonderte Kündigung aus. IÜ bedarf es zur Loslösung vom Vertrag der Ausübung eines ordentlichen Kündigungsrechts.

61 **1. Ordentliche Kündigung.** Nach einer befristeten Grundmietzeit, in der eine ordentliche Kündigung ausgeschlossen ist, kommt sowohl dem Leasingnehmer als auch dem Leasinggeber regelm ein ordentliches Kündigungsrecht zu. Infolge der Beendigung des Leasingvertrags erlöschen zunächst die Primärpflichten (s Rz 28 ff). Gem § 546 ist der Leasingnehmer nunmehr zur Rückgabe des Leasinggegenstandes verpflichtet. Erfüllt der Leasingnehmer diese Bringschuld nicht, findet idR § 546a Anwendung (BGHZ 107, 123; NJW 2007, 1594 mwN). Überdies stehen dem Leasinggeber bei Beschädigungen über § 538 hinaus nach § 548 verjährende Schadensersatzansprüche gem §§ 280 Abs 1, 823 Abs 1 zu. Umstr ist indes die Anwendbarkeit der stillschweigenden Verlängerung nach § 545 (offengelassen insoweit in BGH NJW-RR 2004, 558).

62 **2. Besonderheiten bei Teilamortisationsverträgen.** Um Amortisationslücken beim Leasinggeber zu verhindern, steht diesem im Falle einer vorzeitigen Vertragsbeendigung durch Kündigung ein vertragsimmanenter Ausgleichsanspruch in Höhe der noch nicht gedeckten Restamortisation gegen den Leasingnehmer zu (BGH 1990, 2377; 1997, 3166, 3167; NJW-RR 2007, 1066). Einer ausdrücklichen Vertragsvereinbarung bedarf es für diesen nach §§ 195, 199 verjährenden Ausgleichsanspruch insoweit nicht. Da dem Leasinggeber keine Vor- und Nachteile durch die frühzeitige Rückführung des Leasinggegenstands erwachsen sollen, umfasst die Abschlusszahlung die Summe der noch ausstehenden Leasingraten einschließlich des Restwertes des Leasinggegenstandes sowie die kündigungsbedingten Mehraufwendungen. Andererseits muss der Leasinggeber sich die durch die frühzeitige Rückführung ersparten Vertragskosten anrechnen lassen (vgl BGH NJW 1990, 2377; 2001, 2165; ausf zur Berechnung MüKo/*J Koch* Leasing Rn 122 mwN). Der AGB-rechtlichen Überprüfung von Abrechnungsklauseln gem §§ 305 ff vermag insbes eine ungerechtfertigte Bereicherung des Leasinggebers sowie eine mangelnde Transparenz der berechneten Gesamtbelastung nicht Stand zu halten (BGH NJW 1996, 455; 1997, 3166 mwN). Eine Besonderheit ergibt sich indes für Kilometer-Abrechnungsverträge im Bereich des KfZ-Leasings. Sofern die Pflicht zur Vollamortisation nicht ausdrücklich in den AGB vereinbart wurde, beschränkt sich iRd Beendigung des Vertrages die Abrechnung auf die Mehr- oder Minderkilometerzahl entspr der vertraglich vorgesehenen Kilometerzahl (BGH NJW 2001, 2165, 2166). Das Restwertrisiko trägt insoweit der Leasinggeber (BGH NJW-RR 2001, 1303). Ungeachtet dessen werden in Leasingverträgen

oftmals eine Kaufoption zugunsten des Leasingnehmers bzw ein Andienungsrecht des Leasinggebers vereinbart, welche bei Ausübung den Leasingnehmer zur Zahlung eines am voraussichtlichen Verkehrswert ausgerichteten Kaufpreises verpflichten (BGH NJW 1996, 923).

II. Außerordentliche Kündigung. 1. Durch den Leasingnehmer. Ein außerordentliches Kündigungsrecht beschränkt sich für den Leasingnehmer regelm auf den Fall der Nichtlieferung des Leasinggegenstands (s Rz 46), wobei der BGH gleichermaßen das Institut der Störung der Geschäftsgrundlage (BGH NJW 1986, 179) als auch § 543 Abs 1 Nr. 1 (BGH NJW 1993, 122, 123) anwendet. Überdies ist eine Kündigung für den Fall denkbar, dass der Leasinggeber oder ein Dritter dem Leasingnehmer den Gebrauch des Leasinggegenstandes entzieht. 63

2. Durch den Leasinggeber. Der in der Praxis häufigere Fall betrifft hingegen die außerordentliche Kündigung des Leasinggebers bei Zahlungsverzug nach Maßgabe des § 543 Abs 2 Nr 3 analog (BGH NJW 1982, 870, 872; 1995, 1541, 1543). Beachtlich ist jedoch, dass bei Verbrauchereigenschaft des Leasingnehmers eine Kündigung nur nach Maßgabe der §§ 498 iVm 500 erfolgen kann. Sofern die Verschlechterung der Vermögensverhältnisse des Leasingnehmers die Durchsetzbarkeit des Anspruchs auf Zahlung der Leasingraten konkret und gravierend gefährdet, ist zudem ein wichtiger Grund als Voraussetzung der außerordentlichen Kündigung nach § 314 gegeben (BGH NJW 1991, 102, 104). Dies wird insbes dann anzunehmen sein, wenn in das sonstige Vermögen des Leasingnehmers vollstreckt wird. Der AGB-Kontrolle nach §§ 305 ff nicht standzuhalten vermag hingegen eine Klausel, welche ein Kündigungsrecht bereits bei »besonderen Umständen«, die auf eine Vermögensverschlechterung hindeuten, vorsieht (BGH NJW 1991, 102, 104). 64

In Folge der außerordentlichen Kündigung ist der Leasingnehmer neben der Rückgabe des Leasinggegenstands zum Schadensersatz statt der Leistung verpflichtet, sofern dieser den außerordentlichen Kündigungsgrund zu vertreten hat. Der das Erfüllungsinteresse betreffende Schadensersatzanspruch umfasst demnach die volle Amortisation der Anschaffungs- und Finanzierungskosten sowie den Ersatz des entgangenen Gewinns, wobei auch hier die ersparten Aufwendungen anzurechnen sind (BGH NJW 1995, 954, 955; 2002, 2713, 2714). Da dem Leasinggeber durch die vorzeitige Rückgabe geldwerte Vorteile erwachsen, ist der Schadensersatzanspruch richtigerweise abzuzinsen. Starre Schadensersatzklauseln halten der AGB-Kontrolle daher zumeist nicht stand (BGH NJW 1991, 221, 223; 2002, 2713, 2714). 65

F. Insolvenz und Zwangsvollstreckung. I. Insolvenz. 1. Leasingnehmer. Nach § 112 InsO besteht nach Stellung des Antrags auf Eröffnung des Insolvenzverfahrens über das Vermögen des Leasingnehmers eine Kündigungssperre, welche AGB-rechtlich nicht abbedungen werden kann. Ausgeschlossen ist daher eine Kündigung wegen vorherigen Verzugs mit der Zahlung der Leasingraten sowie wegen der Verschlechterung der Vermögensverhältnisse. Gleichwohl bleibt der Leasinggeber bei Rückständen nach Antragstellung zur Kündigung gem § 543 Abs 2 Nr 3a berechtigt (BGH NJW 2002, 3326). 66

Beim Mobilienleasing steht dem Insolvenzverwalter ein Wahlrecht nach § 103 InsO zu. Wählt er Erfüllung des Leasingvertrags, sind die nach Eröffnung des Insolvenzverfahrens fällig gewordenen Ansprüche aus der Masse zu leisten, während die vor Antragstellung fällig gewordenen Leasingraten Insolvenzforderungen nach § 38 InsO darstellen. Lehnt er hingegen die Erfüllung des Leasingvertrags ab, so kann der Leasinggeber neben dem Aussonderungsrecht nach § 47 InsO einen Anspruch auf Schadensersatz statt der Leistung nur als Insolvenzgläubiger geltend machen. Im Unterschied hierzu bestehen Immobilienleasingverträge gem § 108 Abs 1 S 1 mit Wirkung für die Insolvenzmasse fort. Ein Wahlrecht des Insolvenzverwalters besteht insofern nicht (Staud/*Stoffels* LeasingR Rn 345). 67

2. Leasinggeber. In der Insolvenz des Leasinggebers steht dem Insolvenzverwalter ebenfalls ein Wahlrecht nach § 103 InsO zu. Beachtlich ist indes, dass dem Leasingnehmer kein Aussonderungsrecht zukommt, wenn der Insolvenzverwalter die Erfüllung ablehnt. Vielmehr ist er dann verpflichtet, den Leasinggegenstand zurück zu geben. 68

II. Zwangsvollstreckung. Im Falle der Vollstreckung in das Eigentum des Leasinggegenstands durch einen Gläubiger des Leasingnehmers steht dem Leasinggeber zur Abwehr der Zwangsvollstreckung die Drittwiderspruchsklage gem § 771 ZPO zur Verfügung. Pfändet hingegen ein Gläubiger des Leasinggebers das Eigentum an einem beweglichen Leasinggegenstand, scheitert dies regelm an § 809 ZPO, da der Gewahrsam ausübende Leasingnehmer hiermit nur selten einverstanden sein wird. Überdies steht dem Leasingnehmer die Vollstreckungserinnerung nach § 766 zu. Dem entgegen steht es dem Gläubiger des Leasinggebers beim Immobilienleasing frei, das Grundstück zu ersteigern und den Leasingvertrag außerordentlich nach § 57a ZVG zu kündigen (MüKo/*J Koch* Leasing Rn 137 mwN). 69

Untertitel 4 Pachtvertrag

§ 581 Vertragstypische Pflichten beim Pachtvertrag. [1] **Durch den Pachtvertrag wird der Verpächter verpflichtet, dem Pächter den Gebrauch des verpachteten Gegenstands und den Genuss der Früchte, soweit sie nach den Regeln einer ordnungsmäßigen Wirtschaft als Ertrag anzusehen sind, während der Pachtzeit zu gewähren. Der Pächter ist verpflichtet, dem Verpächter die vereinbarte Pacht zu entrichten.**
[2] **Auf den Pachtvertrag mit Ausnahme des Landpachtvertrags sind, soweit sich nicht aus den §§ 582 bis 584b etwas anderes ergibt, die Vorschriften über den Mietvertrag entsprechend anzuwenden.**

Literatur *Harke* Zwei Fragen aus dem Recht der Kleingartenpachtverträge ZMR 2004, 87; *Lange/Wulff/Lüdtke-Handjery* Landpachtrecht: landwirtschaftliches Pachtrecht des BGB und Landpachtverkehrsgesetz, 4. Aufl, München (1997); *Pikalo* Das neue Landpachtrecht NJW 1986, 1472; *Saalfrank* Vermietung von Apothekenräumen NZM 2001, 971; *v Jeinsen* Überlegungen zur Landpacht AuR 2003, 191; *Wolf/Eckert/Ball* Handuch des gewerblichen Miet-, Pacht- und Leasingsrechts, 8. Aufl, Köln (2000).

1 **A. Allgemeines. I. Entstehungsgeschichte.** Durch das Gesetz zur Neuordnung des landwirtschaftlichen Pachtrechts vom 08.11.1985 (BGBl I 2065), das am 01.07.1986 in Kraft trat, wurde der vormalige Abschnitt II Pacht neu gegliedert. Das materielle landwirtschaftliche Pachtrecht wurde unter Aufhebung des bis dahin geltenden Landpachtgesetzes in das BGB mit dem eigenen Untertitel »Landpachtvertrag« (§§ 585 bis 597) integriert und dem sich in der Landwirtschaft vollzogenen tief greifenden Strukturwandel angepasst. Davon getrennt wird der allg Pachtvertrag zuvor im Untertitel 4 (§§ 581 bis 584b) geregelt. Ziel dieses Gesetzes ist es insbes, die Stellung des Pächters als selbstständiger Unternehmer zu stärken, um ihm als Betriebsinhaber eine moderne Wirtschaftsführung zu ermöglichen (BTDrs 10/509 1, 13). Durch das Mietrechtsreformgesetz (MRRG) vom 19.06.2001 wurde das Pachtrecht in §§ 594d Abs 1, 584 Abs 2, 584a und b inhaltlich und iÜ redaktionell an die Änderungen im Mietrecht angepasst (BTDrs 14/4553 75).

2 **II. Übergangsrecht.** Für das Gesetz zur Neuordnung des landwirtschaftlichen Pachtrechts vom 08.11.1985 (BGBl I 2065), das am 01.07.1986 in Kraft trat, enthält Art 219 EGBGB eine Übergangsregelung. Pachtverhältnisse, die vor dem 01.07.1986 begründet worden sind, richten sich von diesem Zeitpunkt an nach der neuen Fassung der §§ 581 bis 597. Für vertragliche Bestimmungen über das Inventar war bis zum 30.06.1986 zu erklären, dass für den Pachtvertrag insoweit das alte Recht fortgelten soll. Wurde eine solche Erklärung nicht abgegeben, ist ebenfalls das neue Recht anzuwenden. Dies gilt auch, wenn Rechtsverhältnisse durch Verweis auf die bis dahin geltenden Vorschriften geregelt wurden. Eine Sondervorschrift besteht für vor dem 01.07.1986 begründeten Nießbrauch. Auf die vor dem 03.10.1990 im Beitrittsgebiet abgeschlossenen Pachtverträge finden ab diesem Zeitpunkt die §§ 581 bis 597 gem Art 232 § 3 Abs 1 EGBGB Anwendung.

3 **III. Normzweck.** § 581 Abs 1 definiert die vertragstypischen Hauptleistungspflichten beim Pachtvertrag. Den beiden selbständigen Pflichten des Verpächters zur Gewährung des Gebrauchs des verpachteten Gegenstandes und zum Genuss der Früchte als Erträge im Rahmen einer ordnungsgemäßen Wirtschaft (Abs 1 S 1) steht die Pflicht des Pächters zur Entrichtung der vereinbarten Pacht (Abs 1 S 2) ggü. Beide Hauptpflichten sind synallagmatisch iSd § 320 miteinander verbunden. Der Pachtvertrag ist damit ein gegenseitiger Vertrag, eng an den Mietvertrag angelehnt (s Abs 2), und er begründet ein Dauerschuldverhältnis (Palandt/*Weidenkaff* Einf *v* § 581 Rn 2; Hk-BGB/*Ebert* Rn 1). Die Gewährung des Fruchtgenusses ist ein Wesens- und Unterscheidungsmerkmal des Pachtvertrages, hinter das die Gebrauchsgewährung stark zurücktreten kann (vgl Erman/*P Jendrek* Rn 2).

4 **IV. Besondere Arten von Pachtverträgen. 1. Apothekenpachtvertrag.** Die Apothekenpacht ist im **Apothekengesetz** (ApoG) speziell geregelt. Gegenstand des Apothekenpachtvertrages ist die Apotheke als Handels- und Gewerbebetrieb mit seiner Gesamtheit an zugehörigen Sachen und Rechten (BGH NJW-RR 1998, 803; Palandt/*Weidenkaff* Einf *v* § 581 Rn 22). Es besteht ein **grds Verbot der Verpachtung von Apothekenbetrieben** (BGH NJW-RR 1998, 803). Die Apothekenpacht ist nur ausnahmsw zulässig. Gem § 9 Abs 1 S 1 und 2 ApoG nur: 1. Wenn und solange der Verpächter im Besitz der Erlaubnis ist und die Apotheke aus einem in seiner Person liegenden wichtigen Grund nicht selbst betreiben kann oder die Erlaubnis wegen des Wegfalls einer der Voraussetzungen nach § 2 Abs 1 Nr 7 ApoG widerrufen oder durch Widerruf der Approbation wegen des Wegfalls einer der Voraussetzungen nach § 4 Abs 1 S 1 Nr 3 der Bundes-Apothekerordnung erloschen ist. 2. Nach dem Tode eines Erlaubnisinhabers durch seine erbberechtigten Kinder bis zu dem Zeitpunkt, in dem das jüngste der Kinder das 23. Lebensjahr vollendet. Ergreift eines dieser Kinder vor Vollendung des 23. Lebensjahres den Apothekerberuf, so kann die Frist auf Antrag verlängert werden, bis es in seiner Person die Voraussetzungen für die Erteilung der Erlaubnis erfüllen kann. 3. Durch den überlebenden erbberechtigten Ehegatten oder Lebenspartner bis zu dem Zeitpunkt der Heirat oder der Begründung einer Lebenspartnerschaft, sofern er nicht selbst eine Erlaubnis gem § 1 ApoG erhält. Die Zulässigkeit der Verpachtung wird nicht dadurch berührt, dass nach Eintritt der in § 9 Abs 1 S 1 ApoG genannten Fälle eine Apotheke

innerhalb desselben Ortes, in Städten innerhalb desselben oder in einen angrenzenden Stadtbezirk, verlegt wird oder dass ihre Betriebsräume geändert werden.

5 Zur **Verhinderung von Umgehungen** sind Beteiligungen als stiller Gesellschafter und Vereinbarungen unzulässig, bei denen die Vergütung für den Erlaubnisinhaber auf gewährte Darlehen oder sonst überlassene Vermögenswerte am Umsatz oder am Gewinn der Apotheke ausgerichtet ist; insbes auch am Umsatz oder Gewinn ausgerichtete Mietverträge (§ 82 ApoG) sind deshalb nicht möglich. Es sollen partiarische Rechtsverhältnisse, in denen sich der Gläubiger die beruflichen und wirtschaftlichen Fähigkeiten des Betriebsinhabers der Apotheke zu Nutze macht und an deren Früchten partizipiert, vermieden werden (BGH NJW-RR 1998, 803). Davon ausgenommen sind Pachtverträge über Apotheken nach § 9 ApoG, bei denen die Pacht vom Umsatz oder Gewinn abhängig ist (§ 83 ApoG).

6 Das **Verbot der Umsatzmiete** gilt nicht nur für die Anmietung der Apothekenbetriebsräume, sondern für Mietverträge aller Art, die dem Betrieb der Apotheke dienen, dh auch bei Vermietung der Einrichtung. Ein Verstoß gegen § 82 ApoG liegt bereits dann vor, wenn die Parteien von einem Zusammenhang zwischen der Miethöhe und dem Umsatz oder Gewinn ausgehen und sich diese Verknüpfung in den Vereinbarungen niederschlägt (BGH NJW-RR 1998, 803; vgl auch Karlsruhe NJW 1970, 1977). Vertragsgestaltungen, die ganz oder teilw gegen § 82, § 9 Abs 1 ApoG verstoßen oder sie umgehen, sind gem § 12 ApoG, § 134 unwirksam. Grds zulässig ist die Vermietung von leeren Räumen zum Betrieb einer Apotheke (Mietvertrag; BGH NJW-RR 1998, 803; NJW 1979, 2351, dazu auch *Saalfrank* NZM 2001, 971).

7 **2. Fischereipachtvertrag/Jagdpachtvertrag.** Gegenstand des Fischereipachtvertrages ist das Fischereirecht und nicht das Gewässer (Palandt/*Weidenkaff* Einf *v* § 581 Rn 18). Rechtsgrundlage ist Landesrecht (Art 69 EGBGB). Die Pacht von Grundstücken und Betrieben überwiegend zur Binnenfischerei ist ein Landpachtvertrag iSd § 585. Nur dann nicht, wenn die Binnenfischerei bloße Rechtspacht ist (BTDrs 10/509 16). Zum Fischereierlaubnisvertrag s Erman/*P Jendrek* Rn 27. Rechtsgrundlage ist das Bundesjagdgesetz (BJagdG) iVm den Ausführungsgesetzen der Bundesländer. Gegenstand des Jagdpachtvertrages ist das Jagdausübungsrecht (Palandt/*Weidenkaff* Einf *v* § 581 Rn 18).

8 **3. Kleingartenpachtvertrag.** Es gilt das zu den §§ 581 ff spezielle **Bundeskleingartengesetz** (BKleingG, § 4 Abs 1). In den neuen Bundesländern ist zur Überleitung von Kleingartennutzungsverhältnissen § 20a BKleingG anzuwenden. Für Datschen, die keine **Kleingärten** sind, ist Art 232 § 4 EGBGB zu beachten. Ein Kleingarten ist ein Garten, der 1. dem Nutzer (Kleingärtner) zur nichterwerbsmäßigen gärtnerischen Nutzung, insbes zur Gewinnung von Gartenbauerzeugnissen für den Eigenbedarf, und zur Erholung dient (dazu BVerfGE 52, 1, 35 f; kleingärtnerische Nutzung) und 2. in einer Anlage liegt, in der mehrere, mindestens 5, Einzelgärten (BGH NJW-RR 2006, 385) mit gemeinschaftlichen Einrichtungen zusammengefasst sind (Kleingartenanlage; § 1 Abs 1 BKleingG, zu den Ausn s § 1 Abs 2 BKleingG). Mindestens 1/3 der Fläche muss grds zur Gewinnung von Gartenbauerzeugnissen genutzt werden. Davon kann im Einzelfall auf Grund bes Umstände abgewichen werden, zB atypische Größe der Parzellen, topographische Eigentümlichkeiten oder eine Bodenqualität, die den Anbau von Nutzpflanzen teilw nicht zulässt (BGH NJW-RR 2004, 1241). Ein Kleingarten soll nicht größer als 400 m^2 sein (§ 3 Abs 1 BKleingG). In ihm ist eine Laube in einfacher Ausführung mit maximal 24 m^2 Grundfläche einschließlich überdachtem Freisitz zulässig, die nach ihrer Beschaffenheit nicht zum dauernden Wohnen geeignet sein darf (§ 3 Abs 2 BKleingG). Gleiches gilt für den Eigentümergarten (§§ 3 Abs 3 S 1, 2 Nr 1 BKleingG). Ein Dauerkleingarten ist ein Kleingarten auf einer Fläche, die im Bebauungsplan für Dauerkleingärten festgesetzt ist (§ 1 Abs 3 BKleingG).

9 Das BKleingG unterscheidet bei den Pachtverhältnissen im Zweiten Abschnitt des Gesetzes zwischen einem **Kleingartenpachtvertrag** und einem **Zwischenpachtvertrag**, für die das Gesetz, soweit nichts anderes bestimmt ist, ebenfalls gilt. Ein Zwischenpachtvertrag ist ein Pachtvertrag über Grundstücke zu dem Zweck, die Grundstücke auf Grund einzelner Kleingartenpachtverträge weiterzuverpachten (§ 4 Abs 2 S 1 BKleingG). Er ist nichtig, wenn er nicht mit einer als gemeinnützig anerkannten Kleingärtnerorganisation (§ 2 BKleingG) oder der Gemeinde geschlossen wird (§ 4 Abs 2 S 2 BKleingG). Vereinbarungen in einem Kleingartenpachtvertrag, durch die zum Nachteil des Pächters von den Vorschriften über die Kleingartenpachtverhältnisse (§§ 4 bis 12) abgewichen wird, sind nichtig (§ 13 BKleingG).

10 § 5 Abs 1 S 1 **BKleingG legt für die Pacht einen Höchstbetrag fest.** Sie darf höchstens das Vierfache der ortsüblichen Pacht im erwerbsmäßigen Obst- und Gemüseanbau (dazu § 5 Abs 2 BKleingG), bezogen auf die Gesamtfläche der Kleingartenanlage, betragen (zur Verfassungsmäßigkeit BVerfG NJW-RR 1998, 1166). Ist hingegen die vereinbarte Pacht niedriger oder höher als die Höchstpacht, kann jede Vertragspartei der anderen ggü in Textform (§ 126b) erklären, dass die Pacht bis zur Höhe der Höchstpacht herauf- oder herabgesetzt wird (§ 5 Abs 3 BKleingG). § 5 Abs 1 BKleingG ist zwingend. Verstöße führen zur Nichtigkeit gem § 134 iVm der Neuordnung des Kleingartenpachtrechts am 01.04.1983 (hM; BGHZ 108, 147; aA *Harke* ZMR 2004, 87). Geschuldet ist der gesetzlich zulässige Höchstbetrag (BGHZ 108, 147). Vor dem 01.04.1983 ist die Pachtvereinbarung nur ausnahmsw (zB Störung der Geschäftsgrundlage, BGH NZM 2001, 988) unwirksam (BGH NJW-RR 1999, 227). **§ 8 BKleingG** regelt die **Kündigung** ohne Einhaltung einer Kündigungsfrist, während die ordentliche Kündigung nur nach den in § 9 Abs 1 BKleingG bezeichneten Gründen und unter Beachtung

der in § 9 Abs 2 BKleingG normierten Frist zulässig ist. § 10 BKleingG ergänzt die Kündigung von Zwischenpachtverträgen. Zur Anwendbarkeit von § 8 ZPO bei Räumungsklage nach Kündigung des Kleingartenpachtvertrages vgl BGH NZM 2008, 461; NJW-RR 2005, 867.

11 Wird der Pachtvertrag aus Gründen, die der Pächter nicht zu vertreten hat (§ 9 Abs 1 Nr 2 bis 6 BKleingG) gekündigt, hat der Pächter einen **Anspruch auf angemessene Kündigungsentschädigung** für die von ihm eingebrachten oder gegen Entgelt übernommenen Anpflanzungen und Anlagen (§ 11 BKleingG). Die Beendigung des Pachtvertrages erfolgt bei Tod des Kleingärtners (§ 12 BKleingG). Grds endet der Kleingartenpachtvertrag mit Ablauf des Kalendermonats, der auf den Tod des Kleingärtners folgt (§ 12 Abs 1 BKleingG). Sind Vertragspartner Eheleute oder Lebenspartner gemeinschaftlich, wird er mit dem überlebenden Ehegatten oder Lebenspartner fortgesetzt (§ 12 Abs 2 S 1 BKleingG). Diese Vorschrift ist nicht entspr auf Kinder anwendbar (BGH NJW-RR 2007, 850).

12 **4. Landpachtvertrag.** Der Landpachtvertrag ist in §§ 585 bis 597 geregelt, s dort.

13 **B. Anwendungsbereich/Abdingbarkeit.** Abs 1 gilt für alle Arten von Pachtverträgen. Ebenso grds Abs 2, der jedoch den Landpachtvertrag (§§ 585 ff) aus der entspr Anwendbarkeit der Vorschriften über den Mietvertrag herausnimmt. § 581 ist begrenzt abdingbar. Ein vollständiger Ausschluss des Fruchtgenusses (Abs 1) ist unwirksam, weil er Wesensmerkmal des Pachtvertrages ist. Beschränkungen des Gebrauchs des Pachtgegenstandes und des Fruchtgenusses nach Art und Umfang sind bei vorformulierten Verträgen in den Grenzen der §§ 305 ff zulässig (Palandt/*Weidenkaff* Rn 5).

14 **C. Gegenstand.** Gegenstand des Pachtvertrages können Sachen (§ 90), Rechte, Sach- und Rechtsgemeinschaften sein, wie zB Unternehmen oder Teile von ihnen (BGH NJW-RR 1986, 1243), die zum Fruchtgenuss geeignet sind. **I. Geeignetheit zum Fruchtgenuss.** Vorausgesetzt ist, dass der Gegenstand zum Fruchtgenuss (§§ 99, 100) geeignet ist. Er muss unmittelbar oder mittelbar Sach- oder Rechtsfrüchte abwerfen können (BGH WM 1986, 1359), sich ausbeuten lassen oder sonstige Gebrauchsvorteile bieten. Ist der Pachtgegenstand zur Fruchtziehung bei Vertragsschluss ungeeignet oder wird der Fruchtgenuss späterhin unmöglich oder zu einem wesentlichen Teil gemindert, ist der Pachtgegenstand mangelhaft. Dem Pächter können Mängelgewährleistungsansprüche (zB Minderung, §§ 581 Abs 2, 536) oder auch ein außerordentliches Kündigungsrecht (§§ 581 Abs 2, 543) zustehen (jurisPK/*Grühn* Rn 30).

15 **II. Sachen.** Bewegliche Sachen sind grds nicht zum Fruchtgenuss geeignet. Werden sie gegen Entgelt überlassen, liegt regelm ein Mietvertrag vor (BGH NJW 1968, 92). In Betracht kommt jedoch die **Verpachtung von Viehherden** oder die **entgeltliche Überlassung von männlichen Zuchttieren** zur Deckung (Erman/*P Jendrek* Rn 3). Bei der Verpachtung von Immobilien sind Grundstückspacht und Raumpacht zu unterscheiden. Ein spezieller Fall der Grundstückspacht ist die **Landpacht** (s §§ 585 ff). Grundstückspachtverträge, aber keine Landpachtverträge sind regelm Bodenabbauverträge. Zur **Kleingartenpacht** s Rz 25 ff. Bei **Gebäuden und Räumen** ist erforderlich, dass der Berechtigte mit ihrer Nutzung Erträge erzielen kann. Sie müssen unmittelbar als Erwerbsquelle genutzt werden können (Erman/*P Jendrek* Rn 5). Regelm sind die Gebäude und Räume vollständig oder teilw mit Einrichtungsgegenständen versehen (deshalb auch sog Raum- und Einrichtungspachtvertrag), zB Gaststätten, Hotels, Kantinen, Tankstellen. Verpachtet werden können private und öffentliche Rechte (Erman/*P Jendrek* Rn 6). Bei Pachtverträgen über Rechte ist die spezielle Kündigungsfrist des § 584 zu beachten. Hauptanwendungsfälle für eine Sach- und Rechtsgemeinschaft als ein Gegenstand eines Pachtvertrages sind Unternehmen oder Unternehmensteile bzw Betriebe oder Betriebsteile bzw Handelsgeschäfte (BGH NJW-RR 1986, 1243). Die Unternehmenspacht ist im Grundsatz Rechtspacht (dazu BGH NJW 1953, 1391) und ist vom Raum- und Einrichtungspachtvertrag abzugrenzen. Maßgebend ist, worauf nach den Umständen des Einzelfalles das Schwergewicht liegt (BGH NJW 1953, 1391). Unternehmenspacht liegt vor, wenn das Unternehmen in seiner Gesamtheit mit den dazugehörigen beweglichen und unbeweglichen Sachen, Rechten und sonstigen Werten (zB **Firma, Know-how, Kundenstamm, good-will** BGH NJW 1986, 2306) zum Fruchtgenuss überlassen wird (Erman/*P Jendrek* Rn 7 mwN; Palandt/*Weidenkaff* Rn 3; s auch jurisPK/*Grühn* Rn 5 ff). Ein **Teil eines Unternehmens** kann Gegenstand eines Pachtvertrages sein, wenn er nach seiner Eigenart, Einrichtung und Ausstattung als selbstständige Einheit als Ertragsquelle geeignet ist. Erforderlich ist nicht, dass dieser Teil des Unternehmens von dem übrigen Unternehmen räumlich getrennt ist (wie zB Filiale). Er muss gegenständlich ausgliederbar sein, um als selbstständige Einheit betrieben werden zu können, wie zB Garderobe oder Toilette eines Unternehmens oder einer öffentlichen Einrichtung (zB Theater), Anzeigenteil einer Zeitung (Erman/*P Jendrek* Rn 8 mwN).

16 **D. Pflichten des Verpächters, Abs 1 S 1. I. Hauptpflichten. 1. Gebrauchsgewährung.** Der Verpächter ist verpflichtet, dem Pächter den Gebrauch des verpachteten Gegenstands während der Pachtzeit zu gewähren (s auch Rz 2). Diese Pflicht entspricht inhaltlich und umfänglich der Pflicht des Vermieters zur Gewährung des Gebrauchs der Mietsache. Die Pflicht zur Gebrauchsgewährung steht selbstständig neben der zweiten Hauptpflicht des Verpächters zur Ermöglichung des Fruchtgenusses (Celle OLGE 17, 393; Palandt/*Weidenkaff* Rn 7).

2. Fruchtgenuss. a) Gewährung. Zweite selbstständige Hauptpflicht des Verpächters ist die Pflicht, dem Pächter den Genuss der Früchte, soweit sie nach den Regeln einer ordnungsmäßigen Wirtschaft als Ertrag anzusehen sind, während der Pachtzeit zu gewähren. Zur Definition des Begriffs »**Früchte**« s **§ 99**. Der Verpächter muss dem Pächter den Fruchtgenuss nur ermöglichen. Die Fruchtziehung selbst ist Aufgabe des Pächters. Er trägt dementspr das wirtschaftliche Risiko des Fruchtgenusses (BGH NJW 1982, 2063; 1981, 2405). Auf die Wirksamkeit des Pachtvertrages hat es keinen Einfluss, dass der Pächter aus persönlichen Gründen den Betrieb nicht führen kann (Erman/*P Jendrek* Rn 12). Die Vertragsparteien können im Pachtvertrag Vorsorge treffen, zB Ausscheiden des Pächters aus dem Vertrag im Falle der Invalidität bei Stellung eines Nachfolgers (dazu BGH MDR 1984, 393). 17

b) Ertrag nach ordnungsgemäßer Wirtschaft. Die Früchte müssen als **Ertrag** anzusehen sein. Dazu zählen regelm nicht Bestandteile der Substanz, wie zB durch übermäßigen Windbruch gefällte Bäume (BGH LM § 581 Nr 2). Der Substanzabbau kann jedoch Gegenstand des Pachtvertrages sein, zB bei einer Kiesgrube (Hk-BGB/*Ebert* Rn 13). Der Pächter muss die Früchte darüber hinaus im Rahmen einer ordnungsgemäßen Wirtschaft ziehen. Grenze ist der Raubbau (s § 1037 Abs 2; MüKo/*Harke* Rn 12, 15). Die Ordnungsgemäßheit der Bewirtschaftung richtet sich nach dem vertraglich vereinbarten Zweck der Pacht. Die Fruchtziehung darf nicht außerhalb dieser Zweckbestimmung stattfinden (Erman/*P Jendrek* Rn 13 mwN). Der Pächter wird regelm Eigentümer mit Trennung der Früchte nach §§ 956 f. 18

II. Nebenpflichten. Die Nebenpflichten des Verpächters richten sich nach dem Pachtvertrag. Ergänzend hat der Verpächter Nebenpflichten, die denen des Vermieters beim Mietvertrag entsprechen. 19

E. Pflichten des Pächters, Abs 1 S 2. I. Hauptpflicht. Der Pächter ist zur Entrichtung der vereinbarten Pacht verpflichtet. Dies entspricht der Pflicht des Mieters, die vereinbarte Miete zu entrichten (§ 535 Abs 1 S 2). Daher finden die Grundsätze zur Zahlung der Miete entspr Anwendung. Der Anspruch auf Zahlung der Pacht unterliegt der regelm Verjährungsfrist (§§ 195, 199). 20

II. Nebenpflichten. Die Nebenpflichten des Pächters richten sich nach dem Pachtvertrag. Ergänzend hat er Nebenpflichten, die denen des Mieters beim Mietvertrag entspr. Im Grundsatz besteht für den Pächter keine Gebrauchs- oder Betriebspflicht (hM; s nur BGH NJW 1979, 2351; Erman/*P Jendrek* Rn 19 mwN; regelm aus Obhutspflicht ergebend Hk-BGB/*Ebert* Rn 14; aA MüKo/*Harke* Rn 12; jurisPK/*Grühn* Rn 43 f). Eine solche Pflicht kann aber vertraglich, auch in AGB (BGH ZMR 1993, 57; Köln DWW 2000, 33; Düsseldorf NZM 1999, 124) oder stillschweigend vereinbart werden (allg M, s nur Palandt/*Weidenkaff* Rn 11). Für die Annahme einer stillschweigend vereinbarten Gebrauchspflicht bedarf es im Einzelfall bes Umstände (zB Natur des Pachtgegenstandes, Eigenart des Pachtvertrages; Erman/*P Jendrek* Rn 19; vgl auch Palandt/*Weidenkaff* Rn 11). Ob die Vereinbarung allein einer Umsatzpacht ausreicht, um diese Pflicht zu begründen, wird nicht einheitlich beurteilt (verneinend: vgl BGH NJW 1979, 2351; Erman/*P Jendrek* Rn 19; bejahend Palandt/*Weidenkaff* Rn 11; Staud/*Sonnenschein/Veit* Rn 230). Aus dem Pachtvertrag können Treuepflichten erwachsen, zB aus einem bes Vertrauensverhältnis zwischen den Vertragsparteien (Palandt/*Weidenkaff* Rn 11; BGH LM § 581 Nr 8). 22

F. Anwendung mietvertraglicher Vorschriften, Abs 2. I. Allgemeines. Für das nichtlandwirtschaftliche Pachtrecht enthält Abs 2 die Generalverweisung auf das Mietrecht (BTDrs 10/509 15). Grds sind die mietvertraglichen Vorschriften auf dem Pachtvertrag unter Beachtung seines Wesens entspr anzuwenden (ausf zur Anwendbarkeit der mietvertraglichen Regelungen jurisPK/*Grühn* Rn 69 ff). Dies gilt erstens nicht für den speziell geregelten Landpachtvertrag (§§ 585 ff). Zweitens gehen die Vorschriften über den Pachtvertrag (§§ 582 bis 584b) vor. 23

II. Einzelne Vorschriften. Bei der Pacht beweglicher Sachen finden insbes die Vorschriften über die Mängelgewährleistung (§§ 536 bis 536d), die Kündigung des Vertrages (maßgeblich §§ 542 und 543) für die Unterverpachtung § 540, für die Rückgabe § 546 modifiziert durch § 584b entspr Anwendung (allg M, nur Palandt/*Weidenkaff* Rn 14). Es gilt der Grundsatz der **entspr Anwendbarkeit des Mietrechts**. Das Wohnraummietrecht ist dagegen grds unanwendbar (allg M, nur Palandt/*Weidenkaff* Rn 15; MüKo/*Voelskow* Rn 13; jurisPK/*Grühn* Rn 64). Dies gilt unabhängig davon, ob zum Pachtgegenstand Wohnräume gehören, die der Pächter bewohnt (ebenda). Bei Pachtverträgen über Immobilien sind die speziellen Vorschriften der §§ 582 bis 584b zu beachten. Die mietvertraglichen Vorschriften sind auf Sachen zugeschnitten, so dass sie nur beschränkt auf Pachtverträge über Rechte übertragen werden können (Palandt/*Weidenkaff* Rn 16). Der Landpachtvertrag ist ausdrücklich aus der entspr Anwendbarkeit der mietvertraglichen Vorschriften ausgenommen (Abs 2). Sie ergibt sich ausschließlich aus gesetzlichen Einzelverweisungen: §§ 586 Abs 2, 587 Abs 2 S 2, 592 4, 593b, 594 Abs 1. 24

§ 582 Erhaltung des Inventars. **[1] Wird ein Grundstück mit Inventar verpachtet, so obliegt dem Pächter die Erhaltung der einzelnen Inventarstücke.**
[2] Der Verpächter ist verpflichtet, Inventarstücke zu ersetzen, die infolge eines vom Pächter nicht zu vertretenden Umstands in Abgang kommen. Der Pächter hat jedoch den gewöhnlichen Abgang der zum Inventar gehörenden Tiere insoweit zu ersetzen, als dies einer ordnungsmäßigen Wirtschaft entspricht.

1 **A. Einführung zu §§ 582 bis 583a. I. Anwendungsbereich.** Die §§ 582 bis 583a bilden einen Regelungskomplex zum Inventar, wenn es Gegenstand eines Grundstückspachtvertrages ist. **1. Pachtvertrag.** Voraussetzung ist zunächst das Bestehen eines wirksamen Pachtvertrages. Unmittelbar anwendbar sind die Regelungen auf Pachtverträge über Grundstücke (Abs 1). Für Landpachtverträge gelten die Regelungen gem § 585 Abs 2. Die §§ 582 bis 583a sind entspr anwendbar auf sonstige Pachtverträge, wenn sie die Mitverpachtung von Inventar bei Grundstücken oder Räumen, wenn auch nicht ausschließlich, beinhalten. Dazu zählen insbes Pachtverträge über Unternehmen bzw Betriebe (Erman/*P Jendrek* Vor § 582 Rn 1; Palandt/*Weidenkaff* Rn 1).

2 **2. Inventar.** Der Pachtvertrag muss Regelungen zum Inventar treffen. Drei Arten von Inventar sind relevant: 1. das mitverpachtete Inventar, 2. das sog »eiserne Inventar«, das der Pächter bei Pachtbeginn zum Schätzwert übernimmt, und zwar mit der Verpflichtung, es bei Pachtende zum Schätzwert zurückzugeben und 3. das dem Pächter gehörende Inventar (BTDrs 10/509 15). Bei der Mitverpachtung von Inventar sind §§ 582, 583 anwendbar, bei Übernahme des Inventars durch den Pächter zum Schätzwert § 582a und für das dem Pächter gehörende Inventar ist § 583a zu beachten. Der Pächter kann das Inventar auch durch Kauf (§ 433) erwerben. Das Eigentum an dem Inventar geht dann auf den Pächter/Käufer über. Es kann ein Wiederkaufsrecht (§§ 456 bis 462) – regelm bei Pachtende – vereinbart werden (Palandt/*Weidenkaff* Rn 5; ausf Erman/*P Jendrek* Vor § 582 Rn 4).

3 **II. Begriff des Inventars.** Inventar bezeichnet die Gesamtheit aller beweglichen Sachen, die im Zusammenhang mit dem wirtschaftlichen Zweck des Grundstückes (§ 98) und zu ihm in einem entspr räumlichen Verhältnis stehen. Es umfasst das Zubehör nach § 97 und nach entspr Verkehrsauffassung auch Bestandteile (RGZ 142, 201; Erman/*P Jendrek* Vor § 582 Rn 3). Unerheblich ist, wer Eigentümer der Sachen ist (Hk-BGB/*Ebert* Rn 3; Palandt/*Weidenkaff* Rn 2).

4 **III. Entstehungsgeschichte/Abdingbarkeit.** Das Gesetz zur Neuordnung des landwirtschaftlichen Pachtrechts vom 08.11.1985 (BGBl I 2065) hat die bisherigen Regelungen zum mitverpachteten Inventar im Wesentlichen in § 582 übernommen, die Regelungen zum »eisernen Inventar« in § 582a dem Gesetzeszweck angepasst und § 583a neu aufgenommen (ausf BTDrs 10/509 15 ff). Die §§ 582 bis 583 sind abdingbar. Die Regelungen des § 583a zu den Verfügungsbeschränkungen bei Inventar sind dagegen zwingend.

5 **B. Erhaltungspflicht bei mitverpachtetem Inventar. I. Pächter, Abs 1 und 2 S 2.** Bei der Mitverpachtung von Inventar obliegt dem Pächter die Pflicht zur Erhaltung des Inventars. Aufgrund der nicht mit den im Mietrecht vergleichbaren Interessen von Pächter und Verpächter findet § 535 Abs 1 S 2 keine Anwendung (§ 581 Abs 2; PWW/*Riecke* Rn 1). Die Erhaltungspflicht umfasst die Pflicht zur Instandhaltung, zB Unterhaltung durch Fütterung von Tieren, und Instandsetzung und Ersatzbeschaffung von Inventarstücken, soweit sie in infolge eines vom Pächter zu vertretenden Umstandes (§§ 276, 278) untergehen (vgl Abs 2 S 1). Im Rahmen einer ordnungsgemäßen Wirtschaft ist der Pächter verpflichtet, den gewöhnlichen Abgang von Tieren zu ersetzen (Abs 2 S 2). Maßgebend ist der Gesamtbestand der Tiere, so dass nicht für jedes einzelne Tier Ersatz beschafft werden muss (jurisPK/*Grühn* Rn 5 mwN). Der gewöhnliche Abgang ist ein natürlicher (PWW/*Riecke* Rn 5), der seine Grenze in außergewöhnlichen Umständen findet, zB Seuchen (Hk-BGB/*Ebert* Rn 5).

6 **II. Verpächter, Abs 2 S 1.** Der Verpächter ist grds verpflichtet, diejenigen Inventarstücke zu ersetzen, die ohne ein Verschulden des Pächters (§§ 276, 278) in Abgang gekommen sind, also im Falle des zufälligen Untergangs oder Verlustes sowie der zufälligen Verschlechterung des Inventarstücks (Hk-BGB/*Ebert* Rn 6). Dies gilt nicht für den gewöhnlichen Abgang von Tieren.

7 **III. Verjährung der Ersatzansprüche/Beweislast.** Die Ersatzansprüche des Verpächters gegen den Pächter wegen Pflichtverletzung verjähren gem §§ 548, 581 Abs 2 (Palandt/*Weidenkaff* Rn 7). Der Verpächter trägt die Beweislast dafür, dass die vom Pächter erworbenen Inventarstücke als Ersatzbeschaffung zum Inventar gehören und in sein Eigentum übergegangen sind (BGH WM 1960, 1148, 1149).

§ 582a Inventarübernahme zum Schätzwert. **[1] Übernimmt der Pächter eines Grundstücks das Inventar zum Schätzwert mit der Verpflichtung, es bei Beendigung des Pachtverhältnisses zum Schätzwert zurückzugewähren, so trägt er die Gefahr des zufälligen Untergangs und der zufälligen Verschlechterung des Inventars. Innerhalb der Grenzen einer ordnungsmäßigen Wirtschaft kann er über die einzelnen Inventarstücke verfügen.**
[2] Der Pächter hat das Inventar in dem Zustand zu erhalten und in dem Umfang laufend zu ersetzen, der den Regeln einer ordnungsmäßigen Wirtschaft entspricht. Die von ihm angeschafften Stücke werden mit der Einverleibung in das Inventar Eigentum des Verpächters.

[3] Bei Beendigung des Pachtverhältnisses hat der Pächter das vorhandene Inventar dem Verpächter zurückzugewähren. Der Verpächter kann die Übernahme derjenigen von dem Pächter angeschafften Inventarstücke ablehnen, welche nach den Regeln einer ordnungsmäßigen Wirtschaft für das Grundstück überflüssig oder zu wertvoll sind; mit der Ablehnung geht das Eigentum an den abgelehnten Stücken auf den Pächter über. Besteht zwischen dem Gesamtschätzwert des übernommenen und dem des zurückzugewährenden Inventars ein Unterschied, so ist dieser in Geld auszugleichen. Den Schätzwerten sind die Preise im Zeitpunkt der Beendigung des Pachtverhältnisses zugrunde zu legen.

A. Normzweck/Anwendungsbereich. § 582a regelt die Gefahrtragung und Erhaltungs- bzw Ersetzungspflichten des Pächters bei Inventarübernahme zum Schätzwert sowie die Rückgewähr des Inventars, damit der Verpächter einen voll funktionsfähigen Betrieb zurückerlangt (Staud/*Emmerich* Rn 4). § 582a ist für das sog »eiserne Inventar« anwendbar (s § 582 Rz 2). 1

B. Inventarübernahme und Inventarrückgewährung zum Schätzwert. Die in § 582a geregelten Rechte und Pflichten von Pächter und Verpächter gelten nur, wenn der Pächter im Pachtvertrag eines Grundstückes das Inventar zum Schätzwert übernimmt und sich gleichzeitig verpflichtet, es bei Beendigung des Pachtverhältnisses zum Schätzwert zurückzugewähren. Vorausgesetzt ist, dass das Inventar verpachtet wird. Die Norm greift nicht ein, wenn der Pächter Eigentümer des Inventars wird, so durch Kauf (§ 433; s § 582 Rz 2; Palandt/*Weidenkaff* Rn 3) oder, wenn er bei Beendigung des Pachtvertrages statt das Inventar zurückzugewähren, eine Geldzahlung leistet (Erman/*P Jendrek* Rn 2). 2

C. Gefahr des zufälligen Untergangs und Verschlechterung des Inventars, Abs 1 S 1. Der Pächter trägt die Gefahr des zufälligen Untergangs und der zufälligen Verschlechterung des Inventars bis zur Rückgabe bei Beendigung des Pachtvertrages nach Abs 3 S 1 (Palandt/*Weidenkaff* Rn 5). 3

D. Verfügungsbefugnis des Pächters, Abs 1 S 2. Das Inventar steht im Eigentum des Verpächters. Der Pächter ist jedoch nach Abs 1 S 2 berechtigt, über einzelne Inventarstücke, mithin nicht über die Gesamtheit des Inventars, innerhalb der Grenzen einer ordnungsmäßigen Wirtschaft zu verfügen. 4

E. Erhaltungs- und Ersetzungspflicht des Pächters, Abs 2 S 1. I. Gegenstand und Umfang, S 1. Der Pächter ist verpflichtet, das Inventar nach den Regeln einer ordnungsgemäßen Wirtschaft zu erhalten und in dem Umfang laufend zu ersetzen. Die Regeln der ordnungsgemäßen Wirtschaft beinhalten mindestens die Erhaltung oder Herstellung des üblichen Standards. Darüber hinaus kann es nach diesen Regeln erforderlich sein, das Inventar an den technischen Fortschritt anzupassen und zu modernisieren (Erman/*P Jendrek* Rn 4 mwN; Palandt/*Weidenkaff* Rn 8; Hk-BGB/*Ebert* Rn 9). 5

II. Eigentum von angeschafftem Inventar, S 2. Inventarstücke, die der Pächter anschafft, gehen in das Eigentum des Verpächters mit der Einverleibung in das Inventar über. Die im Gesetzentwurf enthaltene Begrenzung auf sog »notwendige Ersatzstücke«, solche also, die nach den Regeln einer ordnungsgemäßen Wirtschaft den Bestand des übergebenen Inventars erhalten (BTDrs 10/509 4, 15), ist nicht Gesetz geworden (dazu Stellungnahme des BRat, Anlage 2 zu BTDrs 10/509 31). Das sog »Überinventar« ist von diesem Eigentumsübergang ausdrücklich nicht ausgeschlossen, so dass es nach Abs 2 S 2 nicht im Eigentum des Pächters verbleibt. Der Verpächter wird mithin auch dann Eigentümer der Ersatzstücke, wenn sie nicht nach den Regeln einer ordnungsgemäßen Wirtschaft angeschafft wurden (so nur Erman/*P Jendrek* Rn 5 mwN). Einverleiben in das Inventar beinhaltet das räumliche und wirtschaftliche Einfügen des durch den Pächter angeschafften Stückes in das vorhandene Inventar des Verpächters, regelm unter gleichzeitiger Einbringung in das Grundstück (Hk-BGB/*Ebert* Rn 7). Der Erwerb des Eigentums durch den Verpächter erfolgt kraft Gesetzes durch Realakt. Gleiches gilt für Anwartschaftsrechte; das Volleigentum erwirbt der Verpächter nach den allg Regeln. Ein gutgläubiger Eigentumserwerb ist jedoch ausgeschlossen (Palandt/*Weidenkaff* Rn 9). 6

F. Beendigung des Pachtverhältnisses, Abs 3. I. Rückgewährpflicht des Pächters, S 1. Der Pächter ist verpflichtet, dem Verpächter das vorhandene Inventar zurückzugewähren. Zu dem vorhandenen Inventar gehört insbes auch das sog Überinventar (Rz 6), für das der Verpächter nach 2 sein Ablehnungsrecht ausüben kann. 7

II. Ablehnungsrecht des Verpächters, S 2. Dem Verpächter steht ein Ablehnungsrecht für diejenigen Inventarstücke zu, die nach den Regeln einer ordnungsgemäßen Wirtschaft für das Grundstück überflüssig oder zu wertvoll sind (Hs 1). Dazu zählt das sog Überinventar (s zu den Regeln einer ordnungsgemäßen Wirtschaft Rz 6). Maßstab, ob die betreffenden Stücke danach für das Grundstück überflüssig oder zu wertvoll sind, ist ein objektiver. Der Verpächter trägt dafür die Beweislast (Palandt/*Weidenkaff* Rn 12). Das Ablehnungsrecht ist ein Gestaltungsrecht, das der Verpächter durch empfangsbedürftige Willenserklärung (§ 130) auszuüben hat (allg M; Palandt/*Weidenkaff* Rn 12). Mit Zugang der Ablehnungserklärung geht das Eigentum an den abgelehnten Stücken auf den Pächter über (Hs 2). 8

III. Wertausgleich, S 3 und 4. Bei Pachtende ist die Differenz zwischen dem Gesamtschätzwert des übernommenen und des zurückzugewährenden Inventars in Geld auszugleichen (S 3). Leistungsverpflichtet ist 9 die begünstigte Partei. Sowohl der Schätzwert für das übernommene als auch derjenige für das zurückzugewährende Inventar ist auf der Basis der Preise zur Zeit der Beendigung des Pachtverhältnisses zu ermitteln (S 4). Schätzwerte aus der Zeit des Pachtbeginns müssen auf das Preisniveau bei Pachtende umgerechnet werden (Erman/*P Jendrek* Rn 8). Unterschiede im Schätzwert infolge einer Veränderung der Kaufkraft bleiben unberücksichtigt (BTDrs 10/509 15). Bei Beendigung von Landpachtverträgen bietet sich zum Wertausgleich als Orientierung die Schätzordnung für das landwirtschaftliche Pachtwesen vom 10./11. November 1982, beschlossen vom Verband der Landwirtschaftskammern, an, auf die in der Praxis regelm zurückgegriffen wird (Palandt/*Weidenkaff* Rn 12).

10 **G. Verjährung.** Die Ersatzansprüche des Verpächters gegen den Pächter wegen Verletzung der Erhaltungs- und Ersetzungspflicht (Abs 2) verjähren gem §§ 548, 581 Abs 2 (Palandt/*Weidenkaff* Rn 12). Str ist dies für den Anspruch auf Wertausgleich nach Abs 3 S 3, der nach hM ebenfalls § 548 (ebenda), zT jedoch der kurzen Verjährungsfrist unterworfen wird (Wolf/Eckert/*Ball* Rn 1587).

§ 583 Pächterpfandrecht am Inventar.

[1] Dem Pächter eines Grundstücks steht für die Forderungen gegen den Verpächter, die sich auf das mitgepachtete Inventar beziehen, ein Pfandrecht an den in seinen Besitz gelangten Inventarstücken zu.
[2] Der Verpächter kann die Geltendmachung des Pfandrechts des Pächters durch Sicherheitsleistung abwenden. Er kann jedes einzelne Inventarstück dadurch von dem Pfandrecht befreien, dass er in Höhe des Wertes Sicherheit leistet.

1 **A. Normzweck/Anwendungsbereich.** § 583 Abs 1 räumt dem Pächter ein Pfandrecht für die Forderungen gegen den Verpächter am mitverpachteten Inventar ein (Abs 1). Es soll den Pächter zudem vor Herausgabeansprüchen Dritter und ggü Gläubigern des Verpächters schützen, die eine Pfändung am Inventar bewirkt haben (BTDrs 10/509 15 f). Der Verpächter erhält eine entspr Abwendungsbefugnis (Abs 2). § 582a ist für das sog »eiserne Inventar« anwendbar (s § 582 Rz 2).

2 **B. Pfandrecht des Pächters, Abs 1.** Das Pächterpfandrecht ist ein Besitzpfandrecht. Es besteht an allen Inventarstücken, die in den Besitz des Pächters (§ 854) gelangt sind. Die Inventarstücke müssen nicht im Eigentum des Verpächters, sondern können auch im Eigentum Dritter stehen (BGHZ 34, 153, 157; Erman/*P Jendrek* Rn 23; MüKo/*Harke* Rn 1; Palandt/*Weidenkaff* Rn 2). Gesichert sind diejenigen Forderungen des Pächters gegen den Verpächter, die sich auf das mitgepachtete Inventar beziehen. Das sind Forderungen gem §§ 582 Abs 2 S 1, 582a Abs 3 S 3. Gem § 1257 finden die Vorschriften über das durch Rechtsgeschäft bestellte Pfandrecht entspr Anwendung. Das Pfandrecht begründet für den Pächter das Recht zur Verwertung gem §§ 1257, 1228 ff.

3 **C. Abwendungsbefugnis des Verpächters, Abs 2.** Aufgrund der Abwendungsbefugnis kann der Verpächter die Ausübung des Pfandrechts durch den Pächter für die Gesamtheit des Inventars (S 1) oder für einzelne Inventarstücke (S 2) durch entspr Sicherheitsleistung verhindern. Die Abwendungsbefugnis des Verpächters entspricht derjenigen des Mieters gem § 562c, so dass die Kommentierung zu § 562c entspr gilt.

§ 583a Verfügungsbeschränkungen bei Inventar.

Vertragsbestimmungen, die den Pächter eines Betriebs verpflichten, nicht oder nicht ohne Einwilligung des Verpächters über Inventarstücke zu verfügen oder Inventar an den Verpächter zu veräußern, sind nur wirksam, wenn sich der Verpächter verpflichtet, das Inventar bei der Beendigung des Pachtverhältnisses zum Schätzwert zu erwerben.

1 **A. Normzweck/Anwendungsbereich.** § 583a statuiert eine zwingende Schutzvorschrift für den Pächter eines Betriebes. Die Norm knüpft die Zulässigkeit von vertraglichen Beschränkungen der Verfügungsbefugnis des Pächters über das Inventar an die Erwerbsverpflichtung des Verpächters. Zweck ist es zu verhindern, dass der Pächter unbillige Vereinbarungen über das in seinem Eigentum stehende Inventar trifft (BTDrs 10/509 15). § 583a ist für das dem Pächter gehörende Inventar anwendbar (s § 582 Rz 2). Für den Landpachtvertrag gilt die Vorschrift gem § 585 Abs 2. § 583a ist zwingend und nicht abdingbar (BTDrs 10/509 16).

2 **B. Pachtvertrag über einen Betrieb.** Der Anwendungsbereich der Norm ist auf Pachtverträge über Betriebe beschränkt. Erforderlich ist zunächst, dass ein Pachtvertrag gem § 581 Abs 1 über einen Betrieb abgeschlossen wurde. Betrieb ist jede organisierte Zusammenfassung von Sachen und Rechten, die es ermöglicht, eine gewerbliche, freiberufliche oder künstlerische Tätigkeit auszuüben.

3 **C. Verfügungsbeschränkungen. I. Vertragliche Verfügungsbeschränkungen.** Die Verfügungsbeschränkungen müssen Gegenstand von Vertragsbestimmungen, also zwischen dem Verpächter und dem Pächter vereinbart, sein. Es kommt nicht darauf an, dass sie von Beginn an im Pachtvertrag geregelt sind oder später in Ergänzung des Pachtvertrages aufgenommen werden. Das Gesetz stellt kein Formerfordernis auf, so dass die Anforderungen an die Wirksamkeit der Vereinbarungen sowohl für schriftlich als auch für mündlich getroffene Regelungen gelten.

II. Verfügungen über Inventarstücke an Dritte. Der Pachtvertrag muss eine Verfügungsbeschränkung beinhalten. Eine Verfügung ist jedes Rechtsgeschäft, das unmittelbar auf ein bestehendes Recht an dem zum Inventar gehörenden Gegenstand einwirkt, indem es übertragen, aufgehoben, belastet oder inhaltlich geändert wird. Das Gesetz erfasst bei den Verfügungen über Inventarstücke zwei Konstellationen: 1. ist der Pächter verpflichtet, nicht über Inventarstücke zu verfügen. Er unterwirft sich also einem Verfügungsverbot. 2. ist die Verfügungsbefugnis des Pächters an die Einwilligung des Verpächters gebunden. Er ist verpflichtet, vor jedem Abschluss eines Verfügungsgeschäfts mit einem Dritten die Zustimmung des Verpächters einzuholen (Legaldefinition der Einwilligung in § 183 S 1). Eine Verfügungsbeschränkung liegt auch vor, wenn statt des Verpächters eine andere Person einwilligen muss. 4

III. Veräußerung des Inventars an den Verpächter. Die 3. Konstellation, die § 583a regelt, betrifft die Verpflichtung des Pächters, das Inventar an den Verpächter zu veräußern. In Anlehnung an § 135 Abs 1 ist sie iSv Verfügungen zu verstehen, so dass nicht nur die Übertragung des Inventars an den Verpächter erfasst ist, sondern alle anderen Arten von Verfügungen zu Gunsten des Verpächters. Dafür spricht die Schutzfunktion der Norm und, dass die Vorschrift diese Konstellation systematisch unter der Überschrift »Verfügungsbeschränkungen« einordnet. 5

D. Zulässigkeit/Rechtsfolgen beim Verstoß. Das Verfügungsverbot sowie die Verfügungsbeschränkungen sind wirksam, wenn sich der Verpächter im Gegenzug verpflichtet, bei Beendigung des Pachtverhältnisses das Inventar zum Schätzwert zu erwerben. Dies legitimiert die Verfügungsbeschränkungen, da sie in ein Gegenseitigkeitsverhältnis gestellt werden, das einerseits den Pächter durch den mit Ende des Pachtvertrages fällig werdenden Anspruch auf Zahlung des Schätzwertes schützt und andererseits die Verfügungsbeschränkungen auf ein berechtigtes Interesse des Verpächters an dem Inventar gründet. § 583a beinhaltet ein Verbotsgesetz iSd § 134. Erfüllen die Vertragsbestimmungen über die Verfügungsbeschränkungen des Pächters nicht die Anforderungen des § 583a, sind sie regelm nichtig. Der Pachtvertrag bleibt iÜ grds wirksam. 6

§ 584 Kündigungsfrist.

[1] Ist bei dem Pachtverhältnis über ein Grundstück oder ein Recht die Pachtzeit nicht bestimmt, so ist die Kündigung nur für den Schluss eines Pachtjahrs zulässig; sie hat spätestens am dritten Werktag des halben Jahres zu erfolgen, mit dessen Ablauf die Pacht enden soll.
[2] Dies gilt auch, wenn das Pachtverhältnis außerordentlich mit der gesetzlichen Frist gekündigt werden kann.

A. Normzweck/Anwendungsbereich. § 584 regelt für unbefristete Pachtverträge über Grundstücke oder Rechte die Kündigungsfrist abw vom Mietrecht (§§ 580a, 573c), um dem Umstand Rechnung zu tragen, dass die Vertragsparteien eines Pachtverhältnisses bei Vertragsende regelm aufwändigere Maßnahmen durchzuführen haben (Staud/*Sonnenschein/Veit* Rn 4; Hk-BGB/*Ebert* Rn 1). Die Norm wurde durch das Gesetz zur Neuordnung des landwirtschaftlichen Pachtrechts vom 08.11.1985 (BGBl I 2065) ohne inhaltliche Änderung eingefügt (dazu BTDrs 10/509 16) und durch das Mietrechtsreformgesetz vom 19.06.2001 redaktionell an die Änderungen im Mietrecht angepasst (BTDrs 14/4553 75). § 584 ist anwendbar auf unbefristete Pachtverträge über Grundstücke, Räume (BGH ZMR 1957, 264; Erman/*P Jendrek* Rn 1 mwN) und Rechte. Die Kündigungsfrist gilt auch, wenn zum Pachtgegenstand eine Wohnung gehört, die zB der Pächter bewohnt (Staud/*Sonnenschein/Veit* Rn 8 mwN). Nicht anwendbar ist § 584 auf den Landpachtvertrag (s § 585 Abs 2), für den § 594a gilt, sowie auf Pachtverträge über bewegliche Sachen. Für sie verbleibt es bei der entspr Anwendbarkeit der mietvertraglichen Kündigungsfristen gem §§ 581 Abs 2, 580a Abs 3. § 584 ist abdingbar (allg M, vgl nur Erman/*P Jendrek* Rn 1 mwN). 1

B. Ordentliche Kündigung, Abs 1. Die Kündigung ist für den Schluss eines Pachtjahrs zulässig (Hs 1). Für die Bestimmung des Pachtjahres ist zunächst der Pachtvertrag maßgeblich. Haben die Vertragsparteien keine Regelungen zum Pachtjahr getroffen, beginnt es mit dem Beginn des Pachtverhältnisses (Erman/*P Jendrek* Rn 3 mwN; Hk-BGB/*Ebert* Rn 3; s Staud/*Sonnenschein/Veit* Rn 20: ab Vertragsschluss). Es ist damit unabhängig vom Kalenderjahr oder vom Wirtschaftsjahr (Erman/*P Jendrek* Rn 3 mwN). Die Kündigung hat spätestens am dritten Werktag des halben Jahres zu erfolgen, mit dessen Ablauf die Pacht enden soll (Hs 2). Keine oder eine falsche Angabe des Kündigungstermins führt grds nicht zur Unwirksamkeit der Kündigung (BGH NJW-RR 1996, 144). 2

C. Außerordentliche Kündigung, Abs 2. Die Kündigungsfrist der 584 Abs 1 gilt für die außerordentliche Kündigung von Pachtverträgen, wenn sie mit der gesetzlichen Frist gekündigt werden. Dazu zählen insbes §§ 581 Abs 2, 544, 580, 584a Abs 2, 1056 Abs 2, 2135; § 57a ZVG, § 109 InsO. Sie ist damit nicht anwendbar auf fristlose Kündigungen aus wichtigem Grund. Insoweit verbleibt es bei der entspr Anwendbarkeit der mietvertraglichen Regelungen gem §§ 581 Abs 2, 543, 569 Abs 1. 3

D. Form. Für die Kündigung des Pachtvertrages ist keine Formvorschrift vorgesehen. Sie ist damit grds formfrei wirksam (Staud/*Sonnenschein/Veit* Rn 19), sofern die Vertragsparteien nicht etwas abw im Vertrag vereinbart haben. Beim Landpachtvertrag ist die spezielle Regelung des § 594f, der die schriftliche Form verlangt, zu beachten. 4

§ 584a Ausschluss bestimmter mietrechtlicher Kündigungsrechte. **[1] Dem Pächter steht das in § 540 Absatz 1 bestimmte Kündigungsrecht nicht zu.**
[2] Der Verpächter ist nicht berechtigt, das Pachtverhältnis nach § 580 zu kündigen.

1 **A. Normzweck/Anwendungsbereich.** § 584a schließt die über § 581 Abs 2 grds entspr anwendbaren mietrechtlichen Kündigungsrechte gem §§ 540 Abs 1, 580 für Pachtverhältnisse aus. § 584a ist nicht anwendbar auf den Landpachtvertrag (s § 585 Abs 2), für den die §§ 589, 594d gelten. § 584a ist abdingbar (allg M, vgl nur Erman/*P Jendrek* Rn 1; Palandt/*Weidenkaff* Rn 1).

2 **B. Ausschluss des Kündigungsrechts wegen verweigerter Erlaubnis zur Untervermietung und bei Tod des Pächters.** Aus dem Ausschluss des Rechts des Pächters, den Pachtvertrag zu kündigen, wenn der Verpächter die Erlaubnis zur Unterverpachtung nicht erteilt, folgt die grds Unzulässigkeit der Unterverpachtung. Der Pächter hat keinen Anspruch auf Gestattung der Unterverpachtung an Dritte (allg M; Palandt/*Weidenkaff* Rn 2; s abw beim Mietvertrag § 553). Die Person des Pächters hat regelm maßgebliche Bedeutung für den Abschluss des Pachtvertrages durch den Verpächter. Daher entspricht eine Unterverpachtung idR nicht seinem Interesse. Gerade zum Schutz des Vertrauens des Verpächters auf die Kontinuität der Bewirtschaftung des Pachtgegenstandes, wird das außerordentliche Kündigungsrecht des Pächters ausgeschlossen (Hk-BGB/*Ebert* Rn 1). Ein Unterpachtvertrag, den der Pächter ohne Erlaubnis des Verpächters abschließt, ist allerdings im Verhältnis der Vertragsschließenden trotzdem wirksam (BGH ZMR 1977, 146). Der Verpächter hat dann aber regelm das Recht zur außerordentlichen fristlosen Kündigung aus wichtigem Grund gem §§ 581 Abs 2, 543 Abs 2 S 1 Nr 2 Alt 2. Stirbt der Pächter, ist der Verpächter nicht berechtigt entspr § 580 das Pachtverhältnis außerordentlich zu kündigen. Zweck ist es, das oftmals erhebliche Vermögensinteresse der Erben des Pächters am Fortbestand des Pachtvertrages zu schützen (Staud/*Sonnenschein/Veit* Rn 8). Demggü bleibt das außerordentliche Kündigungsrecht der Erben nach § 581 Abs 2 iVm § 580 erhalten.

3 **C. Rechtsfolge bei Verstoß.** Kündigungen von Pachtverhältnissen, die entgegen § 584a erklärt werden, sind wirkungslos (allg M, nur Palandt/*Weidenkaff* Rn 1).

§ 584b Verspätete Rückgabe. **Gibt der Pächter den gepachteten Gegenstand nach der Beendigung des Pachtverhältnisses nicht zurück, so kann der Verpächter für die Dauer der Vorenthaltung als Entschädigung die vereinbarte Pacht nach dem Verhältnis verlangen, in dem die Nutzungen, die der Pächter während dieser Zeit gezogen hat oder hätte ziehen können, zu den Nutzungen des ganzen Pachtjahrs stehen. Die Geltendmachung eines weiteren Schadens ist nicht ausgeschlossen.**

1 **A. Normzweck/Anwendungsbereich.** Aus § 584b ergibt sich eine Abweichung vom mietrechtlichen Entschädigungsanspruch des Vermieters bei verspäteter Rückgabe der Mietsache nach § 546a für Pachtverhältnisse (vgl § 581 Abs 2). § 584a ist nicht anwendbar auf den Landpachtvertrag (s § 585 Abs 2), für den § 597 gilt. § 584b ist abdingbar (allg M, vgl nur Erman/*P Jendrek* Rn 1).

2 **B. Entschädigungsanspruch des Verpächters. I. Voraussetzungen.** (s auch die Kommentierung zu § 546a). Der Entschädigungsanspruch des Verpächters setzt voraus, dass das Pachtverhältnis wirksam beendet ist. Auf den Grund der Beendigung kommt es nicht an, zB Ablauf einer Befristung, ordentliche oder außerordentliche Kündigung oder Abschluss eines Aufhebungsvertrages. Der Pachtgegenstand muss zur Rückgabe geeignet sein, was insbes bei Pachtverträgen über Rechte zu prüfen ist (vgl Palandt/*Weidenkaff* Rn 2). Der Pächter muss dem Verpächter den Pachtgegenstand vorenthalten und ihn damit nicht rechtzeitig nach Beendigung des Pachtverhältnisses zurückgegeben haben. Die Ursache muss regelm beim Pächter liegen. Auf ein Verschulden (§§ 276, 278) kommt es nicht an. Erforderlich ist, dass der Pachtgegenstand gegen den Willen des Verpächters nicht zurückgegeben wird (BGH NZM 2000, 134; NJW 1983, 112; Koblenz NZM 2006, 181). Notwendig ist nicht, dass der Verpächter den Pachtgegenstand nutzen will (BGH NZM 2000, 134).

3 **II. Entschädigung.** (s auch die Kommentierung zu § 546a). Die Höhe der Entschädigung ist nach S 1 zu berechnen (zur Umsatzsteuer s BGH NJW-RR 1996, 460). Der Verpächter hat einen Anspruch auf die vereinbarte Pacht nach dem Verhältnis, in dem die Nutzungen, die der Pächter während dieser Zeit gezogen hat oder hätte ziehen können, zu den Nutzungen des ganzen Pachtjahres stehen. Maßgebend ist 1. die Dauer der Vorenthaltung des Pachtgegenstandes und 2. das Verhältnis der gezogenen bzw ziehbaren Nutzungen während der Zeit der Vorenthaltung zu den Nutzungen des gesamten Pachtjahres. Welche Nutzungen der Pächter während der Zeit der Vorenthaltung hätte ziehen können, ist nach den Regeln einer ordnungsgemäßen Wirtschaft zu bestimmen (Erman/*P Jendrek* Rn 3). Zweck ist es, saisonale Einnahmeschwankungen zu berücksichtigen (BGH NZM 2000, 134). Die Höhe der Entschädigung kann dementspr von der nach dem Pachtvertrag zu zahlenden Pacht abweichen. Ob der Verpächter nicht schlechtergestellt werden darf als bei Fortdauer und Erfüllung des Pachtvertrages (so Palandt/*Weidenkaff* Rn 4), wird bezweifelt (MüKo/*Harke* Rn 6).

C. Weiterer Schaden des Verpächters, 2. Der Verpächter ist berechtigt, einen weitergehenden Schaden geltend zu machen. Dies entspricht der Berechtigung des Vermieters gem § 546a Abs 2, so dass die Kommentierung zu § 546a Abs 2 entspr gilt. 4

Untertitel 5 Landpachtvertrag

§ 585 Begriff des Landpachtvertrags.

[1] Durch den Landpachtvertrag wird ein Grundstück mit den seiner Bewirtschaftung dienenden Wohn- oder Wirtschaftsgebäuden (Betrieb) oder ein Grundstück ohne solche Gebäude überwiegend zur Landwirtschaft verpachtet. Landwirtschaft sind die Bodenbewirtschaftung und die mit der Bodennutzung verbundene Tierhaltung, um pflanzliche oder tierische Erzeugnisse zu gewinnen, sowie die gartenbauliche Erzeugung.

[2] Für Landpachtverträge gelten § 581 Absatz 1 und die §§ 582 bis 583a sowie die nachfolgenden besonderen Vorschriften.

[3] Die Vorschriften über Landpachtverträge gelten auch für Pachtverhältnisse über forstwirtschaftliche Grundstücke, wenn die Grundstücke zur Nutzung in einem überwiegend landwirtschaftlichen Betrieb verpachtet werden.

A. Normzweck/Anwendungsbereich. Die Normierung des Landpachtvertrages (§§ 585 bis 597), als eine bes Art des Pachtvertrages in einem eigenen Untertitel geregelt, widerspiegelt die große Bedeutung der Landwirtschaft. Der Landpachtvertrag sollte damit an den tiefgreifenden Strukturwandel in der Landwirtschaft angepasst werden, insbes um dem Pächter als Betriebsinhaber eine moderne Wirtschaftsführung zu ermöglichen (ausf BTDrs 10/509, 1, 13 f; s auch § 581 Rz 1). § 585 definiert den Landpachtvertrag (Abs 1), regelt welche Vorschriften auf den Landpachtvertrag Anwendung finden (Abs 2) und bezieht bestimmte Pachtverhältnisse über forstwirtschaftliche Grundstücke in den Anwendungsbereich des Landpachtvertrages ein (Abs 3). § 584a ist nicht anwendbar auf den Landpachtvertrag (s § 585 Abs 2), für den § 597 gilt. Zum Übergangsrecht s § 581 Rn 2 f. Ergänzend ist das Gesetz über die Anzeige und Beanstandung von Landpachtverträgen (LPachtVG) zu beachten. § 584b ist abdingbar (allg M, vgl nur Erman/*P Jendrek* Rn 1). 1

B. Begriff des Landpachtvertrages, Abs 1 S 1. I. Definition. § 585 Abs 1 S 1 enthält die Legaldefinition des Begriffes »Landpachtvertrag«. Der Landpachtvertrag ist ein Pachtvertrag gem § 581 Abs 1, der überwiegend die Pacht von Grundstücken oder/und Betrieben zur Landwirtschaft zum Gegenstand hat. Ihm unterfallen auch Mischbetriebe, zB die Mitverpachtung forstwirtschaftlicher Grundstücke, wenn die landwirtschaftliche Nutzung überwiegt und die Alleinpacht von landwirtschaftlichen Betriebsgebäuden (zB Maststall), wenn die Pacht vorwiegend der landwirtschaftlichen und nicht der gewerblichen Nutzung dient (BTDrs 10/509 16). Auch Nebenbetriebe können mitverpachtet werden (Erman/*P Jendrek* Rn 2). 2

C. Begriff der Landwirtschaft, Abs 1 S 2. § 581 Abs 1 S 2 beinhaltet die Legaldefinition des Begriffes »Landwirtschaft«. Landwirtschaft sind die Bodenbewirtschaftung und die mit der Bodennutzung verbundene Tierhaltung, um pflanzliche oder tierische Erzeugnisse zu gewinnen, sowie die gartenbauliche Erzeugung. **I. Bodenbewirtschaftung und Tierhaltung.** Die Tierhaltung ist nur dann eine landwirtschaftliche Nutzung, wenn sie mit der Bodennutzung verbunden ist (Abs 1 S 2), dh dass die Bodennutzung der Erzeugung von Futter für die Tiere dient. Bei Betrieben, bei denen keine eigene Futtererzeugung stattfindet und die Bodennutzung völlig zurücktritt, liegt eine gewerbliche Nutzung vor (Erman/*P Jendrek* Rn 2; Palandt/*Weidenkaff* Rn 2; vgl auch BTDrs 10/509 16). Vor allem ist diese Form von landwirtschaftlicher Betätigung bei Intensivtierhaltung, wie zB Legehennenbatterie, Schweinemast, Pelztierfarm, gebräuchlich (Erman/*P Jendrek* Rn 2). 3

Die Bodenbewirtschaftung und die Tierhaltung muss der Gewinnung von pflanzlichen oder tierischen Erzeugnissen dienen. Dazu zählen zB der Ackerbau, die Wiesen- und Weidewirtschaft, der Erwerbsgartenbau, der Erwerbsobstbau, der Weinbau, die Imkerei und die Binnenfischerei, soweit es sich nicht nur um reine Rechtspacht handelt (BTDrs 10/509 16). Bei Mischbetrieben muss das Schwergewicht auf der landwirtschaftlichen Nutzung liegen und den Gesamtbetrieb prägen (Düsseldorf NJW-RR 2002, 1139; Erman/*P Jendrek* Rn 2; BaRoth/*Wagner* Rn 4). 4

II. Gartenbauliche Erzeugung. Mit der gartenbauliche Erzeugung wird klargestellt, dass auch die bodenunabhängige Erzeugung von Pflanzen in Pflanzenbehältnissen (zB Container, Töpfe), auf Stelllagen oder ähnl nicht mit dem Erdreich verbundenen Nährböden dem Begriff der Landwirtschaft unterfällt (BTDrs 10/3830 29; zB Baumschule LG Hamburg ZMR 1993, 283 mwN; Erman/*P Jendrek* Rn 2 mwN). Mit dem Begriff Erzeugung wird hervorgehoben, dass Handelsgärtnereien nicht der Landwirtschaft zuzuordnen sind (BTDrs 10/3830 29). 5

III. Erwerbs- oder wirtschaftmäßige Nutzung. Vorausgesetzt ist, dass es sich bei der landwirtschaftlichen Nutzung um eine erwerbs- oder wirtschaftmäßige Nutzung handelt. Ausgeschlossen ist daher nur die hobbymäßige Bodenbewirtschaftung, Tierhaltung oder gartenbauliche Erzeugung (Erman/*P Jendrek* Rn 2 mwN). 6

7 **D. Begriff des landwirtschaftlichen Betriebes, Abs 1.** Der landwirtschaftliche Betrieb bezieht sich nach Abs 1 auf ein Grundstück mit Wohn- oder Wirtschaftsgebäuden, die der landwirtschaftlichen Bewirtschaftung des Grundstückes dienen. Vorausgesetzt ist nicht, dass das Grundstück oder die Gebäude mit Inventar ausgestattet sind (Palandt/*Weidenkaff* Rn 3). Zu den Mischbetrieben s Rz 2.

8 **E. Anwendung pachtrechtlicher Vorschriften, Abs 2.** § 585 Abs 2 regelt, dass die allg Vorschrift über den Pachtvertrag (§ 581 Abs 1), die Vorschriften über das Inventar (§§ 582, 582a 583a) und das Pächterpfandrecht (§ 583a) sowie die nachfolgenden bes Vorschriften über den Landpachtvertrag Anwendung finden (BTDrs 10/509 16). Im Gegensatz zur allg Pacht (§ 581) gelten die mietvertraglichen Vorschriften nicht entspr, weil eine Verweisungsvorschrift, wie § 581 Abs 2, fehlt. Sie finden nur dann Anwendung, wenn in den Vorschriften über die Landpacht auf die mietvertraglichen Regelungen verwiesen wird (Erman/*P Jendrek* Rn 4).

9 **F. Pachtverhältnisse über forstwirtschaftliche Grundstücke, Abs 3.** § 585 Abs 3 erfasst die Konstellation, dass ein nur forstwirtschaftlich genutztes Grundstück an den Inhaber eines überwiegend landwirtschaftlich genutzten Betriebes verpachtet wird. Überwiegt die landwirtschaftliche Nutzung in dem Betrieb auch noch nach erfolgter Zupacht, ist Landpachtrecht anzuwenden. Die Konstellation, dass ein forstwirtschaftlich genutztes Grundstück zu einem überwiegend landwirtschaftlich genutzten Betrieb gehört und mit diesem zusammen verpachtet wird, fällt bereits unter Abs 1 (BTDrs 10/509 16).

§ 585a Form des Landpachtvertrags.

Wird der Landpachtvertrag für längere Zeit als zwei Jahre nicht in schriftlicher Form geschlossen, so gilt er für unbestimmte Zeit.

1 **A. Normzweck/Anwendungsbereich.** § 585a übernimmt im Grundsatz die mietvertraglichen Formvorschriften (§§ 550, 581 Abs 2) und harmonisiert sie mit der zweijährigen Kündigungsfrist gem § 594a Abs 1 (BTDrs 10/509 16). Der Normzweck entspricht daher demjenigen von § 550 (Karlsruhe AgrarR 1996, 378; Palandt/*Weidenkaff* Rn 1; vgl auch Erman/*P Jendrek* Rn 1 mwN). § 585a ist nur anwendbar auf den Landpachtvertrag (§ 585 Abs 1). § 585a ist zwingend und nicht abdingbar (Palandt/*Weidenkaff* Rn 1).

2 **B. Schriftformerfordernis/Rechtsfolge.** Der Landpachtvertrag muss für eine längere Zeit als 2 Jahre abgeschlossen sein. Verlangt wird die Einhaltung der schriftlichen Form, die in § 126 definiert wird. Zur Heilung des Formmangels und der Verpflichtung zur Nachholung der Schriftform s § 550. Ist die Schriftform nicht gewahrt, wird die vereinbarte Pachtdauer, wenn sie zwei Jahre überschreitet, unwirksam. Der Vertrag gilt für unbestimmte Zeit. Der Schriftformmangel führt mithin nicht zur Unwirksamkeit des Landpachtvertrages, wie es die regelm Rechtsfolge eines Formmangels nach § 125 ist. § 585a ist lex specialis zu § 125. Für die Kündigung des Landpachtvertrages gilt § 594a Abs 1.

§ 585b Beschreibung der Pachtsache.

[1] Der Verpächter und der Pächter sollen bei Beginn des Pachtverhältnisses gemeinsam eine Beschreibung der Pachtsache anfertigen, in der ihr Umfang sowie der Zustand, in dem sie sich bei der Überlassung befindet, festgestellt werden. Dies gilt für die Beendigung des Pachtverhältnisses entsprechend. Die Beschreibung soll mit der Angabe des Tages der Anfertigung versehen werden und ist von beiden Teilen zu unterschreiben.

[2] Weigert sich ein Vertragsteil, bei der Anfertigung einer Beschreibung mitzuwirken, oder ergeben sich bei der Anfertigung Meinungsverschiedenheiten tatsächlicher Art, so kann jeder Vertragsteil verlangen, dass eine Beschreibung durch einen Sachverständigen angefertigt wird, es sei denn, dass seit der Überlassung der Pachtsache mehr als neun Monate oder seit der Beendigung des Pachtverhältnisses mehr als drei Monate verstrichen sind; der Sachverständige wird auf Antrag durch das Landwirtschaftsgericht ernannt. Die insoweit entstehenden Kosten trägt jeder Vertragsteil zur Hälfte.

[3] Ist eine Beschreibung der genannten Art angefertigt, so wird im Verhältnis der Vertragsteile zueinander vermutet, dass sie richtig ist.

1 **A. Normzweck/Anwendungsbereich.** § 585b dient dazu, die in der Praxis sehr häufig entstehenden Pachtstreitigkeiten (zB bei der Einordnung der Instandsetzung als gewöhnliche Ausbesserung oder Erhaltung der Pachtsache bei Beendigung des Pachtverhältnisses) zu vermeiden (vgl BTDrs 10/509 17 f). Die Norm gilt für alle Landpachtverträge. Zum Übergangsrecht s § 581 Rz 2 f. § 585b Abs 1 ist als sog »Soll«-Vorschrift abdingbar (vgl BTDrs 10/509 17 f), während die Abs 2 und 3 zwingend und damit nicht disponibel sind (Staud/*v Jeinsen* Rn 21).

2 **B. Gemeinsame Anfertigung durch die Vertragsparteien, Abs 1. I. Keine Verpflichtung.** Die Vertragsparteien sollen bei Beginn des Pachtverhältnisses gemeinsam eine Beschreibung der Pachtsache anfertigen. Aus der Ausgestaltung der Vorschrift als sog »Soll« – Vorschrift, ergibt sich keine gegenseitige Verpflichtung zur Mitwirkung bei der Anfertigung der Beschreibung (BTDrs 10/509 17). Das Gesetz spricht eine Empfehlung an die Vertragsparteien aus. Mit dem Anspruch des Vertragspartners, die Beschreibung durch einen Sachver-

ständigen anfertigen zu lassen, wenn der andere Vertragspartner sich weigert mitzuwirken (Abs 2), sollen die Vertragparteien jedoch zu einer gemeinsamen Anfertigung der Beschreibung angehalten werden.

II. Gemeinsame Anfertigung. Gemeinsam bedeutet, dass die Vertragsteile sich auf eine Beschreibung einigen. 3

III. Gegenstand der Beschreibung, Abs 1 Hs 1 und 2. Die Beschreibung der Pachtsache soll ihren Umfang 4 und den Zustand, in dem sie sich bei der Überlassung befindet, beinhalten (Abs 1 Hs 2). Sie soll mit der Angabe des Tages der Anfertigung versehen werden und ist von beiden Vertragsteilen zu unterschreiben (Abs 1 S 2). Zum Umfang zählen zB Größe und Ausmaß von Grundstücken, Gebäuden, auch unterteilt in ihrer Funktionsbestimmung, Auflistung von Inventarstücken. Zum Zustand des Pachtgegenstandes gehört zB das Alter von Gebäuden und Inventarstücken, ihre Funktionsfähigkeit, Mängel etc. Was konkret in die Beschreibung aufzunehmen ist, ist im Einzelfall vom Pachtgegenstand abhängig. Anhaltspunkte für die Praxis bieten Musterpachtverträge, die solche Beschreibungen regelm enthalten. Die Unterschrift beider Vertragsteile ist erforderlich, damit mit der Beschreibung eine Beweisurkunde mit der in Abs 3 verknüpften Richtigkeitsvermutung entsteht (vgl Palandt/*Weidenkaff* Rn 6).

IV. Zeitpunkt. Die Beschreibung der Pachtsache soll bei Beginn (Abs 1 S 1) und bei Beendigung des Ver- 5 tragsverhältnisses (Abs 1 S 2) angefertigt werden.

C. Anfertigung durch einen Sachverständigen, Abs 2. I. Berechtigung. Jeder Vertragsteil hat in zwei 6 Konstellationen das Recht, die Anfertigung der Beschreibung durch einen Sachverständigen zu verlangen. 1. Wenn sich ein Vertragsteil zur Mitwirkung an der Beschreibung weigert. Berechtigt sind dann beide Vertragsteile. Auch derjenige Vertragsteil, der sich weigert, kann die Beschreibung durch den Sachverständigen verlangen. Er kann seine Mitwirkung ja auch aus berechtigten Gründen ablehnen (BTDrs 10/509 18). 2. Wenn sich während der Anfertigung der Beschreibung Meinungsverschiedenheiten tatsächlicher Art ergeben. Diese Meinungsverschiedenheiten über einen oder mehrere Umstände müssen der Grund dafür sein, dass sich die Vertragsparteien nicht auf eine gemeinsame Beschreibung einigen können. Diejenige Vertragspartei, die eine Beschreibung durch einen Sachverständigen begehrt, hat ihr Verlangen ggü der anderen Vertragspartei zu erklären (vgl Palandt/*Weidenkaff* Rn 9). Es kann nur eine Beschreibung angefertigt werden (BTDrs 10/509 18).

II. Frist, S 1 Hs 2. Eine Beschreibung durch einen Sachverständigen kann dann nicht mehr verlangt werden, 7 wenn seit der Überlassung der Pachtsache mehr als 9 Monate oder seit der Beendigung des Pachtverhältnisses mehr als 3 Monate verstrichen sind. Damit soll sichergestellt werden, dass die Beschreibung zu einem Zeitpunkt erstellt wird, zu der der Zustand der Pachtsache sinnvoll noch festgestellt werden kann. Weiterhin soll einem missbräuchlichen Verlangen eines Vertragsteils vorgebeugt werden (BTDrs 10/509 18).

III. Erstellung durch den Sachverständigen/Kosten. Der Sachverständige wird durch das Landwirtschafts- 8 gericht ernannt (S 1 letzter Hs). Das Verfahren wird auf der Grundlage des LwVfG durchgeführt. Der Antrag auf Anerkennung eines Sachverständigen kann von jeder Vertragspartei schriftlich oder zu Protokoll eines jeden Amtsgerichts gestellt werden (§ 9 LwVfG). Diejenige Vertragspartei, die die Beschreibung des Pachtgegenstandes durch den Sachverständigen für unrichtig hält, kann Klage auf Feststellung der Unrichtigkeit erheben (BTDrs 10/509 18). Die Kosten für die Erstellung der Beschreibung durch den Sachverständigen trägt jeder Vertragsteil zur Hälfte. Die Kosten setzen sich aus den Kosten des Landwirtschaftsgerichts und denjenigen des Sachverständigen zusammen (Palandt/*Weidenkaff* Rn 10).

D. Richtigkeitsvermutung der Beschreibung, Abs 4. Die Beschreibung der Pachtsache hat im Verhältnis der 9 Vertragsteile zueinander eine Richtigkeitsvermutung. Diese Wirkung kommt sowohl der gemeinsamen Beschreibung durch die Vertragspartner als auch der durch den Sachverständigen angefertigten Beschreibung zu (BTDrs 10/509 18). Die Beschreibung ist eine Beweisurkunde (Erman/*P Jendrek* Rn 3).

§ 586 Vertragstypische Pflichten beim Landpachtvertrag.

[1] Der Verpächter hat die Pachtsache dem Pächter in einem zu der vertragsmäßigen Nutzung geeigneten Zustand zu überlassen und sie während der Pachtzeit in diesem Zustand zu erhalten. Der Pächter hat jedoch die gewöhnlichen Ausbesserungen der Pachtsache, insbesondere die der Wohn- und Wirtschaftsgebäude, der Wege, Gräben, Dränungen und Einfriedigungen, auf seine Kosten durchzuführen. Er ist zur ordnungsmäßigen Bewirtschaftung der Pachtsache verpflichtet.

[2] Für die Haftung des Verpächters für Sach- und Rechtsmängel der Pachtsache sowie für die Rechte und Pflichten des Pächters wegen solcher Mängel gelten die Vorschriften des § 536 Absatz 1 bis 3 und der §§ 536a bis 536d entsprechend.

A. Normzweck/Anwendungsbereich. § 586 definiert die vertragstypischen Leistungspflichten beim Land- 1 pachtvertrag eigenständig (jurisPK/*Grühn* Rn 3) iVm mit dem Begriff des Landpachtvertrages gem § 585 sowie den vertragstypischen Hauptleistungspflichten beim Pachtvertrag gem § 581 Abs 1. Die Norm gilt für alle Landpachtverträge. Zum Übergangsrecht s § 581 Rz 2. § 586 ist abdingbar soweit die Vertragstypik des

Landpachtvertrages erhalten bleibt (hM, vgl Staud/*v Jeinsen* Rn 52; aA Hk-BGB/*Ebert* Rn 6: über Abs 2 entspr anwendbarer § 536d ist nicht abdingbar).

2 **B. Pflichten des Verpächters, Abs 1 S 1. I. Überlassung der Pachtsache.** Der Verpächter ist verpflichtet, dem Pächter die Pachtsache in einem zur vertragsgem Nutzung geeigneten Zustand zu überlassen. **1. Pachtsache.** Die Pachtsache muss ein Grundstück zur überwiegend landwirtschaftlichen Nutzung mit oder ohne ihr dienenden Wohn- oder Wirtschaftsgebäuden gem § 585 Abs 1 sein. Die Einzelheiten richten sich nach dem Landpachtvertrag, in dem die Vertragsparteien insbes die landwirtschaftliche Nutzung des Pachtgegenstandes festlegen.

3 **2. Überlassung.** Der Verpächter hat dem Pächter mit Beginn des Pachtverhältnisses die Pachtsache frei von Sach- und Rechtsmängeln zu überlassen. Diese Pflicht entspricht derjenigen des Vermieters gem § 535 Abs 1 S 2 mit der Maßgabe, dass der Verpächter dem Pächter die Nutzungsmöglichkeit, dh den Gebrauch der Pachtsache, mit der Möglichkeit des Fruchtgenusses (§ 581 Abs 1 S 1) zu gewähren hat (Hk-BGB/*Ebert* Rn 2). Der Verpächter ist verpflichtet, dem Pächter den Besitz (§ 854) an allen zur Pachtsache gehörenden Gegenständen einzuräumen.

4 **II. Erhaltung der Pachtsache.** Dem Verpächter obliegt es, die Pachtsache während der Pachtzeit in vertragsgem Zustand zu erhalten. Diese umfassende Pflicht wird gem Abs 1 S 2 dadurch modifiziert, dass der Pächter die gewöhnlichen Ausbesserungen auf eigene Kosten durchzuführen hat. Die Erhaltungspflicht umfasst grds alle Maßnahmen zur Instandhaltung und Instandsetzung der Pachtsache zur Mängelbeseitigung, um die vertrags- und ordnungsgem Bewirtschaftung der Sache (Abs 1 S 3) zu gewährleisten, ohne dass es sich um gewöhnliche Ausbesserungen (Abs 1 S 2) oder wertverbessernde Verwendungen (§ 591) handelt. Der Verpächter ist dementspr nur zu außergewöhnlichen Ausbesserungen zum Erhalt der Pachtsache verpflichtet, zB zur Beseitigung von Schäden auf Grund von Bränden oder ungewöhnlichen Naturereignissen, zB Überschwemmungen, Erdbeben etc (Hk-BGB/*Ebert* Rn 2; Staud/*v Jeinsen* Rn 29). Die Grenze zwischen Maßnahmen zur Erhaltung der Pachtsache nach S 1 und solchen der gewöhnlichen Ausbesserung nach S 2 sind fließend (jurisPK/*Grühn* Rn 12).

5 **C. Pflichten des Pächters, Abs 1. I. Gewöhnliche Ausbesserung der Pachtsache, Abs 1 S 2.** Der Pächter ist verpflichtet, auf eigene Kosten gewöhnliche Ausbesserungen an der Pachtsache vorzunehmen. Die Ausbesserungen beziehen sich nach dem nicht abschließenden Regelkatalog des S 2 insbes auf die Wohn- und Wirtschaftsgebäude, Wege, Gräben, Dränungen und Einfriedigungen. Mit dieser Pflicht wird die Erhaltungspflicht des Verpächters (Abs 1 S 1) eingeschränkt. Die Ausbesserungen dienen der Beseitigung von eingetretenen Schäden, die dem Betriebsrisiko des Pächters zuzuordnen sind. Sie umfassen alle wirtschaftlich notwendigen Maßnahmen während der Pachtzeit, die durch gewöhnliche Abnutzung der Pachtsache verursacht werden. Dazu zählen regelm turnusmäßige Wartungen, Pflege der Pachtgegenstände, Schönheitsreparaturen und Maßnahmen zur Beseitigung von Schäden auf Grund gewöhnlicher Witterung (BGH NJW-RR 1993, 521 mwN). Nicht einheitlich wird beurteilt, ob die Ausbesserungspflicht des Pächters mit Beendigung des Pachtvertrages endet (s dazu Erman/*P Jendrek* Rn 4). Der Pächter hat die durch die gewöhnlichen Ausbesserungen verursachten Kosten selbst zu tragen (Abs 1 S 2). Verletzt der Pächter seine Ausbesserungspflicht, indem er sie schuldhaft nicht oder nicht rechtzeitig erfüllt, kann der Verpächter einen ihm dadurch entstehenden Schaden ersetzt verlangen (Erman/*P Jendrek* Rn 2 mwN).

6 **II. Bewirtschaftung der Pachtsache, Abs 1 S 3.** § 586 Abs 1 S 3 stellt für den Landpachtvertrag ausdrücklich klar, dass der Pächter zur ordnungsgemäßen Bewirtschaftung der Pachtsache verpflichtet ist (BTDrs 10/509 17). Maßstab sind die allg gültigen Regeln der Landwirtschaft (vgl Palandt/*Weidenkaff* § 558 Rn 6).

7 **D. Sach- und Rechtsmängelhaftung, Abs 2.** § 586 Abs 2 bestimmt, dass die mietvertraglichen Vorschriften über die Sach- und Rechtsmängelhaftung beim Landpachtvertrag entspr anwendbar sind, soweit sie seiner Rechtsnatur entsprechen. Von der Haftung erfasst werden alle zur Pachtsache gehörenden Gegenstände einschließlich Inventar (Palandt/*Weidenkaff* Rn 2).

§ 586a Lasten der Pachtsache. Der Verpächter hat die auf der Pachtsache ruhenden Lasten zu tragen.

1 § 586a dient der Lastenverteilung. Der Pächter wird dem Mieter (§ 535 Abs 1 S 3) gleichgestellt (Hk-BGB/*Ebert* Rn 1). Die Norm gilt für alle Landpachtverträge. Zum Übergangsrecht s § 581 Rz 2. § 586a ist abdingbar (vgl BTDrs 10/509 17). Der Begriff der Lasten ergibt sich aus § 103. Dazu zählen öffentliche und privatrechtliche Lasten (BTDrs 10/509 17). Die Vorschrift entfaltet Wirkung nur im Innenverhältnis. Dies gilt unabhängig davon, wer Steuerschuldner ist (Palandt/*Weidenkaff* Rn 1). Für den Mietvertrag enthält § 535 Abs 1 S 3 eine entspr Regelung der Lastenverteilung.

§ 587 Fälligkeit der Pacht; Entrichtung der Pacht bei persönlicher Verhinderung des Pächters. **[1] Die Pacht ist am Ende der Pachtzeit zu entrichten. Ist die Pacht nach Zeitabschnitten bemessen, so ist sie am ersten Werktag nach dem Ablauf der einzelnen Zeitabschnitte zu entrichten.**
[2] Der Pächter wird von der Entrichtung der Pacht nicht dadurch befreit, dass er durch einen in seiner Person liegenden Grund an der Ausübung des ihm zustehenden Nutzungsrechts verhindert ist. § 537 Absatz 1 Satz 2 und Absatz 2 gilt entsprechend.

A. Normzweck/Anwendungsbereich. § 587 konkretisiert die Pflicht des Pächters zur Zahlung des Pachtzinses gem § 581 Abs 1 S 2. Diese Pflicht wird eigenständig für den Landpachtvertrag unter Abweichung von der mietvertraglichen Regelung in § 556b normiert. Die Norm gilt für alle Landpachtverträge. Zum Übergangsrecht s § 581 Rz 2. § 587 ist abdingbar (Erman/*P Jendrek* Rn 1 mwN). 1

B. Fälligkeit der Pacht, Abs 1. Die Pflicht des Pächters zur Pachtzahlung ergibt sich aus § 581 Abs 1 S 2. Die »Pacht« betrifft insoweit das vereinbarte Entgelt und die sonstigen vereinbarten Leitungen, die nicht in Geld bemessen sein müssen (BTDrs 10/509 17). Die Fälligkeit der Pacht richtet sich nur dann nach § 587 Abs 1, wenn die Vertragsparteien nicht einen anderen Fälligkeitstermin im Landpachtvertrag vereinbart haben, was in der Praxis häufig der Fall ist (Erman/*P Jendrek* Rn 1). § 587 Abs 1 entspricht im Grds der mietvertraglichen Vorschrift über die Fälligkeit der Miete bei Mietverhältnissen über andere Sachen als Wohnraum (§ 579 Abs 1 S 1 und 2). Abw dazu wurde ausschließlich der in § 579 Abs 1 S 2 allg festgelegte Zahlungstermin »nach Ablauf der einzelnen Zeitabschnitte« im Landpachtrecht durch den konkreten Zahlungstermin »am ersten Werktag« nach dem Ablauf der einzelnen Zeitabschnitte modifiziert. Auf die Kommentierung zu § 579 Abs 1 S 1 und 2 wird entspr verwiesen. Der Anspruch auf Zahlung der Pacht unterliegt der regelm Verjährung (§§ 195, 199). 2

C. Entrichtung der Pacht bei persönlicher Verhinderung des Pächters, Abs 2. Der Pächter bleibt selbst dann zur Zahlung der Pacht verpflichtet, wenn ihm die Ausübung seines Pachtrechts aus persönlichen Gründen unmöglich ist. Auf ein Verschulden kommt es nicht an. § 587 Abs 2 S 1 entspricht im Grds dem mietvertraglichen § 537 Abs 1 S 1, doch wurde das Gebrauchsrecht, das der Mietvertrag gewährt, beim Landpachtrecht wesensgem durch das Nutzungsrecht ersetzt. Aus diesem Grund ordnet § 587 Abs 2 S 2 auch nur die entspr Anwendbarkeit der S 2 aus § 537 Abs 1 und folgerichtig Abs 2 der Norm an. Auf die Kommentierung zu § 537 wird daher an dieser Stelle verwiesen. Da der Pächter zur ordnungsgemäßen Bewirtschaftung der Pachtsache verpflichtet wird (§ 586 Abs 1 S 3), können sich für ihn bes Belastungen aus dieser Gefahrtragung bei langen Verträgen ergeben. Ihnen soll mit dem Sonderkündigungsrecht des Pächters für den Fall, dass er berufsunfähig wird, Rechnung getragen werden (BTDrs 10/509 17). 3

§ 588 Maßnahmen zur Erhaltung oder Verbesserung. **[1] Der Pächter hat Einwirkungen auf die Pachtsache zu dulden, die zu ihrer Erhaltung erforderlich sind.**
[2] Maßnahmen zur Verbesserung der Pachtsache hat der Pächter zu dulden, es sei denn, dass die Maßnahme für ihn eine Härte bedeuten würde, die auch unter Würdigung der berechtigten Interessen des Verpächters nicht zu rechtfertigen ist. Der Verpächter hat die dem Pächter durch die Maßnahme entstandenen Aufwendungen und entgangenen Erträge in einem den Umständen nach angemessenen Umfang zu ersetzen. Auf Verlangen hat der Verpächter Vorschuss zu leisten.
[3] Soweit der Pächter infolge von Maßnahmen nach Absatz 2 Satz 1 höhere Erträge erzielt oder bei ordnungsmäßiger Bewirtschaftung erzielen könnte, kann der Verpächter verlangen, dass der Pächter in eine angemessene Erhöhung der Pacht einwilligt, es sei denn, dass dem Pächter eine Erhöhung der Pacht nach den Verhältnissen des Betriebs nicht zugemutet werden kann.
[4] Über Streitigkeiten nach den Absätzen 1 und 2 entscheidet auf Antrag das Landwirtschaftsgericht. Verweigert der Pächter in den Fällen des Absatzes 3 seine Einwilligung, so kann sie das Landwirtschaftsgericht auf Antrag des Verpächters ersetzen.

A. Normzweck/Anwendungsbereich. § 588 regelt die notwendigen Erhaltungsmaßnahmen an der Sache, soweit der Verpächter zu ihnen verpflichtet ist (§ 586 Abs 1 S 1). Diese müssen zur Verbesserung der Pachtsache, ggf unter Erhöhung der Pacht (Abs 2), ermöglicht werden (vgl BTDrs 10/509 18). Die Norm gilt für alle Landpachtverträge. Zum Übergangsrecht s § 581 Rz 2. § 588 ist abdingbar (Erman/*P Jendrek* Rn 1 mwN; Hk-BGB/*Ebert* Rn 6; MüKo/*Harke* Rn 6). 1

B. Duldung von Erhaltungsmaßnahmen, Abs 1. I. Maßnahmen der Erhaltung. Der Pächter ist verpflichtet, die Durchführung erforderlicher Erhaltungsmaßnahmen an der Pachtsache zu dulden. Maßnahmen der Erhaltung sind grds all diejenigen, die der Verpächter in Erfüllung seiner Erhaltungspflicht gem § 586 Abs 1 S 1 erbringt. Haben die Vertragsparteien im Landpachtvertrag die Pflicht zur Erhaltung der Pachtsache abw von § 586 Abs 1 S 1 und 2 geregelt, ist der dort vereinbarte Umfang der Erhaltungspflicht 2 für die erforderlichen Maßnahmen maßgeblich (vgl Hk-BGB/*Ebert* Rn 2). Die Erhaltungsmaßnahmen können sich insbes auch auf das Grundstück beziehen, weil es zwingend Gegenstand der Pachtsache ist. Zum Begriff der Erforderlichkeit s § 554.

3 **II. Pflicht zur Duldung.** Der Pächter ist zur Duldung der Erhaltungsmaßnahmen verpflichtet, insbes zur Mitwirkung. Wird das vertragsgem Gebrauchs- und/oder Nutzungsrecht der Pachtsache beeinträchtigt, ergeben sich die Rechte des Pächters aus § 586 Abs 2 iVm §§ 536 ff (Erman/*P Jendrek* Rn 2).

4 **C. Duldung von Verbesserungsmaßnahmen, Abs 2 S 1. I. Maßnahmen der Verbesserung.** Der Pächter ist verpflichtet, die Durchführung von Maßnahmen zur Verbesserung der Pachtsache zu dulden. Als Verbesserungsmaßnahmen sind Maßnahmen des Verpächters anzusehen, durch die objektiv der Nutzungs- und/oder Gebrauchswert und/oder der Substanzwert der Pachtsache (Grundstücke, Wohn- und Wirtschaftsgebäude, Inventar) erhöht wird (Erman/*P Jendrek* Rn 3). Der Begriff der Verbesserungsmaßnahme ist objektiv zu bestimmen. Der Maßstab für die Verbesserung ist die Verkehrsanschauung, zB Anlage von Wirtschaftswegen, Modernisierung von Ställen (BTDrs 10/509 18).

5 **II. Pflicht zur Duldung.** Gem § 588 Abs 2 S 1 Hs 1 ist der Pächter grds verpflichtet, die Verbesserungsmaßnahmen zu dulden. Die Duldungspflicht besteht nicht, wenn die Maßnahme für den Pächter eine nicht zu rechtfertigende Härte bedeuten würde (S 1 Hs 2); dann ist die Duldung der Maßnahme für den Pächter unzumutbar. Dies ist auf Grund einer umfassenden Abwägung der Interessen von Pächter und Verpächter zu beurteilen. Interessen des Pächters sind zB die Bewirtschaftung der Pachtsache und der Besitz an allen Gegenständen, die zur Pachtsache gehören (s Erman/*P Jendrek* Rn 3).

6 **D. Ansprüche des Pächters.** Der Pächter hat einen Anspruch gegen den Verpächter auf Ersatz von Aufwendungen, die er auf Grund der Verbesserungsmaßnahme tätigen musste (Abs 2 S 2 Alt 1). Zum Begriff der Aufwendungen s § 256. Hierzu gehören zB kostenpflichtige, anderweitige Unterbringung von Tieren (BTDrs 10/509 19). Der Ersatzanspruch ist seinem Umfang nach ausdrücklich auf angemessene Aufwendungen begrenzt. Weiterhin hat der Pächter einen Anspruch gegen den Verpächter auf Ersatz entgangener Erträge, ebenfalls in angemessenem Umfang (Abs 2 S 2 Alt 2). Der Verpächter ist verpflichtet, dem Pächter auf sein Verlangen hin, einen Vorschuss zu leisten. Wird das vertragsgem Gebrauchs- und/oder Nutzungsrecht der Pachtsache beeinträchtigt, ergeben sich die Rechte des Pächters aus § 586 Abs 2 iVm §§ 536 ff (zB Minderung, § 536 oder Ersatzansprüche nach § 536a; Erman/*P Jendrek* Rn 4).

7 **E. Erhöhung der Pacht, Abs 3. I. Grundsatz.** Der Verpächter hat gegen den Pächter bei einer Verbesserungsmaßnahme einen Anspruch auf Einwilligung in eine angemessene Erhöhung der Pacht (Hs 1). Vorausgesetzt ist, dass der Pächter 1. höhere Erträge erzielt oder alternativ 2. bei ordnungsgemäßer Bewirtschaftung erzielen könnte. Der Verpächter soll nur dann eine Erhöhung erhalten, wenn sich die Verbesserungsmaßnahmen an der Pachtsache auf die Produktivität des Pächterbetriebes positiv auswirken können (BTDrs 10/509 19). Die ordnungsgem Bewirtschaftung entspricht der Pflicht des Pächters aus § 586 Abs 1 S 3. Maßstab sind die allg gültigen Regeln der Landwirtschaft (Palandt/*Weidenkaff* Rn 6). Die erzielten oder erzielbaren Erträge müssen in einem Ursachenzusammenhang mit den Verbesserungsmaßnahmen stehen.

8 **II. Ausschluss wegen Unzumutbarkeit/Rechtsfolge.** Der Anspruch des Verpächters auf eine angemessene Erhöhung ist ausgeschlossen, wenn die Erhöhung für den Pächter nach den Verhältnissen des Betriebes unzumutbar ist (Abs 3 letzter Hs). Die Unzumutbarkeit ist individuell zu bestimmen. Maßgebend sind die konkreten Umstände im Betrieb des Pächters. Der Verpächter hat gegen den Pächter einen Rechtsanspruch auf angemessene Pachterhöhung. Willigt der Pächter ein, führt dies zu einer Änderung des Landpachtvertrages (§ 311 Abs 1; Palandt/*Weidenkaff* Rn 7), hinsichtlich der Pacht vgl § 581 Abs 1 S 2. Zur Verweigerung der Einwilligung s § 588 Abs 4 S 2.

9 **F. Verfahrensrechtliches/Beweislast.** Das Gesetz legt die Erwartung zu Grunde, dass bei Streitigkeiten unter rechtzeitiger Einschaltung der berufsständischen Pachtschlichtungsstellen ein angemessener Ausgleich zwischen den Interessen und Ansprüchen von Verpächter und Pächter gefunden werden kann. Sofern eine gütliche Einigung nicht erzielt werden kann, wird das Landwirtschaftsgericht zuständig, das auf Antrag entscheidet (Abs 4 S 1). Das Landwirtschaftsgericht ist ebenfalls zuständig, wenn der Pächter seine Einwilligung zur Erhöhung der Pacht nach Abs 3 verweigert. Bei berechtigter Verweigerung ersetzt das Gericht die Einwilligung. Der Verpächter trägt die Beweislast dafür, dass der Pächter erforderliche Erhaltungsmaßnahmen zu dulden hat (Abs 1). Gleiches gilt für die Verbesserungsmaßnahmen nach Abs 2 sowie für die Erhöhung der Erträge nach Abs 3. Dagegen ist der Pächter beweisbelastet für den Härtefall nach Abs 2 sowie für die Unzumutbarkeit der Pachterhöhung nach Abs 3 (Palandt/*Weidenkaff* Rn 2).

§ 589 Nutzungsüberlassung an Dritte. **[1] Der Pächter ist ohne Erlaubnis des Verpächters nicht berechtigt,**

1. die Nutzung der Pachtsache einem Dritten zu überlassen, insbesondere die Sache weiter zu verpachten,

2. die Pachtsache ganz oder teilweise einem landwirtschaftlichen Zusammenschluss zum Zwecke der gemeinsamen Nutzung zu überlassen.

[2] Überlässt der Pächter die Nutzung der Pachtsache einem Dritten, so hat er ein Verschulden, das dem Dritten bei der Nutzung zur Last fällt, zu vertreten, auch wenn der Verpächter die Erlaubnis zur Überlassung erteilt hat.

A. Normzweck. Der Verpächter ist in seinem Vertrauen darauf schutzwürdig, dass der Pächter als Vertrags- 1
partner die Pachtsache selbst nutzt. Deshalb knüpft § 589 die Nutzungsüberlassung an Dritte an die Erteilung einer Erlaubnis. Die Norm gilt für alle Landpachtverträge. Zum Übergangsrecht s § 581 Rz 2. § 589 ist abdingbar (Erman/*P Jendrek* Rn 1 mwN).

B. Erlaubnispflichtigkeit, Abs 1. Der Pächter bedarf der Erlaubnis des Verpächters, wenn er die **Pachtsache** 2
einem Dritten zur Nutzung überlassen will. Diese Regelung entspricht der Erlaubnispflichtigkeit der Gebrauchsüberlassung der Mietsache an Dritte gem § 540 Abs 1. Auf die Kommentierung dieser Vorschrift wird entspr verwiesen. Die Erlaubnispflicht betrifft **jede Nutzungsüberlassung** an Dritte. Die Sache kann dem Dritten in ihrer Gesamtheit oder nur teilw überlassen werden. Als Regelbeispiel benennt **Nr 1** die Weiter- oder Unterverpachtung. Erlaubnispflichtig ist zB der sog Pflugaustausch (BGH AgrarR 1999, 212; Naumburg NJW-RR 2000, 93). Die Erlaubnispflichtigkeit der gemeinsamen Nutzung der Pachtsache in einem landwirtschaftlichen Zusammenschluss berücksichtigt die Bedeutung der überbetrieblichen Zusammenarbeit in der Landwirtschaft (s BTDrs 10/509 19). Landwirtschaftliche Zusammenschlüsse iSv **Nr 2** sind zB Maschinenringe, Maschinengemeinschaften, Betriebszweiggemeinschaften (Teilfusionen), Betriebsgemeinschaften (Vollfusionen) sowie Erzeugergemeinschaften in den Rechtsformen des bürgerlichen Rechts und des Handelsrechts (BTDrs 10/509 19). Ein Zusammenschluss iSd Vorschrift entsteht nicht bei Umwandlung des Pächters durch Verschmelzung (BGH NJW 2002, 261).

Die Pachtsache kann nur dem landwirtschaftlichen Zusammenschluss ganz oder teilw zur gemeinsamen Nut- 3
zung überlassen werden. Der Pächter muss an dem landwirtschaftlichen Zusammenschluss beteiligt sein und nach Überlassung der Pachtsache gemeinsam mit den übrigen Mitgliedern des Zusammenschlusses die Pachtsache nutzen (BTDrs 10/509 19). Geht mit dem Eintritt des Pächters in den Zusammenschluss und der Nutzungsüberlassung an ihn eine Änderung der Nutzung der Pachtsache einher, die nicht mehr vertragsgem der alten Nutzung entspricht, handelt es sich um eine Vertragsänderung, die insoweit – zusätzlich – den allg Regeln (insbes § 590), jedoch nicht § 589, unterliegt (Erman/*P Jendrek* Rn 2).

Die **Erlaubnis** ist eine einseitige empfangsbedürftige Willenserklärung des Verpächters (§ 130) ggü dem 4
Pächter. Hält sich der Verpächter nicht den Widerruf der Erlaubnis vor, ist sie grds unwiderruflich (Naumburg AgrarR 2003, 712). Sie kann ausdrücklich oder konkludent erfolgen. Regelm ist die Erlaubnis vom Pächter vor Beginn der Nutzungsüberlassung an Dritte einzuholen (Einwilligung, § 183 S 1). Findet eine Nutzung durch Dritte ohne Erlaubnis statt, kann der Verpächter die Erlaubnis auch nachträglich aussprechen (Genehmigung, § 184 Abs 1).

Die **Erteilung der Erlaubnis** durch den Verpächter bewirkt eine **Änderung des Landpachtvertrages** bzgl des 5
Nutzungsrechtes. Der Pächter bleibt jedoch weiterhin mit all den übrigen vertraglichen Rechten und Pflichten Vertragspartner des Verpächters und hat die Pacht zu zahlen. Dies gilt insbes auch bei der gemeinsamen Nutzung der Pachtsache in einem landwirtschaftlichen Zusammenschluss (BTDrs 10/509 19). Insbes im Falle des landwirtschaftlichen Zusammenschlusses (Abs 1 Nr 1) ist die Erlaubnis regelm dann zu erteilen, wenn die Nutzungsüberlassung zur Erhaltung oder nachhaltigen Verbesserung der Wirtschaftlichkeit des Betriebs geeignet ist und sie dem Verpächter unter Beachtung seiner berechtigten Interessen zumutbar ist (BTDrs 10/509 19).

C. Verschulden Dritter, Abs 3. Bei der Nutzungsüberlassung an Dritte hat der Pächter ein Verschulden des 6
Dritten unabhängig davon zu vertreten, ob der Verpächter die Erlaubnis zur Überlassung erteilt hat. Der Pächter haftet für Pflichtverletzungen bei der Nutzung der Pachtsache grds immer für das Verschulden Dritter. Im Mietrecht trifft § 540 Abs 2 eine entspr Regelung, die sich wesensgem auf den Gebrauch der Mietsache bezieht. Auf die Kommentierung dieser Vorschrift wird entspr verwiesen.

§ 590 Änderung der landwirtschaftlichen Bestimmung oder der bisherigen Nutzung. **[1] Der Pächter darf die landwirtschaftliche Bestimmung der Pachtsache nur mit vorheriger Erlaubnis des Verpächters ändern.**

[2] Zur Änderung der bisherigen Nutzung der Pachtsache ist die vorherige Erlaubnis des Verpächters nur dann erforderlich, wenn durch die Änderung die Art der Nutzung über die Pachtzeit hinaus beeinflusst wird. Der Pächter darf Gebäude nur mit vorheriger Erlaubnis des Verpächters errichten. Verweigert der Verpächter die Erlaubnis, so kann sie auf Antrag des Pächters durch das Landwirtschaftsgericht ersetzt

werden, soweit die Änderung zur Erhaltung oder nachhaltigen Verbesserung der Rentabilität des Betriebs geeignet erscheint und dem Verpächter bei Berücksichtigung seiner berechtigten Interessen zugemutet werden kann. Dies gilt nicht, wenn der Pachtvertrag gekündigt ist oder das Pachtverhältnis in weniger als drei Jahren endet. Das Landwirtschaftsgericht kann die Erlaubnis unter Bedingungen und Auflagen ersetzen, insbesondere eine Sicherheitsleistung anordnen sowie Art und Umfang der Sicherheit bestimmen. Ist die Veranlassung für die Sicherheitsleistung weggefallen, so entscheidet auf Antrag das Landwirtschaftsgericht über die Rückgabe der Sicherheit; § 109 der Zivilprozessordnung gilt entsprechend.

[3] Hat der Pächter das nach § 582a zum Schätzwert übernommene Inventar im Zusammenhang mit einer Änderung der Nutzung der Pachtsache wesentlich vermindert, so kann der Verpächter schon während der Pachtzeit einen Geldausgleich in entsprechender Anwendung des § 582a Absatz 3 verlangen, es sei denn, dass der Erlös der veräußerten Inventarstücke zu einer zur Höhe des Erlöses in angemessenem Verhältnis stehenden Verbesserung der Pachtsache nach § 591 verwendet worden ist.

1 **A. Normzweck/Anwendungsbereich.** Die Norm dient einem gerechten Ausgleich des Interesses des Pächters an einer möglichst weitgehenden wirtschaftlichen Bewegungsfreiheit und Anpassungsfähigkeit an die sich wandelnden Verhältnisse des Marktes, um die Wettbewerbsfähigkeit des Pachtbetriebes zu erhalten und dem Interesse des Verpächters an einem gleichbleibenden und ihn möglichst wenig belastenden Zustand der Pachtsache. Der Verpächter soll davor geschützt werden, die Folgen risikobehafteter betriebswirtschaftlicher Entscheidungen des Pächters finanziell mittragen zu müssen. Der Interessenausgleich findet vor dem Hintergrund der Situation der Landwirtschaft statt, die durch eine zunehmend kapitalintensive Produktionsweise und Spezialisierung gekennzeichnet ist, die erheblicher Investitionen bedürfen (BTDrs 10/509 20). Um Streitigkeiten sinnvollerweise in engem zeitlichen Zusammenhang mit der Nutzungsänderung beizulegen, gewährt die Norm Rechtsschutz vor dem Landwirtschaftsgericht. Dies soll insbes den Pächter davor schützen, dass am Ende der Pachtzeit nachträglich aus dem wirtschaftlichen Erfolg oder Misserfolg der Maßnahme auf ihre rechtliche Zulässigkeit geschlossen wird (BTDrs 10/509 20). § 590 beinhaltet eine der rechts- und agrarpolitisch bedeutsamsten Neuregelungen des Gesetzes zur Neuordnung des landwirtschaftlichen Pachtrechts (BTDrs 10/509 20). Die Norm gilt für alle Landpachtverträge. § 590 ist abdingbar (Erman/*P Jendrek* Rn 1 mwN; Hk-BGB/*Ebert* Rn 6 mwN). Bei der formularmäßigen Einschränkung der Pächterrechte ist insbes die Generalklausel des § 307 zu beachten. Ein Ausschluss der Pächterrechte in einem Formularvertrag benachteiligt den Pächter unangemessen; er ist unwirksam (MüKo/*Harke* Rn 6).

2 **B. Änderung der landwirtschaftlichen Bestimmung der Pachtsache, Abs 1.** Die Änderung der landwirtschaftlichen Bestimmung durch den Pächter ist nur mit vorheriger Erlaubnis des Verpächters zulässig. Wann die Pachtsache eine landwirtschaftliche Bestimmung aufweist, definiert § 585 Abs 1 S 2 mit dem Begriff der Landwirtschaft (s § 585 Rz 3). Maßgeblich ist, welche Vereinbarung der Pachtvertrag dazu trifft. Eine Änderung der landwirtschaftlichen Bestimmung liegt vor, wenn die Landwirtschaft aufgegeben und die Pachtsache anderweitig genutzt werden soll (zB als gewerblicher Lager- oder Campingplatz; BTDrs 10/509 21; Erman/*P Jendrek* Rn 2 mwN). Eine Ersetzung der Erlaubnis durch das Landwirtschaftsgericht, wenn der Verpächter sie verweigert, ist ausgeschlossen (BTDrs 10/509 20; Erman/*P Jendrek* Rn 2 mwN).

3 **C. Änderung der bisherigen Nutzung der Pachtsache, Abs 2 S 1.** Die Erlaubnispflicht nach Abs 2 S 2 hat zwei Voraussetzungen: 1. Änderung der Art der landwirtschaftlichen Nutzung und 2. deren Beeinflussung der Art der Nutzung über die Pachtzeit hinaus. Die Vorschrift ist nur anwendbar, wenn der Pächter die bisherige landwirtschaftliche Nutzung der Pachtsache einer anderen Art der landwirtschaftlichen Nutzung zuführen möchte. Die Nutzungsänderung beeinflusst die Art der Nutzung über die Pachtzeit hinaus, wenn sie zu irreversiblen Änderungen an der Pachtsache für die Nutzung führt, zB Abholzung des Waldes zwecks Nutzung als Ackerland; Aufgabe der Milcherzeugung (BGHZ 118, 351). Sie liegt nicht vor, wenn der jetzige Zustand bis zum Ende der Pachtzeit wiederhergestellt wird, zB eine Wiese wird während der Pachtzeit als Ackerland genutzt und zum Pachtablauf wieder als Wiese übergeben oder umgekehrt (Palandt/*Weidenkaff* Rn 6). Eine solche landwirtschaftsbezogene Nutzungsänderung ist erlaubnisfrei zulässig.

4 **D. Errichtung von Gebäuden, Abs 2 S 2.** Die Errichtung von Gebäuden bedarf immer einer vorherigen Erlaubnis des Verpächters. Unerheblich ist, zu welchen Zwecken die Gebäude genutzt werden und welcher Art sie sind, sofern sie mit dem Grundstück fest verbunden sind (zB Häuser, Scheunen, Stallungen, Silos, Speicher, etc). Dazu zählen aber keine Anlagen, die nur vorübergehend genutzt sowie schnell und vollständig wieder beseitigt werden können (Erman/*P Jendrek* Rn 4 mwN).

5 **E. Ersetzung der verweigerten Erlaubnis, Abs 2 S 3 bis 6. I. Voraussetzungen, S 3.** S 3 bestimmt die materiellen Voraussetzungen, unter denen das Landwirtschaftsgericht die verweigerte Erlaubnis ersetzen kann. Erforderlich ist, 1. dass der Verpächter seine Erlaubnis verweigert, 2. zur Änderung der landwirtschaftlichen Nutzung der Pachtsache (S 1) oder zur Errichtung von Gebäuden (S 2). Aufgrund der praktisch großen Bedeutung wird für die Errichtung von Gebäuden die Ersetzungsmöglichkeit eröffnet, denn sie ist wirtschaftlich dem Eintritt in einen Zusammenschluss (§ 589 Abs 1 Nr 2) und der landwirtschaftlichen Nutzungsände-

rung (Abs 2 S 1) gleichzusetzen. 3. Die Änderung muss zur Erhaltung oder nachhaltigen Verbesserung der Rentabilität des Betriebs geeignet erscheinen und 4. dem Verpächter bei Berücksichtigung seiner berechtigten Interessen zugemutet werden können.

II. Ausschluss der Ersetzung, S 4. Eine gerichtliche Ersetzung der verweigerten Erlaubnis ist ausgeschlossen, 6
wenn der Pachtvertrag sich dem Ende nähert (BTDrs 10/509 21) und zwar, wenn der Pachtvertrag ordentlich oder außerordentlich gekündigt ist oder das Pachtverhältnis in weniger als 3 Jahren endet.

III. Entscheidung des Landwirtschaftsgerichts, S 5 und 6. Das Landwirtschaftsgericht entscheidet nur auf 7
Antrag (s S 3). Um den Eingriff in die Entscheidungsfreiheit des Verpächters zu rechtfertigen, ist es berechtigt, die Bedingungen des Landpachtvertrages durch Bedingungen und Auflagen zu modifizieren (S 5 Hs 1). Es kann insbes eine Sicherheitsleistung anordnen sowie deren Art und Umfang bestimmen (S 5 Hs 2). Das Landwirtschaftsgericht ist ebenfalls zuständig zur Entscheidung über die Rückgabe der Sicherheit. Vorausgesetzt ist, dass formell ein entspr Antrag gestellt wurde und materiell die Veranlassung für die Sicherheitsleistung weggefallen ist. Verfahrensrechtlich wird § 109 ZPO für entspr anwendbar erklärt (S 6).

F. Rechtsfolgen. Die Erlaubnis des Verpächters ist vor Vornahme der landwirtschaftlichen Nutzungsänderung 8
(Abs 2 S 1) bzw der Errichtung der Gebäude (Abs 2 S 2) einzuholen. Beide Maßnahmen dürfen bei verweigerter Erlaubnis nicht vor ihrer Ersetzung durch das Landwirtschaftsgericht durchgeführt werden (BTDrs 10/509 21). Hat der Pächter die Erlaubnis vom Verpächter oder bei seiner Verweigerung durch das Landwirtschaftsgericht erhalten, ist er berechtigt, die Pachtsache am Ende der Pachtzeit in dem geänderten Zustand zurückzugeben. Der geänderte Zustand entspricht der ordnungsgemäßen Bewirtschaftung gem § 586 Abs 1 (BTDrs 10/509, 21). Nimmt der Pächter ohne Erlaubnis des Verpächters eine erlaubnispflichtige Änderung der landwirtschaftlichen Bestimmung oder der bisherigen Nutzung vor, kann dies einen Grund zur außerordentlichen Kündigung des Landpachtvertrages (§ 594e) begründen. Ferner können dem Verpächter Unterlassungsansprüche (§ 590a) sowie Beseitigungs- und Schadensersatzansprüche zustehen (vgl Palandt/*Weidenkaff* Rn 5).

G. Wesentliche Inventarverminderung, Abs 3. Für den Fall der Nutzungsänderung erklärt die Norm den 9
Wertausgleich nach § 582a Abs 3 für entspr anwendbar und legt dessen zeitlichen Anwendungsbereich fest. **I. Voraussetzungen.** Vorausgesetzt ist zunächst, 1. dass der Pächter Inventar gem § 582a zum Schätzwert übernommen und 2. er es wesentlich vermindert hat. Eine wesentliche Verminderung liegt vor, wenn das Inventar in seinem Umfang regelm um mehr als 10 % vermindert wird. Unerheblich ist, auf welcher Rechtsgrundlage die Verminderung stattfindet, Bsp: der Verkauf einzelner Inventarstücke oder die Abschaffung von Gruppen von Inventarstücken, Abgabe von Vieh beim Übergang zum viehlosen Betrieb (BTDrs 10/509 21). 3. ist ein Kausalzusammenhang zwischen der Inventarverminderung und der Nutzungsänderung erforderlich.
II. Ausschluss/Rechtsfolgen. Ein Wertausgleich ist ausgeschlossen, wenn der Erlös aus der Inventarvermin- 10
derung auf die Pachtsache nach § 591 verwendet wurde und die Verbesserung der Pachtsache in einem angemessenen Verhältnis zur Höhe des Erlöses steht. Dafür trägt der Pächter die Beweislast (»es sei denn«; BTDrs 10/509 21). Der Verpächter hat bereits während der Pachtzeit einen Anspruch auf Geldausgleich entspr § 582a Abs 3.

§ 590a Vertragswidriger Gebrauch. **Macht der Pächter von der Pachtsache einen vertragswidrigen Gebrauch und setzt er den Gebrauch ungeachtet einer Abmahnung des Verpächters fort, so kann der Verpächter auf Unterlassung klagen.**

A. Normzweck/Anwendungsbereich. § 590a räumt dem Verpächter einen speziellen Unterlassungsanspruch 1
ein, wenn der Pächter die Pachtsache vertragswidrig gebraucht. Die Norm gilt für alle Landpachtverträge. Zum Übergangsrecht s § 581 Rz 2.

B. Unterlassungsanspruch. Der Verpächter hat einen Rechtsanspruch auf Unterlassung, wenn der Pächter die 2
Pachtsache vertragswidrig gebraucht. Diese Regelung entspricht dem Unterlassungsanspruch bei vertragswidrigem Gebrauch der Mietsache gem § 541. Auf die Kommentierung dieser Vorschrift wird entspr verwiesen. Maßgebend ist zunächst, welche Nutzung die Vertragsparteien im Landpachtvertrag vereinbart haben. Nutzungsänderungen, die zulässig und in den Grenzen des § 590 erlaubnisfrei sind, führen nicht zur Vertragswidrigkeit des Gebrauchs (vgl Erman/*P Jendrek* Rn 2; Hk-BGB/*Ebert* Rn 2). **Beispiele** für einen vertragswidrigen Gebrauch sind die Nutzungsüberlassung der Pachtsache an Dritte ohne Erlaubnis (§ 589) sowie die erlaubnispflichtige Änderung der landwirtschaftlichen Bestimmung oder der bisherigen Nutzung ohne Erlaubnis des Verpächters (§ 590; BTDrs 10/509 21; ausf MüKo/*Harke* Rn 1). Der Unterlassungsanspruch setzt voraus, dass der Verpächter den Pächter abgemahnt hat. Zu den Anforderungen an die Abmahnung s dazu § 541.

C. Weitergehende Ansprüche des Verpächters. Weitergehende Ansprüche des Verpächters bleiben vom Unter- 3
lassungsanspruch unberührt (BTDrs 10/509 21). Der vertragswidrige Gebrauch der Pachtsache kann den Verpächter zur fristlosen Kündigung der Landpachtvertrages gem §§ 594e, 543 Abs 1 S 2, Abs 2 Nr 2 berechtigen. Entsteht dem Verpächter ein Schaden, ist der Pächter nach den allg Regeln zum Schadensersatz verpflichtet.

§ 590b Notwendige Verwendungen. **Der Verpächter ist verpflichtet, dem Pächter die notwendigen Verwendungen auf die Pachtsache zu ersetzen.**

1 Dem Verpächter wird die Pflicht zum Ersatz der notwendigen Verwendungen auferlegt. Der Pächter wird dem Mieter (§ 536 Abs 2 Nr 2) gleichgestellt. Durch das Mietrechtsmodernisierungsgesetz wurde die Norm nicht an § 536a Abs 2 angepasst, der den Begriff der Aufwendungen enthält. Die Norm gilt für alle Landpachtverträge. § 590b ist abdingbar (Hk-BGB/*Ebert* Rn 6). Die Vorschrift entspricht inhaltlich § 536a Abs 2 Nr 2. Zu den wertverbessernden Verwendungen vgl § 591. Der Anspruch auf Ersatz der notwendigen Verwendungen verjährt in sechs Monaten (§ 591b Abs 1). Die Verjährung des Ersatzanspruches beginnt mit der Beendigung des Pachtverhältnisses (§ 591b Abs 2 S 2).

§ 591 Wertverbessernde Verwendungen. [1] **Andere als notwendige Verwendungen, denen der Verpächter zugestimmt hat, hat er dem Pächter bei Beendigung des Pachtverhältnisses zu ersetzen, soweit die Verwendungen den Wert der Pachtsache über die Pachtzeit hinaus erhöhen (Mehrwert).**
[2] **Weigert sich der Verpächter, den Verwendungen zuzustimmen, so kann die Zustimmung auf Antrag des Pächters durch das Landwirtschaftsgericht ersetzt werden, soweit die Verwendungen zur Erhaltung oder nachhaltigen Verbesserung der Rentabilität des Betriebs geeignet sind und dem Verpächter bei Berücksichtigung seiner berechtigten Interessen zugemutet werden können. Dies gilt nicht, wenn der Pachtvertrag gekündigt ist oder das Pachtverhältnis in weniger als drei Jahren endet. Das Landwirtschaftsgericht kann die Zustimmung unter Bedingungen und Auflagen ersetzen.**
[3] **Das Landwirtschaftsgericht kann auf Antrag auch über den Mehrwert Bestimmungen treffen und ihn festsetzen. Es kann bestimmen, dass der Verpächter den Mehrwert nur in Teilbeträgen zu ersetzen hat, und kann Bedingungen für die Bewilligung solcher Teilzahlungen festsetzen. Ist dem Verpächter ein Ersatz des Mehrwerts bei Beendigung des Pachtverhältnisses auch in Teilbeträgen nicht zuzumuten, so kann der Pächter nur verlangen, dass das Pachtverhältnis zu den bisherigen Bedingungen so lange fortgesetzt wird, bis der Mehrwert der Pachtsache abgegolten ist. Kommt keine Einigung zustande, so entscheidet auf Antrag das Landwirtschaftsgericht über eine Fortsetzung des Pachtverhältnisses.**

1 **A. Normzweck/Anwendungsbereich.** § 591 knüpft den Ersatzanspruch des Pächters für wertverbessernde Verwendungen an die Zustimmung des Verpächters bzw an die Entscheidung des Landwirtschaftsgerichts. Die Norm dient damit dem Interessenausgleich zwischen Pächter und Verpächter. Eine kapitalintensivere Wirtschaftsweise in der Landwirtschaft zwingt den Pächter regelm, insbes bei langfristigen Pachtverträgen, zu Investitionen, um die Rentabilität und Produktivität seines Betriebes zu sichern (BTDrs 10/509 21). Ihm sollen solche Investitionen ermöglicht und erleichtert werden (Hk-BGB/*Ebert* Rn 1). Die Stellung des Pächters soll durch die Möglichkeit der Entscheidung des Landwirtschaftsgerichts verfahrensmäßig gestärkt und insg verbessert werden (vgl BTDrs 10/509 22). Es war wesentliche Aufgabe der Neuregelung des Landpachtrechts, die Rechtsstellung des Pächters beim Ersatz wertverbessernder Verwendungen zu verbessern (BTDrs 10/509 22). Die Norm gilt für alle Landpachtverträge. Zum Übergangsrecht s § 581 Rz 2. § 591 ist abdingbar (Erman/*P Jendrek* Rn 1 mwN).

2 **B. Ersatzanspruch, Abs 1. I. Voraussetzungen. 1. Begriff der Verwendung.** Der Begriff entspricht demjenigen in § 994. Verwendungen sind Aufwendungen für die Pachtsache, die ohne Zerstörung des Objektes nicht rückgängig gemacht werden können (zB Anlage und Instandhaltung von Dränagen und Wegen). Zu den Verwendungen zählen auch Aufwendungen für eingefügte Sachen (vgl § 591a; BTDrs 10/509 21). **Einzelfälle:** Verwendungen sind nicht die Milchreferenzmenge (BGHZ 115, 162) oder das Recht zur Wiederbepflanzung im Weinbau (BGH NJW-RR 2001, 272).

3 **2. Wertverbessernde Verwendungen.** Die Verwendungen müssen andere als notwendige Verwendungen iSd § 590b sein und den Wert der Pachtsache über die Pachtzeit hinaus erhöhen (Mehrwert). Für die Bestimmung des Mehrwertes gilt ein objektiver Maßstab (Palandt/*Weidenkaff* Rn 4). Der Mehrwert errechnet sich aus der Differenz des Ertragswerts der Sache vor Vornahme der Verwendung und dem Ertragswert bei Beendigung des Pachtverhältnisses (Hk-BGB/*Ebert* Rn 4). Der Mehrwert kann auf Antrag vom Landwirtschaftsgericht festgesetzt werden (Abs 3 S 1).

4 **3. Zustimmung des Verpächters.** Erforderlich ist, dass der Verpächter der Verwendung zugestimmt hat. Zustimmung ist sowohl die Einwilligung (vorherige Zustimmung, § 183 Abs 1 S 1) als auch die Genehmigung (nachträgliche Zustimmung, § 184 S 1). Sie kann gem Abs 2 durch das Landwirtschaftsgericht ersetzt werden.

5 **II. Rechtsfolge/Verjährung.** Der Pächter hat grds einen Anspruch auf Ersatz des Mehrwertes, der auf eine Geldzahlung gerichtet ist. Ist dem Verpächter die vollständige oder ratenweise Zahlung nicht zumutbar, kann der Pächter nach Abs 3 S 3 nur die Fortsetzung des Pachtverhältnisses zur Abgeltung des Mehrwertes verlangen. Der zu ersetzende Höchstbetrag ist die Summe der vom Pächter tatsächlich getätigten Aufwendungen (BGH NJW 2006, 1729). Der Ersatzanspruch verjährt gem § 591b.

C. Ersetzung der verweigerten Zustimmung, Abs 2. S 1 bestimmt die materiellen Voraussetzungen, unter denen das Landwirtschaftsgericht die verweigerte Zustimmung ersetzen kann. Erforderlich ist, 1. dass der Verpächter seine Zustimmung verweigert, 2. zur Vornahme der wertverbessernden Verwendungen (Abs 1). 3. Die Verwendung muss zur Erhaltung oder nachhaltigen Verbesserung der Rentabilität des Betriebs geeignet erscheinen und 4. muss dem Verpächter bei Berücksichtigung seiner berechtigten Interessen zugemutet werden können. Das Landwirtschaftsgericht entscheidet nur auf Antrag. Eine gerichtliche Ersetzung der verweigerten Erlaubnis ist ausgeschlossen, wenn sich der Pachtvertrag dem Ende nähert (vgl zu entspr Regelung des § 590 S 3 ff, BTDrs 10/509 21) und zwar, wenn der Pachtvertrag ordentlich oder außerordentlich gekündigt ist oder das Pachtverhältnis in weniger als drei Jahren endet. Das Landwirtschaftsgericht ist berechtigt, die Zustimmung unter Bedingungen und Auflagen zu ersetzen. Hat das Landwirtschaftsgericht die verweigerte Zustimmung ersetzt, begründetet dies die Verpflichtung der Verpächters, den Mehrwert zu erstatten (BTDrs 10/509 22). 6

D. Entscheidung des Landwirtschaftsgerichts über Mehrwert, Abs 3 S 1 und 2. Das Landwirtschaftsgericht kann über den Mehrwert Bestimmungen treffen und ihn festsetzen (S 1). Ist dem Verpächter der Wertersatz in einer Einmalzahlung nicht zumutbar, kann das Landwirtschaftsgericht bestimmen, dass er den Mehrwert nur in Teilbeträgen zu ersetzen hat. Maßgeblich sind die wirtschaftlichen Verhältnisse des Verpächters. Ferner kann das Landwirtschaftsgericht Bedingungen für die Bewilligung dieser Teilzahlungen bestimmen (S 2). Das Landwirtschaftsgericht entscheidet nur auf Antrag im Verfahren nach dem FGG (§ 1 Nr 1 iVm § 9 LwVfG; BGH NJW 1991, 3279; BGHZ 115, 162; Erman/*P Jendrek* Rn 3). 7

E. Unzumutbarkeit des Mehrwertersatzes in Geld, Abs 3 S 3 und 4. Ist dem Verpächter auch ein Wertersatz in Teilbeträgen unzumutbar, wandelt sich der Wertersatzanspruch des Pächters nach Abs 1 in einen Anspruch auf Fortsetzung des Pachtverhältnisses um. Der Pächter kann in diesem Fall nur verlangen, dass das Pachtverhältnis zu den bisherigen Bedingungen zur Abgeltung des Mehrwertes fortgesetzt wird. Erforderlich ist, dass sich Pächter und Verpächter darüber einigen und einen Fortsetzungsvertrag schließen. Die Vorschrift gewährt dem Pächter einen entspr schuldrechtlichen Anspruch auf Abschluss dieses Vertrages (§ 311 Abs 1). Kommt eine Einigung zwischen Pächter und Verpächter über die Fortsetzung des Pachtverhältnisses zur Abgeltung des Mehrwertes nicht zu Stande (vgl S 3), so entscheidet auf Antrag das Landwirtschaftsgericht darüber. 8

§ 591a Wegnahme von Einrichtungen.

Der Pächter ist berechtigt, eine Einrichtung, mit der er die Sache versehen hat, wegzunehmen. Der Verpächter kann die Ausübung des Wegnahmerechts durch Zahlung einer angemessenen Entschädigung abwenden, es sei denn, dass der Pächter ein berechtigtes Interesse an der Wegnahme hat. Eine Vereinbarung, durch die das Wegnahmerecht des Pächters ausgeschlossen wird, ist nur wirksam, wenn ein angemessener Ausgleich vorgesehen ist.

A. Normzweck/Anwendungsbereich. § 591a räumt dem Pächter ein Recht zur Wegnahme von Einrichtungen ein, das auf die bes Verhältnisse auf dem Agrarsektor Rücksicht nimmt (vgl BTDrs 10/509 21). S 1 wurde durch das Gesetz zur Neuordnung des landwirtschaftlichen Pachtrechts vom 08.11.1985 (BGBl I 2065) geändert. Aufgrund der praktischen Schwierigkeiten, dass nach überkommenem Recht das Wegnahmerecht des Pächters nicht selten eingeschränkt oder ausgeschlossen wurde, ist S 3 eingefügt worden (BTDrs 10/509 22 f). Die Norm gilt für alle Landpachtverträge. Zum Übergangsrecht s § 581 Rz 2. Die Vorschrift ist unter Beachtung des S 3 eingeschränkt abdingbar. § 591a übernimmt im Wesentlichen die mietvertraglichen Regelungen. So entspricht S 1 § 539 Abs 2, S 2 entspricht § 552 Abs 1 (BTDrs 10/509 23) und S 3 stimmt mit § 552 Abs 2 überein. Auf die Kommentierung dieser Vorschriften wird entspr verwiesen. 1

B. Wegnahmerecht, S 1. Eine Einrichtung ist eine Sache, die einer anderen Sache körperlich hinzugefügt wird. Unerheblich ist, ob sie dadurch zum wesentlichen Bestandteil (§§ 95 ff) wird (zB Beregnungsanlage, Melkstände). Das Wegnahmerecht erstreckt sich auf andere als durch notwendige Verwendungen in die Pachtsache eingebrachte Sachen und damit auf nützliche und Luxusverwendungen basierende Einrichtungen. Aufwendungen für eingefügte Sachen sind regelm Verwendungen, für deren Ersatz die §§ 590b, 591 maßgeblich sind (BTDrs 10/509 21 f). Der Pächter ist nicht berechtigt, sämtliche von ihm eingeführten Einrichtungen wegzunehmen. Dazu zählen Sachen, die der Ausbesserung der Pachtsache nach § 586 Abs 1 S 2 dienen sowie Sachen, die sich als notwendige Verwendungen auf die Pachtsache (§ 590b) darstellen. Die Kosten der Ausbesserung der Pachtsache hat der Pächter zu tragen (§ 586 Abs 1 S 2), während ihm der Verpächter zum Ersatz der notwendigen Verwendungen gem § 590b verpflichtet ist. Der Ersatzanspruch geht erst mit Wegnahme der Einrichtung unter (BTDrs 10/509 23, vgl BGH NJW 1954, 265). 2

C. Abwendungsrecht des Vermieters, S 2. Der Verpächter ist grds berechtigt, die Ausübung des Wegnahmerechts durch Zahlung einer angemessenen Entschädigung abzuwenden. Zur Entstehung und zur Ausübung s § 552. Zur Zahlung einer angemessenen Entschädigung vgl ebenfalls § 552. Die Abwendungsbefugnis ist ausgeschlossen, wenn der Pächter ein berechtigtes Interesse an der Wegnahme der Einrichtung hat. 3

4 **D. Vereinbarter Ausschluss des Wegnahmerechts, S 3.** Das Wegnahmerecht des Pächters kann nach S 3 vertraglich nur ausgeschlossen werden, wenn zu seinen Gunsten ein angemessener Ausgleich vorgesehen ist. Es soll vermieden werden, dass der Pächter gezwungen wird, die Einrichtung bei Beendigung der Pachtzeit ohne Wertausgleich zurückzulassen. Angesichts der oft erheblichen Kosten für die Einrichtungen wurde die vergleichbare mietvertragliche Regelung für Wohnräume in das Landpachtrecht übernommen (BTDrs 10/509 23). Ein angemessener Ausgleich kann zB darin bestehen, dass die Pacht entspr herabgesetzt wird oder der Pachtvertrag verlängert wird bis zur Abgeltung des Mehrwertes, den die Pachtsache durch die Einrichtung erlangt hat (BTDrs 10/509 23).

5 **E. Verfahrensrechtliches.** Der Mieter trägt die Beweislast für das Bestehen des Wegnahmerechtes nach § 539 Abs 2. Der Vermieter muss darlegen und beweisen, dass es sich um eine angemessene Entschädigung handelt.

§ 591b Verjährung von Ersatzansprüchen. **[1] Die Ersatzansprüche des Verpächters wegen Veränderung oder Verschlechterung der verpachteten Sache sowie die Ansprüche des Pächters auf Ersatz von Verwendungen oder auf Gestattung der Wegnahme einer Einrichtung verjähren in sechs Monaten.**
[2] Die Verjährung der Ersatzansprüche des Verpächters beginnt mit dem Zeitpunkt, in welchem er die Sache zurückerhält. Die Verjährung der Ansprüche des Pächters beginnt mit der Beendigung des Pachtverhältnisses.
[3] Mit der Verjährung des Anspruchs des Verpächters auf Rückgabe der Sache verjähren auch die Ersatzansprüche des Verpächters.

1 **A. Normzweck/Anwendbarkeit.** § 591b unterwirft Ersatzansprüche von Verpächter und Pächter einer kurzen Verjährungsfrist, wie sie für den Mietvertrag in § 548 vorgesehen ist und über § 581 Abs 2 auch für Ersatzansprüche aus dem allg Pachtvertrag gilt. Die Vertragsparteien sollen angehalten werden, möglichst zügig die gegenseitigen Ersatzansprüche festzustellen und geltend zu machen (BTDrs 10/509 23). Die Norm gilt für alle Landpachtverträge. Zum Übergangsrecht s § 581 Rz 2. Die Vorschrift ist entspr § 548 abdingbar. § 591b ist weit auszulegen (Erman/*P Jendrek* Rn 2; BGH NJW 2001, 2253; NJW 1997, 2316). Die Vorschrift übernimmt die mietvertragliche Regelung aus § 548. Auf die Kommentierung dieser Vorschrift wird entspr verwiesen.

2 **B. Kurze Verjährungsfrist für Ersatzansprüche, Abs 1.** Ersatzansprüche des Verpächters wegen Veränderung oder Verschlechterung der verpachteten Sache verjähren in 6 Monaten. Dazu zählen Ansprüche des Verpächters nach § 590, zB bei Verschlechterung der Pachtsache wegen unerlaubter Nutzungsänderung (BGH NJW 1997, 2316) oder wegen unterlassener oder nicht ordnungsgemäßer gewöhnlicher Ausbesserung der Pachtsache nach § 586 Abs 2, wenn sie zur Verschlechterung der Pachtsache führt. Dieser Vorschrift unterliegt auch der Anspruch gem § 285, wenn der Pächter ohne Zustimmung des Verpächters die Milcherzeugung aufgibt (BGHZ 135, 284; NJW-RR 2001, 194). Derselben Verjährungsfrist unterliegen Ansprüche des Pächters auf Ersatz von notwendigen Verwendungen gem § 590b sowie von wertverbessernden Verwendungen gem § 591 und das Recht zur Wegnahme einer Einrichtung gem § 591a. Die Norm gilt zu Gunsten der in den Schutzbereich des Landpachtvertrages einbezogenen Dritten (BGH NJW 2001, 2253; Erman/*P Jendrek* Rn 2). Die Verjährung beträgt 6 Monate. Den Beginn der Verjährung regelt Abs 2 für die Vertragsparteien unterschiedlich.

3 **C. Beginn der Verjährungsfrist, Abs 2.** Für Ersatzansprüche des Verpächters beginnt der Lauf der Verjährungsfrist mit dem Zeitpunkt, in dem er die Pachtsache zurückerhält. Erforderlich ist dies, weil der Verpächter Besitz (§ 854) an der Pachtsache hat und er sie dann ungehindert auf das Bestehen von Ersatzansprüchen wegen Veränderung oder Verschlechterung der Pachtsache untersuchen kann (BGH NJW 1980, 390). Die Verjährungsfrist für Ersatzansprüche des Pächters beginnt abw zu den Ersatzansprüchen des Verpächters mit der rechtlichen Beendigung des Pachtverhältnisses (Hk-BGB/*Ebert* Rn 4).

4 **D. Eintritt der Verjährung mit Verjährung des Rückgabeanspruchs, Abs 3.** Die Ersatzansprüche des Verpächters verjähren mit dem Eintritt der Verjährung seines Anspruchs auf Rückgabe der Pachtsache.

§ 592 Verpächterpfandrecht. **Der Verpächter hat für seine Forderungen aus dem Pachtverhältnis ein Pfandrecht an den eingebrachten Sachen des Pächters sowie an den Früchten der Pachtsache. Für künftige Entschädigungsforderungen kann das Pfandrecht nicht geltend gemacht werden. Mit Ausnahme der in § 811 Absatz 1 Nummer 4 der Zivilprozessordnung genannten Sachen erstreckt sich das Pfandrecht nicht auf Sachen, die der Pfändung nicht unterworfen sind. Die Vorschriften der §§ 562a bis 562c gelten entsprechend.**

1 **A. Normzweck/Anwendungsbereich.** Das Verpächterpfandrecht dient der Sicherung der Ansprüche des Verpächters aus dem Landpachtvertrag. Entspr der Vertragstypik wird das Pfandrecht im Vergleich zum Vermieterpfandrecht (§ 562) erweitert. IÜ gelten die mietvertraglichen Vorschriften entspr (§§ 562a bis 562c, S 3).

Die Norm gilt für alle Landpachtverträge. Zum Übergangsrecht s § 581 Rz 2. § 592 S 1, 2 und 3 enthalten dispositives Recht. S 3 ist eine zwingende Vorschrift, so dass sie nicht abdingbar ist (Palandt/*Weidenkaff* Rn 1). Das Verpächterpfandrecht ist ein gesetzliches, besitzloses Pfandrecht wie das Vermieterpfandrecht gem § 562. Daher kann auf die Kommentierung entspr verwiesen werden. Zur Pfändung ungetrennter Früchte s § 810 ZPO. Da das Verpächterpfandrecht auch die ungetrennten Früchte erfasst, ist das Pfändungspfandrecht nachrangig (Erman/*P Jendrek*, Rn 3; Hk-BGB/*Ebert* Rn 4 mwN).

B. Gegenständlicher Umfang. Zu den eingebrachten Sachen s entspr § 562 Rn 6 ff. Dem Verpächterpfandrecht unterliegen weiterhin die Früchte der Pachtsache. Zur Definition des Begriffs »Früchte« s § 99. Darunter fallen sowohl die getrennten als auch die ungetrennten Früchte. An Sachen, die dem Pfändungsschutz unterliegen, entsteht mit Ausnahme des landwirtschaftlichen Inventars (§ 811 I Nr 4 ZPO) kein Verpächterpfandrecht. 2

C. Forderungen aus dem Pachtverhältnis, S 1 und 2. Gesichert sind die Forderungen des Verpächters aus dem Pachtverhältnis. Das sind gegenwärtige und künftige Forderungen, die sich aus dem Wesen des Landpachtverhältnisses ergeben. Da der § 562 2 nicht entspr gilt, findet die mietvertragliche Begrenzung des Vermieterpfandrechts keine entspr Anwendung beim Verpächterpfandrecht. Damit kann das Pfandrecht für die Pacht auf Ansprüche aus den laufenden und allen zukünftigen Pachtjahren geltend gemacht werden. Ebenfalls kann es für die gesamte rückständige Pacht vom Verpächter ausgeübt werden. Dies folgt insbes aus der von S 3 angeordneten nicht entspr Anwendbarkeit von § 562d, der die zeitliche Sicherungswirkung bei der Pfändung durch Dritte beschränkt. Die Herausnahme der künftigen Entschädigungsforderungen aus dem Vermieterpfandrecht, ordnet § 592 S 2 gesondert für den Landpachtvertrag an. 3

D. Entspr Anwendbarkeit von §§ 562a bis c, S 4. S 4 ordnet die entspr Anwendbarkeit der mietvertraglichen Vorschriften an. Auf die Kommentierung der §§ 562a bis c wird entspr verwiesen. 4

§ 593 Änderung von Landpachtverträgen.

[1] Haben sich nach Abschluss des Pachtvertrags die Verhältnisse, die für die Festsetzung der Vertragsleistungen maßgebend waren, nachhaltig so geändert, dass die gegenseitigen Verpflichtungen in ein grobes Missverhältnis zueinander geraten sind, so kann jeder Vertragsteil eine Änderung des Vertrags mit Ausnahme der Pachtdauer verlangen. Verbessert oder verschlechtert sich infolge der Bewirtschaftung der Pachtsache durch den Pächter deren Ertrag, so kann, soweit nichts anderes vereinbart ist, eine Änderung der Pacht nicht verlangt werden.

[2] Eine Änderung kann frühestens zwei Jahre nach Beginn des Pachtverhältnisses oder nach dem Wirksamwerden der letzten Änderung der Vertragsleistungen verlangt werden. Dies gilt nicht, wenn verwüstende Naturereignisse, gegen die ein Versicherungsschutz nicht üblich ist, das Verhältnis der Vertragsleistungen grundlegend und nachhaltig verändert haben.

[3] Die Änderung kann nicht für eine frühere Zeit als für das Pachtjahr verlangt werden, in dem das Änderungsverlangen erklärt wird.

[4] Weigert sich ein Vertragsteil, in eine Änderung des Vertrags einzuwilligen, so kann der andere Teil die Entscheidung des Landwirtschaftsgerichts beantragen.

[5] Auf das Recht, eine Änderung des Vertrags nach den Absätzen 1 bis 4 zu verlangen, kann nicht verzichtet werden. Eine Vereinbarung, dass einem Vertragsteil besondere Nachteile oder Vorteile erwachsen sollen, wenn er die Rechte nach den Absätzen 1 bis 4 ausübt oder nicht ausübt, ist unwirksam.

A. Normzweck/Anwendungsbereich. Auf Grund der regelm langen Vertragsdauer von Landpachtverträgen soll die Vorschrift den sich ständig und oft sehr rasch ändernden Marktverhältnissen Rechnung tragen (BTDrs 10/509 23). Dies betrifft insbes landwirtschaftliche Betriebe. § 593 dient der grds Anpassung der Landpachtverträge, um den Pachtvertrag aufrechtzuerhalten und ein Pachtverhältnis zu angemessenen Vertragsbedingungen zu ermöglichen (Palandt/*Weidenkaff* Rn 1). Die Norm gilt für alle Landpachtverträge. Zum Übergangsrecht s § 581 Rz 2. Zur Abdingbarkeit s § 593 Abs 5. 1

B. Verhältnis zu anderen Vorschriften. § 593 regelt einen speziellen Fall der Störung der Geschäftsgrundlage. Die allg Vorschrift des § 313 wird konkretisiert und hinsichtlich der Rechtsfolgen modifiziert. § 593 ist lex specialis zu § 313. Ein Rückgriff auf diese Norm ist im Anwendungsbereich des § 593 ausgeschlossen (Erman/*P Jendrek* Rn 1 mwN). Dies betrifft insbes Umstände und Vorstellungen vor oder zur Zeit des Abschlusses des Landpachtvertrags (PWW/*Riecke* Rn 2). Für die Haftung des Verpächters für Sach- und Rechtsmängel an der Pachtsache gilt § 586 Abs 2 iVm den mietvertraglichen Vorschriften vorrangig. § 593 greift ein, wenn eine Mängelgewährleistung ausgeschlossen ist (vgl Palandt/*Weidenkaff* Rn 2). 2

C. Anspruch auf Vertragsänderung. I. Voraussetzungen, Abs 1 S 1. Erforderlich ist eine nachhaltige Änderung der für die Festsetzung der Vertragsleistungen maßgeblichen Verhältnisse. Zu den maßgeblichen Verhältnissen zählen alle Umstände tatsächlicher und rechtlicher Art, die das Interesse an der Nutzung der Pachtsache bestimmen (BGH NJW 1997, 1066, 1067). Dazu rechnen zB der Zustand der Pachtsache, Betriebskosten, Marktpreise der Erzeugnisse, die Beendigung der Subventionierung, erhöhte Belastungen 3

(Palandt/*Weidenkaff* Rn 5). Die Änderung der Verhältnisse ist nachhaltig, wenn sie nicht nur vorübergehend oder in ihrer zeitlichen Dauer so überschaubar sind, dass sie einer sofortigen Änderung der Vertragsleistungen bedürfen (BTDrs 10/509 23). Die Änderung der Verhältnisse muss nach Abschluss des Pachtvertrags eingetreten sein. Dazu zählen auch Umstände, die nach Vertragsabschluss, aber vor Beginn der Pacht, eingetreten sind (Palandt/*Weidenkaff* Rn 5). Die nachhaltige Änderung der Verhältnisse muss dazu geführt haben, dass die gegenseitigen Verpflichtungen aus dem Landpachtvertrag in einem groben Missverhältnis zueinander stehen. Ob ein grobes Missverhältnis vorliegt, ist auf Grund aller Umstände des Einzelfalls zu beurteilen. Es liegt vor, wenn dem die Vertragsanpassung begehrenden Vertragspartner ein Festhalten am unveränderten Vertrag nicht zugemutet werden kann (vgl § 313 Abs 1). Das grobe Missverhältnis der Vertragsleistungen zueinander muss auf die nachhaltige Änderung der Verhältnisse zurückzuführen sein.

4 **II. Rechtsfolgen.** Liegen diese Voraussetzungen vor, besteht im Grundsatz ein Rechtsanspruch auf Änderung des Vertrages (s zum Ausschluss des Anspruches nachfolgend Rz 5 ff). Der Vertragspartner hat gegen den anderen Vertragspartner einen Anspruch auf Abgabe einer Willenserklärung zum Abschluss eines Vertrags zur Änderung des Landpachtvertrags (Palandt/*Weidenkaff* Rn 7). Obergrenze für die Anpassung der Pacht ist § 4 Abs 1 Nr 3 LPachtVG (BGH NJW 1997, 1066).

5 **III. Ausschluss des Anspruches.** Die Änderung der Vertragsdauer ist ausgeschlossen. Sie kann weder verkürzt noch verlängert werden (ausf BTDrs 10/509 23). Eine Änderung der Pacht kann vorbehaltlich abw vertraglicher Vereinbarungen nicht verlangt werden, wenn sich der Ertrag der Pachtsache in Folge der Bewirtschaftung durch den Pächter verbessert oder verschlechtert. Die Verbesserung oder Verschlechterung des Ertrages muss auf die Person des Pächters in seiner Funktion als Bewirtschafter der Pachtsache zurückzuführen sein. Dies betrifft seine Arbeitsweise, wenn er also bes effektiv oder ineffektiv wirtschaftet (BTDrs 10/509 23). Andere als persönliche Umstände schließen den Anspruch auf Vertragsänderung nicht aus (zB Gesetzgebungsmaßnahmen, die eine Verringerung der Flächenproduktivität durch Produktionsauflagen bedingen; BTDrs 10/509 23).

6 Eine Vertragsänderung kann frühestens zwei Jahre nach Beginn des Pachtverhältnisses oder nach dem Wirksamwerden der letzten Änderung der Vertragsleistungen herbeigeführt werden (Abs 2 S 1). Die Zwei-Jahresfrist betrifft damit den Zeitpunkt, in dem die verlangten Änderungen eintreten sollen. Die Änderung kann bereits vor Ablauf dieser Zweijahresfrist begehrt werden (Palandt/*Weidenkaff* Rn 6). Diese Einschränkung gilt nicht, wenn verwüstende Naturereignisse, gegen die ein Versicherungsschutz nicht üblich ist, die Ursache für die nachhaltige und grundlegende Veränderung des Verhältnisses der Vertragsleistungen darstellen (Abs 2 S 2). Die Änderung des Landpachtvertrags kann nur rückwirkend auf den Beginn des Pachtjahres, indem das Änderungsverlangen erklärt wird, begehrt werden. Eine weitere zeitliche Rückwirkung ist ausgeschlossen.

7 **D. Entscheidung des Landwirtschaftsgerichts, Abs 4.** Verweigert ein Vertragsteil seine Einwilligung in die Änderung des Landpachtvertrags, so ist der andere Teil berechtigt, die Entscheidung des Landwirtschaftsgerichts zu beantragen. Vorausgesetzt ist, dass ein Vertragsteil eine konkretere Vertragsänderung verlangt hat (ausf Koblenz RdL 1990, 93) und sie von dem anderen Vertragsteil abgelehnt wurde. Damit soll eine unnötige Inanspruchnahme der Landwirtschaftsgerichte vermieden werden (BTDrs 10/509 23).

8 **E. Abdingbarkeit.** § 593 ist im Interesse eines wirksamen Schutzes unabdingbar (BTDrs 10/509 23) und enthält zwingendes Recht. Die Vertragsparteien können auf das Recht zur Vertragsänderung nicht verzichten (Abs 5 S 1, § 397). Eine Änderung des Landpachtvertrages darf nicht erschwert werden (Palandt/*Weidenkaff* Rn 3). Dementspr sind vertragliche Regelungen zur Änderung von Landpachtverträgen unwirksam, die für einen Vertragsteil mit bes Nachteilen oder Vorteilen verbunden sind, wenn er die Rechte aus § 593 ausübt (Abs 5 S 2). Von der Vorschrift kann zu Gunsten der Vertragsparteien unter Beachtung von S 2 abgewichen werden. Die Änderung des Landpachtvertrages kann insbes erleichtert und konkretisiert werden (Hk-BGB/*Ebert* Rn 6 mwN; Palandt/*Weidenkaff* Rn 3).

§ 593a Betriebsübergabe.

Wird bei der Übergabe eines Betriebs im Wege der vorweggenommenen Erbfolge ein zugepachtetes Grundstück, das der Landwirtschaft dient, mit übergeben, so tritt der Übernehmer anstelle des Pächters in den Pachtvertrag ein. Der Verpächter ist von der Betriebsübergabe jedoch unverzüglich zu benachrichtigen. Ist die ordnungsmäßige Bewirtschaftung der Pachtsache durch den Übernehmer nicht gewährleistet, so ist der Verpächter berechtigt, das Pachtverhältnis außerordentlich mit der gesetzlichen Frist zu kündigen.

1 **A. Normzweck/Anwendungsbereich.** § 593a bezweckt die Erleichterung der vorweggenommenen Erbfolge, die einer rechtzeitigen und geordneten Betriebsübergabe unter Einbezug eines zugepachteten Grundstücks dient. Die Vorschrift bildet eine Ausn von den Grundsätzen, dass ein Wechsel des Pächters als Vertragspartei und die Nutzungsüberlassung an Dritte jeweils der Zustimmung des Verpächters bedarf (§ 589; vgl Hk-BGB/*Ebert* Rn 1). Die Norm gilt für alle Landpachtverträge über Grundstücke (MüKo/*Harke* Rn 2; aA BaRoth/

Wagner Rn 2). Die Benachrichtigungspflicht des Pächters nach S 2 ist isoliert nicht abdingbar (Erman/*P Jendrek* Rn 1 mwN; Palandt/*Weidenkaff* Rn 2), disponibel ist jedoch die Vorschrift in ihrer Gesamtheit (BGH NJW-RR 2002, 1205 f; ohne Einschränkungen MüKo/*Harke* Rn 5; BaRoth/*Wagner* Rn 1).

B. Pächterwechsel, S 1. I. Voraussetzungen. Erforderlich ist, das zu dem Betrieb, der in vorweggenommener Erbfolge übertragen wird, ein landwirtschaftliches Grundstück (s dazu § 585 Abs 1) zugepachtet wird. Das Grundstück muss mit dem Betrieb gemeinsam bewirtschaftet werden (Palandt/*Weidenkaff* Rn 3). Regelm wird der Inhaber des Betriebes auch der Pächter des Grundstückes sein. Zwingend notwendig ist dies aber nicht. Der Eigenbetrieb des Pächters muss an den Übernehmer übergeben worden sein. Nach Sinn und Zweck der Vorschrift ist ausreichend, dass der Übernehmer den unmittelbaren Besitz am Betrieb und an dem zugepachteten Grundstück (§ 854) erlangt hat. Ab diesem Zeitpunkt wird er in die Lage versetzt, die Funktion des Pächters auszuüben und die Pachtsache zu bewirtschaften. Erforderlich ist nicht, dass er bereits Eigentümer des Betriebes ist (BaRoth/*Wagner* Rn 3). Grund für die Betriebsübergabe muss eine vorweggenommene Erbfolge sein. Sie muss dazu dienen, dem Übernehmer als potentiellen Erben vorzeitig die Rechtsstellung zu verschaffen, die er mit dem Erbfall erlangen würde (BaRoth/*Wagner* Rn 4). Der Übernehmer muss Erbe des Betriebsinhabers sein (MüKo/*Harke* Rn 3). 2

II. Rechtsfolge. S 1 bewirkt einen gesetzlichen Wechsel des Pächters als Vertragspartner des Landpachtvertrages. Der Übernehmer des Betriebes tritt mit der Übergabe des zugepachteten Grundstücks an ihn in die Rechte und Pflichten des Pächters ein, während der Pächter als Vertragspartei aus dem Landpachtvertrag ausscheidet. Der Pächterwechsel erfolgt per Gesetz, ohne dass er der Zustimmung des Verpächters bedarf (Erman/*P Jendrek* Rn 1 mwN). Seine Interessen werden mit dem ihm zustehenden Kündigungsrecht nach S 3 gewahrt. Nach dem Wortlaut der Vorschrift tritt der Übernehmer unabhängig davon in den Pachtvertrag ein, ob die Benachrichtigungspflicht nach S 2 erfüllt wurde (Koblenz RdL 2002, 121; MüKo/*Harke* Rn 4 mwN) und der Verpächter Kenntnis von der Betriebsübergabe hat. Der Übernehmer haftet für alle Verbindlichkeiten aus dem Pachtvertrag, insbes für diejenigen, die bis zu seinem Eintritt in den Pachtvertrag bereits begründet worden sind und solche, die zukünftig entstehen. Der bisherige Pächter haftet für diejenigen Verbindlichkeiten, die bis zu seinem Ausscheiden begründet wurden mit dem Übernehmer als Gesamtschuldner (§§ 421, 426; BaRoth/*Wagner* Rn 4). 3

C. Informationspflicht, S 2. Nach S 2 besteht die Pflicht, den Verpächter unverzüglich über die Betriebsübergabe zu informieren ist. Sie wird mit der Betriebsübergabe begründet. Mit der Benachrichtigung muss der Verpächter in die Lage versetzt werden zu beurteilen, ob der Übernehmer die ordnungsgem Bewirtschaftung der Pachtsache gewährleistet. Grund dafür ist, dass von diesem Umstand das Kündigungsrecht des Verpächters nach S 3 abhängig ist. Da das Gesetz die Person des Verpflichteten offen lässt, besteht die Benachrichtigungspflicht für den bisherigen Pächter und den Übernehmer (so auch Palandt/*Weidenkaff* Rn 4). Die Erfüllung der Benachrichtigungspflicht ist fristgebunden. Der Verpächter ist unverzüglich, dh ohne schuldhaftes Zögern (§ 121 Abs 1 S 1), vom Betriebsübergang in Kenntnis zu setzen. Die Information ist formlos zulässig. Bei einer Pflichtverletzung können ggf Schadensersatzansprüche des Verpächters bestehen. Dieser Umstand kann bei einem groben Verstoß gegen die Informationspflicht einen Grund für die Kündigung des Pachtvertrages nach § 594e bilden (s zur Kündigung nach § 543 Abs 3 S 2 Nr 2, MüKo/*Harke* Rn 4) und wird bei der Würdigung der Geeignetheit des Übernehmers nach S 3 zu berücksichtigen sein (BaRoth/*Wagner* Rn 7). 4

D. Kündigungsrecht des Verpächters, S 3. Das Kündigungsrecht des Verpächters setzt voraus, dass der Übernehmer die ordnungsgem Bewirtschaftung der Pachtsache nicht gewährleistet. Die ordnungsgem Bewirtschaftung entspricht der Pflicht des Pächters aus § 586 Abs 1 S 3. Maßstab sind die allg gültigen Regeln der Landwirtschaft (Palandt/*Weidenkaff* § 588 Rn 6). § 593a räumt dem Verpächter einen Kündigungsgrund ein, der ihn berechtigt, den Pachtvertrag außerordentlich zu beenden. Der Verpächter ist berechtigt, mit der gesetzlichen Frist gem § 594a Abs 2 für den Schluss eines Pachtjahres zu kündigen. Die Kündigung muss spätestens am 3. Werktag des halben Jahres erfolgen, zu dessen Ablauf der Pachtvertrag beendet werden soll (§ 594a Abs 2 Hs 2). Zur wirksamen Beendigung des Landpachtvertrages ist die Erklärung der Kündigung erforderlich. Sie bedarf der Schriftform gem § 594 f. Die Kündigung muss im zeitlichen Zusammenhang mit der Übergabe des zugepachteten Grundstückes erklärt werden (vgl BaRoth/*Wagner* Rn 8). 5

E. Verfahrensrechtliches. Der Verpächter muss darlegen und beweisen, dass der Übernehmer die ordnungsgem Bewirtschaftung der Pachtsache nicht gewährleistet. Für Streitigkeiten über die Betriebsübergabe ist das Landwirtschaftsgericht gem §§ 1 Nr 1a, 48 LwVfG zuständig. 6

§ 593b Veräußerung oder Belastung des verpachteten Grundstücks. Wird das verpachtete Grundstück veräußert oder mit dem Recht eines Dritten belastet, so gelten die §§ 566 bis 567b entsprechend.

1 § 593b erklärt für die Fälle der Veräußerung und Belastung des verpachteten Grundstückes die mietvertraglichen Vorschriften für entspr anwendbar. Die Norm gilt für alle Landpachtverträge. Zum Übergangsrecht s § 581 Rz 2. Maßgeblich für die Abdingbarkeit sind grds die §§ 566 bis 567b. § 593b ist entspr dem Umfang disponibel, wie es die zitierten mietvertraglichen Vorschriften sind (Palandt/*Weidenkaff* Rn 1; Erman/*P Jendrek* Rn 1). Wegen der ausdrücklichen entspr Anwendbarkeit der §§ 566 bis 567b kann entspr auf die Kommentierung dieser Normen verwiesen werden.

§ 594 Ende und Verlängerung des Pachtverhältnisses. Das Pachtverhältnis endet mit dem Ablauf der Zeit, für die es eingegangen ist. Es verlängert sich bei Pachtverträgen, die auf mindestens drei Jahre geschlossen worden sind, auf unbestimmte Zeit, wenn auf die Anfrage eines Vertragsteils, ob der andere Teil zur Fortsetzung des Pachtverhältnisses bereit ist, dieser nicht binnen einer Frist von drei Monaten die Fortsetzung ablehnt. Die Anfrage und die Ablehnung bedürfen der schriftlichen Form. Die Anfrage ist ohne Wirkung, wenn in ihr nicht auf die Folge der Nichtbeachtung ausdrücklich hingewiesen wird und wenn sie nicht innerhalb des drittletzten Pachtjahrs gestellt wird.

1 **A. Normzweck/Anwendungsbereich.** § 594 regelt Ende und Verlängerung von befristeten Landpachtverträgen. S 1 hat klarstellende Funktion. S 2 bis 4 soll beide Vertragsteile davor schützen, denjenigen, der den Vertrag fortsetzen möchte, bis kurz vor Beendigung des Pachtvertrages im Unklaren zu lassen, ob er mit einer Verlängerung der Landpacht rechnen kann. Vor allem dem Pächter soll es zum Schutze seiner Existenz ermöglicht werden, notwendige Entscheidungen über den Pachtgegenstand zeitgerecht zu treffen (BTDrs 10/509, 24). Die Norm gilt nur für befristete Landpachtverträge. Nach seinem Schutzzweck ist S 2 und mit ihm die Folgeregelungen in S 3 und 4 unabdingbar (Palandt/*Weidenkaff* Rn 2; aA Hk-BGB/*Ebert* Rn 6; MüKo/*Harke* Rn 4; Erman/*P Jendrek* Rn 1 mwN).

2 **B. Ende des Pachtverhältnisses, S 1.** S 1 stellt klar, dass ein befristetes Pachtverhältnis mit Ablauf der vereinbarten Zeit endet. Das Pachtverhältnis endet ohne Kündigung. Wenn nicht etwas anderes vereinbart ist, ist die ordentliche Kündigung zur Beendigung des Pachtvertrages (§ 594a) zu einem früheren Zeitpunkt ausgeschlossen. Eine Kündigung aus wichtigem Grund ist weiterhin möglich. Zur konkludenten Vertragsverlängerung vgl Köln AgrarR 1990, 264; Dresden RdL 2004, 13. S 1 übernimmt die mietvertragliche Regelung des § 542 Abs 2, so dass auf die dortige Kommentierung entspr verwiesen wird.

3 **C. Verlängerung des Pachtverhältnisses, S 2-4. I. Voraussetzungen. 1. Pachtvertrag.** Eine Verlängerung des Pachtvertrages nach den Sätzen 2 bis 4 kommt nur bei Pachtverträgen in Betracht, die mindestens auf 3 Jahre geschlossen worden sind. Bei Pachtverträgen mit einer kürzeren Laufzeit richtet sich das Ende des Pachtverhältnisses ausschließlich nach S 1. Es liegt in der Verantwortung der Vertragsparteien, sich rechtzeitig Sicherheit über die Fortsetzung des Pachtverhältnisses zu verschaffen (s auch § 595).

4 **2. Anfrage eines Vertragsteil, S 2.** Ein Vertragsteil (Pächter oder Verpächter) muss bei dem anderen Vertragsteil anfragen, ob er zur Fortsetzung des Verhältnisses über den regulären Beendigungstermin nach S 1 hinaus bereit ist. Die Anfrage muss einen ausdrücklichen Hinweis darauf enthalten, dass sich bei Nichtbeachtung der Anfrage das bislang befristete Pachtverhältnis auf unbestimmte Zeit nach S 2 verlängert (S 4). Nichtbeachtung bedeutet Schweigen des angefragten Vertragsteils (BTDrs 10/509 24). Die Anfrage ist nach S 3 formgebunden. Sie bedarf der schriftlichen Form gem § 126. Die Anfrage muss innerhalb des drittletzten Pachtjahres gestellt werden, dh im 3. Jahr vor Pachtende. Diese Frist soll verhindern, dass eine Verlängerungsanfrage zu früh oder zu spät gestellt wird. Dem an einer Fortsetzung der Pacht interessierten Vertragsteil wird hierüber eine Mindestfrist von 2 Jahren eingeräumt, die er im Falle der Ablehnung benötigt, um sich einen anderen Pächter bzw eine andere Pachtsache zu suchen (BTDrs 10/509 24).

5 **3. Keine Ablehnung des angefragten Vertragsteils.** Das Pachtverhältnis verlängert sich nur dann, wenn der angefragte Vertragsteil nicht innerhalb von 3 Monaten ab Zugang der Anfrage die Fortsetzung ablehnt. Die Frist ist gem §§ 188 Abs 2, 187 Abs 1 zu berechnen. Auch die Ablehnung ist nach S 3 formgebunden. Sie bedarf ebenfalls der schriftlichen Form gem § 126.

6 **II. Rechtsfolge.** Das Pachtverhältnis verlängert sich auf unbestimmte Zeit ab dem vereinbarten Ende des Pachtverhältnisses nach S 1. Der Pachtvertrag endet nicht mehr automatisch mit Fristablauf, sondern nur, wenn er durch eine Vertragspartei ordentlich gem § 594a gekündigt wird. Das Recht zur außerordentlichen Kündigung besteht fort. Eine Anfrage, die nicht den Anforderungen der Sätze 2 bis 4 entspricht, ist ohne Wirkung (S 4). Das Einverständnis mit der Verlängerung des Pachtverhältnisses kann formfrei erklärt werden.

D. Beweislast. Der anfragende Vertragspartner trägt die Darlegungs- und Beweislast für die Tatsachen zur Verlängerung des Pachtverhältnisses (Sätze 2 bis 4). Der andere Vertragsteil ist darlegungs- und beweispflichtig dafür, dass die Anfrage verspätet war oder er sie rechtzeitig abgelehnt hat (Hk-BGB/*Ebert* Rn 5). 7

§ 594a Kündigungsfristen. **[1] Ist die Pachtzeit nicht bestimmt, so kann jeder Vertragsteil das Pachtverhältnis spätestens am dritten Werktag eines Pachtjahrs für den Schluss des nächsten Pachtjahrs kündigen. Im Zweifel gilt das Kalenderjahr als Pachtjahr. Die Vereinbarung einer kürzeren Frist bedarf der Schriftform.**

[2] Für die Fälle, in denen das Pachtverhältnis außerordentlich mit der gesetzlichen Frist vorzeitig gekündigt werden kann, ist die Kündigung nur für den Schluss eines Pachtjahrs zulässig; sie hat spätestens am dritten Werktag des halben Jahres zu erfolgen, mit dessen Ablauf die Pacht enden soll.

A. Normzweck/Anwendungsbereich. Die langen Fristen zur ordentlichen (Abs 1) und außerordentlichen (Abs 2) Kündigung des Landpachtvertrages dienen dem Schutz des Pächters. Er soll vor Verlusten geschützt werden, die mit einer kurzfristigeren Beendigung des Pachtvertrages verbunden sind (Hk-BGB/*Ebert* Rn 1). Die Norm gilt für alle Landpachtverträge. Unter Beachtung von § 594a Abs 1 S 3 ist die Norm abdingbar (Hk-BGB/*Ebert* Rn 5; Erman/*P Jendrek* Rn 1 mwN). 1

B. Ordentliche Kündigung, Abs 1. Für auf unbestimmte Zeit geschlossene Landpachtverträge gilt der Grundsatz, dass sie durch Kündigung beendet werden (Erman/*P Jendrek* Rn 2). Für die ordentliche Kündigung gilt eine Kündigungsfrist von 2 Jahren. Der Kündigungstermin entspricht der Regelung für die Kündigung von Wohnraummietverhältnissen. Teilkündigungen von Landpachtverträge sind grds unzulässig (Dresden ZMR 2003, 832). Das Pachtverhältnis endet zum Schluss des nächsten Pachtjahres. Ist das Pachtjahr vertraglich nicht bestimmt oder bestimmbar (s dazu Hk-BGB/*Ebert* Rn 3), gilt für die Kündigung als Pachtjahr das Kalenderjahr. 2

C. Außerordentliche Kündigung mit gesetzlicher Frist, Abs 2. Wie auch durch ordentliche Kündigung (Abs 1) wird der Vertrag durch außerordentliche Kündigung mit gesetzlicher Frist für den Schluss eines Pachtjahres beendet. Eine Kündigung ist nur zu diesem Endtermin zulässig. Der Kündigungstermin (3. Werktag des halben Jahres) führt zu einer Kündigungsfrist von einem halben Jahr (Palandt/*Weidenkaff* § 558 Rn 6). Eine außerordentliche Kündigung mit gesetzlicher Frist kommt insbes nach §§ 593a, 594c in Betracht (ausf Staud/*v Jeinsen* Rn 14). 3

D. Anforderungen an die Kündigungserklärung. Zu den Anforderungen an die Kündigungserklärung, die Berechnung der Fristen und zur Form s §§ 542, 594 f. 4

§ 594b Vertrag über mehr als 30 Jahre. **Wird ein Pachtvertrag für eine längere Zeit als 30 Jahre geschlossen, so kann nach 30 Jahren jeder Vertragsteil das Pachtverhältnis spätestens am dritten Werktag eines Pachtjahrs für den Schluss des nächsten Pachtjahrs kündigen. Die Kündigung ist nicht zulässig, wenn der Vertrag für die Lebenszeit des Verpächters oder des Pächters geschlossen ist.**

A. Normzweck/Anwendungsbereich. Die Norm soll im Grundsatz eine Art Erbpacht ausschließen. Eine Ausn gilt nur für auf Lebenszeit des Verpächters oder Pächters abgeschlossene Landpachtverträge (BTDrs 10/509 24). Die Norm gilt für alle Landpachtverträge. § 594b ist im Grundsatz zwingend. Wie auch gem § 594a ist eine Verkürzung der Frist, ohne dass sie Auswirkungen auf den Endtermin hat, zulässig (Hk-BGB/*Ebert* Rn 3; aA uneingeschränkt zwingend, Erman/*P Jendrek* Rn 1 mwN; Palandt/*Weidenkaff* Rn 1). § 594b entspricht der mietvertraglichen Regelung in § 544. Auf die Kommentierung dort kann entspr verwiesen werden. Modifiziert ist die Kündigungsfrist. Es ist die längere Kündigungsfrist des § 594a Abs 1 einzuhalten (BTDrs 10/509 24). 1

B. Regelungsinhalt. S 1 gewährt ein Kündigungsrecht für Landpachtverträge, die für mehr als 30 Jahre geschlossen wurden. Die Kündigungsfrist entspricht dabei derjenigen der ordentlichen Kündigung gem § 594a Abs 1 S 1. Für das Pachtjahr gilt die Auslegungsregel des § 594a 2, dass im Zweifel das Kalenderjahr als Pachtjahr gilt (Erman/*P Jendrek* Rn 2). S 2 trifft für Landpachtverträge, die auf die Lebenszeit geschlossen sind, eine Ausnahmeregelung zu dem Grundsatz nach S 1. Das Kündigungsrecht nach S 1 ist ausgeschlossen. Es gelten die allg Regelungen. Zur Rechtsfolge bei einem Verstoß s § 544. 2

§ 594c Kündigung bei Berufsunfähigkeit des Pächters. **Ist der Pächter berufsunfähig im Sinne der Vorschriften der gesetzlichen Rentenversicherung geworden, so kann er das Pachtverhältnis außerordentlich mit der gesetzlichen Frist kündigen, wenn der Verpächter der Überlassung der Pachtsache zur Nutzung an einen Dritten, der eine ordnungsmäßige Bewirtschaftung gewährleistet, widerspricht. Eine abweichende Vereinbarung ist unwirksam.**

1 **A. Normzweck/Anwendungsbereich.** Die Vorschrift dient dem sozialen Schutz des Pächters vor unbilligen Härten, wenn er wegen seiner Berufsunfähigkeit die Pachtsache nicht mehr selbst bewirtschaften kann, durch den Verpächter aber an der Vertragserfüllung durch den Widerspruch gegen die Bewirtschaftung durch einen Dritten gehindert wird (BTDrs 10/509 23). Die Norm gilt für alle Landpachtverträge. Zur Abdingbarkeit s S 2.

2 **B. Außerordentliches Kündigungsrecht, S 1. I. Voraussetzungen. 1. Berufsunfähigkeit des Pächters.** Erforderlich für das Kündigungsrecht ist die Berufsunfähigkeit des Pächters. Beurteilungsmaßstab ist das Recht der gesetzlichen Rentenversicherung (SGB VI). Berufsunfähig ist, dessen Erwerbsfähigkeit wegen Krankheit oder Behinderung im Vergleich zur Erwerbsfähigkeit von körperlich, geistig und seelisch Gesunden mit ähnl Ausbildung und gleichwertigen Kenntnissen und Fähigkeiten auf weniger als 6 Stunden gesunken ist (vgl § 240 Abs 2 S 1 SGB VI). Das Merkmal der Berufsunfähigkeit ist berufbezogen zu prüfen, dh für den Pächter sind die entspr landwirtschaftlichen Berufe Maßstab (str; weitergehend MüKo/*Harke* Rn 1: Beruf als Landwirt mwN; ohne diese Einschränkung Erman/*P Jendrek* Rn 3; nicht an die Berufs-, sondern an die Erwerbsunfähigkeit anknüpfend jurisPK/*Bauermeister* Rn 5, was nach Wortlaut und Schutzzweck der Norm abzulehnen ist).

3 **2. Ersuchen des Pächters um Erlaubnis zur Nutzungsüberlassung.** Nach dem Wortlaut der Norm muss der Verpächter der Nutzungsüberlassung an den Dritten widersprochen haben. Das setzt voraus, dass der Pächter dem Verpächter zuvor um Erlaubnis der Nutzungsüberlassung an einen Nachpächter ersucht hat (§ 589 Abs 1 Nr 1). Es liegt in der Verantwortung und im Risiko des Pächters, einen Nachpächter zu finden, der die ordnungsgem Bewirtschaftung der Pachtsache gewährleistet (MüKo/*Harke* Rn 2). Auf der Grundlage des Ersuchens des Pächters muss der Verpächter in die Lage versetzt werden zu beurteilen, ob der Dritte geeignet ist (jurisPK/*Bauermeister* Rn 7). Das Ersuchen ist nicht fristgebunden und formlos zulässig. Der Dritte muss die ordnungsgem Bewirtschaftung gewährleisten, da anderenfalls der Verpächter einen sachlichen Grund zum Widerspruch hat. Die ordnungsgem Bewirtschaftung entspricht der Pflicht des Pächters aus § 586 Abs 1 S 3. Maßstab sind die allg gültigen Regeln der Landwirtschaft (Palandt/*Weidenkaff* § 588 Rn 6).

4 **3. Widerspruch des Verpächters.** Der Verpächter muss der Nutzungsüberlassung an den geeigneten Dritten widersprochen haben. Der Widerspruch ist eine einseitige empfangsbedürftige Willenserklärung des Verpächters (Palandt/*Weidenkaff* Rn 1). Auf das Ersuchen des Pächters hat der Verpächter in angemessener Frist eine Erklärung abzugeben. Unterlässt er dies, ist sein Handeln als Widerspruch zu werten (MüKo/*Harke* Rn 2).

5 **II. Rechtsfolge.** Der Pächter ist berechtigt, den Pachtvertrag außerordentlich mit der gesetzlichen Frist zu kündigen. § 594c räumt dem Pächter einen Kündigungsgrund ein, nicht aber dem Verpächter. Der Pächter ist berechtigt, mit der gesetzlichen Frist gem § 594a Abs 2 für den Schluss eines Pachtjahres zu kündigen. Die Kündigung muss spätestens am 3. Werktag des halben Jahres erfolgen, zu dessen Ablauf der Pachtvertrag beendet werden soll (§ 594a Abs 2 Hs 2). Zur wirksamen Kündigung des Landpachtvertrages ist die Erklärung der Kündigung ggü dem Verpächter erforderlich. Die Erklärung bedarf der Schriftform gem § 594f. Sie ist ohne Angabe des Kündigungsgrundes wirksam. Entscheidend ist, dass er vorliegt (Frankfurt aM AgrarR 1991, 107). Das Gesetz gibt nicht vor, bis zu welchem Zeitpunkt der Pächter von seinem Kündigungsrecht Gebrauch gemacht haben muss. Es ist nicht fristgebunden und unterliegt den allg Regeln. Als Grenze wird die Verwirkung angesehen, die durch ein unangemessen langes Warten mit dem Ausspruch der Kündigung nach Widerspruch des Verpächters eintreten kann (Erman/*P Jendrek* Rn 5; MüKo/*Harke* Rn 2).

6 **C. Unwirksamkeit abweichender Vereinbarung/Beweislast.** Nach dem Normzweck ist eine abw Vereinbarung nur zum Nachteil des Pächters unwirksam (S 2). Zu seinen Gunsten kann von der Vorschrift abgewichen werden (MüKo/*Harke* Rn 3 mwN). Der Pächter ist für die Berufsunfähigkeit, die Gewährleistung der Bewirtschaftung der Pachtsache durch den Dritten und den Widerspruch des Verpächters darlegungs- und beweispflichtig.

§ 594d Tod des Pächters.

[1] Stirbt der Pächter, so sind sowohl seine Erben als auch der Verpächter innerhalb eines Monats, nachdem sie vom Tod des Pächters Kenntnis erlangt haben, berechtigt, das Pachtverhältnis mit einer Frist von sechs Monaten zum Ende eines Kalendervierteljahrs zu kündigen.
[2] Die Erben können der Kündigung des Verpächters widersprechen und die Fortsetzung des Pachtverhältnisses verlangen, wenn die ordnungsmäßige Bewirtschaftung der Pachtsache durch sie oder durch einen von ihnen beauftragten Miterben oder Dritten gewährleistet erscheint. Der Verpächter kann die Fortsetzung des Pachtverhältnisses ablehnen, wenn die Erben den Widerspruch nicht spätestens drei Monate vor Ablauf des Pachtverhältnisses erklärt und die Umstände mitgeteilt haben, nach denen die weitere ordnungsmäßige Bewirtschaftung der Pachtsache gewährleistet erscheint. Die Widerspruchserklärung und die Mitteilung bedürfen der schriftlichen Form. Kommt keine Einigung zustande, so entscheidet auf Antrag das Landwirtschaftsgericht.
[3] Gegenüber einer Kündigung des Verpächters nach Absatz 1 ist ein Fortsetzungsverlangen des Erben nach § 595 ausgeschlossen.

A. Normzweck/Anwendungsbereich. Die Landpacht ist eng mit der Person des Pächters verknüpft, so dass die Vorschrift beim Tod des Pächters grds seinen Erben und dem Verpächter ein außerordentliches Kündigungsrecht gewährt. Es dient einem angemessenen Interessenausgleich zwischen den Erben und dem Verpächter. Die Norm wurde durch das Gesetz zur Neuordnung des landwirtschaftlichen Pachtrechts vom 08.11.1985 (BGBl I 2065) dadurch erweitert, dass grds auch dem Verpächter beim Tode des Pächters ein Kündigungsrecht zusteht (BTDrs 10/509 24).Die Norm gilt für alle Landpachtverträge. § 594d ist abdingbar (Erman/*P Jendrek* Rn 1 mwN; BaRoth/*C Wagner* Rn 1). 1

B. Kündigungsrecht, Abs 1. Vorausgesetzt ist, dass ein wirksamer Landpachtvertrag gem § 585 besteht. Kündigungsgrund ist der Tod des Pächters. Unmittelbar anwendbar ist Abs 1, wenn der Pächter eine natürliche Person ist. Str ist, ob die Vorschrift analog auf juristische Personen anwendbar ist (abl BaRoth/*C Wagner* Rn 2; aA *v Jeinsen* AuR 2003, 191, 198). Zur Kündigung berechtigt sind die Erben des Pächters und der Verpächter. Dem Verpächter soll es ermöglicht werden, das Pachtverhältnis aufzulösen, wenn die Erben eine Fortsetzung des landwirtschaftlichen Betriebes nicht wünschen oder dazu nicht in der Lage sind (BTDrs 10/509 24). Die Kündigungserklärung ist form- und fristgebunden. Gem § 594f bedarf sie der schriftlichen Form nach § 126. Die Frist zur Erklärung der Kündigung beträgt einen Monat. Sie beginnt mit dem Zeitpunkt, in welchem die Kündigungsberechtigten Kenntnis vom Tod des Pächters erlangt haben (Abs 1). Weiterhin ist erforderlich, dass die Erben von ihrer Rechtsstellung als Erben und der Verpächter Kenntnis von den Erben erlangt haben bzw hat (Erman/*P Jendrek* Rn 3). Das Pachtverhältnis ist mit einer Frist von 6 Monaten zum Ende eines Kalendervierteljahres kündbar (Abs 1). 2

C. Widerspruchsrecht und Fortsetzungsanspruch der Erben, Abs 2. I. Voraussetzung, S 1. Kündigt der Verpächter den Pachtvertrag, steht den Erben ein Widerspruchsrecht und ein Anspruch auf Fortsetzung des Pachtverhältnisses unter der Voraussetzung zu, dass die ordnungsgem Bewirtschaftung der Pachtsache durch sie oder durch einen von ihnen beauftragten Miterben oder Dritten gewährleistet erscheint. Mit dieser Regelung wird das nach Abs 1 unbeschränkt bestehende Kündigungsrecht des Verpächters eingeschränkt, weil ihm die Fortsetzung des Pachtverhältnisses in diesem Fall zumutbar ist (vgl BTDrs 10/509 24). Die ordnungsgem Bewirtschaftung entspricht der Pflicht des Pächters aus § 586 I 3. Maßstab sind die allg gültigen Regeln der Landwirtschaft (Palandt/*Weidenkaff* § 588 Rn 6). Die jeweils fortsetzungsberechtigte Person muss die Anforderungen erfüllen. Das sind der Erbe, die Erben in ihrer Gemeinschaft, ein von ihr beauftragter Miterbe oder ein Dritter. Dritter ist jede Person, die nicht Erbe des Pächters ist. 3

II. Widerspruch. Die Erben müssen den Widerspruch gegen die Kündigung des Verpächters erklären. In der Erklärung müssen die Umstände enthalten sein, nach denen die weitere ordnungsmäßige Bewirtschaftung der Pachtsache gewährleistet erscheint. Die Widerspruchserklärung muss von den Erben spätestens 3 Monate vor Ablauf des Pachtverhältnisses, zu dem der Verpächter die Kündigung ausgesprochen hat, abgegeben werden (S 2). Sie bedarf der schriftlichen Form nach § 126 (S 3). 4

III. Fortsetzungsverlangen. Das Pachtverhältnis ist vom Verpächter nur fortzusetzen, wenn die Erben die Fortsetzung von ihm verlangt haben. Dazu ist ebenfalls eine Erklärung der Erben notwendig, die zweckmäßigerweise mit dem Widerspruch zu verbinden ist. Die Erklärung kann aber auch gesondert abgegeben werden. Das Fortsetzungsverlangen ergibt sich regelm daraus, dass die Erben die zukünftige ordnungsgem Bewirtschaftung der Pachtsache darlegen (Sätze 2 und 3) und damit die Aufrechterhaltung des Pachtverhältnisses begehren. An das Fortsetzungsverlangen der Erben ist das Ablehnungsrecht des Verpächters nach S 2 geknüpft. Das Fortsetzungsverlangen muss, wie die Widerspruchserklärung, von den Erben spätestens drei Monate vor Ablauf des Pachtverhältnisses erklärt werden (S 2). Es ist ebenfalls formgebunden. S 3 erfordert die Mitteilung der Umstände für die zukünftige ordnungsgem Bewirtschaftung der Pachtsache in schriftlicher Form gem § 126 (S 3). 5

D. Ablehnungsrecht des Verpächters, Abs 2 S 2. Der Verpächter hat das Recht zur Ablehnung des Fortsetzungsverlangens unter drei Voraussetzungen: 1. Der Widerspruch der Erben wurde nicht spätestens 3 Monate vor Ablauf des Pachtverhältnisses erklärt. 2. Die Erben haben nicht die Umstände mitgeteilt, nach denen die weitere ordnungsgem Bewirtschaftung der Pachtsache gewährleistet erscheint. Dies ist eine formale Voraussetzung an die Erklärung der Erben, die den Verpächter in die Lage versetzen soll zu beurteilen, ob die ordnungsgemäße Bewirtschaftung der Pachtsache gewährleistet erscheint und ihm deshalb die Fortsetzung des Pachtverhältnisses zuzumuten ist. 3. Die ordnungsmäßige Bewirtschaftung der Pachtsache muss zukünftig tatsächlich gewährleistet erscheinen. Die Umstände, die die Erben mitteilen, müssen inhaltlich zutreffen. Es besteht in diesem Fall kein Grund für den Verpächter, das Pachtverhältnis nicht fortzusetzen. 6

E. Entscheidung des Landwirtschaftsgerichts, Abs 2 S 4. Einigen sich die Erben und der Verpächter nicht über die Fortsetzung des Pachtverhältnisses, so entscheidet auf Antrag das Landwirtschaftsgericht. Sie können sich über die unveränderte Fortsetzung des bisherigen Pachtverhältnisses, aber auch über davon abw Vertragsbestimmungen einigen. Antragsberechtigt sind sowohl die Erben als auch der Verpächter. Bei einer Mehrheit von Erben ist der Antrag von allen Miterben zu stellen (BaRoth/*C Wagner* Rn 10). 7

8 **F. Ausschluss des Fortsetzungsverlangen nach § 595, Abs 3.** Das Gesetz geht davon aus, dass die Erben des Pächters ihre Interessen mit dem Widerspruchsrecht gegen die Kündigung des Verpächters nach Abs 2 angemessen wahren können und dass sie damit ausreichend geschützt sind. Deshalb sieht Abs 3 klarstellend vor, dass die Erben nicht zusätzlich auf die Härteklausel des § 595 zurückgreifen dürfen (BTDrs 10/509 24).

9 **G. Beweislast.** Die Beweislast für die ordnungsgem Bewirtschaftung der Sache durch die Erben oder einen von ihnen beauftragten Miterben oder Dritten tragen die Erben (BGH NJW 2002, 2168).

§ 594e Außerordentliche fristlose Kündigung aus wichtigem Grund.

[1] Die außerordentliche fristlose Kündigung des Pachtverhältnisses ist in entsprechender Anwendung der §§ 543, 569 Absatz 1 und 2 zulässig.

[2] Abweichend von § 543 Absatz 2 Nummer 3 Buchstabe a und b liegt ein wichtiger Grund insbesondere vor, wenn der Pächter mit der Entrichtung der Pacht oder eines nicht unerheblichen Teils der Pacht länger als drei Monate in Verzug ist. Ist die Pacht nach Zeitabschnitten von weniger als einem Jahr bemessen, so ist die Kündigung erst zulässig, wenn der Pächter für zwei aufeinander folgende Termine mit der Entrichtung der Pacht oder eines nicht unerheblichen Teils der Pacht in Verzug ist.

1 **A. Normzweck/Anwendungsbereich.** § 594e erklärt die mietvertraglichen Vorschriften zur außerordentlichen fristlosen Kündigung des Landpachtvertrags aus wichtigem Grund für entspr anwendbar (Abs 1) und passt den wichtigen Grund des Zahlungsverzugs an die Besonderheiten der Pacht an (Abs 2). Die Norm gilt für alle Landpachtverträge. Die entspr Anwendung von § 569 ist zwingend (str BGH NJW 1992, 2629; Hk-BGB/*Ebert* Rn 1; Palandt/*Weidenkaff* Rn 1; aA MüKo/*Harke* Rn 2; Soerg/*Heintzmann* Rn 14). IÜ ist § 594e abdingbar.

2 **B. Entsprechende Anwendbarkeit §§ 543, 569 Abs 1 und 2. I. Allgemeines.** Die fristlose Kündigung des Landpachtvertrages aus wichtigem Grund richtet sich grds nach §§ 543, 569 Abs 1 und 2 (Abs 1). Auf die Kommentierung dieser Normen wird entspr verwiesen. Bei ihrer entspr Anwendung sind die Wesensmerkmale des Landpachtvertrages zu beachten, die der Mietvertrag nicht aufweist. Dazu zählen die Gewährung des Fruchtgenusses als allg Merkmal des Pachtvertrages (§ 581 Abs 1 S 1) sowie die grds Betriebspflicht bei der Landpacht gem § 586 Abs 1 S 3 (ausf Erman/*P Jendrek* Rn 3). Für die Kündigungserklärung wird auf § 542 entspr verwiesen. Die Kündigung ist ohne Begründung wirksam. Erforderlich ist, dass zur Zeit der fristlosen Kündigung der Kündigungsgrund tatsächlich bestanden hat (Frankfurt aM AgrarR 1991, 107; Erman/*P Jendrek* Rn 2). Die Kündigung bedarf der Schriftform nach §§ 594 f, 126.

3 **II. Wichtige Gründe.** Wichtige Gründe sind nach § 543 Abs 2 insbes die Nichtgewährung des vertragsmäßigen Gebrauchs der Pachtsache und des Fruchtgenusses durch den Verpächter, erhebliche Vertragsverletzungen durch den Pächter, die die Pachtsache erheblich gefährden. Sie sind auch dann gegeben, wenn die Benutzung der Pachtsache oder der Fruchtgenuss mit einer erheblichen Gefährdung für die Gesundheit verbunden ist oder bei nachhaltigen Störungen des Hausfriedens (§ 569 Abs 1 und 2). Der wichtige Grund des Zahlungsverzuges wird in Abs 2 modifiziert.

4 **C. Zahlungsverzug, Abs 2.** Der wichtige Grund des Zahlungsverzuges wird speziell für den Landpachtvertrag in Abs 2 geregelt. Grund hierfür sind die erheblich längeren Zahlungstermine für die Entrichtung der Pacht (BTDrs 10/509 25). Wird die Pacht regelm jährlich entrichtet, ist die fristlose Kündigung des Verpächters zulässig, wenn der Pächter mit der Entrichtung der Pacht oder eines nicht unerheblichen Teils der länger als drei Monate in Verzug ist. Für die Zahlung der Pacht, die nach Zeitabschnitten von weniger als einem Jahr bemessen ist, übernimmt S 2 die entspr mietvertragliche Regelung des § 543 Abs 2 Nr 3a. Ergänzend findet die mietvertragliche Generalklausel des § 543 Abs 1 Anwendung (Naumburg RdL 2003, 261; Erman/*P Jendrek* Rn 6).

§ 594f Schriftform der Kündigung.

Die Kündigung bedarf der schriftlichen Form.

1 § 594f legt für die Kündigung des Landpachtvertrages ein gesetzliches Schriftformerfordernis fest (vgl BTDrs 10/509 25). Die Norm gilt für alle Landpachtverträge. § 594f ist zwingend (Erman/*P Jendrek* Rn 1 mwN). Das Schriftformerfordernis gilt für alle Arten der Kündigung eines Landpachtvertrages gem §§ 594a bis 594e. Die schriftliche Form ist in § 126 definiert. Landpachtverträge können damit nicht wirksam mündlich oder konkludent gekündigt werden (Erman/*P Jendrek* Rn 2). Wird gegen das Schriftformerfordernis verstoßen, ist die Kündigung gem § 125 wegen Formmangels nichtig.

§ 595 Fortsetzung des Pachtverhältnisses. **[1] Der Pächter kann vom Verpächter die Fortsetzung des Pachtverhältnisses verlangen, wenn**
1. bei einem Betriebspachtverhältnis der Betrieb seine wirtschaftliche Lebensgrundlage bildet,
2. bei dem Pachtverhältnis über ein Grundstück der Pächter auf dieses Grundstück zur Aufrechterhaltung seines Betriebs, der seine wirtschaftliche Lebensgrundlage bildet, angewiesen ist
und die vertragsmäßige Beendigung des Pachtverhältnisses für den Pächter oder seine Familie eine Härte bedeuten würde, die auch unter Würdigung der berechtigten Interessen des Verpächters nicht zu rechtfertigen ist. Die Fortsetzung kann unter diesen Voraussetzungen wiederholt verlangt werden.
[2] Im Falle des Absatzes 1 kann der Pächter verlangen, dass das Pachtverhältnis so lange fortgesetzt wird, wie dies unter Berücksichtigung aller Umstände angemessen ist. Ist dem Verpächter nicht zuzumuten, das Pachtverhältnis nach den bisher geltenden Vertragsbedingungen fortzusetzen, so kann der Pächter nur verlangen, dass es unter einer angemessenen Änderung der Bedingungen fortgesetzt wird.
[3] Der Pächter kann die Fortsetzung des Pachtverhältnisses nicht verlangen, wenn
1. er das Pachtverhältnis gekündigt hat,
2. der Verpächter zur außerordentlichen fristlosen Kündigung oder im Falle des § 593a zur außerordentlichen Kündigung mit der gesetzlichen Frist berechtigt ist,
3. die Laufzeit des Vertrags bei einem Pachtverhältnis über einen Betrieb, der Zupachtung von Grundstücken, durch die ein Betrieb entsteht, oder bei einem Pachtverhältnis über Moor- und Ödland, das vom Pächter kultiviert worden ist, auf mindestens 18 Jahre, bei der Pacht anderer Grundstücke auf mindestens zwölf Jahre vereinbart ist,
4. der Verpächter die nur vorübergehend verpachtete Sache in eigene Nutzung nehmen oder zur Erfüllung gesetzlicher oder sonstiger öffentlicher Aufgaben verwenden will
[4] Die Erklärung des Pächters, mit der er die Fortsetzung des Pachtverhältnisses verlangt, bedarf der schriftlichen Form. Auf Verlangen des Verpächters soll der Pächter über die Gründe des Fortsetzungsverlangens unverzüglich Auskunft erteilen.
[5] Der Verpächter kann die Fortsetzung des Pachtverhältnisses ablehnen, wenn der Pächter die Fortsetzung nicht mindestens ein Jahr vor Beendigung des Pachtverhältnisses vom Verpächter verlangt oder auf eine Anfrage des Verpächters nach § 594 die Fortsetzung abgelehnt hat. Ist eine zwölfmonatige oder kürzere Kündigungsfrist vereinbart, so genügt es, wenn das Verlangen innerhalb eines Monats nach Zugang der Kündigung erklärt wird.
[6] Kommt eine Einigung zustande, so entscheidet auf Antrag das Landwirtschaftsgericht über eine Fortsetzung und über die Dauer des Pachtverhältnisses sowie über die Bedingungen, zu denen es fortgesetzt wird. Das Gericht kann die Fortsetzung des Pachtverhältnisses jedoch nur bis zu einem Zeitpunkt anordnen, der die in Absatz 3 Nummer 3 genannten Fristen, ausgehend vom Beginn des laufenden Pachtverhältnisses, nicht übersteigt. Die Fortsetzung kann auch auf einen Teil der Pachtsache beschränkt werden.
[7] Der Pächter hat den Antrag auf gerichtliche Entscheidung spätestens neun Monate vor Beendigung des Pachtverhältnisses und im Falle einer zwölfmonatigen oder kürzeren Kündigungsfrist zwei Monate nach Zugang der Kündigung bei dem Landwirtschaftsgericht zu stellen. Das Gericht kann den Antrag nachträglich zulassen, wenn es zur Vermeidung einer unbilligen Härte geboten erscheint und der Pachtvertrag noch nicht abgelaufen ist.
[8] Auf das Recht, die Verlängerung eines Pachtverhältnisses nach den Absätzen 1 bis 7 zu verlangen, kann nur verzichtet werden, wenn der Verzicht zur Beilegung eines Pachtstreits vor Gericht oder vor einer berufsständischen Pachtschlichtungsstelle erklärt wird. Eine Vereinbarung, dass einem Vertragsteil besondere Nachteile oder besondere Vorteile erwachsen sollen, wenn er die Rechte nach den Absätzen 1 bis 7 ausübt oder nicht ausübt, ist unwirksam.

A. Normzweck/Anwendungsbereich. § 595 statuiert eine soziale Schutzvorschrift für den Pächter. Landwirt- 1
schaftliche Betriebe und Grundstücke, die die wirtschaftliche Lebensgrundlage des Pächters bilden, sollen für ihn und seine Familie zur Sicherung der Existenzgrundlage aufrechterhalten werden (vgl Hk-BGB/*Ebert* Rn 1; BGH ZMR 1999, 378). Die Vorschrift ist im Aufbau und in der Formulierung der Sozialklausel im Wohnraummietrecht (§§ 574 ff) angepasst (BTDrs 10/509 25). Die Norm gilt für alle Landpachtverträge, die den Anforderungen des Abs 1 Nr 1 und 2 entsprechen. Zum Übergangsrecht s § 581 Rz 2. Zur Abdingbarkeit s Abs 8.

B. Anspruch auf Fortsetzung des Pachtverhältnisses, Abs 1. I. Betrieb. Erforderlich ist, dass der Pächter 2
einen Betrieb führt, den er entweder auf der Grundlage eines Betriebspachtverhältnisses gepachtet hat (Nr 1) oder es sein eigener Betrieb ist, den er auf einem gepachteten Grundstück errichtet oder erworben hat (Nr 2). Bei dem eigenen Betrieb muss der Pächter zu dessen Aufrechterhaltung auf das gepachtete Grundstück angewiesen sein. Die Angewiesenheit ist tatrichterlich festzustellen (BGH ZMR 1999, 378).

II. Wirtschaftliche Lebensgrundlage. Dieser Betrieb muss seine wirtschaftliche Lebensgrundlage darstellen. 3
Er muss nicht seine alleinige Erwerbsquelle sein. Es reicht aus, wenn der Betrieb im wesentlichen Umfang die

wirtschaftliche Lebensgrundlage bildet. Der Betrieb kann daher im Rahmen der Nebenerwerbslandwirtschaft betrieben werden, so dass die Interessen der Nebenerwerbslandwirte angemessene Berücksichtigung finden (BTDrs 10/3830 30).

4 **III. Vertragsmäßige Beendigung des Pachtverhältnisses.** Eine vertragsmäßige Beendigung des Pachtverhältnisses liegt vor bei einem Pachtvertrag auf unbestimmte Zeit, der durch Kündigung und, bei einem Pachtvertrag auf bestimmte Zeit, der durch Zeitablauf endet (BTDrs 10/509 25). Bei Vorliegen von Gründen für eine nicht vertragsmäßige Beendigung des Pachtverhältnisses ist der Fortsetzungsanspruch nach Abs 3 Nr 2 ausgeschlossen.

5 **IV. Nicht zu rechtfertigende Härte.** Die Beendigung des Pachtverhältnisses muss für den Pächter oder alternativ für seine Familie eine Härte bedeuten, die auch unter Würdigung der berechtigten Interessen des Verpächters nicht zu rechtfertigen ist. Sie muss für die genannten Personen unzumutbar sein. Dies ist auf Grund einer umfassenden Abwägung der Interessen des Pächters, seiner Familienangehörigen einerseits und der Interessen des Verpächters andererseits zu beurteilen. Es ist ein subjektiver Maßstab anzuwenden (Erman/*P Jendrek* Rn 3). Gem der Schutzfunktion ist auf den Pächter und seine Familienangehörigen abzustellen (s dazu § 563 Rz 1 ff), nicht jedoch auf andere Angehörige des Haushalts des Pächters, wie es in der mietvertraglichen Sozialklausel (§ 574 Abs 1 S 1) vorgesehen ist. Ausreichend ist, dass ein oder mehrere Härtegründe nur für eine der genannten Personen zutreffen. Dazu zählen zB erhebliche Investitionen durch den Pächter, die sich wegen der Kündigung noch nicht amortisiert haben (Stuttgart RdL 1996, 231). Auf Seiten des Verpächters sind ausschließlich seine Interessen zu würdigen, nicht diejenigen Dritter. In Betracht kommen zB die Absicht des Verpächters, den Pachtgegenstand zu veräußern, ihn selbst zu nutzen (s auch Abs 2 Nr 4) oder die landwirtschaftliche Nutzung aufzugeben (s Staud/*Pikalo/v Jeinsen* Rn 28). Die nicht zu rechtfertigende Härte muss mit der Beendigung des Pachtverhältnisses und dem Wegfall des Betriebs als Erwerbsquelle eintreten.

6 **V. Wiederholte Fortsetzung.** Dem Fortsetzungsanspruch steht nicht entgegen, dass der Pächter schon ein oder mehrere Male die Fortsetzung des Pachtverhältnisses verlangt hat. S 2 stellt klar, dass die Verlängerung wiederholt gefordert werden kann.

7 **C. Rechtsnatur und Gegenstand des Fortsetzungsanspruchs, Abs 2.** Bei dem Fortsetzungsanspruch handelt es sich um einen schuldrechtlichen Anspruch auf Abschluss eines Vertrages (§§ 145 ff) über die Fortsetzung, dh die Verlängerung des bisherigen Pachtverhältnisses (§ 311 Abs 1; Palandt/*Weidenkaff* Rn 4). Der Anspruch ist auf die Fortsetzung des Pachtverhältnisses von angemessener Dauer (S 1) grds zu den vereinbarten Bedingungen gerichtet. Ist die Verlängerung zu den bisher geltenden Vertragsbedingungen für den Verpächter unzumutbar, ist der Pächter nur berechtigt, die Fortsetzung unter angemessener Änderung des Pachtvertrages zu verlangen (S 2). Die Vorschrift entspricht § 574a Abs 1 (BTDrs 10/509 25). Auf die Kommentierung kann entspr verwiesen werden.

8 **D. Ausschluss des Anspruches, Abs 3.** In Abs 3 sind abschließend vier Gründe aufgezählt, in denen der Fortsetzungsanspruch nach Abs 1 nicht besteht. Wenn der Pächter selbst das Pachtverhältnis durch Kündigung beendet, weiß er um die Auswirkungen auf den Betrieb als seine wirtschaftliche Lebensgrundlage. In diesem Fall bedarf er des Schutzes durch § 595 regelm nicht. Der Fortsetzungsanspruch ist ausgeschlossen, wenn der Verpächter zur fristlosen Kündigung aus wichtigem Grund (594e) oder zur vorzeitigen Kündigung nach § 593a berechtigt ist. Erforderlich ist, dass der Kündigungsgrund objektiv besteht und der Verpächter die Kündigung nicht erklärt hat (Palandt/*Weidenkaff* Rn 8). Nr 3 schließt den Fortsetzungsanspruch bei langfristigen Pachtverträgen aus (BTDrs 10/509 25). Maßgeblich ist die tatsächliche Pachtzeit, wie sie sich bei kurzfristig geschlossenen Verträgen durch einmalige oder mehrmalige Vereinbarung über die Verlängerung der Pachtzeit errechnet (Köln AgrarR 2002, 92; Karlsruhe RdL 1998, 65; Palandt/*Weidenkaff* Rn 8; MüKo/*Harke* Rn 5; Erman/*P Jendrek* Rn 8). Bei Erreichen der maximalen Laufzeit von 18 bzw 12 Jahren ist eine Fortsetzung nach § 595 nicht mehr möglich (*Pikalo* NJW 1986, 1472, 1474). Eine Fortsetzung ist ebenfalls ausgeschlossen bei der nur vorübergehenden Verpachtung von Sachen, die der Verpächter in eigene Nutzung nehmen oder zur Erfüllung gesetzlicher oder sonstiger öffentlicher Aufgaben verwenden will. Dass der Pachtvertrag nur vorübergehend geschlossen worden ist, muss für den Pächter bei Vertragsabschluss erkennbar gewesen seien und sich mindestens aus den Umständen ergeben (BGH ZMR 1999, 378). Die Ausschlussgründe stellen rechtshindernde Einwendungen dar, für die der Verpächter die Beweislast trägt (Palandt/*Weidenkaff* Rn 8).

9 **E. Erklärung der Fortsetzung, Abs 4.** Für die Erklärung über das Fortsetzungsverlangen ist die Einhaltung der schriftlichen Form gem § 126 erforderlich (S 2). Zu ihrer Wirksamkeit ist nicht notwendig, dass der Pächter sein Verlangen begründet. Jedoch ist er regelm verpflichtet, darüber unverzüglich Auskunft zu erteilen, wenn der Verpächter dies verlangt (S 2). S ausf entspr die Kommentierung zu § 574b Abs 1.

10 **F. Ablehnungsrecht des Verpächters, Abs 5.** Besteht der Anspruch des Pächters auf Fortsetzung des Pachtverhältnisses nach Abs 1, ist der Verpächter aus den in Abs 5 genannten Gründen berechtigt, aber nicht ver-

pflichtet, die Fortsetzung des Pachtverhältnisses abzulehnen. Vorausgesetzt ist bei Pachtverträgen auf unbestimmte Dauer, dass der Pächter die Fortsetzung nicht mindestens ein Jahr vor Beendigung des Pachtverhältnisses vom Verpächter verlangt hat. Da der Pächter bei einer zwölfmonatigen oder kürzeren Kündigungsfrist das Fortsetzungsverlangen nach S 1 gar nicht rechtzeitig erklären kann, genügt es in diesen Fällen, dass er es innerhalb eines Monats nach Zugang der Kündigung erklärt (S 2). Bei Pachtverträgen mit bestimmter Dauer muss der Pächter auf eine Anfrage des Verpächters nach § 594 die Fortsetzung des Pachtverhältnisses abgelehnt haben. Zur Wirksamkeit der Ablehnung des Fortsetzungsverlangens ist eine einseitige empfangsbedürftige Willenserklärung des Verpächters erforderlich, die an keine Form gebunden ist. Mit wirksamer Abgabe und Zugang beim Pächter, geht sein Fortsetzungsanspruch nach Abs 1 unter (Palandt/*Weidenkaff* Rn 9, 11).

G. Entscheidung des Landwirtschaftsgerichts, Abs 6 und 7. Rechtsgrund für die Verlängerung des Pachtverhältnisses ist der Vertrag über seine Fortsetzung. Kommt er nicht zu Stande, entscheidet das Landwirtschaftsgericht auf Antrag über das Fortsetzungsverlangen. Gegenstand der gerichtlichen Entscheidung sind 1. die Fortsetzung, 2. die Dauer des Pachtverhältnisses, 3. für die gesamten oder auch nur für einen Teil der Pachtsache (S 3) sowie 4. die vertraglichen Bedingungen, zu denen der Pachtvertrag fortzusetzen ist. Bei seiner Entscheidung ist das Gericht an die in Abs 3 Nr 3 geregelten Höchstfristen bei langfristigen Pachtverhältnissen gebunden (S 2). Das Landwirtschaftsgericht ist zuständig. Pächter und Verpächter sind antragsbefugt (Abs 6 S 1). Der Antrag des Pächters ist nach Abs 7 S 1 fristgebunden. Er hat ihn spätestens neun Monate vor Beendigung des Pachtverhältnisses und im Falle einer zwölfmonatigen oder kürzeren Kündigungsfrist zwei Monate nach Zugang der Kündigung zu stellen. Das Landwirtschaftsgericht hat den Antrag nach Ablauf dieser Frist zur Vermeidung einer unbilligen Härte für den Pächter und wenn der Pachtvertrag noch nicht abgelaufen ist, zuzulassen (S 2). 11

H. Abdingbarkeit, Abs 8. § 595 ist im Interesse eines wirksamen Schutzes des Pächters im Grundsatz unabdingbar (vgl BTDrs 10/509 26) und enthält zwingendes Recht. Auf das Recht zur Verlängerung eines Pachtverhältnisses kann nur unter zwei Voraussetzungen verzichtet werden: 1. der Verzicht (§ 397) dient der Beilegung eines Pachtstreits und 2. wenn er ausschließlich vor Gericht oder vor einer berufsständischen Pachtschlichtungsstelle erklärt wird (S 1). Eine Verlängerung des Landpachtvertrages darf nicht erschwert werden. Dementspr sind vertragliche Regelungen zur Änderung von Landpachtverträgen unwirksam, die für einen Vertragsteil mit bes Nachteilen oder Vorteilen verbunden sind, wenn er die Rechte aus § 595 ausübt (S 2). Von der Vorschrift kann zu Gunsten der Vertragsparteien unter Beachtung von S 2 abgewichen werden. Die Fortsetzung des Landpachtvertrages kann insbes erleichtert werden (Hk-BGB/*Ebert* Rn 6; Palandt/*Weidenkaff* Rn 3). 12

§ 595a Vorzeitige Kündigung von Landpachtverträgen.

[1] Soweit die Vertragsteile zur außerordentlichen Kündigung eines Landpachtverhältnisses mit der gesetzlichen Frist berechtigt sind, steht ihnen dieses Recht auch nach Verlängerung des Landpachtverhältnisses oder Änderung des Landpachtvertrags zu.

[2] Auf Antrag eines Vertragsteils kann das Landwirtschaftsgericht Anordnungen über die Abwicklung eines vorzeitig beendeten oder eines teilweise beendeten Landpachtvertrags treffen. Wird die Verlängerung eines Landpachtvertrags auf einen Teil der Pachtsache beschränkt, kann das Landwirtschaftsgericht die Pacht für diesen Teil festsetzen.

[3] Der Inhalt von Anordnungen des Landwirtschaftsgerichts gilt unter den Vertragsteilen als Vertragsinhalt. Über Streitigkeiten, die diesen Vertragsinhalt betreffen, entscheidet auf Antrag das Landwirtschaftsgericht.

A. Normzweck/Anwendungsbereich. Die Norm gilt für alle Landpachtverträge. Abs 1 ist abdingbar, soweit das jeweilige Recht zur außerordentlichen Kündigung abdingbar ist. Abs 2 und 3 sind als formelles Recht zwingend (Palandt/*Weidenkaff* Rn 1; Hk-BGB/*Ebert* Rn 5; BaRoth/*C Wagner* Rn 4 mwN; aA Soerg/*Heintzmann* Rn 12 mwN). 1

B. Recht zur vorzeitigen Kündigung, Abs 1. Abs 1 stellt klar, dass die Fortsetzung des Pachtverhältnisses gem § 595 oder die Änderung des Landpachtvertrags gem § 593 nicht mit dem Ausschluss des Rechets zur außerordentlichen Kündigung mit der gesetzlichen Frist verbunden ist (BTDrs 10/509 26). Die Vorschrift begründet kein solches Kündigungsrecht. Die Kündigung ist daher nur zulässig, wenn die Voraussetzungen des jeweiligen Kündigungsrechtes erfüllt sind. Dazu zählen insbes §§ 593a S 3, 594c S 1. § 594e gilt weiterhin; § 594d Abs 1 einbeziehend: Palandt/*Weidenkaff* Rn 2. 2

C. Anordnungen zur Abwicklung des Landpachtvertrages, Abs 2. Den Vertragspartnern ist es bei einem vorzeitig oder teilw beendeten Pachtvertrag überlassen, sich über die Abwicklung des Vertrages außergerichtlich zu verständigen. Daher entscheidet das Landwirtschaftsgericht über Anordnungen zur Vertragsabwicklung nur auf Antrag (BTDrs 10/509 26). Der Grund für die vorzeitige oder teilw Beendigung des Landpachtvertrages ist unerheblich. In Betracht kommen die Ausübung aller Kündigungsrechte, eine ver- 3 tragliche Vereinbarung oder eine gerichtliche Entscheidung (zB § 595 Abs 6 S 3; MüKo/*Harke* Rn 1). Beschränkt das Landwirtschaftsgericht die Verlängerung des Landpachtvertrages auf einen Teil der Pachtsache, ist es berechtigt, die Pacht für diesen Teil zu bestimmen (S 2). Das ist jedoch nicht zwingend, so dass sich die Vertragspartner darüber auch einigen können. Das Amtsgericht ist als Landwirtschaftsgericht gem §§ 2 Abs 1, 1 Nr 1 LwVfG zuständig. Antragsbefugt sind der Pächter und der Verpächter (§ 14 LwVfG).

4 **D. Gerichtliche Anordnungen als Vertragsinhalt, Abs 3 S 1.** S 1 stellt die rechtskräftige Entscheidung des Landwirtschaftsgerichts in Pachtsachen in ihrer Wirkung einer Parteivereinbarung gleich. Sie wird verbindlicher Vertragsbestandteil. Mit der Regelung wird im Grds klargestellt, dass eine bereits ergangene Entscheidung des Landwirtschaftsgerichts (z.B. über die Änderung oder Verlängerung des Pachtvertrages) einer erneuten Anrufung des Gerichts nicht entgegensteht (BTDrs 10/509 26).

5 **E. Streitigkeiten über den Vertragsinhalt, Abs 3 S 2.** S 2 bestimmt die Zuständigkeit des Landwirtschaftsgerichts für Streitigkeiten der Beteiligten, die sich über den Inhalt des vom Gericht festgelegten Vertragsinhalts ergeben. Das Landwirtschaftsgericht ist dabei auch zuständig für die Entscheidung über Gegenrechte und Gegenansprüche, die eine Vertragspartei insbes aus dem übrigen Pachtverhältnis zur Verteidigung vorbringt. Über sie hat es nach den allg Grundsätzen zu befinden (BGHZ 60, 85, 88; BTDrs 10/509 26).

§ 596 Rückgabe der Pachtsache.

[1] Der Pächter ist verpflichtet, die Pachtsache nach Beendigung des Pachtverhältnisses in dem Zustand zurückzugeben, der einer bis zur Rückgabe fortgesetzten ordnungsmäßigen Bewirtschaftung entspricht.

[2] Dem Pächter steht wegen seiner Ansprüche gegen den Verpächter ein Zurückbehaltungsrecht am Grundstück nicht zu.

[3] Hat der Pächter die Nutzung der Pachtsache einem Dritten überlassen, so kann der Verpächter die Sache nach Beendigung des Pachtverhältnisses auch von dem Dritten zurückfordern.

1 **A. Normzweck/Anwendungsbereich.** § 596 Abs 1 erweitert entspr der Rechtsnatur des Landpachtvertrages die Rückgabepflicht des Pächters ggü dem Mietvertragsrecht. Die Abs 2 und 3 übernehmen mietvertragliche Regelungen für das Landpachtrecht. Die Norm gilt für alle Landpachtverträge. § 596 ist abdingbar (Hk-BGB/*Ebert* Rn 4 mwN). § 596 Abs 1 baut auf § 546 Abs 1 auf, so dass im Grds auf die dortige Kommentierung entspr verwiesen werden kann. Abs 2 entspricht § 570 und Abs 3 § 546 Abs 2. Auf die Kommentierung dieser Vorschriften wird entspr verwiesen.

2 **B. Rückgabepflicht des Pächters. I. Gegenstand.** Der Pächter ist verpflichtet, die Pachtsache in einem Zustand zurückzugeben, der einer im Zeitpunkt der Rückgabe fortgesetzten ordnungsgemäßen Bewirtschaftung entspricht. Das muss nicht der Zustand sein, der bei Beginn des Pachtverhältnisses bestand. Wird die Pachtsache während der Pachtzeit durch die ordnungsgem Bewirtschaftung verbessert, ist sie in diesem Zustand zurückzugeben, ohne dass dem Pächter daraus Ersatzansprüche erwachsen (Erman/*P Jendrek* Rn 3). Dem Pächter eingeräumte Zahlungsansprüche nach der GAP-Reform gem Art 43 der Verordnung (EG) Nr 1782/203 werden von der Rückgabepflicht nicht erfasst (BGH AuR 2007, 48; RdL 2007, 94). Andererseits stehen dem Verpächter keine Ansprüche gegen den Pächter zu, wenn die Sache in der Pachtzeit durch die ordnungsgem Bewirtschaftung verschlechtert wird (Erman/*P Jendrek* Rn 3; MüKo/*Harke* Rn 1). Die Verschlechterung darf dabei aber nicht auf einer Verletzung der Bewirtschaftungspflicht gem § 586 Abs 1 S 3 beruhen. Die Ansprüche des Pächters auf Ersatz notwendiger Verwendungen (§ 590b) sowie auf Ersatz wertverbessernder Verwendungen (§ 591) bleiben unberührt (ausf Erman/*P Jendrek* Rn 3).

3 **II. Fälligkeit des Rückgabeanspruchs/Schadensersatzpflicht.** Der Rückgabeanspruch des Verpächters wird am Tag nach Beendigung des Pachtvertrages gem § 193 fällig (BaRoth/*C Wagner* Rn 6 mwN; Hk-BGB/*Ebert* Rn 5). Verletzt der Pächter seine Rückgabepflicht, ist der Verpächter berechtigt, den daraus entstehenden Schaden gem §§ 280 ff ersetzt zu verlangen. Der Schaden kann insbes aus einer Verletzung der Bewirtschaftungspflicht (§ 586 Abs 1 S 3) resultieren (BGH NZM 2002, 987).

4 **C. Kein Zurückbehaltungsrecht des Pächters/Rückgabeanspruch gegen den Dritten.** Die Vorschrift schließt ein Zurückbehaltungsrecht des Pächters am Grundstück wegen der ihm zustehenden Ansprüche gegen den Verpächter aus. Die Vorschrift berechtigt den Verpächter, die Pachtsache nach Beendigung des Pachtverhältnisses auch von dem Dritten, dem der Pächter die Nutzung der Pachtsache überlassen hat, zurückzufordern.

5 **D. Verjährung.** Die Ansprüche aus § 596 verjähren gem §§ 195, 199. § 591b ist nicht einschlägig (Palandt/*Weidenkaff* Rn 2).

§ 596a Ersatzpflicht bei vorzeitigem Pachtende. **[1] Endet das Pachtverhältnis im Laufe eines Pachtjahrs, so hat der Verpächter dem Pächter den Wert der noch nicht getrennten, jedoch nach den Regeln einer ordnungsmäßigen Bewirtschaftung vor dem Ende des Pachtjahrs zu trennenden Früchte zu ersetzen. Dabei ist das Ernterisiko angemessen zu berücksichtigen.**

[2] Lässt sich der in Absatz 1 bezeichnete Wert aus jahreszeitlich bedingten Gründen nicht feststellen, so hat der Verpächter dem Pächter die Aufwendungen auf diese Früchte insoweit zu ersetzen, als sie einer ordnungsmäßigen Bewirtschaftung entsprechen.

[3] Absatz 1 gilt auch für das zum Einschlag vorgesehene, aber noch nicht eingeschlagene Holz. Hat der Pächter mehr Holz eingeschlagen, als bei ordnungsmäßiger Nutzung zulässig war, so hat er dem Verpächter den Wert der die normale Nutzung übersteigenden Holzmenge zu ersetzen. Die Geltendmachung eines weiteren Schadens ist nicht ausgeschlossen.

A. Normzweck/Anwendungsbereich. § 596a gewährt schuldrechtliche Ersatzansprüche bei vorzeitiger Beendigung des Landpachtverhältnisses während des laufenden Pachtjahres (ausf zum systematischen Hintergrund Erman/*P Jendrek* Rn 2). Abs 1 dient mit dem Ersatzanspruch nach der sog »Halmtaxe« dazu, den gesamten Produktionsaufwand des Pächters zu berücksichtigen. Abs 2 beschränkt den Ersatzanspruch auf Aufwendungen, wenn eine »Halmtaxe« noch nicht möglich ist und Abs 3 überträgt die Regelung des Abs 1 auf den forstwirtschaftlichen Bereich (vgl BTDrs 10/509 26). § 596a Abs 1 wurde zu Gunsten des Pächters erweitert (ausf BTDrs 10/509 26). Die Norm gilt für alle Landpachtverträge. § 596a ist abdingbar (Erman/*P Jendrek* Rn 1; BaRoth/*C Wagner* Rn 1). 1

B. Ersatzanspruch nach der sog »Halmtaxe«, Abs 1. I. Voraussetzung. Das Pachtverhältnis muss während eines laufenden Pachtjahres vorzeitig enden. Das Pachtjahr ist so zu bemessen, dass es nach der ordnungsgemäßen Bewirtschaftung der Pachtsache die Gewinnung der Früchte einschließt (zB Ernte der laufenden Saison; BaRoth/*C Wagner* Rn 2). Vorzeitig bedeutet folglich, dass dem Pächter die Fruchtziehung wegen der Beendigung des Pachtverhältnisses nicht mehr möglich war. Dazu zählen alle außerplanmäßigen (nicht ordnungsgemäßen vgl Erman/*P Jendrek* Rn 2) Beendigungen des Pachtverhältnisses, wie zB auf Grund Todes des Pächters (§ 594d), außerordentlicher Kündigung, einvernehmlicher Beendigung. Nach überwiegender Auffassung wird von der Vorschrift auch eine Vereinbarung der Parteien über das Pachtende zum Ablauf einer Fruchtfolge erfasst, das innerhalb des Pachtjahres liegt (BaRoth/*C Wagner* Rn 2; MüKo/*Harke* Rn 2; aA Lange/Wulff/*Lüdtke-Handjery* Rn 6). 2

II. Rechtsfolge. Der Pächter hat einen Ersatzanspruch nach der sog. »Halmtaxe«. Maßgeblich ist der Zeitpunkt der Beendigung des Pachtverhältnisses (BaRoth/*C Wagner* Rn 3). Es ist der Wert der noch nicht getrennten, jedoch vor dem Ende des Pachtjahres im Rahmen der ordnungsgemäßen Bewirtschaftung zu trennenden Früchte zu ersetzen. Bei der Feststellung des Wertes sind die vom Pächter ersparten Ernteaufwendungen sowie das Ernterisiko (S 3) angemessen zu berücksichtigen (BTDrs 10/509 26). Ersparte Aufwendungen sind insbes die Kosten zur Pflege der Früchte bis zur Ernte bzw Gewinnung (BaRoth/*C Wagner* Rn 3 mwN). 3

C. Aufwendungsersatzanspruch, Abs 2/Holzeinschlag, Abs 3/Beweislast. Ist der Wertersatz nach der sog »Halmtaxe« nicht möglich, weil sich der Wert der Früchte aus jahreszeitlichen Gründen zum Zeitpunkt der Beendigung des Pachtverhältnisses nicht feststellen lässt, hat der Pächter einen Anspruch auf Ersatz seiner Aufwendungen. Bei den Aufwendungen handelt es sich um die Bestellungskosten. Das sind sämtliche für die Bestellung erforderlichen Kosten. Erfasst werden die Eigenleistungen des Pächters und seiner Familienangehörigen, deren Werte fiktiv zu berechnen sind (BaRoth/*C Wagner* Rn 3 mwN; Erman/*P Jendrek* Rn 4). Nach überwiegender Auffassung zählt dazu nicht die Pacht (ebenda; aA Lange/Wulff/*Lüdtke-Handjery* Rn 6). Der Aufwendungsersatzanspruch verjährt gem § 591b (Palandt/*Weidenkaff* Rn 3). S 1 gewährt für den forstwirtschaftlichen Bereich einen dem Abs 1 entspr Ersatzanspruch des Pächters (BTDrs 10/509 26). Ausreichend ist, dass das Grundstück auch nur zT forstwirtschaftlich genutzt wird (BaRoth/*C Wagner* Rn 6). S 2 begründet für den Verpächter einen Wertersatzanspruch. Hat der Pächter mehr Holz geschlagen, als es bei einer ordnungsgemäßen Nutzung zulässig war, ist er zum Ersatz des Wertes der Holzmenge verpflichtet, der den Wert der Holzmenge bei normaler Nutzung übersteigt. Der Umfang der normalen Nutzung bestimmt sich zunächst nach der vertraglichen Vereinbarung. Ergänzend finden die objektiven Kriterien für eine forstwirtschaftliche Bewirtschaftung unter Berücksichtigung regionaler Bräuche Anwendung (BaRoth/*C Wagner* Rn 7). S 3 stellt klar, dass der Verpächter berechtigt ist, den Ersatz eines weiteren Schadens geltend zu machen. Ein solcher Schaden liegt iSd § 280 Abs 1 regelm dann vor, wenn der vorzeitige Einschlag von Holz eine Minderung des zukünftigen Ertrages verursacht, die größer ist als der Wert des vorzeitig eingeschlagenen Holzes (BTDrs 10/509 26). Für das Bestehen der Ersatzansprüche nach Abs 1 und Abs 2 ist der Pächter beweisbelastet, während es der Verpächter für die Ansprüche nach Abs 3 ist. 4

§ 596b Rücklassungspflicht. **[1] Der Pächter eines Betriebs hat von den bei Beendigung des Pachtverhältnisses vorhandenen landwirtschaftlichen Erzeugnissen so viel zurückzulassen, wie zur Fortführung der Wirtschaft bis zur nächsten Ernte nötig ist, auch wenn er bei Beginn des Pachtverhältnisses solche Erzeugnisse nicht übernommen hat.**
[2] Soweit der Pächter nach Absatz 1 Erzeugnisse in größerer Menge oder besserer Beschaffenheit zurückzulassen verpflichtet ist, als er bei Beginn des Pachtverhältnisses übernommen hat, kann er vom Verpächter Ersatz des Wertes verlangen.

1 **A. Normzweck/Anwendungsbereich.** § 596b dient dazu, die Fortsetzung des landwirtschaftlichen Betriebes nach Beendigung des Pachtverhältnisses bis zur nächsten Ernte zu gewährleisten. Die Norm gilt nur für Landpachtverträge, die eine Betriebspacht zum Gegenstand haben (BTDrs 10/509 26). § 596b ist abdingbar (Erman/*P Jendrek* Rn 1 mwN).

2 **B. Rücklassungspflicht, Abs 1.** Die Rücklassungspflicht besteht nur bei der Betriebspacht. Der Begriff des landwirtschaftlichen Betriebs ist in § 585 Abs 1 S 1 definiert. Landwirtschaftliche Erzeugnisse sind die durch die Bewirtschaftung von Grund und Boden oder Viehbestand erzielbaren Produkte (zB Futter, Saatgut, Früchte, Jungtiere, Milch; Hk-BGB/*Ebert* Rn 2). Erzeuger und Herkunft der Erzeugnisse sind unerheblich, dh sie können auch außerhalb des Betriebs gezogen worden sein (Erman/*P Jendrek* Rn 2; Hk-BGB/*Ebert* Rn 2). Die Rücklassungspflicht bezieht sich nur auf landwirtschaftliche und nicht auch auf sonstige Erzeugnisse (zB Betriebsmittel). Der Pächter hat diejenigen landwirtschaftlichen Erzeugnisse zurückzulassen, die bei einer modernen Wirtschaftsführung für die Fortsetzung der Landwirtschaft im Rahmen einer ordnungsgemäßen Bewirtschaftung zwingend notwendig sind (vgl BTDrs 10/509 26). Dazu zählen zB nicht Dünger etc. Die Erzeugnisse müssen bei Beendigung des Pachtvertrages im Betrieb bereits vorhanden sein. Für die Rücklassungspflicht kommt es auch nicht darauf an, ob die Erzeugnisse in Menge und Beschaffenheit diejenigen Erzeugnisse übersteigen, die der Pächter bei Pachtbeginn übernommen hat. Für diese Erzeugnisse besteht ein Anspruch auf Wertersatz nach Abs 2. In Erfüllung der Rücklassungspflicht hat der Pächter dem Verpächter das Eigentum an den Erzeugnissen zu verschaffen (§§ 929 ff), sofern es der Verpächter noch nicht hat. Für die übrigen landwirtschaftlichen Erzeugnisse besteht ein Mitnahmerecht des Pächters (Palandt/*Weidenkaff* Rn 1). Die Norm begründet für den Verpächter keinen Anspruch gegen den Pächter auf Beschaffung von nicht vorhandenen, aber für die Betriebsfortführung notwendigen Erzeugnissen. Ggf kommt ein Anspruch wegen Verletzung der Bewirtschaftungspflicht gem § 596 iVm § 586 Abs 1 S 3 in Betracht (Erman/*P Jendrek* Rn 2; enger Hk-BGB/*Ebert* Rn 5). Der Verpächter kann Auffüllung des Bestandes oder Schadensersatz verlangen (BaRoth/*C Wagner* Rn 5).

3 **C. Anspruch auf Wertersatz, Abs 2/Beweislast.** Für landwirtschaftliche Erzeugnisse, die der Pächter nach Abs 1 zurückzulassen hat, hat er einen Anspruch auf Wertersatz in Geld, wenn sie im Vergleich zum Beginn des Pachtverhältnisses 1. in größerer Menge oder 2. in besserer Beschaffenheit vorhanden sind. Maßgeblicher Zeitpunkt zur Bestimmung der übernommenen Erzeugnisse ist bei der Verlängerung des Pachtverhältnisses der Beginn der ersten Pachtperiode (BGHZ 9,104). Wertersatz ist in Höhe des Verkehrswertes der Erzeugnisse zur Zeit der Rücklassung zu leisten (Palandt/*Weidenkaff* Rn 2). Der Verpächter trägt die Beweislast für den Umfang der zur Fortführung der Wirtschaft notwendigen Erzeugnisse (Abs 1). Der Pächter ist dafür beweisbelastet, dass die zurückzulassenden Erzeugnisse in Menge oder qualitativer Beschaffenheit die übernommenen Erzeugnisse übersteigen (Abs 2; Palandt/*Weidenkaff* Rn 2).

§ 597 Verspätete Rückgabe. **Gibt der Pächter die Pachtsache nach Beendigung des Pachtverhältnisses nicht zurück, so kann der Verpächter für die Dauer der Vorenthaltung als Entschädigung die vereinbarte Pacht verlangen. Die Geltendmachung eines weiteren Schadens ist nicht ausgeschlossen.**

1 Die Norm regelt die verspätete Rückgabe abw vom Recht des allg Pachtvertrages in § 584b. Sie übernimmt die mietvertragliche Regelung des § 546a Abs 1 Alt 1, Abs 2, weil sie für die Landpacht angemessener ist (BTDrs 10/509 26). Die Norm gilt für alle Landpachtverträge. Zum Übergangsrecht s § 581 Rz 2. § 597 ist abdingbar (Erman/*P Jendrek* Rn 1 mwN). S 1 gewährt dem Verpächter einen Anspruch auf Zahlung der vereinbarten Pacht für die Dauer der Vorenthaltung der Pachtsache nach Beendigung des Pachtvertrages. Abw vom Mietrecht ist nicht die Ortsüblichkeit Maßstab für die Höhe der Entschädigungszahlung, sondern die vertraglich festgelegte Höhe der Pacht. Die mit der verspäteten Rückgabe der Pachtsache verbundenen weiteren Ansprüche des Verpächters richtet sich ebenfalls analog nach dem Mietrecht, wie insbes der Anspruch auf Entschädigung, vgl dazu § 546a.

Titel 6 Leihe

Checkliste: Leihvertrag (§§ 598–606)

I. Vertragsschluss, §§ 598 ff			
1. Vertragsinhalt	§ 598	→	Rn 1, 3 f
2. Form	§ 598	→	Rn 2
II. Vertragsabwicklung			
1. Vertragsgem Gebrauch	§ 603	→	Rn 1 ff
2. Haftung des Verleihers	§ 599 *§ 600*	→	Rn 2
3. Verwendungsersatz	§ 601	→	Rn 2 ff
a. Gewöhnliche Kosten der Erhaltung (nicht: Kosten der Wiederherstellung oder Verbesserung)	§ 601	→	Rn 2 ff
b. Andere Verwendungen	§ 601	→	Rn 5
c. Wegnahmerecht	§ 601	→	Rn 6
4. Abnutzung der Sache	§ 602	→	Rn 1 f
5. Mängelhaftung des Verleihers beim arglistigen Verschweigen des Mangels	§ 600	→	Rn 2
III. Vertragsbeendigung			
1. Vertagsbeendigung durch:			
a. Ablauf der Befristungsdauer	§ 604	→	Rn 2
b. Kündigung des Vertrags	*§ 605*		
2. Rückgabepflicht	§ 604	→	Rn 3
IV. Kurze Verjährung der Ersatzansprüche (sechs Monate)	§ 606	→	Rn 1
V. Beweislast			
Keine Besonderheiten zu allg Regelungen			

§ 598 Vertragstypische Pflichten bei der Leihe. **Durch den Leihvertrag wird der Verleiher einer Sache verpflichtet, dem Entleiher den Gebrauch der Sache unentgeltlich zu gestatten.**

Benedict Das Versprechen als Verpflichtungsgrund RabelsZ 78 (2008) 302; *Fischer* Die Unentgeltlichkeit im Zivilrecht (2002); *Gitter* Gebrauchsüberlassungsverträge (1988); *Grundmann* Zur Dogmatik der unentgeltlichen Rechtsgeschäfte AcP 198 (1998) 457; *Harke* Freigiebigkeit und Haftung (2006); *Klein* Haftungsbeschränkungen zugunsten und zu Lasten Dritter und ihre Behandlung in der Schuldrechtsreform JZ 1997, 390; *Martinek* Das Flaschenpfand als Rechtsproblem JuS 1987, 514; *Schlechtriem* Vertragsordnung und außervertragliche Haftung (1972); *Schwintowski/Schäfer* Bankrecht, 2 Aufl (2004).

A. Rechtsnatur und Bedeutung. Bei der Leihe wird der Sachgebrauch unentgeltlich gestattet, so dass die 1
§§ 320 ff mangels Gegenleistung keine Anwendung finden. Die geringe Bedeutung der Leihe liegt an der zeitlich begrenzten Bindung und der Unentgeltlichkeit, die auf dem persönlichen Verhältnis der Vertragspartner beruhen, das einer Verrechtlichtung entgegensteht. Gestaltungsbedarf entsteht, wenn wegen der Dauer des Wertes des Vertragsgegenstands oder der fehlenden Nähebeziehung die Rechte und Pflichten konkretisiert werden sollen.

B. Vertragsschluss. Für die Wirksamkeit des Leihvertrags ist das Überlassen des Vertragsgegenstands nicht 2
notwendig (anders früher die Realvertragstheorie, vgl dazu Staud/*Reuter* Vor zu §§ 598 ff Rn 6). Eine dem § 518 entspr Formvorschrift besteht nicht. Der Vertrag kann bereits durch ein Angebot und eine Dankesbekundung zustande kommen (*Benedict* RabelsZ 78 (2008), 302, 322), zur Abgrenzung der Leihe ggü dem Gefälligkeitsverhältnis vgl § 241 Rz 23.

C. Tatbestandsmerkmale. I. Gebrauch. Das Gebrauchsrecht des Entleihers ist ein eingeschränktes Nut- 3
zungsrecht, vgl §§ 99, 100. Der Entleiher darf den Gegenstand weder verbrauchen noch veräußern und auch keine Früchte ziehen. Die Art und Weise des Gebrauchs können die Parteien privatautonom festlegen, so auch die Verwendung als Kreditunterlage. Werden aber Handlungen gestattet, die über den Gebrauch hinausgehen, liegt begrifflich keine Leihe mehr vor. Die §§ 598 ff entspr dann regelm nicht den Interessen der Parteien. Sollen dem Entleiher die Früchte zustehen, liegt eine Schenkung vor (jurisPK/*Eckstein-Puhl* Rn 45).

Erwarten die Vertragsparteien infolge der gestatteten Handlung den Verlust oder die Zerstörung der Sache, erscheint eine Kombination eines auflösend bedingten Leihvertrags mit einem aufschiebend bedingten Kauf-/ Schenkungs- oder Darlehensvertrag interessengerecht (Staud/*Reuter* 11).

4 **II. Gegenstand der Leihe.** Gegenstand des Leihvertrags können Sachen iSd § 90 sowie Tiere gem § 90a sein. Ein Leihvertrag liegt auch vor, wenn unentgeltlich eine Abstellmöglichkeit zur Verfügung gestellt (RG DJZ 1924, 905), der Betrieb einer Gleisanlage (München WM 1984, 1397) oder die Inanspruchnahme als Geh- und Fahrweg (Köln NJW-RR 1992, 1497) gestattet oder eine Wohnung überlassen wird (BGH NJW 1982, 820). Rechte können nach dem Wortlaut nicht Gegenstand eines Leihvertrags sein. Der historische Gesetzgeber wollte aber Rechte als Leihgegenstand nicht ausschließen, sondern nur keine allg Entscheidung treffen (*Mugdan* Bd 2 Mot 444 S 247). Soweit der Gebrauch von Rechten unentgeltlich überlassen wird, wirkt sich der Unterschied zwischen Sache und Recht weniger auf die Interessenabwägung aus als der Unterschied zwischen Entgeltlichkeit und Unentgeltlichkeit. Als Ausgangspunkt sind im Fall der Rechtsleihe daher die §§ 598 ff zu wählen (RG JW 1904, 226; AnwK/*Brors* Rn 4; für das Pachtrecht als Ausgangspunkt Palandt/*Weidenkaff* Rn 3).

5 **III. Unentgeltlichkeit.** Eine Leihe erfordert eine Einigung über die Unentgeltlichkeit der Gebrauchsüberlassung. Jede Handlung, die im Hinblick auf eine Gestattung des Sachgebrauchs versprochen wird, steht der Unentgeltlichkeit entgegen, selbst wenn diese keinen geldwerten Vorteil darstellt. Dass der Verleiher einseitig eine gewisse Dankbarkeitsbezeugung oder gesellschaftliche Anerkennung erwartet, steht einer Einigung über die Unentgeltlichkeit nicht entgegen. Handlungsmotiv muss nicht die Freude an fremdem Glück sein. Probleme entstehen insbes, wenn sich die Beteiligten über die Form der Dankbarkeitsbekundung verständigt haben. Ob eine Einigung über die Unentgeltlichkeit vorliegt, ist anhand äußerer Indizien zu beurteilen. Tendenziell ist eine Dankbarkeitsbekundung bei einer einmaligen oder sich spontan wiederholenden Handlung anzunehmen, die keinen oder nur einen sehr geringen Vermögenswert hat und typischerweise nicht gegen Entgelt angeboten wird. Bei einer geringen, aber monatlichen Zahlung für die Überlassung eines Grundstücks liegt hingegen keine Leihe vor (aA Hamburg NJW 1949, 547 mit abl Anm *Lewald*). Verpflichtet sich der Entleiher, Vorhaltekosten wie Steuern und Versicherungsprämien zu ersetzen, kann bereits ein Entgelt vorliegen (BGH WM 1970, 853). Die Entgeltlichkeit bleibt unberührt, wenn vorübergehend auf das Entgelt verzichtet wird (Staud/*Reuter* Rn 2).

6 Die Unentgeltlichkeit ist problematisch, wenn dem »Verleiher« des Gebrauchs wirtschaftliche Vorteile zufließen. Motivieren den Verleiher die eigenen Vorteile, fehlt es ihm an einer Bereicherungsabsicht ggü dem Entleiher, doch ist diese nach hM nicht erforderlich (für einen Bereicherungswillen *Fischer* S 59). Hofft der Verleiher nur auf den Gebrauch des Entleihers, erweitert er bloß dessen Handlungsspielraum. Entscheidend ist deshalb, ob angesichts der Vorteile eine Gebrauchspflicht vereinbart wird, die über die üblichen Erhaltungsmaßnahmen hinausgeht (Staud/*Reuter* Rn 5). So liegt kein Leihvertrag vor, wenn ein Museum die Pflicht übernimmt, überlassene Kunstwerke auszustellen (aA Düsseldorf NJW 1990, 2000; die rechtliche Einordnung eines »Ausstellungsvertrages« offenlassend BGH NJW 1995, 3389). Verbindet die Parteien das Interesse an dem Sachgebrauch, kann auch ein gemeinsames Interesse und mithin eine GbR vorliegen. Gebrauchsüberlassung und Gebrauchspflicht stellen dann die Beiträge der Gesellschafter dar. Der Haftungsmaßstab des § 708 und die Kündigungsregelungen der §§ 723 ff sind dann interessengerecht.

7 **IV. Gestattung.** Der Gesetzgeber hat zwischen dem Gestatten in § 598 und dem Gewähren in §§ 535, 581 unterschieden. Gestatten meint die Duldung des Gebrauchs, dh der Verleiher muss die Sache dem Entleiher überlassen und darf den Gebrauch nicht behindern. Er muss den Gebrauch aber auch nicht durch aktives Tun sicherstellen, also keine Instandhaltungsmaßnahmen treffen. Soweit der vereinbarte Gebrauch den Besitz voraussetzt, muss der Verleiher die Sache übergeben. Vorbehaltlich einer abw Vereinbarung liegt insofern eine Holschuld vor (§ 269). Im Falle der Versendung hat die Kosten der Entleiher zu tragen (AnwK/*Brors* Rn 5). Die zufällige Zerstörung befreit den Verleiher gem § 275. Die Versendung ändert aber nicht die vertragliche Risikozuweisung, wonach grds der Verleiher das Risiko des zufälligen Untergangs trägt (RGRK/*Gelhaar* § 599 Rn 2, aA AnwK/*Brors* Rn 5), dh auch der Verleiher erhält keinen Schadensersatz wegen Unmöglichkeit der Rückgabe.

8 Gegen Störungen kann sich der Entleiher als berechtigter Besitzer gem §§ 861, 823 wehren. Hat der Verleiher Abwehransprüche, muss er diese nicht zugunsten des Entleihers durchsetzen, wohl aber an diesen abtreten. Probleme bereitet die Veräußerung, wenn der Neueigentümer versucht, sein Eigentumsrecht durchzusetzen. § 566 findet keine analoge Anwendung. Die Veräußerung berührt den Leihvertrag nicht (insoweit missverständlich BGH NJW 1994, 3156, 3158). Der Verleiher muss schließlich nicht Eigentümer sein. In Betracht kommt aber eine Kündigung wegen Eigenbedarfs nach § 605 Nr 1. Gegenüber dem Neueigentümer ist der Entleiher durch § 986 Abs 2 geschützt. Danach kann er dem Neueigentümer Einwendungen aus dem Leihvertrag entgegenhalten. Dieser Mechanismus versagt bei Grundstücken und wenn sich der Neueigentümer den Besitz verschafft hat. Insofern erklärt sich die Sorge des Gesetzgebers, dass der Verleiher das Gebrauchsrecht des Entleihers nicht durch eine Veräußerung schmälern dürfe (*Jakobs/Schubert* S 693 Prot I 2225). Als gesetz-

liches Verfügungsverbot ist die Pflicht zur Gestattung gleichwohl nicht zu verstehen, Störungen des Neueigentümers sind aber dem Verleiher zuzurechnen. So werden die Interessen des Entleihers bei dem Veräußerungsgeschäft durch den Verleiher internalisiert.

§ 599 Haftung des Verleihers. **Der Verleiher hat nur Vorsatz und grobe Fahrlässigkeit zu vertreten.**

A. Normzweck. § 599 privilegiert den Verleiher, der entgegen § 276 nicht für einfache Fahrlässigkeit haftet. Als Grund wird heute ganz überwiegend wie bei den §§ 521, 680, 968 die Unentgeltlichkeit angesehen (BGH NJW 1992, 2474, 2476; Palandt/*Weidenkaff* Rn 1; aA *Harke* S 92; *Stoll* JZ 1985, 384, 386). 1

B. Anwendungsbereich. Die Haftungserleichterung gilt nach dem Wortlaut nur für den Verleiher, wird aber auch auf dessen Erfüllungsgehilfen erstreckt (MüKo/*Häublein* Rn 1). Der Wortlaut des § 598 liefert keinen Anhaltspunkt dafür, zwischen Erfüllungs- und Integritätsinteresse oder Haupt- und Nebenpflichten zu unterscheiden. Die Ausdehnung der vertraglichen Haftung, die sonst mit dem Ziel einer strengeren Haftung verfolgt wird, verkehrt sich durch § 599 in das Gegenteil. Die vollumfängliche Privilegierung (so noch BaRoth/*C Wagner* Rn 2) bereitet vielen Unbehagen. So wird die Privilegierung auf das Erfüllungsinteresse begrenzt (AG Grevenbroich NJW-RR 1990, 794; Palandt/*Weidenkaff* Rn 2; *Schlechtriem* S 346; *Larenz* II/1 § 50 S 294 f; *Grundmann* AcP 198 (1998), 457, 465 ff, der über § 254 der Unentgeltlichkeit Rechnung tragen möchte; *Stoll* JZ 1985, 384) oder der Haftungsmaßstab des § 599 nicht auf das Deliktsrecht übertragen (MüKo/*Häublein* Rn 4). Teilweise wird die Privilegierung auch nur für Verletzungen von Pflichten gewährt, die der spezifischen Verleiherrolle entspringen oder jedenfalls im Zusammenhang mit dem Gebrauch der Sache stehen (zur Schenkung BGHZ 93, 23, 27 f; Stuttgart VersR 1993, 192; Staud/*Reuter* Rn 2; jurisPK/*Eckstein-Puhl* Rn 45, *Medicus* Schuldrecht II Rn 283). 2

I. Erfüllungs-/Erhaltungsinteresse. Die Haftung für Vorsatz und Fahrlässigkeit würde den Verleiher erheblich belasten. Die Integritätsschäden übersteigen leicht den Wert der Gebrauchsvorteile. Wenn auch eine Untersuchungspflicht des Verleihers nach dem Prinzip des cheapest-cost-avoider effizient erscheint (*Grundmann* AcP 198 (1998), 457, 469), passt doch der Effizienzgedanke der Unentgeltlichkeit nicht. Der Verleiher darf, solange er die Sache benutzt, auf die Funktionsfähigkeit vertrauen. Der Entleiher sollte wiederum die Risikoeinschätzung des Verleihers akzeptieren, will er dessen Sache unentgeltlich gebrauchen. Müsste der Verleiher sie vor dem Verleihen untersuchen, würde die unentgeltliche Hilfeleistung behindert: Mag der Verleiher auch auf künftige Vorteile aus dem Gebrauch verzichten, Kosten wird er wohl kaum übernehmen wollen. Die Verhinderung der Kooperation ist aber nur dann effizient, wenn sowohl das Produkt von Schadenshöhe und Schadenswahrscheinlichkeit als auch die Untersuchungskosten die Gebrauchsvorteile übersteigen. Vertraut der Entleiher nicht auf das Sorgfaltsniveau des Verleihers – meist stehen sie sich persönlich nahe und haben ein vergleichbares Niveau oder kennen es zumindest –, sollte der Entleiher die Sache untersuchen lassen oder sich diese entgeltlich verschaffen. Dann passt auch der Effizienzgedanke, weil kommerzielle Anbieter das verkehrsübliche Sorgfaltsniveau kennen und angesichts der Unterhaltung mehrerer gleichartiger Sachen Kostenvorteile haben. Gerade Sinn und Zweck sprechen daher gegen eine teleologische Reduktion des § 599 auf Erfüllungsschäden. 3

II. Erstreckung auf konkurrierende Ansprüche. Zwar wird die Privilegierung nicht gegenstandslos, wenn man § 599 nicht auf konkurrierende deliktische Ansprüche erstreckt, doch weitgehend entwertet. Zudem zielt die Nichtanwendung des § 599 ebenso wenig überzeugend auf eine Differenzierung zwischen Erfüllungs- und Erhaltungsinteresse ab. Mit der hM ist § 599 daher grds auch auf die konkurrierenden Ansprüche zu erstrecken, auch bei einer Gefährdungshaftung (so zu § 833 BGH MDR 1992, 1032; Düsseldorf MDR 1998, 409). Zu prüfen ist allerdings, ob nicht etwa den Entleiher die Gefährdungshaftung trifft. 4

III. Leistungspflichten und leistungsbezogene Nebenpflichten/Schutzpflichten. Die teleologische Reduktion des § 599 auf spezifische Leihschäden dürfte hingegen dem Willen des Gesetzgebers entsprechen und den Interessen der Parteien gerecht werden. Ohne die Ausdehnung der vertraglichen und vorvertraglichen Nebenpflichten wären manche Schadensfälle nur nach Deliktsrecht zu beurteilen. Hätte etwa das Reichsgericht den Linoleumrollenfall (RGZ 78, 239) nach Deliktsrecht gelöst, stellte sich wohl die Frage nicht, ob § 599 anzuwenden ist, wenn der Entleiher im Hausflur des Verleihers auf einer Bananenschale oder eisglatten Treppe ausrutscht. Das macht die Forderung verständlich, dass der Entleiher hinsichtlich des begleitenden Rechtsgüterkontaktes wie ein Partner eines entgeltlichen Vertrages zu behandeln ist (so Staud/*Reuter* Rn 2). Treffender wäre jedoch der Vergleich mit jedermann, woraus sich allerdings angesichts umfassender Verkehrssicherungspflichten nur geringe Unterschiede ergeben. Dies ist auch interessengerecht: Pflichten, die nur ggü dem Entleiher bestehen, sind unentgeltlich begründet. Der Verleiher kann berechtigterweise auf eine gewisse Nachsicht hoffen. Pflichten, die auch ggü allen anderen bestehen, muss der Verleiher unabhängig von dem Leihvertrag nachkommen. Darauf darf sich auch der Entleiher verlassen. § 599 ist daher nur anzuwenden, soweit vertragliche Haupt- und leistungsbezogene Nebenpflichten verletzt werden. 5

6 **IV. Vertrag mit Schutzwirkung.** Der Verleiher haftet auch ggü den in den Schutzbereich des Leihvertrags einbezogenen Dritten. Wegen der Unzulässigkeit von Verträgen zu Lasten Dritter wird aber bezweifelt, ob sich der Verleiher auch bei konkurrierenden deliktischen Ansprüchen des Dritten auf die vertragliche Haftungsbegrenzung berufen darf. So wird teilw gefordert, dass der Dritte in gläubigerähnlicher Weise an der Entgegennahme der geschuldeten Leistung teilnimmt (jurisPK/*Eckstein-Puhl* § 598 Rn 45; *Klein* JZ 1997, 390, 395 f). Das ist aber typischerweise der Fall, weil eine Voraussetzung der Schutzwirkung zugunsten Dritter die Leistungsnähe ist. Demgegenüber wird vom OLG Köln (NJW-RR 1988, 157) und daran anschließend auch vom AG Grevenbroich (NJW-RR 1990, 794) für maßgeblich gehalten, ob der Dritte von der Leihe und damit von der Haftungsbeschränkung wusste. Diese Einschränkung besitzt größere Überzeugungskraft: Der Dritte vertraut grds auf die allg übliche Sorgfalt, kann aber nicht damit rechnen, unentgeltliche Vorteile zu erlangen. Anders als der Entleiher hat er sich aber nicht entschieden zwischen dem üblichen Sorgfaltsniveau und dem unentgeltlichen Gebrauchsvorteil. So stellt sich die Frage: Soll es bei dem Vertrauen des Dritten in den Vertragspartner sein Bewenden haben oder soll er selbst entscheiden können? Die eigene Entscheidung entspricht dem Autonomiegedanken. Das Vertrauen in die Entscheidung des Entleihers reduziert die Komplexität. Dass der Vertrag mit Schutzwirkung zugunsten Dritter keine Beziehung mit personenrechtlichem Einschlag erfordert, spricht für eine eigene Entscheidung des Dritten.

7 **C. Regelungsbedürfnis und Abdingbarkeit/Beweislast.** Angesichts der Unsicherheit über die Reichweite des § 599 empfiehlt sich eine Regelung hinsichtlich des Verschuldensmaßstabs oder der erfassten Pflichten oder Schäden. Die Haftung des Verleihers kann bis zur Grenze des § 276 Abs 3 gemildert, aber auch verschärft werden. Ferner ist eine Schadensteilung oder betragsmäßige Begrenzung möglich, insbes bei einer Gefährdungshaftung. Zudem ist angesichts der Rspr zur Anwendung des § 599 auf Schäden Dritter der Entleiher vertraglich zu verpflichten, andere auf die leihweise Überlassung hinzuweisen. Den Verleiher trifft die Beweislast, nicht vorsätzlich oder grob fahrlässig gehandelt zu haben, § 280 Abs 1 S 2.

§ 600 Mängelhaftung. **Verschweigt der Verleiher arglistig einen Mangel im Rechte oder einen Fehler der verliehenen Sache, so ist er verpflichtet, dem Entleiher den daraus entstehenden Schaden zu ersetzen.**

1 **A. Normzweck.** § 600 ist eine Anspruchsgrundlage. Der Gesetzgeber bezweckte damit, dass der Verleiher nicht wegen nur vorsätzlichen oder grob fahrlässigen Verschweigens von Sach- und Rechtsmängeln haftet (vgl *Mugdan* Bd 2 Prot 2128, S 895; schon damals wurde aber auf die Deliktshaftung hingewiesen). Insoweit wird die Haftung über § 599 hinaus weiter eingeschränkt. Diese Privilegierung beruht ebenfalls auf der Unentgeltlichkeit und entspricht §§ 523 Abs 1, 524 Abs 1. Da anders als im Schenkungsrecht nicht zwischen Handleihe und Leihversprechen unterschieden wird, deshalb eine den §§ 523 Abs 2, 524 Abs 2 entspr Regelung fehlt, sind diese analog anzuwenden (Staud/*Reuter* Rn 1).

2 **B. Tatbestand.** Die Voraussetzungen des Sach-/Rechtsmangels entsprechen denen des Kauf-, Werkvertrags- und Mietrechts (s §§ 434, 435). Arglist entspricht heute bedingtem Vorsatz (MüKo/*HP Westermann* § 438 Rn 29) und steht grober Fahrlässigkeit nahe. Verschweigen bedeutet das Unterlassen einer Aufklärung; erforderlich ist also eine Aufklärungspflicht. Unklar ist, ob die Arglist zugleich eine Aufklärungspflicht begründet oder die Aufklärungspflicht noch anderweitig zu begründen ist (vgl MüKo/*HP Westermann* § 438 Rn 29). Soweit die Rechtssprechung eine Offenbarungspflicht gesondert feststellt, begnügt sie sich aber mit der Feststellung des Tatbestands der Arglist (BGH WM 2005, 1703; NJW 2001, 64). Bei der Übertragung dieser Rspr auf die Leihe ist zu beachten, dass Arglist iSd § 123 wegen des Schutzes der Privatautonomie keinen Vorsatz hinsichtlich eines Schadens erfordert (Staud/*Singer* § 123 Rn 28). Auch im Kaufrecht muss kein solcher Vorsatz festgestellt werden, da der Schaden regelm in einem erhöhten Kaufpreis besteht, der Vorsatz hinsichtlich des Schadens also typischerweise gegeben ist. So lässt sich die Arglist des Verleihers aber nicht begründen, weil er keine Gegenleistung erhält. Die Arglisthaftung nach § 600 erfordert deshalb, dass der Verleiher wusste oder sich der Erkenntnis verschloss, dass ein Mangel vorliegt, der bei vertragsgem Gebrauch zu einem Schaden führt. Entscheidend ist der Zeitpunkt des Vertragsschlusses, auch bei einem Leihversprechen (Staud/*Reuter* Rn 1). Verursacht der Verleiher später einen Mangel, ist er nach §§ 280 Abs 1, 599 verantwortlich. Erfährt der Verleiher erst später von dem Mangel, kommt auch eine Haftung wegen Verletzung einer Informationspflicht in Betracht. Um einen Wertungswiderspruch zu vermeiden, ist eine Offenbarungspflicht aber auch nur unter den Voraussetzungen des § 600 anzunehmen (für eine Haftung nach dem Maßstab des § 599 Soerg/*Heintzmann* Rn 3).

3 **C. Haftungsumfang.** Vor dem Hintergrund des umstr Anwendungsbereichs des § 599 und dessen Verhältnis zu § 600 wird ganz überwiegend vertreten, dass die Privilegierung des § 600 nur für Mangelschäden gilt (AnwK/*Brors* Rn 2; Staud/*Reuter* Rn 3; Soerg/*Heintzmann* Rn 3; aA noch Erman/*Werner* § 598 Rn 1). Mangelfolgeschäden soll der Entleiher bei vorsätzlicher oder grob fahrlässiger Verletzung einer Verkehrssicherungspflicht nach § 823 oder einer Offenbarungspflicht nach §§ 280 Abs 1, 311 Abs 2 ersetzt verlangen können (*Mugdan* Bd 2 Prot 2128 S 895). Das ist richtig, weil Vorsatz gerade bei entfernten Schäden schlecht zu beweisen ist. Der Anspruch richtet sich nach allg Ansicht nicht auf das positive Interesse, sondern nur auf

Ersatz des negativen Interesses (Staud/*Reuter* Rn 5). Der Entleiher ist so zu stellen, wie er stünde, hätte er nicht auf die Mangelfreiheit vertraut. Zu ersetzen sind bspw Schäden, die aus nutzlosen Aufwendungen oder aus der unterlassenen Anmietung eines vergleichbaren Gegenstandes resultieren.

D. Regelungsbedürfnis und Abdingbarkeit/Beweislast. § 276 Abs 3 steht einer Abbedingung im Voraus entgegen. Aus dem gleichen Grund ist die Erstreckung des § 600 auf Mangelfolgeschäden nicht zu vereinbaren. Einer Haftungserweiterung steht freilich nichts entgegen. Der Entleiher hat sowohl den Mangel als auch die Umstände zu beweisen, die die Arglist des Verleihers begründen. Dazu dürfte der Nachweis ausreichen, dass der Verleiher die Sache selbst nicht mehr wegen des Mangels benutzt hat, hierüber aber nicht aufklärte. Der Verleiher muss hingegen beweisen, dass der Entleiher den Mangel kannte oder die Sache auch bei Kenntnis des Mangels benutzt hätte. 4

§ 601 Verwendungsersatz.

[1] **Der Entleiher hat die gewöhnlichen Kosten der Erhaltung der geliehenen Sache, bei der Leihe eines Tieres insbesondere die Fütterungskosten, zu tragen.**
[2] **Die Verpflichtung des Verleihers zum Ersatz anderer Verwendungen bestimmt sich nach den Vorschriften über die Geschäftsführung ohne Auftrag. Der Entleiher ist berechtigt, eine Einrichtung, mit der er die Sache versehen hat, wegzunehmen.**

A. Normzweck. Nicht der Verleiher, sondern der Entleiher muss die Sache erhalten (zur Grundlage der Erhaltungspflicht: jurisPK/*Eckstein-Puhl* Rn 2). Die Erhaltung der Sache kommt nach der Rückgabe aber auch dem Verleiher zugute. § 601 regelt deshalb, wer die Kosten von Erhaltungsmaßnahmen und Verwendungen zu tragen hat. 1

B. Kostentragungspflicht des Entleihers. Wie bei § 994 soll der Entleiher, dem die Gebrauchsvorteile verbleiben, die gewöhnlichen Erhaltungskosten tragen. Diese können meist aus dem Ertrag bestritten werden und sind für den Entleiher vorhersehbar. Die Kostentragungspflicht beschränkt sich zunächst auf Verwendungen, dh auf Vermögensaufwendungen, die der Entleiher willentlich erbracht hat und die zumindest auch der Sache zugute kommen. Das ergibt sich aus einem Umkehrschluss zu § 601 Abs 2 S 1 (»anderer Verwendungen«) und aus der Systematik des § 994 (MüKo/*Häublein* Rn 2). § 601 erfasst daher weder Betriebszulassungskosten wie Steuern und Haftpflichtversicherung noch Gebrauchskosten wie Benzin und Strom (Staud/*Reuter* Rn 3; aA Erman/*Werner* Rn 1; Soerg/*Kummer* Rn 3; MüKo/*Medicus* § 994 Rn 21). Anders kann zu entscheiden sein, wenn sich aus der Erhaltungspflicht eine Gebrauchspflicht ergibt. 2

Der Entleiher muss nur die Kosten der Erhaltung, nicht aber der Wiederherstellung oder Verbesserung tragen. Der Erhaltung dienen nur solche Maßnahmen, die erforderlich sind, um den gegenwärtigen Zustand der Sache zu sichern und nachteiligen Veränderungen vorzubeugen. Wegen § 602 muss der Entleiher auch nicht die Kosten der Erneuerung von Verschleißteilen oder der Beseitigung von Schäden tragen (Staud/*Reuter* Rn 2). Resultiert aus dem normalen Verschleiß eine Gefahr für die Sache, wie etwa bei abgenutzten Bremsen eines Pkw, muss der Entleiher den Gebrauch einstellen. Lässt er die verschlissenen Teile austauschen, weil er die Sache weiterhin nutzen möchte, kommt ein Erstattungsanspruch nach §§ 601 Abs 2 S 1, 683, 670 in Betracht. Dessen Voraussetzungen liegen aber regelm nicht vor, wenn dem Verleiher die Verschleißreparatur nach Rückgabe nicht mehr nützlich ist, weil die Verschleißteile zum Zeitpunkt der Rückgabe wieder verschlissen sind. 3

Nach § 601 Abs 1 hat der Entleiher aber nicht alle, sondern nur die gewöhnlichen Kosten der Erhaltung zu tragen. Welche Kosten gewöhnlich sind, bestimmt sich nach der Verkehrsanschauung. Gewöhnlich sind laufende, sich periodisch wiederholende Erhaltungsmaßnahmen. Insoweit ist deshalb nach der Leihzeit zu differenzieren. Zu außergewöhnlichen Erhaltungsmaßnahmen ist der Entleiher weder verpflichtet, noch muss er deren Kosten tragen. Er hat aber den Verleiher auf deren Notwendigkeit hinzuweisen (Soerg/*Heintzmann* Rn 1). Nimmt der Entleiher sie gleichwohl vor, kann er sie unter den Voraussetzungen der §§ 601 Abs 2 S 1, 683, 670 erstattet verlangen. 4

C. Erstattungspflicht des Verleihers. § 601 Abs 2 entspricht § 539 Abs 1 und ist ein Rechtsgrundverweis auf die §§ 677 ff. Eine Ausgleichsregelung für andere Verwendungen muss nämlich dem Interesse des Entleihers an der Erstattung von Kosten Rechnung tragen, die auch der Verleiher aufgewendet hätte, und zugleich den Verleiher vor ungewollten Aufwendungen schützen. Der Verleiher ist nicht zur Erstattung verpflichtet, soweit keine Verwendung vorliegt oder den Entleiher eine Schadensersatzpflicht traf. Hat sich der Entleiher nur irrtümlich für verpflichtet gehalten, schließt das Erfordernis des Fremdgeschäftsführungswillen einen Ersatzanspruch aber nicht aus (Staud/*Reuter* Rn 4). 5

D. Wegnahmerecht. Ein Recht, mit der Leihsache verbundene Einrichtungen wegzunehmen, statuiert § 601 Abs 1 S 2 parallel zu § 539 Abs 2. Den Inhalt regelt § 258. Eine Abwendungsbefugnis vergleichbar § 552 ist bei der Leihe nicht vorgesehen, weshalb eine analoge Anwendung in Betracht kommt (MüKo/*Häublein* Rn 7). Die Rückgabepflicht des § 604 umfasst auch das Recht des Verleihers, die Entfernung von Einrichtungen zu verlangen. 6

7 **E. Abdingbarkeit und Regelungsbedürfnis/Beweislast.** § 601 ist disponibel (Soerg/*Heintzmann* Rn 5). Um späteren Unmut zu vermeiden, sollten sich die Parteien über die Beseitigung von Verschleißschäden, die Betriebszulassungskosten und Versicherungen verständigen. Auch letztere kommen bei langer Leihdauer überwiegend dem Entleiher zugute, sind aber vom Verleiher zu bezahlen. Vorsicht ist aber geboten hinsichtlich der Übernahme von Kosten, die der Verleiher auch ohne die Verleihung hätte tragen müssen, da darin eine Entgeltvereinbarung gesehen werden kann. Bspw hätte der Verleiher durch eine Saisonzulassung eines Fahrzeugs Steuern und Haftpflichtversicherung sparen können, aber nicht Grundsteuern für ein Grundstück. Zur Darlegungs- und Beweislast für einen Aufwendungsersatzanspruch s §§ 683, 684. Dem Verleiher obliegt es, darzulegen und zu beweisen, dass es sich um gewöhnliche Erhaltungskosten handelte oder der Entleiher schadensersatzpflichtig war.

§ 602 Abnutzung der Sache. **Veränderungen oder Verschlechterungen der geliehenen Sache, die durch den vertragsmäßigen Gebrauch herbeigeführt werden, hat der Entleiher nicht zu vertreten.**

1 **A. Normzweck/Regelungsinhalt.** § 602 ist die Parallelnorm zu § 538. Wenn auch der vertragsmäßige Gebrauch per se keine Pflichtverletzung darstellt, ist die Norm angesichts der Rückgabepflicht erforderlich. Ohne § 602 hätte der Entleiher den Gegenstand in dem Zustand zurückzugeben, den er bei Übergabe hatte. Den Inhalt des Gebrauchsrechts können die Parteien festlegen. Soweit ausdrückliche Vereinbarungen fehlen, sind dessen Grenzen durch Auslegung zu ermitteln, insbes anhand des Anlasses und der Zweckbestimmung der Leihsache. Zu den Veränderungen und Verschlechterungen gehört auch der wirtschaftliche Totalschaden. Dieser befreit lediglich von der Wiederherstellung des Ausgangszustandes, nicht aber von der Rückgabe der Sache im jeweiligen Zustand. Insoweit liegt lediglich Teilunmöglichkeit vor. Der Verleiher kann schließlich auch an derartig beschädigten Sachen noch ein Interesse haben (MüKo/*Häublein* § 603 Rn 2; aA jurisPK/*Eckstein-Puhl* Rn 2; *dies* anders zu § 606 Rn 6). Ist die Sache hingegen vollständig zerstört oder verloren gegangen, entfällt die Rückgabepflicht gem § 275. Die Verantwortlichkeit des Entleihers entfällt, der Entleiher ist also nicht schadensersatzpflichtig.

2 **B. Abdingbarkeit/Beweislast.** § 602 ist abdingbar. Die Parteien können vereinbaren, dass der Entleiher ganz oder teilw die Abnutzungserscheinungen infolge des vertragsgem Gebrauchs ersetzt oder sogar für Zufall haftet. Eine konkludente Abbedingung kann aber allein wegen der Unentgeltlichkeit und der Vorteilhaftigkeit für den Entleiher nicht unterstellt werden (MüKo/*Häublein* § 603 Rn 5; aA LG Aachen NJW 1952, 426; RGRK/*Gelhaar* § 599 Rn 2). Schließlich kann sogar in der Risikoübernahme eine die Unentgeltlichkeit ausschließende Gegenleistung gesehen werden. Der Verleiher hat die Verschlechterung zu beweisen. Der Entleiher muss beweisen, dass die Ursache der Verschlechterung der vertragsmäßige Gebrauch war (BGHZ 66, 349, 351 zu § 548 aF).

§ 603 Vertragsmäßiger Gebrauch. **Der Entleiher darf von der geliehenen Sache keinen anderen als den vertragsmäßigen Gebrauch machen. Er ist ohne die Erlaubnis des Verleihers nicht berechtigt, den Gebrauch der Sache einem Dritten zu überlassen.**

1 **A. Normzweck/Tatbestand.** § 603 S 1 stellt klar, dass der Vertrag zugleich das Gebrauchsrecht begrenzt. § 603 S 2 trägt wie § 540 Abs 1 dem Umstand Rechnung, dass die persönlichen und wirtschaftlichen Verhältnisse des Entleihers bei der Gebrauchsüberlassung stets eine Rolle spielen, insbes natürlich bei deren Unentgeltlichkeit. Zum vertragsmäßigen Gebrauch s § 598 und § 602. Eine gemäß §§ 603 S 2, 605 Nr 2 vertragswidrige Gebrauchsüberlassung liegt vor, wenn ohne besondere Erlaubnis nicht mehr der Entleiher, sondern ein Dritter auf die Sache einwirkt. Wird aber der Dritte nur in den Gebrauch einbezogen, fehlt es an einem eigenständigen Gebrauch. Die Erlaubnis wird als eine einseitige, empfangsbedürftige Willenserklärung angesehen (BGHZ 69, 3, 7; NJW 1991, 1750, 1751; aA Staud/*Reuter* Rn 2: geschäftsähnliche Handlung). Die Erlaubnis kann konkludent und mit unterschiedlicher Reichweite erklärt werden. Sie ist aber keine Wirksamkeitsvoraussetzung eines Gebrauchüberlassungsvertrags zwischen Entleiher und Drittem. Sie kann einerseits nur aus wichtigem Grund widerrufen werden, andererseits aber freilich auch immer dann, wenn der Verleiher kündigen könnte.

2 **B. Rechtsfolgen.** Gebraucht der Entleiher die Sache nicht vertragsgem, kann der Verleiher gem § 605 Nr 2 kündigen und die Sache nach § 604 Abs 1 zurückverlangen. Eine Abmahnung fordert die hM unter Berufung auf den historischen Gesetzgeber nicht (Staud/*Reuter* § 601 Rn 4; *Mugdan* Bd 2 Mot 452 S 252). Dieses Argument ist weniger überzeugend, nachdem in § 314 Abs 2 die Abmahnung für alle Dauerschuldverhältnisse etabliert wurde. Wenngleich der Entleiher wegen der Unentgeltlichkeit weniger schutzwürdig ist, so vertraut auch er auf die vereinbarte Leihdauer und überschreitet die Grenzen des vertragsmäßigen Gebrauchs eventuell nur aus Unkenntnis. Von dem Abmahnungserfordernis ist deshalb auch bei der Leihe nicht abzusehen. Alternativ zur Kündigung kann der Verleiher die Unterlassung des vertragswidrigen Gebrauchs verlangen. Rechtsgrundlage ist der Vertrag. Eine Abmahnung ist analog § 551 erforderlich (Staud/*Reuter* § 601 Rn 4; *Gitter* S 160).

Daneben kann der Verleiher auch Schadensersatz fordern. Ausgangspunkt ist heute nicht mehr die Verletzung der Rückgabepflicht (so der Gesetzgeber *Mugdan* Bd 2 Mot 449, S 250), sondern die Verletzung der Erhaltungs- und Obhutspflicht des Entleihers (Staud/*Reuter* § 601 Rn 4; MüKo/*Häublein* Rn 3). Insofern liegt in dem vertragswidrigen Gebrauch eine Pflichtverletzung, die, sofern sie schuldhaft und der Schaden adäquat kausal ist, zum Ersatz verpflichtet. Bei der erlaubten Überlassung kann zwar dem Entleiher auch ein eigenes Auswahlverschulden angelastet werden (RGZ 159, 121, 128), doch muss sich dieser auch das Verschulden des Dritten nach § 278 zurechnen lassen. Die Ersatzpflicht kann eingeschränkt sein, wenn es der Verleiher unterlassen hat, auf einen fehlenden Versicherungsschutz hinzuweisen (BGH NJW 1979, 759). Haftungsrechtlich irrelevant ist für den Entleiher dagegen, ob der Verleiher Eigentümer ist. Falls der Verleiher wegen des Verhältnisses zum Eigentümer keinen Schaden haben sollte, kommt eine Drittschadensliquidation in Betracht (Soerg/*Heintzmann* § 601 Rn 3). Nach der umstr Rspr hat der Entleiher ein Entgelt nicht herauszugeben, das er von dem Dritten als Gegenleistung für die vertragswidrige Gebrauchsüberlassung erhalten hat (vgl BGHZ 131, 297, zur Kritik MüKo/*Häublein* § 604 Rn 5). 3

C. Abdingbarkeit und Regelungsbedürfnis/Beweislast. Die Haftung des Entleihers ist bis zur Grenze des § 276 Abs 3 abdingbar, Hk/*Ebert* Rn 4. Angesichts der Lücke hinsichtlich des Entgeltes bei unerlaubter Gebrauchsüberlassung ist eine entspr Vertragsstrafenklausel zu empfehlen. Um das Konfliktpotential zu verringern, das aus der Überlassung an Dritte resultiert, sollte die Reichweite der Erlaubnis klar geregelt werden. So kommt insbes ein Mitbestimmungsrecht des Verleihers in Betracht, wenn die Person des Dritten noch unbestimmt ist. Etwaige Widerrufsgründe sollten als Regelbeispiel festgehalten werden. Nach den allg Regeln muss der Verleiher den vertragswidrigen Gebrauch darlegen und beweisen. Der Entleiher hat sich hinsichtlich des Verschuldens zu entlasten, § 280 Abs 1 S 2. Ebenso trägt der Entleiher die Beweislast dafür, dass der Schaden auch bei rechtmäßigem Alternativverhalten eingetreten wäre (BGHZ 37, 306, 310). 4

§ 604 Rückgabepflicht.

[1] Der Entleiher ist verpflichtet, die geliehene Sache nach dem Ablauf der für die Leihe bestimmten Zeit zurückzugeben.

[2] Ist eine Zeit nicht bestimmt, so ist die Sache zurückzugeben, nachdem der Entleiher den sich aus dem Zweck der Leihe ergebenden Gebrauch gemacht hat. Der Verleiher kann die Sache schon vorher zurückfordern, wenn so viel Zeit verstrichen ist, dass der Entleiher den Gebrauch hätte machen können.

[3] Ist die Dauer der Leihe weder bestimmt noch aus dem Zweck zu entnehmen, so kann der Verleiher die Sache jederzeit zurückfordern.

[4] Überlässt der Entleiher den Gebrauch der Sache einem Dritten, so kann der Verleiher sie nach der Beendigung der Leihe auch von dem Dritten zurückfordern.

[5] Die Verjährung des Anspruchs auf Rückgabe der Sache beginnt mit der Beendigung der Leihe.

A. Normzweck. Die Rückgabepflicht entsteht mit Vertragsende. § 604 Abs 1-3 regelt deshalb die Rückgabepflicht in Abhängigkeit von der vereinbarten Leihdauer. In den Abs 2 und 3 bedarf die Rückforderung nach dem Wortlaut aber nur deshalb keiner Kündigung, weil in der Ausübung des Rückforderungsrechts zugleich eine Kündigung gesehen werden kann (*Mugdan* Bd 2 Mot 452 S 252). 1

B. Vertragsbeendigung. Haben die Parteien eine bestimmte Leihdauer vereinbart, ist die Sache nach Ablauf dieser Zeit zurückzugeben, Abs 1. Darüber hinaus kann ein befristet geschlossener Leihvertrag gem § 604 auch durch Kündigung des Verleihers beendet werden. Hatte der Leihvertrag einen bestimmten Zweck, so ist die Sache nach dessen Erreichung zurückzugeben. Gleiches gilt, wenn der Zweck nach Vorstellung des Entleihers nicht mehr erreicht werden kann (Soerg/*Heintzmann* Rn 3; MüKo/*Häublein* § 603 Rn 3). Einer Kündigung bedarf es nicht. Wurde der Zweck nicht erreicht, ist aber die zur Verwirklichung des Leihzwecks erforderliche Zeit verstrichen ist, kann der Verleiher nach § 604 Abs 2 S 2 kündigen und die Sache zurückfordern. Die erforderliche Zeitdauer bemisst sich nach den Vorstellungen der Parteien bei Vertragsschluss (Staud/*Reuter* Rn 9). Wurde der Leihvertrag auf unbestimmte Zeit und ohne Vorstellung eines konkreten Zwecks geschlossen, kann der Verleiher gem § 604 Abs 3 jederzeit kündigen und die Sache zurückfordern. Die Kündigung unterliegt den allg Schranken von Treu und Glauben, ein mietvertragsähnlicher Schutz kann aber nicht begründet werden. Der Entleiher kann unabhängig von einer vereinbarten Leihdauer jederzeit kündigen, da die Leihe in seinem Interesse vereinbart wurde (Staud/*Reuter* Rn 9; aA Palandt/*Weidenkaff* Rn 4: vorzeitige Rückgabe nach § 271 Abs 2). In der Rückgabe kann eine konkludente Kündigung zu sehen sein. 2

C. Rückgabepflicht. Der Entleiher hat gem § 271 sofort nach Vertragsbeendigung die Sache in vertragsgem Zustand zurückzugeben, also dem Verleiher unmittelbaren Besitz an dieser zu verschaffen (BGHZ 56, 308). Herauszugeben sind auch das Zubehör und die gezogenen Früchte (Palandt/*Weidenkaff* § 604 Rn 1). Die Rückgabe ist grds eine Bringschuld (BGH NJW-RR 2002, 1027, 1029). Ein Zurückbehaltungsrecht kann gem § 273 bestehen, § 570 findet keine analoge Anwendung. Abs 4 gewährt parallel zu § 546 Abs 2 dem Verleiher einen vertraglichen Rückgabeanspruch gegen einen Dritten, dem der Entleiher befugt oder unbefugt die Sache überlassen hat. Vor den Folgen einer verspäteten Rückgabe aus Unkenntnis von der Beendigung ist der 3

Dritte zu schützen. Überwiegend wird deshalb eine Aufforderung als geschäftsähnliche Handlung vorausgesetzt (Staud/*Reuter* Rn 9; aA MüKo/*Häublein* § 603 Rn 3: Anwendung von § 286 Abs 4). Hat der Dritte Kenntnis, bedarf es der Aufforderung nicht (RGZ 156, 150, 154).

4 Ist der Verleiher nicht Eigentümer, kann der Entleiher sowohl mit dem Herausgabeverlangen des Eigentümers aus § 985 als auch demjenigen des Verleihers nach § 604 konfrontiert sein. Zugleich werden ihm Schadensersatzansprüche sowohl von dem Eigentümer gem §§ 989, 990 als auch von dem Verleiher gem §§ 280, 283, 275, 604 angedroht. Bei Ansprüchen aus verschiedenen Rechtsgründen lässt die Rspr eine Hinterlegung leider nicht zu (BGHZ 92, 374, 396). Bei Rückgabe an den Verleiher soll es aber grds an einem Verschulden fehlen (so zum gleichen Problem bei dem Pfand BGHZ 73, 317, 321 f; aA Staud/*Reuter* Rn 5). Hat einer der Anspruchsteller Klage erhoben, sollte der Entleiher dem anderen den Streit verkünden, § 72 ZPO. Abs 5 wurde mit der Schuldrechtsmodernisierung eingefügt. Lässt man die Rückgabepflicht nach Abs 3 nach Vertragsbeendigung entstehen, ist der Anspruch nur deklaratorisch. Diese Sichtweise trägt aber der Ansicht der Rspr Rechnung, die den Rückgabeanspruch als verhaltenen Anspruch qualifiziert, der bereits ab Übergabe der Leihsache zu verjähren beginnt (BGH NJW-RR 1988, 902; vgl Palandt/*Weidenkaff* Rn 9).

5 **D. Abbedingbarkeit und Regelungsbedürfnis/Beweislast.** Haben die Parteien Vorstellungen über einen Zweck, sollte dieser dokumentiert werden. Hat der Verleiher ein Interesse daran, dass die Sache nicht in seinem Besitz ist, sollte die Kündigung durch den Entleiher geregelt werden. Empfehlenswert kann insbes eine Kündigungsfrist für beide Seiten sein. Wird dem Entleiher die Gebrauchsüberlassung an Dritte erlaubt, sollte der Entleiher verpflichtet werden, dem Dritten das Ende des Leihvertrages mitzuteilen. Der Entleiher muss beweisen, dass der Verleiher ihm den Gebrauch für eine bestimmte Zeitdauer oder einen bestimmten Zweck gestattet hat (LG Göttingen MDR 1994, 248).

§ 605 Kündigungsrecht. **Der Verleiher kann die Leihe kündigen:**

1. wenn er infolge eines nicht vorhergesehenen Umstandes der verliehenen Sache bedarf,
2. wenn der Entleiher einen vertragswidrigen Gebrauch der Sache macht, insbesondere unbefugt den Gebrauch einem Dritten überlässt, oder die Sache durch Vernachlässigung der ihm obliegenden Sorgfalt erheblich gefährdet,
3. der Entleiher stirbt.

1 **A. Normzweck.** § 605 erlangt nur Bedeutung, wenn der Leihvertrag zeit- oder zweckbefristet ist, da andernfalls der Verleiher jederzeit kündigen kann, § 604 Abs 3. Das bei allen Dauerschuldverhältnissen bestehende Recht zur außerordentlichen Kündigung (§ 314) konkretisiert § 605, ohne dieses jedoch auf die aufgeführten Tatbestände zu beschränken (BGHZ 82, 354, 359).

2 **B. Kündigungsgründe.** An den Eigenbedarf des Verleihers nach § 605 Nr 1 sind angesichts des Gefälligkeitscharakters keine allzu strengen Anforderungen zu stellen. Der Eigenbedarf muss zwar objektiv zum Zeitpunkt der Kündigung vorhanden, nicht aber dringend sein. Er darf nicht vorhergesehen worden sein; ob er vorhersehbar war, ist irrelevant. Auf die Belange des Entleihers ist zwar Rücksicht zu nehmen, insbes wenn der Entleiher im Vertrauen auf die Leihzeit Aufwendungen getätigt hat. Der Verleiher muss sich dessen Interessen aber nicht unterordnen, er muss weder die Kosten der Rückgabe tragen noch Schadensersatz leisten (BGH NJW 1994, 3156, 3158). Der Eigenbedarf kann sich auch aus wirtschaftlichen Gründen ergeben, etwa wenn der Verleiher die Sache verwerten möchte, um eigenen Verpflichtungen nachzukommen (zur Veräußerung verliehener Sachen s § 598). So sollte genügen, dass Nachlassverbindlichkeiten nicht ohne die Verwertung aus dem Nachlass beglichen werden können (Staud/*Reuter* Rn 3; aA Köln NJW-RR 2000, 152, wonach es auf die Solvenz der Miterben ankommen soll). Zur Kündigung gem § 605 Nr 2 wegen vertragswidrigen Gebrauchs s § 604. Nur der Tod des Entleihers ist Kündigungsgrund gem § 605 Nr 3, nicht aber der Tod des Verleihers. Die Erben des Verleihers können aber ggf nach Nr 1 kündigen.

3 **C. Abdingbarkeit und Regelungsbedürfnis/Beweislast.** Die Kündigungsgründe des § 605 können zwar abgeändert und modifiziert werden, insbes können Umstände aufgezählt werden, die keinen wichtigen Grund darstellen. Vollständig auszuschließen ist das außerordentliche Kündigungsrecht aber nicht (Palandt/*Grüneberg* § 314 Rn 3). Der Verleiher muss die Voraussetzungen des Kündigungsrechts und den Zugang der Kündigungserklärung beweisen.

§ 606 Kurze Verjährung. **Die Ersatzansprüche wegen Veränderungen oder Verschlechterungen der verliehenen Sache sowie die Ansprüche des Entleihers auf Ersatz von Verwendungen oder auf Gestattung der Wegnahme einer Einrichtung verjähren in sechs Monaten. Die Vorschriften des § 548 Absatz 1 Satz 2 und 3, Absatz 2 finden entsprechende Anwendung.**

A. Normzweck. Die kurze Verjährung beruht auf den mit der Zeit zunehmenden Beweisschwierigkeiten über den Zustand der Sache zum Zeitpunkt der Rückgabe. Dieser Gedanke findet sich auch in den §§ 548, 581 Abs 2, 1057. 1

B. Tatbestand. § 606 gilt für alle **Ersatzansprüche** des Verleihers wegen Veränderung oder Verschlechterung der Sache, unabhängig von der Art der Pflichtverletzung. § 606 erstreckt sich auch auf Schadensersatzansprüche, die nach Kündigung, aber vor Rückgabe entstanden sind (BGH NJW 1970, 1182 f). Nach Ansicht des BGH erfasst § 606 jedenfalls auch Schäden an anderen Gegenständen, wenn ein innerer Zusammenhang zur Nutzung der Leihsache besteht und auch diese beschädigt ist (BGH NJW-RR 2004, 1566, 1568; NJW 1992, 687). Ohne Schaden an der Leihsache hat der BGH die Anwendung bezweifelt, aber letztlich noch offengelassen (BGH NJW 1983, 679, 681). Liegt hingegen ein Fall der Unmöglichkeit vor, kann also die entliehene Sache nicht zurückgegeben werden, gibt es keine Beweisschwierigkeiten, so dass § 606 weder nach dem Wortlaut noch nach Sinn und Zweck anwendbar ist. Bei der wirtschaftlichen Unmöglichkeit bleibt aber die Rückgabepflicht bestehen, so dass § 606 anzuwenden ist (BGH NJW 2006, 2399, 2400; NJW 1981, 2406, 2407). Die **Verjährung der Ansprüche des Verleihers** beginnt mit der Rückgabe gem §§ 606 S 2, 548 Abs 1 S 2. Entscheidend ist, dass der Verleiher aufgrund eigener Sachherrschaft die Möglichkeit erlangt, Mängel festzustellen. Die Verjährung beginnt aber auch dann, wenn der Verleiher auf diese Möglichkeit verzichtet und die Sache auf seinen Wunsch hin an einen Dritten übergeben wird (BGH NJW 1994, 1858, 1860 f). Spätestens mit dem Rückgabeanspruch verjähren aber auch etwaige Ersatzansprüche, §§ 606 S 2, 548 Abs 1 S 3. Auch die Ansprüche des Entleihers auf Verwendungsersatz und Gestattung der Wegnahme verjähren gem § 606 S 1. Die Frist beginnt bereits mit Beendigung des Leihverhältnisses, auf die Rückgabe kommt es insoweit nicht an. 2

C. Ausdehnung des Anwendungsbereichs/Abdingbarkeit. Damit § 606 nicht weitgehend leer läuft, sind auch gleichgerichtete Ansprüche aus konkurrierenden Rechtsgrundlagen der kurzen Verjährung zu unterwerfen (BGH NJW-RR 2004, 1566, 1568). Zudem liegt den §§ 548, 581 Abs 2, 606, 1057 ein allg Rechtsgedanke zugrunde, so dass auch Ansprüche wegen Beschädigung einer vorübergehend überlassenen Sache im Rahmen anderer Vertragsverhältnisse innerhalb von 6 Monaten verjähren (BGH NJW 2002, 1336, 1337; aA bei einem Gefälligkeitsverhältnis Frankfurt VersR 2006, 918). Das BAG hat eine Übertragung dieses Gedankens ins Arbeitsrecht bisher abgelehnt (BAG NJW 1985, 759), obwohl nach Sinn und Zweck auch dort eine kurze Verjährung gerechtfertigt wäre (ArbG Eisenach AuR 2003, 124; MüKo/*Häublein* Rn 5). Auch zugunsten von Dritten, die in den Schutzbereich des Vertrages einbezogen sind, gilt § 606. Erleichterungen und Erschwerungen können die Parteien grds vereinbaren, s § 202 Rz 3 ff. 3

Titel 7 Sachdarlehensvertrag

§ 607 Vertragstypische Pflichten beim Sachdarlehensvertrag. [1] **Durch den Sachdarlehensvertrag wird der Darlehensgeber verpflichtet, dem Darlehensnehmer eine vereinbarte vertretbare Sache zu überlassen. Der Darlehensnehmer ist zur Zahlung eines Darlehensentgelts und bei Fälligkeit zur Rückerstattung von Sachen gleicher Art, Güte und Menge verpflichtet.**

[2] **Die Vorschriften dieses Titels finden keine Anwendung auf die Überlassung von Geld.**

Coester-Waltjen Der Darlehensvertrag Jura 2002, 675; *Mülbert* Das verzinsliche Darlehen AcP 192 (1992) 447; *ders* Die Auswirkungen der Schuldrechtsmodernisierung im Recht des bürgerlichen Darlehensvertrags WM 2002, 465.

A. Allgemeines. Abw von der Rechtslage vor dem Schuldrechtsmodernisierungsgesetz sind das Sachdarlehen (§§ 607 ff) und das Gelddarlehen (§§ 488 ff) nunmehr in getrennten Abschnitten geregelt. Es handelt sich um unterschiedliche Vertragsarten (BTDrs 14/6040 S 258; *Mülbert* WM 2002, 465, 466). Die Vorschriften über Verbraucherdarlehen (§§ 491 ff) finden auf das Sachdarlehen keine Anwendung mehr (MüKo/*Berger* Rn 1; vor dem 01.01.2002 war dies noch hM). Die §§ 607 ff sind dispositiv (Palandt/*Weidenkaff* Rn 2; MüKo/*Berger* Rn 2), so dass eine nähere Ausgestaltung des Sachdarlehens auch durch AGB im Rahmen der §§ 305 ff möglich ist. 1

B. Vertragstypische Pflichten (Abs 1). Das Sachdarlehen ist ein Dauerschuldverhältnis, bei dem die Verpflichtung des Darlehensgebers zur Überlassung vertretbarer Sachen (§§ 90 f) und die des Darlehensnehmers auf Zahlung des Darlehensentgelts im Gegenseitigkeitsverhältnis (Synallagma) stehen (PWW/*Hoppenz* Rn 2). Auch der Sachdarlehensvertrag ist ein Konsensualvertrag und kein Realvertrag (BTDrs 14/6040 S 259; *Mülbert* WM 2002, 465, 468). Der Vertragsabschluss ist grds formfrei möglich (vgl aber § 15 Abs 2, 3 DepotG für Wertpapierdarlehensverträge: Schriftform für Erklärung des Darlehensgebers). Der Darlehensgeber ist zur Verschaffung und Belassung von Eigentum, nicht nur Besitz, an der vertragsgegen- 2 ständlichen vertretbaren Sache verpflichtet. Sofern Wertpapiere in Sammelverwahrung (§ 5 DepotG) Gegenstand des Vertrages sind, ist eine Abtretung nach §§ 398, 412 ausreichend (PWW/*Hoppenz* Rn 4). In Abgrenzung zur Miete und Leihe muss der Darlehensgeber beim Sachdarlehensvertrag nicht die überlassene Sache selbst, sondern nur eine solche gleicher Art, Menge und Güte zurückerstatten, dh ihm Eigentum hieran verschaffen. Es reicht, wenn diese Sache ggf erst zu einem späteren Zeitpunkt hergestellt wird, dies muss aber grds möglich sein. Der Darlehensnehmer trägt das Beschaffungsrisiko (MüKo/*Berger* Rn 28). Die Entgeltpflicht des Darlehensnehmers kann (auch konkludent) abbedungen werden, grds ist das Sachdarlehen aber entgeltlich.

3 Im Falle der Überlassung einer mangelhaften Sache durch den Darlehensgeber sind bei einem entgeltlichen Sachdarlehen grds die §§ 434 ff entspr anwendbar, da es sich in diesem Fall um ein kaufähnl Geschäft iSd § 493 aF handelt (MüKo/*Berger* Rn 34; Palandt/*Weidenkaff* Rn 6). Liegt dagegen ein unentgeltliches Sachdarlehen vor, so bleibt es bei der Anwendung nur der §§ 280 ff, da insoweit kein kaufähnl Geschäft gegeben ist, sondern der Charakter als reines Dauerschuldverhältnis dominiert (*Coester-Waltjen* Jura 2002, 675, 676; MüKo/*Berger* Rn 34). Letzteres gilt auch für eine Verletzung der Pflicht zur Rückerstattung durch den Darlehensnehmer, etwa durch Übertragung mangelhafter Sachen, da insoweit ebenfalls keine dem Kaufrecht vergleichbare Interessenlage gegeben ist (MüKo/*Berger* Rn 35). Die Parteien können jedoch vertraglich jeweils abw Regelungen treffen.

4 **C. Keine Anwendung auf die Überlassung von Geld (Abs 2).** Sofern der Darlehensgeber dem Darlehensnehmer Geld zu überlassen hat, finden nicht die §§ 607 ff, sondern die §§ 488 ff Anwendung, die einen selbständigen Regelungsbereich darstellen. Dies wird in Abs 2 klargestellt. Ein Gelddarlehen ist auch dann anzunehmen, wenn dem Darlehensnehmer zwar vertretbare oder unvertretbare Sachen überlassen werden, dies aber darauf gerichtet ist, dass diesem der hierin verkörperte und von ihm zu realisierende Verkaufserlös zur Verfügung gestellt werden soll. In diesem Fall ist davon auszugehen, dass die Verschaffung des Geldbetrages durch den Darlehensgeber im Wege der Ersetzungsbefugnis durch die Überlassung der og Sache erfüllt wird, zB beim Pfandbriefdarlehen (MüKo/*Berger* Rn 39). Es ist im Wege der Auslegung zu ermitteln, ob dies ggf der Fall ist.

§ 608 Kündigung.

[1] Ist für die Rückerstattung der überlassenen Sache eine Zeit nicht bestimmt, hängt die Fälligkeit davon ab, dass der Darlehensgeber oder der Darlehensnehmer kündigt.
[2] Ein auf unbestimmte Zeit abgeschlossener Sachdarlehensvertrag kann, soweit nicht ein anderes vereinbart ist, jederzeit vom Darlehensgeber oder Darlehensnehmer ganz oder teilweise gekündigt werden.

1 Abs 1 bestimmt, dass die Rückerstattungspflicht des Darlehensnehmers grds von der Kündigung durch den Darlehensgeber abhängt. Die Kündigung erfolgt durch einseitige empfangsbedürftige Erklärung. Sie ist formlos (auch konkludent) möglich, sofern nichts anderes vereinbart wurde. Mit Wirksamwerden der Kündigung wird der Sachdarlehensvertrag beendet und in ein Abwicklungsschuldverhältnis umgewandelt (vgl hierzu auch § 488 Rz 76). Die Parteien können wie beim Gelddarlehen hiervon abw Regelungen treffen und zB von vornherein einen festen Termin oder mehrere Termine bestimmen, zu dem das Sachdarlehen bzw Teile davon zurückzugewähren sind. In diesem Fall ist gleichzeitig die ordentliche Kündigungsmöglichkeit (konkludent) abbedungen. Die außerordentliche Kündigung nach § 314 bleibt dagegen stets erhalten (PWW/*Hoppenz* Rn 2). Die ordentliche Kündigung kann gem Abs 2 jederzeit ohne Einhaltung einer Frist ganz oder teilw ausgesprochen werden. Abw Regelungen sind auch insoweit zulässig. Das Kündigungsrecht kann ggf nach § 242 eingeschränkt oder ausgeschlossen sein, wenn dessen Ausübung rechtsmissbräuchlich wäre (Palandt/*Weidenkaff* § 608 Rn 3; MüKo/*Berger* Rn 7).

§ 609 Entgelt.

Ein Entgelt hat der Darlehensnehmer spätestens bei Rückerstattung der überlassenen Sache zu bezahlen.

1 Treffen die Parteien hinsichtlich der Fälligkeit des Darlehensentgeltes keine Vereinbarung, so ist dieses spätestens bei Rückerstattung des Sachdarlehens zu entrichten.

§ 610 *(weggefallen)*

Titel 8 Dienstvertrag

Checkliste: Dienstvertrag (§§ 611–630)

	Prüfungspunkt	Norm		Rn
I.	**Vorfrage: Klärung Rechtsgeltungsanspruch der §§ 611 ff**			
1.	Geltung des deutschen Rechts	*Art 27, 30 EGBGB*		
2.	Abgrenzung zu anderen Vertragsarten	§ 611	→	Rn 3 ff
II.	**Vertraganbahnung und Vertragsschluss**			
1.	Benachteiligungsverbote bei Vertragsanbahnung	*AGG*		
		§ 611b		
2.	Vertragsparteien	§ 611	→	Rn 1
a.	Dienstverpflichteter/Dienstherr	§ 611	→	Rn 1
b.	Sonderverhältnis: Arbeitnehmer/Arbeitgeber	§ 611	→	Rn 1
aa.	Arbeitnehmer	§ 611	→	Rn 2
bb.	Arbeitgeber	§ 611	→	Rn 1
cc.	Arbeitgeberwechsel beim Betriebsübergang	§ 613a	→	Rn 1 ff
3.	Vertragserklärungen (Angebot/Annahme)	§ 611	→	Rn 11 f
		§§ 145 ff		
4.	Form			
a.	Grds: Formfreiheit	§ 611	→	Rn 13
b.	Ausn: Befristungsabreden bei Arbeitnehmern bzgl Wirksamkeit der Befristung	§ 611	→	Rn 13
		§ 14 IV TzBfG		
c.	Anspruch des Arbeitnehmers auf Vertragsaushändigung (nicht konstitutiv für Wirksamkeit des Vertrages)	§ 611	→	Rn 13
		§ 2 I NachwG		
5.	Inhalt des Dienstvertrages	§ 611	→	Rn 1
a.	Diensterbringung/Konkretisierung über Weisungsrecht	§ 611	→	Rn 16
b.	Dienstzeit	§ 611	→	Rn 17
		ArbZG		
c.	Dienstort	§ 611	→	Rn 17
d.	Probezeitvereinbarung	§ 622	→	Rn 11
6.	Potentielle Hinterungsgründe für den Vertrag			
a.	Bzgl allg Regelungen aus dem AT	§ 611	→	Rn 12
b.	Abschlussverbote und sonstige Hinderungsgründe	§ 611	→	Rn 14
III.	**Entgelt für geleistete Dienste**			
1.	Entlohnungspflicht	§ 611	→	Rn 22
2.	Grds: Vertragliche Festlegung der Höhe	§ 611	→	Rn 22
		TVG		
3.	Subsidiär: üblicher Lohn, der geschuldet wird	§ 612	→	Rn 2 ff
4.	Problem: Sittenwidriger Lohn	§ 611	→	Rn 26
		§ 138		
5.	Entlohnungssart	§ 614	→	Rn 27
6.	Fälligkeit der Vergütung	§ 614	→	Rn 1
7.	Problematik des »Lohnes ohne Arbeit«	§ 611	→	Rn 28
a.	Entgeltfortzahlung bei Krankheit des Arbeitnehmers	§ 611	→	Rn 20
		§§ 1 ff EFZG		
b.	Betriebsratstätigkeit des Arbeitnehmers	§ 611	→	Rn 20
		BetrVG		
c.	Mutterschutzgeld	§ 611	→	Rn 20
		MuSchG		
d.	Persönliche Verhinderung an der Dienstleistung	§ 616	→	Rn 2 ff
		§ 275 I, III		
e.	Leistungsverweigerungsrecht des Dienstnehmers und daraus resultierende Lohnfortzahlungspflicht	§ 618	→	Rn 1 ff
f.	Urlaub	§ 611	→	Rn 52
		BUrlG		
8.	Problematik: Überzahlung	§ 611	→	Rn 29

		Vorschrift		Rn
9.	Gratifikation, andere Lohnnebenleistungen/Tantiemen etc	§ 611	→	Rn 30
10.	Rückzahlungsklauseln bzgl Sonderzahlungen	§ 611	→	Rn 48 ff
11.	Mankoabreden	§ 611	→	Rn 46
IV.	**Hinderungsgründe für die Wirksamkeit von einzelnen Allgemeinen Arbeitsbedingungen (AGB-Kontrolle)**	§ 611 *§ 310 IV 2*	→	Rn 53 ff
1.	Einbeziehungskontrolle	§ 611 *§ 305 II, III* *§§ 145 ff*	→	Rn 53
2.	Vorrang der Individualabrede	§ 611 *§ 305b*	→	Rn 54
3.	Verbot der überraschenden Klauseln	§ 611 *§ 305c I*	→	Rn 55
4.	Unklarheitenregel	§ 611 *§ 305c II*	→	Rn 56
5.	Inhaltskontrolle	§ 611 *§§ 307 ff*	→	Rn 57 ff
V.	**Regelung des Aufwendungsersatzes**	§ 611 *§ 670 (analog)*	→	Rn 33, 45, 47
VI.	**Beschäftigungspflicht des Arbeitgebers**	§ 611	→	Rn 31 ff
VII.	**Leistungsstörungen im Dienst- und Arbeitsvertrag**	§§ 280 ff + arbeitsrechtliche Sondergesetze		
1.	Nichtleistung (Unmöglichkeit der Vertragserfüllung)	§ 611 *§ 275* *§ 311a* *§§ 280 f* *§ 283*	→	Rn 20, 35 ff
2.	Zuspätleistung (Schuldnerverzug bei der Vertragserfüllung)			
	a. im (normalen) Dienstvertrag	*§ 280 I, II* *§ 281* *§ 286*		
	b. im Arbeitsvertrag (insb Betriebsrisikolehre)	§ 611 § 615	→ →	Rn 38 Rn 3 ff
3.	Schlechtleistung des Dienstnehmers/Arbeitnehmers	§ 280 I *§ 281 I*	→	Rn 39
	a. Kein expliziter Minderungsanspruch, aber Schadensersatz als aufrechenbarer Gegenanspruch gegen Entgelt, aber: Grundsätze zum innerbetrieblichen Schadensausgleich im Arbeitsverhältnis beachten, Problem: Drittschäden	§ 611 *§§ 280 f* *§ 619a*	→	Rn 40 ff
	b. Statt Rücktritt nach Nachfristsetzung/Abmahnung Kündigung des Dauerschuldverhältnisses	*§ 621* *§ 622 + KSchG etc*		
4.	Nebenpflichten und deren Verletzungen	§ 611 *§ 311 II* *§ 241*	→	Rn 34 ff
	a. Vertragsanbahnungsphase (Offenbarungspflichten)	§ 611 *§ 311 II* *§ 241*	→	Rn 15
	b. Erstellung eines Arbeitszeugnisses	§ 611 *§ 630*	→	Rn 1 ff

Gliederung	Norm		Rn
c. Fürsorgepflichten des Dienstherrn	§ 611	→	Rn 34
	§ 618		
	§ 619		
	ASiG, div. VO		
	ArbSchG ua Spezialgesetze		
d. Rücksichtnahmepflichten des Dienstnehmers (sog » Treuepflichten «)	§ 611	→	Rn 21
VIII. Beendigung des Dauerschuldverhältnisses			
1. durch Zeitablauf bei Befristung	§ 620	→	Rn 2
2. Kündigung	*§§ 620 ff*		
a. im (normalen) Dienstverhältnis	§ 621	→	Rn 1 ff
b. im Arbeitsverhältnis			
aa. Kündigungserklärung/Form	§ 622	→	Rn 2 ff
	§ 623		
	§ 125		
bb. Problem: Änderungskündigung, Teilkündigung, Druckkündigung	§ 622	→	Rn 5
cc. Kündigungsfrist	§ 622	→	Rn 9 ff
dd. Soziale Rechtfertigungsmöglichkeit für Kündigung bei Anwendbarkeit des KSchG	§ 622	→	Rn 18 ff
(1). Verhaltensbedingte Kündigung	§ 622	→	Rn 20
(2). Personenbedingte Kündigung	§ 622	→	Rn 19
(3). Betriebsbedingte Kündigung	§ 622	→	Rn 21
c. Verbot der Kündigung wegen Betriebsübergangs (Begründungsverbot)	§ 613a	→	Rn 14
d. Absoluter Kündigungsschutz aus arbeitsrechtlichen Spezialgesetzen (MuSchG, BetrVG, PersVG etc)	§ 622	→	Rn 16
IX. Regelung der Verjährung	*§ 195*		
	§ 199		
X. Vereinbarung einer Ausgleichsquittung im Arbeitsrecht	§ 611	→	Rn 55
XI. Beweislast			
Keine Besonderheiten gegenüber allgem Regelungen			

§ 611 Vertragstypische Pflichten beim Dienstvertrag.

[1] Durch den Dienstvertrag wird derjenige, welcher Dienste zusagt, zur Leistung der versprochenen Dienste, der andere Teil zur Gewährung der vereinbarten Vergütung verpflichtet.
[2] Gegenstand des Dienstvertrages können Dienste jeder Art sein.

Altenburg/Leister Der Widerspruch des Arbeitnehmers beim umwandlungsbedingten Betriebsübergang und seine Folgen NZA 2005, 15; *Bader* Das Gesetz zur Reform am Arbeitsmarkt: Neues im Kündigungsschutzgesetz und im Befristungsrecht NZA 2004, 65; *Bauer* Christel Schmidt lässt grüßen: Neue Hürden des EuGH für Auftragsvergabe NZA 2004, 14; *Bauer/Krets* Gesetze für moderne Dienstleistungen am Arbeitsmarkt NJW 2003, 537; *Bauer/Krieger* Neuer Abfindungsanspruch – 1a daneben! NZA 2004, 77; *Bengelsdorf* Arbeitsrechtlicher Aufhebungsvertrag und gestörte Vertragsparität BB 1995, 978; *Berani/Wilke* Haftung des Betriebserwerbers gem § 613a BGB in der Insolvenz NJW-Spezial 2008, 437; *Bergwitz* Das betriebliche Rauchverbot NZA-RR 2004, 169; *Böhm* § 623 BGB: Risiken und Nebenwirkungen NZA 2000, 561; *Braun* Fragerecht und Auskunftspflicht – Neue Entwicklungen in Gesetzgebung und Rechtsprechung MDR 2004, 64; *Canaris* Schuldrechtsmodernisierung JZ 2001, 499; *Commandeur/Kleinebrink* Gestaltungsgrundsätze im Anwendungsbereich des § 631a BGB NJW 2008, 3467; *Däubler* Die Auswirkungen der Schuldrechtsmodernisierung auf das Arbeitsrecht NZA 2001, 1329; *Deinert* Mankohaftung RdA 2000, 22; *Deter* Berliner Bericht AuR 2008, 142; *Diller* Krankfeiern seit 01-08-1994 schwieriger? NJW 1994, 1690; *Dreher* Die zeitlichen Grenzen des arbeitnehmerseitigen Widerspruchs bei Betriebsübergang BB 2000, 2358; *Ehrich* Fragerecht des Arbeitgebers bei Einstellungen und Folgen der Falschbeantwortung DB 2000, 421; *Felix* Umsatztantieme als Teil der Tätigkeitsbezüge geschäftsführender GmbH-Gesellschafter BB 1988, 277; *Fonk* Rechtsfragen nach der Abberufung von Vorstandsmitgliedern und Geschäftsführern NZG 1998, 408; *Gaul/Kliemt* Aktuelle Aspekte einer Zusammenarbeit mit Beschäftigungsgesellschaften NZA 2000, 674; *Gaul/Ott* Aktuelle Aspekte einer Zusammenarbeit mit Beschäftigungsgesellschaften NZA 2004, 1301; *Gehrlein* Die Entlassung eines GmbH-Geschäftsführers BB 1996, 2257; *Gessert* Schadensersatz nach Kündigung, Frankfurt aM (1987); *Giesen* Das neue Entgeltfortzahlungs- und Urlaubsrecht RdA 1997, 193;

Giesen/Besgen Fallstricke des neuen gesetzlichen Abfindungsanspruchs NJW 2004, 185; *Göldner* Die Problematik der Zeugniserteilung im Arbeitsrecht ZfA 1991, 225; *Groeger* Die Geltendmachung des Annahmeverzugslohnanspruches NZA 2000, 793; *Grunewald* Inhalt und Grenzen des arbeitsvertraglichen Nebentätigkeitsverbotes NZA 1994, 971; *Hanau* Ergänzende Hinweise zur Neuregelung der Entgeltfortzahlung im Krankheitsfall RdA 1997, 205; *ders* Ein zufälliges Missverhältnis zwischen Leistung und Gegenleistung bei Vereinbarung von 70% des üblichen Gehalts (»Hungerlohn«) EWiR 2002, 419; *ders* Der Eingliederungsvertrag – Ein neues Instrument der Arbeitsförderung DB 1997, 1278; *ders* Die wiederholte Reform des arbeitsrechtlichen Kündigungs- und Befristungsschutzes ZIP 2004, 1169; *Henssler/Deckenbrock* Der Teilvergütungsanspruch des Rechtsanwalts im Falle vorzeitiger Mandatsbeendigung NJW 2005, 1; *Hohmann* Rechtliche Voraussetzungen des Mobbingvorwurfs und gerichtlicher Prüfungsumfang NZA 2006, 530; *von Hoyningen-Huene* Gesellschafter, »Scheingesellschafter« oder Arbeitnehmer? NJW 2000, 3233; *Hromadka* Rechtsfragen zum Kündigungsfristengesetz BB 1993, 2372; *ders* Arbeitnehmer oder freier Mitarbeiter? NJW 2003, 1847; *Houben* § 613a BGB im Wandel der Rechtsprechung NJW 2007, 2075; *Hümmerich* Zielvereinbarungen in der Praxis NJW 2006, 2294; *Hunold* Die Rechtsprechung zur Abmahnung NZA-RR 2000, 169; *Jaeger* Die Unterrichtungspflicht nach § 613a Abs 5 BGB in der Praxis der Betriebsübernahme ZIP 2004, 433; *Jochums/Klumpp* Die Rechtsfolgen des Widerspruchsrechts bei Betriebsübergang JuS 2006, 687; *Kilian* Deregulierung des anwaltlichen Vergütungsrechts im Bereich Beratung und Begutachtung BB 2006, 1509; *Klein* Die Offenbahrungspflicht des Arbeitnehmers bei Annahmeverzug des Arbeitgebers NZA 1998, 1208; *Kramer* Keine Vergütungspflicht bei fehlendem Interesse an der Dienstleistung infolge Schlechterfüllung dargestellt am Beispiel des Arztvertrages MDR 1998, 324; *Krämer* Die Kunst der richtigen Preisbildung AnwBl 2006, 154; *Kock* Betriebsübergang bei nicht eigenwirtschaftlicher Nutzung der überlassenen Betriebsmittel ZIP 2006, 97; *Konzen* Notstandshaftung und schadensgeneigte Arbeit BB 1970, 1309; *Krieger/Fischinger* Umstrukturierung mit Hilfe von Beschäftigungs- und Qualifizierungsgesellschaften NJW 2007, 2289; *Küttner/Huber/Kania* Personalbuch, München (2006); *Lakies* in: Däubler, Wolfgang (Hrsg) Großkommentar zum TVG, 2. Aufl München (2006); *Lepke* Kündigung bei Krankheit, 12. Aufl Berlin (2006); *Lettle* Der arbeitsrechtliche Kündigungsschutz nach den zivilrechtlichen Generalklauseln NZA-RR 2004, 57; *Leßmann* Rauchverbot am Arbeitsplatz, Stuttgart (1991); *Linde/Lindemann* Der Nachweis tarifvertraglicher Ausschlussfristen NZA 2003, 649; *Lingemann* Unterhaltspflichten und Kündigung BB 2000, 1835; *Lörcher* in: Däubler, Wolfgang/Kittner, Michael/Lörcher, Klaus (Hrsg) Internationale Arbeits- und Sozialordnung, 2. Aufl Frankfurt aM (1994); *Lohr* Vertragsstrafen im Arbeitsverhältnis MDR 2000, 429; *Lorenz* Nichtraucherschutz am Arbeitsplatz DB 2003, 721; *Löwisch* Arbeitsrechtliche Fragen von AIDS-Erkrankung und AIDS-Infektion DB 1987, 936; *ders* Tarifliche Regelungen von Arbeitgeberkündigungen DB 1998, 877; *ders* Zweifelhafte Folgen des geplanten Leistungsstörungsrechts für das Arbeitsvertragsrecht NZA 2001, 465; *Mayer, Hans-Joachim* Die Gebühren- und Vergütungsvereinbarung im Arbeitsrecht NZA 2006, 753; *Natzel* Das Eingliederungsverhältnis als Übergang zum Arbeitsverhältnis NZA 1997, 806; *Nießen* Der Betriebsübergang bei Umwandlungsmaßnahmen NJW-Spezial 2008, 623; *Pauly* Haftung für Mankoschäden und innerbetrieblicher Schadensausgleich JR 1995, 228; *Peters, Butz* Der Vergütungsanspruch des Partnervermittlers NJW 1986, 2676; *Picker* Fristlose Kündigung und Unmöglichkeit, Annahmeverzug und Vergütungsgefahr JZ 1985, 693; *Plagemann* Die Einordnung der gesetzlichen Unfallversicherung in das SGB VII NJW 1996, 3173; *Popp* Die Bekanntgabe des Austrittsgrundes im Arbeitszeugnis NZA 1997, 588; *Preis* Grundfragen der Vertragsgestaltung im Arbeitsrecht, Köln (1993); *ders* Verbot der Altersdiskriminierung als Gemeinschaftsgrundrecht NZA 2006, 401; *Reinecke* Vertragskontrolle im Arbeitsverhältnis NZA 2000, 23 (Sonderbeil zu Heft 3); *Reiserer* Ausschluß- und Rückzahlungsklauseln für Gratifikationen bei betriebsbedingter Kündigung NZA 1992, 436; *Richardi* Das Widerspruchsrecht des Betriebsrats bei personellen Maßnahmen nach §§ 99, 100 BetrVG (II) DB 1973, 428; *Richardi/Annuß* Der neue § 623 BGB – Eine Falle im Arbeitsrecht? NJW 2000, 1231; *Rieble* Die Einschränkung der gesetzlichen Entgeltfortzahlung im Krankheitsfall und ihre Auswirkung auf inhaltsgleiche Regelungen in Tarifverträgen RdA 1997, 134; *ders* Widerspruch nach § 613a VI BGB – die (ungeregelte) Rechtsfolge NZA 2004, 1; *Rolfs* Die Neuregelung der Arbeitgeber- und Arbeitnehmerhaftung bei Arbeitsunfällen durch das SGB VII NJW 1996, 3177; *Sansone/Ulber* Neue Bewegung in der Mindeslohndebatte? AuR 2008, 125; *Schäfer* Zur verzugsrechtlichen Bedeutung des Weiterbeschäftigungsangebots JuS 1988, 265; *Schaub* Rechtsfragen des Annahmeverzugs im Arbeitsrecht ZIP 1981, 347; *Schiefer* Die schwierige Handhabung der Jahressonderzahlungen NZA-RR 2000, 561; *Schlachter* Betriebsübergang bei »eigenwirtschaftlicher Nutzung« von Betriebsmitteln des Auftraggebers NZA 2006, 80; *Schneider, Norbert* Wegfall der Beratungsgebühren zum 01.07.2006 NJW 2006, 1905; *Schulten/Schäfer/Bispinck* (Hrsg) Mindestlöhne in Europa, Hamburg (2006); *Schulz/Kießling* Entgeltfortzahlung bei Krankheit von Kindern von Arbeitnehmern DB 2006, 838; *Schünemann* Vertragstypen im Sicherheitsgewerbe NJW 2003, 1689; *Schweres* Zwischen Wahrheit und Wohlwollen. Zum Eiertanz kodierter Zeugniserteilung BB 1986, 1572; *Seel* Wie funktioniert § 631a BGB? – Betriebsübergang und seine Rechtsfolgen JA 2008, 874; *Sieber/Wagner* Keine Zahlungspflicht des Arbeitgebers bei Vorstellungsgesprächen NZA 2003, 1312; *Söllner* »Ohne Arbeit kein Lohn« AcP 167 (1967) 132; *Stück* Das Arbeitszeugnis MDR 2006, 791; *Stürner* Der Anspruch auf Erfüllung von Treue- und Sorgfaltspflichten JZ 1976, 384; *Tamm* Die Entwicklung der Betriebsrisikolehre und ihre Rückführung auf das Gesetz, Berlin (2000); *dies* AGB-Kontrolle im Arbeitsrecht: Veränderung der Rechtslage durch die Schuldrechtsreform und die neue Rechtsprechung PersV 2008, 209; *dies* Rechtliche Grundlagen des Schutzes der Gesundheit im Arbeitsleben PersV 2008, 455; *Teichmann* Strukturveränderungen im Recht der Leistungsstörungen BB 2001, 1485; *dies* Der Anwaltsvertrag Schriftenreihe des Instituts für Anwaltsrecht an der Universität Rostock (2008); *Walter* Nicht jede Arbeit ist zumutbar AiB 2001, 610; *Waltermann* Änderungen im Schadensrecht durch das neue SGB VII NJW 1997, 3401; *Wank* Die neuen Kündigungsfristen für Arbeitnehmer (§ 622 BGB) NZA 1993, 961; *Wellenhofer-Klein* Der rauchfreie Arbeitsplatz RdA 2003, 155; *Wensing/Niemann* Vertragsstrafen in Formulararbeitsverträgen NJW 2007, 410; *Willemsen/Müntefering* Outsourcing nach »Güney-Görres« NZA 2006, 1185; *Willemsen/Schweibert* Schutz der Beschäftigten im Allgemeinen Gleichbehandlungsgesetz NJW 2006, 2583.

A. Allgemeines. § 611 Abs 1 definiert die **vertragstypischen Hauptleistungspflichten** beim Dienstvertrag, indem er die Pflicht zur Dienstleistung und die Gewährung der Vergütung gegenüberstellt. Beide Hauptpflichten sind synallagmatisch iSd § 320 miteinander verbunden (MüKo/*Müller-Glöge* Rn 7; Hk-BGB/*Eckert* Rn 1). Die von § 611 Abs 1 angesprochenen Dienste können gem Abs 2 ganz unterschiedlicher Art sein. Hierunter fallen selbständige wie unselbständige, kurzfristige oder länger andauernde Tätigkeiten, die gegen Entgelt erbracht werden (Hk-BGB/*Eckert* Rn 1). **I. Abgrenzung zu anderen Verträgen.** Durch die mögliche Anwendungsbreite der von § 611 betroffenen Dienste gestaltet sich die Abgrenzung des Dienstvertrages zu anderen Verträgen über Tätigkeiten mitunter schwierig (Hk-BGB/*Eckert* Rn 2). **1. Arbeitsvertrag.** Ein Unterfall des Dienstvertrages ist der Arbeitsvertrag. Hinsichtlich vielfältiger spezialgesetzlicher Überlagerungen des Dienstvertragsrechts durch das Arbeitsrecht (vgl GewO, HGB, TVG, BetrVG, ArbSchG, EFZG, KSchG, ArbPlSchG, JArbSchG, MuSchG, SGB IX) ist eine Abgrenzung der Regelungsmaterien unumgänglich. Als Abgrenzungsmerkmal für den Anwendungsbereich der Regelungsfelder wird von der hM das Maß der persönlichen Abhängigkeit des Dienstverpflichteten verwendet (Erman/*Edenfeld* Rn 4). Das Arbeitsrecht knüpft an die Stellung der Beteiligten innerhalb des Vertragsverhältnisses an. Konstitutiv ist, dass die beteiligten Personen als Arbeitnehmer und Arbeitgeber in Erscheinung treten. **a) Arbeitgeber.** Als Arbeitgeber bezeichnet man denjenigen, der mindestens einen anderen in einem Arbeitsverhältnis als Arbeitnehmer beschäftigt und dafür eine Vergütung schuldet (Palandt/*Weidenkaff* Einf § 611 Rn 6). 1

b) Arbeitnehmer. Arbeitnehmer ist dagegen derjenige, der auf Grund eines **privatrechtlichen Arbeitsverhältnisses weisungsgebunden** und in **persönlicher Abhängigkeit** von einem anderen (dem Arbeitgeber) beschäftigt wird und dabei fremdbestimmte Arbeitsleistung gegen ein Entgelt erbringt (BAG NJW 2003, 3365; 2004, 461; Palandt/*Weidenkaff* Einf § 611 Rn 7; zu den umstr Einzelheiten vgl *Hromadka* NJW 2003, 1847; Erman/*Edenfeld* Rn 4: »wirtschaftliche Abhängigkeit«). Liegen die Voraussetzungen eines Arbeitsverhältnisses vor, ist die Unterstellung des Vertragsverhältnisses unter das Arbeitsrecht zwingend; die Einordnung unterliegt schon aus Arbeitnehmerschutzgründen nicht der freien Parteivereinbarung (Erman/*Edenfeld* Rn 9; Palandt/*Weidenkaff* Einf § 611 Rn 7a). Entscheidend für die Abgrenzung der selbständigen Tätigkeit des Dienstverpflichteten von der unselbständigen Tätigkeit des Arbeitnehmers sind Kriterien wie die Eingliederung in die fremde Arbeitsorganisation (BAG NJW 1984, 1985; BAG AP Nr 1, 3, 6 zu § 611 – Abhängigkeit) und die Weisungsunterworfenheit (MüKo/*Müller-Glöge* Rn 174; Erman/*Edenfeld* Rn 4). Das Weisungsrecht des Arbeitgebers ggü dem Arbeitnehmer kann sich auf Inhalt, Durchführung, Zeit, Dauer und Ort der Tätigkeit beziehen (vgl § 84 Abs 1 S 2 HGB; Jauernig/*Mansel* Vor § 611 Rn 3). Maßgeblich hinsichtlich der Feststellung des Arbeitsverhältnisses ist eine Gesamtwürdigung aller Umstände des Einzelfalls. 2

2. Weitere Verträge. Abgrenzungsprobleme ergeben sich aber nicht nur zwischen den in Unselbständigkeit und Selbständigkeit erbrachten Dienstleistungen, sondern auch bzgl der Klassifizierungen der **selbständigen Tätigkeiten. a) Werkvertrag.** So ist der Dienstvertrag ua vom Werkvertrag (§§ 631 ff) abzugrenzen (MüKo/*Müller-Glöge* Rn 22 ff). Von diesem unterscheidet er sich dadurch, dass er nicht auf die Herbeiführung eines bestimmten Ergebnisses oder Erfolges gerichtet ist, sondern allein auf die Tätigkeit iSd Erbringung einer bestimmten Dienstleistung als solche (BGH NJW 2002, 3323; Erman/*Edenfeld* Rn 1; Jauernig/*Mansel* Rn 15; PWW/*Lingemann* Rn 5). Entscheidend für die Abgrenzung ist letztlich, wer nach Auslegung des Vertrages (§§ 133, 157) das Risiko des mit der Tätigkeit angestrebten Erfolges, also die Leistungs- und Vergütungsgefahr tragen soll (BGH NJW 2003, 3323; Jauernig/*Mansel* Rn 15; MüKo/*Müller-Glöge* Rn 23; Soerg/*Kraft* Vor § 611 Rn 37). Soll das Risiko allein beim Leistenden liegen, dann handelt es sich um einen (erfolgsbezogenen) Werkvertrag; soll es hingegen dem Leistungsempfänger auferlegt sein, ist eher von einem Dienstvertrag auszugehen. Vor dem Hintergrund dieser Abgrenzung hat man einen Werkvertrag anzunehmen, wenn der Schuldner des Vertrages verpflichtet ist, so lange Herstellungsversuche zu unternehmen, bis sich der Erfolg einstellt (§§ 631 Abs 1, 633, 635); andernfalls muss er sich darauf einrichten, dass die Vergütung gem § 644 Abs 1 S 1 mangels Fälligkeit nicht bezahlt wird. Soll der Schuldner dieses Risiko nicht tragen (was insbes anzunehmen ist, wenn der Umstand des Erfolgseintrittes außerhalb seines Einflussbereiches liegt), so schuldet er nur ein vertragsgem Bemühen. Hier liegt dann ein Dienstvertrag vor. 3

b) Auftrag. Ebenfalls auf ein Tätigwerden für einen anderen in selbständiger Stellung ist der **Auftrag** (§§ 662 ff) gerichtet. Der Auftrag unterscheidet sich vom Dienstvertrag dadurch, dass der Beauftragte zur unentgeltlichen Tätigkeit verpflichtet ist, während der Dienstvertrag auf eine entgeltliche Tätigkeit zielt 4

(Erman/*Edenfeld* Rn 2; Jauernig/*Mansel* Vor § 611 Rn 1; Palandt/*Weidenkaff* Einf § 611 Rn 27). Der aus dem Auftrag eventuell geschuldete Aufwendungsersatz (§ 670, vgl dazu MüKo/*Müller-Glöge* Rn 33) stellt keine Vergütung dar.

5 c) **Dienstverschaffungsvertrag.** Zu unterscheiden vom Dienstvertrag ist auch der **Dienstverschaffungsvertrag.** Letzterer ist im Gegensatz zum Dienstvertrag nicht auf die Leistung der persönlichen Dienste des Vertragspartners gerichtet, sondern darauf, dass eine Partei der anderen die Dienste eines Dritten verschafft (sog Personalleasing, Zeitarbeit; vgl dazu BAG AP Nr 29 zu § 615 – Betriebsrisiko; Jauernig/*Mansel* Vor § 611 Rn 12; MüKo/*Müller-Glöge* Rn 35). Der Dienstverschaffungsvertrag ist ein schuldrechtlicher Vertrag *sui generis* (Palandt/*Weidenkaff* Einf § 611 Rn 25), der bei Vereinbarung eines Entgelts als gegenseitiger Vertrag eine Haftungsgrundlage für die Eignung des Dritten zur vorausgesetzten Dienst- oder Arbeitsleistung bietet (BGH NJW 1971, 1129). Über die rechtliche Einordnung und damit über die entspr Anwendung der §§ 611, 635 ff entscheidet der Geschäftsinhalt des Vertrages. In dem praktisch wichtigen Fall der **Arbeitnehmerüberlassung** ist das **Arbeitnehmerüberlassungsgesetz** (AÜG) – jedenfalls soweit die Überlassung gewerbsmäßig erfolgt – zu beachten. Der Vertrag zwischen dem Dienstverschaffenden (»Verleiher«) und dem Dienstempfänger (»Entleiher«) bedarf zum einen der Schriftform (§ 12 Abs 1 S 1 AÜG). Zum anderen hat der Verleiher in der Urkunde aber auch zu erklären, ob er die nach § 1 AÜG erforderliche Erlaubnis besitzt (§ 12 Abs 1 S 2 AÜG). Wird ein nach § 9 Nr 1 AÜG unwirksamer Vertrag in Vollzug gesetzt, so gilt das Arbeitsverhältnis zwischen Entleiher und dem Leiharbeitnehmer zum Schutz des Arbeitnehmers dennoch als zustande gekommen (§ 10 Abs 1 AÜG; vgl dazu BAG NZA 1992, 19; 2004, 1182). Aus den Regelungen über die Erlaubnispflicht und die Erteilung der Erlaubnis resultierte bis zum 31.12.2002, dass die Dauer der Überlassung im Einzelfall 12 Monate nicht übersteigen durfte (§ 1 Abs 2 iVm § 3 Abs 1 Nr 6 AÜG). Dies hat sich durch das zu den Harz-Reformen zählende »Erste Gesetz für moderne Dienstleistungen am Arbeitsmarkt« vom 23.12.2002 (BGBl I, S 4607) geändert, denn die einschlägigen Restriktionsbestimmungen sind damit aufgehoben worden.

6 **d) Gesellschaftsvertrag.** Kein Dienstvertrag ist der **Gesellschaftsvertrag.** Denn von Gesellschaftern auf Grund des Gesellschaftsvertrages erbrachte Dienste (und sonstige Leistungen) – vgl § 703 Abs III – werden nicht ausgetauscht und individuell empfangen, sondern zu einem gemeinsamen Zweck an alle erbracht (Erman/*Edenfeld* Rn 2; MüKo/*Müller-Glöge* Rn 27 ff); dienstvertragliche Abreden im Einzelfall bleiben jedoch möglich (Jauernig/*Mansel* Vor § 611 Rn 13; zum Problem des partiarischen Dienstverhältnisses und »Scheingesellschafters« vgl *Hoyningen-Huene* NJW 2000, 3233). Sofern ein Dienstvertrag vorliegt, wird dieser durch eine Erfolgs- oder Gewinnbeteiligung noch nicht zum Gesellschaftsvertrag (MüKo/*Müller-Glöge* Rn 29). Nicht mehr Dienstverpflichteter, sondern Gesellschafter ist aber, wer am Gewinn und den stillen Reserven des Unternehmens beteiligt ist, gesellschaftsrechtlichen Bestandsschutz genießt und die Mitsprache- und Informationsrechte eines Gesellschafters hat (BAG NZA 1991, 393; MüKo/*Müller-Glöge* Rn 28; PWW/*Lingemann* Rn 6).

7 **e) Geschäftsbesorgungsvertrag.** Der **Geschäftsbesorgungsvertrag** (§ 675) kann dienstvertraglicher oder werkvertraglicher Natur sein. Liegt ihm ein Dienstvertrag zu Grunde, so handelt es sich um eine besondere Art des Dienstvertrages, bei dem über § 675 weitgehend Auftragsrecht (§§ 662 ff) angewendet wird. Der wesentliche Unterschied zum reinen Dienstvertrag ist, dass Gegenstand der Geschäftsbesorgung nach § 675 eine ursprünglich dem Dienstberechtigten obliegende selbständige, wirtschaftliche Tätigkeit, insbes die Wahrnehmung bestimmter Vermögensinteressen, ist (Palandt/*Weidenkaff* Rn 24; krit MüKo/*Müller-Glöge* Rn 32). Hierzu zählen etwa die Prozessvertretung, die Vermögensverwaltung, die Ausführung von Bankgeschäften sowie die Baubetreuung (Palandt/*Weidenkaff* Rn 24). Im Arbeitsrecht ist man sich weitgehend über die analoge Anwendung der §§ 675 ff einig (BAG NJW 1962, 411; NZA 1986, 324). So ergibt sich aus der entspr Anwendung der §§ 666, 667 für den Arbeitgeber die Pflicht, Aufwendungen des Arbeitnehmers (zB Reisekosten) zu ersetzen und entspr Vorschüsse zu gewähren. Aus § 670 ist auch ein Anspruch des Arbeitnehmers auf Ersatz außergewöhnlicher Sachschäden, die er ohne Verschulden des Arbeitgebers bei Ausführung der ihm übertragenen Tätigkeiten erleidet, herzuleiten (MüKo/*Müller-Glöge* Rn. 33).

8 **f) Tätigkeit im Öffentlichen Dienst.** Kein Dienstverhältnis iSd § 611 besteht bei **Beamten, Richtern, Professoren,** Verwaltern von Professorenstellen, Lehrbeauftragten, **Soldaten** und **Zivildienstleistenden.** Denn die diesen Personen obliegenden Tätigkeiten werden nicht auf Grund eines privatrechtlichen Vertrages ausgeübt, sondern vielmehr auf Grund eines öffentlich-rechtlichen Dienstrechtsverhältnisses (Erman/*Edenfeld* Rn 29; Jauernig/*Mansel* Vor § 611 Rn 16; MüKo/*Müller-Glöge* Rn 199 ff).

9 **g) Tätigkeit innerhalb der Familie.** Das Familienrecht regelt in den §§ 1360, 1619 ausdrücklich nur gesetzliche Dienstleistungspflichten unter Ehegatten und von Kindern ggü Eltern, doch können auch vertragliche Vereinbarungen über Dienstleistungen in diesem Personenkreis familienrechtlichen Charakter haben (Erman/*Edenfeld* Rn 2) und sind deshalb iZw nicht als Dienstleistung iSd § 611 anzusehen.

10 **II. Beispiele.** Die Tätigkeit eines **Architekten (Bauingenieurs, Statikers, Heizungsingenieurs)** wird heute hinsichtlich ihrer Erfolgsbezogenheit üblicherweise als Werkvertrag eingestuft (BGHZ 31, 224 ff; 43, 227 ff; 62, 204 ff; 82, 100 ff; Palandt/*Weidenkaff* Einf § 611 Rn 17; MüKo/*Müller-Glöge* Rn 134), doch sind die Architekten nicht gehindert, durch den Ausschluss der Erfolgsbezogenheit von einem Werk- zum Dienstvertrag überzugehen (Erman/*Edenfeld* Rn 14). Es gibt Tätigkeiten, bei denen es aus tatsächlichen oder rechtlichen

Gründen unmöglich ist, einen Erfolg zu garantieren. Das gilt etwa für die **Vermittlung eines Wunsch- oder Idealpartners**, so dass auch eine solche Vereinbarung nur als Dienstvertrag qualifiziert werden kann (BGHZ 106, 341 ff; Karlsruhe NJW 1985, 2035; aA Bamberg NJW 1984, 1488; zum Meinungsstand vgl *Peters* NJW 1986, 2676 f). Die Mandatsausübung durch einen **Anwalt** bzw **Steuerberater** ggü dem Klienten erfolgt grds im Rahmen eines selbständigen Dienstvertrages, wobei dieser eine Geschäftsbesorgung iSd § 675 zum Gegenstand hat (BGH NJW 1985, 2642; WM 2006, 1411; Düsseldorf VersR 1993, 703; Jauernig/*Mansel* Vor § 611 Rn 19; Erman/*Edenfeld* Rn 35; Palandt/*Weidenkaff* Einf § 611 Rn 16, 20). Eine Ausn ist hinsichtlich des in diesem Falle ausnahmsw erbringbaren Erfolges anzunehmen, wenn sich die Tätigkeit des Anwalts auf einzelne Rechtsauskünfte bezieht oder ein Vertragsentwurf bzw Gutachten angefertigt werden soll. In diesem Fall liegt ein Werkvertrag vor (BGHZ 56, 355 ff; 65, 106 ff; BGH NJW 1996, 661; Erman/*Edenfeld* Rn 35; Jauernig/*Mansel* Vor § 611 Rn 19). Gleiches gilt für einen Steuerberater dann, wenn er mit Einzelleistungen, wie die Aufstellung von Bilanzen, Steuererklärungen, Gutachten und die Beratung über Einzelprobleme, betraut wurde (BGHZ 115, 382; 54, 106; BGH NJW 1997, 516; Erman/*Edenfeld* Rn 37). Ähnl Grundsätze wie bei der Tätigkeit des Anwalts und Steuerberaters gelten für den **Wirtschaftsprüfer**. Die Tätigkeit des Wirtschaftsprüfers vollzieht sich idR im Rahmen von Dienstverträgen mit Geschäftsbesorgungscharakter (MüKo/*Müller-Glöge* Rn 133). Werkverträge können aber auch hier über abgrenzbare Aufgaben, wie etwa die Erstellung von Bewertungsgutachten, Vermögensaufstellungen, Vertragsentwürfe abgeschlossen werden (Erman/*Edenfeld* Rn 38). Verträge mit **Dolmetschern** und mit **sonstigen Übersetzern** über entspr Übersetzungsleistungen von genau festgelegtem begrenztem Umfang sind ebenfalls als Werkverträge aufzufassen, eine andere vertragliche Ausrichtung (in Form eines Dienstvertrages) ist aber auf Grund einer Vereinbarung möglich. Anstellungsverträge mit **Organen einer juristischen Person** sind hingegen regelm als selbständige Dienstverträge zu werten (Jauernig/*Mansel* Vor § 611 Rn 18). Das Vertragsverhältnis zwischen **Arzt** und Patient beinhaltet grds einen selbständigen Dienstvertrag (BGHZ 63, 306 ff; 76, 259, 261; Erman/*Edenfeld* Rn 47; Jauernig/*Mansel* Rn 21; MüKo/*Müller-Glöge* Rn 79). Das gilt auch hinsichtlich etwaig durchzuführender Operationen. Geschuldet ist die sachverständige Ausführung der ärztlichen Behandlung (Operation), nicht der erhoffte Heilerfolg, weil dieser von vielen anderen Faktoren (außerhalb der Behandlungsleistung, etwa der Konstitution des Patienten) abhängt. Anders mag das bei kosmetischen Behandlungen sein, wenn der Arzt einen bestimmten Erfolg in Rechnung stellt (Zweibrücken NJW 1983, 2094; Köln MedR 1988, 317; Düsseldorf NJW-RR 2003, 89; krit PWW/*Lingemann* Rn 13). Kein Dienstvertrag, sondern ein Werkvertrag liegt nach der Rspr jedenfalls dann vor, wenn es um technische Anfertigungen von Prothesen, Korsetts, Fußstützen oder um Laborleistungen geht (BGHZ 63, 306 ff; PWW/*Lingemann* Rn 13). Für das Verhältnis zwischen dem festangestellten (Klinik-) Arzt und seinem Dienstherrn gilt Arbeitsrecht. Hier tritt der Arzt als unselbständiger Dienstverpflichteter in Erscheinung. Ähnl Grundsätze wie für den Arzt gelten für den **Tierarzt**. Auch dieser wird regelm ggü seinem Auftraggeber auf Grund eines Dienstvertrages tätig und nur selten (etwa bei Begutachtung, vgl dazu BGH NJW 1983, 2978) als Werkunternehmer. Ist er in einer Klinik angestellt, so liegt ggü der Klinkleitung ein Arbeitsverhältnis vor. In gleicher Weise wie Arzt und Tierarzt sind die Behandlungsverträge mit Angehörigen der nichtärztlichen Berufsgruppen zu bewerten. Hierzu zählen etwa **Heilpraktiker** (BGH NJW 1991, 1535; Palandt/*Weidenkaff* Einf § 611 Rn 18), **Diätassistenten**, **Orthopäden**, **Ergotherapeuten**, **Logopäden**, **Hebammen**, **Physiotherapeuten** etc (MüKo/*Müller-Glöge* Rn 116 f). Ebenfalls ein Dienstverhältnis beinhaltet der Vertrag zwischen **Handelsvertreter** und Prinzipal, wobei dieser Dienstvertrag aber maßgeblich durch Bestimmungen des HGB (§§ 84–92c) geprägt ist, so dass die §§ 611 ff nur subsidiär zur Anwendung kommen (Jauernig/*Mansel* Vor § 611 Rn 22). Überdies ist auch der **Kommissions- und Speditionsvertrag** den §§ 611 ff zuzuordnen (Spedition: RGZ 109, 87 ff). Der **Krankenhausvertrag** ist je nach dem Inhalt der geforderten Leistung als Dienstvertrag, Werkvertrag oder als aus diesen Elementen gemischter Vertrag anzusehen (Jauernig/*Mansel* Vor § 611 Rn 24; ausf MüKo/*Müller-Glöge* Rn 105 ff). Selbst **Detektiv- und Bewachungsverträge** sind regelm auf eine Dienstleistung iSd § 611 gerichtet (Erman/*Edenfeld* Rn 40); bei Vereinbarung eines Erfolgshonorars kann jedoch eine Werkleistung zu erbringen sein (BGH NJW 1990, 2549; Jauernig/*Mansel* Vor § 611 Rn 26; *Schünemann* NJW 2003, 1689). Verträge über einen durchzuführenden **Direktunterricht** sind dienstvertraglich zu qualifizieren (BGHZ 120, 108 ff; Celle NJW-RR 1995, 1465; Erman/*Edenfeld* Rn 45). Verträge mit einzelnen reproduzierenden **Künstlern** (Musikern, Schauspielern, Artisten), die auf eine Mitwirkung des Künstlers an Aufführungen gerichtet sind, tragen Dienstvertragscharakter (MüKo/*Müller-Glöge* Rn 136). Hiervon zu unterscheiden sind die **Aufführungsverträge**, die mit Orchestern, Ensembles oder auch Alleinunterhaltern über die Aufführung selbst geschlossen werden. Diese sind werkvertraglich orientiert (MüKo/*Müller-Glöge* Rn 136). **Rechtsdienstleistungen nach dem Rechtsdienstleistungsgesetz** (RDG) können als dem Anwaltsvertrag angenäherte Dienstleistungen iSv § 611 (bei Unentgeltlichkeit – als Tätigkeit innerhalb eines Auftrags, § 662) charakterisiert werden, vgl dazu Anhang II zu §§ 611 ff Rz 4.

B. Regelungsinhalt. Rechtsgrundlage für den Anspruch auf Dienst- und Arbeitsleistung sowie die Zahlung 11
der dafür geschuldeten Vergütung ist § 611 Abs 1. **I. Entstehen des Dienstverhältnisses. 1. Dienstvereinbarung.** Für den Abschluss des Dienstvertrages ist es notwendig, dass sich die Parteien darüber einigen, dass der Dienstverpflichtete dem Dienstberechtigten Dienste gegen Entgelt erbringt. Fehlt eine Vereinbarung über die Vergütung, greift § 612 Abs 1.

12 **2. Materielle Wirksamkeit.** Für das Zustandekommen des Dienstvertrages gelten grds die Vorgaben des Allg Teils, also insbes §§ 105, 134, 138, 142 (Jauernig/*Mansel* Vor § 611 Rn 5). Liegen bei einem Vertrag zur Erbringung selbständiger Dienste Abschlussmängel vor, ist dieser von Anfang an als unwirksam anzusehen. Bei Arbeitsverträgen werden diese Regelungen auf der Rechtsfolgenseite durch die **Grundsätze des faktischen Arbeitsverhältnisses** modifiziert, sofern der Arbeitsvertrag bereits in Vollzug gesetzt wurde. Abschlussmängel wirken nach Aufnahme der Dienste im Arbeitsvertrag daher nur *ex nunc* auflösend; das Dienstverhältnis kann zwar sofort abgebrochen oder gekündigt werden, da keine Vertragsbindung für die Zukunft besteht, für die zurückliegende Zeit wird es jedoch als voll wirksam behandelt (BGH WM 1995, 614; BGH NJW 2000, 2983; Hk-BGB/*Eckert* Rn 9; MüKo/*Müller-Glöge* Rn 638 ff). Einzelheiten: Allein der Verstoß gegen die steuer- und sozialversicherungsrechtliche Meldepflicht führt nicht zur Nichtigkeit einer arbeitsvertraglichen **Schwarzgeldabrede** insgesamt. Den geschützten Interessen der sozialversicherungsrechtlichen Solidargemeinschaft wird bereits dadurch Genüge getan, dass allein die Hinterziehungsabrede nichtig ist (LAG Berlin LAGE § 134 Nr 4; MüKo/*Müller-Glöge* § 612a Rn 37; aA LAG Düsseldorf LAGE § 134 Nr 9 = NZA-RR 2002, 234). Für die Erbringung selbständiger Dienste bleibt es beim Vorliegen von Abschlussmängeln der oben genannten Art aber bei der *ex tunc*-Unwirksamkeit.

13 **3. Form.** Der Abschluss von Dienstverträgen ist **grds formfrei** (Hk-BGB/*Eckert* Rn 10; Jauernig/*Mansel* Vor § 611 Rn 6); dies gilt auch für den Arbeitsvertrag (*Linde/Lindemann* NZA 2003, 649; Jauernig/*Mansel* Vor § 611 Rn 6). Der Dienstvertrag kann daher ebenso wie der Arbeitsvertrag auch durch schlüssiges Verhalten, zB die einverständliche Arbeitsaufnahme, zustande kommen (Palandt/*Weidenkaff* Rn 2; Hk-BGB/*Eckert* Rn 10). Der Arbeitnehmer hat allerdings auf Grund des § 2 Abs 1 Nr 2 NachwG das Recht, eine schriftliche Fixierung wesentlicher Vertragsbedingungen (etwa die Zusammensetzung und die Höhe des Entgelts, Arbeitszeit, Dauer des Erholungsurlaubs und Kündigungsfristen) innerhalb einer Frist von einem Monat nach Beginn des Arbeitsverhältnisses zu fordern. Gleiches gilt für Änderungen wesentlicher Vertragsbedingungen (§ 3 NachwG). Diese Ansprüche des Arbeitnehmers sind klagweise durchsetzbar. Bei Nichterfüllung der **Nachweispflicht aus §§ 2, 3 NachwG** verletzt der Arbeitgeber seine Pflichten (§ 280 Abs 1). Bei klagweiser Durchsetzung der Ansprüche steht dem Arbeitnehmer ein Schadensersatzanspruch, zB in Form des Ersatzes der Anwaltskosten, zu (Hk-BGB/*Eckert* Rn 10). IÜ kann der Arbeitnehmer ein Zurückbehaltungsrecht (§ 273) bis zur schriftlichen Fixierung der Vertragsbedingungen ausüben; der Arbeitgeber befindet sich bis zur Erbringung des Nachweises im Annahmeverzug. Bei befristeten Arbeitsverhältnissen ist hinsichtlich der Wirksamkeit der Befristung gem § 14 Abs 4 TzBfG ein schriftlicher Abschluss des Vertrages mit dem Befristungshinweis erforderlich. Ist dieser nicht gegeben, kommt das Arbeitsverhältnis unbefristet zustande.

14 **4. Abschlussverbote und sonstige Erfordernisse.** Abschlussverbote mit der Rechtsfolge aus § 134 finden sich vor allem in bes Bestimmungen des Arbeitsrechts, so etwa in §§ 25 ff, 32 JArbSchG, § 20 BBiG (vgl dazu Staud/*Richardi* Rn 48 ff). Ein arbeitsrechtlich zu beachtendes Zustimmungserfordernis des Betriebsrates enthält § 99 BetrVG. Fehlt es, ist der Vertrag zunächst schwebend (BAG NJW 1969, 2111) und bei endgültiger Verweigerung *ex tunc* unwirksam (LAG BW BB 1972, 42; Jauernig/*Mansel* Vor § 611 Rn 7; differenzierend *Richardi* DB 1973, 428, 431). Die Abschlussfreiheit des Arbeitgebers wird auch durch Abschlussgebote eingeschränkt. Eines ergibt sich direkt aus der grundgesetzlichen Wertung des Art 9 Abs 3 GG. Danach darf der Arbeitgeber keine Bewerber wegen Mitgliedschaft oder Nichtmitgliedschaft in einer Gewerkschaft ablehnen. Ferner sind Diskriminierungsverbote zu beachten (Art 3 Abs 2, 3 GG, AGG). Arbeitgeber, die über mindestens 20 Arbeitsplätze verfügen, müssen wenigstens 5 % der Arbeitsplätze mit schwer behinderten Menschen besetzen (§ 71 SGB IX). Wird die Pflicht nicht erfüllt, droht die Zahlung einer Ausgleichsabgabe.

15 **5. Offenbarungspflichten.** Im Zuge der Vertragsanbahnung kann den Dienstverpflichteten nach dem Grundsatz von Treu und Glauben (§ 242) ggü dem Dienstberechtigten eine Offenbarungspflicht treffen. Wird sie verletzt, besteht uU eine Möglichkeit zur Anfechtung (§§ 119, 123), eventuell ergeben sich auch Schadensersatzansprüche (§§ 280, 311 Abs 2, 241 Abs 2). Welche Fragen der Dienstberechtigte/Arbeitgeber zulässigerweise stellen darf, richtet sich nach der Art des für den Bewerber vorgesehenen Arbeitsplatzes (BAG NJW 1991, 2724; Hk-BGB/*Eckert* Rn 12; Palandt/*Weidenkaff* Rn 6 ff; *Ehrich* DB 2000, 421 f; *Braun* MDR 2004, 64 f). Grds gilt, dass die Frage nur dann berechtigt ist (und somit richtig beantwortet werden muss), wenn der Dienstherr ein schutzwürdiges Interesse an der Offenlegung eines bestimmten Umstandes hat, weil sich dieser auf die vorgesehene Tätigkeit bezieht bzw auswirken kann (BAG NJW 1994, 1363; NJW 1996, 2323; NZA 1999, 584). Dies ist insbes von Bedeutung bei noch im Bundeszentralregister eingetragenen **Vorstrafen sowie bei schwebenden Strafverfahren** (Palandt/*Weidenkaff* Rn 6). Gleiches gilt ggf für eine eventuelle **Stasi-Mitarbeit** (BVerfG NJW 1997, 2307; BAG NZA 2001, 317; 2006, 624). In jedem Fall zulässig sind Fragen zur **Schul- und Berufsbildung**. Das Gleiche gilt für die **Berufserfahrung** und die **letzte Arbeitsstätte**. Soweit eine schwerwiegende Beeinträchtigung der Arbeitsfähigkeit oder erhebliche Ansteckungsgefahr für die Kollegen in Betracht kommt, sollen auch Fragen zum **Gesundheitszustand** des Arbeitnehmers zulässig sein (BAG NZA 1985, 57 ff; Palandt/*Weidenkaff* Rn 7). Für den Fall einer HIV-Infektion besteht jedenfalls im Krankenhausbereich ein Fragerecht des Arbeitgebers (*Löwisch* DB 1987, 936, 939 ff). Weibliche Arbeitnehmerinnen dürfen wegen des Verbotes der mittelbaren Diskriminierung nicht nach einer bestehenden oder zu erwartenden **Schwangerschaft** gefragt werden (EuGH NJW 2002, 123; BAG NZA 2003, 848). Unverhältnismäßig und

daher unzulässig sind auch solche Fragen des Arbeitgebers, mit denen er unzulässig in die Intimsphäre des Arbeitnehmers eingreift. Dies hat neben dem Frageverbot bzgl einer Schwangerschaft auch für die übrige **Intimsphäre** des Arbeitnehmers Bedeutung, die den Arbeitgeber nicht zu interessieren hat. Unzulässig sind deshalb Fragen nach intimen Beziehungen (LAG Bremen DB 1960, 500). UU ist der Arbeitnehmer aber auch von sich aus, dh ungefragt, verpflichtet, auf persönliche Eigenschaften und Umstände hinzuweisen. Wann dies der Fall ist, bemisst sich wieder nach Treu und Glauben (§ 242, sog »Pflicht zur Aufklärung«). Notwendig ist ein Hinweis des Arbeitnehmers dann, wenn der Arbeitgeber einen solchen erwarten darf, weil der Umstand von besonderem Interesse für die Übertragung der Tätigkeit ist.

II. Pflichten aus dem Dienstvertrag. Die Dienst- und Arbeitsleistung ist neben der Vergütung Hauptpflicht 16
des Dienstvertrages. Daneben bestehen verschiedene Nebenpflichten. **1. Dienstpflicht.** Die Dienstpflicht beinhaltet die Pflicht zum Tätigwerden. **a) Inhalt und Umfang. aa) Art und Weise der Dienstleistung.** »Was« der Dienstverpflichtete »wie« zu leisten hat, ergibt sich aus der getroffenen Vereinbarung, die wiederum auf Grund des **Direktions- und Weisungsrechts** des Dienstherrn gem **§ 315** konkretisiert werden kann (Erman/*Edenfeld* Rn 282), soweit nicht gesetzliche Bestimmungen entgegenstehen. Das Weisungsrecht ist gem § 315 BGB und § 106 S 1 GewO ungeachtet der sonstigen gesetzlichen und kollektivvertraglichen Grenzen nach **billigem Ermessen** auszuüben. Diesbezüglich muss der Arbeitgeber etwa auf eine Behinderung des Arbeitnehmers Rücksicht nehmen. Gewissenskonflikte des Arbeitnehmers können das Direktions- und Weisungsrecht über die Drittwirkung der Grundrechte (Art 4 GG) einschränken (BAG NJW 1990, 240 ff) und ein Leistungsverweigerungsrecht aus § 275 Abs 3 begründen (Jauernig/*Mansel* Rn 8). Unabdingbare speziellere Vorschriften hinsichtlich des Inhalts und des Umfangs der Arbeitspflicht finden sich vor allem in **arbeitsrechtlichen Spezialgesetzen** sowie in den durch **Kollektivvereinbarungen** (Tarifverträge, Betriebsvereinbarungen) gesetzten Normen. Sollten sich Vorgaben aus **AGB** (im Arbeitsrecht sog »Allg Arbeitsbedingungen«) ergeben, so ist deren Wirksamkeit – mit Ausn arbeitsrechtlich bedingter Abweichungen – prinzipiell an §§ 305 ff zu messen (BAG NZA 2006, 553). Das Schutzniveau der Inhaltskontrolle sollte insoweit im Arbeitsrecht nicht hinter demjenigen des Zivilrechts zurückbleiben (BTDrs 14/6857 S 53 f; BTDrs 14/7052 S 189; MüKo/*Müller-Glöge* Rn 45), so dass die von § 310 IV 2 bezogenen »arbeitsrechtlichen Besonderheiten«, auf die Rücksicht zu nehmen ist, einschränkend ausgelegt werden müssen (vgl dazu unter Einarbeitung der neuen Rspr *Tamm* PersV 2008, 209 ff).

bb) Arbeitszeit. Die Arbeitszeit für den Arbeitnehmer ist mit Ausnahmeregelungen zwingend in § 3 ArbZG 17
festgelegt. Sie beträgt danach werktäglich 8 Stunden (maximal 10 Stunden) und wöchentlich 48 Stunden (maximal 60 Stunden, jeweils mit einem Ausgleich innerhalb eines bestimmten Zeitraums). In diesem Rahmen ist die Lage der Arbeitszeit weitgehend durch Tarifvertrag und Betriebsvereinbarung geregelt. Zur Arbeitszeit gehört bei Beschäftigung außerhalb des Betriebs der Weg vom Betrieb zur Arbeitsstelle, ggf der Mehraufwand an Zeit, aber nicht der Weg von der Wohnung zum Betrieb (Palandt/*Weidenkaff* Rn 27). Arbeitsbereitschaft und Bereitschaftsdienst, insbes von Ärzten in Gesundheitseinrichtungen, sind Arbeitszeit (Arg § 7 Abs 1 S 1 Nr 1 ArbZG; EuGH NJW 2003, 2971; BAG NZA 2003, 742; 2004, 164). Anders ist das bei der Rufbereitschaft (jederzeitige Erreichbarkeit), die grds zur arbeitsfreien Zeit zählt und bei der sich Pflicht, Dauer und Anrechnung auf die Arbeitszeit hinsichtlich der Freizeitbeeinträchtigung nach Arbeitsvertrag, Betriebsvereinbarung und Tarifvertrag richten. Ruhepausen sind zwingend vorgeschrieben (§ 4 ArbZG). Verlängerte Arbeitszeit ist nur im Rahmen des ArbZG zulässig. Überstunden werden geleistet, wenn die für den Arbeitnehmer geltende regelm Arbeitszeit wegen vorübergehendem zusätzlichem Arbeitsbedarf überschritten wird (BAG NZA 2006, 423).

cc) Ort. Wenn keine besondere Vereinbarung vorliegt, ist die Arbeit im Betrieb des Arbeitgebers zu leisten. Aus der Art der Arbeit (zB Bauarbeiten, Außenmontagen, Transportfahrten) kann sich stillschweigend eine andere Vereinbarung ergeben (Palandt/*Weidenkaff* Rn 31).

b) Höchstpersönlichkeit. Nach § 613 S 1 sind die versprochenen Dienste im Zweifel persönlich zu erbringen. 18
Im Gegenzug kann der Anspruch auf Diensterbringung im Zweifel auch rechtsgeschäftlich nicht übertragen werden, § 613 S 2. Die im Zweifel erforderliche höchstpersönliche Erbringung der Dienstleistung hindert allerdings nicht, dass der Verpflichtete außerhalb der geschuldeten Dienstleistung Hilfspersonen einsetzt, zB um Nebenpflichten zu erfüllen oder die Dienstleistung vorzubereiten (Jauernig/*Mansel* Rn 6).

c) Befreiungsgründe. Das Dienstvertragsrecht, insbes das Arbeitsrecht, kennt neben dem allg schuldrechtli- 19
chen Leistungsbefreiungsgrund der Unmöglichkeit nach § 275 Abs 1 (zB wegen Krankheit) eine Reihe von bes Befreiungsgründen. Zu ihnen gehört etwa der rechtmäßig geführte Streik, der die Arbeitspflichten der berechtigten Teilnehmer suspendiert, sie aber auch ihres Vergütungsanspruchs enthebt (BAG ZIP 2000, 512; BAG NJW 1989, 122 f, 124; Palandt/*Weidenkaff* Rn 34), der Erholungsurlaub (§§ 1 ff BUrlG), der Mutterschaftsurlaub (§§ 1 ff MuSchG), die Betriebsratstätigkeit (§ 37 Abs 2, 3, 6 BetrVG) sowie eine Zahl tarifvertraglich festgelegter Umstände. Auch bei Unzumutbarkeit der Arbeitsleistung – etwa aus Gewissensgründen (Art 4 GG) – kann in Abwägung mit den berechtigten Interessen des Arbeitgebers ein Leistungsbefreiungsanspruch das Resultat sein (vgl § 275 Abs 3). Ein weiterer Befreiungsgrund ist der des Annahmeverzuges des Dienstberechtigten (§ 615 S 1) und der Fall, dass der Dienstberechtigte die notwendigen Arbeitsmittel bzw -gegenstände nicht bereitstellen kann (so genanntes »Betriebsrisiko«, vgl § 615 S 3).

20 **2. Nebenpflichten des Dienstverpflichteten.** Den Dienstverpflichteten treffen neben der Pflicht zur Dienstleistung zahlreiche auf §§ 241 Abs 2, 242 beruhende Nebenpflichten, die unter dem Oberbegriff der »Treuepflicht« zusammengefasst werden (Palandt/*Weidenkaff* Rn 39; Hk-BGB/*Eckert* Rn 16). Der Inhalt und Umfang der Treuepflicht hängt vom jeweiligen Inhalt des Dienstvertrages ab (Jauernig/*Mansel* Rn 23; *Stürner* JZ 1976, 384). Grds gilt: Je wesentlicher die Vertrauenskomponente im Dienstverhältnis wiegt (groß ist sie zB bei Prokuristen, Handlungsbevollmächtigten), desto stärker und umfassender ist die geschuldete Treuepflicht (Palandt/*Weidenkaff* Rn 39). Einzelne Ausprägungen der Treuepflicht lassen sich umschreiben mit der allg Pflicht zur Wahrung der Interessen des Dienstberechtigten, der Pflicht zur **Schadensanzeige** und -abwendung unter Einsatz zumutbarer Mittel (BAG NJW 1970, 1861; BAG NJW-RR 1989, 615; *Konzen* BB 1970, 1309, 1310 ff), dem Verrichten von **Notdienstarbeit** zur Sicherung der betrieblichen Einrichtung während des Streiks (LAG Frankfurt aM AP Art 9 GG – Arbeitskampf Nr 40), dem Übernehmen von anfallenden (Mehr-) Arbeiten bei **Stellenvakanz** in einem zumutbaren Umfang (BAG NJW 1973, 293), dem **Unterlassen von Konkurrenztätigkeiten** und Wettbewerb zum Arbeitgeber (vgl § 110 GewO, §§ 74–75 f HGB; BAG BB 1996, 379), der **Verschwiegenheit** (vgl § 17 Abs 1 UWG; BGHZ 80, 28 ff; BAG NJW 1988, 1686; NJW 1983, 134; BB 1999, 812) sowie der **Nichtannahme von Schmiergeldern** (§ 12 UWG). Über die Nichtaufnahme der Arbeit ist der Arbeitgeber rechtzeitig zu unterrichten. Eine **Nebentätigkeit** ist zwar nicht grds verboten, kann aber vertraglich von einer Genehmigung abhängig gemacht werden, soweit schutzwürdige Belange des Arbeitgebers durch die Nebentätigkeit tangiert würden (*Grunewald* NZA 1994, 971 ff). Aus der entspr Anwendung des § 667, 2. Alt ergibt sich ferner seitens des Dienstverpflichteten eine Pflicht, dem Dienstherrn alles herauszugeben, was im Rahmen des Dienstverhältnisses erlangt wurde. Die **Herausgabepflicht** betrifft alle Vorteile, soweit sie von Dritten nicht nur bei Gelegenheit, sondern gerade auf Grund des inneren Zusammenhangs mit der Dienstleistung gewährt worden sind (BAG DStR 2006, 805 f; Jauernig/*Mansel* Rn 28).

21 **3. Vergütungspflicht.** Die Hauptpflicht des Dienstberechtigten ist gem § 611 S 1 die Pflicht zur Vergütung der Dienstleistung. Fehlt eine Vereinbarung über die Vergütungspflicht, greift § 612, nach dessen Abs 1 eine Vergütung als stillschweigend vereinbart angesehen werden muss, wenn die Dienstleistung den Umständen nach nur gegen eine solche erwartet werden kann. **a) Höhe.** Maßgebend für die Höhe der Dienstvergütung ist die **vertragliche Abrede** (Palandt/*Weidenkaff* Rn 51). Bei Arbeitsverhältnissen ist die individuelle Festsetzung im Arbeitsvertrag jedoch nur maßgeblich, soweit nicht normative Festsetzungen in **Kollektivvereinbarungen** (etwa dem Tarifvertrag) vorgehen. Wird ein bestimmtes Entgelt vereinbart, ist im Zweifel davon auszugehen, dass damit der Bruttolohn gemeint wird (Jauernig/*Mansel* Rn 31; Palandt/*Weidenkaff* Rn 51). Seit dem 01.08.2002 wird im Interesse einer wirksamen Bekämpfung der **Schwarzarbeit** kraft Gesetzes eine Nettolohnvereinbarung vermutet (§ 14 Abs 2 SGB IV; vgl dazu das Gesetz zur Erleichterung der Bekämpfung von illegaler Beschäftigung und Schwarzarbeit v 23.07.2002, BGBl I, S 2787, 3760).

22 **aa) Lohnkomponenten.** Die zu vereinbarende Lohnhöhe kann abhängig sein von der Dauer oder dem Ergebnis der Dienstleistung (sog »Zeitlohn« oder »Leistungslohn«). Hinsichtlich des zu gewährenden Grundentgelts, Lohnzulagen, Weihnachtsgeld, Abfindungen etc ist im Arbeitsrecht der **Gleichbehandlungsgrundsatz** zu beachten, der eine Ungleichbehandlung unter den Arbeitnehmern, soweit diese nicht durch sachliche, von der Rechtsordnung gebilligte Gründe gerechtfertigt werden kann, verbietet (BAG NJW 2003, 3150; NJW 2006, 2875; Palandt/*Weidenkaff* Rn 86). Eine spezialgesetzliche Ausprägung hat er im **Allg Gleichbehandlungsgesetz** (AGG, vgl dazu die Kommentierung von *Benedict* am Anfang dieses Kommentars) erfahren, das in seinem Anwendungsbereich sonstige Wertungen nach dem subsidiären allg Gleichbehandlungsgrundsatz im Arbeitsrecht verdrängt.

23 **bb) Diskriminierungsverbot.** Einbezogen in das Verbot der Ungleichbehandlung ist insbes eine (auch nur mittelbare) geschlechtsbezogene Diskriminierung, vgl § 612 Abs 3 aF (heute im AGG geregelt). Überdies finden sich weitere Diskriminierungsverbote im AGG (s dazu die Kommentierung von *Benedict* zum AGG am Anfang des Kommentars).

24 **cc) Fehlende Festlegung.** Für den Ausnahmefall, dass die Höhe der Vergütung einmal nicht bestimmt ist, trifft § 612 Abs 2 mit Verweis auf die Taxe oder die übliche Vergütung eine Bestimmung. Eine etwaige Erhöhung des Tariflohns beeinflusst den durch Einzelarbeitsvertrag vereinbarten übertariflichen Lohn in folgender Weise: Der Lohn erhöht sich nur, soweit der neue Tariflohn den bisherigen übertariflichen Lohn überschreitet oder wenn im Einzelarbeitsvertrag vereinbart ist, dass ein bestimmter Zuschlag zum jeweiligen Lohn zu zahlen ist. Der übertarifliche Lohnzuschlag ist deshalb grds anzurechnen (sog »Aufsaugung«).

25 **dd) Problem: Sittenwidriger Lohn.** In der Diskussion um die Einführung von Mindestlöhnen wurde der Vorschlag unterbreitet, die Rspr über die Sittenwidrigkeit von Arbeitslöhnen gesetzlich zu kodifizieren. Neuen Auftrieb erhält diese Forderung nach den jüngsten Ausweitungen des AEntG auf die Branchen der Gebäudereiniger und Briefdienstleister. Zwei neue Gesetzentwürfe (E-AEntG, Bearbeitungsstand: 11.01.2008; E-MiAG, Bearbeitungsstand: 10.01.2008) heizen die Debatte (vgl dazu auch *Sansone/Ulber* AuR 2008, 125 ff; *Deter* AuR 2008, 142 ff) zusätzlich an. In der Lit wird schon seit einiger Zeit dafür plädiert, dass Arbeitslöhne als »sittenwidrig« iSd § 138 gelten sollten, wenn sie das übliche Lohnniveau um mehr als 1/3 unterschreiten (MüKo/*Müller-Glöge* § 612 Rn 33; *Reinicke* NZA Sonderbeil 3/2000, 23, 32; *Peter* AuR 1999, 289, 293; vgl auch LAG Berlin NZA-RR 1998, 392). Hierzu wird auf mehrere **Urteile** verwiesen: Zum

einen hat das BAG bei der Vergütung von Ausbildungsverhältnissen darauf hingewiesen, dass ein Lohn, der die tarifliche Ausbildungsvergütung um mehr als 20 % unterschreitet, »unangemessen« iSv § 17 BBiG sei (BAG AP Nr. 15 zu § 10 BBiG). Zum anderen wird in diesem Zusammenhang häufig eine Lohnwucherentscheidung des BGH zitiert (BGH NJW 1997, 2689 = NZA 1997, 1167). Dort stellte der 1. Strafsenat den Grundsatz auf, dass eine tatrichterliche Würdigung nicht zu beanstanden ist, die ein Gehalt für unangemessen niedrig hält, das nur 66 % des Tariflohns und nur 60 % des beim Arbeitgeber ansonsten üblichen Entgelts erreicht. Ob vor dem Hintergrund dieser beiden Judikate allerdings schon von einer gesicherten Rechtsprechungspraxis auszugehen ist (obgleich eine Verfestigung zur Vermeidung des breitflächig praktizierten Lohndumpings sicher zu begrüßen wäre), muss deshalb hinterfragt werden, weil sich das BAG hinsichtlich »gewöhnlicher« Arbeitsverhältnisse bei der Herausbildung derartiger Grundsätze bislang sehr zurückhaltend gezeigt hat. Die Rspr scheint hier nicht »vorprеschen« zu wollen. Auch in der **Wissenschaft** ist die Dogmatik der Sittenwidrigkeit von Arbeitsentgelten bislang wenig gesichert (vgl zu diesem Befund: ErfK/*Preis* Rn 412). Unklar ist schon, ob die subjektive Seite des Sittenwidrigkeitstatbestandes nach wie vor noch von Bedeutung ist und falls ja, ob ein unangemessen niedriger Lohn die Ausnutzung einer unterlegenen Position des Arbeitnehmers durch den Arbeitgeber wenigstens indiziert (*Bepler* FS Richardi 2007, S 189, 192). Auch ansonsten besteht keine Einigkeit: Zum Ausgangspunkt der Sittenwidrigkeitsprüfung werden etwa der **Tariflohn** (MüKo/*Müller-Glöge* § 612 Rn 32: soweit diese das Lohnniveau im Wirtschaftsgebiet dominieren; *Däubler* NZA 2001, 1329, 1335; *Reinecke* Sonderbeil NZA 3/2000, 23, 32), aber auch der ortsübliche Lohn, die grundlegenden Sozialhilfesätze für Alleinstehende bzw das steuerliche Existenzminimum (*Lakies* in: Däubler, TVG, 2. Aufl 2006, § 5 Anh 1 Rn 47; *Lörcher* in: Däubler/Kittner/Lörcher Internationale Arbeits- und Sozialordnung, 2. Aufl 1994, S 611; *Walter* AiB 2001, 610; ArbG Bremen NZA-RR 2001, 27) oder die Pfändungsgrenzen des § 850c ZPO (*Schulten/Schäfer/Bispinck* (Hrsg) Mindestlöhne in Europa 2006, S 293) gemacht. Als zulässige **Grenze** werden in der Diskussion Werte von 50 % bis 70 % (*Hanau* EWiR 2002, 419, 420 – Bezugspunkt übliches Entgelt), aber auch von 60 % und 80 % (*Däubler*, *Reinecke* und *Lakies*, jew aaO, – Bezugspunkt Tarifvertrag) genannt. Der Vergleich mit europäischen Nachbarländern zeigt, dass ein gesetzlicher bzw durch die Rspr festgelegter Mindestlohn der Wirtschaft durchaus nicht abträglich und sozialpolitisch (zur Vermeidung des Lohndumpings) notwendiger denn je ist. Ein Vorstoß in diese Richtung, egal von wem er initiiert wird, ist auch iSd notwendigen Rechtssicherheit wünschenswert. Dabei erscheint die Anbindung an das tarifliche Lohnniveau sinnvoll, da es sich hierbei um einen flexiblen und ausgewogenen Parameter handelt, soweit ein entspr Wert repräsentativ für einen Wirtschaftszweig ist. Wenn allerdings kein repräsentativer Tarifvertrag besteht, muss eine Grenze unabhängig davon gefunden werden. In Anlehnung an das Urteil des BAG (aaO) zu **Berufsausbildungsverhältnissen** sollte die Grenzziehung durch den Gesetzgeber bzw die Rspr bei 20 % (bis maximal 30 %) unter dem für die Branche üblichen Lohnniveau verlaufen (MüKo/*Müller-Glöge* § 612 Rn 33: 30 %). Denn es ist nicht einzusehen, warum Auszubildenden idS eine »angemessene« Vergütung zustehen soll, nicht jedoch (anderen) gewöhnlichen Arbeitnehmern. In Bereichen, in denen keine tarifvertraglichen Festlegungen als Richtwerte bestehen, ist zunächst ein Durchschnittswert von Tarifverträgen vergleichbarer (»naher«) Branchen zu ermitteln, der dann um lediglich 20 % (bis maximal 30 %) unterschritten werden (können) sollte. Die derzeit immer noch vorgebrachte Kritik in Bezug auf die Einführung von Mindestlöhnen ist durchsichtig. Wenn etwa eine Verletzung der Tarifautonomie behauptet wird, dann unterschlägt dieses Argument, dass das grundrechtlich verbriefte Streikrecht keinesfalls als Verbotsnorm für staatliche Mindestarbeitsbedingungen taugt, die nur die fehlende Durchsetzungsmacht der Lohnarbeiter reflektiert. Die Tarifautonomie hindert nicht an einer Sozialpolitik, die sich auch der Arbeitsentgelte annimmt. Bei **Nichtigkeit der Entgeltabrede** wegen Lohnwuchers ist auf die **übliche** und nicht nur die niedrigste zulässige **Vergütung** abzustellen (LAG Bremen AiB 1993, 834; LAG Düsseldorf DB 1978, 218; MüKo/*Müller-Glöge* § 612 Rn 35).

b) Art. Üblicherweise ist als Dienstentgelt eine Geldvergütung geschuldet. Diese ist gem § 107 Abs 1 GewO **26**
in Euro zu berechnen und auszuzahlen. Bei Fälligkeit der Vergütung (§ 614) ist dem Arbeitnehmer eine Abrechnung in Textform (§ 126b) zu erteilen (§ 108 GewO), die Angaben über den Abrechnungszeitraum und die Zusammensetzung des Arbeitsentgelts enthalten muss. Als Vergütung oder Vergütungsteil können im Rahmen von § 117 Abs 2 GewO aber auch Sachleistungen, wie etwa die Überlassung einer Dienstwohnung, eines Kraftfahrzeugs oder von Lebensmitteln, vereinbart werden.

c) Lohnfortzahlung. Nach den allg Regelungen für das synallagmatische Vertragsverhältnis ist der Dienstbe- **27**
rechtigte nur dann verpflichtet, die Vergütung zu zahlen, wenn der Dienstverpflichtete die versprochenen Dienste tatsächlich leistet (§§ 320, 326 Abs 1 S 1, Abs 2). Von diesem Grundsatz machen die Regelungen des Dienstvertragsrechts jedoch zwei Ausn, infolge derer der Dienstherr trotz Nichtleistung der Dienste die Vergütung erbringen muss. Der erste Fall wird von § 615 geregelt. Hier geht es um den Annahmeverzug des Arbeitgebers und die Betriebsstörung. Ein zweiter Fall wird von § 616 erfasst, der bei kurzer unverschuldeter Dienstverhinderung aus persönlichen Gründen eine Fortzahlung der Vergütung vorsieht. Für das Arbeitsverhältnis statuieren zahlreiche Regelungen außerhalb des BGB weitere Entgeltfortzahlungstatbestände (vgl § 3 EFZG, §§ 3, 11 MuSchG, § 37 BetrVG; s dazu MüKo/*Müller-Glöge* Rn 12).

28 **d) Überzahlung.** Zahlt der Arbeitgeber versehentlich zu viel Lohn, so besteht Anspruch auf Rückzahlung grds nur über das Bereicherungsrecht (§§ 812 ff). Die Anwendung des § 818 Abs 3 wird bei einer geringfügigen Überzahlung bejaht (BAG DB 1987, 589; Palandt/*Weidenkaff* Rn 68). Den Wegfall der Bereicherung muss der Arbeitnehmer jedoch beweisen (BAG NJW 1996, 411). Im Arbeitsvertrag (beeinflussbar auch durch Tarifvertrag) kann ein vertraglicher Rückzahlungsanspruch vereinbart werden, dann ist die bereicherungsrechtliche Rückabwicklung ausgeschlossen (BAGE 15, 270 ff). Häufig ist eine Ausschlussfrist zur Geltendmachung des Rückzahlungsanspruches im Arbeitsvertrag, einer Betriebsvereinbarung oder einem Tarifvertrag vorgesehen. Worauf sich der Rückzahlungsanspruch zu richten hat (Brutto- oder Nettolohn), ist umstritten. Die hM richtet den Anspruch auf den Bruttolohn (Palandt/*Weidenkaff* Rn 68).

29 **e) Sonstige Vereinbarungen zur Modifizierung der Lohnhöhe.** Die vorbehaltlose Gewährung einer **Gratifikation** im Arbeitsverhältnis kann durch weitere bedingungslose Wiederholung nach den Grundsätzen der betrieblichen Übung einen Vertrauenstatbestand bzgl einer weiteren Gewährung schaffen (LAG Berlin-Brandenburg v 09.07.2008 17 Sa 585/08). Dieser wird etwa bei der dreimaligen Zahlung von Weihnachtsgeld begründet (BAGE 14, 174 ff; Palandt/*Weidenkaff* Rn 83a). Als eine Art mittelbarer Lohnzulage ist aber auch die Teilnahme am vergünstigten **Personaleinkauf** anzusehen (BAG NZA 2005, 1223). Gleiches gilt für die nach dem 31.12.1993 gem dem 5. VermBG (BGBl 1994 I, 406) erbrachten **Vermögenswirksamen Leistungen** des Arbeitgebers (BAG NJW 1977, 75). Ein Lohnmodifizierungsinstrument stellt die sog **Anwesenheitsprämie** dar, die bei krankheitsbedingter Arbeitsunfähigkeit gekürzt wird. Ihre Vereinbarung ist grds zulässig und im Bereich der Entgeltfortzahlung durch § 4a EFZG gesetzlich geregelt (BAG NJW 1979, 2120; NJW 1982, 2789; *Giesen* RdA 1997, 193, 199; krit *Hanau* RdA 1997, 205, 207). Das zulässige Maß der Kürzung ist jedoch begrenzt auf ein Viertel des Arbeitsentgelts, das im Jahresdurchschnitt auf einen Arbeitstag entfällt (Palandt/*Weidenkaff* Rn 77a). **Beteiligungen am Gewinn** (sog Tantiemen) sind etwa bei Vorstandsmitgliedern und Geschäftsführern üblich (*Felix* BB 1988, 277 ff). Ihre Vereinbarung kommt aber auch bei leitenden Angestellten vor. Gegenstand einer dienstrechtlichen Abrede kann zudem eine sog **Zielvereinbarung** sein. Sie koppelt einen Teil der Vergütung an die Erreichung eines bestimmten Leistungsziels in einem festgelegten Zeitrahmen (*Hümmerich* NJW 2006, 2294 f). Die Zielvereinbarung ist von der einseitigen **Zielvorgabe** zu unterscheiden, die auf dem Weisungsrecht des Arbeitgebers beruht. Möglich und üblich ist zudem die Zahlung einer **Provision**. Sie stellt eine Vergütung dar, die einen bestimmten Prozentsatz des Wertes eines abgeschlossenen oder vermittelten Geschäfts beträgt. Häufige Anwendung findet sie insbes bei kaufmännischen Angestellten, die im Verkauf tätig sind. Für den Provisionsanspruch gilt im Zweifel Handelsvertreterrecht (§ 65 HGB). Ein Ausgleichsanspruch (§ 89b HGB) besteht nicht. Eine Provision darf auch als Zulage zum Gehalt nicht von einer bestimmten Dauer der Betriebszugehörigkeit abhängig gemacht werden, da sonst eine unzulässige Kündigungserschwerung vorliegt (BAG DB 1973, 1177).

30 **f) Beschäftigungspflicht des Arbeitgebers.** Der Arbeitgeber ist aus Gründen des Persönlichkeitsschutzes des Arbeitnehmers nicht nur berechtigt, die versprochenen Dienste entgegenzunehmen, er ist auch verpflichtet, den Arbeitnehmer nach wirksamer Begründung des Arbeitsverhältnisses zu beschäftigen, falls dieser es verlangt und die Beschäftigung für den Arbeitgeber zumutbar ist (BAG NJW 1956, 360; NJW 1984, 830; 1985, 2968). **aa) Ohne Kündigung des Arbeitsverhältnisses.** Bereits aus §§ 611, 613, 242 sowie Art 1 und 2 GG folgt, dass der Arbeitgeber verpflichtet ist, den Arbeitnehmer während des Arbeitsverhältnisses (jedoch nicht ohne ein solches, BAG NJW 1987, 829) so zu beschäftigen, dh arbeiten zu lassen, wie es im Arbeitsvertrag vereinbart ist (BAG GS NJW 1985, 2968). Die Beschäftigung kann vom Arbeitgeber einseitig ohne vertragliche Vereinbarung durch Einrede (unter Fortzahlung des Entgelts, vgl § 615) nur im Ausnahmefall, dh unter den Voraussetzungen des § 626, verweigert werden (Palandt/*Weidenkaff* Rn 120).

31 **bb) Nach Kündigung.** Die Beschäftigungspflicht besteht bis zur wirksamen Beendigung des Arbeitsverhältnisses. Wenn es durch Kündigung beendet wird (um deren Wirksamkeit ggf prozessiert wird), greift diese Verpflichtung grds nicht über den Zeitpunkt hinaus, zu dem die Kündigung wirken würde (BAG NJW 1978, 239). Hiervon macht das BAG drei Ausn: (1) Unter den Voraussetzungen von § 102 Abs 5 BetrVG (BAG NJW 2000, 3587) oder § 79 Abs 2 BPersVG. (2) Wenn die Kündigung offenbar unwirksam, missbräuchlich oder willkürlich ist und schützenswerte Interessen des Arbeitgebers nicht entgegenstehen, besteht die Beschäftigungspflicht bis zum rechtskräftigen Abschluss des Kündigungsschutzprozesses fort (BAG GS NJW 1985, 2968; NZA 1987, 809). (3) Ab erstinstanzlicher Entscheidung, die feststellt, dass die Kündigung unwirksam ist (BAG NJW 1986, 2965).

32 **g) Aufwendungsersatz.** Macht der Dienstverpflichtete zur Erfüllung seiner Pflichten Aufwendungen, die nicht schon zu den normalen, durch das vereinbarte Entgelt abgegoltenen Kosten der Erbringung seiner Dienstpflicht zählen, dann sind sie vom Dienstberechtigten in entspr Anwendung des § 670 zu vergüten (BAG NJW 2004, 2037; NZA 1999, 38; MüKo/*Müller-Glöge* Rn 33).

33 **4. Nebenpflichten des Dienstberechtigten.** Als Gegenstück zur Treuepflicht des Dienstverpflichteten treffen auch den Dienstberechtigten zahlreiche Nebenpflichten. Die wichtigste ist die **Fürsorgepflicht** (Hk-BGB/*Eckert* Rn 20; Jauernig/*Mansel* Rn 38), die in vielen spezialgesetzlichen Regelungen einen Niederschlag gefunden hat und iÜ aus § 242 folgt (Hk-BGB/*Eckert* Rn 20; Jauernig/*Mansel* Rn 38). Zur Fürsorgepflicht des Dienstherrn gehört es, nicht nur **Leben** und **Gesundheit** (vgl dazu §§ 617, 618; ArbSG; *Tamm* PersV 2008,

455 ff), sondern auch **Sachen des Arbeitnehmers** oder freien Dienstverpflichteten, soweit möglich und zumutbar, vor Schaden zu bewahren (BAG NJW 1966, 1534; BB 1975, 1343 f; Palandt/*Weidenkaff* Rn 99). Der Arbeitgeber ist zudem verpflichtet, das Arbeitsentgelt und die **Abzüge** korrekt zu berechnen und rechtzeitig abzuführen (BAG NJW 1970, 1654). **Zeugnisse** (§ 630) und sonstige notwendige **Bestätigungen** sind nach Aufforderung zeitnah zu erteilen (BAG NZA 2005, 289, 983; Palandt/*Weidenkaff* Rn 103 f). Die aus der Fürsorgepflicht folgenden Einzelpflichten sind einklagbar. Werden sie verletzt, können Schadensersatzansprüche nach §§ 280 Abs 1 ggf iVm 241 Abs 2 die Folge sein. Auch der Persönlichkeitsschutz des Arbeitnehmers ist in mehrerlei Hinsicht sicherzustellen: So muss der Arbeitgeber das systematische Anfeinden, Schikanieren und Diskriminieren des Arbeitnehmers am Arbeitsplatz (sog »**Mobbing**«) durch andere Arbeitnehmer und Vorgesetzte unterbinden (BAG NZA 1997, 781; LAG Hamm NZA-RR 2003, 8; LAG Schleswig-Holstein NZA-RR 2005, 15; *Hohmann* NZA 2006, 530 ff). Gleiches gilt für **sexuelle Belästigungen** am Arbeitsplatz (BAG NJW 2004, 3508; zur Legaldefinition der sexuellen Belästigung vgl § 2 Abs 1 BeschäftigungsschutzG). Das **heimliche Mithören** von Telefongesprächen ist grds nicht gestattet (BVerfG NJW 2002, 3619; Ausn: Mithören zu Ausbildungszwecken BAG NZA 1996, 218). Auch die heimliche **Videoüberwachung** ist nur ausnahmsw zulässig (BAG NJW 2003, 3436; *Bayreuther* NZA 1995, 1038). Sofern der Eingriff nicht unter § 6b BDSG fällt, muss auch die offene Videoüberwachung grds verhältnismäßig sein (BAG NJW 2005, 313).

III. Pflichtverletzung. 1. Verletzung von Nebenpflichten. Werden von dem Dienstverpflichteten ihm ggü 34
dem Dienstherrn obliegende Nebenpflichten verletzt, führt dies zu Ansprüchen des Dienstberechtigten auf Schadensersatz neben (§§ 280 Abs 1, 241 Abs 2) oder statt der Leistung (§§ 280 Abs 1, 3, 282). Gleiches gilt für eine Pflichtverletzung im umgekehrten Verhältnis.

2. Verletzung von Hauptleistungspflichten. a) Nichtleistung seitens des Dienstverpflichteten. aa) Erfül- 35
lungsanspruch/Durchsetzbarkeit. Der Dienstherr hat einen Anspruch auf Erfüllung der Dienste durch den Dienstverpflichteten. Kommt dieser seiner Verpflichtung nicht nach, kann der Dienstberechtigte ihn zwar auf Erfüllung verklagen. Allerdings steht § 888 Abs 3 ZPO idR einer Zwangsvollstreckung aus dem Urteil entgegen. Etwas anderes gilt nur für vertretbare Dienstleistungen, bei denen sich der Arbeitgeber ermächtigen lassen kann, auf Kosten des verurteilten Arbeitnehmers die Arbeit durch einen Dritten vornehmen zu lassen, § 887 ZPO. Der Dienstherr kann bis zur Erfüllung der Arbeitspflicht allerdings die Vergütung gem § 320 Abs 1 einbehalten.

bb) Schadensersatzanspruch. Bei Vertretenmüssen der Nichtleistung seitens des Dienstverpflichteten steht 36
dem Dienstherrn neben den oben genannten Ansprüchen auch ein Schadensersatz wegen Nichterfüllung zu (§§ 280 Abs 1, 3, 283 S 1), so dass in diesem Fall etwa die Mehrkosten für eine Ersatzkraft umgelegt werden können. Dies gilt aber nur bis zu dem Zeitpunkt, zu dem der Dienstverpflichtete/Arbeitnehmer fristgemäß kündigen konnte (Hk-BGB/*Eckert* Rn 15). Eine Absicherung der Diensterbringung durch ein Vertragsstrafeversprechen ist möglich (BAG AP 9, 12, 14 zu § 339; LAG Baden-Württemberg BB 1985, 1793; Erman/*Edenfeld* Rn 323; Palandt/*Weidenkaff* Rn 16; *Lohr* MDR 2000, 429 f; zum Verhältnis §§ 307, 343 BGB vgl BAG NZA 2004, 727, 732 und *Wensing/Niemann* NJW 2007, 401 ff), allerdings nicht in Ausbildungsverhältnissen (vgl §§ 5 Abs 2 Nr 1, 12 Abs 2 BBiG). Die Einschränkung der Möglichkeit einer Vertragsstrafe in AGB-Form gem § 309 Nr 6 gilt nach § 310 Abs 4 S 1 generell nicht für Dienstvereinbarungen. Im Arbeitsrecht sind die geltenden Besonderheiten angemessen zu berücksichtigen (§ 310 Abs 4 S 2); eine Vertragsstrafe in formularmäßigen Arbeitsverträgen soll danach zulässig sein (BAG NZA 2004, 727).

b) Verspätete Leistung seitens des Dienstverpflichteten. Schuldnerverzug wegen verspäteter Leistung setzt 37
voraus, dass die Erbringung der Tätigkeit durch den Dienstverpflichteten nachholbar ist. Bei der Arbeitsleistung löst jede Verspätung im Hinblick auf den notwendigen Arbeitnehmerschutz wegen des absoluten Fixschuldcharakters der Arbeit eine Unmöglichkeit der Leistung aus (Palandt/*Weidenkaff* Rn 27; Erman/*Edenfeld* Rn 333; MüKo/*Müller-Glöge* Rn 14 f; *Söllner* AcP 167, 132, 139), so dass die Leistungserbringung nicht mehr möglich ist (§ 275 Abs 1). Die Rechtsfolgen bestimmen sich nach §§ 280, 283, 615. Im sonstigen Dienstvertragsrecht (insbes bei freien Dienstverhältnissen) ist eine Nachholbarkeit der Leistung grds anzunehmen (MüKo/*Müller-Glöge* Rn 15). Für den Verzugszeitraum können die §§ 280 Abs 1, 2, 286 zur Anwendung gebracht werden und iÜ besteht nach dem fruchtlosen Verstreichen einer gesetzten Nachfrist ein Rücktrittsrecht (§ 323 Abs 1), das aber im Dienstrecht durch die Spezialregelungen zur Kündigung gem §§ 621, 622, 626 überlagert wird (MüKo/*Müller-Glöge* Rn 14).

c) Schlechtleistung seitens des Dienstverpflichteten. Für die Schlechtleistung besteht nach den §§ 611 ff 38
keine besondere Regelung, so dass auf §§ 280, 241 Abs 2 abzustellen ist. Ein besonderer Lohnminderungsanspruch wegen Schlechtleistung existiert weder beim Dienstvertrag (BGH NJW 2004, 2817; MüKo/*Müller-Glöge* Rn 23; Jauernig/*Mansel* Rn 16) noch beim Arbeitsvertrag (BaRoth/*Fuchs* Rn 31 ff; Palandt/*Weidenkaff* Rn 16). Der Dienstverpflichtete haftet deshalb gem § 280 Abs 1 nur im Fall des Vertretenmüssens der Pflichtverletzung auf Schadensersatz. Für das Arbeitsverhältnis ist dieser Grundsatz in § 619a klargestellt worden. Die Definition für das Vertretenmüssen ergibt sich für den Schadensersatzanspruch aus § 280 Abs 1 (pVV) grds nach der Vorgabe des § 276. Danach haftet jeder Dienstverpflichtete seinem Dienstherrn auch für leicht fahrlässig verursachte Schäden (Palandt/*Weidenkaff* Rn 152). Für den Arbeitnehmer erfolgt über die **Grundsätze des innerbetrieblichen Schadensausgleiches** im Fall des **leicht fahrlässig** verursachten Schadens aller-

dings eine Haftungsfreistellung und bei mittlerer Fahrlässigkeit eine Teilung der Schadensfolgen unter Billigkeitsgesichtspunkten. Die Grundsätze zum innerbetrieblichen Schadensausgleich gelten auch für leitende Angestellte, soweit sie nicht Geschäftsführer sind (BGH NJW 2001, 3123; Palandt/*Weidenkaff* Rn 152).

39 **aa) Sinn und Zweck des innerbetrieblichen Schadensausgleiches.** Der Grund für die privilegierte Arbeitnehmerhaftung liegt in dem außerordentlich hohen Schadensrisiko bei »**betrieblich veranlasster**« **Tätigkeit** (BAG AP 111 zu § 611 – Haftung des Arbeitnehmers, früher: »gefahrgeneigte Arbeit«, vgl BAG AP 8-80 zu § 611 – Haftung des Arbeitnehmers). Von diesem Schadensrisiko soll der Arbeitnehmer freigestellt werden, weil es regelm allein der normalen **Betriebsgefahr** des Arbeitgebers zuzuordnen ist (Hk-BGB/*Eckert* Rn 17). Die vorgenannte Wertung ergibt sich aus dem Gedanken der Verteilungsgerechtigkeit, lässt sich aber auch auf den Veranlassungsaspekt und den Gesichtspunkt der Möglichkeit zum besseren Risikomanagement stützen. Sie setzt an bei einem grundlegenden Gerechtigkeitsaxiom, nämlich der Feststellung, dass wenn dem Arbeitgeber die Gewinne zustehen, er auch das (normale) betriebliche Risiko tragen muss. Würde man dies anders sehen und dem Arbeitnehmer das betriebliche Schadensrisiko (allein) aufbürden, stände diese Gefahrenverteilung in keinem Verhältnis zu dem Arbeitsentgelt, das der Arbeitnehmer als Äquivalent für den Einsatz seiner Arbeitskraft erhält und mit welchem er seine Existenz bestreitet (Erman/*Edenfeld* Rn 339). Die Notwendigkeit einer gerechten Gefahrenverteilung im Arbeitsverhältnis erscheint bei einem personal angelegten Dauerschuldverhältnis wie dem Arbeitsverhältnis, das zur Fürsorge des Dienstherrn verpflichtet, um so dringlicher, als der Arbeitgeber jederzeit damit rechnen muss, dass selbst dem gewissenhaftesten Menschen angesichts der Unvollkommenheit der menschlichen Natur ein Fehler unterlaufen kann, der möglicherweise unabsehbare wirtschaftliche Folgen hat. Da nun dem Arbeitgeber die alleinige Organisations- und Finanzhoheit obliegt, kann er das von ihm insoweit bewusst veranlasste »Risiko« auch besser (durch Versicherung, Vorhaltekosten etc) abfangen.

40 **bb) Umfang der Haftung.** Vor dem Hintergrund der og Wertungsgesichtspunkte ist der Umfang der Haftung des Arbeitnehmers durch eine Abwägung zu ermitteln, innerhalb welcher sämtliche Gesamtumstände, insbes Schadensanlass und Schadensfolgen, nach Billigkeits- und Zumutbarkeitsgesichtspunkten zu gewichten sind (BGH NJW 1996, 1532; NZA 1998, 140; Erman/*Edenfeld* Rn 340; Palandt/*Weidenkaff* Rn 157 ff). Zu den in der Abwägung einzustellenden Umständen gehören etwa der **Grad des Verschuldens**, die **Gefahrgeneigtheit der Arbeit**, die **Höhe des Schadens**, ein vom Arbeitgeber einkalkuliertes und durch **Versicherung** abdeckbares Risiko, die **Stellung des Arbeitnehmers** im Betrieb und die **Höhe des Arbeitsentgelts** (in welchem möglicherweise eine Risikoprämie enthalten ist). Weiter zu berücksichtigen sind die **persönlichen Verhältnisse des Arbeitnehmers**, wie Dauer der Betriebszugehörigkeit, Lebensalter (Unerfahrenheit, Übermütigkeit wegen jugendlichen Alters), Familienverhältnisse und sein bisheriges Verhalten (BAG NZA 1999, 141; NJW 2002, 2900; 2003, 377; Palandt/*Weidenkaff* Rn 157; restriktiv bzgl der Einbeziehung der persönlichen Verhältnisse Hk-BGB/*Eckert* Rn 17).

41 **cc) Konstruktion der Haftungsprivilegierung.** Die Haftungserleichterung zugunsten des Arbeitnehmers begründen Rspr und ein Teil der Lit mit einer entspr Anwendung des § 254 (Palandt/*Weidenkaff* Rn 37). Ein Teil der Lit wendet insoweit § 276 Abs 1 an, der »nach dem Inhalt des Schuldverhältnisses« eine Modifikation des Haftungsmaßstabes ermöglicht. Jenseits der unterschiedlichen Konstruktionswege ist man sich darin einig, dass hinsichtlich der Haftung grds eine Abstufung nach Verschuldensgraden stattfinden soll, die nach den oben genannten weiteren Gesichtspunkten iÜ einer Feinjustierung zugänglich ist. Bei leichtester Fahrlässigkeit (sog *culpa levissima*) haftet der Arbeitnehmer danach überhaupt nicht; bei mittlerer Fahrlässigkeit findet grds eine Schadensteilung nach Billigkeitsgesichtspunkten statt; bei grober Fahrlässigkeit haftet der Arbeitnehmer dagegen idR voll.

42 **dd) Folgerungen bei Drittschäden.** Im Zusammenhang mit den Grundsätzen zum innerbetrieblichen Schadensausgleich gestaltet sich die Risikoverteilung bei vom Arbeitnehmer verursachten Drittschäden. Kommt ein Dritter bei Ausführung einer betrieblichen Tätigkeit durch den Arbeitnehmer zu Schaden, haftet ihm der Arbeitnehmer im Außenverhältnis voll, zB aus § 823. Der schädigende Arbeitnehmer hat aber im Innenverhältnis zum Arbeitgeber einen **Freistellungsanspruch** gegen diesen, wenn der Arbeitgeber – gedacht, er wäre der Geschädigte – nicht oder nicht voll haften würde (BAG AP 37, 45, 86, 94 zu § 611 – Haftung des Arbeitnehmers; Hk-BGB/*Eckert* Rn 17; MüKo/*Müller-Glöge* Rn 476). Diese Grundsätze gelten nicht nur bei Schäden außenstehender Dritter, sondern auch hinsichtlich der Zufügung von Sachschäden ggü eigenen Arbeitskollegen (BAG DB 1970, 546). Für Personenschäden bei Arbeitskollegen greifen jedoch Sonderregelungen aus dem SGB VII ein, die den Arbeitgeber von einer Zahlungspflicht freistellen, da ihm hinsichtlich etwaiger Personenschäden bei Arbeitsunfällen bereits eine Versicherungspflicht trifft. Maßgeblich sind hier die §§ 104–107 SGB VII. Nach ihnen wird der Arbeitgeber außer im Fall einer vorsätzlich verursachten Körperverletzung von jeglicher Haftung ggü seinen Arbeitnehmern bei betrieblich veranlassten Personenschäden entbunden (BVerfG NJW 1973, 502). An die Stelle der individuellen Haftung des Schadensverursachers tritt ein System kollektiver Schadensübernahme: Der Arbeitnehmer hat öffentlich-rechtliche Sozialversicherungsansprüche gegen die zuständige Berufsgenossenschaft, die allerdings nicht den gesamten nach §§ 249 ff ersatzfähigen Schaden übernimmt, insbes kein Schmerzensgeld zahlt (zur Neuregelung der früher in der RVO normierten Materie durch das SGB VII s *Plagemann* NJW 1996, 3173, 3174 f; *Rolfs* NJW 1996, 3177; *Waltermann* NJW 1997, 3401).

d) Nichtleistung und Schlechtleistung seitens des Dienstberechtigten. Zahlt der Dienstherr nach Eintritt der Fälligkeit (§ 614) nicht das vereinbarte Entgelt, kann der Dienstverpflichtete eine Leistungsklage erheben und **Verzugsschadensersatz** nach §§ 280 Abs 1, 2, 286 ff verlangen. Für die Höhe der Verzugszinsen gilt § 288 Abs 1 (nicht dessen Abs 2, vgl Palandt/*Weidenkaff* Rn 51). Verzugszinsen sind stets aus dem Bruttolohn zu zahlen (BAG GS NZA 2001, 1195). Verletzt der Arbeitgeber ggü dem Arbeitnehmer (ggf auch über die Zurechnung der schuldhaften Handlung des Erfüllungsgehilfen) seine vertraglichen Pflichten und entsteht Letzterem daraus ein **Personenschaden**, würde der Arbeitgeber nach § 280 I (ggf iVm § 241) eigentlich haften, allerdings sieht § 104 SGB VII für **Dienstunfälle** eine **Haftungsprivilegierung** zugunsten des Arbeitgebers vor (vgl dazu ausführlich § 426 Rz 30). Für sonstige Schäden (auch im einfachen Dienstverhältnis) greift dieses Haftungsprivileg allerdings nicht. Das gilt iÜ auch für vorsätzlich verursachte Schäden. 43

IV. Weitere Spezialfragen. 1. Eigenschäden. Auch bzgl Schäden des Arbeitnehmers an eigenen Sachen oder sonstigem Vermögen trifft den Arbeitgeber ggf ein Freistellungs- bzw Ersatzanspruch (BAG AP 6, 10–14 zu § 611 – Gefährdungshaftung des Arbeitgebers; Erman/*Edenfeld* Rn 348). Zu ersetzen analog § 670 sind die arbeitstypischen unabgegoltenen Schäden des Arbeitnehmers. Voraussetzung ist, dass die eigenen Sachen im Betätigungsbereich des Arbeitgebers eingesetzt wurden (MüKo/*Müller-Glöge* Rn 33). Der eigene Pkw des Arbeitnehmers ist daher bei genehmigtem Einsatz auf Dienstfahrten regelm geschützt (BAG AP 6 zu § 611 – Gefährdungshaftung des Arbeitgebers). 44

2. Mankohaftung. Bei der Mankohaftung geht es um die Frage der Einstandspflicht des Arbeitnehmers für Fehlbestände in einer Kasse oder einem Warenlager. Aus Arbeitnehmerschutzgründen richtet sich auch hier der Haftungsumfang nach den Grundsätzen der privilegierten Arbeitnehmerhaftung (BAG NZA 1999, 141; 2000, 715; *Pauly* JR 1995, 228 ff; *Deinert* RdA 2000, 22 ff). Der Grund dafür ist, dass auch das Risiko eines (leicht fahrlässig) herbeigeführten Fehlbestandes zum normalen Betriebsrisiko des Arbeitgebers zählt. Haftungsverschärfungen iSe vertraglichen Übernahme von leicht fahrlässig herbeigeführten Schäden sind zwar zulässig (BAG NJW 1999, 1049; NZA 2000, 715), aber nur insoweit, als sie den Arbeitnehmer nicht unzumutbar (§ 242, § 307) belasten. Unwirksam sind diese sog Mankovereinbarungen regelm dann, wenn für die Übernahme der Einstandspflicht kein entspr Äquivalent geleistet wird oder der Arbeitnehmer keine Möglichkeit hat, Mankoschäden zu verhindern, weil etwa auch andere Zugriff auf Kassenbestände oder Warenlager haben (BAG AP 4, 53, 54, 67 zu § 611 – Gefährdungshaftung des Arbeitgebers, BAG NZA 1999, 141; 2000, 715 Erman/*Edenfeld* Rn 349 f; Hk-BGB/*Eckert* Rn 17). 45

3. Aufwendungsersatz für ein Vorstellungsgespräch. Für ein vom Arbeitgeber veranlasstes Vorstellungsgespräch ist grds Aufwendungsersatz zu leisten, auch wenn der Arbeitnehmer nicht eingestellt wird (BAG NZA 1989, 468; Palandt/*Weidenkaff* Rn 11; aA *Sieber/Wagner* NZA 2003, 1312). 46

4. Rückzahlungsklauseln bzgl Sonderzahlungen. Viele Arbeitsverträge enthalten häufig Rückzahlungsklauseln in Bezug auf Sonderzahlungen. Sie werden regelm in der Form vereinbart, dass sich der Arbeitnehmer unter der Bedingung (§ 158 Abs 1) verpflichtet, eine durch den Arbeitgeber geleistete (Sonder-)Zahlung zurückzuzahlen, wenn innerhalb eines bestimmten Zeitraums das Arbeitsverhältnis aufgelöst wird. Gesetzliche Grundlage der Überprüfung und Einschränkung der Reichweite dieser Vereinbarungen war vor dem 01.01.2002 der § 242; soweit sie in der Form einer arbeitsvertraglichen Einheitsregelung getroffen wurden, ist es nun §§ 307 f (vgl § 310 S 2). **a) Gratifikationsrückzahlung.** Die Rückzahlungsklauseln betreffen üblicherweise sog Gratifikationszahlungen. Gratifikationen stellen ein zusätzliches Arbeitsentgelt dar und/oder eine Belohnung, zB für die Betriebstreue. Häufig werden sie in Form einer Jahressonderzahlung (Weihnachtsgeld, Urlaubsgeld) geleistet (*Schiefer* NZA-RR 2000, 561 ff). **aa) Grundsätze.** Der Rückzahlungsvorbehalt bzgl der Gratifikation bedarf, um wirksam zu sein, schon aus Transparenzgründen einer bes Vereinbarung mit eindeutig bestimmten Zeitraum und festgelegten Voraussetzungen; idR ist dies die Kündigung des Arbeitnehmers innerhalb einer gewissen Zeitspanne ab Zahlung (BAG NZA 1995, 1034). Die einverständliche Aufhebung eines Arbeitsvertrages genügt nicht, um die Bedingung auszulösen (LAG Hamm NZA 1999, 514); dies gilt auch für eine im gerichtlichen Verfahren in Form des Vergleichs herbeigeführte einverständliche Aufhebung (LAG Düsseldorf BB 1975, 562). Zu differenzieren ist nach hM bei einer betriebsbedingten Kündigung: Die Rückzahlung ist hier nur dann geschuldet, wenn der Zweck der Rückzahlungsklausel nicht darin lag, den Arbeitnehmer zur Betriebstreue anzuhalten (*Reiserer* NZA 1992, 436 f; umstr vgl hierzu BAG NZA 1991, 765). Besser wäre es aber wohl, bei allen Beendigungsgründen, die aus der Sphäre des Arbeitgebers stammen, generell von einer Rückzahlungspflicht abzusehen und etwaig unbestimmte (dh ggf auch weiter gefasste) Rückzahlungsklauseln in ihrer Reichweite durch entspr Auslegung zu korrigieren. Dies erscheint schon deshalb notwendig, weil der Bedeutungsgehalt einer Gratifikation oft nur schwer ermittelbar ist und der Grundgedanke des § 305c Abs 2 (»Auslegung im Zweifel zugunsten des Arbeitnehmers«) ein gesetzliches Argument zur effektiven Umsetzung des Arbeitnehmerschutzes iSv mehr Rechtssicherheit liefert. 47

bb) Staffelung. Ist die Rückzahlungsklausel als transparente Regelung wirksam vereinbart, findet eine Inhaltskontrolle nach §§ 242, 307 statt. Grundgedanke dieser Kontrolle ist, dass Rückzahlungen von Gratifikationen nicht für eine unangemessen lange Zeit vereinbart werden dürfen, da mit ihnen ggü dem Arbeitnehmer Druck hinsichtlich der Nichtausübung seines Grundrechts auf die freie Arbeitsplatzwahl (Art 12 Abs 1 GG) ausgeübt wird. Der Umfang der möglichen Bindung hängt danach von einer Interessenabwägung 48 unter den Parteien ab, wonach eine Staffelung des Bindungszeitraumes je nach Höhe der Gratifikationszahlung vorzunehmen ist. Daraus hat die Rspr folgende Grundsätze abgeleitet: Überhaupt keine Rückzahlungsverpflichtung ergibt sich bei einer ganz **geringfügigen Sonderzahlung** bis **100 Euro** (BAGE 13, 129 ff; NZA 2003, 1032). Eine Sonderzahlung **bis zu einem Monatsverdienst** ermöglicht eine Bindung des Arbeitnehmers von immerhin drei Monaten, also bei einer am Jahresende fälligen Gratifikation eine Bindung bis zum 31.3. des folgenden Jahres (BAG NZA 2003, 1032). Bei einer Sonderzahlung von **einem Monatsverdienst** ist es dem Arbeitnehmer zumutbar, bei nur einer Kündigungsmöglichkeit bis zum 31.3. diese auszulassen (BAG NZA 2004, 924), bei mehreren Kündigungsmöglichkeiten bis einschließlich den 31.3. alle auszulassen (BAG NZA 2004, 924). Der Arbeitnehmer muss sich danach an die vertragliche oder gesetzliche Kündigungsfrist halten. Bei einer Gratifikation von **etwas mehr als einem Monatsverdienst** darf jedoch keine Bindung über den 30.6. hinaus erfolgen (BAG AP – Gratifikation Nr 99). Bei der Zahlung von **zwei Monatsverdiensten** wird allerdings eine Bindung bis zum 30.9. als zulässig angesehen (BAG AP – Gratifikation Nr 69).

49 **b) Aus- und Fortbildungskosten.** Neben einer Gratifikation können auch gezahlte Aus- und Fortbildungskosten durch die Vereinbarung einer Rückzahlungsklausel eine längerfristige Bindung an den Arbeitgeber erzeugen. **aa) Grundsätze.** Eine Rückforderung der vom Arbeitgeber für die Ausbildung eines Arbeitnehmers aufgewendeten Mittel scheidet aber aus, soweit es sich um ein dem BBiG unterliegendes Berufsbildungsverhältnis handelt (§ 5 BBiG). IÜ kann eine Rückzahlung jedoch an sich vereinbart werden. Sie unterliegt dann allerdings wiederum einer Inhaltskontrolle gem §§ 242, 307. Hier gilt der Grundsatz, dass, wenn ein Umstand aus der Sphäre des Arbeitgebers die aufgebrachten Aus- und Fortbildungskosten für ihn als nutzlos erscheinen lassen, eine Rückzahlung nicht gefordert werden kann. So ist eine entspr Rückzahlungsklausel unwirksam, wenn dem Arbeitnehmer betriebsbedingt gekündigt wurde und sich deshalb die aufgebrachten Kosten beim Arbeitgeber nicht mehr akkumulieren können (BAG NJW 1999, 443). Möglich ist sie aber für den Fall, dass der Arbeitnehmer die Aus- oder Fortbildung vorzeitig seinerseits abgebrochen oder erfolglos beendet hat. Gleiches gilt, wenn er aus einem von ihm zu vertretenden Umstand aus dem Betrieb ausscheidet (BAG NJW 2004, 3059; NZA 2006, 1042; Jauernig/*Mansel* Rn 34).

50 **bb) Staffelung.** Die mögliche Bindungsdauer bei einem Lehrgang ohne Arbeitspflicht beträgt: fünf Jahre bei mehr als zwei Jahren Lehrgang; drei Jahre bei einem Lehrgang zwischen sechs Monaten und einem Jahr; zwei Jahre bei einem Lehrgang von bis zu vier Monaten; ein Jahr bei einem bis zu zwei Monaten dauernden Lehrgang; sechs Monate bei einem bis zu einem Monat währenden Lehrgang (BAG NZA 1995, 727; 1996, 314; 2003, 559; 2006, 542).

51 **5. Urlaub.** Arbeitnehmern und arbeitnehmerähnlichen Personen ggü ist der Arbeitgeber zur Urlaubsgewährung, dh zur Befreiung von der Arbeitspflicht für eine bestimmte Zeit bei Fortzahlung des Arbeitsentgelts, verpflichtet. Der Erholungsurlaub ist von der unbezahlten Freistellung zu unterscheiden. Gewährt wird der Urlaub durch eine Freistellung von der Arbeits- bzw Dienstleistung. Erforderlich ist hinsichtlich der Lage eine Absprache mit dem Dienstberechtigten. Ein Recht zur Selbstbeurlaubung gibt es nicht. Arbeitnehmer einschließlich der Teilzeitbeschäftigten (BAG NZA 1993, 991), der zur Berufsausbildung Beschäftigten und arbeitnehmerähnliche Personen (§ 2 Abs 2 BUrlG; BAG NJW 2004, 461) haben einen Anspruch auf Erholungsurlaub von mindestens 24 Werktagen im Jahr (§ 3 BUrlG). Ein Urlaubsanspruch entsteht auch während der Elternzeit (§ 15 BErzGG). Schwerbehinderte haben Anspruch auf Zusatzurlaub gem § 125 SGB IX. Für Arbeitnehmer besteht ein zusätzlicher, dh über dem Mindesturlaub nach dem BUrlG liegender Urlaubsanspruch, wenn er durch den Arbeitsvertrag, Tarifvertrag oder die Betriebsvereinbarung vorgesehen ist. Die Wartezeit bis zum gesamten Urlaubsantritt beträgt bei einem neuen Arbeitsverhältnis sechs Monate (§ 4 BUrlG; für Jugendliche vgl § 19 JArbSchG). Die Arbeitsleistung ist nicht Voraussetzung für das Entstehen des Urlaubsanspruchs. Auch wenn der Arbeitnehmer im Urlaubsjahr nicht oder weniger als die Urlaubsdauer gearbeitet hat, steht dieser Umstand demnach der Geltendmachung des Urlaubsanspruchs nicht entgegen (BAG NJW 1982, 1548). Grds besteht der gesetzliche Urlaubsanspruch für das Urlaubsjahr auf die volle Urlaubsdauer, aber nur nach erfüllter Wartezeit, wenn das Arbeitsverhältnis danach weiter besteht. Besteht dieses nur für einen Teil des Jahres, hat der Arbeitnehmer einen Anspruch auf Teilurlaub nach dem Zwölftelprinzip (§ 5 Abs 1 BUrlG). Bei Erkrankungen während des Urlaubs ist eine Anrechnung verboten (§ 9 BUrlG). Ist der Urlaub vom früheren Arbeitgeber schon für das ganze Jahr gewährt worden, so kann vom neuen Arbeitgeber kein weiterer Teilurlaub verlangt werden (§ 6 Abs 1 BUrlG). Der alte Arbeitgeber hat eine entspr Bescheinigung auszustellen. Für die Wahl der Urlaubszeit gilt § 7 Abs 1, 2 BUrlG. Während des Urlaubs darf der Arbeitnehmer keiner erwerbswirtschaftlichen Tätigkeit nachgehen (§ 8 BUrlG). Die Höhe des fortzuzahlenden Entgelts bestimmt sich nach § 11 BUrlG (durchschnittlicher Arbeitsverdienst der letzten 13 Wochen vor Urlaubsbeginn). Die Abgeltung von nicht genommenem Urlaub in Form einer Geldleistung als Äquivalent regelt § 7 Abs 4 BUrlG. Die Nichtübertragbarkeit des höchstpersönlichen Urlaubsanspruches ist in § 7 Abs 3 BUrlG festgeschrieben.

52 **6. Kontrolle arbeitsrechtlicher AGB (sog Allg Arbeitsbedingungen) nach §§ 305 ff.** Der Vertrag zwischen Arbeitgeber und Arbeitnehmer ist nach neuer Rechtslage gem **§ 310 Abs 4 S 2** im Hinblick auf die gesetzlichen Bestimmungen zu AGB unter Bezugnahme der »**arbeitsrechtlichen Besonderheiten**« kontrollierbar (Palandt/*Grüneberg* § 310 Rn 51). Der Begriff der »arbeitsrechtlichen Besonderheiten«, der eine Einschrän-

kung der Anwendung der §§ 305 ff gebieten kann, ist weit zu verstehen. Hierunter fallen nicht nur rechtliche, sondern auch tatsächliche Spezifika des Arbeitslebens (BAG NZA 2004, 727; BAG NJW 2005, 3305; Palandt/*Grüneberg* § 310 Rn 52). Die neu eröffnete Inhaltskontrolle unter direkter Anwendung der §§ 307 ff ersetzt im Wesentlichen die in richterrechtlicher Rechtsfortbildung entwickelten arbeitsrechtlichen Grundsätze über die Billigkeitskontrolle bei gestörter Vertragsparität, indem sie für die Einbeziehungs- und Inhaltskontrolle einen konturierteren Kontrollmaßstab zur Verfügung stellt. Die bisher entwickelten Wertungen können aber über die von § 310 Abs 4 S 2 in Bezug genommenen »arbeitsrechtlichen Besonderheiten« in die Abwägung einfließen und sich zum Teil auch direkt in der Anwendung der Generalklausel des § 307 niederschlagen. **a) Einbeziehungskontrolle.** Erste Probleme bei der neu eröffneten Kontrolle von Allg Arbeitsbedingungen bereitet jedoch bereits die **Einbeziehungskontrolle**. § 305 Abs 2 verlangt für die Einbeziehung der AGB in den Vertrag einen Hinweis des Verwenders und eine Kenntnisnahmemöglichkeit seitens des Belasteten. Das von § 305 Abs 2 aufgestellte Erfordernis geht über den normalen Vertragsschlussmechanismus der §§ 145 ff hinaus, wonach es genügt, wenn die Willenserklärung des Verwendungsgegners den Erklärungsinhalt hat, dass die AGB Vertragsbestandteil sein sollen; ob er den Inhalt kannte oder überhaupt kennen konnte oder ob er darauf zuvor hingewiesen worden ist, ist unerheblich. § 305 Abs 2 schafft mithin einen zusätzlichen Schutz des Verwendungsgegners. Nach § 310 Abs 4 S 2 ist allerdings § 305 Abs 2 (daneben auch § 305 Abs 3) auf Arbeitsverträge nicht anzuwenden. Es fragt sich nun, welche Konsequenzen sich aus dieser gesetzlichen Ausn für Arbeitsverträge ergeben. Der RegE begründet die Unanwendbarkeit des § 305 Abs 2, 3 damit, dass der Arbeitgeber dem Arbeitnehmer bereits nach § 2 Abs 1 S 1 NachweisG die wesentlichen Vertragsbestimmungen auszuhändigen habe (BGBl I, 1995, S 946). Offenbar glaubte der Verfasser der Gesetzesbegründung, dass vor diesem Hintergrund kein Bedürfnis für die Anwendbarkeit der bes Einbeziehungsvorschriften der § 305 Abs 2, 3 bestehe. Diese Auffassung ist jedoch in mehrfacher Hinsicht verfehlt. Denn die Einbeziehungsvorschriften des § 305 Abs 2, 3 und das Nachweisgesetz verfolgen zum einen ganz unterschiedliche Zwecke und nehmen zum zweiten auch ganz verschiedene Rechtsfolgen in Aussicht. Eine Gesetzeskorrektur durch eine entspr Anwendung des § 305 Abs 2, 3 bleibt jedoch hinsichtlich des eindeutigen Wortlauts des Gesetzes verschlossen. Arbeitsrechtliche AGB können demnach nur nach allg Vertragsgrundsätzen (§§ 145 ff) Inhalt des Arbeitsvertrages werden (LAG Niedersachsen NZA-RR 2005, 401). Danach genügt auch eine konkludent zustande gekommene Vereinbarung. An diese sind jedoch gewisse Anforderungen zu stellen, so dass der Arbeitnehmer hinsichtlich der Einbeziehung arbeitsrechtlicher AGB trotz der Unanwendbarkeit des § 305 Abs 2, 3 nicht völlig schutzlos gestellt ist. Als konkludente Einverständniserklärung mit der Einbeziehung der AGB wird man die Annahme des Vertragsangebotes seitens des Arbeitnehmers nur sehen können, wenn der Arbeitnehmer entweder von den AGB Kenntnis genommen und ihnen nicht widersprochen hat oder wenn ihm erkennbar der Inhalt der AGB gleichgültig war. Vor diesem Hintergrund kann es auch zu einer konkludenten Inbezugnahme eines Tarifvertrages kommen (BAG vom 19.01.1999 – 1 AZR 606/98, AP zu § 1 TVG).

b) Vorrang der Individualabrede. Schon nach altem Recht war der in § 4 AGBG zum Ausdruck kommende 53 Grundsatz des »**Vorrangs der Individualabrede**« im Arbeitsrecht zur Anwendung gebracht worden (BAG NZA 1996, 249, 250). Dabei bezog man sich vor allem auf den allg Charakter dieser Aussage (BGHZ 49, 84, 86 f; 52, 30, 35; vgl auch BAGE 106, 345, 352). § 305b gilt im Arbeitsrecht aber auch nach der neuen Rechtslage. Etwaige »arbeitsrechtliche Besonderheiten« stehen seiner Heranziehung nicht im Wege (BAG NZA 2007, 801, 803).

c) Verbot der überraschenden Klausel. § 305c Abs 2 postuliert eine spezifische Auslegungsregel, welche an 54 nicht voll transparente Vertragsbedingungen anknüpft. »**Überraschend**« kann eine Klausel zum einen ihrem Inhalt nach, zum anderen aber auch nach ihrem äußeren Erscheinungsbild sein. Es kommt hier darauf an, dass eine entspr Klausel in dem gegebenen Vertragskontext nicht zu erwarten war, sie also vom »Üblichen« abweicht (BAG NZA 2007, 614, 615). Der Grundsatz, dass überraschende Klauseln nicht Vertragsbestandteil des Arbeitsvertrages werden, wurde in der Vergangenheit trotz der Bereichsausnahme in § 23 Abs 1 AGBG praktiziert (BGH NZA 1989, 101 f; BAGE 81, 317 ff; BAGE 96, 371, 375 f; BAG AP § 3 AGB-Gesetz Nr 1; BAG NZA 2001, 723, 724). An dieser Praxis hat sich bis heute nichts geändert. Dazu einige **Beispiele**: Die Vereinbarung von **Ausschlussklauseln** ist im Arbeitsrecht zwar nach der Rspr nicht als unüblich anzusehen, ihr überraschender Charakter kann sich aber aus der Redigierung des Vertragstextes ergeben, etwa dann, wenn sie unter einer falschen Überschrift »versteckt« werden (BAG NZA 2006, 324, 326). Sind Ausschlussklauseln dagegen in einem Runderlass des öffentlichen Arbeitgebers (auf den der Arbeitsvertrag deutlich Bezug nimmt) durch eigene Überschrift deutlich hervorgehoben und wird dieser Runderlass dem Arbeitnehmer ausgehändigt, so kommt § 305c Abs 1 nicht zur Anwendung (BAG ZTR 1995, 277, 278). Auch **Vertragsstrafen** wird man im Arbeitsleben nicht als unüblich bezeichnen können. Deshalb ist die Situation hier nicht anders zu beurteilen als bei den Ausschlussfristen: Der überraschende Charakter kann sich nur aus den Verhandlungen und der Gestaltung der Vertragsbedingungen ergeben. Behält sich der Arbeitgeber den **Widerruf von freiwilligen Sozialleistungen** oder ihre **Verrechnung mit Tariflohnerhöhungen** vor, so hat auch eine solche Klausel angesichts ihres Verbreitungsgrades nichts Unübliches an sich. Werden jedoch betriebsübliche Leistungen nach längerer Zeit mit einem Freiwilligkeits- oder Widerrufsvorbehalt an »versteckter Stelle« versehen, so stellt sich die Situation anders dar, da die Beschäftigten nicht damit rechnen, dass sich trotz der Weitergewährung der bisherigen Leistung etwas an den Bedingungen geändert haben könnte, zumal wenn dies nicht deutlich genug herausgestellt wird. Praktisch wird dieses Problem etwa dann, wenn der Vorbehalt an wenig sichtbarer Stelle in der Lohnabrechnung auftaucht. Jedenfalls bei Führungskräften sind auch **nachvertragliche Wettbewerbsverbote** übliche Bestandteile ihres Anstellungsvertrages. Ein normaler Arbeitnehmer braucht damit hingegen nicht zu rechnen. Hier wäre die Vereinbarung eines nachvertraglichen Wettbewerbsverbotes als »überraschend« zu qualifizieren. Dass hingegen bei Beendigung eines Arbeitsverhältnisses auch durch den normalen Arbeitnehmer eine sog **»Ausgleichsquittung«** unterschrieben wird, ist nichts Ungewöhnliches. Allerdings kann ihr Inhalt bes weit gehen und deshalb für den Arbeitnehmer nicht voraussehbar sein. Virulent wird dieses Problem etwa dann, wenn der Arbeitnehmer in der Klausel der Ausgleichsquittung auf noch »unbekannte Ansprüche« verzichtet (LAG Berlin LAGE § 4 KSchG Ausgleichsquittung Nr 3). Geht der Verzicht weiter als üblich, kann dies ein »Überraschungsmoment« indizieren. Die arbeitsvertragliche **Verweisung auf den einschlägigen Tarifvertrag** ist weit verbreitet. Ungewöhnlich ist demggü, wenn auf einen branchen- oder ortsfremden Tarifvertrag verwiesen wird. Wird in einem vorformulierten Arbeitsvertrag vorgesehen, dass schon am ersten Tag der krankheitsbedingten Arbeitsunfähigkeit ein ärztliches Zeugnis vorzulegen ist, so ist eine solche Klausel nach Auffassung des BAG nicht »überraschend« (BAG DB 1998, 580).

55 **d) Unklarheitenregel.** Bleiben bei Anwendung der im Einzelnen darzustellenden Auslegungsmethoden Zweifel über den Inhalt einer im Arbeitsvertrag einbezogenen Klausel bestehen, so gebietet § 305c Abs 2, die dem Arbeitnehmer günstigste Lösung zu wählen. Da die Unklarheitenregel Ausdruck eines allg Rechtsgedankens ist, bestehen keine »Besonderheiten des Arbeitsrechts« im Sinne des § 310 Abs 4 S 2, die eine arbeitsrechtliche Modifizierung nahe legen könnten (MüKo/*Basedow* § 310 Rn 92). **Beispiele:** Bedeutung erlangt die Unklarheitenregel etwa bei bestehenden **Zweifeln über den Umfang einer Verweisung auf den Tarifvertrag**. Hier ist zugunsten des Arbeitnehmers stets von einer »dynamischen Verweisung« auszugehen. Damit kommt es zu einer automatischen Anpassung der Vertragsbestimmungen, die ja im Regelfall für den Arbeitnehmer von Vorteil ist (Palandt/*Weidenkaff* Einf vor § 611 Rn 75c). Ferner ergibt sich aus der Unklarheitenregel, dass ein **Widerrufsvorbehalt**, soll er nicht zu Lasten des Arbeitgebers nur eingeschränkt gelten, klar formuliert sein muss. Gleiches gilt für **Versorgungszusagen**. Wird bspw in einer Versorgungszusage eine frühere Betriebszugehörigkeit »angerechnet«, so betrifft dies mangels abweichender (klarstellender) Erklärung nicht nur die Höhe der Rente, sondern auch die Unverfallbarkeit (BAG AP § 1 BetrAVG Nr 6; bestätigt durch BAG AP § 1 BetrAVG Nr 12). Wird eine **Invalidenrente** zugesagt, gleichzeitig jedoch auf eine RL zu einer Rückdeckungsversicherung Bezug genommen, die diese Leistung nicht vorsieht, so kann der Arbeitnehmer bezogen auf § 305c Abs 2 auch im Fall der Invalidität Ansprüche geltend machen (BAG AP § 242 BGB Ruhegehalt Nr 160). Ein relativ weites Anwendungsfeld hat die Unklarheitenregel überdies im Bereich der **Befristung** gefunden, denn ob im Einzelfall ein unbefristetes Arbeitsverhältnis mit vorgeschalteter Probezeit oder ein befristetes Probearbeitsverhältnis vereinbart ist, kann mangels eindeutiger Absprachen zweifelhaft sein. In solchen Zweifelsfällen ist zugunsten des Arbeitnehmers im Hinblick auf § 305c Abs 2 von einem unbefristeten Arbeitsverhältnis auszugehen (BAG NJW 1982, 1172).

56 **e) Inhaltskontrolle.** Hinsichtlich der nach der Einbeziehungskontrolle anzustellenden Inhaltskontrolle arbeitsrechtlicher AGB gilt generell der Grundsatz der Anwendbarkeit der §§ 307 ff, allerdings mit gebotenem Augenmaß in Bezug auf »arbeitsrechtliche Besonderheiten«. Die Anwendung der allg gehaltenen Generalklauseln der §§ 242, 315 ist durch das neue Recht breitflächig »abgedrängt worden«, was schon aus Gründen der Rechtsklarheit und -vorhersehbarkeit zu begrüßen ist. Die besondere Interessenlage im Arbeitsrecht kann nach den Vorstellungen des Gesetzgebers (vgl dazu die Gegenäußerung der BReg zur Stellungnahme des BR, BTDrs 14/6857, S 54) insbes im Bereich der Klauselverbote ohne Wertungsmöglichkeit zu einer Andersbetrachtung führen. Bei den Klauselverboten mit Wertungsmöglichkeiten müssen die Besonderheiten des Arbeitsrechts bereits über die in § 308 selbst vorgesehene differenzierende Betrachtung einfließen. **aa) § 307 als Ausgangspunkt und Auffangnorm. § 307** legt einen abstrakt **Maßstab und Rechtsfolge für die Inhaltskontrolle** fest, erlangt aber vor allem als **Auffangtatbestand** für die in den §§ 309, 308 nicht geregelten Fälle einer unangemessenen Benachteiligung Bedeutung. Besondere Relevanz kann § 307 Abs 1 S 1 im Arbeitsrecht etwa im Zusammenhang mit **vorformulierten Rückzahlungsklauseln** erlangen. Der maßgebliche Gesichtspunkt bei der Interessenabwägung, der die Bindungsdauer ausdehnen oder einschränken kann, ist hier der vom Arbeitnehmer erlangte geldwerte Vorteil in Gestalt der erlangten Qualifizierung (BGH NJW 1977, 973; BAG NZA 1996, 314, 316). Es handelt sich insofern um den Gesichtspunkt der »Kompensation«. Eine Kostenbeteiligung in Form einer Rückzahlung bei Beendigung des Vertragsverhältnisses ist dem Arbeitnehmer umso mehr zuzumuten, je größer der mit der Fortbildung verbundene berufliche Vorteil für ihn ist (BAG NZA 1992, 211) und je weniger dieser dem Arbeitgeber in der Weise zugute kommt, dass sich die getätigte Investition bei ihm amortisiert (BAG NZA 1994, 835, 836; BAG NZA 1994, 937; BAG NZA 2006, 542, 543 f). Im Hinblick auf das für angemessen erachtete **Verhältnis von Fortbildungsdauer und Bindungsdauer** hat das BAG für den Regelfall folgende Orientierung gegeben: Soweit ein Lehrgang bis zu einem Monat gedauert hat, kommt eine Bindung des Arbeitnehmers bis zu sechs Monaten in Betracht (BAG DB 2003, 887). Von einer Lehrgangsdauer von bis zu zwei Monaten ohne Verpflichtung zur Arbeitsleistung kann idR höchstens eine einjährige Bindung erwartet werden (BAG NZA 1994, 835, 836). Eine Ausbildung über drei Jahre, bei der etwa ein Viertel der Arbeitszeit ausfällt, kann eine zweijährige Bindung

rechtfertigen (BAG NZA 2006, 542, 544). Eine Lehrgangsdauer von sechs Monaten bis zu einem Jahr ohne Arbeitsverpflichtung rechtfertigt im Regelfall keine längere Bindung als drei Jahre (BAG AP zu § 611 BGB Ausbildungshilfe Nr 6; BAG NZA 1984, 288). Bei einer mehr als zweijährigen Dauer der Fortbildung ohne Arbeitsleistung hat das BAG eine Bindungsdauer von fünf Jahren für zulässig gehalten (BAG AP zu § 611 BGB Ausbildungsbeihilfe Nr 1; BAG AP zu § 611 BGB Ausbildungsbeihilfe Nr 4). Hinsichtlich der **Höhe** des vom Arbeitgeber rechtmäßig in einer AGB-Klausel einforderbaren **Rückzahlungsbetrages** verlangt das BAG weiter die Einhaltung zweier Grenzen: Zum einen kann der Arbeitgeber höchstens den Betrag zurückverlangen, den er selbst aufgewendet hat (BAG NZA 2006, 542, 544). Wird der Betrag überschritten, handelt es sich nicht um eine Rückzahlungsverpflichtung, sondern um eine Vertragsstrafe. Sie dürfte dann iA überraschend sein und müsste iÜ den Anforderungen der Inhaltskontrolle von Vertragsstrafen genügen (vgl dazu § 309 Nr 6). Wird die Grenze des durch den Arbeitgeber getätigten Aufwandes durch die Rückzahlungsklausel nicht überschritten, kann der geforderte Betrag trotzdem unangemessen sein, wenn keine zeitanteilige Staffelung stattfindet. Die Wirksamkeit der Rückzahlungsklausel hängt sodann von der Angemessenheit des in Bezug genommenen Grundes für die Beendigung des Arbeitsverhältnisses ab. Die Anknüpfung an eine betriebsbedingte (aus der Sphäre des Arbeitgebers herrührende) Kündigung ist stets unangemessen (BAG BB 2006, 2134, 2136; BAG NJW 1999, 443). Bei der personenbedingten Kündigung stellt sich die Frage, wer das Risiko für die Nichtverwertbarkeit der Zusatzqualifikation tragen soll. Angesichts dessen, dass das BAG (NZA 2004, 1035, 1036; BB 2006, 2134, 2136) für die Angemessenheit einer Rückzahlungsklausel verlangt, dass es der Arbeitnehmer durch eigene Betriebstreue in der Hand haben muss, der Belastung durch die Rückzahlungspflicht zu entgehen, spricht hier einiges dafür, das Risiko der krankheitsbedingten Nichtverwertbarkeit dem Arbeitgeber aufzubürden. Lediglich im Fall der verhaltensbedingten Kündigung ist es angemessen, dem Arbeitnehmer eine Rückzahlungspflicht aufzuerlegen. Nach der Rspr des BAG ist die Rückzahlungsverpflichtung des Weiteren nur wirksam, wenn sie vor Beginn der Fortbildungsmaßnahme eingegangen wurde (BAG AP zu § 611 BGB Ausbildungshilfe Nr 5). In seiner bisherigen Rspr hat das BAG Rückzahlungsklauseln, die den Arbeitnehmer unangemessen benachteiligen, einer **geltungserhaltenden Reduktion** unterworfen. Anstatt die Unwirksamkeit der Klausel festzustellen, hat das BAG sie auf das zulässige Maß zurückgeführt (BAG NZA 1994, 937; BAG NZA 2004, 1035). Mit seiner neueren Rspr vollzieht das **BAG** in diesem Punkt jedoch eine **Kehrtwendung**. Das Verbot der geltungserhaltenden Reduktion ist nach dem neuen Recht grds auch auf vorformulierte Klauseln in Arbeitsverträgen anzuwenden, und zwar in denselben Grenzen, wie es bei anderen Verträgen der Fall ist, so dass § 310 Abs 4 S 2 keine Ausn rechtfertigt (BAG AP zu § 309 BGB Nr 3; BAG AP zu § 310 Nr 1; BAG NZA 2006, 149, 153; BAG NZA 2006, 1042).

bb) Ausschlussfristen. In vielen Tarif- und Arbeitsverträgen finden sich **Ausschlussklauseln**, die die Gel- 57
tendmachung vertraglicher Rechte an die Einhaltung – von zT sehr kurzen – **Fristen** knüpfen. Eine Inhaltskontrolle dieser Klauseln im Hinblick auf ihre eventuelle Unangemessenheit findet nur statt, wenn sich die Ausschlussfrist in einem Formulararbeitsvertrag befindet. Bei Ausschlussfristen in Tarifverträgen scheitert eine Inhaltskontrolle an § 310 Abs 4 S 1, was im Ergebnis der bisherigen Rechtslage entspricht (BAG AP zu § 1 TVG Tarifverträge: Bau Nr 226). Bei einer einzelvertraglichen Bezugnahme auf eine tarifvertragliche Ausschlussfrist scheidet eine Inhaltskontrolle nach § 310 Abs 4 ebenfalls aus, sofern es sich um eine Globalverweisung auf einen einschl Tarifvertrag handelt. Unangemessen im Sinne von § 307 Abs 1 S 1 sind Ausschlussklauseln jenseits eines etwaigen tarifvertraglichen Geltungsgrundes, wenn die Ausschlussfrist unabhängig von der Kenntnis oder grob fahrlässigen Unkenntnis zu laufen beginnt, da dies dem Leitbild der neuen Verjährungsregelung (§ 199 I Nr 2) widerspricht. Unzulässig, weil unangemessen, sind weiter einseitige Ausschlussfristen, die nur zu Lasten des Arbeitnehmers Geltung beanspruchen. Zweiseitige, also für beide Vertragsteile geltende Ausschlussfristen, werden grundsätzlich als zulässig angesehen, allerdings kann ihre zeitliche Länge (besser: »Kürze«) eine unangemessene Benachteiligung begründen. Das BAG hielt nach der alten Rechtslage eine Ausschlussfrist von einem Monat unter Verweis auf die zahlreichen kurzen tarifvertraglichen Ausschlussfristen und auf die kurzen Fristen im Kündigungsrecht für gerechtfertigt (BAGE 96, 371 ff = NZA 2001, 723). Diese Rspr wird nach der Schuldrechtsreform nicht mehr aufrecht zu halten sein (LAG Köln BB 2005, 672, wonach eine Ausschlussfrist von vier Wochen unwirksam ist). In der Lit wird häufig die Grenze von drei Monaten gezogen. Die Zulässigkeit kürzerer Ausschlussfristen wird nur noch vereinzelt vertreten.

cc) Beachtung des Transparenzgebots. Im Arbeitsrecht ist das in § 307 Abs 1 S 2 beschriebene Transparenz- 58
gebot ohne jede Einschränkung zu beachten. »Arbeitsrechtliche Besonderheiten«, die eine andere Bewertung im Sinne des § 310 Abs 4 S 2 rechtfertigen würden, bestehen nicht (BAG NJW 2005, 1820; BAG NZA 2005, 1053; BAG NZA 2006, 324, 328; BAG NZA 2007, 87, 89). Der Mangel der Klarheit einer insoweit indizierten Klausel kann darin bestehen, dass der Text der Klausel sprachlich nicht verständlich ist oder dass er die Rechte und Pflichten der Parteien bzw die Vertragsfolgen nicht hinreichend deutlich beschreibt. Zudem gilt: Sowohl durch ihre inhaltliche als auch durch ihre formale Ausgestaltung müssen AGB-Klauseln die wirtschaftlichen Folgen des Vertrags für den Vertragspartner so deutlich darstellen, wie es nach den Umständen gefordert werden kann. Dazu einige **Beispiele:** Vor dem Hintergrund des Transparenzgebotes müssen sog **»Anrechnungsklauseln«** deutlich machen, dass im Fall einer Erhöhung des tariflichen Entgelts eine übertarifliche Zulage bis zur Höhe der Tarifsteigerung gekürzt werden kann. Das BAG hielt jedoch eine Klausel mit

dem Inhalt »anrechenbare betriebliche Ausgleichszulage« bislang für klar und verständlich (BAG NZA 2006, 746, 749; BAG NZA 2006, 688, 689). Es begründete seine Auffassung damit, dass Anrechnungsvorbehalte bei arbeitsvertraglichen Vergütungsabreden seit Jahrzehnten üblich sind, was als Besonderheit des Arbeitsrechts gem § 310 Abs 4 S 2 zu berücksichtigen sei, so dass an das Transparentsgebot in dieser Hinsicht keine zu hohen Anforderungen zu stellen sind. In **Ausgleichquittungen** ist des Weiteren klarzustellen, welche Ansprüche weshalb erledigt werden sollen; der Arbeitnehmer muss die Bedeutung der Klausel zumindest aus den Begleitumständen anlässlich der Unterzeichnung eindeutig erkennen können, sonst ist sie ggf als »überraschend« einzustufen. Str ist, ob vorformulierte Ausgleichsquittungen iÜ »benachteiligend« und damit unwirksam gem § 307 Abs 1 S 1 sind, wenn der Nachteil einer Verzichtserklärung des Arbeitnehmers, etwa bei einem Klageverzicht, nicht durch eine Gegenleistung des Arbeitgebers kompensiert wird. Die Rspr tendiert dahin (LAG Hamburg NZA-RR 2005, 151, 153; LAG Schleswig-Holstein NZA-RR 2004, 74, 75; LAG Düsseldorf DB 2005, 1463, 1465). **Ausschlussfristen** erfordern angesichts des Transparenzgebots einen Hinweis auf die Rechtsfolge des Verfalls des Anspruchs bei nicht rechtzeitiger Geltendmachung (BAG NZA 2006, 324, 326). Zu seiner Wirksamkeit muss auch ein **Widerrufsvorbehalt** klar und eindeutig formuliert sein (LAG Hamm NZA-RR 2006, 127). Für den Widerrufsvorbehalt ist diese Vorgabe insoweit konkretisiert worden, dass die widerrufliche Leistung nach Art und Höhe eindeutig angegeben und die Widerrufsgründe (wirtschaftliche Verhältnisse, Leistung oder Verhalten des Arbeitnehmers) zu benennen sind (BAG NJW 2005, 1820). Eine Klausel, wonach im Fall der Freistellung des Arbeitnehmers nach Kündigung diese Zeit auf einen »etwa bestehenden **Urlaubsanspruch angerechnet**« wird, ist nach der Rspr noch hinreichend klar und verständlich (LAG Köln NZA-RR 2006, 342 f). Stichtagsregelungen bei Sonderzahlungen sind jedoch präzise zu fassen (LAG Hessen AuA 2006, 362 f). Bei **Vertragsstrafeklauseln** erfordert das dem Transparenzgebot entspringende Bestimmtheitsgebot, dass nicht nur die zu leistende Strafe, sondern auch die auslösende Pflichtverletzung so klar bezeichnet wird, dass sich der Arbeitnehmer in seinem Verhalten darauf einstellen und erkennen kann, was ggf auf ihn zukommt (BAG NZA 2005, 1053, 1055; BAG NZA 2006, 34, 36 f). Die Formulierung »schuldhaft vertragswidriges Verhalten« genügt dieser Anforderung nicht (BAG NZA 2005, 1053, 1055). Ungenügend, weil nicht hinreichend bestimmt, ist auch eine Vertragsklausel, wonach bei Verstößen gegen Vertragspflichten Vertragsstrafen gem § 315 festgesetzt werden können (LAG Düsseldorf v 01.03.2006, Az 4 Sa 1568/05). Das BAG hielt es allerdings für hinreichend, dass ein »gravierender Vertragsverstoß« durch eine beispielhafte Aufzählung konkretisiert wird (BAG NZA 2006, 34, 36 f). Formularmäßig gefasste nachvertragliche **Wettbewerbsverbote** müssen ihren Umfang ebenfalls klar und verständlich erkennen lassen (LAG Niedersachsen NZA-RR 2006, 426, 427). Das Bestimmtheits- und Konkretisierungsgebot nach § 307 Abs 1 S 2 erlangt im Arbeitsrecht überdies eine bes Bedeutung bei sog »**Flexibilisierungsklauseln**«, vor allem bei **einseitigen Leistungsbestimmungsrechten**. In diesem Zusammenhang ist zu konstatieren, dass dem Vertragspartner mit einer noch so klar formulierten Klausel nicht gedient ist, wenn sich der Verwender darin ein weitgehendes und nicht hinreichend konkretisiertes Ermessen vorbehält, auf Grund dessen er nach Vertragsschluss auf die konkrete Ausgestaltung der Rechte und Pflichten einwirken und das Äquivalenzverhältnis nachträglich zu seinen Gunsten verändern kann. Derartige Klauseln verstoßen gegen das Transparenzgebot, da die Rechte und Pflichten der Parteien nicht klar erkennbar sind. Unsicher ist, unter welchen Voraussetzungen sog »**Arbeitsabrufklauseln**« dem Transparenzgebot, insbes dem Bestimmtheits- und Konkretisierungsanfordernis genügen. Das BAG hat hierzu bislang noch keine Aussagen getroffen. Erforderlich ist zumindest die bestimmte Angabe des Umfangs der abrufbaren Arbeitszeit und der Auswirkungen auf die Vergütung, es empfiehlt sich auch die Festlegung einer angemessenen Ankündigungsfrist von mindestens vier Tagen entspr § 12 Abs 2 TzBfG. Schon bislang hielt es das BAG – vorbehaltlich etwaiger Mitbestimmungsrechte des Betriebsrats – für grds zulässig, dass der Arbeitgeber ermächtigt wird, Kurzarbeit mit entspr Entgeltminderung einzuführen (BAG AP zu § 56 BetrVG Arbeitszeit Nr 2; BAG AP zu § 615 BGB Kurzarbeit Nr 1). Allerdings wäre eine Klausel, die dem Arbeitgeber ohne jede Vorgabe und Einschränkung die Einführung von **Kurzarbeit** überlässt, wegen eines Eingriffs in den kündigungsschutzrechtlichen Kernbereich des Arbeitsverhältnisses unzulässig. Dies hat das BAG zwar nur für die Zulässigkeit einer entspr Tarifvertragsklausel entschieden (BAG NZA 1995, 134; BAG NZA 1995, 1064, 1066), es muss aber auch (wegen der höheren Richtigkeitsgewähr des Tarifvertrages »erst recht«) für einzelvertragliche Klauseln gelten. Daher ist jedenfalls eine AGB-Klausel, die den Arbeitgeber zur einseitigen Einführung von Kurzarbeit ermächtigt, nur dann als angemessen im Sinne von § 307 Abs 1 anzusehen, wenn die vom Gesetz selbst in § 169 SGB III aufgestellten Voraussetzungen für die Zahlung von Kurzarbeitergeld erfüllt sind. Dem Transparenzgebot ist Genüge getan, wenn diese Voraussetzungen in der Klausel stichwortartig angegeben werden.

59 **dd) Klauselverbote mit Wertungsmöglichkeiten.** Unterliegt eine vorformulierte Vertragsklausel im Arbeitsvertrag der Inhaltskontrolle, so ist sie zunächst an den **bes Klauselverboten der §§ 309, 308** zu messen. Die Klauselverbote ohne Wertungsmöglichkeit, die zunächst zu untersuchen sind, sind jetzt in § 309 enthalten. § 308 statuiert hingegen Verbote einzelner Klauseln mit Wertungsmöglichkeit. Das bedeutet, dass die Anwendungsfälle des § 308 nicht in wohldefinierten Regeln festgelegt sind, sondern dass die Anwendung der Unwirksamkeitsfolge des § 308 in jedem Fall von einer Wertung abhängt. Für das Arbeitsrecht ist jedoch eigentlich nur *eine* Klausel des § 308 von Bedeutung, nämlich § 308 Nr 4. Darin wird das grundsätzliche **Ver-**

bot eines einseitigen, in AGB formulierten Änderungsvorbehaltes beschrieben. In der Vergangenheit maß das BAG die Wirksamkeit von Veränderungs- und Widerrufsvorbehalten an den §§ 134, 138 (BAG AP § 620 Nr 5 Teilkündigung; BAG NZA 1993, 1091; BAG NZA 1996, 603). Im Arbeitsrecht sind derartige Vorbehalte auf Grund der langfristigen Anlage des Arbeitsverhältnisses nichts Ungewöhnliches. Ua vollzieht sich über sie der stete Bedarf an Anpassung, der in einem Dauerschuldverhältnis, wie dem des Arbeitsverhältnisses, naturgemäß besteht (BAG NZA 2007, 87, 89; BAG NZA 2005, 465, 467). Änderungsvorbehalte sind darüber hinaus aber freilich auch ein Pendant zum Kündigungsschutz (MüKo/*Basedow* § 310 Rn 94). Die beiden grundlegenden Prinzipien der »Anpassung« und des »Kündigungsschutzes« stellen die hier in die Wertung einzubeziehenden überragenden »Besonderheiten des Rechts der Arbeitsverhältnisse« dar. Unter diesen Gesichtspunkten empfiehlt es sich, § 308 Nr 4 als durch die »Besonderheiten des Arbeitsrecht« modifizierbar anzusehen. **Beispiele:** Bedeutsam wird der Änderungsvorbehalt ua im Zusammenhang mit einem **Widerrufsvorbehalt.** Von einem »Widerruf« kann man sprechen, wenn ein Anspruch entstanden ist, aber durch einen Widerruf wieder zum Erlöschen gebracht werden soll. Abzugrenzen ist der Widerrufsvorbehalt vom Freiwilligkeitsvorbehalt. Letzterer soll von Anfang an die Entstehung des Anspruches hindern und dem Arbeitgeber die Möglichkeit belassen, jedes Mal neu über die Gewährung der freiwilligen Leistung zu entscheiden. Widerrufsvorbehalte beziehen sich idR auf Geldleistungen des Arbeitgebers oder auf geldwerte Vorteile mit Sachbezug, etwa die Überlassung eines Dienstwagens zur privaten Nutzung. Da durch einen Widerrufsvorbehalt (anders als durch einen Freiwilligkeitsvorbehalt) ein bereits bestehendes Vertrauen wieder beseitigt wird, sind an ihn – trotz seiner grundsätzlichen Zulassung – verschärfte Anforderungen zu stellen. Klar ist, dass ein Widerruf einer Leistung nur für die Zukunft zugelassen werden kann, ein Vorbehalt rückwirkenden Widerrufs ist unzulässig (BAG AP zu § 611 BGB Gratifikation Nr 75). Ebenso wie andere einseitige Leistungsbestimmungsrechte bzw Änderungsvorbehalte unterzieht das BAG auch vorformulierte Widerrufsvorbehalte iÜ einer zweistufigen Prüfung: zunächst erfolgt eine **Angemessenheitskontrolle** anhand der §§ 308 Nr 4, 307, anschließend eine **Ausübungskontrolle im Einzelfall** gem § 315 BGB, § 106 GewO (BAG NZA 2007, 87, 90; BAG NZA 2005, 465, 469). Innerhalb der Angemessenheitskontrolle wird anhand der §§ 308 Nr 4, 307 geprüft, ob die Widerrufsklausel wirksam vereinbart wurde. Gem §§ 308 Nr 4, 307 ist der Widerrufsvorbehalt unwirksam, weil unangemessen, wenn die Vereinbarung unter Berücksichtigung der beiderseitigen Interessen für den Arbeitnehmer unzumutbar ist. Zumutbar ist der Widerruf nur dann, wenn er nicht grundlos erfolgt. Der Widerruf steht mithin nicht in völlig freiem Ermessen des Arbeitgebers. Außerdem muss der konkrete Widerrufsgrund zuvor benannt werden (BAG NZS 2007, 87, 89; BAG NZA 2005, 465, 467). IÜ wird verlangt, dass er nicht in den Kernbestand des Austauschverhältnisses eingreift. Das BAG hat unter Rückgriff auf frühere Grundsätze insoweit zumindest für den Regelfall präjudizielle Grenzen aufgezeigt, indem es feststellte, dass ein Widerruf zulässig sei, soweit der widerrufliche Anteil am Gesamtverdienst unter 25 bis 30 % liege und der Tariflohn nicht unterschritten werde (BAG NZA 2005, 465, 467). Diese Grenze (25 % für im Gegenseitigkeitsverhältnis stehende Leistungen, 30 % für nicht unmittelbar im Gegenseitigkeitsverhältnis stehende Leistungen, vgl dazu BAG NZA 2007, 87, 89) gilt auch für nichttariflohnunterworfene Arbeitnehmer, maßgeblich ist dann das regelm Entgelt (BAG DB 2007, 1253 ff). Auf der zweiten Prüfungsebene kontrolliert das BAG, ob die Ausübung des Widerrufs der Billigkeit gem § 315 BGB, § 106 GewO entspricht (BAG NZA 2007, 87, 90; BAG NZA 2005, 465, 469). Die Ausübung des Widerrufs kann hier etwa dahingehend überprüft werden, ob der Widerruf gegen den Gleichbehandlungsgrundsatz verstößt. Allerdings hat diese Prüfungsebene ggü der zuvor anzustrengenden Angemessenheitskontrolle eine weit weniger große praktische Bedeutung. § 308 Nr 4 spielt als Kontrollmaßstab zudem bei sog »**Anrechnungsklauseln**« eine gewisse Rolle. Mit ihrer Vereinbarung behält sich der Arbeitgeber eine spätere Anrechnung einer Lohnerhöhung im Tarifvertrag als auf den überbetrieblich gezahlten Lohn »anrechenbar« vor. Hinsichtlich der Inhaltskontrolle von Anrechnungsklauseln ist zu unterscheiden: Bezieht sich die Anrechnungsklausel auf Leistungen, mit denen der Arbeitgeber keinen bes Zweck verfolgt, liegt lediglich eine Bruttolohnabrede und damit eine preisbestimmende Klausel vor, die nicht an der Inhaltskontrolle nach § 308 Nr 4, sondern nur am Transparenzgebot gem § 307 Abs 1 S 2 zu messen ist (BAG NZA 2006, 746, 748). Erstreckt sich die Anrechnungsklausel hingegen auf bes zweckbestimmte Leistungen, etwa Funktions- Erschwernis- und Leistungszulagen, weicht ein Anrechnungsvorbehalt von dem Grundsatz ab, dass die im Gegenseitigkeitsverhältnis stehenden Leistungen nicht einseitig – und ohne jede Grenzziehung – geändert werden dürfen. Trotzdem ist der Anrechnungsvorbehalt idR nach § 308 Nr 4 zumutbar, weil sich die vertraglich durch den Arbeitgeber zugesagte Gesamtleistung nicht verringert (BAG NZA 2006, 746, 784; BAG NZA 2006, 1170, 1171). Hierdurch unterscheidet sich der Anrechnungsvorbehalt vom Widerrufsvorbehalt, was bei der Inhaltskontrolle zu berücksichtigen ist. Eine **Teilkündigung einzelner Arbeitsbedingungen** ist grds unzulässig, da sie das vereinbarte Verhältnis von Leistung und Gegenleistung aufheben würde. Zulässig ist eine Teilkündigung aber, wenn sie vertraglich wirksam vorbehalten wurde. Der vertragliche Vorbehalt einer Teilkündigung bestimmter Arbeitsbedingungen ist in der Sache nach ein Widerrufsvorbehalt mit Ankündigungsfrist (BAG NZA 1991, 377). Daher behandelt das BAG (AP zu § 620 BGB Teilkündigung Nr 5; BAG AP zu § 315 BGB Billigkeitskontrolle Nr 4; BAG NZA 1991, 377) die Teilkündigung bestimmter Arbeitsbedingungen zur Recht als Widerrufsvorbehalt; Prüfungsmaßstab ist auch hier §§ 308 Nr 4, 307 I.

60 ee) **Klauselverbote ohne Wertungsmöglichkeiten.** Die in § 309 geregelten Klauselverbote ohne Wertungsmöglichkeiten sind ausweislich der Gesetzesbegründung nur anzuwenden, wenn die »Besonderheiten im Arbeitsrecht« einer Anwendbarkeit nicht im Wege stehen. Die Besonderheiten des Arbeitsrechts gebieten aber gerade hier sehr häufig abweichende Wertungen (MüKo/*Basedow* § 310 Rn 95). **Beispiele:** Von Bedeutung ist in diesem Zusammenhang etwa die Entscheidung des BAG (NZA 2004, 727, 731; so schon früher: BAGE 46, 50 ff), wonach dass **Vertragsstrafenverbot** des § 309 Nr 6 im Arbeitsrecht nicht gilt. Dies rechtfertigt sich vor dem Hintergrund des § 888 Abs 3 ZPO. Danach fehlt die Möglichkeit, die Verpflichtung zur Arbeitsleistung zu vollstrecken. Es besteht mithin gerade im Arbeitsrecht (zum Schutz der berechtigten Interessen des Arbeitgebers) ein Bedürfnis für ein anderes Sanktionsinstrument, das typischerweise in einer vereinbarten Vertragsstrafe gesehen werden kann (BAG NZA 2004, 727, 731 f; BAG NZA 2005, 1053, 1054). Eine arbeitsrechtliche Andersbetrachtung ist auch im Hinblick auf § 309 Nr 7 geboten. Denn es macht im Arbeitsrecht wenig Sinn, das Verbot der formularmäßigen **Freizeichnung von der Haftung für grobes Verschulden** für beachtlich zu halten, wenn bereits die Grundsätze zum innerbetrieblichen Schadensausgleich einen eigenen arbeitsrechtlichen Haftungsmaßstab festlegen, der zum Schutz des Arbeitnehmers jeglicher Vereinbarung (egal, ob in AGB-Form getroffen oder nicht) vorgeht (Palandt/*Weidenkaff* Einf vor § 611 Rn 75c). Auch das Klauselverbot des § 309 Nr 9 hinsichtlich der **Regelung der vertraglichen Bindungszeit** geht an der Interessenlage der Parteien des Arbeitsverhältnisses vorbei. Um den Kündigungsschutz im Arbeitsrecht vor einer Umgehung zu bewahren, hat die arbeitsrechtliche Rspr bekanntlich schon die Befristung von Arbeitsverträgen als solche entgegen § 620 dadurch einzudämmen versucht, dass sie einen sachlichen Grund für die Befristung verlangte (BAGE 10, 65 ff). Diese Wertung ist spezialgesetzlich in die §§ 14, 15 TzBfG eingeflossen und als solche vorrangig zu berücksichtigen. Nicht in das Arbeitsrecht übertragen lässt sich überdies die Wertung des § 309 Nr 10. Die insoweit gesetzliche Vorrangregelung für das Arbeitsverhältnis beinhaltet § 613a. § 309 Nr 10 hat den Sinn, den Unternehmer generell daran zu hindern, sich durch AGB-Klauseln die Übertragung des Vertrages auf Dritte vorzubehalten. Im Arbeitsrecht kommt es hingegen in Folge des Betriebsübergangs zum Schutz des Arbeitnehmers regelm zu einem Übergang des Vertragsverhältnisses auf den Betriebserwerber.

61 **C. Prozessuales.** Auf die Erfüllung der Dienstpflicht kann geklagt werden. Soweit es sich um ein Arbeitsverhältnis handelt, ist nach dem ArbGG der Rechtsweg vor den Arbeitsgerichten eröffnet. Bei vertretbaren Dienstleistungen richtet sich die Zwangsvollstreckung nach § 887 ZPO, ansonsten ist § 888 II ZPO einschlägig. Leistungsverweigerungsrechte des Arbeitnehmers sind teils von Amts wegen (§ 275 I), teils auf Einrede zu beachten (§ 275 II, III). Das Urteil kann eine – nach freiem Ermessen zu bestimmende – Entschädigung festsetzen (§ 61 II ArbGG). Zum Anspruch auf Unterlassung vertragswidriger Tätigkeit vgl BGH NJW-RR 1988, 353. Zu Besonderheiten bei Kündigungen (von Arbeitnehmern) s §§ 620 ff.

§ 611a Geschlechtsbezogene Benachteiligung. *(aufgehoben)*

§ 611b Arbeitsplatzausschreibung. *(aufgehoben)*

1 § 611a und § 611b wurden durch Art 3 Abs 14 des Gesetzes zur Umsetzung der europäischen RL zur Verwirklichung der Gleichbehandlung vom 14.08.2006 (BGBl 2006 I, 1897) mit Wirkung zum 18.08.2006 aufgehoben. Die in Konkretisierung des Gleichbehandlungsgrundsatzes auf Grund der EG-RL 76/207/1980 eingeführten und mehrmals novellierten Vorschriften verboten geschlechtsbezogene Benachteiligungen bei Ausschreibung (§ 611b), Begründung, Ausgestaltung und Beendigung von Arbeitsverhältnissen (§ 611a). Sie sind heute Bestandteil des am 18.08.2006 in Kraft getretenen **Allg Gleichbehandlungsgesetzes** (AGG, vgl dazu die Kommentierung von *Benedict* am Anfang des Kommentars). Über die früheren §§ 611a und b dehnt nunmehr Art 7 AGG den zuvor weitgehend auf das Verbot geschlechtsspezifischer Benachteiligung beschränkten Diskriminierungsschutz im Arbeitsrecht erheblich aus. Verboten sind nunmehr auch Diskriminierungen hinsichtlich Rasse, ethnischer Herkunft, Religion und Weltanschauung, Behinderung, Alters oder sexueller Identität. Mit dem Erlass des AGG wurden in jahrelanger Verspätung vier Antidiskriminierungsrichtlinien ins deutsche Recht umgesetzt. Die Pflicht zu diskriminierungsfreier Ausschreibung (früher § 611b) ergibt sich nunmehr aus Art 11 AGG. Die bisherige Entschädigungsregelung für die geschlechtsbezogene Diskriminierung (§ 611a) fand Eingang in Art 15 AGG, dort allerdings nur in modifizierter Form. Denn nunmehr soll die Haftung des Arbeitgebers von seinem Verschulden abhängen, was in mehrfacher Hinsicht gegen die Vorgaben der EU-RL verstößt (vgl dazu Hk-BGB/*Eckert* §§ 611a-611b Rn 1).

§ 612 Vergütung. **[1] Eine Vergütung gilt als stillschweigend vereinbart, wenn die Dienstleistung den Umständen nach nur gegen eine Vergütung zu erwarten ist.**
[2] Ist die Höhe der Vergütung nicht bestimmt, so ist bei dem Bestehen einer Taxe die taxmäßige Vergütung, in Ermangelung einer Taxe die übliche Vergütung als vereinbart anzusehen.

A. Allgemeines. § 612 gilt für alle Dienstvereinbarungen, einschließlich solcher mit Geschäftsbesorgungscharakter. Sonderregelungen bestehen in den §§ 87, 87b Abs 1 HGB für Handelsvertreter und in §§ 17 ff BBiG für Ausbildungsverhältnisse. Die Regelung verhindert mit ihrem Abs 1 eine Nichtigkeit des Dienstvertrages wegen Dissenses beim Fehlen einer Vergütungsvereinbarung, indem die in diesem Punkt bestehende Vertragslücke durch eine im Zweifel geltende Vergütungsregelung geschlossen wird, sofern die Dienstleistung nach objektiven Kriterien als entgeltlich anzusehen ist (Erman/*Edenfeld* Rn 1; Jauernig/*Mansel* Rn 1). Ob es sich bei dieser Form der Lückenschließung um eine Fiktion oder aber um eine bloße Auslegungsregel handelt, ist letztlich nicht eine Frage der Konstruktion (BaRoth/*Fuchs* Rn 1; zum Streitstand Staud/*Richardi* Rn 5 f). Für eine Fiktion spricht, dass der Dienstleistungsberechtigte, wenn er sich über die Vergütungspflicht nicht im Klaren war, seine Vertragserklärung nicht anfechten können soll (MüKo/*Müller-Glöge* Rn 5; PWW/*Lingemann* Rn 4). Die im Zweifel anzunehmende Vergütungspflicht grenzt funktional den Dienstvertrag vom (unentgeltlichen) Auftrag ab (PWW/*Lingemann* Rn 1; Palandt/*Weidenkaff* Rn 1). § 612 Abs 1 kommt als Zweifelsregelung bei einer dienstvertraglichen Abrede aber nur dann zum Zuge, wenn tatsächlich keine Regelung zur Vergütung getroffen wurde oder aber eine bestehende Vergütungsvereinbarung unwirksam ist. § 612 Abs 1 gewährt daher kein Wahlrecht zwischen einer wirksam vereinbarten und der üblichen Vergütung (BAG DB 1979, 409). 1

B. Regelungsinhalt. § 612 Abs 1 trifft eine Regelung über die grds Annahme einer Vergütungspflicht, selbst wenn die Parteien dazu nichts vereinbart haben. § 612 Abs 2 beinhaltet dem ggü lediglich eine im Zweifel geltende Festlegung zur Vergütungshöhe. Der frühere dritte Absatz des § 612, der den Grundsatz der Lohngleichheit und damit das Verbot einer geschlechtsbezogenen Diskriminierung bei der Festsetzung der Vergütungshöhe statuierte, wurde in das am 18.08.2006 (BGBl I, 2006 1897) in Kraft getretene AGG überführt und dort über das Geschlecht hinaus auf andere Benachteiligungsgründe erweitert. § 612 Abs 3 aF gilt gem Art 33 Abs 1 AGG nur insoweit fort, als die Benachteiligung vor dem 18.08.2006 stattfand. **I. Im Zweifel vereinbarte Vergütungspflicht.** § 612 Abs 1 statuiert für den Dienstvertrag eine Vergütungspflicht, selbst wenn diesbezüglich weder eine ausdrückliche noch eine konkludene Erklärung durch die Parteien abgegeben wurde (zum Vorrang der konkludenten Vergütungsabrede vgl Staud/*Richardi* Rn 17). Voraussetzung für das Entstehen der Vergütungspflicht ist allerdings die Existenz einer Dienstvereinbarung (BAG NJW 1974, 380; BaRoth/*Fuchs* Rn 2; Jauernig/*Mansel* Rn 2), wobei es bei einem in Vollzug gesetzten Arbeitsverhältnis ausreicht, wenn dieses rein faktisch besteht (BaRoth/*Fuchs* Rn 2; Staud/*Richardi* Rn 15). Wann eine Dienstleistung den Umständen nach üblicherweise nur gegen eine Vergütung erbracht wird und daher eine solche geschuldet ist, hängt von vielerlei Momenten, inbes der Art, dem Umfang, der Dauer, der Lebensstellung, dem Beruf und den Erwerbsverhältnissen des Dienstleistenden, darüber hinaus aber maßgeblich auch von der Verkehrssitte ab (BGH DB 1975, 1982; Jauernig/*Mansel* Rn 2; Hk-BGB/*Eckert* Rn 2; Palandt/*Weidenkaff* Rn 4). 2

II. Beispiele. Den Umständen nach sind idR hauptberuflich ausgeführte Tätigkeiten, zB von einem Arzt oder Rechtsanwalt, nur als entgeltliche Tätigkeiten geschuldet (BAG NJW 1998, 1581; PWW/*Lingemann* Rn 3; Palandt/*Weidenkaff* Rn 4), während Unentgeltlichkeit zB bei kleineren Hilfsdiensten im Freundeskreis oder familienrechtlicher Mitarbeit vorliegen kann (BAG NJW 1974, 380; MüKo/*Müller-Glöge* Rn 6; Palandt/*Weidenkaff* Rn 4). Unentgeltlich im Hinblick auf die Verkehrssitte sind im Berufsleben insbes Tätigkeiten von Volontären und Praktikanten. Schwierigkeiten bei der Bewertung und Rückabwicklung bereiten insbes die zunächst »unentgeltlich« erbrachten, aber in Erwartung späterer Eheschließung oder Erbeinsetzung geleisteten Dienste von (idR nahestehenden) Personen, sog »zweckverfehlte Dienstleistungen«. Der BGH und das BAG wenden auch hier § 612 Abs 1 und Abs 2 an (BGH WM 1970, 90; BAG AP Nr 13, 23, 27 zu § 612; NJW 1978, 444), allerdings müssen drei Voraussetzungen gegeben sein (dazu insbes BAG AP Nr 24 zu § 612): Es muss die Erwartung (nicht die sichere Aussicht) bestehen, dass durch eine in der Zukunft erfolgende Übergabe eines Vermögens oder Vermögensbestandteils in der Vergangenheit geleistete Dienste abgegolten werden sollen. Es darf für diese Dienste entweder keine oder nur eine deutlich unterwertige Bezahlung erfolgt sein. Und es muss ein unmittelbarer Zusammenhang zwischen dieser unterwertigen oder fehlenden Bezahlung und der Erwartung bestehen. Die Lit steht dieser Rspr überwiegend abl ggü. Sie bevorzugt eine Lösung über das Bereicherungsrecht (vgl BaRoth/*Fuchs* Rn 13). 3

III. Höhe der Vergütung. Liegt eine Dienstvereinbarung vor, haben die Parteien aber keine (wirksame, vgl BAG NZA 2002, 209, 210) Vereinbarung zur Höhe der geschuldeten Vergütung getroffen, greift § 612 Abs 2 ein. **1. Taxe.** Die Vergütungshöhe richtet sich gem der Regelung in erster Linie nach einer bestehenden Taxe, dh der amtlichen, nach Bundes- oder Landesrecht zugelassenen und festgesetzten Gebührenordnung für einen best Berufsstand (BaRoth/*Fuchs* Rn 11; Staud/*Richardi* Rn 38). Für die meisten freien Berufe bestehen solche Taxen in Form von Vergütungssätzen: zB das RVG für Rechtsanwälte, die GoÄ, GoZ für Ärzte und Zahnärzte, die StBGebV für Steuerberater, die AlHonO für Architekten und Ingenieure (HOAI). 4

5 **2. Üblichkeit.** Falls keine festgesetzte Taxe besteht, ist in zweiter Linie auf die Üblichkeit abzustellen. Üblich ist die Vergütung, die am gleichen Ort in ähnl Gewerben oder Berufen für entspr Arbeit im Durchschnitt bezahlt wird (BaRoth/*Fuchs* Rn 12; Hk-BGB/*Eckert* Rn 3; Staud/*Richardi* Rn 44). Sie umfasst regelm einen festen Betrag oder Satz, möglich ist aber auch eine Spanne (BGH NJW 2006, 2472). Von Verbänden festgelegte Gebühren sind nicht ohne weiteres »übliche«, maßgeblich ist ihre Verkehrsgeltung. Sofern für eine bestimmte Branche oder Region tarifliche Vergütungsregelungen bestehen, sind diese gem § 612 Abs 2 geschuldet (LAG Düsseldorf DB 1978, 166; MüKo/*Müller-Glöge* Rn 30), sofern sie exemplarisch für den üblichen Durchschnitt stehen (BAG NZA 1995, 178). Zur Lückenfüllung, dh wenn sich die übliche Vergütung nicht ermitteln lässt, sind die §§ 315, 316 heranzuziehen. Danach wird die Höhe der Vergütung einseitig durch den Dienstleistenden festgelegt (BGH NJW-RR 1990, 349; Palandt/*Weidenkaff* Rn 10; PWW/*Lingemann* Rn 5); bei Unbilligkeit der Höhe ist eine Korrektur gem § 315 Abs 3 möglich. Diese Regelungen gelten auch dann, wenn die übliche Vergütung einen Spielraum zulässt. Die Normen gelangen jedoch erst dann zur Anwendung, wenn die Regelungslücke auch durch eine ergänzende Vertragsauslegung nicht geschlossen werden kann (BGH NJW 2006, 2472; Palandt/*Weidenkaff* Rn 10).

6 **IV. Einzelfragen. 1. Arbeitnehmer.** Str ist, inwieweit der **Tariflohn** die übliche Vergütung darstellt (befürwortend: BAG NZA 1995, 178; 1993, 1049; LAG Düsseldorf DB 1978, 165; PWW/*Lingemann* Rn 5; Palandt/*Weidenkaff* Rn 8; differenzierend BaRoth/*Fuchs* Rn 13). Es erscheint sachgerecht, den Tariflohn einer arbeitsvertraglichen Abrede gem § 612 Abs 2 immer dann zu Grunde zu legen, wenn der Arbeitgeber tarifgebunden ist, sofern auch in der Vergangenheit durch einzelvertragliche Bezugnahme auf den Tarifvertrag auch die nichttariflich gebundenen Arbeitnehmer tarifmäßig entlohnt wurden und keine bewusste und nach außen erkennbare Distanzierung des Arbeitgebers von dieser Vergütungsregelung vorliegt. Entspr sollte verfahren werden, wenn der nichttarifgebundene Arbeitgeber üblicherweise nach Tarifvertrag bezahlt hat (BaRoth/*Fuchs* Rn 13). Wird ein Arbeitnehmer während des **Kündigungsschutzprozesses** im gegenseitigen Einvernehmen weiterbeschäftigt, so erfolgt bei für den Arbeitnehmer negativem Ausgang des Verfahrens die Abwicklung der zwischenzeitlich erbrachten Leistungen über die Rechtsfigur des fehlerhaften Arbeitsverhältnisses (BAG NZA 1986, 561; BaRoth/*Fuchs* Rn 2). Falls die Weiterbeschäftigung gegen den Willen des Arbeitgebers erfolgte, gelangt Bereicherungsrecht zur Anwendung (BAG NZA 1987, 373; 1990, 696). § 612 Abs 1 ist entspr auf Fälle anzuwenden, in denen der Dienstleistungsverpflichtete auf Veranlassung des Dienstberechtigten oder zumindest mit dessen Billigung faktisch **höherwertige** als die vereinbarten **Dienste** erbringt (BAG AP Nr 30, 31; BaRoth/*Fuchs* Rn 8; PWW/*Lingemann* Rn 3; Staud/*Richardi* Rn 29). Aus den konkreten Umständen kann sich allerdings ergeben, dass nach dem Grundsatz von Treu und Glauben bei kurzzeitigen Vertretungen (Urlaub, Krankheit) keine höhere Vergütung zu zahlen ist (BAG AP Nr 31 zu § 612). Sofern der Arbeitsvertrag oder Kollektivvereinbarungen keine Spezialregelungen zur **Mehrleistung** getroffen haben, stellt § 612 Abs 1 auch eine mögliche Anspruchsgrundlage für die Vergütung von Arbeitszeit dar, die über die regelm Arbeitszeit hinausgeht. Besondere Zuschläge für Überstunden sind jedoch nicht als »üblich« geschuldet (PWW/*Lingemann* Rn 5). Ist für **Reisezeiten**, die ein Arbeitnehmer über die regelm Arbeitszeit hinaus im Interesse des Arbeitgebers aufbringt, keine Regelung getroffen worden, sind die Umstände des Einzelfalles maßgeblich. Ein Rechtssatz, dass solche Reisezeiten stets oder regelm zu vergüten seien, gibt es zwar nicht (BAG NJW 1998, 1581; BaRoth/*Fuchs* Rn 8); der Arbeitgeber hat die Reisezeiten aber regelm dann zu vergüten, wenn die Arbeitsstelle außerhalb des Betriebs liegt, in dem der Arbeitnehmer ansonsten seine Tätigkeit zu verrichten hat.

7 **2. Rechtsanwalt. a) Allgemeines.** Der vom Anwalt in Rechnung zu stellende Gebührensatz richtet sich grds nach den Festlegungen des Rechtsanwaltsvergütungsgesetzes (RVG, vgl dazu *Schneider/Wolf* RVG 3. Aufl., 2006). Das RVG hat am 01.07.2004 die Bundesgebührenordnung der Rechtsanwälte (BRAGO) abgelöst. Das neue Gesetz zur Vergütung der Rechtsanwälte regelt jedoch (ebenso wie vor ihm die BRAGO) nur Mindestgebühren, die iSd § 612 als »vereinbart« gelten, wenn die Parteien keine andere Abrede getroffen haben. Sind für den Anwalt Anhaltspunkte über einen über die Beratungs- oder Prozesskostenhilfe abzuwickelnden Fall erkennbar, hat er über diese Finanzierungsformen aufzuklären. Ferner gilt: Für alle Tätigkeiten des Anwalts kann eine Vergütung ausdrücklich vereinbart werden. Sie kann höher oder niedriger als die gesetzliche Vergütung sein. Sie besteht entweder in einer Zeit- oder einer Pauschalvergütung. **Unzulässig ist die** freie Vergütungsvereinbarung iRd **Beratungshilfe** (§ 8 BerHG). Im Zuge der Lockerung des Verbots des Erfolgshonorars (vgl dazu die nachfolgende Ausführung) ist außerdem das RVG neu gefasst worden. Kernnorm der Vergütungsvereinbarung ist künftig nicht mehr § 4 RVG aF, sondern § 3a RVG nF § 4 RVG nF regelt (auch weiterhin) den Grundsatz der erfolgsunabhängigen Vergütung, § 4a RVG nF das nun ausnahmsweise zulässige Erfolgshonorar und § 4b RVG nF die fehlerhafte Vergütungsvereinbarung. Näheres zum Anwaltsvertrag und die neu geregelte Vergütungspflicht findet sich im Anhang zu §§ 611 ff (vgl dazu überdies *Tamm* Der Anwaltsvertrag 2008, veröffentlicht in der Schriftenreihe des Inst für Anwaltsrecht an der Jur Fakultät der Universität Rostock).

8 **b) Problem: Erfolgshonorar.** Ob der Rechtsanwalt ein **Erfolgshonorar** vereinbaren kann, war in der Vergangenheit heftig umstritten gewesen. Dagegen sprach § 49b Abs 2 S 1 BRAO aF, der eine Beteiligung am erstrittenen Betrag noch nicht zuließ. Nach einem Beschluss des BVerfG vom 12.12.2006 (1 BvR 2576/04) musste

der Gesetzgeber bis zum 30.06.2008 aber eine Neuregelung des grds Verbots von anwaltlichen Erfolgshonoraren treffen, indem Ausnahmetatbestände vorzusehen sind. Bei dem grds Verbot von Erfolgshonoraren konnte es nach Ansicht des BVerfG zukünftig bleiben, weil der Gesetzgeber damit Gemeinwohlziele verfolgt, die auf vernünftigen Erwägungen beruhen und daher die Beschränkung der Berufsausübung der Rechtsanwälte legitimieren können. (Das Verbot diene zum einen dem Schutz der anwaltlichen Unabhängigkeit, die unverzichtbare Voraussetzung für eine funktionierende Rechtspflege ist. Vor allem aber liege die Befürchtung nicht völlig fern, dass mit der Vereinbarung einer erfolgsbasierten Vergütung für unredliche Berufsträger ein zusätzlicher Anreiz geschaffen werden kann, den Erfolg »um jeden Preis« auch durch Einsatz unlauterer Mittel anzustreben. Ein weiterer legitimer Zweck bestände in dem Schutz der Rechtssuchenden vor einer Übervorteilung durch überhöhte Vergütungssätze.) Das bislang bestehende **vollumfängliche Verbot von Erfolgshonoraren** war jedoch insoweit **unangemessen**, als es **keine Ausn** zuließ und damit selbst dann zu beachten war, wenn der Rechtsanwalt mit der Vereinbarung einer erfolgsbasierten Vergütung bes Umständen in der Person des Auftraggebers Rechnung tragen wollte (im vom BVerfG aaO zu prüfenden Fall war es ein US-amerikanischer Mandant), die diesen sonst davon abhielten, seine Rechte zu verfolgen. Das BVerfG gab zu bedenken, dass bei der Entscheidung der Rechtssuchenden über die Inanspruchnahme anwaltlicher Hilfe die Kostenfrage von maßgebender Bedeutung sei. Auch Rechtssuchende, die auf Grund ihrer Einkommens- und Vermögensverhältnisse keine Prozesskosten- oder Beratungshilfe beanspruchen können, können vor der Entscheidung stehen, ob es ihnen die eigene wirtschaftliche Lage vernünftigerweise erlaubt, die finanziellen Risiken einzugehen, die angesichts des unsicheren Ausgangs der Angelegenheit mit der Inanspruchnahme qualifizierter rechtlicher Betreuung und Unterstützung verbunden sind. Nicht wenige Betroffene werden das Kostenrisiko auf Grund verständiger Erwägungen scheuen und daher von der Verfolgung ihrer Rechte absehen. Gerade auch für diese Rechtssuchenden sei das Bedürfnis anzuerkennen, das geschilderte Risiko durch Vereinbarung einer erfolgsbasierten Vergütung zumindest teilw auf den vertretenden Anwalt zu verlagern. Die Ausführungen des BVerfG zum Erfolgshonorar führten schließlich zur Änderung des RVG, vgl dazu ausführlicher im Abschnitt Anwaltsvertrag als Anhang zu §§ 611 ff.

c) **Auskünfte im Einzelfall.** Der Rechtsanwalt erhält seit dem 01.07.2006 die übliche Vergütung gem § 612 9
Abs 2 für Auskünfte zu einem Einzelfall und für ein zu erstellendes Gutachten, da hierfür keine taxmäßige Festlegung besteht. Zur Konkretisierung der Höhe können die Kriterien gem §§ 14 Abs 1 und 4 Abs 2 S 3 RVG herangezogen werden (*Schneider* NJW 2006, 1905 f) sowie weitere Gesichtspunkte wie Spezialisierung, Lage und Größe der Kanzlei. Ausgangspunkt der üblichen Vergütung dürften die gesetzlichen Gebühren und die durchschnittlichen Stundensätze sein; die festzulegende Bezahlungshöhe schwankt hier je nach Art, Inhalt und Umfang von 30 bis 500 Euro und mehr (*Krämer* AnwBl 2006, 154). Eine **Gesprächsvergütung nach Minuten** ist zulässig (BGH NJW 2006, 2767 zur sog RA-Hotline). Für einen **Verbraucher** (§ 13) beträgt die Vergütung für die Beratung oder ein schriftliches Gutachten höchstens **250,- Euro**, für ein **erstes Beratungsgespräch** höchstens **190,- Euro** (§ 34 Abs 1 S 3 RVG).

3. Krankenbehandlung. Bei **Krankenbehandlungen** ergibt sich die Üblichkeit der Vergütung idR auch 10
aus den Höchstsätzen für die Beihilfe der Beamten und der Angestellten des öffentlichen Dienstes und zwar unabhängig davon, ob der Schuldner beihilfeberechtigt ist (LG Trier VersR 2003, 846; LG Köln VersR 2000, 627).

C. Beweislast. Die Beweislast für die Umstände nach § 612 Abs 1 trägt der Dienstverpflichtete (OLG Düssel- 11
dorf DStR 1993, 659; BaRoth/*Fuchs* Rn 9), für die Abrede der Unentgeltlichkeit der Dienstberechtigte (BGH DB 1975, 1982; Palandt/*Weidenkaff* Rn 6). Dies gilt allerdings nicht, wenn der Arbeitgeber es entgegen § 2 Abs 1 NachwG unterlässt, die dort geforderte Niederschrift des Arbeitsvertrages vorzunehmen und dem Arbeitnehmer auszuhändigen. Zwar findet in diesem Fall keine Beweislastumkehr statt, wohl aber greift eine Beweiserleichterung zugunsten des Arbeitnehmers dahingehend, dass eine Lohnvereinbarung als bestehend betrachtet wird, wenn diese auf Grund von Indizien plausibel erscheint (LAG Köln NZA 1999, 545 f; BaRoth/*Fuchs* Rn 9). Hinsichtlich der Gebührenvereinbarung zwischen Rechtsanwalt und Mandant ist zu beachten, dass bei der Behauptung des Mandanten, mit seinem Rechtsanwalt eine die gesetzlichen Gebührensätze unterschreitende Pauschalvereinbarung geschlossen zu haben, der Mandant für dieses Vorbringen die Beweislast trägt (Saarbrücken OLGR 2003, 82). Bei zweckverfehlten Dienstleistungen muss der Anspruchsteller den Beweis für das Vorliegen einer Entgeltregelung einschließlich der Tatsachen, dass zugunsten einer späteren Vermögensübertragung eine sofortige Vergütung unterblieben ist, erbringen (BAG AP Nr 26 zu § 612).

§ 612a Maßregelungsverbot. *(aufgehoben)*

§ 612a wurde durch Art 3 Abs 14 des Gesetzes zur Umsetzung der europäischen RL zur Verwirklichung der 1
Gleichbehandlung vom 14.08.2006 (BGBl 2006 I, 1897) mit Wirkung zum 18.08.2006 aufgehoben. Ein entspr Maßregelungsverbot findet sich nun in § 16 AGG.

§ 613 Unübertragbarkeit. Der zur Dienstleistung Verpflichtete hat die Dienste im Zweifel in Person zu leisten. Der Anspruch auf die Dienste ist im Zweifel nicht übertragbar.

1 § 613 statuiert den **Grundsatz der Höchstpersönlichkeit** im Dienstrecht. Die Vorschrift enthält zwei dispositive Auslegungsregeln: Nach Satz 1 ist die Dienstleistungspflicht im Zweifel höchstpersönlich zu erfüllen, so dass der Dienstverpflichtete bei einer Verhinderung dem Dienstberechtigten keinen anderen Dienstleistenden aufdrängen darf (LAG Schleswig-Holstein NZA 1987, 669; Erman/*Edenfeld* Rn 1). Bei Arbeitsverhinderung kann der Arbeitnehmer daher auch nicht vorübergehend seine Arbeit durch andere (bspw betriebsfremde) Personen leisten lassen (LAG Düsseldorf NJW 1967, 2177). Die Heranziehung von Hilfspersonen zu Hilfsdiensten im Rahmen von Dienstverträgen ist jedoch grds, sofern sie einen gewissen Umfang nicht überschreitet, zulässig. Wegen des Grundsatzes der Höchstpersönlichkeit der Dienstleistung ist der Dienstverpflichtete andererseits aber auch nicht verpflichtet, einen Ersatzmann als Substituten für sich selbst zu stellen. Gem Satz 2 ist im Gegenzug der Anspruch des Dienstherren auf Erbringung der Dienstleistung grds auch nicht übertragbar. Eine Abtretung ist daher nicht möglich. Aus der Unübertragbarkeit folgt gem § 851 Abs 1 ZPO zudem die Unpfändbarkeit des Anspruches auf Diensterbringung.

2 Der Anspruch auf Diensterbringung ist jedoch vererblich, es sei denn, die Dienstleistung kann nur sinnvoll ggü einer bestimmten Person erbracht werden, etwa in Form von Krankenpflege (Hk-BGB/*Eckert* Rn 3; Staud/*Richardi* Rn 17). Hinsichtlich der grds persönlich zu erbringenden Dienstleistung ergibt sich das Erlöschen der Dienstpflicht bei Tod des Dienstpflichtigen. Eine **ausdrückliche oder stillschweigende Abbedingung** des Grundsatzes der persönlichen Diensterbringung ist jedoch möglich (Palandt/*Weidenkaff* Rn 1). Bei Arbeitnehmern ist die Abbedingung aber selten der Fall (PWW/*Lingemann* Rn 1). Bei selbständigen Dienstherrn wird sie hingegen insofern recht vielfältig praktiziert, als es um zu delegierende Hilfsdienste geht, die nicht die Kernaufgabe betreffen: so etwa bei Architekten (RGZ 81, 28 ff), Anwälten (BGH NJW 1981, 2741), Ärzten, Steuerberatern (Erman/*Edenfeld* Rn 3). Bei Behandlungsverträgen mit Chefärzten wird eine Abbedingung der höchstpersönlichen Diensterbringung jedoch nur im Rahmen einer ausdrücklichen Vereinbarung zugelassen (Celle NJW 1982, 2129; LG Fulda MDR 1988, 317; LG Flensburg NJW 1978, 2342; AG Aachen NJW 1976, 1797; Hamburg NJW 1987, 716). Der Vertrag mit einer Anwaltssozietät besteht, sofern nichts anderes vereinbart wurde, mit allen nach außen genannten Sozii (BGHZ 56, 355 ff; Köln JMBL NW 1996, 257; Erman/*Edenfeld* Rn 3). Die Vertretung im Prozess durch einen Sozii ist deshalb grds zulässig, doch kann bei bedeutsamen Angelegenheiten oder aus sonstigen Gründen persönliche Tätigkeit erforderlich sein.

§ 613a Rechte und Pflichten bei Betriebsübergang. [1] Geht ein Betrieb oder Betriebsteil durch Rechtsgeschäft auf einen anderen Inhaber über, so tritt dieser in die Rechte und Pflichten aus den im Zeitpunkt des Übergangs bestehenden Arbeitsverhältnissen ein. Sind diese Rechte und Pflichten durch Rechtsnormen eines Tarifvertrags oder durch eine Betriebsvereinbarung geregelt, so werden sie Inhalt des Arbeitsverhältnisses zwischen dem neuen Inhaber und dem Arbeitnehmer und dürfen nicht vor Ablauf eines Jahres nach dem Zeitpunkt des Übergangs zum Nachteil des Arbeitnehmers geändert werden. Satz 2 gilt nicht, wenn die Rechte und Pflichten bei dem neuen Inhaber durch Rechtsnormen eines anderen Tarifvertrags oder durch eine andere Betriebsvereinbarung geregelt werden. Vor Ablauf der Frist nach Satz 2 können die Rechte und Pflichten geändert werden, wenn der Tarifvertrag oder die Betriebsvereinbarung nicht mehr gilt oder bei fehlender beiderseitiger Tarifgebundenheit im Geltungsbereich eines anderen Tarifvertrags dessen Anwendung zwischen dem neuen Inhaber und dem Arbeitnehmer vereinbart wird.

[2] Der bisherige Arbeitgeber haftet neben dem neuen Inhaber für Verpflichtungen nach Absatz 1, soweit sie vor dem Zeitpunkt des Übergangs entstanden sind und vor Ablauf von einem Jahr nach diesem Zeitpunkt fällig werden, als Gesamtschuldner. Werden solche Verpflichtungen nach dem Zeitpunkt des Übergangs fällig, so haftet der bisherige Arbeitgeber für sie jedoch nur in dem Umfang, der dem im Zeitpunkt des Übergangs abgelaufenen Teil ihres Bemessungszeitraums entspricht.

[3] Absatz 2 gilt nicht, wenn eine juristische Person oder eine Personenhandelsgesellschaft durch Umwandlung erlischt.

[4] Die Kündigung des Arbeitsverhältnisses eines Arbeitnehmers durch den bisherigen Arbeitgeber oder durch den neuen Inhaber wegen des Übergangs eines Betriebs oder eines Betriebsteils ist unwirksam. Das Recht zur Kündigung des Arbeitsverhältnisses aus anderen Gründen bleibt unberührt.

[5] Der bisherige Arbeitgeber oder der neue Inhaber hat die von einem Übergang betroffenen Arbeitnehmer vor dem Übergang in Textform zu unterrichten über:

den Zeitpunkt oder den geplanten Zeitpunkt des Übergangs,

den Grund für den Übergang,

die rechtlichen, wirtschaftlichen und sozialen Folgen des Übergangs für die Arbeitnehmer und

die hinsichtlich der Arbeitnehmer in Aussicht genommenen Maßnahmen.

[6] Der Arbeitnehmer kann dem Übergang des Arbeitsverhältnisses innerhalb eines Monats nach Zugang der Unterrichtung nach Absatz 5 schriftlich widersprechen. Der Widerspruch kann gegenüber dem bisherigen Arbeitgeber oder dem neuen Inhaber erklärt werden.

A. Allgemeines. Die Vorschrift durchbricht den Grundsatz, dass das Schuldverhältnis nur zwischen den vertragsschließenden Parteien wirkt, indem § 613a Abs 1 S 1 bei einem Betriebsübergang zugleich den Übergang der Rechte und Pflichten aus den bestehenden Arbeitsverhältnissen statuiert. Sinn und Zweck dieser Regelung ist es, den Arbeitnehmern die bestehenden Arbeitsplätze zu erhalten und dem Erwerber des Betriebs das Zurückgreifen auf eingearbeitetes Personal zu ermöglichen (Hk-BGB/*Eckert* Rn 1; PWW/*Lingemann* Rn 1). Darüber hinaus wird durch sie auch die Kontinuität der Arbeit des Betriebsrats sichergestellt und Klarheit hinsichtlich der Haftung des alten und neuen Betriebsinhabers/Arbeitgebers geschaffen (Palandt/*Weidenkaff* Rn 1; MüKo/*Müller-Glöge* Rn 6 ff). Die Regelung beruht in ihrer heutigen Fassung auf der Betriebsübergangsrichtlinie 77/187 vom 14.02.1977, zuletzt geändert durch RL 2001/23/EG vom 12.03.2001 ABlEG L 082. § 613a ist daher richtlinienkonform auszulegen (BaRoth/*Fuchs* Rn 5). 1

B. Regelungsinhalt. I. Eintritt in das Arbeitsverhältnis. Bei einem Betriebsinhaberwechsel tritt der Übernehmer des Betriebs gem § 613a Abs 1 S 1 in die bestehenden Arbeitsverhältnisse ein (grundlegend dazu *Seel* JA 2008, 874 ff; *Commandeur/Kleinebrink* NJW 2008, 3467 ff; *Nießen* NJW-Spezial 2008, 623 ff; *Bezani/Wilke* NJW-Spezial 2008, 437 ff). **1. Existenz eines Arbeitsverhältnisses.** Voraussetzung dafür ist, dass zum Zeitpunkt des Betriebsübergangs überhaupt ein (übergangsfähiges) Arbeitsverhältnis besteht. Als solches wird auch ein fehlerhaftes Arbeitsverhältnis anerkannt (BAG NJW 2003, 2473). Gleiches gilt für ein gekündigtes Arbeitsverhältnis, bei dem die Kündigungsfrist noch nicht abgelaufen ist (Hk-BGB/*Eckert* Rn 3). Ist jedoch die Kündigungsfrist im Zeitpunkt des Betriebsübergangs bereits abgelaufen und das Arbeitsverhältnis damit wirksam beendet, kommt ein Übergang desselben auf den Erwerber des Betriebs nicht mehr in Betracht. Der betroffene Arbeitnehmer muss sich hinsichtlich etwaiger Ansprüche an den Altarbeitgeber/Veräußerer halten (BAG NJW 1987, 3031). 2

2. Rechtsgeschäftlicher Betriebsübergang. a) Betrieb/Betriebsteil. § 613a Abs 1 knüpft an den Übergang eines Betriebs bzw Betriebsteils an. Davon zu trennen ist die reine Funktionsnachfolge (BAG NJW 1998, 2306, 2307; NZA 1999, 482, 485; 1999, 486, 487; 2006, 1101; BaRoth/*Fuchs* Rn 12; *Bauer* NZA 2004, 14 ff; *Willemsen/Müntefering* NZA 2006, 1185). Die Abgrenzung gestaltet sich in der Praxis schwierig. Klar ist, dass der Betrieb(steil) schon qua definitionem mehr ist als eine bloße Ausübung einer Tätigkeit, die die Funktionsnachfolge charakterisiert. Der **Betrieb** ist als eine »auf Dauer angelegte wirtschaftliche Einheit« zu verstehen, dh als eine organisatorische Gesamtheit von Personen und Sachen zur Ausübung einer wirtschaftlichen Tätigkeit mit eigener Zielsetzung, die nicht auf die Ausführung eines bestehenden Vorhabens beschränkt ist (EuGH NZA 1995, 738; BAG NJW 1998, 2994; NZA 1998, 638; BaRoth/*Fuchs* Rn 6; PWW/*Lingemann* Rn 3; Palandt/*Weidenkaff* Rn 9). Eine Gewinnerzielungsabsicht soll zu seiner Charakterisierung nicht erforderlich sein (EuGH NZA 2000, 1327, 1329), so dass auch eine öffentlich-rechtliche Organisation mit hoheitlichen Aufgaben einen Betrieb iSd Regelung darstellen kann (BAG NZA 2004, 316). Wie viel mehr der Betrieb aber im Gegensatz zur bloßen Funktionsnachfolge erfordert, dh wann eine übergangsfähige organisatorische Einheit idS vorliegt, ist in Lit und Rspr immer wieder streitig. Es handelt sich hier um eine »offene Diskussion« (Erman/*Edenfeld* Rn 16) auf der Grundlage immer neuer Grenzfälle. Hierzu trägt bei, dass bereits ein Betriebsteil nach § 613a Abs 1 übergangsfähig sein soll und die betroffenen Arbeitsverhältnisse iSd § 613a Abs 1 S 1 »mitzieht«. Unter einem Betriebsteil ist im Gegensatz zum Betrieb eine selbständig abtrennbare, organisatorische Einheit zu verstehen, in der innerhalb des betrieblichen Gesamtzwecks ein Teilzweck verfolgt wird (BAG NZA 1994, 686; NJW 2000, 1589; NZA 2006, 263; BaRoth/*Fuchs* Rn 13; PWW/*Lingemann* Rn 3; Palandt/*Weidenkaff* Rn 10). Ob ein einzelnes Schiff, das veräußert wird, schon einen Betriebsteil darstellen kann, ist umstritten. Das BAG bejaht dies jedenfalls für den Übergang von noch im Dienst befindlichen Schiffen (BAG NZA 1998, 97, 99; vgl dazu BaRoth/*Fuchs* Rn 14). 3

b) Betriebsübergang. Der Betrieb bzw Betriebsteil »**geht über**«, wenn der Inhaber wechselt und die ursprüngliche organisatorische Einheit beim Erwerber ihre Identität beibehält (BAG NJW 2006, 2138; NZA 2006, 592, 668; BaRoth/*Fuchs* Rn 15; PWW/*Lingemann* Rn 4). Ob ein Betrieb(steil) übergegangen ist (oder eventuell nur eine Funktionsnachfolge stattfand), muss auf Grund einer Vielzahl von Kriterien geklärt werden. Von Bedeutung sind dabei etwa: die Art des Betriebs, der Übergang der – wesentlichen – materiellen und immateriellen Betriebsmittel, der Übergang der Kundschaft, die Ähnlichkeit der Tätigkeit vor und nach dem Übergang, die Dauer einer eventuellen Unterbrechung der Betriebsprozesse, der Übergang des Personals, der Führungskräfte, der Arbeitsorganisation und der Betriebsmethoden (BAG NZA 2006, 1101; BaRoth/*Fuchs* Rn 9; PWW/*Lingemann* Rn 5). Die dargestellten, nicht abschließend benannten Merkmale haben je nach Tätigkeit, Produktions- und Betriebsmethoden unterschiedliches Gewicht bei der Bewertung der Identitätswahrung (BAG NJW 2004, 2324; NZA 2006, 31, 668): Bei **betriebsmittelarmen Betrieben** kann wesentliches Indiz für den Betriebsübergang gerade der Wechsel eines nach Zahl und Sachkunde wesentlichen Teils der Belegschaft sein (BAG NZA 2006, 1101; vgl BAG NZA 2000, 1180; 1998, 534: »Hauptbelegschaft«; bei nicht Know-how-Trägern sind 60 % nicht ausreichend, bei Know-how-Trägern dagegen schon ein deutlich 4 geringerer Anteil; LAG Köln NZA-RR 2000, 634). In **betriebsmittelgeprägten Betrieben** kann dagegen ein Betriebsübergang auch ohne Übernahme des Personals vorliegen (BAG NZA 2006, 1101; EuGH NZA 2003, 1385). **aa) Eingrenzungskriterium »eigenwirtschaftliche Nutzung«?** Eine fehlende eigenwirtschaftliche Nutzung der übernommenen Betriebsmittel schließt den Betriebsübergang nach neuer Rspr nicht aus (BAG NZA 2006, 1041; 2006, 1101; BAG DB 2006, 1907; BAG AuA 2006, 423; EuGH NZA 2006, 26; ähnl schon EuGH NZA 2003, 1385, 1386; *Kock* ZIP 2006, 97 ff; *Houben* NJW 2007, 2075 ff; krit *Schlachter* NZA 2006, 80 ff). Das BAG hat nach einem Urteil des EuGH vom 15.12.2005 (EuGH NZA 2006, 26) eine über Jahre gewachsene diesbezügliche Rspr aufgeben müssen, die die Tatbestandsvoraussetzungen des § 613a Abs 1 S 1 im Rahmen der Zurechnung sächlicher Betriebsmittel schärfer konturieren sollte. Danach waren einem Auftragnehmer diejenigen sächlichen Betriebsmittel, deren Eigentümer er nicht selbst war, sondern die er auf Grund einer Nutzungsvereinbarung mit Dritten einsetzen durfte, nur dann als »eigene« Betriebsmittel zuzurechnen, wenn ihm zugleich die Befugnis eingeräumt wurde, über Art und Weise ihrer Nutzung in eigenwirtschaftlichem Interesse zu entscheiden. War ihm dies nicht gestattet, handelte es sich nach der überholten Auffassung des BAG nicht um Betriebsmittel des Auftragnehmers, was zur Folge hatte, dass sie in der Gesamtabwägung nicht für den Betriebsübergang stritten (BAG NJW 1998, 2549, 2550; NZA 1998, 636, 639; NZA 1999, 483, 485; NZA 2003, 318, 320). Der EuGH (aaO) entschied daraufhin, dass im Fall einer Auftragsneuvergabe der Übergang sächlicher Betriebsmittel nicht die Möglichkeit deren eigenwirtschaftlicher Nutzung durch den Erwerber voraussetze, da sich dies weder aus dem Wortlaut der Betriebsübergangsrichtlinie noch aus deren Zielsetzung ergebe. Gegenstand des Verfahrens war die Fluggast- und Gepäckkontrolle am Flughafen Düsseldorf, zu deren Durchführung der Auftragnehmer die notwendigen sächlichen Betriebsmittel (Tor- und Handsonden, Sprengstoffspürgeräte und Gepäckbänder mit automatischer Röntgensichtung) übernehmen musste, die einer anderweitigen, dh einer weiteren eigenwirtschaftlichen Nutzung natürlich verschlossen waren.

5 **bb) Eingrenzungskriterium »Kern der Wertschöpfung«?** Das BAG hat sich in seinen jüngsten Judikaten der Vorgabe des EuGH angeschlossen, aber noch ein Weiteres getan: Es hat versucht, die vom EuGH gerissene Lücke neu zu füllen, um für die Rechtspraxis adäquaten Ersatz zu schaffen. So formuliert es in seinem Urteil zur Neuvergabe der Fluggast- und Gepäckkontrollen am Flughafen Köln (dessen Sachverhalt mit dem vom EuGH entschiedenen Fall nahezu identisch war), »sächliche Betriebsmittel sind im Rahmen der Auftragsneuvergabe wesentlich, wenn bei wertender Betrachtungsweise ihr Einsatz den eigentlichen Kern des zur Wertschöpfung erforderlichen Funktionszusammenhangs ausmacht« (BAG NJW 2007, 106, 108; so schon NZA 2006, 1105, 1108; NJW 2006, 2138, 2140; ähnl schon früher *Willemsen* ZIP 1986, 477; *Schlachter* NZA 2006, 80, 83). Ob danach eine einigermaßen vorhersehbare Abgrenzung zwischen Betriebsübergang und bloßer Funktionsnachfolge möglich ist und diese neue Eingrenzung als richtlinienkonform angesehen werden kann, muss jedoch bezweifelt werden (so auch *Houben* NJW 2007, 2075, 2076).

6 **cc) Kein Betriebsübergang bei vorheriger Stilllegung.** Klar ist bislang, dass jedenfalls eine Stilllegung des Betriebs vor seiner Übernahme durch den Erwerber einen Betriebsübergang nach § 613a ausschließt, da insofern kein vorhandener Betrieb den Inhaber wechselt (BAG NZA 2003, 93; BaRoth/*Fuchs* Rn 18; Palandt/*Weidenkaff* Rn 13; PWW/*Lingemann* Rn 7). Die Stilllegung des Betriebs setzt allerdings den endgültigen Beschluss voraus, den Betrieb auf unbestimmte bzw nicht unerhebliche Zeit einzustellen (BAG NJW 2003, 2473; 2006, 2138). Dieser Entschluss fehlt, wenn das Unternehmen noch Verhandlungen über die Veräußerung führt (BAG NZA 2006, 720). Eine alsbaldige Wiedereröffnung spricht jedenfalls gegen eine vorherige »echte« Stilllegungsabsicht (BAG NJW 2003, 2473, 2477). Diesen einschränkenden Kriterien zur Beurteilung der Betriebsstilllegung steht auf der anderen Seite die wertende Erstreckung auf eine lange Betriebsunterbrechung nicht entgegen. So kann auch eine Betriebs*unterbrechung*, die nicht nur vorübergehend ist, je nach Dauer des Stilllegungszeitraums bei wertender Betrachtung einer Betriebs*stilllegung* gleichstehen. Dies ist durch die Rspr des BAG etwa bei einer neunmonatigen Betriebsunterbrechung für ein Modefachgeschäft herausgestellt worden (BAG NZA-RR 1998, 290).

7 **c) Durch Rechtsgeschäft.** Soll der Betriebsübergang die Rechtsfolgen gem § 613a auslösen, muss er eine rechtsgeschäftliche Grundlage haben. Auf welchem Weg sich der rechtsgeschäftliche Übergang vollzieht (Kauf, Schenkung, Verpachtung etc) und ob das zugrunde liegende Rechtsgeschäft wirksam ist, spielt keine Rolle (BAG NJW 1986, 453; NJW 1999, 2461; Erman/*Edenfeld* Rn 31; Hk-BGB/*Eckert* Rn 4; Palandt/*Weidenkaff* Rn 14). Entscheidend ist lediglich, dass der Betrieb auf Grund einer rechtsgeschäftlichen Vereinbarung seinen Inhaber wechselt und nach der Übernahme im Wesentlichen unverändert fortbesteht (Jauernig/*Mansel* Rn 3). Nicht anwendbar ist § 613a bei einem **Rechtsübergang kraft Gesetzes**, so etwa bei der **Erbfolge**. Hier greifen bereits die Vorschriften über die Gesamtrechtsnachfolge, die auch den Übergang von Rechten und Pflichten aus mit dem Erblasser bestehenden Schuldverhältnissen bewirken (Palandt/*Weidenkaff* Rn 6). Gleiches gilt für die **öffentlich-rechtliche Funktionsnachfolge** (BAG NZA 2000, 371 – Notariat). Auch beim **Gesellschafterwechsel** ist die Norm nicht heranzuziehen: Treten Gesellschafter auf Seiten des Arbeitgebers ein oder aus, bleibt nämlich die Identität der Gesellschaft als Arbeitgeber erhalten (BAG NJW 1991, 247; Palandt/*Weidenkaff* Rn 6). Keinen Betriebsübergang bewirkt zudem die **Sicherungsübereignung**, da sich die Nutzungsberechtigung des bisherigen Eigentümers nicht ändert (BAG BB 2003, 1793; PWW/*Lingemann* Rn 8). Die durch die **Fortführung des Betriebs seitens des Insolvenzverwalters** begründeten Verbindlich-

keiten stellen Masseschulden iSd § 55 Abs 1 Nr 1 InsO dar (BAG NJW 1987, 1966 für KO). Geht der Betrieb nach Eröffnung des Insolvenzverfahrens über, gelten § 613a Abs 1, 4 (vgl § 128 Abs 2 InsO; BAG NJW 2003, 3506), allerdings mit reduzierten Rechtsfolgen (MüKo/*Müller-Glöge* Rn 176 ff; Palandt/*Weidenkaff* Rn 8; krit BaRoth/*Fuchs* Rn 31 ff): Der Erwerber haftet nicht für die vor Eröffnung entstandenen Verbindlichkeiten (BAG NZA 2003, 318; ZIP 2005, 1706); jedoch gilt § 613a für Urlaubsansprüche (BAG NZA 2004, 43, 651; NJW 2004, 1972). Wird der Betrieb vor Eröffnung des Insolvenzverfahrens übernommen, haftet der Erwerber uneingeschränkt (BAG NZA 2003, 318). § 613a Abs 1, 4-6 sind allerdings anzuwenden bei **Betriebsumwandlungen** (auch iSv Verschmelzungen, Spaltungen oder Vermögensübertragungen, § 324 UmwG). Unanwendbar auf Umwandlungen ist nur § 613a Abs 2, vgl § 613a Abs 3. Die Voraussetzungen der § 613a Abs 1, 4-6 sind in Umwandlungssituationen jeweils selbständig zu prüfen (BAG NZA 2000, 1115). Zusätzlich gibt es im Umwandlungsrecht aber eine Reihe von Sonderregelungen, die es zu beachten gilt (§ 21a Abs 3 BetrVG, §§ 322, 323 Abs 1, 2 UmwG, vgl dazu *Altenburger/Leister* NZA 2005, 15 ff; Palandt/*Weidenkaff* Rn 7).

II. Widerspruchsrecht des Arbeitnehmers. Der Intention des § 613a Abs 1 S 1 würde es zuwider laufen, 8
wenn dem Arbeitnehmer auf Grund eines Betriebswechsels ein – vielleicht sogar unseriöser – Arbeitgeber gegen seinen Willen aufgedrängt werden könnte. Aus diesem Grund ist der Übergang des Arbeitsverhältnisses daran geknüpft, dass der Arbeitnehmer ihm nicht widerspricht. Dieses früher von der Rspr aufgestellte Erfordernis (BAG NJW 1993, 3156 f) hat der Gesetzgeber mittlerweile in § 613a Abs 6 kodifiziert und dort sogleich die näheren Ausübungsvoraussetzungen beschrieben. Das Widerspruchsrecht stellt ein Gestaltungsrecht dar (Erman/*Edenfeld* Rn 49). Er kann nach den gesetzlichen Vorgaben nur innerhalb einer Frist von einem Monat nach Zugang (§ 130) der Unterrichtung gem § 613a Abs 5 ausgeübt werden. Aus Gründen der Rechtssicherheit ist zudem die Einhaltung der Schriftform iSd § 126 erforderlich. Die Widerspruchsfrist beginnt im Zeitpunkt der Unterrichtung durch den Betriebsinhaber zu laufen. Um die Ein-Monats-Frist aber tatsächlich in Gang zu setzen, ist es notwendig, dass die Unterrichtung des Betriebsinhabers den Anforderungen des § 613a Abs 5 tatsächlich genügt (zu den Einzelheiten vgl *Rieble* NZA 2004, 1 ff; *Jaeger* ZIP 2004, 433 ff; *Jochums/Klumpp* JuS 2006, 687 ff). Erfolgt die Unterrichtung schon einige Zeit vor dem Betriebsübergang, kann der Arbeitnehmer nicht bis zum Zeitpunkt des Betriebsübergangs warten, sondern muss sich auch hier binnen eines Monats nach Unterrichtung durch den Arbeitgeber erklären. Nach Ablauf der Frist ist der Widerruf idR unbeachtlich (*Dreher* BB 2000, 2358). Will der Arbeitnehmer dem Übergang seines Arbeitsverhältnisses widersprechen, kann er diese Erklärung (schriftlich) sowohl ggü dem bisherigen Arbeitgeber als auch dem neuen Betriebsinhaber abgeben, § 613a Abs 6 S 2. Erforderlich für das Wirksamwerden der Erklärung ist nur ihr Zugang (§ 130) bei einem von beiden. Inhaltlich muss in der abgegebenen Erklärung der Wille zum Ausdruck kommen, den Übergang des Arbeitsverhältnisses zu verhindern. Eine Begründung des Widerspruchs ist nicht erforderlich. Ist die vom Arbeitnehmer abgegebene Erklärung mehrdeutig, muss sie ausgelegt werden (Erman/*Edenfeld* Rn 49). Wie andere Gestaltungsrechte, ist der Widerspruch grds bedingungsfeindlich (Erman/*Edenfeld* Rn 50). Der einmal wirksam geäußerte Widerspruch ist zudem keinem Widerruf mehr zugänglich (BAG NZA 2004, 481); lediglich eine Anfechtung nach §§ 119 ff bleibt unter den dort genannten Voraussetzungen möglich.

C. Rechtsfolge. I. Automatischer Übergang der Arbeitsverhältnisse. 1. Grundsatz. Rechtsfolge des Über- 9
gangs der Arbeitsverhältnisse nach § 613a Abs 1 S 1 ist, dass der Betriebsinhaber automatisch, dh ohne diesbezügliche Erklärung – ggf auch ohne Kenntnis oder gegen seinen Willen – in die im Zeitpunkt des Übergangs bestehenden Arbeitsverhältnisse eintritt (Jauernig/*Mansel* Rn 6). Insofern kommt es zu einer Auswechselung des Vertragspartners (Hk-BGB/*Eckert* Rn 6). Maßgeblich für den Übergang und damit den Eintritt der Rechtsfolgen des § 613a ist der Zeitpunkt, zu dem der Veräußerer die Organisations- und Leitungsmacht einstellt und der Erwerber sie übernehmen kann (BAG ZIP 2006, 1917; BaRoth/*Fuchs* Rn 29; PWW/*Lingemann* Rn 9). Vom Übergang erfasst sind alle Arbeitsverhältnisse, auch die von Auszubildenden, Altersteilzeitverhältnisse (selbst in der Freistellungsphase, vgl LAG Düsseldorf NZA-RR 2004, 288, 848), Arbeitsverhältnisse ohne Kündigungsschutz (BAG NJW 2003, 2473) und selbst diejenigen, die nur als faktische Arbeitsverhältnisse bestehen (BaRoth/*Fuchs* Rn 30). **a) Schuldnerstellung des Erwerbers.** Der neue Arbeitgeber wird Schuldner aller Verbindlichkeiten aus dem Arbeitsverhältnis, auch wenn sie aus der Zeit vor dem Betriebsübergang herrühren (BAG NJW 1977, 1168). Dies gilt für alle Vergütungen, also auch Prämien, Versorgungsanwartschaften, Ansprüche aus einem Aktienoptionsplan, Ansprüche auf Grund betrieblicher Übung (PWW/*Lingemann* Rn 3) und solcher aus Bereicherung und Delikt (Jauernig/*Mansel* Rn 7). Hinsichtlich des Verschlechterungsverbots bleibt die Dauer der Betriebszugehörigkeit zugunsten des Arbeitnehmers erhalten (BAG NJW 2003, 773; Jauernig/*Mansel* Rn 7). Allerdings soll der arbeitsrechtliche Gleichbehandlungsgrundsatz, der vom Erwerber zu beachten ist, nicht dazu führen, dass es zu einer (automatischen) Anpassung der Ansprüche der übernommenen Arbeitnehmer an die der bereits vorhandenen Arbeitnehmer des Erwerbers kommt (BAG BB 2006, 440; PWW/*Lingemann* Rn 11). Rechte und Pflichten aus den Kollektivverträgen (Tarifverträge, Betriebsvereinbarungen) wirken mit dem Übergang der Arbeitsverhältnisse individualvertraglich mit dem im Zeitpunkt des Übergangs geltenden Inhalt (vgl § 613a Abs 1 S 2; BAG BB 1995, 676), es sei denn, für das Unternehmen des neuen Arbeitgebers gelten Kollektivverträge mit anderen Regeln,

§ 613a Abs 1 S 3. Die individualrechtliche Weitergeltung kann nicht vor Ablauf eines Jahres geändert werden, vgl § 613a Abs 2 S 2, Ausn § 613a Abs 1 S 4.

10 **b) Gläubigerstellung des Erwerbers.** Mit dem Betriebsübergang rückt der Übernehmer hinsichtlich der Arbeitsverhältnisse auch in die Gläubigerstellung des Altarbeitgebers/Betriebsveräußerers ein. Er kann daher fordern, dass ihm ggü die versprochene Arbeitsleistung erbracht wird. Zudem steht ihm die Ausübung der mit dem Arbeitsverhältnis verbundenen Gestaltungsrechte (Kündigung, Anfechtung) sowie die Ausübung sonstiger aus der Arbeitgeberstellung ableitbarer Rechte zu.

11 **2. Problem: Aufhebungsvertrag/Eintritt in eine Beschäftigungs- und Qualifizierungsgesellschaft – Umgehungstatbestand?** Ein Aufhebungsvertrag mit dem Arbeitnehmer zur Verhinderung des Übergangs des Arbeitsverhältnisses auf den neuen Arbeitgeber birgt die Gefahr einer Umgehung des § 613a Abs 1. Schon aus diesem Grunde ist – unabhängig von der Problematik der möglichen Anfechtbarkeit wegen Irrtums bzw Täuschung oder Drohung – der Frage nachzugehen, ob er nicht per se in der geschilderten Situation nur unter sehr restriktiven Voraussetzungen wirksam zustande kommen kann. **a) Eingrenzungstendenzen der hM.** Im Hinblick auf die potentielle Umgehung des § 613a soll ein geschlossener Aufhebungsvertrag nach hM nur dann zulässig sein, wenn er auf das endgültige Ausscheiden des Arbeitnehmers aus dem Betrieb und nicht auf ein neues Arbeitsverhältnis zum Betriebsinhaber mit schlechteren Konditionen gerichtet ist, es sei denn, dass die mit einer solchen Vertragsgestaltung verbundene Verschlechterung der Arbeitsbedingungen sachlich gerechtfertigt ist, etwa wenn ohnehin die Möglichkeit einer betriebsbedingten Kündigung bestände, weil der Betrieb insolvent ist und der Wechsel in eine Beschäftigungs- und Qualifizierungsgesellschaft erfolgt (vgl BAG NZA 2006, 145; PWW/*Lingemann* Rn 13; *Lembke* BB 2004, 773 ff). Bedeutsam wird diese Eingrenzung vor allem bei der Bewertung des in der Praxis seit einigen Jahren vermehrt auftretenden BQG-Modells. **aa) BQG-Modell.** Die Beschäftigungs- und Qualifizierungsgesellschaft (BQG) ist ein vom Arbeitgeber verschiedener selbständiger Rechtsträger, der entweder speziell für den Fall der Betriebssanierung des alten Arbeitgebers als Auffanggesellschaft für die Arbeitnehmer gegründet wird, oder generell als BQG fungiert. Zweck des BQG-Modells ist es, vor Verkauf des Betriebs an den Erwerber die Arbeitnehmer in die Auffanggesellschaft zu überführen und dort zu »parken« und anschließend den kurz vor der Insolvenz stehenden Betrieb »arbeitnehmerfrei« zu übertragen. Der Erwerber kann sich dann diejenigen Arbeitnehmer aussuchen, die er von der BQG – zu eigenen Konditionen – übernehmen möchte (*Krieger/Fischinger* NJW 2007, 2289 ff). Details: Zur Überführung der Arbeitnehmer in die BQG schließen die teilnehmenden Arbeitnehmer mit dem Veräußerer einen Aufhebungsvertrag sowie mit der BQG einen neuen Arbeitsvertrag. Beides kann in einem dreiseitigen Vertrag kombiniert werden (BAG NZA 1999, 422). Der dreiseitige Vertrag steht idR unter der Bedingung, dass die Arbeitsverwaltung Transferkurzarbeitergeld nach § 216b SGB II gewährt (BAG NJW 2006, 938). Selbst wenn alle Arbeitnehmer des Altbetriebs in die BQG wechseln, stellt dies keinen Betriebsübergang iSd § 613a dar, denn die BQG übernimmt weder die materiellen noch die immateriellen Betriebsmittel vom Veräußerer. Vor allem ist die BQG auf Qualifizierung und Vermittlung der Arbeiter ausgerichtet und es wird wegen § 216b SGB III regelm »Kurzarbeit Null« vereinbart. Damit fehlt es an der Fortführung des bisherigen Betriebszwecks. Der Vertrag mit der BQG ist meist wegen der Laufzeitbeschränkung des Transferkurzarbeitergeldes (§ 216b Abs 8 SGB III) auf ein Jahr befristet (vgl dazu *Gaul/Ott* NZA 2004, 1301, 1303). Die Arbeitnehmer erhalten in der BQG in erster Linie Transferkurzarbeitergeld, idR aufgestockt durch (vom Altarbeitgeber finanzierte) Leistungen der BQG. Die BQG organisiert – meist in Zusammenarbeit mit der Arbeitsverwaltung, die diese häufig finanziert (*Gaul/Kliemt* NZA 2000, 674, 677 f) – Qualifizierungs-, Weiterbildungs- und Fortbildungsmaßnahmen, an denen die Arbeitnehmer teilzunehmen haben (*Krieger/Fischinger* NJW 2007, 2289, 2290).

12 **bb) Rspr des BAG zum BQG-Modell.** Zentraler Knackpunkt des BQG-Modells ist die Wirksamkeit der geschlossenen Aufhebungsverträge bzgl der Arbeitsverhältnisse zum Altarbeitgeber. Hinsichtlich des Problems der Umgehung des § 613a differenziert die Rspr des BAG nunmehr wie folgt: Wird dem Arbeitnehmer bei Abschluss des Aufhebungsvertrages nur die rechtlich **unverbindliche Chance** eingeräumt, vom Erwerber übernommen zu werden, und schließt er nach entspr Aufklärung freiwillig einen Aufhebungsvertrag, soll keine Umgehung von § 613a vorliegen. Der Aufhebungsvertrag ist daher wirksam (sog Dörries-Scharmann-Rspr: BAG NZA 1999, 422; NJW 2006, 938; ZIP 2007, 643). Wird dagegen beim Abschluss des Aufhebungsvertrages zugleich ein neues Arbeitsverhältnis begründet oder dem Arbeitnehmer zumindest **verbindlich in Aussicht gestellt** (sog Lemgoer Modell), ist der Aufhebungsvertrag wegen Umgehung von § 613a Abs 4 nach Auffassung des BAG gem § 134 unwirksam (vgl BAG NZA 1988, 198). Ein Widerruf des Aufhebungsvertrages nach §§ 355, 312 Abs 1 S 1 Nr 1 Alt 1 ist selbst dann nicht möglich, wenn er am Arbeitsplatz geschlossen wurde, denn § 312 Abs 1 Nr 1 findet aus teleologischen Erwägungen auf arbeitsrechtliche Aufhebungsverträge keine Anwendung (BAG NJW 2004, 2401; Palandt/*Grüneberg* § 312 Rn 4). Es besteht auch kein Anpassungsanspruch bzw ein Anspruch auf Aufhebung des Aufhebungsvertrages nach § 313 aus Gründen der Störung der Geschäftsgrundlage (BAG NZA 1999, 422). Denn die eventuelle heimliche Hoffnung des Arbeitnehmers auf Übernahme durch den Erwerber stellt nach derzeitiger Rspr des BAG ebenso wenig eine Geschäftsgrundlage dar wie die Erwartung fortdauernder Betriebsstillegung (BAG ZIP 2007, 643). Den aus der Insolvenzsituation des Altarbeitgebers kommenden und bei der BQG geparkten Arbeitnehmern soll auch

kein Fortsetzungsanspruch gegen den Erwerber zustehen (BAG NZA 1999, 422; NZA 2007, 866; LAG Köln ZIP 2003, 592; aA LAG Niedersachsen NZA-RR 2004, 567 – aufgehoben durch BAG NZA 2005, 405).

b) Kritik an der derzeitigen Eingrenzung der Zulässigkeit von Aufhebungsverträgen. Das BAG verkennt in seiner Rspr leider, dass es bei einem in einer Betriebsübergangssituation geschlossenen Aufhebungsvertrag hinsichtlich der Frage der Umgehung von §613a nicht darauf ankommt, was den betroffenen Arbeitnehmern gesagt bzw suggeriert wurde, so dass es auch unwichtig ist, ob eine Übernahme durch einen Betriebserwerber in Aussicht gestellt worden ist oder nicht. Allein entscheidend für die Beurteilung der Wirksamkeit des Aufhebungsvertrages ist, ebenso wie für die Kündigung nach §613a Abs 4 (dazu unten), was der Betriebsinhaber mit dem Betrieb tatsächlich vorhat. Sein »Horizont« zum Zeitpunkt des Abschlusses des Aufhebungsvertrages zählt. Ist der Betriebsübergang in Aussicht genommen und wurden hierzu bereits Schritte eingeleitet, ist eine Kündigung aus Anlass des Betriebsübergangs nicht mehr möglich, vgl §613a Abs 4. Gleiches muss für einen in diesem Zeitpunkt auf die Betriebssituation bezogenen Aufhebungsvertrag gelten, wenn mit ihm gerade das Ziel verfolgt wird, den Betrieb »personalentkernt« zu übertragen. In diesem Sinne ist auch die Betriebsübergangsrichtlinie zu verstehen. Dem Erwerber soll es nämlich beim Betriebsübergang nicht erlaubt sein, sich sein Dreamteam aus einer formal zwischengeschalteten Auffanggesellschaft zusammenzustellen, er hat *alle* Arbeitsverhältnisse mit zu übernehmen. Wenn es das neue Betriebskonzept erfordert, bleibt es ihm unbenommen, nach Übergang aller Arbeitsverhältnisse betriebsbedingt zu kündigen. Der bereits geäußerten Kritik an der derzeitigen wohl nicht richtlinienkonformen Rspr des BAG (krit insbes LAG Bremen BB 2005, 665 – aufgehoben durch BAG NJW 2006, 938; *Küttner/Kania* Personalbuch 2006, »Beschäftigungsgesellschaft« Nr 98 Rn 6; ErfK/*Preis*, 7. Aufl 2007, §613a Rn 155) ist daher beizupflichten. 13

II. Verbot der Kündigung wegen Betriebsübergangs. Eine Umgehung des §613a durch eine Kündigung des Arbeitsverhältnisses seitens des bisherigen Arbeitgebers/Betriebsinhabers soll durch §613a Abs 4 S 1 ausgeschlossen werden (BAG NJW 1986, 87; 1986, 2008; BaRoth/*Fuchs* Rn 56; Jauernig/*Mansel* Rn 8). Das hier statuierte – auf die Betriebsübergangssituation bezogene – besondere Kündigungsverbot gilt unabhängig von der Anwendbarkeit des KSchG (vgl § 13 Abs 3 KSchG), somit auch in der Wartezeit (§ 1 KSchG) und in Kleinbetrieben (§ 23 Abs 1 S 2 ff KSchG). §613a Abs 4 S 1 verbietet allerdings nur eine Kündigung des Arbeitsverhältnisses »aus Anlass des Betriebs(teil)übergangs«. Kündigungen aus anderen Gründen (personen-, verhaltens- und sonst betriebsbedingt) sind weiterhin erlaubt, vgl §613a Abs 4 S 2. **1. Konkretisierung.** Die von §613a Abs 4 S 1 indizierte Kündigung »aus Anlass des Betriebsübergangs« liegt vor, wenn der Übergang des Betriebs(teils) tragender Grund der Kündigung ist (BAG NJW 1984, 627, 629; BaRoth/*Fuchs* Rn 57; PWW/*Lingemann* Rn 31). Das ist etwa der Fall, wenn der Arbeitgeber zum Zeitpunkt der Kündigung den Betriebsübergang bereits geplant bzw dieser bereits greifbare Formen angenommen hat und daher die Kündigung aus Sicht des Arbeitgebers ausgesprochen wird, um den geplanten Betriebsübergang vorzubereiten oder zu ermöglichen (BaRoth/*Fuchs* Rn 62). Maßgeblicher Beurteilungszeitpunkt für die Wirksamkeit der Kündigung ist ihr Zugang, §130 (BAG NZA 1997, 757). Nicht wesentliches Motiv ist der Betriebs(teil)übergang für die Kündigung, wenn sie zu einem Zeitpunkt erfolgt, in dem der Betriebsübergang noch gar nicht erwogen wird (BAG AP Nr 74 zu §613a) oder wenn es (unabhängig vom Betriebsübergang) einen anderen, sachlichen Grund für die Kündigung gibt (vgl §613a Abs 4 S 2; BAG BB 2005, 892). 14

2. Abgrenzung zur betriebsbedingt möglichen Kündigung. Abgrenzungsprobleme entstehen häufig hinsichtlich der aus Anlass des Betriebsübergangs erfolgenden und der bereits betriebsbedingt gerechtfertigten Kündigung. Hier ist folgendes zu beachten: Bei einer betriebsbedingten Kündigung wegen Betriebsstilllegung muss die Stilllegung im Zeitpunkt des Zugangs der Kündigung schon greifbare Formen angenommen haben und die Prognose rechtfertigen, dass mit Ablauf der Kündigungsfrist der Arbeitnehmer nicht mehr eingesetzt werden kann (BAG DB 1991, 2442). Ändert sich die Prognose noch während des Laufs der Kündigungsfrist (etwa durch Betriebsübergang nach §613a und Fortführung des Betriebs), kann ein Wiedereinstellungsanspruch bestehen (BAG DB 2006, 2029). Letzterer ist jedoch ausgeschlossen, wenn wesentliche Änderungen des Konzepts und der Struktur des Betriebs vorliegen, die bei wertender Betrachtung schon einen Betriebsübergang iSd §613a ausschließen (BAG DB 2006, 2130; PWW/*Lingemann* Rn 32). Geht nur ein Teil des Betriebs über, nicht aber der andere, ist bei einer betriebsbedingten Kündigung die Sozialauswahl auf den übergehenden Betriebsteil zu erstrecken (BAG NZA 2005, 285). 15

III. Gemeinsame Haftung von altem und neuem Arbeitgeber. Sowohl der alte als auch der neue Arbeitgeber haften für die Ansprüche aus den Arbeitsverhältnissen, soweit sie vor dem Zeitpunkt des Übergangs entstanden und vor Ablauf eines Jahres nach diesem Zeitpunkt fällig werden, als Gesamtschuldner (§613a Abs 2 S 1). Eine Ausn diesbezüglich besteht bei Übergang des Betriebs nach Eröffnung des Insolvenzverfahrens. Hier haftet der Erwerber nicht für Verbindlichkeiten, die vor Eröffnung des Verfahrens entstanden sind (BAG NZA 2003, 318; DB 2005, 2362; PWW/*Lingemann* Rn 30). Übernimmt der Erwerber den Betrieb allerdings vor Eröffnung des Insolvenzverfahrens, so haftet er uneingeschränkt nach §613a Abs 2. Eine weitere Haftungseinschränkung findet sich in §613a Abs 2 S 2: Werden die nach §613a Abs 1 übergegangenen Verpflichtungen erst nach dem Zeitpunkt des Übergangs fällig, so haftet der bisherige Arbeitgeber nur in dem Umfang, der dem im Zeitpunkt des Übergangs abgelaufenen Teil ihres Bemessungszeitraums entspricht. Hin- 16 ter dieser Regelung steht der Korrespondenzgedanke. Die Haftung des Veräußerers scheint nur insoweit gerechtfertigt, als der Arbeitnehmer ihm noch die Gegenleistung erbracht hat. Unter S 2 fallen insbes Jahressonderzahlungen, die Entgelt für geleistete Arbeit darstellen, zB Weihnachtsgratifikationen (BaRoth/*Fuchs* Rn 43). § 613a Abs 2 soll nach dem Willen des Gesetzgebers jedoch nicht eingreifen, wenn eine juristische Person oder eine Personenhandelsgesellschaft durch Umwandlung erlischt, vgl § 613 Abs 3.

17 **IV. Informationspflichten.** § 613a Abs 5 beschreibt umfassende Unterrichtungspflichten ggü den Arbeitnehmern, die entweder vom alten oder vom neuen Betriebsinhaber zu erfüllen sind (BAG DB 2006, 2406; 2409). Die betroffenen Arbeitnehmer müssen in Textform über den Zeitpunkt oder den geplanten Übergang des Betriebs, den Grund für den Übergang, die rechtlichen, wirtschaftlichen und sozialen Folgen als auch die hinsichtlich der Arbeitnehmer in Aussicht genommenen Maßnahmen unterrichtet werden (vgl § 613a Abs 5 Nr 1-4). Darüber hinaus ist auch der Betriebserwerber mit Firmenbezeichnung und Adresse mitzuteilen (BAG aaO). Adressat der Unterrichtung sind alle Arbeitnehmer, deren Arbeitsverhältnisse übergehen, wenn sie dem Betriebsübergang nicht widersprechen. Die Unterrichtung darf zwar standardisiert erfolgen, muss aber eventuelle Besonderheiten des jeweiligen Arbeitsverhältnisses erfassen (PWW/*Lingemann* Rn 41). Für den Inhalt der Informationsvergabe ist der Kenntnisstand des Unterrichtenden im Zeitpunkt der Unterrichtung maßgeblich. Einen Anspruch auf erg Informationen in Bezug auf nachträgliche Änderungen gibt es grds nicht (BAG DB 2006, 2410). Fehlt die Unterrichtung oder ist sie fehlerhaft bzw unklar, ist sie wirkungslos. Dies führt dazu, dass der Arbeitnehmer ein unbefristetes Widerrufsrecht hat, solange die Unterrichtung nicht ordnungsgemäß nachgeholt worden ist (BAG NZA 2005, 1302).

18 **V. Auswirkungen des Betriebsübergangs auf das Betriebsratsamt.** Wenn der aufnehmende Betrieb bereits einen Betriebsrat gewählt hat, enden die Ämter des Betriebsrats im übergehenden Betrieb mit dem Vollzug des Betriebsübergangs (PWW/*Lingemann* Rn 49). Besteht im aufnehmenden Betrieb dagegen kein Betriebsrat, hängen die Auswirkungen auf das Betriebsratsmandat davon ab, ob der Betrieb insg übergeht, dann besteht der Betriebsrat unverändert fort, oder ob nur ein Betriebsteil übergeht, dann enden die Betriebsratsmandate; es bestehen hier nur sog Überhangsmandate des Betriebsrats des Veräußerers nach § 21a Abs 1 S 1, Abs 3 BetrVG. Werden mehrere Betriebe oder Betriebsteile mit Betriebsrat zusammengefasst, ist die Wahrnehmung des Überhangsmandats Aufgabe des Betriebsrats des nach Zahl der wahlberechtigten Arbeitnehmer größeren Betriebs/Betriebsteils, vgl § 21a Abs 2, 3 BetrVG.

19 **D. Prozesstaktische Überlegungen. I. Beweislast.** Der Arbeitnehmer, der gegen einen anderen als den bisherigen Betriebsinhaber, gestützt auf den gem § 613a Abs 1 S 1 angeordneten Schuldnerwechsel, Ansprüche herleiten will, trägt für die Voraussetzung dieser für ihn günstigen Rechtsfolge die Darlegungs- und Beweislast. Hinsichtlich des Merkmals »durch Rechtsgeschäft« kommen dem Arbeitnehmer die Grundsätze des Anscheinsbeweises zugute, da die Nutzung von bisher einer anderen Rechtsperson zugeordneten wesentlichen Betriebsmitteln bzw ihre tatsächliche Übernahme zum Zweck der Betriebsfortführung erfahrungsgemäß nicht ohne rechtsgeschäftliche Übereinkunft geschieht (Erman/*Edenfeld* Rn 39).

20 **II. Vorlagemöglichkeit, richtiger Klagegegner.** Art 234 EGV begründet die Möglichkeit einer Vorlage zur Vorabentscheidung beim EuGH. Hinsichtlich der gesamtschuldnerischen Haftung von Erwerber und Veräußerer des Betriebs bzgl der übergegangenen Verbindlichkeiten gem § 613a Abs 2 ist darauf hinzuweisen, dass beide (Veräußerer und Erwerber) im selben Rechtsstreit als Arbeitgeber verklagt werden können (BaRoth/*Fuchs* Rn 45). Sie sind dann Streitgenossen (§ 59 ZPO). Haben Betriebsveräußerer und Betriebserwerber verschiedene allg Gerichtsstände, so ist das örtlich zuständige Gericht nach § 36 Nr 3 ZPO zu bestimmen (BAG BB 1996, 2413). Klagegegner einer erfolgten Kündigung im Zusammenhang mit einem Betriebsübergang ist derjenige Arbeitgeber, der die Kündigung ausgesprochen hat (BAG NZA 1985, 493; 1999, 709). Der die Kündigung aussprechende (Alt-) Arbeitgeber bleibt auch bei einem nachfolgenden Betriebsübergang Beklagter der Kündigungsschutzklage (BAG vom 24.08.06, 8 AZR 574/05). In diesen Fällen gilt im Verhältnis zum Betriebserwerber: Ist er nach Rechtshängigkeit der Kündigungsschutzklage gegen den Betriebsveräußerer dessen Rechtsnachfolger geworden, muss er gem § 325 ZPO ein rechtskräftiges Urteil gegen sich gelten lassen. Dagegen gilt § 325 ZPO weder direkt noch entspr, wenn der Betriebsübergang vor Rechtshängigkeit der Kündigungsschutzklage gegen den Betriebsveräußerer erfolgte (BAG NZA 1999, 648; NZA 1999, 708, 709; PWW/*Lingemann* Rn 34; MüKo/*Müller-Glöge* Rn 214 ff). Hier muss der Arbeitnehmer trotz gewonnenem Kündigungsschutzprozess gegen den alten Arbeitgeber auch noch den Betriebserwerber auf Feststellung des Fortbestandes des Arbeitsverhältnisses verklagen, sofern sich dieser auf die Wirksamkeit der Kündigung des Betriebsveräußerers beruft (LAG Hamm NZA-RR 2002, 82, 85). Vor diesem Hintergrund ist es in Zweifelsfällen prozessökonomisch, sowohl den Betriebsveräußerer als auch den Betriebserwerber zu verklagen (PWW/*Lingemann* Rn 34). Hinsichtlich der derzeitigen (hier kritisierten) Rspr des BAG zum BQG-Modell ist in der Praxis außerdem viel Wert darauf zu legen, dass der Erwerber des Betriebs in der Kommunikation mit den Arbeitnehmern des Altbetriebs besondere Sorgfalt darauf verwendet, dass nicht der Eindruck einer verbindlichen Übernahme entsteht (*Krieger/Fischinger* NJW 2007, 2289, 2291). Dies gilt umso mehr, als eine solche Zusage nach dem BAG nicht unbedingt ausdrücklich erklärt werden muss, sondern sie sich auch aus den

Umständen ergeben kann (BAG NJW 2006, 938). Allerdings kann eine Zusage iSd sog »Lemgoer Modells« nur vorliegen, wenn sie von dem Erwerber oder von einem zu dessen Vertretung Berechtigten (§§ 164 ff) erteilt wird. Nicht autorisierte Erklärungen des Erwerbers sind grds unbeachtlich. Der Erwerber muss aber darauf achten, nicht den Rechtsschein einer Vollmacht nach §§ 170 ff zu setzen.

§ 614 Fälligkeit der Vergütung. Die Vergütung ist nach der Leistung der Dienste zu entrichten. Ist die Vergütung nach Zeitabschnitten bemessen, so ist sie nach dem Ablauf der einzelnen Zeitabschnitte zu entrichten.

§ 614 regelt die Vorleistungspflicht des Dienstverpflichteten für die gesamte Dienstleistung oder für Zeitabschnitte, die für die Vergütungsbemessung maßgebend sind (Jauernig/*Mansel* Rn 1). Im Hinblick auf die von der Grundregel des § 271 abw Vorleistungspflicht (vgl dazu Palandt/*Weidenkaff* Rn 1) kann sich der Dienstverpflichtete nicht auf die Einrede des nichterfüllten Vertrages nach § 320 Abs 1 berufen, § 320 Abs 2 ist jedoch anwendbar (BaRoth/*Fuchs* Rn 1; Jauernig/*Mansel* Rn 2), wenn der Dienstherr das Entgelt bis zur Erbringung der Dienstleistung zurückhält. Hat der Dienstverpflichtete seine Vorleistungspflicht – etwa bei einer nach Zeitabschnitten zu erbringenden Dienstleistung – erfüllt und wird der hierfür geschuldete (fällige) Lohn gleichwohl nicht ausbezahlt, kann er seine künftig zu erbringende Dienstleistung nach § 273 zurückhalten (Palandt/*Weidenkaff* Rn 2). 1

§ 614 ist allerdings dispositiver Natur. Durch vertragliche oder kollektivrechtliche (vgl § 87 Abs 1 BetrVG) Vereinbarungen kann der Fälligkeitszeitpunkt daher anders bestimmt werden (MüKo/*Müller-Glöge* Rn 3). Sondervorschriften, die die Fälligkeit der Vergütung teilw zusätzlich von einer Abrechnung abhängig machen, enthalten die §§ 64, 87a Abs 1 S 2, Hs 2, 87c HGB (Handelsvertreter, Handelsgehilfen), §§ 11, 18 BBiG (Auszubildende), § 11 Abs 2 BUrlG (Urlaubsgeld), § 9 RVG (Rechtsanwälte), § 8 StBGebV (Steuerberater), § 12 GOÄ (Ärzte), § 3 HOAI (Architekten und Ingenieure). Falls nicht vereinbart oder auf Grund von Kollektivverträgen zu gewähren, können Vorschüsse und Abschläge nur bei Aufwandsentschädigungen und Spesen (LAG BaWü BB 1969, 875) sowie wegen bes Umstände (Notlage) auf Grund der Fürsorgepflicht des Dienstherrn verlangt werden. Sie stellen dann kein Darlehen dar, sondern sind als vorzeitige Erfüllung aufzufassen (Jauernig/*Mansel* Rn 3). Deshalb mindern sie ohne Aufrechnung und sonstige Erklärung die Vergütung, die erst später – nach dem eigentlichen Fälligkeitszeitpunkt – ausgezahlt wird (Palandt/*Weidenkaff* Rn 3). Die Beendigung des Dienstverhältnisses rückt die spätere Fälligkeit nicht zeitlich nach vorn (BAG BB 1973, 144). Ein Verzug hinsichtlich der Vergütungszahlung führt zur Schadensersatzpflicht gem § 280 Abs 2 (BAG NZA-RR 1999, 511 für § 286 aF; PWW/*Lingemann* Rn 3). Bei Insolvenz des Arbeitgebers gleicht die Bundesagentur für Arbeit das nach § 614 bestehende Vorleistungsrisiko des Arbeitnehmers durch die Zahlung von Insolvenzgeld (§§ 183 ff SGB III) bis zur Dauer von drei Monaten aus. 2

§ 615 Vergütung bei Annahmeverzug und bei Betriebsrisiko. Kommt der Dienstberechtigte mit der Annahme der Dienste in Verzug, so kann der Verpflichtete für die infolge des Verzugs nicht geleisteten Dienste die vereinbarte Vergütung verlangen, ohne zur Nachleistung verpflichtet zu sein. Er muss sich jedoch den Wert desjenigen anrechnen lassen, was er infolge des Unterbleibens der Dienstleistung erspart oder durch anderweitige Verwendung seiner Dienste erwirbt oder zu erwerben böswillig unterlässt. Die Sätze 1 und 2 gelten entsprechend in den Fällen, in denen der Arbeitgeber das Risiko des Arbeitsausfalls trägt.

A. Allgemeines. I. Sinn und Zweck. Die Sätze 1 und 2 der Vorschrift enthalten für das Dienstrecht bedeutsame Sonderregelungen, die im Fall des Annahmeverzugs auf der Rechtsfolgenseite zu beachten sind. Die tatbestandlichen Voraussetzungen des Annahmeverzugs ergeben sich weiter aus §§ 293 ff (BGH NJW 1983, 1079; Erman/*Belling* Rn 1; Jauernig/*Mansel* Rn 2). Die Sonderregelung ist für das Dienstrecht erforderlich geworden, weil sich die allg Rechtsfolgen des Annahmeverzugs auf bloße Haftungsmilderungen bzgl der dort fortbestehenden Leistungspflicht des Schuldners (§ 300 Abs 1), auf die Gefahrtragung (§ 300 Abs 2) und auf die Gewährung eines Aufwendungsersatzanspruches (§ 304) beschränken, es aber im Bereich des Dienstvertragsrechts als erforderlich angesehen wird, dass der Dienstberechtigte die Vergütungsgefahr in der beschriebenen Situation der Nichtannahme der Leistung allein trägt (AnwK/*Dauner-Lieb* Rn 1). Der Grund ist, dass Arbeitskraft nicht aufgehoben und zumeist nicht kurzfristig in anderen Dienstverhältnissen verwertet werden kann, obgleich sie für die meisten Menschen die wichtigste Einkunftsquelle darstellt. Die Nachleistung wird als unzumutbar bewertet, da sie mit anderen Pflichten kollidieren und Freizeitbedürfnisse beschneiden kann (Erman/*Belling* Rn 1; Jauernig/*Mansel* Rn 1; MüKo/*Henssler* Rn 1). 1

II. Gesetzgeberische Konzeption. Der Gesetzgeber hat vor diesem Hintergrund sowohl für den selbständigen als auch den unselbständigen Dienstverpflichteten in § 615 S 1 eine Lohnfortzahlung angeordnet (PWW/*Lingemann* Rn 1) und die Frage der Nachholungspflicht abschlägig beschieden. Dadurch wird der Grundsatz »ohne Arbeit kein Lohn« partiell durchbrochen (MüKo/*Henssler* Rn 1; Palandt/*Weidenkaff* Rn 3). Dieser Privilegierung des Dienstverpflichteten für den Fall des Annahmeverzugs steht allerdings die Regelung in § 615 2

S 2 ggü. Die Norm ordnet hinsichtlich der im Annahmeverzug bestehenden Lohnfortzahlungspflicht des Dienstherrn eine gewisse Vorteilsanrechnung zu Lasten des Dienstverpflichteten an, welche dem Gedanken folgt, dass der Dienstverpflichtete im Annahmeverzug zwar keine Nachteile erleiden soll, er aber auch keine als ungerecht empfundenen Vorteile ziehen darf (Hk-BGB/*Eckert* Rn 1; MüKo/*Henssler* Rn 61; *Schaub* ZIP 1981, 347, 350). Der Dienstverpflichtete muss sich daher auf den fortzuzahlenden Lohn eventuelle Einsparungen ebenso anrechnen lassen wie dasjenige, was er zwar erwerben hätte können, aber aus Böswilligkeit nicht erlangt hat. § 615 S 1 und 2 haben gerade bei einer Kündigung des Arbeitnehmers erhebliche praktische Bedeutung. Ist die Kündigungsfrist noch nicht abgelaufen und beschäftigt der Arbeitgeber den Arbeitnehmer nicht mehr, so kann dieser die Zahlung des Arbeitsentgelts verlangen. Gleiches gilt, wenn sich die Kündigung nachträglich als unwirksam erweist. Der mit der Schuldrechtsreform am 01.01.2002 neu eingefügte § 615 S 3 führt den Gedanken der Haftung des Arbeitgebers für den Annahmeverzug durch die Pflicht zur Lohnfortzahlung fort und erstreckt (und modifiziert) diese hinsichtlich derjenigen Konstellationen, für die die Rspr die Grundsätze zur Betriebsrisikolehre herausgebildet hat. Die höchstrichterlich geprägten Grundsätze zur Betriebsrisikolehre sind mit Aufnahme der Regelung in das BGB erstmals gesetzlich kodifiziert worden (zum Inhalt und zur Entstehung der Betriebsrisikolehre vgl *Tamm* Die Entwicklung der Betriebsrisikolehre und ihre Rückführung auf das Gesetz 2000).

3 **B. Regelungsinhalt. I. Tatbestand.** Voraussetzung des Vergütungsanspruchs aus § 615 S 1 sind ein bestehendes Dienstverhältnis und der Annahmeverzug des Dienstberechtigten iSv §§ 293 ff (BGH NJW-RR 1988, 1265; MüKo/*Henssler* Rn 13; Jauernig/*Mansel* Rn 2). Die Norm gilt auch im Berufsausbildungsverhältnis und im fehlerhaften Arbeitsverhältnis, bis dessen weiterer Vollzug abgelehnt wird (Erman/*Belling* Rn 5; MüKo/*Henssler* Rn 14). **1. Anforderungen der §§ 293 ff.** Im Hinblick auf die Anforderungen, die die §§ 293 ff stellen, ist zunächst ein tatsächliches Angebot des Dienstverpflichteten erforderlich, vgl § 294 (MüKo/*Henssler* Rn 18). Ausnahmsw genügt jedoch eine wörtliche Leistungsofferte, wenn der Dienstberechtigte erklärt hat, dass er die Leistung nicht annehmen werde oder wenn zur Bewirkung der Leistung eine Mitwirkungshandlung des Dienstberechtigten (zB Bereitstellen von Rohstoffen und Arbeitsgeräten) erforderlich ist (Hk-BGB/*Eckert* Rn 2; MüKo/*Henssler* Rn 19). Ausnahmsw ist auch ein wörtliches Angebot nicht mehr nötig. Bedeutung erlangt dieser Umstand insbes bei einem gekündigten Arbeitsverhältnis: Die neuere Rspr hat mit den §§ 295, 296 S 1 hierfür einen neuen Begründungsansatz gefunden. Der Arbeitgeber müsse danach dem Arbeitnehmer einen funktionsfähigen Arbeitsplatz zur Verfügung stellen und die zu verrichtende Arbeit zuweisen. Für diese Mitwirkungshandlung sei eine Zeit nach dem Kalender bestimmt, da sie während der Arbeitszeit des Arbeitnehmers zu erfolgen habe (BAG AP 34, 45, 50, 60 zu § 615). Der Gläubigerverzug des Arbeitnehmers sei somit nicht mehr von einem Angebot des Arbeitnehmers abhängig. Die Lit hat auf diese Rspr teils positiv, teils krit reagiert, kommt allerdings häufig – wenn auch mit anderen Begründungsansätzen – zu identischen Ergebnissen (zum Streit vgl MüKo/*Henssler* Rn 25; Staud/*Richardi* Rn 66 f; *Schäfer* JuS 1988, 265 ff). Unabhängig von dieser Festlegung muss der zur Dienstleistung Verpflichte zur Erbringung der Leistung sowohl willens (BAG NJW 2006, 1020, 1022; Jauernig/*Mansel* Rn 3) als auch tatsächlich und rechtlich imstande sein (vgl § 279; Erman/*Belling* Rn 5; MüKo/*Henssler* Rn 27) und der Dienstberechtigte darf die ihm ordnungsgemäß angebotene Leistung nicht angenommen haben (§ 293). Der Grund für die Nichtannahme ist unerheblich, denn der Annahmeverzug stellt nicht auf ein etwaiges Vertretenmüssen des Dienstberechtigten ab (Jauernig/*Mansel* Rn 5; MüKo/*Henssler* Rn 34).

4 **2. Problem: Abgrenzung-Unmöglichkeit/Annahmeverzug.** Der Anwendungsbereich des § 615 ist allerdings nicht immer leicht von dem des § 326 abzugrenzen (MüKo/*Henssler* Rn 3). Beide Normen behandeln die Gegenleistungsgefahr bei einer Leistungsstörung, wobei § 615 tatbestandlich an den Annahmeverzug anknüpft, § 326 hingegen die Gegenleistung bei einer Unmöglichkeit der Leistung regelt. Für die Abgrenzung der beiden Tatbestände der Leistungsstörung kommt es entscheidend darauf an, ob die Leistung bei Nichterbringung noch nachholbar ist (BAG BB 1999, 2192; Jauernig/*Mansel* Rn 6; *Nierwetberg* BB 1982, 995 ff; zu Abgrenzungsversuchen wegen des »Dogmas der Alternativität von Unmöglichkeit und Verzug« vgl MüKo/*Henssler* Rn 3 ff). Für das einfache Dienstverhältnis ist die Grenzziehung zwischen beiden Leistungsstörungsinstituten noch relativ leicht zu vollziehen, da der Dienstleistung hier nicht unbedingt ein absoluter Fixschuldcharakter beizumessen ist. Anders ist das jedoch im Arbeitsverhältnis, was zur Folge hat, dass die Leistungsverzögerung durch den Annahmeverzug des Arbeitgebers regelm in eine Unmöglichkeit der Leistung »umschlägt« (Jauernig/*Mansel* Rn 6; *Picker* JZ 1985, 693, 699 ff).

5 **II. Rechtsfolge. 1. Lohnfortzahlung sowohl bei Verzug als auch bei Unmöglichkeit. a) Selbständige Dienstverträge.** Für selbständige Dienstverhältnisse, bei denen die Arbeit nachholbar bleibt und sich nicht die Frage der Abgrenzung von Annahmeverzug und Unmöglichkeit stellt, bildet bereits § 615 S 1 die einschl Regelung für die Pflicht zur Fortzahlung des Lohns und den Wegfall eines Anspruches auf Nachholung der Dienste, bei der dann nach dem »Korrektiv« in § 615 S 2 eine Vorteilsausgleichung stattfindet.

6 **b) Arbeitsverhältnisse. aa) Grundsätze der Betriebsrisikolehre.** Ähnl wie es § 615 S 1 anordnet, weisen für das Arbeitsrecht als Recht der unselbständigen Dienstverhältnisse (in Abänderung der ansonsten bestehenden Rechtsfolge nach § 326 Abs 1) die Grundsätze der Betriebsrisikolehre, die nun in § 615 S 3 einen gesetzlichen

Niederschlag gefunden haben, dem Arbeitgeber das Entgeltrisiko auch dann zu, wenn die angebotene Arbeitsleistung wegen einer unverschuldeten, aber aus seiner Sphäre stammenden Betriebsstörung – zB in Form von Stromausfall, Auftragsmangels, Fehlens von Arbeitsmaterial, Brand etc – *unmöglich* wird (BAGE 3, 346 ff; BAG NJW 1973, 342; Erman/*Belling* Rn 62; Jauernig/*Mansel* Rn 7; Hk-BGB/*Eckert* Rn 4). Die Begründungsansätze für diese Regelung sind vielfältig (vgl dazu MüKo/*Henssler* Rn 100). § 615 S 3 ist als Rechtsfolgenverweisung zu verstehen (AnwK/*Franzen* Rn 60 ff; aA Erman/*Belling* Rn 76). Hat der Dienstberechtigte die Unmöglichkeit allein oder weit überwiegend zu vertreten, kommt § 615 S 3 nicht zum Zuge, denn in diesem Fall hält bereits § 326 Abs 2 S 1 Alt 1 den Vergütungsanspruch in voller Höhe aufrecht (Erman/*Belling* Rn 1; *Canaris* JZ 2001, 499, 511 ff; *Teichmann* BB 2001, 1485, 1488 ff).

bb) Ausnahme – Arbeitskampfrisiko. Das Unternehmer- und Lohnrisiko ist vom Arbeitskampfrisiko abzugrenzen, das der Arbeitnehmer trägt. Ist die Betriebsstörung also auf einen Streik anderer Arbeitnehmer desselben oder eines anderen Betriebs zurückzuführen, so wird der Arbeitgeber auch ggü solchen Arbeitnehmern von seiner Vergütungspflicht frei, die ihre Arbeitskraft anbieten (RGZ 106, 272 ff; RAG ARS 3, 116 ff; BAG NJW 1995, 2869; 1998, 3732; Palandt/*Putzo* Rn 22; Hk-BGB/*Eckert* Rn 4; MüKo/*Henssler* Rn 102 ff). Die Vergütungspflicht erlischt zudem im Fall einer rechtmäßigen Aussperrung (PWW/*Lingemann* Rn 24). Diese Abgrenzung der Tatbestände und des daran anknüpfenden Entgeltrisikos nach Sphären auf der Grundlage der sog Betriebsrisikolehre hat § 615 S 3 ausdrücklich festgeschrieben, wobei die zur Abgrenzung der Risikosphären durch die Rspr herausgebildeten Grundsätze zu berücksichtigen sind (Jauernig/*Mansel* Rn 7; Erman/*Belling* Rn 64; *Däubler* NZA 2001, 1332 ff). 7

cc) Existenzgefährdendes Betriebsrisiko/Wirtschaftsrisiko/Wegerisiko. Bei einem existenzgefährdenden Betriebsrisiko ist es entgegen überkommener Auffassung nicht vertretbar, von der Lohnfortzahlungspflicht des Arbeitgebers eine Ausn zu machen (*Tamm* Die Entwicklung der Betriebsrisikolehre und ihre Rückführung auf das Gesetz 2000, S 160 ff; aA BAG AP 15, 28 zu § 615 – Betriebsrisiko; Erman/*Belling* Rn 63; Jauernig/*Mansel* Rn 8). Schon immer vertreten wurde dagegen, dass eine Verschlechterung der Wirtschaftslage den Unternehmer nicht von seiner Lohnfortzahlungspflicht entbinden kann; ihre Bewältigung muss durch normale Abwicklung der Arbeitsverhältnisse versucht werden (BAG AP 13, 30 zu § 615 – Betriebsrisiko; Jauernig/*Mansel* Rn 8; Erman/*Belling* Rn 60; PWW/*Lingemann* Rn 23). Dem ist zuzustimmen. Nicht in den Anwendungsbereich des § 615 fällt auch das sog Wegerisiko. Kann der Arbeitnehmer auf Grund von Eisglätte, Verkehrssperren und –verboten oder dem Ausfall von Verkehrsmitteln seinen Arbeitsplatz nicht (rechtzeitig) erreichen, steht ihm kein Lohnfortzahlungsanspruch zu (BAG DB 1983, 395, 396; MüKo/*Henssler* Rn 33; PWW/*Lingemann* Rn 23; Staud/*Richardi* Rn 80 f). 8

2. Inhalt und Umfang des Lohnfortzahlungsanspruchs. a) Grundsatz. Der nach § 615 S 1 bestehen bleibende Vergütungsanspruch bezieht sich auf den Entgeltanspruch nach § 611; er stellt insofern eine an die Leistungsstörung anknüpfende »Verlängerung« des ursprünglichen Erfüllungsanspruchs dar (Erman/*Belling* Rn 34; Palandt/*Weidenkaff* Rn 3; PWW/*Lingemann* Rn 2). Es gilt das sog Lohnausfallprinzip (BAG BB 2003, 740; Erman/*Belling* Rn 34; MüKo/*Henssler* Rn 50). Zu zahlen ist mithin das Bruttoentgelt (LAG Hamm DB 1988, 2316; *Groeger* NZA 2000, 793, 794). Erhalten bleiben dem Dienstverpflichteten/Arbeitnehmer alle Leistungen mit Entgeltcharakter, nicht aber Leistungen, die von tatsächlicher Arbeit oder Aufwand abhängen (zB Aufwandsentschädigungen; vgl Jauernig/*Mansel* Rn 9). Mehraufwendungen können gem § 304 verlangt werden. Der Anspruch kann nicht durch Berufung auf Mitverursachung herabgesetzt werden, weil er nicht schadensrechtlicher Natur ist (BGH NJW 1967, 250 ff; NJW 2001, 1666; 2002, 1740; Erman/*Belling* Rn 34; Palandt/*Weidenkaff* Rn 17). Da § 615 S 1 auf Erfüllung gerichtet ist, greift auch hier der ansonsten beim Arbeitsentgelt bestehende Pfändungsschutz nach §§ 850 ff ZPO ein (MüKo/*Henssler* Rn 51). Besteht zugleich Schuldnerverzug auf Seiten des Dienstberechtigten (was möglich ist), existiert ein darüber hinausgehender Anspruch auf Verzugszinsen, vgl § 288 (BAG NZA 2003, 44, 48). Wenn der Dienstverpflichtete den Anspruch aus § 615 S 1 geltend macht, hat er dem Dienstberechtigten darüber Auskunft zu erteilen, ob ein anderweitiger Erwerb gezogen wurde (BAG NZA 1994, 116 ff; *Klein* NZA 1998, 1208 ff). Der nach §§ 615, 611 bestehende Lohnanspruch ist zum selben Zeitpunkt fällig, wie der Lohn für geleistete Dienste; dies gilt auch im Kündigungsschutzprozess (Erman/*Belling* Rn 38). 9

b) Anrechnung. Die Anrechnung nach § 615 S 2 erfolgt automatisch kraft Gesetzes. Anzurechnen auf den Lohnfortzahlungsanspruch nach § 615 S 1 sind gem § 615 S 2 (anders als nach § 11 KSchG) Ersparnisse, soweit sie auf dem Unterbleiben der Dienstleistung beruhen, ein anderweitiger Erwerb und dasjenige, was zu erwerben böswillig unterlassen wurde. Die Anrechnung bedarf keiner bes Erklärung (Jauernig/*Mansel* Rn 10). Ein böswillig unterlassener Erwerb liegt vor, wenn der Dienstverpflichtete zumutbare Arbeit grundlos abgelehnt hat oder vorsätzlich verhindert, dass ihm zumutbare Arbeit angeboten wird (BAG NJW 2001, 243; 2004, 316; Jauernig/*Mansel* Rn 10; Palandt/*Weidenkaff* Rn 20). Grds schließt die Tatsache, dass sich der Arbeitnehmer beim Arbeitsamt als arbeitssuchend gemeldet hat, den Vorwurf des böswilligen Unterlassens einer (anderen) Erwerbstätigkeit aus. Die Zumutbarkeit ist unter Berücksichtigung aller Umstände des Einzelfalls zu ermessen (BAG NJW 2005, 1068). Angerechnet werden kann auch, wenn der Arbeitgeber, der sich im Annahmeverzug befindet, dem Arbeitnehmer anbietet, die Arbeit während des Kündigungsschutzstreites vorläufig aufzunehmen (BAG NJW 2000, 2374; 2004, 316; 2005, 1068). Bei einer 10

Änderungskündigung ist eine Weiterarbeit zu den bisherigen – ggf aber auch zu den geänderten – Arbeitsbedingungen zumutbar (Jauernig/*Mansel* Rn 19).

11 **3. Abdingbarkeit.** Die aus § 615 folgende Lohnfortzahlungspflicht tritt hinter gesetzliche, kollektiv- oder einzelvertragliche Regelungen zurück, ist also grds abdingbar (BAG AP 14, 16 zu § 615 – Betriebsrisiko; BAG NJW 1983, 1079; DB 1987, 2365; LAG Hamm DB 1986, 1928; MüKo/*Henssler* Rn 62; PWW/*Lingemann* Rn 2). In Einzelarbeitsverträgen erfolgt eine Rechts- und Billigkeitskontrolle der Abbedingung in dem Sinn, dass die Abrede der Abbedingung des § 615 eindeutig formuliert und nicht unbillig sein darf (LAG Hessen NZA-RR 1996, 445; Erman/*Belling* Rn 3; Jauernig/*Mansel* Rn 11). Unbilligkeit iSd § 242 liegt idR vor, wenn der Arbeitgeber sein Arbeitsentgeltrisiko generell auf den Arbeitnehmer überträgt (ErfK/*Preis* Rn 1; PWW/*Lingemann* Rn 2). Weil § 615 eine Leitbildfunktion für das Dienstvertragsrecht zukommt und ihm ein hoher Gerechtigkeitsgehalt innewohnt (Staud/*Richardi* Rn 10, 12), stellt zudem jede formularvertragliche Abweichung zum Nachteil des Arbeitnehmers eine unangemessene Benachteiligung iSd § 307 dar (*Preis* Grundfragen der Vertragsgestaltung im Arbeitsrecht 1993, S 332; Erman/*Belling* Rn 3). Die formularvertragliche Abbedingung der Grundsätze zur Betriebsrisikolehre, welche nun in § 615 S 3 kodifiziert worden sind, ist darüber hinaus schon wegen §§ 307 Abs 2 Nr 1, 310 Abs 4 S 2 äußerst bedenklich (PWW/*Lingemann* Rn 2; Palandt/*Weidenkaff* Rn 5; ErfK/*Preis* Rn 138).

12 **C. Darlegungs- und Beweislast.** Der Dienstverpflichtete trägt die Darlegungs- und Beweislast für die den Annahmeverzug begründenden Tatsachen, dh für das Bestehen des Dienstverhältnisses, sein Angebot und die Nichtannahme durch den Dienstberechtigten. Soweit aus bes Gründen ein Angebot nicht erforderlich war, hat der Dienstverpflichtete dies ebenfalls darzulegen und zu beweisen. Der Dienstberechtigte ist hingegen für das fehlende Leistungsvermögen des Arbeitnehmers oder dessen fehlende Leistungsbereitschaft darlegungs- und beweispflichtig. Gleiches gilt für eine eventuelle Beendigung des Annahmeverzugs und die Voraussetzungen der Anrechnung (zum Ganzen vgl MüKo/*Henssler* Rn 124). In den Fällen des sog Betriebsrisikos sind die tatbestandlichen Umstände vom Arbeitnehmer darzulegen und zu beweisen; der Arbeitgeber ist hingegen mit dem Beweis des arbeitskampfbedingten Betriebsausfalls belastet. Soweit die Regelung des § 615 abbedungen wurde, trifft für die Wirksamkeit der Abbedingung immer diejenige Partei die Nachweispflicht, die sich auf die vom Gesetz abw Vereinbarung beruft (BAG BB 2002, 1703; PWW/*Lingemann* Rn 22).

§ 616 Vorübergehende Verhinderung. **Der zur Dienstleistung Verpflichtete wird des Anspruchs auf die Vergütung nicht dadurch verlustig, dass er für eine verhältnismäßig nicht erhebliche Zeit durch einen in seiner Person liegenden Grund ohne sein Verschulden an der Dienstleistung verhindert wird. Er muss sich jedoch den Betrag anrechnen lassen, welcher ihm für die Zeit der Verhinderung aus einer auf Grund gesetzlicher Verpflichtung bestehenden Kranken- oder Unfallversicherung zukommt.**

1 **A. Allgemeines.** § 616 ist eine sozialpolitisch motivierte Norm (vgl Mot II, S 463; Hk-BGB/*Eckert* Rn 1; Jauernig/*Mansel* Rn 1), die den Grundsatz »ohne Arbeit kein Lohn« (vgl §§ 326 Abs 1, 320) durchbricht, sofern auf Seiten des Dienstverpflichteten ein Fall eines in seiner Person liegenden Leistungshindernisses für eine verhältnismäßig nicht erhebliche Zeit vorliegt.

2 **B. Regelungsinhalt. I. Tatbestand. 1. Dienstverhältnis.** § 616 setzt ein bestehendes Dienstverhältnis voraus. Für Arbeitsverhältnisse wird § 616 durch das EFZG überlagert (*Diller* NJW 1994, 1690 ff). **2. Persönlicher Verhinderungsgrund.** § 616 ist nicht auf einen objektiven Hinderungsgrund gerichtet (Palandt/*Weidenkaff* Rn 8; Hk-BGB/*Eckert* Rn 4). Notwendig ist, dass der Hinderungsgrund in der Person des Dienstverpflichteten oder in seinen persönlichen Verhältnissen begründet ist. Hierunter fallen Krankheit, aber auch andere Hinderungsgründe. Mitunter gibt es besondere (persönliche) Hinderungsgründe mit Entgeltfortzahlungspflicht, die in Spezialregelungen wie § 9 BUrlG und § 11 MuSchG Eingang fanden. **a) Krankheit.** Bei unverschuldeter Krankheit statuieren für Arbeitnehmer und Auszubildende bereits die §§ 3, 1 Abs 2 EFZG, § 19 BBiG speziellere Vorschriften zur Entgeltfortzahlung (Palandt/*Weidenkaff* Rn 1 f). Sowohl hier als auch im Anwendungsbereich des § 616 gilt, dass unter Krankheit jede (auch unfallbedingte) physische oder psychische Beeinträchtigung zu verstehen ist, die die Erbringung der Dienstleistung unmittelbar oder mittelbar – wegen Verschlechterungsgefahr oder Heilungshinderung – unmöglich macht (Jauernig/*Mansel* Rn 4).

3 **b) Andere Hinderungsgründe.** Außer einer Krankheit können auch sonstige Hinderungsgründe, die sich aus den persönlichen Verhältnissen des Arbeitnehmers/Dienstverpflichteten ergeben, die Dienstleistung für ihn iSd § 275 Abs 1, 3 unmöglich oder unzumutbar machen. Hierzu zählen bspw: Verhaftung, behördlich angeordnete Quarantäne, Krankheit eines Kindes (BAG NJW 1980, 903; *Schulz* DB 2006, 838 ff), Hochzeit von Kindern, Erfüllung religiöser Pflichten (BAG NJW 1983, 2600; LAG Hamm NZA 2002, 1090), Schöffenpflicht (BGH NJW 1978, 1169), Todesfall von Angehörigen sowie andere wichtige Familienereignisse, gerichtliche oder behördliche Vorladungen, gesundheitspolizeiliche Untersuchungen, Umzug usw (Hk-BGB/*Eckert* Rn 4; Jauernig/*Mansel* Rn 5; MüKo/*Henssler* Rn 17 ff). Die häusliche Pflege naher Angehöriger gilt allerdings nur dann als persönliches Leistungshindernis, wenn eine anderweitige Versorgung nicht möglich ist (vgl BAG

NJW 1980, 903); bei Kindern ist die Altersgrenze des § 45 SGB V zu beachten. Auch der Alkoholismus stellt eine Krankheit iSd Regelung dar (BAG NJW 1983, 2659; Palandt/*Weidenkaff* Rn 13). Nicht als Krankheit ist aber die normale Schwangerschaft (BAG NJW 1985, 1419) oder die Schwerbehinderung (BAG BB 1992, 211) zu werten.

3. Verhältnismäßig unerhebliche Zeit. § 616 setzt voraus, dass der Dienstausfall nur eine verhältnismäßig kurze Zeit umfasst; bei einer längeren Zeitspanne der Dienstverhinderung entfällt der Anspruch insg (BAG GS NJW 1960, 741; PWW/*Lingemann* Rn 3). In Bezug auf das genannte Merkmal enthält § 3 Abs 1 EFZG im Fall der Krankheit eines Arbeitnehmers eine gesetzliche Konkretisierung des Zeitrahmens in der Form, dass er hinsichtlich einer Krankheit bis zu 6 Wochen umfasst. Bei anderen Verhinderungen ist auf den konkreten Einzelfall abzustellen. In die dabei notwendige Abwägung einzustellen sind: die Gesamtdauer des Dienstvertrages, die verflossene und noch zu erwartende Beschäftigungszeit, die Länge der Kündigungsfrist (Staud/*Oetker* Rn 90 ff; Hk-BGB/*Eckert* Rn 5; MüKo/*Henssler* Rn 24; BAG NJW 1978, 2317: fünf Tage zur Pflege eines erkrankten Kindes nicht erheblich). Außerhalb eines Arbeitsverhältnisses werden durch das Merkmal regelm nur wenige Tage des Dienstausfalls abgedeckt (BAG VersR 1977, 1115; Palandt/*Weidenkaff* Rn 9). 4

4. Unverschuldete Verhinderung. § 616 knüpft an eine seitens des Dienstverpflichteten »unverschuldete« Arbeitsverhinderung an. Die Lohnfortzahlungsvorschrift greift damit nicht, wenn der Dienstberechtigte für die Unmöglichkeit/Gläubigerverzug allein verantwortlich ist; diesen Fall behandeln die § 326 Abs 2 bzw § 615 S 1 (Palandt/*Weidenkaff* Rn 3). Über den Verschuldensmaßstab der Regelung besteht jedoch keine Einigkeit: Während er teilw auf der Grundlage des § 276 ermittelt und die erforderliche Sorgfalt an den Dienstverpflichtungen ggü dem Dienstberechtigten beurteilt wird, nimmt die hM demggü (richtig) an, dass auf das von einem Menschen im eigenen Interesse zu erwartende Verhalten abzustellen ist, so dass das Merkmal »Verschulden« nur bei einem »Verschulden gegen sich selbst« bejaht werden kann (BAG NJW 1984, 1707; Jauernig/*Mansel* Rn 8; Palandt/*Weidenkaff* Rn 10). Damit gilt der gleiche Maßstab wie im Anwendungsbereich des EFZG (PWW/*Lingemann* Rn 4). Die enge Auslegung des Tatbestandsmerkmals lässt sich dadurch begründen, dass es bei § 616 darum geht, wie der betreffende persönliche Umstand herbeigeführt wurde, der selbst nicht Gegenstand der dienstvertraglichen Pflichten ist (Hk-BGB/*Eckert* Rn 6). Zudem ist es auch deshalb erforderlich, das Verschuldenskriterium eng zu fassen, weil das freie Recht des Dienstverpflichteten/Arbeitnehmers auf Entfaltung seiner Persönlichkeit (vgl Art 1, 2 GG) nicht ungebührlich beschränkt werden darf. Einzelheiten: Werden in der Freizeit bes **gefährliche Sportarten** ausgeführt (BAG NJW 1972, 1215 – Motocross) oder solche, die jedenfalls ohne Übung und angemessene(s) Ausübung/Equipment eine Verletzung erwarten lassen (BAG NJW 1982, 1014 – Drachenfliegen; LAG Bayern BB 1972, 1324 f), kann dies dazu führen, dass die eigenübliche Sorgfalt als verletzt anzusehen ist. Davon abzugrenzen ist das Ausüben von sog Routinesportarten wie etwa Fußball (BAG NJW 1976, 1367). **Verkehrs- und Betriebsunfälle** sind nur bei grob fahrlässigem Verstoß gegen objektive Verhaltenspflichten (Verkehrsregeln, Unfallverhütungsvorschriften, Nichtanlegen eines Sicherheitsgurtes, vgl BAG NJW 1982, 1013; Palandt/*Weidenkaff* Rn 15) als »verschuldete« Hinderungsgründe iSd § 616 anzusehen. Wird ein **Selbsttötungsversuch** unternommen, gilt auch dies wegen der fehlenden Zurechenbarkeit infolge des psychischen Ausnahmezustandes bei Überleben und anschließender Krankheit als »unverschuldeter« Hinderungsgrund (BAG NJW 1979, 2326; Palandt/*Weidenkaff* Rn 15; Jauernig/*Mansel* Rn 9). Die Einordnung des übermäßigen **Alkoholkonsums** und eines daran ansetzenden Krankheitsbildes muss nach den Umständen des Einzelfalls beurteilt werden (BAG NJW 1983, 2659; Jauernig/*Mansel* Rn 9). Gleiches gilt für den **Rauschgift- und Drogenmissbrauch** (LAG Stuttgart NJW 1982, 1348). 5

II. Rechtsfolgen. § 275 Abs 1, 3 stellt den Dienstverpflichteten von seiner Pflicht zur Arbeitsleistung frei (BAG NJW 1983, 1078 f; PWW/*Lingemann* Rn 2; Hk-BGB/*Eckert* Rn 1). Der sich daran anschließende Wegfall der Pflicht zur Gegenleistung nach § 326 Abs 1 wird durch § 616 in sein Gegenteil verkehrt (Palandt/*Weidenkaff* Rn 3; PWW/*Lingemann* Rn 1). Die Regelung beinhaltet eine Lohnfortzahlungsvorschrift, nach der der Dienstverpflichtete seinen Anspruch auf Vergütung auch während der Zeit seines Arbeitsausfalls behält. Der Anspruch ist auf den Bruttolohn gerichtet, einschließlich von Tantiemen und Gratifikationen (BAG BB 1978, 1160; Hk-BGB/*Eckert* Rn 7). Auf die Vergütung sind gem § 616 S 2 allerdings Beträge aus der gesetzlichen Kranken- und Unfallversicherung (nicht jedoch Auszahlungen aus privaten und freiwillig abgeschlossenen Versicherungen) anzurechnen (Hk-BGB/*Eckert* Rn 7; Jauernig/*Mansel* Rn 12). Anzurechnen ist zudem die nach § 617 Abs 1 zu gewährende Krankenversorgung, vgl § 617 Abs 1 S 3. Für den Fall, dass das Leistungshindernis nach § 616 durch einen Dritten herbeigeführt worden ist, hat der Dienstberechtigte gegen den Schädiger einen Schadensersatzanspruch (zumeist auf Grund deliktsrechtlicher Normen wie § 823 BGB oder § 7 StVG). § 6 EFZG ordnet bei einer Entgeltfortzahlung durch den Arbeitgeber eine *cessio legis* dergestalt an, dass der Schadensersatz des Arbeitnehmers gegen den Dritten in Höhe des gezahlten Entgelts auf den Arbeitgeber übergeht, so dass dieser beim Dritten Rückgriff nehmen kann. Ist der verantwortliche Schädiger Ehegatte des Dienstverpflichteten, dann schließt der Rechtsgedanke des § 67 Abs 2 VVG den Rückgriff des Dienstherrn allerdings aus (BGHZ 66, 104 ff). Aus der Treuepflicht des Dienstverpflichteten folgt, dass dieser seine Arbeitsverhinderung dem Dienstberechtigten unverzüglich anzuzeigen hat (vgl § 5 EFZG für das Arbeitsverhältnis). Eine schuldhafte Unterlassung kann Schadensersatzpflichten nach §§ 280, 241 auslösen. 6

§ 616 ist zwar grds abdingbar (BAG NJW 1980, 903; Palandt/*Weidenkaff* Rn 3), für AGB ist jedoch die Grenze der §§ 305, 307 Abs 2 Nr 1 zu beachten (PWW/*Lingemann* Rn 1). Nicht dispositiv ist die Entgeltfortzahlung nach §§ 1, 3 EFZG (vgl § 12 EFZG), nur die Höhe des zu zahlenden Entgelts und die Bemessungsgrundlage sind durch Tarifvertrag (vgl § 4 EFZG) modifizierbar (Palandt/*Weidenkaff* Rn 19 f; Jauernig/*Mansel* Rn 18).

7 **C. Beweislast.** Hinsichtlich des persönlichen Verhinderungsgrundes ist der Dienstverpflichtete in der Beweislast (Palandt/*Weidenkaff* Rn 7). Für alle Ausschluss- und Einschränkungsgründe der Dienstberechtigte (BAG NJW 1983, 2661; Palandt/*Weidenkaff* Rn 10). Ein ärztliches Attest ist grds geeignet, den Nachweis über die Arbeitsverhinderung wegen Krankheit zu erbringen (BAG NJW 1977, 350; BB 1979, 1452).

§ 617 Pflicht zur Krankenfürsorge. [1] **Ist bei einem dauernden Dienstverhältnis, welches die Erwerbstätigkeit des Verpflichteten vollständig oder hauptsächlich in Anspruch nimmt, der Verpflichtete in die häusliche Gemeinschaft aufgenommen, so hat der Dienstberechtigte ihm im Falle der Erkrankung die erforderliche Verpflegung und ärztliche Behandlung bis zur Dauer von sechs Wochen, jedoch nicht über die Beendigung des Dienstverhältnisses hinaus, zu gewähren, sofern nicht die Erkrankung von dem Verpflichteten vorsätzlich oder durch grobe Fahrlässigkeit herbeigeführt worden ist. Die Verpflegung und ärztliche Behandlung kann durch Aufnahme des Verpflichteten in eine Krankenanstalt gewährt werden. Die Kosten können auf die für die Zeit der Erkrankung geschuldete Vergütung angerechnet werden. Wird das Dienstverhältnis wegen der Erkrankung von dem Dienstberechtigten nach § 626 gekündigt, so bleibt die dadurch herbeigeführte Beendigung des Dienstverhältnisses außer Betracht.**
[2] **Die Verpflichtung des Dienstberechtigten tritt nicht ein, wenn für die Verpflegung und ärztliche Behandlung durch eine Versicherung oder durch eine Einrichtung der öffentlichen Krankenpflege Vorsorge getroffen ist.**

1 **A. Allgemeines.** § 617 konkretisiert die **Fürsorgepflicht des Dienstherrn bei Erkrankung** des Dienstverpflichteten, wenn er in die häusliche Gemeinschaft aufgenommen wurde (Palandt/*Weidenkaff* Rn 1). Die Regelung muss vor dem Hintergrund der sozialen Probleme des ausgehenden 19. Jahrhunderts gesehen werden (BaRoth/*Fuchs* Rn 1). Ihre Bedeutung ist heute aus zwei Gründen beträchtlich geschrumpft: Zum einen ist es selten geworden, dass der Dienstverpflichtete in die häusliche Gemeinschaft des Dienstberechtigten aufgenommen wird (PWW/*Lingemann* Rn 1). Zum anderen findet § 617 Abs 1 gem § 617 Abs 2 nur subsidiär Anwendung. So wird § 617 Abs 1 heute üblicherweise durch die Ansprüche des Dienstverpflichteten gegen die gesetzliche oder private Krankenversicherung verdrängt (BaRoth/*Fuchs* Rn 2). Die Regelung beinhaltet einen selbständigen Anspruch, so dass sie nicht nur als eine unselbständige Ausprägung des Vergütungsanspruchs nach § 611 anzusehen ist (Jauernig/*Mansel* Rn 8). Wegen ihres personengebundenen Charakters ist der Anspruch nach § 617 Abs 1 jedoch weder übertragbar (§ 399), noch pfändbar (§ 851 ZPO). Die fehlende Möglichkeit einer Abbedingung im Voraus ergibt sich aus § 619. Sondervorschriften beinhalten die §§ 42–53 SeemannsG und §§ 30 Abs 1 S 2, 42 JArbSchG.

2 **B. Regelungsinhalt.** § 617 Abs 1 knüpft an das Bestehen eines dauernden Dienstverhältnisses an. Als »**dauernd**« ist das Dienstverhältnis nicht nur dann anzusehen, wenn es als unbefristetes besteht. Hierunter fällt vielmehr auch das über einen längeren Zeitraum geschlossene befristete Dienstverhältnis (BAG NZA 2006, 1094; PWW/*Lingemann* Rn 1). Notwendig ist jedoch, dass der Dienstverpflichtete in die häusliche Gemeinschaft aufgenommen wurde. Diese muss nicht zwingend die des Dienstherrn sein; ausreichend soll es nach der Rspr und einem Teil der Lit sein, wenn der Dienstverpflichtete Aufnahme in einem Wohnheim gefunden hat, das der Dienstberechtigte unterhält, falls eine arbeitsrechtliche Verpflichtung zur Wohnungsnahme bestand (BAG AP Nr 1 zu § 618; Jauernig/*Mansel* Rn 3; PWW/*Lingemann* Rn 1). In der Lit wird hinsichtlich des Merkmals »häusliche Gemeinschaft« zutr an die Bereitstellung von Unterbringung und Verpflegung durch den Dienstherrn angeknüpft (Hk-BGB/*Eckert* §§ 617–619 Rn 6; BaRoth/*Fuchs* Rn 6; Soerg/*Kraft* Rn 4). Die Verpflichtung aus dem Dienstverhältnis muss die Erwerbstätigkeit des Verpflichteten ferner vollständig oder hauptsächlich in Anspruch nehmen. Die hM stellt dabei darauf ab, ob der Dienstverpflichtete wenigstens mehr als die Hälfte der in Dienst- und Arbeitsverhältnissen üblichen wöchentlichen Zeiten zur Erfüllung seiner Aufgaben aufwendet (BaRoth/*Fuchs* Rn 5; ErfK/*Dörner* Rn 5). Liegen die Voraussetzungen der Norm insoweit vor, ist der Dienstberechtigte bis zur Dauer von sechs Wochen zur Lohnfortzahlung und Krankenfürsorge ggü dem Dienstleistenden verpflichtet, sofern dieser während der Dauer des Dienstverhältnisses erkrankt. Unter Erkrankung ist Arbeitsunfähigkeit iSv § 3 EFZG zu verstehen (PWW/*Lingemann* Rn 1). Vorsatz und grobe Fahrlässigkeit hinsichtlich der Herbeiführung der Erkrankung schließen den Anspruch allerdings aus, § 617 Abs 1 S 1.

3 Der **Fahrlässigkeitsmaßstab** ist allerdings eng zu ziehen. Er ist auf die Sorgfalt in eigenen Angelegenheiten bzw das »Verschulden gegen sich selbst« gerichtet (Palandt/*Weidenkaff* Rn 2; PWW/*Lingemann* Rn 1). Hinsichtlich der Lohnfortzahlung erfolgt eine Anrechnung der geleisteten Krankenversorgung, § 617 Abs 1 S 3. Unter Verpflegung ist dabei die Gewährung von Nahrung und Arzneimitteln zu verstehen. Die Wahl des Arztes für die Behandlung obliegt dem Dienstverpflichteten, da ihm ein solches Wahlrecht auch in der gesetzli-

chen Krankenversicherung zusteht und er dem behandelnden Arzt vertrauen muss (BaRoth/*Fuchs* Rn 10; aA PWW/*Lingemann* Rn 1: Wahlrecht des Dienstberechtigten). Der Anspruch nach § 617 Abs 1 ist allerdings (dies bedingt seine geringe praktische Bedeutung, s.o.) subsidiär ggü Leistungen aus der gesetzlichen oder privaten Krankenversicherung, vgl § 617 Abs 2. Falls der Dienstberechtigte seiner Verpflichtung nach § 617 Abs 1 nicht nachkommt, kann sich der Dienstverpflichtete die notwendige Verpflegung und ärztliche Behandlung selbst verschaffen und die Kosten hierfür unter dem Gesichtspunkt der GoA (§§ 677 ff) vom Dienstherrn ersetzt verlangen (BaRoth/*Fuchs* Rn 17).

§ 618 Pflicht zu Schutzmaßnahmen. **[1] Der Dienstberechtigte hat Räume, Vorrichtungen oder Gerätschaften, die er zur Verrichtung der Dienste zu beschaffen hat, so einzurichten und zu unterhalten und Dienstleistungen, die unter seiner Anordnung oder seiner Leitung vorzunehmen sind, so zu regeln, dass der Verpflichtete gegen Gefahr für Leben und Gesundheit soweit geschützt ist, als die Natur der Dienstleistung es gestattet.**
[2] Ist der Verpflichtete in die häusliche Gemeinschaft aufgenommen, so hat der Dienstberechtigte in Ansehung des Wohn- und Schlafraums, der Verpflegung sowie der Arbeits- und Erholungszeit diejenigen Einrichtungen und Anordnungen zu treffen, welche mit Rücksicht auf die Gesundheit, die Sittlichkeit und die Religion des Verpflichteten erforderlich sind.
[3] Erfüllt der Dienstberechtigte die ihm in Ansehung des Lebens und der Gesundheit des Verpflichteten obliegenden Verpflichtungen nicht, so finden auf seine Verpflichtung zum Schadensersatz die für unerlaubte Handlungen geltenden Vorschriften der §§ 842 bis 846 entsprechende Anwendung.

A. Allgemeines. Ebenso wie § 617 stellt auch § 618 eine gesetzliche Konkretisierung der Fürsorgepflicht des Dienstberechtigten ggü dem Dienstverpflichteten dar (Palandt/*Weidenkaff* Rn 1) und zwar insoweit, als die allg Pflicht zum Arbeitsschutz als Element der vertraglichen Nebenpflicht angesehen wird (PWW/*Lingemann* Rn 1). Sonderregelungen ergeben sich aus § 62 HGB, § 12 HeimArbG, § 80 SeemannsG. Ergänzungen und Vertiefungen finden sich insbes im ArbSchG und im ArbSiG (BAG NZA 2004, 927; umfassend zu rechtlichen Grundlagen des Schutzes der Gesundheit im Arbeitsleben *Tamm* PersV 2008, 455 ff). Gem § 619 sind die Vorgaben nach § 618 zwingendes Recht. Über den Anwendungsbereich des Dienstvertragsrechts hinaus wird der Rechtsgedanke der Regelung auch auf das Auftrags- und Werkvertragsrecht ausgedehnt, jedenfalls soweit es um den Schutz abhängig Beschäftigter geht (BGHZ 16, 265, 270 f; 26, 365 ff; Stuttgart NJW 1984, 904; PWW/*Lingemann* Rn 1). Die Regelung gilt jedoch nicht für den Werkunternehmer (BGHZ 56, 269 ff). 1

B. Regelungsinhalt. I. Tatbestand. Die von § 618 Abs 1 erfasste, den Gesundheitsbedürfnissen des Arbeitnehmers Rechnung tragende Gestaltung des Arbeitsplatzes umfasst nicht nur den Arbeitsraum ieS, sondern das gesamte Betriebsgelände, das vom Dienstverpflichteten in zulässiger Weise betreten werden kann (BGHZ 26, 371; PWW/*Lingemann* Rn 2; Palandt/*Weidenkaff* Rn 3). Die Regelung gilt ihrem Sinn und Zweck entspr darüber hinaus für die Gestaltung von Arbeitsplätzen außerhalb des eigentlichen Betriebsgeländes, so etwa hinsichtlich der gefahrenfreien Gestaltung von Baustellen. Die Norm ist deshalb weit anzuwenden. § 618 Abs 1 umfasst neben der äußerlichen, gefahrenfreien Gestaltung von Arbeitsplätzen hinsichtlich raumgestalterischer Elemente, Beleuchtung, Belüftung, Temperatur etc. auch die zur Verfügung zu stellenden Gerätschaften, Vorrichtungen, Maschinen, Werkzeuge, Kraftfahrzeuge und das zu bearbeitende bzw einzusetzende Material (BGH VersR 1974, 565; BAG NZA 1997, 86; Palandt/*Weidenkaff* Rn 3). Die für den Arbeitsschutz notwendigen Aufwendungen hat der Dienstherr zu tragen (BAG NZA 1986, 324 f; BB 1998, 2527 f). Hinsichtlich des notwendigen Schutzes vor Tabakrauch stellt § 5 Abs 1 ArbStättV eine speziellere Vorschrift dar (zu notwendigen Maßnahmen vgl BAG NJW 1996, 3028; NJW 1999, 162; allg zum Rauchverbot *Wellenhofer-Klein* RdA 2003, 155 ff; *Bergwitz* NZA-RR 2004, 169 ff; *Lorenz* DB 2003, 721; *Leßmann* Rauchverbot am Arbeitsplatz 1991). Insoweit gilt: Der Arbeitgeber muss geeignete Maßnahmen zur weitgehenden Verminderung von Tabakrauch treffen (BAG NZA 1998, 1231). Eine Veränderung der rechtlich zulässigen unternehmerischen Betätigung kann indes nicht verlangt werden, soweit die zugrunde liegende Entscheidung nicht offenbar unsachlich oder willkürlich ist. Deshalb haben etwa Flugbegleiter keinen Anspruch darauf, dass ihr Arbeitgeber ein Rauchverbot in den Flugzeugen verhängt (BAG NJW 1996, 3028). Bei dem in Abs 2 eingefügten Gestaltungsgebot hinsichtlich der Aufnahme des Dienstverpflichteten in die häusliche Gemeinschaft ist das Merkmal »häusliche Gemeinschaft« wie in § 617 eng auszulegen. 2

II. Rechtsfolge. Verletzt der Dienstberechtigte seine nach § 618 Abs 1, 2 bestehenden Pflichten, darf der Dienstverpflichtete auf Erfüllung klagen (BAG NZA 2004, 927). Der Arbeitnehmer kann sich gem § 89 BetrVG diesbezüglich zunächst an den Betriebsrat wenden, der sich dann hinsichtlich der Erfüllung der arbeitgeberseitigen Pflichten einsetzen wird. Zudem steht dem Dienstberechtigten ein Leistungsverweigerungsrecht gem § 273 (nicht jedoch gem § 320) zur Seite (BAG NZA 1997, 821, 822; 1999, 33, 34; Palandt/*Weidenkaff* Rn 7; Staud/*Oetker* Rn 257). Wird es ausgeübt, löst es seitens des Dienstherrn einen Annahmeverzug gem §§ 293 ff aus und belässt dem Dienstverpflichteten gem § 615 den Vergütungsanspruch (PWW/*Lingemann* Rn 5). Ein vertraglicher Schadensersatzanspruch gründet sich bei Vorliegen der entspr Voraussetzun- 3 gen auf §§ 280, 282 (Staud/*Oetker* Rn 284 f; PWW/*Lingemann* Rn 6). § 278 ist anzuwenden (BGH ZIP 1995, 1280). § 618 Abs 3 trifft insofern nur eine Sonderregelung hinsichtlich des Umfangs des Schadensersatzanspruchs (BaRoth/*Fuchs* Rn 30, str). Neben dem vertraglichen Schadensersatzanspruch kann auch ein deliktischer Anspruch (zB wegen Verletzung der Verkehrssicherungspflicht) gegen den Dienstberechtigten bestehen. Str ist, ob § 618 ein Schutzgesetz iSv § 823 Abs 2 darstellt. Die hM (vgl ErfK/*Wank* Rn 39; Palandt/*Weidenkaff* Rn 8) verneint dies. Ein Haftungsausschluss tritt bei Arbeitsunfällen ein, soweit die Unfallversicherung nach § 104 SGB VII den Schaden übernimmt (PWW/*Lingemann* Rn 6; Palandt/*Weidenkaff* Rn 9).

4 **C. Beweislast.** Grds genügt es, wenn der Dienstverpflichtete einen objektiv ordnungswidrigen Zustand der Räume, Vorrichtungen, Gerätschaften etc nachweist, soweit dieser generell geeignet ist, den eingetretenen Schaden herbeizuführen. Der Dienstberechtigte muss dann den Gegenbeweis antreten, der sich auf die mangelnde Ursächlichkeit bzw das mangelnde Verschulden seinerseits richtet (BAG NZA 1997, 86; PWW/*Lingemann* Rn 6).

§ 619 Unabdingbarkeit der Fürsorgepflichten. Die dem Dienstberechtigten nach den §§ 617, 618 obliegenden Verpflichtungen können nicht im Voraus durch Vertrag aufgehoben oder beschränkt werden.

1 Die Bestimmungen der §§ 617, 618 sind gem § 619 nicht im Voraus auf Grund einer vertraglichen Vereinbarung abdingbar. Vereinbarungen, die entgegen § 619 gleichwohl im Voraus getroffen werden, sind gem § 134 nichtig. Um den Schutzzweck der §§ 617, 618 nicht zu gefährden, bleibt die Wirksamkeit des Arbeits- oder Dienstvertrages hiervon iÜ (entgegen § 139) unberührt (Hk-BGB/*Eckert* §§ 617–619 Rn 13; MüKo/*Lorenz* Rn 13; PWW/*Lingemann* Rn 1).

§ 620 Beendigung des Dienstverhältnisses. [1] Das Dienstverhältnis endigt mit dem Ablauf der Zeit, für die es eingegangen ist.
[2] Ist die Dauer des Dienstverhältnisses weder bestimmt noch aus der Beschaffenheit oder dem Zwecke der Dienste zu entnehmen, so kann jeder Teil das Dienstverhältnis nach Maßgabe der §§ 621 bis 623 kündigen.
[3] Für Arbeitsverträge, die auf bestimmte Zeit abgeschlossen werden, gilt das Teilzeit- und Befristungsgesetz.

1 **A. Allgemeines.** Die §§ 620–628 betreffen die wichtigsten Beendigungsgründe des Dienstverhältnisses (Ablauf der Befristung und ordentliche Kündigung beim unbefristeten Dienstverhältnis). Die Beendigung des Arbeitsverhältnisses, auf welche sich die Beendigungsgründe nach § 620 grds erstrecken, ist sowohl durch § 622 als auch durch besondere Bestimmungen außerhalb des BGB (KSchG, MuSchG, SGB IX) spezialgesetzlich geregelt.

2 **B. Regelungsinhalt.** § 620 normiert den Grundsatz, dass bei Dienstverhältnissen zwei Formen von Beendigungen möglich sind, indem die Regelung in Abs 1 auf die Beendigung durch Zeitablauf und in Abs 2 auf die ordentliche Kündigung bei einem unbefristeten Dienstverhältnis Bezug nimmt. Als selbständige Beendigungsgründe kommen neben dem Zeitablauf (§ 620 Abs 1) auch die Zweckerreichung oder der Tod des Dienstleistenden in Betracht. Rechtsgeschäftlich wird das Dienstverhältnis neben der ordentlichen Kündigung (§ 620 Abs 2) durch Aufhebungsvertrag, Anfechtung nach §§ 119, 123 oder außerordentliche (§§ 624, 626, 627, 313 Abs 3 S 2, 314) Kündigung beendet (Hk-BGB/*Eckert* Rn 1). Der Gesetzgeber griff bei der Ausgestaltung der Beendigungsgründe in §§ 620 ff auf entspr Regelungen für das Mietrecht zurück (BaRoth/*Fuchs* Rn 1). **I. Tatbestand. 1. Beendigung durch Zeitablauf.** § 620 Abs 1 regelt den Grundfall: die Beendigung des Dienstverhältnisses durch Zeitablauf (Palandt/*Weidenkaff* Rn 3). Voraussetzung ist, dass das Dienstverhältnis tatsächlich nur befristet, dh für eine bestimmte Zeitdauer (zB Monat, Jahr, Saison), eingegangen wurde. Über den Wortlaut der Regelung hinaus wird auch die Zweckbefristung (etwa in Form der Schwangerschafts- oder Urlaubsvertretung) erfasst (BAG AP Befristeter Arbeitsvertrag Nr 103; BaRoth/*Fuchs* Rn 3; Hk-BGB/*Eckert* Rn 6). Notwendig ist dabei jedoch, dass die Zweckerreichung in einer überschaubaren Zeit liegt und als solche deutlich erkennbar und voraussehbar ist (BAG NZA 1988, 201). Der Zeitpunkt der Zweckerreichung tritt dann an die Stelle eines fixen Beendigungszeitraums. IÜ muss jedoch das Auslaufdatum für das Dienstverhältnis von vornherein festgesetzt worden sein, was bei Dienstverhältnissen außerhalb des Bereiches von Arbeitsverhältnissen (für die das TzBfG Beschränkungen aufstellt) unproblematisch möglich ist (Jauernig/*Mansel* Rn 2). Soll das befristete Dienstverhältnis vor dem festgesetzten Auslauftermin beendet werden, muss eine außerordentliche Kündigung (§§ 624, 626, 627, 313 Abs 3 S 2, 314) ausgesprochen werden, eine ordentliche Kündigung eines befristeten Dienstverhältnisses ist grds nicht möglich, es sei denn, die Möglichkeit wurde gesondert vereinbart (BAG NJW 1981, 246).

3 **2. Beendigung durch ordentliche Kündigung.** Wurde das Dienstverhältnis auf unbestimmte Zeit eingegangen und ist auch dem Zweck der zu erbringenden Dienstleistung keine Befristung zu entnehmen, kann es

von den Parteien unter Einhaltung der gesetzlichen Kündigungsfristen (§§ 621, 622) jederzeit ordentlich gekündigt werden, § 620 Abs 2. Die Kündigung ist dabei als einseitige, empfangsbedürftige Willenserklärung zu verstehen. Nur bei Arbeitsverträgen ist gem § 623 eine Schriftform vorgeschrieben. Die Kündigungserklärung wird mit Zugang (§ 130 Abs 1 S 2) wirksam.

3. Befristete Arbeitsverhältnisse und TzBfG. § 620 Abs 3 verweist für befristete Arbeitsverhältnisse auf das 4
TzBfG. Dieses ist am 01.01.2001 (BGBl 2000 I, S 1966) in Ablösung des BeschFG in Kraft getreten. Der Gesetzgeber hat darin bzgl befristeter Arbeitsverhältnisse die Vorgaben der EU-RL 1999/70/EG (ABlEG 1999 Nr L 175/43) in nationales Recht umgesetzt. § 14 Abs 1 S 1 TzBfG enthält seitdem den Grundsatz, dass die Befristung eines Arbeitsverhältnisses nur dann zulässig ist, wenn sie durch einen **sachlichen Grund** gerechtfertigt ist. Sonstige gesetzliche Befristungsgründe bleiben davon unberührt, § 23 TzBfG. Das Gesetz zählt sodann in Kodifikation der bisherigen Rspr einzelne Befristungsgründe beispielhaft (Arg »insbes«) auf. Hierzu zählen: ein **nur vorübergehender betrieblicher Bedarf** an der Arbeitsleistung, die **Befristung im Anschluss an eine Ausbildung oder ein Studium**, um den Übergang des Arbeitnehmers in eine Anschlussbeschäftigung zu erleichtern, die Beschäftigung des Arbeitnehmers zur **Vertretung** eines anderen, die Befristung im Hinblick auf die **Eigenart des Arbeitsverhältnisses**, die Befristung zur **Erprobung**, die Befristung aus in der **Person des Arbeitnehmers liegenden Gründen**, die Befristung aus **haushaltsrechtlichen Gründen**, die Befristung auf Grund **gerichtlichen Vergleichs** (§ 14 Abs 1 S 2 Nr 1-8). Neben § 14 Abs 1 TzBfG gestattet § 14 Abs 2 TzBfG kalendermäßig begrenzte Befristungen eines Arbeitsverhältnisses bis zur **Dauer von zwei Jahren**, ohne dass es hierfür eines bes Grundes bedürfte. Nach § 14 Abs 2 S 1 Hs 2 TzBfG ist ein zunächst kürzer befristeter Arbeitsvertrag innerhalb einer zweijährigen Höchstbefristungsdauer höchstens dreimalig zu verlängern, ohne dass es auf einen sachlichen Grund für die Befristung ankäme. § 14 Abs 3 TzBfG lässt die Notwendigkeit eines Sachgrundes überdies ganz entfallen, wenn ein Arbeitnehmer **nach der Vollendung des 58. Lebensjahres eingestellt** wird. Str ist, ob diese Regelung im Widerspruch zur RL 1999/70/EG und dem Verbot der Altersdiskriminierung nach dem AGG steht (problematisierend BaRoth/*Fuchs* Rn 20; Rechtsverstoß bejahend: Palandt/*Weidenkaff* Rn 35 mit Berufung auf EuGH NJW 2005, 3695; BAG BB 2006, 1858). Gem § 14 Abs 2a TzBfG ist zudem **in den ersten vier Jahren nach der Gründung des Unternehmens** die kalendermäßige Befristung eines Arbeitsvertrages ohne Vorliegen eines sachlichen Grundes bis zur Dauer von **vier Jahren** zulässig und bis zu dieser Gesamtdauer auch die mehrfache Verlängerung des Arbeitsvertrages. Im Geltungsbereich des TzBfG gilt iÜ der Grundsatz, dass bei mehreren aufeinander folgenden Arbeitsverhältnissen **nur die zuletzt vereinbarte Befristung der gerichtlichen Kontrolle** unterliegt (BAG NJW 2005, 2876). Hinsichtlich des für den befristeten Arbeitsvertrag festgelegten Termins oder Zwecks der Befristung besteht ein Schriftformerfordernis iSd § 126 (vgl § 14 Abs 4 TzBfG; BAG NJW 2006, 1084; PWW/*Lingemann* Rn 10), dieses gilt auch für die Verlängerung eines befristeten Vertrages (§ 14 Abs 4 TzBfG), nicht aber für den sachlichen Grund und den üblichen Inhalt (BAG NZA 2004, 1333). Die mündliche Vereinbarung der Befristung eines Arbeitsverhältnisses ist nichtig (§ 125); eine etwaige nachträgliche schriftliche Fixierung macht sie nicht wirksam (BAG NJW 2005, 2333, 3595).

4. Weitere Beendigungsgründe. a) Aufhebungsvertrag. Ein Aufhebungsvertrag, der auf das vorzeitige Aus- 5
scheiden eines Arbeitnehmers aus einem Dauerarbeitsverhältnis gerichtet ist, ist nach dem Grundsatz der Vertragsfreiheit (§ 311) grds möglich (BAG BB 1994, 785) und bedarf keiner Befristungskontrolle, insbes keines Sachgrundes iSd Befristungsrechts, vgl BAG NJW 2000, 2042. Auch Kündigungsvorschriften finden keine Anwendung (aA *Bengelsdorf* BB 1995, 978). Wird er in einer Drucksituation geschlossen ist er aber uU nach § 123, bei Vorliegen der Voraussetzungen der §§ 119 f auch sonst, anfechtbar.

b) Anfechtung. Eine weitere Möglichkeit für das »aus der Welt schaffen« eines bestehenden Arbeitsvertrages 6
besteht in der Anfechtung der zum Vertragsschluss führenden Willenserklärung. Diese ist gem §§ 119 ff regelm möglich, doch tritt die gem § 142 Abs 1 postulierte rückwirkende Nichtigkeitsfolge bei Arbeitsverhältnissen nach allg Regeln nur bis zur Arbeitsaufnahme ein; danach entfaltet die Anfechtung wegen der Schwierigkeit der Rückabwicklung und der Schutzbedürftigkeit des Arbeitnehmers nur ex nunc-Wirkung (BAG NJW 1984, 446; 1985, 646; PWW/*Lingemann* Rn 3). Hinsichtlich des einfachen Dienstverhältnisses findet dagegen keine Beschränkung der Wirkung der Anfechtung statt.

c) Auflösende Bedingung. Die auflösende Bedingung ist keine Befristung, aber in Form der Zweckbefristung 7
dieser gleichgestellt (Palandt/*Weidenkaff* Rn 3).

II. Rechtsfolge. Mit der Beendigung des Dienstverhältnisses erlöschen die Pflicht zur Erbringung der Dienst- 8
leistung und die Vergütungspflicht des Dienstberechtigten (PWW/*Lingemann* Rn 7), jedoch kann die Verpflichtung zur Zahlung von Ruhestandsgehältern fortbestehen. Die Beendigung des Dienstverhältnisses überdauern für eine gewisse Zeitspanne vor allem sog nachwirkende Abwicklungs- und Nebenpflichten, zB solche zum Schadensersatz nach § 628 Abs 2, zur Zeugniserteilung gem § 630, Herausgabe und Ausfüllen von Arbeitspapieren und Rückgabe der Arbeitsgeräte (Jauernig/*Mansel* Vor §§ 620–630 Rn 13 f; Hk-BGB/*Eckert* Rn 4; PWW/*Lingemann* Rn 7).

§ 621 Kündigungsfristen bei Dienstverhältnissen. Bei einem Dienstverhältnis, das kein Arbeitsverhältnis im Sinne des § 622 ist, ist die Kündigung zulässig,

1. wenn die Vergütung nach Tagen bemessen ist, an jedem Tag für den Ablauf des folgenden Tages;

2. wenn die Vergütung nach Wochen bemessen ist, spätestens am ersten Werktag einer Woche für den Ablauf des folgenden Sonnabends;

3. wenn die Vergütung nach Monaten bemessen ist, spätestens am fünfzehnten eines Monats für den Schluss des Kalendermonats;

4. wenn die Vergütung nach Vierteljahren oder längeren Zeitabschnitten bemessen ist, unter Einhaltung einer Kündigungsfrist von sechs Wochen für den Schluss eines Kalendervierteljahrs;

5. wenn die Vergütung nicht nach Zeitabschnitten bemessen ist, jederzeit; bei einem die Erwerbstätigkeit des Verpflichteten vollständig oder hauptsächlich in Anspruch nehmenden Dienstverhältnis ist jedoch eine Kündigungsfrist von zwei Wochen einzuhalten.

1 **A. Allgemeines.** § 620 regelt die Kündigungsfristen bei einer ordentlichen Kündigung eines Dienstverhältnisses, das kein Arbeitsverhältnis beinhaltet. Für das Arbeitsverhältnis ist § 622 einschl. Bei Vorstandsmitgliedern einer AG und Geschäftsführern einer GmbH ist die Abberufung von der Kündigung zu unterscheiden (Palandt/*Weidenkaff* Rn 1; *Gehrlein* BB 1996, 2257; zu den Folgen *Fonk*, NZG 1998, 408 ff). Obwohl Organmitglieder auch ohne beherrschende Stellung regelm keine Arbeitnehmer sind, wird für diese hinsichtlich der Einhaltung der Kündigungsfristen aus ihrem Dienstverhältnis nicht § 621, sondern die analoge Anwendung des § 622 befürwortet (BGH NJW 1984, 2528; ErfK/*Müller-Glöge* Rn 5 f; Palandt/*Weidenkaff* Rn 1; PWW/*Lingemann* Rn 1). Die Möglichkeit einer außerordentlichen Kündigung, bei der die Einhaltung einer Kündigungsfrist entbehrlich ist, bemisst sich anhand der in § 626 beschriebenen Voraussetzungen. Hierzu bedarf es insbes eines wichtigen Grundes. Die Kündigungsfristen für die ordentliche Kündigung in § 622 richten sich nach der Bemessung der Vergütung, nicht nach dem jeweiligen Auszahlungsmodus (Hk-BGB/*Eckert* Rn 2; Jauernig/*Mansel* Rn 2). Die Vorschrift ist abdingbar (BGH NJW 1964, 350 ff; Hk-BGB/*Eckert* Rn 1), in Formularverträgen jedoch nur gem den Anforderungen der §§ 305 ff (BGHZ 120, 108, 113 ff, hier zum alten § 9 AGBG = § 307; vgl auch ErfK/*Müller-Glöge* Rn 17 zu § 309 Nr 9; PWW/*Lingemann* Rn 1). Da der selbständige Dienstvertrag (anders als der Arbeitsvertrag, vgl das KSchG) keinerlei Bestandsschutz genießt, kann er ohne Begründung gekündigt werden (Palandt/*Weidenkaff* Rn 4). Die in § 621 vorgesehenen Fristen sollen es den Parteien lediglich erleichtern, sich auf das Vertragsende einzustellen und den Dienstverpflichteten vor dem finanziellen Verlust, der sich aus einer sofortigen, wirksamen Kündigung ergeben würde, schützen (BaRoth/*Fuchs* Rn 1; PWW/*Lingemann* Rn 1).

2 **B. Regelungsinhalt.** Für die Berechnung der Fristen gelten die §§ 186 ff (Hk-BGB/*Eckert* Rn 2; Palandt/*Weidenkaff* Rn 5 ff). Der Fristbeginn setzt mit Zugang der Kündigung ein. Auch bei einer Kündigung vor Dienstantritt beginnt die Frist nicht erst mit geplanter Arbeitsaufnahme (BAG NJW 2004, 3444). Für die Länge der Kündigungsfrist kommt es entscheidend auf die Bemessungsgrundlage der Vergütung an. Die Norm nimmt hierbei eine Staffelung vor (zum Hintergrund vgl BaRoth/*Fuchs* Rn 1). **I. Staffelung.** Nr 1 sieht bei der Vereinbarung einer nach Tagen bemessenen Vergütung eine Frist von einem Tag und als Termin das Ende des folgenden Tages vor. Die Kündigung kann auch an Sonn- und Feiertagen erklärt bzw mit Zugang wirksam werden. Nr 2 verlangt bei einer nach Wochen bemessenen Vergütung die Kündigung spätestens am 1. Werktag der Woche für den Ablauf des folgenden Sonnabends. Daraus folgt, dass die Kündigung grds am Montag zu erfolgen hat; eine Ausn gilt, wenn auf den Sonntag gesetzliche Feiertage folgen (Staud/*Preis* Rn 22). Gem Nr 3 muss bei Vereinbarung einer Monatsvergütung spätestens am 15. des Monats für den Schluss des Kalendermonats gekündigt werden. Nr 4 sieht bei einer Vergütung nach Vierteljahren und längeren Zeitabschnitten die Kündigung unter Einhaltung einer Kündigungsfrist von sechs Wochen zum Schluss des Kalendervierteljahres vor (vgl dazu Hamm MedR 1995, 405). Das führt dazu, dass die Kündigung am 17.2. (18.2. in Schaltjahren), 19.5., 19.8. oder 19.11. zugehen muss (BaRoth/*Fuchs* Rn 10). Nach Nr 5 ergibt sich, dass in dem dort beschriebenen Fall (wenn die Vergütung nicht nach Zeitabschnitten bemessen ist), die Kündigung jederzeit möglich ist. Die Vorschrift trifft keine Regelung für den Fall der Vereinbarung einer Vergütung nach Stunden. In diesem Fall ist die Nr 1 anzuwenden (BaRoth/*Fuchs* Rn 6).

3 **II. Fristberechnung.** Für die Fristen nach Nr 1 und 3 gilt § 193; für Nr 4 und die zweiwöchige Frist der Nr 5 Hs 2 sind §§ 187, 188 Abs 2 einschl, nicht § 193 (BAG NJW 1970, 1470; BGHZ 59, 268 ff; NJW 2005, 1354; LAG Köln NZA-RR 2002, 355 f). Ist die Kündigung nicht fristgerecht, ist im Wege einer Umdeutung iZw eine Kündigung zum nächsten zulässigen Termin anzunehmen.

4 **III. Problem: Kündigung vor Dienstantritt.** Sofern vertraglich nicht ausdrücklich ausgeschlossen, kann auch vor Dienstantritt wirksam unter Einhaltung der vorgesehenen Kündigungsfristen gekündigt werden (PWW/*Lingemann* Rn 2).

§ 622 Kündigungsfristen bei Arbeitsverhältnissen. **[1] Das Arbeitsverhältnis eines Arbeiters oder eines Angestellten (Arbeitnehmers) kann mit einer Frist von vier Wochen zum Fünfzehnten oder zum Ende eines Kalendermonats gekündigt werden.**

[2] Für eine Kündigung durch den Arbeitgeber beträgt die Kündigungsfrist, wenn das Arbeitsverhältnis in dem Betrieb oder Unternehmen

1. zwei Jahre bestanden hat, einen Monat zum Ende eines Kalendermonats,
2. fünf Jahre bestanden hat, zwei Monate zum Ende eines Kalendermonats,
3. acht Jahre bestanden hat, drei Monate zum Ende eines Kalendermonats,
4. zehn Jahre bestanden hat, vier Monate zum Ende eines Kalendermonats,
5. zwölf Jahre bestanden hat, fünf Monate zum Ende eines Kalendermonats,
6. 15 Jahre bestanden hat, sechs Monate zum Ende eines Kalendermonats,
7. 20 Jahre bestanden hat, sieben Monate zum Ende eines Kalendermonats.

Bei der Berechnung der Beschäftigungsdauer werden Zeiten, die vor der Vollendung des 25. Lebensjahrs des Arbeitnehmers liegen, nicht berücksichtigt.

[3] Während einer vereinbarten Probezeit, längstens für die Dauer von sechs Monaten, kann das Arbeitsverhältnis mit einer Frist von zwei Wochen gekündigt werden.

[4] Von den Absatz 1 bis 3 abweichende Regelungen können durch Tarifvertrag vereinbart werden. Im Geltungsbereich eines solchen Tarifvertrags gelten die abweichenden tarifvertraglichen Bestimmungen zwischen nichttarifgebundenen Arbeitgebern und Arbeitnehmern, wenn ihre Anwendung zwischen ihnen vereinbart ist.

[5] Einzelvertraglich kann eine kürzere als die in Absatz 1 genannte Kündigungsfrist nur vereinbart werden,

1. wenn ein Arbeitnehmer zur vorübergehenden Aushilfe eingestellt ist; dies gilt nicht, wenn das Arbeitsverhältnis über die Zeit von drei Monaten hinaus fortgesetzt wird;
2. wenn der Arbeitgeber in der Regel nicht mehr als 20 Arbeitnehmer ausschließlich der zu ihrer Berufsbildung Beschäftigten beschäftigt und die Kündigungsfrist vier Wochen nicht unterschreitet.

Bei der Feststellung der Zahl der beschäftigten Arbeitnehmer sind teilzeitbeschäftigte Arbeitnehmer mit einer regelmäßigen wöchentlichen Arbeitszeit von nicht mehr als 20 Stunden mit 0,5 und nicht mehr als 30 Stunden mit 0,75 zu berücksichtigen. Die einzelvertragliche Vereinbarung längerer als der in den Absätzen 1 bis 3 genannten Kündigungsfristen bleibt hiervon unberührt.

[6] Für die Kündigung des Arbeitsverhältnisses durch den Arbeitnehmer darf keine längere Frist vereinbart werden als für die Kündigung durch den Arbeitgeber.

A. Allgemeines. § 622 regelt die Fristen und Termine für die ordentliche Kündigung von Arbeitsverhältnissen. Zweck der Regelung ist es, dem Gekündigten eine Frist zu gewähren, um sich auf das Ende des Arbeitsverhältnisses einstellen zu können. Der Arbeitgeber verfügt mit der Frist einerseits über die notwendige Planungssicherheit, andererseits über genügend Flexibilität hinsichtlich des betrieblichen Personals (PWW/*Lingemann* Rn 1). **I. Rechtsnatur der Kündigung.** Die Kündigung ist eine bedingungsfeindliche, einseitige, empfangsbedürftige Willenserklärung, die mit Zugang wirksam wird (§ 130). Der Erklärende richtet sie an seinen Vertragspartner, um das Vertragsverhältnis mit ex nunc-Wirkung zu beenden (MüKo/*Hesse* Vor § 620 Rn 1). 1

II. Inhalt der Kündigungserklärung. 1. Eindeutigkeit des geäußerten Beendigungswillens, Benennung von Gründen, Zuständigkeit. Der Wille zur Vertragsbeendigung muss für einen objektiv urteilenden Erklärungsempfänger aus der Kündigungserklärung deutlich und zweifelsfrei erkennbar sein (BAG NZA 1992, 452; LAG Nürnberg NZA 1995, 174; MüKo/*Hesse* Vor § 620 Rn 76). Erfolgt die Kündigung in Form einer außerordentlichen Kündigung, ist auch dies ausdrücklich und eindeutig zu erklären. Bei einer ordentlichen Kündigung braucht kein besonderer Kündigungsgrund vorzuliegen. Deshalb ist es bei dieser Form der Kündigung auch nicht nötig, einen Beendigungsgrund zu benennen. Davon abw Sonderbestimmungen befinden sich allerdings in den §§ 22 Abs 3 BBiG, 9 Abs 3 S 2 MuSchG. Die Kündigungsberechtigung hinsichtlich der Zuständigkeit der Person richtet sich nach allg Regeln. Sie liegt grds bei den Vertragsparteien und ihren zum Kündigungsausspruch berechtigten Vertreter(n). Der Empfänger der Erklärung hat gem § 174 S 2 ein Zurückweisungsrecht, wenn mit der Kündigung kein Original der Vollmachtsurkunde vorgelegt wird. Das Zurückweisungsrecht ist dann akzeptabel, wenn potentiell Unsicherheit hinsichtlich der Kündigungsberechtigung besteht. Ist das nicht der Fall, ist eine Eingrenzung des Zurückweisungsrechts nach § 242 – wegen Rechtsmissbrauchs – vorzunehmen. 2

2. Bedingungsfeindlichkeit der Kündigungserklärung. Der Ausspruch einer Kündigung, die an eine Bedingung gebunden ist, ist unwirksam (BAG DB 1968, 1588). Möglich ist jedoch die Bezugnahme auf eine reine Rechtsbedingung, so dass eine zweite Kündigung wirksam für den Fall der Unwirksamkeit einer zuvor ausgesprochenen Kündigung erklärt werden kann, sog. »hilfsweise« oder vorsorgliche (Zweit-)Kündigung (PWW/*Lingemann* § 620 Rn 33). 3

3. Form der Kündigung. Während die Kündigung von einfachen Dienstverhältnissen grds formfrei möglich ist, postuliert § 623 für die Kündigung von Arbeitsverhältnissen die **Schriftform** (so auch die Sondervor- 4 schriften in § 62 Abs 1 SeemannsG, § 9 Abs 3 S 2 MuSchG, § 15 Abs 3 BBiG), die elektronische Form ist ausgeschlossen. Wird die erforderliche Form (vgl dazu § 126) nicht eingehalten, ist die Kündigung schon nach § 125 unwirksam. Von der Form der Kündigung ist der Anspruch auf schriftliche Fixierung der Kündigungstermine und -fristen im Arbeitsverhältnis zu unterscheiden. Dieser besteht für einen Arbeitnehmer bereits auf Grund einer vertraglichen Nebenpflicht des Arbeitgebers (vgl auch die deklaratorische Regelung in § 2 Abs 1 S 2 Nr 9 NachweisG).

5 **III. Kündigungsarten.** Während die **Beendigungskündigung** auf die Aufhebung des gesamten Vertragsverhältnisses zielt, ist die **Änderungskündigung** auf eine Veränderung der Arbeitsbedingungen (insg) gerichtet. Von letzterer zu unterscheiden ist die unwirksame **Teilkündigung**, die nur die Beendigung einzelner Vereinbarungen des Arbeitsvertrages zum Inhalt hat (MüKo/*Hesse* Vor § 620 Rn 71; BAG NZA 1997, 711; großzügiger wohl BAG DB 2006, 1621). Weitere Unterscheidungen ergeben sich hinsichtlich der Motivation der Kündigung und des Bestehens einer sozialen Auslauffrist: So spricht man etwa von einer **Druckkündigung**, wenn von dritter Seite Druck auf den Arbeitgeber hinsichtlich der Kündigung ausgeübt wird. Typischer Fall ist die Drohung von Arbeitnehmern, ihrerseits zu kündigen bzw die Zusammenarbeit nicht mehr als gewährleistet anzusehen, wenn der Arbeitgeber nicht das Arbeitsverhältnis mit einem bestimmten Arbeitnehmer beendet (LAG Rheinland-Pfalz v 01.11.2006, Az 10 Sa 580/05). Des Weiteren ist hinsichtlich der Motivation der Kündigung ferner zu unterscheiden zwischen der **verhaltensbedingten**, der **personenbedingten** und der **betriebsbedingten Kündigung,** die unterschiedliche Voraussetzungen hinsichtlich der nach § 1 KSchG erforderlichen »sozialen Rechtfertigung« im Anwendungsbereich des KSchG aufwerfen. Bzgl der sozialen Auslauffrist ist die **ordentliche Kündigung** (§ 622) von der **außerordentlichen Kündigung** (§ 626) abzugrenzen; erstere wird mit einer entspr Frist, letztere ohne eine solche ausgesprochen (MüKo/*Hesse* Vor § 620 Rn 65).

6 **IV. Rechtshistorischer Hintergrund.** Das BVerfG hatte nach der Prüfung des § 622 aF im Jahr 1990 die Gleichbehandlung von Arbeitern und Angestellten hinsichtlich der Kündigungsfristen gefordert, da eine Unterscheidung zwischen beiden Personengruppen angesichts der geänderten Lebens- und Arbeitsverhältnisse in Anbetracht des Art 3 GG nicht mehr zu rechtfertigen war (BVerfG NZA 1990, 721). Die jetzige Fassung des § 622 geht zurück auf das KündFG vom 07.10.1993 (BGBl I, S 1669, in Kraft getreten am 15.10.1993), durch welches die Kündigungsfristen einheitlich für Arbeiter und Angestellte geregelt wurden. Mit diesem Gesetz wurden gleichzeitig das AngKSchG sowie die in den neuen Bundesländern fortgeltende Regelung des § 55 AGB-DDR außer Kraft gesetzt (BaRoth/*Fuchs* Rn 1).

7 **V. Anwendungsbereich. 1. Persönlicher Anwendungsbereich.** § 622 gilt im Gegensatz zu § 621, der sich auf freie Dienstverhältnisse bezieht, prinzipiell für alle Arbeitsverhältnisse (unter Einschluss von Teilzeitbeschäftigten, geringfügig Beschäftigten iSv § 8 SGB IV und Leiharbeitnehmern – Ausn § 622 Abs 5 Nr 1, vgl MüKo/*Hesse* Rn 7). Arbeitnehmerähnliche Personen werden nicht von § 622 erfasst (BaRoth/*Fuchs* Rn 4). Die Regelung gilt aber analog für Organmitglieder juristischer Personen, soweit sie keine beherrschende Gesellschafterstellung ausüben (PWW/*Lingemann* Rn 1). Die Rspr wendet § 622 Abs 1, 2 (mithin auch) auf GmbH-Geschäftsführer an, die am Kapital der Gesellschaft nicht beteiligt sind (BAG AP Nr 14 zu § 622). Eine Beschäftigung auf Basis eines Eingliederungsvertrages (§§ 229 ff SGB III) führt aber nicht zur Anwendung des § 622 (BaRoth/*Fuchs* Rn 4). Für Ausbildungsverhältnisse ist in § 22 BBiG eine Sonderregelung aufgenommen worden (vgl dazu BAG NJW 2005, 1678). Besondere Kündigungsfristen gelten iÜ für Seeleute auf Grund der §§ 63, 78 Abs 2 SeemannsG und gem § 29 HeimarbeitsG für Heimarbeitsverhältnisse. Für Schwerbehinderte ist auf § 86 SGB IX abzustellen.

8 **2. Sachlicher Anwendungsbereich.** § 622 gilt sowohl für die Beendigungs- als auch die Änderungskündigung (BAG NZA 1994, 751; PWW/*Lingemann* Rn 1). Soll eine außerordentliche Kündigung ausgesprochen werden, bei der keine Kündigungsfristen einzuhalten sind, ist hingegen auf § 626 abzustellen. Bei Insolvenzen verdrängt § 113 InsO die längeren Kündigungsfristen des § 622 (BAG NZA 1999, 1331) und den Ausschluss der ordentlichen Kündigung (LAG Düsseldorf BB 2000, 622), aber nicht eine kürzere Kündigungsfrist (BAG NJW 2001, 317 ff).

9 **B. Regelungsinhalt. I. Tatbestand.** Die gesetzliche Kündigungsfrist von Arbeitsverhältnissen beträgt grds vier Wochen (zu Sonderregelungen während der Probezeit vgl Abs 3). Das Arbeitsverhältnis kann nur zum 15. eines Monats oder zum Monatsende gekündigt werden (Abs 1). Für Kündigungen des Arbeitgebers erhöht sich die Kündigungsfrist mit zunehmender Beschäftigungsdauer auf bis zu sieben Monate (Abs 2). Allerdings können die gesetzlichen Fristen nach § 622 durch Tarifvertrag verlängert oder verkürzt werden (Abs 4 S 1). Mittels einer einzelarbeitsvertraglichen Abrede kann die Frist des Abs 1 nur im Rahmen kurzfristiger Aushilfsarbeitsverhältnisse und in Kleinbetrieben reduziert werden (Abs 5 S 1), während eine Verlängerung der Fristen der Abs 1-3 uneingeschränkt möglich ist (Abs 5 S 3). Die für die Kündigung durch den Arbeitnehmer vorgesehene Frist darf jedoch nicht die für die Kündigung durch den Arbeitgeber vereinbarte Frist übersteigen (Abs 6). **1. Grundkündigungsfrist nach Abs 1.** Soweit keine wirksame anderweitige einzel- oder tarifvertragliche Regelung (vgl § 622 Abs 3, 4) besteht, gilt die Grundkündigungsfrist des § 622 Abs 1. Diese beträgt (für beide Seiten) vier Wochen, wobei nicht ein Monat, sondern 28 Tage gemeint sind (BaRoth/*Fuchs* Rn 7; *Hromadka* BB 1993, 2372, 2373). Konkret bedeutet dies, dass vier Wochen vor dem anvisierten Endtermin, der der 15. eines Monats oder das Monatsende sein kann, gekündigt werden darf. Hierbei han-

delt es sich um eine nichtabdingbare Mindestfrist (vgl BTDrs 12/4902, S 9; BaRoth/*Fuchs* Rn 7; Jauernig/*Mansel* Rn 2; Palandt/*Weidenkaff* Rn 10). Die Fristberechnung für die Kündigungsfrist erfolgt nach §§ 187 Abs 1, 188 Abs 2 1 Hs 1 (Palandt/*Weidenkaff* Rn 6). Die Kündigungsfrist ist der Zeitraum, der vom Zugang der Kündigung (§ 130) bis zum Kündigungstermin reicht. Das ist der Tag, mit dessen Ablauf die Kündigung das Arbeitsverhältnis beendet.

2. Kündigung durch Arbeitgeber nach Abs 2. § 622 Abs 2 privilegiert den Arbeitnehmer, indem die Regelung die Kündigungsfristen für die **arbeitgeberseitige Kündigung** im Vergleich zu Abs 1 S 1 Nr 1-7 – gestaffelt nach der Dauer der Betriebszugehörigkeit (besser: Unternehmenszugehörigkeit) – verlängert. Allerdings werden von § 622 Abs 2 S 2 solche Beschäftigungszeiten, die vor dem 25. Lebensjahr des Arbeitnehmers liegen, aus der Berechnung der Betriebszugehörigkeit herausgenommen, sie können damit nicht zur Fristverlängerung nach § 622 Abs 1 S 1 Nr 1-7 beitragen. Die Regelung führt praktisch dazu, dass die erste Verlängerung der Kündigungsfrist nach Nr 1 nicht vor Vollendung des 27. Lebensjahres eintritt (Palandt/*Weidenkaff* Rn 15). Die Gemeinschaftskonformität dieser Regelung ist umstritten (*Preis* NZA 2006, 401, 408; *Willemsen/Schweibert* NJW 2006, 2583, 2586). Nach zutr Ansicht verstößt sie gegen das Verbot der Altersdiskriminierung (PWW/*Lingemann* Rn 1; Palandt/*Weidenkaff* Rn 16; *Preis* NZA 2006, 401, 408). Arbeitgeber iSd Regelung ist das Unternehmen bzw der Betrieb, in dem der Arbeitnehmer beschäftigt ist (BaRoth/*Fuchs* Rn 8). Bei Beschäftigung in verschiedenen Unternehmen in einem Konzern ist der Zusammenhang nur möglich, wenn eine entspr Vereinbarung besteht. Zu beachten ist in diesem Zusammenhang aber § 323 Abs 1 UmwG: Spaltung oder Teilübergang darf die kündigungsrechtliche Stellung des Arbeitnehmers nicht verschlechtern, dies gilt auch für die Fristen nach § 622 (BaRoth/*Fuchs* Rn 8). Nicht zu berücksichtigen sind Zeiten einer Beschäftigung auf Basis eines Eingliederungsvertrages (§ 229 SGB III; vgl *Hanau* DB 1997, 1278, 1280; *Natzel* NZA 1997, 806, 809). Dagegen ist ein Berufsausbildungsverhältnis, aus dem der Auszubildende in ein Arbeitsverhältnis übernommen wurde, bei der Berechnung der Beschäftigungsdauer grds einzubeziehen (BAG NJW 2000, 1355; NZA 2004, 205; PWW/*Lingemann* Rn 2), allerdings gilt auch hier wieder § 622 Abs 2 S 2. Ein Betriebsübergang nach § 613a berührt den Bestand des Arbeitsverhältnisses nicht (BAG NZA 2004, 319 ff). Die Verlängerung der Kündigungsfrist nach § 622 Abs 2 tritt ein, sobald die betreffende Anzahl der Jahre vor dem Zugang der Kündigung abgelaufen ist (Palandt/*Weidenkaff* Rn 16). Von Bedeutung für die Berechnung des Beschäftigungszeitraumes ist nur die rechtliche Existenz des Arbeitsverhältnisses (BaRoth/*Fuchs* Rn 8). Sie vollzieht sich daher unabhängig von der tatsächlichen Arbeitsleistung, Krankheit oder Streik (PWW/*Lingemann* Rn 2; Palandt/*Weidenkaff* Rn 14; *Wank* NZA 1993, 961, 965). 10

3. Sonderregelung für Probearbeitszeit nach Abs 3. Zu Beginn eines Arbeitsverhältnisses bei einem neuen Arbeitgeber wird häufig eine sog »Probezeit« vereinbart. Sie ermöglicht es dem Arbeitgeber, sich von dem Leistungsvermögen und der Arbeitseinstellung des Arbeitnehmers zu überzeugen. Umgekehrt kann sich der Arbeitnehmer einen tatsächlichen Eindruck von den Arbeitsbedingungen und -abläufen vor Ort verschaffen. Die Sonderregelung in § 622 Abs 3 ist mit der Einräumung einer kurzen Kündigungsfrist innerhalb der Probezeit darauf gerichtet, dass der Arbeitgeber – ohne ein zu großes Risiko eingehen zu müssen – angehalten wird, unbefristete Arbeitsverhältnisse abzuschließen (BTDrs 12/4902, S 7; BaRoth/*Fuchs* Rn 2; PWW/*Lingemann* Rn 4). Innerhalb der vereinbarten Probezeit darf er dann gem § 622 Abs 3 unter Einhaltung der dort benannten (kurzen) Zwei-Wochen-Frist (ohne sich an die in Abs 1 genannten Kündigungstermine halten zu müssen) eine Lösung vom Arbeitsverhältnis in die Wege leiten, indem er eine ordentliche Kündigung ausspricht. Zum Schutz des Arbeitnehmers gilt dies jedoch längstens für die Dauer von sechs Monaten (BaRoth/*Fuchs* Rn 10). Darüber hinaus wird dem Arbeitnehmer nicht zugemutet, sich mit der kurzen Kündigungsfrist durch den Arbeitgeber abfinden zu müssen. Wird daher nach den ersten sechs Monaten der Probezeit ordentlich gekündigt, gilt die Grundkündigungsfrist nach Abs 1, so dass mit der Zwei-Wochen-Frist letztmalig am letzten Tag des sechsten Monats gekündigt werden kann (ErfK/*Müller-Glöge* Rn 29; MüKo/*Hesse* Rn 31; Palandt/*Weidenkaff* Rn 18). Entscheidend für den Beginn der nach §§ 187 Abs 2, 188 Abs 2 zu berechnenden Sechs-Monats-Frist ist der Tag der Arbeitsaufnahme, nicht der des Abschlusses des Arbeitsvertrages (BAG NJW 2003, 1828, 1829; Palandt/*Weidenkaff* Rn 19a). § 622 Abs 3 findet keine Anwendung auf befristete Probearbeitsverhältnisse, die – wie alle befristeten Arbeitsverhältnisse – nicht durch ordentliche Kündigung beendet werden können (BaRoth/*Fuchs* Rn 10). 11

4. Abweichungen durch vertragliche Vereinbarungen. Abweichungen von den Kündigungsfristen nach Abs 1-3 sind gem § 622 Abs 4 S 1 auf Grund einer tarifvertraglichen Vereinbarung zulässig (vgl dazu *Kramer* ZIP 1994, 929 ff; *Löwisch* DB 1998, 877 ff). Der Grund dafür ist die Annahme, die Tarifvertragsparteien werden hinsichtlich der unterstellten Verhandlungsparität ein insg interessengerechtes Ergebnis bzgl der Arbeitsbedingungen erzielen (BTDrs 12/4902, S 9; BAG NZA 1991, 803). Die Regelung steht im Zusammenhang mit der grds Respektierung der Tarifautonomie. Die zu mehr Flexibilität führende Tariföffnungsklausel soll es (ohne Gefährdung von Arbeitnehmerinteressen) ermöglichen, Besonderheiten einzelner Wirtschaftsbereiche und Beschäftigungsgruppen zu berücksichtigen (BTDrs 12/4902, S 7 und 9; BaRoth/*Fuchs* Rn 2). Die Grundannahme der Verhandlungsparität besteht bei individuellen Vereinbarungen allerdings nicht (mehr), weshalb der Gesetzgeber an ihre Wirksamkeit erhöhte Anforderungen geknüpft hat. **a) Abweichung durch Tarifvertrag. aa) Tarifgebundene Parteien.** § 622 Abs 4 S 1 statuiert den Grundsatz, dass die Kündigungsfristen 12 zunächst den für *beide Seiten bindenden tarifvertraglichen Bestimmungen* zu entnehmen sind. Bedeutung erlangt dies etwa für die mögliche Veränderung (Verlängerung, Verkürzung etc) der Kündigungsfristen und -termine, aber auch für die Probezeit und die Aushilfsarbeitsverhältnisse (Palandt/*Weidenkaff* Rn 20). Soll durch den Tarifvertrag hinsichtlich dieser Punkte eine Differenzierung in der Arbeitnehmerschaft vorgenommen werden, ist dies im Hinblick auf Art 3 Abs 1 GG nur zulässig, wenn dafür ein sachlicher Grund besteht. Mögliche Rechtfertigungsgründe sind hier: unterschiedliche Qualifikationen oder Tätigkeiten in einem Produktionssektor, der eine erhöhte personalwirtschaftliche Flexibilität erfordert (BVerfG NZA 1990, 721). Die pauschale Differenzierung zwischen Arbeitern und Angestellten ist regelm sachwidrig (BAG NZA 2005, 1418; ErfK/*Müller-Glöge* Rn 66; PWW/*Lingemann* Rn 5). Probleme entstehen hinsichtlich des in § 622 Abs 4 S 1 zum Ausdruck gebrachten Vorrangs tarifvertraglicher Regelungen, wenn tarifliche Bestimmungen über Kündigungsfristen selbst wieder auf außertarifliche Normen, insbes auf Gesetzesvorschriften verweisen. Dieses Phänomen erlangt dann praktische Bedeutung, wenn die in Bezug genommene Vorschrift später geändert wird. Nach hM, insbes nach der Rspr, hängt die Beantwortung der Frage nach der Berücksichtigung der Gesetzesänderung davon ab, ob eine Auslegung der tariflichen Verweisungsbestimmung ergibt, dass es sich dabei um eine deklaratorische oder um eine konstitutive Regelung handelt (BAG NZA 1997, 97, 98; 726, 727; BaRoth/*Fuchs* Rn 13). Nach der Rspr des BAG ist im Zweifel von einer deklaratorischen Regelung (sog »dynamische Verweisungsklausel«) auszugehen, wenn die Tarifvertragsparteien nicht zu erkennen geben, dass sie eine eigenständige Regelung schaffen wollten (BAG NZA 1989, 228; NZA 1996, 1166, 1167; NZA 1999, 489; krit dazu *Rieble* RdA 1997, 134, 141). Bei einer nur deklaratorischen Regelung gilt die in Bezug genommene Vorschrift in ihrer jeweiligen Fassung.

13 **bb) Tariflich nicht gebundene Parteien.** Im sachlichen, räumlichen und persönlichen Geltungsbereich eines Tarifvertrages (zur Notwendigkeit des einschl Tarifvertrags vgl MüKo/*Hesse* Rn 66) können nach § 622 Abs 4 S 2 auch *nicht tarifgebundene Arbeitgeber und Arbeitnehmer* die Anwendung der jeweiligen tarifvertraglichen Kündigungsfristen vereinbaren. Hierbei ist jedoch zu beachten, dass bei einer Bezugnahme auf eine tarifvertragliche Regelung diese nur im Ganzen (nicht allein die Frist oder eine veränderte Bestandsdauer) durch individuelle vertragliche Einbeziehung von Nichttarifgebundenen zur Anwendung gelangen kann.

14 **b) Abweichung durch individualvertragliche Abrede. aa) Verkürzung der Fristen.** Eine Verkürzung der in Abs 1 benannten Frist von vier Wochen ist auf Grund individualvertraglicher Grundlage gem § 622 Abs 5 nur ausnahmsw möglich, nämlich nur bei den kurzbeschäftigten Aushilfskräften (§ 622 Abs 5 Nr 1) und in Kleinbetrieben (Definition § 622 Abs 5 Nr 2). Ein Fall nach Nr 1 liegt vor, wenn die Einstellung nicht durch den normalen Betriebsablauf, sondern durch den Ausfall von Stammbeschäftigten oder zeitlich begrenzten Mehrbedarf hervorgerufen wird (BAG NJW 1987, 60). Die Vorschrift gilt nicht für Arbeitsverhältnisse zwischen Verleihern und Leiharbeitnehmern (§ 11 Abs 4 AÜG). § 622 Abs 5 Nr 2 betrifft hingegen Betriebe mit weniger als 20 Beschäftigten. Teilzeitbeschäftigte werden dabei anteilig mitberücksichtigt.

15 **bb) Verlängerung der Fristen.** Eine Verlängerung der jeweils geltenden Kündigungsfrist durch Individualabrede ist gem § 622 Abs 1 S 2 jederzeit möglich. Für arbeitnehmerseitige Kündigungen darf allerdings keine längere Frist als für Arbeitgeberkündigungen vereinbart werden, § 622 Abs 6. Diese Einschränkung gilt für tarifvertragliche wie für individualvertragliche Änderungen der gesetzlichen Fristen (Jauernig/*Mansel* Rn 6). Verstößt eine individualvertragliche Abrede gegen die Vorgaben dieser Bestimmung, tritt Nichtigkeit der Kündigungsvereinbarung ein. An ihre Stelle treten die gesetzlichen bzw tarifvertraglichen Regelungen (Palandt/*Weidenkaff* Rn 25).

16 **II. Kündigungseinschränkende Bestimmungen neben § 622.** Die Regelung hinsichtlich der Kündigungsfristen von Arbeitsverhältnissen wird durch zahlreiche Kündigungsschutzregelungen außerhalb des BGB ergänzt. Bedeutung erlangen hier insbes: allg die Bestimmungen der §§ 1-26 KSchG, für Auszubildende § 15 Abs 1 BBiG, für Schwerbehinderte §§ 85 ff SGB IX sowie § 63 SeemannsG für Schiffsleute und Seeoffiziere. **1. BetrVG, PersVG und SprAG. a) BetrVG/PersVG.** Gem § 102 Abs 1 BetrVG hat der Arbeitgeber vor (BAG NZA 2003, 961) jeder Kündigung (auch bei verabredeter Kündigung und bestehendem Abwicklungsvertrag, BAG BB 2006, 1059) ggü einem Arbeitnehmer den Betriebsrat (sofern ein solcher besteht) zu unterrichten und anzuhören. Gleiches gilt iÜ im öffentlichen Dienst zugunsten des Personalrats, vgl § 79 Abs 4 BPersVG für den Bund, § 108 Abs 2 BPersVG für die Länder. Bedenken gegen eine ordentliche Kündigung muss der Betriebsrat unter Angabe der Gründe spätestens innerhalb einer Woche schriftlich mitteilen (§ 102 Abs 2 S 1 BetrVG); bei einer außerordentlichen Kündigung beträgt die Frist drei Tage (§ 102 Abs 3 S 3 BetrVG). Der Betriebsrat kann innerhalb der Frist auch gem § 102 Abs 3 Nr 1-5 BetrVG der Kündigung widersprechen. Das hindert zwar nicht unmittelbar die Wirksamkeit (einer später festgestellten) Kündigung, kann jedoch den bes Weiterbeschäftigungsanspruch gem § 102 Abs 5 BetrVG begründen. Unterlässt der Arbeitgeber die Anhörung des Betriebsrats vor Ausspruch der Kündigung insg, so ist die Kündigung unheilbar rechtsunwirksam, § 102 Abs 1 S 3 BetrVG (vgl Müko/*Hesse* Vor § 620 Rn 168). Da der Betriebsrat vor jeder Kündigung zu hören ist, muss der Arbeitgeber grds auch bei sog Folge- und Wiederholungskündigungen den Betriebsrat erneut anhören, wenn die ursprüngliche Kündigungserklärung durch den Zugang beim Arbeitnehmer Wirksamkeit erlangt hat (MüKo/*Hesse* Vor § 620 Rn 168). Liegt der Kündigung eine Betriebsänderung zugrunde, so gelten die §§ 111 ff BetrVG. Danach verlangt zwar § 113 Abs 3 BetrVG zur Vermeidung von Nachteilsaus-

gleichsansprüchen und ggf einstweiligen Verfügungen auf Unterlassung der Kündigung den Versuch eines Interessenausgleichs zwischen Arbeitgeber und Betriebsrat bis hin zur Einigungsstelle, auch kann der Betriebsrat gem § 112 Abs 1 iVm Abs 4, 5 BetrVG (Ausn § 112a BetrVG) einen Sozialplan erzwingen. Der Versuch des Interessenausgleichs und der Abschluss des Sozialplans sind jedoch nicht Wirksamkeitsvoraussetzung für die Kündigung (PWW/*Lingemann* § 620 Rn 96).

b) SprAG. Bei leitenden Angestellten muss – soweit eingerichtet – der Sprecherausschuss gehört werden, vgl § 31 SprAG. Daneben ordnet § 105 BetrVG die Unterrichtung des Betriebsrats an, die jedoch keine Wirksamkeitsvoraussetzung für die Kündigung ist (BAG BB 1976, 743). Bestehen Zweifel, ob es sich bei dem Arbeitnehmer um einen leitenden Angestellten handelt, sollte vorsorglich (auch) eine Anhörung des Betriebsrats nach § 102 BetrVG durchgeführt werden (BAG AP Nr 21 zu § 102 BetrVG 1972; PWW/*Lingemann* § 620 Rn 50). 17

2. KSchG. Die für die Praxis bedeutendste Einschränkung der Kündigungsmöglichkeit von Arbeitnehmern ergibt sich aus dem KSchG. Die Fassung des KSchG wurde zum 01.01.2004 durch Art 1 des Gesetzes zur Reform des Arbeitsmarktes (BGBl 2003 I, S 3002) geändert (vgl dazu *Bader* NZA 2004, 65 ff; *Bauer/Krets* NJW 2003, 537 ff; *Bauer/Krieger* NZA 2004, 77 ff). **a) Anwendungsbereich.** Das KSchG gilt für alle ordentlichen Kündigungen einschließlich der Änderungskündigungen (vgl § 2 KSchG). Dabei postuliert es unter zwei Voraussetzungen einen bes Kündigungsschutz: Erstens muss das Arbeitsverhältnis (nicht Ausbildungsverhältnis oder Dienstvertrag von Organmitgliedern, vgl § 14 Abs 1 KSchG) in demselben Betrieb oder Unternehmen zum Zeitpunkt des Zugangs (§ 130) der Kündigung einschließlich einer vorhergehenden Berufsausbildung (BAG NJW 2004, 1405) ohne Unterbrechung länger als sechs Monate bestanden haben. Zweitens müssen gem § 23 Abs 1 S 4 KSchG (sog »Kleinbetriebsklausel«) in dem Betrieb grds mehr als 5 Arbeitnehmer beschäftigt werden; für Arbeitnehmer, die nach dem 01.01.2004 eingestellt worden sind, beträgt die Grenze nach der Gesetzesnovellierung 10 Arbeitnehmer (§ 23 Abs 1 S 3 KSchG). Teilzeitbeschäftigte werden gem § 23 Abs 1 S 4 KSchG bei der Ermittlung der Zahl der Arbeitnehmer anteilig berücksichtigt. 18

b) Einschränkung der Kündigungsmöglichkeit nach § 1 KSchG. § 1 Abs 1 KSchG legt für die Kündigung von Arbeitsverhältnissen, die in den Geltungsbereich des KSchG fallen, den einschränkenden Grundsatz fest, dass die *Kündigung* **»sozial gerechtfertigt«** sein muss. Dabei sind mehrere Varianten hinsichtlich der sozialen Rechtfertigung denkbar. Eine sozial gerechtfertigte Kündigung liegt vor, wenn der Kündigungsgrund in der *Person* oder dem *Verhalten* des Arbeitnehmers seinen Ursprung findet (§ 1 Abs 2 S 1 KSchG). Darüber hinaus kann eine Kündigung aber auch dann sozial gerechtfertigt sein, wenn sie auf *dringende betriebliche Erfordernisse* gestützt wird (§ 1 Abs 2 S 1 KSchG). **aa) Personenbedingte Kündigung. Personenbedingt** ist die Kündigung, wenn sie an einen Umstand in der Person des Arbeitnehmers anknüpft (§ 1 Abs 2 S 1 Var 1 KSchG). Abgrenzungsprobleme entstehen hier regelm zur verhaltensbedingten Kündigung (§ 1 Abs 2 S 1 Var 2 KSchG). Als personenbedingt ist der Umstand dann einzustufen, wenn er nicht durch den Willen der betreffenden Person gesteuert werden kann. Mangels eines »Andershandelnkönnens« bedarf es vor Ausspruch einer personenbedingten Kündigung daher auch keiner Abmahnung (LAG Düsseldorf NZA 1986, 431; PWW/*Lingemann* § 620 Rn 55). Der in der Praxis am häufigsten vorkommende Fall einer personenbedingten Kündigung ist die **krankheitsbedingte Kündigung** (grundlegend dazu *Lepke* Kündigung bei Krankheit 12. Aufl 2006). Damit die Kündigung in diesem Fall sozial gerechtfertigt ist, bedarf es (1) *einer negativen Gesundheitsprognose*, der zufolge in Zukunft mit erheblichen Fehlzeiten zu rechnen ist, (2) *eine erhebliche Beeinträchtigung der betrieblichen Interessen des Arbeitgebers* und (3) eine *abschließende Interessenabwägung*. Die Rspr hat in Ausfüllung dieser richterlichen Leitlinien weitere Unterscheidungen zwischen Kündigungen wegen häufigen Kurzerkrankungen, lang anhaltenden Erkrankungen und krankheitsbedingter Leistungsminderung vorgenommen. Die erforderliche negative Gesundheitsprognose im Fall der Kündigung wegen **häufigen Kurzerkrankungen** ist bei einem Arbeitnehmer dann gerechtfertigt, wenn bereits in den vergangenen zwei bis drei Jahren krankheitsbedingte Fehlzeiten von jeweils mehr als sechs Wochen im Jahr aufgetreten sind (BAG AP 18 zu § 620 – Kündigungserklärung). Ist die Krankheit jedoch ausgeheilt (insbes weil sie auf einem einmaligen Ereignis beruht, das keine Wirkungen mehr nach sich zieht, Bsp: Unfall) liegt eine Gegenindizierung dieser Prognose vor (PWW/*Lingemann* § 620 Rn 56). Bei **lang anhaltenden Erkrankungen** liegt ein Fall vor, bei dem der Arbeitnehmer im Zeitpunkt der Kündigung bereits längere Zeit infolge Krankheit an der Arbeitsleistung verhindert ist und das voraussichtliche Ende der Erkrankung bzw die Wiederherstellung der Gesundheit im Zeitpunkt der Kündigung noch nicht absehbar ist (BAG BB 2000, 49 ff). Die **erhebliche Leistungsminderung** auf Grund von Krankheit kann daneben die personenbedingte Kündigung rechtfertigen (BAG NZA 2004, 784), sofern eine Versetzung des Arbeitnehmers auf einen »leidensgerechten« Arbeitsplatz (BAG BB 1997, 894 f) nicht möglich oder zumutbar ist, wenn die negative Prognose gerechtfertigt ist, dass auf längere Sicht die Leistungsfähigkeit quantitativ (BAG NZA 2004, 784: dort 2/3 der Normalleistung), qualitativ oder zeitlich erheblich eingeschränkt ist. Eine erhebliche Beeinträchtigung der betrieblichen Interessen liegt infolge des krankheitsbedingten Arbeitsausfalls bzw der Leistungsminderung erstens bei **Betriebsablaufstörungen** vor. Diese treten etwa in Form des Stillstands von Produktionslinien oder einzelnen Maschinen zu Tage bzw darin, dass der Schichtplan ständig geändert werden muss, Produktionsausfälle zu verzeichnen sind, Ersatzpersonal (aufwendig) einzuarbeiten oder gar nicht erst zu beschaffen ist bzw häufig Überstunden vom 19 vorhandenen Personal wegen unvorhersehbaren Kurzerkrankungen zu verzeichnen sind. Eine erhebliche Beeinträchtigung der betrieblichen Interessen ist daneben aber auch dann anzunehmen, wenn **unzumutbare wirtschaftliche Belastungen** auf den Arbeitgeber zukommen. Die Belastungsgrenze für den Arbeitgeber ist nach der Rspr erreicht, wenn in den vergangenen zwei bzw drei Jahren jeweils mehr als sechs Wochen Entgeltfortzahlung zu verzeichnen waren. Bei der vorzunehmenden Interessenabwägung sind vor allem folgende Kriterien als abwägungserhebliche Belange einzustellen – zu Lasten des Arbeitnehmers (BAG NZA 2006, 655; NZA 1995, 1051): das Ausmaß der betrieblichen Beeinträchtigung, die wirtschaftliche Lage des Unternehmens, ein Verschulden des Arbeitnehmers bei der Herbeiführung der Erkrankung oder der Verzögerung der Genesung, Sicherheitsrisiken im Betrieb, Überdurchschnittlichkeit der Ausfälle. Zu Gunsten des Arbeitnehmers wirken Umstände wie: fortgeschrittenes Alter, lange störungsfreie Betriebszugehörigkeit, erhebliche Unterhaltspflichten (BAG BB 2000, 1300), betriebliche Ursachen für die Erkrankung (BAG NZA 1991, 185). Auf der Grenzlinie zwischen einem personen- bzw verhaltensbedingten Kündigungsgrund liegt die **Suchterkrankung** des Arbeitnehmers. Bei medizinischem Krankheitswert der Suchterkrankung gilt der Grundsatz, dass es sich um einen personenbedingten Umstand handelt (BAG AP Nr 18 zu § 1 KSchG 1969 – Krankheit; BAG NZA 1987, 811). Die erforderliche negative Gesundheitsprognose ist jedoch erst bei Verweigerung einer Entziehungskur (BAG NZA 1987, 811) oder bei Rückfälligwerden nach einer Entziehungskur (LAG Hamm LAGE Nr 4 zu § 1 KSchG – Personenbedingte Kündigung) begründet (PWW/*Lingemann* § 620 Rn 64; *Lepke* Kündigung bei Krankheit 12. Aufl 2006, S 369).

20 **bb) Verhaltensbedingte Kündigung.** Die **verhaltensbedingte Kündigung** setzt zunächst ein Verhalten des Arbeitnehmers voraus, das pflichtwidrig ist und als solches geeignet, die Kündigung zu rechtfertigen (BGH DB 1991, 1226). Lässt sich solch ein Verhalten nicht positiv nachweisen, besteht jedoch der dringende Verdacht, dass sich der Arbeitnehmer grob pflichtwidrig verhalten hat, ist unter erhöhten Anforderungen auch eine sog »**Verdachtskündigung**« zulässig (BAG NZA 2005, 1056), wenn gerade dieser Verdacht das für die Fortsetzung des Arbeitsverhältnisses erforderliche Vertrauen schwer beschädigt (BAG NZA 2004, 919). Erforderlich ist jedoch, dass der Arbeitgeber zunächst alles Zumutbare zur Aufklärung des Sachverhalts tut. Dazu gehört auch, dass er den betroffenen Arbeitnehmer, gegen den sich der Verdacht richtet, anhört (BAG DB 1986, 1726; DB 2003, 1336). Ist die Pflichtverletzung, auf der sich der Verdacht bezieht, derart, dass sie auch eine außerordentliche Kündigung nach § 626 rechtfertigen würde, gilt für die Anhörung eine Regelfrist von einer Woche ab Vorliegen des dringenden Tatverdachts (BAG DB 1972, 2119; 1989, 282). Grds setzt die verhaltensbedingte Kündigung, die auf eine Pflichtverletzung des Arbeitnehmers gestützt wird, zunächst eine **Abmahnung** und dann eine erneute, vergleichbare Pflichtverletzung voraus. Die Abmahnung soll dem Arbeitnehmer warnend verdeutlichen, dass weitere vergleichbare Pflichtverletzungen den Bestand des Arbeitsverhältnisses gefährden. Sie ist nur im Ausnahmefall gem § 242 entbehrlich (vgl dazu BAG AP Nr 112 zu § 626; DB 1999, 1121; BB 1994, 1857). Als Wirksamkeitsvoraussetzung für die verhaltensbedingte Kündigung muss die Abmahnung selbst rechtswirksam erfolgt sein. Notwendiger Inhalt der Abmahnung sind: (1) die konkrete Mitteilung der Tatsache, welche die Pflichtwidrigkeit des Handelns begründet, (2) die Aufforderung, das pflichtwidrige Verhalten einzustellen, (3) die Erklärung, dass der Arbeitgeber im Wiederholungsfalle mit einer Kündigung rechnen muss. Abmahnberechtigte Personen sind diejenigen, die berechtigt sind, dem Arbeitnehmer hinsichtlich Ort, Art und Weise etc der Arbeitserbringung verbindliche Weisungen zu erteilen (BAG AP Nr 1 zu § 15 SchwbG 1986; PWW/*Lingemann* § 620 Rn 70). Erfolgt eine Abmahnung, verbraucht sie zunächst das Kündigungsrecht wegen der ersten (abgemahnten) Pflichtverletzung und wirkt für eine gewisse Dauer (idR 2 Jahre, vgl *Hunold* NZA-RR 2000, 169, 174). Gegen eine unberechtigte Abmahnung sollte sich der Arbeitnehmer frühzeitig zur Wehr setzen. Inzident wird ihre Wirksamkeit aber auch im Kündigungsschutzprozess – soweit es darauf ankommt – geprüft. Das Recht der Abmahnung ist nicht fristgebunden, es ist jedoch gem § 242 in zeitlicher Hinsicht eine Verfristung möglich (PWW/*Lingemann* § 620 Rn 70).

21 **cc) Betriebsbedingte Kündigung.** Aufgrund von Umstrukturierungsmaßnahmen im Betrieb kommt es häufig vor, dass betriebsbedingt gekündigt wird. In Form der betriebsbedingten Kündigung ist eine Beendigung des Arbeitsverhältnisses durch Erklärung seitens des Arbeitgebers gerechtfertigt, wenn sie durch »dringende Erfordernisse« bedingt ist, die einer Weiterbeschäftigung des Arbeitnehmers im Betrieb entgegenstehen und der Arbeitgeber eine ordnungsgemäße Sozialauswahl durchgeführt hat. Die zu fordernden »**dringenden Erfordernisse**« setzen voraus, dass der Arbeitsplatz nach der Konzeption des Arbeitgebers wegfällt und keine anderweitige Beschäftigungsmöglichkeit besteht. Die insoweit zu überprüfende Unternehmerentscheidung unterliegt nur einer gerichtlichen Missbrauchskontrolle. Geprüft wird nur, ob sie **unsachlich, unvernünftig oder willkürlich** ist (BAG BB 1997, 1950; DB 2006, 341; NZA 2003, 549: dort erstmalig Missbrauch bejaht). Fällt der konkrete Arbeitsplatz zwar weg, weil die Entscheidung des Arbeitgebers der **Missbrauchskontrolle** standhält, kann der Arbeitnehmer aber an einem anderen freien Arbeitsplatz in demselben Betrieb (nicht Konzern, vgl BAG BB 1994, 1084) beschäftigt werden, ist der betriebsbedingten Kündigung gem § 1 Abs 2 S 2 Nr 1b KSchG dennoch der Boden entzogen. Besteht jedoch keine Möglichkeit der Weiterbeschäftigung auf einer anderen freien Stelle innerhalb des Betriebs, ist für die Wirksamkeit der betriebsbedingten Kündigung nur noch zu prüfen, ob der Arbeitgeber unter den potentiell zu kündigenden Arbeitnehmern (innerhalb der jeweiligen Vergleichsgruppe) eine korrekte Sozialauswahl getroffen hat (§ 1 Abs 3 S 1 Hs 1 KSchG). Der Kreis der in die

soziale Auswahl einzubeziehenden vergleichbaren, dh austauschbaren Arbeitnehmer bestimmt sich in erster Linie nach arbeitsplatzbezogenen Merkmalen, also zunächst nach der ausgeübten Tätigkeit (sog »qualifikationsmäßige Austauschbarkeit«; BAG AP KSchG 1969 § 1 Soziale Auswahl Nr 75; Jauernig/*Mansel* Rn 10). Bei der Bildung der **Vergleichsgruppe** spielen Kriterien wie *Berufsgruppe, Ausbildungsberuf, individuelle Kenntnisse und Fähigkeiten, Leistungsbereitschaft, Lernfähigkeit* und *Erfahrung* eine ausschlaggebende Rolle (PWW/*Lingemann* § 620 Rn 79). In die Sozialauswahl sind Arbeitnehmer iSv § 1 Abs 3 S 2 KSchG (insbes **Leistungsträger**) nicht einzubeziehen, sofern der Arbeitgeber ein entspr betriebliches Interesse an ihrer weiteren Beschäftigung bei sich hat. Ist insoweit eine Vergleichsgruppe gebildet worden, ist unter denen in sie eingestellten Personen zu ermitteln, wie es um die **soziale Schutzbedürftigkeit** bestellt ist. Bei dieser Prüfung werden seit dem 01.01.2004 als alleinige **Faktoren** die *Dauer der Betriebszugehörigkeit, Lebensalter, Unterhaltspflichten* und eine eventuelle *Schwerbehinderung* berücksichtigt (§ 1 Abs 3 S 1 KSchG). Bei der Gewichtung der bei der Sozialauswahl zu berücksichtigenden Kriterien im Verhältnis zueinander steht dem Arbeitgeber gem § 1 Abs 3 S 1 KSchG allerdings ein Wertungsspielraum zu (gegen die prinzipielle Priorität der Betriebszugehörigkeit BAG NZA 2003, 791; *Lingemann* BB 2000, 1835). Erfolgte die Sozialauswahl fehlerhaft, konnte sich nach bisheriger Rspr jeder schutzwürdigere, vergleichbare Arbeitnehmer auf diese Auswahlfehler berufen (BAG BB 1985, 1263 – sog »Dominotheorie«). Für die fehlerhafte Sozialauswahl auf Grund eines Punkteschemas hat das BAG diese Rspr nun aber aufgegeben. Danach kann sich nur derjenige auf die fehlerhafte Sozialauswahl berufen, dem auch bei fehlerfreier Sozialauswahl nicht gekündigt worden wäre (BAG 09.11.2006, 2 AZR 812/05; ebenso schon LAG Berlin NZA-RR 2005, 370). Erfolgt eine betriebsbedingte Kündigung, kann der Arbeitgeber als »Anreiz« für das Unterlassen einer Kündigungsschutzklage innerhalb der Frist des § 4 S 1 KSchG dem Arbeitnehmer einen **Abfindungsanspruch** in Aussicht stellen (vgl dazu § 1a KSchG; *Giesen/Besgen* NJW 2004, 185 ff; *Bauer/Krieger* NZA 2004, 77 ff). Die Bemessung für die Anspruchshöhe des Abfindungsanspruchs (0,5 Monatsverdienste für jedes Jahr des Bestehens des Arbeitsverhältnisses) ist in § 1a Abs 2 KSchG gesetzlich festgelegt. Der Anspruch ist entstanden, wenn ein derartiges Inaussichtstellen erfolgt ist und der Arbeitnehmer die Frist zur Geltendmachung der fehlenden sozialen Rechtfertigung der betriebsbedingten Kündigung gem § 4 KSchG ohne Klageinreichung verstreichen ließ.

c) Einschränkung der Kündigungsmöglichkeit nach §§ 17, 18 KSchG. Aus §§ 17, 18 KSchG ergibt sich ein 22
besonderer, zumindest zeitlich begrenzter Kündigungsschutz bei Massenentlassungen. Massenentlassungen sind nach § 17 KSchG dem Arbeitsamt anzuzeigen. Ohne dessen Zustimmung werden sie frühestens vier Wochen nach Eingang der Mitteilung beim Arbeitsamt wirksam, § 18 KSchG (vgl dazu auch EuGH NJW 2005, 1099).

d) Ausschluss der Kündigung für Mitglieder des Betriebsrats, der Jugend- und Bordvertretung, § 15 Abs 1 KSchG. Bei Betriebsratsmitgliedern ist gem § 103 Abs 1 BetrVG iVm § 15 KSchG nur eine außerordentliche Kündigung mit Zustimmung des Betriebsrats wirksam. Wird die Zustimmung nicht erteilt, muss der Arbeitgeber sie durch gerichtliches Urteil ersetzen lassen (§ 103 Abs 2 BetrVG). Hinsichtlich einer ordentlichen Kündigung sind Betriebsrat, Mitglieder einer Jugend- und Auszubildendenvertretung, einer Bordvertretung bzw eines Seebetriebsrats gem § 15 KSchG geschützt. 23

3. Sonstige Einschränkungen. IÜ ergeben sich Einschränkungen für die Kündigungsmöglichkeit für **Heimarbeitnehmer** aus §§ 29 ff HeimarbG, für zum **Wehrdienst** oder zu Wehrübungen Einberufene gem §§ 2 ff ArbPlSchG. Bzgl **arbeitnehmerähnlicher Personen** muss zumindest eine sog »Ankündigungsfrist« eingehalten werden (BAGE 19, 325 ff; Jauernig/*Mansel* Rn 13). Eine weitere Einschränkung der Kündigungsmöglichkeit basiert auf § 9 MuSchG, denn danach besteht für **werdende Mütter** ein Sonderkündigungsschutz. Während der **Elternzeit** ergibt sich der (weiter) bestehende besondere Kündigungsschutz aus § 18 BErzGG/BEEG. Zur Realisierung von Rehabilitation und Teilhabe behinderter Menschen enthalten zudem auch die §§ 69, 85 f SGB IX Sonderbestimmungen, die bei der Kündigung dieses Personenkreises zu beachten sind. **Schwerbehinderten Menschen** kann danach nur mit Zustimmung des Integrationsamtes gekündigt werden, § 85 Abs 1 SGB IX (zu Ausn vgl § 73 Abs 2 Nr 2-7 SGB IX). Bei der außerordentlichen Kündigung gelten die Fristen des § 91 Abs 2 SGB IX für die Antragstellung, für den Kündigungsausspruch die §§ 88 Abs 3, 91 Abs 5 SGB IX. Hinsichtlich der Mindestkündigungsfrist bei der ordentlichen Kündigung ist auf § 86 SGB IX abzustellen. Beachtenswert ist ferner, dass **Auszubildenden** nach Ablauf der Probezeit nur aus wichtigem Grund gekündigt werden kann, § 22 Abs 2 Nr 1 BBiG, wobei der Kündigungsgrund (schriftlich) mitzuteilen ist, § 22 Abs 3 BBiG. Abgesehen von diesen Sonderbestimmungen kann die Kündigung auch nach allg Vorschriften (§§ 105, 111, 125, 134, 138, 142, 242, 613a Abs 4) unwirksam sein (PWW/*Lingemann* § 620 Rn 53; *Lettl* NZA-RR 2004, 57). 24

C. Rechtsfolge. I. Erlöschen der Hauptleistungspflichten. Ist das Arbeitsverhältnis wirksam gekündigt worden, so erlöschen nach Ablauf der Kündigungsfrist die Hauptleistungspflichten der Parteien. Nachvertragliche Nebenleistungspflichten bleiben jedoch noch eine gewisse Zeit lang bestehen. Ist die erfolgte Kündigung nicht fristgerecht gewesen, tritt im Zweifel die Kündigungswirkung zum nächsten Termin ein (BAG NZA 1986, 229 ff; Jauernig/*Mansel* Rn 2; Palandt/*Weidenkaff* Rn 13). 25

26 **II. Wiedereinstellungsanspruch.** UU kann dem Arbeitnehmer nach der Kündigung ein Wiedereinstellungsanspruch zustehen, etwa, wenn der Kündigungsgrund noch während der Kündigungsfrist entfällt (BAG BB 2001, 573). Ein Beispiel hierfür ist der Fall, dass bei einer krankheitsbedingten Kündigung sich die negative Gesundheitsprognose innerhalb der Kündigungsfrist ändert (BAG NZA 2001, 1135). Bei der Verdachtskündigung ist ein Wiedereinstellungsanspruch denkbar, wenn sich der Verdacht zerstreut (BAG NZA 1997, 1340, 1343). Erfolgt noch innerhalb der Kündigungsfrist ein Betriebsübergang und wurde zuvor eine Kündigung wegen Betriebsstilllegung wirksam ausgesprochen, besteht ebenfalls ein Wiedereinstellungsanspruch (BAG ArbRB 2006, 105). Ein Hinderungsgrund für die Wiedereinstellung kann sich jedoch daraus ergeben, dass ihm mittlerweile (andere) berechtigte Interessen des Arbeitgebers (etwa die schon vollzogene Neuvergabe des betreffenden Arbeitsplatzes, vgl BAG BB 2001, 573, 574) entgegenstehen. Für die Geltendmachung des Anspruchs gilt zudem die Frist von drei Wochen nach Kenntniserlangung von den anspruchsbegründenden Tatsachen (BAG NZA 1999, 311, 313 f).

27 **III. Hinweis des Arbeitgebers auf sozialrechtliche Meldepflicht.** § 2 Abs 2 S 2 Nr 3 SGB III statuiert den Grundsatz, dass der Arbeitgeber den Arbeitnehmer über die Verpflichtung einer unverzüglichen Meldung bei der Agentur für Arbeit informieren »soll«. Da sich aus der Vorschrift jedoch keine echte Rechtspflicht und noch nicht mal eine Obliegenheit für den Arbeitgeber ergibt, bleibt die Nichtbeachtung der Sollregelung sanktionslos, insbes kann der Arbeitnehmer bei Nichtbeachtung durch den Arbeitgeber daraus keinen Schadensersatzanspruch ableiten (BAG NZA 2005, 1406; PWW/*Lingemann* § 620 Rn 99).

28 **D. Verfahren und Prozessuales. I. Wirksamkeitszeitpunkt für Kündigungserklärung und Fristberechnung.** Der Fristbeginn nach § 622 richtet sich nach § 187. Das nach dieser Vorschrift entscheidende Ereignis ist der Zugang der Kündigung (§ 130). Gem § 187 Abs 1 wird der Tag des Zugangs der Kündigungserklärung nicht mit eingerechnet. Um den nächsten Kündigungstermin zu erreichen, muss die Kündigung also am Tag vor Beginn der Kündigungsfrist zugehen (BaRoth/*Fuchs* Rn 6). In diesem Zusammenhang ist allerdings § 193 nicht anzuwenden (BGH NJW 2005, 1354). Das Fristende kann daher auch auf einen Samstag, Sonntag oder Feiertag fallen. Eine Kündigungserklärung mit einer zu kurzen Frist ist nicht unwirksam, sondern umzudeuten, § 140 (MüKo/*Hesse* Vor § 620 Rn 113 ff). Danach gilt die Kündigung zum nächsten zulässigen Kündigungstermin als erfolgt (BAG NZA 1986, 229 ff; PWW/*Lingemann* Rn 3).

29 **II. Gegenstand der Kündigungsschutzklage und Klagefrist. 1. Gegenstand.** Die sog Kündigungsschutzklage ist eine Feststellungsklage. Dabei soll festgestellt werden, dass das Arbeitsverhältnis durch die vom Arbeitgeber ausgesprochene Kündigung zu dem in der Kündigungserklärung benannten Termin nicht wirksam beendet wurde (sog punktuelle Streitgegenstandslehre, vgl BGH NJW 1991, 518). Zugleich wird rechtsverbindlich festgestellt, dass zum Zeitpunkt des Zugangs der Kündigung ein Arbeitsverhältnis bestanden hat. Daraus leitet sich der Umfang der materiellen Rechtskraft des Urteils ab (Palandt/*Weidenkaff* Vor § 620 Rn 72).

30 **2. Klagefrist. a) Grundsatz: Drei-Wochen-Frist.** Aus § 4 Abs 1 KSchG folgt, dass der Arbeitnehmer innerhalb einer Frist von drei Wochen nach Zugang der Kündigung Kündigungsschutzklage erheben muss, wenn er gegen ihre Wirksamkeit einwenden möchte, dass die Kündigung iSd § 1 KSchG »sozial ungerechtfertigt« ist. Gleiches gilt nach der Neufassung des § 4 Abs 1 KSchG am 01.01.2004 (BGBl I 2003, S 3003), wenn der Arbeitnehmer die Unwirksamkeit der Kündigung auf andere Gründe (etwa hinsichtlich der nicht ordnungsgemäß erfolgten Betriebsratsanhörung nach § 102 BetrVG oder wegen Verstoßes gegen das Kündigungsverbot nach § 613a Abs 4) stützen will. Die Drei-Wochen-Frist soll jedoch nicht für die Geltendmachung eines Formverstoßes nach § 623 gelten (Palandt/*Weidenkaff* Vor § 620 Rn 71). Auch hinsichtlich der Rüge der Nichteinhaltung der Kündigungsfrist ist § 4 Abs 1 KSchG als Ausschlussfrist nicht einschl. Bzgl der außerordentlichen Kündigung gilt für die Klagefrist § 13 Abs 1 S 2 KSchG.

31 **b) Ausnahme: nachträgliche Zulassung bei Fristversäumung.** Ist die Drei-Wochen-Frist nach § 4 Abs 1 KSchG verstrichen und damit der Arbeitnehmer bzgl der Berufung auf die Unwirksamkeit der Kündigung materiell-rechtlich präkludiert, bietet faktisch nur noch § 5 KSchG eine Möglichkeit, das Fristversäumnis zu überwinden, wobei der Arbeitnehmer dann geltend machen muss, dass das Fristversäumnis nicht zu vertreten war. Bedeutung erlangt § 5 KSchG etwa, wenn die Kündigung bei längerer Abwesenheit des Arbeitnehmers (bspw wegen Urlaubs oder Krankenhausaufenthaltes) durch Einwurf in den Hausbriefkasten wirksam wurde. Dann kann er gem § 5 KSchG einen Antrag auf nachträgliche Zulassung innerhalb der dort geregelten engen Fristen stellen.

32 **E. Beweislast.** Die Beweislast für den Zugang der Kündigung trägt der Kündigende (PWW/*Lingemann* § 620 Rn 45). Die Beweislast für die Dauer der vereinbarten Probezeit trägt derjenige, der sich auf die verkürzte Kündigungsfrist beruft (PWW/*Lingemann* Rn 4). Die Darlegungs- und Beweislast für die Voraussetzungen der personenbedingten, verhaltensbedingten bzw betriebsbedingten Kündigung liegt beim kündigenden Arbeitgeber. Hinsichtlich der bei der betriebsbedingten Kündigung normierten Schwelle der dringenden betrieblichen Erfordernisse ist jedoch eine Abstufung zu beachten: Danach obliegt dem Arbeitgeber die Beweislast für die inner- und außerbetrieblichen Gründe und den daraus resultierenden Wegfall des Arbeits-

platzes. Will sich der Arbeitnehmer auf eine anderweitige Beschäftigungsmöglichkeit im Unternehmen berufen, so müsse er dartun, wie er sich eine solche Weiterbeschäftigung vorstellt (BAG BB 1994, 1084). Erst dann hat der Arbeitgeber darzulegen und zu beweisen, dass es einen entspr freien Arbeitsplatz im Unternehmen nicht gibt. Für die Fehlerhaftigkeit der Sozialauswahl ist gem § 1 Abs 3 S 3 KSchG der Arbeitnehmer darlegungs- und beweisbelastet. Der Arbeitgeber trägt jedoch die Beweislast für die ordnungsgemäße Bildung der Vergleichsgruppe, dh der Einbeziehung bestimmter Arbeitnehmer in die Sozialauswahl, sowie der Plausibilität der Herausnahme Einzelner nach § 1 Abs 3 S 2 KSchG.

§ 623 Schriftform der Kündigung. **Die Beendigung von Arbeitsverhältnissen durch Kündigung oder Auflösungsvertrag bedürfen zu ihrer Wirksamkeit der Schriftform; die elektronische Form ist ausgeschlossen.**

A. Allgemeines. Die durch Gesetz vom 30.03.2000 (BGBl I, S 330) eingeführte Vorschrift knüpft die Wirksamkeit der Beendigung des Arbeitsverhältnisses durch Kündigung oder Auflösungsvertrag an die Einhaltung der Schriftform iSd § 126 Abs 1, 2. Dabei ist es gleichgültig, ob die Kündigung des Arbeitsverhältnisses arbeitgeber- oder arbeitnehmerseitig erfolgt. Der letzte Halbsatz der Regelung schließt den Ersatz der Schriftform durch die elektronische Form (§ 126a Abs 1) aus. Das Schriftformerfordernis soll vor allem verhindern, dass entspr Erklärungen übereilt abgegeben werden (MüKo/*Henssler* Rn 2; PWW/*Lingemann* Rn 1: »Warnfunktion«). Es führt zudem zu mehr Rechtsklarheit unter den Vertragsparteien (s dazu BTDrs 14/626, S 11; MüKo/*Henssler* Rn 3; Palandt/*Weidenkaff* Rn 2) und sorgt für eine zeitsparende Beweisführung im Prozess (MüKo/*Henssler* Rn 2; *Böhm* NZA 2000, 561 ff) und dient damit nicht zuletzt auch einer Entlastung der Gerichte (BaRoth/*Fuchs* Rn 1). 1

B. Regelungsinhalt. I. Anwendungsbereich. Vom Anwendungsbereich des § 623 erfasst sind nur solche Kündigungen und Aufhebungsverträge, die Arbeitsverhältnisse in ihrer Gesamtheit beenden. Auf arbeitnehmerähnliche Personen und deren Dienstverhältnisse findet § 623 hingegen keine Anwendung (Palandt/*Weidenkaff* Rn 2; MüKo/*Henssler* Rn 6; Staud/*Preis* Rn 8; *Richardi/Annuß* NJW 2000, 1231 ff). Unanwendbar ist § 623 auch auf die Beendigung der Anstellungverträge mit Organmitgliedern juristischer Personen, dh des Vorstands einer AG oder des Geschäftsführers einer GmbH, es sei denn, dass diesen Personen ausnahmsw ein Arbeitnehmerstatus zukommt (BAG BB 1999, 1276; MüKo/*Henssler* Rn 6). In zeitlicher Hinsicht beansprucht die Regelung für alle Kündigungen und Aufhebungsverträge Geltung, die ab dem 01.05.2000 wirksam geworden sind (BAG NZA 2001, 718; MüKo/*Henssler* Rn 1; Staud/*Preis* Rn 6). Die Vorschrift wird in vielen Bereichen durch ähnl gelagerte Regelungen spezialgesetzlich überlagert (vgl dazu § 9 Abs 3 S 2 MuSchG für Kündigungen des Arbeitgebers ggü einer Schwangeren und §§ 62 Abs 1, 64 Abs 2, 68a, 78 Abs 2, 3 SeemannsG für die Kündigung der Arbeitsverhältnisse von Seeleuten). Über die Notwendigkeit des Schriftformerfordernisses hinaus enthält § 15 Abs 2 BBiG noch das zusätzliche Erfordernis der (schriftlichen) Angabe des Kündigungsgrundes. Im Gegensatz zur ursprüngl Regelung wird das Erfordernis der Schriftform bei Befristungsabreden heute nicht mehr durch § 623 statuiert. Hierfür findet sich nach einer Gesetzesänderung eine Sondervorschrift in § 14 Abs 4 TzBfG (zur Vereinbarung einer auflösenden Bedingung vgl § 21 TzBfG). 2

II. Tatbestandsvoraussetzungen. § 623 bezieht sich auf die Beendigung des Arbeitsverhältnisses durch den Arbeitgeber (bzw dessen Vertreter, Bsp: Insolvenzverwalter – vgl BAG NJW 2005, 1533) oder den Arbeitnehmer, wenn die Beendigung des Vertrages rechtsgeschäftlich (durch Kündigung oder Aufhebungsvertrag) erfolgt. Nicht erfasst vom Schutzzweck der Norm ist der Konträrrechtsakt, dh die Rücknahme der zuvor ausgesprochenen Kündigung oder die »Aufhebung« des Aufhebungsvertrages (PWW/*Lingemann* Rn 1). **1. Kündigung.** Unter Kündigung ist die einseitige Vertragslösung durch entspr Erklärung zu verstehen, die das Arbeitsverhältnis mit ex nunc-Wirkung beendet. Erfasst vom Schriftformerfordernis ist jede Form der Kündigung, neben der ordentlichen also auch die außerordentliche und die Änderungskündigung (BAG NZA 2005, 635). Für Willensmängel, die schon bei Vertragsschluss vorlagen und hinsichtlich derer eine **Anfechtung** nach §§ 119 ff denkbar wäre, gilt das Schriftformerfordernis allerdings nicht. Der Wortlaut der Vorschrift ist insofern eindeutig. Nach hM unterliegt auch die **Teilkündigung** nicht dem Schriftformerfordernis, weil diese das Arbeitsverhältnis nicht in Gänze beendigen soll (vgl dazu BaRoth/*Fuchs* Rn 3; PWW/*Lingemann* Rn 2). Diese Einschränkung ist zwar formaljuristisch nachvollziehbar, jedoch im Hinblick auf die mit der Vorschrift bezweckte Rechtssicherheit und der oftmals notwendigen und schwierigen Abgrenzung zur Änderungskündigung zweifelhaft. Zu unterstützen ist hingegen die Ausgrenzung der (deklaratorischen) **Nichtverlängerungsmitteilung** des Arbeitgebers aus dem Anwendungsbereich des § 623, mit der lediglich klargestellt wird, dass das auslaufende befristete Arbeitsverhältnis nicht verlängert wird. Denn in diesem Fall ist es nicht die lediglich klarstellende Mitteilung der Nichtverlängerung, die zur Beendigung des Arbeitsverhältnisses führt, sondern der bereits zuvor festgelegte (automatische) Fristablauf. Str ist hingegen die Sachlage bei automatischer Verlängerung, die bei einer unterlassenen Nichtverlängerungsmitteilung eintreten soll (vgl einerseits Staud/*Preis* Rn 23; andererseits MüKo/*Henssler* Rn 16; ErfK/*Müller-Glöge* Rn 8). Unanwendbar ist 3

§ 623 jedenfalls auf den **Widerspruch des Arbeitgebers gem § 625 bzw § 15 Abs 5 TzBfG**, auf die **Abmahnung** und die einseitige **Lossagung von einem fehlerhaften (faktischen) Arbeitsverhältnis** (vgl zum Ganzen: Staud/*Oetker* Rn 22 f, 26; ErfK/*Müller-Glöge* Rn 11).

4 **2. Auflösungsvertrag.** Unter einem Auflösungsvertrag, der ebenfalls dem Schriftformerfordernis unterliegt, ist jeder Vertrag zu verstehen, durch den das Arbeitsverhältnis im Wege einer einvernehmlichen Regelung iSe beidseitigen Übereinstimmung beendet wird (Palandt/*Weidenkaff* Rn 5; PWW/*Lingemann* Rn 3). Mit »Auflösungsvertrag« ist damit die nach bisherigem Sprachgebrauch als »Aufhebungsvertrag« umschriebene Willensübereinkunft zwischen Arbeitgeber und Arbeitnehmer über die Beendigung des Arbeitsverhältnisses zu verstehen (MüKo/*Henssler* Rn 20). Einbezogen in die Regelung ist auch eine übereinstimmend herbeigeführte Beendigung des Arbeitsverhältnisses im Wege des rückwirkenden Vergleichs (§ 779) bei vorangegangener Kündigung, um deren Wirksamkeit gestritten wurde (Palandt/*Weidenkaff* Rn 5 f). Nicht erfasst sind jedoch bloße Abwicklungsverträge, die nicht selbst zu einer Beendigung des Arbeitsverhältnisses führen, sondern lediglich die Abwicklungsmodalitäten eines anderswo geregelten Anlasses für die Beendigung des Arbeitsverhältnisses festlegen (MüKo/*Henssler* Rn 21). Für Ausgleichsquittungen gelten die Ausführungen zu Abwicklungsverträgen entspr, jedenfalls soweit diese nicht gleichzeitig die Beendigung des Arbeitsverhältnisses selbst konstitutiv beinhalten (LAG Düsseldorf DB 2005, 1463, 1464).

5 **3. Schriftform.** Die Einhaltung der Schriftform ist gem § 623 konstitutiv. Die Vertragsparteien können nach dem Sinn und Zweck der Vorschrift keine geringeren Formerfordernisse vereinbaren, möglich ist jedoch die Festlegung einer weiteren Erschwerung (MüKo/*Henssler* Rn 27; Staud/*Preis* Rn 14). Inhaltlich ist das Formerfordernis darauf gerichtet, dass das Schriftstück (die Urkunde) vom Aussteller oder seinem Bevollmächtigten eigenhändig unterschrieben wird, vgl § 126 Abs 1. Die Verwendung der elektronischen Form ist durch den Hs 2 des § 623 explizit ausgeschlossen worden. Der Gesetzgeber hat diesen Ausschluss damit begründet, dass der Warnfunktion durch die Konfrontation mit einer neuen Form der Erklärung, nämlich der elektronischen, nicht Genüge getan wird (BTDrs 14/4987, S 22). Der Formvorschrift unterliegt allerdings nur die Kündigungserklärung selbst. Eine schriftliche Begründung, Bezeichnung der Kündigungsart oder der Frist ist grds nicht erforderlich (BaRoth/*Fuchs* Rn 7). Im Fall des Abschlusses eines Aufhebungsvertrages muss die Unterschrift beider Parteien in derselben Urkunde enthalten sein. Die Bevollmächtigung des Vertreters, der die entspr Erklärung abgibt, bedarf zwar selbst nicht der Schriftform (§ 167 Abs 2), allerdings muss die Vertretung in Ausübung der Vollmacht auf der zu unterzeichnenden Urkunde (insbes bei Vertretung einer aus mehreren Gesellschaftern bestehenden GbR) zum Ausdruck kommen (BAG NZA 2005, 865 f). Nicht der Schriftform genügt die Übermittlung eines Telegramms oder eines Telefaxes, da damit kein Exemplar der Urschrift vorliegt (BGH NJW 1999, 1126). Krit zu sehen ist die Rspr des BAG dahingehend, dass eine wegen Nichteinhaltung der Form unwirksame Kündigung gem § 140 in eine (formfreie) Anfechtung des Arbeitsvertrages umgedeutet werden kann (BAG AP Nr 24 zu § 9 MuSchG; AP Nr 4 zu § 119, so aber auch MüKo/*Henssler* Rn 35). Insofern ist jedenfalls zu fordern, dass der Anfechtungswille, der auf etwas anderes gerichtet ist als auf die bloße Kündigung, eindeutig aus der Erklärung hervorgeht.

6 **III. Rechtsfolge des Formverstoßes.** Rechtsfolge des Formverstoßes ist die (unheilbare) Nichtigkeit der Kündigung bzw des Aufhebungsvertrages, vgl § 125 (BAG NZA 2005, 162 f); das bestehende Arbeitsverhältnis ist somit nicht wirksam beendet worden (Hk-BGB/*Eckert* Rn 1). Die Klagefrist nach § 4 S 1 KSchG muss der Arbeitnehmer, der die Nichtigkeit der Kündigung bzw des Aufhebungsvertrages gerichtlich feststellen lassen will, nicht einhalten, da die Vorschrift die Beachtung der Schriftform voraussetzt (Palandt/*Weidenkaff* Rn 8; *Hanau* ZIP 2004, 1169, 1174). Allerdings kann bei längerem Zuwarten Verwirkung eintreten (BAG AP Nr 6 zu § 242; PWW/*Lingemann* Rn 6).

7 **C. Darlegungs- und Beweislast.** Derjenige, der Rechte aus einem Rechtsverhältnis herleiten will, trägt die Darlegungs- und Beweislast für die Wirksamkeit des Geschäfts und damit auch für die Einhaltung der gesetzlich vorgeschriebenen Form (BaRoth/*Fuchs* Rn 16; MüKo/*Henssler* Rn 39).

§ 624 Kündigungsfrist bei Verträgen über mehr als fünf Jahre.

Ist das Dienstverhältnis für die Lebenszeit einer Person oder für längere Zeit als fünf Jahre eingegangen, so kann es von dem Verpflichteten nach dem Ablauf von fünf Jahren gekündigt werden. Die Kündigungsfrist beträgt sechs Monate.

1 Hat der Dienstverpflichtete sich auf den Abschluss eines Dienstvertrages auf Lebenszeit oder auf länger als fünf Jahre eingelassen, steht ihm nach Ablauf von fünf Jahren in jedem Fall ein Kündigungsrecht zu. Die einzuhaltende Kündigungsfrist beträgt sechs Monate. Die Regelung bezweckt den Schutz des Dienstverpflichteten vor einer übermäßigen Bindung durch langfristige Dienstverträge (BAG NZA 1997, 597; Hk-BGB/*Eckert* Rn 1; Jauernig/*Mansel* Rn 1). Von der Rechtsfolge her räumt sie dem Dienstverpflichteten (nicht dem Dienstberechtigten!) ein außerordentliches, befristetes Kündigungsrecht ein (Hk-BGB/*Eckert* Rn 1; Palandt/*Weidenkaff* Rn 1). Das Dienstverhältnis erlischt nur, wenn das Kündigungsrecht ausgeübt wird, es ist mithin nach fünf Jahren nicht automatisch nichtig (Jauernig/*Mansel* Rn 4). Der Anwendungsbereich des § 624 erstreckt

sich auf Dienstverträge (MüKo/*Henssler* Rn 3 ff), für Arbeitsverträge enthält § 15 Abs 4 TzBfG als lex specialis eine inhaltlich identische Regelung. Das außerordentliche Recht zur Kündigung nach § 624 steht auch dem Handelsvertreter zu, da die Sonderregelung in §§ 89 ff HGB den Zweck des § 624 nicht berührt (Palandt/*Weidenkaff* Rn 2). Erforderlich ist jedoch, dass im konkreten Vertrag das dienstvertragliche Element vorherrscht (Hamm BB 1978, 1335). Nicht erfasst sind daher gemischte Verträge, bei denen das dienstvertragliche Element nicht im Mittelpunkt steht (BGH NJW-RR 1993, 1460; Staud/*Preis* Rn 5; PWW/*Lingemann* Rn 1; zum Tankstellenstationärsvertrag vgl BGH NJW 1969, 1662 ff; 83, 313 ff). Die Art der Befristung (genaues Datum, Bsp: sechs Jahre, zukünftiges Ereignis: bis zum Tod) ist unerheblich (Jauernig/*Mansel* Rn 2). Die Regelung ist im Hinblick auf ihre Schutzintention nicht abdingbar (Palandt/*Weidenkaff* Rn 1). Allerdings kann die in Satz 2 festgelegte Kündigungsfrist durch Vereinbarung verkürzt werden (PWW/*Lingemann* Rn 1). Eine Verlängerung derselben ist nicht möglich (Hk-BGB/*Eckert* Rn 3; MüKo/*Henssler* Rn 11 f). Der Kündigungstermin ist frei wählbar (Palandt/*Weidenkaff* Rn 6).

§ 625 Stillschweigende Verlängerung. **Wird das Dienstverhältnis nach dem Ablauf der Dienstzeit von dem Verpflichteten mit Wissen des anderen Teiles fortgesetzt, so gilt es als auf unbestimmte Zeit verlängert, sofern nicht der andere Teil unverzüglich widerspricht.**

A. Allgemeines. Die Vorschrift will (ähnl wie bereits § 545 dies für das Mietrecht anordnet), Unklarheiten vermeiden, die sich aus der Fortsetzung der Tätigkeit eines Dienstverpflichteten nach dem Ablauf der vereinbarten Dienstzeit wegen des Fehlens eines Vertrages ergeben könnten. 1

B. Regelungsinhalt. I. Anwendungsbereich. § 625 gilt für alle Dienstverhältnisse. Nur für die Beendigung von Arbeitsverhältnissen mit einer Zeit- oder Zweckbefristung bzw auflösenden Bedingung gehen die §§ 15 Abs 4, 21 TzBfG § 625 als lex specialis vor, wobei im TzBfG grds eine inhaltsgleiche Regelung getroffen worden ist. Die Unterscheidung der Anwendungsbereiche spielt jedoch eine Rolle hinsichtlich der Frage der Möglichkeit einer Abbedingung. Anders als § 625 (vgl BGH NJW 1964, 350; ErfK/*Müller-Glöge* Rn 20) sind nämlich die inhaltsgleichen Normvorgaben der §§ 15 Abs 4, 21 TzBfG nicht zur Disposition der Parteien gestellt (BAG NJW 2004, 1126). Für die Weiterbeschäftigung eines Auszubildenden nach Abschluss seiner Berufsausbildung wird § 625 durch § 24 BBiG als Sonderregelung überlagert. Auf Anstellungsverträge von Organen juristischer Personen ist § 625 nur mit der Maßgabe anwendbar, dass gleichzeitig die Organbestellung verlängert wird (Karlsruhe WM 1996, 161; ErfK/*Müller-Glöge* Rn 5; PWW/*Lingemann* Rn 1). 2

II. Tatbestand. Die Regelung verlangt kumulativ das Vorliegen von vier Voraussetzungen: Zunächst muss ein Dienstverhältnis vorliegen, bei welchem die Dienstzeit abgelaufen ist. Der (ehemals) Dienstverpflichtete muss aber in engem zeitlichen Zusammenhang dazu die Tätigkeit in Form der Dienstleistung gleichwohl bewusst fortsetzen (BAG NZA 2002, 780; 1999, 482), wobei der Dienstberechtigte hiervon Kenntnis hat und dennoch der Fortsetzung der Tätigkeit nicht unverzüglich widerspricht. Worauf sich die Beendigung des Dienstverhältnisses gründet, ist prinzipiell unerheblich (BAG NJW 2004, 1126 f; PWW/*Lingemann* Rn 2). Möglich ist hier eine Beendigung durch Kündigung, Fristablauf oder Aufhebungsvertrag. Unanwendbar ist § 625 allerdings auf den Fall der Beendigung des Dienstverhältnisses durch Tod einer Partei oder Zweckerreichung (Jauernig/*Mansel* Rn 2; Palandt/*Weidenkaff* Rn 1). Schließt die Fortführung der Dienste erst an Freizeit in Form von Urlaub oder Überstundenausgleich an, die nach Beendigung des Überstundenausgleichs gewährt werden, greift § 625 mangels unmittelbaren Anschlusses nicht (BAG NJW 1999, 1654). Die Frist für einen wirksamen Widerspruch ist im Hinblick auf den Schutzzweck der Norm kurz zu bemessen (Hk-BGB/*Eckert* Rn 6). Die gesetzliche Definition für die »Unverzüglichkeit« des Widerspruchs ergibt sich aus § 121 (»ohne schuldhaftes Zögern«). Der Dienstherr braucht jedoch mit dem Ausspruch des Widerspruchs nicht den Ablauf des Dienstverhältnisses abzuwarten, er kann diesen bereits vor dem Ende der vereinbarten Dienstzeit erklären (BAG NJW 2001, 532; Palandt/*Weidenkaff* Rn 3). 3

III. Rechtsfolge. Die widerspruchslose Fortsetzung des an sich beendeten Dienstverhältnisses gilt als Vereinbarung der Verlängerung des Dienstverhältnisses auf unbestimmte Zeit (Jauernig/*Mansel* Rn 1). Hierbei handelt es sich um eine Fiktion (»gilt«), so dass Willensmängel unerheblich sind, weil die Fiktion keiner Anfechtung nach §§ 119 ff unterliegen kann (Jauernig/*Mansel* Rn 5; Palandt/*Weidenkaff* Rn 4). Rechtsfolge des § 625 ist die (unbefristete) Fortsetzung des Dienstverhältnisses zu den bisherigen Konditionen (LAG Berlin LAGE Nr 2 zu § 625; LAG Hamm LAGE Nr 5 zu § 625; ErfK/*Müller-Glöge* Rn 18; PWW/*Lingemann* Rn 3). 4

§ 626 Fristlose Kündigung aus wichtigem Grund. **[1] Das Dienstverhältnis kann von jedem Vertragsteil aus wichtigem Grund ohne Einhaltung einer Kündigungsfrist gekündigt werden, wenn Tatsachen vorliegen, auf Grund derer dem Kündigenden unter Berücksichtigung aller Umstände des Einzelfalles und unter Abwägung der Interessen beider Vertragsteile die Fortsetzung des Dienstverhältnisses bis zum Ablauf der Kündigungsfrist oder bis zu der vereinbarten Beendigung des Dienstverhältnisses nicht zugemutet werden kann.**

[2] Die Kündigung kann nur innerhalb von zwei Wochen erfolgen. Die Frist beginnt mit dem Zeitpunkt, in dem der Kündigungsberechtigte von den für die Kündigung maßgebenden Tatsachen Kenntnis erlangt. Der Kündigende muss dem anderen Teil auf Verlangen den Kündigungsgrund unverzüglich schriftlich mitteilen.

1 **A. Allgemeines.** § 626 stellt für das Dienstverhältnis eine gesetzliche Konkretisierung des allg Kündigungsrechts aus wichtigem Grund dar, das in § 314 für (alle) Dauerschuldverhältnisse gesetzlich verankert wurde (Jauernig/*Mansel* Rn 1; MüKo/*Henssler* Rn 1; PWW/*Lingemann* Rn 1). Sowohl in § 626 als auch in § 314 kommt der allg Rechtsgrundsatz zum Ausdruck, dass jedes Dauerschuldverhältnis von jedem Vertragspartner aus wichtigem Grund ohne Einhaltung einer Kündigungsfrist gekündigt werden kann (Hk-BGB/*Eckert* Rn 1).

2 **B. Regelungsinhalt. I. Anwendungsbereich.** Alle selbständigen und unselbständigen Dienstverhältnisse, insbes auch Arbeitsverhältnisse, die auf bestimmte oder unbestimmte Zeit geschlossen worden sind, sowie gemischte Verträge mit Schwerpunkt im Dienstvertragsrecht (vgl BGH NJW 1984, 2091, 2093 für Internatsvertrag) können nach § 626 außerordentlich gekündigt werden (Jauernig/*Mansel* Rn 2; MüKo/*Henssler* Rn 6; Palandt/*Weidenkaff* Rn 1). § 626 überlagernde Sonderregelungen finden sich für Schiffsbesatzungen in §§ 64–68, 78 Abs 1 SeemannsG, für den Handelsvertreter in § 98a HGB, für Ausbildungsverhältnisse in §§ 15, 22 BBiG (vgl dazu BAG NJW 2005, 1678) und für Heimarbeiter in § 29 Abs 6 HeimarbG. Ob auch Ruhestandsverhältnisse außerordentlich gekündigt werden können, ist unsicher. An die Stelle eines außerordentlichen Kündigungsrechts tritt hier der Widerruf der Versorgungszusage (MüKo/*Henssler* Rn 6).

3 **II. Tatbestand.** § 626 legt die Anforderungen für eine außerordentliche, dh fristlose Kündigung fest, die deshalb ohne (»soziale«) Auslauffrist das Dienstverhältnis beendigen kann, weil dies durch einen »wichtigen Grund« gerechtfertigt ist. **1. Wichtiger Grund zur Kündigung. a) Auf Seiten des Dienstberechtigten.** Als wichtige Gründe zur Kündigung kommen für den Dienstberechtigten etwa in Betracht: **Verschulden des Dienstverpflichteten beim Vertragsschluss**, bspw durch Vorzeigen falscher oder gefälschter Zeugnisse oder durch Erregung eines Irrtums über das Bestehen eines anderen, gleichzeitig bestehenden und kollidierenden Dienstverhältnisses, falsche Auskunft bei zulässigen Fragen hinsichtlich Vorstrafen bestimmter Art, wenn sie für das Vertragsverhältnis im Einzelfall wesentlich sind (BAG BB 1970, 803; Jauernig/*Mansel* Rn 10; Palandt/*Weidenkaff* Rn 43), **beharrliche Arbeitsverweigerung** oder ihre Ankündigung (BAG BB 1997, 1101; auch bei rechtsw Streik, vgl BAG NJW 1979, 239), **Nichtbefolgen von Weisungen des Arbeitgebers** (BAG NJW 2002, 698), Begehung einer **Straftat** (zB Diebstahl, vgl LAG Köln NZA-RR 2000, 24 ff; LAG Sachsen-Anhalt NZA-RR 1999, 473; BAG NJW 2000, 171 ff; ggf auch private **Trunkenheitsfahrt** des Berufskraftfahrers, vgl BAG NJW 1979, 332 ff; LAG Nürnberg NZA-RR 2003, 301), **Entzug der Fahrerlaubnis** bei einem als Kraftfahrer eingestellten Arbeitnehmer (BAG NJW 1979, 332), **wiederholte Unpünktlichkeit** (BGH NJW 1989, 547; BAG BB 1997, 1949) oder unentschuldigtes Fernbleiben (BAG DB 1993, 2534), **Vortäuschen einer Erkrankung** (Jauernig/*Mansel* Rn 10), **Drohung mit Krankheit**, um etwa Urlaubsverlängerung zu erhalten (BAG BB 1993, 434; NZA 2004, 564), **Alkoholproblem** (BAG DB 1997, 2386), **Urlaubsüberschreitung** (LAG Düsseldorf NZA 1985, 779) oder **eigenmächtiger Urlaubsantritt** (BAG NJW 94, 1894), **Skiunfall** eines bereits krankgeschriebenen Arbeitnehmers (BAG ArbRB 2006, 65), unbefugtes, auch vorzeitiges **Verlassen des Arbeitsplatzes** (LAG Hamm BB 1973, 141), **Manipulation der Arbeitszeiterfassung** (BAG NJW 2006, 1545), **Vortäuschen geleisteter Arbeitszeit** (LAG Nds NZA-RR 2004, 574), **Auslösen der Stechuhr für abwesenden Kollegen** (BAG DB 2006, 677; LAG Düsseldorf NJW 1978, 774), Unmöglichkeit der Arbeitsleistung wegen **Freiheitsstrafe,** wenn kein Freigängerstatus besteht (BAG NZA 1995, 777; NJW 1986, 342), **sexuelle Belästigung** am Arbeitsplatz (je nach Intensität und Umfang, vgl BAG NJW 2004, 3508), **Gefährdung der Mitarbeiter** (BAG NJW 1977, 1504), **ausländerfeindliche Äußerungen** (LAG Hamm BB 1995, 678), **Gewalttätigkeit** (LAG Hamm NZA-RR 1996, 291), **Beleidigungen und Drohungen** (LAG Berlin NZA 1998, 167), unerlaubtes ausschweifendes Surfen im **Internet**/privater Datendownload/Aufruf pornographischer Internetseiten während der Arbeitszeit zu privaten Zwecken (BAG NJW 2006, 540; DB 2006, 1849; NZA 2006, 98; AG Hannover NJW 2001, 3500; vgl aber auch LAG Rheinland-Pfalz NZA-RR 2005, 303), **Privattelefonate mit erheblichen Kosten** für den Arbeitgeber BAG NJW 2004, 2612), nicht aber privater Emailverkehr, selbst in unangemessenem Umfang oder entgegen ausdrücklichem Verbots des Arbeitgebers, es sei denn, er ist rechtsextremen Inhalts (BAG NZA 2004, 1118), **Verrat von Betriebsgeheimnissen** (Hk-BGB/*Eckert* Rn 5); betriebsfriedenstörende politische **Tätigkeit für eine Partei** (BAG NJW 1984, 1142), schwerwiegender Verstoß eines Tendenzträgers gegen **Tendenz des Arbeitgebers** (LAG Halle NZA-RR 2003, 244), leichtfertige oder gar wissentlich **falsche Angaben in Strafanzeige** gegen den Arbeitgeber (PWW/*Lingemann* Rn 7; sog Whistleblowing), Annahme von **finanziellen Zuwendungen** (»Schmiergeldern«) für die Vermittlung eines den Arbeitgeber betreffenden Geschäfts durch Dritte (BAG NJW 1996, 1556; NZA 2006, 101) und zwar ohne Rücksicht darauf, ob der Arbeitgeber geschädigt wird oder nicht. Auch ein **Verdacht strafbarer Handlungen oder schwerer Vertragsverletzungen** kann eine »Tatsache« iSd § 626 Abs 1 sein (BAG NJW 1993, 84; NJW 2000, 1970 f). Erforderlich ist jedoch, dass die Verdachtsmomente auf objektiven, zum Zeitpunkt der Kündigung bestehenden Tatsachen beruhen und dass

dadurch das für die Fortsetzung des Dienstverhältnisses nötige Vertrauen zerstört ist (BAG NZA 2004, 919, 920). Der Dienstberechtigte ist in diesem Zusammenhang verpflichtet, alles Zumutbare zur Aufklärung des Sachverhalts zu tun; dazu gehört auch die vorherige Anhörung des Arbeitnehmers, die als Wirksamkeitsvoraussetzung bei der Verdachtskündigung innerhalb von einer Woche stattfinden muss (BAG NJW 1996, 540; Jauernig/*Mansel* Rn 7; PWW/*Lingemann* Rn 9). Wird der Verdacht endgültig ausgeräumt (die bloße Einstellung des Ermittlungsverfahrens durch die Staatsanwaltschaft genügt dafür jedoch nicht), kann ein Anspruch auf Wiedereinstellung bestehen (BAG NZA 1997, 1340, 1343).

b) Auf Seiten des Dienstverpflichteten. Wichtige Gründe für die Kündigung durch den Dienstverpflichteten sind zB erheblicher **Rückstand mit der Leistung der Vergütung** (BAG NJW 2002, 1593; LAG Nürnberg NZA-RR 2002, 128; Palandt/*Weidenkaff* Rn 57), **Verletzung von Fürsorgepflichten** (jedenfalls soweit sie vorsätzlich oder grob fahrlässig geschehen), **Beleidigungen** oder falsche Verdächtigungen (Hk-BGB/*Eckert* Rn 5; MüKo/*Henssler* Rn 267 ff) sowie **Straftaten** des Dienstberechtigten gegen den Dienstverpflichteten. Bei **anderen Delikten** kommt es auf den Einzelfall an. 4

2. Zumutbarkeitsprüfung. Neben dem Vorliegen des »wichtigen (Kündigungs-)Grundes« ist erforderlich, dass dem Kündigenden unter »Berücksichtigung aller Umstände des Einzelfalls« und unter »Abwägung der beiderseitigen Interessen« die Fortsetzung des Dienstverhältnisses bis zum Ablauf der Kündigungsfrist oder bis zur vereinbarten Beendigung des Dienstverhältnisses nach Treu und Glauben nicht mehr zugemutet werden kann (BGH NJW 1993, 464; 2000, 1973; BAG NJW 2006, 2939; Hk-BGB/*Eckert* Rn 5). Hierbei lässt sich zunächst konstatieren, dass es kaum »absolute« Gründe gibt, deren Gewicht nicht durch andere Umstände derart gemindert werden könnte, dass auf Grund der gebotenen Interessenabwägung eine befristete Fortsetzung des Arbeitsverhältnisses zumutbar wäre (BAG NJW 1985, 1853; Jauernig/*Mansel* Rn 9; MüKo/*Henssler* Rn 74; Staud/*Preis* Rn 8). **a) Umstände des Einzelfalls.** Zu den zu berücksichtigenden Umständen des Einzelfalls zählen all diejenigen Tatsachen und Verhältnisse, die für den wichtigen Kündigungsgrund Bedeutung erlangen können. Potentiell relevant sind: die bisherige **Dauer des Dienstverhältnisses** (BAG NJW 1985, 1853), **Alter** (BAG NZA 2000, 1332), **Leistung und Führung** des Dienstverpflichteten, **frühere Verfehlungen**, voraussichtliches **künftiges Verhalten** und Wiederholungsgefahr, **Höhe des Entgelts**, Auswirkung auf **andere bestehende Dienstverhältnisse** desselben Dienstberechtigten, Grad der wirtschaftlichen **Abhängigkeit**, Vorliegen eines **Probearbeitsverhältnisses**, **Schadensausmaß** (BAG NZA 2000, 421), uU auch **Unterhaltspflicht** und **Familienstand** (letztere Kriterien haben allerdings nur eine nachrangige Bedeutung, vgl BAG NZA 2006, 1033; Palandt/*Weidenkaff* Rn 39; PWW/*Lingemann* Rn 3). 5

b) Interessenabwägung. In die Interessenabwägung auf Seiten des Dienstberechtigten sind bspw einzustellen die Möglichkeit, sich rechtzeitig eine gleichwertige **Ersatzkraft** zu besorgen, auf Seiten des Dienstverpflichteten das allg **Interesse an der Erhaltung des Arbeitsplatzes**, der **Verdienstausfall** bis zur Aufnahme eines neuen Dienstverhältnisses und ein eventuell fehlendes (oder sehr geringfügiges) **Verschulden** des Dienstverpflichteten (Palandt/*Weidenkaff* Rn 41). 6

3. Kündigungsvorbereitende Handlungen und Auskunft über den Kündigungsgrund. a) Anhörung. Ein Unterlassen einer eventuell auf Fürsorgegesichtspunkten zu stützenden Anhörung des betroffenen Arbeitnehmers macht die außerordentliche Kündigung grds nicht unwirksam (BAG NJW 1977, 1415; NJW 1996, 540; NZA 2004, 919), da es keinen allg Rechtsgrundsatz des Inhaltes gibt, dass ein Arbeitnehmer vor Ausspruch einer außerordentlichen Kündigung zu hören ist (BAGE 29, 7 ff; MüKo/*Henssler* Rn 69). Anders ist das nur bei der Verdachtskündigung, bei der die vorherige Anhörung des zu kündigenden Arbeitnehmers zwingend erforderlich ist (BAG NZA 1987, 699). Im Anwendungsbereich des BetrVG oder des BPersVG muss aber in jedem Fall zuvor der Betriebs- bzw Personalrat angehört werden; eine ohne diese (»Gremien«-)Anhörung ausgesprochene Kündigung ist in jedem Fall unheilbar unwirksam (vgl § 102 Abs 1 S 2 BetrVG; § 79 Abs 3 BPersVG). 7

b) Abmahnung. Als milderes Mittel muss der außerordentlichen Kündigung grds eine Abmahnung und danach ggf eine Änderungskündigung – soweit diese möglich ist – vorausgehen (MüKo/*Henssler* Rn 89; Staud/*Preis* Rn 104). Begründen lässt sich dieses Postulat mit dem auch bei der außerordentlichen Vertragslösung geltenden Ultima-Ratio-Prinzip, das in § 314 Abs 2 für Dauerschuldverhältnisse einen konkreten gesetzlichen Niederschlag gefunden hat. Eine Abmahnung ist idR erforderlich bei Dauerverhalten mit sog Störungen im Leistungsbereich, bei Wiederholungsgefahr hinsichtl des pflichtwidrigen Verhaltens (BAG NJW 1994, 3032), bei schwerer Pflichtverletzung, wenn der Arbeitnehmer sein Verhalten vertretbar nicht als rechtswidrig oder erheblich und das Arbeitsverhältnis gefährdend ansehen konnte (BAG NZA 2004, 486), aber auch bei Störungen im Vertrauensbereich, die das Vertrauen unter den Vertragsparteien noch nicht vollständig beseitigt haben. Bei **bes schwerwiegenden Verstößen**, deren Rechtswidrigkeit dem Arbeitnehmer ohne weiteres erkennbar ist und bei denen es offensichtlich ausgeschlossen ist, dass der Arbeitgeber sie hinnimmt, bedarf es jedoch keiner Abmahnung mehr, da die Wiederherstellung des notwendigen Vertrauens hier nicht erwartet werden kann. Auch **Eigentumsdelikte** rechtfertigen idR die fristlose Kündigung ohne vorherige Abmahnung. Entscheidend ist auch hier nicht der Wert der entwendeten Sache, sondern die Zerstörung des Vertrauensverhältnisses zwischen Arbeitgeber und Arbeitnehmer (vgl dazu MüKo/*Henssler* Rn 100). Will man das ausnahmsw nicht durchgreifende Abmahnerfordernis etwas systematischer fassen, könnte man darauf abstellen, 8 dass eine Abmahnung gem ihrem Sinn und Zweck immer dann entbehrlich ist, wenn sie entweder keinen Erfolg verspricht (BAG NZA 1995, 65) oder sie dem Abmahnungsberechtigten nicht zugemutet werden kann, weil die Verfehlung des anderen Teils ein solches Gewicht hat, dass seine sofortige Entfernung gerechtfertigt ist (Palandt/*Weidenkaff* Rn 18; *Schaub* NJW 1990, 872, 875).

9 c) **Einholung der Zustimmung.** Nicht bloß anhörungs- sondern zustimmungsbedürftig ist die fristlose Kündigung der Inhaber bestimmter Ämter auf Grund der Betriebsverfassung (vgl § 103 Abs 1 BetrVG für die Mitglieder des Betriebsrats und der Jugend- und Auszubildendenvertretung; s auch § 47 BPersVG für öffentl Dienst). Behördliche Zustimmungserfordernisse bestehen bei einer außerordentlichen Kündigung zudem für Arbeitnehmer in Elternzeit (§ 18 BErzGG/BEEG), für die Mutter während des Mutterschutzes (§ 9 MuSchG) sowie für Schwerbehinderte (vgl §§ 85, 91 SGB IX).

10 **d) Mitteilung des Kündigungsgrundes.** Die außerordentliche Kündigung bedarf – sieht man einmal von §§ 22 Abs 2 BBiG, 9 Abs 3 S 2 MuSchG ab – für ihre Wirksamkeit keiner Mitteilung des Kündigenden ggü dem Gekündigten, worauf sie gestützt wird. Was der »wichtige Grund« für die außerordentliche Kündigung ist, muss also zunächst nicht offengelegt werden (BGH NZA 2004, 173, 175; MüKo/*Henssler* Rn 61). Der Kündigende muss dem Gekündigten aber den Kündigungsgrund dann mitteilen, wenn dieser es verlangt und zwar unverzüglich (dh ohne schuldhaftes Zögern) und in schriftlicher Form (§ 126 Abs 1), vgl § 626 Abs 2 S 3. Die Geltendmachung des Begründungsanspruches ist nach § 626 an keine Frist gebunden. Eine äußerste Grenze ergibt sich aber aus Verwirkungsgesichtspunkten (MüKo/*Henssler* Rn 63). Allerdings handelt es sich bei der an das Verlangen des Dienstverpflichteten angeleinten Begründungspflicht um keine echte Wirksamkeitsvoraussetzung für die Kündigung (Hk-BGB/*Eckert* Rn 6). Die Rechtsfolgen der Nicht- oder nicht rechtzeitigen Erfüllung der Begründungspflicht sind deshalb auch »mager«. Der Arbeitgeber hat dem Arbeitnehmer wegen Verletzung einer vertraglichen Nebenpflicht nach § 280 Abs 1 lediglich den entstandenen Vermögensschaden zu ersetzen (PWW/*Lingemann* Rn 16). Der Schaden idS kann bspw in den Kosten des verlorenen Kündigungsschutzprozesses liegen, wenn der Gekündigte erst im Prozess den Kündigungsgrund erfährt (MüKo/*Henssler* Rn 66; Staud/*Preis* Rn 258).

11 **4. Kündigungserklärung.** Das Recht zur (fristlosen) Kündigung stellt ein Gestaltungsrecht dar (Palandt/*Weidenkaff* Rn 10). Vor diesem Hintergrund muss die Kündigung dem zu Kündigenden ggü erklärt werden. Aus der Erklärung, die bei Arbeitsverhältnissen gem § 623 in schriftl Form zu erfolgen hat, muss der Kündigungswille ausdrücklich oder schlüssig hervortreten (BAG NJW 1983, 303; MüKo/*Henssler* Rn 60). Dabei ist die auf § 626 gestützte Kündigung auch als solche (nämlich als »außerordentliche«) zu deklarieren (Palandt/*Weidenkaff* Rn 19). Insofern ist es notwendig deutlich zu machen, dass die Kündigung ohne Bindung an die Frist der §§ 621 bzw 622 erfolgt. Die Ausübung des außerordentlichen Kündigungsrechtes kann bereits nach Vertragsschluss und vor Dienstaufnahme erfolgen (MüKo/*Henssler* Rn 71).

12 **5. Kündigungserklärungsfrist.** § 626 Abs 2 sieht eine Kündigungserklärungsfrist vor. Hierbei handelt es sich um einen gesetzlich festgelegten Verwirkungstatbestand (BAG NZA 2000, 381, 383; PWW/*Lingemann* Rn 12), so dass das Versäumen der Frist zur Unwirksamkeit der Kündigung führt, eine Wiedereinsetzung ist ausgeschlossen (Palandt/*Weidenkaff* Rn 22; PWW/*Lingemann* Rn 12). Bei der Kündigung von Schwerbehinderten wird die Frist auch nicht durch § 91 Abs 2 S 1 SGB IX verdrängt (BAG ArbRB 2006, 239). Die in der Vorschrift festgelegte Zwei-Wochen-Frist soll verhindern, dass alte Begebenheiten (Kündigungsgründe) nach Belieben zum Ausspruch der fristlosen Kündigung in der Zukunft eingesetzt werden (Jauernig/*Mansel* Rn 19; PWW/*Lingemann* Rn 1). Die Zwei-Wochen-Frist beginnt mit der Kenntniserlangung der maßgeblichen Tatsachen seitens des Kündigungsberechtigten (vgl § 623 Abs 2 S 2) und stellt auf den Zugang der Kündigungserklärung (vgl § 130) ab (BAG NJW 1978, 2168). Für die Kenntniserlangung erforderlich ist das Wissen um diejenigen Umstände, die für und gegen eine fristlose Kündigung sprechen (einschließlich der Beweismittel für die Pflichtverletzung, vgl Palandt/*Weidenkaff* Rn 23). Notwendig ist insoweit eine zuverlässige und möglichst vollständige positive Kenntnis aller entscheidenden Tatsachen und Wertungsgesichtspunkte (BAG NZA 2006, 101). Hinsichtlich der Frage, wem die Tatsachen zur Kenntnis gelangt sein müssen, ist auf diejenige Person abzustellen, der das Recht zur Kündigung zusteht (BAG NJW 1972, 463). Der maßgebliche Beurteilungszeitpunkt ist der der Entscheidung über die Kündigung (BGH NJW-RR 2002, 173; PWW/*Lingemann* Rn 6). Gründe, die bereits zu diesem Zeitpunkt vorlagen, dem Kündigenden aber erst später bekannt wurden, können ungeachtet von § 622 Abs 2 S 1 nachgeschoben werden (BGH DB 2005, 1849, 1850; BAG NZA 1997, 1158, 1159 f). Auf Gründe, die erst nach Ausspruch der Kündigung auftraten, kann nur eine erneute Kündigung oder aber im Anwendungsbereich des KSchG ein Auflösungsantrag nach §§ 13 iVm 9 KSchG gestützt werden (PWW/*Lingemann* Rn 6).

13 **6. Fehlende Abdingbarkeit.** § 626 garantiert ein unverzichtbares Freiheitsrecht für beide Vertragsteile, sich bei extremen Belastungen eines Dienstverhältnisses von diesem zu lösen (Staud/*Preis* Rn 5; MüKo/*Henssler* Rn 1). Vor diesem Hintergrund sind das Recht zur fristlosen Kündigung sowie die sie tragenden Ausübungsvoraussetzungen weder durch Kollektiv- noch durch Individualvereinbarung abdingbar oder zur inhaltlichen Modifikation gestellt (BAG NJW 1974, 1155; NZA-RR 2005, 440; Palandt/*Weidenkaff* Rn 2; PWW/*Lingemann* Rn 1). Eine Beschränkung ist nur hinsichtlich des personell Ausübungsberechtigten zulässig und zwar inso-

weit, als festgelegt werden darf, dass die außerordentliche Kündigung nur vom Arbeitgeber selbst ausgesprochen werden darf (BAG DB 1976, 441).

7. Verwirkung und Beschränkung durch KSchG. Durch mehrfache Abmahnungen mit Kündigungsandrohungen, denen jedoch zunächst keine Kündigung folgt, verwirkt der Arbeitgeber sein Kündigungsrecht idR nicht (BAG NZA 2005, 459; Jauernig/*Mansel* Rn 9). Soweit für das Arbeitsverhältnis das KSchG gilt, wird das Kündigungsrecht aus § 626 auch nicht beschränkt, weil die soziale Rechtfertigung gem § 1 KSchG nur für eine ordentliche Kündigung vorliegen muss (Palandt/*Weidenkaff* Rn 4). 14

III. Rechtsfolge. 1. Beendigung des Arbeitsverhältnisses. Die wirksame Kündigung beendet das Dienst- bzw Arbeitsverhältnis fristlos, jedoch ist die Gewährung einer (sozialen) Auslauffrist möglich (BGH WM 1975, 761; Jauernig/*Mansel* Rn 22; Palandt/*Weidenkaff* Rn 33). Durch die unwirksame Kündigung wird das Vertragsverhältnis hingegen nicht beendet. Eine Schadensersatzpflicht des Kündigenden besteht in diesem Fall aber nur bei einem Verschulden (§§ 280 Abs 1, 282). 15

2. Umdeutung. Die Umdeutung einer unwirksamen fristlosen Kündigung in eine ordentliche Kündigung (mit sozialer Auslauffrist nach §§ 621, 622) ist grds zulässig (BAG NJW 2002, 2972; Palandt/*Weidenkaff* Rn 34). Auf die Umdeutung muss sich der Kündigende zwar nicht berufen, sie hängt jedoch von dem Vorliegen der in § 140 aufgestellten Voraussetzungen ab (BAG NJW 1988, 581). Erforderlich ist danach zunächst, dass für den Erklärungsempfänger erkennbar für den Fall der Unwirksamkeit der außerordentlichen Kündigung eine ordentliche Kündigung gewollt war und ausgesprochen worden wäre (BAG NJW 2002, 2972). Hinsichtlich der Durchführung der Umdeutung ist des Weiteren der mutmaßliche Wille des Kündigenden für den Fall zu erforschen, dass er die Unwirksamkeit seiner Kündigung gekannt hätte. Danach ist zu unterscheiden: Erweisen sich die vom Kündigenden für den wichtigen Grund angenommenen Tatsachen als wahr, reichen sie aber aus rechtlichen Gründen für eine fristlose Kündigung nicht aus, wird ein entspr Umdeutungswille beim Kündigenden anzunehmen sein. Erweisen sich jedoch die Annahmen der Tatsachen (zB die einer strafbaren Handlung, eines Pflichtverstoßes) als Fehleinschätzung, so kann ein entspr Wille zur Umdeutung nicht unterstellt werden. Der umgekehrte Fall der Umdeutung einer unwirksamen ordentlichen Kündigung in eine wirksame außerordentliche Kündigung ist hinsichtlich der erhöhten Anforderungen des § 626 nicht möglich (BAG DB 1975, 214). 16

C. Prozessuales. I. Klagefrist. Ein Arbeitnehmer muss im Anwendungsbereich des KSchG die Unwirksamkeit der außerordentlichen Kündigung mittels Kündigungsschutzklage innerhalb von drei Wochen geltend machen (vgl §§ 13 Abs 1, 23, 4 KSchG). Tut er dies nicht, ist er mit der Einwendung der Unwirksamkeit der Kündigung wegen Fehlens der Voraussetzungen des § 626 materiell-rechtlich präkludiert. Soweit das KSchG nicht gilt, sind die Grenzen der Verwirkung zu beachten, uU kann das Klagerecht hier schon nach 10 Wochen verwirkt sein (so LAG Meckl-Vorp v 7.62005, AZ 3 Sa 17/05; vgl auch LAG Hamm v 27.04.2004, AZ 19 Sa 90/04; PWW/*Lingemann* Rn 21). 17

II. Umfang der Prüfung in Revision. Der Begriff des wichtigen Grundes unterliegt als Rechtsbegriff weitestgehend der Nachprüfung durch das Revisionsgericht gem § 546 ZPO (BGH NJW 1993, 463). Auch hinsichtlich der erforderlichen Abwägung, in die alle Umstände des Einzelfalls einzustellen und auch die beiderseitigen Interessen zu berücksichtigen sind, handelt es sich um eine Wertung auf Grund unbestimmter Rechtsbegriffe, deren Anwendung und Auslegung revisibel ist (BAG JZ 1975, 737; BGH NJW 2000, 197 ff). 18

III. Beweislast. Die Beweislast für die Tatsache, die den wichtigen Grund zur Kündigung darstellt, trägt derjenige, der gekündigt hat und sich auf die Wirksamkeit der Kündigung beruft (BGH NJW 2003, 431; BAG NJW 1988, 438; Jauernig/*Mansel* Rn 15; Palandt/*Weidenkaff* Rn 6). Gleiches gilt für Umstände, die im Rahmen der Interessenabwägung zu berücksichtigen sind (BAG NJW 1979, 332). Werden Rechtfertigungsgründe vom Gekündigten vorgetragen, muss der Kündigende zudem die Tatsachen beweisen, die die Rechtfertigung ausschließen (BGH NJW 2003, 431, 432; NJW-RR 1995, 669, 670 f; BAG NJW 1988, 438, 439; Palandt/*Weidenkaff* Rn 6; PWW/*Lingemann* Rn 22). Darüber hinaus trägt der Kündigende auch die Beweislast für den Zugang der Kündigung und die Wahrung der Zwei-Wochen-Frist des § 626 Abs 2 S 1 (BGH NJW-RR 1990, 1330, 1331). 19

§ 627 Fristlose Kündigung bei Vertrauensstellung.

[1] Bei einem Dienstverhältnis, das kein Arbeitsverhältnis im Sinne des § 622 ist, ist die Kündigung auch ohne die in § 626 bezeichnete Voraussetzung zulässig, wenn der zur Dienstleistung Verpflichtete, ohne in einem dauernden Dienstverhältnis mit festen Bezügen zu stehen, Dienste höherer Art zu leisten hat, die auf Grund besonderen Vertrauens übertragen zu werden pflegen.

[2] Der Verpflichtete darf nur in der Art kündigen, dass sich der Dienstberechtigte die Dienste anderweit beschaffen kann, es sei denn, dass ein wichtiger Grund für die unzeitige Kündigung vorliegt. Kündigt er ohne solchen Grund zur Unzeit, so hat er dem Dienstberechtigten den daraus entstehenden Schaden zu ersetzen.

1 **A. Allgemeines.** Im Hinblick auf all diejenigen Dienstverhältnisse, die von einer bes Vertrauensbeziehung zwischen Dienstberechtigtem und Dienstverpflichteten geprägt sind, erleichtert die Vorschrift die außerordentliche fristlose Kündigung ggü § 626 insoweit, als dass sie auf das Vorliegen eines wichtigen Grundes verzichtet, da es allein auf das bestehende/nicht bestehende besondere Vertrauen ankommt. Der Grund dafür ist, dass derartige, ganz auf persönliches Vertrauen abstellende Dienstverhältnisse ohne das vorausgesetzte Vertrauen nicht sinnvoll am Leben erhalten werden können (MüKo/*Henssler* Rn 3). Das unverzichtbare Vertrauen kann seinerseits durch unabwägbare Umstände und durch rational nicht begründbare Empfindungen schwinden, so dass für diese bes gelagerten Fälle die Anknüpfung an einen (objektiv) wichtigen Grund nach § 626 nicht sachgerecht erscheint.

2 **B. Regelungsinhalt.** Der Anwendungsbereich der Regelung bezieht sich auf Dienste höherer Art, die auf Grund bes Vertrauensverhältnisses wahrgenommen werden. **I. Tatbestand. 1. Dienste höherer Art.** Dienste höherer Art sind solche, die nach ihrer Art ein überdurchschnittliches Maß an Fachkenntnis, Kunstfertigkeit oder wissenschaftlicher Bildung, eine hohe geistige Phantasie oder Flexibilität voraussetzen und damit eine herausgehobene Stellung verleihen (PWW/*Lingemann* Rn 1). Dies sind typischerweise Tätigkeiten aus dem Bereich der freien Berufe (MüKo/*Henssler* Rn 14).

3 **2. Besonderes Vertrauensverhältnis.** Erforderlich ist, dass die Dienste iA ihrer Art nach nur infolge bes persönlichen Vertrauens übertragen zu werden pflegen; entscheidend ist die typische Lage, nicht der konkrete Einzelfall (BGH NJW 1986, 373). Das besondere persönliche Vertrauen ist idR nur dann gegeben, wenn eine natürliche Person als Dienstleister eingeschaltet wird (KG NJW-RR 2003, 1062, 1063; MüKo/*Henssler* Rn 19; PWW/*Lingemann* Rn 1; Palandt/*Weidenkaff* Rn 2; aA Celle NZBau 2004, 684 f).

4 **3. Ausschluss von Arbeitsverhältnissen und dauernden Dienstverhältnissen mit festen Bezügen.** Unanwendbar ist die Regelung auf Arbeitsverhältnisse und dauernde Dienstverhältnisse mit festen Bezügen. Wann ein Arbeitsverhältnis vorliegt, ergibt sich nach allg Kriterien. Wann ein Dienstverhältnis, das kein Arbeitsverhältnis darstellt, als »dauernd« anzusehen ist, bestimmt sich nach der Verkehrsauffassung und dem Sprachgebrauch (BGHZ 47, 303, 306). Im Grundsatz ist davon auszugehen, dass ein dauerndes Dienstverhältnis gegeben ist, wenn es auf längere Zeit angelegt ist oder tatsächlich bereits längere Zeit besteht (MüKo/*Henssler* Rn 9). Dass das Dienstverhältnis auf unbestimmte Zeit eingegangen worden ist, ist nicht notwendig (BGHZ 120, 108, 111; 90, 280, 282; Staud/*Preis* Rn 15). Bei einer Dienstpflicht von einem Jahr, wenn die Fortsetzung des Dienstverhältnisses nach den Umständen objektiv möglich erscheint (BAG NZA 2006, 1094; BGHZ 90, 280, 282; BGH NJW 1967, 1416; nicht aber 5 Monate – vgl Celle NZBau 2004, 684, 685) oder ständigen oder langfristigen Aufgaben, bei denen die Vertragspartner von der Möglichkeit und Zweckmäßigkeit der Verlängerung ausgegangen sind (BGH NJW 1984, 1531; DB 1993, 529), soll die Anwendung des § 627 nach heutiger Rspr ausscheiden (PWW/*Lingemann* Rn 1). Dasselbe gilt, wenn der Dienstverpflichtete von vornherein mit festgelegten Bezügen, die der Höhe nach nicht schwanken sollen, rechnen konnte (BAG NZA 2006, 1094; BGH DB 1993, 2281). Unter festen Bezügen versteht man dabei eine auf Dauer vereinbarte bestimmte Entlohnung in festgesetzter (äußeren Umständen nicht zur Disposition überlassener) Höhe für eine Gesamtdienstleistung, nicht also für einzelne Dienstleistungsakte, unabhängig von den Modalitäten der Auszahlung (Staud/*Preis* Rn 19).

5 **4. Beispiele.** Beispiele für Dienstverhältnisse, die nach § 627 gekündigt werden können, sind etwa: Dienstleistungen von Partnervermittlern, Architekten, Ärzten (PWW/*Lingemann* Rn 1), Rechtsanwälten, Rechtsbeiständen, Patentanwälten (BGH NJW 2002, 2774, 2775; Celle NZBau 2004, 684; Düsseldorf BB 1987, 2187), Steuerberatern (LG Duisburg NJW-RR 2002, 277) und Wirtschaftsprüfern sowie -beratern (Koblenz NJW 1990, 3153).

6 **II. Rechtsfolge. 1. Bei Kündigung durch den Dienstberechtigten.** Liegt ein Dienstverhältnis höherer Art iSv § 627 vor, das durch eine besondere Vertrauensbeziehung der Parteien geprägt ist, darf der Dienstberechtigte jederzeit ohne einen bes Grund kündigen (Palandt/*Weidenkaff* Rn 6). Rechtstechnisch ist die Lösung vom Vertrag gem § 627 Abs 1 auf eine außerordentliche Kündigung gerichtet (BGH DB 1999, 141, 142; MüKo/*Henssler* Rn 6). Diese beendet den Vertrag mit sofortiger Wirkung, es sei denn, dass sie ausnahmsw mit einer Auslauffrist verknüpft wurde (BGH WM 1975, 761, 762). Etwaige Vergütungs- und Schadensersatzansprüche richten sich nach § 628. So ist etwa bei der vorzeitigen Beendigung eines Anwaltsvertrages ein vereinbartes Pauschalhonorar nach § 628 Abs 1 auf den Teil herabzusetzen, der der bisherigen Tätigkeit des Rechtsanwalts entspricht (BGH NJW 1987, 315; MüKo/*Henssler* Rn 22).

7 **2. Bei Kündigung durch Dienstverpflichteten.** Für den Dienstverpflichteten ist die Kündigungsmöglichkeit gem § 627 Abs 2 eingeschränkt worden und zwar insofern, als er sich grds nicht zur Unzeit fristlos vom Vertrag lösen darf. Zur Unzeit erfolgt die Kündigung, wenn sich der Dienstberechtigte die Dienste nach Zugang der Kündigung, sobald und soweit er sie benötigt, nicht rechtzeitig beschaffen kann. Dies bedeutet zB für Rechtsanwälte, dass sie das Mandat nicht im bzw unmittelbar vor dem Termin zur mündlichen Verhandlung oder kurz vor dem Ablauf wichtiger Fristen niederlegen dürfen (Düsseldorf VersR 1988, 1155; MüKo/*Henssler* Rn 24; Staud/*Preis* Rn 28). Eine ärztliche Behandlung darf nur abgebrochen werden, wenn bis zum Eintreffen eines anderen Arztes weder Leben noch Gesundheit des Patienten gefährdet sind (Staud/*Preis* Rn 28). Liegt ein Verstoß gegen das Verbot der Kündigung zur Unzeit vor, ist die Kündigung zwar nicht unwirksam,

der Dienstverpflichtete macht sich aber schadensersatzpflichtig (BGH NJW 1987, 2808; 2002, 2274, 2275; ErfK/*Müller-Glöge* Rn 11), regelm jedoch nur im Hinblick auf den Vertrauensschaden. Eine Schadensersatzpflicht besteht bei einer Kündigung zur Unzeit durch den Dienstverpflichteten nur dann nicht, wenn für die Kündigung ein »wichtiger Grund« vorlag.

3. Abbedingung. Das besondere Kündigungsrecht nach § 627 kann durch Parteivereinbarung abbedungen werden (auch bei Partnerschaftsvermittlungsverträgen, vgl BGH NJW 2005, 2543). Die von § 627 abw Regelung kann jedoch nicht in AGB-Form oder Formularvertrag erfolgen (BGH WM 2005, 1667). 8

C. Darlegungs- und Beweislast. Die Darlegungs- und Beweislast für das Vorliegen der erleichterten Kündigungsvoraussetzungen nach § 627 Abs 1 trägt der Kündigende (MüKo/*Henssler* Rn 34). Fordert der Dienstberechtigte Schadensersatz, so muss er die Tatsachen für die »Unzeit« und der Dienstverpflichtete das Vorliegen des Anspruchsausschlusstatbestandes »wichtiger Grund« beweisen (MüKo/*Henssler* Rn 34; PWW/*Lingemann* Rn 4; Staud/*Preis* Rn 32). 9

§ 628 Teilvergütung und Schadensersatz bei fristloser Kündigung.

[1] Wird nach dem Beginn der Dienstleistung das Dienstverhältnis auf Grund des § 626 oder des § 627 gekündigt, so kann der Verpflichtete einen seinen bisherigen Leistungen entsprechenden Teil der Vergütung verlangen. Kündigt er, ohne durch vertragswidriges Verhalten des anderen Teiles dazu veranlasst zu sein, oder veranlasst er durch sein vertragswidriges Verhalten die Kündigung des anderen Teiles, so steht ihm ein Anspruch auf die Vergütung insoweit nicht zu, als seine bisherigen Leistungen infolge der Kündigung für den anderen Teil kein Interesse haben. Ist die Vergütung für eine spätere Zeit im Voraus entrichtet, so hat der Verpflichtete sie nach Maßgabe des § 346 oder, wenn die Kündigung wegen eines Umstands erfolgt, den er nicht zu vertreten hat, nach den Vorschriften über die Herausgabe einer ungerechtfertigten Bereicherung zurückzuerstatten.

[2] Wird die Kündigung durch vertragswidriges Verhalten des anderen Teiles veranlasst, so ist dieser zum Ersatz des durch die Aufhebung des Dienstverhältnisses entstehenden Schadens verpflichtet.

A. Allgemeines. § 628 regelt die Teilvergütung und den Schadensersatz bei einer außerordentlichen Kündigung und betrifft damit wesentliche Fragen der Abwicklung beendeter Dienstverhältnisse (Hk-BGB/*Eckert* Rn 1; Jauernig/*Mansel* Rn 1; grundlegend *Gessert* Schadensersatz nach Kündigung 1987; *Henssler/Deckenbrock* NJW 2005, 1 ff). Die Vorschrift bezieht sich auf alle außerordentlichen Kündigungen von Dienstverhältnissen, einschließlich von Arbeitsverhältnissen (MüKo/*Henssler* Rn 2; PWW/*Lingemann* Rn 1). Sie gilt damit auch für den Anwaltsvertrag (BGH NJW 1987, 315), den Arztvertrag (*Kramer* MDR 1998, 324 ff; Palandt/*Weidenkaff* Rn 1) und den Steuerberatervertrag (LG Duisburg NJW-RR 2002, 2777). Sondervorschriften finden sich in § 89a Abs 2 HGB, §§ 16, 23 BBiG (vgl dazu BAG NZA 1997, 1224) und §§ 65, 66 Abs 2, 70, 73, 78 SeemannsG. § 628 ist abdingbar (BGH NJW 1987, 315), insbes können die Rechtsfolgen des § 649 vereinbart werden (Jauernig/*Mansel* Rn 7). Eine Grenze für die Disposition über die Vorschrift ergibt sich aus § 242 (BGH NJW 1970, 1596; Palandt/*Weidenkaff* Rn 1). Der in § 628 zum Ausdruck kommende Rechtsgedanke ist bei anderen Dauerschuldverhältnissen entspr anwendbar (MüKo/*Henssler* Rn 2). Für das Werkvertragsrecht statuiert § 649 allerdings eine Sonderregelung (Staud/*Preis* Rn 3). 1

B. Regelungsinhalt. Sowohl der Teilvergütungsanspruch als auch der Schadensersatzanspruch setzen zunächst eine (wirksame, str) außerordentliche Kündigung nach §§ 626 bzw 627 voraus (BAG NJW 1994, 1069; Palandt/*Weidenkaff* Rn 1). **I. Teilvergütungsanspruch. 1. Grundsatz.** § 628 Abs 1 S 1 schreibt bei vorzeitig beendeten Dienstverhältnissen eine Pflicht zur Entrichtung einer Teilvergütung vor. Die Regelung entspricht einem allg Rechtsgedanken, dem zufolge sich der Lohnanspruch nach den erbrachten Leistungen richtet (RGZ 76, 367, 370; MüKo/*Henssler* Rn 1). Dem Umfang nach ist die Vergütung bei vorzeitiger Beendigung des Dienstverhältnisses so zu bemessen, dass sie den bisher erbrachten Leistungen des Dienstverpflichteten entspricht, § 628 Abs 1 S 1. § 628 Abs 1 S 1 gewinnt besondere Bedeutung, wenn die Kündigung einen Abrechnungszeitraum unterbricht oder eine Vergütung nur für die Gesamtleistung vereinbart war. Sie führt konkret dazu, dass das Pauschalhonorar des Rechtsanwalts bspw auf einen entspr Teilbetrag herabzusetzen ist (BGH NJW 1987, 315). § 628 Abs 1 S 1 genießt dabei Vorrang vor § 4 Abs 4 RVG (BGH NJW 2005, 2142). Bei Partnerschaftsvermittlungsverträgen sind allg Kosten pro rata temporis zu berechnen (Palandt/*Weidenkaff* Rn 3), auch die sog Vorlaufkosten für die Anlaufarbeit sind zu berücksichtigen (BGH NJW 1991, 2763). 2

2. Ausnahme. Der Teilvergütungsanspruch entfällt, wenn der Dienstverpflichtete selbst ohne wichtigen Grund gekündigt oder durch sein (schuldhaft, vgl Palandt/*Weidenkaff* Rn 4; PWW/*Lingemann* Rn 3) vertragswidriges Verhalten die Kündigung des anderen Teiles veranlasst hat und die bisherigen Leistungen für den Dienstberechtigten wertlos geworden sind, § 628 Abs 1 S 2 (vgl dazu BAG BB 1985, 122; BGH NJW 1985, 41 ff). Das RVG (früher BRAGO) schließt die Anwendung des § 628 Abs 1 S 2 nicht aus (BGH NJW 1982, 437 zur BRAGO). Vorauszahlungen sind nach § 346 zu erstatten; bei vom Empfänger zu vertretendem Kündigungsgrund haftet er nach § 347, sonst nach Bereicherungsrecht. § 818 ist anzuwenden, vgl § 628 Abs 1 S 3. 3

4 **II. Schadensersatzanspruch.** Die Frage des Schadensersatzes bei einer außerordentlichen Kündigung eines Dienstverhältnisses bestimmt sich nach § 628 Abs 2. Es handelt sich hierbei um eine Spezialregelung ggü einem etwaigen Schadensersatzanspruch aus Vertrag und/oder unerlaubter Handlung (BAG DB 2004, 1784; PWW/*Lingemann* Rn 5). Die Vorschrift verhindert, dass der Vertragsteil, der die fristlose Kündigung verursacht hat, Vorteile daraus zieht (BAG NZA 1989, 31; MüKo/*Henssler* Rn 1; PWW/*Lingemann* Rn 1). Ein etwaiger Schadensersatzanspruch des Kündigenden setzt gem dem Regelungsinhalt ein schuldhaft (§§ 276, 278) vertragswidriges Verhalten des anderen Teiles voraus. Wenn der zu Kündigende selbst aus wichtigem Grund hätte kündigen können, entfällt der Anspruch allerdings (BAG NJW 1971, 2093; BGHZ 44, 271 ff). Vom Umfang her knüpft der Schadensersatz an §§ 249 ff an. Da nur der durch die vorzeitige Beendigung des Dienstverhältnisses entstandene Schaden zu ersetzen ist, muss darauf abgestellt werden, wie der Anspruchsberechtigte bei Fortbestand des Dienstverhältnisses gestanden hätte, aber nur bis zu dem Zeitpunkt, zu dem das Vertragsverhältnis hätte gekündigt werden können (BAG NJW 1984, 2847; NJW 2002, 1593; Palandt/*Weidenkaff* Rn 7). Der Dienstberechtigte kann daher zB Geschäftsverluste oder die höheren Kosten für die Ersatzkraft, der Dienstverpflichtete hingegen die Lohndifferenz verlangen (Hk-BGB/*Eckert* Rn 3; Jauernig/*Mansel* Rn 6). Bei einer Vertragsbeendigung durch Aufhebungsvertrag kann § 628 Abs 2 (anders als § 628 Abs 1) nach zutr Ansicht entspr herangezogen werden (Jauernig/*Mansel* Rn 5; MüKo/*Henssler* Rn 6, 45).

5 **C. Darlegungs- und Beweislast.** Die Voraussetzungen des Teilvergütungsanspruchs nach § 628 Abs 1 S 1 hat der Dienstverpflichtete als Anspruchsteller zu beweisen. Die Einwendungen nach S 2 obliegen dem Dienstberechtigten (BGH NJW 1997, 188, 189). Diesem kommt jedoch hinsichtlich des Verschuldensnachweises die entspr Anwendung der Beweislastregel des § 280 Abs 1 S 2 zu Gute (PWW/*Lingemann* Rn 8). Hinsichtlich der Höhe der für ihn verwertbaren Leistungen ist ggf auf die Schätzmöglichkeit des § 287 ZPO abzustellen (ErfK/*Müller-Glöge* Rn 121). Insofern Vorschussleistungen gezahlt wurden, die nun (anteilig) zurückbegehrt werden, ist die Zahlung darzulegen und zu beweisen. Die Beweislast für das schuldhaft vertragswidrige Verhalten des anderen Teils und den entstandenen Schaden sowie die notwendige Kausalität für Ansprüche nach § 628 Abs 2 trägt der Anspruchsteller (PWW/*Lingemann* Rn 9).

§ 629 Freizeit zur Stellungssuche. **Nach der Kündigung eines dauernden Dienstverhältnisses hat der Dienstberechtigte dem Verpflichteten auf Verlangen angemessene Zeit zum Aufsuchen eines anderen Dienstverhältnisses zu gewähren.**

1 **A. Allgemeines.** In Anbetracht seiner Fürsorgepflicht muss der Dienstberechtigte dem Dienstverpflichteten nach der Kündigung auf sein Verlangen angemessene Zeit zur Stellensuche gewähren (Hk-BGB/*Eckert* Rn 1; Jauernig/*Mansel* Rn 1). Die Regelung gilt für alle Dienstverhältnisse, die auf dauernde Zeit angelegt sind (Staud/*Preis* Rn 6; PWW/*Lingemann* Rn 1). Eingeschlossen sind damit insbes Arbeits- und Ausbildungsverhältnisse (vgl hier §§ 3 Abs 2, 10 Abs 2 BBiG). Der Begriff des dauernden Dienstverhältnisses entspricht der Verwendung in §§ 617, 627 Abs 1, 630 S 1, 2218. Liegt eine Teilzeitbeschäftigung vor, so wird der Dienstverpflichtete idR außerhalb der Dienstzeit Gelegenheit haben, sich der Stellensuche zu widmen. In diesem Fall ist vom Zweck der Norm her ein Anspruch ausgeschlossen, zumindest aber eingeschränkt (MüKo/*Henssler* Rn 7). Der aus § 4 Abs 1 TzBfG folgende Anspruch auf Gleichbehandlung mit Vollzeitkräften wirkt sich nur dann aus, wenn die Stellensuche gerade während der Teilzeit erforderlich ist (MüKo/*Henssler* Rn 7). Regelm nicht heranzuziehen ist die Vorschrift bei Aushilfs- und Probearbeitsverhältnissen, es sei denn, diese sind als dauerndes Dienstverhältnis hinsichtlich der vereinbarten Zeitdauer der vertraglichen Bindung anzusehen (ähnl differenzierend MüKo/*Henssler* Rn 8; die Anwendung auf diese Dienstverhältnisse generell abl ErfK/*Müller-Glöge* Rn 4 f). Fraglich ist die Erstreckung des § 629 auf befristete und bedingte Arbeitsverhältnisse. Dagegen spricht, dass § 629 daran anknüpft, dass das Dienstverhältnis auf längere Zeit angelegt ist und durch Kündigung zum Ende gelangt. Dafür spricht jedoch, dass auch ein befristetes bzw bedingtes Dienstverhältnis längere Zeit dauern und das Schutzbedürfnis für den Dienstverpflichteten bei einer Beendigung wegen Fristablaufs ähnl ist wie bei der Beendigung infolge einer Kündigung (Jauernig/*Mansel* Rn 1; Palandt/*Weidenkaff* Rn 1). Dieser Gedanke stützt auch die analoge Anwendung bei einer vertraglichen Aufhebung des Dienstverhältnisses (MüKo/*Henssler* Rn 11).

2 **B. Regelungsinhalt.** § 629 statuiert einen Freistellungsanspruch und begründet zudem eine Lohnfortzahlungspflicht des Dienstberechtigten (Hk-BGB/*Eckert* Rn 1; Jauernig/*Mansel* Rn 2; MüKo/*Henssler* Rn 22 f), wenn der Dienstverpflichtete im Hinblick auf die Beendigung des Dienstverhältnisses einen zeitlichen Freiraum benötigt, um sich eine neue Anstellung zu suchen. Der Normtext knüpft an die notwendige Zeit zum »Aufsuchen eines anderen Dienstverhältnisses« an. Gemeint ist damit zunächst das Aufsuchen eines anderen (potentiellen) Dienstherrn. Neben dem Vorstellungsgespräch bei einem anderen Arbeitgeber (oder bei einem von ihm eingeschalteten Personal- oder Unternehmensberater) gehört hierzu auch die erforderliche oder vom künftigen Dienstherrn gewünschte Vervollständigung der Bewerbungsunterlagen, etwa in Form medizinischer Untersuchungen, psychologischer oder sonstiger Einstellungstests (ArbG Essen BB 1962, 560; MüKo/*Henssler* Rn 12; Staud/*Preis* Rn 15). Dem Aufsuchen eines neuen Dienstverhältnisses kann selbst ein Besuch

bei der Arbeitsagentur dienen. So ist die unverzügliche Meldung als »arbeitssuchend« nach § 37b 1 SGB III von § 629 erfasst. Ebenso fallen weitere Termine, wie Beratung, Bewerber-Profiling und Eignungsfeststellung, die der Vermittlung in eine neue Einstellung dienen, unter § 629 (MüKo/*Henssler* Rn 13). Für die Häufigkeit, Dauer und den Zeitpunkt der Freistellung sind hinsichtlich der Konkretisierung der »Angemessenheit« (§ 315) die Umstände des konkreten Einzelfalls ausschlaggebend (Jauernig/*Mansel* Rn 2). Die Regelung ist aus Schutzgesichtspunkten für den Dienstverpflichteten nicht abdingbar (Palandt/*Weidenkaff* Rn 1). Zulässig ist jedoch eine einzel- oder tarifvertragliche Konkretisierung der als angemessen angesehenen Zeit, soweit der Anspruch nach § 629 nicht völlig ausgehöhlt wird. Wird die Freistellung durch den Dienstberechtigten verweigert, muss diesbezüglich geklagt werden. Bei Eilbedürftigkeit kommt eine einstweilige Verfügung in Betracht. Str ist, ob ein eigenmächtiges Verlassen des Arbeitsplatzes bzw Fernbleiben des Dienstverpflichteten in Wahrnehmung eines Zurückbehaltungsrechtes nach § 273 möglich ist (dagegen Palandt/*Weidenkaff* Rn 2; ErfK/*Müller-Glöge* Rn 22; dafür LAG Düsseldorf DB 1967, 1227, 1228; PWW/*Lingemann* Rn 3; Staud/*Preis* Rn 20). Neben den dargestellten Möglichkeiten zur Rechtsverwirklichung sind bei pflichtwidriger und schuldhafter Versagung der Freistellung auch Schadensersatzansprüche denkbar.

§ 630 Pflicht zur Zeugniserteilung.

Bei der Beendigung eines dauernden Dienstverhältnisses kann der Verpflichtete von dem anderen Teil ein schriftliches Zeugnis über das Dienstverhältnis und dessen Dauer fordern. Das Zeugnis ist auf Verlangen auf die Leistungen und die Führung im Dienst zu erstrecken. Die Erteilung des Zeugnisses in elektronischer Form ist ausgeschlossen. Wenn der Verpflichtete ein Arbeitnehmer ist, findet § 109 der Gewerbeordnung Anwendung.

A. Allgemeines. § 630 verbürgt den aus der Nebenpflicht des Dienstherrn herrührenden Anspruch des Dienstverpflichteten auf Ausstellung eines Arbeitszeugnisses, der seinen Ursprung in der allg Fürsorgepflicht des Dienstberechtigten findet (Soerg/*Kraft* Rn 1; MüKo/*Henssler* Rn 2). Das durch die Norm einforderbare Dienstzeugnis dient dem beruflichen Fortkommen des Dienstverpflichteten (Staud/*Preis* Rn 2; MüKo/*Henssler* Rn 4). Die Pflicht zur Ausstellung eines Zeugnisses besteht bei jedem dauernden Dienstverhältnis (vgl BGHZ 49, 30 ff für den GmbH-Geschäftsführer). Für Arbeitsverhältnisse ergibt sich aus § 109 GewO eine gesetzliche Spezialregelung, auf die § 630 in seinem S 4 verweist. Die Normen sind im Prinzip inhaltsgleich. Besonderheiten ergeben sich nur im Hinblick auf § 109 Abs 2 GewO, der insoweit über § 630 hinausgeht, als er explizit klarstellt, dass das Arbeitszeugnis klar und verständlich formuliert sein muss und keine Merkmale und Formulierungen enthalten darf, die den Zweck haben, eine andere als aus der äußeren Form oder aus dem Wortlaut ersichtliche Aussage über den Arbeitnehmer zu treffen. Aufgehoben zum 01.01.2003 wurden § 73 HGB und § 113 GewO. Sondervorschriften finden sich in § 19 SeemannsG, § 32 SoldG, § 46 ZDG, § 18 EhfG und §§ 8, 16 BBiG. 1

B. Regelungsinhalt. Das Dienstzeugnis entfaltet nicht nur ggü dem Dienstverpflichteten, sondern auch ggü dem Dritten eine rechtsgeschäftliche Komponente. Sie liegt in der von der Funktion des Zeugnisses verlangten und mit seiner Abfassung erklärten Bereitschaft des Ausstellers, ggü demjenigen, dem das Zeugnis später bestimmungsgemäß zugeht, eine nach Treu und Glauben unerlässliche, weil ohne Weiteres zumutbare Mindestgewähr für die Richtigkeit zu übernehmen (MüKo/*Henssler* Rn 6; Staud/*Preis* Rn 6). **I. Dauerndes Dienstverhältnis.** Ein Dienstzeugnis kann bei Beendigung des Dienstverhältnisses gem § 630 jedoch nur derjenige Dienstverpflichte verlangen, der in einem dauerhaften Dienstverhältnis gestanden hat. Der Gesetzgeber ging bei der Formulierung dieser Voraussetzung davon aus, dass nur bei einer gewissen Stetigkeit der Diensterbringung dem Dienstherrn eine verlässliche Einschätzung möglich und ein Interesse des Dienstverpflichteten auf Zeugniserstellung anerkennenswert ist. ME ist das Merkmal »dauerndes Dienstverhältnis« jedoch einschränkend auszulegen, weil bei einem Zeugnis hinsichtlich der Nachweis- und Einschätzungsfunktion zu unterscheiden ist: Um den Dienstverpflichteten in den Stand zu setzen, seine Beschäftigungszeiten lückenlos zu dokumentieren, besteht der Anspruch auf ein einfaches Zeugnis bei jedem noch so kurzen Dienstverhältnis. Ein qualifiziertes Zeugnis kann dagegen nur verlangt werden, wenn das Dienstverhältnis rechtlich oder faktisch auf längere Zeit angelegt ist oder faktisch bereits längere Zeit gedauert hat (ähnl MüKo/*Henssler* Rn 11; Staud/*Preis* Rn 11). Nach der Rspr soll es ausreichen, dass das Dienstverhältnis nur zwei Tage bestanden hat, aber auf eine unbestimmte Laufzeit zugeschnitten war (LAG Düsseldorf DB 1963, 1260; LAG Köln BB 2001, 1959). 2

II. Beendigung des Dienstverhältnisses. Liegt ein dauerhaftes Dienstverhältnis vor, entsteht der Anspruch auf Ausstellung des Arbeitszeugnisses nach dem Normtext erst mit der Beendigung des Dienstverhältnisses. Er ist inhaltlich auf eine Holschuld gem § 269 Abs 2 gerichtet (BAG NJW 1993, 2197; Palandt/*Weidenkaff* Rn 1), so dass sich der Dienstnehmer das Zeugnis grds beim Dienstherrn abholen muss. Auf eine Zusendung besteht kein Anspruch. Der Beendigungsgrund für das Dienstverhältnis ist unerheblich. Der Anspruch entsteht daher sowohl bei der Beendigung wegen Zeitablaufs (§ 15 Abs 1 TzBfG) als auch bei der Beendigung wegen einer Kündigung (§ 620 Abs 2), dem Eintritt einer auflösenden Bedingung (§ 158 Abs 2 BGB, §§ 15 Abs 1, 21 TzBfG), einem Auflösungs- oder Aufhebungsvertrag sowie der Auflösung durch gerichtliches Urteil (§ 9 KSchG). Liegt ein triftiger Grund seitens des Dienstverpflichteten vor (etwa weil er sich bei einem ande- 3 ren Dienstherrn bewerben will), kann er ausnahmsw auch schon vor Beendigung des Dienstverhältnisses die Ausstellung eines Dienstzeugnisses fordern (sog »Zwischenzeugnis«, vgl Jauernig/*Mansel* Rn 2; MüKo/*Henssler* Rn 14, 17; Palandt/*Weidenkaff* Rn 3; PWW/*Lingemann* Rn 1).

4 **III. Inhalt des Zeugnisses.** Das Dienst- bzw Arbeitszeugnis kann nach Beendigung der Dienstzeit in zwei Formen ausgestellt werden: **1. Einfaches Zeugnis.** Möglich ist zunächst die Ausstellung in »einfacher Form«, wobei in dem aufzusetzenden Schriftstück nur Informationen zu den Dienstvertragsbeteiligten, zur Art und Dauer der Dienstleistung sowie das Ausstellungsdatum enthalten sein müssen, vgl § 630 S 1 (Jauernig/*Mansel* Rn 3; MüKo/*Henssler* Rn 22). Die **Tätigkeitsumschreibung hinsichtlich der Art der Dienstleistung** muss dabei jedoch genau und vollständig sein. Anzugeben sind alle Aufgaben und Tätigkeiten, die (potentiell) die Urteilsbildung über die Kenntnisse und Leistungsfähigkeit erlauben. Die durch den Dienstverpflichteten wahrgenommenen Aufgaben und Tätigkeiten sind dabei in chronologischer Reihenfolge aufzuführen. Die Art der Beschäftigung sowie die Verantwortung und Kompetenzen während des Werdegangs im Unternehmen sind genau und vollständig zu beschreiben (MüKo/*Henssler* Rn 26). Allg Angaben können genügen. Sie sind jedoch dann nicht mehr ausreichend, wenn der Dienstverpflichtete eine exponierte Stellung innehatte und etwa mit Sonderaufgaben betraut war. Die anzugebende **Dauer** des Dienstverhältnisses richtet sich grds nach dem rechtlichen Bestand des Vertragsverhältnisses (BGHZ 49, 30, 33; Staud/*Preis* Rn 33). Kurzfristige Unterbrechungen (bzgl Krankheit und Urlaub), bleiben unberücksichtigt. Als **Datum** muss auf dem Zeugnis grds das Ausstellungsdatum angegeben werden. Wird das Zeugnis jedoch erst geraume Zeit nach Beendigung des Dienstverhältnisses ausgestellt, ist regelm das Datum der Beendigung als Ausstellungsdatum einzusetzen (MüKo/*Henssler* Rn 28).

5 **2. Qualifiziertes Zeugnis.** Auf Verlangen des Dienstverpflichteten hat der Dienstherr die im einfachen Dienstzeugnis anzuführenden Angaben insoweit zu erweitern, als auch Aussagen zur »Leistung« und »dienstlichen Führung« zu machen sind (sog »qualifiziertes Arbeitszeugnis«), vgl § 630 S 2. **a) Leistung des Dienstverpflichteten.** Unter Leistung ist die berufliche Verwertbarkeit des Arbeitnehmers zu verstehen. Sie umfasst sechs Hauptmerkmale: **Arbeitsbefähigung** (Können), **Arbeitsbereitschaft** (Wollen), **Arbeitsvermögen** (Ausdauer und Arbeitstempo), **Arbeitsweise** (Einsatz), **Arbeitsergebnis** (Erfolg), **Arbeitserwartung** (Potential) und bei Vorgesetzen auch die sog »Führungsleistung« (MüKo/*Henssler* Rn 35). Neben der Bewertung im Hinblick auf die einzelnen Merkmale ist es üblich, aber nicht unbedingt erforderlich, eine Gesamtbewertung der Leistung vorzunehmen. Da eine Bewertung zwangsläufig subjektiv ist, kommt dem Dienstherrn ein gewisser Beurteilungsspielraum zu. Grds gilt: Der Arbeitnehmer darf ein Durchschnittsprädikat erwarten, wenn bei langjähriger Tätigkeit nur wenige Fälle minderwertiger Leistung vorgekommen sind (MüKo/*Henssler* Rn 37; Soerg/*Kraft* Rn 16). Selbst wenn es im Laufe des Arbeitsverhältnisses jedoch zu keinen Beanstandungen gekommen ist, hat der Arbeitnehmer keinen Anspruch darauf, eine überdurchschnittliche Bewertung zu erhalten (LAG Düsseldorf DB 1985, 2692; MüKo/*Henssler* Rn 37).

6 **b) Verhalten des Dienstverpflichteten.** Hinsichtlich des Verhaltens, das im qualifizierten Arbeitszeugnis neben der Leistung des Dienstverpflichteten zu beurteilen ist, kommt es grds nur auf das dienstliche Verhalten an. Erfasst sind insofern jedoch das gesamte Sozialverhalten des Dienstverpflichteten, seine Kooperations- und Kompromissbereitschaft, vor allem ggü Vorgesetzten und Kollegen, aber auch im Umgang mit Kunden. Ggf sind auch Führungsverhalten und -stil zu beurteilen. Weil das außerdienstliche Verhalten außer Betracht bleibt, dürfen Vorstrafen nicht erwähnt werden. Etwas anderes gilt für Straftaten, die während der Arbeitszeit begangen worden sind (OLG Hamburg DB 1955, 172), es sei denn, auch diese sind bereits wieder aus dem BZRG gelöscht worden. Auf außerdienstliches Verhalten in Form von Alkohol- und Drogenmissbrauch ist nur dann im Zeugnis Bezug zu nehmen, wenn es das dienstliche Verhalten negativ beeinträchtigt hat oder das Eigentum des Arbeitgebers zu einem etwaigen Konsum missbraucht worden ist (BAG NJW 1986, 2209).

7 **3. Abstrakte Grundsätze bei der Zeugniserteilung.** Bei der Abfassung des Zeugnisses ist der Dienstherr in seiner Wortwahl und Darstellungsweise grds frei. Nur hinsichtlich der **Anredeform** ist er insoweit gebunden, als das Zeugnis in der 3. Person abzufassen ist; die Verwendung der persönlichen Anrede ist unzulässig. Übertriebene Anforderungen an die **Zeugnisästhetik** (Wahl eines bes Papiers, besondere Schriftart, Format) sind nicht anzuerkennen (LAG Hamburg NZA 1994, 890). Anders ist dies hinsichtlich etwaiger Mängel des Zeugnisses im Bereich der Rechtschreibung und Grammatik. Diese braucht der Dienstverpflichtete nicht hinzunehmen (MüKo/*Henssler* Rn 48; Staud/*Preis* Rn 27). **a) Wohlwollender Maßstab.** Hinsichtlich des **Inhaltes des Dienstzeugnisses** ist der Dienstherr zunächst nur durch Fürsorgegesichtspunkte gebunden. Vor diesem Hintergrund hat er bei Abfassung des Schriftstücks einen wohlwollenden Maßstab anzulegen. Dieser steht in einem inneren Zusammenhang zum Verbot, das Weiterkommen des Dienstnehmers ungerechtfertigt zu erschweren (BAG NJW 2005, 3659).

8 **b) Grenzziehung.** Der Maßstab des Wohlwollens bei der Abfassung von Zeugnissen sollte jedoch durch den Dienstherrn schon deshalb nicht überstrapaziert werden, weil ansonsten für ihn die Gefahr besteht, in etwaigen Kündigungsschutzprozessen unter Hinweis auf den Zeugnisinhalt mit Kündigungsgründen präkludiert zu sein (MüKo/*Henssler* Rn 41). Außerdem drohen ihm Schadensersatzansprüche Dritter, dh zukünftiger Dienstherrn des betreffenden Dienstnehmers, die sich auf die »schönfärberische« Einschätzung verlassen haben. Schon vor diesem Hintergrund ist eine Grenzziehung notwendig. Sie erfolgt einerseits durch die

Wahrheitspflicht (LAG Düsseldorf NZA 1988, 399; Staud/*Preis* Rn 44; *Göldner* ZfA 1991, 225, 232; *Schweres* BB 1986, 1572) und andererseits durch die gem § 109 Abs 2 S 1 GewO für Arbeitszeugnisse postulierte **Formulierungsklarheit** (BAG NJW 2004, 2770; MüKo/*Henssler* Rn 33 ff). Es dürfen danach keine unwahren Tatsachen mitgeteilt oder überhöhte Einschätzungen abgegeben werden. Zudem muss das Zeugnis aus sich heraus verständlich sein. Zweideutige Formulierungen sind ebenso zu vermeiden, wie die Verwendung von Codes (BAG NJW 1960, 1973; ArbG Bochum DB 1970, 1085; Staud/*Preis* Rn 28).

4. Praktische Umsetzung: Formulierungskanon. a) Beurteilungsskala. In der Praxis hat sich ein feststehender Kanon von Formulierungen iSe Zufriedenheitsabstufung herausgebildet. Die darin eingestellten Formulierungen sind (zumindest für einen Laien) stets wohlklingend; die konkrete inhaltliche Bewertung von Leistung und Führung lässt sich deshalb nur im Vergleich der unterschiedlichen »Stufen« zueinander ermitteln. Vor diesem Hintergrund muss man einerseits mit Bedauern feststellen, dass sich entgegen dem Postulat der Klarheit und Verständlichkeit (vgl § 109 Abs 2 GewO) gerade bei arbeitsrechtlichen Beurteilungen doch eine gewisse »verschlüsselte Sprache« entwickelt hat (vgl dazu *Stück* MDR 2006, 791 ff), andererseits gewährt gerade die Nutzung dieser feststehenden – in der Praxis breitflächig eingefahrenen Formulierungen – doch eine gewisse Rechtssicherheit und ist daher wohl zu rechtfertigen. 9

b) Einzelfragen. Hinsichtlich des qualifizierten Arbeitszeugnisses werden Werturteile verlangt, die allg für die betriebliche Arbeitsleistung üblich sind. Nicht einzubeziehen sind **private und außerdienstliche Umstände (s.o.)**. **Krankheiten** dürfen nur ausnahmsw erwähnt werden, wenn sie mit der Leistung unweigerlich verbunden sind (Palandt/*Weidenkaff* Anhang zu § 630 Rn 8). **Ausfallzeiten**, zB wegen **Elternzeit oder Betriebsratstätigkeit**, dürfen nur zur Sprache kommen, wenn sie eine wesentliche tatsächliche Unterbrechung der Beschäftigung dargestellt haben und ohne ihre Erwähnung die Beurteilung nicht möglich wäre (BAG NJW 2005, 3659; LAG Hamm DB 1976, 1112). Nicht erwähnt werden dürfen: **Mitgliedschaft in der Gewerkschaft**, **Schwangerschaft**, **Mutterschutz**, **Nebentätigkeit**, **Vergütung** und **Wettbewerbsverbote** (MüKo/*Henssler* Rn 26; Palandt/*Weidenkaff* Anhang zu § 630 Rn 8; Staud/*Preis* Rn 32 ff). Der **Entlassungsgrund** ist weder beim einfachen noch beim qualifizierten Arbeitszeugnis anzugeben. Ausn von diesem Grundsatz greifen jedoch, wenn der Entlassungsgrund unmittelbar für die Beurteilung der Leistung und des Verhaltens wesentlich ist (ArbG Wiesbaden BB 1958, 412; MüKo/*Henssler* Rn 45; Soerg/*Kraft* Rn 16; *Popp* NZA 1997, 588). In der Schlussformulierung ist der Dienstberechtigte/Arbeitgeber nicht verpflichtet, seinen **Dank für die Arbeitsleistung** auszudrücken (BAG NJW 2001, 2995). Auch auf die **Grußformel** (»für die Zukunft wünschen wir Herrn/Frau … alles Gute«) kann der Dienstverpflichte/Arbeitnehmer nicht bestehen. 10

5. Wahlschuld. Nach der hM begründet § 630 eine gesetzliche Wahlschuld iSv § 262 (Staud/*Preis* Rn 10; MüKo/*Henssler* Rn 23). Hat der Dienstverpflichtete/Arbeitnehmer ein qualifiziertes Arbeitszeugnis beantragt, kann er ein einfaches ablehnen (Staud/*Preis* Rn 37). Ebenso kann er ein unverlangt erstelltes qualifiziertes Zeugnis zurückweisen (MüKo/*Henssler* Rn 22). 11

IV. Form. Das Zeugnis ist schriftlich abzufassen. Erforderlich ist die eigenhändige Unterschrift des Ausstellers, der aus dem Zeugnis erkennbar sein muss (Palandt/*Weidenkaff* Rn 4). Nicht ausreichend ist die Unterschrift durch Bleistift, Paraphe (LAG Hamm NZA 2001, 576) oder Faksimile (MüKo/*Henssler* Rn 47). Ob das Zeugnis maschinenschriftlich zu erstellen ist oder ob auch eine gut lesbare Handschrift reicht, ist str (vgl MüKo/*Henssler* Rn 47 mwN). Die Verwendung der elektronischen Form (vgl § 126a Abs 1) wurde jedenfalls gem § 629 S 3 explizit ausgeschlossen. Werden im Geschäftszweig des Arbeitgebers für schriftliche Äußerungen üblicherweise Firmenbögen eingesetzt und verwendet auch der Dienstgeber solch ein Firmenpapier, so ist ein Zeugnis darüber zudem nur dann ordnungsgemäß, wenn es auf diesem Papier (inklusive dem üblichen Firmenbriefkopf, vgl BAG NJW 1993, 2197) erstellt wurde. Unterzeichnet ein Vertreter, muss überdies die Vertretungsmacht erkennbar sein. IÜ darf das Zeugnis keine Flecken, Radierungen, Verbesserungen durch Streichungen oder Ähnliches enthalten. 12

V. Abdingbarkeit und Verwirkung. Der Anspruch auf Zeugniserteilung kann nicht im Voraus abbedungen oder beschränkt werden (Jauernig/*Mansel* Rn 6; MüKo/*Henssler* Rn 5; Palandt/*Weidenkaff* Rn 2). Der Dienstverpflichtete kann jedoch nachträglich auf die Ausübung seines Anspruches verzichten (Jauernig/*Mansel* Rn 6, str, offengelassen in BAG NJW 1975, 407). Eine etwaige Ausgleichsklausel im Vergleich stellt regelm keinen Verzicht dar (BAG aaO). Wird der Anspruch in zeitlicher Hinsicht erst grob verzögert geltend gemacht, kommt eine Verwirkung in Betracht (BAG NJW 1988, 1616; BAG NJW 1995, 2373). 13

C. Konsequenzen bei fehlerhafter und verzögerter Ausstellung. Ist das ausgestellte Dienstzeugnis schuldhaft unrichtig, kann sich der Dienstberechtigte ggü dem Dienstverpflichteten aus §§ 280 Abs 1 S 1 iVm 241 Abs 2 schadensersatzpflichtig machen. Ggü dem neuen Dienstherrn kommen Schadensersatzansprüche aus § 826 und – bei Annahme einer rechtsgeschäftlichen Komponente – cic in Betracht (BGH NJW 1970, 2291; Hk-BGB/*Eckert* Rn 3; Jauernig/*Mansel* Rn 7; zur rechtsgeschäftlichen Komponente vgl MüKo/*Henssler* Rn 6, 27). Neben dem Schadensersatzanspruch seitens des Dienstberechtigten besteht ein Berichtigungsanspruch, der hinsichtlich etwaiger Lücken auf Ergänzung und ansonsten auf Richtigstellung zielt (BAG NJW 2004, 2770; 2006, 2427). Der Dienstberechtigte darf bei der Richtigstellung grds nur die Teile, die beanstandet wurden, abändern (BAG DB 2005, 2360, 2361; PWW/*Lingemann* Rn 2). Eine nachträgliche Abänderung unbeanstandeter Teile ist ausnahmsw nur dann möglich, wenn der Dienstherr nachträglich Umstände erfährt, die 14 das rechtfertigen (BAG NZA 2006, 104; Palandt/*Weidenkaff* Rn 9). Wird das Arbeitszeugnis verzögert ausgestellt, ist der Verzugsschaden nach §§ 280, 286 zu ersetzen.

15 **D. Prozessuale Überlegungen.** Die Durchsetzung des Anspruchs auf Zeugniserteilung richtet sich nach § 888 ZPO (und nicht etwa nach § 894, vgl Palandt/*Weidenkaff* Rn 13; PWW/*Lingemann* Rn 2). Die Darlegungs- und Beweislast für die Erfüllung des Zeugnisanspruches (und damit auch für einen negativ zu beurteilenden Umstand, zB eine unterdurchschnittliche Leistung) trägt der Dienstberechtigte. Dem Dienstverpflichteten obliegt es hingegen, die Voraussetzungen für eine bessere Beurteilung (etwa auf Grund einer überdurchschnittlichen Leistung) darzulegen und zu beweisen (BAG NJW 2004, 2770; Palandt/*Weidenkaff* Rn 3; PWW/*Lingemann* Rn 2).

Der Anwaltsvertrag (Anhang I zu §§ 611 ff)

Ahrens Anwaltsrecht für Anfänger, München (1996); *Axmann/Bischoff* ua (Hrsg) Anwaltsrecht I, 3. Aufl Stuttgart uam (2006); *Berger* Rechtliche Rahmenbedingungen anwaltlicher Dienstleistungen über das Internet NJW 2001, 1530; *Boergen* Die vertragliche Haftung des Rechtsanwalts, Berlin (1968); *Borgmann* Die Rechtsprechung des BGH zum Anwaltshaftungsrecht in der Zeit von Mitte 2000 bis Mitte 2002 NJW 2002, 2145; *dies* Haftpflichtfragen AnwBl 1993, 31; *dies* Haftpflichtfragen AnwBl 1998, 95; *dies* Pflichten und Haftung des Anwalts, Der Anwalt und sein Büro BRAK-Mitteilungen 1998, 16; *Borgmann/Haug* Anwaltshaftung, 2. Aufl Frankfurt aM (1986); *Borgmann/Jungk* Pflichten und Haftung des Anwalts BRAK-Mitteilungen 2001, 17; *Brandtner* Der Anwalt als Regressschuldner AnwBl 1969, 384; *Bunte* Mandatsbedingungen der Rechtsanwälte und das AGB-Gesetz NJW 1981, 2657; *de Capitani* Anwaltsgeheimnis und Unternehmensjurist, Zürich (1999); *Commichau* Der Anwalt und seine Praxis, Stuttgart (1985); *Derleder* Rechtsformen anwaltlicher Beratungshilfe MDR 1981, 448; *Duve/Eidenmüller/Hacke* Mediation in der Wirtschaft: Wege zum professionellen Konfliktmanagement, Köln (2003); *Duve* Brauchen wir ein Recht der Mediation? Zur Zukunft rechtlicher Rahmenregelungen für die Mediation in Deutschland und Europa AnwBl 2004, 1; *Eidenmüller* Vertrags- und Verfahrensrecht der Wirtschaftsmediation, Mediationsvereinbarungen, Mediatorverträge, Mediationsvergleiche, internationale Mediationsfälle, Köln (2001); *Franzen* Vermeidbare Prozesse NJW 1982, 1854; *Gounalakis* Haftung des Steuerberaters – Gefahrenanalyse und Risikobegrenzung NJW 1998, 3593; *Greißinger* Beratungshilfe, Prozesskostenhilfe und anwaltliche Aufklärungspflicht AnwBl 1982, 288; *Hartstang* Der deutsche Rechtsanwalt, Heidelberg (1986); *Henssler* Haftungsrisiken anwaltlicher Tätigkeit JZ 1994, 178; *ders* Die Haftung der Rechtsanwälte und Wirtschaftsprüfer AnwBl 1996, 3; *Hermann* Geheimhaltungspflicht des Rechtsanwalts über Geheimnisse des Verhandlungsgegners bei Tätigkeit für aufeinander folgende Auftraggeber in der gleichen Angelegenheit DB 1997, 1017; *Heussen* Anwalt und Mandant, Ein Insider-Report, Köln (1999); *Hirte* Berufshaftung. Ein Beitrag zur Entwicklung eines einheitlichen Haftungsmodells für Dienstleistungen, München (1996); *Hoppmann* Telefax – Sorgfalts- und Beratungspflicht des Anwalts VersR 1992, 1068; *Jawansky* Aktuelle Entwicklungen im Berufs- und Gesellschaftsrecht der Anwaltschaft DB 2002, 2699; *Jungk/Wehrberger* Aktuelle Entwicklungen in der Rechtsprechung zur Rechtsberaterhaftung BRAK-Mitteilungen 2001, 159; *Kellner* Die Fortbildungspflicht der Rechtsanwälte und Fachanwälte NJW 2002, 1372; *Kempter/Kopp* Hinweise zur Gestaltung der Satzung einer Rechtsanwalts-AG NJW 2001, 777; *dies* Zulässigkeit und berufliche Zulassung der Rechtsanwalts-Aktiengesellschaft NZG 2005, 582; *Kilian* Das Gesetz zur Neuregelung des Verbots der Vereinbarung von Erfolgshonoraren NJW 2008, 1905; *Kleine-Cosack* Verfassungswidriges Standesrecht NJW 1988, 164; *Mankowski* Zur Frage der Nichtigkeit einer Abtretung der Honorarforderung eines Rechtsanwalts ohne Zustimmung des Mandanten JZ 1994, 48; *Meyer-Ladewig* Justizstaat und Richterrecht, Zur Bindungswirkung richterlicher Institute AcP 161 (1962) 97; *Müller, Klaus* Die Pflichten des Anwalts im Zusammenhang mit der Führung des Prozesses JR 1969, 161; *ders* Zur Haftung des Anwalts aus fehlerhafter Prozessführung MDR 1969, 896; *Ostler* Umfang der Herausgabepflicht des Anwalts nach § 667 BGB für Fremdgelder auf Geschäfts- und Anderkonten NJW 1975, 2273; *ders* Stellung und Haftungsrisiko des Rechtsanwalts in Zivilsachen JA 1983, 109; *Passarage* Anforderungen an die Satzung einer Rechtsanwalts-AG NJW 2005, 1835; *Pietzcker* Neuordnung des anwaltlichen Berufsrechts NJW 1988, 513; *Prinz* Der juristische Supermann als Maßstab – Eine Betrachtung neuerer Entscheidungen zur Anwaltshaftung VersR 1986, 317; *Raiser* Die Haftung des deutschen Rechtsanwalts bei grenzüberschreitender Tätigkeit NJW 1991, 2049; *Rinsche* Die Haftung des Rechtsanwalts und des Notars, 3. Aufl Köln (1989); *Rinsche/Fahrendorf/Terbille* Die Haftung des Rechtsanwalts. Haftungsrecht. Haftungsbeschränkungen.Haftpflichtversicherung, 7. Aufl Köln (2005); *Raebel* Haftung des Steuerberaters wegen Mißachtung des werdenden Rechts DStR 2004, 1673; *Scheffler* Anwaltspflichten – Anwaltsverschulden, Ein Beitrag zur Klärung der Vertragspflichten bei Diensten höherer Art NJW 1961, 577; *Schiemann* Der freie Dienstvertrag JuS 1983, 649; *Schlee* Haftpflichtfragen mitgeteilt von der Allianz Versicherungs-AG, Sichere Geltendmachung von Schadensersatzansprüchen AnwBl 1993, 527; *Schliebner* Die Haftung des Rechtsanwalts aus dem Vertragsverhältnis zu seinem Klienten, Halle (1935); *Schluep* Über Sinn und Funktionen des Anwaltsgeheimnisses im Rechtsstaat, Zürich (1994); *Schnabl* Das Rechtsverhältnis zwischen Anwalt und Mandant JA 2005, 896; *Schneider, Egon* Der freie Anwalt und die Präjudizien MDR 1972, 745; *ders* Problemfälle aus der Prozesspraxis, Anwaltliche Belehrung Hilfsbedürftiger MDR 1988, 282; *Schneider, Norbert/Wolf* (Hrsg) RVG, 3. Aufl Bonn (2006); *Schultz, Günther* Blick in die Zeit MDR 1965, 264; *Sieg* Internationale Anwaltshaftung in den USA NJW 1996, 2209; *Slobodenjuk* Vertragliche Anwaltspflichten – überspanntes Haftungsrisiko NJW 2006, 113; *Tamm* Der Anwaltsvertrag, Schriftenreihe des Instituts für Anwaltsrecht an der Universität Rostock (2008); *Taupitz* Die zivilrechtliche Pflicht zur unaufgeforderten Offenbahrung eigenen Fehlverhaltens, Tübingen (1989); *Vollkommer* Anwaltshaftungsrecht, München (1989); *Walter* Spezialisierung und Sorgfaltspflichtstandard im Arzt- und Anwaltsrecht, Bielefeld (2004); *Wendt* Gegenstände, Bedingungen und Sorgfaltsanforderungen bei der privatrechtlichen Tätigkeit des Rechtsanwalts, Bremen (1984); *Zimmermann, Christian* Haftungsbeschränkung statt Versicherung? – Zur Reichweite von § 51a BRAO NJW 2005, 177; *Zugehör/Fischer/Sieg/Schlee* Handbuch der Anwaltshaftung, 2. Aufl Herne (2006); *Zuck* Die notwendige Reform des anwaltlichen Berufs- und Standesrechts NJW 1988, 175; *Zwanziger/Heitmann* Erfolgreich als Anwalt praktizieren, 2. Aufl Stuttgart (1998).

A. Einleitung. Das Ziel der anwaltlichen Tätigkeit ist in erster Linie die umfassende Verwirklichung des Mandanteninteresses (*Zwanziger/Heitmann* Erfolgreich als Anwalt praktizieren, 2. Aufl 1998, S 28; *Heussen* Anwalt und Mandant 1999, S 3). Dem privatrechtlich ausgestalteten Rechtsverhältnis zwischen Anwalt und Mandant kommt daher neben der Vielzahl von öffentlich-rechtlichen Regelungen, die den Anwaltsberuf prägen, eine besondere Bedeutung zu. Ziel der Darstellung ist es, den Anwaltsvertrag (zum Begriff vgl *Hartstang* Der deutsche Rechtsanwalt 1986, S 133; *Schnabl* JA 2005, 896; krit *Boergen* Die vertragsrechtliche Haftung des Rechtsanwalts 1968, S 10) näher zu beleuchten (vgl. dazu auch *Tamm* Der Anwaltsvertrag 2008, Schriftenreihe des Instituts für Anwaltsrecht an der Jur Fakultät der Universität Rostock). 1

B. Rechte und Pflichten im Anwalt-Mandanten-Verhältnis. I. Vertragsrechtliche Charakterisierung. 1. Grundsatz: Geschäftsbesorgungsvertrag iSe Dienstvertrages. Privatrechtliche Grundlage für das Verhältnis zwischen Anwalt und Mandant ist der zwischen beiden geschlossene anwaltliche Beratungsvertrag (*Vollkommer* Anwaltshaftungsrecht 1989 Rn 2; *Schnabl* JA 2005, 896). Der anwaltliche Beratungsvertrag ist nicht als besonderer Vertragstyp im deutschen Recht gesetzlich normiert. Vielmehr unterliegt die Rechtsbeziehung zwischen Anwalt und Mandant grds den allg Bestimmungen des BGB (*Commichau* Der Anwalt und seine Praxis 2. Aufl 1985 Rn 68). Der frühere Meinungsstreit über die rechtliche Einordnung des Vertrages (vgl dazu *Wendt* Gegenstände, Bedingungen und Sorgfaltsanforderungen bei der privatrechtlichen Tätigkeit des Rechtsanwalts 1984; *Schliebner* Die Haftung des Rechtsanwalts aus dem Vertragsverhältnis zu seinem Klienten 1935) ist mittlerweile einem einheitlichen Standpunkt gewichen. Wenngleich jeweils auf den Einzelfall abzustellen ist, so hat der anwaltliche Beratungsvertrag idR eine entgeltliche Geschäftsbesorgung (§ 675) zum Inhalt, die im Weiteren dienstvertraglich ausgestaltet ist (RGZ 88, 223, 226; 158, 130, 134; BGHZ 18, 340, 345 f; 71, 380, 381; NJW 1965, 106; 1978, 1808; 1985, 2642; *Boergen* aaO S 13; *Hartstang* aaO S 134; Palandt/*Sprau* § 675 Rn 19; *Wendt* aaO S 35; *Vollkommer* aaO Rn 2; *Grams* in: Axmann/Bischoff (Hrsg) Anwaltsrecht I 3. Aufl 2006 S 128 Rn 2; *Zwanziger/Heitmann* aaO S 26; *Ostler* NJW 1975, 2273; *Schiemann* JuS 1983, 649; *Schnabl* JA 2005, 896). Der Anwalt schuldet nach der vertraglichen Vereinbarung regelm die **Erbringung spezifischer Dienste iSd Prozessführung** (vgl insoweit die Abgrenzung zum sonstigen »Rechtsdienstleister« nach dem RDG, Rz 4) **oder die Besorgung sonstiger Rechtsangelegenheiten**. Damit zielt seine Tätigkeit auf eine entgeltliche Geschäftsbesorgung iSe selbständigen Tätigkeit wirtschaftlicher Art in Wahrnehmung fremdnütziger Vermögensinteressen. Die Heranziehung des Leitbildes des Dienstvertrages zur Ausfüllung der Rechte und Pflichten nach § 675 ist deshalb interessengerecht, weil der Anwalt keinen Erfolg – etwa ein obsiegendes Urteil – schuldet bzw schulden kann, auch wenn es dem Mandanten darauf ankommen mag (Düsseldorf VersR 1973, 424; *Vollkommer* aaO Rn 2; *Schnabl* JA 2005, 896). Der Anwalt kann nämlich die Ergebnisse seines Tätigwerdens lediglich prognostizieren und nicht »garantieren«. Dies findet seinen Grund ua darin, dass weder die Haltung des Gerichts noch die Handlungsweise des Interessengegners für ihn vollständig vorhersehbar sind (*Boergen* aaO S 13; *Borgmann/Haug* Anwaltshaftung 1986 III Rn 22). 2

2. Ausn: Geschäftsbesorgung iSe Werkvertrages/Abgrenzungsprobleme. Nur ausnahmsw kann aus dem Vertragsinhalt oder den Vertragsumständen auf die Erfolgsbezogenheit der anwaltlichen Tätigkeit geschlussfolgert werden (*Sieg* in: Zugehör/Fischer/Sieg/Schlee Handbuch der Anwaltshaftung 2. Aufl 2006 Rn 7; *Schnabl* JA 2005, 896). Dies ist etwa bei der vereinbarten Bestellung eines Rechtsgutachtens bzw beim Entwerfen von Verträgen oder AGB der Fall. In derartigen Situationen ist dem Geschäftsbesorgungsvertrag ausnahmsw ein werkvertraglicher Charakter beizumessen (RGZ 88, 223, 226 f; 162, 171, 173; BGHZ 115, 386, 386; BGH NJW 1965, 106; Palandt/*Sprau* § 675 Rn 19; *Boergen* aaO S 13; *Grams* in: Axmann/Bischoff aaO S 128 Rn 2; *Wendt* aaO S 37 f, 44 f; *Bunte* NJW 1981, 2657). Indes kann sich das Bild »verschieben«, wenn das werkvertragliche Element nur ein Teilstück ausmacht, etwa wenn neben die erfolgsorientierte Anwaltstätigkeit als wesentlicher Bestandteil eine Dienstleistung, insbes in Form der Rechtsberatung, tritt (RGZ 88, 223, 227; BGHZ 18, 340, 346; *Vollkommer* aaO Rn 2; *Schnabl* JA 2005, 896). Nur wenn die rechtliche Beratung ganz unwesentlich ist, liegt kein Anwaltsvertrag vor (BGH JZ 1963, 97, 98). Die Abgrenzung zwischen Dienst- und Werkvertrag hat entgegen einiger Stimmen in der Lit (vgl *Rinsche* Die Haftung des Rechtsan- 3 walts und des Notars 3. Aufl 1989 Rn I 8) nicht nur rechtsdogmatische, sondern auch konkrete praktische Bedeutung, so etwa für die Frage der Haftung für die anwaltliche Tätigkeit. Diese hängt entscheidend vom Umfang der übernommenen Tätigkeit (erfolgsbezogen oder nicht) ab. Eine Sonderstellung nehmen insbes die sog »Dauerberatungsverträge« ein. Diesen liegt idR ein selbständiger Dienstvertrag zu Grunde (BGH NJW 1970, 1596, 1597; Hamm NJW-RR 1995, 1530, 1531; *Sieg* in: Zugehör/Fischer/Sieg/Schlee aaO Rn 8; Palandt/*Sprau* § 675 Rn 19; *Vollkommer* aaO Rn 2 Fn 13).

4 **3. Weitere Abgrenzungsfragen.** Mitunter kann es auf Grund des weiten Feldes der anwaltlichen Tätigkeit zu Abgrenzungsschwierigkeiten kommen. Derartige Probleme treten insbes dann auf, wenn der Anwalt in Bereichen tätig wird, die **eher wirtschaftlich als juristisch** geprägt sind (*Schnabl* JA 2005, 896). Reduziert sich zB die Aufgabe eines Rechtsanwalts im Wesentlichen auf die Vermittlung der Finanzierung eines Vorhabens seines Mandanten, so stellt sich die Frage, unter welchen Voraussetzungen ein anwaltlicher Beratungsvertrag oder ein Maklervertrag anzunehmen ist. Ähnl Abgrenzungsschwierigkeiten können auch in anderen Konstellationen (zB bei der **Tätigkeit als Anlageberater, Treuhänder, Aufsichtsratsmitglied, Vermögens- und Hausverwalter** etc) auftreten. Insoweit lässt sich verallgemeinernd feststellen, dass bei einer Tätigkeit, die nicht unter das anwaltliche Berufsbild einzuordnen ist, kein anwaltlicher Beratungsvertrag iSd §§ 675, 611 geschlossen wird. Nicht unter das anwaltliche Berufsbild fällt die Tätigkeit aber nur dann, wenn die rechtliche Beratung eine ganz unwesentliche Rolle einnimmt (BGH JZ 1963, 97, 98). Falls die Tätigkeit keine ist, die als solche spezifisch »anwaltlich« zu qualifizieren ist, kommt ein sonstiger Vertrag zustande, der im Regelfall jedoch auch dienstvertraglich ausgestaltet sein wird. Konsequenzen hat die vertragsrechtliche Einbindung der jeweiligen Tätigkeit des Anwalts bei der **Abgrenzung des Anwaltsvertrages vom Maklervertrag** insbes für die Frage der Anwendbarkeit des RVG bzw des § 652 Abs 1 S 1 und damit hinsichtlich des Problems, ob auf Grund eines erfolglosen Vermittlungsversuchs eine Vergütung verlangt werden kann oder nicht (*Schnabl* JA 2005, 896). Überdies ist die vertragsrechtliche Charakterisierung bislang entscheidend für die Verjährung eventueller Schadensersatzansprüche gegen den Anwalt gewesen. Es geht hier um das Problem, ob die bis Ende 2004 geltende spezielle Verjährungsnorm des § 51(b) BRAO aF Anwendung findet oder nicht. Interessante Probleme wirft die Abgrenzungsfrage aber auch bzgl der Reichweite des Versicherungsschutzes auf, der auf Grund der anwaltlichen Berufshaftpflicht besteht (*Grams* in: Axmann/Bischoff aaO S 129 Rn 12). In den letzten Jahren betätigen sich Rechtsanwälte zudem vielfältig als Mediatoren (vgl dazu *Eidenmüller* Vertrags- und Verfahrensrecht in der Wirtschaftsmediation 2001; *Duve/Eidenmüller/Hacke* Mediation in der Wirtschaft: Wege zum professionellen Konfliktmanagement 2003; *ders* AnwBl 2004, 1 ff), was ebenfalls die Frage nach der vertragsrechtlichen Zuordnung aufwarf. Nachdem die Vergütung des Rechtsanwalts bei dieser Tätigkeit in der BRAGO noch nicht geregelt war, hat sie nun in § 34 RVG einen gesetzlichen Niederschlag gefunden. Vor dem Hintergrund dieser Vorschrift ergibt sich eine eindeutige Zuordnung der Mediationstätigkeit zum anwaltlichen Berufsbild und damit zum anwaltlichen Beratungsvertrag iSd §§ 675, 611 (*Sieg* in: Zugehör/Fische/Sieg/Schlee aaO Rn 154). Abgrenzungsfragen ergeben sich aber auch, wenn **nicht ein Anwalt, sondern ein sonstiger Dritter Rechtsdienstleistungen** betreibt. Diese Tätigkeit unterfällt nicht dem Anwaltsvertragsrecht nach §§ 675, 611 (im engeren Sinne), ist aber als dem Berufsbild des Anwalts angenäherter Dienstvertrag (bzw – bei Unentgeltlichkeit – Auftrag) zu charakterisieren. Die **Tätigkeit des nichtanwaltlichen Rechtsberaters** wurde durch das seit dem 01.07.2008 geltende Gesetz über außergerichtliche Rechtsdienstleistungen – sog **RDG** – (BGBl 2007 I, 2840), das das Rechtsberatungsgesetz (RBerG) ablöste, unter bestimmten Voraussetzungen erlaubt. Dabei ist unter einer »Rechtsdienstleistung« nach § 2 RDG jede Tätigkeit in konkreten fremden Angelegenheiten zu verstehen, die eine Prüfung des Einzelfalls erfordert (weite Definition). Das RDG statuiert keine umfassende Rechtsdienstleistungsbefugnis, sondern regelt – anders als das RBerG – nur die Befugnis für die Erbringung von **Rechtsdienstleistungen außerhalb von Gerichtsverfahren.** Die Erbringung von außergerichtlichen Rechtsdienstleistungen auch von Nichtanwälten ist zum einen dann zulässig, wenn sie als Nebenleistung zum Berufs- und Tätigkeitsfeld einer anderen Tätigkeit gehört (§ 5 RDG). Zulässig sind zudem unentgeltliche außergerichtliche Rechtsdienstleistungen (§ 6 RDG). Weitere Möglichkeiten der Erbringung von Rechtsdienstleistungen regeln §§ 7, 8 RDG. Wichtig ist hier vor allem § 8 RDG. Danach sind Rechtsdienstleistungen, die durch öffentliche oder öffentlich-rechtliche Stellen erbracht werden, zulässig. Diese können in Abweichung zu § 6 RDG auch entgeltlich sein und sich – in Abweichung von § 7 RDG – zudem auf Nichtvereinsmitglieder erstrecken. § 8 RDG ermöglicht es, dass innerhalb ihres Aufgaben- und Zuständigkeitsbereichs **Verbraucherzentralen, bestimmte Behörden, Verbände der freien Wohlfahrtspflege und ähnliche Einrichtungen** außergerichtliche Rechtsdienstleistungen erbringen. Entgeltliche und unentgeltliche außergerichtliche Rechtsdienstleistungen (als Nichtanwalt) auf Grund bes Sachkunde dürfen, abgesehen von den vorgenannten Personen, iÜ nur registrierte Personen im Bereich von Inkassodienstleistungen, Renten- und anderen Versorgungsleistungen oder Rechtsdienstleistungen in einem ausländischen Recht anbieten (§ 10 RDG). Bestimmte Verstöße gegen das RDG stellen eine Ordnungswidrigkeit dar, die mit Geldbuße bedroht ist.

5 **II. Zustandekommen des Vertrages.** Der anwaltliche Beratungsvertrag kommt wie jeder andere Vertrag zustande (*Grams* in: Axmann/Bischoff aaO S 128 Rn 5; *Vollkommer* aaO Rn 22). Der Vertragsschluss unter-

liegt keinen bes Förmlichkeiten (*Commichau* aaO S 69; *Schnabl* JA 2005, 896). Erforderlich ist lediglich die Erklärung des Mandanten, »beraten werden zu wollen«, und die übereinstimmende Erklärung des Anwalts, das Mandat zu übernehmen. Hervorzuheben ist insoweit, dass der Anwalt regelm ein Ermessen hat, ob er ein Mandat annehmen möchte oder nicht (BGH NJW 1967, 1567, 1568; *Sieg* in: Zugehör/Fischer/Sieg/Schlee aaO Rn 37). Es besteht grds kein Kontrahierungszwang, da andernfalls das Vertrauensverhältnis zwischen Anwalt und Mandant gefährdet wäre (zu den als Ausn gefassten gesetzlichen Pflichtmandaten vgl §§ 78, 121, 625 ZPO; § 6 BerHG; § 11a ArbGG sowie § 141 StPO). **a) Abgabe übereinstimmender Willenserklärungen.** In der Praxis werden die erforderlichen Willenserklärungen nicht immer ausdrücklich abgegeben, der Vertrag wird vielmehr konkludent geschlossen, indem der Mandant seine Sache vorträgt, dem Anwalt Unterlagen überlässt und dieser daraufhin tätig wird (Palandt/*Sprau* § 675 Rn 19; *Boergen* aaO S 17; *Borgmann/Haug* aaO III Rn 60; *Commichau* aaO Rn 69; *Hartstang* aaO S 133; *Vollkommer* aaO Rn 22). Da es dem Rechtsanwalt standesrechtlich gem § 43b 2 Hs BRAO verboten ist, seine eigenen Dienste unaufgefordert anzubieten (und damit Werbung zu betreiben), wird der Vertragsschluss idR durch die Auftragserteilung seitens des Mandanten initiiert (*Grams* in: Axmann/Bischoff aaO S 128 Rn 5; *Sieg* in: Zugehör/Fischer/Sieg/Schlee aaO Rn 9; *Vollkommer* aaO Rn 22). Notwendig für den konkludenten Vertragsschluss ist lediglich ein entspr erkennbarer Rechtsbindungswille.

b) Auslegung der Willenserklärungen/Rechtsbindungswille. Bei der Auslegung der Willenserklärungen der Parteien bzgl des Vertragsschlusses geht es um die notwendige Abgrenzung zur unverbindlichen Anfrage des Mandanten bzw zur Gefälligkeitsbezeugung der Gegenseite. Für die entscheidende Frage des Rechtsbindungswillens seitens des Klienten kommt es maßgeblich darauf an, wie sich sein Verhalten für den Rechtsanwalt nach objektiven Kriterien (§§ 133, 157) bei Würdigung aller Umstände darstellt (BGHZ 21, 102, 106 f; 91, 324, 330). Gleiches gilt im Prinzip auch für den Anwalt, wenngleich an die konkludente Vertragsannahme durch ihn regelm keine sehr hohen Anforderungen zu stellen sind. Hier genügt bereits jedes Verhalten, dass auf eine Mandatsübernahme schließen lässt (*Vollkommer* aaO Rn 23). Ob idS bereits ein bloßes Schweigen des Rechtsanwalts auf den Geschäftsbesorgungsantrag des Auftraggebers ausreicht, ist jedoch zweifelhaft. Als Begründung für die eher krit Einschätzung kann § 44 BRAO herangezogen werden, der bei nicht rechtzeitiger Ablehnungsanzeige lediglich eine Schadensersatzpflicht iSe cic-ähnl Sonderhaftung statuiert und damit eben nicht zu einem Vertragsschluss führt (*Ahrens* Anwaltsrecht für Anfänger 1996 Rn 341; *Grams* in: Axmann/Bischoff aaO S 128 Rn 6; *Borgmann/Haug* aaO S 6; *Sieg* in: Zugehör/Fischer/Sieg/Schlee aaO Rn 174; aA *Vollkommer* aaO Rn 23). 6

c) Vertragspartner: Anwalt/Anwaltssozietät-Mandant. Zweifelhaft kann mitunter sein, wer Partei des anwaltlichen Beratungsvertrages geworden ist. Herkömmlicherweise wird »ein« Rechtsanwalt für »seinen« Mandanten tätig. An der Bearbeitung eines Mandats können aber auch mehrere Rechtsanwälte beteiligt sein. Schließt der Mandant einen Vertrag mit einem Anwalt, der sich mit anderen Anwälten in einer Gesellschaft bürgerlichen Rechts oder einer Partnerschaftsgesellschaft zusammengeschlossen hat, so kommt der Vertrag beispielsweise über ihn als Vertreter der Kanzlei grds mit der Gesellschaft zustande (BGHZ 56, 355, 359; *Sieg* in: Zugehör/Fischer/Sieg/Schlee aaO Rn 50; *Schnabl* JA 2005, 896). Anders ist die Lage zu bewerten, wenn es sich bei der Gemeinschaft der Anwälte um eine reine Bürogemeinschaft handelt, denn bei dieser steht jeder Anwalt im Verhältnis zu seinem Klienten einem Einzelanwalt gleich (*Boergen* aaO IV Rn 1; *Schnabl* JA 2005, 896). Trotzdem es sich beim Zusammenschluss faktisch nur um eine Bürogemeinschaft handelt, kann der Fall wiederum anders zu beurteilen sein, wenn der Anschein einer Sozietät besteht. Liegt eine sog »Scheinsozietät« vor, wird die Gemeinschaft wie eine Sozietät behandelt (BGH WM 1978, 411; 1991, 743; 1999, 1846, 1847; Saarbrücken NJW-RR 2006, 707; weitgehend Köln VersR 2003, 1047: »in Kanzleigemeinschaft«). Mit dem Gesetz zur Änderung der Bundesrechtsanwaltsordnung, der Patentanwaltsordnung und anderer Gesetze vom 31.08.1998 (BGBl I, S 2600), das am 01.03.1999 in Kraft getreten ist, hat der Gesetzgeber auch die Rechtsanwalts-GmbH grds anerkannt und deren Zulassungsvoraussetzungen iE in §§ 59c-59m BRAO geregelt. Schließt der Mandant einen anwaltlichen Beratungsvertrag mit einer wirksam gegründeten Rechtsanwalts-GmbH ab, ist der Vertragspartner die GmbH als juristische Person (*Sieg* in: Zugehör/Fischer/Sieg/Schlee aaO Rn 391). Es besteht mittlerweile weitgehend Einigkeit, dass insbes vor dem Hintergrund der in Art 12 Abs 1 GG gewährten Berufsfreiheit auch eine Rechtsanwalts-AG zulässig ist. Dies hat der BGH erstmals in einem Urteil vom 10.01.2005 bestätigt (BGH NJW 2005, 1568; vgl dazu auch BayObLG NJW 2000, 1647; *Jawansky* DB 2002, 2699; *Kemter/Kopp* NJW 2001, 777, 780; *dies* NZG 2005, 582 ff; *Passarage* NJW 2005, 1835). Das vorbenannte Judikat bestimmt, dass bei Zulassung der AG eine Ausrichtung an den Bestimmungen der §§ 59c ff BRAO zu erfolgen hat. Die erste deutsche Rechtsanwalts-AG wurde im April 2000 in das Handelsregister eingetragen (*Sieg* in: Zugehör/Fischer/Sieg/Schlee aaO Rn 397). Wird der anwaltliche Beratungsvertrag mit einem für eine Rechtsanwalts-AG tätigen Anwalt geschlossen, ist demnach auch die AG als juristische Person aus dem Vertrag verpflichtet (zur Sonderproblematik der Rechtsanwalts-EWIV vgl *Sieg* in: Zugehör/Fischer/Sieg/Schlee aaO Rn 400 ff). 7

d) Besondere Fallgestaltungen. aa) Vertretung beim Vertragsschluss. Eine Vertretung hinsichtlich des Vertragsschlusses seitens des Beauftragten durch einen anderen Rechtsanwalt der Gemeinschaft ist möglich, nicht jedoch eine Vertretung durch das Büropersonal (*Sieg* in: Zugehör/Fischer/Sieg/Schlee aaO Rn 9). Diese 8

Beschränkung rechtfertigt sich vor dem Hintergrund des persönlichen Vertrauensverhältnisses der am Vertrag beteiligten Parteien, das schon bei Vertragseingehung notwendige Grundlage des Vertrages ist.

9 **bb) Ausgestaltung des Honorars und Haftungsbeschränkungen in AGB-Form.** Im Zusammenhang mit dem Vertragsschluss können die Parteien das Honorar des Rechtsanwalts im Rahmen des § 4 RVG ausgestalten oder eine Haftungsbeschränkung (vgl dazu § 51a Abs 2 BRAO) vereinbaren. Die Vertragsbestandteile können grds auch in AGB-Form in den Vertrag einbezogen werden. Zu beachten ist jedoch, dass eine Eingrenzung der Haftung auf den vierfachen Betrag der Mindestversicherungssumme zwischen Rechtsanwalt und Auftraggeber durch vorformulierte Vertragsbedingungen nur für Fälle einfacher Fahrlässigkeit zulässig ist (vgl § 51a Abs 1 Nr 2 BRAO; krit im Hinblick auf einen Verstoß gegen die EG-Verbraucherschutzrichtlinie über AGB-Klauseln *Ahrens* aaO Rn 359). Erforderlich zur wirksamen Einbeziehung solcher AGB ist zudem ein ausdrücklicher Hinweis im Formulartext, der klarstellt, dass die Beschränkung nur für Fälle einfacher Fahrlässigkeit gilt. Fehlt diese Klarstellung ist die gesamte Haftungsbeschränkung ungültig (*Zimmermann* NJW 2005, 177 ff; *Sieg* in: Zugehör/Fischer/Sieg/Schlee aaO Rn 435). IÜ gilt: Haftungsbeschränkungen bis zur Höhe der Versicherungssumme auch für grob fahrlässige Sorgfaltspflichtverletzungen des Rechtsanwalts sind gem § 51a Abs 1 Nr 1 BRAO nur auf der Grundlage einer Individualvereinbarung möglich (*Sieg* in: Zugehör/Fischer/Sieg/Schlee aaO Rn 435). Dadurch kommt der Abgrenzung zwischen einfacher und grober Fahrlässigkeit erhebliche Bedeutung zu (zu anderen AGB-Fragen vgl BGH NJW-RR 1986, 1281, 1283: Aufrechnungsverbot in AGB-Form; AG Krefeld NJW 1980, 1582 f: vorgedruckter anwaltlicher Honorarschein). Für Anwalts-AGB bietet die BRAO nur einen rudimentären Kontrollrahmen. Soweit diese Regelungen nicht wegen eines Vorrangverhältnisses einschl sind, müssen sich Anwalts-AGB am Maßstab der §§ 305 ff messen lassen (*Bunte* NJW 1981, 2657 ff; *Sieg* in: Zugehör/Fischer/Sieg/Schlee aaO Rn 29 ff).

10 **cc) Anwendung der Vorschriften über Fernabsatzverträge?** Von zunehmender Bedeutung ist die Frage, ob und inwieweit Anwaltsverträge als Fernabsatzvertrag gem § 312b bezeichnet werden können und welche rechtlichen Konsequenzen dies hat. Grds dürfte es beim »normalen« Anwaltsvertrag an dem gesetzlich vorgesehenen Merkmal, dass der Vertrag im Rahmen eines für den Fernabsatz organisierten Vertriebs- und Dienstleistungssystems geschlossen wird und hierfür Bedeutung erlangt, fehlen (*Sieg* in: Zugehör/Fischer/Sieg/Schlee aaO Rn 36). Das Gesetz ist so auszulegen, dass ein organisiertes Vertriebs- und Dienstleistungssystem nur dann vorliegt, wenn der Unternehmer gezielt und systematisch die Fernkommunikation nutzt und damit der Verbraucher als Vertragspartner im Distanzgeschäft schützenswert ist. Eine andere Einschätzung rechtfertigt sich möglicherweise dann, wenn der Anwalt ausschließlich seine Beratung über das Telefon erteilt (sog »Anwalts-Hotline«). Derartige Hotlines sind inzwischen vom BGH anerkannt (BGH NJW 2003, 819; 2005, 1266). In diesen Fällen könnten daher die Regelungen zum Fernabsatzgeschäft Anwendung finden. Gleiches gilt beim ausschließlichen Angebot anwaltlicher Dienstleistungen über das Internet (*Sieg* in: Zugehör/Fischer/Sieg/Schlee aaO Rn 36; *Berger* NJW 2001, 1530).

11 **III. Beendigung des Vertrages.** Beendet wird das Mandat durch die Erledigung des Auftrags, durch einvernehmliche Vertragsbeendigung oder durch einseitige Mandatskündigung. Da die Erledigung des Auftrags stark vom Gegenstand des Mandats und den Umständen des Einzelfalls abhängt, ist es schwer, allgemeingültige Grundsätze aufzustellen. Sagen lässt sich jedoch, dass das Mandat (außer im Fall der Beiordnung) grds von beiden Parteien jederzeit kündbar ist (*Grams* in: Axmann/Bischoff aaO S 129 Rn 9). Kündigt der Rechtsanwalt aus wichtigem Grund die Mandatswahrnehmung mit sofortiger Wirkung auf, erfolgt die Vertragsbeendigung aber zur Unzeit, ist er dem Mandanten gem § 627 Abs 2 S 2 zum Schadensersatz verpflichtet. Aufgrund gesetzlicher Anordnung gilt die gleiche Regel in dem Fall, in dem der Mandant die Kündigung des anwaltlichen Beratungsvertrages ausspricht, wenn und soweit den Anwalt ein Auflösungsverschulden an der Vertragsbeendigung trifft (§ 628 Abs 2). Ein wichtiger Grund zur Vertragsbeendigung verlangt stets nach einer schweren Störung des Vertrauensverhältnisses der Parteien, die dazu führt, dass zumindest einem die Fortsetzung des Vertragsverhältnisses mit dem anderen nicht zugemutet werden kann. Denkbar ist der Eintritt einer schweren Vertrauensstörung etwa im Fall einer bewusst fehlerhaften Informationserteilung, beim Ausspruch unbegründeter oder formell unangemessener Vorwürfe, bei einer Weisung des Mandanten, die dem Anwalt ein rechtswidriges Verhalten abverlangt, bei einem Verhalten des Mandanten, das auf Belehrungsresistenz hinsichtlich offenkundig aussichtsloser Rechtspositionen schließen lässt sowie bei einer Nichtzahlung angeforderter Gebührenvorschüsse trotz Ankündigung der Mandatsniederlegung (*Grams* in: Axmann/Bischoff aaO S 129 Rn 9). Unabhängig davon, wer das Mandat aus welchem Grund beendet, in jedem Fall ist der Anwalt verpflichtet, den Mandanten in dieser Situation über laufende Fristen (Verjährung, prozessuale Fristen etc), anstehende Gerichtstermine und die zur Rechtswahrung nötigen Maßnahmen (zB Verjährungsunterbrechung durch Mahnbescheid oder Klage, Berufungseinlegung/Berufungsbegründung bzw die nötige Terminswahrnehmung durch einen Rechtsanwalt) abschließend zu unterrichten (BGH NJW 1997, 1302; ZIP 2001, 425; MüKo/*Ernst* § 280 Rn 116; *Sieg* in: Zugehör/Fischer/Sieg/Schlee aaO Rn 194 ff). Ggf muss der Anwalt sogar noch eine Verlängerung der (Berufungs-)Begründungsfrist beantragen, damit der Mandant nach dem gekündigten Vertragsverhältnis genügend Zeit hat, einen anderen Anwalt zu beauftragen (Düsseldorf NJW-RR 2000, 874). Darüber hinaus besteht auch nach Mandatsbeendigung eine »nachvertragliche« Verschwiegenheitspflicht (§ 43a Abs 2 BRAO). Erfolgt die Mandatsniederlegung während eines laufen-

den Prozesses mit Anwaltszwang, erzeugt die Beendigung des Vertrages im Innenverhältnis, die verbunden werden muss mit der Anzeige des Erlöschens der Prozessvollmacht im Außenverhältnis, erst dann Außenwirkung, wenn sich bei Gericht ein neuer Prozessbevollmächtigter bestellt (*Ahrens* aaO Rn 340). In der Zwischenzeit werden Zustellungen des Gerichts gem §§ 87, 176 ZPO weiterhin an den bisherigen Anwalt erfolgen, der diese annehmen muss und auf Grund nachwirkender Treuepflichten dem Mandanten ggü verpflichtet ist, entspr Schriftstücke weiterzuleiten und ggf im vorbenannten Sinne zu belehren.

IV. Vertragspflichten aus dem Anwaltsvertrag iA. Aus dem Anwaltsvertrag ergeben sich für die Parteien bestimmte Rechte und Pflichten, welche sich zT konkret aus gesetzlichen Regelungen ableiten lassen, teilw aber auch durch die Rspr entwickelt wurden, iÜ aus den beiderseitigen Interessen der Parteien zu ermitteln sind. **1. Grundsätzliches zu den Vertragspflichten.** Die abstrakte Rechtsnatur des anwaltlichen Beratungsvertrages besagt recht wenig über den eigentlichen Inhalt des Mandatsverhältnisses und die daraus resultierenden gegenseitigen Pflichten. Sein typisches Gepräge als Anwaltsvertrag erhält der mit dem Anwalt geschlossene Geschäftsbesorgungsvertrag dienstvertraglichen Gepräges dadurch, dass Gegenstand der Geschäftsbesorgung iSd § 675 die berufliche Leistung des Verpflichteten »als Rechtsanwalt« ist (*Borgmann/Haug* aaO IV Rn 1; *Schnabl* JA 2005, 896). Gem § 3 BRAO ist der Rechtsanwalt der berufene unabhängige Berater und Vertreter in allen Rechtsangelegenheiten. Die spezifische berufliche Aufgabe des Rechtsanwalts besteht – gesetzlich grob umrissen in dieser Vorschrift – darin, seinen Auftraggeber in allen Rechtsangelegenheiten gegen ein entspr Entgelt zu beraten und gerichtlich und außergerichtlich zu vertreten. 12

2. Konkretisierung der Vertragspflichten. Während der Mandant auf der Grundlage des anwaltlichen Beratungsvertrages lediglich zur Zahlung des Honorars verpflichtet ist (soweit die Kosten nicht durch die Staatskasse übernommen werden), sind die Aufgaben des Rechtsanwalts sehr umfänglich. Er muss sowohl im außerprozessualen wie im prozessualen Bereich diejenigen Aufgaben wahrnehmen, die zur Durchsetzung von Rechten und rechtlichen Interessen seines Auftraggebers notwendig sind. Seine Aktivitäten müssen auf eine möglichst gute Umsetzung des Mandantenwunsches zielen (MüKo/*Grundmann* § 276 Rn 128). Im Interesse einer Systematisierung und besseren Übersichtlichkeit kann das anwaltliche Pflichtenprogramm in vier zentrale Schutzpflichten unterteilt werden, denen zahlreiche Nebenpflichten korrespondieren. Zu den Pflichten der anwaltlichen Tätigkeit gehören: die Erforschung des Sachverhalts in tatsächlicher Hinsicht, die Rechtsprüfung und Information sowie Beratung und Belehrung des Mandanten (ggf auch die Vertretung vor Gericht, Behörden und dem Gegner), ferner zählt dazu die Einschlagung des sog »sichersten Weges« (*Ahrens* aaO Rn 343; *Zugehör* in: Zugehör/Fischer/Sieg/Schlee aaO Rn 494; *Henssler* JZ 1994, 178). Diese Differenzierung will die engen Interdependenzen zwischen den einzelnen Pflichten nicht leugnen. Die hier angestrebte Einteilung dient lediglich der besseren Orientierung, anerkennt aber auch, dass die Rechte und Pflichten der Parteien in Ermangelung einer expliziten, bis ins Detail gehenden gesetzlichen Regelung vornehmlich aus der Parteivereinbarung und der erg Vertragsauslegung folgen und damit keinesfalls abschließend sind (*Sieg* in: Zugehör/Fischer/Sieg/Schlee aaO Rn 42). Da der Ausgangspunkt des anwaltlichen Pflichtenkreises zunächst die privatautonome Vereinbarung der Parteien ist, empfiehlt es sich, den Gegenstand und den Umfang des Mandats schon bei Vertragsschluss genau festzulegen (*Commichau* aaO Rn 73; *Sieg* in: Zugehör/Fischer/Sieg/Schlee aaO Rn 43; *Schnabl* JA 2005, 896, 897). In jedem Fall folgt aus dem Auftragsverhältnis, dass der Anwalt bei der Wahrnehmung des Mandats die Weisungen des Mandanten zu beachten hat. Dies schließt freilich nicht aus, dass er sie auch mal krit hinterfragt, wenn Anlass dazu besteht. Fehlt es bei Eingehung des Vertrages an einer genauen Festlegung des anwaltlichen Pflichtenprogramms im Rahmen der Umgrenzung des Vertragsgegenstandes, wird geschuldet, was man »üblicherweise« von einem Anwalt erwarten kann. Im Großen und Ganzen müssen dann die einzelnen Pflichten jeweils unter Abwägung der gegenseitigen Interessen von Anwalt und Mandant unter Beachtung des Redlichkeitsgebots ermittelt werden (*Henssler* JZ 1994, 178). **a) Bedeutung der BRAO als rudimentäre berufsrechtliche Festlegung.** Neben einigen in der BRAO konkret geregelten berufsrechtlichen Pflichten (vgl etwa §§ 44, 45, 48, 49, 49a BRAO) erlangt bei der Konkretisierung des anwaltlichen Obligationenkreises die Generalklausel des § 43 BRAO eine gewisse Bedeutung. Danach hat der Rechtsanwalt die »Pflicht zur gewissenhaften Ausübung seines Berufes«; »er hat sich der Achtung und des Vertrauens, welche die Stellung des Rechtsanwalts erfordert, für würdig zu erweisen«. 13

b) Bedeutung der Standesregeln – keine unmittelbare Auswirkung auf den Beratungsvertrag. Bei der Konkretisierung der Generalklausel des § 43 BRAO wurde in der Vergangenheit verschiedentlich auf die Grundsätze des anwaltlichen Standesrechts rekurriert (BGH NJW 1963, 167; *Vollkommer* aaO Rn 5). Diese Sichtweise ist jedoch antiquiert. Seit der grundlegenden Entscheidung des BVerfG vom 14.07.1987 (BVerfGE 76, 176 ff = NJW 1988, 191) kann ihr nicht mehr gefolgt werden (zum Befund: BGH NJW 1988, 1099; *Kleine-Cosack* NJW 1988, 164; *Zuck* NJW 1988, 175 ff; *Pietzcker* NJW 1988, 513). Das BVerfG (aaO) hatte in seinem dazu einschl Judikat herausgestellt, dass die standesrechtlichen Regelungen keine unmittelbaren Auswirkungen auf das Anwalt-Mandanten-Verhältnis haben. Für das Vertragsrecht folgt daraus, dass dem Verhaltenskodex der Anwälte keinerlei rechtserhebliche Bedeutung für das Pflichtenprogramm des Anwalts ggü dem Mandanten zukommt (*Vollkommer* aaO Rn 5). Bedeutung erlangen die anwaltlichen Standesregelungen nur für die Rechtsanwälte untereinander, etwa hinsichtlich der Regelung eines kollegialen Umgangs. 14

15 **c) Bedeutung der Vertragsabrede und der erg Auslegung der Vereinbarung.** Im Hinblick auf eine fehlende explizite Regelung der Pflichten des anwaltlichen Beratungsvertrages im BGB und dem vertragsklauselartigen Charakter des § 43 BRAO kommt man nicht umhin, das anwaltliche Pflichtenprogramm in der Hauptsache an der ggf erg Auslegung des Vertrages (selbst) auszurichten. Vor diesem Hintergrund ist es unmöglich, alle die Parteien betreffenden Pflichten detailliert darzustellen (vgl nur den Hinweis auf die Anzahl der Pflichten bei *Hartstang* aaO S 135). Im Rahmen der erg Vertragsauslegung lässt sich jedoch für den Regelfall schlussfolgern, dass der beauftragte Anwalt typischerweise ein sog »vollumfängliches Mandat« besitzt (*Sieg* in: Zugehör/Fischer/Sieg/Schlee aaO Rn 43). Hinsichtlich des Inhalts und des Umfangs des Mandats gilt insoweit die alte Rspr des RG (RG JW 32, 2854; ebenso BGH NJW 1995, 449; ferner: MüKo/*Grundmann* § 276 Rn 128), die besagt: Wer einen Rechtsanwalt in Anspruch nimmt und dabei nicht zu erkennen gibt, er bedürfe seines Rates und seines Tätigwerdens nur in einer bestimmten Richtung, will eine allg und möglichst erschöpfende Belehrung über die sachliche Durchführung des erbetenen Rates, über die Gefahr, die das beabsichtigte Geschäft in sich birgt und über die zur Abwendung von Schaden anzuwendenden Vorsichtsmaßnahmen, haben. Bedeutsam ist im Hinblick auf diese »Grundregel des vollumfänglichen Mandats«, dass sich der Anwalt auf den eingeschränkten Wortlaut einer Vollmacht im Innenverhältnis zum Mandanten nicht berufen kann, da sie lediglich das Außenverhältnis betrifft. Vollmacht und der Pflichtenkreis aus dem anwaltlichen Beratungsvertrag sind daher zu trennen (*Sieg* in: Zugehör/Fischer/Sieg/Schlee aaO Rn 10). Allerdings kann die Einschränkung – bei einer entspr Klarstellung – nach dem Parteiwillen auch das Innenverhältnis betreffen. Eine Einschränkung liegt bspw vor, wenn der Mandant klarstellt, dass die Beratung nur die zivilrechtlichen Ansprüche betreffen soll. Der Vertragsinhalt beeinflusst die vom Rechtsanwalt zu beachtenden Sorgfaltspflichten. Bei einem unbeschränkten Mandat ist der Rechtsanwalt grds verpflichtet, die Interessen seines Auftraggebers nach jeder Richtung umfassend wahrzunehmen. Innerhalb des eingeschränkten Mandats bezieht sich die Sorgfaltspflicht zwar grds nur auf den Vertragsgegenstand selbst. In den Grenzen des Zumutbaren ist der Anwalt aber auch hier verpflichtet, die sich aus dem Randbereich ergebenden Probleme im Auge zu haben und darüber – wenn auch nicht im Detail – aufzuklären. Der Anwalt ist daher auch in diesem Fall nicht gänzlich von etwaigen Haftungsansprüchen freigestellt (BGH NJW 2002, 1413; 1997, 2168, 2169; WM 1998, 2246, 2247; 1999, 1330, 1336; NJW-RR 2005, 1511; *Grams* in: Axmann/Bischoff aaO Rn 8; *Sieg* in: Zugehör/Fischer/Sieg/Schlee aaO Rn 46). So muss bspw der Anwalt, der mit der Geltendmachung von Restitutionsansprüchen bzgl eines konkreten Vermögensgegenstandes beauftragt ist, den Mandanten vor der Verfristung anderweitiger Restitutionsansprüche warnen, von deren Existenz er anlässlich der Bearbeitung des (eingeschränkten) Mandats erfährt (BGH WM 1998, 2246, 2247 f). Freilich ergeben sich hier vielfältige Abgrenzungsprobleme, die nur unter Einbeziehung der beiderseitigen Interessenlagen, insbes unter Bezugnahme des Kriteriums der Zumutbarkeit, zu lösen sind.

16 **V. Die wesentlichen Vertragspflichten im Detail.** Die Vertragspflichten aus dem anwaltlichen Beratungsvertrag ergeben sich sowohl auf Seiten des Anwalts als auch auf Seiten des Mandanten, wobei sich je nach der Intensität der vertraglichen Obligation Haupt- und Nebenpflichten abgrenzen lassen. **1. Hauptpflichten des Rechtsanwalts. a) Sachverhaltsaufklärung und Beweissicherung.** Chronologisch gesehen steht an erster Stelle die Pflicht des Rechtsanwalts zur Aufklärung des Sachverhalts (BGH NJW 1971, 2191; NJW-RR 1993, 849; *Ahrens* aaO Rn 344; MüKo/*Grundmann* § 276 Rn 131; *Zugehör* in: Zugehör/Fischer/Sieg/Schlee aaO Rn 507 ff; *Schnabl* JA 2005, 896, 897). Es dürfte jedem einleuchten, dass die brillantesten juristischen Ausführungen nichts nützen, wenn sie nicht auf beweisbare Tatsachen gestützt werden können (*Henssler* JZ 1994, 178). Überhaupt lässt sich die Rechtslage erst klären, wenn der Sachverhalt, von dem bei der Prüfung auszugehen ist, feststeht. Vor dem Hintergrund der Bedeutung der Pflicht darf ihre Wahrnehmung vom Anwalt im Regelfall nicht einfach an das Büropersonal delegiert werden (BGH NJW 1981, 2741, 2743). Es gilt vielmehr der Grundsatz, dass der Anwalt den Mandanten bzgl des Sachverhaltes persönlich anzuhören und zu befragen hat (BGH NJW 1961, 601, 602; 1981, 2741, 2743; *Ahrens* aaO Rn 344; *Schlee* AnwBl 1993, 527; *Schnabl* JA 2005, 896, 897). Die persönliche Ermittlung des Sachverhalts durch den Anwalt beschränkt sich allerdings idR auf die Befragung des Mandanten sowie die Lektüre der vorhandenen Korrespondenz und sonstigen Unterlagen einschließlich der Augenscheinnahme von Beweisstücken (BGH NJW 1981, 2741, 2743; 1985, 1154, 1155; *Ahrens* aaO Rn 344; *Henssler* JZ 1994, 178). Der Anwalt muss hinsichtlich der Abklärung des Sachverhalts durch das Gespräch mit dem Mandanten die Zusammenhänge zwischen Tatsachen und Rechtsfragen berücksichtigen. Er hat insoweit seinen Blick zwischen »Sachverhalt und Rechtsordnung hin und her schweifen zu lassen«, um die rechtserheblichen Faktoren und deren Tatsachenbasis herauszufiltrieren (*Schnabl* JA 2005, 896, 897). Im Hinblick auf die erforderliche Sachverhaltsaufklärung darf der Anwalt – was in diesem Zusammenhang bes hervorzuheben ist – durch den Mandanten ggf verwendete juristische Termini nicht ungefragt übernehmen. Haftungsträchtige Beispiele sind etwa Angaben des Mandanten über die »Zustellung« von Schriftstücken. Hier besteht die Gefahr, dass der Mandant das Datum nennt, an dem er das Schriftstück von der Post abgeholt hat, während es ihm schon geraume Zeit vorher durch Niederlegung im rechtlichen Sinne zugestellt wurde (BGH NJW 1994, 1805, 1806; NJW-RR 1995, 825; *Grams* in: Axmann/Bischoff aaO S 131 Rn 19). Andere Beispiele betreffen etwa die Verwendung von Rechtsbegriffen wie: »Abnahme des Bauwerks« (Düsseldorf NJW-RR 1989, 927, 928); »Mietkauf«, »Leihe«, »Übereignung« und

»Rechtsnachfolge« (*Zugehör* in: Zugehör/Fischer/Sieg/Schlee aaO Rn 514). Ist der Tatsachenvortrag des Mandanten nicht ergiebig, muss sich der Anwalt darum bemühen, den Tatsachenstoff zu erweitern, denn dem Mandanten ist häufig nicht bekannt, auf welche zusätzlichen Informationen es rechtlich ankommt (BGH NJW 2000, 730, 731; 2002, 1413; *Franzen* NJW 1982, 1854, 1855). Der BGH hatte sich in mehreren Entscheidungen mit der Reichweite der Pflicht des Rechtsanwalts zur Sachverhaltsaufklärung zu befassen. Er kam dabei zu dem Ergebnis, dass der Anwalt verpflichtet ist, alle Einzelheiten tatsächlicher Art, die Bedeutung für die rechtliche Bewertung haben können, zu eruieren. Der Anwalt kann dabei jedoch grds auf die Richtigkeit (nicht die Vollständigkeit, s.o.) der Informationen des Mandanten vertrauen und ist – ohne konkreten Anlass – nicht verpflichtet, weitere Nachprüfungen zu deren Wahrheitsgehalt anzustellen (RGZ 140, 392, 397; BGH NJW 1985, 1154, 1155 mwN; 1991, 2839, 2840 f; so auch: *Borgmann/Haug* aaO IV Rn 23; *Müller* JR 1969, 161, 163; *Ostler* JA 1983, 109, 110; *Schnabl* JA 2005, 896, 897; *Zugehör* in: Zugehör/Fischer/Sieg/Schlee aaO Rn 513). In jedem Fall findet der Umfang der Aufklärungspflicht seine Grenzen im erteilten Auftrag, so dass der Anwalt keine Fakten erfragen muss, die nicht in innerem Zusammenhang mit dem konkreten Auftrag stehen (BGH NJW 2002, 1413; *Borgmann* NJW 2002, 2145, 2147). In einer vereinzelt gebliebenen Entscheidung verlangt der BGH, dass der Anwalt sogar bei der gegnerischen Partei Informationen einholt (BGH NJW 1983, 1665, 1666). Dieses Urteil muss allerdings als kritikwürdiger »Ausreißer« bezeichnet werden (so *Hartstang* aaO S 138; *Henssler* JZ 1994, 178, 179; *Schnabl* JA 2005, 896, 897). Zum einen widerspricht es der Stellung des Rechtsanwalts als unabhängigem Organ der Rechtspflege (vgl § 1 BRAO), ihn in die Rolle eines Detektivs zu drängen. Zum anderen muss die Aufklärungspflicht des Rechtsanwalts als Parteivertreter dort enden, wo der Mandant selbst keine zusätzlichen Fakten mehr liefern kann (*Hartstang* aaO S 138; *Vollkommer* aaO Rn 112; *Henssler* JZ 1994, 178, 179). Hier erfolgt mithin eine Grenzsetzung. Sie wird darüber hinaus rein faktisch auch daran festzumachen sein, dass der Anwalt gerade bei der Sachverhaltsaufklärung auf eine Mithilfe des Mandanten angewiesen ist. Wird diese nicht geleistet, fehlen dem Anwalt im Regelfall die erforderlichen Informationen zur Abklärung der Tatsachenbasis und späteren rechtlichen Prüfung. Unbeschadet der Notwendigkeit der Mitwirkung des Mandanten bei der Informationsverschaffung handelt es sich bei seinem Beitrag – rechtlich betrachtet – aber nur um eine Obliegenheit, nicht um eine echte Rechtspflicht (aA BGH NJW 1982, 437; *Hartstang* aaO S 137: Informations- und Mitwirkungspflicht des Mandanten; *Zugehör* in: Zugehör/Fischer/Sieg/Schlee aaO Rn 928; *Henssler* JZ 1994, 178; *Schnabl* JA 2005, 896, 899). Der Grund dafür ist, dass die Mitwirkungshandlung des Mandanten auf Grund der notwendigen Vertrauensstellung nicht einklagbar ist und bei Verweigerung nicht zu Schadensersatzansprüchen des Anwalts führt. Folgen hat die Verletzung der Mitwirkungsobliegenheit jedoch trotzdem. Denn wurde der Anwalt trotz ordnungsgemäßer Befragung des Mandanten durch diesen falsch oder nicht ausreichend informiert, ist er für einen auf die Fehlinformation zurückgehenden Schaden nicht verantwortlich; vielmehr begeht der Mandant ein »Verschulden gegen sich selbst«. Der Mandant hat den entstandenen Schaden ohne Regressmöglichkeit gegen den Anwalt selbst zu tragen. Kumulieren hingegen auf beiden Seiten Nachlässigkeiten in vorwerfbarer Weise (etwa weil der Anwalt nicht noch einmal nachgefragt hat, obwohl er dies auf Grund der gegebenen Anhaltspunkte hätte tun müssen), wird das Mitverschulden des Mandanten zumindest beim Umfang des Schadensersatzanspruches über eine entspr Anwendung des § 254 mitzuberücksichtigen sein (BGH VersR 1983, 34, 35; NJW 1996, 2929, 2932; 1999, 1319; WM 1997, 1392, 1395; *Zugehör* in: Zugehör/Fischer/Sieg/Schlee aaO Rn 512). Eng an den Bereich der Sachverhaltsaufklärung angelehnt ist sodann die Pflicht des Anwalts zur Beweissicherung. Nachdem der Sachverhalt vom Mandanten mitgeteilt wurde, entsteht diese Pflicht, wenn zu besorgen ist, dass ein Beweismittel verloren geht oder seine Benutzung erschwert wird (BGH NJW 1993, 2676, 2677; *Zugehör* in: Zugehör/Fischer/Sieg/Schlee aaO Rn 521).

b) **Rechtsprüfung.** Der Aufklärungspflicht folgt chronologisch der Kernbereich der anwaltlichen Pflichten – 17
die Rechtsprüfung (*Henssler* JZ 1994, 178, 179). Aufgrund seiner Ausbildung und Stellung ist die Rechtsprüfung die berufsspezifische Aufgabe des Anwalts, vgl §§ 1, 3 BRAO (*Borgmann/Haug* aaO IV Rn 31; *Schnabl* JA 2005, 896, 897; *Zugehör* in: Zugehör/Fischer/Sieg/Schlee aaO Rn 522: »vornehmste und wichtigste Aufgabe«). Die Rspr stellt gerade in diesem Zusammenhang höchste Anforderungen an den Rechtsbeistand, was gelegentlich dazu führte, dass Vertreter der Anwaltschaft beklagt haben, sie würden am Leitbild des »juristischen Supermanns« gemessen, der über ein computerhaftes Gedächtnis, ein hervorragendes Judiz sowie über höchste Intelligenz und Energie verfüge (*Rinsche* aaO Rn I 72; *Prinz* VersR 1986, 317; *Scheffler* NJW 1961, 577; *Slobodenjuk* NJW 2006, 113, 116 f; ähnl für den Steuerberater *Gounalakis* NJW 1998, 3593, 3594, 3598). Solche Formulierungen mögen geeignet sein, einem Unbehagen in der Anwaltschaft an der als »anwaltsfeindlich« empfundenen Rspr Ausdruck zu verleihen, mit der Realität hat diese Kritik jedoch wenig zu tun, sie geht überdies am Mandanteninteresse vorbei und ist schon deshalb nicht haltbar (*Zugehör* in: Zugehör/Fischer/Sieg/Schlee aaO Rn 592). An dem Grundsatz, dass der Anwalt als Rechtsbeistand verpflichtet ist, eine umfassende und gewissenhafte rechtliche Prüfung vorzunehmen, ist hinsichtlich des hier zu erörternden objektiven Pflichtenkreises ohne irgendwelche Abstriche festzuhalten (*Ahrens* aaO Rn 343; *Hartstang* aaO S 139; *Henssler* JZ 1994, 178, 179). Der Anwalt hat im Rahmen der anzustellenden Rechtsprüfung sämtliche für den jeweiligen Fall relevante Rechtsnormen zu ermitteln und richtig anzuwenden (*Grams* in: Axmann/Bischoff aaO S 131 Rn 22). Schon das Herausfiltrieren des relevanten Rechtsstoffes verlangt ihm eine detail-

lierte Rechtskenntnis ab, die auch die Kenntnis der neuesten Gesetze einschließt (BGHZ 81, 353 = NJW 1982, 96: zu § 1600h; 93, 332; VersR 1977, 835; 1978, 825; 1981, 552, 553; WM 2000, 1814: auch der neuen Bundesländer; Hamm VersR 1981, 936: BGB-Kenntnisse bis ins Detail; MüKo/*Grundmann* § 276 Rn 133; *Ahrens* aaO Rn 344; *Borgmann/Haug* aaO IV Rn 34; *Hartstang* aaO S 139; *Henssler* JZ 1994, 178, 179). Die Pflicht zur umfassenden Rechtskenntnis bedingt mittelbar die Notwendigkeit zur steten Fortbildung (vgl § 43a Abs 6 BRAO, s auch *Kellner* NJW 2002, 1372, 1376 mit einer weitergehenden Forderung in Anlehnung an § 15 FAO). Im Hinblick auf ihre tatsächliche Erfüllbarkeit ist die an den Anwalt herangetragene Pflicht, stets »up to date« zu sein, freilich nicht ganz unproblematisch. Sie ist jedoch als objektive Anforderung an den Berufsstand unumgänglich, weil sie der nachvollziehbaren und somit rechtlich schützenswerten Erwartungshaltung des Mandanten am ehesten entspricht (*Henssler* JZ 1994, 178, 179; *Schnabl* JA 1995, 896, 897); das notwendige Korrektiv ist erst auf der subjektiven Ebene des Vertretenmüssens der Pflichtverletzung anzusetzen. Die Höhe der objektiven Anforderung rechtfertigt sich zudem im Hinblick auf die Zumutbarkeit für den Rechtsanwalt. In den meisten Fällen besteht nämlich keine bes Dringlichkeit, so dass der Anwalt den Sachverhalt nicht auf die Schnelle »en detail« und vollständig lösen können muss, im Regelfall wird er Zeit haben, sich ein umfassendes Bild von der Rechtslage zu verschaffen (*Vollkommer* aaO Rn 12). Ad hoc muss der Anwalt lediglich in der Lage sein, sich mit seinem »präsenten Wissen« die Rechtsprobleme des Falles anzueignen (*Schneider* MDR 1972, 745, 746; *Schnabl* JA 1995, 896, 897). Das notwendige Wissen des Anwalts um die Rechtslage endet jedoch noch nicht bei den tatsächlich existenten Rechtsvorschriften. Die von der Rspr aufgestellten Anforderungen an den Anwalt gehen so weit, dass er auch zukünftige, etwa aus dem Steuerblatt erkennbare Entwicklungen, antizipieren muss (Stuttgart ZIP 1987 A 163 Nr 558; zur Berücksichtigung werdenden Rechts: allg *Raebel* DStR 2004, 1673). Sofern der Sachverhalt einen Auslandsbezug aufweist, ist darüber hinaus auch das ggf anwendbare ausländische Recht einzubeziehen, über das der Anwalt sich kundig zu machen hat (BGH NJW 1972, 1044). Neben die notwendige Kenntnis der Rechtsvorschriften tritt die notwendige Kenntnis der Rspr. Die diesbezüglich von der Rspr selbst entwickelten Anforderungen sind bes streng. Danach hat der Anwalt anlässlich der Anwendung und Auslegung der einschl Rechtsregeln zunächst die höchstrichterliche Rspr zu berücksichtigen (BGH NJW 1993, 3323; so auch: *Grams* in: Axmann/Bischoff aaO S 131 Rn 23; *Meyer-Ladewig* AcP 161, 97, 116; *Schnabl* JA 2005, 896, 897). Es genügt dabei nicht, sich auf die Entscheidungen in der amtlichen Sammlung zu beschränken. Vielmehr hat sich der Anwalt stets über den neuesten Stand der Rspr auch in den entspr Fachzeitschriften zu informieren, dies gilt insbes für Fachanwälte (BGHZ 40, 218 ff; iÜ vgl BGH NJW 1958, 825; 1971, 1704; 1979, 877; 1992, 3237, 3239; VersR 1979, 232, 375; *Borgmann/Jungk* BRAK-Mitt 2001, 17 ff; *Hartstang* aaO S 139; *Henssler* JZ 1994, 178, 179; MüKo/*Grundmann* § 276 Rn 132). Bei der Lektüre des entspr Judikats darf sich der Anwalt des Weiteren nicht nur auf den Leitsatz beschränken, denn der in dem Fall ggf anzuwendende Rechtssatz kann sich mitunter auch aus den tragenden Gründen ergeben (Düsseldorf VersR 1980, 359, 360). Von Bedeutung für die Rechtspraxis ist in diesem Zusammenhang die von der Rspr entwickelte Frist zur Kenntnisnahme eines Judikats. Eine Zeitspanne von mehr als sechs Wochen seit der Veröffentlichung der Entscheidung wird dabei grds als nicht mehr entschuldbar angesehen (Düsseldorf VersR 1980, 359, 360). Entscheidend sind jedoch immer die konkreten Umstände des Einzelfalls (BGH NJW 1958, 825; *Schnabl* JA 2005, 896, 897). Im Grenzbereich des Zumutbaren und daher höchst problematisch ist die Frage, inwieweit der Anwalt einen Wandel der höchstrichterlichen Rspr (zum Wandel der Gesetzeslage vgl oben) vorhersehen können muss (vgl dazu BGH BB 1993, 2267, 2268; *Henssler* JZ 1994, 178, 180). Zu fordern ist hier – ähnl wie bei der antizipierten Berücksichtigung anstehender Gesetzesänderungen –, dass sich ein Wandel angedeutet haben muss, und zwar insofern, als konkrete Anhaltspunkte für eine Änderung erkennbar waren (BGH NJW 1993, 3323; *Borgmann/Haug* aaO IV Rn 54; *Grams* in: Axmann/Bischoff aaO S 132 Rn 23; *Henssler* JZ 1994, 178, 180; *Schnabl* JA 2005, 896, 898). Der BGH hat dies jedoch dahingehend eingeschränkt, dass der Anwalt jedenfalls schon dann nicht mehr auf den Fortbestand der Rspr vertrauen darf, wenn die betreffende Rechtsfrage seit längerem umstritten ist (BGHZ 60, 98, 101). In der Konsequenz bedeutet diese Einschränkung wohl, dass die Frist für die Erkundigungspflicht über den aktuellen Stand der Rspr bes kurz anzusetzen ist, sofern bzgl einer Rechtsfrage schon in der Vergangenheit ernsthafte Diskussionen auftraten. Problematisch wird die Lage, wenn es zur Anwendung einer Vorschrift noch keine höchstrichterliche Rspr gibt. In diesem Fall hat der Anwalt auf die unterinstanzliche Rspr abzustellen (BGH WM 1993, 420, 423). Dabei ist er zunächst aufgerufen, die überwiegende Tendenz der Entscheidungen der Oberlandesgerichte zu eruieren (*Schnabl* JA 2005, 896, 898). IÜ ist auf die Rspr der Instanzgerichte zu rekurrieren, erg ist das Meinungsbild in der Lit zu erforschen (BGH WM 2000, 2431; *Borgmann* NJW 2002, 2145, 2147). Zu berücksichtigen ist die unterinstanzliche Rspr insbes dann, wenn der Rechtsstreit gar nicht in die höchste Instanz gelangen kann (Frankfurt aM FamRZ 1991, 1047). Fehlt es – etwa bei einer »jungen Norm« – an jeglicher gesicherter Rechtspraxis, so muss der Anwalt anhand der üblichen Auslegungsmethoden selbst ein vernünftiges Ergebnis hinsichtlich der Anwendung und Auslegung der Vorschrift ermitteln (*Meyer-Ladewig* AcP 161, 97, 117).

18 **c) Beratung und Belehrung.** Der Rechtsprüfung als Kernaufgabe des anwaltlichen Beratungsvertrages folgt die Pflicht, den Mandanten auf der Grundlage der gewonnenen Rechtskenntnis umfassend zu belehren und zu beraten (*Schnabl* JA 2005, 896, 898). Die Qualität der anwaltlichen Tätigkeit bemisst sich häufig gerade

daran, wie es der Anwalt versteht, das Ergebnis der Rechtsprüfung dem idR rechtsunkundigen Klienten »zu vermitteln« (MüKo/*Grundmann* § 276 Rn 133) und Strategien zum weiteren Vorgehen zu entwickeln. Oberstes Ziel der Beratungs- und Belehrungspflicht des Rechtsbeistandes ist es, den Mandanten in eine Lage zu versetzen, in der er selbst eigenverantwortlich entscheiden kann, wie er vorgehen will (*Borgmann* NJW 2002, 2145, 2147). Schon wegen der Vielzahl der Mandantentypen darf der Anwalt nicht vergessen, dass der Mandant Träger der Entscheidungsgewalt ist und bleibt. In Anerkennung dieses Umstandes ist es lediglich die Aufgabe des Anwalts, dem Klienten die Lage darzulegen und Empfehlungen auszusprechen (BGH NJW 1994, 3295; *Grams* in: Axmann/Bischoff aaO S 132 Rn 25). Die Anforderungen an den Umfang der Beratungspflicht sind allerdings streng (*Borgmann/Haug* aaO IV Rn 66; *Ostler* JA 1983, 109, 110). So hat der Anwalt auch dieser Pflicht grds persönlich nachzukommen. Er darf sie nicht auf das Büropersonal oder eine andere Person delegieren (BGH NJW 1981, 2741, 2743). Nach der Rspr muss die Beratung des Weiteren nicht nur umfassend, sondern sogar erschöpfend sein (BGH VersR 1960, 932, 933; NJW 1988, 563, 566). In sie einbezogen werden sollen alle Rechtsfragen, die mit dem konkreten Beratungsgegenstand im Zusammenhang stehen (*Borgmann/Haug* aaO IV Rn 68). Inhaltlich läuft die Beratung und Belehrung darauf hinaus, dass der Anwalt über Chancen und Risiken der angestrebten rechtlichen Schritte umfassend aufklären muss (*Ostler* JA 1983, 109, 111; *Schnabl* JA 2005, 896, 898). IE haben sich hierzu folgende Leitlinien herausgebildet: Zur Beratungs- und Belehrungspflicht des Anwalts gehört es, dass er Aufträge des Mandanten nicht »blind« ausführen darf. Er hat zunächst deren Sinnhaftigkeit zu prüfen und den Mandanten über das Ergebnis seiner Prüfung ins Benehmen zu setzen (MüKo/*Grundmann* § 276 Rn 133). Handelt es sich bei der Mandatierung um die Beauftragung zur klagweisen Geltendmachung eines Anspruchs, muss der Anwalt die Erfolgsaussichten der Klage prüfen und hierüber Auskunft erteilen. Auf die etwaige Aussichtslosigkeit der klagweisen Durchsetzung des vermeintlichen Anspruchs ist genauso aufmerksam zu machen wie auf mögliche Probleme oder Risiken. Ist die Klage aussichtslos, muss der Anwalt schon wegen des Kostenrisikos von ihrer Erhebung abraten (*Grams* in: Axmann/Bischoff aaO S 132 Rn 26). Bei Beratungen in gesellschaftsrechtlichen oder handelsrechtlichen Fragen (aber auch in anderen rechtlichen Angelegenheiten mit erheblicher wirtschaftlicher Tragweite) ist auch ungefragt auf die wichtigen steuerrechtlichen Aspekte einzugehen (BGH FamRZ 1975, 480; NJW 1988, 563; LG Köln NJW 1981, 351; krit *Henssler* JZ 1994, 178, 181 und *Schnabl* JA 2005, 896, 898). In Zweifelsfällen empfiehlt es sich, darauf explizit hinzuweisen, dass sich die Beratung nicht auf steuerrechtliche Aspekte erstreckt, falls der Anwalt diese Aufgabe nicht leisten kann oder will (*Sieg* in: Zugehör/Fischer/Sieg/Schlee aaO Rn 741; *Schnabl* JA 2005, 896, 898). Hinsichtlich der Intensität der rechtlichen Abklärung und anwaltlichen Beratung spielt das im Vertragskontext herausgestellte Gewicht der Angelegenheit für den Mandanten, das ggf auch am (Streit-)Wert zu ermessen ist, ebenso eine Rolle (BGH NJW 1982, 1095; 1982, 1806; MüKo/*Grundmann* § 276 Rn 133) wie sein vorhandenes oder gänzlich fehlendes Vorwissen sowie eine ggf explizite Beschränkung des Beratungsgegenstandes (*Borgmann/Haug* aaO III Rn 77 mwN; *Schnabl* JA 2005, 896, 898). Bei Beratungsresistenz des Auftraggebers darf der Anwalt das Mandat niederlegen (Celle AnwBl 1973, 296 Nr 3; Düsseldorf VersR 1973, 424), er muss dies aber nicht, vielmehr sollte er zu seiner eigenen Sicherheit die gegebene Beratung und Belehrung dokumentieren. Über Weisungen des Mandanten darf sich der Anwalt grds niemals hinwegsetzen; er hat sie lediglich zu prüfen und dem Mandanten Mitteilung über ihre Sinnhaftigkeit zu machen (s.o.). Zurückhaltung seitens des Anwalts ist in jedem Fall bei der Abgabe nichtjuristischer Empfehlungen geboten, da diese ebenfalls unter die anwaltliche Beratung mit entspr Haftungsrisiko fallen (BGH WM 1994, 504, 505). Speziell ausgeformte Beratungspflichten treffen den Anwalt im Zusammenhang mit einem offerierten Vergleichsabschluss. Im beratenden Vorfeld ist es seine Aufgabe, Chancen und Risiken genau abzuwägen und dem Mandanten eine entspr Mitteilung zu machen. In der Abwägung spielen nicht nur wirtschaftliche Faktoren eine Rolle, auch Gesundheit oder psychischer Zustand des Klienten sind Faktoren, die Berücksichtigung finden dürfen. Haftungsrechtlich relevant ist jedoch eine objektiv fehlerhafte Rechtsbeurteilung, die die Motivationsbasis für den Vergleich schafft (BGH NJW 2000, 536). Aufklären muss der Anwalt anlässlich eines Vergleichs auch bzgl der Reichweite etwaiger »Abgeltungsklauseln« (BGH NJW 2002, 292). Unterbreitet das Gericht auf Grund rechtlich fehlerhafter Würdigung einen für den Mandanten objektiv ungünstigen Vergleichsvorschlag, hat der Anwalt das Gericht auf seine fehlerhafte Auffassung hinzuweisen, aufzuklären ist auch ggü dem Mandanten (*Grams* in: Axmann/Bischoff aaO S 133 Rn 29). Bes Belehrungspflichten treffen den Anwalt überdies bei der (ggf vorzeitigen) Mandatsbeendigung.

d) Wahl des sog »sichersten Weges«. Eine von der Rspr entwickelte bes Pflicht des Anwalts ist die zur Wahl 19
des für den Mandanten sichersten Weges. Sie ist an dieser Stelle einzeln herauszustellen und nicht nur als Annex zur Beratungs- und Belehrungspflicht zu begreifen, da sie alle Felder und Stadien der anwaltlichen Tätigkeit umfasst (*Borgmann/Haug* aaO IV Rn 113; *Henssler* JZ 1994, 178, 182; *Schnabl* JA 2005, 896, 898). Ursprünglich verlangte die Rspr lediglich, dass der Anwalt von mehreren gangbaren Wegen den »sichereren« zu gehen hat. Mittlerweile ist der BGH jedoch generell zum Superlativ des »sichersten« Weges übergegangen (BGH NJW 2000, 3560, 3561; NJW 1993, 2045, 2046; NJW-RR 1990, 1241, 1242; NJW 1981, 2741, 2742; 1983, 1665, 1666; vgl auch die Auswertung von *Schnabl* JA 2005, 896, 898). Daraus leiten sich mehrere Postulate ab: Ist die Rechtslage, die der Anwalt in zutr Weise eruiert hat, nicht ganz eindeutig (etwa in Bezug auf

verschiedene Ansichten zu Auslegungsfragen, sich widersprechende Judikate etc) oder eröffnen sich in sonstiger Weise hinsichtlich des anwaltlichen Vorgehens mehrere Varianten, so hat der Anwalt diejenige zu empfehlen, die für den Mandanten die größtmögliche Chance der tatsächlichen Sicherung seines Interesses bietet und insoweit »am sichersten« ist (BGH NJW 1983, 1665; MüKo/*Grundmann* § 276 Rn 133; *Zugehör* in: Zugehör/Fischer/Sieg/Schlee aaO Rn 569 ff). In diesem Zusammenhang steht ua die Pflicht des Anwalts, eigene Rechtsansichten ggf hinten an zu stellen, falls sie der höchstrichterlichen Rspr entgegenstehen sollten und der Fall zu Gericht kommt. Die Pflicht des Anwalts, sich bei der Vertretung des Mandanten an der höchstrichterlichen Rspr zu orientieren, ist interessengerecht, selbst wenn sich hieran zuweilen Kritik etwa mit dem Hinweis entzündet, der Anwalt sei Organ der Rechtspflege und dürfe und solle als solches nicht nur dem »Trampelpfad« der hM nachfolgen. Diese Einwände gehen am berechtigten vertraglichen Interesse des Mandanten vorbei. Denn obwohl es auch Aufgabe der Rechtsanwaltschaft ist, das Recht (mit-)fortzubilden, ist der Anwalt, der ein Mandat übernommen hat, in erster Linie Interessensvertreter seines Mandanten. Bei der zielorientierten Wahrnehmung des Mandats im Interesse des Klienten kann und darf er die höchstrichterliche Rspr nicht außer Acht lassen, ansonsten ständen seine Obsiegenschancen schlecht. Seinen evtl vorhandenen Ambitionen, Rechtsfortbildung zu betreiben, kann der Rechtsanwalt in einem für den Mandanten »ungefährlicheren Terrain« nachgehen, etwa in Form eigener publizistischer Tätigkeit oder im Rahmen von zu stellenden Hilfsanträgen etc (*Schnabl* JA 2005, 896, 899). Unabhängig von dem Gebot, sich an der höchstrichterlichen Rspr zu orientieren, hat die Rspr aus dem Grundsatz der Wahl des sichersten Weges zudem die Pflicht des Anwalts entwickelt, Irrtümern und Versehen des Gerichts schon in ihrer Entstehung entgegenzuwirken (BGH NJW 1974, 1865, 1866; 1988, 3013, 3016; 1996, 2648, 2650 f; NJW-RR 1990, 1241, 1242; WM 1996, 35 40; 1998, 1542, 1545; *Zugehör* in: Zugehör/Fischer/Sieg/Schlee aaO Rn 525). Obgleich sich auch hieran in der Lit zuweilen Kritik entzündet, etwa mit dem Argument, eine solche Pflicht erweise sich als unvereinbar mit dem Grundsatz »*iura novit curia*«, sie stehe darüber hinaus auch in Widerspruch zu den Maximen des Zivilprozesses (*Henssler* JZ 1994, 178, 182), ist an diesem Postulat festzuhalten. Zwar obliegt die rechtliche Beurteilung des Streitfalls dem Gericht; dies trägt für sein Urteil die volle Verantwortung (BGH NJW 1988, 3013, 3016; 1996, 2648, 2650). Aber auch der Rechtsanwalt als unabhängiges Organ der Rechtspflege (§ 1 BRAO) hat dazu beizutragen, das Recht im Einzelfall zu verwirklichen, innerhalb der verschiedenen Funktionen sind die Pflichten des Gerichts und des Rechtsanwalts gleichrangig (*Schultz* MDR 1965, 264 ff; *Zugehör* in: Zugehör/Fischer/Sieg/Schlee aaO Rn 525). Der Grundsatz von der Wahl des sichersten Weges schlägt sich ferner in der Forderung nieder, dass im Fall einer aus rechtlichen oder aus tatsächlichen Gründen nicht mit letzter Sicherheit zu klärenden Verjährung der Ansprüche des Mandanten der Anwalt seiner Beratung und seinem Vorgehen den frühestmöglichen Zeitpunkt zugrunde legen muss (BGH NJW 1990, 2128, 2129; 1993, 734; 1995, 2551, 2552; 1996, 48, 51; *Ahrens* aaO Rn 344; *Grams* in: Axmann/Bischoff aaO S 133 Rn 33). Er hat hier »von der Warte des Pessimisten« Chancen und Risiken nach der für den Mandanten ungünstigsten Rechtslage abzuwägen. Sofern es um die Versendung empfangsbedürftiger Erklärungen geht, hat er überdies den Übertragungsakt sicherzustellen (BGH NJW 1994, 1472; 1995, 521; *Grams* in: Axmann/Bischoff aaO S 133 Rn 33).

20 **e) Sicherstellung der Einhaltung von Fristen und Zustellungsfragen.** Ein bes forensisches Risiko beinhaltet überdies die Pflicht des Anwalts zur Wahrung der Fristen. Statistische Erhebungen der Haftpflichtversicherer ergaben, dass in etwa 40% der von den Anwälten gemeldeten Versicherungsfälle Fristversäumnisse die entscheidende Rolle spielten (*Borgmann* BRAK-Mitt 1998, 16 ff). Die falsche Berechnung durch den Anwalt spielt dabei als Fehlerquelle ebenso eine Rolle wie die häufig suboptimale Kanzleiorganisation (BGH VersR 1983, 269, 270; 1983, 401; NJW 1992, 3175; MüKo/*Grundmann* § 276 Rn 130; *Grams* in: Axmann/Bischoff aaO S 133 Rn 34). Die Anlage eines Fristenkalenders und seine ordnungsgemäße Führung ist in jeder Kanzlei ein »Muss« (BAG NJW 1993, 1350; BGH NJW 1997, 3245; VersR 1984, 666; NJW 1988, 568; 1989, 1157; 1992, 574; VersR 1983, 83, 83; MüKo/*Grundmann* § 276 Rn 130). Der klassische Fristenkalender in Papierform ist immer noch das wichtigste Hilfsmittel zur Kontrolle. In jedem Fall sollte der Kalender stets für das gesamte Kanzleipersonal zugänglich aufbewahrt sein. Er kann separat oder auch als »Sammelwerk« geführt werden, eine bes Form ist nicht vorgeschrieben (*Grams* in: Axmann/Bischoff aaO S 135 Rn 41). Zwar sind auch EDV-gestützte Fristenkalender grds zulässig (BGH NJW 2000, 1957; 2001, 76). In puncto Datenzugänglichkeit und -sicherheit sind jedoch nach der Rspr hohe Anforderungen zu stellen. So muss etwa bei Störfällen gewährleistet sein, dass die notwendige Reparatur unverzüglich durch eine Servicefirma durchgeführt wird (BGH NJW 1997, 327). In jedem Fall sind Sicherheitskopien anzufertigen und zu speichern (BGH NJW 1997, 327; München NJW 1990, 191). Im Kalender einzutragen ist immer das genaue Fristende. Bzgl nicht bundeseinheitlicher gesetzlicher Feiertage ist für die richtige Fristberechnung auf die Verhältnisse an dem Ort abzustellen, an dem die Frist zu wahren ist (VGH München NJW 1997, 2130). Zur besseren Orientierung erfolgt der Vermerk bzgl des genauen Fristendes über den Fristkalender hinaus auch in der Handakte. Eine entscheidende Rolle für den Fristenlauf spielt das Empfangsbekenntnis. Der Anwalt sollte dieses erst dann unterschreiben und zurücksenden, wenn die Frist bereits im Fristenkalender und auf der Handakte notiert ist. Nur so können Versäumnisse systematisch verhindert werden. In jedem Fall muss auch durch die Kanzleiorganisation dem vorzeitigen Streichen von Fristen vorgebeugt werden (BGH VersR 1983, 541; 1983, 589;

NJW 1990, 187; 1990, 2126). Die Berechnung und Kontrolle der Fristen darf dem Personal überlassen werden, soweit es sich um in der Kanzlei übliche, routinemäßige Fristen handelt (BGH NJW 1965, 1021; VersR 1971, 1145; 1978, 944; 1983, 757; 1984, 662; NJW 1988, 1853; krit noch früher das BAG vgl BAG NJW 1975, 232). Allerdings muss das Personal in diesem Fall eine entspr hohe Qualifikation besitzen, dh hierfür ausgebildet und eingewiesen worden sein, wobei der Anwalt regelm stichprobenartige Kontrollen durchzuführen hat (BGH NJW 1988, 2045; NJW 1997, 3245; MüKo/*Grundmann* § 276 Rn 130). Eine Grenze findet die Delegationsmöglichkeit von anwaltlichen Aufgaben im Zusammenhang mit der Fristberechnung bei der eigenständigen Fallaufnahme, etwa bei Unfällen. Diese darf aus Sicherheitsgründen nicht völlig aus der Hand gegeben werden (MüKo/*Grundmann* § 276 Rn 130; vgl dazu Düsseldorf ZfS 1983, 225: bei lebensgefährlich verletztem Opfer nicht sofort Schmerzensgeld eingeklagt). Das Fehlen einer zuverlässigen Ausgangskontrolle und klarer Zuständigkeiten stellt jedenfalls einen Organisationsmangel dar (BGH VersR 1983, 269, 270; 1983, 401; NJW 1992, 3176; MüKo/*Grundmann* § 276 Rn 130). Eine Kontrolle der regelm Briefbeförderung ist nicht erforderlich (BVerfG NJW 1992, 38; 1983, 1479; BGH NJW 2003, 3712; 1983, 1741; zu den neuen Ländern vgl BGH NJW 2001, 1566; wohl aber bei Poststreik: BGH NJW 1993, 1332). Gleiches gilt für das Fax (BGH NJW 1992, 244). Auf die stetige Einschaltung des Faxgerätes bei Gericht kann grds vertraut werden (BGH NJW-RR 2004, 283). Heute wird maßgeblich nur auf das Vorliegen des konkreten Sendeberichts abgestellt (BGH NJW 1995, 665; 1998, 907; ausf *Hoppmann* VersR 1992, 1068). Allg an zuverlässiges Personal delegiert werden kann die Durchführung von Korrekturanweisungen (BGH NJW 1982, 2670; 1989, 589; VersR 1983, 838) und sonstiger eher mechanischer Verrichtungen iSv Botengängen und Kopien (BGH NJW 1988, 2045). Für Botengänge dürfen auch Personen herangezogen werden, die nicht speziell ausgebildet sind, sie müssen nicht einmal Kanzleiangestellte sein (BGH VersR 1989, 166). Allerdings gilt auch hier, dass sich der Anwalt von deren Zuverlässigkeit überzeugt haben muss. Zudem muss er sicher gehen, dass die hierfür eingesetzten Personen über die Bedeutung des Botengangs zur Fristwahrung aufgeklärt wurden (BGH NJW 1988, 2045; zur Verwechselung von Gerichtsbriefkästen vgl BGH NJW-RR 1989, 126; zur zutr Adressierung an das Gericht s BGH NJW-RR 1990, 1149). Eine bes große Zahl von Entscheidungen hat sich zum Themenkreis »Fristwahrung durch Übermittlung per Fax« herausgebildet. Der BGH (BGH NJW 1993, 3142) hatte schon sehr früh entschieden, dass die Übermittlung von Berufung oder Berufungsbegründung per Fax die Frist wahrt, sofern nur das abgesandte Faxschreiben selbst ordnungsgemäß unterschrieben ist. Das BAG hat sich dem erst spät angeschlossen (BAG NJW 1999, 2989). Der gemeinsame Senat der obersten Gerichtshöfe (GmS OGB NJW 2000, 2340) hat inzwischen entschieden, dass sogar ein Computerfax mit eingescannter Unterschrift allein als fristwahrend zu akzeptieren ist. Die Faxübermittlungsmöglichkeit führt dazu, dass der Anwalt Schriftstücke auch noch »Fünf vor Zwölf« an die entspr Stelle fristwahrend versenden kann. Er muss jedoch sicherstellen, dass beim Übertragungsvorgang (ggf bis zum Ablauf der Frist um 24.00 Uhr) nichts »schief geht«. Dabei hat er einzukalkulieren, dass die Leitung zu Gericht evtl besetzt sein kann (BVerfG MDR 2000, 168; BGH NJW-RR 2000, 1591). Eine ungewöhnlich lange Übertragungsdauer muss sich der Anwalt aber nicht zurechnen lassen (BGH NJW 2005, 678). Eine Wiedereinsetzung nach Fristversäumnis ist möglich und sollte entspr beantragt werden, wenn das Faxgerät des Gerichtes generell in der betreffenden Zeitspanne des Übertragungsvorgangs nicht funktionierte (BGH NJW 1997, 250), zB wegen Papierstaus (*Grams* in: Axmann/Bischoff aaO S 137 Rn 59). Auch in anderen Fällen kann die Versäumung prozessualer oder behördlicher Fristen durch die Gewährung einer Wiedereinsetzung in den vorherigen Stand geheilt werden (§§ 233 ZPO, 60 VwGO, 32 VwVfG, 67 SGG, 56 FGO, 110 AO, 22 Abs 2 FGG, 44 StPO). Grundvoraussetzung dafür ist allerdings, dass die Partei an der Fristversäumung kein Verschulden trifft. Außer bei Fristen nach der StPO ist weitere Voraussetzung, dass auch den Rechtsanwalt der Partei kein Verschulden trifft (§ 85 Abs 2 ZPO). Dies ist in jedem Fall substantiiert vorzutragen und glaubhaft zu machen (*Grams* in: Axmann/Bischoff aaO S 137 f Rn 60).

f) Spezielle Pflichten im Prozess. Eine Vielzahl von zu beachtenden Pflichten treffen den Anwalt im Stadium 21
des Prozesses. Der Rechtsanwalt verletzt hier bspw seine Pflicht, wenn er einen Gerichtstermin versäumt, zu dem festgesetzten Termin mit erheblicher Verspätung erscheint und nicht für seine Vertretung gesorgt hat. Dann kann gegen die Partei ein Versäumnisurteil erlassen werden. Je nach dem Grund der Säumnis ist allerdings zu prüfen, ob der Rechtsanwalt auch schuldhaft gehandelt hat (BGH NJW 1999, 724 f: straßenverkehrsbedingte Säumnis – relevant im Hinblick auf § 345 ZPO). Unter Anwendung des Sorgfaltsmaßstabes eines ordentlichen Rechtsanwalts, wie er auch von § 233 ZPO festgeschrieben wird, braucht der Anwalt bspw wegen eines unvorhergesehenen Verkehrshindernisses keine Reservezeit einzuplanen (BGH NJW 1999, 724). Er muss allerdings, soweit möglich, versuchen, durch geeignete Maßnahmen den Erlass eines Versäumnisurteils zu verhindern, zB durch Mitteilung über Handy an das Gericht (BGH NJW 1999, 724). Dies hat auch rechtzeitig zu erfolgen (BGH NJW 2006, 448). Sollte sich der Anwalt jedoch zu der sog »Flucht in die Säumnis« entschließen, um durch die Einlegung eines Einspruches gegen das Versäumnisurteil den Weg für eine Fortsetzung des Verfahrens freizumachen, ist er regelm verpflichtet, auch ohne ausdrückliche Weisung des Mandanten Einspruch gegen das Versäumnisurteil einzulegen (BGH NJW 2002, 290, 291; *Sieg* in: Zugehör/Fischer/Sieg/Schlee aaO Rn 680). Ein anwaltliches Fehlverhalten bei Terminswahrnehmung kann aber nicht nur bei Terminversäumung, sondern auch in einem falschen Tatsachen- bzw Rechtsvortrag liegen. Gleiches

gilt für das gänzliche Fehlen von Rechtsausführungen (BGH NJW 1974, 1865, 1866; *Müller* MDR 1969, 896; *ders* JR 1969, 161, 164). Tatsachen, von deren Unrichtigkeit der Anwalt überzeugt ist, dürfen genauso wenig vorgetragen werden (MüKo/*Grundmann* § 276 Rn 135) wie falsche oder irreleitende Ausführungen zum rechtlichen Bereich. Generell gilt, dass der Anwalt in einem gerichtlichen Verfahren alle zugunsten seines Mandanten sprechenden tatsächlichen und rechtlichen Argumente vortragen muss (*Sieg* in: Zugehör/Fischer/Sieg/Schlee aaO Rn 669). Der Vortrag muss schlüssig und substantiiert sein (BGH NJW 1982, 437; Koblenz NJW-RR 1997, 954). Der Anwalt darf sich im Prozess nicht darauf verlassen, dass das Gericht das Recht auf den vorgetragenen Sachverhalt richtig anwendet; vielmehr muss er nach der Rspr möglichen Fehlern des Gerichts von selbst entgegenwirken (BGH NJW 1974, 1865, 1866; 1988, 1079, 1080; NJW-RR 1990, 1241, 1242; *Grams* in: Axmann/Bischoff aaO S 132 Rn 24; *Sieg* in: Zugehör/Fischer/Sieg/Schlee aaO Rn 674). IÜ ist darauf hinzuweisen, dass der Anwalt gerade auch im Prozess »vorsichtig in der Sache und hinsichtlich der Kosten« vorzugehen hat (BGH NJW 1959, 141; 1974, 1865; 1983, 822; VersR 1975, 540; MüKo/*Grundmann* § 276 Rn 135). Vor dem Hintergrund dieses Postulats verletzt er bspw seine Vertragspflicht ggü dem Mandanten, wenn er eine aussichtslose Klage (ohne entspr Belehrung und Einholung der Zustimmung des Mandanten) erhebt oder eine aussichtsreiche Klage unterlässt (Düsseldorf VersR 1973, 424). Soll eine zur Verjährungshemmung erforderliche Klageerhebung unterbleiben, ist dafür die Weisung des Mandanten zu suchen; bei Unerreichbarkeit des Klienten bedarf es jedenfalls guter Gründe, um die Verjährungshemmung durch Klageeinreichung nicht herbeizuführen (MüKo/*Grundmann* § 276 Rn 135). Bei hohen Streitwerten kann es zur Kostenvermeidung erforderlich sein, nur eine Teilklage zu erheben. Dies gilt allerdings nur, wenn zu erwarten ist, dass dadurch die Rechtslage endgültig geklärt wird und der Gegner sich an das erzielte Urteil auch iÜ hält (Hamburg AnwBl 1973, 296). Einer bes Abklärung bedarf auch die Möglichkeit eines Vorgehens nach § 945 ZPO (BGH NJW 1974, 642). Insbes bei Unsicherheit über die Erfolgschancen ist ein Vergleich in Erwägung zu ziehen (BGH VersR 1961, 467; Stuttgart VersR 1984, 450). Bei sehr guten Obsiegenschancen darf nicht ohne entspr Aufklärung des Mandanten vorzeitig zu einem Vergleichsabschluss geraten werden (BGH NJW-RR 1996, 567). Zu beachten sind darüber hinaus § 296 ZPO und der Hinweis des Gerichts nach § 139 ZPO; das gilt auch dann, wenn der Anwalt den Hinweis des Gerichtes für unzutr halten sollte (BGH NJW 1974, 1865, 1866).

22 **2. Nebenpflichten des Anwalts. a) Anlage und Führung einer Handakte.** Eine wichtige Nebenpflicht des Rechtsanwalts besteht darin, bei Mandatsübernahme eine Handakte anzulegen und ordnungsgemäß zu führen. Diese selbstverständliche, bereits aus dem Beratungsvertrag herrührende Pflicht, ist berufsrechtlich von § 50 BRAO festgelegt worden. Sofern es der Mandant verlangt, ist die Handakte an ihn herauszugeben; er hat außerdem ein Recht zur Einsichtnahme (*Fahrendorf* in: Rinsche/Fahrendorf/Terbille Die Haftung des Rechtsanwalts 7. Aufl 2005 Rn 621; *Sieg* in: Zugehör/Fischer/Sieg/Schlee aaO Rn 782). Die Pflicht zur Anlegung und ordnungsgemäßen Führung der Handakte hat haftungsrechtlich allerdings nur eine mittelbare Bedeutung, etwa wenn der Rechtsanwalt infolge nachlässiger Führung der Akte eine Frist nicht beachtet (BGH VersR 1978, 841). Im Rahmen der Beweissicherungspflicht kann ein Rechtsanwalt sogar verpflichtet sein, schriftliche Aufzeichnungen (etwa über die Zustellung von fristauslösenden Schriftstücken) zu machen, um insoweit später substantiiert vortragen zu können. IÜ ermöglicht es dem Rechtsanwalt nur eine ordnungsgemäße Dokumentation, sich in einem späteren Regressprozess gegen den Vorwurf einer Pflichtverletzung substantiiert verteidigen zu können oder einen Honoraranspruch hinreichend zu belegen. Die Pflicht zur ordnungsgemäßen Führung der Handakte verlangt gem § 50 Abs 1 BRAO, dass der Anwalt durch das Einsortieren entspr Schriftstücke ein geordnetes Bild von der von ihm entfalteten Tätigkeit geben kann (vgl die Parallelvorschrift des § 66 StBerG für Steuerberater und § 51b WPO für Wirtschaftsprüfer). Der Anwalt soll durch einen Blick in die Akte erkennen können, was der aktuelle Stand des Prozesses ist, wie die Argumentationslinien verlaufen und welche Fristen bestehen. Im Hinblick auf den Dokumentationszweck sind in die Handakte alle wichtigen Unterlagen einzustellen, das betrifft die gesamte Korrespondenz wie die gerichtlichen Entscheidungen. Es ist im Hinblick auf die Übersichtlichkeit zweckmäßig, aber nicht zwingend, eine Aufteilung in einen Korrespondenz- und Prozessteil vorzunehmen, falls es sich um eine Prozessvertretung handelt (*Grams* in: Axmann/Bischoff aaO S 134 Rn 35 f). In oder auf der Handakte sollten in jedem Fall die errechneten prozessualen und materiellen Fristen mit Beginn und Ende notiert werden, ebenso die Wiedervorlagetermine. Die Frist zur Aufbewahrung der Handakte beträgt grds fünf Jahre (gerechnet ab Mandatsende); sie erlischt vorher, wenn der Rechtsanwalt den Auftraggeber aufgefordert hat, die Handakte in Empfang zu nehmen und der Auftraggeber dieser Aufforderung nicht binnen sechs Monaten nachgekommen ist (§ 50 Abs 2 BRAO). Den Anspruch des Mandanten ggü dem Rechtsanwalt auf Herausgabe der Akte regeln die §§ 667, 675 Abs 1 (BGH NJW 1990, 510; Köln VersR 1998, 499, 500). Allerdings räumt § 50 Abs 3 BRAO dem Rechtsanwalt ein – ggü § 273 Abs 1 BGB spezielles – Zurückbehaltungsrecht ein. Der Rechtsanwalt kann danach die Herausgabe der Handakte verweigern, bis er wegen seiner Gebühren und Auslagen befriedigt ist. Der BGH hat betont, dass das Zurückbehaltungsrecht des Rechtsanwalts gem § 50 Abs 3 BRAO idR nur wegen der Honorarforderung aus der konkreten Angelegenheit bestehe, auf die sich die zurückbehaltene Handakte bezieht (BGH WM 1988, 627; NJW 1989, 1216; NJW-RR 2004, 1290; Düsseldorf NJW-RR 2005, 364). Soweit es um Geschäftspapiere des Mandanten geht, dürfen Handakten, die eine andere Angelegenheit betreffen, auch dann nicht

zurückgehalten werden, wenn es sich insg um ein einheitliches Lebensverhältnis handelt. Darüber hinaus besteht das Zurückbehaltungsrecht nach § 50 Abs 3 BRAO auch dann nicht, wenn die Vorenthaltung der Akten oder einzelner Schriftstücke nach den Umständen unangemessen wäre. Dies ist etwa der Fall, wenn sich in den Handakten ein wesentliches Beweisstück für Rechte des Mandanten befindet, die zu verjähren drohen (BGH NJW 1984, 431, 432; *Borgmann* AnwBl 1998, 95; *Sieg* in: Zugehör/Fischer/Sieg/Schlee aaO Rn 789).

b) Verschwiegenheitspflicht, Beachtung konfligierender Interessen und Unabtretbarkeit anwaltlicher Honorarforderungen. Unter den allg Verhaltenspflichten des Anwalts sticht seine berufsspezifische **Schweigepflicht** bes hervor (vgl §§ 203 Abs 1 Nr 3, 204 StGB). Sie zielt darauf ab, die vom Mandanten mitgeteilten Informationen und Hintergründe nicht unbefugt an Dritte preiszugeben und somit das Geheimhaltungsinteresse des Mandanten auch iSd Sicherung der Vertrauensbasis zu wahren (MüKo/*Grundmann* Rn 129; allg *de Capitani* Anwaltsgeheimnis und Unternehmensjurist 1999, S 58 bis 81; *Schluep* Über Sinn und Funktionen des Anwaltsgeheimnisses im Rechtsstaat 1994). Die Pflicht trifft auch die **Mitarbeiter und Berufshelfer** des Anwalts (vgl § 203 Abs 3 StGB, § 102 Abs 2 AO). Sie findet ihre Grundlage im Anwaltsvertrag (*Henssler* NJW 1994, 1817, 1818; *Fahrendorf* in: Rinsche/Fahrendorf/Terbille aaO Rn 634; *Sieg* in: Zugehör/Fischer/Sieg/Schlee aaO Rn 744). Berufsrechtlich enthält § 43a Abs 2 BRAO, eine gesetzliche Regelung (parallel gilt § 57 Abs 1 StBrG für Steuerberater und § 43 WPO für Wirtschaftsprüfer). Die Pflicht des Rechtsanwalts zur Wahrung der Verschwiegenheit bezieht sich auf alles, was ihm in Ausübung seines Berufes bekannt geworden ist. Eine Ausn macht das Gesetz lediglich für Tatsachen, die offenkundig sind oder ihrer Bedeutung nach keiner Geheimhaltung bedürfen. Die Verschwiegenheitspflicht besteht grds auch über die Beendigung des Mandats hinaus (vgl auch § 2 BORA). Einen bes Ausdruck findet die Verschwiegenheitspflicht in den **Straftatbeständen der §§ 203–205 StGB.** Ein Verstoß steht danach unter Strafandrohung, iÜ kann er unter den weiteren Voraussetzungen des § 823 Abs 2 im Ausnahmefall auch einmal eine zivilrechtliche Deliktshaftung auslösen, die ggf neben die Haftung aus § 280 Abs 1 tritt, falls ein konkreter Schaden nachweisbar ist (*Hermann* DB 1997, 1017, 1020). Die Interessenwahrungspflicht zugunsten des Mandanten geht jedoch noch über die Verschwiegenheitspflicht hinaus. Sie verbietet ganz allg eine Mandatswahrnehmung in Ausrichtung an eigenen Präferenzen. Gleiches gilt im Hinblick auf die Beachtung konfligierender Interessen (MüKo/*Grundmann* Rn 129). Die §§ 43a Abs 4, 45–47 BRAO und § 146 StPO enthalten vor diesem Hintergrund berufsrechtliche Verbote der Mandatsübernahme, die zu absehbaren Interessenkonflikten führen (*Sieg* in: Zugehör/Fischer/Sieg/Schlee aaO Rn 192). Eine bes Pönalisierung erfährt das Verbot der Mandatswahrnehmung im Fall eines konfligierenden Interesses durch die Regelung des Parteiverrats in § 356 StGB. Dass das Verbot des § 43a Abs 4 BRAO für den einzelnen Rechtsanwalt gilt, ergibt sich bereits aus dem Wortlaut der Norm. Lange Zeit war die Frage umstritten, ob und inwieweit das gesetzliche Verbot auch im Fall eines **Sozietätswechsels** greift. Dazu hat das BVerfG in seinem Beschluss vom 03.07.2003 (BVerfG NJW 2003, 2520; ähnl Karlsruhe NJW 2002, 3561; anders BGH NJW 2001, 1572) entschieden, dass eine generelle Erstreckung des § 43a Abs 4 BRAO auf den Sozietätswechsel nicht möglich ist. In einem inneren Zusammenhang mit der Verschwiegenheitspflicht steht das **Abretungsverbot bzgl der anwaltlichen Honorarforderungen**. Der BGH hat wiederholt entschieden, dass die Abtretung der anwaltlichen Honorarforderungen wegen der gem § 402 bestehenden umfassenden Auskunftspflicht gegen § 203 Abs 1 Nr 3 StGB verstoße und damit nach § 134 nichtig sein kann, wenn der Mandant hierzu keine Zustimmung erteilt hat (BGHZ 122, 115, 117 ff; BGH NJW 1993, 1912; 1993, 2795; 1995, 2026; 1995, 2915; 1996, 2087; 1997, 188; WM 2004, 2505; *Mankowski* JZ 1994, 48, 50; *Sieg* in: Zugehör/Fischer/Sieg/Schlee aaO Rn 773). Diese Rspr hat sich aber nun zumindest in Bezug auf die Abtretung von Honorarforderungen an einen anderen Anwalt geändert: In Az IX ZR 189/08 (BeckRS 2007/05023) hat der BGH jüngst klargestellt, dass die **Abtretung einer Anwaltsgebührenforderung an einen anderen Rechtsanwalt** auch ohne Zustimmung des Mandanten wirksam sei. Das Gericht rekurrierte dabei auf § 49b Abs 4 BRAO, wonach der Anwalt als Abtretungsempfänger dem Mandanten genauso zur Verschwiegenheit verpflichtet sei wie der zedierende Anwalt; insoweit werde dem Schutzbedürfnis des Mandanten ausreichend entsprochen. Unter dem Gesichtspunkt des § 203 Abs 1 Nr 3 StGB ferner zu evaluieren ist überdies – jenseits des Fragenkreises der Abtretung – auch ein **Prozessfinanzierungsvertrag.** So entschied jüngst etwa das OLG Köln (18. Zivilsenat, Urt v 29.11.2007, 18 U 179/06 = NJW 2008, 589 ff), dass ein Prozessfinanzierungsvertrag, der die Geltendmachung einer anwaltlichen Honorarforderung zum Gegenstand hat, auf Grund der mit dem Vertrag verbundenen Informationspflichten über die der anwaltlichen Verschwiegenheitspflicht unterliegenden Einzelheiten des Mandats nach § 203 Abs 1 Nr 3 StGB, § 134 BGB nichtig sei, sofern der Mandant der Weitergabe der Information an den Prozessfinanzierer nicht zugestimmt habe. 23

c) Verwahrung und Herausgabe von Mandantengeldern. Wenn der Rechtsanwalt für seinen Mandanten Gelder oder andere Gegenstände entgegennimmt und/oder aufbewahrt, ist er hierüber zur Rechenschaftslegung und zur Herausgabe verpflichtet (§§ 666, 667, 675 Abs 1, 611 bzw § 631; vgl dazu BGH NJW 1971, 559, 560; 1995, 1425, 1426). In den wichtigsten Anwendungsfällen nimmt der Rechtsanwalt Zahlungen des Auftraggebers zur Weiterleitung an Gerichte, Behörden und Gegner oder von Schuldnern des Mandanten entgegen. Nach diesen Vorschriften ist aber auch eine den Interessen des Auftraggebers widersprechende Provision 24 herauszugeben, die der Rechtsberater von einem Dritten erhalten hat (BGH WM 2000, 1596). Die Pflicht zum sorgfältigen Umgang mit Mandantengeldern ist berufsrechtlich in § 43a BRAO kodifiziert (vgl auch § 4 BORA).

25 **d) Nachvertragliche Beratungs- und Sorgfaltspflichten.** Nachvertraglich sind ebenfalls einige Pflichten des Anwalts zu konstatieren. Hier besteht die Pflicht, für einen ggf reibungslosen Übergang des Mandates auf einen anderen Rechtsbeistand zu sorgen (sofern der Mandant dies wünscht). Aber auch, wenn der Mandant keine Fremdbetreuung anstrebt, hat der Anwalt darauf zu achten, dass einer Fristversäumnis oder einem sonstigen Rechtsverlust vorgebeugt wird (BGH NJW 1984, 431; Frankfurt aM VersR 1991, 897; MüKo/*Grundmann* § 276 Rn 127; *Brandtner* AnwBl 1969, 384). IÜ ist er weiterhin zur Verschwiegenheit und zur Aufbewahrung der Mandantenakte verpflichtet.

26 **e) Aufklärung über die Kosten/Fragen nach der Rechtsschutzversicherung nötig?** Gds soll der Rechtsanwalt nicht gezwungen sein, von sich aus auf die Entgeltlichkeit seiner Tätigkeit hinzuweisen (Ausn: § 49b Abs 5 BRAO). Auch bzgl der Höhe der nach dem RVG anfallenden Gebühren muss er nicht ungefragt Auskunft geben (RGZ 118, 365, 367; BGH NJW 1969, 932, 934; 1998, 136, 137; 1998, 3486, 3487; *Zugehör* in: Zugehör/Fischer/Sieg/Schlee aaO Rn 642). Der Grundsatz, dass die unterlegene Partei die Kosten des Rechtsstreits zu tragen habe (vgl § 91 Abs 1 S 1 ZPO), sei allg bekannt (*Fahrendorf* in: Rinsche/Fahrendorf/Terbille Die Haftung des Rechtsanwalts 7. Aufl 2005 Rn 1463). Der BGH verweist darauf, dass kein Mandant erwarten darf, ein Fachberater werde unentgeltlich für ihn tätig. Dessen gesetzlich festgelegte Gebühren sind allg zu erfahren (BGH NJW 1998, 136, 137). Das RG hat darauf abgestellt, dass die Partei selbst zu erwägen hat, ob sich die Rechtsverfolgung lohne. Soweit hierzu die Höhe der aufzuwendenden Kosten von Bedeutung ist, ist es eine Obliegenheit des Mandanten, sich bei dem beauftragten Rechtsanwalt zu erkundigen (RGZ 118, 365, 367). Der vorbeschriebene Grundsatz gilt jedoch nicht uneingeschränkt. So hat der Anwalt nach § 49b Abs 5 BRAO dann, wenn sich die zu erhebenden Gebühren nach dem Gegenstandswert richten, vor Übernahme des Auftrags darauf hinzuweisen. Eine ausdrückliche gesetzliche Hinweispflicht auf den Ausschluss einer Kostenerstattung sieht § 12 Abs 1 S 2 ArbGG vor. IÜ ergibt sich eine Hinweispflicht bei einer konkreten Nachfrage des Mandanten (BGH NJW 1980, 2128, 2130; 1998, 136, 137; 1998, 3486, 3487) und wenn dies auf Grund des Vorliegens bes Umstände nach § 242 geboten ist. In diesem Sinne sind etwa Fallgestaltungen relevant, in denen es um die Anwendung der Regelungen zur Beratungs- und Prozesskostenhilfe geht. Zwar besteht keine abstrakte Aufklärungspflicht hinsichtlich der möglichen Inanspruchnahme von Beratungs- und Prozesskostenhilfe (*Zugehör* in: Zugehör/Fischer/Sieg/Schlee aaO Rn 651). Sind dem Anwalt jedoch konkrete Umstände bekannt, die auf die Bedürftigkeit des Mandanten hindeuten, dann hat er von sich aus (ungefragt) über diese Instrumente der staatlichen Kostenübernahme aufzuklären (BGH NJW 1998, 136, 137; NJW 2002, 1048, 1049; Koblenz VersR 1990, 309; *Derleder* MDR 1981, 448; *Greißinger* AnwBl 1982, 288; *Schneider* MDR 1988, 282; vgl auch dazu § 16 Abs 1 BORA). Der Anwalt genügt seiner Beratungspflicht in diesen Fällen, wenn er auf die Notwendigkeit einer umgehenden Antragstellung von Beratung- und/oder Prozesskostenhilfe unter Verwendung der amtlichen Vordrucke hinweist. Ob die persönlichen und wirtschaftlichen Verhältnisse des Antragstellers für die Inanspruchnahme von Beratungs- und/oder Prozesskostenhilfe tatsächlich ausreichen, braucht er nicht zu prüfen (Düsseldorf AnwBl 1984, 444, 445; AnwBl 1987, 147). Im Zusammenhang mit der Aufklärung über die Kosten gewinnt uU auch die Problematik Bedeutung, ob der Anwalt von sich aus den Mandanten hinsichtlich des Bestehens einer Rechtsschutzversicherung zu fragen hat. Das OLG Nürnberg hat die Ansicht vertreten, dass ein Rechtsanwalt verpflichtet sei, vor Klageerhebung zu klären, ob der Mandant rechtsschutzversichert ist, sowie den Mandanten nach Aufklärung über das Kostenrisiko entscheiden zu lassen, ob ein Klageauftrag unabhängig von einer Deckungszusage der Rechtsschutzversicherung erteilt wird (Nürnberg NJW-RR 1989, 1370). Gegen diese Auffassung spricht, dass ein Rechtsanwalt grds gerade nicht verpflichtet ist, den Auftraggeber von sich aus über anfallende Kosten aufzuklären. Deshalb kann der Auftraggeber auch nicht erwarten, dass der Rechtsanwalt sich ungefragt hinsichtlich dieses Umstandes erkundigt. Hierauf hinzuweisen ist eine Obliegenheit des Auftraggebers, die dieser auch unschwer erfüllen kann (*Fahrendorf* in: Rische/Fahrendorf/Terbille aaO Rn 1475; *Sieg* in: Zugehör/Fischer/Sieg/Schlee aaO Rn 652). Wenn der Mandant den Rechtsanwalt allerdings über das Bestehen einer Rechtsschutzversicherung informiert hat, darf der Rechtsanwalt regelm vor der Kostenzusage des Versicherers nur dann Klage erheben, wenn der Mandant ihn damit ausdrücklich beauftragt hat und dieser weiß, dass er damit Gefahr läuft, die Kosten des Rechtsstreits selbst tragen zu müssen (Düsseldorf VersR 1976, 892).

27 **3. Hauptpflichten des Mandanten.** Gem §§ 675, 611 ist der Mandant verpflichtet, dem Anwalt eine Vergütung für seine Dienste zu zahlen. Dabei handelt es sich um eine vertragliche Hauptpflicht (*Hartstang* aaO S 144; *Sieg* in: Zugehör/Fischer/Sieg/Schlee aaO Rn 11; *Schnabl* JA 2005, 896, 899). Der Rechtsanwalt kann grds alle Tätigkeiten in Rechnung stellen. Auch bei einer Schlechtleistung des Anwalts entfällt der Gebührenanspruch nicht automatisch (BGH NJW 1963, 1301, 1302), da die §§ 611 ff keine expliziten Minderungsregelungen enthalten. Dem Mandanten bleibt in diesem Fall nur die Möglichkeit, seinen Schaden klagweise gem § 280 Abs 1 (ggf im Wege einer Widerklage) geltend zu machen und mittels der Aufrechnung den Honoraranspruch des Anwalts ganz oder teilw zu Fall zu bringen (*Zugehör* in: Zugehör/Fischer/Sieg/*Schlee* aaO Rn 801). **a) Bemessung der Gebührenhöhe nach dem RVG.** Der vom Anwalt in Rechnung zu stellende

Gebührensatz richtet sich grds nach den Festlegungen des Rechtsanwaltsvergütungsgesetzes (RVG, vgl dazu *Schneider/Wolf* RVG 3. Aufl 2006). Das RVG hat am 01.07.2004 die Bundesgebührenordnung der Rechtsanwälte (BRAGO) abgelöst (BGBl I, S 718, 788). Nach den Übergangsvorschriften der §§ 60, 61 RVG ist die BRAGO noch anzuwenden, wenn dem Rechtsanwalt der Auftrag vor dem 01.07.2004 erteilt worden ist. Wurde er nach diesem Stichtag beauftragt, gilt das RVG. Das RVG regelt jedoch (ebenso wie vor ihm die BRAGO) nur Mindestgebühren, die iSd § 612 als vereinbart gelten, wenn die Parteien keine andere Abrede getroffen haben. Die Vereinbarung höherer Entgelte ist grds zulässig. Unzulässig ist eine freie Vergütungsvereinbarung iRd Beratungshilfe (§ 8 BerHG). Eine systematische Unterschreitung der Gebührensätze des RVG iSe Anbietens von Dumping-Löhnen ist dem Anwalt ebenfalls grds untersagt (*Hartstang* aaO S 144). In engen Grenzen lässt das Gebührenrecht des RVG aber Unterschreitungen der Gebührensätze zu.

b) Erfolgshonorarvereinbarung nach Änderung des RVG und weitere Neuerungen. Die Privatautonomie 28
hinsichtlich der Gebührenvereinbarung findet ihre Grenzen dort, wo die Unabhängigkeit des Rechtsanwalts und seine Funktion als Organ der Rechtspflege insg gefährdet sind. Wann das der Fall ist, war jedoch lange Zeit gerade im Zusammenhang mit der Vereinbarung von Erfolgshonoraren nicht geklärt gewesen. Zunächst ging man überwiegend davon aus, dass der Rechtsanwalt überhaupt kein Erfolgshonorar vereinbaren darf. Rspr und Lit rekurrierten dabei auf § 49b Abs 2 S 1 BRAO, der eine Beteiligung am erstrittenen Betrag nach altem Rechtsstand generell untersagt. Vor diesem Hintergrund wurde die Vereinbarung von Erfolgshonoraren sowohl als standes-, als auch als sittenwidrig iSd § 138 Abs 1 angesehen (BGHZ 39, 142, 148; *Hartstang* aaO S 144; *Schnabl* JA 2005, 896, 899). Nach einem Beschluss des BVerfG vom 12.12.2006 (1 BvR 2576/04) musste der Gesetzgeber allerdings bis zum 30.06.2008 eine Neuregelung des grds Verbots von anwaltlichen Erfolgshonoraren treffen, indem Ausnahmetatbestände vorzusehen waren. (Bei dem grds Verbot von Erfolgshonorarvereinbarungen konnte es nach Ansicht des BVerfG auch zukünftig bleiben, weil der Gesetzgeber damit Gemeinwohlziele verfolge, die auf vernünftigen Erwägungen beruhen und welche daher die Beschränkung der Berufsausübung der Rechtsanwälte legitimieren könnten. Das Verbot diene zum einen dem Schutz der anwaltlichen Unabhängigkeit, die unverzichtbare Vorraussetzung für eine funktionierende Rechtspflege ist. Vor allem aber liege die Befürchtung nicht völlig fern, dass mit der Vereinbarung einer erfolgsbasierten Vergütung für unredliche Berufsträger ein zusätzlicher Anreiz geschaffen werden könne, den Erfolg »um jeden Preis« auch durch Einsatz unlauterer Mittel anzustreben. Ein weiterer legitimer Zweck bestände in dem Schutz der Rechtssuchenden vor einer Übervorteilung durch überhöhte Vergütungssätze.) Das vollumfängliche Verbot von Erfolgshonoraren war jedoch nach Ansicht des BVerfG insoweit unangemessen, als es keine Ausn zuließ und damit selbst dann zu beachten war, wenn der Rechtsanwalt mit der Vereinbarung einer erfolgsbasierten Vergütung »bes Umständen in der Person des Auftraggebers« Rechnung tragen wollte (im vom BVerfG aaO zu prüfenden Fall war es ein US-amerikanischer Mandant), die diesen sonst davon abhielten, seine Rechte zu verfolgen. Das BVerfG gab in dem Judikat zu bedenken, dass bei der Entscheidung der Rechtssuchenden über die Inanspruchnahme anwaltlicher Hilfe die Kostenfrage von maßgebender Bedeutung sei. Auch Rechtssuchende, die auf Grund ihrer Einkommens- und Vermögensverhältnisse keine Prozesskosten- oder Beratungshilfe beanspruchen können, können vor der Entscheidung stehen, ob es ihnen die eigene wirtschaftliche Lage vernünftigerweise erlaubt, die finanziellen Risiken einzugehen, die angesichts des unsicheren Ausgangs der Angelegenheit mit der Inanspruchnahme qualifizierter rechtlicher Betreuung und Unterstützung verbunden sind. Nicht wenige Betroffene werden das Kostenrisiko auf Grund verständiger Erwägungen scheuen und daher von der Verfolgung ihrer Rechte absehen. Gerade auch für diese Rechtssuchenden sei das Bedürfnis anzuerkennen, das geschilderte Risiko durch Vereinbarung einer erfolgsbasierten Vergütung zumindest teilw auf den vertretenden Anwalt zu verlagern. Der Gesetzgeber hatte im Anschluss an dieses Judikat mit einer Novelle des RVG reagiert und mit Wirkung zum 01.07.2008 die Regelungen des RVG verändert. Kernnorm zur Vergütung ist künftig nicht mehr § 4 RVG aF, sondern § 3a RVG nF. § 4 RVG regelt zwar weiterhin den Grundsatz der erfolgsunabhängigen Vergütung, § 4a RVG (vgl nun auch § 49b Abs 2 S 1, 3 BRAO als geänderte Parallelnorm) lässt aber **als Ausn das Erfolgshonorar unter bestimmten Voraussetzungen** zu. Eine Lockerung des Verbots der Erfolgshonorarvereinbarung ist nach der aktuellen Gesetzeslage in engen Grenzen vorgesehen, nämlich in § 4a RVG nF für die Fälle, in denen der Auftraggeber »auf Grund seiner wirtschaftlichen Verhältnisse« bei verständiger Betrachtung ohne die Vereinbarung eines Erfolgshonorars von der Rechtsverfolgung abgehalten würde. Zu einer darüber hinausgehenden Liberalisierung, die das BVerfG ausdrücklich anheim gestellt hat, konnte sich der Gesetzgeber nicht entschließen. Während im Regierungsentwurf die einer Rechtsverfolgung entgegenstehenden wirtschaftlichen Verhältnisse lediglich als Regelbeispiele für die Zulässigkeit eines Erfolgshonorars angesehen wurden, mit einem Erfolgshonorar nach Maßgabe des BVerfG darüber hinaus aber stets »bes (weiteren) Umständen der Angelegenheit« hätte Rechnung getragen werden können, fand nicht zuletzt auf Grund erheblicher Widerstände von BRAK und DAV auf Intervention des Bundesrates (BRDRS 6/2008, S 1) die letztlich verabschiedete enge Fassung den Weg ins Gesetz. Im Anschluss an den in § 4 RVG nF weiter aufrecht erhaltenen Grundsatz der erfolgsunabhängigen Vergütung und § 4a RVG nF (als Ausn) regelt sodann § 4b RVG nF das Schicksal der fehlerhaften Vergütungsvereinbarung. Überdies sind weitere Neuerungen zu beachten: **Form der Vergütung**. Jede Vereinbarung, nicht nur solche, die eine Gebührenunterschreitung zu Inhalt hat, bedarf künftig nach § 3a Abs 1 S 1 RVG

einer bes Form. Hinreichend ist die Textform (§ 126b), während § 4 Abs 1 S 1 RVG aF noch die Schriftform (für die Überschreitung der üblichen Gebührenhöhe) verlangte. Vergütungsvereinbarungen können daher in Zukunft wirksam auch in elektronischer Form oder per Telefax geschlossen werden (*Kilian* NJW 2008, 1905). **Bezeichnung der Vergütungsvereinbarung.** § 3a Abs 1 S 2 RVG nF gestattet als Bezeichnung der Vereinbarung neben dem Wort »Vergütungsvereinbarung« nunmehr auch vergleichbare Begrifflichkeiten. Hierdurch ist eine seit Inkrafttreten des RVG entstandene Unsicherheit beseitigt worden, ob die Nichtverwendung des Wortes »Vergütungsvereinbarung« zur Formnichtigkeit der Vereinbarung führt (vgl hierzu AG Wolfratshausen AGS 2008, 11). **Aufklärung über Nichterstattung der Mehrkosten.** § 3a Abs 2 RVG nF verlangt darüber hinaus eine in der Vergütungsvereinbarung erfolgte Aufklärung des Mandanten über die Tatsache, dass die »vereinbarte Vergütung« im Rahmen einer prozessualen oder materiellrechtlichen Kostenerstattung nicht erstattungsfähig ist. Ähnlich wie die Verletzung der Aufklärungspflicht nach § 49b Abs 5 BRAGO kann die Verletzung dieser Informationspflicht nach dieser Regelung zu einem Schadensersatzanspruch des Mandanten nach § 280 Abs 1 führen. Rechtsfolge **der formfehlerhaften Vergütungsvereinbarung.** Die bislang in § 4 Abs 1 S 3 RVG aF enthaltene Sonderregelung, nach der eine formnichtige Vergütungsvereinbarung nur zum Entstehen einer Naturalobligation führte (vgl dazu *Kilian* NJW 2005, 3104), hat der Gesetzgeber in § 3a RVG nicht übernommen. An die Stelle dieser Vorschrift trat ein neuer § 4b RVG, nach welchem aus einer fehlerhaften Vergütungsvereinbarung eine höhere als die gesetzliche Vergütung nicht gefordert werden darf.

29 **c) Vorschuss.** Die Gebührenpflicht des Mandanten entsteht nicht erst mit der Erfüllung des Auftrags. Der Rechtsanwalt kann gem § 9 RVG von seinem Klienten für die entstandenen und die voraussichtlich entstehenden Gebühren und Auslagen einen angemessenen Vorschuss fordern. Der Mandant schuldet diesen, soweit er verlangt wird, als Teil seiner Hauptleistungspflicht.

30 **d) Fälligkeit und Verjährung des Vergütungsanspruchs.** Die Vergütung wird fällig, wenn der Auftrag erledigt oder die Angelegenheit beendet ist (§ 8 Abs 1 S 1 RVG). Ist der Rechtsanwalt in einem gerichtlichen Verfahren tätig, wird die Vergütung auch fällig, wenn eine Kostenentscheidung ergangen oder der Rechtszug beendet ist oder wenn das Verfahren länger als drei Monate ruht (§ 8 Abs 1 S 2 RVG). Die Verjährung der Vergütung für eine Tätigkeit in einem gerichtlichen Verfahren wird gehemmt, solange das Verfahren anhängig ist (§ 8 Abs 2 S 1 RVG). Die Hemmung endet mit der rechtskräftigen Entscheidung oder anderweitigen Beendigung des Verfahrens (§ 8 Abs 2 S 2 RVG). Ruht das Verfahren, endet die Hemmung drei Monate nach Eintritt der Fälligkeit (§ 8 Abs 2 S 3 RVG). Die Hemmung beginnt erneut, wenn eine der Parteien das Verfahren weiter betreibt (§ 8 Abs 2 S 4 RVG).

31 **4. Nebenpflichten und Obliegenheiten des Mandanten.** Der Mandant schuldet dem beauftragten Rechtsanwalt seine Mitwirkung. Diese ist wohl als reine Obliegenheit zu werten, weil die Nichtbeachtung der Pflicht keine Schadensersatzansprüche des Rechtsanwalts auslösen kann, sehr wohl aber ggf zu Rechtseinbußen beim Mandanten führt. Nach aA handelt es sich hier allerdings um eine echte (Neben-)Pflicht (*Hartstang* aaO S 137; *Schnabl* JA 2005, 896, 899). Aufgrund seiner Mitwirkungsobliegenheit muss der Mandant dem Anwalt nicht nur den relevanten Sachverhalt mitteilen (BGH NJW 1982, 437), sondern darüber hinaus auch die vom Rechtsanwalt geforderten Unterlagen beibringen. Möglichen Irrtümern tatsächlicher Art und Missverständnissen hat der Mandant entgegenzuwirken.

32 **C. Haftung des Rechtsanwalts. I. Grundsätzliches.** Die oben näher erläuterten Pflichten des Rechtsanwalts erlangen insbes vor dem haftungsrechtlichen Hintergrund Bedeutung (*Schnabl* JA 2005, 896, 900). Nach statistischen Erhebungen meldet ein deutscher Anwalt seiner Berufshaftpflichtversicherung im Durchschnitt etwa alle fünf Jahre einen Versicherungsfall (*Henssler* AnwBl 1996, 3; Anwaltsreport 10/2002 S 8, 9). Die gemeldeten Fälle ziehen zwar nicht alle begründete Schadensersatzansprüche nach sich, jedoch geht man davon aus, dass es eine hohe Dunkelziffer von Fällen gibt, in denen der Mandant und eventuell sogar der Anwalt gar nicht merken, dass die Mandatsbearbeitung nicht optimal bzw fehlerhaft war (*Grams* in: Axmann/Bischhoff aaO S 128 Rn 1). Die Haftung des Rechtsanwalts für schuldhafte Pflichtverletzungen bei der Ausübung des Mandates hat keine spezialgesetzliche Regelung erfahren. Sie knüpft gesetzlich an die allg Vorschrift des § 280 Abs 1 an und ist iÜ durch Richterrecht perpetuiert (*Sieg* in: Zugehör/Fischer/Sieg/Schlee aaO Rn 1). Grundlegende Bedeutung kommt insoweit der Rspr des IX. Zivilsenats des BGH zu, der für die Anwaltshaftung (und auch für die Haftung der Rechtsbeistände und Steuerberater) zuständig ist.

33 **II. Tatbestandsvoraussetzungen. 1. Schuldverhältnis iSd anwaltlichen Beratungsvertrages. a) Vertraglicher Ansatz.** Das deutsche Recht wählt für die Anwaltshaftung im Gegensatz zu anderen Rechtsordnungen (vgl etwa *Hirte* Berufshaftung 1996 S 242 ff: zu Österreich, Schweiz, Frankreich, Italien, England und USA; zur USA s auch *Sieg* NJW 1996, 2209) primär einen vertraglichen Ansatz. Dies hängt damit zusammen, dass in §§ 823 ff eine deliktische Haftung für fahrlässig verursachte Vermögensschäden weitgehend ausgeschlossen ist (*Henssler* JZ 1994, 178 ff; *Hirte* aaO S 11; *Sieg* in: Zugehör/Fischer/Sieg/Schlee aaO Rn 2). Grundlage der Haftung des Rechtsanwalts nach dem Rechtsinstitut der pVV, das in § 280 Abs 1 Eingang gefunden hat, ist der Gedanke, dass der Anwalt vertragliche Schutzpflichten für die (Vermögens-)Interessen des Mandanten nicht sanktionslos verletzen darf (*Ahrens* aaO Rn 349). Die Haftung ist nicht nur wegen der »nachtatlichen Schadensüberwälzung« zum Schutz des Mandanten von Bedeutung. In ihr wird auch der Gedanke der Spezi-

al- und Generalprävention zur Sicherung anwaltlicher Kompetenz wirksam (*Ahrens* aaO Rn 349). Gerade in diesem Zusammenhang spielt es eine große Rolle, dass die Rspr den Haftungsmaßstab für den Anwalt immer sehr hoch angesetzt hat.

b) Abgrenzung der vertraglichen von der vorvertraglichen Haftung. Bemessungsgrundlage der Pflichten des Rechtsanwalts und seiner Haftung ist in erster Linie der konkret geschlossene Geschäftsbesorgungsvertrag, der regelm dienstvertragliche Züge trägt. Fehlt es an einem wirksamen Vertragsschluss, entsteht kein vertraglicher Schadensersatzanspruch iSd § 280 Abs 1 (vgl etwa BGH WM 1986, 199, 203; NJW-RR 1990, 1241, 1244; *Hartstang* aaO S. 541), es kommt allenfalls eine Haftung aus cic in Betracht (MüKo/*Grundmann* § 276 Rn 127; *Sieg* in: Zugehör/Fischer/Sieg/Schlee aaO Rn 176). Vor diesem Hintergrund ist etwa die Pflicht des Anwalts zu sehen, eine Ablehnung des Mandats unverzüglich zu erklären (*Sieg* in: Zugehör/Fischer/Sieg/Schlee aaO Rn 174). 34

2. Pflichtverletzung. Liegt hingegen ein wirksam geschlossener anwaltlicher Beratungsvertrag vor, kommt es für das Entstehen eines Schadensersatzanspruches des Mandanten zunächst darauf an, ob der Anwalt in Wahrnehmung des Mandats eine objektive Pflicht (schuldhaft) verletzt hat und somit für den konkreten Schaden kausal geworden ist. Der objektive Pflichtenkreis des Rechtsanwalts wurde bereits eingangs umfänglich beschrieben. Generell lässt sich in Bezugnahme darauf sagen, dass eine Pflichtverletzung immer dann vorliegt, wenn einer objektiv bestehenden Pflicht nicht entsprochen wurde. 35

3. Vertretenmüssen. Jeder Ersatzanspruch aus § 280 Abs 1 setzt ein Vertretenmüssen des Inanspruchgenommenen voraus. Maßstab hierfür ist §§ 276, 278. **a) Einstandspflicht für eigenes Verschulden.** Bei der Feststellung der in aller Regel nur in Betracht kommenden Fahrlässigkeit ist nach allg Auffassung im Zivilrecht ein objektiver Maßstab anzuwenden (*Henssler* JZ 1994, 178, 182). Im Anwaltshaftungsrecht zeigt sich bes augenfällig die daraus resultierende Schwierigkeit, zwischen der objektiven Pflichtverletzung und dem (subjektiven) Verschulden eine sinnvolle Grenzlinie zu finden, in der das Vertretenmüssen als Tatbestandsmerkmal des § 280 Abs 1 als Korrektiv überhaupt noch fungieren kann. Die Rspr vermengt an dieser Stelle (ähnl wie im Arzthaftungsrecht) oftmals beide Tatbestandsebenen, was bereits zu Zweifeln daran geführt hat, ob das Verschuldensprinzip im Anwaltsrecht auf der Basis der Rspr überhaupt noch gilt (*Raiser* NJW 1991, 2049, 2053; *Walter* Spezialisierung und Sorgfaltsstandard im Arzt- und Anwaltshaftungsrecht 2004, S 218 ff). Eine dogmatisch tragfähige und praktisch durchführbare Trennung zwischen beiden Tatbestandsmerkmalen lässt sich nur dann erzielen, wenn man auf der Ebene der Pflichtwidrigkeit ein Höchstmaß an Sorgfalt verlangt und das Verschulden tatsächlich als eingrenzendes Korrektiv begreift, nach dem ein fahrlässiges Verhalten dem Anwalt nur dann vorgeworfen werden kann, wenn er diejenige Sorgfalt außer Acht gelassen hat, die von einem gewissenhaften Durchschnittsanwalt verlangt werden kann (*Henssler* JZ 1994, 178, 183; *Vollkommer* aaO Rn 284 ff; *Walter* aaO S 221). Dieser Maßstab kann zumindest vermeiden helfen, dass die schon auf der Pflichtwidrigkeitsebene relevant werdenden höchsten Anforderungen an das anwaltliche Tun bei Nichterfüllung automatisch auch in einen Verschuldensvorwurf umschlagen (*Walter* aaO S 221). Die objektive Pflichtverletzung indiziert zwar gem § 280 Abs 1 S 2 auch das Vorliegen der subjektiven Vorwerfbarkeit, jedoch steht dem Anwalt mit dem dargestellten Maßstab an die Sorgfaltspflicht der Beweis des Gegenteils offen. Vor dem Hintergrund des gewählten Anknüpfungspunkts des gewissenhaften Durchschnittsanwalts kann bspw bei der Literaturverwertung kaum mehr verlangt werden, als der Rückgriff auf die NJW (*Henssler* JZ 1994, 178, 183). Anders sieht es im Hinblick auf die Fachanwälte aus, bei denen Spezialkenntnisse zu erwarten sind. Hier wird das fehlende Studium der einschl Fachlit den Vorwurf des Vertretenmüssens rechtfertigen können. Diese Klarstellung muss getroffen werden, auch von der Rspr, sie ist eigentlich längst überfällig. Gerade die in der Rspr hinsichtlich dieses Prüfungspunktes zu konstatierenden Ungenauigkeiten trugen zu zahlreichen Unsicherheiten bei. So führt es zu Missverständnissen, wenn in der Rspr (BGH VersR 1959, 638, 641; Koblenz NJW 1989, 2699) und im Schrifttum (vgl *Borgmann* AnwBl 1993, 31; krit Borgmann/Haug aaO § 19 Rn 1; *Hartstang* aaO S 463) pauschal die Formulierung gebracht wird, »der Rechtsanwalt habe jeden Rechtsirrtum zu vertreten«. Das würde in der Tat bedeuten, dass eine Verschuldensprüfung gar nicht mehr stattzufinden hätte, der Anwalt also einer Art Gefährdungshaftung unterworfen ist. Richtig ist demggü, dass ein Verschuldensvorwurf nur erhoben werden kann, wenn die rechtliche Beurteilung von dem Standpunkt des bereits erwähnten Durchschnittsanwalts richtig vorhergesehen werden konnte und der Rechtsirrtum daher vermeidbar war. An Anwälte mit Spezialkenntnissen werden hier freilich deutlich höhere Anforderungen zu stellen sein (*Henssler* JZ 1994, 178, 183). Dies gilt auch und insbes für solche Berufsvertreter, die nicht nur mit Fachanwaltsbezeichnungen, sondern mit Interessenschwerpunkten werben. 36

b) Zurechnung fremden Verschuldens. Fehlverhalten von juristischen oder sonstigen Mitarbeitern wird dem Anwalt haftungsrechtlich nach § 278 zugerechnet (*Vollkommer* aaO Rn 328 ff; *Rinsche* aaO Rn I 208 f). Häufig wird bei einem Fehlverhalten der Angestellten zugleich ein eigenes Organisations- oder Überwachungsverschulden vorliegen (*Ahrens* aaO Rn 350). Haben sich mehrere Anwälte in einer Sozietät zusammengeschlossen oder erwecken sie nach außen hin diesen Anschein (sog »Scheinsozietät«), so haften sie für den Fehler auch nur eines der Sozien gesamtschuldnerisch (BGHZ 56, 355; BGH NJW 1978, 996; 1990, 827, 828 f; *Ahrens* aaO Rn 350; *Vollkommer* aaO Rn 314 ff). Eine Gesamtschuld scheidet jedoch aus, wenn ein Einzelmandat gewollt war, wovon grds im Fall der Beiordnung auszugehen ist (*Ahrens* aaO Rn 350). Zwei neben- 37 einander beauftragte und voneinander unabhängig tätige Rechtsanwälte haben, auch wenn sie voneinander wissen, eigenständige Pflichten- und Verantwortungskreise; keiner ist in seinem Pflichtenbereich als Erfüllungsgehilfe des anderen iSd § 278 tätig (BGH NJW 1993, 2676, 2677).

38 **4. Schaden und Kausalität zwischen Pflichtverletzung und Schaden.** Im Rahmen der Anwaltshaftung hat der Rechtsanwalt nur für solche Nachteile einzustehen, die im Schutzbereich des verletzten vertraglichen Pflichtenbereichs liegen. Zu ersetzen sind demnach Schadensfolgen, zu deren Abwendung die verletzte Vertragspflicht übernommen wurde (BGH NJW 1990, 48, 51; 1995, 449, 451). Der haftungsrechtliche Zusammenhang kann fehlen, wenn der Mandant den Schaden endgültig erst durch sein eigenes unsachgemäßes Verhalten herbeiführt, für das es keinen vernünftigen, nachvollziehbaren Grund gibt (BGH NJW 1994, 2822, 2823). Ob eine Pflichtverletzung ursächlich für den Schaden des Mandanten geworden ist, bemisst sich danach, wie sich die Sachlage bei pflichtgemäßem Handeln des Anwalts entwickelt hätte (*Ahrens* aaO Rn 353). Problematisch im Bereich der Kausalität ist auch die Frage der Beweislast. Die haftungsbegründende Kausalität, dh der Ursachenzusammenhang zwischen Pflichtverletzung und eingetretenem Schaden, ist als anspruchsbegründende Voraussetzung grds vom Geschädigten zu beweisen (*Ahrens* aaO Rn 353; *Henssler* JA 2005, 897, 901; *Jungk/Wehrberger* BRAK-Mitt 2001, 156, 163), der demzufolge das Risiko der Unaufklärbarkeit des Ursachenzusammenhangs trägt (BGHZ 123, 311, 313; 126, 217, 221 f). Für die Verletzung von Aufklärungs-, Warn- und Beratungspflichten geht die Rspr nicht nur im Bereich des Kauf- und Werkvertrages, sondern auch für die rechtliche Beratung allerdings davon aus, der Mandant hätte sich beratungsgerecht verhalten, sofern bei sachgerechter Aufklärung eine bestimmte Reaktion im Hinblick auf die Interessenlage oder andere objektive Umstände aus der Sicht eines vernünftig urteilenden Menschen eindeutig nahe lag (BGH NJW 1993, 3259; 1994, 3295, 3298). Bis BGHZ 123, 311 ff sah die Rspr darin eine Beweislastumkehr (vgl zuletzt BGH NJW 1990, 2127, 2128; ausdrücklich aufgegeben vom jetzt allein zuständigen IX. ZS in BGH NJW 1993, 3259, 3260). Da die Vermutung aber auf Erfahrungssätze über typische Lebensumstände in der Person des Mandanten beruht, wird sie im Interesse einer angemessenen Risikoverteilung zwischen Anwalt und Klient nunmehr nur noch als Anwendungsfall des Anscheinsbeweises qualifiziert (BGH NJW 1993, 3259 f; 1994, 3298; 2002, 593; NJW-RR 2001, 1351; *Borgmann* NJW 2002, 2145, 2147; *Jungk/Wehrberger* BRAK-Mitt 2001, 159, 163; *Ahrens* aaO Rn 353). Der Rechtsberater kann die Vermutung des beratungsrichtigen Verhaltens des Mandanten erschüttern, indem er Tatsachen darlegt und beweist, die darauf schließen lassen, dass sich der Mandant über einen interessengerechten Rat hinweggesetzt hätte (BGH VersR 1995, 212, 214; *Rinsche* aaO Rn I 309). Der zu ersetzende Schaden kann darin liegen, dass der Mandant durch das Fehlverhalten des Anwalts einen Prozess verliert, den er bei sachgemäßer anwaltlicher Vertretung gewonnen hätte. Zum Schaden gehören die Kosten des verlorenen Prozesses. Im Regressprozess ist nicht darauf abzustellen, wie der Vorprozess beim betreffenden Gericht bei pflichtgemäßem Handeln des Anwalts voraussichtlich geendet hätte; vielmehr hat das Regressgericht selbst zu beurteilen, welches Urteil bei pflichtgemäßer Wahrnehmung des Mandats durch den Anwalt hätte ergehen müssen (BGH NJW 1996, 48, 49; *Ahrens* aaO Rn 355; *Vollkommer* aaO Rn 404). Die schuldhafte Pflichtverletzung des Anwalts lässt zwar den Gebührenanspruch nicht automatisch entfallen, da die §§ 611 ff keine Minderungsregelung enthalten. Die entstandenen Gebühren können aber einen Teil des Schadens bilden, der im Regressanspruch Eingang findet (*Ahrens* aaO Rn 356). Weiß der Mandant von der Fehlerhaftigkeit der anwaltlichen Rechtsberatung und können die Auswirkungen auf die Schadensentstehung noch beeinflusst werden, trifft ihn gem § 254 eine Schadensabwendungsobliegenheit. Hat er von der fehlerhaften Mandatswahrnehmung Kenntnis durch einen zweiten Anwalt erlangt, dessen Mandat sich auch auf die Schadensabwehr erstreckt, ist das dabei auftretende Fehlverhalten des zweiten Anwalts dem Mandanten nach §§ 254 Abs 2 S 2, 278 zurechenbar (*Ahrens* aaO Rn 357).

39 **5. Verjährung der Schadensersatzansprüche des Mandanten gegen den Rechtsanwalt.** Vor der Schuldrechtsmodernisierung verjährten Schadensersatzansprüche des Mandanten gegen den Rechtsanwalt auf Grund von fehlerhafter Mandatswahrnehmung nach § 51(b) BRAO innerhalb von drei Jahren ab Entstehung des Anspruchs. Dadurch wurde der Anwalt begünstigt, denn auf die Kenntnis des Geschädigten von einem potentiellen Ersatzanspruch kam es nicht an, so dass der Anspruch auch ohne sein Wissen verjähren konnte. Die Rspr hat für diese mandantenunfreundliche Verjährungsregelung einen Ausgleich geschaffen, indem sie einen »sekundären Schadensersatzanspruch« konstruierte (*Ahrens* aaO Rn 362). Die Konstruktion dieses Anspruches verlängerte indirekt die faktisch oftmals unverhältnismäßige Regresszeitspanne. Der Anwalt sollte demnach verpflichtet sein, auf eigene Pflichtverletzungen und daraus möglicherweise resultierende Schadensersatzansprüche vor Ablauf der Verjährung des Primäranspruches hinzuweisen. Verletzte er diese Hinweispflicht schuldhaft, obwohl er zu einer Prüfung des Primäranspruches begründeten Anlass hatte, musste er den Mandanten so stellen, als ob die Verjährung des Primäranspruches nicht eingetreten wäre. Dieser Anspruch verjährte dann ebenfalls nach § 51(b) BRAO (BGHZ 94, 380 ff; BGH NJW 1988, 265, 266; 1996, 48, 50 f; 1996, 661, 662; *Ahrens* aaO Rn 362; umfassend *Taupitz* Die zivilrechtliche Pflicht zur unaufgeforderten Offenbarung eines Fehlverhaltens 1989, S 9 ff). Im Vordergrund des neuen Verjährungsrechts, das auch für die Anwaltshaftung gilt, steht nunmehr die regelm Verjährung, welche drei Jahre beträgt (§§ 195, 199). Sie beginnt – was mandantenfreundlicher ist – mit dem Schluss des Jahres, in dem der Anspruch entstanden ist und der Gläubiger Kenntnis von den anspruchsbegründenden Umständen und der Person des Schuldners erlangt hat oder ohne grobe Fahrlässigkeit

erlangen musste (§ 199 Abs 1). Die verjährungsrechtliche Neuregelung erübrigt mit ihrem Bezug auf die Kenntnis des Gläubigers vom Anspruch und dem Anspruchsgegner die von der Rspr zum alten Verjährungsrecht entwickelte Sekundärhaftung (*Zugehör* in: Zugehör/Fischer/Sieg/Schlee aaO Rn 1445).

6. Drittberechtigte. Grds kommt als Anspruchsinhaber eines Regressanspruches aus dem anwaltlichen Bera- **40**
tungsvertrag nur der Mandant und Auftraggeber in Betracht. Dies folgt aus der vertraglichen Einordnung der Haftung (*Ahrens* aaO Rn 363). Im Einzelfall kann der Vertrag aber auch Schutzwirkungen zugunsten Dritter entfalten. In diesem Fall ist auch der Dritte berechtigt, selbständig Schadensersatzansprüche gegen den Anwalt zu erheben (BGH NJW 1995, 2551, 2552; 1995, 51, 52; 1988, 200, 201; *Rinsche* aaO Rn I 40 ff; *Vollkommer* aaO Rn 68 ff).

Der Arztbehandlungsvertrag (Anhang II zu §§ 611 ff)

v Bar Gemeineuropäisches Deliktsrecht, Die Kernbereiche des Deliktsrechts, seine Angleichung in Europa und seine Einbettung in die Gesamtrechtsordnungen Bd 1, München (1996); *ders* Der Einfluss des Verfassungsrechts auf die westeuropäischen Deliktsrechte RabelsZ 59 (1995) 203; *Bender W* Der Umfang der ärztlichen Dokumentationspflicht – Ein weiterer Schritt der Verrechtlichung VersR 1997, 918; *Benedict* Die Liberalisierung der Gesundheitsversorgung in Europa VuR 2008, 441; *Benedict/Reich* Zum Vorschlag für eine Richtlinie über die Ausübung der Patientenrechte in der grenzüberschreitenden Gesundheitsversorgung VuR 2008, 448; *Blaurock* Gestaltungsmöglichkeiten der Zusammenarbeit von Vertrags- und Privatarzt MedR 2006, 643; *Canaris* Die Gefährdungshaftung im Lichte der neueren Rechtsentwicklung JBl 1995, 2; *Deutsch* Schmerzensgeld für Vertragsverletzungen und bei Gefährdungshaftung ZRP 2001, 351; *ders* Die Medizinhaftung nach dem neuen Schuldrecht und dem neuen Schadensrecht JZ 2002, 588; *Deutsch/Geiger* Medizinischer Behandlungsvertrag, Empfiehlt sich eine besondere Regelung der zivilrechtlichen Beziehung zwischen dem Patienten und dem Arzt im BGB? in: Bundesminister der Justiz (Hrsg) Gutachten und Vorschläge zur Überarbeitung des Schuldrechts Bd II, Köln (1981), S 1049; *Deutsch/Spickhoff* Medizinrecht. Arztrecht, Arzneimittelrecht, Medizinprodukterecht und Transfusionsrecht, 5. Aufl Berlin (2003); *Ehlers/Broglie* (Hrsg) Arzthaftungsrecht, Grundlagen und Praxis, 2. Aufl München (2001); *Fischer/Lilie* Ärztliche Verantwortung im europäischen Rechtsvergleich, Köln (1999); *Franzki/Franzki* Waffengleichheit im Arzthaftungsprozess NJW 1975, 2225; *Franzki, Harald/Hansen* Der Belegarzt – Stellung und Haftung im Verhältnis zum Krankenhausträger NJW 1990, 737; *Geiger* Pflegeversicherung besteht europaweit NJW 2001, 2772; *Geiß/Greiner* Arzthaftpflichtrecht, 5. Aufl München (2006); *Gehrlein* Leitfaden zur Arzthaftpflicht, München (2000); *Giesen* Wandlungen im Arzthaftungsrecht JZ 1990, 1053; *ders* Arzthaftungsrecht, 5. Aufl (2007); *Glöckner* Die medizinische Behandlung des extrem unreifen Frühgeborenen VuR 2008, 458; *Golbs* Das Vetorecht eines einwilligungsunfähigen Patienten, Baden-Baden (2006); *Gounalakis* Anfängernarkose und -operation – Behandlungsfehler oder Aufklärungspflichtverletzung? NJW 1991, 2945; *Grambow* Die Haftung bei Gesundheitsschäden infolge medizinischer Betreuung in der DDR, Frankfurt aM (1997); *Hausch* Vom therapierenden zum dokumentierenden Arzt. Über die zunehmende haftungsrechtliche Bedeutung der ärztlichen Dokumentation VersR 2006, 612; *Heyers/Heyers* Arzthaftung – Schutz von digitalen Patientendaten MDR 2001, 1209; *Hirte* Berufshaftung. Ein Beitrag zur Entwicklung eines einheitlichen Haftungsmodells für Dienstleistungen, München (1996); *Jaeger* Höhe des Schmerzensgeldes bei tödlichen Verletzungen im Lichte der neuen Rechtsprechung des BGH VersR 1996, 1177; *Jorzig* Arzthaftungsprozess – Beweislast- und Beweismittel MDR 2001, 481; *Katzenmeier* Schuldrechtsmodernisierung und Schadensersatzrechtsänderung – Umbruch in der Arzthaftung VersR 2002, 1066; *ders* Haftung für HIV-kontaminierte Blutprodukte NJW 2005, 3391; *ders* Arzthaftung, Tübingen (2002); *ders* Heilbehandlungsrisikoversicherung – Ersetzen der Arzthaftung durch Versicherungsschutz? VersR 2007, 137; *Knetsch* Entwicklungen der Kind-als-Schaden-Problematik in Frankreich VersR 2006, 1050; *Kramer* Das Prinzip der objektiven Zurechnung im Delikts- und Vertragsrecht AcP 171 (1971) 422; *Karczewski* Der Referentenentwurf eines Zweiten Gesetzes zur Änderung der schadensrechtlichen Vorschriften VersR 2001, 1070; *Krumpaszky/Seth/Selbmann* Die Häufigkeit von Behandlungsfehlervorwürfen in der Medizin VersR 1997, 420; *Kullmann* Immaterieller Schadensersatzanspruch des Patienten bei Diagnosemitteilung des Arztes an Abrechnungsstellen, Krankenkassen und Versicherungen trotz Widerspruchs des Patienten MedR 2001, 343; *Larenz* Über Fahrlässigkeitsmaßstäbe im Zivilrecht, FS Walter Wilburg, Graz (1965), S 119; *ders* Hegels Zurechnungslehre und der Begriff der objektiven Zurechnung. Ein Band zur Rechsphilosophie des kritischen Idealismus und zur Lehre von der »juristischen Kausalität«, Leipzig (1927); *Laufs/Uhlenbruck* (Hrsg) Handbuch des Arztrechts, 3. Aufl München (2002); *Lindemeier* Waffen- und Chancengleichheit im deutschen und englischen Zivilprozess, Eine rechtsvergleichende Betrachtung, Hamburg (2004); *Mansel* Die Neuregelung des Verjährungsrechts NJW 2002, 89; *Martis/Winkhart* Arzthaftungsrecht aktuell 2003, Köln (2003); *Mayerhofer* Die Integration der positiven Forderungsverletzung in das BGB MDR 2002, 549; *Maaß* Die Entwicklung des Vertragsarztrechts in den Jahren 2004 und 2005 NZS 2006, 63; *ders* Die Entwicklung des Vertragsarztrechts in den Jahren 2005 und 2006 NZS 2007, 7; *Menzel* Datenschutzrechtliche Einwilligungen in medizinischer Forschung. Selbstbestimmung oder Überforderung des Patienten? MedR 2006, 702; *Meyer, Torben* Die arzthaftungsrechtliche Verfassung medizinischen Erprobungshandelns unter Berücksichtigung der gesetzlichen Krankenversicherung – Der individuelle Heilversuch, Marburg (2006); *Möller, Karl-*

Heinz Aktuelle Probleme bei Gründung und Betrieb von Gemeinschaftspraxen MedR 2006, 621; *Müller, Gerda* Beweislast und Beweisführung im Arzthaftungsprozess NJW 1997, 3049; *Muschner* Der prozessuale Beweiswert ärztlicher EDV-Dokumentation VersR 2006, 621; *Neuhaus/Krause* Die Auswahl des Sachverständigen im Zivilprozess MDR 2006, 605; *Nehlsen-von Stryk* Schmerzensgeld ohne Genugtuung JZ 1987, 119; *Ratajczak/Stegers* Arzthaftungsrecht – Rechtspraxis und Perspektiven, Heidelberg (2006); *Ratzel/Möller/Michels* Die Teilgemeinschaftspraxis, Zulässigkeit, Vertragsinhalte, Steuern MedR 2006, 377; *Rehborn* Aktuelle Entwicklungen im Arzthaftungsrecht MDR 1999, 1169; *ders* Altuelle Entwicklungen im Arzthaftungsrecht MDR 2000, 1101; *ders* Aktuelle Entwicklungen im Arzthaftungsrecht MDR 2002, 1281; *Roth* Der Arzt als Samariter und das Haftungsrecht NJW 2006, 2814; *Schacht* Plädoyer für ein medizinisches Dokumentationsrecht AnwBl 1996, 440; *Schinnenburg* Besonderheiten des Arzthaftungsrechtes bei zahnärztlicher Behandlung MedR 2000, 185; *Schmid* Verfahrensregeln für Arzthaftungsprozesse NJW 1994, 767; *Schünemann B* Wandlungen des Vertragsrechts NJW 1982, 2027; *Selbherr* Verfahrensänderungen in der ersten Instanz, in: Die Reform der ZPO – eine Wirkungskontrolle, Verhandlungen des 65. Deutschen Juristentages, Band I, München 2004, Gutachten A, S 28; *Spickhoff* Aktuelle Rechtsfragen des medizinischen Behandlungsverhältnisses, München (2004); *ders* Die Entwicklung des Arztrechts 2001/2002 NJW 2002, 1758; *ders* Das System der Arzthaftung im reformierten Schuldrecht NJW 2002, 2530; *ders* Die Entwicklung des Arztrechts 2005/2006 NJW 2006, 1630; *ders* Die Entwicklung des Arzthaftungsrechts 2006/2007 NJW 2007, 1628; *Spindler/Rieckers* Die Auswirkungen der Schuld- und der Schadensrechtsreform auf die Arzthaftung JuS 2004, 272; *Steffen* Der sogenannte Facharztstatus aus der Sicht der Rechtsprechung des BGH MedR 1995, 360; *ders* Das Schmerzensgeld im Wandel eines Jahrhunderts DAR 2003, 201; *Steffen/Pauge* Arzthaftungsrecht, Neue Entwicklungslinien der BGH-Rechtsprechung, 10. Aufl Köln (2006); *Stoll* Haftungsfolgen im bürgerlichen Recht, Eine Darstellung auf rechtsvergleichender Grundlage, Heidelberg (1993); *ders* Zur Frage, inwieweit bei mangelhaften Reiseleistungen Schadenserrsatz wegen nutzlos aufgewendeter Urlaubszeit verlangt werden kann JZ 1975, 252; *Sträter* Grober Behandlungsfehler und Kausalitätsvermutung, Beweislastumkehr ohne medizinwissenschaftliche Basis? Baden-Baden (2006); *Strohmaier* Zweck und Ausmaß der Dokumentationspflicht des Arztes VersR 1998, 416; *Tamm* Plädoyer für eine Neuregelung des Heilpraktikergesetzes VuR 2008, 465; *dies* Der Haftungsgrund für ärztliches Fehlverhalten im Lichte der Schuldrechtsmodernisierung und der neuen Rechtsprechung Jura 2008, 881; *dies* Der Haftungsumfang bei ärztlichem Fehlverhalten und Rechtsdurchsetzungsfragen im Arzthaftungsrecht Jura 2009, 81; *Thumann* Reform der Arzthaftung in den Vereinigten Staaten von Amerika, Köln (2000); *Uleer/Miebach/Patt* Abrechnung von Arzt- und Krankenhausleistungen, 3. Aufl München (2006); *Wagner, Gerhard* Das zweite Schadensersatzrechtsänderungsgesetz NJW 2002, 2049; *Wagner, Christean* Das behinderte Kind als Schaden NJW 2002, 3379; *Weber, Reinhold* Muß im Arzthaftungsprozess der Arzt seine Schuldlosigkeit beweisen? NJW 1997, 761; *Weidinger* Aus der Praxis der Haftpflichtversicherung für Ärzte und Krankenhäuser – Statistik, neue Risiken und Qualitätsmanagement MedR 2006, 571; *von Ziegner* Arzthaftung – Rechtliche Probleme bei der zahnärztlich-prothetischen Behandlung MDR 2001, 1088; *Zimmer* Das neue Recht der Leistungsstörungen NJW 2002, 1.

1 **A. Einleitung.** »Erfolg verbindet, Misserfolg trennt«. Diese Lebensweisheit gilt im Arzt-Patienten-Verhältnis im bes Maße, weil sich mit Erfolg und Misserfolg ärztlichen Handelns menschliche Schicksale in hoher Intensität verbinden (*Carstensen* in: Ehlers/Broglie (Hrsg) Arzthaftungsrecht 2. Aufl 2001 Rn 396). Fragen aus dem Bereich der Arzthaftung betreffen regelm Körper und Gesundheit als höchste Rechtsgüter, so dass im »Fall des Falles« der Schaden immens ist bzw sich kaum in Geld darstellen lässt (*Karczewski* VersR 2001, 1070, 1071; *Deutsch* JZ 2002, 588, 589; *ders* ZRP 2001, 351 ff). Man streitet hier weder immateriell noch materiell um Lappalien (*Rumler-Detzel* FS Steffen 1995, S 373 ff). Gerade wegen der Art der betroffenen Rechtsgüter und der Höhe der in Frage stehenden Zahlungen ist die Zahl der von Patienten bei Schlichtungs- und Gutachterstellen wie vor Gericht erhobener Ansprüche auf Schadensersatzzahlungen gegen Ärzte und Krankenhausträger nachhaltig hoch (*Laufs/Uhlenbruck* Handbuch des Arztrechts 2002, S 921; *Carstensen* in: Ehlers/Broglie aaO Rn 396 ff). Die Haftpflichtversicherer konstatieren von Jahr zu Jahr einen Zuwachs entspr Auseinandersetzungen (*Heidermann* in: Ehlers/Boglie aaO Rn 285; *Krumpaszky/Sethe/Selbmann* VersR 1997, 420, 425 ff; *Weidinger* MedR 2006, 571 ff). Dies hat unzweifelhaft auch etwas mit dem in der Medizin immer weiter um sich greifenden Fortschritt in Behandlungsmethoden und -technik zu tun. Die Medizin als das, was mit Hilfe von neuen Methoden und Techniken bei der Therapie des Patienten möglich geworden ist, steigert ihr Potential unaufhörlich. Der Preis des Fortschritts, der sowohl vom Patienten als auch vom Arzt »beglichen« werden muss, besteht einmal in den zu den Chancen gestiegenen Risiken (»keine Chance ohne Risiko«) und zum anderen darin, dass auf Grund der sich erweiternden Chancen im abstrakten Sinne mitunter auch Ansprüche geschaffen werden, die unerfüllbar sind.

2 **I. Ist-Zustand: Kumulation von vertraglicher und deliktischer Haftung.** Seit Jahrzehnten stehen sich Ärzte und Juristen mit einer gewissen Besorgnis ggü. Dieses Faktum hat durchaus einen juristischen Hintergrund (*Spickhoff* NJW 2002, 2530, 2531). Es nährt sich daraus, dass Juristen und Ärzte auf den gleichen Lebenssachverhalt häufig unterschiedliche Sichtweisen haben. Der Unterschied wird schon daran deutlich, dass nach – freilich nicht nur von Ärzten in Frage gestellter – Ansicht der Rspr und der Lit auch der *lege artis* erfolgte ärztliche Heileingriff eine Körper- bzw Gesundheitsverletzung iSd § 823 Abs 1 darstellt, sofern der Eingriff

nicht vom Patienten konsensuiert wurde. Bei genauerer rechtlicher Analyse stützt sich die Haftung für ärztliches Fehlverhalten nicht nur auf § 823, sondern auf zwei Säulen, nämlich zum einen auf die Vertrags- und zum anderen auf die Deliktshaftung (*Ehlers* in: Ehlers/Broglie aaO Rn 15 f). In der Vergangenheit war diese »Zweigleisigkeit des Haftungssystems« wichtiger als heute: Sie zeitigte vor der Schuldrechtsreform vom 01.01.2002 (BGBl I 2001, S 3138) Auswirkungen etwa bei der unterschiedlichen Verjährung der vertraglichen und deliktischen Ansprüche (*Mansel* NJW 2002, 89 ff). Außerdem wurde nach früherer Rechtslage allein im Bereich des Deliktsrechts ein Schmerzensgeld (nämlich gem § 847 aF, vgl dazu *Karazewski* VersR 2001, 1070 ff) für immaterielle Einbußen gewährt. Die Anspruchsvoraussetzungen für den Erhalt von immateriellem Schadensersatz wurden zugunsten des Geschädigten nach der am 01.08.2002 in Kraft getretenen Schadensrechtsreform (BGBl I 2002, S 2674) in § 253 Abs 2 inhaltlich dahingehend geändert, dass nach der Neuregelung ein allg Anspruch auf Schmerzensgeld vorgesehen ist, also auch auf dem Feld der Vertrags- und Gefährdungshaftung, sodass es nicht mehr auf die Erfüllung von deliktsrechtlichen Kriterien ankommt. Allerdings wurde im Gegenzug für die Gewährung von Schmerzensgeld eine Bagatellgrenze eingeführt. Festzuhalten bleibt, dass die früher durchaus bestehende rechtliche Relevanz in der Unterscheidung zwischen vertraglicher und deliktischer Haftung dahinschwindet (Palandt/*Sprau* § 823 Rn 134; PWW/*Schaub* § 823 Rn 195). Die zukünftige Entwicklung lässt vermuten, dass die voranschreitende Ausdifferenzierung von Pflichten im vertraglichen Bereich zu einer dogmatischen Verlagerung des Schwerpunktes der Arzthaftung vom Deliktsrecht hin zur vertraglichen Haftung führen wird (PWW/*Schaub* § 823 Rn 195; *Deutsch* JZ 2002, 588; *Katzenmeier* VersR 2002, 1066, 1073 f; *Spickhoff* NJW 2002, 2531, 2532; *Spindler/Rieckers* JuS 2004, 272 ff; *Wagner* NJW 2002, 2049, 2055 f). Daran ist an sich nichts auszusetzen. Im Gegenteil entspricht es auch der Verkehrsanschauung, dass sich die Pflichten von Arzt und Patient auf einer vertraglichen Ebene abspielen und vornehmlich hier begründet und eingefordert werden (PWW/*Schaub* § 823 Rn 195; *Spickhoff* NJW 2002, 2531, 2532). Sicherlich forciert wird diese »Trendwende« durch die Änderung des § 253 Abs 2 und die einschränkungslose Zurechnung des Verhaltens Dritter innerhalb des vertraglichen Haftungsregimes gem § 278.

Hinsichtlich der vielen **Facetten von vertraglicher und deliktischer Haftung** können an dieser Stelle nur die 3
Grundzüge der Arzthaftung, insbes ihre dogmatischen Ausgangspunkte, die wichtigsten ärztlichen Pflichten und Besonderheiten bei der Beweislast sowie der Rechtsdurchsetzung dargestellt werden. Zu Einzelheiten, insbes zur umfangreichen Kasuistik, ist auf die **Speziallit** zurückzugreifen (insbes *Deutsch/Spickhoff* Medizinrecht 5. Aufl 2003; *Gehrlein* Leitfaden zur Arzthaftpflicht 2000; *ders* Grundriss der Arzthaftung 2006; *Geiß/Greiner* Arzthaftpflichtrecht 5. Aufl 2006; *Giesen* Arzthaftungsrecht 5. Aufl 2007; *Katzenmeier* Arzthaftung 2000; *Laufs/Uhlenbruck* Handbuch des Arztrechts 3. Aufl 2002; *Maaß* NZS 2006, 63 ff; *ders* NZS 2007, 7 ff; *Meyer* Die arzthaftungsrechtliche Verfassung medizinischen Erprobungshandelns 2006; *Schwarz* Die Pflicht zur Anzeige eigener Fehler 2006; *Spickhoff* Aktuelle Rechtsfragen des medizinischen Behandlungsverhältnisses 2004; *ders* NJW 2006, 1630; *ders* NJW 2007, 1628 ff; *Steffen/Pauge* Arzthaftungsrecht 10. Aufl 2006; *Tamm* Jura 2008, 881 ff; *dies* Jura 2009, 81 ff). Sonderprobleme im Zusammenhang mit der **Liberalisierung der Gesundheitsversorgung in Europa** wurden in Auswertung der einschlägigen EuGH-Rspr instruktiv von *Benedict* VuR 2008, 441 ff besprochen. **Der »Vorschlag einer Richtlinie über die Ausübung der Patientenrechte in der grenzüberschreitenden Gesundheitsversorgung«** (KOM [2008], 414 endg) ist von *Benedict/Reich* (VuR 2008, 448 ff) aufgegriffen worden. Der ärztlichen Versorgung **extrem unreifer Frühchen** hat zuletzt *Glöckner* (VuR 2008, 458 ff) besprochen. Zur Problematik der dringend notwendigen **Setzung von Berufsstandards bei Heilpraktikern** (ähnl denen der Ärzte) vgl *Tamm* VuR 2008, 465 ff.

II. Reformüberlegungen. 1. Verschuldensunabhängige Garantiehaftung des Arztes? Durch die Schuld- 4
rechtsreform ist § 280 I zum Auffangbecken der vertraglichen Arzthaftung geworden. Die durch diese Generalklausel für vertragliches Fehlverhalten letztlich auch für das Arzthaftungsrecht in Gang gesetzte Angleichung zwischen vertraglicher und deliktischer Haftung ist hinsichtlich ihrer Folgen nicht unumstritten. Sie wird zT deshalb kritisiert, weil sich dadurch für den Bereich der vertraglichen Haftung das Verschuldensprinzip (an dessen rechtsethischer Überlegenheit wohl kaum ein Zweifel besteht, vgl *Canaris* JBl 1995, 2, 16 ff) perpetuiert, was nach Ansicht einiger eher rückschrittlich ist. Es werden zahlreiche neue Vorschläge offeriert, die — häufig im Hinblick auf die Regelung in anderen Staaten — eine Haftungsausweitung zu Lasten des Dienstleisters forcieren (*Fischer/Lilie* Ärztliche Verantwortung im europäischen Rechtsvergleich 1999; *Thumann* Reform der Arzthaftung in den Vereinigten Staaten von Amerika 2000). Dabei geht man soweit, in Revision des herkömmlichen Haftungsrechts ein einheitliches Einstandssystem für alle Umsatzgeschäfte und Dienstleistungen zu fordern, in welchem das Verschuldensprinzip fallen soll (*Hirte* Berufshaftung 1996). Als Referenzmodell einer Garantiehaftung des Dienstleisters wird idR auf das schwedische System der Berufshaftpflicht Bezug genommen, das seit 1975 Bestand hat. Durch dieses System werden über die Berufshaftpflicht des Arztes alle Schäden abgedeckt, die bei der Behandlung des Patienten eintreten, nicht nur solche, die verschuldet herbeigeführt wurden. Damit wird nicht nur der Begriff des Behandlungsfehlers zur Liquidation gestellt, sondern das abstrakte Behandlungsrisiko mit seinen ggf auch ärztlicherseits unverschuldeten negativen Folgen an sich liquidiert (*Heidermann* in: Ehlers/Broglie aaO Rn 389). In Deutschland hat sich der Gesetzgeber bislang gegen eine Einführung der verschuldensunabhängigen Gefährdungshaftung für den Bereich ärztlicher Fehlleistung entschieden, wenngleich dem Patienten für bestimmte Behandlungsfehler seit

jeher bestimmte Beweiserleichterungen zugestanden werden. Der bundesdeutsche Gesetzgeber vermied es durch das Festhalten am Verschuldensprinzip zugleich, das Modell der verschuldensunabhängigen Einstandspflicht für Gesundheitsschäden der DDR zu übernehmen (dazu vgl *Grambow* Die Haftung bei Gesundheitsschäden infolge medizinischer Betreuung in der DDR 1997). Gleichwohl dauern die Expertendiskussionen über die Vor- und Nachteile der unterschiedlichen Haftungssysteme (Verschuldenshaftung/Garantiehaftung) an. Der Vorteil der verschuldensunabhängigen Einstandspflicht für Behandlungsrisiken besteht für den Patienten eindeutig darin, dass er keine Beweisschwierigkeiten bzgl des Behandlungsfehlers und des dadurch herbeigeführten Schadens befürchten muss, sondern sich darauf zurückziehen kann darzustellen, dass der Schaden im Zusammenhang mit der Behandlung an sich steht. Der Nachteil des Systems der Gefährdungshaftung gründet sich demggü häufig darauf, dass eine gewisse Schadensschwelle iSe »Erheblichkeit« gefordert wird, Bagatellschäden sollen nicht ersetzt werden. Die aus Patientensicht bestehenden Vor- und Nachteile der beiden Haftungssysteme dürften sich damit aufwiegen. Der Hauptvorwurf, der heute gegen das in Deutschland bestehende Arzthaftungsmodell erhoben wird, besteht auch nicht so sehr in dem Problem des Verschuldensnachweises, denn der Maßstab für das Vertretenmüssen ist »objektiviert« festgelegt (BGHZ 24, 21, 24; 39, 283 ff; 80, 193 ff; 106, 323, 330; 129, 226, 232; BGH VersR 2006, 228, 229; PWW/*Schmidt-Kessel* § 276 Rn 10; Palandt/*Heinrichs* § 276 Rn 15). Er besteht auch nicht vordringlich in der Hürde der Darlegung des Behandlungsfehlers, denn hier hat die Rspr vielfältige Beweislasterleichterungen zugunsten des Patienten statuiert. Das Problem gründet sich vielmehr auf die lange Zeit, die vergeht, bis eine Arzthaftungssache entscheidungsreif ist (*Bergmann* in: Ratajczak/Stegers (Hrsg), Arzthaftungsrecht – Rechtspraxis und Perspektiven 2006, S 1, 2). Die Ursachen für diesen Umstand haben nichts mit der Verschuldenshaftung an sich zu tun, sondern sind in der häufig zu konstatierenden Überlastung der Gerichte und der medizinischen Sachverständigen begründet (*Heidermann* in: Ehlers/Broglie aaO Rn 391). Unter anderem auch vor diesem Hintergrund sollte auf der Grundlage der ZPO-Reform vom 01.01.2002 ein grundlegender Strukturwandel im deutschen Zivilprozess einziehen. Er sollte »bürgernäher, effizienter und transparenter« ausgestaltet werden (vgl *Selbherr* Verhandlungen des 65. Deutschen Juristentages 2004, Bd I, Gutachten A, S 28). Die ZPO-Reform hat dieses selbstgesteckte Ziel nach einhelliger Ansicht – was gerade auch für den Arzthaftungsprozess bedauerlich ist – nicht vollständig erreicht (ausführl zum Befund: *Bergmann* in: Ratajczak/Stegers aaO S 12, vgl auch *Schünemann* in: Ratajczak/Stegers aaO S 13 ff).

5 **2. Eigenständige Kodifikation?** Unabhängig von der Frage, wohin es *inhaltlich* mit der Arzthaftung gehen soll, stellt sich die Frage nach einer *eigenständigen Kodifikation* dieses Rechtsbereichs. Ein umfangreiches Gutachten zur Notwendigkeit einer autonomen gesetzlichen Regelung wurde von Deutsch/Geiger (*Deutsch/Geiger* Medizinischer Behandlungsvertrag, in: Bundesministerium der Justiz (Hrsg), Gutachten und Vorschläge zur Überarbeitung des Schuldrechts, Bd II 1981, S 1049 ff) bereits vorgelegt. Die beiden Autoren schlugen vor, im Rahmen der Schuldrechtsreform einen eigenständigen Vertragstyp des ärztlichen Behandlungsvertrages im BGB aufzunehmen. Sie meinten (zutreffenderweise) es sei angesichts der Wichtigkeit der Beziehung und wegen des gestiegenen Informationsbedürfnisses der Beteiligten angebracht, das Arzt-Patientenverhältnis gesondert zu regeln. In einem weiteren Sinne würde damit auch der Notwendigkeit entsprochen, das bes Schuldrecht im BGB weiter zu materialisieren. Denn die Regelungen des §§ 611 ff seien zu abstrakt und zu formal, als dass sich daraus hinreichende Anhaltspunkte für die gegenseitigen Pflichten und für die Abwicklung des ärztlichen Behandlungsvertrages ableiten könnten (krit schon früher zur Kodifikation *Schünemann* NJW 1982, 2027, 2033). Das og Gutachten mündete in zwölf Paragraphen, die alle Hauptthemen des Behandlungsvertrages aufgriffen und *de lege ferenda* in Gesetzesform gossen. Gem des von den Autoren favorisierten Haftungsregimes war keine grundlegende inhaltliche Reform des geltenden Rechts »an Haupt und Gliedern«, insbes kein Abgehen vom Verschuldensgrundsatz, erforderlich, vielmehr forderten sie gesetzgeberische Klarstellungen in Rezeption der bisher durch die Rspr herausgearbeiteten Grundsätze, iÜ nur Randkorrekturen (*Deutsch/Geiger* aaO S 1090). Obwohl das Kodifizierungspostulat schon aus Gründen der Rechtsklarheit und Rechtssicherheit mE uneingeschränkte Zustimmung finden muss, weil es bei richtiger Ausgestaltung auch die weitere Entwicklung des Rechtsbereichs durch die Rspr nicht hindert und somit der Dynamik der Materie nicht im Wege steht, wurde der Forderung im Rahmen der Schuldrechtsreform nicht entsprochen (zum Abschlussbericht der Kommission zur Überarbeitung des Schuldrechts in diesem Punkt, der nur für § 280 Abs 1 eine Rolle spielte, vgl *Spickhoff* NJW 2002, 2530, 2532).

6 **B. Rechte und Pflichten im Arzt-Patienten-Verhältnis in der Übersicht.** Da die Schuldrechtsreform sich des Themas der Arzthaftung nicht gesondert annahm, ist der Bereich in die Vertragskategorien des BGB »einzupassen«. Danach gilt: Wenn ein Arzt bzw ein Krankenhaus durch einen Arzt oder sonstigen Mitarbeiter einen Patienten therapiert, dann kommt aus rechtlicher Sicht ein ärztlicher Behandlungsvertrag zustande, der am ehesten dem Bereich der §§ 611 ff zuzuordnen ist. Nach der geltenden Vertragsdoktrin des BGB handelt es sich beim ärztlichen Behandlungsvertrag mithin um einen »bes Dienstvertrag«, der auf die Erbringung »höherer Dienste« gegen Entgelt gerichtet ist (*Ehlers* in: Ehlers/Broglie aaO Rn 14). **I. Vertragsrechtliche Charakterisierung. 1. Grundsatz: Dienstvertrag über höhere Dienste.** Aufgrund des Behandlungsvertrages schuldet der Arzt dem Patienten aber keinen bestimmten Erfolg, denn die Heilung des Patienten kann er

nicht garantieren. Der Grund für diesen Umstand ist, dass der Therapieerfolg von vielen (auch außerhalb der Sphäre des Arztes liegenden) Faktoren abhängt bzw beeinflusst wird. Der Arzt schuldet dem Patienten lediglich ein sog »fachgerechtes Bemühen« mit dem Ziel der Heilung oder Linderung von Beschwerden (BGH MDR 1975, 310; NJW 1995, 776; 1999, 1778; Oldenburg MDR 1996, 155; *Geiß/Greiner* aaO Abschnitt A Rn 4; *Müller* MedR 2001, 487; *Rehborn* MDR 1999, 1169, 1170; *v Ziegner* MDR 2001, 1088, 1089; *Schinenburg* MedR 2000, 185, 186).

2. Sonderfälle. Obwohl der ärztliche Behandlungsvertrag wegen der fehlenden Erfolgsverpflichtung seinen Schwerpunkt im dienstvertraglichen Bereich hat, kann er mitunter mit werkvertraglichen Elementen »durchsetzt« sein (*Geiß/Greiner* aaO Abschnitt A Rn 4; *Martis/Winkhart* Arzthaftungsrecht aktuell 2003, S 44). 7

a) Zahnersatzbehandlung. Da der Zahnarzt die Passgenauigkeit, insbes den einwandfreien und schmerzlosen Sitz des Zahnersatzes, gefertigter Kronen ua nicht immer bei der ersten Behandlung herbeiführen kann, räumt ihm die hM vor dem Hintergrund der werkvertraglichen Einflechtungen eine den §§ 627, 628 ansonsten fremde, dem Nacherfüllungsanspruch der §§ 634 Nr 1, 635 gleichkommende Korrekturmöglichkeit an Zähnen und Zahnersatz ein (Düsseldorf MDR 1986, 933; *Schinenburg* MedR 2000, 185, 186; *v Ziegner* MDR 2001, 1088, 1090). Der Vergütungsanspruch des Zahnarztes entfällt also nicht bereits dann nach § 628 Abs 1 S 2, wenn die Prothese, die Krone etc nicht sofort sitzt und der Patient den Vertrag kündigt oder abbricht. Ein Wegfall des Interesses gem § 628 Abs 1 S 2 und damit des Vergütungsanspruches wird jedoch dann bejaht, wenn das Arbeitsergebnis des Arztes völlig unbrauchbar und eine Nachbesserung nicht möglich ist (Zweibrücken OLGR 2002, 170; *v Ziegner* MDR 2001, 1090), die Schlechterfüllung quantitativ einer Nichterfüllung gleichkommt (Saarbrücken OLGR 2000, 401), Nachbesserungsversuche mehrmals fehlschlagen (München VersR 1994, 826) oder wenn die Nachbesserung dem Patienten im Einzelfall nicht zumutbar ist (Hamburg MDR 2001, 799; *Rehborn* MDR 2001, 1148). Diese Wertung entspr im Wesentlichen den Kriterien aus den §§ 637 Abs 2, 281 Abs 2, 323 Abs 2, 326 Abs 5, deren analoge Anwendung in diesen Fällen sinnvoll erscheint (*Martis/Winkhart* aaO S 45).

b) Kosmetische Operation/Sterilisation/Anfertigung und Anpassung von Prothesen. Auch der Vertrag über die Durchführung einer kosmetischen Operation ist nach hM als Dienstvertrag zu qualifizieren (Hamburg MDR 2001, 799; Köln VersR 1998, 1510; Celle NJW 1987, 2304; *Rehborn* MDR 2001, 1148, 1154). Der Grund dafür ist, dass der Arzt auch in diesem Fall regelm nicht für den Erfolg seiner Leistung einstehen will. Im Ergebnis führt die angegebene Wertung dazu, dass dem Arzt, wenn er den kosmetischen Eingriff *lege artis* durchgeführt hat, die Vergütung selbst dann zusteht, wenn der beabsichtigte Erfolg ausbleibt. Nichts anderes gilt für den ärztlichen Behandlungsvertrag, der auf eine freiwillige Sterilisation des Patienten zielt. Dieser ist unabhängig vom Vorliegen einer bes Indikationslage grds wirksam und seinem Inhalt nach ebenfalls als Dienstvertrag einzuordnen. IÜ ist auch der auf prothetische Behandlung gerichtete Vertrag, etwa zur Anfertigung und Einpassung einer Beinprothese, als Dienstvertrag zu werten, wenngleich er werkvertragliche Bezüge aufweist (*Martis/Winkhart* aaO S 246; *Gräfin v Strachwitz-Helmstatt* in: Ehlers/Broglie aaO Rn 616). Bis auf die technische Anfertigung der Prothese, die allein dem Werkvertragsrecht unterfällt, gehören die auf die prothetische Versorgung gerichteten orthopädischen Leistungen als Dienste »höherer Art« iSd §§ 627 Abs 1, 628 Abs 1 dem Bereich der üblichen Heilbehandlung an (KG VersR 1996, 62). 8

II. Zustandekommen des Vertrages sowie Vertragspflichten und Obliegenheiten. Der ärztliche Behandlungsvertrag kommt wie jeder andere Vertrag zustande. Der wirksame Vertragsschluss erfordert lediglich die Erklärung des Patienten, »behandelt werden zu wollen« und die übereinstimmende Erklärung des Arztes bzw des Krankenhauses, die Behandlung einzuleiten. **1. Abgabe übereinstimmender Willenserklärungen.** In der Praxis werden die erforderlichen Willenserklärungen häufig nicht ausdrücklich abgegeben. Die Tatsache, dass sich der Patient beim Arzt seiner Wahl bzw beim Krankenhaus vorstellt und auf Grund dieser Vorstellung eine Behandlung eingeleitet wird, bewirkt, dass ein Willen beider Parteien zum Vertragsschluss jedenfalls konkludent erkennbar ist (*Geiß/Greiner* aaO Abschnitt A Rn 2). 9

2. Vertragspartner: Arzt/Krankenhausträger-Patient. a) Behandlung in freier Praxis. Bei der Behandlung in einer freien (ambulanten) Praxis schließt der Privatpatient direkt mit dem behandelnden Arzt einen Behandlungsvertrag iSd §§ 611 ff. Er hat dabei einen Anspruch auf Vertragserfüllung durch den behandelnden Arzt persönlich. Auch beim Kassenpatienten entsteht nach herrschender Auffassung ein zivilrechtliches Rechtsverhältnis mit dem behandelnden Arzt (zu bes Problemen und Haftungsfragen bei der Teilgemeinschaftspraxis vgl *Ratzel/Möller/Michel* MedR 2006, 377; zur Gemeinschaftspraxis *Möller* MedR 2006, 621 ff; zur Zusammenarbeit von Vertrags- und Privatarzt s *Blaurock* MedR 2006, 643). 10

b) Behandlung im Krankenhaus. Will der Patient im Krankenhaus therapiert werden, kommt der Vertrag mit dem Krankenhausträger zustande. Hierbei fungiert der bei der Behandlung eingesetzte Arzt hinsichtlich der Vertragspflichten nach §§ 611 ff als Erfüllungsgehilfe des Krankenhaus(trägers); sofern deliktische Ansprüche zur Debatte stehen, ist er Verrichtungsgehilfe iSd § 831 oder – bei leitender Stellung – nach §§ 31, 89 als Organ anzusehen. Wird ein *Kassenpatient* in ein Krankenhaus aufgenommen, kommt es regelm zum Abschluss eines sog »totalen Krankenhausaufnahmevertrages« (*Geiß/Greiner* aaO Abschnitt A Rn 26; *Giesen* JZ 1990, 1053, 1054). Hierbei handelt es sich um einen gemischten Vertrag, bei dem die dienstvertraglichen Elemente im Vordergrund stehen. Vertragspartner ist ausschließlich der Krankenhausträger, der neben der 11

Unterbringung und den pflegerischen Maßnahmen auch die ärztliche Versorgung schuldet. Dabei bedient sich der Krankenhausträger der eingesetzten angestellten oder beamteten Ärzte als Erfüllungsgehilfen (§ 278), soweit diese nicht als gesetzliche Vertreter des Krankenhausträgers handeln. Werden durch den *Kassenpatienten mit privater Zusatzversicherung* zusätzlich zur Aufnahme und Pflege im Krankenhaus *ärztliche Leistungen als Wahlleistungen* vereinbart, handelt es sich regelm um einen »totalen Krankenhausaufnahmevertrag mit Arztzusatzvertrag« (BGH NJW 1998, 1778). Der Krankenhausträger wird dann nicht aus der Haftung für ärztliche Fehler entlassen. Der behandelnde Arzt haftet in diesen Fällen zusätzlich (BGH NJW 1981, 2002; Stuttgart VersR 1991, 1141; Köln VersR 1989, 1264; *Greiß/Greiner* aaO Rn 52 f; *Gräfin v Strachwitz-Helmstatt* in: Ehlers/Broglie aaO Rn 621; *Franzki/Hansen* NJW 1990, 737 ff). Soll in Abweichung hiervon ein sog »gespaltener Krankenhausvertrag« vereinbart werden (vgl dazu *Giesen* JZ 1990, 1053, 1054), so muss nach der Rspr in vorformulierten Vertragsbedingungen deutlich darauf hingewiesen werden, dass der Krankenhausträger nicht Schuldner der ärztlichen Leistungen ist und daher für ärztliche Fehler nicht haftet (BGH NJW 1993, 779). Beim gespaltenen Krankenhausaufnahmevertrag liegen zwei rechtlich selbständige Verträge vor. Der Krankenhausträger schuldet lediglich die Krankenhausversorgung, zu der alle zur Heilbehandlung erforderlichen Leistungen gehören, die nicht durch den behandelnden Arzt selbst, sondern mit den personellen und sachlichen Mitteln des Krankenhauses gewährt werden. In einem weiteren Vertrag vereinbart der Patient mit dem liquidationsberechtigten Chefarzt die Gewährung der ärztlichen Leistungen. Für die Haftungsfrage ist in diesen Fällen zu klären, ob das Fehlverhalten dem Bereich der Vertragspflichten des Krankenhausträgers oder dem vertraglichen Bereich des behandelnden Arztes zuzuordnen ist oder ob beide als Gesamtschuldner einstehen (BGH NJW 2006, 437; NJW 2000, 2737; Hamm VersR 2003, 1312; Celle VersR 1993, 360; *Greiß/Greiner* aaO Abschnitt A Rn 33; *Gräfin v Strachwitz-Helmstatt* in: Ehlers/Broglie aaO Rn 622 f). Der gespaltene Krankenhausaufnahmevertrag ist beim *Privatpatienten* sowie beim *Belegarzt* (vgl §§ 2 Abs 1, 23 Abs 1 BPflV 1994) der Regelfall.

12 **3. Vertragspflichten und -obliegenheiten iE. a) Hauptpflichten des Arztes.** Maßgeblich für die Behandlungspflichten des Arztes sind die im Einzelfall getroffenen Abreden; idR fehlen sie, so dass der Inhalt der Pflichten des Arztes aus dem Behandlungsvertrag nach dem mutmaßlichen Parteiwillen in genereller Weise durch Auslegung zu ermitteln ist (§§ 133, 157). Es liegt auf der Hand, dass es angesichts der Vielfalt von Krankheiten und korrespondierenden ärztlichen Behandlungen außerordentlich schwierig ist, das jeweilige ärztliche Pflichten- und Handlungsprogramm klar und eindeutig darzustellen. Das Recht behilft sich an dieser Stelle mit einer schlichten Verweisung auf die sog Regeln der medizinischen Wissenschaft (*Geiß/Greiner* aaO Abschnitt A Rn 2). Der Arzt ist in Bezugnahme auf diese Regeln verpflichtet, die Maßnahmen zu treffen, die nach dem Stande der medizinischen Wissenschaft zum Zeitpunkt der Behandlung erforderlich sind. Die Hauptpflichten des Arztes bestehen in der Behandlung des Patienten in Diagnose und Therapie (BGHZ 144, 296, 305 f; BGH VersR 1997, 1357; VersR 1995, 659; Saarbrücken NJW-RR 2001, 671; *Geiß/Greiner* aaO Abschnitt A Rn 3) sowie in der Behandlungs- und Risikoaufklärung unter Einschluss der Sicherstellung der Einwilligung des Patienten (BGH NJW 1984, 1807; VersR 1984, 538; *Ehlers* in: Ehlers/Broglie aaO Rn 54). Dafür steht dem Behandelnden eine Vergütung iF eines Honoraranspruchs zu. Die gegenseitigen Hauptpflichten der am ärztlichen Behandlungsvertrag Beteiligten werden durch Nebenpflichten flankiert, die sich aus dem Sinn und Zweck des Behandlungsvertrages ergeben. Bei allen seinen Aktivitäten schuldet der behandelnde Arzt den Standard, den ein kompetenter und gewissenhafter Arzt gewährleisten kann. Maßgeblich ist die Soll-Qualifikation des Arztes für die übernommene Behandlung.

13 **b) Nebenpflichten des Arztes.** Zu den Nebenpflichten des Arztes zählen: die Pflicht zur ärztlichen Dokumentation (Düsseldorf NJW-RR 1994, 1504 f; Koblenz NJW 1995, 1624; Stuttgart VersR 1997, 700; *Bender* VersR 1997, 918; *Schacht* AnwBl 1996, 440 ff; *Strohmeier* VersR 1998, 416 ff), die Pflicht zur Gewährung von Einsicht in die Krankenunterlagen (BGH NJW 1983, 328; BGH NJW 1983, 2627: zur Offenlegung ggü Angehörigen), die Pflicht zur Auskunft über Namen, Adresse und Dienstbezeichnung der Ärzte, Befunde, Prognosen und den äußeren Behandlungsverlauf auf Verlangen des Patienten (*Geiß/Greiner* aaO Abschnitt A Rn 7) sowie die Pflicht zur Mitberücksichtigung der wirtschaftlichen Belange des Behandelten (*Ehlers* in: Ehlers/Broglie aaO Rn 55).

14 **c) Hauptpflichten des Patienten. aa) Privatpatient.** Die Hauptpflicht des Patienten besteht in der Zahlung der Vergütung. Kommt der Vertrag mit einem Privatpatienten zustande, richtet sich der Vergütungsanspruch des Arztes direkt gegen diesen. Dieser kann dann ggf mit seiner privaten Krankenversicherung in Liquidation treten. § 12 der Berufsordnung der deutschen Ärzteschaft schreibt vor, dass die ärztliche Honorarforderung »angemessen« sein muss. Für die Bemessung ist die amtliche Gebührenordnung für Ärzte bzw Zahnärzte (vgl § 2 Abs 1 GOÄ/§ 2 Abs 1 GOZ) die Grundlage, soweit nicht andere gesetzliche Vergütungsregelungen gelten. Zwar dürfen Ärzte die Sätze der GOÄ/GOZ nicht in unlauterer Weise unterschreiten. Bei Abschluss einer Honorarvereinbarung haben sie jedoch auch auf die Einkommens- und Vermögensverhältnisse des zahlungspflichtigen Privatpatienten Rücksicht zu nehmen (zu Einzelheiten s *Uleer/Miebach/Patt* Abrechnung von Arzt und Krankenhausleistungen 3. Aufl 2006). Die Honorarvereinbarung mit dem Privatpatienten bedarf der Schriftform, darf keine weiteren Erklärungen enthalten und muss vor und kann nicht während der laufenden Behandlung abgeschlossen werden, vgl dazu § 2 Abs 2 GOÄ, § 2 Abs 2 GOZ (BGHZ 144, 59, 62; 138, 100 ff;

Stuttgart VersR 2003, 462; Karlsruhe VersR 2000, 365; Düsseldorf NJW-RR 2003, 125). Auch die erfolglose Behandlung ist honorarpflichtig, jedenfalls bis zur Grenze der medizinisch von vornherein aussichtslosen Behandlung (*Geiß/Greiner* aaO Abschnitt A Rn 2). Bei nicht getrennt lebenden Ehegatten gehört eine medizinisch erforderliche Behandlung des jeweils anderen Ehegatten, deren Kosten sich aus der Sicht eines objektiven Beobachters im ökonomischen Lebenszuschnitt der Familie halten, zum primären Lebensbedarf, für den der andere Ehegatte nach § 1357 grds mithaftet (BGH NJW 2005, 888; NJW 2005, 2069; 1992, 909; 1985, 1394; *Greiß/Greiner* aaO Abschnitt A Rn 102). Bei getrennt lebenden Ehegatten besteht eine Alleinverpflichtung des für sich selbst den Behandlungsvertrag abschließenden Partners nach § 1357 Abs 3 (Hamm VersR 1997, 1360). Gleiches gilt für eine nichteheliche Lebensgemeinschaft (BGH NJW-RR 2005, 1089).

bb) Kassenpatient. Wurde der Behandlungsvertrag mit einem Kassenpatienten geschlossen, ist der Vergü- 15
tungsanspruch ggü der Kassenärztlichen Vereinigung geltend zu machen (BGH NJW 2000, 3429; NJW 1999, 858; NJW 1992, 1263). Ansprechpartner (auch bei Notfallbehandlung oder Hubschraubertransport eines Kassenpatienten) ist in diesem Fall die gesetzliche Krankenkasse (*Geiß/Greiner* aaO Abschnitt A Rn 10). Im Band zwischen Kassenpatient und Krankenkasse wird die Einstandspflicht der Kasse durch das öffentlich-rechtlich geregelte Versicherungsverhältnis der gesetzlichen Krankenversicherung begründet. Aus ihm ist die Krankenkasse dem Versicherten und seinen Angehörigen zur ärztlichen Versorgung (§§ 2, 11, 27 ff SGB V; Sachleistungsprinzip) verpflichtet. Das Verhältnis zwischen Krankenkasse und ihren Verbänden einerseits und kassenärztlicher Vereinigung andererseits ist durch die vertragsärztliche Versorgung (§ 85 SGB V) und durch die öffentlich-rechtlichen Gesamtverträge (§§ 82 ff SGB V) geregelt. Im Band zwischen Vertragsarzt und kassenärztlicher Vereinigung ist Rechtsgrundlage das öffentlich-rechtliche Mitgliedsverhältnis (§ 95 SGB V), aus dem (bis zur Einführung der Regelleistungsvolumina zum 01.01.2007 durch die §§ 85a ff SGB V) der Vergütungsanspruch des zugelassenen Vertragsarztes erwächst (§ 85 Abs 4 SGB V). Man findet unter den an der vertragsärztlichen (ambulanten) Krankenversorgung Beteiligten im Fall des Kassenpatienten mithin eine Vierer-Beziehung, geregelt auf privatrechtlicher Ebene im Behandlungsvertrag zwischen Kassenpatient und zugelassenem Vertragsarzt einerseits und auf der öffentlich-rechtlichen Ebene in den sozialrechtlichen Rechtsbeziehungen der drei anderen Beteiligten andererseits. Die Vertragsverhältnisse bei einer stationären Behandlung des Kassenpatienten sind im Ansatz ähnl, nur dass hier der Behandlungsvertrag mit dem Krankenhaus(träger) zustande kommt und dieser daher Inhaber des Vergütungsanspruchs ist (vgl dazu *Geiß/Greiner* aaO Abschnitt A Rn 23). Das Band zwischen Kassenpatient und Krankenkasse beruht auch in dieser Situation auf dem öffentlich-rechtlichen Versicherungsverhältnis (§ 112 SGB V). Die Krankenkassen ihrerseits sind gleichfalls durch öffentlich-rechtliche Gesamtverträge ihrer Verbände mit den zur Krankenhauspflege zugelassenen Krankenhäusern (§§ 108, 109 SGB V) verbunden. Entgegen der Annahme eines unmittelbaren Vertragsschlusses zwischen Krankenkasse und Krankenhausträger zugunsten des Kassenpatienten (§ 328) tendiert der BGH zur Annahme einer unmittelbaren Vertragsvereinbarung zwischen Kassenpatient und Behandlungsträger entspr dem Rechtsverhältnis in der ambulanten Krankenversorgung (BGH VersR 1992, 1263; NJW 1987, 2289; NJW 1984, 1820). Wie dort ist auch hier der Honoraranspruch des Krankenhausträgers abgekoppelt, dh ausschließlich gegen die Krankenkasse gerichtet und vor den Sozialgerichten zu verfolgen (BGH VersR 2000, 999; VersR 1997, 1636; BSG NJW-RR 1998, 273; zur Sonderproblematik der Missachtung von Abrechnungsbestimmungen und das dadurch ausgelöste Ruhen der Zulassung vgl jüngst LSG Nordrhein-Westfalen MedR 2006, 496; ferner: BSG MedR 2007, 131; VG Stuttgart MedR 2007, 125; zum Abrechnungsbetrug instruktiv *Hanrok* Abrechnungsbetrug durch Vertragsärzte 2006).

d) Obliegenheiten des Patienten. Die wichtigste Obliegenheit (wohl nicht Pflicht!) des Patienten ist die, den 16
Behandlungserfolg nicht durch eigenes Tun bzw Unterlassen zu gefährden. Für diesen Gesichtspunkt ist es wichtig herauszustellen, dass die ärztliche Behandlung zumindest potentiell umso besser ist bzw sein kann, je zutreffender die ihr zugrunde liegenden Informationen sind. Um diese muss der Arzt aber regelm »ringen«. Dies beginnt bereits bei der Erhebung der Anamnese. Die größten Fehlerquellen der Anamnese sind unterbliebene oder falsche Aussagen des Patienten. Jeder mag sich selbst fragen, wie zutr er Fragen seines Arztes etwa nach dem Konsum von Genussmitteln zu beantworten pflegt. Frauenärzte bekunden immer wieder, dass selbst Patientinnen, deren Finger vom Nikotinkonsum gefärbt sind, meist nur auf zähes Nachfragen zugeben, dass sie Zigaretten rauchen, das Ausmaß ihres Tabakkonsums aber oft auch dann noch stark verniedlichen. Medikamentenmissbrauch, der gerade für die Behandlung eine große Rolle spielen kann, wird idR verneint (*Ratajczak* in: Ratajczak/Stegers aaO S 27, 30). Aufgrund der persönlichkeitsrechtlichen Komponente des Behandlungsvertrages hat der Arzt, das ist sein Dilemma, keinen klagbaren Anspruch auf die richtige Beantwortung seiner Fragen durch den Patienten (*Ratajczak* ebenda). Er ist andererseits aber nur verpflichtet, nach bestem Wissen und Gewissen alle notwendigen Informationen, insbes durch die Patientenbefragung, zusammenzutragen. Dabei muss er den Patienten freilich auf die Notwendigkeit der richtigen Beantwortung seiner Fragen bzw das Risiko der Falschbeantwortung hinweisen. Stellt der Patient dennoch wahrheitswidrige Behauptungen auf, kann dies nicht zu Lasten des Arztes gehen, wenn er die Behauptungen (nach krit Prüfung der ihm bekannten Begleitumstände) zur Grundlage seiner Behandlung macht. Es handelt sich dann um ein »Verschulden des Patienten gegen sich selbst«, wenn die Behandlung durch das von ihm veranlasste Informationsdefizit des Arztes risikobehaftet ist und sich ggf in einen Schaden ausweitet.

Soweit sich der Arzt selbst durch entspr Nachfrage und Aufklärung richtig verhalten hat, liegt seinerseits kein Fehlverhalten vor. Ist die Aufklärung des Patienten und Abklärung seines Zustandes allerdings nicht vollumfänglich kunstgerecht erfolgt, können ärztlicherseits nachgefragte, vom Patienten aber falsch beantwortete, anamneserelevante Umstände zu einem Mitverschulden des Patienten hinsichtlich der ärztlichen Pflichtverletzung entspr § 254 führen, wobei der ggf entstandene Schaden dann nicht in vollem Umfang, nämlich abgesenkt um den eigenen Verschuldensbeitrag, ersetzt wird (BGH VersR 2003, 1126; 2002, 1026; 1997, 449; 1991, 308; *Geiß/Greiner* aaO Abschnitt A Rn 98).

17 **e) Einzelheiten. aa) Aufklärung.** Die Obliegenheit des Patienten, Fragen sachgemäß zu beantworten, hat auf der Seite des Arztes ein Pendant. Denn vor Beginn jeder Behandlung steht dem Patienten ein Recht auf Aufklärung zu (Palandt/*Sprau* § 823 Rn 138). Insoweit ist zu gegenwärtigen, dass jede ärztliche Maßnahme in die Lebensvorgänge des Behandelten eingreift und damit seine körperliche Integrität tangiert. Der ärztliche (Heil-)Eingriff erfüllt mithin den Tatbestand der Körperverletzung im zivil- wie strafrechtlichen Sinn und ist nur mit Zustimmung des Patienten gerechtfertigt (BGHZ 29, 46, 49; 106, 391, 397 f; Palandt/*Sprau* § 823 Rn 134; PWW/*Schaub* § 823 Rn 197). Die für die Behandlung erforderliche Zustimmung setzt voraus, dass der Patient über die beabsichtigte Maßnahme, ihre Erfolgsaussichten und die möglichen negativen Folgen Bescheid weiß. Sofern es sich nicht um Selbstverständlichkeiten handelt, muss der Arzt den Patienten daher über diese Umstände unterrichten. Die Aufklärung wird aus Sicherheitsgründen häufig auf Formblättern, die vom Patienten unterschrieben werden, dokumentiert. Die Eingriffsaufklärung (dh Aufklärung im Rahmen der §§ 823 ff) muss so rechtzeitig erfolgen, dass der Patient sich nach pflichtgemäßer Information durch den Arzt frei entscheiden kann (*Spickhoff* NJW 2007, 1628, 1632). Von einer dringlichen Behandlung, und damit von einer Einengung des Zeitraums vor dem therapeutischen Eingriff, ist allerdings nicht nur bei akuter Todesgefahr, sondern schon im Fall einer lebensbedrohlichen Komplikation auszugehen (München GesR 2007, 112). Vor der Behandlung von Kindern sind die Eltern aufzuklären; ab etwa dem 14. Lebensjahr müssen aus persönlichkeitsrechtlichen Erwägungen zusätzlich die Jugendlichen zustimmen. Bei Sprachschwierigkeiten hat der Arzt nach Möglichkeit einen Übersetzer beizuziehen. In Notfällen wird die Aufklärungspflicht auf das Mögliche zu beschränken sein. Bei nicht ansprechbaren Patienten können Angehörige oder eine Patientenverfügung Aufschluss über den mutmaßlichen Willen des Patienten geben. Es liegt auf der Hand, dass das Aufklärungsgespräch nicht medizinische Detailkenntnisse vermitteln kann. Der Umfang der ärztlichen Information hat sich an der Funktion der Aufklärung auszurichten. Sie soll in der asymmetrischen Patient-Arzt-Beziehung die Position des Patienten stärken. Der Patient soll sich aus der Laiensicht ein Bild von der vorgeschlagenen Maßnahme und den damit verbundenen Risiken sowie den möglichen Behandlungsalternativen machen. Ist die erforderliche Aufklärung ganz oder teilw unterblieben, kann sich der Arzt nicht darauf berufen, dass ein vernünftiger Patient der Therapie zugestimmt hätte. Vielmehr steht es dem Patienten frei, auch eine dringend gebotene Maßnahme abzulehnen. Der Arzt hat diese Entscheidungsfreiheit zu respektieren. Daher genügt es zur Feststellung eines rechtswidrigen Eingriffs in die körperliche Integrität, wenn der Patient einen Entscheidungskonflikt für den Fall korrekter Aufklärung behauptet. Um einem Missbrauch des Einwandes der fehlenden Aufklärung zu begegnen, werden andererseits an den Nachweis der Aufklärung keine allzu hohen Anforderungen gestellt.

18 **bb) Dokumentation.** Der Arzt hat seine Befunde, eingeleitete therapeutische Maßnahmen und abzuklärende Fragen sowie Komplikationen zudem ausreichend zu dokumentieren. Die Dokumentationspflicht ist eine aus dem Behandlungsvertrag herrührende Nebenpflicht (*Broglie* in: Ehlers/Broglie aaO Rn 701). Sie ergibt sich in deklaratorischer Form bereits aus § 10 der Berufsordnung der deutschen Ärzte. Der Kassenarzt ist sogar zur Aufzeichnung für die Leistungsabrechnung aus § 295 Abs 1 SGB V verpflichtet. Die Dokumentation dient allerdings nicht nur der Abrechnung, sondern vor allem therapeutischen Belangen. Daran richtet sich auch ihr Umfang aus. Sie ist inhaltlich so zu gestalten, dass der Arzt und jeder Kollege, der mit dem Sachverhalt befasst ist, den Behandlungsfall rekonstruieren kann. Neben dem Datum der Behandlung müssen aus der Dokumentation die wesentlichen Schritte der Diagnose, Therapie und der medikamentösen Behandlung nachvollziehbar sein. Es geht ferner darum, warum und mit welchem Ergebnis Maßnahmen durchgeführt wurden. Die Aufzeichnung soll in zeitlicher Nähe zu den einzelnen Maßnahmen vorgenommen werden, damit ihr die erforderliche Aussagekraft zukommen kann. Dabei soll der Arzt auch alle Tatsachen notieren, die ungewöhnlich sind. Dies kann zB die Weigerung des Patienten sein, sich einer Operation zu unterziehen. Bei einer sog »Anfängeroperation« besteht neben der Pflicht zur Überwachung durch einen Facharzt auch eine erhöhte Dokumentationspflicht (BGH NJW 1984, 655). Das Unterlassen ärztlicher Dokumentation führt zwar nicht von sich aus zu einem eigenständigen Schadensersatzanspruch, da dieser Umstand nicht zwingend einen schadensstiftenden Behandlungsfehler auslöst. Dem Patienten kommen aber bei mangelhafter Dokumentation Beweiserleichterungen hinsichtlich des Vorliegens eines Behandlungsfehlers zugute (BGH NJW 1988, 2949). Versäumnisse bei der Dokumentation haben damit vor allem beweisrechtliche Folgen, was sich gerade im Arzthaftungsprozess in vielen Fällen streitentscheidend auswirkt (*Broglie* in: Ehlers/Broglie aaO Rn 707) und zwar insoweit, als Lücken in der Dokumentation dazu führen, dass zu Lasten des Arztes die ungünstigste Alternative unterstellt wird. Dies bedingt regelm eine Umkehr der Beweislast (vgl Rz 56).

cc) Einsichtsgewährung in Krankenunterlagen und Auskunft zum Behandelnden. Der Patient hat ggü dem Arzt und dem Krankenhaus bzw Krankenhausträger auch außerhalb des Rechtsstreits Anspruch auf Einsicht in die ihn betreffenden Krankenunterlagen, soweit sie Aufzeichnungen über objektive physische Befunde und Berichte über Behandlungsmaßnahmen betreffen (BGH NJW 1983, 328; 1983, 330; *Gehrlein* NJW 2001, 2773; *Martis/Winkhart* aaO S 271). Dieses Recht des Patienten gründet sich zum einen auf eine ungeschriebene Nebenpflicht des Behandlungsvertrages, zum anderen auf den Grundsatz von Treu und Glauben (§ 242) und die in Art 1, 2 GG postulierten verfassungsrechtlichen Gewährleistungen (BGH NJW 1983, 328; 1983, 330). Ein bes rechtliches Interesse an der Gewährung der Akteneinsicht muss der Patient (anders als etwa der Angehörige eines verstorbenen Patienten) nicht darlegen. Der Patient darf sein Recht auf Einsichtnahme auch durch Einschaltung eines Rechtsanwalts wahrnehmen, der die Akten vor Ort studieren kann; möglich ist aber auch die Überlassung von Fotokopien gegen Unkostenerstattung (BGH NJW 1983, 330; München NJW 2001, 2806; *Gehrlein* NJW 2001, 2773). Ein Anspruch auf Zusendung der Originalunterlagen besteht grds nicht (LG Dortmund NJW 2001, 2806; *Gehrlein* NJW 2001, 2773). Str ist, ob der Patient einen Anspruch auf Aufschlüsselung der Kürzel für medizinische Fachausdrücke hat (abl LG Dortmund NJW-RR 1998, 261; aA AG Hagen NJW-RR 1998, 262, 263: »Anspruch auf Unterlagen in einer für den Patienten verständlichen Form«). Nach dem Tod des Patienten geht das Einsichtnahmerecht auf den Erben über, soweit die vermögensrechtliche Komponente, also die Geltendmachung von Schadensersatzansprüchen betroffen ist (*Martis/Winkhart* aaO S 274). Der BGH neigt iÜ dazu, auch den nächsten Angehörigen des Verstorbenen (§§ 77 Abs 2, 194 Abs 2 S 2, 202 Abs 2 S 1 StGB) unabhängig von der Erbenstellung ein Einsichtsrecht zu geben, wenn und soweit diese nachweisen, dass die Einsichtnahme nachwirkenden Persönlichkeitsbelangen des Verstorbenen dient, zB weil sie zur Verwirklichung eines Strafanspruchs notwendig ist (BGH NJW 1983, 2627). Das bes Interesse an der Einsichtnahme muss von diesen Personengruppen jedoch stets dargelegt werden. Bzgl Name und Anschrift der behandelnden Ärzte besteht immer eine Auskunftspflicht des Krankenhauses, sofern der Patient die Informationen für die Regulierung einer Schadensfrage benötigt (Frankfurt aM ArztR 2006, 247 = NJOZ 2005, 162). Gleiches gilt für den Arzt, der selbst unmittelbar Vertragspartner geworden ist. 19

dd) Ärztliche Schweigepflicht. Hinsichtlich der diagnostischen und therapeutischen Befunde existiert iÜ eine (auch strafbewährte, vgl § 203 StGB) Verschwiegenheitspflicht des Arztes ggü Dritten, welche zivilrechtlich aus einer vertraglichen Nebenpflicht resultiert und bei Verstoß etwa Schadensersatzansprüche auslösen kann (Palandt/*Sprau* § 823 Rn 148). Haftungsgrundlage ist zum einen § 280 Abs 1, zum anderen aber auch § 823 Abs 2 BGB iVm § 203 StGB (BGH NJW 1968, 2288; Hamm MedR 1995, 328). Die Offenbarung des Arztes kann im Ausnahmefall, etwa bei einer Entbindung von der Schweigepflicht, gerechtfertigt sein (BGH NJW 1996, 2435). UU ist dies auch dann der Fall, wenn es um eine Güterabwägung zwischen Schweigepflicht und Abwendung einer Lebensgefahr geht (vgl Frankfurt aM NJW 2000, 875: Aidserkrankung eines Sexualpartners; zur Diagnosemitteilung des Arztes an Abrechnungsstellen, Krankenkassen und Versicherungen trotz Widerspruchs des Patienten vgl *Kullmann* MedR 2001, 343 f; zum Schutz digitaler Patientendaten s *Heyers/Heyers* MDR 2001, 1209). Der Datenschutz, der idR auch den Namen des Patienten umfasst, spielt in der medizinischen Praxis auch vermehrt bei klinischen Prüfungen eine Rolle (vgl dazu *Menzel* MedR 2006, 702). 20

C. Haftung des Arztes wegen Verletzung des Behandlungsvertrages. Mit den Vertragspflichten des Arztes korrelieren die Haftungsfolgen bei einer Verletzung des Behandlungsvertrages. Eine Verletzung des Behandlungsvertrages ist bei einem »Behandlungsfehler« gegeben. Über diesen zentralen Begriff wird Arzthaftung gleichsam eröffnet wie begrenzt. Bei der Eingrenzung dessen, was ein Behandlungsfehler ist, hat man sich zunächst zu vergegenwärtigen, dass dem Patienten in der ärztlichen Behandlung das Schadensrisiko aus seiner Krankheit grds selbst verbleiben muss und zwar insoweit, als das Risiko bzw der bereits eingetretene Schaden auch durch kunstgerechtes Vorgehen nicht verhindert werden kann. Durch die Haftung des Behandelnden soll nur dasjenige Risiko (und seine schädigenden Folgeauswirkungen) liquidiert werden können, welches aus schuldhaft fehlerhafter Behandlung selbst erwachsen ist (*Geiß/Greiner* aaO Abschnitt B Rn 1). Insoweit werden die Patientensphäre und ihre »Fehleranlage« und die Arztsphäre voneinander abzugrenzen sein. Die sich auf der von ärztlicher Seite zu verantwortenden Ebene herausbildenden Pflichten sind allerdings genauso vielfältig, wie mögliche Verstöße gegen die ärztliche Kunst. Die denkbaren Pflichtverletzungen lassen sich im Wesentlichen gruppieren in: Behandlungsfehler, Aufklärungsversäumnisse, Dokumentationsfehler und sonstige Pflichtverstöße. Alle diese Pflichtverletzungen wurden durch die Schuldrechtsreform auf eine allg gesetzliche Grundlage gestellt. **I. § 280 Abs 1 als vertragliche Anspruchsgrundlage.** Dreh- und Angelpunkt des vertraglichen Anspruches des Patienten gegen den Arzt ist nach der Schuldrechtsreform der § 280 Abs 1. Der in dieser Vorschrift statuierte Begriff der »Pflichtverletzung« beinhaltet die zentrale Kategorie des neuen Leistungsstörungsrechts. § 280 Abs 1 ersetzt den bis zur Schuldrechtsreform ungeschriebenen Tatbestand der pVV (*Mayerhöfer* MDR 2002, 549 f). Er bezieht sich auf alle Formen von Pflichtverletzungen innerhalb von Verträgen und Sonderrechtsverhältnissen, mithin auch auf Schlechtleistungen im ärztlichen Behandlungsvertrag. 21

II. Tatbestandsvoraussetzungen. 1. Schuldverhältnis iSd Behandlungsvertrages. Da § 280 Abs 1 einen vertraglichen Schadensersatzanspruch gewährt, ist für die vertragliche Einstandspflicht des Behandelnden 22 zunächst ein wirksam abgeschlossener Behandlungsvertrag erforderlich. Im vertraglichen Vorfeld oder bei einem unwirksamen Behandlungsvertrag kommen nur Ansprüche aus cic, ggf auch aus GoA in Betracht (Palandt/*Sprau* § 823 Rn 134). Von einer GoA des Arztes/Krankenhausträgers ist immer dann auszugehen, wenn der Patient bewusstlos oder nicht ansprechbar sein sollte. Auch hier ist eine Behandlung durchzuführen, die dem Interesse und mutmaßlichen Willen des Patienten entspricht.

23 **2. Pflichtverletzung.** Voraussetzung für einen Anspruch nach § 280 Abs 1 ist ein Fehlverhalten eines Arztes, also das, was umgangssprachlich vielfach als »Kunstfehler« bezeichnet wird. **a) Definition Kunstfehler.** Von einem Kunstfehler (und damit einer Pflichtverletzung gem §§ 280 Abs 1, 241) ist dann auszugehen, wenn der Arzt bei der Behandlung des Patienten hinter dem zurückbleibt, was die Regeln der ärztlichen Kunst verlangt hätten (*Geiß/Greiner* aaO Abschnitt B Rn 2). Es ist an dieser Stelle nötig, die vertraglichen Pflichten des Arztes, der ggf als Erfüllungsgehilfe für den Krankenhausträger fungiert, zunächst genau zu bestimmen, um dann ggf eine Abweichung vom kunstgerechten Verhalten feststellen zu können. Dabei hat man sich stets zu vergegenwärtigen, dass das Zurückbleiben des Behandelnden hinter dem geforderten Pflichtenprogramm keine neue Erscheinung der Gegenwart ist. Es handelt sich bei diesem Umstand vielmehr um einen »Weggenossen« des Arztes, der seinem Berufsrisiko entspringt. Es gab jedoch Zeiten, da war man auf Grund des Entwicklungsstandes der Medizin eher geneigt, den Misserfolg der Behandlung als »Schicksalsschlag« hinzunehmen. Gerade in den letzten vier Jahrzehnten hat sich jedoch diese Hinnahmebereitschaft gewandelt. Sie wurde durch ein stärkeres Anspruchsdenken auf Seiten des Patienten verdrängt. Der Fortschritt in der Medizin zog gestiegene Anforderungen an das ärztliche Pflichtenprogramm nach sich, dessen Einhaltung strenger als je zuvor überwacht wird. **aa) Pflichtenkreis.** Der Kreis der Pflichten, den der Arzt auf Grund des Behandlungsvertrages mit dem Patienten zu beachten hat, ist mittlerweile recht umfänglich. Er umfasst sämtliche Leistungs-, Nebenleistungs- und Verhaltenspflichten, die sich aus dem Sinn und Zweck des Vertrages einschließlich bes Abreden ergeben. Durch die Gerichte wurden die vertraglichen Pflichten wie folgt konkretisiert: Der Arzt schuldet die zum Wohl seines Patienten erforderlichen medizinischen Maßnahmen nach den Regeln der ärztlichen Kunst, dh er schuldet eine dem Stand der Wissenschaft entspr Diagnose, Beratung und Aufklärung, und er ist verpflichtet, auf die angemessen einfachste, schnellste und schonendste Weise zu therapieren mit dem Ziel, die Krankheit zu heilen oder das Leiden zu lindern (BGH NJW 1989, 767; zu den Pflichten iE vgl Rz 12 ff). Die vertraglichen und deliktischen Sorgfaltspflichten sind nach der Rspr grds identisch (BGH NJW 1989, 767).

24 **bb) Zurückbleiben hinter dem Pflichtenkreis.** Bleibt der Arzt hinter dem (so konkretisierten) Pflichtenkreis zurück, verhält er sich pflichtwidrig. Eine objektive Pflichtverletzung kann sich insbes auf Grund eines Diagnose- oder Befunderhebungsfehlers, eines Therapiefehlers, eines Übernahme- oder eines Organisationsverschuldens, einer fehlerhaften Aufklärung oder Dokumentation ableiten. Die Frage, ob ein ärztliches Fehlverhalten vorliegt, wird regelm nur von einem Sachverständigen beantwortet werden können, denn sie ist in erster Linie medizinisch-fachlicher Natur (*Müller* MedR 2001, 487). An dieser Stelle lässt sich wenig Allgemeines sagen und es ist eher auf die umfangreiche Kasuistik zu verweisen (vgl die Literaturhinweise in Rz 3).

25 **b) Beurteilungsmaßstab.** Bei der Feststellung der für §§ 280 Abs 1, 241 erforderlichen objektiven Sorgfaltspflichten bzw ihrer Verletzung ist (ebenso wie bei § 823) immer darauf abzustellen, wie sich ein gewissenhafter und sorgfältiger Arzt in der gegebenen Lage verhalten hätte (vgl dazu jüngst OLG München, Urt v 07.08.2008, 1 U 4979/07). **aa) Stand der medizinischen Wissenschaft im Zeitpunkt der Behandlung.** Die von einem Arzt einzufordernde Sorgfalt beurteilt sich nach dem Erkenntnisstand der medizinischen Wissenschaft im Zeitpunkt der Durchführung der Behandlung (Hamm NJW 2000, 1801; Saarbrücken NJW-RR 1999, 176). Dies gilt insbes dann, wenn sich die rechtliche Auseinandersetzung bzgl der Haftung des Arztes über Jahre hinzieht (*Gräfin v Strachwitz-Helmstatt* in: Ehlers/Broglie aaO Rn 626). Bei der Entscheidung des Gerichts lange Zeit nach Durchführung der ärztlichen Maßnahme sind die neuen medizinischen Erkenntnisse auch bzgl der Methodenauswahl auszublenden. Selbst der medizinische Gutachter, der im Prozess gehört wird, muss vom Stand der Wissenschaft zum Zeitpunkt der Maßnahme ausgehen.

26 **bb) Einzelheiten.** Um auf dem Stand der Wissenschaft zu sein bzw zu bleiben, hat sich der behandelnde Arzt fortzubilden, dh insbes einschl Fachzeitschriften zu lesen. Nicht mehr zumutbar ist ihm jedoch das Studium von Spezialveröffentlichungen und der ausländischen (Fach-)Lit (vgl München VersR 2000, 890). Bezogen auf Richtlinien der Ärztekammer bzw auf Leitlinien (vgl §§ 135 ff SGB V) und Rahmenvereinbarungen (vgl § 115b SGB) ärztlicher Fachgremien oder Verbände (zB der Arbeitsgemeinschaft der Wissenschaftlichen Fachgesellschaften – AWMF, clinical pathways diagnosis related group – drg etc) stellt sich die Frage, ob ein medizinisch nicht indiziertes Abweichen des Arztes von diesen Vorgaben bereits eine haftungsrechtlich relevante Pflichtwidrigkeit begründet. Dies ist eher zu verneinen, wenn die Richtlinien der Ärztekammer nur als »unverbindliche Empfehlungen« angesehen werden, solange ihre Befolgung nicht im Einzelfall von der Berufsordnung vorgeschrieben ist (so *Rehborn* MDR 2000, 1101, 1103; ähnl *Müller* MedR 2001, 487, 492). Üblicherweise entwickeln sich jedoch Richtlinien der Ärztekammer (ggf auch Empfehlungen best anderer Gremien) zum medizinischen Standard des Fachgebietes (vgl BGH VersR 2000, 725: Impfempfehlung der STIKO; Hamm NJW-RR 2000, 401; VersR 2000, 1373: Leitlinien für die Wiederbelebung und Notfallversorgung) oder geben die übliche und daher von einem großen Kreis der Ärzteschaft als notwendig angesehene

Behandlung wieder. Sie werden den Standard – jedenfalls im Regelfall – beschreiben, wenngleich die Möglichkeit besteht, dass sie (da sie nur deklaratorische Wirkung entfalten, vgl Hamm OLGR 2002, 176) möglicherweise auch schon wieder veraltet sind. Die Richtlinien der Ärztekammer liefern insoweit einen ersten Anhaltspunkt, wenngleich sie nicht zwingend, dh unbesehen mit dem zur Beurteilung eines Behandlungsfehlers gebotenen medizinischen Standard gleichzusetzen sind. Vor diesem Hintergrund können sie auch ein Sachverständigengutachten nicht völlig ersetzen (*Geiß/Greiner* aaO Abschnitt B Rn 9a). Unmittelbare Bedeutung erlangen die Richtlinien der Bundesausschüsse der Ärzte und Zahnärzte sowie der Krankenkassen über die ärztliche/zahnärztliche Versorgung der Kassenpatienten (§§ 91 ff SGB V) jedenfalls insoweit, als sie ein sog »Untermaßverbot« festlegen. Sie bedingen durch das Untermaßverbot die Herausbildung bestimmter »Üblichkeiten« bei der Behandlung. Der Grund dafür ist, dass dann, wenn eine Behandlung nach diesen Richtlinien (§§ 91 ff SGB V) nicht oder nur eingeschränkt abgerechnet werden kann (vgl § 135 SGB V), sie sich nur schwerlich zum »allg üblichen Standard« herausbilden wird. Im Hinblick auf die beschriebene indizielle Vorwirkung entspr Richtlinien (der Ärztekammer) wird jedenfalls zutreffenderweise eine Beweislastumkehr zu Lasten desjenigen Arztes diskutiert, der von einer bestehenden Richtlinie abgewichen ist (Nachw bei *Rehborn* MDR 2000, 1101, 1103).

c) Fehlerkategorien. In der Rspr und Lit werden seit jeher Versuche unternommen, die (potentiellen) ärztli- 27
chen Behandlungsfehler zu kategorisieren. Je nach dem Stadium der ärztlichen Behandlung und der geschuldeten Sorgfaltspflichten erscheint folgende Differenzierung sinnvoll. **aa) Diagnosefehler.** Ein Mangel, der sich bereits im Stadium der Diagnose zeigt, ist ein Diagnosefehler. Er liegt vor, wenn der Arzt die von ihm erhobenen oder ihm zugeleiteten Befunde falsch interpretiert (BGH NJW 1961, 2203, 2204; BGHZ 85, 212, 217 f; 99, 391, 398 f; 138, 1, 5 ff; PWW/*Schaub* § 823 Rn 198; *Martis/Winkhart* aaO S 198) oder er bei Symptomen einer möglicherweise bedrohlichen Erkrankung die in Frage kommenden Ursachen nicht differentialdiagnostisch abklärt (BGH NJW 1989, 2318). Während bei der unterlassenen Befunderhebung regelm ein Behandlungsfehler vorliegt, der haftungsrechtlich relevant ist (*Müller* MedR 2001, 487, 490), werden Diagnoseirrtümer, die lediglich auf einer Fehlinterpretation erhobener Befunde beruhen, von der Rspr nur zurückhaltend als »Behandlungsfehler« gewertet (vgl Koblenz NJOZ 2006, 3047 = MedR 2006, 726; NJW-RR 2006, 363; Hamm VersR 2006, 843; Oldenburg VersR 1991, 1141; Köln VersR 1989, 631; *Spickhoff* NJW 2007, 1628, 1631). Der Grund hierfür liegt darin, dass Irrtümer bei der Diagnoseerstellung nicht zwingend die Folge eines vorwerfbaren Versehens des behandelnden Arztes sind. Denn die Symptome einer Erkrankung sind meist vielfältig, uU auch atypisch und können somit auf ganz verschiedene Ursachen hinweisen (*Martis/Winkhart* aaO S 198). Erst bei der Abweichung von einer klar zu stellenden Diagnose, der Verkennung oder Fehldeutung eindeutiger Symptome (Stuttgart OLGR 2002, 251, 255) bzw bei einem nicht mehr vertretbaren Vorgehen (Hamm VersR 2002, 315, 316; VersR 2002, 578, 579 unter Hinweis auf BGH NJW 1996, 1589, 1590) ist ein Diagnoseirrtum auch als Behandlungsfehler zu werten. **Beispiele**: Ein Diagnosefehler eines Gynäkologen, der zur Abklärung der von der Patientin angegebenen Druckschmerzen Mammografien beider Brüste veranlasst und die abgebildeten Einlagerungen fälschlich als nicht suspekte Makrokalzifikation beurteilt, war zZ der Untersuchung im Jahr 1992 nicht als (einfacher) Behandlungsfehler zu werten, wenn die Einordnung aus radiologischer Sicht wegen des dichten Drüsenkörpers als sehr schwierig anzusehen war (München VersR 1998, 588). Das Nichterkennen eines Gasbrandes nach einer Trittverletzung des Oberschenkels mit großer Schwellung, für den alle Symptome mit Ausn eines übel riechenden Wundsekrets vorliegen, stellt ebenfalls einen einfachen Behandlungsfehler dar. Gleiches gilt, wenn ein Assistenzarzt nach einer schweren Hodenprellung des Patienten die Möglichkeit einer Hodentorsion mit der weiteren Folge einer erforderlich werdenden Entfernung des Hodens, übersehen hat. Klagt der Patient nach Schilderung des bisherigen Krankheitsverlaufes über zwei Tage anhaltende Schmerzempfindungen im Bereich der Einstichstelle einer zuvor verabreichten Spritze und wird dort eine oberflächliche Verhärtung der Haut festgestellt, muss auch eine niedergelassene Ärztin die Verdachtsdiagnose einer Phlegmone in Betracht ziehen, so dass auch hier jedenfalls ein einfacher Behandlungsfehler vorliegt (BGH NJW 1981, 2360). Als einfache Diagnosefehler werden ebenfalls bewertet: das Unterlassen einer bakteriologischen Untersuchung eines aus dem Kniegelenk entnommenen trüben Punktats (Köln VersR 1992, 1003), das Unterlassen einer Probeentnahme bei einer Verdachtsdiagnose auf ein Mammakarzinom, das Unterlassen einer gezielten Röntgenuntersuchung bei einer Ruptur der Symphyse (BGH VersR 1981, 752), das Unterlassen einer vaginalen Untersuchung bei einem Harnwegsinfekt in der Schwangerschaft (BGH NJW 1995, 778) sowie bei Beschwerden im Wadenbereich des Patienten das Diagnostizieren einer Entzündung der oberflächlichen Venen (Thrombophlebitis) und Unterlassen der an sich gebotenen Untersuchung verschiedener Druckpunkte am Bein, um das Risiko einer Thrombose der tieferliegenden Beinvenen (Phlebothrombose) auszuschließen (*Heidemann* in: Ehlers/Broglie aaO Rn 386). Nach neuester Rspr ist auch dann ein Diagnosefehler anzunehmen, wenn ein Patient, der an Rückenbeschwerden leidet, von einem Orthopäden an einen Facharzt für Neurologie und Psychiatrie überwiesen wird und dieser bei eindeutigen Anzeichen einer spinalen Schädigung ohne ausreichende Diagnostik zum Ausschluss einer neurologischen Erkrankung lediglich eine Psychotherapie beginnt und diese über einen längeren Zeitraum fortführt (Düsseldorf VersR 2006, 841; *Spickhoff* NJW 2007, 1628, 1631 f).

28 **bb) Befunderhebungsfehler.** Von den Diagnosefehlern (sog »Fehlinterpretation der Befunde«) zu trennen ist die Kategorie der — ggf gänzlich — unterlassenen Befunderhebung bzw bei nicht eingeholten Kontrollbefunden zur Überprüfung der ersten Arbeitsdiagnose (BGH NJW 1996, 779; Köln VersR 1999, 366; VersR 1991, 1288; VersR 1989, 631; *Martis/Winkhart* aaO S 199; *Müller* MedR 2001, 487, 490). Dabei kann die Abgrenzung von Diagnose- und Befunderhebungsfehlern im Einzelfall schwierig sein (Brandenburg VersR 2002, 313, 315: »Schwerpunkt des Fehlverhaltens entscheidend«). **Beispiele:** Ein Befunderhebungsfehler und damit ein Verstoß gegen die ärztlichen Pflichten wurde anerkannt, wenn bei einem Handgelenk trotz erkennbarer Fehlstellung (LG Memmingen VersR 1981, 585) oder bei einem gequetschten Finger, der sich später als gebrochen herausstellte, das Röntgen unterlassen wurde (Celle VersR 1973, 62). Führt ein Arzt im Notfalldienst trotz der auf Meningitis hindeutenden Symptome keine diagnostische Abklärung durch, stellt auch dies einen eindeutigen Verstoß gegen die Regeln der ärztlichen Kunst dar und führt zu einem Befunderhebungsfehler (Oldenburg NJW-RR 1997, 1117). Gleiches gilt uU: bei einer nicht durchgeführten Blutdruckmessung (BGH MedR 1983, 145), bei unterlassener Messung des Augeninnendrucks bei einem vierzigjährigen Patienten zur Früherkennung von Glaukomen (Hamm VersR 1979, 826), bei nicht vorgenommenen bakteriellen oder histologischen Untersuchungen. Zur Gruppe unterlassener Diagnosemaßnahmen gehört zudem das Ablehnen eines Hausbesuchs. Die Gerichte stellen hier hohe Anforderungen an die ärztliche Sorgfalt. Der Arzt ist grds verpflichtet, sich ein eigenes Bild vom Leiden des Patienten zu machen. Er darf weder Angaben des Patienten noch seiner Angehörigen ungeprüft übernehmen und sich insbes nicht auf telefonische Ferndiagnose verlassen. Jeder Krankheitsverdacht erfordert danach eine Basisuntersuchung. Nur den offensichtlich unbegründeten Hausbesuch kann der Arzt ablehnen, ohne haftungsrechtlich ein Risiko einzugehen (BGH NJW 1979, 1248; BGHSt 7, 211 ff; *Broglie* in: Ehlers/Broglie aaO Rn 640).

29 **cc) Therapiefehler.** Eine dritte Fehlerkategorie bilden die sog Therapiefehler. Hinsichtlich der Therapie des Patienten (nach Befunderhebung und Diagnose) gilt der Grundsatz, dass der Arzt die möglichen und zumutbaren Maßnahmen ergreifen muss, um einen nach dem jeweiligen Stand naturwissenschaftlicher Erkenntnisse und ärztlicher Erfahrung erkennbaren gesundheitlichen Schaden von seinem Patienten rechtzeitig abzuwenden (BGHZ 113, 297, 303 f; 144, 296, 305 f; NJW 2001, 1786, 1787; PWW/*Schaub* § 823 Rn 206). Unter Einhaltung dieser Kautelen besteht aber grds Therapiefreiheit (BGH NJW 2006, 2477; AnwK/*Katzenmeier* § 823 Rn 374; BaRoth/*Spindler* § 823 Rn 595 ff; PWW/*Schaub* Rn 206). **Beispiele:** Beispiele für Therapiefehler sind etwa darin zu sehen, dass eine veraltete Methode angewendet wird; dies gilt jedenfalls, soweit diese durch gesicherte medizinische Erkenntnisse überholt ist (BGH VersR 1978, 41). Gleiches gilt, wenn bei Vorliegen verschiedener Möglichkeiten neue Methoden risikoärmer sind oder bessere Heilungschancen versprechen und in der medizinischen Wissenschaft im Wesentlichen unumstritten sind und nicht nur an wenigen Spezialkliniken praktiziert werden (*Martis/Winkhart* aaO S 200). Zu einem Therapiefehler kommt es des Weiteren, wenn die Therapie deshalb das Patientenwohl gefährdet, weil die eigentlich indizierte Therapie zwar gewählt, aber nicht ordnungsgemäß durchgeführt wird, weil es entweder zu zeitlichen Verzögerungen oder zu einem verfrühten Einsatz kommt oder sonstige »Qualitätsmängel« auftreten (BGH VersR 1983, 1185; Stuttgart MedR 1997, 275; München NJW-RR 1997, 600; Celle VersR 1998, 54; *Gräfin v Strachwitz-Helmstatt* in: Ehlers/Broglie aaO Rn 567). Als ein Qualitätsmangel in der Therapie ist es etwa anzusehen, wenn der erforderliche hygienische Standard nicht eingehalten wird, bspw durch das Unterlassen einer gründlichen Hand- bzw Gerätedesinfektion (Schleswig NJW 1990, 773). Gleiches gilt für die Nichteinhaltung klinischer Kontrollmaßnahmen. So ist etwa ein zugerufener Medikamentenname wegen Verwechselungsgefahr mündlich zu bestätigen. Der Arzt muss sich überdies anhand einer leeren Ampulle überzeugen können, welches Medikament sich in der aufgezogenen Spritze befindet (*Broglie* in: Ehlers/Broglie aaO Rn 640). Hinsichtlich des Einsatzes von Medizintechnik, der mehr und mehr zunimmt, bleibt zu konstatieren, dass den behandelnden Arzt bei einem Gebrauch eines entspr Geräts die Pflicht zur ordnungsgemäßen Beherrschung und Kontrolle trifft (BGH NJW 1978, 584). Er muss sich beim Einsatz genau an die Bedienungsanleitung halten und mit der Funktionsweise wenigstens insoweit vertraut sein, wie dies einem naturwissenschaftlich und technisch aufgeschlossenen Menschen möglich und zumutbar ist. Dies gilt insbes dann, wenn der Einsatz für den Patienten von lebenswichtiger Bedeutung ist (BGH NJW 1978, 584). Überdies ist festzuhalten, dass sich das Pflichtenprogramm bei bes gefährlichen Methoden oder bes Anfälligkeit des Patienten erweitert. So bedarf etwa ein selbstmordgefährdeter Patient der ständigen Aufsicht und möglichst risikoarmer Unterkunft (Düsseldorf VersR 1983, 739; Köln VersR 1999, 624; *Geiß/Greiner* aaO Abschnitt A Rn 56). Gründe für Therapiefehler resultieren häufig aus dem Bereich der Pflege, soweit diese nicht fachgerecht vorgenommen wird (BGH VersR 1971, 227).

30 **dd) Übernahmefehler.** Zahlreiche therapeutische Fehler reichen auf ein sog »Übernahmeverschulden« infolge unzureichender Fachkenntnisse des behandelnden Arztes oder unzureichender sachlicher und räumlicher Ausstattung der Praxis bzw des Krankenhauses zurück. Eine Pflichtverletzung iSd pflichtwidrigen Übernahme der Behandlung liegt insbes vor, wenn der Arzt vor Durchführung der Behandlung bzw des Eingriffs hätte erkennen müssen, dass die Behandlung die Grenzen seines Fachbereichs, seiner persönlichen Fähigkeiten oder der ihm zur Verfügung stehenden technisch-apparativen Ausstattung überschreitet und/oder er durch die vorgesehene Behandlung möglicherweise überfordert ist (BGH NJW 1984, 615; MedR 1994, 490;

Stuttgart VersR 2001, 1560, 1563; *Gounalakis* NJW 1991, 2945; *Gräfin v Strachwitz-Helmstatt* in: Ehlers/Broglie aaO Rn 637). So ist etwa der behandelnde Arzt, der dem Vorwurf des Übernahmeverschuldens entgehen möchte, zur Überweisung des Patienten an ein Spezialkrankenhaus verpflichtet, wenn ein erforderlicher Eingriff nur dort ohne bzw mit erheblich vermindertem Komplikationsrisiko vorgenommen werden kann und eine bes Dringlichkeit für den Eingriff nicht besteht (Düsseldorf MedR 1985, 85). Die Nichteinweisung in ein apparativ besser ausgestattetes Krankenhaus zur kontrollierten Durchführung einer Strahlentherapie stellt einen Behandlungsfehler dar, wenn ein sorgfältiger und gewissenhafter Arzt die Behandlung im Kreiskrankenhaus, in das der Patient eingeliefert worden ist, hätte ablehnen müssen (BGH NJW 1989, 2321). Ein hinzugezogener Kinderarzt darf sich, wenn er für eine ausreichende Intubation des Neugeborenen keine ausreichenden Kenntnisse und Erfahrungen besitzt, nicht mit einer Maskenbeatmung begnügen, sondern muss dafür Sorge tragen, dass ein kompetenter Krankenhausarzt herbeigerufen wird (Stuttgart VersR 2001, 1560, 1563). Insg gilt: Übernimmt der Arzt eine Behandlung, die – für ihn erkennbar – über die Grenzen seines Fachbereichs hinausgeht, so hat er den für dieses Gebiet geforderten Facharztstandard zu gewährleisten (BGH MDR 1984, 218; NJW 1987, 1482; MDR 1992, 749; 1994, 1088; *Steffen* MedR 1995, 360 f; *Jorzig* MDR 2002, 481, 482 f). Vor diesem Hintergrund muss etwa ein Urologe, der die Behandlung eines an Tuberkulose erkrankten Patienten übernimmt, dem Facharztstandard eines Lungenfacharztes genügen (BGH NJW 1982, 1049). Wird ein 3-jähriges Kind wegen eines erlittenen Brillenhämatoms nach einem Sturz aus einer Höhe von 1,50 m mit Verdacht auf Schädelbasisbruch einem Internisten (oder Allgemeinmediziner) zur Behandlung zugeführt, liegt ein Übernahmeverschulden vor, wenn dieser davon absieht, einen Augenarzt zur Abklärung einer Einblutung in die Netzhaut hinzuzuziehen (Zweibrücken VersR 1997, 1405). Klagt ein Patient nach einer Gallenoperation ggü dem behandelnden Chirurgen über ein Druckgefühl im Ohr, so hat dieser einen HNO-Arzt zu konsultieren (Zweibrücken VersR 1998, 590). Entwickelt sich bei der Geburt eines Kindes eine Schulterdystokie infolge des Hängenbleibens der Schulter, so muss die Hebamme umgehend einen Facharzt zu deren Lösung einschalten (Stuttgart VersR 1994, 1114). Einem Anfänger, also einem für die Durchführung der Operation noch nicht ausreichend qualifizierten Assistenzarzt (BGH NJW 1984, 655), einem in der Weiterbildung zum Facharzt für Anästhesie stehenden Assistenzarzt (BGH NJW 1993, 2989) oder einem Arzt im Praktikum (Schleswig NJW 1997, 3098) kann aus dem Gesichtspunkt des Übernahmeverschuldens allerdings nur dann ein Vorwurf gemacht werden, wenn er nach den bei ihm vorauszusetzenden Kenntnissen und Erfahrungen gegen die Durchführung einer Operation ohne Aufsicht eines geübten Facharztes tatsächlich Bedenken haben und eine Gefährdung des Patienten hätte voraussehen müssen (BGH NJW 1984, 655) oder er vor sonstigen Eingriffen erkennen konnte, dass deren Vornahme die Grenzen seiner persönlichen Fähigkeiten überschreitet (*Martis/Winkhart* aaO S 203).

ee) Organisationsfehler. Inhaltlich verwandt mit den Fehlern bei der Übernahme der Behandlung sind sog 31
Organisationsfehler. Sie entstehen, wenn es ein Krankenhausträger organisatorisch nicht gewährleistet, dass er mit dem vorhandenen ärztlichen Personal und den medizinischen Instrumenten und Geräten seine Aufgaben nach dem jeweiligen Stand der medizinischen Erkenntnisse erfüllen kann, obwohl er die Gewährleistung dafür geben müsste (Palandt/*Sprau* § 823 Rn 146). Hierzu gehört etwa die Sicherstellung eines operativen Eingriffs durch ausreichend qualifizierte Operateure sowie fachlich einwandfrei arbeitendes nichtärztliches Hilfspersonal, wobei durch entspr Einteilung sicherzustellen ist, dass die behandelnden Ärzte nicht durch einen vorangehenden Nachtdienst übermüdet und deshalb nicht mehr in der Lage sind, mit der im Einzelfall erforderlichen Konzentration und Sorgfalt zu operieren (BGH NJW 1986, 776; 1985, 2189; *Martis/Winkhart* aaO S 203). Ein typischer Organisationsfehler besteht in dem Einsatz eines nicht genügend angeleiteten oder kontrollierten Berufsanfängers (ausführl *Gounalakis* NJW 1991, 2945 f). Unabhängig davon, dass bereits der Berufsanfänger selbst die alleinige Behandlung hätte ablehnen müssen (s.o. Rz 30), wenn er bzgl der dafür erforderlichen Kenntnisse und Erfahrungen Bedenken hinsichtlich des Patientenwohls hätte hegen müssen, ist in diesem Fall ein Organisationsverschulden des Krankenhausträgers gegeben, falls die erforderliche Anleitung und Kontrolle tatsächlich fehlt (BGHZ 88, 248, 258; BGH NJW 1985, 2193; 1988, 2298). Organisationspflichten treffen aber auch die Inhaber ambulanter Praxen. Sie müssen dafür sorgen, dass eine aufgabenorientierte, zweckmäßige Organisation, zB im Hinblick auf Arbeitsverteilung und Arbeitszeiten, Dokumentation der Behandlung oder Verlaufsbeobachtung (»primäre Organisationspflichten«) sowie eine Kontrolle der primären Organisationspflichten (»sekundäre Organisationspflichten«) gewährleistet wird (BGHZ 95, 63, 71 ff; NJW 2003, 2309; PWW/*Schaub* § 823 Rn 207).

ff) Fehler bei der Aufklärung. Eine wichtige Fehlerquelle ist die nicht bzw nicht ordnungsgemäß durchge- 32
führte Aufklärung (PWW/*Schaub* § 823 Rn 200). Sie bildet neben dem Fehler bei der eigentlichen Behandlung die häufigste Haftungsursache und stellt damit ein »hohes forensisches Risiko« für Ärzte und Krankenhausträger dar (*Broglie* in: Ehlers/Broglie aaO Rn 673). § 8 der Berufsordnung der deutschen Ärzte hat diese Pflicht deklaratorisch daher bes herausgestellt. Aufgrund der erforderlichen Aufklärung soll sich der Patient ein Bild über die vom Arzt gestellte Diagnose und die vorzunehmende Behandlung unter Einschluss der Risiken und Chancen machen können, so dass er eine selbstbestimmte und informierte Entscheidung treffen kann. Die Aufklärungsverpflichtung lässt sich wie folgt unterteilen: Funktional ist zwischen der Selbstbestimmungsaufklärung, der therapeutischen Aufklärung sowie der wirtschaftlichen (Folge-)Aufklärung zu unter-

scheiden. Die Selbstbestimmungsaufklärung dient der Absicherung des Selbstbestimmungs-, dh Persönlichkeitsrechts, des Patienten ggü Eingriffen in seine körperliche Integrität. Sie hat zunächst einen direkten Einfluss auf die Bewertung des Heileingriffs im Rahmen der unerlaubten Handlung (§§ 823 ff). Erfolgt ein Heileingriff ohne Einwilligung des Patienten, wobei die Einwilligung auch dann nicht vorliegt, wenn sie ohne oder ohne ausreichende Aufklärung abgegeben wird, dann ist auch der medizinisch indizierte Eingriff nach hM als eine rechtswidrige Körper- bzw Gesundheitsverletzung anzusehen, der Grundlage von Schadensersatz- und Schmerzensgeldansprüchen sein kann (RGSt 25, 375 ff; BGH NJW 1992, 202; MedR 2001, 42). Der rechtswidrige Eingriff in die körperliche Integrität erzeugt zudem Rückwirkungen für den Behandlungsvertrag, der insofern – bei fehlender Einwilligung des Patienten – auch als »verletzt« angesehen werden muss, weil bei der Auslegung der Pflichten aus dem Behandlungsvertrag über § 242 unzweifelhaft das Persönlichkeitsrecht nach Art 1, 2 Abs 1 GG eine Rolle zu spielen hat. Für das Deliktsrecht bedeutsam ist, dass auch Minderjährige unter 18 Jahren wirksam in die ärztliche Behandlung einwilligen können, wenn sie die erforderliche geistige und sittliche Reife besitzen, die Tragweite ihrer Entscheidung beurteilen zu können. Bei Patienten unter 12 Jahren soll jedoch in jedem Fall die Einwilligung der Eltern erforderlich sein, weil in diesem Alter eine entspr Reife regelm zu verneinen ist. In diesem Bereich ist aber noch vieles unklar und umstritten (vgl BGHZ 29, 33, 36; PWW/*Schaub* § 823 Rn 201). Jedenfalls akzeptiert hat der BGH (vgl BGH NJW 2007, 217) im Fall eines nur relativ indizierten Eingriffs mit der Möglichkeit erheblicher Folgen für die künftige Lebensgestaltung ein »Vetorecht des Minderjährigen« gegen die Einwilligung seiner gesetzlichen Vertreter, wenn ausreichende Urteilsfähigkeit vorliegt. Andererseits soll im Rahmen des Betreuungsrechts der Betreuer nach einem jüngsten Judikat befugt sein, in ärztliche Maßnahmen auch gegen den natürlichen Willen eines im Rechtssinne einwilligungsunfähigen Betreuten einzuwilligen (BGH NJW 2006, 1277; vgl auch *Golbs* Das Vetorecht eines einwilligungsunfähigen Patienten 2006). Dem ist zuzustimmen, wenn und soweit die geistige Einschränkung des Patienten sich gerade in der fehlenden Beurteilungsfähigkeit der Behandlungsfrage widerspiegelt. Für den vertraglichen Bereich gelten bzgl Minderjährigen und der sonst geschäftsunfähigen Personen die rechtsgeschäftlichen Grundsätze, also die §§ 106, 107, wobei sich bei beschränkt geschäftsfähigen und geschäftsunfähigen Patienten bereits die Frage stellt, ob der Vertragsschluss ohne Zustimmung der Eltern bzw des gesetzl Vertreters wirksam zustande kommen kann. Hiervon könnte zum einen ausgegangen werden, wenn man bei einem familienversicherten Kassenpatienten lediglich auf die fehlende Verpflichtung zur Selbstzahlung abstellt. Andererseits ist zu berücksichtigen, dass den sorgeberechtigten Eltern/gesetzlichen Vertretern im Regelfall nicht nur die Vermögens-, sondern auch die Personensorge für den Patienten obliegt und ein ärztlicher Heileingriff auch insoweit in ihren Rechtskreis hineinwirkt. Sofern es sich also nicht lediglich um Lappalien handelt, bei denen von einer konkludenten Einwilligung auszugehen ist, ist der Arzt auch im vertraglichen Bereich gehalten, hinsichtlich der Sicherstellung der Pflichtgemäßheit seiner Handlung die Zustimmung der Eltern herbeizuführen. Ist der Patient nicht ansprechbar, etwa weil er auf der Intensivstation liegt, gelten die Grundsätze der mutmaßlichen Einwilligung (LG Aachen MedR 2006, 361). Von der Selbstbestimmungsaufklärung zu trennen, ist sodann die therapeutische Aufklärung (sog Sicherungsaufklärung, vgl PWW/*Schaub* § 823 Rn 204; AnwK/*Katzenmeier* § 823 Rn 386; *Katzenmeier* NJW 2005, 3391; *Rehborn* MDR 2000, 1101, 1107). Sie gründet sich nicht allein auf das Persönlichkeitsrecht des Patienten, sondern dient vielmehr der medizinischen Gefahrenabwehr. Bei der Sicherungsaufklärung geht es um die Aufklärung des Patienten über richtiges Verhalten zur Sicherung des Heilerfolges bzw der Behandlung (*Broglie* in: Ehlers/Broglie aaO Rn 677; *Rehborn* MDR 2000, 1101, 1103). Hierzu gehört etwa der Hinweis auf die Dringlichkeit der ärztlich indizierten Behandlung oder die von einem Mitpatienten ausgehende Ansteckungsgefahr, die Aufklärung über die Notwendigkeit regelm Nachuntersuchungen bei gegebenem Anlass, die Information über Dosis, Unverträglichkeit (instruktiv BGH NJW 2005, 1716: fehlende Delegationsmöglichkeit des Arztes) und Nebenwirkungen eines verordneten Medikaments sowie die Information bzgl des Erfordernisses einer vorsichtigen Lebensführung (etwa bei Verdacht auf eine ernsthafte Herzerkrankung). Der Arzt ist zudem aufgerufen, den Patienten, der die notwendige Behandlung verweigert, auf mögliche, für den Laien nicht ohne weiteres erkennbare Gefahren der Nichtbehandlung in für ihn verständlicher Form hinzuweisen (Schleswig NJW 2002, 227). So liegt etwa ein Aufklärungsfehler vor, wenn ein Urologe, der bei einem Patienten wegen des Verdachts auf Prostatakrebs eine Gewebeprobe histologisch untersucht, einen »positiven« Befund feststellte und er dies dem Patienten sodann telefonisch mitteilte, wobei er das Wort »positiv« als Ergebnis der Gewebeprobe verwendete. Wenn es sich beim Patienten um einen medizinischen Laien handelt, ist die Gefahr des Missverständnisses groß, da er den Befund als »für ihn günstig« werten kann und mglw die Sache auf sich beruhen lässt. Diese Form der Befundübermittlung ist fehlerhaft und kann nicht akzeptiert werden: Zum einen sind Befunde von erheblicher Tragweite persönlich zu übermitteln, außerdem muss der Arzt sich vergewissern, dass der Patient die Aufklärung über seinen Gesundheitszustand korrekt verstanden hat (*Heidermann* in: Ehlers/Broglie aaO Rn 387). Wichtig ist, in dem Gesamtzusammenhang mit der Aufklärung, dass der Patient, anders als für Fehler bei der Selbstbestimmungsaufklärung, grds für die Verletzung der therapeutischen Aufklärungspflicht beweispflichtig ist (*Broglie* in: Ehlers/Broglie aaO Rn 677; zur nachträglichen Sicherungsaufklärung bei Gefahr einer HIV-Infektion durch eine Bluttransfusion und zur Erstreckung des Schutzbereiches auf den Ehepartner vgl BGHZ 163, 209, 217 ff; *Katzenmeier* NJW 2005, 3391 ff). Im Bereich der ärztlichen Nebenpflichten bewegt sich sodann die wirtschaftliche Aufklärung des Patienten. Hier ist jedoch ebenfalls noch vieles im Fluss. Bspw ist unklar, ob es sich hier wirklich um eine echte »Pflicht« des Behandelnden oder nur um eine bloße »Obliegenheit« handelt (vgl PWW/*Schaub* § 823 Rn 205). ME sprechen im Hinblick einer angemessenen Interessenabwägung die besseren Gründe für die Annahme einer Nebenpflicht, wenngleich diese Wertung freilich einer Grenzziehung bedarf. Ganz idS hat die Rspr in mehreren Entscheidungen herausgestellt, dass der Arzt den Patienten auch über mögliche wirtschaftliche (insbes versicherungsrechtliche) Folgen der Behandlung aufzuklären hat (BGHZ 157, 87 ff; NJW 2004, 686). Nach der Rspr verletzt etwa ein Chefarzt seine (vor-)vertragliche Pflicht zur Aufklärung des Patienten, wenn er bei dem Antrag auf Gewährung von Wahlleistungen nicht darauf hinweist, dass er die Operation auch ohne Abschluss eines zusätzlichen Vertrages durchführen wird, wenn sich also der Patient nur als Kassenpatient hätte behandeln lassen wollen (LG Hamm NJW 1989, 2335). Bei einer kosmetischen und medizinisch nicht indizierten Operation soll zudem die Pflicht zum Hinweis bestehen, dass die Krankenkasse für die Kosten nicht aufkommen wird (*Broglie* in: Ehlers/Broglie aaO Rn 696). Ferner muss der Arzt darüber informieren, dass der von ihm vorgeschlagene Krankenhausaufenthalt vom Krankenversicherer möglicherweise nicht als notwendig anerkannt wird (BGH NJW 1983, 2630). Problematisch sind Grenzfälle, in denen ein Arzt eine stationäre Behandlung für sinnvoll, aber nicht für streng indiziert hält. Bereits an diesem Grenzfall wird deutlich, dass die wirtschaftliche Hinweispflicht des Behandelnden nicht über Gebühr ausgedehnt werden darf, da es sich bei dieser Pflichtenkategorie lediglich um eine vorvertragliche Aufklärungspflicht bzw Nebenpflicht handelt, die im Gegensatz zur sonstigen Aufklärungspflichtverletzung nicht der eigentlichen ärztlichen Behandlung zuzurechnen ist. Sie kann nicht dazu führen, dass der Arzt verpflichtet ist, Schriftverkehr mit der Krankenkasse zu führen und Kostenzusagen einzuholen (*Broglie* in: Ehlers/Broglie aaO Rn 697). Die ggf ggü dem Patienten geäußerten Bedenken hinsichtlich der Kostentragung der Krankenkasse müssen also reichen.

gg) Dokumentationsfehler. Der behandelnde Arzt haftet auch für Dokumentationsfehler und zwar insofern, 33 als diese zu Beweislasterleichterungen bis hin zur vollständigen Umkehr der Beweislast hinsichtlich des Kausalzusammenhangs von Behandlungsfehler und eingetretenem Primärschaden führen können (BGH NJW 1978, 1681, 1682; BGHZ 129, 6, 9 f; NJW 1999, 3408, 3409; Koblenz NJW-RR 2004, 410, 411; BaRoth/*Spindler* § 823 Rn 790 ff; PWW/*Schaub* § 823 Rn 210; vgl dazu auch Rz 56 ff). Art, Inhalt und Umfang der ärztlichen Dokumentationspflicht bestimmen sich nach ihrem Sinn und Zweck (ausführl *Schacht* AnwBl 1994, 440 ff). Die Pflicht zur Dokumentation des Behandlungsgeschehens dient der Sicherstellung einer ordnungsgemäßen Behandlung bzw der Behandlungsfortführung (Oldenburg NJW-RR 2000, 240); so auch der BGH, der betont, dass die Dokumentationspflicht nicht dazu dient, dem Patienten Beweise für einen späteren Arzthaftungsprozess zu schaffen und zu sichern (vgl BGH NJW 1993, 2375; ebenso Zweibrücken NJW-RR 2000, 235, 236). Die ärztliche Dokumentationspflicht bezieht sich daher auf die Anamnese, Diagnose und Therapie (Art und Dosierung eines Medikaments, sonstige Behandlung, ärztliche Anweisung zur Pflege, Abweichung von Standardbehandlungen, wesentliche Hinweise im Rahmen der therapeutischen Aufklärung, Ratschläge zur Inanspruchnahme eines Spezialisten, Weigerung eines Patienten, eine Untersuchung vornehmen zu lassen, Ergebnis der therapeutischen Maßnahmen und einer durchgeführten Sektion, Operations- und Narkoseprotokolle, hierin beschriebener Verlauf der Operation, unerwartete Zwischenfälle etc). Grds gilt, dass in die Dokumentation alle wesentlichen diagnostischen und therapeutischen Bewandtnisse, Gegebenheiten und Maßnahmen Eingang finden müssen (BGHZ 72, 132, 137 f; PWW/*Schaub* § 823 Rn 208). Die wesentlichen Fakten sind zudem in einer zumindest für den Fachmann hinreichend klaren Form darzustellen; dies kann auch durch Kürzel und Symbole erfolgen (BGH MDR 1989, 626).

d) Vertretenmüssen. aa) Grundsatz. Der Dreh- und Angelpunkt der Arzthaftung ist in der Praxis gerade 34 daran festzumachen, dass es dem Patienten häufig schwer fällt, dem behandelnden Arzt (bzw dem Krankenhaus) die erforderliche objektive Pflichtverletzung nachzuweisen, weil sie aus einer fremden Sphäre stammt und dem Patienten zumeist die erforderliche Information oder das Hintergrundwissen fehlt, um bestimmte Vorgehensweisen und Tatbestände entspr einordnen zu können. Liegt jedoch ein Behandlungsfehler vor, der auch bewiesen werden kann, hat der Patient noch die Hürde der subjektiven Pflichtverletzung (des Vertretenmüssens ieS) zu nehmen, insoweit als er dem behandelnden Arzt auch die subjektive Vorwerfbarkeit seines Tuns nachweisen muss. Während die objektive, dh äußere Sorgfalt, auf das sachgemäße, zu erwartende Verhalten des Arztes abstellt, richtet sich die zu fordernde subjektive, dh innere Sorgfalt, welche zur Erkennung des Normbefehls und zu deren Durchsetzung und Befolgung eingesetzt wird, auf sie (*Deutsch* JZ 2002, 588, 591).

bb) Beurteilungsmaßstab. Maßstab für die subjektive Vorwerfbarkeit des Tuns iSd Vertretenmüssens ist 35 § 276 Abs 1 (ggf iVm § 278). Nach dieser Regelung hat der Schuldner sowohl Vorsatz als auch jede Form von Fahrlässigkeit zu vertreten. Durch die in § 276 zum Ausdruck kommenden Alternativen im subjektiven Tatbestand ist die im Verschuldensprinzip enthaltene Zurechnung angesprochen (*Larenz* Hegels Zurechnungslehre und der Begriff der objektiven Zurechnung 1927; *Kramer* AcP 171, 422, 424 ff). Nach ständiger Rspr und ghM kommt es im Rahmen der zivilrechtlichen Haftung beim Vertretenmüssen jedoch nicht auf die »persönliche Unfähigkeit« des Handelnden an, um die subjektive Pflichtgemäßheit bzw Pflichtwidrigkeit des Handelns zu ermitteln. Die subjektive Pflichtwidrigkeit wird der objektiven vielmehr insoweit angenähert, als der subjektiv zu fordernde Sorgfaltspflichtverstoß im Rahmen der Vertragshaftung »objektiv typisierend« bestimmt wird (BGHZ 39, 283 ff; 80, 193 ff; 106, 323, 330; BGH NJW 1988, 909; 2000, 2812; Palandt/*Heinrichs* § 276 Rn 15; *Larenz* FS Wilburg 1965, S 119 ff). Der entscheidende Grund dafür ist der Gedanke des Vertrauensschutzes. Im Rechtsverkehr muss sich jeder grds darauf verlassen dürfen, dass der andere die für die Erfüllung seiner Pflichten erforderlichen Fähigkeiten und Kenntnisse besitzt (Palandt/*Heinrichs* § 276 Rn 15). Der objektive Fahrlässigkeitsbegriff gilt auch im Arzthaftungsrecht (BGH NJW 2001, 1786). Die gebotene subjektive Sorgfalt bei der ärztlichen Behandlung ist somit die eines besonnenen und gewissenhaften Arztes des jeweiligen Fachgebiets; etwaiges Sonderwissen ist aber haftungsverschärfend mitzuberücksichtigen. Bei dieser Betrachtungsweise werden individuelle Leistungsminderungen wie zB Übermüdungen, Konzentrationsminderungen oder Zeitmangel nicht berücksichtigt (BGH NJW 1985, 2193). Hieraus folgt, dass der behandelnde Arzt grds für sein dem medizinischen (Facharzt-)Standard zuwiderlaufendes Vorgehen auch dann einzustehen hat, wenn dieses Verhalten aus seiner persönlichen Lage heraus subjektiv entschuldbar erscheinen mag (BGH MDR 2001, 565 f; *Martis/Winkhart* aaO S 194). Um den erforderlichen Standard zu gewährleisten, obliegt dem Arzt die Pflicht zur Weiterbildung (vgl auch § 4 der Berufsordnung für deutsche Ärzte; vgl Rz 26). Hieraus folgt aber auch, dass der Behandelnde bei Behandlungsmaßnahmen außerhalb seines Fachs den Standard des fremden Fachs schuldet, ansonsten muss er die Behandlung abgeben (BGH NJW 1982, 698; *Gräfin v Strachwitz-Helmstatt* in: Ehlers/Broglie aaO Rn 635 f, zum Übernahmeverschulden s Rz 30).

36 **cc) Vermutung des Vertretenmüssens bei objektiver Pflichtwidrigkeit auch im Arztvertrag?** Vor dem Hintergrund des eben dargestellten Beurteilungsmaßstabes zur Feststellung der subjektiven Sorgfaltswidrigkeit erscheint es sachgerecht, dass das Nichteinhalten der äußeren Sorgfalt die Verletzung der inneren Sorgfalt nach der vertraglichen Haftungsvorstellung des BGB indiziert (BGH NJW 1968, 1279; BGHZ 51, 103 ff; 116, 60, 72 f). Das Gesetz hat den Gedanken von der indiziellen Vorwirkung der objektiven Pflichtverletzung im Bereich des Vertragsrechts (anders als im deliktischen Bereich) in § 280 Abs 1 S 2 rezipiert. Nach der Beweislastregel des § 280 Abs 1 S 2 zieht nämlich jeder objektive Fehler eine Verschuldensvermutung nach sich. Das vermutete Verschulden bei einer pVV innerhalb eines (Sonder-)Schuldverhältnisses war früher durch die Heranziehung des § 282 aF begründet worden (*Zimmermann* NJW 2002, 1, 7). Schon vor der Schuldrechtsreform wurde aber gerade die Anwendbarkeit dieser Regelung auf das Arzthaftungsrecht von der hM in Abrede gestellt (RGZ 78, 432, 435; BGHZ 4, 138 ff; BGH NJW 1969, 553; 1978, 1681; 1980, 1333; 1991, 1540; 1991, 1541, 1542; 1999, 860, 861; VersR 1980, 428; 1981, 462; 1981, 730, 732; *Gräfin v Strachwitz-Helmstatt* in: Ehlers/Broglie aaO Rn 489 f; *Ratajczak* in: Ratajczak/Stegers aaO S 27; *Müller* NJW 1997, 3049; *Weber* NJW 1997, 761 ff). Dafür trug man ua vor, dass der Arzt nur ein kunstgerechtes Bemühen und keinen Heilerfolg schulden könne. § 282 aF sei nicht anzuwenden, weil die Einwirkung des Arztes auf den lebenden Organismus nur in begrenztem Umfang hinsichtlich des damit herbeigeführten Ergebnisses beherrschbar sei. Diese Auffassung hat jedoch bereits nach bisherigem Recht nicht überzeugen können, wird aber nach der Schuldrechtsreform unverändert in Bezug auf § 280 Abs 1 vertreten (vgl dazu *Müller* MedR 2001, 487, 494; *Spickhoff* NJW 2002, 1758, 1762; *Rehborn* MDR 2002, 1281, 1288; aA PWW/*Schmidt-Kessel* § 280 Rn 21: »Haftungsverschärfung«). Das grundlegende Missverständnis bei dieser Sichtweise beruht darauf, dass mit dem Nichtschulden des Heilerfolges bereits der objektive Pflichtenkreis aus dem Behandlungsvertrag angesprochen ist, so dass bereits hier abgeschichtet werden muss. Ist der Heilerfolg schon objektiv nicht geschuldet, sondern nur eine Behandlung lege artis, kann ein Ausbleiben des Heilerfolges auch nicht subjektiv vorwerfbar sein (*Deutsch* JZ 2002, 588 ff; *Martis/Winkhart* aaO S 227; *Katzenmeier* VersR 2002, 1066, 1069; krit *Spickhoff* NJW 2002, 2530, 2532). Bei einer sorgfältigen Differenzierung zwischen vom Patienten darzulegender und zu beweisender objektiver Pflichtverletzung und ihrer Kausalität zum Schaden einerseits und dem (subjektiven) Verschulden andererseits ist daher die in § 280 Abs 1 S 2 allg vorgesehene Verschuldensvermutung im vertraglichen Bereich auch bei festgestelltem ärztlichen Fehlverhalten angezeigt. Freilich ist die Abgrenzung von objektiver Pflichtverletzung und subjektivem Vertretenmüssen schwierig. Und das ist der virulente Punkt. Denn es steht außer Frage, dass die Pflichtverletzung jedenfalls normativ zum erheblichen Teil identisch ist mit der Verletzung der im Verkehr erforderlichen Sorgfalt, mit welcher § 276 Abs 2 die Fahrlässigkeit als Verschuldensvorwurf nach wie vor definiert (*Spickhoff* NJW 2002, 2531, 2532). Die wertungsmäßige Überschneidung der beiden Kategorien ist wohl auch der Grund dafür, weshalb sich in der Praxis noch kein Fall ereignet hat, in dem ein Behandlungsfehler objektiv festgestellt wurde, ein Verschulden des Arztes (das ja ohnehin »objektiviert« bemessen wird, vgl BGHZ 24, 21, 28; 129, 226, 232; BGH VersR 2006, 228, 229; PWW/*Schaub* § 823 Rn 206; PWW/*Schmidt-Kessel* § 276 Rn 10) jedoch als nicht bewiesen angesehen werden konnte (*Martis/Winkhart* aaO S 228). Es wird vielmehr deutlich, weshalb aus Sicht der Praxis ein Bedürfnis bestehen soll, die Frage der Pflichtwidrigkeit allein auf der subjektiven Ebene zu klären, obwohl dieser Weg sowohl dogmatisch als auch normativ nicht richtig sein kann.

37 **e) Schadenseintritt und Kausalität. aa) Grundsatz: Beweislast des Patienten.** Im Arzthaftungsprozess muss der Patient nicht nur das Vorliegen eines ärztlichen Behandlungsfehlers, sondern — soweit keine Beweiserleichterungen eingreifen — auch dessen für die Gesundheit nachteilige Wirkung nachweisen (Zweibrücken VersR 1998, 590). Liegt der Behandlungsfehler des Arztes in einem positiven Tun, so hat der Patient für die

haftungsbegründende Kausalität den Eintritt des sog »Primärschadens« nachzuweisen, indem er dartut und beweist, dass die nach dem medizinischen Soll-Standard zum Zeitpunkt der Durchführung der Behandlung erforderliche Therapie den Eintritt des Primärschadens verhindert hätte (*Martis/Winkhart* aaO S 209). Um beim Vorliegen eines Behandlungsfehlers durch ein Unterlassen der Behandlungsseite einen Ursachenzusammenhang bejahen zu können, muss die unterbliebene Handlung (bspw die vollständige Untersuchung einer Wunde und die Weiterleitung des Patienten zur operativen Behandlung) hinzugedacht und festgestellt werden, wobei es darauf ankommt, dass der eingetretene Primärschaden gewiss oder mit an Sicherheit grenzender Wahrscheinlichkeit nicht eingetreten wäre (Zweibrücken VersR 1998, 590). Gem § 286 ZPO genügt für den Nachweis des Ursachenzusammenhangs zwischen dem Behandlungsfehler und dem Eintritt des Primärschadens ein für das praktische Leben brauchbarer Grad an Gewissheit, dh ein für einen vernünftigen, die Lebensverhältnisse klar überschauenden Menschen so hoher Grad von Wahrscheinlichkeit, dass er den Zweifeln Schweigen gebietet, ohne sie völlig auszuschließen (BVerfG NJW 2001, 1640; BGH NJW 1994, 801; *Müller* MedR 2001, 487, 489 und NJW 1997, 3049, 3051; *Martis/Winkhart* aaO S 210; *Gräfin v Strachwitz-Helmstatt* in: Ehlers/Broglie aaO Rn 516). Als Primärschäden sind die Schäden zu qualifizieren, die als sog »erster Verletzungserfolg« geltend gemacht werden (Hamm VersR 2002, 315, 317). Auch die Beweisführung für die haftungsausfüllende Kausalität, nämlich den Kausalzusammenhang zwischen dem Primärschaden (Körper- oder Gesundheitsschaden) und den weiteren Gesundheits- und Vermögensschäden des Patienten, einschließlich einer etwaigen Verschlimmerung von Vorschäden, obliegt dem Patienten. Hier gilt allerdings die Beweislastregel des § 278 ZPO, dh hier kann zur Überzeugungsbildung des Gerichts eine deutlich überwiegende, auf gesicherter Grundlage beruhende Wahrscheinlichkeit ausreichen (BGH NJW 1992, 3298; *Müller* MedR 2001, 487, 489 und NJW 1997, 3049, 3051; *Gräfin v Strachwitz-Helmstatt* in: Ehlers/Broglie aaO Rn 518; *Martis/Winkhart* aaO S 228).

bb) Ausn: Beweislasterleichterungen. Das verfassungsrechtliche Prinzip eines fairen, auf Waffen- und Chancengleichheit bedachten Verfahrens hat im Arzthaftungsprozess zur Ausprägung bes Grundsätze und Modifizierungen für das Beweisverfahren geführt, die dem vorhandenem Informationsgefälle, der erheblichen Gefahrenneigung ärztlicher Tätigkeit und der typischen Beweis- und Interessenlage durch eine differenzierte, ausgleichende Anwendung der Regeln des Beweisrechts Rechnung tragen (BVerfG VersR 1979, 907; NJW 1979, 1925; BGH VersR 1982, 1335; 1984, 661; NJW 1984, 1823; Köln VersR 1987, 164). Die Handhabung des Beweisrechts muss dabei sowohl die Schwierigkeiten des Patienten berücksichtigen, das Behandlungsgeschehen iE darzulegen und zu beweisen, als auch die Eigenart der Heilbehandlung, die verbietet, aus einem jederzeit möglichen Zwischenfall oder aus einem jederzeit denkbaren Misserfolg der Therapie allein schon auf ein pflichtwidriges Verhalten des Arztes zu schließen (*Gräfin v Strachwitz-Helmstatt* in: Ehlers/Broglie aaO Rn 482). Für das Arzthaftungsrecht sind vor diesem Hintergrund zwei Grundsätze von herausragender Bedeutung: 1. Hat der Arzt einen Behandlungsfehler verschuldet, der nach medizinischer Erfahrung typischerweise die eingetretene Schädigung zur Folge hat oder hat die ärztliche Behandlung einen Schaden zur Folge, der nach medizinischer Erfahrung typischerweise auf einen schuldhaften Behandlungsfehler zurückzuführen ist, so greifen bereits die Grundsätze des Anscheinsbeweises ein (vgl Rz 55). Die innere Verbindung zwischen Behandlungsfehler und eingetretenem Schaden, die beim Anscheinsbeweis auf Grund eines allg Erfahrungssatzes hergestellt wird, besteht 2. auch dann, wenn ein als »grob« zu qualifizierender Behandlungsfehler vorliegt (vgl dazu Rz 56), denn hier liegt es nahe, dass sich nicht das allg Lebens- bzw Behandlungsrisiko in dem eingetretenen Schaden verwirklicht hat, sondern der grobe Behandlungsfehler selbst (MüKo/*Ernst* § 280 Rn 143). In diesem Fall kann für den Kausalzusammenhang zwischen dem festgestellten Behandlungsfehler und dem beim Patienten eingetretenen Primärschaden regelm eine Beweislastumkehr eingreifen, so dass die Kausalität vermutet wird und die Behandlungsseite beweisen muss, dass der Behandlungsfehler für die Schädigung nicht ursächlich geworden ist (BGH NJW 2004, 2011; *Müller* NJW 1997, 3049, 3052). 38

III. Umfang des Schadensersatzes. Infolge eines schuldhaft herbeigeführten Behandlungsfehlers haftet der Arzt bzw der Krankenhausträger für sämtliche Schäden, die bedingt durch ihn kausal entstanden sind. Die rechtlichen Grundlagen zur Bemessung des Schadensersatzes ergeben sich aus §§ 249 ff. **1. Ersatz des materiellen Schadens.** Nach der sog Differenzhypothese besteht der Schaden iSv § 249 S 1 und S 2 in einer Verschlechterung der Vermögenslage. Zu den zu ersetzenden materiellen Schäden zählen wegen der Belastung des Vermögens des Patienten etwa: die Kosten für die weitere Behandlung, der Verdienstausfall sowie die Kosten für erforderliche Medikamente, Heil- und Hilfsmittel (*Broglie* in: Ehlers/Broglie aaO Rn 670; *Giesen* JZ 1990, 1153, 1155). Zu ersetzen sind aber auch Aufwendungen für den Besuch des Verletzten, wenn er naher Angehöriger ist und im Krankenhaus folgebehandelt werden muss (BGHZ 106, 28, 31; *Giesen* JZ 1990, 1153, 1155). 39

2. Ersatz des immateriellen Schadens. a) Einführung des § 253 Abs 2 – rechtspolitischer Hintergrund. Infolge der Schadensrechtsreform hat der geschädigte Patient über § 253 Abs 2 nF nun auch die Möglichkeit, ein Schmerzensgeld für die immaterielle Einbuße auf Grund der Vertragspflichtverletzung zu fordern. Mit der Verankerung des § 253 Abs 2 im Gesetz wurde eine grundlegende Änderung vollzogen. Denn durch diese Neuregelung wird im deutschen Recht erstmals ein umfassender, dh vom Haftungsgrund unabhängiger, 40

Anspruch auf Schmerzensgeld bei Verletzung von Rechtsgütern wie Körper und Gesundheit eingeführt (*Katzenmeier* VersR 2002, 1066, 1072). Der Gesetzgeber entschloss sich mit der Neufassung des § 253 Abs 2 für eine Lösung, die in der Vergangenheit bereits von Stoll (vgl *Stoll* Haftungsfolgen im bürgerlichen Recht 1993 Rn 13; *ders* JZ 1975, 252, 255) und von v Bar (vgl *v Bar* Gemeineuropäisches Deliktsrecht Bd I 1996 Rn 455 und 576; *ders* RabelsZ 1959, 203, 218 ff) propagiert wurde. Beide Autoren wiesen bereits vor der Schadensrechtsreform darauf hin, dass gerade die uns nahe stehenden Rechtsordnungen jedenfalls bei Vorliegen einer Körperverletzung, völlig gleich, ob die Haftung auf Delikt oder Vertrag beruht, dem Verletzten einen Schmerzensgeldanspruch zugestehen (vgl §§ 1295, 1325 ABGB; Art 99 Abs 3, 47 OR). Ebensowenig unterscheiden die Rechtsordnungen des angloamerikanischen Rechtskreises nach dem Grund der Haftung, wenn es um Entschädigung für »pain and suffering« geht, und im französischen Recht ist die Verpflichtung zum Ersatz des »dommage moral« im Rahmen der vertraglichen Haftung (die eine deliktische Haftung nach dem Grundsatz des »non-cumul« verdrängt) ohnehin selbstverständlich.

41 **b) Umfang und Bemessungskriterien des Schmerzensgeldes.** Der nun auch nach deutschem Recht für die Vertragspflichtverletzung bestehende Anspruch auf immateriellen Schadensersatz bei Körper- und Gesundheitsverletzung umfasst nach § 253 Abs 2 den Ersatz bzw Ausgleich für etwaige körperliche Schmerzen (Düsseldorf VersR 1985, 291) sowie für die psychische Pein bzgl der Störung und des Verlustes von Körperteilen (Celle VersR 1985, 478; Düsseldorf VersR 1984, 1045) und für die Minderung der Lebensfreude, -qualität und/oder -erwartung (Düsseldorf VersR 1985, 169, 171; VersR 1986, 64, 67 f). Für die Verletzung der in § 253 Abs 2 genannten Rechtsgüter ist eine, so sagt das Gesetz, »billige Entschädigung in Geld« zu leisten. Bei der Festsetzung der genauen Höhe sind zwei Umstände relevant, die der BGH in der hierzu richtungsweisenden Entscheidung des großen Zivilsenats aus dem Jahr 1955 (BGHZ 18, 149, 154) wie folgt umschrieben hat: »Der Anspruch auf Schmerzensgeld ... ist kein gewöhnlicher Schadensersatzanspruch, sondern ein Anspruch eigener Art mit einer doppelten Funktion: Er soll dem Geschädigten einen angemessenen Ausgleich für diejenigen Schäden bieten, die nicht vermögensrechtlicher Art sind, und zugleich dem Gedanken Rechnung tragen, dass der Schädiger dem Geschädigten Genugtuung schuldet für das, was er ihm angetan hat«. Die aus dem Judikat hervorgehenden Funktionen des Anspruchs, nämlich Ausgleich der erlittenen Schäden (Ausgleichsfunktion) und Genugtuung für das Erlittene (Genugtuungsfunktion) haben im Grundsatz auch heute noch Gültigkeit, wobei sie mittlerweile allerdings von einer neuen Lesart geprägt sind. Unter den genannten Prämissen ging der BGH nämlich vor der Änderung seiner Rspr davon aus, das herkömmliche Verständnis von der Ausgleichsfunktion bedeute, dass bei Empfindungsunfähigkeit des Verletzten (etwa wegen eines schweren Hirnschadens) ein Ausgleich nicht fühlbar sei. In diesen Fällen könne die Ausgleichfunktion die erlittenen Schmerzen und insbes die entgangene Lebensfreude nicht kompensieren. Dem Verletzten kann dann daher nur auf Grund der Genugtuungsfunktion eine symbolische Wiedergutmachung als Zeichen der Sühne zukommen (BGH VersR 1976, 660). Dieses ursprüngliche Verständnis des Ausgleiches geht zurück auf die Kompensationsformel von Windscheid: Ausgleich von Unlustgefühlen durch Verschaffung von Lustgefühlen (vgl dazu *Nehlsen v Stryk* JZ 1987, 119, 125). Der symbolisch bei Empfindungsunfähigkeit zugestandene Betrag umfasste in dem angesprochenen Judikat umgerechnet nur rund 15.000 Euro (BGH VersR 1976, 660, 662). Inzwischen wird jedoch die Funktion des Schmerzensgeldes anders, dh weiter, verstanden, was auch Folgewirkungen für den Schmerzensgeldbetrag hat. Der BGH hat jedenfalls seine frühere Rspr aufgegeben (BGHZ 120, 1 ff; vgl dazu auch *Jaeger* VersR 1996, 1177, 1180). Es wurde insoweit erkannt, dass dem für das zivilrechtliche Haftungs- und Schadensersatzrecht allg nicht tragfähigen Gedanken der Sühne, der bei Fahrlässigkeitstaten ohnehin nur eine untergeordnete Rolle spielen kann, weniger Bedeutung zukommt (*Luckey* in: Ratajczak/Stegers aaO S 49, 62). Die Zuerkennung eines bei schweren Hirnschädigungen in der Tendenz höheren Schmerzensgeldes wird nunmehr damit begründet, »dass schon die Einbuße der Persönlichkeit (selbst), der Verlust an personaler Qualität infolge schwerer Hirnschädigung, ... einen auszugleichenden immateriellen Schaden darstellen, unabhängig davon, ob der Betroffene die Beeinträchtigung empfindet« (BGHZ 120, 1, 7). In den Fällen der völligen Zerstörung der Persönlichkeit besteht die bes Schwere des Eingriffs darin, dass der innere, dh der materielle Wert der Persönlichkeit verletzt wird. Dieser Eingriff ist auf Grund einer eigenständigen Bewertung durch Schmerzensgeld zu kompensieren, also auszugleichen (BGH ebenda). Der ehemalige Vorsitzende des für Schadenssachen zuständigen VI. Senats des BGH, Steffen, leitete aus dieser neuen Rspr ab, dass der BGH das Schmerzensgeld nicht nur zum Ausgleich für gefühlte Verluste gewährt, sondern vielmehr für den Verlust am objektiven Wert des Schutzguts, der fühlbar sein kann, es aber nicht sein muss, was gerade bei schwersten Schädigungen zu konstatieren ist (*Steffen* DAR 2003, 201, 203).

42 **c) Tendenz ansteigender Schmerzensgeldsätze.** Auffällig ist, dass das Schmerzensgeld nach der Änderung der höchstrichterlichen Rspr zu den maßgeblichen Bemessungskriterien in den Fällen des Persönlichkeitsverlustes (aber nicht nur hier) ungewöhnlich stark angestiegen ist (*Luckey* in: Ratajczak/Stegers aaO S 49, 65). Der Anstieg hat mehrere Ursachen: In der Praxis werden zur Bemessung des Schmerzensgeldes häufig Entscheidungen mit vergleichbaren Sachverhalten als Präjudizien herangezogen, die in sog Schmerzensgeldtabellen (vgl etwa die des ADAC) zusammengefasst sein können. Zu Gunsten des Verletzten ist hierbei jedoch die seit früheren Entscheidungen eingetretene Geldentwertung ebenso in Rechnung zu stellen wie die in der Rspr insg zu beobachtende Tendenz, beim Schmerzensgeld nach gravierenden Verletzungen großzügiger zu verfah-

ren (Köln OLGR 1992, 215). **Beispiele zur Entwicklung des Schmerzensgeldes bei schwersten Verletzungen bzw Zerstörung der Persönlichkeit:** Das OLG Frankfurt aM (Frankfurt aM NJW-RR 1993, 159) hielt 1992 für ein schwerstgradig hirnorganisches Psychosyndrom einen Ausgleich von umgerechnet 150.000 Euro für angemessen. Für eine nahezu vollständige Zerstörung der Persönlichkeit infolge Schädigung des Gehirns durch Sauerstoffmangel erkannte das OLG Nürnberg (VersR 1994, 735) 1994 auf einen Betrag von umgerechnet 125.000 Euro Schmerzensgeld nebst 300 Euro monatlicher Rente. Spätere Entscheidungen sprechen in vergleichbaren Fällen immerhin (umgerechnet) 100.000 Euro zu (München VersR 1994, 1345; Hamm VersR 1996, 727). 1995 wurden durch das OLG Bremen (Bremen OLGR 1995, 50) erstmals zugunsten eines schwerst geistig und körperlich geschädigten Kindes umgerechnet 125.000 Euro ausgeurteilt. Die gleiche Summe erkannte das OLG Düsseldorf (Düsseldorf VersR 2001, 1384) im Jahr 2000 einem schwerst hirngeschädigten Kleinkind zu. Das OLG Naumburg (Naumburg NJW-RR 2002, 672) gewährte sodann einem schwerstgeschädigtem Kind im Jahr 2001 ein Schmerzensgeld von rund 322.000 Euro (kapitalisiert) nebst einer monatlichen Rente von 300 Euro. In einem ähnl Fall entschied das OLG Schleswig im Jahr 2003, dass einem schwerstgeschädigtem Kind 325.000 Euro Schmerzensgeld zustünden. Mit zwei bedeutenden Entscheidungen hatte anschließend das OLG Hamm die Maßstäbe für die Bemessung von Schwerstschäden weiter nach oben verschoben: Im ersten Fall – noch aus dem Jahr 2002 (Hamm VersR 2002, 1163) – kam es zu einem »Fast-Hirntod« des Klägers infolge fehlender Geburtsleitung, was dazu führte, dass er schwerst hirngeschädigt war und den Senat veranlasste, ein Schmerzensgeld iHv 500.000 Euro festzusetzen. Die gleiche Summe erkannte der gleiche Senat ein Jahr später (Hamm VersR 2004, 386) für eine Geburtsschädigung zu, infolge derer der Kläger eine schwerste hypoxisch-ischämische Enzephalopathie Grad II-III erlitten hatte. Diese unverkennbare Tendenz zum Ansteigen des Schmerzensgeldes setzt sich in der aktuellen Rspr (Köln VersR 2007, 219; vgl auch *Spickhoff* NJW 2007, 1628, 1634), in der die Summe von 500.000 Euro bei schwerster Hirnschädigung erneut ausgeurteilt wurde, fort.

3. Besondere Konstellationen. Bes Bedeutung haben Schadensersatzansprüche für die Geburt eines ungewollten Kindes. Zu unterscheiden sind dabei Ansprüche der Eltern gegen den Arzt wegen der Geburt eines gesunden, aber ungewollten Kindes (»wrongful pregnancy«, »wrongful conception«) oder eines geschädigten und so jedenfalls nicht gewollten Kindes (»wrongful birth«) sowie Ansprüche des Kindes gegen den Arzt selbst (»wrongful life«). **a) Schadensersatz wegen Fehlschlags einer Sterilisation, misslungenem Schwangerschaftsabbruch oder fehlerhafter sonstiger Beratung/Untersuchung bzgl Schwangerschaft.** Bei einer fehlgeschlagenen Sterilisation, in deren Folge es entweder zur Geburt eines Kindes oder zu einem späteren Schwangerschaftsabbruch kommt, stellt sich die Frage, ob die Eltern materiellen und immateriellen Schadensersatz dafür verlangen können, dass ein gesundes, aber an sich ungewolltes Kind geboren wird (bzgl der Entw in Österreich und der Schweiz vgl *Spickhoff* NJW 2007, 1628, 1633 mwN; zu Frankreich *Knetsch* VersR 2006, 1050). Der BGH hatte einen materiellen Schadensersatzanspruch bejaht (BGHZ 76, 249 ff; 86, 240 ff; NJW 1994, 788; 1995, 2407; 2002, 2636; vgl schon früher RGZ 108, 86 ff). Wird nach einer fehlgeschlagenen Sterilisation ein Kind geboren, ist den Eltern nach dieser Rspr der sog »Planungsschaden«, der sich auf die »Durchkreuzung der Familienplanung« bezieht, zu ersetzen (BGH NJW 2007, 987; JZ 1980, 406; Karlsruhe NJW 2006, 1006). Der 2. Senat des BVerfG äußerte in einem *obiter dictum* hiergegen Bedenken (BVerfGE NJW 1993, 1751, 1764). Der BGH blieb jedoch bei seiner Auffassung (BGH NJW 1995, 2407). Im konkreten Fall hatte sich der Ehemann der Klägerin in einem Krankenhaus sterilisieren lassen. Der Krankenhausarzt hatte allerdings nicht die übliche Spermienkontrolle vier Wochen nach dem Eingriff vorgenommen, so dass nicht bemerkt wurde, dass er zeugungsfähig geblieben war. Die Klägerin wurde bald darauf schwanger und brachte ein gesundes Kind zur Welt. Zu prüfen war die Ersatzfähigkeit der Unterhaltskosten für das Kind, die der BGH bejahte. Dabei lag der wesentliche Beweggrund des Gerichts in der Notwendigkeit der Sanktion für pflichtwidriges ärztliches Verhalten bei der Sterilisation als therapeutische Maßnahme. Hätte man den Arzt nicht mit einem Unterhaltsanspruch belasten können, bliebe seine Pflichtverletzung schadensrechtlich folgenlos. Der 1. Senat des BVerfG (BVerfGE NJW 1998, 519) billigte diese Rspr. Dabei wird nicht das Kind, sondern die Belastung der Eltern mit Unterhaltspflichten als Schaden angesehen. Materiellen Schadensersatz gibt es aber auch im umgekehrten Fall der fehlgeschlagenen Sterilisation der Ehefrau und zwar auch für den Ehemann. Ist die Sterilisation der Ehefrau auf Grund des pflichtwidrigen Verhaltens des Arztes fehlgeschlagen und kommt es daher zu einer ausgetragenen Schwangerschaft, wodurch der am Arztvertrag eigentlich nicht beteiligte Ehemann mit einer Unterhaltspflicht belastet sein würde, kann dieser auf Grund einer erweiterten Auswirkung der Schutzwirkungen des Vertrages Arzt-Ehefrau einen Ersatzanspruch iHd Unterhaltsbetrages geltend machen (BGH NJW 1980, 1452). Hinsichtlich des materiellen Schadensersatzes ist in ähnl Weise die wegen mangelhafter Untersuchung und Aufklärung nicht vorgenommene, aber rechtlich mögliche Abtreibung aus eugenischen Gründen haftungsbegründend für den Arzt. Auch hier haftet er für sämtliche Belastungen der Eltern (BGHZ 95, 199, 209 f = JZ 1986, 140, 144). In einem dazu vom BGH entschiedenen Fall hatte die Ärztin im Rahmen der Schwangerschaftsvorsorge Ultraschalluntersuchungen durchgeführt. Dabei übersah sie fahrlässig Hinweise auf schwere Missbildungen des Kindes. Wiederholte Nachfragen der werdenden Eltern, ob das Kind gesund sei, wurden bejaht. Das Kind kam schließlich schwer behindert zur Welt. Die Eltern nahmen die Ärztin auf Zahlung des gesamten Unterhaltsaufwandes in Anspruch. Hätten sie von der drohenden Behinderung gewusst, so hätten sie eine Schwangerschaftsunterbrechung, die zum Zeitpunkt der letzten Untersuchung gem § 218 Abs 2 StGB legal möglich gewesen wäre, vornehmen lassen (BGH NJW 2002, 2636; abl *Wagner* NJW 2002, 3379; ähnl schon früher BGHZ 86, 240 ff = JZ 1983, 447; BGHZ 89, 95 = JZ 1984, 886; Celle VersR 1988, 964; Düsseldorf VersR 1989, 1548; München VersR 1988, 523). Interessant in diesem Zusammenhang ist, dass jüngst eine weitere Entscheidung ergangen ist, in der hervorgehoben wird, dass an die die Prognose zur Abtreibung betreffende Darlegung keine überzogenen Anforderungen gestellt werden dürfen. Bei der Frage, ob sich die schwangere Frau für einen Abbruch entschieden hätte, können die Art und der Grad der zu erwartenden Behinderung indizielle Bedeutung haben (BGH NJW 2006, 1660). Die hier besprochenen Unterhaltsansprüche betreffen nur die materielle Schadenskomponente. Neben dem materiellen Schaden ist aber im Ausnahmefall seitens der Frau auch ein immaterieller Schadensersatzanspruch begründet, etwa wenn die Ehefrau des vermeintlich sterilisierten Mannes nach eingetretener Schwangerschaft einen Schwangerschaftsabbruch vornehmen lässt und dabei entspr Schmerzen über sich ergehen lassen muss (Braunschweig NJW 1980, 643). Begrenzungen der Anspruchspositionen können sich aus dem Gedanken des Schutzzwecks des Arztvertrages ergeben, so zB wenn sich die eugenische Indikation nicht verwirklicht oder eine Notlagenindikation nach der Geburt des Kindes entfallen ist (BGH JZ 1985, 331; *Giesen* JZ 1990, 1053, 1056).

44 **b) Schadensersatz unter dem Gesichtspunkt »wrongful life«?** Mit dem Schlagwort »wrongful life« wird schadensrechtlich eine bes heikle Konstellation hinterfragt. Sie kann dann auftreten, wenn der Arzt die Eltern nicht auf die Wahrscheinlichkeit der Geburt eines geschädigten Kindes hinweist, so dass die Eltern nicht Überlegungen im Hinblick auf einen Schwangerschaftsabbruch aus eugenischen Gründen anstellen konnten. Daran schließt sich dann die Frage an, ob das geschädigt geborene Kind selbst (nicht die Eltern, dazu oben Rz 43) Schadensersatz verlangen kann, weil es bei ordnungsgemäßem Handeln des Arztes nicht geboren worden wäre. Einen solchen, in sich widersprüchlichen Anspruch lehnt der BGH jedoch zu Recht ab. In dem dieser Fragestellung zugrunde liegenden Ausgangsfall hatte der Arzt bei der Untersuchung einer Schwangeren nicht bemerkt, dass sie Röteln hatte. Deshalb hatte er auch nicht auf die Möglichkeit der Schädigung des Kindes hingewiesen. Das Kind kam schwergeschädigt zur Welt und machte selbst Schadensersatzansprüche, insbes einen Schmerzensgeldanspruch, geltend (BGHZ 86, 241 ff; NJW 1983, 1371).

45 **c) Schadensersatzhöhe.** Die Höhe des vom Arzt bei einer fehlgeschlagenen Sterilisation und Geburt eines gesunden Kindes zu zahlenden Schadensersatzes orientiert sich am Regelunterhalt, der bis zum 18. Lebensjahr zu leisten wäre. Im Fall der Behinderung eines Kindes wegen fehlerhafter vorgeburtlicher Untersuchung/Therapie bzw unterlassener Beratung bzgl der Abtreibungsmöglichkeit umfasst der Schadensersatzanspruch neben dem Unterhaltsbedarf iHd Regelunterhalts auch den auf der Behinderung beruhenden Mehrbedarf des Kindes (BGHZ 86, 240; 89, 95, 104; 124, 128, 135 ff). Der Schadensersatzanspruch beinhaltet im letzteren Fall jedoch nicht den Verdienstausfall, der den Eltern durch die Betreuung des behinderten Kindes entsteht (BGH NJW 1997, 1638). Der Grund dafür ist, dass oft gar nicht festgestellt werden kann, inwieweit die Unterlassung einer Erwerbstätigkeit von den Umständen her geboten ist oder von einer freien Willensentschließung der Eltern abhängt. Würde man dies anders sehen, ergäbe sich eine unabsehbare Haftung des Arztes für alle aus der Geburt eines Menschen herrührenden Konsequenzen, die mit dem Zweck seiner Beauftragung schlechterdings nicht mehr in Einklang stünde. Problematisch ist weiterhin, in welcher Höhe dem auf Grund eines ärztlichen Kunstfehlers (nicht durch eigene Veranlagung, dann »wrongful life«-Problematik, vgl dazu Rz 44) geistig behindert geborenen Kindes selbst ein Anspruch auf Schmerzensgeld zusteht, etwa weil es bei der Geburt Fehler des Arztes gab, die zu einer Unterbrechung der Sauerstoffzufuhr führten. Insoweit ist auf die Funktion des Schmerzensgeldes abzustellen, das Genugtuung und einen Ausgleich für entgangene Lebensfreuden bezweckt. Nach früherer Ansicht des BGH steht dem behindert geborenen Kind nur ein symbolischer Betrag zur Genugtuung zu (vgl Rz 42), jedoch kein Ausgleich für entgangene Lebensfreude (BGHZ 18, 154 ff; NJW 1981, 1836). Man argumentierte damit, dass das durch einen Kunstfehler des Arztes geistig behindert zur Welt gekommene Kind die Beeinträchtigung gar nicht wahrnehmen könne, da es einen gesunden Zustand als Vergleichsbasis nicht kennt. Zudem kann es den Zusammenhang zwischen Zahlung einer Geldsumme und Ausgleich nicht erfassen. Diese Ansicht wurde auch vertreten für Unfallopfer, die infolge eines Unfalls schwersthirngeschädigt waren und ihren Zustand nicht erfassen konnten. Nach jetziger Ansicht des BGH steht auch dem wegen eines Kunstfehlers des Arztes geistig behindert geborenen Kindes ein voller Schmerzensgeldanspruch zu, der die entgangenen Lebensfreuden objektivierend mitberücksichtigen muss (BGH NJW 1993, 782). Für diesen Meinungswechsel führt man an, Art 1 GG verbiete eine lediglich symbolhafte Bewertung einer erheblichen Persönlichkeitsbeeinträchtigung. Außerdem wird der immaterielle Schaden durch die Einbuße der Persönlichkeit selbst, nicht aber durch den dabei empfundenen Schmerz dargestellt (Rz 42).

46 **D. Rechtsdurchsetzungsfragen. I. Rechtspolitischer Hintergrund.** Die Verwirklichung des materiellen Rechts und die Qualität der Rspr auf dem Gebiet des Arzthaftungsrechts stehen und fallen mit der Art und Weise der Handhabung des prozessualen Instruments. Angesichts der vorgegebenen Ungleichheit der Parteien im Zugang zum Prozessstoff verlangt eine gerechte Interessenabwägung eine den bes Umständen des Arzthaftungsrechts angepasste, dem Erfordernis der Rechtsanwendungsgleichheit verpflichtete Prozesshand-

habung durch den Richter. Der Arzthaftungsprozess ist richtig geführt, ein richterlich instruierter Prozess, in dem der Richter die Hauptverantwortung für die umfassend sorgfältige Aufklärung des Entscheidungssachverhalts trägt. Dies hat im Arzthaftungsprozess zur Ausprägung bes Grundsätze und Modifizierungen für den Verfahrensgang geführt, die dem typischen Informationsgefälle zwischen den Parteien, der erheblichen Gefahrenneigung ärztlicher Tätigkeit und der bes Beweis- und Interessenlage Rechnung tragen (*Geiß/Greiner* aaO Abschnitt E Rn 1).

II. Rechtlicher Niederschlag und Ausgangspunkt. 1. Rechtlicher Niederschlag. Nicht unbeeinflusst durch das Problem der Rechtsdurchsetzung ist die Entwicklung des deutschen Arzthaftungsrechts durch insges drei Linien gekennzeichnet: Zum einen das Nebeneinander von vertraglicher und deliktischer Haftung, wobei zu konstatieren ist, dass die vertragliche Haftung zunehmend einen stärkeren Ausbau erfährt. Zum anderen wurden bes Beweislastregeln entwickelt, die sich aus den allg schuldrechtlichen oder deliktischen Beweisregeln nicht ableiten. Die im Vertragsrecht angelegte Beweislastumkehr nach § 280 Abs 1 S 2 soll nach der Rspr und einem Teil der Lit ohnehin nicht zur Anwendung gelangen (vgl Rz 36). Stattdessen hat die Rspr ein abgestuftes System von Beweislastregeln bis hin zur Beweislastumkehr herausgebildet, welches reines Richterrecht darstellt. In formeller Hinsicht wurde das Arzthaftungsprozessrecht als ein eigenständiges Prozessrechtsinstitut ausgeformt, das sich in vielen Punkten vom normalen Zivilprozess unterscheidet. Man denke nur an die Prinzipien der weitgehenden Amtsermittlung und die nur minimalen Anforderungen an die Substantiierung der Klage oder an den Beweisantritt. 47

2. Rechtsdogmatischer Ausgangspunkt. a) Postulat der Waffengleichheit im deutschen Recht. aa) Entwicklungsgang. Fragt man nach der dogmatischen Begründung für diesen »Sonderweg« des Arzthaftungsrechts, dann findet sich dafür nur das relativ allg gehaltene »Postulat der Waffengleichheit« (BVerfGE 52, 131 ff und BVerfG NJW 2004, 2079 L; PWW/*Schaub* § 823 Rn 210). Der Begriff der Waffengleichheit wurde im Arzthaftungsprozess erstmals 1975 eingeführt (*Franzki/Franzki* NJW 1975, 2225). Der BGH hat in seinen Entscheidungen vom 11.10.1977 (BGH VersR 1978, 82) zur Beweislast bei Misserfolg einer ärztlichen Behandlung infolge defekten technischen Geräts und vom 14.03.1978 (BGH VersR 1978, 542) zur Herausgabe von Behandlungsunterlagen den Gedankengang aufgegriffen und ausgeführt, der Grundsatz der Waffengleichheit im Arzthaftungsprozess fordere, »dass der Arzt dem klagenden Patienten Aufschluss über sein Vorgehen in dem Umfang gibt, in dem ihm dies ohne Weiteres möglich ist, und insoweit auch zumutbare Beweise erbringt«. Mit dem Grundsatz der Waffengleichheit wurde in derselben Entscheidung weiter begründet, dass die Arztseite »gleichzeitig in zumutbarem Umfang Umstände darlegt und unter Beweis stellt, aus denen sich die allg Vertrauenswürdigkeit der Aufzeichnung ergibt«. Der eben skizzierte Gedankengang wurde durch das BVerfG in der Entscheidung vom 25.07.1979 (allerdings nur im Minderheitsvotum BVerfGE 52, 131 ff, das sich dann aber in der Folgezeit durchsetzte) konsensuiert. 48

bb) Inhalt. In dem Begriff der Waffengleichheit steckt – trotz aller berechtigter Kritik an seiner Unschärfe (vgl *Ratajczak* in: Ratajczak/Stegers aaO S 27, 30) – der Kernaspekt bzgl der Frage, wie weit Auskunftsansprüche berechtigterweise gehen dürfen. Die Rspr korrigiert darüber von ihr gesehene und als nicht hinnehmbar betrachtete Defizite des deutschen materiellen Rechts und Zivilprozessrechts. Die Begründung für diese Entwicklung ist wohl darin zu suchen, dass die Judikatur gerade für den »hochsensiblen« (in bes Maße mit menschlichen Schicksalen »belasteten«) Bereich des Arzthaftungsprozesses darauf achten will, dass formelle und materielle Gerechtigkeit möglichst nicht zu weit auseinander fallen. 49

b) Gleichschaltung mit Wertungstendenzen ausländischen Rechts. In Bezug auf den dogmatischen Grundansatz (»Waffengleichheit«) folgt das deutsche Arzthaftungsrecht weitgehend anglo-amerikanischen Rechtsinstituten und Rechtsvorbildern. So findet sich das Institut der Waffengleichheit in der Forderung nach »equality of arms« bzw »equal footing« (vgl *Lindemeier* Waffen- und Chancengleichheit im deutschen und englischen Zivilprozess 2004). Aber nicht nur das bes Erfordernis der Waffengleichheit ist ein Verbindungselement des deutschen und anglo-amerikanischen Rechts. Auch die Höhe des Schmerzensgeldes nähert sich (wie aufgezeigt, vgl Rz 42) in Deutschland an die im anglo-amerikanischen Raum gebräuchliche Vorstellung an. So sprach etwa das OLG Hamm in einem bemerkenswerten Urteil aus dem Jahr 2002 wegen der Schwere der Schädigung und der groben Fehler ein Schmerzensgeld von 500.000 Euro zu (Hamm VersR 2002, 386). Der grobe Fehler wird dabei zu einem pönalen Element. Der Gedanke setzt sich fort in der Rspr zur Schmerzensgelderhöhung wegen »Regulierungsverzögerung« (BGH NJW 1983, 2080; Stuttgart VersR 1991, 821). Der Sache nach greift die deutsche Rspr damit bereits auf Gesichtspunkte der »punitive damages«, dh des Strafschadensersatzes nach amerikanischem Recht, zurück. Die im anglo-amerikanischen Recht beheimatete »pre-trail discovery« hat sich jedoch im deutschen Rechtsraum noch nicht durchsetzen können, ein sog Ausforschungsbeweis ist hierzulande noch immer völlig undenkbar (zum Problem vgl *Ratajczak* in: Ratajczak/Stegers aaO S 27, 31 ff). 50

III. Materielle und prozessuale Fragen der Rechtsdurchsetzung im Detail. 1. Zweigleisigkeit der Anspruchsgrundlagen, Zurechnung für Handeln Dritter und Beweislast nach § 280 Abs 1 S 2. Liegt eine schuldhafte schadensstiftende Verletzung des Behandlungsvertrages vor, sind gem dem deutschen Rechtsverständnis zumeist auch alle Voraussetzungen einer deliktischen Haftung begründet. Im Rahmen der deliktischen Einstandspflicht haftet 51 jeder Beteiligte aus »unerlaubter Handlung« iSd §§ 823 ff für eigenes Behandlungsverschulden persönlich. Dieses folgt für nichtbeamtete Ärzte und das nichtärztliche Pflegepersonal aus §§ 823, 276, für die beamteten Ärzte aus §§ 839 Abs 1 S 1, 276 (*Ehlers* in: Ehlers/Broglie aaO Rn 62). Darüber hat der Krankenhausträger für seinen verfassungsmäßigen Vertreter deliktisch nach den Grundsätzen der Organhaftung unmittelbar und ohne Entlastungsmöglichkeit nach §§ 31, 89 einzustehen. Für sog leitende Krankenhausärzte greift die Organhaftung ein, soweit diese Aufgaben des Klinikträgers wahrnehmen (BGH NJW 1980, 1901; VersR 1980, 768). IÜ haftet der Krankenhausträger für seine Verrichtungsgehilfen gem §§ 823, 831, 839, wobei (anders als im Bereich der vertraglichen Haftung für den Erfüllungsgehilfen, vgl § 278) ein Exkulpationsbeweis geführt werden kann. Die Frage der möglichen Exkulpation bei der Haftung für Gehilfen kann entscheidend sein für die Wahl der Anspruchsgrundlage. Denn mit § 280 Abs 1 steht neben der deliktischen Anspruchsgrundlage potentiell auch eine vertragliche zur Verfügung, wobei § 278 als Zurechnungsregel für Erfüllungsgehilfen die Exkulpationsmöglichkeit des Geschäftsherrn ausschließt. Vor diesem Hintergrund ist nach der Öffnung des Schmerzensgeldanspruches für vertragliche Pflichtverletzungen gem § 253 Abs 2 nF eine Verlagerung des Haftungsschwerpunktes im Arzthaftungsrecht von der deliktischen auf die vertragliche Ebene zu erwarten (Palandt/*Sprau* § 823 Rn 134; PWW/*Schaub* § 823 Rn 195). IÜ sind beide Ebenen durch große Annäherungstendenzen geprägt, auch dadurch forciert, dass von der hM die nach § 280 Abs 1 S 2 angeordnete Umkehr der Beweislast im Arzthaftungsrecht nicht eingreifen soll und sich damit (abgesehen von den sonstigen Beweislastbesonderheiten) eine ähnl Lage wie im Deliktsrecht ergibt.

52 **2. Verjährung.** Die Schadensersatzansprüche des Patienten verjähren, egal ob sie auf eine Vertragspflichtverletzung oder Delikt gestützt werden, gem § 195 in der regelm Verjährungsfrist von drei Jahren. § 199 Abs 1 verlangt für den Beginn der Verjährung das Entstehen des Anspruchs (Nr 1) und die Kenntnis bzw grob fahrlässige Unkenntnis des Gläubigers von den den Anspruch begründenden Umständen und der Person des Schuldners (Nr 2). Für den Beginn der Verjährung nach § 199 Abs 1 Nr 1 ist das bloße Setzen einer Schadensursache bzw das Entstehen einer risikobehafteten Situation noch nicht ausreichend; es muss vielmehr eine konkrete Verschlechterung eingetreten sein (Palandt/*Heinrichs* § 195 Rn 15). Die Kenntnis bzw grob fahrlässige Unkenntnis nach § 199 Abs 1 Nr 2 ist hingegen in Bezug auf die Arzthaftung dahingehend zu verstehen, dass es genügt, wenn dem Geschädigten Name und ärztliche Funktion der (Krankenhaus-)Ärzte bekannt sind, die für den Schaden verantwortlich sind (BGH NJW 2001, 885; Palandt/*Heinrichs* § 199 Rn 32).

53 **3. (Geringe) Anforderungen an die Substantiierungspflicht.** An die Substantiierungspflicht des Klägers werden, anders als in sonstigen Prozesslagen, im Arzthaftungsprozess nur maßvolle Ansprüche gestellt (Koblenz NJW-RR 2006, 1612; Celle VersR 2007, 204; *Spickhoff* NJW 2007, 1628, 1634). Die Partei darf sich auf einen Vortrag beschränken, der die Vermutung eines fehlerhaften Verhaltens des Arztes auf Grund der Folgen für die Partei gestattet. Der Patient, der einen Behandlungsfehler vorträgt, muss dafür nur ein Mindestmaß an nachvollziehbarem Vorbringen offerieren (Düsseldorf VersR 2005, 1737; Oldenburg NJW-RR 2000, 903). Eine Klage, deren Vortrag und Wertung zum Behandlungsfehler oder zum Ursachenzusammenhang im medizinischen Bereich Lücken aufweist, kann nicht aus Gründen fehlender Schlüssigkeit abgewiesen werden. Lücken im Klagevortrag und in der Stellungnahme des Klägers zur Beweiserhebung dürfen ebensowenig ohne vorherige Klärung nach §§ 139, 278 ZPO als im Sinne der Behauptung des Prozessgegners als »unstreitig« oder als »zugestanden« gewertet werden (*Geiß/Greiner* aaO Abschnitt E Rn 2).

54 **4. Grundsätze zur Beweislast, Beweislasterleichterungen und Umkehr der Beweislast.** Eine bes Behandlung erfährt im Arzthaftungsrecht die Beweisebene. **a) Grundsatz.** Ausgehend von der Grundregel, dass immer der Anspruchsteller die ihm günstigen Tatsachen zu beweisen hat, trägt zwar grds auch im Arzthaftungsprozess der Patient die Beweislast für alle haftungsbegründenden Umstände. Bei ihm liegt mithin die Darlegungs- und Beweislast für die (objektive) Pflichtverletzung des Arztes, den Eintritt eines Körper- oder Gesundheitsschadens sowie die Kausalität zwischen beiden Anspruchsvoraussetzungen, dies gilt sowohl für Ansprüche aus dem Vertrag als auch auf Grund Delikts (vgl BGH NJW 1988, 2949; Brandenburg VersR 2001, 1241, 1242; PWW/*Schaub* § 823 Rn 209; *Müller* MedR 2001, 487, 489 und NJW 1997, 3049 ff; *Jorzig* MDR 2001, 481). Dieser Grundsatz erfährt aber in bes – hier noch darzustellenden Konstellationen – wichtige Einschränkungen. Den Beweis für das Vorliegen eines Behandlungsfehlers kann der Patient bereits durch den Nachweis einer Abweichung der ärztlichen Behandlung vom Facharztstandard zum Zeitpunkt der Durchführung der Behandlung führen (BGH NJW 1952, 382; NJW 1999, 1778; *Jorzig* MDR 2001, 481, 482 f; *Spickhoff* NJW 2007, 1628, 1635). Dieser Beweis ist grds nach dem Maßstab des § 286 ZPO zu führen. Der »Strengbeweis« gilt zudem für den Nachweis des Ursachenzusammenhangs, hier jedoch nur für die haftungsbegründende Kausalität, also den Zusammenhang zwischen dem Behandlungsfehler und dem eingetretenen Primärschaden (Karlsruhe NJOZ 2006, 3042; Koblenz MedR 2007, 251; Celle VersR 2007, 543). Dabei ist der Beweis zur vollen Überzeugung des Gerichts zu führen, wobei ein für das praktische Leben brauchbarer Grad von Gewissheit ausreicht (BGH NJW 1994, 801; *Müller* NJW 1997, 3049, 3051; *Spickhoff* NJW 2007, 1628, 1635). Bei der Beweisführung für die haftungsausfüllende Kausalität, also die weiteren Schäden und Beschwerden einschließlich einer etwa behandlungsfehlerbedingten Verschlimmerung von Vorschäden, reicht es zur Überzeugungsbildung des Gerichts nach § 287 ZPO demggü aus, wenn für die betreffende Behauptung eine deut-

lich überwiegende, auf gesicherter Grundlage beruhende Wahrscheinlichkeit bejaht werden kann (*Müller* NJW 1997, 3049, 3051; *Martis/Winkhart* aaO S 233).

b) Beweislasterleichterungen/Umkehr der Beweislast. Der vorbeschriebene Grundsatz der Darlegungs- und Beweislast des Patienten wurde von der Rspr modifiziert. Bereits das BVerfG stellte heraus, dass der Patient regelm medizinischer Laie sei und deshalb die Frage, ob ein Behandlungsfehler des Arztes vorliege, oft seinerseits gar nicht richtig eingeschätzt werden könne. Vor diesem Hintergrund dürften die an den Patienten zu stellenden Anforderungen für den Nachweis der haftungsbegründenden Umstände auch nicht überspannt werden (BVerfG NJW 1979, 1925 f; *Giesen* JZ 1990, 1061). Konsensuiert durch das BVerfG wurde von der obergerichtlichen Rspr mithin ein »abgestuftes System von Beweislasterleichterungen« herausgebildet. **aa) Anscheinsbeweis.** So genügt etwa schon der Anscheinsbeweis, wenn die Verletzung typischerweise auf einem Behandlungsfehler beruht (BGH GesR 2006, 251; VersR 1989, 1051 f; BaRoth/*Spindler* § 823 Rn 790 ff; PWW/*Schaub* § 823 Rn 209; *Spickhoff* NJW 2007, 1628, 1635). Der Gedanke des Anscheinsbeweises baut auf einen gewissen Tatbestand auf, der nach den Erfahrungen des Lebens auf eine best Ursache und Folge hinweist. Dabei kann aus einem gewissen Behandlungsfehler typischerweise auf die Verursachung eines Primärschadens oder aus der festgestellten Primärschädigung auf das Vorliegen eines Behandlungsfehlers geschlossen werden (*Martis/Winkhart* aaO S 235; *Jorzig* MDR 2001, 481, 483). Greift der Anscheinsbeweis, was im Arzthaftungsrecht wegen der nicht sicher beherrschbaren Risiken eher selten ist, so liegt es an der Behandlungsseite, den Anschein durch den Beweis eines Sachverhalts zu erschüttern, der die ernsthafte Möglichkeit eines atypischen Geschehensablaufes nahe legt (BGH VersR 1965, 792; *Gräfin v Strachwitz-Helmstatt* in: Ehlers/Broglie aaO Rn 521). Allein die Äußerung einer abstrakten Vermutung seitens des Patienten reicht in diesem Zusammenhang nicht aus (LG Aachen VersR 1988, 809). Ein Anscheinsbeweis kommt auch dann nicht in Betracht, wenn eine Verletzung auf zwei mögliche Ursachenreihen zurückgeführt werden kann und für beide konkrete Anhaltspunkte vorliegen. Es ist dann vielmehr Sache der beweispflichtigen Partei, die vom Gegner nicht verschuldete Möglichkeit auszuräumen (BGH VersR 1959, 391). Gleichfalls scheidet der Anscheinsbeweis aus, wenn der Arzt die nicht nur fern liegende theoretische, sondern praktisch ernstzunehmende Möglichkeit eines atypischen Kausalverlaufs dartut. **Beispiele**: Beim Zurückbleiben größerer Gegenstände im Körper des Operierten nach Verschluss der Operationsstelle kann nach den Grundsätzen des Anscheinsbeweises auf einen verschuldeten Behandlungsfehler des operierenden Arztes geschlossen werden (BGH VersR 1957, 786). Einzelheiten: der Anscheinsbeweis ist etwa gegeben: bei Parese nach Injektion (BGH VersR 1957, 336; 1961, 1118; Düsseldorf AHRS 6410/35; Bremen AHRS 6410/73); Klemme nach Péan im Leib des Patienten (BGH NJW 1952, 382); Bauchtuch im Leib des Patienten (BGHZ 5, 321); Entgleiten einer Nervnadel bei Wurzelbehandlung (Nürnberg AHRS 6410/5); Verbleib einer Arterienklemme in der Bauchhöhle nach OP (BGH AHRS 6410/6); Verbrennungen nach OP mit Thermokauter (BGH AHRS 6410/9); Zurückbleiben einer Mullkompresse (BGH AHRS 6410/13); Leberblindpunktion (Celle AHRS 6410/26); Katheterembolie (Hamm AHRS 6410/27); An- oder Durchriss des Afterschließmuskels bei einer Episiotomie (BGH VersR 1978, 542); Infektion durch intravenöse Injektionen (Frankfurt AHRS 6410/30); Nervenschädigung nach Lymphknotenextirpation (Düsseldorf AHRS 6410/38); apallisches Syndrom nach Intubationsnarkose (Düsseldorf AHRS 6410/53); Verbrennung nach SUP-Bestrahlung (Frankfurt AHRS 6410/71); Kieferbruch nach Extraktion eines Zahnes (Frankfurt AHRS 6410/75); HIV-Infektion nach vorausgehender Blutkonserve eines infizierten Spenders (Düsseldorf VersR 1998, 103). Der Anscheinsbeweis wurde verneint bei Tatanie und beiderseitiger Stimmbandlähmung nach Kropfoperation (BGH AHRS 6410/7); Punktion des Trommelfells (BGH VersR 1959, 351); Samenleiterunterbindung (Düsseldorf AHRS 6410/22); Appendicitis (Bremen AHRS 6410/24); Entfernung eines »Hagelkorns« (Düsseldorf AHRS 6410/25); Hüftgelenksnekrose nach Corticidbehandlung (Karlsruhe AHRS 6410/29); Infektion nach Netzhautoperation (Düsseldorf VersR 1983, 738); Schwangerschaft nach Tubenligatursektion (Düsseldorf AHRS 6410/35; 6410/39; 6410/46; Schleswig AHRS 6410/48; Frankfurt AHRS 6410/57); Infektion nach Eigenblutbehandlung (Düsseldorf AHRS 6410/40); Infektion nach Injektion in ärztlicher Gemeinschaftspraxis (München AHRS 6410/42); Bandscheibenoperation in Knie-Ellenbogen-Lage (BGH AHRS 6410/45); Schädelbasisverletzung nach Kieferhöhlen- und Siebbeinradialoperation (Düsseldorf AHRS 6410/49); Läsion eines Blutgefäßes (Düsseldorf AHRS 6410/50); Abszess nach Injektion (Köln AHRS 6410/51); Lähmungserscheinungen nach interspinaler Injektion (Hamburg AHRS 6410/54); Entzündung nach Kniegelenksinjektion (Oldenburg AHRS 6410/56); Injektion in Tabatière (BGH VersR 1988, 1031); Peritonitis nach Tubenligatur und Scheidenplastik (Köln AHRS 6410/68); Knochendefekt nach Unterkieferbrücke (Köln AHRS 6410/69); Infektion nach OP (Hamm AHRS 6410/74); abgebrochene Kanüle nach Laparotomie (Düsseldorf AHRS 6410/77); Verbrennung nach OP mit Hochfrequenzchirurgiegerät (Saarbrücken AHRS 6410/79). 55

bb) Beweislastumkehr bei grobem Behandlungsfehler. Hat ein Arzt vorsätzlich oder grob fahrlässig eine Gefahr für einen Patienten herbeigeführt, die den Umständen nach geeignet ist, gerade den Schaden auszulösen, der eingetreten ist, kehrt sich auch hier die Beweislast für die Ursächlichkeit zugunsten des Patienten um (BGHZ 159, 48, 55 f; BGH NJW 2005, 427, 428; 2072, 2073; 2004, 2011; MDR 1978, 1015; 1983, 1012; 1988, 1045; MüKo/*Ernst* § 280 Rn 143; *Sträter* Grober Behandlungsfehler und Kausalitätsvermutung 2006; PWW/*Schaub* § 823 Rn 211; *Jorzig* MDR 2001, 481; dazu, dass eine Ausn von der Beweislastumkehr beim Tätigwer- 56 den eines zufällig am Unfallort anwesenden Arztes eintreten kann vgl München NJW 2006, 1883, 1885 f; zust *H Roth* NJW 2006, 2814, 2815 f). Liegt ein grober Behandlungsfehler vor (was ggf mit Hilfe des Sachverständigen herauszufinden ist), muss der Arzt beweisen, dass der für den Patienten schädigende »Erfolg« nicht auf sein bloß leichtfertiges Verhalten zurückzuführen ist, sondern ggf auf einen atypischen Verlauf, auf eigenes Fehlverhalten des Patienten etc. Der Grund hierfür ist, dass es den Grundsätzen der Billigkeit entspricht, zunächst den Arzt dafür einstehen zu lassen, dass er durch leichtfertig begangene Fehler die Lage herbeigeführt hat, die nicht mehr erkennen lässt, ob sein Versagen oder eine andere Ursache den schädigenden Erfolg ausgelöst hat (BGH NJW 2004, 2011; 1995, 778; 1996, 2428; 1997, 794; 796; 798; 1998, 814; 1780; 1782; VersR 1959, 598; *Deutsch* JZ 2002, 588, 592; *Gräfin v Strachwitz-Helmstatt* in: Ehlers/Broglie aaO Rn 550). Der Entlastungsbeweis als Gegenbeweis steht dem Arzt jedoch offen, diesen muss er aber aktiv führen. Die Qualifikation des Behandlungsfehlers als »grob«, die auf der Beweislastebene so gravierende Konsequenzen hat, erfordert eine auf tatsächliche Anhaltspunkte gestützte juristische Wertung, die immer eine Gesamtbetrachtung des Behandlungsgeschehens notwendig macht (BGH NJW 1999, 860; 1988, 1511; *Müller* MedR 2001, 487, 489; *Gräfin v Strachwitz-Helmstatt* in: Ehlers/Broglie aaO Rn 551). Als »grob« kann ein Organisations-, Diagnose- oder Behandlungsfehler, auch bei Befunderhebung und -sichtung immer nur dann angesehen werden, wenn der Arzt eindeutig gegen bewährte ärztliche Behandlungsregeln oder medizinisch gesicherte Erkenntnisse verstoßen hat und mithin ein Zurückbleiben hinter dem Pflichtenkreis vorliegt, der aus objektiver Sicht nicht mehr verständlich erscheint, weil er einem Arzt schlechterdings nicht unterlaufen darf (so BGH NJW 1995, 778; 1996, 2428; 1997, 794; 796; 798; 1998, 814; 1780; 1782; 1999, 862; 1999, 860; 1998, 814; MDR 2002, 1120; 2001, 1115; Stuttgart VersR 2001, 1560, 1562; PWW/*Schaub* § 823 Rn 211; *Martis/Winkhart* aaO S 234; *Müller* NJW 1997, 3049, 3052; *dies* MedR 2001, 487, 489; *Jorzig* MDR 2001, 481). Die Schwelle, von der ab ein Fehler als »grob« zu werten ist, kann je nach den Umständen des Falles höher oder niedriger anzusetzen sein (BGH NJW 1998, 1782; *Müller* MedR 2001, 487, 489). Dabei kann auch die Häufung mehrerer, jeweils für sich nicht grober Behandlungsfehler im Rahmen der anzustellenden »Gesamtbetrachtung« als grob fehlerhafte Therapie angesehen werden (BGH NJW 1998, 1784; PWW/*Schaub* § 823 Rn 211; *Gräfin v Strachwitz-Helmstatt* in: Ehlers/Broglie aaO Rn 552; *Müller* MedR 2001, 487, 489 f). Liegt ein grober Behandlungsfehler vor, genügt es für die Annahme einer Beweislastumkehr für die Kausalität hinsichtlich des eingetretenen Primärschadens, wenn der Behandlungsfehler generell geeignet ist, den eingetretenen Primärschaden zu verursachen (BGH NJW 1997, 794; *Martis/Winkhart* aaO S 234; *Müller* MedR 2001, 487, 489). Ist der Kausalzusammenhang zur Schädigung trotz des groben Behandlungsfehlers gänzlich oder äußerst unwahrscheinlich, was der Arzt zu seiner Entlastung darstellen muss, wurde der Beweis des Gegenteils erbracht (BGH NJW 2000, 2423, 2424; 1998, 1780; 1981, 2513 f; Jena OLGR 2006, 710, 712; PWW/*Schaub* § 823 Rn 211). **Beispiele zum groben Behandlungsfehler:** Die Rspr ist vom Vorliegen eines groben Behandlungsfehlers etwa dann ausgegangen, wenn der Arzt eine therapeutisch gebotene Aufklärung (BGHZ 107, 222 ff) oder die umgehende Erhebung und Sichtung medizinisch zweifelsfrei gebotener Befunde (BGH VersR 1983, 983; NJW 1988, 2949) unterlässt. Auch das Nichterkennen einer schweren Erkrankung trotz eindeutiger Symptome (Stuttgart MedR 1997, 278) fällt hierunter (vgl BGH VersR 1986, 366; *Gräfin v Strachwitz-Helmstatt* in: Ehlers/Broglie aaO Rn 551). Hervorzuheben ist an dieser Stelle nochmals, dass nur fundamentale Diagnoseirrtümer den Vorwurf eines schweren Behandlungsfehlers rechtfertigen (*Jorzig* MDR 2001, 481, 482). Insoweit wird die Schwelle, von der ab ein Diagnosefehler als schwerer Verstoß gegen die Regeln der ärztlichen Kunst zu bewerten ist, auch von der Rspr hoch angesetzt (BGH VersR 1981, 1083; OLGR Naumburg 2002, 39; *Rehborn* MDR 2002, 1281, 1280). Ebenso wie der Diagnosefehler kann das Unterlassen einer differential-diagnostischen Maßnahme (BGH VersR 1983, 983; NJW 1988, 2949) oder das Unterlassen der erforderlichen Therapie einen groben Behandlungsfehler darstellen. Im letzteren Sinne ist etwa das Unterlassen eines unabweislichen Heileingriffs ebenso grob fehlerhaft (BGH VersR 1975, 852) wie auch das Unterlassen von therapeutischen Konsequenzen nach entspr Befunden (BGH VersR 1978, 1022). Aufgrund der jüngsten Rspr wurde es etwa als grober Behandlungsfehler gewertet, dass im Kontext einer Diagnose die »elementare Regel« außer Acht gelassen wird, jede erstmalige Herzsymptomatik mit entspr Herz-Kreislauf-Reaktion (kardinale Beschwerde oder Atemnot) könne ein Anzeichen für einen Herzinfarkt sein (LG München I NJW-RR 2006, 1008).

57 **cc) Dokumentations- und Aufklärungsfehler.** Zugunsten des Patienten kommen zudem Beweiserleichterungen in Betracht, wenn eine aus medizinischen – nicht allein aus juristischen Gründen – erforderliche ärztliche Dokumentation der wesentlichen medizinischen Fakten lückenhaft bzw unzulänglich ist und deshalb für den Patienten im Falle einer Schädigung die Aufklärung des Sachverhalts unzumutbar erschwert wird (BGH NJW 1999, 3408, 3409; 1993, 2375, 2376; VersR 1987, 1089, 1091; NJW 1989, 2949, 2950; Brandenburg VersR 2001, 1241, 1242; Stuttgart VersR 1994, 313, 314; Karlsruhe MedR 1983, 147; *Martis/Winkhart* aaO S 236; *Jorzig* MDR 2001, 481, 482; *Hausch* VersR 2006, 612; *Muschner* VersR 2006, 621). Die Beweislasterleichterung gründet sich auf die Vermutung, dass eine nicht dokumentierte Maßnahme vom Arzt auch nicht durchgeführt wurde (BGH NJW 1995, 1611; 1989, 2330; *Müller* NJW 1997, 3049, 3054 und MedR 2001, 487, 491; *Spickhoff* NJW 2007, 1628, 1635) oder sich ein nicht dokumentierter, aber dokumentationspflichtiger, wesentlicher Umstand so ereignet hat, wie er vom Patienten glaubhaft geschildert wird (*Martis/Winkhart* aaO

S 237; *Jorzig* MDR 2001, 481, 482). Es liegt dann an der Behandlungsseite, die vorhandene indizielle Wirkung des Dokumentationsmangels zu entkräften, etwa die fehlenden schriftlichen Angaben zeitnah mit der Behandlungsmaßnahme nachträglich zu ergänzen oder den Beweis durch Zeugen zu erbringen (Zweibrücken VersR 1999, 1546; *Schmid* NJW 1994, 767, 772). In Ausnahmefällen kann der Dokumentationsmangel auch für den Nachweis des Kausalzusammenhangs Bedeutung gewinnen, wenn der auf Grund der unterlassenen oder fehlerhaften Dokumentation indizierte Behandlungsfehler als »grob« anzusehen wäre oder sich als Verstoß gegen die Verpflichtung zur Befunderhebung bzw Befundsicherung darstellen würde (*Martis/Winkhart* aaO S 273; *Müller* MedR 2001, 487, 490). Eine Beweiserleichterung bis hin zur Beweislastumkehr kommt in Betracht, wenn Krankenhausunterlagen verschwunden sind und die Behandlungsseite ihr Nichtverschulden hieran nicht beweisen kann (BGH MDR 1996, 261). Der Grund für diese »Haftungsverschärfung« liegt darin, dass der Arzt oder Krankenhausträger dafür Sorge tragen muss, dass über den Verbleib der Krankenunterlagen jederzeit Klarheit besteht. Hierzu gehört auch, dass die Weitergabe, insbes die Versendung der Unterlagen an ein anderes Krankenhaus bzw einen anderen Arzt, dokumentiert wird. Aus dem ärztlichen Berufsrecht ergibt sich, dass die Aufbewahrungspflicht 10 Jahre besteht (*Martis/Winkhart* aaO S 267). In einzelnen Rechtsvorschriften (§§ 28 Abs 4 Nr 1 RöntgenVO, 43 V StrahlenschutzVO) ist die Aufbewahrung von Aufzeichnungen über Untersuchungen sogar für 30 Jahre vorgeschrieben.

5. Zulässigkeit des selbständigen Beweisverfahrens und verjährungsrechtliche Folgen. Nach hM ist im 58
Arzthaftungsprozess das selbständige Beweisverfahren, insbes die Einholung eines schriftlichen Sachverständigengutachtens auf Antrag des Patienten zur Feststellung eines von diesem behaupteten Behandlungsfehlers gem § 485 ZPO zulässig (Stuttgart MDR 1999, 482; Karlsruhe MDR 1999, 496; Saarbrücken VersR 2000, 891; Düsseldorf MDR 1998, 1241; NJW 2000, 3438; Koblenz MDR 2002, 352; Schleswig OLGR 2001, 279, 280; *v Hirschfeld/Stampehl* in: Ehlers/Broglie aaO Rn 105; *Spickhoff* NJW 2007, 1628, 1634). Dieser Grundsatz ist durch die jüngste Rspr weiter verfestigt worden (vgl Koblenz NJW-RR 2007, 114). Nach der Schuldrechtsreform hat das eingeleitete selbständige Beweisverfahren auch für das Dienstvertragsrecht und damit den ärztlichen Behandlungsvertrag gem § 204 Abs 1 Nr 7 die Hemmung der Verjährung zur Folge. Die vorher str Frage, ob im Arzthaftungsprozess die Einleitung des selbständigen Beweisverfahrens Auswirkungen auf die Verjährung hat, ist damit entschieden.

6. Die Rolle des Sachverständigen im Prozess. a) Zentrale Stellung des Sachverständigengutachtens. Grds 59
sind bei der Führung des Prozesses in einem Arzthaftpflichtfall alle Beweismittel zulässig. Trotzdem nimmt der Sachverständigenbeweis eine herausragende Rolle unter den Beweismitteln ein (BGH VersR 1954, 290; 71, 764; *Jorzig* MDR 2001, 481, 485; *Müller* MedR 2001, 487, 491; *Schacht* NJW 1994, 767, 768). Die bes Bedeutung dieses Beweismittels besteht darin, dass die vom Gericht aus den vorgegebenen Tatsachen abzuleitenden Schlussfolgerungen häufig eine bes Fachkunde erfordern, die dem Richter nur der Fachmann »vermitteln« kann. Dies gilt insbes für die Prüfung der Frage, ob ein Behandlungsfehler vorliegt. Die Annahme eines Behandlungsfehlers setzt die Feststellung voraus, dass der Arzt gegen seine Pflichten verstoßen hat, diejenigen Maßnahmen zu ergreifen, die von einem gewissenhaften und aufmerksamen Arzt aus berufsfachlicher Sicht seines Fachbereiches (bei Übernahme der Behandlung in fremdem Fachbereich – »dessen Fachbereiches«) vorausgesetzt und erwartet werden konnten. Gleiches gilt für die Frage, ob ein Behandlungsfehler als »grob« anzusehen ist und ob er kausal für den beim Patienten eingetretenen Schaden war.

b) Pflicht zur ordnungsgemäßen Auswahl des Sachverständigen und krit Nachprüfung der Wertung und 60
Schlussfolgerung durch das Gericht. Das Gericht ist allerdings an die Einschätzung des Sachverständigen auch nicht sklavisch gebunden, wenngleich es seine Ausführungen nicht völlig außer Acht lassen darf (BGH MDR 1978, 1015; *Jorzig* MDR 2001, 481, 485). Es muss sich mit dem Sachverständigengutachten vielmehr (krit) auseinandersetzen. **aa) Vorfrage der Auswahl des Sachverständigen.** Dass der Sachverständige idR Mediziner ist, flößt der Patientenseite häufig Misstrauen ein, weil sie fürchtet, wegen etwaiger Kollegialität oder Solidarität des Gutachters dem beklagten Arzt oder Krankenhaus keinen Fehler nachweisen zu können. Deshalb sollte schon bei der Auswahl des Sachverständigen darauf geachtet werden, dass er keinen Grund zur Ablehnung wegen Befangenheit bietet, also keine berufliche oder gar persönliche Verbundenheit mit dem beklagten Arzt/Krankenhaus aufweist und möglichst auch nicht aus der engeren räumlichen Umgebung stammt. Ein Verstoß gegen Letzteres ist allerdings nicht als Rechtsfehler anzusehen (BGH NJW 1992, 1558; umfassend *Neuhaus/Krause* MDR 2006, 605 ff). Erklärt sich ein Sachverständiger für einen Teilbereich der gestellten Fragen, weil außerhalb seines Fachbereichs liegend, nicht für kompetent, so muss dafür ein anderer Sachverständiger des passenden Gebiets gefragt werden (BGH VersR 2007, 376).

bb) Das Gericht als Herr des Prozesses. Trotz der eminenten fachlichen Bedeutung des Sachverständigen im 61
Arzthaftungsprozess ist und bleibt bereits die Tatsachenfeststellung Aufgabe des Richters. Auch iÜ gilt, dass sich der Richter auf den Sachverständigen stützen darf und soll, er muss aber den Sachverhalt und damit auch medizinische Fragen in eigener Verantwortung würdigen. Deshalb darf er die für die Beurteilung eines Behandlungsfehlers erforderlichen Feststellungen nicht dem Sachverständigen allein überlassen, sondern muss eine ordnungsgemäße Beweisaufnahme durchführen (hierzu ausf BGH VersR 1979, 939) und hierbei die angebotenen Beweismittel ausschöpfen (BGH VersR 1979, 939; NJW 1998, 2735). Die mündliche Anhö-

rung des Sachverständigen, zumindest die wichtigen Teile, sollten möglichst wörtlich protokolliert werden. Darauf können die Parteien bestehen. Der Richter darf und soll sich in geeigneten Fällen selbst anhand der medizinischen Fachlit unterrichten (BGH NJW 1988, 762). Das kann ihm helfen, die Begutachtung des medizinischen Sachverständigen selbst krit nachzuvollziehen (BGH NJW 2000, 2789). Will er allerdings auf Grund derart erworbener Kenntnisse von der Beurteilung des medizinischen Sachverständigen abweichen, so muss er diesem zunächst den Widerspruch vorhalten und sich über Stellenwert und Reichweite des Angelesenen vergewissern (BGH NJW 1993, 2378; 1994, 2419). IdR wird der Richter ohne sachverständige Beratung auch von der Partei vorgelegte Fachlit nicht als veraltet würdigen können (BGH NJW 1994, 1592). Jedenfalls darf der Richter selbst medizinische Fragen ohne Sachverständigen nur entscheiden, wenn er – was nur ausnahmsw der Fall sein wird – eigene Sachkunde besitzt und im Urteil auch darlegt, worauf diese beruht (BGH NJW 1993, 2378; 1994, 2419). Der Richter muss sich bei der ihm auferlegten krit Würdigung der Gutachten auch darauf einstellen, dass manche Sachverständige Behandlungsfehler nur zurückhaltend ansprechen und eine falsch verstandene »kollegiale Haltung« einnehmen (BGH NJW 1993, 1524; 1994, 1596; 1998, 2735; 1999, 3408). Begründet ist der Vorwurf der Besorgnis der Befangenheit nach neuester Rspr bzgl eines Sachverständigen etwa dann, wenn der Gutachter Angestellter oder Beamter des beklagten Landes ist und damit in einem entspr Näheverhältnis zum Drittbetroffenen steht (Nürnberg MDR 2006, 469). Daneben kann selbst eine »drastische Wortwahl« des Sachverständigen den Anschein der Befangenheit hervorrufen (LG Nürnberg-Fürth GesR 2006, 252). Gleiches gilt in einem Fall, in dem der Sachverständige für sein Gutachten einen Geschehensablauf als praktisch ausgeschlossen behandelt, obwohl ihm das Gericht aufgegeben hat, von gerade diesem Ablauf auszugehen (Nürnberg MDR 2006, 469). Überdies kann eine ernsthafte Kritik des Sachverständigen am ärztlichen Vorgehen Zweifel an der abschließenden Bewertung aufdrängen, der Gesundheitsschaden sei »schicksalhaft« (BGH NJW 1993, 1524). In der Gesamtschau der vielfältigen Judikate kann das Verhältnis des Richters zum Sachverständigen wohl umschrieben werden als ein Beziehungsgeflecht, in dem es Aufgabe des Sachverständigen ist, dem Richter durch Weiterleitung seines Fachwissens eigene Wertungen zu ermöglichen, wobei im Regelfall weder der Richter unbesehen die Aufgabe des Sachverständigen allein wahrnehmen oder an sich ziehen kann, noch umgekehrt der Sachverständige die Aufgabe des Gerichts übernehmen darf. Es geht vielmehr um eine gegenseitige Ausbalancierung von Wissen und Entscheidungsmacht.

62 **7. Die Rolle der Haftpflichtversicherung sowie der Gutachterkommission/Schlichtungsstelle.** Die Durchsetzung von Ansprüchen des Patienten gegen seinen Arzt erfolgt in den meisten Fällen zunächst im Wege von Verhandlungen zwischen Patient bzw seinem Anwalt und der Berufshaftpflichtversicherung des Arztes (instruktiv zur Berufshaftpflicht *Katzenmeier* VersR 2007, 137 ff). Im Ablehnungsfall steht dem Patienten das mit einem gewissen Kostenrisiko verbundene gerichtliche Verfahren sowie ein für ihn idR kostenfreies Verfahren zur Verfügung, das bei einer Gutachterkommission oder Schlichtungsstelle anzusiedeln ist. **a) Allg zur Gutachterkommission/Schlichtungsstelle.** Die deutsche Ärzteschaft hat ab 1975 im gesamten Bundesgebiet unabhängige ärztliche Gremien in Gestalt von Schlichtungsstellen und Gutachterkommissionen ins Leben gerufen, denen die Aufgabe obliegt zu prüfen, ob ein Arzt die in der Diagnostik und/oder Therapie erforderliche Sorgfalt gewahrt hat oder ob ihm ein schuldhafter Behandlungsfehler vorzuwerfen ist, durch den der Patient einen Gesundheitsschaden erlitten hat oder voraussichtlich erleiden wird. Die Konstruktionen der Schlichtungsstellen und Gutachterkommissionen sind unterschiedlich, es überwiegt der Typ der Gutachterkommission. In den neuen Bundesländern hat die Sächsische Landesärztekammer in Dresden eine Schlichtungsstelle errichtet, die übrigen neuen Bundesländer werden von der Schlichtungsstelle der Norddeutschen Ärztekammer in Hannover vertreten. Für die Anrufung einer Schlichtungsstelle oder Gutachterkommission genügt ein formloser Antrag. Das Verfahren ist regelm kostenlos. Nach Anrufung der Gutachterkommission wird ein Bescheid erstattet. Fällt er für den Patienten positiv aus, dh werden ein Behandlungsfehler und ein kausaler Schaden festgestellt, kann sich der Patient ggf erneut an die Haftpflichtversicherung des Arztes wenden; er kann, falls diese immer noch nicht liquidationsbereit sein sollte, aber auch zu Gericht gehen und (ausgestattet mit diesem für ihn positiven Erstvotum) klagen. Aufgrund diverser Erhebungen konnte belegt werden, dass in 85,2 % der Bescheid der Gutachterkommission bzw Schlichtungsstelle zur endgültigen und unmittelbaren Erledigung der Auseinandersetzung zwischen Arzt und Patient führt. In nur 14,8 % der Verfahren vor der Gutachterkommission/Schlichtungsstelle schloss sich ein Zivilprozess vor Gericht an, was einen Rückschluss auf die »Liquidationsfreude« der Haftpflichtversicherung im Anschluss an das außergerichtliche Verfahren vor der Gutachterkommission/Schlichtungsstelle zulässt. Klagt der Patient anschließend vor Gericht, ergaben sich nur in 1,1 % der Fälle Abweichungen vom Bescheid der Gutachterkommission/Schlichtungsstelle, so dass die gerichtlichen Chancen im Fall eines entspr Votums der Gutachterkommission/Schlichtungsstelle ganz überwiegend gut sind (zu den Zahlen vgl *Castensen* in Ehlers/Broglie: aaO Rn 395).

63 **b) Strategische Überlegungen.** Trotz der zunächst auf der Hand liegenden Vorteile bei der Regulierung eines Arzthaftpflichtfalles kann eine allgemeinverbindliche Aussage, ob es sinnvoll ist, in einem solchen Fall zunächst eine Gutachterkommission/Schlichtungsstelle einzuschalten, nicht gegeben werden. Hierfür kommt es auf die Umstände des Einzelfalls an. **aa) Vor- und Nachteile iA.** Ist der Mandant finanziell in der Lage, ein Privatgutachten in Auftrag zu geben, oder hat sich eine Krankenkasse bereit erklärt, die Kosten einer Privat-

begutachtung zu übernehmen oder sich daran zu beteiligen, ist es ggf ratsam, zunächst die Einschaltung eines Privatgutachters zu forcieren. Der Vorteil für den Patienten ist hierbei, dass die Gegenseite keine Kenntnis von diesem Gutachten erhält. Bei positivem Ergebnis kann das Gutachten sodann zur Grundlage eines weiteren Regulierungsbegehrens gemacht werden. Das Verfahren vor der Gutachterkommission/Schlichtungsstelle bietet allerdings den Vorteil, dass es von Gebühren befreit ist. Für finanziell schlecht(er) gestellte Mandanten ist die Einschaltung der Gutachterkommission/Schlichtungsstelle daher häufig die einzige Möglichkeit, ohne nennenswertes Kostenrisiko an ein Gutachten zu gelangen. Die Gutachterkommission/Schlichtungsstelle wird jedoch nicht tätig, wenn ein strafrechtliches Ermittlungsverfahren eingeleitet wurde. Das Gleiche gilt für den Fall, dass der behauptete Behandlungsfehler im Zeitpunkt der Antragstellung bereits länger als fünf Jahre zurückliegt, wenn überhaupt kein Behandlungsfehler geltend gemacht wird (und die Beschwer einen anderen Hintergrund hat) oder wenn Ansprüche aus Amtshaftung im Raum stehen (*v Hirschfeld/Stampehl* in: Ehlers/Broglie aaO Rn 114 ff). Zu berücksichtigen ist ferner, dass die Erfolgsaussichten des Mandanten abhängig von der konkret eingeschalteten Gutachterkommission/Schlichtungsstelle stark voneinander abweichen. Insoweit gibt es solche mit (aus Patientensicht) »gutem Ruf« und solche mit »schlechtem Ruf«.

bb) Vorherige Einschaltung der Gutachterkommission/Schlichtungsstelle als Voraussetzung für PKH? **64**
Die Option zwischen beiden Handlungsmöglichkeiten (Gutachterkommission/Schlichtungsstelle und primärer gerichtlicher Rechtsdurchsetzung) wählen zu können, wird zT auch dadurch eingeschränkt, dass einige Gerichte die Anrufung der Gutachterkommission bzw Schlichtungsstelle zur Voraussetzung für den Prozesskostenhilfeantrag machen (so etwa Oldenburg AHRS 7400/2; LG Aurich NJW 1986, 792; mit abl Anm Mattheis). Dieser Auffassung hat sich das OLG Düsseldorf richtigerweise nicht angeschlossen (Düsseldorf VersR 1989, 645). Auch in der Lit wird sie überwiegend abgelehnt (vgl *v Hirschfeld/Stampehl* in: Ehlers/Broglie aaO Rn 111 f; *Gräfin v Strachwirtz-Helmstatt* in: Ehlers/Broglie aaO Rn 468; *Giesen* JZ 1990, 1153, 1056; *Schmid* NJW 1994, 767). Ein mutwilliges Verhalten kann – so wie es das OLG Düsseldorf (aaO) näher dargestellt hat – nur angenommen werden, falls allg und nicht nur durch ungünstige Vermögensverhältnisse bestimmte Erwägungen die vorherige Anrufung der Schlichtungsstelle als sachgerecht und geboten erscheinen lassen. Dies trifft jedoch in einem Arzthaftungsfall regelm nicht zu. Denn den Vorteilen einer kostenfreien Vorklärung durch fachlich kompetente Ärzte stehen auch Nachteile ggü. Zwar droht keine Verjährungseinrede (BGH NJW 1983, 2075), wohl aber die Gefahr, dass durch die nicht unerhebliche Zeitdauer des Verfahrens möglicherweise Zeugenbeweise erschwert werden, während zudem das Gericht meist einen eigenen Gutachter bestellt, der dann zu abw Ergebnissen gelangen kann. Recht zweifelhaft erscheint es daher auch, dass eine Partei mutwillig handeln soll, wenn sie ein bereits eingeleitetes Verfahren vor der Gutachter- bzw Schlichtungsstelle abbricht (für Mutwilligkeit Oldenburg AHRS 7400/3; vgl auch Celle AHRS 7400/3; Mutwilligkeit abl *Schmid* NJW 1994, 767 Fn 7).

Titel 9 Werkvertrag und ähnliche Verträge

Untertitel 1 Werkvertrag

Checkliste: Werkvertrag (§§ 631–651)

I.	**Vorfrage: Klärung Rechtsgeltungsanspruch der §§ 631 ff**	§ 631	→	Rn 1 ff
	1. Geltung des deutschen Rechts	§ 631	→	Rn 95 ff
	2. Abgrenzung zu anderen Vertragsarten	§ 631	→	Rn 4 ff
	3. Sonderregelungen	§ 631	→	Rn 10 ff
	a. Bauwerkverträge (VOB/B, HOAI)			Rn 14,
		§ 631	→	61 ff
		§ 632	→	Rn 16 f
	b. Fracht-, Transport-, Speditionsverträge	§ 631	→	Rn 13
	c. im Übrigen	§ 631	→	Rn 10 ff
II.	**Vertragsschluss**	§ 631	→	Rn 15 ff
	1. Vertragsparteien/Leistung durch Dritte			Rn 15,
		§ 631	→	26 ff
	2. Vertragserklärungen (Angebot/Annahme)	*§§ 145 ff*		
		§ 308 Nr 1		
	a. Rechtsbindung gewollt oder invitatio ad offerendum?	*§§ 145 ff*		
	b. Abgabe und Zugang (Regelung möglich)	*§ 130*		
		§ 308 Nr. 5, 8		

c. Zu beachtende Nichtigkeitsgründe	§ 631	→	Rn 18 ff
	§ 125		
	§ 134		
	§ 138		
	§§ 307 ff		
3. Form	§ 631	→	Rn 16 f
a. Geltung des Grundsatzes der Formfreiheit?	§ 631	→	Rn 16
b. Oder: Ausnahme?	§ 631	→	Rn 17
4. Gegenstand des Werkvertrags	§ 631	→	Rn 3 ff
III. Werklohn	§ 631	→	Rn 43 ff
1. Angabe der Höhe des Kaufpreises (brutto/netto?)	§ 631	→	Rn 44
	§ 632		
2. Vergütung von Vorarbeiten	§ 631	→	Rn 6
3. Regelbarer Preisnachlass (»Skonto«)	§ 631	→	Rn 46
4. Angabe des Zahlungsziels	*§ 271*		
5. Vergütungsmodelle:	§ 631	→	Rn 48 ff
a. Einheitspreisvertrag	§ 631	→	Rn 48
b. Pauschalpreisvertrag	§ 631	→	Rn 49 f
c. Stundenlohnabrede	§ 631	→	Rn 51
d. Abschlagszahlungen	*§ 632a*		
6. Abnahmemodalitäten			
a. Förmliche Abnahme	§ 640	→	Rn 23 f, 28
b. Teilabnahme	§ 640	→	Rn 23 f, 28
c. Abnahmebevollmächtigung	§ 640	→	Rn 6 f
IV. Sicherungsmittel zur Erfüllung der Vertragspflichten und ihre gesetzlichen Grenzen			
1. Vertragsstrafe, pauschalierter Schadensersatz	§ 631	→	Rn 84, 86
	§ 634	→	Rn 13
	§ 309 Nr 5		
	§ 348 HGB		
2. Abschlagszahlungen	*§ 632a*		
3. Sicherungshypothek des Bauunternehmers	*§ 648*		
4. Bauhandwerkersicherung	*§ 648a*		
V. Regelungsbedürftige (potentielle) Leistungsstörungen	*§§ 280 ff*		
	§§ 634 ff		
1. Nichtleistung (Unmöglichkeit der Vertragserfüllung)	*§ 275*		
	§ 311a		
	§ 280		
	§ 283		
2. Zuspätleistung (Schuldnerverzug bei der Vertragserfüllung)	*§ 280 I, II*		
	§ 281		
	§ 286		
3. Schlechtleistung (mangelhafte Werkerstellung)	*§ 280 I*		
	§ 281 I		
	§ 323		
	§§ 634 ff		
4. Sonstige Obliegenheits- und Pflichtverletzungen	*§ 241*		
	§ 242		
	§ 642		
	§ 643		

Gliederung	Norm		Rn
a. Nebenpflichten/Obliegenheiten des Unternehmers	§ 631	→	Rn 29 ff
	§ 311 II		
	§ 241		
aa. Vertragsanbahnungsphase	§ 311 II	→	Rn 33
	§ 241		
	§ 631		
bb. Aufklärung und Beratung	§ 631	→	Rn 34
cc. Obhuts- und Verwahrungspflichten	§ 631	→	Rn 35
dd. Prüfung- und Hinweispflichten	§ 631	→	Rn 34
ee. Auskunftspflicht	§ 631	→	Rn 37
ff. Versicherungspflicht	§ 631	→	Rn 36
gg. Dokumente/Rechnung	§ 631	→	Rn 40
ff. Warn- und nachvertragliche Treupflichten	§ 631	→	Rn 40
b. Nebenpflichten/Obliegenheiten des Bestellers	§ 631	→	Rn 54 ff
aa. Vertragsanbahnungsphase	§ 311 II	→	Rn 56
	§ 241		
	§ 631		
bb. Schutzpflichten	§ 631	→	Rn 57 f

VI. Gesetzliches Regelungssystem, auf das im Vertrag verwiesen werden kann

Gliederung	Norm		Rn
	§§ 280 ff		
	§§ 634 ff		
1. bei Nichtleistung	*§ 280*		
	§ 311a		
	§ 283		
2. bei Zuspätleistung	*§ 280 I, II*		
	§§ 286 ff		
	§§ 352 f HGB		
3. bei Schlechtleistung			
a. Mangel der Kaufsache	*§§ 634 ff*		
b. Anerkannte Regeln der Technik	*§ 633*		
c. Zeitpunkt der Mangelhaftigkeit (Gefahrübergang)	§ 633	→	Rn 7 ff
d. Ausschluss/Verlust der Gewährleistungsrechte	§ 634	→	Rn 10
d. Nacherfüllung (Fristsetzung)	*§ 639*		
	§ 640 II		
f. Selbstvornahme	*§ 637*		
g. Weitere Voraussetzungen für Minderung, Rücktritt, Schadens- und Aufwendungsersatz	*§ 634 Nr 2, 3*		
	§ 636		
	§ 323		
	§ 326 Abs 5		
	§ 280		
	§ 281		
	§ 283		
	§ 284		
	§ 309 Nr 7		
4. im Übrigen			
a. Vertragsabwicklung bei Rücktritt/Kündigung in AGB	*§ 241*		
	§ 311 Abs 2		
b. Haftungsausschluss bei Pflichtverletzung in AGB	§ 309	→	Rn 7

Gliederung	Norm		Rn
VII. Potentielle vertragliche Abweichungen vom gesetzlichen System und ihre einschlägigen Grenzen	§ 309	→	Rn 8
1. bei Nichtleistung			
a. Vertragslösungsrecht bei Nichtverfügbarkeit der Leistung in AGB			
b. Leistungsverweigerungsrecht	*§ 308 Nr 8*		
2. bei Zuspätleistung	*§ 320*		
	§ 309 Nr 2		
	§ 369 HGB		

3. bei Schlechtleistung	*§§ 145 ff* *§ 308 Nr 2* *§ 309 Nr 3, 5, 6*	
a. Definition/Einengung des Mangelbegriffes		
b. Haftungsausschluss für bestimmte Mängel	*§ 639*	
4. bei sonstigen Pflichtverletzungen des Verkäufers	*§ 639* *§ 309 Nr 8a, b* *§ 311* *§ 241*	
VIII. Kündigung	§ 649	→ Rn 21 f
IX. Regelung der Verjährung		
1. Gesetzliche Regelungen, auf die verwiesen werden kann	*§ 634a*	
2. Regelung durch die Parteien in AGB	*§§ 309 Nr 8b ff*	
X. Regelung der Beweislast	*§ 309 Nr 12*	
XI. Gerichtsstandsvereinbarung	§ 631 *§§ 38, 40 ZPO*	→ Rn 100

§ 631 Vertragstypische Pflichten beim Werkvertrag.

[1] Durch den Werkvertrag wird der Unternehmer zur Herstellung des versprochenen Werkes, der Besteller zur Entrichtung der vereinbarten Vergütung verpflichtet.
[2] Gegenstand des Werkvertrages kann sowohl die Herstellung oder Veränderung einer Sache als auch ein anderer durch Arbeit oder Dienstleistung herbeizuführender Erfolg sein.

Becker Die Haftung der Dolmetscher und Übersetzer Frankfurt aM (2001); Beck'scher VOB-Kommentar: Verdingungsordnung für Bauleistungen Teil B, 2. Aufl (2008); *Cebulla Manuel* Das Urheberrecht der Übersetzer und Dolmetscher Berlin (2007); *Cebulla Mario* Die Pacht nichtsächlicher Gegenstände Köln (1999); *Heiermann/Riedl/Rusam* Handkommentar zur VOB, 10. Aufl (2003); *Honsell* Kommentar zum UN-Kaufrecht Berlin/Heidelberg (1996); *Ingenstau/Korbion* VOB. Teile A und B. Kommentar, 16. Aufl Köln (2007); *Kapellmann/Messerschmidt* VOB. Teile A und B, 2. Aufl München (2007); *Kapellmann/Schiffers* Vergütung, Nachträge und Behinderungsfolgen beim Bauvertrag, Band 1: Einheitspreisvertrag, 5. Aufl Köln (2006); *Kleine-Möller/Merl* Handbuch des privaten Baurechts, 3. Aufl München (2005); *Kniffka/Koeble* Kompendium des Baurechts. Privates Baurecht und Bauprozess, 3. Aufl München (2008); *Korbion/Mantscheff/Vygen* HOAI, 6. Aufl München (2004); *Motzke/Wolff* Praxis der HOAI, 3. Aufl München (2004); *Nicklisch/Weick* VOB Teil B, 3. Aufl München (2001); *Siegburg, Peter* Handbuch der Gewährleistung beim Bauvertrag, 4. Aufl Köln (2000); *Thode/Wirth/Kuffer* Praxishandbuch Architektenrecht Köln (2004); *Werner/Pastor* Der Bauprozess, 12. Aufl Köln (2008); *Zöller* ZPO, 26. Aufl Berlin (2007).

1 **A. Allgemeines. I. Zweck der Norm.** Der Werkvertrag ist ein gegenseitiger Vertrag iSd §§ 320 ff, der idR entgeltlich ist (Rz 15). § 631 bestimmt die im **Synallagma** stehenden gegenseitigen Pflichten der Vertragsparteien: Der Herstellungspflicht des Unternehmers, der gem § 641 Abs 1 vorleistungspflichtig ist (§ 641 Rz 2), steht die Vergütungspflicht des Bestellers ggü. Die Hauptleistungspflichten der Werkvertragsparteien werden allerdings nicht vollständig aufgezählt. Außerhalb des Synallagmas steht auf Seiten des Bestellers gem § 640 Abs 1 dessen Abnahmepflicht (s § 640 Rz 2) und korrespondierend dazu die Verschaffungs- bzw Ablieferungspflicht des Unternehmers. Streit besteht neuerdings, ob das SchRModG durch die Neufassung von § 633 Abs 1 als weitere, im Gegenseitigkeitsverhältnis stehende Hauptleistungspflicht des Unternehmers grds auch eine Eigentumsverschaffungspflicht begründet hat (dazu Rz 24).

2 Wesentliches Merkmal der Unternehmerpflicht ist, selbständig und in fachlicher Verantwortung (zu Weisungen des Bestellers: § 645 Rz 5) als Arbeitsergebnis einen bestimmten **Erfolg** herbeizuführen. Hierin liegt der maßgebliche Unterschied zum Dienstvertrag, dessen Gegenstand die Dienstleistung als solche ist (BGHZ 151, 330, 332).

3 **II. Vertragsgegenstand.** Gegenstand des Werkvertrages kann gem § 631 Abs 2 jede Herstellung und Veränderung einer Sache, aber auch jeder andere durch Arbeit oder Dienstleistung herbeizuführende Erfolg sein. Da § 631 Abs 2 selbst Dienstleistungen als mögliche Tätigkeit nennt, bestehen im Einzelfalle Abgrenzungsschwierigkeiten zum Dienstvertrag nach den §§ 611 ff und zum Geschäftsbesorgungsvertrag nach § 675. Schließlich ergeben sich Abgrenzungsprobleme zum Kaufvertrag, wenn der Unternehmer neben der Herstellung oder Veränderung auch die Übereignung einer beweglichen Sache schuldet (§ 651 Rz 3 f; zum Sachmangel bei Kaufverträgen mit (untergeordneter) Montageverpflichtung: § 434 Abs 5 S 1).

1. Abgrenzung zu anderen Vertragstypen. Was im Einzelfall geschuldet ist, unterliegt der Vereinbarung der Parteien. Werkvertragsrecht findet grds dort Anwendung, wo die Parteien einen konkreten Leistungserfolg vereinbart haben, den der Unternehmer eigenverantwortlich und frei von Weisungen herbeizuführen hat (für BGHZ 151, 330, 332 stellt es indes nur ein Indiz im Rahmen der Vertragsauslegung dar, dass die Parteien die zu erledigende Aufgabe und den Umfang der Arbeiten konkret festlegen). Fehlt es an einer ausdrücklichen Vereinbarung der Parteien, ist der Vertrag unter Berücksichtigung sämtlicher Umstände auszulegen. Dabei kommt dem erkennbaren Vertragsziel eine erhebliche Bedeutung zu: So handelt es sich um einen Werkvertrag und nicht um einen Kaufvertrag mit untergeordneter Montageverpflichtung, wenn die Parteien die Reparatur eines Kfz durch Montage eines vom Unternehmer zu liefernden Austauschmotors vereinbart haben, da es dem Besteller unabhängig vom Wert des Motors nicht primär um dessen Erwerb geht, sondern um die fachgerechte Wiederherstellung der Fahrtüchtigkeit seines Fahrzeugs (Karlsruhe NJW-RR 1992, 1014; Staud/*Peters* § 651 Rn 13). Regelmäßig für das Vorliegen eines Werkvertrages spricht auch die Vereinbarung einer erfolgsabhängigen Vergütung (BGHZ 151, 330, 332 f). Schließlich sind bei der Auslegung zum einen das – vom Unternehmer beeinflussbare – Einstehenwollen für den Eintritt eines Erfolges (deshalb grds keine Werkverträge bei ärztlichen Behandlungsverträgen, BaRoth/*Voit* Rn 6 und 11) sowie die Angemessenheit der Rechtsfolgen (BGHZ 63, 306, 312) zu berücksichtigen; vgl zur Abgrenzung von Werk- und Dienstvertrag zudem § 611 Rz 3. 4

2. Beispiele für Werkverträge (alphabetisch). Abbruchvertrag (BGH WM 1974, 391); **Abfallentsorgungsvertrag, Abfallverwertungsvertrag** (Oldenburg NJW-RR 1999, 1575, 1576; Schleswig NJW-RR 2000, 896, 897); **Abschleppvertrag** (BGH NJW 1958, 1629; LG Frankfurt aM VersR 2002, 1260: Frachtvertrag gem § 407 HGB); **Anlagenvertrag**, sofern durch Verbindung mit einem Grundstück eine unbewegliche Sache hergestellt wird bzw sofern Anlagen in ein Bauwerk integriert werden und dessen Herstellung dienen (BGH BauR 2003, 1391, 1391 f; 2002, 1260); **Anzeigenvertrag** (LG Lübeck NJW-RR 1999, 1655; LG Köln NJW-RR 1999, 563; LG Bad Kreuznach NJW-RR 2002, 130); **Architektenvertrag** – auch soweit nicht nur die Planung, sondern lediglich die Bauaufsicht betroffen ist (BGH NJW 1982, 438, 439 f – soweit früher einmal im Einzelnen Streit über die Einordnung des Architektenvertrages bestand, hat der Gesetzgeber des SchRModG mit der Neuregelung von § 634a Abs 1 Nr 2 die Auffassung des BGH festgeschrieben, zum vormaligen Meinungsstreit vgl Staud/*Peters* Vorbem zu §§ 631 ff Rn 107 f); der **Arztvertrag** ist grds Dienstvertrag, allerdings handelt es sich um einen Werkvertrag, wenn lediglich eine auf einen konkreten Erfolg bezogene medizinische Einzelleistung geschuldet ist, bspw die Anfertigung eines Röntgenbildes für einen anderen, behandelnden Arzt (Düsseldorf MDR 1985, 1028, 1028 f) oder die Durchführung von Labortests (Stuttgart NVwZ-RR 2006, 6, 7 f; vgl zum Ganzen *Tamm* Anh II zu §§ 611 ff); dasselbe gilt, wenn sich die ärztliche Tätigkeit auf den Erfolg einer geistigen Leistung an einem Hilfsmittel beschränkt, bspw Anpassen einer Brille (BaRoth/*Voit* Rn 11); **Aufsichtsverträge**, aufgrund derer die Werkleistung eines Dritten kontrolliert werden soll (BGH NJW-RR 1998, 1027); **Auskunftserteilungs-/Beratungsvertrag**, wenn eine konkrete Fachberatung, etwa zu einem Werkverfahren oder einem Werkstoff Vertragsgegenstand ist (BGH NJW 1999, 1540), sonst Dienstvertrag. Unzutreffend: Düsseldorf NJW-RR 1997, 1005, 105 f, wonach im Einzelfalle auch ein Unternehmensberatungsvertrag Werkvertrag sein soll, da der Berater typischerweise keinen Beratungserfolg garantieren kann; anders wiederum, wenn der Berater gerade einen konkreten Beratungserfolg garantiert, bspw bei der Beratung über staatliche Fördermittel mit der Zusage, diese auch erreichen zu können (Hamm NJW-RR 1998, 631); **Autorenvertrag**, sofern es sich um einen Mitarbeitervertrag iSe Bestellvertrages nach § 47 Abs 2 VerlG handelt (BaRoth/*Voit* Rn 11; ansonsten: Verlagsvertrag gem § 1 VerlG, auf den die Bestimmungen des Werkvertragsrechts keine Anwendung finden, BaRoth/*Voit* Rn 29); **Autowaschanlagenvertrag** (BGH NJW 2005, 422, 423; Düsseldorf NJW-RR 2004, 962); 5

Bauvertrag; **Beförderungsvertrag** (Düsseldorf VersR 1996, 1040, 1041; s.u. Rn 13); **Bodenaushubvertrag** (Düsseldorf NJW-RR 1999, 1432, 1433); **Designvertrag**, jedenfalls soweit eine eigenständige Gestaltung geschuldet ist (Staud/*Peters* Vorbem zu §§ 631 ff Rn 27), bspw gerichtet auf die Erstellung eines Logos, eines Briefkopfes oder eines Firmenschildes (Düsseldorf NJW-RR 1991, 120, 120 f); **Dolmetschervertrag**, weil grds der Verdolmetschungserfolg, also die inhaltlich und sprachlich korrekte Übertragung von einer in die andere Sprache geschuldet ist, auch wenn sich die Entlohnung grds nach Zeitabschnitten richtet (vgl auch *F Becker* S 51 ff); **EDV-Wartungs-Vertrag**, auch wenn dies durch Einspielen von Software-Updates geschieht (Hamm CR 1998, 202, 202 f) oder durch Anpassung an ein verändertes Betriebssystem (vgl Brandenburg JR 2000, 289); **Fertighausvertrag**, wenn von Seiten des Unternehmers auch die Errichtung des Hauses geschuldet ist (BGHZ 87, 112, 116 ff; PWW/*Leupertz* Vor §§ 631 bis 651 Rn 18); **Filmproduktionsvertrag** (LG Mainz NJW-RR 2005, 854, 855); **Filmentwicklungsvertrag** (Saarbrücken NJW-RR 2003, 122); **Forschungs- und Entwicklungsvertrag** im Einzelfall, wobei das vereinbarte Ziel maßgeblich ist (BGH NJW 2002, 3323, 3325 f); **Frachtvertrag**, s.u. Rz 13; **Gebäudereinigungsvertrag**, soweit der Unternehmer mit eigenem Personal die Sauberkeit der Räume schuldet, ohne dass der Auftraggeber Weisungsbefugnisse innehat (Hamburg MDR 1972, 866); **Gutachtervertrag** (BGHZ 72, 257, 259 f: Baugrundgutachten; BGH NJW 2006, 2472: Gutachten über einen Kfz-Unfallschaden; BGH NJW 1965, 106: anwaltliches Rechtsgutachten; BGHZ 127, 378, 384: Grundstückswertgutachten); **Herstellungs- und Auswertungsvertrag** für einen Werbefilm (BGH MDR 1966, 6

496); **Internetvertrag** zur Errichtung einer Homepage (MüKo/*Busche* Rn 279); **Kunstwerkvertrag** gerichtet auf die Herstellung von Portraits oder Fotografien (PWW/*Leupertz* Vor §§ 631 bis 651 Rn 18); **Onlinevertrag**, auch Downloading-/Content-Providervertrag genannt, der das Recht zur Nutzung einer Datenbank des Diensteanbieters (Content-Provider) einräumt, da ein bestimmter Sucherfolg geschuldet ist (MüKo/*Busche* Rn 279); **Programmiervertrag** bezogen auf individuelle Softwareherstellung (BGHZ 102, 135, 140 ff; NJW 1990, 3008); auch bei Einrichtung von Standard-Software unter Berücksichtigung der betrieblichen Besonderheiten (Hamm NJW-RR 2000, 1224, 1225; Köln CR 2006, 440); schließlich auch beim Übertragen einer schon eingerichteten Software auf ein neues Betriebssystem (BGH CR 2002, 94); **Projektierungsvertrag** mit Bauingenieur (München NJW 1974, 2238); **Projektsteuerungsvertrag** nur, wenn das prägende Element des Vertrages erfolgsorientiert ist (BGH NJW 1999, 3118); der **Rechtsanwaltsvertrag** (vgl dazu den Abschnitt zum Anwaltsvertrag *Tamm* Anh I zu §§ 611 ff) ist zumeist Dienst- oder Geschäftsbesorgungsvertrag (Staud/*Peters* Vorbem zu §§ 631 ff Rn 26), soweit allerdings lediglich ein Gutachten (BGH NJW 1965, 106), eine Rechtsauskunft oder eine konkrete Vertragsformulierung geschuldet ist, handelt es sich um einen Werkvertrag (bspw Formulierung eines Gesellschaftsvertrags, RGZ 88, 223, 226 f); wegen der vergütungsrechtlichen Besonderheiten im Rahmen von § 34 RVG vgl § 632 Rz 8; **Regievertrag** (KG MDR 1999, 538);

7 **Reinigungsvertrag** (Hamburg MDR 1972, 866); **Reparaturvertrag**, auch wenn die benötigten Ersatzteile geliefert werden (Karlsruhe NJW-RR 1992, 1014, vgl § 651 Rz 6); **Schornsteinfegervertrag**, soweit der Schornsteinfeger nicht als Bezirksschornsteinfeger hoheitlich tätig wird (BGH VersR 1954, 404); **Software-Herstellungsvertrag**, s. o. Programmiervertrag; **Speditionsvertrag**, s.u. Rz 13; **Statikervertrag** (BGHZ 48, 257, 258; 58, 85, 86); **Steuerberatungsvertrag** dann, wenn die Leistung des Steuerberaters auf konkrete erfolgsbezogene Einzelleistungen gerichtet ist, sonst Geschäftsbesorgungsvertrag mit Dienstvertragscharakter (BGH MDR 2006, 1137; BGH NJW 2002, 1571, 1572: bei Buchhaltungsarbeiten einschließlich der Erstellung des Jahresabschlusses; BGH NJW 2001, 360, 361: bei Überprüfungsauftrag betreffend Anlegerzahlen und Mittelverwendung bei Kapitalanlagegesellschaften); **Tätowierungsvertrag** (AG Heidelberg NJW-RR 2003, 19); **Telekommunikationsvertrag**, jedenfalls soweit das Herstellen und Aufrechterhalten der Vermittlung oder, wie beim Onlinevertrag (s.o), ein bestimmter Sucherfolg geschuldet ist (weitergehend, nämlich immer Werkvertrag: Staud/*Peters* Vorbem zu §§ 631 ff Rn 32; differenzierend: MüKo/*Busche* Rn 279); **Tierzuchtvertrag** (BGH NJW 1991, 166); **Übersetzervertrag** (*F Becker* S 6 ff); **Veranstaltungsvertrag** zwischen Konzertagentur und Künstler (Karlsruhe VersR 1991, 193; München NJW-RR 2005, 616); **Vermessungsingenieurvertrag** (BGHZ 58, 225, 227 ff); **Viehmastvertrag** (BGH MDR 1972, 232, 232 f); **Verpackungsvertrag**, soweit er unabhängig von einer Speditionsleistung auf einer selbständigen Abrede beruht (BGH NJW 2008, 1072, 1073); **Wartungsverträge** – je nach Ausgestaltung (Werkvertrag: LG München I DAR 1999, 127: für Kfz-Wartungsvertrag, Düsseldorf NJW-RR 1988, 441: für Kopiergerätewartungsvertrag, LG Berlin NJW-RR 1999, 1436: für Lichtrufanlagenwartungsvertrag; Dienstvertrag: BGH NJW-RR 1997, 942, 942 f: für Telefonanlagenwartungsvertrag); **Webdesign-Vertrag**, s.o. Internetvertrag; **Werbefilmherstellungsvertrag** s.o. Herstellungs- und Auswertungsvertrag; **Werbefilmvorführungsvertrag** zwischen dem Sendeunternehmen bzw Kinobetreiber und dem Werbenden ist entgegen LG München I NJW 1965, 1533 ein Pachtvertrag gem § 581, da es wesentlich um die Ausnutzung einer vorhandenen Publikumsattraktivität zu Werbezwecken geht (vgl – auch zu sonstigen Erscheinungsformen der Werbewirtschaft wie Bandenwerbung, Entfernungsschilder, Plakatwände und –säulen: *Cebulla* Die Pacht nichtsächlicher Gegenstände S 164 ff); **Werbematerialherstellungsvertrag**, etwa gerichtet auf die Erstellung eines Logos (Düsseldorf NJW-RR 1991, 120); **Zahnarztvertrag**, wenn es um die technische Anfertigung von Zahnprothesen geht, sonst idR Dienstvertrag (BGHZ 63, 306, 309); **Zahntechnikervertrag** (Frankfurt aM NJW-RR 2005, 701, 702; Koblenz NJW-RR 1995, 567).

8 **3. Gemischte Verträge. a) Rechtliche Handhabung.** Vielfach finden sich typengemischte Verträge, die auch oder gerade werkvertragliche Elemente enthalten. In diesen Fällen ist in der praktischen Handhabung so weit wie möglich das Recht desjenigen Vertragstypus anzuwenden, welcher für den jeweiligen Leistungsteil maßgeblich ist. Für den Gerüstbauvertrag sind bspw die §§ 631 ff soweit anzuwenden, als es um Auf- und Abbau der Rüstung geht, während die §§ 535 ff bei Fragen im Zusammenhang mit der Überlassung der Rüstung Platz greifen (anders, wenn die VOB/C vereinbart ist: Dann ist für die Längervorhaltung des Baugerüsts nach der DIN 18451 die vereinbarte Vergütung fortzuzahlen, Düsseldorf BauR 2008, 2043). Das gilt etwa auch für die Ermittlung des Erfüllungsortes und der ggf daraus resultierenden gerichtlichen Zuständigkeit nach § 29 ZPO: Auch hier kann eine Aufspaltung der verschiedenen Leistungsgegenstände des Vertrages im Einzelfall zu unterschiedlichen Ergebnissen führen. Allerdings beeinflusst etwaig bestehendes zwingendes Recht für einen der kombinierten Vertragstypen stets auch die weiteren Vertragsteile (so führt bspw der Formzwang bei der Grundstücksübertragung im Rahmen des Bauträgervertrages auch zum Formzwang hinsichtlich der Bebauungsverpflichtung, BGH BauR 1981, 67, 67 f; auch die Baubeschreibung unterliegt der Beurkundungspflicht, BGH BauR 2005, 866, 867). Soweit der Vertragszweck ein Überwiegen eines Vertragselements ergibt, soll das für dieses Element geltende Recht im Falle notwendig einheitlicher Rechtsanwendung ausschlaggebend sein (BGH BB 1986, 1396, 1396 f).

b) Beispiele für gemischte Verträge mit werkvertraglichen Elementen. Bauträgervertrag (vgl BGHZ 60, 362, 364 f; 96, 275, 277 f: Vertrag eigener Art mit werk-, werklieferungs- und kaufvertraglichen Elementen sowie im Einzelfalle auch solche des Geschäftsbesorgungsvertrags). Einer nach Erlass des SchRModG geäußerten Auffassung nach soll jedenfalls beim Erwerb eines bereits errichteten Bauträgerobjektes nur noch Kaufrecht anzuwenden sein (*Brambring* DNotZ 2001, 904, 906; *Thode* NZBau 2002, 297, 299). Diese Auffassung ist indes abzulehnen, da das SchRModG für Bauträgerverträge keine neuen Regelungen treffen wollte. Dementspr dürfte es voraussichtlich bei der bisherigen Rspr bleiben. Der **Bestattungsvertrag** ist im Kern ein Werkvertrag, teilw enthält er daneben Elemente des Dienst-, Kauf- und Geschäftsbesorgungsvertrags (AG Hamburg NJW-RR 2001, 1132). Der **Bühnenaufführungsvertrag** setzt sich aus Elementen des Pacht-, Werk- und Verlagsvertrags sowie der Gesellschaft zusammen (BGHZ 13, 115, 119). Für den **Gerüstbauvertrag** gilt: Soweit es um Auf- und Abbau geht, handelt es sich um einen Werkvertrag, hinsichtlich der Überlassung während der vereinbarten Standzeit liegt ein Mietvertrag vor. Der vertragliche Schwerpunkt liegt idR auf den werkvertraglichen Elementen (Köln BauR 2000, 1874). Der **Veranstaltungs-, Aufführungs- oder Eventvertrag** zwischen dem Inhaber der urheberrechtlichen Aufführungsrechte und dem Veranstalter ist ein urheberrechtlicher Nutzungsvertrag mit Elementen des Pacht-, Gesellschafts-, Werk- und Verlagsvertrags (BGHZ 13, 115, 119); ist der Aufführungs-, Veranstaltungs- oder Eventvertrag zwischen Veranstalter und Publikum geschlossen, liegt regelm ein Werkvertrag mit mietvertraglichen Elementen vor (LG Rostock NJW-RR 2006, 90, 90 f: Fußballspiel; AG Aachen NJW 1997, 2058: Oper; AG Rüdesheim NJW 2002, 615: Dichterlesung). 9

4. Sonderregelungen. Früher bzw generell durchaus dem Werkvertragsrecht zugehörige oder verwandte Vertragsarten haben mit der Zeit entweder vollständig oder teilw eigene Regelungen erfahren oder sich zumindest in der Kautelarpraxis eigene Regelungswerke geschaffen. So hat das gesamte **Reisevertragsrecht** erst durch das Reisevertragsgesetzt vom 04.05.1979 in den §§ 651a ff eine vollständig eigene Regelung erhalten und gilt seitdem als ein dem Werkvertragsrecht ähnl Vertragstypus (Überschrift zum 9. Titel des BGB: »Werkvertrag und ähnl Verträge«). Soweit die spezifischen Normen des Reisevertragsrechts im Einzelfalle lückenhaft sein sollten, ist eine Heranziehung des Werkvertragsrechts folglich naheliegend (Staud/*Peters* Vorbem zu §§ 631 ff Rn 34). 10

Verlagsverträge haben im VerlG eigenständige Regelungen erfahren, so dass – mit Ausnahme der Autorenverträge nach § 47 Abs 2 VerlG (s.o. Rz 5) – die §§ 631 ff auf Verlagsverträge keine Anwendung finden. 11

Im Bereich des **Telekommunikationsrecht**es, haben das TKG und das Teledienstegesetz mit der dazugehörigen AusführungsVO spezifische Normen geschaffen, die auch die werkvertraglichen Aspekte betreffen. 12

Insbesondere im **Fracht-, Transport- und Speditionswesen**, das grds dem Werkvertragsrecht unterfällt, ist eine Vielzahl von Sonderregelungen zu beachten: Fracht- und Speditionsgeschäfte sind im HGB gesondert geregelt (§§ 407, 453, 556, 664 ff HGB), das Transportwesen generell kennt darüber hinaus Sonderregelungen in den ADSp, im CMR, im HaftPflG, GüKG, PBefG, zudem für die Bahn: EVO, für die Binnenschifffahrt: BinnSchG, im Luftverkehr: LuftVG mit Montrealer Übereinkunft sowie zu den Folgen verspäteter oder unterbliebener Beförderung die VO (EG) Nr 261/2004 vom 11.02.2004, ABl 2004 L 46, VO (EG) Nr 2027/97 vom 09.10.1997, ABl 1997 L 258 idF der VO (EG) Nr 889/2002 vom 13.05.2002, ABl 2002 L 140. Verpackungsleistungen im Zusammenhang mit Beförderungsverträgen können auf selbständigen Abreden beruhen, dann ist auf sie Werkvertragsrecht anzuwenden; anderenfalls handelt es sich um beförderungsbezogene, speditionelle Nebenpflichten mit der Folge, dass sich die Haftung des Spediteurs auch hinsichtlich der Verpackungsleistung gem § 454 Abs 2 HGB einheitlich nach Speditionsrecht richtet (BGH NJW 2008, 1072, 1073). 13

Im **Baurecht** schließlich hat die vertragliche Praxis Sonderregelungen im Wege von AGB geschaffen, zur VOB s.u. Rz 61 ff. Daneben ist im Rahmen des Architekten- und Ingenieurvertragsrechts maßgeblich auf das gesondert geregelte Preisrecht der HOAI zu verweisen, dazu: § 632 Rz 8 f. 14

B. Kommentierung. I. Zustandekommen und Wirksamkeitsvoraussetzungen des Werkvertrages. 1. Wesentliche Vertragsbestandteile (essentialia negotii). Für das Zustandekommen des Werkvertrages bedarf es – wie üblich – zweier übereinstimmender Willenserklärungen iSv § 145; Vertragsparteien sind nach der Terminologie des § 631 der **Besteller** als zur Zahlung des Werklohns verpflichteter Auftraggeber der Werkleistung und der **Unternehmer** als zur Werkleistung Verpflichteter (zu den Vertragspflichten der Werkvertragsparteien s.u. Rz 23 ff). Aus § 632 Abs 1 lässt sich entnehmen, dass die Erklärungen der Vertragsparteien lediglich den Willen enthalten müssen, einen Werkvertrag über ein möglichst konkret bezeichnetes Werk miteinander schließen zu wollen, nicht notwendig jedoch auch den als Gegenleistung zu bezahlenden Werklohn. Zum einen wird regelm nach § 632 Abs 1 eine Vergütung stillschweigend als vereinbart gelten, iÜ setzt § 632 Abs 1 gerade voraus, dass es auch entgeltlose Werkverträge gibt (zutreffend: Erman/*Schwenker* Rn 40; aA: Staud/*Peters* Vorbem zu §§ 631 ff Rn 35; BaRoth/*Voit* Rn 72, wonach ein vergütungsloser Werkvertrag nicht existiere, es handele sich dann um Schenkung oder Auftrag. Der Streit wird in der Praxis wohl kaum Relevanz entfalten.). Bei künstlerisch gestaltenden Werken ist auch der Werkerfolg aus der Natur der Sache nicht notwendig iE zu konkretisieren (vgl Erman/*Schwenker* Rn 3; BaRoth/*Voit* Rn 32 unter Hinweis auf BGHZ 19, 382, 384 f, wonach bei künstlerischen Werken auch die Festlegung eines vom Besteller genehmigten Entwurfes nicht zu einer maßstabsgerechten Umsetzung zwinge). 15

16 **2. Form.** Der Werkvertrag kommt **grds formfrei**, auch durch schlüssiges Handeln wirksam zustande, sofern die Parteien nicht selbst ein Formerfordernis vereinbart haben, § 127. Im Regelfall ist jedoch schon zu Beweiszwecken zur Schriftform zu raten. Wenn als Ersatz für die Abnahme eine Fertigstellungsbescheinigung gem § 641a beabsichtigt ist, ist eine schriftliche Leistungsbeschreibung gem § 641a Abs 3 erforderlich. Praktisch unbedingt ratsam ist die Einhaltung der Schriftform namentlich im baurechtlichen Bereich: Spontan auf der Baustelle vereinbarte Nachträge lassen sich im Rechtsstreit bei bloß mündlichem Zustandekommen oft nur schwer nachweisen. Ebenso bereitet es in der Praxis Schwierigkeiten abzugrenzen, ob eine Architektenleistung bloße unentgeltliche Akquisition oder schon vergütungspflichtiges Angebot zum Abschluss eines Architektenvertrages war: Die bloße Entgegennahme von Architektenleistungen bedeutet nicht notwendig auch einen Vertragsschluss, dazu bedarf es weiterer Anhaltspunkte namentlich im Hinblick auf eine schlüssige Willenserklärung des Bestellers (BGH BauR 1999, 1319, 1321; Thode/Wirth/Kuffer/*Schwenker* § 4 Rn 85 ff). Auf der anderen Seite bedeuten die dem Architekten »unverbindlich« abverlangten Vorplanungsleistungen nicht zwingend, dass mangels Vertragsschlusses auch eine Vergütungspflicht des Bestellers entfällt, da sich die Unverbindlichkeit auch auf etwaige weitere Bindungen beziehen kann (Staud/*Peters* Vorbem zu §§ 631 ff Rn 109). Im Anwendungsbereich von § 4 HOAI ist die Schriftform des Architektenvertrages zudem aus preisrechtlichen Gründen zu wahren; der Verstoß gegen die Schriftform führt jedoch nicht zu einer Unwirksamkeit des Architektenvertrages, sondern lediglich zu einer preisrechtlichen Beschränkung im Rahmen der Abrechnung.

17 Ein **Formzwang** für den Werkvertrag besteht nur dort, wo ein typengemischter Vertrag vorliegt und die unterschiedlichen Vereinbarungen dergestalt iSv § 139 miteinander verbunden sind, dass diese miteinander »stehen und fallen« (vgl BGHZ 78, 346, 348 f: Beurkundungspflicht nach § 311b Abs 1, sofern Bauvertrag und Grundstückserwerb eine nicht voneinander trennbare wirtschaftliche Einheit bilden). Dazu genügt es regelm, wenn sich der Bauvertrag mit Grundstückserwerbsabrede auf ein bestimmtes Grundstück bezieht (BGH NJW 1994, 721, 721 f; anders bei einem Fertighausvertrag, in welchem lediglich ein bes Rücktrittsrecht für den Fall fehlender Grundstücksübertragung eingeräumt wird, BGHZ 76, 43, 46 ff). Verpflichtet sich der Verkäufer eines Grundstückes, Bauleistungen auszuführen, ist auch eine Baubeschreibung beurkundungspflichtig (BGHZ 69, 266, 268 f; 74, 346, 348 ff; WM 2008, 1697, 1699). Besteht für den Werkvertrag ausnahmsw eine Formpflicht, gilt diese grds auch für spätere Vertragsänderungen, insbes bzgl des Leistungsumfangs (Staud/*Peters* Vorbem zu §§ 631 ff Rn 75).

18 **3. Vertragsnichtigkeit nach §§ 134, 138. a) Verstoß gegen ein Verbotsgesetz, § 134.** Nicht jeder Verstoß gegen gesetzliche Vorschriften führt zur Nichtigkeit des Vertrages, sondern nur ein Verstoß gegen ein Verbotsgesetz gem § 134. Das wiederum sind solche Normen iSv Art 2 EGBGB, die sich ihrem Inhalte nach gerade gegen die Vornahme des Rechtsgeschäftes richten, was im Einzelfall der Auslegung bedarf (BGH NJW 1983, 2873). Nichtig sind nach gefestigter Rspr danach **Schwarzarbeitsgeschäfte**, sofern beide Vertragsparteien gegen §§ 1, 2 SchwArbG verstoßen (BGHZ 85, 39, 42 ff). Rechtsfolge für diesen Fall ist das Entfallen von Gewährleistungsansprüchen des Bestellers (BGH NJW 1990, 2542, 2543) und des Vergütungsanspruches des Unternehmers, diesem bleibt nur ein um die Wertminderung infolge Mängel bzw um einen Risikoabschlag verringerter Bereicherungsanspruch (BGHZ 111, 308, 314; Düsseldorf NJW-RR 1993, 884, 885: Risikoabschlag mind 15 %). Ein nur einseitiger Verstoß des Unternehmers gegen das SchwArbG reicht dagegen nicht aus, selbst dann nicht, wenn dieser vom Besteller erkannt wurde, sofern er ihn nicht bewusst zu seinem Vorteil ausnutzt (BGH BauR 2001, 632; 2000, 1494, 1495 f; aA aus nachvollziehbaren ethischen und praktischen Erwägungen: Staud/*Peters* Rn 74). Der Werkvertrag ist auch nicht deshalb unwirksam, wenn der Unternehmer nicht bzw nicht für das ausgeführte Gewerk in der **Handwerksrolle** eingetragen ist (BGHZ 88, 240, 242 ff; BauR 2001, 632; Nürnberg BauR 2000, 1494, 1495 f). Die von den Parteien beabsichtigte **Steuerverkürzung** stellt zwar einen Verstoß gegen § 370 AO dar, führt aber gleichfalls nicht zur Unwirksamkeit des Werkvertrages (BGHZ 136, 125, 132; NJW 1983, 1843, 1844; NJW-RR 2002, 1527), da bei dem Werkvertrag gerade nicht die Steuerverkürzung, sondern die Leistungserbringung maßgeblicher Vertragszweck ist. Selbst wenn die für sich genommen unwirksame »**Ohne-Rechnung-Abrede**« gem § 139 den gesamten Vertrag im Einzelfall in Mitleidenschaft zieht, könnte sich der Unternehmer gem § 242 ggü dem Mangelbeseitigungsverlangen nicht auf die Nichtigkeit des Vertrages berufen und schuldet Mängelbeseitigung (BGH NJW-RR 2008, 1050 und 1051); dasselbe gilt umgekehrt hinsichtlich des Vergütungsanspruches des Unternehmers, wobei sich der vereinbarte Preis inklusive Mehrwertsteuer versteht (*Peters* NJW 2008, 2478, 2480). Auch ein Verstoß gegen Vorschriften des **Vergaberechts** führt grds nicht zur Nichtigkeit des Vertrages (BaRoth/*Voit* Rn 41); für den Fall des Nachweises, dass ihm der Zuschlag hätte erteilt werden müssen, kann der Bieter allerdings Ersatz des positiven Interesses gem § 839 iVm Art 34 GG (§ 1 AmtshaftungsG DDR) und §§ 280 Abs 1, 311 Abs 2, 241 Abs 2 (**cic**) verlangen (BGH NJW 2002, 1952, 1954). Ein Verstoß gegen das **Rechtsberatungsgesetz** führt grds zur Nichtigkeit des Vertrages, unabhängig davon, ob der Vertrag auch erlaubte Tätigkeiten umfasst oder der Verstoß lediglich einseitig durch den Unternehmer erfolgte (BGHZ 37, 258, 262; 70, 12, 17). Für das seit dem 01.07.2008 in Kraft getretene **Rechtsdienstleistungsgesetz** gilt grds dasselbe, vgl die Verbotsvorschrift in § 3 RDG (zum Charakter eines Verbotsgesetzes ausdrücklich die Gesetzesbegründung BTDrs 16/3655 S 51); indes führt das RDG zur bisherigen Rechtslage insoweit eine gravierende Änderung herbei, als nach den

§§ 5 ff RDG fortan weitgehend die unentgeltliche Rechtsberatung und auch solche Rechtsberatung zulässig ist, die als Nebenleistung zum Berufs- oder Tätigkeitsbild gehört. Im Zusammenhang mit einem **Bauträgermodell** führt die Nichtigkeit des zum Grundstückserwerb geschlossenen Geschäftsbesorgungsvertrages wegen Verstoßes gegen das Rechtsberatungsgesetz idR gem § 139 auch zur Nichtigkeit der Vollmachtserteilung, so dass der Unternehmer als vollmachtloser Vertreter handelt und evtl nach § 179 Abs 1 haftet. Die Nichtigkeitsfolge tritt durch einen Verstoß gegen **§ 5 StBG** ein (BGH NJW-RR 2005, 1290, 1291). Schließlich sind nach § 134 Architektenverträge nichtig, die – sofern nicht die Initiative zum Abschluss des Grundstückskaufvertrages vom Bauherrn selbst ausgeht (BGH BauR 2008, 2059, 2061 f) – gegen das **Koppelungsverbot** des Art 10 § 3 MRVerbG verstoßen; das sind solche Verträge, nach denen sich der Erwerber eines Grundstückes bei oder im Zusammenhang mit dem Erwerb dazu verpflichtet, bei Planung oder Ausführung eines Bauwerks auf dem Grundstück die Leistungen eines konkreten Ingenieurs oder Architekten in Anspruch zu nehmen. Zu Umfang und Grenzen des Koppelungsverbotes vgl Staud/*Peters* Vorbem zu §§ 631 ff Rn 111 f.

b) Sittenwidrigkeit, § 138. Grundsätzlich bestehen hinsichtlich der Frage, ob ein Werkvertrag gem § 138 sittenwidrig ist, keine Besonderheiten, weshalb auf die Kommentierung zu § 138 verwiesen wird: So kann ein Werkvertrag bei überhöhter Vergütung des Unternehmers sittenwidrig sein (KG NJW-RR 1995, 1422, 1422 f). Praktisch bedeutsamer dürfte allerdings im Anwendungsbereich der HOAI das Gegenteil sein, nämlich die Unterschreitung der Mindestsätze (dazu: BGHZ 136, 1, 9 f: Der Architekt ist gem § 242 an die unwirksam vereinbarte Mindestsatzunterschreitung gebunden, soweit der Besteller in schutzwürdiger Weise auf deren Wirksamkeit vertrauen durfte). Ein im Zusammenhang mit einer **Bestechung** zustande gekommener Vertrag ist grds nur dann wegen Sittenwidrigkeit nichtig, wenn die Schmiergeldabrede zu einer für den Geschäftsherrn nachteiligen Vertragsgestaltung geführt hat (BGH BauR 1999, 1047, 1048; NJW 1989, 26, 26 f). Zur Frage von Darlegungs- und Beweislast in solchen Fällen Rz 101. 19

4. Anfechtbarkeit. Die Anfechtbarkeit von Werkverträgen richtet sich nach den Vorschriften des Allg Teils, §§ 119 ff, ohne dass es insoweit grds Besonderheiten für das Werkvertragsrecht gibt. Praktisch bedeutsam sind allerdings im Bereich des Baurechts Fragen des Kalkulationsirrtums sowie der Rechtsfolgen des wegen Täuschung über die Architekteneigenschaft erfolgreich angefochtenen Architektenvertrags. 20

a) Kalkulationsirrtum. Interne Kalkulationsirrtümer stellen bloße Motivirrtümer dar und berechtigen grds nicht zur Anfechtung des Vertrages, weil idR jeder das Risiko für die Richtigkeit der von ihm zugrunde gelegten Kalkulationen trägt (BGH NJW 2002, 2312; NJW-RR 1986, 569, 570). Dies gilt auch dann, wenn der Erklärungsempfänger den internen Kalkulationsirrtum erkannt hat oder sich der Kenntnis treuwidrig verschließt; lediglich aus dem Gesichtspunkt von Treu und Glauben kann im Einzelfalle eine Hinweispflicht auf den internen Kalkulationsirrtum angenommen werden (BGH BauR 1998, 1089, 1092). Eine Prüfungspflicht im Rahmen von Ausschreibungen besteht weder für private noch für öffentliche Auftraggeber, soweit sich nicht ausnahmsw ein Kalkulationsirrtum mit unzumutbaren Folgen für den Bieter aus dessen Angebot oder den dem Auftraggeber ansonsten bekannten Umständen aufdrängt (BGH BauR 1998, 1089, 1093). Ein Anfechtungsgrund fehlt auch in Fällen von **externen Kalkulationsirrtümern**, wenn also der Erklärende neben dem Ergebnis seiner Kalkulation auch den Rechenweg dazu darlegt (BGH DB 1998, 1909, 1910). In erster Linie ist hier im Wege der Vertragsauslegung zu ermitteln, inwieweit der Vertrag anstatt mit dem mitgeteilten Berechnungsergebnis mit den genannten Einzelbeträgen zustande gekommen ist (LG Aachen NJW 1982, 1106) oder ob der Besteller ggf Mehrkosten bei von ihm verantworteter Fehlinterpretation des Leistungsverzeichnisses zu tragen hat (vgl BGH BauR 1993, 595, 596 f). Allerdings soll der Unternehmer bei ihm zumutbarer Überprüfung der Ausschreibung und deren erkennbarer Fehlerhaftigkeit weder Mehrkosten abrechnen dürfen noch einen Anspruch aus cic, gestützt auf eine Verletzung von § 9 VOB/A bzw auf die daraus entnehmbaren verallgemeinerbaren Grundsätze haben (BGH NJW 1994, 850, 850 f). Hilft die Auslegung nicht weiter, ist der Vertrag regelm unwirksam infolge eines Dissenses, § 154 Abs 1, soweit nicht ein beiderseitiger Irrtum der Parteien den Anwendungsrahmen von § 313 eröffnet. Eine Anpassung des Vertrages kommt jedoch grds nur soweit in Betracht, als eine Anpassungsweigerung der von dem Kalkulationsfehler begünstigten Partei gegen das Verbot des venire contra factum proprium (§ 242) verstoßen würde (BGH NJW-RR 1995, 1360: wenn eine Partei sich die fehlerhafte Kalkulation der anderen Partei weitgehend zu eigen macht) oder es sich für die andere Partei erkennbar um einen die Existenz bedrohenden Kalkulationsirrtum für die fehlkalkulierende Partei handelt (Düsseldorf NJW-RR 1996, 1419, 1420). Ansprüche aus cic bestehen dagegen nur, wenn die andere Partei den Kalkulationsirrtum positiv erkannt hat (BGH NJW 1980, 180; Nürnberg NJW-RR 1998, 595, 596). 21

b) Täuschung über die Eigenschaft als Architekt. Soweit der Unternehmer bei Abschluss des Werkvertrages aktiv oder durch Unterlassen einer ihm insoweit ggü dem Besteller obliegenden Aufklärungspflicht über seine Berechtigung täuscht, die Berufsbezeichnung (Innen-, Landschafts-) Architekt oder Ingenieur (nach den landesrechtlichen Architekten- und Ingenieurgesetzen) tragen zu dürfen, setzt er sich einer Anfechtungsmöglichkeit nach den §§ 119 Abs 2 und 123 aus (BGH BauR 1998, 1273, 1274). Nach erfolgter Anfechtung sind bereits erbrachte Leistungen bereicherungsrechtlich abzuwickeln; der vermeintliche Architekt darf dabei aller- 22 dings nicht die Mindestsätze der HOAI verlangen, jedenfalls sofern er dadurch über die (unwirksam) vertraglich vereinbarte Vergütungshöhe hinausginge (BGH BauR 1998, 1273, 1275).

23 **II. Pflichten der Werkvertragsparteien. 1. Pflichten des Unternehmers. a) Hauptleistungspflichten des Unternehmers.** Der Unternehmer hat das versprochene Werk rechtzeitig und iSv § 633 frei von Sach- und Rechtsmängeln herzustellen. Für die Bestimmung von Art und Umfang der Leistungspflichten sind grds ausschließlich die Vereinbarungen aus dem Vertrag maßgeblich. Der Vertragsinhalt ist nach den §§ 133, 157 zu ermitteln; soweit die Parteien pauschal die Geltung »der VOB« oder konkreter (auch) der VOB/C vereinbart haben, sind zur Auslegung des vertraglich geschuldeten Leistungssolls auch die unter dem jeweiligen Teil 4 der DIN ausgeführten Abgrenzungen von Nebenleistungen und Besonderen Leistungen heranzuziehen (BGH BauR 2006, 2040, 2042). Angesichts der Erfolgsbezogenheit des Werkvertrages sind jedoch ggf über den iE vereinbarten Leistungskatalog hinaus weitere Leistungen durch den Unternehmer zu erbringen, um die nach dem Parteiwillen beabsichtigte **Funktionsfähigkeit** des geschuldeten Werkes zu erreichen (BGHZ 139, 244, 247; BauR 2003, 236, 238; NJW-RR 2000, 465, 466; zur erhöhten Vergütung infolge erhöhten Arbeitsumfangs Rz 43). Dies kann im Einzelfall auch die Überprüfung der Funktionsfähigkeit der versprochenen Leistung als eigenständigen und ungeschriebenen Teil der Herstellungspflicht umfassen (BGHZ 133, 155, 164: Pflicht bei EDV-Vertrag über Implementierung eines Datensicherungsprogramms im gewerblichen Bereich, die Funktionsfähigkeit der Datensicherung zu überprüfen. Soweit dieser Teil der Hauptleistungspflicht nicht erbracht wurde, besteht ausnahmsw auch nach Abnahme für die Fehlerfreiheit der Leistung iÜ eine Beweislastumkehr zu Lasten des Unternehmers, BGHZ 133, 155, 166 ff).

24 Neben der **Herstellung** des Werkes hat der Unternehmer die Pflicht, dem Besteller dieses zu »verschaffen«, § 633 Abs 1. Dabei ist unter **Verschaffung** – wie vor dem SchRModG unter Ablieferung des Werkes (§ 631 Abs 1 S 2 aF) – jede dem jeweiligen Vertragsgegenstand entspr Einräumung des ungestörten Genusses des Werkes zu verstehen (Staud/*Peters* Rn 18), wobei dazu die (oftmals von Rechts wegen eintretende, § 946) Eigentumsverschaffung und/oder Besitzverschaffung von Sachen, die Einräumung von Rechten, eine Gebrauchseinweisung oder sonstiges erforderlich werden kann. Ob und ggf welche Pläne, statischen Berechnungen oder Nachweise (zB Schallschutzgutachten) als Gegenstand der Verschaffungspflicht herauszugeben sind, ist im Einzelfall (sachverständig) zu ermitteln: Als Faustregel gilt, dass sämtliche, unmittelbar den Gebrauch tatsächlich oder rechtlich betreffende Unterlagen herauszugeben sind, während lediglich für die Herstellung erforderlichen Unterlagen beim Unternehmer verbleiben können (zB Rohr- oder Kabelleitungspläne sind für spätere Wartungsarbeiten erforderlich, weshalb ihre Erstellung und Herausgabe grds Hauptleistungspflicht sein dürfte; der Ausführung dienende selbst gefertigte Detailskizzen muss der Unternehmer wiederum nicht herausgeben). Anders, als § 633 Abs 1 nach seinem – der Angleichung an die kaufrechtliche Pflichtenregelung in § 433 Abs 1 S 2 geschuldeten – Wortlaut vermuten ließe, besteht allerdings keine originäre, in jedem Falle geltende Eigentumsverschaffungspflicht des Unternehmers, denn der Herstellungsauftrag kann sich im Einzelfalle auch auf Gegenstände beziehen, die nicht im Eigentum des Bestellers stehen (zB Kleinreparaturauftrag des Wohnungsmieters; Kfz-Reparaturauftrag an Leasingfahrzeug) oder bei denen eine Eigentumsübertragung der Sache nach ausgeschlossen ist, etwa bei Beförderungsleistungen oder Theateraufführungen (so auch: PWW/*Leupertz* § 633 Rn 10; Palandt/*Sprau* § 633 Rn 3; aA: *Thode* NZBau 2002, 297, 302) oder bei Übersetzungsleistungen (wohl aber besteht dort ggf die Pflicht zur Einräumung von urheberrechtlichen Nutzungsrechten, die sinnvollerweise im Übersetzungsvertrag gesondert vereinbart und neben dem Werklohn auch gesondert vergütet werden sollten, vgl *Cebulla* Urheberrecht S 98 ff). Der Gesetzgeber hat lediglich eine sprachliche Angleichung vorgenommen; eine inhaltliche Veränderung der Hauptleistungspflichten ist – da die Grenzen zwischen Kauf- und Werkvertrag nicht verwischt werden sollten – mit der Begriffsneuerung »Verschaffung« nicht erfolgt.

25 Für die **Fälligkeit der Werkleistung** gilt die jeweilige Vereinbarung. Die Parteien können durch eine Terminsvereinbarung den Werkvertrag zu einem (relativen) Fixgeschäft iSv § 323 Abs 2 Nr 2 machen mit der Folge, dass es für den Rücktritt des Bestellers nicht einer vorherigen Fristsetzung bedarf. Ebenso mag auf Grund der Natur der Sache ein absolutes Fixgeschäft vorliegen, wenn Herstellung und Verschaffung der Werkleistung sinnvoll nur zu einem ganz bestimmten Zeitpunkt erbracht werden können (LG Karlsruhe NJW 1994, 947, 947 f: Essen im Restaurant; AG Passau NJW 1993, 1473: Konzertveranstaltung). Mit leistungslosem Ablauf einer dem jeweiligen Fixgeschäft angemessenen Toleranzzeit tritt automatisch Unmöglichkeit mit den Folgen der §§ 275, 283, 326 Abs 1 ein. Soweit der Vertrag dazu keine Aussagen trifft und auch die Auslegung des Vertrages keine Leistungszeit ergibt, ist der Fälligkeitszeitpunkt unter Berücksichtigung aller Umstände des Einzelfalls zu ermitteln: Grundsätzlich hat der Unternehmer im Zweifel mit der Herstellung alsbald zu beginnen (§ 271) und sie in angemessener Frist zügig zu beenden (BGH BauR 2004, 331, 332; NJW-RR 2001, 806). Für die Rechtzeitigkeit der Leistung ist auf die Ablieferung des Gesamtwerkes abzustellen (BGH NJW-RR 1997, 1376, 1377). Anders als für den Herstellungsanspruch gilt für den Verschaffungs- bzw Ablieferungsanspruch, dass dieser nicht vor der Abnahme fällig wird: Der Besteller kann grds nur Zug um Zug gegen Werklohnzahlung die Ablieferung verlangen (Staud/*Peters* Rn 17; BaRoth/*Voit* Rn 47).

26 Der Unternehmer hat die Werkleistungen grds **nicht in Person** zu erbringen (BGHZ 89, 369, 374; WPM 1983, 1315, 1317). Eine höchstpersönliche Leistungspflicht besteht – abgesehen von untergeordneten Hilfs-

und Vorarbeiten – lediglich dort, wo es nach dem Vertragsgegenstand üblicherweise maßgeblich auf die persönliche Herstellung ankommt, zB bei künstlerischen oder wissenschaftlichen Leistungen. Ob dem Unternehmer damit allerdings nur der Einsatz bei ihm angestellter Hilfspersonen oder auch die Weiterreichung des Auftrags ganz oder teilw an selbständige **Subunternehmer** eröffnet ist, ist umstr (dafür: BaRoth/*Voit* Rn 45; Erman/*Schwenker* Rn 30; WP/*Werner* Rn 1054; dagegen: Staud/*Peters* Rn 34; MüKo/*Busche* Rn 73; unklar: PWW/*Leupertz* Rn 22; Palandt/*Sprau* Rn 12). Auch wenn es dem Besteller idR ausschließlich um den Leistungserfolg gehen mag, darf der Unternehmer nicht ohne weiteres für die Herstellung Subunternehmer einsetzen. Anderenfalls verkürzte man die sich auch in der Auswahl des jeweiligen Unternehmers zum Ausdruck gebrachte Autonomie des Bestellers. Werkverträge werden typischerweise nicht als Massengeschäfte abgeschlossen (dies dürfte lediglich im Rahmen von § 651 der Fall sein), vielmehr kommt es dem Besteller idR auch auf die Person seines Vertragspartners an. Dürfte der Unternehmer jederzeit zur Erfüllung Subunternehmer einsetzen, ließe man dieses Interesse des Bestellers, durch den Vertragsschluss auch die Person des Vertragspartners zu wählen – zumindest auf der Primärleistungsebene – weitgehend außer Acht. Deshalb ist der in § 4 Nr 8 Abs 1 VOB/B enthaltene Rechtsgedanke zu verallgemeinern, wonach dem Unternehmer der Einsatz von selbständigen Subunternehmern grds nur aufgrund Vereinbarung erlaubt sein soll, ansonsten nur bei Leistungen, die nicht den Schwerpunkt der Leistung ausmachen und für welche der Betrieb des Unternehmers nicht eingerichtet ist. Rechtsfolge eines unbefugten Einsatzes von Subunternehmern ist – nach Abmahnung – die Eröffnung eines Kündigungsgrundes aus wichtigem Grund (§ 649 Rz 17 f). IÜ bleibt es auch bei einem unerlaubten Einsatz eines Subunternehmers für das Verhältnis zwischen Unternehmer und Besteller bei den allg Werkvertragsregeln.

Soweit zulässigerweise der Unternehmer zur Leistungserbringung Subunternehmer einsetzt, wird terminologisch unterschieden zwischen dem Generalunternehmer und dem Generalübernehmer: Der **Generalunternehmer** hat sich zur Durchführung des Gesamtwerkes verpflichtet, führt dazu allerdings nur einzelne Teilleistungen selbst aus, während er iÜ zur Leistungserbringung selbständige Subunternehmer einsetzt. Der **Generalübernehmer** wiederum tritt in die Stellung des Bestellers, dem ggü er sich zur Herstellung des Gesamtwerkes verpflichtet hat, und lässt sämtliche Leistungen durch Subunternehmer ausführen (BGH NJW 1978, 1054, 1055). Vertragsverhältnisse bestehen stets nur unmittelbar zwischen dem Hauptbesteller und dem Generalüber- bzw Generalunternehmer einerseits, zwischen den letzteren und den jeweiligen Subunternehmern andererseits. Der Einsatz von Subunternehmern begründet keine Ansprüche des (Haupt-) Bestellers ggü den Subunternehmern (BGH NJW 1981, 1779). Dies gilt auch dann, wenn im Einzelfall vereinbart ist, dass der Besteller die Leistungen des Subunternehmers selbst abrufen darf und auch die Abrechnung unmittelbar im Verhältnis Besteller/Subunternehmer erfolgen soll (BGH WM 1974, 197, 198). Aus der strikten Trennung der Vertragsverhältnisse folgt zudem, dass im Verhältnis von Hauptunternehmer zum Subunternehmer soweit keine Erfüllung eintritt, als der Subunternehmer noch ausstehende Teile seiner ggü dem Hauptunternehmer geschuldeten Leistung auf Grund eines gesondert geschlossenen Vertrages direkt für dessen Auftraggeber erbringt (BGH NJW 2007, 3488, 3489 f): die unmittelbar ggü dem Hauptauftraggeber erbrachten Leistungen sind dem Subunternehmer ggü dem Hauptauftragnehmer unmöglich geworden, die Vergütung richtet sich ggf nach § 326 Abs 2 (BGH NJW 2007, 3488, 3490). Von Gesetzes wegen können die ansonsten strikt voneinander zu trennenden Vertragsverhältnisse allerdings im Rahmen der sog Durchgriffsfälligkeit gem § 641 Abs 2 einer Verbindung unterliegen, iE vgl § 641 Rz 11 f. Wegen Besonderheiten im Rahmen des Mängelgewährleistungsrechts bei der werkvertraglichen Leistungskette vgl § 634 Rz 25. **27**

Verpflichten sich mehrere Personen zur Herstellung einer einheitlichen Leistung, sind diese – namentlich im Baurecht – grds als Gesellschaft bürgerlichen Rechts gem den §§ 705 ff miteinander verbunden (sog Arbeitsgemeinschaft oder **ARGE**, vgl BGH NJW 1952, 217) und haften idR als Gesamtschuldner. Typischerweise werden im Baurecht mehrere Unternehmer nebeneinander beauftragt, jeweils in sich abgeschlossene Leistungen für ein Gesamtwerk zu erbringen. Die Rechtsverhältnisse bei solcher **Nebenunternehmerschaft** beurteilen sich jeweils in dem einzelnen Vertragsverhältnis zu dem Besteller, auch dann, wenn erst nach Fertigstellung des Gesamtwerkes eine Abnahme erfolgt (BGH NJW 1970, 38, 39 f). Grundsätzlich haften Nebenunternehmer, auch im Falle von Vor- und Nachunternehmerschaft nicht als Gesamtschuldner (Oldenburg OLGR 2004, 6, 7; WP/*Werner* Rn 1969). Eine Ausn davon gilt für den Fall, dass Mängel von beiden Nebenunternehmern verursacht wurden und nur einheitlich beseitigt werden können (BGH NJW 2003, 2980, 2980 f), vgl § 634 Rz 23. Zu Prüfungs- und Hinweispflichten des Nachunternehmers hinsichtlich der Qualität der Leistungen des Vorunternehmers: Rz 34. IdR ist der einzelne Nebenunternehmer nicht Erfüllungsgehilfe der anderen Nebenunternehmer im Verhältnis zum Besteller und auch nicht Erfüllungsgehilfe des Bestellers in dessen Verhältnis zu den anderen Nebenunternehmern (BGH BauR 1985, 561, 562 f; Hamm NJW-RR 1998, 163, 164). Anders ist es allerdings, wenn ein Unternehmer Pflichten des Bestellers in dessen Verhältnis zu Nebenunternehmern übernommen hat, bspw Planung und Koordination von Ausführungsgewerken durch den Architekten. Der Architekt ist in solchen Fällen Erfüllungsgehilfe des Bestellers in dessen Vertragsverhältnis mit den mit der Ausführung beauftragten Unternehmern (BGHZ 95, 128, 131; BauR 2002, 86, 88). Der Besteller muss sich ein Verschulden des Architekten jedoch nur soweit gem § 254 als eigenes Mitverschulden zurechnen lassen, als ihm seinerseits im Verhältnis zum ausführenden Unternehmer Nebenpflichten obliegen (Köln NJW-RR 2002, 15, **28**

17 f; Hamm BauR 2001, 1761, 1763 f): So schuldet der Besteller keine Bauüberwachung, weshalb der zur Bauüberwachung eingesetzte Architekt nicht Erfüllungsgehilfe des Bauherrn sein kann (BGH NJW-RR 2002, 1175, 1175 f).

29 **b) Nebenpflichten des Unternehmers. aa) Allgemeines.** Neben den Hauptleistungspflichten treffen den Unternehmer stets die Verpflichtungen nach § 241 Abs 2, auf die Rechte, Rechtsgüter und Interessen des Bestellers Rücksicht zu nehmen und diesen vor Schaden zu bewahren. Dies gilt auch vorvertraglich mit den nach § 311 Abs 2 (**cic**) geregelten Folgen, weshalb grds auf die dortige Kommentierung Bezug genommen wird. Darüber hinaus bestehen Überschneidungen hinsichtlich der Rechtsfolgen von Nebenpflichtverletzungen auch mit der sog **positiven Forderungs- oder Vertragsverletzung (pFV bzw pVV)**, insoweit wird auf die Kommentierung zu § 241 Abs 2 verwiesen. Wegen der **Einbeziehung Dritter** in den Schutzkreis der Nebenpflichten wird auf die Kommentierung zu § 328 Bezug genommen. Grundsätzlich sind Nebenunternehmer nicht in den Schutzbereich des Vertrages einbezogen (BGH NJW 1970, 38, 40; 1996, 2927, 2929). Auf der anderen Seite unterfällt im Verhältnis zwischen General- und Subunternehmer der (Haupt-) Besteller nicht dem Schutzbereich des Werkvertrages, denn dieser hat gegen den Generalunternehmer vertragliche Schadensersatzansprüche, weshalb es typischerweise an der Schutzbedürftigkeit des Bestellers fehlen wird (BaRoth/*Voit* Rn 69). Hinsichtlich der Einbeziehung sonstiger Dritter in den Schutzbereich des Subunternehmervertrages gilt dies etwa für den Grundstückseigentümer beim Bau auf fremdem Grundstück (Celle NJW-RR 1999, 1693).

30 Umfang und Inhalt der Nebenpflichten des Unternehmers werden, auch soweit sie sich aus dem überragenden Fachwissen des Unternehmers herleiten (Beratungs- und Hinweispflichten), grds nicht dadurch beschränkt, dass der **Besteller selbst fachkundig** ist (BGH MDR 2001, 502; skeptisch: BaRoth/*Voit* Rn 51), denn es handelt sich insoweit regelm um leistungsbezogene Pflichten und Gegenstand der Hauptleistungspflicht ist der vom Unternehmer garantierte Erfolg. Wollte man die Leistungspflichten des Unternehmers ggü dem fachkundigen Besteller beschränken, liefe dies auf die Annahme einer – tatsächlich nicht existenten – Kontroll- und Prüfungspflicht des Bestellers hinsichtlich der unternehmerischen Werkerstellung hinaus. Soweit der Besteller **Sonderfachleute** eingesetzt hat, reduziert sich allerdings die Überprüfungspflicht des Unternehmers in den entspr Bereichen: So hat der Statiker lediglich auf offensichtliche Fehler des Architektenwerkes hinzuweisen, ohne dass ihn eine Überprüfungspflicht des gesamten Architektenwerkes trifft (Köln NJW-RR 1986, 183, 184); der Generalunternehmer ist nicht verpflichtet, die Planung eines Fachingenieurs zu überprüfen (Düsseldorf NJW-RR 1995, 82, 84).

31 **Rechtsfolge** von Nebenpflichtverletzungen kann zum einen ein Schadensersatzanspruch (pVV, cic) sein, zum anderen können sie den Besteller zum Rücktritt berechtigen (§§ 323, 324 – je nach Leistungsbezogenheit der Nebenpflicht). Daneben kann die hinreichend schwere Nebenpflichtverletzung wichtiger Grund für eine Kündigung sein. Im Einzelfall handelt es sich bei der Nebenpflicht auch um eine akzidentielle Verpflichtung im Rahmen der eigentlichen Werkerstellung (MüKo/*Busche* Rn 74) und damit um einen Teil der Hauptleistungspflicht (BGH NJW 2000, 280, 280 f), nämlich wenn die Erfüllung der Nebenpflicht zugleich erforderlich für den Erfolg der Werkherstellung selbst ist (bspw die Tauglichkeit des verwendeten Materials für den beabsichtigten Erfolg). Die Verletzung einer solchen sog **Nebenleistungspflicht** bestimmt sich nach § 634 (BaRoth/*Voit* Rn 54). Ob es sich um die Verletzung einer Nebenleistungspflicht oder nur einer Nebenpflicht handelt, ist im Einzelfalle zu ermitteln (Beispiele für Nebenleistungspflichten aus der Rspr: BGH NJW 2001, 2024, 2025: Beratungspflicht; Düsseldorf NJW-RR 1996, 46: Beratungs- und Planungspflicht; BGH NJW 2000, 280, 280 f: Prüfungspflicht; BGH VersR 1975, 41: Sicherungspflicht; BGH VersR 1969, 1039: Schutzpflicht, BGH BauR 1976, 142, 143 f: Sorgfaltspflicht). In aller Regel hat der Unternehmer keine vertragliche Nebenpflicht, den Besteller auf das Vorhandensein von Mängeln seiner Werkleistung hinzuweisen, vielmehr besteht grds nur eine Obliegenheit des Unternehmers zur **Mangeloffenbarung**, deren Verletzung ggf Rechtsverluste des Unternehmers nach den §§ 634a, 639 bewirkt. Lediglich im Einzelfall, etwa bei besonders sicherheitsrelevanten Mängeln besteht die aus § 241 Abs 2 folgende Nebenpflicht des Unternehmers, den Besteller auf diese Mängel hinzuweisen (vgl BaRoth/*Voit* Rn 68).

32 Im Rahmen der §§ 138, 639 und – bei Vereinbarung von AGB – der §§ 307 ff können die Parteien **Haftungsbeschränkungen** bzgl Nebenpflichtverletzungen vereinbaren. Der Umfang des Haftungsausschlusses ist in jedem Einzelfalle durch Auslegung zu ermitteln: So wird etwa die Haftung eines Architekten für die fehlerhafte Auskunft über die Gefährlichkeit eines Bauwerkes nicht durch die Klausel aufgehoben, die Haftung sei auf Schäden am Bauwerk beschränkt (BGH BB 1971, 415; vgl dazu auch BGH NJW 1971, 1130 f).

33 **bb) Nebenpflichten vor und bei Auftragsannahme.** Bereits im Zeitpunkt der Vertragsanbahnung treffen den regelm mit einem überlegenen Sachwissen ausgestatteten Unternehmer **Beratungs- und Überprüfungspflichten**. Diese betreffen zunächst die Frage, ob der durch den Vertrag **bezweckte Erfolg** überhaupt eintreten kann. Ist dies tatsächlich oder wirtschaftlich ausgeschlossen oder zumindest zweifelhaft, hat der Unternehmer den Besteller darauf hinzuweisen (BGH NJW-RR 1996, 789, 791: Aufklärungspflicht, dass beabsichtigter Trocknungserfolg mit Heizungsanlage nicht eintreten würde; Düsseldorf NJW-RR 1998, 810: materialbedingte nicht ganzjährige Nutzung eines Wintergartens zu Wohnzwecken; BGH NJW-RR 1987,

1305, 1306; Hamm NJW-RR 1992, 1329, 1330: Aufklärung über Unwirtschaftlichkeit des Auftrags; LG Hannover MDR 1998, 1278: fehlende Wirkung der beauftragten Anzeige mangels hinreichender Verbreitung der Zeitschrift). Bei einem Reparaturauftrag hat der Unternehmer auf gegebene Möglichkeiten hinzuweisen (bspw auf die Datenwiederherstellung, BGH NJW 2000, 2812, 2812 f). Alsdann hat der Unternehmer **Unklarheiten**, namentlich von Leistungsverzeichnissen durch Nachfrage aufzuklären (Köln NJW-RR 1999, 51, 52: Nachfragepflicht wegen lückenhaften Pflichtenheftes im Rahmen der Softwareentwicklung) und auf **Fehler des Angebotes** hinzuweisen, auch wenn diese nur noch die Tätigkeit anderer Unternehmer betreffen können (BGH MDR 1983, 392; NJW 1981, 1779: Auswahl nicht gleitsicherer Fliesen für eine Schwimmbeckenumrandung durch den Architekten). Sofern Bedenken bestehen, ob von dem Werk selbst (BGH MDR 1988, 134: gesteigerte Hinweispflicht bei neuartigen, nicht erprobten Anlagen) oder im Zusammenhang mit anderen, bereits bestehenden oder geplanten Anlagen Gefahren ausgehen, hat der Unternehmer bereits vor Auftragsannahme darauf hinzuweisen (RGZ 127, 14, 17). Dies gilt auch, wenn das **Material** oder die auszuführende **Herstellungstechnik** (ausnahmsw) vom Besteller vorgegeben werden und Bedenken an ihrer Anwendbarkeit bestehen (BGH DB 1993, 1281: unerprobte Technik; Köln BauR 1990, 103: unerprobtes Material). Voraussetzung ist insoweit allerdings, dass die Bedenken auslösenden Tatsachen für den Unternehmer erkennbar sind (BGH NJW 2002, 1565). Der Umfang vorvertraglicher Hinweispflichten ist allerdings **begrenzt auf das Werk des Unternehmers** und dessen Eignung zur Erreichung des beabsichtigten Erfolges. Keinesfalls muss der Unternehmer darauf hinweisen, dass andere Unternehmer aus Sicht des Bestellers etwa wegen eines besseren Services günstiger wären (Düsseldorf NJW-RR 1997, 1283, 1284). Auch muss der Unternehmer, der nur mit der Herstellung einer Teilleistung beauftragt ist, lediglich deren Tauglichkeit für den Gesamterfolg überprüfen, er muss jedoch nicht auch die von anderen Unternehmern geschuldeten Teilleistungen auf deren Tauglichkeit hin überprüfen (BGH NJW 2000, 2102, 2103).

cc) **Nebenpflichten bei Vertragsdurchführung.** Sobald sich im Rahmen der Werkherstellung konkrete **34**
Anhaltspunkte für eine Gefährdung der Vertragsdurchführung oder für die bestimmungsgemäße Nutzung des Werkes ergeben, hat der Unternehmer Anlass zur **Aufklärung, Information und Beratung** des Bestellers (BGH NJW-RR 1987, 664, 665). Der in § 4 Nr 3 VOB/B enthaltene Rechtsgedanke gilt über § 242 auch im sonstigen Werkvertragsrecht. Deshalb hat der Unternehmer auch nach Vertragsschluss den Besteller auf sämtliche Bedenken hinsichtlich der Erreichung des beabsichtigten Erfolges hinzuweisen, die erst nach erneuter Prüfung, während der Bauausführung oder infolge neuerer technischer Entwicklungen entstehen mögen (vgl KG NJW-RR 2001, 1385, 1386: Architekt schuldet die Planungsänderung hinsichtlich modernerer und kostengünstigerer Baumaßnahmen). Der Unternehmer muss die vom Besteller zur Werkherstellung überlassenen Materialien ebenso auf ihre Tauglichkeit prüfen wie die vom Besteller gestellte Planung (BGH NJW 2000, 280, 280 f). Dasselbe gilt für nicht sachgemäße Anweisungen des Bestellers (Köln NJW-RR 1994, 1045, 1046) oder Gestaltungswünsche des Bestellers, die die Tauglichkeit des Werkes beeinträchtigten (BGH WM 1996, 1918, 1921). Soweit diesem zumutbar, besteht auch eine **Prüfungs- und Hinweispflicht** des Nachunternehmers bzgl der Qualität der Leistungen des Vorunternehmers (Hamm BauR 2001, 1761, 1762) und zwar einmal hinsichtlich der Brauchbarkeit der Vorleistungen im Hinblick auf sein nachfolgendes Werk (BGHZ 95, 128, 133) und zum anderen auch auf ohne weiteres erkennbare Mängel der Vorleistungen (BGH NJW-RR 20011, 1102; Koblenz VersR 2005, 1699). Verletzt der Unternehmer die auf das Vorgewerk bezogene Prüfungspflicht, hat er allerdings ggf nur das eigene Gewerk wieder- bzw erstmals herzustellen, nicht aber das mangelhafte Vorgewerk (Koblenz VersR 2005, 1699). Insoweit liegt dogmatisch eine Obliegenheit, keine (Neben-) Pflicht des Unternehmers vor: Er haftet etwa für die fehlende Funktionstauglichkeit des Werkes auch dann, wenn diese ausschließlich auf fehlende Leistungen Dritter zurückzuführen ist, auf die der Unternehmer den Auftraggeber nicht hingewiesen hat (BGH BauR 2008, 344, 348 f); Aufklärung und Hinweis seitens des Unternehmers befreien diesen also von der ansonsten bestehenden Haftung für die fehlende Funktionstauglichkeit. Der Architekt hat eine eigenständige Nebenpflicht zur Aufklärung über fehlerhafte Kostenschätzungen (BGH BauR 2005, 400, 403). Keine gesonderte Offenbarungspflicht, sondern lediglich eine Offenbarungs-Obliegenheit besteht für den Unternehmer hinsichtlich von ihm erkannter und für den Besteller maßgeblicher Mängel des Werkes im Rahmen von § 634a Abs 3 S 1; zu den Rechtsfolgen: § 634a Rz 12 ff.

Grundsätzlich treffen den Unternehmer auch **Obhuts- und Verwahrungspflichten**. Dabei gehen Obhuts- **35**
pflichten in entspr Anwendung von § 618 dahin, vom Besteller (und von Dritten im Anwendungsbereich des Vertrags mit Schutzwirkung zugunsten Dritter, § 328 analog) Schäden abzuwenden (BGHZ 33, 247, 248 f). Gegenstände des Bestellers, die dem Unternehmer zur Bearbeitung überlassen werden oder aus anderen Gründen der Einwirkungsmöglichkeit des Unternehmers unmittelbar ausgesetzt sind, hat dieser vor Schaden zu bewahren. IÜ muss er ihm zumutbare Sicherungsmaßnahmen treffen (zur Sicherung von Kfz-Werkstätten: BGH NJW 1983, 113; Nürnberg VersR 1979, 361, 361 f). Dies gilt auch für Gegenstände, für welche der Besteller – auch ohne Eigentümer geworden zu sein – bereits Zahlungen an den Unternehmer oder Dritte geleistet hat, da der Besteller insoweit das Insolvenzrisiko des Unternehmers trägt (BaRoth/*Voit* Rn 63; MüKo/*Busche* Rn 80). Soweit der Besteller dem Unternehmer Werkzeug überlässt, entspricht die vom Unternehmer dahingehend geschuldete Sorgfaltspflicht derjenigen eines Entleihers hinsichtlich der entliehenen Sache (BGH MDR 2002, 749, 750). Ist die Ausführung des Werkes geeignet, sonstiges Eigentum des Bestellers

zu gefährden, hat der Unternehmer in zumutbarer Weise für eine Absicherung zu sorgen: Wird bei Bauarbeiten etwa das Dach geöffnet, ist die Öffnung gegen Niederschlag zu sichern (Celle NJW-RR 2003, 15, 16; anders, wenn ausschließlich die Dachöffnung die geschuldete Werkleistung darstellt und eine Notabsicherung nach den Vertragsumständen nicht erforderlich ist, Düsseldorf BauR 2001, 1760, 1761).

36 Eine gesonderte **Versicherungspflicht** des Unternehmers hinsichtlich der in seinen Besitz gelangten Gegenstände des Bestellers besteht grds nur bei ausdrücklicher Vereinbarung. Die Vereinbarung kann auch schlüssig getroffen werden, dazu genügt allerdings nicht, dass der Werkvertrag einen bes wertvollen Gegenstand des Bestellers zum Inhalte hat, welcher zur Bearbeitung beim Unternehmer verbleibt (bspw bei Rahmung eines wertvollen Bildes, Reparatur eines wertvollen Instrumentes oder Schmuckstücks). Hier ist der Unternehmer, soweit er den bes Wert des Gegenstandes erkannt hat, lediglich verpflichtet, den Besteller ggf auf das Fehlen eines Versicherungsschutzes hinzuweisen (Frankfurt aM NJW-RR 1986, 107, 107 f; Palandt/*Sprau* Rn 15). Anderslautende Auffassungen in der Lit verkennen, dass es dem Wesen des Werkvertrages entgegen steht, den Unternehmer zugleich zu verpflichten, teilw Tätigkeiten eines Versicherungsmaklers auszuführen (anders: Staud/*Peters* § 644 Rn 14, der den Unternehmer in solchen Fällen verpflichten will, dem Besteller eine von jenem abzuschließende Versicherung anzubieten) bzw dass weder eine nicht geäußerte Vorstellung des Bestellers noch etwaige Beweisprobleme des Bestellers geeignet sind, hinreichende Anhaltspunkte für den Abschluss einer konkludenten Nebenpflichtbegründung darzustellen (anders: BaRoth/*Voit* Rn 62, dem es für die Annahme einer schlüssigen Vereinbarung ausreicht, dass der Besteller typischerweise vom Bestehen einer Versicherung ausgehe und anderenfalls kaum den Beweis würde führen können, er hätte bei einem Hinweis auf eine fehlende Versicherung den Gegenstand nicht bei dem Unternehmer zurück gelassen). Im Gegenteil dürfte der Unternehmer typischerweise davon ausgehen können, dass der Besteller in seinem Eigentum stehende Kostbarkeiten hinreichend versichert hat. Zudem verkennen beide abw Auffassungen, dass der Unternehmer den Wert des Gegenstandes nicht immer wird erkennen können und müssen.

37 Eine **Auskunftspflicht** des Unternehmers kann sich zunächst im Falle der gleichzeitigen Übernahme von Geschäftsführungsaufgaben ergeben, namentlich dann, wenn der Unternehmer auf Rechnung des Bestellers Verträge mit Dritten abschließt und abrechnet. Hier folgt eine Auskunfts- und Rechenschaftspflicht bereits aus § 666 (vgl BGHZ 41, 318, 320 f). Darüber hinaus kann der Unternehmer auskunftspflichtig sein, soweit der Inhalt der Auskunft erforderlich ist, um die Vertragsgemäßheit des Werkes überprüfen zu können, etwa zum Nachweis über die Behandlung mit Holzschutzmitteln (Rostock NJW-RR 1995, 1422).

38 Nur aufgrund einer Vereinbarung hat der Unternehmer **Sicherheiten** in Form von Vorauszahlungs-, Erfüllungs- oder Gewährleistungsbürgschaften zu stellen, wobei eine solche Vereinbarung wirksam auch in AGB getroffen werden kann (BGH NJW-RR 2004, 814, 815). Unzulässig ist jedoch (jedenfalls bei Bauverträgen) die Forderung einer Bürgschaft auf erstes Anfordern (BGH NJW 2002, 2388, 2389).

39 Ausnahmsw kann den Unternehmer auch eine Pflicht zu **wirtschaftlicher Betriebsführung** treffen, nämlich wenn die Parteien im Rahmen der Gegenleistung eine Stundenlohnabrede getroffen haben: Eine fehlerhafte Betriebsorganisation hat in diesem Fall nicht nur negative Auswirkungen auf die Kalkulation des Unternehmers, sondern betrifft unmittelbar auch die Interessen des Bestellers, weshalb eine schuldhafte Verletzung dieser Nebenpflicht dem Besteller einen Schadensersatzanspruch aus pVV gewährt (BGH NJW 2000, 1107, 1107 f). Die Darlegungs- und Beweislast für eine dahingehende Nebenpflichtverletzung trägt nach den allg Grundsätzen der Besteller (vgl auch: Celle NJW-RR 2003, 1243, 1245).

40 **dd) Nebenpflichten nach Werkerstellung.** Auch nach Verschaffung des hergestellten Werkes können den Unternehmer noch Nebenpflichten treffen: Zunächst hat der Unternehmer **Warnpflichten**, sofern von dem hergestellten Werk Gefahren ausgehen können (LG Stuttgart NJW-RR 1998, 960: Hinweis auf die Erforderlichkeit des Nachziehens der Radmuttern nach Reifenmontage). Sofern Gefahren von dem Werk deshalb ausgehen, weil der Besteller die vorzeitige Einstellung der Arbeiten anordnet, hat der Unternehmer auch darauf hinzuweisen (Karlsruhe VersR 1979, 61, 62). Auch vor Gefahren, die lediglich durch unsachgemäßen Gebrauch des Werkes erzeugt werden, hat der Unternehmer zu warnen, allerdings nur, sofern ein solcher unsachgemäßer Gebrauch jedenfalls nahe liegt (BGH NJW-RR 1987, 664, 665). **Nachvertragliche Treuepflichten** können gem § 242 auch dahin bestehen, dass der Unternehmer den Besteller auf später erkannte Gefahren des Werkes hinweisen muss. Treuepflichten sind iÜ nicht soweit auszudehnen, dass der Unternehmer im Einzelfall auch zur Übernahme von Reparaturleistungen oder zur Aufrechterhaltung der Ersatzteilversorgung verpflichtet ist (so BaRoth/*Voit* Rn 68); dies erscheine vor der aus der Privatautonomie fließenden Vertragsbindungsfreiheit einerseits und vor einem für den Unternehmer nicht abschätzbaren, ausufernden Haftungsrisiko andererseits als zu weitgehend. Der Unternehmer ist indessen verpflichtet, über die im Rahmen der Verschaffung erfolgte Bedienungseinweisung hinaus, ggü dem Besteller auch eine **Einweisung in die Wartung** des errichteten Werkes vorzunehmen (BGH NJW-RR 1987, 664, 665). Hinsichtlich einer **Herausgabepflicht von Plänen etc**: vgl Rz 24. Soweit sein Auftraggeber **Rechnungen** an Dritte zu Erstattungszwecken weiterleiten kann, ist der Unternehmer auch zur Rechnungslegung gem § 242 verpflichtet. Zur Pflicht, **Mehrwertsteuer** auf den Rechnungen gesondert auszuweisen: Rz 44 f.

ee) Erfüllung der Beratungs- und Hinweispflichten. Die Erfüllung der Beratungs- und Hinweispflicht setzt grds voraus, dass sie unmittelbar ggü dem Besteller erfolgt. Nur soweit der Besteller sich eines Sonderfachmannes bedient und sich dieser nicht den Hinweisen verschließt, kann bspw auch ggü dem Architekten der Hinweispflicht genügt werden. Namentlich, wenn es um Planungsmängel geht, genügt der Hinweis an den planenden und Bauaufsicht führenden Architekten nicht (BGH NJW-RR 1989, 721, 722; BauR 1997, 301). Der Hinweis kann grds formfrei erfolgen; nach § 4 Nr. 3 VOB/B ist für den VOB-Vertrag die Schriftform verbindlich. Zu Beweiszwecken sollte auch der Unternehmer des BGB-Werkvertrages Hinweise stets in schriftlicher Form erteilen. Ihrem Inhalt nach haben Hinweise zum einen konkret die Bedenken des Unternehmers für den Besteller nachvollziehbar darzustellen und dabei auch etwaige Folgen der Nichtbeachtung für den Besteller sichtbar zu machen. Umfang und Inhalt der Bedenkenanzeige sind jedoch im Einzelfall unter Berücksichtigung des jeweiligen Bedenkens, des Kenntnisstandes des Unternehmers sowie des Kenntnisstandes des Bestellers und der von ihm herangezogenen Sonderfachleute zu ermitteln. Keinesfalls reicht eine pauschale oder gar beschönigende Ausführung als hinreichende Bedenkenanzeige aus (BaRoth/*Voit* Rn 53). 41

2. Pflichten des Bestellers. a) Hauptleistungspflichten des Bestellers. Der Besteller schuldet dem Unternehmer als **Hauptleistungspflichten** grds die **Vergütung** und die **Abnahme** des vertragsgem hergestellten Werkes (§§ 631 Abs 1, 632 Abs 2, 640; zur Abnahme vgl die Kommentierung zu § 640). Die Vergütung muss nicht in Form einer Geldleistung erfolgen, die Parteien können stattdessen jede andere Gegenleistung (Abtretung einer Forderung, Übertragung von Eigentum etc) vereinbaren. Im Hinblick auf die Vergütungspflicht ist jedoch zu berücksichtigen, dass diese abdingbar ist (vgl oben Rz 15). Die Parteien können darüber hinaus Mitwirkungspflichten des Bestellers, die anderenfalls idR nur Obliegenheiten darstellen (§ 642 Rz 2 f), als Hauptpflichten vereinbaren. Zur Sicherung des Vergütungsanspruches vgl §§ 647–648a. 42

aa) Vergütungspflicht. Hauptleistungspflicht des Bestellers ist neben der Abnahme des Werkes (vgl dazu § 640) die Entrichtung der **vereinbarten Vergütung**. sofern nichts anderes vereinbart wurde. Diese deckt allerdings grds nur die ausbedungene Leistung ab. Über den vereinbarten Leistungsumfang hinaus erforderlich werdende **Zusatzleistungen**, um das Werk – wie grds geschuldet – auch funktionstauglich herzustellen, werden von der Vereinbarung nicht erfasst (vgl PWW/*Leupertz* Rn 2, 38; Palandt/*Sprau* § 632 Rn 4). Eine Vergütung für solche Zusatzleistungen ist idR nur bei ausdrücklicher oder schlüssiger Vereinbarung geschuldet – anders bei Vereinbarung der VOB/B (vgl dazu unten zu § 2 VOB/B Rz 69 f; zur Vergütungsanpassung wegen Kalkulationsirrtums oder zum Schadensersatzanspruch – aus cic – wegen Verstoßes gegen § 9 VOB/A: Rz 21). Die bloße Entgegennahme des funktionsfähigen Werkes reicht regelm nicht aus, darin zugleich einen konkludenten Vertragsschluss hinsichtlich der Zusatzleistungen zu sehen (BGH NJW 1997, 1982). Ob als Ausfluss der Kooperationspflicht aus § 242 (dazu BGH BauR 2000, 409, 410) der Unternehmer einen Anspruch gegen den Besteller hat, mit der Durchführung erforderlicher Zusatzleistungen beauftragt zu werden (PWW/*Leupertz* Rn 2) ist zumindest fraglich: Unabhängig davon, dass die Annahme einer solchen Vertragsabschlusspflicht mit dem Grundsatz der Vertragsfreiheit nur schwer in Übereinstimmung zu bringen ist, dürfte sich zur Lösung der Problematik eher eine entspr Anwendung der §§ 642, 643, 649 Abs 1 S 2 anbieten: Der Unternehmer hat einen Entschädigungsanspruch gegen den Besteller und nach fruchtlosem Fristablauf auch ein Kündigungsrecht nebst Vergütungsanspruch wegen der bis zur Kündigung erbrachten Leistungen, sofern der Besteller nicht seiner Obliegenheit nachkommt, die zur Herstellung eines funktionsfähigen Werkes erforderlichen Zusatzleistungen ggü dem Unternehmer oder einem Dritten zu beauftragen. Wegen rechtsgrundlos erbrachter Zusatzleistungen des Unternehmers bedürfte es dann grds keines Rückgriffs auf die Regelungen der GoA oder auf das Bereicherungsrecht. Der Unternehmer erhielte für eine aufgedrängte Bereicherung keinen Werklohn und der gesetzlichen Wertung aus § 681 S 1 würde Beachtung geschenkt: Immerhin soll nach dem Willen des Gesetzgebers in erster Linie eine Entschließung des Geschäftsherren, letztlich also eine Vereinbarung maßgeblich sein. Soweit nicht, wie auch in § 681 S 1 vorgesehen, im Rahmen der Werkherstellung ein Umstand eintritt, der eine umgehende Erweiterung der Leistung erforderlich macht, ist auch praktisch nicht ersichtlich, weshalb der Unternehmer nicht eine Beauftragung seitens des Bestellers nach Hinweis auf weitere erforderliche und zu vergütende Leistungen abwarten können sollte (anders: BGHZ 113, 315, 323: zur ordnungsgemäßen Vertragserfüllung notwendige Zusatzleistungen sind idR über GoA gem §§ 683, 670 oder Bereicherungsrecht zu vergüten. Etwaige Ansprüche stehen keinesfalls nebeneinander: Bei Vorliegen einer berechtigten GoA stellt diese einen Rechtsgrund für die Leistung dar, BGH BauR 1994, 110, 110 f; iErg wie der BGH auch PWW/*Leupertz* Rn 2; BaRoth/*Voit* Rn 84). 43

Der vereinbarte Werklohn ist grds ein Endpreis iSd § 1 Abs 1 S 1 PAngVO, die **gesetzliche Mehrwert-** bzw **Umsatzsteuer** ist darin also enthalten. Auch ein allg Handelsbrauch, dass sich die Mehrwertsteuer zum vereinbarten Werklohn addiere, existiert nicht (BGH WPM 1973, 677, 678; München NJW-RR 1993, 415; aA: Ingenstau/Korbion/*Keldungs* § 2 VOB/B Rn 105, soweit im Bauvertragsrecht beide Parteien eingetragene Kaufleute sind). Die Parteien können aber eine andere Preisvereinbarung treffen (»Nettopreis«); für eine solche Vereinbarung trägt der Unternehmer die Beweislast (BGH NJW 2001, 2464). Gesetzliche Ausn von dem Grundsatz nach § 1 Abs 1 S 1 PAngVO sehen etwa für Rechtsanwälte VV 708 RVG und für Architekten und Ingenieure § 9 Abs 1 S 1 HOAI vor. Davon zu unterscheiden ist die Pflicht zur Ausweisung der Mehrwert- 44 steuer im Rahmen der Rechnungslegung nach § 14 Abs 2 UStG: Danach müssen Bauhandwerker bei sämtlichen Aufträgen, sonstige Werkunternehmer nur bei Aufträgen ggü Unternehmern iSv § 14 und juristischen Personen Rechnungen ausstellen, die ua das Nettoentgelt, den Steuersatz und den Steuerbetrag ausweisen (zum erforderlichen Inhalt: § 14 Abs 4 UStG). **Bauhandwerker** und sämtliche Empfänger von Bauhandwerkerleistungen, die Verbraucher sind, müssen zudem die §§ 14b Abs 1 Satz 5, 14 Abs 4 Nr 9 UStG beachten: Besteller haben für zwei Jahre ab dem Schluss des Jahres, in dem die Rechnung ausgestellt worden ist, diese in lesbarer Form aufzubewahren; der Bauhandwerker hat die Besteller auf diese Verpflichtung hinzuweisen; für Unternehmer iSv § 14 gilt ohnedies eine zehnjährige Aufbewahrungspflicht gem § 14b Abs 1 UStG. Soweit der Unternehmer seiner dahingehenden Nebenpflicht zur gesetzmäßigen Rechnungsausstellung nicht nachkommt, steht dem Besteller jedenfalls ein **Zurückbehaltungsrecht** gem § 273 zu (Koblenz, Urt v 06.09.2001 – Az 5 U 219/01 – juris Rn 35), dies insbes, weil dem Besteller von Bauhandwerkerleistungen gem § 26a Abs 1 Nr 2, Nr 3 UStG wegen Verletzung der Aufbewahrungspflicht ein Bußgeld droht. Die fehlende Rechnungslegung hindert indes nicht die Fälligkeit des Vergütungsanspruches, vgl § 641 Rz 4.

45 Ist der Besteller einer Bauleistung ein Unternehmer iSd § 2 UStG oder eine juristische Person des öffentlichen Rechts, ist bei der Vergütung des Werklohns **§ 48 EStG** zu beachten: Grds ist von der Gegenleistung (Werklohn einschließlich Umsatzsteuer) ein **Steuerabzug** für Rechnung des Unternehmers in Höhe von 15 % vorzunehmen und das auf diese Weise Einbehaltene an das für den Unternehmer zuständige Finanzamt abzuführen (zum Verfahren: § 48a EStG). Wegen der Ausnahmen von der Steuerabzugsverpflichtung: § 48 Abs 2 EStG (soweit der Bauunternehmer seine Werklohnforderung abtritt, ist für eine Befreiung von der Steuerabzugsverpflichtung eine Freistellungsbescheinigung des Zedenten und nicht des Zessionars erforderlich, BGHZ 163, 103, 107). Mit der Abführung des einbehaltenen Betrages tritt grds Teilerfüllung der Werklohnforderung (auch im Falle der Abtretung der Werklohnforderung, BGH NJW-RR 2005, 1261, 1262) in der entspr Höhe ein, es sei denn, dem Besteller der Bauleistung war aufgrund der ihm zum Zeitpunkt der Zahlung bekannten Umstände eindeutig erkennbar, dass eine Verpflichtung zum Steuerabzug nicht bestand (BGHZ 163, 103, 108 f). Inwieweit § 48 EStG vor dem Hintergrund der **Dienstleistungsrichtlinie** Bestand haben wird, ist ungewiss; zur Europarechtswidrigkeit der ähnl belgischen Bestimmung vgl EuGH BauR 2007, 94 ff.

46 Einen **Skontoabzug** kann der Besteller nur bei Vereinbarung vornehmen. Ein davon abweichender Handelsbrauch existiert nicht (Palandt/*Heinrichs* § 157 Rn 16; BaRoth/*Voit* Rn 85). Wirksamkeitserfordernis für eine Skontierungsabrede ist die konkrete Angabe der Skontofrist. Diese beginnt mit dem Zugang einer prüfbaren Rechnung, soweit eine solche erforderlich ist (Karlsruhe NJW-RR 1999, 1033, 1034). Darlegungs- und Beweislast obliegen insoweit dem Besteller (Düsseldorf NJW-RR 2000, 545; LG Aachen NJW-RR 1986, 645, 646). Für die Einhaltung der Skontofrist kommt es wiederum grds auf die Zahlungshandlung, nicht auf den Eingang der Zahlung an (BGH NJW 1998, 1302; Saarbrücken NJW-RR 1998, 1664, 1665); anders im Einzelfalle dann, wenn dies (konkludent) vereinbart ist (Karlsruhe NJW-RR 1999, 1033: bei Bezugnahme auf § 16 VOB/B). Weicht der gezahlte Betrag von dem nach dem Vertrag geschuldeten Rechnungsbetrag auch nur geringfügig zum Nachteil des Unternehmers ab, ist ein Skontoabzug ausgeschlossen (KG BauR 2005, 764).

47 Im Bereich des Bauvertragsrechts ist für Architekten- und Ingenieurleistungen ausschließlich das Preisrecht der Honorarordnung für Architekten und Ingenieure (**HOAI**) zu beachten. Werden die Mindestsätze der HOAI unzulässigerweise unterschritten, handelt der Unternehmer, der sich auf die Mindestsätze der HOAI beruft, im Einzelfalle treuwidrig (iErg: BGHZ 136, 1, 9 f). Sofern Bauleistungen und lediglich im Nebenleistungsbereich auch Ingenieur- oder Architektenleistungen erbracht werden, kann die Vergütung unabhängig von den Mindest- und Höchstsätzen der HOAI vereinbart werden (BaRoth/*Voit* Rn 73).

48 **bb) Vergütungsmodelle. Einheitspreisvertrag.** Grundmodell der werkvertraglichen Vergütungsregelung ist der Einheitspreisvertrag: Für einzelne, technisch abgrenzbare Teilleistungen, die nach Maß, Gewicht oder Stückzahl festgelegt werden können, werden jeweils Einzelpreise festgelegt, deren Summe den Gesamtpreis ergibt. Welcher Werklohn tatsächlich geschuldet ist, steht beim Einheitspreisvertrag typischerweise erst nach Abschluss der Arbeiten fest: Die – regelm in einem Leistungsverzeichnis enthaltenen – einzelnen Leistungspositionen (technische Teilleistungen) müssen mengen- und massenmäßig erfasst werden, die dann ermittelten sog Vordersätze werden sodann mit den jeweiligen Einheitspreisen multipliziert und ergeben jeweils einen sog Positionspreis. Die Summe der Positionspreise wiederum ergibt den Vertragspreis, der regelm von dem ursprünglich vereinbarten Vertragspreis abweichen kann. Die Vereinbarung eines Einheitspreises bedeutet daher inzidenter, dass Mengen- und Massenabweichungen erfasst sein sollen (PWW/*Leupertz* Rn 38). Grds wird daher nur unter Maßgabe der üblichen, strengen Voraussetzungen eine Vertragsanpassung nach den Regeln vom Wegfall der Geschäftsgrundlage gem § 313 Abs 2 veranlasst sein (anders im Anwendungsbereich der VOB/B, für welchen § 2 Nr 3 eine Vertragsanpassung für Mengen- und Massenabweichung ab 10 % vorsieht, s.u. Rz 70 f). Will der Besteller sein Risiko durch eine Höchstpreisabrede begrenzen, bedarf dies einer hinreichend eindeutigen Regelung (Frankfurt aM NJW-RR 1989, 20, 21). Für die Abrechnung des Einheitspreisvertrags ist eine nachvollziehbare Rechenschaftslegung erforderlich, die dem Unternehmer obliegt (Düsseldorf NJW-RR 1992, 1373). Haben die Parteien das zur Abrechnung erforderliche sog Aufmaß, also die unter Berücksichtigung etwaiger DIN-Normen durchgeführte Ermittlung der erbrachten Mengen und Massen, gemeinsam festgestellt, liegt darin zugleich ein deklaratorisches Anerkenntnis des Umfangs der erbrachten, aber nicht auch der vertraglich geschuldeten Leistungen (BGH NJW-RR 1992, 727; Hamm NJW-RR 1991, 1496, 1497). Dem Bauherrn bleiben also grds Einwendungen gegen den Werklohnanspruch des Unternehmers erhalten, soweit diese nicht die gemeinsam festgestellten Maße betreffen (BGH BauR 1992, 371, 372). Die Bindungswirkung des gemeinsamen Aufmaßes setzt allerdings voraus, dass die allg gültigen Aufmassbestimmungen bei der Ermittlung des Aufmaßergebnisses eingehalten wurden (BGH BauR 1975, 211, 212: Aufmaßbestimmungen nach der DIN 18300), sie entfällt wieder, wenn eine Vertragspartei den Beweis führt, dass die Feststellungen unrichtig sind und sie diese Unrichtigkeit bei Aufmaßnahme nicht gekannt hat (Hamm NJW-RR 1991, 1496, 1497).

Pauschalpreisvertrag. Die Parteien können ausdrücklich oder konkludent eine Vergütung dergestalt vereinbaren, dass deren Höhe unabhängig von den konkreten Umständen der Leistungserbringung und der Einschätzung des Leistungsumfangs durch den Unternehmer feststehen soll. Das Risiko des Mehraufwandes soll also bei dem Unternehmer, dasjenige eines unvorhergesehenen Minderaufwandes beim Besteller liegen. Ob die Parteien eine solche Pauschalierung vereinbaren wollten, ist durch Auslegung zu ermitteln: Abzugrenzen ist die Pauschalpreisvereinbarung von der Gewährung eines Rabattes (zu weit allerdings WP/*Pastor* Rn 1181; BaRoth/*Voit* Rn 74, die bereits bei einer Addition der Einzelpositionen und anschließender Abrundung des Preises einen Rabatt eher annehmen wollen als eine Pauschalierung; wie hier: BGH NJW 1996, 3270, 3270 f: Abrundung stellt Pauschalierung dar). Eine Festpreisabrede muss nicht zugleich eine Pauschalierung der gesamten Leistung darstellen, ebenso kann es sich um eine Preisgarantie handeln mit der Folge, dass der Unternehmer bei Überschreitung schadensersatzpflichtig wird (BGH BauR 1974, 347, 347 f). In der Praxis zu unterscheiden sind der **Detail- und der Global-Pauschalpreisvertrag**: Bei ersterem legen die Parteien idR im Rahmen eines umfänglichen Leistungsverzeichnisses fest, welche konkreten Leistungen pauschal vergütet werden sollen mit der Folge, dass bei Leistungsmehraufwand – sofern ein Nachtragsauftrag erfolgt, s.o. Rz 43 – auch eine weitergehende Vergütung zu erfolgen hat. Beim Global-Pauschalpreisvertrag wird ohne detaillierte Leistungsbeschreibung lediglich das Leistungsziel vorgegeben, hier umfasst die Preispauschalierung regelm sämtlichen zur Erreichung des funktionalen Leistungserfolgs erforderlichen Aufwand. Bei sog komplexen Globalpauschalpreisvereinbarungen beinhaltet dies auch die Planung, so dass auch Planungsänderungen die Pauschalierung regelm nicht beeinflussen (bspw beim Fertighausvertrag). 49

Fehlkalkulationen des Unternehmers gehen bei einer Preispauschalierung grds zu seinen Lasten (BGH NJW 1981, 1442, 1443 f), ein Rückgriff auf die Regeln der GoA ist regelm nicht eröffnet (s.o. Rz 21 f, anders jedenfalls in Fällen erheblicher Leistungsabweichungen, bei denen ein Festhalten an der Vergütungsvereinbarung untragbar wäre: BGH NJW 1974, 1864, 1865; wann eine solche krasse Leistungsabweichung im Einzelfall vorliegt, ist nicht generell anzugeben, BGH NJW-RR 1996, 401; ein Abweichen der tatsächlich erforderlichen von den vertraglich vereinbarten Leistungen im Umfang von 20 % soll mindestens vorliegen, Frankfurt aM NJW-RR 1986, 572). Anderes gilt bei anfänglicher oder nachträglicher Vereinbarung durch die Parteien (Köln NJW-RR 1995, 274: Vereinbarung einer Preisanpassung bei Überschreiten bestimmter Grenzen; BGH NJW 1999, 2661, 2662: Einverständliche Reduzierung des Leistungsumfangs). Ist ausnahmsw die Ausführungsart Gegenstand des Vertrages und verlangt der Besteller dahingehend eine Abänderung, kann dies ebenfalls zu Zusatzvergütungen führen (BGHZ 91, 206, 211 f). Sehen die AGB des Unternehmers Klauseln vor, wonach üblicherweise abgegoltene Leistungsbestandteile Zusatzvergütungen zulassen, sind solche Klauseln regelm nach den §§ 305c Abs 1, § 307 unwirksam (BGH NJW 1984, 171, 172 f; Stuttgart NJW-RR 1998, 1715). Klauseln des Bestellers, die den Ausschluss von Zusatzvergütungen trotz erforderlicher Zusatzarbeiten oder die Verpflichtung des Unternehmers vorsehen, etwaig erforderliche Zusatztätigkeiten vergütungslos zu erbringen, sind regelm nach § 307 unwirksam (BGH NJW-RR 1997, 1513, 1513 f; München NJW-RR 1987, 661 f). 50

Stundenlohnabrede. Die Parteien können auch ganz oder teilw (etwa im Rahmen eines Einheitspreisvertrages) eine Aufwandsvergütung durch eine Stundenlohnregelung vereinbaren. In diesem Fall ist die zur Leistungserbringung benötigte Zeit zu vergüten. Regelmäßig wird der grds dem Unternehmer obliegende Nachweis der erbrachten Stunden durch Stundenlohnzettel erbracht, die neben der Anzahl der geleisteten Stunden die jeweilige Anzahl von Mitarbeitern bei nachvollziehbarer Angabe der durchgeführten Arbeiten enthalten müssen und welche vom Besteller gegengezeichnet werden (nach § 15 Nr 3 VOB/B besteht eine Obliegenheit des Unternehmers zur Einreichung von Stundenlohnzetteln und des Bauherrn zur Prüfung und Bescheinigung ggf unter Aufnahme von Einwendungen; für den Fall, dass der Besteller die Stundenlohnzettel nicht innerhalb einer Frist von sechs Werktagen ab Zugang zurückreicht, bestimmt § 15 Nr 3 S 5 VOB/B, dass die Stundenlohnzettel dann als anerkannt gelten; die Norm ist auf Werkverträge außerhalb des Anwendungsbereichs der VOB/B nicht (analog) anwendbar). Der vom Besteller gegengezeichnete Stundenlohnzettel stellt ein deklaratorisches Anerkenntnis betreffend Art und Umfang der erbrachten Leistung dar (BGH BauR 1994, 760, 761 f), nicht aber zugleich bzgl der Erforderlichkeit der Leistung für das hergestellte Werk (Hamm BauR 2002, 319, 321). Dies hat eine Beweislastumkehr zur Folge, wonach der Besteller den Beweis für die Unrichtigkeit der beanstandeten Stundenlohnzettel erbringen muss und dafür, dass er im Zeitpunkt der Unterzeichnung der Zettel deren Unrichtigkeit nicht erkannt hat (BGH BauR 2000, 1196, 1198; KG BauR 2003, 726). Dass der abgerechnete und gegengezeichnete Aufwand nicht der geschuldeten wirtschaftlichen Geschäftsfüh- 51 rung entsprach und damit nicht erforderlich war, hat ebenfalls der Besteller darzulegen und zu beweisen (BGH BauR 2000, 1197, 1198, aA Hamm BauR 2002, 319, 321), da die unwirtschaftliche Betriebsführung zugleich eine Nebenpflichtverletzung durch den Unternehmer darstellte (Rz 39), die – bei Beweisbelastung des Bestellers – diesem einen Schadensersatzanspruch gewährte.

52 cc) **Fälligkeit.** Die Werklohnforderung wird grds nach den §§ 632a, 641 mit der Forderung von Abschlagszahlungen bzw mit der Abnahme fällig. Da die Werklohnforderung grds bereits mit Vereinbarung des Vertrages entsteht, handelt es sich um eine sog **betagte Forderung** (vgl Staud/*Bork* § 163 Rn 2), auf welche die §§ 272, 813 Abs 2 Anwendung finden. Die Abnahmeverpflichtung des Bestellers wird grds erst zu dem Zeitpunkt fällig, in welchem der Unternehmer das Werk abnahmereif hergestellt und es dem Besteller als solches angeboten hat, § 640.

53 dd) **Abtretung des Vergütungsanspruches.** Grds steht der vollständigen oder teilw **Abtretung** der Vergütungsforderung gem § 398 nichts entgegen; die Abtretung des Vergütungsanspruches hinsichtlich einzelner Posten aus der Schlussrechnung ist allerdings unzulässig (BGH NJW 1999, 417, 418), weil es sich dabei nur um unselbständige Rechnungspositionen und nicht etwa um Teilforderungen handelt. Zu Wirksamkeitshindernissen vgl die Kommentierung zu §§ 398, 399; etwa in Fällen der Übersicherung (Hamm WPM 2002, 451, 453 f) oder in Fällen der Sittenwidrigkeit gem § 138, die auch angenommen wird, wenn mit der Abtretung des Vergütungsanspruches lediglich bezweckt wird, die Aufrechenbarkeit mit Mängelansprüchen zu verhindern (Düsseldorf NJW-RR 2001, 1025, 1026). Abtretungsverbote sind, soweit nicht § 354a HGB Platz greift, auch bei Insolvenz des Unternehmers (BGHZ 56, 228, 230; NJW 1997, 3434, 3435 f) zu beachten, § 399. Steht die Abtretung wirksam unter Zustimmungsvorbehalt seitens des Bestellers, darf dieser die Zustimmung nicht unbillig verweigern (BGH MDR 2000, 263).

54 b) **Nebenpflichten des Bestellers.** Nebenpflichten des Bestellers (zu Obliegenheiten des Bestellers vgl § 642 Rz 2 f) können grds einmal aus konkreter vertraglicher Vereinbarung der Parteien, zum anderen aus den §§ 241 Abs 2, 311 Abs 2 entstammen. Für die Verletzung von Nebenpflichten haftet der Besteller im vorvertraglichen Bereich aus **cic** (§§ 311 Abs 2, 241 Abs 2, 280 Abs 1), iÜ aus **pVV** (§§ 241 Abs 2, 280 Abs 1 ggf iVm § 282). Soweit der Unternehmer Arbeitskräfte oder Subunternehmer einsetzt, sind diese in den Schutzbereich des Werkvertrages einbezogen (Vertrag mit Schutzwirkung zugunsten Dritter gem § 328 analog). **Haftungsfreizeichnungen** sind unter Beachtung von § 309 Nr 7 ggü dem Unternehmer und dessen Subunternehmern möglich, unter Berücksichtigung des aus § 619 entnehmbaren Rechtsgedankens allerdings nicht hinsichtlich der Arbeitnehmer des Unternehmers (BGHZ 26, 365, 372).

55 Soweit die Parteien Nebenpflichten des Bestellers vereinbaren, sind etwaige AGB nur dann – über die **Transparenzkontrolle** nach § 307 Abs 3 S 2 hinaus – der Inhaltskontrolle nach § 307 Abs 1 unterworfen, wenn sie Gegenstände erfassen, die ohnehin zum typischen Leistungsspektrum des Werkvertrages gehören (vgl BGH NJW 2000, 3348); bspw bei einer Klausel, nach der für eine anteilige Baustellenreinigung dem Besteller ein Abzug von 0,5 % der Schlussrechnungssumme gestattet sein soll. Anders ist dies bei der Vereinbarung von weiteren, nicht als eigentliche Nebenleistungen zum Werkvertrag zu verstehenden bes Leistungspflichten, wie etwa der Verpflichtung zum Abschluss einer Bauwesenversicherung gegen Kostenbeteiligung des Unternehmers in Höhe von 2,5 % der Schlussrechnungssumme (BGH NJW 2000, 3348).

56 Bereits **vorvertraglich** treffen den Besteller **Schutzpflichten** ggü dem Unternehmer: Leistungsverzeichnisse haben so vollständig zu sein, dass dem Unternehmer keine Fehlkalkulationen unterlaufen (Stuttgart BauR 1992, 639, 640 f; Düsseldorf NJW-RR 1997, 1378, 1379; vgl Rz 21). Über ersichtlich für den Unternehmer für seine Entscheidung bedeutsame Umstände hat der Besteller jenen aufzuklären (Stuttgart NJW-RR 1997, 1241, 1242).

57 Während der **Vertragsdurchführung** schuldet der Besteller die Beachtung der allg **Schutzpflichten.** Er hat den Unternehmer vor Gefahren, die diesem unerkennbar bei Ausführung des Werkes drohen, zu warnen; eine Gefahrenausschlusspflicht trifft den Besteller dagegen grds nicht (BGH NJW 1998, 456, 458; dort auch zum Umfang der Schadensersatzpflicht: auch Vermögensschaden des Unternehmers wegen Stillstands der Baustelle). Aus der allg **Leistungstreuepflicht** ist der Grundsatz zu entnehmen, dass der Besteller alles zu unterlassen hat, was die Herstellung des Werkes grundlos beeinträchtigt (LG Rostock NJW-RR 2006, 90, 91; wobei die Leistungstreuepflicht ihre Schranken im jederzeitigen Kündigungsrecht des Bestellers findet, allerdings mit den Folgen nach § 649). Dagegen trifft den Besteller keine **Überwachungspflicht** der Arbeiten (BGHZ 95, 128, 131). Auch wenn der Besteller zur Bauaufsicht einen Architekten einsetzt, führen dessen Fehler bei der Aufsicht daher nicht zu einem Schadensersatzanspruch des Unternehmers oder zu einem Mitverschulden im Rahmen eines Schadensersatzanspruches des Bestellers.

58 Analog **§ 618** schließlich hat der Besteller, soweit der Unternehmer und dessen Arbeitnehmer bei ihm tätig werden oder sein Gerät benutzen, Räume bzw Baustellen, Vorrichtungen und Gerätschaften so einzurichten und zu erhalten, dass von ihnen für den Unternehmer und seine Arbeitnehmer keine Gefahren für Leben und Gesundheit ausgehen (BGHZ 5, 62, 66 f). Gem den §§ 618 Abs 3, 844, 845 sind insoweit auch Dritten etwaige Schadensersatzansprüche gegen den Besteller eröffnet. Wegen der Selbständigkeit des Unternehmers ist von diesem jedoch – anders als vom Dienstverpflichteten nach § 618 – eine stärkere Eigenverantwortung

zu verlangen, so dass die Verantwortlichkeit des Bestellers bis hin zum vollständigen Ausschluss wegen Mitverschuldens des Unternehmers gem § 254 (ggf iVm § 846 bei Inanspruchnahme durch Dritte) verringert sein kann (vgl Düsseldorf NJW-RR 1995, 403, 403 f).

c) **Mehrere Besteller.** Stehen auf der Bestellerseite mehrere Personen, sind sie bezogen auf die Haupt- und Nebenpflichten grds **Gesamtschuldner**; ausnahmsw soll dies bei Wohnungseigentümergemeinschaften hinsichtlich der Erstellung der Wohnanlage anders sein (BGHZ 75, 26, 27 f: nur anteilige Haftung der Miteigentümer entspr ihren Miteigentumsanteilen wegen der ansonsten auch für den Unternehmer erkennbaren, ungewöhnlich hohen Belastung. Soweit im Rahmen der Verwaltung die Wohnungseigentümergemeinschaft Verträge eingeht, ist sie teilrechtsfähig mit der Folge, dass der Verband und nicht gesamtschuldnerisch dessen Mitglieder haften, BGH BauR 2007, 1041, 1043). Hinsichtlich der Herstellungs- und Ablieferungspflicht sind mehrere Besteller ein und derselben Leistung idR **Mitgläubiger** iSv § 432, da die Leistung regelm unteilbar ist. Liegt ausnahmsw Gesamtgläubigerschaft gem § 428 vor, dürfen die Besteller jeweils die vollständige Leistung an sich fordern. Auf der Sekundärleistungsebene ist gleichfalls idR auf die Teilbarkeit der Leistung abzustellen: Nacherfüllungsanspruch und Kostenvorschussanspruch sind auf unteilbare Leistungen gerichtet (idR also Mitgläubigerschaft nach § 432), während Schadensersatzansprüche und Ansprüche auf Erstattung der Ersatzvornahmekosten auf eine teilbare Leistung gerichtet sind (idR also Teilgläubigerschaft gem § 420; vgl Staud/*Peters* Anh III zu § 638 Rn 18; BaRoth/*Voit* Rn 97). Für die Erklärung der Minderung enthalten § 638 Abs 2 und für die Rücktrittserklärung § 351 jeweils Sonderregelungen: sie können nur von allen Bestellern gemeinsam erklärt werden. 59

III. Beendigung des Werkvertrages. Regulär endet das Werkvertragsverhältnis durch beidseitige Erfüllung der Hauptleistungspflichten iSd §§ 362 ff, iÜ gelten grds die allg Regeln (bspw Abwicklung nach Bereicherungsrecht im Falle der Unwirksamkeit des Vertrages oder aufgrund Geschäftsführung ohne Auftrag bei vollmachtloser Vertretung, vgl dazu, auch wegen der Abrechnung bei Nichtigkeit wegen Verstoßes gegen das SchwArbG § 632 Rn 12 f; Unmöglichkeit gem § 275) oder die anerkannten ungeschriebenen Auflösungsgründe (bspw Aufhebungsvertrag, vgl dazu § 649 Rz 16; Novation; Konfusion). Für den Besteller sehen § 649 S 1 ein allg Kündigungsrecht und § 650 Abs 1 ein bes Kündigungsrecht für den Fall der wesentlichen Überschreitung des Kostenanschlags vor. Im Falle einer Kündigung enthält § 649 Sonderregelungen. Die allg Regeln erfahren im Falle des Rücktrittsrechts in den §§ 634, 636 eine Sonderregelung. Für den Unternehmer sehen § 643 im Falle des Verzugs des Bestellers mit Mitwirkungshandlungen und § 648a Abs 5 im Falle unterbliebener Sicherheitsleistung besondere Kündigungsrechte vor. 60

C. VOB. I. Allgemeines. Die Vergabe- und Vertragsordnung (bis 2002: Verdingungsordnung) für Bauleistungen (VOB) besteht insg aus drei Teilen: Teil A (DIN 1960) beinhaltet Regelungen zur Vergabe von Bauleistungen und betrifft grds nur das Verhältnis zwischen Bauunternehmern und öffentlichen Bauherren; legt ein Privater allerdings einer Ausschreibung die VOB/A vorbehaltlos zugrunde, begründet er in gleicher Weise wie ein öffentlicher Auftraggeber Vertrauen und haftet ggf in gleicher Weise (BGH MDR 2006, 984). Teil B (DIN 1961) enthält die allg Vertragsbedingungen für die Ausführung von Bauleistungen und Teil C (DIN 18299 ff) führt die Allg Technischen Vertragsbedingungen für Bauleistungen (ATV) aus. Im Rahmen der Kommentierung der §§ 631 ff sind idR nur die Vorschriften der VOB/B von Interesse. Die VOB/B hat keine Rechtsnormqualität (BGH BauR 1997, 1027, 1028), sondern enthält ausschließlich standardisierte Vertragsbedingungen, die rechtsgeschäftlich vereinbart werden können und beruht auf Beschlüssen des Deutschen Vergabe- und Vertragsausschusses (vormals: Verdingungsausschusses) für Bauleistungen (DVA), in welchem neben Vertretern der öffentlichen Hand Wirtschafts- und Berufsverbände aus dem Bauwesenbereich auf Besteller- (in der VOB: Auftraggeber) wie auf Unternehmerseite (in der VOB: Auftragnehmer) vertreten sind. Aktuell gilt seit ihrer Bekanntmachung am 18.10.2006 im Bundesanzeiger die **VOB/B 2006** in der Fassung vom 04.09.2006 (zu den Änderungen ggü der Vorfassung: *Markus* NJW 2007, 545 ff). 61

II. Vereinbarung der VOB/B/Inhaltskontrolle. Die VOB/B will bereits ihrer offiziellen Bezeichnung nach (»Allgemeine Vertragsbedingungen für die Ausführung von Bauleistungen (VOB/B)« lediglich ein Vertragsmuster für Bauwerksverträge anbieten, anerkanntermaßen handelt es sich bei der VOB/B – als von Dritter Seite, nämlich des DAV vorgefertigtes Klauselwerk zum Zwecke vielfacher Verwendung – auch um **allg Geschäftsbedingungen iSv § 305 Abs 1** (BGH BauR 1997, 1027, 1028). Entsprechend wird die VOB/B inzwischen auch vom Gesetzgeber als Klauselwerk ausdrücklich aufgeführt: §§ 308 Nr 5, 309 Nr 8b) ff). Um konkret das jeweilige Werkvertragsverhältnis zu regeln, bedarf es folglich gem § 305 Abs 2 der Einbeziehung einzelner oder sämtlicher Klauseln in den Bauwerksvertrag (Rz 63 ff). Inwieweit die Regelungen der VOB/B der Inhaltskontrolle der §§ 305 ff unterworfen sind und ggf standhalten vgl Rz 67. 62

1. Einbeziehung der VOB/B in den Bauwerksvertrag. Bei der Frage, ob die VOB/B wirksam Vertragsbestandteil geworden ist, kommt es entscheidend darauf an, wer **Verwender** des Regelwerkes iSv § 305 Abs 2 ist. Verwender ist, auf wessen Veranlassung die Einbeziehung der VOB/B in den Vertrag erfolgt ist (BGHZ 130, 50, 57 f). Das ist im Zweifel derjenige, der die Einbeziehung in irgendeiner Weise als erster verlangt (vgl Kapellmann/Messerschmidt/*von Rintelen* Einl VOB/B Rn 104). Verwender bleibt aber auch derjenige Ver- 63 tragspartner, dessen üblicherweise gebrauchte AGB der andere Vertragspartner in »vorauseilendem Gehorsam« seinem Angebot zugrunde legt (BGH MDR 2006, 1034). Sollte der praktisch seltene Fall eintreten, dass beide Vertragsteile die Einbeziehung der VOB/B gleichzeitig und gleichermaßen unverändert verlangen, fehlt es an einem Verwender iSv § 305 mit der Folge, dass eine Inhaltskontrolle nicht stattfindet (hM, vgl Ulmer/Brandner/Hensen/*P Ulmer* § 305 Rn 29; Kapellmann/Messerschmid/*von Rintelen* Einl VOB/B Rn 102).

64 Gegenüber **Unternehmern** gem § 14, **juristischen Personen des öffentlichen Rechts** und **öffentlich-rechtlichen Sondervermögen** kann die Einbeziehung der VOB/B formlos (auch schlüssig) erfolgen, § 310 Abs 1; es bedarf also nicht eines ausdrücklichen Hinweises auf das Einbeziehungsverlangen bzgl der Regelungen der VOB/B und der zumutbaren Ermöglichung einer Kenntnisnahme ihres Inhaltes iSv § 305 Abs 2. Gegenüber einem im Baugewerbe tätigen Vertragspartner reicht der Hinweis auf die Geltung der VOB/B aus, um sie in den Vertrag einzubeziehen (BGHZ 86, 135, 138). Stets ist jedoch – wie auch ggü Verbrauchern – erforderlich, dass der Vertragspartner des Verwenders der Einbeziehung zumindest schlüssig zugestimmt hat (Ulmer/Brandner/Hensen/*P Ulmer* § 305 Rn 161). Gegenüber **Verbrauchern** bedarf es indes nach § 305 Abs 2 des ausdrücklichen Hinweises auf das Einbeziehungsverlangen und zudem grds der Ermöglichung, vom Inhalt der VOB/B Kenntnis zu erhalten. Dazu ist das Angebot nicht ausreichend, rechtzeitig vor Vertragsschluss, also etwa bei Abgabe des Vertragsangebotes oder sonst im Rahmen der Verhandlungen einen Text der VOB/B auf Wunsch kostenlos zur Verfügung zu stellen (BGH BauR 1999, 1186, 1187; Bremen BauR 2006, 1001). In der Praxis ist in Fällen von Bauwerksverträgen ggü Verbrauchern für eine wirksame Einbeziehung der VOB/B grds die Aushändigung eines Textes bereits mit der Abgabe des Vertragsangebotes empfehlenswert. Dies ist ausnahmsw anders, wenn der Verbraucher für die Vertragsverhandlungen als Vertreter oder Verhandlungsbevollmächtigten mit der Folge der Anwendbarkeit von § 166 einen **Architekten** oder **Bauingenieur beauftragt** hat, da dann auf die Kenntnisse des Architekten bzw des Bauingenieurs abzustellen ist und bei diesen regelm die Kenntnis der VOB/B vorausgesetzt werden kann (vgl Brandenburg BauR 2001, 1115, 1117).

65 Bei **Zusatzaufträgen** ist zu differenzieren: Zunächst können die Parteien vereinbaren, dass die VOB/B auch bei sämtlichen Zusatzaufträgen gelten soll. Soweit es sich um Leistungsänderungen bzw Leistungserweiterungen iSv § 1 Nr 3 oder Nr 4 S 1 VOB/B handelt, bleibt es auch insoweit bei der Geltung der VOB/B, da die VOB/B solche Änderungen selbst vorsieht und der Vertrag danach iÜ unverändert bleibt. Lediglich bei der Beauftragung zusätzlicher Leistungen iSv § 1 Nr 4 S 2 VOB/B und auch dort nur, wenn es sich um einen neuen Vertrag und nicht nur um eine Vertragsergänzung handelt, ist über die (erneute) Einbeziehung der VOB/B zu befinden. Bezieht sich der Zusatzauftrag auf die Ergänzung des bereits bestehenden Vertrages, bleibt es – auch bei Verbrauchern – bei der Geltung der VOB/B. Wird die Leistung jedoch ohne Zusammenhang mit dem bisherigen Leistungsziel (BGH BauR 2002, 618, 619) oder erst nach Abnahme der Leistungen aus dem bereits bestehenden Vertrag gelegentlich der Mängelbeseitigung gefordert (Düsseldorf BauR 1993, 479, 480), liegt regelm ein neuer Vertrag vor. Gegenüber Verbrauchern ist dann grds der erneute ausdrückliche Hinweis auf das Einbeziehungsverlangen hinsichtlich der VOB/B und die Möglichkeit der Kenntnisverschaffung iSv § 305 Abs 2 erforderlich. Handelt es sich beim Vertragspartner nicht um einen Verbraucher, genügt wiederum die formlose, auch konkludente Einbeziehung der VOB/B auch für die Zusatzaufträge. Lediglich der Umstand, dass es sich um einen Folgeauftrag handelt, genügt jedoch nicht für die Annahme einer schlüssigen Einbeziehung der VOB/B (BGH NJW 1992, 1232, 1233), sofern sich nicht zwischen den Parteien bereits eine laufende Geschäftsverbindung ergeben hat (BGH NJW-RR 1991, 570, 571). Ob ein zeitlicher und sachlicher Zusammenhang mit dem Vorauftrag für eine stillschweigende Vereinbarung der VOB/B genügt (so Hamm NJW-RR 1987, 599, 600), ist nur im Einzelfall zu entscheiden (nur zeitlicher Zusammenhang zwischen Erst- und Folgeauftrag reicht jedenfalls nicht: BGH NJW 1992, 1232, 1233).

66 Um welche **Fassung der VOB/B** es sich bei der Einbeziehung der VOB/B handelt, ist durch Auslegung zu ermitteln, sofern die Parteien nicht ausdrücklich eine konkrete Fassung vereinbart haben. Grds wird man dabei annehmen dürfen, dass die Parteien – jedenfalls bei der ausreichenden Vereinbarung, es soll die »jeweils gültige Fassung« gelten (WP/*Werner* Rn 1005) – die im Zeitpunkt des Vertragsschlusses bereits im Bundesanzeiger bekannt gemachte Fassung der VOB/B in ihr Vertragsverhältnis einbeziehen wollten. Zu Sonderfällen vgl Kapellmann/Messerschmidt/*von Rintelen* Einl VOB/B Rn 95 ff.

67 **2. Inhaltskontrolle.** Bei der VOB/B sollte es sich nach früherer Rspr um ein in sich ausgewogenes Vertragswerk handeln, weshalb bei Einbeziehung der **VOB/B als Ganzes** eine Inhaltskontrolle nach §§ 307 ff nicht stattfinden sollte (BGHZ 86, 135, 141 f). Nach dem **Forderungssicherungsgesetz** und diesem vorausgehend der jüngsten Rspr des BGH ist insoweit zu differenzieren: Die auf richterliche Rechtsfortbildung gegründete Privilegierung der VOB/B ist bei Verwendung ggü Verbrauchern nicht gerechtfertigt (BGH Urt v 24.07.2008 – VII ZR 55/07; Begründung des Rechtsausschusses zu den Änderungen durch das Forderungssicherungsgesetz: BTDrs 16/9787 S 17 f) und also eine Inhaltskontrolle in jedem Falle durchzuführen. Bei Verwendung der VOB/B ggü Unternehmern oder einem öffentlichen Auftraggeber ist eine Inhaltskontrolle bei Einbeziehung der VOB/B als Ganzes nach wie vor nicht notwendig, § 310 Abs 1. Sofern der Vertrag allerdings irgendwelche Abweichungen von der VOB/B enthält und zwar unabhängig von Art (AGB, Individualvereinbarung) oder Gewicht der jeweiligen Abweichung (BGH NJW 2004, 1597) und auch, wenn sie sich in einem Vertrag mit einem öffentlichen Auftraggeber findet (BGH MDR 2007, 1068, 1068 f), ist für jede einzelne

Klausel von Amts wegen wiederum die Inhaltskontrolle durchzuführen, sofern sie sich nicht ohnedies zu Lasten des Verwenders auswirkt: Sind Klauseln der VOB/B für den Verwender ungünstig, sind sie in jedem Falle anwendbar (BGH NJW 1987, 837, 838; 1998, 2280, 2281), zu der Frage, wer Verwender der VOB/B ist: Rz 63. Ist die VOB/B nicht als Ganzes vereinbart, sind folgende Judikate im Rahmen der Inhaltskontrolle von Relevanz (wirksam: ja/nein): **§ 1 Nr 4 S 1** (ja, BGHZ 131, 392, 398 f), **§ 2 Nr 5 S 1** (ja, BGHZ 131, 392, 400 f), **§ 2 Nr 6 Abs 1 S 2** (unter Berücksichtigung der dort gefundenen Auslegung ja, BGHZ 133, 44, 48 f), **§ 2 Nr 8 Abs 1 S 1 aF** (nein, BGHZ 113, 315, 322 f; durch § 2 Nr 8 Abs 3 dürfte diese Rspr allerdings überholt sein), **§ 10 Nr 2 Abs 2** (im kaufmännischen Verkehr ja, BGH NJW 1999, 942, 942 f), **§ 12 Nr 5** (nein, Hamm OLGR 1995, 75, 75 f), **§ 13 Nr 4** (für Verbraucherverträge nein, BGH BauR 2003, 380, 381; zweijährige Verjährungsfrist in § 13 Nr 4 aF auch ggü Unternehmern nein, BGHZ 90, 273, 279), **§ 13 Nr 5** (ja, BGH BauR 2008, 353, 355 f), **§ 16 Nr. 3 Abs 1** (nein, Naumburg BauR 2006, 849), **§ 16 Nr 3 Abs 2** (nein, BGHZ 101, 357, 359 ff; 138, 176, 177 ff), **§ 18 Nr 4** (ja, BGHZ 131, 392, 401 f).

III. Einzelne Regelungen. **§ 1 VOB/B** (»Art und Umfang der Leistung«) spricht in Nr 1 S 2 den grds auch im BGB-Bauwerksvertrag anerkannten (vgl zur stillschweigenden Einbeziehung der anerkannten Regeln der Technik in den Werkvertrag: BGHZ 139, 16, 19) Grundsatz aus, dass als Vertragsbestandteil des Bauvertrags auch die Allg Technischen Vertragsbedingungen für Bauleistungen nach der VOB/C gelten. Das Leistungsbestimmungsrecht des Auftraggebers wird in Nr 3 und Nr 4 jedoch ggü dem BGB-Werkvertrag wesentlich erweitert: Der Auftragnehmer ist danach verpflichtet, einseitigen Leistungsänderungen, also auch Leistungserweiterungen von Seiten des Auftraggebers nachzukommen (Vergütungsregelungen trifft insoweit § 2 VOB/B). 68

§ 2 VOB/B (»Vergütung«) regelt die Werklohnansprüche des Auftragnehmers und enthält zugleich Regelungen für die einzelnen Vergütungsmodelle (Nr 2-6 Einheitspreisvertrag, Nr 7 Pauschalpreisvertrag, Nr 10 Stundenlohnarbeiten). Dabei stellen die Regelungen in § 2 Nr 1 und § 2 Nr 2 VOB/B zunächst zwei Grundsätze auf: Einmal, dass die vereinbarten Preise grds alle Leistungen abgelten, die nach der Leistungsbeschreibung und etwaigen zusätzlichen Bedingungen zur vertraglichen Leistung gehören. Zum anderen, dass die Abrechnung nach Einheitspreisen das Grundmodell der Vergütung des VOB-Vertrages darstellt: nur, wenn etwas anderes vereinbart worden ist, soll von diesem Grundmodell abgewichen werden. Letzteres bedeutet jedoch nicht, dass damit bei Streit über die Vereinbarung der Vergütungsart aus § 2 Nr 2 VOB/B zugleich eine Beweislastregel zugunsten einer Einheitspreisvereinbarung besteht, vielmehr obliegen Darlegungs- und Beweislast auch für die Vereinbarung der Vergütungsart dem Unternehmer (BGH BauR 1981, 388, 388 f; 1992, 505, 506). 69

§ 2 Nr 3 VOB/B ergänzt zunächst die Grundsätze aus den vorangegangenen Vorschriften: Auch Mengen- und Massenabweichungen nach oben oder nach unten bis zu 10 %, sollen an den einmal vereinbarten Preisen nichts ändern. Erst ab Mehr- oder Minderleistungen über 10 %, bei Mehrleistungen dann aber auch nur für die diese Grenze überschreitenden Mengen, ist der Preis auf Verlangen eines Vertragspartners neu zu vereinbaren, wobei stets auf den Mengenansatz für jede einzelne Position abzustellen ist (BGH BauR 1976, 135). Hinsichtlich des Anwendungsrahmens dieser Regelung ist zu beachten, dass darunter nur solche Mengenabweichungen fallen, die weder auf eigenmächtiger Überschreitung der Vertragsleistung durch den Unternehmer (dann evtl § 2 Nr 8 VOB/B) noch auf abweichende Anordnungen des Bestellers zurückzuführen sind (dann evtl Fall von § 2 Nr 4 oder Nr 5 VOB/B). Hierher gehören also nur die Fälle von Mengenabweichungen, die auf dem Umstand beruhen, dass bei der Planung, namentlich bei der Mengenberechnung die Baurealität letztlich niemals vollständig und richtig vorausgesehen werden kann. 70

Für die **Neuberechnung des Preises** gilt: Eine etwaige Mengenabweichung ist für jede Position gesondert unter Vergleich mit dem Vordersatz aus dem Leistungsverzeichnis zu berechnen, wobei auch eine Circa-Angabe ein für diese Berechnung hinreichender Vordersatz ist (BGH BauR 1991, 210, 211). Kommt eine Vereinbarung zwischen den Bauwerkvertragsparteien nicht zustande, ist zunächst zu untersuchen, ob für die Vereinbarung bzw Bestimmung eines Neupreises ein Verfahren nach § 18 Nr 2 VOB/B in Betracht kommt (die dem behördlichen Auftraggeber vorgesetzte Stelle kann angerufen werden) oder ob der Vertrag entweder bereits selbst Bestimmungen für diesen Fall getroffen hat oder ein Schiedsverfahren vorsieht; ggf ist der jeweilige Positionsneupreis auch gerichtlich festzulegen. Dazu ist grds ausgehend vom ursprünglichen Preis eine Fortschreibung vorzunehmen (Ausn von diesem Grundsatz sind nur in engen Grenzen zuzulassen, die typischerweise den Grad der Zumutbarkeitsschwelle für den betroffenen Unternehmer überschreiten müssen, vgl iÜ dazu: Kapellmann/Messerschmidt/*Kapellmann* § 2 VOB/B Rn 163 ff). Der Preis setzt sich grds zusammen aus den **direkten Kosten** (Lohn, Material etc für die jeweilige Teilleistung) und den Gemeinkosten. Erstere bleiben idR konstant, ausnahmsw können etwa durch einen erforderlichen erhöhten Geräteeinsatz höhere oder durch verbesserte Einkaufskonditionen bei Mehrabnahme niedrigere direkte Kosten entstehen. **Baustellengemeinkosten** sind idR bereits vollständig bei der Kalkulation der angebotenen Einzelpreise berücksichtigt, so dass hinsichtlich der Mengen über 110 % regelm keine Baustellengemeinkosten bei der Preiskalkulation berücksichtigungsfähig sind. **Allg Geschäftskosten** stellen rein kalkulatorische Positionen dar, die prozentual auf den Gesamtumsatz umgelegt werden, aus diesem Grunde werden sie mit dem jeweils üblichen Prozentsatz auch bei der Neuberechnung des Preises für Mengen über 110 % aufgeschlagen (Schleswig BauR 71

1996, 127, 128). »**Wagnis und Gewinn**« sind grds nicht zu differenzieren, Wagnis ist vielmehr ein unselbständiger Bestandteil von Gewinn oder Verlust. Kalkulatorisch wird bei der Berechnung der Neupreise der jeweilige Prozentsatz für Gewinn aufgeschlagen (vgl zur Kalkulation iE: *Kapellmann/Schiffers* Band 1 Rn 519 ff). Besonderheiten sind für den Umgang mit einer **Mengenminderung** zu beachten: Hier besteht ausschließlich ein Anspruch des Auftragnehmers auf Heraufsetzung des Einheitspreises. Die Berechnung des Neupreises bezieht sich auf die gesamte ausgeführte Menge der jeweiligen Position, nicht etwa nur auf eine 90 % der vereinbarten Menge unterschreitende (BGH BauR 1987, 217, 218). Die Neuberechnung bei einer Mengenminderung soll jedoch nur dann stattfinden, wenn der Bauunternehmer nicht für die Mindermengen durch Mehrmengen bei anderen Leistungspositionen (mehr als 110 %, BGH BauR 1987, 217, 218) oder infolge geänderter oder zusätzlicher Leistungen nach § 2 Nr 5, Nr 6, Nr 7 Abs 1 S 4 oder Nr 8 VOB/B einen Ausgleich erhält. Die Berechnung des Neupreises bei Mengenminderung regelt § 2 Nr 3 Abs 3 S 2 VOB/B abw von der Berechnung bei Mengenmehrungen näher: Eine Unterdeckung der kalkulierten Kosten einschließlich Gewinn soll im Falle einer Mengenminderung um mehr als 10 % verhindert werden, weshalb die Deckungskosten bei der Preisberechnung auf die verringerten Mengen und Massen anzusetzen sind. Dass die Regelung von »im Wesentlichen« spricht, meint – richtig verstanden nach Maßgabe des Regelungszwecks – dass die Kostenbestandteile, die im Wesentlichen zu einem Ausgleichsbetrag führen, die Baustellengemeinkosten und die Allg Geschäftskosten sind; auszugleichen ist darüber hinaus aber auch eine mögliche Unterdeckung bei »Wagnis und Gewinn« und ggf bei den direkten Kosten (Kapellmann/Messerschmidt/*Kapellmann* § 2 VOB/B Rn 152 f). Zur Berechnung des Neupreises bei Fehlen einer Urkalkulation vgl Koblenz BauR 2008, 1893, 1895 ff.

72 **§ 2 Nr 4 VOB/B** regelt unter Verweis auf § 8 Nr 1 Abs 2 VOB/B, dass der Auftragnehmer für den Fall, dass der Auftraggeber im Vertrag abbedungene Leistungen selbst übernimmt, wie bei einer (Teil-) Kündigung nach § 649 seinen Vergütungsanspruch behält, sich allerdings anrechnen lassen muss, was er infolge der (Teil-) Aufhebung des Vertrages an Kosten erspart oder durch anderweitige Verwendung seiner Arbeitskraft und seines Betriebs erwirbt oder zu erwerben böswillig unterlässt; da es sich bei der veränderten Vergütung um Entgelt iSv § 10 Abs 1 UStG für die geänderte Leistung handelt, unterliegt sie der Umsatzsteuerpflicht (BGH BauR 2008, 821, 822).

73 **§ 2 Nr 5 und Nr 6 VOB/B** regeln die Folgen für einseitig vom Bauherrn ausgehende Forderungen ggü dem Bauunternehmer, die entweder die Grundlagen des Preises für bereits vertraglich vorgesehene Leistungen ändern (Nr 5) oder aber Leistungen beinhalten, die bislang noch nicht Vertragsbestandteil waren (Nr 6): einmal ist unter Berücksichtigung der Mehr- oder Minderkosten ein neuer Preis zu vereinbaren (Nr 5) und zum anderen hat der Unternehmer einen Anspruch auf bes Vergütung, deren Höhe sich nach den Grundlagen der Preisermittlung für die vertragliche Leistung und nach den besonderen Kosten der geforderten Leistung bestimmt. Voraussetzung für eine Vergütung nach § 2 Nr 6 VOB/B ist nach Abs 1 S 2 der Regelung, dass der Unternehmer vor Beginn der Leistungsausführung seinen Vergütungsanspruch ankündigt; ohne diese **Ankündigung** entfällt der Vergütungsanspruch (BGH BauR 2002, 312, 313). Ein Verlust des Vergütungsanspruchs für eine zusätzliche Leistung tritt allerdings nicht ein, soweit die Ankündigung im konkreten Fall für den Schutz des Auftraggebers entbehrlich und daher ohne Funktion war oder wenn ihre Versäumung ausnahmsw entschuldigt ist (BGH BauR 1996, 542, 543; 2002, 312, 313), etwa wenn es für den Bauherrn ohnehin keine preisgünstigere Alternative für die vom Unternehmer ausgeführte Zusatzleistung gegeben hätte oder eine sofortige Ausführung der Leistung durch den Auftragnehmer erforderlich war. Prozessual hat in solchen Fällen der Bauherr eine primäre Darlegungslast: Ihm obliegt es darzulegen, dass ihm bei rechtzeitiger Ankündigung nach § 2 Nr 6 Abs 1 S 2 VOB/B preiswertere Alternativen zur Verfügung gestanden hätten. Erst im Anschluss daran muss der Auftragnehmer darlegen und ggf beweisen, dass eine rechtzeitige Ankündigung die Lage des Auftraggebers im Ergebnis nicht verbessert hätte (BGH BauR 2002, 312, 313). Eine entspr Obliegenheit zur vorherigen Ankündigung besteht als Tatbestandsmerkmal für einen Mehrvergütungsanspruch nach § 2 Nr 5 VOB/B nicht, angesichts des eindeutigen Wortlauts der Regelung auch nicht im Wege der Auslegung (Kapellmann/Messerschmidt/*Kapellmann* § 2 VOB/B Rn 198). In § 2 Nr 5 S 2 VOB/B und in § 2 Nr 6 Abs 2 S 2 VOB/B (Vereinbarung der Vergütung vor Ausführung) ist – unabhängig vom jeweiligen Wortlaut der Regelungen – eine **Kooperationspflicht** der Vertragsparteien aufgenommen, die zwar keine Anspruchsvoraussetzung für die Vergütungsansprüche des Unternehmers darstellt, deren Verletzung im Einzelfalle jedoch einen wichtigen Kündigungsgrund darstellen und Schadensersatzansprüche auslösen kann (vgl BGH BauR 2000, 409, 410). Solange der Bauherr seiner auf eine Preisvereinbarung dem Grunde und der Höhe nach zielenden Kooperationspflicht nicht nachgekommen ist, steht dem Unternehmer hinsichtlich der geänderten Leistungen ein Zurückbehaltungsrecht zu (BGH BauR 2004, 1613, 1615). Die Berechnung der (neuen) Vergütung erfolgt methodisch im Wesentlichen entspr derjenigen nach § 2 Nr 3 VOB/B, s.o. Rz 71 und iE zur Neuberechnung: *Kapellmann/Schiffers* Band 1 Rn 1000 ff.

74 **§ 2 Nr. 7 VOB/B** sieht eine Regelung zur **Vergütungspauschalierung** vor, wonach eine Preisanpassung auf Verlangen lediglich bei einer so erheblichen Abweichung der vereinbarten von der ausgeführten Leistung erfolgen soll, dass ein Festhalten an der Pauschalsumme nach Maßgabe von § 313 nicht zumutbar ist. Der Ausgleich soll unter Berücksichtigung der Mehr- oder Minderleistungen anhand der Grundlagen der Preiser-

mittlung erfolgen. Wann die Abweichung erheblich iSd Regelung ist, ist nicht generell etwa in Form einer prozentualen Abweichung vom ursprünglichen Auftragsvolumen, sondern nur im jeweiligen Einzelfalle festzustellen (ob näherungshalber eine Untergrenze von 20% der Gesamtauftragssumme – nicht etwa einzelner Leistungspositionen – angenommen werden kann, lässt BGH BauR 1996, 250, 251 offen). Durch Verweis auf die Regelungen in §2 Nr 4, Nr 5 und Nr 6 VOB/B stellt Nr 7 klar, dass der einseitig durch den Besteller geänderte Leistungsumfang grds zu einer Vergütungserhöhung führt bzw – bei Verringerung – die Vergütungspflicht des Unternehmers nicht berührt werden soll.

§2 Nr. 8 VOB/B stellt in Abs 1 S 1 zunächst den Grundsatz auf, dass Leistungen, die der Auftragnehmer ohne Auftrag oder unter eigenmächtiger Abweichung vom Auftrag ausführt, nicht vergütet werden. Vielmehr seien sie nach Abs 1 S 2 auf Verlangen zu beseitigen und lösten ggf eine Schadensersatzpflicht auf Seiten des Auftragnehmers aus. Anderes soll nach §8 Abs 2 und Abs 3 VOB/B (allg Öffnungsklausel für die Anwendbarkeit der **GoA** gem den §§677ff) gelten, wenn der Auftraggeber die Leistungen später anerkenne oder die Leistungen zur Erfüllung des Werkvertrages notwendig waren, dem mutmaßlichen Willen des Auftraggebers entsprachen und dem Auftraggeber unverzüglich angezeigt wurden. Da die Anzeigepflicht in S 2 Tatbestandsmerkmal für den Vergütungsanspruch des Unternehmers ist, ist S 2 seit Einführung von Abs 3 (1996) praktisch nicht mehr relevant: Nach Abs 3 steht dem Unternehmer in Fällen der GoA die nach §2 Nr 5 und Nr 6 zu berechnende übliche Vergütung als Aufwendungsersatz zu (allerdings nur bis zur Höhe des Vertragspreises, BGH BauR 1992, 761, 762f). 75

Einen Sonderfall vergütungspflichtiger Zusatzleistungen enthält **§2 Nr 9 VOB/B**, wonach der Auftraggeber **Zeichnungen, Berechnungen oder andere Unterlagen**, die er vom Auftragnehmer zusätzlich verlangt, entspr einer Vereinbarung, sonst in Höhe der üblichen Vergütung nach §632 Abs 2 zu vergüten hat. 76

Nach **§2 Nr 10 VOB/B** sind **Stundenlohnarbeiten** nur dann zu vergüten, wenn sie als solche ausdrücklich vor Arbeitsbeginn vereinbart worden sind. Fehlt es an einer solchen Vereinbarung oder ist eine solche Vereinbarung unwirksam, sind die entspr Leistungen nach §2 Nr 5, Nr 6 oder Nr 8 Abs 2 oder Abs 3 VOB/B auf der Basis einer fortgeschriebenen Auftragskalkulation zu entlohnen. Ist eine entspr Fortschreibung mangels Anhaltspunkten nicht durchzuführen, ist nach §632 Abs 2 die übliche Vergütung zu zahlen, die – sofern eine Stundenlohnvergütung üblich ist – durchaus auch zu einer Vergütung auf Stundenlohnbasis führen kann (vgl Kapellmann/Messerschmidt/*Kapellmann/Havers* §2 Rn 319). 77

In **§3 VOB/B** (»Ausführungsunterlagen«) werden im Wesentlichen Mitwirkungspflichten des Bestellers begründet, die im Falle der Verletzung Rechtsfolgen nach §6 VOB/B auslösen können. Eine bes Hinweispflicht des Unternehmers enthält §3 Nr 3 S 2 VOB/B: Er hat vom Auftraggeber erhaltene und zur Vertragsausführung erforderliche Unterlagen auf etwaige Unstimmigkeiten zu überprüfen und den Auftraggeber auf entdeckte oder vermutete Mängel hinzuweisen. 78

§4 VOB/B (»Ausführung«) beschreibt ua umfassend die gegenseitigen **Mitwirkungspflichten** beider Parteien im Verlaufe der Vertragsdurchführung, insoweit konkretisiert die Regelung die auch allg im Werkvertragsrecht geltenden Nebenpflichten und Obliegenheiten der Parteien. Namentlich zu erwähnen ist die allg Hinweispflicht in §4 Nr 3 VOB/B: Danach schuldet der Auftragnehmer die **Anzeige von Bedenken** gegen die vorgesehene Art der Ausführung (auch wegen der Sicherung gegen Unfallgefahren), gegen die Güte der vom Auftraggeber gelieferten Stoffe oder Bauteile oder gegen die Leistungen anderer Unternehmer. Die Bedenkenanzeige ist – nicht nur zu Beweiszwecken, sondern um ihr noch einmal bes Gewicht zu verleihen (BGH BauR 1975, 278) – schriftlich festzuhalten; eine lediglich mündliche Bedenkenanzeige genügt grds nicht, kann im Einzelfalle allerdings eine Mithaftung des Bauherren nach §254 begründen (Koblenz BauR 2003, 1728, 1729). Sie hat so ausf und umfassend, auch unter Darstellung etwaiger Folgen für den Fall des Nichtbefolgens zu sein, dass der Bauherr die mitgeteilten Bedenken im Detail erfassen, sie auf ihre Richtigkeit hin prüfen und Entscheidungen treffen kann (BGH NJW 1975, 1217). Geschuldet ist sie – wegen ihrer Bedeutung für den Bauherren – vom Auftragnehmer selbst oder von dessen Vertreter (BGH NJW 1975, 1217). Die Erstattung der Bedenkenanzeige durch einen Nachunternehmer genügt grds nicht, vermag im Einzelfalle jedoch eine Mithaftung des Bauherrn nach §254 zu begründen. Die Anzeige ist grds ggü dem Besteller oder seinem Vertreter abzugeben (BGH NJW 1975, 1217); verschließt sich der Vertreter, namentlich der dazu eingesetzte Architekt oder ist dessen Leistung selbst Gegenstand der Bedenkenanzeige, muss diese ggü dem Auftraggeber erstattet werden (BGH BauR 1997, 301; Celle BauR 2005, 397, 398f). 79

Daneben enthält die Regelung mehrere originäre Anspruchsgrundlagen: In §4 Nr 5 S 3 VOB/B wird für die Durchführung von **Schutzpflichten** (Winter- und Feuchtigkeitsschutz, Schnee- und Eisberäumung), sofern diese nicht bereits Vertragsgegenstand sind, ein originärer **Vergütungsanspruch** entspr §2 Nr 6 VOB/B begründet. §4 Nr 6 VOB/B statuiert einen Kostenerstattungsanspruch für Selbstvornahmekosten des Auftraggebers, die diesem zur Beseitigung von Stoffen oder Bauteilen von der Baustelle entstehen. Vor allem regelt §4 Nr 7 VOB/B abschließend das **Gewährleistungsrecht bis zur Abnahme**, nach der Abnahme greift §13 VOB/B ein. Abweichend von dem Gewährleistungsrecht in §13 VOB/B enthält §4 Nr 7 VOB/B für den Fall der fruchtlosen Aufforderung zur Mängelbeseitigung verbunden mit der Erklärung der Auftragsentziehung die Eröffnung eines Kündigungsrechts nach §8 Nr 3 VOB/B: Nach fruchtlosem Fristablauf kann der Auftraggeber den Auftrag kündigen, ohne dass es auf ein Verschulden des Auftragnehmers ankäme. Der Auftrag 80 endet nicht automatisch mit dem Fristablauf. § 4 Nr 8 VOB/B eröffnet dem Auftraggeber ein weiteres bes Kündigungsrecht für den Fall, dass der Auftragnehmer die Leistungen ohne Zustimmung an **Nachunternehmer** überträgt. Schließlich regelt § 4 Nr 9 VOB/B, was im Falle von **Schatzfunden** gelten soll; und § 4 Nr 10 VOB/B betrifft die Feststellung des tatsächlichen Zustandes von Teilen der Leistung (nicht mit der Teilabnahme nach § 12 Nr 2 VOB/B zu verwechseln, vgl § 640 Rz 23).

81 **§ 5 VOB/B** (»Ausführungsfristen«) löst die im BGB-Vertrag bestehende Problematik, wann und in welchem Zeitraum die Werkunternehmerleistung zu erbringen ist (vgl Rn 25): Grds hat nach § 5 Nr 1 VOB/B die Ausführung nach den vereinbarten Fristen zu erfolgen. Sind Fristen nicht verbindlich vereinbart, hat der Auftraggeber nach § 5 Nr 2 S 2 VOB/B die Möglichkeit, den Unternehmer zum Beginn der Ausführung aufzufordern: innerhalb von 12 Werktagen nach der Aufforderung muss der Unternehmer dieser nachkommen. Die verzögerliche Fertigstellung der Bauleistung eröffnet dem Auftraggeber nach § 5 Nr 4 VOB/B ein Schadensersatzrecht gem § 6 Nr 6 VOB/B oder auch die Möglichkeit, nach Fristsetzung mit Ablehnungsandrohung den Auftrag gem § 8 Nr 3 VOB/B zu entziehen.

82 Nach **§ 6 VOB/B** (»Behinderung und Unterbrechung der Ausführung«) werden Nebenpflichten beider Parteien begründet, um etwaige Behinderungen bei der Ausführung des Bauwerksvertrages zu vermeiden oder zumindest zu schmälern. Grds wird eine Baubehinderung des Unternehmers jedoch nach § 6 Nr 1 VOB/B nur dann berücksichtigt, wenn dieser die Behinderung schriftlich dem Bauherrn angezeigt hat. Rechtsfolgen bei länger andauernden Behinderungen sind grds das Abrechnungsgebot für bereits fertig gestellte Leistungen (§ 6 Nr 5 VOB/B), ein Kündigungsrecht beider Parteien im Falle einer mehr als dreimonatigen Bauunterbrechung (§ 6 Nr 7 VOB/B) und schließlich ein Schadensersatzanspruch nach § 6 Nr 6 VOB/B für den Fall, dass die hindernden Umstände von einem Vertragsteil zu vertreten sind. Eine Umsatzsteuerpflicht scheidet für den Anspruch aus § 6 Abs 6 VOB/B wegen seiner Natur als Schadensersatzanspruch aus (BGH BauR 2008, 821, 822 f). Haftungsbeschränkend sieht § 6 Nr 6 S 1 Hs 2 VOB/B vor, dass entgangener Gewinn lediglich bei Vorsatz oder grober Fahrlässigkeit ersetzt wird. Diese Haftungsbeschränkung greift nur im Anwendungsrahmen des § 6 VOB/B Platz, namentlich bei den mängelbedingten Schadensersatzansprüchen des Auftraggebers (§§ 4 Nr 7 S 2, 13 Nr 7 VOB/B) findet sie keine Anwendung (vgl BGHZ 48, 78, 80 f).

83 Zu **§ 7 VOB/B** (»Verteilung der Gefahr«), vgl § 644 Rz 9, 645 Rz 14.

84 Zu **§§ 8, 9 VOB/B** (»Kündigung durch den Auftraggeber« und »Kündigung durch den Auftragnehmer«) vgl § 649 Rz 23 f und § 642 Rz 12, § 643 Rz 8. § 8 VOB/B enthält das Kündigungsrecht des Auftraggebers und regelt im Wesentlichen die Rechtsfolgen einer Kündigung durch ihn (bspw **Schadensersatzanspruch** des Auftraggebers für die Mehrkosten der Fertigstellung, § 8 Nr 3 Abs 2 VOB/B; **Vertragsstrafenforderung** lediglich bis zum Tag der Kündigung, § 8 Nr 7 VOB/B). Für die Annahme eines Kündigungsrechts wegen Zahlungseinstellung seitens des Auftragnehmers soll nicht genügen, wenn der Auftragnehmer bereits zweimal die Eidesstattliche Versicherung abgegeben hat bei zuvor ergangenem Haftbefehl (Köln BauR 2006, 1903, 1904). Anders als im BGB-Werkvertragsrecht bedarf es zur Wirksamkeit der Kündigung jedoch der **Schriftform** (§ 8 Nr 5 VOB/B), die Parteien können allerdings (auch konkludent) auf die Einhaltung der Schriftform, namentlich im Rahmen einvernehmlicher Vertragsaufhebung verzichten. Abweichend vom BGB-Werkvertragsrecht sieht § 9 VOB/B ein Kündigungsrecht des Unternehmers vor in Fällen, in denen der Auftraggeber seinen Mitwirkungspflichten nicht nachkommt oder mit fälligen Teilzahlungen in Verzug gekommen ist und ihm der Auftragnehmer zuvor eine angemessene Frist gesetzt hat mit der Erklärung, dass er nach fruchtlosem Ablauf der Frist den Vertrag kündigen werde. Einschränkend statuiert § 9 Nr 2 S 1 VOB/B – als Wirksamkeitsvoraussetzung (BGH NJW 1973, 1463) – ein **Schriftformerfordernis** für die Kündigungserklärung.

85 **§ 10 VOB/B** (»Haftung der Vertragsparteien«) übernimmt zunächst für den Bauvertrag die allg Haftungsregelungen der §§ 276, 279 (Nr 1). Von Gewicht sind allerdings die Nummern 2-6: Diese regeln für den Fall einer gesamtschuldnerischen Verantwortlichkeit der Vertragspartner ggü Dritten, wie im Innenverhältnis der Gesamtschuldnerausgleich vonstatten gehen soll bzw unter welchen Voraussetzungen ein Freistellungsanspruch ggü der jeweils anderen Partei besteht. In den weitaus meisten Fällen gesamtschuldnerischer Haftung ggü Dritten dürfte § 10 Nr 2 Abs 2 VOB/B Platz greifen: Danach trägt der Auftragnehmer im Innenverhältnis den Schaden des Dritten allein, soweit er ihn durch eine Haftpflichtversicherung gedeckt hat oder hätte decken können. Einzig für den Fall, dass das Verschulden des Auftraggebers über den Grad der (einfachen) Fahrlässigkeit hinausgeht, entfällt nach § 10 Nr 5 VOB/B analog die Alleinhaftung des Auftragnehmers (BGH BauR 1999, 414, 416).

86 **§ 11 VOB/B** (»Vertragsstrafe«) wiederholt im Wesentlichen das nach den §§ 339–345 geltende Recht. § 11 Nr 3 VOB/B trifft allerdings eine für die Berechnung der Vertragsstrafe konkretisierende Regelung, was bei einer nach Tagen bemessenen Vertragsstrafe unter Tagen zu verstehen ist (nämlich nur Werktage, wozu auch der Samstag gehört) und wie bei einer nach Wochen bemessenen Vertragsstrafe im Falle von angefangenen Wochen zu verfahren ist (pro Werktag 1/6 der Woche). Soweit – wie meist – Vertragsstrafenversprechen in AGB für den Fall der Bauverzögerung vereinbart werden, ist für die Wirksamkeit der Vereinbarung namentlich zu berücksichtigen, dass diese keinesfalls verschuldensunabhängig sein dürfen (BGH BauR 2008, 508, 509) und die Strafhöhe angemessen ist. Diese sollte grds 0,3 % der Auftragssumme pro Werktag nicht überschreiten, wobei allerdings die Tagessatzhöhe für sich allein grds nicht die Unwirksamkeit der Vereinbarung insg begründen kann (BGH BauR 2008, 508, 509) und es zwingend ist, eine Gesamtstrafenhöhe anzugeben (maximal 5 % der Auftragssumme, BGH NJW 2003, 1805, 1808 f; ausnahmsw iSe geltungserhaltenden Reduktion auch für Altverträge [Vertragsschluss bis 30.06.2003], die unter Berücksichtigung der vormaligen Rspr noch eine Gesamthöhe von 10 % der Auftragssumme enthielten). Soweit Vertragsstrafenversprechen für Einzelfristen gelten, ist das sog Kumulationsverbot zu beachten (vgl Bremen NJW-RR 1987, 468, 469). Die Einhaltung der Fertigstellungsfrist lässt einmal entstandene Vertragsstrafen wegen Verzugs hinsichtlich einzelner Ausführungsfristen nicht entfallen, weil es dem Bauherrn einmal darum geht, möglichst termingerecht das Werk nutzen zu können (Fertigstellungsfrist), während es bei der Vereinbarung von Ausführungsfristen um die Absicherung der oftmals komplizierten Koordination des Bauablaufes geht.

Zu **§ 12 VOB/B** (»Abnahme«) s §§ 640 Rz 28, 644 Rz 9. 87

Zu **§ 13 VOB/B** (Mängelansprüche«) vgl § 633 Rz 21, § 634 Rz 26 ff, § 634a Rz 24 ff, § 635 Rz 17, § 636 Rz 32, 88
§ 637 Rz 18, § 638 Rz 10. § 13 VOB/B greift nur nach Abnahme Platz, vor der Abnahme regelt § 4 Nr 7 VOB/B das Gewährleistungsrecht abschließend; vgl Rz 80.

§ 14 VOB/B (»Abrechnung«) regelt ua eine erheblich vom BGB abw Fälligkeitsvoraussetzung, nämlich eine 89
nach Maßgabe der Vorschrift prüfbare Abrechnung, vgl insoweit § 641 Rz 20. Soweit der Auftragnehmer seine Leistungen nicht prüfbar abrechnet, eröffnet § 14 Nr 4 VOB/B dem Auftraggeber die Option, selbst eine Abrechnung (auf Kosten des Auftragnehmers) vorzunehmen.

Nach **§ 15 VOB/B** (»Stundenlohnarbeiten«) trifft den Auftragnehmer die Nebenpflicht, bei vereinbarten 90
Stundenlohnarbeiten alsbald nach ihrem Abschluss, längstens jedoch vier Wochen danach abzurechnen (Nr. 4). Für den Fall, dass wegen Verspätung der Abrechnung Zweifel über den Umfang der Stundenlohnarbeiten bestehen, ist – wie für eine fehlende Vereinbarung bzw wie im Falle fehlender üblicher Vergütung – nach Maßgabe von § 15 Nr 1 Abs 2 VOB/B eine angemessene Vergütung zu ermitteln. Vorgelegte Stundenlohnzettel hat der Auftraggeber wiederum spätestens nach sechs Werktagen zu bescheinigen; soweit er Einwendungen gegen den Inhalt der Stundenlohnzettel erhebt, kann er diese auf den Stundenlohnzetteln schriftlich vermerken. Nicht zurückgegebene (meint: bescheinigte) Stundenlohnzettel gelten nach § 15 Nr 3 S 5 VOB/B als genehmigt. Zur Wirkung der Genehmigung als deklaratorisches Anerkenntnis und zu den weiteren Rechtsfolgen vgl Rz 51.

§ 16 VOB/B (»Zahlung«) enthält neben einigen »Selbstverständlichkeiten« (Nr 5 Abs 1: Gebot schleuniger 91
Bezahlung; Nr 5 Abs 2: kein Skontoabzug ohne Vereinbarung; zum Skontoabzug: Rz 46) und einigen Gesetzeswiederholungen (Nr 5 Abs 3: Zinsen bei Verzug nach Mahnung) eine Vielzahl gravierender Abweichungen von den BGB-Werkvertragsregeln. Zunächst werden – noch in weiter Übereinstimmung mit § 632a, vgl dort Rz 16 f – Regeln zu Abschlagszahlungen getroffen (Nr 1). Anders als im BGB, das das Erfordernis einer prüfbaren Schlussrechnung nicht kennt, regelt § 16 Nr 3 Abs 1 VOB/B zunächst, dass **Fälligkeit** der Werklohnforderung spätestens zwei Monate nach Zugang der Schlussrechnung eintritt. In § 16 Nr 3 Abs 1 S 2 VOB/B wird die Rspr des BGH übernommen, wonach der Auftraggeber den Einwand der fehlenden Prüfbarkeit der Schlussrechnung verliert, wenn er diesen nicht innerhalb von zwei Monaten nach Zugang der Schlussrechnung erhebt (BGH NJW-RR 2005, 167, 168; zuvor hatte der BGH diese Rechtsfolge bereits für die Honorarschlussrechnung des Architekten entschieden, BGH BauR 2004, 316, 319). Damit geht nicht einher, dass die Schlussrechnung tatsächlich auch prüfbar ist, diese Frage ist lediglich der prozessualen Prüfung entzogen. Dem Bauherrn bleiben allerdings Einwendungen gegen die materielle Richtigkeit der Schlussrechnung (BGH NJW-RR 2005, 167, 168). Eng verbunden mit der Fälligkeitsregelung, sieht § 16 Nr 5 Abs 5 VOB/B ein **Zurückbehaltungsrecht** des Bauunternehmers für den Fall vor, dass der Bauherr mit Zahlungen auf Teilleistungen oder mit Abschlagszahlungen in Verzug ist. Das Leistungsverweigerungsrecht besteht jedoch wegen des der VOB/B zugrunde liegenden Kooperationsgedankens dann nicht, wenn es sich um ganz geringfügige Zahlungsrückstände handelt (Düsseldorf BauR 1975, 428, 429; Ingenstau/Korbion/*Locher* VOB/B § 16 Nr 5 Rn 44). Ein Zurückbehaltungsrecht ist auch mangels Verzugs ausgeschlossen, wenn der Bauherr seinerseits wegen bestehender Mängel (BGH BauR 1999, 1025, 1026) oder wegen noch unausgeführter, jedoch schon abgerechneter Abschlagsleistungen ein Zurückbehaltungsrecht innehat (BGH BauR 1993, 600, 601). Einschneidende Rechtsfolgen für den Unternehmer können schließlich aus § 16 Nr 3 Abs 2-6 VOB/B bei **vorbehaltloser Schlusszahlung** oder dieser gleichgestellten Fällen eintreten. Danach sind zum einen bei der Zahlung nicht berücksichtigte Forderungen aus der Schlussrechnung und zum anderen auch früher gestellte, jedoch noch nicht geleistete und auch sonst auf Nachforderungen beruhende Forderungen des Unternehmers ausgeschlossen, wenn der Bauherr bei Zahlung schriftlich davon unterrichtet wird, dass es sich um eine Schlusszahlung handelt und der Unternehmer diese – trotz entspr Hinweises auf die Rechtsfolgen (in demselben Schreiben, Dresden BauR 2000, 278, 279 f) – vorbehaltlos annimmt. Einer Schlusszahlung steht es gleich, wenn der Auftraggeber unter Hinweis auf bereits geleistete Zahlungen, weitere Zahlungen schriftlich und endgültig ablehnt. Ebenfalls steht die Aufrechnungserklärung nach § 16 Nr 3 Abs 3 VOB/B der Schlusszahlung grds gleich, jedenfalls solange sie nicht zwingenden Vorschriften der Insolvenzordnung, namentlich § 96 Abs 1 Nr 2 InsO, widerspricht (BGH MDR 2007, 1306, 1306 f). Wirksamkeitsvoraussetzung ist dabei stets, dass die Schriftform eingehalten ist (BGH NJW 1999, 944, 944 f) und dass der Hinweis auf die Rechtsfolgen sich nicht allein in einem Hinweis auf die Norm erschöpft, sondern dass eindeutig und verständlich auf die

Rechtsfolgen der vorbehaltlosen Annahme (KG Berlin BauR 2000, 575, 576) und auf die Fristen für die Erklärung des Vorbehaltes (Dresden BauR 2000, 278, 280) hingewiesen wird. Ein Vorbehalt des Unternehmers ist innerhalb von 24 Werktagen nach Zugang der Mitteilung zu erklären und verliert seine Wirkung, wenn er nicht entweder innerhalb weiterer 24 Werktage eingehend begründet oder über die vorbehaltenen Forderungen eine prüfbare Rechnung gelegt wird. Zur Wirksamkeit dieser erheblich von dem Grundgedanken des BGB-Werkvertragsrechts abw Regelung, s.o. Rz 67.

92 **§ 17 VOB/B** (»Sicherheitsleistung«) regelt, was im Falle vereinbarter Sicherheitsleistung gelten soll. Sicherheit in diesem Sinne meint nur diejenige zu Gunsten des Auftraggebers; wegen Sicherheitsleistungen zu Gunsten des Auftragnehmers vgl §§ 647–648a. Grundsätzlich verweist die Regelung auf die gesetzlichen Bestimmungen der §§ 232 bis 240. Soweit der Vertrag nicht bereits eine Festlegung enthält, hat der Auftragnehmer die Wahl, ob er Sicherheit durch Einbehalt oder Hinterlegung von Geld oder durch eine Bürgschaft leistet. Sofern Sicherheit durch Bürgschaft geleistet werden soll, nennt § 17 Nr 2 VOB/B näher umschriebene Kreditinstitute und Kreditversicherer als regelm taugliche Bürgen; inhaltliche Anforderungen an die Bürgschaftsurkunde enthält § 17 Nr 4 S 2 VOB/B. Die grds nach § 17 Nr 4 S 1 VOB/B bestehende Voraussetzung für eine Sicherheitsleistung durch Bürgschaft, dass der Auftraggeber den Bürgen als tauglich anerkannt haben muss, verliert dort ihre Bedeutung, wo es sich um einen Bürgen handelt, der in § 17 Nr 2 VOB/B als **tauglicher Bürge** benannt ist: Insoweit hat der Auftraggeber bereits vertraglich durch Einbeziehung der VOB/B bestimmte Bürgen als grds tauglich anerkannt; wiese der Auftraggeber einen der in § 17 Nr 2 VOB/B genannten Bürgen nachträglich als untauglich zurück, verlöre er aus dem Gesichtspunkt des venire contra factum proprium (§ 242) seinen Anspruch auf Sicherheitsleistung. Grundsätzlich sind vereinbarungsgemäß einbehaltene Geldbeträge durch den Bauherren binnen 18 Werktagen auf ein **Sperrkonto** bei dem vereinbarten Geldinstitut einzuzahlen; Zinsbeträge stehen gem § 17 Nr 6 Abs 1 S 5, Abs 5 S 2 VOB/B dem Bauunternehmer zu. Haben die Parteien nicht bereits ein bestimmtes Geldinstitut vereinbart, genügt es, wenn der Unternehmer den Auftraggeber zur Einzahlung auf ein Sperrkonto binnen angemessener Frist auffordert: Der Besteller hat dann von sich aus eine Bank, Sparkasse oder ein sonstiges nach dem Gesetz über das Kreditwesen zugelassenes Kreditinstitut zu wählen (Jena BauR 2004, 1456, 1457). Lediglich bei kleineren oder kurzfristigen Aufträgen ist es zulässig, dass der Auftraggeber den einbehaltenen Betrag erst bei der Schlussrechnung auf ein Sperrkonto einzahlt (§ 17 Nr 6 Abs 2 VOB/B). Kleiner im Sinne dieser Regelung sind allerdings notwendig bereits Aufträge, die das Legen von Abschlagsrechnungen sinnvoll erscheinen lassen; unter Berücksichtigung des Kostenaufwands für die Einzahlung der einzelnen Teilbeträge auf ein Sperrkonto im Verhältnis zum Interesse des Auftragnehmers an alsbaldiger Einzahlung dürfte es sich um solche Aufträge handeln, die Sicherheitsleistungen von maximal 500,00 Euro erlauben (ähnl – mehrere hundert Euro: Ingenstau/Korbion/*Joussen* § 17 Nr 6 VOB/B Rn 23). Kurzfristig ist ein Auftrag im Hinblick auf die zweimonatige Prüfungsfrist für die Schlussrechnung dann, wenn seine Ausführungsdauer nicht mehr als zwei Monate beträgt (Ingenstau/Korbion/*Joussen* § 17 Nr VOB/B Rn 24). Kommt der Auftraggeber seiner Einzahlungspflicht nicht nach, auch nicht bis zum Ablauf einer vom Auftragnehmer gesetzten Nachfrist (8-10 Tage idR ausreichend, Dresden IBR 1999, 580), wird der Unternehmer von seiner Pflicht zur Sicherheitsleistung frei, er kann dann unmittelbar sofortige Auszahlung des einbehaltenen und nicht auf ein Sperrkonto gezahlten Betrages verlangen (§ 17 Nr 6 Abs 3 S 2 VOB/B; bereits vorher eingezahlte Einbehaltsbeträge werden also von dem Auszahlungsanspruch nicht erfasst, so auch Ingenstau/Korbion/*Joussen* § 17 Nr 6 VOB/B Rn 27).

93 Entfällt der Sicherungszweck, etwa weil die Gewährleistungsfrist beanstandungsfrei abgelaufen ist oder aus sonstigem Grund, ist die noch nicht verwertete Sicherheit nach § 17 Nr 8 Abs 2 VOB/B zurückzugeben, also ein einbehaltener Sicherheitsbetrag oder hinterlegtes Geld sind – verzinst (§ 17 Nr 5 S 2, Nr 6 S 5 VOB/B) – auszuzahlen, eine Bürgschaftsurkunde ist zurückzugeben. Nach zutreffender Auffassung können sowohl der Bürge als auch der Auftragnehmer, letzterer sowohl an sich als auch an den Bürgen, die **Herausgabe der Bürgschaftsurkunde** verlangen (BGH MDR 2009, 21, 22; Rostock, Beschl v 19.01.2005 – Az 4 W 34/04 mwN). Der Herausgabeanspruch des Bürgen folgt insoweit aus § 371 analog (Düsseldorf BauR 2002, 1714, 1714; BauR 2004, 1992, 1992; Hamm ZIP 1991, 1572, 1573); bei der Bürgschaftsurkunde handelt es sich um einen Schuldschein iSv § 371 (BGH NJW 1997, 1779, 1780). Entweder aus der Sicherungsabrede zwischen den Bauvertragsparteien als aufschiebend auf den Wegfall des Sicherungszwecks bedingter Rückgewähranspruch oder aus § 812 Abs 1 folgt zudem ein Anspruch des Auftragnehmers gegen den Auftraggeber auf Herausgabe der Bürgschaftsurkunde an den Bürgen (BGH NJW 1989, 1482, 1483; Düsseldorf BauR 2002, 1714, 1714 f; Koblenz NJW-RR 2006, 1313, 1314). Aus denselben Rechtsgründen kann der Auftragnehmer jedoch auch Herausgabe der Bürgschaft unmittelbar an sich fordern (ausf: Rostock, Beschl v 19.01.2005 – Az 4 W 34/04; ebenso: BGH MDR 2009, 21, 22; KG BauR 2006, 386, 387 f; Brandenburg OLGR 1998, 435, 435 f; Hamburg OLGR 1997, 365, 367). Die anders lautende Auffassung des OLG Düsseldorf (BauR 2002, 1714, 1714 f; ihm folgend: Koblenz NJW-RR 2006, 1313, 1314) verkennt vor allem die im Rahmen der Zwangsvollstreckung liegenden Interessen des Auftragnehmers, die Weiterleitung der Urkunde und damit auch das Erlöschen seiner Verbindlichkeiten im Auftragsverhältnis zum Bürgen überwachen zu können (wie hier: Rostock, Beschl v 19.01.2005 – Az 4 W 34/04; KG BauR 2006, 386, 387 f). Hat sich der Bürge berechtigt auf Verjährung berufen, fehlt es für die Herausgabeklage an dem erforderlichen Rechtsschutzbedürfnis (BGH BauR 2009, 243, 245).

Zu **§ 18 VOB/B** (»Streitigkeiten«) vgl zur Zuständigkeitsregelung Rz 97. IÜ enthält die Regelung den Grundsatz, dass Streitfälle den Auftragnehmer nicht zur Arbeitseinstellung berechtigen (Nr 5) sowie den Gang des Streitschlichtungsverfahrens im Falle von Verträgen mit Behörden, das in der Praxis allerdings nur wenig Relevanz hat. Prozessual ist § 18 Nr 4 VOB/B bei Meinungsverschiedenheiten über die Eigenschaft von Stoffen und Bauteilen beachtlich: Danach wird ggf eine **Materialprüfungsstelle** zwingend mit der Erstattung eines für die Parteien verbindlichen Schiedsgutachtens beauftragt. Kommt es auf die Feststellungen der Materialprüfungsstelle im Prozess an, führt deren fehlende vorherige Einschaltung – was auf eine entspr Einwendung hin zu beachten ist (Zweibrücken BauR 1980, 482, 486) – zur Abweisung als zur Zeit unbegründet (Düsseldorf NJW-RR 1986, 1061). Auch ein Grundurteil kann nicht erlassen werden, bevor das Schiedsgutachten der Materialprüfungsstelle vorliegt (BGH JZ 1988, 1080, 1083). 94

D. Internationales Privatrecht. Übergangsrecht Hinsichtlich des Sachrechts haben die Parteien des Werkvertrages die **freie Rechtswahl**, Art 27 Abs 1 EGBGB. Die Rechtswahl kann auch schlüssig vereinbart sein. Indizien, welcher Gerichtsstand schlüssig vereinbart wurde, sind etwa der Vertragsschluss in deutscher Sprache, wenn beide Parteien einen (Neben-) Sitz in Deutschland haben (BGH NJW 2004, 3706, 3708), die Vereinbarung eines einheitlichen Gerichtsstandes (BGH RIW 1976, 447, 448), die Vereinbarung von AGB einer Partei (BGH NJW 2003, 288), namentlich bei Verträgen oder AGB einer Partei, die auf die VOB/B Bezug nehmen (BGH NJW 2003, 2605, 2606), wie überhaupt bei der Verwendung von Formularen, die auf einer bestimmten Rechtsordnung aufbauen (BGH NJW 1997, 397, 399; NJW 2004, 3706, 3708). 95

Fehlt eine ausdrückliche oder konkludente Rechtswahl, bestimmt sich das anzuwendende Sachrecht gem Art 28 Abs 2 EGBGB grds nach dem Aufenthaltsort bzw dem Ort der Hauptverwaltung jener Partei, die die **charakteristische Leistung** zu erbringen hat: Dies ist der Werkunternehmer (Hamm IPRax 1995, 104, 106 f; Schleswig IPRax 1993, 95, 95 f). Für den Bauwerksvertrag ist Anknüpfungstatsache also der Sitz bzw der Ort der Hauptverwaltung des Bauunternehmers, für den Architektenvertrag der Ort, in dem das Architekturbüro liegt; die Baustelle begründet dagegen nicht eine engere Verbindung iSv Art 28 Abs 5 EGBGB (BGH NJW 1999, 2442, 2443). Sofern der Auftraggeber ein **Verbraucher** ist, ist regelm das Recht des Staates anzuwenden, in dem der Verbraucher seinen gewöhnlichen Aufenthalt hat (Art 29 EGBGB), denn der Begriff »Erbringung von Dienstleistungen« in Art 29 Abs 1 EGBGB umfasst sämtliche tätigkeitsbezogenen Leistungen an einen Verbraucher, die aufgrund von Dienst- und Werkverträgen erbracht werden (BGH NJW 1994, 262, 263). Am 11.01.2009 ist in den Mitgliedstaaten der EU (mit Ausnahme von Dänemark und Großbritannien) die Verordnung über das auf vertragliche Schuldverhältnisse anzuwendende Recht in Kraft getreten (**Rom I**) als unmittelbares Recht (Text der Verordnung des Europäischen Parlaments und des Rates über das auf vertragliche Schuldverhältnis anzuwendende Recht (Rom I): KOM(2005)650; 2005/0261 (COD)). Danach besteht die Möglichkeit der freien Rechtswahl – auch bei Verbraucherverträgen, allerdings mit der Maßgabe, dass zwingende Vorschriften des heimatlandlichen Verbraucherschutzes anwendbar bleiben. Ohne Rechtswahl gilt für Verbraucherverträge das Recht des Heimatlandes des Verbrauchers und bei Verträgen zwischen Gewerbetreibenden das Recht am Ort derjenigen Partei, die die geschäftstypische Leistung erbringt, also im Werkvertragsrecht typischerweise das Recht am Wohnort/Sitz des Unternehmers. 96

Das Werkvertragsrecht ist im Zuge des **SchRModG** vollständig neu gefasst worden mit der Folge, dass es in Gänze nur auf Werkverträge Anwendung findet, die ab dem 31.12.2001 geschlossen wurden, Art 229 § 5 EGBGB. Einzelne Normen des (noch) geltenden Rechts finden allerdings auch auf Verträge Anwendung, die vor diesem Zeitpunkt geschlossen wurden, nämlich die §§ 632a, 640, 641, 641a, 648a (auf Verträge, die nach dem 01.05.2000 geschlossen wurden, Art 229 § 1 Abs 1 S 2 EGBGB, soweit nicht einzelne Regelungen der §§ 640, 641, 648a bereits auf ältere Verträge Anwendung finden, Art 229 § 1 Abs 2 S 2, S 3 EGBGB); vgl § 640 Rz 1, § 641 Rz 1 und § 648a Rz 3. Gem Art 232 § 6 EGBGB gelten für am Tage des Wirksamwerdens des Beitritts bestehende Pflege- und Wartungsverträge nach **§§ 176, 197 ff ZGB-DDR** die Vorschriften des BGB, soweit es nicht um die Einhaltung der Form oder sonstige Erfordernisse des wirksamen Zustandekommens der Verträge geht; hinsichtlich der Wirksamkeitsvoraussetzungen gelten die Vorschriften des ZGB fort (BGHZ 128, 41, 44 ff). 97

E. Prozessuales. I. Zuständigkeit. Es gelten grds die allg Regeln zu örtlicher und sachlicher Zuständigkeit (§§ 12 ff ZPO, §§ 23, 71 GVG). Sofern die Parteien nicht wirksam eine Gerichtsstandsvereinbarung geschlossen haben (dazu: §§ 38, 40 Abs 2 iVm 29c ZPO; in der Praxis dürften lediglich Gerichtsstandsvereinbarungen zwischen Kaufleuten wirksam sein) ist im Bauvertragsrecht § 29 ZPO für die örtliche Zuständigkeit von maßgeblicher praktischer Bedeutung: Erfüllungsort für die beiderseitigen Pflichten aus dem Bauwerksvertrag, worunter auch der auf Bauplanung oder Baubetreuung gerichtete Architektenvertrag fällt, ist regelm der Ort des Bauwerks (BGH BauR 1986, 241, 241 f; Staud/*Peters* § 641 Rn 49; BaRoth/*Voit* Rn 87), ohne dass es darauf ankommt, ob es sich um Arbeiten an einem Neu- oder Altbau oder um größere oder kleinere Werkleistungen handelt (Schleswig MDR 2000, 1453; WP/*Pastor* Rn 420). 98

Für die **internationale Zuständigkeit** stellt Art 5 Nr 1b EuGVVO auf den Erfüllungsort, also den Ort ab, an dem die Leistungen »nach dem Vertrag erbracht worden sind oder hätten erbracht werden müssen«. Das ist im Werkvertragsrecht regelm der Ort, an dem die Werkstatt bzw die Baustelle liegt. Sofern ein Verbraucher 99 an dem Vertrag beteiligt ist, idR also auf Seiten des Bestellers, ist Art 15 EuGVVO zu beachten. So kann auch der Architektenvertrag ein Verbrauchervertrag iSv Art 15 Abs 1c EuGVVO sein mit der Folge, dass sich bei Honorarklagen des Architekten die internationale Zuständigkeit der Gerichte nach dem Wohnsitz des Bestellers (Verbrauchers) bestimmt (LG Saarbrücken BauR 2004, 709, 710).

100 Im Anwendungsbereich der VOB/B regelt **§ 18 Nr 1 VOB/B** für die örtliche Zuständigkeit, dass sich – soweit eine Gerichtsstandsvereinbarung nach § 38 ZPO zulässig und nichts anderes vereinbart ist – der Gerichtsstand für Streitigkeiten aus dem Vertrag nach dem **Sitz der für die Prozessvertretung des Auftraggebers zuständigen Stelle** richtet. Soweit sich eine solche Stelle nicht aus dem Vertrag selbst oder sonst ergibt, kommt insoweit bei privaten Auftraggebern deren Wohnsitz, bei juristischen Personen deren Sitz oder ggf der Ort der Zweigniederlassung in Betracht.

101 **II. Beweislast.** Grds hat jede Prozesspartei die ihr günstigen Tatsachen darzulegen und zu beweisen (BGHZ 113, 222, 224 f), so trägt derjenige die Beweislast, der Rechte aus einer behaupteten **Vertragsänderung** herleiten (BGH BauR 1995, 92, 93 f) oder wer seine Ansprüche auf eine behauptete **Vollmacht des Architekten** stützen will (BGH NJW 1960, 859, 860). **Beweislastregelungen in AGB** zu Gunsten des Verwenders, insbes durch Auferlegung der Beweislast für Umstände, die im Verantwortungsbereich des Verwenders liegen, sind gem § 309 Nr 12a unwirksam. Soweit nicht bereits oben im Zusammenhang mit den einzelnen Erläuterungen ausgeführt, gilt für die **Beweislastverteilung**: Der **Bauherr** trägt die Beweislast für den Einwand, der Unternehmer, namentlich der Architekt habe unentgeltlich arbeiten sollen (BGH BauR 1987, 454, 455 f; Hamm NJW-RR 1990, 91); für die Soll-Beschaffenheit der Werkleistung, auch wenn sich der Unternehmer darauf beruft, die Parteien hätten eine Standard-Unterschreitung vereinbart (Saarbrücken NZBau 2001, 329, 330). Der **Unternehmer** trägt die Beweislast für **Grund und Höhe seiner Vergütung** (BGH BauR 1995, 91, 92), für den **Umfang der erbrachten Leistung** (BGH BauR 1984, 667, 668; Hamm MDR 1990, 244), für die **Ankündigung des Vergütungsanspruches** § 2 Nr 6 Abs 1 VOB/B (BGH DB 1969, 1058), dass die **angemessene Herstellungsfrist** noch nicht abgelaufen ist (BGH BauR 2004, 331, 332), für die Erfüllung der **Hinweispflichten** nach § 4 Nr 3 VOB/B (BGH BauR 1973, 313, 315), für die Aufklärungs- und Hinweispflichten hinsichtlich unzureichender Leistungen von Drittunternehmern (BGH BauR 2008, 344, 349) und für die Behauptung, der Bauherr habe sich über den Hinweis nach § 4 Nr 3 VOB/B hinweggesetzt (BGH NJW 1973, 1688, 1688 f). Im Zusammenhang mit der Beweislast des Unternehmers hinsichtlich der vereinbarten Vergütung, trifft den Besteller allerdings eine erhöhte Darlegungslast: der Besteller, der eine bestimmte Vergütungsabrede behauptet, muss diese Vereinbarung nach **Ort, Zeit und Höhe** der Vergütung substantiiert darlegen. Sache des Unternehmers ist es dann, die geltend gemachten Umstände zu widerlegen, die für die behauptete Vereinbarung (hier: des Festpreises) sprechen könnten. An diese Beweisführung sind keine zu strengen Anforderungen zu stellen (BGH BauR 1992, 505, 506). Ist der Vertrag im Zusammenhang mit einer **Bestechung** zustande gekommen, gelten die Grundsätze des **Anscheinsbeweises** dafür, dass eine Nichtigkeit infolge einer nachteiligen Vertragsgestaltung gem § 138 vorliegt, sofern überhaupt ein Anhaltspunkt für einen Nachteil besteht (vgl Rz 19). Derjenige, der bestochen hat, hat dann das Fehlen des Nachteils zu beweisen, nicht der Geschäftsherr dessen Vorhandensein (BGH BauR 1999, 1047, 1048).

102 **III. Kosten/Streitwert.** Gerichts- und Rechtsanwaltsgebühren weisen im Werkvertragsrecht, namentlich im Bauwerksvertragsrecht grds keine Besonderheiten zu sonstigen Verfahren auf. Wegen der Kosten des in Werkvertragssachen oftmals durchgeführten **Selbständigen Beweisverfahrens** gilt: Wird im Anschluss an das Selbständige Beweisverfahren ein Hauptsacheverfahren (fort-) geführt, stellen die Kosten des Selbständigen Beweisverfahrens zugleich Kosten des Hauptsacheverfahrens dar (BGHZ 20, 4, 15; 132, 96, 104). Die Parteien sollten insoweit zur Meidung von Streitigkeiten während des Kostenfestsetzungsverfahrens auf die Protokollierung achten, dass das betreffende Selbständige Beweisverfahren zu Beweiszwecken beigezogen wurde. Streitigkeiten, ob und inwieweit die Kosten des Selbständigen Beweisverfahrens als Kosten des Hauptsacheverfahrens erstattungsfähig sind, sind im Kostenfestsetzungsverfahren zu prüfen, sie sind nicht bereits Gegenstand der Kostengrundentscheidung (BGH BauR 1996, 386, 389 f). Die Kosten des Selbständigen Beweisverfahrens sind als Kosten der Hauptsache festzusetzen, soweit die **Parteien identisch** sind (BGH BauR 2004, 1809, 1810); das gilt auch, wenn an die Stelle einer der beiden Parteien der Insolvenzverwalter über das Vermögen dieser Partei (Köln JurBüro 1987, 433, 433 f) oder der Zessionar nach Forderungsabtretung im Anschluss an das Selbständige Beweisverfahren getreten ist (Düsseldorf MDR 1985, 1032, 1032 f) und zudem der **Streitgegenstand** von beiden Verfahren identisch ist (vgl Frankfurt aM BauR 2000, 296, 297; Hamm BauR 2000, 1090, 1091). Soweit lediglich eine Teilidentität vorliegt, etwa weil im Hauptsacheverfahren lediglich ein Teil der in das Selbständige Beweisverfahren eingeführten Mängel streitgegenständlich wird, umfasst die Kostengrundentscheidung nur die anteiligen Kosten des Teilstreitwertes des Selbständigen Beweisverfahrens (Koblenz NJW-RR 2000, 1239; Hamm BauR 2005, 140, 141). Erfolgt im Hauptsacheverfahren eine **Klagerücknahme**, erfasst die Kostengrundentscheidung nach §§ 269 Abs 3, 494a ZPO analog nach zutreffender Auffassung auch die Kosten des vorangegangenen Selbständigen Beweisverfahrens (Düsseldorf BauR 1997, 349, 351 f; Frankfurt aM OLGR 2003, 485, 486), denn nach der Gesetzesbegründung soll eine Kostenentscheidung nach § 494a ZPO analog auch in den Fällen ergehen, in welchen fristgemäß erhobene Klagen als

unzulässig zurückgewiesen oder wieder zurück genommen werden (BTDrs 11/8283 S 48). Dann muss aber auch eine Kostenentscheidung analog §§ 269 Abs 3, 494a Abs 2 ZPO bei einer Klageabweisung mangels Zulässigkeit oder bei einer Klagerücknahme ohne vorherige Fristsetzung nach § 494a Abs 1 ZPO erfolgen. Die Gegenmeinung (Köln BauR 2003, 290, 290 f; Koblenz BauR 2003, 1767, 1768) verkennt, dass die Gefahr abweichender Kostenentscheidungen im Falle erneuter Hauptsacheklageerhebung nach Klagerücknahme gerade auch in den vom Gesetzgeber vorausgesehenen Fällen des § 494a Abs 2 ZPO gegeben ist: Auch bei einer Klageerhebung nach Ablauf der Frist nach § 494a Abs 1 ZPO und nach erfolgter Kostenentscheidung nach § 494a Abs 2 ZPO kann es zu voneinander im Ergebnis abweichenden Kostenentscheidungen kommen. Bleibt das Selbständige Beweisverfahren für ein Hauptsacheverfahren nicht verwertbar, so sind dessen Kosten nach **§ 96 ZPO analog** dem Antragsteller aufzuerlegen (Düsseldorf BauR 1998, 367, 368; Köln BauR 2000, 1777, 1779). Zu § 494a ZPO und der ausnahmsw zulässigen isolierten Kostenentscheidung bei Antragsrücknahme, Antragszurückweisung, (einseitiger und übereinstimmender) Erledigungserklärung und bei außerordentlichem Vergleich vgl WP/*Pastor* Rn 128 ff.

Für das Selbständige Beweisverfahren kann, soweit nicht Mutwilligkeit vorliegt, **Prozesskostenhilfe** bewilligt **103**
werden; wobei es im Hinblick auf die Erfolgsaussichten lediglich auf die Stattgabeaussichten hinsichtlich des Antrags ankommt, also ob die Zulässigkeitsvoraussetzungen für das Selbständige Beweisverfahren vorliegen (Celle BauR 2004, 1659, 1660; Oldenburg BauR 2002, 825). Einen **Gerichtskostenvorschuss** hat der Antragsteller allerdings auch unabhängig von der Bewilligung von Prozesskostenhilfe für das Selbständige Beweisverfahren (eine Gebühr nach dem Streitwert, KV Anlage 1 zu § 3 Abs 2 GKG Nr 1610) nicht einzuzahlen; anderes gilt hinsichtlich des ggf angeordneten Auslagenvorschusses für die Beauftragung eines Sachverständigen oder vor Ladung von Zeugen. Seit dem 01.07.2004 gehört das Selbständige Beweisverfahren für die **Rechtsanwaltsgebühr** nicht mehr zum Rechtszug, sondern stellt eine selbständige Angelegenheit dar, so dass zunächst eine 1,3-Verhandlungsgebühr anfällt. Wird Erörterungstermin oder sonst ein Beweis- oder Verhandlungstermin anberaumt, erhält der Rechtsanwalt eine Terminsgebühr. Eine Terminsgebühr fällt auch an, wenn der Rechtsanwalt an einem vom Sachverständigen anberaumten Ortstermin teilnimmt. Einigen sich die Parteien des Selbständigen Beweisverfahrens, erhält der Rechtsanwalt schließlich eine Vergleichsgebühr (regelm 1,5 – sofern ein Hauptsacheverfahren bereits anhängig sein sollte: 1,0). Wegen des Streitwerts: Rz 104.

Rspr zur Bemessung des Streitwertes (alphabetisch): **Ablehnung eines Richters**: Hauptsachestreitwert (BGH **104**
NJW 1968, 796); **Ablehnung eines Schiedsrichters**: Hauptsachestreitwert (Düsseldorf ZIP 1982, 225, 226); **Ablehnung eines Sachverständigen**: 1/3 des Hauptsachewertes (wie hier: Düsseldorf BauR 2004, 1816, 1816 f; Nürnberg BauR 2002, 129, 130, aA: Koblenz NJW-RR 1998, 1222, 1222 f: Hauptsachestreitwert; Düsseldorf BauR 2001, 835, 837: Kosten des neuen Sachverständigen); **Bauhandwerkersicherungshypothek**: § 648 Rz 21; iÜ: Interesse des Gläubigers bei Antragstellung ausgehend von der Höhe der Forderung (KG Rpfleger 1962, 156) ohne Kosten (LG Tübingen BauR 1984, 309). Bei gleichzeitiger Klage auf Werklohnzahlung und auf Einräumung der Sicherungshypothek wegen wirtschaftlich identischen Interesses: nur Wert der bezifferten Forderung (Stuttgart BauR 2003, 131, 131 f; Nürnberg JurBüro 2003, 594); bei einstweiliger Verfügung ist nach § 3 ZPO unter Berücksichtigung von Forderungshöhe, Sicherungsinteresse und Rangwahrung der Vormerkung das Interesse des Gläubigers zu ermitteln, regelm 1/4 bis 1/3 der zu sichernden Forderung (Frankfurt aM JurBüro 1977, 719; Bremen JurBüro 1982, 1052, 1052 f); **Vorschussklage**: Höhe der voraussichtlichen Mängelbeseitigungskosten zuzüglich der aufgewendeten Gutachterkosten (Brandenburg BauR 2000, 1774, 1775); **Zug-um-Zug-Leistung**: Die Gegenleistung bleibt für die Berechnung des Streitwertes unberücksichtigt (BGH MDR 1999, 1022); bei einem unbeschränkten Antrag wird der Kläger im Falle einer Zug-um-Zug-Verurteilung im Wert der Gegenleistung (unter Außerachtlassung eines Druckzuschlags) beschwert, so dass darauf für den Rechtsmittelstreitwert abzustellen ist (BGH NJW 1999, 723; Düsseldorf MDR 1999, 627, 628; Celle OLGR 1995, 227, 227 f); zur Feststellung der Beschwer des Beklagten ist ein erfolglos eingewandtes Zurückbehaltungsrecht nicht zusätzlich zu berücksichtigen (BGH MDR 1996, 960; NJW-RR 2004, 714); **Bürgschaft**: Interesse des Klägers an der Herausgabe der Urkunde, mithin im Zweifel der volle Betrag der Bürgschaft (KG BauR 2000, 1380, 1380 f), Unterlassungsanspruch hinsichtlich der Inanspruchnahme einer Bürgschaft auf erstes Anfordern im Einstweiligen Rechtschutz: hälftiger Bruchteil der Bürgschaftssumme (Köln OLGR 2002, 267, 269); **Selbständiges Beweisverfahren**: Grds Hauptsachewert (Bamberg MDR 2003, 835; Frankfurt aM NJW-RR 2003, 647; Köln BauR 2003, 929, 929 f). Das Gericht hat nach Einholung des Sachverständigengutachtens den (voraussichtlichen) Hauptsachestreitwert bezogen auf den Zeitpunkt der Verfahrenseinleitung und auf das Interesse des Antragstellers festzusetzen (BGH NJW 2004, 3488, 3489 f), also denjenigen Wert, auf den sich die Beweiserhebung im Falle eines Hauptsacheverfahrens bezieht. Der vom Antragsteller anfangs geschätzte Wert ist nicht maßgeblich (BGH NJW 2004, 3488, 3489), auf ihn ist lediglich zur Ermittlung des Antragstellerinteresses zurückzugreifen, wenn die Begutachtung ergibt, dass keine oder erheblich geringere Mängel festzustellen sind (Hamburg NJW-RR 2000, 827, 827 f; KG BauR 2003, 1765, 1766; Düsseldorf NJW-RR 2003, 1530).

§ 632 Vergütung. **[1] Eine Vergütung gilt als stillschweigend vereinbart, wenn die Herstellung des Werkes den Umständen nach nur gegen eine Vergütung zu erwarten ist.**
[2] Ist die Höhe der Vergütung nicht bestimmt, so ist bei dem Bestehen einer Taxe die taxmäßige Vergütung, in Ermangelung einer Taxe die übliche Vergütung als vereinbart anzusehen.
[3] Ein Kostenanschlag ist im Zweifel nicht zu vergüten.

1 **A. Allgemeines/Normzweck.** § 632 will einerseits denkbare Dissensfälle vermeiden helfen, andererseits einen interessengerechten Ausgleich ermöglichen, sollte eine Vergütungsabrede von den Werkvertragsparteien nicht getroffen worden sein. Sofern typischerweise für die Herstellung des Werkes eine Vergütung geleistet wird, fingiert § 632 Abs 1, dass sich die Parteien auf eine Vergütungspflicht des Bestellers geeinigt haben. Voraussetzung ist jedoch stets, dass ein Werkvertrag zustande gekommen ist: Die Fiktion des § 632 Abs 1 erstreckt sich nicht auf den Vertragsschluss als solchen (BGH NJW 1999, 3554, 3555), dessen Zustandekommen – und damit umgekehrt das Nichtvorliegen eines Gefälligkeits- oder Auftragsverhältnisses – ist zunächst festzustellen (BGHZ 136, 33, 36). Infolge der gesetzlichen Fiktion, deren Rechtsfolge unabhängig vom Willen der Vertragsparteien eintritt (BGH NJW-RR 1996, 952), scheidet auch eine Irrtumsanfechtung gem § 119 aus (MüKo/*Busche* Rn 6; PWW/*Leupertz* Rn 2; aA: Soergel/*Teichmann* Rn 2, der entgegen dem Wortlaut in § 632 Abs 1 lediglich eine Auslegungsregel sieht). Für eine Irrtumsanfechtung bleibt allenfalls Raum, soweit sich der Besteller über die Umstände irrt, die Grundlage für die Fiktion sind (BaRoth/*Voit* Rn 2).

2 § 632 Abs 2 wiederum stellt als Auslegungsregel klar, dass in Fällen einer nach § 631 Abs 1 unvollständig vereinbarten oder nach § 632 Abs 2 fingierten Vergütungspflicht des Bestellers kein einseitiges Leistungsbestimmungsrecht des Unternehmers nach § 316 besteht, sondern sich die Vergütungshöhe entweder anhand von Taxen oder im Falle deren Fehlens anhand der üblichen Vergütung bestimmen soll. Der im Zuge der Schuldrechtsreform neu eingefügte § 632 Abs 3 schränkt Abs 1 für die Erstellung von Kostenanschlägen ein: Diese sollen grds nur im Falle ausdrücklicher Vereinbarung vergütet werden.

3 **B. Kommentierung. I. Fiktion der Vergütungsvereinbarung. 1. Allgemeines.** Die Fiktion des § 632 Abs 1 greift nur Platz, wenn ein Werkvertrag vorliegt (s.o. Rz 1), der keine oder zumindest **keine ermittelbare Vergütungsregelung** enthält. Lässt sich aus dem Vertrag im Wege der Auslegung eine Vergütungsvereinbarung entnehmen oder lässt sich die Vergütung aus dem Vertrag ermitteln, wie etwa in den Fällen der Einheitspreis- oder Stundenlohnvereinbarungen, bleibt für die Anwendung von § 632 kein Raum (BaRoth/*Voit* Rn 10). Eine Vergütung ist nicht vereinbart, wenn die Parteien die Gegenleistungspflicht des Bestellers weder positiv noch negativ geregelt haben (BGH BauR 1995, 88, 89; Köln NJW-RR 2002, 1425). Wegen § 4 Abs 4 HOAI, wonach bei fehlender Vereinbarung einer Vergütung bei Vertragsschluss gem § 4 Abs 1 HOAI die Mindestsätze als vereinbart gelten, ist bei der Beauftragung von Architekten oder Ingenieuren im Rahmen ihres Tätigkeitsbereiches immer eine bestimmte Vergütung vereinbart, weshalb insoweit ein Rückgriff auf § 632 Abs 2 nicht erforderlich ist (Korbion/Mantscheff/Vygen/*Vygen* § 1 Rn 3; PWW/*Leupertz* Rn 5). Auf die HOAI als Taxe iSv § 632 Abs 2 ist also nur soweit zurückzugreifen, als diese nicht bindendes Preisrecht darstellt: Dies ist der Fall, wenn Architekten- oder Ingenieurleistungen nur untergeordnete Bestandteile einer Werkleistung darstellen, bspw im Rahmen von Bauträgerverträgen, vgl Köln BauR 2000, 910, 910 f.

4 Die Herstellung des Werkes darf den Umständen nach nur gegen eine Vergütung zu erwarten sein. Daraus folgt einmal, dass es für die Beantwortung der Frage, ob und inwieweit vergleichbare Leistungen nur gegen Vergütung erbracht zu werden pflegen, ausschließlich **objektive Gesichtspunkte** ausschlaggebend sind. Maßgeblich sind insoweit insbes die Verkehrssitte, das Verhältnis der Vertragsparteien zueinander oder Wert und Umfang der Werkleistung (Köln NJW-RR 1994, 1239). So spricht bei einer Beauftragung im Rahmen eines Nachbarschaftsverhältnisses die allg Lebenserfahrung dafür, dass die Leistungen unentgeltlich erbracht werden sollten; Aufwendungen für (teures) Material sind allerdings regelm gem § 670 zum Einkaufspreis zu vergüten (Köln NJW-RR 1994, 1239, 1239 f). Auf der anderen Seite gilt, dass erfahrungsgemäß von einem Unternehmer oder freiberuflich tätigen Architekten oder Ingenieur eine Werkleistung nur gegen Entgelt zu erwarten ist (BGH BauR 1987, 454, 455; Saarbrücken BauR 2000, 753, 754). Auf die nach außen hin nicht erkennbare subjektive Überzeugung des Bestellers, zur Vergütung nicht verpflichtet zu sein, oder auf die Vorstellung des Unternehmers, in jedem Falle eine Vergütung zu erhalten, kommt es nicht an (Erman/*Schwenker* Rn 1). Soweit die Parteien differierende Willen hinsichtlich der Vergütungspflicht erklärt haben, ist der Vertrag im Zweifel nicht geschlossen.

5 Zum anderen folgt aus dem Wortlaut von § 632 Abs 1, dass für die Frage, ob üblicherweise eine Werkherstellung nur gegen Vergütung erwartet werden kann, ausschließlich auf den **Zeitpunkt des Vertragsschlusses** bzw auf den Zeitpunkt der Beauftragung abzustellen ist: Stellt sich also erst im Zuge vermeintlicher Nacherfüllungsarbeiten heraus, dass der Unternehmer für den Mangel nicht verantwortlich ist, kann er sich nicht auf eine stillschweigend vereinbarte Vergütung berufen (Celle BauR 2003, 265, 266). Die Reparaturbeauftragung im Rahmen eines Garantiefalls spricht ebenfalls gegen die Annahme einer (fiktiven) Vergütungsvereinbarung (BGH NJW 1982, 2235, 2235 f).

2. Vergütung von Vorarbeiten. Streit besteht häufig wegen der Frage, ob und in welchem Maße Vorarbeiten einer Vergütungspflicht nach § 632 Abs 1 unterfallen. Dabei handelt es sich generell um Tätigkeiten, die der Unternehmer ausführt, um beiden Parteien eine Grundlage für ihre Vertragsentschließung zu schaffen, die also (noch) nicht Gegenstand der werkvertraglichen Leistungspflicht sind, sondern die möglicherweise noch im vergütungsfreien Vorfeld eines noch ausstehenden Vertragsschlusses anzusiedeln sind (vgl MüKo/*Busche* Rn 7). Soweit es sich um die Erstellung von Kostenanschlägen handelt, hat der Gesetzgeber bzgl der Vergütungsverpflichtung in § 632 Abs 3 eine Sonderregelung geschaffen. Diese gilt allerdings ausschließlich für den Sonderfall des Kostenanschlags und ist auf andere Vorarbeiten nicht, auch nicht analog, anzuwenden (PWW/*Leupertz* Rn 13). Soweit andere Vorarbeiten in Frage stehen, ist zunächst zu ermitteln, in wessen Interesse diese erbracht wurden (Koblenz MDR 1998, 343, 343 f; Nürnberg NJW-RR 1993, 760, 761) und inwieweit sich aus Sicht des Erklärungsempfängers aus dem Verhalten der Parteien auf das Vorhandensein eines Rechtsbindungswillens schließen lässt: Soweit der Unternehmer Vorarbeiten vornehmlich mit dem Ziel unternimmt, seine Stellung im Wettbewerb mit anderen Unternehmern zu verbessern, bleiben diese vergütungsfrei (Düsseldorf BauR 2003, 1046, 1047; Köln NJW-RR 1998, 309, 309 f), wenn nicht der Anwendungsbereich von § 20 Nr 2 Abs 1 S 2 VOB/A eröffnet ist, wonach für die im Rahmen der Ausschreibung verlangte Erstellung von Entwürfen, Plänen und Zeichnungen etc zumindest eine angemessene Entschädigung festzusetzen ist (zur Festlegung der Entschädigung vgl *Höfler* BauR 2000, 337 ff). Die Entschädigungsverpflichtung nach § 20 Nr 2 Abs 1 S 2 VOB/A lässt indes gerade nicht auf das Zustandekommen eines Vertrages mit der Folge einer vertraglichen Vergütungsverpflichtung schließen, sondern stellt im Gegenteil lediglich klar, dass bei grds Entschädigungs- und Vergütungsfreiheit für die Bearbeitung des Angebotes (§ 20 Nr 2 Abs 1 S 1 VOB/A) eine auf ausdrückliches Verlangen erfolgte Leistung im Rahmen der Angebotsbearbeitung nicht unentschädigt bleiben soll. Ebenso ist regelm ein vergütungspflichtiges Vertragsverhältnis zu verneinen, wenn der Unternehmer, namentlich der Architekt von sich aus Vorleistungen im Rahmen der Akquisition, also seiner werbenden Tätigkeit erbringt (vgl Celle BauR 2004, 361, 361 f; Düsseldorf BauR 2003, 1251, 1251 f), wobei allein aus der Entgegennahme von Vorentwürfen seitens des Bauherrn nicht auf dessen Willen geschlossen werden kann, er wollte ein in den Entwürfen liegendes Angebot auf Abschluss eines Architektenvertrages mit der Folge der Vergütungspflicht für solche Vorentwürfe annehmen (BGH BauR 1999, 1319, 1320 f). Anderes gilt etwa dann, wenn sich der Bauherr Vorarbeiten des Architekten etwa im Rahmen einer Bauvoranfrage nutzbar macht (Saarbrücken BauR 2000, 753, 754) oder vom Architekten erbetene Planungsleistungen zur Einschätzung der Baukosten verwendet (Stuttgart BauR 2005, 1202, 1203). Für das Zustandekommen eines vergütungspflichtigen Vertragsverhältnisses mit der Folge, dass § 632 überhaupt Anwendung finden kann, wird allerdings typischerweise eher Raum sein, wenn der Besteller die Vorarbeiten veranlasst und sie in seinem Interesse erbracht werden, etwa weil sie im Verhältnis zum späteren Auftrag einen unverhältnismäßigen Aufwand verursachen (Software-Entwicklung, Nürnberg NJW-RR 1993, 760, 761 f). Im Rahmen von Architektenleistungen ist dabei zu berücksichtigen, dass nach allg Lebenserfahrung Architektenleistungen nur gegen Entgelt zu erwarten sind (BGH NJW 1987, 2742, 2743). 6

II. Vergütungshöhe. 1. Allgemeines. Haben die Parteien über die Höhe der Vergütung keine Vereinbarung getroffen, ist die Werkleistung ggf einer Taxe gemäß zu vergüten, bei Fehlen einer Taxe ist die übliche Vergütung geschuldet. Voraussetzung ist also zunächst wiederum das Fehlen jedweder Vergütungsabrede. Haben die Parteien unterschiedliche Preise in ihre Willenserklärungen aufgenommen, greift § 632 Abs 2 mangels Vertrages nicht Platz (Dissens, § 154 Abs 1). Soweit eine Vergütungsabrede im Wege der **Auslegung** ermittelt werden kann, ist § 632 Abs 2 ebenfalls nicht anwendbar (BGH BauR 1995, 88, 89). 7

2. Taxe. Übliche Vergütung. Taxen sind Vergütungssätze, die unter hoheitlicher Mitwirkung oder Genehmigung entstanden sind und nicht ohnedies zwingend gelten, wie die Gebührenordnungen für rechtsanwaltliche (RVG), steuerberaterliche (StBGebV) oder ärztliche und zahnärztliche Leistungen (GOÄ, GOZÄ) sowie die Honorarordnung für Architekten- und Ingenieurleistungen (HOAI; zum Entwurf der Bundesregierung zu einer Novelle der HOAI vgl *Koeble* BauR 2008, 894 ff). Im Rahmen von § 632 Abs 2 ist jedoch zunächst festzustellen, ob eine ggf bestehende Taxe auf die konkrete Leistung **anwendbar** ist: So ist eine isolierte Bauvoranfrage nicht nach der HOAI zu vergüten (BGHZ 136, 33, 38). Schuldet der Unternehmer, namentlich ein Bauträger neben oder zusammen mit den Bauleistungen auch Architektenleistungen, findet die HAOI keine Anwendung (BGH MDR 1997, 729, 730), denn obgleich die HOAI ihrem Zweck nach grds leistungs- und nicht berufsgruppenbezogen zu verstehen ist, geht sie nach Maßgabe der von ihr beschriebenen Leistungsbilder, namentlich der wichtigsten gem den §§ 15, 55 HOAI, nur von Auftragnehmern aus, die mit den dort beschriebenen Architekten- und Ingenieuraufgaben – nicht nur am Rande – betraut sind. 8

Enthalten solche Taxen **Gebührenrahmen**, also Höchst- und Mindestsätze für bestimmte Leistungen, kommt es für die Ermittlung der Vergütungshöhe zunächst darauf an, ob die jeweilige Taxe selbst Regelungen für Fälle trifft, in denen eine Vergütungshöhe nicht vereinbart wurde: So gilt nach § 4 Abs 4 HOAI bei Fehlen einer anders lautenden schriftlichen Vereinbarung der Mindestsatz als vereinbart. Fehlt eine solche spezielle Regelung, ist wiederum entspr § 632 Abs 2 nach der Üblichkeit zu ermitteln, ob die Vergütungspflicht nach dem Höchstsatz, dem Mindestsatz oder einer Mittelgebühr zu bemessen ist. Ist eine solche Üblichkeit nicht 9 zu ermitteln, ist im Wege ergänzender Vertragsauslegung (dazu Rz 11) vorzugehen (Erman/*Schwenker* Rn 7); ein einseitiges Leistungsbestimmungsrecht des Unternehmers nach § 316 besteht auch nicht im Anwendungsbereich einer taxmäßigen Rahmenregelung (vgl BGHZ 94, 98, 101 f), da § 632 Abs 2 eine solche einseitige Leistungsbestimmung gerade ausschließen will.

10 Besteht keine Taxe, ist die **übliche Vergütung** zu ermitteln. Das ist diejenige Vergütung, die für Leistungen gleicher Art und Güte und gleichen Umfangs am Leistungsort nach allg Auffassung der beteiligten Kreise zu entrichten ist (BGH NJW 2001, 151, 152; BaRoth/*Voit* Rn 13). Zur Ermittlung der Üblichkeit ist notwendig ein Sachverständigengutachten einzuholen (BGH NJW 2001, 151, 152), wobei der Sachverständige seine Feststellungen auch unter Berücksichtigung von etwaigen Besonderheiten der Branche zu erstellen hat: Soweit etwa die Abrechnung nach berufsständischen Gebührenordnungen, die ohne hoheitliche Beteiligung zustande gekommen sind, üblich ist, sind diese heranzuziehen.

11 Ergibt sich ein konkreter Preis weder aus einer Taxe noch aus Üblichkeit, insbes, weil sich lediglich ein Rahmen oder eine übliche Spanne feststellen lassen, ist der konkrete Preis im Wege **ergänzender Vertragsauslegung** zu ermitteln (vgl BGHZ 94, 98, 103 f). IdR dürfte dabei von den Parteien ein Mittelwert als billigerweise gewollte Vereinbarung anzunehmen sein, von welchem je nach den Umständen des Einzelfalles durch Zu- oder Abschläge abzuweichen ist (Erman/*Schwenker* Rn 7). Die abw Auffassung (Koblenz MDR 1986, 496, 496 f: Mindestsatz) verkennt, dass im Rahmen der ergänzenden Vertragsauslegung nach § 157 die beiderseitigen Interessen der Vertragsparteien hinreichend berücksichtigt werden müssen (BGHZ 131, 136, 138) und jedenfalls das Interesse des Unternehmers typischerweise nicht auf eine Mindestvergütung seiner Leistungen zielt.

12 **3. Vergütungsfragen bei nichtigen Verträgen.** Bei nichtigen Verträgen und bei teilnichtigen Verträgen, bei denen sich die Unwirksamkeit auf die Vereinbarung der Vergütung bezieht, vermag die Vergütungshöhe nicht im Wege von § 632 ermittelt zu werden, der das Vorliegen eines Werkvertrages gerade voraussetzt. Deshalb gilt bei (teil-) nichtigen Werkverträgen, namentlich bei Verstößen gegen das **SchwArbG**: Der Unternehmer hat entgegen § 817 S 2 einen Bereicherungsanspruch für erbrachte Leistungen (BGHZ 111, 308, 311 ff). Der Bereicherungsanspruch besteht in Höhe der ersparten Aufwendungen, soweit die Leistung plangerecht erfolgte und vom Besteller entgegengenommen und genutzt wird (BGH BauR 2001, 1412, 1413 f; BauR 2002, 1245, 1246 f). Bemessungsgrundlage für die ersparten Aufwendungen ist jedoch nicht die übliche Vergütung; von dieser ist vielmehr wegen Fortfalls der Gewährleistungsansprüche des Bestellers ein idR erheblicher Abschlag vorzunehmen (BGHZ 111, 308, 314); haben sich schon Mängel gezeigt, so sind diese darüber hinaus im Rahmen der Saldierung in die Ausgleichsrechnung einzubeziehen (BGHZ 111, 308, 314).

13 Soweit Ansprüche aus GoA oder Bereicherungsrecht bei vollmachtloser Vertretung oder Nichtigkeit des Werkvertrags eröffnet sind, entfallen allenfalls mangels Werkvertragsverhältnisses Gewährleistungsansprüche; dem Bauherrn stehen lediglich – weshalb ihm grds die Genehmigung des Stellvertreterhandelns anzuraten ist – verschuldensabhängige Schadensersatzansprüche zur Seite (BGH BauR 1994, 110, 112: ein Verstoß gegen die Pflichten aus § 677 eröffnet einen Schadensersatzanspruch aus pFV gem § 280 Abs 1). Der Unternehmer wiederum kann jedoch die übliche Vergütung verlangen, soweit nicht der Vertragspreis niedriger vereinbart werden sollte (BGH BauR 1994, 110, 111). Eine Reduzierung der üblichen Vergütung ist deshalb allerdings nicht vorzunehmen. Die Üblichkeit der Vergütung ist wiederum wie im Rahmen von § 632 Abs 2 zu ermitteln.

14 **III. Kostenanschlag.** Die Erstellung eines Kostenanschlags soll im Zweifel nicht vergütungspflichtig sein; verlangt der Unternehmer (ausnahmsw) dafür eine Vergütung, hat er deren Vereinbarung darzulegen und zu beweisen. Für das Vorliegen einer (stillschweigenden) Vereinbarung spricht nicht, dass der Unternehmer möglicherweise umfangreiche Ermittlungen und Vorarbeiten (bspw Zeichnungen, Massenberechnungen) zur Erstellung des Kostenanschlags vornehmen musste (sog qualifizierter Kostenanschlag; vgl BGH NJW 1979, 2202, 2202 f; Düsseldorf BauR 1991, 613, 614 f). Die Vereinbarung einer Vergütungspflicht von Kostenanschlägen in AGB ist grds unwirksam (Karlsruhe BauR 2006, 683, 683 f; die Eröffnung der Inhaltskontrolle gem § 307 Abs 3 nahm zutreffend bereits BGH NJW 1982, 765, 766 f an, aA: MüKo/*Busche* Rn 9, der allerdings idR eine entspr Klausel als überraschende Klausel gem § 305c für unwirksam erachtet).

15 **C. Besonderheiten beim Bauvertrag.** Wegen der Vergütungsregelungen in **§ 2 VOB/B** vgl § 631 Rz 69 ff. Insbes ist nach § 2 Nr 2 VOB/B für den Fall, dass keine andere Vergütungsart vereinbart worden ist (bspw Pauschalpreisvertrag, Stundenlohnvergütung), nach den vertraglichen Einheitspreisen und den tatsächlich ausgeführten Leistungen zu vergüten. § 2 Nr 2 VOB/B trifft also eine den § 632 Abs 2 differenzierende Zweifelsregelung. Bei Nachtragsaufträgen ist im Zweifel gem § 2 Nr 6 Abs 2 VOB/B nach den Vergütungsregeln des Haupt- bzw Vorauftrags zu vergüten. Voraussetzung für den Vergütungsanspruch ist, dass der Unternehmer diesen dem Besteller vor Beginn der Leistungsausführung ankündigt; unterlässt der Unternehmer diese Ankündigung, verliert er grds seinen Anspruch auf Vergütung des Nachtrags (WM 1969, 1019, 1021; NJW 1996, 2158, 2158 f; aA entgegen dem Wortlaut: Staud/*Peters* Rn 74). Der Rechtsgedanke des § 2 Nr 6 VOB/B ist – bis auf die Ankündigungspflicht (aA: Staud/*Peters* Rn 74, der allerdings entgegen dem Wortlaut der Vorschrift darin keine Anspruchsvoraussetzung sieht) – auch auf BGB-Verträge auszudehnen: Danach ist bei Nachtragsaufträgen auch im Rahmen eines BGB-Werkvertragsverhältnisses im Zweifel die Vergütungsregelung des Haupt- oder Vorvertrages vereinbart.

Die am 01.01.1977 in Kraft getretene Verordnung über die Honorare für Leistungen der Architekten und Ingenieure (**HOAI**) gibt als zwingendes Preisrecht einen Vergütungsrahmen vor, sofern das geschuldete Werk unabhängig von der schuldrechtlichen Einordnung des Vertrages nach seinem Gesamtbild durch die in der Verordnung beschriebenen Leistungsbilder geprägt wird (BGHZ 136, 1, 3ff; NJW 1998, 1228, 1229; NJW-RR 2000, 1333). Die HOAI regelt als öffentliches Preisrecht nicht die Inhalte der vertraglichen Leistungspflicht des Unternehmers (BGH BauR 1997, 154, 155), sondern legt iSe Taxe gem § 632 Abs 2 Mindest- und Höchstsätze, also den Honorarrahmen für Architekten- und Ingenieurleistungen fest. Sofern die Parteien nicht ausdrücklich oder stillschweigend eines der von der HOAI aufgeführten Leistungsbilder der §§ 15, 37, 40, 45a, 46, 47, 48a, 49a, 49c, 55, 64, 73, 97b, 98b HOAI zum Gegenstand des Werkvertrages machen (BGH BauR 2004, 1640, 1642 f)) oder die Erstellung eines maßgeblichen Elementes des jeweiligen Leistungsbildes für die Erreichung des werkvertraglichen Erfolges zwingend notwendig ist (vgl Hamm BauR 1998, 819, 820), stellt das etwaige Fehlen einzelner Leistungselemente keinen Werkmangel dar. Es kommt dann für die Mangelfreiheit des Architekten- oder Ingenieurwerkes ausschließlich auf die Erreichung des Erfolges an (Düsseldorf NJW-RR 1998, 454, 454 f; Hamm NJW-RR 1998, 811, 812). Innerhalb der einzelnen Leistungsbilder der HOAI (bspw für Objektplanung von Gebäuden, Freianlagen, raumbildenden Ausbauten gem § 15 HOAI, Statikerleistungen gem § 64 HOAI) werden in preisrechtlicher Hinsicht Grundleistungen und bes Leistungen unterschieden. Sofern für die Herstellung der bes Leistungen ein wesentlicher zusätzlicher Aufwand entsteht, ist eine zusätzliche Vergütung dem Grundsatz nach eröffnet, nicht dagegen ein weiteres Honorar, wenn die bes Leistung an die Stelle der Grundleistung tritt, § 5 Abs 5 HOAI. 16

Das Honorar richtet sich in erster Linie nach der bei Auftragserteilung erfolgten schriftlichen (§ 126; BGH NJW-RR 1994, 280, 281) Vereinbarung. Fehlt eine solche Vereinbarung, gelten a) die Mindestsätze nach § 4 Abs 4 HOAI als vereinbart, sind b) bes Leistungen auch bei wesentlichem zusätzlichem Aufwand nicht gesondert zu vergüten (§ 5 Abs 4 HOAI) und sind c) die Abrechnung von Stundensätzen gem § 4 Abs 1 HOAI (Düsseldorf BauR 1996, 893, 893 f) und die Abrechnung von Nebenkostenpauschalen gem § 7 Abs 3 S 2 HOAI unzulässig. Neben dem Schriftformerfordernis unterliegt die Abrechnung nach Stundensätzen der Einschränkung, dass sie nur in den ausdrücklich von der HOAI zugelassenen Fällen möglich ist (vgl Thode/Kuffer/Wirth/*Budde* § 23 Rn 17). Das Honorar ist auf der Grundlage der Objektkosten zu ermitteln, wobei der Architekt ggf einen Auskunftsanspruch gegen den Bauherrn hat, § 261. Auf der Grundlage dieser Objektkosten und nach Festlegung der Honorarzone, die sich nach dem Schwierigkeitsgrad und dem Umfang der Leistungsanforderungen bemisst, ist die Honorarhöhe anhand der Honorartafeln unter Berücksichtigung eines interpollierten Mittelwertes zu ermitteln. Im Einzelnen: *Motzke/Wolff*: Praxis der HOAI. 17

D. Beweislast. Bauherr: für die Behauptung, es sei nachträglich ein Pauschalpreis vereinbart worden (Frankfurt aM NJW-RR 1997, 276); für Festpreisvereinbarung nach Beginn der Arbeiten (Hamm MDR 1985, 672, 673); für die Behauptung, der bei einer Stundenlohnvereinbarung abgerechnete Stundenaufwand sei für den erzielten Leistungserfolg nicht erforderlich gewesen (Karlsruhe BauR 2003, 737, 739 f); für die Vereinbarung eines unter den Mindestsätzen der HOAI liegenden Pauschalhonorars (BGH NJW-RR 2002, 1597). **Bauunternehmer**: für Grund und Höhe seiner Vergütung (BGH BauR 1995, 91), auch bei Abrechnungsfällen, in denen der Bauherr Rückzahlung überzahlter Beträge fordert (BGH BauR 2002, 938, 940); für die Umstände, wonach entspr § 632 Abs 1 eine Leistung nur gegen Vergütung zu erwarten ist (BGH NJW 1997, 3017; ist dem Bauunternehmer dieser Nachweis gelungen, trägt wiederum der Bauherr schon wegen des Erfahrungssatzes der Entgeltlichkeit, s.o. Rz 4, die Darlegungs- und Beweislast dafür, dass dennoch unentgeltlich geleistet werden sollte: BGH NJW 1987, 2742, 2743; BauR 1987, 454, 455 f); für die fehlende Vereinbarung eines Festpreises, welche vom Bauherrn behauptet wird (BGH BauR 1975, 281, 282; Koblenz MDR 2004, 386); für die Abrechnung nach Einheitspreisen gegen die Behauptung des Bauherrn, es sei eine andere, namentlich geringere Vergütung vereinbart worden (BGH NJW 1981, 1442, 1443). Soweit der Unternehmer, der die übliche Vergütung verlangt, für die Behauptung beweispflichtig ist, eine vom Besteller behauptete Vergütungsvereinbarung nach § 631 Abs 1 sei nicht vereinbart worden, trifft den Besteller allerdings hinsichtlich der Vergütungsvereinbarung eine **qualifizierte Darlegungslast** (BGH NJW-RR 1996, 952; NJW-RR 1992, 848, Düsseldorf BauR 2000, 269). Schließlich hat der Unternehmer darzulegen und zu beweisen, dass (ausnahmsw) eine Vergütung für die Erstellung eines Kostenanschlags vereinbart worden ist. 18

§ 632a Abschlagszahlungen.

[1] Der Unternehmer kann von dem Besteller für eine vertragsgemäß erbrachte Leistung eine Abschlagszahlung in der Höhe verlangen, in der der Besteller durch die Leistung einen Wertzuwachs erlangt hat. Wegen unwesentlicher Mängel kann die Abschlagszahlung nicht verweigert werden. § 641 Absatz 3 gilt entsprechend. Die Leistungen sind durch eine Aufstellung nachzuweisen, die eine rasche und sichere Beurteilung der Leistungen ermöglichen muss. Die Sätze 1 bis 4 gelten auch für erforderliche Stoffe oder Bauteile, die angeliefert oder eigens angefertigt und bereitgestellt sind, wenn dem Besteller nach seiner Wahl Eigentum an den Stoffen oder Bauteilen übertragen oder entsprechende Sicherheit hierfür geleistet wird.

[2] Wenn der Vertrag die Errichtung oder den Umbau eines Hauses oder eines vergleichbaren Bauwerks zum Gegenstand hat und zugleich die Verpflichtung des Unternehmers enthält, dem Besteller das Eigentum an dem Grundstück zu übertragen oder ein Erbbaurecht zu bestellen oder zu übertragen, können Abschlagszahlungen nur verlangt werden, soweit sie gemäß einer Verordnung auf Grund von Artikel 244 des Einführungsgesetzes zum Bürgerlichen Gesetzbuche vereinbart sind.
[3] Ist der Besteller ein Verbraucher und hat der Vertrag die Errichtung oder den Umbau eines Hauses zum Gegenstand, ist dem Besteller bei der ersten Abschlagszahlung eine Sicherheit für die rechtzeitige Herstellung des Werkes ohne wesentliche Mängel in Höhe von 5 vom Hundert des Vergütungsanspruchs zu leisten. Erhöht sich der Vergütungsanspruch infolge von Änderungen oder Ergänzungen des Vertrages um mehr als 10 vom Hundert, ist dem Besteller bei der nächsten Abschlagszahlung eine weitere Sicherheit in Höhe von 5 vom Hundert des zusätzlichen Vergütungsanspruchs zu leisten. Auf Verlangen des Unternehmers ist die Sicherheitsleistung durch Einbehalt dergestalt zu erbringen, dass der Besteller die Abschlagszahlungen bis zu dem Gesamtbetrag der geschuldeten Sicherheit zurückhält.
[4] Sicherheiten nach dieser Vorschrift können auch durch eine Garantie oder ein sonstiges Zahlungsversprechen eines im Geltungsbereich dieses Gesetzes zum Geschäftsbetrieb befugten Kreditinstituts oder Kreditversicherers geleistet werden.

In der für Vertragsverhältnisse, die bis zum 01.01.2009 geschlossen wurden (Art 229 § 18 EGBGB) geltenden Fassung, lautet die Norm:
Der Unternehmer kann von dem Besteller für in sich abgeschlossene Teile des Werkes Abschlagzahlungen für die erbrachten vertragsmäßigen Leistungen verlangen. Dies gilt auch für erforderliche Stoffe oder Bauteile, die eigens angefertigt oder angeliefert sind. Der Anspruch besteht nur, wenn dem Besteller Eigentum an den Teilen des Werkes, an den Stoffen oder Bauteilen übertragen oder Sicherheit hierfür geleistet wird.

1 **A. Allgemeines/Zweck der Norm.** § 632a ist durch das Gesetz zur Beschleunigung fälliger Zahlungen vom 30.03.2000 (BGBl I 330) als neue Vorschrift in das Werkvertragsrecht aufgenommen (zur Gesetzesbegründung: BTDrs 14/1246 S 4 ff; 14/2752 S 9 ff) und durch das Forderungssicherungsgesetz erheblich erweitert worden (zur Gesetzesbegründung: BTDrs 16/511 S 14 f; 16/9787 S 18). Obgleich an den Regelungen von § 16 Nr 1 Abs 1 S 1 und S 3 VOB/B orientiert, will die Norm in ihren Abs 1 und 4 für **sämtliche Werkverträge**, also nicht nur für Bauwerkverträge, die ab dem 01.05.2000 (Art 229 § 1 Abs 2 S 1 EGBGB) bzw ab dem 01.01.2009 geschlossen wurden (In-Kraft-Treten des Forderungssicherungsgesetzes, Art 229 § 18 EGBGB), eine Risikoentlastung für den Unternehmer schaffen, der wegen der mit seiner Vorleistungspflicht verbundenen Vorfinanzierungslast anderenfalls idR (anders etwa in Fällen des § 321) das gesamte wirtschaftliche Risiko trüge (vgl BGH NJW 1985, 1840); Absätze 2 und 3 wiederum betreffen ausschließlich Bauwerks- und Bauträgerverträge.

2 § 632a enthält **dispositives Recht**, individualvertraglich kann von den gesetzlichen Wertungen also bis hin zu einem vollständigen Ausschluss von Abschlagszahlungen (MüKo/*Busche* Rn 13; BaRoth/*Voit* Rn 20) abgewichen werden. Soweit die Parteien in AGB abweichende Vereinbarungen treffen, sind diese anhand der §§ 307, 309 Nr 2a zu messen und regelm problematisch: Der Gesetzgeber hat mit der Einführung von § 632a die beiderseitigen Interessen der Werkvertragsparteien berücksichtigend den Gestaltungsrahmen für abw AGB weitgehend eingeschränkt. Keinesfalls hält daher ein Ausschluss von Abschlagszahlungen in den AGB des Bestellers einer Inhaltskontrolle nach § 307 stand (PWW/*Leupertz* Rn 5; weniger strikt: BaRoth/*Voit* Rn 22, 26); eine Einschränkung in den AGB des Bestellers dahin, dass für nachgewiesene Leistungen von Architekten oder Ingenieuren lediglich Abschlagszahlungen in Höhe von 95 % des Honoraranspruches gefordert werden dürften, ist wegen Abweichens vom gesetzlichen Leitbild des § 8 Abs 2 HOAI gem § 307 unwirksam (BGH BauR 2006, 674, 676 ff). Soweit die AGB des Unternehmers wiederum Abschlagszahlungen vorsehen, die sich nicht zumindest am Wert der erbrachten Leistungen »orientieren«, ihrem Wesen nach also Vorauszahlungen darstellen (s.u. Rz 22, 27), sind diese gem § 307 unwirksam (BGH NJW 1986, 3199, 3200; 1992, 1107); unwirksam sind auch AGB des Unternehmers, nach denen Abschlagszahlungen auch für nicht vertragsgerechte Leistungen gefordert werden können (vgl BGH NJW 1993, 3264, 3265). Namentlich die Verbraucherschutzregelung in Abs 3 ist der Disposition der Parteien weitgehend entzogen; nur soweit der vom Gesetzgeber beabsichtigte Schutz des Verbrauchers vor dem Risiko einer Insolvenz des Unternehmers und dem damit idR verbundenen erheblichen Mehraufwand wegen unvollständiger oder nicht mangelfreier Herstellung des Bauwerks (BTDrs 16/511 S 15) erweitert oder anderweitig gewährleistet wird, halten entspr Abs 3 abändernde Klauseln der Kontrolle stand.

3 **B. Kommentierung. I. Voraussetzungen (§ 632a nF). 1. Vertragsgem erbrachte Leistung/Wertzuwachs (Abs 1 S 1 bis 3 nF).** Für nachgewiesene (s.u. Rz 23) vertragsgem (Teil-) Leistungen hat der Unternehmer gegen den Besteller einen klagbaren Anspruch auf Abschlagszahlung, soweit diese Teilleistung für den Besteller bereits einen **Wertzuwachs** bedeutet. Die Vorschrift ist an § 16 Nr 1 VOB/B angelehnt und soll dem Unternehmer möglichst weitgehend die Möglichkeit einer Abschlagszahlung eröffnen (BTDrs 16/511 S 14). Erforderlich ist also nicht

etwa – wie nach § 632a aF – ein in sich abgeschlossener Teil des Werkes, sondern es genügt, dass der Besteller einen festen Wert erhalten hat, bspw infolge Eigentumserwerbs gem den §§ 946 ff, im Falle eines bereits ausformulierten Teilgutachtens oder bei einer selbständig nutzbaren Anwendung eines auf mehrere Anwendungen gerichteten EDV-Programms. Da für die Bestimmung eines Wertzuwachses beim Besteller eine etwaige Veränderung in dessen Vermögen maßgeblich ist, kann der Subunternehmer vom Hauptunternehmer entspr Abschlagszahlungen dann verlangen, wenn letzterem im Verhältnis zu seinem Auftraggeber dem Grunde nach selbst ein Anspruch auf (Abschlags-) Zahlung entstanden ist, namentlich wenn der Hauptauftraggeber Eigentum gem den §§ 946 ff erlangt hat.

Vertragsgem ist die (Teil-)Leistung, wenn sie gem § 633 Abs 1 frei von Sach- und Rechtsmängeln ist. Den zu § 632a aF geführten Meinungsstreit, ob abweichend davon eine Freiheit von wesentlichen Mängeln ausreicht (s.u. Rz 18) hat der Gesetzgeber des Forderungssicherungsgesetzes mit Abs 1 Satz 2 abschließend entschieden: Im Gleichklang mit § 640 Abs 1 S 2 genügt, dass die (Teil-)Leistung jedenfalls frei von wesentlichen Mängeln ist. Denn wegen unwesentlicher Mängel kann der Besteller die Abschlagszahlung nicht verweigern. Im Hinblick auf sein Interesse an der ordnungsgemäßen Leistungserbringung und letztlich auch, um dem werkvertraglichen Grundgedanken der Vorleistungspflicht des Unternehmers nicht im Wege der Abschlagszahlung umzukehren, eröffnet Abs 1 S 3 dem Besteller ein **Zurückbehaltungsrecht**. Entsprechend § 641 Abs 3 kann er im Falle von Mängeln Abschlagszahlungen in angemessener Höhe verweigern (zur Höhe des Leistungsverweigerungsrechts: § 641 Rz 14). 4

2. Erforderliche Stoffe oder Bauteile (Abs 1 S 5 nF). Für eigens gelieferte oder angefertigte Stoffe und Bauteile kann der Unternehmer ebenfalls Abschlagszahlungen fordern, sofern deren Anlieferung oder Anfertigung zur Erstellung des Werkes erforderlich war und dem Besteller nach seiner Wahl (s.u. Rz 7) Eigentum an den Stoffen oder Bauteilen übertragen oder entspr Sicherheit hierfür geleistet wird (s.u. Rz 13). Dabei ist irrelevant, ob es sich bei den Stoffen oder Bauteilen um Anfertigungen durch den Unternehmer selbst oder durch Dritte, um Sonderanfertigungen oder Serienprodukte handelt; auch Serienprodukte können für das konkrete Werk eigens angefertigt worden sein (anzuraten ist insoweit neben der Aussonderung ggf eine gesonderte Beschriftung, zu welchem Zweck die Anfertigung erfolgte, vgl Ingenstau/Korbion/*U Locher* § 16 Nr 1 VOB/B Rn 18). Erforderlich, aber auch ausreichend ist lediglich, dass die Stoffe oder Bauteile eigens für das geschuldete Werk angefertigt und – wie von der Norm im Gegensatz zu § 632a aF nun ausdrücklich gefordert – **bereitgestellt** worden sind (so bereits: BGH NJW 1986, 1681, 1683). Hinsichtlich der ersten Alternative (Anlieferung) kommt es hingegen darauf an, dass die Stoffe oder Bauteile am Leistungsort angeliefert worden sind (zur Eigentumsübertragung: Rz 6). Nicht ausdrücklich genannt, aus der Bezugnahme auf die Sätze 1 bis 4 jedoch zwingend zu schließen ist, dass der Abschlagszahlungsanspruch des Unternehmers für eigens gelieferte oder angefertigte Stoffe und Bauteile nur dann besteht, wenn diese ihrerseits vertragsgerecht, also frei von (wesentlichen) Sach- und Rechtsmängeln sind; soweit (unwesentliche) Mängel vorliegen, steht dem Besteller ein Leistungsverweigerungsrecht zu (vgl Rz 4). Zum Leistungsnachweis in Form einer Leistungsaufstellung: Rz 23. 5

Die Stoffe und Bauteile müssen weiterhin dem Besteller nach den §§ 929 ff übereignet werden oder stattdessen dem Besteller Sicherheit gewährt werden. Ein Eigentumsübergang gem den §§ 946 ff kommt hier nicht in Betracht: Soweit der Besteller gem § 950 bereits einen Vermögensvorteil erlangt hat, folgt ein etwaiger Abschlagszahlungsanspruch des Unternehmers bereits aus Satz 1. Zur Sicherheitsleistung s.u. Rz 13; das Wahlrecht des Bestellers aus Abs 1 S 5 erstreckt sich nicht auch auf die Art der Sicherheitsleistung. Dahingehend steht entspr § 262 dem Unternehmer ein Wahlrecht zu. 6

Der Besteller hat nach Abs 1 S 5 grds ein **Wahlrecht** dahin, von dem Unternehmer die Eigentumsübertragung an den Stoffen oder Bauteilen oder aber stattdessen Sicherheitsleistung zu verlangen. Das Wahlrecht, das in der bisherigen Gesetzesfassung nicht vorgesehen war, hat der Gesetzgeber in Anlehnung an § 16 Nr 1 VOB/B mit dem Forderungssicherungsgesetz neu eingefügt (BTDrs 16/511 S 15). Mit dieser (nicht zwingend notwendigen) Weiterung hat der Gesetzgeber dem Unternehmer indes in vielen Fällen einen Bärendienst erwiesen: Soweit Werkstoffe von ihm noch nicht ggü den Lieferanten bezahlt wurden, befinden sich diese regelm noch im Vorbehaltseigentum dieser Lieferanten. Um für die Anlieferung von unter Eigentumsvorbehalt stehenden Werkstoffen künftig Abschlagszahlungen von dem Besteller fordern zu können, der eine Sicherheitsleistung ablehnt, müsste der Unternehmer also zuvor den Warenkredit mittels Finanzkredits ablösen und steht damit schlechter als nach der bisherigen Gesetzeslage. Um dies zu vermeiden, wird man das Wahlrecht des Bestellers davon abhängig machen müssen, ob dem Unternehmer eine Eigentumsübertragung rechtlich überhaupt möglich ist: Ist dies nicht der Fall, kommt der Abschlagszahlungsanspruch des Unternehmers für eigens gelieferte oder angefertigte Stoffe oder Bauteile nur in Betracht, wenn er entspr Sicherheit gibt (vgl Ingenstau/Korbion/*U Locher* § 16 Nr. 1 VOB/B Rn 28). 7

3. Einschränkungen (Abs 2 und 3 nF). Von dem aus Abs 1 folgenden Abschlagszahlungsanspruch sind zwei Einschränkungen zu beachten: Einmal richten sich bei Bauträgerverträgen Abzahlungsansprüche nicht nach § 632a (Abs 2, Rz 9). Zum anderen enthält Abs 3 bei Verbraucherverträgen über die Errichtung oder den Umbau von Häusern oder vergleichbaren Bauwerken Schutzvorschriften, dazu Rz 10 ff. 8

9 a) **Bauträgerverträge(Abs 2 nF).** Nicht von § 632a erfasst werden gem Abs 2 Bauträgerverträge, also solche Verträge, die die Errichtung oder den Umbau eines Hauses oder eines vergleichbaren Bauwerks zum Gegenstand haben und zugleich die Verpflichtung des Unternehmers enthalten, dem Besteller das Eigentum an dem Grundstück zu übertragen oder ein Erbbaurecht zu bestellen oder zu übertragen. Regelungen über Abschlagszahlungen in solchen Verträgen dürfen nur auf der Grundlage einer nach Art 244 EGBGB durch das Bundesministerium der Justiz erlassenen Rechtsverordnung vereinbart werden. Bislang hat das Bundesjustizministerium von seiner Ermächtigung durch die Verordnung über Abschlagszahlungen bei Bauträgerverträgen vom 23.05.2001 Gebrauch gemacht, dazu s.u. Rz 30. Mit Abs 2 sollte allg, auch künftigen Entwicklungen Rechnung tragend, das Verhältnis von § 632a zu anderen Abschlagsregelungen klargestellt werden (BTDrs 16/511 S 15). Deshalb ist bereits abweichend von dem Wortlaut von § 1 der VO vom 23.05.2001 erweiternd der »Umbau« erwähnt; gem Art 4 des Forderungssicherungsgesetzes wird zugleich in § 1 MaBV der Anwendungsbereich der Verordnung um den Umbau erweitert: In Anlehnung an § 3 Nr 5 HOAI handelt es sich bei einem Umbau um die Umgestaltung eines vorhandenen Objekts mit wesentlichen Eingriffen in Konstruktion und Bestand. Unter diesen Voraussetzungen fallen entspr der Regelung in § 3 Nr 6 HOAI auch Modernisierungen darunter (BTDrs 16/511 S 15). Bei Bauträgerverträgen mit einem Verbraucher ist Abs 3 zu beachten, s.u. Rz 10.

10 b) **Verbraucherverträge über Bauwerke (Abs 3 nF).** Abs 3 dient dem Verbraucherschutz bei Bauwerkverträgen (auch bei Bauträgerverträgen; BTDrs 16/511 S 15): Abschlagszahlungen sollen nur nach näherer Maßgabe der Norm erfolgen dürfen. Das setzt voraus, dass der Besteller ein Verbraucher iSv § 13 ist. Zum anderen muss der Vertrag die Errichtung oder den Umbau eines Hauses oder eines vergleichbaren Bauwerks zum Gegenstand haben. Errichtung eines Hauses ist die vom Besteller betriebene Neuherstellung eines überwiegend zu eigenen Wohnzwecken dienenden Bauwerks, wie sich aus dem vom Gesetzgeber zugrunde gelegten Sicherungszweck ergibt (vgl Rz 11). Zum Begriff des Umbaus vgl Rz 9, zum Begriff des Bauwerks vgl § 634a Rz 6. Vergleichbare Bauwerke iSv Abs 3 sind etwa Freizeitbungalows, Gartenlauben oder Garagen.

11 Zur Absicherung seines Erfüllungsanspruches soll der Unternehmer dem Verbraucher bei der Abschlagszahlung eine **Sicherheit** in Höhe von fünf Prozent des Vergütungsanspruches leisten (zur Höhe näher Rz 12). Trotz der Absicherung des Verbrauchers etwa durch die Regelungen der Makler- und Bauträgerverordnung sowie im Wege der Klauselkontrolle bei Generalunternehmerverträgen dahin, dass er nur für bereits erbrachte Leistungen Abschlagszahlungen zu leisten hat, soll die Norm den Verbraucher auch darüber hinaus schützen: die Gesetzesbegründung berücksichtigt ausdrücklich, dass dem Besteller idR erhebliche Mehraufwendungen entstehen können, wenn das Bauvorhaben insbes im Falle der Insolvenz des Bauunternehmers nicht vollendet oder mangelhaft errichtet wird (BTDrs 16/511 S 15). Ausdrücklich konkretisiert die Norm den Sicherungszweck in der rechtzeitigen Herstellung des Werkes ohne wesentliche Mängel. Das setzt die Abnahmereife, also ein vollständiges und von unwesentlichen Mängeln abgesehen, mangelfreies Werk voraus. Die Sicherheit deckt somit sämtliche Ansprüche des Bestellers ab, die darauf beruhen, dass die Unternehmerleistung hinter der vertraglich vorausgesetzten Tauglichkeit oder Werthaltigkeit zurückbleibt. Darüber hinaus sind sämtliche Ansprüche erfasst, die dem Besteller wegen Überschreitung der Bauzeit entstehen: Gerade die Bauzeitverlängerung und der dadurch hinausgezögerte Bezug des Bauwerks wegen Krisen von Bauunternehmen oder Bauträgern verursachen dem Verbraucher Schäden (BTDrs 16/511 S 15).

12 Die Höhe der Sicherheit beträgt fünf Prozent des Vergütungsanspruches und ist den Erfahrungssätzen nach § 14 Nr 2 VOB/A nachempfunden (BTDrs 16/511 S 15). Für den Fall einer Erhöhung des Vergütungsanspruches um mehr als 10 Prozent infolge von Änderungen oder Ergänzungen soll die Sicherheit auf der Grundlage des zusätzlichen Vergütungsanspruches zum selben Satz (5 %) nachberechnet werden und bei der nächsten Abschlagszahlung zu leisten sein, Abs 3 S 2. Verlangt der Unternehmer nach der Erhöhung des Vergütungsanspruches keine weitere Abschlagszahlung, entfällt der erweiterte Sicherungsanspruch des Bestellers: Eine Sicherheitsleistung bei der Schlussrechnung ist weder vom Gesetzeswortlaut noch vom beabsichtigten Sicherungszweck gedeckt, dazu Rz 11. Da es sich bei dem Vergütungsanspruch des Unternehmers ggü einem Verbraucher stets um den Brutto-Zahlungsanspruch handelt, ist der Bruttobetrag zur Berechnung der Sicherheit zugrunde zu legen (so auch für die vergleichbare Situation nach § 14 VOB/A, Ingenstau/Korbion/*Joussen* § 14 VOB/A Rn 19).

13 **4. Sicherheitsleistungen (Abs 4 nF).** Sicherheitsleistungen iSv § 632a können gem Abs 4 sämtliche nach den §§ 232 erfassten Sicherheiten sein (»auch«); darüber hinaus kann Sicherheit auch durch Garantie oder ein sonstiges Zahlungsversprechen eines im Geltungsbereich des BGB zum Geschäftsbetrieb befugten Kreditinstituts oder Kreditversicherers geleistet werden. Wegen des mit der Norm beabsichtigten Gleichlaufs mit § 648a (BTDrs 16/511 S 15) vgl zu den einzelnen Arten der Sicherheitsleistung dort Rz 17. Da Schuldner der Sicherheit der Unternehmer ist, steht diesem – entspr § 262 und vergleichbar mit § 17 Nr 3 VOB/B – das Wahlrecht der Sicherheit zu.

14 Für die Sicherheitsleistung bei Verbraucherverträgen über Bauwerkserrichtungen sieht Abs 3 Satz 3 als weitere Sicherungsart in Anlehnung an § 17 Nr 6 VOB/B – nur auf Verlangen des Unternehmers – den **Einbehalt** vor: Der Besteller kann im Falle einer solchen Vereinbarung die Abschlagszahlungen so lange zurückhalten,

bis die geschuldete Sicherheit von fünf Prozent erreicht ist. Auf diese Weise vermeidet der Unternehmer den üblicherweise durch die Einschaltung einer Bank verbundenen Organisations- und Kostenaufwand (BTDrs 16/511 S 15).

Die **Sicherheit** ist in den Fällen des Abs 1 **zurückzugewähren**, sobald der Besteller Eigentum an der Teilleistung, den Stoffen oder Bauteilen erlangt, spätestens mit der Fälligkeit des Werklohns. Soweit eine Abschlagssicherungsbürgschaft erteilt wurde, erlischt diese aufgrund ihrer Akzessorietät mit dem Einbau der von der Sicherung erfassten Baustoffe und Bauteile automatisch (BGH BauR 1992, 632, 633 zu § 16 Nr 1 VOB/B), zum Herausgabeanspruch der Bürgschaftsurkunde vgl § 631 Rz 93. In den Fällen des Absatzes 3 handelt es sich um eine Vertragserfüllungssicherheit: Diese sichert alle bis zur Abnahme entstandenen Ansprüche mit der Folge, dass nach der Abnahme die Sicherheit zurückzugewähren und etwa eine Bürgschaftsurkunde zurückzugeben ist, es sei denn, die bei der Abnahme vorbehaltenen Mängel sind noch nicht beseitigt (BTDrs 16/511 S 15; Düsseldorf, BauR 1998, 553, 554). 15

II. Voraussetzungen (§ 632a aF). 1. In sich abgeschlossene Teile des Werkes (S 1 aF). In sich abgeschlossene Teile des Werkes sind ihrem Wesen nach solche, die von den noch nicht ausgeführten Leistungen tatsächlich abgrenzbar und nach Maßgabe der Gesetzesbegründung für den Besteller in sich werthaltig sind (BTDrs 14/1246 S 6). In jedem Falle ist solcherart **Werthaltigkeit** gegeben, wenn der Besteller den Werkteil für sich nutzen kann, insbes bei Vorliegen eigenständiger Funktionsfähigkeit (zB die Fertigstellung der Sanierung einer Wohnung bei Gebäudesanierung). Ebenso stellt die Fertigstellung von üblicherweise an verschiedene Gewerke vergebene Teilleistungen einen abgeschlossenen Teil iSv § 632a dar (zB Rohbau, Trockenbau). Angesichts der Tatsache, dass eine Teilabnahme für den Abschlagszahlungsanspruch nicht erforderlich und dass die Werthaltigkeit für nach § 632 S 2 gelieferte Stoffe oder Bauteile unabhängig von deren Nutzbarkeit oder Funktionalität gegeben ist, dürfte eine Werthaltigkeit in sich abgeschlossener Teile des Werkes für den Besteller auch dann vorliegen, wenn diese jedenfalls nur iSe Sachwertes feststellbar sein sollte; jedenfalls sind für die Feststellung, wann in sich abgeschlossene Werkteile vorliegen, keine strengen Maßstäbe anzusetzen (BaRoth/*Voit* Rn 2). Unverzichtbar ist allerdings eine eigenständige **Bewertbarkeit** der Teilleistungen: Zwar ist eine prüfbare Aufstellung der erbrachten Leistungen iSv § 16 Nr 1 Abs 3 VOB/B nicht (Fälligkeits-) Voraussetzung für den Anspruch auf Abschlagszahlung, Teile der Werkleistung werden jedoch nur dann in sich abgeschlossen sein iSv § 632a, wenn ihnen auf der Grundlage der Vergütungsvereinbarung oder nach Maßgabe üblicher Vergütung ein eigener Teilvergütungsanspruch zugeordnet werden kann (PWW/*Leupertz* Rn 7; Palandt/*Sprau*, 67. Aufl Rn 5). 16

2. Erforderliche Stoffe und Bauteile (Sätze 2 und 3 aF). Nach S 2 aF können Abschlagszahlungen auch für erforderliche Stoffe oder Bauteile gefordert werden, die eigens angefertigt oder angeliefert sind, dazu s.o. Rz 5. Ob der Anspruch auf Abschlagszahlungen auch insoweit voraussetzt, dass es sich bei den angefertigten oder gelieferten Stoffen oder Bauteilen um **in sich abgeschlossene Teile der Werkleistung** handelt, ist umstr (ja: *Kniffka* ZfBR 2000, 227, 229; Erman/*Schwenker* Rn 7 unter zutreffendem Hinweis auf den Wortlaut der Norm und darauf, dass anderenfalls jede Anlieferung eine Abschlagszahlung des Unternehmers begründen könnte; nein: BaRoth/*Voit* Rn 7; MüKo/*Busche* Rn 5; Palandt/*Sprau*, 67. Aufl., Rn 5; PWW/*Leupertz* Rn 8; teilw mit der wenig überzeugenden Begründung, die Norm liefe anderenfalls in der Praxis meist leer). Der Streit wird in der Praxis keine weitreichende Rolle spielen, da regelm eine bezifferbare Werthaltigkeit gelieferter oder angefertigter Stoffe oder Bauteile vorliegen dürfte und Missbräuchen von Seiten des Unternehmers, die *Kniffka* (aaO) vorzuschweben scheinen, jedenfalls nach den §§ 242, 226 begegnet werden kann. 17

3. Vertragsgem Leistung (aF). Nach § 632a S 1 setzt der Anspruch auf Abschlagszahlungen für in sich abgeschlossene Teilwerkleistungen wie für die Anfertigung oder Lieferung von Stoffen oder Bauteilen nach § 632a S 2 voraus, dass die unternehmerischen Leistungen vertragsgem erbracht wurden. Vertragsmäßigkeit bedeutet nach § 633 Abs 1 wiederum Freiheit von Sach- und Rechtsmängeln. Um die Norm einerseits in der Praxis, in der es gerade bei Bausachen keine vollkommen mangelfreie Leistung geben wird, nicht leer laufen zu lassen, andererseits nicht für die Frage der Abschlagszahlungen die regelm im Leistungsstadium schwierige Abgrenzung zwischen Mangel und fehlender Fertigstellung treffen zu müssen, und schließlich, um einen Wertungswiderspruch mit der Fälligkeitsregelung für Schlusszahlungen in §§ 641 Abs 1 S 1, 640 Abs 1 S 2 zu vermeiden (weshalb sollten die Voraussetzungen für Abschlagszahlungen enger sein als diejenigen für Schlusszahlungen?), nimmt die hM zutreffend an, dass eine Vertragsgemäßheit iSv § 632a S 1 bereits dann vorliegt, wenn die geschuldete Teilleistung des Unternehmers iSv § 640 Abs 1 S 2 im Wesentlichen vertragsgem erbracht wurde (BaRoth/*Voit* Rn 3; MüKo/*Busche* Rn 6; PWW/*Leupertz* Rn 9; Erman/*Schwenker* Rn 10; Palandt/*Sprau*, 67. Aufl, Rn 5 iErg wohl auch: Schleswig MDR 2007, 947, 948; aA die Gesetzesbegründung, BTDrs 14/1246 S 6, wonach iErg eine Vertragsgemäßheit iSv § 633 Abs 1 vorliegen müsse). Soweit die Teilleistung unwesentlich mängelbehaftet ist, steht dem Besteller ggü dem Abschlagszahlungsanspruch des Unternehmers ein Zurückbehaltungsrecht beschränkt auf die Kosten der Mängelbeseitigung zuzüglich eines Druckzuschlags zu (§§ 320 Abs 1 S 1, 641 Abs 3 entspr, vgl PWW/*Leupertz* Rn 9; BaRoth/*Voit* Rn 14; im ähnl gelagerten Fall des § 16 Nr 1 VOB/B: BGH BauR 1991, 81, 82 f; NJW-RR 1988, 1043; NJW 1979, 650, 651). 18

19 **4. Eigentumsverschaffung oder Sicherheitsleistung (aF). a) Eigentumsübertragung (aF).** Grundsätzlich soll es nach § 632a S 3 für einen Anspruch auf Abschlagszahlung der Eigentumsübertragung an den jeweiligen Teilen des Werkes, den Stoffen oder Bauteilen bedürfen. Die mit der Norm vom Gesetzgeber beabsichtigte Adaption von § 16 Nr 1 S 3 VOB/B (vgl BTDrs 14/1246 S 6 und BTDrs 14/2752 S 11) ist allerdings missglückt: Die VOB/B verlangt eine rechtsgeschäftliche Eigentumsübertragung konsequent ausschließlich für angefertigte und bereit gestellte Bauteile oder für Bauteile und Stoffe, die auf der Baustelle angeliefert worden sind; es geht also um Sachen iSv § 90, bei denen der Auftraggeber noch nicht Eigentümer geworden ist. Schließlich ist eine Eigentumsübertragung »an den Teilen des Werkes«, also an Teilleistungen iSv § 632a S 1, bereits begrifflich nicht möglich: »Teile« meint hier nicht etwa der Eigentumsübertragung zugängliche (bewegliche) Sachen, sondern wie oben (Rz 4) ausgeführt einen bewertbaren in sich geschlossenen Abschnitt der werkvertraglichen Herstellungsverpflichtung. Dies ist bei der Auslegung von § 632a, der über das Bauwerkvertragsrecht hinausgehend im gesamten Werkvertragsrecht einen Interessenausgleich für Besteller und Unternehmer schaffen will, zu berücksichtigen. Der Unternehmer soll mit dem Anspruch auf Abschlagszahlungen – entgegen seiner sonstigen Vorleistungspflicht – eine Erleichterung hinsichtlich des wirtschaftlichen Risikos erhalten; die Vorleistungspflicht soll dabei allerdings nicht außer Acht geraten: Deshalb soll eine Abschlagszahlung nur für vorzuleistende, fertig gestellte Teilleistungen in Anspruch genommen werden oder für Sachleistungen, an denen der Besteller kraft Eigentumserwerbs oder auf sonstige Weise die vollständige und ausschließliche Nutzungsmöglichkeit erhalten hat. Nach zutreffender allg Ansicht umfasst die Vorschrift trotz ihres allein die **§§ 929 ff** erfassenden Wortlautes daher auch den gerade im Werkvertragsrecht üblichen Eigentumserwerb kraft Gesetzes gem **§§ 946 ff** (MüKo/*Busche* Rn 7; Palandt/*Sprau*, 67. Aufl., Rn 5), da die Sicherung des Bestellers nicht davon abhängt, auf welchem rechtlichen Wege ihm Eigentum verschafft worden ist. Da bei immateriellen Leistungspflichten ein Eigentumserwerb der Teilleistung insg ausscheidet, etwa bei Dolmetscher- und Übersetzungsleistungen oder bei der Herstellung (noch) nicht verkörperter Planungsleistungen, genügt auch die Einräumung einer Nutzungsbefugnis (PWW/*Leupertz* Rn 10; BaRoth/*Voit* Rn 9). Soweit **Subunternehmer** bei Bauwerksverträgen Abschlagszahlungen begehren, ist zu beachten, dass typischerweise nicht die Generalüber- bzw Generalunternehmer Eigentum erwerben, namentlich nicht gem den §§ 946 ff, sondern idR nur deren Vertragspartner. Nach Maßgabe der dem § 632a zum Vorbild genommenen Regelung des § 16 Nr 1 VOB/B und des oben Ausgeführten hat allerdings auch der Subunternehmer von Bauwerkvertragsleistungen ggü seinem unmittelbaren Besteller einen Anspruch auf Abschlagszahlungen im Umfang der von ihm im Wesentlichen mangelfrei hergestellten Teilwerkleistungen: Mit deren Fertigstellung hat sein Auftraggeber – unabhängig von der Frage, wer Eigentum an den dabei verwendeten Materialien erworben hat – jedenfalls das volle Nutzungsrecht an den Teilleistungen erhalten bzw ist seinerseits ggü seinem Auftraggeber in die Lage versetzt, Abschlagszahlungen zu verlangen. Bis zu einer obergerichtlichen Klärung der Problematik ist in Subunternehmerverträgen unter diesem Gesichtspunkt eine Regelung zu den Voraussetzungen von Abschlagszahlungen empfehlenswert. Dasselbe gilt in allen Fällen, in denen eine Eigentumsübertragung bei Teilleistungen von vornherein aus tatsächlichen oder rechtlichen Gründen ausscheidet, etwa bei Abbruch-, Transport- oder Reinigungsverträgen.

20 **b) Sicherheitsleistung (aF).** Überträgt der Unternehmer nicht gem § 632a S 3 das Eigentum an den Besteller oder ist ihm dies aus rechtlichen Gründen verwehrt, ist Voraussetzung für einen Anspruch auf Abschlagszahlung, dass er dem Besteller eine Abschlagssicherheit leistet, auf die grds die §§ 232 ff Anwendung finden (in der Praxis wird eine Sicherheit durch Hinterlegung allerdings typischerweise ausscheiden und anstelle dessen die Bankbürgschaft vom Unternehmer gewählt werden). Die Sicherheitsleistung ist jedoch nur dort erforderlich, wo der Besteller nicht ohnehin bereits Nutzen aus der Teilleistung ziehen kann, also regelm nur dann, wenn es um die Lieferung oder Anfertigung von Bauteilen oder Stoffen geht, s.o. Rz 5. Auch nach seinem Wortlaut verlangt § 632a S 3 nur »hierfür«, also für die Eigentumsübertragung das ersatzweise Stellen einer Sicherheit. Zur Pflicht des Bestellers, die Sicherheit zurückzugewähren s.o. Rz 15.

21 **III. Rechtsfolgen.** Unmittelbar gibt § 632a dem Unternehmer **ausschließlich** einen **Anspruch auf Abschlagszahlungen**. Weitere Rechtsfolgen sind der Norm nicht zu entnehmen, namentlich haben weder eine ggf durch die Parteien erfolgte Feststellung, dass die Voraussetzungen für Abschlagszahlungen vorliegen, noch die Abschlagszahlung durch den Besteller einen Einfluss auf die Abnahme. Keinesfalls ist die vorbehaltlose Zahlung eines Abschlags als (Teil-) Abnahme anzusehen (MüKo/*Busche* Rn 3; BaRoth/*Voit* Rn 18) oder gar als Anerkenntnis der Forderung (Erman/*Schwenker* Rn 4).

22 **1. Abschlagszahlung. Höhe.** Abschlagszahlungen müssen – im Gegensatz zu Vorauszahlungen – bereits wirtschaftlich messbare Leistungen des Unternehmers gegenüberstehen (BGH NJW 1992, 1107). Auf der einen Seite wahrt ein solches Verständnis der Abschlagszahlung das vertragliche **Äquivalenzprinzip**, auf der anderen Seite das gesetzgeberische Leitbild der unternehmerischen Vorleistungspflicht im Werkvertragsrecht. Die Höhe der Abschlagszahlung bemisst sich daher nach der für die Leistung vereinbarten Vergütung einschließlich der gesetzlichen Mehrwertsteuer. Gesetzliche oder vertragliche Abzüge sind ggf zu berücksichtigen (bspw eine Bauabzugssteuer nach § 48 EStG, s.o. § 631 Rz 45, oder Skonti, s.o. § 631 Rz 46). Beim Einheitspreisvertrag ist der Abschlag auf dessen Grundlage zu bestimmen, beim Pauschalpreisvertrag ist die Höhe der

Abschlagszahlung aus dem Verhältnis des Wertes der Teilleistung zum Wert der Gesamtleistung zu ermitteln, beim Stundenlohnvertrag schließlich bemisst sich die Abschlagszahlung anhand der für die Teilleistung aufgewendeten Arbeitsstunden.

Die Abschlagszahlung wird unmittelbar mit ihrer Geltendmachung **fällig**, § 271 Abs 1. Eine (Teil-) Abnahme oder eine Prüfbarkeit der Aufstellung iSv § 16 Nr 1 Abs 3 VOB/B sind nicht Fälligkeitsvoraussetzung (vgl PWW/*Leupertz* Rn 3). Das gilt auch für das mit dem Forderungssicherungsgesetz eingefügte Erfordernis einer **Leistungsaufstellung**, die eine rasche und sichere Beurteilung der Leistungen ermöglichen muss (Abs 1 Satz 3). Der Gesetzgeber hat mit dem Wortlaut der – im Entwurf ursprünglich anders gefassten – Norm ausdrücklich keine Fälligkeitsvoraussetzung schaffen wollen (BTDrs 16/9787 S 18), vielmehr steht dem Besteller bis zur Aushändigung einer Leistungsaufstellung ein Zurückbehaltungsrecht zu. Ausdrücklich regelt die Norm auch weder das Entstehen des Anspruches auf Abschlagszahlungen noch dessen Fälligkeit, sondern Art und Umfang der diesen Anspruch begründenden Teilleistungen und damit das Vorliegen der Anspruchsvoraussetzungen. Diese sollen in übersichtlicher und nachvollziehbarer Weise durch eine Aufstellung (oder Abschlagsrechnung) nachgewiesen werden. Für die Frage, welche Anforderungen an den Inhalt der Aufstellung zu stellen sind, wann also eine »rasche und sichere Beurteilung der Leistungen ermöglicht« ist, ist auf den jeweiligen Einzelfall unter Berücksichtigung des jeweiligen Bestellerhorizontes abzustellen. 23

2. Ansprüche bei Nichtzahlung des Abschlags. Leistet der Besteller auf die Abschlagsrechnung nicht, steht dem Unternehmer wegen seiner weiteren Leistungspflichten ein **Zurückbehaltungsrecht** gem § 320 zu (MüKo/*Busche* Rn 11; BaRoth/*Voit* Rn 16), soweit der Besteller nicht berechtigt die Abschlagszahlung verweigert (zu unwesentlichem Mängeln: Rz 7). Die Zahlungsweigerung kann den Unternehmer im Einzelfalle auch zu einer **Kündigung aus wichtigem Grund** gem 314 berechtigen (BGH NJW 2000, 1114, 1115). Der Anspruch auf die Abschlagszahlung ist nach den allg Regeln zu **verzinsen**; die §§ 641 Abs 4, 246, die eine Abnahme voraussetzen, greifen nicht Platz. Die **Verjährung** des Zahlungsanspruches aus der Abschlagsrechnung unterliegt der Regel aus den §§ 195, 199; im Rahmen eines Schlusszahlungsanspruches können Leistungen, die Gegenstand verjährter Abschlagszahlungsansprüche waren, allerdings wegen der Selbständigkeit der Ansprüche (erneut) geltend gemacht werden (MüKo/*Busche* Rn 11; BGH NJW 1999, 713 zur HOAI). 24

3. Ansprüche nach Zahlung des Abschlags. Abschlagszahlungen haben ihrem Wesensgehalt nach nur vorläufigen Charakter, sind also im Rahmen der Schlussrechnung abzurechnen. Der Bauherr hat aus dem Werkvertrag selbst (nicht etwa aus Bereicherungsrecht) den **Abrechnungsanspruch** (BGH BauR 2002, 938, 939; NJW-RR 2005, 129, 130; MDR 2008, 400). Die in die Schlussrechnung einzustellenden Abschlagszahlungen stellen dort lediglich Rechnungsposten dar, bei denen es nicht darauf ankommt, womit sie in den Abschlagsrechnungen im Einzelnen begründet wurden (BGH BauR 1997, 468). Macht der Besteller einen Rückzahlungsanspruch wegen Überzahlung geltend, muss er ggf unter eigener Aufstellung einer Schlussrechnung den sich unter Berücksichtigung der Abschlagsrechnungen ergebenden Saldo darlegen (BGH BauR 2002, 938, 940; MDR 2008, 400). Bei Kündigung des Vertrages wird ein etwaiger Rückzahlungsanspruch wegen Überzahlung sofort fällig (KG NJW-RR 1998, 451, 452 f). 25

C. Sonderregelungen. I. VOB/B. § 16 Nr 1 VOB/B regelt für den Bauvertrag den Anspruch des Auftragnehmers auf Abschlagszahlungen. Danach kann dieser Abschlagszahlungen in möglichst kurzen Zeitabständen oder zu den vereinbarten Zeitpunkten in Höhe des Wertes der jeweils nachgewiesenen vertragsmäßigen Leistungen verlangen. Nur, soweit der Auftragnehmer für eigens zur Leistungserbringung angefertigte und bereit gestellte Bauteile oder für auf die Baustelle gelieferte Stoffe oder Bauteile Abschlagszahlungen fordert, muss er nach Wahl des Bestellers diesem das Eigentum daran übertragen oder entspr Sicherheit leisten. Abw von § 632a sehen § 16 Nr 1 Abs 1 S 2 und Abs 3 VOB/B zwei **Fälligkeitsvoraussetzungen** vor: Einmal ist die Teilleistung durch prüfbare Aufstellung nachzuweisen, zum anderen tritt Fälligkeit erst nach 18 Werktagen nach Zugang dieser Aufstellung ein, um dem Auftraggeber deren Prüfung zu ermöglichen. Für den Fall, dass der Auftraggeber auf die fällige Abschlagsrechnung nicht leistet, statuiert § 9 Nr 1b VOB/B ein Kündigungsrecht für den Auftragnehmer, sofern dieser zuvor dem Auftraggeber fruchtlos eine Frist zur Zahlung gesetzt hat. 26

Ausdrücklich trifft § 16 Nr 2 VOB/B Regelungen für **Vorauszahlungen**, also für Anzahlungen auf erst noch zu erbringende Leistungen des Auftragnehmers. Einen Vorauszahlungsanspruch des Auftragnehmers gibt es nicht; die Parteien können aber grds vor und auch nach Vertragsschluss Vorauszahlungen vereinbaren (nach zutr hM allerdings nicht wirksam in AGB des Unternehmers, vgl Kapellmann/Messerschmidt/*Messerschmidt* § 16 VOB/B Rn 156). Als Äquivalent für die darin liegende Abweichung von der gesetzlichen Vorleistungsverpflichtung soll der Auftragnehmer auf Verlangen des Auftraggebers Sicherheit gem den §§ 232 ff leisten. Dies soll indes nach der hM (Ingenstau/Korbion/*U Locher* § 16 Nr 2 VOB/B Rn 5; *Nicklisch/Weick* § 16 VOB/B Rn 27; *Heiermann/Riedel/Rusam* § 16 VOB/B Rn 68; Kapellmann/Messerschmidt/*Messerschmidt* § 16 VOB/B Rn 157; Beck'scher VOB-Kommentar/*Kandel* § 16 Nr 2 VOB/B Rn 9 – abweichend von der Vorauflage Beck'scher VOB-Kommentar/*Motzke* § 16 Nr 2 VOB/B Rn 2) nur gelten, wenn die Parteien nach Vertragsschluss Vorauszahlungen vereinbaren. Der Wortlaut von § 16 Nr 2 S 1 VOB/B (»hierfür«) lässt eine solche Einschränkung des Anwendungsbereichs allerdings nicht zu; ausgehend vom gesetzlichen Leitbild der Vor- 27 leistungspflicht des Unternehmers besteht vielmehr ein Anspruch auf Sicherheit für den Besteller unabhängig vom Zeitpunkt der Vorleistungsvereinbarung.

28 § 16 Nr 2 Abs 1 S 2 VOB/B sieht – vorbehaltlich abweichender Vereinbarung – eine **Verzinsungspflicht** für Vorauszahlungen in Höhe von »3 v.H. über dem Basiszinssatz des § 247 BGB« vor (eine Auslegung dahin, dass in Anlehnung an gesetzliche Zinshöheregelungen des BGB eine Verzinsung iHv »drei Prozentpunkten« von den Parteien gemeint ist, dürfte nicht gegen § 307 ZPO verstoßen). Nach § 16 Nr 2 Abs 2 VOB/B sind Vorauszahlungen auf die jeweils nächst fällig werdende Rechnung anzurechnen, soweit damit von der Vorauszahlung erfasste Leistungen abgegolten werden. Dies hat zur Folge, dass es auch zu anteiliger Anrechnung der Vorauszahlung kommen kann, wenn nämlich mehrere Abschlags-/(Teil-) Schlussrechnungen für Leistungen erstellt werden, auf die sich die Vorauszahlung erstreckte.

29 **II. HOAI. MaBV.** Architekten und Ingenieure haben nach **§ 8 Abs 2 HOAI** einen Anspruch auf Abschlagszahlungen für Teilleistungen in angemessenen Abständen, der mit Vorlage einer prüfbaren Rechnung fällig wird (BGH BauR 2005, 1951, 1953). Abschlagsrechnungen dürfen insoweit bis zu 100 % des Honoraranspruches gestellt werden (BGH NJW-RR 2006, 597, 598). Dass ihm die Vergütung in der geleisteten Höhe auch endgültig zusteht, hat der Architekt im Falle des Rückzahlungsprozesses wegen vom Besteller behaupteter Überzahlung zu beweisen (BGH MDR 2008, 400).

30 Die gem Art 244 EGBGB erlassene Verordnung über Abschlagszahlungen bei Bauträgerverträgen vom 23.05.2001 (BGBl I S 981, in Kraft seit dem 29.05.2001) sieht im Rahmen ihres Anwendungsbereichs (Verträge gerichtet auf Errichtung eines Hauses oder eines vergleichbaren Bauwerks auf einem Grundstück verbunden mit der Verpflichtung, dem Besteller das Eigentum an dem Grundstück zu übertragen oder ein Erbbaurecht zu bestellen oder zu übertragen) vor, dass Abschlagszahlungen im Rahmen von Bauträgerverträgen nach den §§ 3 Abs 1, Abs 2, 7 **MaBV** in der dort vorgesehenen gestaffelten Höhe verlangt werden können, sofern der Eigentumserwerb durch Vormerkung oder die Rückzahlung des Kaufpreises durch Bürgschaft gesichert ist. Dies gilt für Bauträgerverträge, die sowohl nach als auch vor Erlass der Verordnung geschlossen wurden (§ 2 der VO zur Klarstellung im Hinblick auf die durch BGH NJW 2001, 818 ff zweifelhaft gewordene Rechtslage). Gesetzliches Leitbild im Rahmen einer AGB-Prüfung ist nach der Verordnung vom 23.05.2001 die Abschlagsregelung der MaBV und nicht § 632a; die Norm findet auf Verträge, die der MaBV unterliegen keine Anwendung, Abs 2, dazu s.o. Rz 9 (so bereits: BGH NJW 2007, 1247, 1249; Celle BauR 2004, 1007, 1009 f). An die Stelle einer nach den §§ 3 Abs 2, 12 MaBV iVm § 134 nichtigen Zahlungsvereinbarung tritt also als Ersatzregelung weder der Zahlungsplan nach § 3 Abs 2 MaBV noch § 632a, sondern allein § 641 Abs 1 mit der Folge, dass ggf vorfällige Leistungen des Erwerbers nach Bereicherungsrecht zurück zu zahlen sind (BGH NJW 2007, 1247, 1248 f). Die Frage der Vereinbarkeit von Art 244 EGBGB mit der Richtlinie 93/13/WEG des Rates vom 05.04.1993 über missbräuchliche Klauseln in Verbraucherverträgen (ABlEG Nr L 95 S 29 ff = NJW 1993, 1838 ff; zu Zweifeln an der Richtlinienkonformität vgl *Thode* ZfIR 2001, 345 f), hat der BGH, der zur Wirksamkeit einer Klausel zur Abschlagszahlungsverpflichtung eines Verbrauchers unabhängig vom Baufortschritt tendierte, dem EuGH vorgelegt (BGH NJW 2002, 2816). Nachdem der EuGH (NJW 2004, 1647) daraufhin entschieden hatte, dass die Vereinbarkeit von § 7 MaBV mit Art 3 Abs 1 der Richtlinie 93/13/EWG von den nationalen Gerichten zu überprüfen sei, hat der BGH seine Rechtsauffassung nunmehr wohl geändert und tendiert dazu, dass § 7 MaBV bei Verbraucherverträgen eine unangemessene Benachteiligung darstelle (vgl Anmerkung der NJW-Schriftleitung NJW 2005, 2032).

31 **D. Prozessuales. I. Klage aus Abschlagsrechnung/Klage aus Schlussrechnung.** Seinen Anspruch auf Abschlagszahlungen verliert der Unternehmer idR, sobald er abschließend abrechnet oder jedenfalls abrechnen kann, sei dies nach erfolgter Kündigung des Werkvertrages (BGH BauR 1987, 453) oder auch nach endgültiger Arbeitseinstellung (Düsseldorf NJW-RR 2000, 231, 231 f). Denn der Zweck der Abschlagszahlung, den vorleistungspflichtigen Unternehmer zu schützen, entfällt, wenn auch dessen Vorleistungspflicht endet. Lediglich ein unstr Saldoguthaben aus der Abschlagsrechnung darf der Unternehmer auch nach Kündigung des Werkvertrages geltend machen (Hamm BauR 1997, 175; Naumburg BauR 2004, 522, 523; offen gelassen in BGH BauR 1987, 453). Die weiterhin auf Abschlagszahlung gerichtete Klage ist, soweit nicht ein unstr Saldoguthaben betroffen ist, unbegründet. Passt der Unternehmer stattdessen sein Vorbringen an und stützt die bereits rechtshängige Zahlungsklage fortan auf eine Schlussrechnung, liegt darin gem § 264 ZPO keine Klageänderung, da der Anspruch auf Abschlagszahlung lediglich eine modifizierte Form des Werklohnanspruchs ist (BGH NJW-RR 2005, 318, 322: § 264 Nr 3 ZPO; 2006, 390, 390 f: § 264 Nr 1 ZPO). Hilfsweise für den Fall, dass ein Anspruch aus der Schlussrechnung nicht vorliegen sollte, kann der Zahlungsanspruch allerdings auf die Abschlagszahlung gestützt werden (BGH NJW 2000, 2818, 2819).

32 **II. Beweislast.** Sämtliche Voraussetzungen für den Anspruch auf Abschlagszahlung hat der Unternehmer zu beweisen (Düsseldorf NJW-RR 2000, 312, 313 f), namentlich hat der Unternehmer, da das Werk im Zeitpunkt der Abschlagszahlungsforderung typischerweise noch nicht abgenommen ist, die vertragsgem Herstellung des Teilwerkes zu beweisen. Wendet der Besteller auf die Zahlungsklage aus Abschlagsrechnung ein, es läge Schlusszahlungsreife vor, obliegt ihm insoweit nach den Grundsätzen der sekundären Beweislast die Obliegenheit zu entspr Darlegung der Tatsachen, die von Seiten des ohnehin für die Anspruchsvoraussetzungen beweispflichtigen Unternehmers widerlegt werden müssen (aA wohl: PWW/*Leupertz* Rn 13). Im Rückzahlungsprozess wegen zu hoher Abschlagszahlungen obliegt dem Besteller die Darlegungs- und Beweislast für die Überzahlung, dem Unternehmer dafür, die Abschlagszahlungen behalten zu dürfen (BGHZ 140, 365, 375 f; MDR 2008, 200; NJW 2002, 1567, 1568).

§ 633 Sach- und Rechtsmangel. **[1] Der Unternehmer hat dem Besteller das Werk frei von Sach- und Rechtsmängeln zu verschaffen.**

[2] Das Werk ist frei von Sachmängeln, wenn es die vereinbarte Beschaffenheit hat. Soweit die Beschaffenheit nicht vereinbart ist, ist das Werk frei von Sachmängeln,

1. wenn es sich für die nach dem Vertrag vorausgesetzte, sonst

2. für die gewöhnliche Verwendung eignet und eine Beschaffenheit aufweist, die bei Werken der gleichen Art üblich ist und die der Besteller nach der Art des Werkes erwarten kann.

Einem Sachmangel steht es gleich, wenn der Unternehmer ein anderes als das bestellte Werk oder das Werk in zu geringer Menge herstellt.

[3] Das Werk ist frei von Rechtsmängeln, wenn Dritte in Bezug auf das Werk keine oder nur die im Vertrag übernommenen Rechte gegen den Besteller geltend machen können.

A. Allgemeines. § 633 wurde durch Art 1 Abs 1 **SchRModG** insg neu gefasst (zur Gesetzesbegründung vgl BTDrs 14/6040 S 260 f; 14/7052 S 204). Im Zuge der Neugestaltung des Leistungsstörungsrechts sollte auch eine weitgehende Harmonisierung der Mangelbegriffe in Kauf- und Werkvertragsrecht erfolgen. Da der kaufrechtliche Mangelbegriff Art 2 der EU-Kaufrechtsrichtlinie berücksichtigt, ist diskutiert worden, ob mit der begrifflichen Harmonisierung der Mangelbegriffe künftig eine richtlinienkonforme Auslegung von § 633 erfolgen müsse einhergehend mit der Auslegungsprärogative des EuGH (*Thode* NZBau 2002, 297, 300). Der durch den Gesetzgeber zur Vereinheitlichung geschaffene weitgehende Gleichklang der §§ 633, 434 ist jedoch zunächst gesetzgebungstechnischer Natur, ohne damit zugleich inhaltliche Aussagen im Hinblick auf die Anwendbarkeit der Richtlinie auch im Werkvertragsrecht treffen zu wollen. Im Hinblick auf die durch das SchRModG ebenfalls erfolgte Neugestaltung von § 651 ist dies aus Sicht des Richtliniengebers auch nicht erforderlich. Darüber hinaus dient ein vereinheitlichter Gesetzestext auch dem Zweck, die Rechtsanwendung zu vereinheitlichen und damit das Zivilrecht insg verständlicher zu gestalten. Soweit sich Kauf- und Werkvertragsgewährleistungsrecht decken (vgl etwa zur Verschaffungsverpflichtung Rz 4), sollte sich eine Auslegung des werkvertraglichen Mangelbegriffes (durch die nationalen Gerichte) also stets auch an § 434 bzw der Richtlinie orientieren, um dem gesetzgeberischen Willen zu einer Harmonisierung zu entsprechen, allerdings ohne dass der Weg nach Art 234 EGV zum EuGH zu beschreiten wäre. Die Zuständigkeit des EuGH ist iÜ wegen des bloßen Mustercharakters des Wortlauts von § 434 für § 633 nicht eröffnet (vgl EuGH, Urt v 28.03.1995, Slg 1995 I-616). 1

Die §§ 633 ff regeln grds abschließend das werkvertragliche Gewährleistungsrecht, sobald die Gefahr übergegangen ist, also gem § 644 Abs 1 S 1 regelm ab (schlüssiger) Abnahme des Werkes (bzw bei Vorliegen der Abnahmefiktionen gem §§ 640 Abs 1 S 3, 641a Abs 1 und im Falle des Annahmeverzugs gem § 644 Abs 1 S 2) oder bei vorzeitiger Beendigung des Werkvertrages. Sofern eine Schlechtleistung nicht auf einem Werkmangel beruht, bleibt es bei der Anwendung der **allg Regeln** (§§ 280 ff, 311 f, 320 ff, 323 ff). Bis zum Gefahrübergang hat der Besteller im Falle der Schlechtleistung grds die Ansprüche nach den allg Regeln (dazu § 634 Rz 10 ff); zu der Frage, ob der Besteller ausnahmsw schon vor der Abnahme, namentlich in Fällen berechtigter Abnahmeverweigerung zur Selbstvornahme nach § 637 greifen oder Minderung nach § 638 erklären kann: § 634 Rz 11. Wegen ihres Charakters einer abschließenden Regelung der werkvertraglichen Mängelhaftung kommt im Anwendungsbereich der §§ 633 ff eine **Anfechtung** wegen Eigenschaftsirrtums gem § 119 Abs 2 und eine Anpassung des Vertrages infolge Störung oder Wegfalls der Geschäftsgrundlage nach § 313 Abs 2 nicht in Betracht. Die Anfechtung wegen Erklärungsirrtums nach § 119 Abs 1 sowie wegen Täuschung nach § 123 bleibt dagegen stets möglich. Soweit ein Werkvertrag besteht, sind auch mangelbezogene Ansprüche aus **GoA** oder aus **Bereicherungsrecht** ausgeschlossen; bspw hat der Unternehmer keine Aufwendungsersatzansprüche für die Mangelbeseitigung bei von Dritten bzw anderen Unternehmern an seinem oder deren Gewerken erzeugten Mängeln (Hamm NJW-RR 1998, 163, 163 f); ebenso wenig hat der Besteller einen Erstattungsanspruch für Selbstvornahmekosten, soweit nicht die Voraussetzungen für die Selbstvornahme, namentlich die fruchtlose Aufforderung zur Nacherfüllung vorliegen (BGH WM 1978, 953, 954). Im Verhältnis zum **Deliktsrecht** der §§ 823 ff besteht grds Anspruchskonkurrenz (BGH BauR 1977, 277, 278). 2

B. Zweck der Norm. Die Norm definiert den für das werkvertragliche Gewährleistungsrecht tragenden Begriff des Werkmangels, indem zum einen festgestellt wird, dass Mangelhaftigkeit in Form von Sach- und von Rechtsmängeln bestehen kann. Anschließend werden Sach- und Rechtsmangel begrifflich näher gefasst, insbes werden dem Sachmangel in § 633 Abs 2 S 3 Aliud- und Minusleistungen gleichgestellt. 3

§ 633 Abs 1 konkretisiert die Leistungspflichten des Unternehmers aus § 631 Abs 1, wonach er dem Besteller das mangelfreie Werk verschaffen muss. Verschaffen bedeutet insoweit, dass dem Besteller die vollständige und ausschließliche Nutzungsmöglichkeit eingeräumt werden muss, sei dies durch gesetzlichen (§ 946) oder 4 rechtsgeschäftlichen Eigentumsübergang, sei dies durch Einräumung von Nutzungsrechten bei immateriellen Werken oder einfach durch die Entgegennahme der Leistung selbst (Bauaufsicht des Architekten, Dolmetschertätigkeit). Die Norm enthält demggü **keine eigenständige Eigentumsverschaffungspflicht** (§ 631 Rz 24; so auch: Palandt/*Sprau* Rn 3; PWW/*Leupertz* Rn 10).

5 **C. Kommentierung. I. Sachmangel. 1. Allgemeines.** Ein Sachmangel liegt grds dann vor, wenn die tatsächliche Beschaffenheit des Werkes von der geschuldeten Werkbeschaffenheit abweicht. Anders als im früheren Werkvertragsrecht muss diese Abweichung nicht mehr die Funktion oder den Wert des Werkes negativ beeinträchtigen (Celle BauR 2008, 1637, 163) mit der Folge, dass jede Abweichung von dem vertraglich geschuldeten Soll, also auch die aus Sicht des Bestellers günstige, einen Mangel darstellt. Inwieweit eine vom Vertragssoll abw Verbesserung wiederum auch Gewährleistungsansprüche des Bestellers nach den §§ 634 ff auszulösen imstande ist, ist allerdings eine in der Praxis kaum relevante andere und idR zu verneinende Frage: Zumindest Schadensersatzansprüche und ein Rücktrittsrecht kommen bei unerheblichen Pflichtverletzungen nicht in Frage (§§ 281 Abs 1 S 3, 323 Abs 5 S 2), eine Minderung wiederum erfordert bereits ihrem Wesen nach eine mangelbedingte Wertverringerung.

6 § 633 Abs 2 trifft eine **Negativdefinition** des Sachmangels, nämlich danach, wann ein Werk iSv § 633 Abs 1 mangelfrei ist: Das ist nach § 633 Abs 2 S 1 grds der Fall, wenn das Werk die vertraglich vereinbarte Beschaffenheit aufweist. Der anschließende § 633 Abs 2 S 2 steht dazu trotz seines Wortlauts (»soweit«) nicht in einem echten Alternativverhältnis: Im Einzelfall kann ein Sachmangel auch darauf beruhen, dass trotz Herstellung der vertraglich geschuldeten Beschaffenheit Mindeststandards der anerkannten Regeln der Technik nicht eingehalten wurden (dazu Rz 7) oder das Werk nicht funktionsfähig ist (dazu Rz 10; WP/*Pastor* Rn 1457); auch das vollständig vereinbarungsgemäß hergestellte Werk ist mangelhaft, wenn es nicht funktionstauglich ist (BGH BauR 2008, 344, 346 ff; vgl auch Rz 10). IÜ ist für den Fall fehlender oder nicht vollständiger Beschaffenheitsvereinbarung für die Frage der Mangelfreiheit nach § 633 Abs 2 S 2 primär auf die Eignung zur vertraglich vorausgesetzten (Nr 1), sekundär auf die Eignung zur gewöhnlichen Verwendung (Nr 2) abzustellen, wobei – anders als der Wortlaut erwarten lässt – kumulativ in beiden Fällen hinzutreten muss, dass das Werk eine Beschaffenheit aufweist, die bei vergleichbaren Werken üblich ist und die der Besteller nach der Art des Werkes erwarten kann (str, wie hier: *Kniffka/Koeble*, 6. Teil Rn 32), da eine fehlende Beschaffenheitsvereinbarung der Parteien grds durch objektive Kriterien der Beschaffenheit ersetzt werden muss (zum alten Recht: BGH NJW 2001, 3476, 3477; iErg auch: PWW/*Leupertz* Rn 20 ff, der allerdings unter Zugrundelegung einer richtlinienkonformen Auslegung zu der Annahme gelangt, sämtliche Aspekte des § 633 Abs 2 S 1 und S 2 seien für die Mangelfreiheit kumulativ zu berücksichtigen). Angesichts der identischen Rechtsfolgen ist in der Praxis eine exakte Differenzierung der drei in § 633 Abs 2 niedergelegten Definitionsstufen entbehrlich und iÜ auch wegen der idR fließenden Übergänge nicht zu bewerkstelligen (so auch MüKo/*Busche* Rn 27).

7 **a) Berücksichtigung der anerkannten Regeln der Technik als Mindeststandard.** Ohne dass es einer ausdrücklichen Vereinbarung bedarf, gilt die Einhaltung der anerkannten Regeln der Technik als **Mindeststandard** stets als (stillschweigend) vereinbart (BGH BauR 1998, 872, 873; ergänzende Vertragsauslegung: BGH NJW-RR 2000, 309, 310; zum Mindeststandard der DIN 4109 für die Anforderungen an den Schallschutz: BGH NJW 2007, 2983, 2984; s.u. Rz 11; zurückhaltend hinsichtlich einer stillschweigenden Vereinbarung: Palandt/*Sprau* Rn 6a). Auch wenn nach der Begründung des SchRModG (BTDrs 14/6040 S 261) nach § 633 Abs 2 S 2 Nr 2 die Einhaltung der anerkannten Regeln der Technik typischerweise das zur Werkherstellung Übliche sein sollen, bedarf es nach dem eine Alternative angebenden Wortlaut der Norm weiterhin des Rückgriffs auf diese zum älteren Recht ergangene Rspr. Lediglich bei (auch konkludent möglicher) Vereinbarung ist die Außerachtlassung der allg Regeln der Technik unbeachtlich, etwa im Zusammenhang mit einer Altbausanierung, bei der das Sanierungsziel sich nicht mit den Regeln der Technik in Übereinstimmung bringen lässt (vgl Düsseldorf MDR 1999, 33, 34) oder im Falle des Einsatzes neuer Techniken oder Materialien, die von der einschlägigen DIN-Norm noch nicht erfasst sind (Brandenburg ZfBR 2001, 111, 112). An eine solche Vereinbarung sind jedoch regelm hohe Anforderungen zu stellen: So muss der Unternehmer auf ein Abweichen von den anerkannten Regeln der Technik und auf etwaige daraus resultierende Risiken hingewiesen und der Besteller muss sich damit einverstanden erklärt haben (BGHZ 139, 244, 248 f; Koblenz NJW-RR 2002, 807, 809).

8 **Anerkannte Regeln der Technik** sind die Summe der im Bauwesen anerkannten wissenschaftlichen, technischen und handwerklichen Erfahrungen, die durchweg bekannt und als richtig und notwendig anerkannt sind; sie müssen in der Wissenschaft anerkannt und damit theoretisch richtig sein und sich in der Praxis durchgesetzt haben (Hamm BauR 1997, 309, 311). Um anerkannte Regeln der Technik in diesem Sinne handelt es sich etwa bei den VDE-Bestimmungen, den Richtlinien des Vereins deutscher Ingenieure (VDI), den Unfallverhütungsvorschriften der Berufsverbände, aber auch bei althergebrachten, zuweilen nur mündlich tradierten Grundsätzen und Regeln des Handwerkes (Düsseldorf NJW-RR 1999, 1656, 1657; Beispiel: »Ein Nagel ist kein Nagel« vgl *Siegburg* Handbuch der Gewährleistung beim Bauvertrag Rn 805). Widerleglich vermutet wird zudem, dass DIN-Normen (namentlich die VOB/C) die anerkannten Regeln der Technik zutref-

fend wiedergeben (Hamm NJW-RR 1995, 17, 18). Soweit jedoch bereits ein sog »**Gelbdruck**«, also ein Entwurf für eine aktualisierte DIN vorliegt, ist im Einzelfalle zu prüfen, ob die noch geltende DIN den (aktuellen bzw allg anerkannten) Stand der Technik wiedergibt (BGHZ 139, 16, 20; Hamm NJW-RR 1998, 668, 669). Die Vorgaben in Teil III der jeweiligen DIN sind allerdings nur beispielhaft und nicht abschließend: Wenn also etwa bei Arbeiten an Fußbodenleisten nur eine Prüfung des Fußbodens auf Feuchtigkeit vorgegeben ist, befreit dies den Unternehmer nicht auch von einer Prüfung der Wände (Köln NJW-RR 2006, 1456, 1456 f).

Welche konkreten allg Regeln der Technik, namentlich welche **Fassung einer DIN-Norm** zu beachten ist, 9 bestimmt sich nach dem Zeitpunkt des Gefahrübergangs gem § 644 Abs 1 (Abnahmezeitpunkt: BGH BauR 2000, 261, 262;1998, 872, 873) bzw dem sonst für die Bestimmung der Mangelfreiheit maßgeblichen Zeitpunkt (s.o. Rz 2). Der Unternehmer trägt insoweit regelm das Risiko, dass die einschlägige DIN-Norm sich im Zeitraum zwischen seiner Preiskalkulation und der Abnahme dergestalt ändert, dass die DIN-gemäße Ausführung des Werkes nur unter Mehraufwand möglich ist (grds keine Beteiligung an Mehrkosten beim Pauschalpreisvertrag: BGHZ 91, 206, 211; 126, 326, 335): ohne Vereinbarung eines Nachtragsauftrags oder einer Mehrvergütung erhält der Unternehmer für Mehraufwand zur DIN-gerechten Herstellung des Werkes keine erhöhte Vergütung (vgl § 631 Rn 43; aA wohl PWW/*Leupertz* Rn 12; Kapellmann/Messerschmidt/*Weyer* § 13 VOB/B Rn 41 und Kappellmann/Messerschmidt/*Kapellmann* § 2 VOB/B Rn 30–32). Treten Herstellungskosten erhöhende Änderungen der anerkannten Regeln der Technik erst im Laufe der Nachbesserung auf, soll der Besteller außer beim Pauschalpreisvertrag nach dem Rechtsgedanken der Vorteilsausgleichung die »Sowiesokosten« tragen (BGHZ 91, 206, 211 f).

b) Funktionsfähigkeit. Auch die Einhaltung der anerkannten Regeln der Technik schließt grds nicht aus, 10 dass das Werk mangelhaft ist, da stets der vertraglich vereinbarte oder typischerweise zu erwartende Erfolg geschuldet ist und sich dieser abweichend von solchen Regeln, wie etwa von den einschlägigen DIN-Normen bemessen kann (BGH NJW 1998, 2814, 2815; NJW-RR 1996, 340). Dasselbe gilt, wenn das – DIN gerecht – hergestellte Werk nicht den erkennbaren Bedürfnissen des Bestellers entspricht (BGHZ 139, 16, 18; 91, 206, 212) oder wenn konkrete Ausführungen einer DIN gänzlich fehlen (BGH NJW-RR 1995, 472).Unabhängig also von der Feststellung einer konkreten Beschaffenheitsangabe oder auch bei konkreten Festlegungen der Ausführungsart ist wegen der Erfolgsbezogenheit des Werkvertrages stets erforderlich, dass das Werk seiner Art nach funktionsfähig ist (BGH BauR 2008, 344, 346 ff): Ein Dach muss dicht sein (BGH BauR 2000, 411, 413), ein Keller darf nicht feucht sein (Rostock OLGR 2004, 435, 436). Herzustellende Individualsoftware ist stets mangelhaft, wenn sie für den Besteller nicht funktionsfähig ist (noch zum alten Recht: Köln NJW-RR 1999, 51, 52; NJW 1996, 1067, 1068). Auch bei Übereinstimmung von Ist- und Sollbeschaffenheit liegt also ein Mangel vor, wenn die dem Unternehmer bekannte oder zumindest erkennbare Funktion des Werkes für den Besteller nicht erfüllt wird (BaRoth/*Voit* Rn 5); zur Herstellung der Funktionsfähigkeit erforderliche Zusatzarbeiten sollen in solchen Fällen allerdings zusätzlich zu vergüten sein bzw im Rahmen der Mängelbeseitigung dem Vorteilsausgleich unterliegen und als Sowiesokosten berücksichtigt werden (jedenfalls bei Vereinbarung einer bes Ausführungsart: BGHZ 139, 244, 247; NJW-RR 2000, 465, str; vgl dazu § 631 Rz 43). Die fehlende Funktionsfähigkeit bleibt auch dann ein vom Unternehmer zu vertretender Mangel, wenn sie im Wesentlichen darauf beruht, dass Leistungen Dritter zur Erreichung des gewünschten Erfolges nicht hinreichen (BGH BauR 2008, 344 ff: fehlende Beheizbarkeit eines Forsthauses trotz ordnungsgemäßen Heizungsanlagenbaus infolge unzureichender Leistung eines Heizwerkes), sofern sich der Unternehmer nicht von seiner Haftung durch Erfüllung seiner Aufklärungs- und Hinweispflicht befreit.

2. Beschaffenheitsvereinbarung. Der vom Unternehmer geschuldete Erfolg, also die Soll-Beschaffenheit des 11 Werkes, ist in erster Linie anhand des Vertrags zu ermitteln. Sämtliche vereinbarten Beschaffenheitsmerkmale sind vom Unternehmer zu berücksichtigen (zur Hinweispflicht des Unternehmers: Rz 20). Unter **Beschaffenheit** sind dabei sämtliche dem Werk anhaftende Eigenschaften zu verstehen einschließlich der äußeren Umstände, denen das Werk zwangsläufig unterliegt (Palandt/*Sprau* Rn 6; BaRoth/*Voit* Rn 4). Die Beschaffenheitsvereinbarung ist ggf auslegungsbedürftig und bedarf zu ihrer Wirksamkeit grds der Form des übrigen Werkvertrags. Soweit keine Formvorschriften zu beachten sind, ist die Beschaffenheitsvereinbarung auch schlüssig möglich. Beschaffenheitsangaben enthalten etwa Leistungsverzeichnisse im Bauvertragswesen, insbes wenn darin Angaben über die Ausführungsweise oder über die zu verwendenden Materialien enthalten sind (vgl BGH NJW 1999, 2432, 2432 f). Die Beschaffenheit kann zudem anhand von sog Pflichtenheften oder in Zeichnungen oder Plänen vereinbart werden, soweit diese Vertragsbestandteil werden. Sichert der Unternehmer eine bestimmte Eigenschaft zu, liegt darin typischerweise zugleich eine Vereinbarung einer Beschaffenheit. Eine Beschaffenheitsvereinbarung ist idR auch bei einem Werk nach Probe gegeben (Staud/*Peters* Rn 166; Auslegungsfrage: Kleine-Möller/*Merl* § 12 Rn 198; Kapellmann/Messerschmidt/*Weyers* § 13 VOB/B Rn 61). Als Beschaffenheitsangabe genügt auch die Erklärung des Unternehmers, er werde (bei der Errichtung von Doppelhäusern) die Mindestanforderungen an den Schallschutz überschreiten oder es würde »optimaler Schallschutz« erreicht werden; das Gericht muss in solchen Fällen unter Berücksichtigung der Gesamtumstände das geschuldete Maß des Schallschutzes ermitteln: Können bei der vereinbarten Bauweise höhere Schallschutzwerte erreicht werden, als sie nach der DIN 4109 erforderlich wären, sind diese höheren

Schallschutzwerte geschuldet (BGH MDR 2007, 1252, 1253 f). Dagegen sind Werbeaussagen idR nicht für die Ermittlung der Beschaffenheit heranzuziehen; sie können allerdings Gegenstand einer stillschweigenden Beschaffenheitsvereinbarung sein, wenn sie für den Besteller von wesentlicher Bedeutung sind und dies für den Unternehmer auch erkennbar ist; ebenso können (öffentliche) Werbeaussagen des Unternehmers den Erwartungshorizont des Bestellers im Rahmen von § 633 Abs 2 S 2 Nr 2 bestimmen (vgl Staud/*Peters* Rn 172). Insbes in Fällen, in denen Beschaffenheitsvereinbarungen in Widerspruch zu anerkannten Regeln der Technik oder der vom Besteller beabsichtigten Funktion des Werkes stehen, hat der Unternehmer – soweit ihm die beabsichtigte Funktion bekannt ist oder hätte bekannt sein müssen und soweit er dies unter Berücksichtigung seiner gewerbebezogenen Fachkenntnisse erkennen konnte – eine im BGB-Vertrag aus § 242 folgende, im Anwendungsbereich der VOB/B unmittelbar in § 4 Nr 3 VOB/B normierte Hinweispflicht (§ 631 Rz 31, 34, 79).

12 **3. Vorausgesetzte oder gewöhnliche Verwendung.** Fehlt es ganz oder partiell an einer Beschaffenheitsvereinbarung, ist unter Zugrundelegung eines objektivierten Maßstabes die Mangelfreiheit des Werkes anhand seiner Verwendungseignung zu bestimmen. Grundlage ist dann, ob die Parteien eine Verwendung vertraglich vorausgesetzt haben (§ 633 Abs 2 S 2 Nr 1) und, bei Fehlen einer solchen vorausgesetzten Verwendung, die gewöhnlicherweise an solche Werke zu stellende Verwendungseignung (§ 633 Abs 2 S 2 Nr 2). Vertraglich vorausgesetzt ist eine Verwendung dann, wenn die Parteien zumindest schlüssig eine – regelm von der üblichen Verwendung abweichende – Vorstellung von der Verwendung vereinbart haben (MüKo/*Busche* Rn 28; Erman/*Schwenker* Rn 16). Fehlt es an einer solchen Vereinbarung, kommt es ausschließlich auf die überindividuelle Erwartung iSe Verkehrssitte an (BaRoth/*Voit* Rn 7): danach liegt eine gewöhnliche Verwendung vor, wenn diese nach der Verkehrsanschauung unter Zugrundelegung der durchschnittlichen Lebensverhältnisse und unter Berücksichtigung etwaiger örtlicher Besonderheiten üblich ist (vgl MüKo/*Busche* Rn 29). Zur Annahme eines Sachmangels bei einem Anzeigenvertrag kann die Abweichung von einem vor der Auftragserteilung gezeigten allg Muster und der in der Zeitung üblichen Aufmachung genügen (Düsseldorf NJW-RR 1992, 822, 822 f), ebenso die zu geringe Auflagenhöhe (LG Kleve NJW-RR 2002, 1633, 1634) oder Verbreitung (AG Frankfurt aM NJW-RR 2001, 913, 914).

13 Kumulativ zu der Verwendungseignung nach beiden Alternativen (s.o. Rz 6) muss das Werk zur Mängelfreiheit diejenige Beschaffenheit aufweisen, die bei Werken der gleichen Art üblich ist und die der Besteller nach der Art des Werkes erwarten kann. Dabei wird sich die übliche **Gattungsbeschaffenheit** zumeist mit den Anforderungen an die Funktionalität und die Einhaltung der anerkannten Regeln der Technik decken. Für die Ermittlung des **Erwartungshorizontes des Bestellers** kommt es auf sämtliche konkreten Umstände des Einzelfalles an: So werden hier möglicherweise auch Werbeaussagen des Unternehmers heranzuziehen sein, weshalb § 434 Abs 3 entspr Anwendung findet. Zudem ist im Einzelfall zu berücksichtigen, ob und ggf in welchem Umfang der Unternehmer bes Befähigungen oder Erfahrungen für sich in Anspruch nimmt (vgl BGH NJW-RR 1992, 1078, 1080).

14 Die Verwendungseignung fehlt typischerweise dann, wenn das Werk einen **technischen Minderwert** (eingeschränkter Gebrauchs- oder Ertragswert) oder einen **merkantilen Minderwert** aufweist (BGH NJW 2003, 1188, 1189; 1986, 428, 429; MüKo/*Busche* Rn 26), so namentlich bei Nutzungseinschränkungen eines Gebäudes infolge der von den Prospektangaben abweichenden Wohnfläche (BGHZ 146, 250, 254 f), zu geringer Raumhöhe (BGH BauR 1989, 219, 219 f) oder zu hoher Schadstoffbelastungen (Bamberg NJW-RR 2000, 97, 97 f; Düsseldorf NJW-RR 1991, 1495 f).

15 **4. Aliud- und Minderleistung.** Um einen Sachmangel handelt es sich auch dann, wenn der Unternehmer ein gänzlich anderes, als das vertraglich oder üblicherweise geschuldete Werk (aliud) oder – zu vollständigen Erfüllungszwecken (sonst liegt lediglich eine Teilleistung iSv §§ 281 Abs 1 S 2, 323 Abs 5 vor; vgl Staud/*Peters* Rn 185) – eine geringere, als die geschuldete Menge herstellt (§ 633 Abs 2 S 3). Beide Alternativen werden im Werkvertragsrecht, nachdem § 651 Verträge über vom Unternehmer herzustellende oder zu liefernde bewegliche Sachen dem Kaufvertragsrecht unterstellt hat, kaum eine praktische Bedeutung erlangen. Die Norm soll im Wesentlichen die Rechtsanwendung vereinfachen, indem sie komplizierte Abgrenzungsfragen dahinstehen und das werkvertragliche Gewährleistungsrecht Anwendung finden lässt.

16 **II. Rechtsmangel.** § 633 Abs 1 stellt den Sachmängeln auch Rechtsmängel gleich. Nach § 633 Abs 3 wiederum liegt ein Rechtsmangel vor, wenn Dritte gegen den Besteller in Bezug auf das Werk andere als die im Vertrag »übernommenen« Rechte geltend machen können. Solcherart Rechte können dem Zivil- und dem öffentlichen Recht entstammen, soweit diese geeignet sind, Besitz oder Nutzung des Werkes durch den Besteller zu vereiteln oder zu beeinträchtigen. Öffentlich-rechtliche Nutzungsbeschränkungen sind etwa aus den baupolizeilichen Vorschriften der Länder zu entnehmen; allerdings stellt es einen Sach- und nicht einen Rechtsmangel der vom Architekten geschuldeten Genehmigungsplanung dar, wenn eine Baugenehmigung nicht erteilt oder später widerrufen wird (BGH NJW 1999, 2112). Zivilrechtliche Nutzungsbeschränkungen können aus dem Eigentum fließende Rechte Dritter sein (§§ 1004, 823; etwa bei einem nicht zu duldenden Überbau oder bei einem Löschwasserteich auf dem Nachbargrundstück, Oldenburg NJW-RR 2000, 545 f), auch wenn sich diese nur finanziell auswirken: So beim Entschädigungsanspruch für den zu duldenden

Überbau gem § 912 Abs 2 oder gem §§ 951, 812 bei Verwendung von abhanden gekommenem Baumaterial durch den Unternehmer. Namentlich Rechte Dritter aus dem Bereich des Urheberrechts und des gewerblichen Rechtsschutzes standen im Gesetzgebungsverfahren Pate (vgl Rechtsmangel wegen einer Patentlizenzgebührforderung im Rahmen eines Werklieferungsvertrags: BGH NJW-RR 2001, 268, 269; Rechtsmangel wegen einer Urheberrechtsverletzung bei Herstellung eines Werbefilms: BGH NJW-RR 2003, 1285). Obligatorische Rechte Dritter im Verhältnis zum Unternehmer sind idR, da sie Besitz oder Nutzung des Werkes durch den Besteller grds nicht einzuschränken vermögen, keine Rechtsmängel. Ebenso wenig sind bloße Behauptungen Dritter geeignet, einen Rechtsmangel darzustellen (WP/*Pastor* Rn 1455; Jauernig/*Schlechtriem* Rn 10; Palandt/*Weidenkaff* § 435 Rn 18).

Begrifflich unsauber bestimmt § 633 Abs 3, dass kein Rechtsmangel vorliege, soweit die Rechte Dritter »im Vertrag **übernommen**« sind, da keinesfalls eine – dem Zivilrecht ohne Beteiligung des Dritten ohnehin fremde – Rechtsübernahme durch den Besteller gemeint ist: Darin ist vielmehr zum einen der Fall enthalten, dass der Besteller mit dem Unternehmer eine Schuldübernahme gem § 415 vereinbart mit der Folge, dass bei fehlender oder verweigerter Genehmigung der Übernahme der Besteller mit einem Freistellungsanspruch des Unternehmers belastet bleibt (§ 415 Abs 3). Ebenso können die Werkvertragsparteien eine Erfüllungsübernahme gem § 329 vereinbaren oder, dass der Besteller Beeinträchtigungen aus Rechten Dritter zu dulden hat. Durch Auslegung ist dann zu ermitteln, ob letzteres iSe echten Vertrages zugunsten Dritter (§ 328 Abs 1) oder als bloße Haftungsbeschränkung im Innenverhältnis der Werkvertragsparteien beabsichtigt ist. Von einer »Übernahme« iSv § 633 Abs 3 ist jedenfalls auch dann auszugehen, wenn die Parteien insoweit einen Haftungsausschluss gem § 639 vereinbart haben. 17

Darüber hinaus liegt ein Rechtsmangel trotz bestehenden Drittrechts nicht vor, wenn dessen Durchsetzbarkeit eine dauerhafte Einrede entgegensteht (str, wie hier: MüKo/*Busche* Rn 34; aA: Erman/*Schwenker* Rn 19), da § 633 Abs 3 lediglich eine subjektive, also die konkrete Beeinträchtigung des Bestellers bei der vertraglich vorgesehenen oder gewöhnlichen Nutzung des Werkes erfasst und Dritte in diesem Falle jedenfalls nicht mehr mit Erfolg ihre Rechte iSv § 633 Abs 3 geltend machen können. 18

III. Mitverantwortung des Bestellers für den Mangel. Grds kommt es wegen der Erfolgsbezogenheit der unternehmerischen Leistungspflicht nicht darauf an, was oder wer den Mangel verursacht hat. Hat der Besteller allerdings einen Mangel mit zu verantworten, hat er sich an den zur mangelfreien Herstellung des Werkes erforderlichen (Mehr-) Kosten zu beteiligen. Rechtsgrundlage dafür ist § 242, da § 254 weder auf Erfüllungs- noch auf Nacherfüllungsansprüche anwendbar ist (vgl BGH NJW 1984, 1676, 1677). Ob der Besteller und ggf in welchem Umfang für eingetretene Mängel (mit-) verantwortlich ist, ist unter Zugrundelegung des in den §§ 13 Nr 3, 4 Nr 3 VOB/B konkretisierten Grundsatzes von Treu und Glauben (BGH BauR 1996, 702, 703) sowie der **Wertungen aus § 645** zu bestimmen: Soweit der Besteller in die Selbstverantwortlichkeit des Unternehmers in Form von Weisungen oder in Form gelieferter Stoffe eingreift, trifft ihn – ggf über § 278 bei Inanspruchnahme von Erfüllungsgehilfen – eine Mitverantwortung, jedenfalls soweit nicht der Unternehmer den Eintritt des Mangels zu vertreten hat. Eine Mitverantwortung des Bestellers kommt danach grds in Betracht, wenn er dem Unternehmer Weisungen iSe verbindlichen Konkretisierung der Herstellungsverpflichtung erteilt (vgl BaRoth/*Voit* Rn 19), wenn der Mangel auf vom Besteller gelieferten Stoffen oder auf von diesem gestellten Werkzeugen beruht. Dies gilt allerdings nicht, wenn das Material zwar vom Besteller beschafft wurde, allerdings auf Anraten des Unternehmers selbst (Koblenz BauR 1996, 868, 869). Stoff in diesem Sinne stellen zum einen auch etwaige Vorleistungen von anderen Unternehmern dar (BaRoth/*Voit* Rn 23), zum anderen auch sonstige vom Besteller zu liefernde Vorgaben, namentlich **Ausführungspläne** oder die Statik; Architekt oder Statiker sind insoweit Erfüllungsgehilfen des Bauherrn (BGHZ 95, 128, 131; Frankfurt aM NJW-RR 1990, 1496, 1497). Der Architekt hat den Auftragnehmer auch über die örtlichen Gegebenheiten und Rahmenbedingungen von dessen Arbeit zu informieren; auch insoweit muss sich der Bauherr ein Verschulden im Verhältnis zum Auftragnehmer zurechnen lassen (Koblenz BauR 2006, 1160 f). Dagegen ist der Besteller nicht zur **Überwachung** der Werkerstellung verpflichtet, weshalb eine Mitverantwortung des Auftraggebers wegen mangelhafter Bauaufsicht mit der Folge, dass der Mangel nicht frühzeitig entdeckt wurde, entfällt (BGHZ 95, 128, 131). 19

Die Mitverantwortung des Bestellers entfällt nach der Wertung des § 645, wenn der Unternehmer den Mangeleintritt infolge Verletzung seiner **Prüfungs- und Hinweispflichten** zu vertreten hat: Soweit der Unternehmer hätte erkennen können, dass die Ausführung einer Weisung den geschuldeten Erfolg beeinträchtigt (BGH BauR 1991, 79, 80) oder dies infolge des vom Besteller gelieferten Stoffs bzw der vom Besteller gelieferten Planungen zu besorgen ist, kommt eine Mitverantwortung des Bestellers grds bei unterlassenem Hinweis nicht in Betracht (BGH VersR 1964, 516, 517; NJW 1973, 754, 754 f; Koblenz BauR 1996, 868, 869). Ordnungsgemäß und damit hinreichend ist die Bedenkenanzeige des Unternehmers nur ggü dem Besteller selbst, wenn der Beauftragte des Bestellers, namentlich der Architekt den jeweiligen Umstand selbst zu vertreten hat oder auf die Anzeige erkennbar nicht reagiert (BGH BauR 1989, 467, 468 f; 1997, 301; vgl auch § 631 Rz 79). 20

D. VOB/B. Die VOB/B konkretisiert die Leistungspflichten des Unternehmers in technischer Hinsicht dadurch, dass nach § 1 Nr 1 S 2 VOB/B die Regelungen der VOB/C als Vertragsbestandteile gelten. Darüber 21 hinaus verlangt § 4 Nr 2 VOB/B von dem Unternehmer bereits im Rahmen der Vertragsausführung vertragsgem Vorgehen sowie die Einhaltung der anerkannten Regeln der Technik und der gesetzlichen und behördlichen Bestimmungen; soweit der Auftragnehmer schon während der Ausführung erkennbar mangelhaft leistet (für den Mangelbegriff ist insoweit auf § 13 Nr 1 VOB/B zurückzugreifen), hat der Auftraggeber bereits vor der Abnahme Nachbesserungs-, Schadensersatz- oder Kündigungsansprüche (§ 4 Nr 7 VOB/B), vgl § 631 Rz 80. Nach der Abnahme regeln sich die Ansprüche des Auftragnehmers nach § 13 VOB/B. § 13 Nr 1 VOB/B stimmt weitgehend mit § 633 Abs 1, Abs 2 überein, weicht allerdings insoweit ab, als dass Rechtsmängel nicht erfasst werden und iÜ ausdrücklich für eine mangelfreie Werkerstellung die Einhaltung der anerkannten Regeln der Technik gefordert wird. Letzteres führt indes nicht zu einer inhaltlichen Abweichung zum BGB-Werkvertrag, vgl Rz 7. Neben dem Ausklammern von Rechtsmängeln kennt die VOB/B auch nicht die in § 633 Abs 2 S 3 aufgestellte Gleichsetzung von aliud- oder Minusleistungen mit Sachmängeln. In diesen Fällen greift das BGB unmittelbar Platz (Kapellmann/Messerschmidt/*Weyers* § 13 VOB/B Rn 2, 37). Ausdrücklich bestimmt § 13 Nr 2 VOB/B, dass bei Leistungen nach Probe, auch wenn diese erst nach Vertragsschluss anerkannt wurde, die Eigenschaften der Probe als vereinbarte Beschaffenheit gelten sollen. Auch § 13 Nr 3 VOB/B stellt ggü der Rechtslage beim BGB-Vertrag lediglich eine klarstellende Regelung dar: Danach haftet der Auftragnehmer auch für Mängel, die auf Leistungsbeschreibungen oder auf Anordnungen des Auftraggebers, auf die von diesem gelieferten oder vorgeschriebenen Stoffe oder Bauteile oder die Beschaffenheit der Vorleistung eines anderen Unternehmers zurückzuführen sind, soweit er nicht die ihm nach § 4 Nr 3 VOB/B obliegende Mitteilung gemacht hat, vgl Rz 20. An eine Weisung iSd Norm sind strenge Anforderungen zu stellen: Die Befreiung von der Gewährleistungspflicht nach § 13 Nr 3 VOB/B setzt eine eindeutige Anordnung oder ein entspr Vorschreiben durch den Auftraggeber voraus, das dem Auftragnehmer keine Wahl lässt, sondern unbedingt befolgt werden muss (BGH BauR 2005, 1314, 1316).

22 **E. Prozessuales.** Die Beweislast für die mängelfreie Herstellung des Werkes trägt bis zur Abnahme der Unternehmer; nach der Abnahme – auch im Falle von Abnahmefiktionen – muss der Besteller das Vorliegen von Mängeln darlegen und beweisen, soweit er nicht im Zuge der Abnahme gerade das Vorliegen der betreffenden Mängel gerügt hat (BGHZ 61, 42, 47; BauR 1994, 242, 243; 1997, 129, 130). An dieser Beweisregelung ändert sich grds auch nichts, wenn der Besteller die Mängel zwischenzeitlich im Wege berechtigter Ersatzvornahme hat beseitigen lassen – im Einzelfall (fehlende Dokumentation) kann allerdings eine zur Beweislastumkehr führende Beweisvereitelung vorliegen (BGH MDR 2009, 80); hat der Besteller die angeblichen Mängel im Wege unberechtigter Ersatzvornahme beseitigt, obliegt ihm allerdings auch vor Abnahme der Beweis für die mangelhafte Werkerstellung. Beruft sich der Unternehmer darauf, ein Mangel sei auf eine fehlerhafte Anweisung des Bestellers zurückzuführen, trägt er dafür, wie auch für die Erfüllung seiner etwaigen Hinweispflichten, die Beweislast (BGH BauR 1973, 313, 315; BauR 1974, 128, 129). Wer sich auf eine bestimmte Beschaffenheitsvereinbarung oder eine Abweichung davon beruft, trägt dafür die Darlegungs- und Beweislast.

23 **DIN-Normen** haben die Vermutung für sich, dass sie die anerkannten Regeln der Technik richtig wiedergeben (Hamm BauR 1994, 767, 768; München NJW-RR 1992, 1523, 1524). Der Unternehmer trägt die Beweislast dafür, dass ein zeitlich und örtlich im Zusammenhang mit der Missachtung von anerkannten Regeln der Technik auftretender Mangel nicht auf deren Verletzung zurückzuführen ist, da insoweit eine – widerlegliche – Vermutung besteht (BGH NJW 1991, 2021, 2022).

24 Für die Anforderungen an die Mängeldarlegung gilt: Der Besteller muss den Mangel zur Mängelanzeige so genau bezeichnen, dass der in Anspruch genommene Unternehmer den Vorwurf erkennen und ggf Abhilfe schaffen kann (BGH BauR 1998, 632, 633; 1982, 66, 66 f); zur Substantiierung im Prozess genügt die Mängeldarlegung, wenn der Sachverständige vor Ort nähere Feststellungen treffen kann (BGH NJW-RR 1997, 1376; 2001, 380). Dazu bedarf es nach der sog **Symptomrechtsprechung**, dass der Besteller den Mangel, aus dem er Rechte herleiten will, in seinem objektiven Erscheinungsbild darlegt und erforderlichenfalls beweist (BGH BauR 2002, 613, 617; 2000, 261, 262), keinesfalls muss der Besteller wissenschaftlich Art, Umfang oder Herkunft des Mangels benennen. Unschädlich ist auch, wenn der Besteller irrtümlich falsche Mängelursachen angibt (BGH BauR 2008, 514, 516). Diese für das Bauvertragsrecht entwickelte Rspr ist auf andere Werkverträge ebenfalls anwendbar, namentlich auf Architektenverträge.

§ 634 Rechte des Bestellers bei Mängeln.

Ist das Werk mangelhaft, kann der Besteller, wenn die Voraussetzungen der folgenden Vorschriften vorliegen und soweit nicht ein anderes bestimmt ist,

1. **nach § 635 Nacherfüllung verlangen,**
2. **nach § 637 den Mangel selbst beseitigen und Ersatz der erforderlichen Aufwendungen verlangen,**
3. **nach den §§ 636, 323 und 326 Absatz 5 von dem Vertrag zurücktreten oder nach § 638 die Vergütung mindern und**
4. **nach den §§ 636, 280, 281, 283 und 311a Schadensersatz oder nach § 284 Ersatz vergeblicher Aufwendungen verlangen**

1 **A. Allgemeines/Normzweck.** § 634, neu gefasst durch das SchRModG (zur Gesetzesbegründung: BTDrs 14/6040 S 261 ff; 14/7052 S 204) stellt die **Grundnorm** des werkvertraglichen Gewährleistungsrechts dar, indem

sie überblicksartig, allerdings nicht abschließend Rechte des Bestellers bei Vorliegen eines iSv § 633 mangelhaften Werkes darstellt; **Anspruchsgrundlage** für die einzelnen Gewährleistungsrechte ist dann trotz des Wortlauts des § 634 (»nach § … verlangen«) stets die einzelne konkrete Norm iVm der jeweiligen Nummer von § 634 (in den Fällen des § 636 zudem iVm der einzelnen Norm aus dem allg Leistungsstörungsrecht. Zur zeitlichen Geltung des werkvertraglichen Gewährleistungsrechts: § 631 Rz 97. Bereits aus dem Wortlaut von § 634 ist erkennbar, dass Mängel grds die Rechtsfolgen des allg Leistungsstörungsrechts hervorrufen. § 634 verweist jedoch nicht ausschließlich auf das allg Leistungsstörungsrecht, vielmehr verweist die Norm einmal auf die gesondert geregelten werkvertraglichen Besonderheiten des Leistungsstörungsrechts, also etwa auf die Besonderheiten bei Rücktritt und Schadensersatz gem § 636. Zum anderen enthält das werkvertragliche Gewährleistungsrecht mit dem Nacherfüllungsanspruch, dem Minderungs- und dem Ersatzvornahmerecht ggü dem allg Leistungsstörungsrecht originäre Mängelrechte des Bestellers. Das Zusammenspiel des allg Leistungsstörungsrechts mit dem werkvertraglichen Gewährleistungsrecht und die dem Werkvertragsrecht anhaftenden Besonderheiten der Praxis führen zu einer Vielzahl von Abgrenzungsproblemen, dazu Rz 10 ff.

Die in § 634 aufgezählten Mängelrechte des Bestellers stehen nicht in einem gleichberechtigten Konkurrenz- 2
verhältnis zueinander, vielmehr hat der Besteller grds vorrangig Nacherfüllung – als regelm Tatbestandsvoraussetzung sämtlicher weiterer Mängelrechte – zu verlangen, s.u. Rz 16. Die weiteren Mängelrechte des Bestellers nach § 634 Nr 2 bis 4 stehen zueinander in einem gleichstufigen Konkurrenzverhältnis: Der Besteller hat ein **Wahlrecht**, auf das § 264 Abs 2 als Ausfluss von Treu und Glauben gem § 242 entspr anwendbar ist mit der Folge, dass der Unternehmer dem Besteller, sofern dieser sich im Annahmeverzug befindet, Frist zur Ausübung der Wahl setzen kann (vgl BGH NJW 2002, 669, 670).

Die Geltendmachung der Gewährleistungsrechte kann **eingeschränkt** oder sogar **ausgeschlossen** sein: So 3
stellt es idR eine unzulässige Rechtsausübung gem § 242 dar, wenn der Besteller Gewährleistung wegen von ihm selbst herbeigeführter Mängel verlangt (BGH NJW 1995, 392, 393). Ein Baustellenverbot führt hingegen nicht zum Verlust des Nacherfüllungsanspruches und der davon abhängigen Mängelrechte, sondern lässt den Besteller regelm nur in Annahmeverzug geraten (BGH NJW-RR 2004, 1461, 1462). Die Mängelrechte nach § 634 Nr 1 bis 3 verliert der Besteller gem § 640 Abs 2, wenn er sie sich trotz Kenntnis nicht bei der Abnahme vorbehält, dazu § 640 Rz 19 ff. Darüber hinaus können die Parteien grds innerhalb des Rahmens der §§ 138, 639 sowie bei Verwendung von AGB der §§ 307 ff wirksam einen Haftungsausschluss bzw Haftungsbeschränkungen vereinbaren, dazu § 639 Rz 11 ff. Wegen weiterer Beschränkungen der Mängelrechte vgl die Kommentierung zu den §§ 635–638. Der Besteller kann auf seine Mängelrechte nach den §§ 634 ff verzichten, § 397: Für die Annahme einer auf einen **Verzicht** gerichteten Willenserklärung sind jedoch strenge Maßstäbe anzusetzen, da im Zweifel erfahrungsgemäß ein Erlass nicht zu vermuten ist (BGH NJW 1996, 588; 2006, 1511, 1512) und auch bei scheinbar eindeutigen Verzichtserklärungen ein Erlass nur bei Berücksichtigung sämtlicher relevanter Umstände angenommen werden kann (BGH NJW 2002, 1044, 1046). Das Einverständnis mit einer bestimmten Art der Nacherfüllung genügt also idR nicht für die Annahme, der Besteller habe auf die Geltendmachung weiterer Mängelrechte verzichten wollen (BGH NJW 2002, 748 f); andererseits enthält die Erteilung eines entgeltlichen Auftrags zur Mängelbeseitigung im Streit über das Bestehen der Nacherfüllungspflicht schlüssig die Erklärung des Bestellers, auf die Geltendmachung von Mängelbeseitigungsrechten verzichten zu wollen (Düsseldorf NJW-RR 2000, 165, 166). Zur Treuwidrigkeit eines Nichtigkeitseinwandes ggü der Geltendmachung von Gewährleistungsrechten im Falle von »**Ohne-Rechnung-Abreden**« vgl § 631 Rz 18.

B. Die einzelnen Gewährleistungsrechte im Überblick. I. Nacherfüllungsanspruch. Der Nacherfüllungs- 4
anspruch des § 634 Nr 1 stellt einen modifizierten Erfüllungsanspruch dar: Der Erfüllungsanspruch des Bestellers (bestehend bis zur Abnahme) beschränkt sich nach der Abnahme auf die Beseitigung etwaiger Mängel, wird näher ausgestaltet nach § 635 und verjährt nach § 634a. Der Nacherfüllungsanspruch steht nicht gleichberechtigt neben den weiteren Rechten des Bestellers aus § 634: Vielmehr setzen sämtliche weiteren Mängelansprüche grds den fruchtlosen Ablauf einer Nacherfüllungsfrist voraus mit der Folge, dass die Mängelrechte des § 634 in einem Stufenverhältnis zueinander stehen und der Besteller **erststufig** regelm Nacherfüllung verlangen muss (PWW/*Leupertz* Rn 2). § 635 wiederum eröffnet dem Unternehmer ein – dem Kaufvertrag fremdes – Wahlrecht dahin, die Nacherfüllung durch Neuherstellung oder durch Mangelbeseitigung zu erbringen; einen Anspruch auf Neuherstellung hat der Besteller nur dann, wenn die Mangelbeseitigung unmöglich, die Neuherstellung wiederum möglich ist und zugleich die Neuherstellung durch den Unternehmer nicht gem §§ 275 Abs 2 und Abs 3 oder § 635 Abs 3 verweigert werden kann (Erman/*Schwenker* Rn 4).

II. Selbstvornahme. Das Selbstvornahme- oder auch Ersatzvornahmerecht des Bestellers nach den §§ 634 5
Nr 2, 637 stellt eine Besonderheit des werkvertraglichen Gewährleistungsrechts dar: Unter den Voraussetzungen des § 637 Abs 1, Abs 2 soll dem Besteller die Möglichkeit eingeräumt werden, einen Mangel auf Kosten des Unternehmers selbst beseitigen zu lassen; zudem gibt § 637 Abs 3 dem Besteller das Recht, wegen des zu erwartenden – und später abzurechnenden – Aufwands einen Vorschuss zu verlangen. Korrespondierend dazu ist es dem Unternehmer nach fruchtlosem Ablauf der Nacherfüllungsfrist nur noch mit Zustimmung des Bestellers erlaubt, die Nacherfüllung zu erbringen (BGH ZIP 2003, 630, 631).

6 **III. Rücktritt.** §§ 634 Nr 3, 1. Alt, 636 gewähren dem Besteller ein Gestaltungsrecht: Durch einseitige Erklärung des Rücktritts kann er den Werkvertrag – wie vor der Reform des Schuldrechts durch das SchRModG im Wege der seinerzeit nicht als Gestaltungsrecht konstruierten sog Wandelung – in ein Abwicklungsverhältnis gem den §§ 346 ff umgestalten.

7 **IV. Minderung.** Mit der Minderung (Voraussetzungen: §§ 638, 636) führt der Besteller durch Ausübung eines einseitigen Gestaltungsrechtes eine Vertragsanpassung herbei, nämlich eine der mangelhaften Werkleistung entspr Herabsetzung des Werklohnanspruchs mit der weiteren Folge, dass weitere Gewährleistungsrechte des § 634 neben der Minderung wegen des konkreten Mangels ausgeschlossen sind. Soweit der Besteller bereits mehr als die geminderte Vergütung geleistet hat, eröffnen die §§ 634 Nr 3, 2. Alt, 638 Abs 4 S 1 einen Rückzahlungsanspruch, auf den das Rücktrittsrecht teilw entspr Anwendung findet.

8 **V. Schadens- oder Aufwendungsersatz.** Unter den weiteren Voraussetzungen der §§ 636, 280, 281, 283, 284, 311a kann der Besteller statt der geschuldeten Werkleistung Schadensersatz in Form des sog kleinen oder großen Schadensersatzes oder Aufwendungsersatz, etwa hinsichtlich vergeblich aufgewandter Vertrags- oder Finanzierungskosten verlangen. Zur Unterscheidung zwischen großem und kleinen Schadensersatzanspruch: § 636 Rz 26 f. Die §§ 634 Nr 4, 636 meinen dabei ausschließlich den Ersatz mängelbedingter Schäden, sog **Mangel- und Mangelfolgeschäden**, und nicht sonstige, nicht mit einem Mangel zusammen hängende Schadensersatztatbestände wie zB im Falle von Verzögerungsschäden oder im Falle von Nebenpflichtverletzungen seitens des Unternehmers; zur Abgrenzung: § 636 Rz 28. Auch wenn die Bezugnahme in § 634 Nr 4 auf die §§ 280, 281 wegen des Erfordernisses einer Nacherfüllungsaufforderung grds darauf hindeuten könnten, dass nur solche Mängel gemeint seien, die im Falle einer Nachbesserung beseitigt werden könnten, wird man § 634 Nr 4 auch auf Mangelfolgeschäden erstrecken müssen, namentlich unter Zugrundelegung des ausdrücklichen gesetzgeberischen Willens, wonach sämtliche Mangel- und Mangelfolgeschäden von der Vorschrift und insbes auch von der Verjährungsregelung in § 634a erfasst sein sollten (BTDrs 14/6040 S 263). Ausweislich der Gesetzesbegründung ist die Verweisungskette in § 634 Nr 4 nicht streng kumulativ zu deuten, sondern durchaus je nach dem Inhalt des Begehrs alternativ: Durch die Verweisung auf § 280 sollte ausdrücklich klargestellt sein, dass der Besteller sowohl für Mangel- als auch für Mangelfolgeschäden Schadensersatz verlangen kann. Durch die Verweisung auf § 281 wiederum sollte dem Unternehmer wegen Mängeln des Werkes selbst zunächst grds eine Nacherfüllungsmöglichkeit eingeräumt werden. Hinsichtlich der Anspruchsgrundlagen und damit auch hinsichtlich der weiteren Voraussetzungen ist also zu differenzieren: Mangelschäden werden von den §§ 634 Nr 4, 636, 280 Abs 1, Abs 3, 281, 283, 311a erfasst, wohingegen Mangelfolgeschäden gem den §§ 634 Nr 4, 280 Abs 1 zu erstatten sind (MüKo/*Busche* Rn 37; Palandt/*Sprau* Rn 8 f).

9 **VI. Konkurrierende Rechte des Bestellers.** Das werkvertragliche Gewährleistungsrecht der §§ 634 ff beschreibt allerdings nicht sämtliche Rechte des Bestellers im Falle einer Schlechtleistung durch den Unternehmer: Namentlich die Verletzung vorvertraglicher Rechtspflichten des Unternehmers und die Verletzung vertraglicher Nebenpflichten ohne Mangelbezug eröffnen weitere (vertragliche oder deliktische) Schadensersatzansprüche des Bestellers gegen den Unternehmer. Neben den gewährleistungsrechtlichen Ansprüchen können zudem Ansprüche des Bestellers aus Verzug oder wegen verwirkter Vertragsstrafe stehen, s.u. Rz 13 ff.

10 **C. Abgrenzungen. I. Abgrenzung des Gewährleistungsrechts der §§ 633 ff zu den allg Vorschriften.** Bzgl der Frage, wann das werkvertragliche Gewährleistungsrecht der §§ 634 ff und nicht (mehr) das allg Leistungsstörungsrecht anzuwenden ist, ist nach wie vor wegen der weiterreichenden spezifisch werkvertraglichen Voraussetzungen der Mängelrechte und wegen der Verjährungsregelung in § 634a zu differenzieren; im Einzelnen besteht insoweit Unklarheit. **Grundsätzlich** gilt: Bis zum Gefahrübergang, also idR bis zur **Abnahme** bzw dem Vorliegen eines abnahmegleichen Tatbestandes greifen nur die allg Vorschriften Platz, nach der Abnahme kommt das Mängelgewährleistungsrecht der §§ 634 ff zum Tragen (hM; BaRoth/*Voit* Rn 2; Palandt/*Sprau* Vorb v § 633 Rn 6; PWW/*Leupertz* § 633 Rn 5; Staud/*Peters* Rn 9; aA: MüKo/*Busche* Rn 3 mit der in der Praxis unbrauchbaren Vorstellung, das Mängelgewährleistungsrecht der §§ 634 ff gelte ab dem Zeitpunkt der Herstellung, wobei dieser Zeitpunkt wiederum dann vorliegen soll, wenn der Unternehmer das geschuldete Werk als abgeschlossen »ansieht«, MüKo/*Busche* § 631 Rn 69). Der (schlüssigen, fiktiven) Abnahme gleich steht der fruchtlose Ablauf der Fristsetzung nach § 640 Abs 1 S 3, die Erteilung der Fertigstellungsbescheinigung gem § 641a Abs 1 oder die Vollendung des Werkes im Anwendungsbereich des § 646. Darüber hinaus kommt das werkvertragliche Gewährleistungsrecht der §§ 634 ff zum Tragen im Falle des Annahmeverzugs des Bestellers, wenn der Unternehmer also ein iSv § 640 Abs 1 abnahmereifes Werk erfolglos anbietet, § 644 Abs 1 S 2, und im Falle der vorzeitigen Beendigung des Werkvertrages infolge Kündigung oder einvernehmlicher Vertragsaufhebung.

11 Von diesem Grundsatz bestehen jedoch **Ausnahmen** mit der Folge, dass der Besteller bereits vor dem Gefahrübergang Mängelrechte nach den §§ 634 ff geltend machen kann: Zum einen kann der Besteller hinsichtlich seines Erfüllungsanspruchs und der daraus folgenden Rechte **Verzicht** erklären und sogleich Mängelrechte nach den §§ 634 ff geltend machen (BGH NJW 1999, 2046, 2048), wobei insbes an die Annahme einer konkludenten Verzichtserklärung strenge Maßstäbe zu setzen sind (BGH NJW 1999, 2046, 2048). Der Besteller

kann vor Gefahrübergang einige Mängelrechte der §§ 634 ff auch dann geltend machen, wenn bereits ein Mangel erkennbar ist, der sich entweder objektiv nicht beheben lässt oder dessen Behebung der Unternehmer endgültig verweigert: Für den Rücktritt folgt dies unmittelbar aus dem Gesetz, § 323 Abs 4. Für Schadensersatz und Minderung, deren Voraussetzungen rechtstechnisch zumindest dem Rücktrittsrecht angenähert sind (gemeinsame Vorschrift für Schadensersatz und Rücktritt in § 636; Bezugnahme auf das Rücktrittsrecht in § 638 »statt zurückzutreten«), ist § 323 Abs 4 jedenfalls entspr anzuwenden, da es insoweit dem Besteller nicht zuzumuten ist, zunächst die Abnahme des Werkes zu erklären und dann diese Mängelrechte geltend zu machen (wie hier: BaRoth/*Voit* Rn 24; weitergehend: PWW/*Leupertz* § 633 Rn 6; Palandt/*Sprau* Vorb v § 633 Rn 7); dies entspricht auch der Rspr zum vormaligen Werkvertragsrecht (BGH NJW 2000, 133, 134). Anderes gilt für den Nacherfüllungsanspruch und für das Selbstvornahmerecht: Diese Rechte vermag der Besteller nicht vor Gefahrübergang geltend zu machen. Für den Nacherfüllungsanspruch gibt es bereits kein Bedürfnis, denn vor Gefahrübergang hat der Besteller seinen originären Erfüllungsanspruch. Dem Besteller ein Selbstvornahmerecht vor Gefahrübergang zuzugestehen, ist bereits aus praktischen Gründen untunlich, um ein kompliziertes Nebeneinander mehrerer Rechtsverhältnisse hinsichtlich einer Werkleistung möglichst zu vermeiden (so ausdrücklich für den VOB-Vertrag: BGH NJW-RR 1986, 1148, 1149). Es besteht aus Sicht des Bestellers auch kein Bedürfnis, bereits vor Gefahrübergang ein Selbstvornahmerecht einzuräumen: Dem Besteller steht jederzeit die Möglichkeit der Kündigung gem § 649 offen, die etwa bei Weigerung des Unternehmers, vorhandene Mängel zu beseitigen, auch aus wichtigem Grunde erfolgt, vgl § 649 Rz 17 ff. (Die Entziehung des Auftrags nach § 8 Nr 3 Abs 1 VOB/B sieht der BGH beim VOB-Vertrag als zwingend notwendige Voraussetzung einer Selbstvornahme nach § 4 Nr 7 VOB/B an, NJW-RR 1986, 1148, 1148 f). Wegen ihrer Wirkung für die Zukunft lässt die Kündigung etwaige Nacherfüllungsansprüche bzgl des bereits hergestellten Teilwerkes auch unberührt (BGH NJW 1988, 140, 141; Hamm NJW-RR 1995, 724). Darüber hinaus steht dem Besteller ggf ein Schadensersatzanspruch aus pVV gem §§ 280 Abs 1, 282, 241 Abs 2 zu, wenn sich der Unternehmer schuldhaft die Möglichkeit einer mangelfreien Erfüllung nimmt (BaRoth/*Voit* Rn 24).

Das werkvertragliche Gewährleistungsrecht schließt in seinem Anwendungsbereich als abschließende Regelung grds die **Anfechtung** wegen Eigenschaftsirrtums gem § 119 Abs 2 für beide Vertragsparteien aus. Auch bei Vorliegen eines Mangels ist allerdings die Anfechtung nach § 119 Abs 2 ausnahmsw für den Unternehmer eröffnet, wenn nicht zu erwarten ist, dass der Besteller seine Rechte aus den §§ 634 ff geltend machen wird, etwa wenn das Werk eine bessere als die vereinbarte Beschaffenheit aufweist (BGH NJW 1988, 2597, 2598 zum Kaufrecht). Die Anfechtung wegen Inhalts- oder Erklärungsirrtums gem § 119 Abs 1 sowie die Anfechtung wegen Täuschung oder Drohung gem § 123 werden durch das werkvertragliche Gewährleistungsrecht nicht verdrängt. 12

Hinsichtlich Schadensersatzansprüchen aus cic (§§ 311 Abs 2, 241 Abs 2, 280 Abs 1) ist zu differenzieren: 13
Soweit sich das (vorsätzliche oder fahrlässige, § 280 Abs 1 S 2) vorvertragliche Verschulden auf die Beschaffenheit des Werkes selbst bezieht, stellt das werkvertragliche Gewährleistungsrecht – auch um nicht die spezifische Verjährungsfrist aus § 634a zu umgehen – eine abschließende Regelung dar (zum alten Recht: BGHZ 58, 332, 339; NJW 1984, 2938). Eine Haftung aus cic wegen Verletzung einer Nebenpflicht, die sich nicht auf die Beschaffenheit des Werkes bezieht, ist dagegen denkbar, etwa im Falle fehlerhaften Rats oder fehlerhafter Auskunft bei entspr vertraglich übernommener Nebenpflicht (zum früheren Recht: BGHZ 88, 130, 135; NJW 1984, 2938: Beratungspflichtverletzung bei Bestellung einer EDV-Anlage). Verzögerungsschäden, die unmittelbar auf dem Mangel beruhen, werden grds im Rahmen des Schadensersatzes nach § 281 einbezogen, also solche, die etwa wegen Überschreitens des ursprünglich geplanten Fertigstellungstermins infolge der Nacherfüllungsdauer entstehen (Palandt/*Sprau* Rn 8). IÜ kann der Besteller Schadensersatz wegen **Verzugs** nach den §§ 280 Abs 2, 286 neben den Mängelansprüchen des § 634 geltend machen, sofern die Verzugsvoraussetzungen vorliegen. Zu beachten ist insoweit lediglich, dass mit Ausübung der in § 634 enthaltenen Gestaltungsrechte (Rücktritt, Minderung) der Verzug endet: Mit Ausübung dieser Gestaltungsrechte erlischt die aus § 631 Abs 1 folgende Leistungspflicht des Unternehmers (bezogen auf den Werkvertrag insg bzw auf den Anspruch auf mangelfreie Erfüllung auch hinsichtlich des von dem gerügten Mangel erfassten Werkteils). Dasselbe gilt für eine **Vertragsstrafe** nach § 341, namentlich für ein Vertragsstrafversprechen für den Fall nicht rechtzeitiger Erfüllung: Auch insoweit kann der Besteller zwar grds neben den Mängelrechten aus §§ 634 ff die Leistung der verwirkten Vertragsstrafe begehren, allerdings nur solange, als Verzug bestehen kann. Dies ist nach Ausübung des Rücktrittsrechts und – soweit der Verzug auf dem konkreten Mangel beruht – nach Ausübung des diesbezüglichen Minderungsrechts nicht mehr der Fall. Denn da die Verwirkung der Vertragsstrafe für den Fall nicht rechtzeitiger Erfüllung vom Verzug des Unternehmers abhängt, ist der Strafanspruch vom Bestehen der Hauptverbindlichkeit abhängig mit der Folge, dass er lediglich bis zum Erlöschen der Hauptverbindlichkeit verwirkt werden kann (für den vergleichbaren Fall der Kündigung: BGH NJW 1962, 1340, 1341). Hat sich der Besteller eine Vertragsstrafe nach § 340 versprechen lassen, also für den Fall nicht erfüllter Bauleistung, stehen das Vertragsstrafenverlangen und das Erfüllungsverlangen in einem Alternativverhältnis, § 340 Abs 1. Die verwirkte Vertragsstrafe kann der Besteller, dem wegen Pflichtverletzung ein Schadensersatzanspruch zusteht, als Mindestschaden geltend machen; soweit die Vertragsstrafe – wie üblich – in Geld bemessen ist, ist die Geltendmachung eines weiteren Schadens darüber hinaus nicht ausgeschlossen (§§ 340 Abs 2, 342).

14 Mängelbedingte Ansprüche der Parteien wegen Wegfalls oder Störung der **Geschäftsgrundlage** gem § 313 werden von den §§ 634 ff vollständig verdrängt (zur vergleichbaren Rechtslage im Kaufrecht nach altem Recht: BGHZ 60, 319, 320 f; 98, 100, 103). Geschäftsgrundlage iSv § 313 sind nur Umstände, die außerhalb des Vertragsinhaltes liegen (BGHZ 90, 69, 74; NJW 1983, 2034, 2036): Mängel des Werkes können darunter bereits begrifflich nicht fallen. Ebenfalls ausgeschlossen im Anwendungsbereich des werkvertraglichen Gewährleistungsrechts sind mängelbedingte Ansprüche aus **Geschäftsführung ohne Auftrag** (§§ 677 ff) und aus **Bereicherungsrecht** (§ 812 ff): Namentlich ist es dem Besteller verwehrt, die Kosten der Selbstvornahme als Bereicherungs- oder als Aufwendungsersatzanspruch geltend zu machen, wenn deren Voraussetzungen aus § 637 nicht vorliegen (BGH WM 1978, 953, 954). Dasselbe gilt für Dritte, sofern diese die Mängel anstelle des dazu verpflichteten Unternehmers beseitigen (Hamm NJW-RR 1998, 163, 163 f: Mitunternehmer; Oldenburg MDR 2000, 1373: Subunternehmer).

15 Deliktische Ansprüche des Bestellers aus den **§§ 823 ff** werden von den §§ 634 ff nicht verdrängt, sondern stehen zu diesen ggf in Anspruchskonkurrenz. Erfasst von den §§ 823 ff werden allerdings nur solche Schäden des Bestellers, die außerhalb der mangelhaften Werkleistung an seinen sonstigen Rechtsgütern, namentlich Leben, Körper und Eigentum an anderen Sachen entstehen. Die mangelhafte Werkleistung an sich stellt keinen über das Deliktsrecht zu erstattenden Schaden dar, es sei denn, eine Eigentumsverletzung erfolgt dadurch, dass anfänglich unversehrte Teile des Werkes durch einen funktional begrenzten Mangel beschädigt werden. Unmittelbar mangelbedingte Schäden sowie solche, die mit diesen »stoffgleich« sind, werden folglich nicht von der deliktischen Haftung erfasst: Stoffgleichheit in diesem Sinne liegt vor, wenn der Werkmangel nicht funktional begrenzt ist oder aber trotz funktionaler Begrenzung aus wirtschaftlichen, technischen oder sonstigen Gründen nicht isoliert behoben werden kann (BGHZ 146, 144, 147 ff; 138, 230, 234). Ist also die Funktionsfähigkeit des gesamten Werkes von vornherein durch den Mangel beeinträchtigt oder gar aufgehoben, sind dem Besteller ausschließlich die Gewährleistungsrechte der §§ 634 ff eröffnet, ein deliktischer Schadensersatzanspruch besteht daneben nicht (BGHZ 96, 221, 228; NJW 1979, 2148).

16 **II. Abgrenzung der Gewährleistungsrechte des § 634 untereinander.** Die Mängelrechte aus § 634 stehen grds nicht in einem gleichstufigen Verhältnis zueinander. Primär hat der Besteller die **Nacherfüllung** zu verlangen, da vom fruchtlosen Ablauf einer Nacherfüllungsfrist regelm die Geltendmachung der übrigen Mängelrechte abhängt. Ausnahmen bestehen dort, wo die einzelnen Verweisungsnormen dies zulassen (bspw im Falle des § 323 Abs 2 Nr 1 bei ernsthafter und endgültiger Verweigerung der Nacherfüllung durch den Unternehmer). Des Setzens einer Nacherfüllungsfrist bedarf es auch nicht im Falle nicht behebbarer Mängel (§ 283: nachträgliche Nichtbehebbarkeit der Mängel; § 311a: anfängliche Unmöglichkeit der Mängelbehebung): Dann kann, weil ein Nacherfüllungsverlangen sinnlos ist, Schadensersatz statt der Leistung unmittelbar ohne vorangehende Fristsetzung gefordert werden. Dasselbe gilt, wenn der Besteller wegen Mangelfolgeschäden gem §§ 634 Nr 4, 280 Abs 1 Schadensersatz verlangt, da diese Schäden auch bei gelungener Nacherfüllung nicht beseitigt werden können. Nach fruchtlosem Ablauf der Nacherfüllungsfrist besteht ein Wahlrecht des Bestellers sämtliche Mängelrechte des § 634 betreffend (diese stehen in sog elektiver Konkurrenz); er kann also nach wie vor auch Nacherfüllung verlangen. Lediglich der Unternehmer verliert seinen grds bestehenden Anspruch auf die »zweite Chance«: Er ist gehindert, ohne Zustimmung des Auftraggebers nachzubessern, und auf der anderen Seite ist der Besteller nicht verpflichtet, die vom Unternehmer angebotene Nachbesserung anzunehmen (BGH BauR 2003, 693, 694). Gestattet der Besteller trotz Ablaufs der Nacherfüllungsfrist die Mangelbeseitigung und scheitert diese, muss er zunächst grds erneut eine Nacherfüllungsfrist setzen, bevor er die Rechte nach § 634 Nr 2 bis 4 geltend machen kann (vgl Celle NJW 2005, 2094, 2095).

17 Aufwendungsersatz und Aufwendungsvorschuss für die **Selbstvornahme** nach den §§ 634 Nr 2, 637 kann der Besteller nur solange verlangen, wie sein Anspruch auf Nacherfüllung besteht: Tritt er also nach den §§ 634 Nr 3, 636 vom Vertrag zurück oder übt sein Gestaltungsrecht auf Minderung des Vergütungsanspruches aus, entfällt mit dem Nachbesserungsanspruch auch das Selbstvornahmerecht des Bestellers. Dasselbe gilt, wenn der Besteller Ersatz der Mangelschäden verlangt, da Nachbesserungs- und Schadensersatzbegehren, soweit dies auf den Ersatz des Mangelschadens gerichtet ist, nicht nebeneinander bestehen können. Denn der Schadensersatz statt der Leistung aufgrund eines Mangels (§§ 281, 283, 311a), also für in der Sache selbst liegende Schäden, tritt an die Stelle des (Nach-) Erfüllungsanspruches, § 281 Abs 4 (vgl Palandt/*Sprau* Rn 7). Das Mangelrecht zur Selbstvornahme schließt allerdings ein (weiteres) Nacherfüllungsverlangen aus: Der Besteller darf vor allem nicht nebeneinander Kostenvorschuss und Nacherfüllung verlangen (MüKo/*Busche* Rn 16; Palandt/*Sprau* Rn 4). Auf der anderen Seite kann der Besteller auch bei gescheiterter Selbstvornahme, sofern er dieses Scheitern nicht zu vertreten hat, sein Minderungsrecht ausüben oder Schadensersatz verlangen. Neben dem Selbstvornahmerecht steht dem Besteller ggf ein Schadensersatzanspruch wegen der nahen und fernen Mangelfolgeschäden gem § 280 Abs 1, also derjenigen Schäden, die auch im Falle gelungener Nachbesserung entstanden wären, sowie wegen etwaiger Verzögerungsschäden, zu. Macht der Besteller lediglich Vorschuss gem § 637 Abs 3 geltend, begehrt er lediglich eine vorläufige Regelung mit der Folge, dass er von seinem Vorschussbegehr – bis zur Durchführung der Selbstvornahme – Abstand nehmen und stattdessen eines der übrigen Mängelrechte des § 634 ausüben kann (*Derleder* NJW 2003, 998, 1003).

Die Ausübung des **Rücktrittsrechts** erlaubt dem Besteller gem § 325 auch weiterhin die Geltendmachung von Schadensersatz (statt der Leistung) oder Ersatz des Verzögerungsschadens nach den §§ 280, 286. Dass die Ausübung des Rücktritts das Rechtsverhältnis grds in ein Rückgewährverhältnis umwandelt, hindert den Besteller wegen § 325 auch nicht, daneben den sog kleinen Schadensersatz zu verlangen: Insoweit erlischt der entstandene Rückgewähranspruch aufgrund schadensrechtlicher Saldierung, im Ergebnis läuft dies darauf hinaus, dass hinsichtlich ihrer Rechtsfolgen der (kleine) Schadensersatzanspruch an die Stelle des Rücktritts tritt (vgl *Derleder* NJW 2003, 998, 999 ff). Dagegen verliert der Besteller mit der Rücktrittserklärung die auf die Herbeiführung des ursprünglichen Leistungserfolgs gerichteten Mängelansprüche (Nacherfüllung, Selbstvornahme); Rücktritt und Minderung wiederum stehen zwangsläufig in einem strengen Alternativverhältnis (vgl BaRoth/*Voit* Rn 26), was der Gesetzgeber mit der Formulierung »statt zurückzutreten« in § 638 Abs 1 zum Ausdruck bringt. 18

Da mit der **Minderung** eine Vertragsanpassung unter Berücksichtigung des jeweiligen Mangels erfolgt und eine dem § 325 entspr Vorschrift fehlt, sind daneben auf den betreffenden Mangel bezogene Mängelrechte, namentlich die Geltendmachung eines Schadensersatzes statt der Leistung, ausgeschlossen; seinen Grund findet diese Abweichung zum Rücktrittsrecht darin, dass dem Besteller, der sich für das Behaltenwollen der mangelhaften Werkleistung entschieden hat, mit der Vertragsanpassung auf der Preisebene im Wesentlichen dieselbe Rechtsstellung eingeräumt ist, die er auch im Falle der Wahl des kleinen Schadensersatzes innegehabt hätte (str; wie hier: MüKo/*Busche* Rn 34; für eine analoge Anwendung von § 325: *Derleder* NJW 2003, 998, 1001 f; eingeschränkt: PWW/*Leupertz* Rn 6). Dass die Minderung ihren Rechtsfolgen nach eine dem Schadensersatz vergleichbare Kompensationswirkung hat, folgt insbes daraus, dass zu ihrer Berechnung neben dem technischen Minderwert des Werkes auch dessen mangelbedingter merkantiler Minderwert heranzuziehen ist (BGHZ 58, 181, 184; 55, 198, 198 ff). Der Ausschluss eines Schadensersatzanspruches betrifft jedoch nicht auch Schadensersatzansprüche wegen etwaiger Mangelfolgeschäden sowie sonstige Ansprüche des Bestellers, die mit dem von der Minderung betroffenen Mangel nicht im Zusammenhang stehen: Verzögerungsschäden oder Schäden, die infolge der Verletzung sonstiger Rechte des Bestellers entstanden sind, kann dieser vom Unternehmer ersetzt verlangen (Palandt/*Sprau* Rn 8 f). Wiederum ausgeschlossen sind nach (bindender) Wahl des Bestellers, sein Minderungsrecht geltend zu machen, die auf den Eintritt des ursprünglichen Leistungserfolgs zielenden Mängelrechte (Nacherfüllung, Selbstvornahme) und die Ausübung des Rücktrittsrechts, vgl Rz 18. 19

Macht der Besteller **Schadensersatz** statt der Leistung aufgrund eines Mangels geltend, dann ist nach § 281 Abs 4 der Anspruch auf die Leistung ausgeschlossen mit der Folge, dass der Besteller dann auch nicht mehr Nacherfüllung oder Ersatz bzw Vorschuss der Selbstvornahmeaufwendungen verlangen kann. Die Schadensersatzforderung des Bestellers wegen Mangelfolgeschäden nach §§ 634 Nr 4, 280 Abs 1 hindert ihn dagegen nicht an der Geltendmachung seines Nachbesserungs- oder Selbstvornahmeanspruches. Soweit der Besteller Schadensersatz statt der Leistung (wegen Mangelschäden) verlangt, begibt er sich zudem seines Minderungsrechts wegen derselben Mängel. 20

III. Gewährleistungsrechte bei Beteiligung mehrerer. 1. Gewährleistung bei Beteiligung mehrerer auf Bestellerseite. Aktiv legitimiert zur Geltendmachung der Mängelrechte der §§ 634 ff ist der Besteller bzw dessen Rechtsnachfolger. Ist eine Personenmehrheit Vertragspartnerin, ist für die Geltendmachung der Mängelgewährleistungsrechte das für die jeweilige Gemeinschaft maßgebliche Vertretungsrecht bzw Verwaltungsrecht heranzuziehen (Bsp: §§ 709, 710: GbR; 744 Abs 2: Gemeinschaft; 2038: Erbengemeinschaft); sind Eheleute Vertragspartner, ist ggf § 1357 zu beachten (Düsseldorf BauR 2001, 954, 955 f). Hinsichtlich der Gestaltungsrechte Rücktritt und Minderung müssen sämtliche Besteller gemeinschaftlich handeln, §§ 351 S 1, 638 Abs 2, wobei Bevollmächtigung möglich ist (§ 174 findet dann Anwendung). Wegen der Besonderheiten im Falle einer Wohnungseigentümergemeinschaft auf Bestellerseite vgl WP/*Pastor* Rn 464 ff; PWW/*Leupertz* Rn 24; zum Ganzen vgl auch Palandt/*Sprau* Rn 13. 21

2. Gewährleistung bei Beteiligung mehrerer auf Unternehmerseite. Bei Beteiligung mehrerer Unternehmer ist zu unterscheiden: In Betracht kommt einmal, dass der Besteller von vornherein eine Personenmehrheit als Unternehmer beauftragt hat. Für diesen Fall sind die jeweiligen Vertretungsregeln zu beachten (etwa §§ 709, 710, 714: GbR); Mängelansprüche richten sich in den Fällen der GbR, der OHG und der KG auch gegen die haftenden Gesellschafter (BGHZ 73, 217, 221 f; Palandt/*Sprau* Rn 18). Soweit der Besteller von seinen Gestaltungsrechten Gebrauch macht, sind diese nur einheitlich ggü sämtlichen Unternehmern auszuüben (§ 351 S 1: Rücktritt; § 638 Abs 2: Minderung). Ansonsten gilt für den Regelfall, dass vollständig selbständige Werkverträge mit den einzelnen Unternehmern bestehen, deren Schicksal auch haftungsrechtlich grds selbständig zu überprüfen ist (BGH NJW-RR 2004, 165, 165 f), insbes ist für den Fall, dass möglicherweise mehrere Unternehmer die Schadensursache gesetzt haben könnten, § 830 Abs 1 S 2 nicht analog anwendbar (Palandt/*Sprau* Rn 19; aA Hamm MDR 2009, 138, 139, dies allerdings systemwidrig auch dem Unternehmer einen Entlastungsbeweis abfordert, sofern sich die Verantwortung für den Mangel nicht klären lässt). Dieser Grundsatz gilt namentlich auch im Verhältnis von Haupt- und Subunternehmern: Es ist deshalb auch grds für das Bestehen von Mängelrechten des Hauptunternehmers ggü dem Subunternehmer irrelevant, ob der 22

Hauptunternehmer wegen desselben Mangels seinerseits vom Hauptbesteller in Anspruch genommen wird (Dresden NJW-RR 1997, 83). Lediglich für den Fall, dass der Subunternehmer den Hauptbesteller abgefunden hat und damit auch zugleich sämtliche etwaigen Ansprüche gegen den Hauptunternehmer abgegolten sein sollen, sollen Mängelrechte des Hauptunternehmers gegen den Subunternehmer ausgeschlossen sein (Koblenz NJW-RR 1998, 453, 453 f). Der Hauptunternehmer hat dem Subunternehmer idR zunächst die Möglichkeit einer Nacherfüllung zu gewähren, selbst dann, wenn er seinerseits vom Hauptbesteller (bereits) auf Schadensersatz in Anspruch genommen wird (BGH NJW-RR 1997, 83). Das Recht des Subunternehmers, Mängel zunächst im Wege der Nacherfüllung zu beseitigen, darf in solchen Fällen auch nicht dadurch umgangen werden, dass man dem Hauptunternehmer einen Schadensersatzanspruch aus den §§ 280 Abs 1, 241 Abs 2 gewährt (BGH NJW 1981, 1779). Der Hauptunternehmer, der in Erfüllung seiner Verbindlichkeiten ggü dem Hauptbesteller selbst nachbessert oder seinerseits als Gesamtschuldner einem anderen Gesamtschuldner Ausgleich gem § 426 leistet, ohne dem Subunternehmer zur Mängelbeseitigung zunächst eine angemessene Nacherfüllungsfrist zu setzen, hat gegen diesen keinerlei (Ausgleichs-)Ansprüche (BGH NJW 1981, 1779, 1779 f): die Voraussetzungen des Mängelgewährleistungsrechts liegen nicht vor, Ansprüche aus GoA oder Bereicherungsrecht sind im Anwendungsbereich des Gewährleistungsrechts verdrängt, vgl Rz 14, zu seinem Subunternehmer besteht ggü dem Hauptbesteller kein Gesamtschuldverhältnis und schließlich sprechen auch keine Billigkeitsgesichtspunkte für einen Ausgleich. Billigkeitserwägungen nach § 242 können zwar im Einzelfalle Ansprüche mindern oder gar ausschließen, sie können jedoch nicht Haftungstatbestände begründen, die nach Gesetz oder Vertrag nicht gegeben sind (BGH NJW 1954, 1524, 1526).

23 Ausnahmsweise haften mehrere selbständig tätige Unternehmer dem Besteller als **Gesamtschuldner**. Das kommt etwa dann in Betracht, wenn Mängel von Seiten des Planers oder Vorunternehmers einerseits vorliegen und der ausführende (Nach-) Unternehmer seinerseits wegen Verletzung seiner Prüfungs- und Hinweispflichten nicht von der Haftung für einen Mangel frei wird (vgl § 631 Rz 34) sowie von beiden Unternehmern ein im Wesentlichen gleicher Leistungserfolg geschuldet ist bzw eine Mängelbeseitigung nur einheitlich in Betracht kommt (BGH NJW 2003, 2980, 2980 f). Ebenso kann Gesamtschuld vorliegen, wenn beide Unternehmer Schadensersatz in Geld schulden und eine Differenzierung nach den Verursachungsbeiträgen für den Mangel nicht möglich ist (BGH BauR 1995, 231, 232) oder wenn bei jeweiliger Verpflichtung zur Mangelbeseitigung die Leistung des einen Unternehmers auch dem anderen zugute kommen kann (BGHZ 51, 275, 276 ff; NJW-RR 2001, 380, 381). Irrelevant für die Annahme des Gesamtschuldverhältnisses ist insoweit, dass – wie in der Praxis häufig – der bauaufsichtspflichtige Architekt lediglich Schadensersatz schuldet, während der bauausführende Unternehmer (zunächst) auf Nacherfüllung in Anspruch genommen wird, denn die mangelbedingten Haftungsverhältnisse sind zumindest im Wesentlichen inhaltlich gleichgerichtet (BGH NJW 1965, 1175, 1175 ff; BauR 2002, 1536, 1540). Hinsichtlich eines zu berücksichtigen Mitverschuldens des Bestellers: § 633 Rz 19 f.

24 Im Innenverhältnis der Gesamtschuldner untereinander findet ein **Ausgleich** grds nach den §§ 426, 254 statt. Die Haftungsquote bestimmt sich grds nach dem Maß der Verantwortlichkeit im jeweiligen Einzelfall, nur wenn jeder andere Verteilungsmaßstab fehlt, haften die Gesamtschuldner im Innenverhältnis gem § 426 Abs 1 S 1, 1. Alt zu gleichen Teilen. Beruht der Mangel auf einem Ausführungsfehler des Bauunternehmers, den der Bauaufsicht führende Architekt oder Ingenieur nicht erkannt hat, haftet im Innenverhältnis grds der für die Ausführung verantwortliche Bauunternehmer allein, da ihm weder der Bauherr noch der Architekt eine Aufsicht schulden (BGH NJW 1971, 752, 753; Köln BauR 1993, 744, 745; Koblenz IBR 2005, 767). Streitig ist dagegen, ob diese Grundsätze auch im Verhältnis zwischen dem planenden und dem Bauaufsicht führenden Architekten gelten sollen mit der Folge, dass der Aufsicht führende Architekt wegen des Ausgleichs im Innenverhältnis praktisch von der Haftung befreit würde (dafür: Frankfurt aM BauR 2004, 1329, 1330 f; dagegen: PWW/*Leupertz* Rn 26). Tatsächlich ist der Bauaufsicht führende Architekt jedoch nur dem Bauherrn ggü verpflichtet, vorhandene Pläne zumindest überschlägig auf ihre Richtigkeit zu überprüfen, im Innenverhältnis hat der Planer keinen Anspruch auf eine Kontrolle durch einen vom Bauherrn gesondert beauftragten Bauaufsicht führenden Architekten. Ausn von diesem Grundsatz bestehen allerdings dann, wenn der Aufsichtführende wegen einer besseren und vom Bauunternehmer oder Planer nicht zu erwartenden Sachkunde die Mangelhaftigkeit allein oder jedenfalls besser feststellen konnte (Braunschweig BauR 1991, 355) oder wenn das Verschulden des Ausführenden oder Überwachenden bes schwer wiegt (Hamm NJW-RR 1993, 27: Ausführung trotz eindeutiger Erkennbarkeit des Planungsmangels). Hinsichtlich etwaiger Haftungsbegünstigungen eines gesamtschuldnerisch haftenden Baubeteiligten sind die Grundsätze des sog »hinkenden bzw gestörten Gesamtschuldnerausgleichs« zu beachten: Nach der Rspr des BGH besteht der Ausgleichsanspruch des leistenden Gesamtschuldners gegen den anderen Gesamtschuldner grds unbegrenzt und ohne Rücksicht darauf, dass letzterer wegen eines gesetzlichen oder vertraglichen Haftungsausschlusses oder einer Haftungserleichterung ggü dem Besteller nicht, nicht in voller Höhe oder nicht mehr haftet (BGHZ 58, 216, 219 ff; zu der abweichenden Auffassung vgl WP/*Werner* Rn 2004 ff). Lediglich im Rahmen der Inanspruchnahme eines ansonsten gem § 104 SGB VII privilegierten Arbeitgebers hat der BGH für einen Bereich, der auch im Werkvertragsrecht Relevanz entfalten kann, eine Inanspruchnahme des Privilegierten im Wege des Gesamtschuldnerausgleichs abgelehnt (BGH NJW 1990, 1361, 1362 f; 1973, 1648 f).

25 Bei der **werkvertraglichen Leistungskette**, also der Beteiligung von General- und Subunternehmern zur Erzielung des Leistungsergebnisses, kann im Rahmen der Mängelgewährleistung der Grundsatz der vollständigen Selbständigkeit sämtlicher Vertragsverhältnisse durch das Prinzip des **Vorteilsausgleichs** im Einzelfalls modifiziert sein: So ist es dem Generalunternehmer unter Anwendung des schadensersatzrechtlichen Bereicherungsverbotes (BGHZ 30, 29, 31; 118, 312, 338) nach den Grundsätzen des Vorteilsausgleichs versagt, mängelbedingten Schadensersatz von seinem Subunternehmer zu verlangen, wenn feststeht, dass er seinerseits von seinem Besteller wegen Verjährung der Mängelansprüche nicht mehr in Anspruch genommen werden kann (vgl BGH NJW 2007, 2695, 2696 f; 2007, 2697, 2698). Dass es sich bei der Verjährung lediglich um eine Einrede handelt, die der Generalunternehmer möglicherweise ggü seinem Besteller noch nicht erhoben hat (und ggf auch nicht zu erheben beabsichtigt), ist dabei irrelevant: Zwecks Schadensminderung gem § 254 wäre der Generalunternehmer jedenfalls zur Erhebung der Verjährungseinrede gehalten (BGH VersR 1984, 580, 581).

26 **D. VOB/B.** Die VOB/B regelt das Mängelgewährleistungsrecht teils erheblich abw von der gesetzlichen Regelung. Einmal kennt sie als Mängelrecht nicht die Möglichkeit des Rücktritts. Zum anderen differenziert sie ausdrücklich zwischen Mängelansprüchen des Auftraggebers während der Ausführungsphase (§ 4 Nr 7 VOB/B) und solchen nach Abnahme (§ 13 Nr 5 bis 7 VOB/B), welche im Einzelnen ihrerseits teils gravierende Abweichungen von den gesetzlichen Regeln aufweisen. Wegen der Einzelheiten: § 636 Rz 32, § 637 Rz 18, § 638 Rz 10.

27 Zeigen sich Mängel bereits während der Ausführungsphase, hat der Auftragnehmer diese auf eigene Kosten zu beseitigen (**§ 4 Nr 7 S 1 VOB/B**). Der Auftraggeber kann bei Aufrechterhaltung des Vertrages für den Fall, dass der Auftragnehmer die Mängel zu vertreten hat, etwaige Mangelfolge- und Verzögerungsschäden nach § 4 Nr 7 S 2 VOB/B geltend machen (BGH NJW-RR 2000, 1260; BGHZ 50, 160, 165). Weil die Aufrechterhaltung des Vertrages von der Norm vorausgesetzt ist, kann der Auftraggeber nicht Schadensersatz wegen Nichterfüllung des ganzen Vertrages nach § 4 Nr 7 S 2 VOB/B verlangen (BGHZ 50, 160, 164 f). Dies ist ihm nur nach Entziehung des Auftrags gem den §§ 4 Nr 7 S 3, 8 Nr 3 eröffnet, wenn er dem Auftragnehmer zuvor fruchtlos eine angemessene Frist zur Mangelbeseitigung verbunden mit einer Androhung, den Auftrag für diesen Fall zu entziehen, gesetzt hat. Der Auftraggeber kann dann entscheiden, ob er den Mangel im Wege der Selbstvornahme durch einen anderen Unternehmer beseitigen lässt und lediglich einen weitergehenden Schaden liquidiert (§ 8 Nr 3 Abs 2 S 1 VOB/B) oder ob er vom Auftragnehmer, sofern er an der Ausführung kein Interesse mehr hat, Schadensersatz wegen Nichterfüllung verlangt (§ 8 Nr 3 Abs 2 S 2 VOB/B).

28 Nach der Abnahme regelt **§ 13 VOB/B** die Mängelrechte des Auftraggebers abschließend (BGH NW-RR 2004, 305, 306). Der Auftraggeber hat nach § 13 Nr 5 Abs 1 S 1 VOB/B zunächst einen Mängelbeseitigungsanspruch. Für den Fall, dass der Auftragnehmer innerhalb angemessener Frist die Mängel nicht beseitigt, eröffnet § 13 Nr 5 Abs 2 VOB/B dem Auftraggeber einen Ersatzvornahmeanspruch auf Kosten des Auftragnehmers. Ein Minderungsrecht, das auch nach der VOB/B als Gestaltungsrecht gewährt wird, hat der Auftraggeber allerdings nur unter den einschränkenden Voraussetzungen des § 13 Nr 6 VOB/B, nämlich für den Fall, dass die Beseitigung des Mangels für den Auftragnehmer unzumutbar oder unmöglich ist oder von ihm einen unverhältnismäßigen Aufwand erforderte und deshalb verweigert wird. Hinsichtlich des Schadensersatzanspruches differenziert § 13 Nr 7 VOB/B: Nach § 13 Nr 7 Abs 2 und Abs 3 VOB/B haftet der Auftragnehmer unbeschränkt nur für mängelbedingte Schäden aus der schuldhaften Verletzung des Lebens, des Körpers oder der Gesundheit sowie für Schäden, die er vorsätzlich oder grob fahrlässig hervorgerufen hat. Darüber hinaus haftet der Auftragnehmer für schuldhaft verursachte Schäden an der baulichen Anlage, wenn wesentliche Mängel vorliegen, die die Gebrauchsfähigkeit erheblich beeinträchtigen (§ 13 Nr 7 Abs 3 S 1 VOB/B). Darüber hinausgehende Schäden hat der Auftragnehmer nur zu ersetzen bei bestimmten Mängeln (Beschaffenheitsabweichung), bei bestimmter Mangelursache (Verstoß gegen die anerkannten Regeln der Technik) oder soweit er den Schaden versichert hat oder in zumutbarer Weise hätte versichern können.

29 **E. Prozessuales.** Macht der Besteller unterschiedliche Mängelrechte geltend, liegt eine objektive **Klagehäufung** iSv § 260 ZPO vor, da es sich um verschiedene Streitgegenstände handelt (Dresden NJW-RR 2000, 1337, 1337 f); begehrt der Besteller im Verlauf des Rechtsstreits anstelle eines Vorschusses zur Durchführung der Selbstvornahme Schadensersatz, liegt wegen des wesentlichen Unterschiedes von Vorschuss- und Schadensersatzbegehren eine Klageänderung vor, deren Zulässigkeit nach § 263 ZPO zu beurteilen ist (zum alten Recht: BGH NJW-RR 1998, 1006, 1006 f). Zulässigerweise kann der Besteller primär Schadensersatz und hilfsweise Nacherfüllung im Wege der Eventualklagehäufung verlangen (BGH NJW 1976, 143, 143 f). Soweit ein Wechsel der Mängelrechte möglich ist (s.o. Rz 16 ff), ist dem Besteller dieser im Falle des Bestreitens einer Leistungsstörung seitens des Unternehmers bis zum Schluss der mündlichen Verhandlung erlaubt (*Derleder* NJW 2003, 998, 1003).

30 Der Besteller trägt die **Beweislast** für das Vorliegen der Voraussetzungen der von ihm geltend gemachten Mängelansprüche; hinsichtlich der Anforderungen an die Darlegung von Mängeln (Symptomrechtsprechung des BGH), vgl § 633 Rz 24, § 635 Rz 19. Wendet der Besteller im Vergütungsprozess des Unternehmers Mängelrechte ein, hat der Unternehmer bis zur Abnahme, im Falle der Abnahmeverweigerung und bei Abnahme

unter Mängelvorbehalt die Mangelfreiheit des Werkes zu beweisen (BGH NJW-RR 1999, 347, 349; BauR 1997, 129, 130); nach der Abnahme trägt der Besteller die Beweislast für die Mangelhaftigkeit des Werkes, sofern er den Mangel nicht bei der Abnahme gerügt hat (BGHZ 61, 42, 47; BauR 1994, 242, 243; 1997, 129). An der Beweislastverteilung ändert sich auch nichts, wenn der Besteller die Mängel im Wege berechtigter Ersatzvornahme hat beseitigen lassen (BGH BauR 2009, 237, 239 – dort auch zur Ausnahme im Falle einer Beweisvereitelung bei Dokumentationsmängeln). Im Regressverfahren unter Gesamtschuldnern ist der anspruchstellende Gesamtschuldner für sämtliche Voraussetzungen seines Ausgleichsanspruches (Gesamtschuldverhältnis, Haftungsquote) darlegungs- und beweispflichtig (BGH VersR 1965, 804, 805).

§ 634a Verjährung der Mängelansprüche. **[1] Die in § 634 Nummer 1, 2 und 4 bezeichneten Ansprüche verjähren**

1. vorbehaltlich der Nummer 2 in zwei Jahren bei einem Werk, dessen Erfolg in der Herstellung, Wartung oder Veränderung einer Sache oder in der Erbringung von Planungs- oder Überwachungsleistungen hierfür besteht,

2. in fünf Jahren bei einem Bauwerk und einem Werk, dessen Erfolg in der Erbringung von Planungs- oder Überwachungsleistungen hierfür besteht, und

3. im Übrigen in der regelmäßigen Verjährungsfrist.

[2] Die Verjährung beginnt in den Fällen des Absatzes 1 Nummer 1 und 2 mit der Abnahme.

[3] Abweichend von Absatz 1 Nummer 1 und 2 und Absatz 2 verjähren die Ansprüche in der regelmäßigen Verjährungsfrist, wenn der Unternehmer den Mangel arglistig verschwiegen hat. Im Falle des Absatzes 1 Nummer 2 tritt die Verjährung jedoch nicht vor Ablauf der dort bestimmten Frist ein.

[4] Für das in § 634 bezeichnete Rücktrittsrecht gilt § 218. Der Besteller kann trotz einer Unwirksamkeit des Rücktritts nach § 218 Absatz 1 die Zahlung der Vergütung insoweit verweigern, als er auf Grund des Rücktritts dazu berechtigt sein würde. Macht er von diesem Recht Gebrauch, kann der Unternehmer vom Vertrag zurücktreten.

[5] Auf das in § 634 bezeichnete Minderungsrecht finden § 218 und Absatz 4 Satz 2 entsprechende Anwendung.

1 **A. Allgemeines/Zweck der Norm.** Die Norm ist durch das SchRModG neu gefasst worden (zur Gesetzesbegründung vgl BTDrs 14/6040 S 263 f; 14/6857 S 36, 67 f; 14/7052 S 204 f); sie regelt hinsichtlich der Mängelrechte aus § 634 in Abweichung zum allg Verjährungsrecht originär werkvertragliche Besonderheiten, die insbes auch in Bezug auf die Gestaltungsrechte des § 634 dem Unternehmer Einredemöglichkeiten eröffnen. Soweit es sich um Mängelansprüche ieS handelt (insoweit ist die amtliche Überschrift ungenau, da es sich beim Minderungs- und Rücktrittsrecht des Bestellers nicht um Ansprüche, sondern um Gestaltungsrechte handelt), die gem § 194 Abs 1 der Verjährung unterliegen, also um die Mängelrechte des Bestellers auf Nacherfüllung, Selbstvornahme nebst Kostenerstattung und Kostenvorschuss, Schadens- und Aufwendungsersatz, trifft § 634a Abs 1 bis 3 Regelungen zu deren Verjährung. Auch wenn der Vorschussanspruch nach § 637 Abs 3 infolge der Verweisung auf § 634 Nr 2 nicht ausdrücklich erwähnt wird, verjährt er wegen seiner Abhängigkeit vom Selbstvornahmeanspruch des Bestellers ebenfalls nach § 634a Abs 1 bis 3 (zum alten Recht: BGH DB 1987, 2092). Die Regelungen betreffen Verjährungsfrist und Fristlaufbeginn, hinsichtlich Hemmung und Neubeginn der Verjährung gilt das allg Verjährungsrecht der §§ 203 ff und hinsichtlich der Wirkung der Verjährung der §§ 214 ff, insbes also auch § 215 mit der Möglichkeit des Bestellers, auch wegen verjährter Mängelrechte ggf die Aufrechnung zu erklären oder ein Zurückbehaltungsrecht geltend zu machen. Daneben eröffnet § 634 Abs 4, Abs 5 dem Unternehmer ua die Möglichkeit, im Einredewege den Gestaltungsrechten des Bestellers die Wirksamkeit zu nehmen, indem die (entsprechende) Anwendung von § 218 angeordnet wird. § 634a gilt ausschließlich für die in § 634 bezeichneten Mängelrechte mit der Folge, dass der Erfüllungsanspruch sowie Schadensersatzansprüche des Bestellers wegen Verletzung vertraglicher Nebenpflichten aus den §§ 280 Abs 1, 241 Abs 2 oder wegen eines Verzögerungsschadens dem allg Verjährungsrecht der §§ 194 ff unterliegen. Das gilt namentlich auch für den Rückzahlungsanspruch wegen überzahlten Vorschusses nach durchgeführter Selbstvornahme (BaRoth/*Voit* Rn 4). Die Norm beabsichtigt, Streit zwischen den Parteien zu einem Zeitpunkt zu vermeiden, zu welchem nicht mehr ohne weiteres festgestellt werden kann, ob eine Beeinträchtigung des Werkes mangelbedingte oder sonstige Ursachen hat, etwa infolge bestimmungsgemäßen oder auch übermäßigen Gebrauchs: Dazu ist es, wie in § 634a geschehen, zweckmäßig, die Verjährung von Mängelrechten entweder unmittelbar ggü dem allg Gewährleistungsrecht zu verkürzen (§ 634a Abs 1 Nr 1) oder jedenfalls wegen des starren, nicht auf die Kenntnis des Bestellers abstellenden Zeitpunkts des Verjährungsbeginns idR mittelbar zu verkürzen.

2 Von der Norm können – unabhängig vom Zeitpunkt ihrer Entstehung – auch Gewährleistungsansprüche aus solchen Verträgen erfasst werden, die bereits vor dem 01.01.2002 geschlossen waren und auf welche das alte Werkvertragsrecht iÜ noch Anwendung findet, jedenfalls soweit sie am 01.01.2002 noch nicht verjährt waren (BGH NJW 2006, 44, 44 f: zum Kaufrecht). Art 229 § 6 EGBGB als spezielle **Übergangsregelung** für das Verjährungsrecht verdrängt insoweit Art 229 § 5 EGBGB. Soweit danach eine Vergleichbarkeit der Mängelan-

sprüche nach altem und neuem Recht gegeben ist (nicht bei Rücktritt und Minderung, die grds neu bzw anders, nämlich als Gestaltungsrechte geschaffen wurden), ist im Einzelfall nach Art 229 § 6 Abs 3 EGBGB zu entscheiden, unter Anwendung welcher Regelung (§ 638 aF oder § 634a) die Verjährung kürzer wäre und dann die ggf kürzere Regelung heranzuziehen. Soweit beide Regelungen zu demselben Ergebnis kommen, ist das aktuelle Recht ausschlaggebend. Wegen etwaiger Hemmungs- und Unterbrechungstatbestände sind die Übergangsregelungen des Art 229 § 6 Abs 1, Abs 2 EGBGB zu beachten.

B. Kommentierung. I. Anspruchsverjährung. 1. Verjährungstatbestände. Ihrer Systematik nach differenziert die Norm zwischen Sachwerkleistungen und sonstigen Werkleistungen. Sonstige Werkleistungen nach § 634a Abs 1 Nr 3 sollen in der regelm dreijährigen Verjährungsfrist gem § 195 verjähren (dazu Rz 11), während auf Werkleistungen an Sachen iA und an Bauwerken im Besonderen jeweils einschließlich der Erbringung von Planungs- und Überwachungsaufgaben hierfür bes Verjährungsfristen laufen: nämlich zwei Jahre bei sach- und fünf Jahre bei bauwerksbezogenen Werkleistungen. Dabei ist zunächst zu untersuchen, ob ein Fall des § 634a Abs 1 Nr 2 (Bauwerkleistung) vorliegt, denn nur »vorbehaltlich« dessen Nichtvorliegens soll sich die Verjährungsfrist für Werkleistungen an Sachen nach § 634a Abs 1 Nr 2 richten. Für die Abgrenzung zwischen den Werkleistungen an Sachen iA und Bauwerksleistungen ist nicht auf die sachenrechtlichen Grundsätze der §§ 90 ff, sondern vielmehr entspr dem Zweck der Regelung darauf abzustellen, ob mit der konkreten Werkleistung das mit der Errichtung von Gebäuden spezifische Risiko verbunden ist: nämlich dass sich Mängel typischerweise erst spät, allerdings innerhalb eines Zeitraums von fünf Jahren erkennen lassen (BGH NJW 1999, 2434, 2435). Ist daher die Werkleistung auf die Errichtung eines ortsfesten Verkaufscontainers gerichtet, verjähren etwaige Mängelansprüche nach § 634a Abs 1 Nr 2 nach fünf Jahren, auch wenn der Container nicht wesentlicher Bestandteil des Grundstücks ist (vgl BGHZ 117, 121, 123 ff). Aus demselben Grund ist für die Einordnung einer Leistung als Bauwerksleistung irrelevant, ob der Besteller Mieter oder Eigentümer des Grundstücks ist, auf dem sich das Bauwerk befindet (BGH NJW-RR 1991, 1367, 1368). Schuldet der Unternehmer einheitlich Werkleistungen, die nach natürlicher Betrachtungsweise zusammen gehören, deren Verjährungsfristen allerdings unterschiedlich lang sind, gilt grds einheitlich die längere Frist (BGH BauR 1973, 246, 247; Düsseldorf BauR 2001, 648, 650); aus diesem Grunde verjähren Mängel der Gartenarbeiten, die im Zusammenhang mit der Errichtung eines Einfamilienhauses vertraglich geschuldet waren, einheitlich mit etwaigen Bauwerksmängeln. Die Erhebung der Verjährungseinrede – auch im Rahmen von § 218 – kann rechtsmissbräuchlich und daher wegen Verstoßes gegen § 242 unwirksam sein, wenn der Besteller durch den Unternehmer davon abgehalten worden ist, eine Hemmung oder einen Neubeginn der Verjährung herbeizuführen, etwa wenn der Besteller wegen laufender Verhandlungen damit rechnen durfte, seine Ansprüche würden befriedigt oder jedenfalls nur mit sachlichen Einwänden bekämpft werden (BGHZ 93, 64, 66). Für die Berechnung der Verjährungsfristen schließlich gelten die allg Regeln der §§ 186 ff. 3

a) Werke an Sachen allg nebst Planungs- und Überwachungsleistungen. aa) Sachbegriff. Die Ansprüche aus § 634 Nr 1, 2 und 4 verjähren bei Werkleistungen, die auf die Herstellung, Wartung oder Veränderung einer Sache gerichtet sind oder auf die Planung oder Überwachung hierfür, in zwei Jahren. **Sachen** sind gem §§ 90 ff bewegliche und unbewegliche körperliche Gegenstände. Nicht in den Anwendungsbereich von § 634a Abs 1 Nr 1 fallen allerdings wegen des Vorrangs von § 634a Abs 1 Nr 2 (»vorbehaltlich«) sämtliche auf ein Bauwerk gerichtete Werkleistungen und sämtliche Werkleistungen, die zur Herstellung einer zu liefernden beweglichen Sache dienen (§ 651; soweit es sich um Baumaterialien handelt, führt § 438 Abs 1 Nr 2b zu einer gleichlaufenden Verjährungsfrist). Tiere sind gem § 90a S 1 keine Sachen: § 634a stellt auch keine »für Sachen geltende« Vorschrift iSv § 90a S 3 dar, sondern eine für Werkverträge an Sachen mit der Folge, dass Mängelansprüche wegen Werkleistungen an einem Tier (bspw Behufung, Kupierung, Hundefriseur) in der regelm Frist gem § 634a Abs 1 Nr 3 verjähren (aA: Palandt/*Sprau* Rn 8; BaRoth/*Voit* Rn 12). Keine Sachen sind der lebende menschliche Körper und abgetrennte Körperteile, soweit sie zur Bewahrung der Körperfunktionen oder zur Wiedereingliederung in den Körper bestimmt sind, etwa Blut für die Eigenblutspende oder zur Befruchtung entnommene Eizellen (BGHZ 124, 52, 55). Unter § 634a Abs 1 Nr 1 fallen etwa sämtliche Reparatur- und Wartungsleistungen an Maschinen, Anlagen (Köln NJW-RR 1995, 337, 337 f), Kraftfahrzeugen (BGHZ 98, 45, 47), Schiffen (BGH NJW-RR 1998, 1027) sowie auch Arbeiten an Grundstücken, soweit sie nicht auf die Errichtung eines Gebäudes gerichtet sind oder in einem solchen Zusammenhang erfolgen (bspw Gartenarbeiten: Düsseldorf BauR 2001, 648, 650). Zur Abgrenzung, wann von bauwerksbezogenen Werkleistungen auszugehen ist und wann nicht: Rz 6. 4

bb) Planungs- und Überwachungsleistungen. Unter **Planungs- und Überwachungsleistungen** versteht die Norm sämtliche Leistungen, die im weitesten Sinne als Planungs- oder Kontrolltätigkeiten der Herstellung, Wartung oder Veränderung einer Sache zu Gute kommen, wie etwa die Arbeit von Gartenbau- und Landschaftsarchitekten oder die Planung von Unterhaltungsmaßnahmen für ein im Erdreich verlegtes Gasleitungsnetz (BGHZ 121, 94, 97; bei dem Gasrohrnetz als solchem handelt es sich indes um ein Bauwerk, s.u. Rz 6). Nach dem Wortlaut der Norm ist es für ihre Anwendung auf Planungsarbeiten irrelevant, ob die eigentliche Werkleistung durchgeführt wird oder nicht (MüKo/*Busche* Rn 27, 30; Palandt/*Sprau* Rn 10); ebenso wenig müssen die Planungsleistungen einen Bezug zu konkreten Grundstücken haben (BaRoth/*Voit* 5

Rn 11), weil das Gesetz lediglich an den Leistungserfolg anknüpft, der auch in der abstrakten Planungsleistung liegen kann. Werkvertragliche Überwachungsleistungen sind kraft gesetzlicher Vorgabe auch selbständig übernommene Herstellungskontrolltätigkeiten (vergleichbar der Bauaufsicht des Architekten; ob und inwieweit es sich bei solchen Tätigkeiten nach streng dogmatischer Abgrenzung um Dienst- und nicht um Werkverträge handelt, kann wegen der eindeutigen Zuordnung seitens des Gesetzgebers nunmehr dahinstehen), insbes Herstellungskontrollen durch Probeentnahme oder -analyse.

6 **b) Bauwerke im Besonderen nebst Planungs- und Überwachungsleistungen.** Unter einem **Bauwerk** iSd Norm ist nach ständiger obergerichtlicher Rspr eine unbewegliche, durch Verwendung von Arbeit und Material iVm dem Erdboden hergestellte Sache zu verstehen (RGZ 56, 41, 43; BGHZ 57, 60, 61); vgl auch § 648a Rz 6. Der Begriff »Bauwerk« umfasst demnach auf und unter der Erdoberfläche errichtete Werke (vgl § 1 ErbbauV), ohne dass die Voraussetzungen des § 94 erfüllt sein müssen: Auf eine wesentliche Verbindung mit dem Grundstück kommt es also nicht an (BGHZ 117, 121, 123 ff: Verkaufscontainer), es genügt für das Merkmal der Unbeweglichkeit, dass die Sache wegen ihrer Größe und ihres Gewichts nur mit bes Aufwand vom Grundstück entfernt werden kann (BGH NJW-RR 2003, 1320, 1320 f). Der Begriff des Bauwerks geht auch weiter als der des Gebäudes (BGHZ 19, 319, 321 f), weshalb auch die Errichtung eines in den Boden eingelassenen Rohrbrunnens (vgl BGHZ 57, 60, 61) oder die Errichtung eines Gasrohrnetzes (BGHZ 121, 94, 96) die Herstellung eines Bauwerks iSv § 634a Abs 1 Nr 2 ist. Arbeiten bei einem Bauwerk sind auch zur Errichtung des Bauwerkes erforderliche Vorarbeiten, wie etwa das Ausheben der Baugrube (BGHZ 68, 208, 211 f). Für die Zuordnung einer Werkleistung zu den Arbeiten bei Bauwerken ist wesentlich auf den Zweck des Gesetzes abzustellen und damit auf das spezifische Risiko, das mit der Gebäudeerrichtung verbunden ist und das der Grund für die länger andauernde Verjährungsfrist des § 634a Abs 1 Nr 2 ist (vgl BGHZ 117, 121, 124; s.o. Rn 3). Nach ständiger Rspr zum früheren Recht (§ 638 aF), die auch auf § 634a Abs 1 Nr 2 Anwendung finden kann (MüKo/*Busche* Rn 22), sind bauwerksbezogene Arbeiten nicht nur die zur Herstellung eines neuen Gebäudes, sondern auch die Arbeiten an einem bereits bestehenden Bauwerk, sofern sie für dessen Erneuerung und Bestand von wesentlicher Bedeutung sind und die eingebauten Teile mit dem Gebäude fest verbunden worden sind (schon: RGZ 57, 377, 380; BGHZ 19, 319, 322; 53, 43, 45). Deshalb fallen übliche Reparatur- und Sanierungsarbeiten nicht unter § 634a Abs 1 Nr 2, sondern verjähren grds nach § 634a Abs 1 Nr 1 (Hamm NJW-RR 1999, 462; Hamm BauR 1996, 399: Neuverlegung loser Teppichfliesen; Köln NJW-RR 1989, 1181: Erneuerung des Fassadenanstrichs). Anders ist dies bei An- und Aufbauten von Gebäuden zu beurteilen, da es sich insoweit um eine teilw Neuerrichtung der Gebäude handelt (Palandt/*Sprau* Rn 10) oder neuerdings bei Maßnahmen des Teilrückbaus, da es sich um wesentliche Veränderungen des Gebäudebestandes handelt und der Zweck der Verjährungsregelung bei solchen Baumaßnahmen vollständig Platz greift.

7 Wegen **Planungs- und Überwachungsleistungen**: Rz 5. Hierunter fallen typischerweise sämtliche auf Bauwerke bezogene Architekten- und Ingenieurleistungen sowie diejenigen der Sonderfachleute (namentlich der Statiker), die bereits nach der Rspr zum früheren Werkvertragsrecht als Werkverträge einzustufen waren und der fünfjährigen Verjährung für Arbeiten an Bauwerken des § 638 aF unterfielen (BGHZ 58, 85, 92).

8 **c) Sonstige Werkverträge.** § 634a Abs 1 Nr 3 dient als Auffangnorm für sämtliche Werkverträge, bei denen Ansprüche nach § 634 Nr 1, 2 und 4 nicht bereits nach § 634a Abs 1 Nr 1 oder Nr 2 verjähren. Das sind, soweit es sich nicht um Planungs- und Überwachungsleistungen nach § 634a Abs 1 Nr 1 oder Nr 2 handelt, sämtliche auf die Leistung eines unkörperlichen Erfolges gerichtete Werkverträge, etwa außerhalb des Anwendungsbereichs von § 439 HGB, § 32 CMR (s.u. Rz 23) angesiedelte Transportverträge, Theater- oder Konzertaufführungs-, Dolmetscher- und Übersetzer-, Softwareentwicklungs- oder Reinigungsverträge. Bei Gutachten ist zu differenzieren, inwieweit diese nicht sach- oder bauwerksbezogen sind: So unterfallen etwa Wertgutachten über Grundstücke grds der allg Verjährungsregelung für sonstige Werkverträge (vgl zur alten Rechtslage: BGHZ 67, 1, 9 f); anderes gilt nach der neuen Rechtslage für sämtliche planerischen Gutachten bei sach- oder bauwerksbezogenen Werken, namentlich für Sanierungsgutachten oder aber für Baugrundgutachten (iErg ebenso: MüKo/*Busche* Rn 33). Ebenso unterfallen § 634a Abs 1 Nr 3 sämtliche Leistungen am menschlichen Körper (Röntgenaufnahmen; Friseurleistungen; Tätowierungen oder Piercings) oder an Tieren (s.o. Rz 4).

9 **2. Verjährungsbeginn. a) Regelmäßiger Verjährungsbeginn. aa) Verjährungsbeginn bei sach- und bauwerksbezogenen Werkverträgen.** Nach § 634a Abs 2 beginnt die Verjährung in den Fällen des § 634a Abs 1 Nr 1 und Nr 2 mit der **Abnahme** gem § 640 Abs 1 S 1. Dem Abnahmezeitpunkt entspricht der Zeitpunkt des Fristablaufs nach § 640 Abs 1 S 3, wenn der Besteller trotz Abnahmeverpflichtung das Werk nicht innerhalb einer ihm vom Unternehmer bestimmten angemessenen Frist abnimmt und der Zeitpunkt des Zugangs einer von einem Gutachter erstellten Fertigstellungsbescheinigung beim Besteller gem § 641a Abs 1, Abs 5. Schließlich ist gerade im Rahmen von Überwachungsleistungen nach § 646 iVm § 8 Abs 1 HOAI als abnahmegleicher Zeitpunkt die Vollendung des Werkes zu beachten: Diese tritt namentlich bei der Objektüberwachung (Leistungsphase 8 des § 15 Abs 2 HOAI) erst mit Abschluss der Rechnungsprüfung und im Falle der Objektbetreuung entspr der Leistungsphase 9 des § 15 Abs 2 HOAI erst mit Ablauf der Mängelhaftungsfrist für das letzte bauausführende Gewerk ein (BGH NJW-RR 2000, 1468, 1469; Düsseldorf BauR 2004, 1331, 1333).

Der Abnahme iSv § 634a Abs 2 steht es gleich, wenn der Besteller die Abnahme (ggf auch schlüssig) ernsthaft und endgültig **verweigert** (BGH NJW-RR 1998, 1027, 1028), wobei es nicht darauf ankommt, ob die Verweigerung berechtigt oder nicht berechtigt erfolgt ist (BGH NJW 2000, 133, 134). Dagegen setzt die **Kündigung** des Vertrages die Verjährungsfristen nicht in Gang (BGH NJW 2003, 1450, 1452). 10

bb) Verjährungsbeginn bei sonstigen Werkverträgen. Bei sämtlichen übrigen Werkverträgen verjähren die Ansprüche aus § 634 Nr 1, 2 und 4 nach den allg Vorschriften. Die Verjährung beginnt deshalb gem § 199 Abs 1 mit dem Ende des Jahres, in dem der Anspruch entstanden ist und der Besteller von den den Anspruch sachlich und persönlich begründenden Umständen Kenntnis erlangt hat oder hätte erlangen müssen. Zum Entstehungszeitpunkt der Ansprüche: Rz 9 f. Ohne Rücksicht auf die Kenntnis oder grob fahrlässige Unkenntnis des Bestellers verjähren die Ansprüche auf Nacherfüllung und Kostenerstattung oder Vorschuss bei Selbstvornahme spätestens in zehn Jahren von ihrer Entstehung an (§ 199 Abs 4). Bei Schadensersatzansprüchen ist zu differenzieren: Beruhen sie auf einer Verletzung des Lebens, des Körpers, der Gesundheit oder der Freiheit, verjähren sie ohne Rücksicht auf ihre Entstehung und die Kenntnis oder grob fahrlässige Unkenntnis des Bestellers in 30 Jahren von der Begehung der Handlung, der Pflichtverletzung oder dem sonstigen, den Schaden auslösenden Ereignis an (§ 199 Abs 2). Sonstige Schadensersatzansprüche verjähren nach Maßgabe von § 199 Abs 3: Also ohne Rücksicht auf die Kenntnis oder grob fahrlässige Unkenntnis in zehn Jahren von ihrer Entstehung an oder – wobei im Konkurrenzfalle die früher endende Frist gilt – ohne Rücksicht auf ihre Entstehung und die Kenntnis oder grob fahrlässige Unkenntnis in 30 Jahren von der Begehung der Handlung, der Pflichtverletzung oder dem sonstigen, den Schaden auslösenden Ereignis an. 11

b) Verjährungsbeginn bei arglistigem Verschweigen des Mangels. Verschweigt der Unternehmer arglistig den Mangel, verjähren gem § 634a Abs 3 S 1 die Mängelansprüche nach § 634 Nr 1, 2 und 4 in der regelm Verjährungsfrist nach den §§ 195 ff, also grds nach drei Jahren beginnend mit dem Ablauf des Jahres, in dem der Anspruch entstanden ist und der Besteller von den den Anspruch begründenden Umständen Kenntnis erlangt hat oder ohne grobe Fahrlässigkeit hätte erlangen können. Zum Zeitpunkt der Anspruchsentstehung: Rz 9 f. Da Mängelansprüche des Bestellers wegen arglistig verschwiegener Mängel bei bauwerksbezogenen Werkleistungen nach § 634a Abs 1 Nr 2 in keinem Fall früher als üblicherweise verjähren sollen, bestimmt § 634a Abs 3 S 2, dass deren Verjährung nicht vor Ablauf der in § 634a Abs 1 Nr 2 bestimmten Frist eintreten soll. 12

Ein **arglistiges Verschweigen** des Mangels liegt vor, wenn der Unternehmer den Mangel kennt und ihn dem Besteller entgegen Treu und Glauben nicht offenbart, obwohl ihm bewusst ist, dass dieser für die Entschließung des Bestellers erheblich ist (BGHZ 117, 318, 319; München NJW-RR 2005, 1181, 1182). Dem steht es gleich, wenn der Unternehmer aktiv das Vorhandensein der Mangelfreiheit vortäuscht (MüKo/*Busche* Rn 40; BaRoth/*Voit* § 639 Rn 12). Erforderlich ist grds die sichere Kenntnis von dem Mangel seitens des Unternehmers und damit dessen Bewusstsein, die Leistung nicht vertragsgerecht erbracht zu haben (Celle BauR 2007, 2074, 2075; MüKo/*Busche* Rn 38), es genügt daher idR nicht, wenn der Mangel dem Unternehmer hätte bekannt sein können oder müssen. Anders ist dann zu entscheiden, wenn der Unternehmer sich bewusst einer Kenntnis des Mangels verschließt, indem er sich unwissend hält (BGHZ 117, 318, 319 f), etwa bei vollständigem Unterbleiben der geschuldeten Bauaufsicht (Rostock, Urt v 27.09.2005 – Az 4 U 82/03, juris Rn 58; LG Berlin BauR 2005, 746, 748). Weiterer subjektiver Voraussetzungen, insbes einer Schädigungsabsicht oder eines Handelns bzw Unterlassens aus Gewinnstreben seitens des Unternehmers bedarf es nicht (BGH NJW 1986, 980; 2002, 2776). Ebensowenig ist eine fiktive Kausalität dahin erforderlich, dass der Besteller bei Kenntnis des Mangels die Abnahme nicht erklärt haben würde oder der Unternehmer zumindest von einem solchen Kausalzusammenhang ausgeht, da § 634a Abs 3 – anders als § 123 Abs 1 – eine dahingehende Tatbestandsvoraussetzung nicht vorsieht (BaRoth/*Voit* Rn 19; Erman/*Schwenker* Rn 19). Maßgeblicher Zeitpunkt für die Offenbarung von Mängeln ist die Abnahme bzw die Vollendung des Werkes (BGH NJW 1974, 553, 554; Palandt/*Sprau* Rn 20; PWW/*Leupertz* Rn 11). 13

Die **Kenntnis Dritter**, namentlich die Kenntnis seiner Erfüllungsgehilfen muss sich der Unternehmer entspr §§ 166 Abs 1, 278 (keine unmittelbare Anwendung von § 278, weil eine eigenständige Klagbarkeit, vorhandene Mängel zu offenbaren, und damit eine entspr Nebenpflicht des Unternehmers nicht existiert; es handelt sich lediglich um eine Obliegenheit, vgl § 631 Rz 34) dann zurechnen lassen, wenn die Erfüllungsgehilfen durch den Unternehmer im Rahmen der Werkherstellung für die Überprüfung des Werkes auf etwaige Mängel und zur Offenbarung von Mängeln ggü dem Besteller eingesetzt worden sind, insbes zur Mitwirkung bei der Abnahme und bei der Ablieferung des Werkes vom Unternehmer betraut wurden (BGHZ 62, 63, 68; NJW 1992, 1754, 1754 f). Nicht ausreichend ist allerdings, dass irgendein Mitarbeiter, etwa während des Herstellungsvorgangs Kenntnis von dem Mangel erhält (BGHZ 62, 63, 66); ebenso wenig genügt idR die Kenntnis des Subunternehmers von dem Mangel (Celle NZBau 2000, 145, 145 f), es sei denn, dem Subunternehmer ist seine Arbeit zu eigenverantwortlicher Ausführung zugleich mit der Verpflichtung übertragen worden, dem Hauptunternehmer über etwaige Mängel, die ohnedies wegen der Art des Werkes nur kurzfristig erkennbar waren, Kenntnis zu geben (BGHZ 66, 43, 45). Vergleichbares gilt auch sonst allg bei Kenntnis Dritter, auch wenn deren Tätigkeiten vergleichsweise untergeordneter Natur sind, wenn allein deren Wissen 14 und ihre Mitteilung an den Unternehmer diesen in den Stand setzen, Mängel ggü dem Besteller zu offenbaren (BGHZ 66, 43, 45; NJW 2005, 893, 893 f). Auf der anderen Seite entlastet es den Bauunternehmer nicht, wenn der Besteller einen Architekten oder sonstigen Fachmann eingesetzt hat und dieser den Mangel seinerseits erkannt hatte, hätte erkennen können oder müssen. Der Bauunternehmer, der mangelhaft arbeitet, kann sich nicht darauf berufen, nicht genügend beaufsichtigt worden zu sein. Die sich aus der mangelhaften Werkleistung ergebende Offenbarungspflicht des Unternehmers kann daher durch unzulängliche Bauaufsicht des Bauherrn oder seines Architekten nicht berührt werden (BGHZ 62, 63, 70).

15 Schließlich ist bei arbeitsteiliger Werkherstellung eine **Fehlorganisation** dahin, dass der Unternehmer nicht die organisatorischen Voraussetzungen dafür schafft, um die Mangelfreiheit des Werkes bei Ablieferung sachgerecht zu beurteilen, einem arglistigen Verschweigen jedenfalls dann gleich zu stellen, wenn bei einer richtigen Organisation der Mangel entdeckt worden wäre (BGHZ 117, 318, 320; NJW 2005, 893, 894; 2008, 145). Es handelt sich insoweit jedoch lediglich um eine Organisationsobliegenheit und nicht um eine vertragliche Nebenpflicht des Unternehmers ggü dem Besteller, so dass dem Unternehmer eine Obliegenheitsverletzung nicht allein deshalb angelastet werden kann, weil sein Nachunternehmer die Herstellung des ihm übertragenen Werks seinerseits nicht richtig organisiert hat (BGH NJW 2008, 145, 146).

16 **II. »Verjährungseinrede« bei Gestaltungsrechten.** Um auch hinsichtlich der in § 634 eröffneten Gestaltungsrechte des Bestellers Rechtsstreitigkeiten zwischen den Werkvertragsparteien nur innerhalb kürzerer zeitlicher Grenzen zu ermöglichen, verweist § 634 Abs 4 und Abs 5 für Rücktritt und Minderung auf § 218 und eröffnet dem Unternehmer damit eine **Einrede**, um nach Ablauf der Verjährung des Nacherfüllungsanspruches sowohl dem mangelbedingten Rücktritt als auch der Minderung seitens des Bestellers die Wirksamkeit zu nehmen. Von der Einrede nicht erfasst werden Ansprüche des Bestellers aus dem Rückabwicklungsverhältnis nach erfolgtem Rücktritt und Ansprüche des Bestellers nach erfolgter Minderung, also etwa Rückzahlungsansprüche; deren Verjährung erfolgt nach der Regelverjährung des § 195 (BaRoth/*Voit* Rn 24).

17 Die Wirkungen der Einrede treten **ex nunc**, also mit deren Erhebung ein: Ein bereits erklärter Rücktritt bzw eine bereits erklärte Minderung wird unwirksam, die ursprünglichen Ansprüche leben wieder auf; soweit der Besteller Rücktritt oder Minderung noch nicht erklärt hatte, ist ihm dies nach Erhebung der Einrede dauerhaft nicht mehr (wirksam) möglich. Nach § 218 Abs 1 S 2 hat es auf die Einredemöglichkeit keinen Einfluss, ob der Nacherfüllungsanspruch des Bestellers wegen der §§ 275 Abs 1 bis Abs 3, 635 Abs 3 ausgeschlossen war; es kommt allein auf die Verjährung des Nacherfüllungsanspruches an. Haben die Parteien nach Rücktrittserklärung im Rahmen des Rückgewährschuldverhältnisses und vor Erhebung der Einrede bereits Leistungen ausgetauscht, können diese gem den §§ 218 Abs 2, 214 Abs 2 S 1 nach Erhebung der Einrede nicht erneut zurückgefordert werden.

18 **1. Rücktritt.** § 634a Abs 4 S 1 verweist für das Rücktrittsrecht des Bestellers aus den §§ 634 Nr 3, 636, 323, 326 Abs 5 unmittelbar auf § 218. Insoweit gilt zunächst das soeben (Rz 16 f) Gesagte. Auch nach Erhebung der Einrede durch den Unternehmer und damit trotz Unwirksamkeit des Rücktritts kann der Besteller gem § 634a Abs 4 S 2 allerdings die Zahlung der Vergütung insoweit verweigern, als er auf Grund des Rücktritts dazu berechtigt sein würde (so genannte **Mängeleinrede**). Dies bezieht sich (»insoweit«) ausschließlich auf noch nicht erfüllte Vergütungsansprüche des Unternehmers, die im Falle eines Rücktritts nach § 346 Abs 1 (unausgesprochen) erloschen wären. Einen Rückzahlungsanspruch hinsichtlich bereits geleisteter Zahlungen gibt § 634a Abs 4 S 2 nicht, ebenso wenig kann der Besteller Rückforderung bereits gezahlter Vergütung nach § 812 Abs 1 S 2, 1. Alt verlangen: der Rechtsgrund (Werkvertrag) ist gerade wegen § 218 nicht wirksam weggefallen. Voraussetzung der Mängeleinrede ist ein im Grunde bestehendes Rücktrittsrecht des Bestellers, also ggf der fruchtlose Ablauf einer angemessenen Nacherfüllungsfrist (»insoweit«). Aus diesem Grund wird man auch verlangen müssen, dass die Voraussetzungen für einen Rücktritt bereits vor Ablauf der Verjährungsfrist vorliegen (Palandt/*Sprau* Rn 23; PWW/*Leupertz* Rn 12), da nach Ablauf der Verjährungsfrist und Erhebung der Verjährungseinrede der Unternehmer nicht mehr zur Nacherfüllung innerhalb der ihm gesetzten Frist verpflichtet gewesen wäre.

19 Erhebt der Besteller die Mängeleinrede, ist der Unternehmer wiederum gem § 634a Abs 4 S 3 seinerseits zum Rücktritt vom Vertrag berechtigt mit den Rechtsfolgen der §§ 346 ff, um ggf seine Leistungen gegen vollständige Rückleistung bereits erhaltener Vergütung zurück zu erhalten. Wegen der damit für den Besteller verbundenen Gefahr erheblicher Beeinträchtigungen wird er in der Praxis regelm sein Leistungsverweigerungsrecht nicht auf § 634a Abs 4 S 2, sondern auf sein »verjährtes« Minderungsrecht gem § 634a Abs 5 iVm Abs 4 S 2 stützen (BaRoth/*Voit* Rn 26), um – ohne seinerseits zur Rückleistung des Erlangten verpflichtet werden zu können – eine (weitere) Vergütung des Unternehmers zumindest bis zur Höhe des Minderungsbetrages zu verweigern, s.u. Rz 20. Die ursprüngliche Wahl des Bestellers, Rücktritt gem § 634 Nr 3 zu fordern, hindert eine Umstellung auf ein anderes Mängelrecht jedenfalls wegen der einredebedingten Unwirksamkeit des Rücktritts gem § 218 Abs 1 nicht.

20 **2. Minderung.** Für das ebenfalls als Gestaltungsrecht ausgestaltete Minderungsrecht des Bestellers nach § 634 Nr 3, 2. Alt gilt im Wesentlichen das zum Rücktrittsrecht Ausgeführte entspr: § 634a Abs 5 bestimmt die entspr Anwendbarkeit von § 218 und von § 634a Abs 4 S 2. Die danach auch für den Fall eröffnete Mängeleinrede, dass die Minderung nach § 218 einredehalber unwirksam sein sollte, besteht dementspr nur in Höhe des Minderungsbetrages: lediglich bis zu dieser Höhe kann der Besteller (weitere) Leistungen auf den Vergütungsanspruch des Unternehmers verweigern. Ein dem § 634a Abs 4 S 3 vergleichbares Rücktrittsrecht des Unternehmers entfällt folgerichtig. Etwas anderes wäre auch unangemessen, weil der Unternehmer jedenfalls einen seiner Leistung entspr Teil des Vergütungsanspruches erhält (MüKo/*Busche* Rn 58).

III. Abweichende Vereinbarungen. Sonderregelungen. 1. Verjährungsvereinbarungen. Zu haftungsbegrenzenden und haftungsausschließenden Vereinbarungen vgl insg § 639. § 634a enthält dispositives Recht, die Parteien können im Rahmen von § 202 also grds die Verjährungsfrist in **Individualvereinbarungen** bis zur Grenze von 30 Jahren ab dem gesetzlichen Verjährungsbeginn erschweren oder – soweit nicht eine Haftung wegen Vorsatzes davon betroffen ist – die Verjährung im Voraus auch durch Rechtsgeschäft erleichtern. Solcherart Vereinbarungen sind iRd § 202 auch hinsichtlich des Verjährungsbeginns (BGH NJW-RR 2000, 164; 2004, 954, 955) oder der Hemmungs- oder Neubeginntatbestände möglich (MüKo/*Busche* Rn 59; Palandt/*Sprau* Rn 26). Hat der Unternehmer eine **Garantie** übernommen (vgl zu Inhalt und Wirkung der Garantie § 639 Rz 5 ff), ist im Einzelfalle durch Auslegung zu ermitteln, ob und ggf in welcher Weise diese Einfluss auf die Verjährung von Mängelansprüchen des Bestellers haben kann. In Betracht kommt zum einen, dass die Parteien mit der Vereinbarung einer Garantiefrist eine Verlängerung der Verjährungsfrist beabsichtigt haben (Frankfurt aM NJW-RR 1992, 280, 282), zum anderen kann beabsichtigt sein, die gesetzliche Verjährungsfrist unter Berücksichtigung der Garantiefrist später beginnen zu lassen: Etwa mit Hervortreten des Mangels innerhalb der Garantiefrist (BGH BauR 1979, 427, 428 ff), mit Feststellung des Mangels durch den Besteller innerhalb der Garantiefrist (BGH NJW-RR 1990, 1108, 1109) oder erst mit Ablauf der Garantiefrist (Staud/*Peters* Rn 30). 21

Bei Verjährungsregelungen in **AGB** des Unternehmers ist gem § 309 Nr 8b ff) jede, auch nur mittelbare Verkürzung der für bauwerksbezogene Werkleistungen geltenden fünfjährigen Verjährungsfrist des § 634a Abs 1 Nr 2 sowie in allen sonstigen Fällen eine Verkürzung der Verjährung auf weniger als ein Jahr unzulässig, sofern nicht die Parteien die Geltung der VOB/B als Ganzes, also ohne jede individuelle oder in AGB enthaltene Abweichung vereinbart haben (BGH NJW 2004, 1597). Die Verkürzung der Verjährungsfrist iSv § 309 Nr 8b ff) stellt auch in Verträgen ggü Unternehmern iSv § 14 Abs 1 eine unangemessene Benachteiligung gem § 307 Abs 1 S 1 dar und ist deshalb unwirksam (BGHZ 90, 273, 277 ff; BGH NJW 1999, 2434). Daneben ist in AGB des Unternehmers eine Verjährungsvereinbarung unwirksam, die zugleich eine Haftung für Verletzung von Leben, Körper oder Gesundheit oder eine Haftung für grobes Verschulden begrenzt. Fristverlängerungen in AGB sind indes grds zulässig innerhalb der Grenzen von § 202: Ein besonderes Interesse des Bestellers an der Verjährungsverlängerung ist – auch im Bauwerksrecht – nach der Neuregelung von § 202 nicht mehr erforderlich, die Rspr des BGH zum vormaligen Verjährungsrecht (BGHZ 132, 383, 387 ff) ist nicht mehr anwendbar (BaRoth/*Voit* Rn 35; aA: Palandt/*Sprau* Rn 26; PWW/*Leupertz* Rn 15). 22

2. Sonderregelungen. Spezialgesetzliche Regelungen gehen § 634a grds vor. Als solche sind im Rahmen des Werkvertragsrechts allerdings im Wesentlichen nur noch § 439 HGB für Ansprüche aus einem Beförderungsvertrag bzw dessen internationalrechtliches Pendant in § 32 CMR zu nennen, wonach die Verjährungsfrist grds ein Jahr beträgt. Die vielfachen sonstigen spezialgesetzlichen Regelungen, die vormals etwa für die Verjährung von Ansprüchen aus Rechtsanwalts- oder Steuerberatungsverträgen galten, sind durch das Gesetz zur Modernisierung des Schuldrechts vom 09.12.2004 (BGBl I S 3214 ff) aufgehoben worden. Wegen des Übergangsrechts vgl Art 229 § 12 EGBGB. 23

IV. VOB/B. Mängelansprüche des Bestellers, die dieser gem **§ 4 Nr 7 VOB/B** bereits vor der Abnahme geltend macht, verjähren – mangels spezieller Regelungen in der VOB/B und weil das BGB solche Mängelrechte vor der Abnahme nicht kennt, vgl § 634 Rz 26 f – nach den allg Regeln der §§ 195 ff. Für den Fall, dass sich der Auftraggeber für die Abnahme entscheidet, richtet sich die Verjährung der Mängelansprüche nach § 13 Nr 4 VOB/B (BGHZ 59, 323, 327; 54, 352 (b), 356). 24

Die Verjährung der Mängelansprüche für nach der Abnahme festgestellte Mängel bestimmt sich grds nach **§ 13 Nr 4 VOB/B.** Danach ist vorrangig die von den Bauwerkvertragsparteien vereinbarte Regelung zu berücksichtigen. Nur soweit die Parteien nichts Abweichendes vereinbart haben, beträgt sie grds für Bauwerke vier Jahre, für andere Werke, deren Erfolg in der Herstellung, Wartung oder Veränderung einer Sache besteht, und für die vom Feuer berührten Teile von Feuerungsanlagen zwei Jahre. Für feuerberührte und abgasdämmende Teile von industriellen Feuerungsanlagen und für Teile von maschinellen und elektrotechnischen bzw elektronischen Anlagen, bei denen die Wartung Einfluss auf Sicherheit und Funktionsfähigkeit hat und der Auftraggeber die Wartung auf Dritte übertragen hat, beträgt die Verjährungsfrist grds nur ein Jahr. Abw von diesen Grundsätzen gilt die Regelverjährung nach den §§ 195 ff, wenn der Auftragnehmer oder Dritte in ihm zurechenbarer Weise (s.o. Rz 14) den Mangel arglistig verschwiegen haben (BGH BauR 1970, 244, 245; Jena BauR 2001, 1124). Hat der Besteller innerhalb der laufenden Verjährungsfrist ein schriftliches Mangelbeseitigungsverlangen gestellt, so beginnt für alle Mängelansprüche aus § 13 VOB/B mit dessen Zugang beim Auftragnehmer den jeweiligen Mängelbeseitigungsanspruch betreffend eine eigene Verjährungsfrist von zwei Jahren gem § 13 Nr 5 Abs 1 Satz 1, S 2 VOB/B (BGH NJW-RR 25

2005, 605, 606). Für mängelbedingte Schadensersatzansprüche trifft § 13 Nr 7 Abs 4 VOB/B eine abw Regelung dahin, dass die regelm Verjährung nach den §§ 195 ff gelten soll, soweit sich der Auftragnehmer durch Versicherung geschützt hat oder in zumutbarer Weise hätte schützen müssen (Fälle des § 13 Nr 7 Abs 3 S 2c VOB/B; vgl § 634 Rz 28).

26 Die Verjährungsfrist beginnt gem § 13 Nr 4 Abs 3 VOB/B grds mit der Gesamtabnahme des Werkes; für in sich abgeschlossene Teile der Leistung beginnt sie allerdings bereits mit der Teilabnahme gem § 12 Nr 2 VOB/B. Diese Grundsätze gelten auch im Falle der Kündigung des Werkvertrages (BGH NJW 2003, 1450, 1451 f).

27 **C. Prozessuales. I. Allgemeines.** Es handelt sich bei den §§ 634a Abs 4, Abs 5, 218 Abs 1 um eine **echte Einrede** vergleichbar der Verjährungseinrede nach § 214 Abs 1, die im Prozess nur für den Fall einer – auch schlüssigen – Erhebung seitens des Unternehmers oder dann zu berücksichtigen ist, wenn der Besteller sie selbst vorträgt. Von Amts wegen ist sie nicht zu berücksichtigen. Die Frage, inwieweit der Hinweis auf das Vorliegen der Voraussetzungen des § 218 eine Befangenheit des hinweisenden Gerichtes begründet, ist umstr (dafür etwa: PWW/*Kesseler* § 214 Rn 2; dagegen etwa: Zöller/*Vollkommer* § 42 Rn 27). Grds spricht viel dafür, auch den Hinweis auf eine mögliche Verjährungseinrede von der Hinweispflicht nach § 139 Abs 2 ZPO erfasst sein zu lassen (so auch BGH NJW 1998, 612); inwieweit sich aus sonstigen Umständen dennoch ein Befangenheitsgrund nach § 42 ZPO ergeben mag, ist im jeweiligen Einzelfalle zu entscheiden.

28 **II. Beweis- und Darlegungslast.** Grds hat der Unternehmer die Voraussetzungen für die Verjährung zu beweisen, während dem Besteller Darlegung und Beweis für Hemmung und Neubeginn der Verjährung obliegen. Beruft sich der Besteller auf ein arglistiges Verschweigen des Mangels, hat er die Voraussetzungen darzulegen, die zur regelm Verjährungsfrist gem § 634a Abs 3 führen (Palandt/*Sprau* Rn 27). Er genügt seiner Darlegungslast, wenn er Tatsachen vorträgt, nach denen entweder der Unternehmer selbst oder die von diesem zur Erfüllung seiner Offenbarungspflicht eingesetzten Gehilfen den Mangel erkannt, aber nicht offenbart haben. Dazu ist aber ggf schon der Vortrag ausreichend, der Unternehmer habe die Überwachung des Herstellungsprozesses nicht oder nicht richtig organisiert, so dass der Mangel nicht erkannt worden sei (BGHZ 117, 318, 321). Welche Anforderungen an die Substantiierung im Hinblick auf die beim Besteller regelm nicht vorhandenen Kenntnisse über die Organisation des Herstellungsprozesses zu stellen sind, hat der Tatrichter anhand der Umstände des jeweiligen Streitfalles zu beurteilen. Dabei kann die Art des Mangels ein so überzeugendes Indiz für eine fehlende oder nicht richtige Organisation sein, dass es weiterer Darlegung hierzu nicht bedarf. So kann ein gravierender Mangel an bes wichtigen Gewerken ebenso den Schluss auf eine mangelhafte Organisation von Überwachung und Überprüfung zulassen wie ein bes augenfälliger Mangel an weniger wichtigen Bauteilen. Demggü hat der Unternehmer wiederum vorzutragen und ggf zu beweisen, wie er seinen Betrieb im Einzelnen organisiert hatte, um den Herstellungsprozess zu überwachen und das Werk vor Ablieferung zu überprüfen (BGHZ 117, 318, 321 f; NJW 2005, 893, 894).

§ 635 Nacherfüllung.

[1] Verlangt der Besteller Nacherfüllung, so kann der Unternehmer nach seiner Wahl den Mangel beseitigen oder ein neues Werk herstellen.

[2] Der Unternehmer hat die zum Zwecke der Nacherfüllung erforderlichen Aufwendungen, insbesondere Transport-, Wege-, Arbeits- und Materialkosten zu tragen.

[3] Der Unternehmer kann die Nacherfüllung unbeschadet des § 275 Absatz 2 und 3 verweigern, wenn sie nur mit unverhältnismäßigen Kosten möglich ist.

[4] Stellt der Unternehmer ein neues Werk her, so kann er vom Besteller Rückgewähr des mangelhaften Werkes nach Maßgabe der §§ 346 bis 348 verlangen.

1 **A. Allgemeines/Zweck der Norm.** § 635 Abs 1 eröffnet dem Besteller einen Nacherfüllungsanspruch und stellt in Abs 2 ua klar, dass die Kosten der Nacherfüllung durch den Unternehmer zu tragen sind: Dies folgt wiederum zwangsläufig daraus, dass es sich bei dem Nacherfüllungsanspruch um den auf den Mangel reduzierten modifizierten Erfüllungsanspruch des Bestellers handelt, nämlich gem § 631 Abs 1, 633 Abs 1 ein mangelfreies Werk erstellt zu erhalten. Grundsätzlich zum Nacherfüllungsanspruch sowie zum Verhältnis zu den allg Vorschriften: § 634 Rz 4, 10 ff. Der Besteller – oder sein Rechtsnachfolger etwa nach erfolgter Abtretung der Mängelgewährleistungsansprüche – kann den Nacherfüllungsanspruch entweder unmittelbar ggü dem Unternehmer geltend machen oder auch als Einrede des nicht erfüllten Vertrages gegen den Vergütungsanspruch des Unternehmers gem § 320. Letzteres ist in § 641 Abs 3 näher ausgestaltet (§ 641 Rz 14 ff). Die Norm ist **abdingbar**; die Parteien können Abweichendes im Rahmen der §§ 138, 639 vereinbaren. Bei Verwendung von AGB sind die §§ 307 ff zu beachten.

2 **B. Kommentierung. I. Nacherfüllungsanspruch des Bestellers. 1. Voraussetzungen des Anspruches.** Der Nacherfüllungsanspruch des Bestellers setzt voraus, dass dem Werk im Zeitpunkt des Gefahrübergangs (vor Gefahrübergang besteht der Erfüllungs-, nicht der Nacherfüllungsanspruch; § 634 Rz 10 f) ein Sach- oder Rechtsmangel gem § 633 anhaftet (zum Schadensersatzanspruch des Unternehmers bei Fehlen eines Mangels s.u. Rz 12) und der Besteller oder sein Rechtsnachfolger den Unternehmer zur Mangelbeseitigung aufgefordert hat. Das auf Nacherfüllung gerichtete **Verlangen** des Bestellers muss hinreichend deutlich erkennen las-

sen, dass er wegen der bezeichneten Mängel Abhilfe von dem Unternehmer erwartet, wobei an die inhaltliche Ausgestaltung dieses Verlangens grds keine strengen Ansprüche zu stellen sind; die bloße Mängelanzeige unter Androhung, nähere Überprüfungen vornehmen zu wollen, genügt dazu allerdings nicht (BGH WM 1978, 953, 953 f). Im Hinblick auf die Bezeichnung der Mängel muss dies weder exakt erfolgen noch muss der Besteller die Mangelursache zutreffend angeben. Vielmehr genügt es, wenn er die erkennbaren **Symptome** angibt (BGH BauR 2001, 630; MDR 2002, 633, 634). Der Besteller genügt auch seiner Darlegungslast mit der hinreichend genauen Bezeichnung der Mangelerscheinungen, die er der fehlerhaften Leistung des Unternehmers zuordnet. Ob die Ursachen dieses Symptoms tatsächlich in einer vertragswidrigen Beschaffenheit der Leistung des Unternehmers zu suchen sind, ist Gegenstand des Beweises und nicht Erfordernis des Sachvortrags; das gilt auch, wenn sich eine vorgetragene Vermutung über eine Schadensursache als falsch erweist (BGH MDR 2002, 633, 634; 1992, 780). Zur sog Symptomrechtsprechung des BGH vgl § 633 Rz 24.

2. Inhalt des Anspruches. § 635 Abs 1 gibt dem Besteller einen Anspruch auf Nacherfüllung, hält also bereits seinem Wortlaut nach den Erfüllungsanspruch beschränkt auf den Mangel aufrecht. Dementspr bleibt es für den Unternehmer dem Grundsatz nach bei dessen eigenverantwortlicher Entscheidung, wie und auf welche Weise er den geschuldeten (mangelfreien) Werkerfolg herbeiführt. Er hat deshalb grds das Wahlrecht, den Mangel zu beseitigen oder ein neues Werk herzustellen. Der Unternehmer ist an die getroffene Wahl, Nacherfüllung durch Nachbesserung zu leisten, nicht gebunden: Er kann jederzeit (innerhalb der zur Nachbesserung gesetzten Frist oder im Falle der Gestattung durch den Besteller auch darüber hinaus) von der Nachbesserung bzw von ihrem Versuch auf Neuherstellung umstellen. 3

Auf der anderen Seite bedeutet das Wahlrecht des Unternehmers, dass der Besteller grds die Wahl des Unternehmers akzeptieren und ggf eine Neuherstellung des Werkes dulden muss. Allerdings kann ausnahmsw der Nacherfüllungsanspruch konkret auf nochmalige Herstellung (Neuherstellung) des Werks gerichtet sein, wenn nämlich nur auf diese Weise Mängel nachhaltig zu beseitigen sind (BGHZ 96, 111, 117 f). 4

3. Ausschluss und Beendigung des Anspruches. Der Nacherfüllungsanspruch ist ausgeschlossen, wenn die Nacherfüllung objektiv oder subjektiv unmöglich ist, § 275 Abs 1. Objektive Unmöglichkeit kann technisch bedingt sein (vgl BGH NJW 2001, 1642, 1644), sie kann allerdings auch aus der Natur der Sache folgen, etwa bei zeitlicher Bedingtheit der Leistung (Wohnflächenberechnung zur Grundlage von Kaufverträgen stellt sich zeitlich weit nach der Veräußerung als falsch heraus, Celle BauR 2000, 1082), weil der Besteller den Mangel ohne erforderliches Nachbesserungsverlangen selbst beseitigt hat (Staud/*Peters* Rn 5) oder weil sich der Mangel bereits in einer Sache verkörpert hat, namentlich bei Planungs- und Aufsichtsleistungen von Architekten und Ingenieuren (BGHZ 43, 227, 232); objektive Unmöglichkeit kann auch aus Rechtsgründen eintreten, etwa wenn einer (Nach-)Erfüllung dauerhaft die fehlende Genehmigungsfähigkeit entgegensteht (BGH BauR 2002, 1872, 1874). Im Rahmen des Werkvertragsrechts ist eine subjektive Unmöglichkeit in den meisten Fällen nicht anzunehmen (anders etwa bei Kunstaufführungen), da es dem Unternehmer regelm nicht benommen sein wird, einen Dritten mit der Durchführung der Nacherfüllung zu betrauen. Bei objektiver Unmöglichkeit der Nacherfüllung bleibt der Nacherfüllungsanspruch zumindest bis zum erreichbaren Maß der Nachbesserung bestehen; § 275 Abs 1 greift erst Platz, wenn auch keine Abmilderung des Mangels mehr möglich ist (BaRoth/*Voit* Rn 13; Staud/*Peters* Rn 5). 5

Der Nacherfüllungsanspruch erlischt wie sämtliche Ansprüche grds nach den allg Regeln der §§ 362 ff, wobei nach der Natur der Sache lediglich Erfüllung oder Verzicht (dazu § 634 Rz 3) in Betracht kommen. Erfüllt der Unternehmer den Nacherfüllungsanspruch des Bestellers nicht oder nur mangelhaft, kann der Besteller die Mängelrechte der §§ 634 Nr 2 bis 4, 636 bis 638 unmittelbar geltend machen, ohne (erneut) eine Nacherfüllungsfrist setzen zu müssen (§§ 636, 637 Abs 2 S 2; für die Minderung folgt dies aus der Geltung der Rücktrittsregeln: »statt zurückzutreten«). Darüber hinaus geht der Anspruch auf Nacherfüllung unter, sobald der Besteller unter Inanspruchnahme seines Wahlrechts eines der Mängelrechte nach § 634 Nr 2 bis 4 geltend gemacht hat (zum Verhältnis der Mängelrechte untereinander: § 634 Rz 16 ff). Zur Nachbesserungsfrist: § 636 Rz 4 ff. 6

II. Kostentragungspflicht des Unternehmers. 1. Grundsatz der Kostentragungspflicht des Unternehmers. Nach § 635 Abs 2 hat der Unternehmer dem Grundsatz nach sämtlichen Aufwand zu tragen, der im Zusammenhang mit der Nacherfüllung erforderlich wird (vgl BGH NJW 1963, 805, 806). Namentlich erwähnt die Norm Transport-, Wege-, Arbeits- und Materialkosten. Diese Aufzählung ist allerdings nicht abschließend: Insbesondere zählen als regelm entstehende Kosten etwaige Vorbereitungskosten dazu (bspw freilegende Tiefbauarbeiten zur Mängelbeseitigung an Rohrleitungen, BGHZ 58, 332, 339) und auch die Kosten der Wiederherstellung des ursprünglichen Zustandes, soweit im Zuge der Nacherfüllung das Eigentum des Bestellers in Mitleidenschaft gezogen wird (BGHZ 96, 221, 224 f; NJW 1963, 805, 806). Weil es sich bei § 635 Abs 1 um einen Erfüllungsanspruch handelt, bedarf es für die Kostentragungspflicht des Unternehmers auch keines Verschuldens (BGH NJW-RR 1999, 813, 814). 7

Unmittelbar aus § 635 Abs 2 folgt auch ein Aufwendungsersatzanspruch des Bestellers, sofern dieser anstelle des Unternehmers erforderliche Aufwendungen zum Zwecke der Nacherfüllung getätigt hat. Diese sind nicht mit den Kosten einer Selbstvornahme zu verwechseln, umfassen also nicht die eigentlichen Kosten der Nach- 8 erfüllung, sondern lediglich Kosten, die im Zusammenhang mit der Nacherfüllung entstanden sind und erforderlich waren. Zu den in § 635 Abs 2 exemplarisch aufgezählten Kostenfaktoren können auch Aufwendungen für Rechtsanwälte und Gutachter kommen, sofern diese erforderlich waren, um die Mangelursache zu ermitteln (BGH NJW-RR 1999, 813, 814). Am Merkmal der Erforderlichkeit wird ein Aufwendungsersatzanspruch allerdings grds scheitern, sofern der Besteller die Aufwendungen ohne oder gegen den Willen des Unternehmers gemacht hat: Denn der Besteller darf dem nachbesserungsberechtigten Unternehmer keine die Nachbesserung betreffenden Tätigkeiten, also grds auch keine dazu erforderlichen Nebentätigkeiten abnehmen. Anders ist dies bei entspr (konkludenter) Vereinbarung (so wohl im Fall von BGH NJW-RR 1999, 813 f) oder wenn es um Kosten zur Ursachenermittlung geht. Denn das Verlangen einer Nachbesserung setzt voraus, dass die Schadensursache festgestellt worden ist (BGHZ 113, 251, 261); solche Kosten werden idR vom Besteller zunächst getragen werden müssen, weil ein verantwortlicher Unternehmer noch nicht feststeht.

9 **2. Einschränkungen der Kostentragungspflicht des Unternehmers.** Der Grundsatz, wonach der Unternehmer sämtlichen Aufwand im Zuge der Nacherfüllung zu tragen hat, ist in zwei Fällen eingeschränkt, nämlich in Fällen, in denen wegen sog »Sowiesokosten« nach den Grundsätzen des Vorteilsausgleichs eine Beteiligung des Bestellers an den Kosten erfolgen muss, und in Fällen, in denen der Besteller den Mangel mit zu vertreten hat. Entsprechend ist ein etwaiger Aufwendungsersatzanspruch des Bestellers in solchen Fällen herabzusetzen. Obgleich im Nacherfüllungsstadium nach der Abnahme die Vorleistungspflicht des Unternehmers grds nicht mehr besteht, kann dieser unter Berücksichtigung des beiderseitigen Risikos und vor allem, weil Grund und Höhe eines Vorteilsausgleichs oder einer Zahlung wegen Mitverschuldens des Bestellers regelm streitig sein werden, seine Nacherfüllungsleistung nicht von der Zahlung eines entspr Betrages abhängig machen; er kann allerdings vom Besteller außerprozessual Sicherheitsleistung in angemessener Höhe verlangen, die sich an den voraussichtlichen anteilig vom Besteller zu tragenden Kosten orientiert und bis zur Sicherheitsleistung Nacherfüllungshandlungen berechtigt verweigern (BGHZ 90, 344, 351 ff). Zu den prozessualen Folgen der anteiligen Kostentragungspflicht des Bestellers: Rz 21.

10 **a) Sowiesokosten. Vorteilsausgleich.** Hat der Unternehmer im Zuge der Nacherfüllung zur Herstellung eines vollständig funktionstauglichen Werkes Arbeiten auszuführen, die er nach den vertraglichen Vereinbarungen, namentlich nach dem im Bauwesen üblichen Leistungsverzeichnis nicht schuldet, ist der Besteller nach Treu und Glauben grds an den dazu erforderlichen Mehrkosten zu beteiligen. Die dem Gerechtigkeitsgebot aus § 242 entstammenden Grundsätze des **Vorteilsausgleichs**, die von der Rspr ursprünglich im Schadensersatzrecht entwickelt worden sind, sind auch im Rahmen der weiteren Mängelansprüche zu beachten (vgl BGHZ 91, 206, 210). Der Besteller hat vor allem Material- und Herstellungskosten soweit zu tragen, wie er sie hätte tragen müssen, wenn man bereits bei Abschluss des Werkvertrages die Erforderlichkeit der entspr Arbeiten erkannt und dementspr Leistungsumfang und Preis vereinbart hätte (BGHZ 90, 344, 346 f). Denn der Unternehmer darf nicht mit den Kosten solcher Maßnahmen belastet werden, die er nach dem Vertrag gar nicht zu erbringen hatte und um die das Werk bei ordnungsgemäßer Ausführung von vornherein teurer gewesen wäre (sog »Sowiesokosten«, BGHZ 90, 344, 347). Hat der Auftragnehmer jedoch einen bestimmten Erfolg zu einem bestimmten Preis versprochen (Global-Pauschalpreisvertrag, s.o. § 631 Rz 49), so bleibt er an seine Zusage selbst dann gebunden, wenn sich die beabsichtigte Ausführungsart nachträglich als unzureichend erweist und aufwendigere Maßnahmen erforderlich werden. Auch im Rahmen der Nachbesserung können diese Mehrkosten nicht dem Auftraggeber aus dem Gesichtspunkt der Vorteilsausgleichung aufgebürdet werden (vgl BGHZ 91, 206, 211; 126, 326, 335: Übernahme technischer Baubetreuung). Zur Ermittlung der Mehrkosten ist auf den Zeitpunkt des Vertragsschlusses abzustellen: Der Besteller hat danach die Kosten zu tragen, welche auf der Grundlage des seinerzeit geschlossenen Vertrages zu entrichten gewesen wären, der Unternehmer hat unter Berücksichtigung seiner Erfolgsverpflichtung etwaige Differenzkosten zwischen dem (fiktiven) damaligen und den tatsächlich erforderlichen Herstellungskosten zu tragen (BGHZ 91, 206, 214; BaRoth/*Voit* Rn 20).

11 Dasselbe gilt, wenn der Besteller durch die Nacherfüllung eine für diese erforderliche, aber im Verhältnis zum ursprünglichen Leistungssoll wertvollere Leistung und damit **zusätzliche Vorteile** erhält (BGHZ 91, 206, 210 f; NJW 2002, 141, 142). Derartige ausgleichspflichtige Vorteile sind etwa wegen einer verlängerten Nutzungsdauer zu erwägen (sog »Abzug neu für alt«), wenn der Mangel sich verhältnismäßig spät auswirkt und der Auftraggeber bis dahin keine Gebrauchsnachteile hinnehmen musste (BGH BauR 2002, 86, 88). Ein Vorteilsausgleich ist jedoch ausgeschlossen, wenn er bei solchen Vorteilen wegen verlängerter Nutzungsdauer und entspr verringertem Renovierungsbedarf nur darauf zurückzuführen ist, dass der Unternehmer das Werk – im Wege der Nacherfüllung – später mangelfrei herstellt (BGHZ 91, 206, 215; Hamm NJW-RR 1996, 272, 273). Der Nacherfüllungsanspruch des Bestellers darf nicht dadurch geschmälert werden, dass der Auftragnehmer erst aufgrund Mängelrügen seiner Vertragspflicht nachkommt (KG BauR 1978, 410, 411).

12 **b) (Mit-)Verschulden des Bestellers.** Hat der Besteller den Mangel selbst oder in anrechenbarer Weise mit verursacht, trägt er entspr § 254 (iVm § 278) anteilig auch die Nacherfüllungskosten (BGH NJW 1999, 416, 416 f). Zur Mitverantwortlichkeit des Bestellers: § 633 Rz 19 f. Hat der Besteller wiederum erkannt oder fahrlässig nicht erkannt, dass ein Mangel nicht vorliegt, sondern die Ursache für die von ihm beanstandete

Erscheinung in seinem eigenen Verantwortungsbereich liegt, liegt also ein **unberechtigtes Mangelbeseitigungsverlangen** vor, eröffnet dies dem Unternehmer bspw für überflüssigen Ermittlungsaufwand einen Schadensersatzanspruch aus pVV (BGH BauR 2008, 671, 672 f).

13 **III. Einreden des Unternehmers.** Der Unternehmer kann die Nacherfüllung verweigern, wenn sie ihm nach Maßgabe des § 275 Abs 2 und Abs 3 unzumutbar oder wenn sie nur unter Inkaufnahme von unverhältnismäßigen Kosten möglich ist, § 635 Abs 3. Die Berufung darauf kann im Einzelfalle wegen Treuwidrigkeit unzulässig sein (Hamburg MDR 1974, 489), etwa wenn der Unternehmer im Rahmen eines Selbständigen Beweisverfahrens die Beseitigung der Mängel unmissverständlich zugesagt hat und damit zum Ausdruck gebracht hat, dass deren Beseitigung ihm jedenfalls nicht unzumutbar sei (Düsseldorf BauR 2001, 1922). Es handelt sich bei diesen Einwänden des Unternehmers um echte Einreden mit folgenden Rechtsfolgen: Erhebt der Unternehmer die (peremptorische) Einrede durch formlose, empfangsbedürftige Willenserklärung, wird der Nacherfüllungsanspruch (§ 326 Abs 1 S 1, 1. Alt) in seiner Durchsetzbarkeit dauerhaft gehemmt, wohingegen der Vergütungsanspruch aufrecht erhalten bleibt (§ 326 Abs 1 S 2). Dementspr kann der Besteller auch nicht mehr seinen Mängelanspruch aus § 634 Nr 2 (Selbstvornahme) durchsetzen und ihm ist auch verwehrt, ein Zurückbehaltungsrecht nach § 641 Abs 3 geltend zu machen. Dem Besteller stehen allerdings gem den §§ 275 Abs 4, 634 Nr 3, Nr 4, 636, 638 – unmittelbar ohne weitere Fristsetzung – ggf Ansprüche auf Schadensersatz, Rücktritt oder Minderung offen. Dabei ist § 323 Abs 5 S 2 zu beachten: Beruht der Mangel, dessen Beseitigung unverhältnismäßige Kosten verursachen würde, lediglich auf einer geringfügigen Pflichtverletzung, kann der Besteller nicht vom Vertrag zurücktreten.

14 **1. Unzumutbarkeit nach § 275 Abs 2, Abs 3.** Zu den Einreden des allg Leistungsstörungsrechts, vor allem zur subjektiven Unzumutbarkeit nach § 275 Abs 3 vgl dort. Die Einrede nach § 275 Abs 2 (**unverhältnismäßiger Aufwand**) setzt grds voraus, dass der zur Mängelbeseitigung erforderliche Aufwand zu dem mit der Mängelbeseitigung bezweckten Erfolg in keinem vernünftigen Verhältnis steht (BGHZ 59, 365, 367 f). Dabei kommt es nicht allein auf die Höhe der entstehenden Kosten an (berechnet nach den Kosten im Zeitpunkt der ursprünglich beabsichtigten Werkherstellung, BGH NJW 1995, 1836, 1837), sondern darauf, in welchem Verhältnis diese Aufwendungen zu dem Vorteil stehen, den der Auftraggeber durch die Mängelbeseitigung erlangt (BGHZ 96, 111, 123). Zweck der Norm ist es, den Unternehmer nicht zu einer Leistung zu verpflichten, die einen Aufwand erfordert, den kein vernünftiger Mensch betreiben würde, um sich in den Genuss der Leistung zu setzen (MüKo/*Busche* Rn 30). Dazu ist nicht allein auf das Wertverhältnis abzustellen, sondern es sind sämtliche Umstände des Einzelfalles zu berücksichtigen, namentlich die Schwere des Vertragsverstoßes und des Verschuldens des Unternehmers (BGHZ 59, 365, 367 f). Soweit das Interesse des Bestellers objektiv nicht nur gering beeinträchtigt ist, etwa weil infolge des Mangels die Funktionsfähigkeit des Werkes nicht mehr gegeben ist, ist eine Unzumutbarkeit der Mängelbeseitigung im Zweifel zu verneinen (BGH NJW 1996, 3269, 3270; BauR 2006, 377, 378). Unzumutbar ist auf der anderen Seite regelm die Beseitigung von gänzlich unerheblichen, nicht vom Unternehmer grob fahrlässig oder gar vorsätzlich hervorgerufenen Mängeln, wenn diese nur durch eine erhebliche Belastung des Unternehmers beseitigt werden können (Düsseldorf BauR 1998, 126, 127: 0,5 mm Überstand bei Parkettboden; Celle BauR 1998, 401, 402: schwache optische Beeinträchtigung wegen abweichender Maserung des Treppenmarmors) oder dann, wenn der zuschusspflichtige Besteller (dazu Rz 9 ff) jede Zahlung von Sowiesokosten von vornherein ablehnt (München BauR 2003, 720, 721).

15 **2. Unverhältnismäßige Kosten gem § 635 Abs 3.** Nach § 635 Abs 3 kann der Unternehmer die Nacherfüllung auch dann verweigern, wenn sie nur mit unverhältnismäßigen Kosten verbunden ist. Die Einrede ist bereits ihrem Wortlaut nach bei einer geringeren Abwägungsschwelle eröffnet als diejenige nach § 275 Abs 2. Ausweislich der Gesetzesbegründung (BTDrs 14/6040 S 265) sollten die engeren Voraussetzungen des § 633 Abs 2 BGB aF, die im Wesentlichen eine Unzumutbarkeit der Mangelbeseitigung aus dem Gesichtspunkt von Treu und Glauben herleiteten (BGH NJW 1973, 138, 139), auch Eingang in § 275 Abs 2 finden, während der Anwendungsbereich von § 635 Abs 3 bereits dann eröffnet sein sollte, wenn dem Unternehmer die Nacherfüllung unter Berücksichtigung der Gesamtumstände nach § 275 Abs 2 noch zumutbar wäre. Dementspr sind die wertenden Gesichtspunkte, namentlich der Grad der Verantwortlichkeit für den Mangel und die Interessen des Bestellers, für die Frage der Unzumutbarkeit nicht heranzuziehen. Vielmehr kommt es allein auf eine objektive Kosten-/Wertrelation an (str, wie hier: MüKo/*Busche* Rn 37 ff; Palandt/*Sprau* Rn 12; aA: BaRoth/*Voit* Rn 14; PWW/*Leupertz* Rn 8, die die oben (Rz 14) im Rahmen von § 275 Abs 2 genannten Abwägungen auch für die Einrede nach § 635 Abs 3 fruchtbar machen wollen). Grundlage dieser Relation sind einmal die (voraussichtlichen) Kosten der Mangelbeseitigung; diese wiederum werden in Verhältnis gesetzt zu dem objektiven Wert des Werkes in mangelhaftem Zustand einerseits und zu dem objektiven Wert des Werkes in mangelfreiem Zustand andererseits, wobei der Wert des Werkes stets unter Zugrundelegung der vertraglich beabsichtigten Nutzung zu ermitteln ist. Letzteres hat zur Folge, dass bei mangelbedingter Funktionsbeeinträchtigung des Werkes typischerweise auch ein entspr Wertverlust in Ansatz zu bringen ist (BGH NJW 1996, 3269, 3270). Ab welcher Schwelle die Nacherfüllungskosten unverhältnismäßig iSv § 635 Abs 3 sind, ist nicht generell, sondern unter Berücksichtigung des Einzelfalles zu entscheiden. Ein Rückgriff auf die im Rahmen von § 251 Abs 2 bei Kfz-Schäden herausgebildete Grenze von 30 % bietet sich auch nicht als Richtwert an

(anders: MüKo/*Busche* Rn 38), da dies die erforderliche Einzelfallbetrachtung außer Acht und zum anderen unberücksichtigt ließe, dass sich der Unternehmer grds zur mangelfreien Herstellung des Werkes verpflichtet hat: Eine allzu großzügige Lösungsmöglichkeit des Unternehmers anzunehmen liefe Gefahr, den tragenden vertragsrechtlichen Grundsatz »pacta sunt servanda« auszuhöhlen. Es wird also bei der Verhältnismäßigkeitsermittlung nicht nur auf reine Wirtschaftlichkeitsfragen ankommen können (diese bestimmen aber die Rspr zur 30%-Faustregel im Rahmen von § 251 Abs 2); vielmehr ist zur Ermittlung einer objektiven Unverhältnismäßigkeit der Nacherfüllungskosten bis an die Grenze der Voraussetzungen eines Wegfalls der Geschäftsgrundlage zu gehen (ähnl: BaRoth/*Voit* Rn 14).

16 **IV. Rückgewähranspruch des Unternehmers.** Erfüllt der Unternehmer den Nacherfüllungsanspruch im Wege der Neuherstellung, hat er aus § 635 Abs 4 nach Maßgabe der §§ 346 bis 348 einen Anspruch auf Rückgewähr des mangelhaften Werkes. Entsprechendes gilt wegen der vergleichbaren Interessenlage auch im Falle der Nachbesserung, sofern dabei herausgabefähige Sachen, namentlich durch Ersatzteile ersetztes Material anfällt (BaRoth/*Voit* Rn 24). Wegen der Rechtsfolgen des Rückgewähranspruches verweist die Norm auf die §§ 346 ff mit der Folge, dass der Besteller grds Wertersatz nach § 346 Abs 2 schuldet. Zu berücksichtigen ist insoweit allerdings, dass nach § 346 Abs 3 Nr 2 der Wertersatzanspruch entfällt, wenn der Unternehmer den Untergang oder die Verschlechterung der Sache zu vertreten hat. Dies wird zumindest in den meisten Nacherfüllungsfällen so sein: mangelhaft verlegte Fliesen werden zur Neuherstellung typischerweise zerstört, fehlerhafter Putz wird typischerweise abgeschlagen.

17 **C. VOB/B.** § 13 Nr 5 Abs 1 S 1 VOB/B gewährt dem Besteller den Mangelbeseitigungsanspruch. Inhaltlich stimmt die Norm mit dem oben zum BGB-Vertrag Ausgeführten überein; die Schriftlichkeit des Nacherfüllungsverlangens stellt keine Formvoraussetzung für den Nacherfüllungsanspruch dar, sie hat nur die Bedeutung, dem Auftraggeber seinen Anspruch über die in § 13 Nr. 4 VOB/B bestimmten Verjährungsfristen hinaus zu erhalten (BGHZ 58, 332, 334). § 13 Nr 6 wiederum gewährt dem Unternehmer für den Fall, dass die Nachbesserung einen unverhältnismäßigen Aufwand erfordert, eine Einredemöglichkeit, die im Wesentlichen hinsichtlich ihrer Voraussetzungen denen nach § 275 Abs 2 entspricht, s.o. Rz 14. Ihren Rechtsfolgen nach unterscheidet sie sich allerdings erheblich von den Regelungen des BGB: Dem Besteller ist lediglich die Minderung gem § 638 eröffnet. Ob neben der Minderung grds auch ein Schadensersatzanspruch nach § 13 Nr 7 VOB/B möglich ist, ist noch nicht abschließend geklärt: Jedenfalls in den auch beim BGB-Vertrag möglichen Fällen (§ 634 Rz 19) dürfte dies auch im Rahmen der VOB/B anzunehmen sein (so auch: Kapellmann/Messerschmidt/*Weyer* § 13 VOB/B Rn 329; Heiermann/Riedl/Rusam/*Riedl* § 13 VOB/B Rn 168).

18 **D. Prozessuales. I. Beweislast.** Das Vorliegen des Mangels hat wegen der Wertungen des § 363 nach der Abnahme bzw einem abnahmegleichen Zeitpunkt der Besteller darzulegen und zu beweisen; vor Abnahme trägt der Unternehmer die Darlegungs- und Beweislast für die Mangelfreiheit des Werkes (BGH BauR 1997, 129, 130; Düsseldorf BauR 1998, 569, 570). Anderes gilt bei entspr Vereinbarung der Parteien (vgl BGH BauR 1998, 123, 124) oder bei Abnahme unter Vorbehalt (BGH BauR 1997, 129, 130). Für das Vorliegen der Einredevoraussetzungen nach den §§ 275 Abs 2, Abs 3, 635 Abs 3 ist der Unternehmer nach den allg Beweislastregeln darlegungs- und beweispflichtig (Staud/*Peters* Rn 8).

19 **II. Antragserfordernisse. Tenorierung.** Für Antrags- und Urteilsinhalt ist es hinreichend, wenn der Mangel seinem **Erscheinungsbild** und seinem Erscheinungsort nach genau bezeichnet ist: Hinreichend genau ist die Bezeichnung, wenn ein dritter Unternehmer im Rahmen der Zwangsvollstreckung nach § 887 ZPO erkennen kann, welche Werkleistung von ihm als Ersatzvornahme erwartet wird (BGH BauR 1973, 313, 317; WP/*Pastor* Rn 2750 ff, dort auch zu Reaktionsmöglichkeiten bei unzureichender Bestimmtheit des Titels und zur Zwangsvollstreckung). Keinesfalls ist in Klageantrag oder Urteilstenor die Angabe der konkreten Herstellungsweise erforderlich: diese steht wie die Werkerstellung iÜ im Ermessen des Unternehmers, der lediglich den Erfolg schuldet; deshalb ist wiederum anders zu entscheiden, wenn sich der Unternehmer mit einer bestimmten Art und Weise der Mangelbeseitigung einverstanden erklärt hat oder dies im Laufe des Rechtsstreits ausdrücklich empfiehlt (BGH BauR 1973, 313, 317; Hamm BauR 2004, 102, 104). Ebenso kann es im Einzelfalle gerade um die Bezeichnung der Methode der Mängelbeseitigung gehen, nämlich wenn zwischen den Parteien gerade darüber, namentlich über die Erforderlichkeit konkreter Beseitigungsmaßnahmen gestritten wird (BGH BauR 1997, 638, 639).

20 Wird der Nacherfüllungsanspruch nicht im selbständigen Klagewege, sondern als Einrede gegen den Vergütungsanspruch des Unternehmers geltend gemacht, ist ggf nach den soeben genannten Grundsätzen eine **Zug-um-Zug-Verurteilung** zu beantragen bzw auszusprechen, wonach der Besteller zur Zahlung der (restlichen) Vergütung Zug-um-Zug gegen Beseitigung der näher bezeichneten Mängel verurteilt wird. Der Besteller kann im Prozess **Anerkenntnis** des Vergütungsanspruches Zug-um-Zug gegen Mängelbeseitigung erklären: Für den Fall, dass der Unternehmer seinen Antrag entspr anpasst, erfolgt dann Anerkenntnisurteil (BGHZ 107, 142, 146 f) einmal mit der Verringerung der Gerichtsgebühren (Nr 1211 Ziff 2 des KV zu § 3 Abs 2 GKG) und ggf mit einer Kostenentscheidung gem § 93 ZPO. Eine Kostenentscheidung gem § 93 ZPO kann auch dann noch ergehen, wenn der Unternehmer seinen Antrag nicht anpasst und weiterhin einschränkungslose Verurteilung zur Zahlung der Vergütung verlangt: Stellt sich die Berechtigung des Zurückbehaltungsrechts heraus, kommt es dann zwar nicht zu einem Anerkenntnis-, sondern zu einem streitigen Endurteil. Für dieses bleibt der Besteller allerdings an sein Anerkenntnis gebunden, das Gericht entscheidet nicht mehr über die materielle Rechtsmäßigkeit des anerkannten Hauptanspruches (BGHZ 107, 142, 146 f; NJW 2006, 117, 118); über die Kosten ist nach § 93 ZPO zu entscheiden (vgl Zöller/*Herget* § 93 ZPO Rn 6 »Zurückbehaltungsrecht«).

Hat sich der Besteller im Falle einer mängelbedingten Zug-um-Zug-Verurteilung an den Kosten der Mängel- 21 beseitigung zu beteiligen (s.o. Rz 9 ff), ist in entspr Anwendung des § 274 eine »**doppelte Zug-um-Zug-Verurteilung**« auszusprechen: Dadurch wird festgelegt, dass der Unternehmer seine (restliche) Vergütung zwar nur Zug um Zug gegen Beseitigung näher dargelegter Mängel erhält, dass er seinerseits aber diese Nachbesserung nur Zug um Zug gegen das tatsächliche Angebot der Zuschusszahlung gem § 294 (nicht notwendig auch dessen Auszahlung) durchzuführen braucht (BGH BauR 1984, 401, 404).

§ 636 Besondere Bestimmungen für Rücktritt und Schadensersatz. Außer in den Fällen der §§ 281 Absatz 2 und 323 Absatz 2 bedarf es der Fristsetzung auch dann nicht, wenn der Unternehmer die Nacherfüllung gemäß § 635 Absatz 3 verweigert oder wenn die Nacherfüllung fehlgeschlagen oder dem Besteller unzumutbar ist.

A. Allgemeines. Die weitgehend § 440 S 1 entspr Norm verknüpft mit der Bezugnahme auf die §§ 281 1 Abs 2, 323 Abs 2 zum einen die allg Regeln des Leistungsstörungsrechts mit dem speziellen Gewährleistungsrecht beim Werkvertrag. In Verbindung mit der jeweiligen Norm aus dem allg Leistungsstörungsrecht und § 634 Nr 3 bzw Nr 4 gibt § 636 dem Besteller eine Anspruchsgrundlage für einen mangelbedingten Rücktritt oder einen mangelbedingten Schadensersatz (vgl § 634 Rz 1). Zum anderen trifft sie für das Werkvertragsrecht spezifische Regelungen, nach denen von dem Grundsatz, dass Rücktritt und Schadensersatz wegen mangelhafter Werkleistung vom Besteller erst nach Ablauf einer angemessenen Frist zur Nacherfüllung verlangt werden können, weitere Ausnahmen gelten sollen. Allgemein zum Verhältnis der Mängelrechte zu den allg Vorschriften vgl § 634 Rz 10 ff und zum Verhältnis der Mängelrechte untereinander: § 634 Rz 16 ff.

B. Kommentierung. I. Rücktritt. Grundsätzlich kann der Besteller im Fall mangelhafter Werkleistung sein 2 Rücktrittsrecht erst nach Gefahrübergang, also regelm nach Abnahme geltend machen. Bis zur Abnahme gelten grds die allg Regelungen mit der Folge, dass der Besteller wegen des noch nicht (vollständig) hergestellten Werkes möglicherweise nach § 323 Abs 1 zurücktreten kann. Soweit der Unternehmer allerdings das Werk hergestellt hat und dies für abnahmereif hält, hat der Besteller, der die Abnahme wegen Mängeln verweigert, sowohl ein Rücktrittsrecht nach § 323 Abs 1 als auch nach werkvertraglichem Gewährleistungsrecht gem den §§ 634 Nr 3, 636, 323, 326 Abs 5 (vgl § 634 Rz 11). Noch vor diesem Zeitpunkt festgestellten Mängeln kann der Besteller ggf nach § 323 Abs 4 oder durch Kündigung des Vertrages, verbunden mit einem Schadensersatzanspruch wegen Verletzung einer vertraglichen Nebenpflicht gem den §§ 280 Abs 1, 241 Abs 2, nicht jedoch mit einem Rücktritt nach § 634 Nr 3 begegnen (BaRoth/*Voit* Rn 4). Im Rahmen von § 323 Abs 4 ist allerdings für den Werkvertrag zu beachten, dass es wegen des Wahlrechts des Unternehmers nach § 635 Abs 1 (Mängelbeseitigung oder Neuherstellung) nicht nur offensichtlich sein muss, dass eine Mangelbeseitigung nicht erfolgen wird, sondern dass auch die Nacherfüllung im Wege der Neuherstellung durch den Unternehmer offensichtlich ausbleiben wird. Auszuüben ist das Rücktrittsrecht durch einseitige, empfangsbedürftige **Willenserklärung** des Bestellers ggü dem Unternehmer, die wegen ihres gestaltenden Charakters unwiderruflich und bedingungsfeindlich ist. Sind auf einer Seite des Bestellers/Unternehmers mehrere beteiligt, ist § 351 S 1 zu beachten, wonach der Rücktritt grds nur von allen bzw ggü allen ausgesprochen werden kann.

1. Voraussetzungen des Rücktritts. a) Mangel. Das Rücktrittsrecht des Bestellers setzt – neben dem Vorlie- 3 gen eines wirksamen Werkvertrages – einen Sach- oder Rechtsmangel gem § 633 voraus, dazu § 633 Rz 5 ff, 16 ff. Eine lediglich unerhebliche Pflichtverletzung, hier also ein unerheblicher Mangel, schließt allerdings gem § 323 Abs 5 S 2 das Rücktrittsrecht aus (s.u. Rz 20).

b) Fruchtloser Ablauf der Nacherfüllungsfrist. Grds bedarf es für die Geltendmachung der Mängelge- 4 währleistungsrechte aus § 634 Nr 2 bis 4 des vorherigen fruchtlosen Ablaufs einer angemessenen Nacherfüllungsfrist. Dies gilt auch in Fällen, in denen es um die Beseitigung von Mängeln an fertig gestellten Teilleistungen nach erfolgter **Kündigung** geht; auch hier ist dem Unternehmer grds zunächst die Möglichkeit einzuräumen, den Mangel selbst zu beseitigen (BGH NJW-RR 1988, 208, 210; Hamm NJW-RR 1995, 724). Anderes gilt etwa dann, wenn – gerade in Fällen vorangegangener berechtigter Kündigung aus bes Grund – dem Besteller die Mängelbeseitigung durch den Unternehmer wegen gravierender Mängel und des damit einhergehenden Vertrauensverlustes nicht mehr zuzumuten ist: dann ist die Fristsetzung ausnahmsw gem § 323 Abs 2 Nr 3 (bei Fälligkeit der Leistung) bzw nach § 636, 3. Alt entbehrlich, s.u. Rz 18; ist die Leistung noch nicht fällig, folgt das Rücktrittsrecht aus § 323 Abs 4 (BGH NJW-RR 2008, 1052, 1053). Kommt nach der Art der Pflichtverletzung eine Fristsetzung nicht in Betracht, tritt an deren Stelle eine **Abmahnung** (§ 323 Abs 3). Denn eine Fristsetzung ist unpraktikabel, wenn es um die Verletzung einer Unterlassungspflicht geht (vgl dazu die Kommentierung zu § 323 Abs 3).

5 **aa) Form und Inhalt der Fristsetzung.** Die Fristsetzung erfolgt **formlos**, wenngleich zu Beweiszwecken die Einhaltung der Schriftform und eine nachweisliche Zustellung empfohlen werden. Der Besteller muss den Unternehmer auffordern, einen konkreten Mangel zu beseitigen. Wegen der Anforderungen an die Mangelbezeichnung (Mangelsymptome ausreichend): § 633 Rz 24, § 635 Rz 2. Für den Unternehmer muss hinreichend deutlich werden, dass der Besteller Abhilfe bzgl des angezeigten Mangels verlangt; die bloße Aufforderung, sich zu erklären, den Mangel anzuerkennen oder mitzuteilen, ob der Unternehmer zu einer Mangelbeseitigung bereit sei, genügt jedenfalls nicht (BGH NJW 1999, 3710, 3711). Der Besteller muss dagegen nichts zur Mangelursache ausführen; äußert er sich dennoch dazu, lässt dies die Pflicht des Unternehmers nicht entfallen, selbst die Mangelursache zu ermitteln und abzustellen (BaRoth/*Voit* Rn 8). Für die Mängelbeseitigung hat der Besteller dem Unternehmer eine – zur Vermeidung von Missverständnissen möglichst mit konkretem Datum versehene – Frist zu setzen; zur Frage der Angemessenheit der Frist: Rz 8.

6 Zur Wirksamkeit der Fristsetzung sind darüber hinaus zwei Aspekte zu berücksichtigen: Zum einen sind auch bei der Geltendmachung von werkvertraglichen Gewährleistungsrechten die Grundsätze der Rspr zur Unwirksamkeit von Mahnungen bei »**Zuvielforderungen**« anzuwenden (BGH MDR 2006, 435, 435 f). Danach kann im Einzelfall eine Aufforderung zur Mangelbeseitigung unwirksam sein, wenn sie von dem Unternehmer als Mangelbeseitigung etwas verlangt, was dieser nach den allg technischen Standards weder zu leisten verpflichtet noch im Stande ist. Denn die Aufforderung zur Mangelbeseitigung erreicht den Werkunternehmer nur dann, wenn er die Erklärung des Bestellers als Aufforderung zur Bewirkung der tatsächlich geschuldeten Leistung verstehen muss. Die Zuvielforderung des Bestellers darf auch nicht als Zurückweisung des geschuldeten Maßes der Mängelbeseitigung zu verstehen sein, denn sonst hat der Werkunternehmer keine Veranlassung, die geschuldete Mängelbeseitigung zu leisten (BGH MDR 2006, 435, 436).

7 Zum anderen hat der Besteller bei der Fristsetzung hinsichtlich sämtlicher von ihm ggf geschuldeter Mitwirkungsleistungen (§ 642) oder Gegenleistungen grds ein Leistungsangebot gem § 294 zu machen (Ausnahmen § 295); das Angebot notwendiger **Mitwirkungsleistungen** des Bestellers nach § 642 hat den Anforderungen des § 298 zu genügen. Fehlt es an einem hinreichenden Angebot, ist die Fristsetzung unwirksam (BGHZ 116, 244, 249; Staud/*Peters* § 634 Rn 49; BaRoth/*Voit* Rn 6). Dies gilt etwa für den Anspruch des Unternehmers auf Kostenbeteiligung wegen Mitverantwortlichkeit des Bestellers am Mangel oder wegen Vorteilsausgleichs (dazu § 635 Rz 10 ff) und folgt für den Werkvertrag aus den Wertungen des § 645 (BaRoth/*Voit* Rn 6). In der Aufforderung zur Mangelbeseitigung ist nicht stets konkludent die Erklärung des Bestellers enthalten, er sei seinerseits zur Leistung bereit (aA wohl: Düsseldorf MDR 1991, 1039, 1040): eine solche Annahme widerspricht zum einen den Wertungen des § 645 und lässt die Anforderungen des § 294 außer Acht. Zudem ist die Annahme des OLG Düsseldorf (aaO), ein Besteller gäbe mit einer Leistungsaufforderung stets schlüssig seine eigene Leistungsfähigkeit und seinen Leistungswillen zu verstehen, praktisch nicht haltbar. Die forensische Praxis zeigt leider häufig, dass ein Leistungsbegehren des Bestellers ggü dem Unternehmer mit seiner eigenen Leistungswilligkeit nicht zwingend etwas gemein hat (Stichwort »Justizkredit«).

8 **bb) Angemessenheit der Frist.** Angemessen ist eine Nacherfüllungsfrist regelm dann, wenn sie so bemessen ist, dass der Unternehmer bei zügigem Vorgehen und unter Berücksichtigung normaler Geschäftsverhältnisse den Mangel beseitigen kann (BGH NJW-RR 1993, 309, 310). Dazu wird im Regelfall auch zeitlich zu berücksichtigen sein, dass der Unternehmer für die Nacherfüllungsarbeiten andere Tätigkeiten zurückstellen oder zumindest anders organisieren muss, also überhaupt disponieren kann, wobei eine entspr Rücksichtnahme entfällt, wenn der Unternehmer bereits um den Mangel weiß und der Besteller erst nach mehreren Hinweisen eine Frist gesetzt hat. Grundsätzlich sind bei der Fristbemessung nicht nur die Interessen des Unternehmers, sondern auch diejenigen des Bestellers zu berücksichtigen (PWW/*Medicus* § 323 Rn 20), jedenfalls soweit diese für den Unternehmer erkennbar sind; der Unternehmer muss sich etwa auf das Interesse des Bestellers, in das zu errichtende Gebäude unverzüglich einziehen zu wollen, auch bei seinen Dispositionen einstellen können. vgl zur Angemessenheit der Nacherfüllungsfrist auch die Kommentierungen zu den §§ 281 Abs 1, 323 Abs 1. Erweist sich die vom Besteller angeführte Frist als zu kurz, gilt stattdessen die tatsächlich angemessene Frist (BGH NJW 1996, 1814; 1985, 2640). Für eine bereits im Zeitpunkt ihres Zugangs beim Unternehmer abgelaufene Fristsetzung gilt dies indes nicht (BGH NJW 1996, 1814).

9 **cc) Fruchtloser Fristablauf.** Die Nacherfüllungsfrist muss fruchtlos abgelaufen sein, der Mangel muss also im Zeitpunkt des Fristablaufs noch vorliegen. Unerheblich ist, aus welchem Grunde der Mangel ggf nicht mehr vorliegt, mag dies wegen Beseitigung durch den Unternehmer sein oder weil sich der Mangel sonst erledigt hat. Das gilt auch, wenn der Besteller den Mangel selbst beseitigt hat bzw durch Dritte beseitigen ließ, ohne den Fristablauf abzuwarten: Dem Besteller stehen dann gegen den Unternehmer keinerlei Ansprüche nach § 634 Nr 1 bis 4 zu: Der Nacherfüllungsanspruch ist durch die Mängelbeseitigung erloschen, die Voraussetzungen für die weiteren Ansprüche liegen nicht vor. Der Unternehmer muss auch nicht in entspr Anwendung von § 326 Abs 2 S 2 die ersparten Aufwendungen für die Mängelbeseitigung an den Besteller erstatten (so aber: BaRoth/*Voit* Rn 14 und § 637 Rn 17): Eine für eine solche Analogie erforderliche planwid-

rige Gesetzeslücke fehlt. Der Gesetzgeber hat vielmehr sowohl in den allg Vorschriften als auch insoweit gleichlaufend in Kauf- und Werkvertragsrecht dem Schuldner dem Grundsatz nach eine zweite Erfüllungschance einräumen wollen; man umginge diesen offensichtlichen Willen des Gesetzgebers, würde man dem Besteller in Fällen der **unberechtigten Selbstvornahme** einen Erstattungsanspruch gegen den Schuldner einräumen (BGHZ 162, 219, 225; NJW 2005, 1348, 1350).

Ebenso wenig kommt es für den fruchtlosen Fristablauf darauf an, ob ihn der Unternehmer zu vertreten hat. 10
Die Berufung auf den Fristablauf bei einer nur geringfügigen und zudem unverschuldeten Fristüberschreitung kann dem Besteller im Einzelfalle allerdings aus dem Grundsatz von Treu und Glauben verwehrt sein; verhindert der Besteller selbst die (fristgemäße) Nacherfüllung, kann er sich in entspr Anwendung von § 162 nicht auf den fruchtlosen Fristablauf berufen (Frankfurt aM MDR 1983, 755).

c) Entbehrlichkeit der Fristsetzung. Die Fristsetzung zur Nachbesserung ist zT bereits nach den allg Vor- 11
schriften, iÜ aufgrund § 636 nach Maßgabe der in den §§ 281 Abs 2, 323 Abs 2 und in § 636 selbst aufgeführten Fälle ausnahmsw entbehrlich, wobei eine exakte Abgrenzung der einzelnen Ausnahmetatbestände nicht immer möglich, allerdings auch nicht nötig ist (MüKo/*Busche* Rn 11). Setzt der Besteller dem Unternehmer trotz Entbehrlichkeit eine Frist zur Nacherfüllung, ist er daran gebunden (Staud/*Peters* § 634 Rn 51; BaRoth/*Voit* Rn 17): Beseitigt der Besteller in diesem Fall vor Ablauf der (gesetzten aber überflüssigen) Frist den Mangel selbst, kann er nicht etwa einen Kostenerstattungsanspruch wegen Selbstvornahme geltend machen, vgl Rz 9. Treten die Umstände, die eine Fristsetzung entbehrlich machen, erst im Verlauf einer bereits vom Besteller gesetzten Frist ein, muss er den Ablauf der Frist nicht abwarten; nach der Gesetzesbegründung zu § 323 Abs 2 ist diese Rechtsfolge selbstverständlich, weshalb von einer gesonderten Regelung abgesehen wurde (BTDrs 14/6040 S 186).

aa) Entbehrlichkeit der Fristsetzung wegen Unmöglichkeit und Unzumutbarkeit, § 326 Abs 5. Nach den 12
allg Vorschriften (§§ 283 S 1, 326 Abs 5) ist eine Fristsetzung immer dann entbehrlich, wenn die Leistung gem § 275 Abs 1 unmöglich oder dem Unternehmer gem § 275 Abs 2, Abs 3 unzumutbar ist. Vgl dazu § 635 Rz 5, 13 f und zum sog absoluten Fixgeschäft: Rz 14.

bb) Entbehrlichkeit der Fristsetzung gem § 323 Abs 2. Nach § 323 Abs 2 ist die Fristsetzung in drei Fällen 13
entbehrlich: Einmal ist dies der Fall, wenn der Unternehmer die **Leistung ernsthaft und endgültig verweigert** (§ 323 Abs 2 Nr 1). Die Fristsetzung ist kein Selbstzweck, sie ist sinnlos, wenn der Unternehmer ernsthaft und endgültig jede Nacherfüllung ablehnt. An die Annahme einer solchen Weigerung sind allerdings strenge Maßstäbe zu setzen und dazu ist das gesamte Verhalten des Unternehmers zu würdigen (BGH NJW 2002, 3019, 3020), wobei die Weigerung auch schlüssig erfolgen kann (vgl BGH NJW 2002, 1571, 1573). Ein schlichtes Ablehnen der Leistung wie auch das schlichte Bestreiten des Klageanspruches reichen für die Annahme solch einer endgültigen Weigerung nicht aus, weil der Unternehmer damit prozessual durchaus zulässig das Vorhandensein und den Umfang des Mangels klären lassen können muss (vgl BGH NJW-RR 1993, 882, 883; NJW 2002, 1571, 1573; Düsseldorf NJW-RR 1996, 16, 17). Anders kann es im Einzelfalle dann liegen, wenn der Unternehmer jede Prüfung des angezeigten Mangels verweigert (BGH NJW-RR 1995, 939, 940). Verweigert der Unternehmer die Fortführung der Arbeiten grundlos (BGHZ 143, 89, 92 f; 65, 372, 374 f) oder erhebt er unberechtigt Leistungsverweigerungsrechte nach § 635 Abs 3 (München NJW-RR 2003, 1602, 1603), liegt darin idR eine ernsthafte und endgültige Weigerung der Nacherfüllung. Dasselbe gilt, wenn der Unternehmer vorprozessual oder im Prozess das Vorliegen eines Mangels (BGHZ 105, 103, 105 f.; NJW 2003, 580, 581) oder seine Verantwortlichkeit für den Mangel hartnäckig und kategorisch bestreitet (BGH NJW 2002, 3019, 3020; 1983, 1731, 1732).

Nach § 323 Abs 2 Nr 2 ist eine Fristsetzung auch im Fall (relativer) **Fixgeschäfte** entbehrlich, also bei Ver- 14
trägen, die mit der Einhaltung der Leistungszeit »stehen oder fallen« sollen (RGZ 51, 347, 348). Dass der Besteller den Fortbestand seines Leistungsinteresses in diesem Sinne an die Rechtzeitigkeit der Leistung gebunden hat, muss sich aus dem Vertrag selbst oder aus den objektiven Umständen ergeben (vgl BGH NJW 1990, 2065, 2067; NJW-RR 1989, 1373). Dies ist im Anwendungsbereich des Werkvertragsrechts idR bei Flugbeförderungsverträgen der Fall (Düsseldorf NJW-RR 1997, 930; Frankfurt aM NJW-RR 1997, 1136). Nicht in den Anwendungsbereich der Norm fallen sog absolute Fixgeschäfte, weil bei diesen die Einhaltung der Leistungszeit so erheblich ist, dass die Leistung bei Fristüberschreitung unmöglich wird iSv § 275 (vgl BGHZ 60, 14, 16: Reisevertrag); die Fristsetzung ist in diesen Fällen gem § 326 Abs 5 entbehrlich, vgl Rz 12.

Schließlich ist eine Fristsetzung gem § 323 Abs 2 Nr 3 stets entbehrlich, wenn bes Umstände vorliegen, die 15
unter Abwägung der beiderseitigen Interessen einen sofortigen Rücktritt rechtfertigen. Die Norm ist ausdrücklich als Auffangtatbestand konzipiert worden für die Fälle, die von den vorangegangenen Regelungen nicht erfasst werden und soll den Gerichten entspr Wertungsspielräume geben (BTDrs 14/6040 S 186). Namentlich sollen solche Umstände vorliegen, wenn – ohne dass bereits ein relatives Fixgeschäft angenommen werden kann – ein Zuwarten mit der Leistung dem Besteller nicht oder nicht mehr zugemutet werden kann, etwa im Falle von Gefahr im Verzug (Düsseldorf NJW-RR 1993, 477, 478). Keinesfalls stellt die **Eröffnung des Insolvenzverfahrens** über das Vermögen des Unternehmers oder dessen Beantragung einen sol-

chen bes Umstand dar: Der Insolvenzverwalter hat das Recht, Erfüllung zu wählen und den Mangel (ggf durch Drittunternehmen) beseitigen zu lassen (so auch: MüKo/*Busche* Rn 15).

16 cc) **Entbehrlichkeit der Fristsetzung gem § 636.** § 636 sieht zudem drei Fallgruppen vor, bei deren Vorliegen eine Fristsetzung entbehrlich ist. Einmal ist dies der Fall, wenn der Unternehmer die Nacherfüllung nach **§ 635 Abs 3** verweigert (dazu § 635 Rz 13 ff). Dieser Fall ist iÜ ein Unterfall von § 323 Abs 2 Nr 1: Auch die Einrede gem § 635 Abs 3 stellt ihrem Inhalte nach, wenngleich sie von Gesetzes wegen vorgesehen ist, eine ernsthafte und endgültige Leistungsverweigerung dar.

17 Entbehrlich ist die Fristsetzung auch dann, wenn die Nacherfüllung insg fehlgeschlagen ist. Dies ist der Fall, wenn feststeht, dass die Nacherfüllung in keinem Fall zu einem mangelfreien Werk führen wird (vgl BGH NJW-RR 1998, 1268, 1269; Staud/*Peters* § 634 Rn 60; MüKo/*Busche* Rn 21; BaRoth/*Voit* Rn 24). Der Anwendungsbereich von § 636 wird insoweit allerdings eng bleiben: Soweit die Nacherfüllung unmöglich ist, liegt bereits ein Fall von § 326 Abs 5 vor, auch wird üblicherweise ein **Fehlschlagen der Nacherfüllung** wegen des damit einhergehenden Vertrauensverlustes des Bestellers auch den Tatbestand der Unzumutbarkeit nach der weiteren Alternative von § 636 begründen (Staud/*Peters* § 634 Rn 59). IÜ kommt hinzu, dass der Besteller bereits mit dem Ablauf der Nacherfüllungsfrist ohne weitere Fristsetzung den Rücktritt erklären kann (oder seine sonstigen Mängelrechte nach § 634 Nr 2 bis 4 geltend machen kann), vgl § 634 Rz 16, so dass es auf ein Fehlschlagen der Nacherfüllung nur ankommen kann, wenn der Besteller eine erste Nacherfüllungsaufforderung nicht mit einer Fristsetzung verbunden hat oder wenn eine gesetzte Frist sehr lang bemessen ist und der Besteller sie wegen Fehlschlagens der Nacherfüllung nicht mehr abwarten will (BaRoth/*Voit* Rn 24; MüKo/*Busche* Rn 21). Anwendungsfälle der Norm können daher sein: Mehrfache fruchtlose Anläufe des Unternehmers zur Mangelbeseitigung, namentlich die Unfähigkeit des Unternehmers, die Mangelursache zu klären (Staud/*Peters* § 634 Rn 60).

18 Schließlich ist eine Fristsetzung entbehrlich, wenn sie dem Besteller **unzumutbar** ist. Anders als im Rahmen von § 323 Abs 2 Nr 3 kommt es dabei nicht auf eine Abwägung der beiderseitigen Interessen an, sondern es ist ausschließlich auf das Interesse des Bestellers abzustellen. Nach dieser Alternative von § 636 können sämtliche anerkennenswerten Interessen des Bestellers berücksichtigt werden, die im jeweiligen Einzelfall von solch hinreichendem Gewicht sind, dass sie ein Zuwarten des Bestellers bis zum Ablauf einer dem Unternehmer gesetzten Nacherfüllungsfrist oder auch ein Tätigwerden gerade dieses Unternehmers für den Besteller unerträglich erscheinen lassen. Ersteres kann etwa der Fall sein, wenn der Besteller auf das Werk dringend angewiesen ist, der Unternehmer jedoch in jedem Falle das Werk erst später als andere fertig stellen kann (BGH MDR 2002, 813, 814; BGH NJW-RR 1993, 560) oder – insoweit in Überschneidung mit dem Anwendungsbereich von § 323 Abs 2 Nr 3 – bei Gefahr in Verzug (Düsseldorf NJW-RR 1993, 477, 478: undichte Fernwärmeleitung). Auf der anderen Seite ist das Einräumen einer Nacherfüllungsmöglichkeit dem Besteller regelm dann unzumutbar, wenn dieser das Vertrauen in die Zuverlässigkeit des Unternehmers verloren hat (BGHZ 92, 308, 311; NJW-RR 1998, 1268, 1269 f). Dass der Unternehmer mangelhaft geleistet hat, reicht für die Annahme eines Vertrauensverlustes allerdings idR nicht aus, denn das Vorhandensein eines Mangels ist Grundvoraussetzung für die Anwendung des Mängelgewährleistungsrechts. Anders ist es aber dann, wenn der Mangel derart gravierend ist, dass das Vertrauen des Bestellers in die Befähigung des Unternehmers dadurch nachhaltig erschüttert ist oder sogar auf eine besondere Unseriosität des Unternehmers schließen lässt (BGHZ 50, 160, 166; NJW-RR 1993, 882, 883; 2008, 1052, 1053; Düsseldorf NJW-RR 1997, 20, 21).

19 **2. Ausschluss des Rücktrittsrechts.** Das Rücktrittsrecht kann aus verschiedenen Gründen ausgeschlossen sein: Selten wird ein ausdrücklicher **Verzicht** seitens des Bestellers vorliegen (dazu: BaRoth/*Voit* Rn 28); häufiger dürfte vorkommen, dass der Besteller trotz Kenntnis des jeweiligen Mangels die **vorbehaltlose Abnahme** des Werkes erklärt und dadurch gem § 640 Abs 2 das Rücktrittsrecht verliert, dazu § 640 Rz 19 ff. Soweit bei teilw erfolgter Leistung der Besteller Interesse an der **Teilleistung** hat, ist der Rücktritt nach § 323 Abs 5 S 1 ausgeschlossen. Ebenso ist der Rücktritt ausgeschlossen in den Fällen des **§ 323 Abs 6**, nämlich bei überwiegender oder alleiniger **Verantwortlichkeit des Bestellers** für den Mangel und auch dann, wenn der Mangel während des **Annahmeverzugs** des Bestellers eintritt (so auch nach dem Wortlaut von § 323 Abs 6: MüKo/*Busche* § 634 Rn 22, 23; Palandt/*Sprau* Rn 6; aA: BaRoth/*Voit* Rn 29, 30 unter Annahme einer dem Gesetz nicht zwingend entnehmbaren Spezialität von § 645 für die genannten Fälle).

20 Wegen einer unerheblichen Pflichtverletzung kann der Besteller gem § 323 Abs 5 S 2 schließlich auch nicht den Rücktritt erklären, der Ausschluss des Rücktrittsrechts bezieht sich insoweit auf **unwesentliche Mängel**. Diese Einschränkung des Rücktrittsrechts ist bereits deshalb erforderlich, um einen Wertungswiderspruch zu § 640 Abs 1 S 2 zu verhindern: Verschließt das Gesetz dem Besteller nämlich dadurch die Möglichkeit, wegen unwesentlicher Mängel die Abnahme zu verweigern, soll er nicht auf der anderen Seite die Möglichkeit erhalten, den gesamten Vertrag wegen ebensolcher Mängel rückabzuwickeln. Für die Bestimmung, wann ein Mangel unwesentlich ist, ist auf Art und Umfang des Mangels sowie seine konkreten Auswirkungen nach den Umständen des Einzelfalles unter Abwägung der beiderseitigen Interessen abzustellen (BGH NJW 1981, 1448, 1484 f; 1992, 2481 f; Köln NJW-RR 2004, 1693, 1694). Unwesentlich können Mängel idR dann sein, wenn sie die Gebrauchstauglichkeit oder den Wert der Werkes nicht oder allenfalls geringfügig mindern und dem

Besteller einerseits eine Entgegennahme der Leistung und andererseits die Beschränkung seiner Mängelrechte (Fortfall von Rücktritt und großem Schadensersatz, s.u. Rz 25) zumutbar ist. Dies ist bei Einschränkungen der Gebrauchstauglichkeit jedoch regelm nur in bes engem Rahmen anzunehmen und namentlich dann nicht, wenn eine bestimmte Beschaffenheitsvereinbarung aufgrund des Mangels nicht gegeben ist (vgl Hamm NJW-RR 2003, 965; so im Falle einer Beschaffenheits-Zusicherung schon: RGZ 66, 167, 169 f). Auch ein unbedeutender Fehler ist nicht geringfügig iSv § 323 Abs 5 S 2 bzw gem § 640 Abs 1 S 2, wenn er nur durch einen Fachmann zu beseitigen ist (BGH NJW-RR 1993, 309, 311). Ist die Funktionsfähigkeit zwar gewährleistet, liegen jedoch optisch gravierende Abweichungen vom ausdrücklichen Vertragssoll oder der üblichen äußeren Gestaltung vor, ist ebenfalls die Erheblichkeitsschwelle überschritten; wobei allerdings persönliche Vorlieben oder Aversionen des Bestellers, soweit sie nicht Vertragsinhalt geworden sind, außer Betracht bleiben (BaRoth/*Voit* Rn 26). Liegen mehrere Mängel vor, die jeder für sich geringfügig sind, kann in der Gesamtschau die Wesentlichkeitsschwelle überschritten und das Rücktrittsrecht eröffnet sein (Palandt/*Sprau* § 640 Rn 9).

3. Rechtsfolgen. Mit Ausübung des Rücktrittsrechts gestaltet sich das Rechtsverhältnis unabhängig von einer Zustimmung des Unternehmers um: Die Primärleistungspflichten aus dem Werkvertrag enden mit Wirkung ex nunc und die bereits erbrachten Leistungen sind nach Maßgabe der §§ 346 ff zurückzugewähren. Die Umgestaltung in ein **Rückgewährschuldverhältnis** hindert den Besteller allerdings kraft ausdrücklicher gesetzlicher Bestimmung nicht, Schadensersatz zu verlangen, § 325. Ist die Rückgabe der Leistungen des Unternehmers in Natur nicht möglich, schuldet der Besteller nach § 346 Abs 2 grds Wertersatz. Bei der Berechnung der Höhe des Wertersatzes ist vom Wert des Leistungsergebnisses, nicht der Leistung selbst auszugehen. Bei der Bewertung des Leistungsergebnisses ist wiederum die vertragliche Vergütungsregelung heranzuziehen (§ 346 Abs 2 S 2, 1. Alt) und die Mangelhaftigkeit des Werkes zu berücksichtigen: Es sind also nicht etwa die aufgewandten Arbeitsstunden des Unternehmers zu vergüten, sondern – regelm unter Heranziehung eines Gutachters – der objektive Wert zu ermitteln, den das vorhandene (Teil-)Werk in der vorgefundenen mangelhaften Form aktuell aufweist. Für den Wertersatzanspruch des Unternehmers ist weiterhin § 346 Abs 3 zu berücksichtigen: So entfällt sein Anspruch vollständig, wenn der Unternehmer selbst die Verschlechterung oder den Untergang des hergestellten Werkes zu vertreten hat, namentlich also auch dann, wenn im Rahmen der Mängelbeseitigung das mangelhafte Werk zerstört werden muss (bspw ein mangelhafter Estrichboden abgestemmt werden muss). Dasselbe gilt grds, wenn die Leistung des Unternehmers aus Gründen untergeht, die der Besteller auch bei Beachtung der Sorgfalt in eigenen Angelegenheiten nicht hätte verhindern können (§ 346 Abs 2 Nr 3) oder – ebenfalls in der Werkvertragsrechtspraxis häufig anzutreffen – wenn sich der zum Rücktritt berechtigende Mangel gerade während der Verarbeitung oder Umgestaltung der Leistung des Unternehmers zeigt. Wegen des Anspruchs des Unternehmers auf Nutzungsersatz vgl §§ 346 Abs 1, 347 Abs 1; wegen eines etwaigen Verwendungsersatzanspruches des Bestellers vgl § 347 Abs 2. 21

Ebenfalls nach § 346 Abs 1 hat der Besteller seinerseits gegen den Unternehmer einen **Anspruch auf Rücknahme bzw Beseitigung** des bereits hergestellten Werkes, jedenfalls wenn er an der Beseitigung ein bes Interesse hat (BGHZ 87, 104, 109; Frankfurt aM BauR 1990, 473, 474; Haas u.a./*Rolland* Kap 4 Rn 31; Palandt/*Grüneberg* § 346 Rn 5; aA: BaRoth/*Voit* Rn 33 f; MüKo/*Busche* § 634 Rn 27; Palandt/*Sprau* Rn 7). Die von der Gegenauffassung teilw vorgebrachten Billigkeitserwägungen verfangen nicht: Soweit der Besteller für den Mangel mit verantwortlich ist, wird er an den Kosten der Beseitigung der mangelhaften Werkleistung in entspr Anwendung der §§ 254, 645 verhältnismäßig beteiligt. IÜ hat der Unternehmer das Werk mangelfrei herzustellen. Gelingt ihm dies nicht, ist es billig, ihn mit dem Aufwand der Beseitigung zu belasten und nicht den Besteller. 22

Soweit der Besteller den zum Rücktritt führenden Mangel mit zu vertreten hat, ist der Betrag, den er für die Mangelbeseitigung hätte tragen müssen, von der zurück zu gewährenden Vergütung abzuziehen. Für den Fall, dass die Vergütung noch nicht gezahlt worden ist, bleibt der dahingehende Zahlungsanspruch des Unternehmers bestehen (BaRoth/*Voit* Rn 6, 39). 23

II. Schadensersatz. 1. Voraussetzungen des Schadensersatzes. Hinsichtlich seiner Tatbestandsvoraussetzungen (Werkvertrag, Mangel, fruchtloser Ablauf einer Nacherfüllungsfrist, soweit eine Fristsetzung nicht entbehrlich ist) gilt das im Wesentlichen oben zum Rücktritt Gesagte entspr, s.o. Rz 3 ff. Zur Entbehrlichkeit der Fristsetzung im Falle der Unmöglichkeit nach § 275 Abs 1 sowie der Unzumutbarkeit nach § 275 Abs 2, Abs 3 trifft § 283 S 1 eine dem § 326 Abs 5 entspr Regelung. Abweichend von § 326 Abs 2 Nr 2 kennt § 281 Abs 2 keine spezielle Benennung des Fixgeschäftes als Grund für die Entbehrlichkeit einer Fristsetzung. Die Nacherfüllung dürfte bei Vereinbarung eines relativen Fixgeschäftes dem Besteller jedoch regelm unzumutbar sein und damit in den Anwendungsbereich der §§ 281 Abs 2, 2. Alt, 636 fallen (so auch PWW/*Leupertz* Rn 6; aA: MüKo/*Busche* Rn 29). Dies folgt auch aus der Gesetzesbegründung, die namentlich die »Just-in-time-Verträge« als Beispiele für bes Umstände iSv § 281 Abs 2 nennt, mit anderen Worten also Fixgeschäfte (BTDrs 14/6040 S 140). Schließlich wird das Recht des Bestellers, Schadensersatz zu fordern, bei unerheblichen Pflichtverletzungen nur soweit eingeschränkt, als er gem § 281 Abs 1 S 3 nicht Schadensersatz statt der ganzen Leistung verlangen darf. Zur Frage, wann ein unerheblicher Mangel vorliegt: Rz 20. Der Schadenser- 24 satzanspruch wird auch nicht durch eine vorbehaltlose Abnahme seitens des Bestellers berührt: § 640 Abs 2 nimmt in seinem Verweis auf § 634 das Recht des Bestellers auf Schadens- oder Aufwendungsersatz ausdrücklich aus. Bei einer vorbehaltlosen Abnahme und anschließend fortgesetzten Benutzung des Werkes kann im Einzelfalle allerdings das Recht des Bestellers, den großen Schadensersatzanspruch geltend zu machen, aus dem Gesichtspunkt des venire contra factum proprium (§ 242) verwirkt sein (vgl BaRoth/*Voit* Rn 44). Anders als die übrigen Mängelrechte des Bestellers setzt der Schadensersatzanspruch voraus, dass der Unternehmer die Pflichtverletzung zu vertreten hat (§ 280 Abs 1 S 2). Wann dies der Fall ist, bestimmt sich wiederum nach den §§ 276, 278. Soweit der Besteller den Mangel selbst verursacht, etwa durch fehlerhafte Angaben im Rahmen der Erstellung eines Wertgutachtens, verwirkt er idR seinen Schadensersatzanspruch wegen widersprüchlichen Verhaltens (BGHZ 127, 378, 384). Zu Fragen der Beweislast: Rz 33 ff.

25 **2. Rechtsfolgen.** Nach den §§ 634 Nr 4, 636, 280 Abs 1, Abs 3, 281 einerseits sowie in den Fällen des § 283 (Unmöglichkeit, Unzumutbarkeit nach § 275) sowie des § 311a Abs 1 (anfängliches Leistungshindernis) kann der Besteller vom Unternehmer Schadensersatz statt der Leistung verlangen. Der Leistungsanspruch ist (dann) ausgeschlossen, §§ 275 Abs 1, 281 Abs 4 (wegen des Verhältnisses der Mängelgewährleistungsrechte zueinander: § 634 Rz 16 ff). Auf den Bestand des Werkvertrages hat das Schadensersatzbegehren ansonsten keinen Einfluss; ebenso lässt die berechtigte Kündigung des Werkvertrages einen bereits entstandenen Schadensersatzanspruch unberührt und begrenzt ihn auch nicht auf Schäden, die zu diesem Zeitpunkt bereits eingetreten sind (BGH MDR 2007, 20, 21). Der Schadensersatzanspruch ist auf das positive Interesse gerichtet, der Besteller ist also so zu stellen, wie er bei ordnungsgemäßer Erfüllung gestanden hätte. Bis zum Schluss der letzten mündlichen Verhandlung hat der Besteller grds ein Wahlrecht, in welcher Weise er den Schadensersatz geltend machen will, ob er also Schadensersatz statt der ganzen Leistung (sog großer Schadensersatz; zur Aufrechterhaltung der zum früheren Recht entwickelten Terminologie vgl die Gesetzesbegründung, BTDrs 14/6040 S 225) oder lediglich den so genannten kleinen Schadensersatz vom Unternehmer verlangen will. Sein Wahlrecht besteht dort nicht, wo ihm das Gesetz ohnedies die Möglichkeit des großen Schadensersatzes nimmt (§ 281 Abs 1 S 3: bei unerheblicher Pflichtverletzung, dazu Rz 20); ebenso wenig besteht das Wahlrecht, wenn sich die Parteien auf eine bestimmte Form der Schadensersatzleistung geeinigt haben oder beim Unternehmer sonst eine vergleichbare Vertrauensposition entstanden ist (BaRoth/*Voit* Rn 53; zum alten Recht: BGH NJW 1958, 1284, 1286).

26 Wählt der Besteller den **kleinen Schadensersatz**, behält er das mangelhafte Werk und kann für die mängelbedingte Vermögensminderung einen nach der Differenzmethode berechneten Ausgleich verlangen (Ersatz des so genannten Minderwertes, vgl BGHZ 108, 156, 160). Das Schuldverhältnis wandelt sich in einen einseitigen Schadensersatzanspruch des Bestellers um, der abweichend von § 249 Abs 1 ausschließlich auf Geld gerichtet ist. Es entsteht ein Abrechnungsverhältnis, innerhalb dessen ein (Rest-)Vergütungsanspruch des Unternehmers zwar als eine Abrechnungsposition einzustellen ist, gleichwohl ein selbständiger, aufrechenbarer Anspruch bleibt (BGH NJW 2005, 1771, 1772). Der Ausgleichsbetrag kann einmal nach Wahl des Bestellers (BGHZ 27, 215, 216 ff) dadurch berechnet werden, dass man den mangelbedingten Minderwert des Werkes einschließlich des merkantilen Minderwertes zugrunde legt (BaRoth/*Voit* Rn 55); ein etwaiges Mitverschulden des Bestellers führt dabei zu einer ggf nach § 287 ZPO zu schätzenden anteiligen Verringerung des Minderwertersatzes (BGH VersR 1964, 267, 268). Überwiegend wird der Besteller jedoch den kleinen Schadensersatz nach den tatsächlichen oder fiktiven Mangelbeseitigungskosten einschließlich sämtlicher erforderlicher Vorbereitungs- und Nebenkosten (bspw Gutachten, Bauüberwachung, Rüstungs- und Reinigungskosten) berechnen. Auch im Falle »fiktiver Schadensberechnung« ist dabei § 249 Abs 2 S 2 (Umsatzsteuer nur, soweit sie angefallen ist) nicht zu beachten, da der werkvertragliche Schadensersatzanspruch statt der Leistung nicht auf Naturalrestitution, sondern auf Ersatz der Mangelbeseitigungskosten gerichtet ist (vgl Brandenburg IBR 2006, 136; Walter, MDR 2008, 900, 901 mwN); für § 249 Abs 2 S 2 ist daher im Werkvertragsrecht nur Raum, soweit es um Nebenpflichtverletzungen oder den Ersatz echter Folgeschäden geht. Einzurechnen sind bei der Berechnung des Schadensersatzes auch ggf für eine vergebliche Selbstvornahme entstandene Kosten (Frankfurt aM NJW-RR 1992, 602, 602 f) sowie ein merkantiler Minderwert. Auf der anderen Seite hat sich der Besteller etwaige Vorteile (bspw Sowiesokosten) und mitwirkendes Verschulden anteilig anrechnen zu lassen, vgl dazu § 633 Rz 19 f und § 635 Rz 10 ff. Etwaiges Mitverschulden des Bestellers an der Höhe des eingetretenen Schadens wegen Verletzung seiner Schadensminderungspflicht ist ohnedies gem § 254 Abs 2 zu berücksichtigen. Entsprechende Abzüge erfolgen nicht von Amts wegen, sondern nur aufgrund Geltendmachung durch den Unternehmer (Hamm NJW-RR 1996, 272, 272 f).

27 Wählt der Besteller zulässigerweise (s.o. Rz 24) den **großen Schadensersatz**, ist der Unternehmer verpflichtet, auf seine Kosten das bereits teilw errichtete Werk wieder vollständig zu beseitigen. Darüber hinaus hat der Besteller einen Anspruch auf Ersatz des gesamten Nichterfüllungsschadens, der sich – soweit die Vergütung noch nicht geleistet ist – aus der Differenz zwischen dem Vergütungsanspruch des Unternehmers und dem Wert der mangelfrei erstellten Leistung berechnet. Bereits auf den Vergütungsanspruch des Unternehmers geleistete Beträge hat dieser zurück zu zahlen. Für die Anrechnung einer Mitverantwortlichkeit des Bestellers gilt das zum kleinen Schadensersatz Gesagte entspr.

Unmittelbar nach den §§ 634 Nr 4, 280 Abs 1 kann der Besteller daneben Schäden ersetzt verlangen, die zwar mangelbedingt, aber außerhalb der Werkleistung eingetreten sind und eine Nacherfüllung deshalb ausscheidet, sog **Mangelfolgeschäden** (vgl BGHZ 58, 305, 307 f; 115 32, 36). Nicht nach dem Gewährleistungsrecht, sondern wegen **pVV** gem den §§ 280 Abs 1, 241 Abs 2 kann der Besteller daneben Schäden ersetzt verlangen, die auf Nebenpflichtverletzungen des Unternehmers beruhen, also nicht mangelbedingt sind: Darunter fallen also keinesfalls (nahe oder entfernte) Mangelfolgeschäden, die der Gesetzgeber ausdrücklich sämtlich in § 634 Nr 4 einbezogen hat (BTDrs 14/6040 S 263). Schließlich kann der Besteller neben dem Schadensersatz statt der Leistung die bereits vor Geltendmachung des Schadensersatzverlangens entstandenen **Verzögerungsschäden** ersetzt verlangen, namentlich Zahlung eines wegen Verzögerung geschuldeten Vertragsstrafenanspruches. Da mit der Forderung des Schadensersatzanspruches die Leistungspflicht entfällt, kann nur bis zu diesem Zeitpunkt Verzug des Unternehmers mit der Leistung eintreten. 28

III. Aufwendungsersatz. Anstelle des Schadensersatzes statt der Leistung kann der Besteller auch Ersatz vergeblicher Aufwendungen gem § 284 verlangen. Es müssen also dieselben Voraussetzungen wie für den Schadensersatzanspruch vorliegen, vgl dazu Rz 24. Zum Inhalt dieses Anspruches, nach dem die frustrierten Aufwendungen erstattet werden sollen, vgl die Kommentierung zu § 284. Allg Bsp für solche Aufwendungen im Bereich des Werkvertragsrechts sind Vertragskosten, Finanzierungskosten für den Vergütungsanspruch oder etwa die Kosten, die der Besteller für die Anschaffung des von ihm zu stellenden Materials aufgewendet hat. Gerade im Hinblick auf die zuletzt genannten Fälle ist allerdings auf die weiteren Voraussetzungen des Anspruches hinzuweisen: Einmal müssen die Aufwendungen im Vertrauen auf den Erhalt der Leistung billigerweise gemacht worden sein. Der Besteller darf also nach Art und Umfang keine außerhalb einer vernünftigen Relation zur Leistung stehenden Aufwendungen getätigt haben. Diese Aufwendungen müssen zudem ihren Zweck verfehlt haben, wie sich letztlich aus der amtlichen Überschrift der Norm ergibt (»Ersatz vergeblicher Aufwendungen«): Wird das beabsichtigte Werk also später von einem anderen Unternehmer erstellt und wird das angeschaffte Material dabei verwendet, kommt ein Aufwendungsersatz insoweit nicht in Betracht. Schließlich muss die Zweckverfehlung gerade infolge der Pflichtverletzung eingetreten sein: Hat der Besteller bereits vor Erteilung einer Baugenehmigung das Material erworben und mit der Bauausführung begonnen und stellt sich erst nachher heraus, dass jede Bebauung baurechtlich unzulässig ist, entfällt ein Anspruch auf Aufwendungsersatz, weil der beabsichtigte Zweck auch ohne die Pflichtverletzung nicht eingetreten wäre. 29

IV. Abweichende Vereinbarungen. Grds können die Parteien im Rahmen der §§ 138, 639 und ggf der §§ 307 ff abweichende Regelungen zu Rücktritt und Schadensersatz vereinbaren. Namentlich steht es ihnen frei, individuelle Regelungen zur Form der Mängelanzeige, zur Fristlänge oder zum Erfordernis einer weiteren Fristsetzung zu treffen. Bei Verwendung von AGB ist dahingehend § 308 Nr 2 (auch bei der Wertung nach § 307) zu beachten, der die Unwirksamkeit von Klauseln bestimmt, durch die sich der Verwender für die von ihm zu bewirkende Leistung eine unangemessen lange oder nicht hinreichend bestimmte Nachfrist vorbehält. Andererseits steht es den Parteien frei, privatautonom auf eine Nachfristsetzung vollständig zu verzichten (MüKo/*Busche* Rn 11). 30

Individualvertraglich stehen einer Vereinbarung, dass das Rücktrittsrecht vollständig ausgeschlossen sein soll, keine Bedenken entgegen (BaRoth/*Voit* Rn 40). In AGB ist eine Beschränkung oder ein Ausschluss des Rücktrittsrechts zwar nicht nach § 309 Nr 8b unwirksam; die Wirksamkeit ist allerdings im Einzelfalle nach § 307 zu messen. Eine Klausel, die selbst bei Unmöglichkeit der Nacherfüllung das Rücktrittsrecht des Bestellers ausschließt, dürfte jedenfalls nach § 307 Abs 2 Nr 1 unwirksam sein, da niemand durch formularmäßige Bedingungen gezwungen werden kann, gegen seinen Willen eine an dem Vertragszweck gemessen für ihn so nicht brauchbare Sache zu behalten (für das Kaufrecht: BGH MDR 1981, 839, 840). 31

C. VOB/B. Vgl zunächst § 634 Rz 26 ff. Das Mängelgewährleistungsrecht der VOB/B kennt kein Rücktrittsrecht. Vor Abnahme bleibt dem Besteller im Falle einer mangelhaften Leistung lediglich die Möglichkeit, dem Auftragnehmer nach Maßgabe der §§ 4 Nr 7 S 3, 8 Nr 3 VOB/B den Auftrag zu entziehen. Schadensersatz im Falle von Mängeln, die bereits vor der Abnahme festgestellt werden, kann der Besteller nach Maßgabe des § 4 Nr 7 S 2 VOB/B verlangen, zum Umfang vgl § 634 Rz 27. Praktisch erhebliche Abweichungen zum BGB-Vertrag existieren für den Schadensersatzanspruch nach Abnahme aus § 13 Nr 7 VOB/B iÜ nicht (Kapellmann/Messerschmidt/*Weyer* § 13 VOB/B Rn 397). 32

D. Prozessuales. Zu den **Darlegungs- und Beweisfragen** die Mangelhaftigkeit des Werkes und das Nacherfüllungsbegehren betreffend vgl § 633 Rz 22 und § 635 Rz 18. Der Besteller trägt weiterhin die Darlegungs- und Beweislast dafür, dass er den Unternehmer unter Fristsetzung zur Nachbesserung aufgefordert hat bzw dafür, dass die Voraussetzungen für die Entbehrlichkeit einer Fristsetzung vorgelegen haben, ferner dafür, dass die Frist fruchtlos verstrichen ist (PWW/*Leupertz* Rn 10). Steht fest, dass das von dem Unternehmer hergestellte Werk bei der Abnahme mangelhaft war, und hat der Werkunternehmer Nachbesserungsversuche unternommen, um den vertragsgem Zustand des Werks herzustellen, so muss er, wenn er den Werklohn beanspruchen will, darlegen und notfalls beweisen, dass seine Nachbesserungen zur (fristgerechten) Beseiti- 33 gung des Mangels geführt haben. Dies folgt aus dem im Zivilrecht allg geltenden Beweislastprinzip, wonach jede Partei, die den Eintritt einer Rechtsfolge geltend macht, die Voraussetzungen des ihr günstigen Rechtssatzes vortragen und beweisen muss (BGH NJW-RR 1998, 1268, 1269).

34 Wegen des für den Schadensersatzanspruch erforderlichen Vertretenmüssens greift zugunsten des Bestellers die Beweislastregelung nach **§ 280 Abs 1 S 2**: Danach hat der Unternehmer für den Einwand, er habe die Pflichtverletzung nicht zu vertreten, die Darlegungs- und Beweislast. Die Beweislasterleichterung betrifft also nur die subjektiven Umstände. IÜ bleibt der Besteller allerdings grds für die objektive Pflichtverletzung durch den Unternehmer sowie für deren Kausalität darlegungs- und beweispflichtig (BGHZ 42, 16, 17 f; 48, 310, 312).

35 Hinsichtlich der Kausalität ist im Einzelfalle eine Beweiserleichterung zugunsten des Bestellers nach den Grundsätzen zum Beweis des ersten Anscheins möglich: So spricht der typische Geschehensablauf etwa für eine objektiv mangelhafte Bauüberwachung des Architekten, wenn eine Mauer aufgrund fehlender Drainage und unzureichender Gründungstiefe einzustürzen droht (BGH NJW 2002, 2708, 2709). Liegt die Pflichtverletzung in der Verletzung von Aufklärungs- und Beratungspflichten, obliegt dem Unternehmer die Darlegungs- und Beweislast dafür, dass der Schaden auch bei pflichtgemäßer Leistung eingetreten wäre, weil sich der Besteller über jeden Rat oder Hinweis hinweggesetzt hätte (BGHZ 61, 118, 121 ff). Weiterhin sind die aus § 138 Abs 2 ZPO herzuleitenden Grundsätze der sekundären Darlegungslast zu beachten: Diese greifen in sämtlichen Fällen Platz, in denen die beweisbelastete Partei außerhalb des von ihr darzulegenden Geschehensablaufs steht und keine nähere Kenntnis der maßgebenden Tatsachen besitzt, während der Prozessgegner sie hat und ihm nähere Angaben zumutbar sind (BGH BauR 2002, 1396, 1398; NJW 1999, 714, 714 f). Die beweisbelastete Partei kann sich dann auf allg Behauptungen beschränken, soweit diese nicht ohne jeden tatsächlichen Anhaltspunkt erfolgen (vgl BGH BauR 2002, 1396, 1398); so kann etwa der Besteller bei Vorliegen erkennbarer Baumängel behaupten, diese seien (auch) auf eine unzureichende Bauüberwachung zurück zu führen. Dem bauüberwachenden Architekten obliegt dann die sekundäre Darlegungslast zu Ausführung und Umfang seiner Tätigkeiten (Naumburg NZBau 2003, 389, 390). Allgemein zu Beweiserleichterungen im Baurecht vgl WP/*Pastor* Rn 2595 ff.

§ 637 Selbstvornahme.

[1] Der Besteller kann wegen eines Mangels des Werkes nach erfolglosem Ablauf einer von ihm zur Nacherfüllung bestimmten angemessenen Frist den Mangel selbst beseitigen und Ersatz der erforderlichen Aufwendungen verlangen, wenn nicht der Unternehmer die Nacherfüllung zu Recht verweigert.

[2] § 323 Absatz 2 findet entsprechende Anwendung. Der Bestimmung einer Frist bedarf es auch dann nicht, wenn die Nacherfüllung fehlgeschlagen oder dem Besteller unzumutbar ist.

[3] Der Besteller kann von dem Unternehmer für die zur Beseitigung des Mangels erforderlichen Aufwendungen Vorschuss verlangen.

1 **A. Allgemeines/Normzweck.** Die Norm gewährt dem Besteller iVm § 634 Nr 2 ein nur dem Werkvertragsrecht eigenes verschuldensunabhängiges Mängelrecht zur Selbstvornahme und einen Anspruch auf Erstattung der dazu erforderlichen Kosten. Praktisch relevant ist vor allem der Vorschussanspruch des Bestellers nach § 637 Abs 3. Die Voraussetzungen dieses Mängelanspruches gleichen im Wesentlichen denen von Rücktritt und Schadensersatz. Wegen des Verhältnisses der Mängelansprüche des Bestellers zu den allg Regeln und untereinander: § 634 Rz 10 ff und Rz 16 ff.

2 **B. Kommentierung. I. Voraussetzungen. 1. Fruchtloser Ablauf einer angemessenen Nacherfüllungsfrist.** Der Besteller muss grds den Unternehmer zur Beseitigung eines Mangels aufgefordert haben; zum Mangelbegriff: § 633 Rz 5 ff; zu den Anforderungen an die Aufforderung zur Mangelbeseitigung: § 635 Rz 2. Eine dem Unternehmer vom Besteller zur Nacherfüllung gesetzte angemessene Frist muss fruchtlos abgelaufen sein, dazu s § 636 Rz 4 ff.

3 **2. Ausschluss des Selbstvornahmerechts.** Das Selbstvornahmerecht des Bestellers ist zwingend vom Bestand des Nacherfüllungsanspruches abhängig, weshalb es nicht besteht, wenn die Nacherfüllung gem § 275 objektiv oder subjektiv unmöglich ist; vgl dazu § 635 Rz 5. Darüber hinaus fehlt es an den Voraussetzungen des Selbstvornahmerechts, worauf § 637 Abs 1, 2. Hs ausdrücklich hinweist, wenn der Unternehmer zu Recht die Nacherfüllung verweigert. Ob dies der Fall ist, bestimmt sich nach den §§ 275 Abs 2, Abs 3, 635 Abs 3; vgl dazu § 635 Rz 13 ff. Da es sich insoweit um echte (peremptorische) Einreden handelt, entfällt ein Selbstvornahmerecht des Bestellers nicht bereits, wenn deren objektive Voraussetzungen vorliegen, sondern erst, wenn der Unternehmer die Einreden erhoben hat. Zum Erlöschen des Anspruchs: Rz 5.

4 **3. Entbehrlichkeit der Fristsetzung.** Die Fristsetzung ist einmal nach Maßgabe von § 323 Abs 2 und zum anderen dann entbehrlich, wenn die Nacherfüllung fehlgeschlagen oder dem Besteller unzumutbar ist, vgl dazu § 636 Rz 13 ff und Rz 17 f.

5 **II. Rechtsfolgen. 1. Selbstvornahmerecht.** Mit dem fruchtlosen Ablauf der Nacherfüllungsfrist hat der Besteller das Recht, den Mangel selbst oder durch Dritte zu beseitigen. Der Unternehmer ist – ohne Gestattung seitens des Bestellers – nicht mehr berechtigt, den Mangel zu beheben (BGH NJW 2003, 1526). Der Anspruch des Bestellers auf Aufwendungsersatz und demzufolge auch sein Vorschussanspruch gehen unter, wenn infolge durchgeführter Nachbesserung der Nacherfüllungsanspruch erfüllt ist (Nürnberg NJW-RR 2002, 1239). Das gilt im Grundsatz jedenfalls auch für den Fall, dass der Unternehmer ohne Gestattung des Bestellers nach Fristablauf Mängel beseitigt (aA: Nürnberg NJW-RR 2006, 165, 165 f). Unternimmt der Unternehmer ohne Gestattung seitens des Bestellers nach Ablauf der Nacherfüllungsfrist und trotz rechtskräftiger Verurteilung zum Kostenvorschuss Nachbesserungsarbeiten, deren Erfolg zwischen den Parteien zudem streitig ist, ist ihm der Erfüllungseinwand im Rahmen einer Vollstreckungsgegenklage gem § 767 Abs 1 ZPO aus Treu und Glauben verwehrt. Vielmehr ist in solchen Fällen erst im Rahmen der Abrechnung (dazu s.u. Rz 16 f) zu entscheiden, ob und wie weit etwaige vom Besteller getätigte Nachbesserungen trotz der Mängelbeseitigungsarbeiten durch den Unternehmer erforderlich waren (so auch im Ergebnis: Nürnberg NJW-RR 2006, 165, 165 f).

Dem Besteller steht es allerdings frei, die Nacherfüllung durch den Unternehmer trotz Fristablaufs zu gestatten (Köln NJW-RR 2001, 1386, 1387); er muss dann geeignete Maßnahmen durch den Unternehmer dulden (BGH NJW-RR 2004, 303, 304 f). Schlagen diese (erneut) fehl, kann der Besteller auch ohne weitere Fristsetzung die Mängelrechte nach § 634 Nr 2 bis 4 geltend machen. Führt der Besteller eine unberechtigte Selbstvornahme durch, also ohne dass die Voraussetzungen nach § 637 Abs 1 vorliegen, hat er mangels Vorliegens der Voraussetzungen der etwaige weitere Anspruchsgrundlagen verdrängenden Gewährleistungsrechte keinerlei Ansprüche, auch keine Schadensersatzansprüche gegen den Besteller (vgl BGH NJW 2005, 1348, 1350; MüKo/*Busche* Rn 7 und die Kommentierung zu § 634 Rz 14, § 636 Rz 9). 6

2. Aufwendungsersatz. Der Unternehmer hat diejenigen Aufwendungen des Bestellers zu ersetzen, die zur Beseitigung des jeweiligen Mangels erforderlich sind. **Erforderlich** sind grds die Aufwendungen, die den Mangel grds sicher und nachhaltig zu beseitigen geeignet sind (Frankfurt aM NJW-RR 1997, 340). Dass die Selbstvornahme (dennoch) fehlgeschlagen ist, hindert den Aufwendungsersatzanspruch nicht (BGH NJW-RR 1989, 86, 88). Soweit der Besteller bei gescheiterter Selbstvornahme Ansprüche gegen Drittunternehmen innehat, sind diese analog § 255 an den auf Aufwendungsersatz in Anspruch genommenen Unternehmer abzutreten (BaRoth/*Voit* Rn 9; Palandt/*Sprau* Rn 6); dem Unternehmer steht insoweit ein Zurückbehaltungsrecht nach § 273 Abs 1 zu. Hat der (sachkundige) Besteller einen komplizierten Mangel mehrfach vergeblich selbst und objektiv untauglich zu beseitigen versucht, ohne die Mangelbeseitigung einem Fachmann zu übertragen, sind die untauglichen Versuche nicht erforderlich gewesen und die dazu getätigten Aufwendungen nicht erstattungsfähig (BGH WM 1989, 21, 25). 7

Die Aufwendungen dürfen nicht unverhältnismäßig sein: Erforderlich sind deshalb nur solche Aufwendungen, die ein **wirtschaftlich** denkender Bauherr nach sachkundiger Beratung für eine entspr Maßnahme der Mängelbeseitigung erbringen konnte und musste (BGH NJW-RR 1991, 789), wobei allerdings die Anforderungen an den Besteller bei der Auswahl eines Drittunternehmers und bei der Durchführung der Mängelbeseitigung nicht überspannt werden dürfen: Der Besteller ist weder gehalten, sich ohne konkreten Anlass über Alternativen zu den von Drittunternehmern vorgeschlagenen Methoden zur Mängelbeseitigung zu informieren, noch ist ihm eine risikoreiche Methode der Mängelbeseitigung zuzumuten (BaRoth/*Voit* Rn 9); etwaig dadurch entstehende Mehrkosten sind dem Unternehmer zuzumuten, der nicht gehindert war, die Nacherfüllung selbst (und ggf kostengünstiger) durchzuführen (Frankfurt aM NJW-RR 1988, 918 f). Auch wenn der Wortlaut von § 637 Abs 1 im Verhältnis zu demjenigen von § 635 Abs 1 auf den ersten Blick nahe zu legen scheint, dass die Selbstvornahme ausschließlich im Wege der Nachbesserung und nicht auch im Wege der **Neuherstellung** erfolgen könne, dürfte dies jedenfalls dann unzutreffend sein, wenn der (gravierende) Mangel sich nicht anders und günstiger als durch Neuherstellung beseitigen lässt (so auch BaRoth/*Voit* Rn 9). Der einschränkende Wortlaut ist im Lichte des Erforderlichkeitsmaßstabes zu verstehen: Der Besteller hat im Rahmen der Selbstvornahme anders als der Unternehmer nach § 635 Abs 1 eben kein freies Wahlrecht, sondern darf nur den zur Mangelbeseitigung erforderlichen Weg wählen. 8

Gegenstand des Aufwendungsersatzanspruches sind auch die Aufwendungen, die zum **Auffinden der Schadensursache** notwendig waren (BGHZ 113, 251, 261) und solche Kosten, die zur **Beseitigung von Schäden** entstehen, welche im Rahmen der Mangelbeseitigung am Eigentum des Bestellers eingetreten sind (Karlsruhe BauR 2005, 1485, 1488). Hat der Besteller den Mangel selbst beseitigt, dann ist der Wert seiner **Eigenleistungen** auf der Grundlage eines in abhängiger Beschäftigung Tätigen unter Außerachtlassung eines Unternehmerzuschlags gem § 287 ZPO zu schätzen (BGHZ 59, 328, 332). Soweit der Besteller seinerseits gewerblich tätig ist und den Mangel unter Einsatz seines Betriebs beseitigt, kann er seine Arbeitsleistungen einschließlich eines Anteils seiner Gemeinkosten, allerdings ohne Gewinn- und Wagniszuschlag, ersetzt verlangen (KG VersR 1979, 233, 234; MüKo/*Busche* Rn 10). 9

Der Aufwendungsersatzanspruch ist um diejenigen Beträge zu kürzen, mit denen sich der Besteller sei es wegen Mitverschuldens oder sei es aus dem Gesichtspunkt des **Vorteilsausgleichs** an den Kosten zu beteiligen hat (vgl dazu § 635 Rz 10 ff). Der Abzug ist nicht von Amts wegen, sondern nur aufgrund Geltendmachung durch den Unternehmer vorzunehmen (Hamm NJW-RR 1996, 272, 272 f). Der Abzug von »Sowiesokosten« wird auch nicht durch die Rechtskraft eines Feststellungsurteils gehindert, wonach der Unternehmer 10 dem Grunde nach Aufwendungsersatz ohne Berücksichtigung eines solchen Abzugs zu zahlen habe, sofern die Sowiesokosten erst im Zuge der Mängelbeseitigungsarbeiten bekannt werden (BGH BauR 1988, 468 f).

11 **3. Vorschuss. a) Anspruchsvoraussetzungen.** Soweit der Besteller die Mangelbeseitigung im Wege der Selbstvornahme durchführen darf, kann er vom Unternehmer für die dazu voraussichtlich erforderlichen Aufwendungen gem § 637 Abs 4 einen Vorschuss verlangen. Der Besteller soll nicht zur Mangelbeseitigung auch noch eigene Mittel aufwenden müssen, zumal er etwa im Falle umfangreicherer Bauwerksherstellung möglicherweise über solche Mittel nicht mehr verfügt und Nachbesserungen auch nicht mehr finanzieren kann (vgl BGH BauR 1984, 406, 407). Für den Vorschussanspruch müssen also zunächst sämtliche Voraussetzungen des Selbstvornahmeanspruchs vorliegen, dazu s.o. Rz 2 ff. Darüber hinaus ist erforderlich, dass der Besteller die **Absicht der Mangelbeseitigung** hat, denn der Vorschussanspruch ist zur Erfüllung von Gewährleistungsansprüchen bestimmt. Diese Absicht ist grds zu unterstellen (Erman/*Schwenker* Rn 12; PWW/*Leupertz* Rn 9); der Darlegungslast kommt der Besteller grds bereits (schlüssig) durch das Vorschussbegehren selbst unter Schilderung der Mangelsymptome nach (BGH BauR 1999, 631, 632). Will der Besteller den Mangel ersichtlich nicht beseitigen oder ist ihm dies innerhalb einer angemessenen Frist nicht möglich, ist für die Gewährung eines Vorschusses kein Raum (BGH BauR 1984, 406, 407 f; BauR 1982, 66, 67; Nürnberg NJW-RR 2003, 1601); ein bereits geleisteter Vorschuss ist nach Verstreichen einer angemessenen Frist (dazu Rz 16) wieder zurückzuzahlen (Oldenburg, BauR 2008, 1496); der Bauherr kann jedoch gegen diesen Rückzahlungsanspruch die Aufrechnung mit einem Schadensersatzanspruch erklären (BGHZ 105, 103, 106 f). Die Vermutung der Mangelbeseitigungsabsicht ist erschüttert, wenn der Besteller von einem anfänglich (unberechtigt) geltend gemachten kleinen Schadensersatzanspruch auf einen Vorschussanspruch in derselben Höhe übergeht (Celle BauR 2001, 1753, 1753 f; zur Zulässigkeit der Klageänderung: Rz 20), nicht jedoch bei einem primär auf Minderung und hilfsweise auf Vorschuss gerichteten Antrag (BGH BauR 1999, 631, 632; zur Zulässigkeit des Hilfsantrags: Rz 20). Ebenso wenig kann der Subunternehmer den Vorschuss verweigern mit der Behauptung, der Hauptunternehmer wolle seinerseits nicht ggü seinem Bauherrn Nacherfüllung vornehmen, sondern habe seinerseits nur Vorschuss geleistet (BGH BauR 1990, 358, 359): Der Hauptunternehmer muss in diesem Falle den Vorschuss des Subunternehmers nicht für eine selbst durchgeführte Mängelbeseitigung einsetzen wollen, vielmehr genügt es, wenn der Vorschuss zur Kompensation des vom Hauptunternehmer geleisteten Vorschusses eingesetzt wird und die Mängelbeseitigung durch den Bauherrn erfolgt; insoweit ist die Situation derjenigen vergleichbar, in welcher sich der vorschussberechtigte Bauherr eines Drittunternehmers zur Selbstvornahme bedienen will. Fehlt die Absicht des Bestellers, den Mangel zu beseitigen oder fällt sie später weg, ist ein ggf bereits gezahlter Vorschuss an den Unternehmer zurückzuzahlen (BGH BauR 1984, 406, 408). Der Rückzahlungsanspruch folgt insoweit unmittelbar aus dem Werkvertrag selbst, §§ 631 Abs 1, 637 Abs 4. Auf § 812 Abs 1 S 2 ist nicht zurückzugreifen (vgl BGH NJW 2006, 2552 f: zur Rückzahlungspflicht überzahlter Nebenkostenvorauszahlungen). Ebenso wenig ist § 667 entspr anwendbar, da die Vorschusspflicht des Auftragsrechts nach § 669 grds nicht mit derjenigen aus § 637 Abs 4 vergleichbar ist (BGHZ 94, 330, 334 f; aA: BaRoth/*Voit* Rn 16; Palandt/*Sprau* Rn 10).

12 **b) Anspruchsausschluss/Anspruchserlöschen.** Der Anspruch erlischt nach § 362 durch Erfüllung oder nach § 397 durch (auch schlüssig erklärten) Verzicht. Ob der Vorschussanspruch auch nach § 389 erlöschen kann, ob also der Besteller mit ihm ggü dem Vergütungsanspruch des Unternehmers die Aufrechnung erklären kann, ist umstr (dafür: BGHZ 54, 244, 246 ff; BauR 1993, 96, 98; aA: Köln BauR 2003, 741, 742; München BauR 1987, 600, 601). Gegen die **Aufrechnungsfähigkeit** des Vorschussanspruches mit dem Werklohnanspruch des Unternehmers sprechen keine durchgreifenden Bedenken: Es handelt sich um gleichartige, jeweils auf Geld gerichtete Forderungen. Das Interesse des Bestellers, die Finanzierung zur Durchführung von Mangelbeseitigungen zu sichern, ist auch bei Fortfall der entspr Belastung mit der Werklohnforderung gewahrt. Schließlich begegnet es auch keinen Bedenken, dass eine Abrechnungspflicht über den Vorschuss besteht (dazu s.u. Rz 16): Soweit sich bei der Abrechnung herausstellt, dass der Vorschuss zu hoch bemessen war und damit der Werklohnanspruch des Unternehmers letztlich teilw materiell unzutreffend erloschen ist, erhält der Unternehmer auf der anderen Seite unmittelbar aus der Abrechnung in derselben Höhe einen Rückzahlungsanspruch gegen den Besteller.

13 Da der Anspruch das Selbstvornahmerecht des Bestellers voraussetzt und dieses wiederum den Nacherfüllungsanspruch des Unternehmers, erlischt der Vorschussanspruch automatisch auch mit dem Wegfall des Nacherfüllungsanspruchs und des Selbstvornahmerechts, sei es, weil der Unternehmer nach Ablauf der Nacherfüllungsfrist den Mangel beseitigt (s.o. Rz 5 f) oder berechtigt die Nacherfüllung verweigert (vgl Rz 3, § 635 Rz 13 ff) oder sei es, dass der Besteller selbst den Mangel beseitigt hat.

14 Der Vorschussanspruch ist schließlich wegen **anderweitiger Zweckerreichung** ausgeschlossen, wenn der Besteller die Möglichkeit hat, den für die Mängelbeseitigung erforderlichen Geldbetrag auf andere Weise einfacher zu erlangen, etwa durch (teilw) Einbehalt der Werklohnforderung (BGHZ 47, 272, 273; BauR 2000, 881, 885; Oldenburg BauR 1994, 371) oder durch Verwertung ihm überlassener Gewährleistungsbürgschaften (BGHZ 47, 272, 273; BGH BauR 1984, 406, 407; aA: Hamm BauR 1997, 141, 142 f). Diese zur früheren Rechtslage ergangenen Entscheidungen, wonach der Vorschussanspruch aus Billigkeitsgründen gem

§ 242 hergeleitet worden war, sind auch für den Vorschussanspruch nach § 637 Abs 4 heranzuziehen (str; wie hier: PWW/*Leupertz* Rn 10; Palandt/*Sprau* Rn 8; Erman/*Schwenker* Rn 12; aA: MüKo/*Busche* Rn 20). Die Gesetzesbegründung zu § 637 Abs 4 (im Entwurf noch Abs 3) verweist ausdrücklich auf die vormalige ungeschriebene Rechtslage, die durch das SchRModG eine Regelung im Gesetz finden sollte, und zwar unter Bezugnahme auf eine Entscheidung des BGH (BGHZ 47, 272 ff), in welcher dieser den Vorschussanspruch ausdrücklich als subsidiären Anspruch entwickelt hat (BTDrs 14/6040 S 266). Bereits von daher ist davon auszugehen, dass der Gesetzgeber auch die genannte Einschränkung des Vorschussanspruches in § 637 Abs 4 übernehmen wollte (so auch: PWW/*Leupertz* Rn 10). Dem Sinn und Zweck der Norm, nämlich dem Besteller nicht den zur Mangelbeseitigung erforderlichen Aufwand abzuverlangen, der üblicherweise bei der Nacherfüllung gem § 635 Abs 2 vom Unternehmer zu tragen gewesen wäre, kommt ein solches Verständnis jedenfalls nach: Hat der Besteller auf einfacherem Wege eine Möglichkeit, sich die erforderlichen Mittel zu beschaffen (Gewährleistungsbürgschaft) oder liegen sie ihm bereits vor (Einbehaltung), ist ein Vorschussverlangen zur Erreichung des Normzwecks nicht mehr erforderlich; einer darauf gerichteten Klage fehlt das Rechtsschutzbedürfnis.

c) **Anspruchsinhalt.** Der Vorschussanspruch ist auf die Zahlung eines Geldbetrages gerichtet und umfasst 15
sämtliche voraussichtlich zur Mangelbeseitigung erforderliche Kosten, die auch im Rahmen des Aufwendungsersatzes und im Rahmen einer vom Unternehmer selbst durchgeführten Nacherfüllung von diesem zu tragen wären (s.o. Rz 7 und § 635 Rz 7), also auch etwaige Gutachterkosten zur Ursachenermittlung, ggf Regiekosten (Köln, Urt v 27.08.1999 – Az: 19 U 198, 98 – juris Rn 64), Vorbereitungskosten und – soweit sie bereits aus einer ex-ante-Betrachtung sichtbar sind – etwaige Kosten zur Wiederherstellung bei der Mangelbeseitigung notwendig zu zerstörender Sachen des Bestellers. Gegebenenfalls ist die Höhe des Vorschusses gem § 287 ZPO (teilw) zu schätzen (BGH NJW-RR 2004, 1023). Nicht im Vorschusswege ist ein merkantiler Minderwert geltend zu machen; dazu steht dem Besteller lediglich der Schadensersatzanspruch offen (BGH NJW-RR 1997, 339, 340). Der Vorschussanspruch ist nach den allg Regeln gem den §§ 286 ff zu verzinsen (BGHZ 77, 60, 61 f; 94, 330, 332); Verzug setzt insoweit nicht bereits mit Ablauf der Nacherfüllungsfrist ein.

d) **Abrechnung.** Der Vorschuss ist in angemessener Zeit nach erfolgter Mängelbeseitigung abzurechnen. 16
Sowohl der **Abrechnungsanspruch** als auch ein etwaiger **Rückzahlungsanspruch** wegen nicht verbrauchter Beträge folgt unmittelbar aus dem Vertrag selbst, s.o. Rz 11. Für Form und Inhalt der Abrechnung ist § 259 anzuwenden (PWW/*Leupertz* Rn 12). Der Besteller muss also – ggf unter Vorlage von Belegen – den Verbrauch des Vorschussbetrages zur Mängelbeseitigung darlegen. Für die Frage, welcher Zeitraum für Mängelbeseitigung und Abrechnung angemessen ist, ist auf die Besonderheiten des jeweiligen Einzelfalles abzustellen, starre Fristen verbieten sich von vornherein. Allerdings dürfte ein Zeitraum von mehr als einem Jahr nach Leistung des Vorschusses in aller Regel, auch bei größeren Bauvorhaben zu lang sein (vgl Köln BauR 1988, 483, 483 f; Oldenburg BauR 2008, 1496; Oldenburg BauR 2008, 1641, 1642: regelm ½-1 Jahr). Ein zuviel gezahlter Vorschuss ist zurück zu gewähren (BGH BauR 1985, 569, 570). Nicht zurückzuzahlen sind grds etwaige Verzugszinsen, diese verbleiben ihrem Zweck entspr im Vermögen des Bestellers (BGHZ 94, 330, 333 f). Etwas anderes gilt jedoch, soweit sich der Vorschussbetrag nach Abrechnung als zu hoch erweist und (teilw) zurück zu zahlen ist: Im Umfang dieser Zuvielforderung hatte der Besteller ursprünglich materiell keinen Zahlungsanspruch, weshalb auch in diesem Umfang eingezogene Verzugszinsen zurück zu zahlen sind (BGH BauR 1985, 569, 570).

Die Abrechnungspflicht des Bestellers entfällt, wenn er Schadensersatz mindestens in derselben Höhe des 17
Vorschusses beanspruchen kann (BGH WM 1989, 648, 649), denn er kann diesen Anspruch mit einem Rückzahlungsanspruch verrechnen (BaRoth/*Voit* Rn 16; Palandt/*Sprau* Rn 10; PWW/*Leupertz* Rn 12).

C. VOB/B. § 13 Nr 5 Abs 2 VOB/B gewährt dem Auftraggeber ein § 637 Abs 4 entspr Recht, einen Mangel 18
nach fruchtlosem Ablauf einer angemessenen Mangelbeseitigungsfrist auf Kosten des Auftragnehmers beseitigen zu lassen. Wegen der scheinbaren Abweichung zum Nachbesserungsverlangen (schriftliche Aufforderung): § 635 Rz 17. Für Mängel, die bereits vor Abnahme erkannt werden, eröffnen die §§ 4 Nr 7 S 3, 8 Nr 3 Abs 1, Abs 2 S 1 VOB/B dem Auftraggeber die Möglichkeit, nach fruchtlosem Ablauf einer angemessenen Frist zur Mangelbeseitigung verbunden mit der Androhung, den Auftrag ggf zu entziehen, den Mangel auf Kosten des Auftragnehmers zu beseitigen. Zwingend hat zuvor allerdings die Auftragsentziehung stattzufinden (BGH NJW-RR 1986, 1148 f; 2002, 160, 162).

D. Prozessuales. Der Besteller muss die voraussichtlichen Mangelbeseitigungskosten grds nicht durch 19
Sachverständigengutachten unterlegen, seiner **Darlegungslast** kommt er hinreichend nach, wenn er die voraussichtlichen Kosten zunächst nur nachvollziehbar schätzt; für den Fall, dass der Unternehmer die Erforderlichkeit der geschätzten Aufwendungen bestreitet, muss der Besteller diese allerdings (durch Sachverständigengutachten) beweisen (BGH BauR 2003, 1247, 1248; 1999, 631, 632). Bei der Berechnung der voraussichtlichen Mangelbeseitigungskosten hat der Besteller auch nicht von sich aus etwaige Abzüge aus dem Gesichtspunkt des Vorteilsausgleichs zu berücksichtigen; Sowiesokosten oder sonstige Vorteile hat der Unternehmer darzulegen und ggf zu beweisen (BGH BauR 2003, 1247, 1248; 1989, 361, 365).

20 Wegen der mit § 636 gleich lautenden Anspruchsvoraussetzungen vgl zunächst zur **Beweislast:** § 636 Rz 33. Das Vorliegen der Einredevoraussetzungen gem den §§ 275 Abs 2, Abs 3, 635 Abs 3 hat der Unternehmer darzulegen und ggf zu beweisen. Hat der Besteller ein Drittunternehmen zur Beseitigung der Mängel beauftragt, spricht der erste Anschein für die Erforderlichkeit der entstandenen Kosten (Dresden NZBau 2000, 333, 336). Der Unternehmer trägt auch die Darlegungs- und Beweislast für den Einwand, der Besteller habe im Rahmen der Nachbesserung übermäßige Leistungen ausführen lassen (BGH NJW-RR 1992, 1300, 1301). Den Besteller wiederum trifft die Beweislast, dass der Vorschuss zur Mängelbeseitigung notwendig war (BGHZ 47, 272, 274), und für den Fall, dass er auf Abrechnung in Anspruch genommen wird, dass und aus welchen Gründen es ihm noch nicht möglich war, die Abrechnung zu erbringen (BGH BauR 1990, 358, 359). Die Umstellung des Klageantrags von einem Vorschuss zu einem Schadensersatzbegehren stellt zwar wegen des damit einhergehenden Wechsels des Streitgegenstandes eine **Klageänderung** gem § 263 ZPO dar, die allerdings in aller Regel zur Meidung eines weiteren Rechtsstreites sachdienlich sein dürfte (Köln BauR 1996, 548). Die Umstellung des Vorschuss- auf den Aufwendungsersatzanspruch, weil zwischenzeitlich die Mängelbeseitigung durch den Besteller erfolgt ist, beinhaltet indes keine Klageänderung, sondern nur einen Austausch der Berechnungsmethoden (Erman/*Schwenker* Rn 16; BaRoth/*Voit* Rn 16). Eine Eventualklagehäufung dergestalt, dass der Besteller neben einem primär geltend gemachten Minderungsrecht hilfsweise Vorschuss begehrt, begegnet keinen Bedenken (BGH BauR 1999, 631, 632).

21 Der Besteller kann neben der bezifferten Vorschusszahlung begehren festzustellen, dass der Unternehmer wegen des Mangels auch zu weiterem, nicht vom Vorschussbetrag abgedeckten Aufwendungsersatz verpflichtet sei (BGH BauR 1986, 345, 347; 1989, 81, 83). Zwar ist dies nicht erforderlich, um die Verjährungshemmung gem § 294 Abs 1 Nr 1 herbeizuführen, da die Vorschussklage ähnl einem unbezifferten Leistungsantrag hinsichtlich der Hemmungswirkungen auch spätere Erhöhungen deckt, sofern sie nur denselben Mangel betreffen (so zum alten Recht: BGH BauR 1986, 345, 347; 1989, 81, 83). Denn die Verurteilung zur Vorschusszahlung enthält inzidenter auch die Feststellung der Zahlungsverpflichtung für etwaig überschießende Selbstvornahmekosten (BGH NJW 2009, 60, 61). Eine gleichwohl eingelegte **Feststellungsklage** ist jedoch nicht mangels Rechtsschutzbedürfnisses unzulässig, da ein rechtliches Interesse für den Besteller zur Erhebung der Feststellungsklage immer dann gegeben ist, wenn der entstandene oder noch entstehende Schaden nicht bereits in vollem Umfang durch den Antrag auf Zahlung erfasst wird und dies typischerweise bei der Vorschussklage aus § 637 Abs 4 nicht auszuschließen ist (vgl BGH BauR 1986, 345, 347); insoweit hat sie »klarstellende Funktion« (BGH NJW 2009, 60, 61).

§ 638 Minderung.

[1] Statt zurückzutreten, kann der Besteller die Vergütung durch Erklärung ggü dem Unternehmer mindern. Der Ausschlussgrund des § 323 Absatz 5 Satz 2 findet keine Anwendung.

[2] Sind auf der Seite des Bestellers oder auf der Seite des Unternehmers mehrere beteiligt, so kann die Minderung nur von allen oder gegen alle erklärt werden.

[3] Bei der Minderung ist die Vergütung in dem Verhältnis herabzusetzen, in welchem zur Zeit des Vertragsschlusses der Wert des Werkes in mangelfreiem Zustand zu dem wirklichen Wert gestanden haben würde. Die Minderung ist, soweit erforderlich, durch Schätzung zu ermitteln.

[4] Hat der Besteller mehr als die geminderte Vergütung gezahlt, so ist der Mehrbetrag vom Unternehmer zu erstatten. § 346 Absatz 1 und § 347 Absatz 1 finden entsprechende Anwendung.

1 **A. Allgemeines/Zweck der Norm.** Die Norm gibt dem Besteller iVm § 634 Nr 3 ein Minderungsrecht für den Fall mangelhafter Leistung und regelt das Minderungsrecht seinem Inhalte und seinen Rechtsfolgen nach. Es handelt sich nach § 638 Abs 1 um ein Gestaltungsrecht des Bestellers, dessen Ausübung unmittelbar eine dem durch den Mangel erzeugten Minderwert der Leistung entspr Verringerung des Vergütungsanspruches herbeiführt; § 638 Abs 3 bestimmt, wie der Minderungsbetrag berechnet wird. Schließlich enthält § 638 Abs 4 einen Rückzahlungsanspruch des Bestellers für den Fall, dass er bereits mehr an den Unternehmer gezahlt hat, als er nach durchgeführter Minderung schuldet. Wegen des Verhältnisses der werkvertraglichen Gewährleistungsrechte zu den allg Regeln: § 634 Rz 10 ff und zu dem Verhältnis der Mängelrechte untereinander: § 634 Rz 16 ff.

2 **B. Kommentierung. I. Voraussetzungen der Minderung.** Nach § 638 Abs 1 hat der Besteller das Minderungsrecht nur anstelle des Rücktrittsrechts (»statt zurückzutreten«) mit der Folge, dass die Minderung nur unter den auch für den Rücktritt geltenden Voraussetzungen zulässig ist (so auch ausdrücklich die Gesetzesbegründung; BTDrs 14/6040 S 266): Der Besteller muss den Unternehmer also aufgefordert haben, einen Mangel (dazu § 633 Rz 5 ff) zu beseitigen und eine dem Unternehmer dazu gesetzte angemessene Frist muss grds fruchtlos abgelaufen sein (vgl zu den weiteren Voraussetzungen § 636 Rz 3 ff). Wegen der Entbehrlichkeit der Fristsetzung vgl § 636 Rz 11 ff. Anders als beim Rücktritt schließt die **Unerheblichkeit** der Pflichtverletzung das Minderungsrecht allerdings nicht aus, § 638 Abs 1 S 2.

3 Die Rechtsfolgen der Minderung treten ein, wenn der Besteller sein Gestaltungsrecht durch einseitige empfangsbedürftige **Willenserklärung** ggü dem Unternehmer ausübt (BaRoth/*Voit* Rn 2 f; MüKo/*Busche* Rn 5). Die Erklärung ist formlos wirksam, zu Beweiszwecken empfiehlt sich allerdings die Einhaltung der Schrift-

form. Der Besteller muss auch im Hinblick auf die Minderungserklärung hinreichend deutlich erkennen lassen, wegen welchen Mangels die Minderung erfolgen soll (zu den Anforderungen an die Mangelbezeichnung vgl § 636 Rz 5). Da die Minderungswirkung immer nur wegen der (jeweils) bezeichneten Mängel eintritt und eine weitere Minderung wegen anderer Mängel nicht ausgeschlossen ist, ist auf die Bezeichnung des Mangels bzw des Mangelsymptoms besonders Wert zu legen (vgl MüKo/*Busche* Rn 5, 14; Palandt/*Sprau* Rn 7). Wegen ihrer gestaltenden Wirkung ist die Minderungserklärung bedingungsfeindlich (hM: MüKo/*Busche* Rn 5; Palandt/*Sprau* Rn 3; PWW/*Leupertz* Rn 2; aA: BaRoth/*Voit* Rn 2: aufschiebende Bedingung möglich). Die Bedingungsfeindlichkeit von Gestaltungserklärungen erklärt sich daraus, dass es für die Parteien des Rechtsgeschäftes, und zT auch für die Rechtsgemeinschaft, unzumutbar ist, den im Hinblick auf die Rechtslage unklaren Zustand hinzunehmen. Gründe, die eine Ausnahme von diesem Grundsatz für eine aufschiebend bedingte Minderungserklärung rechtfertigten, sind nicht ersichtlich. Dem Charakter als Gestaltungsrecht geschuldet ist schließlich auch, dass die Minderungserklärung gem § 638 Abs 2 bei Beteiligung mehrerer auf der einen oder anderen Seite des Werkvertrages stets von allen bzw ggü allen Beteiligten erklärt werden muss.

II. Rechtsfolgen der Minderung. 1. Umgestaltung des Werkvertrages. Mit der Minderungserklärung gestaltet der Besteller den Werkvertrag einseitig um: Der Vergütungsanspruch des Unternehmers wird der (mangelhaften) Istbeschaffenheit des Werkes angepasst; zur Berechnung vgl Rz 5. Folge dieser Anpassung ist zugleich, dass der die Minderung begründende Mangel (und nur dieser) ex nunc keine weiteren Mängelrechte mehr auszulösen imstande ist: Der Istzustand entspricht nach der Minderung dem Sollzustand (vgl BaRoth/*Voit* Rn 3); lediglich Schäden an anderen Rechtsgütern des Bestellers aufgrund solcher Mangelursachen, die bereits vor der Minderungserklärung angelegt waren, sind im Wege des Schadensersatzes nach § 280 Abs 1 zu ersetzen; alle nach der Minderung gelegten Ursachen können keinen Schadensersatzanspruch mehr auslösen, da es infolge der Vertragsumgestaltung an einer Pflichtverletzung fehlt. 4

2. Berechnung der Minderung. Nach § 638 Abs 3 S 1 ist in Folge der Minderung die Vergütung in dem Verhältnis herabzusetzen, in welchem zur Zeit des Vertragsschlusses der Wert des Werkes in mangelfreiem Zustand zu dem wirklichen Wert gestanden haben würde. Auf eine Formel gebracht errechnet sich der geminderte Vergütungsanspruch also wie folgt: Ursprünglich geschuldeter Werklohn multipliziert mit dem tatsächlichen Wert des mangelhaften Werkes, der sich daraus ergebende Betrag wiederum dividiert mit dem Wert, den das mangelfreie Werk gehabt hätte. Zur Wertberechnung ist dabei stets auf den Zeitpunkt des Vertragsschlusses abzustellen. Es liegt nahe, dass in der Praxis erhebliche Probleme bei der Berechnung des geminderten Betrages bestehen. Der vereinbarte Werklohn steht typischerweise fest oder ist nach § 632 zu ermitteln und deckt sich idR mit dem Wert der Leistung im mangelfreien Zustand (Staud/*Peters* § 634 Rn 101; WP/*Pastor* Rn 1668). Es ist insoweit der objektive Wert der gesamten Leistung in mangelfreiem Zustand anzusetzen und nicht der Wert der vom Mangel betroffenen Teilleistung oder der für den Besteller subjektive (»Verwendungs-«) Wert, den das mangelfreie Werk idealiter gehabt hätte (Staud/*Peters* § 634 Rn 101). Wegen der Darlegungs- und Beweislast für einen anders lautenden Wert: Rz 11. 5

Für den Istwert des mangelbehafteten Werkes (**Minderwert**) ist typischerweise kein Verkehrswert zu ermitteln, da es einen Markt für mangelhafte Werkleistungen nicht gibt (BaRoth/*Voit* Rn 7). Grundsätzlich ist der Minderwert deshalb durch einen Abschlag vom Sollwert zu ermitteln, nämlich in Höhe der (fiktiven) Kosten der Nacherfüllung (BGH NJW-RR 1997, 688 689), wenngleich der Minderwert nicht stets von den Kosten der Nacherfüllung abhängig sein kann (BTDrs 14/6040 S 267): Einmal, wenn die Kosten der Nacherfüllung in einem auffälligen Missverhältnis zum Gesamtwert stehen (BTDrs 14/6040 S 267). Zum anderen, wenn eine Nacherfüllung nicht möglich ist. In beiden Fällen wird der Minderwert unter Berücksichtigung eines technischen und merkantilen Minderwertes zu ermitteln sein (BGH NJW 2003, 1188, 1189 f). Dabei können schließlich auch Abzüge von der vereinbarten Vergütung in der Höhe erfolgen, in welcher der Unternehmer durch die Verwendung minderwertigen Materials Kosten gespart hat (BGH NJW 2003, 1188, 1189 f). 6

Ist der Mangel derart gravierend, dass das Werk schlechthin wertlos ist, kann die Minderung bis »auf Null« erfolgen (BGHZ 42, 232, 234 f). Dann ist wegen des vollständigen Fortfalls des Vergütungsanspruches in entspr Anwendung des Rücktrittsrechts dem Unternehmer ein Anspruch auf Rückgewähr der bereits erfolgten Werkleistungen zuzubilligen (MüKo/*Busche* Rn 17; Palandt/*Sprau* Rn 4). 7

Soweit der Besteller den die Minderung begründenden Mangel mit zu verantworten hat, ist in entspr Anwendung der §§ 254, 645 der Minderungsbetrag anteilig zu kürzen (PWW/*Leupertz* Rn 4; BaRoth/*Voit* Rn 7; vgl iÜ § 633 Rz 19 f). 8

3. Rückzahlungsanspruch. Hat der Besteller vor der Minderungserklärung bereits (teilw) die Vergütungsforderung des Unternehmers getilgt, gibt ihm § 638 Abs 4 S 1 iVm § 346 Abs 1 (entspr) einen Rückforderungsanspruch, sofern infolge der Minderung eine Überzahlung stattgefunden hat. Ergänzend dazu erhält der Besteller wegen der vom Unternehmer gezogenen oder gem § 277 schuldhaft nicht gezogenen Nutzungen einen Herausgabeanspruch, der sich also regelm auf Zinsen bereits erfolgter Zahlungen beziehen wird. Der Wert der tatsächlich erbrachten mangelhaften Leistung ist regelm gutachterlich zu ermitteln. Das gilt auch trotz der gesetzlichen Anordnung in § 638 Abs 3 S 2, im Zweifel die Minderung durch Schätzung zu ermitteln; denn eine Schätzung darf nur auf hinreichender Schätzungsgrundlage erfolgen, s.u. Rz 12. 9

10 **C. VOB/B.** Die Regelungen in § 13 Nr 6 VOB/B zum Minderungsrecht des Bestellers weichen von der gesetzlichen Lage nach § 638 erheblich ab, halten allerdings einer isolierten Inhaltskontrolle nach den §§ 307 ff stand (Ingenstau/Korbion/*Wirth* § 13 Nr 6 VOB/B Rn 9; Beck'scher VOB-Kommentar/*Ganten* § 13 Nr 6 VOB/B Rn 92; Messerschmidt/Kapellmann/*Weyer* § 13 VOB/B Rn 332). Die Abweichung liegt in den Voraussetzungen des Minderungsrechtes, da die Rechtsfolgen der Minderung wegen des Verweises auf § 638 denjenigen des Gesetzes entsprechen bzw aus § 638 Abs 4 unmittelbar folgen. Der Besteller hat nämlich nur in den drei in § 13 Nr 6 VOB/B genannten Ausnahmefällen ein Minderungsrecht: Nämlich dann, wenn die Beseitigung des Mangels **unmöglich** (dazu vgl § 635 Rz 5) oder dem Auftraggeber unzumutbar ist oder wenn sie einen unverhältnismäßigen Aufwand erfordern würde und deshalb vom Auftragnehmer verweigert wird. Für die Annahme einer **Unzumutbarkeit** für den Auftraggeber wie auch für die Annahme einer Unverhältnismäßigkeit des Aufwandes sind dabei enge Maßstäbe anzulegen. Für den Besteller ist die Duldung einer Nachbesserung nur dann unzumutbar iSd Regelung, wenn anderenfalls seine berechtigten Interessen unter Berücksichtigung aller Umstände des Einzelfalles in außergewöhnlicher Weise eingeschränkt werden; bloßes dilettantisches Arbeiten des Auftragnehmers genügt dazu nicht (Koblenz NJW-RR 2002, 669; PWW/*Leupertz* Rn 7). Dagegen ist eine Mangelbeseitigung für den Auftraggeber unzumutbar, wenn der Unternehmer die Mangelbeseitigung über einen längeren Zeitraum mehrfach erfolglos versucht und auch nach diesen mehrfachen Versuchen das Ausmaß der Mängel nicht erkannt hat (BGHZ 92, 308, 311) oder wenn der Besteller das Werk umgehend benötigt, um es an einen Abnehmer weiterzugeben (BGH NJW-RR 1993, 560). IÜ sind insoweit die für die Entbehrlichkeit des Setzens einer Nacherfüllungsfrist nach § 636 entwickelten Grundsätze hier entspr heranzuziehen (dazu § 636 Rz 18). Zu den Voraussetzungen, unter denen die **Unverhältnismäßigkeit der Mangelbeseitigungskosten** von dem Auftragnehmer eingewendet werden kann: § 635 Rz 15.

11 **D. Prozessuales.** Zu Fragen von **Darlegungs- und Beweislast** hinsichtlich der Minderungsvoraussetzungen vgl § 636 Rz 33 ff. Grundsätzlich besteht ein Erfahrungssatz, wonach das mangelfreie Werk seinem Wert nach der vereinbarten Vergütung entspricht. Behauptet der Besteller im Rahmen der Berechnung des Minderungsbetrages, das Werk hätte in mangelfreiem Zustand einen den vereinbarten Werklohn übertreffenden Wert gehabt, obliegt ihm die Darlegungs- und Beweislast dafür bzw für die den genannten Erfahrungssatz erschütternden Tatsachen, da dieser Fall für ihn positiv wäre. Entsprechend obliegen Darlegungs- und Beweislast dem Unternehmer, der behauptet, der vereinbarte Werklohn hätte im Zeitpunkt des Vertragsschlusses seiner Höhe nach den Wert des mangelfreien Werkes übertroffen.

12 Bei der nach § 638 Abs 3 S 2 ermöglichten **Schätzung** des Minderungsbetrages entspr § 287 Abs 2 ZPO ist zu beachten, dass die Schätzung unzulässig ist, wenn sie mangels greifbarer und vom Besteller vorzutragender Anhaltspunkte »völlig in der Luft hängen« würde (BGHZ 91, 243, 256 f). Der Besteller muss also sämtliche Mängelsymptome so weit als möglich vortragen, um dem Gericht eine hinreichende Schätzungsgrundlage, zumeist nach sachverständiger Bewertung zu geben. Im Urteil sind sämtliche Schätzungsgrundlagen mitzuteilen (BGH NJW 1991, 2340, 2342; 1989, 773).

13 Macht der Unternehmer seinen Vergütungsanspruch im Wege der **Teilklage** geltend, so ergreift die Minderung zunächst nur den nicht rechtshängigen verbleibenden Teilbetrag; nur soweit der Minderungsbetrag den nicht rechtshängigen Teilbetrag übersteigt, ist auch der rechtshängig gemachte Teilbetrag entspr zu kürzen (BGHZ 56, 312, 315). Anderenfalls müsste der Unternehmer seine gesamte Forderung geltend machen, obgleich er in Höhe des Minderungsbetrages unterliegen würde (BaRoth/*Voit* Rn 10). Umgekehrt kann der Besteller bei einer **Teilabtretung** der Vergütungsforderung nicht jedem Zessionar den gesamten Minderungsbetrag entgegenhalten: Tritt der Unternehmer seinen Vergütungsanspruch teilw ab, bezieht sich eine erfolgte Minderung anteilig auf die jeweiligen Teilforderungen (BGHZ 42, 242, 244).

§ 639 Haftungsausschluss. **Auf eine Vereinbarung, durch welche die Rechte des Bestellers wegen eines Mangels ausgeschlossen oder beschränkt werden, kann sich der Unternehmer nicht berufen, soweit er den Mangel arglistig verschwiegen oder eine Garantie für die Beschaffenheit des Werkes übernommen hat.**

1 **A. Allgemeines/Zweck der Norm.** Grundsätzlich enthält das werkvertragliche Gewährleistungsrecht der §§ 634 ff dispositives Recht. Das folgt aus dem Umkehrschluss aus § 639, der von diesem Grundsatz zwei konkrete Ausnahmen macht: Das Dispositionsrecht der Parteien, die Rechte des Bestellers nach den §§ 634 ff auszuschließen oder zu beschränken, soll für den Unternehmer nur soweit wirksam sein, als nicht die Mängel von ihm arglistig verschwiegen wurden oder Gegenstand einer Beschaffenheitsvereinbarung sind. Zu weiteren Einschränkungen der Dispositionsfreiheit der Parteien: Rz 11. Die Norm beschreibt in ihrer ersten Alternative die Obliegenheit des Unternehmers, etwaige Mängel von sich aus zu offenbaren; dazu, in welchen Fällen darüber hinaus eine zum Schadensersatz berechtigende Nebenpflicht des Unternehmers besteht, Mängel zu offenbaren: § 631 Rz 39. Inhaltsgleich regeln § 444 für das Kaufrecht und mit einer Abweichung § 536d für das Mietrecht den Haftungsausschluss; die Beschaffenheitsgarantie als Ausschluss für die Berufung auf einen Haftungsausschluss fehlt in § 536d.

B. Kommentierung. I. Arglistiges Verschweigen eines Mangels. 1. Begriff. Ein arglistiges Verschweigen des Mangels liegt vor, wenn der Unternehmer den Mangel kennt und ihn dem Besteller entgegen Treu und Glauben nicht offenbart, obwohl ihm bewusst ist, dass dieser für die Entschließung des Bestellers erheblich ist (BGHZ 117, 318, 319; München NJW-RR 2005, 1181, 1182). Im Einzelnen vgl § 634a Rz 13. 2

Der Unternehmer hat grds spätestens im Zeitpunkt der **Abnahme** auf bestehende und ihm bekannte Mängel hinzuweisen (BGH NJW 1974, 553, 554), weil anders als im Kaufvertragsrecht idR erst zu diesem Zeitpunkt und nicht bereits bei Vertragsschluss das Vorhandensein von Mängeln festzustellen ist, während bis zu diesem Zeitpunkt der Unternehmer grds noch Mängel im Rahmen der Erfüllung beseitigen kann. Bekannt ist der Mangel dem Unternehmer in diesem Sinne auch, wenn er irgendwann einmal Kenntnis von ihm erlangt hat, im Zeitpunkt der Abnahme jedoch den Mangel nicht mehr aktuell erinnert (Staud/*Peters* Rn 14): Es geht um den Verstoß des Unternehmers gegen die Offenbarungsobliegenheit, die ihn grds zur umgehenden Mitteilung von Mängeln anhält; dass er stattdessen bis zur Abnahme mit der Mängeloffenbarung zuwartet und den Mangel zu diesem Zeitpunkt vergessen hat, kann ihn nicht entlasten. Etwas anderes gilt dann, wenn die Parteien erst nach der Abnahme eine Haftungsbeschränkung vereinbaren: Dann obliegt dem Unternehmer auch erst zu diesem Zeitpunkt, auf die Mängel hinzuweisen (BaRoth/*Voit* Rn 10; Palandt/*Sprau* Rn 4). 3

2. Verantwortlichkeit für Dritte. Fehlorganisation. Wieweit sich der Unternehmer Kenntnis und Verhalten seiner Erfüllungsgehilfen zurechnen lassen muss und zu Fällen, in denen die Unkenntnis des Mangels auf eine Fehlorganisation seitens des Unternehmers zurückzuführen ist, vgl § 634a Rz 14 f. 4

II. Garantie. Der Begriff Garantie wird vom Gesetz nicht definiert, lediglich im Rahmen von § 443 differenziert der Gesetzgeber zwischen zwei Erscheinungsformen der Garantie, nämlich der Beschaffenheits- und der Haltbarkeitsgarantie und trifft für letztere nähere Umschreibungen, auf die auch im Rahmen des Werkvertragsrechts zurück gegriffen werden kann (Palandt/*Sprau* § 634 Rn 23). Von § 639 umfasst wird nur die Beschaffenheitsgarantie, dazu Rz 6. Neben solchen (unselbständigen) Garantien kann der Unternehmer auch eine selbständige Garantieerklärung abgeben, dazu s.u. Rz 8. Ob eine Garantieübernahme von dem Unternehmer gewollt war, ist regelm gem den §§ 133, 157 durch Auslegung zu ermitteln, wobei grds ein strenger Maßstab anzusetzen ist, da sich der Wille des Unternehmers, verschuldensunabhängig für eine bestimmte Beschaffenheit des Werkes einstehen zu wollen, aus der Erklärung eindeutig ergeben muss (BaRoth/*Voit* Rn 17). An die von der Rspr zum früheren Recht (»Eigenschaftszusicherung«) entwickelten Grundsätze ist insoweit für das Werkvertragsrecht nicht anzuknüpfen, da die Eigenschaftszusicherung keinen Einstandswillen voraussetzte (BaRoth/*Voit* § 634 Rn 14; PWW/*Leupertz* Rn 5). Zu den Anforderungen an die Auslegung im Rahmen einer selbständigen Garantie: Rz 8. Wegen der Auswirkungen einer Garantieerklärung auf Verjährung oder Ausschluss von Mängelansprüchen: § 634a Rz 21. 5

1. Beschaffenheitsgarantie iSv § 639. Die Übernahme einer Beschaffenheitsgarantie ist anzunehmen, wenn der Unternehmer sich verpflichtet, für sämtliche Schäden aufgrund einer Abweichung des Ist-Zustandes von dem zur Beschaffenheit des Werkes vereinbarten Sollzustand einzustehen und zwar unabhängig davon, ob er die Abweichung zu vertreten hat oder nicht (BaRoth/*Voit* Rn 17). Was unter Beschaffenheit des Werkes zu verstehen ist, ist wiederum nach § 633 festzustellen, vgl dazu § 633 Rz 11. Zur Rechtsfolge dieser unselbständigen Garantie im Rahmen von Haftungsbeschränkungen gem § 639 s.u. Rz 9 f. IÜ hat der Unternehmer bei Fehlen der garantierten Beschaffenheit oder beim Auftreten von Mängeln verschuldensunabhängig Schadensersatz zu leisten (§§ 634 Nr 4, 636, 280, 281). 6

2. Sonstige Garantieerklärungen des Bestellers. Von § 639 erfasst werden auch weitere die Werkbeschaffenheit betreffende, unselbständige Garantieerklärungen des Bestellers, namentlich **Haltbarkeitsgarantien** iSv § 443 Abs 1, mit denen der Unternehmer das Vorhandensein der vertragsgem Beschaffenheit über einen bestimmten Zeitraum verspricht (PWW/*Leupertz* Rn 6). 7

Von den unselbständigen Garantieerklärungen sind die sog **selbständigen Garantiererklärungen** zu unterscheiden. Letztere haben mit den werkvertraglichen Mängelrechten nichts gemeinsam, sie werden von § 639 auch nicht umfasst (PWW/*Leupertz* Rn 6): Vielmehr will der Unternehmer mit einer auf den Abschluss eines eigenständigen Garantievertrags gerichteten Erklärung die Gewähr für einen weiteren, über die Pflicht zur vertragsgem Herstellung des Werkes hinausgehenden Erfolg oder das Risiko für eine Schadensgefahr übernehmen (BGH NJW 1965, 148, 149). Dabei darf im Rahmen der erforderlichen Auslegung der Verwendung des Wortes »Garantie« idR nicht zuviel Bedeutung beigemessen werden. Es handelt sich bei den Erklärungen zumeist um Wiederholungen der gesetzlichen Haftungspflichten, denen trotz des Gebrauchs des Begriffs »Garantie« kein eigenständiger Rechtsbindungswille des Unternehmers zu entnehmen sein wird (Koblenz NJW 1986, 2511). Selbständige Garantieerklärungen hat die Rspr angenommen etwa bei einem Ausschluss einer Gesundheitsgefährdung für Menschen (BGH ZfBR 2000, 98, 99), für die Gewährsübernahme für einen bestimmten Mietertrag des errichteten Gebäudes (BGH WM 1973, 411) oder für die Zusicherung des Architekten, die Bausumme werde einen bestimmten Betrag nicht überschreiten (BGH WM 1987, 179, 180). Gerade die **Bausummengarantie** des Architekten unterliegt besonders engen Voraussetzungen: Entsprechende Erklärungen des Architekten dürfen ausschließlich iSe eigenständigen Verpflichtung auszulegen sein, 8 persönlich für die Einhaltung des Kostenrahmens einstehen zu wollen; zudem muss im Zeitpunkt der Garantiererklärung der Umfang der Baumaßnahme bereits festgestanden haben, weil anderenfalls auch eine Bausumme nicht feststehen und auch nicht garantiert werden kann (Düsseldorf BauR 1993, 356; Celle BauR 1998, 1030).

9 **III. Rechtsfolgen.** Haben die Parteien eine Haftungsbeschränkung vereinbart, ist diese auch im Falle arglistigen Verschweigens eines Mangels oder im Falle der Übernahme einer Beschaffenheitsgarantie nicht nichtig. Namentlich solche Vereinbarungen bleiben also bestehen, die sich für den Besteller vorteilhaft auswirken; § 139 findet keine, auch keine entspr Anwendung (vgl MüKo/*Busche* Rn 10). Der Unternehmer ist lediglich gehindert, sich auf eine Haftungsbeschränkung zu berufen, soweit der Anwendungsbereich von § 639 reicht: Wenn etwa über arglistig verschwiegene Mängel hinaus noch weitere Mängel vorliegen, die der Unternehmer nicht arglistig verschwiegen hat und die auch nicht von einer Beschaffenheitsgarantie erfasst werden, greift die Haftungserleichterung grds wieder Platz. Dies folgt aus dem einschränkenden Wortlaut der Norm »soweit«. Wegen weiterer Einschränkungen im Falle der Verwendung von AGB vgl Rz 12. Die Norm führt in ihrem Anwendungsbereich also unmittelbar zu einem Rechtsverlust des Unternehmers im Hinblick auf die nach dem Vertrag vereinbarte Rechtslage, indem sie die ursprünglich beschränkten Mängelrechte des Bestellers vollständig wieder aufleben lässt. § 639 ist **keine Einrede** des Bestellers mit der Folge, dass das Gericht bei Vorliegen der (regelm objektiven) Voraussetzungen der Norm diese von sich aus – unter Beachtung von § 139 Abs 2 ZPO – anzuwenden hat, auch wenn die Parteien den Rechtsverlust des Unternehmers infolge § 639 noch nicht erkannt haben sollten.

10 Ein Gewährleistungsausschluss iSv § 639 erfasst grds **sämtliche Mängelrechte** des Bestellers gem § 634, also auch etwaige (entferntere) Mangelfolgeschäden (Palandt/*Sprau* Rn 3; PWW/*Leupertz* Rn 3; aA: BaRoth/*Voit* Rn 19: nur, soweit Auslegung im Einzelfall eine so weitgehende Wirkung erlaube): Der Gesetzgeber wollte die im Einzelfalle nur schwer zu treffende Differenzierung nach näheren und entfernteren Mangelfolgeschäden mit der Schuldrechtsreform entbehrlich machen (BTDrs 14/6040 S 263). Es besteht kein Anlass, diese Differenzierung für Haftungsausschlüsse nach § 639 aufrechterhalten zu wollen: Missbräuchen wird durch § 639 einerseits, bei der Verwendung von AGB durch die §§ 305 ff andererseits und iÜ durch die §§ 138, 242, 823 ff hinreichend begegnet, vgl Rz 11 f. Nicht von einer Gewährleistungsbeschränkung iSv § 639 erfasst werden Verletzungen vertraglicher Nebenpflichten (BGH BB 1970, 898) und deliktische Ansprüche, selbst wenn sie einen mangelbedingten Schaden betreffen (BGHZ 67, 359, 365 f). Nur, soweit die Vereinbarung der Haftungsbeschränkung unmissverständlich auch Ansprüche erfassen soll, die nicht vertraglicher Natur sind, sind deliktische Ansprüche von ihr mit erfasst (BGH NJW 1979, 2148 f).

11 **IV. Einschränkungen der Dispositionsfreiheit.** Vertragliche Vereinbarungen sind hinsichtlich ihrer Wirksamkeit stets an **§ 138** zu messen, mithin auch jede Vereinbarung zum Gewährleistungsrecht, sei diese dem Unternehmer günstig oder nachteilig (BaRoth/*Voit* Rn 20). Gerade im Werkvertragsrecht sind die Voraussetzungen des § 138 teilw zu eng, um der Gefahr für den Besteller hinreichend zu begegnen, schon im Zeitpunkt des Vertragsschlusses, also wenn das Werk noch nicht vorhanden ist, einen möglicherweise weit reichenden und in seinen Folgen nicht absehbaren Haftungsausschluss zu vereinbaren (vgl Staud/*Peters* Rn 59 f). Auch bei individuellen Vereinbarungen hat die Rspr deshalb zutreffend eine **Inhaltskontrolle** von vollständigen oder auch teilw Haftungsbeschränkungen nach **§ 242** eröffnet, sofern jedenfalls die Vereinbarung formelhaft und ohne nähere Erörterung und Aufklärung über die einschneidenden Rechtsfolgen getroffen worden ist (BGHZ 101, 350, 353 ff; NJW 2005, 1115, 1117). Zur Beweislast: Rz 15. In der Sache kann sich die Inhaltskontrolle nach § 242 weitgehend an derjenigen nach den §§ 305 ff orientieren (Staud/*Peters* Rn 62 f).

12 Soweit sich Haftungsbeschränkungen in **AGB des Unternehmers** finden, also im Rahmen von Verbraucherverträgen grds auch bei Verwendung von AGB durch Dritte (§ 310 Abs 3 Nr 1), ist deren Wirksamkeit anhand der §§ 305 ff zu bewerten. Danach ist zunächst gem **§ 309 Nr 8b aa)** der vollständige Ausschluss von Mängelansprüchen unwirksam, sei dieser bedingt oder unbedingt (BGH NJW 1980, 831, 832; Hamm NJW-RR 2000, 1224, 1225), sei dieser auf das Werk insg oder auf einzelne Teile des Werkes oder auf einzelne Mängelarten oder Mängelursachen bezogen (Karlsruhe ZIP 1983, 1091, 1091 f). Ebenso wenig lässt sich eine gesamtschuldnerische Haftung von Bauunternehmer und Architekt nach dieser Norm ausschließen (München NJW-RR 1988, 336, 338). Die Wertungen des § 309 Nr 8b aa) finden im Rahmen der wertenden Inhaltskontrolle gem § 307 Abs 2 auch im kaufmännischen Verkehr Anwendung (Ulmer/Brandner/Hensen/*G Christensen* § 309 Nr 8 Rn 48; vgl auch: BGH NJW-RR 1993, 560, 651; NJW 1981, 1501, 1502). Dasselbe gilt für Klauseln, nach denen Mängelgewährleistungsrechte des Bestellers auf die Einräumung von Ansprüchen gegen Dritte (etwa unmittelbar gegen eingesetzte Subunternehmer) beschränkt oder von der vorherigen gerichtlichen Inanspruchnahme Dritter abhängig gemacht werden. Nach **§ 309 Nr 7a** ist zudem jede Haftungsbeschränkung für Schäden aus der Verletzung des Lebens, des Körpers oder der Gesundheit ausgeschlossen. **§ 309 Nr 8b bb)** verbietet grds die Beschränkung der Mängelrechte auf den Nacherfüllungsanspruch. Bei Bauleistungen ist allerdings der Ausschluss des Rücktrittsrechts zulässig, solange neben einem primär zu gewährenden Nacherfüllungsversuch bei dessen Fehlschlagen die übrigen Mängelrechte eröffnet bleiben; Bauträgerleistungen sind insoweit keine Bauleistungen iSv § 309 Nr 8b bb) (BGH BauR 2007, 111,

113; 2002, 310, 311). Unwirksam ist auch der Ausschluss eines Zurückbehaltungsrechts, **§ 309 Nr 2**. Erleichterungen der Verjährung von Mängelansprüchen nach § 634a Abs 1 verbietet **§ 309 Nr 8b ff**): Soweit nicht die VOB/B als Ganzes einbezogen worden ist, darf die Verjährung von Mängelansprüchen im Zusammenhang mit Bauwerken gem § 634a Abs 1 Nr 2 keinesfalls verkürzt werden. In allen sonstigen Werkverträgen darf die Verjährungsfrist nicht auf weniger als ein Jahr zusammengeschrumpft werden. Von dem Verbot erfasst werden auch Verjährungserleichterungen durch die Vorverlegung des Verjährungsbeginns (BGH NJW-RR 1987, 144, 145) oder die Nichtberücksichtigung von Hemmungs- oder Erneuerungstatbeständen (vgl BGH NJW 1981, 867, 868; 1992, 1236, 1237). Schließlich sind nach **§ 309 Nr 12** solche Klauseln unwirksam, nach denen sich die Beweislast zum Nachteil des Bestellers ändert.

Gewährleistungsregelungen in den **AGB des Bestellers** sind nach den §§ 305 ff zum Schutz des Unternehmers zu beurteilen: Namentlich ein Ausschluss des Nacherfüllungsrechts oder der schadensmindernden Anrechnung von Sowiesokosten dürfte gegen § 307 verstoßen (vgl Staud/*Peters* Rn 66; BaRoth/*Voit* Rn 31). 13

In **Individualvereinbarungen** hindert schließlich § 202 jede (anfängliche) Erleichterung der Verjährung für die Haftung wegen Vorsatzes. Ein formelhafter Ausschluss der Gewährleistung für Sachmängel beim Erwerb neu errichteter oder noch zu errichtender Eigentumswohnungen und Häuser ist auch in einem notariellen Individualvertrag gemäß § 242 unwirksam, wenn die Freizeichnung nicht mit dem Erwerber unter ausf Belehrung über die einschneidenden Rechtsfolgen eingehend erörtert worden ist (BGHZ 101, 350, 354 ff; 108, 164, 168). 14

C. Prozessuales. Darlegungs- und beweispflichtig für die Vereinbarung einer Haftungsbeschränkung ist der Unternehmer. Dagegen trägt der Besteller die **Darlegungs- und Beweislast** für das Vorliegen einer Beschaffenheitsgarantie oder für ein arglistiges Verschweigen des Mangels seitens des Unternehmers oder dessen Erfüllungsgehilfen; dasselbe gilt für das Vorliegen von Indiztatsachen, aus denen sich Kenntnis bzw Arglist des Unternehmers entnehmen lassen sollen. Soweit dem Besteller der dahingehende Nachweis gelungen ist, hat der Unternehmer ggf darzulegen und zu beweisen, dass er vorhandene Mängel offenbart hat. Dem Unternehmer obliegt auch die Beweislast dafür, dass bei der individuellen Vereinbarung einer Haftungsbeschränkung der Besteller auf die einschneidenden Rechtsfolgen hingewiesen wurde (BGHZ 108, 164, 171). 15

§ 640 Abnahme.

[1] Der Besteller ist verpflichtet, das vertragsgemäß hergestellte Werk abzunehmen, sofern nicht nach der Beschaffenheit des Werkes die Abnahme ausgeschlossen ist. Wegen unwesentlicher Mängel kann die Abnahme nicht verweigert werden. Der Abnahme steht es gleich, wenn der Besteller das Werk nicht innerhalb einer ihm vom Unternehmer bestimmten angemessenen Frist abnimmt, obwohl er dazu verpflichtet ist.

[2] Nimmt der Besteller ein mangelhaftes Werk gemäß Absatz 1 Satz 1 ab, obschon er den Mangel kennt, so stehen ihm die in § 634 Nummer 1 bis 3 bezeichneten Rechte nur zu, wenn er sich seine Rechte wegen des Mangels bei der Abnahme vorbehält.

A. Allgemeines. § 640 wurde durch das Gesetz zur Beschleunigung fälliger Zahlungen weit reichend geändert (zur Begründung: BTDrs 14/1246 S 6 f; 14/2752 S 12), ist jedoch nach Maßgabe von Art 229 § 1 Abs 2 EGBGB auch auf Werkverträge anwendbar, die bereits vor dem 01.05.2000 geschlossen wurden. § 640 Abs 2 ist – in der durch das SchRModG geänderten Fassung – gem § 229 § 5 EGBGB auch bzgl Werkverträgen heranzuziehen, die nach dem 01.01.2002 geschlossen worden sind; für die älteren Verträge gilt die iÜ inhaltsgleiche Vorgängervorschrift weiter. Das Gesetz zur Beschleunigung fälliger Zahlungen hat die Abnahme nach dem BGB derjenigen der VOB/B angenähert: Auch im BGB unterscheidet man nun zwischen der sog rechtsgeschäftlichen und der fiktiven Abnahme, die in § 640 Abs 1 S 3 und 641a Abs 1 geregelt sind. 1

B. Zweck der Norm. Die Abnahme des hergestellten Werkes ist für das Werkvertragsverhältnis von erheblicher Bedeutung: Mit diesem Zeitpunkt endet die im Verantwortungsbereich des Unternehmers stehende Herstellungsphase. Die mit der Abnahme erfolgte Billigung des Leistungsgegenstandes durch den Besteller führt zu einer Zäsur: Die Primärleistungspflicht des Unternehmers ist durch Eintritt des geschuldeten Erfolges erfüllt, er schuldet fortan allenfalls noch Beseitigung etwaiger Mängel im Wege der Nacherfüllung. Auf der anderen Seite wird der vom Besteller geschuldete Werklohn fällig. Der Gesetzgeber hat der Bedeutung der Abnahme dadurch Ausdruck verliehen, dass er sie zur Hauptleistungspflicht des Bestellers neben der Werklohnzahlung erhoben hat, vgl § 631 Rz 1. Zu den Rechtsfolgen der Abnahme insg: Rz 18. 2

C. Kommentierung. I. Abnahmepflicht gem § 640 Abs 1 S 1. § 640 Abs 1 S 1 regelt die zweite Hauptleistungspflicht des Bestellers neben der Vergütungspflicht. Es handelt sich um einen – auch gesondert – einklagbaren Anspruch (s.u. Rz 25). Die Abnahmepflicht wird durch eine Kündigung des Werkvertrages nicht berührt (BGH BauR 2006, 1294, 1295 f; 2003, 689, 692). Sie besteht, sobald der Unternehmer dem Besteller das Werk iSv § 633 Abs 1 verschafft hat (dazu § 631 Rz 24) und das Werk abnahmereif ist (s.u. Rz 11). Kommt der Besteller seiner Abnahmepflicht nicht nach, gerät er in **Annahmeverzug** gem den §§ 293 ff: Der Unternehmer haftet fortan nur noch für Vorsatz und grobe Fahrlässigkeit (§ 300 Abs 1; zum Gefahrübergang: § 644 Abs 1 S 2). Der Unternehmer kann – je nach Werkcharakter – das fertig gestellte Werk aufgeben 3

(§ 303), hinterlegen (§ 372) oder versteigern (§ 383); der Mehraufwand des Unternehmers etwa für die Aufbewahrung und Erhaltung des Werkes ist vom Besteller zu erstatten (§ 304). Wegen der Einzelheiten vgl jeweils dort. Der Besteller kommt durch Unterlassen der fälligen Abnahme unter den Voraussetzungen des § 286 Abs 1, Abs 2 in **Schuldnerverzug** mit der Folge, dass der Unternehmer auch einen Schadensersatzanspruch gem den §§ 280 Abs 1, Abs 2, 286 ff innehaben kann.

4 Grundsätzlich wird dem Besteller eine **Prüfungsfrist** einzuräumen sein, innerhalb derer er das Werk auf Mangelfreiheit untersuchen kann. Die Dauer der Prüfungsfrist ist dabei entspr dem jeweiligen Werk und den spezifischen Erfordernissen (Sichtprüfung, Materialprüfung, Probelauf) zu bemessen. Die bei Bauwerken nach § 12 Nr 5 Abs 1 VOB/B grds eingeräumte Prüfungszeit von 12 Werktagen bzw gem § 12 Nr 5 Abs 2 S 1 von sechs Werktagen ab Inbenutzungnahme mag auch bei BGB-Verträgen ein Anhaltspunkt für die Bemessung der Prüfungszeit sein; bei Software kann im Einzelfalle ein längerer Prüfungszeitraum zuzubilligen sein (Staud/*Peters* Rn 15).

5 **1. Begriff der Abnahme.** Die rechtsgeschäftliche Abnahme (zur fiktiven: Rz 17) vollzieht sich grds **zweigliedrig**: Zum einen im Wege der körperlichen Entgegennahme des fertig gestellten Werkes, zum anderen in der Erklärung des Bestellers, dass er das hergestellte Werk als im Wesentlichen vertragsgerecht billige (BGHZ 48, 257, 262; BauR 1994, 242, 243; aA: BaRoth/*Voit* Rn 18: **körperliche Entgegennahme** nicht erforderlich). Für die körperliche Entgegennahme bedarf es nicht auch zugleich der Übereignung; die Übertragung des Besitzes genügt (vgl Palandt/*Sprau* Rn 3). Ausnahmsweise bedarf es nicht der körperlichen Entgegennahme des Werkes: Einmal wegen der Natur der Sache bei sämtlichen unkörperlichen Werken (vgl auch § 646) und zum anderen bei Werken, die sich bereits im Besitz des Bestellers befinden. Es genügt dann die Billigungserklärung, s.u. Rz 6. Soweit der Unternehmer (ausdrücklich oder etwa im Wege der Rechnungslegung schlüssig) die Fertigstellung des Werkes anzeigt, hat sich der Besteller, bei dem sich das Werk befindet, unverzüglich ggf nach einer ihm zuzubilligenden Prüfungsfrist (dazu Rz 15) zur Entgegennahme oder zur Abnahmeverweigerung zu äußern.

6 In jedem Falle bedarf es für die Abnahme der – ausdrücklichen oder schlüssigen (dazu Rz 14 ff) **Billigungserklärung** durch den Besteller oder einen von ihm dazu bevollmächtigten Dritten, dass er das Werk als im Wesentlichen vertragsgem Leistung anerkenne. Eine im Wesentlichen vertragsgem Leistung liegt vor, wenn das Werk nur noch geringfügige Mängel aufweist, s.u. Rz 11. Der Besteller ist allerdings nicht gehindert, auch bei Vorliegen erheblicher Mängel die Abnahme zu erklären (vgl § 640 Abs 2); in solchen Fällen ist allerdings die Annahme einer schlüssigen Abnahme idR nicht möglich, s.u. Rz 16. Der Streit um die **Rechtsnatur** der Abnahme (Realakt, Willenserklärung, rechtsgeschäftsähnliche Erklärung; vgl zu dem Streit: Staud/*Peters* Rn 10; PWW/*Leupertz* Rn 2) ist akademischer Natur; zutreffend finden jedenfalls die Vorschriften über Willenserklärungen des Allg Teils zumindest entspr Anwendung (PWW/*Leupertz* Rn 2; Palandt/*Sprau* Rn 3).

7 Namentlich finden also die Regeln über die **Vertretung** gem den §§ 167 ff einschließlich der Grundsätze zur Anscheins- und Duldungsvollmacht Anwendung; eine entspr Erklärung durch einen Dritten entfaltet folglich dann Abnahmewirkung, wenn der Besteller diesen dazu ermächtigt hat oder die Erklärung des Dritten aus sonstigen Gründen gegen sich gelten lassen muss (BGH NJW-RR 2000, 164). Für Ehegatten wird man über den Anwendungsbereich des § 1357 hinaus regelm eine stillschweigende Bevollmächtigung zur Abnahme annehmen dürfen (BaRoth/*Voit* Rn 17). Führt der vom Besteller eingesetzte Architekt oder Bauleiter die Abnahme durch, wirkt diese grds nur dann gegen den Besteller, wenn dieser eine entspr Vollmacht erteilt hat (Düsseldorf BauR 1997, 647, 648); iÜ besteht eine Befugnis der Architekten und Bauleiter grds nur zur technischen (§ 15 Abs 2 Nr 8 HOAI), nicht jedoch zur rechtsgeschäftlichen Abnahme. Anders ist im Einzelfall nach den Grundsätzen der Anscheins- oder Duldungsvollmacht zu entscheiden (BGH BauR 1999, 1300, 1301); davon ist etwa auszugehen, wenn der Besteller den Architekten/Bauleiter zu dem Abnahmetermin entsendet (BGHZ 97, 224, 229 f) oder wenn der Architekt bereits den Werkvertrag stellvertretend für den Besteller abgeschlossen hat (Staud/*Peters* Rn 11). Zuzurechnen hat sich der Generalunternehmer ggü dem Subunternehmer jedoch auch die sog »Hauptabnahme« seitens seines Bestellers (Köln NJW-RR 1997, 756; Naumburg MDR 2001, 1289).

8 Die Billigungserklärung ist idR gem § 130 **empfangsbedürftig**; typischerweise wird in der Praxis, namentlich bei Ingebrauchnahme des Werkes der Zugang der Billigungserklärung jedoch entspr § 151 entbehrlich sein (PWW/*Leupertz* Rn 2); rein intern gebliebene Vorgänge bei dem Besteller genügen indes nicht zur Annahme einer Billigungserklärung (BGH NJW 1974, 95, 96: Billigung von Statikerleistungen). Eine **Anfechtung** der Abnahmeerklärung ist gem den §§ 119 ff soweit möglich, als sie auf Umstände gestützt wird, die nicht dem Gewährleistungsrecht unterfallen, also namentlich auf ein Verschreiben oder Versprechen gem § 119 Abs 1 oder auf eine Drohung gem § 123; die Weigerung, das Werk ohne Abnahme zur Nutzung zu überlassen, stellt allerdings keinen hinreichenden Anfechtungsgrund nach § 123 dar (BGH NJW 1983, 384 f).

9 **2. Voraussetzungen. a) Abnahmefähigkeit.** Der Anspruch des Unternehmers auf Abnahme ist nur soweit gegeben, als eine Abnahme des Werkes überhaupt möglich ist: Kommt eine Abnahme nach der Beschaffenheit des Werkes nicht in Betracht, entfällt eine Abnahmepflicht des Bestellers, es gilt § 646. Im Einzelnen besteht insoweit Streit (nach Staud/*Peters* § 646 Rn 7 ff sollen alle Werkleistungen der Abnahme fähig sein):

Immaterielle Werke sind jedenfalls soweit der Abnahme fähig, als sie sich in einem körperlichen Substrat niederschlagen, bspw in Form von Zeichnungen, Plänen, Gutachten etc etwa bei Architekten- oder Statikerleistungen (BGHZ 37, 341, 345; 48, 257, 262 f; NJW 2000, 133, 134). Etwas anderes gilt dort, wo eine Abnahme nach der Verkehrssitte unüblich ist (Erman/*Schwenker* Rn 9) und dort, wo nach Werkvollendung ein typischer- und sinnvollerweise nicht mehr abänderbarer Zustand geschaffen ist, bspw bei Beförderungsleistungen (BGH MDR 1989, 233; Düsseldorf NJW-RR 1994, 1122) oder einer Theateraufführung. Dasselbe gilt für Anzeigenverträge jedenfalls dort, wo nach Veröffentlichung der fehlerhaften Anzeige eine Nacherfüllung etwa wegen zeitlicher Gebundenheit nicht mehr in Betracht kommt (vgl: AG Königstein NJW-RR 1999, 1355, 1356; AG Rheda-Wiedenbrück MDR 2002, 508, 509; aA: AG Dresden NJW-RR 1999, 562, 562 f).

b) Vollendung des Werkes. Eine Abnahme schuldet der Besteller grds erst dann, wenn die Leistung vollendet 10
ist und der Unternehmer sie ihm als vollendet anbietet (BGHZ 50, 160, 162). Zur Ausnahme im Falle vereinbarter Teilabnahmen: Rz 23. So ist das **Architektenwerk** erst vollendet, wenn der Architekt alle ihm übertragenen Leistungsphasen nach § 15 HOAI, ggf also auch sämtliche Teilleistungen der Leistungsphase 9, erbracht hat. Dabei wird es als Konsequenz hingenommen, dass der Verjährungsbeginn der gegen den Architekten gerichteten Gewährleistungsansprüche und die Fälligkeit des Architektenhonorars regelm bis zum Ablauf der Gewährleistungsfristen ggü den bauausführenden Unternehmern hinausgeschoben werden (BGHZ 125, 111, 113 f; Düsseldorf NJW-RR 1992, 1174, 1175). Die Vollendung des Werkes im Falle von **Anlagenverträgen** (BGH NJW-RR 1993, 1461, 1462) und von **Software-Entwicklungsverträgen** (BGH NJW 1993, 1063; BauR 2004, 337, 340) ist grds erst dann gegeben, wenn dem Besteller die zur Nutzung erforderlichen Dokumentationen bzw Handbücher übergeben sind.

c) Vertragsgemäßheit. Dem Grundsatz nach hat der Unternehmer nur dann einen Anspruch auf Abnahme, 11
wenn das Werk vertragsgem, also frei von Sach- und Rechtsmängeln gem § 633 Abs 1 hergestellt ist. **Abnahmereife** liegt jedoch gem § 640 Abs 1 S 2 bereits dann vor, wenn dem Werk lediglich **unwesentliche Mängel** anhaften, es iÜ aber vertragsgem hergestellt ist. Der Besteller kann (nicht muss) in diesem Fall Vorbehalte iSv § 640 Abs 2 erklären. Unwesentlich ist ein Mangel dann, wenn die Interessen des Bestellers so weit zurücktreten, dass es ihm zumutbar ist, nicht mehr auf die Vorteile zu bestehen, die ihm vor der Abnahme zustehen, und sich mit der Geltendmachung der Mängelrechte nach den §§ 634 ff zu begnügen (vgl BGH NJW 1981, 1448 f; 1992, 2481, 2482). Bei der insoweit anzustellenden Einzelbetrachtung ist zu berücksichtigen, dass der Unternehmer sich zu einer mangelfreien Herstellung des Werkes verpflichtet hat; bei der Bewertung eines Mangels als unwesentlich ist also ein strenger Maßstab anzulegen (BaRoth/*Voit* Rn 22). In aller Regel wird von einer Unwesentlichkeit des Mangels dann nicht mehr auszugehen sein, wenn er die Funktion bzw die Gebrauchstauglichkeit des Werkes beeinträchtigt (BGH NJW 1992, 2481, 2482; NJW-RR 2004, 782, 7683; BaRoth/*Voit* Rn 23; Palandt/*Sprau* Rn 9) oder Einfluss auf die Sicherheit des Werkes hat (Hamm BauR 2005, 731, 732: Fehlen eines sicherheitsrelevanten Geländers). Deshalb sind auch optische Mängel grds nicht unwesentlich, sofern ihr Vorhandensein die Verwendung der Werkleistung beeinträchtigt (PWW/*Leupertz* Rn 5). Die Kosten der Mängelbeseitigung sind bei der Bewertung, ob ein Mangel unwesentlich ist oder nicht, grds zu berücksichtigten, allerdings nur als ein Ansatz im Rahmen der Gesamtabwägung (BGH BauR 2000, 1482, 1483). Sind mehrere Mängel für sich geringfügig, können sie in der Gesamtschau allerdings die Erheblichkeitsschwelle überschreiten und den Besteller zur Abnahmeverweigerung berechtigen (Hamburg BauR 2003, 1590; Palandt/*Sprau* Rn 9). Zur Unwesentlichkeit eines Mangels vgl auch § 636 Rz 20.

3. Erscheinungsformen der Abnahme. Mit Rücksicht auf die Rechtsfolgen der Abnahme (s.u. Rz 18) ist zu 12
verlangen, dass der Wille des Bestellers, die Leistung als in der Hauptsache dem Vertrag gemäß anzunehmen, ausdrücklich oder konkludent einen dementspr Ausdruck gefunden haben muss (BGH BauR 1994, 242, 243). Dabei geht es um die sog rechtsgeschäftliche Abnahme (s.u. Rz 13 ff). Die Abnahme kann aufgrund der Weiterungen durch das Gesetz zur Beschleunigung fälliger Zahlungen (s.o. Rz 1) auch fiktiv erfolgen im Wege des § 640 Abs 1 S 3 und für Verträge, die bis zum 01.01.2009 geschlossen wurden, im Wege der Fertigstellungsbescheinigung (§ 641a).

a) Ausdrückliche Abnahme. Der Besteller kann die Abnahme ausdrücklich erklären, ohne dass es dazu grds 13
der Einhaltung einer Form bedarf (sog rechtsgeschäftliche Abnahme). Zu Beweiszwecken ist allerdings stets eine schriftliche Abnahmeerklärung unter eindeutiger Aufnahme etwaiger gerügter Mängel zu empfehlen. Die Parteien können darüber hinaus Formerfordernisse, auch die Durchführung einer sog förmlichen Abnahme (s.u. Rz 23) vereinbaren. Inhaltlich muss die Erklärung des Bestellers hinreichend eindeutig zu erkennen geben, dass er das Werk des Unternehmers als im Wesentlichen vertragsgem anerkenne. Das Vorhandensein und die Rüge von Mängeln schließen dabei schon nach § 640 Abs 1 S 2 eine Abnahme grds nicht aus. Ebenso wenig ist erforderlich, dass der Besteller vor der Billigungserklärung das Werk geprüft hat oder ob es in Teilen noch nicht vollständig hergestellt ist: Es steht dem Besteller frei, welchen Prüfungsaufwand er vor der Abnahmeerklärung betreibt und ob er die Vertragsgemäßheit auch bei unvollständiger Leistung anerkennt (BaRoth/Voit Rn 6), solange dieser Wille des Bestellers aus seiner Erklärung hinreichend eindeutig hervorgeht (BGH BauR 1994, 242, 243).

14 **b) Schlüssige Abnahme.** Die Abnahme kann auch durch schlüssige Erklärung erfolgen. Dazu bedarf es, der Annahme sonstiger schlüssiger Willenserklärungen vergleichbar, zum einen eines Verhaltens des Bestellers, das auf das Vorhandensein des Abnahmewillens schließen lässt (dazu Rz 15). Der Schluss auf das Vorhandensein des Abnahmewillens muss zum anderen aus Sicht des objektivierten Empfängerhorizontes iwS erlaubt sein (dazu Rz 16). Letzteres bedeutet, dass sich in allen Fällen, in denen aus Sicht des Unternehmers redlicherweise nicht von einer Abnahme des Werkes ausgegangen werden darf, grds auch die Annahme einer schlüssigen Abnahme durch den Besteller verbietet. Das ist nicht zwingend der Fall, wenn die Parteien etwa die Einhaltung der Schriftform oder eine förmliche Abnahme (s.u. Rz 23) vereinbart haben, da grds auch solche Vereinbarungen ihrerseits schlüssig aufgehoben werden können (BGHZ 146, 250, 261 f; Köln MDR 2002, 877).

15 Ob ein nach außen hin gerichtetes Verhalten des Bestellers als schlüssige Abnahmeerklärung ausreicht, ist im jeweiligen Einzelfall zu entscheiden. Die Annahme einer schlüssigen Abnahmeerklärung scheitert in jedem Falle, wenn das maßgebliche Verhalten des Bestellers nicht nach außen gerichtet ist; bloß intern gebliebene Vorgänge genügen jedenfalls nicht (BGH NJW 1974, 95, 96). Ist das Werk objektiv als Erfüllung anzusehen, kann die rügelose **Entgegennahme des Werkes** zumindest ein Indiz für die Annahme sein, der Auftraggeber billige die Leistung als im Wesentlichen vertragsgem (BGH BauR 2004, 337, 339). Soweit allerdings die Mangelhaftigkeit und namentlich die Funktionsfähigkeit des Werkes typischerweise erst nach Ablauf einer Probephase oder nach Durchführung eines Probelaufes erkennbar sind, genügt die bloße Entgegennahme nicht: Hinzukommen muss vielmehr noch der Ablauf einer angemessenen Probezeit, bis man von einer stillschweigenden Abnahmeerklärung des Bestellers ausgehen kann (Düsseldorf NJW 1995, 142: Ablauf einiger Tage und Probefahrt über ca 50 km bei PKW-Reparatur). Der rügelosen Entgegennahme des Werkes steht es gleich, wenn der Besteller vorbehaltlos nach Besichtigung des Werkes eine Auftrags- und **Ausführungsbestätigung** unterzeichnet (Düsseldorf BauR 1998, 126, 126 f). Erklärt der Besteller, er wolle wegen bestimmter Mängel den Vergütungsanspruch **mindern**, wird darin wegen der Gestaltungswirkung der Minderung zugleich die schlüssige Abnahme des Werkes zu sehen sein (vgl BaRoth/*Voit* Rn 6). Auch in der Prüfung der Schlussrechnung und der anschließenden (vorbehaltlosen) **Begleichung des Werklohns** kann grds eine schlüssige Abnahmeklärung zu sehen sein, selbst wenn die Vergütungsforderung lediglich weitgehend erfüllt wird (BGHZ 125, 111, 115: zur schlüssigen Abnahme des Architektenwerkes; Hamm BauR 2003, 106, 107). Typischerweise kann in der **Nutzung** des Werkes eine schlüssige Abnahmeerklärung liegen, sei dies durch Ingebrauchnahme (BGH NJW-RR 1999, 1246, 1247; München NJW 1991, 2158), durch Ver- bzw Überarbeitung (Frankfurt aM NJW-RR 2005, 701, 702) oder durch Weiterveräußerung bzw Vermietung (BGH NJW-RR 1996, 883, 884; Hamm BauR 2001, 1914, 1915). Auch insoweit wird regelm der Ablauf einer Probezeit zu veranschlagen sein; bei Bezug des zu errichtenden Hauses oder einer Wohnung etwa der rügelose Ablauf mehrwöchiger Nutzung (Hamm BauR 2001, 1914, 1915).

16 Auch wenn nach außen hin ein Verhalten des Bestellers vorliegt, welches grds auf eine Billigung des Werkes schließen lässt, bedarf es zur Annahme einer schlüssigen Abnahmeerklärung als weiteren Tatbestandsmerkmals, dass vom Empfängerhorizont aus, also aus einer objektivierten Perspektive des Unternehmers dieses Verhalten auch redlicherweise als Billigungserklärung verstanden werden darf. Dies ist regelm dann nicht der Fall, wenn das Werk noch **nicht vollständig hergestellt** ist (BGH MDR 1993, 421, 422; BauR 2004, 337, 339: unvollständige EDV-Anlage ohne Benutzerhandbuch bzw System-Software ohne Freischalt-Code; BGHZ 125, 111, 115 f: nicht erbrachte Leistungsphase 9 nach § 15 HOAI; BGH NJW-RR 2006, 303, 304: keine schlüssige Abnahme der Bauaufsichtsleistung vor Verjährung der Gewährleistungsrechte ggü den Bauhandwerkern). Bedarf es zur vollständigen Herstellung lediglich unwesentlicher Restarbeiten, steht dies allerdings einer schlüssigen Abnahme nicht entgegen, soweit das Werk jedenfalls abnahmereif ist (BGH NJW-RR 2004, 782, 783; 2006, 303, 304). Ist das Werk noch nicht vollständig erbracht und fehlen nicht nur Restarbeiten von untergeordneter Bedeutung, müssen gewichtige Umstände vorliegen, welche die Annahme rechtfertigen, der Auftraggeber habe das Werk als vertragsgem Erfüllung anerkannt; ein Abnahmewille kann in einem solchen Fall trotz Entgegennahme des Werkes nicht unterstellt werden (BGH BauR 2004, 337, 339). Hat der Besteller eine **Abnahmeverweigerung** erklärt, kommt – unabhängig davon, ob die Verweigerung berechtigt war oder nicht – eine schlüssige Abnahme ebenfalls nicht in Betracht (Brandenburg BauR 2006, 1472, 1473; zu den Rechtsfolgen der Abnahmeverweigerung s.o. Rz 3). Grundsätzlich kann ein Verhalten des Bestellers redlicherweise nicht als schlüssige Abnahme gewertet werden, wenn er zuvor oder zugleich mehr als unwesentliche **Mängel** des Werkes rügt (BGHZ 146, 250, 262; Hamm BauR 2003, 106, 107); dasselbe muss dann gelten, wenn das Werk objektiv unter erheblichen Mängeln leidet und der Unternehmer diese Mängel kennt. Schließlich ist die Ingebrauchnahme des Werkes nur dann nach außen hin eine schlüssige Billigungserklärung, wenn sie aus (objektivierter) Sicht des Unternehmers nicht einer **Zwangslage** des Bestellers geschuldet ist (BGH BauR 1994, 242, 244): Bezieht der Besteller etwa das zu errichtende Wohnhaus/Geschäftsgebäude, weil seine bisherige Wohnung/der bislang genutzte Geschäftsraum nicht mehr zur Verfügung steht und weiß der Unternehmer von dem (zwingenden) Einzugstermin, ist in der Inbenutzungnahme redlicherweise nicht zugleich eine Billigung des Werkes zu sehen (BGH NJW 1975, 1701, 1702; 1979, 549, 550). Ebenso wenig liegt in der Inbetriebnahme einer Fußbodenheizung eine schlüssige Abnahme, wenn dies die einzige Möglichkeit darstellt, trotz winterlicher Temperaturen den verzögerten Bau durch die Verlegung des Estrichs voranzutreiben (Koblenz NJW-RR 1997, 782).

c) **Abnahmefiktion § 640 Abs 1 S 3.** Nach § 640 Abs 1 S 3 wird die Abnahme durch den Besteller fingiert, wenn ihm der Unternehmer fruchtlos eine angemessene Frist zur Abnahme gesetzt hat, vorausgesetzt, der Besteller war zur Abnahme verpflichtet. Dies wiederum ist der Fall, wenn das Werk abnahmereif ist (s.o. Rz 3, 11). Gerade wegen des Erfordernisses der Abnahmereife, ist die vom Gesetzgeber beabsichtigte Verbesserung der Rechtsstellung des Unternehmers im Verhältnis zum bisherigen Recht kaum je zu erreichen. Denn im Streitfall hat der Unternehmer zu beweisen, dass die Voraussetzungen der Abnahmefiktion, also auch die Abnahmereife spätestens im Zeitpunkt des Fristablaufs vorlagen (Staud/*Peters* Rn 46; BaRoth/*Voit* Rn 31; aA: PWW/*Leupertz* Rn 12); allein diese Beweislastverteilung entspricht der allg Regel zum einen, zum anderen wird nur dadurch die im Werkvertragsrecht bestehende Risikoverteilung berücksichtigt. Tatbestandsvoraussetzung für die Abnahmefiktion ist des Weiteren, dass der Unternehmer dem Besteller eine angemessene Frist zur Abnahme setzt. Dennoch ist dem Unternehmer der Weg über § 640 Abs 1 S 3 regelm zu empfehlen, um auf diese Weise die Abnahmewirkungen – für den Fall abnahmereifer Herstellung – zu einem früheren Zeitpunkt herbeizuführen, als er dies ansonsten auf dem prozessualen Wege erreichen könnte. Die Angemessenheit der Frist ist im jeweiligen Einzelfalls zu bestimmen: Grundsätzlich wird dazu der Zeitraum ausreichend sein, der dem Besteller zur Prüfung des Werkes zuzubilligen ist; s.o. Rz 4; bei Bauwerken dürfte eine Frist von zwei Wochen entspr der Regelung in § 12 Nr 5 Abs 1 S 1 VOB/B in jedem Falle hinreichend sein. Ist die vom Unternehmer gesetzte Frist zu kurz, tritt die Abnahmewirkung nach Ablauf der angemessenen Frist ein. 17

4. Wirkungen der Abnahme. Die Rechtsfolgen der Abnahme sind vielfältig und einschneidend (BGH BauR 1994, 242, 243): Mit der Abnahme endet, wie sich aus § 641 Abs 1 ergibt, das Erfüllungsstadium und mit diesem die Vorleistungspflicht des Unternehmers. Von diesem Zeitpunkt an sind die gegenseitigen Vertragspflichten Zug um Zug abzuwickeln, und zwar auch in Fällen mangelhafter Werkleistung (BGHZ 61, 42, 44 f; 90, 354, 357). Die Ansprüche des Bestellers beschränken sich auf die Mängelrechte nach den §§ 634 ff, sein Erfüllungsanspruch auf das abgenommene konkrete Werk und dessen Mängel (Palandt/*Sprau* Vorb v § 633 Rn 8). Mit der Abnahme des Werkes beginnt gemäß § 634a Abs 2 die Verjährung und des weiteren wird die Vergütung fällig (§ 641 Abs 1 S 1); die regelm in Geld festgesetzte Vergütung ist ab der Abnahme zu verzinsen (§ 641 Abs 4 iVm § 246 bzw § 352 HGB). Da mit der Abnahme zugleich die Gefahr auf den Besteller übergeht (§ 644 Abs 1 S 1), trifft von diesem Zeitpunkt an die Beweislast für Mängel gemäß § 633 den Besteller (BGH BauR 1994, 242, 243). Letzteres tritt auch in Fällen der sog »unechten« oder auch »technischen« Abnahme bezogen auf die »abgenommenen« Leistungsteile ein, also bei der Inaugenscheinnahme von Vorstufen des Werkes, die später als solche nicht mehr prüffähig sind, ohne dass damit zugleich eine Billigung des Teilwerkes als vertragsgerechte Erfüllung verbunden ist (Staud/*Peters* § 641 Rn 128; BaRoth/*Voit* Rn 20). Zum Rechtsverlust gem § 640 Abs 2: Rz 19 ff. 18

II. Rechtsverlust nach § 640 Abs 2. § 640 Abs 2 verschafft dem Unternehmer eine Einrede (MüKo/*Busche* Rn 35; BaRoth/*Voit* Rn 40): Danach verliert der Besteller seine Mängelrechte gem § 634 Nr 1 bis Nr 3, wenn er sie sich trotz Kenntnis des Mangels nicht bei der Abnahme vorbehält. Ohne Nacherfüllungsanspruch nach § 634 Nr 1 verliert der Besteller in diesem Fall zwingend auch sein Zurückbehaltungsrecht gem § 641 Abs 3. Ihm bleiben einzig etwaige Ansprüche auf Schadensersatz und auf Aufwendungsersatz gem den §§ 634 Nr 4, 636. Die Norm erfasst ausschließlich die rechtsgeschäftliche (also auch die schlüssige) Abnahme (Palandt/*Sprau* Rn 13). Wegen der ausdrücklichen Bezugnahme auf die Abnahme gem § 640 Abs 1 S 1 genügt die fiktive Abnahme nach § 640 Abs 1 S 3 nicht, um einen Rechtsverlust iSv § 640 Abs 2 auszulösen (anders bei Vereinbarung der VOB/B, s.u. Rz 28). Ebenso wenig gilt § 640 Abs 2 im Falle der fiktiven Abnahme aufgrund einer Fertigstellungsbescheinigung, § 641a Abs 1 S 3. Der Rechtsverlust nach § 640 Abs 2 greift bei vorbehaltloser Abnahme trotz Kenntnis von **Sach- und Rechtsmängeln** Platz (str). Vereinzelt wird angenommen, § 640 Abs 2 erfasse keine Rechtsmängel, da sich die Abnahme nur auf die tatsächliche Beschaffenheit des Werkes beziehe und nicht auch auf die rechtlichen Verhältnisse (Staud/*Peters* § 634 Rn 188). Das ist unzutreffend: Denn einmal bedeutete dies in der Konsequenz, dass der Besteller auch ein (wesentlich) mit Rechtsmängeln behaftetes Werk nach § 640 Abs 1 abnehmen müsste, solange nur keine Sachmängel vorliegen. Zum anderen gibt § 640 Abs 2 seinem Wortlaut nach (»den Mangel kennt«) eine solche Interpretation vor dem Hintergrund von § 633 Abs 1, Abs 3 nicht her. 19

Voraussetzung dieses Rechtsverlustes ist, dass der Besteller im Zeitpunkt der (schlüssigen) Abnahmeerklärung den Mangel kennt. Erforderlich ist insoweit **positive Kenntnis** sämtlicher Umstände, eine (auch grob) fahrlässige Unkenntnis des Mangels genügt nicht. Die bloße Kenntnis der äußeren Mangelerscheinung genügt nur soweit, als aus dieser auch auf die Mangelursache und die Verantwortlichkeit des Unternehmers zu schließen ist; anderenfalls genügt zB die Kenntnis von Rissen im Putz grds nicht, um Kenntnis des Bestellers von einem mangelhaften Mauerwerk anzunehmen (Soergel/*Teichmann* Rn 18; vgl auch BGHZ 48, 108, 110). Soweit die Abnahme durch einen vom Besteller ermächtigten Dritten ausgeführt wird, ist für die positive Kenntnis grds ausschließlich auf die Kenntnis des Dritten abzustellen (BGH NJW-RR 1993, 1461, 1462). 20

Der Besteller muss sich zum Erhalt seiner Mängelrechte diese unmittelbar **bei der Abnahme** im Hinblick auf einen konkreten Mangel vorbehalten, wobei wiederum die Angabe der Mangelsymptome ausreicht. Ungenü- 21 gend ist allerdings ein nach oder bereits noch vor der Abnahme erklärter Vorbehalt (BGH BauR 1973, 192, 193), es sei denn, dass der Besteller den schon vor der Abnahme erklärten Vorbehalt erkennbar bei der Abnahme aufrecht erhält (BGH NJW 1975, 1701, 1702). Der Vorbehalt ist grds formfrei; soweit die Parteien allerdings für die Abnahme die Einhaltung der Schriftform vereinbart haben, genügt der mündliche Vorbehalt grds nicht; dasselbe gilt, wenn über die Abnahme ein Protokoll gefertigt wird (vgl BGH BauR 1973, 192, 193; BaRoth/*Voit* Rn 37).

22 Mit der vorbehaltlosen Abnahme verliert der Besteller ggf auch Ansprüche auf eine verwirkte **Vertragsstrafe**, § 341 Abs 3, und zwar auch im Falle einer fiktiven Abnahme, da § 341 Abs 3 nicht an eine (rechtsgeschäftliche) Abnahme anknüpft (BaRoth/*Voit* Rn 42). Unterlässt der vom Besteller beauftragte Architekt bei der Abnahme den Vertragsstrafenvorbehalt, hat der Besteller gegen den Architekten wegen Verletzung der Vertragspflichten aus dem Architektenvertrag einen Schadensersatzanspruch (Saarbrücken, Urt v 03.04.2007 – Az 4 U 587/05 – juris Rn 28); dasselbe gilt, wenn der Vertragsstrafenvorbehalt infolge unterlassener Beratung des Bestellers durch den Architekten unterbleibt (BGH NJW 1979, 1499 f).

23 **III. Abweichende Vereinbarungen.** § 640 enthält dispositives Recht, im Rahmen von § 138 können die Vertragsparteien individuell grds abweichende Regelungen etwa über Form und Zeitpunkt der Abnahme oder zur näheren Bestimmung der Abnahmereife treffen (vgl BGHZ 131, 392, 395 f). Bei Verwendung von AGB (zur VOB/B s.u. Rz 28) hängt deren Wirksamkeit im Einzelfall von der Wertung nach § 307 ab: Grds wirksam ist die Vereinbarung der **Schriftform** (Abnahmeprotokoll) sowie einer **förmlichen Abnahme** entspr § 12 Nr 4 Abs 1 VOB/B (BGHZ 131, 392, 395 f; s.u. Rz 28). Solcherart Formvorschriften können von den Parteien jederzeit – auch schlüssig – wieder aufgehoben werden ((BGH BauR 1977, 344, 345 f; WM 1993, 561, 564), etwa dadurch, dass der Besteller innerhalb der vorgesehenen Frist keinen Abnahmetermin vorschlägt (Düsseldorf BauR 1997, 647, 648 f); beharrt der Besteller dennoch auf der Durchführung der förmlichen Abnahme, kann dies im Einzelfall rechtsmissbräuchlich sein (BGH NJW 1990, 43, 43 f; Düsseldorf BauR 1997, 647, 649). Die Parteien können grds auch die Durchführung von **Teilabnahmen** vereinbaren (BGHZ 125, 111, 115), wie dies der Gesetzgeber selbst in § 641 Abs 1 S 2 vorausgesetzt hat; werden sie durchgeführt, dann treten – bezogen auf den jeweiligen Werkteil – sämtliche Rechtsfolgen der Abnahme ansonsten ein (MüKo/*Busche* Rn 23; BaRoth/*Voit* Rn 19, für die VOB/B: BGH NJW 1968, 1524, 1525). Durch AGB können die Parteien den Zeitpunkt für eine **Vorbehaltserklärung** gem § 640 Abs 2 herauszögern, etwa bis zur Schlusszahlung (BGH NJW-RR 2000, 1468); die Notwendigkeit eines Vorbehalts an sich kann in AGB allerdings nicht erlassen werden (BGHZ 85, 305, 311).

24 In **AGB des Unternehmers** sind Klauseln, nach denen die Abnahmewirkungen unabhängig von der Beschaffenheit des Werkes nach Ablauf einer bestimmten Frist nach der Fertigstellungsmitteilung eintreten sollen, unwirksam (BaRoth/*Voit* Rn 12; PWW/*Leupertz* Rn 7). Dasselbe gilt für Klauseln, nach denen bei Nichterscheinen des Bestellers zum Abnahmetermin die Abnahme fingiert sein soll (BaRoth/*Voit* Rn 12). Die Regelung in **AGB des Bestellers**, wonach die Abnahme des Nach- oder Subunternehmerwerkes auf den Zeitpunkt der Abnahme des Hauptunternehmerwerkes durch den Auftraggeber verschoben sein soll, ist, da sie für den Subunternehmer ein unkalkulierbares Risiko beinhaltet, grds unwirksam (BGH BauR 1997, 302, 303). Etwas anderes gilt allerdings dort, wo eine gemeinsame Endabnahme erforderlich ist, weil sich nur in diesem Rahmen Mängel des Subunternehmerwerkes feststellen lassen (BGH BauR 1989, 322, 323; 1995, 234, 236); vorauszusetzen ist in solchen Fällen allerdings, dass die Bestimmung des Abnahmezeitpunktes nicht ausschließlich in der Hand des Bestellers liegt und aus Sicht des Unternehmers zumindest ein absehbarer Abnahmezeitpunkt feststeht (BGHZ 131, 392, 395; BauR 1989, 322, 324). Der Besteller kann sich in seinen AGB auch nicht wirksam von der Vorbehaltsobliegenheit des § 640 Abs 2 befreien (BaRoth/*Voit* Rn 39), da ihm dies in unangemessener Weise widersprüchliches Verhalten erlaubte. Schließlich kann der Besteller nicht die Abnahmefiktion nach § 640 Abs 1 S 3 ausschließen (PWW/*Leupertz* Rn 7).

25 **D. Prozessuales.** Der Unternehmer kann grds auf Abnahme klagen, sei dies ausdrücklich oder inzidenter im Rahmen einer Zahlungsklage oder aber auch als isolierte **Klage** (BGHZ 132, 96, 98); das stattgebende Urteil bei der isolierten Klage auf Abnahme ist, da es sich um eine unvertretbare Handlung handelt, gem § 888 ZPO zu vollstrecken (MüKo/*Busche* Rn 42; aA: Vollstreckung gem § 894 ZPO, BaRoth/*Voit* Rn 27 – der allerdings stets nur Billigung, nicht auch körperliche Übergabe für die Abnahme genügen lässt).

26 Mit der Abnahme tritt grds eine **Beweislastumkehr** ein: Ab dem Abnahmezeitpunkt hat der Besteller das Vorliegen von Mängeln zu beweisen (s.o. Rz 18; auch zur so genannten technischen Abnahme). Dies gilt nicht, soweit sich der Besteller seine Mängelrechte bei der Abnahme vorbehalten hat. In diesem Falle verbleibt es bei der Beweislastregelung wie vor der Abnahme mit der Folge, dass dem Unternehmer die Beweislast für die mangelfreie Herstellung des Werkes verbleibt (BaRoth/*Voit* Rn 38). Die Abnahme selbst sowie die Umstände einer schlüssigen oder fiktiven Abnahme hat der Unternehmer darzulegen und zu beweisen; Darlegungs- und Beweislast liegen allerdings beim Besteller für die Behauptung, der Bezug des Hauses sei unter Druck erfolgt, weshalb eine schlüssige Abnahme nicht erfolgt sei (Düsseldorf BauR 1992, 72).

27 Im Hinblick auf den Rechtsverlust gem **§ 640 Abs 2** trägt der Unternehmer die Darlegungs- und Beweislast dafür, dass der Besteller den Mangel kannte und für die vorbehaltlose Abnahme. Für die positive Kenntnis

des Bestellers kann es zwar – je nach den Umständen – iSe Anscheinsbeweises genügen, wenn der Mangel so klar und gravierend in Erscheinung getreten ist, dass insbes ein sachkundiger Auftraggeber ihn einfach nicht übersehen kann; der Unternehmer muss dann lediglich die entspr Umstände darlegen und beweisen (Dresden BauR 2002, 1274 f). Der Besteller muss in einem solchen Fall nach den allg Regeln zum Anscheinsbeweis die den Anschein tragenden Umstände erschüttern; iÜ trägt er die Darlegungs- und Beweislast dafür, dass er sich bei der Abnahme seine Mängelrechte und seinen Vertragsstrafenanspruch vorbehalten hat.

E. VOB/B. § 12 VOB/B regelt die Abnahme zT abweichend vom BGB, in § 12 Nr 6 VOB/B wird zudem der 28
Gefahrübergang wie in § 644 Abs 1 S 1 aufgenommen. Begrifflich geht die VOB/B allerdings von demselben Abnahmebegriff wie § 640 aus; dasselbe gilt für die Abnahmereife, wie sich aus § 12 Nr 3 VOB/B im Umkehrschluss ergibt (vgl Kapellmann/Schiffers/*Havers* § 12 VOB/B Rn 2, 34). § 12 Nr 1 VOB/B verpflichtet den Auftraggeber zum Zwecke beschleunigter Vertragsabwicklung zur Abnahme binnen zwölf Werktagen nach Fertigstellung der Leistungen und Abnahmeverlangen des Auftragnehmers. Nach § 12 Nr 2 VOB/B bezieht sich die Abnahmepflicht des Bestellers auf Verlangen auch auf in sich abgeschlossene Teile der Leistung (Teilabnahme). Wird es von einer Partei verlangt, ist gem § 12 Nr 4 Abs 1 VOB/B eine **förmliche Abnahme** durchzuführen. Dies bedeutet, dass die Parteien grds gemeinsam die erbrachte Bauleistung überprüfen und zur Vermeidung von Unklarheiten und Beweisschwierigkeiten die Tatsache und den Zeitpunkt sowie den Befund der Abnahme und etwaige Vorbehalte wegen bekannter Mängel und wegen Vertragsstrafen schriftlich niederlegen (vgl BGHZ 131, 392, 395 f). Sofern ein Abnahmetermin vereinbart war oder der Auftraggeber mit genügender Frist dazu eingeladen hatte, kann nach § 12 Nr 5 Abs 2 VOB/B die förmliche Abnahme auch in Abwesenheit des Unternehmers erfolgen. Nach zutreffender Auffassung ist eine Abnahme in Abwesenheit des Unternehmers allerdings dann nicht zulässig, wenn dieser aus wichtigem Grunde (bspw Erkrankung, zwingender Geschäftstermin) an der Teilnahme gehindert ist (Ingenstau/Korbion/*Oppler* § 12 Nr 4 VOB/B Rn 21; Heidermann/Riedl/Rusam/*Riedl* § 12 VOB/B Rn 39; Beck'scher VOB-Kommentar/*I Jagenburg* § 12 Nr 4 VOB/B Rn 44). Eine förmliche Abnahme in Abwesenheit des Auftraggebers ist nicht möglich; bleibt der Auftraggeber also dem vereinbarten Termin fern, kommt er ggf in Annahme- und Schuldnerverzug; dem Unternehmer steht zudem der Weg nach § 640 Abs 1 S 3 offen, der auch im Rahmen des VOB-Vertrages Anwendung findet (Kapellmann/Schiffers/*Havers* § 12 VOB/B Rn 99). § 12 Nr 5 VOB/B nennt zwei Erscheinungsformen für die **fiktive Abnahme**: Einmal gilt die Leistung nach Ablauf von zwölf Werktagen nach einer schriftlichen Mitteilung über die Leistungsfertigstellung als abgenommen. Zum anderen gilt die Abnahme nach (teilw) Inbenutzungnahme durch den Auftraggeber nach Ablauf von sechs Werktagen ab dem Beginn der Benutzung als abgenommen. In beiden Fällen ist Voraussetzung, dass weder eine (schlüssige) Abnahme bereits erfolgt noch eine Abnahme wegen wesentlicher Mängel verweigert worden ist. Darüber, ob auch die Leistung fertig gestellt sein muss, bevor eine fiktive Abnahme möglich ist, besteht Streit (dafür: Heiermann/Riedl/Rusam/*Riedl* § 12 VOB/B Rn 41; Ingenstau/Korbion/*Oppler* § 12 Nr 5 VOB/B Rn 6; dagegen: Beck'scher VOB-Kommentar/*I Jagenburg* § 12 Nr 5 Rn 7 ff; Kapellmann/Schiffers/*Havers* § 12 VOB/B Rn 106): Unter Berücksichtigung der von § 12 Nr 3 VOB/B getroffenen Wertung ist – wie im BGB-Vertrag – auch für die fiktive Abnahme nach § 12 Nr 5 VOB/B eine im wesentlichen mangelfreie und fertig gestellte (abnahmereife) Leistung erforderlich. Eine fiktive Abnahme ist schließlich ausgeschlossen, sofern eine Partei eine (förmliche) Abnahme verlangt hat. **§ 640 Abs 2** greift auch im Rahmen eines VOB-Vertrages Platz (BGHZ 77, 134, 136), dies folgt bereits aus § 12 Nr 5 Abs 3. Aus derselben Vorschrift ergibt sich jedoch auch, dass anders als im BGB-Vertrag auch die vorbehaltlose fiktive Abnahme zum Rechtsverlust nach § 640 Abs 2 führt.

§ 641 Fälligkeit der Vergütung.

[1] Die Vergütung ist bei der Abnahme des Werkes zu entrichten. Ist das Werk in Teilen abzunehmen und die Vergütung für die einzelnen Teile bestimmt, so ist die Vergütung für jeden Teil bei dessen Abnahme zu entrichten.

[2] Die Vergütung des Unternehmers für ein Werk, dessen Herstellung der Besteller einem Dritten versprochen hat, wird spätestens fällig,

1. **soweit der Besteller von dem Dritten für das versprochene Werk wegen dessen Herstellung seine Vergütung oder Teile davon erhalten hat,**
2. **soweit das Werk des Bestellers von dem Dritten abgenommen worden ist oder als abgenommen gilt oder**
3. **wenn der Unternehmer dem Besteller erfolglos eine angemessene Frist zur Auskunft über die in den Nummern 1 und 2 bezeichneten Umstände bestimmt hat.**

Hat der Besteller dem Dritten wegen möglicher Mängel des Werkes Sicherheit geleistet, gilt Satz 1 nur, wenn der Unternehmer dem Besteller entsprechende Sicherheit leistet.

[3] Kann der Besteller die Beseitigung eines Mangels verlangen, so kann er nach der Fälligkeit die Zahlung eines angemessenen Teils der Vergütung verweigern; angemessen ist idR das Doppelte der für die Beseitigung des Mangels erforderlichen Kosten.

[4] Eine in Geld festgesetzte Vergütung hat der Besteller von der Abnahme des Werkes an zu verzinsen, sofern nicht die Vergütung gestundet ist.

In der für Vertragsverhältnisse, die bis zum 01.01.2009 geschlossen wurden, geltenden Fassung (Art 229 § 18 EGBGB), lauten die Absätze 2 und 3 der Norm:

[2] Die Vergütung des Unternehmers für ein Werk, dessen Herstellung der Besteller einem Dritten versprochen hat wird spätestens fällig, wenn und soweit der Besteller von dem Dritten für das versprochene Werk wegen dessen Herstellung seine Vergütung oder Teile davon erhalten hat. Hat der Besteller dem Dritten wegen möglicher Mängel des Werkes Sicherheit geleistet, gilt dies nur, wenn der Unternehmer dem Besteller Sicherheit in entsprechender Höhe leistet.

[3] Kann der Besteller die Beseitigung eines Mangels verlangen, so kann er nach der Abnahme die Zahlung eines angemessenen Teils der Vergütung verweigern, mindestens in Höhe des Dreifachen der für die Beseitigung des Mangels erforderlichen Kosten.

1 **A. Allgemeines.** Die Vorschrift ist durch das Gesetz zur Beschleunigung fälliger Zahlungen weit reichend und noch einmal durch das Forderungssicherungsgesetz geändert worden; sie ist insg in der geltenden Fassung grds nur auf Verträge anzuwenden, die nach dem 01.05.2000 und hinsichtlich ihrer Absätze 2 und 3 nur auf solche Vertragsverhältnisse anzuwenden, die nach dem 01.01.2009 geschlossen wurden (Art 229 § 1 Abs 2 S 1, § 18 EGBGB); ersteres betrifft allerdings im Grunde lediglich § 641 Abs 2: Denn § 641 Abs 1 ist textidentisch mit der vormaligen Fassung; § 641 Abs 4 wiederum entspricht dem ehemaligen § 641 Abs 2. Für § 641 Abs 3 schließlich sieht Art 229 § 1 Abs 2 S 2 EGBGB, soweit es um Vertragsverhältnisse aus der Zeit vor dem 01.01.2009 geht, die Geltung auch für ältere Verträge ausdrücklich vor, da er seinem Inhalte nach lediglich die bis zum 01.05.2000 bereits geltende Rechtslage widerspiegelt (BGH NJW 2004, 502, 505).

2 **B. Zweck der Norm.** In § 641 Abs 1 ist die für das Werkvertragsverhältnis grundlegende Vorleistungspflicht des Unternehmers niedergelegt: Dessen Vergütungsanspruch, der mit Abschluss des Werkvertrags entstanden ist (iSv § 199 »entstanden« ist der Vergütungsanspruch allerdings erst mit seiner Fälligkeit, BGH BauR 1981, 199, 200), wird grds erst fällig, wenn das Werk von dem Besteller als im Wesentlichen vertragsgerecht gebilligt und entgegengenommen worden ist. Eine Möglichkeit, das daraus resultierende wirtschaftliche Risiko des Unternehmers zu verringern, zeichnet § 641 Abs 1 S 2 selbst auf: Die Parteien können Teilabnahmen und dementspr die Verpflichtung des Bestellers zu Teilvergütungen vereinbaren. Eine weitere Möglichkeit der Risikoverringerung ist mit dem Recht des Unternehmers auf Abschlagszahlungen gem § 632a in das BGB aufgenommen worden, vgl § 632a Rz 1. Auf der anderen Seite ist mit § 641 Abs 3 dem Interesse des Bestellers an der vollständigen Herstellung des mangelfreien Werkes Genüge getan: Ihm steht gegen den Vergütungsanspruch des Bestellers ein Zurückbehaltungsrecht zu, dessen Höhe für Vertragsverhältnisse nach dem 01.01.2009 idR mit dem Doppelten der erforderlichen Mangelbeseitigungskosten angemessen ist, und für Vertragsverhältnisse vor dem 01.01.2009 mindestens das Dreifache der Mangelbeseitigungskosten beträgt, um auf diese Weise für den Unternehmer auch einen Anreiz für eine zügige Nacherfüllung zu schaffen (»Druckzuschlag«, s.u. Rz 14).

3 **C. Kommentierung. I. Fälligkeit der Vergütung. Fälligkeitszinsen.** Das Gesetz stellt den Grundsatz auf, dass die Vergütung grds erst mit der Abnahme der vollständigen Leistung oder bei entspr Vereinbarung mit der Abnahme einer Teilleistung fällig wird (Rz 4 f). Von diesem Grundsatz gibt es jedoch vielfache Ausnahmen (s.u. Rz 6 ff). Ab dem Zeitpunkt der (auch schlüssigen oder fiktiven) Abnahme ist zudem der Vergütungsanspruch des Unternehmers grds zu verzinsen gem § 641 Abs 4. Auch ohne Abnahme kann der Unternehmer **Fälligkeitszinsen** verlangen, wenn der Besteller die Abnahme ernsthaft und endgültig verweigert (BaRoth/*Voit* Rn 31). Die Verzinsungspflicht besteht in zwei Fällen nicht: Einmal nach der ausdrücklichen Regelung des § 641 Abs 4 Hs 2, wenn die Vergütung gestundet ist. Zum anderen dann, wenn dem Besteller ein Zurückbehaltungsrecht nach den §§ 273, 320, 641 Abs 3 zusteht (Düsseldorf NJW 1971, 2310; für Fälligkeitszinsen iSv § 291: BGHZ 55, 198, 200). Die Zinshöhe bemisst sich grds nach § 246 (4 %), in Fällen beiderseitigen Handelskaufs nach § 352 Abs 1 HGB (5 %); weshalb üblicher- und zulässigerweise nach Eintritt des Zahlungsverzugs die erheblich höheren Verzugszinsen gefordert werden.

4 **1. Abnahme der vollständigen Leistung.** Die Vergütung wird grds »mit« der Abnahme des errichteten Werkes gem § 640 Abs 1 S 1 fällig. Abnahme und Vergütung können also – jedenfalls soweit Teil der Abnahme auch die Übergabe eines körperlichen Substrats ist – in einem Zug-um-Zug-Leistungsverhältnis stehen. Der Abnahme gleich gesetzt ist die fiktive Abnahmeform des § 640 Abs 1 S 3 (und bei Verträgen aus der Zeit vor dem 01.01.2009 des § 641a). Zur Fälligkeit ohne Abnahme, s.u. Rz 6 ff. Weitere Fälligkeitsvoraussetzungen existieren nicht, namentlich bedarf es zur Fälligkeit der Vergütung – anders als bei Vereinbarung der VOB/B und im Falle von Architekten- und Ingenieurleistungen (s.u. Rz 20 f) – keiner (prüfbaren) **Rechnung** (BGH BauR 1981, 199, 200; Frankfurt aM MDR 2000, 154, 155; aA: Frankfurt aM BauR 1997, 856; zum Streitstand vgl WP/*Werner* Rn 1369 ff): § 641 Abs 1 S 1 ist seinem Wortlaut nach eindeutig, so dass die Forderung nach einer Rechnungslegung als Fälligkeitsvoraussetzung contra legem ist; die dahingehende Auffassung verkennt zum einen den Unterschied zwischen Fälligkeit und Schuldnerverzug (welcher ohne Rechnungslegung regelm nicht eintritt) und die Interessen des Bestellers, dem nicht zugemutet werden darf, dass es allein in der Hand des die Rechnung stellenden Unternehmers liegen soll, wann die Verjährung des Vergütungsanspruches

beginnt. Fälligkeitszinsen nach § 641 Abs 4 werden ohne Rechnungsstellung idR nicht anfallen, sofern dem Besteller dann ein Zurückbehaltungsrecht wegen Verletzung einer vertraglichen Nebenpflicht des Unternehmers zusteht, also in sämtlichen Fällen, bei denen der Besteller auf einen Rechnungsnachweis angewiesen ist, namentlich zur Geltendmachung eines Vorsteuerabzugs oder bei haushaltsnahen Handwerkerleistungen iSv § 35a Abs 2 S 2 EStG (vgl § 631 Rz 44; oben Rz 3). Wegen abweichender Vereinbarungen s.u. Rz 17.

2. Teilabnahme. Dass Teilabnahmen erfolgen sollen, können die Parteien grds vereinbaren (§ 640 Rz 23), der Besteller ist auch nicht gehindert, freiwillig Teilabnahmen durchzuführen. Verlangen kann der Unternehmer sowohl die Teilabnahme als auch gem § 640 Abs 1 S 2 die entspr Teilleistung nur bei vereinbarter Teilabnahme. Anderes gilt nur ausnahmsw im Anwendungsbereich der Unsicherheitseinrede des § 321: Kommt es nach Vertragsschluss zu einer wesentlichen Verschlechterung der Vermögensverhältnisse des Bestellers und wird dadurch der Werklohnanspruch des vorleistungspflichtigen Unternehmers gefährdet, erbringt der Besteller aber auf unbestimmte Zeit die gebotene Sicherheitsleistung nicht, so kann der Unternehmer jedenfalls die Vergütung für eine von ihm vor Eintritt oder Bekanntwerden der Vermögensverschlechterung erbrachte, teilabnahmefähige und mängelfreie Teilleistung verlangen, die der Besteller tatsächlich ungehindert nutzt (BGH BauR 1985, 565, 567). 5

3. Fälligkeit ohne Abnahme. Die Fälligkeit der Vergütung setzt abweichend von § 641 Abs 1 S 1 allerdings nicht zwingend eine (Teil-) Abnahme voraus. Der Gesetzgeber selbst hat in § 646 einen Ausnahmefall aufgeführt: Danacht tritt Fälligkeit statt mit der Abnahme im Zeitpunkt der **Vollendung** des Werkes ein, wenn dessen Abnahme nach seiner Beschaffenheit ausgeschlossen ist (vgl BGH MDR 1989, 233). Zu dem weiteren Sonderfall der so genannten Durchgriffsfälligkeit nach § 641 Abs 2, s.u. Rz 11. 6

Darüber hinaus wird die Vergütung fällig, wenn eine Abnahme nach den Umständen des Einzelfalles nicht (mehr) in Betracht kommt. Seine frühere Rspr, wonach die Fälligkeit des Werklohns bei **Vertragskündigung** nicht von der Abnahme abhänge (BGH MDR 1987, 310), hat der BGH kürzlich für das Bauwerksvertragsrecht berechtigt aufgegeben (BGH MDR 2006, 1401, 1401 f). Der Abnahme der bis zur Kündigung erbrachten Leistung stehen grds keine durchgreifenden Bedenken entgegen, da es idR um hinreichend abgrenzbare – und hinsichtlich der infolge der Kündigung nicht erbrachten Werkteile auch abzugrenzende – Teilleistungen geht, die auch in diesem Stadium dahingehend der Überprüfung zugänglich sind, ob sie vertragskonform erbracht worden sind. Ob davon im Einzelfall außerhalb des Bauvertragsrechts nach der Beschaffenheit der Werkleistung Ausnahmen zu machen sind, hat der BGH ausdrücklich offen gelassen. Soweit vom Unternehmer vor der Kündigung keine hinreichend abgrenzbaren und damit teilabnahmefähigen Leistungsteile erbracht werden konnten oder erbracht worden sind (Bsp: Recherchearbeiten zur Gutachtenerstellung), bedarf es zur Fälligkeit des Vergütungsanspruches nicht der Abnahme. Ebenso ist eine Abnahme entbehrlich, wenn nach Kündigung von Seiten des Bestellers dem Vergütungsanspruch des Unternehmers nur noch Schadensersatzansprüche entgegen gehalten werden (Brandenburg NJW-RR 2006, 1532); s.u. Rz 8. 7

Das Werkvertragsverhältnis wandelt sich in ein **Abrechnungsverhältnis** um, wenn der Erfüllungs- und der Nacherfüllungsanspruch in den Fällen des **§ 635 Abs 3**, der **Minderung** gem den §§ 634 Nr 3, 638 Abs 1 oder des **Schadensersatzes** gem den §§ 634 Nr 4, 636, 280 Abs 1, Abs 3, 281 erlöschen: Es bedarf für die Fälligkeit des Vergütungsanspruches nicht mehr der Abnahme, vielmehr steht dieser etwaigen Ansprüchen des Bestellers in aufrechenbarer Weise ggü (BGH BauR 2002, 1399, 1400; MDR 2006, 1401, 1402). Stehen sich Ansprüche aufrechenbar ggü, können etwaige Aufrechnungsverbote nicht dadurch umgangen werden, indem ein Verrechnungsverhältnis angenommen wird (BGH NJW 2005, 2771, 2772). Ist die Nacherfüllung **unmöglich**, etwa weil der Besteller das mangelhafte Werk veräußert hat, tritt Fälligkeit auch ohne Abnahme ein (BGH MDR 1996, 1108). 8

Schließlich kann die Fälligkeit der Vergütung ohne Abnahme oder Vollendung des Werkes dann gegeben sein, wenn der Besteller **notwendige Mitwirkungshandlungen unterlässt** (BGH NJW 2005, 1650, 1651: offen lassend, ob der Vergütungsanspruch dann nach § 326 Abs 2 unter Anrechnung ersparter Aufwendungen für den Fall der Unmöglichkeit aufrecht erhalten bleibt oder zum Schadensersatzanspruch aus pVV gem den §§ 280 Abs 1, 241 Abs 2 wird; str: der Weg über die §§ 642, 643, 649 ist regelm vorzugswürdig, BaRoth/*Voit* Rn 9). Dasselbe gilt, wenn der Besteller die **Abnahme unberechtigt verweigert** (BGHZ 50, 175, 177 ff; BauR 1996, 390, 391 f). Den Unternehmer bei ausdrücklicher Abnahmeverweigerung zunächst noch auf die Möglichkeit nach § 640 Abs 1 S 3 zu verweisen, stellte eine überflüssige Förmelei dar und entspräche gerade nicht der Intention der fiktiven Abnahme, die Rechtsstellung des Unternehmers zu verbessern (BaRoth/*Voit* Rn 5; PWW/*Leupertz* Rn 7; Palandt/*Sprau* Rn 5). 9

Anders liegt der Fall **berechtigter Abnahmeverweigerung**, die selbst dann nicht zur Fälligkeit des Vergütungsanspruches führt, wenn der Besteller das Werk nutzt (BGH NJW-RR 2004, 591). Dem Unternehmer bleibt nur die Möglichkeit, auf Zahlung nach Empfang der Gegenleistung gem § 322 Abs 2 zu klagen; ein Antrag auf Zahlung Zug um Zug gegen Beseitigung bestimmter Mängel ist entspr als Antrag nach § 322 Abs 2 auszulegen (BGH NJW 2002, 1262, 1262 f; Hamm NJW-RR 2006, 391, 392). Der vorleistungspflichtige Unternehmer sollte in diesem Falle dem Besteller die Nacherfüllung anbieten, um diesen in Annahmeverzug zu setzen. Bei der Klage auf Leistung nach Empfang der Gegenleistung gem § 322 Abs 2 sollte der Unterneh- 10 mer – um im Obsiegensfalle unmittelbar die Zwangsvollstreckung betreiben zu können – zugleich Antrag auf Feststellung stellen, dass sich der Besteller mit der Annahme der Leistung in Verzug befindet, §§ 322 Abs 3, 274 Abs 2 (vgl BGH NJW 2002, 1262 f).

11 **II. Durchgriffsfälligkeit gem § 641 Abs 2.** Einen Sonderfall der **Fälligkeit ohne Abnahme** sieht § 641 Abs 2 S 1 für Subunternehmerverträge vor. Dementspr kommt § 641 Abs 2 dort nicht zur Geltung, wo bereits eine (schlüssige, fiktive) Abnahme seitens des Generalunternehmers erfolgt ist. Wo dies nicht der Fall ist, ersetzt Abs 2 Satz 2 die Abnahme, soweit der Generalunternehmer vom Hauptbesteller bereits (Teil-) Leistungen erhalten hat (Nr 1, insoweit identisch mit Abs 2 Satz 1 aF, dazu Rz 11a) und zudem in zwei durch das Forderungssicherungsgesetz neu hinzugekommenen und also nur für Vertragsverhältnisse aus der Zeit nach dem 01.01.2009 maßgeblichen Fällen: Nämlich einmal, soweit das Werk des Bestellers von dem Dritten bereits abgenommen worden ist oder als abgenommen gilt (Nr 2, dazu Rz 12) und schließlich, wenn der (Sub-) Unternehmer dem Besteller erfolglos eine angemessene Frist zur Auskunft über die in den Nummern 1 und 2 bezeichneten Umstände bestimmt hat (Nr 3, dazu Rz 13). Liegen die Voraussetzungen für einen der genannten Fälle vor, soll die Leistung des Bestellers »**spätestens**« fällig werden. Dieses »spätestens« ist systematisch ausschließlich in Bezug auf Abs 1 zu lesen, meint folglich, dass es dann keines weiteren Zuwartens auf eine Abnahme oder deren klagweiser Geltendmachung bedarf – allerdings nur, soweit auch sonstige für die Fälligkeit maßgebliche Voraussetzungen gegeben sind; bspw ersetzt Abs 2 nicht eine fehlende prüfbare Schlussrechnung.

11a Wenn in gestuften Vertragsverhältnissen (bspw Besteller/Haupt-/Subunternehmer; Besteller/Bauträger/Subunternehmer) der Besteller von dem Dritten Leistungen vergütet erhalten hat, wird der Vergütungsanspruch des (Sub-) Unternehmers gegen den Besteller grds spätestens fällig, soweit dieser sich auf die vergüteten Leistungen erstreckt. Gefordert ist also, dass sich die Vergütung durch den Dritten, unabhängig ob es sich um eine Schluss-, Teil- oder Abschlagszahlung handelt (BTDrs 14/1246 S 7), dem Werk des Subunternehmers zumindest anteilig zuordnen lässt. Mit der Einschränkung »soweit« stellt die Norm klar, dass sich der Umfang des fälligen Vergütungsanspruches nach dem Umfang der Zahlung durch den Dritten richtet, also ggf um gem § 641 Abs 3 zurück behaltene Beträge entspr verringert ist (BaRoth/*Voit* Rn 18; Palandt/*Sprau* Rn 9). Hat der Besteller dem Dritten wegen etwaiger Mängel Sicherheit geleistet, bedarf es für den Fälligkeitseintritt nach § 640 Abs 2 S 2 der weiteren Voraussetzung, dass der Unternehmer seinerseits dem Besteller entspr Sicherheit geleistet hat. Die Höhe der zu leistenden Sicherheit ist dabei, weil es nicht um das Sicherungsinteresse des Bestellers, sondern um die Fälligkeit der Subunternehmervergütung geht, entspr der vom Unternehmer geforderten Vergütung zu bemessen (BaRoth/*Voit* Rn 22; aA: PWW/*Leupertz* Rn 11: Entsprechend der Subunternehmerleistung am Gesamtwerk).

11b § 641 Abs 2 und 3 aF schließen für Vertragsverhältnisse aus der Zeit vor dem 01.01.2009 weder dem Wortlaut (»nach Abnahme«!) noch der Zielsetzung nach aus, dass der Besteller ggü dem Subunternehmer trotz vollständiger Leistung seitens des Dritten wegen Mängeln gem § 641 Abs 3 ein Zurückbehaltungsrecht geltend macht (Nürnberg BauR 2004, 516, 517; Bamberg BauR 2009, 113, 115; aA: Palandt/*Sprau*, 67. Aufl., Rn 8). Es wäre ein unhaltbares Ergebnis, würde der Besteller ein Leistungsverweigerungsrecht allein deswegen verlieren, weil der Dritte an ihn zahlt, etwa weil dieser die Mängel noch nicht kennt. Die gegenteilige Rechtsansicht hätte zur Folge, dass etwa der Hauptunternehmer, um sich sein Leistungsverweigerungsrecht ggü dem Subunternehmer zu erhalten, den Dritten von einer Zahlung an sich abhalten müsste, indem er ihn von den Mängeln in Kenntnis setzt. Aus dem Gesichtspunkt des Vorteilsausgleichs wird man dieses Recht des Hauptunternehmers allerdings dann beschränken müssen, wenn feststeht, dass er seinerseits wegen der betreffenden Mängel von seinem Besteller, dem Dritten, nicht mehr in Anspruch genommen werden kann, der Dritte also auch nicht mehr überzahlte Beträge nach Rücktrittserklärung oder Minderung vom Hauptunternehmer zurückverlangen kann (vgl BGH NJW 2007, 2695, 2696 f; 2007, 2697, 2698 und § 634 Rz 25). In den Fällen der Durchgriffsfälligkeit nach § 641 Abs 2 nF hat der Gesetzgeber diese Problematik nun ausdrücklich geklärt: Das Zurückbehaltungsrecht wegen Mängeln kann der Besteller – unabhängig von den Umständen der Durchgriffsfälligkeit – in jedem Falle nach der Fälligkeit (!) geltend machen (BTDrs 16/511S 16; BTDrs 16/9787 S 18 f; iÜ s.u. Rz 14 f).

12 Mit Abs 2 Satz 1 Nr 2 tritt die Fälligkeit der Werklohnforderung auch ohne Abnahme seitens des Bestellers ein, wenn das Werk diesem ggü von dem Dritten abgenommen wurde oder als abgenommen gilt (§§ 640 Abs 1 S 1, 641a Abs 1 – soweit die Fertigstellungsbescheinigung vor dem 01.01.2009 erteilt wurde; § 12 Nr 5 VOB/B: fiktive Abnahme).

13 Damit er seiner Darlegungslast im Falle des § 641 Abs 2 genügen kann, hat man bislang dem (Sub-) Unternehmer gegen den Hauptunternehmer zutreffend einen aus § 242 herzuleitenden **Auskunftsanspruch** darüber zugebilligt, ob und inwieweit dessen Besteller bereits Vergütung geleistet hat (Palandt/*Sprau*, 67. Aufl., Rn 8; PWW/*Leupertz* Rn 10). Dieser Auskunftsanspruch ist nunmehr nur noch für Vertragsverhältnisse aus der Zeit vor dem 01.01.2009 von Interesse. Mit Abs 2 Satz 1 Nr 3 führt nunmehr der erfolglose Ablauf einer vom Unternehmer dem Besteller gesetzten angemessenen Frist zur Auskunft über die in den Nummer 1 und 2 bezeichneten Umstände automatisch zur Durchgriffsfälligkeit seines (gesamten) Vergütungsanspruches.

III. Zurückbehaltungsrecht gem § 641 Abs 3. Nach der Abnahme konkretisiert sich der Erfüllungsanspruch des Bestellers bei Mängeln des Werkes auf den darauf gerichteten Nacherfüllungsanspruch gem den §§ 634 Nr 1, 635. Solange der Nacherfüllungsanspruch des Bestellers (noch) besteht (vgl dazu § 635 Rz 5 f, § 634 Rz 18 ff, § 640 Rz 19), steht dem Besteller nach § 320 ein Zurückbehaltungsrecht zu, welches in § 641 Abs 3 näher ausgestaltet wird: Um den Unternehmer zu einer zügigen Mangelbeseitigung anzuhalten, soll der Besteller ein Mehrfaches des zur Mangelbeseitigung erforderlichen Betrages zurückbehalten dürfen (**Druckzuschlag**) – und zwar unabhängig davon, ob der Dritte seinerseits an den Besteller vollständig gezahlt hat oder nicht (s.o. Rz 11b). Die Höhe dieses Druckzuschlages ist davon abhängig, zu welchem Zeitpunkt das Vertragsverhältnis geschlossen worden ist, ob nämlich gem Art 229 § 18 EGBGB für Vertragsverhältnisse aus der Zeit nach dem 01.01.2009 die aktuelle Fassung nach dem Forderungssicherungsgesetz Anwendung findet (dazu Rz 14a und b). Ausgangspunkt für die Berechnung des Druckzuschlags sind in jedem Falle wie beim Vorschussanspruch des Bestellers gem den §§ 634 Nr 2, 637 Abs 3 sämtliche – ggf nach § 287 ZPO zu schätzende – voraussichtlich vom Besteller zur Mängelbeseitigung aufzuwendenden Kosten (vgl § 637 Rz 15). 14

Der von § 641 Abs 3 aF genannte Regelbetrag (»mindestens in Höhe des Dreifachen«) ist dabei grds als **Mindestbetrag** zu verstehen, der nur in Ausnahmefällen nach Treu und Glauben unterschritten (PWW/*Leupertz* Rn 19) und im Einzelfalle auch überschritten werden darf, wenn dies zur Erreichung des mit dem Druckzuschlag verfolgten Zwecks, insbes bei relativ geringfügigen Mängeln angemessen ist (BaRoth/*Voit* Rn 28). 14a

Nach § 641 Abs 3 nF ist der Druckzuschlag reduziert: Angemessen als Druckzuschlag ist idR das Doppelte der für die Beseitigung des Mangels erforderlichen Kosten. Grundsätzlich wird folglich der Druckzuschlag das Doppelte der Mangelbeseitigungskosten betragen; nur in – begründeten – Ausnahmefällen, wenn dies etwa wegen der geringen Nachbesserungskosten nach dem Zweck der Norm gerechtfertigt ist (BTDrs 16/511 S 16) wird ein darüber hinausgehender Druckzuschlag gerechtfertigt sein. Entscheidendes Kriterium ist die im jeweiligen Einzelfall zu betrachtende Angemessenheit des Einbehalts. 14b

Haben die Parteien Sicherheitsleistung in Form eines **Sicherheitseinbehalts** vereinbart (s.u. Rz 17), lässt dies das Leistungsverweigerungsrecht des Bestellers einschließlich Druckzuschlag nicht entfallen, sondern ist allenfalls bei der Bemessung der Höhe des Druckzuschlags zu berücksichtigen (BGH NJW 1982, 2494; MDR 1981, 133). Der Unternehmer kann vor allem nicht einwenden, der Besteller dürfe das Leistungsverweigerungsrecht nur wegen eines die Sicherheit wertmäßig übersteigenden Mängelbeseitigungsanspruches geltend machen; das Zurückbehaltungsrecht nebst dem Druckzuschlag dient dem Besteller nicht als weitere Sicherheit, sondern dazu, den Unternehmer zu einer zügigen Mängelbeseitigung anzuhalten (BGH NJW 1982, 2494). 15

Befindet sich der Besteller hinsichtlich der Nacherfüllung im **Annahmeverzug**, bleibt zwar sein Zurückbehaltungsrecht bestehen (Celle BauR 2006, 1316, 1317 f); er kann ggü dem leistungsbereiten Unternehmer allerdings keinen Druckzuschlag geltend machen. Das Recht zur Geltendmachung eines Druckzuschlags lebt auch bei Beendigung des Annahmeverzugs nicht wieder auf (Celle BauR 2006, 1316, 1318). 16

IV. Abweichende Vereinbarungen. Die Parteien können die Fälligkeit der Vergütung auch im Rahmen von AGB von weiteren Erfordernissen, namentlich dem Legen einer (prüfbaren) **Schlussrechnung** abhängig machen (BGH BauR 1981, 199, 200; Düsseldorf BauR 1999, 655); zur Vereinbarung von **Teilabnahmen**: § 640 Rz 23. Ebenso können die Parteien vereinbaren, dass von dem Schlussrechnungsbetrag ein **Sicherheitseinbehalt** vorzunehmen ist, sofern dem Unternehmer eine Austauschsicherheit eröffnet wird, die ihn vom Insolvenzrisiko des Bestellers entlastet und eine angemessene Verzinsung gewährleistet (BGHZ 136, 27, 30 ff; Düsseldorf BauR 2003, 1585 f); die Fälligkeit des auf die Sicherheit entfallenden Vergütungsteils ist dann regelm bis zum Ablauf der Gewährleistungsfrist hinausgeschoben. Die Insolvenz des Unternehmers ändert daran nichts: Der Insolvenzverwalter kann erst nach Ablauf der Gewährleistungsfrist den Werklohn in Höhe des Sicherheitseinbehaltes verlangen, da er für die Masse grds nicht mehr und keine anderen Rechte beanspruchen kann, als dem Gemeinschuldner zustehen (BGH NJW 1999, 1261, 1262). Für Vereinbarungen einer Sicherheitsleistung, die sich an § 17 VOB/B orientieren, vgl § 631 Rz 92 f (dort auch zu der Frage, an wen nach Ende der Gewährleistungsfrist die **Gewährleistungsbürgschaft** herauszugeben ist). Eine vollständige **Abbedingung von § 641 Abs 2** in den AGB des Hauptunternehmers ist mit der Zielsetzung der Vorschrift, widersprüchliches Verhalten des Hauptunternehmers zu verhindern, unvereinbar und deshalb gem § 307 unwirksam (PWW/*Leupertz* Rn 13). Die Parteien können auch das **Zurückbehaltungsrecht** von § 641 Abs 3 in AGB abweichend regeln, etwa hinsichtlich der Höhe, ein vollständiger Ausschluss in AGB des Unternehmers ist allerdings ebenfalls unwirksam. 17

D. Prozessuales. Für die Voraussetzungen der Fälligkeit, also die Abnahme bzw die Abnahmereife im Falle der fiktiven Abnahme oder die Umstände, nach denen die Vergütung auch ohne Abnahme fällig werden soll, trägt der Unternehmer die **Darlegungs- und Beweislast.** Wird die Vergütung ohne Abnahme fällig, verbleibt es zudem bei der Darlegungs- und Beweislast des Unternehmers für die Mangelfreiheit des Werkes (BGH NJW-RR 1996, 883, 885). Auch im Hinblick auf ein **Zurückbehaltungsrecht** nach § 641 Abs 3 hat der Unternehmer vor sowie nach Abnahme unter Vorbehalt der Mängelrechte darzulegen und zu beweisen, dass die – vom Besteller lediglich ihrer Symptome nach dargelegten – Mängel nicht vorhanden sind; anders, wenn der Besteller das Werk vorbehaltlos abgenommen hat, dann trägt dieser die Darlegungs- und Beweislast für das 18

Vorliegen von Mängeln. Der Unternehmer hat die Darlegungs- und Beweislast dafür, dass im Einzelfalle der zurück behaltene Betrag unbillig und deshalb herabzusetzen sei (BGH BauR 1997, 133, 134): Nicht der Besteller, sondern der Unternehmer ist daher für die Höhe der Kosten der Mängelbeseitigung darlegungs- und beweispflichtig (BGH BauR 2008, 510, 511; aA: BaRoth/*Voit* Rn 30. Gegen die Auffassung des BGH spricht nicht nur der übliche Darlegungs- und Beweislastgrundsatz, wonach jede Partei die ihr günstigen Tatsachen darzulegen und zu beweisen habe. Vom Besteller die Angabe der voraussichtlichen Kosten der Mängelbeseitigung zu verlangen, entspräche auch der vergleichbaren Situation bei der Vorschussklage nach den §§ 634 Nr 2, 637 Abs 3, vgl dazu § 637 Rz 19 und zur Problematik der Tenorierung unten Rz 19). Allerdings hat der Besteller die Umstände darzulegen und zu beweisen, weshalb der dreifache Mindestbetrag im Einzelfalle zu überschreiten sei.

19 Ergibt die (regelm durch Beauftragung von Sachverständigen zu erfolgende) Beweisaufnahme im Prozess, dass das Werk mangelhaft war, also die Voraussetzungen einer Abnahmefiktion nicht vorlagen oder eine Abnahmeverweigerung des Bestellers berechtigt ist, ist die (unbedingte) Zahlungsklage des Unternehmers mangels Fälligkeit grds als **zur Zeit unbegründet** abzuweisen (BGHZ 127, 254, 259 f). Etwas anderes gilt für den Fall, dass eine Nacherfüllung nicht möglich ist oder vom Unternehmer zulässigerweise gem § 635 Abs 3 verweigert wird (s.o. Rz 8). Der Unternehmer kann allerdings seinen Antrag noch zulässig auf Leistung Zug um Zug gegen die Beseitigung der ihrem Erscheinungsbild nach hinreichend deutlich beschriebenen Mängel umstellen, sofern die Voraussetzungen des **§ 322 Abs 2** vorliegen; zur Klage auf Leistung nach Empfang der Gegenleistung im Falle berechtigter Abnahmeverweigerung s.o. Rz 10. Eine Zug-um-Zug-Verurteilung hat auch soweit zu erfolgen, als der Besteller von seinem Zurückbehaltungsrecht nach § 641 Abs 3 Gebrauch macht; verbleibt trotz des Druckzuschlags ein unbedingt zu leistender Betrag, ist insoweit differenziert zu tenorieren (BaRoth/*Voit* Rn 30; unklar BGH BauR 2008, 510, 511, der insoweit lediglich auf § 320 Abs 1 verweisend ausführt, das Gesetz sehe für das Leistungsverweigerungsrecht keine Beschränkung auf den noch ausstehenden Teil der geschuldeten Leistung vor. Seinem Wortlaut nach enthält § 641 Abs 3 jedoch eine Modifizierung von § 320 Abs 1: Die Gegenleistung soll nicht vollständig verweigert werden dürfen, sondern nur »in angemessener Höhe«, nämlich mindestens in Höhe des Dreifachen der für Mangelbeseitigung erforderlichen Kosten. Soweit das Leistungsverweigerungsrecht nicht nur den Vergütungsanspruch in der Höhe erfassen soll, welche unter Berücksichtigung eines Druckzuschlags zur Mängelbeseitigung erforderlich ist, wäre § 641 Abs 3 mit der Ausgestaltung eines Druckzuschlags iÜ sinnlos.). Zur sog **doppelten Zug-um-Zug-Verurteilung** in Fällen des Vorteilsausgleichs: § 635 Rz 21.

20 **E. VOB/B. HOAI.** Hinsichtlich der Fälligkeit der Vergütungsansprüche differenziert die **VOB/B.** Ansprüche auf Abschlagszahlungen werden binnen 18 Werktagen nach Zugang einer prüfbaren Aufstellung fällig, die eine rasche und sichere Beurteilung der bereits erbrachten Leistungen erlaubt, § 16 Nr 1 Abs 3 VOB/B, vgl auch § 632a Rz 16. Nach § 16 Nr 3 Abs 1 VOB/B wiederum wird der Anspruch auf die **Schlusszahlung** alsbald nach der Prüfung und der Feststellung der vom Auftraggeber vorgelegten Schlusszahlung, spätestens innerhalb von zwei Monaten nach deren Zugang fällig. Fälligkeitsvoraussetzung ist also neben der Abnahme – abweichend vom gesetzlichen Werkvertragsrecht – das Legen und der Zugang einer **prüfbaren Schlussrechnung** (BGH BauR 2006, 993). Die Prüfbarkeit der Schlussrechnung ist auch im Falle eines gekündigten Vertrages Fälligkeitsvoraussetzung (BGH BauR 1987, 95). Prüfbarkeit der Schlussrechnung liegt nach § 14 Nr 1 VOB/B vor, wenn – unter Zugrundelegung des Auftraggeberhorizonts (vgl BGH BauR 1999, 1185, 1186) – die Rechnung übersichtlich aufgestellt ist und sowohl die im Leistungsverzeichnis aufgeführte Reihenfolge der Leistungspositionen als auch die darin angegebenen Bezeichnungen beibehält. Zudem sind die zum Nachweis von Art und Umfang der Leistung erforderlichen Mengenberechnungen, Zeichnungen und anderen Belege der Rechnung beizufügen. Leistungsänderungen und Nachtragsaufträge sind kenntlich zu machen; Abschlags- und Vorauszahlungen sind aufzuführen. Diese grds für den Einheitspreisvertrag geltenden Anforderungen, finden auch im Rahmen des Detail-Pauschalpreisvertrages Anwendung; bei einem unverändert durchgeführten Globalpauschalpreisvertrag ist idR keine weitere Aufgliederung erforderlich. Dagegen sind bei Stundenlohnverträgen für die Abrechnung grds zudem die Anforderungen von § 15 VOB/B zu beachten. Legt der Unternehmer auch nach fruchtlos verstrichener Frist keine Schlussrechnung, kann der Besteller diese gem § 14 Nr 4 VOB/B auf Kosten des Unternehmers selbst aufstellen (BGH NJW 2002, 676, 677). Weitere Fälligkeitsvoraussetzung ist – mit Ausnahme der selbst erstellten Abrechnung durch den Besteller – zudem, dass der Auftraggeber eine hinreichende Zeit zur **Rechnungsprüfung** hat. Dazu lässt die Regelung grds eine Prüfungsfrist von zwei Monaten ab Zugang der Schlussrechnung ausreichen, so dass spätestens zu diesem Zeitpunkt die Fälligkeit des Anspruches aus der Schlussrechnung eintritt. Das gilt wegen des eindeutigen Wortlauts auch dann, wenn der Auftraggeber die Entgegennahme der prüfbaren Schlussrechnung verweigert: Die zweimonatige Frist beginnt dann ab der Verweigerung zu laufen (Kapellmann/Schiffers/*Messerschmidt* § 16 VOB/B Rn 196). Vor Ablauf der zwei Monate tritt die Fälligkeit dann ein, wenn der Auftraggeber dem Auftragnehmer sein Prüfungsergebnis mitteilt (BGHZ 83, 382, 384; Brandenburg BauR 2003, 1229). In diesem Falle ist auch – grds nach Mahnung – vor Ablauf der zweimonatigen Frist ein Zahlungsverzug seitens des Auftraggebers denkbar, der Auftraggeber kann sich jedenfalls nicht auf den Ablauf der Zweimonatsfrist berufen (Brandenburg BauR 2003, 1229), vgl zudem zu § 16 VOB/B: § 631 Rz 91.

Für die Fälligkeit der Honoraransprüche der Architekten- und Ingenieure gilt grds die individuelle Vereinbarung (Hamm BauR 2003, 752, 752 f), iÜ trifft **§ 8 Abs 1 HOAI** eine vom Gesetz abweichende Regelung: Danach wird das Honorar fällig, wenn die Leistung vertragsgem erbracht wird und eine prüffähige Honorarschlussrechnung überreicht worden ist. Die Architektenleistung muss also grds vollständig und mangelfrei in dem Sinne einer Abnahmereife erbracht sein (BGH BauR 1972, 251, 253; WP/*Werner* Rn 962); nicht nachbesserungsfähige Mängel hindern die Fälligkeit allerdings nicht (Frankfurt aM BauR 2000, 435). Eine Abnahme ist zum Eintritt der Fälligkeit nicht erforderlich (BGH BauR 1986, 596, 597). Ob die Schlussrechnung des Architekten prüffähig ist, ist eine Frage des Einzelfalles und zunächst danach zu beurteilen, ob sie aus sich verständlich aufgebaut und nachvollziehbar ist und keiner weiteren Erläuterung bedarf (KG BauR 1988, 624, 628), so dass der Besteller sie rasch und sicher auf ihre sachliche und rechnerische Richtigkeit überprüfen kann (BGH BauR 1999, 265, 266). Soweit die Parteien nicht zulässigerweise etwas anderes vereinbart haben (vgl § 632 Rz 17), hat sich die Schlussrechnung an das von der HOAI vorgegebene Schema zu halten und muss die Prüfung der Ermittlungsgrundlagen ermöglichen (BGH BauR 1991, 489, 490). Demgemäß ist eine Rechnung über eine nach der HOAI abzurechnende Architektenleistung grds nur dann prüffähig, wenn sie diejenigen Angaben enthält, die nach der HOAI notwendig sind, um die Vergütung zu berechnen: das sind bspw bei einem Honorar für Grundleistungen bei Gebäuden, Freianlagen und raumbildenden Ausbauten gemäß § 10 HOAI die Angaben zu den unter Zugrundelegung der Kostenermittlungsarten nach der DIN 276 idF vom April 1981 (DIN 276) ermittelten anrechenbaren Kosten des Objekts, weiterhin die Angaben zum Umfang der Leistung und zu deren Bewertung, zur Honorarzone, der das Objekt angehört, sowie zu dem nach dem anwendbaren Honorarsatz berechneten Tafelwert nach § 16 oder § 17 HOAI (BGH BauR 2004, 316, 318). Sie muss weiterhin die gesetzliche Umsatzsteuer aufführen und etwaig erhaltene Abschlagszahlungen ausweisen, vgl zur Prüffähigkeit der Honorarschlussrechnung iÜ WP/*Werner* Rn 967 ff. 21

§ 641a Fertigstellungsbescheinigung (aufgehoben).

[1] Der Abnahme steht es gleich, wenn dem Unternehmer von einem Gutachter eine Bescheinigung darüber erteilt wird, dass

1. das versprochene Werk, im Falle des § 641 Absatz 1 Satz 2 auch ein Teil desselben, hergestellt ist und

2. das Werk frei von Mängeln ist, die der Besteller ggü dem Gutachter behauptet hat oder die für den Gutachter bei einer Besichtigung feststellbar sind,

(Fertigstellungsbescheinigung). Das gilt nicht, wenn das Verfahren nach den Absätzen 2 bis 4 nicht eingehalten worden ist oder wenn die Voraussetzungen des § 640 Absatz 1 Satz 1 und 2 nicht gegeben waren; im Streitfall hat dies der Besteller zu beweisen. § 640 Absatz 2 ist nicht anzuwenden. Es wird vermutet, dass ein Aufmaß oder eine Stundenlohnabrechnung, die der Unternehmer seiner Rechnung zugrunde legt, zutreffen, wenn der Gutachter dies in der Fertigstellungsbescheinigung bestätigt.

[2] Gutachter kann sein,

1. ein Sachverständiger, auf den sich Unternehmer und Besteller verständigt haben, oder

2. ein auf Antrag des Unternehmers durch eine Industrie- und Handelskammer, eine Handwerkskammer, eine Architektenkammer oder eine Ingenieurkammer bestimmter öffentlich bestellter und vereidigter Sachverständiger

Der Gutachter wird vom Unternehmer beauftragt. Er ist diesem und dem Besteller des zu begutachtenden Werkes ggü verpflichtet, die Bescheinigung unparteiisch und nach bestem Wissen und Gewissen zu erteilen.

[3] Der Gutachter muss mindestens einen Besichtigungstermin abhalten; eine Einladung hierzu unter Angabe des Anlasses muss dem Besteller mindestens zwei Wochen vorher zugehen. Ob das Werk frei von Mängeln ist, beurteilt der Gutachter nach einem schriftlichen Vertrag, den ihm der Unternehmer vorzulegen hat. Änderungen dieses Vertrags sind dabei nur zu berücksichtigen, wenn sie schriftlich vereinbart sind oder von den Vertragsteilen übereinstimmend gegenüber dem Gutachter vorgebracht werden. Wenn der Vertrag entsprechende Angaben nicht enthält, sind die allgemein anerkannten Regeln der Technik zugrunde zu legen. Vom Besteller geltend gemachte Mängel bleiben bei der Erteilung der Bescheinigung unberücksichtigt, wenn sie nach Abschluss der Besichtigung vorgebracht werden.

[4] Der Besteller ist verpflichtet, eine Untersuchung des Werkes oder von Teilen desselben durch den Gutachter zu gestatten. Verweigert er die Untersuchung, wird vermutet, dass das zu untersuchende Werk vertragsgemäß hergestellt worden ist; die Bescheinigung nach Absatz 1 ist zu erteilen.

[5] Dem Besteller ist vom Gutachter eine Abschrift der Bescheinigung zu erteilen. In Ansehung von Fristen, Zinsen und Gefahrübergang treten die Wirkungen der Bescheinigung erst mit ihrem Zugang beim Besteller ein.

Die Norm gilt lediglich noch für Vertragsverhältnisse, die bis zum 01.01.2009 geschlossen worden sind (Art 229 § 18 EGBGB). IÜ ist sie durch Art 1 Nr 4 des Forderungssicherungsgesetzes **aufgehoben** worden, denn sie hat in der Praxis keine Bedeutung erlangt: Bereits die Voraussetzung eines schriftlichen Vertrages als Grundlage für die Begutachtung ist in der bauwerklichen Praxis, für die die Norm ursprünglich geschaffen wurde, jedenfalls in streitigen Fällen kaum je hinreichend gegeben. Im Anwendungsbereich der VOB/B kann 1 der Besteller darüber hinaus die gem § 12 Nr 4 VOB/B vorgesehene förmliche Abnahme verlangen und dadurch eine Abnahmeersetzung im Wege der Fertigstellungsbescheinigung verhindern. Darüber hinaus ist bereits unklar, ob und inwieweit – vor allem wie – der Gutachter eine Bescheinigung auch darüber soll erteilen können, dass das Werk frei von Rechtsmängeln ist (zum Streitstand: PWW/*Leupertz* Rn 6 mwN). Zudem ist str, ob Mängelfreiheit vollständig oder lediglich iSv Abnahmefähigkeit gegeben sein muss (zum Streitstand: Palandt/*Sprau*, 67. Aufl., Rn 5 mwN; PWW/*Leupertz* Rn 3 ff mwN). Eine weitergehende Kommentierung der iÜ hinreichend aus sich selbst verständlichen Norm ist verzichtbar.

§ 642 Mitwirkung des Bestellers. **[1] Ist bei der Herstellung des Werkes eine Handlung des Bestellers erforderlich, so kann der Unternehmer, wenn der Besteller durch das Unterlassen der Handlung in Verzug der Annahme kommt, eine angemessene Entschädigung verlangen.**
[2] Die Höhe der Entschädigung bestimmt sich einerseits nach der Dauer des Verzugs und der Höhe der vereinbarten Vergütung, andererseits nach demjenigen, was der Unternehmer infolge des Verzugs an Aufwendungen erspart oder durch anderweitige Verwendung seiner Arbeitskraft erwerben kann.

1 **A. Allgemeines/Normzweck.** Die Norm will dem Unternehmer einen Ausgleich für das hohe Erfolgsrisiko schaffen, dass er mit der Vorleistungspflicht grds trägt. Der Besteller, der durch Unterlassen von Mitwirkungshandlungen bewirkt, dass der Unternehmer, der schließlich trotzdem die Werkerstellung schuldet, weiterhin fruchtlos Herstellungskapazitäten vorhalten muss (vgl MüKo/*Busche* Rn 16), soll nicht nur nach § 304 ggf Mehraufwendungen des Unternehmers erstatten, sondern diesem auch verschuldensunabhängig Entschädigung eben für dieses Vorhalten von Arbeitskräften, Material, Kapital oder für Verwaltungskosten leisten, s.u. Rz 6 ff. Über seinen Wortlaut hinaus ist § 642 entspr in den Fällen anzuwenden, in denen sich die Leistungserbringung durch den Unternehmer dadurch verzögert, dass erforderliche **Mitwirkungshandlungen** des Bestellers **fehlerbehaftet** sind (BaRoth/*Voit* Rn 1; Erman/*Schwenker* Rn 1). Während § 642 Abs 1 die Voraussetzungen des Entschädigungsanspruches enthält (dazu Rz 2 ff), trifft § 642 Abs 2 nähere Aussagen zur Bemessung seiner Höhe (dazu Rz 6 ff). Die Rechtslage des Unternehmers wird schließlich auch über sein Kündigungsrecht gem § 643 sowie seine Ansprüche auf (Teil-) Vergütung nach § 645 Abs 1 verbessert. Solange der Besteller seinen Mitwirkungshandlungen iSv § 642 nicht nachkommt, ist ein **Schuldnerverzug** des Unternehmers ausgeschlossen (BGH MDR 1996, 567).

2 **B. Kommentierung. I. Mitwirkungshandlung des Bestellers.** Der Entschädigungsanspruch des Unternehmers setzt zunächst eine Mitwirkungshandlung des Bestellers voraus. Dies kann ein Handeln, aber auch ein Unterlassen (BGHZ 143, 32, 40) des Bestellers sein, von dessen Erbringung bzw dessen Ausbleiben die vertragsgem Fertigstellung des Werkes abhängt (vgl BGH NJW 2003, 1601, 1602). Erforderlich für die Tatbestandsmäßigkeit von § 642 Abs 1 ist dabei weiter, dass es sich bei dem Handeln oder Unterlassen nicht um eine selbständig einklagbare vertragliche Haupt- oder Nebenpflicht des Bestellers handelt, sondern um eine **Obliegenheit** des Bestellers (BGHZ 50, 175, 178 f; MüKo/*Busche* Rn 4; Staud/*Peters* Rn 3, 17; str). Soweit der Besteller die Mitwirkungshandlung iSe (Neben-) Pflicht schuldet, bedarf es einer Entschädigung nach § 642 Abs 1 nicht, da der Unternehmer dann ggf Schadensersatz nach den §§ 280 Abs 1, 241 Abs 2, 311 Abs 2 fordern oder gem den §§ 323 f vom Vertrag zurücktreten kann (zu den Besonderheiten im Rahmen der VOB/B: Rz 12). Trotz Unklagbarkeit der Obliegenheit können allerdings durchaus auch im Rahmen der Durchführung von Obliegenheiten Schutzpflichten gem § 241 Abs 2 entstehen, deren Verletzung wiederum zu Schadensersatzansprüchen nach § 280 führen kann: so besteht bspw bei einem Müllentsorgungsvertrag zwar grds nur eine Obliegenheit und nicht eine Pflicht des Bestellers, zu entsorgenden Abfall zur Verfügung zu stellen. Gleichwohl besteht dabei aber die (Neben-)Pflicht, gefährliche Beimischungen zum Abfall zu unterlassen (BaRoth/*Voit* § 631 Rn 90; Hamm NJW-RR 1990, 667).

3 Ob eine Obliegenheit des Bestellers vorliegt (und ggf von § 642 Abs 1 erfasst wird), ist jeweils im Einzelfall zu ermitteln. Regelmäßig unter dem (dogmatisch allerdings verwirrenden) Begriff der **Kooperationspflichten** verstandene Obliegenheiten des Bestellers bestehen nach der Rspr bspw darin, das Baugrundstück so zur Verfügung zu stellen, dass der Unternehmer dort auch vertragsgem tätig werden kann (BGHZ 143, 32, 41; Düsseldorf NJW-RR 2000, 466, 467), den Unternehmer über die für den Bau relevanten Tatsachen zu informieren (Düsseldorf NZBau 2000, 427, 428), erforderliche Genehmigungen einzuholen (Hamm BauR 2003, 1042, 1043), zuverlässige Pläne und Unterlagen zur Verfügung zu stellen (BGH NJW 1987, 644, 645), erforderliches Material bereitzustellen, notwendige Bemusterungen vorzunehmen oder bei Individual-Software ein Leistungsprofil zur Verfügung zu stellen, aus dem sich die Anforderungen an die Software ergeben (Köln NJW-RR 1993, 1529, 1530), wozu auch die Erstellung und Übergabe von Programmierungsunterlagen erforderlich sein kann (BGH NJW-RR 1988, 1396).

4 Soweit **mehrere Unternehmer** an der Herstellung des Werkes beteiligt sind, gehört regelm auch die Koordination der unterschiedlichen Gewerke zu den Obliegenheiten des Bestellers (vgl Hamm MDR 1999, 97; Köln BauR 1990, 729, 730). § 642 greift schließlich auch bei Verzögerungen wegen mangelhafter Leistungen von Vorunternehmern Platz (BGHZ 142, 32, 39 f), da der Besteller auch insoweit seiner Obliegenheit nicht nachkommt, das Baugrundstück für die Leistungen des Unternehmers aufnahmebereit zur Verfügung zu stellen.

II. Annahmeverzug. Durch die Obliegenheitsverletzung muss der Besteller in Annahmeverzug gekommen sein. Der Besteller gerät in Annahmeverzug, wenn er bei rechtzeitig und ordnungsgemäß angebotener Leistung des Unternehmers seine dazu erforderliche Mitwirkungshandlung überhaupt nicht oder verzögert vornimmt (BGHZ 142, 32, 41 f). Für den Annahmeverzug gelten die §§ 293 ff mit der Maßgabe, dass regelm die Mitteilung der Leistungsbereitschaft verbunden mit der Aufforderung an den Besteller, die zur Leistung erforderlichen Mitwirkungshandlungen vorzunehmen, ausreicht (MüKo/*Busche* Rn 12). Ist die Mitwirkungshandlung unmöglich (geworden), kommt ein Annahmeverzug und damit ein Entschädigungsanspruch nach § 642 nicht in Betracht, denn dann ist im Anwendungsbereich des § 642 zwingend auch die Leistung des Unternehmers unmöglich (§ 297). Dem Unternehmer bleiben dann die Rechte aus den §§ 643, 645. Seinem zeitlichen Anwendungsrahmen nach kommt Annahmeverzug des Bestellers mit einer Obliegenheit iSv § 642 Abs 1 von den ersten Vorarbeiten des Unternehmers bis zur Fertigstellung des Werkes in Betracht: Bereits die Aufnahme der Arbeiten durch den Unternehmer kann – abweichend vom Wortlaut der Norm (»bei der Herstellung«) – von einer Mitwirkung des Bestellers abhängig sein (vgl BGH DB 1977, 624, 625: Baustellenkoordination); nach der Fertigstellung des Werkes obliegt dem Besteller keine zur Herstellung erforderliche Handlung mehr, er schuldet lediglich als vertragliche Hauptpflicht die Abnahme des Werkes (vgl MüKo/*Busche* Rn 13, 15). 5

III. Entschädigung. § 642 Abs 1 sieht einen **Anspruch eigener Art** vor, der weder Schadensersatz- noch Vergütungs- oder Verwendungsersatzanspruch ist (BGHZ 142, 32, 30 f; Köln NJW-RR 2004, 818, 819; PWW/*Leupertz* Rn 6; im Ergebnis auch: BaRoth/*Voit* Rn 14; str); anders als der Schadensersatzanspruch nach § 6 Nr 6 VOB/B (s.u. Rz 6), handelt es sich bei dem Entschädigungsanspruch allerdings um umsatzsteuerpflichtiges Entgelt iSv § 10 Abs 1 UStG (BGH Urt v 24.01.2008 – VII ZR 280/05 – NJW Spezial 2008, 173, 173 f). Es ist also ein einheitlicher Betrag zu finden, mit dem der Unternehmer für die verzugsbedingten Unannehmlichkeiten und Aufwendungen angemessen entschädigt werden soll, namentlich dafür, dass er seine Zeit, seine Arbeitskraft, Arbeitnehmer, Subunternehmer, Geräte und Material auf ungewisse Zeit vorgehalten hat (vgl MüKo/*Busche* Rn 17). Nach § 642 Abs 2 sind für die **Höhe der Entschädigung** einerseits die Dauer des Verzugs und die Höhe der vereinbarten Vergütung, andererseits dasjenige zu berücksichtigen, was der Unternehmer infolge des Verzugs an Aufwendungen erspart oder was er durch anderweitige Verwendung seiner Arbeitskraft erwerben kann. 6

Bei der Berechnung dieses Betrages sind zunächst **objektive Anhaltspunkte** heranzuziehen, nämlich der weitgehend bezifferbare Aufwand, der dem Unternehmer infolge des Annahmeverzugs an **Vorhaltekosten** entstanden ist, namentlich etwa Gerätestillstandskosten (Braunschweig BauR 2004, 1621, 1622), Vorhaltekosten für Arbeitskräfte, Kapital (Kreditzinsen), Verwaltungskosten (Erman/*Schwenker* Rn 5). Diese Vorhaltekosten sind wiederum grds nach den vertraglich vereinbarten Preisen zu bemessen, sonst nach den üblichen Preisen zu ermitteln (PWW/*Leupertz* Rn 6). So ist etwa der dem Leistungsverzeichnis entnehmbare Pauschalbetrag für die Einrichtung der Baustelle anzusetzen, wenn der Unternehmer während des bauordnungsrechtlichen Baustopps die Baustelle räumen musste und nach Verzugsbeendigung erneut die Baustelle einrichten muss. Ebenfalls werden Kosten für die Lagerung von Material in den Entschädigungsanspruch nach § 642 einfließen, während Mehraufwendungen wegen der Aufbewahrung und Erhaltung des geschuldeten Gegenstandes ausschließlich (und vollständig) nach § 304 ersetzt werden. Bei der Berechnung der Entschädigung sind solche Kosten allerdings nicht zu berücksichtigen, die dem Unternehmer nach Beendigung des Annahmeverzugs dadurch entstehen, dass er die Fertigstellung des Werkes beschleunigt, etwa durch Überstundenzuschläge oder zusätzlichen Personalaufwand (Köln NJW-RR 2004, 818, 819; Jena OLG-NL 2006, 73, 76). Nicht nur die konkret bezifferbaren Kosten des Unternehmers sind zu berücksichtigen, vielmehr will § 642 Abs 1 dem Unternehmer einen Anspruch auf **angemessene Entschädigung** geben, so dass – soweit der Unternehmer hinreichend substantiiert dazu darlegt – auch nicht konkret bezifferbarer, durch den Verzug eingetretener Mehraufwand des Unternehmers bei der Bemessung des Betrages anzusetzen ist, etwa für seinen persönlichen Arbeitseinsatz bei der Organisation und Koordination eines anderweitigen Arbeitseinsatzes. Nicht zuletzt der Ersatz solch **immateriellen Vermögensschadens** ist Ausdruck der Eigentümlichkeit des Entschädigungsanspruches aus § 642 Abs 1. 7

Nach einer Auffassung (BGHZ 142, 32, 40; Braunschweig BauR 2004, 1621, 1622) soll der Anspruch aus § 642 im Unterschied zum Anspruch aus § 286 Abs 1 nicht auch **entgangenen Gewinn** erfassen, denn er bestehe wegen Gläubigerverzugs des Bestellers und nicht wegen Verletzung seiner Schuldnerpflicht. Dies ist nur teilw richtig. Zutreffend ist, dass der Entschädigungsanspruch aus § 642 kein Schadensersatzanspruch ist, weshalb entgangener Gewinn grds nur ein Anhaltspunkt bei der Berechnung des Entschädigungsanspruches und nicht etwa eine Erstattungsposition sein kann. Zutreffend ist auch, dass der Entschädigungsanspruch neben dem Vergütungsanspruch gefordert werden kann, der seinerseits bereits Gewinn und Wagnis als kalkulatorische Bestandteile enthält, weshalb die Entschädigung rechnerisch nicht zu einer Verdoppelung des Gewinns führen darf (vgl MüKo/*Busche* Rn 17). Die Gegenauffassung, wonach auch entgangener Gewinn bei der Berechnung der Entschädigung einzufließen habe (Celle NJW-RR 2000, 234; München BauR 1980, 274, 275), entspricht allerdings dem Sinn und Zweck der Norm, sofern der Unternehmer während des Annahmeverzugs anderweitigen Gewinn nicht erzielen kann. Wenn § 642 Abs 2 von Gesetzes wegen vorsieht, dass 8 erzielbarer Erwerb während des Annahmeverzugs aus dem Gesichtspunkt des Vorteilsausgleichs auf den Entschädigungsanspruch anzurechnen sei (s.u. Rz 9), dann ist es im Umkehrschluss konsequent, entgangenen Gewinn, der infolge der Vorhaltung nicht erwirtschaftet werden konnte, bei der Bemessung der Entschädigung zu berücksichtigen.

9 Erspart der Unternehmer infolge des Annahmeverzugs Aufwendungen oder hatte er anderweitig durch Verwendung seiner Arbeitskraft Erwerb, hat insoweit entspr einer **Anrechnung** eine Berücksichtigung bei der Entschädigungshöhe zu erfolgen; dies entspricht den Grundsätzen der §§ 326 Abs 2 S 2, 615 S 2, 649 S 2. Abweichend davon ist allerdings im Rahmen von § 642 jeder Erwerb anzurechnen, der nach Lage der Dinge überhaupt hätte erworben werden können, ohne dass es auf ein böswilliges Unterlassen ankommt (Erman/*Schwenker* Rn 5; BaRoth/*Voit* Rn 15; MüKo/*Busche* Rn 17). Die danach bestehenden Erwerbsmöglichkeiten sind allerdings nicht grenzenlos: So ist allg anerkannt, dass der Unternehmer anderweitige Aufträge ablehnen darf, sofern er dadurch den in der Durchführung verzögerten Werkvertrag nicht mehr (pünktlich) erfüllen könnte (MüKo/*Busche* Rn 18; Staud/*Peters* Rn 26). Schließlich ist eine Grenze des anrechnungsfähigen, möglichen Erwerbs gem § 242 dort zu ziehen, wo dieser dem Unternehmer nicht zumutbar ist, etwa wenn dieser nur unterhalb der Selbstkosten erfolgen könnte (MüKo/*Busche* Rn 18; zu weitgehend: BaRoth/*Voit* Rn 15: auch Tätigkeiten unter den Selbstkosten zumutbar).

10 **IV. Weitere Ansprüche des Unternehmers.** Der Entschädigungsanspruch kann dann selbständig und unabhängig neben dem Anspruch auf die vereinbarte Vergütung bestehen, wenn der Gläubiger die ihm obliegende Handlung nachholt und das Werk hergestellt wird; er besteht auch neben den Ansprüchen aus den §§ 649, 645 Abs 1 S 2, wenn das Werk infolge Kündigung durch den Besteller oder gemäß § 643 unvollendet bleibt (BGHZ 143, 32, 40). Wegen des Annahmeverzugs des Bestellers besteht neben § 642 stets ein Anspruch gem § 304. Darüber hinaus kann der Unternehmer unter den Voraussetzungen des § 643 den Vertrag kündigen. Soweit der Besteller im Verzug der Annahme ist, kann der Unternehmer seinerseits nicht in Schuldnerverzug geraten (BGH NJW 1996, 1745, 1746).

11 **C. Prozessuales.** Dem Unternehmer obliegen die Darlegungs- und Beweislast hinsichtlich sämtlicher Tatbestandsvoraussetzungen des Entschädigungsanspruches, namentlich auch der Dauer des Verzugs (Düsseldorf NJW-RR 1996, 1507, 1508), der vereinbarten Vergütung und der Angemessenheit der Entschädigung (MüKo/*Busche* Rn 20). Er muss auch schlüssig zu ersparten Aufwendungen und anderweitigem Erwerb vortragen; den Besteller treffen dann Darlegungs- und Beweislast hinsichtlich einer höheren Ersparnis oder weiterer Ersatzeinkünfte (Staud/*Peters* Rn 26; PWW/*Leupertz* Rn 7).

12 **D. VOB/B.** Die VOB/B trifft einige ausdrückliche Regelungen zu den Mitwirkungspflichten des Auftraggebers: So hat dieser nach § 3 Nr 1 VOB/B die für die Ausführung erforderlichen Unterlagen unentgeltlich und rechtzeitig zu übergeben. Nach § 4 Nr 1 hat er für die Aufrechterhaltung der allg Ordnung auf der Baustelle zu sorgen und vor allem das Zusammenwirken der verschiedenen Unternehmer zu regeln und die erforderlichen öffentlich-rechtlichen Genehmigungen und Erlaubnisse herbeizuführen. **§ 6 Nr 6 VOB/B** eröffnet dem Unternehmer einen (verschuldensabhängigen) Schadensersatzanspruch sowie bei Vorsatz oder grober Fahrlässigkeit auch einen Anspruch auf Ersatz des entgangenen Gewinns, wenn der Unternehmer trotz Verzögerung der Mitwirkung durch den Besteller an dem Vertrag festhält. Der geltend gemachte Schaden ist dabei vom Unternehmer im Einzelnen anhand einer Dokumentation (Bautagebuch) darzulegen und zu beweisen, so dass zumindest hinreichende Grundlage für eine Schadensschätzung nach § 287 ZPO besteht (BGHZ 97, 163, 165 f; DB 2002, 2374, 2375). Hindernde Umstände iSv § 6 Nr 1, Nr 6 VOB/B können allerdings – anders als bei § 642 – ggf nicht nur bei Obliegenheitsverletzungen des Bestellers, sondern auch bei Verletzung vertraglicher Neben- oder Hauptpflichten vorliegen, so dass im Einzelfall ein Schadensersatzanspruch nach § 6 Nr 6 VOB/B neben einem Entschädigungsanspruch aus § 642 stehen kann, der durch die Einbeziehung der VOB/B in den Bauwerkvertrag nicht verdrängt wird (BGHZ 143, 32, 39 f).

§ 643 Kündigung bei unterlassener Mitwirkung. **Der Unternehmer ist im Falle des § 642 berechtigt, dem Besteller zur Nachholung der Handlung eine angemessene Frist mit der Erklärung zu bestimmen, dass er den Vertrag kündige, wenn die Handlung nicht bis zum Ablauf der Frist vorgenommen werde. Der Vertrag gilt als aufgehoben, wenn nicht die Nachholung bis zum Ablauf der Frist erfolgt.**

1 **A. Allgemeines/Zweck der Norm.** § 643 ergänzt die Rechte des Unternehmers in Fällen unterlassener Mitwirkung gem § 642. Der Unternehmer soll nicht gezwungen sein, auf unbestimmte Dauer seine Leistungsbereitschaft aufrecht zu erhalten, während sich der Besteller in Annahmeverzug befindet. Stattdessen soll ihm unter weiteren Voraussetzungen (dazu Rz 4) die Möglichkeit eröffnet sein, sich vom Vertrag zu lösen und dadurch seine vollständige Dispositionsfreiheit wieder zu erlangen. Der Unternehmer kann nach Beendigung des Vertrages – neben dem Entschädigungsanspruch aus § 642 (vgl § 642 Rz 6 ff) – für die geleistete Arbeit gem § 645 S 2 Vergütung und Ersatz der in der Vergütung nicht enthaltenen Auslagen verlangen (dazu § 645 Rz 7 ff). Ist der Werkvertrag als Dauerschuldverhältnis ausgestaltet, können beide Vertragsparteien den Werkvertrag bei Vorliegen eines wichtigen Grundes nach § 314 kündigen.

Neben dem Kündigungsrecht nach § 643 hat der Unternehmer in analoger Anwendung der Norm – auch nach Einführung von § 314 (BaRoth/*Voit* Rn 9) – die Möglichkeit zur **Kündigung aus wichtigem Grund** (st Rspr BGH BauR 1998, 866, 867; 2006, 1488, 1490). Zur Kündigung des Bestellers aus wichtigem Grund: § 649 Rz 17 f. Voraussetzung dieses außerordentlichen Kündigungsrechts ist, dass dem Unternehmer das Festhalten am Vertrag aus einem vom Besteller zu vertretenden Grunde nicht mehr zugemutet werden kann. Einen die Kündigung rechtfertigenden wichtigen Grund stellt es etwa dar, wenn der Besteller sich seinerseits unberechtigt vom Vertrag lossagt (BGH BauR 1996, 846, 847: im Falle eines vereinbarten Ausschlusses des freien Kündigungsrechts nach § 649), wenn der Besteller Arbeitnehmer des Unternehmers zur Schwarzarbeit überreden will (Köln BauR 1993, 80, 81), wenn sich der Besteller fortgesetzt und grundlos weigert, angemessene Abschlagszahlungen zu leisten (BGH BauR 1989, 626, 628: ggü dem Architekten) oder wenn die Vergütungszahlung ohne Angabe nachvollziehbarer Gründe verweigert wird (Celle BauR 2000, 416, 418). Dagegen stellt es keinen wichtigen Grund dar, wenn der Besteller mit einzelnen Rechnungen aus anderen Bauvorhaben im Verzug ist (BGH BauR 2006, 1488, 1490). Vor einer Kündigung aus wichtigem Grund ist grds – entspr § 643 – eine Abmahnung durch den Unternehmer erforderlich; diese Voraussetzung entfällt, wenn das vertragswidrige Verhalten des Bestellers den Schluss zulässt, dass er durch eine Abmahnung nicht zur Ordnung gerufen werden kann, namentlich, wenn das Vertrauensverhältnis durch ein dem Besteller zuzurechnendes Verhalten bereits nachhaltig gestört ist (Köln BauR 1993, 80, 81). Die Rechtsfolgen einer Kündigung aus wichtigem Grunde durch den Unternehmer entsprechen denjenigen aus § 649 S 2; der Gesetzgeber des Forderungssicherungsgesetzes hat ausdrücklich für den vergleichbaren Fall einer Kündigung nach § 648a Abs 5 nF diese Rechtsfolge bestimmt (BTDrs 16/511 S 17; § 648a Rz 24). Im Einzelnen vgl § 649 Rz 5 ff. 2

B. Kommentierung. I. Unterlassen einer Mitwirkungshandlung gem § 642. Voraussetzung der Kündigung ist zunächst, dass ein Fall des § 642 vorliegt, der Besteller also eine Mitwirkungsobliegenheit unterlassen hat und deshalb in Annahmeverzug geraten ist, dazu: § 642 Rz 2 ff. Das Kündigungsrecht des § 643 entsteht dabei grds in jedem Falle unterlassener Mitwirkungsobliegenheiten, ohne dass es einer bes Qualität der Mitwirkungshandlung bedarf (BaRoth/*Voit* Rn 2; aA: Staud/*Peters* Rn 7). Ein Rechtsmissbrauch des Unternehmers ist typischerweise nicht möglich, da § 642 verlangt, dass infolge der fehlenden Mitwirkungshandlung des Bestellers dieser in Annahmeverzug mit der Leistung gelangt sein muss. Allenfalls bei absehbar kurzfristigen Annahmeverhinderungen infolge einer fehlenden Mitwirkungshandlung (etwa wenn die Fortsetzung der Herstellungsarbeiten binnen weniger Tage sicher möglich ist) mag im Einzelfalle das Kündigungsrecht des Unternehmers aus dem Gesichtspunkt von Treu und Glauben nach § 242 eingeschränkt sein (vgl BaRoth/*Voit* Rn 2). 3

II. Fristsetzung mit Kündigungsandrohung. Der Unternehmer muss dem Besteller zur Vornahme der Mitwirkungshandlung eine **angemessene Frist** setzen. Angemessen ist die Frist nur dann, wenn sie in aller Regel und bei gehöriger Anstrengung des Bestellers ausreicht, um die fehlende Mitwirkungshandlung durchzuführen. Eine unangemessen kurze Frist, setzt den Lauf einer angemessenen Frist in Gang. Entbehrlich ist die Fristsetzung dann, wenn sie bloße Förmelei wäre, namentlich wenn der Besteller die Durchführung der Mitwirkungshandlung ernsthaft und endgültig verweigert hat (BGH NJW 2004, 1525, 1527) oder wenn die Mitwirkungshandlung nicht mehr durchgeführt werden kann (RGZ 94, 29, 29 f; BaRoth/*Voit* Rn 4). 4

Die Fristsetzung muss zudem mit einer **Kündigungsandrohung** verbunden werden. Dies ist der Fall, wenn der Unternehmer unzweifelhaft, wenngleich auch nicht zwingend unter Verwendung des Begriffs »Kündigung« zum Ausdruck bringt, dass die Beendigung des Vertrages bei Untätigkeit des Bestellers ausschließlich vom Fristablauf abhängt (Palandt/*Sprau* Rn 2). Ist die Erklärung nicht eindeutig, sondern lässt etwa die Deutung zu, der Unternehmer wolle nach Ablauf der Frist erst entscheiden, ob er den Vertrag kündigen oder doch aufrechterhalten will, genügt dies nicht den Anforderungen des § 643 (Frankfurt aM, Urt v 15.12.2000 – Az 24 U 240/98 – juris Rn 35; BaRoth/*Voit* Rn 4). Da es sich gem § 643 S 2 um eine rechtsgestaltende Willenserklärung handelt, ist bei einer Vertretung ohne Vollmacht die Genehmigung nur bis zum Ablauf der Frist möglich (vgl BGH MDR 2003, 263; Palandt/*Sprau* Rn 2). Aus demselben Grunde ist die Kündigungandrohung auch unwiderruflich (RGZ 53, 161, 167; MüKo/*Busche* Rn 5; str); die Parteien können allerdings nach Fristablauf – auch schlüssig – die Fortsetzung des Werkvertrages (dogmatisch: Neuabschluss zu den vormaligen Konditionen) vereinbaren (BaRoth/*Voit* Rn 6; Staud/*Peters* Rn 16). 5

III. Rechtsfolgen. Mit dem Ablauf der (angemessenen) Frist ist gem § 643 S 2 der Vertrag automatisch aufgehoben, einer Kündigungserklärung bedarf es nicht. Dem Unternehmer steht – neben dem Entschädigungsanspruch aus § 642 – der Anspruch auf Teilvergütung nach § 645 S 2 zu. Sind Schadensersatzansprüche des Bestellers bereits entstanden, werden diese von § 643 nicht berührt (BGH BauR 2006, 1488, 1489). 6

Soweit die unterlassene Mitwirkungshandlung des Bestellers den Vertrag endgültig scheitern lässt, wird vertreten, dass dies entweder zu einem Schadensersatzanspruch wegen positiver Forderungsverletzung führen könne (BGHZ 11, 80, 83; 50, 175, 179; Palandt/*Sprau* Rn 1 und § 642 Rz 3) oder dass ein solches Verhalten des Bestellers einer Kündigung gleich zu setzen sei mit der Folge, dass der Unternehmer (für ihn günstiger) nach § 649 S 2 abrechnen könne (BaRoth/*Voit* Rn 7 und § 642 Rz 7 f). Beiden Auffassungen ist nicht zu folgen: Denn ein Schadensersatzanspruch ist ausschließlich bei Verletzung einer Vertragspflicht, nicht jedoch bei 7

Unterlassen einer Obliegenheit geschuldet; § 642 erfasst allerdings nur Obliegenheiten des Bestellers und nicht auch Vertragspflichten (§ 642 Rz 2). Den Unternehmer wiederum über die Konstruktion einer fiktiven Kündigung seitens des Bestellers zu privilegieren, ist vom Gesetz nicht gedeckt und auch nicht erforderlich zur Wahrung seiner Interessen. Denn wenn und solange der Besteller seinen Mitwirkungsobliegenheiten nicht nachkommt, kann der Unternehmer Entschädigung nach § 642 verlangen. Der Gesetzgeber hat dazu in § 642 Abs 2 ausdrücklich festgehalten, dass sich die Entschädigung auch gerade nach der Dauer des Annahmeverzuges richtet. Es steht dem Unternehmer frei, sich dieses Anspruches für die Zukunft zu begeben und zugleich seine volle Dispositionsfreiheit wieder zu erlangen, indem er den Weg über § 643 beschreitet; wieso ihm dann noch – entgegen dem Wortlaut des Gesetzes – eine Abrechnung nach § 649 S 2 ermöglicht werden sollte, ist nicht erkennbar. Vor allem dürfte der Unternehmer – anders als die Befürworter einer Abrechnung nach § 649 meinen – wegen des Entschädigungsanspruches aus § 642 nicht schlechter stehen, wenn er den Weg über einen (unbegrenzten) Annahmeverzug anstelle einer Kündigung wählt.

8 **C. VOB/B.** Nach § 9 Nr 1, Nr 2 VOB/B hat der Auftragnehmer für den Fall unterlassener Mitwirkungshandlungen einen Kündigungsanspruch, dessen Voraussetzungen denen von § 643 entsprechen. Der Vertrag ist allerdings – anders als nach § 643 S 2 – nicht automatisch mit fruchtlosem Fristablauf beendet, sondern muss vom Auftragnehmer schriftlich gekündigt werden, § 9 Nr 2 S 1 VOB/B (BGH NJW 1973, 1463). Einen Anspruch auf Leistung der anteiligen Vergütung nach der Kündigung gibt § 9 Nr 3 S 1 VOB/B; daneben gilt nach § 9 Nr 3 S 2 VOB/B auch § 642, so dass der Unternehmer auch bei Vereinbarung der VOB/B einen Entschädigungsanspruch neben der anteiligen Vergütung innehat. Darüber hinaus bleiben weitergehende Ansprüche des Auftragnehmers unberührt. Für den Fall einer Unterbrechung der Werkausführung über einen Zeitraum von drei Monaten hinaus gibt § 6 Nr 7 S 1 VOB/B beiden Vertragsparteien grds das Recht, den Vertrag schriftlich zu kündigen. Die Abrechnung soll dann anteilig nach Maßgabe von § 6 Nr 5, Nr 6 VOB/B erfolgen, die Baustellenräumung soll der Unternehmer allerdings nur dann vergütet erhalten, wenn er die Unterbrechung nicht zu vertreten hat und soweit sie nicht ohnehin Bestandteil der anteiligen Vergütung ist.

§ 644 Gefahrtragung.

[1] Der Unternehmer trägt die Gefahr bis zur Abnahme des Werkes. Kommt der Besteller in Verzug der Annahme, so geht die Gefahr auf ihn über. Für den zufälligen Untergang und eine zufällige Verschlechterung des von dem Besteller gelieferten Stoffes ist der Unternehmer nicht verantwortlich.

[2] Versendet der Unternehmer das Werk auf Verlangen des Bestellers nach einem anderen Ort als dem Erfüllungsort, so findet die für den Kauf geltende Vorschrift des § 447 entsprechende Anwendung.

1 **A. Allgemeines/Normzweck.** Gemeinsam mit § 645 trifft die Norm werkvertragsspezifische Regelungen zur Gefahrtragung und zum Gefahrübergang. Gefahr meint dabei nur die zufällige, also weder von einer der Vertragsparteien noch von Dritten zu vertretende Störung der Vertragsabwicklung. Die §§ 644, 645 betreffen insoweit in erster Linie die sog **Vergütungsgefahr**, beantworten also die Frage, ab welchem Zeitpunkt der Unternehmer die vereinbarte Vergütung erhält, obgleich das Werk durch Zufall untergegangen, verschlechtert oder undurchführbar geworden ist. Daneben enthält § 644 Abs 1 S 3 die Antwort zu der Frage, wer für den zufälligen Sachverlust einzustehen hat (**Sachgefahr**, dazu Rz 8).

2 Liegt keine zufällige Vertragsstörung vor, greifen – wie sich nicht zuletzt aus § 645 Abs 2 ergibt – die allg Vorschriften Platz: Hat eine der Vertragsparteien eine Beschädigung oder den Untergang des Werkes zu vertreten, namentlich bei Verletzung einer Nebenpflicht, bestimmen sich die Rechtsfolgen nach den §§ 280 ff, 323 ff. Ist für die Beschädigung oder den Untergang des Werkes ein Dritter verantwortlich, ist regelm ein deliktischer Schadensersatzanspruch gegeben, der – weil typischerweise wegen § 644 einerseits, einem Eigentumsverlust gem den §§ 946 f an eingebauten Werkmaterialien andererseits – im Wege der **Drittschadensliquidation** (Anspruch des Unternehmers gegen den Besteller auf Abtretung des Schadensersatzanspruches gem § 285 analog) abzuwickeln ist (BGH NJW 1970, 38, 41; Düsseldorf BauR 1996, 276, 277). Eine (erneute) Werkleistung kann der Unternehmer von der Abtretung des Schadensersatzanspruches abhängig machen (BGH NJW 1970, 38, 41; MüKo/*Busche* Rn 15).

3 **B. Kommentierung. I. Vergütungsgefahr. 1. Grundsatz.** Grundsätzlich geht die Vergütungsgefahr mit der **Abnahme** auf den Besteller über, § 641 Abs 1 S 1. Dem gleich gestellt ist für den Fall, dass eine Abnahme nach der Beschaffenheit des Werkes ausgeschlossen ist, die Vollendung des Werkes (§ 646), die Abnahmefiktion gem § 640 Abs 1 S 3 nach Ablauf der Abnahmefrist sowie der Zugang der Fertigstellungsbescheinigung (§ 641a Abs 1, Abs 5 S 2). Bis zu diesem Zeitpunkt erhält der Unternehmer bei vollständiger oder teilw Zerstörung des Werkes grds keine (anteilige) Vergütung; bleibt ein bereits erbrachter Teil des Werkes – bei Unmöglichkeit der vollständigen Werkherstellung iÜ – für den Besteller von Interesse, steht dem Unternehmer gem den §§ 326 Abs 1 S 1 Hs 2, 441 Abs 3 ein Anspruch auf **Teilvergütung** zu (Erman/*Schwenker* Rn 3; aA: BaRoth/*Voit* Rn 10: nur Abrechnung gem § 645 Abs 1. Im Ergebnis laufen beide Auffassungen auf dasselbe hinaus.). Soweit der Besteller vor dem zufälligen Untergang bereits Abschlagszah-

lungen geleistet hat, kann er diese, soweit die Werkleistung nicht wieder herstellbar ist, nach § 326 Abs 4 iVm den §§ 346 ff zurückfordern.

2. Ausnahmen. Von dem Grundsatz des Übergangs der Vergütungsgefahr mit der Abnahme, nennt die Norm zwei Ausnahmen: Danach geht die Vergütungsgefahr auf den Besteller über, wenn dieser sich im Annahmeverzug befindet, § 644 Abs 1 S 2, und wenn der Unternehmer das Werk auf Verlangen des Bestellers an einen anderen Ort versendet, § 644 Abs 2. Weitere Ausnahmen werden in § 645 Abs 1 S 1 für den Fall geregelt, dass das Werk infolge eines vom Besteller gelieferten Stoffes oder einer Ausführungsanweisung des Bestellers untergeht, verschlechtert oder unausführbar wird; dazu § 645 Rz 3 ff. 4

a) **Annahmeverzug.** Kommt der Besteller mit der Annahme des grds abnahmereifen und ordnungsgemäß angebotenen Werkes (vgl BGHZ 83, 197, 202) in Verzug, geht die Vergütungsgefahr auf ihn über. Maßgeblich für die Bestimmung des Annahmeverzugs sind insoweit die **§§ 293 ff**: Die nach § 640 Abs 1 S 3 vom Unternehmer gesetzte Frist schiebt also den Zeitpunkt des Annahmeverzugs nicht hinaus, vielmehr tritt Annahmeverzug nach § 293 bereits mit der Nichtannahme des Werkes bzw mit unterlassener Abnahme des abnahmereifen Werkes ein (BaRoth/*Voit* Rn 14 und § 640 Rz 29). Ab diesem Zeitpunkt hat der Unternehmer also auch bei zufälligem Untergang oder zufälliger Beschädigung des Werkes grds den vollen Vergütungsanspruch; dieser kann allerdings – da der Unternehmer durch den Annahmeverzug des Bestellers keine Vorteile erlangen soll – gem § 326 Abs 2 S 2 um ersparte Aufwendungen zu kürzen sein (MüKo/*Busche* Rn 9; BaRoth/*Voit* Rn 14). 5

Gefahrübergang infolge Annahmeverzugs tritt auch in den Fällen unterlassener Obliegenheiten seitens des Bestellers gem § 642 ein, wobei einer Anspruchskürzung für ersparte Aufwendungen gem § 326 Abs 2 S 2 regelm eine größere Rolle zukommt (MüKo/*Busche* Rn 8; Staud/*Peters* Rn 26); die anders lautende Auffassung, wonach § 644 Abs 1 S 2 nicht auch den Annahmeverzug infolge **Obliegenheitsverletzung** erfasse (BaRoth/*Voit* Rn 15; PWW/*Leupertz* §§ 644/645 Rn 6), ist mit dem Wortlaut der Norm nicht in Übereinstimmung zu bringen. 6

b) **Versendung.** Die Vergütungsgefahr geht gem den §§ 644 Abs 2, 447 auch dann auf den Besteller über, wenn der Unternehmer das Werk auf Verlangen des Bestellers zur Versendung an einen anderen Ort dem Spediteur, dem Frachtführer oder der sonst zur Ausführung der Versendung bestimmten Person ausgeliefert hat. Im Einzelnen vgl die Kommentierung zu § 447. 7

II. Sachgefahr. Unabhängig von der Abnahme oder eines der sonstigen, oben genannten Tatbestände zum Gefahrübergang trägt der Besteller nach § 644 Abs 1 S 3 die sog Sachgefahr für den zufälligen Untergang oder die zufällige Verschlechterung von Stoffen, die er dem Unternehmer zur Werkausführung überlassen hat. Unter Stoff ist – wie in § 645 –nicht nur das zur Werkherstellung erforderliche Material zu verstehen, vielmehr handelt es sich dabei um sämtliche Gegenstände, aus denen, an denen oder mit deren Hilfe das Werk herzustellen ist, also etwa auch vom Besteller überlassene Baugerüste oder Werkzeuge oder bei Frachtverträgen auch das Frachtgut selbst (BGHZ 60, 14, 20). Den Unternehmer trifft im Hinblick auf sämtliche vom Besteller zur Werkherstellung gelieferten Sachen allerdings als vertragliche Nebenpflicht eine **Obhutspflicht**; dazu und zu der Frage, ob der Unternehmer ggf auch eine Versicherungspflicht trägt: § 631 Rz 35 f. Den Unternehmer trifft die Darlegungs- und Beweislast dafür, dass der Untergang bzw die Beschädigung der Sachen zufällig und nicht aufgrund einer Obhutspflichtverletzung eingetreten ist (Ermann/*Schwenker* Rn 5; PWW/*Leupertz* §§ 644/645 Rn 4). 8

C. VOB/B. Nach § 12 Nr 6 VOB/B geht die Vergütungsgefahr mit der Abnahme auf den Besteller über, sofern er sie nicht bereits nach § 7 VOB/B trägt. Dies wiederum ist der Fall, wenn die ganz oder teilw ausgeführte Leistung vor der Abnahme durch höhere Gewalt, Krieg, Aufruhr oder andere objektiv nicht abwendbare Umstände beschädigt oder zerstört wird, die der Auftragnehmer nicht zu vertreten hat: dann behält der Auftragnehmer für bereits ausgeführte Leistungen einen nach § 6 Nr 5 VOB/B zu berechnenden Vergütungsanspruch, § 7 Nr 1 VOB/B. 9

§ 645 Verantwortlichkeit des Bestellers.

[1] Ist das Werk vor der Abnahme infolge eines Mangels des von dem Besteller gelieferten Stoffes oder infolge einer von dem Besteller für die Ausführung erteilten Anweisung untergegangen, verschlechtert oder unausführbar geworden, ohne dass ein Umstand mitgewirkt hat, den der Unternehmer zu vertreten hat, so kann der Unternehmer einen der geleisteten Arbeit entsprechenden Teil der Vergütung und Ersatz der in der Vergütung nicht inbegriffenen Auslagen verlangen. Das Gleiche gilt, wenn der Vertrag in Gemäßheit des § 643 aufgehoben wird.

[2] Eine weitergehende Haftung des Bestellers wegen Verschuldens bleibt unberührt.

A. Allgemeines/Normzweck. Während § 644 Abs 1 entspr der werkvertraglichen Vorleistungspflicht und eingedenk der eigenverantwortlichen Herstellungspflicht des Unternehmers diesem die Vergütungsgefahr grds bis zur Abnahme auferlegt, schränkt § 645 Abs 1 diesen Grundsatz notwendig dort ein, wo die Eigenverantwortung des Unternehmers verringert und der Verantwortungsbeitrag des Bestellers für den Bestand des 1

Werkes zugleich erheblich höher zu veranschlagen ist: nämlich dann, wenn nicht der Unternehmer, sondern der Besteller selbst die zur Werkerstellung erforderlichen Stoffe liefert und/oder sogar Anweisungen zur Werkausführung erteilt. Anders als nach dem Grundsatz von § 644 soll der Unternehmer, jedenfalls soweit nicht ein von ihm zu vertretender Umstand mitwirkt, bei einer Störung der Werkerstellung zumindest einen Teilvergütungsanspruch erhalten. Ebenso soll dem Unternehmer ein Teilvergütungsanspruch zustehen, wenn der Vertrag infolge einer Obliegenheitsverletzung seitens des Bestellers nach den §§ 642, 643 gekündigt wird.

2 **B. Kommentierung.** Der Unternehmer soll vom Besteller Teilvergütung und Ersatz der in der Vergütung nicht enthaltenen Auslagen verlangen können, wenn dieser für den Untergang, die Verschlechterung oder Undurchführbarkeit des Werkes verantwortlich ist, unabhängig davon, ob das Werk bereits begonnen, teilw oder vollständig fertig gestellt, ganz oder teilw, unumkehrbar oder wiederherstellbar beschädigt wurde (Staud/*Peters* Rn 17; Erman/*Schwenker* Rn 4). Voraussetzung des Zahlungsanspruches ist allein, dass die Vertragsstörung auf einen vom Besteller gelieferten Stoff oder eine vom Besteller erteilte Ausführungsanweisung zurückzuführen ist und kein Umstand mitgewirkt hat, den der Unternehmer zu vertreten hat.

3 **I. Voraussetzungen von § 645 Abs 1 S 1. 1. Mangelhafter vom Besteller gelieferter Stoff.** Angesichts der in § 645 Abs 1 S 1 beabsichtigten Risikozuweisung an den Besteller, ist der Begriff des Stoffes weit auszulegen (Staud/*Peters* Rn 12; BaRoth/*Voit* Rn 5). Unter Stoff ist deshalb jeder Gegenstand zu verstehen, aus dem, an dem oder mit dessen Hilfe das Werk herzustellen ist, also etwa auch vom Besteller überlassene Baugerüste oder Werkzeuge und Maschinen, die Werkmaterialien, der Baugrund oder das Gebäude beim Bauvertrag, bei Frachtverträgen auch das Frachtgut selbst (BGHZ 60, 14, 20; MüKo/*Busche* Rn 6).

4 Der so verstandene Stoff muss »**mangelhaft**« sein. Dies ist der Fall, wenn sich das Werk an oder mit ihm nicht oder nur mangelhaft herstellen lässt. Nicht genügend ist es, wenn sich das Werk wegen der Beschaffenheit des Stoffes lediglich schwieriger oder nur zu erhöhten Kosten herstellen lässt (Staud/*Peters* Rn 12). Die Mangelhaftigkeit des Stoffes wiederum muss **kausal für die Vertragsstörung** sein (»infolge«): Kann das Werk also wegen Untergangs des gelieferten Stoffes nicht durchgeführt werden (bspw weil der zur Reparatur gelieferte PKW vor Abnahme zerstört wird, ohne dass dies eine Vertragspartei zu vertreten hat), bleibt es bei der allg Regel des § 644, wonach der Unternehmer seinen Vergütungsanspruch verliert und der Besteller wiederum keinen Ersatzanspruch wegen des gelieferten Stoffes (also im Beispiel des PKW) gegen den Unternehmer hat. Auf die Frage, welcher Zeitpunkt für die Mangelhaftigkeit des Stoffes maßgeblich ist, kommt es nach dem Wortlaut des Gesetzes nicht an (unzutreffend daher: Erman/*Schwenker* Rn 2, der meint, es sei auf den Zeitpunkt der Lieferung abzustellen; iE wie hier: BaRoth/*Voit* Rn 9).

5 **2. Anweisung.** Anweisung iSd Norm ist eine **einseitige Anordnung** des Bestellers über die Ausführung des Werkes, die nach Vertragsschluss die eigenverantwortliche Werkausführung durch den Unternehmer in verbindlicher Weise beschränkt. Dies bedeutet, dass zum einen bereits im Vertragstext bzw in einer Ausschreibung erfolgte Anweisungen nicht in den Anwendungsbereich des § 645 Abs 1 S 1 fallen; ebenso wenig fallen bloße Wünsche oder Anregungen des Bestellers unter den Begriff der Anweisung. Bei der Auslegung, ob es sich um eine »Anweisung« handelt oder nicht, ist die von § 645 Abs 1 S 1 beabsichtigte Risikoverteilung differenziert zu berücksichtigen: Der Besteller soll für das, was er anordnet, einstehen. Die einschneidende Rechtsfolge der Risikoverlagerung soll allerdings nur insoweit eintreten, als die Anordnung des Auftraggebers reicht (BGHZ 132, 189, 193). Entscheidend ist, dass die Anordnung des Auftraggebers einerseits und der Übergang der Risikotragung für Mängel andererseits im Einzelnen einander entsprechen. Daraus ergibt sich eine Abstufung, je nachdem, ob der Auftraggeber eine speziellere oder nur eine generelle Anordnung trifft. Je spezieller die Anordnung ist, desto weiter reicht die Freistellung des Auftragnehmers von seiner Gewährleistungspflicht. Sucht der Auftraggeber von einem Baustoff, etwa Steinen, eine bestimmte einzelne Partie selber aus, so wird er für Mängel dieser konkreten Steine ebenso zu haften haben, als hätte er den Stoff seinerseits geliefert. Bestimmt der Auftraggeber dagegen nur generell, welcher Stoff verwendet werden soll, dann muss er lediglich auf dieser allgemeineren Ebene das Risiko für Mängel übernehmen (BGHZ 132, 189, 193). Der so verstandene Willensentschluss des Bestellers muss wiederum zumindest **mitursächlich** (»infolge«) für die Unmöglichkeit der Leistung sein, ohne dass es auf sein Verschulden ankäme (BGHZ 83, 197, 203).

6 **3. Keine Mitwirkung des Unternehmers.** Die in § 645 Abs 1 S 1 getroffene Risikoverteilung berücksichtigt schließlich, dass es der Unternehmer ist, der die zur Herstellung des Werkes erforderliche Fachkenntnis besitzt und deshalb auch als vertragliche Nebenpflicht Prüfungs- und Mitteilungspflichten hinsichtlich der Tauglichkeit vom Besteller gelieferter Stoffe und etwaiger von Bestellerseite getroffener Anweisungen schuldet (§ 631 Rz 33). Deshalb greift § 645 Abs 1 S 1 nicht Platz, soweit ein Umstand für die Vertragsstörung mitverantwortlich war, den der Unternehmer zu vertreten hat, namentlich wenn der Unternehmer seiner Prüfungs- und Hinweispflicht nicht oder nicht ausreichend nachgekommen ist. Hat der Besteller dagegen trotz hinreichender Erfüllung der Prüfungs- und Hinweispflicht seitens des Unternehmers (dazu § 631 Rz 41) seine Anweisung aufrecht erhalten, scheidet eine Mitverantwortlichkeit des Unternehmers an Untergang oder Beschädigung des Werkes aus mit der Folge, dass sein Zahlungsanspruch aus § 645 Abs 1 S 1 aufrecht erhalten bleibt.

II. Rechtsfolgen von § 645 Abs 1 S 1. Der Unternehmer kann einmal vom Besteller einen seiner bis zur Vertragsstörung erbrachten Teilleistung entspr **Teilvergütungsanspruch** geltend machen. Dessen Berechnung ist entspr derjenigen nach § 649 S 2 durchzuführen (BGH NJW 1999, 2036 f); dazu § 649 Rz 6 ff. Zur Fälligkeit des Vergütungsanspruches bedarf es nach bisheriger Rspr keiner **Abnahme** der Teilleistung (BGHZ 83, 197, 206; Düsseldorf BauR 1978, 404). Ob der BGH fortan in Anbetracht seiner jüngeren Rspr zu § 649 (BGH NJW 2006, 2475, 2476: Abnahme auch nach Kündigung Fälligkeitsvoraussetzung des Teilvergütungsanspruches vgl § 649 Rz 5) daran festhalten wird, ist unklar. Dass § 645 von seinen Tatbestandsmerkmalen »vor der Abnahme« gerade das Fehlen der Abnahme voraussetzt, spricht nicht gegen eine Änderung der Rspr jedenfalls soweit, wie eine Abnahme des Teilwerkes im Anwendungsbereich der Norm überhaupt (noch) möglich ist. Denn insoweit ist tatbestandlich die von § 644 abweichende Gefahrtragungsregel von der Fälligkeit des Teilvergütungsanspruches als Rechtsfolge zu differenzieren. In der Praxis wird vorsichtshalber zur Herbeiführung der Fälligkeit idR zu einer Abnahmedurchführung auch in Fällen des § 645 zu raten sein. 7

Soweit dem Unternehmer **Mitverschulden** vorzuwerfen ist (bspw weil er trotz der Kenntnis, dass eine Baugenehmigung nicht erteilt werden würde, mit dem Bau beginnt), ist sein Teilvergütungsanspruch gem § 254 zu kürzen (Hamm BauR 2003, 1042, 1043 f). 8

Neben der Vergütung der Teilleistungen kann der Unternehmer vom Besteller **Ersatz von Auslagen** verlangen, soweit diese nicht bereits Bestandteil des Vergütungsanspruches sind. In Betracht kommen etwa Materialkosten sowie Transport- und Beschaffungskosten für Gerät und Material (BGH NJW 1998, 456, 457). Nicht zu den erstattungsfähigen Auslagen gehören allerdings solche, die nicht vor Eintritt der Vertragsstörung von dem Unternehmer zur Durchführung des Vertrages gemacht wurden, sondern die erst infolge des jeweiligen Schadensereignisses verursacht wurden, also zB Stillstands- und Einlagerungskosten oder Schadensermittlungskosten (BGH NJW 1998, 456, 457 f): diese sind ggf wegen Verletzung einer Nebenpflicht des Bestellers aus pVV zu ersetzen. 9

III. Rechtsfolgenverweisung von § 645 Abs 1 S 2. Soweit der Unternehmer den Werkvertrag wegen unterlassener Mitwirkungshandlungen des Bestellers nach den §§ 642, 643 gekündigt hat, stehen ihm die Zahlungsansprüche nach § 645 Abs 1 S 1 zu. § 645 Abs 1 S 2 stellt dazu eine Rechtsfolgenverweisung dar (Erman/*Schwenker* Rn 8; MüKo/*Busche* Rn 19 unter zutreffender Kritik der systematischen Stellung der Norm). Eine weitere Rechtsfolgenverweisung auf § 645 Abs 1 S 1 findet sich in § 650 Abs 1 für den Fall der Kündigung durch den Besteller wegen wesentlicher Überschreitung des Kostenanschlags. 10

IV. Haftung des Bestellers, § 645 Abs 2. Die Zahlungsansprüche des § 645 Abs 1 S 1 greifen unabhängig von einem Verschulden des Bestellers Platz; § 645 Abs 2 dient darüber hinaus der Klarstellung, dass der Unternehmer im Fall einer von Seiten des Bestellers verschuldeten Vertragsstörung auch sonstige Ansprüche gegen den Besteller nicht verliert, namentlich Schadensersatzansprüche gem den §§ 280 Abs 1, 241 Abs 2, 823 ff. Neben Schadensersatzansprüchen ist gem § 645 Abs 2 auch weiterhin eine Haftung des Bestellers gem § 326 Abs 2 denkbar (BaRoth/*Voit* Rn 35; Palandt/*Sprau* Rn 10), denn § 645 Abs 1 verdrängt als speziellere Norm die allg Vorschriften nur, soweit es sich um eine verschuldensunabhängige Haftung handelt (BGHZ 136, 303, 307). 11

C. Analoge Anwendung von § 645 Abs 1 S 1 (Sphärentheorie). Nach ständiger Rspr des BGH (BGHZ 78, 3562, 354 f; 136, 303, 308; 137, 35, 38) beruht § 645 Abs 1 auf Billigkeitsgesichtspunkten. Die entspr Anwendung der Norm ist deshalb in Fällen geboten, in denen die Leistung des Unternehmers aus Umständen untergeht oder unmöglich wird, die in der Person des Bestellers liegen oder auf Handlungen des Bestellers zurückgehen, auch wenn es insoweit an einem Verschulden des Bestellers fehlt. In derartigen Fällen steht der Besteller der sich aus diesen Umständen ergebenden Gefahr für das Werk näher als der Unternehmer. Aus diesem Grunde haftet der Bauherr analog § 645 Abs 1 für den durch Hochwasser bedingten Untergang des Werkes dann, wenn ihm der Hochwasserschutz oblag (BGHZ 136, 303 ff); ebenso, wenn sich vom Besteller in die noch herzustellende Scheune bereits eingebrachtes Heu entzündet (BGHZ 40, 71 ff). Dies bedeutet jedoch nicht, dass der Besteller stets nach § 645 Abs 1 (analog) haftet, sobald das schädigende Ereignis – ohne Mitverantwortung des Unternehmers – aus seiner »Sphäre« stammt (so aber die sog Sphärentheorie): Rechtfertigung für die entspr Anwendung des § 645 Abs 1 S 1 auf Fallsituationen, die vom Wortlaut der Vorschrift nicht erfasst sind, ist die im Einzelfalle festzustellende objektive Verantwortlichkeit des Auftraggebers für den Eintritt des Schadens in Risikolagen, die den geregelten Fällen vergleichbar sind (BGHZ 136, 303, 308). Für die darüber hinaus in der Lit diskutierte Fallgruppe der Zweckerreichung (vgl Erman/*Schwenker* Rn 10; PWW/*Leupertz* §§ 644/645 Rn 10: das frei zu schleppende Schiff kommt durch einsetzende Flut von selbst vor dem Eintreffen des Abschleppunternehmers frei) ist auch nach Maßgabe der Rspr des BGH eine analoge Anwendung von § 645 Abs 1 eröffnet: Hier ist es der vom Besteller selbst gelieferte Stoff, der – verschuldensunabhängig – für eine Werkausführung nicht mehr zur Verfügung steht. 12

D. Prozessuales. Die Beweislast für das Vorliegen der Voraussetzungen von § 645 Abs 1 S 1 trägt der Unternehmer. Dieser trägt auch die (negative) Beweislast dafür, dass kein von ihm zu vertretender Umstand an der Störung des Werkvertrages mitgewirkt hat (BaRoth/*Voit* Rn 15; Erman/*Schwenker* Rn 9): dies folgt aus dem Wortlaut der Norm, die das Fehlen einer solchen Mitverantwortung als Anspruchsvoraussetzung für den Zahlungsanspruch des Unternehmers nennt. 13

14 **E. VOB/B.** § 645 Abs 1 S 1, für den in der VOB/B keine vergleichbare Vorschrift existiert, findet auch bei Vereinbarung der VOB/B Anwendung (BGHZ 136, 303, 307). Darüber hinaus hat der Auftragnehmer auch im Falle einer Vertragsstörung infolge eines objektiv unabwendbaren Umstandes die § 645 Abs 1 S 1 entspr Zahlungsansprüche nach § 6 Nr 5 VOB/B (§ 7 Nr 1 VOB/B).

§ 646 Vollendung statt Abnahme. Ist nach der Beschaffenheit des Werkes die Abnahme ausgeschlossen, so tritt in den Fällen des § 634a Absatz 2 und der §§ 641, 644 und 645 an die Stelle der Abnahme die Vollendung des Werkes.

1 Die Norm schließt in solchen Fällen eine Regelungslücke, in denen das Gesetz eine Abnahme voraussetzt, tatsächlich nach der Beschaffenheit des Werkes eine Abnahme jedoch nicht in Betracht kommt. Grundsätzlich ist § 646 im Interesse des Bestellers restriktiv auszulegen (BaRoth/*Voit* Rn 1; zu weit gehend, nämlich die Existenz eines Anwendungsfalls für § 646 generell verneinend: Staud/*Peters* Rn 7 ff): Soweit das Werk ein körperliches Substrat aufweist, ist es grds abnahmefähig. Für § 646 ist daher lediglich soweit Raum, wo es sich um immaterielle Werke handelt (bspw Beförderungs- oder Dolmetscherleistung; vgl Düsseldorf NJW-RR 1994, 1122) oder nach der Verkehrssitte eine Abnahme unüblich und sinnlos ist, wie etwa bei einer Konzertaufführung (MüKo/*Busche* Rn 3; PWW/*Leupertz* Rn 1) oder einem Anzeigenwerbevertrag (LG Hannover NJW-RR 1989, 1525, 1525 f). Dies gilt auch für das – ansonsten grds abnahmefähige (BGHZ 37, 341, 345; NJW 2000, 133, 134) – Werk des Architekten, wenn der Architekt ausschließlich Leistungen nach der Leistungsphase 8 des § 15 Abs 2 HOAI (Objektüberwachung) übernommen hat. **Vollendet** iSv § 646 ist das Werk, wenn es im Wesentlichen vollständig vertragsgem hergestellt ist. Einzelne Mängel des Werkes hindern die Vollendung nicht, wie sich aus der Bezugnahme auf § 634a Abs 2 ergibt, der das Vorhandensein von Mängeln voraussetzt (MüKo/*Busche* Rn 3).

2 Anders als bei der Abnahme kann es im Falle von § 646 nicht zu einem Verlust der Gewährleistungsrechte kommen: Eine Bezugnahme auf § 640 Abs 2 oder eine vergleichbare Regelung kennt die Norm nicht, da es bei der bloßen Vollendung des Werkes an dem Billigungsmoment der Abnahme fehlt (BaRoth/*Voit* Rn 6). In Ermangelung einer im Rahmen der Abnahme erfolgten Billigung des Werkes seitens des Bestellers verbleibt im Anwendungsbereich des § 646 auch die **Beweislast** für die Mangelfreiheit des Werkes grds beim Unternehmer, sofern nicht der Besteller gem § 363 die Leistung als Erfüllung angenommen hat (BaRoth/*Voit* Rn 7; Staud/*Peters* Rn 15; aA: Soergel/*Teichmann* Rn 5).

§ 647 Unternehmerpfandrecht. Der Unternehmer hat für seine Forderungen aus dem Vertrag ein Pfandrecht an den von ihm hergestellten oder ausgebesserten beweglichen Sachen des Bestellers, wenn sie bei der Herstellung oder zum Zwecke der Ausbesserung in seinen Besitz gelangt sind.

1 **A. Normzweck.** Die Norm beabsichtigt neben den §§ 632a, 648 und 648a, das infolge der Vorleistungspflicht bestehende Risiko des Unternehmers zu mildern. Die dem Unternehmer mit § 647 gewährte Forderungssicherung besteht in einem gesetzlichen Pfandrecht an den ihm zur Herstellung oder Ausbesserung übergebenen beweglichen Sachen des Bestellers. Zur Befriedigung der ihm aus dem Werkvertrag erwachsenen Forderungen kann der Unternehmer das Pfand bei Pfandreife verwerten (s.u. Rz 13); die Herausgabe des Pfandgegenstandes kann er von der Begleichung etwaiger Forderungen aus dem Werkvertrag abhängig machen (s.u. Rz 14). In der Insolvenz des Bestellers ist der Unternehmer schließlich gem § 50 Abs 1 InsO absonderungsberechtigt. Praktisch ist der Anwendungsrahmen des Unternehmerpfandrechtes jedoch erheblich eingeschränkt: Zum einen fehlt es etwa im Bereich des Bauwerkvertragsrechts typischerweise an den Tatbestandsvoraussetzungen (bewegliche Sache im Besitz des Unternehmers; im Verhältnis des Subunternehmers zum Hauptunternehmer scheitert eine Sicherung nach § 647 in aller Regel auch daran, dass der Hauptunternehmer nicht Eigentümer der jeweiligen Pfandsache ist), zum anderen ist die Norm im Anwendungsbereich von § 651 nicht anwendbar (s.u. Rz 4).

2 **B. Kommentierung. I. Tatbestandsvoraussetzungen. 1. Pfandobjekt. a) Bewegliche Sachen.** Taugliche Pfandobjekte können – wie beim rechtsgeschäftlichen Pfandrecht nach § 1204 – nur bewegliche Sachen iSd §§ 90 ff sein. Unbewegliche Sachen, namentlich wesentliche Bestandteile von Grundstücken gem § 94 kommen als Pfandobjekte nicht in Betracht: Arbeiten im Rahmen eines Bauwerkvertrages werden deshalb in den meisten Fällen bereits wegen § 94 nicht den Anwendungsbereich des § 647 eröffnen. Soweit es sich um Arbeiten an einem nur zu vorübergehendem Zweck mit dem Boden verbundenen Bauwerk handelt oder um Arbeiten an einem Bauwerk, das auf einem mit einem Erbbaurecht belasteten Grundstück errichtet ist, also um Arbeiten an einer weiterhin beweglichen Sache (**Scheinbestandteil** gem § 95), wird idR der Anwendungsbereich von § 647 mangels Besitzes des Unternehmers verschlossen bleiben. Soweit dem Gegenstand keine rechtliche Selbständigkeit zukommt, wie gem § 952 bestimmten Schuldurkunden und gem § 952 analog auch dem Fahrzeugbrief gem § 5 StVZO (BGH NJW 1978, 1854) sowie der Betriebserlaubnis gem den §§ 18 Abs 3, 21 StVZO (KG JurBüro 1994, 297), kommen diese als isoliertes Pfandobjekt nicht in Betracht: das Pfandrecht des Automechanikers an dem reparierten PKW etwa erstreckt sich kraft Gesetzes auch auf die **Fahrzeugpapiere** (Köln MDR 1977, 51 f).

Es kommt nicht auf die **Pfändbarkeit** der Sachen nach den Vorschriften der §§ 811 ff ZPO an (MüKo/*Busche* Rn 3; Erman/*Schwenker* Rn 3): Das folgt aus der Gegenüberstellung mit § 562 Abs 1 S 2, welcher für das Entstehen des Vermieterpfandrechts die Pfändbarkeit des jeweiligen Gegenstandes ausdrücklich zur Voraussetzung macht, während das Unternehmerpfandrecht eine solche Beschränkung gerade nicht enthält. Bewegliche Sachen iSv § 647 können deshalb auch ungeachtet der §§ 811 Abs 1 Nr 3, Nr 4, 811 c Abs 1 ZPO **Tiere** sein (§§ 90, 90a S 3); bspw der Hund wegen Forderungen des Hundefriseurs, das Pferd wegen Forderungen des Hufschmieds. Gerade bei Tieren ist jedoch in bes Maße die Pflicht des Pfandnehmers (Unternehmers) zu berücksichtigen, den Pfandgegenstand gem § 1215 adäquat und hinreichend gesichert zu verwahren, namentlich die Tiere auch zu füttern (Palandt/*Bassenge* § 1215 Rn 1). Bei Schiffen, die im **Schiffsregister** eingetragen sind, schränkt das Gesetz die Sicherungsmittel ein: hier sieht es nur die Eintragung einer Schiffshypothek als Sicherungsmittel vor (§ 648 Abs 2). Soweit eine Eintragung in das Schiffsregister nicht erfolgt, bleibt § 647 anwendbar (BaRoth/*Voit* § 648 Rn 35; Erman/*Schwenker* Rn 3). 3

Der Anwendungsbereich des § 647 ist seinem Wortlaut nach dort nicht eröffnet, wo der Vertrag gem **§ 651** die Lieferung herzustellender oder zu erzeugender beweglicher Sachen zum Gegenstand hat: Das dann anzuwendende Kaufvertragsrecht kennt keine dem § 647 entspr Norm. In Herstellungsfällen im Geltungsbereich von § 950 ist § 647 allerdings nicht in analoger Form anzuwenden, denn dazu besteht kein Bedürfnis: soweit der den Auftrag erteilende Besteller wegen der von ihm gestellten Stoffe Hersteller iSv § 950 ist (vgl BGHZ 14, 114, 117; 20, 159, 163 f), fehlt es an einer Lieferung iSv § 651 mit der Folge, dass § 647 unmittelbar anwendbar bleibt (BaRoth/*Voit* § 651 Rn 10; aA PWW/*Leupertz* Rn 2). 4

b) »Sachen des Bestellers«. Nach dem Wortlaut der Norm kommen als Pfandobjekte nur solche beweglichen Sachen in Betracht, die sich im **Eigentum des Bestellers** befinden oder im Zuge der Werkleistung gem § 950 dessen Eigentum werden (vgl Rz 4: Soweit der Unternehmer die zur Herstellung erforderlichen Stoffe stellt, wird er Eigentümer der Werksache und bedürfte bereits von daher nicht des Schutzes nach § 647; wegen § 651 ist auf solche Verträge allerdings das Kaufrecht anzuwenden). 5

Ist der Besteller nicht Eigentümer der Sache, ist zu differenzieren: Steht dem Besteller auch kein Anwartschaftsrecht zu, kommt ein gesetzliches Unternehmerpfandrecht nicht in Betracht, auch nicht für den Fall, dass der Eigentümer mit dem Abschluss des Werkvertrages einverstanden gewesen ist: § 647 verlangt seinem Wortlaut nach das Eigentum des Bestellers. Zudem kennt das deutsche Zivilrecht grds keine Verpflichtungsermächtigung zur Einwirkung auf den Rechtskreis des Ermächtigenden, derer es zur Begründung eines Pfandrechts durch einen Dritten bedürfte, und schließlich verwischte dies die vom Gesetz gewollten Grenzen zwischen dem rechtsgeschäftlichen und dem gesetzlichen Pfandrecht (BGHZ 34, 122, 125 ff). Ein **Gutglaubensschutz** des Unternehmers dahingehend, dass der Besteller Eigentümer der Sache sei, existiert nicht: § 1257, der sich ausdrücklich allein auf bereits bestehende Pfandrechte bezieht, erlaubt nicht die (entspr) Anwendung von § 1207, der den guten Glauben im Zeitpunkt des Rechtserwerbs schützt (BGHZ 34, 153, 154 ff; 100, 95, 101). Soweit die Parteien zusätzlich ein rechtsgeschäftliches Pfandrecht vereinbart haben, steht einer Anwendung des Gutglaubensschutzes insoweit nichts entgegen (BGH NJW 1977, 1240, 1240 f). 6

Ist der Besteller etwa als Vorbehaltskäufer Inhaber eines **Anwartschaftsrechts**, erstreckt sich das Unternehmerpfandrecht zwar nicht auf die Sache selbst, jedoch auf das Anwartschaftsrecht (Staud/*Peters* Rn 9; BaRoth/*Voit* Rn 9) mit der Folge, dass sich nach Eintritt der Bedingung und dem damit eintretenden Vollrechtserwerb entspr § 1287 das Unternehmerpfandrecht am Eigentum fortsetzt. Diese Rechtsfolge kann der Unternehmer durch Zahlung der offenen Raten an den Vorbehaltsverkäufer gem § 267 Abs 1 selbst herbeiführen; die dazu aufgewandten Mittel sind Kosten der Rechtsverfolgung iSd §§ 1257, 1210 Abs 2 und stellen eine durch das Pfandrecht gesicherte Forderung gegen den Besteller dar (s.u. Rz 11; BaRoth/*Voit* Rn 9). 7

c) Vom Unternehmer hergestellte oder ausgebesserte Sachen. Pfandgegenstand können nur solche beweglichen Sachen sein, die der Unternehmer hergestellt oder ausgebessert hat. Ausbessern ist dabei weit zu verstehen: in Betracht kommt jede Veränderung der bearbeiteten Sache, auch eine Verbesserung (Erman/*Schwenker* Rn 3). Darüber hinaus ist bei teleologischem Verständnis der Norm bereits vor einer Verarbeitung das vom Besteller zur Verfügung gestellte Material als Pfandgegenstand tauglich. Denn anderenfalls ließe sich der Entschädigungsanspruch des Unternehmers nach § 642 im Einzelfalle nicht sichern (BaRoth/*Voit* Rn 5; aA: PWW/*Leupertz* Rn 4). Gegenstände dagegen, die lediglich der Bearbeitung dienen, ohne selbst bearbeitet zu werden (Werkzeuge, Transportmittel), unterliegen nicht dem Pfandrecht (MüKo/*Busche* Rn 10). 8

d) Sachen im Besitz des Unternehmers. Bewegliche Sachen kommen nur dann als Pfandobjekte in Betracht, wenn sie bei der Herstellung oder zum Zwecke der Ausbesserung in den Besitz des Unternehmers gelangt sind. Erforderlich ist also die tatsächliche Sachherrschaft iSv § 854. Ausreichend ist dazu bereits mittelbarer Besitz, etwa in Form der Übergabe der Sache an den Subunternehmer, sofern dieser für den Hauptunternehmer besitzen will (Palandt/*Sprau* Rn 3; PWW/*Leupertz* Rn 5). Der Besitzerwerb muss in kausalem Zusammenhang zum Werkvertrag und mit dem Willen des Bestellers beim Unternehmer begründet worden sein; ein Unternehmerpfandrecht kann deshalb nicht an Sachen entstehen, die gegen den Willen des Bestellers, etwa weil dieser die vereinbarte Reparatur der Sache erst später durchführen lassen wollte, in den Besitz des Unternehmers gelangt sind (MüKo/*Busche* Rn 8). 9

10 **2. Forderungen aus dem Werkvertrag.** Die von § 647 beabsichtigte Sicherung des Unternehmers besteht ausdrücklich nur für »seine Forderungen aus dem Vertrag«, also für Forderungen aus dem Werkvertrag. Das sind die (Teil-) Vergütungsansprüche der §§ 631 Abs 1, 645 Abs 1 S 1, 649, daneben der Entschädigungsanspruch gem § 642 Abs 1 ebenso wie Ansprüche des Unternehmers nach Rücktritt oder Minderung, auf Schadensersatz wegen Verzugs oder Verletzung vertraglicher Nebenpflichten. Aus den §§ 1257, 1210 Abs 1 folgt darüber hinaus, dass zu den gesicherten Forderungen auch etwaige Zinsforderungen und Vertragsstrafenansprüche gehören. Alle Forderungen des Unternehmers, die lediglich im Zusammenhang mit dem Werkvertrag stehen, also nicht unmittelbar aus dem Vertragsverhältnis stammen, werden indes von § 647 grds nicht gesichert, dazu gehören bereicherungsrechtliche und deliktische Ansprüche und auch Ansprüche aus GoA (anders im Falle der Rechtsfolgenverweisung nach § 1216 S 1 bspw für Lagerungskosten, s.u. Rz 11).

11 Neben diesen aus dem Werkvertrag unmittelbar stammenden Forderungen sind zudem die **Kosten der Rechtsverfolgung**, auch soweit sie dem Vollrechtserwerb dienten (s.o. Rz 7) und diejenigen für die Verwertung des Pfandrechts gem §§ 1257, 1210 Abs 2 gesicherte Forderungen; dazu gehören namentlich die Kosten der Pfandverwertung und gem den §§ 1257, 1210 Abs 2, 1216 S 1 etwaige **Lagerungskosten** (Palandt/*Bassenge* § 1216 Rn 1).

12 **II. Rechtsfolge: Pfandrecht.** Auf das nach § 647 entstehende Pfandrecht sind grds die Regelungen über das rechtsgeschäftliche Pfandrecht entspr anzuwenden, § 1257: Namentlich erlischt das Pfandrecht gem den §§ 1252, 1257 mit dem Erlöschen der Forderung und setzt sich im Falle der Forderungsabtretung zugunsten des Zessionars fort, §§ 1250, 1251, 1257. Nach den §§ 1253 Abs 1, 1257 erlischt das Pfandrecht mit seiner Rückgabe an den Besteller, ein Vorbehalt der Fortdauer des Pfandrechtes ist unwirksam. Das Pfandrecht entsteht stets nur für den jeweiligen Werkvertrag, es lebt nach Herausgabe des Pfandes nicht wieder auf, wenn der Unternehmer erneut in den Besitz der Sache kommt (BGHZ 87, 274, 280 f).

13 Die **Verwertung** des Pfandrechts erfolgt nach den §§ 1233 ff, 1257 im Wege öffentlicher Versteigerung oder bei Bestehen eines Börsen- oder Marktpreises durch freihändigen Verkauf gem den §§ 1221, 1235 Abs 2, 1257. Wesentliche Voraussetzung für die Verwertung ist das Vorliegen der sog Pfandreife, also die Fälligkeit der Forderung (§§ 1228 Abs 2 S 1, 1257). Solange der Besteller berechtigt die Abnahme verweigert oder den Werklohn gem § 320 wegen Mängeln zurückhält, kommt eine Verwertung des Pfandrechts also nicht in Betracht. Der Unternehmer ist jedoch nicht gehindert, das Pfandrecht so weit zu verwerten, wie er den Werklohn nach Abzug eines um den Druckzuschlag erhöhten Betrages der zur Mängelbeseitigung erforderlichen Kosten (§ 641 Abs 3) beanspruchen könnte: Wird durch die Verwertung die Nachbesserung unmöglich, kann er aus dem Verwertungserlös seinen Werklohnanspruch befriedigen, gekürzt um die Kosten der Mängelbeseitigung, allerdings ohne Berücksichtigung des Druckzuschlags (BaRoth/*Voit* Rn 14).

14 **III. Zurückbehaltungsrechte des Unternehmers.** Gegen das Herausgabeverlangen des Bestellers hat der Unternehmer ein Recht zum Besitz iSv § 986 Abs 1 S 1: Das Pfandrecht nach § 647 stellt ein Recht zum Besitz dar. Das gilt auch in Fällen, in denen der Besteller nicht Eigentümer der Sache ist, allerdings seinerseits ggü dem Eigentümer zum Besitz berechtigt ist. Das Pfandrecht und mit ihm das Recht zum Besitz erlöschen mit der Erfüllung der gesicherten Forderung, § 1252. Da es an einer Vindikationslage fehlt, hat der Unternehmer allerdings solange auch keinen Verwendungsanspruch gem § 994 Abs 1 ggü dem Eigentümer, sondern allein den Werklohnanspruch gegen den Besteller (BGHZ 27, 317, 320 f). Ist der Besteller dem Eigentümer ggü nicht mehr zum Besitz der Sache berechtigt, entfällt auch das Besitzrecht des Unternehmers mit der Folge, dass er dem Eigentümer ggü gem § 1000 die Herausgabe der Sache von dem Verwendungsersatz nach § 994 Abs 1 abhängig machen kann; dabei ist es ohne Bedeutung, wann die Verwendungen erfolgt sind, ob also der Besitzer die Verwendungen bereits zu einer Zeit gemacht hat, als er noch rechtmäßiger Besitzer war oder erst nach Eintritt der Vindikationslage (BGHZ 34, 122, 132 f).

15 **C. Abweichende Vereinbarungen.** § 647 ist – anders als die Sicherung nach § 648a (§ 648a Abs 7) – individuell abdingbar. Unter Beachtung von § 307 sind abweichende Vereinbarungen grds auch in Allg Geschäftsbedingungen möglich; ein vollständiger Ausschluss des Unternehmerpfandrechts dürfte jedoch wie im Falle eines Ausschlusses von § 648 (BGHZ 91, 139, 144 f; vgl § 648 Rz 2) – nur bei Einräumung eines anderweitigen Sicherungsrechts angemessen sein (Staud/*Peters* Rn 21; BaRoth/*Voit* Rn 19). Die Parteien können zudem neben dem gesetzlichen Pfandrecht – auch in allg Geschäftsbedingungen – ein rechtsgeschäftliches Pfandrecht vereinbaren (BGH BB 1977, 1417 f).

§ 648 Sicherungshypothek des Bauunternehmers.

[1] Der Unternehmer eines Bauwerks oder eines einzelnen Teiles eines Bauwerks kann für seine Forderungen aus dem Vertrag die Einräumung einer Sicherungshypothek an dem Baugrundstück des Bestellers verlangen. Ist das Werk noch nicht vollendet, so kann er die Einräumung der Sicherungshypothek für einen der geleisteten Arbeit entsprechenden Teil der Vergütung und für die in der Vergütung nicht inbegriffenen Auslagen verlangen.

[2] Der Inhaber einer Schiffswerft kann für seine Forderungen aus dem Bau oder der Ausbesserung eines Schiffes die Einräumung einer Schiffshypothek an dem Schiffsbauwerk oder dem Schiff des Bestellers verlangen; Absatz 1 Satz 2 gilt sinngemäß. § 647 findet keine Anwendung.

A. Allgemeines/Normzweck. Werkunternehmer, die auf dem Grundstück des Bestellers Bauwerke errichten oder sonst Werkleistungen im Zusammenhang mit einem Gebäude erbringen, können wegen der Natur der Sache nicht in den Genuss des Werkunternehmerpfandrechtes nach § 647 kommen, obgleich sie demselben Vorleistungsrisiko unterliegen (§ 647 Rz 1); um diese Sicherungslücke zu schließen, gewährt ihnen § 648 einen **schuldrechtlichen Anspruch** auf eine dingliche Sicherung. Die tatsächliche Sicherungswirkung ist indes verhältnismäßig gering: Ein Großteil der auf Baustellen tätigen Werkunternehmer bleibt bereits tatbestandlich ungesichert, nämlich sämtliche Subunternehmer (s.u. Rz 8). Und soweit die Voraussetzungen der Norm gegeben sind, gelingt dem Werkunternehmer typischerweise erst nach einem Rechtsstreit allenfalls die Eintragung einer Sicherungshypothek an rangletzter Stelle, da in aller Regel Grundschulden der Kreditgläubiger das Grundstück des Bestellers vorrangig belasten. Abweichend von der amtlichen Überschrift gewährt die Norm auch dem Inhaber einer Schiffswerft für Forderungen aus Schiffsbau- oder Schiffswartungsverträgen ein Sicherungsrecht. Auch wenn der Schiffsbauer eine neue bewegliche Sache herstellt, ist – wie die Norm konsequent vorgibt – auf dessen Verhältnis zum Besteller nicht Kaufvertragsrecht, sondern Werkvertragsrecht anzuwenden: Im Vordergrund des Vertragszwecks liegt die Herstellung des Schiffes und nicht, wie von § 651 gefordert, dessen Lieferung, vgl § 651 Rz 4. 1

§ 648 enthält **dispositives Recht**. Ein vollständiger Ausschluss von § 648 in Allg Geschäftsbedingungen ist allerdings nur bei Einräumung eines anderweitigen Sicherungsrechts angemessen iSv § 307 (BGHZ 91, 139, 144 f; Karlsruhe NJW-RR 1997, 658, 658 f). Der Besteller kann seine Inanspruchnahme aus § 648 durch den Bauhandwerker abwenden, indem er Sicherheit nach § 648a Abs 1, Abs 2 leistet: Eine solche Sicherheitsleistung schließt den Anspruch des Unternehmers nach § 648 aus, § 648a Abs 4. Da die VOB/B sich zu der Sicherungshypothek nicht verhält, gilt § 648 auch im Rahmen des **VOB/B**-Bauvertrages (Brandenburg BauR 2003, 578, 579). Zu Sicherungshypothek und Vormerkung in der Insolvenz des Bestellers vgl WP/*Pastor* Rn 184 ff. 2

B. Kommentierung. I. Bauhandwerkersicherungshypothek. 1. Voraussetzungen. Anspruchsberechtigt nach § 648 Abs 1 ist nur der Unternehmer eines Bauwerks. Dieser muss mit dem Werk aufgrund eines wirksamen Bauvertrages mit dem Eigentümer des Baugrundstückes begonnen haben. Die Zahlungsansprüche des Unternehmers dürfen schließlich nicht bereits anderweitig gesichert sein, s.o. Rz 2. 3

a) Unternehmer eines Bauwerks oder eines Bauwerkteils. Anspruchsberechtigter des § 648 Abs 1 kann nur der Unternehmer sein, der ein Bauwerk oder einen Bauwerksteil nach dem Werkvertrag zu errichten hat; zum Begriff des Bauwerks: § 634a Rz 6. Wie sich aus der ausdrücklichen Nennung »einzelner Teile eines Bauwerkes« ergibt, ist der Begriff des Bauwerks erheblich weiter zu fassen, als derjenige des Gebäudes (BGHZ 19, 319, 321 f). Erfasst sind sämtliche Werkverträge, die die Errichtung eines Bauwerks, seine Veränderung oder seine grundlegende Erneuerung zum Gegenstand haben, solange die Werkleistung nur einen Bezug zur Bausubstanz aufweist (BaRoth/*Voit* Rn 4) und sich nicht in reinen Reparaturleistungen erschöpft (BGHZ 19, 319, 322). Regelmäßig werden sich in diesem Sinne dem Anwendungsbereich von § 648 unterfallende Werkleistungen im Rahmen von Grundsanierungen von solchen Leistungen abgrenzen lassen, die etwa bei bereits vorhandener Bausubstanz bloße Schönheitsreparaturen darstellen; soweit dies nicht bereits unter Betrachtung der gesamten Baumaßnahme eindeutig ist, ist zur Abgrenzung auch auf etwaige **Wertsteigerungen** des Grundstückes infolge der jeweiligen Baumaßnahme abzustellen (»Mehrwerttheorie«; vgl WP/*Pastor* Rn 203). Soweit sich eine Baumaßnahme unmittelbar auf den Wert des Grundstückes auswirkt, ist im Zweifel der Anwendungsbereich des § 648 eröffnet. Auf der anderen Seite stellt die Neuverlegung von Teppichböden oder die regelm Erneuerung der Malerarbeiten typischerweise weder einen Substanzeingriff in das vorhandene Bauwerk noch eine Werterhöhung des Grundstückes dar, eine Sicherung nach § 648 ist nicht möglich (vgl LG Düsseldorf NJW-RR 1999, 383). 4

In den Kreis der Anspruchsberechtigten fallen auch solche Unternehmer, die **Vor- und Nebenarbeiten** zur Ausführung der Bauwerkserrichtung erbringen. Soweit es sich um Werkverträge (anders ggf bei Gerüstaufstellern, s.u. Rz 7) handelt, die für die eigentlichen Herstellungsarbeiten an dem Bauwerk notwendig sind und diese fördern. Darunter fallen zB das Ausheben der Baugrube (BGH BauR 1984, 64, 65), Baureinigungsarbeiten (Celle BauR 1976, 365, 365 f) und auch Abbrucharbeiten, soweit diese für die (Neu-)Errichtung eines Bauwerks erforderlich sind (München BauR 2004, 1992, 1992 f). Hat der Abbruch nichts mit der Errichtung eines Neubaus zu tun, scheidet ein Sicherungsanspruch des Unternehmers nach § 648 aus (LG Köln BauR 1997, 672, 672 f). 5

Schließlich sind auch **Architekten, Statiker und Sonderfachleute** anspruchsberechtigt, soweit sich ihre Werkleistungen in dem Bauwerk verkörpern (BGHZ 51, 190, 191). Sie wirken auf Grund eines Werkvertrags an der Errichtung des Bauwerks mit; dass sie keine materiellen Bestandteile liefern, ist nicht entscheidend. Auch Planung und Bauleitung dienen der Erstellung des Bauwerks (BGHZ 51, 190, 191). Voraussetzung der Sicherung ist jedoch stets, dass sich die immaterielle Leistung bereits in einem Bauwerk verkörpert hat, dass also zumindest mit der Bauleistung begonnen worden ist: Anderenfalls kann sich etwa bei Abstandnahme von der Gebäudeerrichtung der Grundstückswert auch nicht infolge etwaiger Planungen erhöht haben (Düsseldorf NJW-RR 2000, 166, 166 f; Celle NJW-RR 1996, 854, 855; Dresden NJW-RR 1996, 920 f). 6

7 **b) Werkvertrag.** Anspruchsberechtigter nach § 648 kann nur der Unternehmer sein, der mit dem Eigentümer einen Werkvertrag geschlossen hat. Damit bleiben sämtliche Subunternehmer, die idR lediglich in einem Vertragsverhältnis zum Hauptunternehmer und nicht zum Eigentümer des Baugrundstückes stehen, von der Sicherung nach § 648 ausgeschlossen (vgl Celle NJW-RR 2000, 387; KG NJW-RR 1999, 1247, 1248). Mangels Werkvertrags wiederum können auch Baustofflieferanten oder Gerüstvermieter ihre Ansprüche gegen den Eigentümer nicht nach § 648 sichern. Anderes gilt dann, wenn der Schwerpunkt der Leistung nicht auf der Überlassung des Gerüstes, sondern in dessen Herstellung liegt (Montage und Verankerung nach selbständiger Bemessung und Zusammenstellung; Köln BauR 2000, 1874, 1875).

8 **c) Identität zwischen Besteller und Eigentümer.** Im Zeitpunkt der Anspruchsgeltendmachung (Hamm BauR 1999, 407, 408; Düsseldorf BauR 1977, 361, 362) muss der Besteller Eigentümer des mit dem Bauwerk bebauten und von der Sicherungshypothek belasteten Grundstücks sein (zum Grundstück als Pfandgegenstand s.u. Rz 11), denn die Norm gewährt dem Unternehmer den Anspruch nur bezogen auf das »Baugrundstück des Bestellers«. Praktische Konsequenz daraus ist, dass Subunternehmer idR nicht in den Genuss dieser Sicherung kommen, da die Hauptunternehmer typischerweise nicht Grundstückseigentümer sind. Grundsätzlich ist dieses Tatbestandsmerkmal streng und formal zu betrachten. Das schließt indes nicht aus, zur Meidung untragbarer Ergebnisse dem Besteller unter dem Gesichtspunkt von **Treu und Glauben** gem § 242 die Berufung auf die Personenverschiedenheit zu verwehren: Die förmliche Verschiedenheit darf nicht dazu führen, dem Bauhandwerker die ihm redlicherweise zustehende Sicherheit vorzuenthalten (BGHZ 102, 95, 103). Solche Ausnahmefälle sind von der Rspr dann angenommen worden, wenn der Grundstückseigentümer den Besteller wirtschaftlich beherrscht und die Unternehmerleistungen intensiv nutzt oder darüber hinaus die Voraussetzungen der sog Durchgriffshaftung vorliegen (BGHZ 102, 95, 103 ff). Die Berufung auf die Personenverschiedenheit ist auch dann rechtsmissbräuchlich, wenn diese unter Verschleierung der tatsächlichen wirtschaftlichen Verhältnisse von vornherein zur Haftungsverminderung konstruiert wurde, etwa wenn ein zahlungsunfähiger Mieter (Düsseldorf NJW-RR 1993, 851, 851 f) oder der finanzschwache Ehegatte als Besteller vorgeschoben wurden (Frankfurt aM BauR 2001, 129). Auch bei sonstiger enger persönlicher Verbindung muss sich der Grundstückseigentümer im Einzelfalle wie ein Besteller behandeln lassen, wenn diese persönliche Verbindung mit einer wirtschaftlichen Verflechtung einhergeht, aufgrund welcher der Grundstückseigentümer in den Nutzen der Bauwerkleistung kommt (Naumburg NJW-RR 2000, 311, 312; KG NJW-RR 1999, 1247, 1248). Dies ist namentlich der Fall, wenn der Grundstückseigentümer im Zeitpunkt des Vertragsschlusses sowohl Geschäftsführer der Besteller-GmbH als auch Geschäftsführer der vormaligen Grundstückseigentümer-GmbH war (Düsseldorf NJW-RR 2007, 1663). Ist Auftraggeberin des Bauwerkvertrages eine GbR oder eine OHG, steht dem Unternehmer für seine Forderungen der Anspruch auf Einräumung der Sicherungshypothek auch am Baugrundstück der Gesellschafter zu (Bremen MDR 2008, 314, 314 f).

9 Eine rein wirtschaftliche Betrachtung hinsichtlich einer Identität zwischen Eigentümer und Besteller ohne Hinzutreten weiterer Umstände ist dagegen abzulehnen (BGHZ 102, 95, 100 ff). Das Merkmal **wirtschaftlicher Identität** ist nicht hinreichend scharf abgrenzbar; eine solche Ausdehnung des Anwendungsbereichs von § 648 ist iÜ wegen der Sicherungsmöglichkeit des Unternehmers nach § 648a auch nicht (mehr) erforderlich. Deshalb ist der Gesellschaft als Vertragspartnerin des Unternehmers, deren sämtliche Gesellschafter Eigentümer des Grundstücks sind, sofern nicht weitere, eine Treuwidrigkeit begründende Gesichtspunkte hinzutreten, die Berufung auf die fehlende Identität zwischen Eigentümer und Besteller nicht verwehrt (vgl BGHZ 102, 95, 103).

10 **2. Sicherungshypothek.** Der Sicherungsanspruch nach § 648 ist auf die Eintragung einer Sicherungshypothek gem den §§ 1184, 1113 gerichtet. Soweit der Besteller – wie üblich – nicht die Eintragung einer Sicherungshypothek bewilligt, hat der Unternehmer seinen Anspruch im Klagewege geltend zu machen; das stattgebende Urteil ersetzt dann die Bewilligung, § 894 ZPO. Da es sich bei der Sicherung nach § 648 nicht um eine Vollstreckungsmaßnahme handelt, ist die Wertuntergrenze für die zu sichernde Forderung des § 866 Abs 3 ZPO (750,00 Euro) nicht zu berücksichtigen (BaRoth/*Voit* Rn 21). Zur Anspruchssicherung, vor allem jedoch zur Rangwahrung steht dem Unternehmer die Möglichkeit offen, aufgrund einstweiliger Verfügung eine Vormerkung eintragen zu lassen, s.u. Rz 18.

11 **a) Pfandgegenstand.** Pfandgegenstand ist nach dem Gesetzeswortlaut grds das Baugrundstück, das im Eigentum des Bestellers steht. Werden **mehrere benachbarte Grundstücke** im Eigentum des Bestellers aufgrund eines einheitlichen Werkvertrages bebaut, kann der Unternehmer auch die Eintragung einer Gesamtsicherungshypothek beantragen (BGH NJW 2000, 1861, 1862 f). Kommt eine Gesamtsicherungshypothek nicht in Betracht, weil lediglich eines der bebauten Nachbargrundstücke im Eigentum des Bestellers steht, kann der Unternehmer die Eintragung einer Sicherungshypothek zur Sicherung der gesamten Werkvertragsforderung beantragen, ist also nicht auf die das einzelne Grundstück betreffende konkrete Summe der Wertsteigerung beschränkt (BGH NJW 2000, 1861, 1862). **Miteigentumsanteile** des Bestellers an dem Baugrundstück, sind ebenfalls mit einer Gesamtsicherungshypothek zu belasten; der Erwerber eines Miteigentumsanteils hat die Eintragung einer Sicherungshypothek in Höhe der Gesamtforderung zu dulden, wenn der Anspruch aus § 648 vor Übertragung des Miteigentumsanteils durch eine Vormerkung gesichert war (Düsseldorf BauR 1983, 376 f).

Hat eine **Wohnungseigentümergemeinschaft** den Bauwerksvertrag geschlossen, fehlt es nach der jüngsten Rspr des BGH typischerweise an der Identität zwischen Eigentümer und Besteller, da danach der Verband und nicht die einzelnen Wohnungseigentümer haften (BGH BauR 2007, 1041, 1043; s § 631 Rz 59; str, wie hier: Ingenstau/Korbion/*Joussen* Anhang 2 Rn 42a; aA: BaRoth/*Voit* Rn 13: jeder Miteigentümer schulde lediglich in Höhe seines Anteils die Vergütung, in entspr Höhe habe er dann die Eintragung einer Sicherungshypothek an seinem Wohnungseigentumsrecht zu dulden). Bildet der Besteller an dem in seinem Eigentum stehenden Grundstück Wohnungseigentum, kann der Unternehmer zur Sicherung seiner Ansprüche in jedem Wohnungsgrundbuch eine Sicherungshypothek über die volle Forderung eintragen lassen, solange der Besteller noch Eigentümer ist (München BB 1974, 1553, 1554 f; Frankfurt aM BauR 1995, 737, 738; Hamm NJW-RR 1999, 383, 384; Düsseldorf BauR 1983, 376 f). 12

Hat der Besteller das Bauwerk auf einem Grundstück errichten lassen, an welchem ihm ein **Erbbaurecht** zusteht, so ist Pfandgegenstand des § 648 sein Erbbaurecht (BGHZ 91, 139, 142); die Belastung des Erbbaurechts mit einer Sicherungshypothek gem § 11 Abs 1 ErbbauV, §§ 1184, 873 kann im Einzelfall gem § 5 Abs 2 ErbbauV von der Zustimmung des Grundstückseigentümers abhängig sein (BayObLG NJW-RR 1997, 591, 591 ff; Karlsruhe RPfleger 1958, 221); der Unternehmer ist dazu berechtigt, die gerichtliche Ersetzung der Zustimmung nach § 7 Abs 3 ErbbauV zu beantragen (BayObLG NJW-RR 1997, 591, 592). 13

b) Gesicherte Forderungen. § 648 soll sämtliche Forderungen aus dem Bauwerksvertrag sichern, insoweit gilt das zu § 647 (dort Rz 10 f) Gesagte entspr: Zu den sicherbaren Kosten der Rechtsverfolgung gehören insoweit auch die Kosten der Erwirkung von Hypothek und Vormerkung (PWW/*Leupertz* Rn 6). Die Forderungen, namentlich die Werklohnforderungen müssen noch nicht fällig sein, wie sich aus § 648 Abs 1 S 2 ergibt. Mangels Fälligkeitserfordernisses ist bei der Berechnung der zu sichernden Forderungen ein vereinbarter Sicherheitseinbehalt nicht abzuziehen (BGH NJW-RR 2000, 387) und auch § 641 Abs 3 nicht anwendbar (Stuttgart BauR 2005, 1047, 1049). Die Bauleistungen müssen allerdings in jedem Falle in einer den Grundstückswert erhöhenden Weise begonnen worden sein, materielle Werkleistungen müssen sich bereits Wert erhöhend in dem Bauwerk verkörpert haben (BGHZ 68, 180, 183; MüKo/*Busche* Rn 17). Ist das Werk noch nicht vollendet, kann der Unternehmer nach § 648 Abs 1 S 2 die Sicherung nur für einen der geleisteten Arbeit entspr Teil der Vergütung und für die in der Vergütung nicht inbegriffenen Auslagen verlangen. Dies entspricht wortidentisch der Regelung des **Teilvergütungsanspruches** in § 645 Abs 1 S 1 nach dem jeweiligen Stand der Teilleistung, auf die dortige Kommentierung wird Bezug genommen (§ 645 Rz 7 ff). Das Sicherungsrecht des Unternehmers soll sein Äquivalent in der Wertsteigerung des Grundstückes finden. Macht der Unternehmer deshalb nach Vertragskündigung seinen Anspruch aus § 649 S 2 geltend, kann er lediglich seinen Vergütungsanspruch hinsichtlich der bereits erbrachten Leistungen sichern (Stuttgart BauR 2005, 1047, 1047 f; Brandenburg BauR 2003, 578, 579), während eine Sicherung nach § 648 hinsichtlich des weitergehenden Anspruches auch die noch nicht erbrachten Leistungen betreffend nicht möglich ist (Jena BauR 1999, 179, 181); im Einzelfalle kann bei einer unberechtigten Kündigung ein Schadensersatzanspruch des Unternehmers allerdings trotz fehlender Werterhöhung sicherbar sein (BGHZ 51, 190, 192 f). 14

Vorhandene **Mängel** des Werkes mindern den zu sichernden Anspruch (in einfacher Höhe der voraussichtlichen Mangelbeseitigungskosten (BGHZ 68, 180, 182 ff; Hamm NJW-RR 2000, 971, 972; Stuttgart BauR 2005, 1047, 1049). Die mangelhafte Leistung ist nicht die vollwertige geschuldete Leistung und steht damit der Teilleistung vor Vollendung des Werks gleich. Dabei spielt keine entscheidende Rolle, inwieweit die Mängelbeseitigung noch zur Vertragserfüllung oder bereits zur Gewährleistung zu rechnen ist, ebenso wenig kommt es darauf an, ob der Unternehmer zur Nacherfüllung bereit oder berechtigt ist (BGHZ 68, 180, 184). 15

Wegen der **Akzessorietät** von gesicherter Forderung und Sicherungshypothek erlischt der Anspruch aus § 648 mit dem Erlöschen der Forderung. Dem Anspruch fehlt die Durchsetzbarkeit, wenn der Forderung eine dauernde Einrede, etwa wegen Verjährung entgegensteht (LG Aurich NJW-RR 1991, 1240; BaRoth/*Voit* Rn 20). Die **Verjährung** der gesicherten Ansprüche hindert allerdings nicht die Befriedigung aus der Sicherungshypothek, soweit diese bereits vor der Verjährung eingetragen war, § 216 Abs 1, wobei dies lediglich die Hauptforderung und nicht auch etwaig verjährte Zinsforderungen betrifft, § 216 Abs 3. Auf die eingetragene Vormerkung ist § 216 nicht entspr anzuwenden, im Gegenteil: Ist im Zeitpunkt der Forderungsverjährung bereits die Vormerkung eingetragen, kann der Eigentümer/Besteller deren Beseitigung gem § 886 verlangen. 16

Tritt der Unternehmer seine Forderungen gegen den Besteller an einen Dritten ab, geht zum einen der Anspruch aus § 648 in analoger Anwendung von § 401 auf den Dritten über (Dresden NJW-RR 2000, 96). Ist bereits eine Sicherungshypothek eingetragen, geht diese im Falle der **Forderungsabtretung** gem den §§ 401, 1153 auf den Zessionar über, hinsichtlich einer bereits eingetragenen Vormerkung wird § 401 mit demselben Ergebnis analog angewandt (BGH NJW 1957, 1229). 17

3. Vormerkung. Der Unternehmer kann zur Sicherung seines Anspruches auf Bestellung einer Sicherungshypothek aufgrund einstweiliger Verfügung eine Vormerkung eintragen lassen, §§ 883, 885 iVm §§ 935 ff ZPO. Zum Verfahren s.u. Rz 20. Die Eintragung der Vormerkung hängt im Falle eines Erbbaurechts mit Zustimmungsvorbehalt gem § 5 Abs 2 ErbbauV nicht von der Zustimmung ab (Nürnberg MDR 1967, 213). 18

19 **II. Schiffshypothek.** Nach § 648 Abs 2 kann der Inhaber einer Schiffswerft für seine Forderungen aus dem Bau oder der Ausbesserung eines Schiffes die Einräumung einer Schiffshypothek an dem Schiffsbauwerk oder dem Schiff des Bestellers verlangen. Wie im Falle der Bauwerke bedarf es auch insoweit grds der Identität zwischen Schiffseigner bzw Eigentümer des Schiffsbauwerks und dem Besteller (vgl Rz 8 f), es muss sich auch um einen Werkvertrag handeln (vgl Rz 7); sicherbar aus dem Werkvertrag sind grds sämtliche Forderungen des Unternehmers (vgl Rz 14 ff). Als Unternehmer kommen allerdings ausschließlich Inhaber einer Schiffswerft in Betracht: andere mit Werkleistungen an einem Schiff betraute Personen fallen nicht in den Anwendungsbereich der Norm (Staud/*Peters* Rn 56). In Abgrenzung zu § 647 gilt die Norm lediglich für Schiffe, die auch in das Schiffsregister eingetragen sind, bzw für Schiffsbauwerke, die im Schiffsbauwerksregister aufgenommen sind; andere Schiffe und Schiffsbauwerke können Gegenstand des Werkunternehmerpfandrechts nach § 647 sein (BaRoth/*Voit* Rn 35). Hinsichtlich des Schiffs- und Schiffbauwerksregisters sind das Gesetz über Rechte an eingetragenen Schiffen und Schiffbauwerken vom 15.11.1940 (Schiffsrechtegesetz, RGBl I S 1499) sowie die Schiffsregisterverordnung idF vom 26.05.1994 maßgeblich (BGBl I S 1133, zuletzt geändert durch Art 92 der Verordnung vom 31.10.2006, BGBl I S 2407).

20 **C. Prozessuales.** Die Eintragung einer **Vormerkung** zur Sicherung des Anspruches aus § 648 auf Eintragung der Bauhandwerkersicherungshypothek wird idR im Wege der einstweiligen Verfügung durchgesetzt, für die bis zur dinglichen Rechtsänderung im Grundbuch grds ein Rechtsschutzinteresse besteht (Hamm MDR 1966, 236); etwas anderes gilt lediglich dort, wo die Forderung bereits tituliert ist, da der Unternehmer dann nicht aus § 648 vorgehen muss, sondern im Wege der Zwangsvollstreckung gem den §§ 720a Abs 1, 866 Abs 1 ZPO sogar schon vor Rechtskraft des Titels eine Sicherungshypothek eintragen lassen kann. Besondere Sorgfalt ist bei der Formulierung des Antrags auf die genaue Bezeichnung der zu sichernden Forderung zu legen: Maßgebend für den Umfang der Sicherung ist der Inhalt der Eintragung, welche sich wiederum am Tenor der stattgebenden Entscheidung orientiert; nur die dort genannten Forderungen sind gesichert (BGH NJW 1974, 1761, 1761 f; 2001, 3701). In der Antragsschrift ist die Darlegung eines Verfügungsgrundes, also der Gefährdung des durch die Vormerkung zu sichernden Anspruches entbehrlich (§ 885 Abs 1 S 2); das besondere Sicherungsbedürfnis des Unternehmers fehlt allerdings dann, wenn er vor der Antragstellung eine ihm übersandte Bürgschaft gemäß § 648a zurückgesandt hat (LG Bayreuth BauR 2003, 422). Soweit nicht ausnahmsw nach den §§ 936, 921 ZPO die Glaubhaftmachung wegen Sicherheitsleistung entbehrlich ist, müssen die im Antrag auf Erlass der einstweiligen Verfügung dargelegten Tatsachen glaubhaft gemacht werden. Soweit der Besteller bereits eine Schutzschrift hinterlegt hat oder nur aufgrund mündlicher Verhandlung entschieden wird, ist bei Glaubhaftmachung erheblicher Einwände seitens des Bestellers entspr einer Beweiswürdigung zu verfahren: Es gelten die auch sonst üblichen Beweisregeln mit der Folge, dass der Antrag erfolglos bleibt, wenn und soweit der Unternehmer nicht im Wege der Glaubhaftmachung das entscheidende Gericht zu überzeugen vermag (vgl Brandenburg BauR 2003, 578, 580). Die jeweiligen Behauptungen sind dann glaubhaft gemacht, wenn eine überwiegende Wahrscheinlichkeit dafür besteht, dass sie zutreffen (BGH NJW 2003, 3558); hinsichtlich Mangelfreiheit bzw Mangelhaftigkeit der Bauwerkleistung ist ggf ein von der Partei in Auftrag gegebenes Sachverständigengutachten zur Glaubhaftmachung sinnvoll. Wegen des Verfahrens iÜ, namentlich auch wegen der Rechtsbehelfe: WP/*Pastor* Rn 261 ff.

21 Der **Streitwert** für das Verfahren auf Eintragung der Sicherungshypothek bemisst sich nach § 6 ZPO regelm auf den vollen Wert der zu sichernden Summe. Der dagegen nach § 3 ZPO zu bemessende Streitwert für das Verfahren auf Erlass einer Einstweiligen Verfügung auf Eintragung einer Vormerkung ist grds im Einzelfall unter Berücksichtigung des bes Sicherungsinteresses des Unternehmers festzusetzen; soweit – wie idR – Anhaltspunkte für ein bes Sicherungsinteresse fehlen, ist das den Streitwert bestimmende Interesse des Unternehmers an der Sicherung seiner Forderung mit 1/3 der jeweiligen Bauforderung zu bewerten (Koblenz AnwBl 1974, 27; KG BauR 1972, 259, 260).

§ 648a Bauhandwerkersicherung. **[1] Der Unternehmer eines Bauwerks, einer Außenanlage oder eines Teils davon kann vom Besteller Sicherheit für die auch in Zusatzaufträgen vereinbarte und noch nicht gezahlte Vergütung einschließlich dazugehöriger Nebenforderungen, die mit 10 vom Hundert des zu sichernden Vergütungsanspruchs anzusetzen sind, verlangen. Der Anspruch des Unternehmers auf Sicherheit wird nicht dadurch ausgeschlossen, dass der Besteller Erfüllung verlangen kann oder das Werk abgenommen hat. Ansprüche, mit denen der Besteller gegen den Anspruch des Unternehmers auf Vergütung aufrechnen kann, bleiben bei der Berechnung der Vergütung unberücksichtigt, es sei denn, sie sind unstreitig oder rechtskräftig festgestellt. Die Sicherheit ist auch dann als ausreichend anzusehen, wenn sich der Sicherungsgeber das Recht vorbehält, sein Versprechen im Falle einer wesentlichen Verschlechterung der Vermögensverhältnisse des Bestellers mit Wirkung für Vergütungsansprüche aus Bauleistungen zu widerrufen, die der Unternehmer bei Zugang der Widerrufserklärung noch nicht erbracht hat.**

[2] Die Sicherheit kann auch durch eine Garantie oder ein sonstiges Zahlungsversprechen eines im Geltungsbereich dieses Gesetzes zum Geschäftsbetrieb befugten Kreditinstituts oder Kreditversicherers geleistet werden. Das Kreditinstitut oder der Kreditversicherer darf Zahlungen an den Unternehmer nur

leisten, soweit der Besteller den Vergütungsanspruch des Unternehmers anerkennt oder durch vorläufig vollstreckbares Urteil zur Zahlung der Vergütung verurteilt worden ist und die Voraussetzungen vorliegen, unter denen die Zwangsvollstreckung begonnen werden darf.

[3] Der Unternehmer hat dem Besteller die üblichen Kosten der Sicherheitsleistung bis zu einem Höchstsatz von 2 vom Hundert für das Jahr zu erstatten. Dies gilt nicht, soweit eine Sicherheit wegen Einwendungen des Bestellers gegen den Vergütungsanspruch des Unternehmers aufrechterhalten werden muss und die Einwendungen sich als unbegründet erweisen.

[4] Soweit der Unternehmer für seinen Vergütungsanspruch eine Sicherheit nach den Absätzen 1 oder 2 erlangt hat, ist der Anspruch auf Einräumung einer Sicherungshypothek nach § 648 Absatz 1 ausgeschlossen.

[5] Hat der Unternehmer dem Besteller erfolglos eine angemessene Frist zur Leistung der Sicherheit nach Absatz 1 bestimmt, so kann der Unternehmer die Leistung verweigern oder den Vertrag kündigen. Kündigt er den Vertrag, ist der Unternehmer berechtigt, die vereinbarte Vergütung zu verlangen; er muss sich jedoch dasjenige anrechnen lassen, was er infolge der Aufhebung des Vertrages an Aufwendungen erspart oder durch anderweitige Verwendung seiner Arbeitskraft erwirbt oder böswillig zu erwerben unterlässt. Es wird vermutet, dass danach dem Unternehmer 5 vom Hundert der auf den noch nicht erbrachten Teil der Werkleistung entfallenden vereinbarten Vergütung zustehen.

[6] Die Vorschriften der Absätze 1 bis 5 finden keine Anwendung, wenn der Besteller

1. **eine juristische Person des öffentlichen Rechts oder ein öffentlich-rechtliches Sondervermögen ist, über deren Vermögen ein Insolvenzverfahren unzulässig ist, oder**
2. **eine natürliche Person ist und die Bauarbeiten zur Herstellung oder Instandsetzung eines Einfamilienhauses mit oder ohne Einliegerwohnung ausführen lässt.**

Satz 1 Nummer 2 gilt nicht bei Betreuung des Bauvorhabens durch einen zur Verfügung über die Finanzierungsmittel des Bestellers ermächtigten Baubetreuer.

[7] Eine von den Vorschriften der Absätze 1 bis 5 abweichende Vereinbarung ist unwirksam.

In der für Vertragsverhältnisse, die bis zum 01.01.2009 geschlossen wurden geltenden Fassung (Art 229 § 18 EGBGB), lauten die Absätze 1, 5 und 6 der Norm:

[1] Der Unternehmer eines Bauwerks, einer Außenanlage oder eines Teils davon kann vom Besteller Sicherheit für die von ihm zu erbringenden Vorleistungen einschließlich dazugehöriger Nebenforderungen in der Weise verlangen, dass er dem Besteller zur Leistung der Sicherheit eine angemessene Frist mit der Erklärung bestimmt, dass er nach dem Ablauf der Frist seine Leistung verweigere. Sicherheit kann bis zur Höhe des voraussichtlichen Vergütungsanspruches, wie er sich aus dem Vertrag oder einem nachträglichen Zusatzauftrag ergibt sowie wegen Nebenforderungen verlangt werden; die Nebenforderungen sind mit 10 vom Hundert des zu sichernden Vergütungsanspruchs anzusetzen. Sie ist auch dann als ausreichend anzusehen, wenn sich der Sicherungsgeber das Recht vorbehält, sein Versprechen im Falle einer wesentlichen Verschlechterung der Vermögensverhältnisse des Bestellers mit Wirkung für Vergütungsansprüche aus Bauleistungen zu widerrufen, die der Unternehmer bei Zugang der Widerrufserklärung noch nicht erbracht hat.

[5] Leistet der Besteller die Sicherheit nicht fristgemäß, so bestimmen sich die Rechte des Unternehmers nach den §§ 643 und 645 Absatz 1. Gilt der Vertrag danach als aufgehoben, kann der Unternehmer Ersatz des Schadens verlangen, den er dadurch erleidet, dass er auf die Gültigkeit des Vertrags vertraut hat. Dasselbe gilt, wenn der Besteller in zeitlichem Zusammenhang mit dem Sicherungsverlangen gemäß Absatz 1 kündigt, es sei denn, die Kündigung ist nicht erfolgt, um der Stellung der Sicherheit zu entgehen. Es wird vermutet, dass der Schaden 5 Prozent der Vergütung beträgt.

[6] Die Vorschriften der Absätze 1 bis 5 finden keine Anwendung, wenn der Besteller

1. **eine juristische Person des öffentlichen Rechts oder ein öffentlich-rechtliches Sondervermögen ist oder**
2. **eine natürliche Person ist und die Bauarbeiten zur Herstellung oder Instandsetzung eines Einfamilienhauses mit oder ohne Einliegerwohnung ausführen lässt; dies gilt nicht bei Betreuung des Bauvorhabens durch einen zur Verfügung über die Finanzierungsmittel des Bestellers ermächtigten Baubetreuer.**

A. Allgemeines/Normzweck. Die Norm will dem Bauhandwerker im Ausgleich für das von ihm zu tragende Vorleistungsrisiko eine Sicherungsmöglichkeit zur Verfügung stellen, die die Sicherungslücken der §§ 647, 648 schließen soll: Die Forderungssicherung des Bauhandwerkers scheitert nicht an dessen typischerweise fehlendem Besitz des Werkgegenstandes (§ 647 Rz 9), es bedarf nicht der Identität zwischen dem Besteller und dem Eigentümer des Baugrundstückes (§ 648 Rz 8 f), so dass namentlich auch Subunternehmer in den Genuss der Sicherung kommen können. Sein Leistungsverweigerungsrecht kann der Bauunternehmer auch unabhängig davon geltend machen, ob er mit der Werkleistung bereits begonnen hat oder nicht; anders als bei § 648 (vgl § 648 Rz 14) müssen als Voraussetzung des Sicherungsanspruches noch keine Werkleistungen Wert erhöhend erbracht worden sein (vgl BTDrs 12/1836 S 5, S 8). 1

2 Jede von § 648a Abs 1-5 **abweichende Vereinbarung**, also unabhängig davon, für welche Vertragspartei sie im Einzelfalle günstig bzw ungünstig sein mag (BGH BauR 2006, 1294, 1295; 2001, 1426, 1428), ist unwirksam, § 648 Abs 7. Namentlich ein bei Vertragsschluss erklärter Verzicht auf die Rechte aus § 648a ist nichtig (BGHZ 146, 24, 28); eine Bürgschaft auf erstes Anfordern kommt als Sicherungsmittel nicht in Betracht, weil anderenfalls § 648 Abs 2 S 2 unterlaufen würde (Düsseldorf MDR 2000, 328, 328 f; MüKo/*Busche* Rn 39; s.u. Rz 18). Diese Regelung betrifft allerdings ausschließlich die in § 648a Abs 1 geregelten einseitigen Sicherungsverlangen nach Vertragsschluss, weshalb (zusätzliche) im Bauwerksvertrag vereinbarte Sicherungsabreden grds unberührt bleiben (BGH BauR 2006, 1294, 1295). Ebenso bleiben individuelle Vereinbarungen mit privaten Bestellern iSv § 648a Abs 6 Nr 2 zulässig, die diese abweichend von der gesetzlichen Regelung zu Adressaten des Sicherungsbegehrens machen (Celle NJW-RR 2000, 388, 389; MüKo/*Busche* Rn 11).

3 Die Norm ist teilw (Abs 1, 5 und 6) durch das Forderungssicherungsgesetz abgeändert worden. Mit den Änderungen hat der Gesetzgeber die effektivere Ausgestaltung der Bauhandwerkersicherung beabsichtigt (BTDrs 16/511 S 16); vor allem ist in Abweichung zur früheren Rechtslage ein klagbarer Anspruch des Unternehmers auf Leistung einer Bauhandwerkersicherung geschaffen worden. Für die **zeitliche Anwendbarkeit** der einzelnen Vorschriften bestimmen Art 229 § 1 Abs 2, § 18 EGBGB: Auf Vertragsverhältnisse, die vor dem 01.01.2009 geschlossen worden sind, ist das alte Recht anzuwenden. Insoweit gilt wiederum: § 648a Abs 1 S 1, S 2 und Abs 5 S 4 gelten nur für Verträge, die nach dem 01.05.2000 geschlossen worden sind; § 648a Abs 5 S 3 ist auch auf vorher abgeschlossene Verträge anzuwenden. Verträge, die ab dem 01.01.2009 geschlossen werden, sind ausschließlich nach der durch das Forderungssicherungsgesetz geschaffenen Rechtslage zu beurteilen.

4 **B. Kommentierung.** Die Norm gibt Bauunternehmern (dazu Rz 5 ff) die Möglichkeit, bestimmte Sicherheiten (Rz 17) für ihre Forderungen (Rz 13 ff) in bestimmter Weise (Rz 9) vom Besteller zu verlangen, wobei allerdings nicht jeder Besteller einer Bauleistung Anspruchsgegner sein kann (Rz 8). Das Verlangen der Sicherheitsgestellung ist jedoch nur für Verträge aus der Zeit ab dem 01.01.2009 als durchsetzbarer Anspruch ausgestaltet (Rz 9), für Rechtsverhältnisse vor diesem Zeitpunkt handelt es sich bei der Sicherheitsgestellung um eine Obliegenheit des Bestellers. Der Unternehmer erhält verschiedene Reaktionsmöglichkeiten für den Fall, dass der Besteller die verlangte Sicherheit nicht leistet: er kann zunächst weitere Leistungen verweigern, er kann den Vertrag kündigen (nF) bzw aufheben und Teilvergütung verlangen (aF; vgl insg Rz 20 ff). Daneben eröffnet § 648a Abs 5 S 2 aF bei Verträgen aus der Zeit vor dem 01.01.2009 einen Anspruch auf Ersatz des Vertrauensschadens (Rz 22).

5 **I. Anspruchsvoraussetzungen. 1. Anspruchsteller.** Alle Unternehmer eines Bauwerks, einer Außenanlage oder eines Teils eines Bauwerkes oder einer Außenanlage haben Anspruch auf die Sicherheitsgestellung. Da es im Rahmen von § 648a nicht auf eine Identität von Besteller und Grundstückseigentümer ankommt, sind auch sämtliche **Subunternehmer** von der Norm erfasst. Ebenfalls abweichend von § 648 muss sich die Werkleistung noch **nicht Wert erhöhend** für das Grundstück ausgewirkt haben (Düsseldorf MDR 2005, 389), sondern betrifft auch solche unternehmerischen Tätigkeiten, die als nicht wegzudenkender Teil der Gesamtleistung der Herstellung des Bauwerks dienen, ohne sich in diesem unmittelbar verkörpern zu müssen (Düsseldorf MDR 2005, 389; Köln BauR 2000, 1874, 1875: Gerüstbauarbeiten; PWW/*Leupertz* Rn 7). Die Gegenmeinung, die auch im Rahmen von § 648a eine Wertsteigerung durch die unternehmerische Werkleistung verlangt (Palandt/*Sprau* Rn 6), verkennt den mit der Norm beabsichtigten Zweck, die Risiken des mit der Vorfinanzierung belasteten Unternehmers angemessen zu minimieren (vgl BTDrs 12/1836 S 5 ff).

6 Unternehmer eines Bauwerkes oder eines Teils desselben ist in Anlehnung an § 648 grds jmd, der mit Arbeiten an einem Bauwerk beauftragt worden ist. Unter einem **Bauwerk** versteht die Rspr, ohne dass es auf die sachenrechtliche Zuordnung ankäme, eine unbewegliche, durch Verwendung von Arbeit und Material iVm dem Erdboden hergestellte Sache (BGH MDR 2005, 389; BauR 2003, 1391 f); vgl auch § 634a Rz 6. Darunter sind jedenfalls Arbeiten zur Herstellung eines Gebäudes zu verstehen. Dazu gehören auch Arbeiten, die für die Erneuerung oder den Bestand eines Gebäudes von wesentlicher Bedeutung sind, sofern die eingebauten Teile mit dem Gebäude fest verbunden werden (BGH BauR 1994, 101, 101 f). Isoliert in Auftrag gegebene Abbrucharbeiten oder Arbeiten zur Beseitigung von Altlasten sind keine Arbeiten am Bauwerk in diesem Sinne. Sie entfernen sich bei wertender Betrachtung soweit von anderen, zur Vorbereitung der Bebauung dienenden Arbeiten am Grundstück, dass sie allein noch nicht der Errichtung eines Bauwerks zugeordnet werden können (BGH BauR 2004, 1798, 1799). Der mit solchen Arbeiten isoliert beauftragte Unternehmer kann deshalb keine Sicherheit nach § 648a fordern (BGH MDR 2005, 389).

7 Der Unternehmer einer **Außenanlage** oder eines Teils derselben erbringt Leistungen, die den Arbeiten am Bauwerk im weitesten Sinne vergleichbar sind. Schon aus der sprachlichen Fassung ergibt sich, dass nicht alle Arbeiten an einem Grundstück erfasst sind. Es muss sich nicht lediglich um Außenarbeiten, sondern um Arbeiten an einer Außenanlage handeln (BGH MDR 2005, 389). Die Begründung des Gesetzes erwähnt landschaftsgestalterische Arbeiten, Gartenarbeiten, Sportplatzbau (BTDrs 12/4526 S 10). Daraus wird erkennbar, dass jedenfalls gestalterische Arbeiten an einer Außenanlage vorzunehmen sind, die der Errichtung der Anlage oder deren Bestand dienen. Nicht erfasst sind hingegen solche isoliert in Auftrag gegebenen Arbeiten,

die – vergleichbar den bloßen Abbrucharbeiten an einem Bauwerk – lediglich dazu dienen, ein Grundstück zur Bebauung frei zu machen (BGH MDR 2005, 389).

2. Anspruchsgegner. Sicherungsverpflichteter ist grds der Besteller der Werklohnleistung. Dahingehend macht § 648a Abs 6 indes gewichtige Ausnahmen: Auf juristische Personen des öffentlichen Rechts und öffentlich-rechtliche Sondervermögen findet die Vorschrift keine Anwendung, da das Sicherungsinteresse des Unternehmers mangels Insolvenzrisikos dieser Besteller nicht besteht (BTDrs 12/1836 S 11; MüKo/*Busche* Rn 10). Mit dem Forderungssicherungsgesetz ist für Bauwerkverträge mit juristischen Personen des öffentlichen Rechts und öffentlich-rechtlichen Sondervermögen, die nach dem 01.01.2009 geschlossen werden, eine der Regelung in § 651k Abs 6 entspr Klarstellung eingefügt worden: § 648a ist nur auf solche Personen und Sondervermögen nicht anwendbar, für die die Eröffnung des Insolvenzverfahrens gem § 12 InsO unzulässig ist. Wegen des Ausnahmecharakters der Norm ist Abs 6 nicht auch auf juristische Personen des Privatrechts anwendbar, deren Gesellschaftsanteile mehrheitlich oder sogar vollständig im Eigentum von juristischen Personen des öffentlichen Rechts stehen (Jena BauR 2008, 536 ff). Eine weitere Ausnahme besteht grds dann, wenn Besteller eine oder mehrere natürliche Personen (bspw Ehegatten) sind und die Bauarbeiten zur Herstellung oder Instandsetzung eines Einfamilienhauses – nicht mehrerer Einfamilienhäuser (LG Bonn NJW-RR 1998, 530, 531) – mit oder ohne Einliegerwohnung dienen, da solche Bauvorhaben idR solide finanziert sind und die Bauherren grds ihr Leben lang haften (BTDrs 12/1836 S 11; 12/4526 S 11 f). Wegen der zusätzlichen Risiken, die mit der Beauftragung eines Baubetreuers verbunden sind, der über die Finanzierungsmittel des privaten Bauherrn verfügen kann, greift in solchen Fällen die Privilegierung nicht, § 648a Abs 6 Nr 2 Hs 2. 8

3. Sicherungsverlangen (mit Fristsetzung). Der Unternehmer kann für alle von ihm zu erbringenden Vorleistungen (aF) bzw für Verträge ab dem 01.01.2009 für die ihm noch zu leistenden Vergütungsansprüche (dazu Rz 14) von dem Besteller Sicherheit verlangen. Ob und ggf wann er Sicherheit verlangt, steht ihm grds frei: Das Gesetz will dem Unternehmer die Wahl lassen, eine Sicherheit oder eine Teilsicherheit erst dann zu verlangen, wenn er dies für richtig hält (BTDrs. 12/1836 S 8). Er ist deshalb grds befugt, eine teilw oder vollständig den Vergütungsanspruch abdeckende Sicherheit zu fordern, wenn er es für angebracht hält, und kann im Falle der Nichtleistung die sich aus dem Gesetz ergebenden Rechte geltend machen (BGHZ 146, 24, 28; vgl auch Rz 20 ff). Dabei ist zu beachten: Erst für Verträge aus der Zeit ab dem 01.01.2009 sieht Abs 1 vor, dass der Unternehmer einen Anspruch gegen den Besteller auf Leistung einer Bauhandwerkersicherung hat (BTDrs 16/511 S 17). Der Bauunternehmer hat allerdings **für »Altverträge« keinen durchsetzbaren Anspruch** gegen den Besteller auf das Stellen einer Sicherheit in bestimmter Höhe (BGHZ 146, 24, 28); die Sicherheitsgestellung ist nach der aF lediglich als Mitwirkungsobliegenheit gem § 642 ausgestaltet (Palandt/*Sprau*, 67. Aufl., Rn 5; PWW/*Leupertz* Rn 2). Ansprüche des Unternehmers entstehen daher nach der aF erst für den Fall, dass ihm die geforderte Sicherheit nicht gestellt wird (Rz 20 ff). Das Sicherungsverlangen ist jedoch ausgeschlossen, sofern im Einzelfall der Unternehmer nicht bereit oder nicht (mehr) in der Lage ist, die geschuldete Leistung zu erbringen; dass über das Vermögen des Unternehmers das Insolvenzverfahren eröffnet ist, genügt dafür allerdings nicht (vgl Düsseldorf BauR 2005, 572, 573). 9

Erforderlich ist im Falle eines Sicherungsverlangens stets, dass der Unternehmer eine zumindest konkret **bestimmbare Höhe** der zu sichernden Forderung benennt (Dresden BauR 2002, 1274, 1275). Wird der Besteller mit einem der Höhe nach nicht gerechtfertigten Sicherungsverlangen überzogen, muss er fristgerecht Sicherheit in angemessener Höhe anbieten, um den Rechtsfolgen des § 648a zu entgehen (BGHZ 146, 24, 36). In solchen Fällen ist zu prüfen, ob der Schuldner die Erklärung als Aufforderung zur Bewirkung der tatsächlich geschuldeten Leistung verstehen muss und der Gläubiger auch zur Annahme der ggü seinen Vorstellungen geringeren Leistung bereit ist (BGHZ 146, 24, 35 f; NJW 1999, 3115, 3116). Die Wirksamkeit einer Zuvielforderung wird im Regelfall dann bejaht, wenn anzunehmen ist, dass der Schuldner auch bei einer auf den wirklichen Rückstand beschränkten Mahnung nicht geleistet hätte (BGH NJW 1999, 3115, 3116). Anderes gilt dann, wenn die Zuvielforderung unverhältnismäßig hoch ist (BGHZ 146, 24, 35; Hamm BauR 2004, 868: fünffach überhöhter Betrag unverhältnismäßig), denn dann ist nicht mehr anzunehmen, dass der Unternehmer bereit ist, eine angemessene geringere Sicherheit zu akzeptieren. 10

Der Unternehmer muss dem Besteller in Vertragsverhältnissen aus der Zeit vor dem 01.01.2009 eine **angemessene Frist** setzen, innerhalb welcher die Sicherheit zu stellen ist; die durch das Forderungssicherungsgesetz geschaffene nF sieht zur Wirksamkeit des Sicherungsverlangens eine solche Fristsetzung nicht vor. Welcher Zeitraum angemessen ist, ist im Einzelfall zu entscheiden (BGH NJW 2005, 1939): Grundsätzlich ist eine solche Frist angemessen, in welcher ein in normalen finanziellen Verhältnissen stehender Besteller die geforderte Sicherheit ohne schuldhaftes Zögern beschaffen kann. Nach der amtlichen Begründung dürfte dazu regelm ein Zeitraum von sieben bis zehn Tagen hinreichen (BTDrs 12/1836 S 9). Soweit im Einzelfalle bes Umstände hinzutreten, kann eine angemessene Frist auch deutlich länger sein, etwa wenn eine bes hohe Forderung zu sichern ist oder wenn das Verlangen für den Besteller unerwartet kommt (Naumburg BauR 2003, 556, 558: Je nach Einzelfall sollen bis zu drei Wochen erforderlich sein können, etwa um von der sichernden Bank angeforderte Bonitätsnachweise zu beschaffen.). Das Setzen einer unangemessen kurzen Frist schadet nicht, es setzt eine angemessene Frist in Gang (BaRoth/*Voit* Rn 23). 11

12 Das Sicherungsverlangen nach der aF muss zudem, um die Wirkungen des § 648a zu erzeugen, die eindeutige Erklärung enthalten, dass der Bauunternehmer nach fruchtlosem Ablauf der gesetzten Frist seine Leistung verweigern werde. Die Einhaltung einer bestimmten **Form** ist für das Sicherungsverlangen nicht zwingend; zu Beweiszwecken ist die Einhaltung der Schriftform allerdings zu empfehlen. Die nF kennt für Verträge aus der Zeit ab dem 01.01.2009 nicht mehr das Erfordernis einer Fristsetzung mit Ablehnungsandrohung.

13 **4. Sicherbare Ansprüche.** Der Unternehmer kann im Wege von § 648a Abs 1 aF sämtliche Ansprüche für vorleistungspflichtige Leistungen sichern einschließlich dazugehörender Nebenforderungen, in Weiterung dessen sieht die Norm für Verträge ab dem 01.01.2009 die Sicherung für sämtliche dem Unternehmer noch zu leistenden Vergütungs- und Vergütungsersetzungsansprüche vor (dazu Rz 14). Grds steht es ihm dabei frei, den Umfang seines Sicherungsverlangens zu bestimmen: Er kann »bis zur Höhe« seines voraussichtlichen Vergütungsanspruches Sicherheit verlangen, also im Rahmen der allg Treuepflicht auch nur wegen eines Bruchteils seines Werklohnanspruches (BGH BauR 2001, 386, 388).

14 **a) Vorleistungen bzw offene Leistungs- und Leistungsersetzungsansprüche (Abs 1 S 2 nF).** Mit der gesetzlichen Beschränkung auf die Vorleistungssicherung kommen als sicherbare Ansprüche des Unternehmers ausschließlich seine voraussichtlichen **Werklohnansprüche** in Betracht, soweit diese noch nicht durch (Abschlags-) Zahlung oder Aufrechnung erfüllt sind (BGHZ 146, 24, 29); soweit Abs 1 S 1 von »noch nicht gezahlter Vergütung« spricht, ist dies wegen der mit dem Forderungssicherungsgesetz erfolgten Weiterung notwendig: Die Vorleistungssicherung wird konsequent ergänzt um solche Ansprüche, die an die Stelle der Vergütungsansprüche des Unternehmers treten, s.u. Irrelevant ist insoweit, ob und inwieweit die Werkleistungen durch den Unternehmer bereits erbracht sind. Die voraussichtlichen Werklohnansprüche sind ggf unter Berücksichtigung der vereinbarten Einheitspreise, der voraussichtlich erforderlichen Arbeitsstunden sowie einschließlich etwaiger Zusatzaufträge zu schätzen (Karlsruhe NJW 1997, 263, 264). Nicht sicherbar sind Ansprüche des Unternehmers auf Schadensersatz aus pVV oder cic oder Ansprüche aus § 642: Nach Abs 1 aF fehlt es dazu an der Vorleistungseigenschaft, nach Abs 1 nF sollen ausdrücklich nur offene Vergütungs- und diese ersetzende Ansprüche von dem Sicherungsanspruch erfasst sein. Soweit es sich um Ansprüche handelt, die dem Unternehmer **an Stelle des Vergütungsanspruches** zustehen, wie etwa ein Schadensersatzanspruch statt der Leistung oder der Anspruch nach § 649 S 2 für noch nicht erbrachte Leistungen, ist zu differenzieren: Solche Ansprüche sind in Altfällen, also solchen aus der Zeit vor dem 01.01.2009, mangels gesetzlicher Regelung nicht sicherbar (BaRoth/Voit Rn 10; WP/Pastor Rn 328); soweit Sicherheit bereits geleistet ist, ist der Unternehmer jedoch nicht gehindert, auf diese wegen Vergütungsersatzansprüchen nach den §§ 643, 649 S 2 nach Vertragskündigung zuzugreifen (BaRoth/Voit Rn 10). In allen Vertragsverhältnissen, die ab dem 01.01.2009 entstehen, sieht Abs 1 S 2 jedoch die Sicherbarkeit aller Ansprüche, die an die Stelle des Vergütungsanspruches treten, ausdrücklich vor (BTDrs 16/511 S 17).

15 **Mängel** des Werkes verringern die Summe der Sicherheitsleistung solange nicht, wie sie noch durch den Unternehmer beseitigt werden können, da auch insoweit seine Vorleistungspflicht anhält. Anderes gilt, wenn die Werklohnforderung infolge der Mangelhaftigkeit bereits gemindert ist oder der Unternehmer sonst nicht zur Mängelbeseitigung bereit und in der Lage ist (BGHZ 146, 24, 32 f); Abs 1 S 3 nF stellt nunmehr ausdrücklich klar, dass der Sicherheitsanspruch des Unternehmers nicht durch das Erfüllungsverlangen (Mangelbeseitigungsverlangen) ausgeschlossen wird (BTDrs 16/511 S 17). Ausweislich § 641 Abs 3 gilt dies auch für den **Zeitraum nach Abnahme**, solange der Besteller noch die Mängelbeseitigung fordert (BGH NJW 2004, 1525, 1526 f). Diese nach der Rspr des BGH vorgezeichnete Rechtslage hat der Gesetzgeber des Forderungssicherungsgesetzes nunmehr auch im Gesetz klargestellt: Gem Abs 1 S 3 nF hindert die Abnahme den Sicherungsanspruch des Unternehmers nicht. Zwar kommt nach der Abnahme eine Aufhebung des Vertrages entgegen § 648a Abs 5 nicht in Betracht (BGH BauR 1975, 280, 281: keine Kündigung nach Werkvollendung und Abnahme), der Unternehmer kann sich aber sowohl bei »Altfällen« als auch bei Vertragsverhältnissen aus der Zeit ab dem 01.01.2009 von seiner Mängelbeseitigungspflicht lösen: Bei »Altfällen« geschieht dies in sinngemäßer Anwendung der §§ 648a Abs 5, 643: Wenn der Besteller nicht die – unter etwaiger Beachtung des Druckzuschlags zu berechnende – Sicherheit leistet, steht dem Unternehmer anschließend entspr den §§ 645 Abs 1 S 1, 648a Abs 5 S 2 der um den infolge des mangelbedingten (einfachen) Minderwertes gekürzte Vergütungsanspruch zu. Bei Vertragsverhältnissen aus der Zeit ab dem 01.01.2009 eröffnet die Nichtleistung des Sicherungsanspruches unter den Voraussetzungen von § 323 Abs 1, Abs 2 dem Unternehmer den Rücktritt vom Vertrag mit der Folge, dass er gegen den Besteller einen der Vergütung entspr und entspr § 638 wegen des Mangels zu kürzenden Wertersatzanspruch erhält, § 346 Abs 1, Abs 2. Wirtschaftlich entspricht beides einer Minderung durch den Unternehmer (vgl BGH NJW 2004, 1525, 1527). Schließlich bestimmt für Vertragsverhältnisse aus der Zeit ab dem 01.01.2009 Abs 1 S 4, dass bei der Berechnung der Vergütung **aufrechenbare Ansprüche des Bestellers**, also idR mangelbedingte Schadensersatzansprüche des Bestellers unberücksichtigt bleiben müssen, es sei denn, sie sind unstreitig oder rechtskräftig festgestellt. Es würde nämlich dem Zweck der Bauhandwerkersicherung widersprechen, wäre der Unternehmer im Streit über die Sicherung gezwungen, sich mit der Berechtigung des zur Aufrechnung gestellten Anspruch des Bestellers auseinander zu setzen (BTDrs 16/511 S 17).

b) Nebenforderungen. Für Bauverträge, die nach dem 01.05.2000 geschlossen wurden, sind auch **Nebenforderungen** sicherbar. Das sind insbes Zinsen, jedoch nach der aF nicht auch Sekundärforderungen, namentlich Schadensersatzansprüche (sofern es sich nicht um Schadensersatz statt der Leistung handelt, dazu s.o. Rz 14 (MüKo/*Busche* Rn 23). Diese Nebenforderungen sind – ausschließlich zur Berechnung des Sicherungsbetrages – in Höhe von 10 % der zu sichernden Vergütungsforderung zu pauschalieren. Die Tatsachen, aufgrund derer die Nebenforderung dem Grunde nach besteht, hat der Unternehmer nach den allg Regeln darzulegen und ggf zu beweisen (BTDrs 14/1246 S 10). 16

II. Sicherungsleistung. 1. Sicherungsmittel. Der Besteller kann entspr § 262 die Art der Sicherheit wählen. Ihm stehen zum einen die Sicherungsmittel der §§ 232 ff zur Verfügung, darüber hinaus sieht § 648a Abs 2 als taugliche Sicherheiten »auch« eine Garantie oder ein sonstiges Zahlungsversprechen eines im Geltungsbereich des Gesetzes zum Geschäftsbetrieb befugten Kreditinstituts oder Kreditversicherers vor, also – ohne dass es auf die Beschränkung nach § 232 Abs 2 ankäme – namentlich auch die Bankbürgschaft (BaRoth/*Voit* Rn 14). Die Sicherheit muss **effektiv** sein, dh sie muss sich erkennbar auf die Vergütungsforderung des Unternehmers beziehen (Hamm NJW-RR 2003, 520, 521), sie muss dem Unternehmer gegen den Sicherungsgeber einen unmittelbaren Zahlungsanspruch gewähren (BGHZ 146, 24, 34) und sie darf keine Bedingungen (BaRoth/*Voit* Rn 14: namentlich keine Einrede der Vorausklage) und keine Befristung enthalten (Frankfurt aM BauR 2003, 412). Bezüglich bereits erbrachter Werkleistungen muss die Sicherheit darüber hinaus auch insolvenzfest sein (BGHZ 146, 24, 35). Die Effektivität der Sicherheitsleistung ist dagegen nicht beeinträchtigt, wenn sich ein Dritter als Sicherungsgeber, also etwa die bürgende Bank vorbehält, das Versprechen für den Fall der wesentlichen Verschlechterung der Vermögensverhältnisse des Bestellers (vgl dazu § 490 Abs 1) hinsichtlich der bis dahin noch nicht erbrachten Werkleistungen zu widerrufen, § 648a Abs 1 S 3 (nun: Abs 1 S 5). Bezugszeitpunkt zur Feststellung der Vermögensverschlechterung ist insoweit der Zeitpunkt des Sicherheitsversprechens des Dritten und nicht etwa der Abschluss des Werkvertrages: Aus Sicht des Sicherungsgebers ist irrelevant, welche Vermögensveränderungen zwischen Vertragsschluss und Sicherungsversprechen erfolgt sind (aA: PWW/*Leupertz* Rn 14). Für die Frage wiederum, welche Werkleistungen trotz des Widerrufs von der Sicherung erfasst sind, kommt es auf den Zeitpunkt des Widerrufszugangs beim Unternehmer an: Diesem obliegen Darlegungs- und Beweislast für den Umfang der bis dahin geleisteten Arbeiten. Der Sicherungsgeber wiederum hat Zugang und Zugangszeitpunkt seiner Widerrufserklärung darzulegen und zu beweisen (Palandt/*Sprau* Rn 11). 17

Dem Schutz des Bestellers dient § 648a Abs 2 S 2 zur **Verwertung der Sicherheit**: Leisten darf der Sicherungsgeber an den Bauunternehmer nur, soweit der Besteller dessen Vergütungsanspruch – ggü dem Unternehmer oder dem Sicherungsgeber (BaRoth/*Voit* Rn 16) – anerkannt hat oder der Unternehmer zulässigerweise aufgrund eines Urteils die Zwangsvollstreckung betreibt. Aus diesem Grund ist auch die Vereinbarung einer Sicherheitsleistung in Form einer Bürgschaft auf erstes Anfordern gem § 648a Abs 7 unwirksam (vgl Rz 2). Dem Besteller soll auf diese Weise ein etwaiges Zurückbehaltungsrecht erhalten bleiben, der Sicherungsgeber zudem nicht in die Auseinandersetzungen zwischen den Werkvertragsparteien einbezogen werden. 18

2. Kostenerstattungsanspruch. § 648a Abs 3 S 1 gibt dem Besteller gegen den Unternehmer einen Kostenerstattungsanspruch bzgl der üblichen Kosten der Sicherheitsleistung, allerdings nur begrenzt auf einen jährlichen Betrag iHv 2 % der Sicherungssumme, weitergehende Sicherungskosten verbleiben – außer in Fällen des Leistungsverzugs oder des Verzugs mit der Rückgabe der Sicherheiten – stets beim Besteller (BaRoth/*Voit* Rn 19). Der Kostenerstattungsanspruch entfällt soweit, wie der Unternehmer darlegt und ggf beweist, dass die Sicherheitsleistung wegen unbegründeter Einwendungen des Bestellers gegen den Vergütungsanspruch aufrechterhalten bleiben musste. 19

III. Anspruchsinhalte. Kommt der Besteller dem Sicherungsverlangen des Bauunternehmers nicht effektiv (Rz 17) oder nicht innerhalb vom Unternehmer gesetzten angemessenen Frist nach, gilt für »Altfälle«: Der Unternehmer kann seine Leistungen verweigern (Rz 21); darüber hinaus stehen ihm nach § 648a Abs 5 S 1 die Rechte aus den §§ 643, 645 Abs 1 zu (dazu Rz 22 f). Für Vertragsverhältnisse aus der Zeit ab dem 01.01.2009 eröffnet der fruchtlose Fristablauf dem Unternehmer ein **Wahlrecht**: Er kann die Leistung verweigern (Rz 21) oder den Vertrag kündigen (dazu Rz 24). Dies gilt unabhängig davon, ob der Besteller überhaupt nicht oder nur teilw auf das Sicherungsbegehren hin Sicherheit geleistet hat, denn der Besteller hat grds innerhalb angemessener Frist ausreichend Sicherheit zu leisten (BGH NJW 2005, 1650, 1651); geringfügig unzureichende Sicherungsbeträge erlauben von diesem Grundsatz Ausnahmen, s.u. Rz 21. 20

Schon nach bisheriger Rechtslage und ohne dass es die Norm ausdrücklich nennt, hat der Unternehmer ab Fristablauf bis zur Begebung der verlangten Sicherung ein Leistungsverweigerungsrecht (Palandt/*Sprau* Rn 5, 19; 67. Aufl.: Rz 16); lediglich eine nur geringfügig unzureichende Sicherheitsleistung berechtigt den Bauunternehmer nicht zur **Leistungsverweigerung**, §§ 320 Abs 2, 242 (Palandt/*Sprau* Rn 21; 67. Aufl.: Rn 16). Nunmehr sieht für Vertragsverhältnisse aus der Zeit ab dem 01.01.2009 Abs 5 S 1 das Gesetz als Handlungsoption des Unternehmers ausdrücklich ein Leistungsverweigerungsrecht vor. Analog § 320 Abs 2 wird man allerdings auch nach wie vor das Leistungsverweigerungsrecht des Unternehmers bei geringfügiger Siche- 21 rungslücke verneinen können. Wegen der zu besichernden Vorleistungen kann der Unternehmer aufgrund des Leistungsverweigerungsrechts nicht in Verzug geraten (Düsseldorf BauR 2005, 572, 573 f). Dem Leistungsverweigerungsrecht des Bauunternehmers aus § 648a kommt ggü einem etwaigen Zurückbehaltungsrecht des Bestellers wegen mangelhafter Leistung gem § 320 Vorrang zu mit der Folge, dass der Werklohnanspruch trotz der behaupteten Mängel als einredefrei zu behandeln ist (Naumburg NJW-RR 2003, 1527; aA: Dresden BauR 2002, 1274, 1276 mit einer dem Schutzzweck der Norm nicht gerecht werdenden teleologischen Reduktion). Soweit der Besteller seiner Obliegenheit zur Sicherungsleistung nicht nachkommt, steht dem Bauunternehmer eine **Entschädigung nach § 642** zu (str, wie hier: Staud/*Peters* Rn 23; aA: BaRoth/*Voit* Rn 27).

22 Der Unternehmer kann – nicht muss – dem Besteller bei »Altfällen« nach fruchtlosem Ablauf der Frist zur Sicherungsbegebung eine (weitere) angemessene Frist nach § 643 mit Kündigungsandrohung setzen (dazu § 643 Rz 3 f). Nach fruchtlosem Ablauf dieser weiteren Frist wird er von jeglicher Pflicht frei, den Vertrag zu erfüllen. Der Unternehmer hat zudem gem den §§ 648a Abs 5 S 1 aF, 643, 645 Abs 1 Anspruch auf **Vergütung**, soweit die Leistung erfüllt, dh mangelfrei erbracht ist (BGH BauR 2007, 113, 114), sowie den Anspruch auf Zahlung etwaiger nicht bereits in der Vergütung enthaltener Auslagen (vgl § 645 Rz 7 ff). Schließlich hat er Anspruch auf Ersatz des **Vertrauensschadens** nach Maßgabe des § 648a Abs 5 S 2 aF. Der Vergütungsanspruch des Unternehmers ist also um den mangelbedingten Minderwert zu kürzen, dh bei möglicher Mängelbeseitigung um die dazu erforderlichen Kosten, sonst um den Minderwert des Bauwerks (BGH BauR 2007, 113, 114). Um dem Unternehmer die regelm komplizierte Darlegung des Vertrauensschadens zu ersparen (BTDrs 14/1246 S 10), wird gem § 648a Abs 5 S 4 aF widerleglich vermutet, dass der Schaden 5 % der Restvergütung beträgt; dem Unternehmer bleiben Darlegung und Nachweis eines höheren Schadens unbenommen: Als Schadensposition ist dabei insbes der infolge Ablehnung anderer Aufträge entgangene Gewinn, nicht jedoch der Gewinn aus dem statt dessen mit dem Besteller geschlossenen Vertrag anzusetzen (PWW/*Leupertz* Rn 21).

23 Kündigt der Besteller bei »Altfällen« wegen des Sicherungsverlangens, was bei zeitlichem Zusammenhang von Sicherungsverlangen und Kündigung widerleglich vermutet wird (Palandt/*Sprau*, 67. Aufl., Rn 20), steht dem Bauunternehmer ein Wahlrecht zu, ob er nach § 649 abrechnet oder zur Erleichterung der Abrechnung (BTDrs 14/2752 S 13 f) nach § 648a Abs 5 einschließlich der Schadenspauschalierung.

24 Anstatt die Leistung zu verweigern kann der Unternehmer in Vertragsverhältnissen aus der Zeit ab dem 01.01.2009 nach fruchtlosem Ablauf der angemessenen Sicherungsleistungsfrist (durch Gestaltungserklärung) den Bauwerkvertrag ganz oder teilw (BTDrs 16/511 S 17) **kündigen**, Abs 5 S 1 nF. Da der Besteller nach Abs 1 S 1 nF verpflichtet ist, eine Sicherheit zu stellen, stellt die Nichtleistung der Sicherheit eine Vertragsverletzung dar, die daraufhin erfolgte Kündigung der Sache nach eine außerordentliche Kündigung (BTDrs 16/511 S 17). Deshalb sieht Abs 5 S 2 als Rechtsfolge der Kündigung einen § 649 S 2 entspr Anspruch des Unternehmers auf Vergütung der nicht erbrachten Leistungen und Ersatz des entstandenen Schadens vor (BTDrs 16/511 S 17), ergänzt um die widerlegliche Vermutung in Abs 5 S 3, dass dem Unternehmer, dem die Geltendmachung eines höheren Schadens iÜ offen steht, wegen des noch nicht erbrachten Teils der Werkleistung jedenfalls fünf Prozent der darauf entfallenden vereinbarten Vergütung zustehen. Wie in § 649 S 2 bestimmt Abs 5 S 2 nF, dass der Unternehmer im Falle der Kündigung berechtigt sei, die vereinbarte Vergütung unter Anrechnung dessen zu verlangen, was er infolge der Vertragsaufhebung erspart, erworben oder böswillig zu erwerben unterlassen hat. Im Einzelnen wird daher auf die Kommentierung in § 649 Rz 5 ff Bezug genommen.

§ 649 Kündigungsrecht des Bestellers. **Der Besteller kann bis zur Vollendung des Werkes jederzeit den Vertrag kündigen. Kündigt der Besteller, so ist der Unternehmer berechtigt, die vereinbarte Vergütung zu verlangen; er muss sich jedoch dasjenige anrechnen lassen, was er infolge der Aufhebung des Vertrags an Aufwendungen erspart oder durch anderweitige Verwendung seiner Arbeitskraft erwirbt oder zu erwerben böswillig unterlässt. Es wird vermutet, dass danach dem Unternehmer 5 vom Hundert der auf den noch nicht erbrachten Teil der Werkleistung entfallenden vereinbarten Vergütung zustehen.**

1 **A. Allgemeines/Normzweck.** § 649 S 1 gibt dem Besteller ein so genanntes »freies« Kündigungsrecht, also die Befugnis, den Werkvertrag jederzeit und ohne Angabe von Gründen zu kündigen (dazu Rz 2 f). Begründet wird dies damit, dass es typischerweise ausschließlich in seinem Interesse steht, ob das Werk (durch diesen Unternehmer) fertig gestellt wird oder nicht. Die Interessen des Unternehmers werden jedenfalls insoweit gewahrt, als ihm nach Maßgabe von § 649 S 2 der Vergütungsanspruch verbleibt (MüKo/*Busche* Rn 2; Erman/*Schwenker* Rn 1). Das Kündigungsrecht des Unternehmers aus § 643 oder nach allg Regeln für den Fall, dass in der Person des Bestellers ein wichtiger Grund vorliegt, bleibt von § 649 unberührt (BGH BauR 1989, 626, 628; Köln BauR 1993, 80, 81); dasselbe gilt für Vertragslösungsrechte des Bestellers aus anderen Rechtsgründen, s.u. Rz 15 ff.

2 **B. Kommentierung. I. Freie Kündigung durch den Besteller.** Der Besteller kann den Werkvertrag **jederzeit** kündigen, dh ab dem Werkvertragsschluss bis zur Vollendung des Werkes, also bis zur vollständigen Herstellung des Werkes, auch wenn lediglich nur noch behebbare Mängel zu beseitigen sind (Dresden BauR 1998,

787, 789). Nach der Abnahme ist die Kündigung allerdings stets ausgeschlossen (BGH BauR 1975, 280, 281; Dresden BauR 1998, 787, 788). Grds kann der Besteller ohne Angabe von Gründen kündigen. Er muss grds auch keine Fristen einhalten; anders ist dies in Fällen außerordentlicher Kündigung (s.u. Rz 18f) und bei auf Dauer angelegten Werkverträgen: So ist etwa bei Wartungs- oder Reinigungsverträgen aus dem Gesichtspunkt von Treu und Glauben entspr § 621 grds die Einhaltung einer Kündigungsfrist zu beachten (Hamburg MDR 1972, 866). **Teilkündigungen** – auch im Falle von Kündigungen aus wichtigem Grund (dazu Rz 17ff) – sind entspr den Kündigungen des gesamten Vertrages zu behandeln (BGHZ 153, 244, 251).

1. Voraussetzungen. Die Kündigungserklärung des Bestellers ist **formfrei**, sie kann insbes auch schlüssig 3
erfolgen. Dazu ist erforderlich, dass der Unternehmer durch sein Verhalten unmissverständlich den Willen zur Vertragsbeendigung zum Ausdruck bringt, bspw durch Selbstdurchführung der Werkleistungen (BGH WM 1972, 1025, 1026), durch Beauftragung dritter Unternehmen (Düsseldorf BauR 2002, 336, 338) oder indem er dritte Unternehmen die Werkleistungen (mit-)erledigen lässt (Celle BauR 2006, 2069, 2070). Die Kündigungserklärung stellt eine einseitige empfangsbedürftige Gestaltungserklärung dar, sie muss dem Unternehmer also gem § 130 zugehen und ist grds bedingungsfeindlich. Zum zeitlichen Rahmen: Rz 2.

2. Wirkungen der Kündigung. Die Kündigung hebt den Vertrag mit Wirkung **ex nunc** auf; hinsichtlich der 4
bereits erbrachten Teilleistungen entfaltet die Kündigung keine Wirkung: Die Werkleistungen sind mit Rechtsgrund erbracht (BGH NJW 1982, 2553, 2554) und der Unternehmer behält seinen Vergütungsanspruch (dazu Rz 5), er ist auf der anderen Seite allerdings auch zur Mangelbeseitigung verpflichtet (NJW 2003, 1450, 1451f), während der Besteller ggü dem Vergütungsanspruch das Zurückbehaltungsrecht in mindestens dreifacher Höhe der erforderlichen Mängelbeseitigungskosten behält (BGH BauR 2004, 1616). Nach der Kündigung stehen sich die wechselseitigen Ansprüche der Parteien, namentlich der Werklohnanspruch wegen erbrachter Leistungen und der Schadensersatzanspruch wegen der Mehrkosten der Fertigstellung, aufrechenbar ggü, sie werden nicht verrechnet (BGH MDR 2005, 1344 zu § 8 Nr 3 Abs 1 VOB/B). Infolge des Fortfalls der Erfüllungspflichten ex nunc kann eine nach Zeit bemessene Vertragsstrafe wegen Leistungsverzugs nur bis zum Wirksamwerden der Kündigung verlangt werden.

Der **Vergütungsanspruch** des Unternehmers steht diesem nach Maßgabe von § 649 S 2 zu. Danach behält 5
der Unternehmer den vertraglich vereinbarten Vergütungsanspruch, ggf ist dieser nach § 632 Abs 2 zu bestimmen. Der Vergütungsanspruch ist jedoch von vornherein, also nicht erst auf eine Einrede des Bestellers hin (BGH BauR 1981, 198, 199) um kündigungsbedingte Ersparnisse und anderweitigen Erwerb verringert (dazu Rz 11ff). Wie auch ansonsten, so wird die Vergütungsforderung aus § 649 S 2 auch nach Kündigung grds erst nach **Abnahme** fällig (BGH NJW 2006, 2475, 2476; ausdrücklich unter Aufgabe der bisherigen ständigen Rspr): Ausnahmsweise ist dies anders, wenn eine Abnahme der nur teilw erbrachten Leistung nicht möglich ist. Bei Bauwerksverträgen handelt es sich idR um hinreichend abgrenzbare Teilleistungen, weshalb dort typischerweise auch im Falle der Kündigung die Feststellung möglich ist, inwieweit die Teilleistungen vertragskonform erbracht wurden oder nicht (BGH NJW 2006, 2475, 2476). Die Kündigung selbst stellt keine schlüssige Abnahme dar, im Anwendungsbereich der VOB/B kommt eine fiktive Abnahme im Falle einer Kündigung nicht in Betracht (BGHZ 153, 244, 251). Im Anwendungsrahmen der VOB/B bedarf es darüber hinaus zur Fälligkeit der Vergütungsforderung einer prüffähigen Schlussrechnung (BGH BauR 1987, 95, 95f; 2000, 1191, 1192), prüfbar abzurechnen gem § 8 Abs 1 HOAI sind nach Kündigung auch die Vergütungsansprüche der Architekten und Ingenieure (BGHZ 143, 79, 81). Zur Prüfbarkeit der Architektenrechnung im Rahmen anzurechnender ersparter Aufwendungen (s.u. Rz 11) genügt es, wenn die Personalkosten nach Stundenzahl und Stundenkosten ausgewiesen werden (BGH NJW 2000, 205).

Für die **Höhe des Vergütungsanspruches** ist unter Zugrundelegung des Vertragsinhaltes zu differenzieren 6
nach den im Kündigungszeitpunkt bereits erbrachten (Rz 7ff) und den noch nicht erbrachten Leistungen (Rz 10), entspr hat der Unternehmer darzulegen und ggf zu beweisen: Will der Unternehmer ausschließlich Vergütung für bereits erbrachte Leistungen, hat er wie im Rahmen von § 632 Art und Umfang seiner Leistungen einerseits und deren Bewertung (nach dem Vertrag) andererseits darzulegen (vgl BGH BauR 2000, 100, 101; zu den Besonderheiten beim gekündigten Pauschalpreisvertrag: Rz 8). Macht er zudem Vergütung für nicht erbrachte Leistungen nach § 649 S 2 geltend, hat er differenziert die erbrachten und nicht erbrachten Leistungen und deren Wert darzulegen, letztere unter Berücksichtigung ersparter Aufwendungen und anderweitigen Erwerbs, vgl unten Rz 10ff. Es handelt sich insoweit um eine echte prozessuale Darlegungslast und nicht nur um die Frage prüffähiger Abrechnung im Anwendungsbereich der VOB/B und der HOAI; andererseits ist eine Schlussrechnung, die den Anforderungen an die für den Vergütungsanspruch aus § 649 S 2 erforderliche Differenzierung nicht genügt, idR auch nicht prüffähig; eine darauf gestützte Klage ist als derzeit unbegründet abzuweisen (BGH NJW 1999, 2036). Wegen der für den Unternehmer oftmals unüberwindlichen Darlegungs- und Beweisschwierigkeiten (BTDrs 16/511 S 17f) hat das Forderungssicherungsgesetz – mit Wirkung für Vertragsverhältnisse, die nach dem 01.01.2009 entstanden sind, Art 229 § 18 EGBGB – eine **Vermutungsregel** als neuen Satz 3 angefügt, die inhaltlich mit derjenigen aus § 648a Abs 5 S 3 übereinstimmt. Wegen desjenigen Leistungsteils, für den der Unternehmer bei Kündigung des Vertrages noch keine Werkleistung erbracht hat (und nicht etwa wegen der gesamten Vergütung, so ausdrücklich:

BTDrs 16/9787 S 19), wird künftig widerleglich vermutet, dass die dem Unternehmer zustehende Vergütung jedenfalls fünf Prozent der für den nicht erbrachten Leistungsteil vereinbarten Vergütung betragen soll. Dem Unternehmer steht es selbstverständlich frei, eine höhere Vergütung darzulegen. Der Sorge, dass Unternehmer durch anfängliche Nichtleistung eine Kündigung durch den Besteller provozieren könnten, begegnet der Gesetzgeber zutreffend mit der Überlegung, dass dem Besteller in diesem Falle ohne Fristsetzung der Rücktritt nach § 634 iVm § 323 Abs 1 und 2 eröffnet ist (BTDrs 5/11 S 18).

7 **a) Erbrachte Leistungen.** Der Unternehmer hat im Einzelnen anzugeben, welche nach dem Vertrag geschuldeten Leistungen bis zur Kündigung bereits erbracht worden sind. Geleistete Abschlagszahlungen sind zu berücksichtigen (BGH BauR 1994, 655, 656; 1996, 412). Die bereits erbrachten Leistungen sind unter Zugrundelegung des vertraglich vereinbarten Werklohns zu bewerten. Für den Stundenlohnvertrag sowie für den Einheitspreisvertrag bestehen insoweit grds keine kündigungsbedingten Abweichungen; beim Einheitspreisvertrag hat der Unternehmer also die vereinbarten Einheitspreise mit den jeweils ermittelten Mengen zu multiplizieren und auf dieser Basis den sich aus den einzelnen Positionen des Leistungsverzeichnisses ergebenden Vergütungsanspruch zu errechnen (BGHZ 131, 362, 365).

8 Verlangt im Falle des **Pauschalpreisvertrages** der Unternehmer die Bezahlung der bereits erbrachten Leistungen, muss er diese und die dafür anzusetzende Vergütung darlegen und von dem nicht ausgeführten Teil abgrenzen. Dazu gehört, dass der Kläger das Verhältnis der bewirkten Leistungen zur vereinbarten Gesamtleistung und des Preisansatzes für die Teilleistungen zum Pauschalpreis darstellt (st Rspr BGH BauR 1995, 691, 692; 1998, 121, 122); dieselben Grundsätze gelten im Falle gekündigter Architektenverträge (BGH BauR 2005, 739, 740). Die Abgrenzung zwischen erbrachten und nicht erbrachten Leistungen und deren Bewertung muss den Auftraggeber in die Lage versetzen, sich sachgerecht zu verteidigen (BGH BauR 2002, 1588, 1589). Soweit es sich um einen Detail-Pauschalpreisvertrag handelt, kann der Unternehmer grds die ursprünglich kalkulierten Einheitspreise seiner Berechnung zugrunde legen und davon prozentual die Pauschale abziehen (BGH BauR 1996, 846, 848). Etwaige Mengenmehrungen oder -minderungen im Rahmen der erbrachten Leistungen sind dabei grds wie auch bei der Abrechnung des Pauschalpreises iÜ unberücksichtigt zu lassen (dazu § 631 Rz 50; vgl zudem PWW/*Leupertz* Rn 9). Im Falle von Global-Pauschalpreisverträgen hat der Unternehmer idR unter Offenlegung der – ggf nachträglich zu erstellenden (BGH BauR 1997, 304, 304 f) – Preiskalkulation die Bewertung der erbrachten Teilleistungen darzulegen, um dem Besteller die Kontrolle der Abrechnung überhaupt zu ermöglichen. Ist bspw bei einem Globalpauschalpreisvertrag mit einer pauschalierten Auftragssumme iHv 100.000 Euro ein – im Einzelnen dargelegter – Leistungsumfang im kalkulierten Wert von 30.000 Euro im Zeitpunkt der Kündigung offen, muss die Abrechnung berücksichtigen, wenn der – im Einzelnen dargelegte – kalkulierte Wert der Gesamtleistung ohne die Pauschalierung 106.000 Euro betragen hätte: Von dem ursprünglichen Pauschalpreis sind dann zur Berechnung des Vergütungsanspruches für die erbrachten Leistungen nicht etwa 30 % abzuziehen (Vergütungsforderung wäre dann: 70.000 Euro), sondern die offene Leistung ist vor dem Hintergrund der Gesamtkalkulation zu bewerten (30.000 von 106.000 = 28,3 % Wertanteil), so dass sich bei Berücksichtigung der Pauschalierung ein Vergütungsanspruch iHv 71.700 Euro (100.000–28,3 %) ergibt.

9 Nur ausnahmsw bedarf es einer derartigen Darlegung und Abrechnung nicht: Einmal, wenn nur ein kleiner Teil der geschuldeten Leistung erbracht worden ist. Dann darf der Unternehmer nach § 649 S 2 so abrechnen, als habe er überhaupt keine Leistungen erbracht, sofern er sämtlichen ersparten Aufwand und anderweitigen Erwerb berücksichtigt (BGH BauR 2005, 385, 386; was im Einzelfall unter »kleiner Teil« zu verstehen ist, bleibt offen, dürfte allerdings eine Grenze von 5 % der Gesamtleistung nicht überschreiten; Celle BauR 2008, 100, 101: 4 %). Eine Bewertung der nicht erbrachten Leistungen und deren Abzug vom Gesamtpreis reichen wiederum aus, wenn im Zeitpunkt der Kündigung des Vertrages nur noch geringfügige Leistungen zu erbringen sind, weil dadurch keine kalkulatorischen Verschiebungen zu Lasten des Auftraggebers verdeckt werden können (BGH NJW 2000, 2988, 2991; Hamm NJW-RR 2006, 1392, 1393 f: Geringfügigkeit bejahend, wenn der Umfang der noch zu erbringenden Leistungen unter 2 % des Gesamtauftragsvolumens liegt).

10 **b) Nicht erbrachte Leistungen.** Will der Unternehmer gem § 649 S 2 auch eine Vergütung für die noch nicht erbrachten Leistungen und kommt die Vermutungsregel aus S 3 nicht in Betracht (s.o. Rz 6), muss er sich insoweit (BGH NJW 1997, 733, 734) anrechnen lassen, was er infolge der Vertragskündigung an Aufwendungen erspart oder durch anderweitige Verwendung seiner Arbeitskraft erwirbt oder zu erwerben böswillig unterlässt. Zwischen Ersparnis bzw anderweitigem Erwerb und der Kündigung muss ein Kausalverhältnis bestehen (Saarbrücken BauR 2006, 854, 856). Der Vergütungsanspruch für nicht erbrachte Leistungen unterliegt nicht der Umsatzsteuerpflicht (BGHZ 101, 130, 132 f; BauR 1996, 846, 848; BauR 2008, 506, 507 f), da es an einer Leistung des Unternehmers iSv § 1 Abs 1 Nr 1 UStG mangelt und deshalb kein Entgelt iSv § 10 Abs 1 UStG vorliegt.

11 **Ersparte Aufwendungen** sind diejenigen nach dem Vertrag vorgesehenen, die der Unternehmer bei Ausführung des Vertrages hätte machen müssen und die er wegen der Kündigung nicht mehr machen muss (BGH NJW 1997, 733, 734; BauR 2005, 1916, 1919). Eine Ersparnis in diesem Sinne kommt vor allem bei den auftragsbezogenen Herstellungskosten und den variablen, auftragsbezogenen Gemeinkosten in Betracht (BGH

BauR 2000, 430, 432): Darunter fallen bspw auftragsbezogene Finanzierungskosten sowie Kosten für Verpackung und Transport (BGHZ 140, 263, 269). Zu differenzieren ist bei **Gemeinkosten:** Allgemeine Gemeinkosten oder Geschäftskosten (bspw für Außendienst, Vertrieb, allg Verwaltung) können nicht erspart werden, während konkret auf den gekündigten Auftrag bezogene, sog ausführungsabhängige Gemeinkosten (bspw Herstellung von Ausführungsplänen, Abwicklung der Bestellvorgänge, Baustelleneinrichtung und -räumung) erspart werden können, sofern sie nicht bereits gezahlt wurden (BGHZ 140, 263, 269).

Bei **Materialkosten** handelt es sich nur dann um ersparte Aufwendungen, wenn das Material in absehbarer und zumutbarer Zeit vom Unternehmer anderweitig verwendet werden kann (BGH BauR 1996, 382, 384). Anderes gilt, wenn die Materialien speziell für das Werk des Bestellers beschafft wurden und sich nicht anderweitig verwenden lassen: Dann muss sich der Unternehmer insoweit keine ersparten Aufwendungen anrechnen lassen, allerdings ist er nach Treu und Glauben verpflichtet, dem Besteller das Material auf dessen Verlangen herauszugeben und zu übereignen (Köln BauR 2004, 1953, 1954). Ebenfalls zu differenzieren ist bei **Personalkosten:** Grundsätzlich liegt eine Ersparnis nur dann vor, wenn Personalkosten infolge der Kündigung nicht mehr anfallen. Das kann zB der Fall sein, wenn das Personal infolge der Kündigung nicht mehr eingestellt werden muss oder bei dem Unternehmer nicht mehr beschäftigt wird. Wird das trotz Kündigung weiter beschäftigte Personal für andere Aufträge eingesetzt, geht es nicht um die Frage ersparter Aufwendungen, sondern um erzielten anderweitigen Erwerb. Als erspart muss der Auftragnehmer sich grds aber nicht solche Personalkosten anrechnen lassen, die dadurch entstehen, dass er eine rechtlich mögliche Kündigung des Personals nicht vorgenommen hat. Das Gesetz stellt allein auf die tatsächliche Ersparnis ab. Daraus lässt sich keine Verpflichtung des Unternehmers herleiten, sein Personal nur deshalb zu reduzieren, weil der Besteller den Vertrag gemäß § 649 S 1 gekündigt hat (BGH BauR 2000, 430, 432). Zuschläge für **Wagnis** bzw Risikozuschläge stellen regelm eine Position der ausführungsabhängigen Gemeinkosten dar, die – jedenfalls solange sich ein Risiko noch nicht verwirklicht hat – erspart sind (BGHZ 140, 263, 269; BGH BauR 1998, 185, 186); der kalkulierte **Gewinnzuschlag** wiederum ist nicht als Ersparnis abzusetzen (BGH BauR 2000, 430, 432). 12

Als **anderweitiger Erwerb** sind namentlich Einkünfte aus Ersatz- oder sog Füllaufträgen (BGH BauR 1996, 382, 383) zu verrechnen, soweit der Unternehmer diese ausschließlich infolge der Kündigung hat ausführen können; namentlich bei vom kündigenden Besteller selbst erteilten Ersatzaufträgen ist dies der Fall (vgl Saarbrücken BauR 2006, 854, 856). Dabei kann ein Füllauftrag nicht nur in den Fällen vorliegen, in denen ein zusätzlicher Auftrag nur wegen der Kündigung angenommen und in dem Zeitraum ausgeführt werden kann, in dem der gekündigte Auftrag ausgeführt werden sollte, sondern auch dann, wenn dieser Zeitraum durch das Vorziehen bereits erteilter Aufträge ausgefüllt und für die dadurch zeitlich versetzt entstehende Lücke ein Zusatzauftrag angenommen werden kann (BGH BauR 1996, 382, 383; Hamm BauR 2006, 1310, 1313). Weil ein Unternehmer grds fortlaufend um Nachfolgeaufträge bemüht ist, kann ein Füllauftrag idR nur dann festgestellt werden, wenn seine Kapazitäten voll oder zumindest im Grenzbereich von 100 % ausgelastet sind, sodass er den weiteren Auftrag ohne die Kündigung nicht hätte annehmen können. Für das Vorliegen eines Füllauftrags spricht es zudem, wenn der Unternehmer ihn zu einem Preis angenommen hat, der auf eine anderweitige Kostendeckung hindeutet (Hamm BauR 2006, 1310, 1313). 13

Zu verrechnen ist auch ein fiktiv möglicher, vom Unternehmer **böswillig unterlassener Erwerb:** Das setzt nicht voraus, dass der Unternehmer zielgerichtet in der Absicht handelt, den Besteller zu schädigen. Es reicht vielmehr aus, dass er eine zumutbare Erwerbsmöglichkeit kennt und vorsätzlich auslässt. Dies ist insbes der Fall, wenn der Unternehmer einen ihm vom Besteller nachgewiesenen, zumutbaren Ersatzauftrag ausschlägt (BGH BauR 1992, 379, 380). 14

II. Weitere Vertragslösungsrechte/Kündigung aus wichtigem Grund. Zugunsten des Bestellers existieren weitere Formen der Vertragsbeendigung, die – soweit auch deren Voraussetzungen vorliegen – im Auslegungsfalle grds vorrangig ggü der Annahme einer (einfachen) Kündigung nach § 649 S 1 sind, da dann insbes die Vergütungspflicht für nicht erbrachte Leistungen entfällt (Erman/*Schwenker* Rn 4). Neben dem freien Kündigungsrecht des Bestellers hat dieser, außerhalb des Gewährleistungsrechts und der allg Regeln (Rücktritt, Wegfall der Geschäftsgrundlage), ein Kündigungsrecht nach § 650 Abs 1. Beiden Parteien steht zudem unter den Voraussetzungen des § 314 die Kündigung aus wichtigem Grund zu (etwa bei längerfristigen Wartungsverträgen, Hamm NJW-RR 1998, 380 f). Zu Vertragslösungsmöglichkeiten des Unternehmers: § 643 Rz 2, Rz 6; § 648a Rz 22. 15

Darüber hinaus können beide Parteien übereinstimmend eine **Vertragsaufhebung** vereinbaren. Die Rechtsfolge einer solchen, auch schlüssig etwa durch einvernehmliche Einstellung der Arbeiten möglichen (BGH NJW 1973, 1463) Vereinbarung folgt im Regelfall aus § 649 S 2 (BaRoth/*Voit* Rn 34). Sofern die Umstände tatbestandlich eine Kündigung aus wichtigem Grunde gerechtfertigt hätten, hat der Besteller ausnahmsw nur die bereits erbrachten Leistungen zu vergüten (dazu s.u. Rz 20). Grundsätzlich hat der Besteller bei Abschluss einer Aufhebungsvereinbarung jedoch keinen Anlass zu der Annahme, der Unternehmer werde auf die Rechte aus § 649 S 2 verzichten. Soweit der Unternehmer allerdings ein Vertrauen dahin geweckt hat, er werde lediglich Abrechnung der erbrachten Leistungen verlangen, greift § 649 S 2 nicht Platz; der Unternehmer hat dann lediglich Anspruch auf Vergütung der erbrachten Leistungen (BaRoth/*Voit* Rn 34). 16

17 **1. Voraussetzungen einer Kündigung aus wichtigem Grund.** Auch nach der Einführung von § 314 hat der Besteller die Möglichkeit, einen auf längere Zusammenarbeit angelegten Werkvertrag, typischerweise also einen Bauwerksvertrag (auch bei Vereinbarung der VOB/B: BGH BauR 1996, 704, 705), aus wichtigem Grund zu kündigen (BaRoth/*Voit* § 649 Rn 21; Palandt/*Sprau* Rn 13). Dogmatisch ist dies aus einer teleologischen Reduktion von § 649 S 2 herzuleiten (str., wie hier: BGHZ 31, 224, 229; BaRoth/*Voit* Rn 21; PWW/*Leupertz* § 649 Rn 17; aA: MüKo/*Busche* Rn 31: entspr Anwendung von § 314). Ein **wichtiger Grund** ist gegeben, wenn die Vertrauensgrundlage durch ein dem Unternehmer zuzurechnendes Verhalten derart erschüttert ist, dass dem (seinerseits vertragstreuen) Besteller die Fortsetzung des Vertrages nicht mehr zumutbar ist (BGH BauR 1996, 704, 705). Ist der Besteller selbst nicht hinreichend vertragstreu bzw hat er selbst die Vertragsstörung mit zu vertreten, entfällt das Kündigungsrecht aus wichtigem Grund (Saarbrücken BauR 1998, 1010, 1011). Ein zur Kündigung berechtigender wichtiger Grund liegt bspw vor, wenn der Unternehmer seine Leistungen unberechtigt und endgültig verweigert (BGH BauR 2000, 409, 410), wenn Vertragsfristen in erheblicher Weise nicht eingehalten werden (BGH BauR 2000, 1182, 1185), wenn der Architekt, die ihm bekannten Kostenvorstellungen des Bestellers nicht berücksichtigt und diesen nicht über Kostenmehrungen informiert (BGH BauR 1999, 1319, 1322), bei schwerwiegenden und trotz Abmahnung nachhaltigen Vertragsverletzungen (BGH BauR 1996, 704, 706: Verstoß gegen ein bestimmtes Transportverbot) und schließlich auch, wenn die Leistung des Unternehmers mit solch gravierenden Mängeln behaftet ist, dass mit einer mangelfreien Fertigstellung der Leistung insg nicht mehr gerechnet werden kann (BGHZ 45, 372, 375; BaRoth/*Voit* Rn 22).

18 Weil auch bei der Kündigung aus wichtigem Grund die Schutzmechanismen des § 634 zugunsten des Unternehmers nicht unberücksichtigt bleiben dürfen, ist zunächst regelm eine Fristsetzung mit Kündigungsandrohung (Düsseldorf BauR 2002, 1583, 1585) bzw eine **Abmahnung** (BGH BauR 1996, 704, 706; Palandt/*Sprau* Rn 14) erforderlich. Dies kann bei bes schwerwiegenden Vertragsverletzungen dann entbehrlich sein, wenn sich dem Auftragnehmer die vertragsgefährdende Wirkung seines Verhaltens von selbst aufdrängen muss und ein bereits eingetretener Vertrauensverlust durch irgendwelche Vorhalte nicht mehr beseitigt werden kann (BGH BauR 1996, 704, 705). Besteht – ggf auch auf die Abmahnung hin – ein hinreichender Anlass für die Annahme, dass der Unternehmer sich in Zukunft vertragstreu verhalten wird, ist ein Kündigungsgrund nicht gegeben (BGH BauR 1999, 56, 58). Das Recht zur Kündigung kann auch dann bestehen, wenn die schwerwiegende Vertragsverletzung zwar noch nicht eingetreten, ihr Eintritt jedoch sicher ist: so wenn feststeht, dass der Auftragnehmer eine Vertragsfrist aus von ihm zu vertretenden Gründen nicht einhalten wird und diese Vertragsverletzung von so erheblichem Gewicht ist, dass eine Fortsetzung des Vertrages mit dem Auftragnehmer nicht zumutbar ist (BGH BauR 2000, 1182, 1185; MDR 2003, 617).

19 Erfährt der Besteller den wichtigen Grund, muss er innerhalb angemessener Frist die Kündigung erklären (Palandt/*Sprau* Rn 14); denn auf länger zurück liegende Umstände, die der Besteller anschließend geduldet hat, kann er eine Kündigung aus wichtigem Grund nicht stützen (BaRoth/*Voit* Rn 22). Die **Umdeutung** gem § 140 bzw je nach dogmatischer Herleitung (Rz 17) die **Auslegung** einer Kündigung aus wichtigem Grund in eine freie Kündigung nach § 649 S 1 für den Fall, dass ein wichtiger Grund nicht vorliegt, ist unter Berücksichtigung aller Umstände im Einzelfalle grds entspr dem erkennbaren Willen des Bestellers möglich, im Bauwerksvertrag ist ein Wille des Bestellers, den Vertrag in jedem Falle mit der Kündigungserklärung beenden zu wollen, idR anzunehmen (BGH BauR 2003, 1889, 1891 f; BauR 2004, 1613, 1615). Anderes gilt im Bauvertrag nur, wenn sich dies eindeutig aus der Kündigungserklärung oder den Umständen ergibt (BGH BauR 2004, 1613, 1615).

20 **2. Rechtsfolgen der Kündigung aus wichtigem Grund.** Wie die freie Kündigung wirkt auch die Kündigung aus wichtigem Grund lediglich **ex nunc**, namentlich sind beide Parteien ab der Kündigungserklärung von ihren weiteren Leistungspflichten befreit, der Unternehmer behält seinen Vergütungsanspruch gem § 649 Satz 2 ausschließlich für die im Zeitpunkt der Kündigung bereits erbrachten Leistungen, sofern diese mangelfrei sind (BGH BauR 1993, 469, 471; NJW 1999, 3554, 3556). Insoweit gelten die oben Rz 7 ff ausgeführten Grundsätze zur Berechnung der Vergütungsansprüche. Auch bei mangelfreier Teilleistung steht dem Unternehmer ein Vergütungsanspruch nicht zu, wenn die Teilleistung für den Besteller nicht brauchbar oder deren Verwertung ihm nicht zumutbar ist (BGHZ 136, 33, 39). Dem Besteller steht bei einer Kündigung aus wichtigem Grund zudem grds ein Schadensersatzanspruch aus pVV gem den §§ 280 Abs 1, 241 Abs 2 zu (BGH NJW-RR 1999, 560, 561; MDR 2003, 617).

21 **C. Abweichende Vereinbarungen. VOB/B.** § 649 enthält **dispositives Recht**: In Individualvereinbarungen können die Parteien also grds das freie Kündigungsrecht beschränken oder gänzlich ausschließen. Eine solche Vereinbarung kann auch schlüssig erfolgen, namentlich soweit ein schützenswertes künstlerisches oder wirtschaftliches Interesse des Unternehmers (bspw Referenzobjekt) erkennbar ist (Celle MDR 1961, 318, 319; MüKo/*Busche* Rn 5). Ebenso sind individualvertragliche Pauschalierungen oder sonstige abweichende Regelungen zur Vergütungspflicht grds unbedenklich (Palandt/*Sprau* Rn 16).

22 **I. Abweichende Regelungen in AGB.** Eingriffe in das Regelungsgefüge des § 649 durch Allg Geschäftsbedingungen sind grds nur in engen Grenzen wirksam. So ist eine Klausel, die bei langfristig angelegten Werkverträgen, namentlich bei Bauwerksverträgen das freie Kündigungsrecht des Bestellers ausschließt und diesem

lediglich die Kündigung aus wichtigem Grunde erlaubt, gem § 305 unwirksam (BGH BauR 1999, 1294, 1296; Düsseldorf BauR 1999, 1482, 1484). Eine in AGB des Bestellers enthaltene Klausel, wonach nur die erbrachten Leistungen des Unternehmers vergütet werden und weiter gehende Ansprüche ausgeschlossen werden, wenn der Besteller ohne bes Grund kündigt, benachteiligt den Unternehmer entgegen Treu und Glauben unangemessen und ist unwirksam (BGHZ 92, 244, 229; BauR 2007, 1724, 1725), denn das freie Kündigungsrecht des Bestellers lässt sich nur vor dem Hintergrund der Vergütungsregelung des § 649 S 2 begründen. Ebenfalls unwirksam ist eine Klausel, nach der der Architekt im Falle der freien Kündigung seinen Vergütungsanspruch auf 40 % der ursprünglichen Vergütung pauschaliert; der Architekt muss deshalb die Ersparnis und den anderweitigen Erwerb konkret abrechnen (BGH BauR 2004, 316, 318). Andererseits sind in AGB pauschalierte Vergütungen für den Fall freier Kündigung dann zulässig, wenn sie lediglich am unteren Rand liegen: 5 % bis 10 % des Gesamtauftrags (BGHZ 87, 112, 120 f; BauR 2006, 1131, 1132); die Zulässigkeit einer Pauschale in Höhe von 18 % des Gesamtauftrags ist wiederum äußerst zweifelhaft (BGH BauR 1985, 79, 82 f). Voraussetzung dabei ist stets, dass sich die Pauschalierung nicht auch auf Kündigungen aus wichtigem Grund bezieht und dass dem Besteller die Nachweismöglichkeit verbleibt, dass der Unternehmer geringere Leistungen erbracht bzw über den Pauschalbetrag hinausgehend Aufwendungen erspart oder anderweitige Einkünfte erzielt hat (BGH BauR 1999, 167, 170 f).

II. VOB/B. Das freie Kündigungsrecht regelt **§ 8 Nr 1 VOB/B** auch hinsichtlich der Rechtsfolgen wie § 649, auf den ausdrücklich Bezug genommen wird. Darüber hinaus gewährt § 8 Nr 2 VOB/B dem Besteller ein bes Kündigungsrecht für den Fall der Zahlungseinstellung, der Beantragung, Eröffnung oder Ablehnung des Insolvenzverfahrens mangels Masse (vgl Düsseldorf BauR 2006, 1908, 1911 ff: Vereinbarung der VOB/B stellt insoweit keinen Verstoß gegen § 134 iVm § 119 InsO dar). Bes Kündigungstatbestände enthält auch § 8 Nr 3, Nr 4 VOB/B, insoweit kann der Auftragnehmer Vergütung lediglich der bereits erbrachten Leistungen verlangen (BGH BauR 2003, 877, 878): nämlich für den Fall fruchtlosen Fristablaufs in den Fällen des § 4 Nr 7, Nr 8 Abs 1 VOB/B (Verzug mit der Mangelbeseitigung/unerlaubte Ausführung durch Dritte) und des § 5 Nr 4 VOB/B (Verzug mit den Ausführungsfristen) sowie im Falle wettbewerbswidriger Absprachen im Vergabeverfahren. Eine vertragsrechtliche Besonderheit enthält hinsichtlich der genannten Kündigungsgründe § 8 Nr 3 Abs 3 VOB/B: Danach hat der Auftraggeber gegen den Auftragnehmer nach erfolgter Kündigung den Anspruch, gegen angemessene Vergütung bereits auf die Baustelle verbrachte Arbeitsgeräte weiterhin zu nutzen (nutzen zu lassen). Die angemessene Vergütung dieses bes vertraglichen Nutzungsverhältnisses ist dabei, weil die Norm der »Schadensminderung« durch Ermöglichung zügiger Fortsetzung des Baus und nicht dem Profit des Auftragnehmers dient, im Wege von § 632 Abs 2 zu ermitteln (Kapellmann/Messerschmidt/*Lederer* § 8 VOB/B Rn 103). Abweichend vom BGB-Vertrag verlangt § 8 Nr 5 VOB/B für die Wirksamkeit der Kündigung die Einhaltung der Schriftform; die Parteien können allerdings das Schriftformerfordernis nach Vertragsschluss (auch schlüssig) aufheben. Der Klarstellung dient schließlich § 8 Nr 7 VOB/B, wonach eine nach Zeit bemessene Vertragsstrafe wegen Leistungsverzugs nur bis zum Tag der Kündigungserklärung verlangt werden kann: Diese auch im Rahmen des BGB-Vertrags wegen des kündigungsbedingten Fortfalls der Leistungspflichten geltende Rechtsfolge wird in der Praxis oft verkannt. 23

Ein weiteres bes Kündigungsrecht enthält **§ 6 Nr 7 VOB/B**: Nach einer dreimonatigen Ausführungsunterbrechung können beide Vertragspartner den Vertrag kündigen – ungeachtet der Frage, ob eine der Parteien die Unterbrechung zu vertreten hat (BGH BauR 2004, 1285, 1287). Der Vertrag kann auch dann nach § 6 Nr 7 VOB/B gekündigt werden, wenn der Auftragnehmer noch nicht mit seiner Ausführung begonnen hat; unschädlich ist auch, wenn zwar die dreimonatige Frist noch nicht vollständig abgelaufen ist, aber mit Sicherheit feststeht, dass die Unterbrechung länger als drei Monate dauern wird (BGH BauR 2004, 1285, 1286). 24

D. Prozessuales. Für die **Schlüssigkeit** der Vergütungsklage muss der Unternehmer zwingend zu etwaigen ersparten Aufwendungen oder anderweitigem Erwerb vortragen (BGHZ 140, 263, 266; WP/*Werner* Rn 1294), da der Vergütungsanspruch von vornherein stets auf eine entspr gekürzte Summe gerichtet ist, s.o. Rz 5. Dies gilt nicht, wenn der Unternehmer ausdrücklich nur Vergütung für im Kündigungszeitpunkt bereits erbrachte Leistungen begehrt. In diesem Fall hat der Unternehmer »nur« zu Umfang und Wert der bereits erbrachten Leistungen vorzutragen, die Anforderungen an die Schlüssigkeit des Vortrags folgen dann aus § 632, nicht aus § 649 S 2 (BGH BauR 2000, 100, 101). Soweit hinreichende – vom Unternehmer darzulegende und ggf zu beweisende – Tatsachen als Grundlage vorliegen, ist der zu leistende Werklohn auch im Wege einer Schätzung gem § 287 ZPO ermittelbar (BGH BauR 2006, 517, 519; BauR 2006, 1753, 1754). 25

Den Unternehmer treffen **Darlegungs- und Beweislast** für die vereinbarte Vergütung (vgl § 632 Rz 18), für die Kündigung (Hamm BauR 2002, 631, 632), für die tatsächlich erbrachten Leistungen sowie für den Umfang des vertraglich vereinbarten Gesamtwerkes (BGH BauR 1994, 655, 656; Hamm BauR 2002, 631, 633) und schließlich für die Mangelfreiheit der zu vergütenden bereits erbrachten Leistungen (BGH NJW 1999, 3554, 3556). Die Wertlosigkeit der Teilleistungen hat wiederum der Besteller darzulegen und zu beweisen (BaRoth/*Voit* Rn 24). Hält der Besteller die vom Unternehmer erhobene Vergütungsforderung für übersetzt, weil er glaubt, der Unternehmer habe höhere Ersparnisse gehabt, als dieser auf die vereinbarte Vergü- 26 tung angerechnet hat, so hat dies der Besteller darzutun und zu beweisen (BGH NJW-RR 1992, 1077, 1078; BauR 1978, 55). Kündigt der Besteller aus wichtigem Grund, muss er dessen Vorliegen darlegen und beweisen (BGH BauR 1990, 632, 634). Wichtige Gründe können auch noch im Prozess zur Begründung der Kündigung »nachgeschoben« werden (BGH BauR 1993, 469, 471).

§ 650 Kostenanschlag. [1] **Ist dem Vertrag ein Kostenanschlag zugrunde gelegt worden, ohne dass der Unternehmer die Gewähr für die Richtigkeit des Anschlags übernommen hat, und ergibt sich, dass das Werk nicht ohne eine wesentliche Überschreitung des Anschlags ausführbar ist, so steht dem Unternehmer, wenn der Besteller den Vertrag aus diesem Grund kündigt, nur der im § 645 Absatz 1 bestimmte Anspruch zu.**
[2] **Ist eine solche Überschreitung des Anschlags zu erwarten, so hat der Unternehmer dem Besteller unverzüglich Anzeige zu machen.**

1 **A. Allgemeines/Zweck der Norm.** Die Norm gibt dem Besteller zunächst ein Kündigungsrecht in einem Fall der veränderten Geschäftsgrundlage, wenn nämlich das Werk nur zu wesentlich höheren als den vom Unternehmer veranschlagten Kosten ausführbar ist. Abweichend von § 649 will § 650 die wirtschaftlichen Folgen einer solchen Kündigung auf beide Vertragsparteien verteilen: Der Unternehmer soll dann lediglich die Vergütung für die im Zeitpunkt der Kündigung bereits erbrachten Leistungen zuzüglich Ersatz der in der Vergütung nicht inbegriffenen Auslagen erhalten. Zugleich soll er dem Besteller so früh wie möglich Mitteilung von einer wesentlichen Überschreitung des Kostenanschlags machen, damit dieser auch möglichst frühzeitig kündigen und auf diese Weise die Kosten für die bereits erbrachten Teilleistungen gering halten kann. Die Norm ist grds **dispositiv**, ein Ausschluss in AGB des Unternehmers ist gem § 307 allerdings unwirksam (Staud/*Peters* Rn 28; BaRoth/*Voit* Rn 18). Soweit der Besteller nicht von seinem Kündigungsrecht Gebrauch macht, ist der Unternehmer nicht an den Kostenanschlag gebunden (Frankfurt aM BauR 1989, 246); ein etwaiger **Schadensersatzanspruch** gegen den Unternehmer bleibt davon unberührt, sei dieser auf pVV gem den §§ 280 Abs 1, 241 Abs 2 gegründet wegen einer Verletzung der Anzeigepflicht nach § 650 Abs 2 (dazu Rz 11) oder auf cic gem den §§ 280 Abs 1, 311 Abs 2, 241 Abs 2 wegen unsorgfältiger Kostenermittlung im Rahmen der Erstellung des Kostenanschlags (Köln VersR 1998, 1175).

2 **B. Kommentierung. I. Kündigungsrecht. 1. Voraussetzungen. a) Unverbindlicher Kostenanschlag.** Das Kündigungsrecht des Bestellers besteht nur soweit, als der Unternehmer einen unverbindlichen Kostenanschlag erstellt hat und dieser von den Parteien dem Vertrag zugrunde gelegt wurde, die bloß einseitigen Vorstellungen des Bestellers über die Kosten reichen keinesfalls (Staud/*Peters* Rn 19). **Kostenanschlag** iSd Norm ist die regelm von Seiten des Unternehmers erfolgte Angabe der voraussichtlich entstehenden Kosten. Dass ausnahmsw der Besteller selbst oder ein Dritter diese Kosten ermittelt hat, ist unerheblich, soweit die Parteien das Ergebnis einvernehmlich zur Grundlage des Vertrages machen (MüKo/*Busche* Rn 4). Für den Kostenanschlag besteht keine Formvorschrift, die Schriftform ist jedoch grds zu Beweiszwecken sinnvoll und im Regelfall die einzig praktikable Möglichkeit. Denn seinem Inhalt nach genügt für einen Kostenanschlag nicht die bloß spontane Nennung eines überschlägigen Betrages (Staud/*Peters* Rn 19). Vielmehr sind die voraussichtlich anfallenden Leistungen soweit aufzugliedern und die hierfür erforderliche Vergütung anzugeben, dass der Besteller sich hinreichend orientieren kann und diese Angaben seiner Entscheidung über den Vertragsschluss zugrunde legen kann (BaRoth/*Voit* Rn 5; MüKo/*Busche* Rn 3).

3 Mit dem Tatbestandsmerkmal der **Unverbindlichkeit** (»ohne...Gewähr«) ist der Kostenanschlag von einer verbindlichen Preisfestlegung abzugrenzen. Wo es sich nicht mehr um ein bloßes Motiv des Vertragsschlusses im Rahmen der Vertragsanbahnung handelt (MüKo/*Busche* Rn 6), sondern bereits eine verbindliche Preisvereinbarung vorliegt, ist für § 650 kein Raum. Dies gilt namentlich für die Zusicherung eines Höchstpreises seitens des Unternehmers. Was die Parteien tatsächlich gewollt haben, ist im Einzelfall durch Auslegung zu ermitteln (BaRoth/*Voit* Rn 4); dabei ist auch die Circa-Angabe eines Preises nicht zwingend ein Indiz für einen unverbindlichen Kostenanschlag, vielmehr kann es sich im Einzelfall auch um die Vereinbarung von Richtpreisen handeln, die keinesfalls zu unterschreiten sind (Celle BB 1972, 65, 66; BaRoth/*Voit* Rn 4).

4 **b) Wesentliche Überschreitung.** Das Kündigungsrecht des Bestellers besteht nur bei einer wesentlichen Überschreitung der veranschlagten Gesamtkosten. Soweit lediglich die Kosten für einzelne Positionen des Kostenanschlags überschritten werden, ist dies irrelevant (BaRoth/*Voit* Rn 6). Eine Überschreitung der veranschlagten Kosten bleibt auch dann stets unbeachtlich, wenn die Parteien nach Erstellung des Kostenanschlags davon wesentlich abweichende Vereinbarungen zu der geschuldeten Leistung getroffen haben (Karlsruhe BauR 2003, 1589). Der Grund für die Überschreitung des Kostenanschlags ist ohne Bedeutung, insbes bedarf es nicht eines Verschuldens des Unternehmers (Erman/*Schwenker* Rn 7).

5 Ob die (voraussichtliche oder schon eingetretene) Überschreitung **wesentlich** ist, ist im konkreten Einzelfall zu bestimmen. Dabei ist auf Art und Umfang der Werkleistung, die objektive Höhe der Überschreitung, das Verhältnis der Kosten zum Nutzen des Werkes, auch unter Berücksichtigung von Wirtschaftlichkeitsgesichtspunkten, und schließlich auf den Bestimmtheitsgrad des Kostenanschlags abzustellen (BaRoth/*Voit* Rn 7;

Erman/*Schwenker* Rn 7). Als Richtwert zur Bemessung der Wesentlichkeitsgrenze mag eine Abweichung um mehr als 15 % bis maximal 25 % angenommen werden (BaRoth/*Voit* Rn 7; Palandt/*Sprau* Rn 2).

2. Rechtsfolgen. Die (voraussichtliche oder schon eingetretene) wesentliche Überschreitung des Kostenanschlags gibt dem Besteller zunächst ein **Sonderkündigungsrecht** (bis zur Vollendung des Werkes, MüKo/*Busche* Rn 11). Str ist, ob die Kündigung auf der Kostenüberschreitung beruhen muss. Die herrschende Auffassung in der Lit verneint dies im Interesse des Bestellers und zur Harmonisierung vergleichbarer Fragen bei der Kündigung des Bestellers aus wichtigem Grund (BaRoth/*Voit* Rn 8; MüKo/*Busche* Rn 11; Staud/*Peters* Rn 24; PWW/*Leupertz* Rn 4). Diese Auffassung ist abzulehnen, sie ist mit dem Wortlaut der Norm (»aus diesem Grund kündigt«) nicht in Übereinstimmung zu bringen (wie hier iErg: Erman/*Schwenker* Rn 12). Die Norm will dem Besteller in Abweichung von § 649 ausnahmsw ein bes Kündigungsrecht hinsichtlich der Kündigungsfolgen eröffnen, auch um ihm eine sachgerechte Reaktion auf die veränderten Vertragsgrundlagen zu ermöglichen. Gerade letzteres setzt jedoch auch von der Zielsetzung des Gesetzes voraus, dass der Besteller im Zeitpunkt der Kündigungserklärung Kenntnis von dem Kündigungsgrund hat und deshalb die Kündigung erklärt. Der Schutz des Bestellers wird hinreichend dadurch gewahrt, dass diesem im Falle einer unterlassenen Anzeige nach § 650 Abs 2 ein Schadensersatzanspruch gegen den Unternehmer zusteht und hinsichtlich des Verschuldensnachweises § 280 Abs 1 S 2 für den Besteller streitet, s.u. Rz 9. 6

In ihrer Rechtsfolge beendet die Kündigung das Vertragsverhältnis mit Wirkung ex nunc. Der Unternehmer bleibt zur Beseitigung etwaiger Mängel an bereits fertig gestellten Teilleistungen berechtigt und verpflichtet (MüKo/*Busche* Rn 12); sein Vergütungsanspruch bestimmt sich nach der **Rechtsfolgenverweisung** in § 650 Abs 1 nach § 645 Abs 1 S 1 (vgl dazu § 645 Rz 7 ff). Ein Anspruch des Bestellers auf Vertragsanpassung nach § 313 tritt hinter § 650 als speziellere Regelung dieser bes Ausprägung der Geschäftsgrundlage zurück: Anders, als § 313 Abs 1 voraussetzt, wird dem Besteller das Festhalten an dem Vertrag trotz erheblich veränderter Umstände gerade nicht zugemutet, vielmehr räumt ihm § 650 Abs 1 ein Kündigungsrecht ein und wahrt damit hinreichend seine Interessen (vgl BaRoth/*Voit* Rn 11). Wegen eines Schadensersatzanspruches aus cic wegen fehlerhafter Ermittlung des Kostenanschlags: Rz 1; wegen eines Schadensersatzanspruches aus pVV wegen Verstoßes gegen die Pflicht aus § 650 Abs 2: Rz 9. 7

II. Anzeigepflicht. 1. Voraussetzung. § 650 Abs 2 verpflichtet den Unternehmer, ohne schuldhaftes Zögern (»unverzüglich«) dem Besteller Anzeige zu machen, sobald sich die Anhaltspunkte dafür verdichten, dass es zu einer wesentlichen Überschreitung des Kostenanschlags kommen wird. Dazu hat der Unternehmer, insbes bei erkennbaren Kostensteigerungen (Lohn-, Material-, Transportkosten) Anlass-Kostenkontrollen durchzuführen und ansonsten durch regelm – ggf auch organisatorisch abzusichernde – Kontrollen die Kostenentwicklung zu beobachten (MüKo/*Busche* Rn 15; BaRoth/*Voit* Rn 14). § 650 Abs 2 ist entspr anzuwenden bei Abrechnung nach Stundenaufwand, wenn sich der Zeitaufwand und damit die zu erwartenden Kosten während der Vertragsausführung im Verhältnis zu dem ursprünglich angenommenen Zeitaufwand erheblich erhöhen (Köln NJW-RR 1998, 1429 im Falle eines Geräte-Entwicklungsvertrags). 8

2. Rechtsfolgen. Der Unternehmer hat den Besteller bei einem Verstoß gegen § 650 Abs 2 aus pVV gem den §§ 280 Abs 1, 241 Abs 2 so zu stellen, wie dieser stünde, wenn ihm die zu erwartende Kostensteigerung rechtzeitig angezeigt worden wäre (Celle BauR 2000, 1493, 1494; BauR 2003, 1224, 1226). Dazu ist zunächst die hypothetische Reaktion des Bestellers zu ermitteln (zur Darlegungs- und Beweislast: Rz 14): Hätte er den Werkvertrag nicht gekündigt, dessen Leistungserfolg er in jedem Falle behalten will und auch nicht durch frühzeitige Vergabe des Auftrags an einen anderen Unternehmer kostengünstiger erhalten hätte, fehlt es an einem Schaden (Frankfurt aM NJW-RR 1989, 209, 210). Hätte der Besteller gekündigt und die Leistung durch einen anderen, günstigeren Unternehmer fertig stellen lassen, hat der Unternehmer die Differenz zu erstatten, während er selbst einen Zahlungsanspruch nach § 645 Abs 1 S 1 behält (BaRoth/Voit Rn 15). Hätte der Besteller im Falle der Kündigung das Werk nicht von einem Dritten vollenden lassen, liegt ein Schaden allenfalls bei bereits erfolgter vollständiger Vergütung in der Differenz zu dem Vergütungsanspruch aus § 645 Abs 1 S 1 bezogen auf den fiktiven Zeitpunkt der Kündigung. Hierbei muss der Besteller sich allerdings den höheren Wert anrechnen lassen, den er dadurch erlangt, dass der Unternehmer die ihm übertragenen Arbeiten in vollem Umfang ausgeführt hat, die bei einer vorzeitigen Kündigung des Vertrages entfallen wären (Celle BauR 2000, 1493, 1494; BauR 2003, 1224, 1226). Mangels Kausalität der Pflichtverletzung entfällt der Schadensersatzanspruch, wenn der Besteller von der wesentlichen Überschreitung der Kosten positiv Kenntnis hatte, bloß fahrlässige Unkenntnis genügt nicht (Frankfurt aM BauR 1985, 207, 208: für den Fall, dass der Besteller zumindest die Lohnkosten aus ihm vorgelegten Stundenzetteln hätte errechnen können). 9

C. Prozessuales. Der Besteller trägt die **Darlegungs- und Beweislast** für das Vorliegen der Kündigungs- und etwaigen Schadensersatzvoraussetzungen. Nur soweit man die Kausalität der Kostenüberschreitung gegen den Wortlaut der Norm nicht als Tatbestandsvoraussetzung für die Kündigung erachtet (s.o. Rz 8), kann der Besteller – sofern er nicht bereits die Kündigung auf die wesentliche Überschreitung des Kostenanschlags gestützt hat – diese Begründung noch im Prozess »nachschieben« (Staud/*Peters* Rn 24; MüKo/*Busche* Rn 11). Soweit der Besteller Schadensersatz wegen Verletzung der Anzeigepflicht aus § 650 Abs 2 geltend macht, hat er darzulegen 10 und zu beweisen, dass eine wesentliche Kostenüberschreitung vorliegt, dass der Unternehmer dies nicht angezeigt hatte und dass für den Unternehmer ab einem bestimmten Zeitpunkt Anlass zu einer Kostenkontrolle bestand, während dem Unternehmer daraufhin die Darlegungs- und Beweislast hinsichtlich der zur Kostenkontrolle durchgeführten Maßnahmen treffen (BaRoth/*Voit* Rn 14). Der Besteller muss schließlich darlegen und beweisen, dass er im Falle rechtzeitiger Anzeige nach § 650 Abs 2 den Vertrag gekündigt hätte (LG Köln NJW-RR 1990, 1498); dazu genügt, dass er Umstände darlegt, die eine Kündigung nahe legen. Hinsichtlich des Verschuldensvorwurfes ist § 280 Abs 1 S 2 zu beachten, wonach sich der Unternehmer entlasten muss.

§ 651 Anwendung des Kaufrechts[1].

Auf einen Vertrag, der die Lieferung herzustellender oder zu erzeugender beweglicher Sachen zum Gegenstand hat, finden die Vorschriften über den Kauf Anwendung. § 442 Absatz 1 Satz 1 findet bei diesen Verträgen auch Anwendung, wenn der Mangel auf den vom Besteller gelieferten Stoff zurückzuführen ist. Soweit es sich bei den herzustellenden oder zu erzeugenden beweglichen Sachen um nicht vertretbare Sachen handelt, sind auch die §§ 642, 643, 645, 649 und 650 mit der Maßgabe anzuwenden, dass an die Stelle der Abnahme der nach den §§ 446 und 447 maßgebliche Zeitpunkt tritt.

1 **A. Allgemeines/Normzweck.** Durch Art 1 Abs 1 Nr 43 SchRModG sollte der in § 651 erfasste Vertragstyp des Werklieferungsvertrags zum einen eine einheitliche und dadurch vereinfachte rechtliche Behandlung erfahren, da die ursprüngliche Fassung den Werklieferungsvertrag je nach dem, ob es sich um vertretbare oder unvertretbare Sachen handelte, entweder dem Werk- oder dem Kaufvertragsrecht unterstellte (BTDrs 14/6040 S 267 f). Neben der nun ausschließlich auf das Kaufvertragsrecht erfolgenden Verweisung dient die Norm zum anderen der Umsetzung der Verbrauchsgüterkaufsrichtlinie 1999/44/EG: Nach dieser gelten als Kaufverträge auch Verträge über die Lieferung herzustellender oder zu erzeugender Verbrauchsgüter. Der Gesetzgeber hat über die Umsetzung der Richtlinie hinaus zur Vereinfachung nicht nur Werklieferungsverträge über Verbrauchsgüter, sondern insg sämtliche Werklieferungsverträge dem Kaufvertragsrecht unterstellt, also auch solche, an denen ein Verbraucher iSv § 13 nicht beteiligt ist (BTDrs 14/6040 S 268). Die damit einhergehende Frage, ob künftig auch hinsichtlich der »überschießenden« Richtlinienumsetzung eine richtlinienkonforme Auslegung, namentlich unter Berücksichtigung der Vorlageverpflichtung gem Art 234 EGV zu erfolgen hat, ist bislang offen (vgl dazu BaRoth/*Voit* Rn 1; Erman/*Schwenker* Rn 5). Die Norm ist auf sämtliche ab dem 01.01.2002 abgeschlossene Werklieferungsverträge anzuwenden (Art 229 § 5 EGBGB). Abweichende Regelungen sind grds zulässig, in AGB ist dabei in erster Linie das Leitbild des Kaufvertragsrechts zu berücksichtigen, darüber hinaus allerdings auch die Besonderheit des Vertrages über die Lieferung einer herzustellenden oder zu erzeugenden Sache zu beachten (MüKo/*Busche* Rn 1; BaRoth/*Voit* Rn 24).

2 **B. Kommentierung. I. Werklieferungsvertrag als Gegenstand der Norm.** § 651 bestimmt für einen ansonsten eigenständigen Vertragstyp, nämlich den Werklieferungsvertrag, dass auf diesen stets das Kaufvertragsrecht – teilw allerdings unter Modifikationen – anzuwenden ist. Dazu definiert die Norm generell den Werklieferungsvertrag als eigentümlichen Vertrag zwischen Kauf- und Werkvertrag: Der Unternehmer (Verkäufer) verpflichtet sich ggü dem Besteller (Käufer), eine bewegliche Sache zu liefern, die allerdings – abweichend vom reinen Kaufvertrag – noch nicht existiert, sondern zunächst erst erzeugt bzw hergestellt werden muss (zu den einzelnen Tatbestandselementen: Rz 5 ff).

3 Die **Abgrenzung**, wann im Einzelfalle ein reiner Kaufvertrag, ein Werkvertrag oder ein Werklieferungsvertrag vorliegt, ist nicht generell zu treffen, sondern ist im Einzelfall unter Berücksichtigung sämtlicher Umstände, namentlich des vertraglichen Schwerpunktes der geschuldeten Leistungen vorzunehmen. Dieser wiederum ist ggf unter Berücksichtigung der konkreten Wertverhältnisse (Materialwert, Arbeitsleistung, Wert der gelieferten Sache) und namentlich auch der von den Parteien mit dem Vertrag verfolgten Interessen zu ermitteln. Wie bereits die Richtlinie 1999/44/EG orientiert sich auch § 651 S 1 zu einem erheblichen Teil an Art 3 Abs 1 UN-Kaufrecht (BTDrs 14/6040 S 268), der zum Zwecke der Rechtsklarheit im internationalen Handelsverkehr dem Grundsatz nach Verträge über die Lieferung herzustellender oder zu erzeugender Waren den Kaufverträgen gleich stellt. Wann wiederum ein Liefervertrag in diesem Sinne vorliegt, ist auch nach dem UN-Kaufrecht wertend nach dem Schwerpunkt des jeweiligen Vertrages unter Berücksichtigung des jeweiligen Wertverhältnisses und dem Interesse der Parteien zu entscheiden (Staud/*Magnus* Art 3 CISG Rn 21 ff; Honsell/*Siehr* Art 3 Rn 5 f). Ausdrücklich bestimmt Art 3 Abs 2 UN-Kaufrecht, dass das Übereinkommen auf solche Verträge keine Anwendung findet, bei denen der überwiegende Teil der Pflichten der Partei, welche die Ware liefert, in der Ausführung von Arbeiten oder anderen Dienstleistungen besteht.

4 Danach handelt es sich dann um einen Werklieferungsvertrag iSv § 651, wenn die kauf- und werkvertraglichen Leistungselemente (nicht Leistungspflichten, s.u. Rz 7) weitgehend gleichwertig nebeneinander stehen; überwiegt ein Leistungselement erheblich ggü dem anderen, handelt es sich nicht um einen Werklieferungs-

1 Amtlicher Hinweis: Diese Vorschrift dient der Umsetzung der Richtlinie 1999/44/EG des Europäischen Parlaments und des Rates vom 25. Mai 1999 zu bestimmten Aspekten des Verbrauchsgüterkaufs und der Garantien für Verbrauchsgüter (ABl. EG Nummer L 171 Satz 12).

vertrag, es ist unmittelbar Kaufrecht bzw Werkvertragsrecht anzuwenden (so iErg auch BaRoth/*Voit* Rn 6; PWW/*Leupertz* Rn 7). Ein Kaufvertrag mit Montageverpflichtung etwa bleibt Kaufvertrag, wenn die Montageleistungen von völlig untergeordneter Bedeutung bleiben, vom Käufer grds selbst durchgeführt werden könnten und sich letztlich nur als Serviceleistung des Verkäufers darstellen (Erman/*Schwenker* Rn 13; BaRoth/*Voit* Rn 12); bspw bei der Aufstellung eines mit wenigen Handgriffen zu montierenden Möbelstückes. Tritt die Montageleistung nicht erheblich hinter die Pflicht zur Eigentums- und Besitzverschaffung zurück, handelt es sich um einen Werklieferungsvertrag, so etwa bei der Lieferung von sog Mobilheimen, bei denen die Montage lediglich durch Aufsetzen des Mobilheims auf die von den Käufern selbst oder Dritten zu errichtenden Fundamente erfolgt (so noch zum alten Recht: BGH BauR 2004, 1152, 1153). Lieferung und Montage eines sog Ausbauhauses wiederum sind – unabhängig von der Frage, ob der Besteller Eigentümer des Baugrundstückes ist oder nicht (s.u. Rz 5) – ausschließlich nach Werkvertragsrecht zu behandeln, weil die dauerhafte und ortsfeste Errichtung des Wohnhauses die für die Rechtsbeziehung der Parteien wesentliche Vertragspflicht darstellt, hinter welcher die Lieferung der zur Herstellung erforderlichen Fertigbauteile zurücktritt (BGH NJW 2006, 904, 905). Aus demselben Grunde handelt es sich bei einem Vertrag über Herstellung und Lieferung eines Schiffes um einen Werkvertrag, weil die Herstellung der Gesamtsache Schiff und nicht dessen Lieferung im Vordergrund steht; dies ergibt sich nicht zuletzt auch aus § 648 Abs 2, in dem der Gesetzgeber den Schiffsbauvertrag ausdrücklich dem Werkvertragsrecht zugewiesen hat.

1. Bewegliche Sachen. Werklieferungsverträge betreffen nur bewegliche Sachen. Bewegliche Sachen sind körperliche Gegenstände iSv § 90, die nicht Grundstücke, den Grundstücken gleichgestellt oder Grundstücksbestandteile gem § 94 sind (Erman/*Schwenker* Rn 4). Für Tiere gilt, dass auf diese die Vorschriften über die Sachen entspr anzuwenden sind, § 90a S 3. Die Problematik der Scheinbestandteile nach § 95 (bspw bei der Gebäudeerrichtung im Rahmen von § 1 Abs 1 ErbbauV) spielt nach der Schuldrechtsreform keine Rolle mehr, da es nicht mehr darauf ankommt, ob der Unternehmer nur Zutaten oder sonstige Nebensachen beschafft (§ 651 Abs 2 aF: danach war bei Bauverträgen typischerweise Werkvertragsrecht anzuwenden, weil das Grundstück als Hauptsache anzusehen war; die Anwendung von Werkvertragsrecht leitete der BGH beim Bau auf bestellerfremden Grundstücken umständlich unter Heranziehung von § 651 Abs 1 S 2 aF her, BGH NJW 1976, 1539), sondern ausschließlich auf die Frage, worauf der Schwerpunkt der vertraglichen Leistungspflicht liegt, s.o. Rz 3 f. Dem Grundsatz nach gilt also, dass § 651 ausschließlich bewegliche Sachen iSd §§ 90 ff erfasst, allerdings nicht jeder auf die Lieferung einer herzustellenden oder zu erzeugenden beweglichen Sache gerichtete Vertrag automatisch einen Werklieferungsvertrag darstellt. Dies entspricht auch der gesetzgeberischen Intention zu § 651, da – unabhängig von § 95 – die Herstellung von Bauwerken stets vom Anwendungsbereich des Werkvertragsrechts erfasst bleiben sollte (BTDrs 14/6040 S 268). Auch wenn sich die Leistung im Einzelfalle in beweglichen Sachen verkörpert und diese dem Besteller übergeben werden, werden **intellektuelle Leistungen** wie bspw Planungsleistungen der Architekten, die Herstellung von Werbung, die Entwicklung von Software oder Übersetzungsleistungen keinesfalls von § 651 erfasst: die Verkörperungen, etwa die Pläne, Speichermedien oder die gedruckten Texte, treten hinter den geschuldeten kreativen Erfolg zurück (MüKo/*Busche* Rn 12; Palandt/*Sprau* Rn 5; Erman/*Schwenker* Rn 6). 5

2. Herstellung. Erzeugung. Herstellen bedeutet das Schaffen von etwas Neuem (BaRoth/*Voit* Rn 5; Erman/*Schwenker* Rn 8). Reine Reparaturarbeiten unterfallen daher, auch wenn der Unternehmer das Reparaturmaterial übereignet, stets dem Werkvertragsrecht (BTDrs 14/6040 S 268). Auf den – möglicherweise erheblichen – Wert der vom Unternehmer verwendeten Ersatzteile kommt es nicht an, sondern lediglich auf die funktionale Abgrenzung der Arbeit an etwas Vorhandenem im Gegensatz zur Schaffung von etwas Neuem; dasselbe gilt, wenn für die Reparaturarbeiten Ersatzteile eigens hergestellt und geliefert werden (MüKo/*Busche* Rn 11). **Erzeugen** meint die Schaffung von etwas Neuem mittels der Natur, also tierische und pflanzliche Produktion (Erman/*Schwenker* Rn 9; Palandt/*Sprau* Rn 2). 6

Ob den Unternehmer (Verkäufer) des Werklieferungsvertrages auch eine eigenständige **Herstellungspflicht** (möglicherweise in Person) trifft, ist aus § 651 nicht zu entnehmen. Dies – und damit einhergehend auch die Frage, ob zur Herstellung eingesetzte Dritte Erfüllungsgehilfen des Unternehmers sind – ist ausschließlich dem jeweiligen Vertrag zu entnehmen (BaRoth/*Voit* Rn 13 f). Bei der dazu erforderlichen Auslegung ist allerdings von dem Grundsatz auszugehen, dass beim Werklieferungsvertrag – seinem Wortlaut wie auch seinen Rechtsfolgen nach – die Lieferungsverpflichtung des Unternehmers (Verkäufers) im Vordergrund steht (BaRoth/*Voit* Rn 13; Erman/*Schwenker* Rn 10). Das weitere Leistungselement des Werklieferungsvertrages, dass die zu liefernde Sache herzustellen ist, trifft weder eine Aussage über die Person des Herstellers noch über den Zeitpunkt der Herstellung: Der Unternehmer kann also die Sache selbst herstellen oder anderweit herstellen lassen, er kann sie aber auch seinem Vorrat schon hergestellter Sachen entnehmen (so zum alten Recht: BGHZ 48, 118, 121). 7

3. Lieferung. Seiner Verpflichtung zur Lieferung kommt der Unternehmer nach, indem er – je nach den Anforderungen des jeweiligen Vertrages – alle zur Eigentumsverschaffung erforderlichen Handlungen erbringt, wozu im Einzelfalle bereits die Bereitstellung der Sache zur Abholung durch den Besteller ausreichen kann (Palandt/*Sprau* Rn 2). 8

9 **II. Rechtliche Behandlung des Werklieferungsvertrags. 1. Grundsatz.** Auf Werklieferungsverträge ist nach § 651 S 1 stets Kaufrecht anzuwenden, unabhängig davon, ob sich der Vertrag auf vertretbare oder unvertretbare Sachen bezieht. Eine entspr Anwendung von werkvertraglichen Vorschriften ist nur im Anwendungsbereich von § 651 S 3 zulässig (s.u. Rz 10). Im Umkehrschluss ist ein weitergehender Rückgriff auf werkvertragliche Normen, namentlich auf die §§ 642, 643 trotz vergleichbarer Interessenlagen der Parteien nicht eröffnet (str, wie hier: Erman/*Schwenker* Rn 16; aA: BaRoth/*Voit* Rz 15); kommt es im Einzelfalle zur Vertragserfüllung auf die Mitwirkung des Bestellers an, bieten die allg Regeln dem Unternehmer hinreichend Schutzmöglichkeiten (Kündigung aus wichtigem Grund, Schadensersatz wegen einer Nebenpflichtverletzung). § 651 S 2 verweist schließlich auf § 442 Abs 1 S 1, wenn ein Mangel auf den vom Besteller gelieferten Stoff zurückzuführen ist mit der Folge, dass der Besteller insoweit seine Mängelrechte verliert.

10 **2. Modifikationen bei Werklieferungsverträgen über unvertretbare Sachen.** § 651 S 3 bringt ggü der grds Anwendung der kaufvertraglichen Normen Modifikationen in den Fällen, in denen es sich bei den herzustellenden oder zu erzeugenden beweglichen Sachen um nicht vertretbare Sachen handelt. In solchen Fällen finden wegen der dem Werkvertrag vergleichbaren Interessenlage der Parteien neben dem Kaufrecht die §§ 642, 643, 645, 649 und 650 Anwendung mit der Maßgabe, dass an die Stelle der dort in Bezug genommenen Abnahme der nach dem Kaufrecht maßgebliche Zeitpunkt (§§ 446, 447) tritt. In Abgrenzung zu § 91, wonach vertretbare Sachen solche beweglichen Sachen sind, die im Verkehr nach Zahl, Maß oder Gewicht bestimmt zu werden pflegen, handelt es sich bei **nicht vertretbaren Sachen** um solche, die nicht reine Gattungssachen sind, sondern individuelle Merkmale enthalten. Sei dies, weil sie nur für den konkreten Besteller und nach dessen Bedürfnissen und zu dessen Zwecken hergestellt werden (BGH BauR 1990, 351: Einbauküche; Brandenburg BauR 2000, 108: Fenstergesimse) oder sei es, weil sie ihrer Art nach nicht austauschbar und deshalb für den Unternehmer nicht anderweitig verwendbar sind (BGH NJW 1966, 2307: Reiseprospekt). Für die jeweilige Abgrenzung der nicht vertretbaren von der vertretbaren Sache ist – wie § 91 vorgibt – entscheidend auf die Verkehrsanschauung und nicht darauf abzustellen, was die Parteien insoweit vereinbart haben (Erman/*Schwenker* Rn 17).

Beförderungsvertrag (Anhang I zu §§ 631 ff)

Führich Reiserecht, 5. Aufl Heidelberg (2005); *ders* Basiswissen Reiserecht München (2007); *Hilpert* Fahrgastrechte im Eisenbahnverkehr nach der neuen Verordnung (EG) Nr 1371/2007 MDR 2008, 597; *Schmidt* Verordnung (EG) Nr 1371/2007 über Rechte und Pflichten der Gäste im Eisenbahnverkehr RRa 2008 154.

1 **A. Allgemeines.** Der Beförderungsvertrag ist ein **Sonderfall des Werkvertrags**, der weitgehend eigenen oder ergänzenden gesetzlichen Regelungen unterliegt. Die §§ 631 ff finden insoweit subsidiär Anwendung (MüKo/*Soergel* Vor § 631 Rn 76 f; Soerg/*Teichmann* Vor § 631 Rn 56; Staud/*Peters* Vor §§ 631 ff Rn 64). Zu unterscheiden ist zwischen der Beförderung von Gütern (Fracht) und der Beförderung von Personen. Die Beförderung von Gütern unterliegt seit der Handelsrechtsreform 1998 weitgehend den Regelungen der §§ 407–452d HGB über den Frachtvertrag bzw der §§ 453–466 HGB über den Speditionsvertrag, die für alle Landverkehrsträger gelten. Für den Luftverkehr gelten das Luftverkehrsgesetz und für den Seeverkehr das fünfte Buch des HGB. Bei grenzüberschreitenden Beförderungen werden diese durch zahlreiche Sonderregelungen verdrängt bzw ergänzt. Auf eine nähere Darstellung der Güterbeförderung soll hier verzichtet werden. Bei der Beförderung von Personen muss zwischen den verschiedenen Verkehrsträgern unterschieden werden. Die im Folgenden angesprochenen Regelungen gelten allerdings nur, wenn die Beförderung als Einzelleistung in Anspruch genommen wird. Ist die Beförderung Bestandteil eines Leistungspaketes, gelten für den Reisenden ausschließlich die Regelungen der §§ 651a-m über die Pauschalreise. Umgekehrt sind die §§ 651a-m auf die reine Beförderung nicht anwendbar, da es sich in diesem Fall nicht um eine Gesamtheit von Reiseleistungen iSd § 651a Abs 1 handelt. Grundsätzlich ist das Werkvertragsrecht im Gegensatz zu §§ 651 a-m nachgiebiges Recht, wird aber teilw durch zwingende Spezialregelungen verdrängt.

2 **B. Bus. I. Rechtsgrundlagen.** Die Busbeförderung ist ein klassischer Anwendungsfall des Werkvertrags, bei dem der Busunternehmer dem Gast als gewünschten Erfolg die Beförderung zum vertraglich vereinbarten Bestimmungsort verspricht (ausf *Führich* Reiserecht Rn 1102 ff). Meist werden die **gesetzlichen Bestimmungen der §§ 631 ff durch Beförderungsbedingungen als AGB modifiziert bzw ergänzt**, für die die Einbeziehungsvoraussetzungen des § 305 Abs 2 zu beachten sind. Für den Linienverkehr wurde auf Grund des § 58 Abs 1 Nr 3 PersBefG (heute § 57 Abs 1 Nr 5 PBefG) die VO über die Allgemeinen Beförderungsbedingungen für den Straßenbahn- und Obusverkehr sowie den Linienverkehr mit Kraftfahrzeugen erlassen (BefBedV) vom 27.02.1970 (BGBl I 230, zuletzt geändert durch Art 4 der VO vom 08.11.2007, BGBl I 2569). Da die ABB nach § 39 Abs 7 PBefG öffentlich bekannt gemacht werden, gelten für diese die bes Einbeziehungsvoraussetzungen nach § 305a Nr 1 nicht. Die Verkehrsunternehmen können daneben bes Beförderungsbedingungen erlassen, § 1 Abs 1 S 2 BefBedV. Von der BefBedV abweichende Bestimmungen bedürfen der Zustimmung

der Genehmigungsbehörde (§§ 39 Abs 6, 41 Abs 3, 45 Abs 3 PersBefG). Das Zustimmungserfordernis besteht auch für die Beförderungsentgelte (§ 39 Abs 1 PBefG) und Linienfahrpläne (§ 40 Abs 2 PersBefG).

Der Busunternehmer haftet aus dem Beförderungsvertrag, daneben bei Verschulden der Höhe nach unbegrenzt aus §§ **823 ff** (beachte aber die Exkulpationsmöglichkeit nach § 831). Daneben kommt für den Busunternehmer als Halter zwingend eine Gefährdungshaftung nach §§ 7, 8a, 10–17 StVG in Betracht. Unter den Voraussetzungen des § 18 StVG haftet der Busfahrer als Kraftfahrzeugführer ggü dem Gast. Nach § 3 PflVG hat der Geschädigte einen Direktanspruch gegen den Versicherer. Der Busunternehmer unterliegt einer Reihe weiterer öffentlich-rechtlicher Vorschriften, zB dem Personenbeförderungsgesetz (PBefG) idF der Bekanntmachung vom 08.08.1990 (BGBl I 1690, zuletzt geändert durch Art 27 des Gesetzes vom 07.09.2007, BGBl I 2246), der VO über den Betrieb von Kraftfahrtunternehmen im Personenverkehr (BOKraft) vom 21.6.75 (BGBl I 1573, zuletzt geändert durch Art 2 der VO vom 08.11.2007, BGBl I 2569), sowie speziellen EU-Regelungen etwa über grenzüberschreitenden Verkehr und über Lenkzeiten. Bei Auslandsfahrten mit Bussen gelten die Art 27, 28 EGBGB. Die anwendbare Rechtsordnung kann danach vereinbart werden. Bei fehlender Vereinbarung wird die charakteristische Leistung (Beförderung) vom Busunternehmer erbracht. Damit gilt idR das Recht des Landes, in dem der Busunternehmer seinen Hauptsitz hat. Art 29 EGBGB greift nur bei Reiseveranstaltung ein. 3

II. Vertragsschluss, Pflichten, Rücktritt. Der **Vertragsschluss** über die Beförderung erfolgt **formlos**, auch konkludent durch Einsteigen in den Bus. Bei Ausflugsfahrten und Ferienzielreisen ist § 48 PBefG zu beachten. Ein Verstoß gegen diese Vorschrift stellt eine Ordnungswidrigkeit nach § 61 I Nr 3 f PBefG dar, lässt aber die Wirksamkeit des Beförderungsvertrags unberührt. Der Vertrag endet mit Erreichen des Fahrziels. Hauptpflicht für den Busunternehmer ist die Beförderung des Gastes und seines Reisegepäcks zum Bestimmungsort. Für die Beförderung kann ein eigener oder ein fremder Bus benutzt werden. Im Linienverkehr besteht eine Beförderungspflicht, § 22 PBefG. Nebenpflichten sind die unversehrte Ankunft des Gastes und seines Gepäcks, die Beachtung von Verkehrssicherungspflichten (zB Schneeräumen, Streuen) am Haltepunkt des Busses und die Einhaltung öffentlich-rechtlicher Schutzvorschriften. Der Gast muss das vereinbarte bzw tarifliche Entgelt bezahlen. Die Verhaltenspflichten des Gastes regelt § 4 BefBedV. 4

Ein **Rücktritt** vom Vertrag durch den Fahrgast ist nach § 649 jederzeit möglich. Der Gast muss in diesem Fall den Fahrpreis bezahlen, sofern der Unternehmer es nicht böswillig unterlässt, den Platz einem Ersatzreisenden zu überlassen. Ersparte Aufwendungen muss sich der Unternehmer anrechnen lassen. Gelingt es dem Unternehmer, einen Ersatzreisenden zu finden, hat er keinen Vergütungsanspruch ggü dem Gast. Zulässig ist auch die Vereinbarung einer **Stornopauschale** in den Grenzen der §§ 308 Nr 7, 309 Nr 5. Bei Absage der Fahrt durch den Busunternehmer liegt wegen des Fixgeschäftscharakters Unmöglichkeit vor, §§ 631, 634 Nr 3, 636, 323. Wenn der Unternehmer die Störung nicht zu vertreten hat, werden beide Vertragsseiten von ihrer Leistungspflicht frei, §§ 280, 275 (*Führich* Reiserecht Rn 1113). Hat der Unternehmer die Nichtbeförderung zu vertreten, schuldet er Schadensersatz. Der Unternehmer kann sich auch ein Absagerecht bei Unterschreiten einer Mindestteilnehmerzahl vorbehalten. Dies muss aber bei Vertragsschluss vereinbart und hinreichend konkret sein, § 308 Nr 3 (*Führich* Reiserecht Rn 1114). 5

III. Haftung. Der Unternehmer haftet für die vertraglich vereinbarte Beschaffenheit der Beförderung (zB Vier-Sterne-Bus, Service, Liegesitze, Klimaanlage usw), beim Fehlen einer Vereinbarung für die gewöhnliche Beschaffenheit (zB Sauberkeit). Der Gast muss Fehler beim Busfahrer oder Reisebegleiter anzeigen und vor der Geltendmachung weiterer Ansprüche zunächst Nacherfüllung verlangen, § 635. Für nicht beseitigte Fehler (fehlgeschlagene oder verweigerte Nacherfüllung) kann er eine Minderung des Beförderungsentgeltes (§§ 634 Nr 3, 638) verlangen, deren Höhe geschätzt werden muss. Ist der Mangel nicht unerheblich, kann der Gast vom Vertrag zurücktreten und bei Verschulden Schadensersatz verlangen. 6

Bei **schuldhafter Pflichtverletzung** hat der Gast gegen den Unternehmer einen Anspruch aus positiver Vertragsverletzung, §§ 280, 241 Abs 2. Der Unternehmer haftet ebenfalls für seine Erfüllungsgehilfen wie Busfahrer und Reisebegleiter, § 278. Die Haftung erstreckt sich auch auf das Reisegepäck. Bei schuldhaft verursachten Unfällen und bei der Verletzung von Verkehrssicherungspflichten (schadhafter Bodenbelag, sicherer Ein- und Ausstieg, Haltegriffe, Obstreste am Boden) hat der Gast ebenfalls einen Schadensersatzanspruch (*Führich* Reiserecht Rn 1116). Der Unternehmer haftet ferner für die Einhaltung der Lenk- und Ruhezeiten durch seine Fahrer. Bei Mitverschulden des Gastes wird dessen Anspruch nach § 254 gemindert oder entfällt ganz (zB muss sich der Gast immer festen Halt verschaffen, § 14 Abs 3 Nr 4 BOKraft). Haftungsbeschränkungen in AGB sind nicht möglich bei Personenschäden und bei Vorsatz und grober Fahrlässigkeit, § 309 Nr 7. Bei Sachschäden im Linienverkehr gilt eine Haftungsbeschränkung von 1000 EUR je beförderter Person, § 23 PersBefG, § 14 BefBedV. Die Höchstgrenze gilt nicht bei Vorsatz und grober Fahrlässigkeit. 7

IV. Prozessuales. Bei Pflichtverletzungen und Unmöglichkeit muss der Gast darlegen, dass die Schadensursache aus dem Verantwortungsbereich des Unternehmers stammt. Die Beweislast für fehlendes Verschulden trägt der Unternehmer. Gelegentlich werden in AGB zusätzliche Anzeigepflichten innerhalb eines Monats nach Beförderungsende vereinbart. Diese Monatsfrist ist keine Ausschlussfrist, sondern einfache Anzeigefrist (*Führich* Reiserecht Rn 1117). Eine Verletzung der Frist schließt möglicherweise Schadensersatz-, nicht aber 8

Gewährleistungs- und sonstige Ansprüche aus. Eine Ausschlussfrist für die gesetzliche Gewährleistung ist nach § 309 Nr 8b ee unwirksam. Die Verjährungsfrist für Ansprüche des Gastes aus dem Beförderungsvertrag beträgt nach § 634a Abs 1 Nr 3 drei Jahre, Ansprüche des Unternehmers unterliegen ebenfalls der regelm Verjährung von drei Jahren, §§ 195, 199. Für den Gerichtsstand gelten die §§ 12 ff ZPO. Im Linienverkehr ordnet § 17 BefBedV den ausschließlichen Gerichtsstand am Sitz des Unternehmers an.

9 **C. Bahn. I. Rechtsgrundlagen.** Neben den Vorschriften über den Werkvertrag gelten bei der Bahnbeförderung vorrangig die Bestimmungen der **Eisenbahnverkehrsordnung (EVO)** idF der Bekanntmachung vom 20.04.1999 (BGBl I 782), zuletzt geändert durch Art 2 des Gesetzes vom 26.5.09 (BGBl I 1146). Den Status der Bahn regelt das Allgemeine **Eisenbahngesetz (AEG)** vom 27.12.93 (BGBl I 2378), zuletzt geändert durch Art 2 des Gesetzes vom 26.5.09 (BGBl I 1146). Bei Unfällen mit Tod, Körperverletzung und Sachschäden ergibt sich die Haftung der Bahn aus dem **Haftpflichtgesetz (HaftPflG)** idF der Bekanntmachung vom 4.1.78 (BGBl I 145), zuletzt geändert durch Art 5 des Gesetzes vom 19.07.2002 (BGBl I 2674), und den §§ 823 ff. Bei grenzüberschreitenden Beförderungen gilt das Übereinkommen über den Internationalen Eisenbahnverkehr (COTIF) vom 9.5.80, in kraft getreten am 1.5.85 (BGBl II 130), neu gefasst durch Art 1 Prot vom 3.6.99 (BGBl II 2002, 2142). Die beförderungsrechtlichen Regelungen enthält die Anlage **Einheitliche Rechtsvorschriften für den Vertrag über die Internationale Eisenbahnbeförderung** von Personen und Gepäck (CIV). Ab Dezember 2009 gilt zusätzlich die VO (EG) Nr 1371/2007 über Rechte und Pflichten der Fahrgäste im Eisenbahnverkehr (Überblick *Schmidt* RRa 2008, 154). Am 26.5.09 wurde das Fahrgastrechteverordnung-Anwendungsgesetz verabschiedet (Art 1 des Gesetzes vom 26.5.09 (BGBl I 1146), mit dem die VO (EG) Nr 1371/2007 vorzeitig bereits zum 29.7.09 (statt wie in der VO vorgesehen zum 3.12.09) in Kraft gesetzt wurde.

10 **II. Vertragsschluss, Pflichten, Rücktritt.** Der Beförderungsvertrag kommt formfrei nach den allg Vorschriften zustande. Die Bahn unterliegt einer privatrechtlichen Beförderungspflicht nach § 10 AEG. Die Fahrkarte ist ein Inhaberpapier nach § 807 (Palandt/*Sprau* § 807 Rn 3). **Hauptpflicht** ist die sichere und **pünktliche Beförderung des Gastes und seines Gepäcks zum Fahrtziel.** Die Verkehrssicherungspflicht der Bahn erstreckt sich auf die Fahrzeuge, Bahnhöfe und die Zu- und Abgänge zu diesen. Zu den Nebenpflichten gehört die rechtzeitige Information über Störungen, die die Planung des Reisenden beeinträchtigen können. Für ihre Bediensteten haftet die Bahn nach § 278. Der Reisende hat einen Anspruch auf Beförderung in der Klasse, auf die sein Fahrausweis lautet, nicht dagegen auf einen Sitzplatz, § 13 EVO. Es besteht auch kein Anspruch auf einen Sitzplatz in der ersten Klasse, wenn alle Sitzplätze der zweiten Klasse belegt sind. Die Beförderung von aufgegebenem Reisegepäck ist in §§ 25 ff EVO geregelt.

11 Der Reisende hat den **tarifmäßigen Fahrpreis** zu entrichten und auf Verlangen den vor Antritt der Fahrt gelösten Fahrausweis vorzuweisen, § 9 EVO. Wenn ein Fahrausweis nicht gelöst werden konnte, muss der Reisende dies unaufgefordert dem Kontrollpersonal melden. Bei Fahrten **ohne gültigen Fahrausweis** muss ein erhöhtes Beförderungsentgelt nach § 12 EVO bezahlt werden. Dies gilt auch für Schwarzfahrten Minderjähriger (BVerfG VRS 1980, 81). Wurde der Fahrausweis nicht zur Fahrt benutzt, kann der Reisende den Fahrpreis (ggf abzüglich eines Bearbeitungsentgelts) innerhalb von sechs Monaten ab Gültigkeit zurückverlangen, § 18 EVO.

12 **III. Haftung. 1. Verspätung, Zugausfall, Versäumnis des Anschlusses.** Für Verspätungen haftet die Bahn nach § 17 Abs 1 EVO und der VO (EG) Nr 1371/2007 (Überblick *Hilpert* MDR 2008, 597). Der Fahrgast kann vom Vertrag zurücktreten oder die Fahrt anderweitig, z.B. mit geänderter Streckenführung, oder zu einem späteren Zeitpunkt fortsetzen und Aufwendungsersatz verlangen. Ferner hat er einen Mindestentschädigungsanspruch iHv 25 % des Fahrpreises bei Verspätungen von 60 bis 119 Minuten, bei längerer Verspätung von 50 % des Fahrpreises, wobei die Eisenbahnverkehrsunternehmen eine Bagatellgrenze von höchstens 4 EUR festsetzen können. Der Anspruch besteht auch bei sog Reiseketten und bei Zeitkarten. Eine Haftung für Folgeschäden ist ausgeschlossen. Wegen des Verweises der VO auf CIV/COTIV (Art 15 auf Anhang I Titel IV Kapitel II VO (EG) Nr 1317/2007) wird vertreten, dass die Haftung der Bahn entfällt, wenn die Störung auf Umstände zurückzuführen ist, die außerhalb des Eisenbahnbetriebs liegen, wie fehlendes Verschulden der Bahn, Verschulden des Gastes oder Verhalten Dritter (zB Selbsttötung) (*Hilpert* MDR 2008, 597, 600).

13 **2. Gepäck.** Die §§ 31, 32 EVO regeln die **Haftung** der Bahn für **Verlust oder Beschädigung des aufgegebenen Reisegepäcks**. Die Bahn haftet verschuldensunabhängig, aber der Höhe nach begrenzt auf 2500 DM (1278,23 EUR) je Gepäckstück, bei Kraftfahrzeugen auf 40.000 DM (20.451,68 EUR). Nach § 32 EVO gilt ein Gepäckstück als verloren, wenn es nicht innerhalb einer Woche nach Ablauf der Lieferfrist abgeliefert wird. Bei Verspätungen haftet die Bahn nach § 33 EVO nach Wahl des Reisenden bis zum dreifachen Frachtbetrag je Gepäckstück bzw Kraftfahrzeug oder bis zum einfachen Frachtbetrag je Gepäckstück für jede angefangene 24 Stunden (gilt nicht für Kraftfahrzeuge). Eine über die Höchstbeträge hinausgehende Haftung kommt nur aus Vertrag bei zu vertretender Pflichtverletzung oder aus Delikt bei Verschulden in Betracht. Für Handgepäck und Kleidung sieht die EVO keine Regelung vor. Die Bahn hat keine Aufsichtspflicht, wenn der Reisende seinen Platz verlässt (*Führich* Reiserecht Rn 1137). Eine vertragliche Haftung der Bahn kommt insoweit nur

bei zu vertretender Pflichtverletzung in Betracht (zB Diebstahl durch Bedienstete). Daneben kann bei Verschulden die deliktische Haftung aus §§ 823 ff eingreifen. Für die Gepäckaufbewahrung haftet die Bahn gem § 36 Abs 1 EVO nach §§ 688 ff als Verwahrer für jedes Verschulden. Im Tarif kann die Haftung außer bei Vorsatz oder grober Fahrlässigkeit der Höhe nach beschränkt werden. Die Haftung für Reise- und Handgepäck, das in Schließfächern aufbewahrt wird, richtet sich nach den Bedingungen der Eisenbahn für die Vermietung von Schließfächern, § 36 Abs 2 EVO. § 35 EVO enthält Vorgaben für Gepäckträger. Sie haftet für das den Gepäckträgern übergebene Reise- oder Handgepäck wie für das ihr zur Beförderung übergebene Gepäck, § 35 Abs 4 EVO.

3. Unfälle. Bei Bahnunfällen mit **Personen- oder Sachschäden** haftet die Bahn bei innerstaatlichen Beförderungen aus dem Beförderungsvertrag aus §§ 631, 280, 243 Abs 2. Der Reisende muss die objektive Pflichtverletzung nachweisen, also die Tatsache, dass die Schadensursache aus dem Verantwortungsbereich der Bahn kommt und den Kausalzusammenhang zwischen Pflichtverletzung und Schaden. Die Bahn muss nachweisen, dass sie die Vertragsverletzung nicht zu vertreten hat, § 280 Abs 1 S 2. Pflichtverletzungen sind insbes Verletzungen von Verkehrssicherungspflichten. Neben der vertraglichen Haftung kommt bei Betriebsunfällen mindestens eine Haftung nach dem HaftPflG in Betracht. Es handelt sich dabei um eine verschuldensunabhängige Gefährdungshaftung des Betreibers einer Schienen- oder Schwebebahn ggü dem Reisenden oder Dritten bei Tod, Körperverletzung oder Sachbeschädigung. Ein Betriebsunfall liegt nicht nur bei der Realisierung eisenbahntypischer Gefahren vor, sondern auch dann, wenn ein unmittelbar äußerer Zusammenhang zwischen Unfall und einem bestimmten Betriebsvorgang oder einer bestimmten Betriebseinrichtung der Bahn besteht. Auch Unfälle am Bahnhof fallen darunter, zB beim Ein- und Aussteigen, Herabfallen von Gepäck, ruckartigen Anfahren oder Bremsen, Entgleisen, Kollision, Gedränge auf dem Bahnsteig usw (*Führich* Reiserecht Rn 1142). 14

Bei *Tod oder Körperverletzung* beträgt die Haftung 600.000 EUR oder jährliche Geldrente von 36.000 EUR für jede getötete oder verletzte Person, bei Sachschäden 300.000 EUR, §§ 9, 10 HaftPflG. Ersetzt werden bei Körperverletzung die Kosten der Heilbehandlung und der Erwerbsunfähigkeit, daneben ist auch ein angemessenes Schmerzensgeld zu zahlen, § 6 S 2 HaftPflG. Die Haftung gilt nicht, wenn die Bahn nachweist, dass der Schaden durch höhere Gewalt (§ 1 Abs 2 HaftPflG) oder durch Verschulden des Geschädigten verursacht wurde. Höhere Gewalt liegt zB vor bei Naturereignissen katastrophalen Ausmaßes, Attentaten, Selbstmord, Werfen betriebsfremder Gegenstände gegen den Zug, vorsätzlichem Stoßen aus dem Zug, nicht dagegen bei Achsbruch, ungeklärtem Sturz aus dem Zug und Gefährdung durch Straßenverkehr (*Führich* Reiserecht Rn 1142). Ein Mitverschulden des Geschädigten (zB Aufspringen auf den Zug, Öffnen der Türen während der Fahrt, unzulässiges Überschreiten der Gleise, Hinauslehnen aus dem Fenster, zu nahes Stehen an der Bahnsteigkante) führt zur Kürzung bzw zum Verlust des Anspruchs, § 254, § 4 HaftPflG. Bei Verschulden der Bahn (Verletzung der Verkehrssicherungspflicht nach § 823 Abs 1 oder ein Auswahl- oder Überwachungsverschulden nach § 831), das der Reisende nachweisen muss, kommt auch ein der Höhe nach nicht begrenzter deliktischer Anspruch in Betracht. 15

IV. Prozessuales. Für die **Fahrpreiserstattung ist die sechsmonatige Frist des § 18 Abs 7 EVO** zu beachten. Für die Verjährung gelten die §§ 195 ff. Für Streitigkeiten aus dem Beförderungsvertrag sind als bürgerliche Rechtsstreitigkeiten nach § 13 GVG die ordentlichen Gerichte zuständig. Für Klagen nach dem HaftPflG gilt die deliktische Verjährungsfrist, § 11 HaftPflG. Örtlich ist das Gericht zuständig, in dessen Bezirk das schädigende Ereignis stattgefunden hat, § 14 HaftPflG. 16

D. Schiff. I. Rechtsgrundlagen. Für die Beförderung von Personen und Gepäck auf Passagier- und Fährschiffen auf See gelten der fünfte Abschnitt des **fünften Buchs des HGB** (§§ 664 ff HGB) und die Anlage zu § 664 HGB. Für die Beförderung auf Binnenschiffen gilt das Binnenschifffahrtsgesetz (BinSchG) vom 15.06.1895, zuletzt geändert durch Art 33 des Gesetzes vom 23.11.2007 (BGBl I 2614), das (mit Ausnahme der Haftungshöchstgrenzen) in § 77 Abs 1 S 1 BiSchG auf die Anlage zu § 664 HGB verweist, ggf ergänzt um Werkvertragsrecht und AGB. Das Athener Übereinkommen von 1974, in Kraft seit dem 28.04.1987, wurde als Anlage zu § 664 HGB beigefügt. Mit dem Protokoll von 2002, das aber noch nicht ratifiziert ist, sollen die Rechte des Gastes verbessert werden (*Führich* Basiswissen Reiserecht Rn 300). Kreuzfahrten auf See unterliegen als Pauschalreisen immer den §§ 651a-m. Aufgrund des § 651h Abs 2 haftet der Reiseveranstalter allerdings nur in den Grenzen der Anlage zu § 664 HGB, Art 11 Anlage. 17

II. Haftung. Die **Haftung für Personen- und Gepäckschäden** auf See ist als zwingende Mindesthaftung ausgestaltet und kann nicht im Voraus erlassen oder beschränkt werden, Art 15 Anlage. Der vertragliche (der den Fahrschein ausstellt) und der ausführende Beförderer (Reeder, Eigentümer) haften als Gesamtschuldner, Art 3 Anlage. Die Haftung erstreckt sich auf alle Schäden durch Tod, Körperverletzung oder am Gepäck, sofern es sich um einen seetypischen Unfall (zB Schiffsbruch, Zusammenstoß, Strandung, Explosion, Feuer, Schiffsmängel) handelt. Die Haftung ist jedoch der Höhe nach beschränkt. Für Tod oder Körperverletzung beträgt die Haftungsgrenze 320.000 DM (163.613,40 EUR) (Art 5 Anlage), für Kabinengepäck bei Verlust oder Beschädigung 4.000 DM (2.045,17 EUR) (Art 6 Abs 1 Anlage), für Fahrzeuge und Gepäck in oder auf 18 dem Fahrzeug 16.000 DM (8.180,67 EUR) (Art 6 Abs 2 Anlage). Für anderes Gepäck beträgt die Höchstgrenze 6000 DM (3.067,75 EUR) (Art 6 Abs 3 Anlage), ebenso für Wertsachen, wenn sie der Schiffsrezeption zur Aufbewahrung übergeben wurden (Art 4 Anlage). Bei Fahrzeugen kann ein Selbstbehalt von 600 DM (306,78 EUR), bei anderem Gepäck von 60 DM (30,68 EUR) vereinbart werden, Art 6 Abs 4 Anlage. Die Haftungshöchstgrenzen gelten nicht, wenn der Schaden vorsätzlich oder grob fahrlässig herbeigeführt wird (zB Trunkenheit des Kapitäns), Art 10 Anlage. Gepäckverlust und -beschädigung müssen bei Erkennbarkeit im Zeitpunkt der Ausschiffung angezeigt werden, bei äußerlich nicht erkennbarer Beschädigung oder Verlust schriftlich innerhalb von 15 Tagen nach Ausschiffung oder Aushändigung, Art 12 Anlage. Für die Binnenschifffahrt gelten auf Grund des Verweises in § 77 Abs 1 S 1 BiSchG dieselben Grundsätze, vgl aber auch die nach Schiffsgröße gestaffelten Haftungshöchstbeträge der §§ 4–5 m BiSchG.

19 **III. Prozessuales.** Die Verjährungsfrist für Ansprüche bei Tod, Körperverletzung und Gepäckschäden beträgt zwei Jahre, Art 13 Abs 1 Anlage. Zuständig ist das Gericht des Abgangs- bzw des Bestimmungsortes, Art 14 Anlage.

20 **E. Flug. I. Rechtsgrundlagen.** Im **Linien- und Charterverkehr** gilt deutsches Recht für Luftfahrtunternehmen mit Hauptsitz in Deutschland, Art 28 Abs 1, 2 EGBGB. Das LuftVG wird ergänzt durch den Luftbeförderungsvertrag und durch Allgemeine Beförderungsbedingungen (ABB Flugpassage), das Montrealer Übereinkommen (MÜ) und die VO (EG) Nr 261/2004 des Europäischen Parlaments und des Rates über eine gemeinsame Regelung für Ausgleichs- und Unterstützungsleistungen für Fluggäste im Fall der Nichtbeförderung und bei Annullierung oder großer Verspätung von Flügen. Die ABB Flugpassage sind AGB, die der Einbeziehungs- und Inhaltskontrolle nach §§ 305–310 unterliegen und inhaltlich den Empfehlungen der International Air Transport Association (IATA) entsprechen.

21 **II. Vertragsparteien.** Vertragsparteien des Beförderungsvertrags sind der Luftfrachtführer und der Fluggast. Beim Code-Sharing haftet auch das ausführende Luftfahrtunternehmen dem Fluggast für **Schäden, Art 39 MÜ**. Der Flugschein ist ein formloses Beweispapier, Art 3 MÜ. Der Fluggast hat einen Anspruch auf pünktliche und sichere Beförderung. Er verliert den Anspruch bei nicht rechtzeitigem Erscheinen zum Check-In (no show). Verspätungen bei der eigenen Anreise gehören in seine Risikosphäre. Die Meldeschlusszeit muss dem Gast spätestens im Flugschein mitgeteilt werden, sonst haftet der Luftfrachtführer auf Schadensersatz, §§ 631, 280 Abs 1 (*Führich* Basiswissen Reiserecht Rn 258).

22 **III. Stornierung.** Die **Stornierung** (§ 649) richtet sich nach dem gebuchten Tarif. Nur bei Volltarifen erfolgt der Rücktritt kostenfrei (Art 10 ABB Flugpassage). Ansonsten können die Stornokosten bis zu 100 % des Nettopflugpreises (ohne Steuern und Gebühren) und ein Bearbeitungsentgelt betragen, wenn der Gast ausdrücklich auf die Stornoklausel hingewiesen wurde. Steuern und Flughafengebühren müssen immer erstattet werden. Der Luftfrachtführer ist nicht berechtigt, den Rückflug zu stornieren, weil der Hinflug nicht angetreten wurde (AG Frankfurt RRa 2006, 179).

23 **IV. Bordgewalt.** Die **Bordgewalt und entspr Weisungsbefugnisse** stehen dem **Kapitän und seinen Stellvertretern** zu. Gegenüber Störern (zB Trunkenheit, LG Bonn NJW-RR 2001, 1066; Nichtbeachtung Rauchverbot, Düsseldorf NJW 2000, 3223) besteht ein Anspruch auf Aufwendungsersatz.

24 **V. Leistungsstörungen.** Bei Leistungsstörungen (**Nichtbeförderung wegen Überbuchung, Flugausfall, Flugverspätung, Personen- und Gepäckschäden**) bestehen grds die werkvertraglichen Gewährleistungs- und Schadensersatzansprüche, §§ 634, 280. Weitgehend werden diese Vorschriften aber durch zwingendes Gemeinschaftsrecht und das MÜ verdrängt. Praktische Bedeutung besteht für Ansprüche auf Preisminderung bei Schlechterfüllung (Verspätung) nach §§ 631, 634 Nr 3, 280 Abs 1 und für Ansprüche auf Schadensersatz wegen weitergehender Schäden (Ersatzflug) oder nicht flugbetriebsbedingten Personenschäden. Zuerst werden Ansprüche aus MÜ geprüft, dann aus VO (EG) Nr 261/2004 und dann wegen sonstiger Pflichtverletzung nach §§ 631, 634, 280 Abs 1 (*Führich* Basiswissen Reiserecht Rn 261).

25 **VI. VO (EG) Nr 261/2004. 1. Inhalt und Anwendungsbereich.** Durch die VO (EG) Nr 261/2004 wurde die bis dahin geltende VO (EWG) Nr 265/91 novelliert. Der EuGH hat die Rechtmäßigkeit der VO und insbes ihre Vereinbarkeit mit dem Montrealer Übereinkommen, dem er als internationales Recht Vorrang einräumt, bestätigt (EuGH NJW 2006, 351, dazu *Tonner* NJW 2006, 1854). Die VO setzt verbindliche Mindeststandards für Fluggastrechte bei Nichtbeförderung, Annullierung und großer Verspätung. Sinn ist ein pauschalierter abstrakter Schadensersatz für Fluggäste, die keinen ursächlichen Schaden nachweisen können (EuGH NJW 2006, 351). Ein weiter gehender Schaden kann nach §§ 631, 280 geltend gemacht werden, Art 12 Abs 1 VO. Personen- und Gepäckschäden können nur nach MÜ geltend gemacht werden. Unberührt bleiben im Fall einer Pauschalreise die Rechte des Reisenden gegen den Reiseveranstalter nach §§ 651a-m, Art 3 Abs 6 VO.

26 Die VO gilt nach Art 3 VO für alle Flüge (Linie, Charter, Billigflug, Bonusflug) entweder von einem Flughafen in der EU oder von einem Flughafen außerhalb der EU mit Ziel innerhalb der EU mit einem Luftfahrtunternehmen der Gemeinschaft. Anspruchsgegner ist das ausführende (nicht das vertraglich verpflichtete) Luftfahrtunternehmen, Art 2a VO. Berechtigter ist jeder Fluggast (Verbraucher, Unternehmer, Geschäftsrei-

sender, auch Reisender einer Pauschalreise). Inhaltlich gilt die VO für die Nichtbeförderung, die Annullierung und die Verspätung (ausf zum Inhalt der VO *Führich* MDR 2007 Sonderbeilage zu Heft 7 S 1 ff).

2. Nichtbeförderung. Nichtbeförderung liegt nach Art 2j VO vor, wenn die **Beförderung des Fluggastes verweigert** wird, obwohl er sich gem Art 3 Abs 2 VO ordnungsgemäß und rechtzeitig mit einer bestätigten Buchung (Legaldefinition Art 2g VO) am Flugsteig eingefunden hat, und keine vertretbaren Gründe für die Nichtbeförderung gegeben sind, zB im Zusammenhang mit der Gesundheit oder der allg oder betrieblichen Sicherheit oder unzureichenden Reiseunterlagen. Das Risiko für die rechtzeitige Abfertigung trägt das Luftfahrtunternehmen, sofern sich der Gast rechtzeitig zur angegebenen Zeit eingefunden hat (AG Erding RRa 2007, 41). Hauptgründe für die Nichtbeförderung sind die Überbuchung und die Umbuchung auf andere Flüge (Art 3 Abs 2b VO) ungeachtet des Grundes hierfür (in der Praxis häufig zur besseren Ausnutzung von Flugkapazitäten). Bei der Umbuchung ist unerheblich, ob diese durch das Luftfahrtunternehmen oder durch das Reiseunternehmen (Reiseveranstalter, Art 2d) erfolgt. 27

Vor der Verweigerung der Beförderung muss das Luftfahrtunternehmen nach Freiwilligen (Art 2k VO) suchen, die auf die Beförderung verzichten, Art 4 Abs 1 VO. Die Gegenleistung für den Verzicht ist frei aushandelbar. Die Freiwilligen haben Anspruch auf Erstattung der Flugscheinkosten oder anderweitige Beförderung nach Art 8 VO, nicht aber auf Betreuungsleistungen nach Art 9 VO. Sie verzichten auf Ausgleichsansprüche und weitere Schadensersatzansprüche, Art 12 Abs 2 VO. Sind nicht genügend Freiwillige vorhanden, hat das Luftfahrtunternehmen nach Art 4 Abs 3 VO unverzüglich ggü den zurückgewiesenen Fluggästen Ausgleichsleistungen, Unterstützungsleistungen und Betreuungsleistungen zu erbringen. Dabei kommt es nicht auf ein Verschulden des Luftfahrtunternehmens an. Technische Defekte am Fluggerät vermögen also nicht zu entlasten. Ausgleichsleistungen sind nach Art 7 VO nach Entfernung gestaffelte Geldleistungen. Unterstützungsleistungen sind nach Art 8 VO Erstattung der Flugscheinkosten und kostenfreier Rückflug zum Abflugort oder anderweitige Beförderung. Betreuungsleistungen sind nach Art 9 VO Mahlzeiten und Erfrischungen, Hotelunterbringung und Transfer bei Ersatzflug am nächsten Tag sowie Bereitstellung von Kommunikationsmitteln. Eine spätere Ersatzbeförderung ist keine Flugverspätung (anderer Vertragsgegenstand, anderer Flugschein, andere Flugnummer), sondern Nichtbeförderung (*Führich* Basiswissen Reiserecht Rn268). 28

3. Annullierung. Die **Annullierung** ist die **Nichtdurchführung eines geplanten Flugs**, für den zumindest ein Platz reserviert war, Art 2l VO. Die schwierige Abgrenzung zwischen Verspätung und Annullierung ist in der Praxis wichtig, weil nur bei Annullierung, nicht aber bei Verspätung Ausgleichszahlungen nach Art 7 VO zu erfolgen haben. Nur bei der Annullierung, nicht aber bei der Verspätung besteht eine Entlastungsmöglichkeit für das Luftfahrtunternehmen. Für die Abgrenzung wird zum Teil eine zeitbezogene Betrachtung vorgenommen, was zur Folge hätte, dass jede Verspätung irgendwann automatisch in eine Annullierung übergeht (*Schmid* NJW 2006, 1841; *ders* NJW 2007, 261; Tonner RRa 2006, 278 f). Nach anderer Auffassung ist entscheidend, ob der Flug noch durchgeführt wird oder eine endgültige Nichtbeförderung vorliegt (*Führich* Basiswissen Reiserecht Rn 276). Kriterien für die Nichtdurchführung sollen die Ausstellung eines neuen Tickets oder einer neuen Bordkarte, eine neue Flugnummer, die Aushändigung des Gepäcks, das erneute Einchecken und die Beförderung anderer Passagiere sein (*Führich* MDR 2007 Sonderbeilage zu Heft 7 S 8). Der BGH hat mit Beschluss vom 17.07.2007 (Az X ZR 95/06) ein anhängiges Verfahren ausgesetzt und dem EuGH zur Vorabentscheidung die Frage vorgelegt, ob für den Begriff der Annullierung entscheidend darauf abzustellen ist, ob die ursprüngliche Flugplanung aufgegeben wird, so dass eine Verzögerung unabhängig von ihrer Dauer keine Annullierung darstellt, wenn die Fluggesellschaft die Planung des ursprünglichen Fluges nicht aufgibt. 29

Bei Annullierung hat der Gast nach Art 5 VO in jedem Fall **Ansprüche auf Unterstützungsleistungen** nach Art 8 VO und Betreuungsleistungen nach Art 9 Abs 1a VO. Ausgleichsleistungen nach Art 7 VO kann der Fluggast nur beanspruchen, wenn die Information über die Annullierung nicht rechtzeitig erfolgt. Rechtzeitig ist die Information, wenn sie grds mindestens zwei Wochen vor planmäßiger Abflugszeit (Art 5 Abs 1c i VO) erfolgt. Ferner ist sie rechtzeitig, wenn sie zwei Wochen bis sieben Tage vor planmäßiger Abflugzeit erfolgt mit Flugalternative, die es ermöglichen, nicht mehr als zwei Stunden vor der planmäßigen Abflugzeit abzufliegen und das Endziel höchstens vier Stunden nach der planmäßigen Ankunftszeit zu erreichen (Art 5 Abs 1c ii VO). Schließlich ist die Information rechtzeitig, wenn sie weniger als sieben Tage vor planmäßiger Abflugzeit erfolgt mit Flugalternative, die es ermöglicht, nicht mehr als eine Stunde vor der planmäßigen Abflugzeit abzufliegen und das Endziel höchstens zwei Stunden nach der planmäßigen Ankunft zu erreichen (Art 5 Abs 1c iii VO). Die Beweislast für die rechtzeitige Annullierung trägt das Luftfahrtunternehmen, Art 5 Abs 4 VO. 30

Bei nicht rechtzeitiger Annullierung besteht der **Anspruch auf Ausgleichszahlung**, außer wenn das Luftfahrtunternehmen sich entlasten kann. Dies ist der Fall, wenn das Luftfahrtunternehmen nachweist, dass die Annullierung auf außergewöhnliche Umstände zurückgeht, die sich auch dann nicht hätten vermeiden lassen, wenn alle zumutbaren Maßnahmen ergriffen worden wären (Art 5 Abs 3 VO). Nach Erwägungsgrund 14 der VO sind derartige Umstände insbes politische Instabilität, Wetterbedingungen, Sicherheitsrisiken, unerwartete Flugsicherheitsmängel oder Streik. Die Beweislast für die außergewöhnlichen Umstände und die Unvermeidbarkeit der Annullierung trägt das Luftfahrtunternehmen. 31

32 Die **Entlastung** greift in den Fällen der **höheren Gewalt** (Erdbeben, Hurrikans, Kriege, Terrorangriffe). Technische Mängel am Flugzeug wie Schäden an Reifen, Fahrwerk oder Triebwerk entlasten grds nicht, weil es sich bei den Entlastungsgründen um Gründe außerhalb der betrieblichen Sphäre des Luftfahrtunternehmens handelt (str, so *Führich* Basiswissen Reiserecht Rn 272; *ders* MDR Sonderbeilage zu Heft 7 S 6 f; *Schmid* NJW 2007, 265; vgl auch Schlussanträge der Generalanwältin beim EuGH vom 27.09.2007 im Vorlageverfahren des Landgerichts Ost in Kopenhagen (Rs C-396/06 Eivind F Kramme gegen SAS Danmark) RRa 2007, 261 ff). Selbst wenn ein technisches Problem als außerordentlicher Umstand angesehen wird, muss dieses und die Unvermeidbarkeit substantiiert vorgetragen und bewiesen werden. Die Behauptung, das Flugzeug sei regelm gewartet worden, ist zu pauschal (AG Köln RRa 2006, 275, AG Hamburg RRa 2006, 135). Auch beim Streik ist umstr, ob nur ein Streik Dritter entlasten kann (so *Führich* Basiswissen Reiserecht Rn 272; *Staudinger* RRa 2006, 254, *Schmid* NJW 2007, 266) oder auch ein Streik der eigenen Leute und der Erfüllungsgehilfen des Luftfahrtunternehmens (AG Frankfurt RRa 2006, 230). Selbst wenn man den Streik eigener Leute als außergewöhnlichen Umstand anerkennt, muss das Luftfahrtunternehmen die Unvermeidbarkeit der Annullierung (zB erfolglose Bemühungen zur Beschaffung von Ersatzpersonal) nachweisen.

33 **4. Verspätung.** Bei der **Verspätung** stellt die VO auf den Abflug, nicht die Ankunft ab. Eine Abflugverspätung (Art 6 Abs 1 VO) ist erheblich bei Entfernungen bis zu 1500 km um mindestens zwei Stunden, bei innergemeinschaftlichen Flügen über 1500 km bzw. einem sonstigen Flug zwischen 1500 km und 3500 km um drei Stunden und bei allen weiteren Flügen um mindestens vier Stunden. In diesen Fällen hat der Fluggast unabhängig von der Ursache der Verspätung Anspruch auf Unterstützungsleistungen nach Art 8 VO und Betreuungsleistungen nach Art 9 VO innerhalb der in Art 6 Abs 2 VO genannten Fristen. Das Recht zum Rücktritt mit einem Erstattungsanspruch nach Art 8 Abs 1a VO bzw auf einen Rückflug zum Abflugort besteht nur, wenn sich der Abflug um mehr als fünf Stunden verzögert (Art 6 Abs 1c iii VO. Auf ein Verschulden kommt es bei Verspätungen im Rahmen der VO nicht an. Insoweit ist auch eine Entlastung durch das Luftfahrtunternehmen nicht möglich. Nach der VO ist bei Flugverspätungen kein Schadensersatz wegen wirtschaftlicher Folgeschäden vorgesehen. Hier kommt allenfalls bei Verschulden ein Anspruch aus Art 19 MÜ in Betracht.

34 **5. Rechte des Fluggastes.** Der Fluggast hat unter den jeweiligen Voraussetzungen Ansprüche auf Ausgleichzahlungen (Art 7 VO), Unterstützungsleistungen (Art 8 VO) und Betreuungsleistungen (Art 9 VO). Über seine Rechte muss der Fluggast nach Art 14 VO belehrt werden. Die Ausgleichzahlungen sind nach Entfernung gestaffelt und betragen bis 1500 km 250 EUR, von 1500 km bis 3500 km 400 EUR und bei weiteren Entfernungen 600 EUR, Art 7 Abs 1 VO. Die Summen reduzieren sich auf die Hälfte, wenn der Fluggast mit einem Alternativflug das Endziel innerhalb bestimmter Toleranzen erreicht, und zwar bis 1500 km unter zwei Stunden, bei 1500 km bis 3500 km unter drei Stunden und über 3500 km unter vier Stunden, Art 7 Abs 2 VO. Die Beträge sind unabhängig von einem Schaden und (im Gegensatz zur früheren VO) nicht durch den Flugpreis begrenzt. Die Zahlung kann bar, durch Überweisung, Scheck oder mit schriftlichem Einverständnis des Gastes in Form von Reisegutscheinen und/oder Dienstleistungen erfolgen.

35 Beim Anspruch auf Unterstützungsleistungen nach Art 8 Abs 1 VO hat der Fluggast ein Wahlrecht zwischen entweder Rücktritt mit vollständiger Erstattung der Flugscheinkosten ggf iVm einem Rückflug zum ersten Abflugort zum frühestmöglichen Zeitpunkt oder anderweitiger Beförderung zum Endziel zum frühestmöglichen oder wunschgemäßen Zeitpunkt. Der Luftbeförderungsvertrag wird damit rückabgewickelt. Pauschalreisende haben vorrangig Gewährleistungsansprüche ggü dem Reiseveranstalter, Art 8 Abs 2 VO (*Führich* Reiserecht Rn 1029). Betreuungsleistungen nach Art 9 VO sind Schadensersatzansprüche, die typische Schäden im Zusammenhang mit nicht vertragsgem Leistungen von Luftfahrtunternehmen abdecken sollen. Dem Fluggast müssen folgende Leistungen unentgeltlich angeboten werden: Mahlzeiten und Erfrischungen in angemessenem Verhältnis zur Wartezeit, ggf Hotelunterbringung, Beförderung zwischen Flughafen und Hotel und zwei unentgeltliche Kommunikationsmöglichkeiten mit Telefon, Fax, Telex oder E-Mail.

36 Durch die **Verlegung in eine andere Klasse** dürfen dem Fluggast keine Nachteile entstehen. Nach Art 10 Abs 1 VO darf für eine höhere Klasse kein Aufschlag verlangt werden. Bei einer Herabstufung gewährt Art 10 Abs 2 VO einen entfernungsabhängig gestaffelten Anspruch auf teilw Erstattung des Flugpreises zwischen 30 und 75 %. Bei der Beförderung haben Personen mit eingeschränkter Mobilität (Begriff Art 2i VO) und deren Begleitpersonen sowie Kinder ohne Begleitung Vorrang, Art 11 Abs 1 VO. Art 11 Abs 2 VO gewährt ihnen einen Anspruch auf baldmöglichste Betreuungsleistungen nach Art 9 VO.

37 **6. Weitere Ansprüche, Zuständigkeiten.** Da die VO einen **Mindestschutz** gewährt, können ggf nach Art 12 Abs 1 VO bei schuldhafter Pflichtverletzung des Luftbeförderungsvertrags weitergehende Ansprüche nach Art 19, 22 MÜ geltend gemacht werden, zB Kosten eines Ersatzflugs, vergebliche Aufwendungen einer Weiterreise. Die Ausgleichsleistung, nicht jedoch die kostenfreien zusätzlichen Betreuungsleistungen werden auf geltend gemachte Vermögensschäden angerechnet, Art 12 Abs 1 S 2 VO. Bei zu vertretender Pflichtverletzung kommt daneben ein Anspruch auf Schadensersatz statt der Leistung nach §§ 643, 280, 275 in Betracht. Schließlich ist ein Anspruch auf Flugpreisminderung nach §§ 643, 638 möglich. Für die Durchsetzung der VO ist in Deutschland das Luftfahrtbundesamt zuständig (.www.fluggastrechte@lba.de.; www.schlichtungs-

stelle-mobilitaet.org.). Der Gerichtsstand richtet sich nach der EuGVVO, also wahlweise dem Firmensitz des Beklagten, dem Bestimmungsort als Erfüllungsort des Flugs (bei Oneway der Zielort, bei Hin- und Rückflug der Abflugort) und der Niederlassung oder Agentur.

VII. Montrealer Übereinkommen (MÜ). 1. Inhalt und Anwendungsbereich. Das MÜ gilt für internationale Beförderungen von Personen und Gepäck oder Gütern zwischen zwei Vertragsstaaten, Art 1 MÜ. Von bes Bedeutung ist die Haftung von Personen- und Gepäck- sowie Verspätungsschäden. Zu seiner Durchführung wurde am 06.04.2004 das Gesetz zur Durchführung des Übereinkommens vom 28.05.1999 zur Vereinheitlichung bestimmter Vorschriften über die Beförderung im internationalen Luftverkehr und zur Durchführung der Versicherungspflicht zur Deckung der Haftung für Güterschäden nach der VO (EG) Nr 785/2004 (Montrealer-Übereinkommen-Durchführungsgesetz) (BGBl I 550, 1027), zuletzt geändert durch Art 336 der VO vom 31.10.2006 (BGBl I 2407), erlassen. 38

Eine **Haftung aus §§ 45 ff LuftVG** ist **ausgeschlossen**, da diese ggü dem MÜ subsidiär ist, § 44 Nr 4 LuftVG. Als abschließende Sonderregelung für luftfahrttypische Unfälle schließt das MÜ in diesem Bereich auch die Anwendbarkeit reiserechtlicher und deliktischer Ansprüche grds aus (Art 29 MÜ). Dies gilt aber nur für Ansprüche, die tatsächlich im MÜ geregelt sind. Verdrängt werden also Ansprüche auf Schadensersatz nach § 651f Abs 1 und aus § 823. Unberührt bleiben dagegen beim Vorliegen der gesetzlichen Tatbestandsmerkmale die übrigen reiserechtlichen Gewährleistungsansprüche auf Selbstabhilfe (§ 651c Abs 3), Minderung (§ 651d) und Kündigung (§ 651e). Ist der Flug Bestandteil einer Pauschalreise, kann der Reisende also ggü dem Reiseveranstalter auf Grund der reiserechtlichen Ansprüche des Reisevertragsrechts (§§ 651a ff) vorgehen und auf Grund des MÜ ggü dem Reiseveranstalter als vertraglichem Luftfrachtführer (Art 39, 40 MÜ). Allerdings begrenzt § 651h Abs 2 die Haftung des Reiseveranstalters auf die Haftung des Leistungsträgers, wenn für diesen die Haftung auf Grund internationaler Übereinkommen (zB MÜ) beschränkt ist. Umstritten ist, ob der Anspruch auf Schadensersatz wegen nutzlos aufgewendeter Urlaubszeit ggü dem Reiseveranstalter aus § 651f Abs 2 (anders als beim früheren WA) neben dem MÜ anwendbar bleibt (so *Führich* Reiserecht Rn 212 und 498; MüKo/*Tonner* § 651f Rn 44; PWW/*Deppenkemper* § 651a Rn 40; aA *Bollweg* RRa 2007, 242). 39

2. Personenschäden. Schäden durch **Verletzung oder Tod durch einen Flugunfall** an Bord oder beim Ein- und Aussteigen werden grds nach Art 17 Abs 1 MÜ in unbeschränkter Höhe ersetzt. Voraussetzung ist, dass der Flug von einem EU-Luftfahrtunternehmen (VO (EG) Nr 2027/97) durchgeführt wurde. Bei nachgewiesenen Personenschäden bis 100.000 SZR können keine Einwendungen außer Allein- oder Mitverschulden des Fluggastes entgegengehalten werden. Bis zu diesem Betrag ist die Haftung verschuldensunabhängig. Bei Schäden oberhalb dieser Grenze kann sich das Luftfahrtunternehmen nur entlasten, wenn es nachweist, dass es nicht schuldhaft gehandelt hat oder ein Verschulden eines Dritten vorlag (Art 20, 21 MÜ). Von der Haftung erfasst werden nur typische, dem Luftverkehr immanente Gefahren. Beim privaten Lebensrisiko kommt lediglich eine Haftung aus dem Luftbeförderungsvertrag aus §§ 634, 280 in Betracht, falls schuldhaft eine Pflicht verletzt wurde, §§ 276, 278. Typische dem Luftverkehr immanente Gefahren sind zB Verletzungen infolge falschen Druckausgleichs, infolge von Flugturbulenzen oder durch Herabfallen von Handgepäck. Nicht flugtypische Gefahren sind verdorbenes Essen, Thrombose (Frankfurt aM NJW 2003, 905), Flugzeugentführungen, Umstoßen einer Kaffeetasse mit Verbrühungen (LG Frankfurt RRa 2006, 86). In diesen Fällen ist nur ein Schadensersatzanspruch wegen schuldhafter Verletzung des Beförderungsvertrags denkbar. 40

Die **Berechnung der Höhe des Schadens** richtet sich nach nationalem Recht, also nach §§ 249 ff. Ersatzfähig sind Heilbehandlungskosten, Bestattungskosten, Minderung der Erwerbsfähigkeit, Unterhalt, Schmerzensgeld. Nicht darunter fallen immaterielle Schäden, zB psychische Beeinträchtigungen ohne ärztliche Behandlungsbedürftigkeit wie Trauer über den Verlust von Angehörigen (*Führich* Basiswissen Reiserecht Rn 287). Bei Tötung (nicht aber bei Verletzung) muss eine Vorauszahlung von mindestens 16.000 SZR innerhalb von 15 Tagen geleistet werden, Art 28 MÜ, Art 5 VO (EG) Nr 2027/97. Für den Gerichtsstand gilt Art 33 MÜ. Der Fluggast kann wählen zwischen der Hauptniederlassung des Luftfahrtunternehmens, der IATA-Geschäftsstelle der Flugbuchung, dem Bestimmungsort, bei Personenschäden auch dem ständigen Aufenthaltsort des Fluggastes, wenn das Luftfahrtunternehmen regelm in diesen Staat fliegt. Die Klagefrist beträgt zwei Jahre ab Ankunft oder planmäßiger Ankunft bzw Abbruch der Beförderung, Art 35 MÜ. 41

3. Gepäckschäden. Bei aufgegebenem **Gepäck** haftet das Luftfahrtunternehmen, sofern es sich um ein Luftfahrtunternehmen der Gemeinschaft handelt (VO (EG) Nr 2027/97), weltweit und verschuldensunabhängig für Zerstörung, Beschädigung oder Verlust. Die Haftung ist jedoch der Höhe nach begrenzt auf 1000 SZR, Art 17 Abs 2, 22 Abs 2 MÜ. Der Schaden muss in der Obhut des Luftfahrtunternehmens (Check-in bis Gepäckband) eingetreten sein. Bei Gepäckschäden besteht keine Begrenzung auf flugtypische Gefahren. Der Haftungshöchstbetrag gilt nicht bei Wertdeklaration, Art 22 Abs 2 MÜ, bzw dem Nachweis von Absicht oder Leichtfertigkeit, Art 22 Abs 5 MÜ. Beschädigungen am aufgegebenem Gepäck müssen innerhalb von sieben Tagen dem Luftfahrtunternehmen schriftlich angezeigt werden, Art 31 Abs 2 S 1 MÜ. Diese Frist gilt nicht für Verlust oder Zerstörung des Gepäcks. Bei Handgepäck haftet das Luftfahrtunternehmen nur für Schäden infolge schuldhaften Verhaltens seiner Mitarbeiter, Art 17 Abs 2 S 3 MÜ. 42

43 **4. Verspätungsschäden.** Für die **Verspätung des Fluggastes und seines Gepäcks** haftet jedes EU-Luftfahrtunternehmen (VO (EG) Nr 2027/97) weltweit aus vermutetem Verschulden. Das Unternehmen kann sich nur entlasten, wenn es nachweist, dass das Unternehmen und seine Mitarbeiter alle zumutbaren Maßnahmen zur Vermeidung des Schadens getroffen haben oder dass es ihnen nicht möglich war, solche Maßnahmen zu treffen, Art 19 MÜ. Entlastungsgründe können zB Verzögerungen durch die Flugsicherung, Polizeikontrollen, Terrordrohungen oder Wettereinflüsse sein. Verspätung ist das Überschreiten der planmäßigen Ankunftszeit. Für die Auslegung des Begriffs der Verspätung und seine Abgrenzung zur Unannehmlichkeit können die entfernungsabhängigen Grenzen des Art 6 VO (EG) Nr 261/2004 herangezogen werden. Bei Verspätungen von Personen gilt eine Haftungshöchstgrenze von 4150 SZR, Art 22 Abs 1 MÜ. Verspätungsschäden können Mehrkosten für einen Ersatzflug, vergebliche Aufwendungen oder Ersatzbeschaffungen sein. Der Schadensersatz kann wahlweise vom vertraglichen oder vom ausführenden Luftfahrtunternehmen verlangt werden, Art 19, 20 Abs 1 MÜ. Der Anspruch besteht neben dem Anspruch auf Unterstützungs- und Betreuungsleistungen aus der VO (EG) 261/2004. Die Haftung für verspätetes Reisegepäck ist auf 1000 SZR pro Fluggast beschränkt bzw bei Zahlung eines Zuschlags auf den deklarierten Wert, Art 22 Abs 2 MÜ. Bei Nachweis von Vorsatz oder Leichtfertigkeit des Luftfahrtunternehmens gilt eine unbeschränkte Haftung, Art 22 Abs 5 MÜ. Bei Verspätungen muss eine schriftliche Anzeige innerhalb von 21 Tagen erfolgen, Art 31 Abs 2 S 2 MÜ.

Untertitel 2 Reisevertrag

Checkliste: (Pauschal-)Reisevertrag (§§ 651a–651m)

I. Vorfrage: Klärung Rechtsgeltungsanspruch der §§ 651a ff		
1. Geltung des deutschen Rechts	§ 651a ff *Art 27f EGBGB* *Art 29 IV 2 EGBGB*	
2. Abgrenzung zu anderen Vertragsarten, wie: Reisevermittlervertrag, Geschäftsbesorgungsvertrag, Agenturvertrag, Vertragsverhältnisse zu Leistungsträgern	§ 651a	→ Rn 13–18, 20
3. Spezielle Regelungen zur Luftbeförderung, Bus- und Bahnreisen, Beherbergung	§ 651c *ggf MÜ* *EVO* *COTIF* *§ 664 HGB* *§§ 701 ff BGB*	→ Rn 6
4. Sonderregel für Gastschullandaufenthalte	§ 651l	→ Rn 1 ff
II. Vertragsschluss		
1. Klärung der Vertragsparteien		
a. Pauschalreisender	§ 651a	→ Rn 19
b. Reiseveranstalter	§ 651a	→ Rn 9
aa. Merkmal: Organisation von Pauschalreisen in eigener Verantwortung	§ 651a	→ Rn 10
bb. Problem: Vermittlerklausel	§ 651a	→ Rn 11, 12
c. Stellung (dritter) mitreisender Personen	§ 651a	→ Rn 25
d. Auswechselung des Reisenden durch Vertragsübertragung bis Reisebeginn	*§ 651b*	
2. Vertragserklärungen (Angebot/Annahme)		
a. Geltung der §§ 145 ff; Abgrenzung zur invitatio ad offerendum, Bedeutung der Reisebestätigung	§ 651a	→ Rn 23
b. Problem: Einbeziehung von AGB bei Vertragsschluss am Telefon und bei Online-Buchungen	§ 651a	→ Rn 26, 27
c. Stellung des Reisebüros als Vermittler	§ 651a	→ Rn 13 ff
3. Form: Vertragsschluss formlos mgl, bei Verwendung von Prospekten aber Mindestanforderungen statuiert, zudem ist nach Vertragsschluss Reisebestätigung zuzusenden	§ 651a *§§ 4, 6 BGB-InfoV*	→ Rn 23, 24

4. Vertragsinhalt:
   a. Gesamtheit von Reiseleistungen (mindestens zwei) in gebündelter Form .... § 651a → Rn 3, 5, 6
   b. Beispiele: Transport+Unterkunft+Verpflegung .... § 651a → Rn 3
   c. Frage: analoge Anwendung der §§ 651a ff auf einzelne (ungebündelte) Reiseleistungen .... § 651a → Rn 21 f
   d. Problem: Einordnung von Konferenzreisen und Dynamic Packaging ... § 651a → Rn 4, 7
   e. AGB (=ARB) und deren inhaltliche Grenzen als mgl Vertragsbestandteil .... § 651a → Rn 26 f
   f. Entgeltlichkeit der Leistungserbringung .... § 651a → Rn 30
   g. Nebenpflichten:
      aa. Informationspflichten des Reiseveranstalters (insbes Reisebestätigung, Prospektangaben, Einreisebestimmungen) .... § 651a → Rn 28 ff *§§ 4–11 BGB InfoV*
      bb. Nebenpflichten/Mitwirkungsobliegenheiten des Reisenden .... § 651a → Rn 31

III. Preis

1. Problem: Anzahlung und Inkassovollmacht .... § 651a → Rn 30 f
2. Grenzen nachträglicher Preis- und Leistungsänderungen .... § 651a → Rn 38 ff
3. Mehrkosten bei Auswechselung des Vertragspartners, Stornogebühren ..... § 651b → Rn 9 f

---

IV. Leistungsstörungen

1. Verhältnis zum allg Leistungsstörungs- und Anfechtungsrecht bzgl spezieller Instrumente in §§ 651c ff .... § 651c → Rn 2 ff
2. Nichtleistung (Unmöglichkeit der Vertragserfüllung)
   a. Nichtleistung des Veranstalters aufgrund Rücktrittsvorbehalts, Kündigung wg höherer Gewalt oder aus sonstigem wichtigen Grund ... § 651a → Rn 46 *§ 651j* *§ 314*
   b. Nichtantritt der Reise/Abbruch wg Rücktritts/Kündigung durch Reisenden .... § 651e → Rn 2 ff
2. Zuspätleistung schlägt ggf um in Unmöglichkeit, da Reise absolute Fixschuld, wenn nicht §§ 280 I, II, 286
3. Schlechtleistung (Reisemangel) .... § 651c → Rn 14 ff
   a. Definition des Reisemangels: .... § 651c → Rn 14, 15, 16
      aa. Negative Abweichung der Ist- von Sollbeschaffenheit .... § 651c → Rn 14
      bb. Eingrenzung der Einstandspflicht:
         (1.) Unerheblicher Fehler .... § 651c → Rn 17
         (2.) Landes- und Ortsüblichkeit .... § 651c → Rn 18
         (3.) Allg Lebensrisiko .... § 651c → Rn 20
      cc. Ausweitung der Einstandspflicht: nach Zusicherung und Einbeziehung von Sonderwünschen .... § 651c → Rn 23–25
   b. Mängelliste (Beispiele für Reisemängel) .... § 651c → Rn 35–45
   c. System der Gewährleistungsrechte .... *§§ 651c–f*
      aa. Primär: Recht auf Abhilfe (nach grds notw Mängelanzeige und Fristsetzung, danach auch Selbstabhilfe mgl) .... § 651c → Rn 26–32
      bb. Automatisch: Minderung des Reisepreises (Voraussetzung/Berechnung/Rechtsfolge) .... § 651d → Rn 3 ff
      cc. Automatisch: Minderung des Reisepreises (Voraussetzung/Berechnung/Rechtsfolge)Subsidiär: Kündigung wg erheblichen, nicht abgeholfenen Mangels (Voraussetzung/Rechtsfolge) .... § 651e → Rn 2 ff
      dd. Materieller und immaterieller Schadensersatz (Voraussetzung/Rechtsfolge) .... § 651f → Rn 10 ff
4. Sonstige Obliegenheits- und Pflichtverletzungen .... *§ 241* *§ 280 I*

V.	**Vertragsabstandnahmeregeln und Haftungsmodifizierungen**			
	1. Gesetzliche Vertragsabstandnahmemöglichkeit/Haftungsausschlüsse:			
	a. Ausschlussfristen zur Geltendmachung von Ansprüchen wg Reisemängeln	§ 651g	→	Rn 6 ff
	b. Rücktritt vor Reiseantritt unter Entschädigungszahlung seitens des Reisenden in Ersetzung der Vergütung	§ 651i	→	Rn 1 ff
	c. Kündigung des Veranstalters wegen höherer Gewalt	§ 651j	→	Rn 1 ff
	d. Haftungsbeschränkungen bzgl Schlechtleistung von Leistungsträgern gem Intern Übereinkommen	§ 651h *MÜ* *COTIF*	→	Rn 7 ff
	2. Vertragliche Haftungsausschlüsse/-einschränkungen			
	a. Über Fehlerdefinition iSe Landes-/Ortsüblichkeitsklausel	§ 651c	→	Rn 18 f
	b. Für durch Reisemangel entstandene Schäden	§ 651h	→	Rn 2 ff
VI.	**Sicherstellung der Rechtsansprüche des Reisenden bei Insolvenz des Veranstalters**	§ 651k	→	Rn 6 ff
VII.	**Regelung der Verjährung**			
	1. Zweijährige Verjährung für Ansprüche wg Reisemängeln	§ 651g	→	Rn 22 ff
	2. IÜ allg Verjährungsrecht anwendbar	*§§ 195 ff*		
VIII.	**Regelung der Beweislast**			
	Keine Besonderheiten gegenüber allg Regelungen			

§ 651a Vertragstypische Pflichten beim Reisevertrag. **[1] Durch den Reisevertrag wird der Reiseveranstalter verpflichtet, dem Reisenden eine Gesamtheit von Reiseleistungen (Reise) zu erbringen. Der Reisende ist verpflichtet, dem Reiseveranstalter den vereinbarten Reisepreis zu zahlen.**

[2] Die Erklärung, nur Verträge mit den Personen zu vermitteln, welche die einzelnen Reiseleistungen ausführen sollen (Leistungsträger), bleibt unberücksichtigt, wenn nach den sonstigen Umständen der Anschein begründet wird, dass der Erklärende vertraglich vorgesehene Reiseleistungen in eigener Verantwortung erbringt.

[3] Der Reiseveranstalter hat dem Reisenden bei oder unverzüglich nach Vertragsschluss eine Urkunde über den Reisevertrag (Reisebestätigung) zur Verfügung zu stellen. Die Reisebestätigung und ein Prospekt, den der Reiseveranstalter zur Verfügung stellt, müssen die in der Rechtsverordnung nach Artikel 238 des Einführungsgesetzes zum Bürgerlichen Gesetzbuche bestimmten Angaben enthalten.

[4] Der Reiseveranstalter kann den Reisepreis nur erhöhen, wenn dies mit genauen Angaben zur Berechnung des neuen Preises im Vertrag vorgesehen ist und damit einer Erhöhung der Beförderungskosten, der Abgaben für bestimmte Leistungen, wie Hafen- oder Flughafengebühren, oder eine Änderung der für die betreffende Reise geltenden Wechselkurse Rechnung getragen wird. Eine Preiserhöhung, die ab dem 20. Tage vor dem vereinbarten Abreisetermin verlangt wird, ist unwirksam. § 309 Nummer 1 bleibt unberührt.

[5] Der Reiseveranstalter hat eine Änderung des Reisepreises nach Absatz 4, eine zulässige Änderung einer wesentlichen Reiseleistung oder eine zulässige Absage der Reise dem Reisenden unverzüglich nach Kenntnis von dem Änderungs- oder Absagegrund zu erklären. Im Falle einer Erhöhung des Reisepreises um mehr als fünf vom Hundert oder einer erheblichen Änderung einer wesentlichen Reiseleistung kann der Reisende vom Vertrag zurücktreten. Er kann stattdessen, ebenso wie bei einer Absage der Reise durch den Reiseveranstalter, die Teilnahme an einer mindestens gleichwertigen anderen Reise verlangen, wenn der Reiseveranstalter in der Lage ist, eine solche Reise ohne Mehrpreis für den Reisenden aus seinem Angebot anzubieten. Der Reisende hat diese Rechte unverzüglich nach der Erklärung durch den Reiseveranstalter diesem gegenüber geltend zu machen.

Bechhofer Reisevertragsrecht: §§ 651a bis 651l Bürgerliches Gesetzbuch, Informationsverordnung, prozessuale Hinweise, Reisebürovertrag, München (1995); *Dewenter* Die rechtliche Stellung des Reisebüros, Baden-Baden (2000); *Dittrich/Henschler* Reisepreisanzahlung – wie viel darf es sein? RRa 2006, 8; *Führich* Reiserecht: Handbuch des Reisevertrags-, Reiseversicherungs- und Individualreiserechts 5. neubearb Aufl Heidelberg (2005); *ders* Informationspflichten über Pass- und Visumvorschriften RRa 2006, 50; *ders* Bündelung von Reiseleistungen durch das Reisebüro nach Kundenwunsch als Pauschalreise? RRa 2002, 194; *ders* Reisevertrag nach modernisiertem Schuldrecht NJW 2002, 1082; *ders* Zweite Novelle des Reisevertragsrechts zur Verbesserung der Insolvenzsicherung und der Gastschulaufenthalte NJW 2001, 3083; *Kaller* Reiserecht 2. Aufl München (2005); *ders* Die rechtliche Problematik der Ausnahmetatbestände von der Insolvenzsicherungspflicht nach § 651k Abs 6 BGB RRa 1996, 191; *Keller* Jurispraxiskommentar; *Klein* Reiserechtliche Besonderheiten des Gastschulaufenthaltes RRa 2004, 50; *ders* Neues zum Gastschulaufenthaltsrecht RRa 2008, 2; *Matern* Zur Einbeziehung von allgemeinen Geschäftsbedingungen in den Reisevertrag RRa 2007, 275; *ders* Sind Flyer und Werbeanzeigen Prospekte im Sinne der BGB-Informationspflichten-Verordnung? RRa 2007, 202; *Neuner* Der Reisevermittlungsvertrag AcP 193 (1993) S 1; *Noll* Besteht eine Pflicht des Reisevermittlers, den billigsten Reiseveranstalter zu empfehlen? RRa 1996, 67; *ders* Die neue Konditionenempfehlung des Deutschen ReiseVerbandes zu Allgemeinen Geschäftsbedingungen von Pauschalreiseveranstaltern RRa 2007, 61; *ders* Die Reiseaktivitäten von kirchlichen Trägern, Vereinen und Verbänden im Lichte des Pauschalreiserechts RRa 2004, 98; *Schmidt* Die neue Verordnung (EG) Nr. 1371/2007 über Rechte und Pflichten der Fahrgäste im Eisenbahnverkehr RRa 2008, 154; *D Schulz* Reiseveranstalter ist zur Information über Pass- und Visumerfordernisse verpflichtet LMK (2006) Becklink 189320; *dies* Rechtsprechungsübersicht zum Reiserecht 2004 bis 2006 VuR 2006, 177; *dies* Rechtsprechungsübersicht zum Reiserecht 2006 bis 2007 VuR 2007, 205; *dies* Rechtsprechungsübersicht zum Reiserecht 2007 bis 2008 VuR 2008, 213; *D Schulz/Gaedtke* Fahrgastrechte im Eisenbahnpersonenverkehr und die »Kundencharta« der Deutschen Bahn AG RRa 2005, 104; *Seyderhelm* Reiserecht: Kommentar, Heidelberg (1997); *Staudinger* Das Reisebüro als Reiseveranstalter bei Zusammenstellung mehrerer Einzelleistungen auf Wunsch des Kunden? RRa 2003, 194; *ders* Der Missbrauch von Sicherungsscheinen und die Haftung des Insolvenzabsicherers RRa 2002, 50; *ders* Die Bedeutung der BGB- und VVG-Reformen für das Reise- und Reiseversicherungsrecht RRa 2007, 245; *ders* Die Risikoverteilung im Pauschalreiserecht: das Rechtsverhältnis zwischen dem Reisenden und dem Reiseveranstalter auf der Grundlage des neuen Reiserechts unter Berücksichtigung der Beziehungen zu den Leistungsträgern 2. Aufl Neuwied (1995); *Tamm* Passhinweispflicht des Reisebüros: Ja oder Nein? JR 2007, 355; *Teichmann* Die Rechtsprechung zum Reiserecht in den Jahren 2001 bis 2005 – Teil 1 JZ 2006, 445; *ders* Die Rechtsprechung zum Reiserecht in den Jahren 2001 bis 2005 – Teil 2 JZ 2006, 499; *Tempel* Die 30jährige Verjährungsfrist im Reisevertragsrecht NJW 2000, 3677; *ders* Entwicklung und Tendenzen im Reisevertragsrecht – Rückschau und Zukunftsperspektiven RRa 1998, 19; *ders* Das Reisebüro als Adressat für die Anmeldung der Ansprüche des Reisenden nach § 651g Abs 1 BGB RRa 1996, 3; *ders* Informationspflichten bei Pauschalreisen NJW 1996, 1625; *ders* Voraussetzungen für die Ansprüche aus dem Reisevertrag NJW 1986, 547; *ders* Die Bemessung der Minderung der Vergütung in Reisevertragssachen NJW 1985, 97; *Tonner* Der Reisevertrag: Kommentar zu §§ 651a-651m BGB, 5. neubearb und erw Aufl Neuwied (2007); *ders* Die Insolvenzabsicherung im Pauschalreiserecht Baden-Baden (2002); *ders* Die Entwicklung des Reisevertragsrechts durch Rechtsprechung, Gesetzgebung und Verbandsverhandlungen AcP 189 (1989) S 122; *ders* Die EG-Richtlinie über Pauschalreisen EuZW 1990, 409; *ders* Zum Begriff der Pauschalreise EuZW 2002, 403; *ders* Auswirkungen von Krieg, Epidemie und Naturkatastrophe auf den Reisevertrag NJW 2003, 2783; *Tonner/D Schulz* Die Haftung des Reisebüros – von der BGH-Entscheidung vom 25. April 2006 zur Reform der Pauschalreise-Richtlinie RRa 2007, 50; *Tonner/Lindner* Immaterieller Schadensersatz und der EuGH NJW 2002, 1475; *Wortmann* Die Kreuzfahrtreise im Spiegel der Rechtsprechung RRa 2007, 5.

A. Allgemeines. Dem Pauschalreiserecht liegt ein langes Gesetzgebungsverfahren zugrunde (zur Rechtsgeschichte Staud/*J Eckert* Vorbem zu §§ 651a ff Rn 8 ff). Erst nach 8 Jahren konnte 1979 das Reisevertragsgesetz (BGBl I 1979, 509) verabschiedet werden, durch das die ursprünglichen §§ 651a-k in das BGB eingefügt wurden. Die Intention des Gesetzgebers war die Einarbeitung der Eigenarten des Reisevertrages unter Stärkung des Verbraucherschutzes. Zuvor wurde auf Reiseveranstaltungsverträge überwiegend das Werkvertragsrecht angewendet, wobei wesentliche Grundlagen des heutigen Reiserechts bereits durch richterliche Rechtsfortbildung entwickelt wurden (ausf *Tonner* AcP 189, 122 ff). Trotz Normierung hat auch weiterhin das Richterrecht erhebliche Bedeutung, insbes bei der Begriffsbestimmung des Reisevertrages sowie bei der Feststellung eines Mangels und dessen Rechtsfolgen, was auf die Vielgestaltigkeit der Reisearten und -leistungen zurückzuführen ist. Grds ist bei Regelungslücken im Recht des Reisevertrages als einer bes Art des Werkvertrags auf die Bestimmungen des allg Werkvertragsrechts zurückzugreifen (BGH NJW 1987, 1931; 1983, 2699). 1

Eine wesentliche Modifikation erfuhr das Reiserecht 1995 durch das G zur Umsetzung (BGBl I 1994, 1322) der europäischen **Pauschalreise-RL** (90/314/EWG, ABlEG Nr L 158 = EuZW 1990, 413; zur Entstehung *Tonner* EuZW 1990, 409). Sie brachte die umfangreichen Informationspflichten, die heute per Ermächtigungsnorm Art 238 EGBGB in den §§ 4-11 BGB-InfoV niedergelegt sind, die Insolvenzabsicherung in § 651k sowie die Beschränkung einer nachträglichen Leistungs- oder Preisänderung (§ 651a Abs 4-5). Ziel war die Schaffung von Mindeststandards auf dem Gebiet der Pauschalreisen zum Schutz des Reisenden. Dem nationalen Gesetzgeber bleibt es unbenommen, über die Mindestanforderungen der RL hinauszugehen. Zuletzt wurden auf Grund des **2. ReiseRÄndG** (BGBl I 2001, 1658) ua die Vorschrift über Gastschulaufenthalte eingefügt und Präzisierungen an den Bestimmungen der Insolvenzsicherung vorgenommen; auch wurden kleine Modifizierungen auf Grund des **Schuldrechtsmodernisierungsgesetzes** (BGBl I 2001, 3138) erforderlich. 2

B. Anwendungsbereich des Reisevertragsrechts. I. Pauschalreise. Der Anwendungsbereich der §§ 651a ff wird maßgeblich durch das Vorliegen einer Pauschalreise, dh einer Gesamtheit von Reiseleistungen, 3 bestimmt. Es muss sich daher um ein Arrangement von mind zwei verschiedenen, **selbständigen Teilleistungen** handeln. Welcher Natur die Reiseleistungen sind, ist unerheblich, so dass etwa Transfers, Unterkünfte, Ausflüge, Kurse erfasst werden. Im Gegensatz zu der Pauschalreise-RL sind Beförderung und Übernachtung keine unbedingten Voraussetzungen, ebenso ist keine Mindestdauer der Reise vorgegeben, so dass auch Tagesausflüge (beachte aber § 651k: Ausnahme von der Insolvenzsicherungspflicht) erfasst werden. Der BGH hat als Teilleistung überdies die Buchung eines »umfangreichen Freizeitangebots« genügen lassen (NJW 2000, 1639: Center-Park). Dies wirft die weitergehende Frage auf, wann die heute üblichen Zusatzangebote im Hotel, wie Wellness-, Sportangebote oder ein Pool ausreichen, um neben der Unterbringung eine selbständige Leistung anzunehmen; rein untergeordnete Nebenleistungen bleiben außer Betracht. Im Einzelfall ist nach der Verkehrsanschauung festzustellen, ob die Leistung in einer Hauptleistung aufgeht, wie etwa die Verpflegung im Flugzeug, Unterbringung im Schlafwagen oder in der Kabine auf einem Schiff (anders bei einer Kreuzfahrt, da hier noch andere Leistungen vorliegen) oder das Angebot von Reiseversicherungen. Herangezogen werden kann hierfür, ob die Zusatzleistung einen beträchtlichen Teil der Reise ausmacht, sie einen losgelösten Eigenwert hat oder einer anderen Leistung funktionell zugeordnet ist. Str ist, inwieweit die Vollpension im Hotel eine eigene Leistung darstellt (dafür, da Verpflegung getrennt buchbar, München NJW 1984, 132; Staud/*J Eckert* Rn 16; dagegen RegE BTDrs 7/5141; *Bechhofer* S 7); Ähnl wird auch bei Wellnessangeboten überlegt (dafür MüKo/*Tonner* Rn 25; krit *Seyderhelm* Rn 31). Geben diese Angebote der Reise ein eigenes Gepräge (»Schlemmerwochenende«, »Wellnesswoche«), ist in ihnen grds nicht nur eine untergeordnete Leistung zu sehen (sa Staud/*J Eckert* Rn 16). Unerheblich ist, ob der Reiseveranstalter die geschuldeten Leistungen durch andere ausführen lässt oder ob er diese ganz oder teilw selbst erbringt, so dass auch ein Busunternehmer, der Reisen selbst organisiert (zB »Kaffeefahrt«, wenn neben der Beförderung eine nicht nur beiläufige Mahlzeit angeboten wird) oder ein Luftfahrtunternehmen, das seine Flüge mit Unterkünften koppelt, Reiseveranstalter ist.

4 Str ist, ob lediglich Leistungen touristischer Natur oder ob auch **Konferenzreisen**, bei denen etwa die Teilnahme und die Unterkunft organisiert werden, von § 651a erfasst sind. Die Pauschalreise-RL spricht in Art 2 Nr 1 von Beförderung, Unterkunft und anderen touristischen Leistungen, weshalb auch der EuGH Gastschulreisen, die den Zweck einer Bildung verfolgen, nicht erfasst sehen wollte (C-237/97 – AFS Intercultual Programs Finland, abgedr in EuZW 1999, 219). Der nationale Gesetzgeber ist gleichwohl nicht gehindert, über den Mindestschutz der RL hinauszugehen. Insbes wurden Gastschulreisen dem Reisevertragsrecht untergeordnet (s § 651l). Doch auch den reiserechtlichen Vorschriften ist der Urlaubscharakter immanent, insbes § 651f Abs 2 setzt den Urlaubszweck voraus, so dass insg die Annahme näher liegt, Geschäftsreisen nicht vom Anwendungsbereich der Pauschalreise gedeckt zu sehen (aA MüKo/*Tonner* Rn 16 ff; jurisPK/*Keller* Rn 21). Die Frage wird sich jedoch selten stellen, da nur wenige Geschäftsreisen von einem Veranstalter organisiert sein und eine Gesamtheit von Leistungen umfassen dürften.

5 Das Merkmal der Gesamtheit der Leistungen in § 651a Abs 1 weist daraufhin, dass die rein additive Erbringung der Teilleistungen nicht genügt, sondern vielmehr eine Bündelung oder **Verschmelzung** dieser zu einem Paket erforderlich ist. Die bloße Buchung von verschiedenen selbständigen und von einander unabhängigen Reiseleistungen in einem Schritt vermag keine Gesamtheit zu begründen. Typisch für eine herkömmliche Pauschalreise ist, dass der Veranstalter die Reise zu einem vorher festgelegten Programm zusammenfügt und sie »vorgefertigt« anbietet. Daher sollte nach hM die Bündelung dieser Leistungen erfolgen, bevor sie dem Kunden offeriert werden. Wurden in einem Reisebüro die Reiseleistungen auf Initiative des Kunden zusammengefügt, bspw durch Kombination des gewünschten Fluges und einer passenden Unterkunft, wurde keine Pauschalreise angenommen (LG Bielefeld RRa 2005, 35; Dresden RRa 2003, 32; Frankfurt aM NJW-RR 1991, 1018; Soerg/*H W Eckert* Rn 11; Staud/*J Eckert* Rn 19).

6 Diese Auffassung ist auf Grund eines Urteils des EuGH (C-400/00 – ClubTour-Urteil, EuZW 2002, 402) aufzugeben (*Tonner* EuZW 2002, 403; *Führich* RRa 2006, 50; Palandt/*Sprau* Einf v § 651a Rn 4; sa LG Düsseldorf RRa 2005, 38; aA *HW Eckert* RRa 2003, 194). In dem von einem portugiesischen Gericht vorgelegten Sachverhalt hatte der EuGH festgestellt, dass das Merkmal der »im Voraus festgelegten Verbindung« in Art 2 Nr 1 dahingehend auszulegen sei, dass die **Bündelung vor Vertragsschluss** nicht unbedingt vor Offerierung an den Kunden zu erfolgen habe. Eine Pauschalreise liege daher auch dann vor, wenn ein Reisebüro entspr der Vorgaben und Wünsche des Kunden verschiedene Reiseleistungen koordiniere und der Reisende diese dann zusammen buche. Diese Auslegung des Gemeinschaftsrechts durch den EuGH ist auch im nationalen Recht zu berücksichtigen, zumal der durch die RL gewährte Schutz nicht unterschritten werden darf (sog Mindeststandardprinzip des Art 8).

7 Die Entscheidung ist insbes bei der Beurteilung von im Internet buchbaren Reisen von hoher Bedeutung. Bei den sog **Reiseportalen** ist wie bei herkömmlichen Reisebüros zu unterscheiden, ob es sich lediglich um Einzelleistungen oder Pauschalreisen fremder Anbieter (dann Vermittlungsverträge), oder um sog »dynamisch gepackte Reisen« (dann Pauschalreisen) handelt. Der Begriff des **Dynamic Packaging** wird für spezielle Buchungs- und Reservierungssysteme verwendet, mit Hilfe derer sich der Interessent aus einer Vielzahl von Angeboten individuelle Reisen zusammenstellen kann. Hierbei gibt der Kunde seine Wünsche in eine Suchmaske ein. Das System sucht den Vorgaben entspr in Echtzeit die Reiseleistungen aus mit dem Portal ver-

knüpften Datenbanken, etwa der Leistungsanbieter (Hotels, Fluggesellschaften) oder der Zwischenhändler wie der CRS/GDS (zB Amadeus, Galileo), heraus. Der Reisende kann sich auf diesem Weg bspw zunächst eine Unterkunft, den passenden Flug und andere Leistungen, etwa Ausflüge, Mietwagen, Kurse buchen und sich so ein maßgeschneidertes Programm erstellen. Die Reiseleistungen können anschließend in einem Schritt gebucht und bezahlt werden. Auch hierbei werden die Merkmale einer Pauschalreise erfüllt, da die gewählten Reiseleistungen vor Vertragsschluss von der Software koordiniert, zu einer Reise zusammengefügt und erst danach als Ganzes gebucht werden. Diese dynamisch gepackten Reisen ähneln entfernt dem herkömmlichen **Bausteinsystem**, bei welchem sich der Kunde seine Reise aus von dem Veranstalter im Katalog angebotenen einzelnen Bausteinen (zB unterschiedlich klassifizierte Unterkunftsmöglichkeiten, verschiedene Ausflüge) zusammenstellen kann, und auf welches das Pauschalreiserecht allg angewendet wird (hM; ausf Staud/*J Eckert* Rn 19).

Davon zu unterscheiden ist das **Dynamic Bundling**, bei dem der Reisende zwar ebenfalls mithilfe eines virtuellen Reservierungssystems Leistungen auswählt, diese jedoch nicht verknüpft und nicht verbunden werden. Hierbei bleibt es bei der bloßen Vermittlung der Reiseleistungen (LG Berlin RRa 2005, 220). Im Grunde nehmen die Reiseportale die gleichen Aufgaben und Funktionen eines Reisebüros wahr, so dass hinsichtlich der Beurteilung, wann eine Reiseveranstaltung oder eine bloße Vermittlung vorliegt, die bisher entwickelten Maßstäbe gelten. Als weitere **Indizien** für das Vorliegen einer Pauschalreise wurden die Ausgabe eines Sicherungsscheines, die gemeinsame Buchung, die einheitliche Darstellung im Prospekt und die inhaltliche Bezogenheit und Abhängigkeit der Reiseleistungen, gleichwohl diese keinesfalls zwingende Voraussetzungen sind, angesehen (*Seyderhelm* Rn 15). Auch der Gesamtpreis hat Indizwirkung für das Vorliegen einer Pauschalreise (Soerg/*H W Eckert* Rn 13). Allerdings stellt Art 2 Nr 1 der Pauschalreise-RL klar, dass allein die getrennte Berechnung der Reiseleistungen die Annahme einer Pauschalreise nicht hindert. Der Veranstalter soll nicht durch die getrennte Rechnungsstellung die Anwendung der reiserechtlichen Normen verhindern können. 8

II. Reiseveranstalter. Der Begriff des Reiseveranstalters ist weit auszulegen. Nach Art 2 Nr 2 der Pauschalreise-RL ist darunter »jede Person, die nicht nur gelegentlich Pauschalreisen organisiert und sie direkt oder über einen Vermittler zum Verkauf anbietet« zu verstehen. Maßgeblich ist nach § 651a Abs 2, dass der Veranstalter die Reise in **eigener Verantwortung** zu erbringen verspricht, was iE durch Auslegung zu ermitteln ist. Maßgeblich ist bei objektiver Würdigung der gesamten Umstände, insbes der Reisebeschreibung und der Vertragsabwicklung, die Sicht des Reisenden als Erklärungsempfänger (BGH NJW 1974, 37; AG Stuttgart RRa 1995, 229), wobei neben dem (vorprozessualen) Gerieren des Anbieters auch die unter Rn 8 genannten Anhaltspunkte herangezogen werden können. 9

Gewerbliches Handeln ist nicht erforderlich, auch schadet nur gelegentliches Anbieten nicht, so dass Schulen, Sportvereine oder Vereine dem Begriff unterfallen (LG Hildesheim VuR 1989, 140; LG Darmstadt NJW 1978, 2300; AG Essen NJW-RR 1993, 1401). Allerdings müssen Veranstalter, die nur **gelegentlich**, dh ein- bis zweimal im Jahr, Reisen anbieten, nicht die Anforderungen der Informationspflichten der BGB-InfoV (vgl § 11 BGB-InfoV) und der Insolvenzabsicherung erfüllen. Die Pauschalreise-RL nimmt dagegen Gelegenheitsveranstalter generell von ihrem Anwendungsbereich aus. 10

Ein Reiseveranstalter kann sich durch die bloße Erklärung, lediglich als Vermittler zu handeln, nicht von seiner Haftung nach den §§ 651a ff befreien. Dieser allg aus den §§ 164 Abs 2, 242 folgende Grundsatz des venire contra factum proprium wird durch **Abs 2** für den Reisevertrag konkretisiert. Hierbei handelt es sich um die Normierung der bereits vor Inkrafttreten des Reisevertragsgesetzes entwickelten Rspr (BGHZ 61, 275; NJW 1974, 1046), wonach die Berufung auf eine bloße Vermittlungstätigkeit dann zu versagen ist, wenn für den Reisenden der Anschein entsteht, der Anbieter erbringe die Gesamtheit von Reiseleistungen in eigener Verantwortung (s BGH NJW-RR 2007, 1501; NJW 2004, 681 – Fremdleistungsklauseln; sa Köln NJW-RR 1995, 314; Celle NJW-RR 1990, 445). Die vollständige Freizeichnung von der Haftung als Veranstalter durch eine solche **Vermittlungsklausel** ist unwirksam. Einer solchen Klausel soll nicht einmal Indizwirkung zukommen (*Seyderhelm* Rn 27). Der Anschein der eigenverantwortlichen Erbringung kann insbes durch die Prospektgestaltung und Werbung, da der Reisende diese in erster Linie zur Grundlage seiner Kaufentscheidung macht, aber auch durch das Verhalten des touristischen Unternehmens, etwa die Entgegennahme der Buchungserklärung, des Reisepreises oder der Mängelanzeigen, entstehen (Düsseldorf NJW-RR 1990, 186; LG Frankfurt aM NJW-RR 1990, 957). 11

Im Zweifel gehen Unklarheiten zu Lasten des Anbieters (*Führich* RRa 2002, 194). Abs 2 verbietet es dem Veranstalter jedoch nicht, neben der Pauschalreise auch Zusatzleistungen zu vermitteln. Jedoch ist die Möglichkeit der bloßen **Vermittlung von** vor Ort angebotenen **Ausflügen** oder anderen Veranstaltungen eingeschränkt. Stellen diese Freizeitmöglichkeiten einen wesentlichen Teil der Reise dar, wird durch die Werbung oder Leistungsbeschreibung im Prospekt oder durch das Verhalten der Reiseleitung vor Ort der Eindruck erweckt, diese Leistungen würden vom Veranstalter beauftragt und er verantworte diese, kann er sich dem nicht durch eine Vermittlerklausel entziehen (BGH NJW-RR 2007, 1501; NJW 2000, 1188). Auch Einrichtungen und Anlagen, die zwar nicht im Prospekt erwähnt, aber vorhanden sind und aus Sicht des Reisenden zum Vertragshotel gehören (zB Poolanlage mit Wasserrutsche, BGH NJW 2006, 3268), werden von der Einstandspflicht erfasst (sa § 651f Rz 9). Allein der Umstand, dass die Zusatzangebote am Urlaubsort gebucht 12 und bezahlt werden, genügt nicht, um die Haftung des Veranstalters zu begrenzen (BGH NJW-RR 2007, 1501; Düsseldorf RRa 2005, 118; aA Düsseldorf RRa 2006, 112). Nur sofern hinreichend deutlich wird, dass diese nicht Bestandteil des gebuchten Pauschalpakets sind, und der Veranstalter lediglich Leistungen eines fremden Unternehmens vermittelt, ohne hierfür einstehen zu wollen, haftet er nicht für Ausflüge (sa Köln RRa 2005, 161; LG Frankfurt aM NJW-RR 2005, 131).

13 **III. Abgrenzung zum Reisemittler.** Abzugrenzen ist der Veranstalter vom bloß vermittelnd handelnden Reisebüro. Art 2 Nr 3 der Pauschalreise-RL definiert den Mittler als Person, welche die vom Veranstalter zusammengestellte Reise verkauft oder zum Verkauf anbietet. § 651a Abs 2 nennt zur Abgrenzung vom Vermittler das Kriterium der Eigenverantwortlichkeit bei Erbringung der Reiseleistung. Anders als der Veranstalter will das Reisebüro nicht für den Erfolg der Reise eintreten, sondern wird lediglich als Makler tätig. Als solcher wirkt es auf den Abschluss eines Vertrages zwischen Kunden und Reiseunternehmen, sei es ein Leistungsträger (zB bei der Vermittlung eines Beförderungsvertrages, einer Unterkunft oder einer Reiseversicherung) oder ein Reiseveranstalter, hin. Als Reisebüro werden zT auch veranstaltereigene Buchungsstellen bezeichnet. Hierbei handelt es sich jedoch nicht um Mittler; vielmehr erfolgt eine Direktbuchung beim Veranstalter.

14 Nach hM entsteht zwischen Reisendem und dem Mittler ggf konkludent ein **Geschäftsbesorgungsvertrag** mit werkvertraglichem Charakter, §§ 676, 631 ff (vom BGH bisher offengelassen s NJW 2006, 2321; LG Düsseldorf RRa 2005, 38; LG Frankfurt aM NJW-RR 2001, 1423; Frankfurt aM NJW-RR 2096, 889; Staud/*J Eckert* Rn 57; aA *Neuner* AcP 193, 1 – Geschäftsbesorgungsdienstvertrag). Das Reisebüro schuldet die gewissenhafte Ausführung der Vermittlung, Beratung und Information. Es haftet für falsche Auskünfte (LG Frankfurt aM NJW-RR 1998, 1669; LG Mönchengladbach NJW-RR 1986, 56), sofern es sich nicht um Informationen Dritter handelt, auf deren Richtigkeit es vertrauen konnte (AG Uelzen RRa 2007, 231). Computerreservierungssysteme (CRS/GDS) sind keine Erfüllungsgehilfen des Mittlers, so dass es für deren falsche Angaben nicht einstehen muss (AG München RRa 2006, 127). Eine Ersatzpflicht kann auch durch die verspätete Zusendung von Unterlagen, Falschberatung (AG Hanau RRa 1995, 90) oder fehlerhafte Buchung (AG Menden NJW-RR 2006, 1288) begründet werden. Das Reisebüro hat auf die drohende Insolvenz sowie auf die Unzuverlässigkeit des Anbieters der Reiseleistung hinzuweisen, soweit Indizien hierfür bestehen (LG Ellwangen RRa 2006, 124; *Tempel* NJW 1996, 1625). Bei Buchungen über das Internet sind zwar die Vorschriften des FernabsatzG nicht anwendbar, jedoch stellt es eine Pflichtverletzung des Vermittlers iSd § 280 dar, wenn er dem Reisenden keine den Anforderungen des § 312c Abs 2 genügende Buchungsbestätigung übersendet (LG Berlin RRa 2005, 220). Ungefragt muss das Reisebüro nicht auf das billigste Angebot in seinem Sortiment hinweisen (ausf *Noll* RRa 1996, 67; aA *Seyderhelm* Rn 67); zur Beratungspflicht bei der Vermittlung von Reiseversicherungen s AG Karlsruhe NJW-RR 02, 560. Über Einreisebestimmungen hat es von sich aus nur aufzuklären, wenn für das Reisebüro erkennbar ist, dass es dem Kunden speziell auf diese ankommt, etwa bei hohen Visakosten oder Last-Minute-Reisen (LG Frankfurt aM NJW-RR 2001, 1423; verneinend LG Baden-Baden RRa 2003, 82; AG Worms RRa 2007, 231; sa BGH NJW 2006, 2321).

15 Darüber hinaus sind Reisebüros häufig mittels eines **Agenturvertrages** mit dem Reiseveranstalter verbunden, durch den sie als Handelsvertreter (§§ 84 ff HGB) ständig mit der Vermittlung von Verträgen betraut werden (BGH NJW 1982, 377; zuletzt 2003, 743). Als Stellvertreter dürfen sie für den Veranstalter bindende Erklärungen abgeben und entgegennehmen. Zugleich sind sie Erfüllungsgehilfen; ihr Fehlverhalten bei Vertragsschluss (cic) oder -abwicklung ist dem Veranstalter zuzurechnen. Ist das Reisebüro nicht ständig für einen Veranstalter mit der Abschlussvermittlung betraut, handelt es als **Handelsmakler** iSd § 93 HGB und kann als solcher Vertragsangebote des Reisenden annehmen (BGH NJW 1982, 377; Staud/*J Eckert* Rn 62). Auch für sein Handeln hat der Veranstalter im Rahmen der Haftung für Erfüllungsgehilfen einzustehen (*Führich* Rn 706).

16 Auf Grund der **Doppelnatur** des Reisebüros als Berater des Reisenden und zugleich als Handelsvertreter oder als Makler des Veranstalters bestehen verschiedene Haftungskreise, die voneinander abzugrenzen sind: Soweit das Reisebüro den Kunden bei der **Auswahl** einer geeigneten Reise aus seinem Sortiment unterstützt und berät, wird es in seinem genuinen Pflichtenkreis tätig und haftet dem Reisenden aus dem Vermittlungsvertrag. Hat der Reisende jedoch bereits seine **Auswahlentscheidung** für eine bestimmte Reise getroffen, wird das Reisebüro als Vertreter und Erfüllungsgehilfe des ausgewählten Veranstalters tätig. Ab diesem Zeitpunkt haftet dieser als Geschäftsherr. Ihm sind Fehler und Pflichtverletzungen des Reisebüros zuzurechnen. Ansprüche kann der Reisende daher regelm nur gegen den Veranstalter geltend machen (BGH NJW 2006, 2321; 2006, 3137; ausf *Tonner/D Schulz* RRa 2007, 50). Insbes obliegen auch nur dem Veranstalter, nicht aber dem Reisebüro die Informationspflichten der BGB-InfoV. Zusätzliche Ansprüche gegen das Reisebüro auf Grund Sachwalterhaftung (§ 311 Abs 3) hat der BGH verneint, da dieses regelm weder eigenes bes Vertrauen (Werbung mit eigener Sachkunde ist nicht ausreichend) in Anspruch nimmt und dadurch die Verhandlungen maßgeblich beeinflusst, noch ein unmittelbares, eigenes Interesse am Vertragsschluss hat, wofür das Provisionsinteresse als nur mittelbares Interesse nicht genügt (BGH NJW 2006, 2321; mit Anm *D Schulz* LMK 2006, 189320; aA *Tamm* JR 2007, 355).

17 Bei erfolgreicher Vermittlung hat das Reisebüro je nach Vereinbarung mit dem Reiseunternehmen einen Provisionsanspruch gegen den Veranstalter/Leistungsträger oder einen **Vergütungsanspruch** gegen den Kunden

(sa *Tonner/D Schulz* RRa 2007, 50). Letzterer erfolgt in Form eines Beratungsentgeltes oder bei dem sog Nettopreismodell durch Aufschlag eines Entgelts auf den Nettopreis der Reiseleistung (vor allem bei Vermittlung von Flugscheinen).

Das Reisebüro kann jedoch neben seiner Vermittlungstätigkeit auch als Veranstalter tätig werden. Ausreichend ist hierfür, dass fremde Leistungen eines Veranstalters noch mit weiteren Teilleistungen kombiniert und diese dem Kunden zusammen angeboten werden (Soerg/*H W Eckert* vor § 651a Rn 16), s.o. Rz 3 ff. 18

IV. Reisender. Die Pauschalreise-RL definiert den Reisenden als **Vertragspartner des Reiseveranstalters**, also den, der die Reise im eigenen Namen bucht. Dies gilt unabhängig davon, ob er selbst an der Reise teilnimmt oder ob er im Einvernehmen mit dem Veranstalter einen anderen teilnehmen lässt (AG Düsseldorf RRa 1998, 107). Letzterer ist ein durch den Vertrag begünstigter Dritter (§ 328). Dies gilt vor allem bei **Incentive-Reisen**, also Reisen, die ein Unternehmen, sei es als Werbezweck seinen Kunden oder als Prämie seinen Mitarbeitern, schenkt (nicht bei Weiterverkauf Celle NJW-RR 2004, 1698). Vertragspartner und damit Reisender iSd Norm ist hier das Unternehmen (BGH NJW 2002, 2238). Der Teilnehmende ist nach § 328 anspruchsberechtigt und in den Schutzbereich des Reisevertrages einbezogen. Der Reisende muss nicht Verbraucher iSd § 13 sein, der Begriff des Reisenden in der Pauschalreise-RL ist weiter. Prinzipiell können auch Geschäftsreisende Partei des Reisevertrages sein. Str ist jedoch, ob Geschäftsreisen an sich dem Begriff der Reise unterfallen können, da die Pauschalreise-RL von touristischen Dienstleistungen spricht, und auch die §§ 651a ff, insbes § 651f Abs 2, einen Urlaubszweck voraussetzen (s.o. Rz 4). 19

V. Leistungsträger. § 651a Abs 2 nennt Personen, welche die Reiseleistungen ausführen, Leistungsträger. Hierunter sind die Unternehmen und Personen zu verstehen, welche die Leistungen faktisch erbringen, wie etwa Beförderungsunternehmen oder Hoteliers. Kennzeichnend ist ihre rechtliche Selbständigkeit. Da sie nicht in das Unternehmen des Reiseveranstalters eingegliedert sind und nicht dessen Weisungen unterliegen, sind sie **nicht** dessen **Verrichtungsgehilfen** iSd § 831 (BGH NJW 1988, 1380; LG Stuttgart RRa 2006, 25). Leistungsträger werden auf Grund eines Vertrages (zB Kontingent-, Chartervertrag) mit dem Reiseveranstalter tätig. Mit Durchführung der Leistungen erfüllen sie nicht nur ihre vertraglichen Pflichten ggü dem Veranstalter, sondern auch dessen reisevertraglichen Pflichten ggü dem Reisenden. Damit sind sie **Erfüllungsgehilfen** iSd § 278; ihre mangelhaften Leistungen führen auch zu einer Haftung des Veranstalters (BGH NJW 2007, 2549; Soerg/*H W Eckert* Vor § 651a Rn 18). Anders als für einfache Erfüllungsgehilfen kann der Veranstalter seine Haftung für Leistungsträger gem § 651h beschränken (vgl dort). Regelm wird der Reisende aus diesem Vertrag **als Dritter begünstigt** (§ 328), wenn die Reiseleistung primär in seinem Interesse liegt (BGH NJW 1986, 1613; 1987, 1931). Zumindest wird ein Vertrag mit Schutzwirkung zugunsten des Reisenden angenommen werden können (vgl Erman/*Seiler* Rn 11; krit Staud/*J Eckert* Rn 55 ff). Daneben stehen dem Reisenden deliktische Ansprüche (§§ 823 ff) gegen den Leistungsträger zu. 20

VI. Analoge Anwendung der §§ 651a ff auf einzelne Reiseleistungen. Bei der Buchung einer einzelnen Reiseleistung fehlt es an der für eine Pauschalreise notwendigen Gesamtheit; die §§ 651a ff sind nicht unmittelbar anwendbar. Dennoch sollen die reiserechtlichen Vorschriften Anwendung finden, wenn der Anbieter eine bestimmte Gestaltung und damit den Erfolg der Reise, wenn auch beschränkt auf die vereinbarte Leistung, verspricht (st Rspr seit BGHZ 61, 275; NJW 1985, 906; so auch *Seyderhelm* Rn 21; Soerg/*H W Eckert* Rn 22; gegen eine Analogie Staud/*J Eckert* Rn 27 ff; Erman/*Seiler* vor § 651a Rn 8, die einen Werkvertrag annehmen). Dies gilt insbes für **Ferienhausverträge**. Nach Ansicht des BGH sind mit dem Objekt und seiner Überlassung die Grundzüge der Urlaubsreise vorgegeben. Die Anreise, der Aufenthaltsort, die Umgebung und mit ihr zugleich die wichtigsten Urlaubsbedingungen sowie schließlich die Rückreise ständen selbst dann als Gesamtheit der Reise fest, wenn lediglich die Überlassung eines Hauses oder einer Wohnung vereinbart, alles weitere dagegen individuell vom Abnehmer organisiert werde (BGH NJW 1995, 2629; krit *Seyderhelm* Rn 24). Der BGH begründet die analoge Anwendung ferner mit der Erwägung, dass die Interessenlage des Reisenden und dessen Sicherungsinteresse hinsichtlich des von ihm im Voraus gezahlten Reisepreises mit dem eines üblichen Pauschalreisenden vergleichbar seien. Entspr § 651a Abs 2 analog ist auf das Auftreten des Anbieters abzustellen. Werden die Leistungen veranstaltermäßig, dh in einem eigenen Katalog unter Herausstellung des eigenen Namens, beworben und entsteht dabei für den Kunden der Eindruck, der Anbieter erbringe die Leistungen in eigener Verantwortung (zB Entgegennahme der Buchungserklärung, der Zahlungen), haftet dieser als Reiseveranstalter nach Maßgabe der §§ 651a ff. Dies kann jedoch nicht gelten, wenn der Reisende das Haus direkt bei dessen Eigentümer bucht oder der Anbieter hinreichend deutlich macht, dass er lediglich vermittelnd tätig wird. Dann kommt Mietrecht, ggf auch Beherbergungsrecht zur Anwendung. 21

Bejaht wird eine analoge Anwendung auch bei der Buchung eines **Hotelaufenthaltes** (AG Bad Homburg NJW-RR 2005, 856; LG Frankfurt aM NJW-RR 1993, 124; AG München RRa 1996, 109), eines **Wohnmobils** als Ferienhaus auf Rädern (Düsseldorf NJW-RR 1998, 50; Karlsruhe NJW-RR 1988, 954; aA AG München NJW-RR 1995, 368) sowie einer **Bootscharter** (sofern der Veranstalter die Route und die Liegeplätze plant, dh die Organisation übernimmt, s BGH NJW 1995, 2629; Soerg/*H W Eckert* Rn 24). Eine analoge Anwendung auf reine Beförderungsleistungen kommt regelm nicht in Betracht, da hier der Charakter einer veranstalteten Urlaubsreise fehlt; im Einzelfall kann wegen der Anscheinshaftung (Abs 2 analog oder jedenfalls 22

Rückgriff auf allg Grundsatz des venire contra factum proprium, §§ 164 Abs 2, 242) anderes gelten (vgl LG Aachen NJW-RR 2000, 133 zur Flugreise; LG Frankfurt aM NJW-RR 1993, 124).

23 **C. Vertragsschluss. I. Zustandekommen des Vertrages.** Regelm bucht der Reisende auf Grund eines Reiseprospektes, welcher – wie auch ein **Angebot** im Internet – als invitatio ad offerendum einzustufen ist (Soerg/*H W Eckert* vor § 651a Rn 38). Zwar binden die Prospektangaben den Veranstalter (§ 4 Abs 1 S 2 BGB-InfoV), doch bezieht sich dies nicht auf das Zustandekommen des Vertrages (jurisPK/*Keller* Rn 31). Mit seiner Buchungserklärung, sei es telefonisch, schriftlich oder virtuell per Mail oder Buchungsmaske im Internet, gibt der Reisende ein bindendes Angebot (§ 145) zum Vertragsschluss ab. Die **Annahme** des Veranstalters dürfte regelm binnen weniger als zwei Wochen zu erwarten sein (sa § 147 Abs 2). Je nach Buchungsweg kann die Annahmeerklärung auch sofort erfolgen, zB telefonisch oder per Buchungsbestätigung im Internet (nicht durch die bloße Eingangsbestätigung des vom Reisenden erklärten Angebots). Spätestens in der schriftlichen **Reisebestätigung** gem Abs 3 wird eine Annahme zu sehen sein. Abs 3 statuiert kein Formerfordernis iSd § 125; der Vertrag ist nicht formbedürftig. Insbes gelten die Regelungen über Fernabsatzverträge beim Einsatz von Fernkommunikationsmitteln nicht für den Reisevertrag, § 312b Nr 6. Allerdings sind bei Online-Buchungen die Vorgaben des § 312e zu beachten (LG Berlin RRa 2005, 220). Weicht die Annahmeerklärung des Veranstalters inhaltlich von dem Angebot des Reisenden ab, ist hierin ein neues Angebot des Veranstalters zu sehen (§ 150 Abs 2), welches der Reisende konkludent durch die vorbehaltlose Zahlung des Reisepreises bzw durch Reiseantritt annimmt (LG Frankfurt aM RRa 2007, 273; LG Düsseldorf RRa 2007, 34; sa LG Frankfurt aM RRa 2007, 25: Sonderwunsch; AG Hannover RRa 2007, 175: Dissens bei Widerspruch; aber Anfechtung wegen Irrtums möglich s AG München RRa 2007, 177). Zu Fehlern bei der Buchung s LG Düsseldorf RRa 2007, 121; AG Berlin-Lichtenberg RRa 2007, 129.

24 Mündliche Zusagen seiner Mitarbeiter muss sich der Veranstalter über § 54 Abs 1 HGB zurechnen lassen. Auch Erklärungen des vermittelnden, selbständigen **Reisebüros**, welches auf Grund eines Agenturvertrages regelm Empfangsvertreter des Reiseveranstalters ist und über Abschlussvollmacht verfügt (vgl §§ 84–92c, 54 HGB), binden den Veranstalter, es sei denn, diese stehen im offenen Widerspruch zum Prospekt (LG Hannover RRa 1996, 199; Frankfurt aM NJW-RR 1995, 1462; sa LG Frankfurt aM RRa 1994, 60). Fremde Beschreibungen, etwa Prospekte des Hotels, binden den Veranstalter nicht (AG Duisburg RRa 2006, 30).

25 **II. Rechtsstellung von Mitreisenden.** Bei Sammelbuchungen, bei denen der Anmelder eine Buchungserklärung auch für andere abgibt, ist zwischen Familien und anderen Reisegemeinschaften zu unterscheiden. Bucht ein **Familienmitglied** für seine Angehörigen, wird mangels abweichender Vereinbarung nur dieses Vertragspartner des Reiseveranstalters (Frankfurt aM NJW-RR 2004, 1285; Soerg/*H W Eckert* vor § 651a Rn 35). Die anderen Mitglieder sind zwar nicht Reisende iSd § 651a, werden aber über § 328 in den Reisevertrag als Dritte einbezogen und genießen die Schutzwirkung des Vertrages. Dies hat zur Folge, dass der Buchende den Reisepreis schuldet und auch nur er Ansprüche gegen den Veranstalter innehält. Es obliegt ihm allein, die Mängel anzuzeigen, den Rücktritt zu erklären, und auch nur er kann Erfüllungs- oder Gewährleistungsansprüche geltend machen und hierauf klagen. Schadensersatzansprüche stehen jedoch den Familienmitgliedern selbst zu. Dies gilt auch für nichteheliche Gemeinschaften, sofern das Näheverhältnis bei Vertragsschluss erkennbar ist (zB Buchung eines Doppelzimmers, LG Frankfurt aM RRa 2007, 25). Hingegen wird Stellvertretung anzunehmen sein, wenn die Familieneigenschaft zB auf Grund verschiedenen Nachnamens nicht erkennbar ist (Düsseldorf NJW-RR 2000, 583). Auch bei der Buchung für eine **Gruppe** ist regelm davon auszugehen, dass der Reisende nur für sich selbst im eigenen Namen und iÜ lediglich als Vertreter der Gruppenmitglieder handeln will (BGH BB 1978, 928; LG Stuttgart NJW-RR 1993, 1018). Hier kommen mehrere Reiseverträge zustande.

26 **III. Einbeziehung von AGB.** Reiseverträge enthalten regelm allg Geschäftsbedingungen. Der Deutsche Reiseverband empfiehlt unverbindlich die Verwendung der von ihm entwickelten **Reisebedingungen für Reiseverträge** (DRV-ARB), derzeit in der Fassung von 2006 (ausf *Noll* RRa 2007, 61), auf deren Grundlage viele Veranstalter ihre eigenen ARB zusammenstellen. Abweichungen von den §§ 651a ff zum Nachteil des Reisenden dürfen nicht vereinbart werden (s Komm zu § 651m). Klauseln, die von den Gestaltungsmöglichkeiten des Reiserechts Gebrauch machen und über die dort gesetzten Grenzen nicht hinausgehen oder sich nicht in den von §§ 651a ff umfassten Bereichen befinden, unterliegen der Inhaltskontrolle der §§ 307 ff (Erman/*Seiler* vor § 651a Rn 5).

27 An die wirksame **Einbeziehung** der ARB sind die allg Anforderungen zu stellen. Probleme treten vor allem bei Buchungen per Telefon auf. Hier wird anzunehmen sein, dass der Kunde, sofern er auf die Geltung von AGB hingewiesen wird, auf die Möglichkeit der Kenntnisnahme der Klauseln verzichtet, wenn er vorbehaltlos seine auf den Vertragsschluss gerichtete Willenserklärung abgibt (Staud/*J Eckert* Rn 81; *Seyderhelm* Rn 104). Die Pflicht der vollständigen Übermittlung der AGB vor Vertragsschluss aus § 6 Abs 3 BGB-InfoV ist keine Einbeziehungsvoraussetzung, welche die Anforderungen des § 305 Abs 2 erhöht, sondern nur Bestandteil der Informationspflicht des Veranstalters (dafür LG Frankfurt aM RRa 2007, 273; *Matern* RRa 2008, 213; Palandt/*Sprau* BGB-InfoV § 6 Rn 3; aA MüKo/*Tonner* § 6 BGB-InfoV Rn 18; iÜ s Rz 36). Bei **Online-Buchungen** müssen gem § 312e Abs 1 Nr 4 die AGB bei Vertragsschluss abrufbar und in wiedergabefähiger Form speicherbar sein.

D. Vertragsinhalt. I. Pflichten des Reiseveranstalters. Der Reiseveranstalter schuldet die Erbringung der vertraglich vereinbarten Reiseleistungen und haftet für den **Erfolg der Reise**, sofern dies von seinen Leistungen abhängt (BGH NJW 2000, 1188; 1995, 2629; 1986, 1748), unabhängig davon, ob er die Leistungen selbst ausführt oder ob er sich Hilfspersonen, bspw Leistungsträger, dazu bedient. Er hat die Reise mit der Sorgfaltspflicht eines ordentlichen Kaufmanns zu organisieren, zu planen und, gerade angesichts der Einschaltung von Leistungsträgern, diese sorgfältig auszuwählen und zu überwachen (BGH NJW 2006, 3268; LG Baden-Baden RRa 2007, 12; LG Düsseldorf RRa 2007, 13; Köln MDR 2007, 1005). Der nähere Leistungsinhalt ergibt sich aus der Buchungsbestätigung, dem Prospekt, aus Nebenabreden und Sonderwünschen des Reisenden (BGH NJW 2006, 2918; 2006, 3268). Beschreibungen sind so auszulegen, wie sie ein verständiger potentieller Durchschnittsreisender verstehen durfte. Lediglich von außen herangetragene Erwartungen des Reisenden werden nicht Vertragsbestandteil (AG Duisburg RRa 2005, 128). 28

Daneben treffen den Veranstalter zahlreiche **Informationspflichten**, die insbes in der BGB-InfoV niedergelegt sind (s Rz 32 ff). Hierbei handelt es sich um Hauptpflichten, bei deren Verletzung die Rechtsfolgen der §§ 651a ff eingreifen (BGH NJW 1985, 1165; Staud/*J Eckert* Rn 113; differenzierend Erman/*Seiler* vor § 651a Rn 8). Als **Nebenpflichten** obliegen dem Veranstalter der Abschluss einer Insolvenzsicherung und die Ausgabe eines Sicherungsscheines, vgl § 651k. Er trägt ferner Obhuts-, Informations-, Erkundigungs- und Fürsorgepflichten (Frankfurt aM RRa 1994, 8). So hat er auf bestimmte Ereignisse hinzuweisen, die den Reisenden über das allg Lebensrisiko (vgl § 651c Rz 20) hinaus gefährden (zB Epidemien, politische Unruhen) und die Vertragsdurchführung vereiteln oder beeinträchtigen (etwa höhere Gewalt, Naturkatastrophen, Streiks im Zielgebiet) könnten, sofern diese nicht bspw durch Medienberichte allseits bekannt sind (LG Düsseldorf RRa 1994, 104; § 651j Rz 7). Anderenfalls erwachsen dem Reisenden die Rechte aus den §§ 651c ff. 29

II. Pflichten des Reisenden. Der Reisende ist zur Zahlung des Reisepreises verpflichtet. Die Fälligkeit des Zahlungsanspruches ist gesetzlich nicht geregelt. Üblicherweise wird der Reisende im Vertrag verpflichtet, den vereinbarten Reisepreis vor Reisebeginn an den Veranstalter zu entrichten. Die Praxis der **Vorauskasse** ist auf Grund des langen Zeitraumes zwischen Vertragsschluss und Reisebeginn und der zuvor vom Veranstalter zu treffenden Vorbereitungshandlungen anerkannt (ausf Staud/*J Eckert* Rn 123), zumal der Reisende durch Ausgabe des Sicherungsscheines vor dem Verlust seiner Reisepreiszahlung gesichert ist (s Komm zu § 651k). Dennoch ist entspr des Rechtsgedankens aus § 320 eine möglichst zeitnahe Verknüpfung von Leistung und Gegenleistung erforderlich; eine Zahlungspflicht mehrere Monate vor Reisebeginn benachteiligt den Reisenden unangemessen (Soerg/*H W Eckert* vor § 651a Rn 51). Daher hat sich die Praxis der **Anzahlung** bei Vertragsschluss durchgesetzt, welche allg für zulässig gehalten wird (ausf *Dittrich/Henschler* RRa 2006, 8). Die Anzahlung darf erst ab Vertragsschluss verlangt werden, jedoch nicht schon bei der Buchung, da eine dahingehende Klausel gg §§ 651m, 307 Abs 2 Nr 1 verstößt (BGH NJW 1993, 263; 1992, 3158). Der BGH hat zuletzt eine Anzahlung von 20 % des Reisepreises bei Erhalt der Reisebestätigung und des Sicherungsscheines für angemessen erachtet (NJW 2006, 3134; abl *Schmidt* LMK 2006, 197102). 30

Bemüht der Reisende zur Buchung ein Reisebüro, kann er, sofern dieses eine **Inkassovollmacht** hat, mit befreiender Wirkung ggü dem Veranstalter an dieses den Reisepreis entrichten. Fehler in der Weiterleitung fallen dem Veranstalter zur Last. Regelm wird eine solche Vollmacht in den Agenturverträgen zwischen Veranstalter und Reisebüro vereinbart; auch in der kommentarlosen Entgegennahme des Geldes liegt eine Genehmigung (s § 185 Abs 2) des Veranstalters. Verfügt das Reisebüro jedoch über keine Einziehungsvollmacht, hat der Reisende für die Nichtweiterleitung des Reisepreises einzustehen. Verauslagt das Reisebüro die Gelder beim Veranstalter, kann es vom Reisenden unter den Voraussetzungen der §§ 675, 670 Regress fordern (LG Bückeburg NJW-RR 1993, 1020). Daneben treffen den Reisenden die allg vertraglichen **Nebenpflichten und Mitwirkungsobliegenheiten** der §§ 242, 241 Abs 2. Insbes hat er die Durchführung des Vertrages, bspw durch Beschaffung gültiger Einreisepapiere oder durch Einhaltung von Terminen, zu ermöglichen. Störungen des Reiseablaufs, Belästigung anderer Mitreisender und anderes vertragswidriges Verhalten können die Kündigung durch den RV rechtfertigen (su Rz 47). 31

E. Informationspflichten des Reiseveranstalters. Die von der Pauschalreise-RL vorgesehenen umfangreichen vorvertraglichen und vertraglichen Informationspflichten des Reiseveranstalters werden durch eine gesetzliche Ermächtigungsgrundlage (nunmehr Art 238 Abs 1 EGBGB) und durch die darauf beruhenden Vorschriften der §§ 4-11 BGB-InfoV umgesetzt. Die Pflichten aus der VO gelten gem § 8 BGB-InfoV nicht für Gelegenheitsveranstalter, dh für Veranstalter die nur gelegentlich, also etwa ein bis zweimal im Jahr und außerhalb ihrer gewerblichen Tätigkeit Pauschalreisen veranstalten, vgl ausf *Noll* RRa 2004, 98. 32

Sanktionen bei Verstoß gg die Informations- und Hinweispflichten werden von der VO nicht normiert. Da es sich nicht nur um reine Nebenpflichten, sondern um Hauptpflichten des Veranstalters handelt, greifen die Gewährleistungsansprüche der §§ 651a ff bei Verletzung dieser (so Rz 29). 33

§ 4 normiert Mindestanforderungen an den **Prospekt** des Veranstalters, sofern dieser einen solchen herausgibt (zum Begriff des Prospektes ausf *Matern* RRa 2007, 202 ff; LG Frankfurt aM RRa 2007, 238; München NJW-RR 2004, 915). Der Prospekt muss deutlich lesbare, klare und genaue Angaben zu den Zahlungsmodalitäten, zum Endpreis (bei Internetreservierungssystemen s BGH NJW 2003, 3055) und zu den Reisemodali- 34 täten (etwa Bestimmungsort, Beförderungsmittel, Reisedauer, inbegriffene Leistungen, Einreisebestimmungen) enthalten. Diese Angaben sind bindend; eine Änderung des Kataloginhaltes vor Vertragsschluss ist nur zulässig, sofern sich der Veranstalter dies im Prospekt vorbehalten hat.

35 Der Veranstalter hat den Reisenden nach § 5 BGB-InfoV über **Einreisebestimmungen** wie Pass- und Visaerfordernisse sowie über gesundheitspolizeiliche Formalitäten (etwa Impfungen) zu unterrichten, soweit er diese Hinweise nicht bereits in seinem Prospekt (s AG Bad Homburg NJW-RR 2005, 856) aufgenommen hatte und Änderungen nicht eingetreten sind. Bei Reisen in außereuropäische Staaten trägt der Reisende allerdings ein Mitverschulden, wenn er nicht die Pass- und Visapflichten beachtet (LG Hamburg RRa 2007, 727; LG Baden-Baden RRa 1996, 13; sa AG Bad Homburg NJW-RR 2005, 856). Str ist, wie Nr 1 S 2 der Norm, die Verpflichtung beziehe sich nur auf »Angehörige des Mitgliedsstaates, in dem die Reise angeboten wird«, auszulegen ist (vgl Soerg/*H W Eckert* § 2 InfVO Rn 2; Staud/*J Eckert* Anh zu § 651a: § 1 InfVO Rn 2). Jedenfalls gilt die Aufklärungspflicht auch dann, wenn der Reisende erkennbar Ausländer ist, wenngleich ausländisch klingende Vornamen keinen Anhaltspunkt hierfür bieten sollen. Der Veranstalter muss keine Nachforschungen anstellen. Es genügt der Hinweis in den ARB, dass möglicherweise andere Einreisebestimmungen gelten als für einen Deutschen (LG Düsseldorf RRa 2006, 162).

36 § 6 BGB-InfoV schreibt die Pflicht des Veranstalters, dem Reisenden nach Vertragsschluss eine **Reisebestätigung** auszuhändigen sowie deren Mindestinhalt fest. Diese muss sowohl die konkretisierten Pflichtangaben des Prospektes (Leistungsbeschreibung, Änderungsvorbehalte), als auch vereinbarte Sonderwünsche, Namen und Anschrift des Veranstalters sowie eine Belehrung über die Pflicht zur Mängelanzeige und zur Setzung einer angemessenen Frist zur Abhilfe, sofern diese nicht entbehrlich ist, über die nach § 651g zu beachtenden Fristen, über den richtigen Adressaten (Anschrift) des Abhilfeverlangens und der Mängelanzeige enthalten. Daneben ist der Reisende über den möglichen Abschluss einer Reiserücktritts- und einer Rückführungskostenversicherung zu informieren (nicht aber über eine Reiseabbruchversicherung, BGH NJW 2006, 3137; § 651i Rz 16). Abs 3 stellt ferner fest, dass der Veranstalter dem Reisenden vor Vertragsschluss alle **Reisebedingungen** zu übermitteln hat. Ein bloßer Auszug genügt nicht. Hat der Veranstalter diese Informationen bereits in seinem dem Reisenden auch zur Verfügung gestellten bzw bei Buchung im Reisebüro auch ausgehändigten Prospekt (wofür er beweispflichtig ist, s BGH NJW 2007, 2549; ausf *Staudinger* RRa 2007, 245) gegeben, kann er hierauf verweisen, die Bestätigung muss dann lediglich den Reisepreis und die Zahlungsmodalitäten enthalten. Der BGH hat jüngst die Anforderungen an eine derartige **Verweisung** konkretisiert (NJW 2007, 2549). So genüge nicht ein allg Hinweis auf die ARB, vielmehr sei ein deutlicher und auch bei nur durchschnittlicher Aufmerksamkeit des Reisenden ohne Weiteres erkennbarer Hinweis auf die Existenz von Ausschlussfristen und deren Fundstelle im Prospekt erforderlich, um der Warnfunktion Wirkung zu verleihen (§ 651g Rz 17). Bei kurzfristigen Last-Minute-Buchungen von weniger als 7 Tagen vor Reiseantritt gelten diese Bestimmungen nicht, jedoch muss der Reisende wenigstens über die Obliegenheiten bei Vorliegen eines Mangels und die geltenden Fristen informieren (Abs 5).

37 Rechtzeitig **vor Reiseantritt** ist der Reisende mit konkreten Informationen über die Abfahrts- und Ankunftszeiten, Zwischenstationen, Anschlussverbindungen und über die Anschrift und Telefonnummer der örtl Reiseleitung bzw, sofern diese nicht vorhanden ist, über eine Notrufnummer des Veranstalters zu versorgen (§ 8 BGB-InfoV). Bei Auslandsreisen Minderjähriger ist die bei der Buchung angegebene Person darüber zu informieren, wie dieser bzw seine Aufsichtsperson zu erreichen ist. Dies gilt nur, sofern diese Angaben nicht bereits im Prospekt oder in der Reisebestätigung enthalten und Änderungen nicht eingetreten sind.

38 **F. Preis- und Leistungsänderungen.** Der Grundsatz des pacta sunt servanda gilt auch im Reiserecht. Auf Grund der langen Zeit zwischen Buchung und Reiseantritt können sich jedoch verschiedenartige Umstände ergeben, die aus Sicht des Veranstalters eine Anpassung der Leistungen erfordern. Nachträgliche Veränderungen sind nur möglich, soweit dies im Vertrag vereinbart wurde. Zudem grenzen die § 651a Abs 4 u 5 derartige Vertragsänderungen zum Schutz des Reisenden weiter ein.

39 **I. Nachträgliche Preiserhöhung.** Während der Veranstalter vor Vertragsschluss die von ihm erstellten Preise unter Beachtung des § 4 BGB-InfoV verändern und an kalkulatorische Rahmenbedingungen anpassen kann, ist dies nach Vertragsschluss nur eingeschränkt möglich. Lediglich hinsichtlich der in Abs 4 genannten Kostenfaktoren darf überhaupt eine Preiserhöhung stattfinden, nämlich bei Erhöhung der Beförderungskosten (insbes Treibstoffkosten), der Abgaben, wie etwa Flughafen- oder Hafengebühren, oder bei Änderungen der Wechselkurse und dies nur bei Unvorhersehbarkeit der zugrunde liegenden Umstände. Erforderlich ist ferner die Aufnahme einer sog qualifizierten **Preisanpassungsklausel** im Vertrag, die genau definiert, bei welchen dieser Gebühren eine Reisepreisänderung erfolgen soll, und die mit detaillierten Angaben zur Berechnung des neuen Preises versehen ist (zu den Anforderungen BGH NJW 2003, 50; s *H. W. Eckert* RRa 2005, 3). Hierbei steht dem Veranstalter ein Gestaltungsspielraum zu. Er muss aber vereinzeln, inwieweit sich die erhöhten Kosten im Reisepreis niederschlagen. Die Klausel ist auch am Maßstab der §§ 305 ff zu messen, insbes muss sie den Berechnungsweg erkennen lassen. So muss etwa bei einer Änderung der Beförderungskosten dargelegt werden, wie hoch deren Anteil am Gesamtreisepreis ist. Bei einer Wechselkursänderung soll der Veranstalter sowohl angeben welcher Teil der Reisekosten in dem entspr Wechselkurs kalkuliert ist (bspw Transportkosten in US-Dollar,

Unterbringungskosten in Euro), als auch den Vergleichszeitpunkt (grds der des Vertragsschlusses; vgl LG Berlin RRa 2000, 27; BaRoth/*Geib* Rn 36). Außerdem muss sich die Änderung konkret auf den Reisepreis ausgewirkt haben, nicht ausreichend ist der allg Anstieg der Transportkosten, ohne dass dies Auswirkungen auf die vom Veranstalter angesetzten Reisepreise hat (vgl BGH NJW 2003, 507 – Kerosinklausel).

Zwar normiert Abs 4 keine **Obergrenze** für Preiserhöhungen. Der Reisende kann jedoch nach Abs 5 S 2 von der Reise zurücktreten oder eine mind gleichwertige Ersatzreise verlangen, wenn der Preisanstieg über 5 % beträgt. Eine Preiserhöhung darf gem Abs 4 nur **bis zum 21. Tag vor Reiseantritt** verlangt werden. Dem liegt der Gedanke zugrunde, dass der Reisende nicht kurz vor Reisebeginn mit einem Preiserhöhungsverlangen konfrontiert werden soll. Abs 4 S 3 stellt klar, dass auch § 309 Nr 1 auf Reiseverträge anwendbar ist. Eine Preiserhöhungsklausel ist danach auch dann unwirksam, wenn zwischen Vertragsschluss und Leistungserbringung nicht mehr als vier Monate liegen. Maßgeblicher Zeitpunkt ist der Tag der letzten zu erbringenden Reiseleistung (bspw die Rückbeförderung), nicht etwa der Moment des Reiseantritts (vgl BaRoth/*Geib* Rn 39; aA Staud/*J Eckert* Rn 149). Das **Preiserhöhungsverlangen** erfolgt gem Abs 5 S 1 durch Zugang einer einseitigen rechtsgestaltenden Erklärung des Veranstalters. Es muss unverzüglich (§ 121 Abs 1) nach Kenntnis des zur Erhöhung berechtigenden Umstandes vorgenommen werden. 40

Str ist, ob der Reiseveranstalter im Gegenzug den **Reisepreis ermäßigen** muss, wenn seine Kosten aus den oben genannten Gründen sinken. Eine solche Pflicht ergibt sich weder aus dem Wortlaut der Norm noch aus dem zugrunde liegenden Art 4 Abs 4 der RL (zust BaRoth/*Geib* Rn 41; Staud/*J Eckert* Rn 146). Dieser sieht lediglich vor, dass eine Preisanpassung nur erfolgen darf, sofern die Preiserhöhung oder -senkung im Vertrag ausdrücklich vorbehalten wurde. Dies bedeutet aber keine zwingende Verknüpfung einer Erhöhungs- mit einer korrespondierenden Senkungsklausel (so aber MüKo/*Tonner* Rn 107). 41

II. Leistungsänderungen. Abs 5 normiert nicht ausdrücklich die Rechtsfolgen im Falle einer Leistungsänderung nach Vertragsschluss. Damit finden die allg Grundsätze Anwendung. Während eine einvernehmliche Modifikation des Leistungsumfangs jederzeit zulässig ist, kann eine einseitige Abänderung nur vorgenommen werden, wenn ein entspr Leistungsänderungsvorbehalt im Vertrag vereinbart wurde. Soweit dies durch AGB erfolgt, ist deren Zulässigkeit anhand der §§ 305 ff und insbes an § 308 Nr 4 zu messen. Die Leistungsänderungen müssen mithin zu ihrer Wirksamkeit dem Reisenden zumutbar sein. Andernfalls bleibt der ursprüngliche Vertragsinhalt bestehen. 42

Der Reisende kann im Falle der **erheblichen Änderung einer wesentlichen Reiseleistung** entweder vom Vertrag zurücktreten oder die Teilnahme an einer mind gleichwertigen Reise seines Reiseveranstalters verlangen. Es bleibt ihm daneben unbenommen, wie auch im Fall einer nur unerheblichen Änderung des Leistungsinhaltes, stattdessen die Ansprüche aus den §§ 651c ff zu erheben. Aus § 308 Nr 4 ergibt sich der Maßstab der Zumutbarkeit der Leistungsänderung, was den obj Begriff der Wesentlichkeit der Reiseleistung durch ein subj Kriterium ergänzt. Allerdings wird eine erhebliche Leistungsänderung im Zweifel immer unzumutbar sein (Staud/*J Eckert* Rn 159). Zur Bestimmung der erheblichen Änderung einer wesentlichen Leistung kann auf den Mangelbegriff zurückgegriffen werden: Soweit die Abweichung von der gebuchten Reiseleistung einen Mangel darstellen würde, liegt auch eine wesentliche Leistungsänderung vor, nicht aber bei einem nur unerheblichen vom Reisenden hinzunehmenden Fehler. *Seyderhelm* Rn 122 will in Anlehnung an § 651e nur Mängel, für die eine mind 20 %ige Minderung berechtigt wäre, als wesentlich ansehen. Wird der Charakter der Reise oder der Zielort verändert oder weicht das Hotel von dem ursprünglich Gebuchten ab, ist eine erhebliche Änderung grds zu bejahen. Eine Leistungsänderung ist dann unzulässig, wenn der Veranstalter gg Treu und Glauben verstößt, bspw wenn ihm bereits vor Vertragsschluss Umstände bekannt sind, die eine Änderung erforderlich machen (sog organisatorisch eingeplante Veränderungen), er jedoch die Modifikationen nicht in den Leistungsinhalt aufnimmt (Staud/*J Eckert* Rn 155). 43

Darüber hinaus kann sich der Veranstalter durch im Prospekt aufgenommene Hinweise auf Leistungsänderungen weitere Optionen offen halten, bspw die Änderung der Route oder der Anlaufhäfen bei einer Kreuzfahrt. Der Reisende stimmt hiermit der Möglichkeit einer Modifizierung und damit dem diesbezüglichen einseitigen Leistungsbestimmungsrecht des Veranstalters (§ 315) zu. Ein Schreiben des Veranstalters kurz vor Reiseantritt mit dem Inhalt einer Leistungsänderung ist als Angebot zur einvernehmlichen Abänderung des Reisevertrages zu sehen. Str ist, ob in dem **vorbehaltlosen Antritt** der Reise durch den Reisenden eine konkludente Annahme zu sehen ist (dagegen LG Frankfurt aM NJW-RR 1987, 747; *Seyderhelm* Rn 130; dafür AG Emden RRa 1996, 154; sa LG Hannover NJW-RR 1987, 496). Dem Reisenden ist daher zu empfehlen, sich vor Reiseantritt ausdrücklich und schriftlich gegen die Leistungsänderung zu verwahren und sich Rechte vorzubehalten. Die Geltendmachung der Leistungsänderung erfolgt durch Zugang einer einseitigen, rechtsgestaltenden **Erklärung** (Abs 5 S 1), welche nur unverzüglich nach Kenntnis des anzugebenden Änderungsgrundes zulässig ist. 44

III. Rechte des Reisenden. Bei unzulässiger Leistungs- oder Preisänderung durch den Reiseveranstalter kann der Reisende, sofern keine Unmöglichkeit vorliegt, (1) die Durchführung des Vertrages zu den vereinbarten Bedingungen verlangen, (2) die Reise zu den neuen veränderten Bedingungen unter Geltendmachung der Gewährleistungsansprüche annehmen, (3) vom Vertrag mit entspr Geltung der §§ 346 ff zurücktreten oder 45

(4) die Teilnahme an einer mind gleichwertigen Ersatzreise fordern. Letzteres gilt nur, soweit der Veranstalter eine entspr Reise aus seinem eigenen Programm ohne Mehrpreis anbieten kann. Diese muss zum Zeitpunkt verfügbar, dh nicht ausgebucht sein, was regelm nicht der Fall sein dürfte. Prozessual könnte der Reisende bei Gefährdung seiner Rechtsstellung den Anspruch im Wege einer einstweiligen Verfügung durchsetzen. Der Reisende hat seine Entscheidung unverzüglich (§ 121 Abs 1) zu erklären.

46 **G. Absage der Reise, Abs 5.** Abgesehen von der Kündigung wegen höherer Gewalt (§ 651j) kann der Veranstalter die Reise nur absagen, wenn er sich dies im Reisevertrag vorbehalten hat. Die Absage ist als **Rücktritt** zu qualifizieren und damit insbes am Maßstab des § 308 Nr 3 zu messen. Darüber hinaus erlaubt die Pauschalreise-RL in Art 4 Abs 6 lediglich in zwei Fällen den Rücktritt: bei Nichterreichen einer dem Reisenden im Vertrag genannten Mindestteilnehmerzahl und bei höherer Gewalt. Diese Beschränkung ist in richtlinienkonformer Auslegung in die Norm einzufügen (*Seyderhelm* Rn 138; aA Staud/*J Eckert* Rn 164). Will der Veranstalter sich auf das Nichterreichen der Teilnehmerzahl berufen, muss er bereits im Prospekt die erforderliche Mindestteilnehmerzahl sowie die Angabe, bis zu welchem Zeitpunkt vor Reisebeginn spätestens die Rücktrittserklärung dem Reisenden zugehen wird, aufnehmen (§ 4 Abs 1 Nr 7 BGB-InfoV), damit sich der Reisende auf die Möglichkeit des Nichtstattfindens der Reise einrichten kann. Geht die Erklärung der Absage dem Reisenden verspätet, dh nach dieser Frist zu, ist die Reise durchzuführen (BaRoth/*Geib* Rn 49). Bei **zulässiger Absage** kann der Reisende seine Teilnahme an einer gleichwertigen Ersatzreise verlangen, sofern der Reiseveranstalter hierzu in der Lage ist. Entschädigungsansprüche stehen dem Reisenden nicht zu (Art 4 Abs 6 der RL). Bei **unzulässiger Absage** durch den Veranstalter kann der Reisende die Durchführung des Vertrages verlangen und ggf Ansprüche aus den §§ 651c ff stellen. Soweit Ersteres dem Veranstalter unmöglich ist, richten sich seine Rechte nach den §§ 241, 323 ff.

47 Die Absage ist eine einseitige, rechtsgestaltende **Erklärung**, welche unverzüglich nach Kenntnis des zum Rücktritt berechtigenden Grundes zu erfolgen hat. Mit wirksamer Absage entsteht ein Rückgewährschuldverhältnis mit den Rechtsfolgen der §§ 346 ff. Kein Fall des Abs 5 ist die **Kündigung aus wichtigem Grund**. Diese bleibt nach § 314 unbeschadet der Regelungen des Reiserechts bestehen (BaRoth/*Geib* Rn 49). Hierunter fallen Konstellationen der nachhaltigen Störung durch den Reisenden nach Abmahnung oder ein derart vertragswidriges Verhalten, das die sofortige Aufhebung des Vertrages rechtfertigt. Das gesetzliche Kündigungsrecht muss sich der Reiseveranstalter nicht im Vertrag vorbehalten.

48 **H. Prozessuales.** Die Darlegungs- und Beweislast für den Abschluss und den Inhalt des Reisevertrages, für Nebenabreden und Anzahlungen hat derjenige zu tragen, der hieraus Rechte herleitet, also idR der Reisende. Er hat zudem die Unbeachtlichkeit einer Vermittlerklausel iSd Abs 2 zu beweisen. Der Veranstalter muss die Einbeziehung von ARB, die Übergabe der Reisebestätigung und des Sicherungsscheines, die Erfüllung der ihm nach der BGB-InfoV obliegenden Pflichten sowie die Voraussetzungen der zulässigen Reisepreis- und Leistungsänderung oder der Absage beweisen, sofern er sich hierauf berufen möchte.

§ 651b Vertragsübertragung.

[1] Bis zum Reisebeginn kann der Reisende verlangen, dass statt seiner ein Dritter in die Rechte und Pflichten aus dem Reisevertrag eintritt. Der Reiseveranstalter kann dem Eintritt des Dritten widersprechen, wenn dieser den besonderen Reiseerfordernissen nicht genügt oder seiner Teilnahme gesetzliche Vorschriften oder behördliche Anordnungen entgegenstehen.
[2] Tritt ein Dritter in den Vertrag ein, so haften er und der Reisende dem Reiseveranstalter als Gesamtschuldner für den Reisepreis und die durch den Eintritt des Dritten entstehenden Mehrkosten.

1 **A. Allgemeines.** Abs 2 der Norm wurde zuletzt 1994 durch das G zur Umsetzung der EG-Pauschalreise-RL überarbeitet und an Art 4 Abs 3 der RL angepasst. Dabei wurde zugunsten des Reiseveranstalters eine gesamtschuldnerische Haftung des ursprünglichen und des neuen Reisenden eingeführt; auch wurde deutlich gemacht, dass der Dritte Vertragspartei wird.

2 **B. Zweck der Norm.** § 651b gibt dem Reisenden die Befugnis, seine Rechte und Pflichten aus dem Reisevertrag auf einen Dritten zu übertragen. So kann er sich durch die Stellung eines Ersatzreisenden vor Reisebeginn vom Vertrag lösen und sich die regelm anfallenden Stornogebühren ersparen, die bei einem Rücktritt nach § 651i anfallen. Diese Ausnahme vom Grundsatz »pacta sunt servanda« ist angesichts langfristiger Buchungen von hoher Bedeutung. Über den Wortlaut hinaus ist auch der Fall der Auswechslung eines Reiseteilnehmers bei einer Gruppen- oder Familienreise erfasst (Staud/*J Eckert* Rn 5). Für den Veranstalter spielt dagegen die Person des Reisenden regelm keine Rolle. Nur dann, wenn die Person ausnahmsweise für die Reise bedeutend ist, kann er in den in S 2 genannten Ausnahmefällen einer Vertragsübernahme widersprechen.

3 **C. Vertragsübernahme. I. Rechtsnatur.** Mit Umsetzung der Pauschalreise-RL ist klargestellt, dass der ursprüngliche Reisende mit wirksamer Übertragung von den Rechten und Pflichten frei wird, er seine Stellung als Vertragspartner verliert und dem Veranstalter nur noch gem Abs 2 haftet. Sämtliche Vertragspflichten und Rechte stehen allein dem Ersatzreisenden zu. Es handelt sich mithin um eine **Vertragsübernahme**

(Soerg/*H W Eckert* Rn 5; Staud/*J Eckert* Rn 4; für einen Vertrag zugunsten Dritter MüKo/*Tonner* Rn 5). Dabei tritt der Dritte so in den Vertrag und in die daraus resultierenden Rechte und Pflichten ein, wie sie ggü dem Reisenden bestehen. Dementspr muss er alle vom Veranstalter erbrachten Leistungen, bspw die Erfüllung der Informationspflichten oder die Aushändigung des Sicherungsscheines, gegen sich gelten lassen. Einer erneuten Erfüllungshandlung des Veranstalters bedarf es mithin nicht (Soerg/*H W Eckert* Rn 20). Str ist, ob die Vertragsübernahme kraft Gesetzes oder Rechtsgeschäfts erfolgt. Da der Reisende dem Wortlaut der Norm nach den Eintritt des Dritten »verlangen kann«, ist letzterem zu folgen. Allein der Übernahmevertrag zwischen Reisendem und Drittem kann noch keine Vertragsübernahme auslösen, da dies einen Vertrag zu Lasten Dritter darstellen würde. Vielmehr ist die Zustimmung des Reiseveranstalters erforderlich. § 651b gibt dem Reisenden mithin nur einen Anspruch auf Zustimmung des Veranstalters. Dessen Zustimmungsrecht ist allerdings dahingehend eingeschränkt, dass er diese grds erteilen muss und sie lediglich bei den in S 2 genannten Gründen verweigern darf (Staud/*J Eckert* Rn 19).

Die **Rechtsbeziehungen zwischen dem Reisenden und dem Dritten** sind in § 651b nicht geregelt, sondern folgen aus deren Vereinbarungen über die Vertragsübernahme. So wird der Reisende verpflichtet sein, alle bereits erhaltenen Vertragsunterlagen und Informationen des Veranstalters weiterzugeben, wohingegen der Dritte den Reisepreis, ggf verringert um einen Abschlag, zu entrichten hat. Zwar haften beide dem Reiseveranstalter als Gesamtschuldner, doch wird üblicherweise der Dritte den Reisenden von der Kostentragung freistellen. 4

II. Voraussetzungen des Ersetzungsrechts. Der Reisende muss sein Ersetzungsverlangen dem Veranstalter ausdrücklich und unter Bezeichnung des Dritten, der in den Vertrag eintreten will, mitteilen. Hierbei handelt es sich um eine einseitige empfangsbedürftige Willenserklärung, die mit Zugang wirksam wird (Staud/*J Eckert* Rn 5). Einen Grund für die Vertragsübertragung bedarf es nicht, insbes muss der Reisende entgegen Art 4 Abs 3 der Pauschalreise-RL nicht an der Teilnahme gehindert sein. Zwar kann nach dem Wortlaut der Norm das Ersetzungsrecht bis zum Reisebeginn ausgeübt werden. Da dem Veranstalter jedoch die Möglichkeit gegeben werden muss, die Vertragsunterlagen neu anzufertigen und die Leistungsträger zu informieren, wird überwiegend eine Vertragsübernahme nur ein bis drei Tage vor Beginn der Reise für zulässig gehalten (jurisPK/*Keller* Rn 5; AG Leipzig RRa 2008, 272: zwei Tage). Im Einzelfall können auch längere Vorlaufzeiten angemessen sein. Jedenfalls bei Last-Minute-Reisen sollen keine längeren Fristen gefordert werden als für die Buchung selbst (AG Baden-Baden RRa 1994, 154). 5

III. Das Widerspruchsrecht des Reiseveranstalters. Den Interessen des Reiseveranstalters wird durch ein Widerspruchsrecht Rechnung getragen, wobei dieses nur auf die in Abs 1 S 2 genannten Fallgruppen gestützt werden kann. So darf der Veranstalter der Ersetzung zum einen widersprechen, wenn der Ersatzreisende den **bes Reiseerfordernissen** nicht entspricht, sei es auf Grund gesundheitlicher Anforderungen (fehlende Tropentauglichkeit, mangelnde Impfung, körperliche Fitness für Abenteuerreisen) oder weil er aus sonstigen Gründen für die spezielle Reise nicht geeignet ist (bspw Jugendliche für eine Seniorenreise; anderes Geschlecht des Dritten bei Unterbringung in Mehrbettzimmer). Zum anderen kann der Veranstalter der Vertragsübernahme widersprechen, wenn dieser **behördliche Anordnungen** oder **gesetzliche Vorschriften** entgegenstehen. Hierunter lassen sich Fälle fassen, in denen ein notwendiges Visum nicht beschafft werden kann oder vorgeschriebene Impfungen nicht vorhanden sind und nicht rechtzeitig nachgeholt werden können. Auf **andere Gründe**, insbes auf Vereinbarungen in ARB oder in Verträgen mit den Leistungsträgern, darf der Veranstalter sein Widerspruchsrecht nicht stützen (Staud/*J Eckert* Rn 13). Allerdings sind behördlich genehmigte Vertragsbedingungen (hierzu gehören nicht die IATA-Klauseln) für den Veranstalter unausweichlich und daher den gesetzlichen Vorschriften bzw behördlichen Anordnungen gleichzustellen (Staud/*J Eckert* Rn 13). 6

Das Widerspruchsrecht muss unverzüglich (§ 122) nach dem Ersetzungsverlangen ausgeübt werden, um dem Reisenden Klarheit zu verschaffen (Soerg/*H W Eckert* Rn 15). Fehlende Informationen oder Unterlagen muss der Veranstalter umgehend anfordern. Der Widerspruch ist wirksam, wenn er dem Reisenden zugeht. 7

Widerspricht der Veranstalter der Ersetzung zu Recht, bleibt der Reisende Vertragspartner. Er kann nun wählen, ob er an der Reise doch teilnimmt oder ob er vom Reisevertrag unter Zahlung der ggf fälligen Stornogebühren zurücktritt (§ 651i). Eine Umdeutung des Ersetzungsverlangens in eine Rücktrittserklärung darf auf Grund der erheblich verschiedenen Rechtsfolgen nicht erfolgen (jurisPK/*Keller* Rn 13), die Normierung dessen in ARB verstößt gg § 308 Nr 5. Widerspricht der Veranstalter zu Unrecht einer Ersetzung, wird er dem ursprünglichen Vertragspartner ggü schadensersatzpflichtig (§§ 280 ff, 241 Abs 2, sa AG Leipzig RRa 2008, 272). Die Verpflichtung zur Reisepreiszahlung entfällt. 8

IV. Gesamtschuldnerische Haftung für Reisepreis und Mehrkosten. Zugunsten des Veranstalters wurde eine gesamtschuldnerische Haftung des neuen und des ursprünglichen Vertragspartners eingeführt. Deren Innenausgleich richtet sich nach den im Übernahmevertrag getroffenen Vereinbarungen, hilfsweise nach § 426. Neben der Bezahlung des Reisepreises schulden sie dem Veranstalter auch die Ersetzung der durch die Vertragsübernahme entstandenen Mehrkosten (zB Kosten der Umbuchung oder der Ausfertigung der neuen Vertragsunterlagen). Hierzu gehört keinesfalls ein Gewinnaufschlag oder eine Vergütung des Veranstalters. 9

10 Str ist dabei, ob eine **Pauschalierung** der Kosten zulässig ist (zust *Führich* Rn 195; Palandt/*Sprau* Rn 3; abl BaRoth/*Geib* Rn 11; Erman/*Seiler* Rn 5). Zwar hat eine Pauschalierung für den Veranstalter den Vorteil der Praktikabilität und Rationalisierung, doch wird eine pauschale Kostenfestsetzung regelm höher als die tatsächlichen Aufwendungen sein, da eine sichere Kostendeckung erreicht werden soll. Eine Kontrolle der pauschalen Beträge über die §§ 308 Nr 7, 309 Nr 5 ist für den Vertragspartner kaum möglich. Eine Benachteiligung des Reisenden kann im Hinblick auf § 651m nicht hingenommen werden, zumal § 651b anders als § 651i gerade keine Pauschalierung vorsieht. Darüber hinaus erlaubt die Pauschalreise-RL in Art 4 Abs 3 S 2 lediglich die Erstattung von dem Veranstalter »entstehenden Mehrkosten«. Eine Auferlegung eines über die tatsächlich entstandenen Aufwendungen hinausgehenden Pauschalbetrages verstößt gegen das durch die RL normierte Mindeststandardprinzip und ist daher unzulässig (Soerg/*H W Eckert* Rn 25; aA Staud/*J Eckert* Rn 28). Im Zivilprozess kommt allerdings eine Schätzung nach § 287 Abs 2 ZPO in Betracht, wodurch das Problem der exakten Berechnung entschärft wird. Eine Vertragsklausel in ARB, nach der die Ersetzung als Rücktritt und Neubuchung anzusehen sein soll, ist nach § 651m unwirksam, sofern hiermit **Stornogebühren** verbunden sind.

11 **D. Prozessuales.** Dem Veranstalter obliegt die Darlegungs- und Beweislast bzgl der Tatsachen, auf die er sein Widerspruchsrecht stützt. Auch die Höhe der Mehrkosten und deren Verursachung durch die Vertragsübernahme muss er darlegen und beweisen. Dagegen muss der Reisende die Rechtzeitigkeit seines Ersetzungsverlangens, die Voraussetzungen und die Höhe eines eventuellen Schadensersatzanspruches wegen unberechtigter Zurückweisung seines Ersetzungsverlangens darlegen und beweisen (jurisPK/*Keller* Rn 11).

§ 651c Abhilfe.

[1] Der Reiseveranstalter ist verpflichtet, die Reise so zu erbringen, dass sie die zugesicherten Eigenschaften hat und nicht mit Fehlern behaftet ist, die den Wert oder die Tauglichkeit zu dem gewöhnlichen oder nach dem Vertrag vorausgesetzten Nutzen aufheben oder mindern.

[2] Ist die Reise nicht von dieser Beschaffenheit, so kann der Reisende Abhilfe verlangen. Der Reiseveranstalter kann die Abhilfe verweigern, wenn sie einen unverhältnismäßigen Aufwand erfordert.

[3] Leistet der Reiseveranstalter nicht innerhalb einer vom Reisenden bestimmten angemessenen Frist Abhilfe, so kann der Reisende selbst Abhilfe schaffen und Ersatz der erforderlichen Aufwendungen verlangen. Der Bestimmung einer Frist bedarf es nicht, wenn die Abhilfe von dem Reiseveranstalter verweigert wird oder wenn die sofortige Abhilfe durch ein besonderes Interesse des Reisenden geboten wird.

1 **A. Allgemeines. I. Zweck der Norm.** § 651c ist die zentrale Vorschrift des Gewährleistungsrechts. Sie statuiert die verschuldensunabhängige Pflicht des Reiseveranstalters, für den Erfolg der Reise einzustehen und damit den **Erfüllungsanspruch**. Die Norm definiert in Abs 1 den Begriff des Mangels, der für sämtliche Gewährleistungsansprüche der §§ 651c ff gilt. Damit der Reisende seinen Erfüllungsanspruch durchsetzen kann, geben ihm Abs 2 einen Abhilfeanspruch und Abs 3 ein Selbstvornahmerecht zur Wiederherstellung des vertragsgem Zustandes. Mit dessen Erreichen scheiden weitere Ansprüche aus; nur für die Zeit der Beeinträchtigung durch den Mangel können Minderung des Reisepreises (§ 651d) oder Schadensersatz gem § 651f verlangt werden.

2 **II. Anwendungsvorrang.** Die reiserechtlichen Gewährleistungsansprüche verdrängen in ihrem Anwendungsbereich nicht nur die werkvertraglichen Vorschriften, auf die nur erg zurückgegriffen werden kann (Staud/*J Eckert* Vorbem zu §§ 651c ff Rn 10), sondern grds auch das allg Leistungsstörungsrecht (BGH NJW 1986, 1748; ausf MüKo/*Tonner* Rn 32 ff). Als Sonderregelungen, die einen bes Zweck – nämlich den Schutz des Reisenden – verfolgen, müssen sie sich bei Abgrenzungs- und Auslegungszweifeln durchsetzen.

3 Sämtliche Störungsfälle, die nicht allein in der Person des Reisenden liegen, werden daher von § 651c erfasst, sofern durch sie der Nutzen der Reise beeinträchtigt wird. Ab Vertragsschluss haftet der Veranstalter nur noch nach Maßgabe der §§ 651a ff (BGH NJW 1986, 1748; MüKo/*Tonner* Rn 33 ff; aA Staud/*J Eckert* Vorbem zu §§ 651c ff Rn 19: Anwendbarkeit des **allg Leistungsstörungsrecht**s bis Reiseantritt). Dies betrifft sowohl Fälle des Verzugs, als auch der anfänglichen und nachträglichen Unmöglichkeit der gesamten Reise oder eines ihrer Bestandteile, unabhängig davon, ob der Veranstalter sie zu vertreten hat oder nicht (BGH NJW 2005, 1047; Soerg/*H W Eckert* vor § 651c Rn 7). Die Bedeutung der Ansprüche aus §§ 241 Abs 2, 280 (pFV) ist im Reiserecht stark zurückgedrängt. Da die Hinweis- und Aufklärungspflichten und insbes die Obliegenheiten der §§ 4 ff BGB-InfoV Hauptpflichten des Reisevertrages darstellen, deren Verletzung die Gewährleistungsansprüche der §§ 651a ff auslöst, bleibt für den Anwendungsbereich der pFV nur Raum, wenn die Verletzung auf sonstigen, nicht leistungsbezogenen Nebenpflichten beruht und sie keinen Reisemangel begründet (Staud/*J Eckert* Vorbem zu §§ 651c ff Rn 25), bspw bei einer fehlerhaften Buchung der versprochenen Reiserücktrittskostenversicherung (Celle NJW-RR 2001, 1558).

4 Andere Schadensersatzansprüche auf Grund der §§ 241 Abs 2, 280, 311 Abs 2, 3 kommen ebenfalls nur bei der Verletzung einer **vorvertraglichen Aufklärungspflicht** in Betracht, wenn hierdurch der Abschluss des Reisevertrages verhindert wird oder dieser – ohne dass dies zu einem Reisemangel führt – mit einem für den Reisenden subj minderwertigen Inhalt zustande kommt (jurisPK/*Keller* Rn 4; Staud/*J Eckert* Vorbem zu

§§ 651c ff Rn 27). Insbes begründen unrichtige Prospektangaben einen Reisemangel, auf den lediglich die §§ 651a ff Anwendung finden. Dagegen bleiben **deliktische Ansprüche** der §§ 823 ff unberührt; dem Reiseveranstalter obliegen Obhuts-, Fürsorge- und allg Verkehrssicherungspflichten (su § 651f Rz 5 ff). Beide Haftungsordnungen stehen nebeneinander (Staud/*J Eckert* Vorbem zu §§ 651c ff Rn 30).

§ 651j verdrängt als Sonderregelung die allg Bestimmung des § 313 über die **Störung der Geschäftsgrundlage** 5
(Staud/*J Eckert* Vorbem zu §§ 651c ff Rn 29). Auch die **Anfechtungsregelungen wegen Irrtums** sind durch die §§ 651a ff zurückgedrängt, sofern sich der Irrtum auf eine verkehrswesentliche Eigenschaft (§ 119 Abs 2) der Reise und ihrer Bestandteile bezieht, deren Fehlen zugleich einen Reisemangel darstellt. Nur soweit sich die Anwendungsbereiche der §§ 119 ff und der §§ 651a ff nicht überschneiden, ist die Anfechtung des Reisevertrages möglich (Soerg/*H W Eckert* vor § 651c Rn 11).

III. Abgrenzung zu spezielleren Regelungen. 1. Vorschriften über Luftbeförderung. Die reiserechtlichen 6
Vorschriften der §§ 651a ff werden insbes im Bereich der Luftbeförderung im Rahmen der Pauschalreise durch speziellere Regelungen überlagert. Die Haftung des Luftfrachtführers wird im Inlandsluftverkehr durch das LuftVG, bei grenzüberschreitenden Flügen durch das MÜ und nach dem europäischen Luftfahrtrecht der (nunmehr an das MÜ angepassten) VO (EG) Nr 2027/97 bestimmt (ausf MüKo/*Tonner* nach § 651: Personenbeförderungsvertrag Rn 12 ff).

Das MÜ, welches das WA ablöst, regelt Ansprüche des Flugreisenden bei Personen-, Gepäck- oder Verspä- 7
tungsschäden (Art 19, 22 MÜ), welche durch einen für die Gefahren der Luftfahrt typischen Unfall verursacht worden sind (dh nicht bei Verletzungen des Reisenden durch den unvorsichtigen Umgang des Servicepersonals mit dem Cateringwagen, AG Hannover RRa 2003, 181; durch Verbrennungen mit heißem Kaffee, LG Frankfurt aM NJW-RR 2006, 704 oder durch herabfallendes Gepäck infolge der Ungeschicklichkeit der Flugbegleiterin). Beruht ein Unfall des Reisenden zwischen der Zeit des Ein- und Aussteigens auf einem solchen Ereignis, kann er in etwa bis zu 123.318 € (Art 21 MÜ) vom Luftfrachtführer ersetzt verlangen. Art 17 MÜ normiert eine verschuldensunabhängige Schadensersatzpflicht des Luftfrachtführers bis zu einer Höhe von ca 1.233 € für aufgegebenes Gepäck des Reisenden, welches sich an Bord oder in seiner Obhut befand, und für Handgepäck, welches der Reisende auf dem Flug bei sich führt, wenn dieses beschädigt, zerstört oder verloren gegangen ist. Beschädigungen hat der Reisende unverzüglich schriftlich zu rügen (Art 31 MÜ). Das **MÜ** ordnet wie § 48b LuftVG nicht nur die Haftung des ausführenden Luftfrachtunternehmens, sondern auch die des RV als vertraglichen Luftfrachtführer an (Art 39 ff MÜ), da dieser aus dem Reisevertrag unter anderem die Beförderungsleistung schuldet. Der Reisende kann sich dabei aussuchen, gg wen er seine Ansprüche geltend machen möchte. Beide haften ihm als Gesamtschuldner. Im Rahmen des Anwendungsbereiches des MÜ sind die allg Schadensersatzansprüche der §§ 651f Abs 1 u 823 ff verdrängt. Die Ansprüche auf Selbstabhilfe (§ 651c Abs 3), Minderung (§ 651d), Kündigung (§ 651e) und auf Schmerzensgeld wegen vertaner Urlaubszeit (§ 651f Abs 2) gg den Reiseveranstalter bei luftfahrtuntypischen Ereignissen bleiben hiervon unberührt (Staud/*J Eckert* Vorbem zu §§ 651c ff Rn 38).

Die VO (EG) Nr 261/2004 räumt dem Flugreisenden neben den Ansprüchen aus dem MÜ (welches nur bei 8
luftfahrttypischen Verspätungen eingreift) bei Annullierung, Nichtbeförderung oder großer Verspätung des Fluges Ansprüche auf Mindestausgleichszahlungen und Betreuungsleistungen gegen das ausführende Luftfahrtunternehmen ein (ausf MüKo/*Tonner* nach § 651: Personenbeförderungsvertrag Rn 20 ff). Sofern hierin auch ein Reisemangel liegt, kann der Reisende überdies ggü dem RV Gewährleistungsansprüche nach Maßgabe der §§ 651a ff geltend machen. Diese Ansprüche bestehen parallel; der Reisende kann sich entscheiden, ob er aus der VO (EG) Nr 261/2004 gegen das ausführende Luftfahrtunternehmen oder ob er aus den §§ 651c, d gg den Veranstalter vorgehen möchte. Er kann diese Ansprüche jedoch nicht kumulieren, vielmehr wird die Ausgleichszahlung auf einen weitergehenden Schadensersatzanspruch des Fluggastes angerechnet (Art 12 Abs 1 S 2). Der Reiseveranstalter darf jedoch eine Minderung nicht von sich aus um eine – objektiv begründete – Ausgleichszahlung kürzen. Vielmehr müssen RV und Fluggesellschaft im Innenverhältnis eine Anrechnung vornehmen (*Tonner* Individualreiserecht, II. Der Beförderungsvertrag Rn 47).

IATA-Bedingungen stellen demgegenüber keine gesetzlichen Bestimmungen dar; es handelt sich hierbei 9
lediglich um AGB, die iÜ der Kontrolle der §§ 305 ff unterliegen und die Vorschriften der §§ 651a ff wegen § 651m nicht zu Ungunsten des Reisenden abändern dürfen.

2. Busreisen. Bei der Busbeförderung als Bestandteil der Pauschalreise bleiben die Vorschriften des StVG 10
neben den Bestimmungen der §§ 651a ff anwendbar (Soerg/*H W Eckert* vor § 651c Rn 18).

3. Bahnreisen. Für grenzüberschreitende Bahnfahrten gelten die Einheitlichen Rechtsvorschriften für den 11
Vertrag über die internationale Eisenbahnbeförderung von Personen und Gepäck (CIV; Anhang A zum Übereinkommen über den internationalen Eisenbahnverkehr – COTIF, BGBl II 2002, 2140, 2190). Sie enthalten Regelungen über den Beförderungsvertrag, die Haftung des Beförderers für Personen- und Gepäckschäden sowie für Verspätung, Anschlussversäumnis und Ausfall von Zügen (Überblick bei *Schmidt* RRa 2008, 154; MüKo/*Tonner* nach § 651: Personenbeförderungsvertrag Rn 4 ff; sa Komm zu Anhang I zu §§ 631 ff Rz 9 ff). Die am 03.12.2009 in Kraft tretende VO (EG) Nr. 1371/2007 über Rechte und Pflichten der Fahrgäste im Eisenbahnverkehr, die sowohl für den grenzüberschreitenden als auch für den innerstaatlichen Eisenbahnverkehr in den EU-Mitgliedstaaten gilt, verweist zur Ergänzung ihrer Regelungen auf die CIV-Vorschriften, die

damit im Anwendungsbereich der VO (EG) Nr. 1371/2007 auch für den innerstaatlichen Eisenbahnverkehr anzuwenden sind. Durch den Gesetzesentwurf zur Anpassung eisenbahnrechtlicher Vorschriften an die Verordnung (EG) Nr. 1371/2007 (BTDrs 16/11607 vom 15.01.2009) sollen die Verordnungsvorschriften für den innerstaatlichen Eisenbahnverkehr in Deutschland vorzeitig (voraussichtlich im Sommer 2009) zur Anwendung gelangen. Der Gesetzentwurf modifiziert das AEG und die EVO. Zentral ist der Anspruch des Fahrgasts auf Fahrpreiserstattung iHv 25 % ab 60-minütiger Verspätung und iHv 50 % a 120-minütiger Verspätung. RV unterliegen denselben Pflichten wie Eisenbahnunternehmen, sofern sie Fahrkarten für Beförderungen im Schienenpersonenverkehr verkaufen. Wegen der Öffnungsklausel in Art 11 VO (EG) Nr. 1371/2007 wird § 1 HPflG auf Ansprüche wegen eines Personenschadens auf einer Fahrt ausschließlich innerhalb Deutschlands auch weiterhin anwendbar sein. Bei einer grenzüberschreitenden Fahrt gilt demgegenüber Art 26 CIV.

12 **4. Seereisen.** Das Pauschalreiserecht ist auch auf Kreuzfahrten anwendbar (s § 651a Rz 3). Wird dagegen nur eine Beförderungsleistung geschuldet, handelt es sich hierbei um einen Werkvertrag iSd §§ 631 ff. Spezielle Haftungsvorschriften für Binnenschiffsreisen normiert das BinnenSchG. Für Seepassagen sehen § 664 HGB und dessen Anlage der »Bestimmungen über die Beförderung von Reisenden und ihrem Gepäck auf See« besondere Regelungen vor. Danach ist die Anwendung der §§ 651a ff auf die dort geregelten Bereiche ausgeschlossen, Art 11 der Anlage zu § 664 HGB. Schäden, die auf Grund des Todes oder der Verletzung des Reisenden oder auf Grund des Verlustes oder der Beschädigung des Gepäcks entstehen, sind mithin nicht nach Maßgabe des reiserechtlichen Gewährleistungsrechts, sondern nach den Regelungen des § 664 und seiner Anlage zu regulieren (ausf MüKo/*Tonner* nach § 651: Personenbeförderungsvertrag Rn 37 ff).

13 **5. Beherbergung.** Die Gastwirtehaftung der §§ 701 ff kommt bei Vorliegen eines Reisevertrages nicht zur Anwendung (LG Frankfurt aM NJW-RR 1994, 1477; aA LG Frankfurt aM NJW 1983, 2263). Dies gilt selbst dann, wenn der Veranstalter den Reisenden im eigenen Hotelbetrieb unterbringt (Staud/*J Eckert* Vorbem zu §§ 651c ff Rn 33; aA Soerg/*H W Eckert* Vor § 651c Rn 19).

14 **B. Reisemangel. I. Fehlerbegriff. 1. Definition.** Ein Fehler im Sinne der Norm liegt vor, wenn die tatsächliche Beschaffenheit der Reise (Ist-Beschaffenheit) von der vertraglich vereinbarten Beschaffenheit (Soll-Beschaffenheit) derart abweicht, dass der Wert oder die Tauglichkeit der Reise zu dem gewöhnlichen oder nach dem Vertrag vorausgesetzten Nutzen aufgehoben oder gemindert ist (sog subjektiver Fehlerbegriff; Staud/*J Eckert* Rn 6). Nur insoweit konkrete Vereinbarungen fehlen, ist die objektive Beschaffenheit maßgeblich, die ein durchschnittlicher Reisender erwartet (*Bechhofer* S 38). Was vertraglich vereinbart ist, bestimmt sich nach der Reisebestätigung mit den Angaben über die Reiseleistungen, ggf nach den Individualvereinbarungen über Art, Qualität und Umfang der Leistungen, aber auch nach sonstigen Reisebeschreibungen in den Prospekten und Flyern des Veranstalters (LG Frankfurt aM NJW-RR 1987, 747), einschl der abgebildeten Fotos (AG Köln RRa 2008, 271).

15 Dies gilt insbes für die nach § 4 BGB-InfoV erforderlichen Mindestangaben im Prospekt. Bei der Auslegung des Prospektinhalts ist die Doppelnatur des Katalogs als Werbe- und Informationsträger zu berücksichtigen (BaRoth/*Geib* Rn 8). Rein anpreisende und inhaltsleere Aussagen vermögen den Vertragsinhalt nicht zu konkretisieren, es sei denn, sie enthalten einen greifbaren sachlichen Kern. Da es sich bei den Prospektangaben um AGB handelt, gehen nach § 305c Abs 2 Unklarheiten bei der Auslegung im Zweifel zu Lasten des Veranstalters. Sämtliche Kataloge und Informationsblätter müssen den Erfordernissen der Prospektwahrheit und -klarheit entsprechen. Der Urlaub muss das halten, was der durchschnittliche, verständige Reisende auf Grund des Prospektes erwartet (*Bechhofer* S 39). So müssen Werbefotos repräsentativ und wichtige Informationen dort abgedruckt sein, wo sie der Reisende üblicherweise erwarten darf, und auch auf relevante negative Umstände muss in verständlicher Weise hingewiesen werden. Dabei sind Verschleierungen, Verharmlosungen und »Schönfärberei« unzulässig. Erscheint ein neuer Reisekatalog, richtet sich der Leistungsumfang nach den aktuellen Parametern, sofern der Veranstalter auf den neuen Katalog hinweist (LG Frankfurt aM NJW-RR 1987, 747). Außerdem können die Reiseart (Studien-, Bade- oder Aktivurlaub), der Reisepreis (Billig- oder Luxusreise), die Orts- und Landesüblichkeit Einfluss auf die Soll-Beschaffenheit nehmen. Lediglich von außen herangetragene Erwartungen des Reisenden werden nicht Vertragsgegenstand (AG Duisburg RRa 2005, 128).

16 Allg wird ein **weit gefasster Mangelbegriff** zugrunde gelegt (BGH NJW 1986, 1749; 1987, 1931; ausf Staud/*J Eckert* Rn 8). Danach hat der Veranstalter für alle nicht allein in der Person des Reisenden liegenden Umstände, welche die Gesamtheit der Reise oder auch nur einzelne Reiseleistungen stören, einzustehen. Den Reiseveranstalter trifft auch eine **Einstandspflicht für das Handeln anderer**, die in Ausübung seiner vertraglichen Pflichten tätig werden. Dies gilt nicht nur für direkt von ihm eingesetzte Erfüllungsgehilfen (**§ 278**), sondern auch für von diesem weiter hinzugezogene Hilfspersonen, sofern deren Einschaltung dem Willen des Veranstalters entspricht (BGH NJW 1952, 217). Gleichgültig ist dabei, ob sie schuldhaft handeln oder nicht. Auch für deren vorsätzliches Tun hat er einzustehen (BGH NJW 1983, 448). So haftet er für das Handeln seiner Mitarbeiter, etwa für eigene Beförderungsunternehmen, Hotelbetriebe, deren Angestellte und auch für freiberufliche Reiseleiter bzw für eine Reiseleitung durch eine örtliche Firma, sofern diese in Erfüllung seiner vertraglichen Verbindlichkeit handeln (LG Frankfurt aM RRa 2001, 30: Fahrer eines Geländewagens; AG Offenbach aM RRa 2008, 83: nicht der Schiffsarzt; AG Bad Homburg RRa 2001, 227: nicht der Rettungs-

schwimmer). Ebenso hat der Veranstalter für beauftragte selbständige Leistungsträger, welche Reiseleistungen in eigener Verantwortung erbringen, wie etwa für fremde Hotels und deren Angestellte aber auch für die Deutsche Bahn bei Ausgabe eines Rail&Fly-Tickets zur Anreise zum Flughafen (LG Frankfurt aM RRa 2008, 80), einzustehen. Für selbständige Leistungsträger kann er jedoch, anders als für seine eigenen Leute, die Haftung aus § 651f vertraglich einschränken (s Komm zu § 651h).

2. Begrenzungen der Einstandspflicht. Die Einstandspflicht des Veranstalters gilt nicht unbegrenzt. In den nachfolgenden Fallgruppen liegen zwar definitionsgemäß Fehler vor, jedoch keine Mängel, welche die Rechtsfolgen der §§ 651c ff auslösen. **a) Unerheblicher Fehler.** Bloße **Unannehmlichkeiten und Unzulänglichkeiten** der Reise sind vom Reisenden entschädigungslos hinzunehmen. Derartige geringfügige Fehler sind etwa die Veränderung von Flugzeiten, solange nur der erste und der letzte Reisetag betroffen sind und die Vorverlegung des Hin- oder Rückfluges so rechtzeitig mitgeteilt wird, dass sich der Reisende hierauf einstellen kann (AG Duisburg RRa 2005, 214; AG Hannover RRa 2002, 227; zur Grenze Frankfurt aM NJW-RR 1999, 202). Ohnehin dienen der erste und letzte Reisetag der An- und Abreise, so dass ihnen kein Erholungswert zukommt, es sei denn, die Abfahrtszeiten beeinträchtigen die Nachtruhe (AG Hamburg RRa 2005, 217; vgl auch AG Düsseldorf RRa 2006, 163; AG Duisburg RRa 2005, 169). Der Reisende soll auch hinnehmen, dass die vereinbarte Flugroute durch Zwischenlandungen unterbrochen wird, er umsteigen muss und die Gesamtbeförderungsdauer um zwei Stunden verlängert wird (LG Frankfurt aM RRa 2005, 167; AG Hamburg RRa 2003, 169). Normale Gebrauchs- und Abnutzungsspuren der Unterkunft (AG Hamburg RRa 2003, 226), »Essen in Schichten« (LG Kleve RRa 1997, 54) und gewisse Wartezeiten beim Essen (Frankfurt aM RRa 2003, 255) müssen wie auch das Tragen eines Plastik-Armbandes bei All-Inclusive-Reisen (Düsseldorf RRa 2001, 49; LG Hamburg RRa 1999, 214) hingenommen werden. Der Reisende muss mit Lärmgeräuschen rechnen, wenn nicht der Veranstalter für Ruhe einstehen will (s LG Kleve RRa 1997, 74). Bis Mitternacht stellt daher Musik- und Straßenlärm keinen Mangel dar (AG Duisburg RRa 2006, 117; AG Kleve RRa 1999, 183). 17

b) Landes- oder Ortsüblichkeit. Auch **Besonderheiten des Gastlandes** können entspr Berücksichtigung bei der Bestimmung der Einstandspflicht finden. Der Reisende darf im Ausland keine heimatlichen Maßstäbe erwarten, sondern muss in gewissen Grenzen abweichende Umstände in Kauf nehmen (Staud/*J Eckert* Rn 21). Insbes in Entwicklungsländern hat der Reisende Abstriche von europäischen Standards hinzunehmen. So ist bei der Kategorisierung einer Unterkunft dem jeweiligen Landesstandard Rechnung zu tragen: Gerade in südlichen Ländern muss der Reisende mit einer eher unsoliden Bauweise und entspr Abnutzungserscheinungen rechnen; dies soll auch für Hotels der gehobenen Kategorie gelten (LG Düsseldorf RRa 2003, 215). Tägliche Stromausfälle bis zu einer halben Stunde in der Türkei und der Ausfall einer nur für öffentliche Räume zugesagten Klimaanlage sind reine Unannehmlichkeiten (AG Düsseldorf RRa 1997, 235). Desgleichen ist salziges Leitungswasser bei täglicher Bereitstellung von Mineralwasser in Flaschen entschädigungslos hinzunehmen (AG Düsseldorf MDR 1985, 496). Ferner kann der Reisende nicht davon ausgehen, deutsches Essen zu erhalten; landestypische Verpflegung stellt keinen Mangel dar. Ebenso sind natürliche Gerüche und Geräusche hinzunehmen (AG Hamburg RRa 1995, 51). 18

Auch **landestypische Insekten und Tiere** stellen nicht ohne weiteres einen Mangel dar. Hinnehmen muss der Reisende je nach Hotelkategorie drei Kakerlaken und einen Gecko im Zimmer auf Hawaii (LG Frankfurt aM NJW-RR 1992, 630; s auch AG Nürnberg NJW-RR 1999, 567), 30 bis 40 Katzen in der Bungalowanlage (AG Hamburg RRa 1998, 45), geringen Flohbefall in tropischen Ländern (Köln NJW-RR 1993, 252), Mücken (LG Frankfurt aM RRa 2000, 76), Sandflöhe und Sandwespen an einem öffentlichen Strand in der Karibik (AG Köln RRa 2008, 271), in einer einfachen Anlage in Tunesien Ameisen, wenn die Verwaltung regelm Vernichtungsmittel spritzt; anders in einer Unterkunft einer besseren Kategorie (Düsseldorf RRa 2001, 49; vgl LG Hannover MDR 1985, 496; LG Kleve RRa 2002, 123; LG Hamburg RRa 1997, 97). Diese Einschränkung darf jedoch nicht vom Veranstalter dazu verwendet werden, mittels einer »**Landesüblichkeitsklausel**« seine Haftung für nicht nur unerhebliche Abweichungen zu begrenzen (BGH NJW 1987, 1931). Vielmehr hat der Reisende einen Anspruch darauf, zu erfahren, inwieweit Besonderheiten im Zielland gelten, sofern diese nicht als bekannt vorausgesetzt werden können. Daher hat der Veranstalter konkret Unterschiede darzutun, bloße Hinweise auf die Orts- oder Landesüblichkeit der Leistungen genügen nicht (*Bechhofer* S 41). 19

c) Allgemeines Lebensrisiko. Der Veranstalter hat nicht für Ereignisse einzustehen, die dem **allg Lebensrisiko** des Reisenden unterfallen und außerhalb der von ihm geschuldeten Leistung geschehen. So trägt der Reisende das gewöhnliche Unfallrisiko, mit dessen Auftreten auch im privaten Alltagsleben gerechnet werden muss, soweit dieses nicht im Zusammenhang mit den Pflichten des Veranstalters steht (Staud/*J Eckert* Rn 56). Dem Veranstalter und seinen vertraglichen Erfüllungsgehilfen ist nicht zuzumuten, den Reisenden vor allen möglichen Risiken zu schützen, wenn davon auszugehen ist, dass der Reisende die Gefahren selbst erkennen und sein Verhalten darauf einstellen kann. Den Reisenden trifft daher die Pflicht, für seine eigene Sicherheit zu sorgen. Das allg Lebensrisiko verwirklicht sich etwa bei Unfällen im Straßenverkehr (nicht bei einem Unfall während des gebuchten Transports zum Flughafen, LG Frankfurt aM NJW-RR 1986, 214) oder auf der Skipiste (Karlsruhe VersR 1984, 795), aber auch bei Unfällen im Hotel, sofern die Gefahrenstelle für den Reisenden erkennbar war und er sich darauf einstellen konnte (AG Neuwied RRa 2007, 258; LG Duisburg RRa 2006, 20; LG Frankfurt aM NJW-RR 2002, 1485; sa Köln NJW-RR 2004, 59; AG Bad Homburg RRa 2003, 120). 20

21 Der Reisende setzt sich bei Reisen ins Ausland einem erhöhten Risiko aus, einer **Straftat** zum Opfer zu fallen. Er muss daher auch hinnehmen, bestohlen oder überfallen zu werden (Düsseldorf NJW-RR 1991, 879). Eine Haftung des Veranstalters kommt aber in Betracht, wenn sich das allg Risiko am Zielort derart verdichtet, dass eine akute und konkrete Gefahr für den einzelnen Reisenden besteht (BGH NJW 1982, 1521; Celle RRa 2005, 260; München RRa 2004, 203; sa AG Düsseldorf RRa 2007, 127). Der Veranstalter muss als derjenige, der auf Grund seines Informationsvorsprungs und Überblicks besser unterrichtet ist, Abwehrmaßnahmen ergreifen oder zumindest den Reisenden aufklären und warnen, damit sich dieser auf die besondere Gefahrensituation einstellen kann. Auch für **Diebstähle** haftet der Veranstalter nur, soweit es seinen Organisationsbereich betrifft (bspw Verlust eines Koffers während des vertraglich vereinbarten Transfers vom Flughafen zum Hotel; sa LG Duisburg NJW-RR 1995, 693). Da die Vorschriften über die Gastwirtehaftung nicht auf den Veranstalter anwendbar sind, haftet er nicht für das Abhandenkommen der Sachen des Reisenden im Hotel (sa AG Berlin-Mitte RRa 2006, 168; LG Duisburg RRa 2005, 225).

22 **d) Höhere Gewalt.** Dagegen vermag höhere Gewalt (zum Begriff s § 651j Rz 5) den Mangelbegriff nicht einzuschränken (BGH NJW 1983, 33; Staud/*J Eckert* Rn 55). Die Haftung des Veranstalters ist verschuldensunabhängig, weshalb allein die Kündigung nach § 651j BGB seine Einstandspflicht begrenzen kann (LG Hamburg RRa 2008, 277: Ausfall Durchfahrt Nordwest-Passage wegen Packeis). Für Naturgegebenheiten, Wetterbedingungen oder klimatische Umstände am Urlaubsort haftet der Veranstalter nur bei entspr Zusicherung (hierzu sogleich), zB für Nebel in der Meeresbucht (LG Frankfurt aM NJW-RR 1987, 495), Windzusagen bei Surfreisen (LG Verden RRa 1997, 21), nicht aber für vorübergehend schlechte Angelmöglichkeiten (Frankfurt aM NJW-RR 1988, 1328).

23 **II. Zugesicherte Eigenschaften.** Anders als bei Fehlern hat der Reiseveranstalter unabhängig davon, ob dies zu einer Wert- oder Tauglichkeitsminderung führt, für das Ausbleiben zugesicherter Eigenschaften einzustehen. **Eigenschaften** sind alle tatsächlichen und rechtlichen Verhältnisse, welche die Beziehung der Sache zur Umwelt betreffen und wegen ihrer Art und Dauer die Brauchbarkeit oder den Wert der Reise beeinflussen (BGHZ 79, 183), also Beförderungsmittel, der Urlaubsort, die Unterkunft und deren Einrichtungen, die Verpflegung usw. Entspr der weitgehenden Einstandspflicht des Veranstalters sind an eine **Zusicherung** besondere Anforderungen zu stellen (Erman/*Seiler* Rn 3). Jedenfalls kann eine solche noch nicht in bloßen, wohl aber regelm auch nicht in konkreten Leistungsbeschreibungen des Kataloginhalts gesehen werden (Staud/*J Eckert* Rn 45). Garantiert der Veranstalter aber in der Beschreibung bestimmte Eigenschaften oder werden mit der Reise besondere Zwecke verfolgt, wird hierin eine Zusicherung liegen. Reklamehafte Anpreisungen ohne sachlichen Kern genügen nicht.

24 So wurden Mängel darin gesehen, dass bei einem Ski-Urlaub in einem laut Katalog »schneesicheren« Gebiet Schneemangel herrschte, bei einem »Badeurlaub« das Baden im Meer wegen Algenpest nicht möglich war (LG Frankfurt aM NJW-RR 1990, 695). Hat der Veranstalter im Prospekt auf die Möglichkeit der Strandbenutzung hingewiesen, ist dies aber bspw auf Grund eines Hurrikans nicht möglich, liegt ein Mangel vor (AG Duisburg RRa 2005, 215). Auch die bestätigte Beförderung in einer gebuchten Komfort-Klasse ist eine Zusicherung (Düsseldorf RRa 2008, 21), nicht aber der bloße Hinweis auf am Zielort vorhandene Museen und andere Sehenswürdigkeiten.

25 **Sonderwünsche** des Reisenden im Anmeldeformular sowie schriftliche oder mündliche Abreden des Veranstalters bzw seiner Mitarbeiter können die Einstandspflicht des Veranstalters erweitern (AG Bad Homburg NJW-RR 2006, 1358). Auch Zusagen eines Reisebüros, die regelm als Handelsvertreter (§§ 84 ff HGB) und damit als Erklärungs- und Empfangsvertreter tätig werden, gelten als zugesichert (vgl § 651a Rz 15 ff). Die Willenserklärungen gehen dem Veranstalter so zu, wie sie vom Reisebüro entgegen genommen wurden, selbst wenn später keine oder eine fehlerhafte Übermittlung an den Veranstalter erfolgt (BGH NJW 1982, 377). Dies gilt regelm dann nicht, wenn die Zusicherungen des Mittlers eindeutig im Widerspruch zum Prospekt stehen (AG Düsseldorf RRa 2004, 21; AG München RRa 1997, 40).

26 **C. Abhilfe.** Der Reisende kann bei Vorliegen eines Mangels einen Abhilfeanspruch ggü dem Veranstalter geltend machen, durch den die Vertragsgemäßheit der Reise wieder hergestellt werden soll. Es handelt sich um einen (**modifizierten**) **Erfüllungsanspruch**. Mit Erbringung einer Abhilfeleistung liegt eine wirksame Erfüllung des Reisevertrages vor. Minderung kommt dann nur noch für die Zeit vor der Abhilfe in Betracht. Der Veranstalter kann jedoch die Abhilfe verweigern, wenn diese einen unverhältnismäßigen Aufwand erfordern würde (Abs 2 S 2) oder sie gar objektiv unmöglich ist. Ersteres ist nur dann anzunehmen, wenn zwischen dem Aufwand und dem angestrebten Ergebnis ein auffälliges Missverhältnis besteht (Staud/*J Eckert* Rn 155). Eine Klausel, nach welcher der Reisende verpflichtet sein soll, Abhilfe zu verlangen, um später Minderungsansprüche geltend zu machen, ist unwirksam (BGH NJW 1993, 263; Frankfurt aM NJW-RR 1986, 1172). Ebenso unzulässig ist das Verlangen des Veranstalters bei Abhilfe nach einem Verzicht auf weitere Regressansprüche (Düsseldorf NJW-RR 1992, 245), vgl § 651m Rz 4.

27 **I. Abhilfeverlangen.** Durch das Abhilfeverlangen als **geschäftsähnliche Handlung** (Staud/*J Eckert* Rn 147) weist der Reisende den Veranstalter auf den Mangel hin und fordert mit ausreichender Deutlichkeit zu dessen Beseitigung innerhalb der von ihm gesetzten Frist auf. Hierdurch soll der Reiseveranstalter über das Bestehen eines Mangels informiert und ihm Gelegenheit zur Abhilfe gegeben werden. Die bloße Anzeige und Benen-

nung der Mängel genügt nicht (Erman/*Seiler* Rn 10); das Abhilfeverlangen ist mehr als eine Mängelanzeige iSd § 651d Abs 2. Die Erklärung ist formfrei, zu Beweiszwecken empfiehlt sich jedoch die Schriftform. Auch ein Minderjähriger ist zum Abhilfeverlangen verpflichtet (AG Frankfurt aM RRa 2006, 164; aA AG Bielefeld RRa 1999, 156).

Adressat des Verlangens ist der Veranstalter, üblicherweise kann es ggü dem örtlichen Vertreter erklärt werden. Gem § 8 Abs 1 Nr 3 BGB-InfoV hat der Veranstalter dem Reisenden rechtzeitig vor Reisebeginn Name, Anschrift und Telefonnummer der örtlichen Reiseleitung mitzuteilen. Ist eine solche nicht vorhanden, kann sich der Reisende – wie in jedem Fall – an die Zentrale des Veranstalters wenden (LG Frankfurt aM NJW-RR 1988, 1330). Leistungsträger sind, wie iÜ auch das Reisebüro, in welchem die Reise gebucht wurde, nur bei entspr Benennung durch den Veranstalter Adressat, was regelm nicht der Fall sein wird (LG Duisburg RRa 2003, 114; LG Stuttgart RRa 1996, 187). Eine Anscheinsvollmacht des Leistungsträgers kann aber bei aus Sicht des Reisenden enger Zusammenarbeit mit dem Veranstalter bzw dessen Reiseleitung in Betracht kommen (MüKo/*Tonner* Rn 43). Das Fehlverhalten Dritter, derer sich der Reisende zur Weiterleitung des Abhilfeverlangens bedient, geht zu seinen Lasten (LG Duisburg RRa 2003, 114; AG Hamburg RRa 2001, 130). Soll sich der Reisende an die **örtl Reiseleitung** wenden und ist diese nicht bzw nur unter unzumutbaren Anstrengungen erreichbar, wird man ausnahmsweise auch den Leistungsträger als richtigen Adressaten ansehen, da der Veranstalter damit rechnen muss, dass sich der Reisende an die Stelle richtet, von der er am ehesten erwarten kann, dass diese den Mangel beseitigt (BaRoth/*Geib* Rn 43; vgl auch AG Hamburg RRa 2002, 75; AG Hersbruck RRa 1997, 237; aA Staud/*J Eckert* Rn 150). Was zumutbar ist, richtet sich nach der Schwere des Mangels, der Dauer der Reise und nach persönlichen Umständen des Reisenden (zB Krankheit, Alter, Mitnahme kleiner Kinder). So soll eine zweistündige Anfahrtsdauer bei vertretbaren Verkehrsanbindungen noch zumutbar sein (jurisPK/*Keller* Rn 94; aA *Tempel* NJW 1986, 547 – halber Tag). Insbes am Tag der Anreise soll die Reiseleitung zur Entgegennahme von Erklärungen der Reisenden kurzfristig präsent sein können (LG Frankfurt aM NJW 1985, 330). 28

II. Abhilfe durch Ersatzleistung. Der Veranstalter hat dem Mangel auf eigene Kosten durch geeignete und für den Reisenden zumutbare Maßnahmen abzuhelfen. Dabei kann auch eine Ersatzleistung vorgenommen werden, wenn diese der ursprünglich gebuchten Reise mind **gleichwertig** und dem Reisenden objektiv und subjektiv **zumutbar** ist. Ob eine Ersatzleistung ebenbürtig ist, muss aus Sicht eines verständigen Durchschnittsreisenden beurteilt werden. Dabei sind kleinere Abweichungen hinzunehmen (zB älteres Baujahr, Fehlen eines kleinen Wasserbeckens und etwas stärkere Lärmbelästigung, Karlsruhe NJW-RR 1988, 246; AG Hamburg RRa 1995, 10). Solange der Gesamtzuschnitt und der Charakter der Reise nicht verändert werden, sind auch größere Entfernungen zum Strand (nicht aber 30 km, AG Hamburg RRa 2001, 260), andere Verpflegung und Zimmerausstattung und die Unterbringung in einer niedrigeren Hotelkategorie hinzunehmen (anders, wenn die Ersatzunterkunft lediglich billiger und im Katalog des Veranstalters niedriger klassifiziert ist, vgl AG Hannover RRa 2008, 229; Düsseldorf NJW-RR 1989, 1528), nicht jedoch ein Ortswechsel, soweit dieser nicht dem gebuchten Ort im Wesentlichen gleicht. 29

Ist auch die Ersatzunterkunft mangelhaft, kann der Reisende entweder die Abhilfe ablehnen und seine bereits entstandenen Gewährleistungsansprüche weiterverfolgen oder die **mängelbehaftete Ersatzleistung** annehmen, die Mängel rügen und später zusätzliche Minderungsansprüche geltend machen (*Bechhofer* S 73). Lehnt der Reisende ein zulässiges Ersatzangebot ab, hat er die daraus folgenden Nachteile, wie bspw den Verlust des Minderungsrechtes (AG Kleve RRa 2001, 186; AG Duisburg RRa 2003, 75; LG Frankfurt aM NJW 1985, 1474) oder gar der Schadensersatzansprüche (AG Hamburg RRa 1997, 150), zu tragen. Unbenommen bleibt sein Recht, bzgl der mangelhaften Leistung bis zu der Höhe zu mindern, bis zu der er es auch bei Annahme der Ersatzleistung gekonnt hätte (LG Düsseldorf RRa 1997, 116; LG Frankfurt aM NJW 1985, 1474). 30

III. Selbstabhilfe. Kommt der Veranstalter seiner Pflicht zur Abhilfe nicht binnen der ihm gesetzten angemessenen Zeit nach, kann der Reisende, soweit die Fristsetzung nicht entbehrlich ist, den **Mangel selbst beheben** und **Ersatz seiner erforderlichen Aufwendungen verlangen**. Der Reisende braucht keine **Frist** zu setzen, wenn der Veranstalter die Abhilfe verweigert (KG Berlin NJW-RR 1993, 1209; auch bei hinhaltenden Antworten, *Tempel* NJW 1986, 547; bei Bestreiten der Mängel, BaRoth/*Geib* Rn 46) oder wenn im Einzelfall die Interessen des Reisenden sofortige Abhilfe erfordern. Zeigt der Reisende den Mangel lediglich an, ohne dem Veranstalter ausdrücklich eine Nachfrist zu setzen, kann er zwar Minderung geltend machen, nicht aber das Selbstabhilferecht ausüben (LG Kleve RRa 2003, 118). Für die Bemessung der Frist ist eine Abwägung der Interessen beider Vertragspartner vorzunehmen und sind die Umstände des Einzelfalles, ua die Schwere des Mangels und die Dauer der Reise, zu berücksichtigen. Üblicherweise wird dem Veranstalter ein Tag zugebilligt, um eine Ersatzunterkunft bereitzustellen (sa AG Duisburg RRa 2007, 171). Steht wegen Überbuchung überhaupt kein Zimmer zur Verfügung, kommt eine Frist von allenfalls drei Stunden in Betracht (jurisPK/*Keller* Rn 106). Erreicht der Reisende nachts das Hotel und kann er sein Zimmer nicht beziehen, muss ihm umgehend ein Ersatzquartier besorgt werden (*Bechhofer* S 74). Bleibt der gebuchte Transfer aus, kann sich der Reisende sofort ein Taxi nehmen, um das Flugzeug noch zu erreichen. Der Reisende darf dem Veranstalter jedoch nicht sämtliche Abhilfemaßnahmen abschneiden, indem er sofort selbst Abhilfe schafft (LG Kleve 31

RRa 2003, 118). So soll er einige Zeit auf dem Flughafengelände auf Weisungen des Veranstalters warten, bevor er einen Ersatzflug bucht (AG Neuwied RRa 2004, 215).

32 Im Rahmen des Aufwendungsersatzanspruches sind die **Ausgaben erforderlich**, die der Reisende den Umständen des Falles nach für angemessen halten konnte. So muss er ein Hotel der gleichen Kategorie wie das Gebuchte nehmen; auf die nächst höhere Kategorie darf er nur ausweichen, wenn am gleichen Ort kein anderes Zimmer zur Verfügung steht. Grds kommt auch die Durchführung einer Ersatzreise in Betracht, nicht jedoch statt der gebuchten Türkei-, eine Kuba-Reise (LG Düsseldorf NJW 1999, 2049). Erfasst werden vom Aufwendungsersatz auch die Nebenkosten des Reisenden, wie etwa Telefon-, Taxi-, Umzugskosten, nicht aber solche für die Einholung von Rechtsrat in Deutschland (LG Mönchengladbach NJW-RR 1986, 1175). Verzug und damit auch Verschulden des Veranstalters ist nicht erforderlich. Der Reisende kann vom Reiseleiter einen Vorschuss für die ihm voraussichtlich entstehenden Belastungen fordern. Verweigert der Reiseleiter einen Vorschuss, darf der Reisende zur Finanzierung auch einen Kredit aufnehmen und die Gebühren hierfür vom Veranstalter ersetzt verlangen (Soerg/*H W Eckert* Rn 40).

33 **D. Prozessuales.** Dem Reisenden obliegt die Darlegungs- und Beweislast für das **Vorliegen der behaupteten Mängel**. Er muss die Art, den Umfang und die Dauer der Beeinträchtigung substanziiert vortragen. Pauschale Rügen und Angaben sind unzureichend (LG Frankfurt aM RRa 2007, 226; AG Duisburg NJOZ 2007, 3257; 2007, 5060). Im Einzelfall kann zu seinen Gunsten bei Beschwerden wegen verdorbenen Essens oder einer Salmonellenvergiftung ein **Anscheinsbeweis** angenommen werden. Erkrankt etwa im gleichen Zeitraum eine nicht unerhebliche Zahl von Reisenden, die von derselben Küche verpflegt wurden, und weisen sie gleiche Krankheitssymptome auf, so spricht der Beweis des ersten Anscheins für eine mangelhafte Verpflegung (LG Düsseldorf RRa 2006, 113; vgl LG München I RRa 1997, 36; AG Bad Homburg RRa 2005, 168). Es liegt nun an dem Veranstalter, darzulegen und zu beweisen, dass die Erkrankung nicht auf eine solche zurückzuführen und sein Haftungskreis nicht betroffen ist (AG Ludwigsburg NJW-RR 1999, 710; LG Frankfurt aM NJW-RR 1993, 1330).

34 Der Reisende muss sein Abhilfeverlangen beweisen; als ausreichend wurde eine Hotelquittung und ein Fax-Sendebericht angesehen (AG Hamburg-Altona RRa 2000, 185). Der Veranstalter hat demgegenüber zu beweisen, dass er **Abhilfe** angeboten hat bzw diese unverhältnismäßig oder objektiv unmöglich war (sa LG Frankfurt aM RRa 2008, 27). Für die Ungleichwertigkeit und die Unzumutbarkeit der Ersatzleistung trägt der Reisende wiederum die Beweislast (AG Stuttgart-Bad Cannstatt RRa 1996, 104; vgl aber AG Bad Homburg RRa 2003, 219), wobei der Reiseveranstalter den Umzug des Reisenden in die Ersatzunterkunft nicht mit Nichtwissen iSd § 138 Abs 4 ZPO bestreiten kann (AG Düsseldorf RRa 1996, 201). Auch für das Vorliegen der Voraussetzungen der **Selbstabhilfe** und der Angemessenheit seiner diesbezüglichen Aufwendungen obliegt dem Reisenden die Beweislast (BGH NJW 1985, 132; LG Frankfurt aM NJW-RR 1986, 540).

35 **E. Mängelliste.** Bei der Feststellung eines Mangels verbietet sich schematisches Vorgehen. Vielmehr ist das Vorliegen eines Mangels anhand der konkreten Umstände des Einzelfalles festzustellen. Eine Orientierungshilfe gibt der nachfolgende Überblick. **I. Mängel bei der An- und Abreise. Flugverspätungen** bis zu vier Stunden innerhalb Europas und den anliegenden Urlaubszentren sollen vom Reisenden entschädigungslos hinzunehmen sein (sa LG Hamburg RRa 2008, 277: 3,5 Stunden bei Interkontinentalflug). Für jede weitere angebrochene Stunde wird eine 5 %ige Minderung des Tagesreisepreises zugesprochen (LG Frankfurt aM RRa 2007, 226; AG Hannover NJW-RR 2002, 636). Bei Fernreisen soll eine achtstündige Verspätung noch keinen Mangel begründen (Düsseldorf NJW-RR 1992, 1330). Fallen der zweite oder dritte Reisetag auf Grund verspäteter Ankunft aus, kann der Tagesreisepreis um 100 % gemindert werden (AG Düsseldorf NJW 2002, 3514). Die **Verlegung** des Rückfluges um 1 bis 3 Tage später führt zu einer Minderung von 150 % des Tagespreises je verlängertem Tag (Frankfurt aM NJW-RR 1999, 202). Fällt ein Flug wegen Streiks des Wartungs- oder Flugpersonals aus, haftet der Veranstalter (LG Frankfurt aM NJW-RR 1987, 823; LG Hannover NJW-RR 1989, 820). Eine Minderung erfolgt bei Änderung des **Ankunftsortes** in Deutschland (AG Hamburg RRa 2004, 122; AG Düsseldorf RRa 1996, 78); zur Verlegung des Abflughafens s Düsseldorf RRa 1995, 215; LG Kleve RRa 1997, 229. Wird eine bestimmte **Fluggesellschaft** nicht zugesagt, begründet ein Wechsel dieser grds keinen Mangel (AG Bad Homburg RRa 2004, 210; LG Kleve RRa 1999, 14; bei entspr Zusage 5-15 %, AG Hamburg RRa 2004, 122). Fehlende Unterhaltungsmöglichkeiten auf dem Flug sowie nicht deutschsprachige Flugbegleitung stellen keinen Fehler dar (LG Düsseldorf LSK 2004, 38218; AG Bad Homburg RRa 2000, 13). Auch fehlendes **Gepäck** begründet einen Mangel (AG Hamburg RRa 1997, 79; AG Nürnberg NJW-RR 1999, 1068; Düsseldorf NJW 1998, 2913; AG Bad Homburg RRa 2001, 129: 50 % des Reisepreises bei Fehlen über die gesamte Dauer; sa LG Frankfurt aM RRa 2007, 269); bleibt es endgültig verloren, kann der Reisende überdies Schadensersatz fordern.

36 **II. Mängel der Unterbringung. 1. Unterkunft.** Mängel sind: ein noch nicht fertig gestelltes Hotel (LG Bonn NJW-RR 1999, 55: 100 %ige Minderung), Bungalow statt Hotelzimmer (AG Düsseldorf RRa 1997, 240), feuchte und von Schimmel befallene Zimmer (AG Duisburg RRa 2006, 118; LG Hamburg RRa 1999, 238), ungereinigte Räume (AG Duisburg RRa 2005, 128), die **Unterbringung** auf einer anderen Insel (AG Hamburg RRa 2000, 104: 100 %ige Minderung pro Tag; AG Frankfurt aM NJW-RR 1999, 931: 35 %), Hotel in der

Stadt statt am Strand (LG Köln RRa 2001, 180: 20 % des Reisepreises). Ein 4-Sterne-Doppelzimmer, das nicht über eine Mindestgröße von 12 qm verfügt, rechtfertigt bei einer Belegung von zwei Personen eine 10 %ige Minderung (AG Bad Homburg RRa 1995, 25; sa AG Bad Homburg NJW-RR 2002, 1283); in einem Komfort-Hotel müssen die Einzelzimmer eine Mindestgröße von 8 qm und eine Duschwanne aufweisen (AG Bad Homburg RRa 2007, 168). Bei außergewöhnlich hohem Preis kann auch eine gehobene Zimmerausstattung erwartet werden (LG Frankfurt aM NJW-RR 1992, 380). Selbst bei fehlender Vereinbarung einer bestimmten Zimmerlage muss der Reisende die Unterbringung in einem Zimmer im Souterrain nicht hinnehmen (AG Bad Homburg RRa 2007, 168).

Desgleichen begründen Abweichungen von der **Prospektbeschreibung** Mängel. Dies gilt ebenso für die vom Veranstalter vorgenommene Hotelklassifizierung. Die Einordnung richtet sich aber nicht nach deutschem, sondern nach dem Maßstab, den der Reiseveranstalter in seinem Katalog beschreibt und nach dem er seine Leistungen einordnet (Celle NJW-RR 2005, 425). »Meerseite« meint nicht »Meerblick« (AG Duisburg RRa 2005, 128); ist dieser zugesagt, begründet sein Nichtvorhandensein einen Mangel (Celle RRa 2005, 205). Sind in dem Prospekt Strandfotos mit klarem blauen Meerwasser abgebildet, liegt ein Mangel vor, wenn das Meerwasser bräunlich-trübe ist und die Wasserqualität nicht nur vorübergehend schlecht ist (AG Köln RRa 2008, 271). Fehlende, aber in der Produktbeschreibung genannte **Einrichtungsgegenstände** führen zu einem Minderungsanspruch (AG Düsseldorf RRa 1998, 116; AG Kleve RRa 1998, 104; AG Kleve NJW-RR 2002, 562: 50 %ige Minderung des auf das Kind entfallenden Reisepreises bei fehlendem Kinderbett; LG Hamburg RRa 1999, 2385: 15 % bei ungenügender Küchenausstattung im Ferienhaus), Gleiches gilt für verschmutzte oder zerschlissene Möbel (AG Hamburg NJW-RR 2002, 702; AG Kleve RRa 2001, 210). Wann das Fehlen einer nicht zugesicherten **Klimaanlage** einen Reisemangel begründet, wird von den Gerichten unterschiedlich beurteilt (AG Hannover RRa 1996, 222: 5-10 % bei Temperaturen um 30°C; AG Duisburg RRa 2003, 121; LG Düsseldorf RRa 2004, 67; AG Stuttgart RRa 1996, 104: keine Minderung bei bis zu 25°C; sf AG Düsseldorf RRa 1995, 209). Ist ein **Swimmingpool** entgegen der Zusage nicht vorhanden oder nicht temperiert, kann um etwa 20 % gemindert werden (LG Frankfurt aM NJW 1985, 1166; AG Bad Homburg NJW-RR 2003, 347; AG Kleve RRa 1998, 174). 37

Wasser- und Stromausfall (Frankfurt aM RRa 2002, 56; AG Hannover RRa 2003, 30) begründen wie auch fehlendes Warmwasser (AG Bielefeld RRa 2001, 208; AG Hannover RRa 2002, 81), sofern der Ausfall nicht nur kurzfristig ist, einen Mangel. **Baulärm** führt grds zu einem Minderungsanspruch (AG Köln RRa 2003, 268; LG Hannover NJW-RR 1989, 821; AG Bad Homburg RRa 2005, 127; AG Köln NJOZ 2008, 443: 66 % bei pausenlosem Lärm im Hotel); normaler **Verkehrslärm** nur dann, wenn dies nicht aus der Prospektbeschreibung ersichtlich war (AG Hannover RRa 2004, 189; LG Kleve NJW-RR 2001, 51) oder eine ruhige Lage zugesichert wurde (AG Duisburg RRa 2004, 214); Lärm durch Veranstaltungen im oder am Hotel ist bis Mitternacht hinzunehmen, danach nur, wenn im Prospekt darauf hingewiesen wurde (AG Duisburg RRa 2006, 117; Köln RRa 2000, 117; AG Kleve RRa 1998, 138; AG Köln RRa 2008, 173: 60 % Minderung bei Lärm durch Open-Air-Disko bis 4 Uhr morgens). 38

2. Ersatzunterkunft. Bereits in der Ersatzunterbringung sehen einige Gerichte einen Mangel und sprechen eine 10–15 %ige Minderung selbst dann zu, wenn diese den vertraglichen Vereinbarungen entspricht (LG Frankfurt aM in st Rspr seit NJW 1983, 233; AG Stuttgart RRa 1995, 127; AG Düsseldorf RRa 2002, 123; AG Hamburg RRa 2005, 217). Für einen Umzug innerhalb des Hotels wurden Minderungen iHv bis zu 50 % angenommen (AG Bad Homburg NJW-RR 2003, 1140; vgl aber AG Düsseldorf RRa 1996, 78), bei Umzug in ein anderes Hotel 50–100 % des Tagesreisepreises (AG Bad Homburg RRa 2005, 127; AG Hersbruck RRa 1997, 237). Die **Gleichwertigkeit** der Ersatzunterbringung wurde in folgenden Fällen verneint: längerer Weg zum Meer (LG Köln RRa 2005, 211: 30 %), Stadt- statt Strandhotel (AG Königsstein RRa 1997, 175), Unterbringung an einem anderen Ort, erst recht bei größeren Entfernungen (BGH NJW 1983, 35; LG Düsseldorf RRa 2003, 113). Der Reisende darf eine Ersatzunterbringung nicht allein mit der Begründung ablehnen, es handele sich hierbei nicht um ein »All-Inclusive-Angebot«, weshalb er alle Kosten zunächst auslegen müsste (LG Düsseldorf RRa 1997, 116). Wird dem Reisenden auf seinen Wunsch hin ein anderes Hotelzimmer zur Verfügung gestellt, obwohl das ursprüngliche Zimmer mangelfrei war, können Ansprüche wegen Mängel des Ersatzzimmers nicht geltend gemacht werden (AG Bad Doberan RRa 2007, 126). 39

3. Mängel der Verpflegung. Klagen wegen mangelhafter Verpflegung werden häufig wegen Unsubstanziiertheit oder weil der Beschwerdegrund zu sehr von der subjektiven Erwartungshaltung des Reisenden geprägt ist, abgewiesen. Insbes stellt die landestypische Esskultur keinen Fehler dar. Mängel wurden in folgenden Fällen bejaht: Fehlen der zugesagten Diätverpflegung; Selbstbedienungsbuffet statt à-la-carte (AG Bad Homburg LSK 2004, 460658: 5 %,); bei All-Inclusive-Reise täglich nur eine Sorte Fleisch und Spaghetti (AG Bad Homburg RRa 2003, 28: 10 %) oder kein Obst- und Gemüse (AG Kleve NJW-RR 2001, 1560: 10 %). Essen in Schichten und damit verbundene Wartezeiten von 20 min sind in einem Mittelklassehotel hinzunehmen. Eine Salmonellen- bzw Fischvergiftung durch das Hotelessen berechtigt zu einer Minderung von 100 % des Tagesreisepreises je betroffenen Tag und von 40 % für die nahe stehende Person auf Grund deren Pflegeaufwand und Urlaubsbeeinträchtigung (LG Düsseldorf RRa 2001, 120). 40

41 **4. Freizeit- und Ausflugsangebote.** Fehlen die im Prospekt beschriebenen **Sport- und Freizeitmöglichkeiten**, soll nach Ansicht des AG Düsseldorf ein Mangel nur geltend gemacht werden können, wenn der Reisende seine konkrete Nutzungsabsicht nachweist (RRa 1995, 208). Für das Fehlen zugesagter Sporteinrichtungen haftet der Veranstalter verschuldensunabhängig (LG Frankfurt aM NJW-RR 1990, 700: 20 % bei gebuchtem Golfurlaub). Eine Minderung begründet auch das Fehlen der zugesagten **Animation** (LG Hannover NJW 1984, 2417), der vereinbarten Kinderbetreuung (AG Hamburg RRa 2000, 143: 10 %; LG Düsseldorf RRa 2004, 67) und der zugesicherten Diskotheken, Bars und Einkaufsmöglichkeiten in der **Umgebung** (Düsseldorf RRa 2004, 65; AG Köln RRa 2003, 268). Erhebliche Verschmutzungen des im Prospekt genannten **Strandes** begründen einen Mangel (ausf AG Hannover VuR 1992, 23; AG Baden-Baden RRa 1994, 12; aA LG Düsseldorf RRa 2001, 222; AG Berlin-Tiergarten RRa 1997, 151). Die im Prospekt angegebene Strandentfernung muss in etwa eingehalten werden (LG Kleve RRa 2001, 233), sie bemisst sich nach der Luftentfernung (AG Duisburg RRa 2008, 28). Wird der Eindruck vermittelt, das Hotel läge direkt am Strand, liegt ein Mangel vor, wenn der Reisende eine befahrene Straße überqueren muss (AG Bad Homburg RRa 2001, 63; AG Duisburg RRa 2008, 28: nicht aber Uferpromenade). Auch Abweichungen von der Beschreibung des Strandes (etwa Kies- statt Sandstrand) begründen Mängel (AG Düsseldorf RRa 1997, 116; LG Essen RRa 2003, 24).

42 **III. Besondere Reisearten.** Wird die Reise mit einem anderen als dem gebuchten **Kreuzfahrtschiff** durchgeführt, liegt, soweit kein Vorbehalt aufgenommen wurde, ein Mangel vor (AG Hamburg RRa 2003, 225; AG Ludwigsburg RRa 1998, 67). Die Kabine muss eine gewisse Mindestgröße aufweisen (AG München NJW-RR 1989, 1528) und, soweit zugesichert, auch über Dusche, WC und Klimaanlage verfügen (AG Königsstein RRa 1996, 150). Wird ein Teil der Häfen nicht angelaufen (BGH NJW 1980, 2189; LG Bonn RRa 2008, 275; LG Leipzig NJW-RR 2005, 995) oder die Route geändert (LG Frankfurt aM NJW-RR 1995, 882: 30 % Minderung bei Ausfall der gebuchten Grönlandumrundung), ist der Reisepreis zu mindern, sofern sich der Veranstalter dies nicht vorbehalten hat. Eine Segelreise ist mangelhaft, wenn fast ausschließlich mit Motorkraft gefahren wird (LG Hannover NJW-RR 1999, 1004). Gerade bei **Frachtschiff-Rundreisen** sind mangels anderweitiger Freizeitgestaltung die Landgänge und die Route von essenzieller Bedeutung für den Reisenden (AG Hamburg-Altona RRa 2006, 221). Keinesfalls stellen schiffstypische Geräusche, Gerüche und Vibrationen Mängel dar (ausf zu Schiffsreisen *Wortmann* RRa 2007, 5).

43 Der Reisende, der eine **Luxusreise** bucht und einen hohen Reisepreis zahlt, kann auch ohne besondere Zusicherung im Prospekt eine überdurchschnittliche Ausstattung und Größe der Unterbringung erwarten (LG Frankfurt aM NJW-RR 1992, 380). **Billigreisen** schließen hohe Ansprüche an die Qualität auf jeden Fall aus. Jedoch müssen gewisse Mindeststandards gewahrt sein. Gewährleistungsansprüche sind selbstverständlich nicht ausgeschlossen. Der Veranstalter muss die Qualitätsangaben konkretisieren, damit der Reisende abschätzen kann, was ihn erwartet. Beim Einsatz von **Bussen** und anderen Transportmitteln im Ausland schuldet der Veranstalter den verkehrssicheren Zustand nach den dort üblichen Sicherheitsstandards. Minderungsansprüche können bei schlechtem Zustand (AG Ludwigsburg RRa 1995, 188) oder Verkehrsunsicherheit (LG Frankfurt aM NJW-RR 1991, 247) eines Busses geltend gemacht werden. Wird eine aus Badeurlaub und **Rundreise** zusammengesetzte Reise in umgekehrter Reihenfolge dieser Teile durchgeführt, soll dies keinen Mangel begründen (AG Düsseldorf NJW-RR 1997, 1343; aA AG Stuttgart RRa 1994, 137).

44 Bei **Expeditions- und Abenteuerreisen** muss sich der Reisende auf Störungen, Unwägbarkeiten und Unbequemlichkeiten einrichten, da diese gerade Bestandteil einer Abenteuerreise sind. Vielmehr kann übermäßiger Komfort einen Reisemangel begründen (LG Frankfurt aM RRa 1994, 173). Ein Mangel liegt in dem Fehlen notwendiger Sicherheitsvorkehrungen (LG Frankfurt aM RRa 1995, 67) und einer umfassenden Reiseleitung (Köln RRa 2008, 225) sowie in dem Nichteinhalten der vereinbarten Route. Weist der Veranstalter darauf hin, dass die Reise eine gute Konstitution erfordert, liegt in der Zurückweisung auf Grund unzureichender körperlicher Verfassung des Reisenden durch den Reiseleiter kein Mangel (LG München NJW-RR 2002, 920). Besichtigungen und die fachkundige Führung durch den Reiseleiter stehen bei **Bildungs- und Studienreisen** im Vordergrund. Verfügt der Reiseleiter über nur unzureichende Deutschkenntnisse (AG Heidelberg RRa 1995, 13) oder fehlt es ihm an Fachwissen, ist der Reisepreis um 20 % zu mindern (LG Frankfurt aM MDR 1985, 141; sa LG Düsseldorf NJW-RR 1998, 562).

45 Bei **Fortuna-, Glücks- oder Roulettereisen** bucht der Reisende eine Urlaubsregion und ggf eine bestimmte Hotelklassifizierung und überlässt die weitere Konkretisierung der Reiseleistungen dem Veranstalter. Dieser hat sein Leistungsbestimmungsrecht iSd § 315 nach billigem Ermessen auszuüben. Auch hier muss ein gewisser Mindeststandard gewahrt bleiben, wobei der Reisepreis zu berücksichtigen ist (LG Frankfurt aM NJW-RR 1991, 317). An die einmal ausgeübte Konkretisierung ist der Veranstalter gebunden (LG Frankfurt aM NJW 1985, 143). Gewährleistungsansprüche wegen der örtl Lage oder des Umfeldes sind ausgeschlossen (AG Bad Homburg RRa 1995, 203).

§ 651d Minderung.

[1] Ist die Reise im Sinne des § 651c Absatz 1 mangelhaft, so mindert sich für die Dauer des Mangels der Reisepreis nach Maßgabe des § 638 Absatz 3. § 638 Absatz 4 findet entsprechende Anwendung.

[2] Die Minderung tritt nicht ein, soweit es der Reisende schuldhaft unterlässt, den Mangel anzuzeigen.

A. Zweck der Norm. § 651d gewährt dem Reisenden bei Vorliegen eines Mangels nach § 651c das **Gewährleistungsrecht der Minderung**, dh der Herabsetzung des Reisepreises, um das Äquivalenzverhältnis zwischen Preis und Wert der Leistung wiederherzustellen. Fehlt mithin der Reise eine zugesicherte Eigenschaft oder liegt ein Fehler vor, der den Wert oder die Tauglichkeit der Reise zu dem gewöhnlichen oder nach dem Vertrag vorausgesetzten Nutzen aufhebt oder beeinträchtigt, mindert sich der Reisepreis in dem Verhältnis, in welchem der Wert der mangelfreien Reise zu dem Wert der mit dem Mangel behafteten Reise steht. Dabei tritt die Minderung kraft Gesetzes ein (BTDrs 8/2343 S 9; MüKo/*Tonner* Rn 7), allerdings nur dann, wenn der Reisende die Mängelanzeige nicht schuldhaft unterlässt (Abs 2). Der Reisende kann den der Minderung entspr Teilbetrag vom Reisepreis kürzen oder, soweit er den Reisepreis bereits entrichtet hat, den Betrag zurückverlangen (vertraglicher Rückerstattungsanspruch, s Verweisung des § 651d Abs 1 S 2 auf §§ 638 Abs 4, 346). Der Reisende ist nicht verpflichtet, die Auszahlung des Minderungsbetrages in Form eines Gutscheines zu akzeptieren (MüKo/*Tonner* Rn 22). Die **Mängelanzeige** hat das Ziel, den Veranstalter frühzeitig über Mängel zu informieren, ihm Gelegenheit zur Abhilfe und zur Beweissicherung zu geben. Die Herstellung des vertragsgem Zustands hat damit Vorrang vor den Gewährleistungsansprüchen des Reisenden. Überdies soll verhindert werden, dass der Reisende zunächst behebbare Mängel duldet, um nach Beendigung der Reise daraus Ansprüche geltend zu machen (BGH NJW 1985, 132). 1

Minderung kann **neben dem Abhilfe- und Selbstabhilfeanspruch** aus § 651c und auch neben Ansprüchen aus § 651f Abs 1 geltend gemacht werden. Lediglich für den gleichen Mangel können nicht nebeneinander Schadensersatz und Minderung, dh zweimal Ausgleich für den gleichen Nachteil, verlangt werden. Überdies kann Schadensersatz wegen nutzlos aufgewendeter Urlaubszeit nach § 651f Abs 2 beansprucht werden. Hat der Reisende die Reise gekündigt und somit einen Rückforderungsanspruch, scheidet eine zusätzliche Minderung aus. Allerdings wird der Minderwert bei der Bemessung des Entschädigungsanspruches des Veranstalters nach § 651e Abs 3 S 1 berücksichtigt (hypothetische Minderung). Der Minderungsanspruch wird durch höhere Gewalt iSd § 651j nicht ausgeschlossen. Auch für den Zeitraum vor der Kündigung kann mithin bei Vorliegen eines Mangels gemindert werden. 2

B. Anspruch auf Minderung, Abs 1. Die Minderung setzt einen Reisemangel iSd § 651c voraus (vgl dort). Ein Verschulden des Veranstalters ist nicht erforderlich (BGH NJW 1983, 33), so dass der Anspruch auch dann gegeben sein kann, wenn der Mangel auf höherer Gewalt beruht, sofern nicht nach § 651j gekündigt wird (s dort Rz 3). Der Reisende kann seinen Minderungsanspruch verlieren, wenn er die angebotene und zumutbare Abhilfe des Veranstalters ablehnt oder verhindert (AG Duisburg RRa 2003, 75). 3

Für die **Berechnung des Minderungsanspruchs** verweist Abs 1 auf die werkvertragliche Formel des § 638 Abs 3, wonach der Reisepreis in dem Verhältnis herabzusetzen ist, in welchem der Wert der mangelfreien Reise zu dem Wert der mangelbehafteten Reise steht. In der Praxis wird regelm entspr der Verweisung auf § 638 Abs 3 S 2 (§ 287 Abs 2 ZPO) eine Schätzung vorgenommen und ein prozentualer Minderungssatz vom Reisepreis abgezogen. Bei der **Berechnung der Minderung** ist der Gesamtreisepreis zugrunde zu legen (Erman/*Seiler* Rn 4; jurisPK/*Keller* Rn 26). Der frühere Streit darüber, ob nicht nur die jeweilige Einzelleistung und deren Anteil am Gesamtpreis maßgeblich und nur im Einzelfall eine Ausstrahlung auf den gesamten Preis anzunehmen ist (sogleich Rz 5), hat sich nunmehr gelegt (vgl MüKo/*Tonner* Rn 15 mwN). Außer Betracht müssen jedoch zusätzlich vereinbarte Leistungen, wie zB Reiseversicherungen oder ein Zuschlag für die Luftbeförderung in der ersten Klasse, bleiben (LG Frankfurt aM NJW-RR 1992, 890; Staud/*J Eckert* Rn 37). Ist bei zusammengesetzten Reisen, etwa einer Rundreise mit anschließendem Badeurlaub, nur ein Teil der Reise mangelhaft, so ist die Minderung als Prozentsatz der Summe aus dem auf den mangelhaften Teil entfallenden Preis und einem Anteil des Preises für den Hin- und Rückflug, der dem zeitlichen Anteil des betreffenden mangelnden Teils an der Gesamtreise entspricht, zu berechnen (Celle NJW-RR 2003, 200; AG Hamburg RRa 2001, 35; Düsseldorf NJW-RR 1991, 1202; AG Hanau NJW-RR 1990, 1336; aA LG Frankfurt aM NJW-RR 1992, 115; Staud/*J Eckert* Rn 38; BaRoth/*Geib* Rn 7, die den Gesamtpreis zugrunde legen wollen). 4

Bei der Berechnung der Minderung ist zunächst festzustellen, welche Reiseleistung betroffen ist, wobei es unbeachtlich bleibt, ob es sich um gesetzliche, vertraglich vereinbarte oder sich konkludent ergebende Pflichten handelt. Sodann ist der Nutzen der Reise bzw deren Charakter durch Auslegung des Vertrages zu ermitteln (zB Erholungs-, Abenteuer-, Sport- oder Bildungsurlaub), um die mangelhafte Reiseleistung zum Nutzen in Beziehung zu setzen. Je nach Art, Intensität und Dauer des Mangels ist das Ausmaß der Beeinträchtigung des Nutzens festzustellen. Hierbei kann es dazu kommen, dass zwar eine einzelne Leistung erheblich, der Nutzen der Reise hingegen kaum beeinträchtigt ist. Umgekehrt kann auf Grund eines schwerwiegenden Mangels (Erkrankung des Reisenden durch verdorbenes Essen) oder auch einer Vielzahl von kleineren Mängeln der Nutzen der Reise als solcher nicht mehr erreicht werden (zB fehlende Sportangebote bei einem Aktivurlaub) und es zum Wegfall des Vergütungsanspruches kommen (Staud/*J Eckert* Rn 34). Liegen mehrere Mängel vor, werden die Minderungsquoten nicht schematisch addiert, sondern anhand einer Gesamtwürdigung und Gewichtung ermittelt (Celle NJW 2004, 2985; PWW/*Deppenkemper* Rn 7; sa Frankfurt aM NJW-RR 1999, 202). Die Minderung ist dabei nach **objektiven Maßstäben** zu bemessen, rein subjektive Erwartungen und Empfindungen des Kunden bleiben unbeachtet. Motive des 5

Reisenden können grds nur berücksichtigt werden, wenn sie im Vertrag einen gewissen Niederschlag gefunden haben (MüKo/*Tonner* Rn 18).

6 Die Minderung kann nur für den **Zeitraum** beansprucht werden, in welchem der Mangel tatsächlich vorgelegen hat, was uU auch für die gesamte Reisedauer gelten kann (*Bechhofer* S 78). Gerade bei Schädigungen des Reisenden infolge eines Mangels, wie bspw Erkrankungen wegen verdorbenen Essens, kann bis zum Abklingen der Folgen gemindert werden (LG Hannover VersR 1989, 1099). Treten also Mängel erst im Verlauf der Reise auf, kann für die zuvor erbrachten Reiseleistungen keine Minderung verlangt werden. Entspr gilt, wenn die Mängel durch den Veranstalter oder durch den Reisenden im Wege der Selbstabhilfe beseitigt werden. Für die nachfolgende Zeit der Mangelfreiheit kann grds nicht mehr gemindert werden. Anderes muss gelten, wenn der Mangel eine Ausstrahlungswirkung entfaltet, durch die der Nutzen der Reise über den konkreten Mangel hinaus beeinträchtigt wird (BGH NJW 2000, 1188; MüKo/*Tonner* Rn 19; Palandt/*Sprau* Rn 5 f; *Führich* Rn 305). So kann ein Mangel über die Zeit seines Vorliegens nachwirken, dh auch nach seiner Beseitigung der Reise anhaften und ihren Wert für den Reisenden mindern. Desgleichen kann ein Mangel auch bereits erbrachte, an sich mangelfreie Reiseleistungen rückwirkend entwerten. Während die Gerichte bisher eine (Rück-)Erstattung des Reisepreises für die derart beeinträchtigten Tage nur im Rahmen des (verschuldensabhängigen) § 651f berücksichtigten (LG Frankfurt aM NJW-RR 2002, 270; Frankfurt aM NJW-RR 1999, 202; sa NJW-RR 1993, 1330), hat der BGH nunmehr eine Ausstrahlungswirkung bejaht und eine Reduzierung des Reisepreises auf null bei einer erheblichen Verletzung des Reisenden vorgenommen (sog Reitunfall-Entscheidung NJW 2000, 1188; bestätigend BGH RRa 2008, 220 – Beinahe-Absturz).

7 **C. Anzeigepflicht, Abs 2. I. Rechtsnatur.** Die Minderung tritt nicht ein, wenn der Reisende die Obliegenheit der Mängelanzeige schuldhaft verletzt. Es handelt sich um einen Ausschlusstatbestand, der die kraft Gesetzes eintretende Minderung entfallen lässt (Staud/*J Eckert* Rn 8; Palandt/*Sprau* Rn 4; LG Frankfurt aM NJOZ 2007, 3488; NJW-RR 1986, 540; aA MüKo/*Tonner* Rn 7; BaRoth/*Geib* Rn 4; *Führich* Rn 290, die in der Mängelanzeige eine formelle Entstehungsvoraussetzung sehen). Der Veranstalter muss daher die fehlende Mängelrüge im Prozess einwenden (LG Frankfurt aM RRa 2007, 27).

8 **II. Formelle Anforderungen. Adressat** ist der Reiseveranstalter. Die Beschwerde kann bei der örtl Reiseleitung als Vertreter oder auch bei der Zentrale des Veranstalters erfolgen. Die Anzeige beim Leistungsträger (Hotelier, Beförderungsunternehmen etc) soll regelm nicht ausreichen. Anderes kann gelten, wenn die Reiseleitung nicht vorhanden oder trotz mehrerer Versuche nicht erreichbar ist (vgl auch LG Duisburg RRa 2006, 113) oder der Veranstalter den Reisenden darauf verwiesen hat, Mängel beim Hotelier anzuzeigen. IE s § 651c Rz 28.

9 Die **Anzeige** kann formlos und mündlich erfolgen, es genügt, wenn der Reiseleitung die Möglichkeit der Kenntnisnahme und Abhilfe verschafft wird (Soerg/*H W Eckert* Rn 5 mN). Aus Beweiszwecken ist jedoch Schriftform zu empfehlen. Der Reisende kann auch Minderungsansprüche geltend machen, die nicht in der schriftlichen Mängelanzeige aufgenommen wurden (Staud/*J Eckert* Rn 17). Die Normierung eines Schriftformerfordernisses durch individuelle Vereinbarung oder durch ARB verstößt wie jede andere Verschärfung des gesetzlich normierten Anzeigeerfordernisses gegen § 651m und ist daher unwirksam. Dementspr darf das Minderungsrecht nicht von einem »fruchtlosen« Abhilfeverlangen oder von einer Anzeige bei der Zentrale des Veranstalters abhängig gemacht werden. Auch die Verpflichtung zur Mitwirkung an einem Mängelprotokoll darf nicht als Voraussetzung eines Minderungsanspruches statuiert werden. Die Mängelanzeige ist von dem Abhilfeverlangen in § 651c Abs 2 zu trennen (s dort Rz 27). Zwar ist in jedem Abhilfeverlagen als Minus eine Mängelanzeige enthalten, doch erfüllt die Anzeige umgekehrt nicht die höheren Anforderungen des Abhilfeverlangens (Staud/*J Eckert* Rn 13). Der Reisende muss nicht detailliert die Abweichungen zwischen der gebuchten und der tatsächlich erbrachten Leistung angeben; der Veranstalter soll auch ohne konkrete Benennung durch den Reisenden wissen, was in dem gebuchten Hotel angeboten wird und was in der zur Verfügung gestellten Ersatzunterkunft fehlt (LG Düsseldorf NJOZ 2007, 3252).

10 Die Mängelanzeige muss »**alsbald**« nach Erlangung der Kenntnis vom Mangel erfolgen. Unverzüglichkeit ist demgegenüber nicht zu fordern, da dem Reisenden eine gewisse Überlegungsfrist einzuräumen ist (*Tonner* Rn 11; Staud/*J Eckert* Rn 23). Auch können sich Auftreten und Intensität des Mangels und seiner Auswirkungen ändern. Erfolgt die Rüge nicht rechtzeitig, treten die Rechtsfolgen der Minderung erst ab dem Zeitpunkt der Anzeige ein. Rückwirkende Minderung ist dann nicht möglich (Staud/*J Eckert* Rn 23). Rügt der Reisende verspätet, kann aber der Veranstalter den Mangel nicht beheben, so soll die Minderung bereits ab Eintritt des Mangels wirken, da vermutet wird, dass der Mangel schon bei Entstehen nicht behoben werden konnte (LG Frankfurt aM RRa 2008, 27; MüKo/*Tonner* Rn 12).

11 **III. Mängelprotokolle.** Aus Gründen der **Beweissicherung** werden in der Praxis regelm **Mängelprotokolle** erstellt. Die Dokumentation der angezeigten Mängel entfaltet für den Veranstalter die Vermutung, dass weitere Mängel bzw weitergehende Anzeigen nicht existieren, währenddessen der Reisende hiermit nachweisen kann, seiner Anzeigepflicht ordnungsgemäß nachgekommen zu sein. Vereinzelt wird ein Anspruch des Reisenden aus Treu und Glauben auf eine derartige Beweissicherung der Mängelanzeige beim Reiseleiter angenommen (*Tempel* RRa 98, 19, 31). Die rechtliche Bedeutung von Mängelprotokollen ist umstr, wobei zwi-

schen vorbehaltlosen und solchen mit dem Zusatz »zur Kenntnis genommen« unterzeichneten Protokollen unterschieden wird. So wird vertreten, es handle sich bei gemeinsam unterschriebenen oder vom Reiseleiter gegengezeichneten **vorbehaltlosen Protokollen** um eine Beweislastumkehr zu Lasten des Veranstalters, so dass nunmehr dieser das Nichtvorliegen der behaupteten Mängel zu beweisen habe (Staud/*J Eckert* Rn 19). Das AG Düsseldorf (RRa 1997, 137) auferlegt überdies dem Veranstalter erhöhte qualifizierte Anforderungen an das Bestreiten der vorbehaltlos im Protokoll aufgenommenen Mängel im Rahmen der Darlegungslast des § 138 ZPO. Überwiegend wird jedoch angenommen, durch vorbehaltlose Protokolle entstünde beim Reisenden ein Vertrauen auf die beweiskräftige Feststellung der Mängel, weshalb er auf weitere Beweissicherungsmaßnahmen verzichte (AG Neuwied RRa 2003, 269; AG Düsseldorf RRa 1997, 37; MüKo/*Tonner* Rn 8; *Führich* Rn 294). Daher sei ein derartiges Protokoll als deklaratorisches Schuldanerkenntnis zu werten, mit der Folge, dass der Veranstalter im Prozess das Vorliegen der Mängel nicht mehr bestreiten kann. Dies soll auch dann gelten, wenn der Reiseleiter das Protokoll lediglich mit »zur Kenntnis genommen« (LG Frankfurt aM NJW-RR 1989, 307; NJW 1988, 1219; AG Charlottenburg VersR 1984, 373; *Bechhofer* S 80) oder mit »gelesen« (AG Homburg RRa 1994, 76) unterschreibt.

Auch bei Anerkennung eines zu schützenden Vertrauenstatbestandes des Reisenden müssen diese Auffassungen angesichts dessen in Frage gestellt werden, dass der Reiseleiter kaum die Möglichkeit haben wird, die Mängel und die Berechtigung der Anzeige umgehend zu prüfen. Im Zweifel müsste er daher die Erstellung des Protokolls bzw dessen Unterzeichnung verweigern, was dem Reisenden später die Beweisführung seines Mängelvorbringens erschweren würde. Kein Reiseleiter würde eine Mängelliste unterschreiben, wenn er wüsste, dass dem Veranstalter hierdurch sämtliche Einwendungen abgeschnitten werden. Überdies wird der Reiseleiter häufig nicht ermächtigt sein, rechtlich erhebliche Erklärungen für den Veranstalter abzugeben. Dies muss erst recht in den Fällen gelten, in denen der Reiseleiter nur den Vermerk »zur Kenntnis genommen« anfügt. Gerade die bloße Kenntnisnahme von dem Mängelvorbringen kann nicht als inhaltliche Stellungnahme verstanden werden. Allein durch die Aufzeichnung der Mängel und diesen Vermerk kann kein Vertrauen des Reisenden auf die Anerkennung und Bestätigung des Vorliegens der Mängel entstehen. Vielmehr handelt es sich hierbei um eine Bestätigung der rechtzeitigen Anmeldung bzw um eine Empfangsbescheinigung (LG Duisburg RRa 2008, 72; LG Berlin NJW-RR 1989, 1213; jurisPK/*Keller* Rn 16). Im Einzelfall kann jedoch eine andere Beurteilung des Mängelprotokolls auf Grund dessen Wortlauts oder sonstiger Umstände und Erklärungen des Reiseleiters angezeigt sein. Dem Veranstalter ist daher zu empfehlen, den Reisenden bei Anfertigung des Protokolls darauf hinzuweisen, dass diese Niederschrift keine Anerkennung der angezeigten Mängel darstellt. 12

IV. Entbehrlichkeit der Mängelanzeige. Das **Fehlen der Mängelanzeige kann unschädlich** sein, wenn die Notwendigkeit einer Anzeige objektiv entfällt oder den Reisenden kein Verschulden am Unterlassen trifft. So soll die Anzeige entbehrlich sein, wenn die Abhilfe dem Veranstalter unmöglich ist (BTDrs 8/2343 S 10; BGH NJW 1985, 132; LG Arnsberg NJW-RR 2007, 930; LG Frankfurt aM RRa 2008, 27) oder dieser zur Abhilfe nicht bereit ist (Staud/*J Eckert* Rn 24). Gleiches soll gelten, wenn dem Veranstalter bzw seiner Reiseleitung der Mangel bereits bekannt ist (etwa durch gezielte Überbuchung, vgl MüKo/*Tonner* Rn 12, oder bei offensichtlichen Mängeln am Urlaubsort, AG Neuruppin RRa 2008, 31; AG Frankfurt aM NJW-RR 2000, 787; aA LG Frankfurt aM RRa 2008, 79; RRa 1998, 43); wobei str ist, ob bereits fahrlässige Unkenntnis genügen soll (bejahend LG Frankfurt aM NJW 1983, 233; *Führich* Rn 296), was iErg verneint werden muss, da dem Veranstalter erst durch die Mängelanzeige die Gelegenheit eröffnet werden soll, positive Kenntnis vom Mangel zu erhalten (BaRoth/*Geib* Rn 5; Staud/*J Eckert* Rn 25). Das Entfallen der Anzeigenotwendigkeit ist jedoch nicht unstr. So wird vertreten, dass auch in diesen Fallgruppen die Rüge nicht entbehrlich sei, da die Anzeigeobliegenheit den Veranstalter nicht nur über den Mangel informieren und ihm die Möglichkeit der Abhilfe eröffnen, sondern den Reisenden auch schon am Urlaubsort zu einer Beanstandung veranlassen soll, um zu vermeiden, dass Umstände, die von ihm während der Reise nicht als Beeinträchtigung empfunden wurden, erst nachträglich thematisiert und zur Grundlage von Geldforderungen gemacht werden (LG Düsseldorf RRa 2005, 64; RRa 2001, 200; LG Duisburg RRa 2008, 171; RRa 2006, 22; AG Duisburg RRa 2006, 81). Demzufolge ist der Reisende auch dann verpflichtet, selbst eine Anzeige vorzunehmen, wenn andere Reisende bereits den gleichen Mangel angezeigt haben (Staud/*J Eckert* Rn 26; sa AG München RRa 1994, 17; aA *Führich* Rn 296). 13

Das Fehlen einer Mängelanzeige ist **entschuldbar**, wenn weder die Reiseleitung noch andere Mitarbeiter des Veranstalters anwesend (Erman/*Seiler* Rn 7; BTDrs 8/2343 S 10; zur Pflicht, die Zentrale zu kontaktieren vgl LG Frankfurt aM NJW-RR 1988, 634; LG Berlin RRa 1996, 167) oder nur unter unzumutbaren Wartezeiten oder Anfahrtszeiten erreichbar sind (jurisPK/*Keller* Rn 7; AG Hamburg NJW-RR 2002, 1060: Wartezeit von 1 bis 2 Stunden bei erheblichen Mängeln hinnehmbar). Gleiches gilt bei Krankheit oder Unfall des Reisenden (MüKo/*Tonner* Rn 13). Tritt der Mangel erst kurz vor Urlaubsende auf, braucht der Reisende ihn nicht mehr zu rügen (BTDrs 8/2343 S 10). Kommt der Veranstalter seiner Hinweispflicht auf die Obliegenheit der Mangelanzeige aus § 6 Abs 2 Nr 7 BGB-InfoV nicht nach, wird ebenfalls das Verschulden des Reisenden verneint (AG Neuruppin RRa 2008, 31; sf BGH NJW 2007, 2549; NJW 1989, 2750). Anders als das AG Bielefeld (RRa 1999, 156) hält das AG Frankfurt aM (RRa 2006, 164) zumindest bei Sprachreisen die Mängelanzeige am 14

Urlaubsort von Minderjährigen nicht für entbehrlich. Verschulden ist ferner zu verneinen, wenn der Reisende den Mangel nicht kennt; auch grob fahrlässige Unkenntnis soll unschädlich sein (Staud/*J Eckert* Rn 29; BaRoth/*Geib* Rn 5).

15 **V. Verzichtsklauseln.** Problematisch sind Verzichtsvereinbarungen **am Urlaubsort**, durch welche die Reisenden, häufig gegen die Gewährung von Gutscheinen oder Abfindungen, verpflichtet werden sollen, von der Geltendmachung ihrer Ansprüche aus den §§ 651a ff abzusehen (vgl § 651m Rz 4). Nach hM sind derartige Vereinbarungen als Abweichung von den reiserechtlichen Gewährleistungsansprüchen gem §§ 651m, 134 unwirksam, da sich der Reisende am Urlaubsort in einer Ausnahmesituation befinde (Düsseldorf NJW-RR 1992, 245; LG Kleve NJW-RR 1992, 1525; LG Frankfurt aM NJW-RR 1986, 539). So sei ihm nicht nur die Einholung von Informationen und Beratung erschwert. Er sei auch »erpressbar«, da ihm bspw die Möglichkeit fehle, auf Grund Geldmangels ein Ersatzhotel zu besorgen, einen Rückflug zu organisieren oder auf sich allein gestellt seine Reiseplanung durchzuführen.

16 Dagegen sind Verzichtsvereinbarungen wirksam, wenn der Reisende **vor Reisebeginn** auf bestehende Mängel hingewiesen und ihm die Gelegenheit angeboten wurde, freiwillig umzubuchen. Hierin liegt eine zulässige nachträgliche Vertragsänderung, welche die Soll-Beschaffenheit der Reiseleistung ändert (*Führich* Rn 621). Willigt der Reisende ein, kann er wegen dieses Mangels keine Minderung mehr geltend machen. Hiervon unabhängig sind auch nach Reiseantritt Vertragsänderungen möglich, sofern diese nicht auf bereits bestehenden Mängeln beruhen und der Reisende zustimmt (sa § 651a Rz 42). Hat sich der Reisende in einem Fragebogen des Veranstalters positiv zu den Reiseleistungen geäußert, ohne auf Mängel hinzuweisen, kann dies nicht als (konkludenter) Verzicht der Geltendmachung von Gewährleistungsansprüchen gewertet werden (so aber AG Königsstein RRa 1996, 162).

17 **D. Prozessuales.** Den Reisenden trifft die **Darlegungs- und Beweislast** für das **Vorliegen und die Dauer eines Mangels** (*HW Eckert* S 142). Dagegen ist str, was hinsichtlich der Anzeigepflicht gilt. Während eine Ansicht die Minderung nur dann gewährt, wenn der Reisende die rechtzeitige Rüge nachweist (da Anspruchsvoraussetzung BGH NJW 1985, 132; LG Hannover NJW-RR 1990, 1018; AG Hamburg RRa 1995, 26), wird überwiegend eine differenzierte Lösung vorgeschlagen, nach der jede Vertragspartei die Umstände und Tatsachen darlegen und beweisen muss, die aus ihrer Sphäre stammen und die sie kennt oder kennen müsste (LG Frankfurt aM RRa 2007, 69; Erman/*Seiler* Rn 11; BaRoth/*Geib* Rn 12). So hat der Veranstalter zu beweisen, dass für den Reisenden am Urlaubsort ein Adressat für die Mängelanzeige zur Verfügung stand (LG Frankfurt aM RRa 2008, 265). Der **Reisende** muss dann darlegen, wann, wo und wem ggü er die **Anzeige** abgegeben hat, während der Veranstalter den Negativbeweis erbringen muss, dass der Reisende dort die Rüge nicht bzw nicht rechtzeitig vorgebracht hat (AG Bad Homburg RRa 2005, 127). Der Veranstalter muss auch beweisen, dass ihm die Behebung des Mangels möglich war, da dies insoweit in seinem Einfluss- und Wissensbereich steht (LG Frankfurt aM RRa 2008, 27). Ein sich ergebendes non-liquet muss zu Lasten des Veranstalters ausfallen (LG Frankfurt aM RRa 2008, 265; RRa 2007, 69). Beruft sich der Reisende darauf, dass ihn kein Verschulden an der Nicht- bzw nicht rechtzeitigen Vornahme der Anzeige traf, muss er, wie auch für die Entbehrlichkeit der Beschwerde, für die tragenden Tatsachen Beweis erbringen (LG Frankfurt aM NJW-RR 1986, 540; Staud/*J Eckert* Rn 42). Bei der **Berechnung der Minderung** handelt es sich nicht um eine **Ermessensentscheidung**, weshalb ein Berufungsgericht hinsichtlich der vom Untergericht angenommenen Minderung nicht auf eine Überprüfung auf Ermessensfehler hin beschränkt ist, sondern den Minderungssatz variieren kann (LG Frankfurt aM RRa 2007, 69).

18 **E. Arbeitshilfen.** Angesichts der Vielgestaltigkeit von Reisen und der dort auftretenden Mängel wurden in der Vergangenheit Tabellen entwickelt, die zumindest Anhaltspunkte bei der Schätzung des Minderwerts der Reise bieten sollen. Die praktisch Bedeutsamste ist hier die Frankfurter Tabelle (abgedruckt in NJW 1985, 113 mit Erläuterungen von *Tempel* NJW 1985, 97; Ergänzungen in NJW 1994, 1639), die jedoch seit ihrer Erstellung nicht unumstritten ist. Aktueller dürften derzeit die **Mängeltabelle des ADAC** (NJW 2005, 2507), der »Mainzer Spiegel« (*Kaller* Rn 223 ff) oder Rechtsprechungsübersichten (*D Schulz* VuR 2008, 213; VuR 2007, 205; VuR 2006, 177) sein. Erste **Orientierungswerte** sind unter § 651c Rz 35 ff aufgenommen.

§ 651e Kündigung wegen Mangels.

[1] Wird die Reise infolge eines Mangels der in § 651c bezeichneten Art erheblich beeinträchtigt, so kann der Reisende den Vertrag kündigen. Dasselbe gilt, wenn ihm die Reise infolge eines solchen Mangels aus wichtigem, dem Reiseveranstalter erkennbaren Grund nicht zuzumuten ist.

[2] Die Kündigung ist erst zulässig, wenn der Reiseveranstalter eine ihm vom Reisenden bestimmte angemessene Frist hat verstreichen lassen, ohne Abhilfe zu leisten. Der Bestimmung einer Frist bedarf es nicht, wenn die Abhilfe unmöglich ist oder vom Reiseveranstalter verweigert wird oder wenn die sofortige Kündigung des Vertrags durch ein besonderes Interesse des Reisenden gerechtfertigt wird.

[3] Wird der Vertrag gekündigt, so verliert der Reiseveranstalter den Anspruch auf den vereinbarten Reisepreis. Er kann jedoch für die bereits erbrachten oder zur Beendigung der Reise noch zu erbringenden

Reiseleistungen eine nach § 638 Absatz 3 zu bemessende Entschädigung verlangen. Dies gilt nicht, soweit diese Leistungen infolge der Aufhebung des Vertrags für den Reisenden kein Interesse haben.
[4] Der Reiseveranstalter ist verpflichtet, die infolge der Aufhebung des Vertrags notwendigen Maßnahmen zu treffen, insbesondere, falls der Vertrag die Rückbeförderung umfasste, den Reisenden zurückzubefördern. Die Mehrkosten fallen dem Reiseveranstalter zur Last.

A. Zweck der Norm. § 651e gibt dem Reisenden das **Recht**, bei Mängeln iSd § 651c, welche die Reise erheblich 1
beeinträchtigen oder solchen, welche ihm die Durchführung der Reise unzumutbar machen, den **Reisevertrag zu kündigen**. Das Kündigungsrecht kann bereits vor Reiseantritt ausgeübt werden, wenn ersichtlich ist, dass derartige Mängel vorliegen und keine Abhilfemöglichkeit besteht (BGH NJW 1986, 1748; Soerg/*H W Eckert* Rn 2). Das Kündigungsrecht aus § 651e steht neben den anderen reiserechtlichen Kündigungs- und Rücktrittsrechten, so dass der Reisende bei Vorliegen der jeweiligen Voraussetzungen zwischen den Rechten aus § 651a Abs 4, § 651e und § 651i wählen kann. Da bei einem Rücktritt nach § 651i Stornogebühren anfallen, ist für den Reisenden eine Kündigung nach § 651e regelm günstiger. Liegt höhere Gewalt vor, ist das Kündigungsrecht aus § 651j vorrangig (§ 651j Rz 1). Eine Kündigung nach § 651e scheidet aus, da ansonsten die Spezialregelung, nach der dem Veranstalter eine Entschädigung, und zwar auch für Leistungen, an denen der Reisende kein Interesse mehr hat, zusteht und auch die Mehrkosten geteilt werden, umgangen werden könnte (*Tonner* Rn 6).

B. Voraussetzungen des Kündigungsrechts. Die Reise muss mangelhaft sein, wobei unerheblich ist, ob sie 2
einen Fehler aufweist oder ob es ihr an einer zugesicherten Eigenschaft fehlt (vgl Komm zu § 651c). Anders als bei der Abhilfe und der Minderung nach den §§ 651c u d muss der Mangel bes Gewicht haben, sei es in objektiver (S 1) oder in subjektiver Hinsicht (S 2). **I. Erheblicher Mangel.** Die Kündigung nach § 651e setzt eine erhebliche Beeinträchtigung der Reise voraus. Die **Erheblichkeit** ist in einer Gesamtwürdigung festzustellen. Inwiefern hierzu eine Quantifizierung oder eine Einzelfallbeurteilung vorzunehmen ist, wird uneinheitlich entschieden. Einige Gerichte stellen auf einen bestimmten Minderungssatz ab, bei dessen Erreichen sie eine Erheblichkeit annehmen wollen, wobei die Höhe ebenfalls umstr ist. So fordern einige Spruchkörper im Anschluss an das LG Hannover eine Minderungsquote von 50 % (NJW-RR 1998, 194; Celle RRa 2005, 17; AG Bad Homburg RRa 2004, 111; LG Kleve NJW-RR 1997, 1140; Stuttgart RRa 1994, 28; LG Köln MDR 1991, 840; so nun auch MüKo/*Tonner* Rn 8), während das LG Frankfurt aM (24. Kammer) lediglich eine Minderung von 20 % voraussetzt (RRa 1997, 42; NJW-RR 1992, 1083; dem folgend Frankfurt aM RRa 1994, 48; LG Düsseldorf RRa 2000, 28; AG Essen RRa 1997, 104).

Zwar kann **der Grad der Minderung** durchaus **Anhaltspunkte für die Beurteilung der Erheblichkeit** bieten. 3
Jedoch vermag eine starre Beurteilung anhand von Quoten die Vielgestaltigkeit von Reisen nicht zu berücksichtigen. Vorzugswürdig ist daher eine am Reisecharakter und am Reisezweck orientierte **Gesamtwürdigung** der Umstände des Einzelfalls, ggf auch unter Zuhilfenahme der Minderungssätze. Eine Minderungsquote von 50 % dürfte das Vorliegen eines erheblichen Mangels indizieren (sa MüKo/*Tonner* Rn 10). Maßgeblich ist, ob dem Reisenden aus Sicht eines objektiven Durchschnittsreisenden angesichts der Art und Dauer der Mängel eine Fortsetzung der Reise noch zumutbar ist (Frankfurt aM RRa 2006, 160; NJW-RR 2005, 132; RRa 1995, 224; LG Frankfurt aM RRa 2006, 71; Düsseldorf NJW-RR 1986, 1175) und ob der Reisezweck noch erreicht werden kann (jurisPK/*Keller* Rn 4). Regelm wird Erheblichkeit vorliegen, wenn eine zentrale Einzelleistung (Unterkunft, Verpflegung) starke Mängel aufweist. Auch viele einzelne kleinere Mängel können in ihrer Summe eine Erheblichkeit begründen, nicht aber singulär auftretende Mängel und nur gelegentliche kleinere Mängel (Erman/*Seiler* Rn 4).

In der **Rspr** wurden folgende Mängel als erhebliche Beeinträchtigungen anerkannt: starke Lärmbelästigung 4
(LG Düsseldorf NJW-RR 2002, 269; LG Frankfurt aM RRa 2005, 165), eine verwahrloste Unterkunft (LG Frankfurt aM NJW 1985, 330), die Nichtnutzbarkeit des Swimmingpools, Steg ins Meer, Baulärm und optische Beeinträchtigungen (LG Koblenz RRa 2002, 215), Verschmutzungen im Außen- und Innenbereich, Sicherheitsmängel am Geländer des Pools (LG Frankfurt aM RRa 2000, 52), ein Nebenhaus mit Bauernhauscharakter statt Mittelklassehotel (LG Frankfurt aM NJW-RR 1991, 1341). Auch bei Abweichungen der auf Grund Überbuchung gestellten Ersatzunterkunft ist Kündigung möglich (s LG München I NJW-RR 2002, 268; AG Bad Homburg RRa 2000, 90: 80 km Entfernung vom gebuchten Urlaubsort; AG Kleve RRa 1996, 179: 150 km Differenz). Das Nichtvorhandensein des Gepäcks bis zum vierten Tag bei einer 14-tägigen Reise (LG Hannover NJW 1985, 2903), die Nichtbeförderung in der gebuchten Komfortklasse (Düsseldorf RRa 2008, 21), die Praktizierung von FKK in der Hotelanlage ohne vorherigen Hinweis hierauf (Frankfurt aM RRa 2006, 259) sind erhebliche Mängel. Erst recht liegt Erheblichkeit vor, wenn bei einem reinen Badeurlaub der Strand völlig verdreckt ist, in das Meer Abflussrohre ragen und zudem Mängel bei der Unterkunft und Verpflegung vorliegen (Frankfurt aM NJW-RR 2005, 371). Zur Kündigung berechtigen auch die Verlegung des Zielflughafens um mehrere hundert Kilometer (AG Hamburg-Altona RRa 2000, 182), die Verschiebung des Reisedatums um einen Tag (AG München RRa 2004, 81; abw Düsseldorf NJW-RR 1998, 51). Teilt der Veranstalter die Vorverlegung des Hinfluges nicht rechtzeitig mit und verpasst der Reisende daher den Flug, kann er kündigen, wenn ihm kein Ersatzflug angeboten wurde (AG München RRa 2005, 131). Wird der mit der Reise verfolgte **Urlaubszweck nicht erreicht**, ist regelm ein erheblicher Mangel anzunehmen, zB bei sai-

sonbedingter Einstellung des Gondelbetriebes bei einem Skiurlaub (AG Münster RRa 2004, 186), bei ungenügender Befähigung des Reiseleiters bei einer Studienreise (LG Frankfurt aM MDR 1985, 141), bei Nichtnutzbarkeit der Clubanlage (AG Düsseldorf RRa 1998, 171), bei Fehlen der Animation bei einem Aktivurlaub (LG Hannover NJW 1984, 2418; anders Nürnberg RRa 2000; LG Hannover NJW-RR 1998, 194 bei fehlender Kinderbetreuung).

5 Grds wird **keine Erheblichkeit** angenommen beim Wechsel der Luftfahrtgesellschaft (AG Düsseldorf RRa 2006, 164), anders bei gravierender Verschlechterung der Reiseleistung (LG Bonn NJW-RR 2002, 639) oder bei Zusicherung einer bestimmten Gesellschaft (LG Köln NJW-RR 2000, 786). Kein Kündigungsgrund sind ferner der Weiterflug mit einem reparierten Fluggerät (AG Düsseldorf RRa 1999, 119; 1998, 82) und das Zusteigen zum Kreuzfahrtschiff mit eintägiger Verzögerung wegen Verspätung des Zubringerfluges (LG Frankfurt aM RRa 2008, 22).

6 **II. Unzumutbarkeit iSd Abs 1 S 2.** Das Kündigungsrecht besteht ferner, wenn dem Reisenden auf Grund des (nicht erheblichen) Mangels die Fortsetzung der Reise aus einem wichtigen, dem Veranstalter erkennbaren Grund nicht zumutbar ist. Daneben ist anders als bei einem erheblichen Mangel ein »**wichtiger Grund**« erforderlich, der nicht objektiv schwerwiegend zu sein braucht, sondern sich nach subjektiven Kriterien des Reisenden bemisst. Erforderlich ist jedoch eine objektive Korrektur. So ist auf verständige Erwägungen eines durchschnittlichen Reisenden in der betreffenden Situation abzustellen. Darüber hinaus wird gefordert, dass dieser Grund für den Reiseveranstalter bei der Buchung erkennbar war, um ihm die Möglichkeit zu verschaffen, sich hierauf einzustellen. Er muss sich die Kenntnis seiner Vertreter und Erfüllungsgehilfen, bspw des Reisebüros, zurechnen lassen. Ausreichend ist auch die fahrlässige Unkenntnis. Dies darf jedoch nicht zu einer Pflicht des Veranstalters zur Überprüfung der persönlichen Situation des Reisenden auf möglicherweise bestehende wichtige Gründe führen. Vielmehr ist die Norm restriktiv dahingehend auszulegen, dass der Reisende auf seine bes Interessen hinzuweisen hat, sofern diese nicht offensichtlich sind, wie etwa bei einem Rollstuhlfahrer (LG Frankfurt aM RRa 2008, 25; NJW 1989, 2397; sa LG Frankfurt aM RRa 2008, 25).

7 **Unzumutbarkeit** kann bspw bei einem Gehbehinderten vorliegen, der trotz Buchung eines behindertengerechten Hotels in einer nicht barrierefreien Ersatzunterkunft untergebracht wird oder in einem Hotel, welches nicht über den versprochenen Fahrstuhl verfügt (LG Bonn NJW-RR 2001, 345). Gleiches gilt, wenn einem Rollstuhlfahrer zugesichert wird, er könne an einer Kreuzfahrt und den Tagesausflügen ohne weiteres teilnehmen, obwohl keine entspr Vorkehrungen auf dem Schiff vorhanden sind (AG Bonn NJW-RR 1997, 1342; AG Offenbach RRa 1996, 242). Ein Kündigungsrecht besteht auch in dem Fall, dass ein Diabetiker bei der Buchung auf seine bes Bedürfnisse hinweist, die erforderliche Diät-Verpflegung im Hotel jedoch nicht angeboten wird (*Bechhofer* S 86). Auch die Verschiebung des Abflugtermins um 15 Stunden, ohne dass dem Reisenden mit kleinen Kindern eine Übernachtungsmöglichkeit gestellt wird, begründet Unzumutbarkeit (LG Frankfurt aM RRa 1997, 43).

8 **III. Formelle Kündigungsvoraussetzungen.** Wie auch bei § 651c muss der Reisende dem Veranstalter eine **angemessene Frist zur Abhilfe** setzen (s hierzu § 651c Rz 31). Eine Kündigungsandrohung ist dabei zunächst nicht erforderlich. Vielmehr kann sich der Reisende nach Ablauf der Frist entscheiden, welches Gewährleistungsrecht er ausüben will. Kann der Veranstalter den Mangel beseitigen, entfällt das Kündigungsrecht; es bleibt damit nur der Minderungsanspruch. Eine Fristsetzung ist jedoch dann **entbehrlich**, wenn die Abhilfe (objektiv) unmöglich ist, der Veranstalter die Abhilfe verweigert oder ein bes Interesse des Reisenden an der Kündigung besteht (Köln VuR 2006, 366; Soerg/*H W Eckert* Rn 10). Die Fristsetzung ist mithin nicht erforderlich, wenn Mängel derart zahlreich vorliegen, dass es aussichtslos erscheint, sie vor der Abreise zu beseitigen (AG Flensburg RRa 1999, 48; MüKo/*Tonner* Rn 14; aA Staud/*J Eckert* Rn 30). Ein bes Interesse des Reisenden liegt insbes dann vor, wenn sein Vertrauen in den Veranstalter durch dessen Unzuverlässigkeit oder sonstiges vertragswidriges Verhalten erschüttert ist (jurisPK/*Keller* Rn 11; Erman/*Seiler* Rn 7); bspw durch unterlassene Zimmerreservierung am Urlaubsort, Zuweisung einer gesundheitsgefährdenden Unterkunft. Gleiches gilt, wenn der Veranstalter den Reisenden nicht, wie von § 6 Abs 2 Nr 7 BGB-InfoV vorgeschrieben, bei Vertragsschluss auf das Erfordernis der Fristsetzung hingewiesen hat.

9 Die **Erklärung** der Kündigung muss ggü dem Veranstalter bzw einer von ihm benannten Stelle innerhalb einer angemessenen Zeit erfolgen. Der Reisende verstößt gegen Treu und Glauben, wenn er mit der Erklärung bis kurz vor Reiseende wartet (Düsseldorf NJW-RR 1998, 52). Die Kündigungserklärung kann formlos und auch – mit entspr Deutlichkeit – konkludent, bspw durch ein Rückflugverlangen oder durch Rückreise noch am Ankunftstag, erfolgen (Frankfurt aM RRa 2006, 259; AG Düren RRa 2006, 177; AG Hannover RRa 2005, 170; anders im Fall des LG Düsseldorf RRa 2003, 68). Das AG München sieht auch in der Klageerhebung eine konkludente Kündigungserklärung (RRa 2005, 131).

10 Bei einer **Gruppenreise** ist grds nur das Mitglied zur Kündigung berechtigt, welches vom Mangel betroffen ist. Das Kündigungsrecht erstreckt sich aber dann auf die anderen Gruppenmitglieder, wenn ihnen die Fortsetzung der Reise ohne den kündigenden Teilnehmer unzumutbar ist. Dies wird regelm lediglich bei enger Verbundenheit der Mitglieder (etwa bei Familien), oder wenn der Reisezweck nur zusammen erreicht werden kann (zB bei Bergtouren), zu bejahen sein. Sind alle Teilnehmer kündigungsberechtigt, muss jeder für sich die Kündigung erklären (LG Frankfurt aM NJW-RR 1986, 1173, Ferienwohnung).

C. Rechtsfolgen. I. Rückgewährschuldverhältnis. Bei wirksamer Kündigung wandelt sich der Reisevertrag in ein **vertragliches Rückgewährschuldverhältnis** um (zur dogmatischen Unschlüssigkeit auf Grund der Vermischung des Kündigungs- und Rücktrittsrechts siehe *Tonner* Rn 1). Der Anspruch auf Reisepreiszahlung entfällt. Bereits gezahlte Leistungen kann der Reisende nach § 638 Abs 4 iVm §§ 346 ff zurückverlangen (BGH NJW 1983, 33). Der vertragliche Rückerstattungsanspruch hat den Vorteil, dass anders als bei einer Rückabwicklung nach §§ 812 ff der Veranstalter dem Reisenden nicht entgegenhalten kann, dass er das Geld bereits an die Leistungsträger weitergeleitet habe (ausf zur Rechtsgrundlage des Rückzahlungsanspruches Erman/*Seiler* Rn 14). 11

II. Notwendige Maßnahmen nach Vertragsaufhebung. Überdies hat der Veranstalter die notwendigen Maßnahmen nach der Aufhebung des Vertrages zu treffen, insbes für die **Rückreise** des Reisenden Sorge zu tragen, Abs 4. Dies umfasst nicht nur die sofortige Rückbeförderung, sondern auch die gleichwertige Unterbringung und Verpflegung des Reisenden bis zum tatsächlichen vorzeitigen Abreisetermin (Soerg/*H W Eckert* Rn 18). Nur ausnahmsweise dürfen die zu treffenden Maßnahmen hinter den ursprünglichen Leistungen zurückbleiben, zB wenn keine andere Beförderung möglich ist als die in einer geringwertigeren Buchungsklasse. Indessen können die Aufwendungen hierfür über die ursprünglich eingeplanten hinausgehen. Eventuelle Mehrkosten ggü den vertraglich vorgesehenen Kosten für die Rückreise hat der Reiseveranstalter zu tragen. Ergreift der Veranstalter diese Maßnahmen nicht oder nicht rechtzeitig, kann der Reisende wie bei der Selbstabhilfe (§ 651c Abs 3) die Rückreise und die Unterbringung bis dahin selbst organisieren und sich diese **Kosten** vom Veranstalter gemäß Abs 4 S 2 oder – soweit man diesen nicht als Anspruchsgrundlage ansieht – gem den §§ 683, 670 **erstatten** lassen. 12

III. Entschädigungsanspruch des Reiseveranstalters. Für mangelfrei erbrachte Leistungen bis zur Abreise und die notwendigen Maßnahmen nach Vertragsaufhebung (zB Unterbringung bis zur Abreise, Rücktransport) hat der Reisende den Veranstalter zu entschädigen, soweit nicht der Reisende an ihnen infolge der Vertragsaufhebung kein Interesse mehr hat. Ob dies der Fall ist, richtet sich nach dem vereinbarten Urlaubszweck sowie der Dauer und Schwere der Beeinträchtigung (ausf MüKo/*Tonner* Rn 19). Ist bspw die Unterkunft bereits bei Anreise mit erheblichen Mängeln behaftet, wegen derer der Reisende nach kurzer Zeit kündigt, sind mangels Erholungswert der Reise auch die Beförderungskosten nutzlos, so dass der Veranstalter keine Entschädigung leisten muss (LG Frankfurt aM RRa 2000, 52; sa NJW-RR 2003, 640; AG Bad Homburg RRa 2001, 93). 13

Regelm wird jedoch der angestrebte Urlaubszweck, zB Erholung, zumindest teilw erreicht werden. Dann setzt sich entspr der Verweisung in § 651e Abs 3 S 2 auf § 638 Abs 3 der Entschädigungsanspruch aus dem Wert der mangelfrei erbrachten Leistungen, dh dem anteiligen Reisepreis bis zur Kündigung abzüglich der Minderung für Mängel, und dem Preis der Beförderungsleistung zusammen. Auch hier kann ggf eine Schätzung erfolgen (§ 287 ZPO), vgl § 651d Rz 4. Legt der Veranstalter seine Kalkulation nicht offen, soll nach dem LG Frankfurt aM der Anteil der Flugleistungen am Reisepreis auf 20 % geschätzt werden (RRa 2001, 76). 14

D. Prozessuales. Der Reisende trägt die Darlegungs- und Beweislast für das Vorliegen der anspruchsbegründenden Voraussetzungen wie Vorliegen des Mangels, dessen Erheblichkeit bzw Unzumutbarkeit der Reise, für die Fristsetzung oder deren Entbehrlichkeit, für sein bes Interesse an der sofortigen Kündigung und für sein fehlendes Interesse an den erbrachten Leistungen infolge der Vertragsaufhebung. Der Veranstalter trägt die Beweislast für die fristgerechte Abhilfe und für die von ihm verlangte angemessene Entschädigung. 15

§ 651f Schadensersatz.

[1] Der Reisende kann unbeschadet der Minderung oder der Kündigung Schadensersatz wegen Nichterfüllung verlangen, es sei denn, der Mangel der Reise beruht auf einem Umstand, den der Reiseveranstalter nicht zu vertreten hat.

[2] Wird die Reise vereitelt oder erheblich beeinträchtigt, so kann der Reisende auch wegen nutzlos aufgewendeter Urlaubszeit eine angemessene Entschädigung in Geld verlangen.

A. Allgemeines. Abs 1 gewährt einen verschuldensabhängigen Anspruch auf Schadensersatz wegen Nichterfüllung. Er tritt neben die verschuldensunabhängigen Gewährleistungsansprüche der §§ 651c bis e. Der Anspruch ist gerichtet auf Ersatz des Nichterfüllungsschadens einschl der durch Mängel der Reise verursachten Mangelfolgeschäden (Staud/*J Eckert* § 651f Rn 1). Er setzt neben einem Mangel ein Vertretenmüssen des RV voraus. Das Vertretenmüssen wird iSd §§ 276 ff vermutet. Der Mangel kann auch in der Verletzung einer Verkehrssicherungspflicht liegen (BGH NJW 2007, 2549). Abs 1 stellt die Umsetzungsvorschrift zu Art 5 Pauschalreise-RL dar. 1

Abs 2 gewährt Entschädigung für nutzlos aufgewendete Urlaubszeit, nach hM handelt es sich dabei um einen immateriellen Schadensersatzanspruch (BGH NJW 1983, 35; Frankfurt aM RRa 1995, 149; MüKo/*Tonner* § 651f Rn 2). Der Anspruch tritt neben die Minderung, es sei denn, der RV hatte den Umstand, auf dem der Mangel beruhte, nicht zu vertreten (*D Schulz* VuR 2007, 205). Ursprünglich kodifizierte § 651f Abs 2 die Rspr (BGH NJW 1975, 40). Inzwischen ist er zudem gemeinschaftsrechtlich begründet, da laut EuGH Art 5 Pauschalreise-RL auch eine Entschädigung für nutzlos aufgewendete Urlaubszeit vorsieht (EuGH Slg 2002, I- 2

2631 – Leitner = NJW 2002, 1255). Für die Berechnung der Entschädigung sind seit dem sog Malediven-Urteil des BGH weder das Einkommen des Reisenden noch das vom LG Frankfurt aM entwickelte Tagespreissystem (NJW-RR 1988, 1451; 2003, 640) heran zu ziehen, sondern vor allem der Reisepreis (BGH NJW 2005, 1047).

3 Sowohl für den Anspruch nach Abs 1 als auch für den nach Abs 2 gilt § 651h, der eine Haftungsbeschränkung auf den dreifachen Reisepreis für andere als Körperschäden sowie nach internationalen Übereinkommen ermöglicht, welche auf die Haftung der Leistungsträger anwendbar sind. Wird der RV als vertraglicher Luftfrachtführer in Anspruch genommen, haftet er nicht nach § 651f Abs 1, sondern allein nach dem MÜ, soweit es sich um ein luftfahrttypisches Schadensereignis handelt (s § 651h Rz 10). Dagegen kann ein Anspruch nach § 651f Abs 2 neben dem MÜ zur Anwendung kommen (s § 651c Rz 6 ff u § 651h Rz 7 ff).

4 **B. Anwendungsbereich.** Da seit dem **Visumfall** Informationspflichten im Reiserecht Hauptpflichten darstellen (BGH NJW 1985, 1165), ist bei ihrer Verletzung § 651f Abs 1 anwendbar, nicht § 280 Abs 1. Dies soll für alle Informationspflichten des § 6 BGB-InfoV gelten (MüKo/*Tonner* Rn 6; Staud/*J Eckert* Rn 4; sa Rz 10, 19 ff). Der RV muss darüber hinaus über alle Umstände aufklären, die einen Mangel begründen können. § 651f Abs 1 ist auch anwendbar, wenn die Reise auf Grund einer Schutzpflichtverletzung nicht angetreten werden kann oder beeinträchtigt wird (*Teichmann* JZ 2006, 499), etwa weil die Zusage, bei der Visa-Besorgung behilflich zu sein, nicht eingehalten wurde (Düsseldorf NJW-RR 2005, 644). § 651f Abs 1 ist insoweit lex specialis zu § 241 Abs 2 (*Teichmann* aaO, 501; aA AG Hamburg NJW-RR 2003, 63).

5 Lediglich bei der **Verletzung von Nebenpflichten**, die nicht zu einem Reisemangel führen, ist **§ 280 Abs 1** einschlägig (BGH NJW 2002, 3700 – vom RV unterlassene Warnung des Reisenden vor einem Wirbelsturm). Ein Anspruch nach §§ 241 Abs 2, 311 Abs 2 (cic) kommt nur ausnahmsweise in Betracht, wenn der RV eine Pflicht in der Vertragsanbahnungsphase verletzt hat, ohne dass dies einen Reisemangel zur Folge hatte (s MüKo/*Tonner* Rn 8: Pflicht des RV, einen ersichtlich behinderten Reisenden bei der Buchung darüber aufzuklären, dass das Hotel nicht behindertengerecht ist; sa § 651c Rz 4). Der Schaden des Reisenden besteht darin, dass dieser trotz Vertragserfüllung eine für ihn im Wert geminderte oder gar wertlose Leistung erhält (MüKo/*Tonner* Rn 8).

6 Schadensersatzansprüche aus unerlaubter Handlung nach §§ 823, 831 bleiben durch § 651f unberührt (Anspruchskonkurrenz). Die Relevanz deliktischer Ansprüche dürfte jedoch durch die mit der Schuldrechtsreform vorgenommenen Angleichungen bei Verjährungsfrist (für vertragliche Ansprüche nach § 651g Abs 2 zwei Jahre, für deliktische Ansprüche nach § 195 drei Jahre ab Kenntnis) und Schmerzensgeld (jetzt einheitlich geregelt in § 253 Abs 2) abnehmen (jurisPK/*Keller* Rn 16). Relevant bleiben sie in den Fällen der §§ 843, 844 und wenn die Frist des § 651g Abs 1 versäumt wurde. Eine AGB-Klausel, die einen Schadensersatzanspruch ausschließt, ist wegen Verstoßes gegen § 651h unwirksam (*Teichmann* aaO, 502; aA LG München RRa 2001, 160).

7 Sowohl **§ 823 Abs 1 als auch § 651f Abs 1** greifen bei **Verletzung einer Verkehrssicherungspflicht** ein. Für den Reisenden ist der vertragliche Anspruch jedoch – abgesehen von den genannten Ausnahmen (s.o. Rz 6) – günstiger (jurisPK/*Keller* Rn 6). Zum einen besteht im Rahmen des § 651f Abs 1 eine Verschuldensvermutung, für den Anspruch nach § 823 Abs 1 muss hingegen der Reisende ein Verschulden des RV beweisen. Zum anderen wird dem RV bei § 651f auch das Verhalten seiner Leistungsträger nach § 278 zugerechnet, da diese Erfüllungsgehilfen des RV sind. Demgegenüber kommt es bei § 823 Abs 1 entscheidend auf die Verletzung **eigener** Verkehrssicherungspflichten des RV an, da Leistungsträger mangels Weisungsgebundenheit regelm keine Verrichtungsgehilfen des RV iSd § 831 sind, so dass sich der RV für ihr Verhalten exkulpieren kann (s § 651a Rz 20).

8 Die **Maßstäbe für die Verkehrssicherungspflichten** des RV hat der BGH im **Balkonsturzfall** gelegt (BGH NJW 1988, 1380). Danach muss der RV seine Leistungsträger sorgfältig auswählen und regelm kontrollieren (LG Baden-Baden RRa 2007, 12; LG Düsseldorf RRa 2007, 13; LG Hannover RRa 2003, 218). Er muss bspw alle sicherheitsrelevanten Teile des Hotels regelm überprüfen (AG Hannover RRa 2004, 75; AG Bad Homburg RRa 2003, 71; Düsseldorf RRa 2003, 14). Geschuldet sind diejenigen Sicherheitsvorkehrungen, die ein verständiger, umsichtiger, vorsichtiger und gewissenhafter RV für ausreichend halten darf, um den Reisenden vor Schaden zu bewahren, und die ihm den Umständen nach zuzumuten sind (BGH NJW 2007, 2549; LG Frankfurt aM RRa 2008, 77: mindestens Warnhinweis an glatter Marmortreppe). Je größer die Gefahr für die Gesundheit des Reisenden ist, desto höhere Anforderungen sind an die Verkehrssicherungspflicht zu stellen. Das Maß an Sorgfalts- und Schutzpflichten bestimmt sich aber auch anhand regionaler und örtlicher Gegebenheiten (LG Frankfurt aM RRa 2007, 17). Im Ausland muss der RV keine deutschen Sicherheitsstandards erfüllen (LG Düsseldorf RRa 2003, 215; AG Frankfurt aM RRa 1998, 171). Auf das Vorliegen behördlicher Genehmigungen darf sich der RV allerdings nicht verlassen (BGH NJW 1988, 1380; LG Düsseldorf RRa 2007, 13; offen gelassen von BGH NJW 2006, 2918). Geschuldet ist jedoch nicht die Forschung nach verborgenen Risiken (LG Düsseldorf aaO); festgestellt und beseitigt werden müssen nur solche Risiken, die sich bei genauem Hinsehen jedermann offenbaren (BGH NJW 2006, 3268; Köln RRa 2007, 65).

9 Für den **Umfang der Pflichten** des RV kommt es maßgeblich auf den **Reisevertrag in Verbindung mit der Reisebeschreibung im Katalog** an (BGH NJW 2006, 3268; NJW 2006, 2918; NJW 2000, 1188). So begründet der Hinweis auf eine »kindgerechte Ausstattung« der Unterkunft die Erwartung, dass deren bauliche Beschaf-

fenheit dem Verhalten von Kindern Rechnung trägt, indem für die einzige Zugangstür bruchsicheres und mit einer Markierung versehenes Glas verwendet wird (BGH NJW 2006, 2918; anders noch LG Frankfurt aM RRa 2003, 74). Für die Verletzung eines Erwachsenen durch eine Glastür sind dagegen nur die örtlichen Sicherheitsvorschriften maßgeblich (Köln RRa 2007, 164; sa AG Offenbach RRa 2008, 233: Aufstellung eines Warnhinweises am Übergang vom nassen Außenbereich zum Innenbereich eines Kreuzfahrtschiffes genügt). Die Reichweite der Verkehrssicherungspflicht des RV wurde vom BGH in zwei jüngeren Entscheidungen noch einmal ausgedehnt. Danach umfasst die Pflicht zur Überwachung sogar einen nicht vom Veranstalter betriebenen Reitstall, der sich innerhalb der gebuchten Club-Anlage befindet (BGH NJW 2000, 1188). Sie erstreckt sich auch auf alle zu einer Hotelanlage gehörenden Einrichtungen (hier: Wasserrutsche), selbst wenn sie im Katalog nicht ausdrücklich genannt werden und ein gesondertes Entgelt für ihre Benutzung vom Hotelier erhoben wird (BGH NJW 2006, 3268). Maßgeblich ist, dass sie aus Sicht des Reisenden als Bestandteil der gebuchten Hotelanlage erscheinen. Vorsichtig einschränkend wird allerdings das sog Animateur-Urteil des BGH (NJW 2007, 2549) interpretiert (MüKo/*Tonner* Rn 24), in dem dieser eine eigene Verkehrssicherungspflicht und damit eine deliktische Haftung des RV für das Animationsprogramm des Clubbetreibers ablehnt, den Anspruch vielmehr allein auf § 651f Abs 1 stützt.

C. Voraussetzungen des Anspruchs nach Abs 1. I. Reisemangel. Voraussetzung ist ein Reisemangel iSd § 651c Abs 1 (s § 651c Rz 14 ff); dazu zählt auch die vollständige Nichterbringung der vertraglich geschuldeten Leistung. Auf die Erheblichkeit des Mangels kommt es nicht an. 10

II. Mängelanzeige. Der Anspruch muss innerhalb eines Monats nach Reiseende angemeldet werden, § 651g Abs 1. Da der Schadensersatzanspruch neben die Minderung oder Kündigung tritt, erachtet der BGH auch für § 651f Abs 1 eine Mängelanzeige nach § 651d Abs 2 oder ein fruchtloses Abhilfeverlangen nach § 651c Abs 3 bzw § 651e Abs 2 als erforderlich (NJW 1985, 132). Nach der in der Lit überwiegend vertretenen Gegenauffassung bedarf es einer Anzeige des Mangels oder eines Abhilfeverlangens während der Reise demgegenüber nicht, da dies in § 651f Abs 1 nicht ausdrücklich normiert sei (vgl MüKo/*Tonner* Rn 27 Fn 94 mN). Auch diese Auffassung erkennt jedoch an, dass der RV ein Interesse daran hat, rechtzeitig über Mängel informiert zu werden (Erman/*Seiler* Rn 4). Sie trägt dem durch Annahme einer Obliegenheitsverletzung des Reisenden Rechnung, die den Schadensersatzanspruch über § 254 kürzen soll (Staud/*J Eckert* § 651f Rn 10 mN). In **AGB** kann das Anzeigeerfordernis in jedem Falle wirksam auf Schadensersatzansprüche nach § 651f, nach §§ 241 Abs 2, 280 (pFV) und §§ 241 Abs 2, 311 Abs 2 (cic) erstreckt werden, nicht aber auf deliktische Ansprüche (BGH NJW 2004, 3777). Zu den Einzelheiten der Mängelanzeige s § 651d Rz 8 ff. 11

III. Vertretenmüssen. Anders als bei den Ansprüchen nach §§ 651c bis e muss der RV bei § 651f den Mangel zu vertreten haben. Der Verschuldensmaßstab ergibt sich aus § 276. Der RV muss die im Verkehr objektiv erforderliche Sorgfalt außer Acht gelassen haben. Sein Verschulden wird vermutet; er kann sich nach § 651f Abs 1 Hs 2 exkulpieren. Zu den Erfüllungsgehilfen des RV, deren Verschulden ihm nach § 278 zugerechnet wird, zählen neben seinen eigenen Mitarbeitern vor allem die Leistungsträger (BGH NJW 2007, 2549: Animateur; Düsseldorf NJW-RR 2000, 787: Busunternehmen; LG Frankfurt aM RRa 1997, 203: Reisebüro). Der Veranstalter muss deshalb darlegen und beweisen, dass der Umstand, auf dem der Reisemangel beruht, weder von ihm selbst oder seinen Mitarbeitern noch von seinen Leistungsträgern zu vertreten ist. 12

Die Frage, ob 651f Abs 1 ggü § 280 Abs 1 S 2 richtlinienkonform dahingehend einschränkend ausgelegt werden muss, dass der Entlastungsbeweis des RV nur auf die drei in Art 5 Abs 2 Pauschalreise-RL genannten Fälle – ein Verschulden des Reisenden selbst, ein Verschulden eines Dritten und höhere Gewalt – gestützt werden kann (so München NJW-RR 2002, 694), hat der BGH inzwischen verneint (NJW 2005, 418). Zur Begründung verweist er darauf, dass die RL neben der höheren Gewalt auch ein Ereignis, das der Veranstalter trotz aller gebotenen Sorgfalt nicht vorhersehen oder vermeiden konnte, nennt. Der Entlastungsbeweis ist demnach für alle Fälle der Fahrlässigkeit zulässig. Kommen für den Mangel mehrere Ursachen ernstlich in Betracht, muss der RV für jede dieser Ursachen, insbes die vom Reisenden aufgezeigten, den Entlastungsbeweis erbringen (BGH aaO). Ein Verschulden des RV ist zu verneinen, wenn sich lediglich das allg Lebensrisiko verwirklicht (Köln RRa 2008, 11; LG Düsseldorf NJW-RR 2001, 1063; Frankfurt aM RRa 2001, 245; LG Frankfurt aM RRa 2000, 76; NJW-RR 1997, 244; LG Baden-Baden RRa 1997, 148; AG München NJW-RR 1996, 1399). 13

IV. Umfang des Schadensersatzanspruchs. Maßgeblich sind die §§ 249 ff. Zu ersetzen ist der durch den Reisemangel verursachte Nichterfüllungsschaden. Dem Reisenden muss dabei ein über den Minderwert der Reise hinausgehender Schaden entstanden sein. Zwar kann der Minderwert der Reise anstatt über § 651d Abs 1 auch über § 651f Abs 1 geltend gemacht werden (keine Kumulierung), wegen der zusätzlichen Verschuldensvoraussetzung des § 651f Abs 1 ist dies aber nicht empfehlenswert. Der Gesetzgeber hatte vor allem an Begleit- und Mangelfolgeschäden gedacht (BTDrs 8/786, 29), etwa Mehraufwendungen für Taxi (AG Hannover RRa 2005, 170; RRa 2001, 64; LG Darmstadt RRa 2002, 121) oder Telefon (LG Berlin NJW-RR 2005, 361; AG Hannover RRa 2005, 170), für Ersatz- oder Anschlussbeförderung (AG Darmstadt RRa 1999, 201, 203; LG Kleve RRa 1997, 179) sowie nutzlose Aufwendungen für An- und Abreise bei gekündigter Unterbrin- 14 gung mit eigener Anreise (LG Frankfurt aM RRa 2000, 52, 56), für die Anreise zu Vorbereitungstreffen eines Gastschulaufenthalts, Auslandskrankenversicherung und Reiserücktrittsversicherung (LG Berlin NJW-RR 2005, 361). Bei einem Gastschulaufenthalt mit erheblichen Mängeln sind auch die Kosten der Rechtsberatung ersatzfähig (LG Berlin aaO). Zu ersetzen sind außerdem durch einen Reisemangel verursachte Sachschäden (AG Ludwigsburg RRa 1998, 114; LG Duisburg NJW-RR 1995, 693) und Personenschäden (BGH NJW 2007, 2549; NJW 2000, 1188; Celle NJW-RR 2003, 197; LG Frankfurt aM RRa 2001, 30; Düsseldorf NJW-RR 1991, 55). Nach § 253 Abs 2 kann nunmehr auch ein Schmerzensgeldanspruch auf § 651f Abs 1 gestützt werden (LG Frankfurt aM RRa 2008, 77; AG Duisburg RRa 2006, 115).

15 Die **Mehrkosten einer angemessenen Ersatzreise** sind über § 651f Abs 1 zu ersetzen (LG Darmstadt RRa 2002, 121). Der Ersatzanspruch soll voraussetzen, dass die Ersatzreise der ursprünglich gebuchten Reise vergleichbar war (LG Düsseldorf RRa 1999, 61). Sucht sich der Reisende nach Kündigung des Reisevertrages wegen überbuchter Unterkunft am Urlaubsort ein Hotel, sind die Kosten hierfür nach § 651f Abs 1 ersatzfähig (AG Hannover RRa 2005, 170). Im konkreten Fall war die Annahme einer Kündigung des Reisenden nach § 651e allerdings nicht zutr. Die Mehrkosten der Unterkunft wären vielmehr über § 651c Abs 3 S 1 (Selbstabhilfe) zu ersetzen gewesen. Ein nach § 651f Abs 1 ersatzfähiger Vermögensschaden liegt auch vor, wenn der Reisende infolge eines Unfalls die restliche Urlaubszeit nicht mehr voll nutzen kann (LG Frankfurt aM NJW-RR 2002, 270; aA AG Duisburg RRa 2006, 115, das eine Reisepreisminderung vornimmt; so auch Celle NJW-RR 2003, 197 und Düsseldorf NJW-RR 2003, 59).

16 Ein **Mitverschulden** des Reisenden ist über § 254 zu berücksichtigen, etwa wenn ihm die mangelnde Rutschfestigkeit der Swimmingpoolumrandung bekannt war (Düsseldorf RRa 2001, 157) bzw – im Hinblick auf eine feuchte Marmortreppe – erkennbar sein musste (LG Frankfurt aM RRa 2008, 77). Eine grobe Sorgfaltspflichtverletzung des Reisenden kann sogar zum Ausschluss seines Schadensersatzanspruchs führen (Celle RRa 2003, 109; AG Baden-Baden RRa 1999, 216; LG Frankfurt aM RRa 1998, 234). Demgegenüber ist ein Mitverschulden zu verneinen, wenn der Reisende einem Hilfeersuchen des RV nachkommt und sich dadurch in Gefahr begibt (BGH NJW 2005, 418). Beruft sich der RV anschließend auf ein Mitverschulden des Reisenden, liegt wegen widersprüchlichen Verhaltens ein Verstoß gegen Treu und Glauben (§ 242) vor (BGH aaO). Wegen der Schadensminderungspflicht des Reisenden nach § 254 Abs 2 muss dieser zumutbare Ersatzangebote annehmen und darf nicht sofort abreisen (LG Düsseldorf RRa 2003, 113; Celle NJW-RR 2002, 1711; LG Frankfurt aM FVE Nr 262; zur Zumutbarkeit eines Ersatzangebots s § 651c Rz 29). ZT wird dies auch mit einem Verstoß gegen § 242 (Einwand der unzulässigen Rechtsausübung) begründet (Celle NJW-RR 2002, 1711). Dies ist nicht schon dann zu bejahen, wenn die Annahme des Ersatzangebots zu keiner größeren Beeinträchtigung der Reise geführt hätte (BGH NJW 2005, 1047).

17 **D. Der Anspruch nach Abs 2. I. Charakter des Anspruchs und Anspruchsberechtigung.** Während der BGH vor Inkrafttreten des Reisevertragsrechts von einem Vermögensschaden ausging (BGHZ 63, 98), ist inzwischen weitgehend unstr, dass nutzlos aufgewendete Urlaubszeit einen **immateriellen Schaden** darstellt, der nach § 651f Abs 2 ersatzfähig ist (BGH NJW 1983, 35 u 218). Dies hat zur Folge, dass der Anspruch auch nicht erwerbstätigen Reisenden zusteht (Hausfrau: BGHZ 77, 125; Schüler: BGHZ 85, 168; Rentner: LG München RRa 1996, 78). Der EuGH hat klargestellt, dass der Anspruch auf Ersatz für nutzlos aufgewendete Urlaubszeit vom Schadensbegriff des Art 5 Pauschalreise-RL umfasst ist (EuGH Slg 2002, I-2631 – Leitner = NJW 2002, 1255). Abs 2 ist deshalb als Umsetzung der RL anzusehen. Bei Zweifeln über seine Auslegung muss auf Art 5 der RL und seine Auslegung durch den EuGH zurückgegriffen werden (MüKo/*Tonner* § 651f Rn 46; *Tonner/Lindner* NJW 2002, 1475).

18 Der Anspruch nach Abs 2 ist von den übrigen reiserechtlichen Ansprüchen unabhängig und kann mit ihnen – auch mit § 651f Abs 1 – kumuliert werden (MüKo/*Tonner* § 651f Rn 44). § 651f Abs 2 wird **analog** angewendet auf Verträge, die eine einzelne wesentliche Reiseleistung zum Gegenstand haben, insbes die Vermietung eines Ferienhauses oder eines Wohnmobils sowie die Bootscharter, nicht jedoch den Luftbeförderungsvertrag und den Beherbergungsvertrag (s iE § 651a Rz 21 f). **Anspruchsberechtigt** ist allein der betroffene Vertragspartner höchstpersönlich. Sollen Ansprüche von Mitreisenden (auch Familienangehörigen) geltend gemacht werden, müssen deren Ansprüche abgetreten werden (BGH NJW 1980, 1947; Düsseldorf RRa 2003, 211).

19 **II. Voraussetzungen.** Ebenso wie bei § 651f Abs 1 muss zunächst ein vom RV zu vertretender Reisemangel vorliegen (Rz 10 ff). Zusätzliche haftungsbegründende Voraussetzung ist die Vereitelung oder erhebliche Beeinträchtigung der Reise. **Vereitelt** wird die Reise dann, wenn sie gar nicht angetreten werden kann oder sogleich wieder abgebrochen werden muss. Beispiele: Stornierung der Reise durch den RV vor Reisebeginn (LG Düsseldorf RRa 2003, 163), Überbuchung des Hotels ohne gleichwertige Ersatzunterkunft (Frankfurt aM OLG-Report 1992, 193; Düsseldorf NJW-RR 1989, 1078; LG München RRa 2001, 138; AG Bad Homburg RRa 2008, 126; aA LG Duisburg RRa 2004, 165 m abl Anm *Tonner*), Angabe eines ungenauen Abfahrtortes (AG Brandenburg RRa 2002, 74). Das Tatbestandsmerkmal der Vereitelung wird vom BGH mittlerweile weit interpretiert. Bietet der Veranstalter einen, gemessen an den subjektiven Urlaubswünschen des Reisenden, nicht gleichermaßen geeigneten Ersatzurlaubsort an (hier: andere Malediveninsel ohne eigenes Hausriff) und

lehnt der Reisende dies ab, so liegt eine Vereitelung der Reise vor (BGH NJW 2005, 1047). Auf den Grad des Abweichens der ersatzweise angebotenen von der geschuldeten Leistung kommt es nicht mehr an (*Teichmann* JZ 2006, 499).

Für die Beurteilung der **erheblichen Beeinträchtigung** gelten die gleichen Grundsätze wie bei § 651e (Rz 2f). 20
Die Rspr geht idR (quantitativ) von einer erheblichen Beeinträchtigung aus, wenn durch Mängel der Gesamtwert der Reise um mindestens 50 % gemindert ist (Frankfurt aM NJW-RR 2003, 1139; RRa 2003, 255; Düsseldorf NJW-RR 2003, 59; Köln RRa 2008, 222; LG Frankfurt aM RRa 2008, 121). Bei bes, in der Person des Reisenden liegenden Umständen wird eine erhebliche Beeinträchtigung zT auch bei einer Minderungsquote von unter 50% bejaht (AG Bad Homburg NJW-RR 2001, 348). In der Lit wird demgegenüber inzwischen überwiegend (qualitativ) darauf abgestellt, ob eine Gesamtwürdigung der Umstände des Einzelfalles, insbes Art und Zweck der Reise sowie Art und Umfang der Mängel, den Urlaub als vertan erscheinen lässt (Staud/*J Eckert* § 651f Rn 64; *Führich* Rn 412; jurisPK/*Keller* Rn 42; MüKo/*Tonner* Rn 51). Dem folgt mitunter auch die Rspr (Celle RRa 2004, 158; LG Duisburg RRa 2008, 263). Nur diese Auffassung erscheint mit dem Leitner-Urteil des EuGH (s.o. Rz 17) vereinbar, wonach Art 5 der Pauschalreise-RL auch Schadensersatz wegen nutzlos aufgewendeter Urlaubszeit umfasst, ohne dass hierfür eine erhebliche Beeinträchtigung vorausgesetzt wird (*Tonner/Lindner* NJW 2002, 1475). Die Minderungsquote sollte Indizwirkung haben, jedoch nicht starr angewandt werden (sa § 651e Rz 3). Eine Entschädigung nach § 651f Abs 2 ist nur für die Tage geschuldet, an denen die erhebliche Beeinträchtigung vorlag. Bereits mangelfrei verbrachte Urlaubszeit wird durch einen später aufgetretenen Mangel idR nicht rückwirkend entwertet (LG Frankfurt aM NJW-RR 1993, 1330; LG Düsseldorf NJW-RR 2001, 50; aA Düsseldorf NJW-RR 1990, 187: Salmonellenvergiftung, die über das Ende der Reisezeit hinaus wirkte; s.a. § 651d Rz 6 für Minderung).

War bisher außerdem zu prüfen, ob wegen der Vereitelung oder erheblichen Beeinträchtigung der Reise 21
Urlaubszeit tatsächlich nutzlos aufgewendet wurde (Stichwort: Resterholungswert) (Staud/*J Eckert* Rn 67; MüKo/*Tonner* Rn 53), ist dies seit dem Urteil des BGH vom 11.01.2005 (NJW 2005, 1047) kein eigenständiges Tatbestandsmerkmal mehr. Vielmehr ist bei Vereitelung oder erheblicher Beeinträchtigung der Reise stets davon auszugehen, dass der Reisende Urlaubszeit nutzlos aufgewendet hat, weil der Reisezweck nicht erreicht werden konnte. Laut BGH ist bei einer erheblichen Beeinträchtigung die Urlaubszeit mit Sicherheit ganz oder teilw vertan und stellt die Vereitelung der Reise eine bes schwerwiegende Beeinträchtigung der Reise dar. Der Reisende soll dafür entschädigt werden, dass er seine Urlaubszeit nicht so verbringen konnte wie vom Veranstalter geschuldet. Folgerichtig besteht der Anspruch unabhängig davon, wie der Reisende die Zeit des vereitelten Urlaubs tatsächlich verbracht hat, etwa mit einer ihm nicht vom RV angebotenen Ersatzreise oder mit Weiterarbeit. Dies folgt aus dem immateriellen Charakter des Anspruchs nach Abs 2.

III. Höhe des Anspruchs. Die Einordnung nutzlos aufgewendeter Urlaubszeit als Nichtvermögensschaden 22
verbietet es, das Arbeitseinkommen zum Maßstab des Entschädigungsanspruchs zu machen (BGH NJW 2005, 1047). Entspr muss auch der Aufwand für die Beschaffung von Ersatzurlaub als Bemessungskriterium ausscheiden (Staud/*J Eckert* Rn 74; aA PWW/*Deppenkemper* Rn 12; Soerg/*H W Eckert* Rn 17). Die Anspruchshöhe beurteilt sich vielmehr anhand der Umstände des Einzelfalles. Insbes kommt es auf das Ausmaß der Beeinträchtigung und auf den Reisepreis an. Letzterer zeigt, wie viel der durch die Reise angestrebte immaterielle Gewinn dem Reisenden wert war (BGH aaO). Auch die Schwere des Verschuldens des RV soll zu berücksichtigen sein (Frankfurt aM, RRa 2003, 255; aA Staud/*J Eckert* § 651f Rn 74). Im konkreten Fall einer vereitelten Reise hielt der BGH eine Entschädigung in Höhe der Hälfte des Reisepreises für angemessen. Bei erheblich beeinträchtigter Reise hält der BGH den Vorschlag von *Führich* (Rn 423) für gangbar, wonach die Entschädigung für jeden gänzlich vertanen Urlaubstag folgendermaßen ermittelt wird: Reisepreis dividiert durch die Anzahl der Reisetage und multipliziert mit der Anzahl vertaner Urlaubstage. Sind infolge der Beeinträchtigung Urlaubstage nicht als gänzlich vertan anzusehen, ist noch mit der Minderungsquote zu multiplizieren (*Führich* aaO). Die Entschädigung nach Abs 2 tritt neben den Anspruch auf Rückzahlung des Reisepreises nach § 651d.

Ob daneben andere Maßstäbe, insbes die von vielen Gerichten verwendeten festen, dh von Einkommen und 23
Reisepreis unabhängigen, Tagessätze (LG Frankfurt aM RRa 2003, 25: 72 € pro Tag; Düsseldorf RRa 2003, 14: 100 DM pro Tag; iE s *Tonner* Rn 52 ff), zulässig sind, ließ der BGH ausdrücklich offen. Dagegen spricht, dass sich mit festen Tagessätzen keine Einzelfallgerechtigkeit erzielen lässt, sie ihrer Entstehungsgeschichte nach zudem an einem durchschnittlichen Arbeitseinkommen orientiert waren (*Tonner* Rn 55). Ausdrücklich aufgegeben hat der BGH seine bisherige Auffassung, wonach der Resterholungswert zu Hause verbrachten Urlaubs schadensmindernd zu berücksichtigen war (BGHZ 63, 101). Denn der reine Freizeitwert des zu Hause oder auf Reisen verbrachten Urlaubs ist nicht Gegenstand der vom Veranstalter geschuldeten Leistung. Auch Weiterarbeit während der Urlaubszeit steht dem Entschädigungsanspruch nicht entgegen (NJW 2005, 1047). Diese Umstände sind weder bei der Schadensberechnung zu berücksichtigen noch findet eine Vorteilsanrechnung statt.

E. Prozessuale Erwägungen. Die Ansprüche nach § 651f sind innerhalb eines Monats nach Reiseende gel- 24
tend zu machen, **§ 651g.** Zudem muss der zugrunde liegende Mangel nach hM schon während der Reise

angezeigt worden sein, § 651d Abs 2 oder § 651c Abs 3 bzw § 651e Abs 2 (BGH NJW 1985, 132). Für den Anspruch nach Abs 1 muss der Reisende alle anspruchsbegründenden Tatsachen darlegen und ggf beweisen: Mangel, Mängelanzeige, Schaden, Ursächlichkeit der Pflichtverletzung des Veranstalters für den Schaden. Da ein Verschulden des Veranstalters vermutet wird, muss dieser den Entlastungsbeweis dafür antreten, dass im Hinblick auf die den Mangel begründenden Umstände weder ihn selbst noch seine Erfüllungsgehilfen (insbes die Leistungsträger und deren Erfüllungsgehilfen) ein Verschulden trifft (BGH NJW 2005, 418). Bei mehreren ernstlich in Betracht kommenden Ursachen muss der Entlastungsbeweis für jede einzelne geführt werden (BGH NJW aaO).

25 Eine richtlinienkonforme Beschränkung dahingehend, dass nur ein Verschulden des Reisenden, ein Verschulden eines Dritten oder höhere Gewalt als Entlastungsgründe angeführt werden können, hält der BGH nicht für geboten (s.o. Rz 13; aA München NJW-RR 2002, 694; MüKo/*Tonner* Rn 38). Der in Art 5 der Pauschalreise-RL im Zusammenhang mit höherer Gewalt genannte weitere Entlastungsgrund eines Ereignisses, das der Veranstalter und/oder der Vermittler bzw Leistungsträger trotz aller gebotenen Sorgfalt nicht vorhersehen oder abwenden konnte, entspricht der Definition fehlender Fahrlässigkeit nach § 276 Abs 2 (BGH NJW 2005, 418). Für den Anspruch nach Abs 2 muss der Reisende außerdem die Vereitelung oder erhebliche Beeinträchtigung beweisen. Nicht mehr erforderlich ist der Nachweis, dass der infolge Vereitelung der Reise zu Hause verbrachte Urlaub keinen Erholungswert hatte (BGH NJW 2005, 1047, s.o. Rz 21). Die Höhe der Entschädigung liegt weitgehend im Bereich tatrichterlicher Würdigung (§ 287 ZPO). Es soll möglich sein, unbezifferten Klageantrag zu stellen (LG Hannover NJW 1989, 1936; Staud/*J Eckert* Rn 74; aA AG Bad Homburg NJW-RR 1997, 819).

§ 651g Ausschlussfrist, Verjährung.

[1] Ansprüche nach den §§ 651c bis 651f hat der Reisende innerhalb eines Monats nach der vertraglich vorgesehenen Beendigung der Reise gegenüber dem Reiseveranstalter geltend zu machen. § 174 ist nicht anzuwenden. Nach Ablauf der Frist kann der Reisende Ansprüche nur geltend machen, wenn er ohne Verschulden an der Einhaltung der Frist verhindert worden ist.

[2] Ansprüche des Reisenden nach den §§ 651c bis 651f verjähren in zwei Jahren. Die Verjährung beginnt mit dem Tage, an dem die Reise dem Vertrag nach enden sollte.

1 **A. Allgemeines.** Ansprüche nach §§ 651c bis 651f sind vom Reisenden sehr schnell, innerhalb eines Monats nach Reiseende, zu stellen. Anders als bei dem Abhilfeverlangen nach § 651c Abs 2, § 651e Abs 2 und der Mängelanzeige nach § 651d Abs 2 geht es bei § 651g Abs 1 nicht darum, dem RV Gelegenheit zur Abhilfe zu geben (jurisPK/*Keller* Rn 1). Vielmehr soll die Ausschlussfrist dem RV ermöglichen, binnen Kurzem Klarheit über gegen ihn geltend gemachte Forderungen zu erlangen. Dies dient der schnellen Sachverhaltsaufklärung und Beweissicherung, was angesichts des unverkörperten Charakters von Pauschalreisen geboten ist. Außerdem soll der RV in die Lage versetzt werden, mögliche eigene Ansprüche gegen seine Leistungsträger zu verfolgen. Nach Ablauf der Frist kann der Reisende Ansprüche nach §§ 651c bis 651f nur geltend machen, wenn ihn an der Versäumung der Frist kein Verschulden trifft, § 651g Abs 1 S 3. Dies ist insbes der Fall, wenn der RV seiner Hinweispflicht nach § 6 Abs 2 Nr 8 BGB-InfoV nicht nachgekommen ist (Rz 3).

2 Der durch das 2. ReiseRÄndG eingefügte Abs 1 S 2 regelt nunmehr ausdrücklich, dass die Vorlage einer Originalvollmacht bei Anspruchsanmeldung durch einen Vertreter des Reisenden nicht erforderlich ist (anders die bis dahin vorherrschende Rspr: BGH NJW 2001, 289; Düsseldorf RRa 1999, 206). Hat der RV Zweifel an der Bevollmächtigung, kann er immer noch den Nachweis der Vollmacht verlangen (BTDrs 14/5944, 19). Seit Änderung von Abs 2 durch die Schuldrechtsreform beträgt die Verjährungsfrist für Ansprüche des Reisenden nach §§ 651c bis 651f zwei Jahre (vorher 6 Monate), beginnend mit dem Tag des vertraglich vereinbarten Reiseendes. Eine Verkürzung auf ein Jahr ist unter den Voraussetzungen des § 651m S 2 möglich (§ 651m Rz 5; LG Duisburg NJW-RR 2007, 771).

3 § 6 Abs 2 Nr 8 BGB-InfoV verpflichtet den RV, in der Reisebestätigung über Ausschluss- und Verjährungsfristen nach § 651g zu informieren. Auch die Stelle, ggü der Ansprüche geltend zu machen sind, ist dort namentlich zu nennen. Alternativ kann diese Information auch im Katalog erteilt werden, wenn der RV in der Reisebestätigung wirksam auf ihn verweist, § 6 Abs 4 BGB-InfoV (BGH NJW 2007, 2549). Verletzt der RV seine Informationspflicht, wird widerleglich vermutet, dass die Nichteinhaltung der Frist durch den Reisenden iSd § 651g Abs 1 S 3 unverschuldet ist (BGH aaO). Auch nach Ablauf der Monatsfrist ist er dann mit seinen Ansprüchen nicht ausgeschlossen. Anstelle der zweijährigen Verjährungsfrist gilt die regelm Verjährung nach §§ 195, 199 (Staud/*J Eckert* Rn 5).

4 **B. Anwendungsbereich.** Neben den ausdrücklich genannten reisevertraglichen Ansprüchen (§§ 651c bis 651f), einschl des in § 651e Abs 3 S 1 nicht explizit geregelten Rückzahlungsanspruchs, ist entspr der Anspruch aus § 651j Abs 2 S 1 vom Anwendungsbereich des § 651g umfasst (AG Bad Homburg RRa 2000, 208; AG Stuttgart RRa 1995, 227). Demgegenüber gilt die Norm nicht für Ansprüche aus § 651i (AG Kleve NJW-RR 2001, 1062; AG Hamburg RRa 2000, 186; LG Düsseldorf RRa 1994, 115; LG Frankfurt aM NJW-RR 1994, 376), §§ 241 Abs 2, 311 Abs 2, 3 BGB (cic), §§ 241 Abs 2, 280 (pFV) sowie bereicherungsrechtliche (AG

Duisburg RRa 2002, 219; AG Kleve NJW-RR 2001, 1062) und deliktische Ansprüche (BGH NJW 2004, 3777; 2965). Während die Frist des § 651g in ARB auf Ansprüche aus § 280 erstreckt werden kann (vgl Nr 12.1. der DRV-Konditionenempfehlung 2006), verstößt ihre Ausdehnung auf deliktische Ansprüche gegen § 307 Abs 1 (BGH NJW 2004, 2965; 2004, 3777; anders noch Frankfurt aM RRa 2003, 20 u 64). Zur Begründung verweist der BGH ua darauf, dass nur bei den vertraglichen Ansprüchen des Reisenden Beweiserleichterungen zu seinen Gunsten bestehen, während bei deliktischen Ansprüchen die Darlegungs- und Beweislast insbes für das Verschulden des RV beim Reisenden liegt. Ein Interesse an schneller Klärung habe der RV deshalb nur hinsichtlich der gegen ihn geltend gemachten vertraglichen Ansprüche. Bezieht sich eine solche Klausel auch auf den Ersatz von Personenschäden, verstößt sie schon gegen § 309 Nr 7a (jurisPK/*Keller* Rn 12).

Vom BGH nicht entschieden und daher nach wie vor umstr ist, ob eine Klausel in ARB, die nicht Körperschäden betrifft und die Monatsfrist lediglich auf solche deliktischen Ansprüche erstreckt, die mit vertraglichen Schadensersatzansprüchen konkurrieren und deren Integritätsinteresse sich mit dem durch die §§ 651a ff geschützten Äquivalenzinteresse deckt, wirksam ist (zust jurisPK/*Keller* Rn 13; *Führich* Rn 441; abl MüKo/*Tonner* Rn 4). § 651g ist nicht anwendbar auf den Reisevermittlungsvertrag (AG Stuttgart RRa 1999, 179; aA AG Baden-Baden RRa 1995, 28). 5

C. Ausschlussfrist, Abs 1. I. Berechnung. Die Monatsfrist ist vAw zu beachten (AG Köln RRa 2003, 268); nach ihrem Ablauf stehen dem Reisenden die Ansprüche aus §§ 651c bis 651f nicht mehr zu (keine bloße Einrede des RV). Sie beginnt mit dem Tag des vertraglich vorgesehenen Reiseendes, § 651g Abs 1 S 1; allerdings kann die Anspruchsanmeldung grds auch schon vor Ablauf der Reise erfolgen (BGH NJW 1988, 488; LG Frankfurt aM RRa 2008, 228; s Rz 16). Das vertraglich vorgesehene Reiseende ist auch dann maßgeblich, wenn die Reise nicht angetreten oder abgebrochen wurde (BTDrs 8/786; S 32). Dauert die Reise länger als vertraglich vereinbart, ist das tatsächliche Reiseende maßgeblich (AG Hamburg RRa 1994, 75; LG Frankfurt aM NJW 1986, 594; aA LG Kleve RRa 1996, 146). Die Frist berechnet sich nach den §§ 187 Abs 1, 188 Abs 2 Alt 1. Wann sie endet, wenn das Fristende auf einen gesetzlichen Feiertag, Samstag oder Sonntag fällt, ist umstr (nach § 193 am nächsten Werktag: LG Hamburg NJW-RR 1997, 502; *Tonner* § 651g Rn 3; nach § 187 Abs 2 einen Tag früher: AG Hamburg RRa 1999, 141; AG Düsseldorf NJW 1985, 980). Eine Verkürzung der Frist in AGB ist nach § 651m S 1 nicht zulässig, wohl aber eine Verlängerung. Nach § 130 (analog) setzt Fristwahrung Zugang der Erklärung am letzten Tag während der üblichen Geschäftszeit voraus (umstr; dafür LG Hamburg RRa 1999, 141; AG Frankfurt aM NJW-RR 1993, 1332; dagegen AG Hamburg RRa 2006, 118; LG Düsseldorf RRa 2000, 98). 6

Die Frist gilt auch für einen Dritten, auf den der Anspruch im Wege der cessio legis übergeht (BGH NJW 2004, 3178: Sozialversicherungsträger; bestätigend: Celle RRa 2006, 212). Solange er von der Schädigung und der Person des Ersatzpflichtigen keine Kenntnis hat, ist er jedoch unverschuldet an ihrer Einhaltung gehindert, § 651g Abs 1 S 3 (BGH aaO). 7

II. Adressat. Adressat der Geltendmachung ist der RV; diesem muss die Erklärung zugehen. Die genaue Stelle muss der RV nach § 6 Abs 2 Nr 8 BGB-InfoV in der Reisebestätigung benennen. Unterhält er ein Filialsystem, soll die Geltendmachung bei einer beliebigen Filiale genügen (MüKo/*Tonner* Rn 10). Die Frage, ob eine Mängelanzeige am Urlaubsort dem Erfordernis nach § 651g Abs 1 genügen kann, ist umstr. Während der BGH dies bejaht, sofern erkennbar ist, dass es sich nicht lediglich um eine Mängelanzeige nach § 651d Abs 2 handelt (BGH NJW 1988, 488: eindeutige und vorbehaltlose Geltendmachung vor Reiseende; vgl auch BGH NJW 2004, 3777), halten einige Instanzgerichte am Erfordernis einer gesonderten Mängelrüge nach Reiseende fest (AG Bad Homburg RRa 2003, 222; Frankfurt aM RRa 2003, 20 [Vorinstanz zu BGH NJW 2004, 3777]; LG Düsseldorf RRa 2001, 201). Der BGH geht davon aus, dass der Reisende bei einer Mängelrüge vor Ort darauf vertrauen darf, dass die örtliche Reiseleitung diese an den RV weiter leitet (NJW 2004, 3777), die Instanzgerichte lehnen dies ab (Frankfurt aM RRa 2003, 20; LG Düsseldorf RRa 2001, 201; AG Bad Homburg RRa 2003, 222), weil der Reiseleiter für die Anspruchsanmeldung nicht empfangsbevollmächtigt sei (LG Frankfurt aM RRa 2008, 228). Für die Geltendmachung nach Reiseende lässt der BGH die Bezugnahme auf während der Reise angezeigte Mängel genügen, ohne dass diese noch einmal iE benannt werden müssen (NJW 1984, 1752). Mit dem Sinn und Zweck der Vorschrift ist die BGH-Rspr nicht vereinbar, denn während Abhilfeverlangen bzw Mängelanzeige am Urlaubsort dem RV in erster Linie die Möglichkeit geben soll, den Mangel abzustellen, dient die Rüge nach § 651g Abs 1 dazu, dem RV einen Überblick über gegen ihn geltend gemachte Gewährleistungsansprüche zu verschaffen und Regressansprüche gegen seine Leistungsträger zu sichern. Nicht jede Mängelanzeige am Urlaubsort wird aber später als Gewährleistungsanspruch weiter verfolgt (so auch Staud/*J Eckert* Rn 13). 8

Eine fristwahrende Anmeldung ist grds auch beim vermittelnden Reisebüro möglich (BGH NJW 1988, 488). Die Ermächtigung, Erklärungen für den RV entgegenzunehmen, durch die der Reisende Rechte gegen diesen geltend macht (Empfangsvollmacht), ergibt sich wegen der Handelsvertretereigenschaft des (rechtlich selbständigen) Reisebüros, bei dem die Buchung erfolgt ist, aus § 91 Abs 2 S 1 HGB (BGHZ 82, 219). Denkbar ist jedoch der – deutlich sichtbare – Hinweis auf den Ausschluss der Empfangszuständigkeit des Reisebüros in AGB (jurisPK/*Keller* Rn 23). Darin ist kein Verstoß gegen § 651m zu sehen, da dieser nur auf die §§ 651a ff 9 und nicht auf § 91 Abs 2 S 1 HGB verweist. Eine entspr Klausel unterläge jedoch der Inhaltskontrolle nach §§ 305 ff (für ihre Zulässigkeit LG Düsseldorf RRa 1994, 115; *Führich* Rn 446; aA *Tempel* RRa 1996, 3). Ein nicht bevollmächtigtes Reisebüro kann aber als Bote des Reisenden fungieren. Leitet es die Mängelrüge innerhalb der Monatsfrist an den RV weiter, ist § 651g Abs 1 S 1 gewahrt (BGH NJW 2005, 1420; ebenso für den Reiseleiter LG Frankfurt aM RRa 2008, 228). Das Übermittlungsrisiko und die Beweislast für den Zugang trägt freilich der Reisende (AG Hannover RRa 2005, 129; *Teichmann* JZ 2006, 499). Zur Frage, ob es mit § 307 vereinbar ist, wenn der RV die Mängelrüge in seinem Hinweis nach § 6 Abs 2 Nr 8 BGB-InfoV ausschließlich an sich selbst und nicht an das vermittelnde Reisebüro verlangt, vgl *Tonner* Rn 8.

10 **III. Inhalt und Form der Geltendmachung. 1. Inhalt.** Die Mängel müssen **konkret und substantiiert vorgetragen**, zumindest in Stichworten angegeben werden (LG Frankfurt aM RRa NJW-RR 2001, 1497; AG Hamburg RRa 2006, 118; AG Kleve RRa 2001, 122). Sie sollen nach Ort, Zeit, Geschehensablauf und Schadensfolgen so konkret beschrieben werden, dass der RV die zur Sachverhaltsaufklärung gebotenen Maßnahmen zur Wahrung seiner Interessen ergreifen kann (BGH NJW 2005, 1420). Der Hinweis auf eine vorangegangene genaue Mängelanzeige genügt jedoch (BGH NJW 1984, 1752; NJW 1988, 488; AG Hamburg RRa 2002, 220; aA LG Frankfurt aM RRa 2001, 77; LG Kleve NJW-RR 1999, 486). Die Mängelrüge kommt nur im Hinblick auf solche Mängel in Betracht, die am Urlaubsort rechtzeitig angezeigt wurden (LG Düsseldorf RRa 2001, 199). Eine bloße Beschwerde genügt ebenso wenig wie die Bitte um Überprüfung oder um Bearbeitung (AG Duisburg RRa 2005, 68).

11 Der Reisende muss deutlich machen, dass und weswegen er **Forderungen gegen den RV** stellt. Der BGH stellt allerdings keine hohen Anforderungen. Eine Erklärung des Reisenden, wonach er den Vorfall nicht auf sich beruhen lassen will, reicht aus (NJW 2005, 1420). Auch eine Bezifferung der Ansprüche ist nicht erforderlich, ein allg Zahlungsverlangen genügt (AG Duisburg RRa 2003, 266; AG Düsseldorf RRa 1999, 175; AG Kleve RRa 1998, 42). Dagegen genügt weder die bloße Übersendung einer Mängelliste, ohne dass ersichtlich wird, dass daraus Ansprüche abgeleitet werden (AG Hannover RRa 2003, 77; sa Koblenz 16.05.2008, AZ 10 U 1165/07), noch ein Zahlungsverlangen ohne Auflistung der beanstandeten Mängel (LG Frankfurt aM RRa 2003, 116). Die rechtliche Einordnung der geltend gemachten Ansprüche kann nicht verlangt werden (BGH NJW 2005, 1420; aA AG Düsseldorf RRa 2003, 166). Mängel, die in der Mängelanzeige nach § 651g Abs 1 nicht enthalten sind, können im Prozess nicht nachgeschoben werden (Frankfurt aM RRa 2003, 255; AG Köln RRa 2003, 268; LG Düsseldorf RRa 1994, 102).

12 **2. Form.** § 651g Abs 1 schreibt **keine bestimmte Form** für die Mängelrüge vor. Eine mündliche Anmeldung ist ausreichend, empfiehlt sich aus Beweisgründen jedoch nicht. Die Anordnung der Schriftform in AGB ist nach § 651m S 1 unzulässig (BGH NJW 1984, 1752). Für die Anmeldung der Ansprüche durch einen Bevollmächtigten des Reisenden galt nach überwiegender Ansicht § 174 S 1 BGB (BGH NJW 2001, 289). Seit Einfügung des § 651g Abs 1 S 2 durch das 2. ReiseRÄndG ist die Vorlage einer Originalvollmacht für die Geltendmachung von Ansprüchen durch einen Stellvertreter des Reisenden (Rechtsanwalt, Familienangehöriger, Mitreisender) ausdrücklich nicht mehr erforderlich. Das ändert jedoch nichts an der Tatsache, dass der Vertreter zum Zeitpunkt der Abgabe der Erklärung tatsächlich bevollmächtigt gewesen sein muss (jurisPK/*Keller* Rn 19). Die Geltendmachung unmittelbar durch Klageerhebung soll nach hM zur Fristwahrung nicht ausreichen (AG Bad Homburg RRa 1995, 49; *Führich* Rn 450; aA *Tonner* Rn 4: bei Klagezustellung innerhalb der Monatsfrist). Jedenfalls trägt aber bei sofortigem Anerkenntnis der klagende Reisende nach § 93 ZPO die Kosten.

13 **3. Geltendmachung bei Personenmehrheit.** Die Mängelrüge muss durch den Vertragspartner erfolgen. Da bei Familien nur ein einziger Vertrag geschlossen wird, muss das Vertrag schließende Familienmitglied die Ansprüche stellen. Bei Gruppenreisen ist grds jeder Einzelne Vertragspartner und muss selbständig die Mängel rügen (s § 651a Rz 25). Eine Vertretung durch einzelne Gruppenmitglieder nach (konkludenter) Bevollmächtigung ist möglich (iE dazu *Tonner* Rn 22). Auch der Ersatzreisende, der nach § 651b in die Rechte und Pflichten aus dem Reisevertrag eintritt, muss die Mängelrüge selbst vornehmen (jurisPK/*Keller* Rn 29). Sofern nicht in AGB ausgeschlossen (LG Koblenz RRa 2003, 260; LG Hamburg RRa 1999, 147 u RRa 1995, 187), ist auch eine Abtretung möglich. Zu ihren Wirkungen je nach Zeitpunkt der Abtretung vgl jurisPK/*Keller* Rn 37.

14 **4. Geltendmachung durch Sozialversicherungsträger.** Sozialversicherungsträger, die nach § 116 SGB X auf sie übergegangene Ansprüche des Reisenden auf Ersatz von Heilbehandlungskosten etc geltend machen wollen, müssen die Monatsfrist grds selbst wahren (Celle RRa 2006, 212; Anschluss an BGH NJW 2004, 3178). Die Anspruchsanmeldung durch den Sozialversicherungsträger ist auch dann nicht entbehrlich, wenn der Reisende seine eigenen Ansprüche auf Schmerzensgeld und Schadensersatz rechtzeitig beim RV angemeldet hat (Celle aaO; noch offen gelassen vom BGH aaO). Nur so erlangt der RV Gewissheit über die gegen ihn geltend gemachten Ansprüche und kann die Beweissicherung sowie ggf die Geltendmachung eigener Ansprüche gegen seine Leistungsträger in die Wege leiten. Diese Grundsätze gelten gleichermaßen für Dienstherren, die übergegangene Ansprüche von Beamten bzgl Gehaltsfortzahlung und Heilbehandlungskosten geltend machen (Koblenz 16.05.2008, AZ 10 U 1165/07).

IV. Arglist des Reiseveranstalters. Auch wenn der RV den Mangel arglistig verschwiegen hat, ist eine fristgemäße Mängelrüge nach § 651g Abs 1 erforderlich (LG Düsseldorf RRa 2006, 262; LG Frankfurt aM NJW 1987, 132). Hat der RV den Reisenden allerdings durch arglistiges Verhalten an der Wahrung der Monatsfrist gehindert, gilt § 651g Abs 1 S 3 (Rz 17). 15

V. Verhältnis zur Mängelanzeige nach § 651d. Wegen ihrer unterschiedlichen Funktionen (s.o. Rz 1) ist neben der Mängelanzeige am Urlaubsort (§ 651d) grds eine gesonderte Anspruchsanmeldung nach Reiseende (§ 651g) erforderlich. Sofern der Reisende jedoch schon während der Reise ggü dem RV Mängel gerügt und unter Hinweis darauf eindeutig und vorbehaltlos die gerichtliche Geltendmachung von Ansprüchen angekündigt hat, genügt dies auch den Anforderungen an die Anspruchsanmeldung nach § 651g. Eine Wiederholung dieser Erklärung nach Reiseende ist dann nicht erforderlich (BGH NJW 1988, 488). Ob es sich lediglich um eine bloße Mängelanzeige nach § 651d oder bereits um eine Anspruchsanmeldung nach § 651g handelt, beurteilt sich danach, ob der Reisende über die Anzeige des Mangels hinaus zum Ausdruck bringt, dass er daraus einen Ersatzanspruch ableitet und gegen den RV geltend machen will (jurisPK/*Keller* Rn 45). In der anwaltlichen Praxis sollte sicherheitshalber dennoch stets eine Anspruchsanmeldung innerhalb eines Monats nach Reiseende erfolgen. Darin kann auf die Mängelanzeige während der Reise Bezug genommen werden (BGH NJW 1984, 1752). 16

VI. Unverschuldete Versäumnis der Ausschlussfrist (§ 651g Abs 1 S 3). Nach Ablauf der Monatsfrist kann der Reisende Ansprüche nach §§ 651c bis 651f nur geltend machen, wenn er ohne Verschulden an der Einhaltung der Frist verhindert war. Es gilt der Maßstab des § 276. Als Grund für eine schuldlose Fristversäumnis kommen insbes Fehlinformationen des RV, seiner örtlichen Reiseleitung oder des Reisebüros in Betracht (*Tonner* Rn 17). So besteht eine widerlegliche Vermutung dafür, dass die Fristversäumung durch den Reisenden entschuldigt ist, wenn eine den Anforderungen des § 6 Abs 2 Nr 8 BGB-InfoV genügende Information des RV in der Reisebestätigung fehlt (BGH NJW 2007, 2549). Die anstelle der Information nach § 6 Abs 2 Nr 8 BGB-InfoV mögliche Verweisung in der Reisebestätigung auf einen vom RV herausgegebenen Katalog nach § 6 Abs 4 BGB-InfoV muss zumindest einen Hinweis auf die Existenz von Ausschlussfristen und auf deren Fundstelle im Katalog enthalten. Andernfalls kann der Hinweis seinen Zweck, den Reisenden vor der Ausschlussfrist zu warnen, nicht erfüllen (BGH aaO). Zumindest bei einer Buchung im Reisebüro setzt der Ersatz von Angaben über die Ausschlussfrist nach § 6 Abs 4 BGB-InfoV zudem voraus, dass dem Reisenden ein Katalog überhaupt ausgehändigt wurde (BGH aaO). Die bloße Einsehbarkeit genügt demgegenüber nicht. 17

Die **Verletzung dieser Informationspflicht** stellt zugleich eine Pflichtverletzung des RV iSd § 280 Abs 1 BGB dar, die einen Schadensersatzanspruch des Reisenden auslöst (LG Hannover NJW-RR 1990, 572). Der Reisende ist dann so zu stellen, als wenn er die Frist tatsächlich eingehalten hätte (jurisPK/*Keller* Rn 52). Hat der RV einen dem § 6 Abs 2 Nr 8 BGB-InfoV genügenden Hinweis erteilt und wendet sich der Reisende gleichwohl an eine in dem Hinweis nicht genannte Stelle, ist die daraus resultierende Versäumung der Frist dagegen nicht unverschuldet. Etwas anderes soll gelten, wenn die nicht empfangszuständige Stelle dem Reisenden innerhalb der Frist zugesichert hat, die Anspruchsanmeldung sofort an den RV weiterzuleiten, dies jedoch versäumt (jurisPK/*Keller* Rn 27 verneint hier ein Verschulden des Reisenden an der Fristversäumung). Dagegen spricht jedoch, dass der Reisende auf die Zusage einer nicht empfangszuständigen Stelle von vornherein nicht vertrauen darf und dem RV die Aussage dieser Stelle auch nicht zuzurechnen ist. 18

Neben den Fällen **fehlender Kenntnis von der Ausschlussfrist** gilt ihre Versäumung vor allem bei schweren Erkrankungen als unverschuldet (*Führich* Rn 454). So wurde für die Dauer einer 80%igen Arbeitsunfähigkeit infolge eines auf der Fahrt zum Rückflug erlittenen Verkehrsunfalls ein Verschulden verneint (LG Köln NJW-RR 2005, 994). Ein Verschulden des Reisenden ist auch dann zu verneinen, wenn er die Anspruchsanmeldung rechtzeitig vor Ablauf der Monatsfrist abgesandt hat (LG Frankfurt aM NJW 1987, 132). Außergewöhnliche Verzögerungen oder das Abhandenkommen der Sendung während der Beförderung sind dem Reisenden nicht zuzurechnen. Etwas anderes gilt jedoch, wenn der Reisende das Schreiben unzutr adressiert oder frankiert (jurisPK/*Keller* Rn 55). Auch darf er sich nicht auf eine Zustellung am nächsten Werktag verlassen (BGH VersR 1993, 1251; LG Frankfurt aM RRa 1994, 97; AG Kleve RRa 1996, 156; RRa 1998, 113). 19

Am Verschulden fehlt es auch dann, wenn der Reisende ohne Fahrlässigkeit erst nach Fristablauf von dem Anspruch erfährt oder so kurz vorher, dass er die Frist nicht mehr einhalten kann (LG Düsseldorf RRa 2006, 262). Das gilt bspw bei einem verdeckten Reisemangel, der erst nach Ablauf der Frist erkennbar geworden ist. Auch wenn der Reisende gesundheitliche Spätschäden geltend macht, die für ihn bis zum Ablauf der Frist nicht vorhersehbar waren, ist die Versäumung der Ausschlussfrist unverschuldet (BGH NJW 2007, 2549). 20

Sozialversicherungsträger gelten als unverschuldet an der Einhaltung der Frist gehindert, solange sie von der Schädigung und der Person des Ersatzpflichtigen keine Kenntnis haben (BGH NJW 2004, 3178). Fällt der Hinderungsgrund (meist: fehlende Kenntnis) weg, muss die Geltendmachung der Ansprüche unverzüglich (§ 121) nachgeholt werden (BGH aaO; Koblenz 16.05.2008, AZ 10 U 1165/07). Eine Überlegungsfrist von 14 Tagen dürfte regelm die absolute Obergrenze darstellen (LG Düsseldorf RRa 2006, 262). Etwas anderes gilt allerdings dann, wenn der RV den Reisenden bei Vertragsschluss nicht auf die Frist hingewiesen hat und der Reisende auch nicht anderweitig von ihr Kenntnis erlangt hat (BGH NJW 2007, 2549; 2004, 3178). 21

22 **D. Verjährung von Gewährleistungsansprüchen, Abs 2. I. Hemmung der Verjährung.** Die Ansprüche des Reisenden verjähren nach zwei Jahren, beginnend mit dem Tag des vertraglich vereinbarten Reiseendes (s.o. Rz 6). § 651m S 2 räumt die Möglichkeit ein, die Verjährungsfrist vor Mitteilung eines Mangels individualvertraglich oder durch AGB auf ein Jahr zu verkürzen (so Nr 12.2. der DRV-Konditionenempfehlung 2006). Für die Dauer von Verhandlungen ist die Verjährung gehemmt, § 203. Die Hemmung endet, wenn der RV eindeutig zu erkennen gibt, dass er (weitere) Verhandlungen ablehnt und die Ansprüche zurückweist (AG Bad Homburg RRa 2001, 207). Eine Begründung ist nicht erforderlich. Eine **Zurückweisung** liegt vor, wenn auch für einen Rechtsunkundigen eindeutig erkennbar ist, dass es sich um eine abschließende Entscheidung dahingehend handelt, dass der RV die Ansprüche nicht erfüllen will (LG Frankfurt aM NJW 1985, 147; AG Stuttgart RRa 1994, 99: teilw Zurückweisung). Die Hemmung soll aber auch enden, wenn nach Anmeldung von Ansprüchen durch den Reisenden zwei Monate ohne Antwort des RV verstrichen sind (AG Baden-Baden RRa 2005, 30). Diese missglückte Rspr ist auf die Abschaffung von § 651g Abs 2 S 3 aF zurückzuführen, der eine schriftliche Ablehnungserklärung des RV verlangt hatte (*Führich* NJW 2002, 1082). Keine Zurückweisung liegt vor, wenn der RV die Weiterleitung an seine Versicherung mitteilt (LG Frankfurt aM RRa 2000, 71; RRa 1995, 46; NJW-RR 1994, 179). Nimmt der RV die Verhandlungen durch erneute Prüfung zunächst zurückgewiesener Ansprüche wieder auf, wird die Verjährung zum zweiten Mal gehemmt (LG Frankfurt aM RRa 2000, 71; AG Bad Homburg RRa 1998, 136; AG Hamburg RRa 1998, 91).

23 Auch **Kulanz- oder Vergleichsangebote** stellen eine Zurückweisung dar, wenn erkennbar ist, dass der RV die Angelegenheit damit abschließen will (AG Hannover RRa 2001, 225; AG Charlottenburg RRa 2000, 9; AG Bad Homburg RRa 1998, 136). Mit ihrem Zugang endet die Hemmung der Verjährung (AG Bonn RRa 1999, 7). Will der Reisende seine Ansprüche weiterhin geltend machen, darf er den einem Vergleichsangebot beigelegten Scheck nicht einlösen. Andernfalls gilt das Vergleichsangebot als angenommen (AG Duisburg RRa 2004, 176; AG Hamburg RRa 2003, 267; AG Hamburg RRa 2003, 171; AG Ludwigsburg RRa 1998, 115). Der Widerspruch des RV gegen einen Mahnbescheid oder der Einspruch gegen einen Vollstreckungsbescheid beendet ebenfalls die Hemmung der Verjährung (BGH NJW 1983, 2699). Für die Wirkung der Hemmung gilt § 209. Nach § 203 S 2 tritt Verjährung frühestens drei Monate nach Ende der Hemmung ein.

24 **II. Andere Verjährungsfristen.** Bei arglistigem Verschweigen des Mangels durch den RV gilt der Rechtsgedanke des § 634a Abs 3 und damit die regelm dreijährige Verjährung nach § 195, beginnend ab Kenntnis vom Mangel (LG Frankfurt aM NJW-RR 1991, 317; *Tempel* NJW 2000, 3677; Erman/*Seiler* Rn 9 mN). Gesetzliche Sonderregelungen gehen dem § 651g vor. Wird der RV als vertraglicher Luftfrachtführer in Anspruch genommen, gilt eine Ausschlussfrist von zwei Jahren für Schadensersatzansprüche, Art 35 MÜ. Für Gepäckschäden- und -verlust gilt jedoch Art 31 Abs 2 MÜ (sieben Tage bei Beschädigung und 21 Tage bei Verspätung von aufgegebenem Gepäck).

25 **E. Prozessuales.** Der Reisende trägt die **Darlegungs- und Beweislast für die Einhaltung der Ausschlussfrist** nach Abs 1 (AG Kleve RRa 1998, 113). Hat er die Frist nicht gewahrt, muss er wegen § 651g Abs 1 S 3 beweisen, dass ihn an ihrer Versäumung kein Verschulden trifft, etwa indem er die Mängelrüge rechtzeitig abgesandt hat. Der Reisende muss grds den rechtzeitigen Zugang des Anmeldungsschreibens beweisen, es sei denn der RV hat keine geeigneten Vorkehrungen getroffen, das Eingangsdatum zweifelsfrei zu vermerken (LG Kleve RRa 1998, 113; LG Frankfurt aM RRa 1994, 97). Der Reisende, der die Ausschlussfrist des § 651g Abs 1 unverschuldet versäumt hat, muss die Anspruchsanmeldung nur dann unverzüglich nach Kenntniserlangung nachholen, wenn der RV ihn bei Vertragsschluss auf die Ausschlussfrist hingewiesen hat oder der Reisende anderweitig von ihr Kenntnis erlangt hat. Dafür ist der RV darlegungs- und beweispflichtig. Der RV, der sich auf Verjährung nach Abs 2 beruft, muss deren Eintritt beweisen. Der Reisende trägt die Beweislast für Hemmung und Unterbrechung der Verjährung, der RV für Beendigung der Hemmung (AG Hamburg RRa 2002, 263).

§ 651h Zulässige Haftungsbeschränkung.

[1] Der Reiseveranstalter kann durch Vereinbarung mit dem Reisenden seine Haftung für Schäden, die nicht Körperschäden sind, auf den dreifachen Reisepreis beschränken,

1. **soweit ein Schaden des Reisenden weder vorsätzlich noch grob fahrlässig herbeigeführt wird, oder**
2. **soweit der Reiseveranstalter für einen dem Reisenden entstehenden Schaden allein wegen eines Verschuldens eines Leistungsträgers verantwortlich ist.**

[2] Gelten für eine von einem Leistungsträger zu erbringende Reiseleistung internationale Übereinkommen oder auf solchen beruhende gesetzliche Vorschriften, nach denen ein Anspruch auf Schadensersatz nur unter bestimmten Voraussetzungen oder Beschränkungen entsteht oder geltend gemacht werden kann oder unter bestimmten Voraussetzungen ausgeschlossen ist, so kann sich auch der Reiseveranstalter gegenüber dem Reisenden hierauf berufen.

1 **A. Allgemeines. § 651h Abs 1** ermöglicht dem **RV** unter bestimmten Voraussetzungen eine **Begrenzung seiner vertraglichen Schadensersatzhaftung** auf den dreifachen Reisepreis durch vertragliche Vereinbarung. Damit billigte der Gesetzgeber eine vor Inkrafttreten des Reisevertragsgesetzes übliche, auch von der

Rspr genehmigte Praxis. Wegen des halbzwingenden Charakters des Reisevertragsrechts (§ 651m Rz 1) war eine ausdrückliche Regelung notwendig. Sie kombiniert eine Begrenzung des Haftungsmaßstabs mit einer Begrenzung der Haftungssumme (Erman/*Seiler* Rn 1). Während der RV seine Haftung für eigenes Verschulden nur im Falle von einfacher Fahrlässigkeit begrenzen kann (Nr 1), ist bei ausschließlichem Verschulden der Leistungsträger eine Haftungsbegrenzung sogar bei Vorsatz und grober Fahrlässigkeit möglich (Nr 2). Grund für die Differenzierung soll die fehlende Beherrschbarkeit von im Ausland ansässigen Leistungsträgern sein (BTDrs 8/786, 31; 8/2343, 6, 12; 12/5354, 8; dazu sehr krit MüKo/*Tonner* Rn 9). Eine Begrenzung der Haftung für Körperschäden ist seit der die **Pauschalreise-RL** (90/314/EWG) umsetzenden Reiserechtsnovelle von 1994 ausgeschlossen. Nach **§ 651h Abs 2** kann sich der RV – auch ohne vertragliche Vereinbarung – auf internationale Übereinkommen oder darauf beruhende gesetzliche Vorschriften berufen, sofern sie die Haftung seiner Leistungsträger beschränken oder ausschließen. Der RV soll dem Reisenden ggü nicht weiter haften als der Leistungsträger ihm ggü (BTDrs 8/2343, 12). Eine Berufung auf ausländisches Recht, das nicht auf internationalen Übereinkommen basiert, ist seit der Reiserechtsnovelle von 1994 nicht mehr möglich (MüKo/*Tonner* Rn 3).

B. Vertragliche Haftungsbeschränkung, Abs 1. I. Anwendungsbereich. § 651h Abs 1 umfasst neben dem Anspruch aus § 651f auch sonstige **vertragliche Schadensersatzansprüche**, also §§ 241 Abs 2, 280 (pFV) und §§ 241 Abs 2, 311 Abs 2, 3 (cic). Auf Gewährleistungsansprüche des Reisenden aus den §§ 651c Abs 3, 651d Abs 1, 651e Abs 3, 4 ist § 651h Abs 1 demgegenüber nicht anwendbar, sie sind nicht beschränkbar (BGH NJW 1987, 1931). § 651h Abs 1 ermöglicht ferner keine Haftungsbegrenzung bei deliktischen Ansprüchen (BGH aaO; Köln NJW-RR 1992, 1185). Allerdings lag dieser Rspr noch § 651h aF zugrunde, wonach auch die Haftung für Körperschäden beschränkbar war. Entspr begründete der BGH seine Entscheidung ua damit, dass eine Erstreckung auf deliktische Ansprüche im Hinblick auf Personenschäden nicht interessengerecht sei. Jedenfalls über §§ 823 ff sollten diese in vollem Umfang ersatzfähig sein. Mit der Reiserechtsnovelle von 1994 ist die Möglichkeit einer Haftungsbegrenzung für Körperschäden entfallen, dieses Argument des BGH greift nicht mehr. Nach wie vor gilt aber, dass § 651h im Kontext vertragsrechtlicher Regelungen steht (MüKo/*Tonner* Rn 4). Hätte der Gesetzgeber eine Erstreckung auf deliktische Ansprüche gewollt, hätte er dies zum Ausdruck bringen müssen (BGH NJW 1987, 1931). Eine Begrenzung der deliktsrechtlichen Haftung ist damit aber nicht gänzlich ausgeschlossen; sie ist in den Grenzen der allg Regelungen zulässig. Für entspr Individualvereinbarungen gilt der Maßstab der §§ 138 Abs 1 u 276 Abs 3, für AGB die §§ 307, 309 Nr 7 lit. a und b (jurisPK/*Keller* Rn 7 f). 2

§ 651h Abs 1 gilt auch für **Erfüllungsgehilfen** des RV. Für deren Zuordnung zu Nr 1 bzw Nr 2 kommt es darauf an, ob es sich um (selbständige) Leistungsträger (Legaldefinition in § 651a Abs 2, s dort Rz 20), dann Nr 2, oder sonstige (unselbständige) Erfüllungsgehilfen, dann Nr 1, handelt. Zu Letzteren gehören vor allem die Mitarbeiter des RV, etwa Bürosachbearbeiter, Reiseleiter, Bergführer und Animateure (Celle RRa 2004, 156; Karlsruhe RRa 2004, 162; LG München RRa 2001, 160), aber auch Reisebüro-Agenturen des RV (jurisPK/*Keller* Rn 13). Sind Leistungsträger und RV wirtschaftlich oder organisatorisch verbunden, soll Nr 1 greifen, nicht Nr 2 (MüKo/*Tonner* Rn 10; aA Staud/*J Eckert* Rn 28 f). Dies wird durch den Reisenden, der sich darauf beruft, jedoch kaum zu beweisen sein. 3

II. Voraussetzungen. Die Haftungsbegrenzung nach Abs 1 setzt eine **vertragliche Vereinbarung** voraus. Dies kann durch Individualabrede oder AGB geschehen. **Verschuldensmaßstab**: Für den RV selbst und seine (unselbständigen) Erfüllungsgehilfen ist eine Haftungsbegrenzung für andere als Körperschäden nur möglich, wenn diesen Personenkreis an dem Schaden entweder kein Verschulden trifft oder lediglich leichte bis einfache Fahrlässigkeit (Nr 1). Für die Abgrenzung zur groben Fahrlässigkeit gelten die Maßstäbe des § 276. Die Haftung für Erfüllungsgehilfen, die Leistungsträger (insbes selbständige Beförderungs-, Hotelunternehmen) sind, ist demgegenüber auch bei Vorsatz und grober Fahrlässigkeit beschränkbar, sofern der Schaden ausschließlich durch diese verursacht wurde (Nr 2). Das ist zu verneinen, wenn den RV ein Verschulden hinsichtlich Auswahl und Überwachung seiner Leistungsträger trifft (LG Düsseldorf NJW-RR 1987, 176; MüKo/*Tonner* Rn 8). **Haftungssumme:** Die Beschränkung darf den dreifachen Reisepreis nicht unterschreiten. Andernfalls verstößt sie gegen § 651h Abs 1 und ist nach § 651m S 1 unwirksam. Das gilt erst recht für jeden gänzlichen Haftungsausschluss, selbst bei nur leichter Fahrlässigkeit (BGH NJW 1983, 1612; Erman/*Seiler* Rn 2). 4

III. Verhältnis zum AGB-Recht. Eine Klausel in ARB, die von der Beschränkungsmöglichkeit nach § 651h Abs 1 Gebrauch macht, unterliegt grds auch der Inhaltskontrolle nach §§ 307 ff (BGH NJW 1987, 1931). Da § 651h Abs 1 selbst keine gesetzliche Haftungsbeschränkung enthält, sondern eine solche durch Vereinbarung erst ermöglicht, wird er durch eine entspr Klausel iSd § 307 Abs 3 S 1 ergänzt (BGH aaO). Unproblematisch ist das bei einer den § 651h Abs 1 Nr 1 zitierenden Klausel, da diese ohnehin § 309 Nr 7 entspricht. Dagegen ermöglicht § 651h Abs 1 Nr 2 hinsichtlich Vorsatz und grober Fahrlässigkeit des Leistungsträgers eine weitergehende Haftungsbegrenzung als § 309 Nr 7b. Entspr AGB-Klauseln sind dennoch wirksam. Begründung: Als später erlassene Vorschrift geht § 651h Abs 1 Nr 2 dem § 309 Nr 7b (§ 11 Nr 7 AGBG aF) als lex specialis vor, der Wille des Gesetzgebers würde andernfalls unterlaufen (BTDrs 8/2343, 11; BTDrs 12/5354, 8; BGH aaO; 5

Staud/*J Eckert* Rn 21). Str ist, ob dennoch ein Verstoß gegen § 307 (§ 9 AGBG aF) vorliegen kann. Laut BGH ist für die Anwendung des § 307 neben § 651h kein Raum (BGH aaO); nach aA kann ein Verstoß gegen § 307 zu bejahen sein, wenn weitere Gesichtspunkte (Versicherbarkeit von Schäden, Risikobeherrschbarkeit durch den RV) für eine unangemessene Benachteiligung des Reisenden sprechen (Erman/*Seiler* Rn 6). Seit Körperschäden aus dem Anwendungsbereich von § 651h ausgenommen sind (Reiserechtsnovelle von 1994), ist diese Frage allerdings kaum mehr von Bedeutung.

6 **IV. Rechtsfolge.** Eine Vereinbarung, die gegen § 651h Abs 1 verstößt, ist nach § 651m S 1 iVm § 651h unwirksam. IdR bleibt der Reisevertrag iÜ wirksam. An die Stelle der unwirksamen tritt die gesetzliche Regelung, dh der RV haftet insoweit unbeschränkt (s § 651m Rz 4; jurisPK/*Keller* Rn 22).

7 **C. Haftungsbeschränkung und -ausschluss durch Internationale Übereinkommen, Abs 2. I. Anwendungsbereich.** Die Berufung auf Abs 2 setzt keine vertragliche Vereinbarung voraus. Sie wird dem RV **unmittelbar vom Gesetz** ermöglicht. Ebenso wie Abs 1 gilt Abs 2 nur für Schadensersatzansprüche des Reisenden, nicht für dessen sonstige Gewährleistungsansprüche (BTDrs 8/786, 31). Anders als Abs 1 erfasst Abs 2 aber sämtliche Schäden, **auch Körperschäden**. Abs 2 ermöglicht nicht nur eine Beschränkung der Haftung sondern auch den gänzlichen **Haftungsausschluss** (BTDrs 8/2343, 12). Das verstößt gegen Art 5 **Pauschalreise-RL**, wonach nur Haftungsbeschränkungen aus internationalen Übereinkommen an den Reisenden weitergegeben werden dürfen (Staud/*J Eckert* Rn 42). Der Schaden, für den eine Haftungsbeschränkung oder ein Haftungsausschluss vom RV geltend gemacht wird, muss ausschließlich vom Leistungsträger verursacht worden sein. Fällt dem RV auch ein eigenes Verschulden zur Last, etwa im Rahmen der Auswahl oder Überwachung seiner Leistungsträger (LG Frankfurt aM RRa 2002, 210), kommt eine Haftungsbeschränkung allenfalls unter den Voraussetzungen des Abs 1 in Betracht.

8 Der RV kann sich lediglich auf internationale Übereinkommen und auf diesen beruhende gesetzliche Bestimmungen berufen. Am Ort der Niederlassung des Leistungsträgers geltende (in- oder ausländische) Regelungen, die keinen Bezug zu internationalen Übereinkommen haben (in Deutschland bspw die EVO und das HPflG, die nur für den innerdeutschen Bahnverkehr gelten), sind seit der Reiserechtsnovelle von 1994 nicht mehr von Bedeutung. Relevant sind vor allem internationale Übereinkommen, die Haftungsregelungen (für Unfälle, Gepäckverlust und Verspätungen) bei grenzüberschreitender Beförderung enthalten: für den Luftverkehr das **MÜ**, das 2004 an die Stelle des WA und seines Zusatzabkommens von Guadalajara getreten ist (AG Hannover RRa 2002, 80; AG Frankfurt aM RRa 2002, 22; AG Bad Homburg RRa 2001, 129; Frankfurt aM NJW-RR 1993, 1147), das Übereinkommen über den Internationalen Eisenbahnverkehr vom 9. Mai 1980 **(COTIF)** nebst Anlage A (**CIV**) und das Athener Übereinkommen von 1974 über die Haftung bei der Beförderung von Reisenden und ihrem Gepäck auf See, umgesetzt in der Anlage zu § 664 HGB (LG Frankfurt aM RRa 2002, 210). Auch die §§ 701 bis 704 BGB, die das Übereinkommen des Europarates vom 17. Dezember 1962 über die Haftung der Gastwirte für die von ihren Gästen eingebrachten Sachen umsetzen (BGBl II 1966, 269), gehören dazu.

9 Dagegen sind **Beförderungsbedingungen** wie die IATA-Klauseln vom Anwendungsbereich des Abs 2 nicht umfasst. Das gilt unabhängig davon, ob sie behördlich genehmigt werden müssen oder nicht, da die Genehmigung nichts an ihrer privatrechtlichen Natur ändert (jurisPK/*Keller* Rn 27). Auch auf mit dem Leistungsträger getroffene vertragliche **Vereinbarungen** kann sich der RV im Rahmen des Abs 2 nicht berufen. Andernfalls könnte er seine Haftung ggü dem Reisenden nach § 651f auf diesem Weg beliebig einschränken (BTDrs 8/2343, 12; Staud/*J Eckert* Rn 40).

10 Auf § 651h Abs 2 kommt es nicht an, wenn internationale Normen schon die §§ 651c ff (s § 651c Rz 6) verdrängen (Staud/*J Eckert* Rn 43). Das ist bei einer Flugpauschalreise der Fall, weil dort der RV nach Art 1 MÜ als vertraglicher Luftfrachtführer haftet (BGH NJW 1981, 1664; AG Bad Homburg RRa 2001, 129). Ansprüche gegen ihn richten sich allein nach MÜ, nicht nach Reisevertragsrecht. Das gilt jedoch nur, soweit der Anwendungsbereich des MÜ reicht. Da darin keine den §§ 651c bis 651e entspr Rechte geregelt sind, bleiben diese dem Reisenden auch dann erhalten, wenn der Mangel die Beförderungsleistung betrifft (Celle RRa 1995, 163; LG Hannover NJW 1985, 2903; AG Hannover RRa 2002, 80; AG Frankfurt aM RRa 2002, 22; AG Baden-Baden RRa 1999, 151). Verdrängt werden jedoch Schadensersatzansprüche nach § 651f Abs 1 und Abs 2 (Frankfurt aM NJW-RR 1993, 1147; AG Hannover RRa 2002, 80; AG Frankfurt aM RRa 2002, 22; AG Ludwigsburg RRa 2000, 32; AG Baden-Baden RRa 1999, 151; bzgl § 651f Abs 2 aA *Tonner* Rn 16), soweit es sich um ein luftfahrttypisches Schadensereignis handelt (vgl § 651c Rz 6 ff). Andernfalls bleibt es bei der Haftung nach § 651f.

11 **D. Prozessuales.** Da § 651h Abs 1 den RV privilegiert, muss dieser das Vorliegen einer seine Haftung beschränkenden vertraglichen Vereinbarung beweisen. Im Rahmen des § 651h Abs 1 Nr 1 muss er ferner beweisen, dass ihm selbst bzw seinen (unselbständigen) Erfüllungsgehilfen weder Vorsatz noch grobe Fahrlässigkeit zur Last fällt, dass er also lediglich einfach fahrlässig gehandelt hat. Eine abweichende Beweislastverteilung verstößt gegen § 651m S 1 und – sofern dies in AGB geschieht – auch gegen § 309 Nr 12 (MüKo/*Tonner* Rn 24; Staud/*J Eckert* Rn 34). Beruft sich der RV auf § 651h Abs 1 Nr 2, muss er beweisen, dass es sich bei seinem Erfüllungsgehilfen um einen selbständigen Leistungsträger handelt und dieser den Schaden allein

verursacht hat (Staud/*J Eckert* Rn 36). Streitig ist, wer die Darlegungs- und Beweislast trägt für Verflechtungen zwischen RV und Leistungsträger, auf Grund derer der RV für das Verschulden seines Leistungsträgers nicht nach § 651h Abs 1 Nr 2 sondern ausnahmsweise nach Nr 1 haften soll (nach MüKo/*Tonner* Rn 25 und *Führich* Rn 504 ist der RV für die zur Beurteilung der Verflechtung erforderlichen Tatsachen beweispflichtig, nach Staud/*J Eckert* Rn 37 der Reisende). Beruft sich der RV auf § 651h Abs 2, muss er darlegen und beweisen, welche internationalen Übereinkommen oder darauf beruhende (ausländische) Vorschriften anzuwenden sind. Er muss ferner beweisen, dass den Leistungsträger allein das Verschulden trifft und dass die tatbestandlichen Voraussetzungen der (ausländischen) Norm vorliegen.

§ 651i Rücktritt vor Reisebeginn.

[1] Vor Reisebeginn kann der Reisende jederzeit vom Vertrag zurücktreten.

[2] Tritt der Reisende vom Vertrag zurück, so verliert der Reiseveranstalter den Anspruch auf den vereinbarten Reisepreis. Er kann jedoch eine angemessene Entschädigung verlangen. Die Höhe der Entschädigung bestimmt sich nach dem Reisepreis unter Abzug des Wertes der vom Reiseveranstalter ersparten Aufwendungen sowie dessen, was er durch anderweitige Verwendung der Reiseleistungen erwerben kann.

[3] Im Vertrag kann für jede Reiseart unter Berücksichtigung der gewöhnlich ersparten Aufwendungen und des durch anderweitige Verwendung der Reiseleistungen gewöhnlich möglichen Erwerbs ein Vomhundertsatz des Reisepreises als Entschädigung festgesetzt werden.

A. Allgemeines; Anwendungsbereich. **§ 651i Abs 1** ermöglicht dem Reisenden **vor Reisebeginn** ohne Angabe von Gründen zurückzutreten. Einer bestimmten Form bedarf die Rücktrittserklärung nicht. Durch den Rücktritt verliert der RV seinen Anspruch auf den Reisepreis (§ 651i Abs 2 S 1), kann jedoch eine Entschädigung verlangen (§ 651i Abs 2 S 2 u 3), die nach § 651i Abs 3 pauschaliert werden darf (Stornopauschale). 1

Das allg Rücktrittsrecht des **§ 651i** kommt nur zum Einsatz, wenn speziellere Lösungsmöglichkeiten vom Reisevertrag nicht eingreifen. **§ 651e** Abs 1 ermöglicht dem Reisenden (auch schon vor Reisebeginn) die Kündigung des Reisevertrages wegen erheblicher Mängel (vgl Komm zu § 651e). Nach **§ 651j** kann der Reisende kündigen, wenn eine erhebliche Erschwerung, Gefährdung oder Beeinträchtigung der Reise durch höhere Gewalt droht (vgl Komm zu § 651j). Nimmt der RV eine wesentliche Preiserhöhung oder Leistungsänderung vor, kann der Reisende nach **§ 651a Abs 5** kostenfrei vom Reisevertrag zurücktreten. **§ 651l Abs 4** sieht für Gastschulaufenthalte abw von § 651i ein allg Lösungsrecht vom Reisevertrag auch **nach Reisebeginn** durch Kündigung vor. Liegt entgegen der Auffassung des Reisenden ein Kündigungsgrund nach §§ 651e oder 651j oder eine wesentliche Preis- oder Leistungsänderung nach § 651a Abs 5 nicht vor, wird seine (Kündigungs-) Erklärung von den Gerichten häufig als Rücktritt nach § 651i behandelt (§ 651a Abs 5: AG Bad Homburg RRa 2001, 53; § 651e: LG Nürnberg RRa 2004, 169; § 651j: LG Amberg RRa 2004, 164; LG Bonn RRa 2003, 214; LG Köln NJW-RR 2001, 1064; AG München RRa 2004, 183; AG Nürtingen RRa 2001, 95; aA LG Leipzig NJW-RR 2005, 995 – keine Umdeutung der Kündigung wegen höherer Gewalt in einen Rücktritt). Wegen der ungünstigeren Rechtsfolgen des § 651i ist zweifelhaft, ob das immer dem Willen des Reisenden entspricht (*Teichmann* JZ 2006, 499, 503). 2

Tritt der Reisende aus von ihm zu vertretenden Gründen die Reise ohne eine Erklärung nicht an, kommen nicht § 326 Abs 2 oder § 645 zur Anwendung, sondern § 651i analog (BTDrs 8/2343, 12; Staud/*J Eckert* Rn 4). Alle Rücktrittsfälle, die auf einer aus der Sphäre des Reisenden stammenden Störung **vor Reisebeginn** beruhen, sollen einheitlich nach § 651i behandelt werden (jurisPK/*Keller* Rn 2). Darauf, ob der Reisende die Reise nur nicht antreten will oder aber nicht antreten kann, kommt es nicht an (MüKo/*Tonner* Rn 5). 3

§ 651i gilt nur für den **vor Reisebeginn** erklärten Rücktritt. Die Reise hat begonnen, sobald die erste gebuchte Reiseleistung zumindest teilw in Anspruch genommen wurde (Dresden NJW-RR 2001, 1610). Bei einer Flugreise ist dies nicht erst mit dem Betreten des Flugzeuges, sondern schon mit dem Einchecken der Fall (Dresden aaO; LG München RRa 2001, 183; AG München RRa 2005, 87; AG München RRa 2001, 213: Zusammenbruch zu Beginn des Eincheckvorgangs; LG Chemnitz RRa 2001, 168). **Nach Reisebeginn** kann der Reisende lediglich kündigen. Eine analoge Anwendung des § 651i ist demgegenüber nicht sachgerecht (jurisPK/*Keller* Rn 6). Liegt ein Kündigungsgrund nach § 651e oder § 651j nicht vor, behält der RV den Anspruch auf den gesamten Reisepreis, muss sich infolge der Kündigung ersparte Aufwendungen jedoch anrechnen lassen. Diese Rechtsfolge wird entweder abgeleitet aus § 649 analog (BGHZ 60, 14; LG Frankfurt aM NJW 1991, 498; AG Bad Homburg RRa 1999, 9; MüKo/*Tonner* § 651i Rn 6; Erman/*Seiler* Rn 3; jurisPK/*Keller* Rn 6; *Führich* Rn 515) oder aus § 326 Abs 2 (Staud/*J Eckert* Rn 12). 4

Verletzt der Reisende Mitwirkungs- oder Nebenpflichten, kann der RV uU nach § 314 kündigen. Mangels eigener Regelung über die Lösung des RV vom Reisevertrag richten sich die Rechtsfolgen nach § 651i Abs 2, 3 analog (Staud/*J Eckert* Rn 6). Die fehlende Normierung von Rücktrittsrechten des RV verstößt allerdings gegen Art 4 Abs 6 **Pauschalreise-RL**, der die Gründe für einen Rücktritt des RV abschließend aufzählt. Im Rahmen der Inhaltskontrolle von ARB ist deshalb zu beachten, dass sachliche Gründe iSv § 308 Nr 3 nur die in Art 4 Abs 6 Pauschalreise-RL genannten Rücktrittsgründe sein können (MüKo/*Tonner* Rn 8). 5

6 **B. Rücktrittsvoraussetzungen, Abs 1.** Der Reisende muss eine Rücktrittserklärung abgeben, die keiner Begründung bedarf. Auch den Begriff »Rücktritt« muss er nicht verwenden; es genügt, wenn deutlich wird, dass er sich vom Vertrag lösen will. Die Erklärung ist formfrei, sie kann auch mündlich erfolgen. Das Rücktrittsrecht kann auch konkludent ausgeübt werden, insbes dadurch, dass der Reisende die Reise einfach nicht antritt (sog »no show«; jurisPK/*Keller* Rn 8; BTDrs 8/2343). Das gilt selbst dann, wenn er gar nicht zurücktreten will, sondern sich nur verspätet, da sich dies vom Empfängerhorizont des RV als Rücktritt darstellt (jurisPK/*Keller* Rn 8). Diese Rechtsfolge kann der Reisende nur vermeiden, indem er rechtzeitig (zB telefonisch) mitteilt, dass er trotz Verspätung an der Reise teilnehmen will (Staud/*J Eckert* Rn 17). Die Rücktrittserklärung wird mit Zugang beim RV oder einer empfangszuständigen Person wirksam. Für die Empfangszuständigkeit gelten die zu § 651g entwickelten Grundsätze (§ 651g Rz 8 f): Ist das Reisebüro, bei dem die Reise gebucht wurde, vom RV als Empfangsvertreter (§ 91 Abs 2 S 1 HGB) bevollmächtigt, wird der Rücktritt mit Zugang bei diesem wirksam. Andernfalls fungiert das Reisebüro als Bote. Dann trägt der Reisende das Übermittlungsrisiko und die Beweislast für den Zugang beim RV.

7 Eine **Klausel in ARB**, welche die Wirksamkeit des Rücktritts an die Einhaltung einer bestimmten Form knüpft, ist wegen Verstoßes gegen § 651m S 1 unwirksam. Wird die Einhaltung der Schriftform dagegen zu Beweiszwecken nur empfohlen, ist dies wirksam. Ebenfalls wirksam ist eine Klausel, die den kommentarlosen Nichtantritt der Reise als Rücktritt wertet. Unzulässig sind Klauseln, wonach ein **Umbuchungswunsch** des Reisenden als Rücktritt vom ursprünglichen Reisevertrag verbunden mit dem Abschluss eines neuen Vertrages behandelt wird. Denn die Umbuchung stellt keinen Rücktritt iSd § 651i dar, sondern einen Antrag auf Änderung des bestehenden Vertrages. Die Klausel verstößt deshalb gegen § 308 Nr 5 BGB (§ 10 Nr 5 AGBG aF; vgl BGH NJW 1992, 3158). Keinen Verstoß stellt es aber dar, wenn ARB für Umbuchungen die Einhaltung einer bestimmten Frist und die Erhebung eines angemessenen (§§ 308 Nr 7b, 309 Nr 5b) Entgelts vorsehen und dem Reisenden nach Ablauf der Frist nur noch die Möglichkeit zum Rücktritt vom Vertrag verbunden mit einer Neuanmeldung einräumen, sofern die Umbuchung nicht lediglich geringe Kosten verursacht (so Nr 6.2. der DRV-Konditionenempfehlung 2006; AG Hamburg RRa 2002, 265: bloße Verschiebung der Reise rechtfertigt nicht die volle Stornogebühr). Denn dem RV steht es grds frei, das in der Umbuchung liegende Angebot einer Vertragsänderung anzunehmen oder abzulehnen (Staud/*J Eckert* Rn 18). Bei rechtzeitiger Umbuchung kann der RV nur das Umbuchungsentgelt und keine Stornopauschale verlangen (jurisPK/*Keller* Rn 11).

8 **C. Rechtsfolgen. I. Verlust des Vergütungsanspruchs und angemessene Entschädigung.** Der RV verliert den Anspruch auf den Reisepreis (§ 651i Abs 2 S 1). Hat der Reisende bereits gezahlt, kann er entspr §§ 346 ff Rückzahlung verlangen (Erman/*Seiler* § 651i Rn 4). Dagegen kann der RV (teilw) mit seinem Anspruch auf eine angemessene Entschädigung (§ 651i Abs 2 S 2) aufrechnen. Die Rechtsnatur des Entschädigungsanspruches – Ausgleichsanspruch oder Schadensersatzanspruch eigener Art – ist umstr. Darauf kommt es für die Beantwortung der Frage, ob Stornoklauseln auch an § 309 Nr 5b zu messen sind, an. Die ganz hM geht von einem Schadensersatzanspruch eigener Art aus und bejaht dies (BGH NJW 1992, 3163; Frankfurt aM NJW 1982, 2198; Hamburg NJW 1981, 2420; LG Frankfurt aM VuR 1988, 148; LG Hannover NJW-RR 1987, 1079; LG Braunschweig NJW-RR 1986, 144; MüKo/*Tonner* Rn 10; aA Staud/*J Eckert* Rn 25 f).

9 **II. Höhe der Entschädigung.** Die Entschädigung wird entweder konkret berechnet (Abs 2 S 3) oder pauschaliert (Abs 3). Eine Klausel in ARB, in der sich der RV ein Wahlrecht zwischen konkreter Berechnung und Pauschalierung offen hält, soll wirksam sein (BGH NJW-RR 1990, 114; München NJW-RR 1987, 493; aA zutr LG Frankfurt aM NJW-RR 1988, 638; MüKo/*Tonner* Rn 11). Die nach Abs 2 S 3 konkret zu berechnende Entschädigung umfasst den Reisepreis abzüglich ersparter Aufwendungen und dessen, was der RV aus anderweitiger Verwendung von Reiseleistungen erzielen kann. Anzurechnen ist der objektiv noch mögliche anderweitige Erwerb (BTDrs 8/2343, 12; Staud/*J Eckert* § 651i Rn 32; Nürnberg NJW 1999, 3128). Nur wenn der RV einen Ersatzreisenden findet und die Reise im Ergebnis völlig ausgebucht ist, ist die Reiseleistung anderweitig verwendet (Erman/*Seiler* Rn 4; MüKo/*Tonner* Rn 13). Der RV kann dann lediglich seine Unkosten für die fehlgeschlagene Buchung verlangen (Staud/*J Eckert* Rn 33). Aber auch die anderweitige Vergabe einzelner Leistungen (zB Hotelzimmer oder Sitzplatz im Flugzeug) ist anzurechnen (jurisPK/*Keller* Rn 14). Aufwendungen werden erspart, wenn und soweit der RV von seinen Leistungsträgern für gebuchte, aber nicht in Anspruch genommene Leistungen (Beförderung, Unterkunft, Verpflegung) Gutschriften erhält (MüKo/*Tonner* Rn 12). Tritt der Reisende erst kurz vor Reisebeginn zurück, kann die Entschädigung bis zu 100 % des Reisepreises ausmachen, wenn es dem RV nicht gelingt umzudisponieren (jurisPK/*Keller* Rn 14).

10 Überwiegend machen RV von der in Abs 3 eingeräumten Möglichkeit einer Pauschalierung der Entschädigung im Vertrag durch sog **Stornopauschalen** Gebrauch. Sie sind in einem Prozentsatz vom Reisepreis anzugeben und müssen, sofern sie in ARB enthalten sind, wirksam in den Vertrag einbezogen werden. Folgende Kriterien sind bei der Festlegung zu berücksichtigen: Reiseart, gewöhnlich ersparte Aufwendungen, gewöhnliche anderweitige Verwertung, Zeitpunkt des Rücktritts. Auch der Zeitpunkt der Reise und der Buchung (Neben- oder Hauptsaison, vgl BGHZ 60, 14) soll eine Rolle spielen (jurisPK/*Keller* Rn 15). Darauf, ob dem RV im Einzelfall tatsächlich Kosten in Höhe der Pauschale entstanden sind, kommt es nicht an. Die DRV-

Konditionenempfehlung 2006 differenziert unter Nr 5.3. nach Beförderungsarten (Linien-, Charterflug, Bahn, Bus, Schiff), gibt für die prozentuale Staffelung aus kartellrechtlichen Gründen jedoch keine Empfehlung (MüKo/*Tonner* Rn 15). Der Entwurf der Bundesregierung sah folgende Pauschalen vor: 20 % bei Rücktritt nach dem 22. und bis zum 15. Tag vor Reisebeginn, 35 % bei Rücktritt nach dem 15. Tag (BTDrs 8/786, 5; Erman/*Seiler* Rn 6).

Die Bandbreite der Urteile über die Zulässigkeit von Pauschalen ist groß und bietet wenig Orientierung. Eine Pauschale iHv 100 % wurde von den Gerichten bisher – mit einer Ausnahme (AG Heilbad Heiligenstadt RRa 2008, 232: idR 100 % bei einem Platz in Doppel- oder Mehrbettkabine) – nicht für angemessen gehalten (BGH NJW 1985, 633: ab vier Wochen vor Reisebeginn; Celle RRa 1995, 52: 2 Tage vor Reisebeginn; Nürnberg NJW 1999, 3128 u AG Hamburg-Altona RRa 2001, 12: am Tag des Reiseantritts), iHv 50 % bei kurzfristigem Rücktritt dagegen häufig (LG Bonn RRa 2003, 214: 9 Tage vor Reisebeginn; Frankfurt aM NJW 1982, 2198; Nürnberg NJW 1999, 3128; LG Düsseldorf VuR 1991, 111). Teilw werden auch darüber liegende Pauschalen akzeptiert (LG Köln NJW-RR 2001, 1064: 90 % innerhalb von zwei Wochen vor Reisebeginn; AG Hechingen RRa 2002, 93: 80 % ab 34. Tag vor Reisebeginn bei größerem Ferienhaus; LG Nürnberg-Fürth RRa 2000, 168: 95 % einen Tag vor Reisebeginn; AG Stuttgart FVE ZivR Nr 560 (1985): 80 % einen Tag vor Reisebeginn). Der BGH hat eine Pauschale iHv 80 % 30 Tage vor Reisebeginn allerdings abgelehnt (NJW 1990, 114). 11

Verstößt die Stornopauschale gegen § 651i Abs 3, etwa weil die angenommenen Durchschnittswerte zu hoch angesetzt oder Differenzierungskriterien außer Acht gelassen wurden, ist sie nach § 651m S 1 unwirksam. In diesem Fall schätzen einige Gerichte die Höhe der Entschädigung nach § 287 ZPO (Celle RRa 1995, 52), zT orientieren sie sich dabei an branchenüblichen Stornopauschalen (LG Frankfurt aM NJW-RR 1988, 638). Nach aA muss der RV bei Unwirksamkeit der Stornopauschale eine konkrete Berechnung seiner Entschädigung nach Abs 2 S 3 vornehmen; tut er dies nicht, darf sein Schaden nicht unter Zugrundelegung branchenüblicher Stornopauschalen nach § 287 ZPO geschätzt werden (LG Düsseldorf NJW 2003, 3062; AG Bad Homburg RRa 2003, 119). 12

Stornopauschalen sind nicht nur am Maßstab des § 651i Abs 3 zu messen, sondern unterliegen auch der Inhaltskontrolle nach §§ 308 Nr 7b, 309 Nr 5a u b (BGH NJW 1985, 633; NJW-RR 1990, 114; NJW 1992, 3163; LG Frankfurt aM NJW-RR 1988, 638; AG Hamburg RRa 2002, 265; MüKo/*Tonner* Rn 20; aA Staud/*J Eckert* Rn 49 ff; differenzierend Erman/*Seiler* Rn 8). Insbes muss der Reisende die Möglichkeit zum Gegenbeweis haben, dass dem Veranstalter im konkreten Fall ein wesentlich geringerer Schaden entstanden ist. § 309 Nr 5b enthält ggü § 11 Nr 5b AGBG aF eine Verschärfung: Der Hinweis auf das Recht zum Gegenbeweis muss nunmehr ausdrücklich erfolgen. Ist die Stornoklausel nach AGB-Recht unwirksam, erfolgt keine geltungserhaltende Reduktion. Vielmehr kommt § 651i Abs 2 S 3 zur Anwendung (AG Staufen RRa 1997, 196; LG Braunschweig NJW-RR 1986, 145). 13

III. Reiserücktrittskostenversicherung. Eine Reiserücktrittskostenversicherung deckt unter bestimmten Voraussetzungen die dem Reisenden durch einen Rücktritt nach § 651i Abs 2, 3 entstehenden Kosten. Die Reiserücktrittskostenversicherung greift idR nur ein bei Rücktritt (dh vor Reisebeginn, s.o. Rz 4). Ein Abbruch der Reise (dh nach Reiseantritt) ist ggf durch eine Reiseabbruchversicherung abzusichern (jurisPK/*Keller* Rn 18). Abgedeckt sind insbes die folgenden Rücktrittsgründe: Tod, schwere Unfallverletzung, unerwartete schwere Erkrankung, Impfunverträglichkeit, unerwartete betriebsbedingte Kündigung des Arbeitsplatzes, unerwartete Aufnahme eines Arbeitsverhältnisses, Schwangerschaft (*Führich* Rn 810 ff). Sie können den Versicherten (Reisenden) selbst oder einen nahen Angehörigen betreffen. 14

Relevanz hat vor allem der Rücktrittsgrund der **unerwarteten schweren Erkrankung** erlangt. Eine Erkrankung ist schwer, wenn wegen des Ausmaßes ihrer Symptome ein Reiseantritt objektiv unzumutbar ist (LG München NJW-RR 2001, 529; AG Melsungen RRa 2004, 92). Unerwartet ist sie nur dann, wenn sie bei Abschluss der Versicherung nicht vorhersehbar war (jurisPK/*Keller* Rn 20), dh erst danach zutage getreten ist (AG Prüm RRa 2004, 141). Das ist nicht der Fall, wenn sie bei Abschluss der Versicherung bereits angelegt war und vom Reisenden hätte erkannt werden können (LG Hamburg RRa 2003, 88: akuter Schub bei bestehender Erkrankung; AG Dresden RRa 2002, 88: Rückfall eines abstinenten Alkoholkranken; AG Sinsheim NJW-RR 2000, 939: Impfunverträglichkeit wegen vorangegangener Erkrankung; AG München RRa 1997, 188: Impfunverträglichkeit wegen bekannter Schwangerschaft). Für die Vorhersehbarkeit reicht es aus, wenn nach der allg Lebenserfahrung nicht verlässlich mit einer planmäßigen Durchführung der Reise gerechnet werden kann (AG München RRa 2004, 139). Auf Aussagen seines Arztes soll sich der Reisende jedoch verlassen können (Köln VersR 1991, 661; AG Lichtenberg RRa 2005, 86). Nicht bei jedem chronischen Leiden ist eine Verschlechterung vorhersehbar (AG Lichtenberg aaO). Unerwartet ist eine Erkrankung deshalb auch dann, wenn sie zwar auf einer langjährigen Krankheit beruht, diese aber bislang die Reisefähigkeit nicht beeinträchtigt hat (LG Hamburg RRa 2003, 43). Als Krankheit abgelehnt wurden von den Gerichten psychische Reaktionen auf die Anschläge vom 11.09.2001, die sich als Angst vor weiteren Anschlägen oder als Flugangst manifestierten (MüKo/*Tonner* Rn 23; AGe Bottrop, Dresden, Euskirchen, München, Nordhorn, Uelzen RRa 2003, 92 f jeweils Leitsätze; LG Aachen RRa 2003, 42; AG Melsungen RRa 2004, 92; AG Hamburg-Blankenese NJW-RR 2004, 757). 15

16 Storniert der Versicherte die Reise nicht unverzüglich nach Eintritt eines Rücktrittsgrundes, stellt das eine Obliegenheitsverletzung dar. Geschieht dies vorsätzlich oder grob fahrlässig, etwa weil der Reisende hofft, nach Besserung seines Gesundheitszustandes die Reise doch noch antreten zu können, wird der Versicherer von seiner Leistungspflicht frei (LG München RRa 2003, 137; AG Hamburg RRa 2002, 89; jurisPK/*Keller* Rn 28). Nach § 6 Abs 2 Nr 9 BGB-InfoV muss der RV den Reisenden im Reisevertrag auf die Möglichkeit zum Abschluss einer Reiserücktrittskostenversicherung hinweisen. Unterlässt er den Hinweis und tritt der Reisende aus einem Grund von der Reise zurück, den die Versicherung üblicherweise gedeckt hätte, kann der RV eine Entschädigung nach § 651i Abs 2 oder 3 nicht verlangen (MüKo/*Tonner* Rn 25). Darüber hinausgehende Schäden sind nach §§ 241 Abs 2, 280 (pFV) zu ersetzen (Staud/*J Eckert* Rn 62).

17 **D. Prozessuales.** Der Reisende trägt die Beweislast für die Stornierung, ihren Zeitpunkt und Zugang (jurisPK/*Keller* Rn 30; Staud/*J Eckert* Rn 71). Der RV trägt die Darlegungs- und Beweislast für die Voraussetzungen der Entschädigung, auch dass er keine höheren Aufwendungen erspart hat und keine anderweitige Verwendung möglich war (BGH NJW-RR 1990, 114; MüKo/*Tonner* Rn 29). Bei konkreter Berechnung der Entschädigung nach Abs 2 S 3 muss der RV die einzelnen Posten darlegen und beweisen und darf nicht auf Stornopauschalen zurückgreifen (LG Düsseldorf NJW 2003, 3062; AG Bad Homburg RRa 2003, 119). Seine ergebnislosen Bemühungen, die Reise oder einzelne Leistungen anderweitig zu verkaufen, muss er darlegen und beweisen (*Führich* Rn 529). Bei pauschalierter Entschädigung nach Abs 3 muss der RV seine Berechnungsweise darlegen und beweisen (Staud/*J Eckert* Rn 75). Der Reisende kann deren Angemessenheit bestreiten, muss dann aber substantiiert vortragen, dass die Höhe der Pauschale nicht dem gewöhnlichen Lauf der Dinge entspricht (Staud/*J Eckert* Rn 46). Der RV muss sämtliche für die Kalkulation nach Abs 3 maßgeblichen Kriterien beweisen (BTDrs 8/2343, 12; BGH NJW-RR 1990, 114). Behauptet der Reisende unter Berufung auf § 309 Nr 5b, dass der dem RV entstandene Schaden geringer war als die Pauschale nach Abs 3, muss er dies beweisen (MüKo/*Tonner* Rn 29).

§ 651j Kündigung wegen höherer Gewalt.

[1] Wird die Reise infolge bei Vertragsschluss nicht voraussehbarer höherer Gewalt erheblich erschwert, gefährdet oder beeinträchtigt, so können sowohl der Reiseveranstalter als auch der Reisende den Vertrag allein nach Maßgabe dieser Vorschrift kündigen.

[2] Wird der Vertrag nach Absatz 1 gekündigt, so finden die Vorschriften des § 651e Absatz 3 Satz 1 und 2, Absatz 4 Satz 1 Anwendung. Die Mehrkosten für die Rückbeförderung sind von den Parteien je zur Hälfte zu tragen. Im Übrigen fallen die Mehrkosten dem Reisenden zur Last.

1 **A. Allgemeines; Anwendungsbereich.** § 651j Abs 1 gewährt sowohl dem Reisenden als auch dem RV ein **unabdingbares Kündigungsrecht** (§ 651m), das vor und nach Antritt der Reise ausgeübt werden kann. Voraussetzung ist eine erhebliche Erschwerung, Gefährdung oder Beeinträchtigung der Reise durch bei Vertragsschluss nicht vorhersehbare höhere Gewalt. Ist dies zu bejahen, kann **allein** nach § 651j gekündigt werden. **§ 651e** ist daneben nicht anwendbar, selbst dann nicht, wenn die höhere Gewalt Reisemängel zur Folge hat (MüKo/*Tonner* Rn 22). Die Rechtsfolgen des § 651j sind für den Reisenden ungünstiger als die des § 651e. Zwar verliert der RV seinen Anspruch auf den Reisepreis. Für bereits erbrachte Leistungen muss der Reisende aber selbst dann eine Entschädigung zahlen, wenn diese für ihn ohne Interesse sind (arg kein Verweis auf § 651e Abs 3 S 3). Die Mehrkosten für die Rückbeförderung muss er zur Hälfte, alle übrigen Mehrkosten allein tragen (§ 651j Abs 2 S 2 u 3).

2 Für den Reisenden ist § 651j **lex specialis** zu § 651i, der keinen Rücktrittsgrund erfordert (jurisPK/*Keller* Rn 3; Staud/*J Eckert* Rn 6). Da § 651i ungünstigere Rechtsfolgen (Entschädigungszahlung) hat als § 651j, ist zweifelhaft, ob die von vielen Gerichten vorgenommene Umdeutung einer unwirksamen Kündigung nach § 651j in einen Rücktritt nach § 651i dem Willen des Reisenden überhaupt entspricht (s § 651i Rz 2). Andererseits gilt für eine Vertragsbeendigung des Reisenden ohne Angabe von Gründen das Prinzip der **Meistbegünstigung**, dh anzuwenden ist der für den Reisenden günstigste Beendigungstatbestand. Schließlich geht nach **§ 651l Abs 4 S 5** bei Vorliegen höherer Gewalt § 651j der Kündigung eines Gastschulaufenthaltes nach § 651l vor.

3 Kündigt eine Vertragspartei nach § 651j, berechtigen bis dahin aufgetretene, auf höherer Gewalt beruhende **Reisemängel** nicht zur Minderung nach **§ 651d** (Staud/*J Eckert* Rn 9). Dagegen bleibt § 651d anwendbar, wenn der Reisevertrag trotz Beeinträchtigung durch höhere Gewalt von keiner Partei gekündigt wird (LG Frankfurt aM RRa 2007, 18; LG Kleve RRa 2000, 99; AG Bad Homburg RRa 2000, 24; AG Hamburg RRa 2000, 187; *Führich* Rn 535; **aA** AG Kleve RRa 2000, 7; LG Hamburg RRa 1997, 114; AG Königstein RRa 1996, 147). Ein **Schadensersatzanspruch** nach § 651f bzw §§ 241 Abs 2, 280 (pFV) wird regelm am fehlenden Verschulden des RV im Fall von höherer Gewalt scheitern. Etwas anderes gilt nur dann, wenn neben höherer Gewalt noch ein weiterer Umstand zur Beeinträchtigung der Reise führt (jurisPK/*Keller* Rn 5) oder wenn der RV die höhere Gewalt zwar nicht bei Vertragsschluss, wohl aber bei Reiseantritt kennt und es unterlässt, den Reisenden hierüber zu informieren, so dass dieser das ihm zustehende Kündigungsrecht nicht ausübt und dadurch Schaden erleidet (BGH NJW 2002, 3700; im Anschluss daran Frankfurt aM NJW-RR 2003, 1139 u

AG Neuwied RRa 2006, 169; Celle NJW 2005, 3647; Köln NJW-RR 1992, 1014). Den RV trifft ggü dem Reisenden eine Erkundigungspflicht (Informationsbeschaffung) und eine Hinweispflicht (Informationsweitergabe) (BGH aaO). Dadurch soll dem Reisenden zum einen ermöglicht werden, möglichst frühzeitig von seinem Kündigungsrecht Gebrauch zu machen, um nicht unnötig an sein Urlaubsziel und sogleich wieder zurückreisen zu müssen (jurisPK/*Keller* Rn 7). Zum anderen soll der Reisende in Kenntnis der Sachlage verantwortlich entscheiden können, ob er sich der Gefährdung oder Beeinträchtigung aussetzen oder lieber kündigen möchte (*Tonner* NJW 2003, 2783). Die Hinweispflicht des RV ist auf konkrete Gefahrenlagen begrenzt (LG Hannover RRa 2004, 261: keine Hinweispflicht bei allg politischer Instabilität).

Wird die Reise infolge höherer Gewalt nicht nur erheblich erschwert, gefährdet oder beeinträchtigt, sondern gänzlich **unmöglich**, ist nicht § 326 anwendbar, sondern ebenfalls § 651j (Frankfurt aM NJW-RR 2005, 282; Staud/*J Eckert* Rn 10). Das gilt jedoch nur dann, wenn das Kündigungsrecht wegen höherer Gewalt von einer Vertragspartei auch ausgeübt wurde (Erman/*Seiler* Rn 9). Da § 651j nach hM einen Sonderfall des Wegfalls der Geschäftsgrundlage darstellt (BTDrs 8/786, 21; BTDrs 8/2343, 12; BGHZ 109, 224; jurisPK/*Keller* Rn 2; *Führich* Rn 530), wird § 313 im Anwendungsbereich des § 651j verdrängt (Staud/*J Eckert* Rn 13; MüKo/*Tonner* Rn 6). 4

B. Voraussetzungen, Abs 1. I. Höhere Gewalt. Der Begriff ist nicht legaldefiniert; auch die Pauschalreise-RL verwendet ihn nicht. Die Rspr bezeichnet als höhere Gewalt ein von außen kommendes, keinen betrieblichen Zusammenhang aufweisendes, auch durch die äußerste vernünftigerweise zu erwartende Sorgfalt nicht abwendbares Ereignis (BGH NJW 1987, 1938). Insbes bei **Naturkatastrophen, Kriegen, inneren Unruhen, Terrordrohungen und Epidemien** (BTDrs 8/786, 21; jurisPK/*Keller* Rn 9), aber auch bei unvorhersehbaren behördlichen Anordnungen wird sie bejaht (Frankfurt aM NJW-RR 2005, 282: Visumpflicht). Konkrete Beispiele sind Wirbelstürme (BGH NJW 2002, 3700; Frankfurt aM NJW-RR 2003, 1139), eine Algenpest (LG Frankfurt aM NJW-RR 1990, 761), der Reaktorunfall in Tschernobyl (BGH NJW 1990, 572), eine Choleraepidemie in Peru (AG Bad Homburg VuR 1992, 313), SARS in China (AG Augsburg RRa 2005, 84), die Terroranschläge vom 11.09.2001 (LG Frankfurt aM NJW 2003, 2618; LG Bonn RRa 2003, 214; AG Hannover RRa 2002, 226). Verneint wurde höhere Gewalt im Falle eines vorangegangenen Erdbebens (LG Köln NJW-RR 2001, 1064; AG Nürtingen RRa 2001, 95), für eine Mittelmeer-Kreuzfahrt mit Landgängen in Italien nach Ausbruch des Irak-Krieges (AG München NJW-RR 2004, 1355), die Gefahr einer Chikungunya-Erkrankung bei einem tropischen Reiseziel (LG München RRa 2008, 269) sowie Schwierigkeiten bei der Beschaffung von Eintrittskarten durch den RV (BGH NJW 2002, 2238). 5

Vereinzelte terroristische Anschläge, die keine flächendeckenden bürgerkriegsähnlichen Unruhen darstellen, begründen keine höhere Gewalt (LG Düsseldorf RRa 2008, 117; LG Amberg NJW-RR 2004, 1140; AG Leverkusen NJW-RR 1997, 1204; AG Bad Homburg NJW-RR 1994, 635; AG Ludwigsburg NJW-RR 1994, 311; AG Berlin-Charlottenburg NJW-RR 1994, 312). Sie gehören zum allg Lebensrisiko. Werden Anschläge dagegen systematisch und zielgerichtet auf Touristen verübt, ist höhere Gewalt zu bejahen (AG Bielefeld NJW-RR 2004, 703; PWW/*Deppenkemper* Rn 7). Insgesamt fehlt es an einer klaren Linie und damit an Rechtssicherheit in dieser Frage (dazu *Brüning* RRa 2008, 106). Bei **Streiks** ist zu differenzieren. In Bereichen, für die der RV vertraglich nicht einstehen muss, ist Streik, soweit er nicht vorhersehbar war, als höhere Gewalt anzusehen (LG Hannover NJW-RR 1989, 820: Fluglotsen und Zollbedienstete). Streik von eigenem Personal oder Leistungsträgern gehört dagegen zur Sphäre des RV und begründet keine höhere Gewalt (LG Frankfurt aM NJW-RR 1987, 823; MüKo/*Tonner* Rn 8). Der Reisende kann dann nicht nach § 651j kündigen, sondern nur unter den Voraussetzungen des § 651e. 6

II. Nicht vorhersehbar. War das von außen kommende Ereignis bzw die Gefährdungslage bei Vertragsschluss bereits bekannt oder zumindest vorhersehbar, ist eine Kündigung nach § 651j ausgeschlossen (BGH NJW 2002, 3700). Das gilt für beide Parteien gleichermaßen (*Tonner* NJW 2003, 2783). Es gilt ein subjektiver Maßstab, dh es kommt entscheidend auf die Erkenntnismöglichkeiten der Parteien zum Zeitpunkt des Vertragsschlusses an (MüKo/*Tonner* Rn 10). Allerdings begründen auch Ereignisse, die zu diesem Zeitpunkt bloß fahrlässig nicht erkannt wurden, keine höhere Gewalt (LG München RRa 2008, 269; Erman/*Seiler* Rn 3). Unvorhersehbarkeit wird insbes verneint bei lang anhaltenden politischen Krisen, mit deren Beendigung in absehbarer Zeit nicht gerechnet werden kann (Düsseldorf RRa 2004, 104; NJW-RR 1990, 573; LG Frankfurt aM NJW-RR 1991, 314). Auch jährlich zu einer bestimmten Zeit wiederkehrende Naturereignisse sind nicht unvorhersehbar (Staud/*J Eckert* Rn 20). Die Vorhersehbarkeit ein- und desselben Ereignisses kann für den RV zu bejahen, für den Reisenden aber zu verneinen sein (LG Frankfurt aM NJW-RR 2005, 282). RV sollten deshalb Informationen, über die sie bei der Buchung verfügen, stets an die Reisenden weitergeben, um späteren Kündigungen nach § 651j vorzubeugen (MüKo/*Tonner* Rn 10). 7

III. Erhebliche Erschwerung, Gefährdung, Beeinträchtigung der Reise. Durch die höhere Gewalt muss die Reise (sofern sie nicht gänzlich vereitelt wird, s Rz 4) erheblich erschwert, gefährdet oder beeinträchtigt werden. Ob eine Differenzierung zwischen diesen Begriffen notwendig oder überhaupt möglich ist, ist in der Lit umstr (dafür MüKo/*Tonner* Rn 12; dagegen Staud/*J Eckert* Rn 24 mN). Jedenfalls muss infolge der höheren Gewalt der Nutzen der Reise insg in Frage stehen (Palandt/*Sprau* Rn 2). Für das Merkmal der erheblichen Beeinträchtigung 8 lässt sich auf § 651e zurückgreifen (s § 651e Rz 2 ff). Eine erhebliche Erschwerung, die nicht zugleich eine Beeinträchtigung ist, lässt sich kaum vorstellen. Die Gerichte beschäftigt deshalb seit jeher vor allem die Frage, wann eine Reise **erheblich gefährdet** ist. Das ist zu bejahen, wenn das gesteigerte Risiko einer künftigen Beeinträchtigung der Reise besteht, ohne dass die Realisierung des Risikos feststeht (*Teichmann* JZ 2006, 499). Erforderlich ist eine Prognoseentscheidung zum Zeitpunkt der Kündigung (LG Amberg NJW-RR 2004, 164; LG Bonn RRa 2003, 214; AG Worms NJW-RR 2001, 348). Stellt sich die Prognose im Nachhinein als unzutr heraus, ändert dies nichts an der Berechtigung der Kündigung nach § 651j (LG Leipzig NJW-RR 2005, 995; LG Frankfurt aM NJW-RR 1991, 1205). Für die Beurteilung maßgeblich ist die objektive Lage zum Zeitpunkt der Kündigung (AG Neuwied RRa 2006, 169 im Anschluss an BGH NJW 2002, 3700; LG Bonn RRa 2003, 214: Sicht eines normalen Durchschnittsreisenden), auf subjektive Befürchtungen des Reisenden kommt es nicht an. Warnhinweise des Auswärtigen Amtes oder der WHO sind ein wichtiges Indiz, aber keine Voraussetzung (AG Augsburg RRa 2005, 84; LG Bonn aaO; PWW/*Deppenkemper* Rn 4).

9 In einer jüngeren Entscheidung hat der BGH die Voraussetzungen für die Annahme einer Gefährdung präzisiert (NJW 2002, 3700). Danach genügt es, wenn zum Zeitpunkt der Kündigung eine **erhebliche Wahrscheinlichkeit** (1:4) für das Eintreffen eines Wirbelsturms im Zielgebiet der Reise besteht, überwiegende Wahrscheinlichkeit ist nicht erforderlich. Für diese Beurteilung von Bedeutung war insbes, dass im Falle einer zutr Prognose erhebliche Gefahren für Leib und Leben der Reisenden bestanden hätten (BGH aaO). Bei bereits eingetretenen Naturkatastrophen muss noch zum Zeitpunkt des Reiseantritts eine konkrete Gefahr für die Durchführbarkeit der geplanten Reise bestehen (AG Dachau RRa 2006, 78).

10 Eine Gefährdung der Reise durch Terroranschläge ist zu bejahen, wenn der Reisende am Urlaubsort mit der ernsthaften Möglichkeit rechnen muss, Opfer gezielter terroristischer Anschläge zu werden (*Teichmann* JZ 2006, 499). Das ist der Fall, wenn gerade touristische Anziehungspunkte im Fokus möglicher Anschläge stehen (bejaht von AG Bielefeld NJW-RR 2004, 703 für Anschlagsserie in Istanbul; von AG Worms NJW-RR 2001, 348 für Türkeireise nach Drohung von Anschlägen durch die PKK; verneint von LG Amberg NJW-RR 2004, 1140 für die Anschläge auf Bali; von AG Bad Homburg RRa 2001, 226 für einzelne Anschläge der ETA in Spanien). Nach den Anschlägen vom 11.09.2001 wurde eine Gefährdung bejaht im Hinblick auf eine 10 Wochen später stattfindende Reise nach New York (LG Frankfurt aM NJW 2003, 2618), jedoch verneint im Hinblick auf eine 14 Tage später stattfindende Reise in die Karibik (LG Bonn RRa 2003, 214).

11 **IV. Kündigungserklärung.** Die Kündigungserklärung ist eine empfangsbedürftige Willenserklärung, die weder einer bestimmten Form noch einer Begründung bedarf (jurisPK/*Keller* Rn 16). Sie wird mit Zugang bei der anderen Vertragspartei wirksam. Der Reisende muss sich nicht auf höhere Gewalt berufen, allerdings ist dies im Hinblick auf die bes Rechtsfolgen des § 651j zur Klarstellung zu empfehlen (Staud/*J Eckert* Rn 26). Auch eine konkludente Kündigung, etwa durch Rückforderung des Reisepreises (AG Stuttgart RRa 1999, 93), Nichtteilnahme an der Rückreise (AG Hamburg-Altona RRa 2000, 182) oder das Verlangen nach Rücktransport (LG Frankfurt aM RRa 2007, 18; AG Bad Homburg RRa 2000, 208) bzw die Aufforderung des Reisenden durch den RV die Rückreise anzutreten (LG Hamburg RRa 1997, 114), ist möglich. Für den RV ist die Ausübung des Kündigungsrechts wegen höherer Gewalt von bes Bedeutung, weil er andernfalls für sämtliche Beeinträchtigungen der Reise nach § 651d einzustehen hat (MüKo/*Tonner* Rn 19).

12 **C. Rechtsfolgen, Abs 2.** Nach § 651j Abs 2 S 1 iVm § 651e Abs 3 S 1 u 2 verliert der RV den Anspruch auf den Reisepreis, erhält dafür aber einen **Anspruch auf Entschädigung** für bereits erbrachte oder noch zu erbringende Reiseleistungen (zur Berechnung s § 651e Rz 13 f; zur Schätzung des Flugkostenanteils s LG Frankfurt aM RRa 2007, 18). Ob diese Leistungen für den Reisenden überhaupt noch von Interesse sind, ist nicht von Belang. Das ergibt sich daraus, dass § 651j Abs 2 S 1 nicht auf § 651e Abs 2 S 3 verweist. Anders als bei der Mängelhaftung nach § 651e soll das Risiko bei höherer Gewalt von beiden Parteien getragen werden (Staud/*J Eckert* Rn 30). Deshalb sind auch – abw von § 651e Abs 4 S 2 – die Mehrkosten für die Rückbeförderung von beiden Parteien je zur Hälfte und alle übrigen Mehrkosten vom Reisenden allein zu tragen. Letztere entstehen bspw durch einen infolge höherer Gewalt erzwungenen längeren Aufenthalt am Urlaubsort. Da die Entschädigung nur für bereits erbrachte oder noch zu erbringende Reiseleistungen zu zahlen ist, hat der RV hierauf keinen Anspruch, wenn die Kündigung vor Reisebeginn erfolgt (jurisPK/*Keller* Rn 17). Das Tschernobyl-Urteil (BGH NJW 1990, 572), in dem der BGH hiervon zu Lasten des Reisenden abgewichen ist (trotz Kündigung vor Reisebeginn Aufteilung von beim RV angefallenen Kosten auf beide Parteien), ist als nicht verallgemeinerungsfähiger Sonderfall anzusehen (MüKo/*Tonner* Rn 31; **aA** Palandt/*Sprau* Rn 6).

13 Bis zur Kündigung wegen höherer Gewalt aufgetretene Reisemängel sollen im Rahmen der Bemessung des Entschädigungsanspruchs des RV zu berücksichtigen sein (LG Frankfurt aM RRa 2007, 18). Nach § 651j Abs 2 S 1 iVm § 651e Abs 4 S 1 muss der RV die infolge der Vertragsbeendigung notwendigen Maßnahmen treffen, insbes für den Rücktransport des Reisenden sorgen, sofern dieser vom Reisevertrag umfasst war. Das gilt allerdings nicht, wenn wegen der höheren Gewalt gerade der Rücktransport vorübergehend nicht möglich ist (Frankfurt aM RRa 2003, 110). War die Rückbeförderung nicht Gegenstand des Reisevertrages, kann der RV nach Treu und Glauben gleichwohl zum Rücktransport des Reisenden verpflichtet sein (Staud/*J Eckert* Rn 34). In diesem Fall muss der Reisende den Transport jedoch vollständig selbst bezahlen.

Hat der Reisende den Reisepreis zum Zeitpunkt der Kündigung bereits vollständig gezahlt, hat er idR einen um den Entschädigungsanspruch des RV geminderten Rückzahlungsanspruch (LG Frankfurt aM RRa 2007, 18). Wie bei § 651e leitet sich dieser Anspruch aus einer Umgestaltung des Vertrages in ein Abwicklungsverhältnis ab (vgl MüKo/*Tonner* § 651e Rn 15; s § 651e Rz 11). 14

D. Prozessuales. Die Darlegungs- und Beweislast trifft diejenige Vertragspartei, die vom Kündigungsrecht nach Abs 1 Gebrauch macht. Sie muss auch darlegen und beweisen, dass die höhere Gewalt zum Zeitpunkt des Vertragsschlusses nicht voraussehbar war (*Führich* Rn 569). Für die Höhe des Entschädigungsanspruchs nach §§ 651j Abs 2, 651e Abs 3 S 2 iVm § 638 Abs 3 ist der RV beweispflichtig. 15

§ 651k Sicherstellung, Zahlung.

[1] Der Reiseveranstalter hat sicherzustellen, dass dem Reisenden erstattet werden, 1. der gezahlte Reisepreis, soweit Reiseleistungen infolge Zahlungsunfähigkeit oder Eröffnung des Insolvenzverfahrens über das Vermögen des Reiseveranstalters ausfallen, und 2. notwendige Aufwendungen, die dem Reisenden infolge Zahlungsunfähigkeit oder Eröffnung des Insolvenzverfahrens über das Vermögen des Reiseveranstalters für die Rückreise entstehen. Die Verpflichtung nach Satz 1 kann der Reiseveranstalter nur erfüllen 1. durch eine Versicherung bei einem im Geltungsbereich dieses Gesetzes zum Geschäftsbetrieb befugten Versicherungsunternehmen oder 2. durch ein Zahlungsversprechen eines im Geltungsbereich dieses Gesetzes zum Geschäftsbetrieb befugten Kreditinstituts.

[2] Der Versicherer oder das Kreditinstitut (Kundengeldabsicherer) kann seine Haftung für die von ihm in einem Jahr insgesamt nach diesem Gesetz zu erstattenden Beträge auf 110 Millionen Euro begrenzen. Übersteigen die in einem Jahr von einem Kundengeldabsicherer insgesamt nach diesem Gesetz zu erstattenden Beträge die in Satz 1 genannten Höchstbeträge, so verringern sich die einzelnen Erstattungsansprüche in dem Verhältnis, in dem ihr Gesamtbetrag zum Höchstbetrag steht.

[3] Zur Erfüllung seiner Verpflichtung nach Absatz 1 hat der Reiseveranstalter dem Reisenden einen unmittelbaren Anspruch gegen den Kundengeldabsicherer zu verschaffen und durch Übergabe einer von diesem oder auf dessen Veranlassung ausgestellten Bestätigung (Sicherungsschein) nachzuweisen. Der Kundengeldabsicherer kann sich gegenüber einem Reisenden, dem ein Sicherungsschein ausgehändigt worden ist, weder auf Einwendungen aus dem Kundengeldabsicherungsvertrag noch darauf berufen, dass der Sicherungsschein erst nach Beendigung des Kundengeldabsicherungsvertrags ausgestellt worden ist. In den Fällen des Satz 2 geht der Anspruch des Reisenden gegen den Reiseveranstalter auf den Kundengeldabsicherer über, soweit dieser den Reisenden befriedigt. Ein Reisevermittler ist dem Reisenden gegenüber verpflichtet, den Sicherungsschein auf seine Gültigkeit hin zu überprüfen, wenn er ihn dem Reisenden aushändigt.

[4] Reiseveranstalter und Reisevermittler dürfen Zahlungen des Reisenden auf den Reisepreis vor Beendigung der Reise nur fordern oder annehmen, wenn dem Reisenden ein Sicherungsschein übergeben wurde. Ein Reisevermittler gilt als vom Reiseveranstalter zur Annahme von Zahlungen auf den Reisepreis ermächtigt, wenn er einen Sicherungsschein übergibt oder sonstige dem Reiseveranstalter zuzurechnende Umstände ergeben, dass er von diesem damit betraut ist, Reiseverträge für ihn zu vermitteln. Dies gilt nicht, wenn die Annahme von Zahlungen durch den Reisevermittler in hervorgehobener Form gegenüber dem Reisenden ausgeschlossen ist.

[5] Hat im Zeitpunkt des Vertragsschlusses der Reiseveranstalter seine Hauptniederlassung in einem anderen Mitgliedstaat der Europäischen Gemeinschaften oder in einem anderen Vertragsstaat des Abkommens über den Europäischen Wirtschaftsraum, so genügt der Reiseveranstalter seiner Verpflichtung nach Absatz 1 auch dann, wenn er dem Reisenden Sicherheit in Übereinstimmung mit den Vorschriften des anderen Staates leistet und diese den Anforderungen nach Absatz 1 Satz 1 entspricht. Absatz 4 gilt mit der Maßgabe, dass dem Reisenden die Sicherheitsleistung nachgewiesen werden muss.

[6] Die Absätze 1 bis 5 gelten nicht, wenn 1. der Reiseveranstalter nur gelegentlich und außerhalb seiner gewerblichen Tätigkeit Reisen veranstaltet, 2. die Reise nicht länger als 24 Stunden dauert, keine Übernachtung einschließt und der Reisepreis 75 Euro nicht übersteigt, 3. der Reiseveranstalter eine juristische Person des öffentlichen Rechts ist, über deren Vermögen ein Insolvenzverfahren unzulässig ist.

A. Inhalt und Zweck der Norm. Der 1994 geschaffene § 651k setzt Art 7 Pauschalreise-RL um und bezweckt, den Reisenden gegen das Risiko einer Insolvenz oder Zahlungsunfähigkeit seines RV wirksam abzusichern (Staud/*J Eckert* Rn 1). **Abgesichert sind** nach Abs 1 S 1 **Vorauszahlungen auf den Reisepreis** (bei Zahlungsunfähigkeit vor Reiseantritt) und **notwendige Aufwendungen für die Rückreise** (bei Zahlungsunfähigkeit während der Reise). Nicht abgesichert sind Gewährleistungsansprüche, die infolge der Insolvenz des RV gegen diesen nicht mehr durchsetzbar sind (BGH NJW-RR 2005, 782; LG Aachen RuS 1998, 342; MüKo/*Tonner* Rn 12). **Sicherungsmittel** sind nach Wahl des RV die **Bankbürgschaft** oder die **Versicherung**, Abs 1 S 2. Der RV muss dem Reisenden einen direkten Anspruch gegen den Kundengeldabsicherer verschaffen und als Nachweis über die Absicherung einen **Sicherungsschein** aushändigen, Abs 3. Vor dessen Aushändigung dürfen Zahlungen auf den Reisepreis nicht gefordert oder entgegengenommen werden, Abs 4. Für RV aus anderen Mitgliedsstaaten gilt § 651k nur eingeschränkt, Abs 5. Für Gelegenheitsveranstalter, Tagesreisen 1 und RV, die juristische Personen des öffentlichen Rechts sind, gilt die Pflicht zur Absicherung gar nicht, weil hier das typische Insolvenzrisiko nicht besteht (jurisPK/*Keller* Rn 3), Abs 6.

2 Die in Abs 2 enthaltene **Haftungshöchstgrenze** sollte ursprünglich durch das **2. ReiseRÄndG** (BGBl I 2001, 1658) aufgehoben werden. Anlass war das Rechberger-Urteil des EuGH (Slg. 1999, I-3499), das in der österreichischen Regelung einer Haftungshöchstgrenze für die Summe aller von einem Absicherer übernommenen Verpflichtungen einen Verstoß gegen Art 7 Pauschalreise-RL sah. Auf Druck der Versicherungswirtschaft, die eine unbegrenzte Haftung für nicht rückversicherbar hielt, wurde die Haftungsgrenze iHv 110 Millionen Euro pro Kundengeldabsicherer schließlich jedoch beibehalten. Neu eingeführt wurde durch das 2. ReiseRÄndG der Oberbegriff des **Kundengeldabsicherers** für Versicherung und Kreditinstitut, **Abs 2 S 1. Abs 3 S 1** stellt klar, dass der RV den Sicherungsschein nicht selbst übergeben muss, solange dies auf seine Veranlassung geschieht. Nach **Abs 3 S 2** kann sich der Kundengeldabsicherer auf Einwendungen aus dem Sicherungsvertrag ggü dem Reisenden nicht berufen. Das gilt auch für den Fall, dass der Sicherungsschein erst nach Beendigung des Sicherungsvertrages ausgestellt wurde. **Abs 3 S 3** verschafft dem Kundengeldabsicherer durch gesetzlichen Forderungsübergang einen Ersatzanspruch gegen den RV, wenn er den Reisenden befriedigt, obwohl er dazu nach dem Versicherungsvertrag nicht verpflichtet ist. Nach **Abs 3 S 4** muss der Reisevermittler den Sicherungsschein vor der Aushändigung an den Reisenden nunmehr auf seine Gültigkeit überprüfen.

3 **B. Anwendungsbereich.** Die Pflicht zur Insolvenzabsicherung nach § 651k gilt für alle RV iSd § 651a (s § 651a Rz 9 ff), mit Ausnahme der in Abs 6 genannten (Rz 4). Sie besteht daher nicht bei vom Reisenden selbst organisierten bzw zusammengestellten Reisen (LG Würzburg RRa 2005, 213; Staud/*J Eckert* Rn 32). Darüber hinaus ist eine Insolvenzabsicherung erforderlich, wenn die §§ 651a ff analog angewendet werden (s § 651a Rz 21 f); das betrifft insbes die Anbieter von Ferienhäusern und Bootschartern (sofern der RV die Route und die Liegeplätze plant, BGH NJW 1995, 2629).

4 Abs 6 sieht drei Ausnahmen von der Pflicht zur Insolvenzabsicherung vor: nicht gewerblich handelnde Gelegenheitsveranstalter (Nr 1), Tagesreisen (Nr 2) und RV, bei denen es sich um juristische Personen des öffentlichen Rechts handelt (Nr 3). Die Pauschalreise-RL nimmt diese Fälle insg von ihrem Anwendungsbereich aus. Nach deutschem Recht ergibt sich demgegenüber ein zweigeteilter Anwendungsbereich: §§ 651a bis j und §§ 651l u m sind auf sie anwendbar, § 651k nicht.

5 **Gelegenheitsveranstalter** ist, wer lediglich ein bis zwei Reisen im Jahr anbietet (BTDrs 12/5354, 13). Er muss darüber hinaus **außerhalb seiner gewerblichen Tätigkeit** handeln, was für Vereine regelm zu bejahen sein wird, aber auch für Gewerbetreibende zu bejahen sein kann, etwa wenn ein Unternehmen den Betriebsausflug seiner Mitarbeiter organisiert (MüKo/*Tonner* Rn 44). Die Veranstaltung von Pauschalreisen muss allerdings nicht Haupttätigkeit sein, so dass § 651k bspw auch anwendbar ist auf Leserreisen einer Zeitung (BTDrs 12/5354, 13). Bei **Tagesreisen** handelt es sich um Reisen, die nicht länger als 24 Stunden dauern, keine Übernachtung einschließen und nicht mehr als 75 Euro kosten. Gemeint sind vor allem Busreisen in Verbindung mit einer weiteren Leistung, zB Konzert- oder Museumsbesuch (BTDrs 12/5354, 13). Soweit **juristische Personen des öffentlichen Rechts** nicht insolvent werden können, sind auch sie ausgenommen (BTDrs 14/5944, 13). Das gilt bspw für kommunale Volkshochschulen, staatliche Schulen und Kirchengemeinden (*Führich* Rn 597), nicht aber für Sozialversicherungsträger, Rundfunkanstalten, Innungen und Rechtsanwaltskammern, da letztere insolvenzfähig sind (*Kaller* Rn 461). Nicht privilegiert sind ferner Einrichtungen, für deren Betrieb sich die öffentliche Hand einer privatrechtlichen Organisations- und Handlungsform bedient (Staud/*J Eckert* Rn 35), da auch sie insolvent werden können.

6 **C. Abgesicherte Risiken, Abs 1 S 1. I. Der Reisepreis, Abs 1 S 1 Nr 1.** Im Falle einer Insolvenz oder Zahlungsunfähigkeit des RV, nicht aber des Leistungsträgers (Frankfurt aM NJW-RR 1997, 1209), muss der vom Reisenden gezahlte Reisepreis einschließlich Anzahlung abgesichert sein. Entspr sieht Abs 4 vor, dass ein Sicherungsschein bereits bei der Entgegennahme der ersten Anzahlung ausgehändigt werden muss. Bei Insolvenz oder Zahlungsunfähigkeit vor Reiseantritt müssen alle vom Reisenden gezahlten Beträge zurück gezahlt werden (BGH NJW 2001, 1934; Köln NJW-RR 2003, 930: auch das an den RV gezahlte, für den Gastschüler bestimmte Taschengeld). Bei Insolvenzeintritt während der Reise muss der Reisepreis anteilig erstattet werden, soweit Reiseleistungen ausgefallen sind (EuGH Slg. 1998, I-2949 Karthago) oder zwar erbracht wurden, aber für den Reisenden nunmehr nutzlos sind (MüKo/*Tonner* Rn 7). Denkbar ist demnach auch die Erstattung des gesamten Reisepreises, wenn alle bereits erbrachten Leistungen wegen des insolvenzbedingten Reiseabbruchs für den Reisenden ohne Interesse sind (Erman/*Seiler* Rn 6). Die Berechnung der Erstattung orientiert sich an § 651e Abs 3 einschl S 3 (MüKo/*Tonner* Rn 7; Staud/*J Eckert* Rn 9; aA *Führich* Rn 456b).

7 Gewährleistungsansprüche wegen vor Eintritt der Insolvenz mangelhaft erbrachter Reiseleistungen werden durch § 651k nicht abgesichert (BGH NJW-RR 2005, 782; AG Köln RRa 1999, 119). Diese Einschränkung ist richtlinienkonform (BGH aaO; MüKo/*Tonner* Rn 12).

8 **II. Für die Rückreise notwendige Aufwendungen, Abs 1 S 1 Nr 2.** Tritt Zahlungsunfähigkeit während der Reise ein, müssen auch die für die Rückreise notwendigen Kosten vom Kundengeldabsicherer erstattet werden (EuGH Slg. 1998, I-2949 Karthago), sofern der Reisevertrag die Beförderung umfasst (Erman/*Seiler* Rn 7). Dazu zählen neben den reinen Rückreisekosten (Beförderung) die Kosten für den Aufenthalt bis zur

Rückreise (EuGH Slg. 1996, I-4845 Dillenkofer). Auch nochmals gezahlte Hotelkosten muss der Kundengeldabsicherer erstatten, wenn der Hotelier diese vom Reisenden vor Verlassen des Hotels verlangt hat (EuGH, Slg. 1998, I-2949 Karthago). Ersetzt werden nur die **notwendigen** Aufwendungen, so dass der Reisende seinen Aufenthalt umgehend abbrechen und sich um Rückbeförderung bemühen muss (MüKo/*Tonner* Rn 10). Als Maßstab ist der im Reisevertrag vereinbarte Standard zugrunde zu legen (jurisPK/*Keller* Rn 6; aA Erman/*Seiler* Rn 7); es gelten die gleichen Kriterien wie bei der Selbstabhilfe nach § 651c (MüKo/*Tonner* Rn 10; sa § 651c Rz 31). Da der Reisende bei Abbruch des Urlaubs lediglich den anteiligen Reisepreis erstattet bekommt (Rz 6), geschieht eine Fortsetzung des Urlaubs auf eigenes (finanzielles) Risiko (MüKo/*Tonner* Rn 9). Art 7 Pauschalreise-RL sieht nicht die Organisation der Rückreise durch den Kundengeldabsicherer vor. Der Reisende muss seine Rückbeförderung folglich selbst organisieren (jurisPK/*Keller* Rn 6).

D. Sicherungsmittel, Abs 1 S 2. Der RV muss die Erfüllung der og Ansprüche des Reisenden sicher stellen. 9
Dazu stehen ihm wahlweise eine Versicherung (Abs 1 S 2 Nr 1) oder ein Zahlungsversprechen eines Kreditinstituts (Abs 1 S 2 Nr 2) zur Verfügung. In der Praxis überwiegt die Absicherung durch Versicherungsunternehmen (MüKo/*Tonner* Rn 14); der Deutsche Reisepreis-Sicherungsverein VVaG (DRS) wurde sogar eigens für die Absicherung nach § 651k gegründet (Staud/*J Eckert* Rn 14). Wegen der Dienstleistungsfreiheit des Art 49 EGV kann die Versicherung auch bei einem Versicherungsunternehmen mit Sitz in einem anderen Mitgliedstaat abgeschlossen werden, wenn es den deutschen versicherungsrechtlichen Bestimmungen entspricht (MüKo/*Tonner* Rn 14). Eine zusätzliche Vereinbarung mit einem inländischen Kundengeldabsicherer darf demggü nicht gefordert werden (EuGH Slg. 1998, I-7875 Ambry). Diese Grundsätze gelten gleichermaßen für ausländische Kreditinstitute nach Abs 1 S 2 Nr 2. Bei dem Zahlungsversprechen ggü dem Reisenden handelt es sich um ein Garantiegeschäft iSd § 1 Abs 1 Nr 8 KWG.

E. Höchstbetrag, Abs 2. Der Kundengeldabsicherer kann seine Haftung nach S 1 auf 110 Millionen Euro pro 10
Geschäftsjahr (1.11. bis 31.10.) begrenzen. Obwohl zunächst beabsichtigt, hat das 2. ReisRÄndG diesen Verstoß gegen Art 7 Pauschalreise-RL (hM; vgl *Führich* NJW 2001, 3083; jurisPK/*Keller* Rn 11; MüKo/*Tonner* Rn 17 ff) nicht beseitigt. Dieser fordert eine vollständige Entschädigung der Reisenden (EuGH Slg. 1996, I-4845 Dillenkofer) und verbietet eine Regelung, die »von ihrer Struktur her« ungeeignet ist, diesen vollständigen Schutz zu gewährleisten (EuGH Slg. 1999, I-3499 Rechberger). Die Haftungshöchstgrenze soll die Rückversicherbarkeit des Risikos ermöglichen (BTDrs 14/5944, 11). Dafür ist nun der Gesetzgeber seinerseits das Risiko einer Staatshaftung für den Fall einer durch eine Großinsolvenz verursachten Sicherungslücke eingegangen (PWW/*Deppenkemper* Rn 3).

Ist der für den einzelnen Kundengeldabsicherer geltende Höchstbetrag erreicht, sieht Abs 2 S 2 vor, dass die 11
Ansprüche aller Reisenden anteilig gekürzt werden. Möglich ist die Rückforderung bereits gezahlter Beträge, sofern der Absicherer unter Vorbehalt geleistet hat (MüKo/*Tonner* Rn 21). Von § 9 BGB-InfoV vorgesehen ist aber die Aufschiebung der Erstattung bis zum Ende des Geschäftsjahres (s amtl Muster des Sicherungsscheines nach Anlage 1 zu § 9 BGB-InfoV). Der Kundengeldabsicherer darf keine Ausschlussfristen für die Anmeldung von Ansprüchen durch die Reisenden festlegen (BTDrs 12/5354, 12).

F. Der Sicherungsschein, Abs 3. Der RV muss den Sicherungsvertrag als Vertrag zugunsten Dritter iSd § 328 12
abschließen, damit der Reisende einen unmittelbaren Anspruch gegen den Sicherungsgeber erhält (bei Versicherung in der Form einer Versicherung für fremde Rechnung nach §§ 74 ff VVG). Dies ist dem Reisenden durch die Aushändigung eines Sicherungsscheines nachzuweisen, § 651k Abs 3 S 1. Der Anspruch des Reisenden besteht aber auch dann, wenn der Sicherungsschein nicht ausgehändigt wurde, sofern ein Vertrag zwischen RV und Kundengeldabsicherer tatsächlich besteht (MüKo/*Tonner* Rn 23). Die namentliche Nennung des Reisenden als Gläubiger des Anspruchs gegen den Absicherer ist nicht erforderlich, vielmehr genügt dessen eindeutige Bestimmbarkeit aus dem Sicherungsschein in Verbindung mit den dort genau benannten Buchungsdaten (BGH NJW 2002, 2238). Hat der RV keinen Sicherungsvertrag geschlossen, ist der Reisende demggü schutzlos (MüKo/*Tonner* Rn 25) und zwar auch im Falle eines gefälschten Sicherungsscheins (AG München RRa 2004, 185; allg zum Missbrauch von Sicherungsscheinen s *HW Eckert* RRa 2002, 50).

Nach Abs 3 S 2 Alt 1 kann sich der Kundengeldabsicherer auf **Einwendungen aus dem Sicherungsvertrag** 13
(vgl § 334) mit dem RV (zB Verzug mit der Prämienzahlung) dem Reisenden ggü nicht berufen (Erman/*Seiler* Rn 9). Nach Abs 3 S 2 Alt 2 kann sich der Kundengeldabsicherer dem Reisenden ggü auch nicht darauf berufen, dass der RV den Sicherungsschein nach Kündigung des Sicherungsvertrages ausgehändigt hat (BTDrs 14/5944, 11). Davon umfasst sind auch Fälle, in denen der Sicherungsschein zwar während der Laufzeit des Sicherungsvertrages ausgehändigt wurde, die Reise aber erst nach Ablauf des Sicherungsvertrages stattfindet (MüKo/*Tonner* Rn 24). Soweit der Kundengeldabsicherer den Reisenden befriedigt, weil er sich auf Einwendungen aus dem Sicherungsvertrag nicht berufen kann, erlangt er dessen Anspruch gegen den RV kraft Gesetzes, Abs 3 S 3.

Nach Abs 3 S 4 (eingefügt durch das 2. ReiseRÄndG) muss der Reisevermittler einen Sicherungsschein, den 14
er dem Reisenden im Rahmen der Vermittlung eines Reisevertrages aushändigt, auf seine Gültigkeit überprüfen (s.a. BGH X ZR 128/04). Dabei handelt es sich um eine Nebenpflicht des Reisevermittlungsvertrages. Entspr haftet er für deren Verletzung nach §§ 241 Abs 2, 280 (pFV) auf Ersatz derjenigen Schäden, die sonst

von der Kundengeldabsicherung abgedeckt worden wären (Erman/*Seiler* Rn 11; MüKo/*Tonner* Rn 27). **Inhalt und Gestaltung des Sicherungsscheines** sind inzwischen durch § 9 BGB-InfoV sowie das in Anlage 1 zu § 9 BGB-InfoV enthaltene Muster (Ermächtigungsgrundlage: Art 238 Abs 1 Nr 2 EGBGB) verbindlich geregelt. Weicht der Sicherungsschein von diesen Vorgaben ab, gilt die Pflicht zur Aushändigung des Sicherungsscheines nach § 651k Abs 3 S 1 u Abs 4 S 1 als nicht erfüllt. Da der Sicherungsschein jedoch nur deklaratorische Bedeutung hat (s.o. Rz 12), besteht gleichwohl ein Anspruch des Reisenden gegen den Kundengeldabsicherer (BTDrs 14/5944, 17; *Führich* NJW 2001, 3083).

15 **G. Keine Zahlung ohne Sicherungsschein, Abs 4 S 1.** Vor Beendigung der Reise dürfen RV oder vermittelndes Reisebüro Zahlungen auf den Reisepreis, dh auch Anzahlungen jeglicher Höhe, ohne Übergabe eines Sicherungsscheines weder fordern noch annehmen. Die Klarstellung, dass auch schon Anzahlungen von der Absicherung umfasst sein müssen, wurde nach dem Dillenkofer-Urteil des EuGH (Slg. 1996, I-4845) vorgenommen (BGBl I 1996, 2090). Der EuGH hatte entschieden, dass nach Art 7 Pauschalreise-RL die Erstattung sämtlicher Beträge, auch bloß geringfügiger Anzahlungen, sicher zu stellen ist. Zuvor hatte Abs 4 aF die Höhe zulässiger Anzahlungen geregelt (10 % des Reisepreises, maximal aber 500 DM; darauf beruhte die sog Vorauskasse-Rspr des BGH, vgl NJW 1987, 1931), um das Risiko des Reisenden einzugrenzen. Da Abs 4 nF keine Aussage zur Höhe der Anzahlung mehr trifft, stiegen seither die verlangten Anzahlungen weit über die Grenzen des Abs 4 aF (MüKo/*Tonner* Rn 30). Umstr war, ob die Grundsätze der Rspr zu § 651k aF weiterhin gelten, mit der Folge, dass das Verlangen höherer Anzahlungen den Reisenden entgegen den Geboten von Treu und Glauben unangemessen benachteiligt (so MüKo/*Tonner* Rn 33; *Seyderhelm* Rn 32; aA *Führich* NJW 1994, 2556; differenzierend Staud/*J Eckert* Rn 24) Der BGH hat eine Anzahlungsklausel iHv 20 % des Reisepreises mittlerweile für zulässig erklärt (zust *Führich* Rn 153; Staud/*J Eckert* Rn 24; abl MüKo/*Tonner* Rn 30; *Staudinger* NJW 2006, 3136), da sie den Reisenden auch unter Berücksichtigung des Zug-um-Zug-Prinzips nach § 320 wegen der verbleibenden 80 % des Reisepreises nicht im Übermaß mit dem Vergütungsrisiko belastet (NJW 2006, 3134; Vorinstanz Köln NJW-RR 2005, 992). Folgerichtig hat der BGH eine Klausel, die den Versicherungsschutz des Reisenden für Anzahlungen auf Zahlungen bis zu einem bestimmten Höchstbetrag und für weitere Zahlungen auf solche beschränkt, die binnen bestimmter Fristen vor Reisebeginn erfolgen, für unwirksam erklärt (NJW 2001, 1934). Andernfalls wäre das Insolvenzrisiko in bestimmten Konstellationen doch wieder dem Reisenden aufgebürdet.

16 **H. Schutz des Reisenden vor einer Insolvenz des Reisevermittlers, Abs 4 S 2 u 3.** Wenn zwischen RV und Reisevermittler ein Agenturvertrag mit Inkassoklausel besteht (*Dewenter* S 124 f; *Tonner* S 46 f), ist der Vermittler Zahlstelle des RV, so dass der Reisende mit befreiender Wirkung ggü dem RV an den Vermittler zahlen kann (§ 362). Möglich ist aber auch eine stillschweigend vereinbarte Inkassovollmacht auf Grund ständiger Übung zwischen RV u Vermittler sowie die Genehmigung eines zunächst vollmachtlosen Inkassos durch Duldung der Entgegennahme von Zahlungen (*Tonner* S 47 f). Da der Reisende dies regelm nicht wissen wird, hat der Gesetzgeber in Abs 4 S 2 zwei widerlegliche Vermutungen für das Vorliegen einer Inkassovollmacht normiert. Händigt der Reisevermittler einen gültigen Sicherungsschein aus, gilt er auch als ermächtigt, Zahlungen auf den Reisepreis anzunehmen (S 2 Alt 1) (anders noch AG Hamburg-Altona RRa 2001, 168). Dasselbe soll der Fall sein, wenn sich aus dem RV zuzurechnenden Umständen ergibt, dass er den Reisevermittler beauftragt hat, Reiseverträge für ihn zu vermitteln (S 2 Alt 2). Alt 2 ist unklar und bedarf der Ausfüllung durch die Rspr (MüKo/*Tonner* Rn 33). Bejaht wurde sie bspw für die Anforderung des Reisepreises durch den RV beim Reisevermittler anstatt beim Reisenden (AG Düsseldorf RRa 2000, 153). Der Rechtsschein wird zerstört, wenn die Annahme von Zahlungen durch den Vermittler in hervorgehobener Form (BTDrs 14/5944, 13: in der Reisebestätigung oder auf dem Sicherungsschein, nicht aber allein in AGB) ggü dem Reisenden ausgeschlossen worden ist, Abs 4 S 4, aber auch dann, wenn der Reisende die fehlende Legitimation des Reisevermittlers zur Entgegennahme von Zahlungen aus anderen Gründen kannte oder hätte kennen müssen (Erman/*Seiler* Rn 12).

17 Der RV muss in allen Fällen einer bestehenden oder fingierten Inkassovollmacht seine Gegenleistung auch dann erbringen, wenn der Reisevermittler vor Weiterleitung der Kundengelder insolvent geworden ist. Entscheidend ist, dass diese Gelder schon vor der Weiterleitung an den RV diesem zustehen. Das hat andererseits zur Folge, dass Zahlungen des Reisenden an den Vermittler bei Insolvenz des RV nicht an den Reisenden zurück gezahlt werden dürfen (BGH NJW 2003, 743; aA Vorinstanz Stuttgart RRa 2000, 92). Der Reisende ist hier auf den Anspruch gegen den Kundengeldabsicherer nach § 651k Abs 3 S 1 verwiesen. Hat der Vermittler den Reisepreis für den Reisenden verauslagt, wird auch diese Zahlung von der Insolvenzabsicherung des RV umfasst. Im Falle einer Insolvenz des RV kann der Reisende seinen Anspruch gegen den Absicherer nach § 651k Abs 3 S 1 auf Erstattung des Reisepreises an den Vermittler abtreten (AG München RRa 2003, 81).

18 **I. Ausländische Reiseveranstalter, Abs 5.** RV mit Sitz in einem anderen Mitgliedstaat oder einem EWR-Vertragsstaat, die in Deutschland Pauschalreisen anbieten, müssen nicht § 651k Abs 1 bis 4 genügen; vielmehr ist ausreichend, dass sie über eine Insolvenzabsicherung nach dem Recht ihres Sitzstaates verfügen (sog Herkunftslandprinzip; vgl MüKo/*Tonner* Rn 36). Das gilt jedenfalls dann, wenn Art 7 im Herkunftsland umgesetzt wurde und die in Übereinstimmung mit der Umsetzungsgesetzgebung erbrachte Sicherheit den Anfor-

derungen des § 651k Abs 1 S 1 entspricht (Staud/*J Eckert* Rn 30). Auch der ausländische RV muss einen Nachweis über die Sicherheit erbringen, allerdings nicht in der Form eines Sicherungsscheines. Es reicht aus, wenn der Nachweis den Anforderungen des § 10 BGB-InfoV genügt; dazu gehört die Verwendung der deutschen oder einer anderen für den Reisenden leicht verständlichen Sprache. Gründet ein ausländischer RV in Deutschland eine juristisch selbständige Niederlassung, gilt Abs 5 nicht, vielmehr muss er dann den Anforderungen des § 651k Abs 1 bis 4 genügen (MüKo/*Tonner* Rn 42).

Bietet ein ausländisches Unternehmen in Deutschland Leistungen an, die hier den §§ 651a ff unterfallen **19** (insbes die Vermietung von Ferienhäusern), nach dem Recht seines Herkunftslandes aber nicht vom Anwendungsbereich der die Pauschalreise-RL umsetzenden Bestimmungen erfasst werden, muss er dennoch für einen Insolvenzschutz nach § 651k oder nach der den Art 7 umsetzenden Norm seines Herkunftslandes sorgen (Soerg/*H W Eckert* Rn 19).

J. Rechtsfolgen von Verstößen gegen die Insolvenzabsicherungspflicht. Die Verletzung der Pflicht, bei der **20** Annahme von Zahlungen auf den Reisepreis einen Sicherungsschein zu übergeben, wird durch § 147b GewO bußgeldbewehrt. Eine entspr OWi kann sowohl der RV als auch der Vermittler begehen. Tatsächlich ist § 147b GewO bisher jedoch nicht zur Anwendung gelangt (MüKo/*Tonner* Rn 49). Der Verstoß gegen die Insolvenzabsicherungspflicht begründet außerdem einen Wettbewerbsverstoß iSd §§ 3, 4 Nr 11 UWG (BGH NJW 2000, 1639; München RRa 1996, 113; LG Oldenburg VuR 2004, 191). Konkurrenten und andere nach § 8 Abs 3 UWG u §§ 3, 4 UKlaG Klagebefugte (insbes Verbraucherverbände) können dagegen im Wege der Unterlassungsklage vorgehen; führt dies nicht zum Erfolg, ist ein Antrag auf Erlass einer einstweiligen Verfügung möglich (jurisPK/*Keller* Rn 27).

K. Prozessuales. Der **Reisende** trägt die Darlegungs- und Beweislast für den Ausfall von Reiseleistungen **21** infolge Zahlungsunfähigkeit oder Insolvenz des RV (BGH NJW 2002, 2238) und für die von ihm geleisteten Zahlungen auf den Reisepreis sowie Aufwendungen für die Rückreise (Palandt/*Sprau* Rn 4). Der **RV** muss entweder die ordnungsgemäße Absicherung seines Insolvenzrisikos oder das Eingreifen einer Privilegierung nach Abs 6 beweisen (*Führich* Rn 603). Der **Kundengeldabsicherer** muss, sofern er sich darauf beruft, nachweisen, dass die Reiseleistung auch ohne Zahlungsunfähigkeit bzw Insolvenz des RV ausgefallen wäre (BGH aaO). Er muss auch das Eingreifen der Haftungsbegrenzung nach Abs 2 darlegen und beweisen (Staud/*J Eckert* Rn 38).

§ 651l Gastschulaufenthalte.

[1] Für einen Reisevertrag, der einen mindestens drei Monate andauernden und mit dem geregelten Besuch einer Schule verbundenen Aufenthalt des Gastschülers bei einer Gastfamilie in einem anderen Staat (Aufnahmeland) zum Gegenstand hat, gelten die nachfolgenden Vorschriften. Für einen Reisevertrag, der einen kürzeren Gastschulaufenthalt (Satz 1) oder einen mit der geregelten Durchführung eines Praktikums verbundenen Aufenthalt bei einer Gastfamilie im Aufnahmeland zum Gegenstand hat, gelten sie nur, wenn dies vereinbart ist.

[2] Der Reiseveranstalter ist verpflichtet, 1. für eine bei Mitwirkung des Gastschülers und nach den Verhältnissen des Aufnahmelandes angemessene Unterbringung, Beaufsichtigung und Betreuung des Gastschülers in einer Gastfamilie zu sorgen und 2. die Voraussetzungen für einen geregelten Schulbesuch des Gastschülers im Aufnahmeland zu schaffen.

[3] Tritt der Reisende vor Reisebeginn zurück, findet § 651i Absatz 2 Satz 2 und 3 und Absatz 3 keine Anwendung, wenn der Reiseveranstalter ihn nicht spätestens zwei Wochen vor Antritt der Reise jedenfalls über 1. Namen und Anschrift der für den Gastschüler nach Ankunft bestimmten Gastfamilie und 2. Namen und Erreichbarkeit eines Ansprechpartners im Aufnahmeland, bei dem auch Abhilfe verlangt werden kann, informiert und auf den Aufenthalt angemessen vorbereitet hat.

[4] Der Reisende kann den Vertrag bis zur Beendigung der Reise jederzeit kündigen. Kündigt der Reisende, so ist der Reiseveranstalter berechtigt, den vereinbarten Reisepreis abzüglich der ersparten Aufwendungen zu verlangen. Er ist verpflichtet, die infolge der Kündigung notwendigen Maßnahmen zu treffen, insbesondere, falls der Vertrag die Rückbeförderung umfasste, den Gastschüler zurückzubefördern. Die Mehrkosten fallen dem Reisenden zur Last. Die vorstehenden Sätze gelten nicht, wenn der Reisende nach § 651e oder § 651j kündigen kann.

A. Zweck und Inhalt der Norm. § 651l wurde durch das 2. ReiseRÄndG (BGBl I 2001, 1658) neu geschaffen **1** und gilt für nach dem 01.09.2001 geschlossene Verträge. Er dient der Klarstellung, dass die **§§ 651a ff auf internationale Gastschulaufenthalte anwendbar** sind (Staud/*J Eckert* Rn 3). Zwar hatte dies die überwiegende Rspr auch vorher schon angenommen (BGH NJW 1993, 263; Karlsruhe NJW-RR 1998, 841); vom EuGH wurde die Anwendung der Pauschalreise-RL auf einen Schüleraustausch jedoch verneint (Slg 1999, I-825 AFS Intercultural Programs Finland), weil der Aufenthalt in einer Gastfamilie keine »Unterbringung« iSd Art 2 Nr 1b sei und es auch an einer »anderen touristischen Dienstleistung« iSd Art 2 Nr 1c Pauschalreise-RL fehle. Der deutsche Gesetzgeber, der eine Ausdehnung des Anwendungsbereichs der §§ 651a ff auf Gastschulaufenthalte für geboten hielt, fürchtete eine Verunsicherung der Gerichte durch das EuGH-Urteil (BTDrs 14/

5944, 9). Darüber hinaus wollte er besondere Informationspflichten des RV verankern (*Tonner* Insolvenzabsicherung S 56 f). Die Ausdehnung des Anwendungsbereichs der §§ 651a ff über touristische Dienstleistungen hinaus begegnet wegen des Mindeststandardcharakters der RL (Art 8) keinen Bedenken (Köln RRa 2001, 3). **Abs 1** regelt den Anwendungsbereich der in § 651l geschaffenen Sonderregelungen für Gastschulaufenthalte. **Abs 2** bestimmt besondere Leistungspflichten für Veranstalter von Gastschulaufenthalten sowie Mitwirkungsobliegenheiten des Gastschülers. **Abs 3** gewährt dem Reisenden ein kostenloses Rücktrittsrecht, sofern der RV seinen zusätzlichen Informationspflichten nach Nr 1 und 2 nicht nachkommt bzw den Reisenden nicht angemessen auf die Reise vorbereitet. Nach **Abs 4** hat der Reisende bis zum Reiseende ein freies Kündigungsrecht.

2 **B. Anwendungsbereich, Abs 1.** Voraussetzung ist der Abschluss eines Reisevertrages zwischen dem Anbieter des Gastschulaufenthaltes als RV und dem Reisenden, idR die Eltern als gesetzliche Vertreter des häufig minderjährigen Gastschülers (Staud/*J Eckert* Rn 6). Durch die Bezeichnung als Reisevertrag stellt Abs 1 S 1 klar, dass die §§ 651a ff auf Gastschulverträge anwendbar sind. Einzig § 651f Abs 2 findet keine Anwendung, weil der Aufenthalt keine Urlaubszeit darstellt (LG Berlin RRa 2005, 227; *Klein* RRa 2008, 8; *Führich* Rn 614; **aA** AG München, Urt v 24.08.2000 – 191 C 12360/00). Zusätzlich gelten die bes Anforderungen des § 651l, wenn es sich um einen Gastschulaufenthalt iSd Abs 1 handelt. Danach muss der Aufenthalt mindestens drei Monate dauern, mit einem geregelten Schulbesuch verbunden sein, bei einer Gastfamilie in einem anderen Staat (Aufnahmeland) stattfinden. Die Minderjährigkeit des Gastschülers ist nicht Voraussetzung. Auf kürzere Aufenthalte oder Praktika kann § 651l durch Vereinbarung erstreckt werden, Abs 1 S 2. Der Begriff des Praktikums ist nicht definiert, so dass insbes fraglich ist, ob auch Au-pair-Aufenthalte darunter fallen (bejahend *Tonner* Insolvenzabsicherung, S 59; Staud/*J Eckert* Rn 9).

3 **C. Pflichten des RV und des Gastschülers, Abs 2.** Die zusätzlichen Pflichten des RV tragen den Besonderheiten internationaler **Gastschulaufenthalte** Rechnung. Danach muss der RV zum einen für eine angemessene Unterbringung, Beaufsichtigung und Betreuung des Gastschülers in einer Gastfamilie sorgen (Nr 1). Die Angemessenheit der Unterbringung beurteilt sich anhand der Verhältnisse des Gastlandes, geschuldet ist eine Familie von – gemessen an diesem Maßstab – »mittlerer Art und Güte« (BTDrs 14/5944, 14). Es stellt deshalb keinen Mangel des Gastschulvertrages (USA) dar, wenn die Gastfamilie »eher arm« ist, zahlreiche eigene Kinder hat und beide Eltern berufstätig sind (AG Köln RRa 2006, 178). Bei einem Aufenthalt in England begründet die Unterbringung in einer nicht aus England stammenden Gastfamilie keinen Reisemangel (AG Heidelberg RRa 1999, 171). Geschuldet ist aber, dass die Gasteltern über die innere Bereitschaft, die erzieherischen Fähigkeiten und ein ausreichendes Zeitbudget zur Beaufsichtigung und Betreuung des Gastschülers verfügen (BTDrs 14/5944, 14; LG Berlin RRa 2005, 227). Ein Mangel soll vorliegen, wenn die Unterbringung in Frankreich auf einem abgelegenen Schweinemastbetrieb erfolgt und der RV darüber vorher nicht aufgeklärt hat (LG Berlin RRa 2005, 71; aA *Klein* RRa 2008, 6). Demgegenüber begründet die Unterbringung in einem Township in Südafrika keinen Mangel (AG Hamburg-Altona 11.04.2006, AZ 315A C 239/05), die Unterbringung in einer nicht völlig malariafreien Region Südafrikas aber dann, wenn der RV über die Malariagefährlichkeit nicht aufgeklärt hat (Köln RRa 2008, 133). Einen Mangel stellt es auch dar, wenn der Gastschüler bis zum vertraglich vereinbarten Termin nicht darüber informiert wird, in welcher Gastfamilie er untergebracht wird, er deshalb später anreist und den Beginn des Schuljahres versäumt (AG Köln RRa 2006, 178).

4 Nach dem Wortlaut des Abs 2 Nr 1 trifft den **Gastschüler eine Obliegenheit zur Mitwirkung an seiner Unterbringung**, Beaufsichtigung und Betreuung. Obwohl nicht in der Aufzählung enthalten, ist davon auszugehen, dass sich die Mitwirkungsobliegenheit gerade auch auf den regelm Schulbesuch nach Nr 2 beziehen soll (Staud/*J Eckert* Rn 15f; Art 1 Nr 3 RegE). Eine Verletzung der Obliegenheit zur Mitwirkung kann nach dem Rechtsgedanken des § 254 den vollständigen oder teilw Ausschluss von Gewährleistungsrechten zur Folge haben (Staud/*J Eckert* Rn 17). Ob der RV oder die Gastfamilie den regelm Schulbesuch des Gastschülers überprüfen müssen und sich aus einer Unterlassung dessen die Mangelhaftigkeit der Gastfamilie ergibt, ist umstr (Überblick bei *Klein* RRa 2008, 7 Fn 49 mN). Eine bes schwere Verletzung von Rücksichtnahmepflichten ggü der Gastfamilie durch den Gastschüler berechtigt den RV zur außerordentlichen Kündigung des Reisevertrages (LG Frankfurt aM RRa 2002, 212).

5 Außerdem muss der RV die Voraussetzungen für einen **geregelten Schulbesuch** schaffen (Nr 2), damit dem Gastschüler die im Ausland verbrachte Zeit auf seinen Schulbesuch im Inland angerechnet werden kann (*Führich* NJW 2001, 3087; *Tonner* Insolvenzabsicherung S 61). Das setzt zunächst die Möglichkeit zur Teilnahme an einem Unterricht voraus (Köln RRa 2008, 133); darüber hinaus muss die Schule unter Berücksichtigung der Verhältnisse des Aufnahmelandes dem Alter und Ausbildungsstand des Gastschülers entsprechen (jurisPK/*Keller* Rn 7). Soweit nicht vertraglich vereinbart, besteht kein Anspruch auf Besuch einer bestimmten Einrichtung (Palandt/*Sprau* Rn 5). Den RV trifft im Hinblick auf Nr 2 eine bloße Organisationspflicht (Staud/*J Eckert* Rn 13). Die Teilnahme am Unterricht liegt in der Verantwortung des Gastschülers selbst (Mitwirkungsobliegenheit nach Abs 2 Nr 1, s Rz 4). Für die **Feststellung**, in welchem Umfang eine **mangelhafte Einzelleistung** die Minderung des Reisepreises nach § 651d rechtfertigt, gelten bei Gastschulaufenthalten andere Maßstäbe als bei nur wenige Wochen dauernden Urlaubsreisen (*Klein* RRa 2004, 50). So macht bspw eine mangelhafte Schule den Aufenthalt nicht als Ganzes unbrauchbar. Erschwert wird die Berechnung

außerdem dadurch, dass Leistungen uU unentgeltlich erbracht werden. Entspr finden sich nur wenige Entscheidungen (AG Köln RRa 2006, 178).

D. Rücktritt vor Reisebeginn, Abs 3. Vor Reisebeginn kann der Reisende (Rz 2) jederzeit und ohne Angabe von Gründen zurücktreten. Nach § 651i Abs 2 S 1 verliert der RV den Anspruch auf den Reisepreis, kann jedoch nach § 651i Abs 2 S 2 u 3, Abs 3 eine angemessene Entschädigung verlangen (vgl § 651i Rz 8 f). Der Entschädigungsanspruch entfällt nach § 651l Abs 3, wenn der RV die in Nr 1 u 2 normierten Informationspflichten verletzt oder den Reisenden (Rz 2) nicht angemessen auf die Reise vorbereitet hat. Danach sind spätestens zwei Wochen vor Reisebeginn Name u Anschrift der (ersten) Gastfamilie (Nr 1) sowie Name u Erreichbarkeit eines Ansprechpartners im Aufnahmeland, bei dem auch Abhilfe verlangt werden kann (Nr 2), zu benennen. Name u Anschrift eines »Vorbereitungscamps« genügen nicht, vielmehr muss bereits bis zwei Wochen vor Reisebeginn über die Gastfamilie informiert werden, bei der sich ein Aufenthalt an das Vorbereitungscamp unmittelbar anschließt (Staud/*J Eckert* Rn 21). Folglich ist die Benennung der ersten Gastfamilie verbindlich (BTDrs 14/5944, 20). Der nach Abs 3 Nr 2 benannte Ansprechpartner muss erreichbar sein und Mängeln tatsächlich abhelfen können (Palandt/*Sprau* Rn 6). Eine angemessene Vorbereitung auf die Reise (Abs 3 aE) umfasst Informationen zu örtlichen Lebensumständen, Sitten und Gebräuchen (PWW/*Deppenkemper* Rn 6). Abs 3 begründet bloße Obliegenheiten des RV, deren Verletzung – abw von § 651i Abs 2 – nur die entschädigungslose Stornierung der Reise ermöglicht (Staud/*J Eckert* Rn 19). Zur Möglichkeit der vertraglichen Vereinbarung eines Rücktrittsrechts für den RV s *Klein* RRa 2008, 2 ff. 6

Die in Abs 3 Nr 1 u 2 genannten Informationspflichten werden in § 7 Nr 1 u 2 BGBInfoV wiederholt. Dadurch wird bezweckt, dass derjenige, der die Reise antritt, obwohl er die in § 651l Abs 3 Nr 1 u 2 bestimmten Informationen nicht erhalten hat, jedenfalls während seines Aufenthaltes entspr informiert wird (BTDrs 14/5944, 17). Nach § 7 Nr 1 u 2 BGB-InfoV muss der Reisende (Rz 2) außerdem über jede Veränderung der Gastfamilie und des Ansprechpartners im Aufnahmeland informiert werden. § 7 Nr 3 BGB-InfoV verpflichtet den RV zudem, den Reisenden (Rz 2) über Abhilfeverlangen des Schülers und vom RV ergriffene Maßnahmen zu informieren. Daraus ergibt sich, dass auch der minderjährige Gastschüler Abhilfe verlangen kann und muss, selbst wenn er nicht Vertragspartei ist (AG Frankfurt aM RRa 2006, 164). 7

E. Kündigung nach Reisebeginn, Abs 4. Auch nach Reisebeginn kann der Reisende (Rz 2) jederzeit ohne Angabe von Gründen kündigen. § 651l Abs 4 dient dem Schutz des Gastschülers. Er soll seinen Aufenthalt nicht nur in den Fällen des §§ 651e u 651j vorzeitig beenden können, sondern auch aus persönlichen Gründen (BTDrs 14/5944, 16), etwa Heimweh. Der RV behält den Anspruch auf den Reisepreis abzüglich ersparter Aufwendungen, § 651l Abs 4 S 2. Personalkosten werden allerdings durch die Kündigung eines Gastschulvertrages idR nicht erspart; auch eine anderweitige Verwertung der Reiseleistungen ist regelm nicht möglich (LG Köln RRa 2004, 130). Der RV muss die infolge der Kündigung notwendigen Maßnahmen treffen; vor allem bleibt er zur Rückbeförderung des Gastschülers verpflichtet, sofern der Transport Teil des Gastschulvertrages war, § 651l Abs 4 S 3. Die Kosten hierfür trägt nach Abs 4 S 4 der Reisende. Die Kündigungserklärung muss durch den Reisenden (Rz 2) ggü dem RV und nicht ggü der Gastfamilie oder dem örtlichen Ansprechpartner erfolgen, es sei denn, diese waren zur Entgegennahme ermächtigt (Palandt/*Sprau* Rn 7). 8

Verhältnis zu anderen Kündigungsrechten: Wegen seiner im Vergleich zu den Kündigungsrechten nach § 651e Abs 3 (wegen Reisemangels) u § 651j Abs 2 (wegen höherer Gewalt) nachteiligen Rechtsfolgen (S 2 u 4) ist § 651l Abs 4 nach S 5 nicht anzuwenden, wenn sämtliche Voraussetzungen eines anderen Kündigungsrechts vorliegen (Köln RRa 2008, 133; 2001, 3). Da § 651l Abs 4 ein zusätzliches Kündigungsrecht einräumt, den Reisenden also besser stellen will (Staud/*J Eckert* Rn 24), ist eine irrtümlich auf ihn gestützte Kündigung deshalb nicht unwirksam. Vielmehr bleibt die Kündigung wirksam, die Rechtsfolgen richten sich aber nach §§ 651e oder 651j (*Führich* Rn 614). Weder § 651l noch die §§ 651a ff sehen ein Kündigungsrecht des RV vor. In Betracht kommt aber auch bei Gastschulaufenthalten eine Kündigung des RV aus wichtigem Grund, § 314 (s § 651i Rz 5). Dazu zählen nicht mangelhafte Sprachkenntnisse des Gastschülers (LG Düsseldorf NJW-RR 2001, 1211), wohl aber der (im Aufnahmeland strafbare) Konsum illegaler Drogen (AG Bielefeld RRa 1999, 174) oder das Herunterladen pornografischer Seiten aus dem Internet (LG Frankfurt aM RRa 2002, 212). 9

F. Prozessuales. Der Reisende muss die Voraussetzungen für das Vorliegen eines Gastschulaufenthalts und eines Reisemangels iSd § 651l Abs 2 iVm § 651c darlegen und beweisen. Tritt der Reisende nach Abs 3 zurück, muss der eine Entschädigung nach § 651i Abs 2 S 2 u 3, Abs 3 verlangende RV darlegen und beweisen, dass er seine Informations- und Vorbereitungspflichten nicht verletzt hat. Begehrt der Reisende die Rückzahlung des Reisepreises, muss er Zeitpunkt und Zugang der Rücktrittserklärung nach Abs 3 darlegen und beweisen. Im Rahmen des Abs 4 muss er den Zugang der Kündigungserklärung darlegen und beweisen. Macht er ersparte Aufwendungen des RV infolge der Kündigung (Abs 4) geltend, ist er für deren Höhe beweispflichtig (*Klein* RRa 2008, 2, 9). Ob den RV in diesem Zusammenhang eine Pflicht zur Offenlegung seiner Kalkulation trifft, ist umstr (dafür AG Bensheim RRa 2005, 40; dagegen LG Köln RRa 2004, 130; differenzierend *Klein* aaO). Der RV muss durch die Kündigung verursachte Mehrkosten darlegen und beweisen. Auch für die Verletzung von Mitwirkungsobliegenheiten des Gastschülers (Abs 2) ist er beweispflichtig. 10

§ 651m Abweichende Vereinbarungen. Von den Vorschriften der §§ 651a bis 651l kann vorbehaltlich des Satz 2 nicht zum Nachteil des Reisenden abgewichen werden. Die in § 651g Absatz 2 bestimmte Verjährung kann erleichtert werden, vor Mitteilung eines Mangels an den Reiseveranstalter jedoch nicht, wenn die Vereinbarung zu einer Verjährungsfrist ab dem in § 651g Absatz 2 bestimmten Verjährungsbeginn von weniger als einem Jahr führt.

1 **A. Einführung.** Zum Schutz der »Reiseverbraucher« sind die Vorschriften der §§ 651a bis 651l **halbzwingend**: Zum Nachteil der Reisenden darf nicht von ihnen abgewichen werden, wohl aber zu ihrem Vorteil (*Tonner* Rn 1 f). Über Art 238 EGBGB gilt § 651m S 1 auch für die §§ 4 bis 11 BGB-InfoV, die Teil des Reisevertragsrechts sind (Staud/*J Eckert* Rn 3). Rechtsfolge: Abweichende Vereinbarungen sind nichtig. Das ergibt sich entweder aus § 134 (BGH NJW 1984, 1752) oder unmittelbar aus § 651m (Staud/*J Eckert* Rn 7). Das Verbot abweichender Vereinbarungen gilt sowohl für AGB als auch für Individualvereinbarungen. Da das Reisevertragsrecht keine abschließende Regelung des Reisevertrags enthält, ist eine Inhaltskontrolle von ARB am Maßstab der §§ 307 ff weiterhin geboten, soweit die §§ 651a ff keine Regelung treffen (BGH NJW 2004, 2965). Ein Verstoß gegen § 651m S 1 ist vAw zu beachten (Staud/*J Eckert* Rn 10). S 2 normiert eine Ausnahme vom Verbot abweichender Vereinbarungen. Danach darf die gesetzliche Verjährungsfrist von zwei Jahren auf ein Jahr verkürzt werden. Die Regelung soll die Folgen der durch die Schuldrechtsreform parallel zum Kauf- und Werkvertragsrecht vorgenommenen Verlängerung der Verjährungsfrist im Interesse der RV abmildern. Sie entspricht zudem § 309 Nr 8 lit b (ff), wonach auch bei Verbrauchsgüterkauf- und Werkverträgen eine Verkürzung der Verjährungsfrist auf bis zu ein Jahr möglich ist.

2 **B. Unzulässigkeit abweichender Vereinbarungen, S 1.** § 651m S 1 gilt nur für die reisevertragsrechtlichen Regelungen, unabhängig davon, ob von ihnen durch AGB oder Individualvereinbarung abgewichen wird. Soweit eine abweichende Vertragsvereinbarung demggü allg Vorschriften des BGB betrifft, unterliegt sie der Inhaltskontrolle der §§ 305 ff, sofern es sich um AGB handelt. Die §§ 305 ff kommen auch zur Anwendung, wenn eine Klausel nicht gegen §§ 651a bis 651l verstößt. Andererseits stellt ein Verstoß gegen §§ 651a bis 651l stets eine unangemessene Benachteiligung iSd § 307 Abs 2 Nr 1 dar und kann deshalb auch im Verbandsklageverfahren des § 1 UKlaG verfolgt werden. Die Klagebefugnis der Verbraucherverbände ist bei Verstößen gegen die §§ 651a bis 651l außerdem nach § 2 UKlaG eröffnet (MüKo/*Tonner* Rn 4).

3 Ob eine vertragliche Vereinbarung zum Nachteil des Reisenden von den 651a bis 651l abweicht, beurteilt sich anhand allg **Auslegungsregeln**, wobei jede Klausel isoliert zu betrachten ist. Es findet folglich keine Kompensation ungünstiger durch günstigere Vertragsklauseln statt (PWW/*Deppenkemper* § 651m Rn 2). Handelt es sich um AGB, ist die für den Reisenden günstigste Auslegung zugrunde zu legen (§ 305c Abs 2). Nach allg Meinung ist § 651m auch auf Vertragsgestaltungen anwendbar, durch die die §§ 651a bis 651l zum Nachteil des Reisenden umgangen werden (MüKo/*Tonner* § 651m Rn 8 mN). Unwirksam sind der über § 651h hinausgehende Ausschluss oder die Beschränkung der Haftung des RV, die Begründung einer einschränkungslosen Pflicht des Reisenden, unverzüglich Abhilfe zu verlangen als Voraussetzung späterer Minderungsansprüche (BGH NJW 1993, 263; s § 651c Rz 26), die Begrenzung des von § 651k vorgesehenen Haftungsumfangs (BGH NJW 2001, 1934), eine Klausel, die eine unverzügliche Mängelanzeige fordert, ohne auf den Erhalt der Minderung bei unverschuldeter Unterlassung der Anzeige hinzuweisen (Frankfurt aM NJW 1985, 145), eine Klausel, wonach der Reisende für die Einhaltung von Pass-, Visa-, Zoll- und Devisenvorschriften selbst haftet und Leistungs- und Preisänderungen ausdrücklich vorbehalten bleiben (AG Bamberg RRa 1998, 192; aA LG Hamburg RRa 2007, 227 mit widerstreitenden Anm von *Bergmann* und *Eckardt*).

4 Schließlich ist auch ein **Verzicht des Reisenden auf seine in den §§ 651a bis 651l verankerten Rechte nicht möglich** (*Tonner* Rn 7). Entspr Erklärungen, die häufig am Urlaubsort gegen Zahlung einer Abfindung unterzeichnet werden, sind unwirksam (AG Kleve NJW-RR 2001, 1560; Düsseldorf VuR 1992, 22; LG Kleve NJW-RR 1992, 1525; LG Frankfurt aM NJW-RR 1986, 539; NJW 1984, 1762; **aA** AG Frankfurt aM RRa 2000, 9 mit krit Anm *Tonner*; AG Ludwigsburg RRa 1998, 74). Etwas anderes gilt für den Verzicht auf die Geltendmachung von Gewährleistungsansprüchen wegen vor Reisebeginn mitgeteilter Mängel und für die Vereinbarung von Leistungsänderungen am Urlaubsort, ohne dass konkrete Mängel vorliegen (AG Düsseldorf RRa 1994, 122; *Führich* Rn 621; s.a. § 651d Rz 15 f). Diese sind wirksam, Gewährleistungsrechte damit ausgeschlossen (jurisPK/*Keller* Rn 4). Ist eine vertragliche Vereinbarung wegen Verstoßes gegen § 651m S 1 unwirksam, stellt sich die Frage nach dem Schicksal des übrigen Vertrages. Es gilt § 139, so dass dieser idR wirksam bleibt. An die Stelle der unwirksamen Klausel tritt die gesetzliche Regelung. Dies ergibt sich analog (bei Unwirksamkeit nach § 651m) oder unmittelbar (bei Unwirksamkeit nach §§ 305 ff) aus § 306.

5 **C. Verjährungserleichterungen, S 2.** Abweichend von § 651m S 1 kann der RV die zweijährige Verjährungsfrist des § 651g Abs 2 vor Mitteilung eines Mangels auf bis zu ein Jahr verkürzen; auch andere Verjährungserleichterungen (insbes die Hemmung betreffend, §§ 202 f) sind zulässig (*Führich* NJW 2002, 1082; BTDrs 14/6040, 110). Dies kann individualvertraglich oder in AGB geschehen (vgl Nr 12.2. der DRV-Konditionenempfehlung 2006), bei AGB sind § 309 Nr 7 u 8 lit b (ff) zu beachten (BTDrs 14/6040, 269; LG Frankfurt aM RRa 2008, 243). Nach Mitteilung eines Mangels ist eine weitergehende Verkürzung (auf unter ein Jahr) in den allg

gesetzlichen Grenzen (§ 202) möglich. Als Mitteilung gilt jede Information des RV durch den Reisenden zum Zweck der Mängelrüge (Palandt/*Sprau* Rn 2), auch das Abhilfeverlangen nach § 651c Abs 2. Die Mitteilung ist an den RV oder seine empfangszuständigen Vertreter zu richten (§ 651c Rz 28 f, § 651d Rz 8, § 651g Rz 8 f). Eine anschließend vereinbarte Verkürzung der Verjährungsfrist soll für alle Mängel gelten, nicht nur für den mitgeteilten Mangel (Staud/*J Eckert* Rn 13; Palandt/*Sprau* Rn 2).

Titel 10 Mäklervertrag

Untertitel 1 Allgemeine Vorschriften

Checkliste: Maklervertrag (§§ 652–656)

I.	**Vertragsschluss, § 652**			
	1. Vertragsparteien	§ 652	→	Rn 9 f
	a. Verbraucherdarlehensvermittlung	§ 655	→	Rn 1 ff
	b. Ehe- und Partnerschaftsvermittlung	§ 656	→	Rn 1 ff
	2. Angebot und Annahme	§ 652	→	Rn 11 ff
	3. Form			
	a. Maklervertrag	§ 652	→	Rn 16
	b. Verbraucherdarlehensvermittlung	§ 655b	→	Rn 1 ff
	4. Wirksamkeit			
	a. Maklervertrag	§ 652	→	Rn 16–20
	b. Verbraucherdarlehensvermittlung	§ 655b	→	Rn 1 ff
	5. Vertragsinhalt	§ 652		
	a. Maklervertrag: einseitige Provisionsverpflichtung	§ 652	→	Rn 5, 22, 31
	b. Alleinauftrag: Tätigkeitspflicht des Maklers	§ 652	→	Rn 7
	c. Verbraucherdarlehensvermittlung	§ 655b, d	→	Rn 1 ff
	d. Ehe- und Partnerschaftsvermittlung	§ 656	→	Rn 1 ff
	6. AGB	§ 652	→	Rn 19 f
II.	**Vergütungsanspruch, § 652 Abs 1**			
	1. Wirksamer Maklervertrag	§ 652	→	Rn 5 ff
	2. Nachweis- bzw Vermittlungstätigkeit	§ 652	→	Rn 23–24, 36 f
	3. Wirksamer Hauptvertrag	§ 652	→	Rn 25–34
	4. Ursachenzusammenhang (»infolge«)	§ 652	→	Rn 35
	5. Kenntnis von der Maklertätigkeit	§ 652	→	Rn 38
	6. Höhe der Vergütung	§ 653	→	Rn 1 ff
	7. Verwirkung des Anspruchs	§ 654	→	Rn 1 ff
	8. Herabsetzung der Vergütung	§ 655	→	Rn 1 ff
	9. Besonderheiten bei der Verbraucherdarlehensvermittlung	§ 655c	→	Rn 1 ff
	10. Besonderheiten bei der Ehe- und Partnerschaftsvermittlung	§ 656	→	Rn 1 ff
III.	**Weitere Ansprüche des Maklers**			
	1. Aufwendungsersatz	§ 652	→	Rn 38
	2. Maklerklauseln	§ 652	→	Rn 40
	3. Selbständiges Provisionsversprechen	§ 652	→	Rn 41
	4. Geschäftsführung ohne Auftrag	§ 652	→	Rn 42
	5. Bereicherungsrecht	§ 652	→	Rn 42
	6. § 354 HGB	§ 652	→	Rn 42
IV.	**Regelung der Beweislast**			
	Keine Besonderheiten gegenüber allg Regelungen	§ 652	→	Rn 43

§ 652 Entstehung des Lohnanspruchs. **[1] Wer für den Nachweis der Gelegenheit zum Abschluss eines Vertrags oder für die Vermittlung eines Vertrags einen Mäklerlohn verspricht, ist zur Entrichtung des Lohnes nur verpflichtet, wenn der Vertrag infolge des Nachweises oder infolge der Vermittlung des Mäklers zustande kommt. Wird der Vertrag unter einer aufschiebenden Bedingung geschlossen, so kann der Mäklerlohn erst verlangt werden, wenn die Bedingung eintritt.**
[2] Aufwendungen sind dem Mäkler nur zu ersetzen, wenn es vereinbart ist. Dies gilt auch dann, wenn ein Vertrag nicht zustande kommt.

Bethge Vereinbarungen zur Freistellung von Maklerprovisionen NZM 2000, 122; *Bülow* Verbraucherkreditrecht im BGB NJW 2002, 1145; *Dehner* Das Maklerrecht – Leitfaden für die Praxis, Heidelberg (2001); *ders* Die Entwicklung des Maklerrechts seit 1989 NJW 1991, 3254; *ders* Die Entwicklung des Maklerrechts seit 2000 NJW 2002, 3747; *Fischer* Ausschluss der Maklerprovision nach § 654 BGB im Spiegel der Rechtsprechung NZM 2001, 873; *ders* Nachweis- und Vermittlungsleistung im Lichte der maklerrechtlichen Rechtsprechung NJW 2007, 183; *Grote/Wellmann* Geduldeter Betrug? Rechtliche Bewertung unseriöser Kreditvermittlungsangebote VuR 2007, 258; *Habersack/Schürnbrand* Der Darlehensvermittlungsvertrag nach neuem Recht WM 2003, 261; *Hättig* Das kleine Makler-AGB – Was der Makler über Kleingedrucktes unbedingt wissen muss NZM 2000, 113; *Michalski* Die erfolgsunabhängige Maklerprovision NZM 1998, 209; *Reuter* Das Maklerrecht als Sonderrecht der Maklertätigkeit – Versuch einer dogmatischen Ortsbestimmung NJW 1990, 1321; *Rixen* Das neue Sozialrecht der Arbeitsvermittlung nach der Reform der Bundesanstalt für Arbeit NZS 2002, 466; *Rott* Kreditvermittlung nach der Reform des Verbraucherkreditrechts VuR 2008, 281; *Scholz* Das Verbraucherkreditgesetz DB 1991, 215; *Schwerdtner/Hamm* Maklerrecht, 5. Aufl München (2008); *Wichert* Schlechterfüllung bei der Partnerschaftsvermittlung ZMR 2007, 241; *Stillner* Verbraucherkreditgeschäfte – Eine Einführung VuR 2002, 79; *Würdinger* Verdeckte wirtschaftliche Gleichwertigkeit im Maklerrecht NZM 2005, 327.

1 **A. Allgemeines. I. Gesetzliche Grundlagen.** Gemessen an der Bedeutung, die der Makler im heute von Globalisierung und Internet geprägten Geschäftsverkehr hat, fallen die gesetzlichen Regelungen dieses Vertragstyps auffallend spärlich aus (zu den historischen Gründen vgl Schwerdtner/*Hamm* Rn 6 f). § 652 leitet den Titel 10 ein, der Regelungen zum sog **Zivilmakler** enthält und nach Inkrafttreten des SMG in drei Untertitel aufgeteilt ist. Anders als die Überschrift des 1. Untertitels vermuten lässt, enthalten lediglich die §§ 652 (Lohn, Aufwendungsersatz), 653 (Entgeltlichkeit, Anspruchshöhe) und 654 (Verwirkung des Lohnanspruchs) allg und grds dispositive Vorschriften, da die (unabdingbare) Sonderregelung des § 655 (Herabsetzung des Maklerlohns) nur für Maklerverträge gilt, die auf den Nachweis bzw. die Vermittlung eines Dienstvertrages gerichtet sind. Besondere, halbzwingende Vorschriften für den Darlehenvermittlungsvertrag zwischen einem Unternehmer und einem Verbraucher finden sich in den §§ 655a-655e, die inhaltlich den §§ 1 Abs 3, 15–18 VerbrKrG aF entsprechen (MüKo/*Roth* Rn 1). Der 3. Untertitel »Ehevermittlung« enthält nur den § 656. Die Enthaltsamkeit des Gesetzgebers sowie die relativ schwache Stellung, die er den Maklern einräumt, hat in deren Praxis zur überdurchschnittlichen Verwendung von Kautelen, insbes iFv AGB geführt. Hierdurch haben die §§ 307 ff und die darauf basierende gerichtliche Kontrolle erheblichen Einfluss auf den Inhalt von Maklerverträgen ausgeübt (su Rn 19 f). Anknüpfungspunkt ist dabei idR das **gesetzliche Leitbild** des Maklervertrages, das in erster Linie geprägt ist von der fehlenden Verpflichtung des Maklers zum Tätigwerden, der Entschließungsfreiheit des Auftraggebers im Hinblick auf den Abschluss des Hauptvertrages, der erforderlichen Ursächlichkeit der Maklertätigkeit für den Hauptvertrag und der damit einhergehenden Erfolgsabhängigkeit des Maklerlohns (st Rspr BGH NJW-RR 2003, 699, 700 mwN).

2 Außerhalb des BGB finden sich in den §§ 93 ff HGB zunächst Regelungen zum **Handelsmakler**, auf den die Vorschriften der §§ 652 ff nur subsidiär anzuwenden sind (§ 2 EGHGB). Dieser Typus unterscheidet sich vom Zivilmakler in erster Linie durch die Art der vermittelten Hauptverträge und dadurch, dass eine Nachweistätigkeit hierfür nicht ausreicht. Die Rechte (ua § 99 HGB) und Pflichten (ua §§ 94, 96, 98, 100 f HGB) eines Handelsmaklers hat nur, wer gewerbsmäßig, wenn auch im Kleingewerbebetrieb (§ 93 Abs 3 HGB), Verträge über die Anschaffung oder Veräußerung von Waren oder Wertpapieren, über Versicherungen, Güterbeförderungen, Schiffsmiete oder sonstige Gegenstände des Handelsverkehrs vermittelt. Zu solch fungiblen Vermögensobjekten mit Handelswert (MüKo-HGB/*v Hoyningen-Huene* § 93 Rn 36) gehören gewerbliche Schutzrechte wie Patente (PWW/*Fehrenbacher* Rn 2), Beteiligungen an sog geschlossenen Fonds iFv Publikumsgesellschaften (Frankfurt aM WM 1979, 1393, 1396; offen gelassen in BGH WM 1984, 667, 668) sowie Bankkredite und sonstige Bankgeschäfte (RGZ 76, 250, 252; München NJW 1970, 1924, 1925). Soweit ein Handelsmakler andere Geschäfte (insbes über Immobilien, Wohnungen, Gewerberaum, Unternehmen bzw nicht fungible Anteile daran (vgl §§ 719 BGB, 15 GmbHG), Dienstleistungen, Darlehen oder Leasingobjekte (KG MDR 2002, 629)) vermittelt oder lediglich als Nachweismakler tätig wird, hat auch er ausschließlich die Rechte und Pflichten eines Zivilmaklers (§ 93 Abs 2 HGB). Des Weiteren kommen die §§ 343 ff HGB, einschließlich der Anspruchsgrundlage des § 354 HGB, in Betracht, wenn der Makler **Kaufmann** und der Maklervertrag somit (vgl § 344 HGB) für ihn ein Handelsgeschäft ist. Auch ohne Eintragung im Handelsregister

(vgl dazu § 2 HGB) sind Handelsmakler, aber auch die meisten Zivilmakler, hier insbes die Immobilienmakler, gem § 1 HGB Kaufleute, da ihr Gewerbebetrieb idR eine kaufmännische Einrichtung erfordert (MüKo/*Roth* Rn 11).

In einigen volkswirtschaftlich bes sensiblen Bereichen hat der Gesetzgeber weiteres Sonderprivatrecht zum Schutz des Auftraggebers geschaffen. Hervorzuheben ist neben den Vorschriften zur Vermittlung von **Verbraucherdarlehen** (§§ 655a ff) zunächst das WoVermG. Dieses sieht zu Gunsten desjenigen, der eine **Mietwohnung** (nicht Fremdenzimmer, Grundstückserwerb oder Eigentumswohnung, vgl Erman/*O Werner* Vor § 652 Rn 3) sucht, Regelungen vor, die weit überwiegend nicht dispositiv sind (§ 2 Abs 5 WoVermG) und in ihrem Anwendungsbereich den nur noch entspr heranzuziehenden §§ 652 ff vorgehen (iE MüKo/*Roth* Rn 129 ff). Nach Wegfall des Vermittlungsmonopols der Bundesagentur für Arbeit (1994) und des präventiven Erlaubnisvorbehalts (2002) finden sich zwingende und die §§ 652 ff (insbes 655) modifizierende Vorschriften (BSG NJW 2007, 1902, 1903) zur privaten Vermittlung von **Arbeits- und Ausbildungsverträgen** in den §§ 296 ff, 421g SGB III sowie 2 VermVergVO (Provisionshöhe bei Vermittlung als Berufssportler, Künstler oder Fotomodell uÄ). Für einen **Versicherungsmakler** iSd VVG, der gewerbsmäßig für seinen Auftraggeber die Vermittlung oder den Abschluss von Versicherungsverträgen übernimmt, ohne von einem Versicherer oder Versicherungsvertreter damit betraut zu sein, oder zumindest diesen Anschein erweckt (§ 59 Abs 3 S 2 VVG), gelten bes Mitteilungs-, Beratungs- (§§ 60 ff VVG) und Informationspflichten (§ 11 VersVermV, zum Ganzen *Reiff* VersR 2007, 717 ff). Bei Sachverhalten mit Auslandsberührung beurteilt sich die Frage des auf den Maklervertrag **anwendbaren Rechts** insbes nach Art 27, 28 EGBGB. Haben die Parteien keine (wirksame) Rechtswahl getroffen, ist idR an den Ort der gewerblichen Niederlassung bzw des gewöhnlichen Aufenthalts des Maklers anzuknüpfen (LG Frankfurt aM RIW 1994, 778; vgl zur akzessorischen Anknüpfung an den Hauptvertrag BGH IPRspr 1956/57 Nr 55). 3

Ebenfalls mit dem Ziel, den Auftraggeber und dessen Vermögen zu schützen, hat der Gesetzgeber bestimmte Maklertätigkeiten dem öffentlichen Gewerberecht unterstellt. Gem § 34c GewO bedarf zunächst derjenige einer **behördlichen Erlaubnis**, der gewerbsmäßig Verträge über Grundstücke, grundstücksgleiche Rechte, Darlehen, Gewerbe- oder Wohnräume nachweisen (zur Erlaubnispflicht von sog Adressvermittlern vgl BVerwG NVwZ 1991, 267) bzw solche oder Verträge über bestimmte Vermögensanlagen (insbes Anteile an geschlossenen Fonds oder sog offenen Fonds, dh von Kapitalanlage-/Investmentaktiengesellschaften verwaltete Sondervermögen) vermitteln will. Über den Anwendungsbereich des § 652 hinaus ist jede auf den Abschluss des Hauptvertrages abzielende (OVG Münster GewArch 2000, 282) bzw diesen vorbereitende (VGH Kassel NJW 2003, 3578) Tätigkeit erlaubnispflichtig, auch die erfolglose (VGH Kassel GewArch 1997, 67). Zur Konkretisierung der gewerberechtlichen Pflichten wurde auf Basis des § 34 Abs 3 GewO die MaBV erlassen. Die dem Schutz des dem Makler anvertrauten Vermögens dienenden Regelungen (§§ 2, 4, 6 und 8 MaBV) sind gem § 12 MaBV nicht zu Lasten des Auftraggebers abdingbar. Auch Versicherungsmakler (so Rn 3) bedürfen nunmehr der Erlaubnis der zuständigen IHK (§ 34d GewO). Weitere Einzelheiten hierzu regelt die auf § 34d Abs 8 GewO basierende VersVermV. 4

II. Rechtsnatur und Abgrenzung des Maklervertrages. Nach dem § 652 zugrunde liegenden Leitbild (so Rn 1) ist der Maklervertrag in der Hauptsache ein einseitig den Auftraggeber zur Zahlung eines Entgelts (nicht jedoch zum Abschluss des beabsichtigten Hauptvertrages) verpflichtender Vertrag, der keine Tätigkeitspflicht des Maklers begründet, jedoch dessen Vergütungsanspruch davon abhängig macht, dass infolge seiner Bemühungen der von seinem Auftraggeber nachgefragte Hauptvertrag zustande kommt (München AIZ 1967, 75; Schwerdtner/*Hamm* Rn 28). Unabhängig vom Erfolg seiner Bemühungen (vgl § 652 Abs 2 S 2) kann der Makler Aufwendungen nur ersetzt verlangen, wenn dies vereinbart ist. Mangels gegenseitiger Hauptpflichten finden die §§ 320 ff keine Anwendung (BGH NJW 1985, 1895 f; str bei Maklerdienst-/-werkvertrag su Rn 7). Wie jedes andere Schuldverhältnis begründet der Maklervertrag für beide Seiten Rücksichts- bzw Schutzpflichten iSd § 241 Abs 2. 5

Ausgehend vom gesetzlichen Leitbild lässt sich der Maklervertrag insbes anhand folgender Kriterien von ähnl Vertragstypen, für die idR abw Rechtsfolgen gelten, abgrenzen: Im Gegensatz zu dem auf Grund eines vertraglichen Dauerschuldverhältnisses (BGH BB 1972, 11) im Interesse und nach Weisung eines Unternehmers tätigen **Handelsvertreter** iFd Vermittlungsvertreters (§ 84 Abs 1 Alt 1 HGB) vermittelt der Makler objektbezogen Verträge bzw Geschäfte, ohne von seinem jeweiligen Auftraggeber ständig damit betraut zu sein (vgl ausdrücklich für den Handelsmakler § 93 Abs 1 HGB). Während der **Kommissionär** (§§ 383 ff HGB) und der **Spediteur** (§§ 453 ff HGB) rechtsgeschäftlich im eigenen Namen auftreten, ist der Makler niemals Partei des Hauptvertrages (MüKo/*Roth* Rn 18). Anders als beim **Auftrag** (vgl § 662) erbringt der Makler seine Leistung nicht unentgeltlich, kann aber im Gegensatz dazu (§ 670) seine Aufwendungen nur bei entspr Vereinbarung ersetzt verlangen. Er wird auch nicht wie ein **Verhandlungsbeauftragter** für einen anderen tätig, sondern handelt bis zum Abschluss des Hauptvertrages eigennützig (BGH NJW 2000, 72, 73; Bremen OLGZ 1965, 20). Insoweit unterscheidet sich der Maklervertrag zugleich vom (entgeltlichen) **Geschäftsbesorgungsvertrag** iSd § 675, der seinerseits eine Pflicht zum Tätigwerden beinhaltet, die § 652 fremd ist (zum Anspruch des Maklers aus § 354 HGB vgl Rz 42). Hierin liegt ferner ein wesentlicher Unterschied zum **Dienstvertrag** (vgl § 611 Abs 1), bei dem andererseits der Vergütungsanspruch des Dienstverpflichteten nicht davon abhängt, 6 dass seine Bemühungen zu dem von der Gegenseite angestrebten Erfolg geführt haben. Ein **Anwaltsdienstvertrag** (§§ 611, 675) liegt idR vor, wenn sich ein Rechtsanwalt im standesrechtlich zulässigen Umfang als Makler betätigt. Nur wenn dessen rechtsberatende Tätigkeit (ausnahmsw) völlig in den Hintergrund tritt und keine in Betracht kommende Rolle spielt, liegt ein Maklervertrag vor (BGH NJW 1985, 2642). Trotz seiner Erfolgsabhängigkeit unterscheidet sich der Maklervertrag vom **Werkvertrag**, indem es der Makler idR nicht übernimmt, den beabsichtigten Hauptvertrag für den Auftraggeber abzuschließen, sondern es diesem überlassen bleibt, den erstrebten Erfolg selbst herbeizuführen. Der **Reisevermittlungsvertrag** iSd § 651a Abs 2 ist idR ein Geschäftsbesorgungsvertrag mit Werkvertragscharakter; eine Maklerstellung des Reisebüros kommt bei gelegentlichen Buchungen von Leistungen des Reiseveranstalters im Auftrag des Reisenden in Betracht (MüKo/*Tonner* § 651a Rn 46 f). Bei einem dem Makler ggü abgegebenen **selbständigen Provisionsversprechen** entsteht der Anspruch des Maklers unabhängig von der Erbringung einer dem Versprechenden zugute kommenden Maklerleistung.

7 **III. Alleinauftrag.** Eine durch Vertragsgestaltung geprägte Sonderform des Maklerdienstvertrages ist der sog Alleinauftrag (auch »Festauftrag«), der nur mit Auftraggebern auf der Anbieterseite denkbar ist (Schwerdtner/*Hamm* Rn 948). Abweichend von § 652 Abs 1 verpflichtet sich der allein beauftragte Makler für die Dauer des Vertrages, aktiv Nachweis- bzw Vermittlungsleistungen zu erbringen (MüKo/*Roth* Rn 230: Pflicht zur Herbeiführung eines bestimmten Erfolges kann vereinbart werden). Dies kann weitere Nebenpflichten nach sich ziehen (Düsseldorf NJW-RR 1997, 1278: Beratung in Bezug auf den erzielbaren Kaufpreis). Bei längerer Vertragslaufzeit kommt ihm die Stellung eines sog **Vertrauensmaklers** zu, was ihn ua daran hindert, gleichzeitig als Vermittlungsmakler für die andere Partei des Hauptvertrages tätig zu sein (BGH NJW 1964, 1467, 1468: 15 Monate; anders NJW-RR 1998, 992, 993: 4 Monate). Im Gegenzug werden die für den Maklervertrag charakteristischen Freiheiten des Auftraggebers eingeschränkt. Dies gilt zum einen in zeitlicher Hinsicht. Für die Laufzeit des Vertrages ist sein ansonsten jederzeit bestehendes ordentliches Kündigungsrecht ausgeschlossen (BGH NJW 1969, 1626 f: Kündigung bei wichtigem Grund, zB Untätigkeit des Maklers, zulässig; NJW-RR 1994, 559, 560: bei unangemessen langer Bindung erfolgt Herabsetzung auf angemessene Dauer). Zum anderen begibt er sich der Möglichkeit, das Objekt anderweitig zu vermarkten. Beim sog **einfachen Alleinauftrag** darf er nicht mehr die Dienste anderer Makler in Anspruch zu nehmen (Hamm NJW-RR 1998, 842, 843). Die entspr Klausel kann auch im Wege von AGB wirksam in den Vertrag einbezogen werden (Frankfurt aM NZM 2002, 181). Bei einem schuldhaften Verstoß macht sich der Auftraggeber gem § 280 Abs 1 schadensersatzpflichtig (BGH NJW 1973, 1194 f). Nicht per AGB (häufig iFv Verweisungs-, Hinzuziehungs- oder Eigenverkaufsklauseln, su Rn 19 f), sondern nur im Rahmen einer Individualvereinbarung kann ein sog **qualifizierter Alleinauftrag** erteilt werden. Dieser zeichnet sich dadurch aus, dass es dem Auftraggeber über das zuvor Gesagte hinausgehend verwehrt ist, Eigengeschäfte provisionsfrei abzuschließen (BGH NJW-RR 1999, 998, 999: idR kein § 138). Dessen Freiheit, den Hauptvertrag abzuschließen oder die entspr Absicht wieder aufzugeben, bleibt allerdings auch in diesen Konstellationen unberührt (BGH NJW 1967, 1225 f). Der alleinbeauftragte Makler hat einen **Aufwendungsersatzanspruch** gem §§ 675, 670 analog, wenn er zusätzliche Leistungen (zB Aufstellung eines Teilungsplans, Vorbereitung einer Teilungserklärung) übernimmt (Hamm NJW 1973, 1976).

8 **B. Vergütungsanspruch des Maklers (Abs 1).** Nach § 652 Abs 1 entsteht der Anspruch des Maklers auf Vergütung (auch »Provision«, »Courtage«) mit Vorliegen folgender Voraussetzungen: (I.) wirksamer Maklervertrag zwischen Makler und seinem Auftraggeber, (II.) Erbringung der vereinbarten Nachweis- und/oder Vermittlungsleistung durch den Makler, (III.) wirksamer Abschluss des Hauptvertrages zwischen Auftraggeber und einem Dritten, (IV.) Ursächlichkeit der Maklerleistung für den Abschluss des Hauptvertrages und (V.) Kenntnis des Auftraggebers von der Maklerleistung. Der Anspruch wird im Zeitpunkt der Vollwirksamkeit des Hauptvertrages fällig (zur Vorverlagerung durch sog Fälligkeitsklauseln su Rn 19). Er verjährt innerhalb der allg Dreijahresfrist (§§ 195, 199). Die **Vergütungshöhe** richtet sich grds nach der vertraglichen Vereinbarung, bei deren Fehlen nach § 653 Abs 2 (siehe dort). Wird dabei – wie üblich – an den Hauptvertrag angeknüpft, ist der darin wirksam vereinbarte Wert maßgeblich (BGH NJW 1995, 1738: beim Unternehmensverkauf zählen übernommene Verbindlichkeiten nicht zu der für die Provisionshöhe maßgeblichen Gegenleistung).

9 **I. Maklervertrag. 1. Vertragsparteien; Dritte.** Als Makler bzw dessen Auftraggeber kommen (jeweils einzelne) natürliche und juristische Personen sowie teilrechtsfähige Personengesellschaften und -vereinigungen in Betracht. Auf beiden Seiten (Leistungserbringer und -empfänger) können auch mehrere Personen agieren, die in unterschiedlichen Beziehungen zueinander stehen. Kommen mehrere Personen als Auftraggeber in Betracht, ist anhand der Umstände des Einzelfalls zu beurteilen, von wem der Makler seine Provision verlangen kann. Erteilt ein Kunde mehreren Maklern **unabhängig voneinander** einen auf das gleiche Objekt bezogenen Auftrag, besteht zwischen ihm und jedem der Makler eine gesonderte Vertragsbeziehung, auf deren Grundlage er jeweils die volle Vergütung schuldet, sobald die Leistung des betreffenden Maklers (mit)ursächlich für den Abschluss des entspr Hauptvertrages war (zum Einwand der Vorkenntnis bei mehreren Nachweismaklern su Rn 36). Beauftragt der Kunde die Makler dagegen gemeinsam (sog **Mitmakler**), erhalten diese nur eine einzige Provision und gelten insoweit als Gesamtgläubiger (§ 428). Bedient sich ein (Haupt-)-

Makler zur Ausführung seines Auftrages selbst eines weiteren Maklers, der mit ihm auf derselben Seite, aber in keinem Gesellschaftsverhältnis steht, wird dieser als **Untermakler** bezeichnet. Der Untervermittlervertrag dient der Ausführung des dem Hauptmakler erteilten Auftrages (vgl zur Abgrenzung zum freien Mitarbeiter BGH BB 1982, 1876 f). Er ist somit ein Annexvertrag, der ua von Bestand (Hamburg AIZ 12/1986) und Inhalt (vgl zu § 652 Abs 2 BGH NJW 1965, 293 f) des Hauptmaklervertrages sowie der Einbringlichkeit der entspr Vergütung (Stuttgart NZM 2001, 901) abhängig ist.

Setzen beide Parteien des beabsichtigten Hauptvertrages unabhängig voneinander denselben Makler ein, spricht man von einem **Doppelmakler** (iE su § 654). Beauftragen sie dagegen jeweils einen anderen Makler und arbeiten diese (auf entgegengesetzten Seiten) gleichberechtigt zusammen, indem sie sich über ihre jeweiligen Aufträge informieren und ggf die Auftraggeber zusammenführen, liegt ein sog **Gemeinschaftsgeschäft** vor (BGH NJW-RR 1987, 171). Dessen Inhalt richtet sich ausschließlich nach den unter den Maklern getroffenen Vereinbarungen (nicht §§ 705 ff vgl BGH MDR 1967, 40). Die vom Branchenverband IVD entworfenen GfG (s Schwerdtner/*Hamm* S 272 ff) kommen nur zur Anwendung, soweit sie zum Vertragsgegenstand gemacht wurden (kein Handelsbrauch vgl BGH NJW-RR 1987, 171). Jeder der Makler hat dabei ggü seinem Auftraggeber Anspruch auf die volle Vergütung. Soweit nicht anders vereinbart, wird die jeweilige Maklervergütung im Innenverhältnis geteilt, und zwar selbst dann, wenn der andere Vergütungsanspruch nicht entsteht (BGH BB 1963, 835; vgl zum Schadensersatz bei Verstoß gegen Provisionsteilungsabrede BGH NJW-RR 1987, 171). Letzteres ist ua dann der Fall, wenn der eine Makler selbst keine vergütungsbegründende Maklerleistung erbringt und ihm die Leistung des anderen auch nicht (zugleich) als eigene zuzurechnen ist. Da die Makler unterschiedliche Interessen vertreten, kommt eine solche Zurechnung nur ausnahmsw in Betracht, wenn der betreffende Auftraggeber über das Gemeinschaftsgeschäft informiert und damit (stillschweigend) einverstanden war (Stuttgart NZM 2002, 828, 829 mwN; vgl zu § 654 bei fehlendem Einverständnis *Dehner* Rn 405). Aus gleichem Grunde erfolgt grds auch keine Verschuldenszurechnung nach § 278. Der zweite Makler ist allerdings etwa dann Erfüllungsgehilfe des ersten, wenn dieser ihm die alleinige Weiterführung der Vermittlertätigkeit überlässt und der zweite Makler einseitig im Interesse seines Auftraggebers agiert (München JR 1961, 95, 97). 10

2. Vertragsschluss. Der Maklervertrag kommt durch übereinstimmende Willenserklärungen – Angebot und Annahme – der beteiligten Parteien (Makler und Auftraggeber) zustande, vgl §§ 145 ff. Mangels Formzwang (su Rn 16) kann jede der Erklärungen grds mündlich oder auch konkludent, dh durch schlüssiges Verhalten abgegeben werden (vgl zum Schweigen auf ein kaufmännisches Bestätigungsschreiben MüKo/*Roth* Rn 45). Während bei mündlichen, aber eindeutigen Erklärungen die Beweisfrage im Vordergrund steht, geht es bei konkludenten Willenserklärungen praktisch immer (auch) um deren Wirksamkeit. Ein **Angebot** ist ua nur dann wirksam, wenn Gegenstand und Inhalt des angestrebten Vertrages hinreichend bestimmt bzw bestimmbar angegeben sind (BAG NJW 2006, 1832, 1833). Es muss aus verobjektivierter Sicht des jeweiligen Erklärungsempfängers der Wille und die Bereitschaft des Antragenden, die Maklerleistung gegen Zahlung einer Vergütung zu erbringen bzw in Anspruch zu nehmen, hinreichend deutlich zum Ausdruck kommen (BGH WM 1971, 904; Düsseldorf NJW-RR 1997, 368). Eine (konkludente) **Annahmeerklärung** liegt in der vorbehaltlosen Bejahung der zur Kenntnis gebrachten Offerte (Palandt/*Heinrichs* § 147 Rn 1; zur (isolierten) Unwirksamkeit fingierter Annahmeerklärungen in Makler-AGB (§ 308 Nr 5) vgl BGH NZM 2007, 169, 170). Entscheidend sind immer die Umstände des Einzelfalles. Weder eine ständige Übung, die Maklerprovision im Hauptvertrag auf den Interessenten abzuwälzen, die Gewerbsmäßigkeit der Maklertätigkeit noch die herrschende Verkehrssitte als Doppelmakler zu agieren, sprechen generell für den Abschluss eines Maklervertrages (BGH NJW 1986, 177; Hamburg MDR 1966, 143, 144; ausf Schwerdtner/*Hamm* Rn 98 f). 11

a) Initiative des Maklers. Geht die Initiative vom Makler aus, sind die vorgenannten Voraussetzungen idR nur bei einem **ausdrücklichen Provisionsverlangen** ggü dem potentiellen Auftraggeber erfüllt. Der Angesprochene darf ansonsten davon ausgehen, dass dieser allein für die andere Partei des Hauptvertrages tätig und demzufolge nur von ihr vergütet wird (st Rspr BGH NJW 1986, 177; NZM 2002, 533, 534). Ob dem tatsächlich so ist, spielt keine Rolle; Unklarheiten gehen zu Lasten des Maklers (Rostock NJW-RR 2006, 857, 858). Werbende Inserate (Zeitung, Rundfunk oder Internet) sowie Aushänge des Maklers ohne unmissverständlichen Hinweis auf die Provisionspflicht des Interessenten (unklar: »Kaufpreis 90.000 DM + Provision« ggü Kaufinteressenten vgl Hamm NJW-RR 1999, 127; eindeutig: »Courtage 2 MM« ggü Mietinteressent vgl LG Köln NJW-RR 1997, 369; MüKo/*Roth* Rn 48 mwN) stellen ebenso wenig ein wirksames Angebot dar, wie die (anschließende) Vereinbarung eines Besichtigungstermins (BGH NJW 1986, 177; NJW-RR 2007, 400). Die bloße **Entgegennahme oder Verwertung** derart missverständlich beworbener Maklerleistungen ist trotz § 653 Abs 1 (arg »Übertragung von Maklerleistung« fehlt, BGH NJW-RR 1991, 371) weder eine schlüssige Annahmeerklärung noch ein seinerseits annahmefähiges Angebot des Interessenten (BGH DB 1971, 2056, 2059; Rostock NJW-RR 2006, 857). 12

Der Hinweis auf die Provisionspflicht kann in AGB enthalten sein (Düsseldorf NJW-RR 1996, 1466), wenn er dort von einem Durchschnittskunden schon bei flüchtigem Durchlesen wahrgenommen wird (BGH NJW-RR 1987, 113). Er hat grds **vor Erbringung der Maklerleistung** zu erfolgen. Andernfalls kann dem Verhalten 13 des Interessenten idR kein auf Abschluss des Maklervertrages gerichteter Erklärungswert beigemessen werden und der Makler handelt auf eigenes Risiko (BGH NJW 2002, 817, 818). Teilt etwa der Makler im unaufgefordert übermittelten Objektnachweis, also bei Erbringung der wesentlichen Maklerleistung, die Provisionspflicht mit, kommt ein Maklervertrag nicht allein dadurch zustande, dass der Interessent die Informationen für eigene Ermittlungen verwertet und den Hauptvertrag direkt abschließt (arg keine Sperrwirkung, vgl BGH NJW 1986, 177, 178; NJW-RR 1989, 1071). Erforderlich ist vielmehr, dass der Interessent **weitere Maklerdienste** (zB erneute Objektbesichtigung, erg Unterlagen, Kontaktaufnahme mit Gegenseite) in Anspruch nimmt oder sich zumindest gefallen lässt, ohne das Provisionsverlangen ausdrücklich zurückgewiesen zu haben (BGH NJW-RR 1986, 1496: Kein widersprüchliches Verhalten iSd § 242 bei Inanspruchnahme bzw Gefallenlassen trotz Zurückweisung), und der Makler nach den Umständen davon ausgehen darf, er tue dies in Kenntnis des Provisionsverlangens (BGH NJW 1984, 232). Die kommentarlose Fortsetzung einer Objektbesichtigung direkt nach Übergabe des Exposé mit Provisionsklausel reicht hierfür nicht, da der Makler nicht erwarten kann, dass der Interessent es sofort durchliest (BGH NJW-RR 1991, 371, 372; Schleswig NJW 2007, 1982, 1983). Verlangt der Makler erst **nach Leistungserbringung** seine Provision, kann die Reaktion des Interessenten zwar noch zum Abschluss des Maklervertrages führen (Hamburg NJW-RR 2003, 487), dies jedoch nur unter strengen Anforderungen. Auch für ein selbständiges Provisionsversprechen (su Rn 41) ist mangels Veranlassung wenig Raum (BGH NJW-RR 2007, 55).

14 **b) Initiative des Interessenten.** Auch wenn der Interessent von sich aus an den Makler herantritt, kommt grds nur bei eindeutigem Provisionsverlangen ein Maklervertrag zustande. Dies gilt zunächst für unverbindliche Nachfragen zu Informationszwecken (KG NJW 1961, 511). Nach jüngst geänderter Rspr des BGH (NJW 2005, 3779, 3780, str) ist ein deutlicher Hinweis hierauf aber auch dann erforderlich, wenn der Makler lediglich Objekte aus »seinem Bestand« nachweisen soll. Erst wenn ihm der Interessent darüber hinaus einen sog **eigenen Suchauftrag** erteilt, darf er nicht mehr damit rechnen, dass der Makler von einem anderen bezahlt wird (München NZM 2005, 71). Ein konkludentes Angebot wird in diesen Fällen bejaht, wenn sich der Makler zur Ausführung des Auftrags neue Objekte erschließen, dh eigenständig nach außen hin suchend tätig werden muss (Hamm NJW-RR 1994, 1540; Saarbrücken OLG-Report 2004, 420, 421). Ein ausdrückliches Provisionsverlangen ist schließlich auch dann entbehrlich, wenn der Interessent den Makler durch sein Auftreten hiervon abgehalten hat (BGH NJW 1958, 298, 299), etwa indem er ihm ggü den Eindruck vermittelt, die eigene Provisionspflicht für selbstverständlich zu halten (*Reuter* NJW 1990, 1321, 1323).

15 **3. Wirksamkeit.** Der Maklervertrag kann aus einer Reihe von Gründen von Anfang an unwirksam sein oder es später werden und so den Vergütungsanspruch ausschließen. Neben den nachfolgend iE erläuterten Gründen kommen insbes noch Anfechtung (§ 142; BGH NJW 1980, 2460 f; Köln NJW 1971, 1943: arglistige Täuschung (§ 123) bei unehrlicher Behauptung des Doppelmaklers, vom anderen Auftraggeber keine Vergütung zu erhalten), Widerruf (§ 312b; MüKo/*Roth* Rn 44) und negatives Schuldanerkenntnis (Düsseldorf NJW-RR 1995, 1524, 1525) in Betracht (zu möglichen Ansprüchen des Maklers bei unwirksamem Maklervertrag vgl Rn 40 ff).

16 **a) Formerfordernisse.** Vom Grundsatz der Formfreiheit des Maklervertrages gibt es neben bes (zB § 655b: Darlehensvermittlung; § 296 SGB III: Arbeitsvermittlung) auch einige allgemeingültige Ausn (BGH NJW-RR 2005, 1141, 1142: §§ 492, 499 bei Zahlungsaufschub in Bezug auf Maklerprovision). § 311b Abs 1 (bzw Abs 3, nicht aber § 15 GmbHG, vgl BGH NJW-RR 1998, 1270, 1271) greift dann ein, wenn sich der Auftraggeber ggü dem Makler ausdrücklich zum Abschluss des formbedürftigen Hauptvertrages verpflichtet (BGH NJW 1971, 557: Grundstücksveräußerung) oder zumindest faktisch dazu gezwungen ist. Dies ist insbes bei individuell vereinbarter erfolgsunabhängiger (Teil-)Provision der Fall (BGH WM 1973, 816: in AGB (auch) gem § 307 Abs 2 Nr 1 unwirksam), wenn der Kunde hierdurch so unangemessen unter Druck gesetzt wird, dass seine Entscheidungsfreiheit ernsthaft gefährdet ist (BGH NJW 1971, 557, 558). Lässt sich der Makler neben dem Ersatz seiner Aufwendungen ein Entgelt versprechen, dessen Höhe etwa **10 bis 15 %** der für den Erfolgsfall vereinbarten Provision übersteigt, ist danach idR auch der Maklervertrag beurkundungspflichtig (BGH NJW 1980, 1622, 1623; Frankfurt aM NJW-RR 1986, 597: uU auch bei Aufwendungsersatz von unter 10 %). Auf die gewählte Bezeichnung (zB »pauschalierter Schadensersatz«, »Reservierungsentgelt«) kommt es dabei iErg genauso wenig an wie auf die dogmatische Anknüpfung (BGH NJW 1970, 1915, 1916: uneigentliches Strafgedinge iSd §§ 434 Abs 2, 444; vgl iE MüKo/*Roth* Rn 60 ff). Die mangelnde Form führt zur Nichtigkeit des gesamten Maklervertrages (BGH NJW 1987, 1628; §§ 125, 139 gehen bei AGB insoweit 306 vor), so nicht etwas anderes vereinbart ist (BGH NJW-RR 1994, 559: salvatorische Klausel). Der befasste Notar hat die Beteiligten entspr zu belehren (§ 17 Abs 2 BeurkG). Formmängel, nicht aber die mögliche Verwirkung der Vergütung (§ 654), werden durch den formgerechten Abschluss des Hauptvertrages (BGH NJW 1987, 1628), spätestens jedoch mit dessen formgerechter Durchführung (BGH WM 1981, 993) analog § 311b Abs 1 S 2 geheilt.

17 **b) Verbotsgesetze.** Verstößt der Maklervertrag gegen ein gesetzliches Verbot, ist er gem § 134 nichtig, so sich nicht aus dem Gesetz (zB § 3 Abs 4 S 2 WoVermG: Kopplungsverbot) bzw durch dessen Auslegung ein ande-

res ergibt (vgl iE Kommentierung zu § 134). Zur Nichtigkeit führen insbes Verstöße gegen **Vermittlungsverbote** wie §§ 5 AdVermiG (private Adoptionsvermittlung), 13c, 13d AdVermiG (Ersatzmuttervermittlung), 292 SGB III iVm 42 BeschVG (private Beschäftigungsvermittlung in bzw aus Nicht-EU/EWR-Staaten), 56 Abs 1 Nr 6 GewO (Darlehensvermittlung im Reisegewerbe, vgl BGH NJW 1999, 1636, 1637) oder 14 Abs 4 S 1 BNotO (Darlehens- oder Grundstücksvermittlung durch Notare; BGH NJW 2001, 1569, 1570: gilt auch für anwaltlichen Sozius eines Anwaltnotars). Gleiches gilt für eine von der **MaBV** abw Vereinbarung (BGH NJW 2001, 818, 820; 2007, 1947, 1948: jeweils zu § 3 Abs 2 MaBV). Gesamtnichtigkeit (Koblenz NJW-RR 2002, 1484: ggf bleibt Provisionsanspruch nach §§ 139, 306 Abs 1 unberührt) tritt auch bei Verstößen gegen §§ 2 StBerG oder 3 RDG, zB durch Vertragsgestaltung (MüKo/*Roth* Rn 77) oder Beratung des betreuten Versicherungsnehmers bei der Geltendmachung von Schadensersatzansprüchen gegen den Schädiger (BGH Warn 1967 Nr 108), ein. Allerdings sind **Rechtsdienstleistungen** (§ 2 Abs 1 RDG: nicht erfasst sind etwa das bloße Auffinden und die schematische Anwendung von Rechtsnormen) iZm der Maklertätigkeit dann erlaubt, wenn sie als Nebenleistung zum Tätigkeitsbild gehören (§ 5 Abs 1 RDG), wie zB Anfertigung bzw Bereithalten von Vertragsentwürfen (BGH NJW 1974, 1328), Hilfeleistung durch Immobilienmakler in Grundbuchangelegenheiten (Düsseldorf JR 1968, 25) oder Beantragung der Schankerlaubnis durch Gaststättenmakler (Palandt/*Sprau* Rn 8). Eine gegen berufliches **Standesrecht** verstoßende Maklertätigkeit (§ 57 Abs 4 StBerG: gewerbliche Ausübung durch Steuerberater; § 14 Abs 2 Nr 8 BRAO: ständige Ausübung durch Rechtsanwalt) führt nicht zur Nichtigkeit der abgeschlossenen Maklerverträge (BGH NJW 1981, 399, 400; 2000, 3067, 3068). Dies trifft auch für das Fehlen einer **gewerberechtlichten Erlaubnis** auf Seiten des Maklers zu (BGH NJW 1981, 387, 388 zu § 34c GewO). Ebenfalls kein Verbotsgesetz ist § 6 Abs 1 WoVermG, so dass das (ordnungswidrige) Anbieten von Wohnräumen ohne Auftrag des Berechtigten nicht die Nichtigkeit des Maklervertrages zur Folge hat (BGH NJW 2002, 3015, 3016). Zur Überschreitung gesetzlich festgelegter **Provisionshöhen** vgl § 655 Rz 5 ff.

c) **Sittenwidrigkeit.** Ein sittenwidriger bzw wucherischer Maklervertrag ist gem § 138 nichtig. Dies wird für 18
Provisionsvereinbarungen bejaht, die zu einer anstößigen **Kommerzialisierung** bestimmter Lebensbereiche führen (KG NJW 1989, 2893: Mandatsvermittlung an Rechtsanwalt; Hamm NJW 1985, 679, 680: Patientenvermittlung an Arzt; MüKo/*Roth* Rn 66: Call-Girl-Agenturen, aA *Dehner* NJW 2002, 3747, 3748; BGH NJW 1999, 2360: keine Sittenwidrigkeit bei Einschaltung des Maklers durch Architekten). Auch Vereinbarungen über die **Provisionshöhe** können die Nichtigkeit des Maklervertrages zur Folge haben. Dies ist bei erfolgsabhängigen (zu erfolgsunabhängigen vgl *Michalski* NZM 1998, 209, 211) Provisionen der Fall, wenn zu einem auffälligen Missverhältnis zwischen der üblichen Maklerprovision bzw dem darin ausgedrückten Wert der Maklerleistung für den Auftraggeber (BGH NJW 2003, 1393, 1394) und der konkret vereinbarten Vergütung weitere sittenwidrige Umstände (zB verwerfliche Gesinnung, Ausnutzen der Lage oder Unerfahrenheit des Kunden) hinzutreten, was allerdings bei einem auffälligen Missverhältnis indiziert ist (BGH NJW 2000, 2669: Fünffache der üblichen Maklerprovision, offengelassen, ob auch das Doppelte der üblichen Provision zur Sittenwidrigkeit führt; BGH WM 1976, 289 f: 1/6 des vermittelten Darlehens; Oldenburg WM 1987, 992, 993: 6 % statt der üblichen 1 % des vermittelten Kredites). Die Vereinbarung einer **Übererlösklausel** ist nicht schon wegen der daraus resultierenden überdurchschnittlich hohen Provision sittenwidrig (BGH DB 1969, 1334 f: 29 %), sondern erst, wenn der Makler einen Wissensvorsprung bzgl des erzielbaren Preises ausnutzt (BGH NJW 1994, 1475). Besteht die vereinbarte Maklerleistung im Wesentlichen darin, mit dem zuständigen ausländischen Beamten ein **Schmiergeld** auszuhandeln und es an ihn weiterzuleiten, ist die Provisionsabrede insg nichtig, wenn derartige Zahlungen gegen das dortige Recht verstoßen und das Schmiergeld in der Maklerprovision enthalten ist (BGH NJW 1985, 2405, 2406; NJW-RR 1986, 346, 348: uU Aufrechterhaltung der Provisionsabrede, wenn Schmiergelder als Auslagen gesondert ausgewiesen werden). Lässt sich jemand, der insbes auf Grund seines Berufes **Vertrauensperson** ist, von einem anderen eine Provision für den erfolgreichen Vertragsschluss mit einem ihm vertrauenden Dritten versprechen, ist der Maklervertrag nichtig, wenn er dem Dritten das Provisionsinteresse nicht spätestens bei der Empfehlung offenbart und der Versprechende dies zumindest billigend in Kauf nimmt (BGH MDR 1977, 209: Kreditsachbearbeiter; NJW 1991, 1224: Steuerberater, zugl zur Einschaltung von Strohmännern und Hrsg des Sondervorteils an den vertrauenden Dritten; Frankfurt aM NJW 1990, 2131: Rechtsanwalt; Köln NZM 2002, 838: Vermögensverwalter). **Reservierungsvereinbarungen**, in denen sich der von einem anderen beauftragte Makler entgeltlich ggü einem Interessenten verpflichtet, das Objekt nicht weiter anzubieten, sind nichtig, wenn sie unbefristet sind oder einen unangemessen niedrigen Preis vorsehen und somit zu Lasten des ursprünglichen Auftraggebers gehen (BGH NJW 1988, 1716, 1717; iE MüKo/*Roth* Rn 73 f).

d) **AGB-Inhaltskontrolle.** Während individuell ausgehandelte Vereinbarungen allg (insbes §§ 125, 134, 138) 19
sowie ggf bestimmte bereichsspezifische Grenzen (zB §§ 655c; 2 Abs 2 Nr 1 und 4, 3 Abs 2 WoVermG; 296 Abs 2 S 2, 296a SGB III; 61 VVG) einzuhalten haben, müssen sich AGB, soweit sie wirksam in den Vertrag einbezogen wurden (§§ 305 f, 310 Abs 1), zusätzlich an den Vorschriften der §§ 305c ff messen lassen. Bei der Abgrenzung legt die Rspr strenge Maßstäbe an, so dass es meist an einem Aushandeln iSd § 305 Abs 1 S 3 fehlt und somit eine AGB-Klausel vorliegt (BGH NJW 1987, 1634 f: »Aushandlungsbestätigung« unwirksam;

iE BaRoth/*Kotzian-Marggraf* Rn 11). Bei Verbraucherverträgen ist insoweit noch § 310 Abs 3 zu beachten. Obwohl eine (weitergehende) Verschlechterung der Maklerstellung durch AGB des Auftraggebers vorkommt (insbes Hinausschieben oder Abwälzen des Provisionsanspruchs, iE MüKo/*Roth* Rn 224 ff), steht doch der umgekehrte Fall deutlich im Vordergrund. Klauseln, die die Rechtsstellung des Maklers verbessern sollen, dürfen weder gegen die speziellen Verbote der §§ 308, 309 verstoßen noch überraschend iSd § 305c sein. Sie dürfen den Auftraggeber des Maklers aber vor allem nicht unangemessen benachteiligen (§ 307 Abs 1). Eine derartige Benachteiligung liegt gem § 307 Abs 2 Nr 1 insbes dann vor, wenn die entspr Regelung mit dem **gesetzlichen Leitbild** nicht vereinbar ist. Die folgende Übersicht listet gebräuchliche Klauseln auf und orientiert sich dabei an dem Wesensmerkmal des gesetzlichen Leitbildes (so Rn 1), von dem abgewichen wird. Auf Grund der übermäßigen Einschränkung der Entschließungsfreiheit des Auftraggebers in Bezug auf den Abschluss des Hauptvertrages sind sog **Nichtabschlussklauseln** unwirksam, die eine (Teil-)Provision bei Ablehnung eines akzeptablen Vertragspartners vorsehen (BGH NJW 1979, 367). Die erforderliche Maklertätigkeit bzw deren Ursächlichkeit für den Hauptvertrag wird insbes durch folgende Klauseln in unzulässiger Weise abbedungen: **Folgegeschäftsklauseln**, die eine Provisionspflicht für den Fall vorsehen, dass sich aus dem vom Makler nachgewiesenen bzw vermittelten Geschäft weitere Geschäfte ergeben (BGH NJW 1973, 990: späterer Ankauf eines vermittelten Mietobjekts; 1986, 1036 f: weniger streng bei Versicherungsmaklern); **Gleichstellungsklauseln**, nach denen der Auftraggeber auch bei einem Erwerb in der Zwangsvollstreckung oder eines anderen Objekts provisionspflichtig sein soll (BGH NJW 1992, 2568); **Rückfrageklauseln**, die dem Auftraggeber den Einwand der fehlenden Ursächlichkeit abschneiden, falls er nicht vor Vertragsschluss beim Makler nachfragt, ob dieser den Vertragspartner zugeführt hat (*Hättig* NZM 2000, 113, 119); **Vorkenntnisklauseln**, die das nachgewiesene Objekt als unbekannt fingieren, so der Auftraggeber nicht innerhalb einer bestimmten Frist die Kenntnis der Vertragsgelegenheit offen legt (§ 309 Nr 12; BGH NJW 1971, 1133, 1135). Zulässig sind dagegen **Weitergabeklauseln**, die den Auftraggeber bei unbefugter Weitergabe des Nachweises an einen Dritten zur Zahlung der Provision verpflichten, wenn jener die Vertragsgelegenheit wahrnimmt (BGH NJW 1987, 2431 f). Von der Rspr gänzlich abgelehnt werden dagegen Klauseln, die die Erfolgsabhängigkeit des Maklerlohns ausschließen oder lockern. Dies kann zum einen durch sog **Fälligkeitsklauseln** geschehen, nach denen etwa die Provision bereits vor Wirksamwerden des Hauptvertrages »verdient und fällig« sein soll (Hamm NJW-RR 1996, 1526 f: gilt unabhängig davon, ob erfolgsunabhängige Provision oder Vorschuss gemeint war; differenzierend MüKo/*Roth* Rn 220). Zum anderen sind Klauseln unwirksam, die bei **genehmigungsbedürftigen Hauptverträgen** (dazu su Rn 32) den Provisionsanspruch von deren Erteilung abkoppeln (BGH NJW 1973, 1276, 1278). In einer als **Reservierungsvereinbarung** bezeichneten Klausel kann eine erfolgsunabhängige Teilprovision nicht wirksam vereinbart werden (Hamm NJW-RR 1989, 1209). Ebenso wenig kann sich der Makler über eine **Rückforderungsausschlussklausel** eine zu Unrecht gezahlte Provision erhalten (BGH NJW 1984, 2163). Allerdings ist es dem Makler gestattet, sich gegen die zum Wegfall seines Provisionsanspruchs führenden »Vertragsschlussrisiken« (su Rn 32) zu sichern, die allein in der Sphäre des Auftraggebers liegen (MüKo/*Roth* Rn 164 mwN: zB Anfechtung).

20 Beim **Alleinauftrag** (so Rn 7) richtet sich die Inhaltskontrolle trotz der Tätigkeitspflicht des Maklers und seiner dienstvertraglichen Züge nach dem Leitbild des § 652 (BGH NJW 1987, 1634, 1636; abl MüKo/*Roth* Rn 7, 227 ff). Neben dem zuvor Gesagten gilt für die in diesem Zusammenhang verwandten AGB insbes das Folgende: Während die einen einfachen Alleinauftrag ausmachenden Verbotsklauseln hinsichtlich der Hinzuziehung weiterer Makler auch per AGB vereinbart werden können, ist dies bei dem zusätzlichen Verbot von Eigengeschäften (sog qualifizierter Alleinauftrag) nicht mehr der Fall (BGH NJW-RR 1999, 998, 999). **Bindungsklauseln**, durch die sich der Auftraggeber unverhältnismäßig lange zur Unterlassung von Eigengeschäften verpflichtet, sind unwirksam (BGH NJW 1986, 1173). Sog **Verweisungs- und Zuziehungsklauseln** verpflichten den Auftraggeber, alle an ihn herantretenden Vertragsinteressenten an den Makler zu verweisen bzw diesen am Vertragsschluss mitwirken zu lassen, damit er seine Provision verdienen kann. Sie sind unwirksam, wenn sie für den Fall eines Verstoßes die Zahlung der vollen bzw einer angemessenen Vergütung durch den Auftraggeber vorsehen. Zulässig ist dagegen die Begründung eines Anspruchs auf Ersatz der getätigten Aufwendungen (BGHZ 60, 377 ff). Entsprechend verhält es sich bei sog **Widerrufsklauseln**, die den Auftraggeber zur Zahlung der Provision auch dann verpflichten, wenn er den Alleinauftrag vorzeitig widerruft bzw kündigt (dazu iE BGH NJW 1967, 1226).

21 e) **Vertragsende.** Die Beendigung eines wirksam zustande gekommenen Maklervertrages wirft grds Fragen nur für danach erbrachte Maklerleistungen auf. So vermag weder die zwischen Erbringung der Maklerleistung und Abschluss des Hauptvertrages erfolgte Kündigung des Auftraggebers noch der in diesem Zeitraum eingetretene Tod des Maklers dessen Provisionsanspruch zu beseitigen (BGH WM 1976, 503, 504). Während der befristete Maklervertrag idR durch Zeitablauf endet, bedarf es bei einem unbefristeten Vertrag, von dem iZw auszugehen ist, einer Kündigung oder Aufhebungsvereinbarung. Die **Kündigung** (bzw Widerruf) des Auftraggebers ist entspr § 671 Abs 1 ohne Frist möglich (BGH WM 1986, 72 f). Ob der Makler nur nach Maßgabe des § 626 kündigen kann (Jauernig/*Mansel* Rn 7, str), ist für ihn praktisch irrelevant, da er nicht zur Leistung verpflichtet ist (zur Wirksamkeit von Kündigungsbeschränkungen beim Alleinauftrag so Rn 7). Aus diesem Grunde kann die erkennbare Einstellung der Maklerdienste für sich genommen nicht als Kündi-

gung des Maklervertrages gewertet werden (LG Essen AIZ 1995, A 112 Bl 4). Andererseits bietet ein Makler, der sich seinem Auftraggeber ggü selbst als Interessent für das bereits nachgewiesene Objekt zu erkennen gibt, konkludent die rückwirkende **Vertragsaufhebung** an. An die zum Wegfall des Provisionsanspruchs führende Annahmeerklärung werden keine hohen Anforderungen gestellt (BGH NJW 1983, 1847, 1848). Während der Maklervertrag grds durch den **Tod** des Maklers analog § 673 S 1 beendet wird (BGH NJW 1965, 964; WM 1976, 503: nicht bei Tod des Inhabers einer Maklerfirma mit Angestellten), berührt ihn der Tod oder die spätere Geschäftsunfähigkeit des Auftraggebers grds nicht (§ 672 S 1 analog, Kündigung durch Erben erforderlich). Mit der **Insolvenz** des Auftraggebers endet der Maklervertrag (§§ 115, 116 InsO); die des Maklers lässt ihn zunächst unberührt, erlaubt dem Kunden aber die außerordentliche Kündigung (PWW/*Fehrenbacher* Rn 25).

II. Maklerleistung. Der Makler muss auf Grundlage des (noch) wirksamen Vertrages die vereinbarte Mak- 22
lerleistung erbracht haben, um sich die Provision zu verdienen. Gem § 652 Abs 1 kann dies nur iF des Nachweises der Gelegenheit zum Vertragsabschluss (Nachweismakler) oder der Vermittlung eines Vertrages (Vermittlungsmakler) geschehen (MüKo/*Roth* Rn 113 mwN: hierfür nicht ausreichend sind Beratung, Betreuung, Zusammenführung oder andere vertragsschlussfördernde Tätigkeiten). Werden diese grds gleichwertig nebeneinander stehenden Typen (wie zumeist) vertraglich kombiniert (»Nachweis- und Vermittlungstätigkeit«), gebührt dem Makler die volle Vergütung schon bei erfolgreicher Erbringung einer der Leistungen (Koblenz NJW-RR 1994, 824). Fehlt eine Vereinbarung über die Art der zu erbringenden Leistung, oder ist diese, wie in der Praxis häufig, sprachlich ungenau, muss durch Auslegung der übereinstimmende Wille der Parteien ermittelt werden (Frankfurt aM NJW-RR 2000, 58, 59: iZw nur Nachweis erforderlich; Karlsruhe NJOZ 2005, 2927, 2928: »Vermittlungsauftrag« als Nachweismaklervertrag).

1. Nachweistätigkeit. Diese ist (erst bzw bereits) erbracht, wenn der Makler den Auftraggeber in die Lage 23
versetzt hat, in konkrete Verhandlungen über den von ihm angestrebten Hauptvertrag einzutreten (BGH NJW-RR 2007, 402, 403; zum Kriterium der Wesentlichkeit su Rn 35). Hierfür ist grds erforderlich, dass er ihm ggü das Vertragsobjekt eindeutig bezeichnet (entbehrlich für Makler des Anbieters) und den potenziellen **Vertragspartner** hinreichend genau identifiziert (BGH NJW-RR 1987, 172, 173: Name und Anschrift; Hamm NJW-RR 1999, 632: bei mehreren Berechtigten genügt idR Verhandlungsführer). Im Einzelfall kann allein die Objektbezeichnung genügen, wenn sie die Identifizierung des Ansprechpartners ohne weitere Nachforschungen erlaubt (BGH NJW 1987, 1628, 1629: Anschrift des Vertragspartners identisch) oder das Kundeninteresse damit (zunächst) voll befriedigt ist und erst später »am Makler vorbei« der Hauptvertrag abgeschlossen wird (BGH NZM 2006, 667: keine Arglist des Kunden erforderlich; Einschaltung weiterer Makler unschädlich). Die bloße Eröffnung der Ermittlungsmöglichkeit genügt dagegen idR nicht (BGH NJW 1977, 41, 42: indirekter Nachweis; München BB 1973, 1551: Namensliste mit 500 Personen; Düsseldorf NJW-RR 1997, 1282: pauschale Angaben zu freier Bürofläche). Gleiches gilt für den Nachweis einer Zwangsversteigerung des Objekts, da das gesetzlich geregelte Verfahren keine Gelegenheit zu Verhandlungen eröffnet (BGH NJW 1990, 2744, 2745; zu sog Gleichstellungsklauseln so Rn 19). Der benannte Dritte muss im Zeitpunkt des Nachweises tatsächlich bereit und rechtlich in der Lage sein, substanzielle Verhandlungen über den beabsichtigten Vertragsabschluss zu führen (BGH NJW 2005, 753, 754 mwN). Bei Gesellschaften und anderen Personenmehrheiten genügt grds die **Vertragsbereitschaft** des vertretungsberechtigten Organs, wenn keine Anhaltspunkte für die generelle Ablehnung derartiger Geschäfte von Seiten der intern entscheidungsbefugten Gremien vorliegen (BGH NJW 2005, 753, 754: Publikumsgesellschaften; Karlsruhe NJOZ 2006, 1164, 1168: zur vertraglichen Absenkung der Anforderungen beim Unternehmenskauf). Latente Vertragsbereitschaft des Dritten, etwa bei vertraglichem Rücktrittsrecht der zunächst bevorzugten Gegenseite (BGH NJW-RR 2007, 402, 403), genügt. Sie liegt auch dann vor, wenn der Dritte bereit ist, den vom Auftraggeber beabsichtigten Vertrag zumindest »hilfsweise« abzuschließen, falls sich das eigentlich favorisierte Geschäft nicht realisieren lässt (BGH NJW-RR 1996, 113, 114). Vertragsbereitschaft besteht aber dann nicht, wenn das nachgewiesene Objekt (noch) gar nicht »auf dem Markt« ist. Insoweit begründet das spätere Ausnutzen einer (neuen) Gelegenheit zum Vertragsabschluss, die sich erst durch einen Sinneswandel des Berechtigten ergeben hat, keinen Provisionsanspruch (BGH NJW-RR 1997, 884). Das erforderliche **Verhandlungsmandat** liegt grds bei der im Hinblick auf das betreffende Objekt verfügungsbefugten Person, idR also bei deren Eigentümer. Da beim Maklervertrag der wirksame Abschluss des Hauptvertrages und nicht dessen Erfüllbarkeit im Vordergrund steht (su Rn 25 ff), reicht es für einen erfolgreichen Nachweis aus, wenn sich der vertragsbereite Dritte die Verfügungsmacht erst noch selbst verschaffen muss (BGH WM 1991, 643, 645: Vormerkungsberechtigter; NJW-RR 1996, 113). Schließlich ist eine »Doppelidentität« zwischen der im Maklervertrag vorausgesetzten und der nachgewiesenen Gelegenheit sowie zwischen dieser und der vom Auftraggeber ausgenutzten erforderlich, um von einem hinreichenden Nachweis sprechen zu können (BGH NJW-RR 1991, 950).

2. Vermittlungstätigkeit. Sie besteht im bewussten und zweckgerichteten Herbeiführen oder Fördern der 24
Abschlussbereitschaft des vorgesehenen Vertragspartners (BGH NJW 1976, 1844; 1990, 2744, 2745; zum Kriterium der Wesentlichkeit su Rn 35). Praktisch häufig, jedoch weder zwingend geboten noch allein ausrei-

chend, ist das Mitwirken am Vertragsschluss selbst (BGH WM 1974, 257; Jauernig/*Mansel* Rn 9: Kein Vermitteln bei Vertragsschluss durch bevollmächtigten Makler mit bereits abschlusswilligem Interessenten). Nicht darunter fallen die reine Weitergabe von Informationen (Bote), Ermöglichung eines Besichtigungstermins oder Beauftragung des beurkundenden Notars (Hamm NJW-RR 2001, 567). Gleiches gilt für Tätigkeiten im Rahmen einer Zwangsversteigerung des Objekts, da das gesetzlich geregelte Verfahren keine Beeinflussung zulässt (BGH NJW 1990, 2744, 2745; zu sog Gleichstellungsklauseln so Rn 19). Ein **mittelbares Einwirken** kann ausreichen, wenn die vom Makler beeinflusste Person auf Dauer, idR familien- oder gesellschaftsrechtlich, mit dem ins Auge gefassten Vertragspartner verbunden ist (BGH NJW 1984, 358, 359: längere Zeit unterhaltene Geschäftsbeziehung genügt nicht).

25 **III. Hauptvertrag.** Der Provisionsanspruch setzt weiter voraus, dass der Auftraggeber den von ihm beabsichtigten Hauptvertrag mit einem vom Makler abgrenzbaren Dritten wirksam abschließt. Der in Vorleistung gehende Makler trägt nach dem Leitbild des § 652 das Risiko, dass der Auftraggeber ohne triftigen Grund von dem Geschäft Abstand nimmt (Köln BB 1993, 2117: Schadensersatz nur bei zu sittenwidriger Schädigungsabsicht gesteigerter Treuwidrigkeit) oder dieses nicht (dauerhaft) rechtswirksam zustande kommt (BGH NJW 1983, 1130, 1131). Die Bedingung ist regelm (erst bzw bereits) mit Abschluss eines **schuldrechtlichen Verpflichtungsvertrages** erfüllt. Die vorverlegte Anknüpfung an den Abschluss eines Vorvertrages bedarf einer gesonderten Vereinbarung der Parteien des Maklervertrages (BGH WM 1991, 819, 821). Entsprechendes gilt für die Einräumung eines Vorkaufsrechts, den Abschluss eines Kaufanwartschaftsvertrages (BGH WM 1976, 28), die Leistung einer Anzahlung oder die Gewährung einer Option (Düsseldorf NJW-RR 1998, 1594: Vorverlagerung in Makler-AGB unzulässig, so Rn 19 ff). Anders als beim Handelsvertreter (§ 87a HGB) kommt es für den Provisionsanspruch des Maklers grds nicht auf die Ausführung (Erfüllung) des Hauptvertrages an (BGH WM 1974, 257). Etwas anderes gilt bei der Vermittlung eines Verbraucherdarlehens (§ 655c: Auszahlung des Darlehens und Wegfall des Widerrufsrechts) oder einer entspr Parteivereinbarung (BGH NJW 1988, 967: Maklerwerkvertrag).

26 **1. Mit einem Dritten.** Das Maklergeschäft ist gekennzeichnet durch ein **Dreipersonenverhältnis**. Um Interessenkonflikten vorzubeugen, muss der nachgewiesene bzw vermittelte Dritte immer ein anderer sein als der Makler und zwar sowohl im Zeitpunkt der Maklertätigkeit als auch bei Abschluss des Hauptvertrages (Stuttgart NJW 1973, 1975). Im Einzelfall kann auch die zu enge Beziehung zwischen dem Makler und seinem Auftraggeber den Provisionsanspruch entfallen lassen (BGH NJW 1997, 2672, 2673: makelndes Kreditinstitut zugl Grundpfandrechtsinhaber; Köln NZM 2003, 241: Verwalter iSd §§ 20 ff WEG als Makler des Wohnungsverkäufers; str). Die Abgrenzung hat nach wirtschaftlichen, nicht formal-juristischen Kriterien zu erfolgen (BGH NJW 1985, 2473). Bei einem **Eigengeschäft** ieS des Maklers fehlt es bereits an einer zu honorierenden Maklerleistung (BGH NJW 1985, 2473: kein Nachweis, sondern eigene zum Hauptvertrag führende Willenserklärung; Staud/*Reuter* Rn 165: kein Einwirken des Vermittlungsmaklers auf sich selbst). Somit kommen als Makler in Bezug auf die jeweils verwalteten Vermögensgegenstände nicht in Betracht der Testamentsvollstrecker (BGH NJW 2000, 3781), der Zwangsverwalter iSd § 150 ZVG (Oldenburg NdsRpfl 1981, 214) sowie andere Parteien kraft Amtes (zB Insolvenz- oder Nachlassverwalter). Ein ebenfalls provisionsfeindliches Eigengeschäft iwS liegt vor, wenn der Makler an dem den Hauptvertrag ausmachenden Vermögensgegenstand wirtschaftlich beteiligt ist und daher ein überschießendes Eigeninteresse an dessen Abschluss hat (BGH WM 1977, 317: Makler zugl Miteigentümer bzw -gesellschafter; Karlsruhe MDR 1977, 138: Geschäftsführer der Maklergesellschaft zugl Grundeigentümer). Für den Bereich der Mietwohnungsvermittlung sind die ausgeschlossenen Personen in § 2 Abs 2 Nr 2 und 3 S 1 WoVermG benannt (BGH NZM 2003, 358, 359: zur Abgrenzung zwischen Wohnraumverwalter und Verwalter iSd §§ 20 ff WEG; BGH NJW-RR 2006, 728: keine Gleichstellung von Wohnraumvermieter und Mietgarant). Die Zwischenschaltung eines »Strohmannes« bzw einer Gesellschaft nützt dem Makler nichts. Auch in den Fällen sog **echter Verflechtungen** zwischen dem vorgesehenen Vertragspartner und dem Nachweis- bzw Vermittlungsmakler scheidet ein Provisionsanspruch aus. Es fehlt an der hierfür erforderlichen eigenverantwortlichen, unabhängigen Willensbildung, wenn der Dritte, sei es auf Grund seiner Kapitalbeteiligung oder der Organisation der Geschäftsführung, beherrschenden Einfluss auf den Makler ausüben kann (BGH NJW 1985, 2473; § 2 Abs 2 Nr 3 S 2 WoVermG) oder beide von derselben Person beherrscht werden (BGH NJW 1974, 1130, 1131). Im umgekehrten Falle kommt es dagegen nicht zwingend auf die Beherrschung des Dritten durch den Makler an. Insoweit genügt auch eine mehr als nur unbedeutende Kapital- und Gewinnbeteiligung, da sich der Makler bei einem Konflikt regelm auf die Seite des Dritten stellen und eben nicht die Interessen seines Auftraggebers wahren wird (BGH DB 1976, 2203: Beteiligung von 40%; Frankfurt aM NZM 2003, 768: 2% unbedeutend).

27 Die gleiche Wertung führt in den Fällen einer sog unechten Verflechtung regelm zum Ausschluss des Provisionsanspruchs. Sie sind gekennzeichnet durch einen **institutionalisierten Interessenkonflikt** des Maklers, der ihn – unabhängig von seinem Verhalten im Einzelfall – als ungeeignet für die dem gesetzlichen Leitbild entspr Tätigkeit erscheinen lässt (BGH NJW 1992, 2818). Entsprechendes Konfliktpotential besteht ua dann, wenn der Makler in einem Dienst-, Arbeits-, Organ- oder sonstigem Vertretungsverhältnis zum Vertragspartner des Auftraggebers steht (Jauernig/*Mansel* Rn 14 mwN) oder zugleich als dessen Handelsvertreter tätig

wird (BGH NJW-RR 1998, 992). Die konkrete Ausgestaltung der Beziehung ist stets zu beachten (BGH NJW 1998, 1552, 1553: kein Ausschluss bei Arbeitnehmer mit wirtschaftlichem Freiraum). So steht dem Makler in den Fällen der Bevollmächtigung durch den Dritten nur dann keine Provision zu, wenn er unbeschränkt über den Abschluss des Hauptvertrages entscheiden kann (BGH NJW-RR 1998, 992, 993). Der Verwalter iSd §§ 20 ff WEG, auf den die Einschränkungen des WoVermG nicht entspr anwendbar sind (BGH NJW-RR 2005, 1033, 1034), kann nur dann nicht zugleich provisionsberechtigter Makler des Wohnungskäufers sein, wenn die Veräußerung gem § 12 Abs 1 WEG von seiner Zustimmung abhängig gemacht worden ist (BGH NJW 1991, 168). **Persönliche Beziehungen** des Maklers zum Dritten müssen eine gewisse Intensität erreicht haben, um den Ausschluss zu rechtfertigen. So lässt eine intakte Ehe den Schluss auf einen institutionalisierten Interessenkonflikt ebenso zu (BVerfG NJW 1987, 2733; BGH NJW 1987, 1008) wie eine Lebenspartnerschaft nach dem LPartG oder ein ungestörtes enges Verwandtschaftsverhältnis (Hamm MDR 2000, 635: Vater und Sohn). Hat der Makler seinem Auftraggeber ggü die das Eigengeschäft bzw die (echte oder unechte) Verflechtung ausmachenden Umstände offen gelegt, kann die Vergütungsabrede als ein selbständiges Provisionsversprechen auszulegen sein, das von der Erbringung einer »echten« Maklerleistung unabhängig ist (BGH NJW 1998, 1552, su Rn 41).

2. Beabsichtigter Hauptvertrag. Der tatsächlich abgeschlossene Hauptvertrag muss wirtschaftlich betrachtet dem beabsichtigten Vertrag dem Inhalt, der Geschäftsart und den Personen nach im Wesentlichen entsprechen (BGH NJW-RR 2006, 496, 497). Der Gegenstand des beabsichtigten Vertrages richtet sich danach, was die Parteien – ausgehend von den Interessen des Auftraggebers – als wirtschaftliches Ziel der Bemühungen des Maklers festgelegt haben (BGH NJW-RR 1990, 184, 185). Völlige Deckung ist zum Schutz des Maklers nicht erforderlich. Entscheidend ist vielmehr, dass durch den Hauptvertrag der von seinem Auftraggeber erstrebte wirtschaftliche Erfolg eintritt (BGH NJW 1998, 2277) und dabei die ursprünglich nachgewiesene Gelegenheit wahrgenommen wurde (MüKo/*Roth* Rn 98). Fehlt es insoweit an der **wirtschaftlichen oder persönlichen Kongruenz**, bleibt zu prüfen, ob es zwischenzeitlich zu einer (konkludenten) Änderung des Maklervertrages gekommen ist. Das bloße Ausnutzen der nicht vertragsgem Maklerleistung genügt hierfür allerdings nicht (BGH NJW-RR 2000, 57; zur Unwirksamkeit von »Abweichungsklauseln« in AGB so Rn 19 ff). 28

a) Inhaltliche Kongruenz. Ausgehend von den konkreten Umständen des Einzelfalles ist zu bewerten, ob (noch) wirtschaftliche Gleichwertigkeit zwischen dem beabsichtigten und dem tatsächlich abgeschlossenen Hauptvertrag besteht oder dieser wesentlich von den Vorgaben abweicht. Ein Indiz für den gleichwertigen Inhalt der Verträge ist die Austauschbarkeit der betreffenden Objekte. Wirtschaftliche Gleichwertigkeit wurde etwa in folgenden Fällen **bejaht**: Anteilskaufvertrag bzgl Besitz-GmbH statt Grundstückskaufvertrag (BGH NJW-RR 2006, 496, 497: »share deal« statt »asset deal«); geringere Darlehensvaluta, die noch zur Finanzierung ausreichte (BGH NJW 1982, 2662, 2663); Ankauf des größten Teils eines »Gesamtpakets« (BGH NJW 1990, 184, 185); Miteigentum statt Alleineigentum (BGH NJW 2008, 651, 652); Grundstückskauf nach günstiger Ablösung einer Mietoption (Hamburg NZM 2003, 160, 161); im Rahmen des Üblichen liegende Preisabschläge (BGH NJW 1999, 1255, 1256: 3,75%; Hamm NZM 1998, 271, 272: 10 %; Frankfurt aM NZM 2001, 908: 13,7 %; Zweibrücken NJW-RR 1999, 1502, 1503: 18 %). Sie wurde dagegen zB in folgenden Fällen **verneint**: ungewöhnlich hoher Preisabschlag (Düsseldorf NJW-RR 1993, 1272, 1273: 22 %); höhere Belastungen durch Finanzierung (BGH NJW 1988, 967); Anmietung erheblich kleinerer Räume (Hamm NJW-RR 1999, 633: 50 m2); Kauf von gemeinschaftlichem Wohneigentum statt eigenem Grundstück mit Doppelhaushälfte (Karlsruhe NJW-RR 2003, 1695, 1696); langfristige Vermietung statt Verkauf (Karlsruhe NJW-RR 1995, 753); Erwerb im Wege der Zwangsversteigerung statt Kauf (BGH NJW 1990, 2744, 2745); Abschluss eines rechtlich undurchführbaren Hauptvertrages (Hamm NZM 2001, 898, 899; MüKo/*Roth* Rn 151 f mwN). 29

b) Persönliche Kongruenz. Soweit im Maklervertrag nicht anders vereinbart (BGH NJW 1987, 2431 f: »Weitergabeklausel« in AGB zulässig), muss grds der Auftraggeber selbst den Hauptvertrag abschließen, um den Provisionsanspruch des Maklers zu begründen. Auf Übereinstimmung des nachgewiesenen bzw vermittelten Dritten mit dem tatsächlichen Vertragspartner des Auftraggebers kommt es dagegen idR nicht an (Hamm NJW-RR 1995, 820, 822: geplanter Zwischenerwerb). Schließt ein anderer als der Auftraggeber den Hauptvertrag ab, kann letzterer in Anspruch genommen werden, wenn damit wirtschaftlich betrachtet sein angestrebtes Ziel erreicht ist (BGH NJW-RR 1997, 1276). Dies ist der Fall, wenn auch ihm die Maklerleistung, und sei es auf Umwegen, in irgendeiner Weise zugute kommt (Jena NJW-RR 2005, 1509). Besteht bereits im Zeitpunkt der Maklerleistung eine bes enge und auf Dauer angelegte persönliche, rechtliche oder wirtschaftliche Beziehung zwischen ihm und der an seine Stelle tretenden Partei, ist ein entspr (wenn auch widerlegbarer) Rückschluss gerechtfertigt (BGH NJW-RR 1998, 411), ohne dass es auf ein (treuwidriges) Vorschieben ankäme (BGH NZM 2004, 428 f). Eine hinreichend enge **persönliche Beziehung** wurde etwa angenommen bei Ehegatten (Koblenz NJW-RR 2004, 414, 415), Lebensgefährten (BGH NJW 1991, 490), Eltern und Kindern (Hamburg NZM 2003, 160, 161), Geschwistern (Frankfurt aM NJW-RR 2000, 434, 435; aA Hamburg NZM 2003, 160, 161). Eine rechtliche Beziehung besteht in den Fällen der Rechtsnachfolge sowie bei dem mit der Eintragung im Handelsregister vollzogenen Übergang der Vorgesellschaft zur Kapitalgesellschaft (PWW/*Fehrenbacher* Rn 44). Zwischen Gesellschaften, die identische Geschäftsführer bzw Gesellschafter 30 haben, wird eine hinreichend feste **wirtschaftliche Beziehung** bejaht (BGH NJW 1995, 3311), während allein die Zugehörigkeit zu einem Konzern (München NJW-RR 1995, 1525, 1526) oder eine über längere Zeit gepflegte Geschäftsbeziehung nicht ausreicht (BGH NJW 1984, 358, 359).

31 **c) Wirksamkeit.** Der Provisionsanspruch setzt weiter voraus, dass der Hauptvertrag wirksam zustande gekommen und nicht wegen einer im Vertragsschluss selbst liegenden Unvollkommenheit wieder beseitigt worden ist. Ein nachträgliches, nicht auf den Zeitpunkt des Vertragsschlusses zurückwirkendes Unwirksamwerden des Hauptvertrages berührt ihn dagegen grds nicht (BGH NJW 1997, 1581, 1582). Verkürzt gesagt trägt somit der Makler das **Vertragsschlussrisiko**, während der Auftraggeber das **Durchführungsrisiko** trägt (BGH WM 1974, 257, 259).

32 Zu den Vertragsschlussrisiken und damit in die Sphäre des Maklers gehören zunächst die fehlende Geschäftsfähigkeit einer der Parteien (BGH WM 1976, 1132, 1133) und die **Formnichtigkeit** des Hauptvertrages (§ 125). Der Provisionsanspruch ist selbst dann ausgeschlossen, wenn der Auftraggeber den Formmangel verursacht hat (BGH WM 1977, 1049: Beurkundung eines niedrigeren Kaufpreises) oder dieser, anders als sein Vertragspartner, den formnichtigen Vertrag nicht durchführen will (Celle NdsRpfl 1970, 17). Der Anspruch entsteht allerdings mit Heilung des Formmangels (zB gem § 311 Abs 1 S 2). Verstößt der Hauptvertrag gegen ein gesetzliches Verbot (§ 134) oder ist er wegen Sittenwidrigkeit bzw Wucher gem § 138 nichtig, steht dem Makler ebenfalls keine Provision zu (Hamm MDR 1986, 756). Das Gleiche gilt angesichts ihrer Rückwirkung (§ 142 Abs 1) auch bei der **Anfechtung** (nicht schon der Anfechtbarkeit) des Hauptvertrages (BGH NJW 1980, 2460). Als Anfechtungsgrund kommt neben den §§ 119, 120, 2078 die arglistige Täuschung (§ 123) selbst dann in Betracht, wenn der Auftraggeber den Vertragspartner getäuscht hat (BGH NJW 1979, 975, 976: arg ohne Täuschung wäre der Vertrag nie abgeschlossen worden). Der Provisionsanspruch entfällt auch dann, wenn bei Vorliegen eines Anfechtungsgrundes ein anderer Rechtsbehelf gewählt wird, der ebenfalls zur Unwirksamkeit des Hauptvertrages führt (BGH NJW 1979, 975 f: zum Ausnahmefall der fristlosen Kündigung bei fehlerhafter Gesellschaft; NZM 2008, 218: Vertragsaufhebung wegen Anfechtungslage; Hamm NJW-RR 2000, 1724 f: cic bzw §§ 280 Abs 1 S 1, 311 Abs 2, 3; LG Aurich NJW 1967, 398 f: gesetzliches Rücktrittsrecht). Hängt die Wirksamkeit des Hauptvertrages von einer **aufschiebenden Bedingung** ab (BGH NZM 2001, 1087, 1088: Erteilung der Gewerbeerlaubnis; Düsseldorf NJW-RR 1998, 1207: Schließung des Publikumsfonds), entsteht der Provisionsanspruch nur und erst mit deren Eintritt (§ 652 Abs 1 S 2).

33 Der Auftraggeber muss im Verhältnis zum Makler nicht darauf hinwirken, darf ihn aber auch nicht vereiteln (BGH NZM 2001, 476, 478: § 162 Abs 1). Im Ergebnis gleich zu behandeln sind zum einen die Fälle, in denen ein vertragliches Rücktrittsrecht lediglich befristet, sonst aber an keine Voraussetzungen geknüpft ist (BGH NJW-RR 2000, 1302, 1303). Dies gilt zum anderen auch dann, wenn die Parteien zur Aufteilung von Risiken, die mit einer anfänglichen, von ihnen nicht zu beeinflussenden Ungewissheit verbunden sind, statt einer aufschiebenden Bedingung ein Rücktrittsrecht vereinbaren (BGH NZM 2001, 476 ff: Baugenehmigung; NJW-RR 1998, 1205: Bebaubarkeit; Koblenz NJW-RR 1997, 887, 888: Kaufpreiszahlung). Ist bereits der Hauptvertrag als Verpflichtungsgeschäft genehmigungsbedürftig (zB nach §§ 1643 Abs 1, 1821 Abs 1 Nr 4), entsteht der Provisionsanspruch nur und erst mit deren Erteilung (BGH NJW 1973, 1276, 1278: Vormundschaftsgericht). Richtet sich der Vorbehalt der behördlichen Genehmigung dagegen nur auf das Erfüllungsgeschäft und kann diese im Rahmen einer gebundenen Entscheidung nicht erteilt werden, liegt ein Fall der **anfänglichen Unmöglichkeit** des Hauptvertrages vor. Da diese dessen Wirksamkeit nicht mehr berührt (§ 311a Abs 1), stellt sich zum einen die Frage nach der Auswirkung auf den Provisionsanspruch des Maklers, der für den Gläubiger der unmöglichen Leistung tätig geworden ist. Während dieser zT generell ausgeschlossen (Palandt/*Sprau* Rn 35) und von anderen wiederum idR bejaht wird (BaRoth/*Kotzian-Marggraf* Rn 34), wählt die vorzugswürdige Ansicht einen differenzierenden Ansatz. Danach ist der Provisionsanspruch nur dann nicht gegeben, wenn der Auftraggeber aus dem Hauptvertrag iVm § 311a Abs 2 keinen Anspruch auf Schadensersatz statt der Leistung bzw Ersatz seiner Aufwendungen herleiten kann (*Dehner* NJW 2002, 3747; *Würdinger* NZM 2005, 327, 329). Den gleichen Maßstab wird man zum anderen anlegen müssen, wenn der Makler für den Schuldner der unmöglichen Leistung tätig geworden ist und sich nicht nach § 311a Abs 2 S 2 exkulpieren kann (zweifelnd *Dehner* NJW 2002, 3747; strenger BaRoth/*Kotzian-Marggraf* Rn 34). Provisionsschädlich für den Makler des Erstkäufers ist die Ausübung eines dinglichen (§ 1094) bzw dinglich wirkenden (§ 24 BauGB) **Vorkaufsrechts**, da hierdurch der Erstkaufvertrag endgültig blockiert und die Maklerleistung somit für ihn von Anfang an wertlos wird (BGH NJW 1999, 2271, 2272; 1982, 2662 f: gilt nicht für die Leistung des Finanzierungsmaklers; zum Anspruch gegen den Vorkaufsberechtigten aus einer »Maklerklausel« su Rn 40).

34 Dagegen ist zu den Durchführungsrisiken, die in die Sphäre des Auftraggebers fallen und daher den Provisionsanspruch unberührt lassen, in aller Regel die einvernehmliche **Aufhebung** des Hauptvertrages zu zählen (BGH NJW-RR 1993, 248 f). Ebenfalls hierunter fallen die Nichterfüllung des Hauptvertrages durch den Vertragspartner (BGH NJW-RR 2005, 1506: kein § 313 in Bezug auf den Maklervertrag) bzw dessen Insolvenzverwalter (§ 103 InsO), die nur für die Zukunft wirkende **Kündigung** (BGH WM 1993, 342 f), der Widerruf, das Vorliegen eines Veräußerungsverbotes gem §§ 23, 146 ZVG (BGH NJW 1997, 1581 f), der Eintritt einer auflösenden Bedingung, die nachträgliche Unmöglichkeit der Leistung, das Nichtbestehen bzw der Wegfall

der ihn tragenden Geschäftsgrundlage sowie die Minderung des Kaufpreises (MüKo/*Roth* Rn 170a, 171). Auch der wegen eines gesetzlichen Grundes (zB §§ 323, 324, 326 Abs 5, bei (anfänglichen) Sach- bzw Rechtsmängeln iVm 437 Nr 3, 634 Nr 3) erklärte **Rücktritt** vom Hauptvertrag ist grds nicht provisionsschädlich (BGH NJW 1974, 694, 695). Dies gilt insbes in den Fällen, in denen der gesetzliche Rücktrittsgrund nicht neben einem ebenfalls einschl Anfechtungsgrund besteht (so Rn 32), sondern diesen auf Grund eines Anwendungsvorrangs verdrängt (MüKo/*Roth* Rn 171: §§ 437 Nr 2, 323 statt 119 Abs 2; aA Schwerdtner/*Hamm* Rn 492). Entsprechend zu behandeln ist der auf Grund eines vertraglichen Vorbehalts erklärte Rücktritt, wenn die zugrunde liegende Vereinbarung lediglich der Verstärkung oder Absicherung eines gesetzlichen Rücktrittsrechts dient (BGH WM 1993, 342). Auch die Ausübung eines **schuldrechtlichen Vorkaufsrechts** (§§ 463, 577) lässt den Provisionsanspruch des Maklers gegen den Erstkäufer unberührt, da sich mit der ihm ggü vertragswidrigen Entscheidung des Verkäufers, an den Vorkaufberechtigten zu übereignen, ein Vertragsdurchführungsrisiko realisiert (MüKo/*Roth* Rn 168 mwN). Für den Makler des vorkaufsverpflichteten Verkäufers gilt dies unabhängig davon, ob das Vorkaufsrecht schuldrechtlicher oder dinglicher Natur ist, da es auf die Person des Vertragspartners idR nicht ankommt (so Rn 30).

IV. Kausalität. Der Makler hat nur dann einen Provisionsanspruch, wenn der Hauptvertrag »infolge« seiner Maklerleistung wirksam zustande kommt. Zu seinen Gunsten ist allg anerkannt, dass seine Tätigkeit nicht die alleinige bzw hauptsächliche Ursache für den Abschluss des Hauptvertrages gewesen sein muss. **Mitursächlichkeit** reicht vielmehr aus. Da sie von der Rspr großzügig bejaht wird, kommt eine provisionsschädliche Unterbrechung des Kausalverlaufs praktisch selten vor. Der Zusammenhang wird durch die Unterbrechung der schließlich ohne den Makler erfolgreich zu Ende geführten Verhandlungen grds ebenso wenig beseitigt (BGH NJW 1980, 123 f: gilt auch bei Wiederaufnahme auf Grund weiterer Anzeige) wie durch den Umstand, dass zwischen Maklerleistung und Vertragsschluss ein längerer Zeitraum liegt (Hamburg ZMR 2002, 839: 3 Jahre). Bei kürzeren Abständen streitet sogar eine Kausalitätsvermutung für den Makler (BGH NJW 2006, 3062 f: Grenze 1 Jahr; 1979, 869: gilt nicht bei gleichzeitigem Zugang mehrerer Nachweise). Zur Rechtfertigung des Anspruchs ist allerdings weiter erforderlich, dass der Einsatz des Maklers nicht nur (irgendwie) adäquat-kausal, sondern auch **wesentlich** für den Erfolgseintritt war. Dies ist zu bejahen, wenn sich im Rahmen einer wertenden, ggf mehrere Ursachenbeiträge gewichtenden Beurteilung im Einzelfall ergibt, dass der Abschluss des Hauptvertrages das Ergebnis einer final darauf ausgerichteten Tätigkeit des Maklers darstellt (BGH NJW 2008, 651 mwN zur st Rspr; Karlsruhe NJW 1966, 2169, 2171). So werden insbes die Fälle ausgeschieden, in denen der Hauptvertrag nicht mehr ist als ein »Zufallsprodukt« der Maklerleistung (BGH NJW 1976, 1844 f: Abschluss des Kunden mit beurkundendem Notar statt mit vermitteltem Vertragsinteressenten; LG Heidelberg MDR 1965, 132: Abschluss des Kunden über eine Wohnung, die ihm bei Besichtigung des nachgewiesenen Objekts bekannt geworden ist). Eine Lockerung der Anforderungen ist grds individualvertraglich (nicht per AGB so Rn 19 f) möglich, in einigen Zusammenhängen jedoch gesetzlich ausgeschlossen (§§ 655c, 655e; 2 Abs 1, 5 WoVermG). Liegt eine hinreichende Maklerleistung vor, ist dem Auftraggeber der Einwand des hypothetischen Kausalverlaufs verwehrt (Karlsruhe NJW-RR 1996, 628). 35

1. Nachweismakler. Faustformelartig ist eine Nachweisleistung dann ursächlich bzw wesentlich, wenn der Auftraggeber durch sie einen konkreten Anstoß bekommen hat, sich um das nachgewiesene Objekt zu kümmern (BGH NJW-RR 1998, 411, 412). Dies ist nicht der Fall, wenn der Auftraggeber **Vorkenntnis** hatte, dh bereits im Zeitpunkt des Nachweises nicht nur um die Existenz des Vertragsobjekts, sondern auch von der Vertragsbereitschaft des konkret benannten Dritten wusste (BGH NJW-RR 1990, 1008). Kommt dem Makler eine auf dem kurzen Zeitabstand zwischen Nachweis und Vertragsschluss basierende Kausalitätsvermutung zugute (so Rn 35), muss der Kunde seine behauptete Vorkenntnis beweisen. Die Geltendmachung des entspr Einwands kann, insbes in zeitlicher Hinsicht, per Individualvertrag (nicht aber AGB so Rn 19 f) beschränkt werden (BGH NJW 1971, 1133, 1135). Kommen Nachweise **mehrerer Makler** in Betracht, ist idR der zeitlich erste (Hamm BB 1995, 1977) und nicht der für den Auftraggeber günstigste ausschlaggebend (BGH NJW 1981, 387, 388). Die durch ihn erlangte Vorkenntnis schließt die Mitursächlichkeit des nachfolgend zur Kenntnis genommenen Zweitnachweises aus, so dieser nicht zusätzliche, unerlässliche Informationen enthielt und so einen weiteren wesentlichen Anstoß für die Beschäftigung mit dem Objekt gab (BGH NJW-RR 1990, 1269, 1270). Angesichts der damit verbundenen Gefahr, mehreren Maklern ggü provisionspflichtig zu sein, empfiehlt sich für den Auftraggeber eine Freistellungsvereinbarung mit dem Zweitmakler (Bsp bei *Bethge* NZM 2000, 122, 123). 36

2. Vermittlungsmakler. Die Gefahr, mehrmals Provision zahlen zu müssen, besteht grds auch bei Vermittlungsmaklern bzw einem Zusammentreffen von Nachweis- und Vermittlungsmaklern (dazu iE MüKo/*Roth* Rn 178). Die Bemühungen eines Vermittlungsmaklers sind dann ursächlich bzw wesentlich, wenn sie die Abschlussbereitschaft des ins Auge gefassten Vertragspartners zumindest in nicht völlig unbedeutender Weise gefördert haben (BGH WPM 1971, 1098; NJW 1976, 1844). Der geleistete Beitrag ist allerdings verbraucht, wenn die vom Makler vermittelten Verhandlungen endgültig gescheitert waren und der Vertrag erst auf Grund völlig neuer Verhandlungen ohne seine Beteiligung zustande gekommen ist. Wegen des damit verbundenen Missbrauchsrisikos liegen provisionsschädliche **Neuverhandlungen** dann nicht vor, wenn die Parteien 37 auf den Vorarbeiten des Maklers aufbauen bzw dessen Vermittlungstätigkeit noch fortwirkt (Karlsruhe NJW-RR 1995, 753 mwN). Angesichts der Stoßrichtung seiner Bemühungen kann dem Vermittlungsmakler ggü der Einwand der Vorkenntnis niemals erfolgreich erhoben werden.

38 **V. Kenntnis von der Maklerleistung.** Damit der Auftraggeber in der Lage ist, die Provision bei der Gestaltung des Hauptvertrages bzw Festlegung des Preises zu berücksichtigen, muss er grds vor bzw bei dessen Abschluss Kenntnis von der darauf gerichteten Maklertätigkeit erlangt haben (PWW/*Fehrenbacher* Rn 58: Möglichkeit der Kenntnisnahme genügt nicht, aber Zugang des Nachweises indiziert Kenntnis). Ihrer Ursächlichkeit braucht er sich dagegen nicht bewusst gewesen zu sein (München NJW 1968, 894; MüKo/*Roth* Rn 196 zugl mwN zur aA, die statt des **ungeschriebenen Tatbestandsmerkmals** für (aufrechnungsfähigen) Schadensersatzanspruch wegen Informationspflichtverletzung gegen den Makler plädiert). Trotz fehlender positiver Kenntnis besteht ein Provisionsanspruch auch dann, wenn der Auftraggeber eine Rückfrage beim Makler unterlässt, obwohl diese nach dem Maklervertrag (nicht wirksam in AGB so Rn 19 f) bzw den Umständen (München NJW 1968, 894 f: Vertragspartner leugnet, vom alleinbeauftragten Makler geschickt worden zu sein) geboten ist. Das Gleiche gilt, wenn der Auftraggeber den Hauptvertrag auch in Kenntnis der Umstände nicht anders abgeschlossen hätte (BGH NJW-RR 1994, 1260, 1261).

39 **C. Aufwendungsersatzanspruch des Maklers (Abs 2).** Anders als der Beauftragte (§ 670) hat der Makler keinen gesetzlichen Aufwendungsersatzanspruch (LG Darmstadt NJW-RR 2002, 351, 353: auch nicht aus Bereicherungsrecht). Er bedarf vielmehr einer wirksamen vertraglichen Grundlage (vgl § 652 Abs 2 S 1). Dies gilt gem § 652 Abs 2 S 2 unabhängig vom Erfolg seiner Bemühungen, dh davon, ob der beabsichtigte Hauptvertrag zustande kommt oder nicht (MüKo/*Roth* Rn 211; aA Staud/*Reuter* Rn 192 f oder 194: kein Aufwendungsersatz neben Erfolgsprovision). Die entspr Vereinbarung kann auch konkludent (AG Marbach NJW-RR 1986, 1176: strenge Anforderungen) oder per AGB getroffen werden (BGH NJW 1987, 1634, 1636). Soweit der (ggf pauschalierte) Aufwendungsersatz individualvertraglich vereinbart wird, sind zunächst die allg Wirksamkeitsgrenzen zu beachten. Dies gilt insbes für §§ 125, 311b, wenn durch den erfolgsunabhängigen Aufwendungsersatz **unangemessener Druck** auf den Auftraggeber zum Abschluss des Hauptvertrages ausgeübt wird (BGH NJW-RR 1992, 817 f: volle Provision; Frankfurt aM NJW-RR 1986, 597: uU auch bei weniger als 10 % der bei Erfolg geschuldeten Provision). Daneben gilt bei der Vermittlung von Mietwohnungen § 3 Abs 3 WoVermG, wonach die Vereinbarung lediglich den Ersatz der nachweisbar entstandenen Auslagen vorsehen darf und im Erfolgsfall nur der den Betrag einer Monatsmiete übersteigende Aufwand ersatzfähig ist. Soweit der Ersatzanspruch in AGB enthalten ist, muss er sich auf den konkreten Aufwand beziehen und darf nicht den Charakter einer **verdeckten erfolgsunabhängigen Provision** annehmen (Oldenburg NJW-RR 2005, 1287, 1288). Pauschalen dürfen somit insbes nicht an der Preisvorstellung oder dem Wert des Vertragsobjekts orientiert sein und müssen einen mäßigen Höchstbetrag vorsehen (BGH NJW 1987, 1634, 1636). Mit ihnen dürfen nur auftragsbezogene Auslagen (Post-, Inserats- und Schreibgebühren, Reisekosten), nicht aber die laufenden Unkosten des Maklers (Büromiete, Werbung) abgegolten werden (Hamburg MDR 1974, 580). Lücken in der Aufwendungsersatzabrede sind durch Heranziehung des Auftragsrechts (insbes §§ 667, 670) zu schließen (Karlsruhe NJW-RR 2003, 1426 f; iE zum Aufwendungsersatz beim Alleinauftrag s.o. Rz 7).

40 **D. Weitere Anspruchsgrundlagen des Maklers.** Neben, meist jedoch anstelle des § 652 kommen noch weitere Anspruchsgrundlagen für den Makler in Betracht. Bei den sog **Maklerklauseln** leitet der Makler seinen Vergütungsanspruch nicht aus dem mit einer der Parteien des Hauptvertrages geschlossenen Maklervertrag her, sondern aus dem Hauptvertrag selbst (iE MüKo/*Roth* Rn 33 ff). Ein zusätzlich zur Maklerklausel vereinbarter Maklervertrag kann die Position des Maklers weiter verbessern (BGH NJW-RR 1991, 820 f: beurkundete Maklerklausel zugl Angebot zum formfreien Abschluss eines Maklervertrages; krit *Dehner* NJW 1991, 3254, 3262). Wirtschaftlich betrachtet hat eine solche Vereinbarung den Zweck, den Auftraggeber von seiner Provisionspflicht zu entbinden, jedoch dem Makler die Früchte seiner Arbeit zu belassen. Er soll den vorgesehenen Vertragspartner seines Kunden in Anspruch nehmen können, ohne diesem ggü eine Maklerleistung erbracht zu haben. Ob und wie dieses Ziel rechtlich erreicht wird, muss sich ggf durch Auslegung der konkreten Klausel ergeben. Es wird sich idR um ein selbständiges Provisionsversprechen im Wege des Vertrags zu Gunsten Dritter (§ 328 Abs 1) handeln (BGH NJW 2003, 1249 f). Seltener sind eine Erfüllungsübernahme (§ 329), eine befreiende Schuldübernahme (§ 415) oder ein vertraglicher Schuldbeitritt iSd §§ 311 Abs 1, 328 Abs 1 (MüKo/*Roth* Rn 36). Im Zusammenhang mit der Ausübung eines den Provisionsanspruch gegen den Auftraggeber ausschließenden Vorkaufsrechts stellt sich die Frage, ob der Makler aus der Maklerklausel Ansprüche gegen den Vorkaufsberechtigten herleiten kann. Dies ist regelm der Fall, da eine solche Klausel »wesensmäßig« im Kaufvertrag enthalten ist und sich darin nicht als »Fremdkörper« darstellt (BGH NJW 1996, 654, 655; NJW-RR 2007, 563: anders bei »durchgereichtem« Vertrag). Ist der Auftraggeber nach dem Maklervertrag zur Aufnahme einer Maklerklausel in den Hauptvertrag verpflichtet, macht er sich ggü dem Makler schadensersatzpflichtig, wenn er es unterlässt (BGH NJW-RR 2001, 705).

41 In den Fällen des **selbständigen Provisionsversprechens** verpflichtet sich der Versprechende dem Makler ggü zur Zahlung, obwohl er weiß, dass die Anspruchsvoraussetzungen des § 652 nicht vorliegen (zu dessen

schuldrechtlicher Einordnung als Teil des ggf beurkundungspflichtigen Kaufpreises, Geschäftsbesorgung, abstraktes bzw deklaratorisches Anerkenntnis oder gar Schenkungsvertrag vgl MüKo/*Roth* Rn 31, 134 f). In Frage kommen zunächst die Konstellationen, in denen rechtlich (insbes auf Grund sog Verweisungsklauseln; zur Unwirksamkeit in AGB so Rn 19 f) oder faktisch (BGH WM 1980, 1431, 1432: »Kölner Modell«) am Makler »kein Weg vorbeiführt«. Das Gleiche gilt, soweit die Maklerleistung iSd § 652 bereits vor bzw mit Offenlegung des Provisionsverlangens erbracht worden ist oder wegen des Vorliegens eines Eigengeschäfts, einer (echten oder unechten) Verflechtung (so Rn 26 f) bzw auf Grund bestehender Vorkenntnis (so Rn 36) nicht erbracht werden kann (*Fischer* NJW 2007, 3107, 3108). Da der Versprechende praktisch keine anerkannte Leistung des Maklers erhält, sind an diesen Schuldgrund strenge Anforderungen zu stellen. Es muss sich aus dem Vertragstext, zumindest aber aus den Umständen ein eindeutig hierauf gerichteter Parteiwille ergeben (BGH NJW 1981, 277, 278). Insbes das Interesse des ggf Zahlungspflichtigen an der Begründung einer Schuld ist hierbei zu berücksichtigen (Karlsruhe NZM 2005, 72 f: idR weggefallen bei nachträglicher »Nachweisbestätigung«). Entsprechende AGB-Klauseln scheitern an § 307 Abs 2 Nr 1 (Thüringen OLG-NL 2005, 5, 7), individualvertragliche Vereinbarungen, soweit sie die Vermittlung von Mietwohnungen betreffen, an § 2 Abs 5 WoVermG. Eine zu Unrecht gezahlte Provision kann der Versprechende nach Bereicherungsrecht (§ 812 Abs 1 S 1 Alt 1) zurückverlangen, ohne gem § 814 daran gehindert zu sein.

Die Regelungen zur berechtigten (§§ 683 S 1, 677, 670) bzw unberechtigten (§§ 684 S 1, 818) **Geschäftsführung ohne Auftrag** kommen als Anspruchsgrundlage des Maklers bei Fehlen bzw Unwirksamkeit des Maklervertrages nicht in Betracht, da er mit der Erbringung seiner Leistung kein Geschäft für einen anderen besorgt, sondern ein eigenes Geschäft führt (so Rn 6). Will der Makler in diesen Fällen den Wert der erbrachten Maklertätigkeit über die Regelungen des **Bereicherungsrechts** (§§ 812 Abs 1 S 1 Alt 1 iVm 818 Abs 2 und 653 Abs 2) ersetzt verlangen, muss diese aus Sicht des Anspruchsgegners zunächst als Leistung an ihn selbst zu werten gewesen sein. Klarheit lässt sich auch hier am besten durch ein unmissverständliches Provisionsverlangen schaffen. Durfte er den Umständen nach von einer Leistung an seinen Vertragspartner des Hauptvertrages ausgehen, braucht er keinen Wertersatz zu leisten (BGH NJW 1986, 177, 178: Kein Anspruch bei »aufgedrängten Informationen«, auch nicht aus § 242). Des Weiteren dürfen weder §§ 814 (Kenntnis von der Nichtschuld), 817 S 2 (beidseitiger Sittenverstoß) noch der Schutzzweck der die Nichtigkeit des Maklervertrages begründenden Norm dem Anspruch des Maklers entgegenstehen. Letzteres ist etwa bei einem Verstoß gegen die verbraucherschützende Formvorschrift des § 655b Abs 2 der Fall (BGH NJW-RR 2005, 1572 f; iE *Fischer* NJW 2007, 3107, 3108). Regelm zu identischen Ergebnissen wird man bei Anwendung des **§ 354 HGB** auf diese Konstellationen gelangen (iE MüKo/*Roth* Rn 82). Auch wenn hierfür das Vorliegen eines wirksamen Maklervertrages nicht zwingend erforderlich ist, muss doch der die Kaufmannseigenschaft erfüllende Makler »befugterweise« für den Interessenten tätig geworden sein. Dies ist zum einen nur dann der Fall, wenn der Interessent erkennen konnte, dass die Maklerdienste gerade für ihn geleistet werden. Zum anderen dürfen keine Bedenken gegen die Wirksamkeit des Maklergeschäfts wegen Willens- oder Einigungsmängeln (§§ 104 ff, 116 ff, 145 ff) bestehen und die Vorschrift, aus der sich die Nichtigkeit ergibt – etwa bei formellen Mängeln eines abgeschlossenen Maklervertrags –, nicht den Schutz einer Vertragspartei im Blick haben (BGH NJW-RR 2005, 1572 f mwN). Verletzt der Auftraggeber schuldhaft eigene Nebenpflichten aus dem Maklervertrag (Koblenz NJW-RR 1994, 180: Vertraulichkeit), ist er zum **Schadensersatz** verpflichtet (§§ 280 iVm 241 Abs 2, 249 ff). Angesichts seiner Entscheidungsfreiheit kann das fehlende Hinwirken auf das Zustandekommen des Hauptvertrages genauso wenig als Pflichtverletzung gewertet werden wie das grundlose Absehen vom Vertragsschluss. Allerdings hat er den Makler zeitnah davon zu informieren, damit diesem nutzlose Aufwendungen erspart bleiben (BGH WM 1972, 444). 42

E. Hinweise für die Praxis. Bei der Abfassung eines Maklervertrages ist immer bes Umsicht geboten (Bsp bei *Bethge* NZM 2000, 122, 123). Das gilt vor allem bei der **Formulierung von AGB**, die später vom Makler verwendet werden sollen. Hier geht es einerseits darum, unwirksame Klauseln zu vermeiden (so Rn 19 ff), andererseits aber auch um die Klarstellung, wer Schuldner des Provisionsanspruchs sein soll (»ausdrückliches Provisionsverlangen«, so Rn 12, 14, 41). Im Interesse beider Parteien muss es liegen, den Gegenstand des angestrebten Hauptvertrages im Maklervertrag möglichst genau zu beschreiben. So kann später ein Streit über die inhaltliche bzw persönliche Kongruenz des abgeschlossenen Vertrages mit den Vorgaben des Auftraggebers vermieden werden (so Rn 29 f). Sollte es dennoch zum **Zivilprozess** kommen, bietet sich für den Makler neben der Leistungsklage die Stufenklage gem § 254 ZPO an. Auf diese Weise lässt sich die Durchsetzung des Zahlungsanspruchs mit der des vorgelagerten Auskunftsanspruchs in Bezug auf die für seine Berechnung relevanten Umstände verbinden. Die Klage ist idR am allg Gerichtsstand des Auftraggebers anhängig zu machen (§§ 12 f ZPO). Führt dagegen der Auftraggeber mit dem nachgewiesenen bzw vermittelten Vertragspartner einen Prozess um die Wirksamkeit des Hauptvertrages, sollte er dem Makler den Streit verkünden und diesen so an die Feststellungen des Gerichts binden (§§ 68, 74 ZPO). Für die dabei fällig werdenden Gerichts- und Anwaltsgebühren gelten keine Besonderheiten. Den allg Grundsätzen entspr trägt der Makler die Darlegungs- und **Beweislast** für die anspruchsbegründenden Tatsachen (MüKo/*Roth* Rn 135 mwN: auch das Vorliegen eines selbständigen Provisionsversprechens). Dies gilt zunächst für den Abschluss und die Wirksamkeit des Maklervertrages, insoweit vor allem für das Vorliegen eines ausdrücklichen Provisi- 43 onsverlangens (Schwerdtner/*Hamm* Rn 111: Auftraggeber muss ausdrückliche Ablehnung dieses Ansinnens beweisen). Daneben muss er die Erbringung einer Nachweis- bzw Vermittlungsleistung sowie deren Ursächlichkeit für den wirksamen Abschluss des beabsichtigten Hauptvertrages beweisen (vgl zur uU sekundären Behauptungslast des Kunden in Bezug auf die inhaltliche/persönliche Kongruenz MüKo/*Roth* Rn 147). Dabei kommt ihm eine Beweiserleichterung dann zugute, wenn zwischen dem Nachweis und dem Abschluss des Hauptvertrages ein enger zeitlicher Zusammenhang besteht (BGH NJW 2006, 3062 f: Grenze 1 Jahr). In diesen Fällen hat ausnahmsw der Auftraggeber die dem Anspruch entgegengehaltene Vorkenntnis zu beweisen (iE MüKo/*Roth* Rn 189 ff). Ist der Makler in die **Insolvenz** geraten, gehört der Provisionsanspruch zur verteilungsfähigen Masse, wenn die Maklerleistung vor Eröffnung des Insolvenzverfahrens erbracht und dies dem Auftraggeber mitgeteilt wurde (BGH NJW 1974, 2277). Es kommt dann nicht mehr darauf an, dass der Hauptvertrag erst nach diesem Zeitpunkt wirksam abgeschlossen wurde (BGH NJW 1965, 964; 1983, 1130, 1131).

§ 653 Mäklerlohn. **[1] Ein Mäklerlohn gilt stillschweigend als vereinbart, wenn die dem Mäkler übertragene Leistung den Umständen nach nur gegen eine Vergütung zu erwarten ist.**
[2] Ist die Höhe der Vergütung nicht bestimmt, so ist bei dem Bestehen einer Taxe der taxmäßige Lohn, in Ermangelung einer Taxe der übliche Lohn als vereinbart anzusehen.

1 **A. Allgemeines.** Die Bedeutung der Norm ist **gering**, da in den meisten Maklerverträgen eine Vergütungsabrede enthalten ist, die auch die Höhe des Maklerlohns festlegt. Nur wenn es an einer dieser Voraussetzungen fehlt, gelangt § 653 zu Anwendung. Die beiden Absätze der Vorschrift verfolgen dabei unterschiedliche Zwecke. Abs 1 erfasst diejenigen Fälle, in denen eine Einigung über die Entgeltlichkeit der Leistung des Maklers überhaupt nicht vorliegt. Hiernach wird bei Bestehen tatsächlicher Anhaltspunkte, die für eine Entgeltlichkeit der Leistung sprechen, gesetzlich vermutet, dass ein Maklerlohn geschuldet ist (PWW/*Fehrenbacher* Rn 1). Konnte hingegen im Rahmen der Vertragsverhandlungen oder später eine Einigung über die Vergütungspflicht erzielt werden, nicht aber über deren Höhe, gilt Abs 2 als gesetzliche Auslegungsregel für die Bestimmung der Provisionshöhe (Erman/*O Werner* Rn 5). Da hierzulande behördlich festgesetzte Gebührenordnungen (Taxen) nicht bestehen (vgl Erman/*O Werner* Rn 6), ist nach dieser Regelung für gewöhnlich der übliche Lohn als vereinbart anzusehen. Nur wenn sich dieser ausnahmsw nicht feststellen lässt, kommt es auf die Angemessenheit der Vergütung an (su Rn 8 ff) Im Ergebnis soll durch § 653 also eine Nichtigkeit des Maklervertrages wegen Dissenses vermieden werden (MüKo/*Roth* Rn 1, 2; BaRoth/*Kotzian-Marggraf* Rn 1; PWW/*Fehrenbacher* Rn 1).

2 **B. Vergütungspflicht (Abs 1).** § 653 Abs 1 setzt zunächst die Erbringung einer dem Makler von dem Auftraggeber übertragenen Leistung sowie das Fehlen einer Einigung über die Vergütungspflicht voraus (BGH NJW 1981, 279; NJW-RR 1989, 1072 st Rspr). Die Bestimmung ist hinsichtlich ihres Regelungsgehaltes inhaltsgleich mit den §§ 612 Abs 1, 632 Abs 1 (vgl Erman/*O Werner* Rn 1). Auch wenn man davon ausgeht, dass das »Übertragen einer Leistung« von dem Abschluss eines Maklervertrages terminologisch zu trennen ist (dafür MüKo/*Roth* Rn 7), weil letzterer im Gegensatz zum Auftrag nur bei Entgeltlichkeit vorliegen kann, werden die Begrifflichkeiten von der Praxis häufig untrennbar miteinander vermischt (vgl BGH NJW-RR 1991, 371). Richtig ist, dass es des Abschlusses eines Vertrages mit der Übertragung von Leistungen an den Makler tatsächlich bedarf. Ob man diesen nun mangels Einigung über die Vergütungspflicht zunächst nicht als Maklervertrag bezeichnen sollte, bleibt jedoch ohne Konsequenzen (iE ebenso MüKo/*Roth* Rn 7).

3 Unstr ist hingegen, dass in dem bloßen **Entgegennehmen von Leistungen des Maklers** noch keine Übertragung iSv § 653 Abs 1 liegt (BGH NJW-RR 1997, 506). Wer etwa mit einem Makler verhandelt, den er für den Makler der Gegenseite hält und halten darf, und sich dessen Bemühungen um das Zustandekommen des Hauptvertrages gefallen lässt, »überträgt« diesem nichts (BGH NJW-RR 1991, 371). Nicht anwendbar ist Abs 1 ferner dann, wenn die Provisionszahlung von einer Bedingung abhängig gemacht wird, die dann nicht eintritt. In diesem Falle besteht überhaupt kein Provisionsanspruch (Schwerdtner/*Hamm* Rn 784). Schließlich kommt Abs 1 auch dann nicht zum Tragen, wenn die Parteien bei ihren Verhandlungen die Höhe der Vergütung regeln wollten, hierüber aber unterschiedlicher Auffassung waren und sich nicht einigen konnten. Entgegen der Entscheidung des OLG Frankfurt aM (NJW-RR 2000, 58) besteht in diesem Fall keine Einigung dem Grunde nach; es bleibt vielmehr bei den Dissensfolgen des § 154 Abs 1 S 1 (*Dehner* Rn 216).

4 Hat der Makler die ihm vom Auftraggeber übertragene Leistung (Nachweis oder Vermittlung) erbracht, kommt es für das Bestehen eines Vergütungsanspruchs mangels Abrede auf die **Umstände des Einzellfalles** an. Entscheidend ist dabei nicht der Wille des Auftraggebers, sondern die objektive Lage (Erman/*O Werner* Rn 4). Nur gegen eine Vergütung zu erwarten ist eine Maklerleistung dann, wenn diese Umstände zu der Annahme zwingen, die Leistung würde unterbleiben, wenn dem Makler angesonnen würde, ohne Provision tätig zu werden (BGH NJW-RR 1988, 1198). Anhaltspunkte hierfür sind etwa die gewerbsmäßige Erbringung von Maklerleistungen (BGH NJW 1989, 1972), Art, Umfang und Dauer der Maklertätigkeit (BGH NJW 1981, 1444) sowie eine entspr Übung zwischen den Parteien oder im Geschäftsverkehr (vgl Erman/*O Werner* Rn 3). Gegen eine Entgeltlichkeit der Leistung können demgegenüber insbes freundschaftliche oder ver-

wandtschaftliche Beziehungen zwischen den Vertragsparteien (MüKo/*Roth* Rn 9; Palandt/*Sprau* Rn 2) oder auch die Erbringung der übertragenen Leistung durch einen Gelegenheitsvermittler sprechen (Bank, Architekt etc, vgl BGH NJW 1970, 700).

C. Bestimmung der Vergütungshöhe (Abs 2). § 653 Abs 2 gelangt als Auslegungsregel immer dann zur Anwendung, wenn eine Einigung über die Höhe der Vergütung nicht erzielt werden konnte, jedoch feststeht, dass eine solche geschuldet sein soll. Gleichgültig ist in diesem Zusammenhang, auf welcher Grundlage die Entgeltlichkeit beruht. So kann sie einerseits etwa ausdrücklich oder stillschweigend vereinbart worden sein. Dazu ist es bspw ausreichend, wenn der Auftraggeber zu erkennen gibt, dass er lediglich mit der Höhe der vom Makler geforderten Provision nicht einverstanden ist und deshalb die vom Makler vorgegeben Betragsangabe streicht und mit den Worten »nach Vereinbarung« ersetzt (BGH NJW 2002, 817). Auf der anderen Seite kann die Vergütungspflicht aber auch gem Abs 1 fingiert werden, wenn die Umstände auf eine Entgeltlichkeit hindeuten (so Rn 4). 5

Gegenüber den §§ 315, 316, die auch für Maklerverträge gelten, ist § 653 Abs 2 als **Sonderregelung vorrangig** anzuwenden (vgl Erman/*O Werner* Rn 5; MüKo/*Roth* Rn 16). Wie bereits ausgeführt (so Rn 1), kommt es mangels Bestehens einer Taxe bei der Bestimmung der Vergütungshöhe nach Abs 2 auf den üblichen Lohn an. Damit ist die verkehrs- und ortsübliche Vergütung zum Zeitpunkt des Abschlusses des Maklervertrages gemeint (BGH NJW 1994, 1475; Hk-BGB/*Ebert* Rn 3; *Dehner* Rn 213). Die Berechnung der **Mehrwertsteuer** ist in diesem Zusammenhang bereits als üblich anzusehen (Schwerdtner/*Hamm* Rn 760 ff). Umstritten ist, ob bei der Bestimmung der Üblichkeit auf den Belegenheitsort des vermittelten Objekts oder den Erfüllungsort des Maklervertrages abzustellen ist. Letzterer befindet sich zumeist am Sitz der Niederlassung des Maklers (*Dehner* Rn 213). Richtiger Ansicht nach kann nur der Erfüllungsort maßgeblich sein (aA Schwerdtner/*Hamm* Rn 788), denn in zahlreichen Fällen lässt sich ein feststehender Belegenheitsort für das betreffende Objekt, das Gegenstand des Hauptvertrages ist (bspw Segelyacht), nicht bestimmen. 6

Die Ermittlung der üblichen Provision erfolgt idR durch Einholung von **Auskünften der örtlichen Maklerverbände** sowie der Industrie- und Handelskammern (Erman/*O Werner* Rn 6; krit hierzu Schwerdtner/*Hamm* Rn 787). Soweit sich in der Praxis nichts anderes durchgesetzt hat, gilt der auf diese Weise ermittelte Lohn entgegen der hM auch für Gelegenheitsmakler (ebenso Schwerdtner/*Hamm* Rn 789; aA Palandt/*Sprau* Rn 3). Denn für den Auftraggeber macht es keinen Unterschied, ob der Erfolg in Gestalt eines zustande gekommenen Hauptvertrages auf die Bemühungen eines hauptberuflichen Maklers oder eines Gelegenheitsmaklers zurückzuführen ist. Die übliche Provision muss aus demselben Grunde selbst dann geschuldet sein, wenn der Gelegenheitsmakler einer bestimmten Berufsgruppe angehört, für die es gesetzliche Gebührenordnungen gibt (so zB für Architekten; aA BGH NJW 1969, 1855: es gilt die Gebührenordnung). Ebenso zu entscheiden ist schließlich auch in den Fällen der sog »Tipp-Provision« (zutr MüKo/*Roth* Rn 14; aA Düsseldorf NJW-RR 1996, 1011: wonach lediglich ein Drittel der sonst üblichen Provision geschuldet sei). 7

Lassen sich nur **Vergütungsspannen** feststellen (bspw 3 bis 6 % vom Objektwert), so sind nur Werte innerhalb dieses Bereichs als üblicher Lohn iSv § 653 Abs 2 anzusehen (MüKo/*Roth* Rn 15). Welche Provisionshöhe das Gericht im Rahmen von Provisionsspannen konkret als angemessen festzusetzen hat, muss in erster Linie im Wege der erg Vertragsauslegung ermittelt werden (BGH NJW 1985, 1895). Im Allgemeinen kann der Makler auch in diesen Fällen die Höhe der Provision nicht selbst über § 316 bestimmen (aaO; aA *Dehner* Rn 215). Bei der Bemessung der angemessenen Provision hat der Richter von einem mittleren Prozentsatz ausgehen. Sodann sind die bes Umstände, zB der Wert und die Art des vermakelten Objekts sowie die Leistungen und die Aufwendungen des Maklers, zu berücksichtigen (krit hierzu *Dehner* Rn 214). Anschließend ist danach zu fragen, ob und in welchem Umfange die Umstände Zu- und Abschläge zu dem Ausgangsbetrag erforderlich machen (BGH NJW 1985, 1895). 8

Ein ähnl Vorgehen wäre auch bei der Bestimmung solcher Vergütungen geboten, für die das Gesetz lediglich gewisse Höchstgrenzen zieht. Solche **Höchstgrenzen** bestehen etwa im Bereich der Wohnungsvermittlung (vgl § 3 Abs 1 WoVermG) und der Vermittlung von Arbeitssuchenden (zB § 296 Abs 3 SGB III). Jedoch werden hier in der Praxis kaum Fälle vorkommen, in denen die gesetzlichen Höchstgrenzen vom Makler nicht ausgeschöpft werden, so dass diese Überlegungen in Ermangelung des Bestehens von Vergütungsspannen eher theoretischer Natur sind. 9

Kein Raum für eine Anwendung des § 316 besteht schließlich auch dann, wenn die Parteien die Zahlung eines festen Prozentsatzes für einen bestimmten Verkaufspreis vereinbaren, gleichzeitig aber bestimmen, dass bei Erzielung eines **Mehrerlöses** über die Provision noch einmal verhandelt werden müsse (*Dehner* Rn 217). Wird nun durch die Bemühungen des Maklers tatsächlich ein höherer Preis erzielt, soll, falls die Parteien sich nachträglich nicht einig werden, der angemessene Lohn geschuldet sein (BGH NJW-RR 1994, 1260). Nach Ansicht des BGH ist die Provision in diesem Fall ebenfalls im Wege der erg Vertragsauslegung zu ermitteln. 10

D. Hinweise für die Praxis. Sofern mangels Vereinbarung über die Entgeltlichkeit Streit darüber besteht, ob dem Makler eine Vergütung nach § 653 Abs 1 zusteht, hat dieser die für eine Vergütung sprechenden Umstände darzulegen und zu beweisen (BGH NJW 1970, 700). Dies gilt auch im Hinblick darauf, dass diese Umstände bei vorausschauender Beurteilung (Prognose) die Leistung nur gegen eine Vergütung erwarten lie- 11 ßen (aaO). Behauptet der Auftraggeber dennoch, es sei Unentgeltlichkeit vereinbart worden, so liegt die Beweislast hierfür bei ihm, wenn die Leistung den Umständen nach nur gegen eine Vergütung zu erwarten war (BGH NJW 1981, 1444).

12 Anders liegt der Fall, wenn Makler und Auftraggeber lediglich über die Höhe der Vergütung streiten. Behauptet der Auftraggeber zB die Vereinbarung einer bestimmten – niedrigeren – Vergütung und verlangt der Makler stattdessen die – höhere – übliche Provision, dann trägt der Makler die Beweislast dafür, dass die vom Auftraggeber behauptete Vergütungsvereinbarung nicht zustande gekommen ist (RG JW 1907, 175; vgl auch BGH NJW 1981, 1442). Dies folgt daraus, dass die Nichtbestimmung der Höhe der Vergütung ein negatives Tatbestandsmerkmal für den Anspruch auf den üblichen Lohn gem § 653 Abs 2 ist (BGH NJW 1982, 1523). Ist die Höhe der Vergütung dagegen in dem Maklervertrag zunächst nicht bestimmt worden und deshalb der übliche Lohn als vereinbart anzusehen, dann hat die Beweislast für eine nachträgliche Herabsetzung des Maklerlohnes auf einen Betrag unterhalb des üblichen Lohns der Auftraggeber zu tragen (aaO).

§ 654 Verwirkung des Lohnanspruchs. **Der Anspruch auf den Mäklerlohn und den Ersatz von Aufwendungen ist ausgeschlossen, wenn der Mäkler dem Inhalt des Vertrags zuwider auch für den anderen Teil tätig gewesen ist.**

1 **A. Allgemeines.** Trotz des Vorliegens sämtlicher Voraussetzungen des § 652 Abs 1 S 1 kann der Vergütungsanspruch des Maklers entfallen, wenn diesem eine Pflichtverletzung zur Last liegt. Für den Anspruch auf Ersatz von Aufwendungen (vgl § 652 Abs 2) gilt Entsprechendes. Der Ausschluss des Lohn- und Aufwendungsersatzanspruchs lässt sich dabei auf zwei unterschiedlichen Wegen herbeiführen: Sofern dem Auftraggeber durch die Pflichtverletzung ein Schadensersatzanspruch (§ 280) entsteht, kann er gem § 249 Abs 1 entweder Befreiung vom Vergütungs- und Aufwendungsersatzanspruch verlangen, oder aber gegen diese Ansprüche gem § 387 ff aufrechnen (Rn 25). Lässt sich hingegen mangels Kausalität oder Eintritts eines Schadens kein Schadensersatzanspruch begründen, gehen dem Makler seine Ansprüche dennoch verlustig, wenn der Auftraggeber einen Fall der Verwirkung nachweist.

2 Die Verwirkung des Lohn- und Aufwendungsersatzanspruchs hat in § 654 eine spezielle Regelung erfahren. Diese Vorschrift ordnet dem Wortlaut nach den Ausschluss der Ansprüche des Maklers jedoch lediglich bei Vertragswidrigkeit der Doppeltätigkeit an (PWW/*Fehrenbacher* Rn 1; su Rn 3 ff). In der Rspr besteht allerdings Einigkeit dahingehend, dass § 654 einen allg Rechtsgedanken enthält, der bei vergleichbar schwerwiegenden Treuepflichtverletzungen entspr herangezogen werden kann (su Rn 12 ff). Da es für die Rechtswirkungen des § 654 nicht auf einen Schaden ankommt, misst die Rspr der Norm einen gewissen Strafcharakter zu (BGH NJW-RR 1990, 372; Düsseldorf NJW-RR 1997, 1278).

3 **B. Vertragswidrige Doppeltätigkeit des Maklers (§ 654).** Eine Doppeltätigkeit liegt immer dann vor, wenn der Makler für beide Parteien des Hauptvertrages tätig wird (MüKo/*Roth* Rn 7). Ob er auch mit beiden Parteien einen Maklervertrag geschlossen hat, ist dagegen nicht entscheidend (PWW/*Fehrenbacher* Rn 6). Es reicht vielmehr aus, dass lediglich im Verhältnis zu einer Partei ein Maklervertrag besteht, mit der anderen hingegen ein unentgeltlicher Auftrag vereinbart wurde (vgl BGH NJW 1992, 681; MüKo/*Roth* Rn 7).

4 **I. Doppeltätigkeit von Gesetzes wegen im Grundsatz zulässig.** Nach dem Wortlaut des § 654 ist eine Doppeltätigkeit nur unzulässig, wenn sie dem Vertrag mit dem jeweiligen Auftraggeber zuwiderläuft. Damit ist zunächst klargestellt, dass das Gesetz dem Makler eine **Doppeltätigkeit nicht grds verbietet** (BGH NJW-RR 1998, 992; Rostock OLG-NL 2004, 1). Zugelassen wird insbes, dass der Makler für den einen Vertragsteil als Vermittlungs- und für den anderen Teil als Nachweismakler tätig wird (OLGR München 2000, 235; Dresden NJW-RR 1994, 885). Das gilt idR auch ohne ausdrückliche Gestattung selbst dann, wenn dem Maklerkunden die Doppeltätigkeit des Maklers unbekannt ist (BGH NJW-RR 2003, 991; Hamm NZM 2001, 905; *Fischer* NZM 2001, 873) Aber auch eine Doppeltätigkeit iSe Vermittlungstätigkeit für beide Auftraggeber ist jedenfalls dann im Grundsatz nicht unzulässig, wenn sie dem Makler von beiden Vertragspartnern gestattet oder der Doppelauftrag wenigstens für die jeweils andere Auftraggeberseite eindeutig erkennbar oder absehbar ist (BGH NJW-RR 1998, 992), wobei ein Hinweis in den AGB des Maklers genügt (Koblenz ZMR 2002, 363; aA MüKo/*Roth* Rn 8: nur durch Individualvereinbarung).

5 **II. Vertragswidrigkeit der Doppeltätigkeit.** Unter welchen Voraussetzungen eine zulässige Doppeltätigkeit vertragswidrig ist, bestimmt sich nach den konkreten Umständen des Einzelfalls (PWW/*Fehrenbacher* Rn 7). Vertragswidrig ist die Tätigkeit für beide Parteien des Hauptvertrages jedenfalls dann, wenn sie durch ausdrückliche Abrede ausgeschlossen ist, die erkennbare Absicht eines Auftraggebers entgegensteht oder der Doppelauftrag zu einer nicht vertretbaren Interessenkollision führt und damit treuwidrig ist (vgl Frankfurt aM MDR 1973, 407; Palandt/*Sprau* Rn 4; Erman/*O Werner* Rn 2).

6 Ob eine Interessenkollision vorliegt, muss anhand der vertraglichen Pflichten und der ausgeführten Tätigkeit ermittelt werden (BGH NJW 1970, 1075). Allein die unterschiedlichen Vorstellungen zwischen Verkäufer und Käufer im Hinblick auf die Höhe des Kaufpreises, sprechen jedoch nicht schon per se für eine Interessenkollision (Frankfurt aM MDR 1973, 407). Generell gilt, dass eine Vermittlungstätigkeit für beide Parteien des

Hauptvertrags eher vertragswidrig sein wird als eine reine Nachweistätigkeit oder eine Kombination aus beiden (PWW/*Fehrenbacher* Rn 7). Aber auch durch eine vermittelnde Tätigkeit nach beiden Seiten verwirkt der Makler seinen Provisionsanspruch nicht automatisch. Der Anwendungsbereich des § 654 ist wegen des Strafcharakters des § 654 nämlich einschränkend auszulegen (BGH NJW-RR 2003, 991). Entscheidend ist somit, ob der Makler mit seiner doppelten Vermittlungstätigkeit das Vertrauen und die Interessen seiner Auftraggeber verletzt. Dies ist zumindest dann nicht der Fall, wenn er seinen Auftraggebern seine Tätigkeit für die jeweils andere Seite offen legt und sich darauf beschränkt, als »ehrlicher Makler« zwischen ihren Interessen zu vermitteln (BGH NJW-RR 2000, 430). Übernimmt ein Makler aber vertraglich Pflichten, die seine Unparteilichkeit ausschließen, ist ihm eine Tätigkeit zugleich auch für die Vertragsgegenseite verwehrt (so im Allg bei Vertrauensmaklern, vgl BGH NJW-RR 2000, 430; Bamberg OLGR 2000, 251; Dresden NZM 1998, 1017; Frankfurt aM MDR 1973, 407). Ob dies auch bei Makleralleinaufträgen gilt, ist umstritten, wohl aber zu verneinen (vgl BGH NJW-RR 2000, 430; 1998, 992; anders MüKo/*Roth* Rn 13).

Um nachteiligen Interessenkollisionen vorzubeugen, hat die Rspr die Pflichten des Maklers bei der erlaubten Doppeltätigkeit entspr erweitert (PWW/*Fehrenbacher* Rn 8 f). Vor diesem Hintergrund ist der Makler bei der Ausübung seiner Doppeltätigkeit in erster Linie zu strenger Unparteilichkeit verpflichtet (st Rspr, vgl nur BGH NJW-RR 2003, 991), und zwar ab dem Zeitpunkt einer möglichen Pflichtenkollision (Koblenz NJW-RR 2002, 491). So ist es dem Makler bei Doppeltätigkeit etwa untersagt, allein die Interessen einer Partei zu vertreten (vgl BGH NJW 1968, 150; Koblenz NJW 2002, 491; Düsseldorf NJW-RR 1998, 1207). Mit einer Verwirkung seiner Ansprüche muss der Makler ferner dann rechnen, wenn er die Bereitschaft des Käufers, einen höheren Kaufpreis zu zahlen, nicht an den Verkäufer weitergibt, weil er diesen Betrag als zusätzliche Provision für sich vereinnahmen will (Frankfurt aM NZM 2001, 902). Treuwidrig handelt der Makler auch dann, wenn er dem Käufer ohne Erlaubnis des Verkäufers erklärt, dass der vom Verkäufer genannte Kaufpreis zu hoch sei (BGHZ 48, 344; Hamm VersR 1991, 545). Nichts anderes gilt, wenn der Makler zu Lasten einer Partei auf den Kaufpreis einwirkt, indem er etwa zum Nachteil des von ihm vertretenen Käufers weitere Interessenten einschaltet oder den Verkäufer finanziell unterstützt, damit eine solche Einschaltung möglich wird (Düsseldorf NJW-RR 2001, 1134; München WM 2001, 1562). Schließlich verletzt ein vom Verkäufer beauftragter Grundstücksmakler nach Ansicht des BGH (NJW 1973, 867) seine Pflicht zur Unparteilichkeit auch dann, wenn er zugleich für einen Kaufinteressenten tätig wird und sich von diesem eine Maklerprovision auch für den Fall ausbedingt, dass der Kaufvertrag nicht zustande kommt. 7

Neben der Pflicht zur strikten Unparteilichkeit hat die Rspr dem Makler bei Doppeltätigkeit ferner **Aufklärungspflichten** aufgebürdet. So hat der Makler die Doppeltätigkeit auf Nachfrage zu offenbaren und darf hierüber keine unzutr Angaben machen (BGH NJW-RR 2003, 991; Frankfurt aM NJW-RR 1988, 1199; Palandt/*Sprau* Rn 5). Ob dem Makler eine Offenbarungspflicht auch ohne ausdrückliche Nachfrage obliegt, ist umstritten (vgl PWW/*Fehrenbacher* Rn 8; Palandt/*Sprau* Rn 5). Für die Fälle, in denen der Makler eine Vermittlungstätigkeit für beide Parteien aufnimmt, wird sie zu bejahen sein (vgl so Rn 4). Anderenfalls nur dann, wenn das Vertrauen des Auftraggebers beeinträchtigt wird oder eine konkrete Interessenkollision droht (vgl für den Finanzierungsmakler: Karlsruhe NJW-RR 1995, 500; aA OLGR Naumburg 1996, 216: generelle Offenbarungspflicht). 8

III. Rechtsfolge. Ist die vom Makler entfaltete Doppeltätigkeit vertragswidrig, handelt er »dem Inhalt des Vertrages zuwider« und verwirkt seinen Lohn- und Aufwendungsersatzanspruch. Bei der Verletzung von Aufklärungspflichten durch einen Makler im Hinblick auf die Ausübung einer Doppeltätigkeit (so Rn 8) gilt das Gleiche zumindest dann, wenn der Auftraggeber durch seine Nachfrage zu erkennen gibt, dass er eine Tätigkeit auch für die andere Partei des Hauptvertrages ablehnt, oder die unterlassene oder fehlerhafte Auskunft das Vertrauen oder die Interessen des Auftraggebers konkret beeinträchtigt (so wohl BGH NJW-RR 2000, 430 zur doppelseitigen Vermittlungstätigkeit; sa Karlsruhe NJW-RR 1995, 500: Interessenverletzung bei der Darlehensvermittlung). Es ist jedoch zu beachten, dass eine Pflichtverletzung ggü einer Maklervertragspartei nicht zugleich auch zur Verwirkung der Ansprüche ggü der anderen Partei des Hauptvertrages führt (MüKo/*Roth* Rn 12). 9

Auf das Vorliegen einer bes **subjektiven Komponente** (zB Vorsatz, grobe Leichtfertigkeit, Verwerflichkeit) kommt es für das Eingreifen des Verwirkungstatbestands idR nicht an (bedeutsam aber ggf für § 123). Dies gilt auch dann, wenn die Vertragswidrigkeit ihren Ursprung in einer Verletzung der Pflicht zur Unparteilichkeit hat (BGH NJW 1968, 150; Hamm VersR 1991, 545; krit *Fischer* NZM 2001, 873). Gleichwohl wird das Verschulden von Erfüllungsgehilfen dem Makler über § 278 zugerechnet (Hamm aaO). Eine Anwendung von § 254 ist im Rahmen des § 654 jedoch ausgeschlossen, so dass der Mitverschuldenseinwand nicht geltend gemacht werden kann (BGH NJW 1962, 734). Ansprüche des Maklers aus Bereicherungsrecht werden verdrängt. 10

Eine Verwirkung von Maklueransprüchen ist auch im **vorvertraglichen Stadium** möglich (Hamm NJW-RR 1993, 506; *Fischer* NZM 2001, 873). Pflichtverletzungen nach Abschluss des Hauptvertrages und Provisionszahlung vermögen dagegen einen Verlust von Maklueransprüchen nach § 654 nicht mehr zu begründen (BGH NJW 1985, 145; Hamm NJW-RR 2001, 1276; krit MüKo/*Roth* Rn 5). Sie können jedoch im Einzelfall Schadensersatzansprüche auslösen (MüKo/*Roth* aaO). 11

12 **C. Schwerwiegende Verletzung anderer Vertragspflichten durch den Makler (§ 654 analog).** In der Rspr steht die analoge Anwendung des § 654 auf Pflichtverletzungen des Maklers, deren Ursprung nicht in einer vertragswidrigen Doppeltätigkeit begründet liegt, im Vordergrund (krit zur entspr Anwendung insoweit MüKo/*Roth* Rn 2 f, 19). Derartige Pflichtverletzungen müssen wegen der Pönalfunktion der Norm von bes Gewicht sein. Daher werden die Rechtsfolgen des § 654 nur dann ausgelöst, wenn der Makler **vorsätzlich** oder mit dem nahe kommender **grober Leichtfertigkeit** unter Verletzung wesentlicher Vertragspflichten den Interessen seines Auftraggebers in schwerwiegender Weise zuwiderhandelt und daher nach allg Rechts- und Billigkeitsempfinden lohnunwürdig erscheint (st Rspr, vgl nur BGH NJW-RR 2005, 1423; 1992, 817; Frankfurt aM NZM 2006, 67; Köln Info M 2008, 83). Die Anforderungen an die Pflichten des Maklers sind umso höher, je enger das Vertrauensverhältnis zwischen Makler und Auftraggeber, je größer die wirtschaftliche Bedeutung des Geschäfts für den Auftraggeber und je unerfahrener dieser ist (Hk-BGB/*Ebert* Rn 3). Für ein Verschulden von Hilfspersonen hat der Makler wiederum gem § 278 einzustehen (München WM 2001, 1562; Berlin NJW-RR 1988, 686). Eine Anwendung von § 254 scheidet auch in diesen Fällen aus. Ansprüche aus Bereicherungsrecht bestehen ebenfalls nicht.

13 Die Kasuistik hinsichtlich der in Betracht kommenden Pflichtverletzungen ist vielfältig. Besonders häufig hatten die Gerichte Streitigkeiten im Zusammenhang fehlerhafter oder unterlassener Information des Auftraggebers zu entscheiden. Aber auch andere Pflichtverletzungen spielten in der Praxis wiederholt eine Rolle (su Rn 19 f).

14 **I. Aufklärungs-, Beratungs- und Nachforschungspflichtverletzungen.** Eine Verwirkung des Provisions- und Aufwendungsersatzanspruchs ist gegeben, wenn der Makler vorsätzlich oder grob leichtfertig **falsche Angaben** macht oder Hinweise unterlässt, die für den Abschluss des Hauptvertrages und die Kalkulation des Auftraggebers von erheblicher Bedeutung sind (Palandt/*Sprau* Rn 6). Der Makler hat als Wissensvermittler (LG Düsseldorf AIZ A 115 Bl 43) seinem Auftraggeber aber lediglich Informationen über seinen eigenen Kenntnisstand weiterzugeben (Hamm AIZ A 146 Bl 65; PWW/*Fehrenbacher* Rn 11). Besondere Nachforschungspflichten existieren grds nicht (BGH NJW 1982, 1147). Bei einem bloß fahrlässig begangenen Verstoß gegen bestehende Aufklärungs- und Beratungspflichten scheidet eine Verwirkung aus. Hier können aber ggf Schadensersatzansprüche in Betracht kommen.

15 Im Hinblick auf das Objekt des Hauptvertrages ist der Makler insbes zu zutr Angaben über die Wohnfläche (Düsseldorf NJW-RR 1999, 848; LG Berlin ZMR 2005, 375), das Bestehen von Baumängeln (Naumburg NJW-RR 2002, 1208) und Reparaturbedarf (Celle MDR 2003, 983) oder die Kapazität eines zu vermittelnden Hotels (BGH WM 1981, 590) verpflichtet. Außerdem muss er auf ein anhängiges Zwangsversteigerungsverfahren hinweisen (Karlsruhe NJW-RR 1993, 1273) und – zumindest auf Nachfrage – offenbaren, dass bisher nicht geklärt ist, ob das Objekt unter die denkmalschutzrechtlichen Bestimmungen fällt (LG Braunschweig MDR 2001, 266). Lohnunwürdig ist der Makler überdies dann, wenn er seinem Auftraggeber unzutreffenderweise mitteilt, dass das Kaufgrundstück als Ferien- bzw Dauer-Wochenendwohnsitz zugelassen und genehmigt sei (Celle AIZ A 146 Bl 62; vgl auch LG Wuppertal NZM 2005, 465: Fehlen der Genehmigungsfähigkeit der Wohnnutzung bei umgebautem Gebetsraum).

16 Der Makler ist ferner verpflichtet, auch auf die tatsächlichen **Beziehungen des Objekts zu seiner Umgebung** hinzuweisen. Daher verwirkt er den Provisions- und Aufwendungsersatzanspruch bspw dann, wenn er nicht darüber aufklärt, dass das Objekt in einer Einflugschneise liegt (LG Hamburg DWW 1988, 176). Nichts anderes gilt, wenn bei der Vermittlung von Geschäftsräumen der Hinweis unterbleibt, dass ein Konkurrenzbetrieb in unmittelbarer Nähe möglich ist (Frankfurt aM NJW-RR 1986, 601). Ebenso wenig darf der Makler in dem von ihm erstellten Exposé unzutr Angaben zu der Erschließungssituation machen (Hamm NJW-RR 1993, 506) oder seinen Auftraggeber auf das Bauanzeigeverfahren hinweisen, obwohl er nicht überprüft hat, ob dessen Voraussetzungen (gesicherte Erschließung) vorliegen (AG Neukölln GE 2007, 599). Auch ein Hinweis an einen Ausländer auf die soziale Problematik eines Wohngebiets kann im Einzelfall geboten sein (LG Heidelberg MDR 2006, 859: Verwirkung im konkreten Fall aber nicht geprüft).

17 Schließlich darf der Makler die ihm bekannte **Kreditunwürdigkeit** der Gegenseite nicht verschweigen (Palandt/*Sprau* Rn 6; einschränkend OLGR Köln 2005, 325). Hat er Kenntnis von finanziellen Schwierigkeiten des das Objekt errichtenden Bauträgers, muss er auch darüber aufklären (Hamburg NJW-RR 1998, 1206). Will der Makler mit seinem Auftraggeber einen Alleinauftrag mit **Übererlösklausel** abschließen, muss er diesem den tatsächlich am Markt erzielbaren Objektwert nennen (Düsseldorf NJW-RR 1997, 1278). Ist er als Makler auf Käuferseite tätig, muss er zutr Angaben zu der Verhandlungsbereitschaft des Verkäufers über die Höhe des Kaufpreises machen. Keineswegs darf er einen bestimmten Betrag als nicht mehr verhandelbar in den Raum stellen, wenn der Verkäufer tatsächlich noch zum Nachgeben bereit ist (Koblenz NJW-RR 2002, 489).

18 Abgelehnt wurde eine Verwirkung von Lohn- und Aufwendungsersatzansprüchen hingegen in folgenden Fällen: So sollen Makler ohne Hinzutreten bes Umstände nicht verpflichtet sein, ihre Auftraggeber darauf hinzuweisen, dass es sich bei dem Kaufobjekt lediglich um ein Fertigteilhaus handelt (Frankfurt aM NJW-RR 2005, 1721). Provisionsunschädlich soll auch der Hinweis sein, dass ein langjährig am Markt tätiger Bauträger zuverlässig sei, obwohl dieser zum fraglichen Zeitpunkt nicht im Besitz einer Gewerbeerlaubnis war (Hamm NJW-RR 2002, 780). Eine Verletzung von Aufklärungs- und Beratungspflichten soll schließlich auch dann

nicht vorliegen, wenn der Makler einem Wohnungskäufer die zu erwartenden Sanierungskosten gestützt auf eine Information des Verkäufers nur ungefähr angibt, die Kosten der durchgeführten Sanierung diese Schätzung aber übersteigen (LG Düsseldorf AIZ A 115 Bl 43).

II. Sonstige Pflichtverletzungen, insbes Täuschung. Verwirkt sind Lohn- und Aufwendungsersatzanspruch auch dann, wenn dem Makler andere Pflichtverletzungen zur Last liegen. Derartige Fälle sind von der Rspr insbes im Zusammenhang mit **Reservierungsvereinbarungen** entschieden worden. So soll es unzulässig sein, wenn ein Makler ein Grundstück weiterhin zum Kauf anbietet, welches er für seinen Auftraggeber wirksam reserviert hat (Hamm NJW 1991, 360). Nichts anderes soll gelten, wenn sich das fragliche Grundstück zum Zeitpunkt der Reservierung bereits in der Zwangsversteigerung befunden hat (BGH VersR 1992, 958). 19

Eine Verwirkung ggü dem Käufer wurde ferner dann bejaht, wenn der Makler, nachdem er erfahren hat, dass im Kaufvertrag der Käufer die Verkäuferprovision übernommen hat, mit dem Verkäufer eine höhere als die ursprünglich vereinbarte Provision aushandelt (Hamm NJW-RR 1988, 689). Mit einem Verlust seiner Ansprüche muss der Makler überdies dann rechnen, wenn er bei dem von ihm wahrgenommenen Notartermin kurz vor dem Beginn der Beurkundung den Käufer zur Unterschrift unter eine vorgefertigte Provisionsvereinbarung durch die Drohung veranlasst, er werde den Grundstückskauf »platzen« lassen, wenn der Käufer die Vereinbarung nicht unterschreibe (Düsseldorf AIZ A 146 Bl 40). Lohnunwürdigkeit kann außerdem angenommen werden, wenn ein Makler sich ggü seinem Auftraggeber in für diesen beleidigender Weise äußert (Hamm OLGR 2005, 666). Das bloße Verwenden unzulässiger AGB soll ohne Hinzutreten weiterer Umstände dagegen keine Verwirkung begründen (BGH NJW-RR 2005, 1423). 20

D. Entsprechende Anwendung des § 654 auf andere Berufgruppen sowie den Auftraggeber. Von der Rspr wird § 654 bisweilen auch auf Rechtsverhältnisse mit anderen Berufsgruppen als Vertragspartner entspr angewendet. Nach zutr Ansicht ist hierbei aber Zurückhaltung geboten (Palandt/*Sprau* Rn 8). Angenommen wurde eine Verwirkung des Gebühren- und Vergütungsanspruchs bisher etwa bei Parteiverrat durch einen Rechtsanwalt (BGH NJW 1981, 1211), bei strafrechtlich relevanten Pflichtverstößen eines Insolvenzverwalters (LG Schwerin NZI 2008, 692) und bei einem Verstoß gegen ein vertragliches Konkurrenzverbot durch einen Dienstverpflichteten (vgl Braunschweig OLGR 2000, 131). 21

Auf eine schwerwiegende Pflichtverletzung des Auftraggebers ist § 654 dagegen nicht entspr anwendbar (BGH MDR 1968, 405; MüKo *Roth* Rn 27; Palandt *Sprau* Rn 8). Die Vorschrift bezweckt den Ausschluss von Lohn- und Aufwendungsersatzansprüchen und würde in ihr Gegenteil verkehrt, wenn der Auftraggeber im Wege einer analogen Anwendung zur Zahlung verpflichtet werden soll. Ggf kommen aber Ansprüche des Maklers aus § 280 in Betracht (MüKo/*Roth* Rn 27 f), wobei der Schadensnachweis Probleme bereiten dürfte (jurisPK/*Jäger* Rn 8). 22

E. Verhältnis der Verwirkung gem § 654 (analog) zu Ansprüchen aus § 280. Sofern Makler durch ihr pflichtwidriges Verhalten Schäden bei ihren Auftraggebern verursachen, kommt neben einer Verwirkung des Lohn- und Aufwendungsersatzanspruchs gem § 654 (analog) auch ein **Schadensersatzanspruch** gem § 280 in Betracht (vgl nur BGH NJW 1981, 2297). Hierfür genügt jedes Verschulden (MüKo/*Roth* Rn 4); § 254 ist anwendbar. Treffen Schadensersatz und Verwirkung zusammen, kann die verwirkte Provision als Mindestbetrag des Schadens verlangt werden, wenn es um eine identische Pflichtverletzung des Maklers geht (aaO). In derartigen Fällen sind die §§ 340 Abs 2, 341 Abs 2 entspr heranzuziehen (Hamm NJW-RR 1997, 370; MüKo/*Roth* aaO). 23

Liegen die Voraussetzungen für eine Verwirkung nicht vor, führt ein nach § 280 bestehender Schadensersatzanspruch nicht automatisch zum Verlust der maklerseitigen Ansprüche. Wie bereits ausgeführt (so Rn 1), muss in diesen Fällen unterschieden werden: Ist der Schaden in dem Eingehen eines Hauptvertrages zu sehen, muss der Makler den Auftraggeber gem § 249 so stellen, als hätte dieser den Vertrag nicht abgeschlossen (BGH NJW 1982, 1145). Da bei Nichtabschluss des Hauptvertrages auch keine Provision angefallen wäre, steht dem Auftraggeber insoweit ein Freistellungsanspruch zu (vgl BGH NJW-RR 2005, 1425). Hat er bereits gezahlt, kann er die Erstattung der Maklerprovision verlangen. Soweit der Auftraggeber durch den Abschluss des Hauptvertrages Vorteile erlangt hat, muss er sich diese allerdings anrechnen lassen (BGH NJW 1982, 1145). 24

Ist dem Auftraggeber durch das Verhalten des Maklers hingegen ein anderweitiger Schaden entstanden, kann der Auftraggeber bei Vorliegen der Voraussetzungen des § 280 gem § 387 die Aufrechnung erklären oder von dem Zurückbehaltungsrecht des § 273 Gebrauch machen (vgl LG Heidelberg MDR 2006, 859; MüKo/*Roth* Rn 4; Palandt/*Sprau* Rn 1). 25

F. Hinweise für die Praxis. § 654 ist ein Ausnahmetatbestand zu § 652. Dies bedeutet, dass der Auftraggeber das Vorliegen der Voraussetzungen des § 654 darlegen und beweisen muss (BGH NJW 1981, 2293; NJW-RR 1992, 110). Unter Umständen können zu Gunsten des Auftraggebers aber Darlegungs- und Beweiserleichterungen greifen (jurisPK/*Jäger* Rn 9; Müko/*Roth* Rn 26). Beabsichtigt ein Makler jedoch für sich Vorteile daraus herzuleiten, dass sein Auftraggeber ihn aus der Treuepflicht entlassen hat, muss er Beweis für eine endgültige Absageerklärung des Auftraggebers erbringen (BGH NJW-RR 1992, 110). 26

Untertitel 2 Darlehensvermittlungsvertrag zwischen einem Unternehmer und einem Verbraucher

§ 655 Herabsetzung des Mäklerlohns. **Ist für den Nachweis der Gelegenheit zum Abschluss eines Dienstvertrags oder für die Vermittlung eines solchen Vertrags ein unverhältnismäßig hoher Mäklerlohn vereinbart worden, so kann er auf Antrag des Schuldners durch Urteil auf den angemessenen Betrag herabgesetzt werden. Nach der Entrichtung des Lohnes ist die Herabsetzung ausgeschlossen.**

1 **A. Anwendungsbereich und Tatbestandsvoraussetzungen.** § 655 erlaubt die Herabsetzung eines unverhältnismäßig hohen Maklerlohns durch einen rechtsgestaltenden Akt des Richters und ist vom Regelungsgehalt und von der Funktionsweise vergleichbar mit § 343 (PWW/*Fehrenbacher* Rn 1). Dem Wortlaut nach findet die nicht abdingbare Norm nur Anwendung, wenn sich die Nachweis- oder Vermittlungstätigkeit des Maklers auf einen Dienstvertrag als Hauptvertrag erstreckt.

2 Bisweilen wird erwogen, die Norm **analog** auch auf Maklerverträge zu erstrecken, die die Vermittlung anderer Verträge – etwa Kaufverträge für Immobilien – zum Gegenstand haben (vgl Schwerdtner/*Hamm* Rn 674f; MüKo/*Roth* Rn 9). Dem ist jedoch entgegenzuhalten, dass die Norm vor dem Hintergrund ihrer Entstehungsgeschichte nicht analogiefähig ist. Eine Erstreckung des Anwendungsbereichs auch auf andere Maklerverträge wurde vom Reichstag ausdrücklich abgelehnt (Erman/*O Werner* Rn 3). Im Übrigen besteht zu einem solch weitgehenden Eingriff in die Vertragsfreiheit häufig auch kein Bedürfnis, weil Makler auf Grund des bestehenden Wettbewerbs, der in den meisten Marktsegmenten herrscht, kaum in der Lage sein werden, überzogene Preisvorstellungen durchzusetzen. In Ausnahmefällen können dem Gerechtigkeitsgefühl krass widersprechende Vergütungsabreden schließlich zudem unter Zuhilfenahme von § 138 korrigiert werden (Erman/*O Werner* Rn 3; jurisPK/*Jäger* Rn 2).

3 Wegen des sonach gegebenen engen Anwendungsbereichs ist die Bedeutung der Vorschrift in der Praxis **gering.** Sie ist etwa einschl für die Vermittlung selbständiger Dienstverträge und für Verträge zwischen Maklern und Arbeitgebern (MüKo/*Roth* Rn 1). Hierher gehören zB Anstellungsverträge für Geschäftsführer einer GmbH oder Verträge freier Mitarbeiter (vgl PWW/*Fehrenbacher* Rn 2). Ferner findet § 655 Anwendung auf Maklerverträge zwischen Zeitarbeitsunternehmen und Entleihern, wenn der Entleiher den Arbeitnehmer im Anschluss an die Überlassung durch Arbeitsvertrag übernimmt (MüKo/*Roth* Rn 4). Für Vereinbarungen zwischen Maklern und (zukünftigen) Arbeitnehmern gelten dagegen Sondernormen, durch welche die Vergütungshöhe beschränkt wird (§§ 296 Abs 3, 297 Nr 1, 421g SGB III). Die Anwendung des § 655 kommt insoweit nicht in Betracht. Bes Bestimmungen zur Vergütungshöhe existieren darüber hinaus auch für Maklerverträge, die auf die Verschaffung von Beschäftigungsverträgen atypischer Arbeitnehmer gerichtet sind. Gem § 1 der auf der Grundlage von § 301 SGB III geschaffenen **Vermittler-Vergütungsverordnung** (BGBl I S 2439) sind dies Künstler, Berufssportler, Fotomodelle, Doppelgänger etc. Die zulässigen Höchstbeträge für den Maklerlohn bei Vermittlung von Beschäftigungsverträgen derartiger Berufsgruppen bestimmen sich hier nach § 2 der Verordnung. Keine Anwendung findet § 655 außerdem auf die Veröffentlichung des Stellenmarkts in der Presse, denn hier liegt, da Stellenanzeigen der Selbstsuche dienen, keine Vermittlungstätigkeit vor (Palandt/*Sprau* Rn 1).

4 **B. Rechtsfolge/Hinweise für die Praxis.** Soweit der Anwendungsbereich von § 655 eröffnet ist, korrigiert das Gericht die Höhe des Lohns auf ein angemessenes Maß im Wege der geltungserhaltenden Reduktion (PWW/*Fehrenbacher* Rn 1). Eine Nichtigkeit des Vertrags nach § 138 allein wegen einer wucherisch überhöhten Vergütungsabrede kommt nicht in Betracht. Insoweit stellt § 655 eine abschließende Sonderregelung dar. Entscheidender Zeitpunkt für die Beurteilung der Verhältnismäßigkeit ist dabei derjenige der Geltendmachung des Anspruchs (jurisPK/*Jäger* Rn 4). Bei der Festsetzung des tatsächlich geschuldeten Lohns hat sich das Gericht am »üblichen Lohn« nach § 653 Abs 2 zu orientieren (jurisPK/*Jäger* Rn 7; Hk-BGB/*Ebert* Rn 4; vgl dort Rn 5 ff). Eine Herabsetzung der ggf geschuldeten Auslagen (vgl § 652 Abs 2) sieht § 655 hingegen nicht vor (Erman/*O Werner* Rn 2). Gem S 2 ist die Herabsetzung nach der Entrichtung des Lohns ausgeschlossen. Die Vorschrift stellt insoweit auf eine getätigte Zuwendung ab, durch die der Anspruch im Rahmen der Zuwendung vollständig und endgültig erfüllt werden soll. Da die Hingabe eines Wechsels oder eines Schuldanerkenntnisses für sich allein sonach noch keine Erfüllung darstellt, bleibt eine Herabsetzung weiterhin möglich.

5 Ist in Maklerverträgen, für die es **gesetzliche Lohnobergrenzen** gibt, eine über diesen Schranken liegende Vergütung vereinbart worden, so scheidet eine geltungserhaltende Reduktion auf das zulässige Maß aus (vgl *Rixen* NZS 2002, 466; aA MüKo/*Roth* Rn 7). § 655 wird hier durch § 297 Nr 1 SGB III bzw § 2 Vermittler-Vergütungsverordnung iVm § 134 verdrängt. Rechtsfolge ist die Nichtigkeit dieser Vereinbarungen und der Verlust des gesamten Vergütungsanspruchs (*Dehner* Rn 342; aA MüKo/*Roth* aaO). Da Makler für gewöhnlich die gesetzlichen Lohnobergrenzen kennen, sind sie insoweit auch nicht schutzwürdig. Die Herabsetzung der Vergütung durch Urteil im Rahmen einer Leistungsklage des Maklers ist nur auf Antrag des Auftraggebers zulässig. Dieser Antrag kann auch im Wege einer einredeweisen Berufung auf § 655 gestellt werden (PWW/*Fehrenbacher* Rn 3;

vgl zu § 343 BGH NJW 1968, 1625). Sofern der Auftraggeber selbst die gerichtliche Initiative ergreifen will, kann er die Herabsetzung auch durch die Erhebung einer negativen Feststellungsklage erreichen.

§ 655a Darlehensvermittlungsvertrag. Für einen Vertrag, nach dem es ein Unternehmer unternimmt, einem Verbraucher gegen Entgelt einen Verbraucherdarlehensvertrag zu vermitteln oder ihm die Gelegenheit zum Abschluss eines Verbraucherdarlehensvertrags nachzuweisen, gelten vorbehaltlich des Satz 2 die folgenden Vorschriften. Dies gilt nicht in dem in § 491 Absatz 2 bestimmten Umfang.

A. Entstehungsgeschichte und europäische Vorgaben. Die Regelungen der Darlehensvermittlung aus dem VerbrKrG (§§ 1 Abs 1 und 3, 15–18) wurden im Zuge der Schuldrechtsmodernisierung im Gewand der §§ 655a – e in das BGB integriert. Bis auf eine Verengung des sachlichen Anwendungsbereichs (su Rn 3), waren mit dieser Überführung keine nennenswerten inhaltlichen Änderungen verbunden. Daher haben Rspr und Lit zu den Bestimmungen des VerbrKrG auch heute noch Bedeutung (Jauernig/*Mansel* Vor § 655a Rn 1). In Ermangelung europäischer Vorgaben in Form einer RL für den Bereich der Darlehensvermittlung sind die Vorschriften dieses Untertitels bislang rein nationalen Ursprungs (MüKo/*Habersack* Rn 2). Allerdings wird die Kreditvermittlung nunmehr von der neuen Verbraucherkredit-RL 2008/48/EG mitgeregelt (ausf *Rott* VuR 2008, 281), so dass auf diesem Gebiet spätestens zum Ablauf der Umsetzungsfrist am 12.05.2010 mit Änderungen zu rechnen ist. Der in § 655a S 1 definierte Darlehensvermittlungsvertrag bildet einen **Spezialfall des allg Maklervertrages.** Deshalb gelten die Vorschriften des Zivil- und Handelsmaklerrechts (§§ 652 ff und §§ 93 ff HGB), soweit die §§ 655a – e nichts anderes bestimmen (vgl MüKo/*Habersack* Rn 1; PWW/*Nobbe* Rn 1). 1

B. Anwendungsvoraussetzungen. I. Persönlicher Anwendungsbereich. Vertragspartner eines Darlehensvermittlungsvertrages sind gem § 655a S 1 in Ausübung seines Gewerbes handelnde Unternehmer (§ 14) als Darlehensvermittler und Verbraucher iSv § 13 als (zukünftige) Darlehensnehmer. Existenzgründer iSv § 507 werden in persönlicher Hinsicht gem § 655e Abs 2 einem Verbraucher gleichgestellt (Habersack/*Schürnbrand* WM 2003, 261; vgl § 655e Rz 1). Da der Darlehensvermittlungsvertrag ein Spezialfall des Maklervertrages ist und damit ein echtes Drei-Personen-Verhältnis voraussetzt, kann er nur von Zivil- oder Handelsmaklern, nicht jedoch von einem Angestellten oder einem Handelsvertreter (§ 84 ff HGB) des Darlehensgebers abgeschlossen werden (PWW/*Nobbe* Rn 5; MüKo/*Habersack* Rn 11; *Rott* VuR 2008, 281; vgl zur Abgrenzung zwischen Makler und Handelsvertreter BGH NJW 1992, 2818; Erman/*Saenger* Rn 6). 2

II. Sachlicher Anwendungsbereich. Von § 655a S 1 erfasst werden sowohl Nachweis- als auch Vermittlungstätigkeit in Bezug auf Verbraucherdarlehensverträge iSv § 491 Abs 1. Nicht Gegenstand eines Darlehensvermittlungsvertrages können gem § 655a S 2 iVm § 491 Abs 2 dagegen Bagatellkredite, bestimmte Arbeitgeberdarlehen sowie von einer öffentlich-rechtlichen Anstalt vergebene Wohnungs- und Städtebauförderdarlehen sein. Die §§ 655a ff finden ferner keine Anwendung bei der Vermittlung von Sachdarlehen (§§ 607 ff) und – insofern anders als nach dem VerbrKrG – Finanzierungshilfen iSd §§ 499 ff (hM: PWW/*Nobbe* Rn 2; Palandt/*Sprau* Rn 3; MüKo/*Habersack* Rn 7). Da der Verbraucher bei der Vermittlung von Finanzierungshilfen wie Finanzierungsleasingverträgen und Teilzahlungsgeschäften nicht weniger schutzbedürftig ist als bei der Vermittlung von Darlehen, ist diese Verengung des Anwendungsbereichs ggü dem VerbrKrG nur schwer verständlich (so auch MüKo/*Habersack* Rn 7). 3

Die §§ 655a ff sind darüber hinaus nur anwendbar, wenn der Vermittler für den Verbraucher **gegen Entgelt** tätig wird. Der Verbraucher muss also auf Grund des mit dem Darlehensvermittler geschlossenen Vermittlungsvertrages zur Zahlung verpflichtet sein. Nicht ausreichend ist es demgegenüber, wenn der Vermittler nur vom Darlehensgeber eine Vergütung erhält, auch wenn diese das Darlehen für den Verbraucher verteuert (MüKo/*Habersack* Rn 8; Staud/*Kessal-Wulf* Rn 7). Auf die Höhe des vom Verbraucher an den Vermittler zu zahlenden Entgelts (Ausn Kleinstbeträge, vgl LG Karlsruhe NJW-RR 2000, 1442: 0,92 DM) kommt es dabei ebenso wenig an (Palandt/*Sprau* Rn 4; MüKo/*Habersack* Rn 8) wie darauf, ob die Verpflichtung zur Provisionszahlung unzulässigerweise erfolgsunabhängig ausgestaltet ist (PWW/*Nobbe* Rn 4). 4

C. Gewerbe- sowie standesrechtliche Tätigkeitsverbote. Von Darlehensvermittlern sind neben den §§ 655a ff zahlreiche Sonderbestimmungen mit idR öffentlich-rechtlichem Charakter zu beachten. Besondere Regelungen sind etwa enthalten im KWG, der GewO, der MaBV sowie in den Berufsordnungen einiger freier Berufe. Gelegentlich muss darüber hinaus auch das RDG berücksichtigt werden (vgl LG Darmstadt NJW-RR 2002, 351: mit Rechtsberatung verbundene Darlehensvermittlung durch Unternehmensberater). Dies vorausgeschickt bedürfen gewerbsmäßig tätige Darlehensvermittler gem § 34c Abs 1 Nr 1 lit a GewO zur Ausübung ihrer Verrichtung insbes einer **Erlaubnis.** Ein Verstoß gegen diese Vorschrift führt allerdings nicht zur Nichtigkeit des Darlehensvermittlungsvertrages (BGH NJW 1981, 387). Etwas anderes gilt jedoch dann, wenn der Vermittler dem in § 56 Abs 1 Nr 6 GewO geregelten Verbot, Darlehensvermittlungsverträge im Rahmen des **Reisegewerbes** abzuschließen, zuwiderhandelt. Nach Ansicht des BGH (NJW 1999, 1636) ist der Vermittlungsvertrag hier auch dann nichtig, wenn dem Darlehensnehmer auf der Grundlage der §§ 312 Abs 1, 355 ein Widerrufsrecht zusteht (aA unter Hinweis auf eine Entscheidung des BGH zum Darlehensvertrag PWW/ 5

Nobbe Rn 6; krit auch MüKo/*Habersack* Rn 14). Soweit sich **Rechtsanwälte** oder **Steuerberater** als Darlehensvermittler betätigen, liegt ein Verstoß gegen berufsrechtliche Regelungen nur vor, wenn die Vermittlung gewerbsmäßig ausgeübt wird. Eine Missachtung dieses Verbots lässt die Wirksamkeit des Vermittlungsvertrages im Allg unberührt (BGH NJW 2000, 3067: Rechtsanwalt; NJW 1981, 399: Steuerberater). UU kann ein solcher Vertrag aber sittenwidrig sein (MüKo/*Habersack* Rn 13 mN). Von vornherein gem § 134 nichtig sind wegen § 14 Abs 1, 4 BNotO jedoch von Notaren geschlossene Vermittlungsverträge, und zwar auch bei nur einmalig ausgeübter Tätigkeit (BGH NJW 2001, 1569). Hat sich ein Rechtsanwalt mit einem Notar zu einer gemeinsamen Berufsausübung sozietätsmäßig zusammengeschlossen, erstreckt sich das Darlehensvermittlungsverbot des § 14 Abs 4 BNotO auch auf diesen (aaO).

6 **D. Hinweise für die Praxis.** Bei Vermittlungsverträgen zwischen einem Darlehensvermittler und einem Verbraucher muss grds der Vermittler die Tatsachen nachweisen, die zu einer Unanwendbarkeit der §§ 655a ff führen (Palandt/*Sprau* Rn 7). Ist ein Existenzgründer iSv § 507 als Auftraggeber Partei des Darlehensvermittlungsvertrages, muss dieser jedoch darlegen und beweisen, dass der Kredit lediglich für die Aufnahme seiner gewerblichen oder selbständigen beruflichen Tätigkeit bestimmt war und nicht seiner bereits ausgeübten Tätigkeit diente (Habersack/*Schürnbrand* WM 2003, 261). Erst danach obliegt es dem Vermittler nachzuweisen, dass der Darlehensbetrag 50.000,- EUR übersteigt (Habersack/*Schürnbrand* aaO; *Bülow* NJW 2002, 1145).

§ 655b Schriftform.

[1] Der Darlehensvermittlungsvertrag bedarf der schriftlichen Form. In dem Vertrag ist vorbehaltlich sonstiger Informationspflichten insbesondere die Vergütung des Darlehensvermittlers in einem Prozentsatz des Darlehens anzugeben; hat der Darlehensvermittler auch mit dem Unternehmer eine Vergütung vereinbart, so ist auch diese anzugeben. Der Vertrag darf nicht mit dem Antrag auf Hingabe des Darlehens verbunden werden. Der Darlehensvermittler hat dem Verbraucher den Vertragsinhalt in Textform mitzuteilen.

[2] Ein Darlehensvermittlungsvertrag, der den Anforderungen des Absatz 1 Satz 1 bis 3 nicht genügt, ist nichtig.

1 **A. Allgemeines.** Die Einschaltung eines Darlehensvermittlers führt auf Verbraucherseite regelm zu einer Mehrbelastung iHv 5-7 % der Darlehenssumme (PWW/*Nobbe* Rn 1; Palandt/*Sprau* Rn 1). Durch die in § 655b enthaltenen Regelungen soll der Verbraucher vor einem übereilten Vertragsabschluss, der eine derartige zusätzliche Belastung für ihn zur Folge hätte, bewahrt werden.

2 **B. Wirksamkeitserfordernisse. I. Schriftformerfordernis (Abs 1 S 1).** Darlehensvermittlungsverträge bedürfen zur ihrer Wirksamkeit der schriftlichen Form iSv § 126, die durch notarielle oder elektronische Form ersetzt werden kann (vgl § 126 Abs 3, 4). Dieses Formerfordernis gilt auch für nachträgliche **Änderungen** (Erman/*Saenger* Rn 2), **nicht** jedoch für eine vom Verbraucher erteilte **Vollmacht** zum Vertragsabschluss (hM, vgl PWW/*Nobbe* Rn 2, Palandt/*Sprau* Rn 2; Staud/*Kessal-Wulf* Rn 9; aA Habersack/*Schürnbrand* WM 2003, 261). Die Vertragsurkunde muss mit ihrem gesamten Inhalt von beiden Parteien unterzeichnet werden. Eine Blankounterschrift des Verbrauchers ist unzulässig (PWW/*Nobbe* Rn 2). Soweit bes AGB Verwendung finden, müssen diese mit der Vertragsurkunde fest verbunden und von den Unterschriften der Parteien getragen sein (Erman/*Saenger* Rn 2).

3 **II. Informationspflichten (Abs 1 S 2).** Vorbehaltlich weiterer Informationspflichten (zB aus §§ 312b ff, §§ 5, 6 PAngV, §§ 10 f MaBV) müssen Darlehensvermittlungsverträge gem § 655b Abs 1 S 2 zur Vermeidung einer Nichtigkeit Angaben zur Vergütung des Vermittlers enthalten. Die vom Verbraucher geschuldete Provision ist in Form eines **Prozentsatzes vom Darlehensnennbetrag** (Nettokreditbetrag zzgl mitkreditierter Einmalkosten einschließlich der Vermittlungsprovision) im Vertrag auszuweisen (AG Mannheim WM 1997, 2356; MüKo/*Habersack* Rn 7; aA Erman/*Saenger* Rn 3: Nettokreditbetrag). Die Angabe des absoluten Betrags ist daneben grds empfehlenswert, für sich allein aber nicht ausreichend (AG Dortmund NZM 2000, 834; Erman/*Saenger* Rn 3). Durch die von Abs 1 S 2 geforderte Art der Darstellung soll eine intransparente Aufspaltung der Vermittlungsprovision auf verschieden bezeichnete Gebühren und Kosten verhindert werden (MüKo/*Habersack* Rn 5). Ist die Angabe des Prozentsatzes zu niedrig, muss sich der Vermittler daran festhalten lassen (PWW/*Nobbe* Rn 3; Staud/*Kessal-Wulf* Rn 9; Palandt/*Sprau* Rn 6; aA AG Mannheim WM 1997, 2356: Nichtigkeit des Vermittlungsvertrages). Im umgekehrten Fall schuldet der Verbraucher nur die tatsächlich vereinbarte Vergütung (PWW/*Nobbe* Rn 3; MüKo/*Habersack* Rn 5).

4 Hat der Vermittler mit dem Darlehensgeber (Unternehmer) eine **zusätzliche Vergütung** vereinbart, muss er diese ebenfalls in dem Vermittlungsvertrag angeben, und zwar wiederum in Form eines Prozentsatzes vom Darlehensnennbetrag (PWW/*Nobbe* Rn 4; aA Palandt/*Sprau* Rn 3: absoluter Betrag ausreichend). Dadurch soll dem Verbraucher das gesamte Ausmaß der Kreditverteuerung, nicht jedoch die Gefahr sachfremder Entscheidungen auf Grund der wirtschaftlichen Abhängigkeit des Vermittlers verdeutlicht werden (*Rott* VuR 2008, 281; abw Palandt/*Sprau* Rn 1 und PWW/*Nobbe* Rn 4: Offenlegung der Doppeltätigkeit ist Zweck der Vorschrift). Anzugeben ist diese Vergütung jedoch nur, wenn sie den Kredit für den Verbraucher tatsächlich

und konkret verteuert (MüKo/*Habersack* Rn 9). Dies gilt etwa in den Fällen des sog offenen oder verdeckten Packing (Einberechnung in den Zinssatz, vgl. MüKo/*Habersack* Rn 10; Erman/*Saenger* Rn 3; PWW/*Nobbe* Rn 4). Nicht auszuweisen ist eine vom Darlehensgeber gezahlte Provision dagegen dann, wenn von diesem sowohl vermittelte als auch nicht vermittelte Kredite zu übereinstimmenden Konditionen vergeben werden (Palandt/*Sprau* Rn 3; Staud/*Kessal-Wulf* Rn 6; *Scholz* DB 1991, 215; aA PWW/*Nobbe* Rn 4 mwN). Eine Offenlegung kann aber auch in diesen Fällen geboten sein, da der Vermittler sonst ggf gem § 654 seinen Provisions- und Auslagenersatzanspruch verliert (vgl Karlsruhe NJW-RR 1995, 500).

III. Verbindungsverbot. Der Darlehensvermittlungsvertrag darf, um seine Wirksamkeit nicht zu gefährden, 5
darüber hinaus nicht mit dem Antrag auf Abschluss des zugrunde liegenden Darlehensvertrages verbunden werden. Durch diese räumliche Trennung soll gewährleistet werden, dass der Verbraucher die rechtliche Selbständigkeit beider Verträge bereits äußerlich erkennt (jurisPK/*Jäger* Rn 3). Ein Verstoß gegen das Verbindungsverbot liegt nicht nur vor, wenn der Inhalt dieser beiden Verträge in einer Urkunde zusammengefasst ist, sondern auch dann, wenn zwei gesonderte Urkunden miteinander verbunden werden (LG Berlin NJW-RR 1992, 678).

C. Mitteilung des Vertragsinhalts (Abs 1 S 4). Ein Verstoß gegen die Mitteilungspflicht zieht gem Abs 2 6
nicht die Unwirksamkeit des Vermittlungsvertrages nach sich. Insoweit unterscheidet sich diese Regelung von den übrigen Bestimmungen des Abs 1. Da die Aushändigung einer Vertragsurkunde an den Verbraucher nicht Voraussetzung für einen wirksamen Vertragsabschluss ist und daher unterbleiben kann, dient die Verpflichtung zur Mitteilung des Vertragsinhalts der Sicherung der mit Abs 1 S 2 und 3 verbundenen Informationen (MüKo/*Habersack* Rn 17). Die Mitteilung muss in **Textform** (§ 126b) erfolgen und stellt eine einklagbare Nebenpflicht aus dem Vermittlungsvertrag dar (Erman/*Saenger* Rn 5). Verletzungen dieser Pflicht können gem § 280 Abs 1 einen **Schadensersatzanspruch** begründen (PWW/*Nobbe* Rn 7).

D. Rechtsfolge (Abs 2). Ein Verstoß gegen die Wirksamkeitsvoraussetzungen (Abs 1 S 1-3) führt gem Abs 2 7
zur unheilbaren **Nichtigkeit** des Darlehensvermittlungsvertrages (BGH NJW-RR 2005, 1572). Der Darlehensvermittler kann seinen Vergütungsanspruch in diesem Fall weder aus dem Vermittlungsvertrag noch aus Bereicherungsrecht oder § 354 HGB herleiten (aaO). Von der Nichtigkeit des Vertrages wird auch die gem § 655d S 2 zulässige Vereinbarung eines Aufwendungsersatzanspruchs erfasst (MüKo/*Habersack* Rn 18). Die Nichtigkeit des Darlehensvermittlungsvertrages lässt die Wirksamkeit des Darlehensvertrages idR unberührt (Karlsruhe WM 2000, 1996; LG Stuttgart WM 2000, 1492; PWW/*Nobbe* Rn 8; Staud/*Kessal-Wulf* Rn 14). Für die Wirksamkeit des zwischen Vermittler und Darlehensgeber geschlossenen Vermittlungsvertrages gilt Entsprechendes (PWW/*Nobbe* aaO). § 655b Abs 2 findet insoweit jedenfalls keine Anwendung (MüKo/*Habersack* Rn 20).

§ 655c Vergütung.

Der Verbraucher ist zur Zahlung der Vergütung nur verpflichtet, wenn infolge der Vermittlung oder des Nachweises des Darlehensvermittlers das Darlehen an den Verbraucher geleistet wird und ein Widerruf des Verbrauchers nach § 355 nicht mehr möglich ist. Soweit der Verbraucherdarlehensvertrag mit Wissen des Darlehensvermittlers der vorzeitigen Ablösung eines anderen Darlehens (Umschuldung) dient, entsteht ein Anspruch auf die Vergütung nur, wenn sich der effektive Jahreszins oder der anfängliche effektive Jahreszins nicht erhöht; bei der Berechnung des effektiven oder des anfänglichen effektiven Jahreszinses für das abzulösende Darlehen bleiben etwaige Vermittlungskosten außer Betracht.

A. Allgemeines. Die Vorschrift enthält zu Lasten des Darlehensvermittlers bedeutsame **Verschärfungen** des 1
im Maklerrecht geltenden Prinzips der **Erfolgsbezogenheit** des Vergütungsanspruchs (vgl § 652 Abs 1). Die Provision soll nach § 655c S 1 nicht wie sonst üblich mit dem Abschluss des Hauptvertrages verdient sein, sondern erst mit Leistung des Darlehens an den Verbraucher und Unwiderruflichkeit seiner auf den Abschluss des Darlehensvertrages gerichteten Willenserklärung. Soweit das vermittelte Darlehen der Umschuldung dient, bestimmt S 2 darüber hinaus, dass bei Kenntnis des Vermittlers von diesem Umstand der Vergütungsanspruch nur entsteht, wenn die Konditionen des Umschuldungsdarlehens günstiger sind als diejenigen des abzulösenden Darlehens.

Diese Regelungen haben folgenden Hintergrund: Zunächst besitzt die Tätigkeit eines Kreditvermittlers für 2
den Verbraucher nur dann einen messbaren wirtschaftlichen Wert, wenn dieser über die Darlehenssumme auch tatsächlich verfügen kann, dh der Finanzierungszweck eintritt (MüKo/*Habersack* Rn 1; Staud/*Kessal-Wulf* Rn 3). Da die Darlehenszusage in zahlreichen Fällen aber an Bedingungen geknüpft wird (zB Stellung von Sicherheiten), deren Erfüllung Verbrauchern Schwierigkeiten bereitet, ist die Auszahlung eines Darlehens bei Abschluss des zugrunde liegenden Darlehensvertrages häufig noch ungewiss (PWW/*Nobbe* Rn 2). In dem Zustandekommen allein des Darlehensvertrages eine für den Verbraucher verwertbare Leistung des Vermittlers zu erblicken, erscheint, da der Vermittler von dem Auszahlungsvorbehalt idR Kenntnis haben wird, daher nicht gerechtfertigt. Des Weiteren will der Gesetzgeber mit § 655c auch eine Aushöhlung des Widerrufsrechts des Verbrauchers in Bezug auf den abgeschlossenen Darlehensvertrag (§§ 495 Abs 1, 355) verhindern. Die

Entschließungsfreiheit hinsichtlich der Ausübung des Widerrufsrechts soll daher nicht wegen einer abgeschlossenen Provisionsvereinbarung eingeschränkt werden (PWW/*Nobbe* Rn 3; Palandt/*Sprau* Rn 1). Durch den Ausschluss des Provisionsanspruches auch bei wirtschaftlich unsinnigen Umschuldungen soll schließlich das im Allg ausschließlich dem Provisionsinteresse des Vermittlers dienende Umschuldungskarussell zurückgedrängt werden (Palandt/*Sprau* Rn 1).

3 **B. Zusätzliche Voraussetzungen für den Vergütungsanspruch nach S 1. I. Leistung des Darlehens.** Über die üblichen Voraussetzungen des § 652 Abs 1 hinaus ist für das Entstehen des Vergütungsanspruchs bei der Darlehensvermittlung insbes die **Valutierung des Darlehens** erforderlich. Dabei ist zu beachten, dass die Auszahlung des Darlehens auf der Grundlage eines wirksamen Darlehensvertrages erfolgen muss. Die Vergütung ist mithin nicht verdient, wenn der Darlehensvertrag etwa wegen Sittenwidrigkeit nichtig ist. Dies gilt selbst dann, wenn die Voraussetzungen des § 817 S 2 eingreifen und der Verbraucher demzufolge das Darlehen ohne Zinsverpflichtung und nur am Ende der ursprünglich vereinbarten Laufzeit zurückzuzahlen hat (MüKo/*Habersack* Rn 5). Bei einem zunächst unwirksamen, später aber nach § 494 Abs 2 geheilten Darlehensvertrag entsteht der Provisionsanspruch jedoch mit Heilung (PWW/*Nobbe* Rn 2).

4 Eine **unmittelbare Leistung des Darlehensbetrages** an den Verbraucher ist zur Begründung des Vergütungsanspruchs des Vermittlers nicht erforderlich (MüKo/*Habersack* Rn 11). Unschädlich ist es vielmehr auch, wenn die Darlehenssumme auf Grund weisungsgemäßer Auszahlung an einen Dritten geleistet wird (PWW/*Nobbe* Rn 2). Die Leistung eines Teils des Darlehensbetrages an den Vermittler selbst ist mit dem Schutzzweck des S 1 allerdings nur zu vereinbaren, wenn dessen Höhe den Vergütungsanspruch des Vermittlers nicht übersteigt (Palandt/*Sprau* Rn 2). Anderenfalls liegt eine Valutierung erst bei Weiterleitung des überzahlten Betrages an den Verbraucher oder einen von ihm bestimmten Dritten vor (MüKo/*Habersack* Rn 11; Staud/*Kessal-Wulf* Rn 4). Dagegen wird der Vergütungsanspruch des Vermittlers nicht dadurch beeinträchtigt, dass Gläubiger des Verbrauchers nach Wertstellung auf den Darlehensbetrag Zugriff nehmen und diesen in seiner Dispositionsfreiheit beeinträchtigen. Gleiches gilt, wenn der Darlehensgeber mit fälligen Gegenforderungen aufrechnet (Staud/*Kessal-Wulf* Rn 4; AnwK/*Reiff* Rn 3).

5 Kommt es nicht zu einer Auszahlung des Darlehens, weil der **Darlehensgeber** berechtigterweise vom Darlehensvertrag zurückgetreten ist, entsteht wegen des klaren Wortlauts des S 1 ein Vergütungsanspruch des Vermittlers auch dann nicht, wenn der Rücktritt ausschließlich in der Person des Verbrauchers seinen Grund hat (Köln ZIP 1993, 1541; PWW/*Nobbe* Rn 2; Staud/*Kessal-Wulf* Rn 4; aA MüKo/*Habersack* Rn 12). Eine entspr Vereinbarung zwischen den Parteien ist unwirksam (Köln aaO). Treten die zu einer vorzeitigen Fälligkeit des Darlehens führenden Umstände hingegen erst nach Darlehensvalutierung ein, bleibt der Vergütungsanspruch des Vermittlers hiervon grds unberührt (BGH NJW-RR 1991, 820; PWW/*Nobbe* Rn 2).

6 **II. Erlöschen des Widerrufsrechts.** Wie bereits ausgeführt (o Rn 1 f), muss der Verbraucher die vereinbarte Provision erst dann zahlen, wenn er den Darlehensvertrag nicht mehr widerrufen kann. Gem § 355 Abs 1 S 2 beträgt die Widerrufsfrist bei ordnungsgemäßer Belehrung zwei Wochen. Soweit ein Fall des § 355 Abs 2 S 2 vorliegt, die Belehrung also erst nach Vertragsabschluss erfolgt, verlängert sich diese Grundfrist auf einen Monat. Sofern der Darlehensgeber den Verbraucher **nicht ordnungsgemäß belehrt** hat, kann dieser seine auf den Abschluss des Darlehensvertrages gerichtete Willenerklärung grds **unbefristet** widerrufen (MüKo/*Habersack* Rn 12). Übt der Verbraucher daraufhin sein Widerrufsrecht aus, steht dem Vermittler gegen den Darlehensgeber aber uU ein sein Provisionsinteresse abgeltender Schadensersatzanspruch zu (aaO). Macht der Verbraucher von seinem unbefristet bestehenden Widerrufrecht dagegen keinen Gebrauch, weil er das Darlehen weiternutzen will, so handelt er rechtmissbräuchlich, wenn er dem Vermittler seinen Vergütungsanspruch unter Hinweis auf die Widerrufsmöglichkeit vorenthält (PWW/*Nobbe* Rn 3).

7 **C. Weitere Voraussetzungen für den Vergütungsanspruch bei Umschuldungsdarlehen (S 2).** Hat der Vermittler Kenntnis davon, dass mit dem aufgenommenen Verbraucherdarlehen ein anderes Darlehen, das kein Verbraucherdarlehen sein muss (PWW/*Nobbe* Rn 5), abgelöst werden soll, steht sein Vergütungsanspruch zusätzlich unter dem Vorbehalt, dass das für die Ablösung vermittelte Darlehen für den Verbraucher **wirtschaftlich günstiger** sein muss. Allerdings erfasst der Begriff Umschuldung in S 2 nur die freiwillige vorzeitige Ablösung eines noch nicht vom Darlehensgeber gekündigten oder aus anderem Grunde fälligen Altdarlehens (PWW/*Nobbe* Rn 5; Erman/*Saenger* Rn 5). Ob die vorzeitige Ablösung im beiderseitigen Einvernehmen oder auf Grund einer Kündigung durch den Darlehensnehmer erfolgt, ist unerheblich (Erman/*Saenger* Rn 5).

8 Nach hM erstreckt sich die Regelung in S 2 darüber hinaus auch auf Verträge ohne vertraglich festgelegten Rückzahlungstermin (zB nicht gekündigter Kontokorrentkredit, vgl MüKo/*Habersack* Rn 19; Erman/*Saenger* Rn 5; Staud/*Kessal-Wulf* Rn 12) und auf Fälle der unechten Abschnittsfinanzierung, wenn der Verbraucher mit der vertraglich vorgesehenen Zinsanpassung nicht einverstanden ist und das Darlehen deshalb zurückzahlt (MüKo/*Habersack* Rn 21; Soerg/*Häuser* VerbrKrG Rn 6). Ob die Rückzahlung auf einer Kündigung des Verbrauchers fußt, ist hierbei selbst dann unerheblich, wenn die Parteien ausdrücklich ein Kündigungsrecht mit derartigem Inhalt vereinbart haben (aA PWW/*Nobbe* Rn 5; MüKo/*Habersack* Rn 21). Anders verhält es sich aber, wenn der Verbraucher zur Rückzahlung verpflichtet ist, weil ein befristeter Kreditvertrag nicht verlängert wird (MüKo/*Habersack* Rn 20).

Die Summe des vermittelten Darlehens muss nicht der des abzulösenden Darlehens entsprechen. S 2 kann in diesen Fällen aber nur herangezogen werden, soweit sich der alte und der neue Darlehensbetrag decken (PWW/*Nobbe* Rn 5; Palandt/*Sprau* Rn 3; Erman/*Saenger* Rn 8). Da die Regelung nicht zwischen internen und externen Umschuldungen unterscheidet, findet S 2 auch Anwendung bei Ablösung eines Altdarlehens bei demselben Darlehensgeber. Ein Fall der Ablösung liegt hier jedoch nicht vor, wenn der alte Darlehensvertrag fortbesteht und lediglich der Darlehensbetrag aufgestockt wird (Erman/*Saenger* Rn 5). 9

Ob das Umschuldungsdarlehen – wie von § 655c S 2 gefordert – günstigere Konditionen aufweist, ist durch einen **Effektivzinsvergleich** zu ermitteln. Nicht entscheidend ist demgegenüber, ob sich die betragsmäßige Gesamtbelastung für den Darlehensnehmer verringert (Palandt/*Sprau* Rn 4) Auch bei sittenwidrigen Darlehen ist als Vergleichsgrundlage auf den – nicht wirksam vereinbarten – Effektivzins abzustellen (PWW/*Nobbe* Rn 7; Staud/*Kessal-Wulf* Rn 17). Eine Behandlung als zinsloses Darlehen kommt nicht in Betracht. Dient das vermittelte Darlehen der vorzeitigen Ablösung mehrerer Altdarlehen, ist der effektive Jahreszins des Neudarlehens mit dem eines jeden abzulösenden Altdarlehens gesondert zu vergleichen (Erman/*Saenger* Rn 9). Die Bildung eines Durchschnittszinses ist insoweit unzulässig (MüKo/*Habersack* Rn 27). Bei dem nach § 655c S 2 notwendigen Vergleich ist idR auf den anfänglichen effektiven Jahreszins abzustellen. Lediglich im Falle der Ablösung von Altdarlehen mit variablen Konditionen ist für die Berechnung von dessen Effektivzins der Zeitpunkt der Ablösung maßgeblich (MüKo/*Habersack* aaO). 10

Gem S 2 Hs 2 hat bei der Berechnung des Effektivzinses des Altdarlehens eine etwa gezahlte Vermittlungsprovision außer Ansatz zu bleiben. Insoweit stellt das Gesetz die Umschuldung eines vermittelten Altdarlehens mit denjenigen eines nicht vermittelten gleich (MüKo/*Habersack* Rn 26). Gleichgültig ist es in diesem Zusammenhang, ob die Vermittlungsprovision damals vom Verbraucher und/oder vom Darlehensgeber gezahlt wurde (PWW/*Nobbe* Rn 9), so dass auch ein etwaiges **packing** (vgl § 655b Rn 4) zu berücksichtigen ist (Staud/*Kessal-Wulf* Rn 18). 11

D. Hinweise für die Praxis. Die Beweislast für die ggü § 652 Abs 1 erweiterten Voraussetzungen des Vergütungsanspruchs nach § 655c trägt grds der Vermittler (Erman/*Saenger* Rn 3). Diese Beweislast erstreckt sich aber nicht auf die Kenntnis von dem Verwendungszweck des Darlehens. Behauptet der Verbraucher, das Darlehen habe der Umschuldung gedient, was der Vermittler wusste, so im er im Falle des Bestreitens den vollen Beweis erbringen. Allerdings wird die Kenntnis in den Fällen widerleglich vermutet, in denen die Vergütung mit Wissen des Vermittlers nicht an den Verbraucher, sondern an einen anderen Darlehensgeber ausgezahlt wird (PWW/*Nobbe* Rn 6; MüKo/*Habersack* Rn 22). 12

§ 655d Nebenentgelte.

Der Darlehensvermittler darf für Leistungen, die mit der Vermittlung des Verbraucherdarlehensvertrags oder dem Nachweis der Gelegenheit zum Abschluss eines Verbraucherdarlehensvertrags zusammenhängen, außer der Vergütung nach § 655c Satz 1 ein Entgelt nicht vereinbaren. Jedoch kann vereinbart werden, dass dem Darlehensvermittler entstandene, erforderliche Auslagen zu erstatten sind.

A. Verbot von Nebenentgelten (S 1). Zweck des § 655d S 1 ist die Absicherung des in § 655c S 1 verankerten Grundsatzes der Erfolgsprovision (Palandt/*Sprau* Rn 1). Damit soll in erster Linie unseriösen Vermittlern die Möglichkeit genommen werden, auch durch die Entgegennahme nicht vermittlungsfähiger Kreditwünsche Geld zu verdienen (Hk-BGB/*Ebert* Rn 1; Grote/*Wellmann* VuR 2007, 258). Vom Wortlaut des S 1 erfasst werden aber auch Entgeltvereinbarungen, mit denen sich Vermittler im Erfolgsfalle – also bei Auszahlung des Darlehens – eine zusätzliche Vergütung gewähren lassen wollen (MüKo/*Habersack* Rn 3). Da die Vereinbarung einer Auslagenerstattung zu Gunsten des Darlehensvermittlers nach S 2 jedoch ausdrücklich erlaubt ist (su Rn 2 f), stellt sich die Frage, wie die Nebenentgelte von den Auslagen abzugrenzen sind. Ausgehend von dem Zweck des § 655d sind Nebenentgelte iSv S 1 Vergütungen für die bloße Tätigkeit des Vermittlers sowie für allg. Geschäftskosten, die nicht unmittelbar auf Grund der konkreten Vermittlungstätigkeit angefallen sind (vgl jurisPK/*Jäger* Rn 1; Erman/*Saenger* Rn 1 f). Auf die jeweilige Bezeichnung kommt es dabei nicht an. Zu den verbotenen Nebenentgelten zählen insbes **Bearbeitungspauschalen**, **Schreibgebühren** oder **Risikoprämien** (MüKo/*Habersack* Rn 2). Auslagen sind demgegenüber konkret entstandene Aufwendungen, die erforderlich und im Einzelfalle nachweisbar sind (Palandt/*Sprau* Rn 2; dazu sogleich). 1

B. Auslagenerstattung (S 2). Die Möglichkeit der Vereinbarung einer Auslagenerstattung nach S 2 besteht unabhängig von dem Eintritt eines Vermittlungserfolgs (Staud/*Kessal-Wulf* Rn 2). Wirksam sind wegen § 655b nur schriftliche Vereinbarungen (*Grote/Wellmann* VuR 2007, 258), wobei eine entspr Abmachung auch in AGB getroffen werden kann (MüKo/*Habersack* Rn 10; BaRoth/*Möller* Rn 3). Gegenüber § 652 Abs 2 stellt § 655d S 2 eine vorrangig heranzuziehende Sonderregelung dar (Palandt/*Sprau* Rn 2). 2

Der Begriff der Auslagen verbietet es dem Vermittler, allg Betriebs- bzw Gemeinkosten auf den Verbraucher umzulegen (*Grote/Wellmann* VuR 2007, 258). Diese Gebühren sind als Nebenentgelte anzusehen und werden von S 1 erfasst. Eine allg die Erstattung von Auslagen vorsehende Vereinbarung verpflichtet Verbraucher daher nicht zur Zahlung anteilmäßiger Aufwendungen des Vermittler für Miete, Gehälter, Material, Werbung 3 oder Grundgebühren für Kommunikationsmittel (MüKo/*Habersack* Rn 5 mwN). Vor diesem Hintergrund können regelm nur **Porto-, Telefon- und Reisekosten** (allerdings keine Fahrtkosten für den Hausbesuch beim Verbraucher, vgl Karlsruhe NJW-RR 1996, 1451; AG Daun VuR 2003, 187 m Anm *Kohte*) sowie Gebühren für die Einholung von Schufa-Auskünften oder Wertgutachten erstattungsfähig sein, soweit diese im Rahmen der konkreten Tätigkeit (also nicht vor Abschluss des Vermittlungsvertrages, vgl Stuttgart BB 1999, 2265; AG Daun aaO; MüKo/*Habersack* Rn 5) tatsächlich entstanden sind und auch erforderlich waren (Palandt/*Sprau* Rn 2; MüKo/*Roth* Rn 5 f). Die Erforderlichkeit bestimmt sich dabei im Gegensatz zu § 670 nach einem rein objektiven Maßstab (Staud/*Kessal-Wulf* Rn 3; PWW/*Nobbe* Rn 5) aus der ex-post-Perspektive (*Grote/Wellmann* VuR 2007, 258). Nicht erforderlich und damit nicht erstattungsfähig sind deshalb grds sinnlose, überflüssige oder ungeeignete Aufwendungen des Darlehensvermittlers (Erman/*Saenger* Rn 2). Durch Blitzanfrage ausgelöste zusätzliche Kosten sind nur erforderlich, wenn die dadurch beabsichtigte Beschleunigung nach den bes Umständen des Falles veranlasst war (MüKo/*Habersack* Rn 7). Da der Vermittler bei entspr Vereinbarung nach S 2 nur Anspruch auf die tatsächlich entstandenen Auslagen hat, ist darüber hinaus auch jegliche Pauschalierung untersagt (Hamburg OLG Report 1997, 334; Karlsruhe NJW-RR 1996, 1451; *Stillner* VuR 2002, 79). Nicht zu beanstanden ist aber eine Beschränkung nach oben iSe Maximalbetrages (MüKo/*Habersack* Rn 9).

4 **C. Rechtsfolgen/Hinweise für die Praxis.** Vereinbarungen, die eine Verpflichtung des Verbrauchers zur Zahlung von Nebenentgelten bzw nicht erstattungsfähigen Auslagen enthalten, sind **nichtig**. Von der Nichtigkeit erfasst wird gem § 655e Abs 1 S 2 auch ein nachträglich abgegebenes Anerkenntnis (AG Daun VuR 2003, 187 m Anm *Kohte*). Die Wirksamkeit des restlichen Darlehensvermittlungsvertrages bleibt davon aber unberührt (PWW/*Nobbe* Rn 3; MüKo/*Habersack* Rn 4). Bei Vorliegen von AGB folgt dieses Ergebnis aus § 306 Abs 1 (MüKo/*Habersack* aaO; Palandt/*Sprau* Rn 1). Handelt es sich hingegen um eine Individualvereinbarung, bestimmt sich das Schicksal des Restvertrages nach dem Schutzzweck des § 655d, der eine Ausplünderung von Verbrauchern verhindern will. § 139 ist bei Verstößen gegen Vorschriften, die zum Schutze einer Partei erlassen worden sind, nicht anwendbar (wie hier MüKo/*Habersack* Rn 4; aA Palandt/*Sprau* Rn 1). Die **Beweislast** für das Vorliegen der Voraussetzungen des § 655d S 2 trägt der Darlehensvermittler. Dies gilt insbes für die Einhaltung der Schriftform sowie für die Tätigung und die Erforderlichkeit der Auslagen (vgl Karlsruhe NJW-RR 1996, 1451; Palandt/*Sprau* Rn 2). Wegen der Verlagerung der Beweislast auf den Verbraucher ist die Vereinbarung eines Auslagenvorschusses nach § 655e Abs 1 S 1 unwirksam (Staud/*Kessal-Wulf* Rn 2; Müko/*Habersack* Rn 9).

§ 655e Abweichende Vereinbarungen, Anwendung auf Existenzgründer.

[1] Von den Vorschriften dieses Untertitels darf nicht zum Nachteil des Verbrauchers abgewichen werden. Die Vorschriften dieses Untertitels finden auch Anwendung, wenn sie durch anderweitige Gestaltungen umgangen werden.

[2] Dieser Untertitel gilt auch für Darlehensvermittlungsverträge zwischen einem Unternehmer und einem Existenzgründer im Sinne von § 507.

1 § 655e Abs 1 S 1 bestimmt, dass die §§ 655a – d einen halbzwingenden Charakter besitzen. Demnach ist eine Abweichung von diesen Schutzvorschriften nur zu Gunsten von Verbrauchern zulässig. Sollten die §§ 655a – d durch anderweitige Gestaltungen umgangen werden, greift das Umgehungsverbot des § 655e Abs 1 S 2 ein. Dies bedeutet, dass auf Vereinbarungen, die wirtschaftlich mit den dort geregelten Tatbeständen vergleichbar sind, die §§ 655a – d entspr Anwendung finden (Erman/*Saenger* Rn 2). Vergleichbarkeit ist etwa angenommen worden bei einem nachträglich abgegebenen Anerkenntnis einer nichtigen Auslagenerstattungsvereinbarung (vgl § 655d Rn 4) sowie bei Umgehung des Grundsatzes der Erfolgsabhängigkeit der Vergütung durch Vereinbarung eines zusätzlichen kostenpflichtigen Beratungsvertrages (*Stillner* VuR 2002, 79). UU wird auch die Vermittlung wirtschaftlich sinnloser Lebens- oder Kreditausfallversicherungsverträge von dem Umgehungsverbot erfasst (*Grote/Wellmann* VuR 2007, 258). Da § 655e Abs 1 inhaltlich dem § 506 entspricht, kann zur Ermittlung der Rechtsfolgen, die ein Verstoß gegen Abs 1 nach sich zieht, auf die dortigen Ausführungen Bezug genommen werden. § 655e Abs 2 erweitert den Verbraucherbegriff (§ 13) für den Bereich der Darlehensvermittlung. Demnach sollen von den Regelungen der §§ 655a – 655e Abs 1 auch Existenzgründer iSv § 507 profitieren. Dies sind – grob gesagt – natürliche Personen, die sich ein Darlehen für die Aufnahme einer gewerblichen oder selbständigen beruflichen Tätigkeit gewähren lassen. Wegen der Einzelheiten sei auf die Kommentierung zu § 507 verwiesen.

Untertitel 3 Ehevermittlung

§ 656 Heiratsvermittlung.

[1] Durch das Versprechen eines Lohnes für den Nachweis der Gelegenheit zur Eingehung einer Ehe oder für die Vermittlung des Zustandekommens einer Ehe wird eine Verbindlichkeit nicht begründet. Das auf Grund des Versprechens Geleistete kann nicht deshalb zurückgefordert werden, weil eine Verbindlichkeit nicht bestanden hat.

[2] Diese Vorschriften gelten auch für eine Vereinbarung, durch die der andere Teil zum Zwecke der Erfüllung des Versprechens dem Mäkler gegenüber eine Verbindlichkeit eingeht, insbesondere für ein Schuldanerkenntnis.

A. Allgemeines. Die Vorschrift besteht seit Inkrafttreten des BGB. Sie erfasst ihrem Wortlaut nach zunächst allein den Ehemaklervertrag (Heiratsvermittlung). Da auch dieser Vertrag auf Nachweis- oder Vermittlung gerichtet ist, wird man § 656 insoweit als Unterfall des in § 652 geregelten allg Maklervertrages ansehen müssen (Palandt/*Sprau* Rn 1; MüKo/*Roth* Rn 4). Die §§ 652–655 finden demnach Anwendung, soweit § 656 keine Sonderbestimmungen enthält (Erman/*O Werner* Rn 1). § 656 Abs 1 S 1 schließt grds die **Klagbarkeit** des sonst auch im Rahmen des Ehemaklervertrages im Erfolgsfalle bestehenden Vergütungsanspruchs des Maklers aus (BGHZ 87, 309; MüKo/*Roth* Rn 1); die Gültigkeit des Ehemaklervertrages bleibt davon aber unberührt (BGH NJW 1983, 2817 m Anm *Gilles*; MüKo/*Roth* Rn 1). Nach § 656 Abs 2 erstreckt sich der Ausschluss der Klagbarkeit ferner auf Umgehungsgeschäfte. Allerdings kann das auf Grund des Versprechens bereits Geleistete nicht zurückgefordert werden. § 656 Abs 1 S 2 bildet insoweit einen Rechtsgrund für das Behaltendürfen. Rückforderungsmöglichkeiten für bereits geleisteten Ehemaklerlohn können demgegenüber aber nach allg Grundsätzen bestehen (su Rn 6 f). 1

Mit dem Ausschluss der Klagbarkeit des Ehemaklerlohns wollte der Gesetzgeber des BGB die Heiratsvermittlung missbilligen (MüKo/*Roth* Rn 2). Entscheidend war dabei die Überlegung, dass das Nehmen oder Geben eines Lohnes für die Heiratsvermittlung mit dem sittlichen Charakter der Ehe nicht vereinbar sei (Schwerdtner/*Hamm* Rn 1008). Dieser Ansicht ist das Bundesverfassungsgericht zwar nicht gefolgt; es hat die Regelung des § 656 aber dennoch für mit dem Grundgesetz vereinbar erachtet (BVerfGE 20, 31). § 656 diene dem Schutz des Intimbereichs der Ehegatten, indem peinliche Gerichtsverfahren über die Verpflichtung zur Zahlung des Ehemaklerlohns vermieden würden (aaO). Die Existenz des sonach verfassungsrechtlich nicht zu beanstandenden § 656 hat letztendlich dazu geführt, dass in der Praxis ausnahmslos Ehemaklerverträge mit einer **Vorauszahlungspflicht** des Kunden geschlossen wurden (Erman/*O Werner* Rn 6). Originäre Ehemaklerverträge kommen heute indes kaum mehr vor (MüKo/*Roth* Rn 8). Daher ist für eine direkte Anwendung des § 656 nur noch selten Raum. Auf alle anderen Formen von Ehevermittlungsverträgen wird die Norm aber **analog** angewendet. Dies gilt in erster Linie für Eheanbahnungsverträge, bei denen sich der Eheanbahner gegen Entgelt zu einer auf die Herbeiführung einer Ehe gerichteten Tätigkeit verpflichtet (Schwerdtner/*Hamm* Rn 1034; vgl Rn 8 ff). 2

Aufgrund des gesellschaftlichen Wandels konzentriert man sich heute in der Praxis vorwiegend auf die Partnerschaftsvermittlung. Solche Verträge, welche die Begründung einer außerehelichen Beziehung zum Gegenstand haben, können ebenso wie bei der Heiratsvermittlung als Partnerschaftsmakler- oder als Partnerschaftsanbahnungsvertrag ausgestaltet sein. Letztere sind wie Eheanbahnungsverträge Dienstverträge und heute in der Praxis die Regel. Es entspricht der heute hM, dass auch auf alle Formen von Partnerschaftsvermittlungsverträgen § 656 analog anzuwenden ist. 3

B. Einzelne Vertragstypen. I. Ehemaklervertrag (§ 656). Beim Ehemaklervertrag verspricht der Auftraggeber einen Lohn für den Nachweis der Gelegenheit zur Eingehung einer Ehe oder für die Vermittlung des Zustandekommens einer solchen. Der Auftraggeber kann indes vom Makler nicht zur Eingehung einer Ehe gezwungen werden, da die Abschlussfreiheit des Auftraggebers ebenso wie beim gewöhnlichen Maklervertrag unangetastet bleibt (Schwerdtner/*Hamm* Rn 1027). Eine Verpflichtung des Maklers zum Tätigwerden besteht ebenfalls nicht. Dies gilt auch dann, wenn der Auftraggeber bereits einen entspr Vorschuss gezahlt hat (anders Schwerdtner/*Hamm* Rn 1021). Denn allein die Zahlung eines Vorschusses, der im Falle des Ausbleibens des Vertragserfolges auch zurückgefordert werden kann, vermag den Vertragcharakter nicht zu ändern. Eine derartige Vereinbarung ist vielmehr lediglich dahin zu verstehen, dass der Auftraggeber zur Zahlung eines Vorschusses verpflichtet ist, weil die Parteien erwarten, dass der Provisionsanspruch endgültig zur Entstehung gelangt. Ist der Vertrag auf unbestimmte Zeit geschlossen worden, so kann er vom Auftraggeber jederzeit **gekündigt** (bzw widerrufen) werden (vgl allg MüKo/*Roth* § 652 Rn 87). Obwohl das BGB keine Vorschriften über die Beendigung von Maklerverträgen enthält, folgt dies nach allg Auffassung bereits aus dem Wesen des Maklervertrages (*Dehner* Rn 54). Auch dem Makler steht bei unbefristeten Verträgen ein Recht zur jederzeitigen Vertragsbeendigung zu (vgl allg Schwerdtner/*Hamm* Rn 206). Befristete Verträge können dagegen sowohl vom Auftraggeber als auch vom Makler nur außerordentlich, dh bei Vorliegen eines wichtigen Grundes gekündigt werden (aA Schwerdtner/*Hamm* Rn 1025: der Auftraggeber benötigt aus Gründen des Persönlichkeitsschutzes keinen wichtigen Grund). 4

Mangels Verpflichtung zum Tätigwerden können vom Auftraggeber **keine Ansprüche auf Schadensersatz** wegen Ausbleibens (§§ 280, 281) oder Verzögerung der Leistung (§§ 280, 286) geltend gemacht werden (MüKo/*Roth* Rn 9). Dies gilt selbst dann, wenn der Makler den befristeten Vertrag ohne wichtigen Grund gekündigt hat. Ansprüche des Auftraggebers auf Schadensersatz wegen der Verletzung von Schutzpflichten (§§ 280, 241 Abs 2) werden von § 656 nicht erfasst (Palandt/*Sprau* Rn 1; MüKo/*Roth* Rn 10) und können ohne Einschränkungen geltend gemacht werden. Wichtige Schutzpflichten stellen im Rahmen des Ehemaklervertrages insbes **Aufklärungs- und Diskretionspflichten** dar. So muss der Makler bspw seine Kunden 5 auch ungefragt darauf hinweisen, dass es sich bei dem als geeigneten Heiratskandidaten Vermittelten um einen Heiratsschwindler (Stuttgart NJW-RR 1986, 605) oder hoch verschuldeten Vorbestraften (BGH NJW 1957, 1356) handelt. Zudem hat er die ihm im Rahmen der Vertragsdurchführung bekannt gewordenen persönlichen Daten des Auftraggebers vertraulich zu behandeln (Schwerdtner/*Hamm* Rn 1023).

6 Demgegenüber scheiden **Rückforderungsansprüche** des Auftraggebers aus, soweit die Sperre des § 656 Abs 1 S 2 eingreift. Ist also durch das Bemühen des Maklers die Ehe zustande gekommen und der Ehemaklervertrag als Grundlage des Provisionsanspruchs nicht unwirksam, so darf der Ehemakler das Geleistete behalten. Weiter geht der Regelungsgehalt dieser Vorschrift aber nicht, da durch sie nur solche Ansprüche ausgeschlossen werden sollen, die daraus hergeleitet werden, dass der Auftraggeber nach § 656 Abs 1 S 1 nicht zur Leistung gezwungen werden könnte (BGH NJW 1989, 1479). Deshalb kann eine bereits an den Makler erbrachte Leistung gem § 812 Abs 1 S 1 herausverlangt werden, wenn der Ehemaklervertrag etwa wegen Sittenwidrigkeit (§ 138) nichtig ist oder durch Anfechtung (zB §§ 119, 123 iVm § 142) rückwirkend beseitigt wird (Schwerdtner/*Hamm* Rn 1025). Entsprechendes gilt auch dann, wenn der Vertragszweck, die Eingehung einer Ehe mit einem vom Makler zugeführten Partner, nicht erreicht wird (vgl Koblenz NJW-RR 1993, 888). Denn anderenfalls stünde der Ehemakler besser da als andere Makler, die bei erfolgloser Tätigkeit eine im Voraus erhaltene Vergütung ebenso zurückzuzahlen hätten (aaO).

7 Sollte die Ehe zustande gekommen sein, so kann der Ehemakler wegen der Sperre des § 656 Abs 1 S 1 grds nicht auf die Zahlung des vereinbarten Lohns klagen. Die Klage ist als unbegründet abzuweisen (BGH NJW-RR 2004, 778; aA Bremen NJW 1954, 1369: Abweisung als unzulässig). Entgegen der hM (Erman/*O Werner* Rn 1; Palandt/*Sprau* Rn 2) steht dem Ehemakler bei entspr Vereinbarung jedoch ein durchsetzbarer Ersatzanspruch bzgl seiner Aufwendungen zu (vgl § 652 Abs 2). Der klare Wortlaut des § 656 Abs 1 S 1 schließt die Klagbarkeit nur hinsichtlich des Lohnanspruchs aus. Der Ehemakler hat auch dann keinen Anspruch auf die Provision, wenn der Auftraggeber in Kenntnis der Nichtklagbarkeit die **Leistungen des Ehemaklers in Anspruch nimmt** und der beabsichtigte Erfolg tatsächlich eintritt. Selbst wenn man unterstellt, dass die tatbestandlichen Voraussetzungen des § 826 oder des § 823 Abs 2 iVm § 263 StGB erfüllt wären (zweifelhaft, vgl Schwerdtner/*Hamm* Rn 1033), stünde ihm nur Ersatz des negativen Interesses zu. Denn der Ehemakler kann nicht besser stehen als er ohne die schädigende Handlung bei Anwendung des § 656 stünde (MüKo/*Roth* Rn 13; Staud/*Reuter* Rn 10). Trotz der Existenz des § 656 hat der Ehemakler aber einen uneingeschränkten Anspruch auf **Schadensersatz** aus § 280, wenn der Auftraggeber eine Nebenpflicht (§ 241 Abs 2) verletzt. Insoweit gilt nichts anderes als bei Verletzung einer Nebenpflicht durch den Ehemakler. Der Auftraggeber hat insbes wahre und vollständige Angaben über seine Person zu machen und die ihm vom Makler überlassenen persönlichen Daten möglicher Interessenten vertraulich zu behandeln (Schwerdtner/*Hamm* Rn 1031).

8 **II. Eheanbahnungsvertrag.** Der Eheanbahnungsvertrag untersteht grds dem Leitbild des **Dienstvertragsrechts** (MüKo/*Roth* Rn 14). Er ist im Regelfall allein auf das Tätigwerden des Eheanbahners als Dienstverpflichteten gerichtet. Ein Vermittlungserfolg wird grds nicht geschuldet. Anders als beim Ehemaklervertrag (o Rn 4) ist der Eheanbahner zum Tätigwerden verpflichtet. Wegen der analogen Anwendung des § 656 auf Eheanbahnungsverträge (vgl BGH NJW 1983, 2817) und der damit einhergehenden Nichtklagbarkeit des Vergütungsanspruchs wird die Verpflichtung des Anbahners zum Tätigwerden allerdings nur dann durchsetzbar sein, wenn der Auftraggeber als Dienstberechtigter einen entspr Vorschuss geleistet hat (MüKo/*Roth* Rn 19).

9 Welche Verpflichtungen den Eheanbahner treffen, hängt von der konkreten Ausgestaltung des Eheanbahnungsvertrages im Einzelfall ab. Im Rahmen von Eheanbahnungsverträgen wird zwischen den Vertragsparteien oftmals lediglich vereinbart, dass der Anbahner den Auftraggeber in seine Kartei aufzunehmen und ihm während der Laufzeit des Vertrages **Partnervorschläge** zu unterbreiten hat. Derartige Vereinbarungen sind zwar hinsichtlich der für das wirksame Zustandekommen eines Dienstvertrages notwendigen Bestimmbarkeit der Leistungspflicht grds zulässig (vgl Staud/*Reuter* Rn 3). Wegen der Schwierigkeiten, den genauen Inhalt der Leistungspflicht im Wege der erg Vertragsauslegung zu bestimmen, empfiehlt es sich aber möglichst konkret zu beschreiben, welche Leistungen der Eheanbahner im Einzelnen schulden soll. Da Eheanbahnungsverträge Dienstverträge sind, die eine Dienstleistung höherer Art zum Gegenstand haben (BGH NJW 1989, 1479), können sie von beiden Parteien unter den Voraussetzungen des § 627 ohne Einhaltung einer Frist außerordentlich **gekündigt** werden. Die Kündigung nach § 627 ist auch noch nach Erlass eines rechtskräftigen Vollstreckungsbescheids möglich (vgl zum Partnerschaftsanbahnungsvertrag Oldenburg FamRZ 1992, 668). Damit bedarf es zur Beendigung von Eheanbahnungsverträgen grds nicht des Rückgriffs auf das Kündigungsrecht aus §§ 620, 621. Bei Vorliegen eines wichtigen Grundes findet zudem das Kündigungsrecht aus § 626 Anwendung.

10 Das Kündigungsrecht aus § 627 stellt jedoch eine **dispositive Regelung** dar, die einzelvertraglich zum Nachteil des Auftraggebers abbedungen werden kann (Schwerdtner/*Hamm* Rn 1037). Ein solcher Ausschluss ist allerdings nur wirksam, wenn er im Rahmen einer Individualabrede vereinbart wird (BGH NJW 2005, 2543 zum Partnerschaftsanbahnungsvertrag; aA Schwerdtner/*Hamm* Rn 1039: unwirksam auch bei Individualvereinbarungen). Auch vorformulierte **Laufzeitverlängerungsklauseln**, die den Eindruck einer festen vertraglichen Bindung des Auftraggebers erwecken und ihn von der Ausübung des Kündigungsrechts aus § 627 abzuhalten vermögen, können unwirksam sein (vgl zum Partnerschaftsanbahnungsvertrag BGH NJW 1999, 276).

Wegen der analogen Anwendung des § 656 auf Eheanbahnungsverträge werden in der Praxis fast ausnahmslos Verträge geschlossen, die eine **Vorleistungspflicht** des Auftraggebers enthalten. Nach der Rspr des BGH kann eine solche Vereinbarung auch im Rahmen von AGB erfolgen (NJW 1983, 2817). Da der Eheanbahnungsvertrag dem Leitbild des Dienstvertragsrechts untersteht und diesem die Minderung fremd ist, hat der Auftraggeber nach Ende der vereinbarten Vertragslaufzeit nur im Falle der Nichtleistung einen Anspruch auf Rückerstattung der Vergütung (vgl zum Partnerschaftsanbahnungsvertrag Koblenz VuR 2006, 77). Eine AGB-Klausel, die bestimmt, dass das Entgelt auch im Falle der Nichtleistung nicht zurückbezahlt werden muss, ist unwirksam (BGH NJW 1983, 2817). Bloße Schlechtleistung lässt den Vergütungsanspruch des Eheanbahners hingegen grds unberührt (vgl zum Partnerschaftsanbahnungsvertrag Koblenz NJW-RR 2007, 769; LG Hamburg ZMR 2006, 866). Ggf stellt aber eine völlig unbrauchbare Leistung eine Nichtleistung dar (aaO). 11

Etwas anderes kann gelten, wenn der Auftraggeber den Vertrag während der vereinbarten Laufzeit nach §§ 626, 627 oder auf Grund eines vereinbarten Kündigungsrechts wirksam gekündigt hat. Hier kann der Auftraggeber neben Erstattung der für die Zukunft bereits vorausbezahlten Vergütung bei Vorliegen der Voraussetzungen des § 628 (analog) auch die Erstattung des für die Vergangenheit gezahlten Entgelts verlangen, wenn er durch ein **vertragswidriges Verhalten des Eheanbahners** zur Kündigung veranlasst wurde und die vom Eheanbahner erbrachten Leistungen für ihn nicht mehr von Interesse sind (vgl BGH NJW 1983, 2817; sa Düsseldorf NJW-RR 1993, 507; *Wichert* ZMR 2007, 241, jeweils zum Partnerschaftsanbahnungsvertrag). Kosten für Anlaufarbeit und Allgemeinkosten sind im Rahmen einer Vertragsabwicklung über § 628 aber ggf zu berücksichtigen (vgl zum Partnerschaftsanbahnungsvertrag BGH NJW 1991, 2763). Eine vollständige Rückzahlung des bereits gezahlten Entgelts kann nach § 812 Abs 1 S 1 auch geschuldet sein, wenn der Eheanbahnungsvertrag etwa wegen Sittenwidrigkeit (vgl hierzu BGH NJW 1983, 2817; sa Düsseldorf FamRZ 2008, 1252; Koblenz NJW-RR 2004, 268, jeweils zum Partnerschaftsanbahnungsvertrag) nichtig ist, wirksam widerrufen (zB Haustürgeschäft, vgl Düsseldorf aaO) oder angefochten wird (Schwerdtner/*Hamm* Rn 1042). Zulässig ist eine Anfechtung insbes bei sog Lockvogelangeboten (vgl zum Partnerschaftsanbahnungsvertrag BGH MDR 2008, 373). Soweit der Eheanbahner bei Ausübung seiner Tätigkeit Nebenpflichten schuldhaft verletzt, ist er wie beim Ehemaklervertrag zum Ersatz des daraus entstehenden Schadens verpflichtet. Entsprechendes gilt auch für den Auftraggeber. Die Pflichten, die die Vertragsparteien treffen, sind vergleichbar mit denjenigen beim Ehemaklervertrag. 12

III. Verträge zur Partnerschaftsvermittlung. Die rechtliche Ausgestaltung und Bezeichnung von Verträgen, die die Vermittlung bzw Anbahnung einer außerehelichen Beziehung zum Gegenstand haben, ist höchst unterschiedlich. Unabhängig von der konkreten Ausgestaltung oder Bezeichnung wird § 656 auf alle Formen von Partnerschaftsvermittlungsverträgen **analog** angewendet (vgl zB BGH NJW 1990, 2550; NJW-RR 2004, 778: »Freizeitkontakt«; Koblenz NJW-RR 1993, 888: erfolgsbezogene Partnerschaftsvermittlung; München NJW-RR 1992, 1205: Bereitstellen von Persönlichkeitsporträt-Vorschlägen; LG Essen NJW-RR 2003, 1425: Erstellen eines Partneranschriftendepots). In der Praxis werden jedoch Partnerschaftsmaklerverträge nur ausgesprochen selten vorkommen. Für sie gelten die zum Ehemaklervertrag herausgearbeiteten Grundsätze, so dass auf die dort gemachten Ausführungen verwiesen werden kann. 13

In der Regel werden heute Partnerschaftsvermittlungsverträge mit einer **erfolgsunabhängig ausgestalteten Vergütungspflicht** geschlossen. Sie sind damit als **Partnerschaftsanbahnungsverträge** anzusehen, deren Rechtsnatur derjenigen von Eheanbahnungsverträgen entspricht. Ohne Bedeutung ist es in diesem Zusammenhang, dass sich der Anbahner außer der erfolgsunabhängigen »Bearbeitungsgebühr« ein Erfolgshonorar ausbedingt; dies ändert nichts daran, dass er in dem Vertrag eine dem Maklerrecht fremde, aber für den Dienstvertrag wesentliche Tätigkeitspflicht übernimmt, der auch eine erfolgsunabhängige Vergütungspflicht des Auftraggebers gegenübersteht (vgl zum Eheanbahnungsvertrag BGH NJW 1987, 2808). Nichts anderes gilt, wenn die Verträge Verpflichtungen zur Erstellung von Persönlichkeitsprofilen, Partneranschriftendepots oder vergleichbare erfolgsbezogene Bestandteile oder Zusätze erhalten (vgl nur München NJW-RR 1992, 1205; Düsseldorf NJW-RR 1987, 691; 1993, 507; aA Bamberg NJW 1984, 1466, wo die Erarbeitung von Partnervorschlägen aus einem elektronischen Abrufdepot als Werkvertrag qualifiziert wurde). Auch eine bis zum Erfolg übernommene Tätigkeitsverpflichtung vermag an der Rechtsnatur nichts zu ändern (LG Hamburg ZMR 2006, 866; krit hierzu *Wichert* ZMR 2007, 241: »erfolgsbezogener Dienstvertrag«; sa Koblenz NJW-RR 2004, 268: »Laufzeit bis zum Erfolg«). Durch den Dienstvertragscharakter von Partnerschaftsanbahnungsverträgen und die analoge Anwendung des § 656 sind die Ansprüche sowie die Rechte und Pflichten der Vertragsparteien mit denjenigen von Eheanbahnungsverträgen identisch. Auf die dortigen Erläuterungen wird dementspr Bezug genommen (Rn 8 ff). 14

IV. Nicht erfasste Verträge. Eine entspr Anwendung von § 656 findet nicht statt bei Verträgen, in denen keine Verpflichtung zur Ehe- oder Partnerschaftsanbahnung von dem Makler/Vermittler übernommen wurde (MüKo/*Roth* Rn 24). Hierher gehören etwa Verträge zur Vermittlung von Ehe- oder Erbverträgen oder Mitgliedschaften in einem Club für Freizeitveranstaltungen. 15

C. Umgehungs- und Finanzierungsgeschäfte. I. Umgehungsgeschäfte. Nach § 656 Abs 2 kann der Makler (ebenso der Ehe- oder Partnerschaftsanbahner) einen Anspruch aus einer Verbindlichkeit nicht einklagen, die 16 der Auftraggeber zum Zwecke der Erfüllung des Provisionsanspruchs eingegangen ist. Da § 656 Abs 1 S 2 davon spricht, dass der Makler/Anbahner das auf Grund des Versprechens Geleistete nicht zurückzahlen muss, stellt sich die Frage, wie das Geleistete von der eingegangenen Verbindlichkeit zu unterscheiden ist. Denn in dem Eingehen des in Abs 2 beispielhaft genannten Schuldanerkenntnisses könnte bei unbefangener Betrachtung bereits eine Leistung iSv Abs 1 S 2 erblickt werden. In diesem Falle würde Abs 2 der Vorschrift allerdings weitgehend leer laufen. Richtiger Ansicht nach kann deshalb eine Leistung nach Abs 1 S 2 nur eine getätigte **Zuwendung** sein, durch die der Anspruch im Rahmen der Zuwendung vollständig und endgültig erledigt werden soll (LG Köln NJW 1991, 2956; Erman/*O Werner* Rn 9; MüKo/*Roth* Rn 27). Der Makler/Anbahner kann sich also eine erst in Zukunft zu erbringende Zahlung oder ein zu erfüllendes Leistungssurrogat nicht rechtswirksam versprechen lassen (aaO). Dementsprechend braucht der Auftraggeber nicht auf ein Darlehen zu leisten, in welches der Vergütungsanspruch umgewandelt wurde (Erman/*O Werner* Rn 9). Das Gleiche gilt für einen Vergütungsanspruch, der im Wege eines Vergleichs vereinbart wurde (aaO). Sollte der Auftraggeber eine Wechselverbindlichkeit eingegangen sein, so kann er den nicht eingelösten Wechsel ebenfalls herausverlangen (Bamberg OLGZ 1990, 197). Auch die Abtretung von Lohn- und Gehaltsansprüchen fällt unter Abs 2, wenn der Vergütungsanspruch lediglich ratenweise und in der Zukunft erfüllt wird (MüKo/*Roth* Rn 29). Schließlich kann die Provisionsforderung auch nicht durch Grundschuld, Bürgschaft oder Pfand gesichert werden (MüKo/*Roth* Rn 28).

17 **II. Finanzierungsgeschäfte.** Der finanzierte Makler- und Anbahnungsvertrag spielt in der Praxis eine große Rolle. Soweit der Auftraggeber sich die Finanzierung auf eigene Faust besorgt, ist er selbst bei Kenntnis der finanzierenden Bank vom Verwendungszweck zur Rückzahlung des Darlehens verpflichtet (MüKo/*Roth* Rn 30). Wird die Finanzierung wie allg üblich vom Makler/Anbahner initiiert, bilden Darlehensvertrag und Makler-/Anbahnungsvertrag ein **verbundenes Geschäft** iSv § 358 Abs 3 (Palandt/*Sprau* Rn 3; Hk-BGB/*Ebert* Rn 4; Schwerdtner/*Hamm* Rn 1055). Ein Widerruf des Darlehensvertrages ist auch nach vollständiger Auszahlung möglich und erstreckt sich zugleich auf den Makler-/Anbahnungsvertrag (§ 358 Abs 2). Die Darlehensschuld wird wie der Vergütungsanspruch des Maklers/Anbahners zur unvollkommenen Verbindlichkeit (Staud/*Reuter* Rn 18; Erman/*O Werner* Rn 10; Palandt/*Sprau* Rn 4; *Medicus* Rn 776 str.). Der Auftraggeber wird im Ergebnis so gestellt, als hätte er es nur mit dem Makler/Anbahner zu tun. Da er diesem ggü im Falle der Kreditierung die Zahlung verweigern könnte, besitzt auch der Darlehensgeber keinen klagbaren Rückzahlungsanspruch (Rechtsfolge aus § 656 Abs 1 S 1, vgl MüKo/*Roth* Rn 33). Hat der Auftraggeber das Darlehen dagegen vollständig zurückbezahlt, ist eine Rückforderung wegen § 656 Abs 1 S 2 ausgeschlossen (Schwerdtner/*Hamm* Rn 1055).

18 **D. Hinweise für die Praxis.** Wegen der Nichtklagbarkeit des Vergütungsanspruchs aus Ehe- und Partnerschaftsvermittlungsverträgen versuchen einige Makler/Anbahner gegen ihre Auftraggeber Titel im Wege des Mahnverfahrens zu erwirken. Um die – wenn auch stark eingeschränkte – Schlüssigkeitsprüfung im Mahnverfahren sicher zu umgehen, werden die Forderungen als Ansprüche aus Schuldanerkenntnis, Vergleich, Darlehen oder Ratenzahlungsvereinbarung bezeichnet. Ein derartiges Erschleichen eines Vollstreckungstitels ist mit den guten Sitten jedoch unvereinbar. Auftraggeber können vor diesem Hintergrund aus § 826 die Unterlassung der Zwangsvollstreckung und die Herausgabe des rechtskräftigen Vollstreckungsbescheides verlangen (LG Erfurt VuR 1996, 95; Stuttgart NJW 1994, 330; LG Köln VuR 1993, 328; AG Hamburg VuR 1993, 330). Die in der Zwangsvollstreckung durchgesetzten Beträge müssen zudem zurückgezahlt werden (LG Erfurt aaO).

Titel 11 Auslobung

§ 657 Bindendes Versprechen. **Wer durch öffentliche Bekanntmachung eine Belohnung für die Vornahme einer Handlung, insbesondere für die Herbeiführung eines Erfolges, aussetzt, ist verpflichtet, die Belohnung demjenigen zu entrichten, welcher die Handlung vorgenommen hat, auch wenn dieser nicht mit Rücksicht auf die Auslobung gehandelt hat.**

Canaris Risikohaftung bei schadensgeneigter Tätigkeit in fremdem Interesse RdA 1966, 41; *Däubler* Die Reform des Schadensersatzrechts JuS 2002, 625; *Genius* Risikohaftung des Geschäftsherrn AcP 173 (1973) 481; *Häuser* Zur Erfüllung der Geldschuld durch Inkasso einer Einzugsermächtigungslastschrift WM 1991, 1; *Köhler* Arbeitsleistungen als Aufwendungen? JZ 1985, 359; *Kriegel* Zum insolvenzrechtlichen Rang von Forderungen aus § 661a BGB ZInsO 2008, 552; *Kümpel* Die begrenzte Haftung der Bank bei weitergeleiteten Kundenaufträgen WM 1996, 1893; *Medicus* Ansprüche auf Herausgabe JuS 1985, 657; *Otto* Ausgleichsansprüche des Geschäftsführers bei berechtigter Geschäftsführung ohne Auftrag JuS 1984, 684; *Rinze* Das Lastschriftverfahren – Probleme um das Einzugsermächtigungsverfahren JuS 1991, 202.

Die §§ 657–661 beinhalten Regelungen zur Auslobung als Versprechen einer Belohnung für die Vornahme einer Handlung bzw die Herbeiführung eines Erfolges. Dabei handelt es sich nicht um ein Vertragsangebot an einen unbestimmten Personenkreis, sondern um ein einseitiges Rechtsgeschäft (BGH NJW 1983, 443; Jauernig/*Mansel* Rn 1; Palandt/*Sprau* Rn 1). Als Belohnung iSd Vorschrift ist dabei jeder Vorteil anzusehen (also nicht nur der vermögenswerte Vorteil, vgl BGH NJW 1984, 1118 ff). Rechtsverbindlichkeit erlangt die Auslobung dann, wenn der Vorteil durch öffentliche Bekanntmachung für etwas Bestimmtes versprochen wird, wobei allerdings kein Verstoß gegen zwingende Vorschriften wie zB §§ 134, 138 BGB, § 2 Abs 2 WoVermG (AG Freiburg NJW-RR 1991, 12) vorliegen darf. Unter der öffentlichen Bekanntgabe versteht man insoweit die Kundgabe ggü einem individuell unbestimmten Personenkreis, der jedoch nach bestimmten Kriterien eingegrenzt werden kann (München NJW 1983, 759). Sie kann insbes durch Anschläge, aber auch durch Presse und Rundfunk erfolgen (Hk-BGB/*Schulze* Rn 3; Jauernig/*Mansel* Rn 4). Die Belohnung wird dabei zweckbezogen für die Vornahme einer bestimmten Handlung bzw die Herbeiführung eines bestimmten Erfolges ausgesetzt. Sie richtet sich damit auf einen Realakt (Palandt/*Sprau* Rn 5). Die Geschäftsfähigkeit desjenigen, der den Realakt vornimmt, spielt ebenso wenig eine Rolle wie sein Wissen oder Nichtwissen um die Auslobung (Jauernig/*Mansel* Rn 1, 5). Ob und welche Handlungen von der Auslobung erfasst sind, ist durch Auslegung zu ermitteln (Hk-BGB/*Schulze* Rn 1). Regelm ist die Auslobung auf die Herbeiführung eines bestimmten Erfolges (zB die Wiedererlangung einer verlorenen Sache oder eines Tieres, die Aufdeckung einer strafbaren Handlung, die Mitteilung einer Beobachtung etc gerichtet, dies ist aber nicht notwendig. Auch für die Vornahme einer Handlung kann ein Vorteil ausgelobt werden. Dass der Auslobende ein (schützenswertes) Interesse an der Vornahme der Handlung hat, ist nicht zu fordern (Jauernig/*Mansel* Rn 5). Die Beweislast für das Vorliegen der Anspruchsvoraussetzungen trägt der Anspruchsteller (Palandt/*Sprau* Rn 2). Die Auslobung kann durch die Erklärung des Widerrufs zurückgenommen werden mit der Folge, dass der Bewerber die Aufwendungen bis zur Vollendung seiner Leistung auf eigenes Risiko trägt (PWW/*Tschichoflos* Rn 1). 1

§ 658 Widerruf.

[1] Die Auslobung kann bis zur Vornahme der Handlung widerrufen werden. Der Widerruf ist nur wirksam, wenn er in derselben Weise wie die Auslobung bekannt gemacht wird oder wenn er durch besondere Mitteilung erfolgt.

[2] Auf die Widerruflichkeit kann in der Auslobung verzichtet werden; ein Verzicht liegt im Zweifel in der Bestimmung einer Frist für die Vornahme der Handlung.

Ebenso wie die Auslobung stellt auch der Widerruf der Auslobung, der durch § 658 ermöglicht wird, ein einseitiges Rechtsgeschäft dar (MüKo/*Seiler* Rn 2; Palandt/*Sprau* Rn 1). Der Widerruf der Auslobung ist jedoch nur zeitlich begrenzt möglich, nämlich nur solange die Handlung noch nicht vorgenommen (bzw der bestimmte Erfolg noch nicht eingetreten) ist. Notwendig ist zudem, dass der Widerruf auf gleichem Wege erfolgt wie die zuvor vorgenommene Auslobung (sog formale Korrespondenz oder Symmetrieprinzip). Bei öffentlicher Bekanntmachung der Auslobung etwa durch die Presse sollte der Widerruf zwar möglichst in denselben Presseorganen erfolgen wie die Auslobung; doch wird mit Recht die unbedingte Gleichheit der Publikumsmittel nicht für erforderlich gehalten (MüKo/*Seiler* Rn 3). Entscheidend ist vielmehr die Gleichheit der Wirksamkeit (etwa hinsichtlich der Publikumswirkung). Die Wirkung des Widerrufs besteht darin, dass die in der Auslobung übernommene Verpflichtung erlischt und zwar so, als wenn die Auslobung gar nicht stattgefunden hätte, also mit rückwirkender Kraft (MüKo/*Seiler* Rn 6). Eine Pflicht zum Ersatz etwaiger Vorbereitungshandlungen (etwa in Form von Aufwendungen oder Schadensersatz) besteht nicht (Hk-BGB/*Schulze* Rn 1; Jauernig/*Mansel* Rn 1; Palandt/*Sprau* Rn 1). Gem Abs 2 ist die Widerrufsmöglichkeit durch einen erklärten Verzicht beschränkt. Diese Möglichkeit lässt sich schon aus dem Grundsatz der Privatautonomie ableiten. Aus ihm lässt sich weiter schlussfolgern, dass der Verzicht auf den Widerruf nicht allein (wie aus dem Wortlaut der Vorschrift geschlossen werden könnte), in der Auslobung selbst erklärt werden kann, sondern auch später, wenn er in gleicher Weise wie die Auslobung bekannt gemacht wird (MüKo/*Seiler* Rn 8). Eine Fristbestimmung zur Vornahme der ausbedungenen Handlung bzw des Erfolgs in der Auslobung ist jedoch im Zweifel bereits als eine solche Verzichtserklärung zu werten. Die Anfechtung gem §§ 119 ff ist auch bei einem Widerrufsverzicht zulässig; sie ist in der Widerrufsform des § 658 Abs 1 zu erklären (Jauernig/*Mansel* Rn 1). Der Widerruf nach § 658 ist kein Fall des § 355. 1

§ 659 Mehrfache Vornahme.

[1] Ist die Handlung, für welche die Belohnung ausgesetzt ist, mehrmals vorgenommen worden, so gebührt die Belohnung demjenigen, welcher die Handlung zuerst vorgenommen hat.

[2] Ist die Handlung von mehreren gleichzeitig vorgenommen worden, so gebührt jedem ein gleicher Teil der Belohnung. Lässt sich die Belohnung wegen ihrer Beschaffenheit nicht teilen oder soll nach dem Inhalt der Auslobung nur einer die Belohnung erhalten, so entscheidet das Los.

Die dispositiven Regelungen der §§ 659, 660 tragen dem Umstand Rechnung, dass der Auslobende die Belohnung regelm nur einmal erbringen will, es sei denn, aus der Auslegung der Erklärung ergibt sich etwas ande- 1 res (Palandt/*Sprau* Rn 1; PWW/*Tschichoflos* Rn 2). § 659 legt insoweit das Rangverhältnis der (potentiellen) Gläubiger fest, die jeder für sich alleine die Handlung vorgenommen bzw den Erfolg herbeigeführt haben. Dabei stellt § 659 Abs 1 zunächst auf den Prioritätsgrundsatz ab: Derjenige, der die für die Auslobung inhaltsgebende Handlung zuerst vollzieht, erhält die Belohnung. Für den Fall, dass mehrere gleichzeitig die Handlung vornehmen (und daher § 659 Abs 1 nicht greift), sieht § 659 Abs 2 eine Teilung der Belohnung vor, es sei denn, dies ist hinsichtlich der Art der Belohnung nicht möglich. Dann entscheidet das Los. Der Auslobende kann eine anderweitige Regelung in der Auslobung treffen, zB die Bestimmung durch sich selbst. Entsteht Streit darüber, wem die Belohnung zusteht, muss der angeblich Berechtigte gegen den Auslobenden Klage erheben. Dieser darf die Belohnung gem § 372 hinterlegen (Hk-BGB/*Schulze* Rn 1). Verzichtet ein Berechtigter, so treten die anderen nicht an seine Stelle (Palandt/*Sprau* Rn 1). Eine Sondervorschrift für das Preisausschreiben enthält § 661.

§ 660 Mitwirkung mehrerer. **[1] Haben mehrere zu dem Erfolg mitgewirkt, für den die Belohnung ausgesetzt ist, so hat der Auslobende die Belohnung unter Berücksichtigung des Anteils eines jeden an dem Erfolg nach billigem Ermessen unter sie zu verteilen. Die Verteilung ist nicht verbindlich, wenn sie offenbar unbillig ist; sie erfolgt in einem solchen Fall durch Urteil.**

[2] Wird die Verteilung des Auslobenden von einem der Beteiligten nicht als verbindlich anerkannt, so ist der Auslobende berechtigt, die Erfüllung zu verweigern, bis die Beteiligten den Streit über ihre Berechtigung unter sich ausgetragen haben; jeder von ihnen kann verlangen, dass die Belohnung für alle hinterlegt wird.

[3] Die Vorschrift des § 659 Absatz 2 Satz 2 findet Anwendung.

1 Anders als nach § 659, wo mehrere isoliert voneinander die ganze Handlung bzw den ganzen Erfolg allein herbeiführen, betrifft § 660 den Fall, dass mehrere gemeinsam den für die Auslobung maßgeblichen Erfolg bewirken. In diesem Fall gilt der Teilungsgrundsatz (Palandt/*Sprau* Rn 1), denn § 660 Abs 1 gebietet, dass die Belohnung nach billigem Ermessen (§ 315) unter den Prätendenten zu verteilen ist. Bei der Ausübung des billigen Ermessens hat der Auslobende insbes den Anteil des Einzelnen an der Herbeiführung des Erfolges zu berücksichtigen (PWW/*Tschichoflos* Rn 2); sein Entscheidungsspielraum ist jedoch großzügig zu bemessen und nur durch das Vorliegen einer offenbaren Unbilligkeit (§ 319) eingeschränkt. Bei Unteilbarkeit entscheidet das Los (§ 660 Abs 3 iVm § 659 Abs 2 S 2). Von einer offenbaren Unbilligkeit der Verteilungsentscheidung ist dann auszugehen, wenn in grober Weise gegen den Grundsatz von Treu und Glauben verstoßen wird und sich die Unbilligkeit einem sachkundigen und unbefangenen Beobachter aufdrängt (BGH NJW 1991, 2761). In diesem Fall ist die Verteilungserklärung unwirksam, § 660 Abs 1 S 2. Im Unterschied zu § 659 ist ein Streit über die Höhe des Anteils an der Belohnung ohne Beteiligung des Auslobenden auszutragen (Palandt/*Sprau* Rn 1). Dieser darf jedoch – ähnl wie bei § 569 – die Belohnung hinterlegen (Jauernig/*Mansel* Rn 1). Er muss sie hinterlegen, wenn ein Beteiligter dies verlangt, vgl § 660 Abs 2 letzter Hs. Der Verteilungsanspruch ist mit der Leistungsklage durchzusetzen, wobei für die Zwangsvollstreckung § 888 ZPO gilt. Ein Anspruch auf ungeteilte Aushändigung der Belohnung an alle besteht nicht (PWW/*Tschichoflos* Rn 7; Staud/*Wittmann* Rn 2). Der Berechtigte hat seinen ursächlichen Beitrag zum Erfolg sowie die Unbilligkeit der zu seinen Lasten eingreifenden Verteilungsentscheidung darzulegen und ggf zu beweisen (PWW/*Tschichoflos* Rn 2).

§ 661 Preisausschreiben. **[1] Eine Auslobung, die eine Preisbewerbung zum Gegenstand hat, ist nur gültig, wenn in der Bekanntmachung eine Frist für die Bewerbung bestimmt wird.**

[2] Die Entscheidung darüber, ob eine innerhalb der Frist erfolgte Bewerbung der Auslobung entspricht oder welche von mehreren Bewerbungen den Vorzug verdient, ist durch die in der Auslobung bezeichnete Person, in Ermangelung einer solchen durch den Auslobenden zu treffen. Die Entscheidung ist für die Beteiligten verbindlich.

[3] Bei Bewerbungen von gleicher Würdigkeit findet auf die Zuerteilung des Preises die Vorschriften des § 659 Absatz 2 Anwendung.

[4] Die Übertragung des Eigentums an dem Werk kann der Auslobende nur verlangen, wenn er in der Auslobung bestimmt hat, dass die Übertragung erfolgen soll.

1 Das in § 661 geregelte Preisausschreiben stellt eine besondere Art der Auslobung dar (Palandt/*Sprau* Rn 1; PWW/*Tschichoflos* Rn 1). Dabei sind die Bewerber Teilnehmer an einem Wettbewerb und erhalten den Preis nicht allein wegen einer bes Leistung bzw eines bes Erfolges (Hk-BGB/*Schulze* Rn 1), sondern auf Grund ihrer fristgemäßen Bewerbung, sofern daraufhin eine Zuerkennung durch den Preisrichter erfolgt (MüKo/*Seiler* Rn 4; PWW/*Tschichoflos* Rn 4). Das Preisausschreiben ist damit durch zwei Komponenten gekennzeichnet: die Bewerbung in Bezug auf den durch öffentliche Bekanntmachung ausgelobten Preis und die Zuerkennung des Preises durch den Preisrichter (Jauernig/*Mansel* Rn 1; Palandt/*Sprau* Rn 1). Die Stellung des in der Auslobung bestimmten Preisrichters, der auch der Auslobende selbst sein kann, ist der eines Schiedsrichters ähnl. Die Entscheidung wird durch ihn (subsidiär den Auslobenden) getroffen und mittels einer einseitigen

Mitteilung, die keine empfangsbedürftige Willenserklärung darstellt, bekannt gegeben (Staud/*Wittmann* Rn 9; PWW/*Tschichoflos* Rn 15). Die Entscheidung ist bindend und gerichtlich nicht überprüfbar (BGH MDR 1966, 572; Palandt/*Sprau* Rn 3), vgl § 661 Abs 2 S 2. Die §§ 317–319 gelten nicht (Jauernig/*Mansel* Rn 1). Lediglich grobe Verfahrensfehler können nach Maßgabe des § 1059 Abs 2 ZPO geltend gemacht werden (BGH NJW 1983, 442; 1984, 1118). Das Preisausschreiben ist jedoch nur dann gültig, wenn in der Bekanntmachung eine Frist für die Bewerbung bestimmt ist, § 661 Abs 1 S 1. Diese Regelung soll möglichen Verzögerungen entgegenwirken (BGH NJW 1984, 1119; Hk-BGB/*Schulze* Rn 2; Jauernig/*Mansel* Rn 1). Sie beinhaltet zugleich den Verzicht auf den Widerruf der Auslobung (§ 658 Abs 2 Hs 2).

Der Auslobende kann im Einvernehmen mit denjenigen, die ihre Bewerbung fristgerecht eingereicht haben, 2 die bereits abgelaufene Frist verlängern (MüKo/*Seiler* Rn 4; PWW/*Tschichoflos* Rn 9). Der Veranstalter des Preisausschreibens erlangt jedoch grds keine Eigentums-, Urheber- oder Verwertungsrechte an eingesandten Preiswerken, diese muss er sich (soweit möglich) auf Grund der Ausschreibungsbedingungen gesondert übertragen lassen, § 661 Abs 4. Ggf ergibt sich eine solche Bestimmung aber bereits konkludent aus den Sachgegebenheiten (Hk-BGB/*Schulze* Rn 2; Palandt/*Sprau* Rn 4). UU kann ein Preisausschreiben gegen Bestimmungen des UWG verstoßen, etwa wenn die angesprochenen Personen dazu verleitet werden können, ihre Entschließung nicht im Hinblick auf Eigenschaften und Preis der Ware zu treffen, sondern in Bezug auf sachfremde Motive, insbes in der Hoffnung, einen Preis zu erwerben (BGH BB 1976, 435). Für die Annahme eines unlauteren Wettbewerbsverhaltens ist eine Gratisverlosung jedoch noch nicht ausreichend. Unlauter ist aber ein mühelos zu lösendes Preisausschreiben mit hochwertigen Preisen, wenn mit der Aushändigung eines Teilnahmescheins die Hingabe eines Vordrucks für Warenbestellungen gekoppelt ist (BGHZ 73, 621 ff), wenn ein beigefügtes vorgedrucktes Bestellformular auch als Teilnahmeschein verwendet werden kann (BGH BB 1976, 435 ff) oder wenn durch zusätzliche Umstände über das Gratislos hinaus ein übertriebener Anlockeffekt erzielt wird (Hamburg NJW-RR 1986, 132; Palandt/*Sprau* Rn 5).

§ 661a Gewinnzusagen. **Ein Unternehmer, der Gewinnzusagen oder vergleichbare Mitteilungen an Verbraucher sendet und durch die Gestaltung dieser Zusendungen den Eindruck erweckt, dass der Verbraucher einen Preis gewonnen hat, hat dem Verbraucher diesen Preis zu leisten.**

Bornemann Zur Passivlegitimation bei der Gewinnzusagehaftung nach § 661a BGB; VuR 2004, 434; *Felke/Jordans* Internationalrechtliche Fragen von Gewinnzusagen IPRax 2004, 409; *Kriegel* Zum insolvenzrechtlichen Rang von Forderungen aus § 661a BGB; ZInsO 2008, 552; *Lindner Andrea* Irreführende Gewinnzusagen nach § 661a BGB, Berlin (2007); *Lorenz* Gewinnmitteilungen als geschäftsähnliche Handlungen: Anwendbares Recht, internationale Zuständigkeit und Erfüllungsort; NJW 2006, 472; *Meller-Hannich* Bestandsaufnahme und Bewertung der Ansprüche aus Gewinnzusagen; NJW 2006, 2516; *Schneider Christian* Erfüllungszwang bei Gewinnzusage – verfassungsmäßig? BB 2002, 1653; *Tamm/Gaedtke* Gewinnzusagen nach § 661a BGB – materiell- und prozessrechtliche Probleme im europarechtlichen Kontext; VuR 2006, 169; *dies* Rechtsdurchsetzungschancen bei Ansprüchen aus Gewinnzusagen; IPRax 2006, 584.

A. Allgemeines. Die Vorschrift wurde anlässlich der Umsetzung der Fernabsatz-RL in das BGB eingeführt. 1 Da die RL selbst insoweit keine Vorgaben enthält, hat sie jedoch keinen unmittelbaren europarechtlichen Bezug (PWW/*Mörsdorf-Schulte* Rn 1; MüKo/*Seiler* Rn 2). Der Gesetzgeber hat sich bei der Schaffung von § 661a vielmehr an § 5j des österreichischen Konsumentenschutzgesetzes orientiert, der bereits seit dem Jahre 1999 eine Erfüllungshaftung der Versender von Gewinnzusagen vorsieht. Vor Einführung des § 661a scheiterte ein Anspruch des Verbrauchers auf den vermeintlich zugesagten Gewinn gem § 657 dann, wenn die Gewinnmitteilung an den Verbraucher individuell adressiert war. Auch § 661 war nicht anwendbar, weil es an einer wirklichen Leistung des Beworbenen fehlte. Damit handelte es sich – je nach Ausgestaltung – um unverbindliche Ausspielungen (§ 762) oder um formnichtige Schenkungsversprechen gem § 518 Abs 1 (jurisPK/*Laukemann* Rn 4).

Zweck von § 661a ist es, Verbraucher und den redlichen Wettbewerb zu schützen (MüKo/*Seiler* Rn 1). Die 2 Norm hat einen generalpräventiven Charakter (HK/*Schulze* Rn 1; *Felke/Jordans* IPRax 2004, 409) und soll der Praxis entgegenwirken, Verbraucher durch die Mitteilung angeblicher Gewinne zu Vermögensdispositionen zu veranlassen (BaRoth/*Kotzian-Marggraf* Rn 1). Entgegen vereinzelt gebliebener Stimmen in der Lit (*Schneider* BB 2002, 1653) ist sie verfassungsrechtlich nicht zu beanstanden (BVerfG NJW 2004, 762; BGH NJW 2003, 3620). Die Rechtsnatur des Anspruchs aus § 661a war lange Zeit umstritten (zum Streitstand PWW/*Mörsdorf-Schulte* Rn 3). Der BGH hat hier im Jahre 2005 für Klarheit gesorgt. Nach seiner zustimmungswürdigen Ansicht handelt es sich um eine Haftung aus einem gesetzlichen Schuldverhältnis, das durch eine geschäftsähnliche Handlung, eben die Versendung der Gewinnzusage oder einer vergleichbaren Mitteilung an einen Verbraucher, begründet wird (BGH NJW 2006, 230; zust *Lorenz* NJW 2006, 472).

B. Voraussetzungen der Anspruchsgrundlage. § 661a gewährt dem Verbraucher das Recht, Unternehmer, 3 welche ihm eine Mitteilung über einen Gewinn übersenden, beim Wort zu nehmen und die Leistung des zugesagten Preises zu verlangen. **I. Gewinn.** Der Begriff des Gewinns in dieser Norm ist weit zu verstehen

(MüKo/*Seiler* Rn 5). Es kann sich um jede Art unentgeltlicher Leistung handeln, wobei in der Praxis vor allem Geldgewinne, Reisen, Kraftfahrzeuge und Gutscheine üblich sind. An die Bestimmtheit des Preises sind dabei ausweislich der Gesetzesbegründung keine allzu hohen Anforderungen zu stellen (BTDrs 14/3195 S 34). Relevant wird dies insbes bei der Ankündigung von sog Bruchteilsgewinnen, wonach auf den angesprochenen Verbraucher meist nur ein der Höhe nach nicht festgelegter Betrag vom mitgeteilten Gesamtgewinn entfallen soll. Nach verbreiteter Ansicht in der Lit scheidet ein Anspruch aus § 661a in Fällen wie diesen generell aus (PWW/*Mörsdorf-Schulte* Rn 8; *Meller-Hannich* NJW 2006, 2516). Dieser Auffassung kann jedoch dann nicht gefolgt werden, wenn die Beschränkung auf einen unbestimmten Gewinnanteil in der Zusage selbst nicht deutlich genug hervortritt. Bestehen nach Auslegung der Gewinnmitteilung mithin Zweifel daran, ob der Gesamtbetrag oder nur ein unbestimmter Bruchteil davon zugesagt worden ist, gehen diese Unklarheiten bei der Formulierung zu Lasten des Versenders, der die Formulierungsverantwortung trägt. Nichts anderes muss aber auch gelten, wenn die Auslegung der Gewinnmitteilung ergibt, dass tatsächlich nur ein unbestimmter Mitgewinn ohne Angabe einer Quote zugesagt worden ist. Solange der Unternehmer nämlich nicht mitteilt und unter Beweis stellt, wer die übrigen Gewinner sind und welcher Anteil auf sie entfällt, darf der Verbraucher davon ausgehen, dass er alleiniger Gewinner des Gesamtbetrages ist (ähnl Erman/*Ehman* Rn 5: im Zweifel nur noch ein weiterer Gewinner). Enthält die Gewinnzusage mehrere Preise, von denen der Verbraucher sich einen aussuchen kann, so steht ihm ein Wahlrecht zu (Stuttgart NJW-RR 2004, 1063).

4 **II. Eindruck des Gewonnenhabens.** Für eine Haftung aus § 661a genügt es, dass der Eindruck eines Gewinns erweckt wird, dh die Mitteilung muss nach Inhalt und Gestaltungsart abstrakt geeignet sein, von einem durchschnittlichen Verbraucher in der Lage des Empfängers dahin verstanden zu werden, er werde einem ihm bereits zuerkannten Preis erhalten (BGH NJW 2004, 1652; Stuttgart NJW-RR 2004, 1063). Auf das subjektive Verständnis der Zusendung durch den Empfänger kommt es also nicht an. Es ist nicht erforderlich, dass der Empfänger dem Schreiben tatsächlich Glauben schenkt. Auch der Verbraucher, der die Gewinnzusage als bloßes Werbemittel durchschaut oder durchschauen könnte, kann nach § 661a die Leistung des (angeblich) gewonnenen Preises verlangen; § 116 S 2 findet insoweit keine Anwendung (BGH NJW 2006, 230). Ebenso wenig erforderlich ist ein Spielelement (AG Bremen NJW-RR 2002, 417). Es kann allerdings erwartet werden, dass der Verbraucher nicht nur reißerisch durch größere Schrifttypen drucktechnisch hervorgehobene Passagen zur Kenntnis nimmt, sondern auch die Sätze des Fließtextes liest, die sich zwischen den hervorgehobenen Sentenzen befinden (OLGR Hamm 2007, 285). Eine Gewinnzusage liegt daher nicht schon dann vor, wenn durch drucktechnische Maßnahmen bestimmte Passagen eines Fließtextes, die für sich allein als Gewinnzusage verstanden werden könnten, reißerisch hervorgehoben sind, während dem Gesamttext ein solcher Inhalt nicht entnommen werden kann (OLGR Hamm 2005, 409). Zusendungen, aus denen bereits in der Gewinnmitteilung und nicht erst im Kleingedruckten deutlich hervorgeht, dass der Gewinner erst noch ermittelt werden muss, erwecken ebenfalls nicht den Eindruck des Gewonnenhabens (*A Lindner* S 42; vgl auch LG Köln K&R 2008, 629).

5 **III. Haftungsausschlüsse und Unverbindlichkeitserklärungen.** Gewinnzusagen werden häufig durch versteckte Hinweise in Gewinnbedingungen relativiert oder für unverbindlich erklärt. Die Versender bezwecken damit, sich im Streitfall einer Haftung aus § 661a entziehen zu können. Derartige Angaben werden von der Rspr regelm unter Zugrundelegung AGB-rechtlicher Wertungen für unbeachtlich erklärt (statt vieler Rostock NJW-RR 2006, 209; München NJW 2004, 1671; Hamm MDR 2003, 17). Dogmatisch besser vertretbar erscheint allerdings der Begründungsansatz, versteckte Hinweise bei der Auslegung der Gewinnzusage deshalb außer Betracht zu lassen, weil sie sich dem objektiven Empfängerhorizont nicht aufdrängen (BaRoth/*Kotzian-Marggraf* Rn 2) und deshalb den bereits hervorgerufenen Eindruck eines gewonnenen Preises nicht (mehr) zerstören können. Damit kann ein Rückgriff auf die §§ 305 ff unterbleiben, die ohnehin nur entspr anwendbar wären (München aaO; *Tamm/Gaedtke* VuR 2006, 169).

6 **IV. Mitwirkungspflicht der Empfänger.** Uneinigkeit besteht in der Rspr darüber, ob das Aufstellen von Bedingungen für das Abrufen des Gewinns (Rücksendung der Gewinnmarke, Frist zum Gewinnabruf, Warenbestellungen etc) zulässig ist. Richtig ist zunächst, dass derartige Mitwirkungspflichten des Empfängers für die Qualifikation als Gewinnzusage unschädlich sind (BGH NJW 2006, 2549; PWW/*Mörsdorf-Schulte* Rn 8). Davon abgesehen haftet der Versender nach dem Wortlaut des § 661a auch bereits mit Zugang der Mitteilung. Die Norm stellt also gerade keine zusätzlichen, über das Gewinnversprechen hinausgehenden Anforderungen auf (BGH aaO; OLGR Braunschweig 2003, 47). Auch nach dem Sinn und Zweck der Norm kann es nicht darauf ankommen, ob der Verbraucher etwa die Gewinnanforderungsunterlagen rechtzeitig ausgefüllt und abgesandt oder Warenbestellungen ausgelöst hat (BGH aaO). Fände § 158 im Rahmen des § 661a Anwendung, würde dies der Intention des Gesetzgebers zuwiderlaufen, dem Verbraucher einen möglichst unkomplizierten Anspruch an die Hand zu geben (KGR Berlin 2004, 368; OLGR Oldenburg 2003, 165; LG Braunschweig IPRax 2002, 213; aA Thüringen OLG-NL 2006, 241; OLGR Schleswig 2005, 120). Die Haftung aus dieser Vorschrift könnte durch solche Spitzfindigkeiten sonst leicht umgangen werden, was mit ihrer generalpräventiven Zielsetzung nicht vereinbar ist (BGH aaO).

7 **V. Zusendung der Mitteilung.** § 661a verlangt, dass die Gewinnzusage versendet wird. Auch wenn der Gesetzestext nicht von Empfangen spricht, soll der Anspruch nach hM erst mit Zugang der Mitteilung beim Emp-

fänger analog § 130 entstehen (PWW/*Mörsdorf-Schulte* Rn 2; Palandt/*Sprau* Rn 4) und fällig werden (BaRoth/*Kotzian-Marggraf* Rn 5). Versandt werden können nur schriftliche, nicht aber mündliche Mitteilungen (*A Lindner* S 48). Deshalb ist eine gewisse Verkörperung erforderlich. Die Art der Verkörperung ist beliebig, so dass Übermittlungen per Brief, Fax, SMS oder E-Mail von der Norm erfasst werden (BaRoth/*Kotzian-Marggraf* Rn 3). Aus dem Anwendungsbereich von § 661a heraus fallen daher nur mündliche Erklärungen (Palandt/*Sprau* Rn 2) und als »Pop-up-Fenster« gestaltete Einblendungen (LG Köln K&R 2008, 629).

VI. Versender und Empfänger. Der Versender der Gewinnzusage muss Unternehmer (§ 14) und der Adressat Verbraucher (§ 13) sein, wobei diese Vorschriften analog herangezogen werden müssen, weil es einerseits am Abschluss eines Rechtsgeschäfts fehlt, und aus der Sicht des BGH die Gewinnzusage andererseits als geschäftsähnliche Handlung zu qualifizieren ist (vgl MüKo/*Seiler* Rn 11, 13; PWW/*Mörsdorf-Schulte* Rn 5). **1. Versender.** »Versender« im Sinne des § 661a ist derjenige Unternehmer, den ein durchschnittlicher Verbraucher in der Lage des Empfängers einer Gewinnzusage als Versprechenden ansieht. Als »Versender« einer Gewinnzusage können darüber hinaus auch solche Unternehmer in Anspruch genommen werden, die Verbrauchern unter nicht existierenden oder falschen Namen, Firmen, Geschäftsbezeichnungen oder Anschriften Gewinnmitteilungen zukommen lassen (BGH NJW 2005, 827; NJW 2004, 3555). »Versender« kann schließlich noch derjenige Unternehmer sein, der unter fremdem Namen, dh unter dem Namen einer anderen – existierenden – (natürlichen oder juristischen) Person handelt (jeweils aaO). Beim Handeln unter fremdem Namen ist allerdings zu unterscheiden, ob aus der maßgeblichen Sicht der anderen Partei ein Geschäft des Namensträgers oder ein Eigengeschäft des Handelnden vorliegt. Sollte ein Geschäft des Namensträgers geschlossen werden und wurde eine falsche Identitätsvorstellung beim Gegner geweckt, sind die Grundsätze über die Stellvertretung entspr anzuwenden, obwohl dem Handelnden der Vertretungswille fehlte. Hatte der Handelnde Vertretungsmacht, so wird der Namensträger aus dem Geschäft berechtigt und verpflichtet; ansonsten trifft den Handelnden die Haftung entspr (BGH NJW-RR 2006, 701). 8

Nicht gefolgt werden kann dagegen der Auffassung, auch solche (natürlichen oder juristischen) Personen in den Versenderbegriff mit einzubeziehen, die lediglich Hilfsdienste leisten oder wirtschaftlich von der Versendung profitieren, indem sie etwa als Telekommunikationsdienstleister Gebühren aus dem Benutzen von Mehrwertdienste-Rufnummern oder als Verkäufer die Kaufpreiszahlungen aus den Warenbestellungen vereinnahmen (so aber LG Darmstadt Urt v 27.08.2003 – 9 O 65/03; ähnl *Bornemann* VuR 2004, 434). Zwar mögen diese Bemühungen um eine Ausweitung des Versenderbegriffs vor dem Hintergrund der oftmals anzutreffenden Vermögenslosigkeit der Versender verständlich sein. Diese Sichtweise stellt jedoch nur unzureichend auf die Versendereigenschaft ab und führt deshalb im Ergebnis zu einer vom Wortlaut des § 661a nicht gedeckten, uferlosen Ausweitung der Haftung. Als Sonderfall mag die Entscheidung des OLG Frankfurt (NJW-RR 2005, 1366) gelten, wo ein Telekommunikationsdienstleistungsunternehmen eine Mehrwertdienste-Rufnummer an ein Versandhandelsunternehmen vermietet hat und zugleich in dessen Werbebrief mit der Telefonnummer in einer einheitlichen Bezeichnung samt beigefügter Firmenabkürzung genannt wird. 9

2. Empfänger. Nach dem Gesetzeswortlaut ist eine persönliche Ansprache der Empfänger nicht erforderlich. Verbraucher, die eine anonymisierte Postwurfsendung erhalten, haben daher ebenso Anspruch auf Auskehr des Gewinns wie Empfänger, die in der Mitteilung persönlich angesprochen und namentlich benannt worden sind (*A Lindner* S 47 f; aA Palandt/*Sprau* Rn 2). Verbraucher vom Anwendungsbereich des § 661a auszuschließen, weil sie anonyme Hauswurfsendungen erhalten haben, würde bedeuten, Unternehmern, denen der Empfängerkreis gleichgültig ist, eine Möglichkeit zu belassen, die Regelung zu umgehen (*A Lindner* S 47). Da die Verpflichtung auf Gewinnaushändigung auf Grund eines gesetzlichen Schuldverhältnisses ohne rechtsgeschäftliche Mitwirkung des Adressaten zustande kommt, ist keine Geschäftsfähigkeit des Verbrauchers erforderlich (PWW/*Mörsdorf-Schulte* Rn 5). 10

C. Rechtsfolge. Liegen die Voraussetzungen des § 661a vor, ist der zugesagte Preis zu leisten. Bei Gegenständen bedeutet dies Übergabe und Übereignung. Eine Möglichkeit, sich der Haftung durch Anfechtung oder Widerruf zu entziehen, besteht nach Zugang der Mitteilung idR nicht mehr. Zwar kommt wegen der Qualifikation der Gewinnzusage durch den BGH als geschäftsähnliche Handlung eine Irrtumsanfechtung analog § 119 grds in Betracht (PWW/*Mörsdorf-Schulte* Rn 12), allerdings kann ein Irrtum hinsichtlich des Gewinneindrucks nicht geltend gemacht werden (HK/*Schulze* Rn 4). Ein Widerruf analog § 658 Abs 1 ist nach dem Zweck der Vorschrift ebenfalls ausgeschlossen (Palandt/*Sprau* Rn 4). Verweigern Versender von Gewinnzusagen die Erfüllung des Anspruchs, gelten die allg Vorschriften der §§ 280 ff (MüKo/*Seiler* Rn 15; Palandt/*Sprau* Rn 3). Besteht der Preis nicht in Geld, sind auf Sach- und Rechtsmängel des Preisgegenstandes die §§ 523 f analog anzuwenden (MüKo/*Seiler* Rn 15). 11

D. Fälle mit Auslandsbezug. Weil sich kein Gewinnmitteilungsunternehmen auf seriöse Art und Weise betreiben lässt, hat sich nahezu die gesamte Branche ins (vornehmlich europäische) Ausland abgesetzt (*Mörsdorf-Schulte* JZ 2005, 770). Mit der Verlagerung des Unternehmenssitzes ins Ausland hoff(t)en die Gewinnmitteilungsversender der Anwendbarkeit deutschen Rechts, wenigstens aber der deutschen Gerichtsbarkeit zu entgehen (*Bornemann* VuR 2004, 434; *Tamm/Gaedtke* VuR 2006, 169). **I. Internationale Zuständigkeit.** Die 12 internationale Zuständigkeit deutscher Gerichte bestimmt sich nach dem EuGVÜ bzw nach der nunmehr geltenden EuGVVO. Da beide Regelungswerke grds vom Beklagtengerichtsstand ausgehen, können Empfänger von Gewinnzusagen nur dann in ihrem Wohnsitzstaat Klage erheben, wenn entweder der Vertragsgerichtsstand (Art 5 Nr 1 EuGVÜ/EuGVVO), der deliktische Gerichtsstand (Art 5 Nr 3 EuGVÜ/EuGVVO) oder der Verbrauchergerichtsstand (Art 13 EuGVÜ/Art 15 EuGVVO) anwendbar sind. In der Rechtssache Gabriel (NJW 2002, 2697) hatte der EuGH den Verbrauchergerichtsstand des EuGVÜ dann für anwendbar erklärt, wenn auf Grund der Gewinnzusage ein Vertrag über die Lieferung beweglicher Sachen oder die Erbringung von Dienstleistungen abgeschlossen wird. Für so genannte isolierte Gewinnzusagen, dh in Fällen, in denen es anlässlich der Gewinnzusage nicht zu einer Warenbestellung kommt, kam er dagegen zu dem Ergebnis, dass dort nur der Vertragsgerichtsstand gem Art 5 Nr 1 EuGVÜ in Betracht komme, weil der Verbrauchergerichtstand gem Art 13 EuGVÜ den Abschluss eines Vertrages über die Lieferung von Waren oder die Erbringung von Dienstleistungen zwingend voraussetze (EuGH NJW 2005, 811 – Rs Engler). Der Begriff des Vertrags iSv Art 5 Nr 1 EuGVÜ sei autonom auszulegen und erfasse – anders als in Art 13 EuGVÜ – jede freiwillig eingegangene Verpflichtung, wozu der EuGH auch Ansprüche aus Gewinnmitteilungen zählte (EuGH NJW 2005, 811). Mit der Einordnung der Gewinnzusage als Vertrag iSv Art 5 Nr 1 EuGVÜ sprach sich der EuGH sogleich gegen die Anwendung des deliktischen Gerichtsstands aus.

13 Die Schwierigkeit im Rahmen der Anwendung des Art 5 EuGVÜ bestand nun darin, den Erfüllungsort zu bestimmen, dh den Ort, an dem die Verpflichtung aus der Gewinnzusage zu erfüllen ist. Mangels einschlägiger gemeinschaftsrechtlicher Regelung war dies nach nationalem Recht zu ermitteln. Der BGH hat in seiner Entscheidung vom 01.12.2005 (NJW 2006, 230) nunmehr klargestellt, dass Ansprüche aus Gewinnzusagen am Wohnsitz des Verbrauchers zu erfüllen sind. Dies ergebe sich aus Sinn und Zweck des § 661a, der durchkreuzt würde, wenn der Leistungsort am (Auslands)Sitz des Unternehmers läge (aA Braunschweig NJW 2006, 161). Wenngleich die Entscheidung des BGH aus dogmatischen Erwägungen in der Lit Kritik hervorgerufen hat (vgl nur *Lorenz* NJW 2006, 472), bleibt sie doch im Ergebnis nachvollziehbar, da Klagen aus isolierten Gewinnzusagen gem Art 5 Nr 1 EuGVÜ nun ebenfalls beim Wohnsitzgericht des Verbrauchers erhoben werden können.

14 Die vom BGH zu Art 5 Nr 1 EuGVÜ vertretene Auffassung lässt sich ohne Einschränkungen auf die inhaltsgleiche Regelung der EuGVVO übertragen (OLGR Hamm 2007, 285; AG Waren/Müritz Urt v 16.08.2006 – 33 C 768/04). Damit steht für Klagen aus (isolierten) Gewinnzusagen auch unter Geltung der EuGVVO der Vertragsgerichtsstand (Art 5 Nr 1 EuGVVO) zur Verfügung. Da Art 15 EuGVVO nunmehr jedoch weiter gefasst ist als Art 13 EuGVÜ, ist für isolierte Gewinnzusagen darüber hinaus aber auch der Verbrauchergerichtsstand einschl (Rostock NJW-RR 2006, 209; *Lorenz* NJW 2006, 472). Für vertragsgekoppelte Gewinnzusagen gilt dies selbstverständlich ebenfalls.

15 **II. Anwendbares Recht.** Kontrovers diskutiert wurde auch die Frage, welche Kollisionsnorm bei Gewinnzusagen mit Auslandsbezug Anwendung finden sollte (zum Streitstand BaRoth/*Kotzian-Marggraf* Rn 9). Seit der Grundsatzentscheidung des BGH zur internationalen Zuständigkeit vom 01.12.2005 wendet die Praxis durchgängig Art 34 EGBGB an (vgl nur OLGR Hamm 2007, 285; AG Waren/Müritz Urt v 16.08.2006 – 33 C 768/04). Der BGH hatte darin § 661a als zwingende Vorschrift im Sinne des Art 34 EGBGB eingeordnet, weil der Gesetzgeber ordnungspolitische Interessen verfolgt habe und der weit verbreiteten wettbewerbsrechtlich unzulässigen Praxis entgegenwirken wollte, dass Unternehmer Verbrauchern Mitteilungen über angebliche Gewinne übersenden, um sie zur Bestellung von Waren zu veranlassen, die Gewinne auf Nachfrage aber nicht aushändigen (NJW 2006, 230). Auch wenn diese Einordnung sicher nicht unumstritten ist, wird gerade auch vor dem Hintergrund der Begründung der internationalen Zuständigkeit künftig Art 34 EGBGB der Vorzug zu geben sein (BaRoth/*Kotzian-Marggraf* Rn 9).

16 **E. Prozessuales; Hinweise für die Praxis.** Darlegungs- und ggf. beweispflichtig für das Vorliegen der Tatbestandsvoraussetzungen des § 661a ist der Empfänger der Gewinnzusage. Wenn bei Gewinnzusagen ein inländisches Unternehmen unter dem Namen eines Unternehmens mit Sitz im Ausland auftritt und der Empfänger der Gewinnzusage behauptet, es handele sich um eine reine Briefkastenfirma, die keine Geschäftstätigkeit entfalte, trifft das im Inland handelnde Unternehmen allerdings eine sekundäre Darlegungslast dahingehend, dass es das ausländische Unternehmen nicht nur als Tarnadresse benutzt hat (Thüringen OLG-NL 2006, 241). Besteht die Gewinnzusage aus mehreren Blättern, von denen einige auch einschränkende Gewinnbedingungen enthalten, so hat der Versender, der sich auf diese Bedingungen beruft, darüber hinaus den vollständigen Zugang aller Blätter beim Empfänger nachzuweisen, wenn dieser behauptet, nicht alle Blätter der Sendung erhalten zu haben (Rostock IPRspr 2004, Nr 105, 221–222).

17 Die Realisierung einer titulierten Forderung aus § 661a ist regelm schwierig, weil es sich bei den Versendern zumeist um (ausländische) Briefkastenfirmen handelt, hinter denen keine Vermögenswerte stehen (PWW/*Mörsdorf-Schulte* Rn 22; *Tamm/Gaedtke* IPRax 2006, 584). Der Verbraucher, der einen Anspruch auf Erfüllung einer Gewinnzusage in der Insolvenz des Versenders geltend macht, ist außerdem nur nachrangiger Insolvenzgläubiger (BGH NZI 2008, 369 m zust Bespr *Kriegel* ZInsO 2008, 552). Soweit die Verfahrenskosten nicht vom Staat im Wege der Prozesskostenhilfe oder von einer Rechtsschutzversicherung übernommen werden (vgl dazu unten Rn 18 f), muss vor diesem Hintergrund von Klagen generell abgeraten werden. Etwas anderes kann gelten, wenn die Gewinnmitteilung dem Zweck dient, die Empfänger aufzufordern, ihren Gewinn durch Anwahl einer Mehrwertdienste-Rufnummer abzurufen, wobei die Anrufer dann in Gespräche verwickelt werden mit dem Ziel, nicht unerhebliche Telefongebühren einzunehmen. Hier besteht häufig eine werthaltige Forderung des Versenders der Gewinnzusage gegen den (im Inland ansässigen) Telefondienstleister auf Auskehr der Telefongebühren, die im Wege des dinglichen Arrestes pfändbar ist (AG Waren/Müritz IPRax 2006, 606 m zust Bespr *Tamm/Gaedtke* IPRax 2006, 584).

Verbrauchern, die auf Grund ihrer wirtschaftlichen Verhältnisse nicht in der Lage sind, einen Rechtsstreit auf **18** Auskehr des Gewinns zu führen, ist trotz der im Einzelfall schwierigen Rechtsdurchsetzung Prozesskostenhilfe zu bewilligen. Dies gilt ohne Einschränkung auch für Klagen gegen ausländische Versender. Entgegen der Ansicht des OLG Dresden (NJW-RR 2004, 1078) besteht in Fällen der Versendung von Gewinnzusagen durch eine im Ausland ansässige Gesellschaft gerade kein Erfahrungssatz, wonach die Vollstreckung einer titulierten Forderung aus der Gewinnzusage aussichtslos ist. Allein der Umstand, dass in der Vergangenheit zahlreiche Vollstreckungsbemühungen gegen verschiedene Versender erfolglos gewesen sein mögen, rechtfertigt diese Verallgemeinerung nicht (Hamm VuR 2005, 192). Folgte man der Entscheidung des OLG Dresden (aaO), würde auch der generalpräventive Zweck des § 661a beschnitten, da dann in einer Vielzahl von Fällen von einer gerichtlichen Durchsetzung Abstand genommen werden muss. Etwas anderes kann nur gelten, wenn gegen die beklagte Auslandsgesellschaft bereits eine titulierte Forderung vorliegt, die aber trotz mehrmaliger Vollstreckungsversuche nicht realisiert werden konnte (insoweit dann zutr OLG Dresden aaO).

Wegen der unsicheren Vollstreckungsaussichten und der damit oftmals verbundenen Uneinbringlichkeit der **19** verauslagten Prozesskosten ist die Wahrnehmung rechtlicher Interessen im Zusammenhang mit Gewinnzusagen in den neueren Rechtschutzversicherungsbedingungen (ARB) ausgeschlossen worden. Liegen dem Rechtschutzversicherungsvertrag hingegen ältere Bedingungen zugrunde (bspw ARB 1994), besteht ggf Deckungsschutz. Der Versicherer kann sich bei den ARB 1994 nicht auf den Risikoausschluss des § 3 Nr 2 Buchst f berufen, denn ein Anspruch aus einer Gewinnzusage gem § 661a steht nicht in einem ursächlichen Zusammenhang mit Spiel oder Wette (LG Görlitz VuR 2004, 263 m Anm *Busche*; vgl auch BGH NJW 2006, 2548). Da es nach der hier vertretenen Auffassung eben gerade keinen allg Erfahrungssatz gibt, wonach die Vollstreckung einer titulierten Forderung aus einer Gewinnzusage aussichtslos ist (vgl Rn 18), muss sich der Versicherungsnehmer auch nicht den Einwand der Mutwilligkeit oder der mangelnden Erfolgsaussichten der beabsichtigten Rechtsverfolgung entgegenhalten lassen. Diese Möglichkeit kann dem Versicherer uU auch bereits aus formalen Gründen verwehrt sein, etwa wenn er sich vorprozessual nicht darauf beruft (OLGR Karlsruhe 2006, 87) oder nicht auf die Möglichkeit des Schiedsgutachterverfahrens hinweist (BGH aaO). Wird die Deckungszusage unberechtigterweise verzögert oder gar ganz verweigert, haftet der Versicherer auf Schadensersatz, der auch den zugesagten Gewinn umfassen kann (BGH aaO).

Werden Verbraucher durch die Zusendung einer Vielzahl von Gewinnzusagen in beträchtlicher Höhe, deren **20** Erfüllung von der Bestellung von Waren abhängig gemacht wird, unter bewusster Ausnutzung ihrer rechtlichen und geschäftlichen Unerfahrenheit zum Kauf von Gegenständen verleitet, die sie ohne die Gewinnzusagen nicht erworben hätten, so ist dies mit den guten Sitten nicht zu vereinbaren. Auf dieser Grundlage zustande gekommen Kaufverträge sind gem § 138 Abs 1 nichtig (BGH NJW 2005, 2991).

Titel 12 Auftrag und Geschäftsbesorgungsvertrag

Untertitel 1 Auftrag

Checkliste: Auftrag (§§ 662–674)

I. Vertragsschluss, §§ 662 ff			
1. Parteien	§ 662	→	Rn 1
2. Vertragsgegenstand (unentgeltliche Geschäftsbesorgung)	§ 662	→	Rn 1, 5
a. Verfolgung von Interessen des Auftraggebers	§ 662	→	Rn 6
b. Unentgeltlichkeit	§ 662	→	Rn 7
3. Vertragsschluss	§ 662	→	Rn 4
4. Trennung von Auftrag und Vollmacht	§ 662	→	Rn 3
5. Abgrenzung zu anderen Vertragsarten	§ 662	→	Rn 2
II. Pflichten der Parteien			
1. Pflichten des Beauftragten	§ 662	→	Rn 9
a. Geschäftsausführung als Hauptpflicht und ihre grds Unübertragbarkeit	§ 662	→	Rn 9
	§ 662	→	Rn 2 f

§ 662 Vertragstypische Pflichten beim Auftrag. **Durch die Annahme eines Auftrags verpflichtet sich der Beauftragte, ein ihm von dem Auftraggeber übertragenes Geschäft für diesen unentgeltlich zu besorgen.**

1 **A. Allgemeines. I. Rechtsnatur.** Beim Auftrag nach §§ 662–674 handelt es sich um einen Schuldvertrag, in dem sich die eine Partei (der Beauftragte) ggü der anderen Partei (dem Auftraggeber) zur unentgeltlichen Besorgung eines Geschäfts verpflichtet. Auf Grund der Unentgeltlichkeit handelt es sich beim Auftrag um einen unvollkommen zweiseitigen Vertrag (Hk-BGB/*Schulze* Rn 1; PWW/*Fehrenbacher* Rn 1) iSe Gefälligkeits*vertrages* (Jauernig/*Mansel* Rn 1; Palandt/*Sprau* Rn 1). Die §§ 320 ff sind mangels eines synallagmatischen Leistungsverbundes nicht anzuwenden (BGHZ 15, 102 ff). Als Schuldvertrag stellt der Auftrag eine besondere Form des Dienstleistungsvertrages iwS dar (Jauernig/*Mansel* Rn 3) und bildet ein Grundmuster für weitere Vertragsarten mit fremdnütziger Ausrichtung (Hk-BGB/*Schulze* Rn 3). Die Hauptbedeutung der §§ 662 ff liegt daher auch in der Ergänzung des Rechts der Geschäftsbesorgungsverträge. Als Dienstleistungsvertrag iwS kann der Auftrag sowohl auf die bloße Diensterbringung als auch auf die Herbeiführung eines Erfolges gerichtet sein (Jauernig/*Mansel* Rn 3). Kennzeichnend ist das besondere Vertrauensverhältnis zwischen Beauftragtem und Auftraggeber (Jauernig/*Mansel* Rn 3; Palandt/*Sprau* Rn 1). Der allg Sprachgebrauch verwendet den Begriff Auftrag oftmals in einem viel weiter verstandenen Sinn (Palandt/*Sprau* Rn 2; PWW/*Fehrenbacher* Rn 2). So werden etwa einseitige Willensäußerungen, wie Weisungen oder Befehle iRe Dienstvertrages oder einer Geschäftsbesorgung und Anträge, die auf den Abschluss eines Kauf-, Dienst- oder Werkvertrages gerichtet sind, häufig als Auftrag bezeichnet. Gleiches gilt für Aufträge in Form einer Bitte iRv Gefälligkeits*verhältnissen* (PWW/*Fehrenbacher* Rn 2). Auch das Gesetz ist beim Umgang mit dem Begriff des Auftrags nicht ganz einheitlich, wie sich etwa aus den §§ 753, 755 ZPO, §§ 6, 7 Abs 2 RVG ergibt.

2 **II. Abgrenzung zu anderen Vertragsarten.** Der Auftrag als Gefälligkeits*vertrag* ist vom bloßen Gefälligkeits*verhältnis* abzugrenzen, das mit dem Auftrag die Fremdnützigkeit und Unentgeltlichkeit teilt (Palandt/*Sprau* Rn 4). Die Abgrenzung erfolgt in Bezug auf den Rechtsbindungswillen, der bei nur gesellschaftlichen Zusagen sowie bei Gefälligkeiten des täglichen Lebens fehlt (Palandt/*Sprau* Rn 4). Sein Vorliegen ist nach den Umständen des Einzelfalls auf der Grundlage objektiver Kriterien zu prüfen (BGHZ 21, 101, 102 ff; 88, 328 ff; BGH NJW 2006, 2321: Reisender und Reisebüro). Stehen erkennbar wirtschaftliche Interessen des Auftraggebers von einiger Bedeutung auf dem Spiel, so lässt dieser Umstand idR auf den Rechtsbindungswillen schließen (BGHZ 56, 210 ff; Hamm NJW-RR 1997, 1007; FamRZ 2003, 97; Köln VersR 2005, 1396: Empfehlung einer Kapitalanlage; Jauernig/*Mansel* Rn 5; PWW/*Fehrenbacher* Rn 4). Zu berücksichtigen sind in diesem Zusam-

menhang aber auch besondere Qualifikationen, die Schadensneigung und -höhe oder das Interesse des Beauftragten (BGHZ 56, 204; 88, 373; Hamm VersR 2002, 705). Ein wichtiger Unterschied zu anderen (Gefälligkeits-)Verträgen ohne Gegenleistungsverpflichtung, wie etwa der Schenkung, der Leihe, der unentgeltlichen Verwahrung, besteht darin, dass der Haftungsmaßstab beim Auftrag nicht gemindert ist (anders etwa gem §§ 521, 599, 690). Ggü der **Leihe** (§§ 598 ff) und der **unentgeltlichen Verwahrung** (§§ 688 ff) erfordert der Auftrag eine weitergehende Tätigkeit als eine bloße Gebrauchsüberlassung bzw Aufbewahrung einer Sache (Hk-BGB/*Schulze* Rn 3; Palandt/*Sprau* Rn 5; PWW/*Fehrenbacher* Rn 7). In Abgrenzung zur **Schenkung** (§§ 518 ff) ist der Beauftragte nicht zu einer Vermögensminderung verpflichtet (PWW/*Fehrenbacher* Rn 7). Er erhält vielmehr auch Ersatz für die von ihm getätigten Aufwendungen (§ 670). Die unentgeltlich zugewendete Arbeitskraft des Beauftragten gehört als solche nicht zum (zugewendeten) Vermögen (Palandt/*Sprau* Rn 5). In Bezug auf die **Geschäftsbesorgung** (§ 675 Abs 1) unterscheidet sich der Auftrag durch seine Unentgeltlichkeit (Jauernig/*Mansel* Rn 7; Palandt/*Sprau* Rn 6). Die Vorschriften des Auftragsrechts sind aber im Hinblick auf die Verweisung in § 675 Abs 1 in weitem Maße auf den Geschäftsbesorgungsvertrag entspr anzuwenden. Für die **GoA**, die ja auf eine Geschäftsbesorgung ohne Auftrag hinausläuft, finden sich in den §§ 681 S 2, 683 S 1 ebenfalls Bestimmungen, die auf das Auftragsrecht Bezug nehmen. Ein Auftrag bzw ein auftragsähnliches Rechtsverhältnis besteht zudem zwischen **Ehegatten**, von denen der eine das Vermögen des anderen verwaltet (BGH NJW 2000, 3200; Köln MDR 1998, 911). Andererseits soll die Erteilung einer bloßen Kontovollmacht noch nichts darüber aussagen, ob zwischen den Ehegatten ein Auftrag abgeschlossen worden ist (BGH NJW 2000, 3200; ähnl für die neL, vgl OLGR Zweibrücken 2005, 132). Weitere Verweisungsbestimmungen auf das Auftragsrecht finden sich etwa in §§ 27 Abs 3, 48 Abs 2, 86, 713, 1835 Abs 1, 1915, 1991, 2218 und für die **Kommission** in §§ 385 Abs 2, 396 Abs 2 HGB. Auf **öffentlich-rechtliche Auftragsverhältnisse**, die auf einer *Vereinbarung* zwischen der Verwaltung und dem Bürger beruhen, sind die §§ 662 jedenfalls gem § 62 S 2 VwVfG entspr anwendbar (Sächsisches OVG VBl 2006, 188; VG Potsdam LKV 2006, 284; Hk-BGB/*Schulze* Rn 3; MüKo/*Seiler* Rn 68 ff; Palandt/*Sprau* Rn 10). Die Zulässigkeits- und Wirksamkeitsvoraussetzungen für öffentlich-rechtliche Verträge sind dem VwVfG zu entnehmen (§§ 54 ff). Andere Beziehungen zwischen Bürger und Behörde sowie zwischen Behörden untereinander sind dagegen regelm nicht als Auftrag zu qualifizieren (BVerwGE 12, 253 ff; PWW/*Fehrenbacher* Rn 17). Daher stellt etwa das bloße Ersuchen von Personen an Behörden noch keinen Auftrag idS dar (Palandt/*Sprau* Rn 10). Nach **Beendigung der staatlichen Verwaltung von Vermögenswerten** gelten die §§ 666–668 für die gesamte Verwaltungszeit entspr (§ 11a Abs 3 VermG; vgl dazu BGHZ 126, 324 ff; 140, 360 ff; NJW 2000, 305; zu § 15 Abs 1 VermG s BGHZ 140, 11 ff und 356; zur **privaten Verwaltung von Bodenreformgrundstücken** vgl Art 233 EGBGB § 11 Abs 4 S 2: BGHZ 143, 375).

III. Trennung von Auftrag und Vollmacht. Hinsichtlich des auch im Vollmachtsrecht (§§ 164 ff) geltenden Abstraktionsgrundsatzes (vgl insoweit PWW/*Fehrenbacher* Rn 15) ist die Vollmacht als rechtliche Macht, einen anderen im Außenverhältnis wirksam rechtsgeschäftlich zu binden, strikt von dem Auftrag als schuldrechtliches Grundlagengeschäft zu trennen (Jauernig/*Mansel* Rn 6). Denn der Auftrag betrifft lediglich das innere Verhältnis zwischen Beauftragtem und Auftraggeber, aus dem sich ergibt, in welchem Umfang der Beauftragte ggü dem Auftraggeber verpflichtet ist (Hk-BGB/*Schulze* Rn 4). Auftrag und Vollmacht sind daher hinsichtlich Entstehung und Inhalt jeweils gesondert zu betrachten, obgleich sich das Erlöschen der Vollmacht gem §§ 168, 169 nach dem zu Grunde liegenden Auftrag bestimmt und insofern zumindest eine gewisse Verklammerung besteht (Palandt/*Sprau* Rn 7; PWW/*Fehrenbacher* Rn 15). Eine isolierte Vollmacht ist denkbar, aber unüblich. Einer Vollmacht liegt bei Unentgeltlichkeit idR ein Auftrag zu Grunde (BGH DNotZ 2003, 836); dagegen ist der Auftrag nicht ohne weiteres mit der Vollmachtserteilung verbunden (Jauernig/*Mansel* Rn 7). 3

B. Regelungsinhalt. I. Vertragsschluss. Erforderlich zum Abschluss eines Auftrags(vertrages) ist die Einigung zwischen Auftraggeber und Beauftragtem über die unentgeltliche Besorgung eines Geschäfts (PWW/*Fehrenbacher* Rn 3). Die Wirksamkeit des Vertragsschlusses bemisst sich (ebenso wie die Abwicklung und die Beendigung) nach allg Regeln (§§ 104 ff; Jauernig/*Mansel* Rn 8). Der Abschluss des Vertrages ist auch konkludent möglich (Hk-BGB/*Schulze* Rn 5). Formerfordernisse bestehen grds nicht (BGHZ 19, 69 ff; 85, 245 ff; 127, 168 ff; Jauernig/*Mansel* Rn 8; PWW/*Fehrenbacher* Rn 5). Eine Ausn bildet der Auftrag zur Grundstücksbeschaffung oder -veräußerung, sofern er bereits zu einer rechtlichen oder tatsächlichen Bindung des Auftragnehmers führt (Hk-BGB/*Schulze* Rn 5; Jauernig/*Mansel* Rn 8). Auch der unwiderrufliche Auftrag zur späteren Nachlassverwaltung unterliegt der Form der letztwilligen Verfügung (RGZ 139, 43 ff). 4

II. Vertragsgegenstand. Vertragsgegenstand beim Auftrag ist die unentgeltliche Besorgung eines Geschäfts für den Auftraggeber (oder für einen Dritten). Hierauf muss sich die Einigung beziehen. **1. Geschäftsbesorgung.** Der Begriff der Geschäftsbesorgung ist weit auszulegen (Jauernig/*Mansel* Rn 9). Er umfasst jedes tatsächliche bzw (rechts)geschäftliche Handeln im Interesse des Auftraggebers (BGHZ 56, 204 ff; Hk-BGB/*Schulze* Rn 6; PWW/*Fehrenbacher* Rn 6). Erforderlich ist ein positives Tun (PWW/*Fehrenbacher* Rn 6), das auf eine einzelne Aktivität oder einen Komplex von Tätigkeiten gerichtet ist. Bloßes Unterlassen oder Dulden stellt noch keine Geschäftsbesorgung dar (Hk-BGB/*Schulze* Rn 7; MüKo/*Seiler* Rn 20; Palandt/*Sprau* Rn 6). 5

IÜ gilt: Sofern nicht etwas anderes vereinbart wurde, ist nicht ein Erfolg, sondern lediglich ein sorgfältiges Bemühen (§ 276) um die Ausführung des Auftrags geschuldet (BGH NJW-RR 2002, 1272; Jauernig/*Mansel* Rn 10).

6 **2. Verfolgung des Interesses des Auftraggebers.** Ob die Handlungen in eigenem oder fremdem Namen vorgenommen werden, ist unerheblich. Die Handlungen müssen aber fremdnützig sein (PWW/*Fehrenbacher* Rn 8). Wünscht der Auftraggeber die Tätigkeit, ist von der Fremdnützigkeit auszugehen (RGZ 59, 10 ff: Übernahme einer Bürgschaft; BGH MDR 1955, 283; Karlsr FamRZ 1991, 802: Bestellung eines dinglichen Sicherungsrechts an Sachen des Beauftragten; ebenso Bremen NJW 05, 3502). Fehlt es an einer konkreten Vereinbarung oder einem erkennbaren Wunsch, ist der Pflichten- und Interessenkreis maßgeblich (PWW/*Fehrenbacher* Rn 8). In fremdem Interesse liegt die mit der Geschäftsbesorgung verfolgte Tätigkeit dann, wenn sie eigentlich der Sorge eines anderen (nämlich des Auftraggebers) obliegen würde und dessen Interesse zu fördern bestimmt ist (RGZ 97, 65 ff; Jauernig/*Mansel* Rn 10). Dass der Beauftragte mit der Führung des Geschäfts in fremdem Interesse zugleich eigene oder Drittinteressen verfolgt, ist dem nicht abträglich (BGHZ 19, 12 ff; 56, 204 ff; Hk-BGB/*Schulze* Rn 7; PWW/*Fehrenbacher* Rn 8).

7 **3. Unentgeltlichkeit.** Im Rahmen des Auftrags erfolgt die Tätigkeit unentgeltlich. Der Beauftragte darf daher keine Gegenleistung als Vergütung für seinen Auftrag erhalten. Die Vereinbarung eines Aufwandsersatzes steht der Unentgeltlichkeit der Geschäftsbesorgung allerdings nicht entgegen, weil sich eine entspr Verpflichtung des Auftraggebers bereits aus § 670 ergibt (Jauernig/*Mansel* Rn 11; PWW/*Fehrenbacher* Rn 9). Eine Zuwendung des Auftraggebers nach Vertragsschluss ist im Zweifel nicht als Schenkung zu werten (RGZ 72, 191 ff; 74, 142 ff), aber als Vertragsänderung iwS, welche die Unentgeltlichkeit des Auftrags ggf beseitigt (vgl dazu RGZ 72, 191 ff; PWW/*Fehrenbacher* Rn 9; offengelassen durch Jauernig/*Mansel* Rn 11), es sei denn, die Zuwendung erfolgte aus reiner Anerkennung oder Dankbarkeit (BaRoth/*Czub* Rn 9; MüKo/*Seiler* Rn 27).

8 **4. Anwendungsbeispiele.** Beispiele für mögliche Geschäftsbesorgungen iSd Auftrags ergeben sich etwa: aus dem Innenverhältnis zwischen Hauptschuldner und Bürgen oder einem anderen Sicherungsgeber (RGZ 59, 12, 209; BGHZ LM Nr 2 zu § 516), bei der Sicherungsübereignung und -zession (RGZ 59, 191 ff) oder bei der Sicherungsgrundschuld, beim Gefälligkeitsakzept (RGZ 120, 208), beim Kreditauftrag iSd § 778 (RGZ 56, 134 ff), bei der Geltendmachung abgetretener Gewährleistungsansprüche, wenn der Zedent das Risiko der Schadloshaltung trägt (BGHZ 92, 126 f), uU auch bei der Unfallhilfe (BGHZ 33, 257 ff) und idR auch bei der Abgabe von Willenserklärungen als Vertreter (Jauernig/*Mansel* Rn 10). Ansonsten ist das Auftragsrecht auf jeden Geschäftsbesorgungsvertrag ohne Vergütung (entspr) anwendbar, auch im familiären Bereich, etwa bei der Vermögensverwaltung durch den Ehegatten/Lebenspartner (Palandt/*Sprau* Rn 8) bzw durch den Stiefvater (München NJW-RR 2004, 1442: Unterhaltszahlungen des Vaters), aber nur bei entspr Rechtsbindungswillen (BGH NJW 2000, 3199). Zur Fahrgemeinschaft von Arbeitskollegen vgl Köln VersR 2004, 189.

9 **III. Pflichten der Parteien. 1. Pflichten des Beauftragten. a) Geschäftsausführung als Hauptpflicht.** Aufgrund des Auftrags ist der Beauftragte verpflichtet, das ihm übertragene Geschäft auszuführen. Diese Pflicht nimmt der Beauftragte als Hauptpflicht wahr. Im Zweifel kann der Beauftragte die Ausführung des Geschäfts unter Zuhilfenahme von Gehilfen vornehmen, es jedoch nicht Dritten (vollkommen) übertragen, vgl § 664 Abs 1. Was Inhalt der Geschäftsbesorgung ist, ergibt sich aus der Vereinbarung.

10 **b) Diverse Nebenpflichten des Beauftragten.** Als Nebenpflicht obliegt es dem Beauftragten, bei der Ausführung des Auftrags die Interessen des Auftraggebers mit der erforderlichen Sorgfalt (§ 276) zu wahren (PWW/*Fehrenbacher* Rn 11). Hierzu gehören bspw die Anzeigepflicht bei Ablehnung des Auftrags (§ 663) oder bei einer Abweichung von einer Weisung des Auftraggebers (§ 665), die Auskunfts- und Rechenschaftspflicht (§ 666) sowie die Herausgabepflicht (§ 667). Neben den Pflichten aus §§ 662 ff entstehen für den Beauftragten im Einzelfall weitere Pflichten, auf Grund des persönlichen Vertrauensverhältnisses (§ 241 Abs 2), das idR mit dem Auftrag verbunden ist (Hk-BGB/*Schulze* Rn 9; Jauernig/*Mansel* Rn 12: eigentümliches Vertrauensverhältnis). So kann der Beauftragte insbes als Sachverständiger oder bei besonderer Fachkenntnis oder Geschäftserfahrung zur Aufklärung, Belehrung und ggf Warnung des Auftraggebers verpflichtet sein. Dies gilt insbes für Banken, Rechtsanwälte und Steuerberater (BGHZ 23, 222 ff; 72, 102 ff; NJW 1985, 43 ff; 1994, 2541; 1998, 1486; zu Treuhändern iRv Bauherrenmodellen vgl BGHZ 102, 225 ff; Nürnberg OLGZ 1990, 449 f). Es besteht iÜ die Pflicht zur Verschwiegenheit (BGHZ 27, 246 ff), zur Prüfung und weitgehender Information des Auftraggebers (BGHZ 131, 353 ff), zur Obhut bzgl übergebener Sachen, uU aber auch zur Ergreifung von Vorsichts- und Sicherungsmaßnahmen (BGHZ 32, 70; NJW-RR 1993, 795). Zudem kann der Auftrag Schutzwirkungen zugunsten Dritter – etwa ggü Angehörigen und Vertragspartnern des Auftraggebers – analog § 328 erzeugen (Jauernig/*Mansel* Rn 12).

11 **c) Haftung des Beauftragten.** Werden Hauptpflichten durch den Beauftragten nicht befolgt, liegt keine ordnungsgemäße Erfüllung vor (MüKo/*Seiler* Rn 39). Eine Besorgung eines anderen Geschäfts braucht der Auftraggeber nicht gegen sich gelten zu lassen (BGH WM 2001, 1716). Der Erfüllungsanspruch des Auftraggebers besteht zunächst fort (PWW/*Fehrenbacher* Rn 12), es sei denn, das Geschäft lässt sich nicht mehr durchführen oder hat für den Auftraggeber kein Interesse mehr. Entstehen auf Grund einer pflichtwidrigen und schuldhaften Auftragsausführung dem Auftraggeber Schäden, die eine pVV darstellen, ist eine Haftung nach § 280 Abs 1 (ggf iVm § 241 Abs 2) eröffnet. Wird bei der Verletzung von Leistungspflichten (§§ 662, 666,

667) oder im Fall des § 282 Schadensersatz statt der Leistung verlangt, so sind die §§ 280 Abs 2, 3, 281 ff zusätzlich heranzuziehen (Jauernig/*Mansel* Rn 12). Bei anfänglicher Unmöglichkeit der Leistungserbringung durch den Beauftragten gilt § 311a Abs 2. Der **Haftungsmaßstab** für die Haftung aus § 280 (ggf iVm §§ 281 ff) ergibt sich aus **§ 276** (BGHZ 30, 47 ff), beim Gehilfen aus § 278 iVm 664 Abs 1 S 3. Eine Norm, die den Haftungsmaßstab absenkt, hat der Gesetzgeber nicht vorgesehen. Ob die §§ 521, 599, 690, 708 bzw die für das Arbeitsrecht entwickelten Grundsätze zum innerbetrieblichen Schadensausgleich eine entspr Anwendung finden können, ist str (abl Hk-BGB/*Schulze* Rn 11; PWW/*Fehrenbacher* Rn 14). Die Ablehnung der haftungsmildernden Normen wird unter Hinweis auf das zwischen den Parteien bestehende Vertrauensverhältnis begründet (BGHZ 21, 110 ff; Köln VersR 2004, 189; Sachsen-Anhalt OLGR 2004, 162; Jauernig/*Mansel* Rn 14), was wohl richtig ist. Die (darüber hinausgehende) besondere Besserstellung des Arbeitnehmers im Hinblick auf die Grundsätze zum innerbetrieblichen Schadensausgleich ist nur bzgl der bes Schutzbedürftigkeit des Arbeitnehmers gerechtfertigt und findet schon daher keine (analoge) Anwendung auf den Beauftragten (ähnl Jauernig/*Mansel* Rn 14). Bezweckt der Auftrag allerdings die Abwendung einer dringenden Gefahr, ist es zutr, (ausnahmsw) auf den Maßstab des § 680 entspr abzustellen (so auch Hk-BGB/*Schulz* Rn 11; PWW/*Fehrenbacher* Rn 14), da der Geschäftsführer ohne Auftrag sonst besser stehen würde als derjenige, dessen Geschäftsführung durch den Auftrag legitimiert ist, was wohl als Wertungswiderspruch gelten muss. Das Mitverschulden des Vertragspartners wird in jedem Fall über § 254 berücksichtigt.

2. Pflichten des Auftraggebers. Eine Pflicht des Auftraggebers zur Vergütung besteht nicht, da der Auftrag 12
auf die unentgeltliche Geschäftsbesorgung gerichtet ist (PWW/*Fehrenbacher* Rn 10). Aus § 669 leitet sich jedoch die Pflicht des Auftraggebers zur Zahlung eines Vorschusses für erforderliche Aufwendungen des Beauftragten ab. Zudem sind die (darüber hinausgehenden) Aufwendungen des Beauftragten gem § 670 gesondert zu ersetzen. Zum Schutz des Beauftragten und iSd Förderung des mit der Beauftragung verbundenen Ziels hat der Auftraggeber zudem gem § 241 Abs 2 vor vermeidbaren Schäden und Risiken zu warnen und die erforderlichen Informationen bzw Unterlagen (heraus) zu geben (Jauernig/*Mansel* Rn 13). Wäre der Auftrag im Falle der Entgeltlichkeit als Dienstvertrag anzusehen, sind die §§ 618, 619 entspr heranzuziehen (BGHZ 16, 265 ff; Hk-BGB/*Schulze* Rn 10). Pflichtverletzungen des Auftraggebers werden ebenso wie die des Beauftragten nach §§ 280 ff sanktioniert. Auch für den Auftraggeber gilt § 276 als Fahrlässigkeitsmaßstab, wonach grds das Vorliegen einfacher Fahrlässigkeit zur Begründung eines Schadensersatzanspruches ausreicht (PWW/*Fehrenbacher* Rn 14).

§ 663 Anzeigepflicht bei Ablehnung.

Wer zur Besorgung gewisser Geschäfte öffentlich bestellt ist oder sich öffentlich erboten hat, ist, wenn er einen auf solche Geschäfte gerichteten Auftrag nicht annimmt, verpflichtet, die Ablehnung dem Auftraggeber unverzüglich anzuzeigen. Das Gleiche gilt, wenn sich jemand dem Auftraggeber gegenüber zur Besorgung gewisser Geschäfte erboten hat.

A. Allgemeines. § 663 schützt das Vertrauen und die Erwartungen des Rechtsverkehrs, indem die Regelung 1
für den darin aufgeführten Personenkreis eine zu § 311 Abs 2 speziellere vorvertragliche Reaktionspflicht statuiert (Jauernig/*Mansel* Rn 3; PWW/*Fehrenbacher* Rn 1). Die Bedeutung der Vorschrift für das Auftragsrecht ist gering (Palandt/*Sprau* Rn 1). Sie kommt vor allem für die Anbahnung entgeltlicher Geschäftsbesorgungsverträge (§ 675 Abs 1) zur Anwendung (Jauernig/*Mansel* Rn 1); dabei tritt ggf die Informationspflicht über Entgelte und Auslagen für Standardgeschäfte nach § 675a hinzu. Für Rechtsanwälte besteht mit § 44 BRAO eine Sondervorschrift. Für Handelsmakler, Spediteure und Kommissionäre gilt § 362 HGB bei Vorliegen seiner weiteren Voraussetzungen; § 663 ist nur heranzuziehen, wenn eine der Voraussetzungen des § 362 nicht vorliegt (Hk-BGB/*Schulze* Rn 1; Jauernig/*Mansel* Rn 1). Kommen auf Grund der hoheitlichen Wahrnehmung des Geschäfts Amtshaftungsbestimmungen in Betracht, gehen diese vor (Jauernig/*Mansel* Rn 1).

B. Regelungsinhalt. I. Tatbestand. § 663 sieht eine unverzügliche Anzeigepflicht für den Fall vor, dass der 2
Beauftragte, der öffentlich bestellt wurde oder sich zur Geschäftsführung öffentlich erboten hat, den Auftrag ablehnt. **1. Öffentliche Bestellung.** Die öffentliche Bestellung des Geschäftsführers erfordert lediglich die Bestellung durch eine öffentliche (das heißt ggü einem Publikum) geäußerte Erklärung, die nicht notwendig von einer öffentlich-rechtlichen Stelle, sondern auch von einer privaten Einrichtung abgegeben werden kann (Hk-BGB/*Schulze* Rn 2; Jauernig/*Mansel* Rn 2; str; aA MüKo/*Seiler* Rn 5 ff; PWW/*Fehrenbacher* Rn 2). Liegt hingegen die Bestellung durch eine öffentlich-rechtliche Stelle vor, wird der Bestellte meist Beamter (zB Gerichtsvollzieher) oder zumindest Amtsträger (zB Notar) sein. In diesem Fall entstehen bei Pflichtverletzung Amtshaftungsansprüche, so dass für den privatrechtlichen Anspruch nach § 663 kein Raum mehr verbleibt (Palandt/*Sprau* Rn 2). Nur falls keine Beamten- oder Amtsträgerstellung des Bestellten vorliegt, so etwa bei dem öffentlich bestellten Sachverständigen (§ 36 GewO) oder Beliehenen, kommt bei einer Heranziehung durch eine öffentlich-rechtliche Stelle eine Haftung aus § 663 in Betracht, da dann das Geschäft nicht hoheitlich wahrgenommen wird, sondern privatrechtlicher Natur in der Ausführung ist. Aus alledem wird deutlich, dass sich die Abgrenzung des § 663 von Amtshaftungsansprüchen an der Intention des § 663 (Vertrauensschaden bei verletztem Vertrauen im Rahmen privater Tätigkeit) und daher nicht vordergründig an dem Status des Bestellenden auszurichten hat.

3 **2. Sich erbieten.** Das durch die Vorschrift zudem in Bezug genommene öffentliche Sich-Erbieten kann zB durch die Presse, im Internet auf der Website, durch Postwurfsendungen, Massen-Emails, Anschläge oder Schilder erfolgen (Hk-BGB/*Schulze* Rn 2). Anders als bei der öffentlichen Bestellung stellt das öffentliche Sich-Erbieten eine Vertragsanbahnung dar, die vom Geschäftsführer selbst ausgeht. Beiden Formen ist jedoch gemein, dass die entspr Erklärungen noch keine bindende Willenserklärung beinhalten, sondern – mangels eines entspr Rechtsbindungswillens – lediglich eine *invitatio ad offerendum* darstellen (Palandt/*Sprau* Rn 3), wenngleich diese im Hinblick auf das erweckte Vertrauen reaktionspflichtig ist. Die Reaktionspflicht besteht, wie S 2 klarstellt, auch dann, wenn das Sich-Erbieten zur Auftragsausführung ohne große Publikumswirkung individuell ggü dem (potentiellen) Auftraggeber erfolgt. Das bes Vertrauen wird hier gerade durch die individuelle Inbezugnahme hergestellt.

4 **3. Ablehnung des Auftrags.** Neben der Geschäftsanbahnung in einer der dargestellten Formen setzt § 663 weiter die Ablehnung eines Antrags auf Durchführung eines Auftrags durch in Aussicht genommenen Auftragnehmer voraus (Hk-BGB/*Schulze* Rn 2).

5 **II. Rechtsfolge.** Von der Rechtsfolge her postuliert die Vorschrift die Pflicht zur unverzüglichen Anzeige der Ablehnung des Auftrags. Unverzüglich bedeutet dabei ohne schuldhaftes Zögern (vgl § 121). Die Erfüllung der Pflicht tritt nach hM bereits mit der Absendung der Ablehnungsmitteilung ein (BaRoth/*Czub* Rn 3; Jauernig/*Mansel* Rn 3; Soerg/*Beuthien* Rn 12); ihr Zugang ist nicht erforderlich (aA MüKo/*Seiler* Rn 17). Der Grund dafür ist, dass die Ablehnungserklärung (ebenso wie die vertrauenserweckende Bestellung bzw das Sich-Erbieten, s.o.) noch keine Willenserklärung beinhaltet und daher § 130 keine Anwendung findet. Die Frage der analogen Anwendung würde sich nur dann stellen, wenn man der Erklärung bereits die Bedeutung einer geschäftsähnlichen Handlung beimisst (so PWW/*Fehrenbacher* Rn 4), was jedoch zweifelhaft ist und zumindest das Wertungsproblem aufwirft, ob den Ablehnenden neben der Reaktionspflicht auch wirklich das Übermittlungsrisiko für die Ablehnungserklärung treffen soll. Unabhängig davon, wie weit man die Reaktionspflicht ausdehnt (und mit welcher Risikotragung man sie versieht), eine Verletzung dieser Pflicht führt (anders als etwa nach § 362 Abs 1 S 1 HGB) nicht zu einer Fiktion der Annahme des Antrags (Palandt/*Sprau* Rn 1; PWW/*Fehrenbacher* Rn 1). Ein Schadensersatz im Umfang eines Erfüllungsschadens ist daher ausgeschlossen. Bei einem Verschulden hinsichtlich einer nicht oder zu spät erfolgten Ablehnungsanzeige kann der Auftraggeber gem §§ 280 Abs 1, 663 lediglich den Ersatz des Vertrauensschadens verlangen (Hk-BGB/*Schulze* Rn 3). Das ist der Schaden, der ihm infolge der nicht unverzüglich erklärten Ablehnung entstanden ist (RGZ 104, 265 ff; BGH NJW 1984, 866, 867; Palandt/*Sprau* Rn 1; PWW/*Fehrenbacher* Rn 5). Zurückführen lässt sich diese Wertung auf die Einordnung des § 663 als Sonderfall der cic.

§ 664 Unübertragbarkeit; Haftung für Gehilfen.

[1] Der Beauftragte darf im Zweifel die Ausführung des Auftrags nicht einem Dritten übertragen. Ist die Übertragung gestattet, so hat er nur ein ihm bei der Übertragung zur Last fallendes Verschulden zu vertreten. Für das Verschulden eines Gehilfen ist er nach § 278 verantwortlich.

[2] Der Anspruch auf Ausführung des Auftrags ist im Zweifel nicht übertragbar.

1 **A. Allgemeines. I. Auslegungsregel.** Die Vorschrift regelt in Anerkennung des persönlichen Vertrauensverhältnisses, das idR dem Auftrag zu Grunde liegt (Palandt/*Sprau* Rn 1), die Einbeziehung Dritter bei der Vornahme des Geschäfts. Sie enthält (ähnl dem § 613) eine Auslegungsregel (PWW/*Fehrenbacher* Rn 1). Nach dieser darf im Zweifel der Beauftragte nicht die Ausführung des Auftrags und der Auftraggeber nicht den Anspruch auf Durchführung einem Dritten übertragen (Hk-BGB/*Schulze* Rn 1; Jauernig/*Mansel* Rn 1). Dagegen ist die Einschaltung von Gehilfen bei der Ausführung grds gestattet, vgl § 664 Abs 1 S 3.

2 **II. Anwendungsbereich.** Außerhalb des Auftragsrechts findet § 664 entspr Anwendung auf den Vereinsvorstand (§ 27 Abs 3) und den -liquidator (§§ 48 Abs 2, 28 Abs 2), auf Stiftungen (§§ 86, 28 Abs 2), auf den geschäftsführenden Gesellschafter (§ 713) und auf den Testamentsvollstrecker (§ 2218). Keinen Verweis auf § 664 beinhaltet § 675 Abs 1. Gleichwohl ist eine analoge Anwendung der Auslegungsregel auch in diesem Bereich nicht schlechthin ausgeschlossen (Hk-BGB/*Schulze* Rn 9; Jauernig/*Mansel* Rn 1; Palandt/*Sprau* Rn 1; MüKo/*Seiler* Rn 19; PWW/*Fehrenbacher* Rn 1; Soerg/*Beuthien* Rn 14). Eine Inbezugnahme des § 664 bei der entgeltlichen Geschäftsbesorgung kann etwa angebracht sein, wenn es auf ein enges persönliches Vertrauensverhältnis der Vertragsparteien ankommt (BGH NJW 1957, 257). Ausgeschlossen ist die Anwendung des § 664 allerdings bei der GoA (BGH NJW 1977, 529; Hk-BGB/*Schulze* Rn 9; Palandt/*Sprau* Rn 1). Der Grund dafür ist, dass hier mangels einer vertraglichen Beauftragung auch kein Platz für ein persönliches Vertrauensverhältnis ist.

3 **B. Regelungsinhalt. I. Tatbestand. 1. Substitution des Beauftragten durch Delegation auf Dritten. a) Substitution grds ausgeschlossen.** Eine im Zweifel unzulässige Substitution seitens des Beauftragten liegt vor, wenn dieser die Durchführung des Auftrags vollständig (BGH NJW 1993, 1704 f) oder teilw (RGZ 78, 310 ff) einem Dritten überlässt, damit dieser den Auftrag in eigener Verantwortung durchführt (Hk-BGB/*Schulze* Rn 2; Jauernig/*Mansel* Rn 2; Palandt/*Sprau* Rn 2; PWW/*Fehrenbacher* Rn 2). Hintergrund für die

nach der Auslegungsregel fehlende Substitutionsmöglichkeit ist, dass die Übertragung des Auftrags zur selbständigen Ausführung durch Dritte den Interessen des Auftraggebers häufig nicht gerecht wird (PWW/*Fehrenbacher* Rn 2). Das Verbot der Übertragung ist trotz Zulässigkeit der Gestattung, die sich zumindest auf Grund der Auslegung ergeben muss (§§ 133, 157), der Regelfall. Eine Abweichung von diesem Regelfall oder gar einer expliziten Weisung im Hinblick auf die höchstpersönliche Durchführung ist nur iRd § 665 möglich (Jauernig/*Mansel* Rn 3). Die generelle Gestattung der Substitution in Form von AGB-Klauseln kann gegen § 307 verstoßen (LG Köln WM 2000, 720: Bank). Keinen Fall der Gestattung stellt die amtliche Bestellung eines Vertreters für einen Rechtsanwalt gem § 53 BRAO dar, hierfür gilt § 278 (Palandt/*Sprau* Rn 3 f).

b) Ausnahmen. Der Auftrag kann die Zulässigkeit einer etwaigen Delegation der Ausführung auf Dritte beinhalten, etwa wenn er vorsieht, dass der Beauftragte den Einsatz von Dritten für bestimmte Aufgaben organisieren und veranlassen soll (sog weitergeleiteter Auftrag, zB wenn ein Verwalter im Rahmen seines Verwaltungsauftrags die Gebäudereinigung durch ein Fachunternehmen veranlasst (Hk-BGB/*Schulze* Rn 2; *Kümpel* WM 1996, 1893) oder wenn der Hausverwalter Handwerker mit Reparaturen beauftragt (Jauernig/*Mansel* Rn 6). Zur Durchführung der berechtigten Substitution kann der Beauftragte die Ausführung des Auftrags mit Vollmacht des Auftraggebers in dessen Namen weitergeben, dann ist der Auftraggeber unmittelbar ggü dem Substituten berechtigt und verpflichtet (Palandt/*Sprau* Rn 4). Der Beauftragte kann jedoch auch im eigenen Namen den Auftrag an den Dritten erteilen (PWW/*Fehrenbacher* Rn 3). In diesem Fall ist er selbst ggü dem Substituten berechtigt und verpflichtet. Den Beweis für die Gestattung einer Abweichung vom grds Substitutionsverbot hat der Beauftragte zu erbringen (Hk-BGB/*Schulze* Rn 3; Jauernig/*Mansel* Rn 3). 4

c) Keine Substitution bei Einschaltung von Gehilfen. Abzugrenzen ist die Substitution des Beauftragten von der Einschaltung eines Gehilfen. Diese dient nur der Unterstützung des Beauftragten, bei dem die Regie für die Auftragsdurchführung und daher auch die Verantwortung verbleibt (Palandt/*Sprau* Rn 2). Die Zuziehung eines Gehilfen ist daher von der Konzeption des Auftrags als höchstpersönliches Geschäft regelm gedeckt (Jauernig/*Mansel* Rn 2, 5). 5

2. Substitution des Auftraggebers durch Übertragung des Anspruchs auf Dritte. Im Unterschied zu § 664 Abs 1, der die Ersetzung des Beauftragten regelt, bezieht sich § 664 Abs 2 auf die Substitution des Auftraggebers iSe Übertragung des Anspruches auf Ausführung des Auftrags. Diese Anspruchsdelegation soll im Hinblick auf das bestehende Vertrauensverhältnis zwischen Auftraggeber und Beauftragten und die daraus resultierende Höchstpersönlichkeit des geltend gemachten Rechts auf Ausführung im Zweifel ebenfalls unzulässig sein (Palandt/*Sprau* Rn 7). 6

II. Rechtsfolge. Hinsichtlich der Rechtsfolgen bei der Substitution des Beauftragten ist zwischen der gestatteten und der ungestatteten Ersetzung zu unterscheiden. **1. Schadensersatz bei gestatteter Substitution.** Ist die Delegation der Auftragsausführung auf Dritte (Substitution) ausnahmsw zulässig, haftet der Beauftragte nur für sein Übertragungsverschulden, also nur bzgl schuldhafter Pflichtverletzungen bei der Auswahl und Einweisung des Dritten (vgl § 664 Abs 1 S 2). Das (Ausführungs-)Verschulden des Dritten ist dem Beauftragten in diesem Fall nicht über § 278 zuzurechnen. Ohne entspr Vereinbarung entsteht bei der Substitution auch keine Überwachungspflicht des ursprünglich Beauftragten; sie kann sich aber ausnahmsw aus dem Auftrag ergeben (Hk-BGB/*Schulze* Rn 4; Palandt/*Sprau* Rn 5). 7

2. Schadensersatz bei unzulässiger Substitution. Ist die Ersetzung des Auftragsdurchführenden (wie im Regelfall) nicht von der Beauftragung gedeckt, dann haftet der Beauftragte gem § 280 Abs 1 selbst hinsichtlich der durch die Einschaltung des Dritten verursachten Schäden. Auf eine Vorhersehbarkeit oder auf ein Verschulden des Substituten iSe persönlichen Vorwerfbarkeit kommt es nicht an (Palandt/*Sprau* Rn 5; PWW/*Fehrenbacher* Rn 4). Die Rechtsfolge ähnelt hier vom Ergebnis her derjenigen, die beim zulässigen Einsatz des Gehilfen vorgesehen ist (vgl dazu § 664 Abs 1 S 3), nur dass es beim Gehilfeneinsatz um eine echte Zurechnungshaftung iSd Haftung für *fremde* Pflichtverletzungen nach § 278 geht, während der Ansatzpunkt für die Haftung bei ungerechtfertigter Substitution schon in der *eigenen* unerlaubten Übertragung der Geschäftsführung und der dadurch (mittelbar) selbst veranlassten Schädigung des Auftraggebers liegt (Palandt/*Sprau* Rn 6). Bedeutung hat der unterschiedliche Ansatzpunkt für die Pflichtverletzung etwa bei der Frage der Weiterleitung einer vertraglich vereinbarten Haftungsmilderung: Ist die Haftung des Auftraggebers nämlich vertraglich gemildert, erfasst diese Haftungsbegrenzung grds auch die Haftung für den idR zulässigerweise eingeschalteten Gehilfen. Anders gestaltet sich die Haftung bei einem unzulässig tätigen Gehilfen bzw Substituten, da das Verschulden des Beauftragten hier bereits darin besteht, dass er überhaupt eine fremde Person hinzugezogen hat, die Haftungsmilderung aber nur für zulässigerweise in die Vertragsdurchführung eingebundene Personen beansprucht werden kann (Hk-BGB/*Schulze* Rn 7). Die vertraglich vereinbarte Herabstufung der Einstandspflicht schlägt hier also nicht auf Handlungen des Hinzugezogenen durch. 8

3. Fragen zur Schadensliquidation – Liquidation eines Drittschadens/Abtretung. Neben dieser Besonderheit besteht bei der Einschaltung Dritter durch den Beauftragten uU eine weitere, die es zu beachten gilt: Sie ergibt sich daraus, dass der Beauftragte, sofern er mit dem Substituten (im eigenen Namen) Verträge abschließt, potentiell auch eigene vertragliche Schadensersatzansprüche gegen ihn hat, wenn der Dritte pflichtwidrig und schuldhaft Schäden verursacht. Sofern der Schaden allerdings beim Auftraggeber liegt und nicht beim Beauftragten, ist über die Möglichkeit einer Drittschadensliquidation nachzudenken (PWW/*Feh-* 9 *renbacher* Rn 4), wenn eine der für diesen Bereich diskutierten Fallgruppen einschl ist. Dann kann der Beauftragte den Fremdschaden (hier den des Auftraggebers) im Wege der Drittschadensliquidation zunächst zu sich ziehen, um ihn dann ggf gem § 667 vervollständigt an den Auftraggeber abzutreten, falls dieser es verlangt (Hk-BGB/*Schulze* Rn 5; Palandt/*Sprau* Rn 4 f).

10 **4. Folgen der Unabtretbarkeit des Anspruchs auf Durchführung des Auftrags.** Auch die Unübertragbarkeit des Anspruchs auf Durchführung des Auftrags gem § 664 Abs 1 zeitigt bestimmte Folgen. So geht der Anspruch trotz eines Übertragungsaktes nicht wirksam über (§ 399 Alt 2). Die fehlende Übertragbarkeit bewirkt des Weiteren die fehlende Pfändbarkeit (vgl § 400). IÜ kann der unübertragbare Anspruch weder gepfändet werden, noch Gegenstand eines Nießbrauchs sein (Palandt/*Sprau* Rn 7). Auch eine Einstellung in die Insolvenzmasse kommt nicht in Betracht (§ 36 Abs 1 InsO).

§ 665 Abweichung von Weisungen. **Der Beauftragte ist berechtigt, von den Weisungen des Auftraggebers abzuweichen, wenn er den Umständen nach annehmen darf, dass der Auftraggeber bei Kenntnis der Sachlage die Abweichung billigen würde. Der Beauftragte hat vor der Abweichung dem Auftraggeber Anzeige zu machen und dessen Entschließung abzuwarten, wenn nicht mit dem Aufschub Gefahr verbunden ist.**

1 **A. Allgemeines.** Die Norm zielt auf die Weisungsgebundenheit des Auftragnehmers (PWW/*Fehrenbacher* Rn 1). Sie regelt das Spannungsverhältnis zwischen der Selbständigkeit, die der Beauftragte zur Ausführung des Auftrags benötigt, und dem Umstand, dass der Auftraggeber, weil es um seine Interessen geht, Herr des Geschehens auch während der Ausführung bleiben muss (Hk-BGB/*Schulze* Rn 1; Palandt/*Sprau* Rn 1). Nach der Regelungsintention des § 665 soll eine Abweichung von gegebenen Weisungen ausnahmweise gestattet sein. Vom Auftragnehmer wird insofern kein blinder, sondern ein denkender Gehorsam erwartet (MüKo/*Seiler* Rn 2; PWW/*Fehrenbacher* Rn 1). Entspr Anwendung findet die Norm auf Geschäftsbesorgungsverträge iSd § 675 Abs 1, den Vereinsvorstand, den Liquidator und Stiftungen (§§ 27 Abs 3, 48 Abs 2, 86) sowie den geschäftsführenden Gesellschafter der GbR (§ 713). Eine Verweisung ist iÜ in § 2218 Abs 1 geregelt.

2 **B. Regelungsinhalt. I. Grundsatz der Weisungsgebundenheit.** Die Weisungsgebundenheit des Auftragnehmers ergibt sich aus dem Umkehrschluss des § 665, der lediglich eine Ausn vom Prinzip der Abhängigkeit von gegebenen Weisungen statuiert (Jauernig/*Mansel* Rn 1). Die Weisung beinhaltet eine einseitige, empfangsbedürftige Willenserklärung des Auftraggebers, die den Beauftragten im Innenverhältnis inhaltlich bindet, indem sie dessen Pflichten bei der Auftragsdurchführung konkretisiert (Hk-BGB/*Schulze* Rn 2; Jauernig/*Mansel* Rn 1; Palandt/*Sprau* Rn 2). Gefälschte Weisungen stehen fehlenden Weisungen gleich, das Fälschungsrisiko trägt grds der Beauftragte (BGH NJW 2001, 2968). Probleme ergeben sich insbes, wenn Weisungen nicht vorhanden oder nicht eindeutig sind. Eine Verpflichtung zur Erteilung einer Weisung ist in § 665 nicht geregelt, sie kann sich aber (jedenfalls bei Nachfrage des Beauftragten) aus Nebenpflichten zum Auftrag ergeben (vgl zur Erteilungspflicht BGHZ 131, 347 ff). Ist eine Weisung erteilt worden, ihr Inhalt jedoch nicht eindeutig, hat der Beauftragte die Weisung unter Berücksichtigung des mutmaßlichen Willens des Auftraggebers und der Verkehrssitte auszulegen (Palandt/*Weidenkaff* Rn 3); bei Zweifeln in wesentlichen Punkten (etwa bei mehrdeutigen Angaben hinsichtlich von Geldbeträgen) muss er darüber hinaus ggf erneut nachfragen (BGH NJW 1991, 488; 2001, 2968; München NJW-RR 1995, 814). Als einseitige empfangsbedürftige Willenserklärung kann die Weisung durch eine entspr konträre Willensäußerung widerrufen werden. Der Widerruf ist jedoch nur solange zulässig, wie die Weisung noch nicht ausgeführt ist (BGHZ 17, 317, 326 ff; 103, 145 ff; Jauernig/*Mansel* Rn 3; Palandt/*Sprau* Rn 4). Die bis zum wirksamen Widerruf des Auftrags/der Weisung entstandenen Rechtsfolgen (§§ 666, 667, 670) bleiben bestehen (PWW/*Fehrenbacher* Rn 4). Beim Einzugsermächtigungsverfahren ist auf Widerspruch des Kontoinhabers die Belastungsbuchung rückgängig zu machen (BGHZ 95, 106 ff; NJW 1996, 989; *Häuser* WM 1991, 1 ff; *Rinze* JuS 1991, 202, 203 ff). Sog Banküberweisungen sind jedoch generell nicht als Weisungen iSd Auftragsrechts zu beurteilen, sondern richten sich nach den §§ 676a ff.

3 **II. Ausn vom Grundsatz der Weisungsgebundenheit. 1. Erlaubnis als Abweichungsgrund.** Der Beauftragte ist zur Abweichung von einer früheren Weisung des Auftraggebers berechtigt, wenn der Auftraggeber ausdrücklich oder konkludent die Erlaubnis dazu erteilt hat (Jauernig/*Mansel* Rn 6). Insoweit ist sogar eine nachträgliche Billigung zu berücksichtigen (Palandt/*Sprau* Rn 6). Dieser Umstand wird in § 665 nicht gesondert aufgeführt, ergibt sich aber bereits aus dem Gedanken der Privatautonomie.

4 **2. Abweichung aus anderem Grund gerechtfertigt.** § 665 verlangt vom Beauftragten keinen blinden Gehorsam, weil auch dies ggf nicht iSd Auftraggebers ist. Insofern ist außer im Fall einer Erlaubnis eine Abweichung von einer Weisung möglich, wenn die beiden von § 665 genannten Voraussetzungen kumulativ vorliegen. Der Beauftragte muss den Umständen nach annehmen dürfen, dass der Auftraggeber bei Kenntnis der Sachlage die Abweichung billigen würde (S 1). Zweitens muss der Beauftragte entweder den Auftraggeber von seinem Vorhaben unterrichten, ohne innerhalb einer angemessenen Frist (vgl § 147 Abs 2) eine gegenteilige Entschließung zu erhalten (Hk-BGB/*Schulze* Rn 3), oder es muss Gefahr im Verzug bestehen, bei der eine

Unterrichtung und ein Abwarten auf eine eventuelle Entschließung des Auftraggebers von vornherein untunlich ist (S 2; vgl dazu RGZ 114, 375 ff; BGH VersR 1977, 421). Die Angemessenheit der Wartefrist hängt von den Umständen des Einzelfalls ab (PWW/*Fehrenbacher* Rn 5).

III. Pflichten im weiteren Zusammenhang zur Weisung. Fehlt es an der erforderlichen Weisung, ist der Beauftragte gerade hinsichtlich eines etwaigen Klärungsbedarfes in wesentlichen Punkten primär zu ihrer Herbeiführung verpflichtet (BGHZ 131, 352 ff; Jauernig/*Mansel* Rn 6). Liegen die Umstände für eine berechtigte Abweichung von der Weisung nach oa Grundsätzen etwa wegen Gefahr im Verzug vor, ergibt sich aus § 666, dass der Auftraggeber zumindest nachträglich zu benachrichtigen ist (PWW/*Fehrenbacher* Rn 5). Eine schuldhafte Verletzung der Pflichten zur weisungsgemäßen Ausführung des Auftrags, die nach oben dargestellten Grundsätzen nur in engen Grenzen eine Durchbrechung erfährt, kann seitens des Auftraggebers Schadensersatzansprüche nach § 280 Abs 1 auslösen (Jauernig/*Mansel* Rn 6). Ein etwaiges Mitverschulden der anderen Seite ist haftungsmindernd nach § 254 zu berücksichtigen. Die Geltendmachung des Schadensersatzanspruches soll ganz ausgeschlossen sein (§ 242), wenn trotz der Abweichung von der Weisung der erstrebte Zweck erreicht wurde (BGHZ 130, 94, 96 ff; NJW 1991, 3209; München WM 1995, 2139); mE fehlt es hier schon an dem von § 280 Abs 1 vorausgesetzten Schaden. Liegt eine unberechtigte Abweichung von der Weisung des Auftraggebers vor, braucht der Auftraggeber die geführten Geschäfte nicht als Erfüllung gegen sich gelten zu lassen (BGH NJW 1971, 558; PWW/*Fehrenbacher* Rn 6). Das hat im Weiteren zur Folge, dass er nicht zum Aufwendungsersatz nach § 670 verpflichtet ist (BGH NJW 1980, 2131; Hamm NJW-RR 1992, 1139; Hk-BGB/*Schulze* Rn 5; Jauernig/*Mansel* Rn 8). IÜ bleibt dem Auftraggeber das Recht zur Kündigung nach § 671 unbenommen (Palandt/*Sprau* Rn 4). Wird die eigentliche Austragsausführung nicht mehr angetreten, kann der Auftraggeber zudem das zur Ausführung Hingegebene nach § 667 zurückverlangen (BGHZ 130, 94 ff). 5

C. Darlegungs- und Beweislast. Die Beweislast für den Inhalt und den Umfang des Auftrags bzw der Weisung trägt der Auftraggeber (Jauernig/*Mansel* Rn 8; PWW/*Fehrenbacher* Rn 7). Die weisungsmäßige Erfüllung (BGHZ 130, 94 ff) und die Änderung der Weisung hat hingegen der Beauftragte darzulegen und zu beweisen (Hk-BGB/*Schulze* Rn 6). 6

§ 666 Auskunfts- und Rechenschaftspflicht. **Der Beauftragte ist verpflichtet, dem Auftraggeber die erforderlichen Nachrichten zu geben, auf Verlangen über den Stand des Geschäfts Auskunft zu erteilen und nach der Ausführung des Auftrags Rechenschaft abzulegen.**

A. Allgemeines. § 666 beschreibt eine Nebenpflicht des Beauftragten, die drei Facetten umfasst: Nachrichtenübermittlung, Information über den Stand des Geschäfts nach Aufforderung durch den Auftraggeber und Rechenschaftslegung nach Geschäftsbeendigung. Sie erklären sich daraus, dass der Beauftragte seine Tätigkeit im Interesse des Auftraggebers ausübt und dieser Herr des Geschäfts bleibt (BGHZ 107, 104 ff; 109, 260 ff; Palandt/*Sprau* Rn 1). Die Pflichten gewähren dem Auftraggeber einen selbständigen Anspruch, welche nicht zwingend einen durchsetzbaren Anspruch auf die Besorgung des Geschäfts voraussetzen (BGH NJW 2001, 1486; PWW/*Fehrenbacher* Rn 4). Sie statuieren eine Vorleistungspflicht des Beauftragten (RGZ 102, 110 ff) mit der Folge, dass dieser in Bezug auf einen Anspruch aus § 666 idR kein Zurückbehaltungsrecht geltend machen kann (BGH WM 1976, 868; Jauernig/*Mansel* Rn 1; Ausn: vgl Hamm WM 1992, 1100; PWW/*Fehrenbacher* Rn 1). Die Informationspflichten des Beauftragten nach § 666 bezwecken vornehmlich die Gewährung des Anspruches aus § 667 und sind daher nur zusammen mit dem Hauptanspruch übertragbar (RGZ 52, 35 ff; BGHZ 107, 104 ff; BGH NJW 2001, 1486; Hk-BGB/*Schulze* Rn 1; Palandt/*Sprau* Rn 1; zur Pfändung bei Giroverträgen vgl BGHZ 165, 53 ff). Um dem Auftraggeber die Rechtsverwirklichung nach § 667 umfassend zu ermöglichen, geht die Auskunfts- und Rechenschaftspflicht auf den Erben des Beauftragten über (BGH NJW 1988, 2729; Hk-BGB/*Schulze* Rn 1). Die Pflichten nach § 666 sind iÜ jedoch dispositiver Natur (Jauernig/*Mansel* Rn 1; Palandt/*Sprau* Rn 1), sie können daher vertraglich eingeschränkt werden, einer vollständigen vertraglichen Abbedingung sind sie wohl aber nicht zugänglich. Ein nachträglicher (einseitiger) Verzicht seitens des Auftraggebers ist aber je nach den Umständen auch konkludent möglich; er erfasst jedoch idR nicht die Abrechnung über größere Beträge (BGH NJW 2001, 1131; NJW 1994, 1861; MüKo/*Seiler* Rn 18). Die Grenzziehung für die vertragliche Einschränkung der Pflichten aus § 666 erfolgt durch §§ 226, 242, 307, 138, wobei auch die Erforderlichkeit und Zumutbarkeit der Informationsgewährung in die Abwägung mit einzubeziehen sind (BGH MDR 1985, 32; KG NJW-RR 2002, 708; Palandt/*Sprau* Rn 1). Gerade die Abbedingung in AGB wird nicht selten gegen § 307 verstoßen (Palandt/*Sprau* Rn 1). Allein die Vereinbarung, dass der Beauftragte nach freiem Ermessen und ohne vorherige Einholung von Weisungen oder Zustimmungen handeln darf, ist noch nicht als Freistellung von der Informationspflicht auszulegen (BGH NJW 1994, 1861). Der Erfüllungsort der Pflicht aus § 666 (als Nebenpflicht) richtet sich im Zweifel nach dem Erfüllungsort der Hauptleistungspflicht; für den Zeitpunkt der Erfüllung der Pflicht ist § 130 Abs 1 S 1 nicht anwendbar (BGH NJW 2002, 2703; JZ 2003, 98; Palandt/*Sprau* Rn 2). Für mehrere Auftraggeber gilt § 432; sie sind als Gesamtgläubiger zu betrachten (BGH NJW 1996, 656; Palandt/*Sprau* Rn 1). Neben dem Auftragsrecht erlangt § 666 1

Bedeutung für die Geschäftsbesorgung (§ 675 Abs 1), den Vorstand und Liquidator eines Vereins bzw einer Stiftung (§§ 27 Abs 3, 48 Abs 2, 86), geschäftsführende Gesellschafter einer GbR (§ 713), Testamentsvollstrecker (§ 2218), Erben (§ 1978 Abs 1) sowie im Bereich der GoA (§ 681 S 2, für die angemaßte Eigengeschäftsführung vgl § 687 Abs 2).

2 **B. Regelungsinhalt.** Die von § 666 Alt 1 in Bezug genommene **Benachrichtigungspflicht** des Beauftragten ggü dem Auftraggeber bestimmt sich in Inhalt und Umfang nach den konkreten Umständen des Einzelfalls (Hk-BGB/*Schulze* Rn 3). Sie besteht (wie sich aus der Gegenüberstellung zur Alt 2 des § 666 ergibt) unabhängig von einem Verlangen des Auftraggebers und setzt zeitlich bereits vor Ausführung des Auftrags ein (Palandt/*Sprau* Rn 2). Ihr Zweck besteht darin, den Auftraggeber unaufgefordert so weit über den Stand des Auftrags zu unterrichten, dass er seine Rechte (insbes in Bezug auf Weisungen nach § 665, ggf auch im Hinblick auf die Kündigung des Auftrags) und seine Pflichten wahrnehmen und sachgerechte Entscheidungen treffen kann (Palandt/*Sprau* Rn 2). Daraus ergibt sich auch, dass die Benachrichtigung klar und verständlich erfolgen muss sowie unverzüglich stattzufinden hat (PWW/*Fehrenbacher* Rn 3). Im Einzelfall kann sich die Benachrichtigungspflicht zu einer Warnpflicht ausweiten (Hk-BGB/*Schulze* Rn 3). Im Gegensatz zur allg Benachrichtigungspflicht besteht die in § 666 Alt 2 geregelte **Auskunftspflicht,** die sich idR auf den Stand des Geschäfts als Ganzes bezieht (vgl Palandt/*Sprau* Rn 3), nur bei einem konkreten Verlangen des Auftraggebers. Einen Sonderfall der Auskunftspflicht betrifft § 260. Auch die in § 666 Alt 3 angesprochene **Rechenschaftspflicht** erfordert das Verlangen des Auftraggebers, welches allerdings nicht explizit geäußert werden muss, sondern sich auch aus den Umständen ergeben kann (Palandt/*Sprau* Rn 4). Wie sich aus dem Wortlaut der Norm schlussfolgern lässt, entsteht die Pflicht zur Rechnungslegung idR erst nach Beendigung des Auftrags (Palandt/*Sprau* Rn 4; PWW/*Fehrenbacher* Rn 5). Die Rechenschaftspflicht ist auf die genaue und umfassende Information des Auftraggebers gerichtet, wobei sie insbes eine geordnete Darstellung der Einnahmen und Ausgaben betrifft (Hamm NJW-RR 2001, 1504; Hk-BGB/*Schulze* Rn 5). Damit geht sie über eine bloße Auskunft hinaus. Vollständigkeit liegt grds nur vor, wenn Rechnungen und Belege vorgelegt werden (BGHZ 39, 87: fehlende Belege). Die Freizeichnung von der Rechenschaftspflicht durch bloße Übergabe der Belege an den Auftraggeber ist (ohne Zustimmung des Auftraggebers) nicht möglich (BGHZ 39, 87 ff). Eine Unmöglichkeit der Rechenschaftslegung liegt erst dann vor, wenn weder aus den Unterlagen noch aus der Erinnerung oder Rückfrage beim Dritten eine Rechenschaft möglich ist (Saarbrücken NJW-RR 2000, 229; PWW/*Fehrenbacher* Rn 5). Die Beweislast für die Richtigkeit der Rechnung trägt der Beauftragte (PWW/*Fehrenbacher* Rn 6). Bei einer schuldhaften Verletzung der von § 666 geregelten Informationspflichten hat der Beauftragte gem §§ 280 ff Schadensersatz zu leisten (Hk-BGB/*Schulze* Rn 6; Palandt/*Sprau* Rn 1). Die **Beweislast** für die Verletzung der Informationspflicht durch den Beauftragten liegt beim Auftraggeber (BGH WM 1984, 1449; Palandt/*Sprau* Rn 1). Die Informationsansprüche sind einklagbar. Die Zwangsvollstreckung erfolgt gem §§ 887, 888 ZPO. Eine eidesstattliche Versicherung (§ 261) kommt nur für die Auskunft und die Rechnungslegung in Betracht (§§ 259 Abs 2, 260 Abs 2; vgl dazu PWW/*Fehrenbacher* Rn 7).

§ 667 Herausgabepflicht. **Der Beauftragte ist verpflichtet, dem Auftraggeber alles, was er zur Ausführung des Auftrags erhält und was er aus der Geschäftsbesorgung erlangt, herauszugeben.**

1 **A. Allgemeines.** § 667 gewährt dem Auftraggeber einen schuldrechtlichen Herausgabeanspruch gegen den Beauftragten. Er beruht auf dem Gedanken der Fremdnützigkeit des Auftrags (Hk-BGB/*Schulze* Rn 1; Jauernig/*Mansel* Rn 1). Der Zweck der Regelung besteht in der Abschöpfung des beim Beauftragten vorhandenen Vorteils (PWW/*Fehrenbacher*), nicht aber im Ausgleich eines bei dem Auftraggeber entstandenen Vermögensausfalls (BGH NJW 2001, 2477). § 667 ist dispositiver Natur (BGH NJW-RR 1997, 778; Jauernig/*Mansel* Rn 1; Palandt/*Sprau* Rn 1). Die Vererblichkeit kann vertraglich ausgeschlossen werden (BGH WM 1989, 1813). Die Folgen einer Pflichtverletzung bestimmen sich nach §§ 280 ff (insb §§ 283, 249 ff). Entspr anzuwenden ist die Vorschrift in den gleichen Fällen wie bei § 666 (also bei §§ 27 Abs 3, 48 Abs 2, 713, 1716, 1935 Abs 1, 1908i Abs 1, 1915, 2218 BGB), gem § 26 ff WEG und bei Treuhandverhältnissen (Jauernig/*Mansel* Rn 1). Häufig bestehen neben § 667 auch andere Herausgabeansprüche, etwa aus § 985 bzw §§ 823 ff iVm 249 ff (Hk-BGB/*Schulze* Rn 1). Der Anspruch ist vom vertraglichen Erfüllungsanspruch zu unterscheiden. Das führt dazu, dass Arbeitsergebnisse nicht nach § 667, sondern ggf nach § 662 herauszugeben sind (BGH NJW-RR 2004, 1290; PWW/*Fehrenbacher* Rn 1).

2 **B. Regelungsinhalt. I. Tatbestand.** § 667 setzt voraus, dass der Beauftragte auf Grund eines wirksamen Auftragsvertrages (ansonsten bestehen nur Ansprüche aus §§ 812 ff, vgl Jauernig/*Mansel* Rn 2; Palandt/*Sprau* Rn 1) etwas zur Ausführung des Auftrags *erhalten* oder aus der Geschäftsführung *erlangt* hat. **1. Zur Ausführung des Auftrags erhalten.** Zur Ausführung des Auftrags erhalten ist alles, was der Auftraggeber oder auf seine Veranlassung ein Dritter dem Beauftragten zur Geschäftsbesorgung zur Verfügung gestellt hat (BGH NJW-RR 2004, 1290; Jauernig/*Mansel* Rn 3; Palandt/*Sprau* Rn 2; MüKo/*Seiler* Rn 9; Staud/*Wittmann* Rn 1). Hierzu zählen etwa: Materialien, Urkunden, Zeichnungen, Werkzeuge, Schlüssel (BayObLG ZMR 1985, 307), Steuerunterlagen (BGH NJW 2002, 825), bei Dritten gespeicherte Daten (BGH NJW-RR 2004, 1290: Datev),

Geld (auch wenn als Vorschuss gezahlt, vgl BGH WM 1988, 763; NJW 1997, 48), insbes in Form von Giroguthaben (KG NJW-RR 1996, 427). Für die Vollmachtsurkunde statuiert bereits § 175 einen spezialgesetzlichen Herausgabeanspruch, so dass es hierfür nicht auf § 667 ankommt. Hinsichtlich des (schuldrechtlichen) Anspruches auf Rückgabe ist es irrelevant, ob der Beauftragte an den zur Verfügung gestellten Gegenständen Eigentum erwerben sollte oder tatsächlich erworben hat (RGZ 101, 307 ff; Hk-BGB/*Schulze* Rn 2; Jauernig/*Mansel* Rn 3). Die Beurteilung der Eigentumslage richtet sich nach sachenrechtlichen Vorschriften und ist vom Herausgabeanspruch gem § 667 streng zu trennen (Palandt/*Sprau* Rn 2; PWW/*Fehrenbacher* Rn 2). Werden Gegenstände des Auftraggebers zur Ausführung des Auftrags benötigt und wird hierauf bezogen trotzdem ein Herausgabeanspruch geltend gemacht, hat der Beauftragte bis zur Beendigung des Auftragsverhältnisses (das freilich auch durch eine Kündigung des Auftraggebers herbeigeführt werden kann) ein Recht zum Besitz (MüKo/*Seiler* Rn 20).

2. Aus der Geschäftsführung erlangt. Ebenfalls der Herausgabepflicht als aus der Geschäftsführung erlangt unterfallen alle Sachen und Rechte, die der Beauftragte *im inneren Zusammenhang* mit der Geschäftsführung tatsächlich erhalten hat (BGH NJW-RR 2004, 1290; Hk-BGB/*Schulze* Rn 2; Palandt/*Sprau* Rn 3). Dass den Sachen und Rechten ein Vermögenswert zufällt, ist nicht erforderlich (Jauernig/*Mansel* Rn 4). Herauszugeben sind danach bspw: Urkunden, Unterlagen, Belege sowie Früchte, Zinsen und Nutzungen. ISd § 667 erlangt hat der Beauftragte auch einen Schadensersatzanspruch gegen den selbständig eingeschalteten Unterbeauftragten oder Gehilfen (BGH DB 1958, 133; Hk-BGB/*Schulze* Rn 2; Palandt/*Sprau* Rn 3). Für den Schriftverkehr mit Dritten, der in den Handakten des Rechtsanwalts dokumentiert ist, gilt § 50 Abs 1 BRAO (BGHZ 109, 260 ff; vgl auch MüKo/*Seiler* Rn 16; PWW/*Fehrenbacher* Rn 3). Im weiteren Sinne im inneren Zusammenhang mit dem Geschäft stehend und aus ihm erlangt sind auch Schmiergelder und Sondervergütungen, die der Beauftragte ohne Billigung des Auftraggebers erhalten hat und die eine Willensbeeinflussung zum Nachteil des Auftraggebers befürchten lassen (BGH NJW 2001, 2477; Hk-BGB/*Schulze* Rn 2; Jauernig/*Mansel* Rn 4; Palandt/*Sprau* Rn 3). Dass sie nach dem Willen des Dritten gerade nicht für den Auftraggeber bestimmt waren, ist unbeachtlich (BGHZ 39, 1 ff; BGH NJW-RR 1992, 560 f; NJW 2000, 2672; NJW 2001, 2477; Koblenz NJW-RR 1991, 921 f; LG Bonn NJW-RR 2003, 1502; str, vgl *Medicus* JuS 1985, 657, 662). Nicht herauszugeben sind dagegen solche Sachen und Rechte, die nur *bei Gelegenheit* erlangt wurden und daher keinen inneren Zusammenhang zur Geschäftsbesorgung aufweisen (Jauernig/*Mansel* Rn 4; Palandt/*Sprau* Rn 3). Hierunter fallen etwa persönliche Geschenke (die keine Beeinflussung zu Lasten des Auftraggebers besorgen lassen, vgl RGZ 55, 91 ff) sowie allg übliche Trinkgelder (Jauernig/*Mansel* Rn 4). 3

II. Rechtsfolge. 1. Umfang. Liegen die Voraussetzungen des § 667 tatbestandsmäßig vor, besteht seitens des Beauftragten eine schuldrechtliche Herausgabepflicht. Von ihr erfasst ist alles, was der Beauftragte zur Ausführung des Auftrags erhalten bzw aus der Geschäftsbesorgung erlangt hat. Nicht herauszugeben sind dagegen solche Posten, die vereinbarungsgemäß verbraucht wurden (BGH NJW 1997, 47; Hk-BGB/*Schulze* Rn 3; Palandt/*Sprau* Rn 6) oder an den Geber zurückgeflossen sind (BGH WM 2004, 184; NZG 2003, 215; NJW 2001, 2477). Eine Herausgabepflicht nach §§ 667 ist (zudem) für solche Vorteile zu verneinen, die bei ordnungsgemäßer Ausführung hätten erlangt werden können. Diese Posten dürfen nur im Rahmen eines Schadensersatzanspruches nach §§ 280 ff geltend gemacht werden (Hk-BGB/*Schulze* Rn 3; Jauernig/*Mansel* Rn 7; PWW/*Fehrenbacher* Rn 3). 4

2. Inhalt. Der nähere Inhalt des Herausgabeanspruches gegen den Beauftragten richtet sich nach der Art des Herausgabeobjektes (Sache, Recht, Geld, vgl Jauernig/*Mansel* Rn 5) und der daran bestehenden Rechtslage (Hk-BGB/*Schulze* Rn 4). Hat der Auftraggeber bereits Eigentum erworben (zB durch antizipiertes Besitzkonstitut gem § 930 etc) und ist der Beauftragte noch Besitzer, ist nur der Besitz auf den Auftraggeber zu übertragen, ansonsten auch das Eigentum (§§ 929; §§ 873, 925). Forderungsrechte, die der Beauftragte erhalten hat, sind an den Auftraggeber im Wege der Abtretung (§§ 398 ff) zu übertragen. 5

3. Maßgeblicher Zeitpunkt. Sofern die Parteien nichts anderes vereinbart haben, ist die Herausgabepflicht im Zeitpunkt der Erfüllung bzw Beendigung des Auftrags fällig (PWW/*Fehrenbacher* Rn 5). Eine frühere Herausgabe kann der Auftraggeber aber etwa in dem Fall beanspruchen, wenn die begründete Besorgnis besteht, dass der Beauftragte zugunsten eigener Vorteile die Interessen des Auftraggebers bei der weiteren Ausführung außer Betracht lassen bzw nicht genügend berücksichtigen wird (Hk-BGB/*Schulze* Rn 4). 6

4. Gefahrtragung und Verjährung. Die Gefahr des zufälligen Untergangs des Erlangten (§ 275) trägt grds der Auftraggeber (BGHZ 82, 296 ff; Jauernig/*Mansel* Rn 7). Gleiches gilt für die Versendungsgefahr bei der Übermittlung von erlangtem Geld, da § 270 Abs 1 keine Anwendung findet (BGH NJW 2005, 3710; BGHZ 28, 128 ff; Ausn bei übernommener Garantie vgl § 676b Abs 3; Hk-BGB/*Schulze* Rn 4). Der Beauftragte übernimmt im Zusammenhang mit dem Auftrag grds keine Garantie iSd § 276 Abs 1 S 1 für die Herausgabe des Erlangten und Erhaltenen. Bei einer auftrags- bzw weisungswidrigen Verwendung greifen jedoch die §§ 276, 280 ein (s dazu auch § 275 Abs 4 und vgl Palandt/*Sprau* Rn 9). Auf § 667 Alt 2 findet die Verzinsungspflicht gem § 288 Abs 1 Anwendung (BGH NJW 2005, 2238). Die Verjährung des Herausgabeanspruches aus § 667 richtet sich nach §§ 195, 199 (Hk-BGB/*Schulze* Rn 4). Ist der Anspruch auf Grundstücksübertragung gerichtet, gelten die §§ 196, 200 (Jauernig/*Mansel* Rn 5). Die lange Frist des § 197 Abs 1 Nr 1 ist nicht anwendbar. 7

Der Verjährungsbeginn setzt die Anspruchsfälligkeit voraus. Sie entsteht ab dem Herausgabeverlangen, spätestens bei Auftragsbeendigung (Jauernig/*Mansel* Rn 5; abw BGHZ 109, 264).

8 **5. Einreden und Einwendungen des Beauftragten.** Dem Beauftragten steht wegen eines Aufwendungsersatzanspruches nach § 670 ein Zurückbehaltungsrecht nach § 273 (iVm § 667) zu (BGHZ 14, 342 ff; 71, 380 ff; WM 1972, 53; PWW/*Fehrenbacher* Rn 7), soweit Treu und Glauben (§ 242) dies nicht im Einzelfall auf Grund der Art des Auftragsverhältnisses ausschließen (insbes bei Treuhandverhältnissen, vgl dazu RGZ 160, 59 ff; Hk-BGB/*Schulze* Rn 5; Jauernig/*Mansel* Rn 8). Einen Sonderfall der Einrede nach § 273 BGB beinhaltet für die Durchsetzung von Honoraransprüchen eines Rechtsanwalts nach § 50 Abs 3 BRAO (Palandt/*Sprau* Rn 9; PWW/*Fehrenbacher* Rn 7). Die Aufrechnung mit Gegenansprüchen ist grds möglich (BGHZ 54, 247 ff; 71, 383 ff; Zweibrücken NJW 1985, 1034), auch hier kann aber im Einzelfall § 242 entgegenstehen (BGHZ 14, 346 ff).

9 **C. Beweislast.** Der Auftraggeber trägt die Beweislast für den Abschluss des Auftragsvertrages (Palandt/*Sprau* Rn 10) sowie die Hingabe und den Wert der überlassenen Gegenstände bzw dafür, dass der Beauftragte etwas aus der Geschäftsführung erlangt hat (BGH NJW-RR 1987, 963; Hk-BGB/*Schulze* Rn 6; Jauernig/*Mansel* Rn 9). Dem Beauftragten obliegt hernach die Beweislast für den Verbleib des Erhaltenen oder Erlangten sowie im Zusammenhang mit vertraglichen Schadensersatzansprüchen die Beachtung der erforderlichen Sorgfalt (BGH NJW-RR 1993, 795; 1997, 48; Hk-BGB/*Schulze* Rn 6).

§ 668 Verzinsung des verwendeten Geldes. **Verwendet der Beauftragte Geld für sich, das er dem Auftraggeber herauszugeben oder für ihn zu verwenden hat, so ist er verpflichtet, es von der Zeit der Verwendung an zu verzinsen.**

1 Nach § 668 besteht bei der Eigenverwendung von Geld eine von sonstigen Ansprüchen (§§ 280, 823 Abs 2 BGB iVm §§ 246, 266 StGB), insbes auch vom Verschulden des Beauftragten unabhängige Verzinsungspflicht für Geldmittel, die an den Auftraggeber herauszugeben sind. Unter einer Eigenverwendung ist der Einsatz für eigene Zwecke, insbes der Verbrauch des Geldes zu verstehen. Hierfür genügt es noch nicht, dass der Beauftragte die geschuldete Herausgabe des Geldes lediglich verzögert (Palandt/*Sprau* Rn 1). Die Vorschrift zielt darauf ab, das objektiv pflichtwidrige Verhalten des Beauftragten zu sanktionieren (PWW/*Fehrenbacher* Rn 1). Ähnliche Regeln gelten für den Verwahrer (§ 698) und den Vormund (§ 1834). Die Verzinsungspflicht regelt eine Mindestfolge dieser (eigennützigen) Verwendung (Hk-BGB/*Schulze* Rn 1; Jauernig/*Mansel* Rn 1). Die Zinshöhe richtet sich nach § 246 BGB (4 %) bzw § 352 HGB (5 %). Weitergehende Ansprüche des Auftraggebers kommen unter den allg Voraussetzungen in Betracht (Palandt/*Sprau* Rn 1; PWW/*Fehrenbacher* Rn 3). Für schuldhafte Pflichtverletzungen sind etwa vertragliche (§§ 280 ff) und deliktische (§§ 823 ff) Schadensersatzansprüche denkbar. Verzögerungen können unter den Voraussetzungen des § 288 zu einem höheren Zinssatz führen.

§ 669 Vorschusspflicht. **Für die zur Ausführung des Auftrags erforderlichen Aufwendungen hat der Auftraggeber dem Beauftragten auf Verlangen Vorschuss zu leisten.**

1 § 669 stellt sicher, dass der Beauftragte die Aufwendungen zur Ausführung des Auftrags nicht vorfinanzieren muss (PWW/*Fehrenbacher* Rn 1). Der Anspruch auf Hingabe eines Vorschusses ist auf Geld gerichtet und dispositiver Natur (Hk-BGB/*Schulze* Rn 1). Die Vorschusspflicht kann außer durch die Vereinbarung der Parteien bereits auf Grund der Natur des Auftrags ausgeschlossen sein, insbes bei einem Kreditauftrag (§ 778). Spezialregelungen bestehen für den Werkvertrag (§ 637 Abs 3) sowie für den Auftrag zur Bürgschaftsübernahme (§ 775). Eine entspr Anwendung findet die Regelung auf den Geschäftsbesorgungsvertrag gem § 675 Abs 1 (Hk-BGB/*Schulze* Rn 1), auf den Vorstand und Liquidator des Vereins und die Stiftung (§§ 27 Abs 3, 48 Abs 2, 86) sowie auf geschäftsführende Gesellschafter der GbR (§ 713). Für Rechtsanwälte findet sich eine ähnl Sondervorschrift in § 9 RVG. Neben einem wirksamen Auftragsverhältnis bedarf es zum Entstehen des Anspruches auf Zahlung eines Vorschusses eines entspr Verlangens des Beauftragten. Die Höhe des Vorschusses richtet sich nach den erforderlichen Aufwendungen des Beauftragten. Die notwendige Prognose ist anhand objektiver Kriterien vorzunehmen (PWW/*Fehrenbacher* Rn 2). Der Beauftragte kann die Erfüllung der Vorschusspflicht grds nicht einklagen, da er auch keinen Anspruch hat, den Auftrag auszuführen (Hk-BGB/*Schulze* Rn 2; Palandt/*Sprau* Rn 1). Er kann bei Nichtleistung des geforderten Vorschusses seinerseits lediglich das Druckmittel der Verweigerung der Auftragsdurchführung einsetzen (BGHZ 77, 60, 63 ff; 94, 330 ff; PWW/*Fehrenbacher* Rn 1; Jauernig/*Mansel* Rn 2). Anders ist das im Fall des § 637 Abs 3, wo in Korrelation zur Ausführungspflicht der Vorschuss einklagbar ist. Gleiches gilt für die entgeltliche Geschäftsbesorgung (Soerg/*Beuthien* Rn 8; Staud/*Martinek* Rn 5; Palandt/*Sprau* Rn 1). Der Beauftragte muss über die Verwendung des Vorschusses gem § 666 Rechenschaft ablegen. Der Vorschuss darf nur auftrags- bzw weisungsgemäß verwendet werden. Der Auftraggeber hat einen Rückzahlungsanspruch aus § 667, falls die tatsächlich erforderlichen Aufwendungen geringer ausfallen als der Vorschuss (PWW/*Fehrenbacher* Rn 3). Gleiches gilt für den Fall der vertragswidrigen Verwendung, wobei die Rückzahlungspflicht dann in Form eines

Schadensersatzanspruches gem §§ 280 ff zu Tage tritt. Im Streitfall muss der Auftraggeber die Hingabe des Vorschusses beweisen, der Beauftragte die vertragsgem Verwendung (Palandt/*Sprau* Rn 3).

§ 670 Ersatz von Aufwendungen.

Macht der Beauftragte zum Zwecke der Ausführung des Auftrags Aufwendungen, die er den Umständen nach für erforderlich halten darf, so ist der Auftraggeber zum Ersatz verpflichtet.

A. Allgemeines. Der Anspruch des Beauftragten auf Aufwendungsersatz ist dem Umstand geschuldet, dass er ein fremdnütziges Geschäft vornimmt, das zudem – jedenfalls im Rahmen des § 662 – unentgeltlich ist (Hk-BGB/*Schulze* Rn 1; Jauernig/*Mansel* Rn 1). Die Unentgeltlichkeit stellt jedoch ggü der Fremdnützigkeit einen sekundären Ansatzpunkt für die Begründung des Aufwendungsersatzanspruches dar, wie etwa die Anwendung des § 670 im Rahmen der Geschäftsbesorgung gem § 675 Abs 1 zeigt (Jauernig/*Mansel* Rn 1). Im Bereich der entgeltlichen Geschäftsbesorgung nach § 675 Abs 1 ist gerade wegen der Gegenleistungsverpflichtung des Auftraggebers genau zu untersuchen, ob die Aufwendungen schon im Rahmen der Gegenleistung abgegolten sein sollen oder als Extraposten nach § 670 in Rechnung gestellt werden können (BayObLG NJW-RR 2001, 1232). Entscheidend hierfür ist zunächst die Parteivereinbarung, die ggf auszulegen ist (§§ 133, 157); sekundär muss auf das Verhältnis von Aufwendung und Vergütung abgestellt werden. Dies gebietet bereits § 242. Über den Bereich der (entgeltlichen) Geschäftsbesorgung hinaus ist § 670 entspr anwendbar auf: den Vorstand und Liquidator des Vereins und der Stiftung (§§ 27 Abs 3, 48 Abs 2, 86), den geschäftsführenden Gesellschafter der GbR (§ 713), den Beistand (§ 1716), den Vormund (1835), den Betreuer (1908i Abs 1) und den Pfleger (1915). Heranzuziehen ist sie zudem beim: Erben (§ 1978 Abs 1), Testamentsvollstrecker (§ 2218) und im Rahmen der GoA (§ 683 S 1). Fruchtbar gemacht wird die Regelung zudem bei außergewöhnlichen (dh nicht infolge des allg Lebensrisikos) eingetretenen Schäden an Rechtsgütern des Arbeitnehmers (BAG 59, 206 ff; NJW 1995, 2372; BB 1998, 2528; NJW 2004, 2036; Jauernig/*Mansel* Rn 11; Palandt/*Sprau* Rn 1), wobei diese iE zutr Wertung mE ihren Ausgangspunkt bereits in der Lehre vom innerbetrieblichen Schadensausgleich findet. Sondervorschriften für den Aufwendungsersatz gelten nach § 46 RVG (Rechtsanwalt), § 775 BGB (Bürge) sowie gem §§ 87d, 110, 369 Abs 2 HGB (Handelsvertreter, OHG-Gesellschafter, Kommissionär). § 670 ist abdingbar (BAG NJW 2004, 2036; Palandt/*Sprau* Rn 1), die notwendige Grenzziehung erfolgt durch §§ 242, 307. 1

B. Regelungsinhalt. I. Tatbestand. Nach § 670 kann der Beauftragte vom Auftraggeber den Ersatz seiner Aufwendungen verlangen. Die Basis des Aufwendungsersatzes bildet ein tatsächlich erteilter Auftrag (BGH NJW 2001, 2969; Jauernig/*Mansel* Rn 2). Ist der Auftrag unwirksam, kommt nur eine analoge Anwendung in Betracht, möglich, wenngleich hinsichtlich der Einreden und der sonstigen Hürden wohl nicht vorzugswürdig, wäre auch eine Verrechnung im Rahmen der Rückabwicklung nach §§ 812 ff oder ein Ersatzanspruch nach den Grundsätzen der cic (vgl Palandt/*Sprau* Rn 2: wegen schuldhafter Veranlassung eines nicht wirksamen Auftrags). **1. Aufwendungen. a) Freiwillig eingegangene Vermögensopfer.** Aufwendungen sind zunächst alle freiwilligen Vermögensopfer, die der Beauftragte zur Ausführung des Auftrags erbracht hat oder die sich als notwendige Folge der Ausführung ergeben haben (BGH NJW 1998, 222, 229; 1998, 1285; BAG BB 1998, 2528; BGHZ 140, 361 ff; Hk-BGB/*Schulze* Rn 3; Jauernig/*Mansel* Rn 2; Palandt/*Sprau* Rn 3). In diesem Zusammenhang ist jede Leistung von Vermögenswerten relevant, zB die Auslage von Geld (Auslagen, Kosten, Steuern sowie – für notwendige Prozesse – auch Prozesskosten, vgl BGH NJW 1989, 1285; NJW-RR 1998, 1511), uU auch: Verteidigerkosten (BAG NJW 1995, 2372), Vorstellungskosten (BAG NZA 1989, 468), Reparaturkosten (BAG BB 1996, 433). Hinsichtlich der freiwillig eingegangenen Vermögensopfer können als ersatzfähige Aufwendungen zudem solche Verbindlichkeiten angesehen werden, die der Beauftragte zur Auftragsdurchführung eingeht (BGH NJW-RR 2005, 887, 890; Palandt/*Sprau* Rn 3). Die Tätigkeit iSd vom Beauftragten zu erbringenden Dienstleistung wird unentgeltlich vorgenommen, weshalb diese, auch wenn die Aktivität in das berufliche Aufgabenfeld des Beauftragten fällt, grds nicht zu den nach § 670 erstattungsfähigen Leistungen zählt (Palandt/*Sprau* Rn 3; *Köhler* JZ 1985, 359 ff). Anders ist dies etwa im Bereich der GoA zu beurteilen. Für die ausnahmsw Vergütung der Tätigkeit kann dann der Rechtsgedanke des § 1835 Abs 3 herangezogen werden. Vor dem Hintergrund der fehlenden Dienstvergütung beim unentgeltlichen Auftrag ist auch ein etwaig entgangener Verdienst nicht zu vergüten (BAG MDR 1999, 236; Hk-BGB/*Schulze* Rn 4). Die fehlende Entschädigung der eventuellen Verschlechterung der vom Beauftragten eingesetzten Sachen bei einer Normalabnutzung (vgl dazu BAG MDR 1999, 235; Palandt/*Sprau* Rn 3) resultiert bereits aus dem Grundsatz, dass jeder sein allg Lebensrisiko allein zu tragen hat. 2

b) Unfreiwillig eingetretene Vermögensopfer. In einem weiteren Sinne zu den nach § 670 erstattungsfähigen Aufwendungen zählen bestimmte Zufallsschäden, die der Beauftragte bei der Geschäftsbesorgung erlitten hat. Erfasst sind solche Schäden, die in einem engen inneren Zusammenhang mit der auftragsgemäß übernommenen Tätigkeit stehen (Jauernig/*Mansel* Rn 2; Staud/*Martinek* Rn 17 ff; Palandt/*Sprau* Rn ff). Der notwendige innere Zusammenhang ist für solche (unfreiwilligen) Vermögensopfer zu bejahen, deren Eintrittswahrscheinlichkeit typischerweise durch die Erledigung des jeweiligen Auftrags erhöht wird. Diese typischen Begleitposten des Auftrags sind abzugrenzen von solchen Schäden, die eine bloße Verwirklichung des allg 3

Lebensrisikos darstellen und damit eben nicht in dem engeren Veranlassungszusammenhang zum Auftrag stehen (BGH NJW 1993, 2235). Die Zufallshaftung des Auftraggebers für risikotypische (Begleit-)Schäden wurde früher auf einen konkludent geschlossenen Garantievertrag gestützt oder direkt aus der ergänzenden Auslegung des Auftragsvertrages hergeleitet (BGHZ 38, 270, 277). Häufig entspr eine derartige Auslegung der Willenserklärung der Parteien jedoch nicht dem tatsächlichen Willen der Betroffenen. Zudem bereitet diese Erklärung auch und gerade im Rahmen der GoA Schwierigkeiten (Hk-BGB/*Schulze* Rn 9). Daher wird heute vielfach auf andere Begründungsmuster zurückgegriffen. So wird der Erstattungsanspruch für Schäden mehr und mehr auf den aus § 670 folgenden Rechtsgedanken des Freihaltebedürfnisses des Beauftragten gestützt, das nicht nur freiwillige, sondern auch unfreiwillige Vermögensopfer umfassen muss, wenn ein enger innerer (Gefahr-)Zusammenhang besteht (BGHZ 92, 271 ff; NJW 1993, 2235). Von anderer Seite wird der Gedanke der Risikozurechnung bei schadensgeneigter Tätigkeit herangezogen, der aus dem Arbeitsrecht stammt (Hk-BGB/*Schulze* Rn 9; Jauernig/*Mansel* Rn 10; MüKo/*Seiler* Rn 14; *Genius* AcP 173, 481, 511 ff; *Canaris* RdA 66, 41 ff). Gegen ihn spricht jedoch, dass dieser Ansatz zu eng ist, denn es kommt – was heute selbst im Arbeitsrecht anerkannt ist – nicht allein auf die Schadensgeneigtheit der Tätigkeit, sondern vielmehr auf die fremde Veranlassung eines sich realisierenden risikotypischen Gefahrenablaufes an.

4 **2. Erforderlichkeit.** Den Ersatz der Aufwendungen kann der Beauftragte nur verlangen, wenn er die getätigten Auslagen den Umständen nach für erforderlich halten durfte. Anzulegen ist dabei ein objektiver Maßstab mit subjektivem Einschlag (Palandt/*Sprau* Rn 4): Entscheidend ist, dass der Beauftragte die Aufwendungen nach verständigem Ermessen, bei dem er die Umstände des Falles sorgfältig berücksichtigen muss und sich am Interesse des Auftraggebers (und dessen Weisungen) auszurichten hat, für notwendig erachten durfte (BGHZ 37, 263 ff; 95, 388 ff; NJW 1977, 432 ff; BB 1978, 1416; Hamm NJW-RR 1997, 307; Celle BauR 2000, 1356; Hk-BGB/*Schulze* Rn 5; Jauernig/*Mansel* Rn 3; Palandt/*Sprau* Rn 4). Die Beurteilung ist aus der ex ante-Perspektive vorzunehmen. Zu Grunde zu legen ist danach der Zeitpunkt der Ausführung des Auftrags (BGH NJW 1989, 1285; Jauernig/*Mansel* Rn 3). Hinsichtlich des anzulegenden Beurteilungsmaßstabes sind nicht immer alle subjektiv für notwendig gehaltenen Auslagen ersatzfähig. Andererseits erstreckt sich die Ersatzpflicht nicht immer nur auf die rein objektiv erforderlichen Auslagen. Nicht für erforderlich halten darf der Beauftragte solche Aufwendungen, denen ein Verbot des Auftraggebers entgegensteht (Hk-BGB/*Schulze* Rn 5). Gleiches gilt für Auslagen, die von der Rechtsordnung (vgl §§ 134, 138) missbilligt werden (BGH NJW 1997, 49; Palandt/*Sprau* Rn 4). Dazu zählt bspw die Zahlung von Bestechungs- bzw Schmiergeldern (BGHZ 94, 272 ff). Ob sich der Auftraggeber zur Freihaltung von etwaigen Aufwendungsersatzansprüchen des Beauftragten hierauf auch bei einer entspr Weisung zur Zahlung von Schmiergeldern berufen kann (so Palandt/*Sprau* Rn 4), ist aber im Hinblick auf § 242 sehr fraglich.

5 **II. Rechtsfolge.** Der Beauftragte hat für seine freiwillig getätigten Aufwendungen und auch für die in einem inneren Gefahrzusammenhang mit dem Auftrag stehenden risikotypischen (Begleit-)Schäden einen Anspruch auf Wertersatz in Form von Geld (Hk-BGB/*Schulze* Rn 6, 8; Jauernig/*Mansel* Rn 4). Der Umfang des Ersatzanspruches richtet sich grds nach §§ 249 ff (Jauernig/*Mansel* Rn 10), ist aber gem § 242 ggf bzgl der Zufallshaftung für (Begleit-)Schäden einzuschränken. In bes Einzelfällen kann damit nur eine angemessene Entschädigung verlangt werden (BGHZ 38, 279 ff; Celle NJW 1965, 2350; Jauernig/*Mansel* Rn 10; Palandt/*Sprau* Rn 13). Die §§ 844, 845 sollen anwendbar sein (RGZ 167, 85 ff; Palandt/*Sprau* Rn 13). Schmerzensgeld als immaterielle Entschädigungskomponente ist jedenfalls bei Pflichtverletzungen des Auftraggebers unter den Voraussetzungen der §§ 280 Abs 1, 253 Abs 2 zu leisten (Hk-BGB/*Schulze* Rn 10). In der Lit wird zutr auch für die Fälle der nach § 670 analog zu ersetzenden risikotypischen (Begleit-)Schäden des Beauftragten ein Schmerzensgeldanspruch befürwortet (Hk-BGB/*Schulze* Rn 10; *Däubler* JuS 2002, 626; Palandt/*Sprau* Rn 13; wohl auch Jauernig/*Mansel* Rn 10, aA noch BGHZ 52, 115 ff). Ein etwaiges Mitverschulden des Beauftragten ist nach § 254 mitzuberücksichtigen (vorsichtig formulierend Palandt/*Sprau* Rn 6). Das Verschulden etwaiger Erfüllungsgehilfen kann im Rahmen eines etwaigen Schadensersatzanspruches nach § 280 Abs 1 der jeweiligen Partei gem § 278 zugerechnet werden (Palandt/*Sprau* Rn 8). Der Aufwendungsersatz nach § 670 ist gem § 256 zu verzinsen (Palandt/*Sprau* Rn 1). Besteht die Aufwendung in der Eingehung einer Verbindlichkeit, kann der Beauftragte Schuldbefreiung gem § 257 verlangen (Hk-BGB/*Schulze* Rn 6; Jauernig/*Mansel* Rn 4). Der Anspruch auf Aufwendungsersatz besteht unabhängig vom Erfolg der Tätigkeit des Beauftragten (BGH NJW-RR 1994, 87; Hk-BGB/*Schulze* Rn 6; Jauernig/*Mansel* Rn 4; Palandt/*Sprau* Rn 4). Aufwendungsersatzansprüche nach § 670 verjähren gem §§ 195, 199 (Palandt/*Sprau* Rn 6). Sie entstehen iSv § 199 Abs 1 Nr 1 bereits in dem Zeitpunkt, in welchem die Aufwendung gemacht wird (Jauernig/*Mansel* Rn 4). Die Konkurrenz des § 670 zur Erstattungspflicht aus § 439 ist streitig (vgl *Hellwege* AcP 206, 126 ff). Ansprüche aus der Unfallversicherung schließen den Ersatzanspruch nach § 670 jedenfalls nicht aus (BGHZ 52, 115 ff; NJW 1981, 760; Jauernig/*Mansel* Rn 10). IdR greift bei auftragstypischen Begleitschäden, die zu ersetzen sind, eine *cessio legis* zugunsten des Sozialversicherungsträgers (vgl § 116 Abs 1 SGB X; s dazu BGHZ 92, 271; Jauernig/*Mansel* Rn 10; *Otto* JuS 1984, 684, 688 ff; str). Für den Arbeitgeber wird ein gesetzlicher Forderungsübergang, der den Aufwendungsersatz nach § 670 beinhaltet, aber zutr nicht im Rahmen des § 6 EFZG befürwortet (LG Trier NJW-RR 1994, 483: noch zum LFZG). Zu beachten ist ferner, dass Auftraggeber und Beauftragter im Grundsatz hinsichtlich der wechselseitigen For-

derungen aus § 667 bzw § 670 ein Zurückbehaltungsrecht geltend machen und, soweit gleichartig, aufrechnen können (Palandt/*Sprau* Rn 6).

6 **C. Beweislast.** Die Beweislast für den erteilten Auftrag und die getätigten Aufwendungen liegt beim Beauftragten. Gleiches gilt für die Tatsachen, auf deren Grund er die Aufwendungen für erforderlich halten durfte (AG Essen NJW-RR 2001, 699; Jauernig/*Mansel* Rn 2; Palandt/*Sprau* Rn 7).

§ 671 Widerruf; Kündigung.

[1] Der Auftrag kann von dem Auftraggeber jederzeit widerrufen, von dem Beauftragten jederzeit gekündigt werden.

[2] Der Beauftragte darf nur in der Art kündigen, dass der Auftraggeber für die Besorgung des Geschäfts anderweit Fürsorge treffen kann, es sei denn, dass ein wichtiger Grund für die unzeitige Kündigung vorliegt. Kündigt er ohne solchen Grund zur Unzeit, so hat er dem Auftraggeber den daraus entstehenden Schaden zu ersetzen.

[3] Liegt ein wichtiger Grund vor, so ist der Beauftragte zur Kündigung auch dann berechtigt, wenn er auf das Kündigungsrecht verzichtet hat.

1 **A. Allgemeines.** Die Vorschrift ermöglicht den Parteien die jederzeitige Lösung vom Auftragsvertrag durch eine einseitige, empfangsbedürftige, rechtsgestaltende Willenserklärung, deren Abgabe an keine Form und Frist gebunden ist (Jauernig/*Mansel* Rn 1; Palandt/*Sprau* Rn 1; PWW/*Fehrenbacher* Rn 1). Der Grund für die jederzeitige Beendigung des Auftrags liegt hinsichtlich des Auftraggebers in dem regelm erforderlichen bes Vertrauensverhältnis und hinsichtlich des Beauftragten in der Fremdnützigkeit und Unentgeltlichkeit der Tätigkeit begründet (BGH WM 1971, 956; Hk-BGB/*Schulze* Rn 1; Jauernig/*Mansel* Rn 1; PWW/*Fehrenbacher* Rn 2). Gem § 671 wird die Lösungserklärung des Auftraggebers als Widerruf bezeichnet. Wird sie durch den Auftragnehmer initiiert, handelt es sich terminologisch um eine Kündigung. Beide Erklärungen können mit einer Bedingung (§ 158) verknüpft werden (Hk-BGB/*Schulze* Rn 1; MüKo/*Seiler* Rn 4; Soerg/*Beuthien* Rn 6; PWW/*Fehrenbacher* Rn 2; str für die Kündigung vgl Jauernig/*Mansel* Rn 2).

2 **B. Regelungsinhalt. I. Tatbestand.** § 671 Abs 1 stellt klar, dass die einseitige Beendigung des Auftrags durch Widerruf seitens des Auftraggebers jederzeit möglich ist. Vom Auftragswiderruf, der auf die Beseitigung des gesamten Rechtsverhältnisses zum Beauftragten zielt, ist der Widerruf einer einzelnen Weisung innerhalb des (weiterbestehenden) Auftrags zu unterscheiden. Das Widerrufsrecht hinsichtlich des Auftrags ist unverzichtbar (Hk-BGB/*Schulze* Rn 2). Dieser Umstand resultiert daraus, dass eine uneingeschränkte Bindung des Auftraggebers an den Willen des Beauftragten mit dem Sinn und Zweck des fremdnützigen Auftrags nicht korrespondiert (Jauernig/*Mansel* Rn 3; Palandt/*Sprau* Rn 2). Anders, dh einschränkend, ist die grds Unverzichtbarkeit des Widerrufs nur dann zu beurteilen, wenn der Auftrag auch im Interesse des Beauftragten erteilt wurde und sein Interesse dem des Auftraggebers gleichwertig ist (BGH WM 1971, 956). Das Recht zum Widerruf ist gem § 672 S 1 vererblich. Bei einer Mehrheit von Auftraggebern ist grds jeder Einzelne zum Widerruf berechtigt (BGH BB 1964, 699; Hk-BGB/*Schulze* Rn 3), sofern sich aus dem Gemeinschaftsverhältnis nicht etwas anderes ergibt (RGZ 160, 127 ff; Jauernig/*Mansel* Rn 4). Ebenso wie der Widerruf seitens des Auftraggebers ist auch die Kündigung des Auftrags durch den Beauftragten zu jedem Zeitpunkt möglich. Wenn die Kündigung aber dem Auftraggeber nicht die Möglichkeit anderweitiger Fürsorge zur Besorgung des Geschäfts lässt, handelt es sich um eine Kündigung zur Unzeit. Ist kein wichtiger Grund für die unzeitgemäße Kündigung gegeben, so ist sie zwar wirksam (Jauernig/*Mansel* Rn 4; Palandt/*Sprau* Rn 3), jedoch macht sich der Beauftragte gem § 671 Abs 2 S 2 schadensersatzpflichtig. Die Schadensersatzpflicht nimmt ggü § 280 Abs 1 eine bes Stellung ein, denn sie besteht unabhängig von den dortigen Voraussetzungen. Zu ersetzen ist idR das Vertrauensinteresse (Jauernig/*Mansel* Rn 4), der Ersatz des Erfüllungsinteresses kommt nur ausnahmsw in Betracht (MüKo/*Seiler* Rn 3; PWW/*Fehrenbacher* Rn 3). Das Kündigungsrecht kann vertraglich eingeschränkt werden (Karlsruhe WM 1991, 1163). Eine Ausn für die Einschränkung des Kündigungsrechts besteht für die Kündigung aus wichtigem Grund (vgl §§ 314 Abs 1 S 2; 626), die stets möglich sein muss, § 671 Abs 3.

3 **II. Rechtsfolge.** Die Rechtsfolge des Widerrufs und der Kündigung ist die Beendigung des Auftragsvertrages für die Zukunft (Palandt/*Sprau* Rn 1). Bereits aus dem Auftrag entstandene Ansprüche bleiben bestehen (BGH NJW 1991, 2210; PWW/*Fehrenbacher* Rn 1). Der Vertragsbeendigung kommt keine sachenrechtliche Wirkung zu, so dass die dingliche Rechtslage nicht berührt wird (Jauernig/*Mansel* Rn 5). Ist auf Grund des Auftrags ein Recht (etwa treuhänderisch) übertragen worden, beendet die Kündigung bzw der Widerruf mithin nicht die Rechtsübertragung, sondern führt ggf nur zum schuldrechtlichen Anspruch auf Rückübertragung (Palandt/*Sprau* Rn 2). Mit der Kündigung und dem Widerruf werden aber die Ansprüche aus §§ 667, 670 fällig (Hk-BGB/*Schulze* Rn 5; Palandt/*Sprau* Rn 2). Ist für die Auftragsdurchführung eine Vollmacht erteilt worden, erlischt diese (vgl § 168 S 1).

§ 672 Tod oder Geschäftsunfähigkeit des Auftraggebers. Der Auftrag erlischt im Zweifel nicht durch den Tod oder den Eintritt der Geschäftsunfähigkeit des Auftraggebers. Erlischt der Auftrag, so hat der Beauftragte, wenn mit dem Aufschub Gefahr verbunden ist, die Besorgung des übertragenen Geschäfts fortzusetzen, bis der Erbe oder der gesetzliche Vertreter des Auftraggebers anderweit Fürsorge treffen kann; der Auftrag gilt insoweit als fortbestehend.

1 **A. Allgemeines.** Die Parteien können vereinbaren, dass der Auftrag durch den Tod oder die Geschäftsunfähigkeit des Auftraggebers erlischt. Liegt keine Vereinbarung vor, statuiert die Auslegungsregel des § 672 S 1 die widerlegbare Vermutung, dass der Auftrag im Zweifel fortbesteht. § 672 trifft eine andere Zweifelsregelung als beim Tod des Beauftragten (vgl § 673). Ist ein Fortbestand des Auftrags entgegen der Zweifelsregelung in § 672 nicht gegeben, obliegt dem Beauftragten in den genannten Fällen eine aus dem alten Auftragsverhältnis nachwirkende Fürsorgepflicht (Jauernig/*Mansel* Rn 3), die die Pflicht zur Notbesorgung umfasst. Sie dient der Abwendung von Gefahren, die mit einem Aufschub verbunden wären (PWW/*Fehrenbacher* Rn 3). Die Vermutung aus § 672 S 1 erstreckt sich gem § 168 S 1 auch auf die mit dem Auftrag verbundene Vollmacht. Eine entspr Anwendung findet § 672 S 1 auf die beschränkte Geschäftsfähigkeit, den Wegfall der gesetzlichen Vertretung sowie die Auflösung einer jur Person (RGZ 81, 153 ff; Hk-BGB/*Schulze* Rn 2; Jauernig/*Mansel* Rn 2; Palandt/*Sprau* Rn 3; Staud/*Wittmann* Rn 10; str). Überdies verweist § 675 auf § 672.

2 **B. Regelungsinhalt.** Widerlegbar ist die in § 672 manifestierte Vermutung des Fortbestehens des Auftrags auf Grund des Inhalts der Parteivereinbarung. Eine anderweitige Vereinbarung kann ausdrücklich oder konkludent erfolgen (Hk-BGB/*Schulze* Rn 2; PWW/*Fehrenbacher* Rn 1). Sie ergibt sich aus den Umständen (vgl dazu auch Hamm NJW-RR 2003, 800: Altersvorsorgevollmacht), wenn der Auftrag einen höchstpersönlichen Inhalt hat (BGH NJW-RR 1990, 131; Jauernig/*Mansel* Rn 1). Zulässig sind auch Aufträge unter Lebenden, die erst nach dem Tod des Auftraggebers auszuführen sind (so Aufträge auf den Todesfall, vgl Hk-BGB/*Schulze* Rn 3). Doch geht mit dem Tod des Auftraggebers das Widerrufsrecht uneingeschränkt auf den Erben über; ein Ausschluss der Ausübung des Widerrufs durch den Erben ist unzulässig (BGH NJW 1975, 382; WM 1976, 1130; Palandt/*Sprau* Rn 1; PWW/*Fehrenbacher* Rn 2). War der Auftrag mit der Erteilung einer Vollmacht verbunden, so gilt diese für die rechtsgeschäftliche Vertretung der Erben fort (sog postmortale Vollmacht, vgl Palandt/*Sprau* Rn 1). Aus diesem Grunde kann der Beauftragte bei Fortbestehen des Auftrags nach dem Tod des Vollmachtgebers von der Vollmacht Gebrauch machen, ohne die Stellungnahme des Erben einholen zu müssen (BGH NJW 1969, 1245; Jauernig/*Mansel* Rn 3). Eine Schranke ergibt sich jedoch aus §§ 138, 242 (BGH NJW 1969, 1245; Palandt/*Sprau* Rn 1). Geht der Auftrag auf die Übermittlung einer schenkweise zuzuwendenden Leistung, so ist, falls die Vollziehung vor dem Tode noch nicht erfolgt ist, die Rechtslage nach den Regeln der Schenkung von Todes wegen (§ 2301) zu beurteilen (RGZ 83, 223 ff; Palandt/*Sprau* Rn 1). Ist der Auftrag entgegen der Vermutung des § 672 S 1 erloschen, trifft den Beauftragten eine Notbesorgungspflicht, vgl § 672 S 2. Insoweit wird das Fortbestehen des Auftrags bis zu dem Zeitpunkt fingiert, zu dem der Erbe oder der gesetzliche Vertreter des Auftraggebers selbst Fürsorge treffen kann. Infolge dieser Fiktion gelten die §§ 662 ff fort. Die Regeln der GoA finden keine Anwendung. Verletzt der Beauftragte schuldhaft seine aus § 672 S 2 herrührende Notbesorgungspflicht, ist er unter den weiteren Voraussetzungen des § 280 Abs 1 schadensersatzpflichtig (Palandt/*Sprau* Rn 2; PWW/*Fehrenbacher* Rn 3). Hat der Beauftragte keine Kenntnis vom Erlöschen des Auftrags, greifen die §§ 674, 169 ein (Hk-BGB/*Schulze* Rn 4; Jauernig/*Mansel* Rn 4). Eine Sondervorschrift für den Fall der Insolvenz des Auftraggebers beinhaltet § 115 Abs 2, 3 InsO.

§ 673 Tod des Beauftragten. Der Auftrag erlischt im Zweifel durch den Tod des Beauftragten. Erlischt der Auftrag, so hat der Erbe des Beauftragten den Tod dem Auftraggeber unverzüglich anzuzeigen und, wenn mit dem Aufschub Gefahr verbunden ist, die Besorgung des übertragenen Geschäfts fortzusetzen, bis der Auftraggeber anderweit Fürsorge treffen kann; der Auftrag gilt insoweit als fortbestehend.

1 Die Regelung statuiert die widerlegbare Vermutung, dass beim Tod des Beauftragten (anders als nach § 672 beim Tod des Auftraggebers) der Auftragsvertrag erlischt. Diese Vermutung gründet sich auf das bes Vertrauensverhältnis der Parteien (Hk-BGB/*Schulze* Rn 1) und den Umstand, dass der Auftraggeber regelm nur den gewählten Auftragnehmer mandatieren wollte (Jauernig/*Mansel* Rn 1). Im Gegensatz zu § 672 greift § 673 neben dem Tod nicht den Fall des Eintritts der Geschäftsunfähigkeit auf. Ist der Beauftragte geschäftsunfähig, wird der Auftrag zum rechtsgeschäftlichen Handeln bereits nach allg Vorschriften (§§ 105, 275) unmöglich (Hk-BGB/*Schulze* Rn 2; Jauernig/*Mansel* Rn 1; PWW/*Fehrenbacher* Rn 1). IÜ, dh bei rein tatsächlich vorzunehmendem Handeln, ist durch Auslegung des Auftrags zu ermitteln, ob der Auftrag erlöschen soll (Hk-BGB/*Schulze* Rn 2; Palandt/*Sprau* Rn 1). Erlischt der Auftrag durch den Tod des Beauftragten, postuliert § 673 S 2 eine Anzeigepflicht hinsichtlich des Todes sowie eine Notbesorgungspflicht, die den Erben trifft, sofern mit dem Aufschub des Geschäfts Gefahr verbunden ist. Besteht der Auftrag einmal ausnahmsw entgegen der Vermutungsregelung des § 673 fort, folgt die Anzeigepflicht des Erben bereits aus §§ 662, 666, 1922 (Jauernig/*Mansel* Rn 2; Palandt/*Sprau* Rn 2). Zum Schutz des Erben wird im Fall der erforderlichen Notbesorgung fingiert, dass der Auftrag fortbesteht. Dies gilt bis zu dem Zeitpunkt, zu dem der Auftraggeber selbst

Fürsorge treffen kann. Bei einer schuldhaften Verletzung der aus der Norm folgenden Pflichten hat der Erbe dem Auftraggeber nach § 280 Abs 1 Schadensersatz zu leisten (Hk-BGB/*Schulze* Rn 3; PWW/*Fehrenbacher* Rn 3). Die Vorschrift findet entspr Anwendung im Rahmen der entgeltlichen Geschäftsbesorgung nach § 675 Abs 1 und beim Erlöschen einer jur Person (MüKo/*Seiler* Rn 2; Palandt/*Sprau* Rn 2; aA BaRoth/*Czub* Rn 2). Anders wird dies beim Erlöschen einer jur Person infolge einer Verschmelzung gesehen. Hier bejaht die hM die Übernahme des Auftrags durch die übernehmende Gesellschaft, wenn für den Auftrag ein persönliches Vertrauensverhältnis nicht von Bedeutung ist (RGZ 150, 289 ff; LG Koblenz NJW-RR 1998, 39; Jauernig/*Mansel* Rn 3; Palandt/*Sprau* Rn 3. Eine aA (PWW/*Fehrenbacher* Rn 1) plädiert in diesem Fall für die Anwendung von § 20 UmwG, die als vorrangige Regelung anzusehen sei, wofür mE viel spricht. § 673 S 2 gilt entspr für die Erben des Testamentsvollstreckers (vgl § 2218 Abs 1 S 2).

§ 674 Fiktion des Fortbestehens. Erlischt der Auftrag in anderer Weise als durch Widerruf, so gilt er zugunsten des Beauftragten gleichwohl als fortbestehend, bis der Beauftragte von dem Erlöschen Kenntnis erlangt oder das Erlöschen kennen muss.

Zweck der Vorschrift ist der Schutz des gutgläubig Beauftragten vor Schäden aus der Durchführung eines 1
bereits erloschenen Auftrags (BGHZ 74, 257 ff; Hk-BGB/*Schulze* Rn 1; Jauernig/*Mansel* Rn 1). Hierzu wird das Fortbestehen des Auftragsvertrages fingiert, wobei die Fiktion nur zugunsten des Beauftragten wirkt (Palandt/*Sprau* Rn 1). Der Auftraggeber oder seine Rechtsnachfolger können aus der Vorschrift mithin keine ihnen sonst nicht zustehenden Rechte herleiten, etwa Schadensersatzansprüche wegen Nichtausführung des Auftrags (Palandt/*Sprau* Rn 1). Voraussetzung des Eingreifens der Regelung sind die Beendigung des Auftragsvertrages und die unverschuldete Unkenntnis des Beauftragten davon (vgl § 122 Abs 2). Dabei schadet dem Beauftragten bereits einfache Fahrlässigkeit. Die Beweislast für die Kenntnis des Beauftragten oder dessen Fahrlässigkeit hinsichtlich der Unkenntnis trägt der Auftraggeber (Hk-BGB/*Schulze* Rn 2; Palandt/*Sprau* Rn 2). Zudem muss der Auftrag in anderer Weise als durch einen Widerruf beendet worden sein. Denn hier ist der Beauftragte bereits durch die Zugangsbedürftigkeit der Widerrufserklärung (§ 130) vor der falschen Annahme des Fortbestehens des Vertragsverhältnisses ausreichend geschützt (Jauernig/*Mansel* Rn 1). Liegen die Voraussetzungen des § 674 vor, dann gilt das Auftragsverhältnis als fortbestehend, so dass die §§ 662 ff zur Anwendung kommen. Die Fiktion greift bis zum Zeitpunkt der Kenntniserlangung bzw der fahrlässigen Unkenntnis vom Auftragswegfall ein (BGH NJW 2000, 73 f; Jauernig/*Mansel* Rn 3; PWW/*Fehrenbacher* Rn 1). In gleicher Weise wie der Auftrag besteht auch die Vollmacht ggü dem gutgläubigen Dritten fort, vgl § 169 (Jauernig/*Mansel* Rn 3). Infolge seines (gutgläubigen) Tätigwerdens treffen den Beauftragten aber auch die Pflichten nach §§ 666, 667. Relevante Fallgruppen für die Beendigung des Auftragsverhältnisses ohne Kenntnis des Beauftragten können die Zweckerreichung, der Tod bzw die Geschäftsunfähigkeit des Auftraggebers (entgegen § 672) oder dessen Insolvenz sein. Im letzen Fall greift allerdings die ähnl gelagerte Sonderregelung des § 115 Abs 3 InsO ein. Entspr anzuwenden ist die Regelung auf den entgeltlichen Geschäftsbesorgungsvertrag gem § 675 Abs 1 (auch für den Rechtsanwalt, vgl Saarbrücken NJW 1966, 2066; Nürnberg NJW 1964, 304; Hk-BGB/*Schulze* Rn 4; Palandt/*Sprau* Rn 3; str) und die Testamentsvollstreckung. Vergleichbare Regelungen enthalten die §§ 729, 1698a, 1893 BGB und § 115 Abs 3 InsO. Ohne die Fiktion würden die Regelungen der §§ 677 ff Anwendung finden (PWW/*Fehrenbacher* Rn 1).

Untertitel 2 Geschäftsbesorgungsvertrag

Kapitel 1 Allgemeines

Checkliste: Geschäftsbesorgung (§§ 675–676)

I. Vertragsschluss

1. Vertragsparteien	§ 675	→	Rn 1
2. Vertragsinhalt	§ 675	→	Rn 1
a. Wahrnehmung fremder Vermögensinteressen	§ 675	→	Rn 1
b. Selbständigkeit bei Ausführung des Geschäfts	§ 675	→	Rn 1
c. Entgeltlichkeit der Geschäftsbesorgung	§ 675	→	Rn 1

II. Rechtsfolgen

1. Vergütungsanspruch	§ 675 *§§ 611 ff* *§§ 631 ff*	→	Rn 3
2. IÜ Verweis auf Regelungen des Auftragsrechts (mit Ausn von §§ 664, 671)	§ 675	→	Rn 1
a. Aufwendungsersatz des Geschäftsbesorgers	§ 675 § 670	→ →	Rn 1 Rn 2
aa. Begriff der Aufwendungen	§ 670	→	Rn 2
bb. Erforderlichkeit der Aufwendungen	§ 670	→	Rn 4
b. Ggf Schadensersatzanspruch des Geschäftsbesorgers	§ 675 *670* *(analog)*	→ →	Rn 1 Rn 3, 5
3. Informationspflichten öffentlich besteller Geschäftsbesorger und von Kreditinstituten	§ 675a	→	Rn 2
4. Kündigung von Übertragungsverträgen bzgl Werpapiere	§ 676	→	Rn 2

III. Beweislast

Keine Besonderheiten gegenüber der Anwendung der allgem Regeln

§ 675 Entgeltliche Geschäftsbesorgung. [1] **Auf einen Dienstvertrag oder einen Werkvertrag, der eine Geschäftsbesorgung zum Gegenstand hat, finden, soweit in diesem Untertitel nichts Abweichendes bestimmt wird, die Vorschriften der §§ 663, 665 bis 670, 672 bis 674 und, wenn dem Verpflichteten das Recht zusteht, ohne Einhaltung einer Kündigungsfrist zu kündigen, auch die Vorschriften des § 671 Absatz 2 entsprechende Anwendung.**

[2] **Wer einem anderen einen Rat oder eine Empfehlung erteilt, ist, unbeschadet der sich aus einem Vertragsverhältnis, einer unerlaubten Handlung oder einer sonstigen gesetzlichen Bestimmung ergebenden Verantwortlichkeit, zum Ersatz des aus der Befolgung des Rates oder der Empfehlung entstehenden Schadens nicht verpflichtet.**

Basedow Transparenz als Prinzip des (Versicherungs)-Vertragsrecht VersR 1999, 1045; *Binder* Zur Verbuchung eines Zahlungseingangs auf einem nach Kündigung des Girovertrages nur intern weitergeführten Girokonto EWiR 2007, 301; *Brömmelmeyer* Zur Verpflichtung von Sparkassen und privaten Banken, ein Konto zu eröffnen WuB I B 6 Sonstiges 1.04; *Brügmann* Das Recht auf ein Girokonto im System des Verbraucherschutzes ggü Banken (1999); *Derleder* Zum Anspruch auf Abschluss eines Girovertrages bei abgegebener Selbstverpflichtungserklärung EWiR 2003, 963; *Eggers/Goerth* Die Haftung des Bankkunden für unbefugte Abhebungen mittels ec-Karte und PIN – BGH, NJW 2004, 3623; JuS 2005, 492; *Einsele* BGH: Keine Kündigung des Überweisungsvertrags nach endgültiger Überlassung zur Gutschrift – auch bei erloschenem Girovertrag mit dem Empfänger LMK 2007, 216709; *ders* BGH: Zulässigkeit von Teilkündigungen bei Giro- und anderen Bankverträgen LMK 2006, I, 75; *Erfurth* Haftung für Missbrauch von Legitimationsdaten durch Dritte beim Online-Banking, WM 2006, 2198; *Geschwandtner/Bornemann* Girokonto für jedermann. Vertragsabschlussfreiheit, Selbstregulierung oder gesetzlicher Zwang? NJW 2007, 1253; *Gößmann* Zur Nachfragepflicht der Empfängerbank und zur drittschützenden Wirkung des Bankabkommens zum Überweisungsverkehr, WuB I D 1 Überweisungsverkehr 3.02; *Hadding* Zur zivilrechtlichen Beurteilung des Lastschriftverfahrens, in: FS Bärmann, 1975, 375; *ders* Leistungsstörungen und Rückgriff nach dem neuen Überweisungsrecht WM 2000, 2465; *Hellner* Zur Verpflichtung der Bank zum Abgleich von Kontonummer und Empfängername beim beleglosen Datenträgeraustausch, WuB I D 1 Überweisungsverkehr 5.02; *Hoffmann* Inhalt und Rechtsfolgen der Verordnung über grenzüberschreitende Zahlungen in Euro WM 2002, 1517; *Hoffmann/Petrick* Von Fehlzeiten und Umsetzungsdefiziten – § 676h und die Fernabsatzrichtlinie ZBB 2003, 343; *Kocher* Informationspflichten des europäischen Verbrauchervertragsrechts in der deutschen Rechtsgeschäftslehre ZEuP 2006, 785; *dies* Sammelklagen zur Verbesserung des Zugangs zum Rechtsschutz, Anm zur Entscheidung des BGH vom 14.11.2006 VuR 2007, 275; *Kohte* Effektiver Schuldnerschutz und rechtssichere Verfahrensgestaltung bei der Kontenpfändung – rechtssystematische, rechtsvergleichende und rechtspolitische Analysen und Vorschläge (2004); *Kohte/Busch* Anspruch auf Erteilung von Kontoauszügen aus Girovertrag wird von Kontenpfändung nicht als Nebenanspruch erfasst VuR 2006, 66; *Köndgen* Die Entwicklung des privaten Bankrechts in den Jahren 1999–2003 NJW 2004, 1288; *Kümpel* Zur Bankenhaftung nach dem neuen Überweisungsrecht WM 2000, 797; *Löhnig/Würdinger* Zum Phishingrisiko: Bereicherungsausgleich und Stornierungsrecht nach Nr 8 Abs 1 AGB-Banken, WM 2007, 961; *Meder* Annahme durch Schweigen bei Überweisungsvertrag und Gutschrift JZ 2003, 443; *Möschel* Dogmatische Strukturen des bargeldlosen Zahlungsverkehrs AcP 186 (1986) 187; *Nobbe* Die Rechtsprechung des Bundesgerichtshofs zum Überweisungsverkehr WM 2001 Sonderbeilage 4, 2; *Pauli* Wenn der Empfänger zur (Konto)Nummer wird, NJW 2008, 2229; *Piekenbrock* Lastschrift und

Insolvenz – Ein Beitrag zur Dogmatik der Einzugsermächtigung KTS 2007, 179; *Reiff* Zur Gebührenklausel für Barabhebungen und Überweisungen per Beleg, EWiR 2004, 585; *Schinkels* Warum die Geldkarte keine Zahlungskarte im Sinne des § 676h ist – Zur Belastung des berechtigten Inhabers der Geldkarte mit dem Drittmissbrauchsrisiko schon durch dispositives Recht WM 2005, 450; *Seibert* Verzug, Mahnung und Warnobliegenheit beim Überweisungsvertrag NJW 2006, 2357; *Sonnenhol* Änderungen der AGB-Banken zum 1. Januar 2000 WM 2000, 853; *Spindler* Haftungsrisiken und Beweislast bei ec-Karten BB 2004, 2766; *Strube* Aktivlegitimation der Verbraucherzentrale für Sammelklage nach Forderungsabtretung VuR 2005, 232; *Wackerbarth,* Die Haftung für zwischengeschaltete Banken im mehrgliedrigen Überweisungsverkehr ZIP 2000, 1187.

A. Entgeltliche Geschäftsbesorgung.. Das Überweisungsgesetz von 1999 fasste die bisherigen §§ 675 und 676 in einer Norm zusammen. Die Vorschrift über die entgeltliche Geschäftsbesorgung wurde Abs 1; der bisherige § 676 wurde Abs 2. Das Schuldrechtsmodernisierungsgesetz hat allerdings die bisher in § 675 Abs 2 aF enthaltene VO-Ermächtigung nach Art 239 EGBGB verschoben. § 675 behandelt den Vertragstypus der entgeltlichen Geschäftsbesorgung. Dabei handelt es sich um eine selbständige Tätigkeit wirtschaftlicher Art, für die ursprünglich der Geschäftsherr selbst zu sorgen hatte, die ihm aber durch einen anderen (den Geschäftsführer) abgenommen wird (BGHZ 45, 223). Der Begriff der Geschäftsbesorgung ist in § 675 enger zu verstehen als in § 662. In Betracht kommt jede fremdnützige Tätigkeit, gleich welcher Art, insbes für die **Wahrnehmung fremder Vermögensinteressen** (Prozessführung, Vermögensverwaltung und Ähnliches). Soweit keine speziellen Regelungen Anwendung finden, erklärt § 675 Vorschriften des Auftragsrechts für anwendbar. Nicht anwendbar ist jedoch § 664; Geschäftsbesorgungen sind also uneingeschränkt übertragbar, soweit nichts anderes vereinbart ist. Auch die Kündigungsregelung des § 671 gilt nicht für den entgeltlichen Geschäftsbesorgungsvertrag. Dies geht darauf zurück, dass der Geschäftsbesorgungsvertrag als Dienst- oder Werkvertrag definiert ist; ein entspr Dienstvertrag wäre nach Maßgabe der §§ 621, 622 kündbar, ein Werkvertrag dagegen nur im Ausnahmefall. § 672 Abs 1 sieht eine bes Bestimmung für die Kündigung durch den Geschäftsführer vor, die vertraglich vereinbart sein kann. 1

B. Rat, Empfehlung. Abs 2 übernimmt den bisherigen § 676 aF inhaltlich unverändert. Indem die Vorschrift eine gesetzliche Haftung für die Erteilung eines Rats oder einer Empfehlung ausschließt, verweist sie für eine eventuelle Haftung für unrichtige Beratungen auf die allg Vorschriften. Sie enthält eine Regelung für die Beweis- und Darlegungslast; wer bei Erteilung eines Rats oder einer Empfehlung von einer haftungsbegründenden Pflicht ausgeht und hierauf einen Anspruch stützt, wird die dafür notwendigen Umstände darzulegen und zu beweisen haben. Eine Beratungspflicht und eine entspr Haftung können sich aus einem Vertragsverhältnis ergeben. Nach st Rspr des BGH kommt zwischen einer Bank und ihrem Kunden ein Beratungsvertrag konkludent zustande, wenn (gleichgültig ob auf Initiative des Kunden oder der Bank) im Zusammenhang mit einer Kapitalanlage-, Finanzierungs- oder Kreditentscheidung tatsächlich eine Beratung stattfindet (s zB BGHZ 123, 126; BGH WM 2004, 422; BGH DB 2007, 2591 ff). Es muss im Rahmen eingehender Vertragsverhandlungen und auf Befragen des Kunden ein ausdrücklicher Rat, dh eine fachmännische Bewertung und Empfehlung erteilt worden sein (BGH WM 1987, 531). IE kommt es auf die Art des Geschäfts an, insbes darauf, ob das zu finanzierende Vorhaben spezielle Risiken birgt oder die Bank einen Wissensvorsprung hat (BGH WM 1999, 678 ff). Ein konkludenter Beratungsvertrag kommt zB in Betracht, wenn ein Anlageinteressent einer Sparkasse ggü deutlich macht, dass er deren Kenntnisse und Verbindungen für seine Anlageentscheidung in Anspruch nehmen will (BGHZ 100, 117 ff). Ähnliches gilt im Kontext von Kaufverhandlungen. 2

§ 675a Informationspflichten.

[1] Wer zur Besorgung von Geschäften öffentlich bestellt ist oder sich dazu öffentlich erboten hat, stellt für regelmäßig anfallende standardisierte Geschäftsvorgänge (Standardgeschäfte) schriftlich, in geeigneten Fällen auch elektronisch, unentgeltlich Informationen über Entgelte und Auslagen der Geschäftsbesorgung zur Verfügung, soweit nicht eine Preisfestsetzung nach § 315 erfolgt oder die Entgelte und Auslagen gesetzlich verbindlich geregelt sind. Kreditinstitute (§ 1 Absatz 1 des Gesetzes über das Kreditwesen) haben zusätzlich Informationen über Ausführungsfristen, Wertstellungszeitpunkte, Referenzkurse von Überweisungen und weitere in der Verordnung nach Artikel 239 des Einführungsgesetzes zum Bürgerlichen Gesetzbuche bestimmte Einzelheiten in der dort vorgesehenen Form zur Verfügung zu stellen; dies gilt nicht für Überweisungen der in § 676c Absatz 3 bezeichneten Art.

[2] Im Sinne dieses Titels stehen Kreditinstituten gleich:

1. **die Deutsche Bundesbank,**
2. **andere Unternehmen, die gewerbsmäßig Überweisungen ausführen, und**
3. **inländische Zweigstellen von Kreditinstituten und anderen Unternehmen mit Sitz im Ausland, die gewerbsmäßig Überweisungen ausführen**

A. Allgemeines. Informationspflichten für die Verbraucher sind ein wesentliches und zentrales Element des europäischen Verbraucherschutzes. § 675a wurde mit Umsetzung der Fernabsatzrichtlinie 2002/65/EG in das 1 deutsche Recht eingeführt. Bis zum 01.01.2002 waren die Regelungen lediglich auf Auslandsüberweisungen in die EU und den EWR anwendbar. Seither sind sie auch für Inlandsüberweisungen heranzuziehen. Einzelheiten zu Umfang und Form der Pflichtangaben regeln die §§ 12, 13 BGB-InfoVO, die auf Grund von Art 239 EGBGB erlassen wurden. Im Gegensatz zu § 666, der die Auskunft nach Abwicklung des Auftrags behandelt, regelt § 675a Geschäftsanbahnungsinformationen.

2 **B. Regelungsinhalt. I. Informationspflicht bei Standardgeschäften. 1. Verpflichtete.** Verpflichtet sind alle Institutionen, die Geschäftsbesorgungen im Sinne des § 675, also insbes Bankgeschäfte wie Überweisungen oder das Führen von Girokonten anbieten. Der Anwendungsbereich der Norm geht aber über das Bankvertragsrechts hinaus. Er ist nicht auf Verbrauchergeschäfte beschränkt. Voraussetzung ist allerdings, dass der Verpflichtete öffentlich bestellt ist oder sich öffentlich zur Geschäftsbesorgung erboten hat. Diese Begriffe sind wie in § 663 auszulegen (vgl BTDrs 14/745, 15). Ein »öffentliches« Erbieten liegt vor, wenn ggü einer unbestimmten Zahl von Personen geworben wird, wie zB durch Zeitungsanzeigen, verteilte Prospekte oder Schilder an einem Haus.

3 **2. Standardgeschäfte.** Die Informationspflicht gilt für alle Standardgeschäfte. Nach der Legaldefinition des Abs 1 S 2 handelt es sich dabei um alle regelm anfallenden standardisierten Geschäftsvorgänge. Der Begriff des Geschäftsvorgangs ist dabei weit auszulegen. Er erfasst nicht nur die Leistungen der Geschäftsbesorgung selbst, sondern auch interne Vorgänge beim Geschäftsbesorger. Maßgeblich für die Anwendung der Informationspflicht ist, ob für die standardisierte Tätigkeit Entgelte oder Auslagen berechnet werden. Die Geschäftsvorgänge müssen im Geschäftsbetrieb des Anbieters regelm anfallen und standardisiert sein. Nicht erforderlich ist, dass die Tätigkeit im Rahmen der konkreten Geschäftsbesorgung für einen bestimmten Kunden regelm anzustellen ist. Eine Standardisierung ist ein tatsächliches Indiz dafür, dass der Vorgang regelm getätigt wird. Als Beispiel für ein Standardgeschäft nennt S 2 im Bereich der Bankgeschäfte die Überweisung. Die Vorschrift gilt insofern auch für Überweisungsverträge und Giroverträge. Die Vorschrift ist nicht heranzuziehen, soweit eine Preisfestsetzung nach § 315 erfolgt oder die Entgelte und Auslagen gesetzlich verbindlich geregelt sind.

4 **3. Gegenstand und Form der Informationspflicht.** Zu informieren ist über **Entgelte und Auslagen** der Geschäftsbesorgung. Abs 1 S 2 bestimmt in Verbindung mit §§ 12, 13 BGB-InfoVO detailliert, welche Informationen von den Kreditinstituten zu erteilen sind. Die Anlage übernimmt wörtlich Art 3 und 4 der Fernabsatz-RL. Die Bestimmung ergänzt §§ 1, 5, 6 PrAngVO. Die Informationen sind schriftlich, in geeigneten Fällen auch elektronisch, zur Verfügung zu stellen. Damit wird von den Formvorschriften der §§ 125 ff abgewichen. Ob ein Fall für eine elektronische Information geeignet ist, bestimmt sich nach der Form, in dem die Geschäftsbesorgung öffentlich gemacht wird. Denn Sinn und Zweck der Informationspflicht ist es, dass die Kunden auf dieselbe Art und Weise, wie sie von dem Angebot der Geschäftsbesorgung erfahren, auch Kenntnis über die Preise erlangen. Die schriftliche Information kann zB durch einen Aushang erfolgen (BTDrs 14/745, 15). Die Informationen können bei entspr optischer Gestaltung in ein allg Klauselwerk »Allg Geschäftsbedingungen« einbezogen werden (vgl *Kocher* ZEuP 2006, 785). Sie können so mit ohnehin anfallenden Informationen verbunden werden und zB in dem (ergänzten) **Leistungsverzeichnis** enthalten sein, das Leistungsanbieter nach § 5 PrAngVO in ihren Geschäftslokalen anzubringen haben. Die Angaben können auch auf dem Kontoauszug wiedergegeben werden. Werden die Informationen mit anderen Informationen verbunden, ist bes darauf zu achten, dass sie dennoch klar und leicht verständlich sind (s auch *Basedow* VersR 1999, 1052 ff).

5 **II. Informationspflichten von Kreditinstituten und Gleichgestellten. 1. Verpflichtete.** Für Kreditinstitute im Sinne des § 1 Abs 1 S 1 KWG konkretisiert Abs 1 S 2 die Informationspflicht. Hierunter fallen alle Unternehmen, die Bankgeschäfte gewerbsmäßig oder in einem Umfang betreiben, der einen in kaufmännischer Weise eingerichteten Geschäftsbetrieb erfordert; § 1 Abs 1 S 2 KWG definiert iE die Bankgeschäfte. Den Kreditinstituten nach § 1 Abs 1 KWG werden in § 675a Abs 2 die Deutsche Bundesbank und alle anderen Institute, die gewerbsmäßig Überweisungen ausführen, gleichgestellt. Nr 2 stellt dabei die Auffangvorschrift und weiteste Regelung dar. Nr 3 enthält dazu noch eine Klarstellung dahingehend, dass auch inländische Zweigstellen ausländischer Unternehmen erfasst werden. Verpflichtet nach § 675a Abs 1 S 2 sind also alle Institutionen, die bestimmte banktypische Geschäftsbesorgungen anbieten. Die erweiterten Pflichten gelten nicht für Überweisungen, die unter § 676c Abs 3 fallen, also für Überweisungen durch Kreditinstitute, Überweisungen mit einem Betrag über 75.000 € oder Überweisung auf ein Konto eines Kreditinstituts mit Sitz außerhalb der EU oder des EWR.

6 **2. Gegenstand der Informationspflicht.** Für die so definierten Kreditinstitute gelten sowohl hinsichtlich des Umfangs der Informationspflicht als auch hinsichtlich der erforderlichen Form der Information Besonderheiten. Auch diese Informationspflichten werden in **§§ 12, 13 BGB-InfoVO** konkretisiert. Danach ist zu informieren über die Zeitspanne bis zur Gutschrift auf dem Empfängerkonto, die Berechnungsweise der zu zahlenden Entgelte, das Wertstellungsdatum, ein Beschwerdeverfahren, den zu verwendenden Referenz- bzw Wechselkurs sowie über die Aufteilung der Kosten zwischen Überweisendem und Empfänger. Abw von S 1 sind diese Informationen durch Kreditinstitute in Textform und in leicht verständlicher Form teils vor und

teils nach Ausführung einer Überweisung zur Verfügung zu stellen. Als Beispiel für ein Standardgeschäft nennt S 2 im Bereich der Bankgeschäfte ausdrücklich die Überweisung. Dabei trifft S 2, 2. Hs eine spezielle Regelung für Überweisungen im Sinne des § 676c Abs 3, dh für Überweisungen im Interbankenverkehr (Nr 1), Überweisungen eines höheren Betrags als 75.000 Euro (Nr 2) sowie Überweisungen auf Konten außereuropäischer Institute (Nr 3). Sinn dieser Ausnahmen ist es, die Anwendung auf typische verbraucherrechtliche Konstellationen mit entspr Schutzbedürfnissen zu beschränken.

III. Rechtsfolgen. § 675a Abs 1 gibt dem Kunden zunächst einen **individuellen Informationsanspruch** 7 (BTDrs 14/745, 15). Darüber hinaus kann die Verletzung der Informationspflichten Schadensersatzansprüche nach den §§ 280, 241 Abs 2, 311 Abs 2 auslösen. Auch deliktische Ansprüche nach § 823 Abs 2 können in Betracht kommen, genau wie wettbewerbsrechtliche Unterlassungsansprüche oder Klagen nach dem UKlaG. Die Transparenzvorschriften stellen gleichzeitig Anforderungen an die zumutbare Kenntnisnahme iSv § 305 Abs 2 Nr 2 auf (*Hoffmann* WM 2002, 1528). Werden Konditionen im Widerspruch zu den Anforderungen aus den Informationspflichten in Allgemeine Geschäftsbedingungen aufgenommen, so sind sie als »überraschende Klausel« im Sinne des § 305c Abs 1 anzusehen (*Kocher* ZEuP 2006, 785).

§ 676 Kündigung von Übertragungsverträgen.

Die Kündigung eines Geschäftsbesorgungsvertrags, der die Weiterleitung von Wertpapieren oder Ansprüchen auf Herausgabe von Wertpapieren im Wege der Verbuchung oder auf sonstige Weise zum Gegenstand hat (Übertragungsvertrag), ist nur wirksam, wenn sie dem depotführenden Unternehmen des Begünstigten so rechtzeitig mitgeteilt wird, dass die Kündigung unter Wahrung der gebotenen Sorgfalt noch vor der Verbuchung auf dem Depot des Begünstigten berücksichtigt werden kann. Die Wertpapiere oder die Ansprüche auf Herausgabe von Wertpapieren sind in diesem Fall an das erstbeauftragte Unternehmen zurückzuleiten. Im Rahmen von Wertpapierlieferungs- und Abrechnungssystemen kann ein Übertragungsvertrag abweichend von Satz 1 bereits von dem in den Regeln des Systems bestimmten Zeitpunkt an nicht mehr gekündigt werden.

A. Allgemeines. Ursprünglich fanden sich keine speziellen Regelungen über den Zahlungsverkehr im BGB. 1 Die aktuelle Rechtslage geht auf das Gemeinschaftsrecht zurück. Die §§ 675a-676h wurden durch das Überweisungsgesetz von 1999 (BGBl I 1642; RegE BTDrs 14/745) eingeführt. Zu beachten sind auch die gemeinschaftsrechtlichen Empfehlungen zu Kreditkarten (Empfehlung 88/590/EWG vom 17.11.1998) und zu Zahlungsinstrumenten (Empfehlung 97/489/EG vom 30.07.1997). § 676 beruht auf der RL 98/26/EG vom 19.05.1998 über die Wirksamkeit von Abrechnungen in Zahlungs- sowie Wertpapierlieferungssystemen. Diese RL erfüllte wiederum den Auftrag der Überweisungsrichtlinie 97/5/EG, Vorschriften für den Interbankenverkehr vorzusehen, um das **Systemrisiko in Zahlungssystemen** zu regeln. Die Zahlungssystemrichtlinie statuiert insofern systeminterne Vorschriften über die Ausführung von Überweisungen oder Wertpapierübertragung mit Rechtsverbindlichkeit nach außen. Art 3 und 5 der Zahlungssystemrichtlinie 98/26/EG sahen vor, dass Zahlungs- und Übertragungsaufträge nur zu den im jeweiligen System festgelegten Bedingungen während der Ausführung einer Überweisung oder Wertpapierübertragung einseitig beendet werden dürfen. Der deutsche Gesetzgeber verzahnte diese Regelungen mit den Vorschriften der Überweisungsrichtlinie, also mit der Berechtigung des Auftraggebers, den Auftrag zu kündigen, einerseits und mit der Verpflichtung des Kreditinstituts des Begünstigten andererseits, den erhaltenen Geldbetrag spätestens zum Ablauf des auf den Eingang folgenden Tages auszukehren (BTDrs 14/745). Die nach der Überweisungsrichtlinie zu begründenden Rückgriffsansprüche wurden dem Zahlungsvertrag (§ 676e) zugeordnet.

B. Regelungsinhalt. I. Übertragungsvertrag. Der Übertragungsvertrag ist ein Geschäftsbesorgungsvertrag 2 zwischen Kreditinstituten, der die Weiterleitung von Wertpapieren oder Ansprüchen auf **Herausgabe von Wertpapieren** im Wege der Verbuchung oder auf sonstige Weise zum Gegenstand hat (vgl auch Art 2i der Zahlungssicherungsrichtlinie; zum Begriff des Wertpapiers s Abschnitt B des Anhangs der RL 93/22/EWG). Erfasst ist insbes die Übertragung von sammelverwahrten Wertpapieren von einem Kunden auf einen anderen auf Grund eines entspr Auftrags, nicht aber die Lieferung im Rahmen börslicher und außerbörslicher Kaufgeschäfte (BTDrs 14/745, 26). Geregelt sind nur Verträge im Interbankenverkehr, nicht aber Verträge zwischen Kreditinstituten und ihren Kunden. Die zwischengestalteten Kreditinstitute sind im mehrgliedrigen Überweisungsverkehr keine Boten, sondern selbstständige Vertragspartner. Anders ist dies nur, wenn im örtlichen Zahlungsverkehr lediglich die Abrechnungsstelle der jeweiligen Landeszentralbank zwischengeschaltet ist; diese ist nur Botin (*Nobbe* WM 2001 Sonderbeilage 4, 18).

II. Rechtsfolgen. 1. Wirksamkeit von Kündigungen. Die Vorschrift regelt ausschließlich die Kündigungs- 3 möglichkeit des Übertragungsvertrags; alles andere unterliegt der freien Vereinbarung. Es handelt sich um eine **Spezialregelung zu §§ 675.** Die Kündigung ist nur wirksam, wenn sie dem depotführenden Unternehmen des Begünstigten so rechtzeitig mitgeteilt wird, dass die Kündigung unter Wahrung der gebotenen Sorgfalt noch vor der Verbuchung auf dem Depot des Begünstigten berücksichtigt werden kann. Eine Kündigung, die nicht den Anforderungen entspricht, ist nichtig. Das beauftragte Unternehmen bleibt zur Durchführung verpflichtet und macht sich bei Nichtausführung schadensersatzpflichtig. Im Falle einer wirksamen Kündigung sind die Wertpapiere oder die Ansprüche auf Herausgabe von Wertpapieren an das erstbeauftragte Unternehmen zurückzuleiten (§ 676 S 2).

4 **2. Anwendung in Wertpapierlieferungs- und Abrechnungssystemen.** Im Rahmen von Wertpapierlieferungs- und Abrechnungssystemen kann der Kündigungszeitpunkt vorverlegt werden. Abw von S 1 ist eine Kündigung dann bereits von dem in den Regeln des Systems bestimmten Zeitpunkt an unzulässig. Ein Wertpapierlieferungs- und Abrechnungssystem im Sinne des Artikel 2 a) der Zahlungssicherungsrichtlinie betrifft eine förmliche Vereinbarung, die ohne Mitrechnung einer etwaigen Verrechnungsstelle, zentralen Vertragspartei oder Clearingstellen oder eines etwaigen indirekten Teilnehmers zwischen mindestens drei Teilnehmern getroffen wurde und gemeinsame Regeln und vereinheitlichte Vorgaben für die Ausführung von Zahlungs- bzw Übertragungsaufträgen zwischen den Teilnehmern vorsieht. Zahlungssysteme arbeiten auf der Grundlage verschiedener, insbes multilateraler Formen der Aufrechnung (netting) von Zahlungsaufträgen. Jeder, der ein berechtigtes Interesse hat, kann von einem Institut Auskunft über die Systeme verlangen, an denen es beteiligt ist, sowie über die wesentlichen Regeln für das Funktionieren dieser Systeme (Art 10 der Zahlungssicherungs-RL; s dort auch die Benennung durch die Mitgliedstaaten).

Kapitel 2 Überweisungsvertrag

Checkliste: Überweisungsvertrag (§§ 676a – 676c)

I. Vertragsschluss	§ 676a	→	Rn 5
1. Angebot und Annahme, »Überweisungsauftrag«	§ 676a	→	Rn 5
2. Mitteilung von Angaben durch Überweisenden	§ 676a	→	Rn 6 f
II. Kündigung	§ 676a	→	Rn 9 ff
III. Gegenstand/Inhalt des Vertrags	§ 676a	→	Rn 2
1. Vertragspflicht des Kreditinstituts: Gutschrift	§ 676a	→	Rn 2 f
2. Pflicht bei Bareinzahlung	§ 676a	→	Rn 4
3. Auseinanderfallen von Empfängername und Kontonummer	§ 676a	→	Rn 7
4. Ausführungsfrist	§ 676a	→	Rn 8
IV. Haftung bei Leistungsstörungen			
1. fehlerhafte Überweisung	§ 676a	→	Rn 1 f
a. Missbrauch von Daten durch Dritte, Missbrauch von Zahlungskarten	§ 676b	→	Rn 4 f
	§ 676h	→	Rn 3
b. Beweislast	§ 676b	→	Rn 4
2. verspätete Überweisung	*§§ 676b, c*		
3. verlorene/nicht ausgeführte Überweisung	*§§ 676b, c*		
4. Verschuldensunabhängige Haftung	*§§ 676b, c*		
a. Schadensersatz	§§ 676b, c	→	Rn 1
b. Beweislast für Pflichtverletzung	§ 676c	→	Rn 2
c. Höhere Gewalt	*§ 676c*		
V. Haftung in einer Überweisungskette	*§§ 676c, d, e*		
VI. Beweislast			
Keine Besonderheiten gegenüber allg Regeln			

§ 676a Vertragstypische Pflichten beim Überweisungsvertrag; Kündigung. **[1] Durch den Überweisungsvertrag wird das Kreditinstitut (überweisendes Kreditinstitut) gegenüber demjenigen, der die Überweisung veranlasst (Überweisender), verpflichtet, dem Begünstigten einen bestimmten Geldbetrag zur Gutschrift auf dessen Konto beim überweisenden Kreditinstitut zur Verfügung zu stellen (Überweisung) sowie Angaben zur Person des Überweisenden und einen angegebenen Verwendungszweck, soweit üblich, mitzuteilen. Soll die Gutschrift durch ein anderes Kreditinstitut erfolgen, ist das überweisende Kreditinstitut verpflichtet, den Überweisungsbetrag rechtzeitig und, soweit nicht anders vereinbart, ungekürzt dem Kreditinstitut des Begünstigten unmittelbar oder unter Beteiligung zwischengeschalteter Kreditinstitute zu diesem Zweck zu übermitteln und die in Satz 1 bestimmten Angaben weiterzuleiten. Der Überweisende kann, soweit vereinbart, dem Kreditinstitut den zu überweisenden Geldbetrag auch in bar zur Verfügung stellen.**

[2] Soweit keine anderen Fristen vereinbart werden, sind Überweisungen baldmöglichst zu bewirken. Es sind

1. grenzüberschreitende Überweisungen in Mitgliedstaaten der Europäischen Union und in Vertragsstaaten des Abkommens über den Europäischen Wirtschaftsraum, die auf deren Währung oder Währungseinheit oder auf Euro lauten, soweit nichts anderes vereinbart ist, binnen fünf Werktagen, an denen alle beteiligten Kreditinstitute gewöhnlich geöffnet haben, ausgenommen Sonnabende, (Bankgeschäftstage) auf das Konto des Kreditinstituts des Begünstigten,

2. inländische Überweisungen in Inlandswährung längstens binnen drei Bankgeschäftstagen auf das Konto des Kreditinstituts des Begünstigten und

3. Überweisungen in Inlandswährung innerhalb einer Haupt oder einer Zweigstelle eines Kreditinstituts längstens binnen eines Bankgeschäftstags, andere institutsinterne Überweisungen längstens binnen zwei Bankgeschäftstagen auf das Konto des Begünstigten

zu bewirken (Ausführungsfrist). Die Frist beginnt, soweit nichts anderes vereinbart ist, mit Ablauf des Tages, an dem der Name des Begünstigten, sein Konto, sein Kreditinstitut und die sonst zur Ausführung der Überweisung erforderlichen Angaben dem überweisenden Kreditinstitut vorliegen und ein zur Ausführung der Überweisung ausreichendes Guthaben vorhanden oder ein ausreichender Kredit eingeräumt ist.

[3] Das überweisende Kreditinstitut kann den Überweisungsvertrag, solange die Ausführungsfrist noch nicht begonnen hat, ohne Angabe von Gründen, danach nur noch kündigen, wenn ein Insolvenzverfahren über das Vermögen des Überweisenden eröffnet worden oder ein zur Durchführung der Überweisung erforderlicher Kredit gekündigt worden ist. Im Rahmen von Zahlungsverkehrssystemen kann eine Überweisung abweichend von Satz 1 bereits von dem in den Regeln des Systems bestimmten Zeitpunkt an nicht mehr gekündigt werden.

[4] Der Überweisende kann den Überweisungsvertrag vor Beginn der Ausführungsfrist jederzeit, danach nur kündigen, wenn die Kündigung dem Kreditinstitut des Begünstigten bis zu dem Zeitpunkt mitgeteilt wird, in dem der Überweisungsbetrag diesem Kreditinstitut endgültig zur Gutschrift auf dem Konto des Begünstigten zur Verfügung gestellt wird. Im Rahmen von Zahlungsverkehrssystemen kann eine Überweisung abweichend von Satz 1 bereits von dem in den Regeln des Systems bestimmten Zeitpunkt an nicht mehr gekündigt werden. Das überweisende Kreditinstitut hat die unverzügliche Information des Kreditinstituts des Begünstigten über eine Kündigung zu veranlassen.

A. Allgemeines. Die §§ 676a ff gehen auf die Überweisungsrichtlinie zurück, die insbes die Verantwortung der unmittelbar beauftragten Bank für fehlerhafte, verspätete und nicht ausgeführte Überweisungen regelt. Die §§ 676a ff weichen inhaltlich von der früheren Rspr des BGH zur Überprüfung der Allg Geschäftsbedingungen der Banken ab. Diese Rechtsgrundsätze führten in sämtlichen von der Überweisungsrichtlinie angesprochenen Fragen zu genau gegenteiligen und für den Auftraggeber ungünstigeren Ergebnissen. 1

B. Regelungsinhalt. I. Anwendungsbereich. 1. Pflichten aus dem Überweisungsvertrag (Abs 1 S 1). Durch den Überweisungsvertrag wird das Kreditinstitut (überweisendes Kreditinstitut) ggü demjenigen, der die Überweisung veranlasst (Überweisender), verpflichtet, dem Begünstigten einen bestimmten Geldbetrag zur Gutschrift auf dessen Konto beim überweisenden Kreditinstitut zur Verfügung zu stellen (Überweisung). Unterhalten der Überweisende und der Überweisungsempfänger ihre Girokonten bei verschiedenen Banken, liegt also keine Hausüberweisung vor, es entsteht ein vierseitiges Verhältnis. § 676a Abs 1 S 1 enthält die Legaldefinitionen von »überweisendes Kreditinstitut«, »Überweisender« und »Überweisung«. Es handelt sich um eine Geschäftsbesorgung mit werkvertraglichem Charakter. Nach Abs 1 schuldet das Kreditinstitut bei institutsinternen Überweisungen nicht mehr nur das Bemühen um den Überweisungserfolg, sondern die **Gutschrift**. Bei Überweisungen auf Konten eines anderen Kreditinstituts ist Gutschrift auf dem Eingangskonto des Kreditinstituts geschuldet (BTDrs 14/745, 18; *Nobbe* WM 2001 Sonderbeilage 4, 7; *Kümpel* WM 2000, 797 ff). 2

Eingangskonto ist ein Konto des Kreditinstituts des Begünstigten, auf das Überweisungen für Kunden des Kreditinstituts gutgeschrieben werden können. Es handelt sich idR um ein Konto bei der Deutschen Bundesbank, bei einer Girozentrale oder bei einem anderen Kreditinstitut. Entscheidend ist, dass der Betrag dort im Zugriff des Kreditinstituts des Begünstigten steht und zwecks Gutschrift auf dem Konto des Begünstigten oder zur Auszahlung an diesen gebucht wird (BTDrs 14/745, 18). Wird der Überweisungsauftrag von der Empfangsbank im belegbegleitenden Überweisungsverkehr durch **elektronische Datenverarbeitung** ausgeführt, entsteht die Gutschrift zu dem Zeitpunkt, zu dem nach dem Willen der Empfangsbank die Daten der Gutschrift zur vorbehaltlosen Bekanntgabe an den Überweisungsempfänger zur Verfügung gestellt werden (»Abrufpräsenz«, BGHZ 103, 145; *Möschel* AcP 186 (1986), 204). Die Eingabe der Belege in den Computer genügt nicht; es kommt darauf an, dass der Empfänger mit dem Willen der Bank unmittelbaren Zugriff auf den Datenbestand der Bank erlangt, zB durch Kontoauszugsdrucker oder durch Eintragung in der Kontokarte des Überweisungsempfängers bei der für den Verkehr mit ihm zuständigen Stelle, bzw. die Einordnung eines entspr Beleges in die Unterlagen dieser Stelle (BGHZ 103, 145). Für die Anwendung der Vorschrift ist 3 es gleichgültig, auf welchem Konto des Empfängers der Überweisungsbetrag gutgeschrieben wird. Die den Kreditinstituten in den Überweisungsvordrucken formularmäßig eingeräumte Befugnis, den Überweisungsbetrag einem **anderen Konto** des Empfängers als dem angegebenen gutzuschreiben (Fakultativklausel), benachteiligt aber den Überweisungsauftraggeber entgegen den Geboten von Treu und Glauben unangemessen und ist deshalb gemäß § 307 unwirksam (BGHZ 98, 30).

4 Nach Abs 1 S 3 kann der Überweisende dem Kreditinstitut den zu überweisenden Geldbetrag in bar zur Verfügung stellen. Bei Bareinzahlung zur Überweisung außerhalb eines bestehenden Girovertrages kommt zwischen Einzahlendem und Kreditinstitut ein eigenständiger Geschäftsbesorgungsvertrag zu Stande, aus dem sich dieselben Warnpflichten der Bank wie bei einem Girovertrag ergeben; dies gilt auch, wenn es sich um das Kreditinstitut des Überweisungsempfängers handelt (BGHZ 176, 281). Die §§ 676a ff sind auch dann anwendbar, wenn der Überweisungsbegünstigte bei der Empfängerbank kein Girokonto unterhält und deshalb eine girovertragliche Gutschrift nicht erfolgen kann. In diesem Fall hat eine Barauszahlung zu erfolgen (vgl BTDrs 14/745, 26; BGHZ 170, 121). Im Valutaverhältnis setzt die Zulässigkeit einer Überweisung zum Zwecke der Erfüllung einer Schuld, also die Tilgungswirkung nach § 362 das Einverständnis des Gläubigers voraus. Dieses kann stillschweigend erteilt werden und liegt idR darin, dass das Girokonto auf Briefen, Rechnungen uä an den Schuldner bekannt gegeben wird. Teilt der Gläubiger dem Schuldner lediglich ein bestimmtes Girokonto mit, liegt darin grds nicht das Einverständnis mit der Überweisung auch auf ein anderes Konto des Gläubigers; diese hat grds keine Tilgungswirkung (BGHZ 98, 30).

5 **2. Überweisung und Überweisungsvertrag.** Anders als nach dem bisherigen Recht ist die Überweisung kein einseitiger Auftrag (BTDrs 14/745; *Meder* JZ 2003, 443 f). Für das **Zustandekommen des Überweisungsvertrags** gelten die allg Vorschriften der §§ 145 ff, insbes § 151 (BTDrs 14/745, 18). Bei einer Barüberweisung liegt in der Bitte des Kunden, einen Geldbetrag auf ein bestimmtes Konto zu überweisen, ein Angebot. Bei der Überweisung im Rahmen eines Girovertrags liegt es in der Einreichung des Überweisungsträgers oder in der Zuleitung eines elektronischen Überweisungsauftrags. Bei einer institutsinternen Überweisung im Internetbanking ohne willentliche Zwischenschaltung der Bank (real-time-Verfahren) liegt das auf Abschluss des Überweisungsvertrages gerichtete Angebot in der Übermittlung des Überweisungsauftrages unter Verwendung der PIN und TAN. Angenommen wird das Angebot idR durch die Nachbearbeitung seitens der Bank, wobei es gemäß § 151 insoweit keines Zuganges an den Auftraggeber bedarf (Koblenz ZIP 2004, 353).

6 **3. Mitteilung von Angaben.** Nach Abs 1 S 1 sind dem Begünstigten die Angaben des Überweisenden zu seiner Person und zum Verwendungszweck mitzuteilen. S 2 stärkt in diesem Zusammenhang die Rechte des Überweisenden. Die Angabe des Verwendungszwecks auf der Überweisung ist nicht mehr nur eine Mitteilung des Zahlenden an den Zahlungsempfänger, die im Verhältnis zwischen Auftraggeber und seinem angewiesenen Kreditinstitut unbeachtlich wäre. Die Nichtübermittlung des Verwendungszwecks durch das überweisende Kreditinstitut kann dieses zum Schadensersatz ggü dem Überweisenden verpflichten. Allerdings entfällt der Zurechnungszusammenhang, wenn die Bank des Begünstigten auch bei Kenntnis des Verwendungszwecks die Verrechnung mit einem Debetsaldo auf dem Konto des Begünstigten vorgenommen hätte (Celle WM 2007, 1563).

7 Die beauftragte Bank hat beim Überweisungsauftrag in aller Regel von der angegebenen Bezeichnung des Empfängers, nicht dagegen von der Kontonummer auszugehen. Fallen Empfängerbezeichnung und Kontonummer auseinander, ist die **Empfängerbezeichnung maßgebend**; sie ermöglicht eine wesentlich sicherere Individualisierung (BGH WM 1987, 531 mwN; BGH NJW 2003, 1389; *Pauli* NJW 2008, 2229). Existiert die im Überweisungsauftrag angegebene Kontonummer des Zahlungsempfängers nicht, ist für die Empfängerbank die Empfängerbezeichnung maßgebend; anders lautende Regelungen in Allg Geschäftsbedingungen sind nach § 307 Abs 1 ABGB unwirksam (BGH NJW 1987, 1825; 2003, 1389). Anders kann dies zu beurteilen sein, wenn sowohl Auftraggeber wie Empfänger der Überweisung Banken sind (BGHZ 108, 386). Auch ist beim beleglosen Austausch von Datenträgern ein Verzicht auf den Abgleich zwischen Kontonummer und Empfängernamen jedenfalls dann zulässig, wenn der Überweisende Unternehmer iSv § 14 ist (BGH WM 2006, 28; weiter gehend *Hellner* WuB I D 1 Überweisungsverkehr 5.02; Düsseldorf ZIP 2003, 1139; AG München NJW 2008, 2275; aA Jena WM 2001, 2005). Online erteilte Überweisungsaufträge, insbes wenn es sich um Aufträge von Verbrauchern handelt, sind jedoch der Datenfernübertragung bzw dem Magnetband-Clearing-Verfahren nicht gleich zu stellen; bei ihnen kann in AGB nicht auf den Abgleich verzichtet werden (BGH WM 2006, 28; Pauli aaO; aA AG München NJW 2008, 2275 f; s aber Art 74 der noch nicht umgesetzten Zahlungsdiensterichtlinie 2007/64/EG). Fällt der Empfängerbank in der Nachbearbeitung der Gutschrift eine Divergenz zwischen Empfängernamen und Kontonummer auf, so darf sie eine erteilte Gutschrift nach Nr 8 AGB-Sparkassen **stornieren** (Düsseldorf ZIP 2003, 1139).

8 **II. Ausführungsfrist.** Überweisungen sind baldmöglichst zu bewirken. Je nachdem, zwischen welchen Instituten die Überweisung abgewickelt wird, enthält das Gesetz unterschiedliche Höchstfristen. **Werktage** oder **Bankgeschäftstage** sind dabei Tage, an denen alle beteiligten Kreditinstitute gewöhnlich geöffnet haben, ausgenommen Sonnabende. Das Kreditinstitut des Begünstigten wiederum ist verpflichtet, den bei ihm eingegangenen Überweisungsbetrag spätestens mit Ablauf des auf den Eingang des Betrags auf seinem Konto fol-

genden Tages dem Konto des Begünstigten gutzuschreiben. Die **Frist** beginnt, soweit nichts anderes vereinbart ist, mit **Ablauf des Tages**, an dem der Auftraggeber seinem Kreditinstitut alle erforderlichen Informationen und die finanzielle Deckung zur Verfügung gestellt hat (BTDrs 14/745, 14).

III. Kündigung. 1. Kündigung durch das Kreditinstitut (Abs 3). Nach der Überweisungsrichtlinie darf das Kreditinstitut den Überweisungsvertrag nach dem Tag der Annahme nicht mehr kündigen. Andernfalls könnte sich das Kreditinstitut durch Kündigung seinen Verpflichtungen entziehen (BTDrs 14/745, 19 f). Abs 3 schließt die Kündigung insoweit aus. 9

2. Kündigung durch den Überweisenden (Abs 4). Der Überweisende kann den Überweisungsvertrag vor Beginn der Ausführungsfrist jederzeit kündigen. Nach diesem Zeitpunkt ist die Kündigung jedoch nur möglich, wenn sie dem Kreditinstitut des Begünstigten bis zu dem Zeitpunkt mitgeteilt wird, in dem der Überweisungsbetrag diesem Kreditinstitut endgültig zur Gutschrift auf dem Konto des Begünstigten zur Verfügung gestellt wird. Entspr ist nach § 676d Abs 2 S 1 ein Überweisungsrückruf durch die Überweisungsbank nur möglich und von der Empfängerbank zu beachten, wenn ihr die entspr Mitteilung zugeht, bevor ihr der Überweisungsbetrag endgültig zur Gutschrift auf dem Konto des Begünstigten zur Verfügung gestellt wird. Die Möglichkeit zum Rückruf der Überweisung ggü der bisherigen Rechtslage, nach der ein Rückruf noch bis zur vorbehaltlosen Gutschrift auf dem Konto des Begünstigten möglich war (vgl BGH WM 2000, 25), ist damit eingeschränkt worden (BGHZ 170, 121; BTDrs 14/745, 20). Grund der Beschränkung ist nicht nur der Schutz des Begünstigten, sondern insbes der Empfängerbank, die sich bereits mit dem Zahlungseingang einem Anspruch des Begünstigten auf Herausgabe bzw auf Gutschrift ausgesetzt sieht. 10

3. Zahlungsverkehrssysteme. Im Rahmen von Zahlungsverkehrssystemen kann eine Überweisung abw von S 1 bereits von dem in den Regeln des Systems bestimmten Zeitpunkt an nicht mehr gekündigt werden. Das überweisende Kreditinstitut hat zu veranlassen, dass das Kreditinstitut des Begünstigten unverzüglich über eine Kündigung informiert wird. Die Norm ist zu Lasten des Überweisenden nur unter den Voraussetzungen des § 676c Abs 3 abdingbar. 11

§ 676b Haftung für verspätete Ausführung; Geld-zurück-Garantie.

[1] Wird die Überweisung erst nach Ablauf der Ausführungsfrist bewirkt, so hat das überweisende Kreditinstitut dem Überweisenden den Überweisungsbetrag für die Dauer der Verspätung zu verzinsen, es sei denn, dass der Überweisende oder der Begünstigte die Verspätung zu vertreten hat. Der Zinssatz beträgt fünf Prozentpunkte über dem Basiszinssatz im Jahr.

[2] Das überweisende Kreditinstitut hat von ihm selbst oder von einem der zwischengeschalteten Kreditinstitute entgegen dem Überweisungsvertrag einbehaltene Beträge ohne zusätzliche Entgelte und Auslagen nach Wahl des Überweisenden entweder diesem zu erstatten oder dem Begünstigten zu überweisen.

[3] Der Überweisende kann die Erstattung des Überweisungsbetrags bis zu einem Betrag von 12.500 Euro (Garantiebetrag) zuzüglich bereits für die Überweisung entrichteter Entgelte und Auslagen verlangen, wenn die Überweisung weder bis zum Ablauf der Ausführungsfrist noch innerhalb einer Nachfrist von 14 Bankgeschäftstagen vom Erstattungsverlangen des Überweisenden an bewirkt worden ist. Der Überweisungsbetrag ist in diesem Fall vom Beginn der Ausführungsfrist bis zur Gutschrift des Garantiebetrags auf dem Konto des Überweisenden mit dem in Absatz 1 Satz 2 bestimmten Zinssatz zu verzinsen. Mit dem Erstattungsverlangen des Überweisenden und dem Ablauf der Nachfrist gilt der Überweisungsvertrag als gekündigt. Das Kreditinstitut ist berechtigt, den Vertrag zu kündigen, wenn die Fortsetzung des Vertrags unter Abwägung der beiderseitigen Interessen für das Kreditinstitut nicht zumutbar ist und es den Garantiebetrag entrichtet hat oder gleichzeitig entrichtet. Der Überweisende hat in den Fällen der Sätze 3 und 4 die vereinbarten Entgelte und Auslagen nicht zu entrichten. Ansprüche nach diesem Absatz bestehen nicht, wenn die Überweisung nicht bewirkt worden ist, weil der Überweisende dem überweisenden Kreditinstitut eine fehlerhafte oder unvollständige Weisung erteilt oder wenn ein von dem Überweisenden ausdrücklich bestimmtes zwischengeschaltetes Kreditinstitut die Überweisung nicht ausgeführt hat. In dem zweiten Fall des Satz 6 haftet das von dem Überweisenden ausdrücklich bestimmte Kreditinstitut diesem anstelle des überweisenden Kreditinstituts.

[4] Ansprüche nach den Absätzen 1 bis 3 sind ausgeschlossen, wenn die Ursache für den Fehler bei der Abwicklung der Überweisung höhere Gewalt ist.

A. Allgemeines. §§ 676a ff erklären das Kreditinstitut des Auftraggebers umfassend für die Abwicklung der Überweisung verantwortlich, bis der Überweisungsbetrag dem Konto des Kreditinstituts des Begünstigten gutgeschrieben wurde. 1

B. Regelungsinhalt. I. Erfolgshaftung der Bank. Verspätung im Sinne von Abs 1 ist der Zeitraum, der zwischen dem Ablauf der Ausführungsfrist und dem Eingang des Geldbetrags auf dem Konto des Kreditinstituts des Begünstigten bzw (bei institutsinternen Überweisungen) auf dem Konto des Begünstigten verstreicht (BTDrs 14/745, 21). Hatte der Auftraggeber bei einer Überweisung verfügt, er werde alle mit der Zahlung 2 verbundenen Gebühren tragen, wird der Überweisungsbetrag aber dennoch auf dem Weg auf das Konto des Begünstigten mit **weiteren Gebühren** belastet, ist das Kreditinstitut nach Abs 2 verpflichtet, den fehlenden Betrag auf eigene Kosten nachzuüberweisen oder dem Überweisenden selbst gutzuschreiben, damit dieser die **Nachüberweisung** selbst veranlassen kann. Der Auftraggeber kann und muss sich zwischen den beiden Ansprüchen entscheiden. Macht er einen geltend, liegt darin die Ausübung eines Wahlrechts, die nach § 263 Abs 2 endgültig ist. Auch bei fehlgeleiteten Überweisungen muss sich der Überweisende nicht an die Empfängerbank halten, sondern kann Rücküberweisung unmittelbar von der überweisenden Bank verlangen.

3 Nach §§ 676a-c haftet die Bank verschuldensunabhängig für den Erfolg der Überweisung (anders für das frühere Recht BGH WM 1991, 797, NJW 1991, 2210). IE ergibt sich dies aus § 676c Abs 1 S 1. Die Haftung ist zu Lasten des Überweisenden nur unter den Voraussetzungen des § 676c Abs 3 abdingbar. **Ausgeschlossen** ist die Haftung aber bei höherer Gewalt (Abs 4). Der Begriff der höheren Gewalt wird in der Überweisungsrichtlinie unter wörtlicher Übernahme des entspr Begriffs in Art 4 Abs 6 S 2 Ziff ii der Pauschalreise-RL 90/314/EWG definiert. Deshalb lehnt sich Abs 4 in der Formulierung eng an § 651j Abs 1 an. Der Begriff der »höheren Gewalt« ist damit hier weiter und weniger kundenfreundlich als sonst im deutschen Recht. Anders als im Falle des § 651j Abs 1 kommt hier auch keine einschränkende Auslegung in Betracht, da die RL insofern Vollharmonisierung betreibt.

4 Grundsätzlich trägt die **Bank** sowohl die **Beweislast** dafür, dass der Kunde die Überweisung getätigt hat, als auch für eine etwaige Sorgfaltspflichtverletzung des Kunden beim Missbrauch von Daten durch Dritte. Zugunsten der Bank ist insofern keine Beweiserleichterung in Form des Anscheinsbeweises anzuwenden. Bei schuldhafter Verletzung einer Nebenpflicht aus dem Überweisungsvertrag kann der Bankkunde sich allerdings ggü der Bank aus § 280 Abs 1, § 241 Abs 2 und § 676f schadensersatzpflichtig machen. Hinsichtlich des anzulegenden Sorgfaltsmaßstabes ist insoweit auf die **Kenntnisse eines durchschnittlichen Kunden** abzustellen, der grds keine besonderen IT-Kenntnisse aufweisen muss. So scheidet ein Sorgfaltspflichtverstoß des Kunden im Falle von Malware, DNS-Spoofing und Pharming idR aus; im Falle von **Phishing** kommt es auf die Umstände des Einzelfalles an, insbes darauf, inwieweit ein Kunde normale Sicherheitsvorkehrungen wie die Installation und Aktualisierung von Schutzprogrammen eingehalten hat; Empfehlungen und Hinweise auf der Homepage der Bank haben insofern keinen Rechtsbindungscharakter (zB AG Wiesloch ZIP 2008, 1467 ff; weder Firewall noch ständige Aktualisierung des Virenschutzes erforderlich). Die Bank kann jedoch in ihren AGB Sorgfaltsanforderungen konkretisieren, die einer Verhinderung des Missbrauchs dienen (*Erfurth* WM 2006, 2198). Die überweisende Bank hat auch bei einem gefälschten Überweisungsauftrag kein Stornorecht. Es entsteht ein Direktkondiktionsanspruch der überweisenden Bank gegen den Zahlungsempfänger (*Erfurth* WM 2006, 2198; *Löhnig/Würdiger* aaO). Dies gilt auch für das Phishing (*Löhnig/Würdinger* WM 2007, 961; *Erfurth* aaO; Hamburg ZIP 2006, 1981).

5 **II. Rechte des Begünstigten.** Beim Überweisungsverkehr entsteht weder ein unmittelbares Vertragsverhältnis zwischen dem Empfänger und der Bank des Überweisenden, noch sind etwa die Rechtsverhältnisse des Überweisenden mit seiner Bank Verträge zugunsten des Überweisungsempfängers als eines Dritten (BGHZ 69, 82; BGH NJW 1998, 1640; ausf BGHZ 176, 281; Karlsruhe WM 2007, 300). Nach Nr 3 Abs 1 des Bankenabkommens zum Überweisungsverkehr wird bei Überweisungen ab Beträgen von 10.000 Euro, die nicht im Rahmen des normalen Geschäftsverkehrs mit dem Zahlungsempfänger liegen oder gegen deren Ordnungsmäßigkeit im Einzelfall Bedenken bestehen, vom Kreditinstitut des Empfängers zwar erwartet, dass es durch das erstbeauftragte Kreditinstitut bei dem Kontoinhaber zurückfragt. Hierbei handelt es sich jedoch um eine bloße Sollvorschrift, die für die beteiligten Kreditinstitute keine Rechtspflicht begründet und keine Schutzwirkung zugunsten des Kunden entfaltet (BGHZ 144, 245; *Gößmann* WuB I D 1 Überweisungsverkehr 3.02). Hat die Bank also nicht ausgeführt und kann der Begünstigte seine nicht erfüllte Forderung nicht mehr durchsetzen, weil der Überweisende mittlerweile einen Insolvenzantrag gestellt hat, so liegt dies im Risikobereich des Begünstigten. Nur wenn ausnahmsw die Bank des Schuldners unmittelbare Zusagen ggü einem Gläubiger gemacht hat, der nicht ihr Kunde ist, kommt eine Haftung in Betracht.

§ 676c Verschuldensunabhängige Haftung; sonstige Ansprüche.

[1] Die Ansprüche nach § 676b setzen ein Verschulden nicht voraus. Andere Ansprüche, die ein Verschulden voraussetzen, sowie Ansprüche aus ungerechtfertigter Bereicherung bleiben unberührt. Das überweisende Kreditinstitut hat hierbei ein Verschulden, das einem zwischengeschalteten Kreditinstitut zur Last fällt, wie eigenes Verschulden zu vertreten, es sei denn, dass die wesentliche Ursache bei einem zwischengeschalteten Kreditinstitut liegt, das der Überweisende vorgegeben hat. Die Haftung nach Satz 3 kann bei Überweisungen auf ein Konto im Ausland auf 25.000 Euro begrenzt werden. Die Haftung für durch die Verzögerung oder Nichtausführung der Überweisung entstandenen Schaden kann auf 12.500 Euro begrenzt werden; dies gilt nicht für Vorsatz und grobe Fahrlässigkeit, den Zinsschaden und für Gefahren, die das Kreditinstitut besonders übernommen hat.

[2] In den Fällen des Absatz 1 Satz 3 Hs 2 haftet das von dem Überweisenden vorgegebene zwischengeschaltete Kreditinstitut anstelle des überweisenden Kreditinstituts.

[3] Von den Vorschriften des § 675 Absatz 1, der §§ 676a und 676b und des Absatz 1 darf, soweit dort nichts anderes bestimmt ist, zum Nachteil des Überweisenden nur bei Überweisungen abgewichen werden,
1. deren Überweisender ein Kreditinstitut ist,
2. die den Betrag von 75.000 Euro übersteigen oder
3. die einem Konto eines Kreditinstituts mit Sitz außerhalb der Europäischen Union und des Europäischen Wirtschaftsraums gutgeschrieben werden sollen

1 Bei **gekürzter, verspäteter oder verlorener Überweisung** entstehen **Garantieansprüche** des Auftraggebers, die sich zB auf Schadensersatz für Verzugsschäden, Zinsverluste oder den Verlust eines gewährten Skontos in Betracht richten können. Mögliche Schäden können auch darin bestehen, dass dem Überweisenden durch eine verzögerte Überweisung ein lukratives Geschäft entgeht oder die verzögerte Ausführung einer Überweisung zur Zahlung der Erstprämie bei einer Versicherung zum Erlöschen des Versicherungsschutzes und damit zur Nichtdeckung eines Schadens führt (vgl BTDrs 14/745, 23). Für den Verzögerungs- und Nichtausführungsschaden kann die Haftung nach Abs 1 S 5 auf 12.500 Euro begrenzt werden; dies kann auch durch AGB geschehen. Für Auslandsüberweisungen ist eine Begrenzung auf 25.000 Euro möglich (S 4). Ein über Abs 1 hinausgehender **Schadensersatz** kann nach den allg Regeln verlangt werden (*Seibert* NJW 2006, 2357). **§ 676b** begründet gemäß § 676c Abs 1 S 2 eine **verschuldensunabhängige Garantiehaftung**; auf ein Verschulden des Kreditinstituts kommt es nicht an (*Kümpel* WM 2000, 804; *Nobbe* WM 2001 Sonderbeilage 4, 7). Die Beweislast für die Pflichtverletzung liegt allerdings beim Auftraggeber/Kunden. Da er jedoch keinen Einblick in die Buchungsunterlagen der Bank haben wird, reicht ein Verweis auf eine belegte Äußerung des Gläubigers zum Zeitpunkt der Gutschrift aus, um entspr Darlegungen zu substantiieren (*Hadding* WM 2000, 2466).

2 Bei einer Überweisungskette weist § 676c das Verlustrisiko der jeweils ersten Bank zu. Das Risiko, dass die Überweisung im Interbankenverkehr fehlschlägt, trägt das Kreditinstitut des Auftraggebers (BTDrs 14/745, 22); das erstbeauftragte Kreditinstitut hat ggü dem Auftraggeber für das Verhalten von ihm beauftragter zwischengeschalteter Kreditinstitute einzustehen. Damit kommt auch im Überweisungsrecht die Erfüllungsgehilfenhaftung des § 278 zur Anwendung (BTDrs 14/745, 13; 23; *Sonnenhol* WM 2000, 854; einschränkend *Kümpel* WM 2000, 800 f; vgl auch *Wackerbarth* ZIP 2000, 1187 zu den Einwänden gegen die Anwendung des § 278, die sich aus der Gleichrangigkeit der beteiligten Banken ergeben; gegen die Anwendung des § 278 im früheren Recht auch noch BGH NJW 1991, 2210 f). Erfüllungsgehilfen der Erstbank sind insofern alle Zwischenbanken bzw zwischengeschalteten Kreditinstitute, nicht aber die Empfängerbank (*Nobbe* WM 2001 Sonderbeilage 4, 8). Diese ist selbst nur für die Weiterleitung des Betrags verantwortlich. Die Ausgleichsansprüche unter den Banken regelt § 676e.

Kapitel 3 Zahlungsvertrag

§ 676d Vertragstypische Pflichten beim Zahlungsvertrag. **[1] Durch den Zahlungsvertrag verpflichtet sich ein zwischengeschaltetes Kreditinstitut gegenüber einem anderen Kreditinstitut, im Rahmen des Überweisungsverkehrs einen Überweisungsbetrag an ein weiteres Kreditinstitut oder an das Kreditinstitut des Begünstigten weiterzuleiten.**
[2] Das Kreditinstitut des Begünstigten ist verpflichtet, einen Überweisungsbetrag an das überweisende Kreditinstitut zurückzuleiten, wenn ihm vor dessen Eingang eine entsprechende Mitteilung durch das überweisende Kreditinstitut zugeht. Im Rahmen von Zahlungsverkehrssystemen braucht die Kündigung von dem in den Regeln des Systems festgelegten Zeitpunkt an nicht mehr beachtet zu werden.

1 Die meisten Überweisungen werden unter Einschaltung von Girozentralen oder anderen Kreditinstituten ausgeführt. Die Banken unterhalten insofern bei den Landeszentralbanken Konten, auf denen die überwiesenen Beträge abgebucht bzw. für die Empfängerbank gutgeschrieben werden. Überweisungen ins Ausland werden über die Bundesbank und die als weltweite Clearing-Stelle dienende Bank für Internationale Zusammenarbeit in Basel abgewickelt. Innerhalb der EG organisiert die Europäische Zentralbank das System TARGET (ausf bei *Kittner* Schuldrecht 3. Aufl 2003, Rn 260). § 676d dient der **Umsetzung der Zahlungssicherungsrichtlinie** und ergänzt die überweisungsrechtlichen Vorschriften über Haftung und Zuständigkeiten um entspr Regeln zu Ausführungspflichten und Kündigungsmöglichkeiten im Interbankenverkehr.

2 Nach Art 2i) der Zahlungssicherungsrichtlinie ist ein Zahlungsauftrag eine Weisung eines Teilnehmers, einem Endbegünstigten einen bestimmten Geldbetrag mittels Verbuchung auf dem Konto eines Kreditinstituts, einer Zentralbank oder einer Verrechnungsstelle zur Verfügung zu stellen, oder eine Weisung, die die Übernahme oder Erfüllung einer Zahlungsverpflichtung im Sinne der Regeln des Systems nach sich zieht. Im BGB wurde hier wie für den Übertragsvertrag die vertragsrechtliche Einordnung gewählt. In Zahlungsverträgen im Interbankenverkehr verpflichtet sich insofern ein Kreditinstitut einem anderen ggü, eine Überweisung weiter-

zuleiten (BTDrs 14/745, 12). Die jeweilige Landeszentralbank hat dabei allerdings lediglich die Stellung eines Boten (BGHZ 103, 145; *Nobbe* WM 2001 Sonderbeilage 4, 2). Auch für den Zahlungsvertrag gelten wie beim Überweisungsvertrag das Prinzip der Auftragsstrenge und der Erfolgshaftung. § 676d Abs 2 S 1 ergänzt § 676a Abs 4 S 1 für den Interbankenverkehr: Entsprechend der Kündigungsmöglichkeit des Überweisenden ist auch ein Überweisungsrückruf bzw die Kündigung eines Zahlungsvertrags durch die Überweisungsbank nur möglich und von der Empfängerbank zu beachten, wenn ihr die entspr Mitteilung zugeht, bevor ihr der Überweisungsbetrag endgültig zur Gutschrift auf dem Konto des Begünstigten zur Verfügung gestellt wird (BGHZ 170, 121). Die Rechtsfolgen der Kündigung von Zahlungsverträgen regelt § 676e.

§ 676e Ausgleichsansprüche.

[1] Liegt die Ursache für eine verspätete Ausführung einer Überweisung in dem Verantwortungsbereich eines zwischengeschalteten Kreditinstituts, so hat dieses den Schaden zu ersetzen, der dem überweisenden Kreditinstitut aus der Erfüllung der Ansprüche des Überweisenden nach § 676b Absatz 1 entsteht.

[2] Das zwischengeschaltete Kreditinstitut hat die von ihm selbst entgegen dem Überweisungsvertrag einbehaltenen Beträge ohne zusätzliche Entgelte und Auslagen nach Wahl des überweisenden Kreditinstituts entweder diesem zu erstatten oder dem Begünstigten zu überweisen.

[3] Das Kreditinstitut, das mit dem überweisenden Kreditinstitut einen Zahlungsvertrag geschlossen hat, ist verpflichtet, diesem die geleisteten Zahlungen zu erstatten, zu denen dieses nach § 676b Absatz 3 gegenüber dem Überweisenden verpflichtet war. Jedes zwischengeschaltete Kreditinstitut ist verpflichtet, dem Kreditinstitut, mit dem es einen Zahlungsvertrag zur Weiterleitung der Überweisung abgeschlossen hat, die nach Satz 1 oder nach dieser Vorschrift geleisteten Zahlungen zu erstatten. Wird die Überweisung nicht bewirkt, weil ein Kreditinstitut dem von ihm zwischengeschalteten Kreditinstitut eine fehlerhafte oder unvollständige Weisung erteilt hat, ist der Erstattungsanspruch dieses Kreditinstituts nach den Sätzen 1 und 2 ausgeschlossen. Das Kreditinstitut, das den Fehler zu vertreten hat, hat dem überweisenden Kreditinstitut den ihm aus der Erfüllung seiner Verpflichtungen nach § 676c Absatz 1 entstehenden weitergehenden Schaden zu ersetzen.

[4] An der Weiterleitung eines Überweisungsbetrags beteiligte Kreditinstitute, die nicht auf Ersatz haften, haben selbständig nach dem Verbleib des Überweisungsbetrags zu forschen und dem Anspruchsberechtigten den von ihnen aufgefundenen Überweisungsbetrag abzüglich einer angemessenen Entschädigung für die Nachforschung zu erstatten.

[5] Entfallen Ansprüche, weil der Überweisende das zur Weiterleitung beauftragte Kreditinstitut vorgegeben hat, so hat dieses den Überweisenden so zu stellen, wie er bei Anwendung des § 676b Absatz 3 stünde. Im Übrigen gilt § 676b Absatz 4 sinngemäß.

1 Nach der Überweisungsrichtlinie mussten **Rückgriffsansprüche** des haftenden erstbeauftragten Kreditinstituts gegen die mit der Weiterleitung des Überweisungsbetrags beauftragten Kreditinstitute eingeführt werden. Ein Rückgriff der Banken untereinander war im früheren deutschen Recht nicht vorgesehen; es zwang den Kunden dazu, sich unmittelbar an die Bank zu wenden, der der Fehler unterlaufen war. Mit der Einstandspflicht der erstbeauftragten Bank für alle zwischengeschalteten Banken bedurfte es entspr Regressmöglichkeiten. § 676e Abs 5 S 1 ergänzt insofern § 676b Abs 3 S 7 (*Hadding* WM 2000, 2472). Im Fall von unberechtigten Abzügen kann das Kreditinstitut des Auftraggebers grds als eine Form der Naturalrestitution (§ 249) von dem zwischengeschalteten Kreditinstitut eine Nachüberweisung verlangen. Es kann aber auch zuerst seine eigene Nachüberweisungspflicht ggü dem Auftraggeber erfüllen und den ihm daraus entstehenden Schaden gemäß § 251 Abs 1 in Geld abrechnen (BTDrs 14/745, 25). Der Rückgriffsanspruch ist nach Abs 3 S 1 zu den Ansprüchen des Kunden aus § 676b Abs 1 akzessorisch.

2 In die neue Regresskette ist nur die Empfängerbank nicht einbezogen (vgl § 676a Abs 2). Schreibt die **Empfängerbank** den Betrag falsch zu, ist sie nach dem Überweisungsgesetz nur einem Anspruch des Begünstigten auf Gutschrift ausgesetzt, jedoch keinem Erstattungsanspruch der vorgeschalteten Bank (*Nobbe* WM 2001 Sonderbeilage 4, 19). Es können auch mehrere **Kreditinstitute nebeneinander** haften, wenn jedem ein solcher Fehler unterlaufen ist. Dabei haftet jedes zwischengeschaltete Kreditinstitut jeweils nur für seinen eigenen »Verzögerungsanteil« (BTDrs 14/745, 25). Der Überweisende ist nicht Begünstigter der Norm. Es handelt sich auch nicht um eine drittschützende Norm, da der Überweisende nicht im Schutzbereich des Interbankenverhältnisses ist (BGHZ 176, 281). Die überweisende Bank kann aber einen Drittschaden ihres Auftraggebers liquidieren (*Nobbe* WM 2001 Sonderbeilage 4, 23).

Kapitel 4 Girovertrag

Checkliste: Girovertrag (§§ 676f–g)

I.	**Vertragsschluss/Kontrahierungszwang**	§ 676f	→	Rn 1, 11, 13
II.	**Gegenstand und Charakter des Vertrags**	§ 676f	→	Rn 1
	1. Basisleistungen	§ 676f	→	Rn 2 f
	2. Abtrennbare Geschäftsbeziehungen	§ 676f	→	Rn 3
	3. Nebenpflichten, insbes. Auskunfts- und Beratungspflichten	§ 676f	→	Rn 4
	4. Allgemeine Geschäftsbedingungen, insbes. Gebühren	§ 676f	→	Rn 11, 12
	5. Nachwirkungen	§ 676f	→	Rn 6
	6. Schutzpflichten gegenüber Dritten	§ 676f	→	Rn 7
III.	**Gutschrift**	§ 676f	→	Rn 11 ff
		§ 676g	→	Rn 4
	1. Wertstellung	§ 676g	→	Rn 2
	2. Fehlerhafte Überweisung	§ 676g	→	Rn 1 f
IV.	**Lastschriftverfahren**	§ 676f	→	Rn 11 ff
		§ 676g	→	Rn 4
	1. Abbuchungsverfahren	§ 676f	→	Rn 8
	2. Einzugsermächtigungsverfahren	§ 676f	→	Rn 9 f

§ 676f Vertragstypische Pflichten beim Girovertrag. Durch den Girovertrag wird das Kreditinstitut verpflichtet, für den Kunden ein Konto einzurichten, eingehende Zahlungen auf dem Konto gutzuschreiben und abgeschlossene Überweisungsverträge zu Lasten dieses Kontos abzuwickeln. Es hat dem Kunden eine weitergeleitete Angabe zur Person des Überweisenden und zum Verwendungszweck mitzuteilen.

A. Girovertrag. Beim Girovertrag handelt es sich um ein rahmenartig begründetes, durch Einzelverträge konkretisiertes Dauerschuldverhältnis, bzw um einen gemischt-typischen Geschäftsbesorgungsvertrag eigener Art (*Meder* JZ 2003, 444; vgl BGH NJW 1991, 978 f; BGHZ 131, 64; 133, 14). Er dient der Durchführung des bargeldlosen Zahlungsverkehrs des Kunden (BGHZ 106, 266). Die Normen über den Girovertrag wurden durch **Überweisungsgesetz** von 1999 eingeführt. Die Regelung des Girovertrags beschränkte sich dabei auf die zur Umsetzung der Überweisungsrichtlinie notwendigen Teile. Sie lässt einige seit längerem offene Streitfragen bewusst ungeregelt, wie die sog Schufa-Klausel, den Anspruch auf ein Girokonto und den Umfang des Bankgeheimnisses (BTDrs 14/745, 13). 1

B. Basisleistungen. I. Gegenstand des Girovertrages. Gegenstand des Girovertrags sind Leistungen im Rahmen von Überweisungsverträgen und Zusatzleistungen von unterschiedlicher Bandbreite. Mit der Neuregelung der Überweisung als eigenständiges Vertragsverhältnis wurde das Recht des Girovertrags dem **Recht des Depotvertrags** angeglichen; auch beim Depotvertrag ist für jede Anschaffungsanweisung ein selbstständiger Vertrag anzunehmen. In der Praxis der Kreditinstitute ist es üblich, zwischen Basisleistungen des Girovertrags und Zusatzleistungen zu unterscheiden. Die Führung des Girokontos an sich bedeutet, dass Forderungen und Verbindlichkeiten ggü der Bank in das Konto eingestellt und regelm saldiert werden. Zu den Basisleistungen eines Girovertrags gehören in Deutschland regelm neben der **Ausführung von Überweisungen** (auch Überweisung in Daueraufträgen oder Bearbeitung von in Bankbriefkästen eingeworfenen Überweisungen): die **Entgegennahme von Gutschriften** auf Grund von Überweisungen und Schecks, die Teilnahme am Lastschriftverkehr und die Abbuchung von Lastschriften, die Ausführung von Daueraufträgen sowie die **Auszahlung von Bargeld** aus dem Kontoguthaben. So folgt die Pflicht einer Bank, vom Girokunden eingereichte, auf ihn lautende Schecks einzuziehen (sog Scheckinkasso) aus einer unselbstständigen konkludenten Nebenabrede des Girovertrages. Aus diesem Grund darf die Bank die Einziehung eines nicht indossierten Orderschecks nicht davon abhängig machen, dass ein Indossament abgegeben wird (AG Saarbrücken NJW-RR 2005, 1494). Der Inhaber eines Girokontos hat auch einen Anspruch auf Erteilung von **Kontoauszügen und Rechnungsabschlüssen** bzw auf Hilfe bei der Zusammenstellung seiner Unterlagen (vgl BGH NJW 1985, 2699; BGHZ 107, 108 – Auskunft des Erben vom Kreditinstitut des Erblassers; BGH NJW 2001, 1486 – Auskunft unabhängig von Aufbewahrungsfrist, solange Unterlagen tatsächlich aufbewahrt werden und vorhanden sind). Die Bank muss den Kontoinhaber über die Geschäfte informieren, die sie in 2 seinem Interesse geführt hat. Die **Teilkündigung** einzelner dieser Leistungselemente ist unzulässig. Dadurch würde einseitig der Inhalt des Girovertrags verändert (BGH NJW 2006, 430). Wenn die Bank einseitig Sonderregelungen für bestimmte Konten aufstellt, handelt es sich rechtlich um eine solche Teilkündigung des Girovertrages. Möglich ist allenfalls eine Änderungskündigung, die vorliegt, wenn die Bank den Girovertrag insg kündigt und dem Kunden gleichzeitig den Abschluss eines neuen Vertrages mit reduzierten Leistungen anbietet und der Kunde darauf eingeht (BGH NJW 2006, 430).

3 **II. Abtrennbare Geschäftsbeziehungen.** Hingegen können abtrennbare Geschäftsbeziehungen im Sinne von Nr 19 Abs 1 S 1 AGB-Banken unabhängig vom Girovertrag gekündigt werden. Dies gilt zB für den **Bankkartenvertrag**, der dem Bankkunden die Nutzung einer Bank-/EC-Karte mit PIN ermöglicht (BGH NJW 2006, 430; *Einsele* LMK 2006, I, 75). Wünscht der Kunde die Zurverfügungstellung eines **Überziehungs- oder anderen Kredits**, muss dies ebenso gesondert vereinbart werden wie die Teilnahme am **Euroscheckverkehr** oder das Unterhalten einer **Geld- oder Kreditkarte**. Auch die Inanspruchnahme von Geldausgabeautomaten wird vom BGH als »Sonderleistung des Kreditinstituts« bewertet (BGHZ 133, 10).

4 **III. Nebenpflichten und nachwirkende Pflichten.** Als Nebenpflichten des Girovertrags ergeben sich zahlreiche Auskunfts- oder Beratungspflichten, die so weit gehen, dass sie letztlich praktisch die Funktion eines allg Bankvertrags erfüllen (vgl BGHZ 152, 114; *Köndgen* NJW 2004, 1289). Es können sich auch **Prüfungs- und Hinweispflichten** der Bank ergeben. Zwar werden die Kreditinstitute im bargeldlosen Zahlungsverkehr vorrangig zum Zweck der technisch einwandfreien, einfachen und schnellen Abwicklung tätig; der Geschäftszweck und die Massenhaftigkeit der Geschäftsvorgänge schließt aber nicht das Entstehen von Warn- und Hinweispflichten aus (BGHZ 176, 281; BGHZ 157, 266). So ist zB bei persönlicher Scheckeinreichung am Schalter darauf hinzuweisen, wenn die Vorlagefrist nach § 29 Abs 1 ScheckG möglicherweise wegen Feiertagen nicht eingehalten werden kann (Schleswig WM 2007, 1410). Erteilt die Inhaberin eines Girokontos mit der Kontoeröffnung ihrem Lebensgefährten eine Kontovollmacht, dann besteht eine Pflicht der Bank zur Rückfrage bei der Kontoinhaberin vor Auszahlung des Geldes, wenn der evidente Verdacht besteht, dass der Bevollmächtigte treuwidrig handelt und seine Vertretungsmacht missbraucht. Dieser Verdacht drängt sich insbes dann auf, wenn sich der Bevollmächtigte plötzlich einen hohen Betrag bar auszahlen lässt, der ggü den bisherigen Kontobewegungen völlig aus dem Rahmen fällt; eine von der Bank unterlassene Nachfrage begründet in einem solchen Fall einen Schadensersatzanspruch des Bankkunden aus positiver Vertragsverletzung (Frankfurt aM OLGR 2004, 68; BGHZ 176, 281).

5 **IV. Gutschrift.** Gutschriften auf dem Girokonto stellen ein **abstraktes Schuldanerkenntnis** oder **Schuldversprechen** der Bank dar, die das im Girovertrag aufschiebend bedingt und global abgegebene, abstrakte Schuldversprechen der Bank ohne weitere empfangsbedürftige Willenserklärung dem Inhalt und der Höhe nach konkretisieren. Bei einer institutsinternen Hausüberweisung (zwischen Konten desselben Bankinstituts) entspricht der in § 676f angesprochenen Gutschrift auf dem Eingangskonto der Empfängerbank die Belastungsbuchung beim Überweisenden (Koblenz ZIP 2004, 353). Der Kunde erwirbt mit der Gutschrift einen **unmittelbaren Anspruch auf Auszahlung** des Betrages. § 676f Abs 1 stellt lediglich eine Konkretisierung des aus § 667 abgeleiteten Herausgabeanspruchs dar (BGHZ 93, 322; 170, 121). Bei Auszahlung mittels eines Geldausgabeautomaten ggü dem Berechtigten trägt die Bank die Beweislast für die Erfüllung (LG Stuttgart MDR 2008, 1407). Der Anspruch aus der Gutschrift entsteht, sobald die Empfängerbank den eingegangenen Betrag gebucht und einen entspr Rechtsbindungswillen kundgetan oder autorisierte Abrufpräsenz hergestellt hat. Die Gutschrift wird auch wirksam, wenn der Begünstigte keine Kenntnis von ihr erlangt hat (*Meder* JZ 2003, 443). Dem Kunden steht im Verhältnis zur Bank kein Zurückweisungsrecht nach § 333 zu; dies kommt allenfalls bei einer aufgedrängten Bereicherung in Betracht (*Nobbe* WM 2001 Sonderbeilage 4, 17). Der Kontoinhaber kann eine Gutschrift jedenfalls dann zurückweisen, wenn sie auf einer rechtsgrundlosen Fehlüberweisung beruht (BGH WM 1989, 1560). Hingegen berechtigt die Überweisung auf ein unerwünschtes Konto bei intaktem Valutaverhältnis nicht zur Zurückweisung (BGHZ 128, 135).

6 Ein Überweisungsbetrag ist bei der Bank des Überweisungsempfängers eingegangen, wenn die Bank **buchmäßige Deckung**, bei einer innerbetrieblichen Überweisung durch Belastung des Kontos des Überweisenden, erlangt hat. Dafür ist im elektronischen Datenverkehr, in dem die Daten der Kontobelastung zunächst ohne Zutun und ohne Überprüfungsmöglichkeit der Bank in deren Datenbestand übertragen werden, außer der Belastungsbuchung eine Nachdisposition durch die Bank erforderlich. Die Überweisung wird also nur wirksam, wenn die Bank mit äußerlich erkennbarem Rechtsbindungswillen die Daten der Gutschrift dem Überweisungsempfänger durch einen Organisationsakt zugänglich macht. Dies kann durch vorbehaltlose Absendung bzw Bereitstellung der Kontoauszüge oder dadurch geschehen, dass dem Kunden der ihn betreffende Datenbestand der Bank, zB über einen Kontoauszugdrucker, vorbehaltlos zur Verfügung gestellt wird (BGH NJW 2005, 1771).

7 **V. Lastschriften/Belastungen.** Zahlungen im Lastschriftverfahren können im Wege des **Abbuchungsauftragsverfahrens oder im Einzugsermächtigungsverfahren** erfolgen. Im ersteren Fall erteilt der Zahlungspflichtige seinem Kreditinstitut den Auftrag, Lastschriften seines namentlich bezeichneten Gläubigers einzu-

lösen. Im zweiten Fall erteilt der Schuldner seinem Gläubiger eine Ermächtigung, Forderungen im Lastschriftwege einzuziehen. Die Einzugsermächtigung ist für den Schuldner insofern risikolos, als er der Belastung seines Kontos jederzeit durch Widerruf entgegen treten kann; eine formularmäßige Verpflichtung von Verbrauchern zur Erteilung einer Einzugsermächtigung ist deshalb grundsätzlich zulässig. Das Abbuchungsauftragsverfahren hingegen ist eine verbindliche (General-)Überweisung zugunsten eines bestimmten Gläubigers. Es kann in AGB grundsätzlich nicht wirksam vereinbart werden (BGH WM 2008, 1391).

Beim **Abbuchungsauftragsverfahren** wird der Einzugsbetrag dem Gläubiger von seiner Bank zunächst unter Vorbehalt des Eingangs vorläufig gutgeschrieben; er ist ihm erst mit wirksamer Einlösung der Lastschrift durch die Zahlstelle vom Schuldner endgültig zugewandt. Die wirksame Einlösung der Lastschrift setzt die Belastung des Kontos nach Maßgabe der Allg Geschäftsbedingungen des Bankinstituts des Schuldners und die Kundgabe des Einlösungswillens der Zahlstelle voraus. Die Allg Geschäftsbedingungen der Banken sehen in aller Regel vor, dass Lastschriften eingelöst sind, wenn die Belastungsbuchung nicht spätestens am zweiten Bankarbeitstag nach ihrer Vornahme rückgängig gemacht wird (vgl Nr 9 Abs 2 S 1 AGB-Banken und Nr 9 Abs 2 AGB-Sparkassen). Damit wird der (früheste) Zeitpunkt der Einlösung festgelegt (vgl BGHZ 79, 387). Als weitere Voraussetzung der Einlösung muss ein Einlösungswille der Schuldnerbank gegeben sein, der sich bspw im Bereitstellen des Kontoauszuges äußern kann (BGH ZIP 2003, 488). 8

Im **Einzugsermächtigungsverfahren** handelt die Schuldnerbank, die eine Lastschrift einlöst, nur auf Grund einer im eigenen Namen erteilten Weisung der Gläubigerbank im Rahmen des zwischen den Banken bestehenden Giroverhältnisses. Die Belastung des Girokontos geschieht ohne entspr Weisung des Schuldners. Der Schuldnerbank steht deshalb ein **Aufwendungsersatzanspruch**, den sie mit der Belastungsbuchung gegen den Schuldner geltend machen kann, erst zu, wenn der Schuldner die Belastungsbuchung ggü der Schuldnerbank genehmigt. Eine Genehmigung solcher Belastungen kann nach den geltenden Allg Geschäftsbedingungen und den Sonderbedingungen für den Lastschriftverkehr der Sparkassen nicht in einem Schweigen auf einen Rechnungsabschluss gesehen werden (BGHZ 144, 349, sog. »Genehmigungstheorie«, vgl *Hadding* FS Bärmann 1975 S 375; *Piekenbrock* KTS 2007, 179). Die damit gegebene Möglichkeit des Schuldners zum **Widerspruch** gegen Belastungen seines Kontos auf Grund von Einzugsermächtigungslastschriften ist nicht befristet und endet erst durch Genehmigung ggü der Zahlstelle (BGHZ 144, 349; vgl auch *Piekenbrock* aaO). Selbst ein als missbräuchlich angesehener Widerspruch gegen die Lastschrifteinlösung, mit dem das Risiko der Zahlungsunfähigkeit des Schuldners auf die Banken abgewälzt wird, ist von der Bank zu beachten. Sie kann von der Gläubigerbank Wiedervergütung verlangen, denn diese ist im Fall des Widerspruchs dazu verpflichtet, entspr Rückbuchungen vorzunehmen und kann Kosten und Aufwendungen dem Gläubiger in Rechnung stellen (Abkommen über den Lastschriftverkehr (LAS); Düsseldorf OLGR 2007, 684; BGHZ 74, 300; BGHZ 95, 103). Bei sittenwidriger Ausnutzung der Widerspruchsmöglichkeit kann die Gläubigerbank, der vorsätzlich das Ausfallrisiko zugeschoben wurde, jedoch einen Anspruch gegen den Schuldner aus § 826 haben (BGHZ 74, 300). Der Gläubiger wiederum kann einen Schadensersatzanspruch aus Schutzpflichtverletzung gegen die Bank des Schuldners haben, wenn diese eine unbezahlte Lastschrift nicht alsbald nach Eingang und Prüfung an die Gläubigerbank zurückleitet oder diese von der Nichteinlösung benachrichtigt (BGHZ 69, 82). 9

Verzichtet die Bank beim Lastschriftverfahren auf die Angabe des Namens des Kontoinhabers, so geht sie damit zur Verfahrensvereinfachung bewusst ein Risiko ein, das sie selbst zu tragen hat. Führt es zu Fehlern, haftet die Bank wegen Organisationsverschuldens ggü ihren Kunden (Celle ZIP 2007, 810). 10

VI. AGB und Gebühren. In Allg Geschäftsbedingungen können Entgelte nur für Leistungen vorgesehen werden, die der Verwender auf rechtsgeschäftlicher Grundlage erbringt, nicht aber für Aufwendungen zur Erfüllung eigener Verpflichtungen oder andere Zwecke des Verwenders (BGHZ 161, 189). Unzulässig sind so zB Klauseln, in denen ein Entgelt für die Übertragung von Wertpapieren in ein anderes Depot gefordert wird. Dies gilt auch für Übertragungen im Rahmen der laufenden Geschäftsbeziehung (BGHZ 161, 189). Eine andere Entgeltregelung verstößt gegen § 307 Abs 2 Nr 1. Die Unterscheidung zwischen Basisleistungen des Girovertrags und Nebenleistungen hat in diesem Zusammenhang auch Auswirkungen auf die AGB-rechtliche Kontrolle, da Basisleistungen der Bank eigene Verpflichtungen aus dem Girovertrag sind. Nach § 307 Abs 3 S 1 nicht kontrollfähig sind hingegen die unmittelbaren Entgelte für die Hauptleistung aus dem Girovertrag (vgl *Reiff* EWiR 2004, 585 f). 11

Hingegen sind im Rahmen eines Girovertrags **Entgelte für Ein- und Auszahlung** am Bankschalter unwirksam, soweit diese ohne Rücksicht darauf anfallen, ob die Möglichkeit zur kostenfreien Abhebung an Geldausgabeautomaten der Bank besteht (BGHZ 124, 254) oder soweit auch bei nicht automatenfähigen Barabhebungen (zB bei Defekt des Automaten) ein Entgelt zu zahlen ist (BGHZ 133, 10). Den Kunden darf die Geldabhebung vom Geldautomaten wegen der damit verbundenen Missbrauchsgefahr nicht auf diese Weise aufgedrängt werden, zumal die Kunden damit die zusätzliche Verpflichtung übernehmen, die zu ihrer Legitimierung am Automaten erforderliche **PIN** vor einer Kenntniserlangung durch Dritte wirksam zu schützen (LG Frankfurt aM EWiR 2004, 585; *Reiff* EWiR 2004, 585 f). Für eine Inanspruchnahme der Kassendienste »in außergewöhnlichem Ausmaß« erlaubt jedoch der BGH die Berechnung zusätzlicher Entgelte (BGHZ 133, 10). Hier wird darauf abzustellen sein, inwieweit es sich um eine Inanspruchnahme im Rahmen der Basisleis- 12 tungen des Girovertrags handelt. Zulässig ist eine Gebührenklausel für automatenfähige Barabhebungen auch dann, wenn dem Bankkunden die Grundgebühr aus dem Girovertrag deshalb ermäßigt wurde, weil er sich zur Benutzung der Geldautomaten bereit erklärte (BGHZ 124, 254). Auch die Bearbeitung von Rücklastschriften oder Rückschecks (zB mangels Deckung) sind eigene Zwecke der Bank, die durch die Nichtausführung ja gerade keine Leistung erbringt. Hierfür darf also keine pauschale Vergütung verlangt werden (Celle BB 2008, 229); auch ein entsprechend pauschalierter Schadensersatzanspruch ist nach § 309 Nr 5b unwirksam (Hamm WM 2008, 1217, Revision zugelassen). Auch dürfen Girokunden nicht mit dem Entgelt belastet, das der anderen Bank bei Rückgabe von Lastschriften zu zahlen ist (BGHZ 150, 269).

13 **VII. Anspruch auf ein Girokonto.** §§ 676f und g lassen einige offene Streitfragen (**Schufa-Klausel**, Anspruch auf ein Girokonto und der Umfang des Bankgeheimnisses) bewusst ungeregelt (BTDrs 14/745, 13). Bei der Frage des Anspruchs auf ein Girokonto geht es um einen **Kontrahierungszwang** von Kreditinstituten, zugunsten einkommensschwacher Kunden einen Girovertrag auf Guthabenbasis abzuschließen oder fortzuführen. Mittlerweile sehen die meisten Sparkassengesetze oder Sparkassenverordnungen für natürliche Personen, die ihren Wohnsitz im Geschäftsbezirk der jeweiligen öffentlich-rechtlichen Sparkasse haben, einen gesetzlichen Anspruch auf Abschluss eines Girovertrages vor (*Geschwandtner/Bornemann* NJW 2007, 1253). Für die privaten Kreditinstitute gilt die **Empfehlung des Zentralen Kreditausschusses** »Girokonto für Jedermann« für die Einrichtung von Girokonten auf Guthabenbasis, die zur Abwendung eines gesetzlichen Kontrahierungszwangs abgegeben wurde (zur Umsetzung s zB Bericht der Bundesregierung von 2004, BTDrs 15/2500; Bericht von 2006, BTDrs 16/2265; BTDrs 16/9709).

14 Ob die Selbstverpflichtung Ansprüche abgelehnter Kunden begründet, ist str (LG Berlin WM 2003, 1895 f; zust *Derleder* EWiR 2003, 963 f; *Brömmelmeyer* WuB I B 6 Sonstiges 1.04; s auch für die Einordnung als abstraktes Schuldversprechen zugunsten Dritter LG Bremen VuR 2005, 350, aufgehoben durch Bremen VuR 2006, 161; aA auch *Geschwandtner/Bornemann* NJW 2007, 1253; *Brügmann* 1999, 205 ff; 51 ff). Jedenfalls wird man aber eine Werbung eines Kreditinstituts auf seiner Website mit der Selbstverpflichtung des Zentralen Kreditausschusses dahingehend verstehen müssen, dass es sich ausdrücklich dieser anschließt (LG Bremen VuR 2005, 350, aufgehoben durch Bremen VuR 2006, 161). Die Einrichtung eines Guthabenkontos ist dem Kreditinstitut jedenfalls nicht deshalb unzumutbar, weil der Kunde während einer früheren Geschäftsbeziehung sein Konto überzogen hat (LG Bremen VuR 2005, 350).

15 Die **Verfahrensordnung des Bankenombudsmanns** enthält seit 2001 ein ausdrückliches Verfahren für Beschwerden von Verbraucherinnen und Verbrauchern, denen die Eröffnung eines Girokontos auf Guthabenbasis verweigert wurde. Der Ombudsmann kann dabei entscheiden, ob die ZKA-Empfehlung beachtet wurde, spricht aber keine Verpflichtung zur Eröffnung eines Girokontos aus (s zB Entscheidung vom 21.08.2003, Az G67/03). Weitere Kontrahierungszwänge können sich aus einer **regionalen Monopolstellung** eines Kreditinstituts oder aus **Gleichbehandlung** (vgl §§ 21 AGG) ergeben (*Brügmann* 1999, 205 ff; 51 ff; *Geschwandtner/Bornemann* NJW 2007, 1253; weitergehend LG Berlin WM 2008, 1825, das einen allgemeinen Kontrahierungsanspruch eines Kunden gegen seine frühere Bank bejaht, wenn er als Neukunde nicht mehr vermittelbar ist).

§ 676g Gutschriftanspruch des Kunden.

[1] Ist ein Überweisungsbetrag bei dem Kreditinstitut des Kunden eingegangen, so hat es diesen Betrag dem Kunden innerhalb der vereinbarten Frist, bei Fehlen einer Fristvereinbarung innerhalb eines Bankgeschäftstags nach dem Tag, an dem der Betrag dem Kreditinstitut gutgeschrieben wurde, gutzuschreiben, es sei denn, es hat vor dem Eingang des Überweisungsbetrags eine Mitteilung nach § 676d Absatz 2 Satz 1 erhalten. Wird der überwiesene Betrag nicht fristgemäß dem Konto des Kunden gutgeschrieben, so hat das Kreditinstitut dem Kunden den Überweisungsbetrag für die Dauer der Verspätung zu verzinsen, es sei denn, dass der Überweisende oder der Kunde die Verspätung zu vertreten hat. § 676b Absatz 1 Satz 2 ist anzuwenden. Die Gutschrift ist, auch wenn sie nachträglich erfolgt, so vorzunehmen, dass die Wertstellung des eingegangenen Betrags auf dem Konto des Kunden, soweit mit Unternehmern nichts anderes vereinbart ist, unter dem Datum des Tages erfolgt, an dem der Betrag dem Kreditinstitut zur Verfügung gestellt worden ist.

[2] Hat das Kreditinstitut bei der Gutschrift auf dem Konto des Kunden den Überweisungsbetrag vertragswidrig gekürzt, so hat es den Fehlbetrag dem Begünstigten frei von Entgelten und Auslagen gutzuschreiben. Der Anspruch des Kreditinstituts auf ein im Girovertrag vereinbartes Entgelt für die Gutschrift von eingehenden Zahlungen bleibt unberührt.

[3] Ist ein Zahlungsvertrag von einem Kreditinstitut nicht ausgeführt worden, das von dem Kreditinstitut des Begünstigten mit der Entgegennahme beauftragt worden ist, so hat dieses seinem Kunden den Überweisungsbetrag bis zu einem Betrag von 12.500 Euro ohne zusätzliche Entgelte und Kosten gutzuschreiben.

[4] Die Ansprüche nach den Absätzen 1 bis 3 setzen ein Verschulden nicht voraus. Weitergehende Ansprüche, die ein Verschulden voraussetzen, bleiben unberührt. Das Kreditinstitut des Kunden hat hierbei ein Verschulden eines von ihm zwischengeschalteten Kreditinstituts wie eigenes Verschulden zu vertreten. Die Haftung nach Satz 3 kann bei Überweisungen auf ein Konto im Ausland auf 25.000 Euro

begrenzt werden. Die Haftung für durch die Verzögerung oder Nichtausführung der Überweisung entstandenen Schaden kann auf 12.500 Euro begrenzt werden; dies gilt nicht für Vorsatz und grobe Fahrlässigkeit, den Zinsschaden und für Gefahren, die das Kreditinstitut besonders übernommen hat. Die Ansprüche sind ausgeschlossen, soweit der Fehler bei der Ausführung des Vertrags auf höherer Gewalt beruht.
[5] Von den Vorschriften der Absätze 1 bis 4 darf, soweit dort nichts anderes bestimmt ist, zum Nachteil des Begünstigten nur bei Überweisungen der in § 676c Absatz 3 bezeichneten Art abgewichen werden.

Der Gutschriftanspruch des Kontoinhabers gehört zu den wesentlichen Inhalten des Girovertrags (BTDrs 14/745, 13). § 676g enthält insofern nur diejenigen Regelungen, die im Rahmen von Überweisungen und der Überweisungsrichtlinie zu regeln waren. Entgegen der Überschrift regelt die Vorschrift auch die **Haftung für nicht angekommene Überweisungen**. Der Auszahlungsauftrag im Falle einer Überweisung, die nicht zur Gutschrift auf einem Konto, sondern zur Auszahlung eines Geldbetrags in bar führt, wurde nicht ausdrücklich geregelt. Aus dem Girovertrag ergibt sich die Pflicht der Bank, eingehende Überweisungsbeträge entgegenzunehmen und dem Konto gutzuschreiben. Der Anspruch auf Gutschrift entsteht in dem Zeitpunkt, zu dem die Bank buchmäßige Deckung erlangt (*Nobbe* WM 2001 Sonderbeilage 4, 13). Vom Anspruch auf Gutschrift zu unterscheiden ist der nach wie vor ungeregelte Anspruch aus der Gutschrift (Auskehrungsanspruch des Begünstigten). 1

Das Forderungsrecht des Kunden entsteht damit idR bereits mit Einzahlung, und zwar auch im kaufmännischen Geschäftsverkehr (BGH NJW 1997, 3168 f). Die Wertstellung ist lediglich ein kontokorrentrechtliches Hilfsmittel im Verhältnis zwischen der Bank und ihrem eigenen Kunden. Das Problem eines Auseinanderfallens von Wertstellungsdatum und Buchungstag regeln nun § 676g Abs 1 S 1 und S 4 (*Köndgen* NJW 2004, 1294). Das Kreditinstitut hat danach eingegangene Überweisungsbeträge mangels anderer Vereinbarung innerhalb eines Bankgeschäftstages nach Eingang gutzuschreiben. Die Wertstellung hat unter dem Datum des Eingangs beim Kreditinstitut zu erfolgen. Bei Buchung an einem anderen Tag muss die Bank den erhaltenen Betrag auf den Eingangstag zurückvalutieren (s schon BGHZ 135, 318; auch BGH NJW 1997, 3168 f). Andere Vereinbarungen hinsichtlich der Wertstellung sind nur mit Unternehmern iSv § 14 möglich. Dies kann nicht durch AGB erfolgen; Klauseln, die vorsahen, dass die Wertstellung von Bareinzahlungen auf Girokonten erst einen (Bank-)Arbeitstag nach Einzahlung auf das eigene Konto vorgenommen wurde, waren bereits nach bisherigem Recht unwirksam (BGHZ 106, 264 ff). 2

Die Vorschrift gilt nur für Überweisungen. Die Gutschrift von **Lastschriften** ist anders zu behandeln, da es in diesen Fällen allein auf den Abfluss der Deckung ankommt. Der BGH akzeptiert insoweit eine Wertstellungsfrist von drei Arbeitstagen als zulässige Pauschalierung der bis zum Eingang der Deckung vergehenden Zeitspanne (BGH NJW 1997, 3168 f). Kontoauszugsdrucke sind **irreführend** im Sinne von § 3 UWG, wenn sie unter dem Stichwort »neuer Kontostand« auch zwar bereits gebuchte, aber noch nicht wertgestellte Buchungen enthalten und insofern über den tatsächlichen Gutschriftstand täuschen (BGH NJW 2002, 3408 f; Celle ZIP 2004, 1843; LG Hannover WM 2004, 787 f). 3

§ 676h Missbrauch von Zahlungskarten.

Das Kreditinstitut kann Aufwendungsersatz für die Verwendung von Zahlungskarten oder von deren Daten nur verlangen, wenn diese nicht von einem Dritten missbräuchlich verwendet wurden. Wenn der Zahlungskarte nicht ein Girovertrag, sondern ein anderer Geschäftsbesorgungsvertrag zugrunde liegt, gilt Satz 1 für den Kartenaussteller entsprechend.

A. Allgemeines. Im Rahmen der Umsetzung der Fernabsatz-RL 97/7/EG wurde § 676h eingeführt und damit eine isolierte Regelung zu Zahlungs- und Kreditkarten getroffen. Art 8 der RL verlangte die Schaffung geeigneter Vorkehrungen, damit ein Verbraucher im Falle einer betrügerischen Verwendung seiner Zahlungskarte im Rahmen eines Fernabsatzvertrags die Stornierung, Gutschrift bzw Erstattung einer Zahlung verlangen kann. Von Bedeutung sind auch die Kreditkartenempfehlungen der EU-Kommission (EWGEmpf 590/88, ABl EG 1988, Nr L 317, 55 und EGEmpf 489/97, ABl EG 1997, Nr L 208, 52). § 676h regelt deshalb, dass ein Kartenunternehmen keinen **Aufwendungsersatz** für eine vom Karteninhaber nicht veranlasste oder genehmigte Verfügung verlangen kann. Die Anwendung des § 676h ist nicht auf die Verwendung von Zahlungskarten im Rahmen von Fernabsatzverträgen beschränkt. 1

B. Regelungsinhalt. I. Das Kreditkartenverhältnis. Zahlungskarten iSv § 676h sind **Kreditkarten** und **EC-Karten**. Das Gleiche gilt für die **Geldkarte** (aA *Schinkels* WM 2005, 450). Der Bankkartenvertrag, der dem Bankkunden die Nutzung einer Bank-/EC-Karte mit PIN ermöglicht, kann unabhängig vom Girovertrag gekündigt werden. Er wird jedoch nicht durch den Ablauf des Gültigkeitsdatums der ausgegebenen Karte automatisch beendet (BGH NJW 2006, 430; *Einsele* LMK 2006, I, 75). Das Gleiche gilt für den Kreditkartenvertrag. Das Kreditkartenverhältnis ist ein **Dreiecksverhältnis**. Entsprechendes gilt für EC-Karten. Durch den Kreditkartenvertrag gibt das Kreditkartenunternehmen ggü dem Vertragsunternehmen ein abstraktes Schuldversprechen ab. Mit der Unterzeichnung des Belastungsbelegs durch den Karteninhaber (Weisung iSv § 665) erlangt das Vertragsunternehmen einen abstrakten Zahlungsanspruch aus § 780 gegen das Kreditkartenunter- 2 nehmen, dem Einwendungen aus dem Valutaverhältnis zwischen Karteninhaber und Vertragsunternehmen (vorbehaltlich abw vertraglicher Vereinbarungen) nicht entgegengehalten werden können. Nach Zahlung an das Vertragsunternehmen hat das Kreditkartenunternehmen einen Aufwendungsersatzanspruch gegen den Karteninhaber aus einem Geschäftsbesorgungsvertrag mit werkvertraglichem Charakter (BGHZ 150, 286; bestätigt von BGHZ 157, 256). Einzelprobleme dieses Aufwendungsersatzanspruchs im Fall der missbräuchlichen Verwendung durch Dritte regelt § 676h. Die in der Unterzeichnung des Belastungsbeleges liegende Anweisung des Kreditkarteninhabers an das Kreditkartenunternehmen, an das Vertragsunternehmen zu zahlen, ist grds unwiderruflich (BGHZ 152, 75).

3 **II. Missbräuchliche Verwendung durch Dritte.** Bereits vor Schaffung des § 676h hatte die Rspr nach AGB-Recht eine verschuldensunabhängige Haftung der Karteninhaber für unzulässig gehalten (BGH NJW 1991, 1886). Dasselbe gilt für eine Klausel, durch die eine Haftung des Kunden für **grobe Fahrlässigkeit** über den Zeitpunkt des Eingangs der Verlustanzeige beim Kartenausgeber hinaus begründet wird. Auch das **Fälschungsrisiko** trägt vorbehaltlich einer Sorgfaltspflichtverletzung des Vertragsunternehmens das Kartenunternehmen. Vor Eingang der Verlustanzeige haftet der Kunde jedoch für die missbräuchliche Verwendung durch Dritte, die grob fahrlässig ermöglicht wurde. Grobe Fahrlässigkeit des Kunden liegt insbes vor, wenn die **Geheimnummer** auf der Karte notiert wurde oder wenn Karte und persönliche Geheimnummer gemeinsam aufbewahrt wurden (BGH NJW 2001, 286). Eine gemeinsame Verwahrung liegt jedoch nicht vor, wenn ec-Karte und Geheimnummer mit anderen Papieren an verschiedenen Stellen der Wohnung verwahrt werden; **gemeinsame Verwahrung** kann nur angenommen werden, wenn ein Unbefugter ec-Karte und Geheimnummer in einem Zugriff erlangen kann und nicht nach dem Auffinden der einen Unterlage weiter nach der anderen suchen muss.

4 Die **Beweislast** für die missbräuchliche Verwendung liegt nach der Formulierung des S 1 beim Kreditinstitut. Der BGH akzeptiert insoweit aber eine **Anscheinsregel** für Fälle, in denen zeitnah zum Diebstahl einer ec-Karte unter Verwendung dieser Karte und Eingabe der richtigen PIN-Nummer Geld an Automaten abgehoben wird. Die Anwendbarkeit des Anscheinsbeweises setzt darüber hinaus voraus, dass ausreichende Sicherheit des Verschlüsselungssystems dargelegt ist. Unter diesen Voraussetzungen spreche der Beweis des ersten Anscheins dafür, dass die PIN-Nummer gemeinsam mit der Karte verwahrt oder auf dieser notiert worden sei (BGHZ 160, 308 ff; Karlsruhe WM 2008, 1549; s aber zu den Sorgfaltspflichten im Zusammenhang mit einem Erbfall LG Berlin ZErb 2008, 243). Der Anscheinsbeweis kann nach den allg Grundsätzen im Einzelfall entkräftet werden, wenn Kunden jeweils individuell substantiiert Tatsachen darlegen und beweisen, welche die ernsthafte, ebenfalls in Betracht kommende Möglichkeit einer anderen Ursache nahe legten – wie zB ein Ausspähen der Daten, eine »Innentäterattacke« oder unzureichende Sicherheitsstandards bei der Bank (zur Diskussion um die Interpretation der Entscheidung s zB *Spindler* BB 2004, 2766 ff; *Eggers/Goerth* JuS 2005, 492 ff; *Strube* VuR 2005, 232 ff). Der Anscheinsbeweis verlangt nach Meinung des BGH nicht, dass es für den angenommenen Geschehensablauf empirische Befunde gibt; die Erfahrungssätze der Lebenserfahrung könnten intuitiv begründet werden (BGHZ 160, 308; krit *Kocher* VuR 2007, 275). Eine Entkräftung des intuitiv begründeten Anscheinsbeweises kommt aber im Kontext von Sammelklagen in Betracht (*Kocher* VuR 2007, 275 ff). § 676h hat eine grds Haftung des Kreditkartenunternehmens für die missbräuchliche Verwendung der Karte durch Dritte zum Gegenstand. Eine Vertragsklausel, nach der eine Buchung, die infolge einer missbräuchlichen Verwendung durch Dritte vorgenommen wird, als genehmigt gelten soll, widerspricht deshalb dem Grundgedanken der gesetzlichen Regelung iSv § 307 Abs 2 Nr 1 und ist unzulässig. Der Kunde muss allerdings im Rahmen seiner Schadensminderungspflicht eine missbräuchliche Verwendung dem Kreditinstitut unverzüglich anzeigen. Angesichts der zahlreichen öffentlich bekannten Gefahren des bargeldlosen Zahlungsverkehrs insbes durch Zahlungskarten wird man auch bei unterlassener Prüfung der Kontoauszüge für einen Zeitraum von mehr als **10 Tagen** eine Verletzung dieser Schadensminderungspflicht anzunehmen haben. Ebenso wird es zu bewerten sein, wenn ein Kunde einen Verlust seiner Kreditkarte erst nach einer Woche bemerkt.

5 **III. Verhältnis zu anderen Ansprüchen.** Der Gesetzgeber ging davon aus, dass § 676h nur den Aufwendungsersatzanspruch aus § 670 ausschließt (BTDrs 14/745). Wortlaut, Zweck und systematische Einordnung von Art 8 der Fernabsatzrichtlinie 7/97/EG sprechen aber gegen eine Beschränkung des Anspruchsausschlusses auf den Aufwendungsersatzanspruch.

Titel 14 Verwahrung

Checkliste: Verwahrungsvertrag (§§ 688–700)

I. Vertragsschluss			
1. Form	§ 688	→	Rn 2
2. Vertragsgegenstand	§ 688	→	Rn 3
3. besondere Verwahrungsverträge	§ 688	→	Rn 7, 14
4. öffentlich-rechtliche Verwahrung	§ 688	→	Rn 16
5. Unregelmäßiger Verwahrungsvertrag	§ 700	→	Rn 1 ff
II. Vertragsinhalt			
1. Begründung einer Unterbringungspflicht des Vertragsgegenstandes sowie Obhutsleistung	§ 688	→	Rn 2
2. Begründung übriger Vertragspflichten			
a. für den Verwahrer	§ 688	→	Rn 3 ff
aa. Obhutspflicht	§ 688	→	Rn 3
bb. Rettungspflicht	§ 688	→	Rn 4
cc. Anzeigepflicht	§ 688	→	Rn 5
dd. Versicherungspflicht	§ 688	→	Rn 5
ee. Rückgabepflicht bzw. Rückforderungsrecht des Hinterlegers	§ 695	→	Rn 1, 2
b. für den Hinterleger			
aa. Vergütungsverpflichtung	§ 689	→	Rn 1
bb. Rücknahmepflicht	§ 696	→	Rn 1 ff
cc. Aufwendungsersatzpflicht	§ 693		
dd. Schadensersatzpflicht des Hinterlegers für beschaffenheitsbedingte Schäden	§ 694	→	Rn 1 ff
3. Entgeltlichkeit?	§ 689	→	Rn 1 f
III. Haftung	§ 688	→	Rn 20
1. Haftungsausschluss	§ 688	→	Rn 21
2. Haftung bei unentgeltlicher Verwahrung	§ 690	→	Rn 1
IV. Beweislast			
Keine Besonderheiten gegenüber allg Regeln			

§ 688 Vertragstypische Pflichten bei der Verwahrung.

Durch den Verwahrungsvertrag wird der Verwahrer verpflichtet, eine ihm von dem Hinterleger übergebene bewegliche Sache aufzubewahren.

1 **A. Allgemeines.** Der eigenständige Verwahrungsvertrag ist aus dem Auftrag und dem Dienstvertrag herausgelöst und wird nach heutiger hM als Konsensualvertrag verstanden, der ohne weiteres Vollzugsmoment bereits nach den allg Regeln durch übereinstimmende Willenserklärungen geschlossen wird (BGHZ 46, 43, 48 f; MüKo/*Hüffer* Rn 4). Der Vollzug des Vertrages erfolgt mit Übergabe der Sache an den Verwahrer (Palandt/*Sprau* Rn 3). Der Verwahrungsvertrag kann sowohl entgeltlich als auch unentgeltlich geschlossen werden. Bei Entgeltlichkeit liegt ein gegenseitiger Vertrag vor, auf den die §§ 320 ff anzuwenden sind, hingegen es sich bei Unentgeltlichkeit um einen unvollkommen zweiseitigen Vertrag handelt, da die Pflichten des Hinterlegers aus den §§ 693, 694 nicht in einem Austauschverhältnis stehen. Der Unentgeltlichkeit stehen eine mögliche Aufwendungserstattung und die Zahlung einer »Anerkenntnisgebühr« nicht entgegen. Entscheidend für die Entgeltlichkeit ist die Vereinbarung einer äquivalenten Leistung für die Verwahrung (Staud/*Reuter* Vor § 688 ff Rn 3).

2 **B. Regelungsgehalt. I. Begriff, Voraussetzungen und Eigenschaften des Verwahrungsvertrages.** Der Verwahrungsvertrag besteht in der Gewährung von Raum und der Übernahme der Obhut über die hinterlegte Sache durch den Verwahrer (BGHZ 3, 200). Gegenstand des Vertrages können nur bewegliche Sachen sein (BGHZ 34, 349). Die Sachen sind in ihrer tatsächlichen Gesamtheit erfasst (zB Kraftfahrzeug samt Kofferrauminhalt oder Taschen einschließlich des Inhalts, BGH NJW 1968, 1718; 1969, 789). Die Sache muss übergeben werden, wodurch der Verwahrer den unmittelbaren Besitz erlangt. Übt der Verwahrer bereits die tatsächliche Sachherrschaft über die Sache aus, genügt die bloße Einigung über die Verwahrung (Erman/*Hermann* Rn 3). Der Hinterleger muss kein Eigentum an der zu hinterlegenden Sache haben. Es besteht Form-

freiheit. Bes Formvorschriften ergeben sich hingegen aus dem DepotG, soweit der Anwendungsbereich eröffnet ist. Der Verwahrungsvertrag kann auch stillschweigend zustande kommen; entscheidend ist jedoch, dass es sich nicht um ein reines Gefälligkeitsverhältnis ohne Rechtsbindungswillen handelt (Palandt/*Sprau* Rn 3). Ebenso liegt dann kein Verwahrungsvertrag vor, wenn die Deponierung der Sache bloß geduldet wird oder Räumlichkeiten zur Verwahrung auf eigene Gefahr lediglich zur Verfügung gestellt werden (RGZ 77, 336; BGHZ 3, 200). Die Sachgefahr bleibt beim Verwahrungsvertrag trotz Übergabe der Sache an den Verwahrer beim Hinterleger bzw beim Eigentümer (Staud/*Reuter* Rn 2).

3 **II. Vertragliche Pflichten. 1. Pflichten des Verwahrers.** Der Verwahrungsvertrag beinhaltet für den Verwahrer die Pflicht einer angemessenen Unterbringung der Sache sowie die gehörige Obhut zu leisten (BGH VersR 1962, 955). Beide Pflichten sind Hauptpflichten des Verwahrungsvertrages. **a) Obhutspflicht.** Von der Obhutspflicht umfasst ist grds der Schutz vor Zerstörung, Beschädigung und Diebstahl (Soerg/*Teichmann* Rn 26). Hierunter fallen ua Schutzmaßnahmen gegen Verlust, Verderb, Frost- und Wasserschäden oder gegen einen Insektenbefall (MüKo/*Hüffer* Rn 11). Weitergehende Pflichten hängen von der jeweiligen Vereinbarung der Parteien ab. Sie können aber auch in der Eigenart der Sache mit Blick auf §§ 157, 242 begründet sein. So kann der Einzelfall Maßnahmen zur Erhaltung der Sache oder entspr Schutzvorrichtungen erforderlich machen (Staud/*Reuter* Rn 7). Dies können zB das Gießen von Pflanzen sowie das Füttern und die Pflege von Tieren sein (Karlsruhe VersR 1994, 801). Das Gebrauchen gehört nicht zum Recht des Verwahrers, jedoch kann auch hier im Einzelfall das Gebrauchen zu einer Pflicht erstarken (Bewegen eines Pferdes: Palandt/*Sprau* Rn 4). Ferner ist dem Hinterleger eine sichere Übergabe der zu verwahrenden Sache zu ermöglichen (LG Potsdam VersR 1994, 715). Die Opfergrenze des Verwahrers wird durch das betroffene Interesse einerseits und durch die Zumutbarkeit für den Verwahrer andererseits, welche selbst von der relativen Höhe des Entgeltes abhängt, bestimmt, wobei der Verwahrer für die getätigte Aufwendung gem § 693 Ersatz verlangen kann (Staud/*Reuter* Rn 6). Bei der unbefugten Verwendung des verwahrten Geldes ist § 698 zu beachten. Die verwahrte Sache ist gem §§ 695, 697 auf Verlangen des Hinterlegers zurückzugeben.

4 **b) Rettungspflicht.** Die Obhutspflicht beinhaltet gleichsam die Pflicht, die Rettung der verwahrten Sache bei unmittelbar drohender Gefahr zu versuchen (Staud/*Reuter* Rn 8). Grds genügt der Verwahrer seiner Rettungspflicht, wenn er die Maßnahmen ergreift, die von einem ordentlichen und gewissenhaften Verwahrer erwartet werden dürfen, wobei die Anforderungen an einen entgeltlichen professionellen Verwahrer höher sind, als die an einen unentgeltlichen und nur gelegentlichen Verwahrer (MüKo/*Hüffer* Rn 12). Da die Sachgefahr nicht vom Verwahrer zu tragen ist, dürfen nicht zu strenge Maßstäbe angelegt werden. Bei gleichzeitiger Bedrohung mehrerer verwahrter Sachen ist die Auswahl der zu rettenden Sachen nach den Kriterien Wert, Grad der Gefährdung und Erfolgschancen der Rettungsmaßnahmen zu treffen (Staud/*Reuter* Rn 8). Sind gleichzeitig Sachen des Verwahrers betroffen, ist gleichsam nach den vorstehenden Kriterien vorzugehen. Insofern die Merkmale der betroffenen Sachen gleich sind, hat der entgeltliche Verwahrer zunächst die verwahrten Sachen zu retten, während der unentgeltliche Verwahrer seine eigenen Sachen in Sicherheit bringen kann (MüKo/*Hüffer* Rn 12). Rettet der unentgeltliche Verwahrer unter Aufopferung seiner Sachen die verwahrten Sachen, kann er gem § 693 Aufwendungsersatz verlangen (Braunschweig MDR 1948, 112).

5 **c) Weitere Nebenpflichten.** Darüber hinaus können den Verwahrer weitere Pflichten treffen. Der Verwahrer hat dem Hinterleger anzuzeigen, wenn ein verwahrtes Tier erkrankt ist oder ein Gläubiger des Hinterlegers die verwahrte Sache pfändet (Staud/*Reuter* Rn 7). Eine Versicherungspflicht, die grds nicht besteht, kann auf Grund von Sonderbestimmungen auf Verlangen des Hinterlegers oder gar gesetzlich vorgeschrieben sein, zB §§ 390, 472 HGB, § 6 VO über das Bewachungsgewerbe (Erman/*Hermann* Rn 12). Die Rückgabepflicht der hinterlegten Sache gehört zum Wesen des Verwahrungsvertrages (RGZ 119, 57).

6 **2. Pflichten des Hinterlegers.** Der Verwahrer hat gegen den Hinterleger einen Aufwendungsersatzanspruch nach den Maßgaben des § 693. Zudem kann ein Schadensersatzanspruch nach § 694 begründet sein. Ferner ist der Hinterleger zur Rücknahme der Sache verpflichtet, § 696. Im Falle eines entgeltlichen Verwahrungsvertrages ist er zur Entrichtung der vereinbarten Vergütung verpflichtet.

7 **III. Erscheinungsformen. 1. Abgrenzung zu anderen Verträgen. a) Allgemeines.** Beim Verwahrungsvertrag ist es die Hauptpflicht des Verwahrers, die ihm übergebene bewegliche Sache aufzubewahren. Aufgrund ähnl äußerer Vertragsgestaltung durch Übergabe der Sache oder Anvertrauung der Obhut können Abgrenzungsschwierigkeiten zu anderen Überlassungsverträgen entstehen, wobei auf eine Abgrenzung verzichtet werden kann, sobald sie nicht entscheidungserheblich ist (BGH VersR 1962, 644; NJW 1972, 150). Bei der Leihe und Miete wird die Sache vorwiegend im Interesse des unmittelbaren Besitzers übergeben, der diese gebrauchen will. Beim Auftrag, Werk- und Dienstvertrag kann auch eine Obhut Gegenstand der Pflicht sein, indes erschöpft sich die Hauptpflicht in einer darüber hinausgehenden Tätigkeit. Die grundsätzliche Entscheidungsunerheblichkeit ist in dem allg Rückgriff auf § 280 und in der Einschlägigkeit der regelm Verjährung nach §§ 195, 199 begründet (MüKo/*Hüffer* Rn 40 f). Eine Unterscheidung kann indes auf Grund von in Betracht kommenden Pfandrechten gem §§ 562, 581 Abs 2, 591, 647 (Brandenburg NJW-RR 2006, 1558), der Erheblichkeit von § 690 oder einer Notwendigkeit einer verschuldensunabhängigen Haftung nach § 536a Abs 1 1. Fall erforderlich sein.

b) Parkfälle. Problematisch und praxisrelevant sind die Fälle des **Abstellens von Fahrzeugen**. Hierbei sind verschiedene Rechtsformen, abhängig von den Umständen des Einzelfalls, denkbar (BGH NJW-RR 2004, 1610). Entscheidend ist insoweit die Auslegung des Vertrages, bei der es darauf ankommt, ob eine Obhutspflicht vereinbart worden ist. Von wesentlicher Bedeutung sind dabei die Umstände, unter denen das Fahrzeug abgestellt wurde sowie die konkreten Sicherungsmaßnahmen (MüKo/*Hüffer* Rn 49). 8

Der Vertragspartner muss den unmittelbaren Besitz erlangt haben. Das Parken auf unbewachten Parkplätzen begründet somit keinen Verwahrungsvertrag (BGHZ 63, 333). Ebenso stellt das Parken an einer Parkuhr (BVerwG NJW 1980, 850), das Parken auf einem Kundenparkplatz eines Unternehmens (LG Wiesbaden NJW 1970, 665) und das Parken auf einem Hotelparkplatz trotz bes Entgeltes (Hamburg 1989, 1266) keine Verwahrung iSd §§ 688 ff dar. Hingegen liegen bei bewachten Parkplätzen grds Verwahrungselemente vor (Karlsruhe NJW-RR 2005, 521). Fraglich ist jedoch, wie weit mietvertragliche Elemente enthalten sind und diese der Annahme eines Verwahrungsvertrages entgegenstehen (MüKo/*Hüffer* Rn 52). Im Einzelfall kann der gleichzeitigen Raumgewährung eine erhöhte Bedeutung zukommen (Erman/*Hermann* Rn 9). Die Überwachung auf einer im Gemeingebrauch stehenden Parkfläche (zB öffentlicher Verkehrsraum) ist mangels Übergabe kein Verwahrungsvertrag, da der Eigentümer jederzeit das Fahrzeug wegfahren kann (Soerg/*Teichmann* Rn 14). Gelangt das Fahrzeug hingegen in den unmittelbaren Besitz des Verpflichteten und schuldet er gleichsam Obhut, liegt nach hM ein Verwahrungsvertrag vor (LG Göttingen DAR 1942, 8; LG Köln VersR 1952, 214; aA: gemischter Kombinationsvertrag LG Köln VersR 1962, 1118; MüKo/*Hüffer* Rn 53). Die Mindermeinung verdient in den Fällen den Vorzug, in denen es dem Vertragspartner erkennbar auch auf die Platzgewährung ankommt. Der Parkende muss sich dann wie im Falle eines unbewachten Parkplatzes auf § 536a berufen dürfen. 9

Verbringt eine Aufsichtsperson nach Übergabe des Schlüssels das Fahrzeug zB in eine Sammelgarage, ist nach hM ein Verwahrungsvertrag anzunehmen (BGH NJW 1969, 789; aA: Obhutspflicht als Nebenpflicht, Hamburg VersR 1960, 330). Ein Verwahrungsvertrag ist auch dann gegeben, wenn es dem Vertragspartner vornehmlich auf die Obhut ankommt und die Raumgewährung nur dieser Notwendigkeit entspricht. Auch die rechtliche Wertung der Einstellung eines Fahrzeugs in ein Parkhaus ist umstr. Vertreten werden Verwahrungsvertrag (Düsseldorf NJW-RR 2001, 1607), ein Kombinationsvertrag (MüKo/*Hüffer* Rn 55), nur nebenvertragliche Obhutspflicht (PWW/*Fehrenbacher* Rn 6) oder keine Obhutsnebenpflicht. Eine allgemeingültige Aussage kann jedoch nicht getroffen werden, da es stets vom Einzelfall abhängt, ob nur die Raumgewährung ohne Obhut der Interessenlage entspricht (LG Bremen NJW 1970, 2064), oder ob darüber hinaus eine Obhutspflicht Gegenstand der Vereinbarung ist. Dies richtet sich nach den Umständen des Einzelfalls, wobei die Höhe des Entgeltes, die Sicherungsvorkehrungen und die Kontrollmaßnahmen als Indizien verwendet werden können (RGRK/*Krohn* Vor § 688 Rn 8). 10

2. Verträge mit einer nebenvertraglichen Verwahrungspflicht. a) Allgemeines. Verwahrungspflichten können auch Nebenpflichten eines Vertrages bilden. Dabei kann sich die Obhut als Teil der Leistungspflicht oder als selbständige Nebenpflicht dartun (Staud/*Reuter* Vor § 688 Rn 31). Für diese Rechtsverhältnisse gilt in erster Linie das Recht des zu Grunde liegenden Vertrages. Ergänzend können jedoch die §§ 688 ff, vorbehaltlich § 690, herangezogen werden (Palandt/*Sprau* Rn 6). Die allg Abgrenzung kann dabei nach den Kriterien erfolgen, ob der Verpflichtete nur Raum für die Unterbringung zur Verfügung stellt oder ob er darüber hinaus die Verwahrungspflicht für die jeweilige Sache übernehmen wollte (RGZ 104, 46). Anhaltspunkt für eine Übernahme der Obhutspflicht kann eine vereinbarte umfassende Fürsorge für eine Person oder die Aufbewahrung in einer bes Einrichtung sein (Staud/*Reuter* Vor § 688 Rn 36 f). Auch eine Nebenpflicht bedarf der allg Voraussetzungen zu ihrer Begründung. 11

b) Einzelfälle. Die Ablage der Garderobe an hierfür vorgesehenen Orte begründet grds keine Obhutspflicht (RGZ 104, 45; Hamburg MDR 1970, 842). Etwas anderes gilt, wenn der Gastwirt zur Ablage außerhalb des Gastraums auffordert (RGZ 105, 202) und der Gast nicht nur von sich aus die Kleidung außerhalb des Gastraums aufhängt (AG Bensheim ZfS 1990, 366). Ebenso keine Obhutspflicht besteht, wenn (nur) entgegen dem Wunsch des Gastes die Garderobe vom Kellner auf einen vom Tisch entfernten Garderobenhaken gehängt wird (BGH NJW 1980, 1096, aA BaRoth/*Gehrlein* Rn 4). Keine Obhutspflicht besteht zudem für die Garderobe beim Aufsuchen eines Arztes, eines Rechtsanwaltes, einer Bank oder eines Unternehmens, wenn keine Pflicht zur Ablage der Sachen besteht (Köln VersR 1999, 121). Verwahrungspflichten können bei der Aufbewahrung von Gegenständen eines Badegastes einschlägig sein (RG LZ 1923, 600). Aufgrund des Ablagezwangs wird beim Theaterbesuch für die abgelegten Sachen auch ohne bes Entgelt eine Obhutspflicht begründet (RGZ 113, 425). Krankenhäuser sind ggü den Patienten für die mitgebrachten Sachen zur Obhut verpflichtet (BGH NJW 1990, 761). Obhut kann auch den Teilnehmern geschlossener Veranstaltungen geschuldet werden (KG MDR 1984, 846). Ebenso kann eine Obhutspflicht eines Vereins für die Garderobe der Mitglieder bestehen (RGZ 103, 265). Bei Lagerung von Sachen in einem Spind wird mangels unmittelbarer Besitzverschaffung keine Obhutspflicht begründet (BGH NJW-RR 2005, 1334). Für Sachen von Privatpatienten eines Krankenhausträgers besteht eine Verwahrungspflicht. Das Ausgeben von Garderobenmarken oder das Verlangen einer Vergütung sind Indizien für einen Verwahrungsvertrag, insbes dann, wenn der Gast seine Einflussmöglichkeit auf die Sache verliert (PWW/*Fehrenbacher* Rn 5; Palandt/*Sprau* Rn 6). 12

13 Eine Verwahrungspflicht besteht für einen Arbeitgeber für Sachen, die ein Arbeitnehmer berechtigterweise in den Betrieb einbringt (BAG NJW 1966, 1534), für einen Käufer bei vorübergehender Überlassung von Sachen durch den Verkäufer (MüKo/*Hüffer* Rn 47), für den Verleger für das von ihm bestellte Manuskript (vgl §§ 27, 33 Abs 1 VerlG) (RGRK/*Krohn* Vor § 688 Rn 15), für einen Unternehmer bei Reparaturen eines Kraftfahrzeugs in einer Werkstatt (BGH BB 1956, 222), beim Pfandvertrag gem § 1215, bei der Sicherungsübereignung, bei der nur der Gläubiger Zugang zu den Sachen hat (BGH WM 1967, 343) und uU bei der Reisegepäckaufbewahrung (BGHZ 60, 14). Hingegen liegt eine Obhutspflicht bei der Überlassung eines Stahlschrankfaches nicht vor (RGZ 141, 99). Eine nebenvertragliche Obhutspflicht kann zudem in Fällen des Abstellens eines Fahrzeugs bestehen.

14 **3. Besondere Verwahrungsverträge.** Die §§ 688 ff sind uneingeschränkt auf Sonderformen der Verwahrung anwendbar, soweit keine spezielleren Regelungen eingreifen. Besondere Vorschriften über die Verwahrung gelten für das kaufmännische Lagergeschäft, §§ 467 ff HGB, bei denen die §§ 688 ff mit Ausn von § 696 (arg § 473 HGB) hilfsweise gelten (MüKo/*Hüffer* Rn 32). Bei der Verwahrung von nicht verschlossen übergebenen Wertpapieren ist das DepotG zu beachten. Ebenso ist die (freiwillige) Sequestration (Gemeinschaftsverwahrung) eine Sonderform der Verwahrung. Bei dieser erfolgt die Hingabe einer Sache an einen gemeinsam bestellten Verwahrer zur gemeinschaftlichen Verwahrung für mehrere, wobei die Abrede die Herausgabe an alle oder nur an einen beinhalten kann. Für die Gemeinschaftsverwahrung gelten die §§ 428 bis 430. Die §§ 688 ff beziehen sich nur auf bewegliche Sachen und nur soweit dem Sequester nicht andere Befugnisse übertragen worden sind (Palandt/*Sprau* Rn 8). Vergleichbare Vorschriften finden sich in §§ 432 Abs 1 S 1, 1217, 1231, 1281, 2039.

15 Für die Aufbewahrung von Gepäckstücken durch die Eisenbahn sehen § 36 EVO und ergänzende tarifliche Vereinbarungen eine besondere Regelung vor. Die §§ 688 ff mit Ausn von § 690 (Entgeltlichkeit folgt aus dem Hauptvertrag) gelten subsidiär. Für Fundsachen gelten insoweit keine bes Vorschriften. Die nebenvertragliche Aufbewahrungspflicht für abgegebene Sachen folgt aus dem Beförderungsvertrag. Der Pfandgläubiger ist nach § 1215 verpflichtet, die übergebene Sache zu verwahren. Bei der Tauschverwahrung ist es dem Verwahrer abweichend von § 695 erlaubt, statt der verwahrten Sache eine nach gleicher Art und Güte an Erfüllung statt zurückzugewähren. Für diese dem DepotG entlehnte Verwahrungsform gelten die §§ 688 ff entspr (Erman/*Hermann* Rn 14). Die unregelmäßige Verwahrung nach § 700 und die Hinterlegung gem § 372 iVm der HintO sind lediglich verwahrungsähnlich. Weitere Regelungen finden sich in § 31 HypothekenbankG und § 29 SchiffsbankG.

16 **4. Öffentlich-rechtliche Verwahrung.** Ferner können auch bewegliche Sachen zur zeitweiligen Aufbewahrung in den Herrschaftsbereich der öffentlichen Hand gelangen. Die öffentlich-rechtliche Verwahrung ist ein verwaltungsrechtliches Schuldverhältnis, welches dann entsteht, wenn eine Behörde in Erfüllung ihrer öffentlich-rechtlichen Aufgabe Sachen einer Privatperson in Besitz nimmt und dadurch den Berechtigten hindert, für die Sache zu sorgen (BGHZ 34, 349; BGH WM 1973, 1416). Die Behörde hat dann für Leistungsstörungen nach vertragsähnlichen Grundsätzen einzustehen (BGHZ 61, 7; 59, 303). Ein Vertragsschluss ist nicht erforderlich, da nicht nur der Konsens, sondern auch die Zwangslage pflichtbegründend sein können. Insofern die öffentlich-rechtliche Verwahrung gesetzlich geregelt ist, gehen diese Regelungen vor. Die §§ 688 ff, 280 ff, 195, 199 finden entspr Anwendung, soweit dies mit dem Zweck der öffentlich-rechtlichen Verwahrung und dem öffentlichen Interesse vereinbar ist (BGH NJW 2005, 988; 1990, 1230; Soerg/*Teichmann* Rn 39 ff). Soweit nicht eine Vereinbarung vorliegt, sind die §§ 695, 690 grds nicht einschlägig (BGHZ 4, 192). Die öffentlich-rechtliche Verwahrung schafft einen eigenständigen Haftungsanspruch, der neben dem Amtshaftungsanspruch steht (BGH NJW 1962, 791). § 839 Abs 1 S 2 greift nicht für den Anspruch aus öffentlich-rechtlicher Verwahrung.

17 Das öffentlich-rechtliche Verwahrungsverhältnis kann durch die Einigung der Beteiligten über einen verwahrungsrechtlichen Vertrag, den einseitigen Zugriff oder die bloße Inbesitznahme der Sache durch die Behörde geschehen (Staud/*Reuter* Rn 44). Erst die Inbesitznahme löst die Ansprüche aus dem öffentlich-rechtlichen Verwahrungsvertrag aus (RGZ 108, 249), wobei die Durchführung auch auf Private übertragen werden kann. Für Ansprüche aus dem öffentlich-rechtlichen Verwahrungsvertrag ist für den Bürger gem § 40 Abs 2 VwGO der Zivilrechtsweg eröffnet. Dies gilt nach vorzugswürdiger hM für sämtliche Ansprüche, da ansonsten eine Rechtswegspaltung eintreten könnte (MüKo/*Hüffer* Rn 67). Der Verwaltungsträger bleibt auf den Verwaltungsrechtsweg verwiesen (BGHZ 43, 269). Gesetzliche Sonderbestimmungen ergeben sich für die bes amtliche Verwahrung eines Testaments aus §§ 2258a, 2258b. Bei der Hinterlegung ist die HintO, insbes § 18 HintO, zu beachten. Die Aufbewahrung durch einen Notar gem § 23 BNotO stellt keinen Verwahrungsvertrag dar, so dass eine Ersatzpflicht nur aus den Amtshaftungsgrundsätzen folgt (RGZ 156, 82; BGH NJW 1990, 1733). Die Verwahrung durch den Zoll richtet sich nach dem ZollG (MüKo/*Hüffer* Rn 65; BGH MDR 1975, 213). Auch die Verwahrung von Gegenständen der öffentlichen Hand durch einen Privaten auf Grund einer öffentlichen Verpflichtung stellt eine öffentlich-rechtliche Verwahrung dar (VG Arnsberg JuS 1975, 401).

18 Bei Übergang des Besitzes ist eine öffentlich-rechtliche Verwahrung in den Fällen der Sicherstellungen und Ersatzvornahmen (VGH Kassel NJW 1988, 3935), bei Aufbewahrung von Urkunden (RG JW 1934, 2842), bei

Pfändung durch den Gerichtsvollzieher (BGHZ 142, 77), bei Sicherstellung von Gegenständen im Strafverfahren (BGHZ 1, 369), wenn im Rahmen einer Anstaltsnutzung Gegenstände von den Benutzern berechtigterweise eingebracht werden und diese in die Obhut der Anstalt übergehen (VGH München NJW 1998, 2355), bei Inbesitznahme durch das Finanzamt (RGZ 138, 40) oder bei der Beschlagnahme durch die Staatsanwaltschaft (LG Hamburg NJW 2004, 2455) gegeben. Mangels Besitzübergang liegt keine öffentlich-rechtliche Verwahrung vor, wenn Schüler ihre Kleidung im Klassenraum ablegen (BGH NJW 1973, 2102), wenn Fahrräder an allg zugänglichen Orten abgestellt werden (LG Dortmund MDR 1954, 293), beim Ablegen von Kleidern im Sportunterricht oder in der Pause, soweit diese noch zugänglich bleiben (Soerg/*Teichmann* Rn 37), bei Versiegelung (Celle NJW 1960, 340), bei Ablage der Kleidung im Anwaltszimmer (Celle MDR 1959, 840), bei Verbringen eines abgeschleppten Fahrzeugs an eine öffentlich zugängliche Stelle (BGH MDR 1975, 213) oder wenn Obhut bei Anstaltsnutzung durch Satzung ausgeschlossen ist (Hamm VersR 1987, 789). Ansprüche aus einer möglichen Amtspflichtverletzung bleiben davon unberührt.

5. Mehrpersonenverhältnisse. In Konstellationen, in denen die Eigentümerstellung nicht dem Hinterleger 19
zufällt, ist es eine Frage des Einzelfalls, ob der Hinterleger im eigenen Namen oder im Namen des Eigentümers den Verwahrungsvertrag schließt (Staud/*Reuter* Rn 4). Dies ist durch Auslegung zu ermitteln. Gibt der Gerichtsvollzieher die gepfändete Sache einem Dritten in Verwahrung, so schließt er idR im Namen des Justizfiskus den Vertrag (BGH NJW 1999, 2597). Bei Beschädigung oder Zerstörung der verwahrten Sache kann der Hinterleger den Schaden des Eigentümers nach den Grundsätzen über die Drittschadensliquidation geltend machen (BGHZ 51, 93; vgl MüKo/*Hüffer* Rn 23 ff). Ein Anspruch des Eigentümers aus einem Vertrag zugunsten Dritter besteht regelmäßig nicht (Staud/*Reuter* Vor § 688 Rn 10). Soll der Verwahrer zukünftig für einen Dritten die Sache verwahren, so bedarf es für die Vertragsübernahme des Übereinkommens aller Beteiligten (Staud/*Reuter* Rn 5). In eigener Obliegenheit muss der Theaterinhaber auf die Verpachtung der Garderobe an einen Dritten hinweisen, um sich nicht selbst als Vertragspartner ansehen lassen zu müssen (RGZ 97, 169). Im Falle der Hinterlegung bei einem Dritten ist § 691 zu beachten.

IV. Haftung. 1. Allgemeines. Wenn die verwahrte Sache untergeht, beschädigt wird oder eine verzögerte 20
Herausgabe eintritt, ist die Haftung des Verwahrers zu prüfen, wobei für sein Vertretenmüssen die allg Regeln der §§ 276, 278, 277 iVm § 690 Anwendung finden. Grds ist der Verwahrer nicht zur vorbeugenden Schadensabwendung, zur Verwaltung oder zur Versicherung der verwahrten Sache verpflichtet (RGRK/*Krohn* Rn 8). Abweichend kann sich eine Versicherungspflicht zB aus §§ 390 Abs 2, 472 Abs 1 HGB sowie aus der Verkehrsüblichkeit ergeben (Staud/*Reuter* Rn 9). Beim Bankvertrag tritt zur Aufbewahrung von Wertpapieren eine Verwaltungspflicht (RGZ 111, 345). Es ist stets eine Frage des Einzelfalls, ob der Verwahrer seiner Obhutspflicht genüge getan hat. Bei Parkhäusern genügt es der Obhutspflicht, wenn bei intensiver Benutzung neben Ausfahrtskontrollen und gelegentlichen Kontrollgängen der Betreiber für eine angemessene Sachversicherung gesorgt hat (BGH NJW 1972, 150). Bei der Verwendung von Garderobenmarken müssen diese so beschaffen sein, dass eine unbefugte Unterschiebung falscher Marken verhindert wird (RGZ 113, 425). Unabhängig vom Bestehen einer expliziten nebenvertraglichen Obhutspflicht muss ein Arzt zumindest den abgelegten Kleidungsstücken den Schutz einer verschlossenen Wohnung zukommen lassen (RGZ 99, 35). Bei übergebenen Schlüsseln ist einem Missbrauch durch das eigene Personal vorzubeugen (BGH NJW 1974, 900).

2. Haftungsfreizeichnung. Die Haftung kann jedoch durch Vereinbarung beschränkt werden. Bei Individu- 21
alabrede sind §§ 276 Abs 3, 278 S 2, §§ 449, 466 HGB, §§ 31, 36 EVO sowie ua § 7 der VO über das Bewachungsgewerbe zu beachten. Werden AGB verwendet, müssen diese den Voraussetzungen der §§ 305 ff entsprechen. Haftungsfreizeichnungen sind insbes nur in den Grenzen des § 309 Nr 7 zulässig (BGH NJW 1999, 1031). Ist die Obhutspflicht die Hauptpflicht, verstößt eine Freizeichnung gegen § 307 Abs 2 Nr 1 (Palandt/*Sprau* Rn 7). Zulässig hingegen ist es, wenn die Haftung für einfache Fahrlässigkeit durch Versicherungsschutz ersetzt wird (Düsseldorf VersR 1980, 1073). Ebenfalls unwirksam sind Klauseln, wonach der Haftungsanspruch erlischt, wenn keine unverzügliche Anzeige erfolgt (BGH NJW 1999, 1031). Die Haftungsfreizeichnung kann auch gegenständlich beschränkt werden (BGH NJW 1968, 1718). Ein Schild »Für Garderobe wird nicht gehaftet« begründet keine wirksame Freizeichnung (Soerg/*Teichmann* Rn 18). Ferner ist § 3 der VO über das Bewachungsgewerbe zu beachten. Bei der öffentlich-rechtlichen Verwahrung kann eine Freizeichnung zulässig sein, wobei die Frage der Weite vom Einzelfall abhängt und nicht den Amtshaftungsanspruch betrifft (BGHZ 61, 7; BGH NJW 1973, 1741; Staud/*Reuter* Vor § 688 Rn 49).

C. Prozessuales. Den Schuldner trifft die Beweislast für fehlendes Verschulden nach § 280 Abs 1 2, wobei 22
dies sowohl für die nebenvertragliche als auch hauptvertragliche Obhutspflicht zutrifft (MüKo/*Hüffer* Rn 22; vgl zur öffentlich-rechtlichen Verwahrung BGH NJW 1990, 1230). Die §§ 688–700 sind grds abdingbar. Die Anwendbarkeit des deutschen Rechts richtet sich nach den Art 27 ff EGBGB.

§ 689 Vergütung. Eine Vergütung für die Aufbewahrung gilt als stillschweigend vereinbart, wenn die Aufbewahrung den Umständen nach nur gegen eine Vergütung zu erwarten ist.

1 Entgegen des Wortlautes enthält § 689 eine Auslegungsregelung und keine Fiktion, wobei die Auslegung zugunsten der Entgeltlichkeit wirkt. Voraussetzung ist, dass ein Verwahrungsvertrag besteht. § 689 greift erst, wenn eine konkrete Auslegung des Vertrages zu keinem Ergebnis führt (MüKo/*Hüffer* § 688 Rn 3). Entscheidend sind die Umstände und Verhältnisse des Einzelfalls unter Berücksichtigung der Verkehrssitte. Zu beachten sind insofern die Stellung der Beteiligten zueinander, der Umfang und die Dauer der Verwahrungstätigkeit, die Schwierigkeit der Aufbewahrung, die Geräte und die erforderlichen Kenntnisse, die Räumlichkeiten und das Risiko der Aufbewahrung. Für eine Entgeltlichkeit spricht ferner, wenn die Aufbewahrung im Rahmen des Gewerbes des Verwahrers erfolgt, hingegen begründen erstattungsfähige Aufwendungen kein Indiz. Die Beweislast für die Umstände trägt der Verwahrer. Führt die Auslegung zur Unentgeltlichkeit, kommt dem Hinterleger ein Anfechtungsrecht zu (Staud/*Reuter* Rn 1; aA BaRoth/*Gehrlein* Rn 1).

2 § 689 enthält keine Regelung zur Höhe der Vergütung. Vergleichbare Vorschriften wie die §§ 612 Abs 2, 632 Abs 2, 653 Abs 2 sind daher in entspr Weise heranzuziehen (Palandt/*Sprau* Rn 2). Insofern richtet sich die Vergütung primär nach einer Taxe, mangels Taxe nach der üblichen Vergütung und mangels feststellbarer üblicher Vergütung subsidiär nach einer angemessenen Vergütung gem §§ 315 f (Soerg/*Teichmann* Rn 4). Die Sondervorschriften der §§ 534, 467 Abs 2 HGB und § 165 Abs 2 FGG sind zu beachten. Für den Erfüllungsort gelten die §§ 269, 270. Die Vergütungspflicht gilt nur für die Dauer der Vereinbarung. Sie endet mit der Rückgabe der Sache oder der wirksamen Kündigung. Macht der Verwahrer gegen das Herausgabeverlangen des Hinterlegers ein Zurückbehaltungsrecht wegen eines Aufwendungsersatzanspruches oder der Vergütung gem § 273 berechtigterweise geltend, sind seine Aufwendungen in der Folgezeit gem §§ 298, 304 zu ersetzen (MüKo/*Hüffer* Rn 6). Rückgabepflicht und Vergütungsanspruch stehen nicht im Gegenseitigkeitsverhältnis (MüKo/*Hüffer* § 695 Rn 10). Der Verlust der verwahrten Sache führt zur Unmöglichkeit der synallagmatischen Aufbewahrungspflicht und steht der rückwirkenden Vergütung nicht entgegen (Staud/*Reuter* Rn 3).

§ 690 Haftung bei unentgeltlicher Verwahrung. Wird die Aufbewahrung unentgeltlich übernommen, so hat der Verwahrer nur für diejenige Sorgfalt einzustehen, welche er in eigenen Angelegenheiten anzuwenden pflegt.

1 § 690 enthält eine Billigkeitsregelung, die in der Fremdnützigkeit des unentgeltlichen Vertrages begründet ist. Unentgeltlichkeit ist zu verneinen, wenn der Verwahrer mit der Verwahrung einen eigenen, auch außerhalb des Vertrages liegenden oder mittelbaren Vorteil bezweckt (Düsseldorf MDR 1976, 842; Köln FamRZ 1997, 53). Ist die Verwahrung nur Nebenpflicht eines Vertrages, gelten die Vorschriften des Hauptvertrages, wobei auch bei unentgeltlichen Verträgen (zB Auftrag) sich die Haftung nach den Maßstäben des Hauptvertrages richtet (Staud/*Reuter* Rn 3). Bei der öffentlich-rechtlichen Verwahrung erfolgt die Verwahrung im öffentlichen Interesse, so dass § 690 nicht einschlägig ist (BGH NJW 1952, 301). Bei der Zusendung unbestellter Waren iSv § 241a Abs 2 richtet sich die Beurteilung nach §§ 300 ff analog (MüKo/*Hüffer* Rn 2). § 690 gilt nicht für die Verwahrung bei Übereignung mittels Besitzkonstitut gem § 930, für die Verwahrungspflicht des Sicherungsgebers bei einer Sicherungsübereignung oder für den Pfandgläubiger (Erman/*Herrmann* Rn 3). Ferner erfolgt keine entspr Anwendung von § 690 auf den unentgeltlichen Nießbrauch oder den Auftrag (KG Berlin ZMR 2007, 36; BGH NJW 1959, 1221).

2 Ob § 690 iVm § 277 zur Haftungsmilderung führt, hängt von der Sorgfalt ab, welche der Verwahrer in eigenen Angelegenheiten anzuwenden pflegt. Eine Haftungsbegründung, dass der Verwahrer die ggü seinen Rechtsgütern gezeigte Sorgfalt schuldet, enthält § 690 hingegen nicht (MüKo/*Hüffer* Rn 7). Von der Haftungsprivilegierung sind auch die konkurrierenden Ansprüche erfasst, soweit es sich um spezifische Verwahrungspflichten und nicht um allg Sicherungspflichten (zB Sturz des Hinterlegers beim Abholen der Sache wegen Unaufgeräumtheit) handelt (Staud/*Reuter* § 688 Rn 5). § 690 ist sowohl bei unmittelbaren Schäden als auch bei Folgeschäden einschlägig (MüKo/*Reuter* § 688 Rn 9). Für Vorsatz und grobe Fahrlässigkeit haftet der Verwahrer stets, hingegen haftet er für leichte Fahrlässigkeit (§ 276 Abs 2) nur, wenn seine persönlichen Haftungsmaßstäbe den allg entsprechen (Soerg/*Teichmann* Rn 4; vgl Zweibrücken NJW-RR 2002, 1456). Den Verwahrer trifft nach allg Regeln die Beweislast, dass er die Leistungsstörung nicht zu vertreten hat.

§ 691 Hinterlegung bei Dritten. Der Verwahrer ist im Zweifel nicht berechtigt, die hinterlegte Sache bei einem Dritten zu hinterlegen. Ist die Hinterlegung bei einem Dritten gestattet, so hat der Verwahrer nur ein ihm bei dieser Hinterlegung zur Last fallendes Verschulden zu vertreten. Für das Verschulden eines Gehilfen ist er nach § 278 verantwortlich.

1 Der Verwahrungsvertrag beruht regelm auf dem Vertrauen des Hinterlegers in den Verwahrer, so dass der Verwahrer ohne Gestattung des Hinterlegers nicht berechtigt ist, die verwahrte Sache bei einem Dritten zu »hinterlegen«. § 691 erfasst die befugte (S 2) und unbefugte (S 1) Substitution (Drittverwahrung) sowie den

Gehilfeneinsatz (S 3). Eine Substitution liegt vor, wenn der Verwahrer die Aufbewahrung der Sache einem Dritten zu dessen eigener Verantwortung überträgt und sie damit aus dem eigenen Verantwortungsbereich entlässt, hingegen stellt der Einsatz von Gehilfen keine Substitution dar, solange der Verwahrer die Verantwortung behält (MüKo/*Hüffer* Rn 3, krit Staud/*Reuter* § 688 Rn 1 f: jede Besitzweitergabe berührt § 691 S 1). Die Gestattung kann ausdrücklich oder konkludent erfolgen. Verbleiben nach der Auslegung Zweifel über die Berechtigung, gehen diese gem § 691 S 1 zu Lasten des Verwahrers. Insoweit dem Verwahrer die Drittverwahrung gestattet ist, beschränkt sich gem § 691 S 2 seine Haftung auf die ordnungsgemäße Auswahl des Dritten, eine sachgerechte Einweisung und die ordnungsgemäße Übergabe der Sache (Staud/*Reuter* Rn 4). Die Substitution stellt eine Änderung der vereinbarten Aufbewahrung dar, § 692 (MüKo/*Hüffer* Rn 6; krit Staud/*Reuter* Rn 8). Der Hinterleger ist über die Vornahme der Substitution zu informieren. Bei befugter und unbefugter Substitution hat der Hinterleger einen unmittelbaren Rückgabeanspruch gegen den Dritten aus §§ 546 Abs 2, 604 Abs 4 analog (MüKo/*Hüffer* Rn 7, 11), bei unbefugter Substitution folgt aus § 688 ein Anspruch gegen den Verwahrer auf Rücknahme der Sache.

Bei unbefugter Substitution haftet der Verwahrer unabhängig von einem Verschuldensvorwurf auch für zufällige Schadensfolgen (Staud/*Reuter* Rn 10; eingrenzend Soerg/*Teichmann* Rn 7). Die Ansprüche des Hinterlegers gegen den Dritten aus §§ 823 ff und §§ 989 ff bleiben unberührt. Der Hinterleger kann bei der unbefugten Substitution die Abtretung des Schadensersatzanspruches nach § 667 analog verlangen, soweit er ausnahmsw keinen eigenen vertraglichen Anspruch gegen den Dritten hat. Bei der befugten Substitution folgt der Anspruch aus der Drittschadensliquidation (MüKo/*Hüffer* Rn 8, 11; abw Staud/*Reuter* Rn 7, 11). Gehilfe iSv § 691 S 3 ist derjenige, der nur Hilfsfunktion bei der Aufbewahrung übernimmt, ohne die Verantwortung tragen zu müssen. § 691 S 3 enthält lediglich eine durch § 691 S 2 veranlasste Klarstellung (MüKo/*Hüffer* Rn 13; aA Staud/*Reuter* Rn 2). Die Haftung des Verwahrers umfasst auch vorsätzlich begangene unerlaubte Handlungen (RGZ 65, 17). Für die öffentlich-rechtliche Verwahrung ist § 691 entspr anzuwenden (BGH NJW 1980, 1106). Soweit kein öffentlich-rechtlicher Vertrag vorliegt, hängt die Gestattung nicht vom Willen des Hinterlegers sondern von den jeweilig einschlägigen Rechtssätzen ab. 2

§ 692 Änderung der Aufbewahrung. Der Verwahrer ist berechtigt, die vereinbarte Art der Aufbewahrung zu ändern, wenn er den Umständen nach annehmen darf, dass der Hinterleger bei Kenntnis der Sachlage die Änderung billigen würde. Der Verwahrer hat vor der Änderung dem Hinterleger Anzeige zu machen und dessen Entschließung abzuwarten, wenn nicht mit dem Aufschub Gefahr verbunden ist.

§ 692 regelt den Fall, dass eine bestimmte Art der Aufbewahrung vereinbart wurde. Fehlt es an einer solchen Vereinbarung, ist der Verwahrer grds frei, die von ihm gewählte Art der Aufbewahrung in den Grenzen des § 691 zu verändern. An nachträgliche Weisungen des Hinterlegers ist er grds nicht gebunden (Erman/*Herrmann* Rn 1). Unter den Voraussetzungen des § 692 kann die vereinbarte Art der Aufbewahrung ausnahmsw verändert werden. Erklärt sich der Hinterleger auf eine Anzeige gem § 692 S 2 innerhalb der ihm gesetzten Frist nicht, so ist der Verwahrer zur eigenmächtigen Änderung der Aufbewahrung berechtigt. Gleiches gilt bei drohender Gefahr (§ 692 S 2), wenn das Einverständnis des Hinterlegers vermutet werden darf, § 691 S 1 (MüKo/*Hüffer* Rn 5). Die Darlegungs- und Beweislast für die zu Grunde liegenden Voraussetzungen trifft den Verwahrer. Hat der Verwahrer die unbefugte Änderung der Aufbewahrungsart zu vertreten, haftet er gem § 287 S 2 auch für zufällige Schäden, es sei denn, der Schaden wäre auch ohne Änderung eingetreten (Staud/*Reuter* Rn 6). Bei der unbefugten Änderung ist § 690 nicht einschlägig, hingegen ist bei drohender Gefahr § 680 analog anzuwenden (MüKo/*Hüffer* Rn 5). Im Falle der unmittelbaren Gefährdung besteht eine Rettungspflicht. 1

§ 693 Ersatz von Aufwendungen. Macht der Verwahrer zum Zwecke der Aufbewahrung Aufwendungen, die er den Umständen nach für erforderlich halten darf, so ist der Hinterleger zum Ersatz verpflichtet.

§ 693 begründet einen Aufwendungsersatzanspruch des Verwahrers gegen den Hinterleger, soweit keine abweichende vertragliche Vereinbarung besteht. Die Norm entspricht § 670. Aufwendungen sind freiwillige Vermögensopfer, die dem Erhalt der Sache dienen. Hierrunter fällt nicht der Einsatz von Arbeitskraft (BGH NJW 1973, 46). Eine Anpassung des Verwahrungsvertrages hinsichtlich der Vergütung kann jedoch hierbei nach § 313 erfolgen (Staud/*Reuter* Rn 2). Von § 693 sind nur Aufwendungen erfasst, die zum Zwecke und nicht nur anlässlich der Aufbewahrung gemacht worden sind, nicht erst nach Beendigung der Verwahrung anfallen, der Vorbereitung und Durchführung der Verwahrung dienen oder sich als Nachwirkungen darstellen (MüKo/*Hüffer* Rn 3 f). Erstattungsfähige Aufwendungen können daher Bewachungskosten, Tierfutterkosten (aA bei Entgeltlichkeit Soerg/*Teichmann* § 693 Rn 3), Steuern, Versicherungsprämien, Kosten für das Eingehen von Verbindlichkeiten, Reparaturkosten und Kosten für den Rettungsaufwand sein (RGRK/*Krohn* Rn 1). Nicht erfasst sind Aufwendungen, die die Verwahrung erst ermöglichen (zB Raumgewährung). Zudem müssen die Aufwen- 1 dungen aus der Sicht eines verständigen Verwahrers im Zeitpunkt der Aufwendung erforderlich sein (RGZ 149, 205), wobei der Wert der Sache als betragsmäßige Obergrenze heranzuziehen ist, insoweit nicht ideelle Gründe eine höhere Obergrenze begründen (Karlsruhe MDR 1969, 219). Für den Aufwendungsersatz gelten die §§ 256, 257. Zudem steht dem Verwahrer gegen den Rückgewähranspruch ein Zurückbehaltungsrecht gem § 273 zu. Aufwendungen, die zeitlich danach erfolgen, sind über §§ 298, 304 zu ersetzen (Staud/*Reuter* Rn 7 f; aA Celle NJW 1967, 1967: §§ 987 ff). Bei öffentlich-rechtlicher Verwahrung findet die Vorschrift analoge Anwendung (VGH Kassel NVwZ 1988, 655; OVG Baden-Württemberg NJW 2007, 1375).

§ 694 Schadensersatzpflicht des Hinterlegers. **Der Hinterleger hat den durch die Beschaffenheit der hinterlegten Sache dem Verwahrer entstehenden Schaden zu ersetzen, es sei denn, dass er die Gefahr drohende Beschaffenheit der Sache bei der Hinterlegung weder kennt noch kennen muss oder dass er sie dem Verwahrer angezeigt oder dieser sie ohne Anzeige gekannt hat.**

1 Die Norm flankiert § 693 durch die Begründung eines Ersatzanspruches für unfreiwillige Einbußen und bildet eine Verschuldenshaftung mit einer Beweislastumkehr zu Lasten des Hinterlegers (Staud/*Reuter* Rn 1). § 694 stellt eine Sonderregelung zu § 280 dar. Die Norm betrifft nur Schäden, die durch die Beschaffenheit der Sache adäquat kausal entstanden sind (Palandt/*Sprau* Rn 1). Andernfalls bestimmt sich der Ersatzanspruch nach den allg Regeln. Entscheidend für die Anwendbarkeit von § 694 ist, dass der Schutzzweck der Norm betroffen ist. Die Ursache des Schadens muss in der Gefährlichkeit der Sache unmittelbar begründet sein und darf nicht auf der Verletzung allg Rechtspflichten beruhen (LG München I BB 1991, 1667). Die Gefährlichkeit der Sache kann aus ihr selbst (zB chemikalische Stoffe), aus einer vorhandenen Schädigung der Sache (zB Tier mit ansteckender Krankheit) oder aus bestimmten Verhaltensweisen (zB Verhaltensstörungen eines Tiers) hervorgehen (Soerg/*Teichmann* Rn 2; AG Berlin-Schöneberg NJW-RR 1986, 113). Die Norm ist auf andere Vertragsverhältnisse entspr anzuwenden, bei denen eine in Obhut genommene Sache für den Vertragspartner einen Schaden des anderen Vertragsteils verursacht (MüKo/*Hüffer* Rn 1). § 694 begründet zunächst eine Verschuldensvermutung des Hinterlegers, die er in den drei abschließend genannten Fällen widerlegen kann.

2 Die gefahrdrohende Beschaffenheit muss dem Hinterleger unbekannt gewesen sein (1), wobei die Unkenntnis nicht auf Fahrlässigkeit beruhen darf. Maßgeblich ist der Zeitpunkt der Hinterlegung (MüKo/*Hüffer* Rn 5). Erlangt der Hinterleger erst nach diesem Zeitpunkt Kenntnis von der Gefahrbeschaffenheit oder hätte er diese erkennen müssen, beurteilt sich seine Ersatzpflicht nach § 280 Abs 1 und nicht nach § 694. § 694 bringt eine Pflicht des Hinterlegers zum Ausdruck, wonach er sich um die Beschaffenheit der verwahrten Sache zu kümmern und jede drohende Gefahr anzuzeigen hat, wobei den Hinterleger nach der Hinterlegung keine explizite Prüfungspflicht mehr trifft (RGRK/*Krohn* Rn 3; Staud/*Reuter* Rn 3). Die nachträgliche Kenntnis des Hinterlegers ist im Rahmen des § 280 Abs 1 durch den Verwahrer darzulegen und zu beweisen. Ferner ist die Ersatzpflicht ausgeschlossen, wenn der Hinterleger dem Verwahrer die gefahrdrohende Beschaffenheit angezeigt hat (2). Bei der Anzeige handelt es sich um eine geschäftsähnliche Handlung, so dass gem § 130 nicht die tatsächliche Kenntnisnahme der Anzeige sondern der Zugang dieser entscheidend ist, § 130. Ebenso ist die Ersatzpflicht ausgeschlossen, wenn der Verwahrer anderweitig als durch die Anzeige Kenntnis von der Beschaffenheit erlangt hat (3). Erforderlich ist positive Kenntnis (MüKo/*Hüffer* Rn 7), hingegen ist bei schuldhafter Unkenntnis des Verwahrers § 254 anzuwenden. Nach hM ist im Falle einer unentgeltlichen Verwahrung § 690 im Rahmen des § 254 zu beachten (Soerg/*Teichmann* Rn 3; Palandt/*Sprau* Rn 1). Der Umfang der Ersatzpflicht bemisst sich nach den §§ 249 ff. Der Verwahrer muss die adäquat kausale Verursachung des Schadens durch die Beschaffenheit der Sache darlegen und beweisen. Gelingt ihm dieser Beweis, so ist die Exkulpation Sache des Hinterlegers (MüKo/*Hüffer* Rn 8).

§ 695 Rückforderungsrecht des Hinterlegers. **Der Hinterleger kann die hinterlegte Sache jederzeit zurückfordern, auch wenn für die Aufbewahrung eine Zeit bestimmt ist. Die Verjährung des Anspruchs auf Rückgabe der Sache beginnt mit der Rückforderung.**

1 § 695 gilt für die entgeltliche, unentgeltliche, unbefristete und befristete Verwahrung (LG Ulm NJW-RR 2004, 854). Der Regelungsgehalt der Norm ist in der Fremdnützigkeit der Verwahrung begründet, die auch bei der Entgeltlichkeit bestehen bleibt (Soerg/*Teichmann* Rn 1). § 695 gewährleistet ein jederzeitiges Rückforderungsrecht ohne Begründungszwang (Erman/*Herrmann* Rn 1). Nach hM unter Berücksichtigung der Einordnung des Verwahrungsvertrages als Konsensualvertrag stellt die Rückforderung der verwahrten Sache eine Kündigung dar (MüKo/*Hüffer* Rn 3; aA RGRK/*Krohn* Rn 4: Verwahrungsvertrag endet mit Rückgabe), durch deren Ausübung der Verwahrungsvertrag endet und sich in ein Abwicklungsverhältnis wandelt, welches mit der Übergabe der verwahrten Sache beendet ist (Staud/*Reuter* Rn 3). Für die Zeit nach dem Rückforderungsverlangen schuldet der Hinterleger nicht mehr die vereinbarte Vergütung. Grds finden die §§ 987 ff Anwendung (Celle NJW 1967, 1967). Für die Ausübung des Kündigungsrechts gilt § 242 mit der Folge, dass die Rückgabe nicht zur Unzeit erfolgen darf und uU eine angemessene Frist zu setzen ist (Palandt/*Sprau* Rn 1). Bei Ver-

wahrungen, die Handelsgeschäfte sind, ist § 358 HGB zu beachten. § 695 ist nach hM abdingbar, wobei strittig ist, ob dadurch ein Vertrag eigener Art mit Verwahrungselementen oder ein atypisch ausgestalteter Verwahrungsvertrag entsteht, hingegen kommt der Unterscheidung keine praktische Bedeutung zu (MüKo/*Hüffer* Rn 3; Staud/*Reuter* Vor § 688 Rn 6).

Ist der Hinterleger gleichzeitig Eigentümer, so steht ihm nach der Ausübung seines Rückforderungsrechts der Herausgabeanspruch aus § 985 zu, da das Recht zum Besitz (§ 986) mit der Rückforderung endet. Ist der Hinterleger nicht Eigentümer, so ist die Frage, an wen der Verwahrer die Sache herauszugeben hat, nach hM vom Bestehen eines Zurückbehaltungsrechts des Hinterlegers ggü dem Dritten abhängig, da die Ansprüche des Hinterlegers aus § 695 und des Dritten aus § 985 den Verwahrer treffen. Steht dem Hinterleger ein Recht zum Besitz ggü dem Dritten zu, muss der Verwahrer an den Hinterleger herausgeben. Ist dies nicht der Fall, so ist der Verwahrer zur Herausgabe an den Dritten verpflichtet (BGHZ 5, 337; MüKo/*Hüffer* Rn 8 f: arg § 242; Staud/*Reuter* Rn 6: arg § 34 Abs 1 StGB analog). Ist der Verwahrer selbst Eigentümer so kann er die Herausgabe nur verweigern, wenn er die sofortige Rückgabe der Sache vom Hinterleger verlangen kann. (Palandt/*Sprau* Rn 1). Ein nachträglicher Eigentumserwerb des Verwahrers begründet im Zweifel die konkludente Vertragsaufhebung (RGZ 15, 21). Der Herausgabeanspruch ggü einem Dritten folgt aus §§ 556 Abs 3, 604 Abs 4 analog. 2

Da dem Hinterleger die Sache gebührt, erstreckt sich der Umfang der Rückgabepflicht auch auf die berechtigt und unberechtigt gezogenen Früchte und Nutzungen, §§ 99, 100 (MüKo/*Hüffer* Rn 6; aA Staud/*Reuter* Rn 5: nicht für Gebrauchsvorteile, diese stehen ausschließlich dem Eigentümer aus GoA oder § 812 zu). Es besteht ein Aussonderungsrecht gem § 47 InsO. Bei Unmöglichkeit der Herausgabe oder bei Beschädigung der Sache haftet der Verwahrer nach §§ 280, 690. Die Ansprüche des Verwahrers auf Vergütung, Aufwendungsersatz (§ 693) und Schadensersatz (§ 694) begründen ein Zurückbehaltungsrecht aus § 273. Ein Pfandrecht kann gem § 475b HGB bestehen. Die Bestellung eines vertraglichen Pfandrechts ist zulässig (BGH NJW 1959, 142). Der Anspruch verjährt gem § 195 innerhalb von drei Jahren, wobei die Verjährung gem § 695 S 2 erst mit dem Rückforderungsverlangen (nicht am Ende des Jahres, in dem die Rückforderung erhoben wurde) beginnt (vgl Erman/*Herrmann* Rn 5). 3

§ 696 Rücknahmeanspruch des Verwahrers. **Der Verwahrer kann, wenn eine Zeit für die Aufbewahrung nicht bestimmt ist, jederzeit die Rücknahme der hinterlegten Sache verlangen. Ist eine Zeit bestimmt, so kann er die vorzeitige Rücknahme nur verlangen, wenn ein wichtiger Grund vorliegt. Die Verjährung des Anspruchs beginnt mit dem Verlangen auf Rücknahme.**

Der in § 696 niedergelegte Rücknahmeanspruch stellt das Gegenstück zum Rückgabeanspruch des Hinterlegers aus § 695 dar. Die Norm gestattet es dem Verwahrer, sich jederzeit durch einseitige Erklärung aus dem Verwahrungsvertrag zu lösen, indes kann dies bei befristeten Verträgen nur bei Vorliegen eines wichtigen Grundes erfolgen. Ein wichtiger Grund liegt vor, wenn unter Berücksichtigung aller Umstände des Einzelfalls und unter Abwägung der beiderseitigen Interessen dem Verwahrer die Fortsetzung der Verwahrung unzumutbar ist (BGH NJW 1999, 1177). Ein Verschulden des Hinterlegers oder das Einhalten einer Kündigungsfrist ist nicht erforderlich, zudem schließt ein Verschulden des Verwahrers einen wichtigen Grund nicht zwangsläufig aus (BGH BB 1972, 2054; Dauner-Lieb/Heidel/Ring/*Klingenhöfer* Rn 2). Anders verhält es sich, wenn der Verwahrer für die Ursache das Risiko übernommen hat und der Eintritt des Grundes nicht unvorhersehbar war (BGH NJW 1981, 1265; MüKo/*Hüffer* Rn 4; Soerg/*Teichmann* Rn 4). Ein wichtiger Grund kommt daher in Betracht, wenn die Sache eine gefahrdrohende Beschaffenheit annimmt, der betroffene Raum unvorhergesehen anderweitig benötigt wird oder der Raum verloren geht. 1

Ebenso wie bei § 695 stellt das Rücknahmeverlangen nach hM eine Kündigung des Verwahrungsvertrages dar, das nicht zur Unzeit ausgeübt werden darf und gegebenenfalls einer Fristsetzung bedarf (LG Berlin NJW 1992, 1327). Beim Lagerhaltervertrag ist § 473 Abs 1 HGB zu beachten. Insoweit der Hinterleger die verwahrte Sache nicht zurücknimmt, gerät er als Gläubiger des Rückgabeanspruches (§ 695) in Gläubigerverzug (§§ 293 ff iVm 372, 383) und hinsichtlich des Anspruchs des Verwahrers auf Rücknahme (§ 696) in den Schuldnerverzug (§ 286), da unabhängig von der Person des Kündigungserklärers der Verwahrungsvertrag mit der Kündigung endet (MüKo/*Hüffer* Rn 7). § 323 findet keine Anwendung. Trotz fehlender Rücknahme durch den Hinterleger trifft den Verwahrer eine nachvertragliche Sorgfaltspflicht (Erman/*Herrmann* Rn 3). Aufwendungen, die dadurch entstehen, dass der Hinterleger seiner Rücknahmepflicht nicht nachkommt, sind im Rahmen des § 304 ersatzfähig. Das Versprechen zur unentgeltlichen Verwahrung gilt nur bis zum Ende des Verwahrungsverhältnisses (Staud/*Reuter* Rn 2). Bei entgeltlicher Verwahrung bleibt ein Vergütungsanspruch aus § 557 Abs 1 S 1 analog bestehen (Staud/*Reuter* Rn 2; aA MüKo/*Hüffer* Rn 7). Ein Schadensersatzanspruch des Verwahrers folgt den allg Regeln. 2

§ 696 S 1 ist mit der Maßgabe abdingbar, dass der Verwahrer auf das Recht, wegen eines wichtigen Grundes die Rücknahme zu verlangen, nicht verzichten kann (abw Staud/*Reuter* Rn 3: Einschränkung bei S 1 nur bzgl »jederzeit« – keine zeitliche Unbegrenztheit möglich; aA Soerg/*Teichmann* Rn 1: ohne Einschränkung abdingbar), hingegen § 696 S 2 einem allg Rechtsgedanken entspricht und daher nicht zu Lasten des Verwahrers abbedungen werden kann (BGHZ 50, 312; MüKo/*Hüffer* Rn 2). Der Verwahrer hat im Falle der Weigerung 3 der Rücknahme durch den Hinterleger keinen Anspruch aus § 812 Abs 1 S 1 (MüKo/*Hüffer* Rn 7; aA Karlsruhe MDR 1969, 219). Der Verwahrer trägt die Darlegungs- und Beweislast für sein Kündigungsrecht (Soerg/*Teichmann* Rn 4). § 696 S 3 ist eine Parallele zu § 695 S 3. Verjährungsbeginn ist das Rücknahmeverlangen (vgl Erman/*Herrmann* Rn 4).

§ 697 Rückgabeort. Die Rückgabe der hinterlegten Sache hat an dem Ort zu erfolgen, an welchem die Sache aufzubewahren war; der Verwahrer ist nicht verpflichtet, die Sache dem Hinterleger zu bringen.

1 § 697 bestimmt den Anspruch auf Rückgabe bzw die Verpflichtung zur Rücknahme als Hohlschuld des Hinterlegers. Der Hinterleger ist verpflichtet, die Kosten der Rücknahme (auch eigene Anreisekosten) und die Gefahr zu tragen. Die Norm gilt auch für die Verwahrung von Geld, so dass § 697 § 270 vorgeht. In Abweichung von §§ 269, 270 ist der Leistungsort der Ort, an dem die Sache vertragsgem verwahrt wird. Bei befugter Verwahrung durch einen Dritten oder einer vereinbarten Änderung der Aufbewahrung (§§ 691, 692) ist die Sache an dem Ort zurückzugeben, an dem sie sich zum Rückgabezeitpunkt berechtigterweise befindet (Staud/*Reuter* Rn 1), hingegen trägt bei unzulässiger Änderung der Verwahrung der Verwahrer die Kosten und die Gefahr der Rückgabe, soweit sie durch die Änderung entstanden sind (MüKo/*Hüffer* Rn 5). § 697 gilt nicht für die übrigen Ansprüche aus dem Verwahrungsvertrag (zB Entgelt des Verwahrers). Hier finden die allg Regeln Anwendung. Von § 697 sind über den Wortlaut hinaus auch die Früchte der Sache, jedoch nicht die unerlaubt gezogenen Gebrauchsvorteile (hier §§ 269, 270), erfasst (Soerg/*Teichmann* Rn 3). Bei Rückgabeverzug erfolgt die Rückgabe auf Kosten und Gefahr des Verwahrers (Staud/*Reuter* Rn 2). § 697 ist auf das öffentlich-rechtliche Verwahrungsverhältnis (zB beschlagnahmte Sachen), die Rückgabe der vom Insolvenzverwalter freigegebenen Gegenstände und bei Verträgen mit verwahrungsrechtlichen Nebenpflichten entspr anwendbar (BGH NJW 2005, 988; Hamm NJW 1964, 2355). Falls eine Beschlagnahme rechtswidrig war, kommt uU ein Folgenbeseitigungsanspruch in Betracht (BGH NJW 2005, 988). § 697 gilt auch dann, wenn eine Rücksendung auf Anforderung des Hinterlegers erfolgt.

§ 698 Verzinsung des verwendeten Geldes. Verwendet der Verwahrer hinterlegtes Geld für sich, so ist er verpflichtet, es von der Zeit der Verwendung an zu verzinsen.

1 Die Norm sanktioniert die unbefugte Verwendung von Geld mit einem Zinsanspruch des Hinterlegers, unabhängig vom Bestehen eines tatsächlich eingetretenen Schadens. Die befugte Verwendung des verwahrten Geldes ist in § 700 geregelt. Aus dem Kontext geht hervor, dass der Verwahrer mangels anderweitiger Regelung nicht zum Gebrauch der verwahrten Sache berechtigt ist. Als Gegenstand für § 698 kommt nur Geld (Münzen, Scheine), unabhängig von der jeweiligen Währung, in Betracht. Die Verwendung beginnt nicht schon mit einer Vermischung, sondern erst mit dem Gebrauchen des Geldes. Sie liegt bei einem Verbrauch oder einer Verpfändung vor (Soerg/*Teichmann* Rn 2). Unbefugt ist die Verwendung, wenn sie ohne vertragliche Gestattung erfolgt. Die Zinshöhe ergibt sich aus § 246 (4 %) und § 352 HGB (5 %). Die Verzinsung erfolgt für den Zeitraum der Verwendung. Daneben bleiben Ansprüche des Hinterlegers auf Grund eines höheren Schadens oder einer höheren Zinserzielung durch den Verwahrer bestehen, wobei sich diese aus den allg Grundsätzen ergeben, GoA, §§ 280 ff, 812 ff, 823 ff. Die Darlegungs- und Beweislast für den Anspruch aus § 698 und etwaige weitergehende Ansprüche trägt der Hinterleger. § 698 ist nicht auf die öffentlich-rechtliche Hinterlegung oder auf eine Kaution entspr anwendbar (Staud/*Reuter* Rn 6; BGHZ 84, 347).

§ 699 Fälligkeit der Vergütung. [1] Der Hinterleger hat die vereinbarte Vergütung bei der Beendigung der Aufbewahrung zu entrichten. Ist die Vergütung nach Zeitabschnitten bemessen, so ist sie nach dem Ablauf der einzelnen Zeitabschnitte zu entrichten.
[2] Endigt die Aufbewahrung vor dem Ablauf der für sie bestimmten Zeit, so kann der Verwahrer einen seinen bisherigen Leistungen entsprechenden Teil der Vergütung verlangen, sofern nicht aus der Vereinbarung über die Vergütung sich ein anderes ergibt.

1 § 699 begründet eine Vorleistungspflicht des Verwahrers. Die Regelung weicht insoweit von § 271 Abs 1 ab und stimmt inhaltlich mit §§ 614, 641 Abs 1 überein (MüKo/*Hüffer* Rn 1). Gem § 699 Abs 1 S 1 ist die vereinbarte Vergütung bei Beendigung der Aufbewahrung fällig. Die Aufbewahrung endet mit der Rückgabe der Sache. § 699 Abs 1 S 2 begründet eine teilw Vorleistungspflicht. Bei vorzeitiger Beendigung der Aufbewahrung steht dem Verwahrer eine Teilvergütung zu, § 699 Abs 2. Fälle der vorzeitigen Beendigung bilden die §§ 695, 696, die Unmöglichkeit weiterer Verwahrung sowie die einvernehmliche Aufhebung des Vertrages (Staud/*Reuter* Rn 2). Die Höhe der Vergütung richtet sich nach den bisherigen Leistungen, wobei auf eine verhältnismäßige zeitliche Aufteilung nur bei gleich bleibender Tätigkeit abgestellt werden kann (MüKo/*Hüffer* Rn 3). Der Verwahrer braucht die Sache nur Zug um Zug gegen Zahlung der Vergütung herausgeben, §§ 273, 274. § 320 findet keine Anwendung. Die Norm ist abdingbar. Zudem begründet § 699 Abs 1 S 2 eine Fälligkeit iSv § 286 Abs 1 S 1 (Soerg/*Teichmann* Rn 1). Der Untergang der verwahrten Sache steht dem bis dahin entstandenen Vergütungsanspruch grds nicht entgegen (Staud/*Reuter* Rn 3).

§ 700 Unregelmäßiger Verwahrungsvertrag. **[1] Werden vertretbare Sachen in der Art hinterlegt, dass das Eigentum auf den Verwahrer übergehen und dieser verpflichtet sein soll, Sachen von gleicher Art, Güte und Menge zurückzugewähren, so finden bei Geld die Vorschriften über den Darlehensvertrag, bei anderen Sachen die Vorschriften über den Sachdarlehensvertrag Anwendung. Gestattet der Hinterleger dem Verwahrer, hinterlegte vertretbare Sachen zu verbrauchen, so finden bei Geld die Vorschriften über den Darlehensvertrag, bei anderen Sachen die Vorschriften über den Sachdarlehensvertrag von dem Zeitpunkt an Anwendung, in welchem der Verwahrer sich die Sachen aneignet. In beiden Fällen bestimmen sich jedoch Zeit und Ort der Rückgabe im Zweifel nach den Vorschriften über den Verwahrungsvertrag.**
[2] Bei der Hinterlegung von Wertpapieren ist eine Vereinbarung der im Absatz 1 bezeichneten Art nur gültig, wenn sie ausdrücklich getroffen wird.

A. Allgemeines. Bei der unregelmäßigen Verwahrung handelt es sich auf Grund des Umstandes, dass der Verwahrer Eigentümer der verwahrten Sache wird, nicht um einen Verwahrungsvertrag. Verwahrungsrechtliche Vorschriften sind daher mit Ausn von § 700 Abs 1 S 3 nicht anwendbar. Die unregelmäßige Verwahrung stellt vielmehr ein eigenständiges Rechtsverhältnis dar, das durch die Verschmelzung von Darlehenselementen und Verwahrungselementen gekennzeichnet ist (MüKo/*Hüffer* Rn 2). Für den Begriff »unregelmäßige Verwahrung« (depositum irregulare) finden sich in der Praxis zudem die Bezeichnungen »Hinterlegungsdarlehen«, »Summenverwahrung« und »die uneigentliche Verwahrung«, wobei aus allen Bezeichnungen der Mischcharakter des Vertrages hervorgeht und die Vereinbarung insg einen Typenverschmelzungsvertrag darstellt (Staud/*Reuter* Rn 5). Vertragsgegenstand können nur vertretbare Sachen (§§ 90, 91) sein. Die unregelmäßige Verwahrung erfordert eine privatrechtliche Vereinbarung, so dass eine öffentlich-rechtliche Hinterlegung iSd HintO sowie das hoheitliche Handeln eines Notars nicht unter § 700 fallen (Soerg/*Teichmann* Rn 7; BGH NJW-RR 1990, 629). Der Vertrag kann auch durch schlüssiges Verhalten begründet werden. Einen Vergütungsanspruch sieht § 700 hingegen nicht vor. Die Norm ist abdingbar und greift zudem nicht, wenn eine aufschiebend bedingte Übereignung vereinbart wurde (Dauner-Lieb/Heidel/Ring/*Klingelhöfer* Rn 2). Der Rückerstattungsanspruch des Hinterlegers bezieht sich auf Sachen gleicher Art, Güte und Menge. § 700 findet keine Anwendung, wenn die Sache dem Empfänger als Sicherheit dienen soll (RGZ 119, 57). Sachen, die der Verwahrer dem Hinterleger aus einem anderen Grund schuldet, können als in unregelmäßiger Verwahrung hinterlegt gelten (RGZ 119, 21). 1

B. Regelungsgehalt. I. Vertragstatbestand. § 700 sieht zwei Entstehungsmöglichkeiten für eine unregelm Verwahrung vor. Eine unregelm Verwahrung kommt zustande, wenn vereinbart wird, dass das Eigentum an der Sache auf den Verwahrer übergehen soll und der Verwahrer schuldrechtlich verpflichtet ist, Sachen von gleicher Art, Güte und Menge zurückzugewähren, § 700 Abs 1 S 1. Entspr der Regelung im DepotG ist es auch zulässig, dass vereinbart wird, dass unmittelbar ein Dritter Eigentümer werden soll (MüKo/*Hüffer* Rn 7). Das Erfordernis der Eigentumsverschaffung stellt auf Grund der Eigenschaft des Vertrages als Konsensualvertrag eine schuldrechtliche Pflicht des Hinterlegers dar, obschon die Pflicht des Verwahrers auf Rückgewährung erst mit der Eigentumsverschaffung begründet wird (MüKo/*Hüffer* Rn 8; abw Staud/*Reuter* Rn 7: Eigentumsübergang ist Wirksamkeitsvoraussetzung). Die Rechtsfolgen des § 700 Abs 1 S 1 treten indes erst nach vollzogenem Eigentumserwerb ein (Erman/*Herrmann* Rn 2). Scheitert die Eigentumsverschaffung auf Grund fehlender Berechtigung des Hinterlegers, so steht diesem mangels gesetzlicher Regelung ein Rückgewähranspruch aus § 695 analog zu, insoweit er dem Eigentümer ggü zum Besitz berechtigt ist (MüKo/*Hüffer* aaO; aA Staud/*Reuter* aaO: § 812 Abs 1 S 2 2. Alt). Für den Fall der Wertpapierverwahrung ist § 15 Abs 1 DepotG zu beachten. 2

§ 700 Abs 1 S 2 regelt den Fall, dass zunächst eine regelm Verwahrung vorliegt, jedoch es dem Verwahrer gestattet ist, sich die Sache anzueignen, wobei die Gestattung von Anfang an vorliegen oder erst zeitlich später erfolgt sein kann (Erman/*Herrmann* Rn 3). Ab dem Zeitpunkt der **Aneignung** gelten die Vorschriften über die unregelm Verwahrung. Bis zu diesem sind die § 688 ff einschlägig. § 700 Abs 1 S 2 erfasst nach einhelliger Meinung entgegen des Wortlautes (»Verbrauch«) die Gestattung jeglicher Aneignung, mithin sind auch nicht verbrauchbare Sachen von der Norm geregelt. Aneignung ist jede Handlung, durch die der Verwahrer seinen Willen, Eigentümer der Sache zu werden, ausdrücklich oder durch konkludentes Handeln (zB Vermischen, Verarbeiten) deutlich nach außen und zeitlich feststellbar zum Ausdruck bringt (Staud/*Reuter* Rn 12). Eine Verpfändung der Sache genügt nicht (RGZ 58, 286). Der Verwahrer wird gem § 929 S 2 Eigentümer der Sache (MüKo/*Hüffer* Rn 11). Die auf Aneignung gerichtete Handlung ist eine nicht empfangsbedürftige Willenserklärung (§ 151 S 1), für die die §§ 104 ff, 116 ff gelten (Soerg/*Teichmann* Rn 12). Die Gestattung der Aneignung ist bis zum Zeitpunkt der Ausübung frei widerrufbar, § 183 (Staud/*Reuter* Rn 13). Für den Fall der Wertpapierverwahrung ist § 13 Abs 1 DepotG zu beachten. 3

II. Form. Der Vertrag kann grds formfrei geschlossen werden, soweit nicht spezielle Vorschriften (zB §§ 13, 15 DepotG, §§ 491, 492) greifen. Bei der Hinterlegung von Wertpapieren fordert § 700 Abs 2 eine ausdrückliche Vereinbarung. Ausgehend vom Rechtsgedanken des § 700 Abs 2, dem Schutz des Hinterlegers, genügt es 4 nach hM, wenn die Gestattung des Hinterlegers »ausdrücklich« erfolgt (Erman/*Herrmann* Rn 5). Das Erfordernis der Ausdrücklichkeit ist bereits dann erfüllt, wenn eine gesteigerte Eindeutigkeit in Form einer unzweideutigen Willensbekundung vorliegt (MüKo/*Hüffer* Rn 19; aA Staud/*Reuter* Rn 16 ff; Soerg/*Teichmann* Rn 8: ausdrückliche Abrede).

5 **III. Rechtsfolgen.** Für die unregelm Verwahrung gelten grds die Darlehensvorschriften. Lediglich für Zeit und Ort der Rückgabe sind nach der Auslegungsregel des § 700 Abs 1 S 3 die verwahrungsrechtlichen Vorschriften der §§ 695–697 anwendbar, wobei das jederzeitige Rückforderungsrecht abdingbar ist (BaRoth/*Gehrlein* Rn 5). Abhängig vom Gegenstand sind die Vorschriften über das Gelddarlehen, §§ 488 ff, oder über das Sachdarlehen, §§ 607 ff, einschlägig. Ein möglicher Schadensersatzanspruch folgt nicht aus § 694, sondern aus den allg Regeln (§§ 280 ff, 823 ff). Durch die Übereignung geht die Gefahr des zufälligen Untergangs auf den Verwahrer über. Auf die § 985, § 771 ZPO und § 47 InsO kann sich der Hinterleger mangels Eigentümerstellung nicht berufen (MüKo/*Hüffer* Rn 14). §§ 273 f und 387 ff sind anwendbar (Staud/*Reuter* Rn 26). Der Verwahrer kann über die Sache nach seinem Belieben verfügen, § 903 (MüKo/*Hüffer* Rn 2).

Titel 15 Einbringung von Sachen bei Gastwirten

§ 701 Haftung des Gastwirtes. **[1] Ein Gastwirt, der gewerbsmäßig Fremde zur Beherbergung aufnimmt, hat den Schaden zu ersetzen, der durch den Verlust, die Zerstörung oder die Beschädigung von Sachen entsteht, die ein im Betrieb dieses Gewerbes aufgenommener Gast eingebracht hat.**

[2] Als eingebracht gelten

1. **Sachen, welche in der Zeit, in der der Gast zur Beherbergung aufgenommen ist, in die Gastwirtschaft oder an einen von dem Gastwirt oder dessen Leuten angewiesenen oder von dem Gastwirt allgemein hierzu bestimmten Ort außerhalb der Gastwirtschaft gebracht oder sonst außerhalb der Gastwirtschaft von dem Gastwirt oder dessen Leuten in Obhut genommen sind,**
2. **Sachen, welche innerhalb einer angemessenen Frist vor oder nach der Zeit, in der der Gast zur Beherbergung aufgenommen war, von dem Gastwirt oder seinen Leuten in Obhut genommen sind.**

Im Falle einer Anweisung oder der Übernahme einer Obhut durch Leute des Gastwirts gilt dies jedoch nur, wenn sie dazu bestellt oder nach den Umständen als dazu bestellt anzusehen waren.

[3] Die Ersatzpflicht tritt nicht ein, wenn der Verlust, die Zerstörung oder die Beschädigung von dem Gast, einem Begleiter des Gastes oder einer Person, die der Gast bei sich aufgenommen hat, oder durch die Beschaffenheit der Sachen oder durch höhere Gewalt verursacht wird.

[4] Die Ersatzpflicht erstreckt sich nicht auf Fahrzeuge, auf Sachen, die in einem Fahrzeug belassen worden sind, und auf lebende Tiere.

Führich Reiserecht, 5. Aufl Heidelberg (2005); *ders* Basiswissen Reiserecht, München (2007).

1 **A. Allgemeines/Zweck der Norm.** Die Vorschriften der §§ 701–704 begründen ein gesetzliches Schuldverhältnis, das nach hM eine **Gefährdungshaftung** beinhaltet (PWW/*Fehrenbacher* Rn 1; MüKo/*Hüffer* Rn 4). Die Haftung des Gastwirtes für Verlust, Zerstörung oder Beschädigung eingebrachter Sachen ist als Erfolgshaftung unabhängig von einem Verschulden und auch vom Zustandekommen eines Beherbergungsvertrags ausgestaltet, aber der **Höhe nach begrenzt** und nicht abdingbar. Die Vorschriften beruhen auf dem von der Bundesrepublik Deutschland ratifizierten Übereinkommen der Mitgliedstaaten des Europarates vom 17.12.1962 (BGBl II 1966, 270), das am 15.02.1967 in Kraft getreten ist (BGBl II 1967, 1210). Weitere Vertragsstaaten sind Österreich, Belgien, Frankreich, Griechenland, Italien, Luxemburg, Niederlande, Türkei, Großbritannien und Irland. Neben der Gastwirtshaftung kommt für Körper- und Gesundheitsschäden eine **Haftung aus Deliktsrecht** nach §§ 823 ff in Betracht, insbes bei einer schuldhaften Verletzung von Verkehrssicherungspflichten, daneben ggf auch eine vertragliche Haftung wegen Pflichtverletzung aus dem **Beherbergungsvertrag**, der eine Mischung aus Mietvertrag mit kauf-, dienst- und werk- sowie verwahrungsvertraglichen Elementen darstellt. Zweck der Norm ist der Schutz des Gastes, der sich im Beherbergungsbetrieb aufhält. Er ist faktisch gezwungen, seine mitgebrachten Sachen unbeaufsichtigt im Zimmer zu lassen. Dem Gast sind idR weder das Personal noch die anderen, häufig wechselnden Gäste bekannt. Dadurch entsteht eine nicht unerhebliche Gefährdung. Der Beweisnot des Gastes soll mit diesen Vorschriften entgegengewirkt werden (MüKo/*Hüffer* Rn 1).

2 **B. Kommentierung.** Abs 1 nennt als Tatbestandsvoraussetzungen einen Beherbergungsgastwirt, die Gastaufnahme und die Tatsache, dass die Sachen, die verlorengehen, zerstört oder beschädigt werden, eingebracht sein müssen. Abs 2 beschreibt näher, wann Sachen als eingebracht gelten. Abs 3 und 4 nennen Haftungsausschlüsse. Als Rechtsfolge ergibt sich dann aus Abs 1 die Haftung des Gastwirtes für Verlust, Zerstörung oder Beschädigung der eingebrachten Sachen. **I. Beherbergungsbetrieb.** Gastwirt iSd §§ 701 ff ist nur der Betreiber eines Beherbergungsbetriebs, der gewerbsmäßig (also dauerhaft mit Gewinnerzielungsabsicht, jurisPK/

Queck Rn 5; aA Sorgel/*Teichmann* Rn 13, der die Gewinnerzielungsabsicht für nicht erforderlich hält und lediglich Entgeltlichkeit fordert) Fremde zur Beherbergung aufnimmt, nicht der bloße Schank- oder Speisewirt. Dauer und Zweck des Aufenthalts sind unerheblich. Kennzeichnend ist die Gewährung von Unterkunft als Ersatz für die eigene Wohnung und das Erbringen damit verbundener Serviceleistungen (Sorgel/*Teichmann* Rn 8), nicht notwendigerweise aber Verpflegung. Das bloße Vermieten von Räumen (Zimmer, Tagungsräume) genügt nicht. Auch die Ferienwohnung (nur Miete) und der Campingplatz (weil nur Platz mit Möglichkeit zur Nutzung von Gemeinschaftseinrichtungen, Staud/*Werner* Rn 7) fallen nicht darunter, wohl aber der Betrieb einer Familienpension. Betreiber kann der Inhaber oder der Pächter des Betriebs sein, also der, der die Betriebsgefahr trägt, nicht dagegen der Verpächter oder der Reiseveranstalter, da die Sachen des Reisenden nicht in deren räumlichen Herrschaftsbereich gelangen (*Führich* Rn 1255; AG Mitte RRa 2006, 168; LG Duisburg RRa 2005, 225). Es kann sich dabei um eine natürliche oder eine juristische Person handeln. Die Unterbringung kann auch als Nebengewerbe ausgeübt werden. Allerdings muss die Unterbringung Hauptzweck sein und darf nicht anderen Zwecken ggü in Hintergrund treten (Staud/*Werner* Rn 13 ff). Dies ist zB beim Sanatorium, Internat, Kinderheim, Altenheim, kirchlichem Freizeitheim, Fährschiffen, Schlafwagen (hM, MüKo/*Hüffer* Rn 15; LG Frankfurt aM RRa 2003, 185) und Alpenvereinshütten (soweit nicht gewerblich betrieben und verpachtet) der Fall.

II. Gastaufnahme. Die Gastaufnahme als Realakt setzt einen tatsächlichen Kontakt zwischen Gastwirt und 3
Gast zum Zweck der Beherbergung voraus. Nicht erforderlich ist, dass ein wirksamer Vertrag zustande kommt. Es ist weder erforderlich, dass der Gast geschäftsfähig ist noch dass ein Entgelt entrichtet wird. Damit kommen als Anspruchsberechtigte auch Kinder, Reiseleiter und Busfahrer in Betracht. Keine Gäste sind bloße Besucher, das Personal oder Handwerker des Gastwirtes. Auch die Einweisung von Asylbewerbern oder von Katastrophenopfern durch eine Kommune begründet keine Gastaufnahme (Sorgel/*Teichmann* Rn 16). Entscheidender Zeitpunkt ist die Eingliederung des Gastes in den organisierten Unternehmensbereich, zB die Zuweisung des Zimmers, die Empfangnahme des Gastes am Bahnhof oder Flughafen oder die vorläufige Aufnahme des ein Zimmer suchenden Gastes an der Rezeption oder bei der Zimmerbesichtigung.

III. Eingebrachte Sachen. Sachen sind eingebracht, wenn sie in die Obhut des Gastwirtes gelangen. Abs 2 4
beschreibt die Einbringung näher im Rahmen einer gesetzlichen Fiktion. Abs 2 S 1 Nr 1 stellt auf Sachen ab, die in der Zeit, in der der Gast zur Beherbergung aufgenommen ist, in die Gastwirtschaft gebracht werden oder außerhalb der Gastwirtschaft vom Gastwirt oder seinen Leuten in Obhut genommen werden. Abs 2 S 1 Nr 2 erweitert die Haftung auf eine angemessene Zeit vor und nach der Beherbergung. Sachen, die in die Gastwirtschaft gebracht werden, gelten nach Abs 2 S 1 Nr 1 immer als eingebracht. Darunter fallen alle Sachen, die der Gast mit sich führt (zB Gepäck, Kleidung, Schmuck, Geldbörse, aA Sorgel/*Teichmann* § 701 Rn 25). Es ist weder eine Übergabe an den Gastwirt oder dessen Leute noch die Kenntnis bzw der Wille des Gastwirts erforderlich. Außerhalb der Gastwirtschaft kommt eine Haftung in Betracht, wenn sich die Sachen in der Obhut des Gastwirtes oder seiner Leute befinden. Dafür ist nicht zwingend eine Übergabe notwendig. Die Anweisung eines Aufbewahrungsortes ist ein Unterfall der Übernahme der Obhut. Zur Gastwirtschaft gehört der gesamte räumliche Bereich, der dem Betriebszweck dient, also auch Nebengebäude und Anlagen (zB Frühstücksraum, Tagungsräume, Freizeiteinrichtungen wie Schwimmbad, Garten usw). Der Gastwirt haftet nach Abs 2 S 1 Nr 2 darüber hinaus auch für Sachen, die nicht in die Gastwirtschaft gelangen, wenn sie von ihm oder seinen Leute in Obhut genommenen werden.

Leute des Gastwirtes sind alle für ihn tätigen Hilfskräfte wie Arbeitnehmer, Familienangehörige, Aushilfen. 5
Der Begriff ist weiter als der des Erfüllungsgehilfen nach § 278. So wird nicht zwingend vorausgesetzt, dass die Tätigkeit in Erfüllung eines Beherbergungsvertrags vorgenommen wird. Eingeschränkt wird dies allerdings durch § 701 Abs 2 S 2. Danach erfolgt eine Zurechnung nur, wenn der Gastwirt die Personen dazu bestellt hat oder wenn sie nach den Umständen als dazu bestellt anzusehen waren, zB Rezeptions- und Empfangspersonal (MüKo/*Hüffer* Rn 23). Zeitlich deckt sich die Dauer der Einbringung mit der Dauer der Gastaufnahme. Nach Beendigung der Aufnahme liegengebliebene Sachen gelten daher nicht mehr als eingebracht. Nur wenn der Gastwirt oder seine Leute die Sachen in Obhut genommen haben, wird der zeitliche Haftungsrahmen um eine angemessene Frist vor und nach der Gastaufnahme erweitert, § 701 Abs 2 Nr 2. Unerheblich für die Einbringung ist die Eigentumslage. Der Gastwirt haftet somit auch für Sachen, die nicht dem Gast, sondern Dritten gehören. Anspruchsberechtigter ist aber allein der Gast.

IV. Haftungsausschlüsse. Abs 3 und 4 enthalten Haftungsausschlüsse. Abs 3 betrifft die Alleinverursachung 6
des Schadens durch den Gast oder dessen Begleiter, die Sachbeschaffenheit und die höhere Gewalt. Abs 4 nimmt Fahrzeuge, Sachen, die in einem Fahrzeug belassen worden sind und lebende Tiere von der Haftung aus. **1. Fehlendes Betriebsrisiko.** Abs 3 betrifft Fälle außerhalb des Betriebsrisikos des Gastwirtes. So haftet der Gastwirt nicht bei Alleinverursachung des Schadens durch den Gast. Auf ein Verschulden des Gastes kommt es nicht an. Mitverursachung oder Mitverschulden führen nicht zum Haftungsausschluss, sondern nur zur Kürzung des Umfangs des Anspruchs nach § 254 (zB Hoteldiebstahl infolge von Nachlässigkeit des Gastes, zB nicht verschlossene Zimmer- oder Balkontür, Liegenlassen von wertvollem Schmuck im Parterre und Zurücklassen von wertvollem Schmuck im Zimmer). Alleinverursachung liegt zB vor bei der Übergabe von Sachen an Hotelpersonal zur privaten Nutzung oder beim Einschlafen im Bett mit brennender Zigarette.

Der Haftungsausschluss gilt auch bei Alleinverursachung durch Begleiter des Gastes (Ehefrau, Kinder, eigene Angestellte, Freunde, Besucher des Gastes). Der Gastwirt haftet ferner nicht bei Alleinverursachung durch die Sachbeschaffenheit, zB Beschädigung durch andere Sachen des Gastes, nicht vorschriftsmäßige Lagerung verderblicher Sachen, Schäden durch mangelhafte Verpackung oder durch vom Gast selbst mitgebrachte gefährliche Sachen. Eine weitere betriebsferne Ursache, für die der Gastwirt nicht haftet, ist die höhere Gewalt, zB Naturkatastrophen, Raubüberfall, Demonstrationen. Keine höhere Gewalt sind dagegen Hotelbrand und Hoteldiebstahl (aA Staud/*Werner* § 701 Rn 73).

7 **2. Nicht geschützte Objekte.** Abs 4 schließt zunächst Fahrzeuge von der Haftung des Gastwirtes aus. Dies gilt für Fahrzeuge aller Art, zB Kfz, Motorräder, Fahrräder, Boote, Flugzeuge und Anhänger. Nicht erfasst werden Kinderwägen und Rollstühle, weil dies keine Fahrzeuge, sondern Hilfsmittel sind (Palandt/*Sprau* Rn 12; MüKo/*Hüffer* § 701 Rn 36; a.A. Weimar NJW 1966, 1156). Auch reine Sportgeräte (zB Schlitten, Skier, Surfbretter) fallen nicht darunter (Sorgel/*Teichmann* Rn 36). Der Haftungsausschluss gilt auch für Sachen, die sich im oder am Fahrzeug befinden (zB Koffer, Ski, Snowboard). Ferner ist nach Abs 4 die Haftung für lebende Tiere (anders aber geschlachtete Tiere, Jagdbeute) ausgeschlossen. Bei den nicht geschützten Objekten kommt aber ggf eine Haftung aus dem Beherbergungsvertrag oder auch aus einem selbständigen Verwahrungsvertrag in Betracht.

8 **V. Schadensersatz für Verlust, Zerstörung oder Beschädigung.** Rechtsfolge bei Vorliegen der Tatbestandsvoraussetzungen ist ein Anspruch auf Schadensersatz bei Verlust, Zerstörung oder Beschädigung von Sachen. Vermögens- und Personenschäden werden nach diesen Vorschriften nicht ersetzt. Die Berechnung der Schadenshöhe richtet sich nach §§ 249 ff. Die Haftung ist nach § 702a unabdingbar, aber der Höhe nach nach § 702 beschränkt. Anspruchsberechtigter ist der Gast, auch wenn ihm die Sachen nicht gehören (gesetzlich geregelten Fall der Drittschadensliquidation).

9 **C. Prozessuales.** Der Gast hat die Darlegungs- und Beweislast für das Einbringen der Sachen und den Verlust, die Zerstörung oder die Beschädigung während dieser Zeit. Das Vorliegen eines Haftungsausschlusses nach Abs 3 muss der Gastwirt beweisen. Die Beweislast für die nach § 703 vorgeschriebene rechtzeitige Anzeige bzw. deren Entbehrlichkeit trägt der Gast. Die Ansprüche des Gastes unterliegen der regelm Verjährungsfrist der §§ 195, 199 von drei Jahren. Sachlich zuständig für Streitigkeiten ist unabhängig von der Höhe des Streitwertes das Amtsgericht, § 23 Nr 2b GVG. Örtlich ist das Amtsgericht zuständig, in dessen Bezirk der Beherbergungsbetrieb seinen Sitz hat.

§ 702 Beschränkung der Haftung; Wertsachen.

[1] Der Gastwirt haftet auf Grund des § 701 nur bis zu dem Betrag, der dem Hundertfachen des Beherbergungspreises für einen Tag entspricht, jedoch mindestens bis zu dem Betrage von 600 Euro und höchstens bis zu dem Betrage von 3500 Euro; für Geld, Wertpapiere und Kostbarkeiten tritt an die Stelle von 3500 Euro der Betrag von 800 Euro.

[2] Die Haftung des Gastwirtes ist unbeschränkt,

1. wenn der Verlust, die Zerstörung oder die Beschädigung von ihm oder seinen Leuten verschuldet ist,

2. wenn es sich um eingebrachte Sachen handelt, die er zur Aufbewahrung übernommen oder deren Übernahme zur Aufbewahrung er entgegen der Vorschrift des Absatz 3 abgelehnt hat

[3] Der Gastwirt ist verpflichtet, Geld, Wertpapiere, Kostbarkeiten und andere Wertsachen zur Aufbewahrung zu übernehmen, es sei denn, dass sie im Hinblick auf die Größe oder den Rang der Gastwirtschaft von übermäßigem Wert oder Umfang oder dass sie gefährlich sind. Er kann verlangen, dass sie in einem verschlossenen oder versiegelten Behältnis übergeben werden.

1 **A. Allgemeines/Zweck der Norm.** Zum Ausgleich der gesetzlich angeordneten und unabdingbaren Erfolgshaftung des Gastwirtes nach § 701 beschränkt der Gesetzgeber in § 701 Abs 1 die Haftung grds der Höhe nach. Bei Verschulden oder Übernahme der Aufbewahrung von Sachen haftet der Gastwirt dagegen nach Abs 2 unbeschränkt. Abs 3 verpflichtet den Gastwirt, Wertsachen zur Aufbewahrung zu übernehmen. Zweck der summenmäßigen Haftungsbeschränkung ist der Schutz des Gastwirtes, indem das Risiko kalkulierbar und versicherbar gemacht wird (PWW/*Fehrenbacher* Rn 1). Die Haftungsbeschränkung gilt nur für die Haftung nach §§ 701 ff, nicht für eine Haftung nach anderen Vorschriften MüKo/*Hüffer* Rn 1.

2 **B. Kommentierung. I. Höchstbetrag der Haftung.** Der Gesetzgeber beschränkt die Haftung des Gastwirtes grds in § 702 Abs 1 auf das Hundertfache des Übernachtungspreises für einen Tag. Als Mindestgrenze gelten 600 EUR, als Höchstgrenze 3500 EUR. Für Geld, Wertpapiere und Kostbarkeiten gilt eine Höchstgrenze von 800 EUR. Übernachtungspreis ist der Preis einschließlich Umsatzsteuer ohne Zuschläge für Verpflegung und sonstige Leistungen. Wenn noch kein bestimmtes Zimmer zugewiesen wurde, ist der durchschnittliche Zimmerpreis zugrunde zu legen. Wird das Zimmer von mehreren genutzt, von denen jeder einen Schaden hat, haftet der Gastwirt jedem Einzelnen bis zu dem nach dem anteiligen Beherbergungspreis (Bettenpreis) ermittelten Höchstbetrag. Dies gilt auch bei der Benutzung des Zimmers durch eine Familie, wobei es keine Rolle spielt, wer den Vertrag geschlossen hat. Gleiches gilt bei der Aufnahme einer Personengruppe (zB Reisegesellschaft, Sportgruppe) zu einem Gesamtpreis. Der Beherbergungspreis für den Einzelnen errechnet sich in die-

sem Fall aus dem Gesamtpreis dividiert durch die Teilnehmerzahl. Ein Mitverschulden des Gastes führt zur Schadensteilung, aber nicht zur Reduzierung der Mindest- oder Höchstbeträge. Es wird also zunächst die gesamte Schadenssumme nach dem Grad der Verursachung aufgeteilt. Anschließend wird der sich daraus ergebende Betrag bis zur Höchstsumme ersetzt. Entstehen dem Gast an einem oder mehreren Tagen mehrfach Schäden, ist umstritten, ob die Höchstgrenze jeweils für jedes einzelne Schadensereignis (so *Führich* Rn 1266) oder insg pro Aufenthalt (MüKo/*Hüffer* Rn 5, PWW/*Fehrenbacher* § 702 Rn 3, jurisPK/*Queck* Rn 22) gilt. Letzterem ist zuzustimmen, weil das gesetzliche Schuldverhältnis an den Tatbestand der Gastaufnahme anknüpft (Sorgel/*Teichmann* Rn 5).

Bei Geld, Wertpapieren oder Kostbarkeiten reduziert sich die Höchstschadenssumme auf 800 EUR. Wertpapiere sind zB Aktien, Schuldverschreibungen, Wechsel, Sparbücher, Schecks, nicht aber Legitimationspapiere wie Gepäckaufbewahrungsscheine (str, so MüKo/*Hüffer* Rn 8, jurisPK/*Queck* Rn 6). Zu den Kostbarkeiten zählen zB Schmuck, Luxusuhren, Edelsteine, Edelmetalle, Briefmarken und Münzen mit Sammlerwert, nicht aber getragene Pelze (vgl zum Begriff auch Kommentierung zu § 372). Gründe für die geringere Haftungshöchstsumme sind das erhöhte Diebstahlsrisiko bei diesen Sachen und die Tatsache, dass die Möglichkeit besteht, sie dem Gastwirt zur Aufbewahrung zu übergeben. 3

II. Unbegrenzte Haftung. In Ausnahmefällen haftet der Gastwirt nach § 702 Abs 2 der Höhe nach unbegrenzt. Dies gilt zunächst bei schuldhaftem Verhalten des Gastwirtes oder seiner Leute, § 702 Abs 2 Nr 1). Der Gastwirt haftet also auch für unsorgfältiges Verhalten seiner Leute, ohne die Möglichkeit einer Entlastung zu haben. Beispiele sind die Beschädigung von Sachen bei der Zimmerreinigung, die Begünstigung von Diebstählen durch Fehlen von Sicherheitseinrichtungen, der unterlassene Hinweis auf geringen Sicherheitsstandard eines Zimmersafes in Luxushotel (Karlsruhe NJW-RR 2005, 462) usw. Für das Verschulden genügt bereits leichte Fahrlässigkeit. Der Sorgfaltsmaßstab steigt mit der Qualität des Beherbergungsbetriebs. Zu den Sorgfaltsanforderungen gehört neben der ordnungsgemäßen Absicherung der Hotelanlage auch die regelm Überprüfung der Sicherheitsvorkehrungen, das Vorhandensein von Zimmerschlössern, beim Luxushotel auch der Hinweis auf einen unmittelbar vorangegangenen Diebstahl. Kein Verschulden liegt im unterlassenen Hinweis auf den Verlust eines Generalschlüssels, in der Verwendung einfacher Schlösser statt Sicherheitsschlösser und im unterlassenen Hinweis auf das Vorhandensein eines Hotelsafes. Die unbegrenzte Haftung gilt ferner für Sachen, die der Gastwirt (unabhängig von einer Verpflichtung dazu) zur Aufbewahrung übernommen hat, § 702 Abs 2 Nr 2. Dem gleichgestellt ist der Fall, dass er die Aufbewahrung entgegen seiner Verpflichtung aus Abs 3 abgelehnt hat. Ein Mitverschulden des Gastes schließt die Haftung des Gastwirtes nicht aus, wird aber bei der Schadenshöhe über § 254 berücksichtigt. Lediglich bei grober Fahrlässigkeit des Gastes kann die Haftung des Gastwirtes ganz entfallen. 4

III. Verpflichtung des Gastwirtes zur Aufbewahrung von Wertsachen. § 702 Abs 3 S 1 verpflichtet den Gastwirt, Wertsachen zur Aufbewahrung zu übernehmen. Der Umfang der Verpflichtung zur Aufbewahrung richtet sich nach Größe und Qualität der Unterkunft. Geld, Wertpapiere und Kostbarkeiten sind Unterfälle des Begriffs der Wertsachen. Die Verpflichtung zur Aufbewahrung gilt allerdings nur für Wertsachen, die üblicherweise in einem derartigen Betrieb mitgeführt werden. Bei übermäßigem Wert oder Umfang oder von der Wertsache ausgehenden Gefahren kann der Gastwirt die Aufbewahrung ablehnen. Lehnt der Gastwirt die Aufbewahrung begründet ab, haftet er nur im Rahmen des § 702 Abs 1. Zum Schutz des Gastwirtes räumt der Gesetzgeber ihm nach § 702 Abs 3 S 2 die Möglichkeit ein, vom Gast zu verlangen, dass die Wertsachen in einem verschlossenen oder versiegelten Behältnis übergeben werden. Kommt der Gast dem nicht nach, ist der Gastwirt zur Ablehnung der Verwahrung berechtigt. Aufbewahrung bedeutet, dass die Sachen dem Gastwirt oder seinen Leuten übergeben wurden und die Sachen für den Gast ohne Mitwirkung des Gastwirtes oder seiner Leute nicht erreichbar sind. Ein Zimmersafe genügt nicht. Das Personal muss zur Übernahme der Sachen bevollmächtigt sein oder zumindest scheinbar bevollmächtigt sein (§ 701 Abs 2 S 2). Wenn der Gastwirt Sachen zur Aufbewahrung übernommen hat, haftet er auch ohne Verschulden unbeschränkt. Unerheblich ist auch, ob er entspr gesicherte Räume oder Schränke verfügbar hat. 5

C. Prozessuales. Im Prozess muss der Gast das Verschulden des Gastwirtes beweisen. Ein eventuelles Mitverschulden des Gastes hat der Gastwirt zu beweisen. Die Beweislast für die Übernahme zur Aufbewahrung sowie für die Ablehnung der Aufbewahrung trägt der Gast. 6

§ 702a Erlass der Haftung.

[1] Die Haftung des Gastwirts kann im Voraus nur erlassen werden, soweit sie den nach § 702 Absatz 1 maßgeblichen Höchstbetrag übersteigt. Auch insoweit kann sie nicht erlassen werden für den Fall, dass der Verlust, die Zerstörung oder die Beschädigung vom Gastwirt oder von Leuten des Gastwirts vorsätzlich oder grob fahrlässig verursacht wird oder dass es sich um Sachen handelt, deren Übernahme zur Aufbewahrung der Gastwirt entgegen der Vorschrift des § 702 Absatz 3 abgelehnt hat.

[2] Der Erlass ist nur wirksam, wenn die Erklärung des Gastes schriftlich erteilt ist und wenn sie keine anderen Bestimmungen enthält.

1 **A. Allgemeines/Zweck der Norm.** Die in § 702 Abs 1 vorgesehenen Beträge normieren eine gesetzliche Mindesthaftung. Diese kann grds weder durch AGB noch durch individuelle Vereinbarung abbedungen werden. Eine nach § 702 Abs 2 darüber hinausgehende Haftung kann jedoch unter bestimmten Voraussetzungen ausgeschlossen werden. Wirksamkeitsvoraussetzung dafür ist jedoch eine schriftliche Vereinbarung. Eine zulässigerweise getroffene Haftungsbeschränkung gilt nur für die Gastwirtehaftung, nicht für weitere Anspruchsgrundlagen wie die vertragliche Haftung aus dem Beherbergungsvertrag und die deliktische Haftung. Die §§ 701 ff bezwecken den Schutz des Gastes, indem diese dem Gastwirt eine verschuldensunabhängige Haftung auferlegen. Um Umgehungen zu vermeiden, hat der Gesetzgeber diese Haftungsvorschriften grds unabdingbar ausgestaltet. Haftungsbeschränkungen sind nur ausnahmsweise durch eine Vereinbarung oberhalb der Mindestgrenzen zulässig. Mit der zwingenden Schriftform und dem Verbot weiterer Bestimmungen in der Urkunde in diesen Fällen will der Gesetzgeber sicherstellen, dass der Gast eine Haftungsbeschränkung auch bewusst zur Kenntnis nimmt.

2 **B. Kommentierung.** § 702a Abs 1 ordnet an, dass die Haftung des Gastwirtes unterhalb der Mindestschwelle der Werte des § 702 Abs 1 nicht im Voraus erlassen werden kann. Oberhalb dieser Schwelle ist ein vertraglicher Ausschluss der Haftung grds möglich. Dies gilt aber nicht bei vorsätzlichem oder grob fahrlässigem Verhalten des Gastwirtes oder seiner Leute. Anderweitige Vereinbarungen durch AGB oder auch individuell sind unwirksam. Umgekehrt ausgedrückt bedeutet das, dass der Gastwirt die Haftung oberhalb der gesetzlichen Mindestwerte für leichte und mittlere Fahrlässigkeit abbedingen kann. Dies ist auch möglich für Sachen, die der Gastwirt zur Aufbewahrung übernommen hat. Ein Ausschluss der Haftung ist auch oberhalb der Mindestschwelle nicht möglich, wenn der Gastwirt entgegen seiner Verpflichtung nach § 702 Abs 3 die Aufbewahrung abgelehnt hat.

3 Eine zulässige Haftungsbeschränkung ist nach § 702a Abs 2 nur wirksam, wenn sie schriftlich (§ 126) vereinbart wurde. Das Schriftstück darf keine weiteren Bestimmungen enthalten. Damit soll verhindert werden, dass der Gast die Haftungsfreizeichnung übersieht. Eine Haftungsbeschränkung auf dem Anmeldeformular, in AGB oder durch Aushang ist damit unwirksam (MüKo/*Hüffer* Rn 4). Das Verbot von Haftungsbeschränkungen beschränkt sich auf die Zeit vor dem Schadenseintritt. Nach Schadenseintritt können Erlassvereinbarungen nach den allg Regeln getroffen werden.

§ 703 Erlöschen des Schadensersatzanspruchs. **Der dem Gast auf Grund der §§ 701, 702 zustehende Anspruch erlischt, wenn nicht der Gast unverzüglich, nachdem er von dem Verlust, der Zerstörung oder der Beschädigung Kenntnis erlangt hat, dem Gastwirt Anzeige macht. Dies gilt nicht, wenn die Sachen von dem Gastwirt zur Aufbewahrung übernommen waren oder wenn der Verlust, die Zerstörung oder die Beschädigung von ihm oder seinen Leuten verschuldet ist.**

1 **A. Allgemeines/Zweck der Norm.** Als formale Voraussetzung für den Schadensersatzanspruch nach §§ 701, 702 verlangt der Gesetzgeber in § 703 S 1 grds eine unverzügliche Schadensanzeige durch den Gast. Auf die Anzeige kann nach § 703 S 2 nur verzichtet werden, wenn der Gastwirt schuldhaft gehandelt oder die Sachen zur Aufbewahrung übernommen hat. Durch die Anzeige soll der Gastwirt in die Lage versetzt werden, so schnell wie möglich Ermittlungen anzustellen, Beweise zu sichern, sich vor ähnl weiteren Schäden zu schützen und ggf Regressansprüche zu wahren. Mit der Anzeige soll der Beweisnot beider Parteien entgegengewirkt werden (jurisPK/*Queck* Rn 1).

2 **B. Kommentierung.** Die Anzeige des Verlustes, der Zerstörung oder der Beschädigung durch den Gast hat nach § 703 S 1 unverzüglich iSd § 121 Abs 1 (ohne schuldhaftes Zögern) zu erfolgen. Die Frist beginnt mit der Kenntnis des Gastes vom Schaden ohne weitere Überlegungsfrist. Der Gast muss konkrete Angaben zum Vorfall (Objekt und Art des Schadens) machen, nicht jedoch zur Schadenshöhe (str, so MüKo/*Hüffer* Rn 2, Sorgel/*Teichmann* Rn 3; aA Palandt/*Sprau* Rn 1, jurisPK/*Queck* Rn 5). Eine bestimmte Form für die Anzeige als empfangsbedürftige Willenserklärung (§ 130 Abs 1) schreibt der Gesetzgeber nicht vor. Es genügt also grds auch die mündliche Anzeige. Bei der Verwendung von AGB ist § 309 Nr 13 zu beachten, es darf also durch AGB zwar die Schriftform (aA Sorgel/*Teichmann* Rn 4), aber keine strengere Form als diese vorgeschrieben werden.

3 Die Anzeige muss ggü dem Gastwirt oder einer vertretungsberechtigten Person erfolgen. Der Geschäftsführer oder das Personal der Rezeption genügen dafür, nicht jedoch das Zimmermädchen, der Kellner oder der Portier. Wird die Anzeige ggü einer nicht vertretungsberechtigten Person abgegeben, erfolgt der Zugang, wenn diese die Anzeige weiterleitet. Nicht notwendig ist die unverzügliche Anzeige nach § 703 S 2, wenn der Gastwirt die Sachen zur Aufbewahrung übernommen hat. Gleiches gilt, wenn der Verlust, die Zerstörung oder die Beschädigung auf schuldhaftes Verhalten des Gastwirtes oder seiner Leute beruht. Hierfür genügt bereits leichte Fahrlässigkeit. Das Fehlen der Anzeige führt zum Erlöschen des Anspruchs. Dies bezieht sich allerdings nur auf die Ansprüche nach §§ 701, 702. Anderweitige Ansprüche (zB aus Beherbergungsertrag, Delikt) bleiben davon unberührt.

C. Prozessuales. Im Prozess hat der Gastwirt die Kenntnis des Gastes vom Schaden und den Zeitpunkt der Kenntniserlangung, der Gast den rechtzeitigen Zugang der Anzeige bzw. deren Entbehrlichkeit zu beweisen. 4

§ 704 Pfandrecht des Gastwirtes. Der Gastwirt hat für seine Forderungen für Wohnung und andere dem Gaste zur Befriedigung seiner Bedürfnisse gewährte Leistungen, mit Einschluss der Auslagen, ein Pfandrecht an den eingebrachten Sachen des Gastes. Die für das Pfandrecht des Vermieters geltenden Vorschriften des § 562 Absatz 1 Satz 2 und der §§ 562a bis 562d finden entsprechende Anwendung.

A. Allgemeines. Die Vorschrift beinhaltet ein besitzloses gesetzliches Pfandrecht für den Gastwirt zur Sicherung seiner Ansprüche aus der Aufnahme des Gastes. Das Pfandrecht entspricht im Wesentlichen dem Vermieterpfandrecht der §§ 562 ff. 1

B. Kommentierung. Dem Gastwirt iSd § 701 steht ein gesetzliches Pfandrecht an den vom Gast eingebrachten beweglichen Sachen zu. Das Pfandrecht erstreckt sich auf alle eingebrachten, beweglichen und pfändbaren (beachte Pfändungsverbote der §§ 704 S 2, 562 Abs 1 S 2 iVm § 811 ZPO) Sachen. Voraussetzung ist, dass es sich um Eigentum des Gastes handelt. Ein gutgläubiger Erwerb des Pfandrechts ist nicht möglich. Nicht darunter fallen Sachen, die Dritten (zB Begleitern) gehören. Das Pfandrecht gilt für alle Forderungen aus dem Beherbergungsverhältnis (zB Übernachtung, Bewirtung, Auslagen, Telefon, Reinigungskosten, Kurtaxe, Ersatzansprüche wegen Beschädigung von Einrichtungen, Bereicherungsansprüche bei Unwirksamkeit des Beherbergungsvertrags usw). Der Gastwirt kann nach § 704 S 2 iVm § 562a S 2 der Mitnahme des ganzen Gepäcks bei der Abreise widersprechen, nicht aber der vorübergehenden Mitnahme einzelner Gepäckstücke. Mit der Entfernung der Sachen aus dem Hotelbetrieb erlischt das Pfandrecht, es sei denn, das Entfernen erfolgt ohne Kenntnis des Gastwirtes oder trotz seines Widerspruchs. Der Gastwirt hat nach § 562b Abs 1 ein Selbsthilferecht und nach § 562b Abs 2 einen Herausgabeanspruch. Er kann damit die Entfernung der Sachen mit Gewalt verhindern. Insoweit kann er auch die genauen Personalien feststellen. Demgegenüber steht dem Gast kein Notwehrrecht nach § 229 zur Verfügung. 2

C. Prozessuales. Im Prozess muss der Gastwirt seine Forderungen, die Einbringung der Sachen und das Eigentum des Gastes beweisen. Der Gast muss ggf die Unpfändbarkeit der Sache beweisen. 3

Titel 19 Unvollkommene Verbindlichkeiten

§ 762 Spiel, Wette. [1] **Durch Spiel oder durch Wette wird eine Verbindlichkeit nicht begründet. Das auf Grund des Spieles oder der Wette Geleistete kann nicht deshalb zurückgefordert werden, weil eine Verbindlichkeit nicht bestanden hat.**
[2] **Diese Vorschriften gelten auch für eine Vereinbarung, durch die der verlierende Teil zum Zwecke der Erfüllung einer Spiel- oder einer Wettschuld dem gewinnenden Teil gegenüber eine Verbindlichkeit eingeht, insbesondere für eine Schuldanerkenntnis.**

Adams/Tolkemitt Das staatliche Glücksspielunwesen ZBB 2001, 170; *Liesegang* Zur Frage der Sittenwidrigkeit sogenannter Fluchthilfeverträge JZ 1977, 87; *Willingmann* Sittenwidrigkeit von Schnellball- und Geldgewinnspielen und Kondiktionsausschluss NJW 1997, 2932.

A. Einführung. I. Inhalt und Zweck der Norm. Spiel und Wette stellen Verträge dar (Palandt/*Sprau* Rn 1), die gem Abs 1 S 1 zwar keine Verbindlichkeit begründen, jedoch erfüllbar sind. Eine Rückforderung einer erbrachten Leistung ist insofern gem Abs 1 S 2 ausgeschlossen. Um eine Umgehung dieser Regelungen zu verhindern, erweitert Abs 2 den Anwendungsbereich von Abs 1 auf zur Erfüllung einer Spiel- und Wettschuld eingegangene Verbindlichkeiten. Indem der Gesetzgeber Spiel- und Wettverträge zwar nicht als unsittlich, aber als unverbindlich erklärt, knüpft er an alte Rechtstraditionen an (Staud/*Engel* Rn 1). Während bereits nach römischen Recht Spielgeschäfte um Geld als nichtig galten und erbrachte Leistungen nicht zurückgefordert werden konnten, dehnte das gemeine Recht die Unklagbarkeit auf Spielschulden bei gleichzeitigem Ausschluss eines Rückforderungsrechts aus. Im Rahmen des ALR (vgl Teil 1 Titel 11 §§ 577–579) unterschied man schließlich zwischen Spiel- und Wettschulden. Erstere waren unklagbar, wobei in Übereinstimmung mit Abs 1 S 2 eine Rückforderung des Gezahlten ausgeschlossen blieb. Letztere waren nur dann justiziabel, sofern der Wetteinsatz bei einem Gericht oder einem Dritten zuvor hinterlegt wurde (RGZ 40, 259; RGSt 40, 37). In Unterscheidung zu diesen frühen Regelungsansätzen erklärt das BGB Spiel- und Wettverträge auf Grund ihrer Gefährlichkeit für unverbindlich, lässt aber nach Vorbild der Regelungen des ALR und des gemeinen Rechts den Rechtsgrund für Erfüllungsleistungen bestehen (KG WM 89, 669; Palandt/*Sprau* Rn 1). Nach Ansicht der Rspr (vgl BGHZ 69, 295, 301) und weiten Teilen der Lit (Soerg/*Häuser* Rn 2; Palandt/*Sprau* Rn 4; *Liesegang* JZ 1977, 87, 88) kommt Spiel- und Wettverträgen letztlich kein hinreichend seriöser und wirtschaftlich berechtigter Zweck zu, der eine Verbindlichkeit rechtfertigen würde. 1

2 **II. Begriffsbestimmung von Spiel und Wette.** Spiel und Wette werden der Gruppe der aleatorischen Verträge zugerechnet. Charakteristisch ist beiden, dass die Abhängigkeit des Pflichtenprogramms vom Zufall oder von einer subjektiven Ungewissheit Hauptgegenstand der Vertragsvereinbarung ist. Indem § 762 Spiel und Wette gleichstellt, kommt der Unterscheidung beider Verträge nur noch insoweit eine Bedeutung zu, als bestimmte Formen des Spiels, insbes das Glücksspiel, im Unterschied zur Wette verboten und damit nichtig sind. **1. Spiel.** Beim Spiel steht das Wagnis des Gewinns oder des Verlusts im Mittelpunkt, so dass die jeweiligen Verträge auf keinen ernsten sittlichen oder wirtschaftlichen Zweck zurückgeführt werden können. Der Zweck liegt regelmäßig in der Unterhaltung oder in einem vermögenswertem Gewinn. Nach vorherrschender Ansicht wird das Spiel als gegenseitiger Vertrag eingeordnet, da sich die Vertragspartner für den Fall des Gewinns gegenseitig eine Leistung zusagen (Statt vieler Staud/*Engel* Rn 3; aA MüKo/*Habersack* Rn 5, der von einseitig verpflichtenden Verträgen ausgeht). Typischerweise muss jeder Spieler die Gefahr des Verlustes seines Einsatzes tragen und diesen im Fall des Gewinns seinem Mitspieler überlassen. Gewinn und Verlust zeichnen sich daher durch entgegengesetzte Bedingungen aus (ausf dazu Celle NJW 1996, 2660). Als Hauptarten des Spiels sind das Glücksspiel, bei dem die Entscheidung nicht von den Fähigkeiten der Beteiligten, sondern vom Zufall abhängt (BGHSt 2, 276), und das vorwiegend auf persönliche Fähigkeiten abstellende Geschicklichkeitsspiel (Celle NJW 1996, 2660) zu unterscheiden. Weitere Unterarten stellen ferner der Lotterie- und Ausspielungsvertrag nach § 763 dar.

3 **2. Wette.** Auch die Wette stellt einen gegenseitigen Vertrag dar, bei dem jeder Vertragspartner zur Bekräftigung widerstreitender Behauptungen einen Wetteinsatz erbringt, wobei der Einsatz keineswegs gleich sein muss (s Staud/*Engel* Rn 4). Unzureichend ist hingegen eine einseitige Wette, bei der nur eine Partei einen Einsatz leistet. Hierbei handelt es sich zutreffenderweise um eine Auslobung oder um ein bedingtes Schenkungsversprechen (MüKo/*Habersack* Rn. 9; Staud/*Engel* Rn 3; aA Palandt/*Sprau* Rn 3 mit Verweis auf RG 61, 153, 156).

4 **3. Abgrenzungsfragen.** Der entscheidende Unterschied zwischen Spiel und Wette liegt im jeweiligen Vertragszweck. Während die Wette zuvörderst der Bekräftigung einer Behauptung dient, steht beim Spiel die Erzielung eines Vermögensvorteils zu Lasten des Mitspielers im Vordergrund. Abzugrenzen sind die Wette und das Spiel überdies von der Auslobung, die als einseitig bindendes Versprechen ein einseitiges Rechtsgeschäft darstellt und zum Zweck hat, einen Anreiz für eine bestimmte Tätigkeit zu setzen. Mangels beiderseitiger Risikoübernahme werden Bürgschaftsübernahmen, Garantien und Versicherungsverträge von § 762 zudem nicht erfasst (RGZ 129, 134; MüKo/*Habersack* Rn 9). Sofern den infrage stehenden Rechtsgeschäften neben ihrem gewagten und spekulativen Charakter ein wesentlicher wirtschaftlicher Zweck zukommt, wird eine Einordnung als Wette oder Spiel idR zu verneinen sein. Dies gilt grds auch für alle Umsatzgeschäfte mit Waren oder Wertpapieren (BGH NJW 2002, 363 f), aber auch für den Vertrieb von Waren mit Gewinnverlosungen (MüKo/*Habersack* Rn 9) sowie bei Prämienversprechungen für Leistungen und Verlosungen für wohltätige Zwecke. Zu differenzieren ist bei nach dem Schneeballsystem organisierten Methoden progressiver Kundenwerbung. Hier verkennt der Käufer idR das Risiko der Marktverengung und zahlt daher in Überschätzung der eigenen Gewinnmöglichkeiten einen vermeintlich günstigen Preis (BGHSt 43, 270; Köln NJW 2006, 3288; *Willingmann* NJW 97, 2932). Ein Spielvertrag wird idR zu verneinen sein. Von dieser Einordnung unberührt bleiben indes die Möglichkeit der Sittenwidrigkeit sowie die Bewertung nach lauterkeitsrechtlichen Gesichtspunkten (BGH NJW 1997, 2314, 2315). IÜ sind sämtliche Finanztermingeschäfte gem § 37e WpHG vom Spieleinwand ausgenommen (ausf Palandt/*Sprau* Rn 4).

5 **B. Rechtsfolgen. I. Unwirksamkeit (Abs 1 S 1). 1. Grundsatz.** § 762 Abs 1 S 1 versagt Spiel und Wette die Verbindlichkeit der vertraglichen Hauptpflichten. Dem Gewinner stehen daher weder Erfüllungs- noch Sekundäransprüche zu (BGH NJW 1957, 1365). In der Folge kann der Gewinner nicht mit einer Forderung aus Spiel und Wette einseitig aufrechnen (BGH NJW 1981, 1897; RGZ 38, 238). Auch wirkt sich die Unklagbarkeit der Forderungen aus Spiel und Wette auf geleistete Sicherheiten aus. So sind Pfandbestellungen (RGZ 52, 364) ebenso wie Bürgschaftserklärungen (RGZ 52, 39, 40) und fiduziarische Rechtsübertragungen (ausf Staud/*Engel* Rn 11) unverbindlich.

6 **2. Aufklärungspflichten.** Beachtlich ist indes, dass die Unverbindlichkeit von Spiel- und Wettvertrag nicht zu einem vollumfänglichen Wegfall der Schutzpflichten führen muss. Denkbar sind insoweit Ansprüche aus § 280 Abs 1 bei einer schuldhaften Verletzung von Verkehrssicherungs-, Aufklärungs- und ähnlichen Nebenpflichten (BGH NJW 1981, 1267; München NJW 1980, 788). Zwar ist der Gewinner grds nicht gehalten, den Verlierer über das Nichtbestehen seiner Schuld und die anfallenden Risiken aufzuklären, doch darf gleichzeitig kein Anreiz zu unlauteren Geschäften in diesem Bereich geschaffen werden. Insbes in Fällen eines Sonderwissens bei einem Vertragspartner, welches das Risiko in erheblichem Maße zu Lasten des anderen Vertragspartners verschiebt, sowie bei Kenntnis vom Ausgang des Spiels wird eine Aufklärungspflicht mithin anzunehmen sein (vgl hierzu MüKo/*Habersack* Rn 20).

7 **II. Rückforderung (Abs 1 S 2). 1. Reichweite des Ausschlusses der Rückforderung.** Trotz der in Abs 1 S 1 angeordneten Unverbindlichkeit von Spiel und Wette, ist es dem Verlierer nach Abs 1 S 2 nicht möglich, das zur Erfüllung endgültig Geleistete zurückzufordern (RGZ 147, 149, 153 f; Köln NJW 2006, 3288). Vorausset-

zung für den Ausschluss ist insoweit eine Rückforderung des Geleisteten und ein Spieleinwand nach Abs 1 S 1. IÜ müsste die Leistung die Erfüllung nach §§ 362, 364 Abs 1, 372 ff bewirkt haben, sofern der Schuldner auf eine wirksame Verpflichtung gezahlt hätte (MüKo/*Habersack* Rn 21). In der Folge scheiden bereicherungsrechtliche Ansprüche nach §§ 812, 814 auch dann aus, wenn der Verlierer von der Unverbindlichkeit seiner Schuld nicht wusste.

2. Erfüllungsleistungen. Erfüllungsleistung ist jede zur Erfüllung eines bestimmten Geschäfts erbrachte endgültige Leistung (BGH NJW 1999, 720), die neben der Zahlung (§ 362) auch gleichstehende Erfüllungssurrogate umfasst. Beachtlich ist indes, dass sowohl die Eingehung einer neuen Verbindlichkeit zwecks Tilgung (Abs 2), als auch die bloße Sicherung künftiger Gewinnansprüche keine Erfüllungsleistungen iSv Abs 1 S 2 darstellen (BGH WM 1982, 751). Letzteres wird idR bei Zahlungen auf ein der Abdeckung künftiger Verluste, dh insbes künftiger Negativsaldos, dienendes Konto anzunehmen sein (BGH NJW 1987, 3181; Karlsruhe WM 1984, 21, 24). Als Leistung gelten hingegen die einseitige sowie die nach Entstehen der Schuld vereinbarte Aufrechnung des Schuldners (BGH NJW 1987, 3181; 189, 2120) sowie die Hingabe an Erfüllungs Statt (Palandt/*Sprau* Rn 6). Nicht entscheidend ist schließlich, ob der Verlierer selbst oder ein Dritter die Leistung erbringt. 8

III. Zum Zwecke der Erfüllung eingegangene Verbindlichkeit (Abs 2). 1. Normzweck. Abs 2 ordnet ferner die Unverbindlichkeit für alle Rechtsgeschäfte an, die zum Zwecke der Erfüllung von Spiel- und Wettverträgen eingegangen werden. Primärer Regelungszweck ist es, eine Umgehung der Vorschriften des Abs 1 zu verhindern. In Abkehr vom Grds der Relativität der Schuldverhältnisse wird insoweit die Unklagbarkeit derartiger Rechtsgeschäfte angeordnet. 9

2. Anwendungsbereich. Das Gesetz nennt zunächst exemplarisch das Schuldanerkenntnis nach § 781. Gleiches gilt ferner für Schuldversprechen (vgl § 780), ebenso für die Schuldumschaffung sowie für Vereinbarungs- und Umschuldungsdarlehen (BGH NJW 1980, 390, 391; 1985, 1956, 1957). Auch der zur Erfüllung einer Schuld ausgehändigte Wechsel oder Scheck bleibt unverbindlich, solange er nicht eingelöst wird (RGZ 51, 361; 77, 280; BGH NJW 1969, 1038, ausf zu den Sonderproblemen vgl MüKo/*Habersack* Rn 26). 10

3. Sonderfälle. Einen Sonderfall stellt die Abwicklung von Spiel und Wette über ein Kontokorrent dar. Die Belastungsbuchung wird auf Grund ihres rein deklaratorischen Charakters weder als Erfüllungsleistung nach Abs 1 S 2 noch als Verbindlichkeit nach Abs 2 anzusehen sein. Nach ständiger Rspr (RGZ 56, 19; 59, 192; BGHZ 107, 192, 197) gilt das gesamte Abrechnungsgeschäft als unwirksam, so dass eine vorgenommene Verrechnung als nicht vollzogen anzusehen ist. Einhergehend auf beiden Seiten des Kontokorrents getätigte Rechtsgeschäfte sind daher zu streichen (vgl Staud/*Engel* Rn 30). Anders bleibt nur dann zu entscheiden, wenn eine nachträglich vereinbarte Tilgungsvereinbarung hinsichtlich einer konkreten – unverbindlichen – Spiel- und Wettschuld vorliegt (MüKo/*Habersack* Rn 27). Die Einbeziehung von Spiel- und Wettschulden in einen Vergleich ist grds unwirksam. Eine kondiktionsfeste Leistung gem Abs 1 S 2 ist auch hier letztlich nur im Rahmen einer konkreten Tilgungsbestimmung möglich (Hamburg OLGE 4, 134). IÜ kann die Wirksamkeit des Vergleichs zu bejahen sein, wenn er die ernste Ungewissheit beseitigen soll, ob eine verbindliche Forderung oder eine mit dem Spieleinwand belastete Spiel- und Wettschuld vorliegt (RGZ 49, 192). 11

C. Auswirkung auf Hilfs- und Nebengeschäfte. I. Allgemeines. Um dem Schutzzweck von § 762 maximale Wirksamkeit zu verleihen, ist der Spieleinwand nach Abs 1 S 1 uU auch auf Nebenverträge auszuweiten, die zu unverbindlichen Spiel- und Wettverträgen ergangen sind (BGH NJW 1974, 1705; 1974, 1821). Eine Ausn besteht nur insoweit, als Nebengeschäfte zu staatlich genehmigten Lotterien o Ausspielungen vereinbart wurden, wobei dann aber ggf eine Sittenwidrigkeit in Frage kommt. 12

II. Spielgemeinschaften. Das unter Rz 12 Gesagte gilt im Wesentlichen auch für gesellschaftsrechtliche Zusammenschlüsse mit dem Zweck der Beteiligung am Spiel. Es bestehen daher keine Ansprüche der Teilnehmer auf Mitwirkung und auf Schadensersatz wegen unterlassener oder fehlerhafter Mitwirkung sowie auf Rückerstattung geleisteter Beiträge oder eines entgangenen Gewinns, die ein Beauftragter der Gesellschaft auf Grund seines Verhaltens nicht erzielt hat (Hamm NJW-RR 1988, 870). IÜ kann ein Teilnehmer die Auszahlung des anteiligen Gewinns (§ 721) nur dann beanspruchen, wenn er vor dem Spiel seinen Einsatz geleistet hat. Letztlich soll nur demjenigen ein Gewinn zustehen, der auch das Risiko getragen hat (vgl Staud/*Engel* Rn 39). 13

III. Auftrag und ähnliche Rechtsverhältnisse. Erfüllbar, aber unverbindlich sind ferner Ansprüche aus einem Auftrags- oder Geschäftsbesorgungsverhältnis. Der Beauftragte ist daher weder zur Ausführung noch zum Ersatz des durch fehlerhafte Ausführung entstandenen Schadens verpflichtet (RGZ 40, 256, 259; Hamm NJW-RR 1997, 1007, 1008). Gleichzeitig bleibt es ihm aber verwehrt, den Ersatz seiner auf das Spiel getätigten Aufwendungen einzuklagen (BGH NJW 1974, 1705; KG OLGE 12, 96; jedoch steht es ihm frei, diese vom Gewinn abzurechnen, vgl Staud/*Engel* Rn 37). Indessen steht dem Auftraggeber ein Anspruch auf Herausgabe (§ 667) des aus der Geschäftsführung erlangten Gewinns zu (Hamburg OLGE 4, 232; 14, 30 f; Frankfurt aM WM 1979, 1251; differenzierend MüKo/*Habersack* Rn 33). 14

15 **IV. Darlehen.** Eine Besonderheit ergibt sich ferner für Darlehen, die im Zusammenhang mit Spiel und Wette gewährt werden. Grds sind Darlehensverträge eines Dritten, die auf ein unverbindliches Spiel hin abgeschlossen werden, gültig. Beachtlich ist aber auch hier der Spieleinwand, wenn das Darlehen – in einem engen Zusammenhang mit dem Spiel – das weitere Spielen ermöglichen soll (Düsseldorf MDR 1984, 757; Stettin OLGE 8, 83 f.). UU können zur Förderung des Spiels gegebene Darlehen gegen die guten Sitten verstoßen, sofern der Darlehensgeber die Spielleidenschaft oder die Unerfahrenheit zu eigenem Vorteil ausnutzt (BGH WM 1961, 530; KG OLGE 40, 335). Im Rahmen von wirksamen, insbes staatlich genehmigten, Spielen scheidet die Anwendbarkeit des Abs 1 S 1 indes aus. Jedoch können auch derartige Darlehen nichtig (§ 134) sein, wenn der Darlehensgeber den Verwendungszweck kennt (Celle NJW-RR 1987, 1190). IÜ wird eine Sittenwidrigkeit zu bejahen sein, wenn der Veranstalter oder ein Mitspieler das Darlehen zur Finanzierung des Spieleinsatzes auszahlt (MüKo/*Habersack* Rn 38).

16 **D. Prozessuale Behandlung des Spieleinwandes.** Die Unverbindlichkeit von Spiel- und Wettverträgen ist von Amts wegen zu berücksichtigen. Die Darlegungs- und Beweislast trifft daher den Gewinner, der einen verbindlichen Anspruch dazulegen hat. Sofern das infrage stehende Rechtsgeschäft äußerlich nicht als Spiel oder Wette erkennbar ist, bleibt hingegen der Verlierer gehalten, den Spieleinwand zu erheben, da er aus der Rechtsnatur eine für ihn günstige Rechtsfolge herleiten will (Staud/*Engel* Rn 14).

§ 763 Lotterie- und Ausspielvertrag.

Ein Lotterievertrag oder ein Ausspielvertrag ist verbindlich, wenn die Lotterie oder die Ausspielung staatlich genehmigt ist. Anderenfalls findet die Vorschrift des § 762 Anwendung.

1 **A. Einführung. I. Inhalt und Zweck der Norm.** Grundsätzlich sind alle Spiel- und Wettverträge vom Unwertgehalt des § 762 erfasst. § 763 normiert hiervon eine Ausnahme bei staatlich genehmigten Verträgen und ordnet deren Verbindlichkeit an. Dem liegt vor allem die Auffassung zugrunde, dass bei einer stattlichen Kontrolle ein geordneter Spielbetrieb gewährleistet werden kann (BGH NJW 1999, 54; für eine weitergehende Liberalisierung *Adams/Tolkemitt* ZBB 2001, 170 ff) und dieser in den Dienst gemeinnütziger Zwecke, maW als Einnahmequelle des Staates zur Bewältigung öffentlicher Aufgaben, zu stellen ist. Eine Umsetzung erfährt dieser Normzweck in den Vorschriften über die Zulassung von Spielbanken sowie in den Lotteriegesetzen der Länder.

2 **II. Begriffsbestimmung.** Lotterie und Ausspielungen werden gesetzlich nicht definiert. Sie sind jedoch als Veranstaltungen anerkannt, bei denen nach Maßgabe eines Spielplans durch eine Losziehung oder eines anderen, auf dem Zufallsprinzip basierenden Verfahrens unter den Einsatz leistenden Teilnehmern der Gewinner ermittelt wird (RGSt 60, 385; RGZ 77, 341, 344; Staud/*Engel* Rn 2). Als Unterarten des Glücksspiels stellen sie gleichartige Verträge zwischen Veranstalter und Teilnehmer dar, wobei der Einsatz idR gegen Erwerb eines Loses geleistet wird. Der maßgebliche Unterschied zwischen Lotterie und Ausspielung besteht dahingehend, dass Erstere nur bei Gewinnen in Geld vorliegt. Die spielenden Teilnehmer stehen dabei untereinander in keinem Vertragsverhältnis (Palandt/*Sprau* Rn 1b). Eine Besonderheit besteht insofern nur im Rahmen von Lotto-, Los- und Totogemeinschaften, die als Innengesellschaften (vgl §§ 705 ff) zu qualifizieren sind.

3 **B. Rechtliche Besonderheiten. I. Staatliche Genehmigung.** Um die volle Verbindlichkeit von Lotterie und Ausspielungen herbeizuführen, bedarf es zwingend einer staatlichen Genehmigung. Die Befugnis zur Regelung steht den Ländern zu, da es sich um einen Bereich der öffentlichen Sicherheit und Ordnung handelt. Die Erteilung der Genehmigung erfolgt schließlich über die zuständigen Landesbehörden, wobei insoweit auch Genehmigungen der DDR zum Spielbetrieb berechtigen können (BGH NJW-RR 2002, 395). Ihre Wirkung erstreckt sich grds auf alle Bundesländer. Etwas anderes gilt nur für Spiele in ausländischen Lotterien, bei denen das entsprechende ausländische Recht maßgeblich ist. Für die Klagbarkeit von Forderungen aus ausländischen Lotterien bedarf es überdies einer deutschen Genehmigung (vgl Hamm NJW-RR 1997, 1007; ferner BGH NJW 2002, 2175; 2004, 2158, der die Genehmigung durch einen EG-Staat für nicht ausreichend erachtet; kritisch EuGH NJW 2004, 139; 2007, 1515).

4 Hauptanwendungsfälle sind zuvörderst staatliche Klassenlotterien, wie der Süddeutschen Klassenlotterie, die nach Landesrecht zugelassen sind und keiner förmlichen Genehmigung mehr bedürfen (MüKo/*Habersack* Rn 8). Dass der Staat iE Lotterien als finanzielle Einnahmequelle monopolisiert, hat das BVerfG mittlerweile als zulässig erachtet (BVerfG NJW 2006, 1261; 2007, 1521). Sonderformen sind insoweit Sportwetten, insbes Fußball-Toto und Oddsetwetten (BGH JZ 2003, 858), sowie Zahlenlotto, die auf Grund von Landesgesetzen betrieben werden. Neben Spielbanken (Baden-Baden WM 1998, 1685) fällt schließlich Rennwetten, die dem Rennwett-und LotterieG unterfallen, eine besondere Bedeutung zu. Während für den Unternehmer bzw. Buchmacher der Vertrag mit dem förmlichen Abschluss verbindlich wird, bemessen sich die Forderungen gegen den Teilnehmer nach § 762. Ein ausstehender Einsatz wird daher nicht geschuldet (Hamm NJW-RR 1997, 1007, 1008). Die Nichtbeachtung vertraglicher Spielsperren kann schließlich den Abschluss des Vertrages uU verhindern (KG NJW-RR 2003, 1359). IÜ sieht sich der Veranstalter idR

Schadensersatzansprüchen ausgesetzt, sofern er gegen die ihm zugewiesenen Überwachungspflichten verstößt (BGH NJW 2006, 362; Hamm VersR 2007, 552).

II. Hilfs- und Nebengeschäfte. Bei Anwendung von § 763 ist zwischen Lotterie- und Ausspielverträgen einerseits und Hilfs- und Nebengeschäften andererseits zu unterscheiden. Letztere sind grds voll verbindlich, sofern sie im Rahmen von wirksamen Lotterie- und Ausspielverträgen geschlossen werden (BGH NJW 1974, 1706; RGZ 93, 348; Staud/*Engel* Rn 16). 5

III. Auswirkungen bei Fehlen der stattlichen Genehmigung. Fehlt eine staatliche Genehmigung für Lotterie- und Ausspielverträge, findet nach Maßgabe von S 2 § 762 Anwendung. 6

Titel 20 Bürgschaft

Checkliste: Bürgschaft (§§ 765–778)

I. Vertragsschluss, §§ 765 ff	§ 765	→	Rn 1 ff
1. Parteien			
a. Bürge und Gläubiger	§ 765	→	Rn 8
b. Abgrenzung zum Verhältnis Bürge/Hauptschuldner	§ 765	→	Rn 9
	§§ 662 ff		
2. Abgabe der Bürgschaftserklärung	§ 765	→	Rn 11
3. Vertragsinhalt: Einstandspflicht für fremde Schuld			
a. Abgrenzung zum:			
aa. Schuldbeitritt	§ 765	→	Rn 3
bb. Garantievertrag	§ 765	→	Rn 4
cc. Kreditauftrag	§ 765	→	Rn 5
	§ 778		
dd. Patronatserklärung	§ 765	→	Rn 6
b. Besondere Formen der Bürgschaft	§ 765	→	Rn 21 ff
aa. Selbstschuldnerische Bürgschaft	§ 765	→	Rn 21
	§ 773 I Nr 1		
bb. Mitbürgschaft	§ 765	→	Rn 21
	§ 769		
cc. Bürgschaft auf Zeit	§ 765	→	Rn 21
	§ 777		
dd. Prozessbürgschaft	§ 765	→	Rn 21
	§ 108 ZPO		
ee. Andere (vertragliche) Ausgestaltungsformen	§ 765	→	Rn 22
II. Einwendungen gegen Inanspruchnahme iwS			
1. Mangelnde Bestimmbarkeit bzw. Nichtbestehen der zu sichernden Hauptschuld, Einstellen eventueller Ersatzansprüche?	§ 765	→	Rn 13, 16
	§ 766	→	Rn 2
2. Unwirksamkeit der Bürgschaftsübernahme in Formularverträgen	§ 765	→	Rn 14
3. Sittenwidrigkeit der Bürgschaftserklärung	§ 765	→	Rn 16
	§ 138		
4. Problem: Wegfall der Geschäftsgrundlage	§ 765	→	Rn 17
5. Formunwirksamkeit der Bürgschaftserklärung	§ 766	→	Rn 4
	§ 125		
6. Widerruf und Anfechtung der Bürgschaftserklärung	§ 765	→	Rn 12
7. Sonstige Einreden des Bürgen, die er vom Hauptschuldner übernehmen kann	§ 768	→	Rn 1 ff
8. Sonderfall: Einrede der Anfechtbarkeit/Aufrechenbarkeit	§ 770	→	Rn 1 ff
9. Einrede der Vorausklage und ihr Ausschluss	§ 771	→	Rn 1
	§ 773	→	Rn 1, 2
10. Freiwerden des Bürgen wegen Aufgabe einer Sicherheit	§ 776	→	Rn 1 ff

§ 765 Vertragstypische Pflichten bei der Bürgschaft.

[1] **Durch den Bürgschaftsvertrag verpflichtet sich der Bürge gegenüber dem Gläubiger eines Dritten, für die Erfüllung der Verbindlichkeit des Dritten einzustehen.**

[2] **Die Bürgschaft kann auch für eine künftige oder eine bedingte Verbindlichkeit übernommen werden.**

Bork Der Vergleich, Berlin (1988); *Burghart* Anwaltshaftung beim Abschluss eines Abfindungsvergleichs NVZ 2005, 441; *Eckardt* Die »Vergleichsfalle« als Problem der Auslegung adressatenloser Annahmeerklärungen nach § 151 S. 1 BGB BB 1996, 1945; *Ehmann* Das Schuldanerkenntnis WM 2007, 329; *Emmerich* BGB-Schuldrecht Besonderer Teil, 11. Aufl Heidelberg (2006); *Fischer, Frank O* »Anerkenntnisse« im materiellen Recht und Prozessrecht JuS 1999, 998, 1214; *Fölsch* ZPO-Änderungen durch das 1. Justizmodernisierungsgesetz 2004 MDR 2004, 1029; *Füchsel* Zum Anerkennungsverbot bei Verkehrsunfällen NJW 1967, 1215; *Gerhardt* Zur Insolvenzanfechtung eines Vergleichs i.S. des § 779 BGB KTS 2004, 195; *Häsemeyer* Zur materiellrechtlich- prozessrechtlichen Doppelnatur des außergerichtlichen Vergleichs und des deklaratorischen Schuldverhältnisses ZZP 1995, 289; *Heermann* Geld und Geldgeschäfte, Tübingen (2003); *Herberger/Martinek/Rüßmann/Weth* (Hrsg) Buch 2.3 (Schuldrecht), 3. Aufl Saarbrücken (2006); *Jacoby* Anmerkung zu BGH 07.03.2002, III ZR 73/01 JZ 2002, 722; *Klinck* Die Vergleichsbefugnis eines Prozessstandschafters WM 2006, 417; *Knauer/Wolf* Zivilprozessuale und strafprozessuale Änderungen durch das Erste Justizmodernisierungsgesetz- Teil 1: Änderungen der ZPO NJW 2004, 2857; *Lange* Die Erlass- bzw. Vergleichsfalle WM 1999, 1301; *Meder* Kreditkartengeschäfte und Anweisungswiderruf gegenüber dem Kartenherausgeber NJW 1994, 2597; *Rensen* Die Wirkung des Prozessvergleichs auf zuvor ergangene, nicht rechtskräftige Entscheidungen JA 2004, 556; *Saenger* Die Vollstreckung aus Schiedsvergleich und Schiedsspruch mit vereinbartem Wortlaut MDR 1999, 662.

1 **A. Zweck und Bedeutung der Regelung.** Die Bürgschaft als Form der persönlichen Kreditsicherung dient der Sicherung der Forderung des Gläubigers durch Übernahme einer Hilfsschuld, die im Gegensatz zu dinglichen Formen der Kreditsicherung nicht auf einzelne Vermögensgegenstände beschränkt ist, sondern dazu führt, dass der Bürge mit seinem gesamten Vermögen haftet.

2 **B. Begriff und Rechtsnatur.** Die Bürgschaft ist ein einseitig verpflichtender Schuldvertrag, in dem sich der Bürge ggü dem Gläubiger eines Dritten (Hauptschuldner) verpflichtet, für die Verbindlichkeit (Hauptschuld) des Dritten einzustehen (§ 765 Abs 1). Der Vertragsschluss richtet sich nach den allg Vorschriften (Form, s § 766). Der Bürge übernimmt eine von der Hauptschuld verschiedene, eigene Leistungspflicht (BGHZ 147, 99, 101), bei deren Erfüllung die Hauptforderung gem § 774 Abs 1 S 1 auf ihn übergeht (cessio legis). Bürge und Hauptschuldner sind nicht Gesamtschuldner (BGH WM 1968, 915, 916), auch nicht bei selbstschuldnerischer Bürgschaft (§ 773 Rz 2) oder bei Bürgschaft auf 1. Anfordern (Ausn § 43 InsO, vgl § 773 Rz 3). Die Hilfsschuld des Bürgen ist subsidiär zur Hauptschuld (§§ 771 ff; BGH WM 1966, 317, 319; BGH DB 1959, 284, 284: keine Pflicht zur Inanspruchnahme des Bürgen) und akzessorisch, dh sie ist in ihrer Entstehung, Bestand, Umfang (§ 767 Abs 1) und Durchsetzbarkeit (§ 768) von der Hauptschuld abhängig (BGHZ 153, 311, 316 mwN). Bei gegenteiliger Vereinbarung liegt uU eine Schuldmitübernahme oder ein Garantievertrag (BGH WM 1966, 122, 124; *Lettl* JA 2004, 238, 238) vor, jedoch keine Bürgschaft.

3 **C. Abgrenzung. I. Schuldbeitritt.** Während die Bürgschaft eine Einstandspflicht des Bürgen für eine fremde Schuld begründet, übernimmt beim Schuldbeitritt der Beitretende die Schuld als eigene, und seine Haftung ist außer in den Fällen der §§ 442 bis 424 nicht vom Fortbestand der Haftung des Schuldners abhängig (§ 425). Daher ist eine Umdeutung einer formunwirksamen Bürgschaft in einen formlosen Schuldbeitritt

(Ausn § 311 Abs 1) nicht möglich (Hk-BGB/*Staudinger* Rn 24). Ein eigenes wirtschaftliches oder rechtliches Interesse des Beitretenden spricht für einen Schuldbeitritt (BGH NJW 1981, 47), im Zweifel ist dagegen von einer Bürgschaft auszugehen (Hamm NJW 1993, 2625 f).

II. Garantievertrag. Ein selbständiger Garantievertrag ist nur anzunehmen, wenn der Dritte unabhängig vom Bestehen einer Verbindlichkeit des Schuldners auf jeden Fall für einen bestimmten Erfolg einstehen oder für einen künftigen Schaden haften will (BGH BB 2001, 1806, 1806; ausf AnwK/*Beckmann* Vor §§ 765 ff Rn 14 ff). Im Unterschied zur Bürgschaft wollen die Parteien einen selbständigen, in Entstehung und Fortbestand von der gesicherten Schuld unabhängigen Anspruch gegen den Garanten begründen. Hat der Dritte ein eigenes Interesse an der Erfüllung der Hauptverpflichtung, ist von einem Garantievertrag auszugehen, während im Zweifelsfall eine Bürgschaft anzunehmen ist (BGH WM 1985, 14, 18). 4

III. Kreditauftrag. Beim Kreditauftrag verpflichtet sich eine Partei, im eigenen Namen und auf eigene Rechnung einem Dritten ein Darlehen oder eine Finanzierungshilfe zu geben (§ 778, s dort). In Abgrenzung zur Bürgschaft für eine künftige Verbindlichkeit hat der Auftraggeber des Kreditauftrags ein Eigeninteresse an der Kreditgewährung, während bei der Bürgschaft das Sicherungsinteresse des Gläubigers im Vordergrund steht (ausf *Graf Lambsdorff/Skora* Handbuch des Bürgschaftsrechts Rn 18 ff). 5

IV. Patronatserklärung. Die Patronatserklärung ist ein Vertrag zwischen der Muttergesellschaft und einem Kreditgeber, wobei erstere erklärt, dass sie die von ihr abhängige Tochtergesellschaft bei der Erfüllung ihrer Verbindlichkeiten unterstützen wird (*Fleischer* WM 1999, 666 ff), entweder durch Ausstattung mit ausreichend Liquidität oder durch Ausgleich von Verlusten (BGH ZIP 2006, 1199, 1200 f). Zu beachten ist, dass lediglich »harte« Patronatserklärungen vertragliche Bindungswirkung entfalten (BGHZ 117, 127, 133 f). Im Gegensatz zur Bürgschaft leistet die Muttergesellschaft nicht unmittelbar an den Gläubiger (Kreditgeber), sondern an den Schuldner (ihre Tochtergesellschaft). 6

V. Sonstige ähnliche Verpflichtungen. Im Rahmen eines Avalkreditvertrages, der als Geschäftsbesorgungsvertrag einzuordnen ist (BGH NJW 1984, 2088 f), verpflichtet sich eine Bank ggü ihrem Kunden zu dessen Gunsten ggü seinem Gläubiger eine Bürgschaft zu übernehmen. Die Wechselbürgschaft (Art 30 ff WechselG) und die Scheckbürgschaft (Art 25 ff ScheckG) sind keine Bürgschaften iSv § 765, sondern selbständige Verpflichtungen eigener Art ohne strenge Akzessorietät (BGH 35, 19, 21). Als Delkredere wird das bürgschaftsähnliche Einstehen des Handelsvertreters (§ 86b HGB) oder eines Kommissionärs (§ 394 HGB) bezeichnet. 7

D. Beteiligte. I. Bürge und Gläubiger. Parteien des Bürgschaftsvertrages sind Bürge und Gläubiger der Hauptschuld, wobei der Bürge nicht zugleich Hauptschuldner der Forderung sein darf. Die Personenverschiedenheit wird bei Bürgschaften der Gesellschafter für die eigene Gesellschaft bejaht (RGZ 139, 253, 254: Komplementär einer KG; BGH MDR 1977, 1012 f: Alleingesellschafter einer Einmann GmbH; BGH NJW 1986, 2306, 2308: Gesellschafter einer OHG; für eine Übertragung der Rspr auf die GbR: Hk-BGB/*Staudinger* Rn 7). Bei Übernahme der Bürgschaft durch den Bürgen können uU Zustimmungserfordernisse zu beachten sein (zB § 1643 Abs 1; § 1908; § 1915; § 1822 Nr 10; § 89 Abs 1 AktG; § 116 Abs 2 HGB; § 37 Abs 1 GmbHG iVm § 46 Nr 6 GmbHG; BGHZ 142, 51, 53: Zustimmung der kommunalen Aufsichtsbehörde). Gläubiger der Hauptschuld und des Bürgschaftsvertrages müssen personenidentisch sein (Grds der Gläubigeridentität, BGHZ 115, 177, 180 f; jurisPK/*Prütting* Rn 21). Nicht erforderlich ist, dass die Person des Gläubigers im Zeitpunkt der Unterzeichnung der Bürgschaftsurkunde bereits feststeht, ausreichend ist deren Bestimmbarkeit (BGH NJW 1992, 1448, 1449). Die Bürgschaft kann auch als Vertrag mit einem Dritten zu Gunsten des Gläubigers geschlossen werden (BGH NJW 2001, 3327, 3327; BGH NJW-RR 1989, 315, 317: Prozessbürgschaft zu Gunsten des Gläubigers); eine Einzugsermächtigung genügt dagegen nicht (BGH NJW-RR 1989, 315, 317; anders NJW 2005, 2157, 2159; dazu *Brehm* JZ 2005, 956 ff). Mehrere Gläubiger treten als Mitgläubiger nach § 432 auf (BGH NJW 1997, 2233 ff). 8

II. Bürge und Hauptschuldner. Im Innenverhältnis zwischen Bürge und Hauptschuldner (Avalverhältnis) liegt der Rechtsgrund für die Eingehung der Bürgschaft idR in einem Auftrag oder Geschäftsbesorgungsvertrag (zB als Bankbürgschaft; Avalkreditvertrag, s Rz 7) oder bei deren Nichtigkeit in einer GoA (Stuttgart NJW-RR 94, 876, 876), aus denen regelm dem Bürgen ein Ersatzanspruch (§§ 670, 683) erwächst, der neben den Anspruch aus übergegangenem Recht (§ 774) tritt. Dieses Grundverhältnis hat auf den Bürgschaftsvertrag keine Auswirkungen (RGZ 59, 10, 11), insb kann der Bürge daraus keine Einwendungen ggü dem Gläubiger ableiten (BGH WM 75, 348, 349; BGHZ 130, 101, 107 f: keine entspr Anwendung der §§ 1149, 1229). Zum Abschluss des Bürgschaftsvertrages bedarf es weder der Kenntnis noch der Beteiligung des Hauptschuldners (BGHZ 143, 381, 385), auch darf der Bürge grds ohne Zustimmung des Hauptschuldners an den Gläubiger leisten (Palandt/*Sprau* Einf § 765 Rn 5). 9

III. Hauptschuldner und Gläubiger. Das Verhältnis zwischen Hauptschuldner und Gläubiger wird durch das Rechtsverhältnis, das der zu sichernden Hauptschuld zugrunde liegt (zB Darlehen, Werkvertrag, Mietvertrag), bestimmt. Aus diesem ergibt sich, ob der Hauptschuldner zur Stellung der Bürgschaft wirksam verpflichtet ist (*Horn* NJW 2004, 2059, 2060; *Fischer* NZM 2003, 497 ff) oder ob diese Voraussetzung für die 10

Leistung des Gläubigers (zB Kreditgewährung) ist, so bspw auf Grund gesetzlicher Regelung (zB § 648a) oder durch Vereinbarung in der ggf stillschweigend geschlossenen und im Wege der Vertragsauslegung zu ermittelnden Sicherungsabrede (BGHZ 139, 325, 329 f; *Thode* ZfBR 2002, 4 ff). Ebenfalls durch Auslegung ist der Sicherungszweck zu ermitteln, der vorgibt, unter welchen Voraussetzungen der Gläubiger im Verhältnis zum Hauptschuldner die Bürgschaft in Anspruch nehmen darf (sog Sicherungsfall, BGH NJW-RR 2001, 307, 308). Entfällt dieser oder ist die Sicherungsabrede unwirksam, kann der Hauptschuldner die Auflösung des Bürgschaftsvertrages und Rückgabe der Bürgschaftsurkunde verlangen (BGH NJW 1989, 1482, 1483; 2001, 1857, 1859). Bei abredewidriger Inanspruchnahme des Bürgen durch den Gläubiger kann der Hauptschuldner Unterlassung und ggf Rückerstattung der Zahlung (BGHZ 139, 325, 328) oder Freistellung vom Aufwendungsersatzanspruch des Bürgen (BGHZ 152, 246, 254) fordern.

11 **E. Voraussetzungen.** Für die Inanspruchnahme des Bürgen muss neben einem wirksamen Bürgschaftsvertrag die bestehende Hauptforderung des Gläubigers gegen den Hauptschuldner Not leidend geworden sein, indem der Schuldner trotz Fälligkeit nicht geleistet hat (Bürgschaftsfall). Zudem dürfen dem Bürgen keine Einreden oder Einwendungen zur Verfügung stehen (vgl §§ 768, 770, 771–73, 776, 777). **I. Wirksamkeit des Bürgschaftsvertrages. 1. Inhalt und Auslegung der Bürgschaftserklärung.** Die Erklärung des Bürgen (Bürgschaftserklärung) bedarf der Form des § 766 (s dort). Sie muss den Willen des Bürgen, für die Verbindlichkeit des Hauptschuldners einzustehen, erkennen lassen (BGH NJW 1995, 959, 959), nicht erforderlich ist die ausdrückliche Bezeichnung als »Bürgschaft« (Hamm WM 1988, 899, 899). Dem Bestimmtheitsgrundsatz folgend müssen die Person des Gläubigers und des Hauptschuldners, sowie die Hauptschuld so bezeichnet sein, dass sie notfalls durch Auslegung in ihrer Art und Umfang bestimmbar sind (BGH NJW 2000, 1569, 1570; jurisPK/*Prütting* § 765 Rn 22). Entscheidend ist der objektive Erklärungsgehalt der Bürgschaftserklärung aus Sicht des Gläubigers, wobei dieser vorrangig aus dem Urkundeninhalt zu ermitteln ist; Umstände außerhalb der Urkunde sind zu berücksichtigen, uU auch nachträgliches Parteiverhalten (BGH NJW-RR 1998, 259, 259). Zur Wahrung des Schriftformerfordernisses ist nach Feststellung des Parteiwillens zu prüfen, ob dieser in der Bürgschaftsurkunde hinreichend angedeutet ist (BGH NJW 1993, 1261, 1262). Verbleibende Zweifel gehen zu Lasten des Gläubigers (BGH NJW 1995, 959).

12 **2. Widerruf und Anfechtung der Bürgschaftserklärung.** Widerruf der Bürgschaftserklärung ist bis zur Erteilung der Urkunde möglich (Frankfurt aM NJW 1991, 2154 f; zum Widerruf nach § 312 vgl BGH NJW 2006, 845 ff; WM 2007, 1209 f); §§ 491 ff sind dagegen auch nicht analog anwendbar (vgl BGHZ 138, 321, 322 zum VerbrKrG; EuGH NJW 2000, 1323, 1324 zur VerbrKrRL; *Zahn* ZIP 2006, 1069, 1071). Die Bürgschaftserklärung kann nach § 119 Abs 1 wegen Irrtums über deren Bürgschaftscharakter (BGH NJW 1995, 190, 191; einschr BGHZ 2002, 956, 957), nicht aber nach § 119 Abs 2 wegen Irrtums über die Kreditwürdigkeit des Schuldners oder die Werthaltigkeit anderer Sicherheiten (BGH WM 1966, 92, 94; anders RGZ 75, 271 ff hins des Bestehens von anderweitigen Sicherheiten) angefochten werden. Täuschung durch den Gläubiger berechtigt den Bürgen zur Anfechtung nach § 123 Abs 1 Alt 1 (BGH NJW 2001, 3331; NJW-RR 2002, 1130, 1133); bei Täuschung durch den Hauptschuldner ist dieser idR Dritter iSv § 123 Abs 2 (und wenn der Hauptschuldner als Verhandlungsführer des Gläubigers auftritt, so BGH WM 1992, 1016, 1016), so dass der Bürge nur anfechten kann, wenn der Gläubiger die Täuschung kannte oder kennen musste. Anfechtung auf Grund widerrechtlicher Drohung nach § 123 Abs 1 Alt 2 ist grds möglich (vgl ausf PWW/*Brödermann* Rn 47 f).

13 **3. Bestimmbarkeit der Hauptschuld. a) Sicherbare Ansprüche.** Grundsätzlich kann jede vermögensrechtliche Verbindlichkeit (BGH NJW 1989, 1856, 1857) ungeachtet ihres Rechtsgrundes (BGH WM 2004, 1648, 1650) oder ihrer Durchsetzbarkeit (BGH NJW 2003, 59, 60) durch eine Bürgschaft gesichert werden, unabhängig davon, ob der Anspruch vertretbar oder nicht vertretbar ist, oder ob es sich um eine höchstpersönliche Leistung handelt (Hamburg ZMR 1999, 630, 631). Auch können bedingte (§ 158) und künftige Verbindlichkeiten (vgl § 765 Abs 2), sobald sie nach Art und Umfang bestimmbar sind (zB bei Bürgschaft für »alle bestehenden und künftigen Verbindlichkeiten aus der laufenden Geschäftsbeziehung, BGHZ 130, 19, 21 f; anders bei Verbürgung für »alle künftigen Verbindlichkeiten« des Hauptschuldners ohne nähere Spezifikation, BGHZ 25, 318, 320 f), gesichert werden (zur Vorausabtretung vgl *Lindner-Figura* NJW 2002, 3134, 3135 f; BGH NJW 2002, 3461, 3462). Auch die Sicherung mehrerer Ansprüche, sowie Nebenansprüche oder Surrogate der Hauptschuld wie Zinsen, Kosten, Schadensersatzansprüche (*Derleder/Beining* ZBB 2001, 170 ff) ist möglich. Durch Auslegung der Bürgschaftserklärung ist zu ermitteln, welcher Anspruch in welchem Umfang gesichert ist (*Rösler/Fischer* BKR 2006, 50 ff; s Rz 11). Zu deren Änderung ist die Mitwirkung des Bürgen erforderlich (BGH BauR 2005, 873, 874). Ist nichts anderes vereinbart, erstreckt sich die Verbürgung auf die gesamte Hauptforderung in ihrem jeweiligen Bestand (§ 767 Abs 1 S 1).

14 **b) Formularverträge.** Eine formularmäßige Ausweitung der Bürgschaft, die aus Anlass (näher zum Anlass der Verbürgung: Köln ZIP 2002, 844 ff) einer bestimmten Forderung zwischen Gläubiger und Hauptschuldner übernommen wurde, auf alle bestehenden und künftigen Verbindlichkeiten aus der Geschäftsverbindung oder auf eine Anzahl nicht näher konkretisierter Forderungen (Globalbürgschaft) kann unabhängig vom Bestimmtheitserfordernis gegen §§ 305c Abs 1, 307 Abs 1, 2 S 1 verstoßen (Celle WM 2008, 296, 297; vgl zum AGBG: ua BGHZ 130, 19, 23 f; 137, 153, 155 ff; NJW 1996, 1470, 1472). Dies gilt zumindest für eine Erstreckung auf Ansprüche aus künftigen Verträgen oder (haftungserweiternden, Köln BB 1999, 710, 711) Ver-

tragsänderungen (BGHZ 130, 19, 31), sofern sie weder im Vertrag angelegt (Hamburg ZMR 1999, 630, 631) noch von den Beteiligten beabsichtigt waren (BGHZ 142, 213, 218 ff). In dem Fall wäre ein Verstoß gegen das Verbot der Fremddisposition (§ 767 Abs 1 S 3, vgl § 767 Rz 2) anzunehmen, da der Bürge einem in seinem Umfang unkalkulierbaren und unvorhersehbaren Risiko ausgesetzt wäre (BGH ZIP 2001, 1361 f; BAG ZIP 2000, 1351, 1353: Arbeitnehmerbürgschaft; Saarland v 7.10.09 Az 4U 199/08–63: Freistellungsanspruch des Bürgen aus cic). In Bezug auf das aus § 307 Abs 1, 2 S 1 folgende Transparenzgebot fordert der BGH auch bei einer Bürgschaft für bestehende Verbindlichkeiten, soweit diese über den konkreten Anlass hinausgeht, dass die verbürgten Forderungen in der Bürgschaftsurkunde dergestalt zu bezeichnen sind, dass der Bürge in die Lage versetzt wird, das von ihm übernommene Risiko einzuschätzen (BGHZ 143, 95, 97 f). Ausnahmsw kann eine solche Klausel nicht als überraschend iSv § 305c Abs 1 anzusehen sein bzw nicht gegen § 307 Abs 1, 2 S 1 verstoßen, so bspw wenn sich ein Geschäftsführer (BGH NJW 1996, 3205, 3205) oder Mehrheitsgesellschafter (BGH NJW 2003, 1521, 1522 ff) für Gesellschaftsschulden verbürgt, da es diesen möglich ist, den Umfang der Verbindlichkeiten (mit-)zubestimmen bzw sich über deren Höhe Auskunft zu verschaffen (BGH NJW 2000, 1179, 1182; München WM 2006, 684, 685: Ausübung wirtschaftlicher Kontrolle durch den Bürgen auf den Hauptschuldner). Ist die formularmäßige Übernahme der Bürgschaft unwirksam, führt dies nur zur Unwirksamkeit der formularmäßigen Ausweitung, so dass der Bürge entgegen des Verbots geltungserhaltender Reduktion für diejenige Verbindlichkeit einstehen muss, die »Anlass« der Verbürgung war (BGH NJW 2001, 3331; 2002, 956, 957; krit Jauernig/*Stadler* Rn 14), uU sogar für darüber hinausgehende zukünftige Forderungen, sobald diese nach Grund und Umfang klar erkennbar waren (BGH NJW-RR 2002, 343, 344 f; *Fischer* WM 2001, 1049, 1053, s aber *Horn* ZIP 1997, 525, 527).

4. Wirksamkeitshindernisse. a) Zur Nichteinhaltung der Form (§ 766 s dort), zur Anfechtung und Widerruf (s Rz 13). 15

b) Sittenwidrigkeit. Aufgrund des Sicherungszwecks der Bürgschaft ist das Bestehen der Hauptschuld (zu künftigen Verbindlichkeiten s Rz 14) Wirksamkeitsvoraussetzung des Bürgschaftsvertrages (jurisPK/*Prütting* Rn 4), so dass bei Nichtigkeit des Vertrages, auf dem die Hauptschuld beruht, in Folge von Sittenwidrigkeit (§ 138 Abs 1) keine wirksame Bürgschaft besteht. So spricht nach st Rspr (BVerfG NJW 1994, 36, 38 f; WM 2006, 23, 26 ff; Übersicht zur BGH Rspr bei *Braun* Jura 2004, 474 ff) eine widerlegliche Vermutung für eine Ausnutzung in sittlich anstößiger Weise durch einen gewerblichen oder beruflichen Kreditgeber (BGH NJW 2002, 746, 747), wenn die ihm ggü übernommene Bürgschaft die Leistungsfähigkeit des Bürgen erheblich übersteigt und weitere erschwerende Umstände hinzutreten, bspw wenn ein bes Näheverhältnis zwischen dem Bürgen und dem Hauptschuldner (Ehe, Lebenspartnerschaft, enge Verwandtschaft, Freundschaft) besteht, die Bürgschaft den Bürgen nach dessen Vermögensverhältnissen krass überfordert (BGH NJW 2000, 1182, 1183; Celle ZIP 2005, 1911, 1912 f: Überforderung bei geringem Haftungsbetrag) und sie daher für den Gläubiger sinnlos ist (zu Ausn vgl BGH NJW 1999, 58, 58 f; 2002, 2228, 2229). Finanzielle Überforderung ist anzunehmen, wenn der Bürge im Zeitpunkt der Bürgschaftsübernahme bei Eintritt des Sicherungsfalles mit dem (künftigen) pfändbaren Vermögen und Einkommen aller Voraussicht nach nicht die laufenden Zinsen der Hauptforderung dauerhaft tilgen kann (BGH NJW 2001, 815, 816; 2004, 161, 162; *Scholz* DRiZ 2003, 27, 28: Verwertung des vom Bürgen bewohnten Eigenheims). Unerheblich ist dabei die rechtliche Bezeichnung eines bestimmten auf Haftungsübernahme zielenden Geschäfts oder auf die äußerlich einheitliche oder aufgespaltene Beurkundung eines oder mehrerer äußerlich voneinander unabhängiger Rechtsgeschäfte (Saarl Urt v 7.8.08 Az 8 U 502/07). Weiterhin liegt Sittenwidrigkeit vor, wenn die Entscheidungsfreiheit des Bürgen auf Grund dessen enger persönlicher Beziehung zum Hauptschuldner durch den Gläubiger selbst (BGH NJW-RR 2002, 1130, 1130) oder in diesem zurechenbarer Weise durch den Hauptschuldner unzulässig in erheblichem Maße beeinflusst wird (zur Übertragbarkeit dieser Grundsätze auf Arbeitnehmerbürgschaften, s BGH NJW 2004, 161 ff; *Seifert* NJW 2004, 1707 ff). Die Vermutung kann das Kreditinstitut unter Hinweis darauf widerlegen, dass der Bürge ein eigenes Interesse persönlicher oder wirtschaftlicher Natur an der Kreditaufnahme hat (BGH NJW 2002, 956, 956; 1337, 1338 f; 2634, 2635), dies jedoch nur bei eigenen geldwerten Vorteilen, die unmittelbar aus der Kreditaufnahme resultieren (BGH NJW-RR 2004, 337, 338). Die Rspr ist auf die vertragliche Ausdehnung des Bürgschaftsumfangs übertragbar (Koblenz NJW-RR 2000, 639, 640). Übernimmt ein Arbeitnehmer eine Bürgschaft für seinen Arbeitgeber, kann diese trotz Fehlens emotionaler Verbundenheit sittenwidrig sein, wenn ein strukturell überlegener Gläubiger (idR Kreditanstalt) seines Arbeitgebers die Angst des Arbeitnehmers vor Verlust des Arbeitsplatzes ausnutzt (BGHZ 156, 302, 307 ff; *Seifert* NJW 2004, 1707, 1708). Durch Hinzutreten bes Umstände kann Sittenwidrigkeit ausnahmsw auch ohne krasse finanzielle Überforderung anzunehmen sein, wenn der Gesamtcharakter des Vertrages dies ergibt (BGHZ 132, 328, 329 f; NJW 2002, 3634, 2635 f); etwa bei Ausnutzung eines Ungleichgewichts der Verhandlungslage durch Verharmlosung des Bürgschaftsumfangs und deren rechtliche Tragweite (BGH WM 2003, 1563, 1565: »reine Formsache«). Der subjektive Tatbestand des § 138 Abs 1 verlangt, dass der Gläubiger die die Sittenwidrigkeit begründenden Umstände kennt und ausnutzt oder sich den ihm aufdrängenden Umständen bewusst verschließt (BGH NJW 2002, 744, 745); fragt eine Kreditanstalt nicht nach, ist von ihrer Kenntnis der objektiven Umstände auszugehen (Köln WM 2003, 280, 282). Die Beweislast hierfür trifft den Bürgen (BGH NJW 2002, 1337, 1339 implizit). Bei Annahme von Sittenwidrigkeit ist eine teilw Aufrechterhaltung 16 der Bürgschaft ausgeschlossen (BGH NJW 2000, 1182, 1185, anders BGHZ 146, 37, 47 f: bei Übernahme der Bürgschaft teilw im eigenen Interesse des Bürgen). Sittenwidrigkeit folgt idR nicht aus Übersicherung des Gläubigers (MüKo/*Habersack* Rn 30).

17 c) **Wegfall der Geschäftsgrundlage.** Eine Störung der Geschäftsgrundlage des Bürgschaftsvertrages nach § 313 kommt idR nur bei Umständen außerhalb des typischen Bürgenrisikos in Betracht (kein Fall des § 313: BGHZ 107, 92, 103 f: unvorhergesehener Vermögensverfall; BGHZ 104, 240, 242: Zahlungsunwilligkeit des Hauptschuldners; BGH NJW 1994, 2146, 2147: Fortbestand anderweitiger Sicherheiten), wenn dadurch der bes Zweck der Verbürgung entfällt und dem Bürgen keine anderen Rechtsbehelfe (zB Kündigung) zur Verfügung stehen (BGH WM 1959, 850, 855). Das Bürgschaftsrisiko kann uU vertraglich auf bestimmte Ursachen beschränkt werden (BGH WM 1987, 1418, 1420).

18 **II. Pflichten der Parteien. 1. Pflichten des Bürgen.** Als Rechtsfolge des wirksamen Bürgschaftsvertrages entsteht für den Bürgen die Pflicht, für die Hauptschuld einzustehen (Hauptpflicht). Sollte der Bürge die Hauptschuld ihrem Inhalt nach erfüllen können, haftet er auf das Erfüllungsinteresse (Hamburg ZMR 1999, 630, 631: unvertretbare oder höchstpersönliche Leistung; BGH NJW 1989, 1856, 1857: gegenständliche Leistung), jedoch nicht wenn er diese nicht erbringen kann (PWW/*Brödermann* Rn 53). Erfüllungsort für die Leistung des Bürgen ist nach §§ 269 Abs 1, 270 Abs 4 dessen Wohnsitz (BGH 134, 127, 133). Nebenpflichten können sich für den Bürgen aus §§ 241 Abs 2, 242 ergeben und ggf aus dem der Bürgschaft zugrunde liegenden Vertrag zwischen Bürge und Hauptschuldner (zB § 768: Geltendmachung von Einreden; BGH NJW 2005, 2552, 2554: Untersuchungspflicht eine Bank als Bürgin).

19 **2. Pflichten des Gläubigers.** Für den Gläubiger entstehen keine Hauptpflichten, insb lässt sich aus § 776 keine allg Pflicht zur Wahrung der Interessen des Bürgen herleiten (BGH WM 1986, 11, 12), daher kommen nur die allg Nebenpflichten aus §§ 241 Abs 2, 242 in Betracht. Umstr ist, ob der Gläubiger über eine wesentliche Verschlechterung der Vermögenslage aufzuklären hat (vgl zum Streitstand Staud/*Horn* Rn 180 ff), dagegen wird eine generelle Bonitätsprüfung und eine allg Aufklärungs-, Warn- und Fürsorgepflicht insb über das Bürgschaftsrisiko abgelehnt (BGH NJW 2001, 3331, 3332; ausf MüKo/*Habersack* Rn 87 ff).

20 **III. Beendigung der Bürgschaft.** Mit Erlöschen der Hauptschuld endet die Bürgschaft, im Falle von künftigen Verbindlichkeiten, wenn diese nicht mehr zur Entstehung gelangen können; die Einbehaltung durch den Gläubiger für andere Schulden als die gesicherten ist ausgeschlossen (BGH NJW-RR 1992, 1005, 1007). Die Bürgschaft endet zudem bei eigenständigem Erlöschen der Bürgschaftsschuld infolge Erfüllung (Erfüllungssurrogat) oder Erlass der Bürgschaftsschuld (ua Dresden BB 1999, 497, 497; Brandenburg NJW-RR 2004, 817, 818), ferner durch Zeitablauf (vgl § 777) oder Eintritt einer vereinbarten auflösenden Bedingung. Der Gläubiger ist analog § 371 verpflichtet, die Bürgschaftsurkunde an den Bürgen herauszugeben (LG Kiel WM 1984, 805 f). Auch der Wechsel des Hauptschuldners kann zur Beendigung der Bürgschaft führen, sofern nicht die Bürgschaftserklärung uU im Wege der Auslegung ergibt, dass sich die Bürgschaft auch auf den neuen Hauptschuldner erstrecken soll (München WM 1998, 1966, 1967 f). Eine Kündigung aus wichtigem Grund (§ 314) ist möglich, wenn sich die Bürgschaft auf künftige Ansprüche bezieht und als Dauerschuldverhältnis zu charakterisieren ist (Düsseldorf NZM 2007, 387, 389; Erman/*Seiler* Rn 8); ansonsten nur bei vertraglicher Vereinbarung eines Kündigungsrechts. Da die Kündigung ex nunc wirkt, erstreckt sich die Bürgschaft auf die bis zu diesem Zeitpunkt begründeten Verbindlichkeiten (BGH NJW 1985, 3007, 3008).

21 **F. Sonderformen der Bürgschaft. I. Gesetzlich geregelte Sonderformen.** Zu den gesetzlich geregelten Sonderformen zählen die selbstschuldnerische Bürgschaft (§ 773 Abs 1 Nr 1), die Mitbürgschaft (§ 769) und die Bürgschaft auf Zeit (§ 777). Der Inhalt der Prozessbürgschaft nach § 108 ZPO richtet sich nach dem Zweck der Sicherheitsleistung und kann idR der gerichtlichen Anordnung entnommen werden (BGHZ 158, 286, 294; 163, 59, 64 ff; ausf PWW/*Brödermann* Rn 97 ff).

22 **II. Vertragliche Sonderformen.** Zu den durch Vertragsgestaltung geschaffenen, mittlerweile verkehrsüblichen Sonderformen gehören ua die Teilbürgschaft, die sich nur auf einen in der Bürgschaftserklärung bestimmten, individualisierten Teil einer einheitlichen Forderung bezieht, und die Höchstbetragsbürgschaft, die sich idR auf die gesamte gesicherte Hauptschuld bezieht, aber eine betragsmäßige Obergrenze enthält, bis zu der der Bürge äußerstenfalls haften will (BGH NJW 1989, 1484 f; 2004, 163 ff: zur formularmäßigen Vereinbarung). Bei der Kreditbürgschaft bezieht sich die Einstandspflicht auf einen laufenden oder zu gewährenden Kredit. Eine häufige Form der Kreditbürgschaft ist die Kontokorrentbürgschaft, wobei der Bürge für die Verpflichtungen aus der laufenden Rechnung (§§ 355 ff HGB) einsteht. Im Rahmen der Ausfallbürgschaft ist die Einstandspflicht des Bürgen auf den Fall des endgültigen Ausfalls der Hauptforderung beschränkt (BGH NJW 2002, 2869 f: befristete Ausfallbürgschaft). Der Gläubiger trägt die Beweislast dafür, dass er seine Forderung trotz Zwangsvollstreckung in das gesamte Vermögen des Hauptschuldners und Verwertung anderer Sicherheiten nicht realisieren konnte und, dass der Ausfall trotz Einhaltung der bei der Verfolgung seines Anspruchs gebotenen Sorgfalt eingetreten ist, oder selbst bei Beachtung dieses Sorgfaltsmaßstabs eingetreten wäre (BGH NJW 1999, 1467, 1470). Der Einrede der Vorausklage (§ 771) bedarf es nicht. Durch die Nachbürgschaft verpflichtet sich der Nachbürge, für die Erfüllung der Bürgschaftsverpflichtung des Vor- oder Hauptbürgen einzustehen. Im Falle der Befriedigung des Gläubigers durch den Nachbürgen gehen dessen

Rechte gegen den Hauptschuldner und die Bürgschaftsansprüche gegen den Vorbügen auf den Nachbürgen nach § 774 Abs 1 S 1 über (BGHZ 73, 94, 96; ausf zum Streitstand *Graf Lambsdorff/Skora* Handbuch des Bürgschaftsrechts Rn 93). Die Rückbürgschaft sichert die Rückgriffsansprüche des Hauptbürgen gegen den Hauptschuldner oder die des Nachbürgen gegen den Vorbürgen, indem sich der Hauptbürge (Nachbürge) an den Rückbürgen halten kann, wenn ersterer an den Gläubiger geleistet hat, aber vom Hauptschuldner (Vorbürgen) nicht den ihm zustehenden Ersatz erlangt. Umstritten ist, ob die Forderung des Hauptbürgen gegen den Hauptschuldner durch entspr Anwendung des § 774 Abs 1 S 1 übergeht (Jauernig/*Stadler* Vor § 765 Rn 8; Hk-BGB/*Staudinger* Rn 22) oder abgetreten (Palandt/*Sprau* Einf § 765 Rn 10) werden muss. Bei der Bürgschaft auf erstes Anfordern verpflichtet sich der Bürge auf Grund einfachen und formalisierten Verlangens (Anfordern) des Gläubigers sofort und unter einstweiligem Verzicht auf Einwendungen und Einreden aus dem Verhältnis des Hauptschuldners zum Gläubiger zu zahlen (BGHZ 147, 88, 102; BGH NJW 1998, 2280, 2281: individualvertragliche Vereinbarung; BGH ZIP 2001, 1089, 1090 f: Aufklärungspflichten des Gläubigers; BGH ZIP 1992, 466, 469: formularmäßige Vereinbarung; BGH WM 2008, 1731 ff: Eintritt der Fälligkeit der Forderung). Eine Ausn gilt nur, wenn die materiellen Voraussetzungen für die Inanspruchnahme des Bürgen eindeutig nicht vorliegen und der Gläubiger seine formale Rechtsstellung ggü dem Bürgen insoweit ausnutzt (BGH NJW 2002, 1493). Davon abgesehen, kann der Bürge Einwendungen erst im Rückforderungsprozess (§ 812 Abs 1 S 1 Alt 1) geltend machen (BGHZ 74, 244, 248; 143, 381, 384). Die vorrangig bei Werkverträgen üblichen Gewährleistungs- (*May* BauR 2007, 187 ff), Anzahlungs-/Vorauszahlungs- (BGH NJW 2000, 511, 511 f; Celle OLGR 2008, 600 ff, Anm *Graf* IBR 2008, 437) und Erfüllungsbürgschaften (*Schulze-Hagen* BauR 2007, 170 ff) sind anzunehmen, wenn die Einstandspflicht des Dritten vom Bestand des Anspruchs des Bestellers (Gläubigers) abhängen soll (Köln BauR 1997, 322, 322).

G. Verjährung/Beweislast. Die Verjährung der Bürgschaftsforderung nach §§ 195, 199 Abs 1 Nr 1 beginnt 23
gleichzeitig mit Fälligkeit der gesicherten Hauptschuld, wobei es auf eine Zahlungsaufforderung des Gläubigers an den Bürgen für die Fälligkeit der Bürgschaftsforderung nicht ankommt (Karlsruhe ZIP 2008, 170, 171; zum Verjährungsbeginn bei unbekannter Bürgen-Anschrift: BGH MDR 2009, 40 f). Die Darlegungs- und Beweislast für alle konstitutiven Elemente der Bürgschaft (Entstehung der Hauptschuld, Eintritt des Bürgschaftsfalls, Wirksamkeit der Bürgschaftsverpflichtung) obliegt dem Gläubiger, wohingegen der Bürge sämtliche rechtsvernichtende, –hemmende und –hindernde Einreden darzulegen und zu beweisen hat (BGH NJW-RR 2002, 986 f).

§ 766 Schriftform der Bürgschaftserklärung.

Zur Gültigkeit des Bürgschaftsvertrages ist schriftliche Erteilung der Bürgschaftserklärung erforderlich. Die Erteilung der Bürgschaftserklärung in elektronischer Form ist ausgeschlossen. Soweit der Bürge die Hauptverbindlichkeit erfüllt, wird der Mangel der Form geheilt.

A. Zweck und Inhalt der Regelung. Die Formvorschrift dient dem Schutz (BGHReport 2003, 1075, 1076: 1
Warnfunktion) des Bürgen. Daher umfasst das Schriftformerfordernis neben der Bürgschaftserklärung alle Willenserklärungen, in denen sich das Bürgenrisiko widerspiegelt (BGHZ 132, 119, 125: durch den Bürgen erteilte Vollmacht; Düsseldorf ZIP 2003, 1696, 1698: Ermächtigung zur Blankettausfüllung; BGH WM 1966, 139, 139: Erklärung des Bürgen zum Abschluss eines Bürgschaftsvorvertrages). Eine Erstreckung des weitergehenden Formzwanges nach § 492 wird überwiegend abgelehnt (BGH MDR 2008, 219, 220; BGHZ 138, 321, 324 f; ausf AnwK/*Beckmann* Rn 13). § 766 ist nicht anwendbar auf bürgschaftsähnliche Verpflichtungen (§ 765 Rz 3 ff), die Erfüllungsübernahme (§ 329) und die Verpflichtung der Bürgschaftsübernahme ggü dem Hauptschuldner (weitere Ausn: Bürgschaft eines Kaufmannes nach § 350 HGB; Art 31 Abs 3 WechselG; Art 26 ScheckG;). Die Bürgschaft gilt als Schuldschein (§ 371).

B. Schriftform. Gemeint ist Schriftform nach § 126 Abs 1, 3 (beachte § 127a); Erteilung in elektronischer 2
Form nach § 126a ist nach S 2 ausgeschlossen, ebenso die Textform iSv § 126b. Zur Wahrung der Schriftform müssen zumindest die Hauptschuld und der Wille des Bürgen, für diese einzustehen, die Person des Gläubigers und des Hauptschuldners in der schriftlichen Erklärung hinreichend bezeichnet sein (BGH WM 2003, 1563, 1564). Bei der evtl gebotenen Auslegung (§§ 133, 157) können Umstände außerhalb der Urkunde zunächst berücksichtigt werden, sodann ist zu prüfen, ob sich für den so ermittelten Parteiwillen ausreichend Anhaltspunkte in der Urkunde selbst ergeben (Andeutungstheorie, BGH ZIP 2000 740, 741; NJW 2001, 3327, 3328; BaRoth/*Rohe* Rn 4; s § 765 Rz 6). Der Grundsatz falsa demonstratio non nocet (Falschbezeichnung schadet nicht) ist anwendbar (BGH NJW 1995, 1886, 1887). Obwohl der Bürge die Urkunde nicht eigenhändig abfassen oder niederschreiben muss, reicht eine Mitunterzeichnung ohne eine dem Bürgen zurechenbare eigene Erklärung nicht aus (RGZ 78, 37, 39). Änderungsvereinbarungen und Nebenabreden unterlagen nicht der Schriftform, wenn sie den Bürgen entlasten (BGH WM 1997, 625, 627).

C. Erteilung der Bürgschaftserklärung. Zusätzlich muss die Bürgschaftsurkunde dem Gläubiger im Origi- 3
nal zumindest vorübergehend zur Verfügung stehen; eine Übermittlung per Computer- oder Telefax oder Telegramm ist daher ausgeschlossen (BGHZ 121, 224, 229).

4 **D. Wirkungen/Beweislast.** Bei wirksamer Erteilung der Bürgschaft hängt diese nicht mehr vom Verbleib der Urkunde ab. Bei Nichteinhaltung der Schriftform ist die Bürgschaftserklärung nichtig (§ 125 S 1), es sei denn die Berufung auf die Formnichtigkeit verbietet sich nach § 242 (BGH WM 1991, 536, 537; BGHZ 132, 128 f: mögliche Rechtsscheinshaftung nach § 172 Abs 2 analog bei formnichtiger Blankobürgschaft). Heilung des Formmangels ist nach S 3 durch Erfüllung der Bürgschaft möglich (ausf Staud/*Horn* Rn 53). Die Bürgschaftsurkunde begründet nach § 416 ZPO den Beweis für die Bürgschaftserklärung. Die Echtheit der Urkunde ist vom Gläubiger zu beweisen (vgl § 440 Abs 1 ZPO), wobei die Echtheitsvermutung aus § 440 Abs 2 ZPO für ihn streitet (§ 292 ZPO: Beweis des Gegenteils). Zudem wird vermutet, dass die Urkunde bzgl der Verpflichtung des Bürgen vollständig und richtig ist (BGH WM 1955, 265, 266; BGH NJW 2000, 1179, 1180 f: Blankettbürgschaft; vgl dazu auch BGH NJW-RR 1989, 1323, 1324). Dem Bürgen obliegt die Darlegungs- und Beweislast für evtl getroffene, für ihn günstige Nebenabreden (RGZ 65, 46, 49).

§ 767 Umfang der Bürgschaftsschuld.

[1] Für die Verpflichtung des Bürgen ist der jeweilige Bestand der Hauptverbindlichkeit maßgebend. Dies gilt insbesondere auch, wenn die Hauptverbindlichkeit durch Verschulden oder Verzug des Hauptschuldners geändert wird. Durch ein Rechtsgeschäft, das der Hauptschuldner nach der Übernahme der Bürgschaft vornimmt, wird die Verpflichtung des Bürgen nicht erweitert.

[2] Der Bürge haftet für die dem Gläubiger von dem Hauptschuldner zu ersetzenden Kosten der Kündigung und der Rechtsverfolgung.

1 **A. Regelungsinhalt.** Abs 1 S 1 ordnet die dauernde Abhängigkeit der Bürgschaft in ihrem Bestand, Inhalt und Umfang von der Hauptschuld als zwingend an und schützt so den Bürgen davor, mehr leisten zu müssen als der Schuldner (grds der Akzessorietät, BGHZ 139, 214, 217; BGHZ 147, 99, 104: keine Abweichung vom Akzessorietätsgrundsatz in AGB). Nach Abs 1 S 2 gilt die Abhängigkeit auch für bestimmte Änderungen der Hauptschuld, Abs 1 S 3 dient dem Bürgen als Schutz vor rechtsgeschäftlicher Erweiterung seiner Verpflichtung nach Bürgschaftsübernahme. Abs 2 erweitert die Einstandspflicht auf bestimmte Nebenforderungen. § 767 ist begrenzt dispositiv, so dass eine (formlose) Begrenzung der Bürgenhaftung möglich ist (RGZ 95, 9, 11), deren Erweiterung im Wege der Vereinbarung aber zum Wechsel des Vertragstyps führen kann (BGH NJW 2002, 2867, 2869).

2 **B. Einzelheiten.** Bereits die Entstehung der Bürgschaft ist vom Bestehen der Hauptschuld abhängig (s § 765 Rz 2), bis zu deren Entstehung (idR bei bedingten oder künftigen Verbindlichkeiten) ist die Bürgschaft schwebend unwirksam. Durch Auslegung ist zu ermitteln, ob die Bürgschaft bei Nichtigkeit der Hauptschuld auch evtl bestehende Bereichungs-, Herausgabe- (§§ 346 ff) und Schadensersatzansprüche sichern soll (BGH NJW 1987, 2076, 2077; *Coester-Waltjen* Jura 2001, 745 f). Eine Verminderung der Hauptschuld und Verbesserungen der Stellung des Hauptschuldners kommen dem Bürgen zugute (BGH WM 1984, 633), desgleichen entfällt bei Erlöschen der Hauptverbindlichkeit die Einstandspflicht des Bürgen (BGH NJW 1999, 2113, 2114), es sei denn, der Untergang der Hauptverbindlichkeit ist einzig in der Vermögenslosigkeit des Hauptschuldners begründet (BGHZ 153, 337, 340; PWW/*Brödermann* Rn 10). Da im letzten Fall gerade der Sicherungszweck der Bürgschaft verwirklicht ist, bleibt diese bestehen und ist abtretbar (BGH NJW 2003, 59, 60). Abs 1 S 2 ordnet die Erweiterung der Bürgenhaftung für Veränderungen der Hauptschuld, die kraft Gesetzes eintreten, an (zB Verzugszinsen; Schadensersatzansprüche nach §§ 280 ff; Störungen der Geschäftsgrundlage iSv § 313 Abs 1, sobald sie in der gesicherten Hauptschuld angelegt sind, BGH NJW 1989, 27, 28; Düsseldorf WM 2001, 2382, 2384 f). Vor wesentlichen rechtsgeschäftlichen Erweiterungen durch den Hauptschuldner ist der Bürge nach Abs 1 S 3 geschützt (Verbot der Fremddisposition; BGH NJW 2006, 229 f), jedenfalls insofern, als dass die hinzukommende Belastung nicht bereits für den Bürgen erkennbar waren und daher von der Bürgschaftserklärung als erfasst angesehen werden können (Palandt/*Sprau* Rn 3). Maßgeblich für die Wesentlichkeit der Änderung ist, ob es dem Bürgen nach Treu und Glauben zuzumuten ist, an der Bürgschaftsverpflichtung festzuhalten (BGH WM 1962, 701, 702).

3 **C. Prozessuales.** Der Gläubiger trägt die Darlegungs- und Beweislast für die Begründung der Hauptschuld, der Bürge für deren Erfüllung (PWW/*Brödermann* Rn 16). Eine das Bestehen der Hauptschuld verneinende rechtskräftige Entscheidung im Verhältnis zwischen Hauptschuldner und Gläubiger führt zur Rechtskrafterstreckung auch auf den Bürgen (BGH NJW 1970, 279, 279; and. bei die Hauptschuld bestätigende Entscheidungen, dazu BGHZ 107, 92, 96 ff); dies ist im Prozess von Amts wegen zu berücksichtigen. Dagegen haben Entscheidungen im Verhältnis zwischen Bürge und Gläubiger keine Rechtskraftwirkung auf das zwischen dem Gläubiger und dem Hauptschuldner bestehende Rechtsverhältnis (Palandt/*Sprau* Rn 4).

§ 768 Einreden des Bürgen.

[1] Der Bürge kann die dem Hauptschuldner zustehenden Einreden geltend machen. Stirbt der Hauptschuldner, so kann sich der Bürge nicht darauf berufen, dass der Erbe für die Verbindlichkeit nur beschränkt haftet.

[2] Der Bürge verliert eine Einrede nicht dadurch, dass der Hauptschuldner auf sie verzichtet.

A. Regelungszweck. Ergänzend zu § 767 normiert Abs 1 S 1 eine weitere Auswirkung des Akzessorietätsgrundsatzes: braucht der Hauptschuldner nicht an den Gläubiger zu leisten, soll auch eine Inanspruchnahme des Bürgen ausgeschlossen sein. Demnach stehen alle Einreden des Hauptschuldners auch dem Bürgen zu, selbst wenn ersterer darauf verzichtet hat (Rechtsgedanke des § 767 Abs 1 S 3, vgl dort Rz 2;). Abs 2 hat klarstellende Funktion. 1

B. Anwendungsbereich. Gemäß Abs 1 S 1 kann der Bürge alle Einreden des Hauptschuldners gegen den Gläubiger erheben, auch wenn der Hauptschuldner dies unterlassen hat. Mögliche Einreden sind alle dilatorischen und peremptorischen, insb die Einrede der Verjährung der Hauptschuld (BGHZ 139, 216 ff; BGH NJW-RR 2000, 1717 f: Verjährungseintritt nach Verurteilung des Bürgen; allg *Peters* NJW 2004, 1430 f); die Einrede der Stundung der Hauptschuld (BGH NJW 2001, 2327, 2339), die Einrede der fehlenden Fälligkeit (BGH ZIP 98, 2145 f) das Zurückbehaltungsrecht nach § 273 (BGHZ 24, 97, 99) oder § 369 HGB (MüKo/*Habersack* Rn 6); die Einrede des nicht erfüllten Vertrages (§ 320) und ungerechtfertigte Bereicherung (BGH NJW 1989, 1853 f). 2

Nicht unter § 768 fallen die aus dem Bürgschaftsvertrag direkt resultierenden Einreden und Einwendungen des Bürgen (vgl §§ 770, 771–773, 776, 777), sowie weitere Einreden und Einwendungen außerhalb des Bürgschaftsvertrages (zB Aufrechung mit dem Bürgen zustehenden Forderungen gegen den Gläubiger). Kein Fall des § 768 sind die bereits von Amts wegen zu beachtenden Einwendungen des Hauptschuldners (bspw Formnichtigkeit nach § 125 S 1; Sittenwidrigkeit iSv § 138 dazu *Fellner* MDR 2005, 368 ff) oder bereits ausgeübte Gestaltungsrechte. Sie stehen dem Bürgen unmittelbar zu, da sie den Bestand der Hauptschuld an sich berühren. Hinsichtlich Einwendungen, die auf bisher unausgeübten Gestaltungsrechten des Hauptschuldners beruhen, kann der Bürge eine aufschiebende Einrede nach § 770 geltend machen (Erman/*Seiler* Rn 5). Gemäß Abs 2 führt ein Verzicht des Hauptschuldners auf Einreden nicht zu einer Verschärfung der Haftung des Bürgen, davon abw AGB sind unwirksam (BGH MDR 2008, 94, 95; *Tiedtke/Holthusen* WM 2007, 93 ff). 3

C. Ausnahmen, Verzicht. Über die Einschränkung in Abs 1 S 2 hinaus stehen dem Bürgen diejenigen Einreden des Hauptschuldners nicht zu, die dem Sicherungszweck der Bürgschaft widersprächen (insb Einreden, die auf einer Vermögensverschlechterung des Hauptschuldners beruhen, so BGH NJW 2003, 1250, 1251; anders BGH NJW 2003 59, 60 im Falle eines entspr Vergleichs zwischen Gläubiger und Insolvenzverwalter des Hauptschuldners). § 768 ist dispositiv, so dass ein individualvertraglicher Verzicht durch den Bürgen auf einzelne Einreden unter Einhaltung der Schriftform (§ 766) bis zur Grenze des Rechtsmissbrauchs (BGH WM 1963, 1303) wirksam ist (str für Einrede der Verjährung, vgl *Siegmann/Polt* WM 2004, 766, 773; *Hohmann* WM 2004, 757, 762). Ein formularvertraglicher Verzicht kann nur vorläufig oder hinsichtlich einzelner Einreden, jedoch nicht generell vereinbart werden (BGH NJW 2001, 1857, 1858; 2003, 59, 61; s Einzelheiten bei Staud/*Horn* § 768 Rn 32 ff) 4

D. Prozessuales. Nichtvorbringen von Einreden durch den Bürgen kann sich ebenso wie Leistung in fahrlässiger Missachtung eines Wahlrechts des Hauptschuldners auf den Rückgriffsanspruch des Bürgen gegen den Hauptschuldner auswirken (Palandt/*Sprau* Rn 8a). Auf ein für den Gläubiger ungünstiges Urteil kann sich der Bürge nach Abs 1 S 1 berufen (BGH NJW 1970, 279 f). 5

§ 769 Mitbürgschaft. **Verbürgen sich mehrere für dieselbe Verbindlichkeit, so haften sie als Gesamtschuldner, auch wenn sie die Bürgschaft nicht gemeinschaftlich übernehmen.**

Bei der Mitbürgschaft verbürgen sich mehrere Personen auf gleicher Stufe für die gleiche Hauptschuld ggü dem Gläubiger (BGH WM 1986, 961, 961), entweder durch Abschluss eines einheitlichen Vertrages (§ 427) oder unabhängig voneinander durch selbständige Verträge, wobei Kenntnis der Mitbürgen voneinander nicht erforderlich ist. Mangels Gleichstufigkeit sind Vor-, Nach-, Haupt-, Rück- und Ausfallbürgen (BGH WM 1986, 961, 963) keine Mitbürgen, ebenso bei Verbürgung mehrerer für verschiedene Teile der Hauptschuld (Teilbürgschaft). Das Verhältnis der Mitbürgen zum Gläubiger unterliegt den §§ 421–425. Die Nichtigkeit einer Bürgschaftsurkunde zieht in Folge der gesamtschuldnerischen Haftung idR keine Gesamtnichtigkeit nach § 139 nach sich (RGZ 138, 270, 272). Im Innenverhältnis ist §§ 774 Abs 2, 426 maßgeblich (s aber BGHZ 88, 185, 188 f). Von § 769 abw Vereinbarungen sind sowohl im Verhältnis zwischen Gläubiger und Mitbürgen als auch zwischen den Mitbürgen untereinander (BGH NJW 2000, 1034, 1035) zulässig. 1

§ 770 Einreden der Anfechtbarkeit und der Aufrechenbarkeit. **[1] Der Bürge kann die Befriedigung des Gläubigers verweigern, solange dem Hauptschuldner das Recht zusteht, das seiner Verbindlichkeit zugrunde liegende Rechtsgeschäft anzufechten.**

[2] Die gleiche Befugnis hat der Bürge, solange sich der Gläubiger durch Anfechtung gegen eine fällige Forderung des Hauptschuldners befriedigen kann.

A. Normzweck und Bedeutung. Zwar kann der Bürge bestehende Gestaltungsrechte aus dem Verhältnis zwischen Gläubiger und Hauptschuldner nicht selbst ausüben, allerdings stehen ihm zwei Leistungsverweige- 1 rungsrechte als dilatorische (verzögerliche) Einreden zu (Anfechtung nach Abs 1; Aufrechnung nach Abs 2) und solange diese ausgeübt werden können, ist eine Inanspruchnahme des Bürgen nicht gerechtfertigt (BGHZ 24, 97, 98 f). Während der Bürge individualvertraglich auf seine Einrederechte verzichten kann (PWW/*Brödermann* Rn 4), führt ein formularmäßiger Verzicht auf die Einrede der Aufrechenbarkeit bei liquide beweisbaren oder rechtskräftig festgestellten Gegenforderungen des Hauptschuldners nunmehr zur Unwirksamkeit der Klausel (BGH NJW 2003, 1521, 1522; Düsseldorf NJW-Spezial 2008, 462 Anm *Schmitz* IBR 2008, 442 ff; anders noch BGH NJW 1995, 1886, 1888).

2 **B. Voraussetzungen.** Für die Einrede nach Abs 1 muss das Anfechtungsrecht des Hauptschuldners (beachte § 121) noch bestehen, insb wirkt auch der Verzicht des Hauptschuldners gegen den Bürgen (im Gegensatz zu § 768 Abs 2). Leistet der Bürge in Unkenntnis der Einrede, kann er seine Leistung nach Anfechtungserklärung des Schuldners nach §§ 142, 812 (beachte § 814), jedoch nicht gem § 813 zurückfordern, da § 770 keine dauerhafte Einrede gewährt (Hk-BGB/*Staudinger* Rn 3). Die Einrede nach Abs 2 setzt neben einer Aufrechnungsbefugnis des Gläubigers die Fälligkeit der Hauptschuld voraus (anders BGHZ 38, 122, 128: Leistungsverweigerungsrecht wenn der Gläubiger befugt ist, auf künftige Leistung nach §§ 257 ff ZPO zu klagen). Der Umfang des Leistungsverweigerungsrechts bestimmt sich danach, inwieweit sich der Gläubiger durch Aufrechnung befreien kann (BGHZ 38, 122, 127). Ein Rückforderungsanspruch nach §§ 812 ff ist bei Zahlung in Unkenntnis der Aufrechnungslage ausgeschlossen.

3 **C. Andere Gestaltungsrechte.** Nach hM ist Abs 1 auf sonstige Gestaltungsrechte des Hauptschuldners, ua auf gesetzliche Widerrufs- und Rückgaberechte (zB §§ 355 ff), sowie das gesetzliche Minderungsrecht gem §§ 441, 638 entspr anwendbar (MüKo/*Habersack* Rn 6; Jauernig/*Stadler* Rn 2; BaRoth/*Rohe* Rn 5). Einreden, die nicht rechtsgestaltend sind, stehen dem Bürgen nach § 768 zu (*Schlosser* JZ 1966, 428, 433).

§ 771 Einrede der Vorausklage.

Der Bürge kann die Befriedigung des Gläubigers verweigern, solange nicht der Gläubiger eine Zwangsvollstreckung gegen den Hauptschuldner ohne Erfolg versucht hat (Einrede der Vorausklage). Erhebt der Bürge die Einrede der Vorausklage, ist die Verjährung des Anspruchs des Gläubigers gegen den Bürgen gehemmt, bis der Gläubiger eine Zwangsvollstreckung gegen den Hauptschuldner ohne Erfolg versucht hat.

1 Aufgrund der Subsidiarität der Bürgschaft haftet der Bürge dem Gläubiger nur hilfsweise, so dass § 771 dem Bürgen eine von ihm geltend zu machende dilatorische (verzögerliche) Einrede gewährt. Klageerhebung ist entgegen des Wortlauts weder notwendig noch ausreichend, erforderlich ist, dass der Gläubiger auf Grundlage eines Vollstreckungstitels (§§ 704, 794 ZPO) einen einzigen erfolglosen Vollstreckungsversuch (vgl § 772 zu Bürgschaften für Geldforderungen) unternommen hat, selbst wenn der Hauptschuldner danach wieder über Zugriffsobjekte verfügen sollte (RGZ 92, 219, 221 f). Die Beweislast für den erfolglosen Vollstreckungsversuch, sowie die Wirksamkeit eines ev Ausschlusses der Einrede obliegt dem Gläubiger (AnwK/*Beckmann* Rn 7). S 2 sieht bei Erhebung der Einrede (zum umstr Beginn der Verjährungshemmung s MüKo/*Habersack* Rn 7) durch den Bürgen eine Verjährungshemmung vor, um die Verjährung des dem Gläubiger zustehenden Anspruchs gegen den Bürgen zu verhindern, während ersterer die Vollstreckung gegen den Hauptschuldner betreibt (*Bolten* ZGS 2006, 140 ff). Die Einrede aus § 771 ist nach § 773 insb für die selbstschuldnerische Bürgschaft ausgeschlossen (§ 349 HGB für die Bürgschaft eines Kaufmannes, wenn diese ein Handelsgeschäft ist).

§ 772 Vollstreckungs- und Verwertungspflicht des Gläubigers.

[1] Besteht die Bürgschaft für eine Geldforderung, so muss die Zwangsvollstreckung in die beweglichen Sachen des Hauptschuldners an seinem Wohnsitz und, wenn der Hauptschuldner an einem anderen Orte eine gewerbliche Niederlassung hat, auch an diesem Orte, in Ermangelung eines Wohnsitzes und einer gewerblichen Niederlassung an seinem Aufenthaltsort versucht werden.

[2] Steht dem Gläubiger ein Pfandrecht oder ein Zurückbehaltungsrecht an einer beweglichen Sache des Hauptschuldners zu, so muss er auch aus dieser Sache Befriedigung suchen. Steht dem Gläubiger ein solches Recht an der Sache auch für andere Forderung zu, so gilt dies nur, wenn beide Forderungen durch den Wert der Sache gedeckt werden.

1 Abs 1 konkretisiert den Vollstreckungsversuch nach § 771 bei Bürgschaften wegen Geldforderungen näher. Danach ist nur ein Vollstreckungsversuch in die beweglichen Sachen des Hauptschuldners an den genannten Orten (vgl auch § 773 Abs 1 Nr 2) notwendig, nicht aber in Grundstücke, Forderungen oder sonstige Rechte. In Abs 2 S 1 ist der Vorrang der Sachhaftung vor der Bürgenhaftung für die Bürgschaft für Geldforderungen festgeschrieben und betrifft vertragliche und gesetzliche Pfand- und Zurückbehaltungsrechte an beweglichen Sachen, Inhaberpapiere (§ 1293) und Pfändungspfandrechte, Sicherungs- und Vorbehaltseigentum, jedoch nicht soweit § 503 Abs 2 S 4 f anzuwenden ist. Nach Abs 2 S 2 ist die vorrangige Verwertungspflicht des Gläubigers ausgeschlossen, wenn dieser auch das Recht zur Befriedigung für eine andere als die verbürgte Forderung hat und der Wert der Sache zur Deckung beider Forderungen nicht ausreicht, es sei denn, dass das aus

der Bürgschaft folgende Befriedigungsrecht einen besseren Rang hat und daher dem anderen Befriedigungsrecht vorgeht (PWW/*Brödermann* Rn 9). Die Darlegungs- und Beweislast für die Vorraussetzungen des Abs 1 und Abs 2 S 2 trifft den Gläubiger, für Abs 2 S 1 den Bürgen (Staud/*Horn* Rn 6).

§ 773 Ausschluss der Einrede der Vorausklage.

[1] Die Einrede der Vorausklage ist ausgeschlossen
1. **wenn der Bürge auf die Einrede verzichtet, insbesondere wenn er sich als Selbstschuldner verbürgt hat,**
2. **wenn die Rechtsverfolgung gegen den Hauptschuldner infolge einer nach der Übernahme der Bürgschaft eingetretenen Änderung des Wohnsitzes, der gewerblichen Niederlassung oder des Aufenthaltsortes des Hauptschuldners wesentlich erschwert ist,**
3. **wenn über das Vermögen des Hauptschuldners das Insolvenzverfahren eröffnet ist,**
4. **wenn anzunehmen ist, dass die Zwangsvollstreckung in das Vermögen des Hauptschuldners nicht zur Befriedigung des Gläubigers führen wird.**

[2] In den Fällen der Nummer 3, 4 ist die Einrede insoweit zulässig, als sich der Gläubiger aus einer beweglichen Sache des Hauptschuldners befriedigen kann, an der er ein Pfandrecht oder ein Zurückbehaltungsrecht hat; die Vorschrift des § 772 Absatz 2 Satz 2 findet Anwendung.

A. Zweck und Bedeutung der Regelung. Bedeutung erlangt die Vorschrift insb durch die Ermöglichung der vertraglichen Abbedingung der Einrede der Vorausklage (§ 773 Abs 1 Nr 1), wodurch die selbstschuldnerische Bürgschaft begründet wird. Der selbstschuldnerisch haftende Bürge kann unmittelbar vom Gläubiger in Anspruch genommen werden (Erman/*Seiler* Rn 1), selbst wenn eine Inanspruchnahme des Hauptschuldners Erfolg versprechend erscheint (BGH WM 1974, 1129, 1131; 1984, 128, 131). Durch den Verzicht wird zwar die Subsidiarität jedoch nicht die Akzessorietät der Bürgschaft aufgehoben, so dass Bürge und Hauptschuldner nicht zu Gesamtschuldnern (BGH WM 1984, 128, 131 f) werden und auch dem selbstschuldnerisch haftenden Bürgen zB die Einreden aus §§ 767, 768, 770 zustehen (Staud/*Horn* Rn 5). In den in Abs Nr 2-4 gesetzlich geregelten Fällen ist die Einrede der Vorausklage (§ 771) ausgeschlossen, die Aufzählung ist jedoch nicht abschließend (zu weiteren Ausschlüssen s § 349 HGB). 1

B. Ausschlussgründe. Nach Abs 1 Nr 1 führt Verzicht des Bürgen bei Vertragsschluss (BGH NJW 2001, 2466, 2468: AGB) oder nachträglich zum Ausschluss, sobald dieser der Form des § 766 genügt (BGH NJW 1968, 2332, 2333). Einen Verzicht enthält die Verbürgung als Selbstschuldner, die Unterwerfung unter die sofortige Zwangsvollstreckung (§ 794 Abs 1 Nr 5 ZPO) und die Verpflichtung zur sofortigen Zahlung zu einem festgelegten Zeitpunkt (zu zulässigen Klauselformulierungen ausf PWW/*Brödermann* Rn 5 ff). Die übrigen Ausschlussgründe beruhen auf Umständen, die die Rechtsverfolgung ggü dem Hauptschuldner unzumutbar oder sinnlos machen. Entscheidend ist der Zeitpunkt der Inanspruchnahme des Bürgen, allerdings muss die wesentliche Erschwerung nach Abschluss des Bürgschaftsvertrages eingetreten sein (Palandt/*Sprau* Rn 2; BaRoth/*Rohe* Rn 4). Die Einrede der Vorausklage kann wieder aufleben, wenn die Erschwerung nachträglich und infolge dessen die Voraussetzungen von Abs Nr 2 nicht mehr gegeben sind (Erman/*Seiler* Rn 3). Abs 2 hat klarstellende Funktion, so kann der Bürge in den Fällen des Abs 1 Nr 3 und 4 die Einrede der Vorausklage (einschränkend § 772 Abs 2 S 2) geltend machen, sofern es dem Gläubiger möglich ist, sich aus einem Zurückbehaltungs- oder Pfandrecht zu befriedigen. 2

C. Beweislast. Die Darlegungs- und Beweislast liegt beim Gläubiger. Den nachträglichen Wegfall der Erschwerung iSv Abs 1 Nr 2 hat der Bürge zu beweisen (Soerg/*Pecher* Rn 9), ebenso das Vorliegen der Voraussetzungen des Abs 2 (AnwK/*Beckmann* Rn 8). 3

§ 774 Gesetzlicher Forderungsübergang.

[1] Soweit der Bürge den Gläubiger befriedigt, geht die Forderung des Gläubigers gegen den Hauptschuldner auf ihn über. Der Übergang kann nicht zum Nachteil des Gläubigers geltend gemacht werden. Einwendungen des Hauptschuldners aus einem zwischen ihm und dem Bürgen bestehenden Rechtsverhältnis bleiben unberührt.

[2] Mitbürgen haften einander nur nach § 426.

A. Zweck und Bedeutung der Regelung. Die Vorschrift ordnet einen gesetzlichen Forderungsübergang (cessio legis) mit der Folge an, dass bei Befriedigung des Gläubigers durch den Bürgen die Hauptschuld auf den Bürgen übergeht, damit dieser sie gegen den Hauptschuldner geltend machen, vor allem aber evtl. daran bestehende Sicherungsrechte verwerten kann. Daneben kann der Bürge aus einem im Innenverhältnis zum Hauptschuldner bestehenden Schuldverhältnis (s § 765 Rz 2) Ausgleich für seine Leistung verlangen. Beide Ansprüche stehen in Anspruchskonkurrenz zueinander, so dass der Bürge wählen kann, welchen er geltend macht (Köln NJW-RR 1989, 1266, 1267). Umstr ist, ob der Hauptschuldner ggü dem Bürgen bei Wahl des Ausgleichs im Innenverhältnis ausschließlich Einwendungen daraus oder auch Einwendungen entgegenhalten kann, die dem Hauptschuldner aus dem Rechtsverhältnis zum Gläubiger zustehen (abl RGZ 59, 207, 209; 1

jurisPK/*Prütting* Rn 14; Staud/*Horn* Rn 15; aA *Tiedtke* DB 1970, 1721 ff). § 774 ist eingeschränkt dispositiv (BGHZ 92, 374, 382: Grenzen der formularmäßigen Abdingbarkeit; ausf jurisPK/*Prütting* Rn 21).

2 **B. Voraussetzungen.** Neben einem wirksamen Bürgschaftsvertrag setzt § 774 Abs 1 S 1 voraus, dass der Bürge den Gläubiger endgültig durch Erfüllung (uU Erfüllungssurrogate) der bestehenden Hauptschuld befriedigt (BGH NJW 2000 1563, 1565); das Erbringen von Sicherheitsleistungen (BGHZ 92, 374, 381) sowie Leistung im Wege der vorläufigen Vollstreckung reichen nicht (BGHZ 86, 267, 270). Forderungsübergang ist ebenfalls ausgeschlossen bei Erlass der Bürgschaftsschuld durch den Gläubiger (BGH NJW 1990, 1301 f). Leistet der Bürge auf eine nicht (mehr) bestehende Hauptschuld hat der Bürge uU einen Rückforderungsanspruch nach den §§ 812 ff.

3 **C. Rechtswirkungen.** Abs 1 S 1 ordnet den Übergang der Hauptschuld in dem Umfang an, in dem der Bürge den Gläubiger befriedigt (arg »soweit«). Die Vorschriften für den rechtsgeschäftlichen Forderungsübergang (§ 412) sind anwendbar. Mit Forderungsübergang gehen die akzessorischen Sicherungs- und Nebenrechte (zB Hypothek), jedoch idR nicht die selbständigen, wie Grundschulden, Sicherungseigentum und Eigentumsvorbehalte (BGHZ 110, 41, 43), auf den Bürgen über (§§ 412, 401), selbst wenn sie erst nach Übernahme der Bürgschaft entstehen (arg § 776 S 2). Der Bürge kann, falls nicht anders vereinbart, regelm Abtretung der selbständigen Sicherungs- und Nebenrechte fordern (zur entspr Anwendung der §§ 774, 412, 401 vgl BGH NJW 2001, 2327, 2330; BGHZ 136, 347, 352). Abs 1 S 2 betrifft insb den Fall der Teilbefriedigung des Gläubigers, so dass im Fall teilw Befriedigung Gläubiger und Bürge beide Inhaber eines Teils der Forderung und der daran evtl bestehenden Sicherungs- und Nebenrechten sind. Hinsichtlich des ihm verbliebenen Teils gebührt dem Gläubiger Vorrang bei der Befriedigung aus der Verwertung des Sicherungsrechts (BGH 110, 41, 45 f: neben der verbürgten zusätzliche Sicherung anderweitiger Forderungen durch das Nebenrecht; BGH NJW 2003, 1036, 1037: keine Einbeziehung selbständiger Forderungen). Zum Verhältnis des Abs 1 S 2 zu § 43 InsO vgl MüKo/*Habersack* Rn 13.

4 **D. Einwendungen.** Einwendungen gegen die Hauptschuld (zB Einrede der Verjährung), die dem Hauptschuldner gegen den Gläubiger zustanden, kann dieser auch gegen den Bürgen geltend machen (Abs 1 S 1 iVm §§ 412, 404), auch wenn letzterer auf Grund Urteils an den Gläubiger geleistet hat (Palandt/*Sprau* Rn 10). Nach §§ 412, 406 soll der Hauptschuldner weiterhin mit Forderungen gegen den Gläubiger aufrechnen können (RGZ 59, 207, 209; zum Streitstand s *Coester-Waltjen* Jura 2003, 246 ff), sofern § 242 nicht entgegensteht. Leistet der Hauptschuldner in Unkenntnis des Forderungsübergangs an den Gläubiger, ist er nach § 412, 407 geschützt. Daneben stehen dem Hauptschuldner die Einwendungen aus dem Schuldverhältnis (Innenverhältnis) mit dem Bürgen zu (vgl Rn 2).

5 **E. Mitbürgschaft.** Abs 2 enthält eine Einschränkung des Abs 1 S 1, §§ 412, 410 für den Ausgleich unter Mitbürgen, wonach auf den Mitbürgen, der den Gläubiger befriedigt, nur der Anteil der Hauptschuld übergeht, wie ihm ggü die übrigen Mitbürgen im Innenverhältnis verpflichtet sind, dh idR in Höhe des Kopfteils, § 426 Abs 1 (BGHZ 88, 185, 189 f; BGH NJW 2000, 1034, 1035: Höchstbetragsbürgschaften mit unterschiedlich hohen Haftungsgrenzen; BGH v 09.12.2008 Az XI ZR 588/07: Innenausgleich zwischen Mitbürgen und Grundschuldbestellern; *Glöckner* ZIP 1999, 821 ff). Bei teilw Befriedigung durch den Mitbürgen, kann dieser bereits Ausgleich im Innenverhältnis verlangen, bevor der auf ihn entfallende Anteil überschritten ist (einschr BGH NJW 1987, 3126, 3128). Abs 2 ist auf das Verhältnis des Bürgen eines Gesamtschuldners zu einem weiteren Gesamtschuldner, der zur Sicherung der Schuld beigetreten ist, entspr anwendbar (Hamm OLGZ 1990, 336, 337; *Selb* EWiR 1990, 27 ff).

6 **F. Zusammentreffen von Bürgschaft und dinglichen Sicherungsrechten.** Im dem Falle steht dem Gläubiger ein Wahlrecht zu, welche Sicherheit er zuerst in Anspruch nimmt, mangels anderweitiger Vereinbarung stehen alle Sicherungsgeber auf gleicher Stufe (BGH WM 1990, 1956, 1957; ZIP 2002, 656 ff). Auf das Verhältnis zwischen einem Bürgen und dinglichen Sicherungsgebern akzessorischer oder nicht-akzessorischer Sicherheiten (BGHZ 108, 179, 182 ff) ist daher § 426 entspr anwendbar mit der Folge eines anteiligen Ausgleichs (NJW 1992, 3228, 3229; ausf mit Übersicht zum Meinungsstand: *Tiedtke* WM 1990, 1270 ff MüKo/*Habersack* Rn 22 ff).

§ 775 Anspruch des Bürgen auf Befreiung.

[1] Hat sich der Bürge im Auftrag des Hauptschuldners verbürgt oder stehen ihm nach den Vorschriften über die Geschäftsführung ohne Auftrag wegen der Übernahme der Bürgschaft die Rechte eines Beauftragten gegen den Hauptschuldner zu, so kann er von diesem Befreiung von der Bürgschaft verlangen

1. wenn sich die Vermögensverhältnisse des Hauptschuldners wesentlich verschlechtert haben,
2. wenn die Rechtsverfolgung gegen den Hauptschuldner infolge einer nach der Übernahme der Bürgschaft eingetretenen Änderung des Wohnsitzes, der gewerblichen Niederlassung oder des Aufenthaltsorts des Hauptschuldners wesentlich erschwert ist,
3. wenn der Hauptschuldner wesentlich erschwert ist,
4. wenn der Gläubiger gegen den Bürgen ein vollstreckbares Urteil auf Erfüllung erwirkt hat

[2] Ist die Hauptverbindlichkeit noch nicht fällig, so kann der Hauptschuldner dem Bürgen, statt ihn zu befreien, Sicherheit leisten.

A. Regelungszweck. Im Gegensatz zu § 774, der erst nach Befriedigung des Gläubigers einen Rückgriff durch den Bürgen auf den Hauptschuldner zulässt, gewährt § 775 bereits vor diesem Zeitpunkt dem Bürgen einen Befreiungsanspruch gegen den Hauptschuldner, wenn der Bürge nach Befriedigung des Gläubigers auf Grund bestehenden Schuldverhältnisses (bspw Auftrag, GoA, Geschäftsbesorgungsvertrag) einen Ersatzanspruch gegen den Hauptschuldner hätte und dessen Realisierung in Folge bestimmter Umstände (Abs 1 Nr 1-4) gefährdet erscheint (*Grömer* JuS 2009, 7 ff). § 775 gilt auch für die selbstschuldnerische Bürgschaft (§ 773 Abs 1 Nr 1); § 778 ist anwendbar. § 775 ist dispositiv (BGH NJW 1995, 2635, 2637; Staud/*Horn* Rn 14: Anforderungen an formularvertraglichen Verzicht). 1

B. Voraussetzungen. Neben einem entspr Schuldverhältnis zwischen Hauptschuldner und Bürgen muss ein Gefährdungstatbestand nach § 755 Abs 1-4 vorliegen. Die Aufzählung in § 775 Abs 1 ist abschließend (Staud/*Horn* Rn 8). Die in Abs 1 Nr 1 geforderte nachträgliche wesentliche Verschlechterung der Vermögensverhältnisse ist gleichbedeutend dem Merkmal in §§ 321, 490, 610 und liegt dann vor, wenn der Hauptschuldner nicht mehr in der Lage ist, bes wichtige und dringliche Verbindlichkeiten (zB Steuern, Zinsen) zu erfüllen (RGZ 150, 77, 78). Abs 1 Nr 2 entspricht § 773 Abs 1 Nr 2. Nach § Abs 1 Nr 3 verbleibt der Befreiungsanspruch dem Bürgen trotz einer nachträglich zwischen Hauptschuldner und Gläubiger getroffenen Vereinbarung einer Stundung (BGH WM 1974, 215, 216; JZ 1968, 230 f: zum Teilbefreiungsanspruch). Den Anforderungen des Abs 1 Nr 4 gereichen vorläufig vollstreckbare Urteile (arg § 704 Abs 1 ZPO; LG Meiningen ZIP 1998, 991, 993), Vollstreckungsbescheide und vollstreckbare Schiedssprüche (MüKo/*Habersack* Rn 9), jedoch keine Titel, die unter Mitwirkung des Bürgen zustande gekommen sind wie bspw vollstreckbare Urkunden oder Prozessvergleiche (PWW/*Brödermann* Rn 15; Erman/*Seiler* Rn 9). 2

C. Rechtsfolge, Sicherheitsleistung/Beweislast. Der Bürge erhält einen Anspruch gegen den Hauptschuldner auf Befreiung von der Verbindlichkeit, die dieser durch Erfüllung oder Entlassung des Bürgen aus der Haftung verwirklichen kann. Einen Zahlungsanspruch erwirbt der Bürge nur bei Befriedigung des Gläubigers (BGH NJW 2000, 1643, 1644) auch ist eine Umwandlung des Befreiungsanspruchs in einen Zahlungsanspruch ist (BGHZ 140, 270, 272 ff; BGH WM 2000, 910, 911). Bei Bürgschaften, die zur Sicherung von Dauerschuldverhältnissen übernommen wurden, kann dem Bürgen bei Änderung wesentlicher Umstände ein Kündigungsrecht zukommen (vgl § 765 Rz 20). Nach Abs 2 ist eine Sicherheitsleistung durch den Hauptschuldner für eine noch nicht fällige Hauptschuld zulässig, die aber praktisch nur in den Fällen des Abs 1 Nr 1 und 2 in Betracht kommt. Die Darlegungs- und Beweislast für das Bestehen eines entspr Schuldverhältnisses (s Rz 1) liegt beim Bürgen (BGH NJW 2000, 1643, 1643; krit *Reinicke/Tiedtke* NJW 2001, 1015, 1020 f). 3

§ 776 Aufgabe einer Sicherheit. **Gibt der Gläubiger ein mit der Forderung verbundenes Vorzugsrecht, eine für sie bestehende Hypothek oder Schiffshypothek, ein für sie bestehendes Pfandrecht oder das Recht gegen einen Mitbürgen auf, so wird der Bürge insoweit frei, als er aus dem aufgegebenen Recht nach § 774 hätte Ersatz erlangen können. Dies gilt auch dann, wenn das aufgegebene Recht erst nach der Übernahme der Bürgschaft entstanden ist.**

A. Bedeutung der Regelung. § 776 dient dem Schutz des Bürgen vor Rechtsverlusten im Regress gegen Mitbürgen oder dingliche Sicherungsgeber. Die Vorschrift ist auf lediglich bürgschaftsähnliche Verpflichtungen (s § 765 Rz 3 ff) nicht anwendbar (*Weber* WM 2001, 1229 ff). § 776 ist begrenzt dispositiv und kann als den Bürgen belastende Abrede nur formgerecht (§ 766) individualvertraglich abbedungen werden (BGHZ 144, 52, 55). Ein genereller formularvertraglicher Verzicht ist unwirksam (BGH NJW 2002, 295, 295: bei konkreter gegenständlicher Begrenzung kann Verzicht uU zulässig sein). 1

B. Voraussetzungen. § 776 setzt zunächst das Bestehen eines Sicherungs- oder Vorzugsrecht voraus. Neben den in S 1 genannten Rechten ist die Vorschrift auf selbständige Sicherungsrechte, wie bspw Renten- und Grundschulden, Sicherungs- und Vorbehaltseigentum, sowie auf die Sicherungsabtretung analog anwendbar (jurisPK/*Prütting* Rn 5), sofern der Gläubiger zur Abtretung an den Bürgen (vertraglich oder nach § 242) verpflichtet ist. Nicht unter § 766 fallen alle schuldrechtlichen Positionen, die die Einräumung eines Sicherungsrechts zum Gegenstand haben (ua das Zurückbehaltungsrecht aus § 273; die Garantie, das Recht des Werkunternehmers auf Einräumung einer Sicherungshypothek iSv § 648 oder auf Sicherungsleistung nach § 648a; ausf PWW/*Brödermann* Rn 7). Die Aufgabe des Rechts durch den Gläubiger ist umfassend zu verstehen, darunter fällt vorsätzliche Beseitigung oder Herbeiführung des Verlusts der Verwertungsmöglichkeit (BGH NJW 2000, 2580, 2583; BGH WM 1960, 371, 372) bspw durch Verzicht, Rückübertragung und Rücktritt vom eingeräumten Rang. Bloße Fahrlässigkeit oder Untätigkeit reichen nicht (BGH NJW 1966, 2009 ff; Köln NJW 1990, 3214, 3215). Letztlich darf der Bürge nicht auf sein Recht aus § 776 verzichtet haben, wobei formularmäßiger Verzicht nur wirksam ist, wenn sich dieser ausschließlich auf Sicherheiten erstreckt, die dem Kreditinstitut nicht auf Grund einer gesonderten Sicherungsvereinbarung, sondern bereits nach dem Inhalt seiner AGB zustanden (BGH NJW 2002, 295; *Bales* BKR 2004, 265, 269). Im Zweifel werden vom Verzicht alle Sicherungsrechte umfasst, es sei denn, dass der Gläubiger willkürlich zum Schaden des Bürgen aufgibt (BGH NJW 1994, 1796, 1798). 2

3 **C. Rechtswirkungen/Beweislast.** Die Bürgschaft erlischt in dem Umfang, in welchem der Bürge aus dem aufgegebenen Recht hätte Ersatz verlangen können. Bei Leistung durch den Bürgen in Unkenntnis der Aufgabe, kann dieser seine Leistung nach §§ 812 ff zurück verlangen. Die Darlegungs- und Beweislast für sämtliche Voraussetzungen trägt der Bürge.

§ 777 Bürgschaft auf Zeit.

[1] Hat sich der Bürge für eine bestehende Verbindlichkeit auf bestimmte Zeit verbürgt, so wird er nach dem Ablauf der bestimmten Zeit frei, wenn nicht der Gläubiger die Einziehung der Forderung unverzüglich nach Maßgabe des § 772 betreibt, das Verfahren ohne wesentliche Verzögerung fortsetzt und unverzüglich nach der Beendigung des Verfahrens dem Bürgen anzeigt, dass er ihn in Anspruch nehme. Steht dem Bürgen die Einrede der Vorausklage nicht zu, so wird er nach dem Ablauf der bestimmten Zeit frei, wenn nicht der Gläubiger ihm unverzüglich diese Anzeige macht.

[2] Erfolgt die Anzeige rechtzeitig, so beschränkt sich die Haftung des Bürgen im Falle des Absatz 1 Satz 1 auf den Umfang, den die Hauptverbindlichkeit zur Zeit der Beendigung des Verfahrens hat, im Falle des Absatz 1 Satz 2 auf den Umfang, den die Hauptverbindlichkeit bei dem Ablauf der bestimmten Zeit.

1 **A. Regelungszweck, Anwendungsbereich, Abgrenzung.** § 777 bietet dem Gläubiger nur eine Sicherheit auf Zeit, die es ihm ermöglichen soll, dem Hauptschuldner innerhalb des bestimmten Zeitraums Kredit zu gewähren (BGHZ 91, 349, 355). Dazu verpflichten sich die Parteien der Bürgschaft vertraglich, dass der Gläubiger den Bürgen innerhalb einer bestimmten Zeit in Anspruch nimmt und dieser andernfalls von seiner Einstandspflicht frei wird. Nur für diese Form der Zeitbürgschaft enthält § 777 eine Auslegungsregel zu Gunsten des Gläubigers mit der Folge, dass die Befreiung des Bürgen eintritt, wenn zusätzlich der Gläubiger die in Abs 1 genannten Maßnahmen unterlässt. Nicht anwendbar ist § 777 auf Bürgschaften, die gegenständlich begrenzt sind und auf bestimmte Verbindlichkeiten, welche innerhalb eines festgelegten Zeitraums entstehen (vgl BGH NJW 2004, 2232, 2234 f: Kontokorrentbürgschaft, s § 765 Rz 22). Eine Parteivereinbarung über bereits bestehende Hauptschulden spricht idR für die Annahme einer Zeitbürgschaft (BGH NJW 1997, 2234, 2235 f). Bei Prozessbürgschaften (BGH NJW 1979, 417 f), sowie auflösend bedingten Bürgschaften, die bis zur Bestellung einer anderweitigen Sicherheit übernommen wurden (BGH WM 1979, 833, 834), ist dagegen regelm keine Zeitbegrenzung anzunehmen. § 777 ist eingeschränkt dispositiv, dies gilt insb für eine formularmäßige Abbedingung der Anzeigepflicht (BGHZ 139, 325, 329; zu Einzelheiten: PWW/*Brödermann* Rn 4).

2 **B. Tatbestandsvoraussetzungen.** Die Zeitgrenze muss sich auf die Bürgschaft selbst beziehen und den (ggf durch Auslegung zu ermittelnden) Sinn eines Endtermins (§ 163) haben (BGH NJW 2004, 2232, 2233). Eine kalendermäßige Bestimmung ist dagegen nicht erforderlich (BAG NJW 2000, 3299, 3301 f; München BauR 2007, 901, 901: teilw Befreiung). Die Hauptschuld muss innerhalb der Bürgschaftszeit fällig geworden sein, dazu genügt gleichzeitige Fälligkeit der Hauptschuld und der Bürgschaft (BGHZ 139, 325, 329 f). Der Gläubiger muss das in Abs 1 beschriebene Verfahren einhalten, insb dem Bürgen eine Anzeige zukommen zu lassen; eine Klageerhebung ist nicht erforderlich (BGH NJW 1983, 750 f). Steht dem Bürgen die Einrede der Vorausklage aus § 772 zu, so richtet sich das Verfahren nach Abs 1 S 1 mit der Folge, dass die Anzeige erst nach Beendigung des Einziehungsverfahrens (§ 772) unverzüglich iSv § 121 Abs 1 S 1 zu erfolgen hat; ebenso bei Zeitbürgschaften, die zugleich Ausfallbürgschaften (s § 765 Rz 22) sind (BGH NJW 2002, 2869, 2870). Sowohl im Fall des Abs 1 S 1 als auch des Abs 1 S 2 handelt es sich bei der Anzeige um eine einseitige empfangsbedürftige geschäftsähnliche Handlung (str vgl BGH NJW 2001, 289, 290).

3 **C. Rechtswirkungen/Beweislast.** Bei rechtzeitiger Ausübung der in Abs 1 genannten Maßnahmen durch den Gläubiger bleibt diesem die Bürgschaft nach Zeitablauf in dem durch Abs 2 bestimmten Umfang erhalten. Der Bürge trägt die Darlegungs- und Beweislast für die Zeitbestimmung und den Zeitablauf. Dagegen hat der Gläubiger zu beweisen, dass die Zeitbestimmung die Bürgschaft nur gegenständlich beschränken sollte (BGH NJW 2004, 2232, 2234).

§ 778 Kreditauftrag.

Wer einen anderen beauftragt, im eigenen Namen und auf eigene Rechnung einem Dritten ein Darlehen oder eine Finanzierungshilfe zu gewähren, haftet dem Beauftragten für die aus dem Darlehen oder der Finanzierungshilfe entstehende Verbindlichkeit des Dritten als Bürge.

1 Bei dem als Auftrag (§ 662) oder als entgeltlichen Geschäftsbesorgungsvertrag (§ 675 Abs 1) zu qualifizierenden Kreditauftrag verpflichtet sich der Beauftragte, einem Dritten im eigenen Namen und auf eigene Rechnung ein Darlehen (§ 488 Abs 1) oder eine Finanzierungshilfe (§ 499) zu gewähren, mitunter genügt die Verlängerung eines bestehenden Geld- oder Warenkredits (zum Kreditbegriff *Schmidt* ZGS 2005, 416 ff). § 766 ist nicht anwendbar. Die Kreditanweisung und der Kreditbrief (Akkreditiv, § 783) sind dagegen kein Kreditauftrag. Ebenfalls vom Kreditauftrag zu unterscheiden ist die Kreditbürgschaft. Bei letzterer steht das Interesse der Parteien an der Sicherung der Hauptschuld im Vordergrund, während ein Kreditauftrag anzunehmen ist, wenn der Auftraggeber ein eigenes Interesse an der Gewährung des Kredits an den Dritten hat (BGH

DB 1956, 890, 890). Grundsätzlich gelangt Auftragsrecht zur Anwendung. In § 778 ist nur die Rechtsfolge aus dem Auftragsverhältnis geregelt mit der Folge, dass anstelle der Haftung aus dem Auftragsverhältnis (§§ 670, 675) die Haftung als Bürge aus §§ 765 ff tritt (PWW/*Brödermann* Rn 1). Einschränkungen der auftragsrechtlichen Regelungen ergeben sich bis zur Kreditgewährung oder verbindlichen Kreditzusage insoweit, als sie im Widerspruch mit dem Wesen des Kreditauftrages stehen würden (zB § 699 Anspruch auf Vorschuss; Widerruf und Kündigung nach § 671 sind möglich, str vgl Staud/*Horn* Rn 11). Nach Kreditgewährung greift das Bürgschaftsrecht für die Haftung des Auftraggebers ggü dem Beauftragten bzgl der Verbindlichkeiten des Dritten.

Titel 21 Vergleich

Checkliste: Vergleich (§ 779)

I. Vertragsschluss, § 779			
1. Vertragsinhalt	§ 779	→	Rn 5
a. Materiell-rechtliche Vereinbarung der Streitbeilegung durch gegenseitiges Nachgeben	§ 779	→	Rn 1, 5
b. Sog. Erlass- oder Vergleichsfalle	§ 779	→	Rn 5
c. Besondere Formen des Vergleichs in der ZPO	§ 779	→	Rn 10 ff
aa. Prozessvergleich	§ 779	→	Rn 10
bb. Anwaltsvergleich	§ 779	→	Rn 11
cc. Schiedsrichterlicher Vergleich	§ 779	→	Rn 12
2. Weitere Vorraussetzungen			
a. Bestehen eines Rechtsverhältnisses	§ 779	→	Rn 5
b. Streit oder Ungewissheit und Unsicherheit	§ 779	→	Rn 3
c. Gegenseitiges Nachgeben	§ 779	→	Rn 4
3. Form	§ 779	→	Rn 5
II. Unwirksamkeitsgründe			
1. Unrichtigkeit des als feststehend betrachteten Sachverhalts	§ 779	→	Rn 7 f
2. Sittenwidrigkeit	§ 779	→	Rn 6, 9
3. Weitere Unwirksamkeitsgründe	§ 779	→	Rn 9
III. Rechtsfolge des wirksamen Vergleichs			
1. Inter partes Wirkung, keine Novation des Rechtsverhältnisses	§ 779	→	Rn 6
2. Auswirkungen des Vergleichs auf den Streitgegenstand	§ 779	→	Rn 13
VI. Beweislast			
Keine Besonderheiten gegenüber allgem Regeln	§ 779	→	Rn 13

§ 779 Begriff des Vergleichs, Irrtum über die Vergleichsgrundlage. [1] **Ein Vertrag, durch den der Streit oder die Ungewissheit der Parteien über ein Rechtsverhältnis im Wege gegenseitigen Nachgebens beseitigt wird (Vergleich), ist unwirksam, wenn der nach dem Inhalt des Vertrags als feststehend zugrunde gelegte Sachverhalt der Wirklichkeit nicht entspricht und der Streit oder die Ungewissheit bei Kenntnis der Sachlage nicht entstanden sein würde.**
[2] **Der Ungewissheit über ein Rechtsverhältnis steht es gleich, wenn die Verwirklichung eines Anspruchs unsicher ist.**

A. Regelungsgehalt und Rechtsnatur. § 779 regelt die materiell-rechtliche Vereinbarung der Streitbeilegung durch gegenseitiges Nachgeben. Daneben statuiert die Vorschrift einen Unwirksamkeitsgrund für den Fall des beiderseitigen Irrtums über einen Umstand, der außerhalb des Streites der Parteien lag. Dieser ist als Sonderfall des gemeinsamen Irrtums über die Geschäftsgrundlage einzuordnen (BGH NJW-RR 1994, 434, 435). Entgegen seiner Rechtstellung im BGB ist § 779 in allen Rechtsgebieten anwendbar (spezialgesetzliche Regelungen in §§ 217 ff InsO; §§ 305 ff InsO; § 55 VwVfG; § 106 VwGO). Seiner Rechtsnatur nach ist der Vergleich als feststellender schuldrechtlicher Vertrag (Verpflichtungsvertrag) einzuordnen, der grds von den zu seinem Vollzug durchgeführten Geschäften (Verfügungsgeschäft) zu trennen ist (zur str Rechtsnatur von Vergleichen, die auch Verfügungsgeschäfte enthalten, ausf Staud/*Marburger* Rn 40 ff) und zumeist als beiderseitiger Vertrag ausgestaltet ist (vgl BGHZ 116, 319, 330; BGH ZIP 2002, 840, 842). Die Regelungen in § 779 sind dispositiv (BGH WM 1971, 1120, 1121). 1

2 **B. Voraussetzungen. I. Bestehen eines Rechtsverhältnisses.** Zwischen den Vergleichsparteien muss ein Rechtsverhältnis irgendeiner Art bestehen. Unter Übernahme der prozessrechtlich verwandten Definition (vgl § 265 Abs 1 ZPO) fällt unter den weit zu fassenden Begriff des Rechtsverhältnisses jede rechtliche Beziehung einer Person zu einer anderen oder zu einer Sache (jurisPK/*Bork* Rn 9; zu moralischen oder gesellschaftlichen Forderungen vgl ausf *Bork* Der Vergleich 1988 S 210 ff). Es ist ausreichend, wenn die Parteien von dessen Bestand ausgehen (BGH NJW-RR 1992, 363, 364) oder sie sich über künftige, bedingte und betagte Ansprüche vergleichen (BGH NJW 1972, 157). Entscheidend ist, dass sich die Rechtsbeziehungen soweit verdichtet haben, dass der eine Teil auf die Entschließungsfreiheit der anderen Partei einwirken kann (BGH NJW 1980, 889, 890). Zudem muss das Rechtsverhältnis der Dispositionsbefugnis der Parteien unterliegen (BGH 14, 381, 387), welche nicht anzunehmen ist, wenn Rechte Dritter oder zwingendes Recht betroffen ist (mit Bsp PWW/*Brödermann* Rn 6 ff).

3 **II. Streit oder Ungewissheit (Abs 1) und Unsicherheit (Abs 2).** Streit oder Ungewissheit iSv Abs 1 können sowohl rechtlicher als auch tatsächlicher Natur sein und sind dann anzunehmen, wenn die Parteien ernsthaft objektiv gegensätzliche Behauptungen in Bezug auf das Rechtsverhältnis aufstellen (RG JW 41, 1997 f; ausf Staud/*Marburger* Rn 22 vgl auch Palandt/*Sprau* Rn 4). Bereits subjektive Zweifel über den Bestand des Ausgangsrechtsverhältnisses bzw über einzelne Punkte dessen sind ausreichend (BGH NJW-RR 1992, 363, 364). Die Unsicherheit über die Rechtsverwirklichung eines Anspruchs steht nach Abs 2 der Ungewissheit gleich. Von Ungewissheit ist bspw auszugehen, wenn die Erbringung von im Prozess erforderlichen Beweisen oder die Leistungsfähigkeit des Schuldners in Frage steht (Erman/*Terlau* Rn 13).

4 **III. Gegenseitiges Nachgeben.** Ein gegenseitiges Nachgeben, das zur Beendigung des Streits, der Ungewissheit bzw der Unsicherheit führt, liegt vor, wenn beide Parteien, um zur Einigung zu gelangen, Zugeständnisse machen, mit der Folge, dass selbst Nachgeben hinsichtlich des kleinsten Standpunktes, der sich nicht einmal auf das str Rechtsverhältnis beziehen muss (Staud/*Marburger* Rn 27), ausreichend ist (BGH NJW 1970, 1122, 1124; NJW-RR 2006, 644, 645).

5 **IV. Abschluss und Inhalt des Vergleichs.** Der Vergleichsvertrag kommt nach den allg Regeln (§§ 145 ff, 164 ff) unter Beachtung evtl bestehender Zustimmungserfordernisse (§§ 1643 Abs 1; 1822 Nr 12; 1908 i Abs 1; 1915 Abs 1; § 116 Abs 2 HGB; § 160 Abs 2 Nr 3 InsO) zustande und ist formlos möglich (BGH NJW 2003, 589, 590), es sei denn, er enthält formbedürftige Verpflichtungs- oder Verfügungsgeschäfte (BGH MDR 2008, 399, 400). Gemäß § 127a ersetzt der gerichtliche Vergleich jede nach BGB erforderliche Form, nicht aber der vor einer Gütestelle geschlossene Vergleich oder der Anwaltsvergleich nach §§ 796a ff ZPO (Palandt/*Sprau* Rn 2). Entscheidend für den Abschluss eines wirksamen Vergleichs ist, ob der den Vergleich Anbietende redlicherweise mit der Annahme rechnen durfte (BGHZ 111, 97, 101 ff; Karlsruhe WM 1999, 490, 491; ausf zur sog. »Erlass- oder Vergleichsfalle« *Lange* WM 1999, 1301 ff; *Eckhardt* BB 1996, 1945 ff). Der Inhalt des Vergleichs ist notfalls durch Auslegung (§§ 133, 157) zu ermitteln (BGH NJW 2003, 1734; BAG NJW 2005, 524, 525), eine nachträgliche Anpassung eines Abfindungsvergleiches unter Berücksichtigung des Gebotes von Treu und Glauben (§ 242) ist unter engen Voraussetzungen möglich (BGH NJW-Spezial 2008, 234, 234).

6 **C. Wirkungen des Vergleichs.** Der Vergleich stellt ohne Rücksicht auf die bestehende, aber unsichere oder umstrittene Rechtslage fest (*Esser/Weyers* BT/1 § 42 Abs 1), was zwischen den Parteien gelten soll (MüKo/*Habersack* Rn 31). Daher treten die Rechtswirkungen des Vergleichs grds nur inter partes ein (BGHZ 116, 319, 321). Der Vergleich bewirkt regelm keine Schuldumschaffung (Novation) des Rechtsverhältnisses (Ausn BGH JZ 2002, 721, 722) mit der Folge, dass die für die ursprüngliche Verbindlichkeit gegebenen Sicherheiten fortbestehen (RGZ 164, 212, 216 f), ebenso Einwendungen, Einreden und Nebenpflichten, die nicht durch den Vergleich erledigt wurden (BGH NJW 2002, 1878, 1880). Der Vergleich regelt das ursprüngliche Rechtsverhältnis daher nur in den streitigen oder ungewissen Punkten, lässt aber dessen Rechtsnatur und sonstigen Inhalt unberührt (PWW/*Brödermann* Rn 18). Für durch den Vergleich neu geschaffene Leistungspflichten ist allein dieser maßgeblich, ein Rückgriff auf das ursprüngliche Rechtsverhältnis ist ausgeschlossen, wobei die Grenzen durch Auslegung zu ermitteln sind (Hk-BGB/*Staudinger* Rn 7). Obwohl für die Annahme eines Umschaffungswillens der Parteien allg keine Vermutung spricht, liegt die Annahme eines novatorischen Vergleichs nahe, wenn in der Streitbeilegung mehrere unterschiedliche Rechtsbeziehungen zu einer Gesamtregelung verknüpft werden (RG LZ 26, 229 f; MüKo/*Habersack* Rn 34). Ein Abfindungsvergleich kann gegen § 242 verstoßen, wenn sich nach Auftreten unvorhergesehener Spätfolgen ein krasses und unzumutbares Missverhältnis zwischen Vergleichssumme und Schaden ergibt (Koblenz NVZ 2004, 197 f; Schleswig VersR 2001, 983 f; BGH VersR 2001, 641 ff: anwaltliche Beratungspflichten bei Abschluss eines Abfindungsvergleichs, ausf dazu *Burghart* NVZ 2005, 441 ff). Ein außergerichtlicher Vergleich führt nicht zur unmittelbaren Beendigung des Rechtsstreits (BGH NJW 2002, 1503, 1504).

7 **D. Unwirksamkeit des Vergleichs. I. Unwirksamkeit nach § 779. 1. Voraussetzungen.** Erforderlich ist, dass der von den Vergleichsparteien als feststehend zugrunde gelegte Sachverhalt objektiv nicht der Wirklichkeit entspricht (RGZ 112, 215, 218: Anerkenntnis der Unrichtigkeit durch die Parteien nicht erforderlich).

Der Begriff des Sachverhalts ist weit zu verstehen und umfasst das Vorhandensein oder Nichtvorhandensein tatsächlicher Gegebenheiten außerhalb des Streits oder der Ungewissheit, die in der Vergleichsvereinbarung zum Ausdruck gekommen sind (BGH DB 1976, 141, 141; BGH VersR 2003, 1174, 1176). Dahingegen berücksichtigt die Rspr. Irrtümer in rechtlicher Hinsicht nur, wenn diese auf einer Fehleinschätzung von Tatsachen beruhen; reine Rechtsirrtümer sollen demnach unbeachtlich sein (BGH MDR 2008, 339, 400; NJW 1961, 1460; offen gelassen: BGHZ 155, 342, 351 f; WM 2004, 1100, 1101; abl Lit Erman/*Terlau* Rn 24; Staud/*Marburger* Rn 71 mwN). Als feststehend ist der Sachverhalt anzusehen, den die Vergleichsparteien als unstreitig und gewiss betrachten (Hk-BGB/*Staudinger* Rn 8). Letztlich ist erforderlich, dass der Vergleich auf dem gemeinsamen Irrtum über den als feststehend zugrunde gelegten Sachverhalt beruht (BaRoth/*Schwerdtfeger* Rn 45) und bei Kenntnis der Sachlage der Streit oder die Ungewissheit nicht entstanden wäre (RGZ 149, 140, 142). Auf einen (möglichen) Irrtum der Vertragsschließenden über ungewisse Umstände tatsächlicher oder rechtlicher Natur, die durch den Vergleich gerade behoben werden sollen, findet die Unwirksamkeitsregel des § 779 keine Anwendung (LAG Rheinland-Pfalz Urt v 04.03.2008 Az 3 Sa 775/07).

2. Rechtsfolge. Bei Vorliegen der in § 779 genannten Voraussetzungen ist der Vergleich unwirksam, nicht 8
jedoch die zu dessen Vollzug getätigten Verfügungsgeschäfte (Erman/*Terlau* Rn 21; in den Fällen, in denen dem Vergleich Verfügungscharakter zugesprochen wird, soll die Unwirksamkeit zur Nichtigkeit der Vollzugsakte führen, vgl Staud/*Marburger* Rn 48). Eine Heilung durch Erfüllung ist ausgeschlossen (RGZ 79, 240, 241), ebenso eine Vertragsanpassung (PWW/*Brödermann* Rn 24). Bei Teilunwirksamkeit des Vergleichs ist § 139 anwendbar (Köln OLGZ 72, 42, 49), ansonsten richtet sich die Rückabwicklung bereits vollzogener Verfügungen nach den §§ 812 ff.

II. Weitere Unwirksamkeitsgründe. Fehlt eine der Voraussetzungen des § 779, kann dennoch ein Wegfall 9
der Geschäftsgrundlage und eine Anpassung des Vergleichs über § 313 erfolgen (BGH NJW 2000, 2497, 2498; Zweibrücken OLGR 2002, 112, 114); es sei denn, die Parteien haben bereits im Vergleich eine abschließende Regelung für das Fehlen, den Wegfall oder die Veränderung bestimmter Umstände vereinbart (BGH WM 1971, 1120, 1121; BAG NJW 2001, 1297, 1300). Zur Beurteilung der Nichtigkeit eines Vergleiches auf Grund Sittenwidrigkeit (§ 138) ist bei Bestimmung des krassen Missverhältnisses nicht auf Leistung und Gegenleistungen (BGH NJW 1964, 1787, 1788) sondern auf das Verhältnis des beiderseitigen Nachgebens abzustellen (RGZ 156, 265, 267). Ausreichend ist, dass sich der Inhalt des Vergleichs aus Sicht der Parteien im Zeitpunkt des Abschlusses als sachgerechte Bereinigung des Streitfalles darstellte (BGH NJW 1999, 3113, 3113). Dient der Vergleich einer Partei dagegen zur Erhaltung der Vorteile eines sittenwidrigen oder unwirksamen Rechtsgeschäfts, ist er unwirksam (BGH WM 1989, 1478, 1479; str bei Zweifeln über die Gesetzes- oder Sittenwidrigkeit des Ausgangsrechtsverhältnisses, vgl zum Streitstand Staud/*Marburger* Rn 78). Einer Anfechtung auf Grund einseitigen Irrtums steht § 779 grds nicht entgegen (Hk-BGB/*Staudinger* Rn 10; *Gerhardt* KTS 2004, 195 ff: Insolvenzanfechtung), jedoch ist eine Anfechtung nach § 119 Abs 1, Abs 2 insofern eingeschränkt, als dass sich der Irrtum nicht auf einen Umstand beziehen darf, der umstritten oder ungewiss war und durch den Vergleich erledigt werden sollte (RGZ 162, 198, 201; BGHZ 1, 57, 61; *Hamm* NJW-RR 2006, 65, 66: möglicherweise Lösung über Störung der Geschäftsgrundlage oder als unzulässige Rechtsausübung). Hingegen ist die Anfechtung wegen arglistiger Täuschung (§ 123) auch in diesen Fällen zulässig, sofern die Täuschung für den Vertragsabschluss ursächlich war (BGH NJW 1999, 2804, 2805). Daran fehlt es, wenn die getäuschte Partei den Vergleich in Kenntnis der Täuschung abgeschlossen hat (BGH DB 1976, 141).

E. Sonderformen in der ZPO. I. Prozessvergleich. Der Prozessvergleich nach § 794 Abs Nr 1 ZPO ist 10
sowohl privatrechtlicher Vertrag und fällt daher unter § 779, als auch Prozesshandlung mit prozessbeendigender Wirkung (sog. materiell- und prozessrechtliche Doppelnatur, hM BGH NJW 2000, 1942, 1943; ausf *Häsemeyer* ZZP 1995, 289 ff). Der Prozessvergleich erwächst nicht in Rechtskraft (*Knauer/Wolf* NJW 2004, 2857, 2859); ein im Rechtsstreit ergangenes aber noch nicht rechtskräftiges Urteil wird durch den Vergleich regelm wirkungslos (hM, BGH JZ 1964, 256, 257; Hamm MDR 1977, 56; ausf *Rensen* JA 2004, 556 ff). Zum wirksamen Abschluss eines Prozessvergleichs müssen die Voraussetzungen eines wirksamen materiellen Vergleichs (s Rn 5) sowie die Voraussetzung einer wirksamen Prozesshandlung gegeben sein (BGH NJW 2005, 3576, 3577). Der Prozessvergleich ist gerichtlich zu protokollieren (§§ 160 ff ZPO; uU Entbehrlichkeit nach § 278 Abs 6 ZPO, dazu *Fölsch* MDR 2004, 1031 ff). In der mündlichen Verhandlung müssen die Parteien bzw deren Prozessstandschafter (dazu *Klinck* WM 2006, 417 ff) anwesend sein; bei Anwaltszwang (§ 78 ZPO) deren Anwälte (BGHZ 86, 160, 163: nicht jedoch dem Prozessvergleich beigetretene Dritte). Die Parteien können einen Widerrufsvorbehalt in Form einer aufschiebenden Bedingung vereinbaren (BGH NJW 2005, 3576, 3578); ist keine Abrede über Adressat und Form des Widerrufs getroffen, kann wahlweise ggü dem Gericht oder dem Gegner widerrufen werden (BGH NJW 2005, 3576, 3578). Für die Fristberechnung gelten die §§ 186 ff (BGH NJW 2005, 2004, 2006: Verjährungshemmung). Die Bindungswirkung mit Möglichkeit zur Vollstreckung tritt erst mit Ablauf der Widerrufsfrist ein (BGHZ 88, 364, 367). Bei Fristversäumung ist eine Wiedereinsetzung ausgeschlossen (LAG Bremen MDR 2003, 289, 290); ebenso eine Anfechtung der Nichtausnutzung der Widerrufsmöglichkeit (Celle VersR 1969, 930, 930). Streiten sich die Parteien über die prozessuale Wirksamkeit des Vergleichs ist das alte Verfahren fortzusetzen, da für eine neue Klage das Rechts-

schutzbedürfnis fehlt (BGHZ 142, 253, 254; OLGR Saarbrücken 2008, 253, 255). Bei Wirksamkeit des Vergleichs ergeht ein Feststellungsurteil über die Erledigung des Rechtsstreits (BaRoth/*Schwerdtfeger* Rn 98), bei Unwirksamkeit ist auf Antrag ein Feststellungsurteil (§ 256 Abs 2 ZPO) oder ein Zwischenurteil (§ 303 ZPO) zu erlassen, welches zur Fortführung des ursprünglichen Verfahrens führt (MüKo/*Habersack* Rn 95). Streiten sich die Parteien dagegen nicht um die Unwirksamkeit des Vergleichs, sondern um nachträglich eingetretene Tatsachen (bspw Rücktritt; Wegfall der Geschäftsgrundlage; einverständliche Aufhebung) ist grds ein neues Verfahren zu führen (ausf PWW/*Brödermann* Rn 46). Zur Klärung von Auslegungsfragen steht die Vollstreckungsgegenklage (§ 767 ZPO) zur Verfügung (BGH NJW 1977, 583, 584). Ein aus prozessrechtlichen Gründen unwirksamer Vergleich kann in materieller Hinsicht als außergerichtlicher Vergleich aufrechterhalten werden, wenn dies dem (mutmaßlichen) Willen der Parteien entspricht (BGH NJW 1985, 1962, 1963). Der Prozessvergleich ist insoweit vollstreckbar, als er einen hinreichend bestimmten vollstreckungsfähigen Inhalt besitzt (BGH MDR 2006, 536). Der Prozessvergleich wirkt idR nicht schuldumschaffend (BGH NJW 2003, 3349). Ein außergerichtlicher Vergleich beendet den Prozess nicht, sondern gewährt nur eine Einrede gegen dessen Fortsetzung (BGH NJW 2002, 1503, 1504; Anm *Jacoby* JZ 2002, 722 ff).

11 **II. Anwaltsvergleich.** Auch der Anwaltsvergleich (§§ 796 a-c ZPO) ist ein materielles Rechtsgeschäft und daher § 779 zuzuordnen, jedoch setzt er anders als der Prozessvergleich kein rechtshängiges Verfahren voraus und kann auch noch nach Rechtshängigkeit wirksam geschlossen werden (*Zöller/Geimer* ZPO § 796a Rn 2). Zudem können im Unterschied zum Prozessvergleich keine weitergehenden Vereinbarungen, die nicht bereits im Synallagma der Erledigung des Rechtsstreits einbezogen sind, erledigt werden, d. h., dass nur solche Ansprüche vollstreckbar gestellt werden können, von denen die Parteien die Regelung des Streits oder der Ungewissheit (s Rn 3) abhängig machen (PWW/*Brödermann* Rn 38). Der Anwaltsvergleich kann gem § 796c ZPO mit Zustimmung der Parteien durch einen Notar verwahrt und für vollstreckbar erklärt werden.

12 **III. Schiedsrichterlicher Vergleich.** Dem Schiedsspruch mit vereinbartem Wortlaut (§ 1053 ZPO) weist keine materiell- und prozessrechtliche Doppelnatur auf, da ihm gem §§ 1053 Abs 2 S 2, 1055 ZPO die Wirkung eines rechtskräftigen Gerichtsurteils zukommt (ausf *Saenger* MDR 1999, 662 ff; aA PWW/*Brödermann* Rn 47).

13 **F. Beweislast, Auswirkungen des Vergleichs auf den Streitgegenstand.** Die Darlegungs- und Beweislast folgt den allg Regeln. In Bezug auf den Streitgegenstand ist fraglich, ob ein über Ansprüche aus dem Vergleich geführter Rechtsstreit einen anderen Gegenstand hat, als ein Rechtsstreit über das streitige Rechtsverhältnis. Wirkt der Vergleich nur schuldändernd nicht aber schuldumschaffend, ist von einem einheitlichen Streitgegenstand auszugehen, so dass idR keine objektive Klagehäufung (§ 260 ZPO) anzunehmen ist, wenn der Kläger sein Begehren sowohl auf das streitige Rechtsverhältnis als auch auf den Vergleichsvertrag stützt. Nachträgliche Berufung auf den Vergleich ist als neuer Tatsachenvortrag iSv § 264 Nr 1 ZPO, nicht als Klageänderung (§ 263 ZPO) zu werten (zur Bestimmung des Streitgegenstandes beim novatorischen Vergleich vgl ausf jurisPK/*Bork* Rn 25).

Titel 22 Schuldversprechen, Schuldanerkenntnis

Checkliste: Schuldversprechen, Schuldanerkenntnis (§§ 780–782)

I. Vertragsschluss, §§ 780 ff	§ 780	→ Rn 5
1. Form	§ 780	→ Rn 2, 3
	§ 782	→ Rn 2
2. Vertragsinhalt:		
a. Versprechen einer Leistung	§ 780	→ Rn 2 f
b. selbstständige Verpflichtung	§ 780	→ Rn 3
c. Abgrenzung zum:	§ 780	→ Rn 1
aa. Schuldversprechen/Schuldanerkenntnis	§ 780	→ Rn 1
bb. konstitutives Schuldanerkenntnis	§ 780	→ Rn 1, 2
cc. deklaratorisches Schuldanerkenntnis	§ 780	→ Rn 1, 3
d. Formen des:		
aa. Schuldversprechens	§ 780	→ Rn 1
bb. konstitutiven Schuldanerkenntnis	§ 780	→ Rn 4
cc. deklaratorisches Schuldanerkenntnis	§ 780	→ Rn 5

II. Einwendungen und Einreden			
1. gegen das Schuldversprechen	§ 780	→	Rn 6
	§ 782	→	Rn 1 ff
2. aus dem Grundverhältnis	§ 780	→	Rn 7
III. Rechtsfolge des selbständigen Schuldversprechens oder Anerkenntnisses	§ 780	→	Rn 2, 3
IV. Beweislast			
Keine Besonderheiten gegenüber allg Regeln			

§ 780 Schuldversprechen. Zur Gültigkeit eines Vertrags, durch den eine Leistung in der Weise versprochen wird, dass das Versprechen die Verpflichtung selbständig begründen soll (Schuldversprechen), ist soweit nicht eine andere Form vorgeschrieben ist, schriftliche Erteilung des Versprechens erforderlich. Die Erteilung des Versprechens in elektronischer Form ist ausgeschlossen.

A. Regelungszweck, Rechtsnatur, Abgrenzung. Das selbständige Schuldversprechen (§ 780) unterscheidet sich nur rein äußerlich durch die Formulierung der Erklärung, nicht aber inhaltlich vom Schuldanerkenntnis nach § 781 (bspw »ich verspreche zu zahlen«: Schuldversprechen; »ich erkenne an zu schulden«: Schuldanerkenntnis; Dauner-Lieb/Heidel/Ring/*Hund* Rn 1). Beide geben dem Gläubiger auf Grund ihrer Unabhängigkeit vom zugrunde liegenden Rechtsgeschäft größere Sicherheit, vereinfachen im Prozess Klagebegründung und Beweis und erleichtern somit die Durchsetzung des Anspruchs (Palandt/*Sprau* Rn 1). Da das selbständige Schuldversprechen und das selbständige Schuldanerkenntnis ähnl Sachlagen betreffen und fast identisch geregelt sind, gehen in der Praxis oft ineinander über (jurisPK/*Bork* Rn 1). Ihrer Rechtsnatur nach sind beide als einseitig verpflichtende, abstrakte Verträge einzuordnen, die auch auf Grund der Schuld eines Dritten (BGH NJW 2000, 2984 f) geschlossen oder zu Gunsten eines Dritten erteilt werden können (Celle OLGR 2007, 936, 937; München OLGZ 1966, 385, 386). Losgelöst, sowohl von einem zugrunde liegenden Rechtsverhältnis, als auch von einem Schuldgrund verspricht der Schuldner beim selbständigen Schuldversprechen dem Gläubiger eine Leistung (Hk-BGB/*Staudinger* Rn 1). Die Verpflichtung, deren Inhalt notfalls durch Auslegung (§§ 133, 157) zu ermitteln ist, muss unmittelbar auf Leistung, nicht auf Schadloshaltung (dann einseitig verpflichtender Garantievertrag) gerichtet sein (BGH NJW 2002, 285, 287); zudem haben sich die Parteien auch auf die Selbständigkeit der Verpflichtung zu einigen (BGH NJW 1999, 574, 575). Wollen die Parteien lediglich eine rechtliche oder tatsächlich zweifelhafte Forderung bestätigen und gegen Einwendungen sichern, ist ein nicht §§ 780, 781 unterliegender Schuldbestätigungsvertrag oder ein Vergleich nach § 779 anzunehmen (PWW/*Buck-Heeb* Rn 2). Eine einseitig vom Schuldner abgegebene Erklärung kann als Beweiserleichterung dienen (vgl § 781 Rn 1). Als selbständige Schuldversprechen anerkannt sind bspw die Bestätigung eines Akkreditivs (BGH NJW 1994, 2018, 2019; 96, 1812, 1813) und die Zahlungspflicht des Kreditkartenunternehmens ggü dem Vertragsunternehmen (BGHZ 150, 286, 295; ausf jurisPK/*Bork* Rn 5). 1

B. Tatbestand. I. Vertragsgegenstand. Das Schuldversprechen, welches nicht ausdrücklich erklärt werden muss (BGH WM 1976, 907, 908 f), kann jede Leistung iSv § 241 zum Gegenstand haben, zu der sich der Versprechende wirksam verpflichten kann (Köln NJW-RR 2004, 1081, 1081: keine rechtlich bindende Verpflichtung zur Vaterschaftsbegutachtung), zudem ist die Vereinbarung von Bedingungen uns Befristungen grds zulässig (BGHZ 124, 263, 269; BGH WM 1977, 1025, 1027). Zwar kann damit das Schuldversprechen von einer Gegenleistung abhängig gemacht werden, jedoch ist auf Grund dessen Abstraktheit eine Leistung Zug-um-Zug ausgeschlossen (RGZ 108, 105, 107). 2

II. Selbständige Verpflichtung. Dem Schuldversprechen oder -anerkenntnis kann eine Leistungspflicht aus jedwedem privatrechtlichen Schuldverhältnis (ohne Rücksicht auf mögliche Verjährung des daraus hergeleiten Anspruchs, BGH NJW 1973, 1960, 1961), aber auch unvollkommene Verbindlichkeiten (RGZ 160, 134, 138) oder öffentlich-rechtliche Forderungen (KG NJW 1962, 965 f; Zuständigkeit der Verwaltungsgerichte: BGH NJW 1994, 2620, 2621; BVerwG NJW 1994, 2909, 2909) zugrunde liegen. Der Parteiwille, welcher notfalls durch Auslegung unter Berücksichtigung insb des Anlasses und des Zwecks des Vertragsschlusses zu ermitteln ist (BGH NJW-RR 1995, 1391, 1392; 1992, 1992), muss auf Abschluss einer neuen, vom Grundgeschäft wirtschaftlich und rechtlich losgelösten, selbständigen Verpflichtung gerichtet sein (sog Abstraktionswille, BGH WM 2008, 447, 448; s Erman/*Heckelmann* Rn 2). Für eine selbständige Verpflichtung spricht, dass in der Urkunde jede Bezugnahme auf das Grundverhältnis fehlt (BGH NJW 1999, 574, 575; BGH NJW 2002, 1791, 1792: im Zweifel keine Selbständigkeit bei Erwähnung des Grundverhältnisses), so dass der Gläubiger zur Begründung seines Anspruchs sich nur auf das Schuldversprechen bzw -anerkenntnis berufen braucht (BGH NJW 1976, 567, 568). Eine Vermutung spricht weder für noch gegen die Selbständigkeit (Palandt/*Sprau* Rn 4). Die Beweislast trifft die Partei, die die aus dem Wortlaut folgende Auslegung entkräften will (Erman/*Heckelmann* Rn 2). 3

4 **III. Form.** Zur Schaffung von Rechtsklarheit und damit Rechtssicherheit hat der Schuldner bei Abgabe seines Versprechens die Schriftform (§ 126) einzuhalten (§ 780 S 1, beachte S 2: Ausschluss der elektronischen Form iSv § 126a), sonst ist das Schuldversprechen nichtig (Düsseldorf VersR 2008, 979; PWW/*Buck-Heeb* Rn 10, auch zu Möglichkeiten der Umdeutung). Wenn andere Vorschriften strengere Formerfordernisse vorschreiben (zB § 311b; § 518 Abs 1 S 2), sind diese auch bei Abgabe des Schuldversprechens einzuhalten (BGH WM 1976, 1053, 1055). Keine Schriftform erfordert das Schuldversprechen des Kaufmanns (§ 350 HGB), sowie in den Fällen des § 782. Der Versprechensempfänger kann seine Erklärung konkludent abgeben (BGH NJW 1991, 228, 229). Wirksam wird das Schuldversprechen erst mit Erteilung, dh Übergabe oder Zugang der Urkunde an den Gläubiger mit Willen des Schuldners, bis dahin ist Widerruf möglich (Palandt/*Sprau* Rn 6).

5 **IV. Rechtsfolge.** Die durch das selbständige Schuldversprechen oder -anerkenntnis konstitutiv neu begründete Verpflichtung tritt erfüllungshalber (§ 364 Abs 2) neben die bereits aus dem Grundverhältnis bestehende Schuld zu deren Sicherung; es enthält idR keine Novation (München NJW-RR 1988, 950, 951). Jedoch kann nach dem Parteiwillen das Schuldversprechen auch novierend, dh entweder an Erfüllung statt (§ 364 Abs 1) oder als sonstige Abänderung bzw Feststellung des Grundverhältnisses, erteilt werden (jurisPK/*Bork* Rn 12; Palandt/*Sprau* Rn 7). Die Befriedigung einer Schuld, diejenige aus dem Grundverhältnis oder aus dem Schuldversprechen, führt zugleich zur Aufhebung der anderen, so dass der Gläubiger nur einmal zur Forderung der Leistung berechtigt ist (BaRoth/*Gehrlein* Rn 19). Die in dem Schuldversprechen bzw -anerkenntnis liegende Anerkenntnis bewirkt nach § 212 Abs 1 Nr 1 den Neubeginn des aus dem Grundverhältnis stammenden Anspruchs (Dauner-Lieb/Heidel/Ring/*Hund* Rn 1).

6 **C. Einreden, Einwendungen. I. Einwendungen und Einreden gegen das Schuldversprechen, insb Verjährung.** Einwendungen können sich zunächst aus den allg Vorschriften (ua §§ 104 ff, 119 ff, 125, 133, 134, 157, 242) ergeben. Hinsichtlich §§ 134, 138 ist zu unterscheiden: ist die versprochene Leistung selbst gesetzes- oder sittenwidrig, ist das abstrakte Schuldversprechen selbst nichtig (Koblenz NJW-RR 2003, 1559, 1560: Überforderung des Schuldners; Düsseldorf VersR 2001, 590, 591: Ausnutzung einer Zwangslage; Schleswig NJW 2005, 225, 226: Anerkenntnis in einem Nachtclub; RGRK/*Steffen* Rn 38), dahingegen führt die Sitten- oder Gesetzeswidrigkeit des Kausalgeschäftes nicht zur Nichtigkeit des abstrakten Vertrages (hM: BGH WM 1976, 907, 909; *Hamm* NJW-RR 1987, 1332, 1332; RGRK/*Steffen* Rn 41; Palandt/*Sprau* Rn 9; aA: Koblenz ZIP 1984, 569 f; MüKo/*Hüffer* Rn 53; Hk-BGB/*Staudinger* Rn 5). Ein formularmäßig erteiltes Schuldversprechen kann gegen § 307 verstoßen (BGHZ 114, 9, 14 f: vollständiger Verzicht auf Einwendungen zu Grund und Höhe des Schuldversprechens), dagegen nicht nach § 309 Nr 12 (BGH NJW 1987, 2014, 2015; Palandt/*Sprau* Rn 8), uU kommt aber § 305c Abs 1 in Betracht (Oldenburg NJW-RR 1990, 1523 f). Unabhängig vom Kausalgeschäft verjährt ein Schuldversprechen nach den §§ 195, 199, selbst wenn der Anspruch aus dem Grundgeschäft früher verjährt (BGH WM 1984, 667, 668), allerdings kann zB durch Angabe des Schuldgrundes in der Urkunde vereinbart werden (§ 202 Abs 1), dass die kürzere Verjährungsfrist auch für das Schuldversprechen gelten soll (RGZ 75, 4 f). Ein Schuldversprechen, das der Schuldner in Unkenntnis der eingetretenen Verjährung des Grundgeschäfts abgibt, ist wirksam (BGH WM 1986, 429, 430).

7 **II. Einwendungen aus dem Grundverhältnis insb §§ 812 ff.** Aufgrund der Abstraktheit des Schuldversprechens bzw -anerkenntnis können Einwendungen aus dem zugrunde liegenden Rechtsverhältnis nur eingeschränkt geltend gemacht werden. Neben der Anfechtung (s dazu BGH NJW 1995, 960 f) soll nach hM auch die Nichtigkeit des Grundgeschäfts gem §§ 134, 138 nicht die Wirksamkeit des Schuldversprechens berühren (s Rn 6) sobald das Gesetz nichts anderes vorsieht (§§ 656 Abs 2, 762 Abs 2). Fehlt der Schuldgrund (bspw auf Grund dessen Nichtigkeit, erfolgreicher Anfechtung, Erlöschen durch nachträgliche Tilgung oder Aufrechnung), ist das Schuldversprechen nach den §§ 812 ff kondizierbar in der Form, dass der Schuldner entweder Befreiung von der Schuld verlangen (§ 812 Abs 2) oder einredeweise die Erfüllung verweigern kann (§ 821). Bereichungsanspruch und –einrede sind nach § 814 ausgeschlossen, wenn der Schuldner das Fehlen des Rechtsgrundes kannte und das Schuldversprechen gerade der Überwindung dieses Mangels dienen sollte (Hk-BGB/*Staudinger* Rn 6) oder die Parteien unabhängig von der ursprünglichen Forderung eine klare Rechtslage unter Ausschluss von Einwendungen schaffen wollten (BGH NJW, 2000, 2501 f). Weiterhin ist die Kondiktion in den Fällen der §§ 813 Abs 2, 814 ausgeschlossen (Dauner-Lieb/Heidel/Ring/*Hund* Rn 38).

8 **D. Beweislast.** Dem Kläger obliegt die Beweislast für das Eingehen des selbstständigen Schuldversprechens bzw -anerkenntnisses und für den Fall, dass die Urkunde Angaben zum Schuldgrund enthält, für die Selbständigkeit des Schuldversprechens (PWW/*Buck-Heeb* Rn 18). Darüber hinaus wird dem konstitutiven Anerkenntnis im Prozess die Wirkung einer Beweislastumkehr zum Nachteil des Anerkennenden (Beklagten) zugesprochen (*Emmerich* BGB-Schuldrecht BT 2006 § 15 Rn 8) mit der Folge, dass dieser alle Einwendungen insb derjenigen aus dem Kausalverhältnis (BGH NJW-RR 1999, 573, 574: Kondiktionsvoraussetzungen) zu beweisen hat.

§ 781 Schuldanerkenntnis. [1] **Zur Gültigkeit eines Vertrags, durch den das Bestehen eines Schuldverhältnisses anerkannt wird (Schuldanerkenntnis), ist schriftliche Erteilung der Anerkennungserklärung erforderlich.**
[2] **Die Erteilung der Anerkennungserklärung in elektronischer Form ist ausgeschlossen.**
[3] **Ist für die Begründung des Schuldverhältnisses, dessen Bestehen anerkannt wird, eine andere Form vorgeschrieben, so bedarf der Anerkennungsvertrag dieser Form.**

A. Begriff und Abgrenzung. § 781 regelt nur das konstitutive, d. h. abstrakte Schuldanerkenntnis, welches eine neue selbständige, einseitige Verpflichtung des Schuldners begründet, nicht jedoch das gesetzlich nicht geregelte deklaratorische, d. h. kausale Schuldanerkenntnis, wodurch eine bereits existierende Schuld endgültig festgelegt werden soll (Erman/*Terlau* Rn 1). Ebenso wenig ist § 781 auf das Anerkenntnis des Nichtbestehens eines Schuldverhältnis (sog. negatives Schuldanerkenntnis § 397 Abs 2), auf das prozessuale Anerkenntnis (§ 307 ZPO) oder auf das Anerkenntnis anderer Rechtsverhältnisse als Schuldverhältnisse (zB Eigentumsverhältnisse), sowie auf das einseitige, nicht rechtsgeschäftliche Anerkenntnis zur Beweiserleichterung (BGHZ 66, 250 ff; krit *Ehmann* WM 2007, 329 ff) anwendbar (PWW/*Buck-Heeb* Rn 1; ausf zur Abgrenzung *Fischer* JuS 1999, 998 ff und 1214 ff). Ob ein deklaratorisches oder einseitiges Schuldanerkenntnis oder ein konstitutives iSv § 781 mit dem erforderlichen Abstraktionswillen gewollt ist, ist durch Auslegung unter Berücksichtigung des Zwecks, der Interessenlage der Parteien und der allg Verkehrsauffassung über der Bedeutung einer solchen Erklärung zu ermitteln (BGH VersR 2008, 95, 95; LG Berlin NJW 2005, 993 f; BGH NJW 1980, 1158 f: Nennung des Schuldgrundes nur mit Indizwirkung; KG NJW 1975, 1326, 1327: exakte Bezeichnung des Schuldgrundes spricht für selbständiges Anerkenntnis). 1

B. Voraussetzungen. I. Konstitutives Schuldanerkenntnis. Ohne das es sich im Wortlaut niederschlägt, muss der Schuldner das Bestehen einer Verbindlichkeit anerkennen (Köln NJW-RR 1995, 566, 567; vgl § 780 Rz 1), wobei es unerheblich ist, ob diese noch besteht (BGH NJW 1995, 960, 961 f: wirksame Anfechtung) oder es sich um eine Verbindlichkeit eines Dritten handelt (BGH NJW 2000, 2984, 2985: Anerkenntnis eines GmbH-Geschäftsführers für eine Verbindlichkeit der GmbH). Schriftform iSv § 126 ist einzuhalten (näheres s § 780 Rz 4). Zu Rechtsfolgen und Einwendungen s § 780 Rn 5 ff. 2

II. Deklaratorisches Schuldanerkenntnis. Das deklaratorische (kausale) Schuldanerkenntnis ist ein Schuldbestätigungsvertrag, da keine neue Verpflichtung begründet, sondern nur eine bereits bestehende Schuld (zB Darlehen, Kaufpreis) durch Einigung beider Parteien (BGH NJW-RR 2007, 530 f) für den Fall bestätigt werden soll, dass zwischen den Parteien Meinungsverschiedenheiten, Zweifel oder Ungewissheit über das Bestehen der Schuld oder über andere rechtserhebliche Umstände besteht (BGH NJW 1976, 1259, 1260; BGH WM 1984, 62: kein Schuldbestätigungsvertrag wenn Streit oder Ungewissheit nicht besteht; so bspw bei Ablösung eines Darlehens, BGH WM 2008, 1301). Ein deklaratorisches Schuldanerkenntnis, für dessen Abschluss ein bes Anlass erkennbar sein muss (BGH v 11.11.2008 Az VIII ZR 265/07; BGH WM 1984, 62, 63: kein Schuldanerkenntnis bei gleichzeitigem Abschluss des zu bestätigenden Vertrages; Frankfurt WM 1987, 355, 356: widerspruchlose Hinnahme von Rechnungen und Kontoauszügen nur als Indiz); ist inhaltlich darauf gerichtet, die Rechtsstellung des Gläubigers durch Bestätigung der unklaren Rechtslage zu verbessern (BAG DB 1970, 1230, 1230; *Füchsel* NJW 1967, 1216 ff) Insoweit es die Meinungsverschiedenheit beendet, kommt dem deklaratorischen Schuldanerkenntnis konstitutive Wirkung zu (BGH NJW 1980, 1158, 1159), darüber hinaus legt es das bestehende Schuldverhältnis fest (BGH NJW 1999, 2889, 2889). Das bestätigende Schuldanerkenntnis, das zwar eine vergleichsähnliche Rechtsnatur aufweist (BGH NJW 1984, 799, 800), unterscheidet sich vom Vergleich, indem Streit oder Ungewissheit durch einseitiges Nachgeben des Schuldners, nicht durch gegenseitiges Nachgeben (vgl § 779 Rz 1) beseitigt werden. Für die Abgrenzung zum abstrakten Schuldanerkenntnis ist maßgeblich, dass der Abstraktionswille nur anzunehmen ist, wenn der von den Parteien verfolgte Zweck es erforderlich macht, eine neue, vom Schuldgrund unabhängige Verpflichtung zu begründen (Saarbrücken 2008, 285, 287; jurisPK/*Bork* Rn 2). Der Einhaltung der Form des § 781 (s Rz 2) bedarf es nicht; zu Anforderungen an eine formularmäßige Erklärung eines deklaratorischen Schuldanerkenntnisses, vgl AG Dortmund NJW-RR 1998, 1358 ff. Die Rechtsfolge bestimmt sich nach dem notfalls durch Auslegung zu ermittelnden Inhalt des Schuldbestätigungsvertrages; idR führt es zum Ausschluss aller Einwendungen, von den der Schuldner Kenntnis hatte oder mit denen er rechnen musste (BGH WM 1974, 410, 411); auch ist ein vollständiger Verzicht auf unbekannte oder zukünftige Einwendungen grds möglich (BGH NJW 1983, 1903, 1904: Empfängerhorizont unter Berücksichtigung der Interessenlage des Schuldners ist bei Auslegung der Erklärung entscheidend). Das deklaratorische Anerkenntnis führt gem § 212 Abs 1 Nr 1 zum Neubeginn der Verjährung. Es kann nicht nach § 812 Abs 2 zurückgefordert werden, wenn die als bestehend anerkannte Schuld nicht besteht (Naumburg NJW-RR 1995, 154, 154). Bestehen die Gründe, die zur Nichtigkeit des zugrunde liegenden Rechtsgeschäfts führten, bei Abgabe des deklaratorischen Schuldanerkenntnisses fort, ist auch dieses unwirksam (BGH NJW 2005, 2991, 2993). Eine Beschränkung des Anerkenntnisses auf den Schuldgrund (BGH NJW 1973, 3

620, 620: Schmerzensgeld), auf einzelne Einwendungen (Karlsruhe VersR 2002, 729, 729: Verjährung) oder auf die Höhe (zu Einschränkungen vgl Frankfurt aM NJW-RR 1987, 310, 311) ist möglich.

4 **C. Einzelfälle. I. Konstitutives Schuldanerkenntnis.** Ein solches wird in folgenden Fällen angenommen: Annahme der Anweisung (§ 784); gemeinsame Abrechnung soweit die Festlegung des Ergebnisses auf vertraglicher Vereinbarung beruht (BGH WM 1986, 50, 51); durch Inhaberschuldverschreibung (§§ 793 ff) verbriefte Forderungen (Köln NJW-RR 1999, 557, 557), das Saldoanerkenntnis im Rahmen eines Kontokorrentverhältnisses iSv § 355 HGB (hM, BGH NJW 1985, 634, 636; 1706, 1708; zum Streitstand Staud/*Marburger* § 782 Rn 7, 9); Gutschrift des Überweisungsbetrages auf dem Empfängerkonto (BGH 2002, 1722, 1723); Feststellung und Mitteilung der Bilanz einer Personengesellschaft, wenn damit Rechte der Gesellschafter (zB Gewinnbeteiligung) oder Dritter entstehen (BGH BB 1960, 187, 188; aA Staud/*Marburger* Rn 30) und regelm bei der wettbewerbsrechtlichen Abschlusserklärung (BGH NJW 1998, 2439 f). Je nach Parteiwillen kann die Mitunterzeichnung einer Erklärung der Ehefrau als abstraktes Schuldanerkenntnis zu werten sein (BGH WM 1973, 1046, 1047; sonst Schuldbeitritt); gleiches gilt bei Verpflichtungserklärungen (bspw: Saarbrücken MDR 1998, 828: Schuldschein; BGH NJW 1998, 2439, 2440: Strafbewehrung).

5 **II. Deklaratorisches Schuldanerkenntnis.** Ein deklaratorisches Schuldanerkenntnis kommt bspw in Betracht bei der Bitte um Stundung (Köln NJW-RR 1998, 1133, 1134; BGH NJW 1995, 3311, 3312: nicht zugleich Verzicht auf künftige gleichartige Forderungen); der Anerkenntniserklärung in Form einer Abtretungsbestätigung ggü dem Zessionar (BGH NJW 1983, 1903, 1904); die Saldenbestätigung über Lieferrechnungen zur Erstellung des Jahresabschlusses (München NJW-RR 1997, 945, 946); selbst die Bezahlung einer Rechnung ohne Einwendungen zu erheben (Düsseldorf NJW-RR 1998, 376, 377). Für die Annahme einer deklaratorischen Anerkenntnis auf Grund der Erklärungen eines Schädigers (bspw eines Kraftfahrers nach einem Unfall) spricht keine Vermutung (BGH NJW 1982, 996, 998; Koblenz NJW-RR 2001, 1109), die ohne konkreten Anlass für eine vertragliche Bindung abgegebene Erklärung, allein schuld zu sein, hat regelm zur Folge, dass der Erklärungsempfänger die anspruchsbegründenden Tatsachen beweisen muss, wohingegen der Erklärende die Unrichtigkeit des Anerkannten beweist (BGH NJW 1984, 799, 799; BGH NJW 2002, 1340: nicht bei vertraglichen Ansprüchen).

§ 782 Formfreiheit bei Vergleich.

Wird ein Schuldversprechen oder ein Schuldanerkenntnis auf Grund einer Abrechnung oder im Wege des Vergleichs erteilt, so ist die Beobachtung der in den §§ 780, 781 vorgeschriebenen schriftlichen Form nicht erforderlich.

1 **A. Regelungsinhalt.** § 782 enthält zwei Ausnahmen vom Formerfordernis der §§ 780, 781 (vgl dort), da ein Schuldanerkenntnis auf Grund einer Abrechnung oder eines Vergleichs, den Verpflichtungswillen des Schuldners hinreichend sicher erkennen lassen (BGH ZIP 1993, 100, 102; ArbG Berlin Urt v02.04.2008 Az 29 Ca 13850/07 zum Ausschluss des Formerfordernisses bei vergleichsweise erzielter gerichtlichen Einigung). Strengere Formerfordernisse (zB § 311b Abs 1) bleiben dagegen unberührt (jurisPK/*Heermann* Rn 1).

2 **B. Voraussetzungen.** Abrechnung ist jede unter Mitwirkung von Schuldner und Gläubiger erfolgte Feststellung eines Rechnungsergebnisses, das der Ermittlung eines einseitig geschuldeten Gesamtbetrages dient (RGZ 95, 18, 19; Hk-BGB/Schulze Rn 1; LG Schleswig-Holstein, SchlHA 2008, 139, 140: Gehaltsabrechnung ist keine Abrechnung). Unerheblich ist, ob die Abrechnung im Wege der Verrechnung (§ 355 HGB) oder durch Addition (BGH WM 1962, 346, 347) erfolgt, so bspw beim Girovertrag (§ 676 f). Das Saldoanerkenntnis ist ein abstraktes Schuldanerkenntnis mit schuldumschaffender Wirkung (s § 781 Rz 4). Bedeutsamstes Abrechnungsverhältnis ist das Kontokorrent (§ 355 HGB). Ein Abrechnungsvertrag kann konkludent geschlossen werden (BGHZ 49, 24, 29), wobei insbes unter Nichtkaufleuten davon auszugehen ist, dass sich der Wille der Parteien regelm auf ein selbständiges Schuldanerkenntnis nicht auf Novation richtet (MüKo/*Hüffer* Rn 15). Zum Begriff des Vergleichs, s § 779.

3 **C. Einwendungen/Beweislast.** Neben den allg Anfechtungs- und Nichtigkeitsgründen kommt Anfechtung wegen Täuschung jedoch nicht wegen Irrtums (bloßer Motivirrtum) in Betracht, wenn ein nicht bestehender Posten einbezogen bzw ein bestehender Posten nicht einbezogen wurde oder ein Rechenfehler vorlag (BGHZ 51, 348; Palandt/*Sprau* Rn 3). Der Ausgleich richtet sich dann nach den §§ 812 ff (BGH WM 1972, 287, 288; Köln NJW-RR 1996, 42, 43: Ausgleich bei Sammelbestellung). Etwas anderes gilt nur, wenn die Parteien ohne Rücksicht auf den Bestand der zugrunde liegenden Forderung durch das Anerkenntnis Rechtsklarheit schaffen wollten (vgl § 780 Rz 5); bei Anerkenntnis durch Abrechnung ist ein solcher Parteiwille im Zweifel nicht anzunehmen (BGH WM 1975, 1233, 1234). Derjenige, der sich auf die formlose Gültigkeit des Versprechens oder Anerkenntnisses beruft, muss beweisen, dass diesem eine Abrechnung oder ein Vergleich zugrunde liegt, wohingegen die einzelnen Schuldposten nicht dargelegt werden müssen. Der Beklagte trägt die Beweislast für eventuell bestehende Einwendungen (jurisPK/*Heermann* Rn 4 f).

Titel 23 Anweisung

Checkliste: Anweisung (§§ 783–792)

I.	**Vertragsschluss, §§ 783 ff**			
	1. Parteien	§ 783	→	Rn 1
	2. Anweisungserklärung/Aushändigung der Anweisungserklärung	§ 783	→	Rn 6
	3. Vertragsinhalt: Vermögensverschiebung zwischen zwei Vertragsparteien mittelbar durch Leistung eines Dritten	§ 783	→	Rn 1
	a. Bestimmung von Valutaverhältnis, Deckungsverhältnis	§ 783 § 788	→	Rn 5
	b. Abgrenzung zu anderen Rechtsgeschäften	§ 783	→	Rn 3
	c. Besondere Formen der Anweisung, Anweisung auf Schuld	§ 783 *§ 787*	→	Rn 4
II.	**Einwendungen gegen Inanspruchnahme iwS**			
	1. Einwendungen gegen Gültigkeit der Annahmeerklärung und Gegen Inhalt der Urkunde	§ 784	→	Rn 3
	2. Leistungspflicht nur gegen Aushändigung der Anweisungserklärung	§ 785		
	3. Widerruf der Anweisung	§ 790	→	Rn 1 f
	4. Widerrufsrecht aufgrund Todes oder Geschäftsunfähigkeit eines Beteiligten	*§ 791*		
	5. Sonstige Erlöschensgründe	§ 790	→	Rn 3
	6. Einwendungen bei Übertragung der Anweisung			
III.	**Rechtsfolge**			
	1. Ermächtigung des Anweisungsempfängers zur Forderung der Leistung	§ 783 *§ 788*	→	Rn 1 f
	2. Ermächtigung des Angewiesenen zur Leistung durch Annahme der Anweisung	§ 783 *§ 784*	→	Rn 1 f
	3. Anzeigepflicht des Anweisungsempfängers	*§ 789*		
	4. Annahme- und Leistungspflicht des Angewiesenen bei Anweisung auf Schuld	§ 787	→	Rn 2 f
	5. Verpflichtung des Anweisenden zur Aufrechterhaltung der Anweisung	§ 790	→	Rn 2
	6. Eintritt der Erfüllungswirkung	*§ 788*		
IV.	**Rückgriffsansprüche**	§ 789 *§ 790* *§ 792*	→	Rn 1 ff
V.	**Beweislast** Keine Besonderheiten gegenüber allg Regeln			

§ 783 Rechte aus der Anweisung.

Händigt jemand eine Urkunde, in der er einen anderen anweist, Geld, Wertpapiere oder andere vertretbare Sachen an einen Dritten zu leisten, dem Dritten aus, so ist dieser ermächtigt, die Leistung bei dem Angewiesenen im eigenen Namen zu erheben; der Angewiesene ist ermächtigt, für Rechnung des Anweisenden an den Anweisungsempfänger zu leisten.

A. Zweck und Bedeutung der Regelung. Die Anweisung iwS ermöglicht eine Vermögensverschiebung zwischen zwei Vertragsparteien mittelbar durch Leistung eines Dritten. Die Vertragsparteien sind der Anweisende (Aussteller der Anweisungsurkunde) und der Anweisungsempfänger (Begünstigter und Inhaber der Anweisungsurkunde); der Dritte ist der Angewiesene (Staud/*Marburger* Rn 2). Als Sonderfall dieses weitergehenden allg Anweisungsrechts (BGHZ 6, 378, 383) regeln die §§ 783 ff die in einer Urkunde verbriefte Anweisung auf Leistung von Geld, Wertpapieren und vertretbaren Sachen (Anweisung ieS), die an einen Dritten als Leistungsempfänger ausgehändigt worden ist. Fehlt eine Voraussetzungen oder ist die Anweisung auf andere als die in § 783 genannten Gegenstände gerichtet, können die §§ 783 ff hilfsweise oder entspr anwendbar sein (BGH NJW 1971, 1608, 1609), da sie den Grundgedanken für verschiedene Rechtsinstitute (zB kaufmännische Anweisung iSv § 363 HGB; Wechsel, Scheck, Kreditbrief) legen (ausf Staud/*Marburger* Rn 6). 1

2 **B. Rechtsnatur, Abgrenzung, Sonderformen. I. Rechtsnatur.** Die schriftliche Anweisung ist ein Wertpapier in Form eines Rektapapiers, so dass § 952 anwendbar ist (*Heermann* Geld und Geldgeschäfte § 10 Rn 1). Mit der Anweisung wird eine doppelte Ermächtigung zur Verfügung über ein fremdes Recht im eigenen Namen begründet (PWW/*Buck-Heeb* Rn 3; Hk-BGB/*Schulze* Rn 1): Der Anweisungsempfänger ist ermächtigt, die Leistung beim Angewiesenen im eigenen Namen zu erheben (Hs 1), während der Angewiesene ermächtigt (nicht verpflichtet, vgl § 784 Rz 1) ist, an den Anweisungsempfänger als Inhaber der Urkunde für Rechnung des Anweisenden zu leisten (Hs 2). Die Anweisung ist abstrakt, dh sie ist von dem zugrunde liegenden Rechtsgeschäft und dem wirtschaftlichen Zweck unabhängig (AnwK/*Sohbi* Rn 1).

3 **II. Abgrenzung.** Anders als beim Auftrag begründet die Anweisung nur eine Ermächtigung, keine Verpflichtung des Anweisungsempfängers, die Leistung zu erheben (Palandt/*Sprau* Rn 4). Im Unterschied zum Vertrag zu Gunsten Dritter besteht keine Verpflichtung des Angewiesenen zur Leistung (AnwK/*Sohbi* Rn 5). Im Gegensatz zur Abtretung führt die Anweisung als bloße Ermächtigung nicht zur Rechtsübertragung auf den Anweisungsempfänger oder den Angewiesenen (Staud/*Marburger* Rn 32), daher ist sie grds widerruflich (beachte § 790). Dagegen ermächtigt und verpflichtet eine Weisung iSv § 665 anders als die Anweisung nur den Auftragnehmer (Angewiesenen) im Rahmen des Deckungsverhältnisses (so bei Zahlung mit einer Kreditkarte BGHZ 91, 221, 224; aA *Meder* NJW 94, 2597: Anweisung nach § 783).

4 **III. Sonderformen.** Unterarten der Anweisung stellen die kaufmännische Anweisung nach §§ 363 ff HGB, der Wechsel, der Scheck, der Kreditbrief, die vor allem im internationalen Handel bedeutsame Bankgarantie, sowie der Überweisungsauftrag im Rahmen eines Girovertrages dar (vgl ausf PWW/*Buck-Heeb* Rn 19 ff). Das Akkreditiv ist ebenfalls eine Spezialform der Anweisung, durch welches der Käufer dem Verkäufer bei einer Bank einen Geldbetrag ohne Gegenleistung (sog. Barakkreditiv) oder gegen Aushändigung der Dokumente über Versendung bzw Einlagerung der gekauften Waren (sog Dokumentenakkreditiv) zur Verfügung (ausf Erman/*Heckelmann* Vor § 783 Rn 7). Zu den Besonderheiten des elektronischen Zahlungsverkehrs s AnwK/*Sohbi* Rn 29 ff.

5 **C. Zugrunde liegende Rechtsverhältnisse.** Aus dem sog Valutaverhältnis (auch Grundverhältnis, Gegenwertsverhältnis) zwischen dem Anweisenden und dem Anweisungsempfänger ergibt sich der Zweck, den der Anweisende mit der Anweisung verfolgt (zB Anweisung zur Tilgung einer Schuld, zur Begründung eines Schuldverhältnisses, bspw Darlehen). Als Deckungsverhältnis wird das zwischen Anweisenden und dem Angewiesenen bestehende Rechtsverhältnis (bspw Auftrag, Geschäftsbesorgungsvertrag) bezeichnet. Aus diesem kann sich die vertragliche Pflicht des Angewiesenen zur Annahme der Anweisung (s § 784 Rz 1) und zur Leistung an den Anweisungsempfänger ergeben. Der Angewiesene kann Schuldner des Anweisenden sein (zB § 787: Anweisung auf Schuld), dagegen wird er bei einer Anweisung auf Kredit zu dessen Gläubiger (Hk-BGB/*Schulze* Rn 2). Zwischen dem Angewiesenen und dem Anweisungsempfänger besteht regelm kein Schuldverhältnis, dies wird erst durch Annahme der Anweisung begründet (vgl § 784 Rz 1).

6 **D. Voraussetzungen.** Eine Anweisung iSv § 783 erfordert die Verkörperung der Anweisungserklärung in einer Urkunde (Schriftform nach § 126, zur mündlichen Anweisung vgl § 784 Rz 2), durch deren Aushändigung an den Anweisungsempfänger die Anweisung Wirksamkeit erlangt. Aushändigung meint die Übergabe um Zweck der Benutzung, wobei es sich nach hM um einen Begebungsvertrag nach § 929 handelt (Hk-BGB/*Schulze* Rn 4; BaRoth/*Gehrlein* Rn 11). Inhaltlich muss in der Anweisung der notfalls durch Auslegung zu ermittelnde Wille zur Erteilung der abstrakten Ermächtigungen (s Rz 2) bestimmter Personen zum Ausdruck gebracht werden (Palandt/*Sprau* Rn 9). Ermächtigung bedeutet Übertragung der Verfügungsgewalt, ohne dass der Ermächtigende die seinige aufgibt, so dass auch nach Erteilung der Anweisung die Ansprüche auf Leistung sowohl aus dem Deckungsverhältnis als auch aus dem Grundverhältnis erhoben und wirksam erfüllt werden können (AnwK/*Sohbi* Rn 22).

§ 784 Annahme der Anweisung.

[1] Nimmt der Angewiesene die Anweisung an, so ist er dem Anweisungsempfänger gegenüber zur Leistung verpflichtet; er kann ihm nur solche Einwendungen entgegensetzen, welche die Gültigkeit der Annahme betreffen oder sich aus dem Inhalt der Anweisung oder dem Inhalt der Annahme ergeben oder dem Angewiesenen unmittelbar gegen den Anweisungsempfänger zustehen.

[2] Die Annahme erfolgt durch einen schriftlichen Vermerk auf der Anweisung. Ist der Vermerk auf die Anweisung vor der Aushändigung an den Anweisungsempfänger gesetzt worden, so wird die Annahme diesem gegenüber erst mit der Aushändigung wirksam.

1 **A. Regelungszweck.** Die Anweisung ermächtigt den Angewiesenen zur Leistung an den Anweisungsempfänger (vgl § 783 Rz 2), die Verpflichtung zur Leistung entsteht nach § 784 erst mit der Annahme der Anweisung. Die dann entstandene Leistungspflicht ist vom Grundgeschäft losgelöst und von der Gültigkeit der Anweisung unabhängig (RGZ 144, 133, 137). Der Abstraktionswille ist anzunehmen, wenn der von den Parteien verfolgte Zweck die Abstraktion erfordert (jurisPK/*Heermann* Rn 3). Bis zum Zeitpunkt der Annahme hat

der Anweisungsempfänger keinen Anspruch auf Leistung durch den Angewiesenen, selbst wenn dieser Schuldner des Anweisenden ist oder diesem aus dem Deckungsverhältnis (§ 787 Abs 2, dort Rz 3) verpflichtet ist (Nürnberg MDR 1977, 1016, 1017). Auch besteht grds keine Pflicht zur Annahme, jedoch kann anderes vertraglich vereinbart werden. Daher sieht die hM in der Annahmeerklärung ein Vertragsangebot (Schuldversprechen nach § 780; so Staud/*Marburger* Rn 7; aA Hk-BGB/*Schulze*: einseitig verpflichtende Willenserklärung) für dessen Annahme § 151 gilt und das mit Zugang (§ 130 Abs 1), dh mit Rückgabe der Urkunde, Wirksamkeit erlangt (MüKo/*Hüffer* Rn 2). Einschränkungen der Annahme (insb bezüglich der Höhe der Verbindlichkeit), sowie Bedingungen und Befristungen sind zulässig (BaRoth/*Gehrlein* Rn 3; AnwK/*Sohbi* Rn 3). Abs 2 S 1 stellt klar, dass die Annahme zwar vor Aushändigung der Anweisung erklärt werden kann, diese aber erst mit Aushändigung wirksam wird.

B. Voraussetzungen. Die Annahmeerklärung ist nach Abs 2 S 1 schriftlich iSv § 126 auf der Anweisungsurkunde zu vermerken. Wesentlich ist, dass der Annahmewille aus der Erklärung hervorgeht (Erman/*Heckelmann* Rn 6), dies kann bei bloßer Unterschrift der Fall sein (vgl WechselG § 25 Abs 1 S 3), jedoch idR nicht bei einer bloßen Finanzierungsbestätigung der Bank (Schleswig WM 80, 48, 49) oder bei Vermerken wie »Gesehen« oder zur »Kenntnis genommen« (Hk-BGB/*Schulze* Rn 1). Umstände außerhalb der Urkunde können die Annahmeerklärung nicht ersetzen (BGH WM 82, 155, 156). Eine schriftlich außerhalb der Anweisungsurkunde oder mündlich erklärte Annahme kann als Vorvertrag, die formgültige Annahme zu erklären, oder soweit formfrei möglich als abstraktes Schuldversprechen (§ 780) gedeutet werden, uU kommt auch ein Anspruch des Anweisungsempfängers aus einem drittbegünstigenden Vertrag zwischen Anweisenden und dem Angewiesenen iSd § 328 in Betracht (BGH WM 1982, 155, 156). 2

C. Einwendungen. Abs 1 Hs 2 bestimmt, dass infolge der Annahmeerklärung der Angewiesene der Forderung des Anweisungsempfängers nur beschränkt Einwendungen entgegenhalten kann. Neben Einwendungen gegen die Gültigkeit der Annahmeerklärung nach den allg Regeln (ua §§ 105 ff, 119, 123, 142) können sich Einwendungen aus dem auf der Urkunde vermerkten Inhalt der Anweisung oder der Annahme ergeben (zB Befristung, Bedingung), zudem sind persönliche Einwendungen, die dem Angewiesenen unmittelbar gegen den Anweisungsempfänger zustehen (bspw Erlass, Tilgung) denkbar. Einwendungen aus dem Valutaverhältnis zwischen Anweisenden und dem Anweisungsempfänger sowie aus dem Deckungsverhältnis zwischen Angewiesenem und Anweisendem sind dagegen ausgeschlossen (AnwK/*Sohbi* Rn 4). Ansprüche oder Einreden aus §§ 812 ff bestehen auf Grund des vorrangigen Ausgleichs in den Leistungsbeziehungen der Grundverhältnisse grds nicht (zu Ausnahmen vgl Palandt/*Sprau* Rn 6). 3

§ 785 Aushändigung der Anweisung. **Der Angewiesene ist nur gegen Aushändigung der Anweisung zur Leistung verpflichtet.**

§ 785 dient dem Schutz des Angewiesenen und gewährt diesem ein Zurückbehaltungsrecht (§ 273), da dieser nur zur Leistung Zug-um-Zug gegen Aushändigung der Anweisungsurkunde verpflichtet ist. Der Angewiesene ist auch ohne Aushändigung zur Leistung berechtigt. Gleichfalls sind durch die Leistung entstehende Rückgriffsansprüche gegen den Anweisenden im Deckungsverhältnis ebenfalls nicht von der Aushändigung der Urkunde abhängig (Palandt/*Sprau* Rn 1). Die Aushändigung dient daher nur der Beweiserleichterung für den Angewiesenen (s auch die entspr Bestimmungen in § 39 Abs 1 WechselG, § 34 Abs 1 ScheckG), indem sie den urkundlichen Nachweis über dessen Ermächtigung zur Leistung ermöglicht (Erman/*Heckelmann* Rn 1). 1

§ 787 Anweisung auf Schuld. [1] **Im Falle einer Anweisung auf Schuld wird der Angewiesene durch die Leistung in deren Höhe von der Schuld befreit.**

[2] Zur Annahme der Anweisung oder zur Leistung an den Anweisungsempfänger ist der Angewiesene dem Anweisenden gegenüber nicht schon deshalb verpflichtet, weil er Schuldner des Anweisenden ist.

A. Bedeutung der Regelung. § 787 betrifft das Deckungsverhältnis zwischen Anweisendem und Angewiesenen, wobei sie jedoch nur die Anweisung auf Schuld, aber nicht die auf Kredit regelt (vgl § 783 Rz 4). 1

B. Regelungsinhalt. I. Anweisung auf Schuld nach Abs 1. Dafür ist erforderlich, dass der Angewiesene (Schuldner) dem Anweisenden (Gläubiger) aus einem beliebigen Rechtsgrund den Gegenstand schuldet, welchen er infolge der Anweisung an einen Dritten (Anweisungsempfänger) leisten soll. Eine bloße Verpflichtung zur Leistung (bspw auf Grund Auftrags) reicht nicht (Palandt/*Sprau* Rn 1). Zudem müssen sich Anweisender und Angewiesener einig sein, dass letzterer zur Erfüllung der Schuld an den Dritten leisten soll (sog Tilgungsbestimmung, Staud/*Marburger* Rn 2; Soerg/*Häuser* Rn 1; aA MüKo/*Hüffer* Rn 3). Allerdings ist vom Vorliegen der Tilgungsbestimmung idR auszugehen (Hk-BGB/*Schulze* Rn 1), da sie konkludent erklärt werden kann und nicht in der Anweisungsurkunde enthalten sein muss (Palandt/*Sprau* Rn 1). Die Leistung an den Anweisungsempfänger wirkt sich unmittelbar auf das Deckungsverhältnis aus, welches in Höhe der Leistung durch Erfüllung erlischt (jurisPK/*Heermann* Rn 4); Erfüllungssurrogate stehen gleich. Zudem erlischt gleichzeitig der Anspruch des Anweisungsempfängers aus der Annahmeerklärung (s § 784). Auf die Überwei- 2 sung und den Scheck (BGH NJW 1951, 598, 598) ist Abs 1 nicht anzuwenden (str, vgl Hinweise bei Staud/*Marburger* Rn 6); in dieser Hinsicht gilt Auftragsrecht (Palandt/*Sprau* Rn 3).

3 **II. Annahme- und Leistungspflicht des Angewiesenen nach Abs 2.** Durch die Annahme der Anweisung, erhält der Angewiesene zwei Gläubiger, zugleich bewirkt sie die Unwiderruflichkeit der Anweisung (§ 790; Bamberg ZInsO 2004, S 620 ff zur Insolvenzfestigkeit des durch die Annahme der Anweisung entstandenen Anspruchs). Abs 2 stellt klar, dass eine Annahme- und Leistungspflicht des Angewiesenen nicht schon daraus folgt, dass dieser Schuldner des Anweisenden ist; eine solche Pflicht ergibt sich vielmehr aus dem Deckungsverhältnis (bspw Auftrag; laufende Geschäftsbeziehung). Bedeutung erlangt die Vorschrift dadurch, dass der Angewiesene dem Anweisenden ggü infolge der Verweigerung der Annahme der Anweisung oder der Leistung an den Anweisungsempfänger nicht in Verzug gerät (RGRK/*Steffen* Rn 8).

§ 788 Valutaverhältnis.

Erteilt der Anweisende die Anweisung zu dem Zwecke, um seinerseits eine Leistung an den Anweisungsempfänger zu bewirken, so wird die Leistung, auch wenn der Angewiesene die Anweisung annimmt, erst mit der Leistung des Angewiesenen an den Anweisungsempfänger bewirkt.

1 § 788 ordnet an, dass Erfüllung nicht schon durch die Anweisung im Valutaverhältnis (s auch § 783 Rz 4; zum Deckungsverhältnis, s § 787) zwischen Anweisenden und Anweisungsempfänger eintritt. Vielmehr wird der Anweisungsempfänger ermächtigt, eine Leistung von dem Angewiesenen zu verlangen. Erfüllungswirkung tritt dagegen erst ein, wenn der Angewiesene die Leistung ggü dem Anweisungsempfänger erbracht hat. Hervorzuheben ist, dass die Anweisung keine Zahlung ist (Palandt/*Sprau* Rn 1). § 788 gilt sowohl für den Fall, dass die Anweisung der Tilgung einer Schuld dienen soll, als auch bei anderer Zweckbestimmung (bspw Darlehenshingabe; Schenkung; LG Braunschweig WM 1979, 735: Scheck). Darüber hinaus wird das Valutaverhältnis durch das zugrunde liegende Rechtsverhältnis bestimmt. Im Falle einer zahlungshalber erfolgten Aushändigung und Annahme einer Anweisung kann idR angenommen werden, dass sich der Empfänger zunächst aus der Anweisung beim Angewiesenen befriedigen muss und erst wenn die Anweisung nicht eingelöst wurde, berechtigt ist, aus dem Valutaverhältnis gegen den Anweisenden vorzugehen (Staud/*Marburger* Rn 5). Bei einem fehlerhaften Grundverhältnis kommen Ansprüche aus den §§ 812 ff in Betracht.

§ 789 Anzeigepflicht des Anweisungsempfängers.

Verweigert der Angewiesene vor dem Eintritt der Leistungszeit die Annahme der Anweisung oder verweigert er die Leistung, so hat der Anweisungsempfänger dem Anweisenden unverzüglich Anzeige zu machen. Das Gleiche gilt, wenn der Anweisungsempfänger die Anweisung nicht geltend machen kann oder will.

1 Der Anweisungsempfänger hat den Anweisenden in den genannten Fällen unverzüglich iSv § 121 Abs 1 S 1, dh ohne schuldhaftes Zögern, zu benachrichtigen. Dies gilt ua auch bei eingeschränkter Annahme. Unter Leistungszeit ist der Zeitpunkt der Fälligkeit zu verstehen (RG 101, 312, 316). Verweigert der Angewiesene nach Eintritt der Fälligkeit die Annahme, ist dies als Leistungsverweigerung zu deuten (MüKo/*Hüffer* Rn 2), ebenso ist eine Annahme oder Leistung unter Einschränkungen, Bedingungen und Vorbehalten als teilw Verweigerung anzusehen, die eine Anzeigepflicht auslöst (Staud/*Marburger* Rn 3). Weitergehende Pflichten sieht das Gesetz nicht vor; diese können sich aber aus dem Grundverhältnis zwischen dem Anweisenden und dem Anweisungsempfänger ergeben (vgl § 788 Rz 3). Bei Verstoß gegen die Anzeigepflicht steht dem Anweisenden uU ein Schadensersatzanspruch nach den allg Vorschriften (beachte § 255) zu (jurisPK/*Heermann* Rn 8).

§ 790 Widerruf der Anweisung.

Der Anweisende kann die Anweisung dem Angewiesenen gegenüber widerrufen, solange nicht der Angewiesene sie dem Anweisungsempfänger gegenüber angenommen oder die Leistung bewirkt hat. Dies gilt auch dann, wenn der Anweisende durch den Widerruf einer ihm gegen den Anweisungsempfänger obliegenden Verpflichtung zuwiderhandelt.

1 **A. Widerruf.** Da die Anweisung nur zwei Ermächtigungen enthält (§ 783 Rz 1), kann sie ggü dem Angewiesenen bis zur Annahme oder Leistung widerrufen werden, selbst wenn der Anweisende auf Grund des Valutaverhältnisses (§ 783 Rz 4) ggü dem Anweisungsempfänger zur Aufrechterhaltung der Anweisung verpflichtet ist (S 2); ein dem Anweisungsempfänger ggü erklärter Verzicht auf den Widerruf ist unwirksam (Erman/*Heckelmann* Rn 1). Es ist umstr, ob § 790 auf das Akkreditiv (§ 783 Rn 3) anwendbar ist (zust Erman/*Heckelmann* Rn 1; Staud/*Marburger* Rn 11; aA Palandt/*Sprau* Rn 1). Der Widerruf iSv § 790 ist eine einseitige empfangsbedürftige und formfreie Willenserklärung ggü dem Angewiesenen (jurisPK/*Heermann* Rn 2). Nur diesem ggü kann wirksam ein Verzicht auf das Widerrufsrecht erklärt werden (Hk-BGB/*Schulze* Rn 1). Eine Anweisung ist unwiderruflich wenn sie der Angewiesene dem Empfänger ggü (vor Fälligkeit) angenommen oder die Leistung (vor Fälligkeit) bereits bewirkt hat (vgl § 789; Erman/*Heckelmann* Rn 3). Ist die Anweisung wirksam widerrufen worden, erlischt die Anweisung; eine dennoch erfolgte Annahme oder Leistung gewährt dem Angewiesenen ggü dem Anweisenden keinen Rückgriff und führt bei einer Anweisung auf Schuld (§ 787 Rz 2) auch nicht zur Befreiung seiner Verbindlichkeit aus dem Deckungsgeschäft, wohingegen ev bestehende

Ansprüche aus GoA oder ungerechtfertigter Bereicherung nicht ausgeschlossen sind (Palandt/*Sprau* Rn 4). Der Anweisungsempfänger ist über die §§ 170, 171 Abs 2, 172 Abs 2, 173 in entspr Anwendung in seinem Vertrauen auf den Fortbestand der ihm erteilten Empfangsermächtigung geschützt (Staud/*Marburger* Rn 3 mwN).

B. Verpflichtung zur Aufrechterhaltung der Anweisung. S 2 bestimmt, dass der Widerruf nicht allein schon deshalb unwirksam ist, weil der Anweisende zur Aufrechterhaltung der Anweisung (bspw aus dem Valutaverhältnis) verpflichtet war. Dies gilt grds nur bis zur Annahme oder Leistung durch den Angewiesenen. Die Regelung dient dem Interesse des Angewiesenen, welcher nicht nachprüfen soll, ob der Anweisende zum Widerruf berechtigt war oder nicht. War der Widerruf zulässig und wirksam, wird aber nicht vom Empfänger beachtet, so kann er sich uU ggü dem Anweisenden schadensersatzpflichtig machen, umgekehrt der Anweisende ggü dem Empfänger, wenn er unbefugt widerruft (Palandt/*Sprau* Rn 6). 2

C. Sonstige Erlöschensgründe. Ist die Leistung an den Anweisungsempfänger unmöglich, erlischt die Anweisung. Ob der Untergang der Urkunde zum Erlöschen der Anweisung führt, ist ebenso str (zust RGRK/*Steffen* Rn 9; Palandt/*Sprau* Rn 7; abl Staud/*Marburger* Rn 10; Erman/*Heckelmann* Rn 5), wie die Frage, ob die Rückgabe der Urkunde an den Anweisenden, bevor diese dem Angewiesenen zur Annahme oder Zahlung vorgelegt wurde, die Anweisung erlöschen lässt (vgl zum Streitstand Staud/*Marburger* Rn 8). Kommt die Urkunde nach der Annahme abhanden, schützt § 785 den Angewiesenen; daneben wird § 371 S 2 für anwendbar gehalten (so Palandt/*Sprau* Rn 7; aA: PWW/*Buck-Heeb* Rn 7: § 365 Abs 2 HGB analog). 3

§ 791 Tod oder Geschäftsunfähigkeit eines Beteiligten. **Die Anweisung erlischt nicht durch den Tod oder den Eintritt der Geschäftsunfähigkeit eines der Beteiligten.**

§ 791 hat klarstellende Funktion (vgl 130 Abs 2) und ist abdingbar (BaRoth/*Gehrlein* Rn 1). Den Erben steht ein Widerrufsrecht in den Grenzen des § 790 zu. Die Anordnung eines Einwilligungsvorbehaltes nach § 1903 führt ebenfalls nicht zum Erlöschen der Anweisung, ebenso wenig die Insolvenz eines Beteiligten. Bei Insolvenz des Anweisenden steht dem Insolvenzverwalter das Widerrufsrecht nach § 790 zu (§ 115 InsO ist unanwendbar; s auch § 82 InsO). Im Fall der Insolvenz des Angewiesenen ist dem Insolvenzverwalter die Anweisung zur Zahlung oder Annahme (dann Masseverbindlichkeit § 55 Abs 1 Nr 1 InsO) vorzulegen. Eine bereits angenommene Anweisung gilt als Insolvenzforderung. Bei Insolvenz des Anweisungsempfängers ist der Insolvenzverwalter befugt, die Anweisung zur Annahme und Zahlung vorzulegen (jurisPK/*Heermann* Rn 6). Der Angewiesene ist idR aus dem Deckungsverhältnis verpflichtet, eine solche Anweisung nicht mehr anzunehmen, Annahme oder Zahlung in Unkenntnis der Insolvenzeröffnung muss der Anweisende als für seine Rechnung geschehen lassen (Soerg/*Häuser* Rn 6). 1

§ 792 Übertragung der Anweisung. [1] **Der Anweisungsempfänger kann die Anweisung durch Vertrag mit einem Dritten auf diesen übertragen, auch wenn sie noch nicht angenommen worden ist. Die Übertragungserklärung bedarf der schriftlichen Form. Zur Übertragung ist die Aushändigung der Anweisung an den Dritten erforderlich.**

[2] **Der Anweisende kann die Übertragung ausschließen. Die Ausschließung ist dem Angewiesenen gegenüber nur wirksam, wenn sie aus der Anweisung zu entnehmen ist oder wenn sie von dem Anweisenden dem Angewiesenen mitgeteilt wird, bevor dieser die Anweisung annimmt oder die Leistung bewirkt.**

[3] **Nimmt der Angewiesene die Anweisung dem Erwerber gegenüber an, so kann er aus einem zwischen ihm und dem Anweisungsempfänger bestehenden Rechtsverhältnis Einwendungen nicht herleiten. Im Übrigen finden auf die Übertragung der Anweisung die für die Abtretung einer Forderung geltenden Vorschriften entsprechende Anwendung.**

A. Übertragung der Anweisung. Nach Abs 1 ist eine Übertragung der Anweisung grds möglich, welche sich bis zur Annahme als Übertragung der Einziehungsermächtigung, nach Annahme als Abtretung des Anspruchs aus der Anweisung (§ 784 Rz 1) darstellt. Daher handelt es sich vor der Annahme um eine Substitution, danach um eine Zession (jurisPK/*Heermann* Rn 2). Voraussetzung der Übertragung ist nach Abs 1 S 1 ein entspr Vertrag zwischen Anweisungsempfänger und Erwerber der Anweisung, wobei die Übertragungserklärung der Schriftform bedarf (Abs 1 S 2), nicht jedoch die Annahmeerklärung des Erwerbers (PWW/*Buck-Heeb* Rn 1). Weiterhin ist nach Abs 1 S 3 die Anweisung an den Erwerber auszuhändigen (zur Übertragung einer kaufmännischen Anweisung bzw eines Schecks durch Indossament vgl § 363 HGB sowie § 14 ScheckG). Gemäß Abs 2 kann die Übertragung der Anweisung ausgeschlossen sein. 1

B. Einwendungen und Rückgriff. Da bei Übertragung nach Annahme der Anweisung nicht nur die Einziehungsermächtigung, sondern auch die selbstständige Forderung des Anweisungsempfängers gegen den Angewiesenen übertragen wird, sind §§ 402 (Auskunftspflicht des Zedenten), 404 (Einwendungen des Schuldners), 405 (Scheinforderung) und 406 (Aufrechnung) entspr anzuwenden (Abs 3 S 2). Wird die Anweisung vor der 2

Annahme übertragen, entsteht die selbstständige Leistungspflicht des Angewiesenen ggü dem Erwerber erst durch Annahme (s § 784 Rz 1), folglich gilt § 404 nicht. Die §§ 398 f werden durch § 792 Abs 1 und 2 verdrängt, die §§ 403 und 409 f durch §§ 792, 785 (PWW/*Buck-Heeb* Rn 3) und des Schutzes aus §§ 407 f bedarf der Angewiesene wegen § 785 nicht (Staud/*Marburger* Rn 9). Der Angewiesene kann dem Erwerber daher auch keine Einwendungen aus dem zwischen ihm und dem Anweisungsempfänger bestehenden Rechtsverhältnis entgegenhalten (Abs 3 S 1). Die Einwendungen aus § 784 bestehen hingegen auch ggü dem Erwerber.

Titel 24 Schuldverschreibung auf den Inhaber

Checkliste: Inhaberschuldverschreibung (§§ 793–808)

I.	**Begriff**	§ 793	→	Rn 1 ff
II.	**Entstehung/Inhalt**	§ 793	→	Rn 2
	1. Urkunde	§ 793	→	Rn 2
	2. Begebungsvertrag	§ 793	→	Rn 2
	3. Ersatz bei Beschädigung/Verunstaltung	§ 798		
	4. Umschreibung	§ 806	→	Rn 1 f
	5. Kraftloserklärung	*§§ 793* *§§ 929 ff*		
III.	**Übertragung**	§ 793 *§§ 929 ff*	→	Rn 3
IV.	**Rechtsfolge/Legitimationswirkung**			
	1. Zahlung gegen Aushändigung	§ 793 § 797	→ →	Rn 4 Rn 1, 2
	2. Einwendungen des Ausstellers	*§ 796*		
	3. Haftung des Ausstellers	§ 794	→	Rn 1 ff
	4. Gutgläubiger Erwerb	§ 794	→	Rn 2
V.	**Gültigkeit/Erlöschen**			
	1. Vorlegungsfrist	§ 801	→	Rn 1, 2
	2. Verjährungsfrist	§ 801	→	Rn 3
	3. Zahlungssperre	*§ 802*		
	4. Zinsscheine	§ 803	→	Rn 3
VI.	**Beweislast** Keine Besonderheiten gegenüber allg Regelungen			

§ 793 Rechte aus der Schuldverschreibung auf den Inhaber. [1] **Hat jemand eine Urkunde ausgestellt, in der er dem Inhaber der Urkunde eine Leistung verspricht (Schuldverschreibung auf den Inhaber), so kann der Inhaber von ihm die Leistung nach Maßgabe des Versprechens verlangen, es sei denn, dass er zur Verfügung über die Urkunde nicht berechtigt ist. Der Aussteller wird jedoch auch durch die Leistung an einen nicht zur Verfügung berechtigten Inhaber befreit.**
[2] **Die Gültigkeit der Unterzeichnung kann durch eine in die Urkunde aufgenommene Bestimmung von der Beobachtung einer besonderen Form abhängig gemacht werden. Zur Unterzeichnung genügt eine im Wege der mechanischen Vervielfältigung hergestellte Namensunterschrift.**

Ahrens Gutscheine BB 1996, 2477; *Belz* Anmerkung zum Urteil des BGH vom 24.01.2008 (III ZR 79/07, MMR 2008, 458) – Telefonkarten MMR 2008, 459; *Deimel* Die zivilrechtliche Einordnung von Rabattgutscheinen ZGS 2004, 213; *Ensthaler/Zech* Verkehrsfähigkeit von Inhaberkarten nach § 807 – Abtretungsverbote für Fußball-Bundesliga-Karten NJW 2005, 3389; *Fillmann* Anleihebedingungen von Inhaberschuldverschreibungen BB 2005, 1875; *Freitag* Die Golddollaranleihe der Stadt Dresden von 1925 vor dem BGH – das auf im Ausland platzierte Anleihen anwendbare Recht IPRax 2007, 24; *Gutzeit* Handelsbeschränkungen für Eintrittskarten. dargestellt am Beispiel der Ticketbedingungen für die Fußball-WM wie auch der aktuellen Muster-AGB für die Fußball-Bundesliga BB 2007, 113; *Hopt* Änderungen von Anleihebedingungen – Schuldverschreibungsgesetz, § 796 und AGBG WM 1990, 1733; *Köhler* Vertragstypologische Aspekte von Pre-Paid-Mobilfunkverträgen JR 2006, 489; *Mann* Geld und Scheingeld der Bundesbank JZ 1970, 212; *Müller* Ablaufhemmung nach § 211 bei der Vorlegungsfrist für Inhaberschuldverschreibungen WM 2006, 13; *Müller-Eising/Bode* Zivilrechtliche Probleme bei der Emission ewiger Anleihen BKR 2006, 480; *Schebesta* Zur Inhaltskontrolle einer Zinsänderungsklausel in einem langfristigen Sparvertrag und zur Verjährung von Sparzinsen WuB IV C § 308 BGB 1.08; *Sethe* Zur schuldbefreienden Auszahlung eines Sparguthabens an einen Nichtberechtigten bei einmaligen Zahlungen von mehr als 2.000 DM EWiR 1985, 673; *Sonnenhol* Keine Pflicht einer Bank zur Verlosungskontrolle bei der Einlösung von Zinsscheinen WuB I G 2a Depotgeschäft/Verwahrung 1.86; *ders* Zu den Schranken der Inhaltskontrolle durch AGBG § 8 bei Preisabreden WuB I A 3 Nr 17 AGB-Sparkassen 1993 1.99; *Toussaint* Vollstreckung einer nur gegen Aushändigung einer Urkunde geschuldeten Leistung jurisPR-BGHZivilR 21/2008 Anm 3; *Weller* Das Übertragungsverbot der Fußball-WM-Tickets – eine angreifbare Vinkulierung durch den DFB NJW 2005, 934; *Werner* Rechtsprobleme im elektronischen Zahlungsverkehr. Im Blickpunkt: Das Internet-Zahlungsmittel 'eCash' BB Beilage 12/1999, 24; *Würdinger* Zur Zwangsvollstreckung aus Zug-um-Zug-Titeln NJW 2008, 3147.

A. Allgemeines. Die §§ 793 ff enthalten die bürgerlich-rechtlichen Grundlagen des Wertpapierrechts. **Wertpapiere** sind Urkunden, die ein privates Recht so verkörpern, dass zu dessen Geltendmachung das Innehaben der Urkunde erforderlich ist. Die §§ 793 ff regeln einerseits den Umfang der wertpapierrechtlichen Legitimationswirkung der Urkunde. Andererseits bestimmen sie die Grenzen der Zahlungsverpflichtung des Ausstellers gegenüber dem Inhaber (§§ 796, 797, 801) und gewährleisten die Sicherung des Ausstellers gegen den Umlauf unwirksamer Papiere (§§ 798–800, 802). Die §§ 803 ff enthalten darüber hinaus Regelungen über Zins-, Renten- und Gewinnanteilscheine, die für Inhaberschuldverschreibungen ausgegeben werden können. 1

B. Regelungsinhalt. I. Begriff und Entstehung der Schuldverschreibung auf den Inhaber. Mit der Schuldverschreibung auf den Inhaber verspricht der Aussteller dem Inhaber eine Leistung. Gegenstand der Leistung wird idR eine Geldleistung sein; es kommen aber auch andere Arten von Leistungen in Betracht wie zB Forderungen auf den Bezug bestimmter Papiere (Bezugsrechte; **Optionsrechte**). Es muss eine Urkunde ausgestellt worden sein. Der Begriff der Urkunde wird insbes in § 126 verwendet (vgl BGH NJW 1998, 59). Es gibt jedoch keine Legaldefinition. IA definiert man auch hier die **Urkunde** als schriftliche Gedankenäußerung, die den Aussteller erkennen lässt und zum Beweis im Rechtsverkehr geeignet und bestimmt ist (im Fall der wertpapierrechtlichen Urkunde geht die Bestimmung sogar noch über die Beweiseignung hinaus). Für § 793 muss als Gedankenäußerung die Willenserklärung über ein Leistungsversprechen in der Urkunde enthalten sein. Welche **Leistung** der Aussteller verspricht, ergibt sich im Zweifel durch Auslegung der Urkunde; Maßstab der Auslegung ist der Horizont eines objektiven und (angesichts der Verkehrsfähigkeit der verkörperten Forderung) unbestimmten Empfängers. Umstände, die außerhalb der Urkunde liegen wie zB Anlass und Zweck der Urkundenausgabe können für die Auslegung nur berücksichtigt werden, soweit sie für die allg Verkehrsauffassung von unmittelbarer Bedeutung sind (BGHZ 28, 259, 263 f) und soweit das Vereinbarte in der Urkunde einen wenn auch unvollkommenen und daher auslegungsbedürftigen Ausdruck gefunden hat (Andeutungstheorie, s BGH NJW 1996, 2792). Ist die Schuldverschreibung im Bundesgebiet verbreitet, so ist die Auslegung uneingeschränkt revisionsgerichtlich nachprüfbar (BGHZ 28, 259, 263). Für die Begründung der in der Schuldverschreibung verkörperten Forderung ist ein **Begebungsvertrag** erforderlich (Vertragstheorie, vgl BGH NJW 1973, 282 ff für den Wechsel), der nicht nur den schuldrechtlichen Teil, sondern auch das dingliche Verfügungsgeschäft, also die Übertragung des Eigentums an der Urkunde an den Ersterwerber, erfasst (s aber § 794). Mit der Schuldverschreibung auf den Inhaber wird regelm ein abstraktes Schuldversprechen nach § 780 abgegeben, das in Inhalt und Bestand unabhängig vom Grundverhältnis ist. 2

II. Forderungsrecht des Inhabers. Rechtsfolge der Ausgabe einer Inhaberschuldverschreibung ist, dass der Aussteller berechtigt wird, an jeden Inhaber befreiend zu leisten. Gleichzeitig muss der Aussteller die versprochene Leistung nur noch gegen Vorlage und Aushändigung des Papiers erbringen. Diese Legitimationswirkungen der Urkunde regelt Abs 1. Durch die damit gewonnene Rechtssicherheit bei der Zahlung auf Wertpapiere wird die Verkehrsfähigkeit von Ansprüchen erhöht. Als Folge der Legitimationswirkung ist die Durchsetzung des Anspruchs aus dem Papier an den Besitz des Papiers selber gebunden; das Recht aus dem Papier folgt hier also dem Recht am Papier. Die Übertragung der Forderung erfolgt damit nach sachenrechtlichen Grundsätzen, dh idR durch Übereignung des Papiers nach §§ 929 ff (vgl zum Beispiel München OLGR 1992, 55; zum Eigentumserwerb des Ausstellers s § 797 S 1). § 952 gilt nicht für Inhaberschuldverschreibungen. Im Falle der Sammelverwahrung von Effekten verliert der bisherige Eigentümer der Wertpapiere durch die Übergabe an die Clearstream Banking AG seine bisherige Rechtsstellung als Eigentümer. Er erwirbt nach § 6 Abs 1 DepotG stattdessen einen entspr Miteigentumsanteil an den zum Sammelbestand des Verwahrers gehörenden Wertpapieren derselben Art. Der Berechtigte erwirbt idR mehrfach gestuften **mittelbaren Mitbesitz** am Sammelbestand. Die **Übertragung von Effekten** erfolgt durch Umbuchungen im Wege des Effektengiroverkehrs; diese enthalten gemäß § 929 S 1 eine Einigung und Umstellung des Besitzmittlungsverhältnisses (jurisPK/*Pour Rafsendjani/Eulenburg* Rn 16 ff). 3

4 **III. Leistung mit befreiender Wirkung.** Nach Abs 1 S 2 folgt aus der Legitimationswirkung, dass der Aussteller an jeden Inhaber mit befreiender Wirkung leisten kann. Mit der **Leistung an den Inhaber** wird die Verpflichtung des Ausstellers gegenüber dem Berechtigten im Sinne der §§ 362 ff erfüllt. Die Legitimationswirkung ist unabhängig von der Verfügungsberechtigung des Inhabers. Im Falle fehlender Berechtigung des Inhabers erfolgt zwischen Inhaber und Berechtigtem ein Bereicherungsausgleich im Innenverhältnis. Die befreiende Wirkung zugunsten des Ausstellers entfällt jedoch, wenn dieser positive Kenntnis der Nichtberechtigung oder fehlenden Geschäftsfähigkeit des Inhabers hatte; die hM wendet hier Art 40 Abs 3 WG analog an, wonach Arglist oder grobe Fahrlässigkeit die Befreiungswirkung ausschließen, und stellt die grob fahrlässige Unkenntnis der Kenntnis gleich (vgl PWW/*Buck-Heeb* Rn 19).

5 **IV. Unterzeichnung.** Der Regelfall der **Unterzeichnung** ist die Unterzeichnung durch eigenhändige Unterschrift. In Betracht kommt auch ein notariell beglaubigtes Handzeichen (s § 126 Abs 1) oder die notarielle Beurkundung (§ 126 Abs 4).

§ 794 Haftung des Ausstellers.

[1] Der Aussteller wird aus einer Schuldverschreibung auf den Inhaber auch dann verpflichtet, wenn sie ihm gestohlen worden oder verloren gegangen oder wenn sie sonst ohne seinen Willen in den Verkehr gelangt ist.

[2] Auf die Wirksamkeit einer Schuldverschreibung auf den Inhaber ist es ohne Einfluss, wenn die Urkunde ausgegeben wird, nachdem der Aussteller gestorben oder geschäftsunfähig geworden ist.

1 § 794 regelt einen Fall der **Rechtsscheinshaftung**. Der Aussteller wird aus einer Schuldverschreibung auch dann verpflichtet, wenn zwar keine Forderung entstanden ist, der Aussteller mit der Urkunde aber einen Rechtsschein gesetzt hat, der zurechenbar verursacht wurde. Voraussetzung für die Haftung ist also zurechenbare Verursachung; für beide Absätze des § 794 ist es erforderlich, dass der Aussteller geschäftsfähig war und die Ausstellung von seinem Willen getragen war. Der Ausgleich zwischen dem Berechtigten und dem Aussteller-Schuldner erfolgt im Innenverhältnis. Der Aussteller ist dabei nicht schon dem Ersterwerber der Urkunde, sondern nur dem **redlichen** rechtsgeschäftlichen **Zweiterwerber** bzw späteren Erwerbern verpflichtet. Soweit keine Haftung nach § 794 begründet werden kann, kann aber § 796 den einwendungsfreien Zweiterwerb ermöglichen. Abs 1 regelt den Fall, dass die Urkunde unmittelbar nach der Ausgabe oder der Ausstellung ohne Willen des Ausstellers in Verkehr gelangt. Der Aussteller trägt zunächst das Risiko des **Abhandenkommens** und des ungewollten In-Verkehr-Gelangens. Dasselbe gilt für das Risiko der Unwirksamkeit des Begebungsvertrages. Wer eine Schuldverschreibung ausgibt, deren Begebung nichtig ist, kann sich gegenüber einem Inhaber wegen des in zurechenbarer Weise veranlassten Rechtsscheins nicht auf das Fehlen des Begebungsvertrages berufen. Dies gilt jedoch entspr Art 10 und 16 Abs 2 WG nicht, wenn dem Inhaber beim Erwerb weder Vorsatz noch grobe Fahrlässigkeit zur Last fällt (vgl BGH NJW 1973, 282 ff). Die Vorschrift kann analog auf **Geldzeichen** angewandt werden (*Mann* JZ 1970, 212 f) und erfasst dann auch Banknoten, die als sog Scheingeld nicht von der Bundesbank in den Verkehr gebracht worden sind. Für **Briefmarken** gilt die Vorschrift auch nicht analog.

2 Für den Fall, dass die Urkunde, nachdem sie wirksam in den Verkehr gelangt ist, einem Inhaber abhanden kommt, gilt **§ 932**. Denn die Legitimationswirkung des § 793 Abs 1 S 1 gilt nur für verfügungsberechtigte Inhaber. Wegen des besonders starken Verkehrsschutzbedürfnisses ist bei diesen Papieren ein gutgläubiger Erwerb aber auch dann möglich, wenn sie abhanden gekommen sind (BGH NJW 1994, 2093 f). **Bösgläubigkeit** liegt vor, wenn der Erwerber trotz hinreichender Verdachtsgründe die Prüfung der Rechtmäßigkeit des Besitzes unterlassen hat. Allerdings ist eine Bank gegenüber Personen, deren Personalien feststehen und die schon durch den Besitz der Inhaberpapiere zur Geltendmachung der Rechte aus ihnen legitimiert sind, nicht verpflichtet, weitergehende Kontrollen anzustellen, falls sonst keine auffälligen Verdachtsumstände vorliegen (BGH NJW 1994, 2093 f). Auf die Wirksamkeit ist es auch ohne Einfluss, wenn eine ausgestellte Inhaberschuldverschreibung vom Aussteller ausgegeben wird, nachdem dieser verstorben oder geschäftsunfähig geworden ist. Die Schuldverschreibung muss aber noch ausgegeben worden sein. Der Begriff ist zu unterscheiden von der Ausstellung. Die Norm entspricht im Rechtsgedanken dem § 130 Abs 2; die Ausgabe der Schuldverschreibung gleicht insofern der Abgabe einer Willenserklärung.

§ 795 *(weggefallen)*

§ 796 Einwendungen des Ausstellers.

Der Aussteller kann dem Inhaber der Schuldverschreibung nur solche Einwendungen entgegensetzen, welche die Gültigkeit der Ausstellung betreffen oder sich aus der Urkunde ergeben oder dem Aussteller unmittelbar gegen den Inhaber zustehen.

1 In der wertpapierrechtlichen Einwendungslehre sind Einwendungen aus der Urkunde und Einwendungen aus dem Grundgeschäft zu unterscheiden. § 796 unterscheidet für die Legitimationswirkung der Urkunde entspr dem Inhalt der Urkunde. Der Aussteller kann gegenüber dem Inhaber nur allg Gültigkeitseinwendungen, Einwendungen aus dem Urkundeninhalt sowie persönliche Einwendungen unmittelbar aus der Beziehung

zum Inhaber erheben. Die Norm ist weit auszulegen. Persönliche Einwendungen aus der Beziehung zu Berechtigten können nur im Innenverhältnis diesen selbst gegenüber eingewandt werden. Die Norm ermöglicht den **einwendungsfreien Zweiterwerb** und entspricht § 784 Abs 2 Hs 2 sowie § 364 Abs 2 HGB. Sie ist aber auch in Einklang mit Art 17 WG und Art 22 ScheckG auszulegen.

Zu den Einwendungen, welche die Gültigkeit der Ausstellung betreffen, gehören zum Beispiel der Einwand der **mangelnden Geschäftsfähigkeit**, der **mangelnden Vertretungsmacht** bei Ausstellung und des Nichtvorliegens der Voraussetzungen des § 794. Auch Einwände gegen die Gültigkeit der Unterschrift nach § 793 Abs 2 sind zulässig. In Betracht kommen auch Einwendungen, die die Wirksamkeit der Urkunde nach Ausstellung betreffen, wie zum Beispiel der **Einwand der Kraftloserklärung**. Für den Fall des fehlenden oder unwirksamen Begebungsvertrags gilt zunächst § 794. Liegen die Voraussetzungen dieser Norm nicht vor, kann das Fehlen eines gültigen Begebungsvertrags aber als Argument gegen die Gültigkeit der Ausstellung vorgebracht werden (PWW/*Buck-Heeb* § 793 Rn 15). Einwendungen können sich auch aus dem Inhalt der Urkunde selbst ergeben. Neben Angaben zur Fälligkeit und zur Vorlegungsfrist kann der Aussteller einer Inhaberschuldverschreibung seiner Verpflichtung zB Zeitbestimmungen, Bedingungen und sonstige Modalitäten beifügen. Auch **Formmängel** können sich aus der Urkunde selbst ergeben. Der **Leistungsinhalt** ist nach der Verpflichtung aus dem Papier zu bestimmen. Maßgebend dafür ist der Verpflichtungswille des Ausstellers aus Sicht des Empfängerhorizonts eines durchschnittlichen Beteiligten. Der Leistungsinhalt kann auch durch Allgemeine Geschäftsbedingungen modifiziert werden. Da der BGH hier eine konkludente Einbeziehung genügen lässt (BGHZ 163, 311), lassen sich diese Einwendungen jedoch häufig nicht unmittelbar aus der Urkunde entnehmen. 2

Der Aussteller hat gegenüber dem Inhaber jedenfalls die Einwendungen, die in den gegenseitigen unmittelbaren Rechtsbeziehungen begründet sind. An dieser Regelung findet der im Interesse der Verkehrsfähigkeit notwendige Vertrauensschutz des Erwerbers seine Grenzen. Zu den Einwendungen gehören solche gegen die Erfüllung der Anspruchsvoraussetzungen des § 793; der Aussteller kann insofern zB **mangelnde Verfügungsberechtigung** einwenden. Aus dem Rechtsverhältnis zwischen Aussteller und Inhaber können sich auch Einwendungen der **Stundung**, der **Aufrechnung** mit einer Gegenforderung oder des **Erlasses** ergeben. Hingegen liegt der Wegfall der Steuerbefreiung der Zinserträge eines Wertpapiers mit spekulativem Element in der Risikosphäre des Erwerbers; er kann nicht den Einwand des Wegfalls der Geschäftsgrundlage erheben (München NJW-RR 1999, 557). Persönliche Einwendungen gegenüber früheren Inhabern werden durch eine Weiterveräußerung abgeschnitten. Der **einwendungsfreie Zweiterwerb** setzt nach dem Wortlaut keine Gutgläubigkeit voraus. Dabei fragt sich aber, ob dies auch dann dauerhaft geschieht, wenn die Möglichkeit des gutgläubigen Erwerbs durch Dritte bewusst eingesetzt wurde, um dem Aussteller Einwendungen abzuschneiden. In solchen Fällen käme gegenüber dem bösgläubigen Veräußerer die Arglisteinrede (§ 242) in Betracht. Hier kann auf die Wertung der Art 17 WG und Art 22 ScheckG zurückgegriffen werden, dass Einwendungen erhalten bleiben, soweit »der Inhaber bei dem Erwerb [...] bewusst zum Nachteil des Schuldners gehandelt hat«. Eine Schädigungsabsicht wird hier nicht verlangt werden können, allerdings muss zumindest Kenntnis der Einwendung (BGHZ 102, 68, 74 für Scheck) und billigende Hinnahme einer möglichen Schädigung vorliegen, um Arglist annehmen zu können (vgl PWW/*Buck-Heeb* Rn 5). Einem früheren bösgläubigen nichtberechtigten Inhaber kommt beim Rückerwerb die Gutgläubigkeit von Folgeerwerbern nicht zugute; die gegen ihn begründeten Einwendungen können ihm weiter entgegengehalten werden (BGH NJW 1971, 806 bzgl Wechsel). Zur Gutgläubigkeit s § 794. 3

§ 797 Leistungspflicht nur gegen Aushändigung. **Der Aussteller ist nur gegen Aushändigung der Schuldverschreibung zur Leistung verpflichtet. Mit der Aushändigung erwirbt er das Eigentum an der Urkunde, auch wenn der Inhaber zur Verfügung über sie nicht berechtigt ist.**

Als eine Konsequenz der Legitimationswirkung muss der Aussteller sicher sein können, nur einmal aus der Urkunde in Anspruch genommen zu werden. Deshalb kann der Aussteller die Leistung verweigern, solange ihm die Urkunde nicht ausgehändigt wird (§ 273). Das Vorlegungserfordernis wird allerdings infolge von Massenemissionen und Massenverwahrung von Wertpapieren zurückgedrängt. Insbes bei sammelverwahrten Effekten nach §§ 5 ff DepotG ist die Vorlage des Wertpapiers weder für die Ausübung, noch für die Übertragung, noch für die Einziehung von Dividenden oder Zinsen erforderlich (jurisPK/*Pour Rafsendjani/Eulenburg* § 793 Rn 16 ff). Unter Aushändigung versteht man die willentliche Übertragung des unmittelbaren Besitzes bzw die Übergabe iSv § 929 S 1. Die **Aushändigung** kann auch durch Übersendung erfolgen. Der Besitz muss mit Willen des Inhabers übertragen werden, eine Besitzerlangung zB durch Fund genügt nicht. Es muss sich um eine endgültige Aushändigung handeln. Eine Aushändigung zur Verwahrung (zB als Pfand) reicht nicht aus. Die Verpflichtung aus einer Inhaberschuldverschreibung wird damit regelm zu einer Holschuld, die am Wohnsitz bzw Niederlassungsort des Ausstellers zu erfüllen ist (§ 269). Abweichende Vereinbarungen sind aber möglich. Weigert sich der Inhaber, die Urkunde auszuhändigen, kommt er in Annahmeverzug (§ 298). 1

Wegen § 797 kann ein Inhaber Zahlung aus der Schuldverschreibung nur gegen Aushändigung des Papiers verlangen. Das Papier selbst hat jedoch keinen eigenen Vermögenswert, sondern ist lediglich ein **Präsentati-** 2

ons- und Einlösepapier; die Aushändigungspflicht nach § 797 ZPO ist insofern nur eine bes Form der Quittungserteilung. Nach § 797 ist zwar grundsätzlich zu tenorieren, dass der Schuldner gegen Aushändigung der Inhaberschuldverschreibung zur Leistung verpflichtet ist; dabei handelt es sich jedoch nicht um eine Zug-um-Zug-Verurteilung im vollstreckungsrechtlichen Sinne. § 765 ZPO greift nicht ein (BGHZ 177, 178; aA Frankfurt aM OLGR 2008, 482; vgl *Würdinger* NJW 2008, 3147). Gemäß § 793 Abs 1 S 1 kann der Aussteller auch an einen nicht zur Verfügung berechtigten Inhaber befreiend leisten. Wenn die Voraussetzungen der schuldbefreienden Zahlung vorliegen, erwirbt er nach § 797 S 2 auch das Eigentum an der Urkunde kraft Gesetzes, selbst wenn er nicht gutgläubig hinsichtlich der Verfügungsberechtigung des Inhabers sein sollte. Allerdings führt die sachenrechtliche Verortung des Rechts dazu, dass bei einem Rückerwerb der Schuldverschreibung durch den Aussteller die Forderung nicht automatisch wegen eines Zusammentreffens von Gläubiger- und Schuldnerschaft untergeht (RGZ 147, 233, 243 f).

§ 798 Ersatzurkunde. Ist eine Schuldverschreibung auf den Inhaber infolge einer Beschädigung oder einer Verunstaltung zum Umlauf nicht mehr geeignet, so kann der Inhaber, sofern ihr wesentlicher Inhalt und ihre Unterscheidungsmerkmale noch mit Sicherheit erkennbar sind, von dem Aussteller die Erteilung einer neuen Schuldverschreibung auf den Inhaber gegen Aushändigung der beschädigten oder verunstalteten Urkunde verlangen. Die Kosten hat er zu tragen und vorzuschießen.

1 Eine Ersatzurkunde kann unter zwei Voraussetzungen verlangt werden: Die Urkunde muss erstens so beschädigt oder verunstaltet sein, dass sie zum Umlauf nicht mehr geeignet ist. Zweitens muss der wesentliche Inhalt noch mit Sicherheit erkennbar sein. Es handelt sich um eine **Ausnahmevorschrift**, die eng auszulegen ist. Die **Beschädigung** bezieht sich auf Schäden des Materials durch Risse oder Löcher, die Verunstaltung auf Beeinträchtigung durch Flecken, Knittern oder Bekritzelungen. Bei zu starker Beschädigung oder Verunstaltung handelt es sich um eine Vernichtung, auf die § 799 anzuwenden ist. Die Erteilung einer neuen Schuldverschreibung bzw. der Umtausch vollzieht sich gegen Aushändigung der beschädigten oder verunstalteten Urkunde. Die Erteilung erfolgt durch den Aussteller; die Kosten sind vom Inhaber zu tragen. Im Zeitalter der digitalen Vervielfältigungsmöglichkeiten sind die Kosten für eine solche Neuausstellung jedoch idR zu vernachlässigen.

§ 799 Kraftloserklärung. [1] Eine abhanden gekommene oder vernichtete Schuldverschreibung auf den Inhaber kann, wenn nicht in der Urkunde das Gegenteil bestimmt ist, im Wege des Aufgebotsverfahrens für kraftlos erklärt werden. Ausgenommen sind Zins-, Renten- und Gewinnanteilscheine sowie die auf Sicht zahlbaren unverzinslichen Schuldverschreibungen.
[2] Der Aussteller ist verpflichtet, dem bisherigen Inhaber auf Verlangen die zur Erwirkung des Aufgebots oder der Zahlungssperre erforderliche Auskunft zu erteilen und die erforderlichen Zeugnisse auszustellen. Die Kosten der Zeugnisse hat der bisherige Inhaber zu tragen und vorzuschießen.

1 Kommt der Gutschein abhanden, muss der Aussteller nicht leisten, solange der Gutschein nicht für kraftlos erklärt wurde. **Vernichtet** ist eine Schuldverschreibung, wenn sie so zerstört ist, dass ein Umtausch iSv § 798 nicht mehr in Betracht kommt. Die Schuldverschreibung ist einem Inhaber **abhanden gekommen**, wenn er unfreiwillig den unmittelbaren Besitz verloren hat bzw die Urkunde nicht mehr »innehat« und sie nicht wiedererlangen kann. Ist der aktuelle Besitzer bekannt, so kann ein Herausgabeanspruch nach § 985 geltend gemacht werden, so dass das Abhandenkommen zu verneinen ist. Ist er unbekannt, so ist § 799 anzuwenden. Fälle, in denen es zwar nicht rechtlich, aber faktisch unmöglich ist, die Urkunde vom aktuellen bekannten Besitzer zurück zu erlangen, kommen ebenfalls in Betracht; dafür reicht es aber nicht aus, dass sich die Papiere im Ausland befinden (so aber noch Stuttgart NJW 1955, 1154 ff). Die **Möglichkeit der Kraftloserklärung** durch Aufgebotsverfahren ist abdingbar; sie kann in der Urkunde ausgeschlossen werden. Alternativen zur Kraftloserklärung sind die Bekanntgabe des Verlustes im Bundesanzeiger oder die Zahlungssperre (§ 802). Die Vorschrift ist nur für die Forderung selbst anzuwenden und gilt nach § 804 nicht für Zins- oder ähnl Scheine. Die Kraftloserklärung erfolgt im Aufgebotsverfahren nach §§ 1003 ff ZPO. Die Antragsberechtigung ergibt sich aus § 1004 Abs 1 ZPO. Während oder vor Einleitung des Verfahrens kann eine Zahlungssperre herbeigeführt werden (§ 802). Die Rechtswirkungen der Kraftloserklärung regelt § 800. Mit dem Ausschlussurteil verliert die bisherige Schuldverschreibung ihre Eigenschaft als Wertpapier.

§ 800 Wirkung der Kraftloserklärung. Ist eine Schuldverschreibung auf den Inhaber für kraftlos erklärt, so kann derjenige, welcher das Ausschlussurteil erwirkt hat, von dem Aussteller, unbeschadet der Befugnis, den Anspruch aus der Urkunde geltend zu machen, die Erteilung einer neuen Schuldverschreibung auf den Inhaber anstelle der für kraftlos erklärten verlangen. Die Kosten hat er zu tragen und vorzuschießen.

Nach Kraftloserklärung hat derjenige, der das Ausschlussurteil erwirkt hat, zunächst die Rechte aus der Urkunde inne; das Ausschlussurteil ersetzt insofern den Besitz der Urkunde (Hamm WM 1976, 198, 199; genauer PWW/*Buck-Heeb* § 799 zu Streitfragen). Das Ausschlussurteil ist aber nicht verkehrsfähig; durch die Neuerteilung der Schuldverschreibung nach § 800 wird die Umlauffähigkeit des Rechts wieder hergestellt. Die Ausschlusswirkung des Urteils bleibt dabei erhalten, das Ausschlussurteil verliert mit der Neuerteilung aber seine Legitimationswirkung. Die Neuerteilung erfolgt durch den Aussteller; die Kosten sind von demjenigen zu tragen, der sie geltend macht. Im Zeitalter der digitalen Vervielfältigungsmöglichkeiten sind die Kosten für eine solche Neuausstellung jedoch idR zu vernachlässigen. Angesichts der mit § 369 Abs 1 übereinstimmenden Formulierung ist die Regelung dahin auszulegen, dass für Erteilung einer neuen Schuldverschreibung auf den Inhaber keine Vergütung, sondern nur Auslagenersatz verlangt werden kann. 1

§ 801 Erlöschen; Verjährung. **[1] Der Anspruch aus einer Schuldverschreibung auf den Inhaber erlischt mit dem Ablauf von 30 Jahren nach dem Eintritt der für die Leistung bestimmten Zeit, wenn nicht die Urkunde vor dem Ablauf der 30 Jahre dem Aussteller zur Einlösung vorgelegt wird. Erfolgt die Vorlegung, so verjährt der Anspruch in zwei Jahren von dem Ende der Vorlegungsfrist an. Der Vorlegung steht die gerichtliche Geltendmachung des Anspruchs aus der Urkunde gleich.**
[2] Bei Zins-, Renten- und Gewinnanteilscheinen beträgt die Vorlegungsfrist vier Jahre. Die Frist beginnt mit dem Schluss des Jahres, in welchem die für die Leistung bestimmte Zeit eintritt.
[3] Die Dauer und der Beginn der Vorlegungsfrist können von dem Aussteller in der Urkunde anders bestimmt werden.

Ansprüche aus Inhaberschuldverschreibungen sind innerhalb der Vorlegungsfrist geltend zu machen. Nach Ablauf der Vorlegungsfrist erlischt der Anspruch; es handelt sich um eine Ausschlussfrist, die vom Gericht von Amts wegen zu beachten ist. Die §§ 203 ff zur Hemmung und zum Neubeginn der Verjährungsfrist finden auf die Vorlegungsfrist keine Anwendung (BGHZ 164, 361). Eine planwidrige Gesetzeslücke besteht hier nicht (aA *Müller* WM 2006, 13: für eine analoge Anwendung von § 211 aF). **Vorlegung** heißt Aushändigung an den Aussteller zur Einlösung iSd § 797. Die Frist ist eingehalten bei Zugang, Aushändigung oder anderer Besitzübertragung der Urkunde bzw bei Zustellung der Klageschrift vor Fristablauf (BGHZ 53, 332, 338). Für den Einwand, die Berufung auf die Frist stelle eine unzulässige Rechtsausübung dar (§ 242), ist bei der gesetzlichen Ausschlussfrist des § 801 nur ausnahmsw in engen Grenzen Raum. Das Erlöschen des Anspruchs müsste mit Treu und Glauben schlechthin nicht vereinbar sein, und der Aussteller dürfte durch den Fortbestand des Anspruchs nicht unbillig belastet werden; der Schuldner dürfte den Gläubiger auch nicht davon abgehalten haben, die Verjährungsfrist einzuhalten (BGHZ 164, 361). 1

Die **Vorlegungsfrist** beträgt 30 Jahre nach Eintritt der Fälligkeit. Die Fälligkeit wird sich idR aus der Urkunde entnehmen lassen. In vielen Fällen werden Inhaberschuldverschreibungen nach Erklärung der Kündigung und Ablauf der Kündigungsfrist fällig. Gilt kein bestimmter Fälligkeitszeitpunkt, so ist § 271 Abs 1 anzuwenden, die Vorlage ist also jederzeit möglich, und es gibt keine Vorlegungsfrist. Schuldverschreibungen, die zwar eine Zinszahlung verbriefen, aber keine Endfälligkeit enthalten und den Inhaber nicht zur Fälligstellung berechtigen, bezeichnet man auch als **»ewige Anleihen«**. In diesen Fällen wird idR lediglich dem Emittenten ein vorzeitiges Kündigungsrecht nach einer Grundlaufzeit vorbehalten. Dem Inhaber verbleibt das Recht zur außerordentlichen Kündigung. Die Vereinbarkeit mit §§ 305 ff ist umstr (*Müller-Eising/Bode* BKR 2006, 480). Das Recht auf ordentliche Kündigung kann allenfalls wirksam ausgeschlossen werden, wenn der jeweilige Inhaber der Anleihe ausreichend sowohl über Laufzeit als auch über den Ausschluss des ordentlichen Kündigungsrechts aufgeklärt wurde (*Müller-Eising/Bode* aaO). 2

Die **Verjährungsfrist** beginnt nicht bereits mit Vorlegung der Urkunde, sondern erst mit Ende der Vorlegungsfrist, unabhängig vom Zeitpunkt der tatsächlichen Vorlegung. Auf den Lauf der Verjährungsfrist finden die §§ 203 ff Anwendung. Die Vorlegungsfrist kann abw geregelt werden. Dies kann auch durch AGB geschehen. Das Gleiche gilt für die Verjährungsfrist. Eine abw Regelung kann auch konkludent getroffen werden. So kann sich eine Sparkasse nicht auf den eventuellen Verjährungseintritt nach §§ 801 Abs 1 oder §§ 195, 199 berufen, wenn sie in ihren AGB den Eindruck erweckt, man könne seine Ansprüche noch innerhalb von 35 Jahren geltend machen (Frankfurt aM NJW 1998, 997 für den Anspruch auf Auszahlung eines Sparguthabens). 3

§ 802 Zahlungssperre. **Der Beginn und der Lauf der Vorlegungsfrist sowie der Verjährung werden durch die Zahlungssperre zugunsten des Antragstellers gehemmt. Die Hemmung beginnt mit der Stellung des Antrags auf Zahlungssperre; sie endigt mit der Erledigung des Aufgebotsverfahrens und, falls die Zahlungssperre vor der Einleitung des Verfahrens verfügt worden ist, auch dann, wenn seit der Beseitigung des der Einleitung entgegenstehenden Hindernisses sechs Monate verstrichen sind und nicht vorher die Einleitung beantragt worden ist. Auf diese Frist finden die Vorschriften der §§ 206, 210, 211 entsprechende Anwendung.**

1 Die Zahlungssperre dient der Sicherung des Ausstellers während des Laufs eines Aufgebotsverfahrens zur Kraftloserklärung. Sie verbietet dem Aussteller und den in der Schuldverschreibung evtl bezeichneten Zahlstellen, an den Inhaber zu leisten. Rechtsfolge der Zahlungssperre ist die Hemmung der Vorlegungs- und Verjährungsfristen ab Antragstellung bis zur Beendigung des Aufgebotsverfahrens. Der Antrag auf Zahlungssperre kann vor oder bei Einleitung des Aufgebotsverfahrens gestellt werden. Rechtlich ist der Antrag nicht davon abhängig, dass das Aufgebotsverfahren eingeleitet wird.

§ 803 Zinsscheine. **[1] Werden für eine Schuldverschreibung auf den Inhaber Zinsscheine ausgegeben, so bleiben die Scheine, sofern sie nicht eine gegenteilige Bestimmung enthalten, in Kraft, auch wenn die Hauptforderung erlischt oder die Verpflichtung zur Verzinsung aufgehoben oder geändert wird.**
[2] Werden solche Zinsscheine bei der Einlösung der Hauptschuldverschreibung nicht zurückgegeben, so ist der Aussteller berechtigt, den Betrag zurückzubehalten, den er nach Absatz 1 für die Scheine zu zahlen verpflichtet ist.

1 Bei verzinslichen Schuldverschreibungen kommt die Ausgabe gesonderter Zinsscheine in Betracht. Die Urkunde selbst bildet dann den sog Mantel; Zinsscheine werden oft als Kupons bezeichnet. Die Begriffe stammen aus der Zeit vor dem **stückelosen Effektenverkehr**, als Wertpapierurkunden aus einem Doppelbogen (Mantel) bestanden, der die Hauptforderung verbriefte und in den der Bogen mit den Zins- und Gewinnanteilsscheinen (Kupons) und dem Erneuerungsschein (Talon) hineingelegt wurde (jurisPK/*Pour Rafsendjani/Eulenburg* § 793 Rn 27). Falls die Anforderungen des § 793 erfüllt sind, handelt es sich bei den Zinsscheinen um selbständige Inhaberschuldverschreibungen, die eine Zinsforderung verbriefen. Fehlt es an der Unterschrift oder anderen Voraussetzungen, stellen sie nur kleine Inhaberpapiere dar (Staud/*Marburger* Rn 2 mwN auch zur aA). Das gleiche gilt, wenn § 803 wirksam abbedungen wurde mit der Folge der Akzessorietät des Zinsanspruchs. Die Vorschrift gilt analog für Renten- oder Gewinnanteilscheine (s § 804). Die betreffenden Scheine sind nach § 803 auch unabhängig von der Hauptforderung verkehrsfähig und können unabhängig von der Hauptforderung eingelöst werden.

2 Mit der **Kündigung** der Anleihe und Einlösung der Hauptschuldverschreibung bleiben Jahreszinsscheine gemäß Abs 1 zwar in Kraft. Nach Abs 2 besteht auch keine Rückgabepflicht des Kunden. Die einlösende Bank ist jedoch nach Abs 2 berechtigt, bei der Einlösung denjenigen Betrag einzubehalten, der auf noch ausstehende, nicht fällige Zinsscheine, die nicht mit vorgelegt werden, entfällt. Es ist umstr, wer das Risiko zu tragen hat, wenn dies versäumt wird und eine Bank noch Zinsscheine einlöst, obwohl die Hauptforderung bereits gekündigt war. Teilw wird vertreten, dass Abs 2 dann analog anzuwenden sei mit der Folge, dass der Bank eine dauernde Einrede gegen die Zinsforderung zustehe. Es ergebe sich ein Bereicherungsanspruch aus § 813 in Verbindung mit § 812 Abs 1 S 1, 1. Hs auf Rückzahlung der zuviel gezahlten Zinsen (LG Ellwangen WM 1992, 53; LG Saarbrücken WM 1992, 1271; *Sonnenhol* WuB I G 2a Depotgeschäft/Verwahrung 1.86). Es bestehe keine Verpflichtung der Bank zu kontrollieren, ob die zum Zinsschein gehörende Schuldverschreibung nicht bereits gekündigt sei.

§ 804 Verlust von Zins- oder ähnlichen Scheinen. **[1] Ist ein Zins-, Renten- oder Gewinnanteilschein abhanden gekommen oder vernichtet und hat der bisherige Inhaber den Verlust dem Aussteller vor dem Ablauf der Vorlegungsfrist angezeigt, so kann der bisherige Inhaber nach dem Ablauf der Frist die Leistung von dem Aussteller verlangen. Der Anspruch ist ausgeschlossen, wenn der abhanden gekommene Schein dem Aussteller zur Einlösung vorgelegt oder der Anspruch aus dem Schein gerichtlich geltend gemacht worden ist, es sei denn, dass die Vorlegung oder die gerichtliche Geltendmachung nach dem Ablauf der Frist erfolgt ist. Der Anspruch verjährt in vier Jahren.**
[2] In dem Zins-, Renten- oder Gewinnanteilschein kann der im Absatz 1 bestimmte Anspruch ausgeschlossen werden.

1 Bei **Verlust oder Vernichtung** von Zins-, Renten- oder Gewinnanteilscheinen sind anders als bei der Hauptschuldverschreibung weder Kraftloserklärung durch Aufgebotsverfahren noch Zahlungssperre möglich. Zu den Begriffen (abhanden gekommen oder vernichtet), s § 799. Der bisherige Inhaber und Gläubiger kann gegen den nicht berechtigten Besitzer (sofern er bekannt ist) seinen Herausgabeanspruch nach § 985 geltend machen. Er kann sich vor der Einlösung durch den Dritten durch einstweilige Verfügung schützen. Ist der Dritte aber nicht bekannt, so können die entspr Rechte nur durch rechtzeitige Verlustanzeige nach § 804 Abs 1 S 1 gesichert werden. Die Anzeigeobliegenheit liegt beim bisherigen Inhaber und Gläubiger. Bei der Verlustanzeige handelt es sich um eine empfangsbedürftige geschäftsähnliche Handlung, auf die insbes § 130 analog anzuwenden sind. Bei rechtzeitiger Anzeige entsteht ein Schwebezustand bis zum Ablauf der Vorlegungsfrist. Die **Vorlegungsfrist** ergibt sich aus § 801. Die Verlustanzeige ist auch wirksam, wenn der bisherige Inhaber nicht nachweisen kann, dass die Urkunde abhanden gekommen oder vernichtet ist. Die Möglichkeit der Verlustanzeige kann abbedungen werden. Der Ausschluss des Anspruchs aus § 804 Abs 1 S 1 muss auf dem Zinsschein selbst vermerkt werden.

§ 805 Neue Zins- und Rentenscheine. Neue Zins- oder Rentenscheine für eine Schuldverschreibung auf den Inhaber dürfen an den Inhaber der zum Empfang der Scheine ermächtigenden Urkunde (Erneuerungsschein) nicht ausgegeben werden, wenn der Inhaber der Schuldverschreibung der Ausgabe widersprochen hat. Die Scheine sind in diesem Fall dem Inhaber der Schuldverschreibung auszuhändigen, wenn er die Schuldverschreibung vorlegt.

Der Erneuerungsschein (Talon) ist kein Wertpapier und nicht selbst Träger von Vermögensrechten, sondern nur ein **Legitimationspapier**, die den Nachweis des Rechts erleichtert, wenn ein neuer Bogen bezogen werden soll, weil die Kupons verbraucht sind (zur aA s Staud/*Marburger* § 803 Rn 14). Der Inhaber der Haupturkunde kann der Ausgabe von Kupons an den Dritten widersprechen und Ausgabe an sich selbst verlangen. Der Widerspruch gegen die Ausgabe ist eine formfreie einseitige empfangsbedürftige Willenserklärung. Die Norm ist dispositiv. Ein Erneuerungsschein kann also auch als echte Inhaberschuldverschreibung ausgestellt werden mit der Folge, dass der Aushändigungsanspruch nur bei Vorlage des Talons geltend gemacht werden kann. 1

§ 806 Umschreibung auf den Namen. Die Umschreibung einer auf den Inhaber lautenden Schuldverschreibung auf den Namen eines bestimmten Berechtigten kann nur durch den Aussteller erfolgen. Der Aussteller ist zur Umschreibung nicht verpflichtet.

Die Inhaberschuldverschreibung kann in ein **Namenspapier** umgewandelt werden mit der Folge, dass nur der namentlich Berechtigte bzw sein Rechtsnachfolger den verbrieften Anspruch geltend machen kann (BGH WM 1987, 1038; WM 1992, 1522). Eine weitere Übertragung ist dann nur noch nach §§ 398 ff, nicht mehr jedoch nach sachenrechtlichen Grundsätzen möglich. Es handelt sich um eine **Inhaltsänderung des Rechts**. Durch Auslegung ist zur ermitteln, ob durch die Nennung eines Namens eine Umwandlung erfolgen oder ob die Namensnennung keine Beschränkung der Legitimationswirkung zur Folge haben soll. Durch Auslegung ist auch festzustellen, wer berechtigt sein soll; die Berechtigung kann mit Bedingungen versehen werden (BGH WM 1992, 1522). Wird der Inhalt einer auf den Inhaber ausgestellten Schuldverschreibung jedoch später geändert, so spricht eine tatsächliche Vermutung für die Inhaltsänderung iSv § 806. Die **Umschreibung** erfolgt durch Vertrag. Sie muss durch den Aussteller im Papier selbst vorgenommen werden; der Inhaber muss zustimmen. Der Aussteller ist zur Umschreibung zwar nicht gesetzlich verpflichtet; er kann sich aber im Papier zur Umschreibung gegenüber jedem Inhaber oder schuldrechtlich gegenüber einem konkreten Inhaber persönlich verpflichten. 1

§ 807 Inhaberkarten und -marken. Werden Karten, Marken oder ähnliche Urkunden, in denen ein Gläubiger nicht bezeichnet ist, von dem Aussteller unter Umständen ausgegeben, aus welchen sich ergibt, dass er dem Inhaber zu einer Leistung verpflichtet sein will, so finden die Vorschriften des § 793 Absatz 1 und der §§ 794, 796, 797 entsprechende Anwendung.

§ 807 bezieht sich auf Karten, Marken und ähnl Urkunden, deren Besitz zur Geltendmachung des zugrunde liegenden Rechts erforderlich ist und bei denen der Inhaber des Papiers auch die Leistung zu fordern berechtigt ist. Unter die Vorschrift des § 807 fallen nur solche Marken, Karten usw, die unter Umständen ausgegeben werden, aus welchen sich ergibt, dass der Aussteller dem Inhaber zu einer Leistung verpflichtet sein will. Es ist allerdings für die Rechtswirkung einer Inhabermarke unschädlich, wenn der Name eines Gläubigers in der Urkunde genannt wird. Entscheidend für die Einordnung ist, dass dem Aussteller die Person des Berechtigten gleichgültig ist und er für die Geltendmachung allein die Inhaberschaft genügen lassen will (*Ahrens* BB 1996, 2477). Deshalb ist auch ein Gutschein für eine Fahrt mit einem Heißluftballon verbunden mit einem auf den Namen des Empfängers ausgestellten Ticket ein Inhaberpapier nach § 807 (aA AG Syke NJW 2003, 1054). Weitere Beispiele sind **Einzelfahrscheine** für den Nah- oder Fernverkehr, Eintrittskarten oder Theaterkarten, soweit sie nicht personalisiert ausgegeben werden, Versicherungsmarken oder Essensmarken. Zum Teil wird die Übertragbarkeit durch AGB ausgeschlossen. Dies ändert aber dann nichts an der Einordnung als kleines Inhaberpapier, wenn (wie zB bei Fahrscheinen) lediglich die Übertragbarkeit nach der Inanspruchnahme des Anspruchs ausgeschlossen wird. Auch ist es selbst bei einem Inhaberpapier möglich, unter den in den AGB genannten Bedingungen einzelne Personen auszuschließen (§ 796) und so Hausverboten in Konzertsälen und in Verkehrsbetrieben auch gegenüber Inhabern einer Eintritts- oder Fahrkarte Wirksamkeit zu verleihen. Die **Quittung** ist hingegen ein einfaches Beweispapier. Auch bei Dauer- oder Netzfahrkarten, den meisten Flugscheinen und ec-Karten ist die Vorlage der Urkunde nicht conditio sine qua non für die Geltendmachung des Anspruches; es handelt sich also nicht um kleine Inhaberpapiere. 1

Auf die kleinen oder unvollkommenen Inhaberpapiere sind die grundlegenden Vorschriften für Inhaberschuldverschreibungen entspr anzuwenden. Seitdem die staatliche Genehmigungspflicht von Inhaberschuldverschreibungen entfallen ist, hat die Abgrenzung damit etwas von ihrer früheren Bedeutung verloren (*Ahrens* BB 1996, 2477). Für die Entstehung der Verpflichtung gilt aber anders als bei Inhaberschuldver- 2 schreibungen die sog **Kreationslehre**: Die Verpflichtung selbst wird nicht durch einen Vertrag, sondern durch den einseitigen Akt der Ausstellung geschaffen; dazu muss die Urkunde ordnungsmäßig aus der Hand des Ausstellers in die Hand eines anderen gelangt und damit in den Verkehr gebracht worden sein (BFHE 70, 212; Palandt/*Sprau*, § 807 Rn 3; aA jurisPK/*Pour Rafsendjani/Eulenburg* Rn 19). Insbesondere § 796 ist entspr auf die kleinen oder unvollkommenen Inhaberpapiere anzuwenden (BFHE 70, 212). Der Rechtsgedanke des § 797, wonach der Aussteller nur gegen Aushändigung zur Leistung verpflichtet ist, kann ebenfalls übertragen werden (LG Bonn 02.07.2004 (10 O 452/02) für Telefonkarten; *Ahrens* BB 1996, 2477 für Gutscheine). Die Formerfordernisse und die §§ 799 f über die Kraftloserklärung passen hingegen oft nicht, soweit kleine Inhaberpapiere nur begrenzte Werte umfassen (*Ahrens* BB 1996, 2477 für Gutscheine). Hier gilt § 793 Abs 2 nicht.

§ 808 Namenspapiere mit Inhaberklausel. **[1] Wird eine Urkunde, in welcher der Gläubiger benannt ist, mit der Bestimmung ausgegeben, dass die in der Urkunde versprochene Leistung an jeden Inhaber bewirkt werden kann, so wird der Schuldner durch die Leistung an den Inhaber der Urkunde befreit. Der Inhaber ist nicht berechtigt, die Leistung zu verlangen.**
[2] Der Schuldner ist nur gegen Aushändigung der Urkunde zur Leistung verpflichtet. Ist die Urkunde abhanden gekommen oder vernichtet, so kann sie, wenn nicht ein anderes bestimmt ist, im Wege des Aufgebotsverfahrens für kraftlos erklärt werden. Die in § 802 für die Verjährung gegebenen Vorschriften finden Anwendung.

1 **A. Allgemeines.** Namenspapiere mit Inhaberklausel sind qualifizierte Legitimationspapiere, die keinen wertpapierrechtlichen Charakter haben. Das Forderungsrecht entsteht also nicht durch die Verbriefung, sondern die Leistungspflicht ergibt sich letztlich aus dem schuldrechtlichen Grundverhältnis, und die Urkunde hat nur deklaratorischen Charakter, ist nur Ausweiserleichterung und nicht selbst Träger von Vermögensrechten. Der wirkliche Gläubiger kann sein Recht auch anders als durch Vorlage des Papiers beweisen.

2 **B. Regelungsinhalt. I. Übertragung.** Die **Übertragung** erfolgt durch Abtretung (§§ 398 ff), ein **gutgläubiger Erwerb** ist nicht möglich. Das **Eigentum** am Papier folgt nach § 952 dem Gläubigerrecht an der Forderung. Ist ein anderer als der Urkundeninhaber Gläubiger der Forderung, bezweckt und bewirkt die Ausgestaltung als qualifiziertes Legitimationspapier den Schutz des Schuldners. Ihm wird dadurch das Risiko der Doppelzahlung und der Uneinbringlichkeit seiner Kondiktion gegen den vermeintlichen Gläubiger abgenommen. In dieser Befreiungswirkung liegt der Regelungskern des § 808 (vgl München VuR 1999, 205). Im Falle der Namenspapiere oder »hinkenden Inhaberpapiere« kann sich also der Aussteller, ohne dazu verpflichtet zu sein, durch Leistung an die Inhaber befreien. Dies unterscheidet das **qualifizierte Legitimationspapier** vom bloßen Beweispapier, das kein Wertpapier darstellt (zB Quittungen nach § 368 oder andere Belege). Im Unterschied zu Inhaberkarten ist jedoch der Inhaber des Namenspapiers nicht dazu berechtigt, die Leistung zu fordern. Erkennt der Schuldner nachträglich, dass er zwar an einen formal legitimierten Empfänger gezahlt hat, dieser aber nicht der wahre Gläubiger war, so kann er auf den Schutz der Legitimationswirkung verzichten und die Leistung nach den Grundsätzen der ungerechtfertigten Bereicherung zurückfordern. Die Situation ist keine andere als bei § 407 (Düsseldorf NJW-RR 2006, 1470).

3 **II. Anwendungsfälle.** Insbes das **Sparbuch** ist ein Namenspapier mit Inhaberklausel und damit ein qualifiziertes Legitimationspapier. Das Forderungsrecht ergibt sich in diesem Fall aus dem Darlehensvertrag iSd § 488. Berechtigter ist der Gläubiger der Einlageforderung, je nach vertraglicher Vereinbarung aber auch jeder, der nach dem erkennbaren Willen des Kunden, der das Sparbuch einrichtet, der Bank gegenüber Gläubiger sein soll (BGH NJW 1994, 931; Celle OLGR 2004, 274); im Zweifel wird Gläubiger, wessen Name im Sparbuch genannt wird. Soll nicht der Kontoinhaber, der in den Kontounterlagen eindeutig als solcher bezeichnet ist, sondern ein Dritter im Verhältnis zur Bank Rechte auf das Kontoguthaben haben, so muss sich dies aus den schriftlichen Kontounterlagen ergeben. Mündliche Vereinbarungen sind nichtig. Allein der Umstand, dass derjenige, der die Anweisung zur Überweisung auf ein Sparbuch gegeben hat, auf Grund einer Vereinbarung Vollmacht über das Sparkonto erhält, das Stichwort bestimmt und das Sparbuch zu seinen Lebzeiten in seinem alleinigen Besitz behalten soll, macht ihn nicht zum Kontoinhaber und verschafft ihm gegenüber der Bank keinen Anspruch auf Auszahlung des Guthabens, wenn der Kontoinhaber später die Vollmacht widerruft (BGH NJW 1994, 931). Auch der **Versicherungsschein** ist ein qualifiziertes Legitimationspapier, wenn er auf den Inhaber ausgestellt ist (§ 4 Abs 1 VVG; BGH NJW 2000, 2104; München VersR 2008, 1521). Dasselbe gilt für **Geldkarten oder Euroscheckkarten**. Personalisierte **Eintrittskarten** (zB für die Fußball-WM 2006) sind qualifizierte Legitimationspapiere (*Gutzeit* BB 2007, 113; *Ensthaler/Zech* NJW 2005, 3389; *Weller* NJW 2005, 934). Die Abtretbarkeit kann zwar damit grds eingeschränkt oder ausgeschlossen werden; ein Abtretungsverbot in AGB ist jedoch unzulässig (*Weller* aaO).

4 **III. Legitimationswirkung.** Anders als bei Inhaberschuldverschreibungen ist der Besitz des Papiers nicht Voraussetzung für den Anspruch. § 800 ist deshalb auch nicht entspr anwendbar (BGH BB 1998, 1864). Ein Vorlageerfordernis kann zwar grds vereinbart werden. Allerdings verhält sich eine Bank treuwidrig, wenn sie sich auf § 5 AGB Banken beruft und an der Vorlage eines Nachweises festhält, obwohl die Forderungsinhaber-

schaft anderweitig nachgewiesen ist (Düsseldorf NJW-RR 1991, 1337). Die **Vorlegung** ist aber für den Eintritt der Legitimations- und Befreiungswirkung erforderlich. Auch kann der Berechtigte Zahlung nur gegen Aushändigung des Papiers verlangen (§ 808 Abs 2 S 1; s zur Auslegung bei § 793). Der Schuldner ist grds nicht verpflichtet, die Person des Inhabers auf ihre Verfügungsberechtigung zu prüfen (LG Stuttgart ZERB 2005, 129). Ein Lebensversicherer, der an einen Dritten zahlt, der den Versicherungsschein in den Händen hat, ist aber nicht gezwungen, von der Legitimationswirkung des § 11 ALB Gebrauch zu machen, wenn er später erkennt, dass dieser Dritte nicht der wahre Gläubiger ist (Düsseldorf NJW-RR 2006, 1470; s auch BGH NJW 2000, 2103, 2104). Die Inhaberklausel schützt den Versicherer auch nicht, wenn er rechtsmissbräuchlich an den Inhaber des Versicherungsscheins leistet. Ein solches missbräuchliches Verhalten liegt unzweifelhaft vor, wenn der Versicherer die mangelnde materielle Berechtigung des Inhabers positiv kennt, grob fahrlässig angenommen hat oder sonst gegen Treu und Glauben die Zahlung bewirkt hat (BGHZ 28, 368, 371; RGZ 89, 401, 403; München VuR 1999, 205; Koblenz VersR 2008, 1338). Die Legitimationswirkung eines Sparbuchs entfällt zwar nicht bereits dann, wenn ein Bankangestellter dem Kunden auf die Anzeige des Diebstahls des Sparbuchs telefonisch zusichert, er werde eine Sperrung der Konten veranlassen (LG Osnabrück NJW 1988, 212). In diesen Fällen spricht aber eine Vermutung gegen die **Gutgläubigkeit der Bank**, wenn sie an einen im Sparbuch nicht namentlich bezeichneten Inhaber leistet.

IV. Rechtsfolgen/Prozessuales. Da § 808 nicht auf § 801 verweist, gibt es für qualifizierte Legitimationspapiere keine gesetzliche Vorlegungsfrist; § 801 ist auch nicht hinsichtlich der Zinsen anzuwenden (*Schebesta* WuB IV C § 308 BGB 1.08). Es gilt aber eine Verjährungsfrist von 30 Jahre nach Anlegung des Sparbuchs. Die Folgen des **Abhandenkommens** sind in § 808 Abs 2 S 2 besonders geregelt (BGH BB 1998, 1864). Es kommt also eine Kraftloserklärung im Aufgebotsverfahren in Betracht. Gemäß Art 102 Abs 2 EGBGB können die Länder für die **Kraftloserklärung** eines qualifizierten Legitimationspapiers ein anderes Verfahren als das Aufgebotsverfahren bestimmen. Auf § 800 S 2 wird in § 808 nicht Bezug genommen; die Kosten für die Neuausstellung einer verloren gegangenen Urkunde können deshalb dem Kunden auferlegt werden. Die Ausstellung eines Ersatz-Sparkassenbuchs ist insofern eine Sonderleistung der Bank. Die Festlegung der dafür vom Kunden geschuldeten Gegenleistung in AGB unterliegt nicht der Inhaltskontrolle (BGH NJW-RR 1998, 1661, 1662; zust *Sonnenhol* WuB I A 3 Nr 17 AGB-Sparkassen 1993 1.99). Qualifizierte Legitimationspapiere haben Beweiswert als **Privaturkunde** im Umfang des **§ 416 ZPO**. 5

Titel 25 Vorlegung von Sachen

§ 809 Besichtigung einer Sache.

Wer gegen den Besitzer einer Sache einen Anspruch in Ansehung der Sache hat oder sich Gewissheit verschaffen will, ob ihm ein solcher Anspruch zusteht, kann, wenn die Besichtigung der Sache aus diesem Grunde für ihn von Interesse ist, verlangen, dass der Besitzer ihm die Sache zur Besichtigung vorlegt oder die Besichtigung gestattet.

Gehrlein Kein Anspruch des Patienten auf Ablichtung seiner Krankenunterlagen NJW 2001, 2773; *Süßenberger* Anm zu LG Nürnberg-Fürth MMR 2004, 627.

A. Allgemeines. Beim Anspruch aus § 809 geht es um die Vorlage oder Besichtigung einer Sache. Sachen sind körperliche Gegenstände (§ 90). Dies meint zunächst bewegliche Sachen, erfasst aber auch unbewegliche Sachen, etwa die Besichtigung eines Grundstückes (Karlsruhe NJW-RR 2002, 951; Frankfurt aM NJW-RR 1986, 819, 820). Auf Tiere findet § 809 entspr Anwendung (vgl § 90a). Urkunden fallen ebenfalls unter den Sachbegriff der Regelung (Palandt/*Sprau* Rn 3; Staud/*Marburger* Rn 3). Ein Anspruch auf Vorlage oder Besichtigung von Urkunden kann sich aus § 809 ergeben, soweit § 810 keine Anwendung findet (RGZ 69, 401, 405). § 809 kommt ebenfalls als Anspruchsgrundlage in Betracht, wenn sich ein Gläubiger zunächst Gewissheit über das Bestehen eines Anspruchs nach § 810 verschaffen will (RGZ 69, 401, 406). 1

B. Regelungsinhalt. I. Anspruch in Ansehung der Sache oder Gewissheitsverschaffung. Den Vorlegungs- oder Besichtigungsanspruch sieht das Gesetz zunächst für denjenigen vor, der einen Anspruch gegen den Besitzer der Sache in Ansehung der Sache hat. Alternativ räumt es den Anspruch aus § 809 demjenigen ein, der sich erst Gewissheit darüber verschaffen will, ob ihm ein solcher Anspruch zusteht. Auf die Art des Anspruchs kommt es dabei nicht an. Es kann sich um schuldrechtliche oder dingliche Ansprüche handeln (BGH NJW-RR 1986, 480, 481), um bedingte oder befristete (PWW/*Buck-Herb* Rn 5; Palandt/*Sprau* Rn 4; Staud/*Marburger* Rn 5), um Schadensersatzansprüche, Unterlassungsansprüche, Anfechtungsrechte oder auch um Ansprüche aus gewerblichen Rechtsschutz wie Urheberrechte (BGH GRUR 2004, 420, 421; NJW-RR 2002, 1617 – Faxkarte; Frankfurt aM NJW-RR 2006, 1344; KG NJW 2001, 233; RGZ 69, 401, 405) oder Patentrechte (BGH NJW-RR 1986, 480 – Druckbalken; Düsseldorf DB 1982, 2030, 2031). Der Anspruch muss sich, wie der Vorlegungs- oder Beseitigungsanspruch selbst, gegen den Besitzer der Sache richten. Dies kann auch der mittelbare Besitzer sein (Palandt/*Sprau* Rn 4; Staud/*Marburger* Rn 5). Er muss zudem demje- 2 nigen zustehen, der die Besichtigung und Vorlage verlangt (Palandt/*Sprau* Rn 4). **1. Anspruch in Ansehung der Sache.** In Ansehung meint, dass der Anspruch in rechtlicher Beziehung zur Sache steht. Nicht erforderlich ist, dass er die Sache selbst zum Gegenstand hat. Ausreichend ist, wenn seine Existenz und Beschaffenheit in irgendeiner Weise von der Sache abhängt (BGH NJW-RR 2002, 1617, 1619; NJW-RR 1986, 480, 481; KG NJW 2001, 233, 235). So umfasst bei Computerprogrammen der Besichtigungsanspruch nicht nur den Datenträger mit der Software (zB Faxkarte mit Software), sondern auch den hinter der Software stehenden Quellcode (BGH NJW-RR 2002, 1617, 1619; Hamburg ZUM 2005, 394, 395).

3 **2. Gewissheitsverschaffung.** Im Falle der Gewissheitsverschaffung wird ein gewisser **Grad an Wahrscheinlichkeit** für das Bestehen des Anspruchs verlangt (BGH NJW-RR 2002, 1617, 1618 f; NJW-RR 1986, 480, 482; München NJW-RR 2000, 777). Dabei kommt es auf eine Gesamtabwägung aller Umstände an (BGH NJW-RR 2002, 1617, 1620; Frankfurt NJW-RR 2006, 1344). Die Anspruchsvoraussetzungen müssen so weit ermittelt sein, dass allein auf Grund der Besichtigung der Sache eine abschließende Beurteilung möglich ist (BGH NJW-RR 1986, 480, 482; Hamburg ZUM 2005, 394, 395; KG NJW 2001, 233, 235; Hamm NJW-RR 1987, 1395; Frankfurt aM NJW-RR 1986, 819, 820). Bei der Verletzung von Patentrechten sind wegen des Interesses des Besitzers der Sache an Geheimhaltung die Anforderungen strenger. Hier wird bisher ein erheblicher Grad an Wahrscheinlichkeit gefordert (BGH NJW-RR 1986, 480, 483; Palandt/*Sprau* Rn 5; Staud/*Marburger* Rn 7 s aber BGH NJW-RR 2007, 106, 108; 2002, 1617, 1620).

4 **II. Besichtigungsinteresse.** Für einen Anspruch aus § 809 ist erforderlich, dass der Anspruchsberechtigte an der Besichtigung ein Interesse hat. Verlangt wird ein bes und ernstliches Interesse (PWW/*Buck-Herb* Rn 7; Palandt/*Sprau* Rn 6). Dabei muss es sich nicht um ein rechtliches oder vermögensrechtliches Interesse handeln. Nicht ausreichend sind jedoch allg, künstlerische, wissenschaftliche, religiöse oder politische Interessen (MüKo/*Hüfer* Rn 6; Staud/*Marburger* Rn 8).

5 **C. Rechtsfolgen.** Rechtsfolge ist, dass dem Berechtigten die Sache zur Besichtigung vorgelegt werden muss oder die Besichtigung gestattet wird. Vorlegen heißt, dass dem Berechtigten die Sache so vorgezeigt oder ausgehändigt wird, dass sie seiner sinnlichen Wahrnehmung unmittelbar zugänglich ist (BGH NJW-RR 1986, 480, 483; München NJW 2001, 2806, 2807; BAG WM 1985, 765, 767; RGZ 56, 63, 66). Die Gestattung der Besichtigung erlaubt dem Berechtigten, die Sache in Augenschein zu nehmen. Als Rechtsfolge kommt dies insbes bei unbeweglichen Sachen in Betracht (Palandt/*Sprau* Rn 9; Staud/*Marburger* Rn 9). Bei Ausübung seines Besichtigungsrechts ist dem Anspruchsberechtigten nicht nur die bloße Betrachtung der Sache gestattet. Der Begriff der Besichtigung erfasst auch, dass er sie näher untersuchen darf, etwa berühren, vermessen, wiegen und fotografieren. Unter der Voraussetzung, dass das Integritätsinteresse des Schuldners nicht unzumutbar beeinträchtigt wird, dh insbes, die Sache durch die Maßnahme voraussichtlich nicht dauerhaft beschädigt wird, sind auch beschränkte Eingriffe in die Substanz der Sache zulässig (BGH NJW-RR 2002, 1617, 1620; Frankfurt aM NJW-RR 1986, 819, 820). In Betracht kommen zB Inbetriebnahme, Abnahme der Verkleidung, Ausbauen einzelner Teile oder mikroskopische Untersuchungen (str., befürwortend: BGH NJW-RR 2002, 1617, 1620; KG NJW 2001, 233, 234; Düsseldorf DB 1982, 2030, 2031; abl: BGH NJW-RR 1986, 480, 483 f). Auch ein Sachverständiger kann zur Untersuchung hinzugezogen werden (BGH NJW-RR 1986, 480, 483; Karlsruhe NJW-RR 2002, 951; München NJW 2001, 2806, 2807; GRUR 1987, 33 f). § 809 gewährt dem Anspruchsberechtigten jedoch keinen Nachforschungs- und Durchsuchungsanspruch, auf dessen Grundlage er berechtigt wäre, allg Besichtigungs- und Kontrollrechte auszuüben, um zu ermitteln, ob der Beklagte im Besitz der Sache ist (BGH GRUR 2004, 420, 421).

§ 810 Einsicht in Urkunden.

Wer ein rechtliches Interesse daran hat, eine in fremdem Besitz befindliche Urkunde einzusehen, kann von dem Besitzer die Gestattung der Einsicht verlangen, wenn die Urkunde in seinem Interesse errichtet oder in der Urkunde ein zwischen ihm und einem anderen bestehendes Rechtsverhältnis beurkundet ist oder wenn die Urkunde Verhandlungen über ein Rechtsgeschäft enthält, die zwischen ihm und einem anderen oder zwischen einem von beiden und einem gemeinschaftlichen Vermittler gepflogen worden sind.

1 **A. Allgemeines.** § 810 erweitert das Einsichtsrecht aus § 809 für Urkunden. Die Regelung gewährt einen Einsichtsanspruch gegen jeden Urkundenbesitzer, wobei der Anspruch selbst von der Beteiligung des Anspruchstellers am beurkundeten Rechtsverhältnis sowie einem rechtlichen Interesse abhängig ist.

2 **B. Regelungsinhalt.** Der Begriff der **Urkunde** in § 810 entspricht dem des Zivilprozessrechts. Eine Urkunde liegt daher bei jeder durch dauernde schriftliche Zeichen ausgedrückten, sinnlich wahrnehmbaren Gedankenverkörperung vor, die Aussagen über Rechtsgeschäfte oder Rechtsverhältnisse trifft (BGH NJW 1976, 294). Zur Begründung des Einsichtsrechts fordert das Gesetz eine bestimmte Verknüpfung zwischen dem Anspruchsteller und der Urkunde und nennt drei Varianten (1.–3. Var). Für einen Anspruch aus § 810 muss neben einem rechtlichen Interesse mindestens eine dieser Varianten vorliegen. Sie können analog auch auf weitere Fälle angewandt werden (BGH WM 1966, 255, 265; PWW/*Buck-Herb* Rn 4; Palandt/*Sprau* Rn 1).

Ein **Einsichtsrecht** ist gegeben, wenn die Urkunde **im Interesse des Anspruchstellers errichtet** wurde (1. Var). Dies ist der Fall, wenn sie dazu bestimmt ist, dem Anspruchsteller als Beweismittel zu dienen oder zumindest seine rechtlichen Beziehungen zu fördern (BGH WM 1971, 565, 566; Düsseldorf NJW-RR 1996, 1464, 1466; RGZ 69, 401, 405). Ein Einsichtsrecht besteht weiterhin, wenn in der Urkunde ein zwischen dem Anspruchsteller und einem anderen **bestehendes Rechtsverhältnis beurkundet** ist (2. Var). Dabei ist auf den Inhalt der Urkunde abzustellen. Zu welchem Zweck sie errichtet wurde ist insoweit nicht von Bedeutung. Ein Einsichtsrecht besteht auch in Urkunden über **Verhandlungen über ein Rechtsgeschäft**, die zwischen dem die Einsicht Verlangenden und einem anderen oder einem von beiden und einem gemeinschaftlichen Vermittler stattgefunden haben (3. Var). Die Verhandlungen müssen nicht zum Vertragsschluss geführt haben (PWW/*Buck-Herb* Rn 11; Staud/*Marburger* Rn 15). Erfasst werden von der 3. Var insbes die Korrespondenzen zwischen den Vertragspartnern (Celle BB 1973, 1192, 1193; RGZ 152, 213, 217) oder zwischen einer Partei mit dem gemeinschaftlichen Vermittler. Dies schließt auch die Briefe ein, die der Vermittler an beide Parteien gemeinsam gerichtet hat (KG NJW 1989, 532, 533; PWW/*Buck-Herb* Rn 11; Palandt/*Sprau* Rn 9). Nicht gemeint ist jedoch der Schriftverkehr zwischen dem anderen Vertragspartner und dessen Bevollmächtigten (MüKo/*Hüffer* Rn 9; Staud/*Marburger* Rn 15; Erman/*Heckelmann/Wilhelmi* Rn 8). Nicht erfasst werden zudem private Aufzeichnungen und Notizen, die eine Partei bei den Verhandlungen für private Zwecke oder zur Vorbereitung fertigt (KG NJW 1989, 532, 533; RGZ 152, 213, 217). 3

§ 810 fordert, anders als § 809, ein **rechtliches Interesse** an der Einsichtnahme. Dieses ist gegeben, wenn die Einsichtnahme zur Erhaltung, Förderung oder Verteidigung der Rechtsposition des Anspruchstellers notwendig ist (BGH NJW 1981, 1733; WM 1971, 565, 567; Düsseldorf NJW-RR 1996, 1464, 1466; Celle BB 1973, 1192, 1193). Ein vermögensrechtliches Interesse muss nicht bestehen. Ausreichend sind familienrechtliche oder öffentlich-rechtliche Interessen (Staud/*Marburger* Rn 10). Das rechtliche Interesse ist zu bejahen, wenn hinreichend bestimmte Anhaltspunkte vorliegen, die auf einen Zusammenhang zwischen dem Inhalt der Urkunde und dem klarzustellenden Rechtsverhältnis hinweisen (Bamberg OLGR 2000, 275). Zudem muss es schutzwürdig sein (BGH NJW-RR 1986, 480, 484; Nürnberg WM 2007, 647, 649). 4

C. Rechtsfolgen. Liegen die Anspruchsvoraussetzungen vor, ist dem Anspruchsteller Einsicht zu gestatten. Gestattung der Einsicht heißt, dass ihm die Urkunde so vorzulegen ist, dass er sich die notwendigen Kenntnisse aus der Urkunde verschaffen kann (RGZ 87, 10, 13; MüKo/*Hüffer* Rn 13). Es kann aber auch eine Verpflichtung zur Aushändigung bedeuten (München NJW 2001, 2806, 2807; Köln 1996, 382). Wie beim Anspruch aus § 809 ist auch im Rahmen des § 810 eine Interessenabwägung vorzunehmen (zum Ausforschungsverbot vgl zB BGH NJW-RR 1992, 1072, 1073; NJW 1990, 510, 511; WM 1962, 706, 707). 5

§ 811 Vorlegungsort, Gefahr und Kosten.

[1] Die Vorlegung hat in den Fällen der §§ 809, 810 an dem Orte zu erfolgen, an welchem sich die vorzulegende Sache befindet. Jeder Teil kann die Vorlegung an einem anderen Orte verlangen, wenn ein wichtiger Grund vorliegt.
[2] Die Gefahr und die Kosten hat derjenige zu tragen, welcher die Vorlegung verlangt. Der Besitzer kann die Vorlegung verweigern, bis ihm der andere Teil die Kosten vorschießt und wegen der Gefahr Sicherheit leistet.

§ 811 Abs 1 regelt den Ort, an dem die Sache oder Urkunde vorzulegen ist. § 811 Abs 2 regelt den Übergang der Sachgefahr und der Kostentragungspflicht vom Besitzer auf den Anspruchsberechtigten. Als **Vorlegungsort** bezeichnet § 811 Abs 1 den Ort, an dem sich die Sache oder Urkunde befindet. Dies entspricht dem Leistungsort iSd des § 269 Abs 1 (LG Dortmund NJW 2001, 2806). Vorlegungsort ist damit der Ort der politischen Gemeinde, dh der geographische, durch landesgesetzliche Gebietseinteilung bestimmte Ortsbezirk (BGHZ 87, 104, 110 f; RGZ 78, 137, 141; 67, 191, 194, 197; MüKo/*Hüfer* Rn 2). Die **Gefahren und Kosten** der Vorlegung legt das Gesetz in Abs 2 S 1 dem Anspruchsberechtigten auf, in dessen Interesse die Vorlegung geschieht. Er hat die Sachgefahr zu tragen und haftet damit insbes für die Beschädigung oder den Verlust der Sache ohne Verschulden (PWW/*Buck-Herb* Rn 2; Palandt/*Sprau* Rn 1). 1

Stichwortverzeichnis

Paragraphen ohne Gesetzesbezeichnung sind solche des BGB.
Artikel ohne Gesetzesbezeichnung sind solche des EGBGB.